BÍBLIA MINISTERIAL

BIBLIA MINISTERIAL

BÍBLIA MINISTERIAL

Uma Bíblia abrangente para toda a liderança

Vida

Editora Vida
Rua Conde de Sarzedas, 246 – Liberdade
CEP 01512-070 – São Paulo, SP
Tel.: 0 xx 11 2618 7000
Fax: 0 xx 11 2618 7030
www.editoravida.com.br

Editor responsável:
Marcelo Smargiasse

Editor-assistente:
Gisele Romão da Cruz Santiago

Tradução:
Carlos Caldas
William Lane

Revisão de tradução e preparação:
Sônia Freire Lula Almeida

Cotejamento de arquivos:
Amanda Santos

Cotejamento do texto bíblico:
Adriana Seris

Revisão de provas:
Gisele Romão da Cruz Santiago

Diagramação:
Claudia Fatel Lino

Capa:
Arte Peniel

Edição publicada sob permissão contratual com Cristianity Today, Illinois, EUA.
Originalmente publicado nos EUA com o título *Minstry Essentials Bible NIV*
Copyright ©2001, The Zondervan Corporation (notas e ajudas)
Copyright da tradução ©2012, Cristianity Today

Todos os direitos desta tradução em língua portuguesa reservados por Editora Vida.

PROIBIDA A REPRODUÇÃO POR QUAISQUER MEIOS, SALVO EM BREVES CITAÇÕES, COM INDICAÇÃO DA FONTE.

Bíblia Sagrada, Nova Versão Internacional TM ©1993, 2000
Copyright por International Bible Society.
Usado com permissão. Todos os direitos reservados mundialmente.

O texto pode ser citado de várias maneiras (escrito, visual, eletrônico ou áudio) até quinhentos (500) versículos sem a expressa permissão por escrito do editor, cuidando para que a soma de versículos citados não complete um livro da Bíblia nem os versículos computem 25% ou mais do texto do trabalho em que são citados.
O pedido de permissão que exceder as normas de procedimento acima deve ser dirigido à e aprovado por escrito pela International Bible Society, 1820 Jet Steam Drive, Colorado Springs, CO 80921, USA.

Bíblia Sagrada, Nova versão International TM ©1993, 2000
Copyright by International Bible Society.
Used by permission. All rights reserved worldwide.
The text may be quoted in any form (written, visual, electronic or audio), up to and inclusive of five hundred (500) verses without the express written permission of the publisher, providing the verses quoted do not amount to a complete book of the Bible nor do the verses quoted account for 25 percent (25%) or more of the total text of the work in which they are quoted. Permission requests that exceed the above guidelines must be directed to, and approved in writing by, International Bible Society, 1820 Jet Stream Drive, Colorado Springs, CO 80921, USA.

1. edição: abr. 2016

Dados Internacionais de Catalogação na Publicação (CIP)
(Câmara Brasileira do Livro, SP, Brasil)

Bíblia ministerial : uma Bíblia abrangente para toda a liderança / Christianity Today ; [tradução Carlos Caldas, William Lane]. -- São Paulo : Editora Vida, 2016.

    Título original: Ministry essentials Bible NIV
    ISBN 978-85-383-0328-2

    1. Bíblia – Nova Versão Internacional.
    I. Christianity Today.

15-11208   CDD-220.52081

Índice para catálogo sistemático:

1. Bíblia ministerial : Nova Versão Internacional   220.52081

SUMÁRIO

Livros da Bíblia em ordem alfabética........... vi
Prefácio à Nova Versão Internacional......... vii
Como usar esta Bíblia xi

ANTIGO TESTAMENTO

Gênesis................1	2Crônicas.................597	Daniel...................1223
Êxodo....................81	Esdras......................637	Oseias...................1257
Levítico................129	Neemias...................671	Joel.......................1271
Números...............165	Ester.........................689	Amós....................1277
Deuteronômio......231	Jó.............................699	Obadias................1309
Josué...................291	Salmos.....................761	Jonas....................1313
Juízes...................319	Provérbios...............883	Miqueias...............1317
Rute.....................347	Eclesiastes................921	Naum....................1325
1Samuel...............353	Cântico dos Cânticos.......933	Habacuque............1329
2Samuel...............405	Isaías.......................941	Sofonias................1335
1Reis...................437	Jeremias.................1037	Ageu.....................1341
2Reis...................491	Lamentações..........1137	Zacarias................1345
1Crônicas............543	Ezequiel.................1163	Malaquias.............1357

NOVO TESTAMENTO

Mateus................1381	Efésios...................1741	Hebreus................1851
Marcos................1439	Filipenses...............1775	Tiago....................1865
Lucas..................1481	Colossenses............1781	1 Pedro.................1871
João....................1543	1Tessalonicenses....1807	2Pedro..................1895
Atos dos Apóstolos....1595	2Tessalonicenses....1813	1João....................1899
Romanos.............1651	1Timóteo...............1817	2João....................1905
1Coríntios...........1689	2Timóteo...............1841	3João....................1907
2Coríntios...........1721	Tito........................1845	Judas....................1909
Gálatas................1733	Filemom................1849	Apocalipse............1933

Pesos e medidas 1954
Guia de recursos práticos 1955
Índice dos ensaios e tópicos 2026
Colaboradores....................................... 2035
Concordância bíblica abreviada 2045

LIVROS DA BÍBLIA EM ORDEM ALFABÉTICA

Livro	Página	Livro	Página
Ageu	1341	Josué	291
Amós	1277	Judas	1909
Apocalipse	1933	Juízes	319
Atos dos Apóstolos	1595	Lamentações	1137
Cântico dos Cânticos	933	Levítico	129
Colossenses	1781	Lucas	1481
1Coríntios	1689	Malaquias	1357
2Coríntios	1721	Marcos	1439
1Crônicas	543	Mateus	1381
2Crônicas	597	Miqueias	1317
Daniel	1223	Naum	1325
Deuteronômio	231	Neemias	671
Eclesiastes	921	Números	165
Efésios	1741	Obadias	1309
Esdras	637	Oseias	1257
Ester	689	1Pedro	1871
Êxodo	81	2Pedro	1895
Ezequiel	1163	Provérbios	883
Filemom	1849	1Reis	437
Filipenses	1775	2Reis	491
Gálatas	1733	Romanos	1651
Gênesis	1	Rute	347
Habacuque	1329	Salmos	761
Hebreus	1851	1Samuel	353
Isaías	941	2Samuel	405
Jeremias	1037	Sofonias	1335
Jó	699	1Tessalonicenses	1807
João	1543	2Tessalonicenses	1813
1João	1899	Tiago	1865
2João	1905	1Timóteo	1817
3João	1907	2Timóteo	1841
Joel	1271	Tito	1845
Jonas	1313	Zacarias	1345

PREFÁCIO À NOVA VERSÃO INTERNACIONAL

A *Nova Versão Internacional* (*NVI*) da Bíblia é a mais recente tradução das Escrituras Sagradas em língua portuguesa a partir das línguas originais.

A realização deste empreendimento tornou-se possível pelos esforços da Sociedade Bíblica Internacional, que em 1990 reuniu uma comissão de estudiosos dedicados a um projeto de quase uma década.

Milhares de horas foram gastas no trabalho individual e em grupo. Muitas foram as reuniões da comissão realizadas em São Paulo, Campinas, Atibaia, Caraguatatuba, Curitiba, São Bento do Sul, Miami, Dallas, Denver e Colorado Springs. Quase vinte estudiosos de diferentes especialidades teológicas e linguísticas empreenderam o projeto de tradução da *NVI*. Esses peritos representavam os mais diferentes segmentos denominacionais; todos, porém, plenamente convictos da inspiração e da autoridade das Escrituras Sagradas.

À erudição representada pela Comissão da *NVI*, além da diversidade teológica e regional (de várias partes do Brasil), aliou-se o que há de mais elevado em pesquisas teológicas e linguísticas disponíveis atualmente em hebraico, alemão, inglês, holandês, espanhol, italiano, francês e português. Dezenas de comentários, dicionários, obras de consulta e modernos *softwares* foram consultados durante o projeto.

A também diversidade do grupo de tradutores muito contribuiu para a qualidade da nova tradução. Formou-se uma comissão composta de tradutores brasileiros e estrangeiros (teólogos de vários países: EUA, Inglaterra, Holanda), três de seus membros residindo fora do Brasil (EUA, Israel e Portugal). Convém também ressaltar que dezenas de outras pessoas participaram no auxílio direto ou indireto ao projeto, nas mais diversas tarefas.

O propósito dos estudiosos que traduziram a *NVI* foi somar à lista das várias traduções existentes em português um texto novo que se definisse por quatro elementos fundamentais: *precisão*, *beleza de estilo*, *clareza* e *dignidade*. Sem dúvida alguma, a língua portuguesa é privilegiada pelo fato de contar com tantas boas traduções das Escrituras Sagradas. A *NVI* pretende fazer coro a tais esforços, prosseguindo a tarefa de transmitir a Palavra de Deus com fidelidade e com clareza, reconhecendo ao mesmo tempo a necessidade de uma nova tradução das Escrituras em português. Essa necessidade comprova-se particularmente em razão de dois fatores:

1. a dinâmica de transformação constante da linguagem, tanto no vocabulário como na organização de frases (sintaxe).
2. o aperfeiçoamento científico no campo da arqueologia bíblica, do estudo das línguas originais e de línguas cognatas, da crítica textual e da própria ciência linguística.

Prefácio à Nova Versão Internacional

A *NVI* define-se como tradução evangélica, fiel e contemporânea. Não se trata de tradução literal do texto bíblico, muito menos de mera paráfrase. O alvo da *NVI* é comunicar a Palavra de Deus ao leitor moderno com tanta clareza e impacto quanto os exercidos pelo texto bíblico original entre os primeiros leitores. Por essa razão, alguns textos bíblicos foram traduzidos com maior ou menor grau de literalidade, levando sempre em conta a compreensão do leitor. O texto da *NVI* não se caracteriza por alta erudição vernacular, nem por um estilo muito popular. Regionalismos, termos vulgares, anacronismos e arcaísmos foram também deliberadamente evitados.

Quanto ao texto original, a *NVI* baseou-se no trabalho erudito mais respeitado em todo o mundo na área da crítica textual, tanto no caso dos manuscritos hebraico e aramaico do Antigo Testamento (AT) como no caso dos manuscritos gregos do Novo Testamento (NT). Não obstante, a avaliação das opções textuais nunca foi acrítica. Estudiosos da área poderão constatar que, tanto nas notas de rodapé como no texto bíblico, a comissão foi criteriosa e sensata em sua avaliação.

O processo de tradução importou inicialmente no trabalho individual dos tradutores, que sempre se submeteram à visão da Comissão e às suas diretrizes. As questões gerais, mais difíceis e teologicamente muito relevantes, sempre foram discutidas e avaliadas em conjunto, para que fossem consideradas de todos os ângulos e não refletissem nenhuma perspectiva particular. Os enfoques teológico, linguístico, histórico, eclesiástico e estilístico sempre encontraram espaço na avaliação das decisões do grupo.

Com o propósito de melhor apresentar o perfil da *NVI*, queremos enumerar suas peculiaridades:

1. Fluência de linguagem

Em razão da grande diferença entre a sintaxe do português atual e a das línguas originais, a *NVI* entende não ser possível comunicar de modo adequado a Palavra de Deus prendendo-se à estrutura frasal do hebraico, do aramaico e do grego. Por essa razão, os versículos são organizados em períodos menores, pontuados conforme as exigências da língua portuguesa e apresentando uma fluência de leitura da qual a Bíblia é digna.

2. Nível da linguagem

O nível de linguagem da *NVI* prima ao mesmo tempo pela dignidade e pela compreensão. Trata-se de uma versão útil para o estudo aprofundado, para a leitura pessoal, para a leitura pública e para a evangelização. É muito importante destacar que o nível de formalidade da linguagem foi definido de acordo com o contexto. Para exemplificar, lembramos ao leitor que o tratamento de um servo para com o rei deve necessariamente ser diferente daquele utilizado pelos servos entre si.

3. Imparcialidade teológica

Por ser versão evangélica, a *NVI* procura apresentar uma tradução livre de interpretações particulares e denominacionais. No que diz respeito a questões menores que marcam a diversidade do mundo evangélico, a *NVI* não se permitiu traduzir nenhum texto bíblico com a intenção de ajustá-lo à doutrina particular de qualquer denominação ou corrente teológica.

4. Atenção aos diferentes gêneros de composição

Além da divisão em versículos, comum a todas as traduções da Bíblia, a *NVI* também organiza o texto bíblico seguindo padrões já estabelecidos de estruturação textual. O leitor encontrará a divisão em parágrafos, muito importante para a subdivisão do texto em unidades menores completas, e a diagramação diferenciada dos gêneros básicos de composição do texto bíblico. Os estilos narrativo, poético e epistolar apresentam diagramação distinta, facilmente identificável em cada caso.

5. Honestidade científica

Nem sempre a melhor tradução será a mais aceita. Em alguns textos haverá leitores que acharão a tradução da *NVI* muito diferente. Todavia, conscientes da responsabilidade de traduzir fielmente as Escrituras, os membros da Comissão da *NVI* preferiram seguir o sentido do original, ainda que alguns venham a estranhar a nova tradução. Nos casos em que o texto original apresenta dificuldades especiais de tradução ou permite mais de uma forma de verter o texto, foram incluídas notas de rodapé com a informação necessária.

6. Riqueza exegética

Muitos textos bíblicos, quando avaliados mais profundamente à luz da linguística e da exegese, transmitem seu conteúdo com muito mais clareza e impacto. O leitor poderá verificar na leitura da *NVI* a riqueza exegética da tradução. Muitos textos explicitarão mais nitidamente o campo semântico de determinadas palavras, bem como a função de certas construções gramaticais para o benefício de todos.

7. Notas de rodapé

As notas de rodapé são frequentes na *NVI*. Tais notas enriquecedoras atendem a várias necessidades: a) tratam de questões de crítica textual, isto é, de leituras alternativas nas línguas originais; b) apresentam traduções alternativas; c) oferecem explicações; e, d) mostram qual seria a opção literal de tradução. Não há dúvida de que permitirão ao leitor uma compreensão muito maior do texto sagrado.

8. Pesos e medidas

Levando em conta as diferenças culturais entre o mundo atual e o mundo bíblico, a *NVI* traduziu os pesos e as medidas do texto sagrado levando em conta o leitor de hoje. Portanto, o sistema métrico decimal foi utilizado para tornar claras as distâncias. Também as medidas de peso e de capacidade receberam equivalentes contemporâneos.

9. A relação com a *New International Version (NIV)*

A *NVI* segue o mesmo ponto de partida da *NIV*, versão em língua inglesa reconhecida internacionalmente. A filosofia de tradução é muito semelhante. Todavia, não se deve imaginar que a variante anglófona foi a única fonte de referência da *NVI*. Muito da contribuição exegética da versão irmã em língua inglesa foi incorporada à *NVI*. No entanto, a Comissão de

Prefácio à Nova Versão Internacional

Tradução da *NVI* preferiu em muitos textos opções exegéticas bem distintas da versão inglesa. Jamais houve dependência obrigatória da *NVI* em relação à *NIV* (ou em relação a qualquer outra versão estrangeira) em qualquer âmbito: teológico, exegético, hermenêutico etc.

Estamos conscientes de que a *Nova Versão Internacional* terá imperfeições e dificilmente terá atingido todos os seus alvos. No entanto, estamos certos de que essa tradução será uma grande bênção para todos os falantes da língua portuguesa em todos os continentes em que ela marca a sua presença. Se milhões de vidas forem abençoadas, compreendendo melhor a Revelação escrita de Deus aos homens e conhecendo de modo profundo a bendita pessoa de nosso Senhor e Salvador Jesus Cristo, nosso propósito terá sido alcançado.

Comissão de Tradução

COMO USAR ESTA BÍBLIA

A *Bíblia Ministerial* foi projetada para preparar líderes eclesiásticos e paraeclesiáticos — na verdade, todos em qualquer função ministerial — com as ferramentas práticas de que precisarão para conduzir questões ministeriais no dia a dia. O conteúdo não tem a intenção de apresentar recursos exaustivos para cada tópico ministerial. Antes, o objetivo desta Bíblia é fornecer a líderes atarefados pontos de vista sucintos, sábios e aplicáveis quanto às facetas mais comuns da liderança cristã. Cremos que esta Bíblia será útil para quatro grupos de líderes, a saber:

- Pastores experientes que precisam de lembretes ou de perspectivas novas sobre como lidar com questões pastorais específicas.
- Pastores iniciantes ou pastores biocupacionais que precisam de informações básicas e orientações práticas para tratar de questões e desafios comuns ao ministério.
- Líderes leigos envolvidos no ministério cristão que deparam com muitas das mesmas questões que os pastores enfrentam no dia a dia.
- Pessoas em qualquer papel de liderança: missionários, ministérios de capelania estudantil, conselheiros e tantos outros.

Material adicional

Com esses líderes em mente, selecionamos cuidadosamente cerca de 250 artigos práticos que acompanham o texto bíblico. Os artigos estão divididos nos seguintes cinco temas principais de ministério:

1. Liderança espiritual
2. Pregação, oração corporativa e discipulado
3. A vida espiritual do líder
4. Pastoreando em situações específicas
5. Evangelismo e justiça social

Esses cinco temas principais estão divididos no total de 28 categorias. Por exemplo, o primeiro tema, "Liderança espiritual", inclui as seguintes categorias de ministério: "O sublime chamado para a liderança espiritual", "Conduzindo mudanças", "Desenvolvendo novos líderes", "Orientando a igreja a contribuir", "Visão, valores e planejamento estratégico", "Administrando conflitos", "Formando e liderando equipes" e "Gerenciando e motivando voluntários". Cada uma dessas categorias contém entre 5 e 12 artigos.

Cada categoria está também ligada a um versículo bíblico que apresenta uma base teológica para aquela área ministerial. Por exemplo, se você abrir esta Bíblia em Jó, encontrará

Como usar esta Bíblia

todos os artigos para a categoria de "Pastoreando os mentalmente doentes". Nessa passagem, Jó clama a Deus: "pois me vêm suspiros em vez de comida; meus gemidos transbordam como água [...]. Não tenho paz, nem tranquilidade, nem descanso; somente inquietação". À semelhança de Jó, os mentalmente doentes com frequência sentem terror, medo e inquietação o tempo todo, não paz e tranquilidade. Logo, esse texto bíblico âncora apresenta a base para examinar como você pode começar a pastorear os mentalmente doentes.

O que esperar de cada artigo
Os 250 artigos desta Bíblia focam diferentes facetas de ministérios eclesiásticos ou paraeclesiásticos, mas todos têm alguns pontos em comum:

- *Os artigos foram escritos por pastores, conselheiros, teólogos e outros líderes cristãos experientes.* Você pode ter familiaridade com alguns deles — Bill Hybels, Gordon MacDonald, John e Nancy Ortberg, Billy Graham, John Stott ou Francis Chan —, mas todos os autores se destacaram em uma ou outra área do ministério.
- *Os artigos são curtos.* Muitos deles têm cerca de mil palavras e foram intencionalmente projetados para que você possa ter uma visão panorâmica, mas bem pensada, de determinada faceta do ministério. Para os que desejam mais informações sobre qualquer desses tópicos, incluímos uma lista de leituras adicionais (nas páginas finais) com recursos extras para cada categoria.
- *Os artigos são práticos.* Há pouca teoria nesses artigos. Eles foram pensados para dar perspectivas ou dicas práticas que você pode aplicar imediatamente ao seu contexto ministerial.

Como focar uma das 28 categorias
Digamos que sua igreja ou organização esteja passando por um momento de tensão e você precise de conselhos sobre como lidar com conflitos. A categoria "Administrando conflitos" tem nove artigos cuidadosamente selecionados sobre o tema resolução de conflitos. Alguns desses, como "Princípios inegociáveis do conflito", por Bill Hybels, apresentam uma ampla visão dessa categoria. Outros artigos, por exemplo, "Como confrontar alguém", de Daniel Brown, têm como foco uma faceta mais particular do conflito. Se você ler toda a seção, terá nove perspectivas diferentes sobre diferentes facetas do conflito. É como um curso intensivo sobre como lidar com conflitos em seu ministério.

Evidentemente você não precisa ler toda uma categoria para encontrar ajuda nesta Bíblia. Como muitas pessoas não têm tempo para ler um livro inteiro sobre cada uma das numerosas questões cobertas nessas categorias, muitos dos artigos apresentam uma visão básica, mas prática. Por exemplo, se você precisa ministrar a alguém que tem distúrbio de alimentação ou sofre de desordem de estresse pós-traumático, há artigos que darão uma breve abordagem inicial sobre como oferecer cuidado pastoral nesses casos.

O ministério não é fácil. Pergunte a qualquer dos líderes espirituais da Bíblia e da História. Mas lembre-se de que você não está sozinho(a). A promessa de Deus que encontramos na Bíblia continua sendo verdadeira: "Eu estou contigo".

Os Editores,
Bíblia Ministerial

Como usar esta Bíblia

Liderança espiritual

"Liderança espiritual" é o tipo da expressão que faz que cristãos comuns se sintam intimidados. Talvez você pense: *Eu sou um seguidor de Cristo, amo as pessoas, mas não sei se posso dizer que sou um líder*. Mas em toda a Bíblia Deus escolhe, prepara e usa pessoas comuns, até mesmo pessoas caídas e fracas. Afinal, quem não é assim? Então, anime-se; ele pode usar sua vida como líder também. Claro, não é algo fácil. A liderança em uma igreja ou organização paraeclesiástica envolve uma complexa gama de conhecimentos e habilidades, como comunicação da visão, formação de equipes, mentoreamento de novos líderes, administração de conflitos, administração de mudanças e motivação de voluntários. A lista de habilidades e responsabilidades pode fazer que você perca o fôlego! Mas lembre-se de que não estamos falando apenas de liderança; estamos falando de liderança *espiritual*. Em outras palavras, a liderança não tem a ver apenas com você. Como alguém que segue Cristo, você tem o Espírito Santo. Deus habita em você. Você também tem a sabedoria dos companheiros de fé em Cristo que são seus mentores de liderança. Esses artigos — que vêm junto com anos de sabedoria — ajudarão você a se tornar o líder que Deus quer que você seja.

Pregação, oração corporativa e discipulado

O apóstolo Paulo tinha uma compreensão clara de seu papel como líder espiritual: ele se esforçou para proclamar Cristo com paixão e clareza a fim de que pudesse apresentar "todo homem perfeito em Cristo" (Colossenses 1.28). É um alvo elevado, mas é o alvo para todos que estão no ministério cristão. Queremos ver as pessoas conhecerem Cristo, crescer em Cristo e então servir ao mundo para Cristo. Como isso acontece? Esse tema explora três caminhos básicos para ajudar as pessoas a se tornarem plenamente maduras em Cristo: pregação, oração coletiva e discipulado. Pregação é um ato sobrenatural da graça de Deus e um esforço muito humano que envolve habilidades de aprendizagem e aperfeiçoamento de capacidades específicas. A oração coletiva, conquanto seja uma possibilidade poderosa para ajudar as pessoas a crescer em Cristo, precisa começar com os líderes. E o discipulado está enraizado no exemplo de Jesus de uma vida tocando a outra. Tal como diz George MacDonald, "o discipulado é a arte perdida de identificar e mentorear pessoas potencialmente profundas — isto é, pessoas cuja vida está organizada tendo Jesus como seu centro". Essas não são as únicas três maneiras de promover maturidade em Cristo, mas é difícil imaginar um ministério florescente que não as envolva.

A vida espiritual do líder

As tarefas dos líderes espirituais podem ser descritas de muitas maneiras, mas, quaisquer que sejam, há sempre um ponto em comum: dão prioridade aos outros. Talvez seja por isso que você tenha se interessado por esta Bíblia especial. Você quer servir e fazer diferença no mundo por causa de Cristo. Isso consome seu tempo e sua energia e pode fazer que você se sinta cansado, esgotado e vazio. É por isso que todos os líderes precisam cuidar do seu relacionamento com o

Como usar esta Bíblia

Senhor e alimentá-lo. Em um dos pontos mais dramáticos da vida de Davi, a Bíblia nos diz que "Davi [...] fortaleceu-se no Senhor seu Deus" (1Samuel 30.6). Observe que Davi não esperou que o povo que ele liderava o fizesse para ele. Ele teve de tomar a iniciativa de encontrar força no Senhor. Os artigos sobre esse tema têm como foco maneiras úteis pelas quais você pode praticar disciplinas espirituais, manter o equilíbrio e a saúde emocional e estabelecer sua integridade como seguidor de Cristo.

Pastoreando em situações específicas

Como líder espiritual, você precisa assumir diferentes funções — mestre, motivador, orientador, visionário, organizador de equipes, planejador, estrategista. Mas não importa quantas pessoas você lidere ou quão ampla seja sua influência, há uma função em especial que não pode ser descartada: pastor de rebanho. Essa imagem pode parecer arcaica, mas biblicamente falando ela ainda está no coração não apenas do que você faz, mas de quem você é. O que é um pastor? Antes de mais nada, como pastor você tem um rebanho, um grupo específico de pessoas que precisam do seu cuidado. Segundo, ter um rebanho significa que você recebeu um chamado para proteger, orientar, cuidar e tomar conta dos membros feridos do seu rebanho. E, em nosso mundo quebrado, há tantas maneiras pelas quais a vida pode maltratar seu rebanho: dor e perda, vícios, traumas, doença mental, batalha espiritual, divórcio, distúrbios de alimentação são apenas algumas possibilidades. Esses artigos ajudarão a preparar você para que possa conduzir seu povo até o Verdadeiro Pastor e Curador do rebanho.

Evangelismo e justiça social

Samuel Escobar apresenta motivações claras para a evangelização e a justiça social: "Quando o povo de Deus se encontra com ele, então da maneira mais natural quer compartilhar as boas-novas com os outros". Em outras palavras, quando nos encontramos com Deus em adoração, isso naturalmente faz que nos envolvamos em evangelização, missão e serviço às pessoas ao nosso redor. "O amor de Cristo nos constrange" (2Coríntios 5.14), de modo que queremos nos envolver com evangelização e justiça social. Ajith Fernando afirma que "não podemos esperar que as pessoas venham a nós — nós precisamos com urgência ir até elas". Muitos desses artigos ajudarão você e a sua organização a encontrarem maneiras criativas para compartilhar o evangelho com as pessoas do meio no qual vocês se encontram. Mas há também maneiras pelas quais você pode apresentar a graça, a compaixão e a justiça de Deus, especialmente aos membros mais vulneráveis do nosso mundo caído: imigrantes e refugiados, sem teto, presidiários e sua família, e vítimas do tráfico de seres humanos. Biblicamente, não somos chamados ou a evangelizar ou a praticar a justiça; somos chamados para *ambas* as atividades, para a glória do nome de Deus.

ANTIGO TESTAMENTO

ANTIGO TESTAMENTO

Introdução a GÊNESIS

PANO DE FUNDO

Gênesis é uma palavra grega que significa "fonte", "origem" ou "princípio". Vem da primeira expressão de 1.1: "No princípio" (*bereshit* em hebraico). Gênesis é o livro dos princípios, desde a criação do Universo até a era patriarcal de Abraão, Isaque e Jacó e seus filhos, os pais fundadores do povo de Israel.

Gênesis é também o primeiro livro do Pentateuco (a Lei), os cinco livros de Moisés. Gênesis, Êxodo, Levítico e Números são uma narrativa contínua, revista pelo livro de Deuteronômio. A autoria de Moisés é apoiada pelo *Talmude* e por textos do Novo Testamento (v. Mateus 19.8; Marcos 12.26; Lucas 16.31; João 5.46,47).

MENSAGEM

O livro de Gênesis apresenta uma razão para o restante da Bíblia: o plano de Deus para resgatar o povo que ele criou depois da queda de Adão e Eva (3.1-24). Como o pecado não pode permanecer na presença de um Deus santo, Adão e Eva e seus descendentes enfrentaram separação eterna de seu Criador.

A primeira indicação do plano de Deus para resgatar o povo do pecado pelo envio de um Salvador está em 3.15, em que Deus diz à serpente: "Porei inimizade entre você e a mulher, entre a sua descendência e o descendente dela; este ferirá a sua cabeça, e você lhe ferirá o calcanhar". Das nações que se dispersam depois da torre de Babel (11.1-9), Deus escolhe uma família — a de Abraão, Isaque e Jacó, este teve o nome mudado para Israel — por meio da qual seu plano de salvação viria a se concretizar.

ÉPOCA

Enquanto a narrativa de Gênesis se estende do início do mundo até a morte de José (c. 1805 a. C.), o livro de Gênesis foi escrito provavelmente entre 1445 e 1406 a.C., enquanto o povo de Israel estava acampado no deserto.

ESBOÇO

I. Criação de um povo
    A. Deus cria o mundo e o povo que o habita — 1.1—2.25
    B. O mal tem início e se espalha — 3.1—6.7
    C. A terra é julgada, inundada e renovada — 6.8—11.26

II. Criação de uma nação
    A. Genealogias de Abraão, Isaque e Ismael — 11.27—25.18
    B. Genealogias de Isaque, Jacó e Esaú — 25.19—37.1
    C. Os filhos de Jacó (Israel) — 37.2—50.26
        1. José é vendido como escravo — 37.2-36
        2. O pecado de Judá — 38.1-30
        3. José escravo no Egito — 39.1—41.36
        4. José governa o Egito — 41.37-57
        5. Os irmãos de José no Egito — 42.1—45.28
        6. Jacó se estabelece com sua família no Egito — 46.1—50.26

GÊNESIS 1.1

O Princípio

1 No princípio[a] Deus criou os céus e a terra.[1b] ² Era a terra sem forma e vazia;[c] trevas cobriam a face do abismo, e o Espírito de Deus[d] se movia sobre a face das águas.

³ Disse Deus:[e] "Haja luz", e houve luz.[f] ⁴ Deus viu que a luz era boa, e separou a luz das trevas. ⁵ Deus chamou à luz dia, e às trevas chamou noite.[g] Passaram-se a tarde e a manhã; esse foi o primeiro dia.

⁶ Depois disse Deus: "Haja entre as águas um firmamento[h] que separe águas de águas". ⁷ Então Deus fez o firmamento e separou as águas que ficaram abaixo do firmamento das que ficaram por cima.[i] E assim foi. ⁸ Ao firmamento, Deus chamou céu. Passaram-se a tarde e a manhã; esse foi o segundo dia.

⁹ E disse Deus: "Ajuntem-se num só lugar[j] as águas que estão debaixo do céu, e apareça a parte seca". E assim foi. ¹⁰ À parte seca Deus chamou terra, e chamou mares ao conjunto das águas. E Deus viu que ficou bom.

¹¹ Então disse Deus: "Cubra-se a terra de vegetação:[k] plantas que deem sementes e árvores cujos frutos produzam sementes de acordo com as suas espécies". E assim foi. ¹² A terra fez brotar a vegetação: plantas que dão sementes de acordo com as suas espécies, e árvores cujos frutos produzem sementes de acordo com as suas espécies. E Deus viu que ficou bom. ¹³ Passaram-se a tarde e a manhã; esse foi o terceiro dia.

¹⁴ Disse Deus: "Haja luminares[l] no firmamento do céu para separar o dia da noite. Sirvam eles de sinais[m] para marcar estações,[n] dias e anos, ¹⁵ e sirvam de luminares no firmamento do céu para iluminar a terra". E assim foi. ¹⁶ Deus fez os dois grandes luminares: o maior para governar[o] o dia e o menor para governar a noite; fez também as estrelas.[q] ¹⁷ Deus os colocou no firmamento do céu para iluminar a terra, ¹⁸ governar o dia e a noite,[r] e separar a luz das trevas. E Deus viu que ficou bom. ¹⁹ Passaram-se a tarde e a manhã; esse foi o quarto dia.

²⁰ Disse também Deus: "Encham-se as águas de seres vivos, e voem as aves sobre a terra, sob o firmamento do céu". ²¹ Assim Deus criou os grandes animais aquáticos e os demais seres vivos que povoam as águas,[s] de acordo com as suas espécies; e todas as aves, de acordo com as suas espécies. E Deus viu que ficou bom. ²² Então Deus os abençoou, dizendo: "Sejam férteis e multipliquem-se! Encham as águas dos mares! E multipliquem-se as aves na terra".[t] ²³ Passaram-se a tarde e a manhã; esse foi o quinto dia.

²⁴ E disse Deus: "Produza a terra seres vivos de acordo com as suas espécies: rebanhos domésticos, animais selvagens e os demais seres vivos da terra, cada um de acordo com a sua espécie". E assim foi. ²⁵ Deus fez os animais selvagens[u] de acordo com as suas espécies, os rebanhos domésticos de acordo com as suas espécies, e os demais seres vivos da terra de acordo com as suas espécies. E Deus viu que ficou bom.

²⁶ Então disse Deus: "Façamos[v] o homem à nossa imagem,[w] conforme a nossa semelhança. Domine[x] ele[2] sobre os peixes do mar, sobre as aves do céu, sobre os grandes animais de toda a terra[3] e sobre todos os pequenos animais que se movem rente ao chão".

²⁷ Criou Deus o homem à sua imagem,[y]
à imagem de Deus o criou;
homem e mulher[4z] os criou.

²⁸ Deus os abençoou e lhes disse: "Sejam férteis e multipliquem-se! Encham e subjuguem a terra![a] Dominem sobre os peixes do mar, sobre as aves do céu e sobre todos os animais que se movem pela terra".

---

² **1.26** Hebraico: *Dominem eles*.
³ **1.26** A Versão Siríaca diz *sobre todos os animais selvagens da terra*.
⁴ **1.27** Hebraico: *macho e fêmea*.

¹ **1.1-3** Ou *Quando Deus começou a criar os céus e a terra 2sendo a terra ..., 3disse Deus: ...*

1.1
ᵃJo 1.1-2
ᵇJó 38.4; Sl 90.2; Is 42.5; 44.24; 42.12, 18; At 17.24; Hb 11.3; Ap 4.11

1.2
ᶜJr 4.23
ᵈSl 104.30

1.3
ᵉSl 33.6, 9; 148.5; Hb 11.3
ᶠ2Co 4.6*

1.5
ᵍSl 74.16

1.6
ʰJr 10.12

1.7
ⁱJó 38.8-11, 16; Sl 148.4

1.9
ʲJó 38.8-11; Sl 104.6-9; Pv 8.29; Jr 5.22; 2Pe 3.5

1.11
ᵏSl 65.9-13; 104.14

1.14
ˡSl 74.16
ᵐJr 10.2
ⁿSl 104.19

1.16
ᵒSl 136.8
ᵖSl 136.9
ᵠJó 38.7, 31-32; Sl 8.3; Is 40.26

1.18
ʳJr 33.20, 25

1.21
ˢSl 104.25-26

1.22
ᵗv. 28; Gn 8.17

1.25
ᵘJr 27.5

1.26
ᵛSl 100.3
ʷGn 9.6; Tg 3.9
ˣSl 8.6-8

1.27
ʸ1Co 11.7
ᶻGn 5.2; Mt 19.4*; Mc 10.6*

1.28
ᵃGn 9.1, 7; Lv 26.9

²⁹ Disse Deus: "Eis que dou a vocês todas as plantas que nascem em toda a terra e produzem sementes, e todas as árvores que dão frutos com sementes. Elas servirão de alimento*b* para vocês. ³⁰ E dou todos os vegetais como alimento*c* a tudo o que tem em si fôlego de vida: a todos os grandes animais da terra¹, a todas as aves do céu e a todas as criaturas que se movem rente ao chão". E assim foi.

³¹ E Deus viu tudo o que havia feito,*d* e tudo havia ficado muito bom.*e* Passaram-se a tarde e a manhã; esse foi o sexto dia.

2 Assim foram concluídos os céus e a terra, e tudo o que neles há.

² No sétimo dia Deus já havia concluído a obra*f* que realizara, e nesse dia descansou. ³ Abençoou Deus o sétimo dia e o santificou,*g* porque nele descansou de toda a obra que realizara na criação.

A Origem da Humanidade

⁴ Esta é a história das origens² dos céus e da terra, no tempo em que foram criados:

Quando o Senhor Deus fez a terra e os céus, ⁵ ainda não tinha brotado nenhum arbusto no campo, e nenhuma planta havia germinado,*h* porque o Senhor Deus ainda não tinha feito chover sobre a terra,*i* e também não havia homem para cultivar o solo. ⁶ Todavia brotava água³ da terra e irrigava toda a superfície do solo. ⁷ Então o Senhor Deus formou o homem⁴ do pó*j* da terra*k* e soprou em suas narinas o fôlego*l* de vida,*m* e o homem se tornou um ser vivente.*n*

⁸ Ora, o Senhor Deus tinha plantado um jardim no Éden,*o* para os lados do leste, e ali colocou o homem que formara. ⁹ Então o Senhor Deus fez nascer do solo todo tipo de árvores agradáveis aos olhos e boas para alimento. E no meio do jardim estavam a árvore da vida*p* e a árvore do conhecimento do bem e do mal.*q*

¹⁰ No Éden nascia um rio que irrigava o jardim, e depois se dividia em quatro. ¹¹ O nome do primeiro é Pisom. Ele percorre toda a terra de Havilá, onde existe ouro. ¹² O ouro daquela terra é excelente; lá também existem o bdélio e a pedra de ônix. ¹³ O segundo, que percorre toda a terra de Cuxe, é o Giom. ¹⁴ O terceiro, que corre pelo lado leste da Assíria, é o Tigre.*r* E o quarto rio é o Eufrates.

¹⁵ O Senhor Deus colocou o homem no jardim do Éden para cuidar dele e cultivá-lo. ¹⁶ E o Senhor Deus ordenou ao homem: "Coma livremente de qualquer árvore do jardim, ¹⁷ mas não coma da árvore do conhecimento do bem e do mal, porque no dia em que dela comer, certamente você morrerá".*s*

¹⁸ Então o Senhor Deus declarou: "Não é bom que o homem esteja só; farei para ele alguém que o auxilie e lhe corresponda".*t* ¹⁹ Depois que formou da terra todos os animais do campo*u* e todas as aves do céu, o Senhor Deus os trouxe ao homem para ver como este lhes chamaria; e o nome que o homem desse a cada ser vivo,*v* esse seria o seu nome. ²⁰ Assim o homem deu nomes a todos os rebanhos domésticos, às aves do céu e a todos os animais selvagens. Todavia não se encontrou para o homem⁵ alguém que o auxiliasse e lhe correspondesse.

²¹ Então o Senhor Deus fez o homem cair em profundo sono e, enquanto este dormia, tirou-lhe uma das costelas⁶, fechando o lugar com carne. ²² Com a costela*w* que havia tirado do homem, o Senhor Deus fez uma mulher e a levou até ele. ²³ Disse então o homem:

"Esta, sim, é osso dos meus ossos
e carne da minha carne!*x*
Ela será chamada mulher,
porque do homem⁷ foi tirada".

---

¹ **1.30** Ou *os animais selvagens*
² **2.4** Hebraico: *história da descendência*; a mesma expressão aparece em 5.1; 6.9; 10.1; 11.10, 27; 25.12, 19; 36.1, 9 e 37.2.
³ **2.6** Ou *brotavam fontes*; ou ainda *surgia uma neblina*
⁴ **2.7** Os termos homem e Adão (*adam*) assemelham-se à palavra terra (*adamah*) no hebraico.
⁵ **2.20** Ou *Adão*
⁶ **2.21** Ou *parte de um dos lados do homem*; também no versículo 22.
⁷ **2.23** Os termos homem (*ish*) e mulher (*ishah*) formam um jogo de palavras no hebraico.

24 Por essa razão, o homem deixará pai e mãe e se unirá[y] à sua mulher, e eles se tornarão uma só carne.[z]

25 O homem e sua mulher viviam nus,[a] e não sentiam vergonha.

O Relato da Queda

3 Ora, a serpente[b] era o mais astuto de todos os animais selvagens que o SENHOR Deus tinha feito. E ela perguntou à mulher: "Foi isto mesmo que Deus disse: 'Não comam de nenhum fruto das árvores do jardim'?"

2 Respondeu a mulher à serpente: "Podemos comer do fruto das árvores do jardim, **3** mas Deus disse: 'Não comam do fruto da árvore que está no meio do jardim, nem toquem nele; do contrário vocês morrerão' ".

4 Disse a serpente à mulher:[c] "Certamente não morrerão! **5** Deus sabe que, no dia em que dele comerem, seus olhos se abrirão, e vocês, como Deus[1d], serão conhecedores do bem e do mal".

6 Quando a mulher viu que a árvore parecia agradável ao paladar, era atraente aos olhos e, além disso, desejável[e] para dela se obter discernimento, tomou do seu fruto, comeu-o e o deu a seu marido, que comeu[2f] também. **7** Os olhos dos dois se abriram, e perceberam que estavam nus; então juntaram folhas de figueira para cobrir-se.

8 Ouvindo o homem e sua mulher os passos[3] do SENHOR Deus, que andava[g] pelo jardim quando soprava a brisa do dia, esconderam-se[h] da presença do SENHOR Deus entre as árvores do jardim. **9** Mas o SENHOR Deus chamou o homem, perguntando: "Onde está você?"

10 E ele respondeu: "Ouvi teus passos no jardim e fiquei com medo, porque estava nu; por isso me escondi".

11 E Deus perguntou: "Quem disse que você estava nu? Você comeu do fruto da árvore da qual o proibi de comer?"

12 Disse o homem: "Foi a mulher que me deste por companheira que me deu do fruto da árvore, e eu comi".

13 O SENHOR Deus perguntou então à mulher: "Que foi que você fez?"

Respondeu a mulher: "A serpente me enganou,[i] e eu comi".

14 Então o SENHOR Deus declarou à serpente:

"Uma vez que você fez isso,
  Maldita[j] é você
    entre todos os rebanhos domésticos
    e entre todos os animais selvagens!
Sobre o seu ventre você rastejará,
  e pó[k] comerá todos os dias da sua vida.
15 Porei inimizade
  entre você e a mulher,
entre a sua descendência[l]
  e o descendente[4] dela;[m]
este ferirá a sua cabeça,[n]
  e você lhe ferirá o calcanhar".

16 À mulher, ele declarou:

"Multiplicarei grandemente
  o seu sofrimento na gravidez;
com sofrimento você dará à luz filhos.
  Seu desejo será para o seu marido,
  e ele[5] a dominará".[o]

17 E ao homem declarou:

"Visto que você deu ouvidos à sua mulher
  e comeu do fruto da árvore
    da qual ordenei a você
    que não comesse,
maldita[p] é a terra por sua causa;
  com sofrimento você
  se alimentará dela
  todos os dias da sua vida.[q]
18 Ela lhe dará espinhos e ervas
    daninhas,
  e você terá que alimentar-se
  das plantas do campo.[r]

---

[1] 3.5 Ou *deuses*
[2] 3.6 Ou *comeu e estava com ela*
[3] 3.8 Ou *a voz*; também no versículo 10.
[4] 3.15 Ou *a descendência*. Hebraico: *semente*.
[5] 3.16 Ou *será contra o seu marido, mas ele*; ou ainda *a impelirá ao seu marido, e ele*

2.24
[y] Ml 2.15
[z] Mt 19.5*;
Mc 10.7-8*;
Ef 5.31*

2.25
[a] Gn 3.7,
10-11

3.1
[b] 2Co 11.3;
Ap 12.9;
20.2

3.4
[c] Jo 8.44;
2Co 11.3

3.5
[d] Is 14.14;
Ez 28.2

3.6
[e] Tg 1.14-15;
1Jo 2.16
[f] 1Tm 2.14

3.8
[g] Dt 23.14
[h] Jó 31.33;
Sl 139.7-12;
Jr 23.24

3.13
[i] 2Co 11.3;
1Tm 2.14

3.14
[j] Dt 28.15-20
[k] Is 65.25;
Mq 7.17

3.15
[l] Jo 8.44;
At 13.10;
1Jo 3.8
[m] Is 7.14;
Mt 1.23;
Ap 12.17
[n] Rm 16.20;
Hb 2.14

3.16
[o] 1Co 11.3;
Ef 5.22

3.17
[p] Gn 5.29;
Rm 8.20-22
[q] Jó 5.7;
14.1
Ec 2.23

3.18
[r] Sl 104.14

¹⁹ Com o suor do seu rosto
você comerá o seu pão,ʲ
até que volte à terra,
visto que dela foi tirado;
porque você é pó,
e ao pó voltará".ⁱ

²⁰ Adão deu à sua mulher o nome de Eva, pois ela seria mãe de toda a humanidade. ²¹ O Senhor Deus fez roupas de pele e com elas vestiu Adão e sua mulher. ²² Então disse o Senhor Deus: "Agora o homem se tornou como um de nós, conhecendo o bem e o mal. Não se deve, pois, permitir que ele tome também do fruto da árvore da vida" e o coma, e viva para sempre". ²³ Por isso o Senhor Deus o mandou embora do jardim do Édenᵛ para cultivar o soloʷ do qual fora tirado. ²⁴ Depois de expulsar o homem, colocou a leste do jardim do Éden querubinsˣ e uma espada flamejanteʸ que se movia, guardando o caminho para a árvore da vida.ᶻ

Caim Mata Abel

4 Adão teve relações com Eva, sua mulher, e ela engravidou e deu à luz Caim. Disse ela: "Com o auxílio do Senhor tive um filho homem". ² Voltou a dar à luz, desta vez a Abel,ᵃ irmão dele.

Abel tornou-se pastor de ovelhas, e Caim, agricultor. ³ Passado algum tempo, Caim trouxe do fruto da terra uma oferta ao Senhor.ᵇ ⁴ Abel, por sua vez, trouxe as partes gordasᶜ das primeiras crias do seu rebanho.ᵈ O Senhor aceitou com agrado Abel e sua oferta,ᵉ ⁵ mas não aceitou Caim e sua oferta. Por isso Caim se enfureceu e o seu rosto se transtornou.

⁶ O Senhor disse a Caim: "Por que você está furioso? Por que se transtornou o seu rosto? ⁷ Se você fizer o bem, não será aceito? Mas, se não o fizer, saiba que o pecado o ameaça à porta;ᶠ ele deseja conquistá-lo, mas você deve dominá-lo".ᵍ

⁸ Disse, porém, Caim a seu irmão Abel: "Vamos para o campo".¹ Quando estavam lá, Caim atacou seu irmão Abel e o matou.ʰ

⁹ Então o Senhor perguntou a Caim: "Onde está seu irmão Abel?"

Respondeu ele: "Não sei; sou eu o responsável por meu irmão?"

¹⁰ Disse o Senhor: "O que foi que você fez? Escute! Da terra o sangue do seu irmão está clamando. ¹¹ Agora amaldiçoado é você pela terra², que abriu a boca para receber da sua mão o sangue do seu irmão. ¹² Quando você cultivar a terra, esta não lhe dará mais da sua força. Você será um fugitivo errante pelo mundo".

¹³ Disse Caim ao Senhor: "Meu castigo é maior do que posso suportar. ¹⁴ Hoje me expulsas desta terra, e terei que me esconder da tua face;ʲ serei um fugitivo errante pelo mundo, e qualquer que me encontrar me matará".ᵏ

¹⁵ Mas o Senhor lhe respondeu: "Não será assim³; se alguém matar Caim,ˡ sofrerá sete vezes a vingança".ᵐ E o Senhor colocou em Caim um sinal, para que ninguém que viesse a encontrá-lo o matasse. ¹⁶ Então Caim afastou-se da presença do Senhor e foi viver na terra de Node⁴, a leste do Éden.ⁿ

Os Descendentes de Caim

¹⁷ Caim teve relações com sua mulher, e ela engravidou e deu à luz Enoque. Depois Caim fundou uma cidade, à qual deu o nome do seu filhoᵒ Enoque. ¹⁸ A Enoque nasceu Irade, Irade gerou a Meujael, Meujael a Metusael, e Metusael a Lameque.

¹⁹ Lameque tomou duas mulheres: uma chamava-se Ada; a outra, Zilá. ²⁰ Ada deu à luz Jabal, que foi o pai daqueles que moram em tendas e criam rebanhos. ²¹ O nome do irmão dele era Jubal, que foi o pai de todos os que tocam harpa e flauta. ²² Zilá também deu à luz um filho, chamado Tubalcaim, que fabricava todo tipo de ferramentas de

---

¹ **4.8** Conforme o Pentateuco Samaritano, a Septuaginta, a Vulgata e a Versão Siríaca. O Texto Massorético não traz *"Vamos para o campo"*.

² **4.11** Ou *amaldiçoado é você e expulso da terra*; ou ainda *amaldiçoado é você mais do que a terra*

³ **4.15** Conforme a Septuaginta, a Vulgata e a Versão Siríaca.

⁴ **4.16** *Node* significa *peregrinação*.

bronze e de ferro¹. Tubalcaim teve uma irmã chamada Naamá.

²³ Disse Lameque às suas mulheres:

"Ada e Zilá, ouçam-me;
mulheres de Lameque,
    escutem minhas palavras:
Eu matei[p] um homem porque me feriu,
e um menino, porque me machucou.
²⁴ Se Caim é vingado[q] sete vezes,[r]
    Lameque o será setenta e sete".

O Nascimento de Sete

²⁵ Novamente Adão teve relações com sua mulher, e ela deu à luz outro filho, a quem chamou Sete,[s] dizendo: "Deus me concedeu um filho no lugar de Abel, visto que Caim o matou".[t] ²⁶ Também a Sete nasceu um filho, a quem deu o nome de Enos.

Nessa época começou-se a invocar² o nome do SENHOR.[u]

A Descendência de Adão

5 Este é o registro da descendência de Adão:

Quando Deus criou o homem, à semelhança de Deus[v] o fez; ² homem e mulher[w] os criou. Quando foram criados, ele os abençoou e os chamou Homem³.

³ Aos 130 anos, Adão gerou um filho à sua semelhança, conforme a sua imagem;[x] e deu-lhe o nome de Sete. ⁴ Depois que gerou Sete, Adão viveu 800 anos e gerou outros filhos e filhas. ⁵ Viveu ao todo 930 anos e morreu.[y]

⁶ Aos 105 anos, Sete gerou⁴ Enos. ⁷ Depois que gerou Enos, Sete viveu 807 anos e gerou outros filhos e filhas. ⁸ Viveu ao todo 912 anos e morreu.

⁹ Aos 90 anos, Enos gerou Cainã. ¹⁰ Depois que gerou Cainã, Enos viveu 815 anos e gerou outros filhos e filhas. ¹¹ Viveu ao todo 905 anos e morreu.

¹ **4.22** Ou *que ensinou todos os que trabalham o bronze e o ferro*
² **4.26** Ou *proclamar*
³ **5.2** Hebraico: *Adam*.
⁴ **5.6** *Gerar* pode ter o sentido de *ser ancestral*; também nos versículos 7-26.

¹² Aos 70 anos, Cainã gerou Maalaleel. ¹³ Depois que gerou Maalaleel, Cainã viveu 840 anos e gerou outros filhos e filhas. ¹⁴ Viveu ao todo 910 anos e morreu.

¹⁵ Aos 65 anos, Maalaleel gerou Jarede. ¹⁶ Depois que gerou Jarede, Maalaleel viveu 830 anos e gerou outros filhos e filhas. ¹⁷ Viveu ao todo 895 anos e morreu.

¹⁸ Aos 162 anos, Jarede gerou Enoque.[z] ¹⁹ Depois que gerou Enoque, Jarede viveu 800 anos e gerou outros filhos e filhas. ²⁰ Viveu ao todo 962 anos e morreu.

²¹ Aos 65 anos, Enoque gerou Matusalém. ²² Depois que gerou Matusalém, Enoque andou com Deus[a] 300 anos e gerou outros filhos e filhas. ²³ Viveu ao todo 365 anos. ²⁴ Enoque andou com Deus;[b] e já não foi encontrado, pois Deus o havia arrebatado.[c]

²⁵ Aos 187 anos, Matusalém gerou Lameque. ²⁶ Depois que gerou Lameque, Matusalém viveu 782 anos e gerou outros filhos e filhas. ²⁷ Viveu ao todo 969 anos e morreu.

²⁸ Aos 182 anos, Lameque gerou um filho. ²⁹ Deu-lhe o nome de Noé e disse: "Ele nos aliviará do nosso trabalho e do sofrimento de nossas mãos, causados pela terra que o SENHOR amaldiçoou".[d] ³⁰ Depois que Noé nasceu, Lameque viveu 595 anos e gerou outros filhos e filhas. ³¹ Viveu ao todo 777 anos e morreu.

³² Aos 500 anos, Noé tinha gerado Sem, Cam e Jafé.

A Corrupção da Humanidade

6 Quando os homens começaram a multiplicar-se na terra[e] e lhes nasceram filhas, ² os filhos de Deus viram que as filhas dos homens eram bonitas, e escolheram para si aquelas que lhes agradaram. ³ Então disse o SENHOR: "Por causa da perversidade do homem⁵, meu Espírito⁶ não contenderá com ele⁷ para sempre;[fg] ele só viverá cento e vinte anos".

⁵ **6.3** Ou *Por ser o homem mortal*
⁶ **6.3** Ou *o espírito que lhe dei*
⁷ **6.3** Ou *não permanecerá nele*

4 Naqueles dias, havia nefilins[1h] na terra, e também posteriormente, quando os filhos de Deus possuíram as filhas dos homens e elas lhes deram filhos. Eles foram os heróis do passado, homens famosos.

5 O Senhor viu que a perversidade do homem tinha aumentado na terra e que toda a inclinação dos pensamentos do seu coração era sempre e somente para o mal.[i] **6** Então o Senhor arrependeu-se[j] de ter feito o homem sobre a terra, e isso cortou-lhe o coração. **7** Disse o Senhor: "Farei desaparecer da face da terra o homem que criei, os homens e também os animais, grandes e pequenos, e as aves do céu. Arrependo-me de havê-los feito".

8 A Noé, porém, o Senhor[k] mostrou benevolência.

A Arca de Noé

9 Esta é a história da família de Noé:

Noé era homem justo, íntegro entre o povo da sua época;[l] ele andava com Deus.[m] **10** Noé gerou três filhos: Sem, Cam e Jafé.[n]

11 Ora, a terra estava corrompida aos olhos de Deus e cheia de violência.[o] **12** Ao ver como a terra se corrompera, pois toda a humanidade havia corrompido a sua conduta,[p] **13** Deus disse a Noé: "Darei fim a todos os seres humanos, porque a terra encheu-se de violência por causa deles. Eu os destruirei com a terra.[q] **14** Você, porém, fará uma arca de madeira[r] de cipreste[2]; divida-a em compartimentos e revista-a de piche[s] por dentro e por fora. **15** Faça-a com cento e trinta e cinco metros de comprimento, vinte e dois metros e meio de largura e treze metros e meio de altura[3]. **16** Faça-lhe um teto com um vão de quarenta e cinco centímetros[4] entre o teto e o corpo da arca. Coloque uma porta lateral na arca e faça um andar superior, um médio e um inferior.

17 "Eis que vou trazer águas sobre a terra, o Dilúvio, para destruir debaixo do céu toda criatura que tem fôlego de vida. Tudo o que há na terra perecerá.[t] **18** Mas com você[u] estabelecerei a minha aliança, e você entrará na arca[v] com seus filhos, sua mulher e as mulheres de seus filhos. **19** Faça entrar na arca um casal de cada um dos seres vivos, macho e fêmea, para conservá-los vivos com você. **20** De cada espécie de ave, de cada espécie de animal grande e de cada espécie de animal pequeno que se move rente ao chão virá um casal[w] a você para que sejam conservados vivos. **21** E armazene todo tipo de alimento, para que você e eles tenham mantimento".

22 Noé fez tudo exatamente como Deus lhe tinha ordenado.[x]

7 Então o Senhor disse a Noé: "Entre na arca, você e toda a sua família,[y] porque você é o único justo[z] que encontrei nesta geração. **2** Leve com você sete casais de cada espécie de animal puro,[a] macho e fêmea, e um casal de cada espécie de animal impuro, macho e fêmea, **3** e leve também sete casais de aves de cada espécie, macho e fêmea, a fim de preservá-los em toda a terra. **4** Daqui a sete dias farei chover sobre a terra quarenta dias e quarenta noites, e farei desaparecer da face da terra todos os seres vivos que fiz".

5 E Noé fez tudo como o Senhor lhe tinha ordenado.[b]

O Dilúvio

6 Noé tinha seiscentos anos de idade quando as águas do Dilúvio vieram sobre a terra. **7** Noé, seus filhos, sua mulher e as mulheres de seus filhos entraram na arca, por causa das águas do Dilúvio. **8** Casais de animais grandes, puros e impuros, de aves e de todos os animais pequenos que se movem rente ao chão **9** vieram a Noé e entraram na arca, como Deus tinha ordenado a Noé. **10** E, depois dos sete dias, as águas do Dilúvio vieram sobre a terra.

---

[1] **6.4** Possivelmente *gigantes* ou *homens poderosos*. Veja também Nm 13.33.

[2] **6.14** Ou *de cipreste e de juncos*

[3] **6.15** Hebraico: *300 côvados de comprimento, 50 côvados de largura e 30 côvados de altura*. O côvado era uma medida linear de cerca de 45 centímetros.

[4] **6.16** Ou *Faça-lhe uma abertura para a luz no topo, de 45 centímetros*,

¹¹ No dia em que Noé completou seiscentos anos, um mês e dezessete dias, nesse mesmo dia todas as fontes das grandes profundezas^c jorraram, e as comportas do céu^d se abriram. **¹²** E a chuva caiu sobre a terra quarenta dias e quarenta noites.^e

¹³ Naquele mesmo dia, Noé e seus filhos, Sem, Cam e Jafé, com sua mulher e com as mulheres de seus três filhos, entraram na arca. **¹⁴** Com eles entraram todos os animais de acordo com as suas espécies: todos os animais selvagens, todos os rebanhos domésticos, todos os demais seres vivos que se movem rente ao chão e todas as criaturas que têm asas: todas as aves e todos os outros animais que voam. **¹⁵** Casais de todas as criaturas que tinham fôlego de vida vieram a Noé e entraram na arca.^f **¹⁶** Os animais que entraram foram um macho e uma fêmea de cada ser vivo, conforme Deus ordenara a Noé. Então o SENHOR fechou a porta.

¹⁷ Quarenta dias^g durou o Dilúvio, e as águas aumentaram e elevaram a arca acima da terra. **¹⁸** As águas prevaleceram, aumentando muito sobre a terra, e a arca flutuava na superfície das águas. **¹⁹** As águas dominavam cada vez mais a terra, e foram cobertas^h todas as altas montanhas debaixo do céu. **²⁰** As águas subiram até quase sete metros^1 acima das montanhas. **²¹** Todos os seres vivos que se movem sobre a terra pereceram: aves, rebanhos domésticos, animais selvagens, todas as pequenas criaturas que povoam a terra e toda a humanidade.^i **²²** Tudo o que havia em terra seca e tinha nas narinas o fôlego de vida^j morreu. **²³** Todos os seres vivos foram exterminados da face da terra; tanto os homens como os animais grandes, os animais pequenos que se movem rente ao chão e as aves do céu foram exterminados da terra.^k Só restaram Noé e aqueles que com ele estavam na arca.^l

²⁴ E as águas prevaleceram sobre a terra cento e cinquenta dias.^m

---

¹ **7.20** Hebraico: *15 côvados*. O côvado era uma medida linear de cerca de 45 centímetros.

O Fim do Dilúvio

8 Então Deus lembrou-se^n de Noé e de todos os animais selvagens e rebanhos domésticos que estavam com ele na arca, e enviou um vento sobre a terra,^o e as águas começaram a baixar.

² As fontes das profundezas e as comportas do céu^p se fecharam, e a chuva parou. **³** As águas foram baixando pouco a pouco sobre a terra. Ao fim de cento e cinquenta dias, as águas tinham diminuído, **⁴** e, no décimo sétimo dia do sétimo mês, a arca pousou nas montanhas de Ararate. **⁵** As águas continuaram a baixar até o décimo mês, e no primeiro dia do décimo mês apareceram os topos das montanhas.

⁶ Passados quarenta dias, Noé abriu a janela que fizera na arca. **⁷** Esperando que a terra já tivesse aparecido, Noé soltou um corvo, mas este ficou dando voltas. **⁸** Depois soltou uma pomba para ver se as águas tinham diminuído na superfície da terra. **⁹** Mas a pomba não encontrou lugar onde pousar os pés porque as águas ainda cobriam toda a superfície da terra e, por isso, voltou para a arca, a Noé. Ele estendeu a mão para fora, apanhou a pomba e a trouxe de volta para dentro da arca. **¹⁰** Noé esperou mais sete dias e soltou novamente a pomba. **¹¹** Quando voltou ao entardecer, a pomba trouxe em seu bico uma folha nova de oliveira. Noé então ficou sabendo que as águas tinham diminuído sobre a terra. **¹²** Esperou ainda outros sete dias e de novo soltou a pomba, mas dessa vez ela não voltou.

¹³ No primeiro dia do primeiro mês do ano seiscentos e um da vida de Noé, secaram-se as águas na terra. Noé então removeu o teto da arca e viu que a superfície da terra estava seca. **¹⁴** No vigésimo sétimo dia do segundo mês, a terra estava completamente seca.

¹⁵ Então Deus disse a Noé: **¹⁶** "Saia da arca, você e sua mulher, seus filhos e as mulheres deles.^q **¹⁷** Faça que saiam também todos os animais que estão com você: as aves, os grandes animais e os pequenos que se movem rente ao chão. Faça-os sair para que se espalhem pela terra, sejam férteis e se multipliquem".^r

---

7.11
^c Ez 26.19
^d Gn 8.2
7.12
^e v. 4
7.15
^f Gn 6.19
7.17
^g v. 4
7.19
^h Sl 104.6
7.21
^i Gn 6.7, 13
7.22
^j Gn 1.30
7.23
^k Mt 24.39; Lc 17.27; 1Pe 3.20; 2Pe 2.5; Hb 11.7
7.24
^m Gn 8.3
8.1
^n Gn 9.15; 19.29; Ex 2.24; 1Sm 1.11, 19
^o Ex 14.21
8.2
^p Gn 7.11
8.16
^q Gn 7.13
8.17
^r Gn 1.22

¹⁸ Então Noé saiu da arca com sua mulher e seus filhos e as mulheres deles, ¹⁹ e com todos os grandes animais e os pequenos que se movem rente ao chão e todas as aves. Tudo o que se move sobre a terra saiu da arca, uma espécie após outra.

²⁰ Depois Noé construiu um altar dedicado ao Senhor, e, tomando alguns animais e aves puros, ofereceu-os como holocausto¹, queimando-os sobre o altar. ²¹ O Senhor sentiu o aroma agradável e disse a si mesmo: "Nunca mais amaldiçoarei a terra por causa do homem, pois o seu coração é inteiramente inclinado para o mal desde a infância. E nunca mais destruirei todos os seres vivos² como fiz desta vez.

²² "Enquanto durar a terra,
plantio e colheita,
frio e calor,
verão e inverno,
dia e noite
jamais cessarão".

A Aliança de Deus com Noé

9 Deus abençoou Noé e seus filhos, dizendo-lhes: "Sejam férteis, multipliquem-se e encham a terra. ² Todos os animais da terra tremerão de medo diante de vocês: os animais selvagens, as aves do céu, as criaturas que se movem rente ao chão e os peixes do mar; eles estão entregues em suas mãos. ³ Tudo o que vive e se move servirá de alimento para vocês. Assim como dei a vocês os vegetais, agora dou todas as coisas.

⁴ "Mas não comam carne com sangue, que é vida. ⁵ A todo aquele que derramar sangue, tanto homem como animal, pedirei contas; a cada um pedirei contas da vida do seu próximo.

⁶ "Quem derramar sangue do homem,
pelo homem seu sangue será
derramado;
porque à imagem de Deus
foi o homem criado.

⁷ "Mas vocês sejam férteis e multipliquem-se; espalhem-se pela terra e proliferem nela³".

⁸ Então disse Deus a Noé e a seus filhos, que estavam com ele: ⁹ "Vou estabelecer a minha aliança com vocês e com os seus futuros descendentes, ¹⁰ e com todo ser vivo que está com vocês: as aves, os rebanhos domésticos e os animais selvagens, todos os que saíram da arca com vocês, todos os seres vivos da terra. ¹¹ Estabeleço uma aliança com vocês: Nunca mais será ceifada nenhuma forma de vida pelas águas de um dilúvio; nunca mais haverá dilúvio para destruir a terra".

¹² E Deus prosseguiu: "Este é o sinal da aliança que estou fazendo entre mim e vocês e com todos os seres vivos que estão com vocês, para todas as gerações futuras: ¹³ o meu arco que coloquei nas nuvens. Será o sinal da minha aliança com a terra. ¹⁴ Quando eu trouxer nuvens sobre a terra e nelas aparecer o arco-íris, ¹⁵ então me lembrarei da minha aliança com vocês e com os seres vivos de todas as espécies⁴. Nunca mais as águas se tornarão um dilúvio para destruir toda forma de vida⁵. ¹⁶ Toda vez que o arco-íris estiver nas nuvens, olharei para ele e me lembrarei da aliança eterna entre Deus e todos os seres vivos de todas as espécies que vivem na terra".

¹⁷ Concluindo, disse Deus a Noé: "Esse é o sinal da aliança que estabeleci entre mim e toda forma de vida que há sobre a terra".

Os Filhos de Noé

¹⁸ Os filhos de Noé que saíram da arca foram Sem, Cam e Jafé. Cam é o pai de Canaã. ¹⁹ Esses foram os três filhos de Noé; a partir deles toda a terra foi povoada.

²⁰ Noé, que era agricultor, foi o primeiro a plantar uma vinha. ²¹ Bebeu do vinho, embriagou-se e ficou nu dentro da sua tenda.

---

¹ **8.20** Isto é, sacrifício totalmente queimado.
² **8.21** Ou *toda a raça humana*
³ **9.7** Possivelmente *e a dominem*
⁴ **9.15** Hebraico: *de toda carne*; também no versículo 16.
⁵ **9.15** Hebraico: *toda carne*; também no versículo 17.

²² Cam, pai de Canaã, viu a nudez do pai e foi contar aos dois irmãos que estavam do lado de fora. ²³ Mas Sem e Jafé pegaram a capa, levantaram-na sobre os ombros e, andando de costas para não verem a nudez do pai, cobriram-no.

²⁴ Quando Noé acordou do efeito do vinho e descobriu o que seu filho caçula lhe havia feito, ²⁵ disse:

"Maldito seja Canaã!*r*
Escravo de escravos
será para os seus irmãos".

²⁶ Disse ainda:

"Bendito seja o Senhor,
o Deus de Sem!
E seja Canaã seu escravo.
²⁷ Amplie Deus o território de Jafé;
habite ele nas tendas de Sem,
e seja Canaã seu escravo".

²⁸ Depois do Dilúvio Noé viveu trezentos e cinquenta anos. ²⁹ Viveu ao todo novecentos e cinquenta anos e morreu.

A Origem dos Povos

10 Este é o registro*t* da descendência de Sem, Cam e Jafé, filhos de Noé. Os filhos deles nasceram depois do Dilúvio.

Os Jafetitas

² Estes foram os filhos¹ de Jafé:
Gômer,*u* Magogue,*v* Madai, Javã, Tubal,*w*
Meseque e Tirás.

³ Estes foram os filhos de Gômer:
Asquenaz,*x* Rifate e Togarma.*y*

⁴ Estes foram os filhos de Javã:
Elisá, Társis,*z* Quitim e Rodanim².

⁵ Deles procedem os povos marítimos, os quais se separaram em seu território, conforme a sua língua, cada um segundo os clãs de suas nações.

Os Camitas

⁶ Estes foram os filhos de Cam:
Cuxe, Mizraim³, Fute e Canaã.*a*

⁷ Estes foram os filhos de Cuxe:
Sebá, Havilá, Sabtá, Raamá e Sabtecá.
Estes foram os filhos de Raamá:
Sabá e Dedã.

⁸ Cuxe gerou⁴ também Ninrode, o primeiro homem poderoso na terra. ⁹ Ele foi o mais valente dos caçadores⁵, e por isso se diz: "Valente como Ninrode". ¹⁰ No início o seu reino abrangia Babel,*b* Ereque, Acade e Calné⁶, na terra de Sinear⁷.*c* ¹¹ Dessa terra ele partiu para a Assíria,*d* onde fundou Nínive,*e* Reobote-Ir⁸, Calá ¹² e Resém, que fica entre Nínive e Calá, a grande cidade.

¹³ Mizraim gerou os luditas, os anamitas, os leabitas, os naftuítas, ¹⁴ os patrusitas, os casluítas, dos quais se originaram os filisteus,*f* e os caftoritas.

¹⁵ Canaã*g* gerou Sidom,*h* seu filho mais velho, e Hete⁹,*i* ¹⁶ como também os jebuseus,*j* os amorreus, os girgaseus, ¹⁷ os heveus, os arqueus, os sineus, ¹⁸ os arvadeus, os zemareus e os hamateus.

Posteriormente, os clãs cananeus*k* se espalharam. ¹⁹ As fronteiras de Canaã*l* estendiam-se desde Sidom,*m* iam até Gerar, e chegavam a Gaza e, de lá, prosseguiam até Sodoma, Gomorra, Admá e Zeboim, chegando até Lasa.

²⁰ São esses os descendentes de Cam, conforme seus clãs e línguas, em seus territórios e nações.

Os Semitas

²¹ Sem, irmão mais velho de Jafé¹⁰, também gerou filhos. Sem foi o antepassado de todos os filhos de Héber.*n*

---

³ **10.6** Isto é, Egito; também no versículo 13.
⁴ **10.8** *Gerar* pode ter o sentido de *ser ancestral* ou *predecessor*; também nos versículos 13, 15, 24 e 26.
⁵ **10.9** Hebraico: *valente caçador diante do Senhor*.
⁶ **10.10** Ou *e todos eles*
⁷ **10.10** Isto é, Babilônia.
⁸ **10.11** Ou *Nínive com as praças da cidade*
⁹ **10.15** Ou *os sidônios, os primeiros, e os hititas*
¹⁰ **10.21** Ou *Sem, cujo irmão mais velho era Jafé*

¹ **10.2** *Filhos* pode significar *descendentes* ou *sucessores* ou *nações*; também nos versículos 3, 4, 6, 7, 20-23 e 29.
² **10.4** Alguns manuscritos dizem *Dodanim*.

²² Estes foram os filhos de Sem:

Elão,ᵒ Assur, Arfaxade,ᵖ Lude e Arã.

²³ Estes foram os filhos de Arã:

Uz,ᑫ Hul, Géter e Meseque¹.

²⁴ Arfaxade gerou Salá², e este gerou Héber.ʳ

²⁵ A Héber nasceram dois filhos:

um deles se chamou Pelegue, porque em sua época a terra foi dividida; seu irmão chamou-se Joctã.

²⁶ Joctã gerou Almodá, Salefe, Hazarmavé, Jerá, ²⁷ Adorão, Uzal, Dicla, ²⁸ Obal, Abimael, Sabá, ²⁹ Ofir, Havilá e Jobabe. Todos esses foram filhos de Joctã.

³⁰ A região onde viviam estendia-se de Messa até Sefar, nas colinas ao leste.

³¹ São esses os descendentes de Sem, conforme seus clãs e línguas, em seus territórios e nações.

³² São esses os clãs dos filhos de Noé,ˢ distribuídos em suas nações, conforme a história da sua descendência. A partir deles, os povos se dispersaram pela terra,ᵗ depois do Dilúvio.

A Torre de Babel

11 No mundo todo havia apenas uma língua, um só modo de falar.

² Saindo os homens do³ Oriente, encontraram uma planície em Sinearᵘ e ali se fixaram.

³ Disseram uns aos outros: "Vamos fazer tijolosᵛ e queimá-los bem". Usavam tijolos em lugar de pedras, e picheʷ em vez de argamassa. ⁴ Depois disseram: "Vamos construir uma cidade, com uma torre que alcance os céus.ˣ Assim nosso nomeʸ será famoso e não seremos espalhados pela face da terra".ᶻ

⁵ O Senhor desceuᵃ para ver a cidade e a torre que os homens estavam construindo. ⁶ E disse o Senhor: "Eles são um só povo e falam uma só língua, e começaram a construir isso. Em breve nada poderá impedir o que planejam fazer. ⁷ Venham, desçamosᵇ e confundamos a língua que falam, para que não entendam mais uns aos outros".ᶜ

⁸ Assim o Senhor os dispersou dali por toda a terra,ᵈ e pararam de construir a cidade. ⁹ Por isso foi chamada Babel⁴,ᵉ porque ali o Senhor confundiu a língua de todo o mundo. Dali o Senhor os espalhou por toda a terra.

A Descendência de Sem

¹⁰ Este é o registro da descendência de Sem:

Dois anos depois do Dilúvio, aos 100 anos de idade, Sem gerou⁵ Arfaxade. ¹¹ E depois de ter gerado Arfaxade, Sem viveu 500 anos e gerou outros filhos e filhas.

¹² Aos 35 anos, Arfaxade gerou Salá.ᶠ ¹³ Depois que gerou Salá, Arfaxade viveu 403 anos e gerou outros filhos e filhas.⁶

¹⁴ Aos 30 anos, Salá gerou Héber. ¹⁵ Depois que gerou Héber, Salá viveu 403 anos e gerou outros filhos e filhas.

¹⁶ Aos 34 anos, Héber gerou Pelegue. ¹⁷ Depois que gerou Pelegue, Héber viveu 430 anos e gerou outros filhos e filhas.

¹⁸ Aos 30 anos, Pelegue gerou Reú. ¹⁹ Depois que gerou Reú, Pelegue viveu 209 anos e gerou outros filhos e filhas.

²⁰ Aos 32 anos, Reú gerou Serugue.ᵍ ²¹ Depois que gerou Serugue, Reú viveu 207 anos e gerou outros filhos e filhas.

²² Aos 30 anos, Serugue gerou Naor. ²³ Depois que gerou Naor, Serugue viveu 200 anos e gerou outros filhos e filhas.

²⁴ Aos 29 anos, Naor gerou Terá.ʰ ²⁵ Depois que gerou Terá, Naor viveu 119 anos e gerou outros filhos e filhas.

²⁶ Aos 70 anos, Terá havia gerado Abrão,ⁱ Naorʲ e Harã.

---

⁴ **11.9** Isto é, Babilônia.
⁵ **11.10** *Gerar* pode ter o sentido de *ser ancestral* ou *predecessor*; também nos versículos 11-25.
⁶ **11.12,13** A Septuaginta diz *Aos 35 anos, Arfaxade gerou Cainã. ¹³Depois que gerou Cainã, Arfaxade viveu 430 anos e gerou outros filhos e filhas, e então morreu. Aos 130 anos, Cainã gerou Salá. Depois que gerou Salá, Cainã viveu 330 anos e gerou outros filhos e filhas*. Veja Gn 10.24 e Lc 3.35,36.

---

¹ **10.23** Alguns manuscritos dizem *Más*.
² **10.24** A Septuaginta diz *gerou Cainã, e Cainã gerou Salá*.
³ **11.2** Ou *para o Oriente*

10.22
ᵒ Jr 49.34
ᵖ Lc 3.36

10.23
ᑫ Jó 1.1

10.24
ʳ v. 21

10.32
ˢ v. 1
ᵗ Gn 9.19

11.2
ᵘ Gn 10.10

11.3
ᵛ Ex 1.14
ʷ Gn 14.10

11.4
ˣ Dt 1.28; 9.1
ʸ Gn 6.4
ᶻ Dt 4.27

11.5
ᵃ v. 7; Gn 18.21; Ex 3.8; 19.11, 18, 20

11.7
ᵇ Gn 1.26
ᶜ Gn 42.23

11.8
ᵈ Gn 9.19; Lc 1.51

11.9
ᵉ Gn 10.10

11.12
ᶠ Lc 3.35

11.20
ᵍ Lc 3.35

11.24
ʰ Lc 3.34

11.26
ⁱ Lc 3.34
ʲ Js 24.2

²⁷ Esta é a história da família de Terá:

Terá gerou Abrão, Naor e Harã. E Harã gerou Ló.ᵏ ²⁸ Harã morreu em Ur dos caldeus,ˡ sua terra natal, quando ainda vivia Terá, seu pai. ²⁹ Tanto Abrão como Naor casaram-se. O nome da mulher de Abrão era Sarai,ᵐ e o nome da mulher de Naor era Milca;ⁿ esta era filha de Harã, pai de Milca e de Iscá. ³⁰ Ora, Sarai era estéril; não tinha filhos.ᵒ

³¹ Terá tomou seu filho Abrão, seu neto Ló, filho de Harã, e sua nora Sarai, mulher de seu filho Abrão, e juntos partiram de Ur dos caldeusᵖ para Canaã.ᑫ Mas, ao chegarem a Harã, estabeleceram-se ali.

³² Terá viveu 205 anos e morreu em Harã.

O Chamado de Abrão

12 Então o Senhor disse a Abrão: "Saia da sua terra, do meio dos seus parentes e da casa de seu pai, e vá para a terra que eu lhe mostrarei.ʳ

² "Farei de você um grande povo,ˢ
e o abençoarei.ᵗ
Tornarei famoso o seu nome,
e você será uma bênção.

³ Abençoarei os que o abençoarem
e amaldiçoarei os que o amaldiçoarem;ᵘ
e por meio de vocêᵛ
todos os povos da terra
serão abençoados".

⁴ Partiu Abrão, como lhe ordenara o Senhor, e Ló foi com ele. Abrão tinha setenta e cinco anos quando saiu de Harã.ʷ ⁵ Levou sua mulher Sarai, seu sobrinho Ló, todos os bens que haviam acumulado e os seus servos,ˣ comprados em Harã; partiram para a terra de Canaã e lá chegaram. ⁶ Abrão atravessou a terraʸ até o lugar do carvalho de Moré,ᶻ em Siquém. Naquela época, os cananeusᵃ habitavam essa terra. ⁷ O Senhor apareceu a Abrão e disse:ᵇ "À sua descendência darei esta terra".ᶜ Abrão construiu ali um altar dedicado ao Senhor,ᵈ que lhe havia aparecido. ⁸ Dali prosseguiu em direção às colinas a leste de Betel,ᵈ onde armou acampamento, tendo Betel a oeste e Ai a leste. Construiu ali um altar dedicado ao Senhor e invocou o nome do Senhor. ⁹ Depois Abrão partiu e prosseguiu em direção ao Neguebe.ᶠ

Abrão no Egito

¹⁰ Houve fome naquela terra, e Abrão desceu ao Egito para ali viver algum tempo, pois a fome era rigorosa. ¹¹ Quando estava chegando ao Egito, disse a Sarai, sua mulher: "Bem sei que você é bonita. ¹² Quando os egípcios a virem, dirão: 'Esta é a mulher dele'. E me matarão, mas deixarão você viva. ¹³ Diga que é minha irmã,ᵍ para que me tratem bem por amor a você e minha vida seja poupada por sua causa".

¹⁴ Quando Abrão chegou ao Egito, viram os egípcios que Sarai era uma mulher muito bonita. ¹⁵ Vendo-a, os homens da corte do faraó a elogiaram diante do faraó, e ela foi levada ao seu palácio. ¹⁶ Ele tratou bem a Abrão por causa dela, e Abrão recebeu ovelhas e bois, jumentos e jumentas, servos e servas, e camelos.

¹⁷ Mas o Senhor puniu o faraó e sua corteʰ com graves doenças, por causa de Sarai, mulher de Abrão. ¹⁸ Por isso o faraó mandou chamar Abrão e disse: "O que você fez comigo?ⁱ Por que não me falou que ela era sua mulher? ¹⁹ Por que disse que era sua irmã? Foi por isso que eu a tomei para ser minha mulher. Aí está a sua mulher. Tome-a e vá!" ²⁰ A seguir o faraó deu ordens para que providenciassem o necessário para que Abrão partisse com sua mulher e com tudo o que possuía.

A Desavença entre Abrão e Ló

13 Saiu, pois, Abrão do Egito e foi para o Neguebe,ʲ com sua mulher e com tudo o que possuía, e Ló foi com ele. ² Abrão tinha enriquecido muito, tanto em gado como em prata e ouro.

³ Ele partiu do Neguebe em direção a Betel,ᵏ indo de um lugar a outro, até que chegou ao lugar entre Betel e Ai onde já havia armado

acampamento anteriormente ⁴ e onde, pela primeira vez, tinha construído um altar.ˡ Ali Abrão invocou o nome do Senhor.

⁵ Ló, que acompanhava Abrão, também possuía rebanhos e tendas. ⁶ E não podiam morar os dois juntosᵐ na mesma região, porque possuíam tantos bens que a terra não podia sustentá-los. ⁷ Por isso surgiu uma desavençaⁿ entre os pastores dos rebanhos de Abrão e os de Ló. Nessa época os cananeus e os ferezeus habitavam aquela terra.ᵒ

⁸ Então Abrão disse a Ló: "Não haja desavença entre mim e você,ᵖ ou entre os seus pastores e os meus; afinal somos irmãos!ᑫ ⁹ Aí está a terra inteira diante de você. Vamos separar-nos. Se você for para a esquerda, irei para a direita; se for para a direita, irei para a esquerda".

¹⁰ Olhou então Ló e viu todo o vale do Jordão, todo ele bem irrigado, até Zoar; era como o jardim do Senhor,ʳ como a terra do Egito.ˢ Isto se deu antes de o Senhor destruir Sodoma e Gomorra.ᵗ ¹¹ Ló escolheu todo o vale do Jordão e partiu em direção ao leste. Assim os dois se separaram: ¹² Abrão ficou na terra de Canaã, mas Ló mudou seu acampamento para um lugar próximo a Sodoma,ᵘ entre as cidades do vale.ᵛ ¹³ Ora, os homens de Sodoma eram extremamente perversos e pecadores contra o Senhor.ʷ

A Promessa de Deus a Abrão

¹⁴ Disse o Senhor a Abrão, depois que Ló separou-se dele: "De onde você está, olhe para o norte, para o sul, para o leste e para o oeste.ˣ ¹⁵ toda a terra que você está vendo darei a você e à sua descendência para sempre.ʸ ¹⁶ Tornarei a sua descendência tão numerosa como o pó da terra. Se for possível contar o pó da terra,ᶻ também se poderá contar a sua descendência. ¹⁷ Percorra esta terra de alto a baixo, de um lado a outro, porque eu a darei a você".

¹⁸ Então Abrão mudou seu acampamento e passou a viver próximo aos carvalhos de Manre,ᵃ em Hebrom,ᵇ onde construiu um altar dedicado ao Senhor.ᶜ

Abrão Socorre Ló

14 Naquela época, Anrafel, rei de Sinear,ᵈ Arioque, rei de Elasar, Quedorlaomer, rei de Elão, e Tidal, rei de Goim, ² foram à guerra contra Bera, rei de Sodoma, contra Birsa, rei de Gomorra, contra Sinabe, rei de Admá, contra Semeber, rei de Zeboim,ᵉ e contra o rei de Belá, que é Zoar.ᶠ ³ Todos esses últimos juntaram suas tropas no vale de Sidim, onde fica o mar Salgado.¹ᵍ ⁴ Doze anos estiveram sujeitos a Quedorlaomer, mas no décimo terceiro ano se rebelaram.

⁵ No décimo quarto ano, Quedorlaomer e os reis que a ele tinham-se aliado derrotaram os refainsʰ em Asterote-Carnaim, os zuzins em Hã, os eminsⁱ em Savé-Quiriataim ⁶ e os horeusʲ desde os montes de Seirᵏ até El-Parã,ˡ próximo ao deserto. ⁷ Depois, voltaram e foram para En-Mispate, que é Cades, e conquistaram todo território dos amalequitas e dos amorreus que viviam em Hazazom-Tamar.ᵐ

⁸ Então os reis de Sodoma, de Gomorra,ⁿ de Admá, de Zeboimᵒ e de Belá, que é Zoar, marcharam e tomaram posição de combate no vale de Sidim ⁹ contra Quedorlaomer, rei de Elão, contra Tidal, rei de Goim, contra Anrafel, rei de Sinear, e contra Arioque, rei de Elasar. Eram quatro reis contra cinco. ¹⁰ Ora, o vale de Sidim era cheio de poços de betume e, quando os reis de Sodoma e de Gomorra fugiram, alguns dos seus homens caíram nos poços e o restante escapou para os montes.ᵖ ¹¹ Os vencedores saquearam todos os bens de Sodoma e de Gomorra e todo o seu mantimento, e partiram. ¹² Levaram também Ló, sobrinho de Abrão, e os bens que ele possuía, visto que morava em Sodoma.

¹³ Mas alguém que tinha escapado veio e relatou tudo a Abrão, o hebreu, que vivia próximo aos carvalhos de Manre,ᑫ o amorreu. Manre e os seus irmãos² Escol e Aner eram aliados de Abrão. ¹⁴ Quando Abrão

---

¹ **14.3** Isto é, o mar Morto.
² **14.13** Ou *parentes*; ou ainda *aliados*

ouviu que seu parente fora levado prisioneiro, mandou convocar os trezentos e dezoito homens treinados, nascidos em sua casa,^r e saiu em perseguição aos inimigos até Dã.^s ¹⁵ Atacou-os durante a noite em grupos, e assim os derrotou, perseguindo-os até Hobá, ao norte¹ de Damasco. ¹⁶ Recuperou todos os bens e trouxe de volta seu parente Ló com tudo o que possuía, com as mulheres e o restante dos prisioneiros.

Melquisedeque Abençoa Abrão

¹⁷ Voltando Abrão da vitória sobre Quedorlaomer e sobre os reis que a ele se haviam aliado, o rei de Sodoma foi ao seu encontro no vale de Savé, isto é, o vale do Rei.^t

¹⁸ Então Melquisedeque,^u rei de Salém²ᵛ e sacerdote do Deus Altíssimo, trouxe pão e vinho ¹⁹ e abençoou Abrão,^w dizendo:

"Bendito seja Abrão
    pelo Deus Altíssimo,
Criador³ dos céus e da terra.^x
²⁰ E bendito seja o Deus Altíssimo,^y
que entregou seus inimigos
    em suas mãos".

E Abrão lhe deu o dízimo de tudo.^z

²¹ O rei de Sodoma disse a Abrão: "Dê-me as pessoas e pode ficar com os bens".

²² Mas Abrão respondeu ao rei de Sodoma: "De mãos^a levantadas ao Senhor, o Deus Altíssimo, Criador dos céus e da terra,^b juro ²³ que não aceitarei nada do que pertence a você,^c nem mesmo um cordão ou uma correia de sandália, para que você jamais venha a dizer: 'Eu enriqueci Abrão'. ²⁴ Nada aceitarei, a não ser o que os meus servos comeram e a porção pertencente a Aner, Escol e Manre, os quais me acompanharam. Que eles recebam a sua porção".

A Aliança de Deus com Abrão

15 Depois dessas coisas o Senhor falou a Abrão^d numa visão:

"Não tenha medo,^e Abrão!
Eu sou o seu escudo;^f
grande será a sua recompensa!"

² Mas Abrão perguntou: "Ó Soberano Senhor, que me darás, se continuo sem filhos^g e o herdeiro do que possuo é Eliézer de Damasco?" ³ E acrescentou: "Tu não me deste filho algum! Um servo^h da minha casa será o meu herdeiro!"

⁴ Então o Senhor deu-lhe a seguinte resposta: "Seu herdeiro não será esse. Um filho gerado por você mesmo será o seu herdeiro".ⁱ ⁵ Levando-o para fora da tenda, disse-lhe: "Olhe para o céu e conte as estrelas,^j se é que pode contá-las". E prosseguiu: "Assim será a sua descendência".^k

⁶ Abrão creu no Senhor, e isso lhe foi creditado como justiça.^l

⁷ Disse-lhe ainda: "Eu sou o Senhor, que o tirei de Ur dos caldeus para dar a você esta terra como herança".

⁸ Perguntou-lhe Abrão: "Ó Soberano Senhor, como posso saber^m que tomarei posse dela?"

⁹ Respondeu-lhe o Senhor: "Traga-me uma novilha, uma cabra e um carneiro, todos com três anos de vida, e também uma rolinha e um pombinho".

¹⁰ Abrão trouxe todos esses animais, cortou-os ao meio e colocou cada metade em frente à outra;ⁿ as aves, porém, ele não cortou.^o ¹¹ Nisso, aves de rapina começaram a descer sobre os cadáveres, mas Abrão as enxotava.

¹² Ao pôr do sol, Abrão foi tomado de sono profundo,^p e eis que vieram sobre ele trevas densas e apavorantes. ¹³ Então o Senhor lhe disse: "Saiba que os seus descendentes serão estrangeiros numa terra que não lhes pertencerá, onde também serão escravizados^q e oprimidos por quatrocentos anos.^r ¹⁴ Mas eu castigarei a nação a quem servirão como escravos e, depois de tudo, sairão^s com muitos bens.^t ¹⁵ Você, porém, irá em paz a seus antepassados e será sepultado em boa velhice.^u ¹⁶ Na quarta geração, os seus descendentes voltarão para cá,

---

¹ 14.15 Hebraico: *à esquerda*.
² 14.18 Isto é, Jerusalém.
³ 14.19 Ou *Dono*; também no versículo 22.

14.14
^rGn 15.3
^sDt 34.1;
Jz 18.29

14.17
^t2Sm 18.18

14.18
^uSl 110.4;
Hb 5.6
^vSl 76.2;
Hb 7.2

14.19
^wHb 7.6
^xv. 22

14.20
^yGn 24.27
^zGn 28.22;
Dt 26.12;
Hb 7.4

14.22
^aEx 6.8;
Dn 12.7;
Ap 10.5-6
^bv. 19

14.23
^c2Rs 5.16

15.1
^dDn 10.1
^eGn 21.17;
26.24; 46.3;
2Rs 6.16;
Sl 27.1;
Is 41.10,
13-14
^fDt 33.29;
2Sm 22.3, 31;
Sl 3.3

15.2
^gAt 7.5

15.3
^hGn 24.2, 34

15.4
ⁱGl 4.28

15.5
^jSl 147.4;
Jr 33.22
^kGn 12.2;
22.17;
Ex 32.13;
Rm 4.18*
Hb 11.12

15.6
^lSl 106.31;
Rm 4.3*,
20-24*;
Gl 3.6*;
Tg 2.23*

15.8
^mLc 1.18

15.10
ⁿv. 17;
Jr 34.18
^oLv 1.17

15.12
^pGn 2.21

15.13
^qEx 1.11
^rv. 16;
Ex 12.40;
At 7.6, 17

15.14
^sAt 7.7
^tEx 12.32-38

15.15
^uGn 25.8

porque a maldade dos amorreusᵛ ainda não atingiu a medida completa".

17 Depois que o sol se pôs e veio a escuridão, eis que um fogareiro esfumaçante, com uma tocha acesa, passou por entre os pedaços dos animais.ʷ **18** Naquele dia, o Senhor fez a seguinte aliança com Abrão: "Aos seus descendentes dei esta terra,ˣ desde o ribeiro do Egitoʸ até o grande rio, o Eufrates: **19** a terra dos queneus, dos quenezeus, dos cadmoneus, **20** dos hititas, dos ferezeus, dos refains, **21** dos amorreus, dos cananeus, dos girgaseus e dos jebuseus".

O Nascimento de Ismael

16 Ora, Sarai, mulher de Abrão, não lhe dera nenhum filho.ᶻ Como tinha uma servaᵃ egípcia, chamada Hagar, **2** disse a Abrão: "Já que o Senhor me impediu de ter filhos, possua a minha serva; talvez eu possa formar família por meio dela".ᵇ Abrão atendeu à proposta de Sarai. **3** Quando isso aconteceu, já fazia dez anos que Abrão, seu marido, vivia em Canaã.ᶜ Foi nessa ocasião que Sarai, sua mulher, lhe entregou sua serva egípcia Hagar. **4** Ele possuiu Hagar, e ela engravidou.

Quando se viu grávida, começou a olhar com desprezo para a sua senhora. **5** Então Sarai disse a Abrão: "Caia sobre você a afronta que venho sofrendo. Coloquei minha serva em seus braços e, agora que ela sabe que engravidou, despreza-me. Que o Senhor seja o juiz entre mim e você".ᵈ

6 Respondeu Abrão a Sarai: "Sua serva está em suas mãos. Faça com ela o que achar melhor". Então Sarai tanto maltratou Hagar que esta acabou fugindo.

7 O Anjo do Senhorᵉ encontrou Hagar perto de uma fonte no deserto, no caminho de Sur,ᶠ **8** e perguntou-lhe: "Hagar, serva de Sarai, de onde você vem? Para onde vai?"

Respondeu ela: "Estou fugindo de Sarai, a minha senhora".

9 Disse-lhe então o Anjo do Senhor: "Volte à sua senhora e sujeite-se a ela".

10 Disse mais o Anjo: "Multiplicarei tanto os seus descendentes que ninguém os poderá contar".ᵍ

11 Disse-lhe ainda o Anjo do Senhor:

"Você está grávida e terá um filho,
  e lhe dará o nome de Ismael,
porque o Senhor a ouviu
  em seu sofrimento.ʰ
12 Ele será como jumento selvagem;
sua mão será contra todos,
  e a mão de todos contra ele,
e ele viverá em hostilidade¹
  contra todos os seus irmãos".ⁱ

13 Este foi o nome que ela deu ao Senhor, que lhe havia falado: "Tu és o Deus que me vê",ʲ pois dissera: "Teria eu visto Aquele que me vê?" **14** Por isso o poço, que fica entre Cades e Berede, foi chamado Beer-Laai-Roi².

15 Hagar teve um filhoᵏ de Abrão, e este lhe deu o nome de Ismael. **16** Abrão estava com oitenta e seis anos de idade quando Hagar lhe deu Ismael.

A Circuncisão: O Sinal da Aliança

17 Quando Abrão estava com noventa e nove anos de idade o Senhor lhe apareceu e disse: "Eu sou o Deus todo-poderoso³ˡ; ande segundo a minha vontade e seja íntegro.ᵐ **2** Estabelecerei a minha aliança entre mim e vocêⁿ e multiplicarei muitíssimo a sua descendência".

3 Abrão prostrou-se com o rosto em terra, e Deus lhe disse: **4** "De minha parte, esta é a minha aliança com você.ᵒ Você será o pai de muitas nações.ᵖ **5** Não será mais chamado Abrão; seu nome será Abraão⁴ᵍ, porque eu o constituí pai de muitas nações.ʳ **6** Eu o tornarei extremamente prolífero;ˢ de você farei nações e de você procederão reis.ᵗ **7** Estabelecerei a minha aliança como aliança eterna entre mim e você e os seus futuros descendentes, para ser o seu Deusᵘ e o

---

¹ **16.12** Ou *defronte de todos*
² **16.14** Isto é, *poço daquele que vive e me vê*.
³ **17.1** Hebraico: *El-Shaddai*.
⁴ **17.5** *Abrão* significa *pai exaltado*; *Abraão* significa *pai de muitas nações*.

Deus dos seus descendentes.ᵛ ⁸ Toda a terra de Canaã,ʷ onde agora você é estrangeiro,ˣ darei como propriedade perpétua a você e a seus descendentes;ʸ e serei o Deus deles.

⁹ "De sua parte", disse Deus a Abraão, "guarde a minha aliança, tanto você como os seus futuros descendentes. ¹⁰ Esta é a minha aliança com você e com os seus descendentes, aliança que terá que ser guardada: Todos os do sexo masculino entre vocês serão circuncidados na carne.ᶻ ¹¹ Terão que fazer essa marca,ᵃ que será o sinal da aliança entre mim e vocês.ᵇ ¹² Da sua geração em diante, todo menino de oito dias de idade entre vocês terá que ser circuncidado,ᶜ tanto os nascidos em sua casa quanto os que forem comprados de estrangeiros e que não forem descendentes de vocês. ¹³ Sejam nascidos em sua casa, sejam comprados, terão que ser circuncidados. Minha aliança, marcada no corpo de vocês, será uma aliança perpétua. ¹⁴ Qualquer do sexo masculino que for incircunciso, que não tiver sido circuncidado, será eliminado do meio do seu povo;ᵈ quebrou a minha aliança".

¹⁵ Disse também Deus a Abraão: "De agora em diante sua mulher já não se chamará Sarai; seu nome será Sara¹. ¹⁶ Eu a abençoarei e também por meio dela darei a você um filho.ᵉ Sim, eu a abençoarei e dela procederão nações e reis de povos".ᶠ

¹⁷ Abraão prostrou-se com o rosto em terra; riu-seᵍ e disse a si mesmo: "Poderá um homem de cem anos de idade gerar um filho? Poderá Sara dar à luz aos noventa anos?" ¹⁸ E Abraão disse a Deus: "Permite que Ismael seja o meu herdeiro!²"

¹⁹ Então Deus respondeu: "Na verdade Sara, sua mulher, lhe dará um filho,ʰ e você lhe chamará Isaque³. Com ele estabelecerei a minha aliança, que será aliança eterna para os seus futuros descendentes. ²⁰ E, no caso de Ismael, levarei em conta o seu pedido. Também o abençoarei; eu o farei prolífero e multiplicareiⁱ muito a sua descendência. Ele será pai de doze príncipesᵏ e dele farei um grande povo.ˡ ²¹ Mas a minha aliança, eu a estabelecerei com Isaque, filho que Sara dará a você no ano que vem, por esta época".ᵐ ²² Quando terminou de falar com Abraão, Deus subiu e retirou-se da presença dele.

²³ Naquele mesmo dia, Abraão tomou seu filho Ismael, todos os nascidos em sua casa e os que foram comprados, todos os do sexo masculino de sua casa, e os circuncidou,ⁿ como Deus lhe ordenara. ²⁴ Abraão tinha noventa e nove anos quando foi circuncidado, ²⁵ e seu filho Ismael tinha treze; ²⁶ Abraão e seu filho Ismael foram circuncidados naquele mesmo dia. ²⁷ E com Abraão foram circuncidados todos os de sua casa, tanto os nascidos em casa como os comprados de estrangeiros.

Deus Promete um Filho a Abraão

18 O Senhor apareceu a Abraão perto dos carvalhos de Manre,ᵒ quando ele estava sentado à entrada de sua tenda, na hora mais quente do dia. ² Abraão ergueu os olhos e viu três homens em pé,ᵖ a pouca distância. Quando os viu, saiu da entrada de sua tenda, correu ao encontro deles e curvou-se até o chão.

³ Disse ele: "Meu senhor, se mereço o seu favor, não passe pelo seu servo sem fazer uma parada. ⁴ Mandarei buscar um pouco d'água para que lavem os pésᵠ e descansem debaixo desta árvore. ⁵ Vou trazer a vocês também o que comer,ʳ para que recuperem as forças e prossigam pelo caminho, agora que já chegaram até este seu servo".

"Está bem; faça como está dizendo", responderam.

⁶ Abraão foi apressadamente à tenda e disse a Sara: "Depressa, pegue três medidas⁴ da melhor farinha, amasse-a e faça uns pães".

---

¹ **17.15** Sara significa *princesa*.
² **17.18** Hebraico: *Que Ismael viva na tua presença!*
³ **17.19** Isaque significa *ele riu*.
⁴ **18.6** Hebraico: *3 seás*. O seá era uma medida de capacidade para secos. As estimativas variam entre 7 e 14 litros.

17.7 ᵛRm 9.8; Gl 3.16

17.8 ʷSl 105.9, 11; ˣGn 23.4; 28.4; Ex 6.4; ʸGn 12.7

17.10 ᶻv. 23; Gn 21.4; Jn 7.22; At 7.8; Rm 4.11

17.11 ᵃEx 12.48; Dt 10.16; ᵇ4.11

17.12 ᶜLv 12.3; Lc 2.21

17.14 ᵈEx 4.24-26

17.16 ᵉGn 18.10; ᶠGn 35.11; Gl 4.31

17.17 ᵍGn 18.12; 21.6

17.19 ʰGn 18.14; 21.2; ⁱGn 26.3

17.20 ʲGn 16.10; ᵏGn 25.12-16; ˡGn 21.18

17.21 ᵐGn 21.2

17.24 ⁿRm 4.11

18.1 ᵒGn 13.18; 14.13

18.2 ᵖv. 16, 22; Gn 32.24; Js 5.13; Jz 13.6-11; Hb 13.2

18.4 ᵠGn 19.2; 43.24

18.5 ʳJz 13.15

⁷ Depois correu ao rebanho e escolheu o melhor novilho, e o deu a um servo, que se apressou em prepará-lo. ⁸ Trouxe então coalhada, leite e o novilho que havia sido preparado, e os serviu.ˢ Enquanto comiam, ele ficou perto deles em pé, debaixo da árvore.

⁹ "Onde está Sara, sua mulher?", perguntaram.

"Ali na tenda", respondeu ele.

¹⁰ Então disse o Senhor¹: "Voltarei a você na primavera, e Sara, sua mulher, terá um filho".ᵗ

Sara escutava à entrada da tenda, atrás dele. ¹¹ Abraão e Sara já eram velhos, de idade bem avançada,ᵘ e Sara já tinha passado da idade de ter filhos.ᵛ ¹² Por isso riu consigo mesma, quando pensou: "Depois de já estar velha e meu senhor²ˣ já idoso, ainda terei esse prazer?"

¹³ Mas o Senhor disse a Abraão: "Por que Sara riuʷ e disse: 'Poderei realmente dar à luz, agora que sou idosa?' ¹⁴ Existe alguma coisa impossível para o Senhor?ʸ Na primavera voltarei a você, e Sara terá um filho".

¹⁵ Sara teve medo, e por isso mentiu: "Eu não ri".

Mas ele disse: "Não negue, você riu".

Abraão Intercede por Sodoma

¹⁶ Quando os homens se levantaram para partir, avistaram lá embaixo Sodoma; e Abraão os acompanhou para despedir-se. ¹⁷ Então o Senhor disse: "Esconderei de Abraãoᶻ o que estou para fazer?"ᵃ ¹⁸ Abraão será o pai de uma naçãoᵇ grande e poderosa, e por meio dele todas as nações da terra serão abençoadas. ¹⁹ Pois eu o escolhi, para que ordene aos seus filhosᶜ e aos seus descendentes que se conservem no caminho do Senhor,ᵈ fazendo o que é justo e direito, para que o Senhor faça vir a Abraão o que lhe prometeu".

²⁰ Disse-lhe, pois, o Senhor: "As acusações contra Sodoma e Gomorra são tantas e o seu pecado é tão grave ²¹ que descereiᵉ para ver se o que eles têm feito corresponde ao que tenho ouvido. Se não, eu saberei".

²² Os homens partiram dali e foram para Sodoma,ᶠ mas Abraão permaneceu diante do Senhor.³ ²³ Abraão aproximou-se dele e disse: "Exterminarás o justo com o ímpio?ᵍ ²⁴ E se houver cinquenta justos na cidade? Ainda a destruirás e não pouparás o lugar por amor aos cinquenta justos que nele estão?ʰ ²⁵ Longe de ti fazer tal coisa: matar o justo com o ímpio, tratando o justo e o ímpio da mesma maneira. Longe de ti! Não agirá com justiça o Juiz⁴ de toda a terra?"ⁱ

²⁶ Respondeu o Senhor: "Se eu encontrar cinquenta justos em Sodoma, pouparei a cidade toda por amor a eles".ʲ

²⁷ Mas Abraão tornou a falar: "Sei que já fui muito ousado a ponto de falar ao Senhor, eu que não passo de pó e cinza.ᵏ ²⁸ Ainda assim pergunto: E se faltarem cinco para completar os cinquenta justos? Destruirás a cidade por causa dos cinco?"

Disse ele: "Se encontrar ali quarenta e cinco, não a destruirei".

²⁹ "E se encontrares apenas quarenta?", insistiu Abraão.

Ele respondeu: "Por amor aos quarenta não a destruirei".

³⁰ Então continuou ele: "Não te ires, Senhor, mas permite-me falar. E se apenas trinta forem encontrados ali?"

Ele respondeu: "Se encontrar trinta, não a destruirei".

³¹ Prosseguiu Abraão: "Agora que já fui tão ousado falando ao Senhor, pergunto: E se apenas vinte forem encontrados ali?"

Ele respondeu: "Por amor aos vinteᵐ não a destruirei".

³² Então Abraão disse ainda: "Não te ires, Senhor, mas permite-me falar só mais uma vez.ˡ E se apenas dezᵐ forem encontrados?"

---

¹ **18.10** Hebraico: *disse ele.*

² **18.12** Ou *marido*

³ **18.22** Os massoretas indicam que a ordem original do texto era *o* Senhor, *porém, permaneceu diante de Abraão.*

⁴ **18.25** Ou *Soberano*

Ele respondeu: "Por amor aos dez não a destruirei".

³³ Tendo acabado de falar com Abraão, o Senhor partiu, e Abraão voltou para casa.

A Destruição de Sodoma e Gomorra

19 Os dois anjos chegaram a Sodomaⁿ ao anoitecer, e Ló estava sentado à porta da cidade.ᵒ Quando os avistou, levantou-se e foi recebê-los. Prostrou-se com o rosto em terra ² e disse: "Meus senhores, por favor, acompanhem-me à casa do seu servo. Lá poderão lavar os pés,ᵖ passar a noite e, pela manhã, seguir caminho".

"Não, passaremos a noite na praça", responderam.

³ Mas ele insistiu tanto com eles que, finalmente, o acompanharam e entraram em sua casa. Ló mandou preparar-lhes uma refeição e assar pão sem fermento, e eles comeram.ᑫ

⁴ Ainda não tinham ido deitar-se, quando todos os homens de toda parte da cidade de Sodoma, dos mais jovens aos mais velhos, cercaram a casa. ⁵ Chamaram Ló e lhe disseram: "Onde estão os homens que vieram à sua casa esta noite? Traga-os para nós aqui fora para que tenhamos relações com eles".ʳ

⁶ Ló saiu da casa,ˢ fechou a porta atrás de si ⁷ e lhes disse: "Não, meus amigos! Não façam essa perversidade! ⁸ Olhem, tenho duas filhas que ainda são virgens. Vou trazê-las para que vocês façam com elas o que bem entenderem. Mas não façam nada a estes homens, porque se acham debaixo da proteção do meu teto".ᵗ

⁹ "Saia da frente!", gritaram. E disseram: "Este homem chegou aqui como estrangeiro, e agora quer ser o juiz!ᵘ Faremos a você pior do que a eles". Então empurraram Ló com violência e avançaram para arrombar a porta. ¹⁰ Nisso, os dois visitantes agarraram Ló, puxaram-no para dentro e fecharam a porta. ¹¹ Depois feriram de cegueiraᵛ os homens que estavam à porta da casa, dos mais jovens aos mais velhos, de maneira que não conseguiam encontrar a porta.

¹² Os dois homens perguntaram a Ló: "Você tem mais alguém na cidade — genros, filhos ou filhas, ou qualquer outro parente?ʷ Tire-os daqui, ¹³ porque estamos para destruir este lugar. As acusações feitas ao Senhor contra este povo são tantas que ele nos enviou para destruir a cidade".ˣ

¹⁴ Então Ló foi falar com seus genros, os quais iam casar-se com suas filhas, e lhes disse: "Saiam imediatamente deste lugar, porque o Senhor está para destruir a cidade!"ʸ Mas pensaram que ele estava brincando.ᶻ

¹⁵ Ao raiar do dia, os anjos insistiam com Ló, dizendo: "Depressa! Leve daqui sua mulher e suas duas filhas, ou vocês também serão mortosᵃ quando a cidade for castigada".ᵇ ¹⁶ Tendo ele hesitado, os homens o agarraram pela mão, como também a mulher e as duas filhas, e os tiraram dali à força e os deixaram fora da cidade, porque o Senhor teve misericórdia deles. ¹⁷ Assim que os tiraram da cidade, um deles disse a Ló: "Fuja por amor à vida!ᶜ Não olhe para trásᵈ e não pare em lugar nenhum da planície! Fuja para as montanhas, ou você será morto!"

¹⁸ Ló, porém, lhes disse: "Não, meu senhor! ¹⁹ Seu servo foi favorecido por sua benevolência, pois o senhor foi bondoso comigo, poupando-me a vida. Não posso fugir para as montanhas, senão esta calamidade cairá sobre mim, e morrerei. ²⁰ Aqui perto há uma cidade pequena. Está tão próxima que dá para correr até lá. Deixe-me ir para lá! Mesmo sendo tão pequena, lá estarei a salvo".

²¹ "Está bem", respondeu ele. "Também lhe atenderei esse pedido; não destruirei a cidade da qual você fala. ²² Fuja depressa, porque nada poderei fazer enquanto você não chegar lá". Por isso a cidade foi chamada Zoar¹.

²³ Quando Ló chegou a Zoar, o sol já havia nascido sobre a terra. ²⁴ Então o Senhor, o próprio Senhor, fez chover do céu ᶠfogo e enxofre sobre Sodoma e Gomorra.ᵉ ²⁵ Assim ele destruiu aquelas cidades e toda a planície, com todos os habitantes das cidades e

---

¹ **19.22** *Zoar* significa *pequena*.

a vegetação.ᵍ ²⁶ Mas a mulher de Ló olhou para trásʰ e se transformou numa coluna de sal.ⁱ

²⁷ Na manhã seguinte, Abraão se levantou e voltou ao lugar onde tinha estado diante do Senhor.ʲ ²⁸ E olhou para Sodoma e Gomorra, para toda a planície, e viu uma densa fumaça subindo da terra, como fumaça de uma fornalha.ᵏ

²⁹ Quando Deus arrasou as cidades da planície, lembrou-se de Abraão e tirou Ló do meio da catástrofeˡ que destruiu as cidades onde Ló vivia.

Os Descendentes de Ló

³⁰ Ló partiu de Zoar com suas duas filhas e passou a viver nas montanhas,ᵐ porque tinha medo de permanecer em Zoar. Ele e suas duas filhas ficaram morando numa caverna.

³¹ Um dia, a filha mais velha disse à mais jovem: "Nosso pai já está velho, e não há homens nas redondezas que nos possuam, segundo o costume de toda a terra. ³² Vamos dar vinho a nosso pai e então nos deitaremos com ele para preservar a sua linhagem".

³³ Naquela noite, deram vinho ao pai, e a filha mais velha entrou e se deitou com ele. E ele não percebeu quando ela se deitou nem quando se levantou.

³⁴ No dia seguinte a filha mais velha disse à mais nova: "Ontem à noite deitei-me com meu pai. Vamos dar-lhe vinho também esta noite, e você se deitará com ele, para que preservemos a linhagem de nosso pai". ³⁵ Então, outra vez deram vinho ao pai naquela noite, e a mais nova foi e se deitou com ele. E ele não percebeu quando ela se deitou nem quando se levantou.

³⁶ Assim, as duas filhas de Ló engravidaram do próprio pai. ³⁷ A mais velha teve um filho e deu-lhe o nome de Moabe¹; este é o pai dos moabitasⁿ de hoje. ³⁸ A mais nova também teve um filho e deu-lhe o nome de Ben-Ami²; este é o pai dos amonitasᵒ de hoje.

---

¹ **19.37** *Moabe* assemelha-se à expressão hebraica que significa *do pai*.

² **19.38** *Ben-Ami* significa *filho do meu povo*.

Abraão em Gerar

20 Abraão partiu daliᵖ para a região do Neguebe e foi viver entre Cades e Sur. Depois morou algum tempo em Gerar.ᑫ ² Ele dizia que Sara, sua mulher, era sua irmã.ʳ Então Abimeleque, rei de Gerar, mandou buscar Sara e tomou-a para si.ˢ

³ Certa noite Deus veio a Abimeleque num sonhoᵗ e lhe disse: "Você morrerá! A mulher que você tomou é casada".ᵘ

⁴ Mas Abimeleque, que ainda não havia tocado nela, disse: "Senhor, destruirias um povo inocente?ᵛ ⁵ Não foi ele que me disse: 'Ela é minha irmã'? E ela também não disse: 'Ele é meu irmão'? O que fiz foi de coração puro e de mãos limpas".

⁶ Então Deus lhe respondeu no sonho: "Sim, eu sei que você fez isso de coração puro. Eu mesmo impediʷ que você pecasse contra mim e por isso não lhe permiti tocá-la. ⁷ Agora devolva a mulher ao marido dela. Ele é profeta e orará em seu favor,ˣ para que você não morra. Mas, se não a devolver, esteja certo de que você e todos os seus morrerão".

⁸ Na manhã seguinte, Abimeleque convocou todos os seus conselheiros e, quando lhes contou tudo o que acontecera, tiveram muito medo. ⁹ Depois Abimeleque chamou Abraão e disse: "O que fizeste conosco? Em que foi que pequei contra ti para que trouxesses tamanha culpa sobre mim e sobre o meu reino? O que me fizeste não se faz a ninguém!"ʸ ¹⁰ E perguntou Abimeleque a Abraão: "O que te levou a fazer isso?"

¹¹ Abraão respondeu: "Eu disse a mim mesmo: Certamente ninguém teme a Deusᶻ neste lugar, e irão matar-me por causa da minha mulher. ¹² Além disso, na verdade ela é minha irmã por parte de pai, mas não por parte de mãe; e veio a ser minha mulher.ᵃ ¹³ E, quando Deus me fez sair errante da casa de meu pai, eu disse a ela: Assim você me provará sua lealdade: em qualquer lugar aonde formos, diga que sou seu irmão".

¹⁴ Então Abimeleque trouxe ovelhas e bois, servos e servas, deu-os a Abraãoᵇ e

devolveu-lhe Sara, sua mulher. **15** E disse Abimeleque: "Minha terra está diante de ti; podes ficar onde quiseres".*c*

16 A Sara ele disse: "Estou dando a seu irmão mil peças de prata, para reparar a ofensa feita a você¹ diante de todos os seus; assim todos saberão que você é inocente".

17 A seguir Abraão orou a Deus,*d* e Deus curou Abimeleque, sua mulher e suas servas, de forma que puderam novamente ter filhos, **18** porque o S<small>ENHOR</small> havia tornado estéreis todas as mulheres da casa de Abimeleque por causa de Sara,*e* mulher de Abraão.

O Nascimento de Isaque

21 O S<small>ENHOR</small> foi bondoso com Sara,*f* como lhe dissera, e fez por ela o que prometera.*g* **2** Sara engravidou e deu um filho*h* a Abraão em sua velhice,*i* na época fixada por Deus em sua promessa. **3** Abraão deu o nome de Isaque*j* ao filho que Sara lhe dera. **4** Quando seu filho Isaque tinha oito dias de vida, Abraão o circuncidou,*k* conforme Deus lhe havia ordenado. **5** Estava ele com cem anos de idade quando lhe nasceu Isaque, seu filho.

6 E Sara disse: "Deus me encheu de riso, e todos os que souberem disso rirão*l* comigo".

7 E acrescentou: "Quem diria a Abraão que Sara amamentaria filhos? Contudo eu lhe dei um filho em sua velhice!"

Abraão Expulsa Hagar e Ismael

8 O menino cresceu e foi desmamado. No dia em que Isaque foi desmamado, Abraão deu uma grande festa. **9** Sara, porém, viu que o filho que Hagar, a egípcia, dera a Abraão*m* estava rindo*n* de² Isaque, **10** e disse a Abraão: "Livre-se daquela escrava e do seu filho, porque ele jamais será herdeiro com o meu filho Isaque".*o*

11 Isso perturbou demais Abraão, pois envolvia um filho seu.*p* **12** Mas Deus lhe disse: "Não se perturbe por causa do menino e da escrava. Atenda a tudo o que Sara lhe pedir, porque será por meio de Isaque que a sua descendência há de ser considerada.*q* **13** Mas também do filho da escrava farei um povo;*r* pois ele é seu descendente".

14 Na manhã seguinte, Abraão pegou alguns pães e uma vasilha de couro cheia d'água, entregou-os a Hagar e, tendo-os colocado nos ombros dela, despediu-a com o menino. Ela se pôs a caminho e ficou vagando pelo deserto de Berseba³.*s*

15 Quando acabou a água da vasilha, ela deixou o menino debaixo de um arbusto **16** e foi sentar-se perto dali, à distância de um tiro de flecha, porque pensou: "Não posso ver o menino morrer". Sentada ali perto, começou a chorar⁴.

17 Deus ouviu o choro do menino,*t* e o anjo de Deus, do céu, chamou Hagar e lhe disse: "O que a aflige, Hagar? Não tenha medo; Deus ouviu o menino chorar, lá onde você o deixou. **18** Levante o menino e tome-o pela mão, porque dele farei um grande povo".*u*

19 Então Deus lhe abriu os olhos,*v* e ela viu uma fonte. Foi até lá, encheu de água a vasilha e deu de beber ao menino.

20 Deus estava com o menino.*w* Ele cresceu, viveu no deserto e tornou-se flecheiro. **21** Vivia no deserto de Parã, e sua mãe conseguiu-lhe uma mulher*x* da terra do Egito.

O Acordo entre Abraão e Abimeleque

22 Naquela ocasião, Abimeleque, acompanhado de Ficol, comandante do seu exército, disse a Abraão: "Deus está contigo em tudo o que fazes. **23** Agora, jura-me,*y* diante de Deus, que não vais enganar-me, nem a mim nem a meus filhos e descendentes. Trata a nação que te acolheu como estrangeiro com a mesma bondade com que te tratei".

24 Respondeu Abraão: "Eu juro!"

25 Todavia Abraão reclamou com Abimeleque a respeito de um poço que os servos de

---

¹ **20.16** Hebraico: *para que lhe seja um véu para os olhos.*
² **21.9** Ou *brincando com*
³ **21.14** *Berseba* pode significar *poço dos sete* ou *poço do juramento*; também em 21.31-33; 22.19; 26.23, 33 e 28.10.
⁴ **21.16** A Septuaginta diz *e o menino começou a chorar.*

Abimeleque lhe tinham tomado à força.ᶻ ²⁶ Mas Abimeleque lhe respondeu: "Não sei quem fez isso. Nunca me disseste nada, e só fiquei sabendo disso hoje".

²⁷ Então Abraão trouxe ovelhas e bois, deu-os a Abimeleque, e os dois firmaram um acordo.ᵃ ²⁸ Abraão separou sete ovelhas do rebanho, ²⁹ pelo que Abimeleque lhe perguntou: "Que significam estas sete ovelhas que separaste das demais?"

³⁰ Ele respondeu: "Aceita estas sete ovelhas de minhas mãos como testemunhoᵇ de que eu cavei este poço".

³¹ Por isso aquele lugar foi chamado Berseba,ᶜ porque ali os dois fizeram um juramento.

³² Firmado esse acordo em Berseba, Abimeleque e Ficol, comandante das suas tropas, voltaram para a terra dos filisteus. ³³ Abraão, por sua vez, plantou uma tamargueira em Berseba e ali invocou o nome do Senhor,ᵈ o Deus Eterno.ᵉ ³⁴ E morou Abraão na terra dos filisteus por longo tempo.

Deus Prova Abraão

22 Passado algum tempo, Deus pôs Abraão à prova,ᶠ dizendo-lhe: "Abraão!"

Ele respondeu: "Eis-me aqui".

² Então disse Deus: "Tome seu filho,ᵍ seu único filho, Isaque, a quem você ama, e vá para a região de Moriá.ʰ Sacrifique-o ali como holocausto¹ num dos montes que lhe indicarei".

³ Na manhã seguinte, Abraão levantou-se e preparou o seu jumento. Levou consigo dois de seus servos e Isaque, seu filho. Depois de cortar lenha para o holocausto, partiu em direção ao lugar que Deus lhe havia indicado. ⁴ No terceiro dia de viagem, Abraão olhou e viu o lugar ao longe. ⁵ Disse ele a seus servos: "Fiquem aqui com o jumento enquanto eu e o rapaz vamos até lá. Depois de adorar, voltaremos".

⁶ Abraão pegou a lenha para o holocausto e a colocou nos ombros de seu filho Isaque,ⁱ e ele mesmo levou as brasas para o fogo, e a faca. E, caminhando os dois juntos, ⁷ Isaque disse a seu pai, Abraão: "Meu pai!"

"Sim, meu filho", respondeu Abraão.

Isaque perguntou: "As brasas e a lenha estão aqui, mas onde está o cordeiroʲ para o holocausto?"

⁸ Respondeu Abraão: "Deus mesmo há de prover o cordeiro para o holocausto, meu filho". E os dois continuaram a caminhar juntos.

⁹ Quando chegaram ao lugar que Deus lhe havia indicado, Abraão construiu um altarᵏ e sobre ele arrumou a lenha. Amarrou seu filho Isaque e o colocou sobre o altar, em cima da lenha. ¹⁰ Então estendeu a mão e pegou a faca para sacrificar seu filho. ¹¹ Mas o Anjo do Senhor o chamou do céu: "Abraão! Abraão!"

"Eis-me aqui", respondeu ele.

¹² "Não toque no rapaz", disse o Anjo. "Não lhe faça nada. Agora sei que você teme a Deus,ˡ porque não me negou seu filho, o seu único filho."ᵐ

¹³ Abraão ergueu os olhos e viu um carneiro preso pelos chifres num arbusto. Foi lá pegá-lo, e o sacrificou como holocausto em lugar de seu filho.ⁿ ¹⁴ Abraão deu àquele lugar o nome de "O Senhor Proverá". Por isso até hoje se diz: "No monte do Senhor se proverá".ᵒ

¹⁵ Pela segunda vez o Anjo do Senhor chamou do céu a Abraão ¹⁶ e disse: "Juro por mim mesmo",ᵖ declara o Senhor, "que, por ter feito o que fez, não me negando seu filho, o seu único filho, ¹⁷ esteja certo de que o abençoarei e farei seus descendentesᵠ tão numerosos como as estrelas do céuʳ e como a areia das praias do mar.ˢ Sua descendência conquistará as cidades dos que lhe forem inimigosᵗ ¹⁸ e, por meio dela, todos os povos da terra serão abençoados,ᵘ porque você me obedeceu".ᵛ

¹⁹ Então voltou Abraão a seus servos, e juntos partiram para Berseba, onde passou a viver.

---

¹ **22.2** Isto é, sacrifício totalmente queimado; também nos versículos 3, 6-8 e 13.

Os Filhos de Naor

20 Passado algum tempo, disseram a Abraão que Milca dera filhos a seu irmão Naor:*w* **21** Uz, o mais velho, Buz, seu irmão, Quemuel, pai de Arã, **22** Quésede, Hazo, Pildas, Jidlafe e Betuel, **23** pai de Rebeca.*x* Estes foram os oito filhos que Milca deu a Naor, irmão de Abraão. **24** E sua concubina, chamada Reumá, teve os seguintes filhos: Tebá, Gaã, Taás e Maaca.

A Morte de Sara

23 Sara viveu cento e vinte e sete anos **2** e morreu em Quiriate-Arba,*y* que é Hebrom,*z* em Canaã; e Abraão foi lamentar e chorar por ela.

3 Depois Abraão deixou ali o corpo de sua mulher e foi falar com os hititas: **4** "Sou apenas um estrangeiro*a* entre vocês. Cedam-me alguma propriedade para sepultura, para que eu tenha onde enterrar a minha mulher".

5 Responderam os hititas a Abraão: **6** "Ouça-nos, senhor; o senhor é um príncipe*b* de Deus[1] em nosso meio. Enterre a sua mulher numa de nossas sepulturas, na que lhe parecer melhor. Nenhum de nós recusará ceder-lhe sua sepultura para que enterre a sua mulher".

7 Abraão levantou-se, curvou-se perante o povo daquela terra, os hititas, **8** e disse-lhes: "Já que vocês me dão permissão para sepultar minha mulher, peço que intercedam por mim junto a Efrom, filho de Zoar,*c* **9** a fim de que ele me ceda a caverna de Macpela, que lhe pertence e se encontra na divisa do seu campo. Peçam-lhe que a ceda a mim pelo preço justo, para que eu tenha uma propriedade para sepultura entre vocês".

10 Efrom, o hitita, estava sentado no meio do seu povo e respondeu a Abraão, sendo ouvido por todos os hititas que tinham vindo à porta*d* da cidade: **11** "Não, meu senhor. Ouça-me, eu lhe cedo*e* o campo e também a caverna que nele está. Cedo-os na presença do meu povo. Sepulte a sua mulher".

12 Novamente Abraão curvou-se perante o povo daquela terra **13** e disse a Efrom, sendo ouvido por todos: "Ouça-me, por favor. Pagarei o preço do campo. Aceite-o, para que eu possa sepultar a minha mulher".

14 Efrom respondeu a Abraão: **15** "Ouça-me, meu senhor: aquele pedaço de terra vale quatrocentas peças de prata,*f* mas o que significa isso entre mim e você? Sepulte a sua mulher".

16 Abraão concordou com Efrom e pesou-lhe o valor por ele estipulado diante dos hititas: quatrocentas peças de prata,*g* de acordo com o peso corrente entre os mercadores.

17 Assim o campo de Efrom em Macpela, perto de Manre,*h* o próprio campo com a caverna que nele há e todas as árvores dentro das divisas do campo, foi transferido **18** a Abraão como sua propriedade diante de todos os hititas que tinham vindo à porta da cidade. **19** Depois disso, Abraão sepultou sua mulher Sara na caverna do campo de Macpela, perto de Manre, que se encontra em Hebrom, na terra de Canaã. **20** Assim o campo e a caverna que nele há foram transferidos*i* a Abraão pelos hititas como propriedade para sepultura.

Uma Esposa para Isaque

24 Abraão já era velho, de idade bem avançada, e o Senhor em tudo o abençoara.*j* **2** Disse ele ao servo mais velho de sua casa, que era o responsável por tudo quanto tinha:*k* "Ponha a mão debaixo da minha coxa*l* **3** e jure pelo Senhor, o Deus dos céus e o Deus da terra,*m* que não buscará mulher para meu filho*n* entre as filhas dos cananeus,*o* no meio dos quais estou vivendo, **4** mas irá à minha terra e buscará entre os meus parentes*p* uma mulher para meu filho Isaque".

5 O servo lhe perguntou: "E se a mulher não quiser vir comigo a esta terra? Devo então levar teu filho de volta à terra de onde vieste?"

---

[1] **23.6** Ou *príncipe poderoso*; ou ainda *príncipe dos deuses*

⁶ "Cuidado!", disse Abraão, "Não deixe o meu filho voltar para lá.

⁷ "O Senhor, o Deus dos céus, que me tirou da casa de meu pai e de minha terra natal e que me prometeu sob juramento que à minha descendência^q daria esta terra,^{r} enviará o seu anjo adiante de você^s para que de lá traga uma mulher para meu filho. ⁸ Se a mulher não quiser vir, você estará livre do juramento. Mas não leve o meu filho de volta para lá." ⁹ Então o servo pôs a mão debaixo da coxa^t de Abraão, seu senhor, e jurou cumprir aquela palavra.

¹⁰ O servo partiu, com dez camelos do seu senhor, levando também do que o seu senhor tinha de melhor. Partiu para a Mesopotâmia^1, em direção à cidade onde Naor tinha morado. ¹¹ Ao cair da tarde, quando as mulheres costumam sair para buscar água,^{v} ele fez os camelos se ajoelharem junto ao poço^u que ficava fora da cidade.

¹² Então orou: "Senhor, Deus do meu senhor Abraão,^{w} dá-me neste dia bom êxito e seja bondoso com o meu senhor Abraão. ¹³ Como vês, estou aqui ao lado desta fonte, e as jovens do povo desta cidade estão vindo para tirar água. ¹⁴ Concede que a jovem a quem eu disser: Por favor, incline o seu cântaro e dê-me de beber, e ela me responder: 'Bebe. Também darei água aos teus camelos', seja essa a que escolheste para teu servo Isaque. Saberei^x assim que foste bondoso com o meu senhor".

¹⁵ Antes que ele terminasse de orar,^{y} surgiu Rebeca,^{z} filha de Betuel, filho de Milca,^{a} mulher de Naor,^{b} irmão de Abraão, trazendo no ombro o seu cântaro. ¹⁶ A jovem era muito bonita^c e virgem; nenhum homem tivera relações com ela. Rebeca desceu à fonte, encheu seu cântaro e voltou.

¹⁷ O servo apressou-se ao encontro dela e disse: "Por favor, dê-me um pouco de água do seu cântaro".

¹⁸ "Beba,^{d} meu senhor", disse ela, e tirou rapidamente dos ombros o cântaro e o serviu.

¹⁹ Depois que lhe deu de beber, disse: "Tirarei água também para os seus camelos^e até saciá-los". ²⁰ Assim ela esvaziou depressa seu cântaro no bebedouro e correu de volta ao poço para tirar mais água para todos os camelos. ²¹ Sem dizer nada, o homem a observava atentamente para saber se o Senhor tinha ou não coroado de êxito a sua missão.^{f}

²² Quando os camelos acabaram de beber, o homem deu à jovem um pendente de ouro^g de seis gramas^2 e duas pulseiras de ouro de cento e vinte gramas^3, ²³ e perguntou: "De quem você é filha? Diga-me, por favor, se há lugar na casa de seu pai para eu e meus companheiros passarmos a noite".

²⁴ "Sou filha de Betuel, o filho que Milca deu a Naor",^{h} respondeu ela; ²⁵ e acrescentou: "Temos bastante palha e forragem, e também temos lugar para vocês passarem a noite".

²⁶ Então o homem curvou-se em adoração ao Senhor,^{i} ²⁷ dizendo: "Bendito seja o Senhor,^{j} o Deus do meu senhor Abraão, que não retirou sua bondade e sua fidelidade^k do meu senhor. Quanto a mim, o Senhor me conduziu na jornada^l até a casa dos parentes do meu senhor".^{m}

²⁸ A jovem correu para casa e contou tudo à família de sua mãe. ²⁹ Rebeca tinha um irmão chamado Labão.^{n} Ele saiu apressado à fonte para conhecer o homem, ³⁰ pois tinha visto o pendente e as pulseiras no braço de sua irmã, e ouvira Rebeca contar o que o homem lhe dissera. Saiu, pois, e foi encontrá-lo parado junto à fonte, ao lado dos camelos. ³¹ E disse: "Venha, bendito do Senhor!^{o} Por que ficar aí fora? Já arrumei a casa e um lugar para os camelos".

³² Assim o homem dirigiu-se à casa, e os camelos foram descarregados. Deram palha e forragem aos camelos, e água ao homem e aos que estavam com ele para lavarem os pés.^{p} ³³ Depois lhe trouxeram comida, mas

---

^{1} **24.10** Hebraico: *Arã Naaraim*.

^{2} **24.22** Hebraico: *1 beca*.

^{3} **24.22** Hebraico: *10 siclos*. Um siclo equivalia a 12 gramas.

ele disse: "Não comerei enquanto não disser o que tenho para dizer".

Disse Labão: "Então fale".

34 E ele disse: "Sou servo de Abraão. **35** O Senhor o abençoou muito,^{q} e ele se tornou muito rico. Deu-lhe ovelhas e bois, prata e ouro, servos e servas, camelos e jumentos.^{r} **36** Sara, mulher do meu senhor, na velhice^s lhe deu um filho, que é o herdeiro de tudo o que Abraão possui.^{t} **37** E meu senhor fez-me jurar, dizendo: 'Você não buscará mulher para meu filho entre as filhas dos cananeus, em cuja terra estou vivendo,^{u} **38** mas irá à família de meu pai, ao meu próprio clã, buscar uma mulher para meu filho'.^{v}

39 "Então perguntei a meu senhor: E se a mulher não quiser me acompanhar?^{w}

40 "Ele respondeu: 'O Senhor, a quem tenho servido, enviará seu anjo com você^x e coroará de êxito a sua missão, para que você traga para meu filho uma mulher do meu próprio clã, da família de meu pai. **41** Quando chegar aos meus parentes, você estará livre do juramento se eles se recusarem a entregá-la a você. Só então você estará livre do juramento'.^{y}

42 "Hoje, quando cheguei à fonte, eu disse: Ó Senhor, Deus do meu senhor Abraão, se assim desejares, dá êxito^z à missão de que fui incumbido. **43** Aqui estou em pé diante desta fonte;^{a} se uma moça vier tirar água e eu lhe disser: Por favor, dê-me de beber um pouco de seu cântaro,^{b} **44** e ela me responder: 'Bebe. Também darei água aos teus camelos', seja essa a que o Senhor escolheu para o filho do meu senhor.

45 "Antes de terminar de orar em meu coração,^{c} surgiu Rebeca, com o cântaro ao ombro.^{d} Dirigiu-se à fonte e tirou água, e eu lhe disse: Por favor, dê-me de beber.^{e}

46 "Ela se apressou a tirar o cântaro do ombro e disse: 'Bebe. Também darei água aos teus camelos'.^{f} Eu bebi, e ela deu de beber também aos camelos.

47 "Depois lhe perguntei: De quem você é filha?^{g}

"Ela me respondeu: 'De Betuel, filho de Naor e Milca'.^{h}

"Então coloquei o pendente em seu nariz e as pulseiras em seus braços,^{i} **48** e curvei-me em adoração ao Senhor.^{j} Bendisse ao Senhor, o Deus do meu senhor Abraão, que me guiou pelo caminho certo para buscar para o filho^k dele a neta do irmão do meu senhor. **49** Agora, se quiserem mostrar fidelidade^l e bondade a meu senhor, digam-me; e, se não quiserem, digam-me também, para que eu decida o que fazer".

O Casamento de Isaque e Rebeca

50 Labão e Betuel responderam: "Isso vem do Senhor;^{m} nada lhe podemos dizer, nem a favor, nem contra.^{n} **51** Aqui está Rebeca; leve-a com você e que ela se torne a mulher do filho do seu senhor, como disse o Senhor".

52 Quando o servo de Abraão ouviu o que disseram, curvou-se até o chão diante do Senhor.^{o} **53** Então o servo deu joias de ouro e de prata e vestidos a Rebeca; deu também presentes valiosos^p ao irmão dela e à sua mãe. **54** Depois ele e os homens que o acompanhavam comeram, beberam e ali passaram a noite.

Ao se levantarem na manhã seguinte, ele disse: "Deixem-me voltar^q ao meu senhor".

55 Mas o irmão e a mãe dela responderam: "Deixe a jovem ficar mais uns dez dias conosco; então você^1 poderá partir".

56 Mas ele disse: "Não me detenham, agora que o Senhor coroou de êxito a minha missão. Vamos despedir-nos, e voltarei ao meu senhor".

57 Então lhe disseram: "Vamos chamar a jovem e ver o que ela diz". **58** Chamaram Rebeca e lhe perguntaram: "Você quer ir com este homem?"

"Sim, quero", respondeu ela.

59 Despediram-se, pois, de sua irmã Rebeca, de sua ama,^{r} do servo de Abraão e dos que o acompanhavam. **60** E abençoaram Rebeca, dizendo-lhe:

---

^{1} **24.55** Ou *ela*

"Que você cresça, nossa irmã,
até ser milhares de milhares;
e que a sua descendência conquiste
as cidades dos seus inimigos".

61 Então Rebeca e suas servas se aprontaram, montaram seus camelos e partiram com o homem. E assim o servo partiu levando Rebeca.

62 Isaque tinha voltado de Beer-Laai-Roi[1ᵘ], pois habitava no Neguebe. **63** Certa tarde, saiu ao campo para meditar. Ao erguer os olhos, viu que se aproximavam camelos. **64** Rebeca também ergueu os olhos e viu Isaque. Ela desceu do camelo **65** e perguntou ao servo: "Quem é aquele homem que vem pelo campo ao nosso encontro?"

"É meu senhor", respondeu o servo. Então ela se cobriu com o véu.

66 Depois o servo contou a Isaque tudo o que havia feito. **67** Isaque levou Rebeca para a tenda de sua mãe, Sara; fez dela sua mulher, e a amou; assim Isaque foi consolado após a morte de sua mãe.

A Morte de Abraão

25 Abraão casou-se com outra mulher, chamada Quetura. **2** Ela lhe deu os seguintes filhos: Zinrã, Jocsã, Medã, Midiã, Isbaque e Suá. **3** Jocsã gerou Sabá e Dedã; os descendentes de Dedã foram os assuritas, os letusitas e os leumitas. **4** Os filhos de Midiã foram Efá, Éfer, Enoque, Abida e Elda. Todos esses foram descendentes de Quetura.

5 Abraão deixou tudo o que tinha para Isaque. **6** Mas para os filhos de suas concubinas deu presentes; e, ainda em vida, enviou-os para longe de Isaque, para a terra do oriente.

7 Abraão viveu cento e setenta e cinco anos. **8** Morreu em boa velhice, em idade bem avançada, e foi reunido aos seus antepassados. **9** Seus filhos, Isaque e Ismael, o sepultaram na caverna de Macpela, perto de Manre, no campo de Efrom, filho de Zoar, o hitita, **10** campo que Abraão comprara dos hititas. Foi ali que Abraão e Sara, sua mulher, foram sepultados. **11** Depois da morte de Abraão, Deus abençoou seu filho Isaque. Isaque morava próximo a Beer-Laai-Roi.

Os Filhos de Ismael

12 Este é o registro da descendência de Ismael, o filho de Abraão que Hagar, a serva egípcia de Sara, deu a ele.

13 São estes os nomes dos filhos de Ismael, alistados por ordem de nascimento: Nebaiote, o filho mais velho de Ismael, Quedar, Adbeel, Mibsão, **14** Misma, Dumá, Massá, **15** Hadade, Temá, Jetur, Nafis e Quedemá. **16** Foram esses os doze filhos de Ismael, que se tornaram os líderes de suas tribos; os seus povoados e acampamentos receberam os seus nomes. **17** Ismael viveu cento e trinta e sete anos. Morreu e foi reunido aos seus antepassados. **18** Seus descendentes se estabeleceram na região que vai de Havilá a Sur, próximo à fronteira com o Egito, na direção de quem vai para Assur. E viveram em hostilidade[2] contra todos os seus irmãos.

Esaú e Jacó

19 Esta é a história da família de Isaque, filho de Abraão:

Abraão gerou Isaque, **20** o qual aos quarenta anos se casou com Rebeca, filha de Betuel, o arameu de Padã-Arã[3], e irmã de Labão, também arameu.

21 Isaque orou ao Senhor em favor de sua mulher, porque era estéril. O Senhor respondeu à sua oração, e Rebeca, sua mulher, engravidou. **22** Os meninos se empurravam dentro dela, pelo que disse: "Por que está me acontecendo isso?" Foi então consultar o Senhor.

23 Disse-lhe o Senhor:

"Duas nações estão em seu ventre;
já desde as suas entranhas

---

[2] **25.18** Ou *defronte de todos*
[3] **25.20** Provavelmente na região noroeste da Mesopotâmia; também em 28.2 e 5-7.

[1] **24.62** Isto é, poço daquele que vive e me vê; também em 25.11.

dois povos se separarão;
um deles será mais forte que o outro,
mas o mais velho servirá ao mais novo".ᵛ

²⁴ Ao chegar a época de dar à luz, confirmou-se que havia gêmeos em seu ventre. ²⁵ O primeiro a sair era ruivo¹, e todo o seu corpo era como um mantoʷ de pelos; por isso lhe deram o nome de Esaú². ²⁶ Depois saiu seu irmão, com a mão agarrada no calcanhar de Esaú;ˣ pelo que lhe deram o nome de Jacó³ʸ. Tinha Isaque sessenta anos de idade quando Rebeca os deu à luz.

²⁷ Os meninos cresceram. Esaú tornou-se caçador habilidoso e vivia percorrendo os campos,ᶻ ao passo que Jacó cuidava do rebanho⁴ e vivia nas tendas. ²⁸ Isaque preferia Esaú, porque gostava de comer de suas caças;ᵃ Rebeca preferia Jacó.ᵇ

²⁹ Certa vez, quando Jacó preparava um ensopado, Esaú chegou faminto, voltando do campo, ³⁰ e pediu-lhe: "Dê-me um pouco desse ensopado vermelho aí. Estou faminto!" Por isso também foi chamado Edom⁵.

³¹ Respondeu-lhe Jacó: "Venda-me primeiro o seu direito de filho mais velho".

³² Disse Esaú: "Estou quase morrendo. De que me vale esse direito?"

³³ Jacó, porém, insistiu: "Jure primeiro". Ele fez um juramento, vendendo o seu direito de filho mais velhoᶜ a Jacó.

³⁴ Então Jacó serviu a Esaú pão com ensopado de lentilhas. Ele comeu e bebeu, levantou-se e se foi.

Assim Esaú desprezou o seu direito de filho mais velho.

Isaque em Gerar

26 Houve fome naquela terra,ᵈ como tinha acontecido no tempo de Abraão. Por isso Isaque foi para Gerar,ᵉ onde Abimeleque era o rei dos filisteus. ² O Senhor apareceuᶠ a Isaque e disse: "Não desça ao Egito; procure estabelecer-se na terra que eu lhe indicar.ᵍ ³ Permaneça nesta terra mais um pouco,ʰ e eu estarei com você e o abençoarei.ⁱ Porque a você e a seus descendentes darei todas estas terrasʲ e confirmarei o juramento que fiz a seu pai, Abraão. ⁴ Tornarei seus descendentes tão numerosos como as estrelas do céuᵏ e lhes darei todas estas terras; e por meio da sua descendência todos os povos da terra serão abençoados,ˡ ⁵ porque Abraão me obedeceuᵐ e guardou meus preceitos, meus mandamentos, meus decretos e minhas leis". ⁶ Assim Isaque ficou em Gerar.

⁷ Quando os homens do lugar lhe perguntaram sobre a sua mulher, ele disse: "Ela é minha irmã".ⁿ Teve medo de dizer que era sua mulher, pois pensou: "Os homens deste lugar podem matar-me por causa de Rebeca, por ser ela tão bonita".

⁸ Isaque estava em Gerar já fazia muito tempo. Certo dia, Abimeleque, rei dos filisteus, estava olhando do alto de uma janela quando viu Isaque acariciando Rebeca, sua mulher. ⁹ Então Abimeleque chamou Isaque e lhe disse: "Na verdade ela é tua mulher! Por que me disseste que ela era tua irmã?"

Isaque respondeu: "Porque pensei que eu poderia ser morto por causa dela".

¹⁰ Então disse Abimeleque: "Tens ideia do que nos fizeste?ᵒ Qualquer homem bem poderia ter-se deitado com tua mulher, e terias trazido culpa sobre nós".

¹¹ E Abimeleque advertiu todo o povo: "Quem tocarᵖ neste homem ou em sua mulher certamente morrerá!"

¹² Isaque formou lavoura naquela terra e no mesmo ano colheu a cem por um, porque o Senhor o abençoou.ᑫ ¹³ O homem enriqueceu, e a sua riqueza continuou a aumentar, até que ficou riquíssimo.ʳ ¹⁴ Possuía tantos rebanhos e servosˢ que os filisteus o invejavam.ᵗ ¹⁵ Estes taparamᵛ todos os poçosᵘ que os servos de Abraão, pai de Isaque, tinham cavado na sua época, enchendo-os de terra.

---

¹ **25.25** Ou *moreno*
² **25.25** *Esaú* pode significar *peludo, cabeludo.*
³ **25.26** *Jacó* significa *ele agarra o calcanhar* ou *ele age traiçoeiramente*; também em 27.36.
⁴ **25.27** Hebraico: *era homem pacato.*
⁵ **25.30** *Edom* significa *vermelho.*

¹⁶ Então Abimeleque pediu a Isaque: "Sai de nossa terra, pois já és poderoso demais para nós".ʷ

¹⁷ Por isso Isaque mudou-se de lá, acampou no vale de Gerar e ali se estabeleceu. ¹⁸ Isaque reabriu os poçosˣ cavados no tempo de seu pai, Abraão, os quais os filisteus fecharam depois que Abraão morreu, e deu-lhes os mesmos nomes que seu pai lhes tinha dado.

¹⁹ Os servos de Isaque cavaram no vale e descobriram um veio d'água. ²⁰ Mas os pastores de Gerar discutiram com os pastores de Isaque, dizendo: "A água é nossa!"ʸ Por isso Isaque deu ao poço o nome de Eseque, porque discutiram por causa dele. ²¹ Então os seus servos cavaram outro poço, mas eles também discutiram por causa dele; por isso o chamou Sitna. ²² Isaque mudou-se dali e cavou outro poço, e ninguém discutiu por causa dele. Deu-lhe o nome de Reobote, dizendo: "Agora o Senhor nos abriu espaço e prosperaremosᶻ na terra".

²³ Dali Isaque foi para Berseba. ²⁴ Naquela noite, o Senhor lhe apareceu e disse: "Eu sou o Deus de seu pai, Abraão.ᵃ Não tema,ᵇ porque estou com você; eu o abençoarei e multiplicarei os seus descendentesᶜ por amor ao meu servo Abraão".ᵈ

²⁵ Isaque construiu nesse lugar um altarᵉ e invocou o nome do Senhor. Ali armou acampamento, e os seus servos cavaram outro poço.

O Acordo entre Isaque e Abimeleque

²⁶ Por aquele tempo, veio a ele Abimeleque, de Gerar, com Auzate, seu conselheiro pessoal, e Ficol, o comandante dos seus exércitos.ᶠ ²⁷ Isaque lhes perguntou: "Por que me vieram ver, uma vez que foram hostis e me mandaram embora?"ᵍ

²⁸ Eles responderam: "Vimos claramente que o Senhor está contigo;ʰ por isso dissemos: Façamos um juramento entre nós. Queremos firmar um acordo contigo. ²⁹ Tu não nos farás mal, assim como nada te fizemos, mas sempre te tratamos bem e te despedimos em paz. Agora sabemos que o Senhor te tem abençoado".ⁱ

³⁰ Então Isaque ofereceu-lhes um banquete,ʲ e eles comeram e beberam. ³¹ Na manhã seguinte os dois fizeram juramento.ᵏ Depois Isaque os despediu e partiram em paz.

³² Naquele mesmo dia, os servos de Isaque vieram falar-lhe sobre o poço que tinham cavado e disseram: "Achamos água!" ³³ Isaque deu-lhe o nome de Seba e, por isso, até o dia de hoje aquela cidade é conhecida como Berseba.ˡ

³⁴ Tinha Esaú quarenta anos de idadeᵐ quando escolheu por mulher a Judite, filha de Beeri, o hitita, e também a Basemate, filha de Elom, o hitita.ⁿ ³⁵ Elas amarguraram a vida de Isaque e de Rebeca.ᵒ

Isaque Abençoa Jacó

27 Tendo Isaque envelhecido, seus olhos ficaram tão fracos que ele já não podia enxergar.ᵖ Certo dia chamou Esaú, seu filho mais velho,ᑫ e lhe disse: "Meu filho!"

Ele respondeu: "Estou aqui".

² Disse-lhe Isaque: "Já estou velho e não sei o dia da minha morte. ³ Pegue agora suas armas, o arco e a aljava, e vá ao campoˢ caçar alguma coisa para mim. ⁴ Prepare-me aquela comida saborosa que tanto aprecio e traga-me, para que eu a coma e o abençoeᵗ antes de morrer".

⁵ Ora, Rebeca estava ouvindo o que Isaque dizia a seu filho Esaú. Quando Esaú saiu ao campo para caçar, ⁶ Rebeca disse a seu filho Jacó:ᵘ "Ouvi seu pai dizer a seu irmão Esaú: ⁷ 'Traga-me alguma caça e prepare-me aquela comida saborosa, para que eu a coma e o abençoe na presença do Senhor antes de morrer'. ⁸ Agora, meu filho, ouça bem e faça o que lhe ordeno:ᵛ ⁹ Vá ao rebanho e traga-me dois cabritos escolhidos, para que eu prepare uma comida saborosa para seu pai, como ele aprecia. ¹⁰ Leve-a então a seu pai, para que ele a coma e o abençoe antes de morrer".

¹¹ Disse Jacó a Rebeca, sua mãe: "Mas o meu irmão Esaú é homem peludo,ʷ e

eu tenho a pele lisa. ¹² E se meu pai me apalpar?ˣ Vai parecer que estou tentando enganá-lo, fazendo-o de tolo e, em vez de bênção, trarei sobre mim maldição".

¹³ Disse-lhe sua mãe: "Caia sobre mim ʸ a maldição, meu filho. Faça apenas o que eu digo:ᶻ Vá e traga-os para mim".

¹⁴ Então ele foi, apanhou-os e os trouxe à sua mãe, que preparou uma comida saborosa, como seu pai apreciava. ¹⁵ Rebeca pegou as melhores roupas de Esaú, seu filho mais velho, roupasᵃ que tinha em casa, e colocou-as em Jacó, seu filho mais novo. ¹⁶ Depois cobriu-lhe as mãos e a parte lisa do pescoço com as peles dos cabritos, ¹⁷ e por fim entregou a Jacó a refeição saborosa e o pão que tinha feito.

¹⁸ Ele se dirigiu ao pai e disse: "Meu pai".

Respondeu ele: "Sim, meu filho. Quem é você?"

¹⁹ Jacó disse a seu pai: "Sou Esaú, seu filho mais velho. Fiz como o senhor me disse. Agora, assente-se e coma do que cacei para que me abençoe".ᵇ

²⁰ Isaque perguntou ao filho: "Como encontrou a caça tão depressa, meu filho?"

Ele respondeu: "O Senhor, o seu Deus, a colocou no meu caminho".ᶜ

²¹ Então Isaque disse a Jacó: "Chegue mais perto, meu filho, para que eu possa apalpá-loᵈ e saber se você é realmente meu filho Esaú".

²² Jacó aproximou-se do seu pai, Isaque, que o apalpou e disse: "A voz é de Jacó, mas os braços são de Esaú". ²³ Não o reconheceu, pois seus braços estavam peludos como os de Esaú, ᵉseu irmão; e o abençoou.

²⁴ Isaque perguntou-lhe outra vez: "Você é mesmo meu filho Esaú?"

E ele respondeu: "Sou".

²⁵ Então lhe disse: "Meu filho, traga-me da sua caça para que eu coma e o abençoe".ᶠ

Jacó a trouxe, e seu pai comeu; também trouxe vinho, e ele bebeu. ²⁶ Então Isaque, seu pai, lhe disse: "Venha cá, meu filho, dê--me um beijo".

²⁷ Ele se aproximou e o beijou.ᵍ Quando sentiu o cheiro de suas roupas,ʰ Isaque o abençoou, dizendo:

"Ah, o cheiro de meu filho
é como o cheiro de um campo
que o Senhor abençoou.ⁱ
²⁸ Que Deus lhe conceda
do céu o orvalhoʲ
e da terra a riqueza,ᵏ
com muito cereal e muito vinho.ˡ
²⁹ Que as nações o sirvam
e os povos se curvem diante de
você.ᵐ
Seja senhor dos seus irmãos,
e curvem-se diante de vocêⁿ
os filhos de sua mãe.
Malditos sejam os que o amaldiçoarem
e benditos sejam
os que o abençoarem".ᵒ

³⁰ Quando Isaque acabou de abençoar Jacó, mal tendo ele saído da presença do pai, seu irmão, Esaú, chegou da caçada. ³¹ Ele também preparou uma comida saborosa e a trouxe a seu pai. E lhe disse: "Meu pai, levante-se e coma da minha caça, para que o senhor me dê sua bênção".ᵖ

³² Perguntou-lhe seu pai, Isaque: "Quem é você?"ᑫ

Ele respondeu: "Sou Esaú, seu filho mais velho".

³³ Profundamente abalado, Isaque começou a tremer muito e disse: "Quem então apanhou a caça e a trouxe para mim? Acabei de comê-la antes de você entrar e a ele abençoei; e abençoado ele será!"ʳ

³⁴ Quando Esaú ouviu as palavras de seu pai, deu um forte gritoˢ e, cheio de amargura, implorou ao pai: "Abençoe também a mim, meu pai!"

³⁵ Mas ele respondeu: "Seu irmão chegou astutamenteᵗ e recebeu a bênção que pertencia a você".

³⁶ E disse Esaú: "Não é com razão que o seu nome é Jacó?ᵘ Já é a segunda vez que ele me engana! Primeiro tomou o meu direito

27.12
ˣv. 22
27.13
ʸMt 27.25
ᶻv. 8
27.15
ᵃv. 27
27.19
ᵇv. 4
27.20
ᶜGn 24.12
27.21
ᵈv. 12
27.23
ᵉv. 16
27.25
ᶠv. 4
27.27
ᵍHb 11.20
ʰCt 4.11
ⁱSl 65.9-13
27.28
ʲDt 33.13
ᵏv. 39
ˡGn 45.18;
Nm 18.12;
Dt 33.28
27.29
ᵐIs 45.14, 23;
49.7, 23
ⁿGn 9.25;
25.23; 37.7
ᵒGn 12.3;
Nm 24.9
Sf 2.8
27.31
ᵖv. 4
27.32
ᑫv. 18
27.33
ʳv. 29;
Gn 28.3, 4;
Rm 11.29
27.34
ˢHb 12.17
27.35
ᵗJr 9.4; 12;6
27.36
ᵘGn 25.26

de filho mais velho,ᵛ e agora recebeu a minha bênção!" Então perguntou ao pai: "O senhor não reservou nenhuma bênção para mim?"

³⁷ Isaque respondeu a Esaú: "Eu o constituí senhor sobre você, e a todos os seus parentes tornei servos dele; a ele supri de cereal e de vinho.ʷ Que é que eu poderia fazer por você, meu filho?"

³⁸ Esaú pediu ao pai: "Meu pai, o senhor tem apenas uma bênção? Abençoe-me também, meu pai!" Então chorou Esaú em alta voz.ˣ

³⁹ Isaque, seu pai, respondeu-lhe:

"Sua habitação será
   longe das terras férteis,
   distante do orvalhoʸ
   que desce do alto céu.
⁴⁰ Você viverá por sua espada
   e serviráᶻ a seu irmão.ᵃ
Mas, quando você não suportar mais,
   arrancará do pescoçoᵇ o jugo".

A Fuga de Jacó

⁴¹ Esaú guardou rancorᶜ contra Jacóᵈ por causa da bênção que seu pai lhe dera. E disse a si mesmo: "Os dias de lutoᵉ pela morte de meu pai estão próximos; então matarei meu irmão Jacó".ᶠ

⁴² Quando contaram a Rebeca o que seu filho Esaú dissera, ela mandou chamar Jacó, seu filho mais novo, e lhe disse:ᵍ "Esaú está se consolando com a ideia de matá-lo. ⁴³ Ouça, pois, o que lhe digo, meu filho: Fuja imediatamente para a casa de meu irmão Labão,ʰ em Harã.ⁱ ⁴⁴ Fique com ele algum tempo,ʲ até que passe o furor de seu irmão. ⁴⁵ Quando seu irmão não estiver mais irado contra você e esquecer o que você lhe fez,ᵏ mandarei buscá-lo. Por que perderia eu vocês dois num só dia?"

⁴⁶ Então Rebeca disse a Isaque: "Estou desgostosa da vida, por causa destas mulheres hititas. Se Jacó escolher esposa entre as mulheres desta terra, entre mulheres hititas como estas, perderei a razão de viver".ˡ

28 Então Isaque chamou Jacó, deu-lhe sua bênção[1] e lhe ordenou: "Não se case com mulher cananeia.ᵐ ² Vá a Padã-Arã, à casa de Betuel,ⁿ seu avô materno, e case-se com uma das filhas de Labão, irmão de sua mãe. ³ Que o Deus todo-poderoso[2] o abençoe, faça-o prolíferoᵖ e multiplique os seus descendentes, para que você se torne uma comunidade de povos. ⁴ Que ele dê a você e a seus descendentes a bênção de Abraão,ᵠ para que você tome posse da terra na qual vive como estrangeiro,ʳ a terra dada por Deus a Abraão". ⁵ Então Isaque despediu Jacó e este foi a Padã-Arã,ˢ a Labão, filho do arameu Betuel, irmão de Rebeca,ᵗ mãe de Jacó e Esaú.

⁶ Esaú viu que Isaque havia abençoado a Jacó e o havia mandado a Padã-Arã para escolher ali uma mulher e que, ao abençoá-lo, dera-lhe a ordem de não se casar com mulher cananeia.ᵘ ⁷ Também soube que Jacó obedecera a seu pai e a sua mãe e fora para Padã-Arã. ⁸ Percebendo então Esaú que seu pai Isaqueʷ não aprovava as mulheres cananeias,ᵛ ⁹ foi à casa de Ismael e tomou a Maalate, irmã de Nebaiote,ˣ filha de Ismael, filho de Abraão, além das outras mulheres que já tinha.ʸ

O Sonho de Jacó em Betel

¹⁰ Jacó partiu de Berseba e foi para Harã.ᶻ ¹¹ Chegando a determinado lugar, parou para pernoitar, porque o sol já se havia posto. Tomando uma das pedras dali, usou-a como travesseiro e deitou-se. ¹² E teve um sonhoᵃ no qual viu uma escada apoiada na terra; o seu topo alcançava os céus, e os anjos de Deus subiam e desciam por ela.ᵇ ¹³ Ao lado dele[3] estava o Senhor,ᶜ que lhe disse: "Eu sou o Senhor, o Deus de seu pai Abraão e o Deus de Isaque.ᵈ Darei a você e a seus descendentes a terra na qual você está deitado. ¹⁴ Seus descendentes serão como o pó da terra,ᵉ e seᶠ espalharão para o Oeste e para

---

[1] **28.1** Ou *saudou-o*
[2] **28.3** Hebraico: *El-Shaddai*.
[3] **28.13** Ou *Acima dela*

o Leste, para o Norte e para o Sul.ᵍ Todos os povos da terra serão abençoados por meio de você e da sua descendência.ʰ ¹⁵ Estou com você¹ e cuidarei de você,ʲ aonde quer que vá; e eu o trarei de volta a esta terra. Não o deixareiᵏ enquanto não fizer o que lhe prometi".ˡ

¹⁶ Quando Jacó acordou do sono, disse: "Sem dúvida o SENHOR está neste lugar,ᵐ mas eu não sabia!" ¹⁷ Teve medo e disse: "Temível é este lugar! Não é outro, senão a casa de Deus; esta é a porta dos céus".

¹⁸ Na manhã seguinte, Jacó pegou a pedra que tinha usado como travesseiro, colocou-a em pé como colunaⁿ e derramou óleo sobre o seu topo.ᵒ ¹⁹ E deu o nome de Betel¹ àquele lugar, embora a cidade anteriormente se chamasse Luz.ᵖ

²⁰ Então Jacó fez um voto,ᑫ dizendo: "Se Deus estiver comigo, cuidar de mimʳ nesta viagem que estou fazendo, prover-me de comida e roupa, ²¹ e levar-me de voltaem segurançaˢ à casa de meu pai, então o SENHOR será o meu Deus.ᵗ ²² E esta pedra que hoje coloquei como coluna servirá de santuário² de Deus;ᵘ e de tudo o que me deres certamente te darei o dízimo".ᵛ

Jacó Encontra-se com Raquel

29 Então Jacó seguiu viagem e chegou à Mesopotâmia³ʷ. ² Certo dia, olhando ao redor, viu um poço no campo e três rebanhos de ovelhas deitadas por perto, pois os rebanhos bebiam daquele poço, que era tapado por uma grande pedra. ³ Por isso, quando todos os rebanhos se reuniam ali, os pastores rolavam a pedra da boca do poço e davam água às ovelhas. Depois recolocavam a pedra em seu lugar, sobre o poço.

⁴ Jacó perguntou aos pastores: "Meus amigos, de onde são vocês?"

"Somos de Harã",ˣ responderam.

⁵ "Vocês conhecem Labão, neto de Naor?", perguntou-lhes Jacó.

Eles responderam: "Sim, nós o conhecemos".

⁶ Então Jacó perguntou: "Ele vai bem?"

"Sim, vai bem", disseram eles, "e ali vem sua filha Raquel com as ovelhas."

⁷ Disse ele: "Olhem, o sol ainda vai alto e não é hora de recolher os rebanhos. Deem de beber às ovelhas e levem-nas de volta ao pasto".

⁸ Mas eles responderam: "Não podemos, enquanto os rebanhos não se agruparem e a pedra não for removida da boca do poço. Só então daremos de beber às ovelhas".

⁹ Ele ainda estava conversando, quando chegou Raquel com as ovelhas de seu pai,ʸ pois ela era pastora. ¹⁰ Quando Jacó viu Raquel, filha de Labão, irmão de sua mãe, e as ovelhas de Labão, aproximou-se, removeu a pedra da boca do poço e deu de beber às ovelhas de seu tio Labão.ᶻ ¹¹ Depois Jacó beijou Raquel e começou a chorar bem alto.ᵃ ¹² Então contou a Raquel que era parenteᵇ do pai dela e filho de Rebeca. E ela foi correndo contar tudo a seu pai.ᶜ

¹³ Logo que Labãoᵈ ouviu as notícias acerca de Jacó, seu sobrinho, correu ao seu encontro, abraçou-o e o beijou. Depois, levou-o para casa, e Jacó contou-lhe tudo o que havia ocorrido. ¹⁴ Então Labão lhe disse: "Você é sangue do meu sangue⁴".ᵉ

O Casamento de Jacó

Já fazia um mês que Jacó estava na casa de Labão, ¹⁵ quando este lhe disse: "Só por ser meu parente você vai trabalhar de graça? Diga-me qual deve ser o seu salário".

¹⁶ Ora, Labão tinha duas filhas; o nome da mais velha era Lia, e o da mais nova, Raquel. ¹⁷ Lia tinha olhos meigos⁵, mas Raquel era bonita e atraente. ¹⁸ Como Jacó gostava muito de Raquel, disse: "Trabalharei sete anos em troca de Raquel, sua filha mais nova"ᶠ

¹⁹ Labão respondeu: "Será melhor dá-la a você do que a algum outro homem. Fique aqui comigo". ²⁰ Então Jacó trabalhou sete anos por Raquel, mas lhe pareceram poucos dias, pelo tanto que a amava.ᵍ

---

¹ **28.19** *Betel* significa *casa de Deus*.
² **28.22** Hebraico: *será a casa*.
³ **29.1** Hebraico: *à terra dos filhos do oriente*.
⁴ **29.14** Hebraico: *meu osso e minha carne*.
⁵ **29.17** Ou *sem brilho*

²¹ Então disse Jacó a Labão: "Entregue-me a minha mulher. Cumpri o prazo previsto e quero deitar-me com ela".ʰ

²² Então Labão reuniu todo o povo daquele lugar e deu uma festa.ⁱ ²³ Mas, quando a noite chegou, deu sua filha Lia a Jacó, e Jacó deitou-se com ela. ²⁴ Labão também entregou sua serva Zilpa à sua filha, para que ficasse a serviço dela.

²⁵ Quando chegou a manhã, lá estava Lia. Então Jacó disse a Labão: "Que foi que você me fez?ʲ Eu não trabalhei por Raquel? Por que você me enganou?"ᵏ

²⁶ Labão respondeu: "Aqui não é costume entregar em casamento a filha mais nova antes da mais velha. ²⁷ Deixe passar esta semana de núpciasˡ e daremos a você também a mais nova, em troca de mais sete anos de trabalho".

²⁸ Jacó concordou. Passou aquela semana de núpcias com Lia, e Labão lhe deu sua filha Raquel por mulher. ²⁹ Labão deu a Raquel sua serva Bila,ᵐ para que ficasse a serviço dela.ⁿ ³⁰ Jacó deitou-se também com Raquel, que era a sua preferida.ᵒ E trabalhou para Labão outros sete anos.ᵖ

Os Filhos de Jacó

³¹ Quando o Senhor viu que Lia era desprezada,ᑫ concedeu-lhe filhos;ʳ Raquel, porém, era estéril. ³² Lia engravidou, deu à luz um filho e deu-lhe o nome de Rúben, pois dizia: "O Senhor viu a minha infelicidade.ˢ Agora, certamente o meu marido me amará".

³³ Lia engravidou de novo e, quando deu à luz outro filho, disse: "Porque o Senhor ouviu que sou desprezada, deu-me também este". Pelo que o chamou Simeão.ᵗ

³⁴ De novo engravidou e, quando deu à luz mais um filho, disse: "Agora, finalmente, meu marido se apegará a mim,ᵘ porque já lhe dei três filhos". Por isso deu-lhe o nome de Levi.ᵛ

³⁵ Engravidou ainda outra vez e, quando deu à luz mais outro filho, disse: "Desta vez louvarei o Senhor". Assim deu-lhe o nome de Judá.ʷ Então parou de ter filhos.

30 Quando Raquel viu que não dava filhosˣ a Jacó, teve inveja de sua irmã.ʸ Por isso disse a Jacó: "Dê-me filhos ou morrerei!"

² Jacó ficou irritado e disse: "Por acaso estou no lugar de Deus, que a impediu de ter filhos?"ᶻ

³ Então ela respondeu: "Aqui está Bila, minha serva. Deite-se com ela, para que tenha filhos em meu lugar¹ e por meio dela eu também possa formar família".ᵃ

⁴ Por isso ela deu a Jacó sua serva Bila por mulher.ᵇ Ele deitou-se com ela,ᶜ ⁵ Bila engravidou e deu-lhe um filho. ⁶ Então Raquel disse: "Deus me fez justiça,ᵈ ouviu o meu clamor e deu-me um filho". Por isso deu-lhe o nome de Dã.ᵉ

⁷ Bila, serva de Raquel, engravidou novamente e deu a Jacó o segundo filho. ⁸ Então disse Raquel: "Tive grande luta com minha irmã e venci".ᶠ Pelo que o chamou Naftali.ᵍ

⁹ Quando Lia viu que tinha parado de ter filhos, tomou sua serva Zilpa e a deu a Jacó por mulher.ʰ ¹⁰ Zilpa, serva de Lia, deu a Jacó um filho. ¹¹ Então disse Lia: "Que grande sorte!"² Por isso o chamou Gade.ⁱ

¹² Zilpa, serva de Lia, deu a Jacó mais um filho. ¹³ Então Lia exclamou: "Como sou feliz! As mulheres dirão que sou feliz".ʲ Por isso lhe deu o nome de Aser.ˡ

¹⁴ Durante a colheita do trigo, Rúben saiu ao campo, encontrou algumas mandrágoras³ᵐ e as trouxe a Lia, sua mãe. Então Raquel disse a Lia: "Dê-me algumas mandrágoras do seu filho".

¹⁵ Mas ela respondeu: "Não lhe foi suficienteⁿ tomar de mim o marido? Vai tomar também as mandrágoras que o meu filho trouxe?" Então disse Raquel: "Jacó se deitará com você esta noite, em troca das mandrágoras trazidas pelo seu filho".

¹⁶ Quando Jacó chegou do campo naquela tarde, Lia saiu ao seu encontro e lhe disse: "Hoje você me possuirá, pois eu comprei

---

¹ **30.3** Hebraico: *nos meus joelhos*.
² **30.11** Ou *"Uma tropa está vindo!"*
³ **30.14** Isto é, plantas tidas por afrodisíacas e capazes de favorecer a fertilidade feminina.

esse direito com as mandrágoras do meu filho". E naquela noite ele se deitou com ela.

¹⁷ Deus ouviu Lia,ᵒ e ela engravidou e deu a Jacó o quinto filho. ¹⁸ Disse Lia: "Deus me recompensou por ter dado a minha serva ao meu marido". Por isso deu-lhe o nome de Issacar.ᵖ

¹⁹ Lia engravidou de novo e deu a Jacó o sexto filho. ²⁰ Disse Lia: "Deus presenteou-me com uma dádiva preciosa. Agora meu marido me tratará melhor¹; afinal já lhe dei seis filhos". Por isso deu-lhe o nome de Zebulom.ᑫ

²¹ Algum tempo depois, ela deu à luz uma menina a quem chamou Diná.

²² Então Deus lembrou-se de Raquel.ʳ Deus ouviu o seu clamor e a tornou fértil.ˢ ²³ Ela engravidou, deu à luz um filhoᵗ e disse: "Deus tirou de mim a minha humilhação".ᵘ ²⁴ Deu-lhe o nome de José e disse: "Que o Senhor me acrescente ainda outro filho".ʷ

A Riqueza de Jacó

²⁵ Depois que Raquel deu à luz José, Jacó disse a Labão: "Deixe-me voltar para a minha terra natal.ˣ ²⁶ Dê-me as minhas mulheres, pelas quais o servi,ʸ e os meus filhos, e partirei. Você bem sabe quanto trabalhei para você".

²⁷ Mas Labão lhe disse: "Se mereço sua consideração, peço-lhe que fique. Por meio de adivinhação descobri que o Senhor me abençoou por sua causa". ²⁸ E acrescentou: "Diga o seu salário,ᵃ e eu lhe pagarei".

²⁹ Jacó lhe respondeu: "Você sabe quanto trabalhei para vocêᵇ e como os seus rebanhos cresceram sob os meus cuidados.ᶜ ³⁰ O pouco que você possuía antes da minha chegada aumentou muito, pois o Senhor o abençoou depois que vim para cá. Contudo, quando farei algo em favor da minha própria família?"ᵈ

³¹ Então Labão perguntou: "Que você quer que eu lhe dê?" "Não me dê coisa alguma", respondeu Jacó. "Voltarei a cuidar dos seus rebanhos se você concordar com o seguinte: ³² hoje passarei por todos os seus rebanhos e tirarei do meio deles todas as ovelhas salpicadas e pintadas, todos os cordeiros pretos e todas as cabras pintadas e salpicadas.ᵉ Eles serão o meu salário. ³³ E a minha honestidade dará testemunho de mim no futuro, toda vez que você resolver verificar o meu salário. Se estiver em meu poder alguma cabra que não seja salpicada ou pintada, e algum cordeiro que não seja preto, poderá considerá-los roubados."

³⁴ E disse Labão: "De acordo. Seja como você disse". ³⁵ Naquele mesmo dia, Labão separou todos os bodes que tinham listras² ou manchas brancas, todas as cabras que tinham pintas ou manchas brancas e todos os cordeiros pretos e os pôs aos cuidados de seus filhos.ᶠ ³⁶ Afastou-se então de Jacó, à distância equivalente a três dias de viagem, e Jacó continuou a apascentar o resto dos rebanhos de Labão.

³⁷ Jacó pegou galhos verdes de estoraque, amendoeira e plátano e neles fez listras brancas, descascando-os parcialmente e expondo assim a parte branca interna dos galhos. ³⁸ Depois fixou os galhos descascados junto aos bebedouros, na frente dos rebanhos, no lugar onde costumavam beber água. Na época do cio, os rebanhos vinham beber e ³⁹ se acasalavam diante dos galhos. E geravam filhotes listrados, salpicados e pintados. ⁴⁰ Jacó separava os filhotes do rebanho dos demais, e fazia com que esses ficassem juntos dos animais listrados e pretos de Labão. Assim foi formando o seu próprio rebanho que separou do de Labão. ⁴¹ Toda vez que as fêmeas mais fortes estavam no cio, Jacó colocava os galhos nos bebedouros, em frente dos animais, para que se acasalassem perto dos galhos; ⁴² mas, se os animais eram fracos, não os colocava ali. Desse modo, os animais fracos ficavam para Labão e os mais fortes para Jacó. ⁴³ Assim o homem ficou extremamente rico,

---

¹ 30.20 Ou *me honrará*

² 30.35 Ou *cauda retorcida*; também em 30.39, 40; 31.8, 10 e 12.

30.17
ᵒGn 25.21
30.18
ᵖGn 49.14
30.20
ᑫGn 35.23; 49.13; Mt 4.13
30.22
ʳGn 8.1; 1Sm 1.19-20
ˢGn 29.31
30.23
ᵗv. 6
ᵘIs 4.1; Lc 1.25
30.24
ʷGn 35.24; 37.2; 39.1; 49.22-26
ˣGn 35.17
30.25
ˣGn 24.54
30.26
ʸGn 29.20, 30; Os 12.12
30.28
ᵃGn 29.15
30.29
ᵇGn 31.6
ᶜGn 31.38-40
30.30
ᵈ1Tm 5.8
30.32
ᵉGn 31.8, 12
30.35
ᶠGn 31.1

³¹ Jacó respondeu a Labão: "Tive medo, pois pensei que você tiraria suas filhas de mim à força. ³² Quanto aos seus deuses, quem for encontrado com eles não ficará vivo.ᵏ Na presença dos nossos parentes, veja você mesmo se está aqui comigo qualquer coisa que lhe pertença, e, se estiver, leve-a de volta". Ora, Jacó não sabia que Raquel os havia roubado.

³³ Então Labão entrou na tenda de Jacó, e nas tendas de Lia e de suas duas servas, mas nada encontrou. Depois de sair da tenda de Lia, entrou na tenda de Raquel. ³⁴ Raquel tinha colocado os ídolos dentro da sela do seu camelo e estava sentada em cima. Labão vasculhouˡ toda a tenda, mas nada encontrou.

³⁵ Raquel disse ao pai: "Não se irrite, meu senhor, por não poder me levantar em sua presença,ᵐ pois estou com o fluxo das mulheres". Ele procurou os ídolos, mas não os encontrou.

³⁶ Jacó ficou irado e queixou-se a Labão: "Qual foi meu crime? Que pecado cometi para que você me persiga furiosamente? ³⁷ Você já vasculhou tudo o que me pertence. Encontrou algo que lhe pertença? Então coloque tudo aqui na frente dos meus parentesⁿ e dos seus, e que eles julguem entre nós dois.

³⁸ "Vinte anos estive com você. Suas ovelhas e cabras nunca abortaram, e jamais comi um só carneiro do seu rebanho. ³⁹ Eu nunca levava a você os animais despedaçados por feras; eu mesmo assumia o prejuízo. E você pedia contas de todo animal roubado de dia ou de noite.ᵒ ⁴⁰ O calor me consumia de dia, e o frio de noite, e o sono fugia dos meus olhos. ⁴¹ Foi assim nos vinte anos em que fiquei em sua casa. Trabalhei para você catorze anos em troca de suas duas filhasᵖ e seis anos por seus rebanhos, e dez vezesᑫ você alterou o meu salário. ⁴² Se o Deus de meu pai,ʳ o Deus de Abraão, o Temor de Isaque,ˢ não estivesse comigo,ᵗ certamente você me despediria de mãos vazias. Mas Deus viu o meu sofrimento e o trabalho das minhas mãos e,ᵘ na noite passada, ele manifestou a sua decisão".

O Acordo entre Labão e Jacó

⁴³ Labão respondeu a Jacó: "As mulheres são minhas filhas, os filhos são meus, os rebanhos são meus. Tudo o que você vê é meu. Que posso fazer por essas minhas filhas ou pelos filhos que delas nasceram? ⁴⁴ Façamos agora, eu e você, um acordoᵛ que sirva de testemunho entre nós dois".ʷ

⁴⁵ Então Jacó tomou uma pedra e a colocou em pé como coluna.ˣ ⁴⁶ E disse aos seus parentes: "Juntem algumas pedras". Eles apanharam pedras e as amontoaram. Depois comeram ali, ao lado do monte de pedras. ⁴⁷ Labão o chamou Jegar-Saaduta, e Jacó o chamou Galeede¹.

⁴⁸ Labão disse: "Este monte de pedras é uma testemunha entre mim e você, no dia de hoje". Por isso foi chamado Galeede. ⁴⁹ Foi também chamado Mispá²ʸ, porque ele declarou: "Que o Senhor nos vigie, a mim e a você, quando estivermos separados um do outro. ⁵⁰ Se você maltratar minhas filhas ou menosprezá-las, tomando outras mulheres além delas, ainda que ninguém saiba, lembre-se de que Deus é testemunhaᶻ entre mim e você".

⁵¹ Disse ainda Labão a Jacó: "Aqui estão este monte de pedras e esta colunaᵃ que coloquei entre mim e você. ⁵² São testemunhasᵇ de que não passarei para o lado de lá para prejudicá-lo, nem você passará para o lado de cá para prejudicar-me.ᶜ ⁵³ Que o Deus de Abraão,ᵈ o Deus de Naor, o Deus do pai deles, julgue³ entre nós".ᵉ

Então Jacó fez um juramentoᶠ em nome do Temor de seu pai, Isaque.ᵍ ⁵⁴ Ofereceu um sacrifício no monte e chamou os parentes que lá estavam para uma refeição. Depois de comerem, passaram a noite ali.

⁵⁵ Na manhã seguinte, Labão beijou seus netos e suas filhasʰ e os abençoou, e depois voltou para a sua terra.ⁱ

---

¹ **31.47** Tanto *Jegar-Saaduta* (aramaico) como *Galeede* (hebraico) significam *monte de pedras do testemunho*.
² **31.49** *Mispá* significa *torre de vigia*.
³ **31.53** Conforme a Septuaginta e o Pentateuco Samaritano. O Texto Massorético permite que o versículo seja entendido no plural.

tornando-se dono de grandes rebanhos e de servos e servas, camelos e jumentos.g

Jacó Foge de Labão

31 Jacó, porém, ouviu falar que os filhos de Labão estavam dizendo: "Jacó tomou tudo que o nosso pai tinha e juntou toda a sua riqueza à custa do nosso pai". ² E Jacó percebeu que a atitude de Labão para com ele já não era a mesma de antes.

³ E o Senhor disse a Jacó: "Volte^h para a terra de seus pais e de seus parentes, e eu estarei com você".^i

⁴ Então Jacó mandou chamar Raquel e Lia para virem ao campo onde estavam os seus rebanhos, ⁵ e lhes disse: "Vejo que a atitude do seu pai para comigo não é mais a mesma, mas o Deus de meu pai tem estado comigo.^j ⁶ Vocês sabem que trabalhei para seu pai com todo o empenho,^k ⁷ mas ele tem me feito de tolo, mudando o meu salário dez vezes.^l Contudo, Deus não permitiu que ele me prejudicasse.^m ⁸ Se ele dizia: 'As crias salpicadas serão o seu salário,'^n todos os rebanhos geravam filhotes salpicados; e, se ele dizia: 'As que têm listras serão o seu salário', todos os rebanhos geravam filhotes com listras. ⁹ Foi assim que Deus tirou os rebanhos de seu pai e os deu a mim.^o

¹⁰ "Na época do acasalamento, tive um sonho em que olhei e vi que os machos que fecundavam o rebanho tinham listras, eram salpicados e malhados. ¹¹ O Anjo de Deus^p me disse no sonho: 'Jacó!' Eu respondi: 'Eis-me aqui!' ¹² Então ele disse: 'Olhe e veja que todos os machos que fecundam o rebanho têm listras, são salpicados e malhados, porque tenho visto tudo o que Labão lhe fez.^q ¹³ Sou o Deus de Betel,^r onde você ungiu uma coluna e me fez um voto. Saia agora desta terra e volte para a sua terra natal' ".^s

¹⁴ Raquel e Lia disseram a Jacó: "Temos ainda parte na herança dos bens de nosso pai? ¹⁵ Não nos trata ele como estrangeiras? Não apenas nos vendeu como também gastou tudo o que foi pago por nós! ¹⁶ Toda a riqueza que Deus tirou de nosso pai é nossa e de nossos filhos. Portanto, faça tudo quanto Deus lhe ordenou".

¹⁷ Então Jacó ajudou seus filhos e suas mulheres a montar nos camelos, ¹⁸ e conduziu todo o seu rebanho, junto com todos os bens que havia acumulado em Padã-Arã¹, para ir à terra de Canaã,^v à casa de seu pai, Isaque.^u

¹⁹ Enquanto Labão tinha saído para tosquiar suas ovelhas, Raquel roubou de seu pai os ídolos do clã.^w ²⁰ Foi assim que Jacó enganou^x a Labão, o arameu, fugindo^y sem lhe dizer nada. ²¹ Ele fugiu com tudo o que tinha e, atravessando o Eufrates², foi para os montes de Gileade.^z

Labão Persegue Jacó

²² Três dias depois, Labão foi informado de que Jacó tinha fugido. ²³ Tomando consigo os homens de sua família, perseguiu Jacó por sete dias e o alcançou nos montes de Gileade. ²⁴ Então, de noite, Deus veio em sonho a Labão, o arameu, e o advertiu:^a "Cuidado! Não diga nada a Jacó, não lhe faça promessas nem ameaças".^b

²⁵ Labão alcançou Jacó, que estava acampado nos montes de Gileade. Então Labão e os homens se acamparam ali também. ²⁶ Ele perguntou a Jacó: "Que foi que você fez? Não só me enganou^c como também raptou minhas filhas como se fossem prisioneiras de guerra.^d ²⁷ Por que você me enganou, fugindo em segredo, sem avisar-me? Eu teria celebrado a sua partida com alegria e cantos, ao som dos tamborins^e e das harpas.^f ²⁸ Você nem sequer me deixou beijar meus netos e minhas filhas para despedir-me deles.^g Você foi insensato. ²⁹ Tenho poder para prejudicá-los;^h mas, na noite passada, o Deus do pai^i de vocês me advertiu: 'Cuidado! Não diga nada a Jacó, não lhe faça promessas nem ameaças'. ³⁰ Agora, se você partiu porque tinha saudade da casa de seu pai, por que roubou meus deuses?"^j

---

¹ **31.18** Provavelmente na região noroeste da Mesopotâmia; também em 33.18, 35.9 e 26.

² **31.21** Hebraico: *o Rio*.

Jacó Prepara-se para o Encontro com Esaú

32 Jacó também seguiu o seu caminho, e anjos de Deus[j] vieram ao encontro dele. ² Quando Jacó os avistou, disse: "Este é o exército de Deus!"[k] Por isso deu àquele lugar o nome de Maanaim[1].[l]

³ Jacó mandou mensageiros adiante dele a seu irmão Esaú,[m] na região de Seir, território de Edom.[n] ⁴ E lhes ordenou: "Vocês dirão o seguinte ao meu senhor Esaú: Assim diz teu servo Jacó: Morei na casa de Labão e com ele permaneci até agora. ⁵ Tenho bois e jumentos, ovelhas e cabras, servos e servas.[o] Envio agora esta mensagem ao meu senhor, para que me recebas bem".[p]

⁶ Quando os mensageiros voltaram a Jacó, disseram-lhe: "Fomos até seu irmão Esaú, e ele está vindo ao seu encontro, com quatrocentos homens".[q]

⁷ Jacó encheu-se de medo[r] e foi tomado de angústia. Então dividiu em dois grupos todos os que estavam com ele, bem como as ovelhas, as cabras, os bois e os camelos, ⁸ pois assim pensou: "Se Esaú vier e atacar um dos grupos, o outro poderá escapar".

⁹ Então Jacó orou: "Ó Deus de meu pai Abraão, Deus de meu pai Isaque,[s] ó SENHOR que me disseste: 'Volte para a sua terra e para os seus parentes e eu o farei prosperar';[t] ¹⁰ não sou digno de toda a bondade e lealdade[u] com que trataste o teu servo. Quando atravessei o Jordão eu tinha apenas o meu cajado, mas agora possuo duas caravanas. ¹¹ Livra-me, rogo-te, das mãos de meu irmão Esaú, porque tenho medo que ele venha nos atacar,[v] tanto a mim como às mães e às crianças.[w] ¹² Pois tu prometeste: 'Esteja certo de que eu o farei prosperar e farei os seus descendentes tão numerosos como a areia do mar,[x] que não se pode contar' ".[y]

¹³ Depois de passar ali a noite, escolheu entre os seus rebanhos um presente[z] para o seu irmão Esaú: ¹⁴ duzentas cabras e vinte bodes, duzentas ovelhas e vinte carneiros, ¹⁵ trinta fêmeas de camelo com seus filhotes, quarenta vacas e dez touros, vinte jumentas e dez jumentos. ¹⁶ Designou cada rebanho sob o cuidado de um servo e disse-lhes: "Vão à minha frente e mantenham certa distância entre um rebanho e outro".

¹⁷ Ao que ia à frente deu a seguinte instrução: "Quando meu irmão Esaú encontrar-se com você e lhe perguntar: 'A quem você pertence, para onde vai e de quem é todo este rebanho à sua frente?', ¹⁸ você responderá: É do teu servo[a] Jacó. É um presente para o meu senhor Esaú; e ele mesmo está vindo atrás de nós".

¹⁹ Também instruiu o segundo, o terceiro e todos os outros que acompanhavam os rebanhos: "Digam também a mesma coisa a Esaú quando o encontrarem. ²⁰ E acrescentem: Teu servo Jacó está vindo atrás de nós". Porque pensava: "Eu o apaziguarei com esses presentes que estou enviando antes de mim; mais tarde, quando eu o vir, talvez me receba".[b] ²¹ Assim os presentes de Jacó seguiram à sua frente; ele, porém, passou a noite no acampamento.

Jacó Luta com Deus

²² Naquela noite, Jacó levantou-se, tomou suas duas mulheres, suas duas servas e seus onze filhos para atravessar o lugar de passagem do Jaboque.[c] ²³ Depois de havê-los feito atravessar o ribeiro, fez passar também tudo o que possuía. ²⁴ E Jacó ficou sozinho. Então veio um homem[d] que se pôs a lutar com ele até o amanhecer. ²⁵ Quando o homem viu que não poderia dominar Jacó, tocou-lhe na articulação da coxa,[e] de forma que a deslocou enquanto lutavam. ²⁶ Então o homem disse: "Deixe-me ir, pois o dia já desponta". Mas Jacó lhe respondeu: "Não te deixarei ir, a não ser que me abençoes".[f]

²⁷ O homem lhe perguntou: "Qual é o seu nome?"

"Jacó²", respondeu ele.

---

¹ **32.2** *Maanaim* significa *dois exércitos*.
² **32.27** *Jacó* significa *ele agarra o calcanhar* ou *ele age traiçoeiramente*; também em 35.10.

28 Então disse o homem: "Seu nome não será mais Jacó, mas sim Israel,[1g] porque você lutou com Deus e com homens e venceu".

29 Prosseguiu Jacó: "Peço-te que digas o teu nome".[h]

Mas ele respondeu: "Por que pergunta o meu nome?"[i] E o abençoou[j] ali.

30 Jacó chamou àquele lugar Peniel, pois disse: "Vi a Deus face a face[k] e, todavia, minha vida foi poupada".

31 Ao nascer do sol, atravessou Peniel, mancando por causa da coxa. **32** Por isso, até o dia de hoje, os israelitas não comem o músculo ligado à articulação do quadril, porque nesse músculo Jacó foi ferido.

O Encontro de Esaú e Jacó

33 Quando Jacó olhou e viu que Esaú estava se aproximando com quatrocentos homens,[l] dividiu as crianças entre Lia, Raquel e as duas servas. **2** Colocou as servas e os seus filhos à frente; Lia e seus filhos, depois; e Raquel com José, por último. **3** Ele mesmo passou à frente e, ao aproximar-se do seu irmão, curvou-se até o chão sete vezes.[m]

4 Mas Esaú correu ao encontro de Jacó e abraçou-se ao seu pescoço, e o beijou. E eles choraram.[n] **5** Então Esaú ergueu o olhar e viu as mulheres e as crianças. E perguntou: "Quem são estes?"

Jacó respondeu: "São os filhos que Deus concedeu ao teu servo".[o]

6 Então as servas e os seus filhos se aproximaram e se curvaram. **7** Depois, Lia e os seus filhos vieram e se curvaram. Por último, chegaram José e Raquel, e também se curvaram.

8 Esaú perguntou: "O que você pretende com todos os rebanhos que encontrei pelo caminho?"[p]

"Ser bem recebido por ti, meu senhor",[q] respondeu Jacó.

9 Disse, porém, Esaú: "Eu já tenho muito, meu irmão. Guarde para você o que é seu".

10 Mas Jacó insistiu: "Não! Se te agradaste de mim, aceita este presente de minha parte, porque ver a tua face é como contemplar a face de Deus;[r] além disso, tu me recebeste tão bem![s] **11** Aceita, pois, o presente[t] que te foi trazido, pois Deus tem sido favorável para comigo,[u] e eu já tenho tudo o que necessito". Jacó tanto insistiu que Esaú acabou aceitando.

12 Então disse Esaú: "Vamos seguir em frente. Eu o acompanharei".

13 Jacó, porém, lhe disse: "Meu senhor sabe que as crianças são frágeis e que estão sob os meus cuidados ovelhas e vacas que amamentam suas crias. Se forçá-las demais na caminhada, um só dia que seja, todo o rebanho morrerá. **14** Por isso, meu senhor, vai à frente do teu servo, e eu sigo atrás, devagar, no passo dos rebanhos e das crianças, até que eu chegue ao meu senhor em Seir".[v]

15 Esaú sugeriu: "Permita-me, então, deixar alguns homens com você".

Jacó perguntou: "Mas para quê, meu senhor?[w] Ter sido bem recebido já me foi suficiente!"

16 Naquele dia, Esaú voltou para Seir. **17** Jacó, todavia, foi para Sucote,[x] onde construiu uma casa para si e abrigos para o seu gado. Foi por isso que o lugar recebeu o nome de Sucote.

18 Tendo voltado de Padã-Arã,[y] Jacó chegou a salvo à[2] cidade de Siquém,[z] em Canaã, e acampou próximo da cidade. **19** Por cem peças de prata[3] comprou dos filhos de Hamor, pai de Siquém,[a] a parte do campo[b] onde tinha armado acampamento. **20** Ali edificou um altar e lhe chamou El Elohe Israel[4].

O Conflito entre os Filhos de Jacó e os Siquemitas

34 Certa vez, Diná,[c] a filha que Lia dera a Jacó, saiu para conhecer as mulheres daquela terra. **2** Siquém, filho de Hamor,

---

[1] **32.28** Israel significa ele luta com Deus; também em 35.10.

[2] **33.18** Ou chegou a Salém, uma cidade de Siquém.

[3] **33.19** Hebraico: 100 quesitas. Uma quesita era uma unidade monetária de peso e valor desconhecidos.

[4] **33.20** Isto é, Deus, o Deus de Israel ou poderoso é o Deus de Israel.

32.28
[g]Gn 17.5; 35.10;
1Rs 18.31

32.29
[h]Jz 13.17
[i]Jz 13.18
[j]Gn 35.9

32.30
[k]Gn 16.13;
Ex 24.11;
Nm 12.8;
Jz 6.22;
13.22

33.1
[l]Gn 32.6

33.3
[m]Gn 18.2;
42.6

33.4
[n]Gn 45.14-15

33.5
[o]Gn 48.9;
Sl 127.3;
Is 8.18

33.8
[p]Gn 32.14-16
[q]Gn 24.9;
32.5

33.10
[r]Gn 16.13
[s]Gn 32.20

33.11
[t]1Sm 25.27
[u]Gn 30.43

33.14
[v]Gn 32.3

33.15
[w]Gn 34.11;
47.25;
Rt 2.13

33.17
[x]Js 13.27;
Jz 8.5, 6, 8
14.16;
Sl 60.6

33.18
[y]Gn 25.20;
28.2
[z]Js 24.1;
Jz 9.1

33.19
[a]Js 24.32

33.19
[b]Jo 4.5

34.1
[c]Gn 30.21

o heveu, governador daquela região, viu-a, agarrou-a e a violentou. ³ Mas o seu coração foi atraído por Diná, filha de Jacó, e ele amou a moça e falou-lhe com ternura. ⁴ Por isso Siquém foi dizer a Hamor, seu pai: "Consiga-me aquela moça para que seja minha mulher".

⁵ Quando Jacó soube que sua filha Diná tinha sido desonrada, seus filhos estavam no campo, com os rebanhos; por isso esperou calado até que regressassem.

⁶ Então Hamor, pai de Siquém, foi conversar com Jacó.ᵈ ⁷ Quando os filhos de Jacó voltaram do campo e souberam de tudo, ficaram profundamente entristecidos e irados, porque Siquém tinha cometido um ato vergonhoso em¹ Israel,ᵉ ao deitar-se com a filha de Jacó — coisa que não se faz.ᶠ

⁸ Mas Hamor lhes disse: "Meu filho Siquém apaixonou-se pela filha de vocês. Por favor, entreguem-na a ele para que seja sua mulher. ⁹ Casem-se entre nós; deem-nos suas filhas e tomem para vocês as nossas. ¹⁰ Estabeleçam-se entre nós.ᵍ A terra está aberta para vocês:ʰ habitem-na, façam comércio²ⁱ nela e adquiram propriedades".

¹¹ Então Siquém disse ao pai e aos irmãos de Diná: "Concedam-me este favor, e eu lhes darei o que me pedirem. ¹² Aumentem quanto quiserem o preço e o presente pela noiva,ʲ e pagarei o que me pedirem. Tão somente me deem a moça por mulher".

¹³ Os filhos de Jacó, porém, responderam com falsidade a Siquém e a seu pai, Hamor, por ter Siquém desonrado Diná, a irmã deles. ¹⁴ Disseram: "Não podemos fazer isso; jamais entregaremos nossa irmã a um homem que não seja circuncidado.ᵏ Seria uma vergonha para nós. ¹⁵ Daremos nosso consentimento a vocês com uma condição: que vocês se tornem como nós, circuncidando todos os do sexo masculino.ˡ ¹⁶ Só então lhes daremos as nossas filhas e poderemos casar-nos com as suas. Nós nos estabeleceremos entre vocês e seremos um só povo. ¹⁷ Mas, se não aceitarem circuncidar-se, tomaremos nossa irmã³ e partiremos". ¹⁸ A proposta deles pareceu boa a Hamor e a seu filho Siquém. ¹⁹ O jovem, que era o mais respeitado de todos os da casa de seu pai, não demorou em cumprir o que pediram, porque realmente gostava da filha de Jacó.ᵐ

²⁰ Assim Hamor e seu filho Siquém dirigiram-se à porta da cidadeⁿ para conversar com os seus concidadãos. E disseram: ²¹ "Esses homens são de paz. Permitam que eles habitem em nossa terra e façam comércio entre nós; a terra tem bastante lugar para eles. Poderemos casar com as suas filhas, e eles com as nossas. ²² Mas eles só consentirão em viver conosco como um só povo sob a condição de que todos os nossos homens sejam circuncidados, como eles. ²³ Lembrem-se de que os seus rebanhos, os seus bens e todos os seus outros animais passarão a ser nossos. Aceitemos então a condição para que se estabeleçam em nosso meio".

²⁴ Todos os que saíram para reunir-se à porta da cidadeᵒ concordaram com Hamor e com seu filho Siquém, e todos os homens e meninos da cidade foram circuncidados.

²⁵ Três dias depois, quando ainda sofriam dores, dois filhos de Jacó, Simeão e Levi, irmãos de Diná, pegaram suas espadasᵖ e atacaram a cidade desprevenida, matando todos os homens.ᵠ ²⁶ Mataram ao fio da espada Hamor e seu filho Siquém, tiraram Diná da casa de Siquém e partiram. ²⁷ Vieram então os outros filhos de Jacó e, passando pelos corpos, saquearam a cidade onde⁴ sua irmã tinha sido desonrada. ²⁸ Apoderaram-se das ovelhas, dos bois e dos jumentos, e de tudo o que havia na cidade e no campo. ²⁹ Levaram as mulheres e as crianças, e saquearam todos os bens e tudo o que havia nas casas.

34.6 ᵈJz 14.2-5
34.7 ᵉDt 22.21; Jz 20.6; 2Sm 13.12 ᶠJs 7.15
34.10 ᵍGn 47.6, 27 ʰGn 13.9 20.15 ⁱGn 42.34
34.12 ʲEx 22.16; Dt 22.29; 1Sm 18.25
34.14 ᵏGn 17.14; Jz 14.3
34.15 ˡEx 12.48
34.19 ᵐv. 3
34.20 ⁿRt 4.1; 2Sm 15.2
34.24 ᵒGn 23.10
34.25 ᵖGn 49.5 ᵠGn 49.7

---

¹ **34.7** Ou *contra*
² **34.10** Ou *movam-se livremente*; também no versículo 21.
³ **34.17** Hebraico: *filha*.
⁴ **34.27** Ou *porque*

³⁰ Então Jacó disse a Simeão e a Levi: "Vocês me puseram em grandes apuros,ʳ atraindo sobre mim o ódio¹ dos cananeus e dos ferezeus, habitantes desta terra.ˢ Somos poucosᵗ, e, se eles juntarem suas forças e nos atacarem, eu e a minha família seremos destruídos".

³¹ Mas eles responderam: "Está certo ele tratar nossa irmã como uma prostituta?"

O Retorno de Jacó a Betel

35 Deus disse a Jacó: "Suba a Betel²ᵘ e estabeleça-se lá, e faça um altar ao Deus que lhe apareceu quando você fugia do seu irmão, Esaú".ᵛ

² Disse, pois, Jacó aos de sua casaʷ e a todos os que estavam com ele: "Livrem-se dos deuses estrangeirosˣ que estão entre vocês, purifiquem-se e troquem de roupa.ʸ ³ Venham! Vamos subir a Betel, onde farei um altar ao Deus que me ouviu no dia da minha angústiaᶻ e que tem estado comigo por onde tenho andado".ᵃ ⁴ Então entregaram a Jacó todos os deuses estrangeiros que possuíam e os brincos que usavam nas orelhas, e Jacó os enterrou ao pé da grande árvore, próximo a Siquém.ᵇ ⁵ Quando eles partiram, o terror de Deusᶜ caiu de tal maneira sobre as cidades ao redor que ninguém ousou perseguir os filhos de Jacó.

⁶ Jacó e todos os que com ele estavam chegaram a Luz,ᵈ que é Betel, na terra de Canaã. ⁷ Nesse lugar construiu um altar e lhe deu o nome de El-Betel³ᵉ, porque ali Deus havia se reveladoᵈ a ele, quando fugia do seu irmão.

⁸ Débora, ama de Rebeca,ᶠ morreu e foi sepultada perto de Betel, ao pé do Carvalho, que por isso foi chamado Alom-Bacute⁵.

⁹ Depois que Jacó retornou de Padã-Arã, Deus lhe apareceu de novo e o abençoou,ᵍ ¹⁰ dizendo: "Seu nome é Jacó, mas você não será mais chamado Jacó; seu nome será Israel".ʰ Assim lhe deu o nome de Israel.

¹¹ E Deus ainda lhe disse: "Eu sou o Deus todo-poderoso⁶ⁱ; seja prolífero e multiplique-se. De você procederão uma naçãoʲ e uma comunidade de nações, e reis estarão entre os seus descendentes.ᵏ ¹² A terra que dei a Abraão e a Isaque, dou a você; e também aos seus futuros descendentes darei esta terra".ˡᵐ ¹³ A seguir, Deus elevou-seⁿ do lugar onde estivera falando com Jacó.

¹⁴ Jacó levantou uma coluna de pedra no lugar em que Deus lhe falara, e derramou sobre ela uma oferta de bebidas⁷ e a ungiu com óleo.ᵒ ¹⁵ Jacó deu o nome de Betel ao lugar onde Deus tinha falado com ele.ᵖ

A Morte de Isaque e de Raquel

¹⁶ Eles partiram de Betel, e, quando ainda estavam a certa distância de Efrata, Raquel começou a dar à luz com grande dificuldade. ¹⁷ E, enquanto sofria muito, tentando dar à luz, a parteira lhe disse: "Não tenha medo, pois você ainda terá outro menino".q ¹⁸ Já a ponto de sair-lhe a vida, quando estava morrendo, deu ao filho o nome de Benoni⁸. Mas o pai deu-lhe o nome de Benjamim⁹.

¹⁹ Assim morreu Raquel, e foi sepultada junto do caminho de Efrata, que é Belém.ʳ ²⁰ Sobre a sua sepultura Jacó levantou uma coluna, e até o dia de hoje aquela coluna marca o túmulo de Raquel.ˢ

²¹ Israel partiu novamente e armou acampamento adiante de Migdal-Éder¹⁰. ²² Na época em que Israel vivia naquela região, Rúben deitou-seᵗ com Bila,ᵘ concubina de seu pai. E Israel ficou sabendo disso.

Jacó teve doze filhos:

²³ Estes foram seus filhos com Lia:
Rúben, o filho mais velhoᵛ de Jacó, Simeão, Levi, Judá,ʷ Issacar e Zebulom.ˣ

---

¹ **34.30** Hebraico: *transformando-me em mau cheiro para os*.
² **35.1** Betel significa *casa de Deus*.
³ **35.7** El-Betel significa *Deus de Betel*.
⁴ **35.7** Ou *ali os seres celestiais se revelaram*
⁵ **35.8** Alom-Bacute significa *carvalho do pranto*.
⁶ **35.11** Hebraico: *El-Shaddai*.
⁷ **35.14** Veja Nm 28.7.
⁸ **35.18** Benoni significa *filho da minha aflição*.
⁹ **35.18** Benjamim significa *filho da minha direita*.
¹⁰ **35.21** Migdal-Éder significa *torre do rebanho*.

²⁴ Estes foram seus filhos com Raquel:
Joséʸ e Benjamim.ᶻ

²⁵ Estes foram seus filhos com Bila, serva de Raquel:
Dã e Naftali.ᵃ

²⁶ Estes foram seus filhos com Zilpa, serva de Lia:
Gadeᵇ e Aser.ᶜ

Foram esses os filhos de Jacó, nascidos em Padã-Arã.

²⁷ Depois Jacó foi visitar seu pai Isaque em Manre,ᵈ perto de Quiriate-Arba,ᵉ que é Hebrom, onde Abraão e Isaque tinham morado. ²⁸ Isaque viveu cento e oitenta anos.ᶠ ²⁹ Morreu em idade bem avançadaʰ e foi reunido aos seus antepassados.ᵍ E seus filhos, Esaú e Jacó, o sepultaram.ⁱ

Os Descendentes de Esaú

36 Esta é a história da família de Esaú, que é Edom.ʲ

² Esaú casou-se com mulheres de Canaã:ᵏ com Ada, filha de Elom, o hitita,ˡ e com Oolibama, filha de Anáᵐ e neta de Zibeão, o heveu; ³ e também com Basemate, filha de Ismael e irmã de Nebaiote.

⁴ Ada deu a Esaú um filho chamado Elifaz; Basemate deu-lhe Reuel;ⁿ ⁵ e Oolibama deu-lhe Jeús, Jalão e Corá. Esses foram os filhos de Esaú que lhe nasceram em Canaã.

⁶ Esaú tomou suas mulheres, seus filhos e filhas e todos os de sua casa, assim como os seus rebanhos, todos os outros animais e todos os bens que havia adquirido em Canaã,ᵒ e foi para outra região, para longe do seu irmão Jacó. ⁷ Os seus bens eram tantos que eles já não podiam morar juntos; a terra onde estavam vivendo não podia sustentá-los, por causa dos seus rebanhos.ᵖ ⁸ Por isso Esaú,ᵠ que é Edom, fixou-se nos montes de Seir.ʳ

⁹ Este é o registro da descendência de Esaú, pai dos edomitas, nos montes de Seir.

¹⁰ Estes são os nomes dos filhos de Esaú:
Elifaz, filho de Ada, mulher de Esaú; e Reuel, filho de Basemate, mulher de Esaú.

¹¹ Estes foram os filhos de Elifaz:ˢ
Temã,ᵗ Omar, Zefô, Gaetã e Quenaz.

¹² Elifaz, filho de Esaú, tinha uma concubina chamada Timna, que lhe deu um filho chamado Amaleque.ᵘ Foram esses os netos de Ada,ᵛ mulher de Esaú.

¹³ Estes foram os filhos de Reuel:
Naate, Zerá, Samá e Mizá. Foram esses os netos de Basemate, mulher de Esaú.

¹⁴ Estes foram os filhos de Oolibama, mulher de Esaú, filha de Aná e neta de Zibeão, os quais ela deu a Esaú:
Jeús, Jalão e Corá.

¹⁵ Foram estes os chefesʷ dentre os descendentes de Esaú:
Os filhos de Elifaz, filho mais velho de Esaú:
Temã,ˣ Omar, Zefô, Quenaz, ¹⁶ Corá¹, Gaetã e Amaleque. Foram esses os chefes descendentes de Elifaz em Edom; eram netos de Ada.ʸ

¹⁷ Foram estes os filhos de Reuel,ᶻ filho de Esaú:
Os chefes Naate, Zerá, Samá e Mizá. Foram esses os chefes descendentes de Reuel em Edom; netos de Basemate, mulher de Esaú.

¹⁸ Foram estes os filhos de Oolibama, mulher de Esaú:
Os chefes Jeús, Jalão e Corá. Foram esses os chefes descendentes de Oolibama, mulher de Esaú, filha de Aná.

¹⁹ Foram esses os filhos de Esaú, que é Edom,ᵃ e esses foram os seus chefes.

Os Descendentes de Seir

²⁰ Estes foram os filhos de Seir, o horeu,ᵇ que estavam habitando aquela região: Lotã, Sobal, Zibeão e Aná, ²¹ Disom, Ézer e Disã. Esses filhos de Seir foram chefes dos horeus no território de Edom.

²² Estes foram os filhos de Lotã:
Hori e Hemã. Timna era irmã de Lotã.

²³ Estes foram os filhos de Sobal:
Alvã, Manaate, Ebal, Sefô e Onã.

²⁴ Estes foram os filhos de Zibeão:
Aiá e Aná. Foi esse Aná que descobriu as fontes de águas quentes² no deserto, quando

---

¹ **36.16** Alguns manuscritos não trazem *Corá*. Veja também o versículo 11 e 1Cr 1.36.

² **36.24** Ou *descobriu água*

levava para pastar os jumentos de Zibeão, seu pai.

²⁵ Estes foram os filhos de Aná:
Disom e Oolibama, a filha de Aná.
²⁶ Estes foram os filhos de Disom:
Hendã, Esbã, Itrã e Querã.
²⁷ Estes foram os filhos de Ézer:
Bilã, Zaavã e Acã.
²⁸ Estes foram os filhos de Disã:
Uz e Arã.
²⁹ Estes foram os chefes dos horeus:
Lotã, Sobal, Zibeão, Aná, ³⁰ Disom, Ézer e Disã. Esses foram os chefes dos horeus, de acordo com as suas divisões tribais na região de Seir.

Os Reis e os Chefes de Edom

³¹ Estes foram os reis que reinaram no território de Edom antes de haver rei*c* entre os israelitas:

³² Belá, filho de Beor, reinou em Edom. Sua cidade chamava-se Dinabá. ³³ Quando Belá morreu, foi sucedido por Jobabe, filho de Zerá, de Bozra.*d*

³⁴ Jobabe morreu, e Husã, da terra dos temanitas,*e* foi o seu sucessor.

³⁵ Husã morreu, e Hadade, filho de Bedade, que tinha derrotado os midianitas na terra de Moabe,*f* foi o seu sucessor. Sua cidade chamava-se Avite.

³⁶ Hadade morreu, e Samlá de Masreca foi o seu sucessor.

³⁷ Samlá morreu, e Saul, de Reobote, próxima ao Eufrates¹, foi o seu sucessor.

³⁸ Saul morreu, e Baal-Hanã, filho de Acbor, foi o seu sucessor.

³⁹ Baal-Hanã, filho de Acbor, morreu, e Hadade² foi o seu sucessor. Sua cidade chamava-se Paú, e o nome de sua mulher era Meetabel, filha de Matrede, neta de Mezaabe.

⁴⁰ Estes foram os chefes descendentes de Esaú, conforme os seus nomes, clãs e regiões:
Timna, Alva, Jetete, ⁴¹ Oolibama, Elá, Pinom, ⁴² Quenaz, Temã, Mibzar, ⁴³ Magdiel e Irã. Foram esses os chefes de Edom; cada um deles fixou-se numa região da terra que ocuparam.

Os edomitas eram descendentes de Esaú.

Os Sonhos de José

37 Jacó habitou na terra de Canaã,*g* onde seu pai tinha vivido*h* como estrangeiro.

² Esta é a história da família de Jacó:

Quando José tinha dezessete anos, pastoreava os rebanhos*i* com os seus irmãos. Ajudava os filhos de Bila*j* e os filhos de Zilpa,*k* mulheres de seu pai; e contava*l* ao pai a má fama deles.

³ Ora, Israel gostava mais de José do que de qualquer outro filho,*m* porque lhe havia nascido em sua velhice;*n* por isso mandou fazer para ele uma túnica*o* longa³. ⁴ Quando os seus irmãos viram que o pai gostava mais dele do que de qualquer outro filho, odiaram-no*p* e não conseguiam falar com ele amigavelmente.

⁵ Certa vez, José teve um sonho*q* e, quando o contou a seus irmãos, eles passaram a odiá-lo ainda mais.

⁶ "Ouçam o sonho que tive", disse-lhes. ⁷ "Estávamos amarrando os feixes de trigo no campo, quando o meu feixe se levantou e ficou em pé, e os seus feixes se ajuntaram ao redor do meu e se curvaram diante dele."*r*

⁸ Seus irmãos lhe disseram: "Então você vai reinar sobre nós? Quer dizer que você vai nos governar?"*s* E o odiaram ainda mais, por causa do sonho e do que tinha dito.

⁹ Depois teve outro sonho e o contou aos seus irmãos: "Tive outro sonho, e desta vez o sol, a lua e onze estrelas se curvavam diante de mim".

¹⁰ Quando o contou ao pai e aos irmãos, o pai o repreendeu e lhe disse: "Que sonho foi esse que você teve? Será que eu, sua mãe, e seus irmãos*t* viremos a nos curvar até o chão diante de você?"*u* ¹¹ Assim seus irmãos tiveram ciúmes dele;*v* o pai, no entanto, refletia naquilo.*w*

---

¹ **36.37** Hebraico: *ao Rio.*

² **36.39** Vários manuscritos dizem *Hadar.* Veja 1Cr 1.50.

³ **37.3** Ou *de diversas cores;* também nos versículos 23 e 32.

Vendido pelos Irmãos

12 Os irmãos de José tinham ido cuidar dos rebanhos do pai, perto de Siquém, **13** e Israel disse a José: "Como você sabe, seus irmãos estão apascentando os rebanhos perto de Siquém. Quero que você vá até lá".

"Sim, senhor", respondeu ele.

14 Disse-lhe o pai: "Vá ver se está tudo bem com os seus irmãos e com os rebanhos, e traga-me notícias". Jacó o enviou quando estava no vale de Hebrom.ˣ

Mas José se perdeu quando se aproximava de Siquém; **15** um homem o encontrou vagueando pelos campos e lhe perguntou: "Que é que você está procurando?"

16 Ele respondeu: "Procuro meus irmãos. Pode me dizer onde eles estão apascentando os rebanhos?"

17 Respondeu o homem: "Eles já partiram daqui. Eu os ouvi dizer: 'Vamos para Dotã' ".ʸ

Assim José foi em busca dos seus irmãos e os encontrou perto de Dotã. **18** Mas eles o viram de longe e, antes que chegasse, planejaram matá-lo.ᶻ

19 "Lá vem aquele sonhador!", diziam uns aos outros. **20** "É agora! Vamos matá-lo e jogá-lo num destes poços,ᵃ e diremos que um animal selvagem o devorou. Veremos então o que será dos seus sonhos".ᵇ

21 Quando Rúben ouviu isso, tentou livrá-lo das mãos deles, dizendo: "Não lhe tiremos a vida!" **22** E acrescentou:ᶜ "Não derramem sangue. Joguem-no naquele poçoᵈ no deserto, mas não toquem nele". Rúben propôs isso com a intenção de livrá-lo e levá-lo de volta ao pai.

23 Chegando José, seus irmãos lhe arrancaram a túnica longa, **24** agarraram-no e o jogaram no poço, que estava vazio e sem água.

25 Ao se assentarem para comer, viram ao longe uma caravana de ismaelitas que vinha de Gileade. Seus camelos estavam carregados de especiarias, bálsamo e mirra,ᵉ que eles levavam para o Egito.ᶠ

26 Judá disse então a seus irmãos: "Que ganharemos se matarmos o nosso irmão e escondermos o seu sangue?ᵍ **27** Vamos vendê-lo aos ismaelitas. Não tocaremos nele, afinal é nosso irmão,ʰ é nosso próprio sangue¹". E seus irmãos concordaram.

28 Quando os mercadores ismaelitas de Midiãⁱ se aproximaram, seus irmãos tiraram José do poço e o venderam por vinte peças de prata aos ismaelitas, que o levaram para o Egito.ʲ

29 Quando Rúben voltou ao poço e viu que José não estava lá, rasgou suas vestesᵏ **30** e, voltando a seus irmãos, disse: "O jovem não está lá! Para onde irei agora?"ˡ

31 Então eles mataram um bode, mergulharam no sangue a túnica de Joséᵐ **32** e a mandaram ao pai com este recado: "Achamos isto. Veja se é a túnica de teu filho".

33 Ele a reconheceu e disse: "É a túnica de meu filho! Um animal selvagem o devorou!ⁿ José foi despedaçado!"ᵒ

34 Então Jacó rasgou suas vestes,ᵖ vestiu-se de pano de sacoᵠ e chorou muitos diasʳ por seu filho. **35** Todos os seus filhos e filhas vieram consolá-lo, mas ele recusou ser consolado, dizendo: "Não! Chorando descerei à sepultura² para junto de meu filho". E continuou a chorar por ele.

36 Nesse meio-tempo, no Egito, os midianitas venderam José a Potifar, oficial do faraó e capitão da guarda.ᵗ

A História de Judá e Tamar

38 Por essa época, Judá deixou seus irmãos e passou a viver na casa de um homem de Adulão, chamado Hira. **2** Ali Judá encontrou a filha de um cananeu chamado Suáᵘ e casou-se com ela. Ele a possuiu, **3** ela engravidou e deu à luz um filho, ao qual ele deu o nome de Er.ᵛ **4** Tornou a engravidar, teve um filho e deu-lhe o nome de Onã. **5** Quando estava em Quezibe, ela teve ainda outro filho e chamou-o Selá.

---

¹ **37.27** Hebraico: *nossa carne*.

² **37.35** Hebraico: *Sheol*. Essa palavra também pode ser traduzida por *profundezas*, *pó* ou *morte*.

⁶ Judá escolheu uma mulher chamada Tamar para Er, seu filho mais velho. ⁷ Mas o Senhor reprovou a conduta perversa de Er, filho mais velho de Judá, e por isso o matou.

⁸ Então Judá disse a Onã: "Case-se com a mulher do seu irmão, cumpra as suas obrigações de cunhado para com ela e dê uma descendência a seu irmão". ⁹ Mas Onã sabia que a descendência não seria sua; assim, toda vez que possuía a mulher do seu irmão, derramava o sêmen no chão para evitar que seu irmão tivesse descendência. ¹⁰ O Senhor reprovou o que ele fazia, e por isso o matou também.

¹¹ Disse então Judá à sua nora Tamar: "More como viúva na casa de seu pai até que o meu filho Selá cresça", porque temia que ele viesse a morrer, como os seus irmãos. Assim Tamar foi morar na casa do pai.

¹² Tempos depois morreu a mulher de Judá, filha de Suá. Passado o luto, Judá foi ver os tosquiadores do seu rebanho em Timna com o seu amigo Hira, o adulamita. ¹³ Quando foi dito a Tamar: "Seu sogro está a caminho de Timna para tosquiar suas ovelhas", ¹⁴ ela trocou suas roupas de viúva, cobriu-se com um véu para se disfarçar e foi sentar-se à entrada de Enaim, que fica no caminho de Timna. Ela fez isso porque viu que, embora Selá já fosse crescido, ela não lhe tinha sido dada em casamento.

¹⁵ Quando a viu, Judá pensou que fosse uma prostituta, porque ela havia encoberto o rosto. ¹⁶ Não sabendo que era a sua nora, dirigiu-se a ela, à beira da estrada, e disse: "Venha cá, quero deitar-me com você".

Ela lhe perguntou: "O que você me dará para deitar-se comigo?" ¹⁷ Disse ele: "Eu lhe mandarei um cabritinho do meu rebanho".

E ela perguntou: "Você me deixará alguma coisa como garantia até que o mande?"

¹⁸ Disse Judá: "Que garantia devo dar-lhe?"

Respondeu ela: "O seu selo com o cordão, e o cajado que você tem na mão". Ele os entregou e a possuiu, e Tamar engravidou dele. ¹⁹ Ela se foi, tirou o véu e tornou a vestir as roupas de viúva.

²⁰ Judá mandou o cabritinho por meio de seu amigo adulamita, a fim de reaver da mulher sua garantia, mas ele não a encontrou, ²¹ e perguntou aos homens do lugar: "Onde está a prostituta cultual que costuma ficar à beira do caminho de Enaim?"

Eles responderam: "Aqui não há nenhuma prostituta cultual".

²² Assim ele voltou a Judá e disse: "Não a encontrei. Além disso, os homens do lugar disseram que lá não há nenhuma prostituta cultual".

²³ Disse Judá: "Fique ela com o que lhe dei. Não quero que nos tornemos objeto de zombaria. Afinal de contas, mandei a ela este cabritinho, mas você não a encontrou".

²⁴ Cerca de três meses mais tarde, disseram a Judá: "Sua nora Tamar prostituiu-se, e na sua prostituição ficou grávida".

Disse Judá: "Tragam-na para fora e queimem-na viva!"

²⁵ Quando ela estava sendo levada para fora, mandou o seguinte recado ao sogro: "Estou grávida do homem que é dono destas coisas". E acrescentou: "Veja se o senhor reconhece a quem pertencem este selo, este cordão e este cajado".

²⁶ Judá os reconheceu e disse: "Ela é mais justa do que eu, pois eu devia tê-la entregue a meu filho Selá". E não voltou a ter relações com ela.

²⁷ Quando lhe chegou a época de dar à luz, havia gêmeos em seu ventre. ²⁸ Enquanto ela dava à luz, um deles pôs a mão para fora; então a parteira pegou um fio vermelho e amarrou o pulso do menino, dizendo: "Este saiu primeiro". ²⁹ Mas, quando ele recolheu a mão, seu irmão saiu, e ela disse: "Então você conseguiu uma brecha para sair!" E deu-lhe o nome de Perez. ³⁰ Depois saiu seu irmão que estava com o fio vermelho no pulso, e foi-lhe dado o nome de Zerá.

José é Assediado pela Mulher de Potifar

39 José havia sido levado para o Egito, onde o egípcio Potifar, oficial do faraó e capitão da guarda,ᵖ comprou-o dos ismaelitas que o tinham levado para lá.ᑫ

² O Senhor estava com José,ʳ de modo que este prosperou e passou a morar na casa do seu senhor egípcio. ³ Quando este percebeu que o Senhor estava com eleˢ e que o fazia prosperar em tudo o que realizava,ᵗ ⁴ agradou-se de José e tornou-o administrador de seus bens. Potifar deixou a seu cuidado a sua casa e lhe confiou tudo o que possuía.ᵘ ⁵ Desde que o deixou cuidando de sua casa e de todos os seus bens, o Senhor abençoou a casa do egípcio por causa de José.ᵛ A bênção do Senhor estava sobre tudo o que Potifar possuía, tanto em casa como no campo. ⁶ Assim, deixou ele aos cuidados de José tudo o que tinha, e não se preocupava com coisa alguma, exceto com sua própria comida.

José era atraente e de boa aparência,ʷ ⁷ e, depois de certo tempo, a mulher do seu senhor começou a cobiçá-lo e o convidou: "Venha, deite-se comigo!"ˣ ⁸ Mas ele se recusouʸ e lhe disse: "Meu senhor não se preocupa com coisa alguma de sua casa, e tudo o que tem deixou aos meus cuidados. ⁹ Ninguém desta casa está acima de mim.ᶻ Ele nada me negou, a não ser a senhora, porque é a mulher dele. Como poderia eu, então, cometer algo tão perverso e pecar contra Deus?"ᵃ ¹⁰ Assim, embora ela insistisse com José dia após dia, ele se recusava a deitar-se com ela e evitava ficar perto dela.

¹¹ Um dia ele entrou na casa para fazer suas tarefas, e nenhum dos empregados ali se encontrava. ¹² Ela o agarrou pelo mantoᵇ e voltou a convidá-lo: "Vamos, deite-se comigo!" Mas ele fugiu da casa, deixando o manto na mão dela.

¹³ Quando ela viu que, ao fugir, ele tinha deixado o manto em sua mão, ¹⁴ chamou os empregados e lhes disse: "Vejam, este hebreu nos foi trazido para nos insultar! Ele entrou aqui e tentou abusar de mim, mas eu gritei.ᶜ ¹⁵ Quando me ouviu gritar por socorro, largou seu manto ao meu lado e fugiu da casa".

¹⁶ Ela conservou o manto consigo até que o senhor de José chegasse à casa. ¹⁷ Então repetiu-lhe a história:ᵈ "Aquele escravo hebreu que você nos trouxe aproximou-se de mim para me insultar. ¹⁸ Mas, quando gritei por socorro, ele largou seu manto ao meu lado e fugiu".

¹⁹ Quando o seu senhor ouviu o que a sua mulher lhe disse: "Foi assim que o seu escravo me tratou", ficou indignado.ᵉ ²⁰ Mandou buscar José e lançou-o na prisãoᶠ em que eram postos os prisioneiros do rei.

José ficou na prisão, ²¹ mas o Senhor estava com ele e o tratou com bondade, concedendo-lhe a simpatia do carcereiro.ᵍ ²² Por isso o carcereiro encarregou José de todos os que estavam na prisão, e ele se tornou responsável por tudo o que lá sucedia.ʰ ²³ O carcereiro não se preocupava com nada do que estava a cargo de José, porque o Senhor estava com José e lhe concedia bom êxito em tudo o que realizava.ⁱ

José Interpreta os Sonhos de Dois Prisioneiros

40 Algum tempo depois, o copeiroʲ e o padeiro do rei do Egito fizeram uma ofensa ao seu senhor, o rei do Egito. ² O faraó irou-seᵏ com os dois oficiais, o chefe dos copeiros e o chefe dos padeiros, ³ e mandou prendê-los na casa do capitão da guarda,ˡ na prisão em que José estava. ⁴ O capitão da guarda os deixou aos cuidados de José,ᵐ que os servia.

Depois de certo tempo, ⁵ o copeiro e o padeiro do rei do Egito, que estavam na prisão, sonharam. Cada um teve um sonho, ambos na mesma noite, e cada sonho tinha a sua própria interpretação.ⁿ

⁶ Quando José foi vê-los na manhã seguinte, notou que estavam abatidos. ⁷ Por isso perguntou aos oficiais do faraó, que também estavam presos na casa do seu senhor: "Por que hojeᵒ vocês estão com o semblante triste?"

⁸ Eles responderam: "Tivemos sonhos, mas não há quem os interprete".ᵖ

Disse-lhes José: "Não são de Deus as interpretações?ᑫ Contem-me os sonhos".

⁹ Então o chefe dos copeiros contou o seu sonho a José: "Em meu sonho vi diante de mim uma videira, ¹⁰ com três ramos. Ela brotou, floresceu e deu uvas que amadureciam em cachos. ¹¹ A taça do faraó estava em minha mão. Peguei as uvas, e as espremi na taça do faraó, e a entreguei em sua mão".

¹² Disse-lhe José: "Esta é a interpretação:ʳ os três ramos são três dias. ¹³ Dentro de três dias o faraó vai exaltá-lo e restaurá-lo à sua posição, e você servirá a taça na mão dele, como costumava fazer quando era seu copeiro. ¹⁴ Quando tudo estiver indo bem com você, lembre-se de mimˢ e seja bondoso comigo;ᵗ fale de mim ao faraó e tire-me desta prisão, ¹⁵ pois fui trazido à força da terra dos hebreus,ᵘ e também aqui nada fiz para ser jogado neste calabouço".

¹⁶ Ouvindo o chefe dos padeiros essa interpretação favorável, disse a José: "Eu também tive um sonho: sobre a minha cabeça havia três cestas de pão branco. ¹⁷ Na cesta de cima havia todo tipo de pães e doces que o faraó aprecia, mas as aves vinham comer da cesta que eu trazia na cabeça".

¹⁸ E disse José: "Esta é a interpretação: as três cestas são três dias.ᵛ ¹⁹ Dentro de três dias o faraó vai decapitá-loʷ e pendurá-lo numa árvore¹. E as aves comerão a sua carne".

²⁰ Três dias depois era o aniversário do faraó,ˣ e ele ofereceu um banquete a todos os seus conselheiros.ʸ Na presença deles reapresentou o chefe dos copeiros e o chefe dos padeiros; ²¹ restaurou à sua posição o chefe dos copeiros, de modo que ele voltou a ser aquele que servia a taça do faraó,ᶻ ²² mas ao chefe dos padeirosᵃ mandou enforcar², como José lhes dissera em sua interpretação.ᵇ

²³ O chefe dos copeiros, porém, não se lembrou de José; ao contrário, esqueceu-se dele.ᶜ

¹ **40.19** Ou *empalar você numa estaca*
² **40.22** Ou *empalar*

José Interpreta os Sonhos do Faraó

41 Ao final de dois anos, o faraó teve um sonho.ᵈ Ele estava em pé junto ao rio Nilo, ² quando saíram do rio sete vacas belas e gordas,ᵉ que começaram a pastar entre os juncos.ᶠ ³ Depois saíram do rio mais sete vacas, feias e magras, que foram para junto das outras, à beira do Nilo. ⁴ Então as vacas feias e magras comeram as sete vacas belas e gordas. Nisso o faraó acordou.

⁵ Tornou a adormecer e teve outro sonho. Sete espigas de trigo, graúdas e boas, cresciam no mesmo pé. ⁶ Depois brotaram outras sete espigas, mirradas e ressequidas pelo vento leste. ⁷ As espigas mirradas engoliram as sete espigas graúdas e cheias. Então o faraó acordou; era um sonho.

⁸ Pela manhã, perturbado,ᵍ mandou chamar todos os magosʰ e sábios do Egito e lhes contou os sonhos, mas ninguém foi capaz de interpretá-los.

⁹ Então o chefe dos copeiros disse ao faraó: "Hoje me lembro de minhas faltas. ¹⁰ Certa vez o faraó ficou irado com dois dos seus servosⁱ e mandou prender-me junto com o chefe dos padeiros, na casa do capitão da guarda.ʲ ¹¹ Certa noite cada um de nós teve um sonho, e cada sonho tinha uma interpretação.ᵏ ¹² Pois bem, havia lá conosco um jovem hebreu, servo do capitão da guarda. Contamos a ele os nossos sonhos, e ele os interpretou, dando a cada um de nós a interpretação do seu próprio sonho.ˡ ¹³ E tudo aconteceu conforme ele nos dissera: eu fui restaurado à minha posição, e o outro foi enforcado³".ᵐ

¹⁴ O faraó mandou chamar José, que foi trazido depressa do calabouço.ⁿ Depois de se barbear e trocar de roupa, apresentou-se ao faraó.

¹⁵ O faraó disse a José: "Tive um sonho que ninguém consegue interpretar. Mas ouvi falar que você, ao ouvir um sonho, é capaz de interpretá-lo".ᵒ

¹⁶ Respondeu-lhe José: "Isso não depende de mim, mas Deus dará ao faraó uma resposta favorável".ᵖ

³ **41.13** Ou *empalado*

40.8
ᵖGn 41.8, 15
ᑫGn 41.16
Dn 2.22, 28, 47

40.12
ʳGn 41.12, 15, 25;
Dn 2.36;
4.19

40.14
ˢLc 23.42
ᵗJs 2.12;
1Sm 20.14, 42; 1Rs 2.7

40.15
ᵘGn 37.26-28

40.18
ᵛv 12

40.19
ʷv. 13

40.20
ˣMt 14.6-10
ʸMc 6.21

40.21
ᶻv. 13

40.22
ᵃv. 19
ᵇSl 105.19

40.23
ᶜJó 19.14;
Ec 9.15

41.21
ᵈGn 20.3

41.22
ᵉv. 26
ᶠIs 19.6

41.8
ᵍDn 2.1, 3; 4.5, 19
ʰEx 7.11, 22;
Dn 1.20; 2.2, 27; 4.7

41.10
ⁱGn 40.2
ʲGn 39.20

41.11
ᵏGn 40.5

41.12
ˡGn 40.12

41.13
ᵐGn 40.22

41.14
ⁿSl 105.20;
Dn 2.25

41.15
ᵒDn 5.16

41.16
ᵖGn 40.8;
Dn 2.30;
At 3.12;
2Co 3.5

¹⁷ Então o faraó contou o sonho a José: "Sonhei que estava em pé, à beira do Nilo, ¹⁸ quando saíram do rio sete vacas, belas e gordas, que começaram a pastar entre os juncos. ¹⁹ Depois saíram outras sete, raquíticas, muito feias e magras. Nunca vi vacas tão feias em toda a terra do Egito. ²⁰ As vacas magras e feias comeram as sete vacas gordas que tinham aparecido primeiro. ²¹ Mesmo depois de havê-las comido, não parecia que o tivessem feito, pois continuavam tão magras como antes. Então acordei.

²² "Depois tive outro sonho. Vi sete espigas de cereal, cheias e boas, que cresciam num mesmo pé. ²³ Depois delas, brotaram outras sete, murchas e mirradas, ressequidas pelo vento leste. ²⁴ As espigas magras engoliram as sete espigas boas. Contei isso aos magos, mas ninguém foi capaz de explicá-lo".ᵠ

²⁵ "O faraó teve um único sonho", disse-lhe José. "Deus revelou ao faraó o que ele está para fazer.ʳ ²⁶ As sete vacas boasˢ são sete anos, e as sete espigas boas são também sete anos; trata-se de um único sonho. ²⁷ As sete vacas magras e feias que surgiram depois das outras, e as sete espigas mirradas, queimadas pelo vento leste, são sete anos. Serão sete anos de fome.ᵗ

²⁸ "É exatamente como eu disse ao faraó: Deus mostrou ao faraó aquilo que ele vai fazer. ²⁹ Sete anos de muita farturaᵘ estão para vir sobre toda a terra do Egito, ³⁰ mas depois virão sete anos de fome.ᵛ Então todo o tempo de fartura será esquecido, pois a fome arruinará a terra.ʷ ³¹ A fome que virá depois será tão rigorosa que o tempo de fartura não será mais lembrado na terra. ³² O sonho veio ao faraó duas vezes porque a questão já foi decididaˣ por Deus, que se apressa em realizá-la.

³³ "Procure agora o faraó um homem criterioso e sábioʸ e ponha-o no comando da terra do Egito. ³⁴ O faraó também deve estabelecer supervisores para recolher um quintoᶻ da colheita do Egito durante os sete anos de fartura.ᵃ ³⁵ Eles deverão recolher o que puderem nos anos bons que virão e fazer estoques de trigo que, sob o controle do faraó, serão armazenados nas cidades.ᵇ ³⁶ Esse estoque servirá de reserva para os sete anos de fome que virão sobre o Egito,ᶜ para que a terra não seja arrasada pela fome."

José no Governo do Egito

³⁷ O plano pareceu bom ao faraó e a todos os seus conselheiros.ᵈ ³⁸ Por isso o faraó lhes perguntou: "Será que vamos achar alguém como este homem, em quem está o espírito divino?"ᵉ

³⁹ Disse, pois, o faraó a José: "Uma vez que Deus lhe revelou todas essas coisas, não há ninguém tão criterioso e sábio como você. ⁴⁰ Você terá o comando de meu palácio, e todo o meu povo se sujeitará às suas ordens.ᶠ Somente em relação ao trono serei maior que você". ⁴¹ E o faraó prosseguiu: "Entrego a você agora o comando de toda a terra do Egito".ᵍ ⁴² Em seguida, o faraó tirou do dedo o seu anel-seloʰ e o colocou no dedo de José. Mandou-o vestir linho fino e colocou uma corrente de ouro em seu pescoço.ⁱ ⁴³ Também o fez subir em sua segunda carruagem real, e à frente os arautos iam gritando: "Abram caminho!"¹ʲ Assim José foi posto no comando de toda a terra do Egito.

⁴⁴ Disse ainda o faraó a José: "Eu sou o faraó, mas sem a sua palavra ninguém poderá levantar a mão nem o pé em todo o Egito".ᵏ ⁴⁵ O faraó deu a José o nome de Zafenate-Paneia e lhe deu por mulherˡ Azenate, filha de Potífera, sacerdote de Om². Depois José foi inspecionar toda a terra do Egito.

⁴⁶ José tinha trinta anos de idadeᵐ quando começou a servir³ⁿ ao faraó, rei do Egito. Ele se ausentou da presença do faraó e foi percorrer todo o Egito. ⁴⁷ Durante os sete anos de fartura a terra teve grande produção. ⁴⁸ José recolheu todo o excedente dos sete anos de fartura no Egito e o armazenou nas cidades. Em cada cidade ele armazenava o trigo colhido

---

¹ 41.43 Ou "*Curvem-se!*"
² 41.45 Isto é, Heliópolis; também no versículo 50.
³ 41.46 Ou *quando se apresentou ao faraó*

nas lavouras das redondezas. **49** Assim José estocou muito trigo, como a areia do mar. Tal era a quantidade que ele parou de anotar, porque ia além de toda medida.

50 Antes dos anos de fome, Azenate, filha de Potífera, sacerdote de Om,º deu a José dois filhos. **51** Ao primeiro,ᵖ José deu o nome de Manassés, dizendo: "Deus me fez esquecer todo o meu sofrimento e toda a casa de meu pai".

52 Ao segundo filho, chamou Efraim,ᑫ dizendo: "Deus me fez prosperarʳ na terra onde tenho sofrido".

53 Assim chegaram ao fim os sete anos de fartura no Egito, **54** e começaram os sete anos de fome,ˢ como José tinha predito. Houve fome em todas as terras, mas em todo o Egito havia alimento. **55** Quando todo o Egito começou a sofrer com a fome,ᵗ o povo clamou ao faraó por comida, e este respondeu a todos os egípcios: "Dirijam-se a José e façam o que ele disser".ᵘ

56 Quando a fome já se havia espalhado por toda a terra, José mandou abrir os locais de armazenamento e começou a vender trigo aos egípcios, pois a fomeᵛ se agravava em todo o Egito. **57** E de toda a terra vinha gente ao Egito para comprar trigo de José,ʷ porquanto a fome se agravava em toda parte.

Os Irmãos de José no Egito

42 Quando Jacó soube que no Egitoˣ havia trigo, disse a seus filhos: "Por que estão aí olhando uns para os outros?" **2** Disse ainda: "Ouvi dizer que há trigo no Egito. Desçam até lá e comprem trigo para nós, para que possamos continuar vivos e não morramos de fome".ʸ

3 Assim dez dos irmãos de José desceram ao Egito para comprar trigo. **4** Jacó não deixou que Benjamim, irmão de José, fosse com eles, temendo que algum mal lhe acontecesse.ᶻ **5** Os filhos de Israel estavam entre outros que também foram comprar trigo,ᵃ por causa da fome na terra de Canaã.ᵇ

6 *José era o governador do Egito e era ele que vendia trigo a todo o povo da terra.*ᶜ Por isso, quando os irmãos de José chegaram, curvaram-se diante dele com o rosto em terra.ᵈ **7** José reconheceu os seus irmãos logo que os viu, mas agiu como se não os conhecesse, e lhes falou asperamente:ᵉ "De onde vocês vêm?"

Responderam eles: "Da terra de Canaã, para comprar comida".

8 José reconheceu os seus irmãos, mas eles não o reconheceram.ᶠ **9** Lembrou-se então dos sonhosᵍ que tivera a respeito deles e lhes disse: "Vocês são espiões! Vieram para ver onde a nossa terra está desprotegida".

10 Eles responderam: "Não, meu senhor. Teus servos vieram comprar comida. **11** Todos nós somos filhos do mesmo pai. Teus servos são homens honestos, e não espiões".

12 Mas José insistiu: "Não! Vocês vieram ver onde a nossa terra está desprotegida".

13 E eles disseram: "Teus servos eram doze irmãos, todos filhos do mesmo pai, na terra de Canaã. O caçula está agora em casa com o pai, e o outro já morreu".ʰ

14 José tornou a afirmar: "É como lhes falei: Vocês são espiões! **15** Vocês serão postos à prova. Juro pela vida do faraóⁱ que vocês não sairão daqui, enquanto o seu irmão caçula não vier para cá. **16** Mandem algum de vocês buscar o seu irmão enquanto os demais aguardam presos. Assim ficará provado se as suas palavras são verdadeiras ou não.ʲ Se não forem, juro pela vida do faraó que ficará confirmado que vocês são espiões!" **17** E os deixou presosᵏ três dias.

18 No terceiro dia, José lhes disse: "Eu tenho temor de Deus.ˡ Se querem salvar sua vida, façam o seguinte: **19** se vocês são homens honestos, deixem um dos seus irmãos aqui na prisão, enquanto os demais voltam, levando trigo para matar a fome das suas famílias. **20** Tragam-me, porém, o seu irmão caçula,ᵐ para que se comprovem as suas palavras e vocês não tenham que morrer".

21 Eles se prontificaram a fazer isso e disseram uns aos outros: "Certamente estamos sendo punidos pelo que fizemos a nosso irmão.ⁿ Vimos como ele estava angustiado, quando nos implorava por sua vida, mas não lhe demos ouvidos; por isso nos sobreveio esta angústia".º

²² Rúben respondeu: "Eu não lhes disse que não maltratassem o menino?ᵖ Mas vocês não quiseram me ouvir! Agora teremos que prestar contasᵠ do seu sangue".ʳ

²³ Eles, porém, não sabiam que José podia compreendê-los, pois ele lhes falava por meio de um intérprete.

²⁴ Nisso José retirou-se e começou a chorar, mas logo depois voltou e conversou de novo com eles. Então escolheu Simeão e mandou acorrentá-lo diante deles.ˢ

A Volta para Canaã

²⁵ Em seguida, José deu ordem para que enchessem de trigoᵗ suas bagagens, devolvessem a prata de cada um deles, colocando-a nas bagagens,ᵘ e lhes dessem mantimentos para a viagem.ᵛ E assim foi feito. ²⁶ Eles puseram a carga de trigo sobre os seus jumentos e partiram.

²⁷ No lugar onde pararam para pernoitar, um deles abriu a bagagem para pegar forragem para o seu jumento e viu a prata na boca da bagagem.ʷ ²⁸ E disse a seus irmãos: "Devolveram a minha prata. Está aqui em minha bagagem".

Tomados de pavor em seu coração e tremendo, disseram uns aos outros: "Que é isto que Deus fez conosco?"ˣ

²⁹ Ao chegarem à casa de seu pai Jacó, na terra de Canaã, relataram-lhe tudo o que lhes acontecera, dizendo: ³⁰ "O homem que governa aquele país falou asperamenteʸ conosco e nos tratou como espiões. ³¹ Mas nós lhe asseguramos que somos homens honestos e não espiões.ᶻ ³² Dissemos também que éramos doze irmãos, filhos do mesmo pai, e que um já havia morrido e que o caçula estava com o nosso pai, em Canaã.

³³ "Então o homem que governa aquele país nos disse: 'Vejamos se vocês são honestos: um dos seus irmãos ficará aqui comigo, e os outros poderão voltar e levar mantimentos para matar a fome das suas famílias.ᵃ ³⁴ Tragam-me, porém, o seu irmão caçula, para que eu comprove que vocês não são espiões, mas sim, homens honestos. Então lhes devolverei o irmão e os autorizarei a fazer negócios nesta terra' ".ᵇ

³⁵ Ao esvaziarem as bagagens, dentro da bagagem de cada um estava a sua bolsa cheia de prata. Quando eles e seu pai viram as bolsas cheias de prata, ficaram com medo.ᶜ ³⁶ E disse-lhes seu pai Jacó: "Vocês estão tirando meus filhos de mim! Já fiquei sem José, agora sem Simeão e ainda querem levar Benjamim.ᵈ Tudo está contra mim!"

³⁷ Então Rúben disse ao pai: "Podes matar meus dois filhos se eu não o trouxer de volta. Deixa-o aos meus cuidados, e eu o trarei".

³⁸ Mas o pai respondeu: "Meu filho não descerá com vocês; seu irmão está morto,ᵉ e ele é o único que resta. Se qualquer mal lhe acontecerᶠ na viagem que estão por fazer, vocês farão estes meus cabelos brancos descer à sepultura¹ᵍ com tristeza".ʰ

De Volta ao Egito

43 A fome continuava rigorosa na terra.ⁱ ² Assim, quando acabou todo o trigo que os filhos de Jacó tinham trazido do Egito, seu pai lhes disse: "Voltem e comprem um pouco mais de comida para nós".

³ Mas Judá lhe disse: "O homem nos advertiu severamente: 'Não voltem à minha presença, a não ser que tragam o seu irmão'.ʲ ⁴ Se enviares o nosso irmão conosco, desceremos e compraremos comida para ti. ⁵ Mas, se não o enviares conosco, não iremos, porque foi assim que o homem falou: 'Não voltem à minha presença, a não ser que tragam o seu irmão' ".ᵏ

⁶ Israel perguntou: "Por que me causaram esse mal, contando àquele homem que tinham outro irmão?"

⁷ E lhe responderam: "Ele nos interrogou sobre nós e sobre nossa família. E também nos perguntou: 'O pai de vocês ainda está

---

¹ **42.38** Hebraico: *Sheol*. Essa palavra também pode ser traduzida por *profundezas*, *pó* ou *morte*.

vivo?*l* Vocês têm outro irmão?'*m* Nós simplesmente respondemos ao que ele nos perguntou. Como poderíamos saber que ele exigiria que levássemos o nosso irmão?'

8 Então disse Judá a Israel, seu pai: "Deixa o jovem ir comigo e partiremos imediatamente, a fim de que tu, nós e nossas crianças sobrevivamos e não venhamos a morrer." **9** Eu me comprometo pessoalmente pela segurança dele; podes me considerar responsável por ele. Se eu não o trouxer de volta e não o colocar bem aqui na tua presença, serei culpado diante de ti pelo resto da minha vida.*o* **10** Como se vê, se não tivéssemos demorado tanto, já teríamos ido e voltado duas vezes".

11 Então Israel, seu pai, lhes disse: "Se tem que ser assim, que seja! Coloquem alguns dos melhores produtos da nossa terra na bagagem e levem-nos como presente*p* ao tal homem: um pouco de bálsamo,*q* um pouco de mel, algumas especiarias*r* e mirra, algumas nozes de pistache e amêndoas. **12** Levem prata em dobro, e devolvam a prata que foi colocada de volta na boca da bagagem de vocês.*s* Talvez isso tenha acontecido por engano. **13** Peguem também o seu irmão e voltem àquele homem. **14** Que o Deus todo-poderoso*1t* lhes conceda misericórdia diante daquele homem, para que ele permita que o seu outro irmão e Benjamim voltem com vocês.*u* Quanto a mim, se ficar sem filhos, sem filhos ficarei".*v*

15 Então os homens desceram*w* ao Egito, levando o presente, prata em dobro e Benjamim, e foram à presença*x* de José. **16** Quando José viu Benjamim com eles, disse ao administrador de sua casa:*y* "Leve estes homens à minha casa, mate um animal e prepare-o;*z* eles almoçarão comigo ao meio-dia".

17 Ele fez o que lhe fora ordenado e levou-os à casa de José. **18** Eles ficaram com medo,*a* quando foram levados à casa de José, e pensaram: "Trouxeram-nos aqui por causa da prata que foi devolvida às nossas bagagens na primeira vez. Ele quer atacar-nos, subjugar-nos, tornar-nos escravos e tomar de nós os nossos jumentos".

19 Por isso, dirigiram-se ao administrador da casa de José e lhe disseram à entrada da casa: **20** "Ouça, senhor! A primeira vez que viemos aqui foi realmente para comprar comida.*b* **21** Mas, no lugar em que paramos para pernoitar, abrimos nossas bagagens e cada um de nós encontrou a prata que tinha trazido, na quantia exata. Por isso a trouxemos de volta conosco,*c* **22** além de mais prata, para comprar comida. Não sabemos quem pôs a prata em nossa bagagem".

23 "Fiquem tranquilos", disse o administrador. "Não tenham medo. O seu Deus, o Deus de seu pai, foi quem lhes deu um tesouro em suas bagagens,*d* porque a prata de vocês eu recebi." Então soltou Simeão e o levou à presença deles.*e* **24** Em seguida, os levou à casa de José,*f* deu-lhes água para lavarem os pés*g* e forragem para os seus jumentos. **25** Eles então prepararam o presente para a chegada de José ao meio-dia, porque ficaram sabendo que iriam almoçar ali.

26 Quando José chegou, eles o presentearam*h* com o que tinham trazido e curvaram-se diante dele até o chão.*i* **27** Ele então lhes perguntou como passavam e disse em seguida: "Como vai o pai de vocês, o homem idoso de quem me falaram? Ainda está vivo?"*j*

28 Eles responderam: "Teu servo, nosso pai, ainda vive e passa bem". E se curvaram para prestar-lhe honra.*k*

29 Olhando ao redor e vendo seu irmão Benjamim, filho de sua mãe, José perguntou: "É este o irmão caçula de quem me falaram?"*l* E acrescentou: "Deus lhe conceda graça,*m* meu filho". **30** Profundamente emocionado*n* por causa de seu irmão, José apressou-se em sair à procura de um lugar para chorar,*o* e, entrando em seu quarto, chorou.

31 Depois de lavar o rosto, saiu e, controlando-se,*p* disse: "Sirvam a comida".

---

1 **43.14** Hebraico: *El-Shaddai*; também em 48.3 e 49.25.

43.7
l v. 27
m Gn 42.13
43.8
n Gn 42.2;
Sl 33.18-19
43.9
o Gn 42.37;
44.32;
Fm 1.18-19
43.11
p Gn 32.20;
Pv 18.16
q Gn 37.25;
Jr 8.22
r 1Rs 10.2
43.12
s Gn 42.25
43.14
t Gn 17.1;
28.3; 35.11
u Gn 42.24
v Et 4.16
43.15
w Gn 45.9, 13
x Gn 47.2, 7
43.16
y Gn 44.1, 4, 12
z v. 31;
Lc 15.23
43.18
a Gn 42.35
43.20
b Gn 42.3
43.21
c v. 15;
Gn 42.27, 35
43.23
d Gn 42.28
e Gn 42.24
43.24
f v. 16
g Gn 18.4;
24.32
43.26
h Mt 2.11
i Gn 37.7, 10
43.27
j v. 7
43.28
k Gn 37.7
43.29
l Gn 42.13
m Nm 6.25;
Sl 67.1
43.30
n Jo 11.33, 38
o Gn 42.24;
45.2, 14, 15;
46.29
43.31
p Gn 45.1

³² Serviram a ele em separado dos seus irmãos e também dos egípcios que comiam com ele, porque os egípcios não podiam comer com os hebreus,^q pois isso era sacrilégio para eles.^r ³³ Seus irmãos foram colocados à mesa perante ele por ordem de idade, do mais velho ao mais moço, e olhavam perplexos uns para os outros. ³⁴ Então lhes serviram da comida da mesa de José, e a porção de Benjamim era cinco vezes maior que a dos outros.^s E eles festejaram e beberam à vontade.

A Taça de José na Bagagem de Benjamim

44 José deu as seguintes ordens ao administrador de sua casa: "Encha as bagagens desses homens com todo o mantimento que puderem carregar e coloque a prata de cada um na boca de sua bagagem.^t ² Depois coloque a minha taça, a taça de prata, na boca da bagagem do caçula, junto com a prata paga pelo trigo". E ele fez tudo conforme as ordens de José.

³ Assim que despontou a manhã, despediram os homens com os seus jumentos. ⁴ Ainda não tinham se afastado da cidade, quando José disse ao administrador de sua casa: "Vá atrás daqueles homens e, quando os alcançar, diga-lhes: Por que retribuíram o bem com o mal?^u ⁵ Não é esta a taça que o meu senhor usa para beber e para fazer adivinhações?^v Vocês cometeram grande maldade!"

⁶ Quando ele os alcançou, repetiu-lhes essas palavras. ⁷ Mas eles lhe responderam: "Por que o meu senhor diz isso? Longe dos seus servos fazer tal coisa! ⁸ Nós lhe trouxemos de volta, da terra de Canaã, a prata que encontramos na boca de nossa bagagem.^w Como roubaríamos prata ou ouro da casa do seu senhor? ⁹ Se algum dos seus servos for encontrado com ela, morrerá;^x e nós, os demais, seremos escravos do meu senhor".

¹⁰ E disse ele: "Concordo. Somente quem for encontrado com ela será meu escravo; os demais estarão livres".

¹¹ Cada um deles descarregou depressa a sua bagagem e abriu-a. ¹² O administrador começou então a busca, desde a bagagem do mais velho até a do mais novo. E a taça foi encontrada na bagagem de Benjamim.^y ¹³ Diante disso, eles rasgaram as suas vestes.^z Em seguida, todos puseram a carga de novo em seus jumentos e retornaram à cidade.

¹⁴ Quando Judá e seus irmãos chegaram à casa de José, ele ainda estava lá. Então eles se lançaram ao chão perante ele.^a ¹⁵ E José lhes perguntou: "Que foi que vocês fizeram? Vocês não sabem que um homem como eu tem poder para adivinhar?"^b

¹⁶ Respondeu Judá: "O que diremos a meu senhor? Que podemos falar? Como podemos provar nossa inocência? Deus trouxe à luz a culpa dos teus servos. Agora somos escravos do meu senhor,^c como também aquele que foi encontrado com a taça".^d

¹⁷ Disse, porém, José: "Longe de mim fazer tal coisa! Somente aquele que foi encontrado com a taça será meu escravo. Os demais podem voltar em paz para a casa do seu pai".

¹⁸ Então Judá dirigiu-se a ele, dizendo: "Por favor, meu senhor, permite-me dizer-te uma palavra. Não se acenda a tua ira^e contra o teu servo, embora sejas igual ao próprio faraó. ¹⁹ Meu senhor perguntou a estes seus servos se ainda tínhamos pai e algum outro irmão.^f ²⁰ E nós respondemos: Temos um pai já idoso,^g cujo filho caçula nasceu-lhe em sua velhice. O irmão deste já morreu,^h e ele é o único filho da mesma mãe que restou, e seu pai o ama muito.^i

²¹ "Então disseste a teus servos que o trouxessem a ti para que os teus olhos pudessem vê-lo.^j ²² E nós respondemos a meu senhor que o jovem não poderia deixar seu pai, pois, caso o fizesse, seu pai morreria.^k ²³ Todavia disseste a teus servos que, se o nosso irmão caçula não viesse conosco, nunca mais veríamos a tua face.^l ²⁴ Quando voltamos a teu servo, a meu pai, contamos-lhe o que o meu senhor tinha dito.

²⁵ "Quando o nosso pai nos mandou voltar para comprar um pouco mais de comida,ᵐ ²⁶ nós lhe dissemos: 'Só poderemos voltar para lá, se o nosso irmão caçula for conosco. Pois não poderemos ver a face daquele homem, a não ser que o nosso irmão caçula esteja conosco'.

²⁷ "Teu servo, meu pai, nos disse então: 'Vocês sabem que minha mulher me deu apenas dois filhos.ⁿ ²⁸ Um deles se foi, e eu disse: Com certeza foi despedaçado.º E, até hoje, nunca mais o vi. ²⁹ Se agora vocês também levarem este de mim, e algum mal lhe acontecer, a tristezaᵖ que me causarão fará com que os meus cabelos brancos desçam à sepultura¹'.

³⁰ "Agora, pois, se eu voltar a teu servo, a meu pai, sem levar o jovem conosco, logo que meu pai, que é tão apegado a ele,ᑫ ³¹ perceber que o jovem não está conosco, morrerá. Teus servos farão seu velho pai descer seus cabelos brancos à sepultura com tristeza.

³² "Além disso, teu servo garantiu a segurança do jovem a seu pai, dizendo-lhe: 'Se eu não o trouxer de volta, suportarei essa culpa diante de ti pelo resto da minha vida!'ʳ

³³ "Por isso agora te peço, por favor, deixa o teu servo ficar como escravoˢ do meu senhor no lugar do jovemᵗ e permite que ele volte com os seus irmãos. ³⁴ Como poderei eu voltar a meu pai sem levar o jovem comigo? Não! Não posso ver o mal que sobreviria a meu pai".ᵘ

José Revela a Verdade

45 A essa altura, José já não podia mais conter-se diante de todos os que ali estavam,ᵛ e gritou: "Façam sair a todos!" Assim, ninguém mais estava presente quando José se revelou a seus irmãos. ² E ele se pôs a chorarʷ tão alto que os egípcios o ouviram, e a notícia chegou ao palácio do faraó.ˣ

³ Então disse José a seus irmãos: "Eu sou José! Meu pai ainda está vivo?"ʸ Mas os seus irmãos ficaram tão pasmados diante dele que não conseguiam responder-lhe.ᶻ

⁴ "Cheguem mais perto", disse José a seus irmãos. Quando eles se aproximaram, disse-lhes: "Eu sou José, seu irmão, aquele que vocês venderam ao Egito!ᵃ ⁵ Agora, não se aflijamᵇ nem se recriminem por terem me vendido para cá,ᶜ pois foi para salvar vidas que Deus me enviou adiante de vocês.ᵈ ⁶ Já houve dois anos de fome na terra, e nos próximos cinco anos não haverá cultivo nem colheita. ⁷ Mas Deus me enviou à frente de vocês para lhes preservar um remanescenteᵉ nesta terra e para salvar-lhes a vida com grande livramento²ᶠ.

⁸ "Assim, não foram vocês que me mandaram para cá, mas sim o próprio Deus. Ele me tornou ministro³ᵍ do faraó, e me fez administrador de todo o palácio e governador de todo o Egito.ʰ ⁹ Voltem depressa a meu pai e digam-lhe: Assim diz o seu filho José: 'Deus me fez senhor de todo o Egito. Vem para cá, não te demores.ⁱ ¹⁰ Tu viverás na região de Gósenʲ e ficarás perto de mim — tu, os teus filhos, os teus netos, as tuas ovelhas, os teus bois e todos os teus bens. ¹¹ Eu te sustentarei ali,ᵏ porque ainda haverá cinco anos de fome. Do contrário, tu, a tua família e todos os teus rebanhos acabarão na miséria'.

¹² "Vocês estão vendo com os seus próprios olhos, e meu irmão Benjamim também, que realmente sou eu que estou falando com vocês. ¹³ Contem a meu pai quanta honra me prestam no Egito e tudo o que vocês mesmos testemunharam. E tragam meu pai para cá depressa".ˡ

¹⁴ Então ele se lançou chorando sobre o seu irmão Benjamim e o abraçou, e Benjamim também o abraçou, chorando. ¹⁵ Em seguida, beijouᵐ todos os seus irmãos e

---

¹ **44.29** Hebraico: *Sheol*; também no versículo 31. Essa palavra também pode ser traduzida por *profundezas*, *pó* ou *morte*.

² **45.7** Ou *salvá-los como a um grande grupo de sobreviventes*

³ **45.8** Hebraico: *pai*.

chorou com eles. E só depois os seus irmãos conseguiram conversar com ele.ⁿ

16 Quando se ouviu no palácio do faraó que os irmãos de José haviam chegado,ᵒ o faraó e todos os seus conselheiros se alegraram. **17** Disse então o faraó a José: "Diga a seus irmãos que ponham as cargas nos seus animais, voltem para a terra de Canaã **18** e retornem para cá, trazendo seu pai e suas famílias. Eu lhes darei o melhor da terra do Egitoᵖ e vocês poderão desfrutar a fartura desta terra.ᵍ

19 "Mande-os também levar carruagensʳ do Egito para trazerem as suas mulheres, os seus filhos e seu pai. **20** Não se preocupem com seus bens, pois o melhor de todo o Egito será de vocês".

21 Assim fizeram os filhos de Israel. José lhes providenciou carruagens, como o faraó tinha ordenado, e também mantimentos para a viagem.ˢ **22** A cada um deu uma muda de roupa nova, mas a Benjamim deu trezentas peças de prata e cinco mudas de roupa nova.ᵗ **23** E a seu pai enviou dez jumentos carregados com o melhor do que havia no Egito e dez jumentas carregadas de trigo, pão e outras provisões para a viagem. **24** Depois despediu-se dos seus irmãos e, ao partirem, disse-lhes: "Não briguem pelo caminho!"ᵘ

25 Assim partiram do Egito e voltaram a seu pai Jacó, na terra de Canaã, **26** e lhe deram a notícia: "José ainda está vivo! Na verdade ele é o governador de todo o Egito". O coração de Jacó quase parou! Não podia acreditar neles.ᵛ **27** Mas, quando lhe relataram tudo o que José lhes dissera, e, vendo Jacó, seu pai, as carruagensʷ que José enviara para buscá-lo, seu espírito reviveu. **28** E Israel disse: "Basta! Meu filho José ainda está vivo. Irei vê-lo antes que eu morra".

Jacó Emigra para o Egito

46 Israel partiu com tudo o que lhe pertencia. Ao chegar a Berseba¹ˣ, ofereceu sacrifícios ao Deus de Isaque,ʸ seu pai. **2** E Deus falou a Israel por meio de uma visão noturna:ᶻ "Jacó! Jacó!"

"Eis-me aqui",ᵃ respondeu ele.

3 "Eu sou Deus, o Deus de seu pai",ᵇ disse ele. "Não tenha medo de descer ao Egito, porque láᵈ farei de você uma grande nação.ᶜ **4** Eu mesmo descerei ao Egito com você e certamente o trarei de volta.ᵉ E a mão de José fechará os seus olhos."ᶠ

5 Então Jacó partiu de Berseba. Os filhos de Israel levaram seu pai, Jacó, seus filhos e as suas mulheres nas carruagensᵍ que o faraó tinha enviado. **6** Também levaram os seus rebanhos e os bens que tinham adquirido em Canaã. Assim Jacó foi para o Egitoʰ com toda a sua descendência. **7** Levou consigo para o Egito seus filhos, seus netos, suas filhas e suas netas, isto é, todos os seus descendentes.ⁱ

8 Estes são os nomes dos israelitas,ʲ Jacó e seus descendentes, que foram para o Egito:

Rúben,ᵏ o filho mais velho de Jacó.
9 Estes foram os filhos de Rúben:
Enoque, Palu, Hezrom e Carmi.
10 Estes foram os filhos de Simeão:ˡ
Jemuel,ᵐ Jamim, Oade, Jaquim, Zoar e Saul, filho de uma cananeia.
11 Estes foram os filhos de Levi:ⁿ
Gérson, Coate e Merari.
12 Estes foram os filhos de Judá:ᵒ
Er, Onã, Selá, Perez e Zerá.
Er e Onã morreram na terra de Canaã.
Estes foram os filhos de Perez:ᵖ
Hezrom e Hamul.
13 Estes foram os filhos de Issacar:ᵍ
Tolá, Puá²ʳ, Jasube³ e Sinrom.
14 Estes foram os filhos de Zebulom:ˢ
Serede, Elom e Jaleel.
15 Foram esses os filhos que Lia deu a Jacó em Padã-Arã⁴, além de Diná, sua filha. Seus descendentes eram ao todo trinta e três.

---

² 46.13 Alguns manuscritos dizem *Puva*. Veja 1Cr 7.1.
³ 46.13 Alguns manuscritos dizem *Jó*. Veja Nm 26.24 e 1Cr 7.1.
⁴ 46.15 Provavelmente na região noroeste da Mesopotâmia; também em 48.7.

---

¹ 46.1 *Berseba* pode significar *poço dos sete* ou *poço do juramento*; também no versículo 5.

¹⁶ Estes foram os filhos de Gade:ᶠ
Zefom,¹ᵘ Hagi, Suni, Esbom,
Eri, Arodi e Areli.
¹⁷ Estes foram os filhos de Aser:ᵛ
Imna, Isvá, Isvi e Berias,
e a irmã deles, Sera.
Estes foram os filhos de Berias:
Héber e Malquiel.
¹⁸ Foram esses os dezesseis descendentes que Zilpa,ʷ serva que Labão tinha dado à sua filha Lia,ˣ deu a Jacó.
¹⁹ Estes foram os filhos de Raquel, mulher de Jacó:
José e Benjamim.ʸ
²⁰ Azenate, filha de Potífera, sacerdote de Om,² deu dois filhos a José no Egito: Manassésᶻ e Efraim.ᵃ
²¹ Estes foram os filhos de Benjamim:ᵇ
Belá, Bequer, Asbel, Gera, Naamã,
Eí, Rôs, Mupim, Hupim e Arde.
²² Foram esses os catorze descendentes que Raquel deu a Jacó.
²³ O filho de Dã foi Husim.
²⁴ Estes foram os filhos de Naftali:
Jazeel, Guni, Jezer e Silém.
²⁵ Foram esses os sete descendentes que Bila,ᶜ serva que Labão tinha dado à sua filha Raquel,ᵈ deu a Jacó.

²⁶ Todos os que foram para o Egito com Jacó, todos os seus descendentes, sem contar as mulheres de seus filhos, totalizaram sessenta e seis pessoas.ᵉ ²⁷ Com mais os dois filhos³ que nasceram a José no Egito, os membros da família de Jacó que foram para o Egito chegaram a setenta.⁴,ᶠ

²⁸ Ora, Jacó enviou Judá à sua frente a José, para saber como ir a Gósen.ᵍ Quando lá chegaram, ²⁹ José, de carruagem pronta, partiu para Gósen para encontrar-se com seu pai, Israel. Assim que o viu, correu para abraçá-lo e, abraçado a ele, chorou longamente.ʰ

³⁰ Israel disse a José: "Agora já posso morrer, pois vi o seu rosto e sei que você ainda está vivo".

³¹ Então José disse aos seus irmãos e a toda a família de seu pai: "Vou partir e informar ao faraó que os meus irmãos e toda a família de meu pai, que viviam em Canaã, vieram para cá.ⁱ ³² Direi que os homens são pastores, cuidam de rebanhos, e trouxeram consigo suas ovelhas, seus bois e tudo quanto lhes pertence. ³³ Quando o faraó mandar chamá-los e perguntar: 'Em que vocês trabalham?',ʲ ³⁴ respondam-lhe assim: 'Teus servos criam rebanhos desde pequenos, como o fizeram nossos antepassados'. Assim lhes será permitido habitar na região de Gósen,ᵏ pois todos os pastores são desprezados pelos egípcios".ˡ

Jacó se Estabelece no Egito

47 José foi dar as notícias ao faraó: "Meu pai e meus irmãos chegaram de Canaã com suas ovelhas, seus bois e tudo o que lhes pertence, e estão agora em Gósen".ᵐ ² Depois escolheu cinco de seus irmãos e os apresentou ao faraó.

³ Perguntou-lhes o faraó: "Em que vocês trabalham?"ⁿ

Eles lhe responderam: "Teus servos são pastores, como os nossos antepassados". ⁴ Disseram-lhe ainda: "Viemos morar aqui por uns tempos,ᵒ porque a fome é rigorosa em Canaã,ᵖ e os rebanhos de teus servos não têm pastagem. Agora, por favor, permite que teus servos se estabeleçam em Gósen".ᵠ

⁵ Então o faraó disse a José: "Seu pai e seus irmãos vieram a você, ⁶ e a terra do Egito está a sua disposição; faça com que seu pai e seus irmãos habitem na melhor parte da terra.ʳ Deixe-os morar em Gósen. E, se você vê que alguns deles são competentes,ˢ ponha-os como responsáveis por meu rebanho".

⁷ Então José levou seu pai Jacó ao faraó e o apresentou a ele. Depois Jacó abençoou⁵

---

¹ **46.16** Alguns manuscritos dizem *Zifiom*. Veja Nm 26.15.
² **46.20** Isto é, Heliópolis.
³ **46.27** A Septuaginta diz *nove filhos*.
⁴ **46.27** A Septuaginta diz *setenta e cinco*. Veja Êx 1.5 e At 7.14.
⁵ **47.7** Ou *saudou*

46.16 ᵗGn 30.11; ᵘNm 26.15
46.17 ᵛGn 30.13; 1Cr 7.30-31
46.18 ʷGn 30.10; ˣGn 29.24
46.19 ʸGn 44.27
46.20 ᶻGn 41.51; ᵃGn 41.52
46.21 ᵇNm 26.38-41; 1Cr 7.6-12; 8.1
46.25 ᶜGn 30.8; ᵈGn 29.29
46.26 ᵉv. 5-7; Êx 1.5; Dt 10.22
46.27 ᶠAt 7.14
46.28 ᵍGn 45.10
46.29 ʰGn 45.14-15; Lc 15.20
46.31 ⁱGn 47.1
46.33 ʲGn 47.3
46.34 ᵏGn 45.10; ˡGn 43.32; Êx 8.26
47.1 ᵐGn 46.31
47.3 ⁿGn 46.33
47.4 ᵒGn 15.13; Dt 26.5; ᵖGn 43.1; ᵠGn 46.34
47.6 ʳGn 45.18; ˢÊx 18.21, 25

o faraó,ᵗ ⁸ e este lhe perguntou: "Quantos anos o senhor tem?"

⁹ Jacó respondeu ao faraó: "São cento e trintaᵘ os anos da minha peregrinação. Foram poucos e difíceisᵛ e não chegam aos anos da peregrinação dos meus antepassados".ʷ ¹⁰ Então, Jacó abençoou¹ o faraóˣ e retirou-se.

¹¹ José instalou seu pai e seus irmãos e deu-lhes propriedade na melhor parte das terras do Egito, na região de Ramessés,ʸ conforme a ordem do faraó. ¹² Providenciou também sustento para seu pai, para seus irmãos e para toda a sua família, de acordo com o número de filhos de cada um.ᶻ

Os Anos de Fome

¹³ Não havia mantimento em toda a região, pois a fome era rigorosa; tanto o Egito como Canaã desfaleciam por causa da fome.ᵃ ¹⁴ José recolheu toda a prata que circulava no Egito e em Canaã, dada como pagamento do trigo que o povo comprava, e levou-a ao palácio do faraó.ᵇ ¹⁵ Quando toda a prata do Egito e de Canaã se esgotou, todos os egípcios foram suplicar a José: "Dá-nos comida! Não nos deixes morrerᶜ só porque a nossa prata acabou".

¹⁶ E José lhes disse: "Tragam então os seus rebanhos, e em troca lhes darei trigo, uma vez que a prata de vocês acabou". ¹⁷ E trouxeram a José os rebanhos, e ele deu-lhes trigo em troca de cavalos,ᵈ ovelhas, bois e jumentos. Durante aquele ano inteiro ele os sustentou em troca de todos os seus rebanhos.

¹⁸ O ano passou, e no ano seguinte voltaram a José, dizendo: "Não temos como esconder de ti, meu senhor, que uma vez que a nossa prata acabou e os nossos rebanhos lhe pertencem, nada mais nos resta para oferecer, a não ser os nossos próprios corpos e as nossas terras. ¹⁹ Não deixes que morramos e que as nossas terras pereçam diante dos teus olhos! Compra-nos, e compra as nossas terras, em troca de trigo, e nós, com as nossas terras, seremos escravos do faraó. Dá-nos sementes para que sobrevivamos e não morramos de fome, a fim de que a terra não fique desolada".

²⁰ Assim, José comprou todas as terras do Egito para o faraó. Todos os egípcios tiveram que vender os seus campos, pois a fome os obrigou a isso. A terra tornou-se propriedade do faraó. ²¹ Quanto ao povo, José o reduziu à servidão², de uma à outra extremidade do Egito. ²² Somente as terras dos sacerdotes não foram compradas, porque, por lei, esses recebiam sustento regularᵉ do faraó, e disso viviam. Por isso não tiveram que vender as suas terras.

²³ Então José disse ao povo: "Ouçam! Hoje comprei vocês e suas terras para o faraó; aqui estão as sementes para que cultivem a terra. ²⁴ Mas vocês darão a quinta parteᶠ das suas colheitas ao faraó. Os outros quatro quintos ficarão para vocês como sementes para os campos e como alimento para vocês, seus filhos e os que vivem em suas casas".

²⁵ Eles disseram: "Meu senhor,ᵍ tu nos salvaste a vida. Visto que nos favoreceste, seremos escravos do faraó".

²⁶ Assim, quanto à terra, José estabeleceu o seguinte decreto no Egito, que permanece até hoje: um quinto da produção pertence ao faraó. Somente as terras dos sacerdotes não se tornaram propriedade do faraó.ʰ

O Último Desejo de Jacó

²⁷ Os israelitas se estabeleceram no Egito, na região de Gósen. Lá adquiriram propriedades, foram prolíferos e multiplicaram-se muito.ⁱ

²⁸ Jacó viveu dezessete anos no Egito,ʲ e os anos da sua vida chegaram a cento e quarenta e sete. ²⁹ Aproximando-se a hora da sua morte,ᵏ Israel chamou seu filho José e lhe disse: "Se quer agradar-me, ponha a mão debaixo da minha coxaˡ e prometa que será bondoso e fiel comigo:ᵐ Não me sepulte no Egito. ³⁰ Quando eu descansar com meus pais, leve-me daqui do Egito e sepulte-me junto a eles".ⁿ

¹ **47.10** Ou *despediu-se do*

² **47.21** Conforme o Pentateuco Samaritano e a Septuaginta. O Texto Massorético diz *mudou-o para as cidades*.

José respondeu: "Farei como o senhor me pede".

31 Mas Jacó insistiu: "Jure-me".º E José lhe jurou,ᵖ e Israel curvou-se apoiado em seu bordão¹.ᑫ

Jacó Abençoa Manassés e Efraim

48 Algum tempo depois, disseram a José: "Seu pai está doente"; e ele foi vê-lo, levando consigo seus dois filhos, Manassés e Efraim.ʳ **2** E anunciaram a Jacó: "Seu filho José veio vê-lo". Israel reuniu suas forças e assentou-se na cama.

3 Então disse Jacó a José: "O Deus todo-poderoso apareceu-me em Luz,ˢ na terra de Canaã, e ali me abençoou,ᵗ **4** dizendo: 'Eu o farei prolífero e o multiplicarei.ᵘ Farei de você uma comunidade de povos e darei esta terra por propriedade perpétua aos seus descendentes'.

5 "Agora, pois, os seus dois filhos que lhe nasceram no Egito,ᵛ antes da minha vinda para cá, serão reconhecidos como meus;ʷ Efraim e Manassés serão meus, como são meus Rúben e Simeão. **6** Os filhos que lhe nascerem depois deles serão seus; serão convocados sob o nome dos seus irmãos para receberem sua herança. **7** Quando eu voltava de Padã, para minha tristeza Raquel morreu em Canaã, quando ainda estávamos a caminho, a pouca distância de Efrata. Eu a sepultei ali, ao lado do caminho para Efrata, que é Belém".ˣ

8 Quando Israel viu os filhos de José, perguntou: "Quem são estes?"

9 Respondeu José a seu pai: "São os filhos que Deus me deu aqui".ʸ

Então Israel disse: "Traga-os aqui para que eu os abençoe".ᶻ

10 Os olhos de Israel já estavam enfraquecidos por causa da idade avançada, e ele mal podia enxergar.ᵃ Por isso José levou seus filhos para perto dele, e seu pai os beijouᵇ e os abraçou.

11 E Israel disse a José: "Nunca pensei que veria a sua face novamente, e agora Deus me concede ver também os seus filhos!"ᶜ

12 Em seguida, José os tirou do colo de Israel e curvou-se com o rosto em terra. **13** E José tomou os dois, Efraim à sua direita, perto da mão esquerda de Israel, e Manassés à sua esquerda, perto da mão direita de Israel, e os aproximou dele. **14** Israel, porém, estendeu a mão direitaᵈ e a pôs sobre a cabeça de Efraim, embora este fosse o mais novo e, cruzando os braços, pôs a mão esquerda sobre a cabeça de Manassés, embora Manassés fosse o filho mais velho.ᵉ

15 E abençoouᶠ a José, dizendo:
"Que o Deus, a quem serviram
   meus pais Abraão e Isaque,
o Deus que tem sido o meu pastorᵍ
   em toda a minha vida até o dia de hoje,
16 o Anjo que me redimiu de todo o mal,
   abençoe estes meninos.ʰ
Sejam eles chamados pelo meu nome
e pelos nomes de meus pais
   Abraão e Isaque,ⁱ
e cresçam muito na terra".

17 Quando José viu seu pai colocar a mão direita sobre a cabeça de Efraim, não gostou; por isso pegou a mão do pai, a fim de mudá-la da cabeça de Efraimʲ para a de Manassés, **18** e lhe disse: "Não, meu pai, este aqui é o mais velho; ponha a mão direita sobre a cabeça dele".

19 Mas seu pai recusou-se e respondeu: "Eu sei, meu filho, eu sei. Ele também se tornará um povo, também será grande.ᵏ Apesar disso, seu irmão mais novo será maior do que ele,ˡ e seus descendentes se tornarão muitos² povos". **20** Assim, Jacó os abençoou naquele dia, dizendo:

"O povo de Israel usará os seus nomes para abençoar uns aos outros com esta expressão:
   Que Deus faça a você como fez a Efraimᵐ
   e a Manassés!"ⁿ

E colocou Efraim à frente de Manassés.

---

¹ **47.31** Conforme a Septuaginta. O Texto Massorético diz *curvou-se à cabeceira de sua cama*.

² **48.19** Hebraico: *uma plenitude de povos*.

47.31
ºGn 21.33
ᵖGn 24.3
ᑫHb 11.21 nota
1Rs 1.47

48.1
ʳGn 41.52

48.3
ˢGn 28.19
ᵗGn 28.13; 35.9-12

48.4
ᵘGn 17.6

48.5
ᵛGn 41.50-52; 46.20
ʷ1Cr 5.1; Js 14.4

48.7
ˣGn 35.19

48.9
ʸGn 33.5
ᶻGn 27.4

48.10
ᵃGn 27.1

48.10
ᵇGn 27.27

48.11
ᶜGn 50.23; Sl 128.6

48.13
ᵈSl 110.1

48.14
ᵉGn 41.51

48.15
ᶠGn 17.1
ᵍGn 49.24

48.16
ʰHb 11.21
ⁱGn 28.13

48.17
ʲv. 14

48.19
ᵏGn 17.20
ˡGn 25.23

48.20
ᵐNm 2.18
ⁿNm 2.20; Rt 4.11

²¹ A seguir, Israel disse a José: "Estou para morrer, mas Deus estará com vocês⁰ e os levará de volta à terra de seus antepassados.ᵖ ²² E a você, como alguém que está acima de seus irmãos,ᵠ dou a região montanhosa¹ʳ que tomei dos amorreus com a minha espada e com o meu arco."

Jacó Abençoa seus Filhos

49 Então Jacó chamou seus filhos e disse: "Ajuntem-se a meu lado para que eu lhes diga o que lhes acontecerá nos dias que virão.ˢ

² "Reúnam-se para ouvir, filhos de Jacó;
   ouçam o que diz Israel,ᵗ seu pai.

³ "Rúben, você é meu primogênito,ᵘ
   minha força,ᵛ
o primeiro sinal do meu vigor,
   superior em honra, superior em
      poder.
⁴ Turbulento como as águas,ʷ
   já não será superior,
porque você subiu à cama de seu pai,
   ao meu leito, e o desonrou.ˣ

⁵ Simeão e Levi são irmãos;
   suas espadas são armas de violência.ʸ
⁶ Que eu não entre no conselho deles,
   nem participe da sua assembleia,ᶻ
porque em sua iraᵃ mataram homens
e a seu bel-prazer aleijaram bois,
   cortando-lhes o tendão.
⁷ Maldita seja a sua ira, tão tremenda,
   e a sua fúria, tão cruel!
Eu os dividirei pelas terras de Jacó
e os dispersarei em Israel.ᵇ

⁸ Judá, seus irmãos o louvarão,
   sua mão estará sobre o pescoço
      dos seus inimigos;
os filhos de seu pai se curvarão
   diante de você.ᶜ
⁹ Judáᵉ é um leãoᵈ novo.
Você vem subindo, filho meu,
   depois de matar a presa.

Como um leão, ele se assenta;
   e deita-se como uma leoa;
quem tem coragem de acordá-lo?
¹⁰ O cetro não se apartará de Judá,ᶠ
   nem o bastão de comando
      de seus descendentes,²
até que venha aquele
   a quem ele pertence³ᵍ,
e a ele as nações obedecerão.
¹¹ Ele amarrará seu jumento
   a uma videira;
e o seu jumentinho,
   ao ramo mais seleto;
lavará no vinho as suas roupas;
   no sangue das uvas,
as suas vestimentas.
¹² Seus olhos serão mais escuros
   que o vinho;
seus dentes, mais brancos que o leite.⁴

¹³ Zebulomʰ morará à beira-mar
   e se tornará um porto para os navios;
suas fronteiras se estenderão até Sidom.
¹⁴ Issacarⁱ é um jumento forte,
   deitado entre as suas cargas.⁵
¹⁵ Quando ele perceber como é bom
   o seu lugar de repouso
e como é aprazível a sua terra,
curvará seus ombros ao fardo
e se submeterá a trabalhos forçados.

¹⁶ Dãʲ defenderá o direito do seu povo
   como qualquer das tribos de Israel.
¹⁷ Dãᵏ será uma serpente
   à beira da estrada,
uma víbora à margem do caminho,
   que morde o calcanhar do cavalo
e faz cair de costas o seu cavaleiro.

¹⁸ Ó SENHOR,ˡ eu espero a tua libertação!

¹⁹ Gadeᵐ será atacado por um bando,
   mas é ele que o atacará e o
      perseguirá.⁶

---

¹ **48.22** Ou *E a você dou uma porção a mais do que a seus irmãos, a porção que tomei*

² **49.10** Hebraico: *de entre seus pés.*
³ **49.10** Ou *até que Siló venha*; ou ainda *até que venha aquele a quem pertence o tributo*
⁴ **49.12** Ou *ficarão vermelhos por causa do vinho, seus dentes branqueados pelo leite*
⁵ **49.14** Ou *os seus currais*; ou ainda *as suas fogueiras*
⁶ **49.19** Hebraico: *atacará nos calcanhares.*

20 A mesa de Aser[n] será farta;
 ele oferecerá manjares de rei.

21 Naftali[o] é uma gazela solta,
 que por isso faz festa.[1]

22 José[p] é uma árvore frutífera,
 árvore frutífera à beira de uma fonte,
 cujos galhos passam por cima
 do muro.[2]

23 Com rancor arqueiros o atacaram,
 atirando-lhe flechas com hostilidade.[q]

24 Mas o seu arco permaneceu firme;
 os seus braços continuaram fortes,[r]
 ágeis para atirar,
 pela mão do Poderoso de Jacó,[s]
 pelo nome do Pastor, a Rocha de
 Israel,[t]

25 pelo Deus de seu pai,[u] que ajuda você,
 o Todo-poderoso,[3] que o abençoa
 com bênçãos dos altos céus,
 bênçãos das profundezas,[v]
 bênçãos da fertilidade e da fartura.[4]

26 As bênçãos de seu pai são superiores
 às bênçãos dos montes antigos,
 às delícias das colinas eternas.[5]
 Que todas essas bênçãos repousem
 sobre a cabeça de José,
 sobre a fronte daquele que foi separado
 de entre[6] os seus irmãos.[w]

27 Benjamim[x] é um lobo predador;
 pela manhã devora a presa
 e à tarde divide o despojo".

28 São esses os que formaram as doze tribos de Israel, e foi isso que seu pai lhes disse, ao abençoá-los, dando a cada um a bênção que lhe pertencia.

---

[1] **49.21** Ou *solta, que pronuncia lindas palavras*
[2] **49.22** Ou *José é um potro selvagem, um potro selvagem à beira de uma fonte, um asno selvagem numa colina aterrada.*
[3] **49.25** O Pentateuco Samaritano, a Septuaginta, a Versão Siríaca e alguns manuscritos do Texto Massorético dizem *Deus todo-poderoso*.
[4] **49.25** Hebraico: *dos seios e do ventre.*
[5] **49.26** Ou *superiores às bênçãos dos meus antepassados, até os limites das colinas eternas*
[6] **49.26** Ou *a fronte do príncipe entre*

A Morte de Jacó

29 A seguir, Jacó deu-lhes estas instruções:[y] "Estou para ser reunido aos meus antepassados.[z] Sepultem-me junto aos meus pais[a] na caverna do campo de Efrom, o hitita, 30 na caverna do campo de Macpela,[b] perto de Manre, em Canaã, campo que Abraão comprou de Efrom, o hitita, como propriedade para sepultura.[c] 31 Ali foram sepultados Abraão[d] e Sara,[e] sua mulher, e Isaque e Rebeca,[f] sua mulher; ali também sepultei Lia.

32 "Tanto o campo como a caverna que nele está foram comprados dos hititas".

33 Ao acabar de dar essas instruções a seus filhos, Jacó deitou-se,[7] expirou e foi reunido aos seus antepassados.[g]

50 José atirou-se sobre seu pai, chorou sobre ele e o beijou.[h] 2 Em seguida, deu ordens aos médicos, que estavam ao seu serviço, que embalsamassem seu pai Israel. E eles o embalsamaram.[i] 3 Levaram quarenta dias completos, pois esse era o tempo para o embalsamamento. E os egípcios choraram sua morte setenta dias.[j]

4 Passados os dias de luto, José disse à corte do faraó: "Se posso contar com a bondade de vocês, falem com o faraó em meu favor. Digam-lhe que 5 meu pai fez-me prestar-lhe o seguinte juramento:[k] 'Estou à beira da morte; sepulte-me no túmulo que preparei para mim[l] na terra de Canaã'.[m] Agora, pois, peçam-lhe que me permita partir e sepultar meu pai; logo depois voltarei".

6 Respondeu o faraó: "Vá e faça o sepultamento de seu pai como este o fez jurar".

7 Então José partiu para sepultar seu pai. Com ele foram todos os conselheiros do faraó, as autoridades da sua corte e todas as autoridades do Egito, 8 e, além deles, todos os da família de José, os seus irmãos e todos os da casa de seu pai. Somente as crianças, as ovelhas e os bois foram deixados em Gósen. 9 Carruagens e cavaleiros[8] também o acompanharam. A comitiva era imensa.

---

[7] **49.33** Hebraico: *recolheu seus pés na cama.*
[8] **50.9** Ou *condutores de carruagem*

49.20
[n] Gn 30.13;
Dt 33.24

49.21
[o] Gn 30.8;
Dt 33.23

49.22
[p] Gn 30.24;
Dt 33.13-17

49.23
[q] Gn 37.24

49.24
[r] Sl 18.34
[s] Sl 132.2, 5;
Is 1.24;
41.10
[t] Is 28.16

49.25
[u] Gn 28.13
[v] Gn 27.28

49.26
[w] Dt 33.15-16

49.27
[x] Gn 35.18;
Jz 20.12-13

49.29
[y] GN 50.16
[z] Gn 25.8
[a] Gn 15.15;
47.30; 50.13

49.30
[b] Gn 23.9
[c] Gn 23.20

49.31
[d] Gn 25.9
[e] Gn 23.19
[f] Gn 35.29

49.33
[7] v. 29;
Gn 25.8;
At 7.15

50.1
[h] Gn 46.44

50.2
[i] v. 26;
2Cr 16.14

50.3
[j] Gn 37.34;
Nm 20.29;
Dt 34.8

50.5
[k] Gn 47.31
[l] 2Cr 16.14
[m] Gn 47.31

¹⁰ Chegando à eira de Atade, perto do Jordão, lamentaram-se em alta voz, com grande amargura;ⁿ e ali José guardou sete diasᵒ de pranto pela morte do seu pai. ¹¹ Quando os cananeus que lá habitavam viram aquele pranto na eira de Atade, disseram: "Os egípcios estão celebrando uma cerimônia de luto solene". Por essa razão, aquele lugar, próximo ao Jordão, foi chamado Abel-Mizraim.

¹² Assim fizeram os filhos de Jacó o que este lhes havia ordenado: ¹³ Levaram-no à terra de Canaã e o sepultaram na caverna do campo de Macpela, perto de Manre, que, com o campo, Abraão tinha comprado de Efrom, o hitita, para que lhe servisse de propriedade para sepultura.ᵖ ¹⁴ Depois de sepultar seu pai, José voltou ao Egito, com os seus irmãos e com todos os demais que o tinham acompanhado.

A Bondade de José

¹⁵ Vendo os irmãos de José que seu pai havia morrido, disseram: "E se José tiver rancor contra nós e resolver retribuir todo o mal que lhe causamos?"ᑫ ¹⁶ Então mandaram um recado a José, dizendo: "Antes de morrer, teu pai nos ordenou ¹⁷ que te disséssemos o seguinte: 'Peço-lhe que perdoe os erros e pecados de seus irmãos que o trataram com tanta maldade!' Agora, pois, perdoa os pecados dos servos do Deus do teu pai". Quando recebeu o recado, José chorou.

¹⁸ Depois vieram seus irmãos, prostraram-se diante deleʳ e disseram: "Aqui estamos. Somos teus escravos!"ˢ

¹⁹ José, porém, lhes disse: "Não tenham medo. Estaria eu no lugar de Deus?ᵗ ²⁰ Vocês planejaram o mal contra mim,ᵘ mas Deus o tornouᵛ em bem,ʷ para que hoje fosse preservada a vida de muitos.ˣ ²¹ Por isso, não tenham medo. Eu sustentarei vocês e seus filhos".ʸ E assim os tranquilizou e lhes falou amavelmente.

A Morte de José

²² José permaneceu no Egito, com toda a família de seu pai. Viveu cento e dez anosᶻ ²³ e viu a terceira geraçãoᵃ dos filhos de Efraim. Além disso, recebeu como seus¹ os filhos de Maquir,ᵇ filho de Manassés.

²⁴ Antes de morrerᶜ José disse a seus irmãos: "Estou à beira da morte. Mas Deus certamente virá em auxílioᵈ de vocês e os tirará desta terra, levando-os para a terraᵉ que prometeu com juramento a Abraão, a Isaque e a Jacó".ᶠ ²⁵ E José fez que os filhos de Israel lhe prestassem um juramento, dizendo-lhes: "Quando Deus intervier em favor de vocês, levem os meus ossos daqui".ᵍ

²⁶ Morreu José com a idade de cento e dez anos. E, depois de embalsamado,ʰ foi colocado num sarcófago no Egito.

---

¹ **50.23** Hebraico: *nasceram sobre os joelhos de José.*

LIDERANÇA ESPIRITUAL

O sublime chamado para a liderança espiritual

> *"Pois agora o clamor dos israelitas chegou a mim, e tenho visto como os egípcios os oprimem. Vá, pois, agora; eu o envio ao faraó para tirar do Egito o meu povo, os israelitas'. Moisés, porém, respondeu a Deus: 'Quem sou eu para apresentar-me ao faraó e tirar os israelitas do Egito?'.*
>
> *"Deus afirmou: 'Eu estarei com você'."*
>
> Êxodo 3.9-12

A liderança espiritual é um chamado sublime e sagrado. Diante da sarça ardente, Moisés aprendeu que a liderança espiritual pode ser ao mesmo tempo animadora, desafiadora e aterrorizadora. A simples ordem de Deus — "Vá, pois, agora" — mudaria radicalmente a vida de Moisés. Mas Deus também disse repetidamente a Moisés o que todo líder precisa ouvir — "Eu estarei com você". Consequentemente, através do relato bíblico vemos Moisés crescer como líder.

O chamado à liderança espiritual ainda gera sentimentos contraditórios. Esse chamado continua sendo animador, desafiador e aterrorizador. Como Moisés, você também pode se sentir animado e ao mesmo tempo fora de lugar. Os artigos desta seção oferecem aconselhamento prático e sábio sobre liderança espiritual vindo de líderes experientes. Como Moisés, você também pode crescer como líder. E em meio às distrações e aos desafios da liderança, como Moisés, você também pode ouvir a incrível promessa de Deus: "Eu estarei com você".

LIDERANÇA ESPIRITUAL

O sublime chamado para a liderança espiritual
Claude Alexander

Há momentos na vida como cristão em que você é procurado por sua liderança, direção, por seu conhecimento ou *know-how*. Espera-se que você assuma responsabilidade, proteja as pessoas do perigo e seja o orientador e mantenedor de todos. Muitas pessoas nessas horas não são capazes de lidar, enfrentar ou carregar o fardo. Deus chama você e concede a oportunidade para você realizar aquilo que outras pessoas não são capazes de fazer. Nessas horas, você pensa: "Será que dou conta disso melhor que os outros?". Guiado pelo Deus a quem sirvo, poderei fazer melhor? Com base no relacionamento que tenho com o Senhor, poderei realizar, dirigir, conduzir, enfrentar, perseverar ou vencer obstáculos melhor do que os que não conhecem o Senhor? Nesses momentos a relevância e a firmeza da fé são desafiadas, e você tem a oportunidade de enfrentar o desafio de frente.

Foi exatamente isso que aconteceu com Daniel durante o segundo ano do reinado de Nabucodonosor. Durante toda a vida, Nabucodonosor teve sonhos que não conseguia compreender. Essa foi uma daquelas ocasiões. O rei teve um sonho perturbador, que o perturbou tanto a ponto de ele convocar todos os astrólogos do palácio para ajudá-lo. Seu pedido era estranho. O rei não pede a eles que simplesmente interpretem o sonho. Pede para que eles primeiro contem o sonho e depois o interpretem. Os astrólogos querem saber qual foi o sonho para interpretá-lo. O rei insiste em que eles contem primeiro o sonho e depois o interpretem. Os astrólogos respondem dizendo que não há sequer um ser humano na terra que possa atender ao pedido do rei: "[...] ninguém pode revelar isso ao rei, senão os deuses, e eles não vivem entre os mortais.".

Nabucodonosor fica furioso diante da incapacidade dos astrólogos. O rei ficou tão desgostoso a ponto de emitir um decreto de executar todos os sábios da Babilônia por propaganda falsa. Eles não foram capazes de fazer aquilo que diziam ser capazes de fazer. A situação era horrível. De um lado, há a exigência de Nabucodonosor e, de outro, a incapacidade dos astrólogos. Consequentemente, todos os sábios corriam o risco de ser executados, incluindo Daniel e seus amigos. Nenhum sábio babilônio foi capaz de atender ao pedido do rei. A questão é se Daniel e seus amigos conseguiriam fazê-lo.

Talvez você imagine que nunca estará numa situação como essa. Apesar de você poder ter razão, isso não muda o fato de que, no decorrer da vida, você se deparará com perguntas que exigirão resposta e o desafio de respondê-las será responsabilidade sua. Há dilemas a serem resolvidos, e você será desafiado a resolvê-los. Haverá brechas a serem reparadas, e será sua tarefa repará-las. Ninguém mais será capaz de resolver. A responsabilidade é sua. Essa é justamente a essência do sublime chamado à liderança espiritual.

A questão é como você vê a sua própria vida. Trata da visão da vida como missão. Você está aqui com um propósito. Você tem uma missão. Você está destinado a responder algo, resolver e prover algo, liderar, descobrir, compor, escrever, dizer, traduzir, *interpretar*, *cantar*, *criar*, *ensinar*, pregar, administrar algo, aguentar e superar alguma

O sublime chamado para a liderança espiritual

coisa, e, ao fazê-lo, você fortalecerá a vida de outros que estão sob o poder de Deus, para a glória de Deus.

Com o decreto do rei, alguns homens são enviados para encontrar e matar Daniel e seus amigos. Daniel pergunta ao capitão da guarda qual era a razão de um decreto tão severo. Depois de saber o motivo, Daniel implora para ver o rei para que possa dizer a ele o que significava o sonho. Ele assumiria a responsabilidade naquela situação. Ele enfrentaria o desafio.

No livro de Daniel, essa é a primeira vez que se menciona Daniel interpretando um sonho. Aquela não era apenas uma tarefa que outros magos não conseguiam fazer, mas também, no contexto do livro de Daniel, era a primeira vez que Daniel aparece interpretando um sonho. Há momentos em que a necessidade não se refere a algo que ninguém mais pôde realizar. Muitas vezes se trata de coisas que você mesmo nunca fez. É como lidar com algo sem precedentes, não provado, que ninguém jamais tentou, algo inimaginável. É um chamado para abrir a picada e traçar o caminho.

Pela graça de Deus, Daniel encarou o desafio. Quando surgir uma situação semelhante, você fará o mesmo? A liderança espiritual diz respeito a como você responde a essa pergunta.

Como saber se você foi chamado para a liderança espiritual
Gordon MacDonald

O conceito de *chamado* é uma das ideias bíblicas mais profundas. A Bíblia está repleta de histórias de homens e mulheres que, ao serem intimados a servir, atenderam ao chamado e marcaram sua geração de modo especial. Esses chamados têm diversas coisas em comum.

O chamado bíblico procede do próprio ser de Deus. Deus Pai *chamou* Abraão, Moisés, Isaías e Amós (para mencionar alguns). Jesus *chamou* os Doze para "estar com ele" e depois os enviou para fazer discípulos de todas as nações. O Espírito Santo *chamou* Saulo, Barnabé e outros para o apostolado. Ninguém na Bíblia ungiu-se a si mesmo.

O chamado bíblico era imprevisível. Gideão, por exemplo, respondeu ao chamado dizendo: "[...] como posso libertar Israel? Meu clã é o menos importante de Manassés, e eu sou o menor da minha família." Por que Davi? Por que Jeremias? Por que Simão Pedro? No meio de tantas pessoas, por que Saulo de Tarso, que posteriormente menciona que "fui blasfemo, perseguidor e insolente?".

O chamado bíblico tem como foco objetivos aparentemente impossíveis. Noé é chamado para construir um barco; Moisés para tirar um povo do Egito; Elias para confrontar um rei perverso; Paulo para pregar aos gentios. Mas o chamado foi tão convincente que deu coragem ao que foi chamado.

O chamado bíblico era singular. Nenhum chamado era igual ao outro. As circunstâncias, a natureza, as exceções do chamado: cada um com sua peculiaridade. Quando Deus desejava que uma mensagem fosse pregada ou um povo fosse dirigido, ele ordenava a alguém que o executasse de modo sem precedentes.

LIDERANÇA ESPIRITUAL

Pessoas, às vezes estranhas, eram escolhidas enquanto outras, aparentemente mais dignas e capazes, não eram. Para alguns de nós, o chamado é dramático. Num momento impetuoso, você adquire um senso de convicção de que Deus falou e o orientou. Depois disso, você jamais será o mesmo. Para outras pessoas, como eu mesmo, o chamado é como uma constante goteira: insiste até que você finalmente se rende: "Está bem. *Está bem!*". Então, como saber se Deus nos chamou para o pastorado ou para o ministério eclesiástico? Vários elementos marcam a autenticidade do chamado. Um chamado especial normalmente resulta de três ou quatro aspectos.

1. O chamado é claro
Deus realmente fala com as pessoas! De que maneira? Muitas e variadas. Mas sempre há um momento em que Deus de maneira clara e segura coloca a mão sobre você e o empurra em direção a um grupo específico de pessoas, assunto ou função. Amy Carmichael foi chamada para servir na Índia. Lutero foi chamado para pregar a justificação. Billy Graham foi chamado para evangelizar.

2. O chamado é confirmado
A autenticidade de um chamado geralmente (nem sempre, mas *geralmente*) é confirmada por outros que percebem a obra singular do Espírito Santo de modo especial na vida de alguém. Um ótimo exemplo é a ação dos profetas e mestres de Antioquia que ouviram o chamado do Espírito Santo a Saulo e Barnabé. Da mesma forma foi o apoio encorajador que Priscila e Áquila deram a Apolo. Ouso dizer que — ainda que reconheça exceções extraordinárias — um chamado ao ministério não é propriamente um chamado até que uma parte do Corpo de Cristo o reconheça.

3. O chamado envolve dom
Há histórias pitorescas (e provavelmente verdadeiras) de chamados em que a pessoa não tinha nenhuma capacidade aparente para a obra ministerial. Mas esses casos são raros. Aliado ao chamado vem o dom — a capacitação misteriosa de força e espírito concedida por Deus ao que é chamado. Quando essas pessoas estão em sintonia com o próprio chamado, algo extraordinário acontece, e nós, os observadores, ficamos estarrecidos.

4. O chamado produz frutos
Novamente há exceções, mas a questão decisiva é a seguinte: As pessoas são impactadas pela pessoa que foi chamada? São conduzidas para mais perto de Jesus? Tornam-se cada vez mais semelhantes a Cristo? São motivadas a buscar maior compromisso e visão? Essas são algumas das perguntas que podem ser úteis para avaliar um chamado. Quando Eric Liddell, cuja vida é retratada no filme *Carruagens de Fogo*, disse à irmã: "Quando corro, sinto que Deus fica satisfeito", ele tocou uma dimensão de um *chamado* difícil de explicar. Quando a pessoa vive obedientemente no centro de um chamado, é possível sentir o prazer de Deus; é possível experimentar a verdadeira alegria.

O que sustenta as pessoas chamadas enquanto enfrentam dificuldades? Somente a lembrança indelével de um instante quando tiveram plena certeza de que Deus falou e de que

O sublime chamado para a liderança espiritual

foram enviadas por vontade divina. Elas não tinham como fugir; não tinham como voltar atrás; não tinham como desistir.

Conselhos a líderes relutantes
Shirley A. Mullen

Como muitos, relutei em me tornar um líder. Na verdade, nunca me vi como "líder". Com isso aprendi quatro importantes lições que compartilho com outros "líderes relutantes".

A liderança é um chamado para pertencer a uma comunidade

A liderança não é apenas para aqueles que se acham líderes ou tenham feito algum "curso de liderança". Cada um de nós deve se preparar para momentos em que as necessidades da nossa comunidade nos levem a considerar assumir funções de liderança pelo menos durante algum tempo. A liderança não diz respeito a nós — pelo menos, nunca se trata *somente* de nós. Trata de se dispor a servir quando as necessidades ao nosso redor combinam com nossas habilidades e nossos dons. Deus pode chamar algumas pessoas à liderança e a se considerarem líderes. Mas as Escrituras nos lembram de que o chamado à liderança normalmente surpreende a própria pessoa que é chamada — pense em Moisés, Jeremias e Gideão. Em poucas palavras, quando Deus nos chama à liderança — diretamente ou por meio das nossas comunidades —, precisamos estar dispostos a ouvir e a obedecer.

A liderança é um chamado ao trabalho de um administrador

A liderança é um chamado ao cuidado de um tesouro que nos é confiado — mas um tesouro que pertence a outra pessoa. Precisamos ter uma visão clara dos participantes envolvidos em qualquer situação à qual somos chamados a liderar, assim como a história, as lembranças e as esperanças que envolvem cada situação. Líderes são passageiros. O nosso chamado consiste em cuidar das instituições ou comunidades por amor àqueles que dependem de sua continuidade eficaz depois que não estivermos mais à frente delas.

A liderança é um chamado à vulnerabilidade

Parte dessa vulnerabilidade vem do fato de estarmos sujeitos a um vasto número de expectativas — muitas vezes conflitantes — sobre como exercer a liderança. Também nos tornamos vulneráveis pelas circunstâncias que estão fora do nosso controle e que afetam os resultados e o impacto das nossas decisões. Estamos sujeitos à crítica daqueles que estão alheios à situação — e as pessoas frequentemente irão nos julgar depois da nossa saída como se tivéssemos total controle e pleno conhecimento de todas as variáveis enquanto estávamos enfrentando a situação. Às vezes, com base no mesmo princípio, as pessoas vão nos dar mais crédito do que merecemos pelos resultados positivos. Mas esse alto grau de vulnerabilidade significa que a liderança é um chamado à submissão e à humildade. É um chamado à dedicação fiel, ao melhor das nossas habilidades, para depois, como declara o estadista sueco Dag Hammarskjöld, "dar aos outros o direito de julgar".

LIDERANÇA ESPIRITUAL

A liderança é um chamado à disponibilidade

O chamado à liderança é, em última instância, um chamado para que estejamos inteiramente à disposição da obra de Deus. Tanto nossas qualidades quanto nossos defeitos estão nas mãos de Deus, e é ele quem decide a qualquer momento quais são mais úteis a seus propósitos. Costumamos pensar que Deus está mais interessado em usar as nossas boas qualidades, mas é justamente por meio das nossas fraquezas que ele é mais capaz de nos lembrar de que não lideramos sozinhos; sempre envolve um esforço em equipe. Além disso, é nas fraquezas que temos maior consciência da necessidade de receber do Espírito Santo sabedoria, visão clara e coragem de agir com convicção, não por conveniência.

"Liderança" é uma palavra em alta hoje em dia. Há enorme quantidade de livros sobre como liderar com sucesso. Mas a palavra liderança não aparece na minha concordância bíblica. Deus não nos chama à *liderança* tanto quanto nos chama à *fidelidade* em momentos específicos como parte de uma obra mais ampla de seu plano como divino Artesão. A liderança é uma daquelas arenas por meio da qual ele trabalha em nós, tornando-nos mais próximos à imagem de seu Filho, o Senhor Jesus Cristo, à medida que procuramos executar fielmente a boa obra a que ele nos chama.

Liderança radicada em confiança
Gordon MacDonald

Recentemente a minha esposa e eu tivemos a oportunidade de visitar o Parque Nacional de Yosemite, na Califórnia. Trouxemos na bagagem fotos de nós dois ao pé de árvores de mais de 3 mil anos de idade e de alturas gigantescas. Imagine só: 3 mil anos para a árvore crescer. Agora pense que com os maquinários modernos uma árvore dessas pode (nem ouso pensar!) ser derrubada em apenas alguns minutos.

Essas árvores me fizeram pensar sobre a liderança na igreja e a questão da *confiança* — o tipo de liderança de que os líderes necessitam desesperadamente de seu povo, mas que nem sempre recebem.

O apóstolo Paulo beneficiou-se da confiança quando pediu às pessoas que participassem da ajuda aos cristãos de Jerusalém que sofriam. A confiança também estava em jogo quando Paulo deu ordens estritas aos cristãos de Corinto para disciplinar um pecador. A confiança também foi necessária quando ele os convenceu a receber de volta esse irmão depois de ter se arrependido. A confiança também foi fundamental no caso com Filemom, a quem Paulo pediu que recebesse de volta Onésimo, o escravo que tinha fugido de sua casa — e que o recebesse não como escravo, mas como irmão.

Aprendi logo no início do meu ministério pastoral que, enquanto eu fundamentava a liderança exclusivamente nos meus dons naturais: as palavras que vinham espontaneamente, carisma pessoal, ideias e sonhos, as pessoas me seguiam. Isso funcionava até certo ponto, mas com o passar do tempo surgiam questões mais profundas. Eu agia com integridade

O sublime chamado para a liderança espiritual

e sabedoria ou era apenas aparência? Eu era confiável? Era capaz de conduzir as pessoas em território espiritual desconhecido? Qual era o meu critério de organização? Carisma e encanto são como planadores: voam, mas não indefinidamente. Além disso, não resistem a turbulências.

Assim como as árvores gigantescas da Califórnia podem ser cortadas rapidamente, a confiança pode ser perdida em pouco tempo. Como se desenvolve a confiança? Descrevo a seguir sete fontes de confiança que tenho observado no decorrer dos anos.

Confiança se constrói com coerência

Coerência entre a pregação, a visão, a administração das circunstâncias — as pessoas estão sempre de olho. Elas querem saber: você continuará sendo a mesma pessoa quando as coisas estiverem dando errado? Você consegue ouvir um "não" ponderado da diretoria? As suas reações pessoais estarão em sintonia com o que você prega detrás do púlpito?

Confiança se constrói com confiabilidade

Você honra a sua palavra? Quando assume um compromisso, comparece pontualmente? Caso se comprometa a ajudar alguém, você o cumpre conforme prometido? Quando fizer uma promessa, não deixe de cumpri-la.

Confiança se constrói com transparência

Você age com honestidade em relação a sua vida pessoal? É honesto com o que acontece nos bastidores da sua organização? Pessoas de confiança nunca são evasivas, nem demonstram esperteza ou maquinam planos que não sejam totalmente autênticos. Aqueles que se relacionam com essas pessoas nunca se sentirão enganados ou passados para trás.

Confiança se constrói com muito esforço

Os sermões revelam a habilidade de um estudo sério. O pastor oferece à comunidade sempre um pouco mais daquilo para o qual ela pensa que o contratou. As reuniões de conselhos e comissões são marcadas por apresentações e explicações ponderadas. Há um sentimento de que o pastor sempre está no topo da liderança de uma comunidade.

Confiança se constrói com imparcialidade

Os ricos (os que dão os dízimos mais altos), os atraentes, os jovens ou as pessoas mais influentes não recebem privilégios. O pastor se envolve com as crianças, com os fracos e com os que estão passando por dificuldades, com os idosos, e com aqueles que servem a comunidade em posições de menos destaque.

Confiança se constrói com longevidade

O pastor permanece por um bom tempo em seu trabalho. Relacionamentos se constroem; ocorrem diversos episódios do desenvolvimento do ministério (funerais, casamentos, batismos etc.); as pessoas veem o pastor partilhar momentos decisivos de suas vidas. E, quando

passam por momentos turbulentos, elas podem dizer: "O pastor esteve ao meu lado; eu certamente vou apoiá-lo conforme a vontade de Deus para mim".

Confiança se constrói com profundo compromisso espiritual

De algum modo a comunidade quer sentir que o pastor está firmemente atento a Jesus. As pessoas sentem-se seguras ao ver que a vida e a liderança do pastor refletem uma pessoa que procura o coração do Pai e que se transmite com segurança humilde, porém convicta; com contrição, porém pela graça; com discrição, porém competente por meio do poder de Deus.

É impossível definir confiança de um modo completo. Mas, como se diz popularmente, você a reconhece quando a encontra. Sempre me lembro disso quando olho para o alto diante de uma enorme sequoia da Califórnia. Quanto tempo é necessário para crescer; quão rapidamente é destruída.

Cinco coisas que líderes fazem
Bill Hybels

Na lista de dons espirituais encontrada em Romanos 12, o apóstolo Paulo diz algo mais ou menos assim no versículo 8: "Se você tem o dom de liderança, dedique-se à liderança, lidere com todo empenho". Desenvolvi uma lista parcial sobre o que fazem os líderes espirituais quando desenvolvem e usam o dom de liderança.

1. Líderes moldam uma visão que honra a Deus

Líderes com dom espiritual vivem de tal modo que Deus invariavelmente acende em seus corações uma ideia convincente, um desejo ardente de desenvolver algum aspecto do Reino de Deus. Eles começam a pensar naquilo, sonhar com aquilo e orar por aquilo. Logo começam a falar sobre aquilo. Em um almoço com alguém, podem dizer: "Você consegue imaginar como seria essa área no Reino se...?".

Quando Deus acende uma visão no seu coração, você simplesmente *não* consegue parar de falar a respeito. Quando líderes começam a moldar uma visão dada por Deus, desencadeia-se toda uma sucessão de forças, que faz as pessoas saírem do isolamento. Esse poder chama os espectadores cansados a se envolver ativamente no jogo.

2. Líderes reúnem e organizam pessoas

Líderes com dom espiritual têm a capacidade vinda de Deus de atrair, desafiar e persuadir as pessoas. Em seguida, ajudam-nas a encontrar seu próprio espaço para alcançar a visão. Líderes com dom espiritual não se envergonham da ousadia com que abordam as pessoas. Eles não conseguem entender por que ainda há pessoas que não se juntaram ao grupo. As pessoas são contagiadas pelo entusiasmo deles. É comum que os líderes digam: "Vou encontrar uma função que se encaixe com você. Você crescerá e se desenvolverá como in*divíduo enquanto* todos nós cresceremos juntos para alcançar a visão. Essa é uma situação em que todos seremos beneficiados".

O sublime chamado para a liderança espiritual

Os líderes não usam as pessoas; antes, moldam uma visão até encontrar aqueles que se alinham a ela. Em seguida, desenvolvem esses indivíduos e juntos alcançam o sonho. Esse tipo de sinergia, unidade e trabalho em equipe é altamente eficaz.

3. Líderes motivam seus colegas de trabalho
A motivação torna o trabalho prazeroso. Pode tornar as tarefas mais ingratas em realizações entusiásticas. Pode renovar e rejuvenescer pessoas abatidas. Pessoas com dom espiritual de liderança têm uma habilidade dada por Deus de saber o que dizer e como inspirar diferentes pessoas.

4. Líderes promovem mudanças positivas
Faço boa parte dos meus estudos de verão em um restaurante de Michigan. Atrás da minha mesa preferida fica a entrada lateral — uma porta pesada de aço com mecanismo enguiçado. Toda vez que um cliente entra, a porta faz um ruído insuportável, afinal é metal sobre metal. Os funcionários que estão do outro lado do balcão dizem: "Gente, que barulho incômodo. Por que as pessoas não param de usar essa porta?". Além disso, a temperatura no interior do restaurante sempre está em torno de 17ºC. É muito frio para a maioria das pessoas. Os clientes vão até o balcão e dizem: "Está congelando aqui dentro!". Depois que eles saem, o funcionário diz: "Se eles soubessem o calor que está fazendo aqui, ao lado do fogão, não reclamariam.".

Sempre que vou lá me recordo de que não há nenhum líder à vista. Um líder diria: "Arrume a porta!". Diria: "Ajuste o ar condicionado para o cliente. Se precisar de ventilador para os funcionários ou refazer a tubulação do ar, nós o faremos. Não vale a pena fazer o cliente se sentir congelado e espantá-lo. São eles que pagam o nosso salário.". Os líderes têm um faro de como promover mudanças de forma construtiva.

5. Líderes desenvolvem uma cultura de liderança
Isso pode parecer absurdo. Pode-se pensar que líderes fortes e talentosos queiram garantir que os líderes novos não cheguem à maturidade a ponto de sua própria liderança ser ameaçada. Na verdade, acontece exatamente o contrário: a maior emoção que um líder talentoso maduro pode experimentar é ver o desenvolvimento gradual da visão dada por Deus crescer com o esforço mútuo de jovens líderes que algum dia tomarão o bastão do Reino. Esse é um dos aspectos centrais da liderança de uma organização. Um líder cria uma cultura em que cada vez mais pessoas emergem e se tornam líderes.

Requisitos bíblicos para a liderança
Darrell W. Johnson

Existe privilégio maior do que ser chamado para ser líder na Igreja de Jesus Cristo? A Igreja é seu Corpo, sua noiva, o templo do Espírito, seu rebanho, sua família. Você consegue imaginar maior responsabilidade do que servir como líder na Igreja?

LIDERANÇA ESPIRITUAL

É por isso que a Palavra de Deus estabelece critérios específicos claros para a liderança cristã. As principais passagens bíblicas que detalham as exigências para a liderança estão em Atos 6, 1Timóteo 3, 2Timóteo 2 e Tito 1. As qualificações para líderes em potencial expressas nessas passagens podem ser resumidas nos quatro aspectos a seguir.

O líder é comprometido
Os futuros líderes têm realmente compromisso com Jesus Cristo como Salvador e Senhor? Têm verdadeiro desejo de conhecer a Cristo em toda a plenitude? Embora as pessoas manifestem entusiasmo de acordo com seus traços de personalidade, os líderes em potencial devem estar cheios de entusiasmo em conhecer — e obedecer a —, o Jesus crucificado e ressuscitado.

O líder é convicto
Os futuros líderes têm convicções bíblicas sobre Deus, os seres humanos, o sentido da história, a natureza da Igreja, e principalmente sobre o sentido da morte e ressurreição de Jesus? Estão aprendendo sobre o significado de ser transformado pela renovação da mente (Romanos 12.2)? Ou seja, "têm um pensamento cristão" sobre todas as dimensões da vida: finanças, tempo, sexo, família, lazer? Por essa razão, Paulo adverte contra nomear precipitadamente pessoas novas na fé para a posição de liderança; compromisso e convicção exigem tempo para o devido amadurecimento.

O líder é competente
Os futuros líderes conseguem manusear as Escrituras? Conseguem instruir os outros com ensinamentos das Escrituras? Esses líderes em potencial foram capacitados com dons apropriados do Espírito Santo? Têm uma compreensão prática dos dons e conseguem ajudar outros a discernir e empregar corretamente os dons confiados a eles? Têm as habilidades de se relacionar necessárias para a posição? Seus relacionamentos pessoais manifestam a integridade e o amor de Jesus, especialmente no relacionamento matrimonial e com os filhos?

O líder é uma pessoa de caráter
Os futuros líderes estão se tornando semelhantes a Jesus? Alguém já observou astutamente que "não se trata de perfeição, mas de direção". Esse líder está crescendo cada vez mais conforme a plenitude de Cristo? O líder em potencial é conhecido por domínio próprio, hospitalidade, mansidão (controle da ira), busca por santidade? Há evidência de que tenha morrido para o amor a dinheiro, manipulação, para sempre querer que sua vontade prevaleça? Essa pessoa é fiel a seu cônjuge? A orientação de 1Timóteo 3.4 a respeito da necessidade de o líder ter "os filhos sujeitos a ele, com toda a dignidade" não exige perfeição. É possível que os filhos desobedeçam aos pais mais zelosos (veja Lucas 15). A preocupação de Paulo é que os líderes devem dedicar grande esforço e tempo para educar os filhos.

E o que dizer sobre a exortação de viver de modo "irrepreensível"? A ideia é que devemos procurar viver conforme o padrão do chamado do Mestre. Significa estar livre *de acusação à medida que confessamos* e nos arrependemos dos nossos pecados e falhas, e buscamos, pela graça, crescer em um caráter fiel.

O sublime chamado para a liderança espiritual

Liderança de servo
Greg Ogden

Liderança de servo não significa ausência de liderança. Contudo, para muitos da cultura moderna, a frase *liderança de servo* evoca renúncia, alguém que abandona a liderança. A liderança de servo é vista como criadora de uma falta de ação em que simplesmente se pergunta à equipe ou diretoria: "O que você acha que precisa ser feito?", ou que basicamente incentiva a iniciativa do programa criativo de outras pessoas.

Ao contrário do que se pensa, líderes servos lideram, mas o fazem com um estilo que se contrasta com a cultura popular. Jesus instruiu seus seguidores a se afastar dos exemplos predominantes de liderança arrogante dos judeus e gentios, cujos objetivos incluíam dominação ("controlar todas as coisas"), coerção, títulos e reconhecimento público. Jesus disse em Mateus 20.26: "Não será assim entre vocês". Jesus, em vez disso, falou de líderes que servem. Líderes servos fazem as mesmas coisas que os demais líderes: dirigem, organizam, anteveem. Mas em uma *liderança* qualificada pelo *serviço* ao Reino de Deus — não ao feudo particular de cada um — se torna a motivação e molda o estilo de liderança. Quando a liderança serva está arraigada na igreja, algumas características são evidentes.

Líderes servos sentem-se seguros, pois sabem que Deus os valoriza

Somente quando reconhecemos nosso valor diante de Deus podemos realmente alcançar as necessidades dos outros e capacitá-los a seu máximo potencial. Em João 13.3-5 lemos: "Jesus sabia que o Pai havia colocado todas as coisas debaixo do seu poder, e que viera de Deus e estava voltando para Deus; assim [...] derramou água numa bacia e começou a lavar os pés dos seus discípulos [...]." Jesus sentia-se à vontade de pegar uma bacia e uma toalha para lavar os pés encardidos dos discípulos, porque sabia quem ele era diante do Pai. Mas, se reconhecer as qualidades dos outros nos faz sentir menos importantes, a liderança de servo será vista como uma ameaça pessoal; por isso, não a poremos em prática.

Líderes servos encorajam e apoiam outros

Líderes servos possibilitam que outros desenvolvam seus dons espirituais no contexto do ministério, e eles pública e entusiasticamente reconhecem o crescimento e a contribuição de outros. Consequentemente, a comunidade (ou organização) funciona como um organismo em que cada pessoa é valorizada, não como uma plateia que alimenta o ego do líder.

Líderes servos não precisam receber crédito por suas ideias

A esse respeito se aplica o velho lamento: "Muito mais poderia ser alcançado para o Reino de Deus se não houvesse necessidade de dar crédito às pessoas!". Líderes servos contentam-se com o crescimento do Reino de Deus.

Líderes servos dão mais atenção aos relacionamentos do que ao controle das pessoas

Líderes servos reconhecem que as pessoas são motivadas mais por atenção genuína e "conexão do coração" do que por medo e ameaças.

LIDERANÇA ESPIRITUAL

Líderes servos fogem das armadilhas de autoridade e *status*

Reconhecendo que todos são iguais perante Cristo, eles evitam títulos que servem apenas para reforçar a ordem hierárquica. Em vez disso, preferem uma linguagem funcional que descreve o que realmente fazem. Também são cautelosos com as vantagens do cargo, como escritórios mais espaçosos e principalmente vaga reservada no estacionamento.

Líderes servos baseiam sua autoridade no caráter

A autoridade moral fundamenta-se na integridade e coerência da pessoa diante de Cristo, não na posição que ela ocupa. Portanto, líderes autênticos, em vez de forçar ou coagir as pessoas a obedecer a suas ordens, oferecem a seus seguidores um modelo atraente que eles desejarão imitar.

Como o orgulho destrói a liderança
Connie Jakab

Há um perigo que pode fazer um líder tropeçar a qualquer momento: o orgulho. A história do rei Ezequias de Judá (veja 2Crônicas 32 e Isaías 38 e 39) mostra como o orgulho é capaz de crescer feito erva daninha no coração do líder. Apesar de Ezequias ter destruído totalmente os altares idólatras e ter levado Judá a adorar a Deus, ele teve a vida destruída pelo orgulho. Todo líder cristão está sujeito a quatro sintomas do orgulho que destrói:

Sintoma 1: Sentimento de posse

Quando os líderes tomam posse e querem ser reconhecidos pelos talentos que possuem, podem ser pegos na armadilha de medir o sucesso pelos resultados. O problema de medir o sucesso no ministério é que esse é um alvo oscilante.

Deus deu a Ezequias muita riqueza, posses e honra; consequentemente ele foi bem-sucedido em tudo que fez. A Bíblia diz que com toda tanta riqueza, o rei criou depósitos de metais valiosos, celeiros para grãos e óleo, e equipamento militar. Quando o rei da Babilônia e seus oficiais foram visitar Ezequias, este ficou contente em mostrar a eles todos os tesouros do palácio. "[...] Não houve nada em seu palácio ou em todo o seu reino que Ezequias não lhes mostrasse." (Isaías 39.2). Quando um líder começa a pensar "*meu* tesouro, *meu* fruto, *meu* ministério", ele se esquece de que é apenas um administrador dos dons e do chamado, não o proprietário. A raiz de todo orgulho mostra seu lado tenebroso quando um líder reivindica para si a autoria de toda sua grandeza.

É maravilhoso experimentar um fruto rápido no ministério. É uma grande recompensa pelo esforço empregado que parece confirmar o chamado de Deus. Mas isso também é perigoso. A igreja em geral idolatra líderes que obtêm frutos em curto prazo e que desenvolvem um *status* não saudável de celebridade. Essa atitude apenas cria um modelo de ministério como meio de conquistar o sucesso, não de servir "os pequeninos".

O sublime chamado para a liderança espiritual

Sintoma 2: Atitude do tipo "Deus me deve"
Líderes são capazes de achar que Deus lhes deve algo pelo fato de servi-lhe. Ezequias lutou contra essa mesma atitude. Quando o profeta Isaías disse a Ezequias que ele iria morrer, Ezequias chorou amargamente, dizendo a Deus como ele tinha vivido em integridade e servido a Deus com toda sinceridade até aquele momento (veja Isaías 38.3). É algo parecido com a queixa do líder que diz: "Como tu podes fazer isso, Deus? Eu te sirvo há tanto tempo! Não mereço isso!".

Apesar de sua atitude, Deus fez algo extraordinário a Ezequias. Ele lhe deu mais 15 anos de vida e prometeu livrá-lo do rei da Assíria. O sinal que Deus deu foi nada menos que o milagre de retroceder dez graus a sombra do sol diante dos olhos de Ezequias (veja Isaías 38.7-8). Que bela cena da graça de Deus! Mesmo nos nossos momentos mais sombrios, Deus mostra-se fiel.

Mas, quando nós não vivemos pela graça de Deus, a amargura pode assaltar o coração do líder. E, ao dominá-lo, não importa quão talentoso seja, o líder correrá o risco de perder tudo o que construiu. Ele deixa de depender de Deus, porque em sua mente Deus o abandonou. Uma vez que se perde a confiança, não há mais nenhum sentimento de gratidão. O texto de 2Crônicas 32.25 diz: "Mas Ezequias tornou-se orgulhoso e não correspondeu à bondade com que foi tratado [...]". Os líderes precisam guardar o coração para não serem tomados pela amargura.

Sintoma 3: Distanciamento entre intenção e ação
Há sempre o perigo de líderes não conseguirem distinguir entre o que desejavam realizar e o que realmente fizeram. Geralmente, as pessoas têm a intenção de servir a Deus e amar as pessoas; entretanto, seus atos muitas vezes são maculados pelo orgulho e pelo desejo de agradar as pessoas. Portanto, embora seja capaz de produzir resultados que *pareçam* bons, o líder pode ser levado a buscar resultados melhores em vez de cultivar uma dieta espiritual equilibrada de introspecção e autenticidade.

Ezequias também parece ter demonstrado distância entre intenção e ação. Por outro lado, vemos um líder corajoso, plenamente confiante na provisão e proteção de Deus (veja 2Crônicas 32.6-8), procurando praticar o que era certo aos olhos de Deus, cuidando dos pobres da nação e destruindo os altares pagãos (veja 2Crônicas 31). Contudo, em outras ocasiões, por causa do orgulho, vemos que Ezequias não atribuiu nenhuma honra a Deus por sua extraordinária provisão (veja 2Crônicas 32.25).

Líderes precisam ter cuidado para não cair na tentação de pensar "*Eu disse* (ou *li*); *portanto, estou vivendo*". Esse distanciamento só leva a justificar atos que "não se aplicam" a eles mesmos. É importante olhar para seu interior e permitir que Deus examine profundamente o que está acontecendo e faça os ajustes necessários. A vida do líder e daqueles a quem ele lidera depende disso.

Sintoma 4: Desprezar a futura geração de líderes
O orgulho capta o coração de um líder quando ele pensa sobre o sucesso momentâneo e deixa de despertar uma nova geração de líderes. Ezequias foi repreendido por Deus por mostrar suas riquezas ao rei da Babilônia. Deus declarou que chegaria o dia em que "[...] tudo

o que há em seu palácio, bem como tudo o que os seus antepassados acumularam até hoje, será levado para a Babilônia" (Isaías 39.6). Nada restaria; até mesmo os filhos seriam levados. Mesmo assim, Ezequias reconheceu que essa mensagem era boa, pois pelo menos significava que enquanto *ele* vivesse haveria paz. Ezequias não se importou com a geração de seus filhos, que seria levada ao exílio. Manassés, filho de Ezequias, sucedeu o pai no trono, mas provocou mais mal em Judá do que até então, chegando a ponto de praticar feitiçaria (veja 2Reis 21).

O que teria acontecido ao futuro de Judá se Ezequias tivesse se importado com a geração seguinte? Seu filho teria governado com temor de Deus? A advertência sobre um futuro exílio seria revertida? Ezequias teria experimentado uma transformação do coração, resultando em arrependimento do orgulho? Não sabemos, mas todos os líderes sempre têm a responsabilidade de desenvolver a geração seguinte de líderes. Os líderes devem se preocupar mais com o que eles estão deixando para trás do que se preocupar em salvar a própria pele.

A tarefa de liderar a si mesmo
Bill Hybels

Como líder cristão, é comum você ignorar o maior desafio da liderança: você mesmo. Reflita sobre 1Samuel 30. Depois de uma batalha perdida, os soldados de Davi decidiram apedrejá-lo até a morte. Diante dessa crise, a liderança de Davi foi severamente testada. De repente, ele teve de decidir sobre quem precisava mais de liderança. Os soldados? Os oficiais? A facção? Qual foi a conclusão de Davi? Nenhum deles.

Nesse momento crítico, ele descobriu uma verdade fundamental: tinha liderar a si mesmo antes de querer liderar outras pessoas. A não ser que estivesse internamente preparado, ele não teria nada a oferecer à própria equipe. Assim, "David, porém, fortaleceu-se no Senhor, o seu Deus" (1Samuel 30.6). Ele entendeu a importância da autoliderança. Como seremos capazes de liderar outros se temos o espírito abatido, a coragem debilitada e a visão ou o compromisso enfraquecidos? As perguntas seguintes tratam da autoliderança que você deve desenvolver regularmente.

Tenho certeza do meu chamado?
Pergunte-se: "Qual é a minha missão, Deus? Onde tu queres que eu sirva? O que queres que eu faça nesta imensa trama do teu Reino?". O que acontece quando você recebe um chamado do Deus santo? A sua vida passa a ter um foco. A sua energia é revigorada. Você tem uma missão. Se você foi chamado para ser um líder, é sua responsabilidade não duvidar do seu chamado. Escreva-o numa folha de papel e afixe-a em lugar visível. Coloque-a num quadro sobre a mesa do escritório. Acima de tudo, mantenha o seu chamado na mente.

A minha visão é clara?
Todo líder precisa de uma "visão noturna" — um tempo para dizer: "Esta é a ideia; é isto que estamos fazendo; esta é a razão de fazermos o que fazemos; se tudo correr bem, é isto que

O sublime chamado para a liderança espiritual

vamos ver acontecer daqui a um ano". Passe tempo orando, examine as Escrituras, converse com outras pessoas até que você tenha a visão clara na mente. Ninguém mais poderá fazer isso por você. Essa responsabilidade é unicamente do líder.

Estou entusiasmado?
Certo líder famoso disse: "As pessoas que estão na liderança devem ter tanta energia e entusiasmo a ponto de impactar e despertar as pessoas a seu redor.". Eu concordo plenamente. De quem é a responsabilidade de manter o entusiasmo do líder? É do líder. Isso é autoliderança. Frequentemente digo a líderes de igreja: "Se você é líder, é sua responsabilidade manter-se entusiasmado. Faça o que for preciso, leia o que for preciso, vá aonde tiver de ir. Não precisa se justificar. Isso faz parte do seu trabalho".

O meu caráter está sujeito a Cristo?
Liderança exige autoridade moral. Em geral, as pesquisas indicam que o que mais inspira as pessoas a confiar em um líder por um tempo considerável é a integridade. O líder não precisa ser o mais afiado ou o mais carismático. Mas os membros de uma equipe não seguirão por muito tempo um líder que demonstre falhas de caráter. Sempre que se compromete o caráter, compromete-se a liderança. É responsabilidade do próprio líder amadurecer o caráter. Ninguém mais pode cumprir essa função a não ser o próprio líder.

O meu orgulho está sob controle?
Em 1Pedro 5.5 lemos: "Deus se opõe aos orgulhosos, mas concede graça aos humildes". Você quer saber a melhor forma de descobrir se o orgulho está afetando a sua liderança? Faça perguntas. Pergunte às pessoas da sua equipe. Pergunte às pessoas do seu grupo de estudo. Pergunte ao seu cônjuge. Pergunte aos colegas. Pergunte aos amigos: "Alguma vez você sentiu uma atitude de orgulho na minha forma de liderar?". Se você simplesmente não consegue fazer uma pergunta dessa, então você provavelmente tem problema com o orgulho! É tarefa do líder — com a ajuda do Espírito Santo — vencer o orgulho.

Os meus temores estão encurralados?
O medo é uma emoção imobilizadora. Às vezes pergunto aos pastores: "Por que você não realizou mais mudanças na igreja, já que sabe que a igreja está querendo muito ver acontecer?". Geralmente a resposta é: "Porque eu tive medo". Em algum momento, tenho de dizer: "Eu não posso mais deixar o medo sabotar a minha liderança". É quando me lembro do breve versículo de 1João 4.4: "[...] porque aquele que está em vocês é maior do que aquele que está no mundo".

Questões interiores estão minando a minha liderança?
Todos temos feridas, perdas e algumas decepções do nosso passado. Tudo isso contribuiu para formar ou deformar quem somos. Eu me divirto com pessoas que dizem: "O meu passado não me afeta. A minha família de origem não me afeta.". Líderes que ignoram sua realidade interior frequentemente tomam decisões que têm graves consequências para as pessoas que lideram. Quem é responsável por lidar e resolver os seus problemas interiores? Você. Eu. Líderes eficazes precisam saber lidar com a "roupa suja".

LIDERANÇA ESPIRITUAL

Os meus ouvidos estão atentos à direção do Espírito?

Calculo que 75% a 80% das ideias relevantes da minha liderança no decorrer dos anos vieram da orientação do Espírito Santo. Capacitação, processo e estratégia são todas coisas muito boas. Desenvolver a mente é fundamental para a liderança. Mas, em última instância, caminhamos pela fé, não pelo que vemos. Há uma dimensão sobrenatural da liderança que acontece quando mantemos os ouvidos atentos à orientação divina. Sempre me pergunto: *Eu ainda ouço a voz de Deus? Ainda tenho a coragem de obedecer a ele mesmo que nem sempre consiga entendê-lo?*

O meu ritmo é sustentável?

No início da década de 1990 cheguei perto de uma exaustão emocional. Basta dizer que eu não entendia o que era autoliderança. Eu não entendia o princípio da sustentabilidade. Eu torrei todas as minhas emoções. Abusei dos meus dons espirituais. Prejudiquei o meu corpo. Negligenciei a minha família e meus amigos. Eu ficava pensando: *Por que os diáconos ou presbíteros não me acodem? Por que os meus amigos não me oferecem ajuda? As pessoas não percebem que estou morrendo?* Mas isso não era responsabilidade *deles*. É *minha* responsabilidade. É primordial que você se comprometa a desenvolver uma cultura de liderança que lhe possibilite resistir a um longo percurso.

Estou desenvolvendo os meus dons?

Quais são os seus três principais dons espirituais? Se você não consegue expressá-los tão rapidamente quanto falar o seu nome, endereço e telefone, sou tentado a pensar que você está precisando de um chacoalhão! Todo líder precisa saber os dons que recebeu e em que ordem de prioridade. Além disso, a Bíblia fala de como todo líder prestará contas a Deus pelo desenvolvimento de cada um de seus dons conforme o máximo de seu potencial espiritual.

A minha capacidade de amar tem se aprofundado?

Igualmente importante é saber se a sua capacidade de amar as pessoas tem crescido. Se você prestar atenção, verá como Deus tem somente um tesouro. Esse tesouro é as pessoas. Deus está dizendo aos líderes: "Desenvolva a sua liderança ao máximo a fim de que você se torne o melhor que puder no cuidado do meu tesouro. Ame-o. Nutra-o. Desenvolva-o. Desafie-o. Isso é que é realmente importante para mim neste mundo". Agora é uma boa hora para você dizer a Deus: "Conte comigo".

O chamado à perseverança
Eugene Peterson

Em meio aos "destroços" do nosso mundo caído e pecaminoso — vidas destruídas, casamentos desfeitos, planos fracassados, comunidades destroçadas e famílias arruinadas — Deus chama determinadas pessoas para liderar a igreja. A igreja precisa de líderes que permaneçam firmes,

O sublime chamado para a liderança espiritual

liderando com vigor e convicção — mesmo que seja difícil. Se pudéssemos ouvir o clamor da igreja por uma liderança firme, provavelmente seria expresso da seguinte maneira:

Desejamos líderes capazes de articular e praticar o Evangelho

Queremos líderes responsáveis que falem — e ajam — a nós o que cremos a respeito de Deus, do Reino e do Evangelho. Cremos que o Espírito Santo está em nós e entre nós. Cremos que o Espírito de Deus continua pairando sobre o caos da maldade do mundo e do nosso pecado, formando uma nova criação e novas criaturas. Acreditamos que Deus não é mero espectador, ora entretido ora alarmado com os desastres da história mundial, mas, sim, participante. Cremos que todas as coisas, principalmente tudo que tem aparência de destruição, constituem o material que Deus usa para tornar a vida um louvor a ele.

Cremos em todas essas coisas, mas não as vemos. Como Ezequiel, vemos esqueletos esbranquiçados desmembrados sob o implacável sol da Babilônia. Vemos muitos ossos que outrora eram crianças se divertindo, adultos que antes expunham suas dúvidas e cantavam louvores na igreja, e que agora estão no pecado. Não vemos os dançarinos, ou as pessoas apaixonadas, ou os cantores — no máximo, vislumbramos meros lampejos deles. O que vemos são ossos. Ossos secos. Vemos pecado e condenação do pecado. É isso que se pode ver. Foi assim para Ezequiel. E é desse jeito que todos os que têm olhos para ver e mente para refletir veem; e é assim que nos parece.

Desejamos líderes que transformem ossos secos em vida

Cremos na união desses ossos em seres humanos com seus músculos e tendões ligados, falando, cantando, rindo, trabalhando, acreditando e bendizendo a Deus. Cremos que aconteceu exatamente como Ezequiel pregou, e cremos que ainda pode acontecer. Cremos que aconteceu com Israel e cremos que acontece na Igreja hoje. Cremos que somos parte do acontecimento à medida que entoamos louvores, ouvimos atentamente a Palavra de Deus e recebemos a nova vida de Cristo por meio dos sacramentos. E o mais significativo é que deixamos de estar despedaçados — fomos reatados no Corpo ressurreto de Cristo.

Desejamos líderes que contribuam para que as nossas convicções permaneçam claras

Não confiamos em nós mesmos; nossas emoções nos seduzem à infidelidade. Sabemos que vivemos num ato difícil e arriscado da fé, e há forças influentes que pretendem enfraquecê-la e destruí-la. Por isso, precisamos de líderes espirituais que nos ajudem a enfrentar a vida secular. Líderes que ministram a Palavra e os sacramentos em todas as diferentes áreas da nossa vida — com relação ao trabalho e ao lazer, aos filhos e aos pais, no nascimento e na morte, nas celebrações e nas tristezas, nos dias em que o alvorecer se irrompe ensolarado sobre nós e nos dias de garoa interminável.

Desejamos líderes que falem a verdade

Sabemos que haverá dias e meses, talvez até anos, em que vamos nos sentir incrédulos a respeito de tudo e não vamos querer ouvir os nossos líderes. Sabemos também que haverá dias em que os nossos próprios líderes não terão vontade de proclamar a verdade. Não importa. Fale a verdade de qualquer modo.

LIDERANÇA ESPIRITUAL

Há inúmeras outras coisas para fazer neste mundo em ruínas, mas sem as realidades fundamentais — Deus, Reino e Evangelho — vamos acabar vivendo em futilidade e fantasia. A tarefa de um líder é repetir a história básica, representar o Espírito, insistir em estabelecer Deus como prioridade, comunicar a mensagem bíblica de ordem, promessa e convite.

A liderança e a confiança no Espírito Santo
Francis Chan

Confiar no Espírito, não nas habilidades naturais
Durante muitos anos no meu ministério, agi com se o Espírito Santo não existisse. A verdade é que eu confiava na carne — nas habilidades naturais que Deus tinha me concedido — da mesma forma com que os não cristãos confiam em suas habilidades naturais. Com minhas habilidades naturais de comunicação, eu talvez conseguisse reunir uma multidão sem a ajuda do Espírito. Mas eu percebi que, com a Igreja, é preciso ter algo mais. Há de ter algo sobrenatural, algo que somente o Espírito Santo pode realizar.

Eu estudo a Palavra porque ela procede de Deus e há um poder sobrenatural no Evangelho e na Palavra escrita de Deus. Mas não estou tão convencido de que devo sentar durante horas preparando e aperfeiçoando um sermão. Prefiro estudar as Escrituras e viver a vida de tal modo que, quando oro ou falo, o Espírito me dá o que ele deseja que eu fale. Ao ver como Deus é fiel nisso, passei a querer isso mais ainda.

Confiar no Espírito para transformar as pessoas
Depois de pastorear por um tempo, você se dá conta de que pregar um excelente sermão não necessariamente transforma vidas. Ou então, você encontra alguém que entregou tudo a Cristo e percebe que não foi o seu sermão que levou essa pessoa a crer em Jesus.

Havia um rapaz que frequentara a nossa igreja por quinze anos. Certo dia ele me disse que a minha pregação não o havia transformado. Mencionou que eu falava demais sobre "o caminho estreito" e como todos devem ser cristãos radicais. Mas disse que há também uma "terceira via" em que pessoas como ele podem fazer muitas coisas boas. Fiquei arrasado com isso. Ele me ouviu pregar durante quinze anos e ainda acredita que não há somente o caminho largo e fácil e o caminho estreito e difícil, mas também um terceiro caminho? Foi aí que me lembrei de que não posso fazer alguém se apaixonar por Jesus.

Eu me dei conta disso também quando descobri há não muito tempo que a minha própria filha não amava Jesus. Passei várias noites aos prantos, clamando e orando ao Senhor. Veja que sou conhecido por minha habilidade de comunicação, mas não havia nada que pudesse fazer por minha própria filha que a fizesse se apaixonar por Jesus. Certamente, eu ainda era capaz de orientá-la e conduzi-la, mas não tinha nenhuma força para convencê-la. Eu orei: "Deus, ou o teu Espírito entre nela, ou não. Não importa se sou um ótimo pai. Eu não vou conseguir dar-lhe vida.".

Certo dia ela entrou no meu quarto e disse: "Você estava certo, papai. O Espírito Santo não estava em mim. Mas agora ele está.". Ela me contou sobre quão perto ela estava de Deus

O sublime chamado para a liderança espiritual

e como tudo tinha mudado. Minha esposa e eu desconfiamos. Queríamos ter evidências da transformação. Mas um ano e meio depois, posso dizer com segurança que ela realmente é uma nova criação. Não fui eu que fiz isso. Foi o Espírito Santo.

Eu preciso parar de tentar ser o Espírito Santo forçando, manipulando, falando e programando as pessoas a mudar da maneira que eu quero. Antes, devo gastar mais tempo orando para que o Espírito Santo entre na vida das pessoas e as regenere.

Mesmo assim, eu continuo estudando, porque as Escrituras me dizem que eu devo fazê-lo e porque eu quero ensinar com exatidão. Devemos nos esforçar "como para o Senhor", mas devemos deixar que a nossa teologia dirija o nosso esforço. Isso significa que você deve se deixar guiar pelo Espírito sobre quanto tempo usar no preparo de um sermão e quanto tempo gastar orando pelo mover do Espírito.

Confiar no Espírito para edificar a Igreja

Igrejas construídas por meio do nosso esforço em vez de pela vontade do Espírito rapidamente se destroem quando deixamos de pressionar e cutucar as pessoas. De fato, precisamos empurrar, cutucar e persuadir as pessoas, mas aprendi a gastar mais tempo orando e pedindo para que o Espírito aja e a suplicar a Deus que envie mais trabalhadores. Quanto mais você examina as Escrituras, mais você perceberá que nada acontece a não ser que Deus esteja na retaguarda. Jesus está edificando a Igreja. Eu quero apenas fazer parte disso. Eu continuarei fazendo o meu trabalho, mas o fruto depende dele. Podemos apenas orar: "Por favor, deixa-nos ver o teu Espírito agir. Que ele nos mova como um vento tempestuoso.".

Eu comparo isso ao surfe. Às vezes estou no mar e não há nenhuma sequência de ondas, mas eu não quero remar, então oro: "Deus, envia uma sequência, uma boa onda para me levar de volta à praia.". Eu oro porque não consigo fazer uma onda, muito menos pedir a um amigo que crie uma onda. Somos totalmente impotentes. Na Igreja, não é diferente. Nós achamos que podemos fazer as ondas, mas na verdade somos totalmente dependentes do Espírito.

Confiar no Espírito para o verdadeiro sucesso

É realmente agradável estar no meio de uma grande multidão em que todos estão cantando em voz alta, mas isso não significa que o Espírito esteja agindo. Não vemos isso biblicamente. Aos olhos de Deus o sucesso significa que as pessoas se amam umas às outras profundamente, se importam umas com as outras, se envolvem intensamente na vida dos outros, partilham suas posses, compartilham o Evangelho no lugar em que vivem. Essas pessoas são reais seguidores de Jesus, totalmente dedicados a ele? A transformação está acontecendo? Elas entendem que são parte de algo muito maior que elas mesmas — um Corpo com uma missão muito maior do que a individual?

A nossa tarefa não é manter o maior número de pessoas possíveis. A nossa tarefa é garantir que estamos estabelecendo um padrão bíblico. Foi isso que eu e os presbíteros ou diáconos temos tentado fazer. E não é justamente para isso que estamos no ministério — porque lemos a Palavra de Deus e descobrimos que as pessoas não estão vivendo dessa maneira e nós gostaríamos de ajudá-las?

LIDERANÇA ESPIRITUAL

Liderando com amor:
Vida e ministério de Billy Graham
Harold Myra & Marshall Shelley

Hudson Amerding, um líder cristão, certa vez escreveu: "Quando se enumeram algumas características dos líderes, normalmente não se inclui entre elas o amor. Contudo, essa qualidade é essencial". Poucos líderes cristãos foram capazes de liderar com tanta ternura e amor como Billy Graham. Um dos colaboradores de ministério de Billy Graham por vários anos disse: "A diferença entre ele e tantos outros líderes é que, seja qual for a circunstância, Billy sempre liderou com amor". Os autores do livro *The Leadership Secrets of Billy Graham* [Os segredos de liderança de Billy Graham] resumem algumas das lições de Graham sobre a liderança com amor.

Líderes focam no amor de Deus por nós
Graham frequentemente citava palavras conhecidas da Bíblia: "Porque Deus tanto amou o mundo que deu o seu Filho [...]", assim como a afirmação mais profunda da Bíblia: "Deus é amor". Um de seus sermões resume a compreensão de Graham sobre o amor de Deus: "A Bíblia ensina que Deus é amor, e, se você não se lembrar de nada mais, lembre-se disto: Deus ama você! Ele o amava tanto que deu seu Filho para morrer e levar a sua condenação sobre a cruz. A cruz representa a sua condenação; mas ele a levou no seu lugar porque o ama.".

Em suas reuniões, Billy muitas vezes afirmava: "Deus está dizendo para você — 'Eu o amo. Eu o amo. Eu o amo.' ". Era óbvio como o amor de Deus fluía através de Graham aos outros e de como radiava a seus companheiros e àqueles a quem ele liderava, assim como ao mundo que o observava.

Líderes promovem unidade na Igreja
Graham aos poucos aprendeu uma profunda lição sobre liderança na Igreja: Deus age por meio da nossa unidade no Corpo de Cristo. Certa vez ele disse numa entrevista:

> Dentro da verdadeira Igreja há uma unidade misteriosa que traspassa todos os fatores divisores. Em grupos, que na minha ignorante devoção eu tinha desprezado, encontrei homens tão dedicados a Cristo e tão apaixonados pela verdade a ponto de me sentir indigno de sua presença. Aprendi que, apesar de os cristãos nem sempre estarem de acordo, eles podem discordar de forma amigável, e o que mais se precisa na Igreja hoje é que mostremos ao mundo descrente o quanto amamos uns aos outros.

Líderes demonstram amor exigente
Apesar de toda bondade e compaixão de Billy, ele tinha emoções humanas como todas as pessoas. Às vezes, era confrontado com situações que exigiam mais do que compaixão. C. S. Lewis observou: "Amor é algo muito mais austero e admirável do que mera bondade". Por exemplo, um colega nos lembrou do seguinte episódio:

O sublime chamado para a liderança espiritual

"[Billy] estava na Alemanha Oriental comunista para pregar a um [grupo de cristãos]. A recepção foi tão fria, os anfitriões tão arrogantes, que, quando ele se levantou, disse: 'Quando eu entrei aqui, encontrei um grupo hostil como raramente encontro, mas não deve ser assim. Somos irmãos em Cristo, e eu os amo. Mas esta atmosfera não reflete isso.' ".

Eles captaram a mensagem — às vezes 'amor exigente' demanda uma correção redentora.

Líderes demonstram interesse genuíno

Um dos amigos mais íntimos de Graham disse: "[ele] sempre perguntava a respeito dos meus filhos. Mostrava interesse genuíno por eles, por minha esposa e por mim. E demonstrava esse amor de diversas maneiras.". Outro amigo próximo disse que Billy e sua esposa sempre ajudavam os menos favorecidos: "Montreat fica na região rural das montanhas do Apalache. Eles ajudavam os pobres sem pestanejar. Eram extremamente generosos.".

Líderes estão presentes

Às vezes o amor é demonstrado por uma palavra ponderada, por disposição em ajudar um funcionário com dificuldade, ou por se recusar a revidar diante de uma agressão; outras vezes o amor é demonstrado simplesmente pela presença da pessoa. Por exemplo, quando Billy tinha 80 e poucos anos e já estava com problemas de saúde, sua sobrinha Debbie tinha passado por tratamentos bem-sucedidos de câncer, mas depois descobriu que o câncer tinha remitido. Enquanto Debbie aguardava apreensivamente no hospital os resultados de sua tomografia óssea, ela olhou em direção ao final do corredor e encontrou o tio Billy sentado numa cadeira de rodas.

Debbie correu para ele e o abraçou. Billy apenas a segurou com carinho dizendo repetidamente: "Eu te amo". Quando ela olhou em sua direção para dizer-lhe o quanto temia a volta do câncer, viu que o tio também estava chorando. Em sua própria fraqueza, ele foi ao encontro da fraqueza dela.

Embora Graham tenha sido um grande líder e evangelista itinerante, alguém que já esteve com diversos presidentes e líderes mundiais, nas palavras de Debbie: "Ele é prestativo e atencioso, sempre disposto a gastar tempo comigo, exatamente como sou".

O sadio estímulo para a interação espiritual

Introdução a ÊXODO

PANO DE FUNDO
A palavra "êxodo" é a forma latina da palavra grega *exodos*, que significa "saída", que aponta para o maior evento do livro. A história tem início séculos depois do fim de Gênesis. O povo hebreu está no Egito, onde subiu ao poder um novo faraó que não tinha conhecimento do que José fizera pela nação. Ele vê aquele povo estrangeiro crescendo em seu país. Temendo um levante, o faraó escraviza o povo e chega a ponto de matar os recém-nascidos do sexo masculino. Após quatrocentos anos de escravidão, Deus responde ao clamor do povo. Ele lhes envia Moisés, o líder que escolheu, e atua miraculosamente para tirar o povo do Egito.

Testemunhos quanto à autoria mosaica do livro vêm de Josué 8.31, Malaquias 4.4, dos discípulos de Jesus (João 1.45), do apóstolo Paulo (Romanos 10.5) e do próprio Jesus (Marcos 7.10; 12.26; Lucas 2.22; João 5.46,47; 7.19-23).

MENSAGEM
Apresentado em Gênesis como criador e provedor, Deus agora revela a Moisés que deve ser chamado de "Eu Sou o que Sou" (3.14; 34.6,7 — expresso como Senhor) e que deseja estabelecer uma aliança com o povo que resgatou da escravidão. Na história da Páscoa — um cordeiro vicário sendo morto —, o cenário é estabelecido para o êxodo. Milênios mais tarde, o apóstolo Paulo se refere a Jesus como "Cordeiro pascal", que "foi" sacrificado por nós (1Coríntios 5.7).

Deus provou que é misericordioso e está disposto a perdoar quando o povo reclama das dificuldades do deserto; ele providencia água e sustento diário, com o maná e também com as codornizes. No monte Sinai, Deus estabelece um código de vida. Ele outorga a Lei e providencia o modelo para o tabernáculo em que habitará e será adorado.

ÉPOCA
O texto de 1Reis 6.1 liga a data da construção do templo de Salomão à do êxodo do Egito; calculando retroativamente, pode-se datar o êxodo por volta de 1445 a.C. Tal como o Gênesis e os demais livros do Pentateuco, o livro de Êxodo foi provavelmente escrito entre 1445 e 1406 a.C.

ESBOÇO
I. Os hebreus em escravidão
   A. Oprimidos pelo faraó — 1.1-22
   B. Deus escolhe Moisés para libertar seu povo — 2.1—4.31
   C. Deus envia dez pragas ao Egito — 5.1—12.30
II. Os hebreus a caminho do Sinai
   A. O faraó cede — 12.31-42
   B. Regras para a celebração da Páscoa — 12.43—13.22
   C. A travessia do mar Vermelho — 14.1—15.21
   D. Deus providencia alimento — 15.22—16.36
   E. O povo reclama; Moisés busca orientação — 17.1—18.27
III. Os hebreus no monte Sinai
   A. Deus outorga a Lei — 19.1—23.33
   B. Ratificação da aliança — 24.1-11
   C. Instruções para a construção do tabernáculo — 24.12—31.18
   D. O bezerro de ouro — 32.1—33.23
   E. Deus renova a aliança — 34.1-35
   F. Construção do tabernáculo — 35.1—40.38

A Opressão no Egito

1 São estes, pois, os nomes dos filhos de Israel[a] que entraram com Jacó no Egito, cada um com a sua respectiva família: **2** Rúben, Simeão, Levi e Judá; **3** Issacar, Zebulom e Benjamim; **4** Dã, Naftali, Gade e Aser. **5** Ao todo,[b] os descendentes de Jacó eram setenta[1]; José, porém, já estava no Egito.

6 Ora, morreram[c] José, todos os seus irmãos e toda aquela geração. **7** Os israelitas, porém, eram férteis, proliferaram, tornaram-se numerosos[d] e fortaleceram-se muito, tanto que encheram o país.

8 Então subiu ao trono do Egito um novo rei, que nada sabia sobre José. **9** Disse ele ao seu povo: "Vejam! O povo israelita é agora numeroso[e] e mais forte que nós. **10** Temos que agir com astúcia,[f] para que não se tornem ainda mais numerosos e, no caso de guerra, aliem-se aos nossos inimigos, lutem contra nós e fujam do país".[g]

11 Estabeleceram, pois, sobre eles chefes[h] de trabalhos forçados, para os oprimir com tarefas[i] pesadas. E assim os israelitas construíram para o faraó as cidades-celeiros[k] de Pitom e Ramessés.[j] **12** Todavia, quanto mais eram oprimidos, mais numerosos se tornavam e mais se espalhavam. Por isso os egípcios passaram a temer os israelitas **13** e os sujeitaram a cruel escravidão.[l] **14** Tornaram-lhes a vida amarga, impondo-lhes a árdua tarefa de preparar o barro e fazer tijolos, e executar todo tipo de trabalho agrícola; em tudo os egípcios os sujeitavam a cruel escravidão.[m]

15 O rei do Egito ordenou às parteiras dos hebreus, que se chamavam Sifrá e Puá: **16** "Quando vocês ajudarem as hebreias a dar à luz, verifiquem se é menino[2]. Se for, matem-no; se for menina, deixem-na viver". **17** Todavia, as parteiras temeram[n] a Deus e não obedeceram[o] às ordens do rei do Egito; deixaram viver os meninos. **18** Então o rei do Egito convocou as parteiras e lhes perguntou: "Por que vocês fizeram isso? Por que deixaram viver os meninos?"

19 Responderam as parteiras ao faraó: "As mulheres hebreias não são como as egípcias. São cheias de vigor e dão à luz antes de chegarem as parteiras".[p]

20 Deus foi bondoso com as parteiras;[q] e o povo ia se tornando ainda mais numeroso, cada vez mais forte. **21** Visto que as parteiras temeram a Deus, ele concedeu-lhes que tivessem suas próprias famílias.[r]

22 Por isso o faraó ordenou a todo o seu povo: "Lancem ao Nilo todo menino recém-nascido[3], mas deixem viver as meninas".[s]

O Nascimento de Moisés

2 Um homem da tribo de Levi casou-se com uma mulher da mesma tribo,[t] **2** e ela engravidou e deu à luz um filho. Vendo que era bonito, ela o escondeu por três meses.[u] **3** Quando já não podia mais escondê-lo, pegou um cesto feito de junco e o vedou com piche e betume. Colocou nele o menino e deixou o cesto entre os juncos, à margem do Nilo. **4** A irmã[v] do menino ficou observando de longe para ver o que lhe aconteceria.

5 A filha do faraó descera ao Nilo para tomar banho. Enquanto isso, as suas servas andavam pela margem do rio.[w] Nisso viu o cesto entre os juncos e mandou sua criada apanhá-lo. **6** Ao abri-lo, viu um bebê chorando. Ficou com pena dele e disse: "Este menino é dos hebreus".

7 Então a irmã do menino aproximou-se e perguntou à filha do faraó: "A senhora quer que eu vá chamar uma mulher dos hebreus para amamentar e criar o menino?"

8 "Quero", respondeu ela. E a moça foi chamar a mãe do menino. **9** Então a filha

---

[1] **1.5** Os manuscritos do mar Morto e a Septuaginta dizem *setenta e cinco*. Veja Gn 46.27 e At 7.14.

[2] **1.16** Hebraico: *as duas pedras*. Possível eufemismo para os órgãos genitais ou ainda uma referência a um assento onde as mulheres davam à luz.

[3] **1.22** O Pentateuco Samaritano, a Septuaginta e os Targuns dizem *recém-nascido hebreu*.

1.1
[a] Gn 46.8
1.5
[b] Gn 46.26
1.6
[c] Gn 50.26
1.7
[d] Gn 46.3; Dt 26.5; At 7.17
1.9
[e] Sl 105.24-25
1.10
[f] Sl 83.3
[g] At 7.17-19
1.11
[h] Ex 3.7
[i] Gn 15.13; Ex 2.11;5.4; 6.6-7
[j] Gn 47.11
[k] 1Rs 9.19; 2Cr 8.4
1.13
[l] Dt 4.20
1.14
[m] Ex 2.23;6.9; Nm 20.15; Sl 81.6; At 7.19
1.17
[n] v. 21; Pv 16.6
[o] Dn 3.16-18; At 4.18-20; 5.29
1.19
[p] Js 2.4-6; 2Sm 17.20
1.20
[q] v. 12; Pv 11.18; Is 3.10
1.21
[r] 1Sm 2.35; 2Sm 7.11,27-29; 1Rs 11.38
1.22
[s] At 7.19
2.1
[t] Ex 6.20; Nm 26.59
2.2
[u] At 7.20; Hb 11.23
2.4
[v] Ex 15.20; Nm 26.59
2.5
[w] Ex 7.15; 8.20

do faraó disse à mulher: "Leve este menino e amamente-o para mim, e eu pagarei você por isso". A mulher levou o menino e o amamentou. **10** Tendo o menino crescido, ela o levou à filha do faraó, que o adotou e lhe deu o nome de Moisés, dizendo: "Porque eu o tirei das águas".

Moisés Mata um Egípcio e Foge para Midiã

11 Certo dia, sendo Moisés já adulto, foi ao lugar onde estavam os seus irmãos hebreus[x] e descobriu como era pesado o trabalho que realizavam. Viu também um egípcio espancar um dos hebreus. **12** Correu o olhar por todos os lados e, não vendo ninguém, matou o egípcio e o escondeu na areia.

13 No dia seguinte saiu e viu dois hebreus brigando. Então perguntou ao agressor: "Por que você está espancando o seu companheiro?"[y] **14** O homem respondeu: "Quem o nomeou líder e juiz sobre nós?[z] Quer matar-me como matou o egípcio?" Moisés teve medo e pensou: "Com certeza tudo já foi descoberto!"

15 Quando o faraó soube disso, procurou matar Moisés, mas este fugiu e foi morar na terra de Midiã.[a] Ali assentou-se à beira de um poço. **16** Ora, o sacerdote de Midiã[b] tinha sete filhas. Elas foram buscar água[c] para encher os bebedouros e dar de beber ao rebanho de seu pai. **17** Alguns pastores se aproximaram e começaram a expulsá-las dali; Moisés, porém, veio em auxílio delas e deu água ao rebanho.[d]

18 Quando as moças voltaram a seu pai Reuel,[1],[e] este lhes perguntou: "Por que voltaram tão cedo hoje?"

19 Elas responderam: "Um egípcio defendeu-nos dos pastores e ainda tirou água do poço para nós e deu de beber ao rebanho".

20 "Onde está ele?", perguntou o pai a elas. "Por que o deixaram lá? Convidem-no para comer conosco."[f]

21 Moisés aceitou e concordou também em morar na casa daquele homem; este lhe deu por mulher sua filha Zípora.[g] **22** Ela deu à luz um menino, a quem Moisés deu o nome de Gérson, dizendo: "Sou imigrante[h] em terra estrangeira".

23 Muito tempo depois,[i] morreu o rei do Egito. Os israelitas gemiam e clamavam debaixo da escravidão; e o seu clamor[j] subiu até Deus. **24** Ouviu Deus o lamento deles e lembrou-se da aliança[k] que fizera com Abraão, Isaque e Jacó. **25** Deus olhou para os israelitas e viu a situação deles.[l]

Moisés e a Sarça em Chamas

3 Moisés pastoreava o rebanho de seu sogro, Jetro,[m] que era sacerdote de Midiã. Um dia levou o rebanho para o outro lado do deserto e chegou a Horebe,[n] o monte[o] de Deus. **2** Ali o Anjo do Senhor[p] lhe apareceu numa chama de fogo que saía do meio de uma sarça.[q] Moisés viu que, embora a sarça estivesse em chamas, não era consumida pelo fogo. **3** "Que impressionante!", pensou. "Por que a sarça não se queima? Vou ver isso de perto."

4 O Senhor viu que ele se aproximava para observar. E então, do meio da sarça Deus o chamou: "Moisés, Moisés!"

"Eis-me aqui", respondeu ele.

5 Então disse Deus: "Não se aproxime. Tire as sandálias dos pés, pois o lugar em que você está é terra santa".[r] **6** Disse ainda: "Eu sou o Deus de seu pai, o Deus de Abraão, o Deus de Isaque, o Deus de Jacó".[s] Então Moisés cobriu o rosto, pois teve medo de olhar para Deus.

7 Disse o Senhor: "De fato tenho visto a opressão sobre o meu povo no Egito, tenho escutado o seu clamor, por causa dos seus feitores, e sei[t] quanto eles estão sofrendo. **8** Por isso desci[u] para livrá-los das mãos dos egípcios e tirá-los daqui para uma terra boa e vasta, onde há leite e mel[v] com fartura: a terra dos cananeus, dos hititas, dos amorreus, dos ferezeus, dos heveus e dos jebuseus.[w] **9** Pois agora o clamor dos israelitas chegou a mim, e tenho visto como os egípcios os oprimem.[x] **10** Vá, pois, agora;

---

1 **2.18** Também chamado *Jetro*. Veja 3.1.

eu o envio ao faraó para tirar do Egito o meu povo, os israelitas". **11** Moisés, porém, respondeu a Deus: "Quem sou eu para apresentar-me ao faraó e tirar os israelitas do Egito?"

12 Deus afirmou: "Eu estarei com você. Esta é a prova de que sou eu quem o envia: quando você tirar o povo do Egito, vocês prestarão culto a Deus neste monte".

13 Moisés perguntou: "Quando eu chegar diante dos israelitas e lhes disser: O Deus dos seus antepassados me enviou a vocês, e eles me perguntarem: 'Qual é o nome dele?' Que lhes direi?"

14 Disse Deus a Moisés: "Eu Sou o que Sou. É isto que você dirá aos israelitas: Eu Sou me enviou a vocês".

15 Disse também Deus a Moisés: "Diga aos israelitas: O Senhor, o Deus dos seus antepassados, o Deus de Abraão, o Deus de Isaque, o Deus de Jacó, enviou-me a vocês. Esse é o meu nome para sempre, nome pelo qual serei lembrado de geração em geração.

16 "Vá, reúna as autoridades de Israel e diga-lhes: O Senhor, o Deus dos seus antepassados, o Deus de Abraão, de Isaque e de Jacó, apareceu a mim e disse: Eu virei em auxílio de vocês; pois vi o que tem sido feito a vocês no Egito. **17** Prometi tirá-los da opressão do Egito para a terra dos cananeus, dos hititas, dos amorreus, dos ferezeus, dos heveus e dos jebuseus, terra onde há leite e mel com fartura.

18 "As autoridades de Israel o atenderão. Depois você irá com elas ao rei do Egito e lhe dirá: O Senhor, o Deus dos hebreus, veio ao nosso encontro. Agora, deixe-nos fazer uma caminhada de três dias, adentrando o deserto, para oferecermos sacrifícios ao Senhor, o nosso Deus. **19** Eu sei que o rei do Egito não os deixará sair, a não ser que uma poderosa mão o force. **20** Por isso estenderei a minha mão e ferirei os egípcios com todas as maravilhas que realizarei no meio deles. Depois disso ele os deixará sair.

21 "E farei que os egípcios tenham boa vontade para com o povo, de modo que, quando vocês saírem, não sairão de mãos vazias. **22** Todas as israelitas pedirão às suas vizinhas, e às mulheres que estiverem hospedando em casa, objetos de prata e de ouro, e roupas, que vocês porão em seus filhos e em suas filhas. Assim vocês despojarão os egípcios".

Os Sinais Concedidos a Moisés

4 Moisés respondeu: "E se eles não acreditarem em mim nem quiserem me ouvir e disserem: 'O Senhor não apareceu a você?'"

2 Então o Senhor lhe perguntou: "Que é isso em sua mão?"

"Uma vara", respondeu ele.

3 Disse o Senhor: "Jogue-a ao chão".

Moisés jogou-a, e ela se transformou numa serpente. Moisés fugiu dela, **4** mas o Senhor lhe disse: "Estenda a mão e pegue-a pela cauda". Moisés estendeu a mão, pegou a serpente e esta se transformou numa vara em sua mão. **5** E disse o Senhor: "Isso é para que eles acreditem que o Deus dos seus antepassados, o Deus de Abraão, o Deus de Isaque, o Deus de Jacó, apareceu a você".

6 Disse-lhe mais o Senhor: "Coloque a mão no peito". Moisés obedeceu e, quando a retirou, ela estava leprosa²; parecia neve.

7 Ordenou-lhe depois: "Agora, coloque de novo a mão no peito". Moisés tornou a pôr a mão no peito e, quando a tirou, ela estava novamente como o restante da sua pele.

8 Prosseguiu o Senhor: "Se eles não acreditarem em você nem derem atenção ao primeiro sinal milagroso, acreditarão no segundo. **9** E, se ainda assim não acreditarem

---

¹ **3.15** Hebraico: *YHWH*. O termo assemelha-se à expressão *Eu sou* em hebraico.

² **4.6** O termo hebraico não se refere somente à lepra, mas também a diversas doenças da pele.

nesses dois sinais nem lhe derem ouvidos, tire um pouco de água do Nilo e derrame-a em terra seca. Quando você derramar essa água em terra seca, ela se transformará em sangue".ᵘ

¹⁰ Disse, porém, Moisés ao Senhor: "Ó Senhor! Nunca tive facilidade para falar, nem no passado nem agora que falaste a teu servo. Não consigo falar bem!"ᵛ

¹¹ Disse-lhe o Senhor: "Quem deu boca ao homem? Quem o fez surdo ou mudo? Quem lhe concede vista ou o torna cego?"ʷ Não sou eu, o Senhor? ¹² Agora, pois, vá; eu estarei com você, ensinando-lhe o que dizer".ˣ

¹³ Respondeu-lhe, porém, Moisés: "Ah, Senhor! Peço-te que envies outra pessoa".

¹⁴ Então o Senhor se irou com Moisés e lhe disse: "Você não tem o seu irmão, Arão, o levita? Eu sei que ele fala bem. Ele já está vindo ao seu encontroʸ e se alegrará ao vê-lo. ¹⁵ Você falará com ele e dirá o que ele deve dizer;ᶻ eu estarei com vocês quando falarem e direi a vocês o que fazer. ¹⁶ Assim como Deus fala ao profeta, você falará a seu irmão, e ele será o seu porta-vozᵃ diante do povo. ¹⁷ E leve na mão esta vara;ᵇ com ela você fará os sinais milagrosos".ᶜ

A Volta de Moisés ao Egito

¹⁸ Depois Moisés voltou a Jetro, seu sogro, e lhe disse: "Preciso voltar ao Egito para ver se meus parentes ainda vivem".

Jetro lhe respondeu: "Vá em paz!"

¹⁹ Ora, o Senhor tinha dito a Moisés, em Midiã: "Volte ao Egito, pois já morreramᵈ todos os que procuravam matá-lo".ᵉ ²⁰ Então Moisés levou sua mulher e seus filhos montados num jumento e partiu de *volta ao Egito. Levava na mão a vara*ᶠ de Deus.

²¹ Disse mais o Senhor a Moisés: "Quando você voltar ao Egito, tenha o cuidado de fazer diante do faraó todas as maravilhasᵍ que concedi a você o poder de realizar. Mas eu vou endurecer o coraçãoʰ dele, para não deixar o povo ir. ²² Depois diga ao faraó que assim diz o Senhor: Israel é o meu primeiro filho,ⁱ ²³ e eu já disse a você que deixe o meu filho irʲ para prestar-me culto. Mas você não quis deixá-lo ir; por isso matarei o seu primeiro filho!"ᵏ

²⁴ Numa hospedaria ao longo do caminho, o Senhor foi ao encontro de Moisésˡ e procurou matá-lo.¹ ²⁵ Mas Zípora pegou uma pedra afiada, cortou o prepúcioᵐ de seu filho e tocou os pés de Moisés². E disse: "Você é para mim um marido de sangue!" ²⁶ Ela disse "marido de sangue", referindo-se à circuncisão. Nessa ocasião o Senhor o deixou.

²⁷ Então o Senhor disse a Arão: "Vá ao deserto encontrar-se com Moisés". Ele foi, encontrou-se com Moisés no monteⁿ de Deus e o saudou com um beijo.ᵒ ²⁸ Moisés contou a Arão tudo o que o Senhor lhe tinha mandado dizerᵖ e prosseguiu falando de todos os sinais milagrosos que o Senhor lhe havia ordenado realizar.

²⁹ Assim Moisés e Arão foram e reuniram todas as autoridadesᵠ dos israelitas, ³⁰ e Arão lhes contou tudo o que o Senhor dissera a Moisés. Em seguida, Moisés também realizou os sinais diante do povo, ³¹ e eles creram.ʳ Quando o povo soube que o Senhor decidira vir em seu auxílio,ˢ tendo visto a sua opressão, curvou-se em adoração.

O Faraó Aumenta a Opressão

5 Depois disso Moisés e Arão foram falar com o faraó e disseram: "Assim diz o Senhor, o Deus de Israel: 'Deixe o meu povo ir para celebrar-me uma festaᵗ no deserto' ".

² O faraó respondeu: "Quem é o Senhor,ᵘ para que eu lhe obedeça e deixe Israel sair? Não conheço o Senhor e não deixarei Israel sair".ᵛ

---

¹ **4.24** Ou *do filho de Moisés*

² **4.25** Hebraico: *pés dele*. Possível eufemismo para os órgãos genitais.

³ Eles insistiram: "O Deus dos hebreus veio ao nosso encontro. Agora, permite-nos caminhar três dias no deserto, para oferecer sacrifícios ao Senhor, o nosso Deus; caso contrário, ele nos atingirá com pragas^w ou com a espada".

⁴ Mas o rei do Egito respondeu: "Moisés e Arão, por que vocês estão fazendo o povo interromper suas tarefas?^x Voltem ao trabalho!" ⁵ E acrescentou: "Essa gente já é tão numerosa,^y e vocês ainda os fazem parar de trabalhar!"

⁶ No mesmo dia o faraó deu a seguinte ordem aos feitores e capatazes responsáveis pelo povo: ⁷ "Não forneçam mais palha ao povo para fazer tijolos, como faziam antes. Eles que tratem de ajuntar palha! ⁸ Mas exijam que continuem a fazer a mesma quantidade de tijolos; não reduzam a cota. São preguiçosos, e por isso estão clamando: 'Iremos oferecer sacrifícios ao nosso Deus'. ⁹ Aumentem a carga de trabalho dessa gente para que cumpram suas tarefas e não deem atenção a mentiras".

¹⁰ Os feitores e os capatazes foram dizer ao povo: "Assim diz o faraó: 'Já não darei palha a vocês. ¹¹ Saiam e recolham-na onde puderem achá-la, pois o trabalho de vocês em nada será reduzido' ". ¹² O povo, então, espalhou-se por todo o Egito, a fim de ajuntar restolho em lugar da palha. ¹³ Enquanto isso, os feitores os pressionavam, dizendo: "Completem a mesma tarefa diária que foi exigida de vocês quando tinham palha". ¹⁴ Os capatazes israelitas indicados pelos feitores do faraó eram espancados^z e interrogados: "Por que não completaram ontem e hoje a mesma cota de tijolos dos dias anteriores?"

¹⁵ Então os capatazes israelitas foram apelar para o faraó: "Por que tratas os teus servos dessa maneira? ¹⁶ Nós, teus servos, não recebemos palha, e, contudo, nos dizem: 'Façam tijolos!' Os teus servos têm sido espancados, mas a culpa é do teu próprio povo¹".

¹⁷ Respondeu o faraó: "Preguiçosos é o que vocês são! Preguiçosos!^a Por isso andam dizendo: 'Iremos oferecer sacrifícios ao Senhor'. ¹⁸ Agora, voltem ao trabalho. Vocês não receberão palha alguma! Continuem a produzir a cota integral de tijolos!"

¹⁹ Os capatazes israelitas se viram em dificuldade quando lhes disseram que não poderiam reduzir a quantidade de tijolos exigida a cada dia. ²⁰ Ao saírem da presença do faraó, encontraram-se com Moisés e Arão, que estavam à espera deles, ²¹ e lhes disseram: "O Senhor os examine e os julgue! Vocês atraíram o ódio²^b do faraó e dos seus conselheiros sobre nós, e lhes puseram nas mãos uma espada para que nos matem".^c

Deus Anuncia Libertação

²² Moisés voltou-se para o Senhor e perguntou: "Senhor, por que maltrataste este povo?^d Afinal, por que me enviaste? ²³ Desde que me dirigi ao faraó para falar em teu nome, ele tem maltratado este povo, e tu de modo algum libertaste^e o teu povo!"

6 Então o Senhor disse a Moisés: "Agora você verá o que farei ao faraó: Por minha mão poderosa,^f ele os deixará ir;^g por minha mão poderosa, ele os expulsará do seu país".^h

² Disse Deus ainda a Moisés: "Eu sou o Senhor. ³ Apareci a Abraão, a Isaque e a Jacó como o Deus todo-poderoso³,^i mas pelo meu nome,^j o Senhor⁴,^k não me revelei a eles⁵. ⁴ Depois estabeleci com eles a minha aliança^l para dar-lhes a terra de Canaã, terra onde viveram como estrangeiros.^m ⁵ E agora ouvi o lamento^n dos israelitas, a quem os egípcios mantêm escravos, e lembrei-me da minha aliança.

⁶ "Por isso, diga aos israelitas: Eu sou o Senhor. Eu os livrarei do trabalho imposto

---

¹ **5.16** Ou *a culpa é tua*; ou ainda *tu estás pecando contra o teu próprio povo*

² **5.21** Hebraico: *transformaram-nos em mau cheiro para o*.

³ **6.3** Hebraico: *El-Shaddai*.

⁴ **6.3** Hebraico: *YHWH*. O termo assemelha-se à expressão *Eu sou* em hebraico.

⁵ **6.3** Ou *não fui conhecido por eles*

5.3 ^w Ex 3.18
5.4 ^x Ex 1.1
5.5 ^y Ex 1.7,9
5.14 ^z Is 10.24
5.17 ^a v. 8
5.21 ^b Gn 34.30 ^c Ex 14.11
5.22 ^d Nm 11.11
5.23 ^e Jr 4.10
6.1 ^f Ex 3.19 ^g Ex 3.20 ^h Ex 12.31,33,39
6.3 ^i Gn 17.1 ^j Sl 68.4; 83.18; Is 52.6 ^k Ex 3.14
6.4 ^l Gn 15.18 ^m Gn 28.4,13
6.5 ^n Ex 2.23

pelos egípcios. Eu os libertarei° da escravidão e os resgatarei com braço forte^p e com poderosos atos de juízo. ⁷ Eu os farei meu povo e serei o Deus^q de vocês. Então vocês saberão^r que eu sou o Senhor, o seu Deus, que os livra do trabalho imposto pelos egípcios. ⁸ E os farei entrar na terra^s que, com mão levantada,^t jurei que daria a Abraão, a Isaque e a Jacó.^u Eu a darei a vocês como propriedade. Eu sou o Senhor".

⁹ Moisés declarou isso aos israelitas, mas eles não lhe deram ouvidos, por causa da angústia e da cruel escravidão que sofriam.

¹⁰ Então o Senhor ordenou a Moisés: ¹¹ "Vá dizer ao faraó, rei do Egito, que deixe os israelitas saírem do país".

¹² Moisés, porém, disse na presença do Senhor: "Se os israelitas não me dão ouvidos, como me ouvirá o faraó? Ainda mais que não tenho facilidade para falar¹!"^v

¹³ Mas o Senhor ordenou a Moisés e a Arão que dissessem aos israelitas e ao faraó, rei do Egito, que tinham ordem para tirar do Egito os israelitas.

A Genealogia de Moisés e Arão

¹⁴ Estes foram os chefes das famílias israelitas:^w

Os filhos de Rúben, filho mais velho de Israel, foram: Enoque, Palu, Hezrom e Carmi. Esses foram os clãs de Rúben.

¹⁵ Os filhos de Simeão^x foram: Jemuel, Jamim, Oade, Jaquim, Zoar e Saul, filho de uma cananeia. Esses foram os clãs de Simeão.

¹⁶ Estes são os nomes dos filhos de Levi, por ordem de nascimento: Gérson,^y Coate e Merari.^z Levi viveu cento e trinta e sete anos.

¹⁷ Os filhos de Gérson, conforme seus clãs, foram Libni e Simei.^a

¹⁸ Os filhos de Coate foram Anrão, Isar, Hebrom e Uziel.^b Coate viveu cento e trinta e três anos.

¹⁹ Os filhos de Merari foram Mali e Musi.^c Esses foram os clãs de Levi, por ordem de nascimento.

²⁰ Anrão tomou por mulher sua tia Joquebede, que lhe deu à luz Arão e Moisés.^d Anrão viveu cento e trinta e sete anos.

²¹ Os filhos de Isar^e foram Corá, Nefegue e Zicri.

²² Os filhos de Uziel foram Misael, Elzafã^f e Sitri.

²³ Arão tomou por mulher a Eliseba, filha de Aminadabe,^g irmã de Naassom, e ela lhe deu à luz Nadabe, Abiú,^h Eleazar^i e Itamar.^j

²⁴ Os filhos de Corá^k foram Assir, Elcana e Abiasafe. Esses foram os clãs dos coraítas.

²⁵ Eleazar, filho de Arão, tomou por mulher uma das filhas de Futiel, e ela lhe deu à luz Fineias.^l

Esses foram os chefes das famílias dos levitas, conforme seus clãs.

²⁶ Foi a este Arão e a este Moisés que o Senhor disse: "Tirem os israelitas do Egito, organizados segundo as suas divisões".^m ²⁷ Foram eles, Moisés e Arão, que falaram ao faraó, rei do Egito, a fim de tirarem os israelitas do Egito.

Arão: O Porta-voz de Moisés

²⁸ Ora, quando o Senhor falou com Moisés no Egito, ²⁹ disse-lhe: "Eu sou o Senhor.^n Diga ao faraó, rei do Egito, tudo o que eu disser a você".

³⁰ Moisés, porém, perguntou ao Senhor: "Como o faraó me dará ouvidos, se não tenho facilidade para falar?"^o

7 O Senhor lhe respondeu: "Dou a você a minha autoridade² ^p perante o faraó, e seu irmão, Arão, será seu porta-voz. ² Você falará tudo o que eu ordenar, e o seu irmão, Arão, dirá ao faraó que deixe os israelitas sair do país. ³ Eu, porém, farei o coração do faraó^q resistir; e, embora multiplique meus

---

¹ **6.12** Hebraico: *Eu sou incircunciso de lábios*; também no versículo 30.

² **7.1** Hebraico: *Eu o coloco por Deus*.

sinais e maravilhas no Egito, ⁴ ele não os ouvirá.ʳ Então porei a minha mão sobre o Egito, e com poderosos atos de juízoˢ tirarei do Egito os meus exércitos, o meu povo, os israelitas. ⁵ E os egípcios saberão que eu sou o Senhor,ᵗ quando eu estender a minha mãoᵘ contra o Egito e tirar de lá os israelitas".

⁶ Moisés e Arão fizeram como o Senhor lhes havia ordenado.ᵛ ⁷ Moisés tinha oitenta anos de idadeʷ e Arão oitenta e três, quando falaram com o faraó.

A Vara de Arão Transforma-se em Serpente

⁸ Disse o Senhor a Moisés e a Arão: ⁹ "Quando o faraó pedir que façam algum milagre,ˣ diga a Arão que tome a sua vara e jogue-a diante do faraó; e ela se transformará numa serpente".ʸ

¹⁰ Moisés e Arão dirigiram-se ao faraó e fizeram como o Senhor tinha ordenado. Arão jogou a vara diante do faraó e seus conselheiros, e ela se transformou em serpente. ¹¹ O faraó, porém, mandou chamar os sábios e feiticeiros; e também os magosᶻ do Egito fizeram a mesma coisa por meio das suas ciências ocultas.ᵃ ¹² Cada um deles jogou ao chão uma vara, e estas se transformaram em serpentes. Mas a vara de Arão engoliu as varas deles. ¹³ Contudo, o coração do faraóᵇ se endureceu, e ele não quis dar ouvidos a Moisés e a Arão, como o Senhor tinha dito.

A Primeira Praga: Sangue

¹⁴ Disse o Senhor a Moisés: "O coração do faraó está obstinado;ᶜ ele não quer deixar o povo ir. ¹⁵ Vá ao faraó de manhã, quando ele estiver indo às águas. Espere-o na margem do rio para encontrá-lo e leve também a vara que se transformou em serpente. ¹⁶ Diga-lhe: O Senhor, o Deus dos hebreus, mandou-me dizer: Deixe ir o meu povo, para prestar-me cultoᵈ no deserto. Mas até agora você não me atendeu. ¹⁷ Assim diz o Senhor: Nisto você saberá que eu sou o Senhor:ᵉ com a vara que trago na mão ferirei as águas do Nilo, e elas se transformarão em sangue.ᶠ ¹⁸ Os peixes do Nilo morrerão, o rio ficará cheirando mal, e os egípcios não suportarão beber das suas águas".ᵍ

¹⁹ Disse o Senhor a Moisés: "Diga a Arão que tome a sua vara e estenda a mãoʰ sobre as águas do Egito, dos rios, dos canais, dos açudes e de todos os reservatórios, e elas se transformarão em sangue. Haverá sangue por toda a terra do Egito, até nas vasilhas de madeira e nas vasilhas de pedra".

²⁰ Moisés e Arão fizeram como o Senhor tinha ordenado. Arão levantou a vara e feriu as águas do Niloⁱ na presença do faraó e dos seus conselheiros; e toda a água do rio transformou-se em sangue.ʲ ²¹ Os peixes morreram, e o rio cheirava tão mal que os egípcios não conseguiam beber das suas águas. Havia sangue por toda a terra do Egito.

²² Mas os magos do Egito fizeram a mesma coisa por meio de suas ciências ocultas.ᵏ O coração do faraó se endureceu, e ele não deu ouvidos a Moisés e a Arão, como o Senhor tinha dito. ²³ Ao contrário, deu-lhes as costas e voltou para o seu palácio. Nem assim o faraó levou isso a sério. ²⁴ Todos os egípcios cavaram buracos às margens do Nilo para encontrar água potável, pois da água do rio não podiam mais beber.

²⁵ Passaram-se sete dias depois que o Senhor feriu o Nilo.

A Segunda Praga: Rãs

8 O Senhor falou a Moisés: "Vá ao faraó e diga-lhe que assim diz o Senhor: Deixe o meu povo ir para que me preste culto.ˡ ² Se você não quiser deixá-lo ir, mandarei sobre todo o seu território uma praga de rãs. ³ O Nilo ficará infestado de rãs. Elas subirão e entrarão em seu palácio, em seu quarto, e até em sua cama; estarão também nas casas dos seus conselheiros e do seu povo,ᵐ dentro dos seus fornos e nas suas amassadeiras. ⁴ As rãs subirão em você, em seus conselheiros e em seu povo".

5 Depois o Senhor disse a Moisés: "Diga a Arão que estenda a mão com a varaⁿ sobre os rios, sobre os canais e sobre os açudes, e faça subir deles rãs sobre a terra do Egito".

6 Assim Arão estendeu a mão sobre as águas do Egito, e as rãsᵒ subiram e cobriram a terra do Egito. **7** Mas os magos fizeram a mesma coisa por meio das suas ciências ocultas:ᵖ fizeram subir rãs sobre a terra do Egito.

8 O faraó mandou chamar Moisés e Arão e disse: "Oremᵠ ao Senhor para que ele tire estas rãs de mim e do meu povo; então deixarei o povo ir e oferecer sacrifíciosʳ ao Senhor".

9 Moisés disse ao faraó: "Tua é a honra de dizer-me quando devo orar por ti, por teus conselheiros e por teu povo, para que tu e tuas casas fiquem livres das rãs e sobrem apenas as que estão no rio".

10 "Amanhã", disse o faraó.

Moisés respondeu: "Será como tu dizes, para que saibas que não há ninguém como o Senhor, o nosso Deus.ˢ **11** As rãs deixarão a ti, a tuas casas, a teus conselheiros e a teu povo; sobrarão apenas as que estão no rio".

12 Depois que Moisés e Arão saíram da presença do faraó, Moisés clamou ao Senhor por causa das rãs que enviara sobre o faraó. **13** E o Senhor atendeu o pedido de Moisés; morreram as rãs que estavam nas casas, nos pátios e nos campos. **14** Foram ajuntadas em montões e, por isso, a terra cheirou mal. **15** Mas, quando o faraó percebeu que houve alívio, obstinou-se em seu coraçãoᵗ e não deu mais ouvidos a Moisés e a Arão, conforme o Senhor tinha dito.

A Terceira Praga: Piolhos

16 Então o Senhor disse a Moisés: "Diga a Arão que estenda a sua vara e fira o pó da terra, e o pó se transformará em piolhos¹ por toda a terra do Egito". **17** Assim fizeram e, quando Arão estendeu a mão e com a vara feriu o pó da terra, surgiram piolhos nos homens e nos animais. Todo o pó de toda a terra do Egito transformou-se em piolhos.ᵘ **18** Mas, quando os magosᵛ tentaram fazer surgir piolhos por meio das suas ciências ocultas,ʷ não conseguiram. E os piolhos infestavam os homens e os animais.

19 Os magos disseram ao faraó: "Isso é o dedoˣ de Deus". Mas o coração do faraó permaneceu endurecido, e ele não quis ouvi-los, conforme o Senhor tinha dito.

A Quarta Praga: Moscas

20 Depois o Senhor disse a Moisés: "Levante-se bem cedoʸ e apresente-se ao faraó, quando ele estiver indo às águas. Diga-lhe que assim diz o Senhor: Deixe o meu povo ir para que me preste culto.ᶻ **21** Se você não deixar meu povo ir, enviarei enxames de moscas para atacar você, os seus conselheiros, o seu povo e as suas casas. As casas dos egípcios e o chão em que pisam se encherão de moscas.

22 "Mas naquele dia tratarei de maneira diferente a terra de Gósen, onde habitaᵃ o meu povo; nenhum enxame de moscas se achará ali, para que você saibaᵇ que eu, o Senhor, estou nessa terra. **23** Farei distinção² entre o meu povo e o seu. Este sinal milagroso acontecerá amanhã".

24 E assim fez o Senhor. Grandes enxames de moscas invadiram o palácio do faraó e as casas de seus conselheiros, e em todo o Egito a terra foi arruinada pelas moscas.ᶜ

25 Então o faraó mandou chamarᵈ Moisés e Arão e disse: "Vão oferecer sacrifícios ao seu Deus, mas não saiam do país".

26 "Isso não seria sensato", respondeu Moisés; "os sacrifícios que oferecemos ao Senhor, o nosso Deus, são um sacrilégio para os egípcios.ᵉ Se oferecermos sacrifícios que lhes pareçam sacrilégio, isso não os levará a nos apedrejar? **27** Faremos três

---

¹ 8.16 Ou *mosquitos*

² 8.23 Conforme a Septuaginta e a Vulgata. O Texto Massorético diz *Porei uma libertação*.

dias de viagem no deserto, e ofereceremos sacrifícios[f] ao Senhor, o nosso Deus, como ele nos ordena."

²⁸ Disse o faraó: "Eu os deixarei ir e oferecer sacrifícios ao Senhor, o seu Deus, no deserto, mas não se afastem muito e orem[g] por mim também".

²⁹ Moisés respondeu: "Assim que sair da tua presença, orarei ao Senhor, e amanhã os enxames de moscas deixarão o faraó, teus conselheiros e teu povo. Mas que o faraó não volte a agir com falsidade,[h] impedindo que o povo vá oferecer sacrifícios ao Senhor".

³⁰ Então Moisés saiu da presença do faraó e orou ao Senhor,[i] ³¹ e o Senhor atendeu o seu pedido: as moscas deixaram o faraó, seus conselheiros e seu povo; não restou uma só mosca. ³² Mas também dessa vez o faraó obstinou-se em seu coração e não deixou que o povo saísse.

A Quinta Praga: Morte dos Rebanhos

9 Depois o Senhor disse a Moisés: "Vá ao faraó e diga-lhe que assim diz o Senhor, o Deus dos hebreus: Deixe o meu povo ir para que me preste culto.[k] ² Se você ainda não quiser deixá-lo ir e continuar a impedi-lo, ³ saiba que a mão[l] do Senhor trará uma praga terrível sobre os rebanhos do faraó que estão nos campos: os cavalos, os jumentos, os camelos, os bois e as ovelhas. ⁴ Mas o Senhor fará distinção entre os rebanhos de Israel e os do Egito.[m] Nenhum animal dos israelitas morrerá".

⁵ O Senhor estabeleceu um prazo: "Amanhã o Senhor fará o que prometeu nesta terra". ⁶ No dia seguinte o Senhor o fez. Todos os rebanhos[n] dos egípcios morreram,[o] mas nenhum rebanho dos israelitas morreu. ⁷ O faraó mandou verificar e constatou que nenhum animal dos israelitas havia morrido. Mesmo assim, seu coração continuou obstinado e não deixou o povo ir.[p]

A Sexta Praga: Feridas Purulentas

⁸ Disse mais o Senhor a Moisés e a Arão: "Tirem um punhado de cinza de uma fornalha, e Moisés a espalhará no ar, diante do faraó. ⁹ Ela se tornará como um pó fino sobre toda a terra do Egito, e feridas purulentas[q] surgirão nos homens e nos animais em todo o Egito".

¹⁰ Eles tiraram cinza duma fornalha e se puseram diante do faraó. Moisés a espalhou pelo ar, e feridas purulentas começaram a estourar nos homens e nos animais. ¹¹ Nem os magos[r] podiam manter-se diante de Moisés, porque ficaram cobertos de feridas, como os demais egípcios. ¹² Mas o Senhor endureceu o coração[s] do faraó, e ele se recusou a atender Moisés e Arão, conforme o Senhor tinha dito a Moisés.

A Sétima Praga: Granizo

¹³ Disse o Senhor a Moisés: "Levante-se logo cedo, apresente-se ao faraó e diga-lhe que assim diz o Senhor, o Deus dos hebreus: Deixe o meu povo ir para que me preste culto.[t] ¹⁴ Caso contrário, mandarei desta vez todas as minhas pragas contra você, contra os seus conselheiros e contra o seu povo, para que você saiba[u] que em toda a terra não há ninguém como[v] eu. ¹⁵ Porque eu já poderia ter estendido a mão, ferindo você e o seu povo[w] com uma praga que teria eliminado você da terra. ¹⁶ Mas eu o mantive em pé exatamente com este propósito:[x] mostrar a você o meu poder[y] e fazer que o meu nome seja proclamado em toda a terra. ¹⁷ Contudo você ainda insiste em colocar-se contra o meu povo e não o deixa ir. ¹⁸ Amanhã, a esta hora, enviarei a pior tempestade de granizo[z] que já caiu sobre o Egito, desde o dia da sua fundação até hoje.[a] ¹⁹ Agora, mande recolher os seus rebanhos e tudo o que você tem nos campos. Todos os homens e animais que estiverem nos campos, que não tiverem sido abrigados, serão atingidos pelo granizo e morrerão".

²⁰ Os conselheiros do faraó que temiam[b] a palavra do Senhor apressaram-se em recolher aos abrigos os seus rebanhos e os seus escravos. ²¹ Mas os que não se importaram com a palavra do Senhor deixaram

os seus escravos e os seus rebanhos no campo.

²² Então o SENHOR disse a Moisés: "Estenda a mão para o céu, e cairá granizo sobre toda a terra do Egito: sobre homens, sobre animais e sobre toda a vegetação do Egito". ²³ Quando Moisés estendeu a vara para o céu, o SENHOR fez vir trovões^c e granizo,^d e raios caíam sobre a terra. Assim o SENHOR fez chover granizo sobre a terra do Egito. ²⁴ Caiu granizo, e raios cortavam o céu em todas as direções. Nunca houve uma tempestade de granizo como aquela em todo o Egito, desde que este se tornou uma nação. ²⁵ Em todo o Egito o granizo atingiu tudo o que havia nos campos, tanto homens como animais; destruiu toda a vegetação, além de quebrar todas as árvores.^e ²⁶ Somente na terra de Gósen,^f onde estavam os israelitas,^g não caiu granizo.

²⁷ Então o faraó mandou chamar Moisés e Arão e disse-lhes: "Desta vez eu pequei.^h O SENHOR é justo;ⁱ eu e o meu povo é que somos culpados. ²⁸ Orem^j ao SENHOR! Os trovões de Deus e o granizo já são demais. Eu os deixarei ir;^k não precisam mais ficar aqui".

²⁹ Moisés respondeu: "Assim que eu tiver saído da cidade, erguerei as mãos^l em oração ao SENHOR. Os trovões cessarão e não cairá mais granizo, para que saibas que a terra^m pertence ao SENHOR. ³⁰ Mas eu bem sei que tu e os teus conselheiros ainda não sabem o que é tremer diante do SENHOR Deus!"

³¹ (O linho e a cevadaⁿ foram destruídos, pois a cevada já havia amadurecido e o linho estava em flor. ³² Todavia, o trigo e o centeio nada sofreram, pois só amadurecem mais tarde.)

³³ Assim Moisés deixou o faraó, saiu da cidade, e ergueu as mãos ao SENHOR. Os trovões e o granizo cessaram, e a chuva parou. ³⁴ Quando o faraó viu que a chuva, o granizo e os trovões haviam cessado, pecou novamente e obstinou-se em seu coração, ele e os seus conselheiros. ³⁵ O coração^o do faraó continuou endurecido, e ele não deixou que os israelitas saíssem, como o SENHOR tinha dito por meio de Moisés.

A Oitava Praga: Gafanhotos

10 O SENHOR disse a Moisés: "Vá ao faraó, pois tornei obstinado o coração^p dele e o de seus conselheiros, a fim de realizar estes meus prodígios^q entre eles, ² para que você possa contar a seus filhos^r e netos como zombei dos egípcios e como realizei meus milagres entre eles. Assim vocês saberão que eu sou o SENHOR".

³ Dirigiram-se, pois, Moisés e Arão ao faraó e lhe disseram: "Assim diz o SENHOR, o Deus dos hebreus: 'Até quando você se recusará a humilhar-se^s perante mim? Deixe ir o meu povo, para que me preste culto. ⁴ Se você não quiser deixá-lo ir, farei vir gafanhotos^t sobre o seu território amanhã. ⁵ Eles cobrirão a face¹ da terra até não se poder enxergar o solo. Devorarão o pouco que ainda lhes restou^u da tempestade de granizo e todas as árvores que estiverem brotando nos campos. ⁶ Encherão os seus palácios e as casas de todos os seus conselheiros e de todos os egípcios: algo que os seus pais e os seus antepassados jamais viram, desde o dia em que se fixaram nesta terra até o dia de hoje' ". A seguir Moisés virou as costas e saiu da presença do faraó.

⁷ Os conselheiros do faraó lhe disseram: "Até quando este homem será uma ameaça^v para nós? Deixa os homens irem prestar culto ao SENHOR, o Deus deles. Não percebes que o Egito está arruinado?"^w

⁸ Então Moisés e Arão foram trazidos de volta à presença do faraó, que lhes disse: "Vão e prestem culto^x ao SENHOR, o seu Deus. Mas, digam-me, quem irá?"

⁹ Moisés respondeu: "Temos que levar todos: os jovens e os velhos, os nossos filhos e as nossas filhas, as nossas ovelhas e os nossos bois, porque vamos celebrar uma festa ao SENHOR".

---

¹ **10.5** Hebraico: *olho*; também no versículo 15.

10 Disse-lhes o faraó: "Vocês vão mesmo precisar do Senhor quando eu deixá-los ir com as mulheres e crianças! É claro que vocês estão com más intenções. **11** De forma alguma! Só os homens podem ir prestar culto ao Senhor, como vocês têm pedido". E Moisés e Arão foram expulsos da presença do faraó.

12 Mas o Senhor disse a Moisés: "Estenda a mão*y* sobre o Egito para que os gafanhotos venham sobre a terra e devorem toda a vegetação, tudo o que foi deixado pelo granizo".

13 Moisés estendeu a vara sobre o Egito, e o Senhor fez soprar sobre a terra um vento oriental durante todo aquele dia e toda aquela noite. Pela manhã, o vento havia trazido os gafanhotos,*z* **14** os quais invadiram todo o Egito e desceram em grande número sobre toda a sua extensão. Nunca antes houve tantos gafanhotos,*a* nem jamais haverá. **15** Eles cobriram toda a face da terra de tal forma que ela escureceu. Devoraram*b* tudo o que o granizo tinha deixado: toda a vegetação e todos os frutos das árvores. Não restou nada verde nas árvores nem nas plantas do campo, em toda a terra do Egito.

16 O faraó mandou chamar Moisés e Arão imediatamente e disse-lhes: "Pequei contra o Senhor, o seu Deus, e contra vocês! **17** Agora perdoem ainda esta vez o meu pecado*d* e orem ao Senhor, o seu Deus, para que leve esta praga mortal para longe de mim".

18 Moisés saiu da presença do faraó e orou ao Senhor.*e* **19** E o Senhor fez soprar com muito mais força o vento ocidental, e este envolveu os gafanhotos e os lançou no mar Vermelho. Não restou um gafanhoto sequer em toda a extensão do Egito. **20** Mas o Senhor endureceu o coração do faraó,*f* e ele não deixou que os israelitas saíssem.

A Nona Praga: Trevas

21 O Senhor disse a Moisés: "Estenda a mão para o céu, e trevas*g* cobrirão o Egito, trevas tais que poderão ser apalpadas".

22 Moisés estendeu a mão para o céu, e por três dias houve densas trevas*h* em todo o Egito. **23** Ninguém pôde ver ninguém, nem sair do seu lugar durante três dias. Todavia, todos os israelitas tinham luz nos locais em que habitavam.*i*

24 Então o faraó mandou chamar Moisés e disse: "Vão e prestem culto ao Senhor. Deixem somente as ovelhas e os bois; as mulheres e as crianças*j* podem ir".

25 Mas Moisés contestou: "Tu mesmo nos darás os animais para os nossos sacrifícios e holocaustos¹ que ofereceremos ao Senhor. **26** Além disso, os nossos rebanhos também irão conosco; nem um casco de animal será deixado. Temos que escolher alguns deles para prestar culto ao Senhor, o nosso Deus, e, enquanto não chegarmos ao local, não saberemos quais animais sacrificaremos".

27 Mas o Senhor endureceu o coração do faraó,*k* e ele se recusou a deixá-los ir. **28** Disse o faraó a Moisés: "Saia da minha presença! Trate de não aparecer nunca mais diante de mim! No dia em que vir a minha face, você morrerá".

29 Respondeu Moisés: "Será como disseste; nunca mais verei*l* a tua face".

O Anúncio da Décima Praga

11 Disse então o Senhor a Moisés: "Enviarei ainda mais uma praga sobre o faraó e sobre o Egito. Somente depois desta ele os deixará sair daqui e até os expulsará totalmente. **2** Diga ao povo, tanto aos homens como às mulheres, que peça aos seus vizinhos objetos de prata e de ouro".*m* **3** O Senhor tornou os egípcios favoráveis ao povo, e o próprio Moisés era tido em alta estima*n* no Egito pelos conselheiros do faraó e pelo povo.

4 Disse, pois, Moisés ao faraó: "Assim diz o Senhor: 'Por volta da meia-noite,*o* passarei por todo o Egito. **5** Todos os primogênitos*p* do Egito morrerão, desde o filho mais

---

¹ **10.25** Isto é, sacrifícios totalmente queimados; também em 18.12.

10.12 *y* Ex 7.19
10.13 *z* Sl 105.34
10.14 *a* Sl 78.46; Jl 2.1-11,25
10.15 *b* v. 5; Sl 105.34-35
10.16 *c* Ex 9.27
10.17 *d* Ex 8.8
10.18 *e* Ex 8.30
10.20 *f* Ex 4.21; 11.10
10.21 *g* Dt 28.29
10.22 *h* Sl 105.28; Ap 16.10
10.23 *i* Ex 8.22
10.24 *j* v. 8-10
10.27 *k* v. 20; Ex 4.21
10.29 *l* Hb 11.27
11.2 *m* Ex 3.21,22
11.3 *n* Dt 34.11
11.4 *o* Ex 12.29
11.5 *p* Ex 4.23; Sl 78.51

velho do faraó, herdeiro do trono, até o filho mais velho da escrava que trabalha no moinho, e também todas as primeiras crias do gado. ⁶ Haverá grande pranto*q* em todo o Egito, como nunca houve antes nem jamais haverá. ⁷ Entre os israelitas, porém, nem sequer um cão latirá contra homem ou animal". Então vocês saberão que o SENHOR faz distinção*r* entre o Egito e Israel! ⁸ Todos esses seus conselheiros virão a mim e se ajoelharão diante de mim, suplicando: 'Saiam*s* você e todo o povo que o segue!' Só então eu sairei". E, com grande ira, Moisés saiu da presença do faraó.

⁹ O SENHOR tinha dito a Moisés: "O faraó não dará ouvidos*t* a vocês, a fim de que os meus prodígios se multipliquem no Egito". ¹⁰ Moisés e Arão realizaram todos esses prodígios diante do faraó, mas o SENHOR lhe endureceu o coração,*u* e ele não quis deixar os israelitas saírem do país.

A Páscoa

12 O SENHOR disse a Moisés e a Arão, no Egito: ² "Este deverá ser o primeiro mês*v* do ano para vocês. ³ Digam a toda a comunidade de Israel que no décimo dia deste mês todo homem deverá separar um cordeiro ou um cabrito, para a sua família, um para cada casa. ⁴ Se uma família for pequena demais para um animal inteiro, deve dividi-lo com seu vizinho mais próximo, conforme o número de pessoas e conforme o que cada um puder comer. ⁵ O animal escolhido será macho de um ano, sem defeito,*w* e pode ser cordeiro ou cabrito. ⁶ Guardem-no até o décimo quarto dia do mês,*x* quando toda a comunidade de Israel irá sacrificá-lo, ao pôr do sol.*y* ⁷ Passem, então, um pouco do sangue nas laterais e nas vigas superiores das portas das casas nas quais vocês comerão o animal. ⁸ Naquela mesma noite*z* comerão a carne assada*a* no fogo, com ervas amargas*b* e pão sem fermento.*c* ⁹ Não comam a carne crua, nem cozida em água, mas assada no fogo: cabeça, pernas e vísceras. ¹⁰ Não deixem sobrar nada até pela manhã;*d* caso isso aconteça, queimem o que restar. ¹¹ Ao comerem, estejam prontos para sair: cinto no lugar, sandálias nos pés e cajado na mão. Comam apressadamente.*e* Esta é a Páscoa do SENHOR.*f*

¹² "Naquela mesma noite passarei*g* pelo Egito e matarei todos os primogênitos, tanto dos homens como dos animais, e executarei juízo sobre todos os deuses*h* do Egito. Eu sou o SENHOR!*i* ¹³ O sangue será um sinal para indicar as casas em que vocês estiverem; quando eu vir o sangue, passarei adiante. A praga de destruição não os atingirá quando eu ferir o Egito.

¹⁴ "Este dia será um memorial*j* que vocês e todos os seus descendentes celebrarão como festa ao SENHOR. Celebrem-no como decreto perpétuo.*k* ¹⁵ Durante sete dias comam pão sem fermento.*l* No primeiro dia tirem de casa o fermento, porque quem comer qualquer coisa fermentada, do primeiro ao sétimo dia, será eliminado*m* de Israel. ¹⁶ Convoquem uma reunião santa no primeiro dia e outra no sétimo. Não façam nenhum trabalho nesses dias, exceto o da preparação da comida para todos. É só o que poderão fazer.

¹⁷ "Celebrem a festa dos pães sem fermento, porque foi nesse mesmo dia que eu tirei os exércitos de vocês do Egito.*n* Celebrem esse dia como decreto perpétuo por todas as suas gerações. ¹⁸ No primeiro mês*o* comam pão sem fermento, desde o entardecer do décimo quarto dia até o entardecer do vigésimo primeiro. ¹⁹ Durante sete dias vocês não deverão ter fermento em casa. Quem comer qualquer coisa fermentada será eliminado da comunidade de Israel, seja estrangeiro, seja natural da terra. ²⁰ Não comam nada fermentado. Onde quer que morarem, comam apenas pão sem fermento".

A Décima Praga: A Morte dos Primogênitos

²¹ Então Moisés convocou todas as autoridades de Israel e lhes disse: "Escolham

um cordeiro ou um cabrito para cada família. Sacrifiquem-no para celebrar a Páscoa! ²² Molhem um feixe de hissopo no sangue que estiver na bacia e passem o sangue na viga superior e nas laterais das portas. Nenhum de vocês poderá sair de casa até o amanhecer. ²³ Quando o Senhor passar pela terra para matar os egípcios, verá o sangue na viga superior e nas laterais da porta e passará sobre aquela porta, e não permitirá que o destruidor entre na casa de vocês para matá-los.

²⁴ "Obedeçam a essas instruções como decreto perpétuo para vocês e para os seus descendentes. ²⁵ Quando entrarem na terra que o Senhor prometeu dar a vocês, celebrem essa cerimônia. ²⁶ Quando os seus filhos perguntarem: 'O que significa esta cerimônia?', ²⁷ respondam-lhes: É o sacrifício da Páscoa ao Senhor, que passou sobre as casas dos israelitas no Egito e poupou nossas casas quando matou os egípcios". Então o povo curvou-se em adoração. ²⁸ Depois os israelitas se retiraram e fizeram conforme o Senhor tinha ordenado a Moisés e a Arão.

²⁹ Então, à meia-noite, o Senhor matou todos os primogênitos do Egito, desde o filho mais velho do faraó, herdeiro do trono, até o filho mais velho do prisioneiro que estava no calabouço, e também todas as primeiras crias do gado. ³⁰ No meio da noite o faraó, todos os seus conselheiros e todos os egípcios se levantaram. E houve grande pranto no Egito, pois não havia casa que não tivesse um morto.

O Êxodo

³¹ Naquela mesma noite o faraó mandou chamar Moisés e Arão e lhes disse: "Saiam imediatamente do meio do meu povo, vocês e os israelitas! Vão prestar culto ao Senhor, como vocês pediram. ³² Levem os seus rebanhos, como tinham dito, e abençoem a mim também".

³³ Os egípcios pressionavam o povo para que se apressasse em sair do país, dizendo: "Todos nós morreremos!" ³⁴ Então o povo tomou a massa de pão ainda sem fermento e a carregou nos ombros, nas amassadeiras embrulhadas em suas roupas. ³⁵ Os israelitas obedeceram à ordem de Moisés e pediram aos egípcios objetos de prata e de ouro, bem como roupas. ³⁶ O Senhor concedeu ao povo uma disposição favorável da parte dos egípcios, de modo que lhes davam o que pediam; assim eles despojaram os egípcios.

³⁷ Os israelitas foram de Ramessés até Sucote. Havia cerca de seiscentos mil homens a pé, além de mulheres e crianças. ³⁸ Grande multidão de estrangeiros de todo tipo seguiu com eles, além de grandes rebanhos, tanto de bois como de ovelhas e cabras. ³⁹ Com a massa que haviam levado do Egito, fizeram pães sem fermento. A massa não tinha fermentado, pois eles foram expulsos do Egito e não tiveram tempo de preparar comida.

⁴⁰ Ora, o período que os israelitas viveram no Egito¹ foi de quatrocentos e trinta anos. ⁴¹ No dia em que se completaram os quatrocentos e trinta anos, todos os exércitos do Senhor saíram do Egito. ⁴² Assim como o Senhor passou em vigília aquela noite para tirar do Egito os israelitas, estes também devem passar em vigília essa mesma noite, para honrar o Senhor, por todas as suas gerações.

As Leis sobre a Participação na Páscoa

⁴³ Disse o Senhor a Moisés e a Arão: "Estas são as leis da Páscoa: Nenhum estrangeiro poderá comê-la. ⁴⁴ O escravo comprado poderá comer da Páscoa, depois de circuncidado, ⁴⁵ mas o residente temporário e o trabalhador contratado dela não comerão.

⁴⁶ "Vocês a comerão numa só casa; não levem nenhum pedaço de carne para fora da casa nem quebrem nenhum dos ossos.

¹ 12.40 O Pentateuco Samaritano e a Septuaginta dizem *no Egito e em Canaã*.

⁴⁷ Toda a comunidade de Israel terá que celebrar a Páscoa.

⁴⁸ "Qualquer estrangeiro residente entre vocês que quiser celebrar a Páscoa do Senhor terá que circuncidar todos os do sexo masculino da sua família; então poderá participar como o natural da terra.ᵗ Nenhum incircunciso poderá participar. ⁴⁹ A mesma lei se aplicará ao natural da terra e ao estrangeiro residente".ᵘ

⁵⁰ Todos os israelitas fizeram como o Senhor tinha ordenado a Moisés e a Arão. ⁵¹ No mesmo dia o Senhor tirou os israelitas do Egito, organizados segundo as suas divisões.ᵛ

A Consagração dos Primogênitos

13 E disse o Senhor a Moisés: ² "Consagre a mim todos os primogênitos.ʷ O primeiro filho israelita me pertence, não somente entre os homens, mas também entre os animais."

³ Então disse Moisés ao povo: "Comemorem esse dia em que vocês saíram do Egito, da terra da escravidão, porque o Senhor os tirou dali com mão poderosa.ˣ Não comam nada fermentado.ʸ ⁴ Neste dia do mês de abibᶦz vocês estão saindo. ⁵ Quando o Senhor os fizer entrar na terra dos cananeus, dos hititas, dos amorreus, dos heveus e dos jebuseusª — terra que ele jurou aos seus antepassados que daria a vocês, terra onde há leite e mel com fartura — vocês deverão celebrar esta cerimôniaᵇ neste mesmo mês. ⁶ Durante sete dias comam pão sem fermento e, no sétimo dia, façam uma festaᶜ dedicada ao Senhor. ⁷ Comam pão sem fermento durante os sete dias; não haja nada fermentado entre vocês, nem fermento algum dentro do seu território.

⁸ "Nesse dia cada um dirá a seu filho:ᵈ Assim faço pelo que o Senhor fez por mim quando saí do Egito. ⁹ Isto lhe será como sinal em sua mão e memorial em sua testa,ᵉ para que a lei do Senhor esteja em seus lábios, porque o Senhor o tirou do Egito com mão poderosa. ¹⁰ Cumpra esta determinaçãoᶠ na época certa, de ano em ano.

¹¹ "Depois que o Senhor os fizer entrar na terra dos cananeus e entregá-la a vocês, como jurou a vocês e aos seus antepassados, ¹² separem para o Senhor o primeiro nascido de todo ventre. Todos os primeiros machos dos seus rebanhos pertencem ao Senhor.ᵍ ¹³ Resgatem com um cordeiro toda primeira cria dos jumentos, mas, se não quiserem resgatá-la, quebrem-lhe o pescoço.ʰ Resgatem também todo primogênito entre os seus filhos.ᶦ

¹⁴ "No futuro, quando os seus filhosʲ perguntarem: 'Que significa isto?', digam-lhes: Com mão poderosa o Senhor nos tirou do Egito, da terra da escravidão.ᵏ ¹⁵ Quando o faraó resistiu e recusou deixar-nos sair, o Senhor matou todos os primogênitos do Egito, tanto os de homens como os de animais. Por isso sacrificamos ao Senhor os primeiros machos de todo ventre e resgatamos os nossos primogênitos.ˡ

¹⁶ "Isto será como sinal em sua mão e símbolo em sua testaᵐ de que o Senhor nos tirou do Egito com mão poderosa".

A Partida dos Israelitas

¹⁷ Quando o faraó deixou sair o povo, Deus não o guiou pela rota da terra dos filisteus, embora esse fosse o caminho mais curto, pois disse: "Se eles se defrontarem com a guerra, talvez se arrependam e voltem para o Egito".ⁿ ¹⁸ Assim, Deus fezº o povo dar a volta pelo deserto, seguindo o caminho que leva ao mar Vermelho. Os israelitas saíram do Egito preparados para lutar.ᵖ

¹⁹ Moisés levou os ossos de José,ᵍ porque José havia feito os filhos de Israel prestarem um juramento, quando disse: "Deus certamente virá em auxílio de vocês; levem então os meus ossos daqui".ʳ

²⁰ Os israelitas partiram de Sucote e acamparam em Etã, junto ao deserto.ˢ ²¹ Durante o dia o Senhor ia adiante deles, numa coluna

---

¹ **13.4** Aproximadamente março/abril.

de nuvem,¹ para guiá-los no caminho, e de noite, numa coluna de fogo, para iluminá-los, e assim podiam caminhar de dia e de noite. ²² A coluna de nuvem não se afastava do povo de dia; nem a coluna de fogo, de noite.

A Perseguição dos Egípcios

14 Disse o S<small>ENHOR</small> a Moisés: ² "Diga aos israelitas que mudem o rumo e acampem perto de Pi-Hairote, entre Migdol*ᵘ* e o mar. Acampem à beira-mar, defronte de Baal-Zefom. ³ O faraó pensará que os israelitas estão vagando confusos, cercados pelo deserto. ⁴ Então endurecerei o coração do faraó,*ᵛ* e ele os perseguirá. Todavia, eu serei glorificado*ʷ* por meio do faraó e de todo o seu exército; e os egípcios saberão que eu sou o S<small>ENHOR</small>".*ˣ* E assim fizeram os israelitas.

⁵ Contaram ao rei do Egito que o povo havia fugido. Então o faraó e os seus conselheiros mudaram de ideia e disseram: "O que foi que fizemos? Deixamos os israelitas sair e perdemos os nossos escravos!" ⁶ Então o faraó mandou aprontar a sua carruagem e levou consigo o seu exército. ⁷ Levou todos os carros de guerra do Egito, inclusive seiscentos dos melhores desses carros, cada um com um oficial no comando. ⁸ O S<small>ENHOR</small> endureceu o coração do faraó,*ʸ* rei do Egito, e este perseguiu os israelitas, que marchavam triunfantemente.*ᶻ* ⁹ Os egípcios, com todos os cavalos e carros de guerra do faraó, os cavaleiros*ᵃ* e a infantaria, saíram em perseguição aos israelitas e os alcançaram quando estavam acampados à beira-mar, perto de Pi-Hairote, defronte de Baal-Zefom.

A Travessia do Mar

¹⁰ Ao aproximar-se o faraó, os israelitas olharam e avistaram os egípcios que marchavam na direção deles. E, aterrorizados, clamaram*ᵇ* ao S<small>ENHOR</small>. ¹¹ Disseram a Moisés: "Foi por falta de túmulos no Egito que você nos trouxe para morrermos*ᶜ* no deserto? O que você fez conosco, tirando-nos de lá? ¹² Já tínhamos dito a você no Egito: 'Deixe-nos em paz! Seremos escravos dos egípcios!' Antes ser escravos dos egípcios do que morrer no deserto!"

¹³ Moisés respondeu ao povo: "Não tenham medo.*ᵈ* Fiquem firmes e vejam*ᵉ* o livramento que o S<small>ENHOR</small> trará hoje, porque vocês nunca mais verão*ᶠ* os egípcios que hoje veem. ¹⁴ O S<small>ENHOR</small> lutará*ᵍ* por vocês; tão somente acalmem-se".*ʰ*

¹⁵ Disse então o S<small>ENHOR</small> a Moisés: "Por que você está clamando a mim? Diga aos israelitas que sigam avante. ¹⁶ Erga a sua vara*ⁱ* e estenda a mão sobre o mar, e as águas*ʲ* se dividirão para que os israelitas atravessem o mar em terra seca. ¹⁷ Eu, porém, endurecerei o coração dos egípcios, e eles os perseguirão.*ᵏ* E serei glorificado com a derrota do faraó e de todo o seu exército, com seus carros de guerra e seus cavaleiros. ¹⁸ Os egípcios saberão que eu sou o S<small>ENHOR</small> quando eu for glorificado com a derrota do faraó, com seus carros de guerra e seus cavaleiros".

¹⁹ A seguir o anjo de Deus que ia à frente dos exércitos de Israel retirou-se, colocando-se atrás deles. A coluna de nuvem*ˡ* também saiu da frente deles e se pôs atrás, ²⁰ entre os egípcios e os israelitas. A nuvem trouxe trevas para um e luz para o outro, de modo que os egípcios não puderam aproximar-se dos israelitas durante toda a noite.

²¹ Então Moisés estendeu a mão sobre o mar, e o S<small>ENHOR</small> afastou o mar e o tornou em terra seca, com um forte vento*ᵐ* oriental que soprou toda aquela noite. As águas se dividiram,*ⁿ* ²² e os israelitas atravessaram pelo meio do mar em terra seca,*ᵒ* tendo uma parede de água à direita e outra à esquerda.

²³ Os egípcios os perseguiram, e todos os cavalos, carros de guerra e cavaleiros do faraó foram atrás deles até o meio do mar.

---

¹ **14.9** Ou *condutores dos carros de guerra*; também nos versículos 17, 18, 23, 26 e 28.

13.21
ᵗ Ex 14.19,24; 33.9-10; Nm 9.16; Dt 1.33; Ne 9.12,19; Sl 78.14; 99.7; 105.39; Is 4.5; 1Co 10.1

14.2
ᵘ Nm 33.7; Jr 44.1

14.4
ᵛ Ex 4.21
ʷ Rm 9.17,22-23
ˣ Ex 7.5

14.8
ʸ v. 4; Ex 11.10
ᶻ Nm 33.3; at 13.17

14.9
ᵃ Ex 15.9

14.10
ᵇ Js 24.7; Ne 9.9; Sl 34.17

14.11
ᶜ Sl 106.7-8

14.13
ᵈ Gn 15.1
ᵉ 2Cr 20.17; Is 41.10,13-14
ᶠ v. 30

14.14
ᵍ v. 25; Ex 15.3; Dt 1.30; 3.22; 2Cr 20.29
ʰ Sl 37.7; 46.10; Is 30.15

14.16
ⁱ Ex 4.17; Nm 20.8-9,11
ʲ Is 10.26

14.17
ᵏ v. 4

14.19
ˡ Ex 13.21

14.21
ᵐ Ex 15.8
ⁿ Sl 74.13; 114.5; Is 63.12

14.22
ᵒ Ex 15.19; Ne 9.11; Sl 66.6; Hb 11.29

²⁴ No fim da madrugada, do alto da coluna de fogo e de nuvem,ᵖ o Senhor viu o exército dos egípcios e o pôs em confusão. ²⁵ Fez que as rodas dos seus carros começassem a soltar-se¹, de forma que tinham dificuldade em conduzi-los. E os egípcios gritaram: "Vamos fugir dos israelitas! O Senhor está lutandoᵠ por eles contra o Egito".

²⁶ Mas o Senhor disse a Moisés: "Estenda a mão sobre o mar para que as águas voltem sobre os egípcios, sobre os seus carros de guerra e sobre os seus cavaleiros". ²⁷ Moisés estendeu a mão sobre o mar, e ao raiar do dia o mar voltou ao seu lugar.ʳ Quando os egípcios estavam fugindo, foram de encontro às águas, e o Senhor os lançou ao mar.ˢ ²⁸ As águas voltaram e encobriram os seus carros de guerra e os seus cavaleiros, todo o exército do faraó que havia perseguido os israelitas mar adentro. Ninguém sobreviveu.

²⁹ Mas os israelitas atravessaram o mar pisando em terra seca,ᵗ tendo uma parede de água à direita e outra à esquerda. ³⁰ Naquele dia o Senhor salvouᵘ Israel das mãos dos egípcios, e os israelitas viram os egípcios mortos na praia. ³¹ Israel viu o grande poder do Senhor contra os egípcios, temeu o Senhor e pôs nele a sua confiança,ᵛ como também em Moisés, seu servo.

O Cântico de Moisés

15 Então Moisés e os israelitas entoaram este cânticoʷ ao Senhor:

"Cantareiˣ ao Senhor,
    pois triunfou gloriosamente.
Lançou ao mar o cavalo
    e o seu cavaleiro!
² O Senhor é a minha força
    e a minha canção;
    ele é a minha salvação!ᶻ
Ele é o meu Deus,ᵃ e eu o louvarei;
    é o Deus de meu pai, e eu o exaltarei!ᵇ

---

¹ **14.25** Ou *carros emperrassem*

³ O Senhor é guerreiro,ᶜ
    o seu nomeᵈ é Senhor.
⁴ Ele lançou ao mar
    os carros de guerra
    e o exércitoᵉ do faraó.
Os seus melhores oficiais
    afogaram-se no mar Vermelho.
⁵ Águas profundas os encobriram;
    como pedraᶠ desceram ao fundo.
⁶ "Senhor, a tua mão direitaᵍ
    foi majestosa em poder.
Senhor, a tua mão direita
    despedaçou o inimigo.
⁷ Em teu triunfo grandioso,
    derrubaste os teus adversários.
Enviaste o teu furorʰ flamejante,
    que os consumiu como palha.
⁸ Pelo forte sopro das tuas narinasⁱ
    as águas se amontoaram.ʲ
As águas turbulentas
    firmaram-se como muralha;ᵏ
    as águas profundas
    congelaram-se no coração do mar.

⁹ "O inimigo se gloriava:
'Eu os perseguireiˡ e os alcançarei,
    dividirei o despojoᵐ e os devorarei.
Com a espada na mão,
    eu os destruirei'.
¹⁰ Mas enviaste o teu sopro,
    e o mar os encobriu.
Afundaram como chumbo
    nas águasⁿ volumosas.

¹¹ "Quem entre os deuses
    é semelhante a ti,ᵒ Senhor?
Quem é semelhante a ti?
    Majestoso em santidade,ᵖ
    terrível em feitos gloriosos,ᵠ
    autor de maravilhas?
¹² Estendes a tua mão direita
    e a terra os engole.
¹³ Com o teu amor
    conduzes o povo que
        resgataste;ʳ
    com a tua força
    tu o levas à tua santa habitação.ˢ

¹⁴ As nações ouvem e estremecem;
   angústia se apodera
   do povo da Filístia.
¹⁵ Os chefes[u] de Edom
   ficam aterrorizados;
os poderosos de Moabe
   são tomados de tremor;
o povo de Canaã esmorece;
¹⁶ terror e medo caem sobre eles;
pelo poder do teu braço
   ficam paralisados como pedra,
até que passe o teu povo,
   ó Senhor, até que passe
   o povo que tu compraste¹.
¹⁷ Tu o farás entrar e o plantarás
   no monte da tua herança,
no lugar, ó Senhor,
   que fizeste para a tua habitação,
no santuário, ó Senhor,
   que as tuas mãos estabeleceram.
¹⁸ O Senhor reinará eternamente".

¹⁹ Quando os cavalos, os carros de guerra e os cavaleiros² do faraó entraram no mar, o Senhor fez que as águas do mar se voltassem sobre eles, mas os israelitas atravessaram o mar pisando em terra seca. ²⁰ Então Miriã, a profetisa, irmã de Arão, pegou um tamborim e todas as mulheres a seguiram, tocando tamborins e dançando. ²¹ E Miriã lhes respondia, cantando:

"Cantem ao Senhor,
   pois triunfou gloriosamente.
Lançou ao mar o cavalo
   e o seu cavaleiro".

As Águas de Mara e de Elim

²² Depois Moisés conduziu Israel desde o mar Vermelho até o deserto de Sur. Durante três dias caminharam no deserto sem encontrar água. ²³ Então chegaram a Mara, mas não puderam beber das águas de lá porque eram amargas. Esta é a razão pela qual o lugar chama-se Mara. ²⁴ E o povo começou a reclamar a Moisés, dizendo: "Que beberemos?" ²⁵ Moisés clamou ao Senhor, e este lhe indicou um arbusto. Ele o lançou na água, e esta se tornou boa.

Em Mara o Senhor lhes deu leis e ordenanças e os pôs à prova, ²⁶ dizendo-lhes: "Se vocês derem atenção ao Senhor, o seu Deus, e fizerem o que ele aprova, se derem ouvidos aos seus mandamentos e obedecerem a todos os seus decretos, não trarei sobre vocês nenhuma das doenças que eu trouxe sobre os egípcios, pois eu sou o Senhor que os cura".

²⁷ Depois chegaram a Elim, onde havia doze fontes de água e setenta palmeiras; e acamparam junto àquelas águas.

O Maná e as Codornizes

16 Toda a comunidade de Israel partiu de Elim e chegou ao deserto de Sim, que fica entre Elim e o Sinai. Foi no décimo quinto dia do segundo mês, depois que saíram do Egito. ² No deserto, toda a comunidade de Israel reclamou a Moisés e Arão. ³ Disseram-lhes os israelitas: "Quem dera a mão do Senhor nos tivesse matado no Egito! Lá nos sentávamos ao redor das panelas de carne e comíamos pão à vontade, mas vocês nos trouxeram a este deserto para fazer morrer de fome toda esta multidão!"

⁴ Disse, porém, o Senhor a Moisés: "Eu lhes farei chover pão do céu. O povo sairá e recolherá diariamente a porção necessária para aquele dia. Com isso os porei à prova para ver se seguem ou não as minhas instruções. ⁵ No sexto dia trarão para ser preparado o dobro do que recolhem nos outros dias".

⁶ Assim Moisés e Arão disseram a todos os israelitas: "Ao entardecer, vocês saberão que foi o Senhor quem os tirou do Egito ⁷ e amanhã cedo verão a glória do Senhor, porque o Senhor ouviu a queixa de vocês contra ele. Quem somos nós para que vocês reclamem a nós?" ⁸ Disse ainda Moisés:

---

¹ **15.16** Ou *criaste*
² **15.19** Ou *condutores dos carros de guerra*

"O Senhor dará a vocês carne para comer ao entardecer e pão à vontade pela manhã, porque ele ouviu as suas queixas contra ele. Quem somos nós? Vocês não estão reclamando de nós, mas do Senhor".ᵃ

⁹ Disse Moisés a Arão: "Diga a toda a comunidade de Israel que se apresente ao Senhor, pois ele ouviu as suas queixas".

¹⁰ Enquanto Arão falava a toda a comunidade, todos olharam em direção ao deserto, e a glóriaᵇ do Senhor apareceu na nuvem.ᶜ

¹¹ E o Senhor disse a Moisés: ¹² "Ouvi as queixasᵈ dos israelitas. Responda-lhes que ao pôr do sol vocês comerão carne e ao amanhecer se fartarão de pão. Assim saberão que eu sou o Senhor, o seu Deus".

¹³ No final da tarde, apareceram codornizesᵉ que cobriram o lugar onde estavam acampados; ao amanhecer havia uma camada de orvalhoᶠ ao redor do acampamento. ¹⁴ Depois que o orvalho secou, flocos finos semelhantes a geadaᵍ estavam sobre a superfície do deserto. ¹⁵ Quando os israelitas viram aquilo, começaram a perguntar uns aos outros: "Que é isso?", pois não sabiam do que se tratava.

Disse-lhes Moisés: "Este é o pãoʰ que o Senhor deu a vocês para comer. ¹⁶ Assim ordenou o Senhor: 'Cada chefe de família recolha quanto precisar: um jarroⁱ¹ para cada pessoa da sua tenda' ".

¹⁷ Os israelitas fizeram como lhes fora dito; alguns recolheram mais, outros menos. ¹⁸ Quando mediram com o jarro, quem tinha recolhido muito não teve demais, e não faltou a quem tinha recolhido pouco.ʲ Cada um recolheu quanto precisava.

¹⁹ "Ninguém deve guardar nada para a manhã seguinte",ᵏ ordenou-lhes Moisés.

²⁰ Todavia, alguns deles não deram atenção a Moisés e guardaram um pouco até a manhã seguinte, mas aquilo criou bicho e começou a cheirar mal. Por isso Moisés irou-se contra eles.

²¹ Cada manhã todos recolhiam quanto precisavam, pois, quando o sol esquentava, aquilo se derretia. ²² No sexto dia recolheram o dobro:ˡ dois jarros para cada pessoa; e os líderes da comunidadeᵐ foram contar isso a Moisés, ²³ que lhes explicou: "Foi isto que o Senhor ordenou: 'Amanhã será dia de descanso, sábadoⁿ consagrado ao Senhor. Assem e cozinhem o que quiserem. Guardem o que sobrar até a manhã seguinte' ".

²⁴ E eles o guardaram até a manhã seguinte, como Moisés tinha ordenado, e não cheirou mal nem criou bicho. ²⁵ "Comam-no hoje", disse Moisés, "pois hoje é o sábado do Senhor. Hoje, vocês não o encontrarão no terreno. ²⁶ Durante seis dias vocês podem recolhê-lo, mas, no sétimo dia, o sábado,ᵒ nada acharão."

²⁷ Apesar disso, alguns deles saíram no sétimo dia para recolhê-lo, mas não encontraram nada. ²⁸ Então o Senhor disse a Moisés: "Até quando vocês se recusarão a obedecer aos meus mandamentosᵖ e às minhas instruções? ²⁹ Vejam que o Senhor deu o sábado a vocês; por isso, no sexto dia, ele lhes envia pão para dois dias. No sétimo dia, fiquem todos onde estiverem; ninguém deve sair". ³⁰ Então o povo descansou no sétimo dia.

³¹ O povo de Israel chamou maná² àquele pão. Era branco como semente de coentro e tinha gosto de bolo de mel. ³² Disse Moisés: "O Senhor ordenou a vocês que recolham um jarro de manáᵠ e que o guardem para as futuras gerações, 'para que vejam o pão que lhes dei no deserto, quando os tirei do Egito' ".

³³ Então Moisés disse a Arão: "Ponha numa vasilha a medida de um jarro de manáʳ e coloque-a diante do Senhor, para que seja conservado para as futuras gerações".

16.8 ᵃ1Sm 8.7; Rm 13.2
16.10 ᵇv. 7; Nm 16.19; ᶜEx 13.21; 1Rs 8.10
16.12 ᵈv. 7
16.13 ᵉNm 11.31; Sl 78.27-28; 105.40; ᶠNm 11.9
16.14 ᵍv. 31; Nm 11.7-9; Sl 105.40
16.15 ʰv. 4; Jo 6.31
16.16 ⁱv. 32.36
16.18 ʲ2Co 8.15*
16.19 ᵏv. 23; Ex 12.10; 23.18
16.22 ˡv. 5; ᵐEx 34.31
16.23 ⁿGn 2.3; Ex 20.8; 23.12; Lv 23.3
16.26 ᵒEx 20.9-10
16.28 ᵖ2Rs 17.14; Sl 78.10; 106.13
16.31 ᵠNm 11.7-9
16.33 ʳHb 9.4

---

¹ **16.16** Hebraico: *ômer*. O ômer era uma medida de capacidade para secos. As estimativas variam entre 2 e 4 litros.

² **16.31** *Maná* significa *Que é isso?*

³⁴ Em obediência ao que o Senhor tinha ordenado a Moisés, Arão colocou o maná junto às tábuas da aliança,ˢ para ali ser guardado. ³⁵ Os israelitas comeram manᡠdurante quarenta anos,ᵘ até chegarem a uma terra habitável; comeram maná até chegarem às fronteiras de Canaã.ᵛ ³⁶ (O jarro é a décima parte de uma arroba¹.)

Água Jorra da Rocha

17 Toda a comunidade de Israel partiu do deserto de Sim,ʷ andando de um lugar para outro, conforme a ordem do Senhor. Acamparam em Refidim, mas lá não havia águaˣ para beber. ² Por essa razão queixaram-se a Moisés e exigiram: "Dê-nos águaʸ para beber".

Ele respondeu: "Por que se queixam a mim? Por que põem o Senhor à prova?"ᶻ

³ Mas o povo estava sedento e reclamouᵃ a Moisés: "Por que você nos tirou do Egito? Foi para matar de sede a nós, aos nossos filhos e aos nossos rebanhos?"

⁴ Então Moisés clamou ao Senhor: "Que farei com este povo? Estão a ponto de apedrejar-me!"ᵇ

⁵ Respondeu-lhe o Senhor: "Passe à frente do povo. Leve com você algumas das autoridades de Israel, tenha na mão a vara com a qual você feriu o Niloᶜ e vá adiante. ⁶ Eu estarei à sua espera no alto da rocha do monte Horebe. Bata na rocha, e dela sairá águaᵈ para o povo beber". Assim fez Moisés, à vista das autoridades de Israel. ⁷ E chamou aquele lugar Massá² e Meribá³,ᵉ porque ali os israelitas reclamaram e puseram o Senhor à prova, dizendo: "O Senhor está entre nós, ou não?"

A Vitória sobre os Amalequitas

⁸ Sucedeu que os amalequitasᶠ vieram atacar os israelitas em Refidim. ⁹ Então Moisés disse a Josué: "Escolha alguns dos nossos homens e lute contra os amalequitas. Amanhã tomarei posição no alto da colina, com a varaᵍ de Deus em minhas mãos".

¹⁰ Josué foi então lutar contra os amalequitas, conforme Moisés tinha ordenado. Moisés, Arão e Hur,ʰ porém, subiram ao alto da colina. ¹¹ Enquanto Moisés mantinha as mãos erguidas, os israelitas venciam;ⁱ quando, porém, as abaixava, os amalequitas venciam. ¹² Quando as mãos de Moisés já estavam cansadas, eles pegaram uma pedra e a colocaram debaixo dele, para que nela se assentasse. Arão e Hur mantiveram erguidas as mãos de Moisés, um de cada lado, de modo que as mãos permaneceram firmes até o pôr do sol. ¹³ E Josué derrotou o exército amalequita ao fio da espada.

¹⁴ Depois o Senhor disse a Moisés: "Escrevaʲ isto num rolo, como memorial, e declare a Josué que farei que os amalequitasᵏ sejam esquecidos para sempre debaixo do céu".

¹⁵ Moisés construiu um altar e chamou-lhe "o Senhor é minha bandeira". ¹⁶ E jurou: "Pelo trono do Senhor!⁴ O Senhor fará guerra contra os amalequitas de geração em geração".

A Visita de Jetro

18 Jetro, sacerdote de Midiãˡ e sogro de Moisés, soube de tudo o que Deus tinha feito por Moisés e pelo povo de Israel, como o Senhor havia tirado Israel do Egito.

² Moisés tinha mandado Zípora,ᵐ sua mulher, para a casa de seu sogro, Jetro, que a recebeu ³ com os seus dois filhos.ⁿ Um deles chamava-se Gérson, pois Moisés dissera: "Tornei-me imigrante em terra estrangeira";ᵒ ⁴ e o outro chamava-se Eliézer,ᵖ pois dissera: "O Deus de meu pai foi o meu ajudador; livrou-me da espada do faraó".

⁵ Jetro, sogro de Moisés, veio com os filhos e a mulher de Moisés encontrá-lo no

---

¹ **16.36** Hebraico: *efa*. O efa era uma medida de capacidade para secos. As estimativas variam entre 20 e 40 litros.
² **17.7** *Massá* significa *provação*.
³ **17.7** *Meribá* significa *rebelião*.

⁴ **17.16** Ou "*Mão levantada contra o trono do Senhor!*

16.34
ˢEx 25.16; 21,22; 40.20; Nm 17.4,10
16.35
ᵗJo 6.31,49
ᵘNe 9.21
ᵛJs 5.12
17.1
ʷEx 16.1
ˣNm 33.14
17.2
ʸNm 20.2
ᶻDt 6.16; Sl 78.18,41; 1Co 10.9
17.3
ᵃEx 15.24; 16.2-3
17.4
ᵇNm 14.10; 1Sm 30.6
17.5
ᶜEx 7.20
17.6
ᵈNm 20.11; Sl 114.8; 1Co 10.4
17.7
ᵉNm 20.13,24; Sl 81.7
17.8
ᶠGn 36.12; Dt 25.17-19
17.9
ᵍEx 4.17
17.10
ʰEx 24.14
17.11
ⁱTg 5.16
17.14
ʲEx 24.4; 34.27; Nm 33.2
ᵏ1Sm 15.3; 30.17-18
18.1
ˡEx 2.16; 3.1
18.2
ᵐEx 2.21; 4.25
18.3
ⁿEx 4.20; At 7.29
ᵒEx 2.22
18.4
ᵖ1Cr 23.15

deserto, onde estava acampado, perto do monte^q de Deus. ⁶ E Jetro mandou dizer-lhe: "Eu, seu sogro Jetro, estou indo encontrá-lo, e comigo vão sua mulher e seus dois filhos".

⁷ Então Moisés saiu ao encontro do sogro, curvou-se^r e beijou-o;^s trocaram saudações e depois entraram na tenda. ⁸ Então Moisés contou ao sogro tudo quanto o Senhor tinha feito ao faraó e aos egípcios por amor a Israel e também todas as dificuldades que tinham enfrentado pelo caminho e como o Senhor os livrara.^t

⁹ Jetro alegrou-se ao ouvir todas as coisas boas que o Senhor tinha feito a Israel, libertando-o das mãos dos egípcios. ¹⁰ Disse ele: "Bendito seja o Senhor^u que libertou vocês das mãos dos egípcios e do faraó; que livrou o povo das mãos dos egípcios! ¹¹ Agora sei que o Senhor é maior do que todos os outros deuses,^v pois ele os superou exatamente naquilo de que se vangloriavam".^w ¹² Então Jetro, sogro de Moisés, ofereceu um holocausto e sacrifícios a Deus, e Arão veio com todas as autoridades de Israel para comerem com o sogro de Moisés na presença^x de Deus.

O Conselho de Jetro

¹³ No dia seguinte Moisés assentou-se para julgar as questões do povo, e este permaneceu em pé diante dele, desde a manhã até o cair da tarde. ¹⁴ Quando o seu sogro viu tudo o que ele estava fazendo pelo povo, disse: "Que é que você está fazendo? Por que só você se assenta para julgar, e todo este povo o espera em pé, desde a manhã até o cair da tarde?"

¹⁵ Moisés lhe respondeu: "O povo me procura para que eu consulte a Deus.^y ¹⁶ Toda vez que alguém tem uma questão, esta me é trazida, e eu decido entre as partes, e ensino-lhes os decretos e leis^z de Deus".

¹⁷ Respondeu o sogro de Moisés: "O que você está fazendo não é bom. ¹⁸ Você e o seu povo ficarão esgotados, pois essa tarefa é pesada demais. Você não pode executá-la sozinho.^a ¹⁹ Agora ouça o meu conselho. E que Deus esteja com você!^b Seja você o representante do povo diante de Deus e leve a Deus as suas questões.^c ²⁰ Oriente-os quanto aos decretos e leis,^d mostrando-lhes como devem viver^e e o que devem fazer.^f ²¹ Mas escolha dentre todo o povo homens^g capazes, tementes a Deus, dignos de confiança e inimigos de ganho^h desonesto. Estabeleça-os como chefesⁱ de mil, de cem, de cinquenta e de dez. ²² Eles estarão sempre à disposição do povo para julgar as questões. Trarão a você apenas as questões^j difíceis; as mais simples decidirão sozinhos. Isso tornará mais leve o seu fardo, porque eles o dividirão^k com você. ²³ Se você assim fizer, e, se assim Deus ordenar, você será capaz de suportar as dificuldades, e todo este povo voltará para casa satisfeito".

²⁴ Moisés aceitou o conselho do sogro e fez tudo como ele tinha sugerido. ²⁵ Escolheu homens capazes de todo o Israel e colocou-os como líderes do povo: chefes de mil, de cem, de cinquenta e de dez.^l ²⁶ Estes ficaram como juízes permanentes do povo. As questões difíceis levavam a Moisés; as mais simples, porém, eles mesmos^m resolviam.

²⁷ Então Moisés e seu sogro se despediram, e este voltou para a sua terra.ⁿ

Israel Chega ao Monte Sinai

19 No dia em que se completaram três meses que os israelitas haviam saído do Egito, chegaram ao deserto do Sinai. ² Depois de saírem de Refidim,^o entraram no deserto do Sinai, e Israel acampou ali, diante do monte.^p

³ Logo Moisés subiu o monte para encontrar-se com Deus. E o Senhor o chamou^q do monte, dizendo: "Diga o seguinte aos descendentes de Jacó e declare aos israelitas: ⁴ Vocês viram o que fiz ao Egito^r e como os transportei sobre asas^s de águias e os trouxe para junto de mim. ⁵ Agora, se me obedecerem fielmente^t e guardarem a

minha aliança,ᵘ vocês serão o meu tesouro pessoalᵛ entre todas as nações. Embora toda a terraʷ seja minha, ⁶ vocês¹ serão para mim um reino de sacerdotesˣ e uma nação santa.ʸ Essas são as palavras que você dirá aos israelitas".

⁷ Moisés voltou, convocou as autoridades do povo e lhes expôs tudo o que o Senhor havia mandado que ele falasse. ⁸ O povo todo respondeu unânime: "Faremos tudo o que o Senhor ordenou".ᶻ E Moisés levou ao Senhor a resposta do povo.

⁹ Disse o Senhor a Moisés: "Virei numa densa nuvem,ᵃ a fim de que o povo, ouvindo-me falarᵇ com você, passe a confiar sempre em você". Então Moisés relatou ao Senhor o que o povo lhe dissera.

¹⁰ E o Senhor disse a Moisés: "Vá ao povo e consagre-oᶜ hoje e amanhã. Eles deverão lavar as suas vestesᵈ ¹¹ e estar prontos no terceiro dia,ᵉ porque nesse dia o Senhor descerá sobre o monte Sinai, à vista de todo o povo. ¹² Estabeleça limites em torno do monte e diga ao povo: Tenham o cuidado de não subir ao monte e de não tocar na sua base. Quem tocar no monte certamente será morto; ¹³ será apedrejadoᶠ ou morto a flechadas. Ninguém deverá tocá-lo com a mão. Seja homem, seja animal, não viverá. Somente quando a corneta soar um toque longo eles poderão subir ao monte".

¹⁴ Tendo Moisés descido do monte, consagrou o povo; e eles lavaram as suas vestes. ¹⁵ Disse ele então ao povo: "Preparem-se para o terceiro dia, e até lá não se acheguem a mulher".

¹⁶ Ao amanhecer do terceiro dia houve trovões e raios, uma densa nuvem cobriu o monte, e uma trombeta ressoou fortemente.ᵍ Todos no acampamento tremeram de medo.ʰ ¹⁷ Moisés levou o povo para fora do acampamento, para encontrar-se com Deus, e eles ficaram ao pé do monte. ¹⁸ O monte Sinai estava coberto de fumaça,ⁱ pois o Senhor tinha descido sobre ele em chamas de fogo.ʲ Dele subia fumaça como que de uma fornalha;ᵏ todo o monte² tremiaˡ violentamente, ¹⁹ e o som da trombeta era cada vez mais forte. Então Moisés falou, e a vozᵐ de Deus lhe respondeu³.ⁿ

²⁰ O Senhor desceu ao topo do monte Sinai e chamou Moisés para o alto do monte. Moisés subiu ²¹ e o Senhor lhe disse: "Desça e alerte o povo que não ultrapasse os limites para verᵒ o Senhor, e muitos deles pereçam. ²² Mesmo os sacerdotes que se aproximaremᵖ do Senhor devem consagrar-se; senão o Senhor os fulminará".ᑫ

²³ Moisés disse ao Senhor: "O povo não pode subir ao monte Sinai, pois tu mesmo nos avisaste: 'Estabeleça um limiteʳ em torno do monte e declare-o santo' ".

²⁴ O Senhor respondeu: "Desça e depois torne a subir, acompanhado de Arão.ˢ Quanto aos sacerdotes e ao povo, não devem ultrapassar o limite para subir ao Senhor; senão, o Senhor os fulminará".

²⁵ Então Moisés desceu e avisou o povo.

Os Dez Mandamentos

20 E Deus falou todas estas palavras:

² "Eu sou o Senhor, o teu Deus, que te tirou do Egito, da terra da escravidão.ᵗ

³ "Não terás outros deuses além de mim.ᵘ

⁴ "Não farás para ti nenhum ídolo,ᵛ nenhuma imagem de qualquer coisa no céu, na terra, ou nas águas debaixo da terra. ⁵ Não te prostrarás diante deles nem lhes prestarás culto,ʷ porque eu, o Senhor, o teu Deus, sou Deus zeloso,ˣ que castigo os filhos pelos pecados de seus pais até a terceira e quarta geraçãoʸ daqueles que me desprezam, ⁶ mas trato

---

¹ **19.5,6** Ou *nações, pois toda a terra é minha.* 6Vocês
² **19.18** Conforme a maioria dos manuscritos do Texto Massorético. Alguns manuscritos do Texto Massorético e a Septuaginta dizem *o povo*.
³ **19.19** Ou *e Deus lhe respondeu com um trovão*

com bondade até mil^z gerações^1 aos que me amam e obedecem aos meus mandamentos.

7 "Não tomarás em vão o nome do Senhor, o teu Deus, pois o Senhor não deixará impune quem tomar o seu nome^a em vão.

8 "Lembra-te do dia de sábado,^{b} para santificá-lo. 9 Trabalharás seis dias e neles farás todos os teus trabalhos,^{c} 10 mas o sétimo dia é o sábado dedicado ao Senhor, o teu Deus. Nesse dia não farás trabalho algum, nem tu, nem teus filhos ou filhas, nem teus servos ou servas, nem teus animais, nem os estrangeiros que morarem em tuas cidades. 11 Pois em seis dias o Senhor fez os céus e a terra, o mar e tudo o que neles existe, mas no sétimo dia descansou.^{d} Portanto, o Senhor abençoou o sétimo dia e o santificou.

12 "Honra teu pai e tua mãe,^{e} a fim de que tenhas vida longa na terra que o Senhor, o teu Deus, te dá.

13 "Não matarás.^{f}

14 "Não adulterarás.^{g}

15 "Não furtarás.^{h}

16 "Não darás falso testemunho contra o teu próximo.^{i}

17 "Não cobiçarás^j a casa do teu próximo. Não cobiçarás a mulher do teu próximo, nem seus servos ou servas, nem seu boi ou jumento, nem coisa alguma que lhe pertença".

18 Vendo-se o povo diante dos trovões e dos relâmpagos, e do som da trombeta^k e do monte fumegando, todos tremeram assustados. Ficaram a distância 19 e disseram a Moisés: "Fala tu mesmo conosco, e ouviremos. Mas que Deus não fale conosco, para que não morramos".^{l}

20 Moisés disse ao povo: "Não tenham medo! Deus veio prová-los, para que o temor^m de Deus esteja em vocês e os livre de pecar".^{n}

21 Mas o povo permaneceu a distância, ao passo que Moisés aproximou-se da nuvem escura^o em que Deus se encontrava.

A Lei sobre o Altar do Senhor

22 O Senhor disse a Moisés: "Diga o seguinte aos israelitas: Vocês viram por vocês mesmos que do céu^p lhes falei: 23 não façam ídolos de prata nem de ouro^q para me representarem.^{r}

24 "Façam-me um altar de terra e nele sacrifiquem-me os seus holocaustos^2 e as suas ofertas de comunhão,^{3} as suas ovelhas e os seus bois. Onde quer que eu faça celebrar o meu nome,^{s} virei a vocês e os abençoarei.^{t} 25 Se me fizerem um altar de pedras, não o façam com pedras lavradas, porque o uso de ferramentas^u o profanaria. 26 Não subam por degraus ao meu altar, para que nele não seja exposta a sua nudez.

Leis acerca dos Escravos Hebreus

21 "São estas as leis^v que você proclamará ao povo:

2 "Se você comprar um escravo hebreu, ele o servirá por seis anos. Mas no sétimo ano será liberto,^{w} sem precisar pagar nada. 3 Se chegou solteiro, solteiro receberá liberdade; mas, se chegou casado, sua mulher irá com ele. 4 Se o seu senhor lhe tiver dado uma mulher, e esta lhe tiver dado filhos ou filhas, a mulher e os filhos pertencerão ao senhor; somente o homem sairá livre.

5 "Se, porém, o escravo declarar: 'Eu amo o meu senhor, a minha mulher e os meus filhos, e não quero sair livre',^{x} 6 o seu senhor o levará perante os juízes^4,^{y} Terá que levá-lo à porta ou à lateral da porta e furar a sua orelha. Assim, ele será seu escravo por toda a vida.^{z}

---

^{2} **20.24** Isto é, sacrifícios totalmente queimados; também em 24.5; 29.18, 25 e 42.

^{3} **20.24** Ou *de paz*; também em 24.5 e 29.28.

^{4} **21.6** Ou *perante Deus*

^{1} **20.6** Ou *a milhares que*

⁷ "Se um homem vender sua filha como escrava, ela não será liberta como os escravos homens. ⁸ Se ela não agradar ao seu senhor que a escolheu, ele deverá permitir que ela seja resgatada. Não poderá vendê-la a estrangeiros, pois isso seria deslealdade para com ela. ⁹ Se o seu senhor a escolher para seu filho, dê a ela os direitos de uma filha. ¹⁰ Se o senhor tomar uma segunda mulher para si, não poderá privar a primeira de alimento, de roupas e dos direitos conjugais.ᵃ ¹¹ Se não lhe garantir essas três coisas, ela poderá ir embora sem precisar pagar nada.

Leis acerca da Violência e dos Acidentes

¹² "Quem ferir um homem e o matar terá que ser executado.ᵇ ¹³ Todavia, se não o fez intencionalmente, mas Deus o permitiu, designei um lugarᶜ para onde poderá fugir. ¹⁴ Mas, se alguém tiver planejado matar outro deliberadamente,ᵈ tire-o até mesmo do meu altar e mate-o.ᵉ

¹⁵ "Quem agredir o próprio pai ou a própria mãe terá que ser executado.

¹⁶ "Aquele que sequestrar alguém e vendê-loᶠ ou for apanhado com ele em seu poder, terá que ser executado.ᵍ

¹⁷ "Quem amaldiçoar seu pai ou sua mãe terá que ser executado.ʰ

¹⁸ "Se dois homens brigarem e um deles ferir o outro com uma pedra ou com o punho¹ e o outro não morrer, mas cair de cama, ¹⁹ aquele que o feriu será absolvido, se o outro se levantar e caminhar com o auxílio de uma bengala; todavia, ele terá que indenizar o homem ferido pelo tempo que este perdeu e responsabilizar-se por sua completa recuperação.

²⁰ "Se alguém ferir seu escravo ou escrava com um pedaço de pau e como resultado o escravo morrer, será punido; ²¹ mas, se o escravo sobreviver um ou dois dias, não será punido, visto que é sua propriedade.ⁱ

²² "Se homens brigarem e ferirem uma mulher grávida, e ela der à luz prematuramente², não havendo, porém, nenhum dano sério, o ofensor pagará a indenização que o marido daquela mulher exigir,ʲ conforme a determinação dos juízes³. ²³ Mas, se houver danos graves, a pena será vida por vida,ᵏ ²⁴ olho por olho, dente por dente,ˡ mão por mão, pé por pé, ²⁵ queimadura por queimadura, ferida por ferida, contusão por contusão.

²⁶ "Se alguém ferir o seu escravo ou sua escrava no olho e o cegar, terá que libertar o escravo como compensação pelo olho. ²⁷ Se quebrar um dente de um escravo ou de uma escrava, terá que libertar o escravo como compensação pelo dente.

²⁸ "Se um boi chifrar um homem ou uma mulher, causando-lhe a morte,ᵐ o boi terá que ser apedrejado até a morte, e a sua carne não poderá ser comida. Mas o dono do boi será absolvido. ²⁹ Se, todavia, o boi costumava chifrar e o dono, ainda que alertado, não o manteve preso, e o boi matar um homem ou uma mulher, o boi será apedrejado e o dono também terá que ser morto. ³⁰ Caso, porém, lhe peçam um pagamento, poderá resgatar a sua vida pagando o que for exigido.ⁿ ³¹ Esta sentença também se aplica no caso de um boi chifrar um menino ou uma menina. ³² Se o boi chifrar um escravo ou escrava, o dono do animal terá que pagar trezentos e sessenta gramas⁴ de prata ao dono do escravo, e o boi será apedrejado.

³³ "Se alguém abrir ou deixar aberta uma cisterna, não tendo o cuidado de tampá-la, e um jumento ou um boi nela cair, ³⁴ o dono da cisterna terá que pagar o prejuízo, indenizando o dono do animal, e ficará com o animal morto.

³⁵ "Se o boi de alguém ferir o boi de outro e o matar, venderão o boi vivo e dividirão

---

¹ **21.18** Ou *com uma ferramenta*
² **21.22** Hebraico: *e a criança sair.*
³ **21.22** Ou *de Deus*
⁴ **21.32** Hebraico: 30 siclos. Um siclo equivalia a 12 gramas.

21.10 ᵃ1Co 7.3-5
21.12 ᵇGn 9.6; Mt 26.52
21.13 ᶜNm 35.10-34; Dt 19.2-13; Js 20.9; 1Sm 24.4,10,18
21.14 ᵈHb 10.26 ᵉDt 19.11-12; 1Rs 2.28-34
21.16 ᶠGn 37.28 ᵍEx 22.4; Dt 24.7
21.17 ʰLv 20.9-10; Mt 15.4*; Mc 7.10*
21.21 ⁱLv 25.44-46
21.22 ʲv. 30; Dt 22.18-19;
21.23 ᵏLv 24.19; Dt 19.21
21.24 ˡMt 5.38*
21.28 ᵐv. 32; Gn 9.5
21.30 ⁿv. 22; Nm 35.31
21.32 ᵒZc 11.12-13; Mt 26.15; 27.3,9

em partes iguais, tanto o valor do boi vivo como o animal morto. ³⁶ Contudo, se o boi costumava chifrar e o dono não o manteve preso, este terá que pagar boi por boi, e ficará com o que morreu.

Leis acerca da Proteção da Propriedade

22 "Se alguém roubar um boi, ou uma ovelha, e abatê-lo ou vendê-lo, terá que restituirᵖ cinco bois pelo boi e quatro ovelhas pela ovelha.

² "Se o ladrão que for pego arrombandoᵍ for ferido e morrer, quem o feriu não será culpado de homicídio,ʳ ³ mas, se isso acontecer depois do nascer do sol, será culpado de homicídio.

"O ladrão terá que restituir o que roubou, mas, se não tiver nada, será vendidoˢ para pagar o roubo. ⁴ Se o que foi roubado for encontrado vivo em seu poder, seja boi, seja jumento, seja ovelha, ele deverá restituí-lo em dobro.ᵗ

⁵ "Se alguém levar seu rebanho para pastar num campo ou numa vinha e soltá-lo de modo que venha a pastar no campo de outro homem, fará restituição com o melhor do seu campo ou da sua vinha.

⁶ "Se um fogo se espalhar e alcançar os espinheiros e queimar os feixes colhidos ou o trigo plantado ou até a lavoura toda, aquele que iniciou o incêndio restituirá o prejuízo.

⁷ "Se alguém entregar ao seu próximo prata ou bens para serem guardados e estes forem roubados da casa deste, o ladrão, se for encontrado, terá que restituí-los em dobro.ᵘ ⁸ Mas, se o ladrão não for encontrado, o dono da casa terá que comparecer perante os juízes¹ᵛ para que se determine se ele não lançou mão dos bens do outro. ⁹ Sempre que alguém se apossar de boi, *jumento*, *ovelha*, *roupa* ou *qualquer outro bem perdido*, mas alguém disser: 'Isto me pertence', as duas partes envolvidas levarão o caso aos juízes.ʷ Aquele a quem os juízes declararem² culpado restituirá o dobro ao seu próximo.

¹⁰ "Se alguém der ao seu próximo o seu jumento, ou boi, ou ovelha ou qualquer outro animal para ser guardado e o animal morrer, for ferido ou for levado sem que ninguém o veja, ¹¹ a questão entre eles será resolvida prestando-se um juramentoˣ diante do Senhor de que um não lançou mão da propriedade do outro. O dono terá que aceitar isso e nenhuma restituição será exigida. ¹² Mas, se o animal tiver sido roubado do seu próximo, este terá que fazer restituição ao dono. ¹³ Se tiver sido despedaçado por um animal selvagem, ele trará como prova o que restou dele; e não terá que fazer restituição.ʸ

¹⁴ "Se alguém pedir emprestado ao seu próximo um animal e este for ferido ou morrer na ausência do dono, terá que fazer restituição. ¹⁵ Mas, se o dono estiver presente, o que tomou emprestado não terá que restituí-lo. Se o animal tiver sido alugado, o preço do aluguel cobrirá a perda.

Leis acerca das Responsabilidades Sociais

¹⁶ "Se um homem seduzir uma virgemᶻ que ainda não tenha compromisso de casamento e deitar-se com ela, terá que pagar o preço do seu dote, e ela será sua mulher. ¹⁷ Mas, se o pai recusar-se a entregá-la, ainda assim o homem terá que pagar o equivalente ao dote das virgens.

¹⁸ "Não deixem viver a feiticeira.ᵃ

¹⁹ "Todo aquele que tiver relações sexuais com animalᵇ terá que ser executado.

²⁰ "Quem oferecer sacrifício a qualquer outro deus, e não unicamente ao Senhor, será destruído.ᶜ

²¹ "Não maltratem nem oprimam o estrangeiro,ᵈ pois vocês foram estrangeirosᵉ no Egito.

²² "Não prejudiquem as viúvas nem os órfãos;ᶠ ²³ porque, se o fizerem e eles clamaremᵍ a mim, eu certamente atenderei ao seu

---

¹ **22.8** Ou *perante Deus*; também no versículo 9.

² **22.9** Ou *a quem Deus declarar*

clamor.ʰ ²⁴ Com grande ira matarei vocês à espada; suas mulheres ficarão viúvas e seus filhos, órfãos.ⁱ

²⁵ "Se fizerem empréstimo a alguém do meu povo, a algum necessitado que viva entre vocês, não cobrem juros dele; não emprestem visando ao lucro.ʲ ²⁶ Se tomarem como garantia o manto do seu próximo, devolvam-noᵏ até o pôr do sol, ²⁷ porque o manto é a única coberta que ele possui para o corpo. Em que mais se deitaria? Quando ele clamar a mim, eu o ouvirei, pois sou misericordioso.ˡ

²⁸ "Não blasfemem contra Deus¹ᵐ nem amaldiçoem uma autoridade do seu povo.ⁿ

²⁹ "Não retenham as ofertasᵒ de suas colheitas².

"Consagrem-me o primeiro filhoᵖ de vocês ³⁰ e a primeira cria das vacas, das ovelhasᵠ e das cabras. Durante sete dias a cria ficará com a mãe, mas, no oitavo dia,ʳ entreguem-na a mim.

³¹ "Vocês serão meu povo santo.ˢ Não comam a carne de nenhum animal despedaçado por ferasᵗ no campo; joguem-na aos cães.

Leis acerca do Exercício da Justiça

23 "Ninguém faça declarações³ falsasᵘ nem seja cúmplice do ímpio, sendo-lhe testemunha mal-intencionada.ᵛ

² "Não acompanhe a maioria para fazer o mal. Ao testemunhar num processo, não perverta a justiçaʷ para apoiar a maioria, ³ nem para favorecer o pobre num processo.

⁴ "Se você encontrar perdido o boi ou o jumento que pertence ao seu inimigo, leve-o de volta a ele.ˣ ⁵ Se você vir o jumentoʸ de alguém que o odeia caído sob o peso de sua carga, não o abandone, procure ajudá-lo.

⁶ "Não pervertaᶻ o direito dos pobres em seus processos. ⁷ Não se envolva em falsas acusaçõesᵃ nem condene à morte o inocente e o justo, porque não absolverei o culpado.

⁸ "Não aceite suborno,ᵇ pois o suborno cega até os que têm discernimento⁴ e prejudica a causa do justo.

⁹ "Não oprima o estrangeiro.ᶜ Vocês sabem o que é ser estrangeiro, pois foram estrangeiros no Egito.

Leis acerca do Sábado

¹⁰ "Plantem e colham em sua terra durante seis anos, ¹¹ mas no sétimo deixem-na descansar sem cultivá-la. Assim os pobres do povo poderão comer o que crescer por si, e o que restar ficará para os animais do campo. Façam o mesmo com as suas vinhas e com os seus olivais.

¹² "Em seis dias façam os seus trabalhos,ᵈ mas no sétimo não trabalhem, para que o seu boi e o seu jumento possam descansar, e o seu escravo e o estrangeiro renovem as forças.

¹³ "Tenham o cuidadoᵉ de fazer tudo o que ordenei a vocês. Não invoquem o nome de outros deuses; não se ouçam tais nomes dos seus lábios.

Leis acerca das Grandes Festas Anuais

¹⁴ "Três vezesᶠ por ano vocês me celebrarão festa.

¹⁵ "Celebrem a festa dos pães sem fermento;ᵍ durante sete dias comam pão sem fermento, como ordenei a vocês. Façam isso na época determinada do mês de abibe⁵, pois nesse mês vocês saíram do Egito.

"Ninguém se apresentará a mim de mãos vazias.ʰ

¹⁶ "Celebrem a festa da colheita dos primeiros frutosⁱ do seu trabalho de semeadura.

"Celebrem a festa do encerramento da colheita quando, no final do ano, vocês armazenarem as colheitas.ʲ

---

¹ **22.28** Ou "*Não insultem os juízes*"
² **22.29** Ou *do trigo, do vinho e do azeite*. Hebraico: *a sua prosperidade e as suas lágrimas*.
³ **23.1** Ou *não espalhe notícias*
⁴ **23.8** Ou *os juízes*
⁵ **23.15** Aproximadamente março/abril.

23.17
ᵏDt 16.16
23.18
ˡEx 34.25
ᵐDt 16.4
23.19
ⁿEx 22.29;
Dt 26.2,10
ᵒDt 14.21
23.20
ᵖEx 14.19;
32.34
ᵠEx 15.17
23.21
ʳNm 14.11;
Dt 18.19
ˢSl 78.8,40,56
23.22
ᵗGn 12.3;
Dt 30.7
23.23
ᵘv. 20;
Js 24.8,11
23.24
ᵛEx 20.5
ʷDt 12.30-31
ˣEx 34.13;
Nm 33.52
23.25
ʸDt 6.13;
Mt 4.10
ᶻDt 7.12-15;
28.1-14
ᵃEx 15.26
23.26
ᵇDt 7.14;
Ml 3.11
ᶜJó 5.26
23.27
ᵈEx 15.14;
Dt 2.25
ᵉDt 7.23
23.28
ᶠDt 7.20;
Js 24.12
23.29
ᵍDt 7.22
23.31
ʰGn 15.18
ⁱJs 21.44;
24.12,18
23.32
ʲEx 34.12;
Dt 7.2
23.33
ᵏDt 7.16;
Sl 106.36
24.1
ˡEx 6.23;
Lv 10.1-2
ᵐNm 11.16
24.3
ⁿEx 19.8;
Dt 5.27
24.4
ᵒDt 31.9
ᵖGn 28.18
24.6
ᵠHb 9.18
24.7
ʳHb 9.19

¹⁷ "Três vezesᵏ por ano todos os homens devem comparecer diante do SENHOR, o Soberano.

¹⁸ "Não ofereçam o sangue de um sacrifício feito em minha honra com pão fermentado.ˡ

"A gordura das ofertas de minhas festas não deverá ser guardada até a manhã seguinte.ᵐ

¹⁹ "Tragam ao santuário do SENHOR, o seu Deus, o melhor dos primeiros frutosⁿ das suas colheitas.

"Não cozinhem o cabrito no leite da própria mãe.ᵒ

Promessas e Advertências sobre a Conquista de Canaã

²⁰ "Eis que envio um anjoᵖ à frente de vocês para protegê-los por todo o caminho e fazê-los chegar ao lugar que preparei.ᵠ ²¹ Prestem atenção e ouçamʳ o que ele diz. Não se rebelem contra ele, pois não perdoará as suas transgressões,ˢ pois nele está o meu nome. ²² Se vocês ouvirem atentamente o que ele disser e fizerem tudo o que lhes ordeno, serei inimigoᵗ dos seus inimigos, e adversário dos seus adversários. ²³ O meu anjo irá à frente de vocês e os fará chegar à terra dos amorreus, dos hititas, dos ferezeus, dos cananeus, dos heveus e dos jebuseus,ᵘ e eu os exterminarei. ²⁴ Não se curvem diante dos deuses deles, nem lhes prestem culto,ᵛ nem sigam as suas práticas.ʷ Destruam-nosˣ totalmente e quebrem as suas colunas sagradas. ²⁵ Prestem culto ao SENHOR, o Deusʸ de vocês, e ele os abençoará,ᶻ dando a vocês alimento e água. Tirarei a doençaᵃ do meio de vocês. ²⁶ Em sua terra nenhuma grávida perderá o filho nem haverá mulher estéril.ᵇ Farei completar-se o tempo de duraçãoᶜ da vida de vocês.

²⁷ "Mandarei adiante de vocês o meu terror,ᵈ que porá em confusãoᵉ todas as nações que vocês encontrarem. Farei que todos os seus inimigos virem as costas e fujam. ²⁸ Causarei pânico¹ᶠ entre os heveus, os cananeus e os hititas para expulsá-los de diante de vocês. ²⁹ Não os expulsarei num só ano, pois a terra se tornaria desolada e os animais selvagensᵍ se multiplicariam, ameaçando vocês. ³⁰ Eu os expulsarei aos poucos, até que vocês sejam numerosos o suficiente para tomarem posse da terra.

³¹ "Estabelecerei as suas fronteiras desde o mar Vermelho até o mar dos filisteus²,e desde o deserto até o Eufrates³.ʰ Entregarei em suas mãos os povos que vivem na terra, os quais vocês expulsarãoⁱ de diante de vocês. ³² Não façam aliançaʲ com eles nem com os seus deuses. ³³ Não deixem que esses povos morem na terra de vocês, senão eles os levarão a pecar contra mim, porque prestar culto aos deuses deles será uma armadilhaᵏ para vocês".

A Confirmação da Aliança

24 Depois Deus disse a Moisés: "Subam o monte para encontrar-se com o SENHOR, você e Arão, Nadabe e Abiú,ˡ e setenta autoridadesᵐ de Israel. Adorem à distância. ² Somente Moisés se aproximará do SENHOR; os outros não. O povo também não subirá com ele".

³ Quando Moisés se dirigiu ao povo e transmitiu-lhes todas as palavras e ordenanças do SENHOR, eles responderam em uníssono: "Faremosⁿ tudo o que o SENHOR ordenou". ⁴ Moisés, então, escreveuᵒ tudo o que o SENHOR dissera.

Na manhã seguinte Moisés levantou-se, construiu um altar ao pé do monte e ergueu doze colunas de pedra,ᵖ representando as doze tribos de Israel. ⁵ Em seguida, enviou jovens israelitas, que ofereceram holocaustos e novilhos como sacrifícios de comunhão ao SENHOR. ⁶ Moisés colocou metade do sangueᵠ em tigelas e a outra metade derramou sobre o altar. ⁷ Em seguida, leu o Livro da Aliançaʳ para o povo, e eles

---

¹ **23.28** Ou *mandarei vespas*; ou ainda *mandarei uma praga*
² **23.31** Isto é, o Mediterrâneo.
³ **23.31** Hebraico: o Rio.

disseram: "Faremos fielmente tudo o que o Senhor ordenou".

⁸ Depois Moisés aspergiu o sangue sobre o povo, dizendo: "Este é o sangue da aliança que o Senhor fez com vocês de acordo com todas essas palavras".

⁹ Moisés, Arão, Nadabe, Abiú e setenta autoridades de Israel subiram ¹⁰ e viram o Deus de Israel, sob cujos pés havia algo semelhante a um pavimento de safira, como o céu em seu esplendor. ¹¹ Deus, porém, não estendeu a mão para punir esses líderes do povo de Israel; eles viram a Deus, e depois comeram e beberam.

Moisés na Presença de Deus

¹² Disse o Senhor a Moisés: "Suba o monte, venha até mim e fique aqui; e lhe darei as tábuas de pedra com a lei e os mandamentos que escrevi para a instrução do povo".

¹³ Moisés partiu com Josué, seu auxiliar, e subiu ao monte de Deus. ¹⁴ Disse ele às autoridades de Israel: "Esperem-nos aqui, até que retornemos. Arão e Hur ficarão com vocês; quem tiver alguma questão para resolver, poderá procurá-los".

¹⁵ Quando Moisés subiu, a nuvem cobriu o monte, ¹⁶ e a glória do Senhor permaneceu sobre o monte Sinai. Durante seis dias a nuvem cobriu o monte. No sétimo dia o Senhor chamou Moisés do interior da nuvem. ¹⁷ Aos olhos dos israelitas, a glória do Senhor parecia um fogo consumidor no topo do monte. ¹⁸ Moisés entrou na nuvem e foi subindo o monte. E permaneceu no monte quarenta dias e quarenta noites.

As Ofertas para o Tabernáculo

25 Disse o Senhor a Moisés: ² "Diga aos israelitas que me tragam uma oferta. Receba-a de todo aquele cujo coração o compelir a dar. ³ Estas são as ofertas que deverá receber deles: ouro, prata e bronze; ⁴ fios de tecidos azul, roxo e vermelho, linho fino, pelos de cabra; ⁵ peles de carneiro tingidas de vermelho, couro, madeira de acácia; ⁶ azeite para iluminação, especiarias para o óleo da unção e para o incenso aromático; ⁷ pedras de ônix e outras pedras preciosas para serem encravadas no colete sacerdotal e no peitoral.

⁸ "E farão um santuário para mim, e eu habitarei no meio deles. ⁹ Façam tudo como eu lhe mostrar, conforme o modelo do tabernáculo e de cada utensílio.

A Arca da Aliança

¹⁰ "Faça uma arca de madeira de acácia com um metro e dez centímetros de comprimento, setenta centímetros de largura e setenta centímetros de altura². ¹¹ Revista-a de ouro puro, por dentro e por fora, e faça uma moldura de ouro ao seu redor. ¹² Mande fundir quatro argolas de ouro para ela e prenda-as em seus quatro pés, com duas argolas de um lado e duas do outro. ¹³ Depois faça varas de madeira de acácia, revista-as de ouro ¹⁴ e coloque-as nas argolas laterais da arca, para que possa ser carregada. ¹⁵ As varas permanecerão nas argolas da arca; não devem ser retiradas. ¹⁶ Então coloque dentro da arca as tábuas da aliança que lhe darei.

¹⁷ "Faça uma tampa³ de ouro puro com um metro e dez centímetros de comprimento por setenta centímetros de largura, ¹⁸ com dois querubins de ouro batido nas extremidades da tampa. ¹⁹ Faça um querubim numa extremidade e o segundo na outra, formando uma só peça com a tampa. ²⁰ Os querubins devem ter suas asas estendidas para cima, cobrindo com elas a tampa. Ficarão de frente um para o outro, com o rosto voltado para a tampa. ²¹ Coloque a tampa sobre a arca e dentro dela as tábuas

---

¹ 25.5 Possivelmente de animais marinhos; também em 26.14.

² 25.10 Hebraico: *2,5 côvados de comprimento, 1,5 côvados de largura e 1,5 côvados de altura*. O côvado era uma medida linear de cerca de 45 centímetros.

³ 25.17 Tradicionalmente *um propiciatório*; também no restante do capítulo e em 26.34.

da aliança'' que darei a você. ²² Ali, sobre a tampa, no meio dos dois querubins° que se encontram sobre a arca da aliança¹, eu me encontrarei° com você e lhe darei todos os meus mandamentos destinados aos israelitas.

A Mesa e seus Utensílios

²³ "Faça uma mesa* de madeira de acácia com noventa centímetros de comprimento, quarenta e cinco centímetros de largura e setenta centímetros de altura. ²⁴ Revista-a de ouro puro e faça uma moldura de ouro ao seu redor. ²⁵ Faça também ao seu redor uma borda com a largura de quatro dedos e uma moldura de ouro para essa borda. ²⁶ Faça quatro argolas de ouro para a mesa e prenda-as nos quatro cantos dela, onde estão os seus quatro pés. ²⁷ As argolas devem ser presas próximas da borda para que sustentem as varas usadas para carregar a mesa. ²⁸ Faça as varas de madeira de acácia, revestindo-as de ouro; com elas se carregará a mesa. ²⁹ Faça de ouro puro os seus pratos e o recipiente para incenso, as suas tigelas e as bacias nas quais se derramam as ofertas de bebidas²,ʸ. ³⁰ Coloque sobre a mesa os pães da Presença,ᶻ para que estejam sempre diante de mim.

O Candelabro de Ouro

³¹ "Faça um candelabroᵃ de ouro puro e batido. O pedestal, a haste, as taças, as flores e os botões do candelabro formarão com ele uma só peça. ³² Seis braços sairão do candelabro: três de um lado e três do outro. ³³ Haverá três taças com formato de flor de amêndoa num dos braços, cada uma com botão e flor; e três taças com formato de flor de amêndoa no braço seguinte, cada uma com botão e flor. Assim será com os seis braços que saem do candelabro. ³⁴ Na haste do candelabro haverá quatro taças com formato de flor de amêndoa, cada uma com botão e flor. ³⁵ Haverá um botão debaixo de cada par dos seis braços que saem do candelabro. ³⁶ Os braços com seus botões formarão uma só peça com o candelabro; tudo feito de ouro puro e batido.

³⁷ "Faça-lhe também sete lâmpadasᵇ e coloque-as nele para que iluminem a frente dele. ³⁸ Seus cortadores de pavio e seus apagadores serão de ouro puro. ³⁹ Com trinta e cinco quilos³ de ouro puro faça o candelabro e todos esses utensílios. ⁴⁰ Tenha o cuidado de fazê-lo segundo o modeloᶜ que lhe foi mostrado no monte.

O Tabernáculo

26 "Faça o tabernáculo com dez cortinas internas de linho fino trançado e de fios de tecidos azul, roxo e vermelho, e nelas mande bordar querubins. ² Todas as cortinas internas terão a mesma medida: doze metros e sessenta centímetros de comprimento e um metro e oitenta centímetros de largura⁴. ³ Prenda cinco dessas cortinas internas uma com a outra e faça o mesmo com as outra cinco. ⁴ Faça laçadas de tecido azul ao longo da borda da cortina interna, na extremidade do primeiro conjunto de cortinas internas; o mesmo será feito à cortina interna na extremidade do outro conjunto. ⁵ Faça cinquenta laçadas numa cortina interna e cinquenta laçadas na cortina interna que está na extremidade do outro conjunto, de modo que as laçadas estejam opostas umas às outras. ⁶ Faça também cinquenta colchetes de ouro com os quais se prenderão as cortinas internas uma na outra, para que o tabernáculo seja um todo.

⁷ "Com o total de onze cortinas internas de pelos de cabra faça uma tenda para cobrir o tabernáculo. ⁸ As onze cortinas internas terão o mesmo tamanho: treze me-

---

25.21
ᵘv. 16
25.22
ᵛNm 7.89;
1Sm 4.4;
2Sm 6.2;
2Rs 19.15
Sl 80.1;
Is 37.16
ʷEx 29.42-43
25.23
ˣHb 9.2
25.29
ʸNm 4.7
25.30
ᶻLv 24.5-9
25.31
ᵃ1Rs 7.49;
Zc 4.2;
Hb 9.2;
Ap 1.12
25.37
ᵇEx 27.21;
Lv 24.3-4;
Nm 8.2
25.40
ᶜEx 26.30;
Nm 8.4;
At 7.44;
Hb 8.5*

---

¹ **25.22** Hebraico: *do Testemunho*. Isto é, das tábuas da aliança; também em 26.33 e 34.
² **25.29** Veja Nm 28.7.
³ **25.39** Hebraico: *1 talento*.
⁴ **26.2** Hebraico: *28 côvados de comprimento e 4 côvados de largura*. O côvado era uma medida linear de cerca de 45 centímetros.

tros e meio de comprimento e um metro e oitenta centímetros de largura. ⁹ Prenda de um lado cinco cortinas internas e também as outras seis do outro lado. Dobre em duas partes a sexta cortina interna na frente da tenda. ¹⁰ Faça cinquenta laçadas ao longo da borda da cortina interna na extremidade do primeiro conjunto de cortinas, e também ao longo da borda da cortina interna do outro conjunto. ¹¹ Em seguida, faça cinquenta colchetes de bronze e ponha-os nas laçadas para unir a tenda como um todo. ¹² Quanto à sobra no comprimento das cortinas internas da tenda, a meia cortina interna que sobrar será pendurada na parte de trás do tabernáculo. ¹³ As dez cortinas internas serão quarenta e cinco centímetros mais compridas de cada lado; e o que sobrar será pendurado nos dois lados do tabernáculo, para cobri-lo. ¹⁴ Faça também para a tenda uma cobertura de pele de carneiro tingida de vermelho e por cima desta uma cobertura de couro.ᵈ

As Armações do Tabernáculo

¹⁵ "Faça armações verticais de madeira de acácia para o tabernáculo. ¹⁶ Cada armação terá quatro metros e meio de comprimento por setenta centímetros de largura, ¹⁷ com dois encaixes paralelos um ao outro. Todas as armações do tabernáculo devem ser feitas dessa maneira. ¹⁸ Faça vinte armações para o lado sul do tabernáculo ¹⁹ e quarenta bases de prata debaixo delas: duas bases para cada armação, uma debaixo de cada encaixe. ²⁰ Para o outro lado, o lado norte do tabernáculo, faça vinte armações ²¹ e quarenta bases de prata, duas debaixo de cada armação. ²² Faça seis armações para o lado ocidental do tabernáculo, ²³ e duas armações na parte de trás, nos cantos. ²⁴ As armações nesses dois cantos serão duplas, desde a parte inferior até a superior, colocadas numa única argola; ambas serão assim. ²⁵ Desse modo, haverá oito armações e dezesseis bases de prata; duas debaixo de cada armação.

²⁶ "Faça também travessões de madeira de acácia: cinco para as armações de um lado do tabernáculo, ²⁷ cinco para as do outro lado e cinco para as do lado ocidental, na parte de trás do tabernáculo. ²⁸ O travessão central se estenderá de uma extremidade à outra entre as armações. ²⁹ Revista de ouro as armações e faça argolas de ouro para sustentar os travessões, os quais também terão que ser revestidos de ouro.

³⁰ "Faça o tabernáculo de acordo com o modeloᵉ que lhe foi mostrado no monte.

O Véu

³¹ "Faça um véuᶠ de linho fino trançado e de fios de tecidos azul, roxo e vermelho, e mande bordar nele querubins.ᵍ ³² Pendure-o com ganchos de ouro em quatro colunas de madeira de acácia revestidas de ouro e fincadas em quatro bases de prata. ³³ Pendure o véu pelos colchetes e coloque atrás do véuʰ a arca da aliança. O véu separará o Lugar Santo do Lugar Santíssimo.ⁱ ³⁴ Coloque a tampaʲ sobre a arca da aliança no Lugar Santíssimo. ³⁵ Coloque a mesaᵏ do lado de fora do véu, no lado norte do tabernáculo; e o candelabroˡ em frente dela, no lado sul.

³⁶ "Para a entrada da tenda faça uma cortina de linho fino trançado e de fios de tecidos azul, roxo e vermelho — obra de bordador. ³⁷ Faça ganchos de ouro para essa cortina e cinco colunas de madeira de acácia revestidas de ouro. Mande fundir para eles cinco bases de bronze.

O Altar dos Holocaustos

27 "Faça um altarᵐ de madeira de acácia. Será quadrado, com dois metros e vinte e cinco centímetros de largura e um metro e trinta e cinco centímetros de altura¹. ² Faça uma ponta em forma de chifreⁿ em cada um dos quatro cantos, formando

---

¹ **27.1** Hebraico: *5 côvados de largura e 3 côvados de altura*. O côvado era uma medida linear de cerca de 45 centímetros.

26.14
ᵈEx 36.19; Nm 4.25

26.30
ᵉEx 25.9,40; At 7.44; Hb 8.5

26.31
ᶠ2Cr 3.14; Mt 27.51; Hb 9.3
ᵍEx 36.35

26.33
ʰEx 40.3,21; Lv 16.2
ⁱHb 9.2-3

26.34
ʲEx 25.21; 40.20; Hb 9.5

26.35
ᵏHb 9.2
ˡEx 40.22,24

27.1
ᵐEz 43.13

27.2
ⁿSl 118.27

uma só peça com o altar, que será revestido de bronze. ³ Faça de bronze todos os seus utensílios: os recipientes para recolher cinzas, as pás, as bacias de aspersão, os garfos para carne e os braseiros. ⁴ Faça também para ele uma grelha de bronze em forma de rede e uma argola de bronze em cada um dos quatro cantos da grelha. ⁵ Coloque-a abaixo da beirada do altar, de maneira que fique a meia altura do altar. ⁶ Faça varas de madeira de acácia para o altar e revista-as de bronze. ⁷ Essas varas serão colocadas nas argolas, dos dois lados do altar, quando este for carregado. ⁸ Faça o altar oco e de tábuas, conforme lhe foi mostrado⁰ no monte.

O Pátio

⁹ "Faça um pátio para o tabernáculo. O lado sul terá quarenta e cinco metros de comprimento e cortinas externas de linho fino trançado, ¹⁰ com vinte colunas e vinte bases de bronze, com ganchos e ligaduras de prata nas colunas. ¹¹ O lado norte também terá quarenta e cinco metros de comprimento e cortinas externas, com vinte colunas e vinte bases de bronze, com ganchos e ligaduras de prata nas colunas.

¹² "O lado ocidental, com as suas cortinas externas, terá vinte e dois metros e meio de largura, com dez colunas e dez bases. ¹³ O lado oriental, que dá para o nascente, também terá vinte e dois metros e meio de largura. ¹⁴ Haverá cortinas de seis metros e setenta e cinco centímetros de comprimento num dos lados da entrada, com três colunas e três bases, ¹⁵ e cortinas externas de seis metros e setenta e cinco centímetros de comprimento no outro lado, também com três colunas e três bases.

¹⁶ "À entrada do pátio, haverá uma cortina de nove metros de comprimento, de linho fino trançado e de fios de tecidos azul, roxo e vermelho — obra de bordador — com quatro colunas e quatro bases. ¹⁷ Todas as colunas ao redor do pátio terão ligaduras, ganchos de prata e bases de bronze. ¹⁸ O pátio terá quarenta e cinco metros de comprimento e vinte e dois metros e meio de largura, com cortinas de linho fino trançado de dois metros e vinte e cinco centímetros de altura e bases de bronze. ¹⁹ Todos os utensílios para o serviço do tabernáculo, inclusive todas as estacas da tenda e as do pátio, serão feitos de bronze.

O Óleo para o Candelabro

²⁰ "Ordene aos israelitas que tragam azeite puro de olivas batidas para a iluminação, para que as lâmpadas fiquem sempre acesas. ²¹ Na Tenda do Encontro,ᵖ do lado de fora do véu que se encontra diante das tábuas da aliança,ᵠ Arão e seus filhos manterão acesas as lâmpadasʳ diante do Senhor, do entardecer até de manhã. Esse será um decretoˢ perpétuo entre os israelitas, geração após geração.

As Vestes Sacerdotais

28 "Chame seu irmão, Arão,ᵗ e separe-o dentre os israelitas, e também os seus filhos Nadabe e Abiú, Eleazar e Itamar, para que me sirvam como sacerdotes.ᵘ ² Para o seu irmão Arão, faça vestesᵛ sagradas que lhe confiram dignidade e honra. ³ Diga a todos os homens capazes,ʷ aos quais dei habilidade,ˣ que façam vestes para a consagração de Arão, para que me sirva como sacerdote. ⁴ São estas as vestes que farão: um peitoral,ʸ um colete sacerdotal, um manto,ᶻ uma túnica bordada,ᵃ um turbante e um cinturão. Para que o sacerdote Arão e seus filhos me sirvam como sacerdotes, eles farão essas vestes sagradas ⁵ e usarão linho fino, fios de ouro e fios de tecidos azul, roxo e vermelho.

O Colete Sacerdotal

⁶ "Faça o colete sacerdotal de linho fino trançado, de fios de ouro e de fios de tecidos azul, roxo e vermelho — trabalho artesanal. ⁷ Terá duas ombreiras atadas às suas duas extremidades para uni-lo bem. ⁸ O cinturão e o colete que por ele é preso serão feitos da mesma peça. O cinturão também

será de linho fino trançado, de fios de ouro e de fios de tecidos azul, roxo e vermelho.

⁹ "Grave em duas pedras de ônix os nomes dos filhos de Israel, ¹⁰ por ordem de nascimento: seis nomes numa pedra e seis na outra. ¹¹ Grave os nomes dos filhos de Israel nas duas pedras como o lapidador grava um selo. Em seguida, prenda-as com filigranas de ouro, ¹² costurando-as nas ombreiras do colete sacerdotal, como pedras memoriais para os filhos de Israel. Assim Arão levará os nomes em seus ombros como memorial diante do SENHOR. ¹³ Faça filigranas de ouro ¹⁴ e duas correntes de ouro puro, entrelaçadas como uma corda; e prenda as correntes às filigranas.

O Peitoral

¹⁵ "Faça um peitoral de decisões — trabalho artesanal. Faça-o como o colete sacerdotal: de linho fino trançado, de fios de ouro e de fios de tecidos azul, roxo e vermelho. ¹⁶ Será quadrado, com um palmo de comprimento e um palmo de largura, e dobrado em dois. ¹⁷ Em seguida, fixe nele quatro fileiras de pedras preciosas. Na primeira fileira haverá um rubi, um topázio e um berilo; ¹⁸ na segunda, uma turquesa, uma safira e um diamante; ¹⁹ na terceira, um jacinto, uma ágata e uma ametista; ²⁰ na quarta, um crisólito, um ônix e um jaspe.[1] ²¹ Serão doze pedras, uma para cada um dos nomes dos filhos de Israel, cada uma gravada como um selo, com o nome de uma das doze tribos.

²² "Faça para o peitoral correntes de ouro puro trançadas como cordas. ²³ Faça também duas argolas de ouro e prenda-as às duas extremidades do peitoral. ²⁴ Prenda as duas correntes de ouro às argolas nas extremidades do peitoral, ²⁵ e as outras extremidades das correntes, às duas filigranas, unindo-as às peças das ombreiras do colete sacerdotal, na parte da frente. ²⁶ Faça outras duas argolas de ouro e prenda-as às outras duas extremidades do peitoral, na borda interna, próxima ao colete sacerdotal. ²⁷ Faça mais duas argolas de ouro e prenda-as na parte inferior das ombreiras, na frente do colete sacerdotal, próximas da costura, logo acima do cinturão do colete sacerdotal. ²⁸ As argolas do peitoral serão amarradas às argolas do colete com um cordão azul, ligando o peitoral ao cinturão, para que não se separe do colete sacerdotal.

²⁹ "Toda vez que Arão entrar no Lugar Santo,[b] levará os nomes dos filhos de Israel sobre o seu coração no peitoral de decisões, como memorial permanente perante o SENHOR. ³⁰ Ponha também o Urim e o Tumim[2][c] no peitoral das decisões, para que estejam sobre o coração de Arão sempre que ele entrar na presença do SENHOR. Assim, Arão levará sempre sobre o coração, na presença do SENHOR, os meios para tomar decisões em Israel.

Outras Vestes Sacerdotais

³¹ "Faça o manto do colete sacerdotal inteiramente de fios de tecido azul, ³² com uma abertura para a cabeça no centro. Ao redor dessa abertura haverá uma dobra tecida, como uma gola, para que não se rasgue. ³³ Faça romãs de fios de tecidos azul, roxo e vermelho em volta da borda do manto, intercaladas com pequenos sinos de ouro. ³⁴ Os sinos de ouro e as romãs se alternarão por toda a volta da borda do manto. ³⁵ Arão o vestirá quando ministrar. O som dos sinos será ouvido quando ele entrar no Lugar Santo diante do SENHOR e quando sair, para que não morra.

³⁶ "Faça um diadema de ouro puro e grave nele como se grava um selo: Consagrado ao SENHOR.[d] ³⁷ Prenda-o na parte da frente do turbante com uma fita azul. ³⁸ Estará sobre a testa de Arão; assim ele levará a culpa[e] de qualquer pecado que os israelitas

---

[1] 28.20 A identificação precisa de algumas destas pedras não é conhecida.

[2] 28.30 Objetos utilizados para se conhecer a vontade de Deus.

cometerem em relação às coisas sagradas, ao fazerem todas as suas ofertas. Estará sempre sobre a testa de Arão, para que as ofertas sejam aceitas pelo Senhor.

39 "Teça a túnica e o turbante com linho fino. O cinturão será feito por um bordador. 40 Faça também túnicas, cinturões e gorros para os filhos de Arão, para conferir-lhes honra e dignidade. 41 Depois de vestir seu irmão, Arão, e os filhos dele, unja-os e consagre-os, para que me sirvam como sacerdotes.

42 "Faça-lhes calções de linho que vão da cintura até a coxa, para cobrirem a sua nudez. 43 Arão e seus filhos terão que vesti-los sempre que entrarem na Tenda do Encontro ou quando se aproximarem do altar para ministrar no Lugar Santo, para que não incorram em culpa e morram.

"Este é um decreto perpétuo para Arão e para os seus descendentes.

A Consagração dos Sacerdotes

29 "Assim você os consagrará, para que me sirvam como sacerdotes: separe um novilho e dois cordeiros sem defeito. 2 Com a melhor farinha de trigo, sem fermento, faça pães e bolos amassados com azeite, e pães finos, untados com azeite. 3 Coloque-os numa cesta e ofereça-os dentro dela; também ofereça o novilho e os dois cordeiros. 4 Depois traga Arão e seus filhos à entrada da Tenda do Encontro e mande-os lavar-se. 5 Pegue as vestes e vista Arão com a túnica e o peitoral. Prenda o colete sacerdotal sobre ele com o cinturão. 6 Ponha-lhe o turbante na cabeça e prenda a coroa sagrada ao turbante. 7 Unja-o com o óleo da unção, derramando-o sobre a cabeça de Arão. 8 Traga os filhos dele, vista cada um com uma túnica 9 e um gorro na cabeça. Ponha também os cinturões em Arão e em seus filhos. O sacerdócio lhes pertence como ordenança perpétua. Assim você dedicará Arão e seus filhos.

10 "Traga o novilho para a frente da Tenda do Encontro. Arão e seus filhos colocarão as mãos sobre a cabeça do novilho, 11 e você o sacrificará na presença do Senhor, defronte da Tenda do Encontro. 12 Com o dedo, coloque um pouco do sangue do novilho nas pontas do altar e derrame o resto do sangue na base do altar. 13 Depois tire toda a gordura que cobre as vísceras, o lóbulo do fígado e os dois rins com a gordura que os envolve e queime-os no altar. 14 Mas queime a carne, o couro e o excremento do novilho fora do acampamento; é oferta pelo pecado.

15 "Separe um dos cordeiros sobre cuja cabeça Arão e seus filhos terão que colocar as mãos. 16 Sacrifique-o, pegue o sangue e jogue-o nos lados do altar. 17 Corte o cordeiro em pedaços, lave as vísceras e as pernas e coloque-as ao lado da cabeça e das outras partes. 18 Depois queime o cordeiro inteiro sobre o altar; é holocausto dedicado ao Senhor; é oferta de aroma agradável dedicada ao Senhor preparada no fogo.

19 "Pegue depois o outro cordeiro. Arão e seus filhos colocarão as mãos sobre a cabeça do animal, 20 e você o sacrificará. Pegue do sangue e coloque-o na ponta da orelha direita de Arão e dos seus filhos, no polegar da mão direita e do pé direito de cada um deles. Depois derrame o resto do sangue nos lados do altar. 21 Pegue, então, um pouco do sangue do altar e um pouco do óleo da unção, e faça aspersão com eles sobre Arão e suas vestes, sobre seus filhos e as vestes deles. Assim serão consagrados, ele e suas vestes, seus filhos e as vestes deles.

22 "Tire desse cordeiro a gordura, a parte gorda da cauda, a gordura que cobre as vísceras, o lóbulo do fígado, os dois rins e a gordura que os envolve, e a coxa direita. Esse é o cordeiro da oferta de ordenação. 23 Da cesta de pães sem fermento, que está diante do Senhor, tire um pão, um bolo assado com azeite e um pão fino. 24 Coloque tudo nas mãos de Arão e de seus filhos, e apresente-os como oferta ritualmente movida perante o Senhor. 25 Em seguida,

retome-o das mãos deles e queime os pães no altar com o holocausto de aroma agradável ao Senhor; é oferta⁶ dedicada ao Senhor preparada no fogo. ²⁶ Tire o peito do cordeiro para a ordenação de Arão e mova-o perante o Senhor, como gesto ritual de apresentação; essa parteᵈ pertencerá a você.

²⁷ "Consagre aquelas partes do cordeiro da ordenação que pertencem a Arão e a seus filhos:ᵉ o peito e a coxa movidos como oferta. ²⁸ Essas partes sempre serão dadas pelos israelitas a Arão e a seus filhos. É a contribuição obrigatória que lhes farão, das suas ofertasᶠ de comunhão ao Senhor.

²⁹ "As vestes sagradas de Arão passarão aos seus descendentes, para que as vistam quando forem ungidos e consagrados.ᵍ ³⁰ O filhoʰ que o suceder como sacerdote e vier à Tenda do Encontro para ministrar no Lugar Santo terá que usá-las durante sete dias.

³¹ "Pegue o cordeiro da ordenação e cozinhe a sua carne num lugar sagrado. ³² À entrada da Tenda do Encontro, Arão e seus filhos deverão comer a carne do cordeiro e o pãoⁱ que está na cesta. ³³ Eles comerão dessas ofertas com as quais se fez propiciação para sua ordenação e consagração; somente os sacerdotes poderão comê-las,ʲ pois são sagradas. ³⁴ Se sobrar carne do cordeiro da ordenação ou pão até a manhãᵏ seguinte, queime a sobra. Não se deve comê-los, visto que são sagrados.

³⁵ "Para a ordenação de Arão e seus filhos, faça durante sete dias tudo que ordenei. ³⁶ Sacrifique um novilho por diaˡ como oferta pelo pecado para fazer propiciação. Purifique o altar, fazendo propiciação por ele, e unja-o para consagrá-lo.ᵐ ³⁷ Durante sete dias faça propiciação pelo altar, consagrando-o. Então o altar será santíssimo, e tudo o que nele tocar será santo.ⁿ

Os Dois Holocaustos Diários

³⁸ "Eis o que você terá que sacrificar regularmente sobre o altar: a cada diaᵒ dois cordeiros de um ano. ³⁹ Ofereça um de manhã e o outro ao entardecer.ᵖ ⁴⁰ Com o primeiro cordeiro ofereça um jarro¹ da melhor farinha misturada com um litro² de azeite de olivas batidas, e um litro de vinho como oferta derramada. ⁴¹ Ofereça o outro cordeiro ao entardecer com uma oferta de cereal e uma oferta derramada, como de manhã. É oferta de aroma agradável ao Senhor preparada no fogo.

⁴² "De geração em geraçãoᑫ esse holocausto deverá ser feito regularmente à entrada da Tenda do Encontro, diante do Senhor. Nesse local eu os encontrarei e falarei com você;ʳ ⁴³ ali me encontrarei com os israelitas, e o lugar será consagrado pela minha glória.ˢ

⁴⁴ "Assim consagrarei a Tenda do Encontro e o altar, e consagrarei também Arão e seus filhos para me servirem como sacerdotes.ᵗ ⁴⁵ E habitareiᵘ no meio dos israelitas e serei o seu Deus.ᵛ ⁴⁶ Saberão que eu sou o Senhor, o seu Deus, que os tirou do Egito para habitar no meio deles. Eu sou o Senhor, o seu Deus.ʷ

O Altar do Incenso

30 "Faça um altarˣ de madeira de acácia para queimar incenso.ʸ ² Será quadrado, com quarenta e cinco centímetros de cada lado³ e noventa centímetros de altura; suas pontasᶻ formarão com ele uma só peça. ³ Revista de ouro puro a parte superior, todos os lados e as pontas, e faça uma moldura de ouro ao seu redor. ⁴ Faça duas argolas de ouro de cada lado do altar, abaixo da moldura, que sustentem as varas utilizadas para carregá-lo, ⁵ e use madeira de acácia para fazer as varas e revista-as de ouro. ⁶ Coloque o altar em frente do véu

---

¹ **29.40** Hebraico: *1/10 de efa*. O efa era uma medida de capacidade para secos. As estimativas variam entre 20 e 40 litros.

² **29.40** Hebraico: *1/4 de him*. O him era uma medida de capacidade para líquidos. As estimativas variam entre 3 e 6 litros.

³ **30.2** Hebraico: *1 côvado de comprimento e de largura*.

que se encontra diante da arca da aliança[1], diante da tampa[2a] que está sobre ele, onde me encontrarei com você.

⁷ "Arão queimará incenso[b] aromático sobre o altar todas as manhãs, quando vier cuidar das lâmpadas, ⁸ e também quando acendê-las ao entardecer. Será queimado incenso continuamente perante o Senhor, pelas suas gerações. ⁹ Não ofereçam nesse altar nenhum outro tipo de incenso[c] nem holocausto[3] nem oferta de cereal nem derramem sobre ele ofertas de bebidas[4]. ¹⁰ Uma vez por ano, Arão fará propiciação[d] sobre as pontas do altar. Essa propiciação anual será realizada com o sangue da oferta para propiciação pelo pecado, geração após geração. Esse altar é santíssimo ao Senhor".

O Preço da Propiciação

¹¹ Disse então o Senhor a Moisés: ¹² "Quando você fizer o recenseamento[e] dos israelitas, cada um deles terá que pagar ao Senhor um preço pelo resgate[f] por sua vida ao ser for contado. Dessa forma nenhuma praga[g] virá sobre eles quando você os contar. ¹³ Cada recenseado contribuirá com seis gramas[5], com base no peso padrão[6h] do santuário, que tem doze gramas[7]. Os seis gramas são uma oferta ao Senhor. ¹⁴ Todos os alistados, da idade de vinte anos para cima, darão ao Senhor essa oferta. ¹⁵ Os ricos não contribuirão com mais, nem os pobres darão menos[i] que seis gramas, quando apresentarem a oferta ao Senhor como propiciação por sua vida. ¹⁶ Receba dos israelitas o preço da propiciação e use-o para o serviço da Tenda do Encontro.[j] Será um memorial perante o Senhor em favor dos israelitas, para fazerem propiciação por suas vidas".

A Bacia de Bronze

¹⁷ Disse então o Senhor a Moisés: ¹⁸ "Faça uma bacia de bronze[k] com uma base de bronze, para se lavarem. Coloque-a entre a Tenda do Encontro e o altar, e mande enchê-la de água. ¹⁹ Arão e seus filhos lavarão as mãos e os pés[l] com a água[m] da bacia. ²⁰ Toda vez que entrarem na Tenda do Encontro, terão que lavar-se com água, para que não morram. Quando também se aproximarem do altar para ministrar ao Senhor, apresentando uma oferta preparada no fogo, ²¹ lavarão as mãos e os pés para que não morram. Esse é um decreto[n] perpétuo, para Arão e os seus descendentes, geração após geração".

O Óleo para as Unções

²² Em seguida, o Senhor disse a Moisés: ²³ "Junte as seguintes especiarias: seis quilos de mirra[o] líquida, a metade disso, ou seja, três quilos de canela, três quilos de cana aromática, ²⁴ seis quilos de cássia,[p] com base no peso padrão do santuário, e um galão[8] de azeite de oliva. ²⁵ Faça com eles o óleo sagrado para as unções, uma mistura de aromas — obra de perfumista.[q] Esse será o óleo sagrado para as unções.[r] ²⁶ Use-o para ungir[s] a Tenda do Encontro, a arca da aliança, ²⁷ a mesa e todos os seus utensílios, o candelabro e os seus utensílios, o altar do incenso, ²⁸ o altar do holocausto e todos os seus utensílios, e a bacia com a sua base. ²⁹ Você os consagrará e serão santíssimos, e tudo o que neles tocar se tornará santo.[t]

³⁰ "Unja Arão e seus filhos e consagre-os[u] para que me sirvam como sacerdotes. ³¹ Diga aos israelitas: Este será o meu óleo

---

[1] **30.6** Hebraico: *do Testemunho*. Isto é, das tábuas da aliança; também em 30.26; 31.7; 39.35; 40.3, 5 e 21.

[2] **30.6** Tradicionalmente *um propiciatório*; também em 31.7; 35.12; 37.6-9; 39.35 e 40.20.

[3] **30.9** Isto é, sacrifício totalmente queimado; também em 30.28; 31.9; 32.6; 35.16; 38.1; 40.6, 10 e 29.

[4] **30.9** Veja Nm 28.7.

[5] **30.13** Hebraico: *1/2 siclo*. Um siclo equivalia a 12 gramas.

[6] **30.13** Hebraico: *no siclo*; também no versículo 24 e em 38.24 e 25.

[7] **30.13** Hebraico: *20 geras*. Uma gera equivalia a 0,6 gramas.

[8] **30.24** Hebraico: *1 him*. O him era uma medida de capacidade para líquidos. As estimativas variam entre 3 e 6 litros.

sagrado para as unções, geração após geração. ³² Não o derramem sobre nenhum outro homem e não façam nenhum outro óleo com a mesma composição. É óleo sagrado, e assim vocês devem considerá-lo.ᵛ ³³ Quem fizer óleo como esse ou usá-lo em alguém que não seja sacerdote, será eliminadoʷ do meio do seu povo".

O Incenso

³⁴ Disse ainda o Senhor a Moisés: "Junte as seguintes essências: bálsamo, ônica, gálbano e incenso puro — todos em quantidades iguais —, ³⁵ e faça um incenso de mistura aromática — obra de perfumista.ˣ Levará sal e será puro e santo. ³⁶ Moa parte dele, até virar pó, e coloque-o diante das tábuas da aliança, na Tenda do Encontro, onde me encontrarei com você. O incenso lhes será santíssimo.ʸ ³⁷ Não façam nenhum outro incenso com a mesma composição para uso pessoal; considerem-no sagrado,ᶻ reservado para o Senhor. ³⁸ Quem fizer um incenso semelhante, para usufruir sua fragrância, será eliminadoᵃ do seu povo".

A Escolha dos Artesãos do Tabernáculo

31 Disse então o Senhor a Moisés: ² "Eu escolhi Bezalel,ᵇ filho de Uri, filho de Hur, da tribo de Judá, ³ e o enchi do Espírito de Deus, dando-lhe destreza, habilidade e plena capacidade artísticaᶜ ⁴ para desenhar e executar trabalhos em ouro, prata e bronze, ⁵ para talhar e esculpir pedras, para entalhar madeira e executar todo tipo de obra artesanal. ⁶ Além disso, designei Aoliabe, filho de Aisamaque, da tribo de Dã, para auxiliá-lo. Também capacitei todos os artesãos para que executem tudo o que lhe ordenei: ⁷ a Tenda do Encontro,ᵈ a arca da aliançaᵉ e a tampaᶠ que está sobre ela, e todos os outros utensílios da tenda — ⁸ a mesaᵍ com os seus utensílios, o candelabroʰ de ouro puro e os seus utensílios, o altar do incenso, ⁹ o altar do holocausto com os seus utensílios, a bacia com a sua base — ¹⁰ as vestes litúrgicas,ⁱ tanto as vestes sagradas para Arão, o sacerdote, como as vestes para os seus filhos, quando servirem como sacerdotes, ¹¹ e o óleo para as unçõesʲ e o incenso aromático para o Lugar Santo. Tudo deve ser feito exatamente como eu lhe ordenei".

O Dia de Sábado

¹² Disse ainda o Senhor a Moisés: ¹³ "Diga aos israelitas que guardem os meus sábados.ᵏ Isso será um sinalˡ entre mim e vocês, geração após geração, a fim de que saibam que eu sou o Senhor, que os santifica.ᵐ

¹⁴ "Guardem o sábado, pois para vocês é santo. Aquele que o profanar terá que ser executado;ⁿ quem fizer algum trabalho nesse dia será eliminado do meio do seu povo. ¹⁵ Em seis dias qualquer trabalhoᵒ poderá ser feito, mas o sétimo dia é o sábado, o dia de descanso,ᵖ consagrado ao Senhor. Quem fizer algum trabalho no sábado terá que ser executado. ¹⁶ Os israelitas terão que guardar o sábado, eles e os seus descendentes, como aliança perpétua. ¹⁷ Isso será um sinalᵠ perpétuo entre mim e os israelitas, pois em seis dias o Senhor fez os céus e a terra, e no sétimo dia ele não trabalhou e descansou".ʳ

¹⁸ Quando o Senhor terminou de falar com Moisés no monte Sinai, deu-lhe as duas tábuas da aliança, tábuas de pedra,ˢ escritas pelo dedo de Deus.ᵗ

O Bezerro de Ouro

32 O povo, ao ver que Moisés demorava a descer do monte,ᵘ juntou-se ao redor de Arão e lhe disse: "Venha, faça para nós deusesˡ que nos conduzam, pois a esse Moisés, o homem que nos tirou do Egito, não sabemos o que lheᵛ aconteceu".

² Respondeu-lhes Arão: "Tirem os brincosʷ de ouro de suas mulheres, de seus filhos e de suas filhas e tragam-nos a mim". ³ Todos tiraram os seus brincos de ouro e os levaram a Arão. ⁴ Ele os recebeu e os

---

ˡ **32.1** Ou *um deus*; também nos versículos 23 e 31.

fundiu, transformando tudo num ídolo, que modelou com uma ferramenta própria, dando-lhe a forma de um bezerro.ˣ Então disseram: "Eis aí os seus deuses¹, ó Israel, que tiraram vocês do Egito!"

⁵ Vendo isso, Arão edificou um altar diante do bezerro e anunciou: "Amanhã haverá uma festaʸ dedicada ao Senhor". ⁶ Na manhã seguinte, ofereceram holocaustos e sacrifícios de comunhão².ᶻ O povo se assentou para comer e beber, e levantou-se para se entregar à farra.ᵃ

⁷ Então o Senhor disse a Moisés: "Desça, porque o seu povo, que você tirou do Egito,ᵇ corrompeu-se.ᶜ ⁸ Muito depressa se desviaram daquilo que lhes ordenei e fizeram um ídoloᵈ em forma de bezerro, curvaram-se diante dele, ofereceram-lhe sacrifíciosᵉ e disseram: 'Eis aí, ó Israel, os seus deuses que tiraram vocês do Egito' ".ᶠ

⁹ Disse o Senhor a Moisés: "Tenho visto que este povo é um povo obstinado.ᵍ ¹⁰ Deixe-me agora, para que a minha ira se acenda contra eles, e eu os destrua. Depois farei de você uma grande nação".ʰ

¹¹ Moisés, porém, suplicouⁱ ao Senhor, o seu Deus, clamando: "Ó Senhor, por que se acenderia a tua ira contra o teu povo, que tiraste do Egito com grande poder e forte mão?ʲ ¹² Por que diriam os egípcios: 'Foi com intenção maligna que ele os libertou, para matá-los nos montes e bani-los da face da terra'?ᵏ Arrepende-te do fogo da tua ira! Tem piedade, e não tragas este mal sobre o teu povo! ¹³ Lembra-teˡ dos teus servos Abraão, Isaque e Israel, aos quais juraste por ti mesmo:ᵐ 'Farei que os seus descendentes sejam numerosos como as estrelasⁿ do céu e lhes darei toda esta terraᵒ que lhes prometi, que será a sua herança para sempre' ". ¹⁴ E sucedeuᵖ que o Senhor arrependeu-se do mal que ameaçara trazer sobre o povo.

¹⁵ Então Moisés desceu do monte, levando nas mãosʳ as duas tábuas da aliança;ᵠ estavam escritas em ambos os lados, frente e verso. ¹⁶ As tábuasˢ tinham sido feitas por Deus; o que nelas estava gravado fora escrito por Deus.

¹⁷ Quando Josué ouviu o barulho do povo gritando, disse a Moisés: "Há barulho de guerra no acampamento".

¹⁸ Respondeu Moisés:

"Não é canto de vitória,
nem canto de derrota;
mas ouço o som de canções!"

¹⁹ Quando Moisés aproximou-se do acampamento e viu o bezerroᵗ e as danças, irou-se e jogou as tábuas no chão, ao pé do monte, quebrando-as.ᵘ ²⁰ Pegou o bezerro que eles tinham feito e o destruiu no fogo; depois de moê-lo até virar pó, espalhou-o na águaᵛ e fez com que os israelitas a bebessem.

²¹ E perguntou a Arão: "Que fez esse povo a você para que o levasse a tão grande pecado?"

²² Respondeu Arão: "Não te enfureças, meu senhor; tu bem sabes como esse povo é propenso para o mal.ʷ ²³ Eles me disseram: 'Faça para nós deuses que nos conduzam, pois não sabemos o que aconteceu com esse Moisés,ˣ o homem que nos tirou do Egito'. ²⁴ Então eu lhes disse: 'Quem tiver enfeites de ouro, traga-os para mim'. O povo trouxe-me o ouro, eu o joguei no fogo e surgiu esse bezerro!"ʸ

²⁵ Moisés viu que o povo estava desenfreado e que Arão o tinha deixado fora de controle, tendo se tornado objeto de riso para os seus inimigos. ²⁶ Então ficou em pé, à entrada do acampamento, e disse: "Quem é pelo Senhor, junte-se a mim". Todos os levitas se juntaram a ele.

²⁷ Declarou-lhes também: "Assim diz o Senhor, o Deus de Israel: 'Pegue cada um sua espada, percorra o acampamento, de tenda em tenda, e mate o seu irmão, o seu

---

¹ **32.4** Ou *o seu deus*; também no versículo 8.
² **32.6** Ou *de paz*

amigo e o seu vizinho' ".ᶻ ²⁸ Fizeram os levitas conforme Moisés ordenou, e naquele dia morreram cerca de três mil dentre o povo. ²⁹ Disse então Moisés: "Hoje vocês se consagraram ao Senhor, pois nenhum de vocês poupou o seu filho e o seu irmão, de modo que o Senhor os abençoou neste dia".

³⁰ No dia seguinte Moisés disse ao povo: "Vocês cometeram um grande pecado.ᵃ Mas agora subirei ao Senhor e talvez possa oferecer propiciaçãoᵇ pelo pecado de vocês".

³¹ Assim, Moisés voltou ao Senhor e disse: "Ah, que grande pecado cometeuᶜ este povo! Fizeram para si deuses de ouro.ᵈ ³² Mas agora, eu te rogo, perdoa-lhes o pecado; se não, risca-meᵉ do teu livroᶠ que escreveste".

³³ Respondeu o Senhor a Moisés: "Riscareiᵍ do meu livro todo aquele que pecar contra mim. ³⁴ Agora vá, guie o povo ao lugarʰ de que lhe falei, e meu anjoⁱ irá à sua frente. Todavia, quando chegar a hora de puni-los,ʲ eu os punirei pelos pecados deles".

³⁵ E o Senhor feriu o povo com uma praga porque quiseram que Arão fizesse o bezerro.ᵏ

33 Depois ordenou o Senhor a Moisés: "Saia deste lugar, com o povo que você tirou do Egito, e vá para a terra que prometi com juramento a Abraão, a Isaque e a Jacó, dizendo: 'Eu a darei a seus descendentes'.ˡ ² Mandarei à sua frente um anjoᵐ e expulsarei os cananeus, os amorreus, os hititas, os ferezeus, os heveus e os jebuseus.ⁿ ³ Vão para a terra onde há leite e melᵒ com fartura. Mas eu não irei com vocês, pois vocês são um povo obstinado,ᵖ e eu poderia destruí-losᵠ no caminho".

⁴ Quando o povo ouviu essas palavras terríveis, começou a chorar,ʳ e ninguém usou enfeite algum. ⁵ Isso porque o Senhor ordenara que Moisés dissesse aos israelitas:

"Vocês são um povo obstinado. Se eu fosse com vocês, ainda que por um só momento, eu os destruiria. Agora tirem os seus enfeites, e eu decidirei o que fazer com vocês". ⁶ Por isso, do monte Horebe em diante, os israelitas não usaram mais nenhum enfeite.

A Tenda do Encontro

⁷ Moisés costumava montar uma tenda do lado de fora do acampamento; ele a chamava Tenda do Encontro.ˢ Quem quisesse consultar o Senhor ia à tenda, fora do acampamento. ⁸ Sempre que Moisés ia até lá, todo o povo se levantava e ficava em pé à entrada de suas tendas,ᵗ observando-o, até que ele entrasse na tenda. ⁹ Assim que Moisés entrava, a coluna de nuvemᵘ descia e ficava à entrada da tenda, enquanto o Senhor falavaᵛ com Moisés. ¹⁰ Quando o povo via a coluna de nuvem parada à entrada da tenda, todos prestavam adoração em pé, cada qual na entrada de sua própria tenda. ¹¹ O Senhor falava com Moisés face a face,ʷ como quem fala com seu amigo. Depois Moisés voltava ao acampamento; mas Josué, filho de Num, que lhe servia como auxiliar, não se afastava da tenda.

Moisés diante da Glória de Deus

¹² Disse Moisés ao Senhor: "Tu me ordenaste: 'Conduza este povo',ˣ mas não me permites saber quem enviarás comigo. Disseste: 'Eu o conheço pelo nomeʸ e de você tenho me agradado'. ¹³ Se me vês com agrado, revela-me os teus propósitos,ᶻ para que eu te conheça e continue sendo aceito por ti. Lembra-te de que esta nação é o teu povo".ᵃ

¹⁴ Respondeu o Senhor: "Eu mesmo o acompanhareiᵇ e lhe darei descanso".ᶜ

¹⁵ Então Moisés lhe declarou: "Se não fores conosco, não nos envies. ¹⁶ Como se saberá que eu e o teu povo podemos contar com o teu favor, se não nos acompanhares?ᵈ Que mais poderá distinguir a mim e a teu povo de todos os demais povos da face da terra?"ᵉ

32.30
ᵃ1Sm 12.20
ᵇLv 1.4;
Nm 25.13

32.31
ᶜDt 9.18
ᵈEx 20.23

32.32
ᵉRm 9.3
ᶠSl 69.28;
Dn 12.1;
Fp 4.3;
Ap 3.5; 21.27

32.33
ᵍDt 29.20;
Sl 9.5

32.34
ʰEx 3.17
ⁱEx 23.20
ʲDt 32.35;
Sl 99.8;
Rm 2.5-6

32.35
ᵏv. 4

33.1
ˡGn 12.7

33.2
ᵐEx 32.34
ⁿEx 23.27-31;
Js 24.11

33.3
ᵒEx 3.8
ᵖEx 32.9
ᵠEx 32.10

33.4
ʳNm 14.39

33.7
ˢEx 29.42-43

33.8
ᵗNm 16.27

33.9
ᵘEx 13.21
ᵛEx 31.18;
Sl 99.7

33.11
ʷNm 12.8;
Dt 34.10

33.12
ˣEx 3.10
ʸv. 17
Jo 10.14-15;
2Tm 2.19

33.13
ᶻSl 25.4;
86.11; 119.33
ᵃEx 34.9;
Dt 9.26,29

33.14
ᵇIs 63.9
ᶜJs 21.44;
22.4

33.16
ᵈNm 14.14
ᵉEx 34.10

17 O Senhor disse a Moisés: "Farei o que me pede, porque tenho me agradado de você e o conheço pelo nome".

18 Então disse Moisés: "Peço-te que me mostres a tua glória".

19 E Deus respondeu: "Diante de você farei passar toda a minha bondade e diante de você proclamarei o meu nome: o Senhor. Terei misericórdia de quem eu quiser ter misericórdia e terei compaixão de quem eu quiser ter compaixão".ᶠ **20** E acrescentou: "Você não poderá ver a minha face, porque ninguém poderá ver-meᵍ e continuar vivo".

21 E prosseguiu o Senhor: "Há aqui um lugar perto de mim, onde você ficará, em cima de uma rocha. **22** Quando a minha glória passar, eu o colocarei numa fenda da rocha e o cobrirei com a minha mãoʰ até que eu tenha acabado de passar. **23** Então tirarei a minha mão e você verá as minhas costas; mas a minha face ninguém poderá ver".

As Novas Tábuas da Lei

34 Disse o Senhor a Moisés: "Talhe duas tábuas de pedra semelhantes às primeiras, e nelas escreverei as palavras que estavam nas primeiras tábuasⁱ que você quebrou.ʲ **2** Esteja pronto pela manhã para subir ao monte Sinai.ᵏ E lá mesmo, no alto do monte, apresente-se a mim. **3** Ninguém poderá ir com você nem ficar em lugar algum do monte;ˡ nem mesmo ovelhas e bois deverão pastar diante do monte".

4 Assim Moisés lavrou duas tábuas de pedra semelhantes às primeiras e subiu ao monte Sinai, logo de manhã, como o Senhor lhe havia ordenado, levando nas mãos as duas tábuas de pedra. **5** Então o Senhor desceu na nuvem, permaneceu ali com ele e proclamou o seu nome: o Senhor.ᵐ **6** E passou diante de Moisés, proclamando:

"Senhor, Senhor,
Deus compassivoⁿ e misericordioso,
paciente,ᵒ cheio de amorᵖ e de
fidelidade,ᑫ

7 que mantém o seu amor a milharesʳ
e perdoa a maldade,
a rebelião e o pecado.ˢ
Contudo, não deixa de punirᵗ o culpado;
castiga os filhos e os netos
pelo pecado de seus pais,
até a terceira e a quarta gerações".

8 Imediatamente Moisés prostrou-se com o rosto em terra e o adorou, dizendo: **9** "Senhor, se de fato me aceitas com agrado, que o Senhor nos acompanhe.ᵘ Mesmo sendo esse um povo obstinado, perdoa a nossa maldade e o nosso pecado e faze de nós a tua herança".ᵛ

A Renovação da Aliança

10 "Faço com você uma aliança",ʷ disse o Senhor. "Diante de todo o seu povo farei maravilhas jamais realizadas na presença de nenhum outro povo do mundo.ˣ O povo no meio do qual você habita verá a obra maravilhosa que eu, o Senhor, farei. **11** Obedeça às ordens que hoje lhe dou. Expulsarei de diante de você os amorreus, os cananeus, os hititas, os ferezeus, os heveus e os jebuseus.ʸ **12** Acautele-se para não fazer acordo com aqueles que vivem na terra para a qual você está indo, pois eles se tornariam uma armadilha.ᶻ **13** Ao contrário, derrube os altares deles, quebre as suas colunas sagradas e corte os seus postes sagrados.ᵃ **14** Nunca adore nenhum outro deus,ᵇ porque o Senhor, cujo nome é Zeloso, é de fato Deus zeloso.ᶜ

15 "Acautele-se para não fazer acordo com aqueles que já vivem na terra; pois, quando eles se prostituíremᵈ seguindo os seus deuses e lhes oferecerem sacrifícios, convidarão você e poderão levá-lo a comer dos seus sacrifíciosᵉ **16** e a escolher para os seus filhos mulheres dentre as filhasᶠ deles. Quando elas se prostituírem seguindo os seus deuses,ᵍ poderão levar os seus filhos a se prostituir também.

17 "Não faça ídolosʰ de metal para você.

¹⁸ "Celebre a festa dos pães sem fermento.ⁱ Durante sete dias coma pão sem fermento,ʲ como lhe ordenei. Faça isso no tempo certo, no mês de abibe¹,ᵏ porquanto naquele mês você saiu do Egito.

¹⁹ "O primeiroˡ a nascer de cada ventre me pertence, todos os machos dentre as primeiras crias dos seus rebanhos: bezerros, cordeiros e cabritos. ²⁰ Resgate com um cordeiro cada primeiro jumentinho que nascer; mas, se não o resgatar, quebre-lhe o pescoço.ᵐ Resgate todos os seus primogênitos.

"Ninguém compareça perante mim de mãos vazias.ⁿ

²¹ "Trabalhe seis dias, mas descanseº no sétimo; tanto na época de arar como na da colheita.

²² "Celebre a festa das semanas², na ocasião dos primeiros frutos da colheita do trigo, e a festa do encerramentoᵖ da colheita, no fim do ano. ²³ Três vezesᵠ por ano todos os homens do seu povo comparecerão diante do Soberano, o Senhor, o Deus de Israel. ²⁴ Expulsarei naçõesʳ de diante de você e ampliarei o seu território. Quando você subir três vezes por ano para apresentar-se ao Senhor, o seu Deus, ninguém cobiçará a sua terra.

²⁵ "Não me ofereça o sangue de nenhum sacrifício misturado com algo fermentado,ˢ e não deixe sobra alguma do sacrifício da festa da Páscoa até a manhã seguinte.ᵗ

²⁶ "Traga o melhor dos primeiros frutos da terra ao santuário do Senhor, o seu Deus.

"Não cozinhe o cabrito no leite da própria mãe."ᵘ

²⁷ Disse o Senhor a Moisés: "Escrevaᵛ essas palavras; porque é de acordo com elas que faço aliança com você e com Israel". ²⁸ Moisés ficou ali com o Senhor quarenta dias e quarenta noites,ʷ sem comer pão e sem beber água. E escreveu nas tábuasˣ as palavras da aliança: os Dez Mandamentos.ʸ

O Rosto Resplandecente de Moisés

²⁹ Ao descer do monte Sinai com as duas tábuas da aliança nas mãos,ᶻ Moisés não sabia que o seu rosto resplandeciaᵃ por ter conversado com o Senhor. ³⁰ Quando Arão e todos os israelitas viram Moisés com o rosto resplandecente, tiveram medo de aproximar-se dele. ³¹ Ele, porém, os chamou; Arão e os líderes da comunidade atenderam, e Moisés falou com eles. ³² Depois, todos os israelitas se aproximaram, e ele lhes transmitiu todos os mandamentosᵇ que o Senhor lhe tinha dado no monte Sinai.

³³ Quando acabou de falar com eles, cobriu o rosto com um véu.ᶜ ³⁴ Mas toda vez que entrava para estar na presença do Senhor e falar com ele, tirava o véu até sair. Sempre que saía e contava aos israelitas tudo o que lhe havia sido ordenado, ³⁵ eles viam que o seu rosto resplandecia. Então, de novo Moisés cobria o rosto com o véu até entrar de novo para falar com o Senhor.

A Lei do Sábado

35 Moisés reuniu toda a comunidade de Israel e disse a ela: "Estas são as coisas que o Senhor os mandouᵈ fazer: ² Em seis dias qualquer trabalho poderá ser feito, mas o sétimo dia lhes será santo, um sábadoᵉ de descanso consagrado ao Senhor. Todo aquele que trabalhar nesse dia terá que ser morto. ³ Nem sequer acendam fogo em nenhuma de suas casas no dia de sábado!"ᶠ

O Material para o Tabernáculo

⁴ Disse Moisés a toda a comunidade de Israel: "Foi isto que o Senhor ordenou: ⁵ 'Separem dentre os seus bens uma oferta para o Senhor. Todo aquele que, de coração, estiver disposto, trará como oferta ao Senhor ouro, prata e bronze; ⁶ fios de tecidos azul, roxo e vermelho; linho fino e

---

¹ **34.18** Aproximadamente março/abril.
² **34.22** Isto é, do Pentecoste.

pelos de cabra; ⁷ peles de carneiro tingidas de vermelho e couro¹; madeira de acácia; ⁸ óleo para a iluminação; especiarias para o óleo da unção e para o incenso aromático; ⁹ pedras de ônix e outras pedras preciosas para serem encravadas no colete sacerdotal e no peitoral.

¹⁰ "Todos os que dentre vocês forem capazes virão fazer tudo quanto o Senhor ordenou:ᵍ ¹¹ o tabernáculoʰ com sua tenda e sua cobertura, os ganchos, as armações, os travessões, as colunas e as bases; ¹² a arcaⁱ com suas varas, a tampa e o véu que a protege; ¹³ a mesaʲ com suas varas e todos os seus utensílios, e os pães da Presença; ¹⁴ o candelabroᵏ com seus utensílios, as lâmpadas e o óleo para iluminação; ¹⁵ o altarˡ do incenso com suas varas, o óleo da unçãoᵐ e o incenso aromático;ⁿ a cortina divisória à entrada do tabernáculo; ¹⁶ o altarᵒ de holocaustos com sua grelha de bronze, suas varas e todos os seus utensílios; a bacia de bronze e sua base; ¹⁷ as cortinas externas do pátio com suas colunas e bases, e a cortina da entrada para o pátio;ᵖ ¹⁸ as estacas do tabernáculo e do pátio e suas cordas; ¹⁹ as vestes litúrgicas para ministrar no Lugar Santo, tanto as vestes sagradasᵠ de Arão, o sacerdote, como as vestes de seus filhos, para quando servirem como sacerdotes'".

²⁰ Então toda a comunidade de Israel saiu da presença de Moisés, ²¹ e todos os que estavam dispostos, cujo coração os impeliu a isso, trouxeram uma oferta ao Senhor para a obra da Tenda do Encontro, para todos os seus serviços e para as vestes sagradas. ²² Todos os que se dispuseram, tanto homens como mulheres, trouxeram joias de ouro de todos os tipos: broches, brincos, anéis e ornamentos; e apresentaram seus objetos de ouro como oferta ritualmente movida perante o Senhor. ²³ Todos os que possuíam fios de tecidos azul, roxo e vermelho,ʳ ou linho fino, ou pelos de cabra, peles de carneiro tingidas de vermelho, ou couro, trouxeram-nos. ²⁴ Aqueles que apresentaram oferta de prata ou de bronze trouxeram-na como oferta ao Senhor, e todo aquele que possuía madeira de acácia para qualquer das partes da obra também a trouxe. ²⁵ Todas as mulheres capazesˢ teceram com suas mãos e trouxeram o que haviam feito: tecidos azul, roxo e vermelho e linho fino. ²⁶ Todas as mulheres que se dispuseram e que tinham habilidade teceram os pelos de cabra. ²⁷ Os líderesᵗ trouxeram pedras de ônix e outras pedras preciosas para serem encravadas no colete sacerdotal e no peitoral. ²⁸ Trouxeram também especiarias e azeite de oliva para a iluminação, para o óleo da unção e para o incenso aromático.ᵘ ²⁹ Todos os israelitas que se dispuseram,ᵛ tanto homens como mulheres, trouxeram ao Senhor ofertasʷ voluntárias para toda a obra que o Senhor, por meio de Moisés, ordenou-lhes que fizessem.

Os Artesãos do Tabernáculo

³⁰ Disse então Moisés aos israelitas: "O Senhor escolheu Bezalel, filho de Uri, neto de Hur, da tribo de Judá, ³¹ e o encheu do Espírito de Deus, dando-lhe destreza, habilidade e plena capacidade artística,ˣ ³² para desenhar e executar trabalhos em ouro, prata e bronze, ³³ para talhar e lapidar pedras e entalhar madeira para todo tipo de obra artesanal. ³⁴ E concedeu tanto a ele como a Aoliabe,ʸ filho de Aisamaque, da tribo de Dã, a habilidade de ensinarᶻ os outros. ³⁵ A todos esses deu capacidade para realizar todo tipo de obraᵃ como artesãos, projetistas, bordadores de linho fino e de fios de tecidos azul, roxo e vermelho, e como tecelões. Eram capazes de projetar e executar qualquer trabalho artesanal.

36 "Assim Bezalel, Aoliabe e todos os homens capazes,ᵇ a quem o Senhor concedeu destreza e habilidade para fazer toda a obra de construção do santuário,ᶜ realizarão a obra como o Senhor ordenou".

---

¹ **35.7** Possivelmente de animais marinhos; também em 35.23, 36.19 e 39.34.

² Então Moisés chamou Bezalel[d] e Aoliabe[e] e todos os homens capazes a quem o Senhor dera habilidade e que estavam dispostos[f] a vir realizar a obra. ³ Receberam de Moisés todas as ofertas[g] que os israelitas tinham trazido para a obra de construção do santuário. E o povo continuava a trazer voluntariamente ofertas, manhã após manhã. ⁴ Por isso, todos os artesãos habilidosos que trabalhavam no santuário interromperam o trabalho ⁵ e disseram a Moisés: "O povo está trazendo mais do que o suficiente[h] para realizar a obra que o Senhor ordenou".

⁶ Então Moisés ordenou que fosse feita esta proclamação em todo o acampamento: "Nenhum homem ou mulher deverá fazer mais nada para ser oferecido ao santuário". Assim, o povo foi impedido de trazer mais, ⁷ pois o que já haviam recebido era mais[i] que suficiente para realizar toda a obra.

A Construção do Tabernáculo

⁸ Todos os homens capazes dentre os trabalhadores fizeram o tabernáculo com dez cortinas internas de linho fino trançado e de fios de tecidos azul, roxo e vermelho, com os querubins bordados sobre eles. ⁹ Todas as cortinas internas tinham o mesmo tamanho: doze metros e sessenta centímetros de comprimento por um metro e oitenta centímetros de largura[1]. ¹⁰ Prenderam cinco cortinas internas e fizeram o mesmo com as outras cinco. ¹¹ Em seguida, fizeram laçadas de tecido azul ao longo da borda da última cortina interna do primeiro conjunto de cortinas internas, fazendo o mesmo com o segundo conjunto. ¹² Fizeram também cinquenta laçadas na primeira cortina interna e cinquenta laçadas na última cortina interna do segundo conjunto; as laçadas estavam opostas umas às outras. ¹³ Depois fizeram cinquenta ganchos de ouro e com eles prenderam um conjunto de cortinas internas ao outro, para que o tabernáculo formasse um todo.[j]

¹⁴ Com o total de onze cortinas internas de pelos de cabra fizeram uma tenda para cobrir o tabernáculo. ¹⁵ As onze cortinas internas tinham a mesma medida: treze metros e meio de comprimento por um metro e oitenta centímetros de largura. ¹⁶ Prenderam cinco cortinas internas num conjunto e as outras seis noutro conjunto. ¹⁷ Depois fizeram cinquenta laçadas em volta da borda da última cortina interna de um dos conjuntos e também na borda da última cortina interna do outro conjunto. ¹⁸ Fizeram também cinquenta ganchos de bronze para unir a tenda, formando um todo.[k] ¹⁹ Em seguida, fizeram para a tenda uma cobertura de pele de carneiro tingida de vermelho, e por cima desta uma cobertura de couro.

²⁰ Fizeram ainda armações verticais de madeira de acácia para o tabernáculo. ²¹ Cada armação tinha quatro metros e meio de comprimento por setenta centímetros de largura, ²² com dois encaixes paralelos um ao outro. E fizeram todas as armações do tabernáculo dessa madeira. ²³ Fizeram também vinte armações para o lado sul do tabernáculo ²⁴ e quarenta bases de prata para serem colocadas debaixo delas; duas bases para cada armação, uma debaixo de cada encaixe. ²⁵ Para o outro lado, o lado norte do tabernáculo, fizeram vinte armações ²⁶ e quarenta bases de prata, duas debaixo de cada armação. ²⁷ Fizeram ainda seis armações na parte de trás do tabernáculo, isto é, para o lado ocidental, ²⁸ e duas armações foram montadas nos cantos, na parte de trás do tabernáculo. ²⁹ Nesses dois cantos as armações eram duplas, desde a parte inferior até a mais alta, colocadas numa só argola, ambas feitas do mesmo modo. ³⁰ Havia, pois, oito armações e dezesseis bases de prata, duas debaixo de cada armação.

---

[1] *36.9 Hebraico: 28 côvados de comprimento por 4 côvados de largura. O côvado era uma medida linear de cerca de 45 centímetros.*

36.2
[d] Ex 31.2
[e] Ex 31.6
[f] Ex 25.2; 35.21,26; 1Cr 29.5
36.3
[g] Ex 35.29
36.5
[h] 2Cr 24.14; 31.10; 2Co 8.2-3
36.7
[i] 1Rs 7.47
36.13
[j] v. 18
36.18
[k] v. 13

³¹ Também fizeram travessões de madeira de acácia: cinco para as armações de um lado do tabernáculo, ³² cinco para as do outro lado e cinco para as do lado ocidental, na parte de trás do tabernáculo. ³³ Fizeram o travessão central de uma extremidade à outra, passando pelo meio das armações. ³⁴ Revestiram de ouro as armações e fizeram argolas de ouro para sustentar os travessões, os quais também revestiram de ouro.

³⁵ Fizeram o véu*l* de linho fino trançado e de fios de tecidos azul, roxo e vermelho, e mandaram bordar*m* nele querubins. ³⁶ Fizeram-lhe quatro colunas de madeira de acácia e as revestiram de ouro. Fizeram-lhe ainda ganchos de ouro e fundiram as suas bases de prata. ³⁷ Para a entrada da tenda fizeram uma cortina de linho fino trançado e de fios de tecidos azul, roxo e vermelho — obra de bordador; ³⁸ e fizeram-lhe cinco colunas com ganchos. Revestiram de ouro as partes superior e lateral das colunas e fizeram de bronze as suas cinco bases.

A Arca da Aliança

37 Bezalel*n* fez a arca*o* com madeira de acácia, com um metro e dez centímetros de comprimento, setenta centímetros de largura e setenta centímetros de altura¹. ² Revestiu-a de ouro puro,*p* por dentro e por fora, e fez uma moldura de ouro ao seu redor. ³ Fundiu quatro argolas de ouro para ela, prendendo-as a seus quatro pés, com duas argolas de um lado e duas do outro. ⁴ Depois fez varas de madeira de acácia, revestiu-as de ouro ⁵ e colocou-as nas argolas laterais da arca para que pudesse ser carregada.

⁶ Fez a tampa*q* de ouro puro com um metro e dez centímetros de comprimento por setenta centímetros de largura. ⁷ Fez também dois querubins*r* de ouro batido nas extremidades da tampa. ⁸ Fez ainda um querubim numa extremidade e o segundo na outra, formando uma só peça com a tampa. ⁹ Os querubins tinham as asas estendidas para cima, cobrindo*s* com elas a tampa. Estavam de frente um para o outro, com o rosto voltado para a tampa.*t*

A Mesa e seus Utensílios

¹⁰ Fez a mesa*u* com madeira de acácia com noventa centímetros de comprimento, quarenta e cinco centímetros de largura e setenta centímetros de altura. ¹¹ Revestiu-a de ouro puro*v* e fez uma moldura de ouro ao seu redor. ¹² Fez também ao seu redor uma borda com a largura de quatro dedos e uma moldura de ouro para essa borda. ¹³ Fundiu quatro argolas de ouro para a mesa e prendeu-as nos quatro cantos, onde estavam os seus quatro pés. ¹⁴ As argolas*w* foram presas próximas da borda, para que sustentassem as varas usadas para carregar a mesa. ¹⁵ Fez as varas para carregar a mesa de madeira de acácia, revestidas de ouro. ¹⁶ E de ouro puro fez os utensílios para a mesa: seus pratos e recipientes para incenso, as tigelas e as bacias nas quais se derramam as ofertas de bebidas².

O Candelabro de Ouro

¹⁷ Fez o candelabro*x* de ouro puro e batido. O pedestal, a haste, as taças, as flores e os botões formavam com ele uma só peça. ¹⁸ Seis braços saíam do candelabro: três de um lado e três do outro. ¹⁹ Havia três taças com formato de flor de amêndoa, num dos braços, cada uma com botão e flor, e três taças com formato de flor de amêndoa no braço seguinte, cada uma com botão e flor. Assim era com os seis braços que saem do candelabro. ²⁰ Na haste do candelabro havia quatro taças com formato de flor de amêndoa, cada uma com flor e botão. ²¹ Havia um botão debaixo de cada par dos seis braços que saíam do candelabro. ²² Os braços com seus botões formavam uma só peça com o candelabro; tudo feito de ouro puro*y* e batido.

---

¹ **37.1** Hebraico: *2,5 côvados de comprimento e 1,5 côvados de largura e de altura*. O côvado era uma medida linear de cerca de 45 centímetros.

² **37.16** Veja Nm 28.7.

²³ Fez de ouro puro suas sete lâmpadas,ᶻ seus cortadores de pavio e seus apagadores. ²⁴ Com trinta e cinco quilos¹ de ouro puro fez o candelabro com seus botões e todos esses utensílios.

O Altar do Incenso

²⁵ Fez ainda o altar do incensoᵃ de madeira de acácia. Era quadrado, com quarenta e cinco centímetros de cada lado e noventa centímetros de altura; suas pontasᵇ formavam com ele uma só peça. ²⁶ Revestiu de ouro puro a parte superior, todos os lados e as pontas, e fez uma moldura de ouro ao seu redor. ²⁷ Fez também duas argolas de ouroᶜ de cada lado do altar, abaixo da moldura, para sustentar as varas utilizadas para carregá-lo, ²⁸ e usou madeira de acácia para fazer as varas e revestiu-as de ouro.ᵈ

²⁹ Fez ainda o óleoᵉ sagrado para as unções e o incenso puro e aromáticoᶠ — obra de perfumista.

O Altar dos Holocaustos

38 Fez um altar de madeira de acácia para os holocaustos, com um metro e trinta e cinco centímetros² de altura; era quadrado, com dois metros e vinte e cinco centímetros de cada lado. ² E fez uma ponta em forma de chifre em cada um dos quatro cantos, formando uma só peça com o altar, o qual revestiu de bronze.ᵍ ³ De bronze fez todos os seus utensílios:ʰ os recipientes para recolher cinzas, as pás, as bacias de aspersão, os garfos para carne e os braseiros. ⁴ Fez uma grelha de bronze para o altar em forma de rede, abaixo da sua beirada, a meia altura do altar. ⁵ Fundiu quatro argolas de bronze para sustentar as varas nos quatro cantos da grelha de bronze. ⁶ Fez as varas de madeira de acácia, revestiu-as de bronze ⁷ e colocou-as nas argolas, nos dois lados do altar, para que o pudessem carregar. O altar era oco, feito de tábuas.

⁸ Fez a baciaⁱ de bronze e a sua base com os espelhos das mulheresʲ que serviam à entrada da Tenda do Encontro.

O Pátio

⁹ Fez também o pátio. O lado sul tinha quarenta e cinco metros de comprimento e cortinas externas de linho fino trançado, ¹⁰ com vinte colunas e vinte bases de bronze. Os ganchos e as ligaduras das colunas eram de prata. ¹¹ O lado norte também tinha quarenta e cinco metros de comprimento, com vinte colunas e vinte bases de bronze. Os ganchos e as ligaduras das colunas eram de prata.

¹² O lado ocidental, com suas cortinas externas, tinha vinte e dois metros e meio de largura, com dez colunas e dez bases. Os ganchos e as ligaduras das colunas eram de prata. ¹³ O lado oriental, que dá para o nascente, também tinha vinte e dois metros e meio de largura. ¹⁴ Havia cortinas de seis metros e setenta e cinco centímetros de comprimento num dos lados da entrada, com três colunas e três bases; ¹⁵ e cortinas de seis metros e setenta e cinco centímetros de comprimento no outro lado da entrada do pátio, também com três colunas e três bases. ¹⁶ Todas as cortinas ao redor do pátio eram feitas de linho fino trançado. ¹⁷ As bases das colunas eram de bronze. Os ganchos e as ligaduras das colunas eram de prata, e o topo das colunas também eram revestidos de prata; de modo que todas as colunas do pátio tinham ligaduras de prata.

¹⁸ Na entrada do pátio havia uma cortina de linho fino trançado e de fios de tecidos azul, roxo e vermelho — obra de bordador. Tinha nove metros de comprimento e, à semelhança das cortinas do pátio, tinha dois metros e vinte e cinco centímetros de altura, ¹⁹ com quatro colunas e quatro bases de bronze. Seus ganchos e ligaduras eram de prata, e o topo das colunas também era revestido de prata. ²⁰ Todas as estacasᵏ da tenda do tabernáculo e do pátio que o rodeava eram de bronze.

---

¹ **37.24** Hebraico: *1 talento*.
² **38.1** Hebraico: *3 côvados de altura*. O côvado era uma medida linear de cerca de 45 centímetros.

37.23
ᶻ Ex 40.4,25
37.25
ᵃ Ex 30.34-36; Lc 1.11; Hb 9.4; Ap 8.3
ᵇ Ex 27.2; Ap 9.13
37.27
ᶜ v. 14
37.28
ᵈ Ex 25.13
37.29
ᵉ Ex 31.11
ᶠ Ex 30.1,25; 39.38
38.2
ᵍ 2Cr 1.5
38.3
ʰ Ex 31.9
38.8
ⁱ Ex 30.18; 40.7
ʲ Dt 23.17; 1Sm 2.22; 1Rs 14.24
38.20
ᵏ Ex 35.18

O Material para a Construção do Tabernáculo

²¹ Esta é a relação do material usado para o tabernáculo, o tabernáculo da aliança,¹ registrada por ordem de Moisés pelos levitas, sob a direção de Itamar,ᵐ filho de Arão, o sacerdote. ²² Bezalel,ⁿ filho de Uri, neto de Hur, da tribo de Judá, fez tudo o que o Senhor tinha ordenado a Moisés. ²³ Com ele estava Aoliabe,ᵒ filho de Aisamaque, da tribo de Dã, artesão e projetista, e também bordador em linho fino e de fios de tecidos azul, roxo e vermelho. ²⁴ O peso total do ouro recebido na oferta movida e utilizado para a obra do santuárioᵖ foi de uma tonelada,¹ com base no peso padrãoᵠ do santuário.

²⁵ O peso da prata recebida dos que foram contados no recenseamentoʳ da comunidade foi superior a três toneladas e meia,² com base no peso padrão do santuário: ²⁶ seis gramas³ᵗ para cada um dos recenseados,ˢ isto é, para seiscentos e três mil, quinhentos e cinquenta homensᵛ de vinte anos de idade para cima.ᵘ ²⁷ As três toneladas e meia de prata foram usadas para fundir as basesʷ do santuário e do véu: cem bases feitas das três toneladas e meia, trinta e cinco quilos para cada base. ²⁸ Vinte quilos e trezentos gramas foram usados para fazer os ganchos para as colunas, para revestir a parte superior das colunas e para fazer as suas ligaduras.

²⁹ O peso do bronze da oferta movida foi de duas toneladas e meia.⁴ ³⁰ Ele o utilizou para fazer as bases da entrada da Tenda do Encontro, o altar de bronze, a sua grelha e todos os seus utensílios, ³¹ as bases do pátio ao redor e da sua entrada, e todas as estacas do tabernáculo e do pátio em derredor.

---

¹ **38.24** Hebraico: *29 talentos e 730 siclos, segundo o siclo do santuário.* O talento equivalia a 35 quilos e o siclo, a 12 gramas.

² **38.25** Hebraico: *100 talentos e 1.775 siclos, segundo o siclo do santuário.*

³ **38.26** Hebraico: *1 beca por cabeça, ou seja, 1/2 siclo, segundo o siclo do santuário.*

⁴ **38.29** Hebraico: *70 talentos e 2.400 siclos.*

As Vestes Sacerdotais

39 Com fios de tecidos azul, roxo e vermelhoˣ fizeram as vestes litúrgicas para ministrar no Lugar Santo.ʸ Também fizeram as vestes sagradasᶻ de Arão, como o Senhor tinha ordenado a Moisés.

O Colete Sacerdotal

² Fizeram o colete sacerdotal de linho fino trançado e de fios de ouro e de fios de tecidos azul, roxo e vermelho. ³ E bateram o ouro em finas placas das quais cortaram fios de ouro para serem bordados no linho fino com os fios de tecidos azul, roxo e vermelho — trabalho artesanal. ⁴ Fizeram as ombreiras para o colete sacerdotal, atadas às suas duas extremidades, para que pudessem ser amarradas. ⁵ O cinturão e o colete por ele preso foram feitos da mesma peça. O cinturão também foi feito de linho fino trançado, de fios de ouro e de fios de tecidos azul, roxo e vermelho, como o Senhor tinha ordenado a Moisés.

⁶ Prenderam as pedras de ônix em filigranas de ouro e nelas gravaram os nomes dos filhos de Israel, como um lapidador grava um selo. ⁷ Então as costuraram nas ombreiras do colete sacerdotal, como pedras memoriaisᵃ para os filhos de Israel, como o Senhor tinha ordenado a Moisés.

O Peitoral

⁸ Fizeram o peitoralᵇ — trabalho artesanal — como o colete sacerdotal: de linho fino trançado, de fios de ouro e de fios de tecidos azul, roxo e vermelho. ⁹ Era quadrado, com um palmo de comprimento e um palmo de largura; dobrado em dois. ¹⁰ Em seguida, fixaram nele quatro fileiras de pedras preciosas. Na primeira fileira havia um rubi, um topázio e um berilo; ¹¹ na segunda, uma turquesa, uma safira e um diamante; ¹² na terceira, um jacinto, uma ágata e uma ametista; ¹³ na quarta, um crisólito, um ônix e um jaspe;⁵ todas fixadas em filigranas de

---

⁵ **39.13** A identificação precisa de algumas destas pedras não é conhecida.

ouro. ¹⁴ Havia doze pedras, uma para cada nome dos filhos de Israel, cada uma gravada como um lapidador grava um selo, com o nome de uma das doze tribos.ᶜ

¹⁵ Para o peitoral fizeram correntes trançadas de ouro puro, como cordas. ¹⁶ De ouro fizeram duas filigranas e duas argolas, as quais prenderam às duas extremidades do peitoral. ¹⁷ Prenderam as duas correntes de ouro às duas argolas nas extremidades do peitoral; ¹⁸ as outras extremidades das correntes, às duas filigranas, unindo-as às peças das ombreiras do colete sacerdotal, na parte da frente. ¹⁹ Fizeram outras duas argolas de ouro e as prenderam às duas extremidades do peitoral na borda interna, próxima ao colete sacerdotal. ²⁰ Depois fizeram mais duas argolas de ouro e as prenderam na parte inferior das ombreiras, na frente do colete sacerdotal, próximas da costura, logo acima do cinturão do colete sacerdotal. ²¹ Amarraram as argolas do peitoral às argolas do colete com um cordão azul, ligando-o ao cinturão, para que o peitoral não se separasse do colete sacerdotal, como o Senhor tinha ordenado a Moisés.

Outras Vestes Sacerdotais

²² Fizeram o manto do colete sacerdotal inteiramente de fios de tecido azul — obra de tecelão — ²³ com uma abertura no centro. Ao redor dessa abertura havia uma dobra tecida, como uma gola, para que não se rasgasse. ²⁴ Fizeram romãs de linho fino trançado e de fios de tecidos azul, roxo e vermelho em volta da borda do manto. ²⁵ Fizeram ainda pequenos sinos de ouro puro, atando-os em volta da borda, entre as romãs. ²⁶ Os sinos e as romãs se alternavam por toda a borda do manto. Tudo feito para ser usado ao se ministrar, como o Senhor tinha ordenado a Moisés.

²⁷ Para Arão e seus filhos fizeram de linho finoᵈ as túnicas — obra de tecelão; ²⁸ o turbante,ᵉ os gorros e os calções, de linho fino trançado. ²⁹ O cinturão também era de linho fino trançado e de fios de tecidos azul, roxo e vermelho — obra de bordador — como o Senhor tinha ordenado a Moisés.

³⁰ Fizeram de ouro puro o diadema sagrado, e gravaram nele como se grava um selo: Consagrado ao Senhor. ³¹ Depois usaram um cordão azul para prendê-lo na parte de cima do turbante, como o Senhor tinha ordenado a Moisés.

A Condução do Trabalho

³² Assim foi encerrada toda a obra do tabernáculo, a Tenda do Encontro. Os israelitas fizeram tudo conforme o Senhor tinha ordenado a Moisés.ᶠ ³³ Então trouxeram o tabernáculo a Moisés; a tenda e todos os seus utensílios, os ganchos, as molduras, os travessões, as colunas e as bases; ³⁴ a cobertura de pele de carneiro tingida de vermelho, a cobertura de couro e o véu protetor; ³⁵ a arca da aliançaᵍ com as suas varas e a tampa; ³⁶ a mesa com todos os seus utensílios e os pães da Presença; ³⁷ o candelabroʰ de ouro puro com a sua fileira de lâmpadas e todos os seus utensílios e o óleo para iluminação; ³⁸ o altar de ouro,ⁱ o óleo da unção, o incenso aromático e a cortinaʲ de entrada para a tenda; ³⁹ o altar de bronze com a sua grelha, as suas varas e todos os seus utensílios; a bacia e a sua base; ⁴⁰ as cortinas externas do pátio com as suas colunas e bases e a cortina para a entrada do pátio,ᵏ as cordas e estacas da tenda do pátio — todos os utensílios para o tabernáculo, a Tenda do Encontro, ⁴¹ e as vestes litúrgicas para ministrar no Lugar Santo, tanto as vestes sagradas para Arão, o sacerdote, como as vestes de seus filhos, para quando servissem como sacerdotes.

⁴² Os israelitas fizeram todo o trabalho conforme o Senhor tinha ordenado a Moisés.ˡ ⁴³ Moisés inspecionou a obra e viu que tinham feito tudo como o Senhor tinha ordenado. Então Moisés os abençoou.ᵐ

O Tabernáculo é Armado

40 Disse o Senhor a Moisés: ² "Arme o tabernáculo, a Tenda do Encontro,ⁿ

39.14
ᶜAp 21.12
39.27
ᵈLv 6.10
39.28
ᵉEx 28.4
39.32
ᶠv. 42.43;
Ex 25.9
39.35
ᵍEx 30.6
39.37
ʰEx 25.31
39.38
ⁱEx 30.1-10
ʲEx 36.35
39.40
ᵏEx 27.9-19
39.42
ˡEx 25.9
39.43
ᵐLv 9.22,23;
Nm 6.23-27;
2Sm 8.14,55;
1Rs 8.14,55;
2Cr 30.27
40.2
ⁿNm 1.1

no primeiro dia do primeiro mês.º ³ Coloque nele a arca^p da aliança e proteja-a com o véu. ⁴ Traga a mesa e arrume sobre ela tudo o que lhe^q pertence. Depois traga o candelabro^r e coloque as suas lâmpadas. ⁵ Ponha o altar de ouro^s para o incenso diante da arca da aliança e coloque a cortina à entrada do tabernáculo.

⁶ "Coloque o altar dos holocaustos em frente da entrada do tabernáculo, da Tenda do Encontro; ⁷ ponha a bacia^t entre a Tenda do Encontro e o altar, e encha-a de água. ⁸ Arme ao seu redor o pátio e coloque a cortina na entrada do pátio.

⁹ "Unja^u com o óleo da unção o tabernáculo e tudo o que nele há; consagre-o, e com ele tudo o que lhe pertence, e ele será sagrado. ¹⁰ Depois unja o altar dos holocaustos e todos os seus utensílios; consagre^v o altar, e ele será santíssimo. ¹¹ Unja também a bacia com a sua base e consagre-a.

¹² "Traga Arão e seus filhos à entrada da Tenda do Encontro e mande-os lavar-se.^w ¹³ Vista depois Arão com as vestes sagradas,^x unja-o e consagre-o^y para que me sirva como sacerdote. ¹⁴ Traga os filhos dele e vista-os com túnicas. ¹⁵ Unja-os como você ungiu o pai deles, para que me sirvam como sacerdotes. A unção deles será para um sacerdócio perpétuo, geração após geração".^z

¹⁶ Moisés fez tudo conforme o Senhor lhe havia ordenado.

¹⁷ Assim, o tabernáculo^a foi armado no primeiro dia do primeiro mês^b do segundo ano. ¹⁸ Moisés armou o tabernáculo, colocou as bases em seus lugares, armou as molduras, colocou as vigas e levantou as colunas. ¹⁹ Depois estendeu a tenda sobre o tabernáculo e colocou a cobertura sobre ela, como o Senhor tinha ordenado.

²⁰ Colocou também as tábuas da aliança^c na arca, fixou nela as varas, e pôs sobre ela a tampa. ²¹ Em seguida, trouxe a arca para dentro do tabernáculo e pendurou o véu protetor,^d cobrindo a arca da aliança, como o Senhor tinha ordenado.

²² Moisés colocou a mesa^e na Tenda do Encontro, no lado norte do tabernáculo, do lado de fora do véu, ²³ e sobre ela colocou os pães^f da Presença, diante do Senhor, como o Senhor tinha ordenado.

²⁴ Pôs o candelabro^g na Tenda do Encontro, em frente da mesa, no lado sul do tabernáculo, ²⁵ e colocou as lâmpadas^h diante do Senhor, como o Senhor tinha ordenado.

²⁶ Moisés também pôs o altar de ouro^i na Tenda do Encontro, diante do véu, ²⁷ e nele queimou incenso aromático, como o Senhor tinha ordenado.^j ²⁸ Pôs também a cortina^k à entrada do tabernáculo.

²⁹ Montou o altar de holocaustos à entrada do tabernáculo, a Tenda do Encontro, e sobre ele ofereceu holocaustos e ofertas^l de cereal, como o Senhor tinha ordenado.

³⁰ Colocou a bacia^m entre a Tenda do Encontro e o altar, e encheu-a de água; ³¹ Moisés, Arão e os filhos deste usavam-na para lavar as mãos e os pés. ³² Sempre que entravam na Tenda do Encontro e se aproximavam do altar,^n eles se lavavam, como o Senhor tinha ordenado a Moisés.

³³ Finalmente, Moisés armou o pátio^o ao redor do tabernáculo e colocou a cortina^p à entrada do pátio. Assim, Moisés terminou a obra.

A Glória do Senhor: o Guia de Israel

³⁴ Então a nuvem^q cobriu a Tenda do Encontro, e a glória do Senhor encheu o tabernáculo. ³⁵ Moisés não podia entrar na Tenda do Encontro, porque a nuvem estava sobre ela, e a glória do Senhor enchia o tabernáculo.^r

³⁶ Sempre que a nuvem se erguia sobre o tabernáculo, os israelitas seguiam viagem;^s ³⁷ mas, se a nuvem não se erguia, eles não prosseguiam; só partiam no dia em que ela se erguia. ³⁸ De dia a nuvem^t do Senhor ficava sobre o tabernáculo, e de noite havia fogo na nuvem, à vista de toda a nação de Israel, em todas as suas viagens.

Introdução a LEVÍTICO

PANO DE FUNDO

Levítico é um conjunto de leis que mostra ao povo de Deus como viver. Tendo o tabernáculo como seu foco, essas leis enfatizam a perfeição. Estipulam, entre outras coisas, que animais perfeitos devem ser oferecidos em sacrifício, a exclusão do culto de quem sofria doenças de pele, e que só poderia servir ao povo como sacerdote quem não tivesse defeito físico. Essas leis refletem a perfeição do próprio Deus: "Sejam santos porque eu, o Senhor, o Deus de vocês, sou santo" (19.2).

A palavra "Levítico" tem origem grega e significa "dos ou relacionado aos levitas" — a tribo da qual os sacerdotes eram provenientes. O cerne do livro está no culto do tabernáculo. O título do livro em hebraico é *Wayyiqra*, literalmente as palavras de 1.1: "o Senhor chamou".

O Senhor é descrito cerca de 55 vezes em Levítico como outorgando a Lei a Moisés (ex., 1.1; 4.1; 6.1; 8.1; 11.1; 12.1; 13.1), a quem é atribuída a autoria do livro.

MENSAGEM

Para as tribos de Israel, Deus cria um sistema de culto que reflete sua santidade e faz o povo se lembrar de sua pecaminosidade. Deus exige vários tipos de ofertas sacrificiais como expiação pelo pecado. Essas ofertas — um animal sem defeito que era sacrificado — constantemente lembram aos doadores qual é a consequência definitiva do pecado (morte) e sua dependência de Deus para o perdão e para a própria vida.

O sistema sacrificial do Antigo Testamento antecipa o sacrifício que viria — o do Salvador, Jesus. Seu sacrifício perfeito como "o Cordeiro de Deus, que tira o pecado do mundo" (João 1.29) cumpriu todos os sacrifícios.

ÉPOCA

Os eventos de Levítico acontecem no decorrer de um mês. À semelhança dos demais livros do Pentateuco, Levítico foi escrito provavelmente entre 1445 e 1406 a.C., enquanto o povo de Israel estava acampado no deserto.

ESBOÇO

I. Cinco ofertas	1.1—7.38
II. Consagração do sacerdócio	
A. Arão e seus filhos são consagrados	8.1—9.24
B. O pecado de Nadabe e Abiú	10.1-20
III. Leis de pureza cerimonial	11.1—17.16
IV. Padrões para o povo santo de Deus	
A. Mandamentos para a vida diária	18.1—22.33; 24.1-23
B. Festas e convocações	23.1-44
C. O ano sabático e o ano do Jubileu	25.1-55
D. Recompensa para a obediência; castigo para a desobediência	26.1-46
E. Votos e coisas consagradas	27.1-34

LEVÍTICO 1.1

O Holocausto

1 Da Tenda do Encontro[b] o S‍enhor chamou Moisés[a] e lhe ordenou: **2** "Diga o seguinte aos israelitas: Quando alguém trouxer um animal como oferta ao S‍enhor, que seja do gado ou do rebanho de ovelhas.[c]

3 "Se o holocausto[1] for de gado, oferecerá um macho sem defeito.[d] Ele o apresentará à entrada da Tenda[e] do Encontro, para que seja aceito pelo S‍enhor, **4** e porá a mão sobre a cabeça[f] do animal do holocausto para que seja aceito como propiciação[g] em seu lugar. **5** Então o novilho será morto[h] perante o S‍enhor, e os sacerdotes, descendentes de Arão, trarão o sangue e o derramarão em todos os lados[i] do altar, que está à entrada da Tenda do Encontro. **6** Depois se tirará a pele do animal,[j] que será cortado em pedaços. **7** Então os descendentes do sacerdote Arão acenderão o fogo do altar e arrumarão a lenha sobre o fogo.[k] **8** Em seguida, arrumarão os pedaços, inclusive a cabeça e a gordura,[l] sobre a lenha que está no fogo do altar. **9** As vísceras e as pernas serão lavadas com água. E o sacerdote queimará tudo isso no altar.[m] É um holocausto; oferta preparada no fogo, de aroma agradável ao S‍enhor.[n]

10 "Se a oferta for um holocausto do rebanho — quer de cordeiros quer de cabritos —,[o] oferecerá um macho sem defeito. **11** O animal será morto no lado norte do altar, perante o S‍enhor; os sacerdotes, descendentes de Arão, derramarão o sangue nos lados do altar.[p] **12** Então o animal será cortado em pedaços. O sacerdote arrumará os pedaços, inclusive a cabeça e a gordura, sobre a lenha que está no fogo do altar. **13** As vísceras e as pernas serão lavadas com água. O sacerdote trará tudo isso como oferta e o queimará no altar. É um holocausto; oferta preparada no fogo, de aroma agradável ao S‍enhor.

14 "Se a sua oferta ao S‍enhor for um holocausto de aves, traga uma rolinha ou um pombinho.[q] **15** O sacerdote trará a ave ao altar, destroncará o pescoço dela e a queimará, e deixará escorrer o sangue da ave na parede do altar.[r] **16** Ele retirará o papo com o seu conteúdo[2] e o jogará no lado leste do altar, onde ficam as cinzas.[s] **17** Rasgará a ave pelas asas, sem dividi-la totalmente,[t] e então o sacerdote a queimará sobre a lenha[u] acesa no altar. É um holocausto; oferta preparada no fogo, de aroma agradável ao S‍enhor.

A Oferta de Cereal

2 "Quando alguém trouxer uma oferta de cereal[v] ao S‍enhor, terá que ser da melhor farinha. Sobre ela derramará óleo,[w] colocará incenso **2** e a levará aos descendentes de Arão, os sacerdotes. Um deles apanhará um punhado da melhor farinha[x] com óleo e com todo o incenso[y] e os queimará no altar como porção memorial.[z] É oferta preparada no fogo, de aroma agradável ao S‍enhor. **3** O que restar da oferta de cereal pertence a Arão e a seus descendentes;[a] é parte santíssima das ofertas dedicadas ao S‍enhor, preparadas no fogo.

4 "Se um de vocês trouxer uma oferta de cereal assada no forno, seja da melhor farinha: bolos feitos sem fermento, amassados com óleo, ou[3] pães finos sem fermento e untados com óleo.[b] **5** Se a sua oferta de cereal for preparada numa assadeira, seja da melhor farinha, amassada com óleo e sem fermento. **6** Divida-a em pedaços e derrame óleo sobre ela; é uma oferta de cereal. **7** Se a sua oferta de cereal for cozida numa panela,[c] seja da melhor farinha com óleo. **8** Traga ao S‍enhor a oferta de cereal feita desses ingredientes e apresente-a ao sacerdote, que a levará ao altar. **9** Ele apanhará a porção memorial[d] da oferta de cereal e a queimará no altar; é oferta preparada no

---

[1] 1.3 Isto é, sacrifício totalmente queimado; também em todo o livro de Levítico.
[2] 1.16 Ou *o papo e as penas*
[3] 2.4 Ou *e*

1.1
[a] Ex 19.3; 25.22
[b] Nm 7.89

1.2
[c] Lv 22.18-19

1.3
[d] Ex 12.5; Dt 15.21; Hb 9.14; 1Pe 1.19
[e] Lv 17.9

1.4
[f] Ex 29.10, 15;
Lv 3.2
[g] 2Cr 29.23-24

1.5
[h] Lv 3.2, 8
[i] Hb 12.24; 1Pe 1.2

1.6
[j] Lv 7.8

1.7
[k] Lv 6.12

1.8
[l] v. 12

1.9
[m] Ex 29.18
[n] v. 13; Gn 8.21; Nm 15.8-10; Ef 5.2

1.10
[o] v.3; Ex 12.5

1.11
[p] v. 5

1.14
[q] Gn 15.9; Lv 5.7; Lc 2.24

1.15
[r] Lv 5.9

1.16
[s] Lv 6.10

1.17
[t] Gn 15.10
[u] Lv 5.8

2.1
[v] Lv 6.14-18
[w] Mn 15.4

2.2
[x] Lv 5.11

2.2
[y] Lv 6.15; Is 66.3
[z] v. 9, 16; Lv 5.12; 6.15; 24.7; At 10.4

2.3
[a] v. 10; Lv 6.16; 10.12, 13

2.4
[b] Ex 29.2

2.7
[c] Lv 7.9

2.9
[d] v. 2

fogo, de aroma agradável ao Senhor.[e] ¹⁰ O restante da oferta de cereal pertence a Arão e a seus descendentes;[f] é parte santíssima das ofertas dedicadas ao Senhor, preparadas no fogo.

¹¹ "Nenhuma oferta de cereal que vocês trouxerem ao Senhor será feita com fermento,[g] pois vocês não queimarão fermento nem mel como oferta preparada no fogo ao Senhor. ¹² Podem trazê-los como oferta dos primeiros frutos[h] ao Senhor, mas não podem oferecê-los no altar como aroma agradável. ¹³ Temperem com sal todas as suas ofertas de cereal. Não excluam de suas ofertas de cereal o sal da aliança[i] do seu Deus; acrescentem sal a todas as suas ofertas.

¹⁴ "Se você trouxer ao Senhor uma oferta de cereal dos primeiros frutos,[j] ofereça grãos esmagados de cereal novo, tostados no fogo. ¹⁵ Sobre ela derrame óleo e coloque incenso; é oferta de cereal. ¹⁶ O sacerdote queimará a porção memorial[k] do cereal esmagado e do óleo, com todo o incenso, como uma oferta ao Senhor preparada no fogo.

A Oferta de Comunhão

3 "Quando a oferta de alguém for sacrifício de comunhão,[1],[l] assim se fará: se oferecer um animal do gado — seja macho seja fêmea —, apresentará ao Senhor um animal sem defeito.[m] ² Porá a mão sobre a cabeça[n] do animal, que será morto[o] à entrada da Tenda do Encontro. Os descendentes de Arão, os sacerdotes, derramarão o sangue nos lados do altar. ³ Desse sacrifício de comunhão, oferta preparada no fogo, ele trará ao Senhor toda a gordura[p] que cobre as vísceras e está ligada a elas, ⁴ os dois rins com a gordura que os cobre e que está perto dos lombos, e o lóbulo do fígado, que ele removerá junto com os rins. ⁵ Os descendentes de Arão[q] queimarão tudo isso em cima do holocausto[r] que está sobre a lenha acesa no altar como oferta preparada no fogo, de aroma agradável ao Senhor.

⁶ "Se oferecer um animal do rebanho como sacrifício de comunhão[s] ao Senhor, trará um macho ou uma fêmea sem defeito. ⁷ Se oferecer um cordeiro, ele o apresentará ao Senhor.[t] ⁸ Porá a mão sobre a cabeça do animal, que será morto[u] diante da Tenda do Encontro. Então os descendentes de Arão derramarão o sangue nos lados do altar. ⁹ Desse sacrifício de comunhão, oferta preparada no fogo, ele trará ao Senhor a gordura, tanto a da cauda gorda cortada rente à espinha, como toda a gordura que cobre as vísceras e está ligada a elas, ¹⁰ os dois rins com a gordura que os cobre e que está perto dos lombos, e o lóbulo do fígado, que ele removerá junto com os rins. ¹¹ O sacerdote os queimará no altar[v] como alimento[w] oferecido ao Senhor, preparado no fogo.

¹² "Se a sua oferta for um cabrito, ele o apresentará ao Senhor. ¹³ Porá a mão sobre a cabeça do animal, que será morto diante da Tenda do Encontro. Então os descendentes de Arão derramarão[x] o sangue nos lados do altar. ¹⁴ Desse animal, que é uma oferta preparada no fogo, trará ao Senhor a gordura que cobre as vísceras e está ligada a elas, ¹⁵ os dois rins com a gordura que os cobre e que está perto dos lombos, e o lóbulo do fígado, que ele removerá junto com os rins. ¹⁶ O sacerdote os queimará no altar como alimento, como oferta preparada no fogo, de aroma agradável. Toda a gordura será do Senhor.[y]

¹⁷ "Este é um decreto perpétuo para as suas gerações, onde quer que vivam:[z] Não comam gordura alguma nem sangue algum".[a]

A Oferta pelo Pecado

4 O Senhor ordenou a Moisés: ² "Diga aos israelitas: Quando alguém pecar sem intenção,[b] fazendo o que é proibido em qualquer dos mandamentos do Senhor, assim se fará:

---

¹ **3.1** Ou *de paz*; também em todo o livro de Levítico.

³ "Se for o sacerdote ungido que pecar, trazendo culpa sobre o povo, o sacerdote trará ao Senhor um novilho[c] sem defeito como oferta[d] pelo pecado que cometeu. ⁴ Apresentará ao Senhor[e] o novilho à entrada da Tenda do Encontro. Porá a mão sobre a cabeça do novilho, que será morto perante o Senhor. ⁵ Então o sacerdote ungido pegará um pouco do sangue do novilho[f] e o levará à Tenda do Encontro; ⁶ molhará o dedo no sangue e o aspergirá sete vezes perante o Senhor, diante do véu do santuário. ⁷ O sacerdote porá um pouco do sangue nas pontas do altar do incenso aromático que está perante o Senhor na Tenda do Encontro. Derramará todo o restante do sangue do novilho na base do altar[g] do holocausto,[h] na entrada da Tenda do Encontro. ⁸ Então retirará toda a gordura[i] do novilho da oferta pelo pecado: a gordura que cobre as vísceras e está ligada a elas, ⁹ os dois rins com a gordura que os cobre e que está perto dos lombos, e o lóbulo do fígado, que ele removerá junto com os rins,[j] ¹⁰ como se retira a gordura do boi[1] sacrificado como oferta de comunhão. Então o sacerdote queimará essas partes no altar dos holocaustos. ¹¹ Mas o couro do novilho e toda a sua carne, bem como a cabeça e as pernas, as vísceras e os excrementos —[k] ¹² isto é, tudo o que restar do novilho — ele levará para fora do acampamento,[l] a um local cerimonialmente puro,[m] onde se lançam as cinzas. Ali os queimará sobre a lenha de uma fogueira, sobre o monte de cinzas.

¹³ "Se for toda a comunidade de Israel que pecar sem intenção, [n] fazendo o que é proibido em qualquer dos mandamentos do Senhor, ainda que não tenha consciência disso, a comunidade será culpada. ¹⁴ Quando tiver consciência do pecado que cometeu, a comunidade trará um novilho[o] como oferta pelo pecado[p] e o apresentará diante da Tenda do Encontro. ¹⁵ As autoridades da comunidade porão as mãos sobre a cabeça do novilho[q] perante o Senhor. E o novilho será morto perante o Senhor. ¹⁶ Então o sacerdote ungido levará um pouco do sangue do novilho[r] para a Tenda do Encontro; ¹⁷ molhará o dedo no sangue e o aspergirá sete vezes perante o Senhor,[s] diante do véu. ¹⁸ Porá o sangue nas pontas do altar que está perante o Senhor [t] na Tenda do Encontro e derramará todo o restante do sangue na base do altar dos holocaustos, na entrada da Tenda do Encontro. ¹⁹ Então retirará toda a gordura[u] do animal e a queimará no altar, ²⁰ e fará com este novilho como se faz com o novilho da oferta pelo pecado. Assim o sacerdote fará propiciação[v] por eles, e serão perdoados. [w] ²¹ Depois levará o novilho para fora do acampamento e o queimará como queimou o primeiro. É oferta pelo pecado da comunidade.[x]

²² "Quando for um líder[y] que pecar sem intenção, [z] fazendo o que é proibido em qualquer dos mandamentos do Senhor, o seu Deus, será culpado. ²³ Quando o conscientizarem do seu pecado, o líder trará como oferta um bode sem defeito. ²⁴ Porá a mão sobre a cabeça do bode, que será morto no local onde o holocausto é sacrificado, perante o Senhor. Esta é a oferta pelo pecado. ²⁵ Então o sacerdote pegará com o dedo um pouco do sangue da oferta pelo pecado e o porá nas pontas do altar dos holocaustos e derramará o restante do sangue na base do altar. [a] ²⁶ Queimará toda a gordura no altar, como queimou a gordura do sacrifício de comunhão. Assim o sacerdote fará propiciação pelo pecado do líder, e este será perdoado.[b]

²⁷ "Se for alguém da comunidade que pecar sem intenção,[c] fazendo o que é proibido em qualquer dos mandamentos do Senhor, o seu Deus, será culpado. ²⁸ Quando o conscientizarem do seu pecado, trará como oferta[d] pelo pecado que cometeu uma cabra[e] sem defeito. ²⁹ Porá a mão sobre a cabeça[f] do animal da oferta pelo pecado,[g]

---

[1] **4.10** A palavra hebraica pode significar *boi* ou *vaca*.

4.3
[c] v. 14; Sl 66.15
[d] Lv 9.2-22; Hb 9.13-14
4.4
[e] Lv 1.3
4.5
[f] Lv 16.14
4.7
[g] v. 34; Lv 8.15
[h] v. 18, 30; Lv 5.9; 9.9; 16.18
4.8
[i] Lv 3.3-5
4.9
[j] Lv 3.4
4.11
[k] Ex 29.14; Lv 9.11; Nm 19.5
4.12
[l] Hb 13.11
[m] Lv 6.11
4.13
[n] v. 2; Lv 5.2-4, 17; Nm 15.24-26
4.14
[o] v. 3
[p] v. 23, 28
4.15
[q] Lv 1.4; 8.14, 22; Nm 8.10
4.16
[r] v. 5
4.17
[s] v. 6
4.8
[t] v. 7
4.19
[u] v. 8
4.20
[v] Hb 10.10-12
[w] Nm 15.25
4.21
[x] Lv 16.5, 15
4.22
[y] Nm 31.13
[z] v. 2
4.25
[a] v. 7, 18, 30, 34; Lv 9.9
4.26
[b] Lv 5.10
4.27
[c] v. 2; Nm 15.27
4.28
[d] v. 23
[e] v. 3
4.29
[f] v. 4, 24
[g] Lv 1.4

que será morto no lugar dos holocaustos. ³⁰ Então o sacerdote pegará com o dedo um pouco do sangue e o porá nas pontas do altar dos holocaustos[h] e derramará o restante do sangue na base do altar. ³¹ Então retirará toda a gordura, como se retira a gordura do sacrifício de comunhão; o sacerdote a queimará no altar como aroma agradável ao Senhor.[i] Assim o sacerdote fará propiciação por esse homem, e ele será perdoado.

³² "Se trouxer uma ovelha como oferta pelo pecado, terá que ser sem defeito.[j] ³³ Porá a mão sobre a cabeça do animal, que será morto como oferta pelo pecado no lugar onde é sacrificado o holocausto.[k] ³⁴ Então o sacerdote pegará com o dedo um pouco do sangue da oferta pelo pecado e o porá nas pontas do altar dos holocaustos e derramará o restante do sangue na base do altar. [l] ³⁵ Retirará toda a gordura, como se retira a gordura do cordeiro do sacrifício de comunhão; o sacerdote a queimará no altar, [m] em cima das ofertas dedicadas ao Senhor, preparadas no fogo. Assim o sacerdote fará em favor do culpado propiciação pelo pecado cometido, e ele será perdoado.

5 "Se alguém pecar porque, tendo sido testemunha [n] de algo que viu ou soube, não o declarou, sofrerá as consequências da sua iniquidade.[o]

² "Se alguém tocar qualquer coisa impura — seja um cadáver de animal selvagem, seja de animal do rebanho, seja de uma das pequenas criaturas que povoam a terra —,[p] ainda que não tenha consciência disso, ele se tornará impuro e será culpado.

³ "Se alguém tocar impureza humana[q] ou qualquer coisa que o torne impuro sem ter consciência disso, será culpado quando o souber.

⁴ "Se alguém impensadamente jurar [r] fazer algo bom ou mau em qualquer assunto que possa jurar descuidadamente ainda que não tenha consciência disso, será culpado quando o souber.

⁵ "Quando alguém for culpado de qualquer dessas coisas, confessará[s] em que pecou ⁶ e, pelo pecado que cometeu, trará ao Senhor uma ovelha ou uma cabra do rebanho como oferta de reparação;[t] e em favor do culpado o sacerdote fará propiciação pelo pecado.

⁷ "Se não tiver recursos [u] para oferecer uma ovelha, trará pela culpa do seu pecado duas rolinhas ou dois pombinhos ao Senhor: um como oferta pelo pecado e o outro como holocausto. ⁸ Ele os trará ao sacerdote, que apresentará primeiro a oferta de sacrifício pelo pecado. Ele destroncará o pescoço da ave,[v] sem arrancar-lhe a cabeça totalmente. [w] ⁹ A seguir aspergirá no lado do altar o sangue da oferta pelo pecado e deixará escorrer o restante do sangue na base do altar.[x] É oferta pelo pecado. ¹⁰ O sacerdote então oferecerá a outra ave como holocausto, de acordo com a forma prescrita,[y] e fará propiciação em favor do culpado pelo pecado cometido, e ele será perdoado.[z]

¹¹ "Se, contudo, não tiver recursos para oferecer duas rolinhas ou dois pombinhos, trará como oferta pelo pecado um jarro¹ da melhor farinha[a] como oferta pelo pecado. Mas sobre ela não derramará óleo nem colocará incenso, porquanto é oferta pelo pecado. ¹² Ele a trará ao sacerdote, que apanhará um punhado dela como porção memorial e queimará essa porção no altar, em cima das ofertas dedicadas ao Senhor, preparadas no fogo. É oferta pelo pecado. ¹³ Assim o sacerdote fará propiciação [b] em favor do culpado por qualquer desses pecados cometidos, e ele será perdoado. O restante da oferta pertence ao sacerdote,[c] como no caso da oferta de cereal".

A Oferta pela Culpa

¹⁴ O Senhor disse a Moisés: ¹⁵ "Quando alguém cometer um erro, pecando sem

---

¹ **5.11** Hebraico: *1/10 de efa*. O efa era uma medida de capacidade para secos. As estimativas variam entre 20 e 40 litros.

intenção em qualquer coisa consagrada ao Senhor, trará ao Senhor um carneiro[e] do rebanho, sem defeito, avaliado em prata com base no peso padrão[1] do santuário,[f] como oferta pela culpa.[d] 16 Fará restituição[g] pelo que deixou de fazer em relação às coisas consagradas, acrescentará um quinto do valor[h] e o entregará ao sacerdote. Este fará propiciação pelo culpado com o carneiro da oferta pela culpa, e ele será perdoado.

17 "Se alguém pecar, fazendo o que é proibido em qualquer dos mandamentos do Senhor, ainda que não o saiba,[i] será culpado e sofrerá as consequências da sua iniquidade. 18 Do rebanho ele trará ao sacerdote um carneiro, sem defeito e devidamente avaliado, como oferta pela culpa. Assim o sacerdote fará propiciação em favor do culpado pelo erro que cometeu sem intenção, e ele será perdoado.[j] 19 É oferta pela culpa, pois com certeza tornou-se culpado perante o Senhor".

6 Disse ainda o Senhor a Moisés: 2 "Se alguém pecar, cometendo um erro contra o Senhor,[k] enganando o seu próximo[l] no que diz respeito a algo que lhe foi confiado ou deixado como penhor[m] ou roubado, ou se lhe extorquir algo, 3 ou se achar algum bem perdido e mentir a respeito disso,[n] ou se jurar falsamente a respeito de qualquer coisa, cometendo pecado; 4 quando assim pecar, tornando-se por isso culpado, terá que devolver[o] o que roubou ou tomou mediante extorsão, ou o que lhe foi confiado, ou os bens perdidos que achou, 5 ou qualquer coisa sobre a qual tenha jurado falsamente. Fará restituição[p] plena, acrescentará a isso um quinto do valor e dará tudo ao proprietário no dia em que apresentar a sua oferta pela culpa.[q] 6 E por sua culpa trará ao sacerdote uma oferta[r] dedicada ao Senhor: um carneiro do rebanho, sem defeito e devidamente avaliado. 7 Dessa forma, o sacerdote fará propiciação[s] pelo culpado perante o Senhor, e ele será perdoado de qualquer dessas coisas que fez e que o tornou culpado".

A Regulamentação acerca do Holocausto

8 O Senhor disse a Moisés: 9 "Dê este mandamento a Arão e a seus filhos, a regulamentação acerca do holocausto: Ele terá que ficar queimando até de manhã sobre as brasas do altar, onde o fogo terá que ser mantido aceso. 10 O sacerdote vestirá suas roupas de linho e os calções de linho por baixo,[t] retirará as cinzas do holocausto que o fogo consumiu no altar e as colocará ao lado do altar. 11 Depois trocará de roupa e levará as cinzas para fora do acampamento, a um lugar cerimonialmente puro.[u] 12 Mantenha-se aceso o fogo no altar; não deve ser apagado. Toda manhã o sacerdote acrescentará lenha, arrumará o holocausto sobre o fogo e queimará sobre ele a gordura das ofertas de comunhão. 13 Mantenha-se o fogo continuamente aceso no altar; não deve ser apagado.

A Regulamentação da Oferta de Cereal

14 "Esta é a regulamentação da oferta de cereal:[v] Os filhos de Arão a apresentarão ao Senhor, em frente do altar. 15 O sacerdote apanhará um punhado da melhor farinha com óleo, com todo o incenso que está sobre a oferta de cereal,[w] e queimará no altar a porção memorial[x] como aroma agradável ao Senhor. 16 Arão e seus filhos[y] comerão o restante da oferta,[z] mas deverão comê-lo sem fermento[a] e em lugar sagrado,[b] no pátio da Tenda do Encontro. 17 Essa oferta não será assada com fermento; eu a dei a eles como porção das ofertas feitas a mim com fogo. É santíssima, como a oferta pelo pecado e como a oferta pela culpa.[c] 18 Somente os homens descendentes de Arão poderão comer da porção das ofertas dedicadas ao Senhor,[d] preparadas no fogo. É um decreto perpétuo para as

---

[1] **5.15** Hebraico: *no siclo*. Um siclo equivalia a 12 gramas.

suas gerações. Tudo o que nelas tocar se tornará santo¹". ᵉ

¹⁹ O Senhor disse também a Moisés: ²⁰ "Esta é a oferta que Arão e os seus descendentes terão que trazer ao Senhor no dia em que ele² for ungido: um jarro³ ᶠ da melhor farinha, como na oferta regular de cereal,ᵍ metade pela manhã e metade à tarde. ²¹ Prepare-a com óleo numa assadeira;ʰ traga-a bem misturada e apresente a oferta de cereal partida em pedaços, como aroma agradável ao Senhor. ²² Todo sacerdote ungido, dos descendentes de Arão, também preparará essa oferta. É a porção do Senhor por decreto perpétuo e será totalmente queimada. ²³ Toda oferta de cereal do sacerdote será totalmente queimada; não será comida".

A Regulamentação da Oferta pelo Pecado

²⁴ O Senhor disse a Moisés: ²⁵ "Diga a Arão e aos seus filhos a regulamentação da oferta pelo pecado: O animal da oferta pelo pecado será morto perante o Senhor ⁱ no local ʲ onde é sacrificado o holocausto; é uma oferta santíssima. ²⁶ O sacerdote que oferecer o animal o comerá em lugar sagrado, ᵏ no pátio ˡ da Tenda do Encontro. ²⁷ Tudo o que tocar na carne se tornará santo;ᵐ se o sangue respingar na roupa, será lavada em lugar sagrado. ²⁸ A vasilha de barro ⁿ em que a carne for cozida deverá ser quebrada; mas, se for cozida numa vasilha de bronze, a vasilha deverá ser esfregada e enxaguada com água. ²⁹ Somente os homens da família dos sacerdotes poderão comê-la;ᵒ é uma oferta santíssima.ᵖ ³⁰ Mas toda oferta pelo pecado, cujo sangue for trazido para a Tenda do Encontro para propiciação no Lugar Santo, ᵠ não será comida; terá que ser queimada. ʳ

¹ **6.18** Ou *Todo aquele que nelas tocar deve ser santo*; também no versículo 27.
² **6.20** Ou *cada um*
³ **6.20** Hebraico: *1/10 de efa*. O efa era uma medida de capacidade para secos. As estimativas variam entre 20 e 40 litros.

A Regulamentação da Oferta pela Culpa

7 "Esta é a regulamentação da oferta pela culpa, ˢ que é oferta santíssima: ² O animal da oferta pela culpa será morto no local onde são sacrificados os holocaustos, e seu sangue será derramado nos lados do altar. ³ Toda a sua gordura ᵗ será oferecida: a parte gorda da cauda e a gordura que cobre as vísceras, ⁴ os dois rins com a gordura que os cobre e que está perto dos lombos, e o lóbulo do fígado, que será removido com os rins. ⁵ O sacerdote os queimará no altar como oferta dedicada ao Senhor, preparada no fogo. É oferta pela culpa. ⁶ Somente os homens da família dos sacerdotes poderão comê-la, ᵘ mas deve ser comida em lugar sagrado; é oferta santíssima.ᵛ

⁷ "A mesma regulamentação aplica-se tanto à oferta pelo pecado quanto à oferta pela culpa: a carne pertence ao sacerdote ʷ que faz propiciação pela culpa. ⁸ O sacerdote que oferecer um holocausto por alguém ficará com o couro do animal. ⁹ Toda oferta de cereal, assada num forno ou cozida numa panela ou numa assadeira, ˣ pertence ao sacerdote que a oferecer, ¹⁰ e toda oferta de cereal, amassada com óleo ou não, pertence igualmente aos descendentes de Arão.

A Regulamentação da Oferta de Comunhão

¹¹ "Esta é a regulamentação da oferta de comunhão que pode ser apresentada ao Senhor:

¹² "Se alguém a fizer por gratidão, então, com sua oferta de gratidão, ʸ terá que oferecer bolos sem fermento e amassados com óleo, pães finos sem fermento e untados com óleo, e bolos ᶻ da melhor farinha bem amassados e misturados com óleo. ¹³ Com sua oferta de comunhão por gratidão, apresentará uma oferta que inclua bolos com fermento. ᵃ ¹⁴ De cada oferta trará uma contribuição ao Senhor, que será dada ao sacerdote que asperge o sangue das ofertas de comunhão. ¹⁵ A carne da sua oferta de

comunhão por gratidão será comida no dia em que for oferecida; nada poderá sobrar até o amanhecer.ᵇ

¹⁶ "Se, contudo, sua oferta for resultado de um voto ou for uma oferta voluntária, a carne do sacrifício será comida no dia em que for oferecida, e o que sobrar poderá ser comido no dia seguinte.ᶜ ¹⁷ Mas a carne que sobrar do sacrifício até o terceiro dia será queimada no fogo. ¹⁸ Se a carne da oferta de comunhão for comida ao terceiro dia, ela não será aceita.ᵈ A oferta não será atribuída ᵉ àquele que a ofereceu, pois a carne estará estragada; e quem dela comer sofrerá as consequências da sua iniquidade.

¹⁹ "A carne que tocar em qualquer coisa impura não será comida; será queimada no fogo. A carne do sacrifício, porém, poderá ser comida por quem estiver puro. ²⁰ Mas, se alguém que, estando impuro, comer da carne da oferta de comunhão que pertence ao SENHOR, será eliminado do meio do seu povo.ᶠ ²¹ Se alguém tocar em alguma coisa impura — seja impureza humana, seja de animal, seja qualquer outra coisa impura ᵍ e proibida — e comer da carne da oferta de comunhão que pertence ao SENHOR, será eliminado do meio do seu povo".

A Proibição de Comer Gordura e Sangue

²² E disse o SENHOR a Moisés: ²³ "Diga aos israelitas: Não comam gordura alguma de boi, carneiro ou cabrito.ʰ ²⁴ A gordura de um animal encontrado morto ou despedaçado por animais selvagens ⁱ pode ser usada para qualquer outra finalidade, mas nunca poderá ser comida. ²⁵ Quem comer a gordura de um animal dedicado ao SENHOR numa oferta preparada no fogo, será eliminado do meio do seu povo. ²⁶ Onde quer que vocês vivam, não comam o sangue ʲ de nenhuma ave nem de animal. ²⁷ Quem comer sangue ᵏ será eliminado do meio do seu povo".

A Porção dos Sacerdotes

²⁸ Disse mais o SENHOR a Moisés: ²⁹ "Diga aos israelitas: Todo aquele que trouxer sacrifício de comunhão ao SENHOR terá que dedicar parte dele ao SENHOR. ³⁰ Com suas próprias mãos trará ao SENHOR as ofertas preparadas no fogo; trará a gordura com o peito, e o moverá perante o SENHOR como gesto ritual de apresentação.ˡ ³¹ O sacerdote queimará a gordura no altar, mas o peito pertence a Arão e a seus descendentes.ᵐ ³² Vocês deverão dar a coxa direita das ofertas de comunhão ao sacerdote como contribuição.ⁿ ³³ O descendente de Arão que oferecer o sangue e a gordura da oferta de comunhão receberá a coxa direita como porção. ³⁴ Das ofertas de comunhão dos israelitas, tomei o peito que é movido ritualmente e a coxa ᵒ que é ofertada, e os dei ao sacerdote Arão e a seus descendentes ᵖ por decreto perpétuo para os israelitas".

³⁵ Essa é a parte das ofertas dedicadas ao SENHOR, preparadas no fogo, destinada a Arão e a seus filhos no dia em que foram apresentados para servirem ao SENHOR como sacerdotes. ³⁶ Foi isso que o SENHOR ordenou dar a eles, no dia em que foram ungidos ᵠ dentre os israelitas. É um decreto perpétuo para as suas gerações.

³⁷ Essa é a regulamentação acerca do holocausto,ʳ da oferta de cereal,ˢ da oferta pelo pecado, da oferta pela culpa, da oferta de ordenação ᵗ e da oferta de comunhão. ³⁸ O SENHOR entregou-a a Moisés no monte Sinai, no dia em que ordenou aos israelitas que trouxessem suas ofertas ao SENHOR,ᵘ no deserto do Sinai.

A Ordenação de Arão e de seus Filhos

8 O SENHOR disse a Moisés: ² "Traga Arão e seus filhos, suas vestes, o óleo da unção,ᵛ o novilho para a oferta pelo pecado, os dois carneiros e o cesto de pães sem fermento;ʷ ³ e reúna toda a comunidade ˣ à entrada da Tenda do Encontro". ⁴ Moisés fez como o SENHOR lhe tinha ordenado, e a comunidade reuniu-se à entrada da Tenda do Encontro.

7.15
ᵇ Lv 22.30
7.16
ᶜ Lv 19.5-8
7.18
ᵈ Lv 19.7
ᵉ Nm 18.27
7.20
ᶠ Lv 22.3-7
7.21
ᵍ Lv 5.2; 11.24, 28
7.23
ʰ Lv 3.17; 17.13-14
7.24
ⁱ Ex 22.31
7.26
ʲ Gn 9.4
7.27
ᵏ Lv 17.10-24; At 15.20, 29
7.30
ˡ Ex 29.24; Nm 6.20
7.31
ᵐ v. 34
7.32
ⁿ v. 34; Lv 9.21; Nm 6.20
7.34
ᵒ Lv 10.15
ᵖ Ex 29.27; Nm 18.18-19
7.36
ᵠ Ex 40.13,15; Lv 8.12, 30
7.37
ʳ Lv 6.9
ˢ Lv 6.14
ᵗ v. 1, 1
7.38
ᵘ Lv 1.2
8.2
ᵛ Ex 30.23-25, 30
ʷ Ex 29.2-3
8.3
ˣ Nm 8.9

5 Então Moisés disse à comunidade: "Foi isto que o Senhor mandou fazer"; **6** e levou Arão e seus filhos à frente e mandou-os banhar-se com água;ʸ **7** pôs a túnica em Arão, colocou-lhe o cinto e o manto e pôs sobre este o colete sacerdotal; depois a ele prendeu o manto sacerdotal com o cinturão;ᶻ **8** colocou também o peitoral, no qual pôs o Urim e o Tumim¹;ᵃ **9** e colocou o turbante na cabeça de Arão com a lâmina de ouro, isto é, a coroa sagrada, ᵇ na frente do turbante, conforme o Senhor tinha ordenado a Moisés.

10 Depois Moisés pegou o óleo da unção ᶜ e ungiu ᵈ o tabernáculo e tudo o que nele havia, e assim os consagrou. **11** Aspergiu sete vezes o óleo sobre o altar, ungindo o altar e todos os seus utensílios e a bacia com o seu suporte, para consagrá-los. ᵉ **12** Derramou o óleo da unção sobre a cabeça de Arão para ungi-loᶠ e consagrá-lo. ᵍ **13** Trouxe então os filhos de Arão à frente, vestiu-os com suas túnicas e cintos e colocou-lhes gorros, conforme o Senhor lhe havia ordenado.

14 Em seguida, trouxe o novilho ʰ para a oferta pelo pecado,ⁱ e Arão e seus filhos puseram as mãos sobre a cabeça do novilho. **15** Moisés sacrificou o novilho e com o dedo pôs um pouco do sangue em todas as pontas do altar ʲ para purificá-lo.ᵏ Derramou o restante do sangue na base do altar e assim o consagrou para fazer propiciação por ele. ˡ **16** Moisés pegou também toda a gordura que cobre as vísceras, o lóbulo do fígado e os dois rins com a gordura que os cobre e os queimou no altar. **17** Mas o novilho com o seu couro, a sua carne e o seu excremento, ᵐ ele queimou fora do acampamento,ⁿ conforme o Senhor lhe havia ordenado.

18 Mandou trazer então o carneiro ᵒ para o holocausto, e Arão e seus filhos puseram as mãos sobre a cabeça do carneiro. **19** A seguir Moisés sacrificou o carneiro e derramou o sangue nos lados do altar. **20** Depois, cortou o carneiro em pedaços; queimou a cabeça, os pedaços e a gordura. **21** Lavou as vísceras e as pernas e queimou o carneiro inteiro sobre o altar, como holocausto, oferta de aroma agradável ao Senhor, preparada no fogo, conforme o Senhor lhe havia ordenado.

22 A seguir mandou trazer o outro carneiro, o carneiro para a oferta de ordenação,ᵖ e Arão e seus filhos colocaram as mãos sobre a cabeça do carneiro. **23** Moisés sacrificou o carneiro e pôs um pouco do sangue na ponta da orelha direita de Arão, no polegar da sua mão direita e no polegar do seu pé direito. **24** Moisés também mandou que os filhos de Arão se aproximassem e sobre cada um pôs um pouco do sangue na ponta da orelha direita, no polegar da mão direita e no polegar do pé direito; derramou o restante do sangue nos lados do altar. ᑫ **25** Apanhou a gordura, a cauda gorda, toda a gordura que cobre as vísceras, o lóbulo do fígado, os dois rins e a gordura que os cobre e a coxa direita. **26** Então, do cesto de pães sem fermento que estava perante o Senhor, apanhou um pão comum, outro feito com óleo e um pão fino, e os colocou sobre as porções de gordura e sobre a coxa direita. **27** Pôs tudo nas mãos de Arão e de seus filhos e moveu esses alimentos perante o Senhor como gesto ritual de apresentação. **28** Depois Moisés os pegou de volta das mãos deles e queimou tudo no altar, em cima do holocausto, como uma oferta de ordenação, preparada no fogo, de aroma agradável ao Senhor. **29** Moisés pegou também o peito que era a sua própria porção do carneiro da ordenação ʳ e o moveu perante o Senhor como gesto ritual de apresentação, como o Senhor lhe havia ordenado.

30 A seguir pegou um pouco do óleo da unção e um pouco do sangue que estava no altar e os aspergiu sobre Arão e suas vestes, ˢ bem como sobre seus filhos e suas vestes. Assim consagrou ᵗ Arão e suas vestes; seus filhos e suas vestes.

---

¹ **8.8** Objetos utilizados para se conhecer a vontade de Deus.

³¹ Moisés então disse a Arão e a seus filhos: "Cozinhem a carne na entrada da Tenda do Encontro, onde a deverão comer com o pão do cesto das ofertas de ordenação, conforme me foi ordenado¹: 'Arão e seus filhos deverão comê-la'. ³² Depois queimem o restante da carne e do pão. ³³ Não saiam da entrada da Tenda do Encontro por sete dias, até que se completem os dias da ordenação de vocês, pois essa cerimônia de ordenação durará sete dias. ³⁴ O que se fez hoje foi ordenado pelo SENHOR ᵘ para fazer propiciação por vocês. ³⁵ Vocês terão que permanecer dia e noite à entrada da Tenda do Encontro por sete dias e obedecer às exigências do SENHOR,ᵛ para que não morram; pois isso me foi ordenado". ³⁶ Arão e seus filhos fizeram tudo o que o SENHOR tinha ordenado por meio de Moisés.

Os Sacerdotes Começam o seu Ministério

9 Oito dias depois,ʷ Moisés convocou Arão, seus filhos e as autoridades de Israel. ² E disse a Arão: "Traga um bezerro para a oferta pelo pecado e um carneiro para o holocausto, ambos sem defeito, e apresente-os ao SENHOR. ³ Depois diga aos israelitas: Tragam um bode para oferta pelo pecado; um bezerro e um cordeiro, ambos de um ano de idade e sem defeito, para holocausto; ⁴ e um boi² e um carneiro para oferta de comunhão, para os sacrificar perante o SENHOR, com a oferta de cereal amassada com óleo; pois hoje o SENHOR aparecerá a vocês". ˣ

⁵ Levaram então tudo o que Moisés tinha determinado para a frente da Tenda do Encontro, e a comunidade inteira aproximou-se e ficou em pé perante o SENHOR. ⁶ Disse-lhes Moisés: "Foi isso que o SENHOR ordenou que façam, para que a glória do SENHOR ʸ apareça a vocês".

⁷ Disse Moisés a Arão: "Venha até o altar e ofereça o seu sacrifício pelo pecado e o seu holocausto, e faça propiciação por você mesmo e pelo povo; ofereça o sacrifício pelo povo e faça propiciação por ele, conforme o SENHOR ordenou".ᶻ

⁸ Arão foi até o altar e ofereceu o bezerro como sacrifícioᵃ pelo pecado por si mesmo. ⁹ Seus filhos levaram-lhe o sangue,ᵇ e ele molhou o dedo no sangue e o pôs nas pontas do altar; depois derramou o restante do sangue na base do altar,ᶜ ¹⁰ onde queimou a gordura, os rins e o lóbulo do fígado da oferta pelo pecado, conforme o SENHOR tinha ordenado a Moisés; ¹¹ a carne e o couro, ᵈ porém, queimou fora do acampamento.ᵉ

¹² Depois sacrificou o holocausto. Seus filhos lhe entregaram o sangue, e ele o derramou nos lados do altar. ¹³ Entregaram-lhe, em seguida, o holocausto pedaço por pedaço, inclusive a cabeça, e ele os queimou no altar.ᶠ ¹⁴ Lavou as vísceras e as pernas e as queimou em cima do holocausto sobre o altar.

¹⁵ Depois Arão apresentou a oferta pelo povo. ᵍ Pegou o bode para a oferta pelo pecado do povo e o ofereceu como sacrifício pelo pecado, como fizera com o primeiro. ¹⁶ Apresentou o holocausto e ofereceu-o conforme fora prescrito.ʰ ¹⁷ Também apresentou a oferta de cereal, pegou um punhado dela e a queimou no altar, além do holocausto da manhã.ⁱ

¹⁸ Matou o boi e o carneiro como sacrifício de comunhão pelo povo.ʲ Seus filhos levaram-lhe o sangue, e ele o derramou nos lados do altar. ¹⁹ Mas as porções de gordura do boi e do carneiro, a cauda gorda, a gordura que cobre as vísceras, os rins e o lóbulo do fígado, ²⁰ puseram em cima do peito; e Arão queimou essas porções no altar. ²¹ Em seguida, Arão moveu o peito e a coxa direita do animal perante o SENHOR como gesto ritual de apresentação,ᵏ conforme Moisés tinha ordenado.

²² Depois Arão ergueu as mãos em direção ao povo e o abençoou.ˡ E, tendo oferecido o sacrifício pelo pecado, o holocausto e o sacrifício de comunhão, desceu.

---

¹ 8.31 Ou *conforme ordenei*
² 9.4 A palavra hebraica pode significar *boi* ou *vaca*.

8.34
ᵘ Hb 7.16
8.35
ᵛ Nm 3.7; 9.19; Dt 11.1; 1Rs 2.3; Ez 48.11
9.1
ʷ Ez 43.27
9.4
ˣ Ex 29.43
9.6
ʸ v. 23; Ex 24.16
9.7
ᶻ Hb 5.1, 3; 7.27
9.8
ᵃ Lv 4.1-12
9.9
ᵇ v. 12, 18
ᶜ Lv 4.7
9.11
ᵈ Lv 4.11
ᵉ Lv 4.12; 8.17
9.13
ᶠ Lv 1.8
9.15
ᵍ Lv 4.27-31
9.16
ʰ Lv 1.1-13
9.17
ⁱ Lv 2.1-2; 3.5
9.18
ʲ Lv 3.1-11
9.21
ᵏ Ex 29.24, 26; Lv 7.30-34
9.22
ˡ Nm 6.23; Dt 21.5; Lc 24.50

²³ Assim Moisés e Arão entraram na Tenda do Encontro. Quando saíram, abençoaram o povo; e a glória do Senhor ᵐ apareceu a todos eles. ²⁴ Saiu fogo ⁿ da presença do Senhor e consumiu o holocausto e as porções de gordura sobre o altar. E, quando todo o povo viu isso, gritou de alegria e prostrou-se com o rosto em terra.ᵒ

A Morte de Nadabe e de Abiú

10 Nadabe e Abiú,ᵖ filhos de Arão, pegaram cada um o seu incensário, nos quais acenderam fogo,ᵠ acrescentaram incenso e trouxeram fogo profano perante o Senhor, sem que tivessem sido autorizados. ʳ ² Então saiu fogo da presença do Senhor e os consumiu.ˢ Morreram perante o Senhor. ³ Moisés então disse a Arão: "Foi isto que o Senhor disse:

'Aos que de mim se aproximam ᵗ
    santo me mostrarei;ᵘ
à vista de todo o povo
    glorificado serei' ". ᵛ

Arão, porém, ficou em silêncio.
⁴ Então Moisés chamou Misael e Elzafã,ʷ filhos de Uziel,ˣ tio de Arão, e lhes disse: "Venham cá; tirem os seus primos da frente do santuário e levem-nos para fora do acampamento".ʸ ⁵ Eles foram e os puxaram pelas túnicas,ᶻ para fora do acampamento, conforme Moisés tinha ordenado.
⁶ Então Moisés disse a Arão e a seus filhos Eleazar e Itamar: "Não andem descabeladosᵃ nem rasguem as roupas em sinal de luto, senão vocês morrerão e a ira do Senhor cairá sobre toda a comunidade.ᵇ Mas os seus parentes, e toda a nação de Israel, poderão chorar por aqueles que o Senhor destruiu pelo fogo. ⁷ Não saiam da entrada da Tenda do Encontro, senão vocês morrerão, porquanto o óleoᶜ da unção do Senhor está sobre vocês". E eles fizeram conforme Moisés tinha ordenado.
⁸ Depois o Senhor disse a Arão: ⁹ "Você e seus filhos não devem beber vinhoᵈ nem outra bebida fermentadaᵉ antes de entrar na Tenda do Encontro, senão vocês morrerão. É um decreto perpétuo para as suas gerações. ¹⁰ Vocês têm que fazer separação entre o santo e o profano, entre o puro e o impuro, ᶠ ¹¹ e ensinar ᵍ aos israelitas todos os decretos que o Senhor lhes deu por meio de Moisés". ʰ

¹² Então Moisés disse a Arão e aos seus filhos que ficaram vivos, Eleazar e Itamar: "Peguem a oferta de cereal que sobrou das ofertas dedicadas ao Senhor, preparadas no fogo, e tratem de comê-la sem fermento junto ao altar,ⁱ pois é santíssima. ¹³ Comam-na em lugar sagrado, porquanto é a porção que lhes cabe por decreto, a você e a seus filhos, das ofertas dedicadas ao Senhor, preparadas no fogo; pois assim me foi ordenado. ¹⁴ O peito ritualmente movido e a coxa ofertada, você, seus filhos e suas filhas poderão comer num lugar cerimonialmente puro;ʲ essa porção foi dada a você e a seus filhos como parte das ofertas de comunhão dos israelitas. ¹⁵ A coxa ᵏ ofertada e o peito ritualmente movido devem ser trazidos com as porções de gordura das ofertas preparadas no fogo, para serem movidos perante o Senhor como gesto ritual de apresentação. Essa será a porção por decreto perpétuo para você e seus descendentes, conforme o Senhor tinha ordenado".

¹⁶ Quando Moisés procurou por toda parte o bode da oferta pelo pecado ˡ e soube que já fora queimado, irou-se contra Eleazar e Itamar, os filhos de Arão que ficaram vivos, e perguntou: ¹⁷ "Por que vocês não comeram a carne da oferta pelo pecadoᵐ no Lugar Santo? É santíssima; foi dada para retirar a culpa da comunidade e fazer propiciação por ela perante o Senhor. ¹⁸ Como o sangue do animal não foi levado para dentro do Lugar Santo,ⁿ vocês deviam tê-lo comido ali, conforme ordenei".

¹⁹ Arão respondeu a Moisés: "Hoje eles ofereceram o seu sacrifício pelo pecado e o seu holocaustoᵒ perante o Senhor; mas e

essas coisas que aconteceram comigo? Será que teria agradado ao Senhor se eu tivesse comido a oferta pelo pecado hoje?" ²⁰ Essa explicação foi satisfatória para Moisés.

Animais Puros e Impuros

11 Disse o Senhor a Moisés e a Arão: ² "Digam aos israelitas: De todos os animais que vivem na terra, estes são os que vocês poderão comer:ᵖ ³ qualquer animal que tem casco fendido e dividido em duas unhas e que rumina.

⁴ "Vocês não poderão comer aqueles que só ruminam nem os que só têm o casco fendido. O camelo, embora rumine, não tem casco fendido; considerem-no impuro. ⁵ O coelho, embora rumine, não tem casco fendido; é impuro para vocês. ⁶ A lebre, embora rumine, não tem casco fendido; considerem-na impura. ⁷ E o porco,ᵠ embora tenha casco fendido e dividido em duas unhas, não rumina; considerem-no impuro. ⁸ Vocês não comerão a carne desses animais nem tocarão em seus cadáveres; considerem-nos impuros.ʳ

⁹ "De todas as criaturas que vivem nas águas do mar e dos rios, vocês poderão comer todas as que possuem barbatanas e escamas. ¹⁰ Mas todas as criaturas que vivem nos mares ou nos rios, que não possuem barbatanas e escamas — quer entre todas as pequenas criaturas que povoam as águas, quer entre todos os outros animais das águas —, serão proibidas para vocês.ˢ ¹¹ Por isso, não poderão comer sua carne e considerarão impuros os seus cadáveres. ¹² Tudo o que vive na água e não possui barbatanas e escamas será proibido para vocês.

¹³ "Estas são as aves que vocês considerarão impuras, das quais não poderão comer porque são proibidas: a águia, o urubu, a águia-marinha, ¹⁴ o milhafre, o falcão, ¹⁵ qualquer espécie de corvo, ¹⁶ a coruja-de-chifre¹, a coruja-de-orelha-pequena,

¹ **11.16** Ou *avestruz*

a coruja-orelhuda², qualquer espécie de gavião, ¹⁷ o mocho, a coruja-pescadora e o corujão, ¹⁸ a coruja-branca³, a coruja-do-deserto, o abutre, ¹⁹ a cegonha, qualquer tipo de garça, a poupa e o morcego.⁴

²⁰ "Todas as pequenas criaturas que enxameiam, que têm asas e se movem pelo chão⁵ serão proibidas para vocês.ᵗ ²¹ Dessas, porém, vocês poderão comer aquelas que têm pernas articuladas para saltar no chão. ²² Dessas vocês poderão comer os diversos tipos de gafanhotos. ᵘ ²³ Mas considerarão impuras todas as outras criaturas que enxameiam, que têm asas e se movem pelo chão.

²⁴ "Por meio delas vocês ficarão impuros; todo aquele que tocar em seus cadáveres estará impuro até a tarde. ²⁵ Todo o que carregar o cadáver de alguma delas deverá lavar as suas roupas ᵛ e estará impuro até a tarde.ʷ

²⁶ "Todo animal de casco não dividido em duas unhas ou que não rumina é impuro para vocês; quem tocar qualquer um deles ficará impuro. ²⁷ Todos os animais de quatro pés, que andam sobre a planta dos pés, são impuros para vocês; todo o que tocar os seus cadáveres ficará impuro até a tarde. ²⁸ Quem carregar o cadáver de algum deles lavará suas roupas e estará impuro até a tarde. São impuros para vocês.

²⁹ "Dos animais que se movem rente ao chão, estes vocês considerarão impuros: a doninha, o rato,ˣ qualquer espécie de lagarto grande, ³⁰ a lagartixa, o lagarto-pintado, o lagarto, o lagarto da areia e o camaleão. ³¹ De todos os que se movem rente ao chão, esses vocês considerarão impuros. Quem neles tocar depois de mortos estará impuro até a tarde. ³² E tudo sobre o que um deles cair depois de morto, qualquer que seja

² **11.16** Ou *gaivota*
³ **11.18** Ou *pelicano*
⁴ **11.19** A identificação exata de algumas das aves, insetos e animais deste capítulo é desconhecida.
⁵ **11.20** Hebraico: *sobre quatro pés*; também no versículo 23.

11.2
ᵖ At 10.12-14
11.7
ᵠ Is 65.4; 66.3, 17
11.8
ʳ Is 52.11; Hb 9.10
11.10
ˢ Lv 7.18
11.20
ᵗ At 10.14
11.22
ᵘ Mt 3.4; Mc 1.6
11.25
ᵛ Lv 14.8, 47; 15.5
ʷ v. 40; Nm 31.24
11.29
ˣ Is 66.17

o seu uso, ficará impuro — não importa se o objeto for feito de madeira, de pano, de couro ou de pano de saco.^y Deverá ser posto em água e estará impuro até a tarde; então ficará puro. ³³ Se um deles cair dentro de uma vasilha de barro, tudo o que nela houver ficará impuro, e vocês quebrarão a vasilha.^z ³⁴ Qualquer alimento sobre o qual cair essa água ficará impuro, e qualquer bebida que estiver dentro da vasilha ficará impura. ³⁵ Tudo aquilo sobre o que o cadáver de um desses animais cair ficará impuro; se for um forno ou um fogão de barro vocês o quebrarão. Estão impuros, e vocês os considerarão como tais. ³⁶ Mas, se cair numa fonte ou numa cisterna onde se recolhe água, ela permanece pura; mas quem tocar no cadáver ficará impuro. ³⁷ Se um cadáver cair sobre alguma semente a ser plantada, ela permanece pura; ³⁸ mas, se foi derramada água sobre a semente, vocês a considerarão impura.

³⁹ "Quando morrer um animal que vocês têm permissão para comer, quem tocar no seu cadáver ficará impuro até a tarde. ⁴⁰ Quem comer da carne do animal morto terá que lavar as suas roupas e ficará impuro até a tarde. Quem carregar o cadáver do animal terá que lavar as suas roupas e ficará impuro até a tarde.^a

⁴¹ "Todo animal que se move rente ao chão será proibido a vocês e não poderá ser comido. ⁴² Vocês não poderão comer animal algum que se move rente ao chão, quer se arraste sobre o ventre, quer ande de quatro ou com o auxílio de muitos pés; são proibidos a vocês. ⁴³ Não se contaminem com qualquer desses animais.^b Não se tornem impuros com eles nem deixem que eles os tornem impuros. ⁴⁴ Pois eu sou o Senhor, o Deus de vocês;^c consagrem-se^d e sejam santos,^e porque eu sou santo.^f Não se tornem impuros com qualquer animal que se move rente ao chão. ⁴⁵ Eu sou o Senhor que os tirou da terra do Egito^g para ser o seu Deus;^h por isso, sejam santos, porque eu sou santo.^i

⁴⁶ "Essa é a regulamentação acerca dos animais, das aves, de todos os seres vivos que se movem na água e de todo animal que se move rente ao chão. ⁴⁷ Vocês farão separação entre o impuro e o puro, entre os animais que podem ser comidos e os que não podem".^j

A Purificação após o Parto

12 Disse o Senhor a Moisés: ² "Diga aos israelitas: Quando uma mulher engravidar e der à luz um menino, estará impura por sete dias, assim como está impura durante o seu período menstrual.^k ³ No oitavo dia o menino terá que ser circuncidado.^l ⁴ Então a mulher aguardará trinta e três dias para ser purificada do seu sangramento. Não poderá tocar em nenhuma coisa sagrada e não poderá ir ao santuário, até que se completem os dias da sua purificação. ⁵ Se der à luz uma menina, estará impura por duas semanas, como durante o seu período menstrual. Nesse caso aguardará sessenta e seis dias para ser purificada do seu sangramento.

⁶ "Quando se completarem os dias da sua purificação pelo nascimento de um menino ou de uma menina,^m ela trará ao sacerdote, à entrada da Tenda do Encontro, um cordeiro de um ano^n para o holocausto e um pombinho ou uma rolinha como oferta pelo pecado.^o ⁷ O sacerdote os oferecerá ao Senhor para fazer propiciação por ela, que ficará pura do fluxo do seu sangramento. Essa é a regulamentação para a mulher que der à luz um menino ou uma menina. ⁸ Se ela não tiver recursos para oferecer um cordeiro, poderá trazer duas rolinhas ou dois pombinhos,^p um para o holocausto e o outro para a oferta pelo pecado.^q Assim o sacerdote fará propiciação por ela, e ela ficará pura".^r

Leis acerca da Lepra

13 Disse o Senhor a Moisés e a Arão: ² "Quando alguém tiver um inchaço,^s uma erupção ou uma mancha brilhante^t na pele que possa ser sinal de lepra,[1] "será levado ao sacerdote Arão[v] ou a um dos seus filhos[2] que seja sacerdote. ³ Este examinará a parte afetada da pele, e, se naquela parte o pelo tiver se tornado branco e o lugar parecer mais profundo do que a pele, é sinal de lepra. Depois de examiná-lo, o sacerdote o declarará impuro.[w] ⁴ Se a mancha[x] na pele for branca, mas não parecer mais profunda do que a pele e sobre ela o pelo não tiver se tornado branco, o sacerdote o porá em isolamento por sete dias.[y] ⁵ No sétimo dia[z] o sacerdote o examinará e,[a] se verificar que a parte afetada não se alterou nem se espalhou pela pele, o manterá em isolamento por mais sete dias. ⁶ Ao sétimo dia o sacerdote o examinará de novo e, se a parte afetada diminuiu e não se espalhou pela pele, o sacerdote o declarará puro;[b] é apenas uma erupção. Então ele lavará as suas roupas,[c] e estará puro.[d] ⁷ Mas, se depois que se apresentou ao sacerdote para ser declarado puro a erupção se espalhar pela pele, ele terá que se apresentar novamente ao sacerdote.[e] ⁸ O sacerdote o examinará e, se a erupção tiver se espalhado pela pele, ele o declarará impuro; trata-se de lepra.

⁹ "Quando alguém apresentar sinal de lepra, será levado ao sacerdote. ¹⁰ Este o examinará e, se houver inchaço branco na pele, o qual tenha tornado branco o pelo, e se houver carne viva no inchaço, ¹¹ é lepra crônica na pele,[f] e o sacerdote o declarará impuro. Não o porá em isolamento, porquanto já está impuro.

¹² "Se a doença se alastrar e cobrir toda a pele da pessoa infectada, da cabeça aos pés, até onde é possível ao sacerdote verificar, ¹³ este a examinará e, se observar que a lepra cobriu todo o corpo, ele a declarará pura. Visto que tudo tenha ficado branco, ela está pura. ¹⁴ Mas, quando nela aparecer carne viva, ficará impura. ¹⁵ Quando o sacerdote vir a carne viva, ele a declarará impura. A carne viva é impura; trata-se de lepra.[g] ¹⁶ Se a carne viva retroceder e a pele se tornar branca, a pessoa voltará ao sacerdote. ¹⁷ Este a examinará e, se a parte afetada tiver se tornado branca, o sacerdote declarará pura a pessoa infectada,[h] a qual então estará pura.

¹⁸ "Quando alguém tiver uma ferida purulenta[i] em sua pele e ela sarar ¹⁹ e no lugar da ferida aparecer um inchaço branco ou uma mancha[k] avermelhada, [j]ele se apresentará ao sacerdote. ²⁰ Este examinará o local e, se parecer mais profundo do que a pele e o pelo ali tiver se tornado branco, o sacerdote o declarará impuro. É sinal de lepra[l] que se alastrou onde estava a ferida. ²¹ Mas, se quando o sacerdote o examinar não houver nenhum pelo branco e o lugar não estiver mais profundo do que a pele e tiver diminuído, então o sacerdote o porá em isolamento por sete dias. ²² Se de fato estiver se espalhando pela pele, o sacerdote o declarará impuro; é sinal de lepra. ²³ Mas, se a mancha não tiver se alterado nem se espalhado, é apenas a cicatriz da ferida, e o sacerdote o declarará puro.[m]

²⁴ "Quando alguém tiver uma queimadura na pele, e uma mancha avermelhada ou branca aparecer na carne viva da queimadura, ²⁵ o sacerdote examinará a mancha e, se o pelo sobre ela tiver se tornado branco e ela parecer mais profunda do que a pele, é lepra que surgiu na queimadura. O sacerdote o declarará impuro; é sinal de lepra na pele.[n] ²⁶ Mas, se o sacerdote examinar a mancha e nela não houver pelo branco e esta não estiver mais profunda do que a pele e tiver diminuído, então o sacerdote o porá em isolamento por sete dias.[o] ²⁷ No sétimo dia o sacerdote o examinará[p] e, se a mancha tiver se espalhado pela pele, o sacerdote o declarará impuro; é sinal de lepra. ²⁸ Se, todavia, a mancha não tiver se alterado nem se espalhado pela pele, mas tiver

---

[1] **13.2** O termo hebraico não se refere somente à lepra, mas também a *diversas doenças da pele*; também no restante do capítulo.

[2] **13.2** Ou *descendentes*

diminuído, é um inchaço da queimadura, e o sacerdote o declarará puro; é apenas a cicatriz da queimadura.ᵠ

²⁹ "Quando um homem ou uma mulher tiver uma ferida na cabeçaʳ ou no queixo, ³⁰ o sacerdote examinará a ferida e, se ela parecer mais profunda do que a pele e o pelo nela for amarelado e fino, o sacerdote declarará impura aquela pessoa; é sarna, isto é, lepra da cabeça ou do queixo. ³¹ Mas, se quando o sacerdote examinar o sinal de sarna este não parecer mais profundo do que a pele e não houver pelo escuro nela, então o sacerdote porá a pessoa infectada em isolamento por sete dias.ˢ ³² No sétimo dia o sacerdote examinará a parte afetada e,ᵗ se a sarna não tiver se espalhado e não houver pelo amarelado nela e não parecer mais profunda do que a pele, ³³ a pessoa rapará os pelos, exceto na parte afetada, e o sacerdote a porá em isolamento por mais sete dias. ³⁴ No sétimo dia o sacerdote examinará a sarna e,ᵘ se não tiver se espalhado mais e não parecer mais profunda do que a pele, o sacerdote declarará pura a pessoa. Esta lavará suas roupas e estará pura.ᵛ ³⁵ Mas, se a sarna se espalhar pela pele depois que a pessoa for declarada pura, ³⁶ o sacerdote a examinará e, se a sarna tiver se espalhado pela pele, o sacerdote não precisará procurar pelo amarelado; a pessoa está impura.ʷ ³⁷ Se, entretanto, verificar que não houve alteração e cresceu pelo escuro, a sarna está curada. A pessoa está pura, e o sacerdote a declarará pura.

³⁸ "Quando um homem ou uma mulher tiver manchas brancas na pele, ³⁹ o sacerdote examinará as manchas; se forem brancas e sem brilho, é um eczema que se alastrou; essa pessoa está pura.

⁴⁰ "Quando os cabelos de um homem caírem, ele está calvo,ˣ todavia puro. ⁴¹ Se lhe caírem os cabelos da frente da cabeça, ele está meio-calvo, porém puro. ⁴² Mas, se tiver uma ferida avermelhada na parte calva da frente ou de trás da cabeça, é lepra que se alastra pela calva da frente ou de trás da cabeça. ⁴³ O sacerdote o examinará e, se a ferida inchada na parte da frente ou de trás da calva for avermelhada como a lepra de pele, ⁴⁴ o homem está leproso e impuro. O sacerdote terá que declará-lo impuro devido à ferida na cabeça.

⁴⁵ "Quem ficar leproso, apresentando quaisquer desses sintomas, usará roupas rasgadas,ʸ andará descabelado, cobrirá a parte inferior do rosto ᶻ e gritará: 'Impuro! Impuro!' ᵃ ⁴⁶ Enquanto tiver a doença, estará impuro. Viverá separado, fora do acampamento.ᵇ

A Lei acerca do Mofo

⁴⁷ "Quando aparecer mancha de mofoⁱ em alguma roupa — seja de lã, seja de linho — ⁴⁸ ou em qualquer peça tecida ou entrelaçada de linho ou de lã, ou em algum pedaço ou objeto de couro, ⁴⁹ se a mancha na roupa, ou no pedaço de couro, ou na peça tecida ou entrelaçada, ou em qualquer objeto de couro, for esverdeada ou avermelhada, é mancha de mofo que deverá ser mostrada ao sacerdote.ᶜ ⁵⁰ O sacerdote examinará a mancha ᵈ e isolará o objeto afetado por sete dias. ⁵¹ No sétimo dia examinará a mancha e,ᵉ se ela tiver se espalhado pela roupa, ou pela peça tecida ou entrelaçada, ou pelo pedaço de couro, qualquer que seja o seu uso, é mofo corrosivo; o objeto está impuro.ᶠ ⁵² Ele queimará a roupa, ou a peça tecida ou entrelaçada, ou qualquer objeto de couro que tiver a mancha, pois é mofo corrosivo; o objeto será queimado.ᵍ

⁵³ "Mas, se, quando o sacerdote o examinar, a mancha não tiver se espalhado pela roupa, ou pela peça tecida ou entrelaçada, ou pelo objeto de couro, ⁵⁴ ordenará que o objeto afetado seja lavado. Então ele o isolará por mais sete dias. ⁵⁵ Depois de lavado o objeto afetado, o sacerdote o examinará e, se a mancha não tiver alterado sua cor,

---

ⁱ 13.47 O termo hebraico é o mesmo traduzido por *lepra* nos versículos anteriores.

ainda que não tenha se espalhado, o objeto estará impuro. Queime-o com fogo, quer o mofo corrosivo tenha afetado um lado do objeto quer o outro. ⁵⁶ Se, quando o sacerdote o examinar, a mancha tiver diminuído depois de lavado o objeto, ele cortará a parte afetada da roupa, ou do pedaço de couro, ou da peça tecida ou entrelaçada. ⁵⁷ Mas, se a mancha ainda aparecer na roupa, ou na peça tecida ou entrelaçada, ou no objeto de couro, é mofo que se alastra, e tudo o que tiver o mofo será queimado com fogo. ⁵⁸ Mas, se, depois de lavada, a mancha desaparecer da roupa, ou da peça tecida ou entrelaçada, ou do objeto de couro, o objeto afetado será lavado de novo, e então estará puro".

⁵⁹ Essa é a regulamentação acerca da mancha de mofo nas roupas de lã ou de linho, nas peças tecidas ou entrelaçadas, ou nos objetos de couro, para que sejam declarados puros ou impuros.

A Purificação da Lepra

14 Disse também o SENHOR a Moisés: ² "Esta é a regulamentação acerca da purificação de um leproso: Ele será levado ao sacerdote,ʰ ³ que sairá do acampamento e o examinará.ⁱ Se a pessoa foi curada da lepra¹, ⁴ o sacerdote ordenará que duas aves puras, vivas, um pedaço de madeira de cedro, um pano vermelho e um ramo de hissopo sejam trazidos em favor daquele que será purificado. ʲ ⁵ Então o sacerdote ordenará que uma das aves seja morta numa vasilha de barro com água da fonte. ⁶ Então pegará a ave viva e a molhará, com o pedaço de madeira de cedro, com o pano vermelho e com o ramo de hissopo, no sangue da ave morta em água corrente.ᵏ ⁷ Sete vezes ele aspergirá ˡ aquele que está sendo purificado da lepra e o declarará puro. Depois soltará a ave viva em campo aberto.

⁸ "Aquele que estiver sendo purificado lavará as suas roupas,ᵐ rapará todos os seus pelos e se banhará com água;ⁿ e assim estará puro.ᵒ Depois disso poderá entrar no acampamento,ᵖ mas ficará fora da sua tenda por sete dias. ⁹ No sétimo dia rapará todos os seus pelos: o cabelo, a barba, as sobrancelhas e o restante dos pelos. Lavará suas roupas e banhará o corpo com água; então ficará puro.

¹⁰ "No oitavo diaᵠ pegará dois cordeiros sem defeito e uma cordeira de um ano sem defeito, com três jarros² da melhor farinha amassada com óleo, como oferta de cereal,ʳ e uma caneca³ de óleo.ˢ ¹¹ O sacerdote que faz a purificação apresentará ao SENHOR, à entrada da Tenda do Encontro, tanto aquele que estiver para ser purificado como as suas ofertas.

¹² "Então o sacerdote pegará um dos cordeiros e o sacrificará como oferta pela culpa,ᵗ com a caneca de óleo; ele os moverá perante o SENHOR como gesto ritual de apresentação e ᵘ ¹³ matará o cordeiro no Lugar Santo,ᵛ onde são sacrificados a oferta pelo pecado e o holocausto. Como se dá com a oferta pelo pecado, também a oferta pela culpa pertence ao sacerdote;ʷ é santíssima. ¹⁴ O sacerdote porá um pouco do sangue da oferta pela culpa na ponta da orelha direita daquele que será purificado, no polegar da sua mão direita e no polegar do seu pé direito.ˣ ¹⁵ Então o sacerdote pegará um pouco de óleo da caneca e o derramará na palma da sua própria mão esquerda, ¹⁶ molhará o dedo direito no óleo que está na palma da mão esquerda e com o dedo o aspergirá sete vezes perante o SENHOR. ¹⁷ O sacerdote ainda porá um pouco do óleo restante na palma da sua mão, na ponta da orelha direita

---

¹ 14.3 O termo hebraico não se refere somente à lepra, mas também a diversas doenças da pele; também no restante do capítulo.

² 14.10 Hebraico: *3/10 de efa*. O efa era uma medida de capacidade para secos. As estimativas variam entre 20 e 40 litros.

³ 14.10 Hebraico: *1 logue*. O logue era uma medida de capacidade. As estimativas variam entre 1/4 de litro e 1/2 litro.

14.2
ʰ Mt 8.2-4; Mc 1.40-44; Lc 5.12-14; 17.14
14.3
ⁱ Lv 13.46
14.4
ʲ v. 6, 49, 51, 52; Nm 19.6; Sl 51.7
14.6
ᵏ v. 4
14.7
ˡ 2Rs 5.10, 14; Is 52.15; Ez 36.25
14.8
ᵐ Lv 11.25; 13.6
ⁿ v. 9
ᵒ v. 20
ᵖ Nm 5.2, 3; 12.14, 15; 2Cr 26.21
14.10
ᵠ Mt 8.4; Mc 1.44; Lc 5.14
ʳ Lv 2.1
ˢ v. 12, 15, 21, 24
14.12
ᵗ Lv 5.18; 6.6-7
ᵘ Ex 29.24
14.13
ᵛ Ex 29.11
ʷ Lv 6.24-30; 7.7
14.14
ˣ Ex 29.20; Lv 8.23

daquele que está sendo purificado, no polegar da sua mão direita e no polegar do seu pé direito, em cima do sangue da oferta pela culpa. ¹⁸ O óleo que restar na palma da sua mão, o sacerdote derramará sobre a cabeça daquele que está sendo purificado e fará propiciação por ele perante o Senhor.

¹⁹ "Então o sacerdote sacrificará a oferta pelo pecado e fará propiciação em favor daquele que está sendo purificado da sua impureza. Depois disso, o sacerdote matará o animal do holocausto ²⁰ e o oferecerá sobre o altar com a oferta de cereal; e assim fará propiciação pelo ofertante, o qual estará puro.ʸ

²¹ "Se, todavia, o ofertante for pobre,ᶻ sem recursos para isso,ᵃ pegará um cordeiro como oferta pela culpa, o qual será movido para fazer propiciação pelo ofertante, com um jarro da melhor farinha, amassada com óleo, como oferta de cereal, uma caneca de óleo ²² e duas rolinhas ou dois pombinhos,ᵇ conforme os seus recursos, um como oferta pelo pecado e o outro como holocausto.

²³ "No oitavo dia o ofertante os trará, para a sua purificação, ao sacerdote, à entrada da Tenda do Encontro, perante o Senhor.ᶜ ²⁴ O sacerdote pegará o cordeiro da oferta pela culpa,ᵈ com uma caneca de óleo,ᵉ e os moverá perante o Senhor como gesto ritual de apresentação.ᶠ ²⁵ Matará o cordeiro da oferta pela culpa e pegará um pouco do sangue e o porá na ponta da orelha direita daquele que está sendo purificado, no polegar da sua mão direita e no polegar do seu pé direito.ᵍ ²⁶ O sacerdote derramará um pouco do óleo na palma da sua mão esquerda,ʰ ²⁷ e com o dedo indicador direito aspergirá um pouco do óleo da palma da sua mão esquerda sete vezes perante o Senhor. ²⁸ Ele porá o óleo da palma da sua mão nos mesmos lugares em que pôs o sangue da oferta pela culpa: na ponta da orelha direita daquele que está sendo purificado, no polegar da sua mão direita e no polegar do seu pé direito. ²⁹ O que restar do óleo na palma da sua mão, o sacerdote derramará sobre a cabeça daquele que está sendo purificado, para fazer propiciação por ele perante o Senhor. ⁱ ³⁰ Depois sacrificará uma das rolinhas ou um dos pombinhos, conforme os seus recursos,ʲ ³¹ um como oferta pelo pecado e o outro como holocausto,ᵏ com a oferta de cereal. Assim o sacerdote fará propiciação perante o Senhor em favor daquele que está sendo purificado".ˡ

³² Essa é a regulamentação para todo aquele que tem lepra ᵐ e não tem recursos para fazer a ofertaⁿ da sua purificação.

A Purificação do Mofo

³³ O Senhor disse a Moisés e a Arão: ³⁴ "Quando vocês entrarem na terra de Canaã,ᵒ que dou a vocês como propriedade,ᵖ e eu puser mancha de mofo numa casa, na terra que lhes pertence, ³⁵ o dono da casa irá ao sacerdote e dirá: Parece-me que há mancha de mofo em minha casa. ³⁶ Antes de examinar o mofo, o sacerdote ordenará que desocupem a casa para que nada que houver na casa se torne impuro. Depois disso, o sacerdote irá examinar a casa. ³⁷ Examinará as manchas nas paredes e, se elas forem esverdeadas ou avermelhadasᵍ e parecerem mais profundas do que a superfície da parede, ³⁸ o sacerdote sairá da casa e a deixará fechada por sete dias.ʳ ³⁹ No sétimo diaˢ voltará para examinar a casa. Se as manchas se houverem espalhado pelas paredes da casa, ⁴⁰ ordenará que as pedras contaminadas pelas manchas sejam retiradas e jogadas num local impuro, fora da cidade. ᵗ ⁴¹ Fará que a casa seja raspada por dentro e que o reboco raspado seja jogado num local impuro, fora da cidade. ⁴² Depois colocarão outras pedras no lugar das primeiras e rebocarão a casa com barro novo.

⁴³ "Se as manchas tornarem a alastrar-se na casa depois de retiradas as pedras e de raspada e rebocada a casa, ⁴⁴ o sacerdote irá examiná-la e, se as manchas se espalharam

pela casa, é mofo corrosivo; a casa está impura.ᵘ ⁴⁵ Ela terá que ser demolida; as pedras, as madeiras e todo o reboco da casa; tudo será levado para um local impuro, fora da cidade.

⁴⁶ "Quem entrar na casa enquanto estiver fechada estará impuro até a tarde.ᵛ ⁴⁷ Aquele que dormir ou comer na casa terá que lavar as suas roupas.ʷ

⁴⁸ "Mas, se o sacerdote for examiná-la e as manchas não se houverem espalhado depois de rebocada a casa, declarará pura a casa,ˣ pois as manchas de mofo desapareceram. ⁴⁹ Para purificar a casa, ele pegará duas aves, um pedaço de madeira de cedro, um pano vermelho e hissopo.ʸ ⁵⁰ Depois matará uma das aves numa vasilha de barro com água da fonte.ᶻ ⁵¹ Então pegará o pedaço de madeira de cedro, o hissopo,ᵃ o pano vermelho e a ave viva, e os molhará no sangue da ave morta e na água da fonte, e aspergirá a casa sete vezes.ᵇ ⁵² Ele purificará a casa com o sangue da ave, com a água da fonte, com a ave viva, com o pedaço de madeira de cedro, com o hissopo e com o pano vermelho. ⁵³ Depois soltará a ave viva em campo aberto,ᶜ fora da cidade. Assim fará propiciação pela casa, e ela ficará pura".ᵈ

⁵⁴ Essa é a regulamentação acerca de qualquer tipo de lepra,ᵉ de sarna, ⁵⁵ de mofoᶠ nas roupas ou numa casa ⁵⁶ e de inchaço, erupção ou mancha brilhante, ᵍ ⁵⁷ para se determinar quando uma coisa é pura ou impura.

Essa é a regulamentação acerca de qualquer tipo de lepra e de mofo.ʰ

Impurezas do Homem e da Mulher

15 O Senhor disse a Moisés e a Arão: ² "Digam o seguinte aos israelitas: Quando um homem tiver um fluxo que sai do corpo,ⁱ o fluxo é impuro. ³ Ele ficará impuro por causa do seu fluxo, quer continue, quer fique retido.

⁴ "A cama em que um homem com fluxo se deitar ficará impura, e qualquer coisa em que se sentar ficará impura. ⁵ Quem tocar na cama dele lavará as suas roupas, ʲ se banhará com água ᵏ e ficará impuro até a tarde.ˡ ⁶ Todo aquele que se sentar sobre qualquer coisa na qual esse homem se sentou, lavará suas roupas, se banhará com água e estará impuro até a tarde.

⁷ "Quem tocar no homemᵐ que tiver um fluxoⁿ lavará as suas roupas, se banhará com água e ficará impuro até a tarde.

⁸ "Se o homem cuspirᵒ em alguém que está puro, este lavará as suas roupas, se banhará com água e ficará impuro até a tarde. ⁹ Tudo aquilo em que o homem se sentar quando montar um animal estará impuro, ¹⁰ e todo aquele que tocar em qualquer coisa que tenha estado debaixo dele ficará impuro até a tarde; quem pegar essas coisas ᵖ lavará as suas roupas, se banhará com água e ficará impuro até a tarde.

¹¹ "Quaisquer pessoas tocadas pelo homem com fluxo, sem que este tenha lavado as mãos, lavarão as suas roupas, se banharão com água e ficarão impuras até a tarde.

¹² "A vasilha de barroᵠ na qual ele tocar será quebrada; se tocar numa vasilha de madeira,ʳ ela será lavada.

¹³ "Quando um homem sarar de seu fluxo, contará sete diasˢ para a sua purificação; lavará as suas roupas, se banhará em água corrente e ficará puro.ᵗ ¹⁴ No oitavo dia pegará duas rolinhas ou dois pombinhos ᵘ e irá perante o Senhor, à entrada da Tenda do Encontro, e os dará ao sacerdote. ¹⁵ O sacerdote os sacrificará, um como oferta pelo pecado ᵛ e o outro como holocausto, ʷ e assim fará propiciação perante o Senhor em favor do homem, por causa do fluxo.ˣ

¹⁶ "Quando de um homem sair o sêmen, ʸbanhará todo o seu corpo com água e ficará impuro até a tarde.ᶻ ¹⁷ Qualquer peça de roupa ou de couro em que houver sêmen será lavada com água e ficará impura até a tarde.

¹⁸ "Quando um homem se deitar com uma mulher e lhe sair o sêmen,ᵃ ambos te-

---

14.44
ᵘ Lv 13.51

14.46
ᵛ Lv 11.24

14.47
ʷ Lv 11.25

14.48
ˣ Lv 13.6

14.49
ʸ v. 4;
1Rs 4.33;
v. 4

14.50
ᶻ v. 5

14.51
ᵃ v.6;
Sl 51.7
ᵇ v. 4,7

14.53
ᶜ v.7
ᵈ v. 20

14.54
ᵉ Lv 13.2, 30

14.55
ᶠ Lv 13.47-52

14.56
ᵍ Lv 13.2

14.57
ʰ Lv 10.10

15.2
ⁱ v. 16, 32;
Lv 22.4;
Nm 5.2;
2Sm 3.29;
Mt 9.20

15.5
ʲ Lv 11.25
ᵏ Lv 14.8
ˡ Lv 11.24

15.7
ᵐ v. 19;
Lv 22.5
ⁿ v. 16;
Lv 22.4

15.8
ᵒ Nm 12.14

15.10
ᵖ Nm 19.10

15.12
ᵠ Lv 6.28
ʳ Lv 11.32

15.13
ˢ Lv 8.33
ᵗ v. 5

15.14
ᵘ Lv 14.22

15.15
ᵛ Lv 5.7
ʷ Lv 14.31
ˣ Lv 14.18, 19

15.16
ʸ v. 2;
Lv 22.4;
Dt 23.10
ᶻ v. 5;
Dt 23.11

15.18
ᵃ Is 21.4

rão que se banhar com água e estarão impuros até a tarde.

¹⁹ "Quando uma mulher tiver fluxo de sangue que sai do corpo, a impureza da sua menstruação ᵇ durará sete dias, e quem nela tocar ficará impuro até a tarde.

²⁰ "Tudo sobre o que ela se deitar durante a sua menstruação ficará impuro, e tudo sobre o que ela se sentar ficará impuro. ²¹ Todo aquele que tocar em sua cama lavará as suas roupas e se banhará com água, e ficará impuro até a tarde.ᶜ ²² Quem tocar em alguma coisa sobre a qual ela se sentar lavará as suas roupas, se banhará com água e estará impuro até a tarde. ²³ Quer seja a cama, quer seja qualquer coisa sobre a qual ela esteve sentada, quando alguém nisso tocar, estará impuro até a tarde.

²⁴ "Se um homem se deitar com ela e a menstruaçãoᵈ dela nele tocar, estará impuro por sete dias; qualquer cama sobre a qual ele se deitar estará impura.

²⁵ "Quando uma mulher tiver um fluxo de sangue por muitos dias fora da sua menstruação normal,ᵉ ou um fluxo que continue além desse período, ela ficará impura enquanto durar o corrimento, como nos dias da sua menstruação. ²⁶ Qualquer cama em que ela se deitar enquanto continuar o seu fluxo estará impura, como acontece com a sua cama durante a sua menstruação, e tudo sobre o que ela se sentar estará impuro, como durante a sua menstruação. ²⁷ Quem tocar em alguma dessas coisas ficará impuro; lavará as suas roupas, se banhará com água e ficará impuro até a tarde.

²⁸ "Quando sarar do seu fluxo, contará sete dias e depois disso estará pura. ²⁹ No oitavo dia pegará duas rolinhas ou dois pombinhosᶠ e os levará ao sacerdote, à entrada da Tenda do Encontro. ³⁰ O sacerdote sacrificará um como oferta pelo pecado e o outro como holocausto, e assim fará propiciação em favor dela, perante o Senhor, devido à impureza do seu fluxo.ᵍ

³¹ "Mantenham os israelitas separados das coisas que os tornam impuros, para que não morram por contaminar com sua impureza o meu tabernáculo,ʰ que está entre eles".

³² Essa é a regulamentação acerca do homem que tem fluxo e daquele de quem sai o sêmen, tornando-se impuro,ⁱ ³³ da mulher em sua menstruação, do homem ou da mulher que têm fluxo e do homem que se deita com uma mulher que está impura.ʲ

O Dia da Expiação

16 O Senhor falou com Moisés depois que morreram os dois filhos de Arão, por haverem se aproximado do Senhor.ᵏ ² O Senhor disse a Moisés: "Diga a seu irmão Arão que não entre a toda hora ˡ no Lugar Santíssimo,ᵐ atrás do véu, diante da tampa da arca, para que não morra; pois aparecerei ⁿ na nuvem,ᵒ acima da tampa.

³ "Arão deverá entrar no Lugar Santoᵖ com um novilho como oferta pelo pecado e com um carneiro como holocausto. ⁴ Ele vestirá a túnica sagrada de linho, com calções também de linho por baixo; porá o cinto de linho na cintura e também o turbante de linho.ᵠ Essas vestes são sagradas;ʳ por isso ele se banhará com águaˢ antes de vesti-las. ⁵ Receberá da comunidade de Israelᵗ dois bodesᵘ como oferta pelo pecado e um carneiro como holocausto.

⁶ "Arão sacrificará o novilho como oferta pelo seu próprio pecado, para fazer propiciação por si mesmo e por sua família. ⁷ Depois pegará os dois bodes e os apresentará ao Senhor, à entrada da Tenda do Encontro. ⁸ E lançará sortes quanto aos dois bodes: uma para o Senhor e a outra para Azazelⁱ. ⁹ Arão trará o bode cuja sorte caiu para o Senhor e o sacrificará como oferta pelo pecado. ¹⁰ Mas o bode sobre o qual caiu a sorte para Azazel será apresentado

---

ⁱ **16.8** Ou *o bode emissário*; também nos versículos 10 e 26.

vivo ao Senhor para fazer propiciação[w] e será enviado para Azazel no deserto.

¹¹ "Arão trará o novilho como oferta por seu próprio pecado para fazer propiciação por si mesmo e por sua família,[x] e ele o oferecerá como sacrifício pelo seu próprio pecado. ¹² Pegará o incensário cheio de brasas[y] do altar que está perante o Senhor e dois punhados de incenso aromático em pó[z] e os levará para trás do véu. ¹³ Porá o incenso no fogo perante o Senhor, e a fumaça do incenso cobrirá a tampa que está acima das tábuas da aliança, a fim de que não morra.[a] ¹⁴ Pegará um pouco do sangue do novilho[b] e com o dedo o aspergirá sobre a parte da frente da tampa; depois, com o dedo aspergirá o sangue sete vezes, diante da tampa.[c]

¹⁵ "Então sacrificará o bode da oferta pelo pecado, em favor do povo,[d] e trará o sangue para trás do véu;[e] fará com o sangue o que fez com o sangue do novilho; ele o aspergirá sobre a tampa e na frente dela. ¹⁶ Assim fará propiciação[f] pelo Lugar Santíssimo por causa das impurezas e das rebeliões dos israelitas, quaisquer que tenham sido os seus pecados. Fará o mesmo em favor da Tenda do Encontro, que está entre eles no meio das suas impurezas. ¹⁷ Ninguém estará na Tenda do Encontro quando Arão entrar para fazer propiciação no Lugar Santíssimo, até a saída dele, depois que fizer propiciação por si mesmo, por sua família e por toda a assembleia de Israel.

¹⁸ "Depois irá ao altar[g] que está perante o Senhor e pelo altar fará propiciação. Pegará um pouco do sangue do novilho e do sangue do bode e o porá em todas as pontas do altar.[h] ¹⁹ Com o dedo aspergirá o sangue sete vezes sobre o altar para purificá-lo e santificá-lo das impurezas dos israelitas.[i]

²⁰ "Quando Arão terminar de fazer propiciação pelo Lugar Santíssimo, pela Tenda do Encontro e pelo altar, trará para a frente o bode vivo. ²¹ Então colocará as duas mãos sobre a cabeça do bode vivo e confessará[j] todas as iniquidades e rebeliões dos israelitas, todos os seus pecados, e os porá sobre a cabeça do bode. Em seguida, enviará o bode para o deserto aos cuidados de um homem designado para isso. ²² O bode levará consigo todas as iniquidades[k] deles para um lugar solitário. E o homem soltará o bode no deserto.

²³ "Depois Arão entrará na Tenda do Encontro, tirará as vestes de linho que usou para entrar no Santo dos Santos e as deixará ali.[l] ²⁴ Ele se banhará com água num lugar sagrado e vestirá as suas próprias roupas.[m] Então sairá e sacrificará o holocausto por si mesmo e o holocausto pelo povo, para fazer propiciação por si mesmo e pelo povo. ²⁵ Também queimará sobre o altar a gordura da oferta pelo pecado.

²⁶ "Aquele que soltar o bode para Azazel lavará as suas roupas,[n] se banhará com água e depois poderá entrar no acampamento. ²⁷ O novilho e o bode da oferta pelo pecado, cujo sangue foi trazido ao Lugar Santíssimo para fazer propiciação, serão levados para fora do acampamento;[o] o couro, a carne e o excremento deles serão queimados com fogo. ²⁸ Aquele que os queimar lavará as suas roupas e se banhará com água; depois poderá entrar no acampamento.

²⁹ "Este é um decreto perpétuo para vocês: No décimo dia do sétimo mês vocês se humilharão[1] [p] e não poderão realizar trabalho algum, nem o natural da terra, nem o estrangeiro residente. ³⁰ Porquanto nesse dia se fará propiciação por vocês, para purificá-los. Então, perante o Senhor, vocês estarão puros de todos os seus pecados.[q] ³¹ Este lhes será um sábado de descanso, quando vocês se humilharão;[r] é um decreto perpétuo. ³² O sacerdote que for ungido e ordenado para suceder seu pai como sumo sacerdote fará a propiciação. Porá as vestes sagradas de linho[s] ³³ e fará propiciação pelo Lugar Santíssimo, pela Tenda

---

[1] 16.29 Ou *jejuarão*; também no versículo 31.

do Encontro, pelo altar, por todos os sacerdotes e por todo o povo da assembleia.ᵗ

³⁴ "Este é um decreto perpétuo para vocês: A propiciação será feita uma vez por ano, ᵘpor todos os pecados dos israelitas".

E tudo foi feito conforme o Senhor tinha ordenado a Moisés.

A Proibição de Comer Sangue

17 O Senhor disse a Moisés: ² "Diga a Arão e seus filhos e a todos os israelitas o que o Senhor ordenou: ³ Qualquer israelita que sacrificar um boi,¹ um cordeiro ou um cabrito dentro ou fora do acampamento, ⁴ e não o trouxer à entrada da Tenda do Encontro para apresentá-lo como oferta ao Senhor, diante do tabernáculo do Senhor,ᵛ será considerado culpado de sangue; derramou sangue e será eliminado do meio do seu povo. ʷ ⁵ Os sacrifícios, que os israelitas agora fazem em campo aberto, passarão a trazer ao Senhor, entregando-os ao sacerdote, para oferecê-los ao Senhor,ˣ à entrada da Tenda do Encontro, e os sacrificarão como ofertas de comunhão. ⁶ O sacerdote aspergirá o sangue no altar do Senhor, à entrada da Tenda do Encontro, e queimará a gordura como aroma agradável ao Senhor. ʸ ⁷ Não oferecerão mais sacrifícios aos ídolos em forma de bode,ᶻ aos quais prestam culto imoral. ᵃEste é um decreto perpétuo para eles e para as suas gerações.

⁸ "Diga-lhes: Todo israelita ou estrangeiro residente que oferecer holocausto ou sacrifício ⁹ e não o trouxer à entrada da Tenda do Encontroᵇ para oferecê-lo ao Senhor será eliminado do meio do seu povo.

¹⁰ "Todo israelita ou estrangeiro residente que comer sangue ᶜ de qualquer animal, contra esse eu me voltarei e o eliminarei do meio do seu povo. ¹¹ Pois a vida da carne está no sangue,ᵈ e eu o dei a vocês para fazerem propiciação por vocês mesmos no altar; é o sangue que faz propiciação pela vida.ᵉ ¹² Por isso digo aos israelitas: Nenhum de vocês poderá comer sangue; tampouco, o estrangeiro residente.

¹³ "Qualquer israelita ou estrangeiro residente que caçar um animal ou ave que se pode comer, derramará o sangue e o cobrirá com terra, ᶠ ¹⁴ porque a vida de toda carne é o seu sangue. Por isso eu disse aos israelitas: Vocês não poderão comer o sangue de nenhum animal, porque a vida de toda carne é o seu sangue; todo aquele que o comer será eliminado.ᵍ

¹⁵ "Todo aquele que, natural da terra ou estrangeiro, comer um animal encontrado morto ou despedaçado por animais selvagens, ʰ lavará suas roupas, se banhará com água e ficará impuro até a tarde; então estará puro. ¹⁶ Mas, se não lavar suas roupas nem se banhar, sofrerá as consequências da sua iniquidade".

As Relações Sexuais Ilícitas

18 Disse o Senhor a Moisés: ² "Diga o seguinte aos israelitas: Eu sou o Senhor, o Deus de vocês.ⁱ ³ Não procedam como se procede no Egito, onde vocês moraram, nem como se procede na terra de Canaã, para onde os estou levando. Não sigam as suas práticas. ʲ ⁴ Pratiquem as minhas ordenanças, obedeçam aos meus decretos e sigam-nos. Eu sou o Senhor, o Deus de vocês.ᵏ ⁵ Obedeçam aos meus decretos e ordenanças, pois o homem que os praticar viverá por eles.ˡ Eu sou o Senhor.

⁶ "Ninguém poderá se aproximar de uma parenta próxima para se envolver sexualmente² com ela. Eu sou o Senhor.

⁷ "Não desonre o seu pai,ᵐ envolvendo-se sexualmente com a sua mãe. ⁿ Ela é sua mãe; não se envolva sexualmente com ela.

⁸ "Não se envolva sexualmente com a mulher do seu pai;ᵒ isso desonraria seu pai.ᵖ

⁹ "Não se envolva sexualmente com a sua irmã,ᵠ filha do seu pai ou da sua mãe,

---

¹ 17.3 A palavra hebraica pode significar *boi* ou *vaca*.

² 18.6 Hebraico: *descobrir a nudez*; também nos versículos de 7 a 20 e no capítulo 20.

tenha ela nascido na mesma casa ou em outro lugar.

¹⁰ "Não se envolva sexualmente com a filha do seu filho ou com a filha da sua filha; isso desonraria você.

¹¹ "Não se envolva sexualmente com a filha da mulher do seu pai, gerada por seu pai; ela é sua irmã.

¹² "Não se envolva sexualmente com a irmã do seu pai;ʳ ela é parenta próxima do seu pai.

¹³ "Não se envolva sexualmente com a irmã da sua mãe; ela é parenta próxima da sua mãe.

¹⁴ "Não desonre o irmão do seu pai aproximando-se da sua mulher para com ela se envolver sexualmente; ela é sua tia.ˢ

¹⁵ "Não se envolva sexualmente com a sua nora. ᵗEla é mulher do seu filho; não se envolva sexualmente com ela.

¹⁶ "Não se envolva sexualmente com a mulher do seu irmão;ᵘ isso desonraria seu irmão.

¹⁷ "Não se envolva sexualmente com uma mulher e sua filha.ᵛ Não se envolva sexualmente com a filha do seu filho ou com a filha da sua filha; são parentes próximos. É perversidade.

¹⁸ "Não tome por mulher a irmã da sua mulher, tornando-a rival, envolvendo-se sexualmente com ela, estando a sua mulher ainda viva.

¹⁹ "Não se aproxime de uma mulher para se envolver sexualmente com ela quando ela estiver na impureza da sua menstruação.ʷ

²⁰ "Não se deite com a mulher do seu próximo,ˣ contaminando-se com ela.

²¹ "Não entregue os seus filhosʸ para serem sacrificados a Moloque¹. ᶻNão profanem o nome do seu Deus.ᵃ Eu sou o Senhor.

²² "Não se deite com um homem como quem se deita com uma mulher;ᵇ é repugnante.

²³ "Não tenha relações sexuais com um animal, contaminando-se com ele. Mulher nenhuma se porá diante de um animal para ajuntar-se com ele; é depravação.ᶜ

²⁴ "Não se contaminem com nenhuma dessas coisas, porque assim se contaminaramᵈ as nações que vou expulsar da presença de vocês.ᵉ ²⁵ Até a terra ficou contaminada; e eu castiguei a sua iniquidade,ᶠ e a terra vomitou os seus habitantes.ᵍ ²⁶ Mas vocês obedecerão aos meus decretos e às minhas leis. Nem o natural da terra nem o estrangeiro residente entre vocês farão nenhuma dessas abominações, ²⁷ pois todas estas abominações foram praticadas pelos que habitaram essa terra antes de vocês; por isso a terra ficou contaminada. ²⁸ E, se vocês contaminarem a terra, ela os vomitará, como vomitou os povos que ali estavam antes de vocês.

²⁹ "Todo aquele que fizer alguma dessas abominações, aqueles que assim procederem serão eliminados do meio do seu povo. ³⁰ Obedeçam aos meus preceitosʰ e não pratiquem os costumes repugnantes praticados antes de vocês, nem se contaminem com eles. Eu sou o Senhor, o Deus de vocês".ⁱ

Diversas Leis

19 Disse ainda o Senhor a Moisés: ² "Diga o seguinte a toda comunidade de Israel: Sejam santos porque eu, o Senhor, o Deus de vocês, sou santo.ʲ

³ "Respeite cada um de vocês a sua mãe e o seu paiᵏ e guarde os meus sábados. Eu sou o Senhor, o Deus de vocês.ˡ

⁴ "Não se voltem para os ídolos nem façam para vocês deuses de metal.ᵐ Eu sou o Senhor, o Deus de vocês.

⁵ "Quando vocês oferecerem um sacrifício de comunhão ao Senhor, ofereçam-no de modo que seja aceito em favor de vocês. ⁶ Terá que ser comido no dia em que o oferecerem, ou no dia seguinte; o que sobrar até o terceiro dia será queimado. ⁷ Se alguma

---

¹ **18.21** Ou *a Moloque fazendo-os passar pelo fogo*

18.12
ʳ Lv 20.19
18.14
ˢ Lv 20.20
18.15
ᵗ Lv 20.12
18.16
ᵘ Lv 20.21
18.17
ᵛ Lv 20.14
18.19
ʷ Lv 15.24; 20.18
18.20
ˣ Ex 20.14; Lv 20.10; Mt 5.27, 28; 1Co 6.9; Hb 13.4
18.21
ʸ Dt 12.31
ᶻ Lv 20.2-5
ᵃ Lv 19.12; 21.6; Ez 36.20
18.22
ᵇ Lv 20.13; Dt 23.18; Rm 1.27
18.23
ᶜ ex 22.19; Lv 20.15; Dt 27.21
18.24
ᵈ v. 3, 27, 30
ᵉ Dt 18.12
18.25
ᶠ Lv 20.23; Dt 9.5; 18.12
ᵍ v. 28; Lv 20.22
18.30
ʰ Dt 11.1
ⁱ v. 2
19.2
ʲ 1Pe 1.16*; Lv 11.44
19.3
ᵏ Ex 20.12
ˡ Lv 11.44
19.4
ᵐ Ex 20.4, 23; 34.17; Lv 26.1; Sl 96.5; 115.4-7

coisa for comida no terceiro dia, estará estragada e não será aceita. **8** Quem a comer sofrerá as consequências da sua iniquidade, porque profanou o que é santo ao Senhor; será eliminado do meio do seu povo.

9 "Quando fizerem a colheita da sua terra, não colham até as extremidades da sua lavoura nem ajuntem as espigas caídas de sua colheita. ⁿ **10** Não passem duas vezes pela sua vinha nem apanhem as uvas que tiverem caído. Deixem-nas para o necessitado e para o estrangeiro. Eu sou o Senhor, o Deus de vocês.

11 "Não furtem.º

"Não mintam.ᵖ

"Não enganem uns aos outros.

12 "Não jurem falsamente pelo meu nome,ᑫ profanando assim o nome do seu Deus. Eu sou o Senhor.

13 "Não oprimam nem roubem o seu próximo.ʳ

"Não retenham até a manhã do dia seguinte o pagamento de um diarista.ˢ

14 "Não amaldiçoem o surdo nem ponham pedra de tropeço à frente do cego,ᵗ mas temam o seu Deus. Eu sou o Senhor.

15 "Não cometam injustiça num julgamento;ᵘ não favoreçamᵛ os pobres nem procurem agradar os grandes, mas julguem o seu próximo com justiça.

16 "Não espalhem calúniasʷ no meio do seu povo.

"Não se levantem contra a vida do seu próximo.ˣ Eu sou o Senhor.

17 "Não guardem ódio contra o seu irmão no coração;ʸ antes repreendam com franquezaᶻ o seu próximo para que, por causa dele, não sofram as consequências de um pecado.

18 "Não procurem vingançaᵃ nem guardem rancorᵇ contra alguém do seu povo, mas ame cada um o seu próximo como a si mesmo.ᶜ Eu sou o Senhor.

19 "Obedeçam às minhas leis.

"Não cruzem diferentes espécies de animais.

"Não plantem duas espécies de sementes na sua lavoura.ᵈ

"Não usem roupas feitas com dois tipos de tecido.ᵉ

20 "Se um homem deitar-se com uma escrava prometida a outro homem, mas que não tenha sido resgatada nem tenha recebido sua liberdade, aplique-se a devida punição. Contudo não serão mortos, porquanto ela não havia sido libertada. **21** O homem, porém, trará ao Senhor, à entrada da Tenda do Encontro, um carneiro como oferta pela culpa.ᶠ **22** Com o carneiro da oferta pela culpa, o sacerdote fará propiciação pelo ofertante perante o Senhor, pelo pecado que cometeu; assim o pecado que ele cometeu será perdoado.

23 "Quando vocês entrarem na terra e plantarem qualquer tipo de árvore frutífera, considerem proibidas¹ as suas frutas. Durante três anos vocês as considerarão proibidas; não poderão comê-las. **24** No quarto ano todas as suas frutas serão santas;ᵍ será uma oferta de louvor ao Senhor. **25** No quinto ano, porém, vocês poderão comer as suas frutas. Assim a sua colheita aumentará. Eu sou o Senhor, o Deus de vocês.

26 "Não comam nada com sangue.ʰ

"Não pratiquem adivinhação nem feitiçaria.ⁱ

27 "Não cortem o cabelo dos lados da cabeça nem aparem as pontas da barba.ʲ

28 "Não façam cortes no corpo por causa dos mortos nem tatuagens em vocês mesmos. Eu sou o Senhor.

29 "Ninguém desonre a sua filha tornando-a uma prostituta;ᵏ se não, a terra se entregará à prostituição e se encherá de perversidade.

30 "Guardem os meus sábados e reverenciem o meu santuário. Eu sou o Senhor.ˡ

31 "Não recorram aos médiuns nem busquem a quem consulta espíritos,ᵐ pois

---

¹ **19.23** Hebraico: *incircuncisas*.

vocês serão contaminados por eles. Eu sou o Senhor, o Deus de vocês.

³² "Levantem-se na presença dos idosos, honrem os anciãos,ⁿ temam o seu Deus. Eu sou o Senhor.

³³ "Quando um estrangeiro viver na terra de vocês, não o maltratem. ³⁴ O estrangeiro residente que viver com vocês deverá ser tratado como o natural da terra.ᵒ Amem-no como a si mesmos, pois vocês foram estrangeiros no Egito.ᵖ Eu sou o Senhor, o Deus de vocês.

³⁵ "Não usem medidas desonestas quando medirem comprimento, peso ou quantidade. ³⁶ Usem balanças de pesos honestos, tanto para cereais quanto para líquidos¹. ᵠEu sou o Senhor, o Deus de vocês, que os tirei da terra do Egito.

³⁷ "Obedeçam a todos os meus decretos e a todas as minhas leis e pratiquem-nos. Eu sou o Senhor".

Punições para o Pecado

20 Disse o Senhor a Moisés: ² "Diga aos israelitas: Qualquer israelita ou estrangeiro residente em Israel que entregar² um dos seus filhos a Moloque, terá que ser executado. O povo da terra o apedrejará. ³ Voltarei o meu rosto contra ele e o eliminarei do meio do seu povo; pois deu os seus filhos a Moloque, contaminando assim o meu santuárioʳ e profanando o meu santo nome.ˢ ⁴ Se o povo deliberadamente fechar os olhos quando alguém entregar um dos seus filhos a Moloque e deixar de executar o agressor,ᵗ ⁵ voltarei o meu rosto contra aquele homem e contra o seu clã e eliminarei do meio do seu povo tanto ele quanto todos os que o seguem, prostituindo-se com Moloque.

⁶ "Voltarei o meu rosto contra quem consulta espíritos e contra quem procura médiuns para segui-los, prostituindo-se

com eles. Eu o eliminarei do meio do seu povo.ᵘ

⁷ "Consagrem-se, porém, e sejam santos,ᵛ porque eu sou o Senhor, o Deus de vocês. ⁸ Obedeçam aos meus decretos e pratiquem-nos. Eu sou o Senhor que os santifica.ʷ

⁹ "Se alguém amaldiçoar seu pai ou sua mãe,ˣ terá que ser executado. ʸ Por ter amaldiçoado o seu pai ou a sua mãe, merece a morte.ᶻ

¹⁰ "Se um homem cometer adultério com a mulher de outro homem, com a mulher do seu próximo,ᵃ tanto o adúltero quanto a adúltera terão que ser executados.

¹¹ "Se um homem se deitar com a mulher do seu pai, desonrou seu pai. ᵇ Tanto o homem quanto a mulher terão que ser executados, pois merecem a morte.

¹² "Se um homem se deitar com a sua nora, ᶜ ambos terão que ser executados. O que fizeram é depravação; merecem a morte.

¹³ "Se um homem se deitar com outro homem como quem se deita com uma mulher, ambos praticaram um ato repugnante.ᵈ Terão que ser executados, pois merecem a morte.

¹⁴ "Se um homem tomar uma mulher e a mãe dela, ᵉ comete perversidade. Tanto ele quanto elas serão queimados com fogo, para que não haja perversidade entre vocês.ᶠ

¹⁵ "Se um homem tiver relações sexuais com um animal,ᵍ terá que ser executado, e vocês matarão também o animal.

¹⁶ "Se uma mulher se aproximar de algum animal para ajuntar-se com ele, vocês matarão a mulher e o animal. Ambos terão que ser executados, pois merecem a morte.

¹⁷ "Se um homem tomar por mulher sua irmã,ʰ filha de seu pai ou de sua mãe, e se envolver sexualmente com ela, pratica um ato vergonhoso. Serão eliminados à vista de todo o povo. Esse homem desonrou sua irmã e sofrerá as consequências da sua iniquidade.

¹⁸ "Se um homem se deitar com uma mulher durante a menstruaçãoⁱ e com ela

---

¹ **19.36** Hebraico: *efa honesto e him honesto*.
² **20.2** Ou *sacrificar*; também nos versículos 3 e 4.

19.32
ⁿ 1Tm 5.1
19.34
ᵒ Ex 12.48
ᵖ Dt 10.19
19.36
ᵠ Dt 25.13-15
20.3
ʳ Lv 15.31
ˢ Lv 18.21
20.4
ᵗ Dt 17.2-5
20.6
ᵘ Lv 19.31
20.7
ᵛ Ef 1.4; 1Pe 1.16
20.8
ʷ Ex 31.13
20.9
ˣ Dt 27.16
ʸ Ex 21.17; Mt 15.4*; Mc 7.10*
ᶻ v. 11; 2Sm 1.16
20.10
ᵃ Ex 20.14; Dt 5.18; 22.22
20.11
ᵇ Lv 18.7; Dt 27.23
20.12
ᶜ Lv 18.15
20.13
ᵈ Lv 18.22
20.14
ᵉ Lv 18.17
ᶠ Dt 27.23
20.15
ᵍ Lv 18.23
20.17
ʰ Lv 18.9
20.18
ⁱ Lv 15.24; 18.19

se envolver sexualmente, ambos serão eliminados do meio do seu povo, pois expuseram o sangramento dela.

¹⁹ "Não se envolva sexualmente com a irmã de sua mãe nem com a irmã de seu pai;ʲ pois quem se envolver sexualmente com uma parenta próxima sofrerá as consequências da sua iniquidade.

²⁰ "Se um homem se deitar com a mulher do seu tio, ᵏ desonrou seu tio. Eles sofrerão as consequências do seu pecado; morrerão sem filhos.

²¹ "Se um homem tomar por mulher a mulher do seu irmão,ˡ comete impureza; desonrou seu irmão. Ficarão sem filhos.

²² "Obedeçam a todos os meus decretos e leis e pratiquem-nos, para que a terra ᵐ para onde os estou levando para nela habitar não os vomite. ²³ Não sigam os costumes dos povos ⁿ que vou expulsar de diante de vocês.ᵒ Por terem feito todas essas coisas, causam-me repugnância. ²⁴ Mas a vocês prometi que herdarão a terra deles; eu a darei a vocês como herança, terra onde há leite e mel com fartura.ᵖ Eu sou o Senhor, o Deus de vocês, que os separou dentre os povos.ᑫ

²⁵ "Portanto, façam separação entre animais puros e impuros e entre aves puras e impuras.ʳ Não se contaminem com animal, ou ave, ou com qualquer criatura que se move rente ao chão, os quais separei de vocês por serem eles impuros. ²⁶ Vocês serão santos para mim, porque eu, o Senhor, sou santoˢ e os separei dentre os povos para serem meus.

²⁷ "Os homens ou mulheres que, entre vocês, forem médiuns ou consultarem os espíritos, terão que ser executados.ᵗ Serão apedrejados, pois merecem a morte".

Regulamentação para os Sacerdotes

21 Disse ainda o Senhor a Moisés: "Diga o seguinte aos sacerdotes, os filhos de Arão: Um sacerdote não poderá tornar-se impuro por causa de alguém do seu povo que venha a morrer,ᵘ ² a não ser por um parente próximo, como mãe ou pai, filho ou filha, irmão ³ ou irmã virgem dependente dele por ainda não ter marido; por causa dela, poderá tornar-se impuro. ⁴ Não poderá tornar-se impuro e contaminar-se por causa de parentes por casamento¹.

⁵ "Os sacerdotes não raparão a cabeça, nem apararão as pontas da barba,ᵛ nem farão cortes no corpo.ʷ ⁶ Serão santos ao seu Deus e não profanarão o nome do seu Deus.ˣ Pelo fato de apresentarem ao Senhor as ofertas preparadas no fogo,ʸ ofertas de alimento do seu Deus, serão santos.

⁷ "Não poderão tomar por mulher uma prostituta, uma moça que tenha perdido a virgindade, ou uma mulher divorciada do seu marido,ᶻ porque o sacerdote é santo ao seu Deus.ᵃ ⁸ Considerem-no santo,ᵇ porque ele oferece o alimento do seu Deus. Considerem-no santo, porque eu, o Senhor, que os santifico, sou santo.

⁹ "Se a filha de um sacerdote se corromper, tornando-se prostituta, desonra seu pai; deverá morrer queimada.ᶜ

¹⁰ "O sumo sacerdote, aquele entre seus irmãos sobre cuja cabeça tiver sido derramado o óleo da unção, e que tiver sido consagrado para usar as vestes sacerdotais,ᵈ não andará descabelado nem rasgará as roupas em sinal de luto.ᵉ ¹¹ Não entrará onde houver um cadáver.ᶠ Não se tornará impuro,ᵍ nem mesmo por causa do seu pai ou da sua mãe; ¹² e não deixará o santuário do seu Deus nem o profanará, porquanto foi consagrado pelo óleo da unçãoʰ do seu Deus. Eu sou o Senhor.

¹³ "A mulher que ele tomar terá que ser virgem.ⁱ ¹⁴ Não poderá ser viúva, nem divorciada, nem moça que perdeu a virgindade, nem prostituta, mas terá que ser uma virgem do seu próprio povo, ¹⁵ assim ele não profanará a sua descendência em meio ao seu povo. Eu sou o Senhor, que o santifico".

---

¹ **21.4** Ou *impuro como líder no meio de seu povo*

16 Disse ainda o Senhor a Moisés: **17** "Diga a Arão: Pelas suas gerações, nenhum dos seus descendentes que tenha algum defeito poderá aproximar-se para trazer ao seu Deus ofertas de alimento.ʲ **18** Nenhum homem que tenha algum defeitoᵏ poderá aproximar-se: ninguém que seja cego ou aleijado, que tenha o rosto defeituoso ou o corpo deformado; **19** ninguém que tenha o pé ou a mão defeituosos, **20** ou que seja corcunda ou anão, ou que tenha qualquer defeito na vista, ou que esteja com feridas purulentas ou com fluxo, ou que tenha testículos defeituosos.ˡ **21** Nenhum descendente do sacerdote Arão que tenha qualquer defeito poderá aproximar-se para apresentar ao Senhor ofertas preparadas no fogo. Tem defeito; não poderá aproximar-se para trazê-las ao seu Deus. **22** Poderá comer o alimento santíssimo de seu Deusᵐ e também o alimento santo; **23** contudo, por causa do seu defeito, não se aproximará do véu nem do altar, para que não profane o meu santuário. Eu sou o Senhor, que os santifico".

24 Foi isso que Moisés falou a Arão e a seus filhos e a todos os israelitas.

22 Disse o Senhor a Moisés: **2** "Diga a Arão e a seus filhos que tratem com respeito as ofertas sagradas que os israelitas me consagrarem, para que não profanem o meu santo nome. Eu sou o Senhor.

3 "Avise-lhes que, se, em suas futuras gerações, algum dos seus descendentes estiver impuro ao se aproximar das ofertas sagradas que os israelitas consagrarem ao Senhor, será eliminado da minha presença.ⁿ Eu sou o Senhor.

4 "Nenhum descendente de Arão que tenha lepraˡ ou fluxo no corpoᵒ poderá comer das ofertas sagradas até que esteja purificado. Também estará impuro se tocar em algo contaminado por um cadáver,ᵖ ou se lhe sair o sêmen, **5** ou se tocar em alguma criaturaᑫ ou em alguémʳ que o torne impuro, seja qual for a impureza. **6** Aquele que neles tocar ficará impuro até a tarde. Não poderá comer das ofertas sagradas, a menos que se tenha banhado com água. **7** Depois do pôr do sol estará puro e então poderá comer as ofertas sagradas, pois são o seu alimento. **8** Também não poderá comer animal encontrado mortoᵗ ou despedaçado por animais selvagens,ᵘ pois se tornaria impuroᵛ por causa deles. Eu sou o Senhor.

9 "Os sacerdotes obedecerão aos meus preceitos, para que não sofram as consequências do seu pecado nem sejam executadosʷ por tê-los profanado. Eu sou o Senhor, que os santifico.

10 "Somente o sacerdote e a sua família poderão comer da oferta sagrada; não poderá comê-la o seu hóspede nem o seu empregado. **11** Mas, se um sacerdote comprar um escravo, ou se um escravo nascer em sua casa, esse escravo poderá comer do seu alimento.ˣ **12** Se a filha de um sacerdote se casar com alguém que não seja sacerdote, não poderá comer das ofertas sagradas. **13** Mas, se a filha de um sacerdote ficar viúva ou se divorciar, não tiver filhos e voltar a viver na casa do pai como na sua juventude, poderá comer do alimento do pai, mas dele não poderá comer ninguém que não seja da família do sacerdote.

14 "Se alguém, sem intenção, comer uma oferta sagrada, fará restituição da oferta ao sacerdote e lhe acrescentará um quinto do seu valor.ʸ

15 "Os sacerdotes não profanarão as ofertas sagradas que os israelitas apresentam ao Senhor, ᶻ **16** permitindo-lhes comê-las e trazendo assim sobre eles culpa que exige reparação.ᵃ Eu sou o Senhor que os santifico".

Os Sacrifícios Inaceitáveis

17 Disse o Senhor a Moisés: **18** "Diga o seguinte a Arão e a seus filhos e a todos os israelitas: Se algum de vocês — seja israelita, seja

---

ˡ **22.4** O termo hebraico não se refere somente à lepra, mas também a diversas doenças da pele.

21.17
ʲ v.6
21.18
ᵏ Lv 22.19-25
21.20
ˡ Dt 23.1;
Is 56.3
21.22
ᵐ 1Co 9.13
22.3
ⁿ Lv 7.20, 21;
Nm 19.13
22.4
ᵒ Lv 14.1-32;
15.2-15
ᵖ Lv 11.24-28, 39
22.5
ᑫ lv 11.24-28, 43
ʳ Lv 15.7
22.7
ᵗ Nm 18.11
22.8
ᵗ Lv 11.39
ᵘ Ex 22.31;
Lv 17.15
ᵛ Lv 11.40
22.9
ʷ v. 16;
Ex 28.43
22.11
ˣ Gn 17.13;
Ex 12.44
22.14
ʸ Lv 5.15
22.15
ᶻ Nm 18.32
22.16
ᵃ v. 9

estrangeiro residente em Israel —, apresentar uma oferta ᵇ como holocausto ao Senhor — quer para cumprir voto, quer como oferta voluntária —, ¹⁹ apresentará um macho sem defeito ᶜ do rebanho, isto é, um boi, um carneiro ou um bode, a fim de que seja aceito em seu favor. ²⁰ Não tragam nenhum animal defeituoso,ᵈ porque não será aceito em favor de vocês. ²¹ Quando alguém trouxer um animal do gado ou do rebanho de ovelhas como oferta de comunhão ᵉ para o Senhor, em cumprimento de voto ou como oferta voluntária, o animal, para ser aceitável, não poderá ter defeito nem mácula. ²² Não ofereçam ao Senhor animal cego, aleijado, mutilado, ulceroso, cheio de feridas purulentas ou com fluxo. Não coloquem nenhum desses animais sobre o altar como oferta ao Senhor, preparada no fogo. ²³ Todavia, poderão apresentar como oferta voluntária um boi ou um carneiro ou um cabrito deformados ou atrofiados, mas no caso do cumprimento de voto não serão aceitos. ²⁴ Não poderão oferecer ao Senhor um animal cujos testículos estejam machucados, esmagados, despedaçados ou cortados.ᶠ Não façam isso em sua própria terra ²⁵ nem aceitem animais como esses das mãos de um estrangeiro para oferecê-los como alimento do seu Deus.ᵍ Não serão aceitos em favor de vocês, pois são deformados e apresentam defeitos".

²⁶ Disse ainda o Senhor a Moisés: ²⁷ "Quando nascer um bezerro, um cordeiro ou um cabrito, ficará sete dias com sua mãe.ʰ Do oitavo dia em diante será aceito como oferta ao Senhor preparada no fogo. ²⁸ Não matem uma vaca ou uma ovelha ou uma cabra e sua cria no mesmo dia.ⁱ

²⁹ *Quando vocês oferecerem* um sacrifício de gratidãoʲ ao Senhor, ofereçam-no de maneira que seja aceito em favor de vocês. ³⁰ Será comido naquele mesmo dia; não deixem nada até a manhã seguinte.ᵏ Eu sou o Senhor.

³¹ "Obedeçamˡ aos meus mandamentos e ponham-nos em prática. Eu sou o Senhor. ³² Não profanem o meu santo nome.ᵐ Eu serei reconhecido como santo pelos israelitas.ⁿ Eu sou o Senhor, eu os santifico, ³³ eu os tirei do Egito para ser o Deus de vocês.ᵒ Eu sou o Senhor".

23

Disse o Senhor a Moisés: ² "Diga o seguinte aos israelitas: Estas são as minhas festas,ᵖ as festas fixas do Senhor, que vocês proclamarão como reuniões sagradas:ᑫ

O Sábado

³ "Em seis dias realizem os seus trabalhos,ʳ mas o sétimo dia é sábado, dia de descansoˢ e de reunião sagrada. Não realizem trabalho algum; onde quer que morarem, será sábado dedicado ao Senhor.

A Páscoa e os Pães sem Fermento

⁴ "Estas são as festas fixas do Senhor, as reuniões sagradas que vocês proclamarão no tempo devido: ⁵ a Páscoa do Senhor, que começa no entardecer do décimo quarto dia do primeiro mês.ᵗ ⁶ No décimo quinto dia daquele mês começa a festa do Senhor, a festa dos pães sem fermento; durante sete dias vocês comerão pães sem fermento. ⁷ No primeiro dia façam uma reunião sagradaᵘ e não realizem trabalho algum. ⁸ Durante sete dias apresentem ao Senhor ofertas preparadas no fogo. E no sétimo dia façam uma reunião sagrada e não realizem trabalho algum".

Os Primeiros Frutos

⁹ Disse o Senhor a Moisés: ¹⁰ "Diga o seguinte aos israelitas: Quando vocês entrarem na terra que dou a vocês e fizerem colheita, tragam ao sacerdote um feixeᵛ do primeiro cereal que colherem. ¹¹ O sacerdote moverá ritualmente o feixe perante o Senhor ʷpara que seja aceito em favor de vocês; ele o moverá no dia seguinte ao sábado. ¹² No dia em que moverem o feixe, vocês oferecerão em holocausto ao Senhor

um cordeiro de um ano de idade sem defeito. ¹³ Apresentem também uma oferta de cereal˟ de dois jarros¹ da melhor farinha amassada com óleo, oferta ao SENHOR preparada no fogo, de aroma agradável, e uma oferta derramada de um litro² de vinho. ¹⁴ Vocês não poderão comer pão algum, nem cereal tostado, nem cereal novo, até o dia em que trouxerem essa oferta ao Deus de vocês.ʸ Este é um decreto perpétuo para as suas gerações,ᶻ onde quer que morarem.

A Festa das Semanas

¹⁵ "A partir do dia seguinte ao sábado, o dia em que vocês trarão o feixe da oferta ritualmente movida, contem sete semanas completas. ¹⁶ Contem cinquenta dias, até um dia depois do sétimo sábado,ᵃ e então apresentem uma oferta de cereal novo ao SENHOR. ¹⁷ Onde quer que morarem, tragam de casa dois pães feitos com dois jarros da melhor farinha, cozidos com fermento, como oferta movida dos primeiros frutosᵇ ao SENHOR. ¹⁸ Junto com os pães apresentem sete cordeiros, cada um com um ano de idade e sem defeito, um novilho e dois carneiros. Eles serão um holocausto ao SENHOR, com as suas ofertas de cereal e ofertas derramadas; é oferta preparada no fogo, de aroma agradável ao SENHOR. ¹⁹ Depois sacrifiquem um bode como oferta pelo pecado e dois cordeiros, cada um com um ano de idade, como oferta de comunhão. ²⁰ O sacerdote moverá os dois cordeiros perante o SENHOR como gesto ritual de apresentação, com o pão dos primeiros frutos. São uma oferta sagrada ao SENHOR e pertencem ao sacerdote. ²¹ Naquele mesmo dia, vocês proclamarão uma reunião sagradaᶜ e não realizarão trabalho algum.ᵈ Este é um decreto perpétuo para as suas gerações, onde quer que morarem.

²² "Quando fizerem a colheitaᵉ da sua terra, não colham até as extremidades da sua lavoura nem ajuntem as espigas caídas da sua colheita.ᶠ Deixem-nas para o necessitado e para o estrangeiro. Eu sou o SENHOR, o Deus de vocês".

A Festa das Trombetas

²³ Disse o SENHOR a Moisés: ²⁴ "Diga também aos israelitas: No primeiro dia do sétimo mês vocês terão um dia de descanso, uma reunião sagrada, celebrada com toques de trombeta. ᵍ ²⁵ Não realizem trabalho algum,ʰ mas apresentem ao SENHOR uma oferta preparada no fogo".

O Dia da Expiação

²⁶ Disse o SENHOR a Moisés: ²⁷ "O décimo dia deste sétimo mêsⁱ é o Dia da Expiação³. ʲ Façam uma reunião sagradaᵏ e humilhem-se⁴, e apresentem ao SENHOR uma oferta preparada no fogo. ²⁸ Não realizem trabalho algum nesse dia, porque é o Dia da Expiação, quando se faz propiciação por vocês perante o SENHOR, o Deus de vocês. ²⁹ Quem não se humilhar nesse dia será eliminado do seu povo.ˡ ³⁰ Eu destruirei do meio do seu povoᵐ todo aquele que realizar algum trabalho nesse dia. ³¹ Vocês não realizarão trabalho algum. Este é um decreto perpétuo para as suas gerações, onde quer que morarem. ³² É um sábado de descanso para vocês, no qual vocês se humilharão. Desde o entardecer do nono dia do mês até o entardecer do dia seguinte vocês guardarão esse sábado".

A Festa das Cabanas

³³ Disse o SENHOR a Moisés: ³⁴ "Diga ainda aos israelitas: No décimo quinto dia deste sétimo mês começa a festa das cabanas⁵

---

¹ **23.13** Hebraico: *2/10 de efa*; também no versículo 17. O efa era uma medida de capacidade para secos. As estimativas variam entre 20 e 40 litros.

² **23.13** Hebraico: *1/4 de him*. O him era uma medida de capacidade para líquidos. As estimativas variam entre 3 e 6 litros.

³ **23.27** O termo hebraico é o mesmo traduzido por *propiciação*.

⁴ **23.27** Ou *e jejuem*; também nos versículos 29 e 32.

⁵ **23.34** Ou *dos tabernáculos*; hebraico: *sucote*.

23.13
˟ Lv 2.14-16; 6.20

23.14
ʸ Ex 34.26
ᶻ Nm 15.21

23.16
ᵃ Nm 28.26; At 2.1

23.17
ᵇ Ex 34.22; Lv 2.12

23.21
ᶜ v. 2
ᵈ v. 3

23.22
ᵉ Lv 19.9
ᶠ Lv 19.10; Dt 24.19-21; Rt 2.15

23.24
ᵍ Lv 25.9; Nm 10.9, 10; 29.1

23.25
ʰ v. 21

23.27
ⁱ Lv 16.29
ʲ Ex 30.10
ᵏ Nm 29.7

23.29
ˡ Gn 17.14; Nm 5.2

23.30
ᵐ Lv 20.3

do Senhor,ⁿ que dura sete dias. ³⁵ No primeiro dia haverá reunião sagrada; não realizem trabalho algum. ³⁶ Durante sete dias apresentem ao Senhor ofertas preparadas no fogo, no oitavo dia façam outra reunião sagradaᵒ e também apresentem ao Senhor uma oferta preparada no fogo. É reunião solene; não realizem trabalho algum.

³⁷ (Estas são as festas fixas do Senhor, que vocês proclamarão como reuniões sagradas para trazerem ao Senhor ofertas preparadas no fogo, holocaustos e ofertas de cereal, sacrifícios e ofertasᵖ derramadas exigidas para cada dia. ³⁸ Isso fora as do sábadoq do Senhor e fora asˡ dádivas e os votos de vocês, e todas as ofertas voluntárias que vocês derem ao Senhor.)

³⁹ "Assim, começando no décimo quinto dia do sétimo mês, depois de terem colhido o que a terra produziu, celebrem a festa do Senhor durante sete dias;ʳ o primeiro dia e também o oitavo serão dias de descanso. ⁴⁰ No primeiro dia vocês apanharão os melhores frutos das árvores, folhagem de tamareira, galhos frondosos e salgueiros,ˢ e se alegrarão perante o Senhor, o Deus de vocês, durante sete dias. ⁴¹ Celebrem essa festa do Senhor durante sete dias todos os anos. Este é um decreto perpétuo para as suas gerações; celebrem-na no sétimo mês. ⁴² Morem em tendasᵗ durante sete dias; todos os israelitas de nascimento morarão em tendas, ⁴³ para que os descendentes de vocês saibamᵘ que eu fiz os israelitas morarem em tendas quando os tirei da terra do Egito. Eu sou o Senhor, o Deus de vocês".

⁴⁴ Assim anunciou Moisés aos israelitas as festas fixas do Senhor.

O Candelabro e os Pães Sagrados

24 Disse o Senhor a Moisés: ² "Ordene aos israelitas que tragam azeite puro de olivas batidas para as lâmpadas, para que fiquem sempre acesas. ³ Na Tenda do Encontro, do lado de fora do véu que esconde as tábuas da aliança, Arão manterá as lâmpadas continuamente acesas diante do Senhor, desde o entardecer até a manhã seguinte. Este é um decreto perpétuo para as suas gerações:⁴ Mantenha sempre em ordem as lâmpadas no candelabro de ouro puroᵛ perante o Senhor.

⁵ "Apanhe da melhor farinha e asse doze pães,ʷ usando dois jarros² para cada pão. ⁶ Coloque-os em duas fileiras, com seis pães em cada uma, sobre a mesa de ouro puroˣ perante o Senhor. ⁷ Junto a cada fileira coloque um pouco de incenso puro como porção memorialʸ para representar o pão e ser uma oferta ao Senhor preparada no fogo. ⁸ Esses pães serão colocados regularmente perante o Senhor,ᶻ cada sábado,ᵃ em nome dos israelitas, como aliança perpétua. ⁹ Pertencem a Arão e a seus descendentes, ᵇ que os comerão num lugar sagrado, porque é parte santíssima de sua porção regular das ofertas dedicadas ao Senhor, preparadas no fogo. É decreto perpétuo".

O Castigo da Blasfêmia

¹⁰ Aconteceu que o filho de uma israelita com um egípcio saiu e foi para o meio dos israelitas. No acampamento houve uma briga entre ele e um israelita. ¹¹ O filho da israelita blasfemou o Nomeᶜ com uma maldição; então o levaram a Moisés. O nome de sua mãe era Selomite, filha de Dibri, da tribo de Dã. ¹² Deixaram-no preso até que a vontade do Senhor lhes fosse declarada.ᵈ

¹³ Então o Senhor disse a Moisés: ¹⁴ "Leve o que blasfemou para fora do acampamento. Todos aqueles que o ouviram colocarão as mãos sobre a cabeça dele, e a comunidade toda o apedrejará.ᵉ ¹⁵ Diga aos israelitas: Se alguém amaldiçoar seu Deus,ᶠ será responsável pelo seu pecado; ¹⁶ quem blasfemar o nome do Senhor terá que ser executado.ᵍ

---

² 24.5 Hebraico: *2/10 de efa*. O efa era uma medida de capacidade para secos. As estimativas variam entre 20 e 40 litros.

¹ 23.38 Ou *Estas festas são além dos sábados do Senhor, e estas ofertas são as*

A comunidade toda o apedrejará. Seja estrangeiro seja natural da terra, se blasfemar o Nome, terá que ser morto.

¹⁷ "Se alguém ferir uma pessoa a ponto de matá-la, terá que ser executado. ʰ¹⁸ Quem matar um animal fará restituição:ⁱ vida por vida. ¹⁹ Se alguém ferir seu próximo, deixando-o defeituoso, assim como fez lhe será feito: ²⁰ fratura por fratura, olho por olho, dente por dente.ʲ Assim como feriu o outro, deixando-o defeituoso, assim também será ferido. ²¹ Quem matar um animal fará restituição, mas quem matar um homem será morto.ᵏ ²² Vocês terão a mesma lei para o estrangeiroˡ e para o natural da terra.ᵐ Eu sou o Senhor, o Deus de vocês".

²³ Depois que Moisés falou aos israelitas, levaram o que blasfemou para fora do acampamento e o apedrejaram. Os israelitas fizeram conforme o Senhor tinha ordenado a Moisés.

O Ano Sabático

25 Então disse o Senhor a Moisés no monte Sinai: ² "Diga o seguinte aos israelitas: Quando entrarem na terra que dou a vocês, a própria terra guardará um sábado para o Senhor. ³ Durante seis anos semeiem as suas lavouras, aparem as suas vinhas e façam a colheita de suas plantações.ⁿ ⁴ Mas no sétimo ano a terra terá um sábado de descanso, um sábado dedicado ao Senhor. Não semeiem as suas lavouras nem aparem as suas vinhas. ⁵ Não colham o que crescer por si, nem colham as uvas das suas vinhas, que não serão podadas. A terra terá um ano de descanso. ⁶ Vocês se sustentarão do que a terra produzir no ano de descanso,ᵒ você, o seu escravo, a sua escrava, o trabalhador contratado e o residente temporário que vive entre vocês, ⁷ bem como os seus rebanhos e os animais selvagens de sua terra. Tudo o que a terra produzir poderá ser comido.

O Ano do Jubileu

⁸ "Contem sete semanas de anos, sete vezes sete anos; essas sete semanas de anos totalizam quarenta e nove anos. ⁹ Então façam soar a trombeta ᵖ no décimo dia do sétimo mês; no Dia da Expiação façam soar a trombeta por toda a terra de vocês. ¹⁰ Consagrem o quinquagésimo ano e proclamem libertação ᑫ por toda a terra a todos os seus moradores. Este será um ano de jubileu,ʳ quando cada um de vocês voltará para a propriedade da sua família e para o seu próprio clã. ¹¹ O quinquagésimo ano será jubileu; não semeiem e não ceifem o que cresce por si mesmo nem colham das vinhas não podadas. ¹² É jubileu e será santo a vocês; comam apenas o que a terra produzir.

¹³ "Nesse ano do Jubileuˢ cada um de vocês voltará para a sua propriedade.

¹⁴ "Se vocês venderem alguma propriedade ao seu próximo ou se comprarem alguma propriedade dele, não explorem o seu irmão.ᵗ ¹⁵ O que comprarem do seu próximo será avaliado com base no número de anosᵘ desde o Jubileu. E ele fará a venda com base no número de anos que restam de colheitas. ¹⁶ Quando os anos forem muitos, vocês deverão aumentar o preço, mas, quando forem poucos, deverão diminuir o preço,ᵛ pois o que ele está lhes vendendo é o número de colheitas. ¹⁷ Não explorem um ao outro,ʷ mas temam o Deus de vocês.ˣ Eu sou o Senhor, o Deus de vocês.ʸ

¹⁸ "Pratiquem os meus decretos e obedeçam às minhas ordenanças, e vocês viverão com segurança na terra.ᶻ ¹⁹ Então a terra dará o seu fruto,ᵃ e vocês comerão até fartar-se e ali viverão em segurança. ²⁰ Vocês poderão perguntar: 'Que iremos comer no sétimo ano,ᵇ se não plantarmos nem fizermos a colheita?' ²¹ Saibam que enviarei a vocês minha bênçãoᶜ no sexto ano, e a terra produzirá o suficiente para três anos. ²² Quando vocês estiverem plantando no oitavo ano, comerão ainda da colheita anterior e dela continuarão a comer até a colheita do nono ano.ᵈ

²³ "A terra não poderá ser vendida definitivamente, porque ela é minha,ᵉ e vocês

24.17
ʰ Gn 9.6;
Ex 21.12;
Nm 35.30-31;
Dt 27.2
24.18
ⁱ v. 21
24.20
ʲ Ex 21.24;
Mt 5.38*
24.21
ᵏ v. 17
24.22
ˡ Ex 12.49
ᵐ Nm 9.14;
15.16
25.3
ⁿ Ex 23.10
25.6
ᵒ v. 20
25.9
ᵖ Lv 23.24
25.10
ᑫ Is 61.1;
Jr 34.8, 15, 17;
Lc 4.19
ʳ Nm 36.4
25.13
ˢ v. 10
25.14
ᵗ Lv 19.13;
1Sm 12.3, 4
25.15
ᵘ Lv 27.18, 23
25.16
ᵛ v. 27, 51, 52
25.17
ʷ Pv 22.22;
Jr 7.5, 6;
1Ts 4.6
ˣ Lv 19.14
ʸ Lv 19.32
25.18
ᶻ Lv 26.4, 5;
Dt 12.10;
Sl 4.8;
Jr 23.6
25.19
ᵃ Lv 26.4
25.20
ᵇ v. 4
25.21
ᶜ Dt 28.8, 12;
Ag 2.19;
Ml 3.10
25.22
ᵈ Lv 26.10
25.23
ᵉ Ex 19.5

são apenas estrangeirosᶠ e imigrantes. ²⁴ Em toda terra em que tiverem propriedade, concedam o direito de resgate da terra.

²⁵ "Se alguém do seu povo empobrecer e vender parte da sua propriedade, seu parente mais próximoᵍ virá e resgataráʰ aquilo que o seu compatriota vendeu. ²⁶ Se, contudo, um homem não tiver quem lhe resgate a terra, mas ele mesmo prosperar e adquirir recursos para resgatá-la, ²⁷ calculará os anos desde que a vendeu e devolverá a diferença àquele a quem a vendeu; então poderá voltar para a sua propriedade. ²⁸ Mas, se não adquirir recursos para devolver-lhe o valor, a propriedade que vendeu permanecerá em posse do comprador até o ano do Jubileu. Será devolvida no Jubileu, e ele então poderá voltar para a sua propriedade.ⁱ

²⁹ "Se um homem vender uma casa numa cidade murada, terá o direito de resgate até que se complete um ano após a venda. Nesse período poderá resgatá-la. ³⁰ Se não for resgatada antes de se completar um ano, a casa da cidade murada pertencerá definitivamente ao comprador e aos seus descendentes; não será devolvida no Jubileu. ³¹ Mas as casas dos povoados sem muros ao redor serão consideradas campo aberto. Poderão ser resgatadas e serão devolvidas no Jubileu.

³² "No caso das cidades dos levitas, eles sempre terão direito de resgatar suas casas nas cidadesʲ que lhes pertencem. ³³ Assim, a propriedade dos levitas, isto é, uma casa vendida em qualquer cidade deles, é resgatável e deverá ser devolvida no Jubileu, porque as casas das cidades dos levitas são propriedade deles entre os israelitas. ³⁴ Mas as pastagens pertencentes às suas cidades não serão vendidas; são propriedade permanente deles.ᵏ

³⁵ "Se alguém do seu povo empobrecerˡ e não puder sustentar-se, ajudem-noᵐ como se faz ao estrangeiro e ao residente temporário, para que possa continuar a viver entre vocês. ³⁶ Não cobrem dele juro algum,ⁿ mas temam o seu Deus, para que o seu próximo continue a viver entre vocês. ³⁷ Vocês não poderão exigir dele juros nem emprestar-lhe mantimento visando a algum lucro. ³⁸ Eu sou o Senhor, o Deus de vocês, que os tirou da terra do Egito para dar a vocês a terra de Canaã e para ser o seu Deus.ᵒ

³⁹ "Se alguém do seu povo empobrecer e se vender a algum de vocês, não o façam trabalhar como escravo. ᵖ ⁴⁰ Ele deverá ser tratado como trabalhador contratado ou como residente temporário; trabalhará para quem o comprou até o ano do Jubileu. ⁴¹ Então ele e os seus filhos estarão livres, e ele poderá voltar para o seu próprio clã e para a propriedadeᑫ dos seus antepassados. ⁴² Pois os israelitas são meus servos, os quais tirei da terra do Egito; não poderão ser vendidos como escravos. ⁴³ Não dominem impiedosamente sobre eles,ʳ mas temam o seu Deus.

⁴⁴ "Os seus escravos e as suas escravas deverão vir dos povos que vivem ao redor de vocês; deles vocês poderão comprar escravos e escravas. ⁴⁵ Também poderão comprá-los entre os filhos dos residentes temporários que vivem entre vocês e entre os que pertencem aos clãs deles, ainda que nascidos na terra de vocês; eles se tornarão sua propriedade. ⁴⁶ Vocês poderão deixá-los como herança para os seus filhos e poderão fazê-los escravos para sempre, mas sobre os seus irmãos israelitas vocês não poderão dominar impiedosamente.

⁴⁷ "Se um estrangeiro ou um residente temporário entre vocês enriquecer e alguém do seu povo empobrecer e se vender a esse estrangeiro ou a alguém que pertence ao clã desse estrangeiro, ⁴⁸ manterá o direito de resgate mesmo depois de se vender. Um dos seus parentesˢ poderá resgatá-lo: ⁴⁹ ou tio, ou primo, ou qualquer parente próximo poderá resgatá-lo. Se, todavia, prosperar, ᵗ poderá resgatar a si mesmo. ⁵⁰ Ele e o seu comprador contarão o tempo desde o ano em que se vendeu até o ano do Jubileu. O preço do resgate se baseará

no salário de um empregado contratadoᵘ por aquele número de anos. ⁵¹ Se restarem muitos anos, pagará o seu resgate proporcionalmente ao preço de compra. ⁵² Se restarem apenas poucos anos até o ano do Jubileu, fará o cálculo e pagará o seu resgate proporcionalmente aos anos. ⁵³ Ele deverá ser tratado como um empregado contratado anualmente; não permitam que o seu senhor domine impiedosamente sobre ele.

⁵⁴ "Se não for resgatado por nenhuma dessas maneiras, ele e os seus filhos estarão livres no ano do Jubileu, ⁵⁵ porque os israelitas são meus servos, os quais tirei da terra do Egito. Eu sou o Senhor, o Deus de vocês.

A Recompensa da Obediência

26 "Não façam ídolos, nem imagens, nem colunas sagradas para vocês, e não coloquem nenhuma pedra esculpida em sua terra para curvar-se diante dela. Eu sou o Senhor, o Deus de vocês.

² "Guardem os meus sábados e reverenciem o meu santuário. Eu sou o Senhor.

³ "Se vocês seguirem os meus decretos, obedecerem aos meus mandamentos e os puserem em prática, ⁴ eu mandarei a vocês chuva na estação certa, e a terra dará a sua colheita e as árvores do campo darão o seu fruto. ⁵ A debulha prosseguirá até a colheita das uvas, e a colheita das uvas prosseguirá até a época da plantação, e vocês comerão até ficarem satisfeitos e viverão em segurança em sua terra.

⁶ "Estabelecerei paz na terra, e vocês se deitarão, e ninguém os amedrontará. Farei desaparecer da terra os animais selvagens, e a espada não passará pela sua terra. ⁷ Vocês perseguirão os seus inimigos, e estes cairão à espada diante de vocês. ⁸ Cinco de vocês perseguirão cem, cem de vocês perseguirão dez mil, e os seus inimigos cairão à espada diante de vocês.

⁹ "Eu me voltarei para vocês e os farei prolíferos; e os multiplicarei e guardarei a minha aliança com vocês. ¹⁰ Vocês ainda estarão comendo da colheita armazenada no ano anterior, quando terão que se livrar dela para dar espaço para a nova colheita. ¹¹ Estabelecerei a minha habitação entre vocês e não os rejeitarei. ¹² Andarei entre vocês e serei o seu Deus, e vocês serão o meu povo. ¹³ Eu sou o Senhor, o Deus de vocês, que os tirou da terra do Egito para que não mais fossem escravos deles; quebrei as traves do jugo que os prendia e os fiz andar de cabeça erguida.

O Castigo da Desobediência

¹⁴ "Mas, se vocês não me ouvirem e não puserem em prática todos esses mandamentos, ¹⁵ e desprezarem os meus decretos, rejeitarem as minhas ordenanças, deixarem de pôr em prática todos os meus mandamentos e forem infiéis à minha aliança, ¹⁶ então assim os tratarei: eu trarei sobre vocês pavor repentino, doenças e febre que tirarão a sua visão e definharão a sua vida. Vocês semearão inutilmente, porque os seus inimigos comerão as suas sementes. ¹⁷ O meu rosto estará contra vocês, e vocês serão derrotados pelos inimigos; os seus adversários os dominarão, e vocês fugirão mesmo quando ninguém os estiver perseguindo.

¹⁸ "Se depois disso tudo vocês não me ouvirem, eu os castigarei sete vezes mais pelos seus pecados. ¹⁹ Eu quebrarei o seu orgulho rebelde e farei que o céu sobre vocês fique como ferro e a terra de vocês fique como bronze. ²⁰ A força de vocês será gasta em vão, porque a terra não dará a sua colheita nem as árvores da terra darão o seu fruto porque a terra não lhes dará colheita, nem as árvores da terra lhes darão fruto.

²¹ "Se continuarem se opondo a mim e recusarem ouvir-me, eu os castigarei sete vezes mais, conforme os seus pecados. ²² Mandarei contra vocês animais selvagens que matarão os seus filhos, acabarei com os seus rebanhos e reduzirei vocês a tão poucos que os seus caminhos ficarão desertos.

²³ "Se, apesar disso, vocês não aceitarem a minha disciplina,ᵉ mas continuarem a opor-se a mim, ²⁴ eu mesmo me oporei a vocês e os castigarei sete vezes mais por causa dos seus pecados. ²⁵ E trarei a espada contra vocês para vingar a aliança. Quando se refugiarem em suas cidades, eu lhes mandarei uma praga,ᶠ e vocês serão entregues em mãos inimigas. ²⁶ Quando eu cortar o suprimento de pão,ᵍ dez mulheres assarão o pão num único forno e repartirão o pão a peso. Vocês comerão, mas não ficarão satisfeitos.

²⁷ "Se, apesar disso tudo, vocês ainda não me ouvirem, mas continuarem a opor-se a mim, ²⁸ então com furor me oporei a vocês, e eu mesmo os castigarei sete vezes mais por causa dos seus pecados. ²⁹ Vocês comerão a carne dos seus filhos e das suas filhas.ʰ ³⁰ Destruirei os seus altares idólatras, ⁱ despedaçarei os seus altares de incensoʲ e empilharei os seus cadáveres sobre os seus ídolos mortos,ᵏ e rejeitarei vocês. ³¹ Deixarei as cidades de vocês em ruínas e arrasarei os seus santuários, ˡ e não terei prazer no aroma das suas ofertas. ³² Desolarei a terra ᵐ a ponto de ficarem perplexos os seus inimigos que vierem ocupá-la. ³³ Espalharei vocês entre as nações ⁿ e empunharei a espada contra vocês. Sua terra ficará desolada; as suas cidades, em ruínas. ³⁴ Então a terra desfrutará os seus anos sabáticos enquanto estiver desolada e enquanto vocês estiverem na terra dos seus inimigos;ᵒ e a terra descansará e desfrutará os seus sábados. ³⁵ Enquanto estiver desolada, a terra terá o descanso sabático que não teve quando vocês a habitavam.

³⁶ "Quanto aos que sobreviverem, eu lhes encherei o coração de tanto medo na terra do inimigo, que o som de uma folha levada pelo vento os porá em fuga.ᵖ Correrão como quem foge da espada, e cairão, sem que ninguém os persiga. ³⁷ Tropeçarão uns nos outros, como que fugindo da espada, sem que ninguém os esteja perseguindo. Assim vocês não poderão subsistir diante dos inimigos. ᑫ ³⁸ Vocês perecerão entre as nações, e a terra dos seus inimigos os devorará.ʳ ³⁹ Os que sobreviverem apodrecerão na terra do inimigo por causa dos seus pecados e também por causa dos pecados dos seus antepassados.ˢ

⁴⁰ "Mas, se confessarem os seus pecados e os pecados dos seus antepassados,ᵗ sua infidelidade e oposição a mim, ⁴¹ que me levaram a opor-me a eles e a enviá-los para a terra dos seus inimigos; se o seu coração obstinado² ᵘ se humilhar, e eles aceitarem o castigo do seu pecado, ⁴² eu me lembrarei da minha aliança com Jacó,ᵛ da minha aliança com Isaqueʷ e da minha aliança com Abraão, e também me lembrarei da terra, ⁴³ que por eles será abandonada e desfrutará os seus sábados enquanto permanecer desolada. Receberão o castigo pelos seus pecados porque desprezaram as minhas ordenanças e rejeitaram os meus decretos. ⁴⁴ Apesar disso, quando estiverem na terra do inimigo, não os desprezarei, nem os rejeitarei,ˣ para destruí-los totalmente,ʸ quebrando a minha aliançaᶻ com eles, pois eu sou o SENHOR, o Deus deles. ⁴⁵ Mas por amor deles eu me lembrareiᵃ da aliança com os seus antepassados que tirei da terra do Egitoᵇ à vista das nações, para ser o Deus deles. Eu sou o SENHOR".

⁴⁶ São esses os decretos, as ordenanças e as leis que o SENHOR estabeleceu no monte Sinai entre ele próprio e os israelitas, por intermédio de Moisés.ᶜ

O Resgate do que Pertence ao SENHOR

27 Disse também o SENHOR a Moisés: ² "Diga o seguinte aos israelitas: Se alguém fizer um voto especial,ᵈ dedicando pessoas ao SENHOR, faça-o conforme o devido valor; ³ atribua aos homens entre vinte e sessenta anos o valor de seiscentos

---

ˡ **26.30** Provavelmente colunas dedicadas ao deus Sol.

² **26.41** Hebraico: *incircunciso*.

gramas¹ de prata, com base no peso padrão² do santuário;ᵉ ⁴ e, se for mulher, atribua-lhe o valor de trezentos e sessenta gramas. ⁵ Se for alguém que tenha entre cinco e vinte anos, atribua aos homens o valor de duzentos e quarenta gramas e às mulheres o valor de cento e vinte gramas. ⁶ Se for alguém que tenha entre um mês e cinco anos de idade, atribua aos meninos o valor de sessenta gramas de prataᶠ e às meninas o valor de trinta e seis gramas de prata. ⁷ Se for alguém que tenha de sessenta anos para cima, atribua aos homens o valor de cento e oitenta gramas e às mulheres o valorʰ de cento e vinte gramas. ⁸ Se quem fizer o voto for pobre demais para pagarᵍ o valor especificado, deverá ser apresentado ao sacerdote, que estabelecerá o valor de acordo com as possibilidades do homem que fez o voto.

⁹ "Se o que ele prometeu mediante voto for um animal aceitável como oferta ao Senhor, um animal assim dado ao Senhor torna-se santo. ¹⁰ Ele não poderá trocá-lo nem substituir um animal ruim por um bom, nem um animal bom por um ruim;ⁱ caso troque um animal por outro, tanto o substituto quanto o substituído se tornarão santos. ¹¹ Se o que ele prometeu mediante voto for um animal impuro, não aceitável como oferta ao Senhor, o animal será apresentado ao sacerdote, ¹² que o avaliará por suas qualidades. A avaliação do sacerdote determinará o valor do animal. ¹³ Se o dono desejar resgatarʲ o animal, terá que acrescentar um quinto ao seu valor.

¹⁴ "Se um homem consagrar a sua casa ao Senhor, o sacerdote avaliará a casa por suas qualidades. A avaliação do sacerdote determinará o valor da casa. ¹⁵ Se o homem que consagrar a sua casa quiser resgatá-la,ᵏ terá que acrescentar um quinto ao seu valor, e a casa voltará a ser sua.

¹⁶ "Se um homem consagrar ao Senhor parte das terras da sua família, sua avaliação será de acordo com a semeadura: seiscentos gramas de prata para cada barril³ de semente de cevada. ¹⁷ Se consagrar a sua terra durante o ano do Jubileu, o valor será integral. ¹⁸ Mas, se a consagrar depois do Jubileu, o sacerdote calculará o valor de acordo com o número de anos que faltarˡ para o ano do Jubileu seguinte, e o valor será reduzido. ¹⁹ Se o homem que consagrar a sua terra desejar resgatá-la, terá que acrescentar um quinto ao seu valor, e a terra voltará a ser sua. ²⁰ Mas, se não a resgatar ou se a tiver vendido, não poderá mais ser resgatada; ²¹ quando a terra for liberada no Jubileu,ᵐ será santa, consagrada ao Senhor,ⁿ e se tornará propriedade dos sacerdotes⁴.

²² "Se um homem consagrar ao Senhor terras que tenha comprado, terras que não fazem parte da propriedade da sua família, ²³ o sacerdote determinará o valor de acordo com o tempo que falta para o ano do Jubileu; o homem pagará o valor no mesmo dia, consagrando-o ao Senhor. ²⁴ No ano do Jubileu as terras serão devolvidas àquele de quem ele as comprou.ᵒ ²⁵ Todos os valores serão calculados com base no peso padrãoᵖ do santuário, que são doze gramas⁵.ᑫ

²⁶ "Ninguém poderá consagrar a primeira cria de um animal, pois já pertence ao Senhor; seja cria de vaca, seja de cabra, seja de ovelha, pertence ao Senhor.ʳ ²⁷ Mas, se for a cria de um animal impuro,ˢ poderá resgatá-la pelo valor estabelecido, acrescentando um quinto a esse valor. Se não for resgatada, será vendida pelo valor estabelecido.

27.3 ᵉEx 30.13; Nm 3.47; 18.16
27.6 ᶠNm 18.16
27.8 ᵍLv 5.11 ʰv. 12.14
27.10 ⁱv. 33
27.13 ʲv. 15, 19; Lv 25.25
27.15 ᵏv. 13, 20
27.18 ˡLv 25.13
27.21 ᵐLv 25.10 ⁿv. 28; Nm 18.14; Ez 44.29
27.24 ᵒLv 25.28
27.25 ᵖEx 30.13; Nm 18.16 ᑫNm 3.47; Ez 45.12
27.26 ʳEx 13.2, 12
27.27 ˢv. 11

---

¹ 27.3 Hebraico: *50 siclos.* Um siclo equivalia a 12 gramas.

² 27.3 Hebraico: *no siclo.*

³ 27.16 Hebraico: *hômer.* O hômer era uma medida de capacidade para secos. As estimativas variam entre 200 e 400 litros.

⁴ 27.21 Ou *do sacerdote*

⁵ 27.25 Hebraico: *no siclo do santuário, que são 20 geras.* Um gera equivalia a 0,6 gramas.

28 "Todavia, nada que um homem possua e consagre' ao Senhor — seja homem, seja animal, sejam terras de sua propriedade — poderá ser vendido ou resgatado; todas as coisas assim consagradas são santíssimas ao Senhor.

29 "Nenhuma pessoa consagrada para a destruição poderá ser resgatada; terá que ser executada.

30 "Todos os dízimos" da terra — seja dos cereais, seja das frutas — pertencem ao Senhor; são consagrados ao Senhor. **31** Se um homem desejar resgatar parte do seu dízimo, terá que acrescentar um quinto ao seu valor. **32** O dízimo dos seus rebanhos, um de cada dez animais que passem debaixo da vara do pastor," será consagrado ao Senhor. **33** O dono não poderá retirar os bons dentre os ruins nem fazer qualquer troca." Se fizer alguma troca, tanto o animal quanto o substituto se tornarão consagrados e não poderão ser resgatados".

34 São esses os mandamentos que o Senhor ordenou a Moisés, no monte Sinai, para os israelitas.ˣ

Introdução a NÚMEROS

PANO DE FUNDO

Em hebraico o título do livro de Números vem da quinta palavra do versículo 5, *bemidbar*, que significa "no deserto" — um título apropriado para as peregrinações de Israel no deserto. O título do livro nas línguas europeias vem da tradução para o grego, a *Septuaginta*, e é uma referência ao censo nos capítulos 1 e 26.

Várias passagens do Novo Testamento se referem à autoria mosaica do livro de Números, incluindo Atos 7, 1Coríntios 10 e Hebreus 3—4. No livro, Deus fala diretamente a Moisés mais de 80 vezes. Por exemplo, "Por ordem do Senhor Moisés registrou as etapas da jornada deles" (33.2). Ainda que Números aloque a terra de Canaã para as várias tribos, o texto não apresenta o povo de Israel deixando Moabe e cruzando o Jordão.

MENSAGEM

Os capítulos 13—14 servem como um literal ponto de virada na jornada de Israel desde o Egito até a terra prometida. Depois que os espiões voltaram da terra e deram seu relatório, o medo, as reclamações do povo e a recusa de confiar em Deus para a conquista provocaram a disciplina e a ira divinas.

Deus leva a fé a sério. O povo que viu grandes milagres, desde as pragas do Egito até a abertura do mar Vermelho, é o mesmo que agora se rebela por medo das cidades fortificadas e de gente gigantesca. Eles não confiam que Deus fará por eles o que já fizera no passado. Quais são as consequências desse pecado? Um retorno ao deserto para vaguear por quarenta anos, até que toda a geração adulta que saiu do Egito morra. Apenas os filhos deles e os dois espiões fiéis — Josué e Calebe — têm permissão para entrar na terra prometida.

ÉPOCA

Os eventos de Números acontecem no período de trinta e nove anos de peregrinação de Israel no deserto. Tal como Gênesis e os demais livros do Pentateuco, o livro de Números foi provavelmente escrito por Moisés entre 1445 e 1406 a.C.

ESBOÇO

I. No Sinai
   A. Primeiro censo e ordem das tribos   1.1—2.34
   B. Deveres e leis   3.1—10.10

II. Do Sinai à terra prometida
   A. Reclamações e rebelião   10.11—16.50
   B. Autoridade e deveres dos sacerdotes e levitas   17.1—19.22

III. Rumo ao deserto   20.1—22.1

IV. Volta à terra prometida
   A. Balaão e Balaque   22.2—25.18
   B. O segundo censo   26.1-65
   C. Leis e admoestações   27.1—30.16
   D. Conquista de Midiã   31.1-54
   E. Divisão da terra   32.1—36.13

NÚMEROS 1.1

O Recenseamento

1 O Senhor falou a Moisés na Tenda do Encontro,ᵃ no deserto do Sinai,ᵇ no primeiro dia do segundo mêsᶜ do segundo ano, depois que os israelitas saíram do Egito. Ele disse: ² "Façam um recenseamentoᵈ de toda a comunidade de Israel, pelos seus clãs e famílias, alistando todos os homens, um a um, pelo nome. ³ Você e Arão contarão todos os homens que possam servir no exército, de vinte anos para cimaᵉ, organizados segundo as suas divisões. ⁴ Um homem de cada tribo, o chefe dos grupos de famílias,ᶠ deverá ajudá-los.ᵍ ⁵ Estes são os nomes dos homens que os ajudarão:

de Rúben,ʰ Elizur, filho de Sedeur;
⁶ de Simeão, Selumiel,
filho de Zurisadai;
⁷ de Judá,ⁱ Naassom,
filho de Aminadabe;ʲ
⁸ de Issacar,ᵏ Natanael, filho de Zuar;
⁹ de Zebulom,ˡ Eliabe, filho de Helom;
¹⁰ dos filhos de José:
de Efraim,ᵐ Elisama, filho de Amiúde;
de Manassés, Gamaliel,
filho de Pedazur;
¹¹ de Benjamim, Abidã,
filho de Gideoni;
¹² de Dã,ⁿ Aieser, filho de Amisadai;
¹³ de Aser,ᵒ Pagiel, filho de Ocrã;
¹⁴ de Gade, Eliasafe, filho de Deuel;ᵖ
¹⁵ de Naftali,ᑫ Aira, filho de Enã".

¹⁶ Foram esses os escolhidos da comunidade, líderesʳ das tribos dos seus antepassados, chefes dos clãs de Israel.ˢ

¹⁷ Moisés e Arão reuniram os homens nomeados ¹⁸ e convocaram toda a comunidade no primeiro dia do segundo mês.ᵗ Os homens de vinte anos para cima inscreveram-seᵘ conforme os seus clãs e as suas famílias, um a um, pelo nome, ¹⁹ conforme o Senhor tinha ordenado a Moisés. E assim ele os contou no deserto do Sinai, na seguinte ordem:

²⁰ Dos descendentes de Rúben,ᵛ o filho mais velho de Israel:
Todos os homens de vinte anos para cima que podiam servir no exército foram relacionados, cada um pelo seu nome, de acordo com os registros de seus clãs e famílias. ²¹ O número dos da tribo de Rúben foi 46.500.

²² Dos descendentes de Simeão:ʷ
Todos os homens de vinte anos para cima que podiam servir no exército foram relacionados, cada um pelo seu nome, de acordo com os registros de seus clãs e famílias. ²³ O número dos da tribo de Simeão foi 59.300.

²⁴ Dos descendentes de Gade:ˣ
Todos os homens de vinte anos para cima que podiam servir no exército foram relacionados, cada um pelo seu nome, de acordo com os registros de seus clãs e famílias. ²⁵ O número dos da tribo de Gade foi 45.650.

²⁶ Dos descendentes de Judá:ʸ
Todos os homens de vinte anos para cima que podiam servir no exército foram relacionados, cada um pelo seu nome, de acordo com os registros de seus clãs e famílias. ²⁷ O número dos da tribo de Judá foi 74.600.

²⁸ Dos descendentes de Issacar:ᶻ
Todos os homens de vinte anos para cima que podiam servir no exército foram relacionados, cada um pelo seu nome, de acordo com os registros de seus clãs e famílias. ²⁹ O número dos da tribo de Issacar foi 54.400.

³⁰ Dos descendentes de Zebulom:ᵃ
Todos os homens de vinte anos para cima que podiam servir no exército foram relacionados, cada um pelo seu nome, de acordo com os registros de seus clãs e famílias. ³¹ O número dos da tribo de Zebulom foi 57.400.

³² Dos filhos de José:
Dos descendentes de Efraim:ᵇ

Todos os homens de vinte anos para cima que podiam servir no exército foram relacionados, cada um pelo seu nome, de acordo com os registros de seus clãs e famílias. ³³ O número dos da tribo de Efraim foi 40.500.

³⁴ Dos descendentes de Manassés:ᶜ Todos os homens de vinte anos para cima que podiam servir no exército foram relacionados, cada um pelo seu nome, de acordo com os registros de seus clãs e famílias. ³⁵ O número dos da tribo de Manassés foi 32.200.

³⁶ Dos descendentes de Benjamim:ᵈ Todos os homens de vinte anos para cima que podiam servir no exército foram relacionados, cada um pelo seu nome, de acordo com os registros de seus clãs e famílias. ³⁷ O número dos da tribo de Benjamim foi 35.400.

³⁸ Dos descendentes de Dã:ᵉ Todos os homens de vinte anos para cima que podiam servir no exército foram relacionados, cada um pelo seu nome, de acordo com os registros de seus clãs e famílias. ³⁹ O número dos da tribo de Dã foi 62.700.

⁴⁰ Dos descendentes de Aser:ᶠ Todos os homens de vinte anos para cima que podiam servir no exército foram relacionados, cada um pelo seu nome, de acordo com os registros de seus clãs e famílias. ⁴¹ O número dos da tribo de Aser foi 41.500.

⁴² Dos descendentes de Naftali:ᵍ Todos os homens de vinte anos para cima que podiam servir no exército foram relacionados, cada um pelo seu nome, de acordo com os registros de seus clãs e famílias. ⁴³ O número dos da tribo de Naftali foi 53.400.

⁴⁴ Esses foram os homens contados por Moisés e por Arãoʰ e pelos doze líderes de Israel, cada um representando a sua família. ⁴⁵ Todos os israelitas de vinte anos para cima que podiam servir no exército foram contados de acordo com as suas famílias. ⁴⁶ O total foi 603.550ⁱ homens.

A Função dos Levitas

⁴⁷ As famílias da tribo de Levi,ʲ porém, não foram contadasᵏ juntamente com as outras, ⁴⁸ pois o Senhor tinha dito a Moisés: ⁴⁹ "Não faça o recenseamento da tribo de Levi nem a relacione entre os demais israelitas. ⁵⁰ Em vez disso, designe os levitas como responsáveis pelo tabernáculoˡ que guarda as tábuas da aliança, por todos os seus utensílios e por tudo o que pertence a ele. Eles transportarão o tabernáculo e todos os seus utensílios; cuidarão dele e acamparão ao seu redor. ⁵¹ Sempre que o tabernáculo tiver que ser removido, os levitas o desmontarão e, sempre que tiver que ser armado, os levitas o farão.ᵐ Qualquer pessoa não autorizada que se aproximar do tabernáculo terá que ser executada. ⁵² Os israelitas armarão as suas tendas organizadas segundo as suas divisões, cada um em seu próprio acampamento e junto à sua bandeira.ⁿ ⁵³ Os levitas, porém, armarão as suas tendas ao redor do tabernáculo que guarda as tábuas da aliança, para que a ira divina não caiaᵒ sobre a comunidade de Israel. Os levitas terão a responsabilidade de cuidar do tabernáculo que guarda as tábuas da aliança".ᵖ

⁵⁴ Os israelitas fizeram tudo exatamente como o Senhor tinha ordenado a Moisés.

A Disposição das Tribos no Acampamento

2 O Senhor disse a Moisés e a Arão: ² "Os israelitas acamparão ao redor da Tenda do Encontro, a certa distância, cada homem junto à sua bandeiraᵠ com os emblemas da sua família".

³ A leste, os exércitos de Judá acamparão junto à sua bandeira. O líder de Judá será Naassom, filho de Aminadabe.ʳ ⁴ Seu exército é de 74.600 homens.

⁵ A tribo de Issacar acampará ao lado de Judá. O líder de Issacar será Natanael, filho de Zuar.ˢ ⁶ Seu exército é de 54.400 homens.

⁷ A tribo de Zebulom virá em seguida. O líder de Zebulom será Eliabe, filho de Helom.ᵗ ⁸ Seu exército é de 57.400 homens.

⁹ O número total dos homens recenseados do acampamento de Judá, de acordo com os seus exércitos, foi 186.400. Esses marcharão primeiro.ᵘ

¹⁰ Ao sul estarão os exércitos do acampamento de Rúben, junto à sua bandeira. O líder de Rúben será Elizur, filho de Sedeur.ᵛ ¹¹ Seu exército é de 46.500 homens.

¹² A tribo de Simeão acampará ao lado de Rúben. O líder de Simeão será Selumiel, filho de Zurisadai.ʷ ¹³ Seu exército é de 59.300 homens.

¹⁴ A tribo de Gade virá em seguida. O líder de Gade será Eliasafe, filho de Deuel¹.ˣ ¹⁵ Seu exército é de 45.650 homens.

¹⁶ O número total dos homens recenseados do acampamento de Rúben,ʸ de acordo com os seus exércitos, foi 151.450. Esses marcharão em segundo lugar.

¹⁷ Em seguida, os levitasᶻ marcharão levando a Tenda do Encontro no meio dos outros acampamentos, na mesma ordem em que acamparem, cada um em seu próprio lugar, junto à sua bandeira.

¹⁸ A oeste estarão os exércitos do acampamento de Efraim,ᵃ junto à sua bandeira. O líder de Efraim será Elisama, filho de Amiúde.ᵇ ¹⁹ Seu exército é de 40.500 homens.

²⁰ A tribo de Manassés acampará ao lado de Efraim. O líder de Manassés será Gamaliel, filho de Pedazur.ᶜ ²¹ Seu exército é de 32.200 homens.

²² A tribo de Benjamim virá em seguida. O líder de Benjamim será Abidã, filho de Gideoni.ᵈ ²³ Seu exército é de 35.400 homens.

²⁴ O número total dos homens recenseados do acampamento de Efraim,ᵉ de acordo com os seus exércitos, foi 108.100. Esses marcharão em terceiro lugar.ᶠ

²⁵ Ao norte estarão os exércitos do acampamento de Dã, junto à sua bandeira. O líder de Dã será Aieser, filho de Amisadai.ᵍ ²⁶ Seu exército é de 62.700 homens.

²⁷ A tribo de Aser acampará ao lado de Dã. O líder de Aser será Pagiel, filho de Ocrã.ʰ ²⁸ Seu exército é de 41.500 homens.

²⁹ A tribo de Naftali virá em seguida. O líder de Naftali será Aira, filho de Enã.ⁱ ³⁰ Seu exército é de 53.400 homens.

³¹ O número total dos homens recenseados do acampamento de Dã, de acordo com os seus exércitos, foi 157.600. Esses marcharão por último,ʲ junto às suas bandeiras.

³² Foram esses os israelitas contados de acordo com as suas famílias. O número total dos que foram contados nos acampamentos, de acordo com os seus exércitos, foi 603.550.ᵏ ³³ Os levitas, contudo, não foram contadosˡ com os outros israelitas, conforme o Senhor tinha ordenado a Moisés.

³⁴ Assim os israelitas fizeram tudo o que o Senhor tinha ordenado a Moisés; eles acampavam junto às suas bandeiras e depois partiam, cada um com o seu clã e com a sua família.

Os Levitas e suas Responsabilidades

3 Esta é a história da descendência de Arão e de Moisésᵐ quando o Senhor falou com Moisés no monte Sinai.

² Os nomes dos filhos de Arão são Nadabe, o mais velho, Abiú, Eleazar e Itamar.ⁿ ³ São esses os nomes dos filhos de Arão, que foram ungidos para o sacerdócio e que

---

¹ **2.14** Alguns manuscritos dizem *Reuel*.

foram ordenados sacerdotes.[o] 4 Nadabe e Abiú, entretanto, caíram mortos perante o SENHOR[p] quando lhe trouxeram uma oferta com fogo profano, no deserto do Sinai.[q] Como não tinham filhos, somente Eleazar e Itamar serviram como sacerdotes durante a vida de Arão,[r] seu pai.

5 O SENHOR disse a Moisés: 6 "Mande chamar a tribo de Levi[s] e apresente-a ao sacerdote Arão para auxiliá-lo.[t] 7 Eles cuidarão das obrigações próprias da Tenda do Encontro, fazendo o serviço[u] do tabernáculo para Arão e para toda a comunidade. 8 Tomarão conta de todos os utensílios da Tenda do Encontro, cumprindo as obrigações dos israelitas no serviço do tabernáculo. 9 Dedique os levitas a Arão e a seus filhos;[v] eles serão escolhidos entre os israelitas para serem inteiramente dedicados a Arão[1]. 10 Encarregue Arão e os seus filhos de cuidar do sacerdócio;[w] qualquer pessoa não autorizada que se aproximar do santuário terá que ser executada".[x]

11 Disse também o SENHOR a Moisés: 12 "Eu mesmo escolho os levitas[y] entre os israelitas em lugar do primeiro filho[z] de cada mulher israelita. Os levitas são meus,[a] 13 pois todos os primogênitos são meus.[b] Quando feri todos os primogênitos no Egito, separei para mim mesmo todo primogênito de Israel, tanto entre os homens como entre os rebanhos. Serão meus. Eu sou o SENHOR".

O Recenseamento dos Levitas

14 E o SENHOR disse ainda a Moisés no deserto do Sinai: 15 "Conte[c] os levitas pelas suas famílias e seus clãs. Serão contados todos os do sexo masculino de um mês de idade para cima".[d] 16 Então Moisés os contou, conforme a ordem que recebera do SENHOR.

17 São estes os nomes
dos filhos de Levi:[e]
Gérson, Coate e Merari.[f]
18 São estes os nomes
dos clãs gersonitas:
Libni e Simei.[g]
19 São estes os nomes
dos clãs coatitas:
Anrão, Isar, Hebrom e Uziel.[h]
20 E estes são os nomes
dos clãs[i] meraritas:
Mali e Musi.[j]
Foram esses os líderes dos clãs levitas.

21 A Gérson pertenciam os clãs dos libnitas e dos simeítas;k eram esses os clãs gersonitas. 22 O número de todos os que foram contados do sexo masculino, de um mês de idade para cima, foi 7.500. 23 Os clãs gersonitas tinham que acampar a oeste, atrás do tabernáculo. 24 O líder das famílias dos gersonitas era Eliasafe, filho de Lael. 25 Na Tenda do Encontro os gersonitas tinham a responsabilidade de cuidar do tabernáculo,[l] da tenda, da sua cobertura,[m] da cortina da entrada[n] da Tenda do Encontro, 26 das cortinas externas do pátio,[o] da cortina da entrada do pátio que rodeia o tabernáculo e o altar, das cordas,[p] e de tudo o que estava relacionado com esse serviço.

27 A Coate pertenciam os clãs dos anramitas, dos isaritas, dos hebronitas e dos uzielitas;[q] eram esses os clãs coatitas. 28 O número de todos os do sexo masculino, de um mês de idade para cima, foi 8.600[2]. Os coatitas tinham a responsabilidade de cuidar do santuário. 29 Os clãs coatitas tinham que acampar no lado[r] sul do tabernáculo. 30 O líder das famílias dos clãs coatitas era Elisafã, filho de Uziel. 31 Tinham a responsabilidade de cuidar da arca,[s] da mesa,[t] do candelabro,[u] dos altares,[v] dos utensílios do santuário com os quais ministravam, da

3.3 [o]Ex 28.41
3.4 [p]Lv 10.2 [q]Lv 10.1 [r]1Cr 24.1
3.6 [s]Dt 10.8; 31.9; 1Cr 15.2 [t]Nm 8.6-22; 18.1-7; 2Cr 29.11
3.7 [u]Lv 8.35; Nm 1.50
3.9 [v]Nm 8.19; 18.6
3.10 [w]Ex 29.9 [x]Nm 1.51
3.12 [y]Ml 2.4 [z]v. 41; Nm 8.16,18 [a]Ex 13.2
3.13 [b]Ex 13.12
3.15 [c]v. 39 [d]Nm 26.62
3.17 [e]Gn 46.11 [f]Ex 6.16
3.18 [g]Ex 6.17
3.19 [h]Ex 6.18
3.20 [i]Gn 46.11 [j]Ex 6.19
3.21 [k]Ex 6.17
3.25 [l]Ex 25.9 [m]Ex 26.14 [n]Ex 26.36; Nm 4.25
3.26 [o]Ex 27.9 [p]Ex 35.18
3.27 [q]1Cr 26.23
3.29 [r]Nm 1.53
3.31 [s]Ex 25.10-22 [t]Ex 25.23 [u]Ex 25.31 [v]Ex 27.1; 30.1

[1] **3.9** Conforme a maioria dos manuscritos do Texto Massorético. Alguns manuscritos do Texto Massorético, o Pentateuco Samaritano e a Septuaginta dizem *a mim*. Veja Nm 8.16.

[2] **3.28** Alguns manuscritos da Septuaginta dizem *8.300*.

cortinaʷ e de tudo o que estava relacionado com esse serviço.ˣ ³² O principal líder dos levitas era Eleazar, filho do sacerdote Arão. Ele tinha a responsabilidade de supervisionar os encarregados de cuidar do santuário.

³³ A Merari pertenciam os clãs dos malitas e dos musitas;ʸ eram esses os clãs meraritas. ³⁴ O número de todos os que foram contados do sexo masculino, de um mês de idade para cima, foi 6.200. ³⁵ O líder das famílias dos clãs meraritas era Zuriel, filho de Abiail; eles tinham que acampar no lado norte do tabernáculo.ᶻ ³⁶ Os meraritas tinham a responsabilidadeᵃ de cuidar das armações do tabernáculo, de seus travessões, das colunas, das bases, de todos os seus utensílios e de tudo o que estava relacionado com esse serviço, ³⁷ bem como das colunas do pátio ao redor, com suas bases, suas estacas e suas cordas.

³⁸ E acamparam a lesteᵇ do tabernáculo, em frente da Tenda do Encontro,ᶜ Moisés, Arão e seus filhos. Tinham a responsabilidade de cuidar do santuárioᵈ em favor dos israelitas. Qualquer pessoa não autorizada que se aproximasse do santuário teria que ser executada.ᵉ

³⁹ O número total de levitas contados por Moisés e Arão, conforme a ordem do Senhor, segundo os clãs deles, todos os do sexo masculino, de um mês de idade para cima, foi 22.000.ᶠ

O Resgate dos Primogênitos

⁴⁰ E o Senhor disse a Moisés: "Conte todos os primeiros filhos dos israelitas, do sexo masculino, de um mês de idade para cimaᵍ e faça uma relação de seus nomes. ⁴¹ Dedique a mim os levitas em lugar de todos os primogênitos dos israelitasʰ e os rebanhos dos levitas em lugar de todas as primeiras crias dos rebanhos dos israelitas. Eu sou o Senhor".

⁴² E Moisés contou todos os primeiros filhos dos israelitas, conforme o Senhor lhe havia ordenado. ⁴³ O número total dos primeiros filhos do sexo masculino, de um mês de idade para cima, relacionados pelo nome, foi 22.273.ⁱ

⁴⁴ Disse também o Senhor a Moisés: ⁴⁵ "Dedique os levitas em lugar de todos os primogênitos dos israelitas e os rebanhos dos levitas em lugar dos rebanhos dos israelitas. Os levitas serão meus. Eu sou o Senhor. ⁴⁶ Para o resgateʲ dos primeiros 273 filhos dos israelitas que excedem o número de levitas, ⁴⁷ recolha sessenta gramas de prata¹,ᵏ com base no peso padrãoˡ do santuário, que são doze gramas².ᵐ ⁴⁸ Entregue a Arão e aos seus filhos a prata para o resgate do número excedente de israelitas".

⁴⁹ Assim Moisés recolheu a prata para o resgate daqueles que excederam o número dos levitas. ⁵⁰ Dos primeiros filhos dos israelitas ele recolheu prata no peso de quase dezesseis quilos e meio³,ⁿ com base no peso padrão do santuário. ⁵¹ Moisés entregou a Arão e aos filhos dele a prata para o resgate, conforme a ordem que recebera do Senhor.

Os Coatitas e suas Responsabilidades

4 Disse o Senhor a Moisés e a Arão: ² "Façam um recenseamentoᵒ dos coatitas na tribo de Levi, pelos seus clãs e famílias; ³ contem todos os homens entre trinta e cinquenta anos,ᵖ aptos para servir, para que façam o serviço da Tenda do Encontro.

⁴ "O serviço dos coatitas na Tenda do Encontro será o cuidado das coisas santíssimas.ᵠ ⁵ Quando o acampamento tiver que mudar, Arão e os seus filhos entrarão e descerão o véu protetorʳ e com ele cobrirão a arca da aliança⁴,⁵ ⁶ Depois a cobrirão com

---

¹ 3.47 Hebraico: *5 siclos*. Um siclo equivalia a 12 gramas.

² 3.47 Hebraico: *no siclo do santuário, 20 geras por siclo*. Um gera equivalia a 0,6 gramas.

³ 3.50 Hebraico: *1.365 siclos, de acordo com o siclo do santuário*.

⁴ 4.5 Hebraico: *do Testemunho*. Isto é, das tábuas da aliança; também em 7.89.

3.31
ʷEx 26.33
ˣNm 4.15

3.33
ʸEx 6.19

3.35
ᶻNm 1.53; 2.25

3.36
ᵃNm 4.32

3.38
ᵇNm 2.3
ᶜNm 1.53
ᵈv. 7; Nm 18.5
ᵉv. 10; Nm 1.51

3.39
ᶠNm 26.62

3.40
ᵍv. 15

3.41
ʰv. 12

3.43
ⁱv. 39

3.46
ʲEx 13.13; Nm 18.15

3.47
ᵏLv 27.6
ˡEx 30.13
ᵐLv 27.25

3.50
ⁿv. 46-48

4.2
ᵒEx 30.12

4.3
ᵖv. 23; Nm 8.25; 1Cr 23.3,24,27; Ed 3.8

4.4
ᵠv. 19

4.5
ʳEx 26.31,33
ˢEx 25.10,16

couro,¹ estenderão um pano inteiramente azul sobre ela e colocarão as varas*t* no lugar.

7 "Sobre a mesa da Presença*u* eles estenderão um pano azul e colocarão os pratos, os recipientes para incenso, as tigelas e as bacias para as ofertas derramadas e os pães da Presença,*v* que devem estar sempre sobre ela. **8** Sobre tudo isso estenderão um pano vermelho e o cobrirão com couro. Depois colocarão as varas no lugar.

9 "Pegarão também um pano azul e cobrirão o candelabro usado para iluminação, as suas candeias, as suas tesouras de aparo, os seus apagadores*w* e todos os jarros para o seu suprimento de óleo. **10** Em seguida o embrulharão com todos os seus utensílios numa cobertura de couro e o colocarão num suporte para carregar.

11 "Sobre o altar de ouro*x* estenderão um pano azul e o cobrirão com couro. E colocarão as suas varas no lugar.

12 "Apanharão todos os utensílios usados na ministração no santuário, depois os embrulharão num pano azul e os cobrirão com couro; a seguir, os colocarão num suporte para carregar.

13 "Tirarão a cinza do altar de bronze*y* e estenderão sobre ele um pano roxo. **14** Colocarão sobre ele todos os utensílios usados na ministração no altar: os braseiros, os garfos*z* de carne, as pás e as bacias da aspersão.*a* Sobre ele estenderão uma cobertura de couro e colocarão as varas*b* no lugar.

15 "Quando Arão e os seus filhos terminarem de cobrir os utensílios sagrados e todos os artigos sagrados e o acampamento estiver pronto para partir, os coatitas virão carregá-los.*c* Mas não tocarão nas coisas sagradas; se o fizerem, morrerão.*d* São esses os utensílios da Tenda do Encontro que os coatitas carregarão.

16 "Eleazar,*e* filho do sacerdote Arão, ficará encarregado do azeite para a iluminação,*f* do incenso aromático, da oferta*g* costumeira de cereal e do óleo da unção. Ficará encarregado de todo o tabernáculo e de tudo o que nele há, isto é, seus utensílios e seus artigos sagrados".

17 O Senhor disse ainda a Moisés e a Arão: **18** "Não permitam que o ramo dos clãs coatitas seja eliminado dentre os levitas. **19** Mas, para que continuem vivos e não morram quando se aproximarem das coisas santíssimas,*h* Arão e os seus filhos entrarão no santuário e designarão a cada homem a sua tarefa e o que deverá carregar. **20** Os coatitas não entrarão para ver*i* as coisas sagradas, nem por um breve momento, para que não morram".

Os Gersonitas e as suas Responsabilidades

21 E o Senhor disse a Moisés: **22** "Faça também um recenseamento dos gersonitas, pelas suas famílias e clãs; **23** conte todos os homens entre trinta e cinquenta anos,*j* aptos para servir, para que façam o serviço da Tenda do Encontro.

24 "Este é o serviço dos clãs gersonitas, o que devem fazer e carregar: **25** Eles levarão as cortinas internas do tabernáculo,*k* a Tenda do Encontro,*l* a sua cobertura,*m* a cobertura externa de couro, as cortinas da entrada da Tenda do Encontro. **26** Farão tudo o que for necessário com aquelas coisas e com as cortinas externas do pátio que rodeia o tabernáculo e o altar, com a cortina da entrada, com as cordas e com todos os utensílios usados em seu serviço. **27** Todo o serviço deles, tudo o que devem fazer e carregar estará sob a direção de Arão e de seus filhos. Designe como responsabilidade deles tudo o que tiverem que carregar. **28** Esse é o serviço dos clãs gersonitas*n* na Tenda do Encontro. Suas atividades estarão sob a supervisão de Itamar, filho do sacerdote Arão.

Os Meraritas e as suas Responsabilidades

29 "Conte os meraritas conforme os seus clãs e famílias,*o* **30** todos os homens entre trinta e cinquenta anos, aptos para servir, para que façam o serviço da Tenda do

---

¹ **4.6** Possivelmente peles de animais marinhos; também nos versículos 8, 10-12, 14 e 25.

Encontro. **31** Esta é a responsabilidade deles no serviço que deverão realizar na Tenda do Encontro: carregar as armações do tabernáculo, seus travessões, suas colunas e suas bases,^p **32** bem como as colunas do pátio, que rodeia a tenda, com suas bases, suas estacas e suas cordas; todos os seus utensílios e tudo o que está relacionado com o seu uso. Designe a cada um aquilo que deverá levar. **33** Esse é o serviço dos clãs meraritas. Todo o serviço deles na Tenda do Encontro estará sob a supervisão de Itamar, filho do sacerdote Arão".

O Recenseamento dos Levitas

34 Moisés, Arão e os líderes da comunidade contaram os coatitas,^q conforme seus clãs e famílias, **35** todos os homens entre trinta e cinquenta anos, aptos para servir, para que fizessem o serviço da Tenda do Encontro. **36** Foram contados, conforme os seus clãs, 2.750 homens. **37** Esse foi o total de recenseados dos clãs coatitas^r que serviam na Tenda do Encontro. Moisés e Arão os contaram de acordo com a ordem do Senhor, anunciada por Moisés.

38 Os gersonitas^s foram contados conforme os seus clãs e famílias, **39** todos os homens entre trinta e cinquenta anos, aptos para servir, para fazer o serviço da Tenda do Encontro. **40** Foram contados conforme os seus clãs e famílias 2.630. **41** Esse foi o total de recenseados dos clãs gersonitas que serviam na Tenda do Encontro. Moisés e Arão os contaram de acordo com a ordem do Senhor.

42 Os meraritas foram contados conforme os seus clãs e famílias, **43** todos os homens entre trinta e cinquenta anos, aptos para servir, para fazer o serviço da Tenda do Encontro. **44** Foram contados conforme os seus clãs 3.200. **45** Esse foi o total de recenseados dos clãs meraritas^t que serviam na Tenda do Encontro. Moisés e Arão os contaram de acordo com a ordem do Senhor, anunciada por Moisés.

46 Assim Moisés, Arão e os líderes de Israel contaram todos os levitas conforme os seus clãs e famílias; **47** todos os homens entre trinta e cinquenta anos^u de idade que vieram para servir e carregar a Tenda do Encontro **48** somavam 8.580.^v **49** Conforme a ordem do Senhor anunciada por Moisés, a cada um foi designado o seu trabalho e foi dito o que deveria carregar.

Assim foram todos contados,^w conforme o Senhor tinha ordenado a Moisés.

A Pureza do Acampamento

5 O Senhor disse a Moisés: **2** "Ordene aos israelitas que mandem para fora do acampamento todo aquele que tiver lepra^1,^x ou que tiver um fluxo,^y ou que se tornar impuro^z por tocar um cadáver. **3** Mande-os para fora do acampamento, tanto homens como mulheres, para que não contaminem o seu próprio acampamento, onde habito entre eles".^a **4** Os israelitas assim fizeram e os mandaram para fora do acampamento, como o Senhor tinha ordenado a Moisés.

A Restituição por Danos e Prejuízos

5 E o Senhor disse a Moisés: **6** "Diga aos israelitas: Quando um homem ou uma mulher prejudicar outra pessoa^2 e, portanto, ofender^b o Senhor, será culpado.^c **7** Confessará^d o pecado que cometeu, fará restituição^e total, acrescentará um quinto a esse valor e entregará tudo isso a quem ele prejudicou. **8** Mas, se o prejudicado não tiver nenhum parente próximo para receber a restituição, esta pertencerá ao Senhor e será entregue ao sacerdote, juntamente com o carneiro com o qual se faz propiciação pelo culpado.^f **9** Todas as contribuições, ou seja, todas as dádivas sagradas que os israelitas trouxerem ao sacerdote pertencerão a ele.^g

---

^1 **5.2** O termo hebraico não se refere somente à lepra, mas também a diversas doenças da pele.
^2 **5.6** Ou *cometer qualquer pecado que os homens cometem*

O Teste da Mulher Suspeita de Adultério

11 Então o Senhor disse a Moisés: **12** "Diga o seguinte aos israelitas: Se a mulher de alguém se desviar[i] e lhe for infiel, **13** e outro homem[j] deitar-se com ela, e isso estiver oculto de seu marido, e a impureza dela não for descoberta, por não haver testemunha contra ela nem ter ela sido pega no ato; **14** se o marido dela tiver ciúmes[k] e suspeitar de sua mulher, esteja ela pura ou impura, **15** ele a levará ao sacerdote, com uma oferta de um jarro[1] de farinha de cevada[m] em favor dela. Não derramará azeite nem porá incenso sobre a farinha, porque é uma oferta de cereal pelo ciúme, para que se revele[n] a verdade sobre o pecado.

16 "O sacerdote trará a mulher e a colocará perante o Senhor. **17** Então apanhará um pouco de água sagrada num jarro de barro e colocará na água um pouco do pó do chão do tabernáculo. **18** Depois de colocar a mulher perante o Senhor, o sacerdote soltará o cabelo[o] dela e porá nas mãos dela a oferta memorial, a oferta pelo ciúme, enquanto ele mesmo terá em sua mão a água amarga que traz maldição. **19** Então o sacerdote fará a mulher jurar e lhe dirá: Se nenhum outro homem se deitou com você e se você não foi infiel[p] nem se tornou impura enquanto casada, que esta água amarga que traz maldição não faça mal a você. **20** Mas, se você foi infiel[q] enquanto casada e se contaminou por ter se deitado com um homem que não é seu marido — **21** então o sacerdote fará a mulher pronunciar este juramento[r] com maldição — que o Senhor faça de você objeto de maldição e de desprezo no meio do povo fazendo que a sua barriga inche e que você jamais tenha filhos[2]. **22** Que esta água[s] que traz maldição[t] entre em seu corpo, inche a sua barriga e a impeça de ter filhos.

"Então a mulher dirá: Amém. Assim seja."[u]

23 "O sacerdote escreverá essas maldições num documento[v] e depois as lavará na água amarga. **24** Ele a fará beber a água amarga que traz maldição, e essa água entrará nela, causando-lhe amargo sofrimento. **25** O sacerdote apanhará das mãos dela a oferta de cereal pelo ciúme, a moverá ritualmente perante o Senhor[w] e a trará ao altar. **26** Então apanhará um punhado da oferta de cereal como oferta memorial e a queimará sobre o altar; depois disso fará a mulher beber a água. **27** Se ela houver se contaminado, sendo infiel ao seu marido, quando o sacerdote fizer que ela beba a água que traz maldição, essa água entrará nela e causará um amargo sofrimento; sua barriga inchará e ela, incapaz de ter filhos, se tornará objeto de maldição[x] no meio do seu povo. **28** Se, porém, a mulher não houver se contaminado, mas estiver pura, não sofrerá punição e será capaz de ter filhos.

29 "Esse é, pois, o ritual quanto ao ciúme, quando uma mulher for infiel[y] e se contaminar enquanto casada, **30** ou quando o ciúme se apoderar de um homem porque suspeita de sua mulher. O sacerdote a colocará perante o Senhor e a fará passar por todo esse ritual. **31** Se a suspeita se confirmar ou não, o marido estará inocente; mas a mulher sofrerá as consequências[z] da sua iniquidade".

As Regulamentações do Voto de Nazireu

6 O Senhor disse ainda a Moisés: **2** "Diga o seguinte aos israelitas: Se um homem ou uma mulher fizer um voto especial,[a] um voto de separação para o Senhor como nazireu,[b] **3** terá que se abster de vinho[c] e de outras bebidas fermentadas e não poderá beber vinagre[d] feito de vinho ou

---

[1] **5.15** Hebraico: *1/10 de efa*. O efa era uma medida de capacidade para secos. As estimativas variam entre 20 e 40 litros.

[2] **5.21** Hebraico: *que a sua coxa caia e seu ventre inche*; também nos versículos 22 e 27.

de outra bebida fermentada. Não poderá beber suco de uva nem comer uvas nem passas. ⁴ Enquanto for nazireu, não poderá comer nada que venha da videira, nem mesmo as sementes ou as cascas.

⁵ "Durante todo o período de seu voto de separação, nenhuma lâmina^e será usada em sua cabeça.^f Até que termine o período de sua separação para o Senhor ele estará consagrado e deixará crescer o cabelo de sua cabeça. ⁶ Durante todo o período de sua separação para o Senhor, não poderá aproximar-se de um cadáver.^g ⁷ Mesmo que o seu próprio pai ou mãe ou irmã ou irmão morra, ele não poderá tornar-se impuro^h por causa deles, pois traz sobre a cabeça o símbolo de sua separação para Deus. ⁸ Durante todo o período de sua separação, estará consagrado ao Senhor.

⁹ "Se alguém morrer repentinamente perto dele, contaminando assim o cabelo que consagrou,^i ele terá que rapar a cabeça sete dias depois, dia da sua purificação.^j ¹⁰ No oitavo dia, trará duas rolinhas ou dois pombinhos^k ao sacerdote, à entrada da Tenda do Encontro. ¹¹ O sacerdote oferecerá um como oferta pelo pecado e o outro como holocausto,¹,^l para fazer propiciação^m por ele, pois pecou ao se aproximar de um cadáver. Naquele mesmo dia, o nazireu reconsagrará a sua cabeça. ¹² Ele se dedicará ao Senhor pelo período de sua separação e trará um cordeiro de um ano de idade como oferta de reparação. Não se contarão os dias anteriores porque ficou contaminado durante a sua separação.

¹³ "Este é o ritual do nazireu quando terminar^n o período de sua separação: ele será trazido à entrada da Tenda do Encontro. ¹⁴ Ali apresentará a sua oferta ao Senhor: um cordeiro de um ano e sem defeito como holocausto, uma cordeira de um ano e sem defeito como oferta pelo pecado,^o um carneiro sem defeito como oferta de comunhão², ¹⁵ juntamente com a sua oferta de cereal, com a oferta derramada^p e com um cesto de pães sem fermento, bolos feitos da melhor farinha amassada com azeite e pães finos untados com azeite.^q

¹⁶ "O sacerdote os apresentará ao Senhor e oferecerá o sacrifício pelo pecado e o holocausto. ¹⁷ Apresentará o cesto de pães sem fermento e oferecerá o cordeiro como sacrifício de comunhão ao Senhor, juntamente com a oferta de cereal e a oferta derramada.

¹⁸ "Em seguida, à entrada da Tenda do Encontro, o nazireu rapará o cabelo que consagrou^r e o jogará no fogo que está embaixo do sacrifício da oferta de comunhão.

¹⁹ "Depois que o nazireu rapar o cabelo da sua consagração, o sacerdote lhe colocará nas mãos um ombro cozido do carneiro, um bolo e um pão fino tirados do cesto, ambos sem fermento. ²⁰ O sacerdote os moverá perante o Senhor como gesto ritual de apresentação; são santos e pertencem ao sacerdote, bem como o peito que foi movido e a coxa. Depois disso o nazireu poderá beber vinho.^s

²¹ "Esse é o ritual do voto de nazireu e da oferta dedicada ao Senhor de acordo com a sua separação, sem contar qualquer outra coisa que ele possa dedicar. Cumprirá o voto que tiver feito de acordo com o ritual do nazireu".

A Bênção Sacerdotal

²² O Senhor disse a Moisés: ²³ "Diga a Arão e aos seus filhos: Assim vocês abençoarão^t os israelitas:

²⁴ "O Senhor te abençoe^u e te guarde;^v
²⁵ o Senhor faça resplandecer
 o seu rosto sobre ti³^w
 e te conceda graça;^x
²⁶ o Senhor volte para ti o seu rosto^y
 e te dê paz.^z

---

¹ 6.11 Isto é, sacrifício totalmente queimado; também em todo o livro de Números.

² 6.14 Ou *de paz*; também em 6.17, 18 e em todo o capítulo 7.

³ 6.25 Isto é, mostre a sua bondade para contigo.

²⁷ "Assim eles invocarão o meu nome*ª* sobre os israelitas, e eu os abençoarei."

Ofertas por Ocasião da Dedicação do Tabernáculo

7 Quando Moisés acabou de armar o tabernáculo,*ᵇ* ele o ungiu e o consagrou, juntamente com todos os seus utensílios.*ᶜ* Também ungiu e consagrou o altar com todos os seus utensílios.*ᵈ* ² Então os líderes de Israel,*ᵉ* os chefes das famílias que eram os líderes das tribos encarregados do recenseamento apresentaram ofertas. ³ Trouxeram as suas dádivas ao Senhor: seis carroças cobertas e doze bois, um boi de cada líder e uma carroça de cada dois líderes; e as apresentaram diante do tabernáculo.

⁴ O Senhor disse a Moisés: ⁵ "Aceite as ofertas deles para que sejam usadas no trabalho da Tenda do Encontro. Entregue-as aos levitas, conforme exigir o trabalho de cada homem".

⁶ Então Moisés recebeu as carroças e os bois e os entregou aos levitas. ⁷ Deu duas carroças e quatro bois aos gersonitas,*ᶠ* conforme exigia o trabalho deles. ⁸ e quatro carroças e oito bois aos meraritas,*ᵍ* conforme exigia o trabalho deles. Estavam todos sob a supervisão de Itamar, filho do sacerdote Arão. ⁹ Mas aos coatitas Moisés não deu nada, pois eles deveriam carregar nos ombros*ʰ* os objetos sagrados pelos quais eram responsáveis.

¹⁰ Quando o altar foi ungido,*ⁱ* os líderes trouxeram as suas ofertas para a dedicação*ʲ* do altar e as apresentaram diante dele. ¹¹ Pois o Senhor tinha dito a Moisés: "Cada dia um líder deverá trazer a sua oferta para a dedicação do altar".

¹² No primeiro dia, Naassom, filho de Aminadabe, da tribo de Judá, trouxe a sua oferta.

¹³ A oferta dele foi um prato de prata de um quilo e quinhentos e sessenta gramas*¹* e uma bacia de prata para as aspersões, de oitocentos e quarenta gramas, ambos pesados com base no peso padrão*ᵏ* do santuário, cada um cheio da melhor farinha amassada com óleo, como oferta de cereal;*ˡ* ¹⁴ uma vasilha de ouro de cento e vinte gramas, cheia de incenso;*ᵐ* ¹⁵ um novilho,*ⁿ* um carneiro e um cordeiro de um ano como holocausto;*ᵒ* ¹⁶ um bode como oferta pelo pecado;*ᵖ* ¹⁷ e dois bois, cinco carneiros, cinco bodes e cinco cordeiros de um ano para serem oferecidos como sacrifício de comunhão.*ᑫ* Essa foi a oferta de Naassom, filho de Aminadabe.*ʳ*

¹⁸ No segundo dia, Natanael, filho de Zuar*ˢ* e líder de Issacar, trouxe a sua oferta. ¹⁹ A oferta dele foi um prato de prata de um quilo e quinhentos e sessenta gramas e uma bacia de prata para as aspersões, de oitocentos e quarenta gramas, ambos pesados com base no peso padrão do santuário, cada um cheio da melhor farinha amassada com óleo, como oferta de cereal; ²⁰ uma vasilha de ouro*ᵗ* de cento e vinte gramas, cheia de incenso; ²¹ um novilho, um carneiro e um cordeiro de um ano como holocausto; ²² um bode como oferta pelo pecado; ²³ e dois bois, cinco carneiros, cinco bodes e cinco cordeiros de um ano para serem oferecidos como sacrifício de comunhão. Essa foi a oferta de Natanael, filho de Zuar.

²⁴ No terceiro dia, Eliabe, filho de Helom*ᵘ* e líder de Zebulom, trouxe a sua oferta.

²⁵ A oferta dele foi um prato de prata de um quilo e quinhentos e sessenta gramas e uma bacia de prata para as aspersões, de oitocentos e quarenta gramas, ambos pesados com base no peso padrão do santuário, cada um cheio da melhor farinha amassada com óleo, como oferta de cereal; ²⁶ uma vasilha de ouro de cento e vinte gramas, cheia de incenso; ²⁷ um novilho, um carneiro e um cordeiro de um ano como holocausto; ²⁸ um bode como oferta pelo pecado; ²⁹ e dois bois, cinco carneiros, cinco bodes e

---

6.27
*ª*Dt 28.10;
2Sm 7.23;
2Cr 7.14;
Ne 9.10;
Jr 25.29

7.1
*ᵇ*Ex 40.17
*ᶜ*Ex 40.9
*ᵈ*v. 84,88;
Ex 40.10

7.2
*ᵉ*Nm 1.5-16

7.7
*ᶠ*Nm 4.24-26,28

7.8
*ᵍ*Nm 4.31-33

7.9
*ʰ*Nm 4.15

7.10
*ⁱ*v. 1
*ʲ*2Cr 7.9

7.13
*ᵏ*Ex 30.13;
Nm 3.47
*ˡ*Lv 2.1

7.14
*ᵐ*Ex 30.34

7.15
*ⁿ*Ex 24.5;
29.3;
Nm 28.11
*ᵒ*Lv 1.3

7.16
*ᵖ*Lv 4.3,23

7.17
*ᑫ*Lv 3.1
*ʳ*Nm 1.7

7.18
*ˢ*Nm 1.8

7.20
*ᵗ*v. 14

7.24
*ᵘ*Nm 1.9

---

¹ **7.13** Hebraico: *130 siclos*. Um siclo equivalia a 12 gramas.

cinco cordeiros de um ano para serem oferecidos como sacrifício de comunhão. Essa foi a oferta de Eliabe, filho de Helom.

30 No quarto dia, Elizur, filho de Sedeur[v] e líder de Rúben, trouxe a sua oferta. **31** A oferta dele foi um prato de prata de um quilo e quinhentos e sessenta gramas e uma bacia de prata para as aspersões, de oitocentos e quarenta gramas, ambos pesados com base no peso padrão do santuário, cada um cheio da melhor farinha amassada com óleo, como oferta de cereal; **32** uma vasilha de ouro de cento e vinte gramas, cheia de incenso; **33** um novilho, um carneiro e um cordeiro de um ano como holocausto; **34** um bode como oferta pelo pecado; **35** e dois bois, cinco carneiros, cinco bodes e cinco cordeiros de um ano para serem oferecidos como sacrifício de comunhão. Essa foi a oferta de Elizur, filho de Sedeur.

36 No quinto dia, Selumiel, filho de Zurisadai[w] e líder de Simeão, trouxe a sua oferta. **37** A oferta dele foi um prato de prata de um quilo e quinhentos e sessenta gramas e uma bacia de prata para as aspersões, de oitocentos e quarenta gramas, ambos pesados com base no peso padrão do santuário, cada um cheio da melhor farinha amassada com óleo, como oferta de cereal; **38** uma vasilha de ouro de cento e vinte gramas, cheia de incenso; **39** um novilho, um carneiro e um cordeiro de um ano como holocausto; **40** um bode como oferta pelo pecado; **41** e dois bois, cinco carneiros, cinco bodes e cinco cordeiros de um ano para serem oferecidos como sacrifício de comunhão. Essa foi a oferta de Selumiel, filho de Zurisadai.

42 No sexto dia, Eliasafe, filho de Deuel[x] e líder de Gade, trouxe a sua oferta. **43** A oferta dele foi um prato de prata de um quilo e quinhentos e sessenta gramas e uma bacia de prata para as aspersões, de *oitocentos* e quarenta gramas, ambos pesados com base no peso padrão do santuário, cada um cheio da melhor farinha amassada com óleo, como oferta de cereal; **44** uma vasilha de ouro de cento e vinte gramas, cheia de incenso; **45** um novilho, um carneiro e um cordeiro de um ano como holocausto; **46** um bode como oferta pelo pecado; **47** e dois bois, cinco carneiros, cinco bodes e cinco cordeiros de um ano para serem oferecidos como sacrifício de comunhão. Essa foi a oferta de Eliasafe, filho de Deuel.

48 No sétimo dia, Elisama, filho de Amiúde[y] e líder de Efraim, trouxe a sua oferta. **49** A oferta dele foi um prato de prata de um quilo e quinhentos e sessenta gramas e uma bacia de prata para as aspersões, de oitocentos e quarenta gramas, ambos pesados com base no peso padrão do santuário, cada um cheio da melhor farinha amassada com óleo, como oferta de cereal; **50** uma vasilha de ouro de cento e vinte gramas, cheia de incenso; **51** um novilho, um carneiro e um cordeiro de um ano como holocausto; **52** um bode como oferta pelo pecado; **53** e dois bois, cinco carneiros, cinco bodes e cinco cordeiros de um ano para serem oferecidos como sacrifício de comunhão. Essa foi a oferta de Elisama, filho de Amiúde.[z]

54 No oitavo dia, Gamaliel, filho de Pedazur[a] e líder de Manassés, trouxe a sua oferta. **55** A oferta dele foi um prato de prata de um quilo e quinhentos e sessenta gramas e uma bacia de prata para as aspersões, de oitocentos e quarenta gramas, ambos pesados com base no peso padrão do santuário, cada um cheio da melhor farinha amassada com óleo, como oferta de cereal; **56** uma vasilha de ouro de cento e vinte gramas, cheia de incenso; **57** um novilho, um carneiro e um cordeiro de um ano como holocausto; **58** um bode como oferta pelo pecado; **59** e dois bois, cinco carneiros, cinco bodes e cinco cordeiros de um ano para serem oferecidos como sacrifício de comunhão. Essa foi a oferta de Gamaliel, filho de Pedazur.

7.30 [v]Nm 1.5
7.36 [w]Nm 1.6
7.42 [x]Nm 1.14
7.48 [y]Nm 1.10
7.53 [z]Nm 1.10
7.54 [a]Nm 1.10; 2.20

⁶⁰ No nono dia, Abidã, filho de Gideoni[b] e líder de Benjamim, trouxe a sua oferta.

⁶¹ A oferta dele foi um prato de prata de um quilo e quinhentos e sessenta gramas e uma bacia de prata para as aspersões, de oitocentos e quarenta gramas, ambos pesados com base no peso padrão do santuário, cada um cheio da melhor farinha amassada com óleo, como oferta de cereal; ⁶² uma vasilha de ouro de cento e vinte gramas, cheia de incenso; ⁶³ um novilho, um carneiro e um cordeiro de um ano como holocausto; ⁶⁴ um bode como oferta pelo pecado; ⁶⁵ e dois bois, cinco carneiros, cinco bodes e cinco cordeiros de um ano para serem oferecidos como sacrifício de comunhão. Essa foi a oferta de Abidã, filho de Gideoni.

⁶⁶ No décimo dia, Aieser, filho de Amisadai[c] e líder de Dã, trouxe a sua oferta.

⁶⁷ A oferta dele foi um prato de prata de um quilo e quinhentos e sessenta gramas e uma bacia de prata para as aspersões, de oitocentos e quarenta gramas, ambos pesados com base no peso padrão do santuário, cada um cheio da melhor farinha amassada com óleo, como oferta de cereal; ⁶⁸ uma vasilha de ouro de cento e vinte gramas, cheia de incenso; ⁶⁹ um novilho, um carneiro e um cordeiro de um ano como holocausto; ⁷⁰ um bode como oferta pelo pecado; ⁷¹ e dois bois, cinco carneiros, cinco bodes e cinco cordeiros de um ano para serem oferecidos como sacrifício de comunhão. Essa foi a oferta de Aieser, filho de Amisadai.

⁷² No décimo primeiro dia, Pagiel, filho de Ocrã[d] e líder de Aser, trouxe a sua oferta.

⁷³ A oferta dele foi um prato de prata de um quilo e quinhentos e sessenta gramas e uma bacia de prata para as aspersões, de oitocentos e quarenta gramas, ambos pesados com base no peso padrão do santuário, cada um cheio da melhor farinha amassada com óleo, como oferta de cereal; ⁷⁴ uma vasilha de ouro de cento e vinte gramas, cheia de incenso; ⁷⁵ um novilho, um carneiro e um cordeiro de um ano como holocausto; ⁷⁶ um bode como oferta pelo pecado; ⁷⁷ e dois bois, cinco carneiros, cinco bodes e cinco cordeiros de um ano para serem oferecidos como sacrifício de comunhão. Essa foi a oferta de Pagiel, filho de Ocrã.

⁷⁸ No décimo segundo dia, Aira, filho de Enã[e] e líder de Naftali, trouxe a sua oferta.

⁷⁹ A oferta dele foi um prato de prata de um quilo e quinhentos e sessenta gramas e uma bacia de prata para as aspersões, de oitocentos e quarenta gramas, ambos pesados com base no peso padrão do santuário, cada um cheio da melhor farinha amassada com óleo, como oferta de cereal; ⁸⁰ uma vasilha de ouro de cento e vinte gramas, cheia de incenso; ⁸¹ um novilho, um carneiro e um cordeiro de um ano como holocausto; ⁸² um bode como oferta pelo pecado; ⁸³ e dois bois, cinco carneiros, cinco bodes e cinco cordeiros de um ano para serem oferecidos como sacrifício de comunhão. Essa foi a oferta de Aira, filho de Enã.

⁸⁴ Essas foram as ofertas dos líderes israelitas para a dedicação do altar quando este foi ungido.[f] Ao todo foram: doze pratos de prata, doze bacias de prata para as aspersões[g] e doze vasilhas de ouro.[h] ⁸⁵ Cada prato de prata pesava um quilo e quinhentos e sessenta gramas, e cada bacia para as aspersões pesava oitocentos e quarenta gramas. O total de peças de prata pesava vinte e oito quilos e oitocentos gramas, com base no peso padrão do santuário. ⁸⁶ As doze vasilhas de ouro cheias de incenso pesavam cada uma cento e vinte gramas, com base no peso padrão do santuário. O total de vasilhas de ouro pesava um quilo e quatrocentos e quarenta gramas. ⁸⁷ O total de animais oferecidos em holocausto foi doze novilhos, doze carneiros e doze cordeiros de um ano, juntamente com as ofertas de cereal. Doze bodes foram trazidos para a oferta pelo pecado. ⁸⁸ O total de animais

---

7.60
[b] Nm 1.11
7.66
[c] Nm 1.12; 2.25
7.72
[d] Nm 1.13
7.78
[e] Nm 1.15; 2.29
7.84
[f] v. 1,10
[g] Nm 4.14
[h] v. 14

oferecidos em sacrifício de comunhão foi vinte e quatro bois, sessenta carneiros, sessenta bodes e sessenta cordeiros de um ano. Foram essas as ofertas trazidas para a dedicação do altar depois que este foi ungido.[i]

⁸⁹ Quando entrava na Tenda do Encontro para falar com o Senhor,[j] Moisés ouvia a voz que lhe falava do meio dos dois querubins, de cima da tampa[k] da arca da aliança. Era assim que o Senhor falava com ele.

A Preparação das Lâmpadas do Candelabro

8 Disse também o Senhor a Moisés: ² "Diga o seguinte a Arão: Quando você preparar as sete lâmpadas, estas deverão iluminar a área da frente do candelabro".[l]

³ Arão assim fez; dispôs as lâmpadas de modo que estivessem voltadas para a frente do candelabro, como o Senhor tinha ordenado a Moisés. ⁴ O candelabro foi feito de ouro batido,[m] do pedestal às flores, conforme o modelo[n] que o Senhor tinha mostrado a Moisés.

A Consagração dos Levitas

⁵ O Senhor disse a Moisés: ⁶ "Separe os levitas do meio dos israelitas e purifique-os.[o] ⁷ A purificação deles será assim: você aspergirá a água da purificação[p] sobre eles; fará com que rapem o corpo[q] todo e lavem as roupas,[r] para que se purifiquem.[s] ⁸ Depois eles trarão um novilho com a oferta de cereal da melhor farinha amassada com óleo;[s] e você trará um segundo novilho como oferta pelo pecado. ⁹ Você levará os levitas para a frente da Tenda do Encontro[t] e reunirá toda a comunidade de Israel.[u] ¹⁰ Levará os levitas à presença do Senhor, e os israelitas imporão as mãos sobre eles.[v] ¹¹ Arão apresentará os levitas ao Senhor como oferta ritualmente[w] movida da parte dos israelitas: eles serão dedicados ao trabalho do Senhor.

¹² "Depois que os levitas impuserem as mãos sobre a cabeça dos novilhos,[x] você oferecerá um novilho como oferta pelo pecado e o outro como holocausto ao Senhor, para fazer propiciação[y] pelos levitas. ¹³ Disponha os levitas em frente de Arão e dos filhos dele e apresente-os como oferta movida ao Senhor. ¹⁴ Dessa maneira você separará os levitas do meio dos israelitas, e os levitas serão meus.[z]

¹⁵ "Depois que você purificar os levitas e os apresentar como oferta movida,[a] eles entrarão na Tenda do Encontro para ministrar. ¹⁶ Eles são os israelitas que deverão ser inteiramente dedicados a mim. Eu os separei para serem meus em lugar dos primogênitos, do primeiro filho[b] homem de cada mulher israelita. ¹⁷ Todo primogênito em Israel, entre os homens e entre os rebanhos,[c] é meu. Eu os separei para mim[d] quando feri todos os primogênitos no Egito ¹⁸ e escolhi os levitas em lugar de todos os primogênitos em Israel.[e] ¹⁹ Dentre todos os israelitas, dediquei os levitas como dádivas a Arão e aos seus filhos;[f] eles ministrarão na Tenda do Encontro em nome dos israelitas[g] e farão propiciação por eles,[h] para que nenhuma praga atinja os israelitas quando se aproximarem do santuário".

²⁰ Moisés, Arão e toda a comunidade de Israel fizeram com os levitas como o Senhor tinha ordenado a Moisés. ²¹ Os levitas se purificaram e lavaram suas roupas;[i] e Arão os apresentou como oferta ritualmente movida perante o Senhor e fez propiciação por eles para purificá-los.[j] ²² Depois disso os levitas passaram a ministrar na Tenda do Encontro sob a supervisão de Arão e dos seus filhos. Fizeram com os levitas como o Senhor tinha ordenado a Moisés.

²³ O Senhor disse ainda a Moisés: ²⁴ "Isto diz respeito aos levitas: os homens de vinte e cinco anos para cima,[k] aptos para servir, tomarão parte no trabalho que se faz na Tenda do Encontro.[l] ²⁵ mas aos cinquenta anos deverão afastar-se do serviço regular e nele não mais trabalharão. ²⁶ Poderão ajudar seus companheiros de ofício na responsabilidade de cuidar da Tenda do

Encontro, mas eles mesmos não deverão fazer o trabalho. Assim você designará as responsabilidades dos levitas".

A Celebração da Páscoa

9 O Senhor falou com Moisés no deserto do Sinai, no primeiro mês[m] do segundo ano depois que o povo saiu do Egito.[n] Ele disse: ² "Os israelitas devem celebrar a Páscoa na ocasião própria. ³ Celebrem-na no tempo determinado, ao pôr do sol do décimo quarto dia deste mês, de acordo com todas as suas leis e ordenanças".[o]

⁴ Então Moisés ordenou aos israelitas que celebrassem a Páscoa; ⁵ eles a celebraram no deserto do Sinai, ao pôr do sol do décimo quarto dia do primeiro mês.[p] Os israelitas fizeram tudo conforme o Senhor tinha ordenado a Moisés.

⁶ Mas alguns deles não puderam celebrar a Páscoa naquele dia porque se haviam tornado impuros[q] por terem tocado num cadáver. Por isso procuraram Moisés e Arão[r] naquele mesmo dia ⁷ e disseram a Moisés: "Nós nos tornamos impuros por termos tocado num cadáver, mas por que deveríamos ser impedidos de apresentar a nossa oferta ao Senhor na ocasião própria, como os demais israelitas?"

⁸ Moisés respondeu-lhes: "Esperem até que eu saiba o que o Senhor ordena a respeito de vocês".[s]

⁹ Então o Senhor disse a Moisés: ¹⁰ "Diga o seguinte aos israelitas: Quando algum de vocês ou dos seus descendentes se tornar impuro por tocar algum cadáver ou estiver distante por motivo de viagem, ainda assim poderá celebrar[t] a Páscoa do Senhor. ¹¹ Deverão celebrá-la no décimo quarto dia do segundo mês, ao pôr do sol. Comerão o cordeiro com pães sem fermento e com ervas amargas.[u] ¹² Não deixarão sobrar nada até o amanhecer[v] e não quebrarão nenhum osso[w] do cordeiro. Quando a celebrarem, obedeçam a todas as leis da Páscoa. ¹³ Se, porém, um homem estiver puro e não estiver distante por motivo de viagem e ainda assim não celebrar a Páscoa, ele será eliminado do meio do seu povo[x] porque não apresentou a oferta do Senhor na ocasião própria. Ele sofrerá as consequências do seu pecado.

¹⁴ "Um estrangeiro[y] residente entre vocês, que queira celebrar a Páscoa do Senhor, deverá fazê-lo de acordo com as leis e ordenanças da Páscoa. Vocês terão as mesmas leis para o estrangeiro e para o natural da terra".

A Nuvem sobre o Tabernáculo

¹⁵ No dia em que foi armado o tabernáculo, a tenda que guarda as tábuas da aliança, a nuvem[z] o cobriu. Desde o entardecer até o amanhecer a nuvem por cima do tabernáculo tinha a aparência de fogo.[a] ¹⁶ Era assim que sempre acontecia: de dia a nuvem o cobria, e de noite tinha a aparência de fogo. ¹⁷ Sempre que a nuvem se levantava de cima da Tenda, os israelitas partiam; no lugar em que a nuvem descia, ali acampavam.[b] ¹⁸ Conforme a ordem do Senhor, os israelitas partiam e, conforme a ordem do Senhor, acampavam. Enquanto a nuvem estivesse por cima do tabernáculo, eles permaneciam acampados. ¹⁹ Quando a nuvem ficava sobre o tabernáculo por muito tempo, os israelitas cumpriam suas responsabilidades para com o Senhor e não partiam. ²⁰ Às vezes a nuvem ficava sobre o tabernáculo poucos dias; conforme a ordem do Senhor, eles acampavam e, também conforme a ordem do Senhor, partiam. ²¹ Outras vezes a nuvem permanecia somente desde o entardecer até o amanhecer e, quando se levantava pela manhã, eles partiam. De dia ou de noite, sempre que a nuvem se levantava, eles partiam. ²² Quer a nuvem ficasse sobre o tabernáculo dois dias, quer um mês, quer mais tempo, os israelitas permaneciam no acampamento e não partiam; mas, quando ela se levantava, partiam. ²³ Conforme a ordem do Senhor acampavam e conforme a ordem do Senhor partiam. Nesse meio tempo,

cumpriam suas responsabilidades para com o Senhor, de acordo com as suas ordens, anunciadas por Moisés.

As Cornetas de Prata

10 O Senhor disse a Moisés: ² "Faça duas cornetas[c] de prata batida a fim de usá-las para reunir a comunidade[d] e para dar aos acampamentos o sinal para partirem. ³ Quando as duas cornetas tocarem, a comunidade inteira se reunirá diante de você, à entrada da Tenda do Encontro. ⁴ Se apenas uma tocar, os líderes,[e] chefes dos clãs de Israel, se reunirão diante de você. ⁵ Quando a corneta der um toque de alerta, as tribos acampadas a leste deverão partir.[f] ⁶ Ao som do segundo toque, os acampamentos do lado sul partirão.[g] O toque de alerta será o sinal para partir. ⁷ Para reunir a assembleia, faça soar as cornetas,[h] mas não com o mesmo toque.[i]

⁸ "Os filhos de Arão, os sacerdotes, tocarão as cornetas. Este é um decreto perpétuo para vocês e para as suas gerações.[j] ⁹ Quando em sua terra vocês entrarem em guerra contra um adversário que os esteja oprimindo,[k] toquem as cornetas; e o Senhor, o Deus de vocês, se lembrará[l] de vocês e os libertará dos seus inimigos.[m] ¹⁰ Também em seus dias festivos, nas festas fixas e no primeiro dia de cada mês,[n] vocês deverão tocar as cornetas[o] por ocasião dos seus holocaustos e das suas ofertas de comunhão,[1] e elas serão um memorial em favor de vocês perante o seu Deus. Eu sou o Senhor, o Deus de vocês".

Os Israelitas Partem do Sinai

¹¹ No vigésimo dia do segundo mês do segundo ano,[p] a nuvem se levantou[q] de cima do tabernáculo que guarda as tábuas da aliança. ¹² Então os israelitas partiram do deserto do Sinai e viajaram por etapas, até que a nuvem pousou no deserto de Parã. ¹³ Assim partiram pela primeira vez, conforme a ordem do Senhor anunciada por Moisés.[r]

¹⁴ Os exércitos do acampamento de Judá partiram primeiro, junto à sua bandeira.[s] Naassom, filho de Aminadabe,[t] estava no comando. ¹⁵ Natanael, filho de Zuar, comandava os exércitos da tribo de Issacar, ¹⁶ e Eliabe, filho de Helom, chefiava os exércitos da tribo de Zebulom. ¹⁷ Quando o tabernáculo era desmontado, os gersonitas e os meraritas o carregavam e partiam.[u]

¹⁸ Os exércitos do acampamento de Rúben partiram em seguida, junto à sua bandeira.[v] Elizur, filho de Sedeur, estava no comando. ¹⁹ Selumiel, filho de Zurisadai, comandava os exércitos da tribo de Simeão, ²⁰ e Eliasafe, filho de Deuel, chefiava os exércitos da tribo de Gade. ²¹ Então os coatitas partiam carregando as coisas sagradas.[w] Antes que eles chegassem,[x] o tabernáculo já deveria estar armado.

²² Os exércitos do acampamento de Efraim[y] partiram em seguida, junto à sua bandeira. Elisama, filho de Amiúde, estava no comando. ²³ Gamaliel, filho de Pedazur, comandava os exércitos da tribo de Manassés, ²⁴ e Abidã, filho de Gideoni, os exércitos da tribo de Benjamim.

²⁵ Finalmente, partiram os exércitos[z] do acampamento de Dã, junto à sua bandeira, como retaguarda para todos os acampamentos. Aieser, filho de Amisadai, estava no comando. ²⁶ Pagiel, filho de Ocrã, comandava os exércitos da tribo de Aser, ²⁷ e Aira, filho de Enã, a divisão da tribo de Naftali. ²⁸ Essa era a ordem que os exércitos israelitas seguiam quando se punham em marcha.

²⁹ Então Moisés disse a Hobabe,[a] filho do midianita Reuel,[b] sogro[c] de Moisés: "Estamos partindo para o lugar a respeito do qual o Senhor disse: 'Eu o darei a vocês'.[d] Venha conosco e o trataremos bem, pois o Senhor prometeu boas coisas para Israel".

³⁰ Ele respondeu: "Não, não irei;[e] voltarei para a minha terra e para o meu povo".

---

[1] **10.10** Ou *de paz*; também em 15.8.

³¹ Moisés, porém, disse: "Por favor, não nos deixe. Você sabe onde devemos acampar no deserto e pode ser o nosso guia.ᶦ,ᶠ ³² Se vier conosco, partilharemos com vocêᵍ todas as coisas boas que o Senhor nos der".ʰ

³³ Então eles partiramⁱ do monte do Senhor e viajaram três dias. A arca da aliança do Senhorʲ foi à frente deles durante aqueles três dias para encontrar um lugar para descansarem. ³⁴ A nuvem do Senhor estava sobre eles de dia, sempre que partiam de um acampamento.ᵏ

³⁵ Sempre que a arca partia, Moisés dizia:

"Levanta-te, ó Senhor!
Sejam espalhadosˡ os teus inimigos
e fujam de diante de tiᵐ
os teus adversários".

³⁶ Sempre que a arca parava, ele dizia:

"Volta,ⁿ ó Senhor,
para os incontáveis milhares
de Israel".ᵒ

O Fogo da Ira do Senhor

11 Aconteceu que o povo começou a queixar-se das suas dificuldades aos ouvidos do Senhor. Quando ele os ouviu, a sua ira acendeu-se, e fogo da parte do Senhor queimou entre elesᵖ e consumiu algumas extremidades do acampamento. ² Então o povo clamou a Moisés, este orou ao Senhor,ᑫ e o fogo extinguiu-se. ³ Por isso aquele lugar foi chamado Taberá,ʳ porque o fogo da parte do Senhor queimou entre eles.

A Reclamação do Povo

⁴ Um bando de estrangeiros que havia no meio deles encheu-se de gula,ˢ e até os próprios israelitas tornaram a queixar-seᵗ e diziam: "Ah, se tivéssemos carne para comer! ⁵ Nós nos lembramos dos peixes que comíamos de graça no Egito, e também dos pepinos, das melancias, dos alhos-porós, das cebolas e dos alhos.ᵘ ⁶ Mas agora perdemos o apetite; nunca vemos nada, a não ser este maná!"

⁷ O maná era como semente de coentroᵛ e tinha aparência de resina.ʷ ⁸ O povo saía recolhendo o maná nas redondezas e o moía num moinho manual ou socava-o num pilão; depois cozinhava o maná e com ele fazia bolos. Tinha gosto de bolo amassado com azeite de oliva. ⁹ Quando o orvalhoˣ caía sobre o acampamento à noite, também caía o maná.

¹⁰ Moisés ouviu gente de todas as famílias se queixando, cada uma à entrada de sua tenda. Então acendeu-se a ira do Senhor, e isso pareceu mal a Moisés. ¹¹ E ele perguntou ao Senhor: "Por que trouxeste este mal sobre o teu servo? Foi por não te agradares de mim, que colocaste sobre os meus ombros a responsabilidade de todo esse povo?ʸ ¹² Por acaso fui eu quem o concebeu? Fui eu quem o deu à luz? Por que me pedes para carregá-lo nos braços, como uma ama carrega um recém-nascido,ᶻ para levá-lo à terra que prometeste sob juramento aos seus antepassados?ᵃ ¹³ Onde conseguirei carne para todo esse povo?ᵇ Eles ficam se queixando contra mim, dizendo: 'Dê-nos carne para comer!' ¹⁴ Não posso levar todo esse povo sozinho; essa responsabilidade é grande demais para mim.ᶜ ¹⁵ Se é assim que vais me tratar, mata-meᵈ agora ᵉmesmo; se te agradas de mim, não me deixes ver a minha própria ruína".

A Missão Dada a Setenta Autoridades do Povo

¹⁶ E o Senhor disse a Moisés: "Reúna setenta autoridades de Israel, que você sabe que são líderes e supervisores entre o povo. Leve-os à Tenda do Encontro, para que estejam ali com você. ¹⁷ Eu descerei e falarei com você; e tirarei do Espírito que está sobre você e o porei sobre eles.ᶠ Eles o ajudarão na árdua responsabilidade de conduzir o povo, de modo que você não tenha que assumir tudo sozinho.ᵍ

¹⁸ "Diga ao povo: Consagrem-seʰ para amanhã, pois vocês comerão carne. O

ᶦ **10.31** Hebraico: *os nossos olhos*.

Senhor os ouviu quando se queixaram[i] a ele, dizendo: 'Ah, se tivéssemos carne para comer! Estávamos melhor no Egito!'[j] Agora o Senhor dará carne a vocês, e vocês a comerão. **19** Vocês não comerão carne apenas um dia, ou dois, ou cinco, ou dez ou vinte, **20** mas um mês inteiro, até que saia carne pelo nariz de vocês e vocês tenham nojo[k] dela, porque rejeitaram o Senhor,[l] que está no meio de vocês, e se queixaram a ele, dizendo: 'Por que saímos do Egito?' ".

21 Disse, porém, Moisés: "Aqui estou eu no meio de seiscentos mil homens[m] em pé, e dizes: 'Darei a eles carne para comerem durante um mês inteiro!' **22** Será que haveria o suficiente para eles se todos os rebanhos fossem abatidos? Será que haveria o suficiente para eles se todos os peixes do mar fossem apanhados?"[n]

23 O Senhor respondeu a Moisés: "Estará limitado[o] o poder do Senhor? Agora você verá se a minha palavra se cumprirá ou não".[p]

24 Então Moisés saiu e contou ao povo o que o Senhor tinha dito. Reuniu setenta autoridades dentre eles e as dispôs ao redor da Tenda. **25** O Senhor desceu na nuvem[q] e lhe falou[r] e tirou do Espírito[s] que estava sobre Moisés e o pôs sobre as setenta autoridades.[t] Quando o Espírito veio sobre elas, profetizaram,[u] mas depois nunca mais tornaram a fazê-lo[1].

26 Entretanto, dois homens, chamados Eldade e Medade, tinham ficado no acampamento. Ambos estavam na lista das autoridades, mas não tinham ido para a Tenda. O Espírito também veio sobre eles, e profetizaram no acampamento. **27** Então, certo jovem correu e contou a Moisés: "Eldade e Medade estão profetizando no acampamento".

28 Josué, filho de Num, que desde jovem era auxiliar[v] de Moisés, interferiu e disse: "Moisés, meu senhor, proíba-os!"[w]

29 Mas Moisés respondeu: "Você está com ciúmes por mim? Quem dera todo o povo do Senhor fosse profeta[x] e que o Senhor pusesse o seu Espírito sobre eles!" **30** Então Moisés e as autoridades de Israel voltaram para o acampamento.

O Senhor Envia Codornizes

31 Depois disso, veio um vento da parte do Senhor que trouxe codornizes[y] do mar e as fez cair por todo o acampamento, a uma altura de noventa centímetros[2], espalhando-as em todas as direções num raio de um dia de caminhada[3]. **32** Durante todo aquele dia e aquela noite e durante todo o dia seguinte, o povo saiu e recolheu codornizes. Ninguém recolheu menos de dez barris[4]. Então eles as estenderam para secar ao redor de todo o acampamento. **33** Mas, enquanto a carne ainda estava entre os seus dentes[z] e antes que a ingerissem, a ira do Senhor acendeu-se contra o povo, e ele o feriu com uma praga[a] terrível. **34** Por isso o lugar foi chamado Quibrote-Hataavá,[b] porque ali foram enterrados os que tinham sido dominados pela gula.

35 De Quibrote-Hataavá o povo partiu para Hazerote,[c] e lá ficou.

Miriã e Arão Criticam Moisés

12 Miriã e Arão começaram a criticar Moisés porque ele havia se casado com uma mulher etíope[5].[d] **2** "Será que o Senhor tem falado apenas por meio de Moisés?", perguntaram. "Também não tem ele falado por meio de nós?"[e] E o Senhor ouviu isso.[f]

3 Ora, Moisés era um homem muito paciente,[g] mais do que qualquer outro que havia na terra.

---

[1] **11.25** Ou *profetizaram e continuaram a fazê-lo*

[2] **11.31** Hebraico: *2 côvados*. O côvado era uma medida linear de cerca de 45 centímetros.

[3] **11.31** Isto é, cerca de 30 quilômetros.

[4] **11.32** Hebraico: *hômeres*. O hômer era uma medida de capacidade para secos. As estimativas variam entre 200 e 400 litros.

[5] **12.1** Hebraico: **cuxita**

⁴ Imediatamente o Senhor disse a Moisés, a Arão e a Miriã: "Dirijam-se à Tenda do Encontro, vocês três". E os três foram para lá. ⁵ Então o Senhor desceu numa coluna de nuvem[h] e, pondo-se à entrada da Tenda, chamou Arão e Miriã. Os dois vieram à frente, ⁶ e ele disse:

"Ouçam as minhas palavras:
Quando entre vocês
há um profeta do Senhor[1],
a ele me revelo em visões,[i]
em sonhos[j] falo com ele.
⁷ Não é assim, porém,
com meu servo Moisés,[k]
que é fiel em toda a minha casa[2].[l]
⁸ Com ele falo face a face,
claramente, e não por enigmas;[m]
e ele vê a forma do Senhor.[n]
Por que não temeram
criticar meu servo Moisés?"

⁹ Então a ira do Senhor acendeu-se contra eles, e ele os deixou.[o]

¹⁰ Quando a nuvem se afastou da Tenda, Miriã estava leprosa[3]; sua aparência era como a da neve.[p] Arão voltou-se para Miriã, viu que ela estava com lepra[q] ¹¹ e disse a Moisés: "Por favor, meu senhor, não nos castigue pelo pecado que tão tolamente cometemos.[r] ¹² Não permita que ela fique como um feto abortado que sai do ventre de sua mãe com a metade do corpo destruída".

¹³ Então Moisés clamou ao Senhor: "Ó Deus, por misericórdia, concede-lhe cura!"[s]

¹⁴ O Senhor respondeu a Moisés: "Se o pai dela lhe tivesse cuspido no rosto,[t] não estaria ela envergonhada sete dias? Que fique isolada fora do acampamento sete dias; depois ela poderá ser trazida de volta".

¹⁵ Então Miriã ficou isolada sete dias fora do acampamento,[u] e o povo não partiu enquanto ela não foi trazida de volta.

¹⁶ Depois disso, partiram de Hazerote[v] e acamparam no deserto de Parã.

A Missão de Reconhecimento de Canaã

13 E o Senhor disse a Moisés: ² "Envie alguns homens em missão de reconhecimento[w] à terra de Canaã, terra que dou aos israelitas. Envie um líder de cada tribo dos seus antepassados".

³ Assim Moisés os enviou do deserto de Parã, conforme a ordem do Senhor. Todos eles eram chefes dos israelitas. ⁴ São estes os seus nomes:

da tribo de Rúben, Samua,
filho de Zacur;
⁵ da tribo de Simeão, Safate,
filho de Hori;
⁶ da tribo de Judá, Calebe,
filho de Jefoné;[x]
⁷ da tribo de Issacar, Igal,
filho de José;
⁸ da tribo de Efraim, Oseias,
filho de Num;
⁹ da tribo de Benjamim, Palti,
filho de Rafu;
¹⁰ da tribo de Zebulom, Gadiel,
filho de Sodi;
¹¹ da tribo de José, isto é,
da tribo de Manassés, Gadi,
filho de Susi;
¹² da tribo de Dã, Amiel,
filho de Gemali;
¹³ da tribo de Aser, Setur,
filho de Micael;
¹⁴ da tribo de Naftali, Nabi,
filho de Vofsi;
¹⁵ da tribo de Gade, Güel,
filho de Maqui.

¹⁶ São esses os nomes dos homens que Moisés enviou em missão de reconhecimento do território. (A Oseias, filho de Num,[y] Moisés deu o nome de Josué.)[z]

¹⁷ Quando Moisés os enviou para observarem Canaã, disse: "Subam pelo Neguebe[a] e

---

[1] [f] **12.6** Ou *profeta, eu, o Senhor*
[2] [g] **12.7** Ou *é o líder de todo o meu povo*; ou ainda *é o mais fiel dos meus servos*
[3] **12.10** O termo hebraico não se refere somente à lepra, mas também a diversas doenças da pele.

prossigam até a região montanhosa. [b]18 Vejam como é a terra e se o povo que vive lá é forte ou fraco, se são muitos ou poucos; 19 se a terra em que habitam é boa ou ruim; se as cidades em que vivem são cidades sem muros ou fortificadas; 20 se o solo é fértil ou pobre; se existe ali floresta ou não. Sejam corajosos! Tragam alguns frutos da terra".[c] Era a época do início da colheita das uvas.

21 Eles subiram e observaram a terra desde o deserto de Zim[d] até Reobe,[e] na direção de Lebo-Hamate.[f] 22 Subiram do Neguebe e chegaram a Hebrom, onde viviam Aimã, Sesai e Talmai,[g] descendentes de Enaque.[h] (Hebrom havia sido construída sete anos antes de Zoã, no Egito.)[i] 23 Quando chegaram ao vale de Escol[1], cortaram um ramo do qual pendia um único cacho de uvas. Dois deles carregaram o cacho, pendurado numa vara. Colheram também romãs e figos. 24 Aquele lugar foi chamado vale de Escol por causa do cacho de uvas que os israelitas cortaram ali. 25 Ao fim de quarenta dias eles voltaram da missão de reconhecimento daquela terra.

O Relatório da Expedição

26 Eles então retornaram a Moisés e a Arão e a toda a comunidade de Israel em Cades, no deserto de Parã, onde prestaram relatório a eles[j] e a toda a comunidade de Israel, e lhes mostraram os frutos da terra. 27 E deram o seguinte relatório a Moisés: "Entramos na terra à qual você nos enviou, onde há leite e mel[k] com fartura! Aqui estão alguns frutos[l] dela. 28 Mas o povo que lá vive é poderoso, e as cidades são fortificadas e muito grandes.[m] Também vimos descendentes de Enaque. 29 Os amalequitas vivem no Neguebe; os hititas, os jebuseus e os amorreus vivem na região montanhosa; os cananeus vivem perto do mar e junto ao Jordão".

30 Então Calebe fez o povo calar-se perante Moisés e disse: "Subamos e tomemos posse da terra. É certo que venceremos!"

31 Mas os homens que tinham ido com ele disseram: "Não podemos atacar aquele povo; é mais forte do que nós".[n] 32 E espalharam entre os israelitas um relatório[o] negativo acerca daquela terra. Disseram: "A terra para a qual fomos em missão de reconhecimento devora[p] os que nela vivem. Todos os que vimos são de grande estatura.[q] 33 Vimos também os gigantes,[r] os descendentes de Enaque,[s] diante de quem parecíamos gafanhotos, a nós e a eles".

A Revolta do Povo

14 Naquela noite, toda a comunidade começou a chorar em alta voz. 2 Todos os israelitas queixaram-se contra Moisés e contra Arão, e toda a comunidade lhes disse: "Quem dera tivéssemos morrido no Egito! Ou neste deserto![t] 3 Por que o Senhor está nos trazendo para esta terra? Só para nos deixar cair à espada? Nossas mulheres e nossos filhos serão tomados como despojo de guerra. Não seria melhor voltar para o Egito?" 4 E disseram uns aos outros: "Escolheremos um chefe e voltaremos para o Egito!"[u]

5 Então Moisés e Arão prostraram-se com o rosto em terra,[v] diante de toda a assembleia dos israelitas. 6 Josué, filho de Num, e Calebe, filho de Jefoné, dentre os que haviam observado a terra, rasgaram as suas vestes 7 e disseram a toda a comunidade dos israelitas: "A terra que percorremos em missão de reconhecimento é excelente.[w] 8 Se o Senhor se agradar de nós,[x] ele nos fará entrar nessa terra, onde há leite e mel[y] com fartura, e a dará a nós. 9 Somente não sejam rebeldes[z] contra o Senhor. E não tenhamos medo do povo da terra,[a] porque nós os devoraremos como se fossem pão. A proteção deles se foi, mas o Senhor está conosco. Não tenham medo deles!"

10 Mas a comunidade toda falou em apedrejá-los.[b] Então a glória do Senhor[c] apareceu a todos os israelitas na Tenda do Encontro. 11 E o Senhor disse a Moisés:

---

[1] **13.23** Escol significa cacho; também no versículo 24.

13.17
[a] Gn 12.9
[b] Jz 1.9
13.20
[c] Dt 1.25
13.21
[d] Nm 20.1; 7.14; 33.36;
Js 15.1
Js 19.28
[e] Js 13.5
13.22
[f] Js 15.14
[g] Js 15.13
[h] Sl 78.12,43; Is 19.11,13
13.26
[i] Nm 32.8
13.37
[j] Ex 3.8
[k] Dt 1.25
13.38
[l] Dt 1.28; 9.1,2
13.31
[m] Dt 1.28; 9.1; Js 14.8
13.32
[n] Nm 14.36, 37
[o] Ez 36.13,14
[p] Am 2.9
13.33
[q] Gn 6.4
[r] Dt 1.28
14.2
[s] Nm 11.1
14.4
[t] Ne 9.17
14.5
[u] Nm 16.4,22,45
14.7
[v] Nm 13.27; Dt 1.25
14.8
[w] Dt 10.15
[x] Nm 13.27
14.9
[y] Dt 1.26; 9.7, 23,24
[z] Dt 1.21; 7.18; 20.1
14.10
[a] Ex 17.4
[b] Lv 9.23

"Até quando este povo me tratará com pouco caso? Até quando se recusará a crer em mim,*d* apesar de todos os sinais que realizei entre eles? 12 Eu os ferirei com praga e os destruirei, mas farei de você uma nação*e* maior e mais forte do que eles".

13 Moisés disse ao Senhor: "Então os egípcios ouvirão que pelo teu poder fizeste este povo sair dentre eles,*f* 14 e falarão disso aos habitantes desta terra. Eles ouviram*g* que tu, ó Senhor, estás com este povo e que te veem face a face, Senhor, e que a tua nuvem paira sobre eles, e que vais adiante deles numa coluna de nuvem de dia e numa coluna de fogo de noite.*h* 15 Se exterminares este povo, as nações que ouvirem falar do que fizeste dirão: 16 'O Senhor não conseguiu levar esse povo à terra que lhes prometeu em juramento; por isso os matou no deserto'.*i*

17 "Mas agora, que a força do Senhor se manifeste, segundo prometeste: 18 'O Senhor é muito paciente e grande em fidelidade e perdoa a iniquidade e a rebelião,*j* se bem que não deixa o pecado sem punição e castiga os filhos pela iniquidade dos pais até a terceira e quarta gerações'.*k* 19 Segundo a tua grande fidelidade, perdoa*l* a iniquidade deste povo,*m* como a este povo tens perdoado desde que saíram do Egito até agora".*n*

20 O Senhor respondeu: "Eu o perdoei,*o* conforme você pediu. 21 No entanto, juro pela glória*p* do Senhor, que enche toda a terra,*q* 22 que nenhum dos que viram a minha glória e os sinais milagrosos que realizei no Egito e no deserto e me puseram à prova e me desobedeceram dez vezes*r* — 23 nenhum deles chegará a ver a terra que prometi com juramento*s* aos seus antepassados. Ninguém que me tratou com desprezo a verá.*t* 24 Mas, como o meu servo Calebe tem outro espírito e me segue com integridade,*u* eu o farei entrar na terra que foi observar, e seus descendentes a herdarão.*v* 25 Visto que os amalequitas e os cananeus habitam nos vales, amanhã deem*w* meia--volta e partam em direção ao deserto pelo caminho que vai para o mar Vermelho".

O Castigo do Povo

26 Disse mais o Senhor a Moisés e a Arão: 27 "Até quando esta comunidade ímpia se queixará contra mim? Tenho ouvido as queixas desses israelitas*x* murmuradores. 28 Diga-lhes: Juro pelo meu nome, declara*y* o Senhor, que farei a vocês tudo o que pediram: 29 Cairão*z* neste deserto os cadáveres de todos vocês, de vinte anos para cima,*a* que foram contados no recenseamento e que se queixaram contra mim. 30 Nenhum de vocês entrará na terra que, com mão levantada, jurei dar-lhes para sua habitação, exceto Calebe, filho de Jefoné, e Josué, filho de Num. 31 Mas, quanto aos seus filhos, sobre os quais vocês disseram que seriam tomados como despojo de guerra, eu os farei entrar para desfrutarem a terra que vocês rejeitaram.*b* 32 Os cadáveres de vocês, porém, cairão*c* neste deserto. 33 Seus filhos serão pastores¹ aqui durante quarenta anos, sofrendo pela infidelidade de vocês, até que o último cadáver de vocês seja destruído no deserto. 34 Durante quarenta anos vocês sofrerão a consequência dos seus pecados e experimentarão a minha rejeição; cada ano corresponderá a cada um dos quarenta dias em que vocês observaram a terra.*d* 35 Eu, o Senhor, falei, e certamente farei essas coisas*e* a toda esta comunidade ímpia, que conspirou contra mim. Encontrarão o seu fim neste deserto; aqui morrerão".

36 Os homens enviados*f* por Moisés em missão de reconhecimento daquela terra voltaram e fizeram toda a comunidade queixar-se contra ele ao espalharem um relatório*g* negativo; 37 esses homens responsáveis por espalhar o relatório*h* negativo sobre a terra morreram subitamente de praga*i* perante o Senhor. 38 De todos os que foram observar a terra, somente Josué,

---

¹ **14.33** Possivelmente nômades. Veja Nm 32.13.

filho de Num, e Calebe, filho de Jefoné, sobreviveram.^j

^39 Quando Moisés transmitiu essas palavras a todos os israelitas, eles choraram^k amargamente. ^40 Na madrugada seguinte, subiram para o alto da região montanhosa e disseram: "Subiremos ao lugar que o S<small>ENHOR</small> prometeu, pois cometemos pecado".^l

^41 Moisés, porém, disse: "Por que vocês estão desobedecendo à ordem do S<small>ENHOR</small>? Isso não terá sucesso!^m ^42 Não subam, porque o S<small>ENHOR</small> não está com vocês. Vocês serão derrotados pelos inimigos,^n ^43 pois os amalequitas e os cananeus os enfrentarão ali, e vocês cairão à espada. Visto que deixaram de seguir o S<small>ENHOR</small>, ele não estará com vocês".

^44 Apesar disso, eles subiram^o desafiadoramente ao alto da região montanhosa, mas nem Moisés nem a arca da aliança do S<small>ENHOR</small> saíram do acampamento.^p ^45 Então os amalequitas e os cananeus que lá viviam desceram, derrotaram-nos e os perseguiram até Hormá.^q

Ofertas Suplementares

15 O S<small>ENHOR</small> disse a Moisés: ^2 "Diga o seguinte aos israelitas: Quando entrarem na terra que dou^r a vocês para sua habitação ^3 e apresentarem ao S<small>ENHOR</small> uma oferta, de bois ou de ovelhas,^s preparada no fogo como aroma agradável ao S<small>ENHOR</small>,^t seja holocausto,^u seja sacrifício, para cumprir um voto ou como oferta voluntária^v ou como oferta relativa a uma festa,^w ^4 aquele que trouxer a sua oferta apresentará também ao S<small>ENHOR</small> uma oferta de cereal^x de um jarro¹ da melhor farinha amassada com um litro² de óleo. ^5 Para cada cordeiro do holocausto ou do sacrifício, prepare um litro de vinho^y como oferta derramada.

^6 "Para um carneiro,^z prepare uma oferta de cereal^a de dois jarros da melhor farinha com um litro de óleo,^b ^7 e um litro de vinho como oferta derramada. Apresente-a como aroma agradável ao S<small>ENHOR</small>.

^8 "Quando algum de vocês preparar um novilho para holocausto ou para sacrifício, para cumprir voto especial ou como oferta de comunhão^c ao S<small>ENHOR</small>, ^9 traga com o novilho uma oferta de cereal de três jarros^d da melhor farinha amassada com meio galão³ de óleo. ^10 Traga também meio galão de vinho para a oferta derramada. Será uma oferta preparada no fogo, de aroma agradável ao S<small>ENHOR</small>. ^11 Cada novilho ou carneiro ou cordeiro ou cabrito deverá ser preparado dessa maneira. ^12 Façam isso para cada animal, para tantos quantos vocês prepararem.

^13 "Todo o que for natural da terra^e deverá proceder dessa maneira quando trouxer uma oferta preparada no fogo, de aroma agradável ao S<small>ENHOR</small>. ^14 E, se um estrangeiro que vive entre vocês, ou entre os descendentes de vocês, apresentar uma oferta preparada no fogo, de aroma agradável ao S<small>ENHOR</small>, deverá fazer o mesmo. ^15 A assembleia deverá ter as mesmas leis, que valerão tanto para vocês como para o estrangeiro que vive entre vocês; este é um decreto perpétuo pelas suas gerações,^f que, perante o S<small>ENHOR</small>, valerá tanto para vocês quanto para o estrangeiro residente. ^16 A mesma lei e ordenança se aplicará tanto a vocês^g como ao estrangeiro residente".

^17 O S<small>ENHOR</small> disse ainda a Moisés: ^18 "Diga aos israelitas: Quando vocês entrarem na terra para onde os levo ^19 e comerem do fruto da terra,^h apresentem uma porção como contribuição ao S<small>ENHOR</small>. ^20 Apresentem um bolo feito das primícias da farinha^i de vocês. Apresentem-no como contribuição da sua colheita.^j ^21 Em todas as suas gerações vocês apresentarão das

---

¹ **15.4** Hebraico: *1/10 de efa*. O efa era uma medida de capacidade para secos. As estimativas variam entre 20 e 40 litros.

² **15.4** Hebraico: *1/4 de him*. O him era uma medida de capacidade para líquidos. As estimativas variam entre 3 e 6 litros.

³ **15.9** Hebraico: *him*.

14.38
^j Js 14.6
14.39
^k Ex 33.4
14.40
^l Dt 1.41
14.41
^m 2Cr 24.20
14.42
^n Dt 1.42
14.44
^o Dt 1.43
^p Nm 31.6
14.45
^q Nm 21.3;
Dt 1.44;
Jz 1.17
15.2
^r Lv 23.10
15.3
^s Lv 1.2
^t v. 24;
Gn 8.21;
Ex 29.18
^u Nm 28.19,27
^v Lv 22.18,21;
Ed 1.4
^w Lv 23.1-44
15.4
^x Lv 2.1; 6.14
15.5
^y Nm 28.7,14
15.6
^z Lv 5.15
^a Nm 28.12
^b Ez 46.14
15.8
^c Lv 1.3; 3.1
15.9
^d Lv 14.10
15.13
^e Lv 16.29
15.15
^f v. 29;
Nm 9.14
15.16
^g Nm 9.14
15.19
^h Js 5.11,12
15.20
^i Ex 34.26;
Lv 23.14;
Dt 26.2,10
^j Lv 2.14

primícias da farinha_k uma contribuição ao Senhor.

Ofertas pelos Pecados Involuntários

²² "Mas, se vocês pecarem e deixarem de cumprir todos esses mandamentos ²³ — tudo o que o Senhor ordenou a vocês por meio de Moisés,_l desde o dia em que o ordenou e para todas as suas gerações — ²⁴ e, se isso for feito sem intenção_m e não for do conhecimento da comunidade, toda a comunidade terá que oferecer um novilho para o holocausto_n de aroma agradável ao Senhor. Também apresentarão com sua oferta de cereal uma oferta derramada, conforme as prescrições, e um bode como oferta pelo pecado._o ²⁵ O sacerdote fará propiciação por toda a comunidade de Israel, e eles serão perdoados,_p pois o seu pecado não foi intencional e eles trouxeram ao Senhor uma oferta preparada no fogo e uma oferta pelo pecado. ²⁶ A comunidade de Israel toda e os estrangeiros residentes entre eles serão perdoados, porque todo o povo esteve envolvido num pecado involuntário._q

²⁷ "Se, contudo, apenas uma pessoa pecar sem intenção,_r ela terá que trazer uma cabra de um ano como oferta pelo pecado. ²⁸ O sacerdote fará propiciação pela pessoa que pecar, cometendo uma falta involuntária perante o Senhor, e ela será perdoada._s ²⁹ Somente uma lei haverá para todo aquele que pecar sem intenção, seja ele israelita de nascimento, seja estrangeiro residente.

³⁰ "Mas todo aquele que pecar com atitude desafiadora,_t seja natural da terra, seja estrangeiro_u residente, insulta o Senhor, e será eliminado do meio do seu povo. ³¹ Por ter desprezado a palavra do Senhor e quebrado os seus mandamentos,_v terá que ser eliminado; sua culpa estará sobre ele"._w

O Castigo pela Transgressão do Sábado

³² Certo dia, quando os israelitas estavam no deserto, encontraram um homem recolhendo lenha no dia de sábado._x ³³ Aqueles que o encontraram recolhendo lenha levaram-no a Moisés, a Arão e a toda a comunidade, ³⁴ que o prenderam, porque não sabiam o que deveria ser feito com ele._y ³⁵ Então o Senhor disse a Moisés: "O homem terá que ser executado._z Toda a comunidade o apedrejará_a fora do acampamento". ³⁶ Assim, toda a comunidade o levou para fora do acampamento e o apedrejou até a morte, conforme o Senhor tinha ordenado a Moisés.

As Borlas das Roupas

³⁷ O Senhor disse a Moisés: ³⁸ "Diga o seguinte aos israelitas: Façam borlas nas extremidades das suas roupas_b e ponham um cordão azul em cada uma delas; façam isso por todas as suas gerações. ³⁹ Quando virem essas borlas, vocês se lembrarão_c de todos os mandamentos do Senhor, para que lhes obedeçam e não se prostituam nem sigam as inclinações do seu coração e dos seus olhos. ⁴⁰ Assim vocês se lembrarão de obedecer a todos os meus mandamentos, e para o seu Deus_d vocês serão um povo consagrado. ⁴¹ Eu sou o Senhor, o seu Deus, que os trouxe do Egito para ser o Deus de vocês. Eu sou o Senhor, o seu Deus".

A Rebelião de Corá, Datã e Abirão

16 Corá,_e filho de Isar, neto de Coate, bisneto de Levi, reuniu Datã e Abirão, filhos de Eliabe,_f e Om, filho de Pelete, todos da tribo de Rúben, ² e eles se insurgiram contra Moisés. Com eles estavam duzentos e cinquenta israelitas, líderes bem conhecidos na comunidade e que haviam sido nomeados membros do concílio._g ³ Eles se ajuntaram contra Moisés e Arão,_h e lhes disseram: "Basta! A assembleia toda é santa,_i cada um deles é santo, e o Senhor está no meio deles._j Então, por que vocês se colocam acima da assembleia_k do Senhor?"

⁴ Quando ouviu isso, Moisés prostrou-se com o rosto em terra._l ⁵ Depois disse a Corá e a todos os seus seguidores: "Pela manhã o Senhor mostrará quem lhe pertence e fará aproximar-se dele aquele que é santo,_m o

homem a quem ele escolher.ⁿ ⁶ Você, Corá, e todos os seus seguidores deverão fazer o seguinte: peguem incensários ⁷ e amanhã coloquem neles fogo e incenso perante o Senhor. Quem o Senhor escolher será o homem consagrado. Basta, levitas!"

⁸ Moisés disse também a Corá: "Agora ouçam-me, levitas! ⁹ Não é suficiente para vocês que o Deus de Israel os tenha separado do restante da comunidade de Israel e os tenha trazido para junto de si a fim de realizarem o trabalho no tabernáculo do Senhor e para estarem preparados para servir a comunidade?ᵒ ¹⁰ Ele trouxe você e todos os seus irmãos levitas para junto dele, e agora vocês querem também o sacerdócio?ᵖ ¹¹ É contra o Senhor que você e todos os seus seguidores se ajuntaram! Quem é Arão, para que se queixemᑫ contra ele?"ʳ

¹² Então Moisés mandou chamar Datã e Abirão, filhos de Eliabe. Mas eles disseram: "Nós não iremos! ¹³ Não basta a você nos ter tirado de uma terra onde há leite e mel com fartura para matar-nos no deserto?ˢ E ainda quer se fazer chefe sobre nós?ᵗ ¹⁴ Além disso, você não nos levou a uma terra onde há leite e melᵘ com fartura, nem nos deu uma herança de campos e vinhas.ᵛ Você pensa que pode cegar os olhos destes homens?ʷ Nós não iremos!"

¹⁵ Moisés indignou-se e disse ao Senhor: "Não aceites a oferta deles. Não tomei deles nem sequer um jumento,ˣ nem prejudiquei a nenhum deles".

¹⁶ Moisés disse a Corá: "Você e todos os seus seguidores terão que apresentar-se amanhã ao Senhor, você, eles e Arão.ʸ ¹⁷ Cada homem pegará o seu incensário, nele colocará incenso e o apresentará ao Senhor. Serão duzentos e cinquenta incensários ao todo. Você e Arão também apresentarão os seus incensários". ¹⁸ Assim, cada um deles pegou o seu incensário, acendeu o incenso, e se colocou com Moisés e com Arão à entrada da Tenda do Encontro. ¹⁹ Quando Corá reuniu todos os seus seguidores à entrada da Tenda do Encontro, incitando-osᶻ contra Moisés e Arão, a glória do Senhorᵃ apareceu a toda a comunidade. ²⁰ E o Senhor disse a Moisés e a Arão: ²¹ "Afastem-se dessa comunidade para que eu acabe com eles imediatamente".ᵇ

²² Mas Moisés e Arão prostraram-se com o rosto em terraᶜ e disseram: "Ó Deus, Deus que a todos dá vida¹,ᵈ ficarás tu irado contra toda a comunidade quando um só homem pecou?"ᵉ

²³ Então o Senhor disse a Moisés: ²⁴ "Diga à comunidade que se afaste das tendas de Corá, Datã e Abirão".

²⁵ Moisés levantou-se e foi para onde estavam Datã e Abirão, e as autoridades de Israel o seguiram. ²⁶ Ele advertiu a comunidade: "Afastem-se das tendas desses ímpios!ᶠ Não toquem em nada do que pertence a eles, senão vocês serão eliminadosᵍ por causa dos pecados deles". ²⁷ Eles se afastaram das tendas de Corá, Datã e Abirão. Datã e Abirão tinham saído e estavam em pé, à entrada de suas tendas, junto com suas mulheres, seus filhos e suas crianças pequenas.

²⁸ E disse Moisés: "Assim vocês saberão que o Senhor me enviouʰ para fazer todas essas coisas e que isso não partiu de mim. ²⁹ Se estes homens tiverem morte natural e experimentarem somente aquilo que normalmente acontece aos homens, então o Senhor não me enviou.ⁱ ³⁰ Mas, se o Senhor fizer acontecer algo totalmente novo, e a terra abrir a sua boca e os engolir, junto com tudo o que é deles, e eles descerem vivos ao Sheol²,ʲ então vocês saberão que estes homens desprezaram o Senhor".

³¹ Assim que Moisés acabou de dizer tudo isso, o chão debaixo deles fendeu-se ³² e a terra abriu a sua boca e os engoliuˡ juntamente com suas famílias, com to-

---

¹ **16.22** Hebraico: *Deus dos espíritos de toda a humanidade.*

² **16.30** Essa palavra pode ser traduzida por sepultura, profundezas, pó ou morte; também no versículo 33.

16.5
ⁿNm 17.5;
Sl 65.4

16.9
ᵒNm 3.6;
Dt 10.8

16.10
ᵖNm 3.10;
18.7

16.11
ᑫ1Co 10.10
ʳEx 16.7

16.13
ˢNm 14.2
ᵗAt 7.27,35

16.14
ᵘLv 20.24
ᵛEx 22.5;
23.11;
Nm 20.5
ʷJz 16.21;
1Sm 11.2

16.15
ˣ1Sm 12.3

16.16
ʸv. 6

16.19
ᶻv. 42
ᵃEx 16.7;
Nm 14.10;
20.6

16.21
ᵇEx 32.10

16.22
ᶜNm 14.5
ᵈNm 27.16;
Jó 12.10;
Hb 12.9
ᵉGn 18.23

16.26
ᶠIs 52.11
ᵍGn 19.15

16.28
ʰEx 3.12;
Jo 5.36; 6.38

16.29
ⁱEc 3.19

16.30
ʲv. 33;
Sl 55.15

16.31
ᵏMq 1.3-4

16.32
ˡNm 26.11;
Dt 11.6;
Sl 106.17

dos os seguidores de Corá e com todos os seus bens. ³³ Desceram vivos à sepultura, com tudo o que possuíam; a terra fechou-se sobre eles, e pereceram, desaparecendo do meio da assembleia. ³⁴ Diante dos seus gritos, todos os israelitas ao redor fugiram, gritando: "A terra vai nos engolir também!"

³⁵ Então veio fogo da parte do SENHOR^m e consumiuⁿ os duzentos e cinquenta homens que ofereciam incenso.

³⁶ O SENHOR disse a Moisés: ³⁷ "Diga a Eleazar, filho do sacerdote Arão, que apanhe os incensários dentre os restos fumegantes e espalhe as brasas, porque os incensários são santos. ³⁸ Os incensários dos homens que pelo seu pecado perderam a vida^o serão batidos em forma de lâminas e servirão de revestimento do altar, pois foram apresentados ao SENHOR e se tornaram sagrados. Que sejam um sinal^p para os israelitas".

³⁹ O sacerdote Eleazar juntou os incensários de bronze que tinham sido apresentados pelos que foram consumidos pelo fogo. Os incensários foram batidos e serviram de revestimento do altar, ⁴⁰ como o SENHOR tinha dito por meio de Moisés. Isso foi feito como memorial para os israelitas, a fim de que ninguém que não fosse descendente de Arão queimasse incenso^q perante o SENHOR,^r para não sofrer o que Corá e os seus seguidores^s sofreram.

⁴¹ No dia seguinte toda a comunidade de Israel começou a queixar-se contra Moisés e Arão, dizendo: "Vocês mataram o povo do SENHOR".

A Revolta do Povo contra Moisés e Arão

⁴² Quando, porém, a comunidade se ajuntou contra^t Moisés e contra Arão, e eles se voltaram para a Tenda do Encontro, repentinamente a nuvem a cobriu e a glória do SENHOR apareceu. ⁴³ Então Moisés e Arão foram para a frente da Tenda do Encontro, ⁴⁴ e o SENHOR disse a Moisés: ⁴⁵ "Saia do meio dessa comunidade para que eu acabe com eles imediatamente". Mas eles se prostraram com o rosto em terra; ⁴⁶ e Moisés disse a Arão: "Pegue o seu incensário e ponha incenso nele, com fogo tirado do altar, e vá depressa até a comunidade^u para fazer propiciação^v por eles, porque saiu grande ira da parte do SENHOR e a praga^w começou". ⁴⁷ Arão fez o que Moisés ordenou e correu para o meio da assembleia. A praga já havia começado entre o povo,^x mas Arão ofereceu o incenso e fez propiciação por eles. ⁴⁸ Arão se pôs entre os mortos e os vivos, e a praga cessou.^y ⁴⁹ Foram catorze mil e setecentos os que morreram daquela praga, além dos que haviam morrido por causa de Corá.^z ⁵⁰ Então Arão voltou a Moisés, à entrada da Tenda do Encontro, pois a praga já havia cessado.

A Vara de Arão Floresce

17 O SENHOR disse a Moisés: ² "Peça aos israelitas que tragam doze varas, uma de cada líder das tribos. Escreva o nome de cada líder em sua vara. ³ Na vara de Levi escreva o nome de Arão,^a pois é preciso que haja uma vara para cada chefe das tribos. ⁴ Deposite-as na Tenda do Encontro, em frente da arca das tábuas da aliança,^b onde eu me encontro com vocês.^c ⁵ A vara daquele que eu escolher^d florescerá, e eu me livrarei dessa constante queixa dos israelitas contra vocês".

⁶ Assim Moisés falou aos israelitas, e seus líderes deram-lhe doze varas, uma de cada líder das tribos, e a vara de Arão estava entre elas. ⁷ Moisés depositou as varas perante o SENHOR na tenda que guarda as tábuas da aliança.^e

⁸ No dia seguinte Moisés entrou na tenda e viu que a vara de Arão, que representava a tribo de Levi, tinha brotado, produzindo botões e flores, além de amêndoas maduras.^f ⁹ Então Moisés retirou todas as varas da presença do SENHOR e as levou a todos os israelitas. Eles viram as varas, e cada líder pegou a sua.

¹⁰ O SENHOR disse a Moisés: "Ponha de volta a vara de Arão em frente da arca das tábuas da aliança, para ser guardada como

uma advertência para os rebeldes.ᵍ Isso porá fim à queixa deles contra mim, para que não morram". ¹¹ Moisés fez conforme o Senhor lhe havia ordenado.

¹² Os israelitas disseram a Moisés: "Nós morreremos! Estamos perdidos, estamos todos perdidos!ʰ ¹³ Todo aquele que se aproximar do santuário do Senhor morrerá.ⁱ Será que todos nós vamos morrer?"

Os Deveres dos Sacerdotes e dos Levitas

18 O Senhor disse a Arão: "Você, os seus filhos e a família de seu pai serão responsáveis pelas ofensas contra o santuário;ʲ você e seus filhos serão responsáveis pelas ofensas cometidas no exercício do sacerdócio. ² Traga também os seus irmãos levitas, que pertencem à tribo de seus antepassados, para se unirem a você e o ajudarem quando você e seus filhos ministraremᵏ perante a tenda que guarda as tábuas da aliança. ³ Eles ficarão a seu serviço e cuidarão também do serviço da Tenda,ˡ mas não poderão aproximar-se dos utensílios do santuário ou do altar; se o fizerem, morrerão,ᵐ tanto eles como vocês. ⁴ Eles se unirão a vocês e terão a responsabilidade de cuidar da Tenda do Encontro, realizando todos os trabalhos necessários. Ninguém mais poderá aproximar-se de vocês.

⁵ "Vocês terão a responsabilidade de cuidar do santuário e do altar,ⁿ para que não torne a cair a ira divina sobre os israelitas. ⁶ Eu mesmo escolhi os seus irmãos, os levitas, dentre os israelitas, como um presente para vocês,ᵒ dedicados ao Senhor para fazerem o trabalho da Tenda do Encontro. ⁷ Mas somente você e seus filhos poderão servir como sacerdotes em tudo o que se refere ao altar e ao que se encontra além do véu.ᵖ Dou a vocês o serviço do sacerdócio como um presente.ᵠ Qualquer pessoa não autorizada que se aproximar do santuário terá que ser executada".ʳ

As Ofertas Destinadas aos Sacerdotes e aos Levitas

⁸ Então o Senhor disse a Arão: "Eu mesmo o tornei responsável pelas contribuições trazidas a mim; todas as ofertas sagradas que os israelitas me derem, eu as dou como porção a você e a seus filhos.ˢ ⁹ Das ofertas santíssimas vocês terão a parte que é poupada do fogo. Dentre todas as dádivas que me trouxerem como ofertas santíssimas, seja oferta de cereal,ᵗ seja pelo pecado,ᵘ seja de reparação,ᵛ tal parte pertence a você e a seus filhos. ¹⁰ Comam-na como algo santíssimo; todos os do sexo masculino a comerão. Considerem-na santa.

¹¹ "Também dou a você, e a seus filhos e filhas, por decreto perpétuo, as contribuições que cabe a vocês de todas as ofertasˣ dos israelitas e que devem ser ritualmente movidas. Todos os da sua família que estiverem cerimonialmente purosʸ poderão comê-las.

¹² "Dou a você o melhor azeite e o melhor vinho novo e o melhor trigo que eles apresentarem ao Senhor como primeiros frutos da colheita.ᶻ ¹³ Todos os primeiros frutosᵃ da terra que trouxerem ao Senhor serão seus. Todos os da sua família que estiverem cerimonialmente puros poderão comê-los.

¹⁴ "Tudo o que em Israel for consagrado a Deusᵇ pertencerá a você. ¹⁵ O primeiro nascido de todo ventre, oferecido ao Senhor, seja homem, seja animal, será seu.ᶜ Mas você deverá resgatarᵈ todo filho mais velho, como também toda primeira cria de animais impuros.ᵉ ¹⁶ Quando tiverem um mês de idade, você deverá resgatá-los pelo preço de resgate estabelecido em sessenta gramas¹ᶠ de prata, com base no peso padrãoᵍ do santuário, que são doze gramas².

¹⁷ "Não resgate, porém, a primeira cria de uma vaca, de uma ovelha ou de uma cabra.ʰ Derrame o sangueⁱ deles sobre o altar e queime a sua gordura como uma oferta preparada no fogo, de aroma agradável ao

---

¹ **18.16** Hebraico: *5 siclos*. Um siclo equivalia a 12 gramas.
² **18.16** Hebraico: *no siclo do santuário, que são 20 geras*. Um gera equivalia a 0,6 gramas.

Senhor. ¹⁸ A carne desses animais pertence a você, como também o peito da oferta movidaʲ e a coxa direita. ¹⁹ Tudo aquilo que for separado dentre todas as dádivas sagradas que os israelitas apresentarem ao Senhor eu dou a você e a seus filhos e filhas como decreto perpétuo. É uma aliança de salᵏ perpétua perante o Senhor, para você e para os seus descendentes".

²⁰ Disse ainda o Senhor a Arão: "Você não terá herança na terra deles, nem terá porção entre eles;ˡ eu sou a sua porção e a sua herançaᵐ entre os israelitas.

²¹ "Dou aos levitas todos os dízimosⁿ em Israel como retribuiçãoᵒ pelo trabalho que fazem ao servirem na Tenda do Encontro. ²² De agora em diante os israelitas não poderão aproximar-se da Tenda do Encontro, caso contrário, sofrerão as consequências do seu pecado e morrerão.ᵖ ²³ É dever dos levitas fazer o trabalho na Tenda do Encontro e assumir a responsabilidade pelas ofensas contra ela. Este é um decreto perpétuo pelas suas gerações. Eles não receberão herançaᑫ alguma entre os israelitas. ²⁴ Em vez disso, dou como herança aos levitas os dízimos que os israelitas apresentarem como contribuição ao Senhor. É por isso que eu disse que eles não teriam herança alguma entre os israelitas".

²⁵ O Senhor disse depois a Moisés: ²⁶ "Diga o seguinte aos levitas: Quando receberem dos israelitas o dízimo que dou a vocêsʳ como herança, vocês deverão apresentar um décimo daquele dízimo como contribuiçãoˢ pertencente ao Senhor. ²⁷ Essa contribuição será considerada equivalente à do trigo tirado da eira e do vinho do tanque de prensar uvas. ²⁸ Assim, vocês apresentarão uma contribuição ao Senhor de todos os dízimosᵗ recebidos dos israelitas. Desses dízimos vocês darão a contribuição do Senhor ao sacerdote Arão. ²⁹ E deverão apresentar como contribuição ao Senhor a melhor parte, a parte sagrada de tudo o que for dado a vocês.

³⁰ "Diga aos levitas: Quando vocês apresentarem a melhor parte, ela será considerada equivalente ao produto da eira e do tanque de prensar uvas.ᵘ ³¹ Vocês e suas famílias poderão comer dessa porção em qualquer lugar, pois é o salário pelo trabalho de vocês na Tenda do Encontro. ³² Ao apresentarem a melhor parte,ᵛ vocês não se tornarão culpados e não profanarão as ofertas sagradasʷ dos israelitas, para que não morram".

A Água da Purificação

19 Disse também o Senhor a Moisés e a Arão: ² "Esta é uma exigência da lei que o Senhor ordenou: Mande os israelitas trazerem uma novilhaˣ vermelha, sem defeito e sem mancha,ʸ sobre a qual nunca tenha sido colocada uma canga.ᶻ ³ Vocês a darão ao sacerdote Eleazar;ᵃ ela será levada para fora do acampamentoᵇ e sacrificada na presença dele. ⁴ Então o sacerdote Eleazar pegará um pouco do sangue com o dedo e o aspergiráᶜ sete vezes, na direção da entrada da Tenda do Encontro. ⁵ Na presença dele a novilha será queimada: o couro, a carne, o sangue e o excremento.ᵈ ⁶ O sacerdote apanhará um pedaço de madeira de cedro, hissopoᵉ e lãᶠ vermelha e os atirará ao fogo que estiver queimando a novilha. ⁷ Depois disso o sacerdote lavará as suas roupas e se banhará com água.ᵍ Então, poderá entrar no acampamento, mas estará impuro até o cair da tarde. ⁸ Aquele que queimar a novilha também lavará as suas roupas e se banhará com água, e também estará impuro até o cair da tarde.

⁹ "Um homem cerimonialmente puro recolherá as cinzas da novilhaʰ e as colocará num local puro, fora do acampamento. Serão guardadas pela comunidade de Israel para uso na água da purificação,ⁱ para a purificação de pecados. ¹⁰ Aquele que recolher as cinzas da novilha também lavará as suas roupas, e ficará impuro até o cair da tarde. Este é um decreto perpétuo, tanto para os israelitas como para os estrangeiros residentes.

¹¹ "Quem tocar num cadáver humano ficará impuro durante sete dias. ¹² Deverá purificar-se com essa água no terceiro e no sétimo dias; então estará puro. Mas, se não se purificar no terceiro e no sétimo dias, não estará puro. ¹³ Quem tocar num cadáver humano e não se purificar, contamina o tabernáculo do Senhor e será eliminado de Israel. Ficará impuro porque a água da purificação não foi derramada sobre ele; sua impureza permanece sobre ele.

¹⁴ "Esta é a lei que se aplica quando alguém morre numa tenda: quem entrar na tenda e quem nela estiver ficará impuro sete dias, ¹⁵ e qualquer recipiente que não estiver bem fechado ficará impuro.

¹⁶ "Quem estiver no campo e tocar em alguém que tenha sido morto à espada, ou em alguém que tenha sofrido morte natural, ou num osso humano, ou num túmulo, ficará impuro durante sete dias.

¹⁷ "Pela pessoa impura, colocarão um pouco das cinzas do holocausto de purificação num jarro e derramarão água da fonte por cima. ¹⁸ Então um homem cerimonialmente puro pegará hissopo, molhará na água e a aspergirá sobre a tenda, sobre todos os utensílios e sobre todas as pessoas que estavam ali. Também a aspergirá sobre todo aquele que tiver tocado num osso humano, ou num túmulo, ou em alguém que tenha sido morto ou que tenha sofrido morte natural. ¹⁹ Aquele que estiver puro a aspergirá sobre a pessoa impura no terceiro e no sétimo dia, e no sétimo dia deverá purificá-la. Aquele que estiver sendo purificado lavará as suas roupas e se banhará com água, e naquela tarde estará puro. ²⁰ Mas, se aquele que estiver impuro não se purificar, será eliminado da assembleia, pois contaminou o santuário do Senhor. A água da purificação não foi aspergida sobre ele, e ele está impuro. ²¹ Este é um decreto perpétuo para eles.

"O homem que aspergir a água da purificação também lavará as suas roupas, e todo aquele que tocar na água da purificação ficará impuro até o cair da tarde. ²² Qualquer coisa na qual alguém que estiver impuro tocar se tornará impura, e qualquer pessoa que nela tocar ficará impura até o cair da tarde".

As Águas de Meribá

20 No primeiro mês toda a comunidade de Israel chegou ao deserto de Zim e ficou em Cades. Ali Miriã morreu e foi sepultada.

² Não havia água para a comunidade, e o povo se juntou contra Moisés e contra Arão. ³ Discutiram com Moisés e disseram: "Quem dera tivéssemos morrido quando os nossos irmãos caíram mortos perante o Senhor! ⁴ Por que vocês trouxeram a assembleia do Senhor a este deserto, para que nós e os nossos rebanhos morrêssemos aqui? ⁵ Por que vocês nos tiraram do Egito e nos trouxeram para este lugar terrível? Aqui não há cereal, nem figos, nem uvas, nem romãs, nem água para beber!"

⁶ Moisés e Arão saíram de diante da assembleia para a entrada da Tenda do Encontro e se prostraram com o rosto em terra, e a glória do Senhor lhes apareceu. ⁷ E o Senhor disse a Moisés: ⁸ "Pegue a vara, e com o seu irmão Arão reúna a comunidade e diante desta fale àquela rocha, e ela verterá água. Vocês tirarão água da rocha para a comunidade e os rebanhos beberem".

⁹ Então Moisés pegou a vara que estava diante do Senhor, como este lhe havia ordenado. ¹⁰ Moisés e Arão reuniram a assembleia em frente da rocha, e Moisés disse: "Escutem, rebeldes, será que teremos que tirar água desta rocha para dar a vocês?" ¹¹ Então Moisés ergueu o braço e bateu na rocha duas vezes com a vara. Jorrou água, e a comunidade e os rebanhos beberam.

¹² O Senhor, porém, disse a Moisés e a Arão: "Como vocês não confiaram em mim para honrar minha santidade à vista dos israelitas, vocês não conduzirão esta comunidade para a terra que dou a vocês".

¹³ Essas foram as águas de Meribá,¹,ᵒ onde os israelitas discutiramᵖ com o Senhor e onde ele manifestou sua santidade entre eles.

Edom Nega Passagem a Israel

¹⁴ De Cades, Moisés enviou mensageirosᑫ ao rei de Edom,ʳ dizendo:

"Assim diz o teu irmão Israel: Tu sabesˢ de todas as dificuldades que vieram sobre nós. ¹⁵ Os nossos antepassados desceram para o Egito,ᵗ e ali vivemos durante muitos anos.ᵘ Os egípcios, porém, nos maltrataram,ᵛ como também a eles, ¹⁶ mas, quando clamamos ao Senhor, ele ouviu o nosso clamor,ʷ enviou um anjoˣ e nos tirou do Egito.

"Agora estamos em Cades, cidade na fronteira do teu território. ¹⁷ Deixa-nos atravessar a tua terra. Não passaremos por nenhuma plantação ou vinha, nem beberemos água de poço algum. Passaremos pela estrada do rei e não nos desviaremos nem para a direita nem para a esquerda, até que tenhamos atravessado o teu território".ʸ

¹⁸ Mas Edom respondeu:

"Vocês não poderão passar por aqui; se tentarem, nós os atacaremos com a espada".

¹⁹ E os israelitas disseram:

"Iremos pela estrada principal; se nós e os nossos rebanhosᶻ bebermos de tua água, pagaremos por ela.ᵃ Queremos apenas atravessar a pé, e nada mais".

²⁰ Mas Edom insistiu:

"Vocês não poderão atravessar".

Então Edom os atacou com um exército grande e poderoso. ²¹ Visto que Edom se recusou a deixá-los atravessar o seu território, Israel desviou-se dele.ᵇ

A Morte de Arão

²² Toda a comunidade israelita partiu de Cades e chegou ao monte Hor.ᶜ ²³ Naquele monte, perto da fronteira de Edom,ᵈ o Senhor disse a Moisés e a Arão: ²⁴ "Arão será reunido aos seus antepassados.ᵉ Não entrará na terra que dou aos israelitas, porque vocês dois se rebelaram contra a minha ordemᶠ junto às águas de Meribá. ²⁵ Leve Arão e seu filho Eleazar para o alto do monte Hor.ᵍ ²⁶ Tire as vestes de Arão e coloque-as em seu filho Eleazar, pois Arão será reunido aos seus antepassados;ʰ ele morrerá ali".

²⁷ Moisés fez conforme o Senhor ordenou; subiram o monte Hor à vista de toda a comunidade. ²⁸ Moisés tirou as vestes de Arão e as colocou em seu filho Eleazar.ⁱ E Arão morreu no alto do monte.ʲ Depois disso, Moisés e Eleazar desceram do monte, ²⁹ e, quando toda a comunidade soube que Arão tinha morrido, toda a nação de Israel pranteou por eleᵏ durante trinta dias.

A Vitória sobre o Rei de Arade

21 Quando o rei cananeu de Arade,ˡ que vivia no Neguebe,ᵐ soube que Israel vinha pela estrada de Atarim, atacou os israelitas e capturou alguns deles. ² Então Israel fez este voto ao Senhor: "Se entregares este povo em nossas mãos, destruiremos totalmente as suas cidades". ³ O Senhor ouviu o pedido de Israel e lhes entregou os cananeus. Israel os destruiu completamente, a eles e às suas cidades; de modo que o lugar foi chamado Hormá.

A Serpente de Bronze

⁴ Partiram eles do monte Horⁿ pelo caminho do mar Vermelho, para contornarem a terra de Edom. Mas o povo ficou impaciente no caminhoᵒ ⁵ e falou contra Deusᵖ e contra Moisés, dizendo: "Por que vocês nos tiraram do Egito para morrermos no deserto?ᑫ Não há pão! Não há água! E nós detestamos esta comidaʳ miserável!"

⁶ Então o Senhor enviou serpentesˢ venenosas que morderam o povo, e muitos morreram.ᵗ ⁷ O povo foi a Moisésᵘ e disse: "Pecamos quando falamos contra o Senhor e contra você. Ore pedindo ao Senhorᵛ que tire as serpentes do meio de nós". E Moisés orouʷ pelo povo.

---

¹ **20.13** *Meribá* significa *rebelião*.

⁸ O Senhor disse a Moisés: "Faça uma serpente e coloque-a no alto de um poste;ˣ quem for mordido e olhar para ela viverá".ᶻ

⁹ Moisés fez então uma serpenteʸ de bronze e a colocou num poste. Quando alguém era mordido por uma serpente e olhava para a serpente de bronze, permanecia vivo.

A Viagem para Moabe

¹⁰ Os israelitas partiram e acamparam em Obote.ᵃ ¹¹ Depois partiram de Obote e acamparam em Ijé-Abarim, no deserto defronte de Moabe,ᵇ ao leste. ¹² Dali partiram e acamparam no vale de Zerede.ᶜ ¹³ Partiram dali e acamparam do outro lado do Arnom,ᵈ que fica no deserto que se estende até o território amorreu. O Arnom é a fronteira de Moabe, entre Moabe e os amorreus. ¹⁴ É por isso que se diz no Livro das Guerras do Senhor:

" ... Vaebe, em Sufá, e os vales,
o Arnom ¹⁵ e as ravinas dos vales
  que se estendem até a cidade de Arᵉ
e chegam até a fronteira de Moabe".

¹⁶ De lá prosseguiram até Beer,ᶠ o poço onde o Senhor disse a Moisés: "Reúna o povo, e eu lhe darei água".

¹⁷ Então Israel cantou esta canção:ᵍ

"Brote água, ó poço!
Cantem a seu respeito,
¹⁸ a respeito do poço
  que os líderes cavaram,
  que os nobres abriram
    com cetros e cajados".

Então saíram do deserto para Mataná, ¹⁹ de Mataná para Naaliel, de Naaliel para Bamote, ²⁰ e de Bamote para o vale de Moabe, onde o topo do Pisga defronta com o deserto de Jesimom.

A Vitória sobre Seom e Ogue

²¹ Israel enviou mensageiros para dizer a Seom,ʰ rei dos amorreus: ²² "Deixa-nos atravessar a tua terra. Não entraremos em nenhuma plantação, em nenhuma vinha, nem beberemos água de poço algum. Passaremos pela estrada do rei até que tenhamos atravessado o teu território".ⁱ

²³ Seom, porém, não deixou Israel atravessar o seu território.ʲ Convocou todo o seu exército e atacou Israel no deserto. Quando chegou a Jaza,ᵏ lutou contra Israel. ²⁴ Porém Israel o destruiu com a espadaˡ e tomou-lhe as terras desde o Arnom até o Jaboque, até o território dos amonitas,ᵐ pois Jazar estava na fronteira dos amonitas. ²⁵ Israel capturou todas as cidades dos amorreusⁿ e as ocupou, inclusive Hesbom e todos os seus povoados. ²⁶ Hesbom era a cidade de Seom,ᵒ rei dos amorreus, que havia lutado contra o antigo rei de Moabe, tendo tomado todas as suas terras até o Arnom.

²⁷ É por isso que os poetas dizem:

"Venham a Hesbom!
  Seja ela reconstruída;
seja restaurada a cidade de Seom!

²⁸ "Fogo saiu de Hesbom,
  uma chama da cidade de Seom;ᵖ
consumiu Ar,ᵠ de Moabe,
  os senhores do altoʳ Arnom.

²⁹ Ai de você, Moabe!ˢ
  Você está destruído, ó povo de
    Camos!ᵗ
Ele fez de seus filhos, fugitivos,ᵘ
e de suas filhas,
  prisioneirasᵛ de Seom,
  rei dos amorreus.

³⁰ "Mas nós os derrotamos;
Hesbom está destruída
  por todo o caminho até Dibom.ʷ
Nós os arrasamos até Nofá,
  e até Medeba".

³¹ Assim Israel habitou na terra dos amorreus.

³² Moisés enviou espiões a Jazar,ˣ e os israelitas tomaram os povoados ao redor e expulsaram os amorreus que ali estavam. ³³ Depois voltaram e subiram pelo caminho

de Basã, e Ogue, rei de Basã, com todo o seu exército, marchou para enfrentá-los em Edrei.

³⁴ Mas o SENHOR disse a Moisés: "Não tenha medo dele, pois eu o entreguei a você, juntamente com todo o seu exército e com a sua terra. Você fará com ele o que fez com Seom, rei dos amorreus, que habitava em Hesbom".

³⁵ Então eles o derrotaram, bem como os seus filhos e todo o seu exército, não lhes deixando sobrevivente algum. E tomaram posse da terra dele.

Balaque Manda Chamar Balaão

22 Os israelitas partiram e acamparam nas campinas de Moabe, para além do Jordão, perto de Jericó¹.

² Balaque, filho de Zipor, viu tudo o que Israel tinha feito aos amorreus, ³ e Moabe teve muito medo do povo, porque era muita gente. Moabe teve pavor dos israelitas.

⁴ Então os moabitas disseram aos líderes de Midiã: "Essa multidão devorará tudo o que há ao nosso redor, como o boi devora o capim do pasto".

Balaque, filho de Zipor, rei de Moabe naquela época, ⁵ enviou mensageiros para chamar Balaão, filho de Beor, que estava em Petor, perto do Eufrates², em sua terra natal. A mensagem de Balaque dizia:

"Um povo que saiu do Egito cobre a face da terra e se estabeleceu perto de mim. ⁶ Venha agora lançar uma maldição contra ele, pois é forte demais para mim. Talvez então eu tenha condições de derrotá-lo e de expulsá-lo da terra. Pois sei que aquele que você abençoa é abençoado, e aquele que você amaldiçoa é amaldiçoado".

⁷ Os líderes de Moabe e os de Midiã partiram, levando consigo a quantia necessária para pagar os encantamentos mágicos.

---

¹ **22.1** Hebraico: *Jordão de Jericó*. Possivelmente um antigo nome do rio Jordão; também em 26.3 e 63.
² **22.5** Hebraico: o Rio.

Quando chegaram, comunicaram a Balaão o que Balaque tinha dito.

⁸ Disse-lhes Balaão: "Passem a noite aqui, e eu trarei a vocês a resposta que o SENHOR me der". E os líderes moabitas ficaram com ele.

⁹ Deus veio a Balaão e lhe perguntou: "Quem são esses homens que estão com você?"

¹⁰ Balaão respondeu a Deus: "Balaque, filho de Zipor, rei de Moabe, enviou-me esta mensagem: ¹¹ 'Um povo que saiu do Egito cobre a face da terra. Venha agora lançar uma maldição contra ele. Talvez então eu tenha condições de derrotá-lo e de expulsá-lo' ".

¹² Mas Deus disse a Balaão: "Não vá com eles. Você não poderá amaldiçoar este povo, porque é povo abençoado".

¹³ Na manhã seguinte Balaão se levantou e disse aos líderes de Balaque: "Voltem para a sua terra, pois o SENHOR não permitiu que eu os acompanhe".

¹⁴ Os líderes moabitas voltaram a Balaque e lhe disseram: "Balaão recusou-se a acompanhar-nos".

¹⁵ Balaque enviou outros líderes, em maior número e mais importantes do que os primeiros. ¹⁶ Eles foram a Balaão e lhe disseram:

"Assim diz Balaque, filho de Zipor: 'Que nada o impeça de vir a mim, ¹⁷ porque o recompensarei generosamente e farei tudo o que você me disser. Venha, por favor, e lance para mim uma maldição contra este povo' ".

¹⁸ Balaão, porém, respondeu aos conselheiros de Balaque: "Mesmo que Balaque me desse o seu palácio cheio de prata e de ouro, eu não poderia fazer coisa alguma, grande ou pequena, que vá além da ordem do SENHOR, o meu Deus. ¹⁹ Agora, fiquem vocês também aqui esta noite, e eu descobrirei o que mais o SENHOR tem para dizer-me".

²⁰ Naquela noite, Deus veio a Balaão e lhe disse: "Visto que esses homens vieram

chamá-lo, vá com eles, mas faça apenas o que eu disser a você".ʳ

O Anjo do Senhor e a Jumenta de Balaão

²¹ Balaão levantou-se pela manhã, pôs a sela sobre a sua jumenta e foi com os líderes de Moabe. ²² Mas acendeu-se a iraˢ de Deus quando ele foi, e o Anjo do Senhorᵗ pôs-se no caminho para impedi-lo de prosseguir. Balaão ia montado em sua jumenta, e seus dois servos o acompanhavam. ²³ Quando a jumenta viu o Anjo do Senhor parado no caminho, empunhando uma espada,ᵘ saiu do caminho e prosseguiu pelo campo. Balaão bateu nelaᵛ para fazê-la voltar ao caminho.

²⁴ Então o Anjo do Senhor se pôs num caminho estreito entre duas vinhas, com muros dos dois lados. ²⁵ Quando a jumenta viu o Anjo do Senhor, encostou-se no muro, apertando o pé de Balaão contra ele. Por isso ele bateu nela de novo.

²⁶ O Anjo do Senhor foi adiante e se colocou num lugar estreito, onde não havia espaço para desviar-se, nem para a direita nem para a esquerda. ²⁷ Quando a jumenta viu o Anjo do Senhor, deitou-se debaixo de Balaão. Acendeu-se a iraʷ de Balaão, que bateu nela com uma vara. ²⁸ Então o Senhor abriu a bocaˣ da jumenta, e ela disse a Balaão: "Que foi que eu fiz a você, para você bater em mim três vezes?"ʸ

²⁹ Balaão respondeu à jumenta: "Você me fez de tolo! Quem dera eu tivesse uma espada na mão; eu a mataria agora mesmo".ᶻ

³⁰ Mas a jumenta disse a Balaão: "Não sou sua jumenta, que você sempre montou até o dia de hoje? Tenho eu o costume de fazer isso com você?"

"Não", disse ele.

³¹ Então o Senhor abriu os olhosᵃ de Balaão, e ele viu o Anjo do Senhor parado no caminho, empunhando a sua espada. Então Balaão inclinou-se e prostrou-se com o rosto em terra.

³² E o Anjo do Senhor lhe perguntou: "Por que você bateu três vezes em sua jumenta? Eu vim aqui para impedi-lo de prosseguir porque o seu caminho me desagrada. ³³ A jumenta me viu e se afastou de mim por três vezes. Se ela não se afastasse, certamente eu jáᵇ o teria matado; mas a jumenta eu teria poupado".

³⁴ Balaão disse ao Anjo do Senhor: "Pequei.ᶜ Não percebi que estavas parado no caminho para me impedires de prosseguir. Agora, se o que estou fazendo te desagrada, eu voltarei".

³⁵ Então o Anjo do Senhor disse a Balaão: "Vá com os homens, mas fale apenas o que eu disser a você". Assim Balaão foi com os príncipes de Balaque.

Balaque Reencontra-se com Balaão

³⁶ Quando Balaque soube que Balaão estava chegando, foi ao seu encontro na cidade moabita da fronteira do Arnom,ᵈ no limite do seu território. ³⁷ E Balaque disse a Balaão: "Não mandei chamá-lo urgentemente? Por que não veio? Acaso não tenho condições de recompensá-lo?"

³⁸ "Aqui estou!", respondeu Balaão. "Mas seria eu capaz de dizer alguma coisa? Direi somente o que Deus puser em minha boca".ᵉ

³⁹ Então Balaão foi com Balaque até Quiriate-Huzote. ⁴⁰ Balaque sacrificou bois e ovelhas,ᶠ e deu parte da carne a Balaão e aos líderes que com ele estavam. ⁴¹ Na manhã seguinte Balaque levou Balaão até o alto de Bamote-Baal,ᵍ de onde viu uma parte do povo.ʰ

O Primeiro Oráculo de Balaão

23 Balaão disse a Balaque: "Construa para mim aqui sete altares e prepare-me sete novilhos e sete carneiros".ⁱ ² Balaque fez o que Balaão pediu, e os dois ofereceram um novilho e um carneiro em cada altar.ʲ

³ E Balaão disse a Balaque: "Fique aqui junto ao seu holocausto, enquanto eu me retiro. Talvez o Senhor venha ao meu encontro.ᵏ O que ele me revelar eu contarei a você". E foi para um monte.

22.20
ʳ v. 35,38; Nm 23.5,12,16, 26; 24.13; 2Cr 18.13
22.22
ˢ Ex 4.14
ᵗ Gn 16.7; Ex 23.20; Jz 13.3,6,13
22.23
ᵘ Js 5.13
ᵛ v. 25,27
22.27
ʷ Nm 11.1; Tg 1.19
22.28
ˣ 2Pe 2.16
ʸ v. 32
22.29
ᶻ Dt 25.4; Pv 12.10; 27.23-27; Mt 15.19
22.31
ᵃ Gn 21.19
22.33
ᵇ v. 29
22.34
ᶜ Gn 39.9; Nm 14.40; 1Sm 15.24,30; 2Sm 12.13; 24.10; Jó 33.27; Sl 51.4
22.36
ᵈ Nm 21.13
22.38
ᵉ Nm 23.5,16,26
22.40
ᶠ Nm 23.1,14,29; Ez 45.23
22.41
ᵍ Nm 21.28
ʰ Nm 23.13
23.1
ⁱ Nm 22.40
23.2
ʲ v. 14,30
23.3
ᵏ v. 15

⁴ Deus o encontrou,ᶦ e Balaão disse: "Preparei sete altares, e em cada altar ofereci um novilho e um carneiro".

⁵ O Senhor pôs uma mensagem na bocaᵐ de Balaão e disse: "Volte a Balaque e dê-lhe essa mensagem".ⁿ

⁶ Ele voltou a Balaque e o encontrou ao lado de seu holocausto, e com ele todos os líderes de Moabe.ᵒ ⁷ Então Balaãoᵖ pronunciou este oráculo:ᑫ

"Balaque trouxe-me de Arã,
o rei de Moabe
buscou-me nas montanhas do oriente.
'Venha, amaldiçoe a Jacó para mim',
disse ele,
'venha, pronuncie ameaças
contra Israel!'ʳ
⁸ Como posso amaldiçoar
a quem Deus não amaldiçoou?ˢ
Como posso pronunciar ameaças
contra quem o Senhor não quis ameaçar?
⁹ Dos cumes rochosos eu os vejo,
dos montes eu os avisto.
Vejo um povo que vive separado
e não se considera
como qualquer nação.ᵗ
¹⁰ Quem pode contar o pó de Jacóᵘ
ou o número da quarta parte de Israel?
Morra eu a morte dos justos,ᵛ
e seja o meu fim como o deles!"ʷ

¹¹ Então Balaque disse a Balaão: "Que foi que você me fez? Eu o chamei para amaldiçoar meus inimigos, mas você nada fez senão abençoá-los!"ˣ

¹² E ele respondeu: "Será que não devo dizer o que o Senhor põe em minha boca?"ʸ

O Segundo Oráculo de Balaão

¹³ Balaque lhe disse: "Venha comigo a outro lugar de onde você poderá vê-los; você verá só uma parte, mas não todos eles. E dali amaldiçoe este povo para mim".

¹⁴ Então ele o levou para o campo de Zofim, no topo do Pisga, e ali construiu sete altares e ofereceu um novilho e um carneiro em cada altar.ᶻ

¹⁵ Balaão disse a Balaque: "Fique aqui ao lado de seu holocausto enquanto vou me encontrar com ele ali adiante".

¹⁶ Encontrando-se o Senhor com Balaão, pôs uma mensagem em sua bocaᵃ e disse: "Volte a Balaque e dê-lhe essa mensagem".

¹⁷ Ele voltou e o encontrou ao lado de seu holocausto, e com ele os líderes de Moabe. Balaque perguntou-lhe: "O que o Senhor disse?"

¹⁸ Então ele pronunciou este oráculo:

"Levante-se, Balaque, e ouça-me;
escute-me, filho de Zipor.
¹⁹ Deus não é homemᵇ para que minta,
nem filho de homem
para que se arrependa.ᶜ
Acaso ele fala e deixa de agir?
Acaso promete e deixa de cumprir?
²⁰ Recebi uma ordem para abençoar;
ele abençoou,ᵈ e não o posso mudar.ᵉ
²¹ Nenhuma desgraça se vê em Jacó,ᶠ
nenhum sofrimento em Israel.¹ᵍ
O Senhor, o seu Deus, está com eles;ʰ
o brado de aclamação do Reiⁱ
está no meio deles.
²² Deus os está trazendo do Egito;ʲ
eles têm a força do boiᵏ selvagem.
²³ Não há magia que possa contra Jacó,
nem encantamentoˡ contra Israel.
Agora se dirá de Jacó e de Israel:
'Vejam o que Deus tem feito!'
²⁴ O povo se levanta como leoa;ᵐ
levanta-se como o leão,ⁿ
que não se deita
até que devore a sua presa
e beba o sangue das suas vítimas".

²⁵ Balaque disse então a Balaão: "Não os amaldiçoe nem os abençoe!"

---

¹ **23.21** Ou *Ele não olhou para as ofensas de Jacó, nem para os erros encontrados em Israel.*

²⁶ Balaão respondeu: "Não disse a você que devo fazer tudo o que o Senhor disser?"

O Terceiro Oráculo de Balaão

²⁷ Balaque disse a Balaão: "Venha, deixe-me levá-lo a outro lugar.º Talvez Deus se agrade que dali você os amaldiçoe para mim". ²⁸ E Balaque levou Balaão para o topo do Peor,ᵖ de onde se vê o deserto de Jesimom. ²⁹ Balaão disse a Balaque: "Edifique-me aqui sete altares e prepare-me sete novilhos e sete carneiros". ³⁰ Balaque fez o que Balaão disse e ofereceu um novilho e um carneiro em cada altar.

24

Quando Balaão viu que agradava ao Senhor abençoar Israel, não recorreu à magiaᵠ como nas outras vezes, mas voltou o rosto para o deserto.ʳ ² Então viu Israel acampado, tribo por tribo; e o Espírito de Deus veio sobre ele,ˢ ³ e ele pronunciou este oráculo:

"Palavra de Balaão, filho de Beor,
palavra daquele cujos olhos
veem claramente,
⁴ palavra daquele que ouve
as palavras de Deus,ᵗ
daquele que vê a visão
que vem do Todo-poderoso¹,ᵘ
daquele que cai prostrado
e vê com clareza:

⁵ "Quão belas são as suas tendas,
ó Jacó,
as suas habitações, ó Israel!
⁶ Como vales estendem-se,
como jardins que margeiam rios,
como aloésᵛ plantados pelo Senhor,
como cedros junto às águas.ʷ
⁷ Seus reservatórios de água
transbordarão;
suas lavouras serão bem irrigadas.

"O seu rei será maior do que Agague;ˣ
o seu reino será exaltado.ʸ

---

¹ **24.4** Hebraico: *Shaddai*; também no versículo 16.

⁸ Deus os está trazendo do Egito;
eles têm a força do boi selvagem.
Devoram nações inimigas
e despedaçamᶻ seus ossos;
com suas flechas os atravessam.ᵃ
⁹ Como o leão e a leoa,ᵇ
eles se abaixam e se deitam,
quem ousará despertá-los?
Sejam abençoados
os que os abençoarem,
e amaldiçoados
os que os amaldiçoarem!"ᶜ

¹⁰ Então acendeu-se a ira de Balaque contra Balaão, e, batendo as palmas das mãos,ᵈ disse: "Eu o chamei para amaldiçoar meus inimigos, mas você já os abençoouᵉ três vezes!ᶠ ¹¹ Agora, fuja para a sua casa! Eu disse que daria a você generosaᵍ recompensa, mas o Senhor o impediu de recebê-la".

¹² Mas Balaão respondeu a Balaque: "Eu bem que avisei aos mensageiros que você me enviou:ʰ ¹³ 'Mesmo que Balaque me desse o seu palácio cheio de prata e de ouro, eu não poderia fazer coisa alguma de minha própria vontade, boa ou má, que vá além da ordem do Senhor,ⁱ e devo dizer somente o que o Senhor disser.'ʲ ¹⁴ Agora estou voltando para o meu povo, mas venha, deixe-me adverti-lo do que este povo fará ao seu povo nos dias futuros".ᵏ

O Quarto Oráculo de Balaão

¹⁵ Então pronunciou este seu oráculo:

"Palavra de Balaão, filho de Beor,
palavra daquele cujos olhos
veem claramente,
¹⁶ daquele que ouve
as palavras de Deus,
que possui o conhecimento
do Altíssimo,
daquele que vê a visão
que vem do Todo-poderoso,
daquele que cai prostrado,
e vê com clareza:

23.27
ᵒv. 13
23.28
ᵖSl 106.28
24.1
ᵠNm 23.23
ʳNm 23.28
24.2
ˢNm 11.25,26; 1Sm 10.10; 19.20; 2Cr 15.1
24.4
ᵗNm 22.20
ᵘGn 15.1
24.6
ᵛSl 45.8
ʷSl 1.3; 104.16
24.7
ˣ2Sm 15.8
ʸ2Sm 5.12; 1Cr 14.2; Sl 145.11-13
24.8
ᶻSl 2.9; Jr 50.17
ᵃSl 45.5
24.9
ᵇGn 49.9; Nm 23.24
ᶜGn 12.3
24.10
ᵈEz 21.14
ᵉNm 23.11
ᶠNe 13.2
24.11
ᵍNm 22.17
24.12
ʰNm 22.18
24.13
ⁱNm 22.18
ʲNm 22.20
24.14
ᵏGn 49.1; Nm 31.8,16; Dn 2.28; Mq 6.5

¹⁷ Eu o vejo, mas não agora;
  eu o avisto, mas não de perto.¹
Uma estrela surgirá de Jacó;ᵐ
  um cetro se levantará de Israel.ⁿ
Ele esmagará as frontes de Moabeᵒ
  e o crânio¹ de todos
    os descendentes de Sete².
¹⁸ Edomᵖ será dominado;
Seir, seu inimigo,
  também será dominado;
mas Israel se fortalecerá.
¹⁹ De Jacóq sairá o governo;
ele destruirá os sobreviventes
  das cidades".

Os Últimos Oráculos de Balaão

²⁰ Balaão viu Amalequeʳ e pronunciou este oráculo:

"Amaleque foi o primeiro
  das nações,
mas o seu fim será destruição".

²¹ Depois viu os queneusˢ e pronunciou este oráculo:

"Sua habitação é segura,
seu ninho está firmado na rocha;
²² todavia, vocês, queneus,
  serão destruídos
quando Assurᵗ
  os levar prisioneiros".

²³ Finalmente pronunciou este oráculo:

"Ah, quem poderá viver
  quando Deus fizer isto?³
²⁴ Navios virão da costa de Quitimᵘ
  e subjugarão Assur e Héber,ᵛ
mas o seu fim
  também será destruição".ʷ

²⁵ Então Balaãoˣ se levantou e voltou para casa, e Balaque seguiu o seu caminho.

¹ **24.17** Conforme o Pentateuco Samaritano. Veja Jr 48.45.
² **24.17** Ou *todos os arrogantes*
³ **24.23** Ou *"Um povo se ajuntará vindo do norte."*

A Adoração a Baal-Peor

25 Enquanto Israel estava em Sitim,ʸ o povo começou a entregar-se à imoralidadeᶻ sexual com mulheresᵃ moabitas, ² que os convidavam aos sacrifíciosᵇ de seus deuses.ᶜ O povo comia e se prostrava perante esses deuses. ³ Assim Israel se juntou à adoração a Baal-Peor.ᵈ E a ira do Senhor acendeu-se contra Israel.

⁴ E o Senhor disse a Moisés: "Prenda todos os chefes desse povo, enforque-os diante do Senhor, e à luz do sol, para que o fogo da iraᶠ do Senhor se afaste de Israel".

⁵ Então Moisés disse aos juízes de Israel: "Cada um de vocês terá que matarᵍ aqueles que dentre os seus homens se juntaram à adoração a Baal-Peor".

⁶ Um israelita trouxe para casa uma mulher midianita, na presença de Moisés e de toda a comunidade de Israel, que choravam à entrada da Tenda do Encontro. ⁷ Quando Fineias, filho de Eleazar, neto do sacerdote Arão, viu isso, apanhou uma lança, ⁸ seguiu o israelita até o interior da tenda e atravessou os dois com a lança; atravessou o corpo do israelita e o da mulher. Então cessouʰ a praga contra os israelitas. ⁹ Mas os que morreram por causa da pragaⁱ foram vinte e quatro mil.ʲ

¹⁰ E o Senhor disse a Moisés: ¹¹ "Fineias, filho de Eleazar, neto do sacerdote Arão, desviou a minha ira de sobre os israelitas,ᵏ pois foi zeloso,ˡ com o mesmo zelo que tenho por eles, para que em meu zelo eu não os consumisse. ¹² Diga-lhe, pois, que estabeleço com ele a minha aliança de paz.ᵐ ¹³ Dele e dos seus descendentes será a aliança do sacerdócioⁿ perpétuo, porque ele foi zeloso pelo seu Deus e fez propiciaçãoᵒ pelos israelitas".

¹⁴ O nome do israelita que foi morto com a midianita era Zinri, filho de Salu, líder de uma família simeonita. ¹⁵ E o nome da mulher midianita que morreu era Cosbi,ᵖ filha de Zur, chefe de um clã midianita.ᵠ

¹⁶ O Senhor disse a Moisés: ¹⁷ "Tratem os midianitasʳ como inimigos e matem-nos,

¹⁸ porque trataram vocês como inimigos quando os enganaram no caso de Peor e de Cosbi, filha de um líder midianita, mulher do povo deles que foi morta pela praga que enviei por causa de Peor".

O Segundo Recenseamento

26 Depois da praga, o Senhor disse a Moisés e a Eleazar, filho do sacerdote Arão: ² "Façam um recenseamento de toda a comunidade de Israel, segundo as suas famílias; contem todos os de vinte anos para cima que possam servir no exército de Israel". ³ Nas campinas de Moabe, junto ao Jordão, frente a Jericó, Moisés e o sacerdote Eleazar falaram com eles e disseram: ⁴ "Façam um recenseamento dos homens de vinte anos para cima", conforme o Senhor tinha ordenado a Moisés.

Estes foram os israelitas que saíram do Egito:

⁵ Os descendentes de Rúben, filho mais velho de Israel, foram:

de Enoque, o clã enoquita;
de Palu, o clã paluíta;
⁶ de Hezrom, o clã hezronita;
de Carmi, o clã carmita.
⁷ Esses foram os clãs de Rúben; foram contados 43.730 homens.
⁸ O filho de Palu foi Eliabe, ⁹ e os filhos de Eliabe foram Nemuel, Datã e Abirão. Estes, Datã e Abirão, foram os líderes da comunidade que se rebelaram contra Moisés e contra Arão, estando entre os seguidores de Corá quando se rebelaram contra o Senhor. ¹⁰ A terra abriu a boca e os engoliu juntamente com Corá, cujos seguidores morreram quando o fogo devorou duzentos e cinquenta homens, que serviram como sinal de advertência. ¹¹ A descendência de Corá, contudo, não desapareceu.

¹² Os descendentes de Simeão segundo os seus clãs foram:

de Nemuel, o clã nemuelita;
de Jamim, o clã jaminita;
de Jaquim, o clã jaquinita;
¹³ de Zerá, o clã zeraíta;
de Saul, o clã saulita.
¹⁴ Esses foram os clãs de Simeão; havia 22.200 homens.

¹⁵ Os descendentes de Gade segundo os seus clãs foram:

de Zefom, o clã zefonita;
de Hagi, o clã hagita;
de Suni, o clã sunita;
¹⁶ de Ozni, o clã oznita;
de Eri, o clã erita;
¹⁷ de Arodi, o clã arodita;
de Areli, o clã arelita.
¹⁸ Esses foram os clãs de Gade; foram contados 40.500 homens.

¹⁹ Er e Onã eram filhos de Judá, mas morreram em Canaã.
²⁰ Os descendentes de Judá segundo os seus clãs foram:

de Selá, o clã selanita;
de Perez, o clã perezita;
de Zerá, o clã zeraíta.
²¹ Os descendentes de Perez foram:
de Hezrom, o clã hezronita;
de Hamul, o clã hamulita.
²² Esses foram os clãs de Judá; foram contados 76.500 homens.

²³ Os descendentes de Issacar segundo os seus clãs foram:

de Tolá, o clã tolaíta;
de Puá, o clã punita²;
²⁴ de Jasube, o clã jasubita;
de Sinrom, o clã sinronita.
²⁵ Esses foram os clãs de Issacar; foram contados 64.300 homens.

²⁶ Os descendentes de Zebulom segundo os seus clãs foram:

de Serede, o clã seredita;
de Elom, o clã elonita;

---

¹ **26.17** Alguns manuscritos dizem *Arode*. Veja Gn 46.16.
² **26.23** Alguns manuscritos dizem *por meio de Puva, o clã puvita*. Veja 1 Cr 7.1.

de Jaleel, o clã jaleelita.

27 Esses foram os clãs de Zebulom;ˢ foram contados 60.500 homens.

28 Os descendentes de José segundo os seus clãs, por meio de Manassés e Efraim, foram:

29 Os descendentes de Manassés:
de Maquir,ᵗ o clã maquirita
(Maquir foi o pai de Gileade);ᵘ
de Gileade, o clã gileadita.
30 Estes foram os descendentes de Gileade:
de Jezer,ᵛ o clã jezerita;
de Heleque, o clã helequita;
31 de Asriel, o clã asrielita;
de Siquém, o clã siquemita;
32 de Semida, o clã semidaíta;
de Héfer, o clã heferita.
33 (Zelofeade,ʷ filho de Héfer, não teve filhos; teve somente filhas, cujos nomes eram Maalá, Noa, Hogla, Milca e Tirza.)ˣ
34 Esses foram os clãs de Manassés; foram contados 52.700 homens.ʸ

35 Os descendentes de Efraim segundo os seus clãs foram:
de Sutela, o clã sutelaíta;
de Bequer, o clã bequerita;
de Taã, o clã taanita.
36 Estes foram os descendentes de Sutela:
de Erã, o clã eranita.
37 Esses foram os clãs de Efraim;ᶻ foram contados 32.500 homens.

Esses foram os descendentes de José segundo os seus clãs.

38 Os descendentes de Benjamimᵃ segundo os seus clãs foram:
de Belá, o clã belaíta;
de Asbel, o clã asbelita;
de Airã, o clã airamita;
39 de Sufá,¹ o clã sufamita;
de Hufã, o clã hufamita.

¹ **26.39** Muitos manuscritos dizem *Sefufã*.

40 Os descendentes de Belá, por meio de Ardeᵇ e Naamã, foram:
de Arde², o clã ardita;
de Naamã, o clã naamanita.
41 Esses foram os clãs de Benjamim;ᶜ foram contados 45.600 homens.

42 Os descendentes de Dã segundo os seus clãs foram:
de Suã,ᵈ o clã suamita.
Esses foram os clãs de Dã, **43** todos eles clãs suamitas; foram contados 64.400 homens.

44 Os descendentes de Aser segundo os seus clãs foram:
de Imna, o clã imnaíta;
de Isvi, o clã isvita;
de Berias, o clã beriaíta;
45 e dos descendentes de Berias:
de Héber, o clã heberita;
de Malquiel, o clã malquielita.
46 Aser teve uma filha chamada Sera.
47 Esses foram os clãs de Aser;ᵉ foram contados 53.400 homens.

48 Os descendentes de Naftaliᶠ segundo os seus clãs foram:
de Jazeel, o clã jazeelita;
de Guni, o clã gunita;
49 de Jezer, o clã jezerita;
de Silém, o clã silemita.
50 Esses foram os clãs de Naftali;ᵍ foram contados 45.400 homens.

51 O número total dos homens de Israel foi 601.730.ʰ

As Normas para a Repartição da Terra

52 Disse ainda o SENHOR a Moisés: **53** "A terra será repartida entre eles como herança, de acordo com o número dos nomesⁱ alistados. **54** A um clã maior dê uma herança maior, e a um clã menor, uma herança menor; cada um receberá a sua herança de acordo com o seu númeroʲ de recenseados.

² **26.40** Conforme o Pentateuco Samaritano e a Vulgata. O Texto Massorético não traz *de Arde*.

⁵⁵ A terra, porém, será distribuída por sorteio.ᵏ Cada um herdará sua parte de acordo com o nome da tribo de seus antepassados. ⁵⁶ Cada herança será distribuída por sorteio entre os clãs maiores e os menores".

O Segundo Recenseamento dos Levitas

⁵⁷ Estes foram os levitasˡ contados segundo os seus clãs:

de Gérson, o clã gersonita;
de Coate, o clã coatita;
de Merari, o clã merarita.

⁵⁸ Estes também eram clãs levitas:

o clã libnita;
o clã hebronita;
o clã malita;
o clã musita;
o clã coreíta.

Coate foi o pai de Anrão;ᵐ ⁵⁹ o nome da mulher de Anrão era Joquebede,ⁿ descendente de Levi, que nasceu no Egito. Ela lhe deu à luz Arão, Moisésᵒ e Miriã, irmã deles. ⁶⁰ Arão foi o pai de Nadabe, Abiú, Eleazar e Itamar.ᵖ ⁶¹ Mas Nadabe e Abiúᵠ morreram quando apresentaram uma oferta com fogoʳ profano perante o Senhor.

⁶² O total de levitas do sexo masculino, de um mês de idade para cima, que foram contados foi 23.000.ˢ Não foram contadosᵗ junto com os outros israelitas porque não receberam herançaᵘ entre eles.ᵛ

⁶³ São esses os que foram recenseados por Moisés e pelo sacerdote Eleazar quando contaram os israelitas nas campinas de Moabe,ʷ junto ao Jordão, frente a Jericó. ⁶⁴ Nenhum deles estava entre os que foram contadosˣ por Moisés e pelo sacerdote Arão quando contaram os israelitas no deserto do Sinai. ⁶⁵ Pois o Senhor tinha dito àqueles israelitas que eles iriam morrer no deserto,ʸ e nenhum deles sobreviveu, exceto Calebe, filho de Jefoné, e Josué, filho de Num.ᶻ

A Herança das Filhas de Zelofeade

27 Aproximaram-se as filhas de Zelofeade,ᵃ filho de Héfer,ᵇ neto de Gileade, bisneto de Maquir,ᶜ trineto de Manassés; pertencia aos clãs de Manassés, filho de José. Os nomes das suas filhas eram Maalá, Noa, Hogla, Milca e Tirza. ² Elas se prostraram à entrada da Tenda do Encontro diante de Moisés, do sacerdote Eleazar, dos líderes de toda a comunidade, e disseram: ³ "Nosso pai morreu no deserto.ᵈ Ele não estava entre os seguidores de Corá, que se ajuntaram contra o Senhor,ᵉ mas morreu por causa do seu próprio pecado e não deixou filhos.ᶠ ⁴ Por que o nome de nosso pai deveria desaparecer de seu clã por não ter tido um filho? Dê-nos propriedade entre os parentes de nosso pai".

⁵ Moisés levou o casoᵍ perante o Senhor,ʰ ⁶ e o Senhor lhe disse: ⁷ "As filhas de Zelofeade têm razão. Você lhes dará propriedade como herançaⁱ entre os parentes do pai delas e lhesʲ passará a herança do pai.

⁸ "Diga aos israelitas: Se um homem morrer e não deixar filho, transfiram a sua herança para a sua filha. ⁹ Se ele não tiver filha, deem a sua herança aos irmãos dele. ¹⁰ Se não tiver irmãos, deem-na aos irmãos de seu pai. ¹¹ Se ainda seu pai não tiver irmãos, deem a herança ao parente mais próximo em seu clã". Esta será uma exigênciaᵏ legal para os israelitas, como o Senhor ordenou a Moisés.

Josué, Sucessor de Moisés

¹² Então o Senhor disse a Moisés: "Suba este monte da serraˡ de Abarim e veja a terraᵐ que dei aos israelitas. ¹³ Depois de vê-la, você também será reunido ao seu povo,ⁿ como seu irmão Arão,ᵒ ¹⁴ pois, quando a comunidade se rebelou nas águas do deserto de Zim, vocês dois desobedeceram à minha ordem de honrar minha santidadeᵖ perante eles". Isso aconteceu nas águas de Meribá,ᵠ em Cades, no deserto de Zim.

¹⁵ Moisés disse ao Senhor: ¹⁶ "Que o Senhor, o Deus que a todos dá vidaˡ,ʳ

ˡ 27.16 Hebraico: *o Deus dos espíritos de toda a humanidade*.

designe um homem como líder desta comunidade ¹⁷ para conduzi-los em suas batalhas, para que a comunidade do Senhor não seja como ovelhas sem pastor".ˢ

¹⁸ Então o Senhor disse a Moisés: "Chame Josué, filho de Num, homem em quem está o Espírito¹,ᵗ e imponha as mãos sobre ele.ᵘ ¹⁹ Faça-o apresentar-se ao sacerdote Eleazar e a toda a comunidade e o comissioneᵛ na presençaʷ deles. ²⁰ Dê-lhe parte da sua autoridade para que toda a comunidade de Israel lheˣ obedeça. ²¹ Ele deverá apresentar-se ao sacerdote Eleazar, que lhe dará diretrizes ao consultarʸ o Urim²ᶻ perante o Senhor. Josué e toda a comunidade dos israelitas seguirão suas instruções quando saírem para a batalha".

²² Moisés fez como o Senhor lhe ordenou. Chamou Josué e o apresentou ao sacerdote Eleazar e a toda a comunidade. ²³ Impôs as mãos sobre ele e o comissionou. Tudo conforme o Senhor tinha dito por meio de Moisés.

As Ofertas Diárias

28 O Senhor disse a Moisés: ² "Ordene aos israelitas e diga-lhes: Tenham o cuidado de apresentar-me na época designada a comidaᵃ para as minhas ofertas preparadas no fogo, como um aroma que me seja agradável. ³ Diga-lhes: Esta é a oferta preparada no fogo que vocês apresentarão ao Senhor: dois cordeiros de um ano, sem defeito, como holocausto diário.ᵇ ⁴ Ofereçam um cordeiro pela manhã e um ao cair da tarde, ⁵ juntamente com uma oferta de cereal de um jarro³ da melhor farinha amassada com um litro⁴ de azeiteᶜ de olivas batidas. ⁶ Este é o holocausto diário instituído no monte Sinai,ᵈ de aroma agradável; é oferta dedicada ao Senhor, preparada no fogo. ⁷ A ofertaᵉ derramada que a acompanha será um litro de bebida fermentada para cada cordeiro. Derramem a oferta de bebida para o Senhor no Lugar Santo.ᶠ ⁸ Ofereçam o segundo cordeiro ao cair da tarde, juntamente com o mesmo tipo de oferta de cereal e de oferta derramada que vocês prepararem de manhã. É uma oferta preparada no fogo, de aroma agradável ao Senhor.ᵍ

As Ofertas do Sábado

⁹ "No dia de sábado,ʰ façam uma oferta de dois cordeiros de um ano de idade e sem defeito, juntamente com a oferta derramada e com uma oferta de cereal de dois jarrosⁱ da melhor farinha amassada com óleo. ¹⁰ Este é o holocausto para cada sábado, além do holocaustoʲ diário e da oferta derramada.

As Ofertas Mensais

¹¹ "No primeiro dia de cada mês,ᵏ apresentem ao Senhor um holocausto de dois novilhos, um carneiro e sete cordeiros de um ano, todos sem defeito.ˡ ¹² Para cada novilho deverá haver uma oferta de cerealᵐ de três jarrosⁿ da melhor farinha amassada com óleo; para o carneiro, uma oferta de cereal de dois jarros da melhor farinha amassada com óleo; ¹³ e para cada cordeiro, uma oferta de cerealᵒ de um jarro da melhor farinha amassada com óleo. É um holocausto, de aroma agradável, uma oferta dedicada ao Senhor, preparada no fogo. ¹⁴ Para cada novilho deverá haver uma ofertaᵖ derramada de meio galão⁵ de vinho; para o carneiro, um litro; e para cada cordeiro, um litro. É o holocausto mensal, que deve ser oferecido cada lua novaᵍ durante o ano. ¹⁵ Além do holocaustoʳ diário com a oferta derramada, um

---

¹ **27.18** Ou *homem capaz*
² **27.21** Objeto usado para se conhecer a vontade de Deus.
³ **28.5** Hebraico: *1/10 de efa*. O efa era uma medida de capacidade para secos. As estimativas variam entre 20 e 40 litros.
⁴ **28.5** Hebraico: *1/4 de him*. O him era uma medida de capacidade para líquidos. As estimativas variam entre 3 e 6 litros.
⁵ **28.14** Hebraico: *him*.

bode será oferecido ao Senhor como sacrifício pelo pecado.ˢ

As Ofertas da Páscoa

¹⁶ "No décimo quarto dia do primeiro mês é a Páscoaᵗ do Senhor. ¹⁷ No décimo quinto dia desse mês haverá uma festa; durante sete diasᵘ comam pão sem fermento.ᵛ ¹⁸ No primeiro dia convoquem uma santa assembleia e não façam trabalhoʷ algum. ¹⁹ Apresentem ao Senhor uma oferta preparada no fogo, um holocausto de dois novilhos, um carneiro e sete cordeiros de um ano, todos sem defeito. ²⁰ Para cada novilho preparem uma oferta de cereal de três jarrosˣ da melhor farinha amassada com óleo; para o carneiro, dois jarros; ²¹ e para cada cordeiro, um jarro. ²² Ofereçam um bode como sacrifícioʸ pela culpa, para fazer propiciação por vocês.ᶻ ²³ Apresentem essas ofertas além do holocausto diário oferecido pela manhã. ²⁴ Façam assim diariamente, durante sete dias: apresentem a comida para a oferta preparada no fogo, de aroma agradável ao Senhor; isso será feito além do holocausto diário e da sua oferta derramada. ²⁵ No sétimo dia convoquem uma santa reunião e não façam trabalho algum.

As Ofertas da Festa das Semanas

²⁶ "No dia da festa da colheita dos primeiros frutos,ᵃ a festa das semanas¹,ᵇ quando apresentarem ao Senhor uma oferta do cereal novo, convoquem uma santa assembleia e não façam trabalhoᶜ algum. ²⁷ Apresentem um holocausto de dois novilhos, de um carneiro e de sete cordeiros de um ano, como aroma agradável ao Senhor. ²⁸ Para cada novilho deverá haver uma oferta de cereal de três jarros da melhor farinha amassada com óleo; para o carneiro, dois jarros; ²⁹ e para cada um dos cordeiros, um jarro.ᵈ ³⁰ Ofereçam também um bode para fazer propiciação por vocês. ³¹ Preparem tudo isso junto com a oferta derramada, além do holocaustoᵉ diário e da oferta de cereal. Verifiquem que os animais sejam sem defeito.

As Ofertas da Festa das Trombetas

29 "No primeiro dia do sétimo mês convoquem uma santa assembleia e não façam trabalhoᶠ algum. Nesse dia vocês tocarão as trombetas. ² Como aroma agradável ao Senhor,ᵍ ofereçam um holocausto de um novilho, um carneiro e sete cordeiros de um ano, todos sem defeito.ʰ ³ Para o novilho preparem uma oferta de cereal de três jarros² da melhor farinha amassada com óleo; para o carneiro, dois jarros; ⁴ e para cada um dos sete cordeiros, um jarro. ⁵ Ofereçam também um bodeⁱ como sacrifício pelo pecado, para fazer propiciação por vocês, ⁶ além dos holocaustosᵏ mensais e diários com as ofertas de cereal e com as ofertas derramadas, conforme prescritas. São ofertas preparadas no fogo, de aroma agradável ao Senhor.

As Ofertas do Dia da Expiação

⁷ "No décimo dia desse sétimo mês convoquem uma santa assembleia. Vocês se humilharão³ e não farão trabalho algum.ᵐ ⁸ Apresentem como aroma agradável ao Senhor um holocausto de um novilho, de um carneiro e de sete cordeiros de um ano de idade, todos sem defeito. ⁹ Para o novilho preparem uma oferta de cerealⁿ de três jarros da melhor farinha amassada com óleo; para o carneiro, dois jarros; ¹⁰ e para cada um dos sete cordeiros, um jarro.ᵒ ¹¹ Ofereçam também um bode como sacrifício pelo pecado, além do sacrifício pelo pecado para fazer propiciação e do holocaustoᵖ diário com a oferta de cereal e com as ofertas derramadas.

---

¹ **28.26** Isto é, do Pentecoste.

² **29.3** Hebraico: *3/10 de efa*. O efa era uma medida de capacidade para secos. As estimativas variam entre 20 e 40 litros.

³ **29.7** Ou *devem jejuar*

28.15
ᵗLv 4.3
28.16
ᵗEx 12.6,18; Lv 23.5; Dt 16.1
28.17
ᵘEx 12.19
ᵛEx 23.15; 34.18; Lv 23.6; Dt 16.3-8
28.18
ʷEx 12.16; Lv 23.7
28.20
ˣLv 14.10
28.22
ʸRm 8.3
ᶻNm 15.28
28.26
ᵃEx 24.22
ᵇEx 23.16
ᶜv. 18; Dt 16.10
28.29
ᵈv. 13
28.31
ᵉv. 3,19
29.1
ᶠLv 23.24
29.2
ᵍNm 28.2
ʰNm 28.3
29.5
ⁱNm 28.15
29.6
ʲNm 28.11
ᵏNm 28.3
29.7
ˡAt 27.9
ᵐEx 31.15; Lv 16.29; 23.36-32
29.9
ⁿv. 3.18
29.10
ᵒNm 28.13
29.11
ᵖLv 16.3; Nm 28.3

As Ofertas da Festa dos Tabernáculos

¹² "No décimo quinto dia do sétimo mês convoquem uma santa assembleia e não façam trabalho algum. Celebrem uma festa ao Senhor durante sete dias. ¹³ Apresentem a seguinte oferta preparada no fogo, de aroma agradável ao Senhor: um holocausto de treze novilhos, dois carneiros e catorze cordeiros de um ano de idade, todos sem defeito. ¹⁴ Para cada um dos treze novilhos preparem uma oferta de cereal de três jarros da melhor farinha amassada com óleo; para cada um dos carneiros, dois jarros; ¹⁵ e para cada um dos catorze cordeiros, um jarro. ¹⁶ Ofereçam também um bode como sacrifício pelo pecado, além do holocausto diário com a oferta de cereal e com a oferta derramada.

¹⁷ "No segundo dia preparem doze novilhos, dois carneiros e catorze cordeiros de um ano de idade, todos sem defeito. ¹⁸ Para a oferta de novilhos, carneiros e cordeiros, preparem ofertas derramadas e de cereal, de acordo com o número especificado. ¹⁹ Ofereçam também um bode como sacrifício pelo pecado, além do holocausto diário com a oferta derramada e com a oferta de cereal.

²⁰ "No terceiro dia preparem onze novilhos, dois carneiros e catorze cordeiros de um ano de idade, todos sem defeito. ²¹ Para a oferta de novilhos, carneiros e cordeiros, preparem ofertas derramadas e de cereal, de acordo com o número especificado. ²² Ofereçam também um bode como sacrifício pelo pecado, além do holocausto diário com a oferta derramada e com a oferta de cereal.

²³ "No quarto dia preparem dez novilhos, dois carneiros e catorze cordeiros de um ano de idade, todos sem defeito. ²⁴ Para a oferta de novilhos, carneiros e cordeiros, preparem ofertas derramadas e de cereal, de acordo com o número especificado. ²⁵ Ofereçam também um bode como sacrifício pelo pecado, além do holocausto diário com a oferta derramada e com a oferta de cereal.

²⁶ "No quinto dia preparem nove novilhos, dois carneiros e catorze cordeiros de um ano de idade, todos sem defeito. ²⁷ Para a oferta de novilhos, carneiros e cordeiros, preparem ofertas derramadas e de cereal, de acordo com o número especificado. ²⁸ Ofereçam também um bode como sacrifício pelo pecado, além do holocausto diário com a oferta derramada e com a oferta de cereal.

²⁹ "No sexto dia preparem oito novilhos, dois carneiros e catorze cordeiros de um ano de idade, todos sem defeito. ³⁰ Para a oferta de novilhos, carneiros e cordeiros, preparem ofertas derramadas e de cereal, de acordo com o número especificado. ³¹ Ofereçam também um bode como sacrifício pelo pecado, além do holocausto diário com a oferta derramada e com a oferta de cereal.

³² "No sétimo dia preparem sete novilhos, dois carneiros e catorze cordeiros de um ano de idade, todos sem defeito. ³³ Para a oferta de novilhos, carneiros e cordeiros, preparem ofertas derramadas e de cereal, de acordo com o número especificado. ³⁴ Ofereçam também um bode como sacrifício pelo pecado, além do holocausto diário com a oferta derramada e com a oferta de cereal.

³⁵ "No oitavo dia convoquem uma assembleia e não façam trabalho algum. ³⁶ Apresentem uma oferta preparada no fogo, de aroma agradável ao Senhor, um holocausto de um novilho, um carneiro e sete cordeiros de um ano, todos sem defeito. ³⁷ Para a oferta do novilho, do carneiro e dos cordeiros, preparem ofertas derramadas e de cereal, de acordo com o número especificado. ³⁸ Ofereçam também um bode como sacrifício pelo pecado, além do holocausto diário com a oferta derramada e com a oferta de cereal.

³⁹ "Além dos votos que fizerem e das ofertas voluntárias, preparem isto para o

Senhor nas festas[g] que são designadas a vocês: os holocaustos,[h] as ofertas derramadas, de cereal e de comunhão[1]".

⁴⁰ E Moisés comunicou aos israelitas tudo o que o Senhor lhe tinha ordenado.

A Regulamentação dos Votos

30 Moisés disse aos chefes das tribos de Israel:[i] "É isto que o Senhor ordena: ² Quando um homem fizer um voto ao Senhor ou um juramento que o obrigar a algum compromisso, não poderá quebrar a sua palavra, mas terá que cumprir tudo o que disse.[j]

³ "Quando uma moça que ainda vive na casa de seu pai fizer um voto ao Senhor ou obrigar-se por um compromisso ⁴ e seu pai souber do voto ou compromisso, mas nada lhe disser, então todos os votos e cada um dos compromissos pelos quais se obrigou serão válidos.[k] ⁵ Mas, se o pai a proibir quando souber do voto, nenhum dos votos ou dos compromissos pelos quais se obrigou será válido; o Senhor a livrará porque o seu pai a proibiu.

⁶ "Se ela se casar depois de fazer um voto[l] ou depois de seus lábios proferirem uma promessa precipitada pela qual obriga a si mesma ⁷ e o seu marido o souber, mas nada lhe disser no dia em que ficar sabendo, então os seus votos ou compromissos pelos quais ela se obrigou serão válidos. ⁸ Mas, se o seu marido[m] a proibir quando o souber, anulará o voto que a obriga ou a promessa precipitada pela qual ela se obrigou, e o Senhor a livrará.

⁹ "Qualquer voto ou compromisso assumido por uma viúva ou por uma mulher divorciada será válido.

¹⁰ "Se uma mulher que vive com o seu marido fizer um voto ou obrigar-se por juramento a um compromisso ¹¹ e o seu marido o souber, mas nada lhe disser e não a proibir, então todos os votos ou compromissos pelos quais ela se obrigou serão válidos. ¹² Mas, se o seu marido os anular quando deles souber, então nenhum dos votos ou compromissos que saíram de seus lábios será válido.[n] Seu marido os anulou, e o Senhor a livrará. ¹³ O marido poderá confirmar ou anular qualquer voto ou qualquer compromisso que a obrigue a humilhar-se². ¹⁴ Mas, se o marido nada lhe disser a respeito disso até o dia seguinte, com isso confirma todos os seus votos ou compromissos pelos quais se obrigou. Ele os confirma por nada lhe dizer quando os ouviu. ¹⁵ Se, contudo, ele os anular algum tempo depois de ouvi-los, ele sofrerá as consequências de sua iniquidade".

¹⁶ São essas as ordenanças que o Senhor deu a Moisés a respeito do relacionamento entre um homem e sua mulher, e entre um pai e sua filha moça que ainda vive na casa do pai.

A Vingança contra os Midianitas

31 O Senhor disse a Moisés: ² "Vingue-se dos midianitas[o] pelo que fizeram aos israelitas. Depois disso você será reunido aos seus antepassados".[p]

³ Então Moisés disse ao povo: "Armem alguns dos homens para irem à guerra contra os midianitas e executarem a vingança[q] do Senhor contra eles. ⁴ Enviem à batalha mil homens de cada tribo de Israel". ⁵ Doze mil homens armados para a guerra, mil de cada tribo, foram mandados pelos clãs de Israel. ⁶ Moisés os enviou à guerra, mil de cada tribo, juntamente com Fineias, filho do sacerdote Eleazar, que levou consigo objetos do santuário[r] e as cornetas[s] para o toque de guerra.

⁷ Lutaram então contra Midiã, conforme o Senhor tinha ordenado a Moisés, e mataram todos os homens.[t] ⁸ Entre os mortos estavam os cinco reis de Midiã:[u] Evi, Requém, Zur, Hur e Reba.[u] Também mataram à espada[w] Balaão, filho de Beor. ⁹ Os israelitas capturaram as mulheres e as crianças

---

[1] **29.39** Ou *de paz*   [2] **30.13** Ou *jejuar*

midianitas e tomaram como despojo todos os rebanhos e bens dos midianitas. ¹⁰ Queimaram todas as cidades em que os midianitas haviam se estabelecido, bem como todos os seus acampamentos.ˣ ¹¹ Tomaram todos os despojos, incluindo pessoas e animais,ʸ ¹² e levaram os prisioneiros, homens e mulheres, e os despojos a Moisés, ao sacerdote Eleazar e à comunidadeᶻ de Israel, em seu acampamento, nas campinas de Moabe, frente a Jericó¹.

¹³ Moisés, o sacerdote Eleazar e todos os líderes da comunidade saíram para recebê-los fora do acampamento. ¹⁴ Mas Moisés indignou-se contra os oficiais do exércitoᵃ que voltaram da guerra, os líderes de milhares e os líderes de centenas.

¹⁵ "Vocês deixaram todas as mulheres vivas?", perguntou-lhes. ¹⁶ "Foram elas que seguiram o conselhoᵇ de Balaão e levaram Israel a ser infiel ao Senhor no caso de Peor,ᶜ de modo que uma praga feriu a comunidade do Senhor. ¹⁷ Agora matem todos os meninos. E matem também todas as mulheres que se deitaram com homem,ᵈ ¹⁸ mas poupem todas as meninas virgens.

¹⁹ "Todos vocês que mataram alguém ou que tocaram em algum mortoᵉ ficarão sete dias fora do acampamento. No terceiro e no sétimo dia vocês deverão purificar a vocês mesmosᶠ e aos seus prisioneiros. ²⁰ Purifiquem toda roupaᵍ e também tudo o que é feito de couro, de pelo de bode ou de madeira."

²¹ Depois o sacerdote Eleazar disse aos soldados que tinham ido à guerra: "Esta é a exigência da lei que o Senhor ordenou a Moisés: ²² Ouro, prata, bronze, ferro,ʰ estanho, chumbo ²³ e tudo o que resiste ao fogo, vocês terão que passar pelo fogoⁱ para purificá-los, mas também deverão purificá-los com a água da purificação.ʲ E tudo o que não resistir ao fogo terá que passar pela água. ²⁴ No sétimo dia lavem as suas roupas, e vocês ficarão puros.ᵏ Depois, poderão entrar no acampamento".

A Divisão dos Despojos

²⁵ O Senhor disse a Moisés: ²⁶ "Você, o sacerdote Eleazar e os chefes das famílias da comunidade deverão contar todo o povoˡ e os animais capturados. ²⁷ Dividamᵐ os despojos pelos guerreiros que participaram da batalha e o restante da comunidade. ²⁸ Daquilo que os guerreiros trouxeram da guerra, separem como tributo ao Senhorⁿ um de cada quinhentos, sejam pessoas, bois, jumentos, ovelhas ou bodes. ²⁹ Tomem esse tributo da metade que foi dada como porção a eles e entreguem-no ao sacerdote Eleazar como a porção do Senhor. ³⁰ Da metade dada aos israelitas, escolham um de cada cinquenta, sejam pessoas, bois, jumentos, ovelhas ou bodes. Entreguem-nos aos levitas, encarregados de cuidar do tabernáculoᵒ do Senhor". ³¹ Moisés e o sacerdote Eleazar fizeram como o Senhor tinha ordenado a Moisés.

³² Os despojos que restaram da presa tomada pelos soldados foram 675.000 ovelhas, ³³ 72.000 cabeças de gado, ³⁴ 61.000 jumentos ³⁵ e 32.000 mulheres virgens.

³⁶ A metade dada aos que lutaram na guerra foi esta:
337.500 ovelhas, ³⁷ das quais o tributo para o Senhorᵖ foram 675;
³⁸ 36.000 cabeças de gado, das quais o tributo para o Senhor foram 72;
³⁹ 30.500 jumentos, dos quais o tributo para o Senhor foram 61;
⁴⁰ 16.000 pessoas, das quais o tributo para o Senhor foram 32.

⁴¹ Moisés deu o tributo ao sacerdote Eleazar como contribuiçãoᵠ ao Senhor, conforme o Senhor tinha ordenado a Moisés.

⁴² A outra metade, pertencente aos israelitas, Moisés separou da dos combatentes; ⁴³ essa era a metade pertencente à

---

¹ **31.12** Hebraico: *Jordão de Jericó*. Possivelmente um antigo nome do rio Jordão; também em 33.48, 50; 34.15; 35.1 e 36.13.

comunidade, com 337.500 ovelhas, ⁴⁴ 36.000 cabeças de gado, ⁴⁵ 30.500 jumentos ⁴⁶ e 16.000 pessoas. ⁴⁷ Da metade pertencente aos israelitas, Moisés escolheu um de cada cinquenta, tanto de pessoas como de animais, conforme o Senhor lhe tinha ordenado, e os entregou aos levitas, encarregados de cuidar do tabernáculo do Senhor.

⁴⁸ Então os oficiais que estavam sobre as unidades do exército, os líderes de milhares e os líderes de centenas foram a Moisés ⁴⁹ e lhe disseram: "Seus servos contaram os soldados sob o nosso comando, e não está faltando^r ninguém. ⁵⁰ Por isso trouxemos como oferta ao Senhor os artigos de ouro dos quais cada um de nós se apossou: braceletes, pulseiras, anéis-selo, brincos e colares; para fazer propiciação por nós^s perante o Senhor".

⁵¹ Moisés e o sacerdote Eleazar receberam deles todas as joias de ouro. ⁵² Todo o ouro dado pelos líderes de milhares e pelos líderes de centenas que Moisés e Eleazar apresentaram como contribuição ao Senhor pesou duzentos quilos¹. ⁵³ Cada soldado tinha tomado despojos^t para si mesmo. ⁵⁴ Moisés e o sacerdote Eleazar receberam o ouro dado pelos líderes de milhares e pelos líderes de centenas e o levaram para a Tenda do Encontro como memorial,^u para que o Senhor se lembrasse dos israelitas.

As Tribos de Rúben e de Gade se Estabelecem na Transjordânia

32 As tribos de Rúben e de Gade, donas de numerosos rebanhos, viram que as terras de Jazar^v e de Gileade eram próprias para a criação de gado.^w ² Por isso foram a Moisés, ao sacerdote Eleazar e aos líderes da comunidade e disseram: ³ "Atarote,^x Dibom, Jazar, Ninra,^y Hesbom, Eleale,^z Sebá, Nebo e Beom,^a ⁴ terras que o Senhor subjugou^b perante a comunidade de Israel, são próprias para a criação de gado,^c e os seus servos possuem gado". ⁵ E acrescentaram: "Se podemos contar com o favor de vocês, deixem que essa terra seja dada a estes seus servos como herança. Não nos façam atravessar o Jordão".

⁶ Moisés respondeu aos homens de Gade e de Rúben: "E os seus compatriotas irão à guerra enquanto vocês ficam aqui? ⁷ Por que vocês desencorajam os israelitas de entrar na terra que o Senhor lhes^d deu? ⁸ Foi isso que os pais de vocês fizeram quando os enviei de Cades-Barneia para verem a terra.^e ⁹ Depois de subirem ao vale de Escol^f e examinarem a terra, desencorajaram os israelitas de entrar na terra que o Senhor lhes tinha dado. ¹⁰ A ira do Senhor se acendeu^g naquele dia, e ele fez este juramento: ¹¹ 'Como não me seguiram de coração íntegro, nenhum dos homens de vinte anos para cima^h que saíram do Egito verá a terra que prometi sob juramento^i a Abraão, a Isaque e a Jacó,^j ¹² com exceção de Calebe, filho de Jefoné, o quenezeu, e Josué, filho de Num, que seguiram o Senhor com integridade de coração'^k. ¹³ A ira do Senhor acendeu-se contra Israel,^l e ele os fez andar errantes no deserto durante quarenta anos, até que passou toda a geração daqueles que lhe tinham desagradado com seu mau procedimento.^m

¹⁴ "E aí estão vocês, raça de pecadores, pondo-se no lugar dos seus antepassados e acendendo ainda mais a ira do Senhor contra Israel.^n ¹⁵ Se deixarem de segui-lo, de novo ele os abandonará no deserto, e vocês serão o motivo da destruição^o de todo este povo".

¹⁶ Então se aproximaram de Moisés e disseram: "Gostaríamos de construir aqui currais para o nosso gado^p e cidades para as nossas mulheres e para os nossos filhos. ¹⁷ Mas nós nos armaremos e estaremos prontos para ir à frente dos israelitas^q até que os tenhamos levado ao seu lugar.^r Enquanto isso, nossas mulheres e nossos filhos morarão em cidades fortificadas

---

¹ 31.52 Hebraico: *16.750 siclos*. Um siclo equivalia a 12 gramas.

31.49 ^rJr 23.4
31.50 ^sEx 30.16
31.53 ^tDt 20.14
31.54 ^uEx 28.12
32.1 ^vNm 21.32
^wEx 12.38
32.3 ^xv. 34
^yv. 36
^zv. 37
^aIs 15.4; 16.9; Jr 48.34
^bv. 38;
Js 13.17;
Ez 25.9
32.4 ^bNm 21.34
^cEx 12.38
32.7 ^dNm 13.27-14.4
32.8 ^eNm 13.3,26; Dt 1.19-25
32.9 ^fNm 13.23; Dt 1.24
32.10 ^gNm 11.1
32.11 ^hEx 30.14
^iNm 14.23
^jNm 14.28-30
32.12 ^kNm 14.24,30; Dt 1.36; Sl 63.8
32.13 ^lEx 4.14
^mNm 14.28-35; 26.64,65
32.14 ^nv. 10; Dt 1.34; Sl 78.59
32.15 ^oDt 30.17-18; 2Cr 7.20
32.16 ^pEx 12.38; Dt 3.19
32.17 ^qJs 4.12,13
^rNm 22.4; Dt 3.20

para se protegerem dos habitantes da terra. ¹⁸ Não retornaremos aos nossos lares enquanto todos os israelitas não receberem a sua herança.ˢ ¹⁹ Não receberemos herança alguma com eles do outro lado do Jordão, uma vez que a nossa herança nos seja dada no lado leste do Jordão".ᵗ

²⁰ Disse-lhes Moisés: "Se fizerem isso, se perante o Senhor vocês se armarem para a guerra,ᵘ ²¹ e se, armados, todos vocês atravessarem o Jordão perante o Senhor até que ele tenha expulsado os seus inimigos da frente dele, ²² então, quando a terra estiver subjugada perante o Senhor, vocês poderão voltarᵛ e estarão livres da sua obrigação para com o Senhor e para com Israel. E esta terra será propriedade de vocês perante o Senhor.ʷ

²³ "Mas, se vocês não fizerem isso, estarão pecando contra o Senhor; e estejam certos de que vocês não escaparãoˣ do pecado cometido. ²⁴ Construam cidades para as suas mulheres e crianças e currais para os seus rebanhos,ʸ mas façam o que vocês prometeram".ᶻ

²⁵ Então os homens de Gade e de Rúben disseram a Moisés: "Nós, seus servos, faremos como o meu senhor ordena. ²⁶ Nossos filhos e nossas mulheres, e todos os nossos rebanhos ficarão aqui nas cidades de Gileade.ᵃ ²⁷ Mas os seus servos, todos os homens armados para a batalha, atravessarão para lutar perante o Senhor, como o meu senhor está dizendo".

²⁸ Moisés deu as seguintes instruções acerca delesᵇ ao sacerdote Eleazar, a Josué, filho de Num, e aos chefes de família das tribos israelitas: ²⁹ "Se os homens de Gade e de Rúben, todos eles armados para a batalha, atravessarem o Jordão com vocês perante o Senhor, então, quando a terra for subjugada perante vocês, entreguem-lhes como propriedade a terra de Gileade. ³⁰ Mas, se não atravessarem armados com vocês, terão que aceitar a propriedade deles com vocês em Canaã".

³¹ Os homens de Gade e de Rúben responderam: "Os seus servos farão o que o Senhor disse.ᶜ ³² Atravessaremos o Jordão perante o Senhor e entraremos armados em Canaã, mas a propriedade que receberemos como herança estará deste lado do Jordão".

³³ Então Moisés deu às tribos de Gadeᵈ e de Rúben e à metade da tribo de Manassés, filho de José, o reino de Seom, rei dos amorreus,ᵉ e o reino de Ogue, rei de Basã, toda a terra com as suas cidades e o território ao redor delas.ᶠ

³⁴ A tribo de Gade construiu Dibom, Atarote, Aroer,ᵍ ³⁵ Atarote-Sofá, Jazar,ʰ Jogbeá, ³⁶ Bete-Ninraⁱ e Bete-Harã como cidades fortificadas e fez currais para os seus rebanhos. ³⁷ E a tribo de Rúben reconstruiu Hesbom, Eleale e Quiriataim, ³⁸ bem como Neboʲ e Baal-Meom (esses nomes foram mudados) e Sibma. E deu outros nomes a essas cidades.

³⁹ Os descendentes de Maquir,ᵏ filho de Manassés, foram a Gileade, tomaram posse dela e expulsaram os amorreus que lá estavam. ⁴⁰ Então Moisés deu Gileade aos maquiritas,ˡ descendentes de Manassés, e eles passaram a habitar ali. ⁴¹ Jair, descendente de Manassés, conquistou os povoados deles e os chamou Havote-Jairˡ.ᵐ ⁴² E Noba conquistou Quenate e os seus povoados e a chamou Noba, dando-lhe seu próprio nome.ⁿ

As Etapas da Viagem desde o Egito

33 Estas são as jornadas dos israelitas quando saíram do Egito,ᵒ organizados segundo as suas divisões, sob a liderança de Moisés e Arão.ᵖ ² Por ordem do Senhor Moisés registrou as etapas da jornada deles. Esta foi a jornada deles, por etapas:

³ Os israelitas partiram de Ramessés no décimo quinto dia do primeiro mês, no dia seguinte ao da Páscoa.ᵠ Saíram, marchando

---

ˡ **32.41** Ou *povoados de Jair*

desafiadoramente[r] à vista de todos os egípcios, **4** enquanto estes sepultavam o primeiro filho de cada um deles, que o SENHOR matou. O SENHOR impôs castigo aos seus deuses.[s]

5 Os israelitas partiram de Ramessés e acamparam em Sucote.[t]

6 Partiram de Sucote e acamparam em Etã, nos limites do deserto.[u]

7 Partiram de Etã, voltaram para Pi-Hairote, a leste de Baal-Zefom,[v] e acamparam perto de Migdol.[w]

8 Partiram de Pi-Hairote e atravessaram o mar,[x] chegando ao deserto, e, depois de viajarem três dias no deserto de Etã, acamparam em Mara.[y]

9 Partiram de Mara e foram para Elim, onde havia doze fontes e setenta palmeiras, e acamparam[z] ali.

10 Partiram de Elim e acamparam junto ao mar Vermelho.

11 Partiram do mar Vermelho e acamparam no deserto de Sim.[a]

12 Partiram do deserto de Sim e acamparam em Dofca.

13 Partiram de Dofca e acamparam em Alus.

14 Partiram de Alus e acamparam em Refidim, onde não havia água para o povo beber.

15 Partiram de Refidim[b] e acamparam no deserto do Sinai.[c]

16 Partiram do deserto do Sinai e acamparam em Quibrote-Hataavá.[d]

17 Partiram de Quibrote-Hataavá e acamparam em Hazerote.[e]

18 Partiram de Hazerote e acamparam em Ritmá.

19 Partiram de Ritmá e acamparam em Rimom-Perez.

20 Partiram de Rimom-Perez e acamparam em Libna.[f]

21 Partiram de Libna e acamparam em Rissa.

22 Partiram de Rissa e acamparam em Queelata.

23 Partiram de Queelata e acamparam no monte Séfer.

24 Partiram do monte Séfer e acamparam em Harada.

25 Partiram de Harada e acamparam em Maquelote.

26 Partiram de Maquelote e acamparam em Taate.

27 Partiram de Taate e acamparam em Terá.

28 Partiram de Terá e acamparam em Mitca.

29 Partiram de Mitca e acamparam em Hasmona.

30 Partiram de Hasmona e acamparam em Moserote.[g]

31 Partiram de Moserote e acamparam em Bene-Jaacã.

32 Partiram de Bene-Jaacã e acamparam em Hor-Gidgade.

33 Partiram de Hor-Gidgade e acamparam em Jotbatá.[h]

34 Partiram de Jotbatá e acamparam em Abrona.

35 Partiram de Abrona e acamparam em Eziom-Geber.[i]

36 Partiram de Eziom-Geber e acamparam em Cades, no deserto de Zim.[j]

37 Partiram de Cades e acamparam no monte Hor,[k] na fronteira de Edom.[l] **38** Por ordem do SENHOR, o sacerdote Arão subiu o monte Hor, onde morreu[m] no primeiro dia do quinto mês do quadragésimo ano depois que os israelitas saíram do Egito.[n] **39** Arão tinha cento e vinte e três anos de idade quando morreu no monte Hor.

40 O rei cananeu de Arade,[o] que vivia no Neguebe, na terra de Canaã, soube que os israelitas estavam chegando.

41 Eles partiram do monte Hor e acamparam em Zalmona.

42 Partiram de Zalmona e acamparam em Punom.

43 Partiram de Punom e acamparam em Obote.[p]

44 Partiram de Obote e acamparam em Ijé-Abarim, na fronteira de Moabe.[q]

⁴⁵ Partiram de Ijim¹ e acamparam em Dibom-Gade.

⁴⁶ Partiram de Dibom-Gade e acamparam em Almom-Diblataim.

⁴⁷ Partiram de Almom-Diblataim e acamparam nos montes de Abarim,ʳ defronte de Nebo.

⁴⁸ Partiram dos montes de Abarim e acamparam nas campinas de Moabe junto ao Jordão, frente a Jericó.ˢ ⁴⁹ Nas campinas de Moabe eles acamparam junto ao Jordão, desde Bete-Jesimote até Abel-Sitim.ᵗ

As Normas para a Ocupação e Distribuição de Canaã

⁵⁰ Nas campinas de Moabe, junto ao Jordão, frente a Jericó, o Senhor disse a Moisés: ⁵¹ "Diga aos israelitas: Quando vocês atravessarem o Jordão para entrar em Canaã,ᵘ ⁵² expulsem da frente de vocês todos os habitantes da terra. Destruam todas as imagens esculpidas e todos os ídolos fundidos, e derrubem todos os altares ᵛ idólatras deles. ⁵³ Apoderem-seʷ da terra e instalem-se nela, pois eu dei a vocês a terra para que dela tomem posse. ⁵⁴ Distribuam a terra por sorteio, de acordo com os seus clãs.ˣ Aos clãs maiores vocês darão uma herança maior, e aos menores, uma herança menor. Cada clã receberá a terra que lhe cair por sorte. Distribuam-na entre as tribos dos seus antepassados.

⁵⁵ "Se, contudo, vocês não expulsarem os habitantes da terra, aqueles que vocês permitirem ficar se tornarão farpas em seus olhos e espinhosʸ em suas costas. Eles causarão problemas para vocês na terra em que vocês irão morar. ⁵⁶ Então farei a vocês o mesmo que planejo fazer a eles".

As Fronteiras de Canaã

34 Disse mais o Senhor a Moisés: ² "Dê ordem aos israelitas e diga-lhes: Quando vocês entrarem em Canaã, a terra que será sorteada para vocês como herançaᶻ terá estas fronteiras:ᵃ

³ "O lado sul começará no deserto de Zim,ᵇ junto à fronteira de Edom. No leste, sua fronteira sul começará na extremidade do mar Salgado²,ᶜ ⁴ passará pelo sul da subida de Acrabim³,ᵈ prosseguirá até Zim e irá para o sul de Cades-Barneia.ᵉ Depois passará por Hazar-Adar e irá até Azmom, ⁵ onde fará uma curva e se juntará ao ribeiro do Egito,ᶠ indo terminar no Mar⁴.

⁶ A fronteira ocidental de vocês será o litoral do mar Grande. Será essa a fronteira do oeste.

⁷ Esta será a fronteiraᵍ norte: façam uma linha desde o mar Grande até o monte Hor, ⁸ e do monte Hor até Lebo-Hamate.ʰ O limite da fronteira será Zedade, ⁹ prosseguirá até Zifrom e terminará em Hazar-Enã. Será essa a fronteira norte de vocês.

¹⁰ Esta será a fronteira oriental: façam uma linha de Hazar-Enã até Sefã. ¹¹ A fronteira descerá de Sefã até Ribla,ⁱ no lado oriental de Aim, e prosseguirá ao longo das encostas a leste do mar de Quinerete⁵,ʲ ¹² A fronteira descerá ao longo do Jordão e terminará no mar Salgado.

Será essa a terra de vocês, com as suas fronteiras de todos os lados".

¹³ Moisés ordenou aos israelitas: "Distribuam a terra por sorteio como herança.ᵏ O Senhor ordenou que seja dada às nove tribos e meia, ¹⁴ porque as famílias da tribo de Rúben, da tribo de Gade e da metade da tribo de Manassés já receberam a herançaˡ delas. ¹⁵ Estas duas tribos e meia receberam sua herança no lado leste do Jordão, frente a Jericó, na direção do nascer do sol".

¹⁶ O Senhor disse a Moisés: ¹⁷ "Estes são os nomes dos homens que deverão distribuir a terra a vocês como herança: o sacerdote Eleazar e Josué,ᵐ filho de Num. ¹⁸ Designem um líder de cada tribo para

---

¹ **33.45** Isto é, Ijé-Abarim.
² **34.3** Isto é, o mar Morto; também no versículo 12.
³ **34.4** Isto é, dos Escorpiões.
⁴ **34.5** Isto é, o Mediterrâneo; também nos versículos 6 e 7.
⁵ **34.11** Isto é, mar da Galileia.

ajudar[n] a distribuir a terra. ¹⁹ Estes são os seus nomes:

Calebe,[o] filho de Jefoné,
da tribo de Judá;[p]
²⁰ Samuel, filho de Amiúde,
da tribo de Simeão;[q]
²¹ Elidade, filho de Quislom,
da tribo de Benjamim;[r]
²² Buqui, filho de Jogli,
o líder da tribo de Dã;
²³ Haniel, filho de Éfode,
o líder da tribo de Manassés,
filho de José;
²⁴ Quemuel, filho de Siftã,
o líder da tribo de Efraim,
filho de José;
²⁵ Elisafã, filho de Parnaque,
o líder da tribo de Zebulom;
²⁶ Paltiel, filho de Azã,
o líder da tribo de Issacar;
²⁷ Aiúde, filho de Selomi,
o líder da tribo de Aser;[s]
²⁸ Pedael, filho de Amiúde,
o líder da tribo de Naftali".

²⁹ Foram esses os homens a quem o SENHOR ordenou que distribuíssem a herança aos israelitas na terra de Canaã.

As Cidades dos Levitas

35 Nas campinas de Moabe, junto ao Jordão, frente a Jericó, o SENHOR disse a Moisés: ² "Ordene aos israelitas que, da herança que possuem, deem cidades para os levitas morarem.[t] E deem-lhes também pastagens ao redor das cidades. ³ Assim eles terão cidades para habitar e pastagens para o gado, para os rebanhos e para todos os seus outros animais de criação.

⁴ "As pastagens ao redor das cidades que vocês derem aos levitas se estenderão para fora quatrocentos e cinquenta metros[1], a partir do muro da cidade. ⁵ Do lado de fora da cidade, meçam novecentos metros para o lado leste, para o lado sul, para o lado oeste e para o lado norte, tendo a cidade no centro. Eles terão essa área para pastagens das cidades.

⁶ "Seis das cidades que vocês derem aos levitas serão cidades de refúgio, para onde poderá fugir[u] quem tiver matado alguém. Além disso, deem a eles outras quarenta e duas cidades. ⁷ Ao todo, vocês darão aos levitas quarenta e oito cidades, juntamente com as suas pastagens. ⁸ As cidades que derem aos levitas, das terras dos israelitas, deverão ser dadas proporcionalmente à herança de cada tribo; tomem muitas cidades da tribo que tem muitas, mas poucas da que tem poucas".[v]

As Cidades de Refúgio

⁹ Disse também o SENHOR a Moisés: ¹⁰ "Diga aos israelitas: Quando vocês atravessarem o Jordão e entrarem em Canaã,[w] ¹¹ escolham algumas cidades para serem suas cidades de refúgio, para onde poderá fugir quem tiver matado alguém[x] sem intenção.[y] ¹² Elas serão locais de refúgio contra o vingador[z] da vítima, a fim de que alguém acusado de assassinato não morra antes de apresentar-se para julgamento perante a comunidade. ¹³ As seis cidades que vocês derem serão suas cidades de refúgio. ¹⁴ Designem três cidades de refúgio deste lado do Jordão e três outras em Canaã. ¹⁵ As seis cidades servirão de refúgio para os israelitas, para os estrangeiros residentes e para quaisquer outros estrangeiros que vivam entre eles, para que todo aquele que tiver matado alguém sem intenção possa fugir para lá.

¹⁶ "Se um homem ferir alguém com um objeto de ferro de modo que essa pessoa morra, ele é assassino; o assassino terá que ser executado.[a] ¹⁷ Ou, se alguém tiver nas mãos uma pedra que possa matar e ferir uma pessoa de modo que ela morra, é assassino; o assassino terá que ser executado. ¹⁸ Ou, se alguém tiver nas mãos um pedaço

---

[1] 35.4 Hebraico: *1.000 côvados*. O côvado era uma medida linear de cerca de 45 centímetros.

34.18
[n] Nm 1.4,16
34.19
[o] Nm 26.65
[p] Gn 29.35;
Dt 33.7
34.20
[q] Gn 49.5
34.21
[r] Gn 49.27;
Sl 68.27
34.27
[s] Nm 1.40
35.2
[t] Lv 25.32-34;
Js 14.3,4
35.6
[u] Js 20.7-9;
21.3,13
35.8
[v] Nm 26.54;
33.54
Js 21.1-42
35.10
[w] Js 20.2
35.11
[x] v. 22-25
[y] Ex 21.13;
Dt 19.1-13
35.12
[z] Dt 19.6;
Js 20.3
35.16
[a] Ex 21.12;
Lv 24.17

de madeira que possa matar e ferir uma pessoa de modo que ela morra, é assassino; o assassino terá que ser executado. ¹⁹ O vingador da vítima matará o assassino; quando o encontrar o matará.ᵇ ²⁰ Se alguém, com ódio, empurrar uma pessoa premeditadamenteᶜ ou atirar alguma coisa contra ela de modo que ela morra, ²¹ ou se com hostilidade der-lhe um soco provocando a sua morte, ele terá que ser executado; é assassino. O vingador da vítima matará o assassino quando encontrá-lo.

²² "Todavia, se alguém, sem hostilidade, empurrar uma pessoa ou atirar alguma coisa contra ela sem intenção,ᵈ ²³ ou se, sem vê-la, deixar cair sobre ela uma pedra que possa matá-la, e ela morrer, então, como não era sua inimiga e não pretendia feri-la, ²⁴ a comunidadeᵉ deverá julgar entre ele e o vingador da vítima de acordo com essas leis. ²⁵ A comunidade protegerá o acusado de assassinato do vingador da vítima e o enviará de volta à cidade de refúgio para onde tinha fugido. Ali permanecerá até a morte do sumo sacerdote, que foi ungido com o óleo santo.ᶠ

²⁶ "Se, contudo, o acusado sair dos limites da cidade de refúgio para onde fugiu ²⁷ e o vingador da vítima o encontrar fora da cidade, ele poderá matar o acusado sem ser culpado de assassinato. ²⁸ O acusado deverá permanecer em sua cidade de refúgio até a morte do sumo sacerdote; somente depois da morte do sumo sacerdote poderá voltar à sua propriedade.

²⁹ "Estas exigênciasᵍ legais serão para vocês e para as suas futuras gerações, onde quer que vocês vivam.

³⁰ "Quem matar uma pessoa terá que ser executado como assassino mediante depoimento de testemunhas. Mas ninguém será executado mediante o depoimento de apenas uma testemunha.ʰ

³¹ "Não aceitem resgate pela vida de um assassino; ele merece morrer. Certamente terá que ser executado.

³² "Não aceitem resgate por alguém que tenha fugido para uma cidade de refúgio, permitindo que ele retorne e viva em sua própria terra antes da morte do sumo sacerdote.

³³ "Não profanem a terra onde vocês estão. O derramamento de sangue profana a terra,ⁱ e só se pode fazer propiciação em favor da terra em que se derramou sangue, mediante o sangue do assassino que o derramou. ³⁴ Não contaminem a terraʲ onde vocês vivem e onde eu habito,ᵏ pois eu, o Senhor, habito entre os israelitas".

A Lei da Herança das Mulheres: o Caso das Filhas de Zelofeade

36 Os chefes de família do clã de Gileade,ˡ filho de Maquir, neto de Manassés, que pertenciam aos clãs dos descendentes de José, foram falar com Moisés e com os líderes,ᵐ os chefes das famílias israelitas. ² E disseram: "Quando o Senhor ordenou ao meu senhor que, por sorteio, desse a terra como herança aos israelitas, ordenou que vocês dessem a herança de nosso irmão Zelofeadeⁿ às suas filhas. ³ Agora, suponham que elas se casem com homens de outras tribos israelitas; nesse caso a herança delas será tirada da herança dos nossos antepassados e acrescentada à herança da tribo com a qual se unirem pelo casamento. ⁴ Quando chegar o ano do Jubileuᵒ para os israelitas, a herança delas será acrescentada à da tribo com a qual se unirem pelo casamento, e a propriedade delas será tirada da herança da tribo de nossos antepassados".

⁵ Então, instruído pelo Senhor, Moisés deu esta ordem aos israelitas: "A tribo dos descendentes de José tem razão. ⁶ É isto que o Senhor ordena quanto às filhas de Zelofeade: Elas poderão casar-se com quem lhes agradar, contanto que se casem dentro do clã da tribo de seu pai. ⁷ Nenhuma herançaᵖ em Israel poderá passar de uma tribo para outra, pois todos os israelitas manterão as terras das tribos que herdaram de

seus antepassados. ⁸ Toda filha que herdar terras em qualquer tribo israelita se casará com alguém do clã da tribo de seu pai,ᵍ para que cada israelita possua a herança dos seus antepassados. ⁹ Nenhuma herança poderá passar de uma tribo para outra, pois cada tribo israelita deverá manter as terras que herdou".

¹⁰ As filhas de Zelofeade fizeram conforme o Senhor havia ordenado a Moisés. ¹¹ As filhas de Zelofeade, Maalá, Tirza, Hogla, Milca e Noa,ʳ casaram-se com seus primos paternos, ¹² dentro dos clãs dos descendentes de Manassés, filho de José, e a herança delas permaneceu no clã e na tribo de seu pai.

¹³ São esses os mandamentos e as ordenanças que o Senhor deu aos israelitas por intermédio de Moisésˢ nas campinas de Moabe, junto ao Jordão, frente a Jericó.ᵗ

36.8
ᵍ1Cr 23.22
36.11
ʳNm 26.33; 27.1
36.13
ˢLv 26.46; 27.34
ᵗNm 22.1

LIDERANÇA ESPIRITUAL

 ## Conduzindo mudanças

> *Aconteceu que o povo começou a queixar-se das suas dificuldades aos ouvidos do Senhor. [...] Um bando de estrangeiros que havia no meio deles encheu-se de gula, e até os próprios israelitas tornaram a queixar-se e diziam: "Ah, se tivéssemos carne para comer! Nós nos lembramos dos peixes que comíamos de graça no Egito, e também dos pepinos, das melancias, dos alhos-porós, das cebolas e dos alhos. Mas agora perdemos o apetite; nunca vemos nada, a não ser este maná!"*
>
> Números 11.1,4-6

Mudanças são difíceis para todos — pastores, líderes leigos, membros da igreja. Mas, de acordo com Números 11, sempre foi difícil. O povo da época de Moisés foi miraculosamente liberto de uma cruel escravidão do Egito, mas, mesmo assim, ansiavam pelos "velhos e bons tempos" quando comiam alhos-porós e cebolas. Em vez de abraçar os ventos da liberdade, reclamavam, desejavam carne, lamuriavam e choravam. Algumas coisas nunca mudam — como nossa resistência à mudança!

Um dos maiores desafios seus como líder será conduzir mudanças. Como escreve Larry Osborne: "As batalhas mais cruéis raramente serão sobre questões teológicas. Muito mais frequentemente, serão travadas contra mudanças, às vezes, até a mínima mudança.". Alegro-me em dizer que esta seção está repleta de princípios bíblicos para conduzir a sua comunidade — e você mesmo — ao longo de mudanças. Então, respire fundo, descanse em Deus, aprenda com estes sábios mentores e prepare-se para conduzir o seu povo com coragem e brandura na próxima onda de mudanças que atravessem juntos.

LIDERANÇA ESPIRITUAL

Um processo cristocêntrico de mudanças
Gordon MacDonald

Certa vez, rodei com o meu carro pelo menos 40 mil quilômetros sem trocar o óleo do motor, e o resíduo formado no motor do carro provocou um enorme estrago. O mesmo tipo de formação de resíduo pode ser encontrado em muitas igrejas que estão precisando de uma revisão geral, mas nas quais há um princípio teológico que impede qualquer alteração. Tomando as sete igrejas mencionadas em Apocalipse 2 e 3, identifico um processo ou estrutura de mudança para a sua igreja que está baseada nas palavras do próprio Jesus. Mudança real, profunda, começa com os seguintes cinco compromissos de uma igreja que deseja experimentar o poder de Cristo.

1. Reconheça a autoridade de Cristo

Cada uma das cartas começa com as mesmas palavras: "Estas são as palavras...". O tema aqui é autoridade. João de fato está declarando que a mensagem que anuncia vem do próprio Cristo, o mesmo *Cristo* misticamente descrito no primeiro capítulo de Apocalipse, no qual a visão de João inclui uma descrição notável sobre o Jesus glorificado: cabeça e cabelos brancos como a lã, pés como bronze reluzindo numa fornalha, voz como o som de muitas águas, boca de onde se projeta uma espada de dois gumes. "Sua face era como o sol quando brilha em todo o seu fulgor" (v. 16). Que palavras! Que imagem!

"Quando o vi, caí aos seus pés como morto", continua Paulo. Não estamos acostumados a ver alguém prostrado aos pés do Senhor, paralisado em silêncio e espanto, pronto para ouvir, pronto para obedecer. Talvez seja aí que comecem as verdadeiras reviravoltas: os líderes e o povo prostrados, em silêncio, para ouvir Jesus. Sem apresentações visuais mirabolantes, sem efeitos especiais, sem teclado ou guitarras, sem consultores. Apenas as pessoas ouvindo Jesus, que fala com autoridade.

Deixe que as palavras de Jesus purifiquem você:

> "Estas são as palavras daquele que é o Primeiro e o Último [...] daquele que tem a espada afiada de dois gumes [...] do Filho de Deus, cujos olhos são como chama de fogo [...] daquele que tem os sete espíritos [...] daquele que é santo e verdadeiro [...] do Amém, a testemunha fiel e verdadeira, *o soberano da criação de Deus*."

Qualquer comunidade que não interrompe seu próprio caminho e começa a ouvir palavras vindas dessa fonte talvez já esteja muito longe para retornar.

2. Aceite a afirmação de Cristo

As cartas têm em comum outra semelhança: "Conheço as suas obras [...]". Na maioria dos casos segue uma declaração positiva. Fico impressionado como o Filho de Deus realmente conhece essas "obras". As obras são abrangentes: trabalho árduo, perseverança, intolerância à *maldade, sofrimento, fidelidade,* amor, boa reputação na vida e fidelidade à palavra de Deus. A grande maioria dessas igrejas desfrutava de um passado glorioso.

Acho instrutivo que o Filho de Deus se lembre dos feitos passados dessas igrejas. Alguns líderes não se lembram. Eles são rápidos demais para bombardear, acusar ou até zombar da história. Deploram as condições presentes e esquecem-se de que houve momentos de grande bênção e alegria: momentos que devem ser celebrados. Impressiono-me com o fato de que Jesus se lembre desses momentos e não os despreze.

3. Aceite as alegações de Jesus
Essas cartas também contêm palavras duras quando Jesus afirma: "Contra você, porém, tenho isto [...]". Frases como essa se repetem várias vezes. E deveriam provocar um temor sagrado. O Filho de Deus não minimiza facilmente o resíduo acumulado. Ele agora se torna o mecânico que identifica o problema e a necessidade de reparo. Na maioria das cartas, há acusações e advertências pontuais. Jesus não fala em termos vagos, esperando que as pessoas leiam sua mente e se comovam profundamente com seu aborrecimento. Não; ele vai direto ao assunto: "você abandonou o seu primeiro amor. Arrependa-se! [...] Você está prestes a sofrer [...] você tolera [...] imoralidade sexual [...] aprenderam [...] os profundos segredos de Satanás [...] não achei suas obras perfeitas [...] Acordem! [...] você não é frio nem quente [...] compre colírio para ungir os seus olhos e poder enxergar".

4. Ouça as instruções de Jesus
As sete cartas às igrejas com resíduos a serem tratados têm outra semelhança. Cada uma delas prossegue em direção a uma conclusão à sua maneira com a seguinte afirmação: "Aquele que tem ouvidos ouça [...]". Qual é a implicação disso? Nem todos estão dispostos a ouvir, nem todos concordam que seja necessário remover o resíduo. Algumas cartas concluem: "[...] ouça o que o Espírito diz às igrejas.". Evidentemente, nem todos ouvem. "Àquele que vencer e fizer a minha vontade [...] obedeça e arrependa-se!". E o mais belo de todos os convites: "Eis que estou à porta e bato. Se alguém ouvir a minha voz e abrir a porta, entrarei e cearei com ele, e ele comigo.". Pense nisso! O Filho de Deus como hóspede! Quem concordaria em abrir a porta? Que igreja? Que pessoa? Dá-se a impressão de que as comunidades têm a opção de abrir a porta, assim como os indivíduos. Mas as elas também são capazes de trancar a porta assim como nós somos.

5. Creia nas promessas de Jesus
Há uma última semelhança entre as cartas: uma promessa e uma afirmação de confiança. Para as que se arrependem e se livram dos resíduos:

> "darei o direito de comer da árvore da vida [...] darei do maná escondido [...]. darei uma pedra branca com um novo nome nela inscrito [...] darei autoridade sobre as nações [...] darei a estrela da manhã [...] jamais apagarei o seu nome do livro da vida, mas o reconhecerei diante do meu Pai e dos seus anjos [...]. Farei [dele] uma coluna no santuário do meu Deus [...] o darei o direito de sentar-se comigo em meu trono".

Dificilmente leio essas promessas sem encher os olhos de lágrimas. Elas descrevem algo que as igrejas provarão e que está muito além do que a maioria vive hoje. O resíduo acumulado impede muitos de nós de experimentar a realidade descrita no parágrafo anterior.

LIDERANÇA ESPIRITUAL

Por que nos contentamos com tão pouco? Quando as igrejas reconhecem a autoridade e a promessa de Cristo, os líderes têm apenas uma escolha: consertar o estrago provocado pelo resíduo e deixar Cristo entrar para que ele transforme a igreja.

Antes de introduzir mudanças
Bruce Boria

Promover mudanças em uma organização não é fácil. Qualquer pessoa que já dirigiu uma igreja concordaria. Como um líder começa a fazer as mudanças necessárias? John Kotter, um especialista em liderança da Escola de Administração de Harvard, estudou como as melhores organizações realmente "executam" importantes mudanças. Ele sugere que mudanças úteis tendem a envolver um processo de múltiplas etapas que cria força e motivação suficientes para superar a inércia, os obstáculos e a inevitável resistência. Em seu livro *Liderando mudanças*, Kotter esboça um processo em oito etapas:

1. Estabeleça o senso de urgência.
2. Forme uma coalizão administrativa.
3. Desenvolva uma visão e uma estratégia.
4. Comunique a visão de mudança.
5. Possibilite ação abrangente.
6. Promova conquistas de curto prazo.
7. Consolide as conquistas e produza mais mudanças.
8. Insira novas abordagens na cultura da organização.

Descobri que esse processo tem implicações substanciais para conduzir mudanças em uma igreja. Na opinião de Kotter, os primeiros três passos são necessários para quebrar o gelo de um *status quo* enrijecido. Os passos de quatro a sete introduzem um série de novas práticas. E o último passo consolida as mudanças na cultura da organização.

A maioria das igrejas que desejam introduzir mudanças comete o erro de começar na quarta etapa: comunicar a visão. Mas Kotter alerta para o fato de que mudanças duradouras não terão êxito caso os primeiros três passos não sejam implementados. Sem os primeiros três passos, dificilmente haverá um fundamento suficientemente sólido para promover mudanças duradouras. Veja a seguir o que precisa ser feito antes de promover mudanças e lançar uma nova visão.

Estabeleça um senso de urgência

Estabelecer um senso de urgência significa que as pessoas na igreja reconhecerão que há um problema real. Em geral, até que tenham um senso de que algo deva ser feito, as pessoas têm a tendência de negá-lo. Isso pode ser decorrente da acomodação obtida por sucessos do passado, a falta de uma crise visível, um baixo padrão de atuação ou um vago entendimento sobre o propósito da igreja. Outras igrejas estão paralisadas por causa da complexidade da mudança. A reação típica de uma comunidade é tornar-se passiva. Seja *qual for a causa, tal complacência deve ser extirpada*. É necessário haver honestidade — conversa franca e aberta com informações precisas.

Conduzindo mudanças

Forme uma coalizão administrativa

É igualmente necessário formar um grupo diversificado, uma "coalizão", para desenvolver e planejar possíveis mudanças. Infelizmente, os líderes normalmente demoram a perceber a importância disso. Em seu entusiasmo, eles com frequência saem disparados à frente da comunidade e depois acenam para que os outros os sigam. Meu pai, um fuzileiro naval de carreira dos EUA, me alertava de que se um líder olhar para trás e perceber que ninguém o está seguindo é porque ele deixou de ser líder; na verdade, estará simplesmente dando um passeio. Boa parte dos líderes tende a fazer passeios solitários.

Os líderes frequentemente deixam de formar uma coalizão administrativa que trabalhe com eles para garantir que as mudanças sejam efetuadas. Mas é fundamental que eles reúnam outras pessoas com influência e autoridade suficientes para que as mudanças não sejam apenas resultado de um projeto pessoal do líder. Um grupo que trabalhe junto pode realizar muito mais do que o que os indivíduos seriam capazes de fazer separadamente. O benefício da solidariedade do grupo em uma comunidade é imensurável.

Formar uma coalizão de homens e mulheres de influência ajuda a silenciar as vozes de descontentamento e confrontar os semeadores de discórdias. Também ajuda a remover os obstáculos às mudanças e a promover uma atitude renovada e saudável à medida que novos desafios são enfrentados.

Desenvolva uma visão e uma estratégia

Visão e estratégia são mais fáceis de ser cumpridas quando há um senso de urgência que seja amplamente reconhecido e receba a atenção de uma coalizão administrativa. Além disso, é preciso haver clareza tanto do propósito quanto do processo. A liderança inclui o desenvolvimento de uma visão clara e de uma estratégia.

Conduzir mudanças não é como a prática de esporte individual. E não começa com o "lançamento de uma visão". É necessário que o líder dedique todo esforço possível para criar um senso de urgência, construir uma coalizão administrativa, engajada e informada, e articular tanto uma visão quanto uma estratégia. Tudo isso trará nova vida aos ministérios da igreja. O caminho para a mudança não deve ser o caminho mais curto.

Quatro passos para pavimentar o caminho em direção à mudança
Larry Osborne

Um velho fazendeiro disse certa vez: "Vá devagar. As igrejas são muito parecidas com os cavalos: não gostam de ser assustadas ou surpreendidas. Isso lhes provoca desvio de conduta".

As batalhas mais cruéis raramente giram em torno de questões teológicas. É muito mais provável que estejam relacionadas a mudanças, às vezes a mudanças mínimas. Mas os cristãos não são os únicos a reagir negativamente às mudanças. Esse é um fenômeno encontrado em qualquer grupo. Quer as mudanças afetem apenas um pequeno grupo quer toda uma comunidade, estes quatro passos ajudarão a pavimentar o caminho:

1. Conheça as águas

Comece tentando descobrir como as pessoas reagiriam caso as mudanças fossem efetivadas. As autoridades governamentais são mestres nisso. Muito antes de implantar uma proposta grandiosa, elas deixam vazar um esquema preliminar de suas ideias ou legislação proposta, daí ficam de longe analisando a reação. A ideia foi rejeitada com veemência? Foi amplamente elogiada? Quais foram os pontos criticados pelos adversários? Quais críticas foram legítimas? E, mais importante, que mudanças serão necessárias antes de tornar a proposta oficial?

Na liderança da igreja, é importante começar perguntando a um grupo representativo — membros da diretoria, formadores de opinião e membros que participam da igreja — o que eles pensam da ideia ou sobre as possíveis mudanças. Se a mudança for radial ou insignificante, os líderes precisam procurar entender a reação deles.

O modo mais eficaz de fazer isso é perguntar às pessoas em grupos sociais pequenos. Grupos grandes tendem a silenciar os introvertidos e inibir franqueza, ao passo que em ambientes formais ou apresentações gerais a maioria das pessoas suponha que o líder está pedindo aprovação, não a opinião das pessoas. Mas nesse estágio não é hora de pedir aprovação nem desaprovação. Antes, os líderes devem simplesmente tentar entender as reações iniciais das pessoas sobre a ideia básica.

Examinar as águas ajuda os líderes a perceber se sua insatisfação com uma determinada realidade é compartilhada pelos demais. Caso não seja, os líderes devem diminuir o ritmo e ajudar as pessoas a perceber a necessidade de mudança. Isso também permite que os líderes determinem quais aspectos de uma proposta provocarão maior resistência e de quem procederá mais provavelmente a resistência. Aí, sim, o líder estará preparado para dar o passo seguinte.

2. Escute os resistentes e responda a suas dúvidas

As pessoas que resistem às ideias dos líderes são às vezes chamadas de *adversárias*. Mas, em vez de enxergá-las como inimigas a serem vencidas, os líderes sábios começam a enxergá-las como *conselheiras*. Elas são, na verdade, um vínculo necessário no processo de transformação de uma boa ideia em uma excelente ideia. A resistência delas é proveitosa. Como uma dor no corpo, a resistência permite que o líder reconheça que algo precisa ser ajustado.

Ao escutar os "oponentes", o líder descobrirá antecipadamente alguns obstáculos, possibilitando a realização da mudança menos traumática para todos. Os resistentes também ensinarão o líder quais barreiras psicológicas ocultas deverão ser superadas. Líderes eficientes desejam saber quais áreas de resistência mais provavelmente surgirão para que possam adaptar sua apresentação a fim de tratar e superar as barreiras.

Ouvir e reagir à resistência sempre será altamente recompensador. Líderes eficazes não concedem aos críticos o poder de veto; na maioria das vezes, entendem que os que criticam são pessoas sinceras e inteligentes, que estão preocupadas com a igreja. Ao ouvir atentamente suas objeções, um líder será capaz de amadurecer muito mais suas ideias.

3. Venda a ideia a alguns indivíduos antes de apresentá-la aos grupos

Uma das regras básicas, porém frequentemente ignorada, sobre a persuasão de grupo é vender a ideia a algumas pessoas antes de apresentá-la a um grupo. Há três razões para essa estratégia. Primeiro, reações iniciais às mudanças são, em geral, negativas. Segundo, reações públicas tornam-se registros públicos, e posições públicas são difíceis de mudar. Terceiro, a maioria das pessoas não vai adotar uma nova ideia até que perceba que os outros também concordam.

Naturalmente, na realidade, algumas pessoas serão contrárias a qualquer tipo de mudança — o tipo de pessoa que provavelmente votaria contra até mesmo a segunda vinda de Cristo se tivesse a oportunidade. Diante de tal oposição, os líderes prosseguem para a última fase do processo de mudança.

4. Lidere com ousadia

Isso não significa passar por cima dos que discordam do líder com um rolo compressor. Simplesmente significa prosseguir adiante em defesa de uma causa: manifestar claramente sua opinião e fazer tudo que tiver a seu alcance para persuadir os indecisos a acompanhá-lo.

Para muitos líderes, esse tipo de liderança não acontece facilmente. Vai contra sua imagem de ministro como pastor manso. Às vezes, pode significar ofender um irmão querido ou um apoiador de longa data, até mesmo perder uma família-chave. Contudo, é necessário ter uma liderança ousada; do contrário, a inércia impedirá as mudanças necessárias. O temor de desagradar a alguns pode dar margem a que um punhado de críticos resista a um exército de apoiadores. O ministério resultante será parecido com um ônibus com um acelerador e cinquenta freios. O grau de ousadia de um líder dependerá da resposta a várias perguntas:

- *É a vontade de Deus?* Quanto mais claramente os líderes entendem sua liderança, mais ousados desejarão ser.
- *Qual será o preço disso?* O preço corresponde ao que o líder pagará pela ousadia em defender a causa. Se o custo da mudança for excessivo, a ousadia na liderança não será sinal de virtude; será sinal de estupidez.
- *A quem nós perderemos?* Nenhum ministério manterá todas as pessoas felizes. Será inevitável perder alguns membros para a igreja vizinha. A única questão é: quem serão elas?
- *Quanto tempo eu pretendo permanecer aqui?* Liderar com ousadia exige permanência longa. Por que causar desequilíbrio em um corpo resultante das mudanças se o líder não pretende permanecer ali para ajudá-lo a se reequilibrar? Por que arriscar afastar alguns importantes membros antigos se o líder não ficará para ajudar os novos a adquirir um senso de pertencimento?

Como saber a hora de mudar
Gordon MacDonald

Quando assumi o meu primeiro pastorado no início dos anos 1960, dizia-se que a igreja era irrelevante, talvez obsoleta. Parecia que toda semana alguém surgia na cidade com um programa para salvar a igreja moribunda. Hoje as coisas não são muito diferentes. Os futuristas, demógrafos e publicitários oferecem mais soluções do que a maioria dos líderes consegue dar conta. Estas são algumas maneiras de os líderes decidirem se está ou não na hora de promover mudanças:

Comece com os joelhos
Quando eu estava desnorteado sobre que caminho tomar com a minha igreja, um senhor idoso e sábio me disse: "Há uma solução para você e a igreja, mas não deixe ninguém tomar o lugar entre você e Deus na busca por essa solução.". Hoje percebo mais do que nunca a importância desse conselho. Estratégias, técnicas, recursos e talentos ministeriais são abundantes. Tudo isso é maravilhoso; contudo, também perturbador e potencialmente perigoso. É preciso que o líder esteja de joelhos em oração para encontrar a essência.

Valorize mais o habitual e menos a novidade
Líderes eficazes aprendem a ser fiéis às rotinas da vida e do ministério antes de tentar uma "transformação radical" — algo tão sedutor ao espírito jovem e ambicioso. Em outras palavras, os líderes fazem a *coisa certa* antes de tentar fazer a *grande mudança*. Essas rotinas são o pão com manteiga da vida comunitária: ser confiável, buscar excelência, cuidar dos que sofrem, ser leal ao estilo bíblico de vida, exaltar a Cristo e desenvolver pessoas.

Aprenda as lições da história
A história do movimento cristão fornece um lastro ao ministério em tempos de turbulência e transformações culturais. A história nos ensina que praticamente tudo já foi tentado anteriormente de uma maneira ou outra. A história revela tanto as possibilidades quanto as armadilhas.

Procure modelos de inspiração
No decorrer dos anos, tenho percebido que o Deus de toda a verdade salpicou em toda parte da criação alguns *insights*. Por exemplo, a famosa ode de Matthew Arnold ao pai, "Rugby Chapel", é um excelente comentário sobre o tipo de liderança que se recusa a cair no esquecimento ou ser igual aos demais:

> *Se, pelos caminhos deste mundo,*
> *As pedras machucaram os teus pés,*
> *A labuta e o desânimo abateram o teu espírito —*
> *Disso nada vimos.*
> *Para nós, tu foste alegre, prestativo e resoluto.*

Mantenha-se fundamentado nas Escrituras
José, Isaías, Esdras, Neemias, João Batista e Paulo ensinam aos líderes a perseverar, a se reerguer depois de um fracasso, a lidar com a derrota e a manter os olhos na missão que Deus lhes deu. Imaginem o que eles pensariam se vissem os panfletos que chegam às igrejas hoje *convidando líderes a algum* lugar exótico com o objetivo de obter novos conhecimentos ministeriais. Eles provavelmente compreenderiam a ambiguidade que o líder enfrenta

Conduzindo mudanças

quando diz: "Tudo isso é bom, mas em algum momento desse processo, eu preciso ficar no meu lugar e colocá-lo em prática.".

Como promover mudanças numa igreja pequena
Kathy Callahan, Gary Farley & Martin Giese

Baseado numa entrevista concedida ao *Leadership Journal*, os três veteranos de pequenas igrejas oferecem os seguintes princípios de como fazer crescer uma pequena igreja sem perder aquele precioso aconchego familiar.

Dê tempo para conquistar a confiança
Em uma igreja pequena, diferentes pessoas podem estar à frente das celebrações promovidas. Bons líderes têm a sensibilidade de saber quando precisam estar à frente e quando devem permanecer na retaguarda. Com o passar do tempo, à medida que as pessoas percebem que os líderes não estão ali para seu próprio engrandecimento, elas terão mais confiança.

Busque verdadeiro consenso
Não se surpreenda quando as sugestões de alguém forem aprovadas sem discussão, mas depois não forem executadas. As verdadeiras decisões são conduzidas após o término das reuniões oficiais, quando as pessoas estão no cafezinho ou se encontram no saguão da igreja, ou enquanto recordam as decisões da reunião e as ratificam ou revogam. O ponto-chave aqui é o consenso. A igreja pequena gravita em direção ao consenso e fica ansiosa quando não há, pelo menos, uma percepção disso.

Seja cauteloso
Pode ser devastador para uma igreja pequena, de repente, se tornar a igreja "da moda" — os sermões são bons, a música é animada, de modo que se torna o lugar ideal para se estar. Os membros podem sentir-se invadidos, principalmente se de repente a igreja recebe uma avalanche de pessoas descontentes de uma igreja dividida ou de pessoas frustradas com sua igreja de origem. Um crescimento cauteloso por meio de conversões torna mais fácil acolher novas pessoas.

Seja sensível aos interesses das pessoas
Líderes devem se reunir com pessoas que parecem estressadas a respeito de como a igreja está mudando. Um líder poderá dizer: "Muitas coisas aconteceram por aqui ao longo dos anos, e o templo está ficando pequeno para nós. Não é fácil. Mas sabe de uma coisa? O Senhor está respondendo às nossas orações. Não é estranho que uma resposta de oração cause um pouco de sofrimento e exija alguns ajustes?".

Celebre as conquistas — passadas e presentes
Talvez o que o líder de uma pequena igreja quer realizar — como uma Escola Bíblia de Férias — não seja grande coisa para os padrões de uma grande igreja, mas é muito positivo para

LIDERANÇA ESPIRITUAL

essa igreja. Se o líder agir em torno desse senso de realização, em algum momento as pessoas entenderão a visão. Por exemplo, quando uma igreja estava para mudar para seu novo templo, o zelador de 80 anos de idade contou como ele tinha cavado com a mão o porão da velha igreja — com a pá. Quando os jovens que estavam animados para deixar o velho templo e mudar para o novo descobriram isso, entenderam o quanto a mudança estava sendo difícil para aquele zelador. Os jovens tiveram respeito redobrado pela contribuição dos antigos membros, e os antigos se sentiram reconhecidos e preparados para mudar.

Dê valor aos líderes existentes
Toda igreja tem pessoas que já são líderes. A credibilidade dos líderes aumenta à medida que reconhecem outros líderes que Deus pôs na igreja. Com o passar do tempo, eles abrem as portas para outras oportunidades de liderança.

Seja fiel nas coisas certas
Igrejas lutam e morrem quando persistem em ser fiéis nas coisas erradas — por exemplo, um programa que foi eficaz no fim dos anos 1940. Precisamos de igrejas biblicamente eficazes em todas as faixas etárias. No Reino de Deus, não existe ministério insignificante.

Como lidar com reclamações sobre mudanças
Mark Wheeler

O quadro de funcionários da igreja, membros da diretoria e líderes são os para-raios naturais para os queixosos. Com medo de expressar publicamente suas objeções ou confrontar o pastor diretamente, os descontentes podem causar grave dano quando focam só coisas negativas — ou pior, quando espalham falsos rumores ou informação sobre a liderança. Eis quatro princípios bíblicos que ajudam os líderes a lidar com reclamações sobre mudança:

1. Fique atento à força das reclamações
Se os líderes não tiverem cuidado, as pessoas que reclamam podem facilmente se tornar um Absalão na entrada da igreja, conquistando o coração dos membros da igreja (veja 2Samuel 15). Como para o filho do rei Davi, é fácil para alguns começar a pensar que as coisas seriam diferentes se eles estivessem no comando, de que eles são a resposta para os problemas. Alguns são tentados a pensar que eles estão mais "em contato" com as pessoas do que o pastor. Quando encontram apoio para seu modo de pensar, podem se tornar catalisadores de uma luta por poder ou divisão na igreja.

2. Siga o modelo bíblico de confronto direto
Em vez de fazer o papel de Absalão, líderes e membros de igreja devem seguir o modelo *bíblico da confrontação* (Mateus 18.15-17). Ao ouvir a reclamação de alguém, em vez de dar atenção aos rumores, o membro pode perguntar ao que reclama: "Você já conversou

com o pastor sobre isso?". Caso não tenha, esse membro deve educadamente orientá-lo a procurar o pastor a fim de seguir o que as Escrituras dizem sobre confrontação, sem comentar suas preocupações. Mas, se a pessoa já falou com o pastor e a questão não foi resolvida, o membro deve encorajá-la a seguir as instruções de Cristo e levar outra pessoa consigo para uma conversa particular com o pastor. Se mesmo assim aquilo não se resolver, então o caso deve ser levado à liderança oficial da igreja.

3. Se negue a aceitar a linguagem do "eles"

Os líderes de igreja devem fazer que todos adotem a regra do "eles". Quando o líder ouvir "Dizem" ou "Várias pessoas estão incomodadas", deve pedir que o reclamante diga quem são "eles". É difícil saber quão grave é uma determinada situação se o líder não consegue saber se "eles" são uma pessoa ou cem pessoas. Se o indivíduo que traz a crítica não se dispõe a identificar quem são "eles" ou a pedir que conversem diretamente com a parte que os ofendeu, o líder tem o direito de decidir não dar ouvidos às acusações. Afinal, o fim da vida de Absalão mostra o risco de buscar aprovação da multidão.

4. Confie o futuro da igreja a Deus

Em vez de seguir a rebeldia de Absalão, um exemplo muito melhor para nós é o respeito de Davi por seu superior, Saul. Em vez de manipular o presente para seus próprios fins, os líderes precisam ficar tranquilos e confiar o futuro a Deus.

Ao manter o coração puro e em perspectiva, os líderes se disciplinam a fazer duas coisas. Primeiro, oram por seu rebanho diariamente. É difícil as pessoas criticarem um líder que ora por elas. Elevá-las diante de Deus tende a dissipar qualquer frustração e ajudar o líder a enxergá-las como Deus a enxerga. Segundo, os líderes devem lembrar a si mesmos que em última instância estão servindo a Cristo e seu projeto, não um projeto particular. Cristo foi alvo de constantes críticas e reclamações, contudo continuou confiando sua alma ao cuidado do Pai celestial (Lucas 23.46; 1Pedro 4.19).

Como fazer as "grandes" mudanças
Harold Glen Brown

Algumas mudanças serão realizadas sem provocar grande irritação na igreja. Mas há também uma porção de pequenas mudanças que podem gerar conflitos. Essas mudanças quase sempre produzem sofrimento, não importa o contexto da igreja. No entanto, os líderes-pastores podem fazer a si mesmos e à igreja um grande favor se anteverem possíveis turbulências como resultado de mudanças arriscadas.

Identifique as questões comuns das "grandes" mudanças

Alguns líderes introduzem com alegria algumas mudanças supondo que elas não perturbarão o *status quo* — pelo menos, não tanto. Infelizmente, frequentemente ficam cegos pela intensidade da resistência à mudança. Ainda que a mudança seja necessária, é importante introduzi-la com olhar atento, examinando criteriosamente os riscos e consequências da mudança, principalmente quanto às seguintes transições:

- *Mudança de lugar.* Muitos membros se apegarão ao velho templo e local, independentemente de toda a argumentação em favor da mudança. Objetos e espaços sentimentais — um vitral, um altar, uma sala especial, ou mesmo as dependências da igreja — podem ser o suficiente para estalar a tristeza da mudança.
- *Começando um projeto de construção.* Todo projeto de construção exige planejamento criterioso para se evitar conflitos desastrosos. A decisão de construir, o método de financiá-lo, a escolha do arquiteto e da arquitetura, e a escolha da mobília e decoração são apenas algumas das decisões que podem causar sérios problemas se não forem tratadas com habilidade.
- *Redecorar ou renovar o templo.* Redecorar um templo existente pode causar tanto problema quanto construir uma nova igreja.
- *Demitir um funcionário ou voluntário de longa data.* Alguns membros podem ter grandes problemas quando o líder substitui uma pessoa de sua equipe ministerial.
- *Mudar o horário do culto ou da escola bíblica.* Qualquer mudança no horário das atividades do domingo poderá atrapalhar algumas pessoas. Uma mudança proposta pode ser vantajosa para os pais, mas desvantajosa para casais sem filhos, ou vice-versa. Algumas famílias podem desejar ter escola bíblica no mesmo horário do culto, mas os pais podem preferir participar tanto do culto quanto da escola bíblica e por isso desejar que os filhos também tenham o mesmo horário.
- *Revisar o estilo litúrgico, musical ou a atmosfera do culto dominical.* Não importa o estilo, os participantes geralmente sentirão mais seguros quando rodeados do que é familiar.
- *Trocar qualquer objeto que tenha sido doado por alguma família da igreja.* Os doadores, suas famílias e amigos provavelmente farão objeção a qualquer mudança que substituirá algum artigo com o qual se identificam histórica ou emocionalmente.

Conheça e honre a tradição local

Mesmo que um novo ministro resolva não fazer nenhuma mudança na igreja durante algum tempo, os membros podem sentir a eliminação da tradição, porque o novo líder é diferente dos ministros anteriores. Por esse motivo, é fundamental que os ministros conheçam algo sobre seus antecessores.

Naturalmente, um novo líder pode dar atenção demais à história da igreja. Os opositores veementes do ministro anterior podem ser leais apoiadores de outro. Os membros periféricos de um pastorado podem se tornar parte central da liderança da igreja num novo pastorado. Os líderes nunca devem deixar de atuar por se sentirem vítimas de antigos "donos" da igreja, antigas mágoas ou velhos problemas.

É fácil que pensem que uma igreja nova ou jovem não terá vacas sagradas, e eles nunca ouvirão: "Nós nunca fizemos desse jeito antes". Mas até mesmo projetos de implantação de igreja não estão livres de tradições. Os membros frequentemente carregam suas próprias *bagagens de preconceitos* e tradições para a nova igreja. Algumas pessoas irão automaticamente agir de acordo com o que se fazia em sua antiga igreja.

Conduzindo mudanças

Promova mudanças em pequenas etapas
Se possível, os líderes devem promover mudanças gradualmente ou no início de forma temporária. O ministro deve ser capaz de fazer a transição de modo tão gradual que a igreja nem perceba. Empresas que se submetem a uma nova administração frequentemente adotam essa prática. A antiga marca da empresa desaparece com o tempo e a nova marca surge gradualmente. O público não perceberá a mudança de proprietário e marca até que seja um fato consumado. Quando isso acontecer, o público já terá aceitado completamente a nova marca.

Procure a amizade dos tradicionalistas
É bom que os líderes deem alguma atenção àqueles cujo ego está preso ao *status quo* ou que seja particularmente resistente à mudança. Uma visita cordial pode fazer que os resistentes a mudanças passem a cooperar e apoiar, porque seus sentimentos são levados em conta e acolhidos antes de uma decisão ser tomada. No mínimo, uma visita poderá inibir uma forte oposição; poderá até arrancar dos oponentes apoio entusiasta ao se sentirem envolvidos no processo de mudança.

Comece com mudanças realizáveis
Quanto mais demora para que uma igreja realize mudanças em suas políticas, programas, estrutura física, vestuário ou tradições, mais difícil será mudar algo. É como tentar dobrar um chapéu: num chapéu relativamente novo, é fácil mudar o lugar da dobra; mas depois que a dobra já se firmou no lugar, é difícil criar uma nova.

Líderes que estiverem numa igreja que não seja inovadora podem preferir concentrar-se inicialmente em mudanças menos suscetíveis de provocar intensa oposição. Eles devem evitar mudanças apenas pelo bem da mudança, mas devem também reconhecer que o sucesso cria o momento ideal. Em outras palavras, uma mudança benfeita tornará as pessoas mais abertas para futuras mudanças.

Cinco verdades para conduzir mudanças no estilo da adoração
Steve Bierly

Diferenças reais sobre estilos musicais nos cultos podem provocar intenso conflito e até dividir uma igreja. Cada grupo de pessoas envolvidas no debate acredita estar defendendo a maneira com a qual Deus verdadeiramente deseja ser adorado. É possível que as igrejas ponham um ponto final nessa questão? Durante intensas "batalhas sobre a adoração", os líderes devem auxiliar a igreja a ter paz sobre isso apontando as seguintes verdades:

1. Disputas sobre a forma de adoração não são novidade
Os líderes podem lembrar aqueles que gostam de hinos que os que eles consideram tradicionais foram no passado novos, radicais e controvertidos. O compositor sacro Isaac Watts compôs sua música em reação à música aceita pela igreja em sua época. Hoje seus

hinos (incluindo "Ao contemplar a rude cruz"; "É este dia do Senhor"; "Por meus pecados padeceu"*) fazem parte do repertório da igreja de tal maneira que é difícil imaginar que um dia foram novidade.

Por outro lado, aqueles que insistem em que as canções contemporâneas são o único modo de adorar a Deus não podem desprezar dois mil anos de história da Igreja. Aqueles que nos antecederam têm muito a nos ensinar sobre quem Deus é e como devemos nos chegar a ele. Uma das razões de essa postura não ser sempre bem-aceita é que frequentemente os pastores delegam a escolha das músicas do culto a um grupo de talentosos músicos leigos. Mas esses grupos geralmente têm uma predisposição aos cânticos atuais. Melhor seria se os líderes buscassem a colaboração de grupos de louvor, mas também garantissem que, como líderes, tenham a palavra final sobre quais canções serão escolhidas. Isso ajuda a manter o equilíbrio do culto e a evitar críticas desnecessárias. Ao aceitar essa responsabilidade, os líderes em geral protegem o grupo de louvor de possíveis críticas, pois os dardos em geral param no líder.

2. Cristo nos une, mas não nossas preferências musicais

As igrejas do Novo Testamento eram formadas por pessoas de diferentes idades, gêneros, raças e condições socioeconômicas que se reuniam por causa da fé comum em Jesus. Cristo lhes outorgou identidade; consequentemente, unidade. Numa época de nichos publicitários, nos acostumamos a ter as coisas do nosso jeito. Mas realmente precisamos de igrejas que tenham uma única predileção? O que aconteceria se pessoas de diferentes gostos musicais se entrosassem por causa de seu compromisso comum com Cristo? Que testemunho será para a sociedade!

3. Mantenha o culto como experiência coletiva, não individual

O culto comunitário é simplesmente isto — comunitário. Como seria o culto de uma igreja se o líder perguntasse repetidamente: "Como posso me unir aos que estão ao meu redor?" em vez de: "Que proveito terei com isso?". Estilos individuais de adoração, apesar de válidos para uma ocasião especial, às vezes precisam ser deixados de lado para que Deus toque em toda a comunidade. Na privacidade do lar, os líderes podem tocar a música de que gostam, aumentar o volume e repetir a mesma faixa musical quantas vezes quiserem. Mas, durante a adoração comunitária, é preciso respeitar a necessidade de todos. É isso que Paulo ensina em 1Coríntios 12.13-25: "Pois em um só corpo todos nós fomos batizados em um único Espírito [...]" (v. 13).

4. Amor significa sacrifício

As Escrituras exortam os cristãos a amar uns aos outros do mesmo modo com o qual Jesus amou a Igreja (veja João 13.34). Isso significa sacrifício — dedicando-nos àqueles que estão ao nosso redor. Em nenhum lugar no Novo Testamento os cristãos são orientados a gastar tempo e energia para atingir 100% de concordância. Pelo contrário; as Escrituras deixam claro que os cristãos *nem* sempre estarão de acordo (Atos 15.36-40), mas devemos,

---

* Versão do *Hinário para o Culto Cristão*, Santo André, Geográfica, 1990.

conforme as palavras de Paulo, "aceit[ar-nos] uns aos outros, da mesma forma com que Cristo [nos] aceitou, a fim de que [...] glorifiquem[os] a Deus" (Romanos 15.7).

Baseado nessa verdade, é importante levar os membros da igreja a pensar nas seguintes questões: "Você não me ama o suficiente para cantar as canções de que gosto? Eu não amo você o suficiente para cantar os seus hinos?". Se a resposta for negativa, então os problemas da igreja são muito mais profundos do que o tipo de música que deve ser tocado no culto (veja 1João 3.14-16).

5. Cada igreja é singular

Deus cria cada igreja de modo singular; nunca haverá duas exatamente iguais. A resposta à pergunta "Por que não podemos ser mais parecidos com a igreja do outro lado da rua?" deve ser "Porque nós não somos aquela igreja". A questão não é se a igreja pode ou não mudar; mudança faz parte da vida e é parte vital de uma comunidade. Mas a mudança, em geral, é gradual. Muitas vezes as pessoas reclamam: "Mas e se a igreja fizer uma escala para cantar hinos uma vez por mês? Ainda assim temos de cantar aquelas canções enfadonhas todos os domingos.". Ou: "Realmente cantamos cânticos de adoração, mas apenas dez minutos antes de o culto começar. É como se a igreja estivesse dizendo que eles não são necessários.".

Nem sempre as pessoas podem ver que justamente aquilo que mais as incomoda no culto de domingo é um passo adiante para incluir o que desejam mais. À medida que a comunidade passa a aceitar novas músicas, a liderança, muitas vezes, se torna mais receptiva a fazer mudanças.

Conhecendo tendências

Introdução a DEUTERONÔMIO

PANO DE FUNDO

Os israelitas vaguearam pelo deserto durante quarenta anos. Uma tentativa anterior de entrar na terra que lhes fora prometida resultou em rebelião e medo. Deus castigou seu povo recusando-se a dar-lhes a terra. Antes, eles vaguearam até que a geração que tinha saído do Egito morresse. Deus cumpriu sua promessa nos filhos e netos deles. Agora esses filhos cresceram, tornaram-se adultos e, mais uma vez, estão prontos a entrar na terra. Moisés reúne o povo para um último discurso, para lembrá-los de onde vieram e o que Deus tinha planejado para eles no futuro.

Presume-se que Moisés seja o autor de todo o Deuteronômio, menos de seu último capítulo. O título do livro vem da palavra grega *deuteronomion*, que significa "repetição da Lei", e se refere à frase que aparece em 17.18. O título hebraico repete a primeira frase do texto: "Estas são as palavras" (1.1). O Novo Testamento cita Deuteronômio cerca de 80 vezes, incluindo as três vezes em que Jesus rebateu a tentação com passagens bíblicas (v. Mateus 4; Lucas 4).

MENSAGEM

Ainda que Moisés esteja abençoado com saúde, Deus revela que sua morte é iminente (32.48-52). Em razão de seu pecado (Números 20.1-13), Moisés não poderá entrar na terra prometida; ele a verá do alto da montanha e depois morrerá. Sua última tarefa é fazer o povo lembrar-se de sua aliança com Deus.

O livro contém três discursos de Moisés, incluindo as últimas palavras ao povo que liderou durante quarenta anos. Moisés relembra seu povo de sua história e sua herança. Essa nova geração, adverte Moisés, faria bem se aprendesse com os erros de seus pais. O amado líder dos filhos de Israel deixa bem claro o que Deus quer. As séries de bênçãos para a obediência e maldições para a desobediência (28.1-68) serão vividamente ilustradas na recontagem que os Livros Históricos fazem dos vários reis de Israel e Judá.

ÉPOCA

O livro de Deuteronômio foi escrito provavelmente em 1406 a.C.

ESBOÇO

I. O primeiro discurso de Moisés	1.1—4.49
II. O segundo discurso de Moisés	
A. Os Dez Mandamentos e outras leis	5.1—11.32
B. O culto, as festas e outras leis	12.1—27.26
C. Bênçãos da obediência	28.1-14
D. Maldições da desobediência	28.15-68
III. O terceiro discurso de Moisés	29.1—30.20
IV. Os últimos dias de Moisés	31.1—34.12

A Ordem para Partir de Horebe

1 Estas são as palavras ditas por Moisés a todo o Israel no deserto, a leste do Jordão, na Arabá, defronte de Sufe, entre Parã e Tofel, Labã, Hazerote e Di-Zaabe. **2** Em onze dias se vai de Horebe[a] a Cades-Barneia[b] pelo caminho dos montes de Seir.

3 No quadragésimo ano,[c] no primeiro dia do décimo primeiro mês, Moisés proclamou[d] aos israelitas todas as ordens do Senhor acerca deles. **4** Isso foi depois que ele derrotou Seom,[e] rei dos amorreus, que habitava em Hesbom,[f] e, em Edrei, derrotou Ogue,[g] rei de Basã, que habitava em Asterote.

5 A leste do Jordão, na terra de Moabe, Moisés tomou sobre si a responsabilidade de expor esta lei:

6 "O Senhor, o nosso Deus, disse-nos[h] em Horebe:[i] 'Vocês já ficaram bastante tempo nesta montanha. **7** Levantem acampamento e avancem para a serra dos amorreus; vão a todos os povos vizinhos na Arabá, nas montanhas, na Sefelá,[1] no Neguebe[j] e ao longo do litoral, à terra dos cananeus e ao Líbano,[k] até o grande rio, o Eufrates.

8 "'Ponho esta terra diante de vocês. Entrem e tomem posse da terra que o Senhor prometeu sob juramento[l] dar aos seus antepassados, Abraão, Isaque e Jacó, e aos seus descendentes'.

A Nomeação de Líderes

9 "Naquela ocasião eu disse a vocês: Não posso levá-los sozinho.[m] **10** O Senhor, o seu Deus, os fez multiplicar-se de tal modo que hoje vocês são tão numerosos[n] quanto as estrelas do céu.[o] **11** Que o Senhor, o Deus dos seus antepassados, os multiplique mil vezes mais e os abençoe, conforme prometeu a vocês![p] **12** Mas como poderei levar sozinho as suas cargas, os seus problemas, e as suas disputas? **13** Escolham homens sábios, criteriosos e experientes[q] de cada uma de suas tribos, e eu os colocarei como chefes de vocês.

14 "Vocês me disseram que essa era uma boa proposta.

15 "Então convoquei[r] os chefes das tribos, homens sábios e experientes, e os designei para chefes de mil, de cem, de cinquenta e de dez, além de oficiais para cada tribo.

16 "Naquela ocasião ordenei aos seus juízes: Atendam as demandas de seus irmãos e julguem com justiça,[s] não só as questões entre os seus compatriotas mas também entre um israelita e um estrangeiro.[t] **17** Não sejam parciais[u] no julgamento! Atendam tanto o pequeno como o grande. Não se deixem intimidar por ninguém,[v] pois o veredicto pertence a Deus. Tragam-me os casos mais difíceis e eu os ouvirei.[w] **18** Naquela ocasião eu ordenei a vocês tudo o que deveriam fazer.

A Expedição de Reconhecimento da Terra

19 "Depois, conforme o Senhor, o nosso Deus, nos tinha ordenado, partimos de Horebe e fomos para a terra dos amorreus, passando por todo aquele imenso e terrível deserto[x] que vocês viram, e assim chegamos a Cades-Barneia.[y] **20** Então eu disse a vocês: Vocês chegaram à terra dos amorreus, a qual o Senhor, o nosso Deus, nos dá. **21** Vejam, o Senhor, o seu Deus, põe diante de vocês esta terra. Entrem na terra e tomem posse dela, conforme o Senhor, o Deus dos seus antepassados, disse a vocês. Não tenham medo[z] nem desanimem.

22 "Vocês todos vieram dizer-me: 'Mandemos alguns homens à nossa frente em missão de reconhecimento da região, para que nos indiquem por qual caminho subiremos e a quais cidades iremos'.

23 "A sugestão pareceu-me boa; por isso escolhi[a] doze de vocês, um homem de cada tribo. **24** Eles subiram a região montanhosa, chegaram ao vale de Escol[b] e o exploraram. **25** Trouxeram alguns frutos da região, com o seguinte relato:[c] 'Essa terra que o Senhor, o nosso Deus, nos dá é boa'.

A Rebelião contra o Senhor

26 "Vocês, contudo, não quiseram ir[d] e se rebelaram contra a ordem do Senhor, o

---

[1] **1.7** Pequena faixa de terra de relevo variável entre a planície costeira e as montanhas.

seu Deus. ²⁷ Queixaram-se em suas tendas, dizendo: 'O Senhor nos odeia; por isso nos trouxe do Egito para nos entregar nas mãos dos amorreus e destruir-nos. ²⁸ Para onde iremos? Nossos compatriotas nos desanimaram quando disseram: "O povo é mais forte e mais alto^f do que nós; as cidades são grandes, com muros que vão até o céu. Vimos ali os enaquins".^g

²⁹ "Então eu disse a vocês: Não fiquem apavorados; não tenham medo deles. ³⁰ O Senhor, o seu Deus, que está indo à frente de vocês, lutará^h por vocês, diante de seus próprios olhos, como fez no Egito. ³¹ Também no deserto vocês viram como o Senhor, o seu Deus, os carregou,^i como um pai carrega seu filho, por todo o caminho que percorreram até chegarem a este lugar.

³² "Apesar disso, vocês não confiaram^j no Senhor, o seu Deus, ³³ que foi à frente de vocês, numa coluna de fogo de noite e numa nuvem de dia,^k procurando^l lugares para vocês acamparem e mostrando a vocês-lhes o caminho que deviam seguir.

O Castigo dos Israelitas

³⁴ "Quando o Senhor ouviu o que vocês diziam, irou-se e jurou:^m ³⁵ 'Ninguém desta geração má verá a boa terra^n que jurei dar aos seus antepassados, ³⁶ exceto Calebe, filho de Jefoné. Ele a verá, e eu darei a ele e a seus descendentes a terra em que pisou, pois seguiu o Senhor de todo o coração'.^o

³⁷ "Por causa de vocês o Senhor irou-se^p contra mim e me disse: 'Você também não entrará^q na terra. ³⁸ Mas o seu auxiliar, Josué,^r filho de Num, entrará. Encoraje-o,^s pois ele fará^t com que Israel tome posse dela. ³⁹ E as crianças que vocês disseram que seriam levadas como despojo,^u os seus filhos que ainda não distinguem^v entre o bem e o mal, *eles entrarão na terra. Eu a darei a eles, e eles tomarão posse dela.* ⁴⁰ Mas quanto a vocês, deem meia-volta e partam para o deserto pelo caminho do mar Vermelho'.^w

⁴¹ "Então vocês responderam: 'Pecamos contra o Senhor. Nós subiremos e lutaremos, conforme tudo o que o Senhor, o nosso Deus, nos ordenou'. Cada um de vocês preparou-se com as suas armas de guerra, achando que seria fácil subir a região montanhosa.

⁴² "Mas o Senhor me disse: 'Diga-lhes que não subam nem lutem, porque não estarei com eles. Serão derrotados pelos seus inimigos'.^x

⁴³ "Eu disse isso a vocês, mas vocês não me deram ouvidos, rebelaram-se contra o Senhor e, com presunção, subiram a região montanhosa. ⁴⁴ Os amorreus que lá viviam os atacaram, os perseguiram como um enxame de abelhas^y e os arrasaram desde Seir até Hormá. ⁴⁵ Vocês voltaram e choraram perante o Senhor, mas ele não ouviu o seu clamor nem deu atenção a vocês. ⁴⁶ Então vocês ficaram em Cades,^z onde permaneceram muito tempo.

Os Anos no Deserto

2 "Então demos meia-volta e partimos para o deserto pelo caminho do mar Vermelho,^a como o Senhor me havia ordenado. E por muitos anos caminhamos em redor dos montes de Seir.

² "Então o Senhor me disse: ³ 'Vocês já caminharam bastante tempo ao redor destas montanhas; agora vão para o norte. ⁴ E diga ao povo:^b Vocês estão passando pelo território de seus irmãos, os descendentes de Esaú, que vivem em Seir. Eles terão medo de vocês, mas tenham muito cuidado. ⁵ Não os provoquem, pois não darei a vocês parte alguma da terra deles, nem mesmo o espaço de um pé. Já dei a Esaú a posse dos montes de Seir.^c ⁶ Vocês lhes pagarão com prata a comida que comerem e a água que beberem'.

⁷ "Pois o Senhor, o seu Deus, os tem abençoado em tudo o que vocês têm feito. Ele cuidou^d de vocês em sua jornada por este grande deserto. Nestes quarenta anos o Senhor, o seu Deus, tem estado com vocês, e não tem faltado coisa alguma a vocês.

⁸ "Assim, passamos ao largo de nossos irmãos, os descendentes de Esaú, que habitam em Seir. Saímos da rota da Arabá, de Elate e de Eziom-Geber.ᵉ Voltamos e fomos pela rota do deserto de Moabe.ᶠ

⁹ "Então o SENHOR me disse: 'Não perturbem os moabitas nem os provoquem à guerra, pois não darei a vocês parte alguma da terra deles, pois já entreguei a região de Arᵍ aos descendentes de Ló'.ʰ

¹⁰ (Antigamente os eminsⁱ habitavam nessa terra; eram um povo forte e numeroso, alto como os enaquins.ʲ ¹¹ Como os enaquins, eles também eram considerados refains, mas os moabitas os chamavam emins. ¹² Também em Seir antigamente habitavam os horeus. Mas os descendentes de Esaú os expulsaram e os exterminaram e se estabeleceram no seu lugar, tal como Israel fezᵏ com a terra que o SENHOR lhe deu.)

¹³ " 'Agora levantem-se! Atravessem o vale de Zerede.' Assim atravessamos o vale.

¹⁴ "Passaram-se trinta e oito anos entre a época em que partimos de Cades-Barneiaˡ e a nossa travessia do vale de Zerede, período no qual pereceu do acampamento toda aquela geraçãoᵐ de homens de guerra, conforme o SENHOR lhes havia juradoⁿ. ¹⁵ A mão do SENHOR caiu sobre eles e por fim os eliminouᵒ completamente do acampamento.

¹⁶ "Depois que todos os guerreiros do povo tinham morrido, ¹⁷ o SENHOR me disse: ¹⁸ 'Vocês estão prestes a passar pelo território de Moabe, pela região de Ar, ¹⁹ e vão chegar perto da fronteira dos amonitas.ᵖ Não sejam hostis a eles, pois não darei a vocês parte alguma da terra dos amonitas, pois eu a entreguei aos descendentes de Ló'.ᵖ

²⁰ (Essa região também era considerada terra dos refains, que ali habitaram no passado. Os amonitas os chamavam zanzumins. ²¹ Eram fortes, numerosos e altos como os enaquins.ʳ O SENHOR os exterminou, e os amonitas os expulsaram e se estabeleceram em seu lugar. ²² O SENHOR fez o mesmo em favor dos descendentes de Esaú que vivem em Seir,ˢ quando exterminou os horeus diante deles. Os descendentes de Esaú os expulsaram e se estabeleceram em seu lugar até hoje. ²³ Foi o que também aconteceu aos aveus,ᵗ que viviam em povoados próximos de Gaza; os caftoritas,ᵘ vindos de Caftor¹ᵛ, os destruíram e se estabeleceram em seu lugar.)

A Vitória sobre Seom, Rei de Hesbom

²⁴ " 'Vão agora e atravessem o ribeiro do Arnom.ʷ Vejam que eu entreguei em suas mãos o amorreu Seom, rei de Hesbom, e a terra dele. Comecem a ocupação, entrem em guerra contra ele. ²⁵ Hoje mesmo começarei a infundir pavorˣ e medoʸ de vocês em todos os povos debaixo do céu. Quando ouvirem da fama de vocês, tremerãoᶻ e ficarão angustiados.'

²⁶ "Do deserto de Quedemote enviei mensageiros a Seom, rei de Hesbom, oferecendo paz e dizendo: ²⁷ Deixa-nos passar pela tua terra. Iremos somente pela estrada; não nos desviaremos nem para a direita nem para a esquerda.ᵃ ²⁸ Por prata nos venderás tanto a comida que comermos como a água que bebermos. Apenas deixa-nos passar a pé,ᵇ ²⁹ como fizeram os descendentes de Esaú, que habitam em Seir, e os moabitas, que habitam em Ar. Assim chegaremos ao Jordão, e, atravessando-o, à terra que o SENHOR, o nosso Deus, nos dá. ³⁰ Mas Seom, rei de Hesbom, não quis deixar-nos passar; pois o SENHOR,ᶜ o Deus de vocês, tornou-lhe obstinadoᵈ o espírito e endureceu-lhe o coração, para entregá-lo nas mãos de vocês, como hoje se vê.

³¹ "O SENHOR me disse: 'Estou entregando a você Seom e sua terra. Comece a ocupação, tome posse da terra dele!'ᵉ

³² "Então Seom saiu à batalhaᶠ contra nós em Jaza, com todo o seu exército. ³³ Mas o SENHOR, o nosso Deus, entregou-o a nós, e o derrotamos,ᵍ a ele, aos seus filhos e a todo

---

¹ **2.23** Isto é, Creta.

o seu exército. ³⁴ Naquela ocasião conquistamos todas as suas cidades e as destruímos totalmente, matando homens, mulheres e crianças, sem deixar nenhum sobrevivente. ³⁵ Tomamos como presa somente os animais e o despojo das cidades que conquistamos. ³⁶ Desde Aroer, junto ao ribeiro do Arnom, e a cidade que fica no mesmo vale, até Gileade, não houve cidade de muros altos demais para nós. O Senhor, o nosso Deus, entregou-nos tudo. ³⁷ Somente da terra dos amonitas vocês não se aproximaram, ou seja, toda a extensão do vale do rio Jaboque e as cidades da região montanhosa, conforme o Senhor, o nosso Deus, tinha ordenado.

A Vitória sobre Ogue, Rei de Basã

3 "Depois, voltamos e subimos rumo a Basã. Ogue, rei de Basã, atacou-nos com todo o seu exército, em Edrei. ² O Senhor me disse: 'Não tenha medo dele, pois eu o entreguei em suas mãos, com todo o seu exército, e dei a você também a terra dele. Você fará com ele como fez com Seom, rei dos amorreus, que habitava em Hesbom'.

³ "Então o Senhor, o nosso Deus, também entregou em nossas mãos Ogue, rei de Basã, e todo o seu exército. Nós os derrotamos, sem deixar nenhum sobrevivente. ⁴ Naquela ocasião, conquistamos todas as suas cidades. Não houve cidade que não tomássemos. Foram sessenta em toda a região de Argobe, o reino de Ogue, em Basã. ⁵ Todas elas eram fortificadas com muros altos, portas e trancas. Além delas havia muitas cidades sem muros. ⁶ Nós as destruímos completamente, tal como havíamos feito com Seom, rei de Hesbom, destruindo todas as cidades, matando também os homens, as mulheres e as crianças. ⁷ Mas os animais todos e o despojo das cidades tomamos como espólio de guerra.

⁸ "Foi assim que, naquela ocasião, tomamos desses dois reis amorreus o território a leste do Jordão, que vai desde o ribeiro do Arnom até o monte Hermom. ⁹ (Os sidônios chamam o Hermom de Siriom; os amorreus o chamam Senir.) ¹⁰ Conquistamos todas as cidades do planalto, toda a Gileade, e também toda a Basã, até Salcá e Edrei, cidades do reino de Ogue, em Basã. ¹¹ Ogue, rei de Basã, era o único sobrevivente dos refains. Sua cama¹ era de ferro e tinha, pela medida comum, quatro metros de comprimento e um metro e oitenta centímetros de largura². Ela ainda está em Rabá dos amonitas.

A Divisão da Terra

¹² "Da terra da qual tomamos posse naquela época, o território que vai de Aroer, junto ao ribeiro do Arnom, até mais da metade dos montes de Gileade com as suas cidades, dei-o às tribos de Rúben e de Gade. ¹³ O restante de Gileade e também toda a Basã, o reino de Ogue, dei-o à metade da tribo de Manassés. (Toda a região de Argobe em Basã era conhecida no passado como a terra dos refains. ¹⁴ Jair, um descendente de Manassés, conquistou toda a região de Argobe até a fronteira dos gesuritas e dos maacatitas; essa região recebeu o seu nome, de modo que até hoje Basã é chamada povoados de Jair.) ¹⁵ E dei Gileade a Maquir. ¹⁶ Às tribos de Rúben e de Gade dei a região que vai de Gileade até o ribeiro do Arnom (a fronteira passava bem no meio do vale) e até o vale do Jaboque, na fronteira dos amonitas. ¹⁷ Dei-lhes também a Arabá, tendo como fronteira ocidental o Jordão, desde Quinerete até o mar da Arabá, que é o mar Salgado³, abaixo das encostas do Pisga.

¹⁸ "Naquela ocasião eu ordenei o seguinte a vocês: O Senhor, o Deus de vocês, deu esta terra para que dela tomem posse. Todos os guerreiros devem marchar à frente dos seus irmãos israelitas, armados para

---

¹ **3.11** Ou *sarcófago*
² **3.11** Hebraico: *9 côvados de comprimento e 4 côvados de largura*. O côvado era uma medida linear de cerca de 45 centímetros.
³ **3.17** Isto é, o mar Morto.

a guerra! ¹⁹ Deixem nas cidades que dei a vocês as mulheres, as crianças e os grandes rebanhos, que eu sei que vocês possuem, ²⁰ até que o Senhor conceda descanso aos seus outros irmãos israelitas como deu a vocês, e tomem eles posse da terra que o Senhor, o Deus de vocês, está dando a eles do outro lado do Jordão. Depois vocês poderão retornar, cada um à propriedade que recebeu.

²¹ "Naquela ocasião também ordenei a Josué: Você viu com os seus próprios olhos tudo o que o Senhor, o Deus de vocês, fez com estes dois reis. Assim o Senhor fará com todos os reinos pelos quais vocês terão que passar. ²² Não tenham medo^e deles. O Senhor, o seu Deus, é quem lutará^f por vocês.

Moisés É Impedido de Entrar em Canaã

²³ "Naquela ocasião implorei ao Senhor: ²⁴ Ó Soberano Senhor, tu começaste a mostrar ao teu servo a tua grandeza^g e a tua mão poderosa! Que Deus^h existe no céu ou na terra que possa realizar as tuas obras^i e os teus feitos poderosos? ²⁵ Deixa-me atravessar, eu te suplico, e ver a boa terra^k do outro lado do Jordão, a bela região montanhosa e o Líbano!

²⁶ "Todavia, por causa de vocês, o Senhor irou-se^l contra mim e não quis me atender. 'Basta!', ele disse. 'Não me fale mais sobre isso. ²⁷ Suba ao ponto mais alto do Pisga e olhe para o norte, para o sul, para o leste, e para o oeste. Veja a terra com os seus próprios olhos, pois você não atravessará o Jordão.^{m} ²⁸ Portanto, dê ordens^n a Josué, fortaleça-o e encoraje-o; porque será ele que atravessará^o à frente deste povo, e lhes repartirá por herança a terra que você apenas verá.'

²⁹ "Então ficamos acampados no vale, diante de Bete-Peor.^{p}

Exortação à Obediência

4 "E agora, ó Israel, ouça os decretos e as leis que estou ensinando vocês a cumprir, para que vivam^q e tomem posse da terra, que o Senhor, o Deus dos seus antepassados, dá a vocês. ² Nada acrescentem^r às palavras que eu ordeno a vocês e delas nada retirem, mas obedeçam aos mandamentos do Senhor, o seu Deus, que eu ordeno a vocês.

³ "Vocês viram com os seus próprios olhos o que o Senhor fez em Baal-Peor.^{s} O Senhor, o seu Deus, destruiu do meio de vocês todos os que seguiram a Baal-Peor. ⁴ mas vocês, que permaneceram fiéis ao Senhor, o seu Deus, hoje estão todos vivos.

⁵ "Eu ensinei a vocês decretos e leis, como me ordenou o Senhor, o meu Deus, para que sejam cumpridos na terra na qual vocês estão entrando para dela tomar posse. ⁶ Vocês devem obedecer-lhes e cumpri-los, pois assim os outros povos verão a sabedoria e o discernimento^t de vocês. Quando eles ouvirem todos estes decretos, dirão: 'De fato esta grande nação é um povo sábio e inteligente'.^{u} ⁷ Pois, que grande^v nação tem um Deus tão próximo^w como o Senhor, o nosso Deus, sempre que o invocamos? ⁸ Ou, que grande nação tem decretos e preceitos tão justos como esta lei que estou apresentando a vocês hoje?

⁹ "Apenas tenham cuidado!^{x} Tenham muito cuidado para que vocês nunca se esqueçam das coisas que os seus olhos viram; conservem-nas por toda a sua vida na memória. Contem-nas^y a seus filhos^z e a seus netos. ¹⁰ Lembrem-se do dia em que vocês estiveram diante do Senhor, o seu Deus, em Horebe,^{a} quando o Senhor me disse: 'Reúna o povo diante de mim para ouvir as minhas palavras, a fim de que aprendam a me temer enquanto viverem sobre a terra, e as ensinem a seus filhos'. ¹¹ Vocês se aproximaram e ficaram ao pé do monte. O monte ardia em chamas^b que subiam até o céu, e estava envolvido por uma nuvem escura e densa. ¹² Então o Senhor falou^c a vocês do meio do fogo. Vocês ouviram as palavras, mas não viram forma alguma; apenas se ouvia a voz. ¹³ Ele lhes anunciou a sua

---

3.22
^{e}Dt 1.29
^{f}Ex 14.14;
Dt 20.4

3.24
^{g}Dt 11.2
^{h}Ex 15.11;
Sl 86.8
^{i}Sl 71.16, 19
^{j}2Sm 7.22

3.25
^{k}Dt 4.22

3.26
^{l}Dt 1.37;
31.2

3.27
^{m}Nm 27.12

3.28
^{n}Nm 27.18-23
^{o}Dt 31.3, 23

3.29
^{p}Dt 4.46;
34.6

4.1
^{q}Dt 5.33;
8.1;16. 20;
30.15-20;
Ez 20.11;
Rm 10.5

4.2
^{r}Dt 12.32;
Js 1.7;
Ap 22.18-19

4.3
^{s}Nm 25.1-9;
Sl 106.28

4.6
^{t}Dt 30.19-20;
Sl 19.7;
Pv 1.7
^{u}Jó 28.28

4.7
^{v}2Sm 7.23
^{w}Sl 46.1;
Is 55.6

4.9
^{x}Pv 4.23
^{y}Gn 18.19;
Ef 6.4
^{z}Sl 78.5-6

4.10
^{a}Ex 19.9, 16

4.11
^{b}Ex 19.18;
Hb 12.18-19

4.12
^{c}Ex 20.22;
Dt 5.4, 22

aliança,^d os Dez Mandamentos.^e Escreveu-os sobre duas tábuas de pedra e ordenou que os cumpríssemos. ¹⁴ Naquela ocasião, o Senhor mandou-me ensinar a vocês decretos e leis para que vocês os cumprissem na terra da qual vão tomar posse.

A Proibição da Idolatria

¹⁵ "No dia em que o Senhor falou a vocês do meio do fogo em Horebe, vocês não viram forma alguma.^f Portanto, tenham muito cuidado,^g ¹⁶ para que não se corrompam fazendo para si um ídolo,^h uma imagem de alguma forma semelhante a homem ou mulher, ¹⁷ ou a qualquer animal da terra, a qualquer ave que voa no céu, ¹⁸ a qualquer criatura que se move rente ao chão ou a qualquer peixe que vive nas águas debaixo da terra. ¹⁹ E para que, ao erguerem os olhos ao céu e virem o sol,^i a lua e as estrelas, todos os corpos celestes,^j vocês não se desviem e se prostrem diante deles e prestem culto àquilo que o Senhor, o seu Deus, distribuiu a todos os povos debaixo do céu. ²⁰ A vocês, porém, o Senhor tomou e tirou da fornalha^k de fundir ferro, do Egito, para serem o povo de sua herança,^l como hoje se pode ver.

²¹ "O Senhor irou-se contra mim^m por causa de vocês e jurou que eu não atravessaria o Jordão e não entraria na boa terra que o Senhor, o seu Deus, está dando a vocês por herança. ²² Eu morrerei nesta terra; não atravessarei o Jordão. Mas vocês atravessarão e tomarão posse daquela boa terra.^n ²³ Tenham o cuidado de não esquecer a aliança^o que o Senhor, o seu Deus, fez com vocês; não façam para si ídolo^p algum com a forma de qualquer coisa que o Senhor, o seu Deus, proibiu. ²⁴ Pois o Senhor, o seu Deus, é Deus zeloso; é fogo consumidor.^q

²⁵ "Quando vocês tiverem filhos e netos e já estiverem há muito tempo na terra e se corromperem e fizerem ídolos de qualquer tipo, fazendo o que o Senhor, o seu Deus, reprova,^r provocando a sua ira, ²⁶ invoco hoje o céu e a terra como testemunhas contra vocês^s de que vocês serão rapidamente eliminados da terra, da qual estão tomando posse ao atravessar o Jordão. Vocês não viverão muito ali; serão totalmente destruídos. ²⁷ O Senhor os espalhará^t entre os povos, e restarão apenas alguns de vocês no meio das nações às quais o Senhor os levará. ²⁸ Lá vocês prestarão culto a deuses de madeira e de pedra, deuses feitos por mãos humanas,^u deuses que não podem ver, nem ouvir, nem comer, nem cheirar.^v ²⁹ E lá procurarão^w o Senhor, o seu Deus, e o acharão, se o procurarem de todo o seu coração^x e de toda a sua alma.^y ³⁰ Quando vocês estiverem sofrendo e todas essas coisas tiverem acontecido com vocês, então, em dias futuros,^z vocês voltarão para o Senhor, o seu Deus, e lhe obedecerão. ³¹ Pois o Senhor, o seu Deus, é Deus misericordioso;^a ele não os abandonará, nem os destruirá, nem se esquecerá da aliança que com juramento fez com os seus antepassados.

O Senhor é Deus

³² "Perguntem,^b agora, aos tempos antigos, antes de vocês existirem, desde o dia em que Deus criou o homem sobre a terra;^c perguntem de um lado ao outro do céu:^d Já aconteceu algo tão grandioso ou já se ouviu algo parecido? ³³ Que povo ouviu a voz de Deus¹ falando do meio do fogo, como vocês ouviram, e continua vivo?^e ³⁴ Ou que deus decidiu tirar uma nação^f do meio de outra para lhe pertencer, com provas, sinais,^g maravilhas^h e lutas, com mão poderosa e braço forte,^i e com feitos temíveis e grandiosos,^j conforme tudo o que o Senhor fez por vocês no Egito, como vocês viram com os seus próprios olhos?

³⁵ "Tudo isso foi mostrado a vocês para que soubessem que o Senhor é Deus e que não há outro além dele.^k ³⁶ Do céu ele fez com que vocês ouvissem a sua voz,^l para discipliná-los. Na terra, mostrou a vocês o seu grande fogo, e vocês ouviram as suas

---

¹ **4.33** Ou *de um deus*

palavras vindas do meio do fogo. ³⁷ E porque amou^m os seus antepassados e escolheu a descendência deles, ele foi em pessoa tirá-los do Egito com o seu grande poder,^n ³⁸ para expulsar de diante de vocês nações maiores e mais fortes, a fim de fazê-los entrar e possuir como herança^o a terra delas, como hoje se vê.

³⁹ "Reconheçam isso hoje, e ponham no coração que o Senhor é Deus em cima nos céus e embaixo na terra. Não há nenhum outro.^p ⁴⁰ Obedeçam^q aos seus decretos e mandamentos que hoje eu ordeno a vocês, para que tudo vá bem^r com vocês e com seus descendentes e para que vivam muito tempo^s na terra que o Senhor, o seu Deus, dá a vocês para sempre".

As Cidades de Refúgio

⁴¹ Então Moisés separou três cidades a leste do Jordão, ⁴² para onde poderia fugir quem tivesse matado alguém sem intenção e sem premeditação. O perseguido poderia fugir para uma dessas cidades a fim de salvar sua vida. ⁴³ As cidades eram as seguintes: Bezer, no planalto do deserto, para a tribo de Rúben; Ramote, em Gileade, para a tribo de Gade; e Golã, em Basã, para a tribo de Manassés.

A Introdução da Lei

⁴⁴ Esta é a lei que Moisés apresentou aos israelitas. ⁴⁵ Estes são os mandamentos, os decretos e as ordenanças que Moisés promulgou como leis para os israelitas quando saíram do Egito. ⁴⁶ Estavam do outro lado do Jordão, no vale fronteiro a Bete-Peor, na terra de Seom,^t rei dos amorreus, que habitava em Hesbom, a quem Moisés e os israelitas derrotaram quando saíram do Egito. ⁴⁷ Eles tomaram posse da terra dele e da terra de Ogue, rei de Basã, os dois reis amorreus que viviam a leste do Jordão. ⁴⁸ Essa terra estendia-se desde Aroer,^u na margem do ribeiro do Arnom, até o monte Siom¹,^v isto é, o Hermom, ⁴⁹ e incluía toda a região da Arabá, a leste do Jordão, até o mar da Arabá², abaixo das encostas do Pisga.

Os Dez Mandamentos

5 Então Moisés convocou todo o Israel e lhe disse:

"Ouça, ó Israel, os decretos e as ordenanças que hoje estou anunciando a você. Aprenda-os e tenha o cuidado de cumpri-los. ² O Senhor, o nosso Deus, fez conosco uma aliança em Horebe. ³ Não foi com os nossos antepassados que o Senhor fez essa aliança,^w mas conosco, com todos nós que hoje^x estamos vivos aqui. ⁴ O Senhor falou^y com você face a face, do meio do fogo, no monte. ⁵ Naquela ocasião, eu fiquei entre^z o Senhor e você para declarar-lhe a palavra do Senhor, porque você teve medo^a do fogo e não subiu o monte. E ele disse:

⁶ " 'Eu sou o Senhor, o teu Deus, que te tirei do Egito, da terra da escravidão.

⁷ " 'Não terás outros deuses além de mim.

⁸ " 'Não farás para ti nenhum ídolo, nenhuma imagem de qualquer coisa no céu, na terra ou nas águas debaixo da terra. ⁹ Não te prostrarás diante deles nem lhes prestarás culto, porque eu, o Senhor, o teu Deus, sou Deus zeloso, que castigo os filhos pelo pecado de seus pais até a terceira e quarta geração daqueles que me desprezam,^b ¹⁰ mas trato com bondade até mil gerações os³ que me amam e obedecem aos meus mandamentos.^c

¹¹ " 'Não tomarás em vão o nome do Senhor, o teu Deus, pois o Senhor não deixará impune quem usar o seu nome em vão.^d

¹² " 'Guardarás o dia de sábado a fim de santificá-lo, e conforme o Senhor, o teu Deus, te ordenou. ¹³ Trabalharás seis dias e neles farás todos os teus trabalhos, ¹⁴ mas o sétimo dia^f é um sábado para o

---

¹ **4.48** A Versão Siríaca diz *Siriom*. Veja Dt 3.9.
² **4.49** Isto é, o mar Morto.
³ **5.10** Ou *até milhares os que*

4.35
^l Dt 32.39; 1Sm 2.2; Is 45.5, 18
4.36
^j Ex 19.9, 19
4.37
^m Dt 10.15
^n Ex 13.3, 9, 14
4.38
^o Dt 7.1; 9.5
4.39
^p v. 35; Js 2.11
4.40
^q Lv 22.31; Dt 5.33
^r Dt 5.16
^s Dt 6.3, 18; Ef 6.2-3
4.46
^t Nm 21.26; Dt 3.29
4.48
^u Dt 2.36
^v Dt 3.9
5.2
^w Ex 19.5
5.3
^x Hb 8.9
5.4
^y Dt 4.12, 33, 36
5.5
^z Gl 3.19
5.5
^a Ex 20.18, 21
5.9
^b Ex 34.7
5.10
^c Jr 32.18
5.11
^d Lv 19.12; Mt 5.33-37
5.12
^e Ex 20.8
5.14
^f Gn 2.2; Hb 4.4

Senhor, o teu Deus. Nesse dia não farás trabalho algum, nem tu nem teu filho ou filha, nem o teu servo ou serva, nem o teu boi, teu jumento ou qualquer dos teus animais, nem o estrangeiro que estiver em tua propriedade; para que o teu servo e a tua serva descansem como tu. ¹⁵ Lembra-te de que foste escravo no Egito e que o Senhor, o teu Deus, te tirou de lá com mão poderosa e com braço forte.ᵍ Por isso o Senhor, o teu Deus, te ordenou que guardes o dia de sábado. ¹⁶ " 'Honra teu pai e tua mãe,ʰ como te ordenou o Senhor, o teu Deus, para que tenhas longa vidaⁱ e tudo te vá bem na terra que o Senhor, o teu Deus, te dá. ¹⁷ " 'Não matarás.ʲ ¹⁸ " 'Não adulterarás.ᵏ ¹⁹ " 'Não furtarás. ²⁰ " 'Não darás falso testemunho contra o teu próximo. ²¹ " 'Não cobiçarás a mulher do teu próximo. Não desejarás a casa do teu próximo, nem sua propriedade, nem seu servo ou serva, nem seu boi ou jumento, nem coisa alguma que lhe pertença.'ˡ

²² "Essas foram as palavras que o Senhor falou a toda a assembleia de vocês, em alta voz, no monte, do meio do fogo, da nuvem e da densa escuridão; e nada mais acrescentou. Então as escreveu em duas tábuas de pedraᵐ e as deu a mim.

²³ "Quando vocês ouviram a voz que vinha do meio da escuridão, estando o monte em chamas, aproximaram-se de mim todos os chefes das tribos de vocês, com as suas autoridades. ²⁴ E vocês disseram: 'O Senhor, o nosso Deus, mostrou-nos sua glória e sua majestade, e nós ouvimos a sua voz vinda de dentro do fogo. Hoje vimos que Deus fala com o homemⁿ e que este ainda continua vivo! ²⁵ Mas, agora, por que deveríamos morrer? Este grande fogo por certo nos consumirá. Se continuarmos a ouvir a voz do Senhor, o nosso Deus, morreremos.ᵒ ²⁶ Pois, que homem mortal chegou a ouvir a voz do Deus vivo falando de dentro do fogo, como nós o ouvimos, e sobreviveu?ᵖ ²⁷ Aproxime-se você, Moisés, e ouça tudo o que o Senhor, o nosso Deus, disser; você nos relatará tudo o que o Senhor, o nosso Deus, lhe disser. Nós ouviremos e obedeceremos'.

²⁸ "O Senhor ouviu quando vocês me falaram e me disse: 'Ouvi o que este povo disse a você, e eles têm razão em tudo o que disseram.ᑫ ²⁹ Quem dera eles tivessem sempre no coração esta disposição para temer-meʳ e para obedecer a todos os meus mandamentos.ˢ Assim tudo iria bem com eles e com seus descendentes para sempre!ᵗ ³⁰ " 'Vá, diga-lhes que voltem às suas tendas. ³¹ Você ficará aquiᵘ comigo, e anunciarei a você toda a lei, isto é, os decretos e as ordenanças que você lhes ensinará e que eles deverão cumprir na terra que eu dou a eles como propriedade'.

³² "Por isso, tenham o cuidado de fazer tudo como o Senhor, o seu Deus, ordenou a vocês; não se desviem, nem para a direita, nem para a esquerda.ᵛ ³³ Andem sempre pelo caminho que o Senhor, o seu Deus, ordenou a vocês,ʷ para que tenham vida, tudo vá bem com vocês e os seus diasˣ se prolonguem na terra da qual tomarão posse.

O Grande Mandamento: Amar a Deus

6 "Esta é a lei, isto é, os decretos e as ordenanças, que o Senhor, o seu Deus, ordenou que eu ensinasse a vocês, para que vocês os cumpram na terra para a qual estão indo para dela tomar posse. ² Desse modo vocês, seus filhos e seus netos temerãoʸ o Senhor, o seu Deus, e obedecerão a todos os seus decretos e mandamentos, que eu lhes ordeno, todos os dias da sua vida, para que tenham vida longa. ³ Ouça e obedeça, ó Israel! Assim tudo lhe irá bem e você será muito numerosoᶻ numa terra onde há leite e melᵃ com fartura, como lhe prometeu o Senhor, o Deus dos seus antepassados.

DEUTERONÔMIO 6.4

⁴ "Ouça, ó Israel: O Senhor, o nosso Deus, é o único Senhor.*¹ᵇ* ⁵ Ame*ᶜ* o Senhor, o seu Deus, de todo o seu coração, de toda a sua alma e de todas as suas forças.*ᵈ* ⁶ Que todas estas palavras que hoje lhe ordeno estejam em seu coração.*ᵉ* ⁷ Ensine-as com persistência a seus filhos. Converse sobre elas quando estiver sentado em casa, quando estiver andando pelo caminho, quando se deitar e quando se levantar.*ᶠ* ⁸ Amarre-as como um sinal nos braços e prenda-as na testa.*ᵍ* ⁹ Escreva-as nos batentes das portas de sua casa e em seus portões.*ʰ*

Exortação à Obediência

¹⁰ "O Senhor, o seu Deus, os conduzirá à terra que jurou aos seus antepassados, Abraão, Isaque e Jacó, dar a vocês, terra com grandes e boas cidades que vocês não construíram,*ⁱ* ¹¹ com casas cheias de tudo o que há de melhor, de coisas que vocês não produziram, com cisternas que vocês não cavaram, com vinhas e oliveiras que vocês não plantaram. Quando isso acontecer, e vocês comerem e ficarem satisfeitos,*ʲ* ¹² tenham cuidado! Não esqueçam o Senhor que os tirou do Egito, da terra da escravidão. ¹³ Temam o Senhor,*ᵏ* o seu Deus e só*ˡ* a ele prestem culto e jurem somente pelo seu nome. ¹⁴ Não sigam outros deuses, os deuses dos povos ao redor; ¹⁵ pois o Senhor,*ᵐ* o seu Deus, que está no meio de vocês, é Deus zeloso; a ira do Senhor, o seu Deus, se acenderá contra vocês, e ele os banirá da face da terra. ¹⁶ Não ponham à prova o Senhor,*ⁿ* o seu Deus, como fizeram em Massá. ¹⁷ Obedeçam cuidadosamente aos mandamentos do Senhor, o seu Deus, e aos preceitos e decretos que ele ordenou a vocês.*ᵒ* ¹⁸ Façam o que é justo e bom perante o Senhor, para que tudo vá bem*ᵖ* com vocês e vocês entrem e tomem posse da boa terra que o Senhor prometeu, sob juramento, a seus antepassados, ¹⁹ expulsando todos os seus inimigos de diante de vocês, conforme o Senhor prometeu.

²⁰ "No futuro, quando os seus filhos perguntarem a vocês:*ᑫ* 'O que significam estes preceitos, decretos e ordenanças que o Senhor, o nosso Deus, ordenou a vocês?' ²¹ Vocês lhes responderão: 'Fomos escravos do faraó no Egito, mas o Senhor nos tirou de lá com mão poderosa. ²² O Senhor realizou, diante dos nossos olhos, sinais e maravilhas grandiosas e terríveis contra o Egito e contra o faraó e toda a sua família. ²³ Mas ele nos tirou do Egito para nos trazer para cá e nos dar a terra que, sob juramento, prometeu a nossos antepassados. ²⁴ O Senhor nos ordenou que obedecêssemos a todos estes decretos e que temêssemos o Senhor, o nosso Deus,*ʳ* para que sempre fôssemos bem-sucedidos e que fôssemos preservados em vida, como hoje se pode ver.*ˢ* ²⁵ E, se nós nos aplicarmos a obedecer a toda esta lei perante o Senhor, o nosso Deus, conforme ele nos ordenou, esta será a nossa justiça'.*ᵗ*

As Nações Idólatras Serão Expulsas

7 "Quando o Senhor, o seu Deus, os fizer entrar na terra, para a qual vocês estão indo para dela tomarem posse, ele expulsará de diante de vocês muitas nações:*ᵘ* os hititas, os girgaseus, os amorreus, os cananeus, os ferezeus, os heveus e os jebuseus. São sete nações maiores e mais fortes do que vocês; ² e quando o Senhor, o seu Deus, as tiver dado a vocês, e vocês as tiverem derrotado, então vocês as destruirão totalmente. Não façam com elas tratado*ᵛ* algum e não tenham piedade delas.*ʷ* ³ Não se casem com pessoas de lá.*ˣ* Não deem suas filhas aos filhos delas, nem tomem as filhas delas para os seus filhos, ⁴ pois elas desviariam seus filhos de seguir-me para servir a outros deuses e, por causa disso, a ira do Senhor se acenderia contra vocês e rapidamente os destruiria.*ʸ* ⁵ Assim vocês tratarão essas nações: derrubem os seus altares,

---

¹ 6.4 Ou O Senhor, o nosso Deus, é um só Senhor; ou O Senhor é nosso Deus, o Senhor é um só; ou ainda O Senhor é nosso Deus, o Senhor somente.

6.4
*ᵇ*Mc 12.29*;
1Co 8.4
6.5
*ᶜ*Mt 22.37*;
Mc 12.30*;
Lc 10.27*;
*ᵈ*Dt 10.12
6.6
*ᵉ*Dt 11.18
6.7
*ᶠ*Dt 4.9;
11.19;
Ef 6.4
6.8
*ᵍ*Ex 13.9, 16;
Dt 11.18
6.9
*ʰ*Dt 11.20
6.10
*ⁱ*Js 24.13
6.11
*ʲ*Dt 8.10
6.13
*ᵏ*Dt 10.20
*ˡ*Mt 4.10*;
Lc 4.8
6.15
*ᵐ*Dt 4.24
6.16
*ⁿ*Ex 17.7;
Mt 4.7*;
Lc 4.12
6.17
*ᵒ*Dt 11.22;
Sl 119.4
6.18
*ᵖ*Dt 4.40
6.20
*ᑫ*Ex 13.14
6.24
*ʳ*Dt 10.12;
Jr 32.39
*ˢ*Sl 41.2
6.25
*ᵗ*Dt 24.13;
Rm 10.3, 5
7.1
*ᵘ*Dt 31.3;
At 13.19
7.2
*ᵛ*Ex 23.32
*ʷ*Dt 13.8
7.3
*ˣ*Ex 34.15-16;
Ed 9.2
7.4
*ʸ*Dt 6.15

quebrem as suas colunas sagradas, cortem os seus postes sagrados e queimem᠎ᶻ os seus ídolos. ⁶ Pois vocês são um povo santoᵃ para o Senhor,ᵇ o seu Deus. O Senhor, o seu Deus, os escolheuᶜ dentre todos os povos da face da terra para ser o seu povo, o seu tesouro pessoal.

⁷ "O Senhor não se afeiçoou a vocês nem os escolheu por serem mais numerosos do que os outros povos, pois vocês eram o menor de todos os povos.ᵈ ⁸ Mas foi porque o Senhor os amouᵉ e por causa do juramentoᶠ que fez aos seus antepassados. Por isso ele os tirou com mão poderosa e os redimiu da terra da escravidão,ᵍ do poder do faraó, rei do Egito. ⁹ Saibam, portanto, que o Senhor, o seu Deus, é Deus;ʰ ele é o Deus fiel,ⁱ que mantém a aliança e a bondadeʲ por mil gerações daqueles que o amam e obedecem aos seus mandamentos. ¹⁰ Mas àqueles que o desprezam, retribuirá com destruição; ele não demora em retribuir àqueles que o desprezam. ¹¹ Obedeçam, pois, à lei, isto é, aos decretos e às ordenanças que hoje ordeno a vocês.

As Bênçãos da Obediência

¹² "Se vocês obedecerem a essas ordenanças, as guardarem e as cumprirem, então o Senhor, o seu Deus, manterá com vocês a aliança e a bondade que prometeu sob juramento aos seus antepassados.ᵏ ¹³ Ele os amará, os abençoaráˡ e fará com que vocês se multipliquem. Ele abençoará os seus filhos e os frutos da sua terra: o cereal, o vinho novo e o azeite, as crias das vacas e das ovelhas, na terra que aos seus antepassados jurou dar a vocês.ᵐ ¹⁴ Vocês serão mais abençoados do que qualquer outro povo! Nenhum dos seus homens ou mulheres será estéril, nem mesmo os animais do seu rebanho.ⁿ ¹⁵ O Senhor os guardará de todas as doenças.ᵒ Não infligirá a vocês as doenças terríveis que, como sabem, atingiram o Egito, mas as infligirá a todos os seus inimigos. ¹⁶ Vocês destruirão todos os povos que o Senhor, o seu Deus, entregar a vocês. Não olhem com piedadeᵖ para eles, nem sirvam aos seus deuses, pois isso seria uma armadilhaᑫ para vocês.

¹⁷ "Talvez vocês digam a si mesmos: 'Essas nações são mais fortes do que nós. Como poderemos expulsá-las?' ¹⁸ Não tenham medo delas!ˢ Lembrem-se bem do que o Senhor, o seu Deus, fez ao faraó e a todo o Egito.ᵗ ¹⁹ Vocês viram com os seus próprios olhos as grandes provas, os sinais miraculosos e as maravilhas, a mão poderosa e o braço forte com que o Senhor, o seu Deus, os tirou de lá. O Senhor, o seu Deus, fará o mesmo com todos os povos que agora vocês temem.ᵘ ²⁰ Além disso, o Senhor, o seu Deus, causará pânico¹ᵛ entre eles até destruir o restante deles, os que se esconderem de vocês. ²¹ Não fiquem apavorados por causa deles, pois o Senhor, o seu Deus, que está com vocês,ʷ é Deus grande e temível.ˣ ²² O Senhor, o seu Deus, expulsará, aos poucos,ʸ essas nações de diante de vocês. Vocês não deverão eliminá-las de uma só vez, senão os animais selvagens se multiplicarão, ameaçando-os. ²³ Mas o Senhor, o seu Deus, as entregará a vocês, lançando-as em grande confusão, até que sejam destruídas. ²⁴ Ele entregará nas mãos de vocês os reis dessas nações, e vocês apagarão o nome deles de debaixo do céu. Ninguém conseguirá resistir a vocêsᶻ até que os tenham destruído. ²⁵ Vocês queimarãoᵃ as imagens dos deuses dessas nações. Não cobicemᵇ a prata e o ouro de que são revestidas; isso seria uma armadilhaᶜ para vocês. Para o Senhor, o seu Deus, isso é detestável.ᵈ ²⁶ Não levem coisa alguma que seja detestável para dentro de casa, senão também vocês serão separados para a destruição.ᵉ Considerem tudo isso proibido e detestem-no totalmente, pois está separado para a destruição.

¹ **7.20** Ou *mandará vespas*; ou ainda *a praga*

A Disciplina do Senhor no Caminho para a Boa Terra

8 "Tenham o cuidado de obedecer a toda a lei que eu hoje ordeno a vocês, para que vocês vivam,[f] multipliquem-se e tomem posse da terra que o Senhor prometeu, com juramento, aos seus antepassados.

² "Lembrem-se de como o Senhor, o seu Deus, os conduziu[g] por todo o caminho no deserto, durante estes quarenta anos, para humilhá-los e pô-los à prova, a fim de conhecer suas intenções, se iriam obedecer aos seus mandamentos ou não. ³ Assim, ele os humilhou e os deixou passar fome. Mas depois os sustentou com maná,[h] que nem vocês nem os seus antepassados conheciam, para mostrar a vocês que nem só de pão viverá o homem, mas de toda palavra que procede da boca do Senhor.[i] ⁴ As roupas de vocês não se gastaram e os seus pés não incharam durante esses quarenta anos.[j] ⁵ Saibam, pois, em seu coração que, assim como um homem disciplina o seu filho, da mesma forma o Senhor, o seu Deus, os disciplina.[k]

⁶ "Obedeçam aos mandamentos do Senhor, o seu Deus, andando em seus caminhos e dele tendo temor.[l] ⁷ Pois o Senhor, o seu Deus, os está levando a uma boa terra, cheia de riachos e tanques de água, de fontes que jorram nos vales e nas colinas;[m] ⁸ terra de trigo e cevada, videiras e figueiras, de romãzeiras, azeite de oliva e mel; ⁹ terra onde não faltará pão e onde não terão falta de nada; terra onde as rochas têm ferro e onde vocês poderão extrair cobre das colinas.

Advertência contra a Ingratidão

¹⁰ "Depois que tiverem comido até ficarem satisfeitos,[n] louvem o Senhor, o seu Deus, pela boa terra que deu a vocês. ¹¹ Tenham o cuidado de não se esquecer do Senhor, o seu Deus, deixando de obedecer aos seus mandamentos, às suas ordenanças e aos seus decretos que hoje ordeno a vocês. ¹² Não aconteça que, depois de terem comido até ficarem satisfeitos, de terem construído boas casas e nelas morado, [o]¹³ de aumentarem os seus rebanhos, a sua prata e o seu ouro e todos os seus bens, ¹⁴ o seu coração fique orgulhoso e vocês se esqueçam[p] do Senhor, o seu Deus, que os tirou do Egito, da terra da escravidão. ¹⁵ Ele os conduziu pelo imenso e pavoroso deserto,[q] por aquela terra seca e sem água, de serpentes e escorpiões venenosos[r]. Ele tirou água da rocha[s] para vocês ¹⁶ e os sustentou no deserto com maná, que os seus antepassados não conheciam,[t] para humilhá-los e prová-los, a fim de que tudo fosse bem com vocês. ¹⁷ Não digam, pois, em seu coração:[u] 'A minha capacidade e a força das minhas mãos ajuntaram para mim toda esta riqueza'. ¹⁸ Mas, lembrem-se do Senhor, o seu Deus, pois é ele que dá a vocês a capacidade de produzir riqueza,[v] confirmando a aliança que jurou aos seus antepassados, conforme hoje se vê.

¹⁹ "Mas, se vocês se esquecerem do Senhor, o seu Deus, e seguirem outros deuses, prestando-lhes culto e curvando-se diante deles, asseguro-lhes hoje que vocês serão destruídos.[w] ²⁰ Por não obedecerem ao Senhor, o seu Deus, vocês serão destruídos como o foram as outras nações que o Senhor destruiu perante vocês.

O Mérito Não Foi de Israel

9 "Ouça, ó Israel: Hoje você está atravessando o Jordão para entrar na terra e conquistar nações maiores e mais poderosas do que você,[x] as quais têm cidades grandes, com muros que vão até o céu.[y] ² O povo é forte e alto. São enaquins! Você já ouviu falar deles e até conhece o que se diz: 'Quem é capaz de resistir aos enaquins?'[z] ³ Esteja, hoje, certo de que o Senhor, o seu Deus, ele mesmo, vai adiante de você[a] como fogo consumidor.[b] Ele os exterminará e os subjugará diante de você. E você os expulsará e os destruirá,[c] como o Senhor lhe prometeu.

⁴ "Depois que o Senhor, o seu Deus, os tiver expulsado da presença de você, não diga:[d] 'O Senhor me trouxe aqui para tomar

---

8.1
[f] Dt 4.1
8.2
[g] Am 2.10
8.3
[h] Ex 16.12, 14, 35
[i] Ex 16.2-3; Mt 4.4*; Lc 4.4*
8.4
[j] Dt 29.5; Ne 9.21
8.5
[k] 2Sm 7.14; Pv 3.11-12; Hb 12.5-11; Ap 3.19
8.6
[l] Dt 5.33
8.7
[m] Dt 11.9-12
8.10
[n] Dt 6.10-12
8.12
[o] Os 13.6
8.14
[p] Sl 106.21
8.15
[q] Jr 2.6
[r] Nm 21.6
[s] Nm 20.11; Sl 78.15; 114.8
8.16
[t] Ex 16.15
8.17
[u] Dt 9.4, 7, 24
8.18
[v] Pv 10.22; Os 2.8
8.19
[w] Dt 4.26; 30.18
9.1
[x] Dt 4.38; 11.23, 31
[y] Dt 1.28
9.2
[z] Nm 13.22, 28, 32-33
9.3
[a] Dt 31.3; Js 3.11
[b] Dt 4.24; Hb 12.29
[c] Ex 23.31; Dt 7.23-24
9.4
[d] Dt 8.17

posse desta terra por causa da minha justiça'. Não! É devido à impiedade destas nações*e* que o S{senhor} vai expulsá-las da presença de você. ⁵ Não é por causa de sua justiça ou de sua retidão*f* que você conquistará a terra delas. Mas é por causa da maldade destas nações que o S{senhor}, o seu Deus, as expulsará de diante de você, para cumprir a palavra que o S{senhor} prometeu, sob juramento,*g* aos seus antepassados, Abraão, Isaque e Jacó. ⁶ Portanto, esteja certo de que não é por causa de sua justiça que o S{senhor}, o seu Deus, lhe dá esta boa terra para dela tomar posse, pois você é um povo obstinado.*h*

O Bezerro de Ouro

⁷ "Lembrem-se disto e jamais esqueçam como vocês provocaram a ira do S{senhor}, o seu Deus, no deserto. Desde o dia em que saíram do Egito até chegarem aqui, vocês têm sido rebeldes contra o S{senhor}. ⁸ Até mesmo em Horebe vocês provocaram a ira do S{senhor}, e ele ficou furioso, ao ponto de querer exterminá-los.*i* ⁹ Quando subi o monte para receber as tábuas de pedra, as tábuas da aliança que o S{senhor} tinha feito com vocês, fiquei no monte quarenta dias e quarenta noites; não comi pão, nem bebi água.*j* ¹⁰ O S{senhor} me deu as duas tábuas de pedra escritas pelo dedo de Deus.*k* Nelas estavam escritas todas as palavras que o S{senhor} proclamou a vocês no monte, de dentro do fogo, no dia da assembleia.

¹¹ "Passados os quarenta dias e quarenta noites, o S{senhor} me deu as duas tábuas de pedra, as tábuas da aliança, ¹² e me disse: 'Desça imediatamente, pois o seu povo, que você tirou do Egito, corrompeu-se.*l* Eles se afastaram bem depressa*m* do caminho que eu lhes ordenei e fizeram um ídolo de metal para si'.

¹³ "E o S{senhor} me disse: 'Vejo que este povo*n* é realmente um povo obstinado! ¹⁴ Deixe que eu*o* os destrua e apague o nome deles de debaixo do céu. E farei de você uma nação mais forte e mais numerosa do que eles'.

¹⁵ "Então voltei e desci do monte, enquanto este ardia em chamas. E as duas tábuas da aliança estavam em minhas mãos.¹q ¹⁶ E vi que vocês tinham pecado contra o S{senhor}, o seu Deus. Fizeram para si um ídolo de metal em forma de bezerro.*r* Bem depressa vocês se desviaram do caminho que o S{senhor}, o Deus de vocês, tinha ordenado a vocês. ¹⁷ Então peguei as duas tábuas e as lancei das minhas mãos, quebrando-as diante dos olhos de vocês.

¹⁸ "Depois prostrei-me*s* perante o S{senhor} outros quarenta dias e quarenta noites; não comi pão, nem bebi água, por causa do grande pecado que vocês tinham cometido, fazendo o que o S{senhor} reprova, provocando a ira dele. ¹⁹ Tive medo da ira e do furor do S{senhor}, pois ele estava irado ao ponto de destruí-los,*t* mas de novo o S{senhor} me escutou.*u* ²⁰ O S{senhor} irou-se contra Arão a ponto de querer destruí-lo, mas naquela ocasião também orei por Arão. ²¹ Então peguei o bezerro, o bezerro do pecado de vocês, e o queimei no fogo; depois o esmigalhei e o moí até virar pó e o joguei no riacho que desce do monte.*v*

²² "Além disso, vocês tornaram a provocar a ira do S{senhor} em Taberá,*w* em Massá*x* e em Quibrote-Hataavá.*y*

²³ "E, quando o S{senhor} os enviou de Cades-Barneia, disse: 'Entrem lá e tomem posse da terra que dei a vocês'. Mas vocês se rebelaram contra a ordem do S{senhor}, o seu Deus. Não confiaram nele,*z* nem lhe obedeceram. ²⁴ Vocês têm sido rebeldes contra o S{senhor} desde que os conheço.*a*

²⁵ "Fiquei prostrado perante o S{senhor} durante aqueles quarenta dias e quarenta noites porque o S{senhor} tinha dito que ia destruí-los.*b* ²⁶ Foi quando orei ao S{senhor}, dizendo: Ó Soberano S{senhor}, não destruas o teu povo, a tua própria herança! Tu o redimiste com a tua grandeza e o tiraste da terra do Egito com mão poderosa.*c*

---

¹ 9.15 Ou *E eu tinha as duas tábuas da aliança comigo, uma em cada mão.*

²⁷ Lembra-te de teus servos Abraão, Isaque e Jacó. Não leves em conta a obstinação deste povo, a sua maldade e o seu pecado, ²⁸ senão os habitantes da terra de onde nos tiraste dirão: 'Como o Senhor não conseguiu levá-los à terra que lhes havia prometido, e como ele os odiava, tirou-os para fazê-los morrer no deserto'.*ᵈ* ²⁹ Mas eles são o teu povo, a tua herança,*ᵉ* que tiraste do Egito com o teu grande poder e com o teu braço forte.*ᶠ*

Tábuas Iguais às Primeiras

10 "Naquela ocasião o Senhor me ordenou: 'Corte duas tábuas de pedra,*ᵍ* como as primeiras, e suba para encontrar-se comigo no monte. Faça também uma arca de madeira. ² Eu escreverei nas tábuas as palavras que estavam nas primeiras, que você quebrou, e você as colocará na arca'.*ʰ*

³ "Então fiz a arca de madeira de acácia,*ⁱ* cortei*ʲ* duas tábuas de pedra como as primeiras e subi o monte com as duas tábuas nas mãos. ⁴ O Senhor escreveu nelas o que tinha escrito anteriormente, os Dez Mandamentos que havia proclamado*ᵏ* a vocês no monte, do meio do fogo, no dia em que estavam todos reunidos. O Senhor as entregou a mim, ⁵ e eu voltei, desci do monte*ˡ* e coloquei as tábuas na arca*ᵐ* que eu tinha feito. E lá ficaram, conforme o Senhor tinha ordenado."*ⁿ*

⁶ (Os israelitas partiram dos poços dos jaacanitas e foram até Moserá.*ᵒ* Ali Arão morreu e foi sepultado, e o seu filho Eleazar foi o seu sucessor como sacerdote.*ᵖ* ⁷ Dali foram para Gudgodá e de lá para Jotbatá, terra de riachos.*ᑫ* ⁸ Naquela ocasião o Senhor separou a tribo de Levi*ʳ* para carregar a arca da aliança do Senhor, para estar perante o Senhor a fim de ministrar*ˢ* e pronunciar bênçãos*ᵗ* em seu nome, como se faz ainda hoje. ⁹ É por isso que os levitas não têm nenhuma porção de terra ou herança*ᵘ* entre os seus irmãos; o Senhor é *a sua herança, conforme o Senhor, o seu Deus, lhes prometeu.*)

¹⁰ "Assim eu fiquei no monte quarenta dias e quarenta noites, como da primeira vez; e também desta vez o Senhor me atendeu e não quis destruí-los.*ᵛ* ¹¹ 'Vá', o Senhor me disse. 'Conduza o povo em seu caminho, para que tome posse da terra que jurei aos seus antepassados dar a você.'

Exortação ao Temor do Senhor

¹² "E agora, ó Israel, que é que o Senhor, o seu Deus, pede a você,*ʷ* senão que tema o Senhor, o seu Deus, que ande em todos os seus caminhos, que o ame*ˣ* e que sirva ao Senhor, o seu Deus, de todo o seu coração*ʸ* e de toda a sua alma, ¹³ e que obedeça aos mandamentos e aos decretos do Senhor, que hoje dou a você para o seu próprio bem?

¹⁴ "Ao Senhor, o seu Deus, pertencem os céus e até os mais altos céus,*ᶻ* a terra e tudo o que nela existe.*ᵃ* ¹⁵ No entanto, o Senhor se afeiçoou*ᵇ* aos seus antepassados e os amou, e a vocês, descendentes deles, escolheu entre todas as nações, como hoje se vê. ¹⁶ Sejam fiéis, *ᶜde coração¹, à sua aliança; e deixem de ser obstinados.*ᵈ* ¹⁷ Pois o Senhor, o seu Deus, é o Deus dos deuses*ᵉ* e o Soberano dos soberanos, o grande Deus, poderoso e temível, que não age com parcialidade*ᶠ* nem aceita suborno. ¹⁸ Ele defende a causa do órfão e da viúva*ᵍ* e ama o estrangeiro, dando-lhe alimento e roupa. ¹⁹ Amem os estrangeiros, pois vocês mesmos foram estrangeiros no Egito.*ʰ* ²⁰ Temam o Senhor, o seu Deus, e sirvam-no.*ⁱ* Apeguem-se*ʲ* a ele e façam os seus juramentos somente em nome dele.*ᵏ* ²¹ Seja ele o motivo do seu louvor,*ˡ* pois ele é o seu Deus, que por vocês fez aquelas grandes e temíveis maravilhas*ᵐ* que vocês viram com os próprios olhos. ²² Os seus antepassados que desceram ao Egito eram setenta ao todo,*ⁿ* mas agora o Senhor, o seu Deus, os tornou tão numerosos quanto as estrelas do céu.*ᵒ*

¹ **10.16** Hebraico: *Circuncidem o coração de vocês.*

Exortação ao Amor e à Obediência

11 "Amem[p] o Senhor, o seu Deus e obedeçam sempre[q] aos seus preceitos, aos seus decretos, às suas ordenanças e aos seus mandamentos. ² Lembrem-se hoje de que não foram os seus filhos que experimentaram e viram a disciplina do Senhor, o seu Deus,[r] a sua majestade, a sua mão poderosa, o seu braço forte. ³ Vocês viram os sinais que ele realizou e tudo o que fez no coração do Egito, tanto com o faraó, rei do Egito, quanto com toda a sua terra; ⁴ o que fez com o exército egípcio, com os seus cavalos e carros, como os surpreendeu com as águas do mar Vermelho,[s] quando estavam perseguindo vocês, e como o Senhor os destruiu para sempre. ⁵ Vocês também viram o que ele fez por vocês no deserto até chegarem a este lugar, ⁶ e o que fez[t] a Datã e a Abirão, filhos de Eliabe, da tribo de Rúben, quando a terra abriu a boca no meio de todo o Israel e os engoliu com suas famílias, suas tendas e tudo o que lhes pertencia. ⁷ Vocês mesmos viram com os seus próprios olhos todas essas coisas grandiosas que o Senhor fez.

⁸ "Obedeçam, portanto, a toda a lei que hoje estou dando a vocês, para que tenham forças para invadir e conquistar[u] a terra para onde estão indo ⁹ e para que vivam muito tempo[v] na terra que o Senhor jurou[w] dar aos seus antepassados e aos descendentes deles, terra onde há leite e mel[x] com fartura. ¹⁰ A terra da qual vocês vão tomar posse não é como a terra do Egito, de onde vocês vieram e onde plantavam as sementes e tinham que fazer a irrigação a pé, como numa horta. ¹¹ Mas a terra em que vocês, atravessando o Jordão, vão entrar para dela tomar posse, é terra de montes e vales, que bebe chuva do céu.[y] ¹² É uma terra da qual o Senhor, o seu Deus, cuida; os olhos[z] do Senhor, o seu Deus, estão continuamente sobre ela, do início ao fim do ano.

¹³ "Portanto, se vocês obedecerem[a] fielmente aos mandamentos que hoje dou a vocês, amando[b] o Senhor, o seu Deus, e servindo-o de todo o coração e de toda a alma, ¹⁴ então, no devido tempo, enviarei chuva[c] sobre a sua terra, chuva de outono e de primavera,[d] para que vocês recolham o seu cereal e tenham vinho novo e azeite. ¹⁵ Ela dará pasto[e] nos campos para os seus rebanhos, e quanto a vocês, terão o que comer e ficarão satisfeitos.[f]

¹⁶ "Por isso, tenham cuidado para não serem enganados e levados a desviar-se para adorar outros deuses e a prostrar-se perante eles.[g] ¹⁷ Caso contrário, a ira[h] do Senhor se acenderá contra vocês e ele fechará[i] o céu para que não chova e para que a terra nada produza, e assim vocês logo desaparecerão[j] da boa terra que o Senhor está dando a vocês. ¹⁸ Gravem estas minhas palavras no coração e na mente; amarrem-nas como sinal nas mãos e prendam-nas na testa.[k] ¹⁹ Ensinem-nas a seus filhos,[l] conversando a respeito delas quando estiverem sentados em casa e quando estiverem andando pelo caminho, quando se deitarem e quando se levantarem.[m] ²⁰ Escrevam-nas nos batentes das portas de suas casas e nos seus portões,[n] ²¹ para que, na terra que o Senhor jurou que daria aos seus antepassados, os seus dias e os dias dos seus filhos sejam muitos,[o] sejam tantos como os dias durante os quais o céu está acima da terra.[p]

²² "Se vocês obedecerem[q] a todos os mandamentos que mando vocês cumprirem, amando o Senhor, o seu Deus, andando em todos os seus caminhos e apegando-se[r] a ele, ²³ então o Senhor expulsará todas essas nações da presença de vocês, e vocês despojarão nações maiores e mais fortes do que vocês.[s] ²⁴ Todo lugar onde vocês puserem os pés será de vocês.[t] O seu território se estenderá do deserto do Líbano e do rio Eufrates ao mar Ocidental[1]. ²⁵ Ninguém conseguirá resisti-los. O Senhor, o seu Deus, conforme prometeu a vocês, trará pavor e medo de vocês a todos

---

[1] **11.24** Isto é, o Mediterrâneo.

os povos daquela terra, aonde quer que vocês forem."

26 "Prestem atenção! Hoje estou pondo diante de vocês a bênção e a maldição.^v **27** Vocês terão bênção^w se obedecerem aos mandamentos do Senhor, o seu Deus, que hoje estou dando a vocês; **28** mas terão maldição se desobedecerem^x aos mandamentos do Senhor, o seu Deus, e se afastarem do caminho que hoje ordeno a vocês, para seguir deuses desconhecidos. **29** Quando o Senhor, o seu Deus, os tiver levado para a terra da qual vão tomar posse, vocês terão que proclamar a bênção no monte Gerizim e a maldição no monte Ebal.^y **30** Como sabem, esses montes estão do outro lado do Jordão, a oeste da estrada¹, na direção do poente, perto dos carvalhos de Moré,^z no território dos cananeus que vivem na Arabá, próximos de Gilgal.^a **31** Vocês estão a ponto de atravessar o Jordão e de tomar posse^b da terra que o Senhor, o seu Deus, lhes está dando. Quando vocês a tiverem conquistado e estiverem vivendo nela, **32** tenham o cuidado de obedecer a todos os decretos e ordenanças que hoje estou dando a vocês.

O Único Local de Adoração

12 "Estes são os decretos e ordenanças que vocês devem ter o cuidado de cumprir enquanto viverem na terra^c que o Senhor, o Deus dos seus antepassados, deu a vocês como herança. **2** Destruam completamente todos os lugares nos quais as nações que vocês estão desalojando adoram os seus deuses, tanto nos altos montes como nas colinas e à sombra de toda árvore frondosa.^d **3** Derrubem os seus altares, esmigalhem^e as suas colunas sagradas e queimem os seus postes sagrados; despedacem os ídolos dos seus deuses e eliminem os nomes deles daqueles lugares.

4 "Vocês, porém, não adorarão o Senhor, o seu Deus, como eles adoram os seus deuses. **5** Mas procurarão o local que o Senhor, o seu Deus, escolher dentre todas as tribos para ali pôr o seu Nome e sua habitação.^f Para lá vocês deverão ir **6** e levar holocaustos² e sacrifícios, dízimos^g e dádivas especiais, o que em voto tiverem prometido, as suas ofertas voluntárias e a primeira cria de todos os rebanhos. **7** Ali, na presença do Senhor, o seu Deus, vocês e suas famílias comerão e se alegrarão^h com tudo o que tiverem feito, pois o Senhor, o seu Deus, os terá abençoado.

8 "Vocês não agirão como estamos agindo aqui, cada um fazendo o que bem entende, **9** pois ainda não chegaram ao lugar de descanso e à herança que o Senhor, o seu Deus, está dando a vocês. **10** Mas vocês atravessarão o Jordão e se estabelecerão na terra que o Senhor, o seu Deus, dá^i a vocês como herança, e ele concederá a vocês descanso de todos os inimigos que os cercam, para que vocês vivam em segurança. **11** Então, para o lugar que o Senhor, o seu Deus, escolher como habitação do seu Nome,^j vocês levarão tudo o que eu ordenar a vocês: holocaustos e sacrifícios, dízimos e dádivas especiais e tudo o que tiverem prometido em voto ao Senhor. **12** E regozijem-se^k ali perante o Senhor, o seu Deus, vocês, os seus filhos e filhas, os seus servos e servas e os levitas que vivem nas cidades de vocês por não terem recebido^l terras nem propriedades. **13** Tenham o cuidado de não sacrificar os seus holocaustos em qualquer lugar que agrade a vocês. **14** Ofereçam-nos somente no local que o Senhor escolher^m numa das suas tribos, e ali ponham em prática tudo o que eu ordenar a vocês.

15 "No entanto, vocês poderão abater os seus animais em qualquer das suas cidades e comer quanta carne desejarem, como se fosse carne de gazela ou de veado,^n de acordo com a bênção que o Senhor, o seu Deus, der a vocês. Tanto quem estiver cerimonialmente impuro quanto quem estiver

---

¹ **11.30** Ou *Jordão, na direção oeste*

² **12.6** Isto é, sacrifícios totalmente queimados.

puro poderá comê-la. ¹⁶ Mas não poderão comer o sangue;ᵒ derramem-no no chão como se fosse água.ᵖ ¹⁷ Vocês não poderão comer em suas próprias cidades o dízimo do cereal, do vinho novo e do azeite, nem a primeira cria dos rebanhos, nem o que, em voto, tiverem prometido, nem as suas ofertas voluntárias ou dádivas especiais. ¹⁸ Ao invés disso, vocês os comerão^q na presença do Senhor, o seu Deus, no local que o Senhor, o seu Deus, escolher;ʳ vocês, os seus filhos e filhas, os seus servos e servas e os levitas das suas cidades. Alegrem-se^s perante o Senhor, o seu Deus, em tudo o que fizerem. ¹⁹ Tenham o cuidado de não abandonar os levitasᵗ enquanto vocês viverem na sua própria terra.

²⁰ "Quando o Senhor, o seu Deus, tiver aumentado o seu territórioᵘ conforme prometeuᵛ a vocês, e vocês desejarem comer carne e disserem: 'Gostaríamos de um pouco de carne', poderão comer o quanto quiserem. ²¹ Se o local que o Senhor, o seu Deus, escolher para pôr o seu Nome ficar longe demais, vocês poderão abater animais de todos os rebanhos que o Senhor lhes der, conforme lhes ordenei, e em suas próprias cidades poderão comer quanta carne desejarem. ²² Vocês a comerão como comeriam carne de gazela ou de veado.ʷ Tanto os cerimonialmente impuros quanto os puros poderão comer. ²³ Mas não comam o sangue,ˣ porque o sangue é a vida, e vocês não poderão comer a vida com o sangue. ²⁴ Vocês não comerão o sangue; derramem-no no chão como se fosse água. ²⁵ Não o comam, para que tudo vá bemʸ com vocês e com os seus filhos, porque estarão fazendo o que é justoᶻ perante o Senhor.

²⁶ "Todavia, apanhem os seus objetos consagrados e o que, em voto, tiverem prometidoᵃ e dirijam-se ao local que o Senhor escolher. ²⁷ Apresentem os seus holocaustosᵇ colocando-os no altar do Senhor, o seu Deus, tanto a carne quanto o sangue. O sangue dos seus sacrifícios será derramado ao lado do altar do Senhor, o seu Deus, mas vocês poderão comer a carne. ²⁸ Tenham o cuidado de obedecer a todos estes regulamentos que estou dando a vocês, para que sempre vá tudo bemᶜ com vocês e com os seus filhos, porque estarão fazendo o que é bom e certo perante o Senhor, o seu Deus.

²⁹ "O Senhor, o seu Deus, eliminaráᵈ da sua presença as nações que vocês estão a ponto de invadir e expulsar. Mas, quando vocês as tiverem expulsado e tiverem se estabelecido na terra delas, ³⁰ e depois que elas forem destruídas, tenham cuidado para não serem enganados e para não se interessarem pelos deuses delas, dizendo: 'Como essas nações servem aos seus deuses? Faremos o mesmo!' ³¹ Não adorem o Senhor, o seu Deus, da maneira como fazem essas nações, porque, ao adorarem os seus deuses, elas fazem todo tipo de coisas repugnantes que o Senhor odeia,ᵉ como queimar seus filhosᶠ e filhas no fogo em sacrifícios aos seus deuses.

³² "Apliquem-se a fazer tudo o que eu ordeno a vocês; não acrescentemᵍ nem tirem coisa alguma.

A Adoração a Outros Deuses

13 "Se aparecer no meio de vocês um profetaʰ ou alguém que faz predições por meio de sonhos e anunciar a vocês um sinal miraculoso ou um prodígio, ² e se o sinal ou prodígio de que ele falou acontecer, e ele disser: 'Vamos seguir outros deusesⁱ que vocês não conhecem e vamos adorá-los', ³ não deem ouvidos às palavras daquele profeta ou sonhador. O Senhor, o seu Deus, está pondo vocês à provaʲ para ver se o amam de todo o coração e de toda a alma. ⁴ Sigamᵏ somente o Senhor, o seu Deus, e temam a ele somente. Cumpram os seus mandamentos e obedeçam-lhe; sirvam-no e apeguem-seˡ a ele. ⁵ Aquele profeta ou sonhador terá que ser morto, pois pregou rebelião contra o Senhor, o seu Deus, que os tirou do Egito e os redimiu da terra da escravidão; ele tentou afastá-los do caminho que o Senhor, o seu Deus, ordenou a vocês que seguissem. Eliminem o mal[m] do meio de vocês.

⁶ "Se o seu próprio irmão ou filho ou filha, ou a mulher que você ama ou o seu amigo mais chegado secretamente instigá-lo,[n] dizendo: 'Vamos adorar outros deuses!' — deuses que nem você nem os seus antepassados conheceram, ⁷ deuses dos povos que vivem ao seu redor, quer próximos, quer distantes, de um ao outro lado da terra — ⁸ não se deixe convencer[o] nem ouça o que ele diz. Não tenha piedade nem compaixão dele e não o proteja. ⁹ Você terá que matá-lo.[p] Seja a sua mão a primeira a levantar-se para matá-lo, e depois as mãos de todo o povo. ¹⁰ Apedreje-o até a morte, porque tentou desviá-lo do Senhor, o seu Deus, que o tirou do Egito, da terra da escravidão. ¹¹ Então todo o Israel saberá disso; todos temerão[q] e ninguém tornará a cometer uma maldade dessas.

¹² "Se vocês ouvirem dizer que numa das cidades que o Senhor, o seu Deus, dá a vocês para nelas morarem, ¹³ surgiram homens perversos[r] e desviaram os seus habitantes, dizendo: 'Vamos adorar outros deuses!', deuses que vocês não conhecem, ¹⁴ vocês deverão verificar e investigar. Se for verdade e ficar comprovado que se praticou esse ato detestável no meio de vocês, ¹⁵ matem ao fio da espada todos os que viverem naquela cidade. Destruam totalmente a cidade, matando tanto os seus habitantes quanto os seus animais. ¹⁶ Ajuntem todos os despojos no meio da praça pública e queimem totalmente a cidade e todos os seus despojos, como oferta ao Senhor, o seu Deus.[s] Fique ela em ruínas[t] para sempre e nunca mais seja reconstruída. ¹⁷ Não seja encontrado em suas mãos nada do que foi destinado à destruição, para que o Senhor se afaste do fogo da sua ira.[u] Ele terá misericórdia e compaixão[v] de vocês e os fará multiplicar-se,[w] conforme prometeu[x] sob juramento aos seus antepassados, ¹⁸ somente se obedecerem ao Senhor, o seu Deus, guardando todos os seus mandamentos, que estou dando a vocês, e fazendo o que é justo[y] para ele.

Animais Puros e Impuros

14 "Vocês são os filhos[z] do Senhor, o seu Deus. Não façam cortes no corpo nem rapem a frente da cabeça por causa dos mortos, ² pois vocês são povo consagrado ao Senhor, o seu Deus.[a] Dentre todos os povos da face da terra, o Senhor os escolheu para serem o seu tesouro pessoal.[b]

³ "Não comam nada que seja proibido.[c] ⁴ São estes os animais que vocês podem comer:[d] o boi, a ovelha, o bode, ⁵ o veado, a gazela, a corça, o bode montês, o antílope, o bode selvagem e a ovelha montês.[1] ⁶ Vocês poderão comer qualquer animal que tenha o casco fendido e dividido em duas unhas e que rumine. ⁷ Contudo, dos que ruminam ou têm o casco fendido, vocês não poderão comer o camelo, o coelho e o rato silvestre. Embora ruminem, não têm casco fendido; são impuros para vocês. ⁸ O porco também é impuro; embora tenha casco fendido, não rumina. Vocês não poderão comer a carne desses animais nem tocar em seus cadáveres.[e]

⁹ "De todas as criaturas que vivem nas águas vocês poderão comer as que possuem barbatanas e escamas. ¹⁰ Mas não poderão comer nenhuma criatura que não tiver barbatanas nem escamas; é impura para vocês.

¹¹ "Vocês poderão comer qualquer ave pura. ¹² Mas estas vocês não poderão comer: a águia, o urubu, a águia-marinha, ¹³ o milhafre, qualquer espécie de falcão, ¹⁴ qualquer espécie de corvo, ¹⁵ a coruja-de-chifre[2], a coruja-de-orelha-pequena, a coruja-orelhuda[3], qualquer espécie de gavião, ¹⁶ o

---

13.5
[m] Dt 17.7, 12; 1Co 5.13
13.6
[n] Dt 17.2-7; 29.18
13.8
[o] Pv 1.10
13.9
[p] Dt 17.5, 7
13.11
[q] Dt 19.20
13.13
[r] v. 2, 6; 1Jo 2.19
13.16
[s] Js 6.24
[t] Js 8.28; Jr 49.2
13.17
[u] Nm 25.4
[v] Dt 30.3
[w] Dt 7.13
[x] Gn 22.17; 26.4, 24; 28.14
13.18
[y] Dt 12.25, 28
14.1
[z] Lv 19.28; 21.5
Jr 16.6; 41.5;
Rm 8.14; 9.8;
Gl 3.26
14.2
[a] Lv 20.26
[b] Dt 7.6; 26.18-19
14.3
[c] Ez 4.14
14.4
[d] Lv 11.2-45; At 10.14
14.8
[e] Lv 11.26-27

---

¹ 14.5 A identificação exata de algumas aves, insetos e animais deste capítulo não é conhecida.
² 14.15 Ou *o avestruz*
³ 14.15 Ou *a gaivota*

mocho, o corujão, a coruja-branca¹, ¹⁷ a coruja-do-deserto, o abutre, a coruja-pescadora, ¹⁸ a cegonha, qualquer tipo de garça, a poupa e o morcego.

¹⁹ "Todas as pequenas criaturas que enxameiam e têm asas são impuras para vocês; não as comam. ²⁰ Mas qualquer criatura que tem asas, sendo pura, vocês poderão comer.

²¹ "Não comam nada que encontrarem morto.ᶠ Vocês poderão dá-lo a um estrangeiro residente de qualquer cidade de vocês, e ele poderá comê-lo, ou vocês poderão vendê-lo a outros estrangeiros. Mas vocês são povo consagrado ao Senhor, o seu Deus.ᵍ

"Não cozinhem o cabrito no leite da própria mãe.ʰ

A Entrega dos Dízimos

²² "Separem o dízimoⁱ de tudo o que a terra produzir anualmente. ²³ Comam o dízimo do cereal, do vinho novo e do azeite, e a primeira cria de todos os seus rebanhos na presença do Senhor, o seu Deus, no local que ele escolher como habitação do seu Nome,ʲ para que aprendamᵏ a temer sempre o Senhor, o seu Deus. ²⁴ Mas, se o local for longe demais e vocês tiverem sido abençoados pelo Senhor, o seu Deus, e não puderem carregar o dízimo, pois o local escolhido pelo Senhor para ali pôr o seu Nome é longe demais, ²⁵ troquem o dízimo por prata, e levem a prata ao local que o Senhor, o seu Deus, tiver escolhido. ²⁶ Com prata comprem o que quiserem: bois, ovelhas, vinho ou outra bebida fermentada, ou qualquer outra coisa que desejarem. Então juntamente com suas famílias comam e alegrem-seˡ ali, na presença do Senhor, o seu Deus. ²⁷ E nunca se esqueçam dos levitasᵐ que vivem em suas cidades, pois eles não possuem propriedade nem herança próprias.ⁿ

²⁸ "Ao final de cada três anos, tragam todos os dízimos da colheita do terceiro ano, armazenando-os em sua própria cidade,ᵒ ²⁹ para que os levitas, que não possuem propriedadeᵖ nem herança, e os estrangeirosᵠ os órfãos e as viúvas que vivem na sua cidade venham comer e saciar-se, e para que o Senhor, o seu Deus, os abençoeʳ em todo o trabalho das suas mãos.

O Ano do Cancelamento das Dívidas

15 "No final de cada sete anos as dívidasˢ deverão ser canceladas. ² Isso deverá ser feito da seguinte forma: todo credor cancelará o empréstimo que fez ao seu próximo. Nenhum israelita exigirá pagamento de seu próximo ou de seu parente, porque foi proclamado o tempo do Senhor para o cancelamento das dívidas. ³ Vocês poderão exigir pagamento do estrangeiro,ᵗ mas terão que cancelar qualquer dívida de seus irmãos israelitas. ⁴ Assim, não deverá haver pobre algum no meio de vocês, pois na terra que o Senhor, o seu Deus, está dando a vocês como herança para que dela tomem posse, ele os abençoaráᵘ ricamente, ⁵ contanto que obedeçam em tudo ao Senhor, o seu Deus, e ponham em práticaᵛ toda esta lei que hoje estou dando a vocês. ⁶ Pois o Senhor, o seu Deus, os abençoará conforme prometeu, e vocês emprestarão a muitas nações, mas de nenhuma tomarão emprestado. Vocês dominarão muitas nações, mas por nenhuma serão dominados."ʷ

⁷ "Se houver algum israelita pobre em qualquer das cidades da terra que o Senhor, o seu Deus, está dando a vocês, não endureçam o coração, nem fechem a mãoˣ para com o seu irmão pobre. ⁸ Ao contrário, tenham mão abertaʸ e emprestem-lhe liberalmente o que ele precisar. ⁹ Cuidado! Que nenhum de vocês alimente este pensamento ímpio: 'O sétimo ano, o ano do cancelamento das dívidas,ᶻ está se aproximando, e não quero ajudarᵃ o meu irmão pobre'. Ele poderá apelar para o Senhor contra

---

¹ **14.16** Ou *o pelicano*

você, e você será culpado desse pecado.[b] ¹⁰ Dê-lhe generosamente e sem relutância no coração;[c] pois, por isso, o Senhor, o seu Deus, o abençoará[d] em todo o seu trabalho e em tudo o que você fizer. ¹¹ Sempre haverá pobres na terra. Portanto, eu ordeno a você que abra o coração para o seu irmão israelita, tanto para o pobre como para o necessitado de sua terra.[e]

A Libertação de Escravos

¹² "Se seu compatriota hebreu, homem ou mulher, vender-se a você e servi-lo seis anos, no sétimo ano dê-lhe a liberdade.[f] ¹³ E, quando o fizer, não o mande embora de mãos vazias. ¹⁴ Dê-lhe com generosidade dos animais do seu rebanho e do produto da sua eira e do seu tanque de prensar uvas. Dê-lhe conforme a bênção que o Senhor, o seu Deus, tem dado a você. ¹⁵ Lembre-se de que você foi escravo[g] no Egito e que o Senhor, o seu Deus, o redimiu.[h] É por isso que hoje dou a você essa ordem.

¹⁶ "Mas, se o seu escravo disser a você que não quer deixá-lo, porque ama você e sua família e não tem falta de nada, ¹⁷ então apanhe um furador e fure a orelha dele contra a porta, e ele se tornará seu escravo para o resto da vida. Faça o mesmo com a sua escrava.

¹⁸ "Não se sinta prejudicado ao libertar o seu escravo, pois o serviço que ele prestou a você nesses seis anos custou a metade do serviço de um trabalhador contratado. Além disso, o Senhor, o seu Deus, o abençoará em tudo o que você fizer.

As Primeiras Crias

¹⁹ "Separe para o Senhor, o seu Deus, todo primeiro macho[i] de todos os seus rebanhos. Não use a primeira cria das suas vacas para trabalhar, nem tosquie a primeira cria das suas ovelhas. ²⁰ Todo ano você e a sua família as comerão na presença do Senhor, o seu Deus, no local que ele escolher.[j] ²¹ Se o animal tiver defeito, ou for manco ou cego, ou tiver qualquer outro defeito grave, você não poderá sacrificá-lo ao Senhor, o seu Deus.[k] ²² Coma-o na cidade onde estiver morando. Tanto o cerimonialmente impuro quanto o puro o comerão, como se come a carne da gazela ou do veado.[l] ²³ Mas não poderá comer o sangue; derrame-o no chão como se fosse água.[m]

A Páscoa

16 "Observem o mês de abibe[1n] e celebrem a Páscoa do Senhor, o seu Deus, pois no mês de abibe, de noite, ele os tirou do Egito. ² Ofereçam como sacrifício da Páscoa ao Senhor, o seu Deus, um animal dos rebanhos de bois ou de ovelhas, no local que o Senhor escolher para habitação do seu Nome.[o] ³ Não o comam com pão fermentado, mas durante sete dias comam pães sem fermento, o pão da aflição,[p] pois foi às pressas[q] que vocês saíram do Egito,[r] para que todos os dias da sua vida vocês se lembrem da época em que saíram do Egito. ⁴ Durante sete dias não permitam que seja encontrado fermento com vocês em toda a sua terra. Tampouco permitam que alguma carne sacrificada à tarde do primeiro dia permaneça até a manhã seguinte.[s]

⁵ "Não ofereçam o sacrifício da Páscoa em nenhuma das cidades que o Senhor, o seu Deus, der a vocês; ⁶ sacrifiquem-na apenas no local que ele escolher para habitação do seu Nome. Ali vocês oferecerão o sacrifício da Páscoa à tarde, ao pôr do sol, na data[2t] da sua partida do Egito. ⁷ Vocês cozinharão[u] a carne do animal e a comerão no local que o Senhor, o seu Deus, escolher. E, pela manhã, cada um de vocês voltará para a sua tenda. ⁸ Durante seis dias comam pão sem fermento e no sétimo dia façam[v] uma assembleia em honra ao Senhor, o seu Deus; não façam trabalho algum.

A Festa das Semanas

⁹ "Contem sete semanas[w] a partir da época em que vocês começarem a colheita do

---

[1] 16.1 Aproximadamente março/abril.
[2] 16.6 Ou *hora*

cereal.ˣ ¹⁰ Celebrem então a festa das semanas¹ ao Senhor, o seu Deus, e tragam uma oferta voluntária conforme as bênçãos recebidas do Senhor, o seu Deus. ¹¹ E alegrem-seʸ perante o Senhor, o seu Deus, no local que ele escolher para habitação do seu Nome, junto com os seus filhos e as suas filhas, os seus servos e as suas servas, os levitasᶻ que vivem na sua cidade, os estrangeiros, os órfãos e as viúvas que vivem com vocês. ¹² Lembrem-se de que vocês foram escravos no Egitoᵃ e obedeçam fielmente a estes decretos.

A Festa das Cabanas

¹³ "Celebrem também a festa das cabanas² durante sete dias, depois que ajuntarem o produto da eiraᵇ e do tanque de prensar uvas.ᶜ ¹⁴ Alegrem-seᵈ nessa festa com os seus filhos e as suas filhas, os seus servos e as suas servas, os levitas, os estrangeiros, os órfãos e as viúvas que vivem na sua cidade. ¹⁵ Durante sete dias celebrem a festa, dedicada ao Senhor, o seu Deus, no local que o Senhor escolher. Pois o Senhor, o seu Deus, os abençoará em toda a sua colheita e em todo o trabalho de suas mãos, e a sua alegriaᵉ será completa.

¹⁶ "Três vezes por ano todos os seus homens se apresentarão ao Senhor, o seu Deus, no local que ele escolher, por ocasião da festa dos pães sem fermento, da festa das semanas e da festa das cabanas.ᶠ Nenhum deles deverá apresentar-se ao Senhor de mãos vazias:ᵍ ¹⁷ cada um de vocês trará uma dádiva conforme as bênçãos recebidas do Senhor, o seu Deus.

Os Juízes e suas Funções

¹⁸ "Nomeiem juízesʰ e oficiais para cada uma de suas tribos em todas as cidades que o Senhor, o seu Deus, dá a vocês, para que eles julguem o povo com justiça. ¹⁹ Não pervertam a justiçaⁱ nem mostrem parcialidade.ʲ Não aceitem suborno,ᵏ pois o suborno cega até os sábios³ e prejudica a causa dos justos. ²⁰ Sigam única e exclusivamente a justiça, para que tenham vida e tomem posse da terra que o Senhor, o seu Deus, dá a vocês.

Advertência contra a Idolatria

²¹ "Não ergam nenhum poste sagradoˡ além do altar que construírem em honra ao Senhor, o seu Deus,ᵐ ²² e não levantem nenhuma coluna sagrada,ⁿ pois isto é detestável para o Senhor, o seu Deus.

17

"Não sacrifiquem para o Senhor, o seu Deus, um boi ou uma ovelha que tenha qualquer defeitoº ou imperfeição; isso seria detestável para ele.ᵖ

² "Se um homem ou uma mulher que vive numa das cidades que o Senhor dá a vocês for encontrado fazendo o que o Senhor, o seu Deus, reprova, violando a sua aliançaᵍ ³ e, desobedecendo ao meu mandamento,ʳ estiver adorando outros deuses, prostrando-se diante deles, ou diante do sol,ˢ ou diante da lua, ou diante das estrelas do céu, ⁴ e vocês ficarem sabendo disso, investiguem o caso a fundo. Se for verdade e ficar comprovado que se fez tal abominação em Israel,ᵗ ⁵ levem o homem ou a mulher que tiver praticado esse pecado à porta da sua cidade e apedreje-o até morrer.ᵘ ⁶ Pelo depoimento de duas ou três testemunhas tal pessoa poderá ser morta, mas ninguém será morto pelo depoimento de uma única testemunha.ᵛ ⁷ As mãos das testemunhas serão as primeiras a proceder à sua execução, e depois as mãos de todo o povo. Eliminem o malʷ do meio de vocês.

O Julgamento dos Casos Difíceis

⁸ "Se para os seus tribunais vierem casos difíceis demais de julgar, sejam crimes de sangue, litígios ou agressões,ˣ dirijam-se ao local escolhidoʸ pelo Senhor, o seu Deus, ⁹ e procurem os sacerdotes levitas e o juiz

---

¹ **16.10** Isto é, do Pentecoste; também no versículo 16.
² **16.13** Ou *dos tabernáculos*; hebraico: *sucote*; também no versículo 16.
³ **16.19** Ou *juízes*.

que estiver exercendo o cargo na ocasião. Apresentem-lhes o caso, e eles darão a vocês o veredicto.[z] [10] Procedam de acordo com a decisão que eles proclamarem no local que o SENHOR escolher. Tratem de fazer tudo o que eles ordenarem. [11] Procedam de acordo com a sentença e as orientações que eles derem a vocês. Não se desviem daquilo que eles determinarem para vocês, nem para a direita, nem para a esquerda.[a] [12] Mas quem agir com rebeldia[b] contra o juiz ou contra o sacerdote que ali estiver no serviço do SENHOR terá que ser morto. Eliminem o mal do meio de Israel. [13] Assim, todo o povo temerá e não ousará mais agir com rebeldia.[c]

Os Decretos do Rei

[14] "Se, quando entrarem na terra que o SENHOR, o seu Deus, dá a vocês, tiverem tomado posse dela, e nela tiverem se estabelecido, vocês disserem: 'Queremos um rei que nos governe, como têm todas as nações vizinhas',[d] [15] tenham o cuidado de nomear o rei que o SENHOR, o seu Deus, escolher. Ele deve vir dentre os seus próprios irmãos israelitas.[e] Não coloquem um estrangeiro como rei, alguém que não seja israelita. [16] Esse rei, porém, não deverá adquirir muitos cavalos,[f] nem fazer o povo voltar ao Egito[g] para conseguir mais cavalos,[h] pois o SENHOR disse a vocês: 'Jamais voltem por este caminho'.[i] [17] Ele não deverá tomar para si muitas mulheres;[j] se o fizer, desviará o seu coração. Também não deverá acumular muita prata e muito ouro.

[18] "Quando subir ao trono do seu reino, mandará fazer[k] num rolo, para o seu uso pessoal, uma cópia da lei que está aos cuidados dos sacerdotes levitas. [19] Trará sempre essa cópia consigo e terá que lê-la todos os dias da sua vida,[l] para que aprenda a temer o SENHOR, o seu Deus, e a cumprir fielmente todas as palavras desta lei, e todos estes decretos. [20] Isso fará que ele não se considere superior aos seus irmãos israelitas e que não se desvie da lei,[m] nem para a direita, nem para a esquerda.[n] Assim prolongará o seu reinado sobre Israel, bem como o dos seus descendentes.

A Herança dos Sacerdotes e dos Levitas

18 "Os sacerdotes levitas e todo o restante da tribo de Levi não terão posse nem herança em Israel. Viverão das ofertas sacrificadas para o SENHOR, preparadas no fogo, pois esta é a sua herança.[o] [2] Não terão herança alguma no meio dos seus compatriotas; o SENHOR é a sua herança, conforme lhes prometeu.

[3] "Quando o povo sacrificar um novilho ou uma ovelha, os sacerdotes receberão a porção devida: a espádua, a queixada e o estômago.[p] [4] Vocês terão que dar-lhes as primícias do trigo, do vinho e do azeite, e a primeira lã da tosquia das ovelhas, [q][5] pois, de todas as tribos, o SENHOR, o seu Deus, escolheu os levitas[r] e os seus descendentes para estarem na presença do SENHOR e para ministrarem[s] sempre em seu nome.

[6] "Se um levita que estiver morando em qualquer cidade de Israel desejar ir ao local escolhido pelo SENHOR,[t] [7] poderá ministrar em nome do SENHOR, o seu Deus, à semelhança de todos os outros levitas que ali servem na presença do SENHOR. [8] Ele receberá uma porção de alimento igual à dos outros levitas; além disso, ficará com o que receber com a venda dos bens da sua família.[u]

Advertência contra Práticas Pagãs

[9] "Quando entrarem na terra que o SENHOR, o seu Deus, dá a vocês, não procurem imitar[v] as coisas repugnantes que as nações de lá praticam. [10] Não permitam que se ache alguém no meio de vocês que queime em sacrifício o seu filho ou a sua filha; que pratique adivinhação,[w] ou se dedique à magia, ou faça presságios, ou pratique feitiçaria[x] [11] ou faça encantamentos; que seja médium, consulte os espíritos ou consulte os mortos. [12] O SENHOR tem repugnância por quem pratica essas coisas, e é por causa dessas abominações que o SENHOR, o seu

Deus, vai expulsar aquelas nações da presença de vocês.*y* 13 Permaneçam inculpáveis perante o Senhor, o seu Deus.

O Profeta do Senhor

14 "As nações que vocês vão expulsar dão ouvidos aos que praticam magia e adivinhação. Mas, a vocês, o Senhor, o seu Deus, não permitiu tais práticas. 15 O Senhor, o seu Deus, levantará do meio de seus próprios irmãos*z* um profeta como eu; ouçam-no. 16 Pois foi isso que pediram ao Senhor, o seu Deus, em Horebe, no dia em que se reuniram, quando disseram: 'Não queremos ouvir a voz do Senhor, do nosso Deus, nem ver o seu grande fogo, senão morreremos!'*a*

17 "O Senhor me disse: 'Eles têm razão! 18 Levantarei do meio dos seus irmãos um profeta como você; porei minhas palavras*b* na sua boca, e ele dirá a vocês tudo o que eu lhe ordenar.*c* 19 Se alguém não ouvir as minhas palavras, que o profeta falará em meu nome, eu mesmo lhe pedirei contas.*d* 20 Mas o profeta que ousar falar em meu nome alguma coisa que não lhe ordenei, ou que falar em nome de outros deuses,*e* terá que ser morto'.*f*

21 "Mas talvez vocês se perguntem: 'Como saberemos se uma mensagem não vem do Senhor?' 22 Se o que o profeta proclamar em nome do Senhor não acontecer nem se cumprir, essa mensagem não vem do Senhor.*g* Aquele profeta falou com presunção.*h* Não tenham medo dele.

As Cidades de Refúgio

19 "Quando o Senhor, o seu Deus, tiver destruído as nações cuja terra dá a vocês, e quando vocês as expulsarem e ocuparem as cidades e as casas*i* dessas nações, 2 separem três cidades de refúgio na parte central da terra que o Senhor, o seu Deus, está dando a vocês para que dela tomem posse. 3 Dividam em três partes a terra que o Senhor, o seu Deus, está dando como herança a vocês e façam nela vias de acesso, para que aquele que matar alguém possa fugir para lá.

4 "Este é o caso em que um homem que matar outro poderá fugir para lá para salvar a vida: se matar o seu próximo sem intenção, sem que houvesse inimizade entre eles. 5 Por exemplo, se um homem for com o seu amigo cortar lenha na floresta e, ao levantar o machado para derrubar uma árvore, o ferro escapar e atingir o seu amigo e matá-lo, ele poderá fugir para uma daquelas cidades para salvar a vida. 6 Do contrário, o vingador da vítima*j* poderia persegui-lo enfurecido e alcançá-lo, caso a distância fosse grande demais, e poderia matá-lo, muito embora este não merecesse morrer, pois não havia inimizade entre ele e o seu próximo. 7 É por isso que ordeno a vocês que separem três cidades.

8 "Se o Senhor, o seu Deus, aumentar o seu território, como prometeu sob juramento aos seus antepassados, e der a vocês toda a terra que prometeu a eles, 9 separem então mais três cidades. Isso acontecerá se vocês obedecerem fielmente a toda esta lei que hoje ordeno a vocês: Amar o Senhor, o seu Deus, e sempre andar nos seus caminhos.*k* 10 Façam isso para que não se derrame sangue inocente na sua terra, a qual o Senhor, o seu Deus, dá a vocês por herança, e para que não sejam culpados de derramamento de sangue.*l*

11 "Mas, se alguém odiar o seu próximo, ficar à espreita dele, atacá-lo e matá-lo*m* e fugir para uma dessas cidades, 12 as autoridades da sua cidade mandarão buscá-lo na cidade de refúgio e o entregarão nas mãos do vingador da vítima, para que morra. 13 Não tenham piedade dele.*n* Eliminem de Israel a culpa pelo derramamento de sangue inocente,*o* para que tudo vá bem com vocês.

14 "Não mudem os marcos de divisa da propriedade do seu vizinho, que os seus antecessores colocaram na herança que vocês receberão na terra que o Senhor, o seu Deus, dá a vocês para que dela tomem posse.*p*

As Testemunhas

15 "Uma só testemunha não é suficiente para condenar alguém de algum crime ou delito. Qualquer acusação precisa ser confirmada pelo depoimento de duas ou três testemunhas.[q]

16 "Se uma testemunha falsa[r] quiser acusar um homem de algum crime, **17** os dois envolvidos na questão deverão apresentar-se ao Senhor, diante dos sacerdotes e juízes[s] que estiverem exercendo o cargo naquela ocasião. **18** Os juízes investigarão o caso e, se ficar provado que a testemunha mentiu e deu falso testemunho contra o seu próximo, **19** deem-lhe a punição que ele planejava para o seu irmão.[t] Eliminem o mal do meio de vocês. **20** O restante do povo saberá disso e terá medo[u] e nunca mais se fará uma coisa dessas entre vocês. **21** Não tenham piedade.[v] Exijam vida por vida, olho por olho, dente por dente, mão por mão, pé por pé."[w]

As Leis sobre a Guerra

20 "Quando vocês forem à guerra contra os seus inimigos e virem cavalos e carros e um exército maior do que o seu,[x] não tenham medo,[y][z] pois o Senhor, o seu Deus, que os tirou do Egito, estará com vocês. **2** Quando chegar a hora da batalha, o sacerdote virá à frente e dirá ao exército: **3** 'Ouça, ó Israel. Hoje vocês vão lutar contra os seus inimigos. Não desanimem[a] nem tenham medo; não fiquem apavorados nem aterrorizados por causa deles, **4** pois o Senhor, o seu Deus, os acompanhará e lutará[b] por vocês contra os seus inimigos, para dar a vitória a vocês'.

5 "Os oficiais dirão ao exército: 'Há alguém que construiu uma casa e ainda não a dedicou?[c] Volte ele para sua casa, para que não morra na guerra e outro a dedique. **6** Há alguém que plantou uma vinha e ainda não desfrutou dela? Volte ele para sua casa, para que não morra na guerra e outro desfrute da vinha. **7** Há alguém comprometido *para casar-se* que ainda não recebeu sua mulher? Volte ele para sua casa, para que não morra na guerra e outro se case com ela'.[d] **8** Por fim os oficiais acrescentarão: 'Alguém está com medo e não tem coragem? Volte ele para sua casa, para que os seus irmãos israelitas também[e] não fiquem desanimados'. **9** Quando os oficiais terminarem de falar ao exército, designarão chefes para comandar as tropas.

10 "Quando vocês avançarem para atacar uma cidade, enviem-lhe primeiro uma proposta de paz.[f] **11** Se os seus habitantes aceitarem e abrirem suas portas, serão seus escravos e se sujeitarão a trabalhos forçados.[g] **12** Mas, se eles recusarem a paz e entrarem em guerra contra vocês, sitiem a cidade. **13** Quando o Senhor, o seu Deus, entregá-la em suas mãos, matem ao fio da espada todos os homens que nela houver.[h] **14** Mas as mulheres, as crianças, os rebanhos[i] e tudo o que acharem na cidade, será de vocês; vocês poderão ficar com os despojos dos seus inimigos dados pelo Senhor, o seu Deus. **15** É assim que vocês tratarão todas as cidades distantes que não pertencem às nações vizinhas de vocês.

16 "Contudo, nas cidades das nações que o Senhor, o seu Deus, dá a vocês por herança, não deixem vivo nenhum ser que respira.[j] **17** Conforme a ordem do Senhor, o seu Deus, destruam totalmente os hititas, os amorreus, os cananeus, os ferezeus, os heveus e os jebuseus. **18** Se não, eles os ensinarão a praticar todas as coisas repugnantes que fazem quando adoram os seus deuses,[k] e vocês pecarão[l] contra o Senhor, o seu Deus.

19 "Quando sitiarem uma cidade por um longo período, lutando contra ela para conquistá-la, não destruam as árvores dessa cidade a golpes de machado, pois vocês poderão comer as suas frutas. Não as derrubem. Por acaso as árvores são gente, para que vocês as sitiem?[1] **20** Entretanto, poderão derrubar as árvores que vocês sabem que não são frutíferas, para utilizá-las em obras

---

[1] **20.19** Ou *derrubem para utilizá-las no cerco, pois as árvores frutíferas são para o benefício do homem.*

19.15
[q] Nm 35.30; Dt 17.6; Mt 18.16*; Jo 8.17; 2Co 13.1*; 1Tm 5.19; Hb 10.28
19.16
[r] Ex 23.1; Sl 27.12
19.17
[s] Dt 17.9
19.19
[t] Pv 19.5, 9
19.20
[u] Dt 17.13; 21.21
19.21
[v] v. 13
[w] Ex 21.24; Lv 24.20; Mt 5.38*
20.1
[x] Sl 20.7; Is 31.1
[y] Dt 31.6, 8
[z] 2Cr 32.7-8
20.3
[a] Js 23.10
20.4
[b] Dt 1.30; 3.22; Js 23.10
20.5
[c] Ne 12.27
20.7
[d] Dt 24.5
20.8
[e] Jz 7.3
20.10
[f] Lc 14.31-32
20.11
[g] 1Rs 9.21
20.13
[h] Nm 31.7
20.14
[i] Js 8.2; 22.8
20.16
[j] Ex 23.31-33; Nm 21.2-3; Dt 7.2; Js 11.14
20.18
[k] Ex 34.16; Dt 7.4; 12.30-31
[l] Ex 23.33

que ajudem o cerco, até que caia a cidade que está em guerra contra vocês.

Os Casos de Homicídio Não Desvendado

21 "Se alguém for encontrado morto no campo, na terra que o Senhor, o seu Deus, dá a vocês para dela tomarem posse, sem que se saiba quem o matou, ² as autoridades e os juízes sairão e medirão a distância do corpo até as cidades vizinhas. ³ Então as autoridades da cidade mais próxima do corpo apanharão uma novilha que nunca foi usada no trabalho e sobre a qual nunca foi posto jugo ⁴ e a levarão a um vale de terras nunca aradas nem semeadas e onde haja um ribeiro de águas perenes. Vocês quebrarão o pescoço da novilha. ⁵ Depois, os sacerdotes, descendentes de Levi, se aproximarão, pois o Senhor, o seu Deus, os escolheu para ministrarem e para pronunciarem bênçãos*ᵐ* em nome do Senhor e resolverem todos os casos de litígio e de violência.*ⁿ* ⁶ Então todas as autoridades da cidade mais próxima do corpo lavarão as mãos*ᵒ* sobre a novilha cujo pescoço foi quebrado no vale, ⁷ e declararão: 'As nossas mãos não derramaram este sangue, nem os nossos olhos viram quem fez isso. ⁸ Aceita, Senhor, esta propiciação em favor de Israel, o teu povo, a quem resgataste, e não consideres o teu povo culpado do sangue de um inocente'. Assim a culpa do derramamento de sangue será propiciada.*ᵖ* ⁹ Desse modo vocês eliminarão*ᑫ* de vocês mesmos a culpa pelo derramamento de sangue inocente, pois fizeram o que o Senhor aprova.

O Casamento com uma Prisioneira

¹⁰ "Quando vocês guerrearem contra os seus inimigos e o Senhor, o seu Deus, os entregar em suas mãos*ʳ* e vocês fizerem prisioneiros, ¹¹ um de vocês poderá ver entre eles uma mulher muito bonita, agradar-se dela e tomá-la como esposa. ¹² Leve-a para casa; ela rapará a cabeça,*ˢ* cortará as unhas ¹³ e se desfará das roupas que estava usando quando foi capturada. Ficará em casa e prantearáa seu pai e sua mãe um mês inteiro.*ᵗ* Depois você poderá chegar-se a ela e tornar-se o seu marido, e ela será sua mulher. ¹⁴ Se você já não se agradar dela, deixe-a ir para onde quiser, mas não poderá vendê-la nem tratá-la como escrava, pois você a desonrou.*ᵘ*

O Direito do Filho Mais Velho

¹⁵ "Se um homem tiver duas mulheres e preferir uma delas, e ambas lhe derem filhos, e o filho mais velho for filho da mulher que ele não prefere,*ᵛ* ¹⁶ quando der a herança de sua propriedade aos filhos, não poderá dar os direitos do filho mais velho ao filho da mulher preferida se o filho da mulher que ele não prefere*ʷ* for de fato o mais velho. ¹⁷ Ele terá que reconhecer como primogênito o filho da mulher que ele não prefere, dando-lhe porção dupla de tudo o que possui. Aquele filho é o primeiro sinal da força de seu pai*ˣ* e o direito do filho mais velho lhe pertence.*ʸ*

O Castigo dos Filhos Rebeldes

¹⁸ "Se um homem tiver um filho obstinado e rebelde que não obedece ao seu pai nem à sua mãe*ᶻ* e não os escuta quando o disciplinam, ¹⁹ o pai e a mãe o levarão aos líderes da sua comunidade, à porta da cidade, ²⁰ e dirão aos líderes: 'Este nosso filho é obstinado e rebelde. Não nos obedece! É devasso e vive bêbado'. ²¹ Então todos os homens da cidade o apedrejarão até a morte. Eliminem o mal*ᵃ* do meio de vocês. Todo o Israel saberá disso e temerá.*ᵇ*

Diversas Leis

²² "Se um homem culpado de um crime que merece a morte*ᶜ* for morto e pendurado num madeiro, ²³ não deixem o corpo no madeiro durante a noite.*ᵈ* Enterrem-no naquele mesmo dia, porque qualquer que for pendurado num madeiro está debaixo da maldição de Deus.*ᵉ* Não contaminem*ᶠ* a terra que o Senhor, o seu Deus, dá a vocês por herança.

22 "Se o boi ou a ovelha de um israelita se extraviar e você o vir, não ignore o fato, mas faça questão de levar o animal de volta ao dono.ᵍ ² Se este não morar perto de você ou se você não o conhecer, leve o animal para casa e fique com ele até que o seu compatriota venha procurá-lo e você possa devolvê-lo. ³ Faça o mesmo com o jumento, com a capa e com qualquer coisa perdida que encontrar. Não ignore o fato.

⁴ "Se você vir o jumentoʰ ou o boi de um israelita caído no caminho, não o ignore. Ajude-o a pôr o animal em pé.

⁵ "A mulher não usará roupas de homem, e o homem não usará roupas de mulher, pois o Senhor, o seu Deus, tem aversão por todo aquele que assim procede.

⁶ "Se você passar por um ninho de pássaros, numa árvore ou no chão, e a mãe estiver sobre os filhotes ou sobre os ovos, não apanhe a mãe com os filhotes.ⁱ ⁷ Você poderá apanhar os filhotes, mas deixe a mãe solta, para que tudo vá bem com você e você tenha vida longa.ʲ

⁸ "Quando você construir uma casa nova, faça um parapeito em torno do terraço, para que não traga sobre a sua casa a culpa pelo derramamento de sangue inocente, caso alguém caia do terraço.

⁹ "Não plante dois tipos de semente em sua vinha;ᵏ se o fizer, tanto a semente que plantar como o fruto da vinha estarão contaminados.¹

¹⁰ "Não are a terra usando um boi e um jumento sob o mesmo jugo.ˡ

¹¹ "Não use roupas de lã e de linho misturados no mesmo tecido.ᵐ

¹² "Faça borlas nas quatro pontas do manto que você usa para cobrir-se.ⁿ

As Violações do Casamento

¹³ "Se um homem casar-se e, depois de deitar-se com a mulher,ᵒ rejeitá-la ¹⁴ e falar mal dela e difamá-la, dizendo: 'Casei-me com esta mulher, mas, quando me cheguei a ela, descobri que não era virgem', ¹⁵ o pai e a mãe da moça trarão aos líderes da cidade, junto à porta, a prova da sua virgindade. ¹⁶ Então o pai da moça dirá aos líderes: 'Dei a minha filha em casamento a este homem, mas ele a rejeita. ¹⁷ Ele também a difamou e disse: "Descobri que a sua filha não era virgem". Mas aqui está a prova da virgindade da minha filha'. Então os pais dela apresentarão a prova aos líderes da cidade, ¹⁸ e elesᵖ castigarão o homem. ¹⁹ Aplicarão a ele a multa de cem peças de prata, que serão dadas ao pai da moça, pois aquele homem prejudicou a reputação de uma virgem israelita. E ele não poderá divorciar-se dela enquanto viver.

²⁰ "Se, contudo, a acusação for verdadeira e não se encontrar prova de virgindade da moça, ²¹ ela será levada à porta da casa do seu pai e ali os homens da sua cidade a apedrejarão até a morte. Ela cometeu um ato vergonhosoᵠ em Israel, prostituindo-se enquanto estava na casa de seu pai. Eliminem o mal do meio de vocês.

²² "Se um homem for surpreendido deitado com a mulher de outro, os dois terão que morrer,ʳ o homem e a mulher com quem se deitou. Eliminem o mal do meio de Israel.

²³ "Se numa cidade um homem se encontrar com uma jovem prometida em casamento e se deitar com ela, ²⁴ levem os dois à porta daquela cidade e apedrejem-nos até a morte: a moça porque estava na cidade e não gritou por socorro, e o homem porque desonrou a mulher doutro homem. Eliminem o mal do meio de vocês.ˢ

²⁵ "Se, contudo, um homem encontrar no campo uma jovem prometida em casamento e a forçar, somente o homem morrerá. ²⁶ Não façam nada à moça, pois ela não cometeu pecado algum que mereça a morte. Este caso é semelhante ao daquele que ataca e mata o seu próximo, ²⁷ pois o homem encontrou a moça virgem no campo, e, ainda que a jovem prometida

---

¹ **22.9** Ou *serão confiscados para o santuário*

em casamento gritasse, ninguém poderia socorrê-la.

28 "Se um homem se encontrar com uma moça sem compromisso de casamento e a violentar, e eles forem descobertos, 29 ele pagará ao pai da moça cinquenta peças de prata e terá que casar-se com a moça, pois a violentou. Jamais poderá divorciar-se dela.

30 "Nenhum homem poderá tomar por mulher a mulher do seu pai, pois isso desonraria a cama de seu pai."

Os Casos de Exclusão da Assembleia

23 "Qualquer que tenha os testículos esmagados ou tenha amputado o membro viril não poderá entrar na assembleia do SENHOR.

2 "Quem nasceu de união ilícita não poderá entrar na assembleia do SENHOR, como também os seus descendentes, até a décima geração.

3 "Nenhum amonita ou moabita ou qualquer dos seus descendentes, até a décima geração, poderá entrar na assembleia do SENHOR. 4 Pois eles não vieram encontrar-se com vocês com pão e água no caminho, quando vocês saíram do Egito; além disso convocaram Balaão, filho de Beor, para vir de Petor, na Mesopotâmia¹, para pronunciar maldição contra vocês. 5 No entanto, o SENHOR, o seu Deus, não atendeu Balaão, e transformou a maldição em bênção para vocês, pois o SENHOR, o seu Deus, os ama. 6 Não façam um tratado de amizade com eles enquanto vocês viverem.

7 "Não rejeitem o edomita, pois ele é seu irmão. Também não rejeitem o egípcio, pois vocês viveram como estrangeiros na terra deles. 8 A terceira geração dos filhos deles poderá entrar na assembleia do SENHOR.

A Pureza do Acampamento

9 "Quando estiverem acampados, em guerra contra os seus inimigos, mantenham-se afastados de todas as coisas impuras. 10 Se um de seus homens estiver impuro devido à poluição noturna, ele terá que sair do acampamento. 11 Mas ao entardecer ele se lavará, e ao pôr do sol poderá voltar ao acampamento.

12 "Determinem um local fora do acampamento onde se possa evacuar. 13 Como parte do seu equipamento, tenham algo com que cavar e, quando evacuarem, façam um buraco e cubram as fezes. 14 Pois o SENHOR, o seu Deus, anda pelo seu acampamento para protegê-los e entregar a vocês os seus inimigos. O acampamento terá que ser santo, para que ele não veja no meio de vocês alguma coisa desagradável e se afaste de vocês.

Diversas Leis

15 "Se um escravo refugiar-se entre vocês, não o entreguem nas mãos do seu senhor. 16 Deixem-no viver no meio de vocês pelo tempo que ele desejar e em qualquer cidade que ele escolher. Não o oprimam.

17 "Nenhum israelita, homem ou mulher, poderá tornar-se prostituto cultual. 18 Não tragam ao santuário do SENHOR, o seu Deus, os ganhos de uma prostituta ou de um prostituto², a fim de pagar algum voto, pois o SENHOR, o seu Deus, por ambos tem repugnância.

19 "Não cobrem juros de um israelita, por dinheiro, alimento, ou qualquer outra coisa que possa render juros. 20 Vocês poderão cobrar juros do estrangeiro, mas não do seu irmão israelita, para que o SENHOR, o seu Deus, os abençoe em tudo o que vocês fizerem na terra em que estão entrando para dela tomar posse.

21 "Se um de vocês fizer um voto ao SENHOR, o seu Deus, não demore a cumpri-lo, pois o SENHOR, o seu Deus, certamente pedirá contas a você, e você será culpado de pecado se não o cumprir. 22 Mas, se

---

¹ **23.4** Hebraico: *Arã Naaraim*.

² **23.18** Hebraico: *de um cachorro*. Forma depreciativa de se referir a homens que se prostituíam.

você não fizer o voto, de nada será culpado. ²³ Faça tudo para cumprir o que os seus lábios prometeram, pois com a sua própria boca você fez, espontaneamente, o seu voto ao Senhor, o seu Deus.

²⁴ "Se vocês entrarem na vinha do seu próximo, poderão comer as uvas que desejarem, mas nada poderão levar em sua cesta. ²⁵ Se entrarem na plantação de trigo do seu próximo, poderão apanhar espigas com as mãos, mas nunca usem foice para ceifar o trigo do seu próximo.¹

24 "Se um homem casar-se com uma mulher e depois não a quiser mais™ por encontrar nela algo que ele reprova, dará certidão de divórcio" à mulher e a mandará embora. ² Se, depois de sair da casa, ela se tornar mulher de outro homem, ³ e este não gostar mais dela, lhe dará certidão de divórcio, e a mandará embora. Ou se o segundo marido morrer, ⁴ o primeiro, que se divorciou dela, não poderá casar-se com ela de novo, visto que ela foi contaminada. Seria detestável para o Senhor. Não tragam pecado sobre a terra que o Senhor,º o seu Deus, dá a vocês por herança.

⁵ "Se um homem tiver se casado recentemente, não será enviado à guerra, nem assumirá nenhum compromisso público. Durante um ano estará livre para ficar em casa e fazer feliz a mulher com quem se casou.ᵖ

⁶ "Não tomem as duas pedras de moinho, nem mesmo apenas a pedra de cima, como garantia de uma dívida, pois isso seria tomar como garantia o meio de subsistência do devedor.

⁷ "Se um homem for pego sequestrando um dos seus irmãos israelitas, tratando-o como escravo ou vendendo-o, o sequestrador terá que morrer.q Eliminem o mal do meio de vocês.

⁸ "Nos casos de doenças de lepra¹, tenham todo o cuidado de seguir exatamente as instruções dos sacerdotes levitas. Sigam cuidadosamente o que eu ordenei a eles.ʳ ⁹ Lembrem-se do que o Senhor, o seu Deus, fez com Miriã no caminho, depois que vocês saíram do Egito.ˢ

¹⁰ "Quando um de vocês fizer um empréstimo de qualquer tipo ao seu próximo, não entre na casa dele para apanhar o que ele oferecer a você como penhor. ¹¹ Fique do lado de fora e deixe que o homem, a quem você está fazendo o empréstimo, traga a você o penhor. ¹² Se o homem for pobre, não vá dormir tendo com você o penhor. ¹³ Devolva-lhe o manto ao pôr do sol,ᵗ para que ele possa usá-lo para dormir, e lhe seja grato. Isso será considerado um ato de justiça pelo Senhor, o seu Deus.ᵘ

¹⁴ "Não se aproveitem do pobre e necessitado, seja ele um irmão israelita ou um estrangeiro que viva numa das suas cidades.ᵛ ¹⁵ Paguem-lhe o seu salário diariamente, antes do pôr do sol, pois ele é necessitadoʷ e depende disso.ˣ Se não, ele poderá clamar ao Senhor contra você, e você será culpado de pecado.ʸ

¹⁶ "Os pais não serão mortos em lugar dos filhos, nem os filhos em lugar dos pais; cada um morrerá pelo seu próprio pecado.ᶻ

¹⁷ "Não neguem justiçaᵃ ao estrangeiro e ao órfão, nem tomem como penhor o manto de uma viúva. ¹⁸ Lembrem-se de que vocês foram escravos no Egito e de que o Senhor, o seu Deus, os libertou; por isso ordeno a vocês que façam tudo isso.

¹⁹ "Quando vocês estiverem fazendo a colheita de sua lavoura e deixarem um feixe de trigo para trás, não voltem para apanhá-lo.ᵇ Deixem-no para o estrangeiro, para o órfão e para a viúva, para que o Senhor, o seu Deus, os abençoeᶜ em todo o trabalho das suas mãos. ²⁰ Quando sacudirem as azeitonas das suas oliveiras, não voltem para colher o que ficar nos ramos.ᵈ Deixem o que sobrar para o estrangeiro, para o órfão e para a viúva. ²¹ E, quando colherem as uvas da sua vinha, não passem de novo por

---

¹ **24.8** O termo hebraico não se refere somente à lepra, mas também a diversas doenças da pele.

ela. Deixem o que sobrar para o estrangeiro, para o órfão e para a viúva. ²² Lembrem-se de que vocês foram escravos no Egito; por isso ordeno a vocês que façam tudo isso.ᵉ

25 "Quando dois homens se envolverem numa briga, terão que levar a causa ao tribunal, e os juízes decidirão a questão,ᶠ absolvendo o inocente e condenando o culpado.ᵍ ² Se o culpado merecer açoitamento, o juiz ordenará que ele se deite e seja açoitadoʰ em sua presença com o número de açoites que o seu crime merecer, ³ desde que nunca ultrapasse quarenta açoites.ⁱ Açoitá-lo além disso seria humilhar publicamente um israelita.ʲ

⁴ "Não amordacem o boi enquanto está debulhando o cereal.ᵏ

⁵ "Se dois irmãos morarem juntos, e um deles morrer sem deixar filhos, a sua viúva não se casará com alguém de fora da família. O irmão do marido se casará com ela e cumprirá com ela o dever de cunhado.ˡ ⁶ O primeiro filho que ela tiver levará o nome do irmão falecido, para que o seu nome não seja apagado de Israel."ᵐ

⁷ "Se, todavia, ele não quiser casar-se com a mulher do seu irmão, ela irá aos líderes do lugar, à porta da cidade, e dirá: 'O irmão do meu marido está se recusando a dar continuidade ao nome do seu irmão em Israel. Ele não quer cumprir para comigo o dever de cunhado'.ⁿ ⁸ Os líderes da cidade o convocarão e conversarão com ele. Se ele insistir em dizer: 'Não quero me casar com ela', ⁹ a viúva do seu irmão se aproximará dele, na presença dos líderes, tirará uma das sandálias dele,ᵒ cuspirá no seu rosto e dirá: 'É isso que se faz com o homem que não perpetua a descendência do seu irmão'. ¹⁰ E a descendência daquele homem será conhecida em Israel como 'a família do descalçado'.

¹¹ "Se dois homens estiverem brigando, e a mulher de um deles vier para livrar o marido daquele que o ataca e pegá-lo pelos órgãos genitais, ¹² cortem a mão dela. Não tenham piedade.ᵖ

¹³ "Não tenham na bolsa dois padrões para o mesmo peso, um maior e outro menor.ᵠ ¹⁴ Não tenham em casa dois padrões para a mesma medida, um maior e outro menor. ¹⁵ Tenham pesos e medidas exatos e honestos, para que vocês vivam muito tempoʳ na terra que o Senhor, o seu Deus, dá a vocês. ¹⁶ Pois o Senhor, o seu Deus, detesta quem faz essas coisas, quem negocia desonestamente.ˢ

¹⁷ "Lembrem-se do que os amalequitasᵗ lhes fizeram no caminho quando vocês saíram do Egito. ¹⁸ Quando vocês estavam cansados e exaustos, eles se encontraram com vocês no caminho e eliminaram todos os que ficaram para trás; não tiveram temor de Deus.ᵘ ¹⁹ Quando o Senhor, o seu Deus, der a vocês o descanso de todos os inimigos ao seu redor, na terra que ele lhes dá para dela tomarem posse como herança, vocês farão que os amalequitasᵛ sejam esquecidos debaixo do céu. Não se esqueçam!

Os Primeiros Frutos e os Dízimos

26 "Quando vocês tiverem entrado na terra que o Senhor, o seu Deus, dá a vocês por herança e dela tiverem tomado posse e lá estiverem estabelecidos, ² apanhem alguns dos primeiros frutosʷ de tudo o que produzirem na terra que o Senhor, o seu Deus, dá a vocês e ponham tudo numa cesta. Depois vocês deverão ir ao local que o Senhor, o seu Deus, escolher para habitação do seu Nomeˣ ³ e dizer ao sacerdote que estiver exercendo o cargo naquela ocasião: 'Declaro hoje ao Senhor, o seu Deus, que vim para a terra que o Senhor jurou aos nossos antepassados que nos daria'. ⁴ O sacerdote apanhará a cesta das suas mãos e a colocará em frente do altar do Senhor, o seu Deus. ⁵ Então vocês declararão perante o Senhor, o seu Deus: 'O meu pai era um arameu errante.ʸ Ele desceu ao Egito com pouca genteᶻ e ali viveu e se tornou uma grande nação, poderosa e numerosa. ⁶ Mas os egípcios nos maltrataram e nos oprimiram,ᵃ sujeitando-nos a trabalhos forçados. ⁷ Então clamamos ao Senhor, o Deus dos nossos antepassados, e o Senhor ouviu a nossa vozᵇ e viuᶜ o nosso sofrimento, a nossa fadiga e a opressão que sofríamos. ⁸ Por isso o Senhor nos tirou do Egito com mão poderosa e braço forte, com feitos temíveis e com sinais e maravilhas.ᵈ ⁹ Ele nos trouxe a este lugar e nos deu esta terra, terra onde há leite e melᵉ com fartura. ¹⁰ E agora trago os primeiros frutos do solo que tu, ó Senhor, me deste'. Ponham a cesta perante o Senhor, o seu Deus, e curvem-se perante ele. ¹¹ Vocês e os levitasᶠ e os estrangeiros que estiverem no meio de vocês se alegrarãoᵍ com todas as coisas boas que o Senhor, o seu Deus, dá a vocês e às suas famílias.

¹² "Quando tiverem separado o dízimoʰ de tudo quanto produziram no terceiro ano, o ano do dízimo,ⁱ entreguem-no ao levita, ao estrangeiro, ao órfão e à viúva, para que possam comer até saciar-se nas cidades de vocês. ¹³ Depois digam ao Senhor, o seu Deus: 'Retirei da minha casa a porção sagrada e dei-a ao levita, ao estrangeiro, ao órfão e à viúva, de acordo com tudo o que ordenaste. Não me afastei dos teus mandamentos nem esqueci nenhum deles.ʲ ¹⁴ Não comi nada da porção sagrada enquanto estive de luto, nada retirei dela enquanto estive impuro,ᵏ e dela não ofereci nada aos mortos. Obedeci ao Senhor, o meu Deus; fiz tudo o que me ordenaste. ¹⁵ Olha dos céus,ˡ da tua santa habitação, e abençoa Israel, o teu povo, e a terra que nos deste, conforme prometeste sob juramento aos nossos antepassados, terra onde há leite e mel com fartura'.

Exortação à Obediência

¹⁶ "O Senhor, o seu Deus, ordena a vocês hoje que sigam esses decretos e ordenanças; obedeçam-lhes atentamente, de todo o seu coração e de toda a sua alma.ᵐ ¹⁷ Hoje vocês declararam que o Senhor é o seu Deus e que vocês andarão nos seus caminhos, que guardarão os seus decretos, os seus mandamentos e as suas ordenanças, e que vocês lhe obedecerão. ¹⁸ E hoje o Senhor declarou que vocês são o seu povo, o seu tesouro pessoal,ⁿ conforme ele prometeu, e que vocês terão que obedecer a todos os seus mandamentos. ¹⁹ Ele declarou que dará a vocês uma posição de glória, fama e honra muito acima de todas as naçõesᵒ que ele fez e que vocês serão um povo santoᵖ para o Senhor, o seu Deus, conforme ele prometeu".

O Altar no Monte Ebal

27 Moisés, acompanhado das autoridades de Israel, ordenou ao povo: "Obedeçam a toda esta lei que hoje dou a vocês. ² Quando vocês atravessarem o Jordão e entrarem na terra que o Senhor, o seu Deus, dá a vocês, levantem algumas pedras grandes e pintem-nas com cal.ᵠ ³ Escrevam nelas todas as palavras desta lei, assim que tiverem atravessado para entrar na terra que o Senhor, o seu Deus, dá a vocês, terra onde há leite e melʳ com fartura, como o Senhor, o Deus dos seus antepassados, prometeu a vocês. ⁴ E, quando tiverem atravessado o Jordão, levantem essas pedras no monte Ebal,ˢ como hoje ordeno a vocês e pintem-nas com cal. ⁵ Construam ali um altarᵗ ao Senhor, o seu Deus, um altar de pedras. Não utilizem ferramenta de ferroᵘ nas pedras. ⁶ Façam o altar do Senhor, o seu Deus, com pedras brutas, e sobre ele ofereçam holocaustos[1] ao Senhor, o seu Deus. ⁷ Ofereçam também sacrifícios de comunhão[2] e comam e alegrem-se na presença do Senhor, o seu Deus. ⁸ E nessas pedras que levantarem, vocês escreverão com bastante clareza todas as palavras desta lei".

---

[1] **27.6** Isto é, sacrifícios totalmente queimados.
[2] **27.7** Ou *de paz*

As Maldições Proferidas do Monte Ebal

⁹ Então Moisés, tendo ao seu lado os sacerdotes levitas, disse a todo o Israel: "Faça silêncio e escute, ó Israel! Agora você se tornou o povo do Senhor, o seu Deus.ᵛ ¹⁰ Obedeça ao Senhor, o seu Deus, e siga os seus mandamentos e decretos que hoje dou a você".

¹¹ No mesmo dia Moisés ordenou ao povo:

¹² "Quando vocês tiverem atravessado o Jordão, as tribos que estarão no monte Gerizimʷ para abençoar o povo serão: Simeão, Levi, Judá, Issacar, José e Benjamim.ˣ ¹³ E as tribos que estarão no monte Ebal para declararem maldições serão: Rúben, Gade, Aser, Zebulom, Dã e Naftali.

¹⁴ "E os levitas recitarão a todo o povo de Israel em alta voz:

¹⁵ " 'Maldito quem esculpir uma imagem ou fizer um ídoloʸ fundido, obra de artesãos, detestável ao Senhor, e levantá-lo secretamente'.
Todo o povo dirá: 'Amém!'

¹⁶ 'Maldito quem desonrar o seu pai ou a sua mãe'.ᶻ
Todo o povo dirá: 'Amém!'

¹⁷ 'Maldito quem mudar o marco de divisa da propriedade do seu próximo'.ᵃ
Todo o povo dirá: 'Amém!'

¹⁸ 'Maldito quem fizer o cego errar o caminho'.ᵇ
Todo o povo dirá: 'Amém!'

¹⁹ 'Maldito quem negar justiça ao estrangeiro,ᶜ ao órfão ou à viúva'.ᵈ
Todo o povo dirá: 'Amém!'

²⁰ 'Maldito quem se deitar com a mulher do seu pai, desonrando a cama do seu pai'.ᵉ
Todo o povo dirá: 'Amém!'

²¹ 'Maldito quem tiver relações sexuais com algum animal'.ᶠ
Todo o povo dirá: 'Amém!'

²² 'Maldito quem se deitar com a sua irmã, filha do seu pai ou da sua mãe'.ᵍ
Todo o povo dirá: 'Amém!'

²³ 'Maldito quem se deitar com a sua sogra'.ʰ
Todo o povo dirá: 'Amém!'

²⁴ 'Maldito quem matarⁱ secretamente o seu próximo'.
Todo o povo dirá: 'Amém!'

²⁵ 'Maldito quem aceitar pagamento para matar um inocente'.ʲ
Todo o povo dirá: 'Amém!'

²⁶ 'Maldito quem não puser em prática as palavras desta lei'.ᵏ
Todo o povo dirá: 'Amém!'

As Bênçãos da Obediência

28 "Se vocês obedecerem fielmente ao Senhor, o seu Deus, e seguirem cuidadosamente todos os seus mandamentosˡ que hoje dou a vocês, o Senhor, o seu Deus, os colocará muito acima de todas as nações da terra.ᵐ ² Todas estas bênçãos virão sobre vocêsⁿ e os acompanharão se vocês obedecerem ao Senhor, o seu Deus:

³ "Vocês serão abençoadosᵒ na cidade
 e serão abençoados no campo.ᵖ
⁴ Os filhos do seu ventre
 serão abençoados,
como também as colheitas da sua terra
 e os bezerros e os cordeiros
 dos seus rebanhos.ᵠ
⁵ A sua cesta e a sua amassadeira
 serão abençoadas.
⁶ Vocês serão abençoados
 em tudo o que fizerem.ʳ

⁷ "O Senhor concederá que sejam derrotados diante de vocês os inimigos que os atacarem. Virão a vocês por um caminho e por sete fugirão.ˢ

⁸ "O Senhor enviará bênçãos aos seus celeiros e a tudo o que as suas mãos fizerem. O Senhor, o seu Deus, os abençoará na terra que dá a vocês.

⁹ "O Senhor fará de vocês o seu povo santo,ᵗ conforme prometeu sob juramento se obedecerem aos mandamentos do

Senhor, o seu Deus, e andarem nos caminhos dele. ¹⁰ Então todos os povos da terra verão que vocês pertencem*ᵘ* ao Senhor e terão medo de vocês. ¹¹ O Senhor concederá grande prosperidade a vocês, no fruto do seu ventre, nas crias dos seus animais e nas colheitas da sua terra, nesta terra que ele jurou aos seus antepassados que daria a vocês.*ᵛ*

¹² "O Senhor abrirá o céu, o depósito do seu tesouro, para enviar chuva*ʷ* à sua terra no devido tempo e para abençoar todo o trabalho das suas mãos. Vocês emprestarão a muitas nações e de nenhuma*ˣ* tomarão emprestado. ¹³ O Senhor fará de vocês a cabeça das nações e não a cauda. Se obedecerem aos mandamentos do Senhor, o seu Deus, que hoje dou a vocês e os seguirem cuidadosamente, vocês estarão sempre por cima, nunca por baixo. ¹⁴ Não se desviem, nem para a direita nem para a esquerda,*ʸ* de qualquer dos mandamentos que hoje dou a vocês, para seguir outros deuses e prestar-lhes culto.

As Maldições da Desobediência

¹⁵ "Entretanto, se vocês não obedecerem*ᶻ* ao Senhor, o seu Deus, e não seguirem cuidadosamente todos os seus mandamentos e decretos que hoje dou a vocês, todas estas maldições cairão sobre vocês e os atingirão:*ᵃ*

¹⁶ "Vocês serão amaldiçoados na cidade
e serão amaldiçoados no campo.
¹⁷ A sua cesta e a sua amassadeira
serão amaldiçoadas.
¹⁸ Os filhos do seu ventre
serão amaldiçoados,
como também as colheitas da sua terra,
e os bezerros e os cordeiros
dos seus rebanhos.
¹⁹ Vocês serão amaldiçoados
em tudo o que fizerem.

²⁰ "O Senhor enviará sobre vocês maldições,*ᵇ* confusão e repreensão*ᶜ* em tudo o que fizerem, até que vocês sejam destruídos e sofram repentina ruína*ᵈ* pelo mal que praticaram ao se esquecerem dele¹. ²¹ O Senhor os encherá de doenças até bani-los da terra em que vocês estão entrando para dela tomar posse.*ᵉ* ²² O Senhor os ferirá com doenças devastadoras, febre e inflamação, com calor abrasador e seca,*ᶠ* com ferrugem e mofo, que os infestarão até que morram.*ᵍ* ²³ O céu sobre a sua cabeça será como bronze; o chão debaixo de vocês, como ferro.*ʰ* ²⁴ Na sua terra o Senhor transformará a chuva em cinza e pó, que descerão do céu até que vocês sejam destruídos.

²⁵ "O Senhor fará que vocês sejam derrotados pelos inimigos. Vocês irão a eles por um caminho, e por sete*ⁱ* fugirão, e vocês se tornarão motivo de horror para todos os reinos da terra.*ʲ* ²⁶ Os seus cadáveres servirão de alimento para todas as aves do céu e para os animais da terra, e não haverá quem os espante.*ᵏ* ²⁷ O Senhor os castigará com as úlceras do Egito*ˡ* e com tumores, feridas purulentas e sarna, males dos quais vocês não poderão curar-se. ²⁸ O Senhor os afligirá com loucura, cegueira e confusão mental. ²⁹ Ao meio-dia vocês ficarão tateando às voltas,*ᵐ* como um cego na escuridão. Vocês não serão bem-sucedidos em nada que fizerem; dia após dia serão oprimidos e roubados, sem que ninguém os salve.

³⁰ "Você ficará noivo de uma mulher, mas outro homem a possuirá.*ⁿ* Construirá uma casa, mas não morará nela.*ᵒ* Plantará uma vinha, mas não provará dos seus frutos.*ᵖ* ³¹ O seu boi será abatido diante dos seus olhos, mas você não comerá da sua carne. O seu jumento será tirado de você à força e não será devolvido. As suas ovelhas serão dadas aos inimigos, e ninguém as livrará. ³² Os seus filhos e as suas filhas serão entregues a outra nação*ᵠ* e os seus olhos se consumirão à espera deles, dia após dia, sem que você possa erguer uma só mão

---

¹ **28.20** Hebraico: *de mim*.

28.10
ᵘ 2Cr 7.14
28.11
ᵛ Dt 30.9; Pv 10.22
28.12
ʷ Lv 26.4
ˣ Dt 15.3, 6
28.14
ʸ Dt 5.32
28.15
ᶻ Lv 26.14
ᵃ Js 23.15; Dn 9.11; Ml 2.2
28.20
ᵇ Ml 2.2
ᶜ Is 51.20; 66.15
ᵈ Dt 4.26
28.21
ᵉ Lv 26.25; Jr 24.10
28.22
ᶠ Lv 26.16
ᵍ Am 4.9
28.23
ʰ Lv 26.19
28.25
ⁱ Is 30.17; Jr 15.4; 24.9; Ez 23.46
28.26
ʲ Jr 7.33; 16.4; 34.20
28.27
ˡ v. 60-61; 1Sm 5.6
28.29
ᵐ Jó 5.14; Is 59.10
28.30
ⁿ Jó 31.10; Jr 8.10
ᵒ Am 5.11
ᵖ Jr 12.13
28.32
ᵠ v. 41

para trazê-los de volta. ³³ Um povo que vocês não conhecem comerá aquilo que a terra e o seu trabalho produzirem, e vocês sofrerão opressão cruel todos os seus dias.ʳ ³⁴ Aquilo que os seus olhos virem os levará à loucura. ³⁵ O Senhor afligirá os seus joelhos e as suas pernas com feridas dolorosasˢ e incuráveis, que se espalharão sobre vocês desde a sola do pé até o alto da cabeça.

³⁶ "O Senhor os levará, e também o reiᵗ que os governar, a uma nação que vocês e seus antepassados nunca conheceram.ᵘ Lá vocês adorarão outros deuses, deuses de madeira e de pedra.ᵛ ³⁷ Vocês serão motivo de horror e objeto de zombaria e de riso para todas as nações para onde o Senhor os levar.ʷ

³⁸ "Vocês semearão muito em sua terra, mas colherão bem pouco,ˣ porque gafanhotos devorarãoʸ quase tudo. ³⁹ Plantarão vinhas e as cultivarão, mas não beberão o vinho nem colherão as uvas, porque os vermes as comerão.ᶻ ⁴⁰ Vocês terão oliveiras em todo o país, mas vocês mesmos não utilizarão o azeite, porque as azeitonas cairão.ᵃ ⁴¹ Os seus filhos e filhas não ficarão com vocês, porque serão levados para o cativeiro.ᵇ ⁴² Enxames de gafanhotos se apoderarão de todas as suas árvores e das plantações da sua terra.

⁴³ "Os estrangeiros que vivem no meio de vocês progredirão cada vez mais, e cada vez mais vocês regredirão.ᶜ ⁴⁴ Eles emprestarão dinheiro a vocês, mas vocês não emprestarão a eles.ᵈ Eles serão a cabeça, e vocês serão a cauda.ᵉ

⁴⁵ "Todas essas maldições cairão sobre vocês. Elas os perseguirão e os alcançarão até que sejam destruídos,ᶠ porque não obedeceram ao Senhor, o seu Deus, nem guardaram os mandamentos e decretos que ele deu a vocês. ⁴⁶ Essas maldições serão um sinal e um prodígio para vocês e para os seus descendentes para sempre.ᵍ ⁴⁷ Uma vez que vocês não serviramʰ com júbilo e alegriaⁱ ao Senhor, o seu Deus, na época da prosperidade, ⁴⁸ então, em meio à fome e à sede, em nudez e pobreza extrema, vocês servirão aos inimigos que o Senhor enviará contra vocês. Ele porá um jugo de ferroʲ sobre o seu pescoço, até que os tenha destruído.

⁴⁹ "O Senhor trará de um lugar longínquo, dos confins da terra,ᵏ uma nação que virá contra vocês como a águiaˡ em mergulho, nação cujo idioma não compreenderão, ⁵⁰ nação de aparência feroz, sem respeito pelos idososᵐ nem piedade para com os moços. ⁵¹ Ela devorará as crias dos seus animais e as plantações da sua terra até que vocês sejam destruídos. Ela não deixará para vocês cereal, vinho, azeite, como também nenhum bezerro ou cordeiro dos seus rebanhos, até que vocês sejam arruinados.ⁿ ⁵² Ela sitiará todas as cidades da sua terra, até que caiam os altos muros fortificados em que vocês confiam. Sitiará todas as suas cidades, em toda a terra que o Senhor, o seu Deus, dá a vocês.ᵒ

⁵³ "Por causa do sofrimento que o seu inimigo infligirá sobre vocês durante o cerco, vocês comerão o fruto do seu próprio ventre, a carne dos filhos e filhas que o Senhor, o seu Deus, deu a vocês.ᵖ ⁵⁴ Até mesmo o homem mais gentil e educado entre vocês não terá compaixão do seu irmão, da mulher que ama e dos filhos que sobreviverem, ⁵⁵ de modo que não dará a nenhum deles nenhum pedaço da carne dos seus filhos que estiver comendo, pois nada lhe sobrará devido aos sofrimentos que o seu inimigo lhe infligirá durante o cerco de todas as suas cidades. ⁵⁶ A mulher mais gentil e delicadaᵠ entre vocês, tão delicada e gentil que não ousaria encostar no chão a sola do pé, será mesquinha com o marido a quem ama e com o filho e a filha, ⁵⁷ não lhes dando a placenta do ventre nem os filhos que gerar. Pois a intenção dela é comê-los secretamente durante o cerco e no sofrimento que o seu inimigo infligirá a vocês em suas cidades.

58 "Se vocês não seguirem fielmente todas as palavras desta lei, escritas neste livro, e não temerem^r este nome^s glorioso e terrível, o Senhor, o seu Deus, **59** ele enviará pestes terríveis sobre vocês e sobre os seus descendentes, desgraças horríveis e prolongadas, doenças graves e persistentes. **60** Ele trará sobre vocês todas as temíveis doenças do Egito,^{t} e vocês as contrairão. **61** O Senhor também fará vir sobre vocês todo tipo de enfermidade e desgraça não registradas neste Livro da Lei, até que sejam destruídos.^{u} **62** Vocês, que no passado foram tantos quanto as estrelas do céu,^{v} ficarão reduzidos a um pequeno número, porque não obedeceram ao Senhor, o seu Deus. **63** Assim como foi agradável^w ao Senhor fazê-los prosperar e aumentar em número, também lhe será agradável^x arruiná-los e destruí-los. Vocês serão desarraigados^y da terra em que estão entrando para dela tomar posse.

64 "Então o Senhor os espalhará^z pelas nações,^{a} de um lado ao outro da terra. Ali vocês adorarão outros deuses; deuses de madeira e de pedra, que vocês e os seus antepassados nunca conheceram. **65** No meio daquelas nações vocês não encontrarão repouso, nem mesmo um lugar de descanso para a sola dos pés. Lá o Senhor dará a vocês coração desesperado,^{b} olhos exaustos de tanto esperar, e alma ansiosa. **66** Vocês viverão em constante incerteza, cheios de terror, dia e noite, sem nenhuma segurança na vida. **67** De manhã dirão: 'Quem me dera fosse noite!' E de noite: 'Ah, quem me dera fosse dia!', por causa do terror que encherá o coração de vocês e por aquilo que os seus olhos verão.^{c} **68** O Senhor os enviará de volta ao Egito, ou em navios ou pelo caminho que eu disse a vocês que nunca mais poderiam percorrer. Lá vocês serão postos à venda como escravos e escravas, mas ninguém os comprará".

A Renovação da Aliança

29 São estes os termos da aliança que o Senhor ordenou que Moisés fizesse com os israelitas em Moabe, além da aliança que tinha feito com eles em Horebe.^{d}

2 Moisés convocou todos os israelitas e lhes disse:

"Os seus olhos viram tudo o que o Senhor fez no Egito ao faraó, a todos os seus oficiais e a toda a sua terra.^{e} **3** Com os seus próprios olhos vocês viram aquelas grandes provas, aqueles sinais e grandes maravilhas.^{f} **4** Mas até hoje o Senhor não deu a vocês mente que entenda, olhos que vejam, e ouvidos que ouçam.^{g} **5** 'Durante os quarenta anos em que os conduzi pelo deserto', disse ele, 'nem as suas roupas, nem as sandálias dos seus pés ^{h}se gastaram. **6** Vocês não comeram pão, nem beberam vinho, nem qualquer outra bebida fermentada. Fiz isso para que vocês soubessem que eu sou o Senhor, o seu Deus.'^{i}

7 "Quando vocês chegaram a este lugar, Seom,^{j} rei de Hesbom, e Ogue, rei de Basã, atacaram-nos, mas nós os derrotamos.^{k} **8** Conquistamos a terra deles e a demos por herança às tribos de Rúben e de Gade e à metade da tribo de Manassés.^{l}

9 "Sigam fielmente^m os termos desta aliança, para que vocês prosperem em tudo o que fizerem."**10** Hoje todos vocês estão na presença do Senhor, o seu Deus: os seus chefes e homens destacados, os seus líderes e oficiais e todos os demais homens de Israel, **11** juntamente com os seus filhos e as suas mulheres e os estrangeiros que vivem nos seus acampamentos cortando lenha e carregando água para vocês.^{o} **12** Vocês estão aqui presentes para entrar em aliança com o Senhor, o seu Deus, aliança que ele está fazendo com vocês hoje, selando-a sob juramento, **13** para hoje confirmá-los como seu povo,^{p} para que ele seja o seu Deus,^{q} conforme prometeu a vocês e jurou aos seus antepassados, Abraão, Isaque e Jacó. **14** Não faço esta aliança,^{r} sob juramento, somente com vocês **15** que estão aqui conosco na presença do Senhor, o nosso Deus, mas também com aqueles que não estão aqui hoje.^{s}

¹⁶ "Vocês mesmos sabem como vivemos no Egito e como passamos por várias nações até chegarmos aqui. ¹⁷ Vocês viram nelas as suas imagens e os seus ídolos detestáveis, feitos de madeira, de pedra, de prata e de ouro.ᵗ ¹⁸ Cuidem que não haja entre vocês nenhum homem ou mulher, clã ou tribo cujo coração se afaste do Senhor, o nosso Deus, para adorar os deuses daquelas nações e para que não haja no meio de vocês nenhuma raiz que produza esse veneno amargo.ᵘ

¹⁹ "Se alguém, cujo coração se afastou do Senhor para adorar outros deuses, ouvir as palavras deste juramento, invocar uma bênção sobre si mesmo e pensar: 'Estarei em segurança, muito embora persista em seguir o meu próprio caminho', trará desgraça tanto à terra irrigada quanto à terra seca. ²⁰ O Senhor jamais se disporá a perdoá-lo; a sua ira e o seu zeloᵛ se acenderãoʷ contra tal pessoa. Todas as maldições escritas neste livro cairão sobre ela, e o Senhor apagaráˣ o seu nome de debaixo do céu. ²¹ O Senhor a separará de todas as tribos de Israel para que sofra desgraça, de acordo com todas as maldições da aliança escrita neste Livro da Lei.

²² "Os seus filhos, os seus descendentes e os estrangeiros que vierem de terras distantes verão as desgraças que terão caído sobre a terra e as doenças com que o Senhor a terá afligido.ʸ ²³ A terra inteira será um deserto abrasadorᶻ de salᵃ e enxofre, no qual nada que for plantado brotará, onde nenhuma vegetação crescerá. Será como a destruição de Sodoma e Gomorra,ᵇ de Admá e Zeboim, que o Senhor destruiu com ira e furor. ²⁴ Todas as nações perguntarão: 'Por que o Senhor fez isto a esta terra?ᶜ Por que tanta ira e tanto furor?'

²⁵ "E a resposta será: 'Foi porque este povo abandonou a aliança do Senhor, o Deus dos seus antepassados, aliança feita com eles quando os tirou do Egito. ²⁶ Eles foram adorar outros deuses e se prostraram diante deles, deuses que eles não conheciam antes, deuses que o Senhor não lhes tinha dado. ²⁷ Por isso a ira do Senhor acendeu-se contra esta terra, e ele trouxe sobre ela todas as maldições escritas neste livro.ᵈ ²⁸ Cheio de ira, indignação e grande furor, o Senhor os desarraigouᵉ da sua terra e os lançou numa outra terra, como hoje se vê'.

²⁹ "As coisas encobertas pertencem ao Senhor, o nosso Deus, mas as reveladas pertencem a nós e aos nossos filhos para sempre, para que sigamos todas as palavras desta lei.

Misericórdia para Quem se Arrepende

30 "Quando todas essas bênçãos e maldiçõesᶠ que coloquei diante de vocês acontecerem e elas os atingirem onde quer que o Senhor, o seu Deus, os dispersar entre as nações,ᵍ ² e quando vocês e os seus filhos voltaremʰ para o Senhor, o seu Deus, e lhe obedecerem de todo o coração e de toda a alma, de acordo com tudo o que hoje ordeno a vocês, ³ então o Senhor, o seu Deus, trará restauração a vocês¹ⁱ, terá compaixão de vocês e os reuniráʲ novamente de todas as nações por onde os tiver espalhado.ᵏ ⁴ Mesmo que tenham sido levados para a terra mais distante debaixo do céu, de lá o Senhor, o seu Deus, os reunirá e os trará de volta.ˡ ⁵ Ele os traráᵐ para a terra dos seus antepassados, e vocês tomarão posse dela. Ele fará com que vocês sejam mais prósperos e mais numerosos do que os seus antepassados. ⁶ O Senhor, o seu Deus, dará um coração fiel a vocês² e aos seus descendentes,ⁿ para que o amem de todo o coração e de toda a alma e vivam. ⁷ O Senhor, o seu Deus, enviará então todas essas maldições sobre os inimigos que os odeiam e os perseguem.ᵒ ⁸ Vocês obedecerão de novo ao Senhor e seguirão todos os seus mandamentos que dou a vocês hoje. ⁹ Então

---

¹ 30.3 Ou *Deus os trará de volta do exílio*
² 30.6 Hebraico: *circuncidará o coração de vocês.*

o Senhor, o seu Deus, abençoará o que as suas mãos fizerem, os filhos do seu ventre, a cria dos seus animais e as colheitas da sua terra.ᵖ O Senhor se alegrará novamente em vocês e os tornará prósperos, como se alegrou em seus antepassados, ¹⁰ se vocês obedecerem ao Senhor, o seu Deus, e guardarem os seus mandamentos e decretos que estão escritos neste Livro da Lei e se vocês se voltarem para o Senhor, o seu Deus, de todo o coração e de toda a alma.ᵍ

Vida ou Morte

¹¹ "O que hoje estou ordenando a vocês não é difícil fazer, nem está além do seu alcance.ʳ ¹² Não está lá em cima no céu, de modo que vocês tenham que perguntar: "Quem subirá ao céu para trazê-lo e proclamá-lo a nós a fim de que lhe obedeçamos?"ˢ ¹³ Nem está além do mar, de modo que vocês tenham que perguntar: "Quem atravessará o mar para trazê-lo e, voltando, proclamá-lo a nós a fim de que lhe obedeçamos?" ¹⁴ Nada disso! A palavra está bem próxima de vocês; está em sua boca e em seu coração; por isso vocês poderão obedecer-lhe.

¹⁵ "Vejam que hoje ponho diante de vocês vida e prosperidade, ou morte e destruição.ᵗ ¹⁶ Pois hoje ordeno a vocês que amem o Senhor, o seu Deus, andem nos seus caminhos e guardem os seus mandamentos, decretos e ordenanças; então vocês terão vida e aumentarão em número, e o Senhor, o seu Deus, os abençoará na terra em que vocês estão entrando para dela tomar posse.

¹⁷ "Se, todavia, o seu coração se desviar e vocês não forem obedientes, e se deixarem levar, prostrando-se diante de outros deuses para adorá-los, ¹⁸ eu hoje declaro a vocês que, sem dúvida, vocês serão destruídos.ᵘ Vocês não viverão muito tempo na terra em que vão entrar e da qual vão tomar posse, depois de atravessarem o Jordão.

¹⁹ "Hoje invoco os céus e a terra como testemunhas contra vocês,ᵛ de que coloquei diante de vocês a vida e a morte, a bênção e a maldição.ʷ Agora escolham a vida, para que vocês e os seus filhos vivam, ²⁰ e para que vocês amemˣ o Senhor, o seu Deus, ouçam a sua voz e se apeguem firmemente a ele. Pois o Senhor é a sua vida,ʸ e ele dará a vocês muitos anos na terra que jurou dar aos seus antepassados, Abraão, Isaque e Jacó".

Josué, o Sucessor de Moisés

31 Moisés disse ainda estas palavras a todo o Israel: ² "Estou com cento e vinte anos de idadeᶻ e já não sou capaz de liderá-los.ᵃ O Senhor me disse: 'Você não atravessará o Jordão.'ᵇ ³ O Senhor, o seu Deus, o atravessaráᶜ pessoalmente à frente de vocês.ᵈ Ele destruirá estas nações perante vocês, e vocês tomarão posse da terra delas. Josué também atravessaráᵉ à frente de vocês, conforme o Senhor disse. ⁴ E o Senhor fará com elas como fez com Seom e Ogue, os reis dos amorreus, os quais destruiu juntamente com a sua terra. ⁵ O Senhor as entregaráᶠ a vocês, e vocês deverão fazer com elas tudo o que ordenei a vocês. ⁶ Sejam fortes e corajosos.ᵍ Não tenham medo nem fiquem apavoradosʰ por causa delas, pois o Senhor, o seu Deus, vai com vocês;ⁱ nunca os deixará,ʲ nunca os abandonará".ᵏ

⁷ Então Moisés convocou Josué e lhe disseˡ na presença de todo o Israel: "Seja forte e corajoso, pois você irá com este povo para a terra que o Senhor jurou aos seus antepassados que lhes daria, e você a repartirá entre eles como herança. ⁸ O próprio Senhor irá à sua frente e estará com você;ᵐ ele nunca o deixará, nunca o abandonará. Não tenha medo! Não desanime!"

A Leitura da Lei

⁹ Moisés escreveu esta lei e a deu aos sacerdotes, filhos de Levi, que transportavamⁿ a arca da aliança do Senhor, e a todos os líderes de Israel. ¹⁰ E Moisés lhes ordenou: "Ao final de cada sete anos, no ano do cancelamento das dívidas,ᵒ durante a festa das

cabanas¹ᵖ, **11** quando todo o Israel vier apresentar-seᵠ ao Senhor, o seu Deus, no local que ele escolher, vocês lerão esta leiʳ perante eles para que a escutem. **12** Reúnam o povo, homens, mulheres e crianças, e os estrangeiros que morarem nas suas cidades, para que ouçam e aprendamˢ a temer o Senhor, o seu Deus, e sigam fielmente todas as palavras desta lei. **13** Os seus filhos,ᵗ que não conhecem esta lei, terão que ouvi-la e aprender a temer o Senhor, o seu Deus, enquanto vocês viverem na terra da qual tomarão posse quando atravessarem o Jordão".

A Predição da Rebeldia de Israel

14 O Senhor disse a Moisés: "O dia da sua morteᵘ se aproxima. Chame Josué e apresentem-se na Tenda do Encontro, onde darei incumbências a ele". Então Moisés e Josué vieram e se apresentaram na Tenda do Encontro.

15 Então o Senhor apareceu na Tenda, numa coluna de nuvem, e a coluna pairou sobre a entrada da Tenda.ᵛ **16** E o Senhor disse a Moisés: "Você vai descansar com os seus antepassados, e este povo logo irá prostituir-se,ʷ seguindo aos deuses estrangeiros da terra em que vão entrar. Eles se esquecerãoˣ de mim e quebrarão a aliança que fiz com eles. **17** Naquele dia, se acenderá a minha iraʸ contra eles, e eu me esquecereiᶻ deles; escondereiᵃ deles o meu rosto, e eles serão destruídos. Muitas desgraças e sofrimentos os atingirão, e naquele dia perguntarão: 'Será que essas desgraças não estão acontecendo conosco porque o nosso Deus não está mais conosco?'ᵇ **18** E com certeza esconderei deles o meu rosto naquele dia, por causa de todo o mal que praticaram, voltando-se para outros deuses.

19 "Agora escrevam para vocês esta canção, ensinem-na aos israelitas e façam-nos cantá-la, para que seja uma testemunha a meu favor contra eles. **20** Quando eu os tiver introduzido na terra onde há leite e mel com fartura, terra que prometi sob juramento aos seus antepassados,ᶜ e quando tiverem comido à vontade e tiverem prosperado, eles se voltarão para outros deusesᵈ e os adorarão, rejeitando-me e quebrando a minha aliança.ᵉ **21** E, quando muitas desgraças e dificuldades lhes sobrevierem,ᶠ esta canção testemunhará contra eles, porque não será esquecida pelos seus descendentes. Sei o que estão dispostos a fazerᵍ antes mesmo de levá-los para a terra que lhes prometi sob juramento". **22** Então, naquele dia, Moisés escreveuʰ esta canção e ensinou-a aos israelitas.

23 O Senhor deu esta ordemⁱ a Josué, filho de Num: "Seja forte e corajoso,ʲ pois você conduzirá os israelitas à terra que lhes prometi sob juramento, e eu mesmo estarei com você".

24 Depois que Moisés terminou de escrever num livro as palavras desta lei do início ao fim, **25** deu esta ordem aos levitas que transportavam a arca da aliança do Senhor: **26** "Coloquem este Livro da Lei ao lado da arca da aliança do Senhor, do seu Deus, onde ficará como testemunha contra vocês.ᵏ **27** Pois sei quão rebeldes e obstinadosˡ vocês são. Se vocês têm sido rebeldes contra o Senhor enquanto ainda estou vivo, quanto mais depois que eu morrer! **28** Reúnam na minha presença todos os líderes das suas tribos e todos os seus oficiais, para que eu fale estas palavras de modo que ouçam, e ainda invoque os céus e a terra para testemunharem contra eles.ᵐ **29** Pois sei que depois da minha morte vocês com certeza se corromperãoⁿ e se afastarão do caminho que ordenei a vocês. Nos dias futuros a desgraçaᵒ cairá sobre vocês, porque vocês farão o que o Senhor reprova e o provocarão à ira por aquilo que as mãos de vocês terão feito".

A Canção de Moisés

30 E Moisés recitou as palavras desta canção, do começo ao fim, na presença de toda a assembleia de Israel:

---

¹ **31.10** Ou *dos tabernáculos*; hebraico: *sucote*.

32 "Escutem, ó céus,ᵖ e eu falarei;
ouça, ó terra, as palavras da minha
  boca.
² Que o meu ensino caia como chuva
e as minhas palavras
  desçam como orvalho,ᑫ
como chuva brandaʳ sobre o pasto novo,
como garoa sobre tenras plantas.

³ "Proclamarei o nome do Senhor.ˢ
Louvem a grandezaᵗ do nosso Deus!
⁴ Ele é a Rocha,ᵘ
  as suas obras são perfeitas,ᵛ
  e todos os seus caminhos são justos.
É Deus fiel,ʷ que não comete erros;
  justo e reto ele é.

⁵ "Seus filhos têm agido corruptamente
  para com ele,
e não como filhos;
  que vergonha!
São geração corrompida e depravada.¹ˣ
⁶ É assim que retribuemʸ ao Senhor,
  povo insensato e ignorante?ᶻ
Não é ele o Pai de vocês,ᵃ o seu
  Criador²,
que os fez e os formou?ᵇ

⁷ "Lembrem-se dos dias do passado;
  considerem as gerações
  há muito passadas.
Perguntem aos seus pais,
  e estes contarão a vocês,ᶜ
aos seus líderes, e eles explicarão a vocês.
⁸ Quando o Altíssimo deu às nações
  a sua herança,
quando dividiu toda a humanidade,ᵈ
estabeleceu fronteiras para os povos
de acordo com o número
  dos filhos de Israel³.
⁹ Pois o povo preferidoᵉ do Senhor
  é este povo,
Jacó é a herança que lhe coube.ᶠ

¹⁰ "Numa terra desertaᵍ ele o encontrou,
  numa região árida e de ventos
    uivantes.
Ele o protegeu e dele cuidou;
  guardou-o como
  a menina dos seus olhos,ʰ
¹¹ como a águia
  que desperta a sua ninhada,
paira sobre os seus filhotes,ⁱ
  e depois estende as asas
  para apanhá-los,
levando-os sobre elas.
¹² O Senhor sozinho o levou;
nenhum deus estrangeiro o ajudou.ʲ
¹³ Ele o fez cavalgar
  nos lugares altosᵏ da terra
e o alimentou com o fruto dos campos.
Ele o nutriu com mel tirado da rocha,
  e com óleoˡ extraído
  do penhasco pedregoso,
¹⁴ com coalhada e leite
  do gado e do rebanho,
e com cordeiros e bodes cevados;
com os melhores carneiros de Basã
e com as mais excelentes
  sementes de trigo.ᵐ
Você bebeu o espumoso
  sangue das uvas.ⁿ

¹⁵ "Jesurum⁴ engordouᵒ e deu pontapés;
  você engordou, tornou-se pesado
  e farto de comida.
Abandonouᵖ o Deus que o fez
e rejeitou a Rocha,ᑫ que é o seu
  Salvador.
¹⁶ Eles o deixaram com ciúmesʳ
  por causa dos deuses estrangeiros,
  e o provocaramˢ
  com os seus ídolos abomináveis.
¹⁷ Sacrificaram a demônios
  que não são Deus,
a deuses que não conheceram,ᵗ
a deuses que surgiram recentemente,ᵘ

---

¹ **32.5** Ou *Corruptos são eles e não os seus filhos, uma geração corrompida e depravada para a sua vergonha.*
² **32.6** Ou *que os comprou*
³ **32.8** Os manuscritos do mar Morto dizem *filhos de Deus.*
⁴ **32.15** *Jesurum* (nome poético de Israel) significa *o íntegro;* também em 33.5 e 26.

a deuses que os seus antepassados
   não adoraram.
18 Vocês abandonaram a Rocha,
   que os gerou;
vocês se esqueceram[v] do Deus
   que os fez nascer.
19 "O S<small>ENHOR</small> viu isso e os rejeitou,"[w]
porque foi provocado
   pelos seus filhos e suas filhas.[x]
20 'Esconderei o meu rosto[y] deles', disse,
   'e verei qual o fim que terão;
pois são geração perversa,[z]
   filhos infiéis.
21 Provocaram-me os ciúmes[a]
   com aquilo que nem deus é
e irritaram-me
   com seus ídolos inúteis.[b]
Farei que tenham ciúmes
   de quem não é meu povo;
eu os provocarei à ira
   por meio de uma nação insensata.[c]
22 Pois um fogo foi aceso pela minha ira,
fogo que queimará
   até as profundezas[d] do Sheol[1].
Ele devorará a terra e as suas colheitas
e consumirá os alicerces dos montes.

23 " 'Amontoarei desgraças[e] sobre eles
e contra eles gastarei as minhas flechas.[f]
24 Enviarei dentes de feras,
   uma fome devastadora,[g]
   uma peste avassaladora
   e uma praga mortal;[h]
enviarei contra eles
   dentes de animais selvagens,[i]
   e veneno de víboras[j]
   que se arrastam no pó.
25 Nas ruas a espada
   os deixará sem filhos;
em seus lares reinará o terror.[k]
Morrerão moços e moças,
   crianças e homens já grisalhos.[l]
26 Eu disse que os dispersaria[m]
e que apagaria da humanidade[n]
   a lembrança deles.

---

[1] **32.22** Essa palavra pode ser traduzida por *sepultura, profundezas, pó* ou *morte*.

27 Mas temi a provocação do inimigo,
   que o adversário entendesse mal
e dissesse: "A nossa mão triunfou;
   o S<small>ENHOR</small> nada fez"'.[o]
28 "É uma nação sem juízo
   e sem discernimento.[p]
29 Quem dera fossem sábios
   e entendessem;
e compreendessem qual será o seu fim!
30 Como poderia um só homem
   perseguir mil,
ou dois porem em fuga[q] dez mil,
   a não ser que a sua Rocha
   os tivesse vendido,
a não ser que o S<small>ENHOR</small>
   os tivesse abandonado?[r]
31 Pois a rocha deles
   não é como a nossa Rocha,
com o que até mesmo
   os nossos inimigos concordam.
32 A vinha deles é de Sodoma
   e das lavouras de Gomorra.
Suas uvas estão cheias de veneno,
   e seus cachos, de amargura.
33 O vinho deles
   é a peçonha das serpentes,
o veneno mortal das cobras.[s]
34 " 'Acaso não guardei isto em segredo?
   Não o selei em meus tesouros?[t]
35 A mim pertence a vingança
   e a retribuição.[u]
No devido tempo
   os pés deles escorregarão;[v]
o dia da sua desgraça está chegando
   e o seu próprio destino
   se apressa sobre eles.'[w]

36 "O S<small>ENHOR</small> defenderá o seu povo
   e terá compaixão dos seus servos,[x]
quando vir que a força deles se esvaiu
   e que ninguém sobrou,
   nem escravo nem livre.
37 Ele dirá:
   'Agora, onde estão os seus deuses,
a rocha em que se refugiaram,[y]

³⁸ os deuses que comeram
   a gordura dos seus sacrifícios
e beberam o vinho
   das suas ofertas derramadas?
Que eles se levantem para ajudá-los!
Que eles ofereçam abrigo a vocês!

³⁹ " 'Vejam agora que eu sou o único,
   eu mesmo.ᶻ
Não há Deus além de mim.ᵃ
Faço morrer e faço viver,ᵇ
feri e curarei,ᶜ
e ninguém é capaz
   de livrar-se da minha mão.ᵈ
⁴⁰ Ergo a minha mão para os céus
   e declaro:
Juro pelo meu nome que,
⁴¹ quando eu afiar
   a minha espada refulgenteᵉ
   e a minha mão empunhá-la para
      julgar,
eu me vingarei dos meus adversários
e retribuirei àqueles que me odeiam.ᶠ
⁴² Embeberei as minhas flechas
   em sangue,ᵍ
enquanto a minha espada devorar
   carne:ʰ
      o sangue dos mortos e dos cativos,
      as cabeças dos líderes inimigos'.

⁴³ "Cantem de alegria,ⁱ ó nações,
   com o povo dele,¹ ²
pois ele vingará
   o sangue dos seus servos;ʲ
retribuirá com vingança
   aos seus adversários
e fará propiciação
   por sua terra e por seu povo".ᵏ

⁴⁴ Moisés veio com Josué³ˡ, filho de Num,
e recitou todas as palavras dessa canção
na presença do povo. ⁴⁵ Quando Moisés terminou de recitar todas essas palavras a todo o Israel, ⁴⁶ disse-lhes: "Guardem no coração todas as palavras que hojeᵐ declarei a vocês solenemente, para que ordenem aos seus filhos que obedeçam fielmente a todas as palavras desta lei. ⁴⁷ Elas não são palavras inúteis. São a sua vida.ⁿ Por meio delas vocês viverão muito tempo na terra da qual tomarão posse do outro lado do Jordão".

A Morte de Moisés no Monte Nebo

⁴⁸ Naquele mesmo dia, o SENHOR disse a Moisés: ⁴⁹ "Suba as montanhas de Abarim,ᵒ até o monte Nebo, em Moabe, em frente de Jericó, e contemple Canaã, a terra que dou aos israelitas como propriedade. ⁵⁰ Ali, na montanha que você tiver subido, você morreráᵖ e será reunido aos seus antepassados, assim como o seu irmão Arão morreu no monte Hor e foi reunido aos seus antepassados. ⁵¹ Assim será porque vocês dois foram infiéis para comigo na presença dos israelitas,ʳ junto às águas de Meribá, em Cades, no deserto de Zim,ᑫ e porque vocês não sustentaram a minha santidade no meio dos israelitas. ⁵² Portanto, você verá a terra somente a distância,ˢ mas não entraráᵗ na terra que estou dando ao povo de Israel".

A Bênção de Moisés

33 Esta é a bênção com a qual Moisés, homem de Deus,ᵘ abençoou os israelitas antes da sua morte. ² Ele disse:

"O SENHOR veio do Sinaiᵛ
e alvoreceu sobre eles desde o Seir,ʷ
resplandeceu desde o monte Parã.ˣ
Veio com miríades de santos desde
   o sul,ʸ
   desde as encostas de suas montanhas.
³ Certamente és tu que amasᶻ o povo;
   todos os santos estão em tuas
      mãos.ᵃ
A teus pés todos eles se prostramᵇ
   e de ti recebem instrução,
⁴ a lei que Moisés nos deu,ᶜ
   a herança da assembleia de Jacó.ᵈ

---

¹ **32.43** Ou *Façam o povo dele cantar de alegria, ó nações*.
² **32.43** Os manuscritos do mar Morto dizem *povo dele, e todos os anjos o adorem*.
³ **32.44** Hebraico: *Oseias*, variante de *Josué*.

⁵ Ele era rei sobre Jesurum,
quando os chefes do povo se reuniam,
juntamente com as tribos de Israel.

⁶ "Que Rúben viva e não morra,
mesmo sendo poucos os seus homens".

⁷ E disse a respeito de Judá:ᵉ

"Ouve, ó Senhor, o grito de Judá;
traze-o para o seu povo.
Que as suas próprias mãos
sejam suficientes,
e que haja auxílio
contra os seus adversários!"

⁸ A respeito de Levi disse:

"O teu Urimᶠ e o teu Tumim¹ pertencem
ao homem a quem favoreceste.
Tu o provaste em Massá²;
disputaste com ele
junto às águas de Meribá³g.
⁹ Levi disse do seu pai e da sua mãe:ʰ
'Não tenho consideração por eles'.
Não reconheceu os seus irmãos,
nem conheceu os próprios filhos,
apesar de que guardaram a tua palavra
e observaram a tua aliança.ⁱ
¹⁰ Ele ensina as tuas ordenanças a Jacó
e a tua lei a Israel.ʲ
Ele te oferece incenso
e holocaustos completos no teu altar.ᵏ
¹¹ Abençoa todos os seus esforços,
ó Senhor,
e aprova a obra das suas mãos.ˡ
Despedaça os lombos
dos seus adversários,
dos que o odeiam,
sejam quem forem".

¹² A respeito de Benjamim disse:

"Que o amado do Senhor
descanse nele em segurança,ᵐ
pois ele o protege o tempo inteiro,
e aquele a quem o Senhor ama
descansa nos seus braços".ⁿ

¹³ A respeito de Joséᵒ disse:

"Que o Senhor abençoe a sua terra
com o precioso orvalho
que vem de cima, do céu,
e com as águas das profundezas;ᵖ
¹⁴ com o melhor que o sol amadurece
e com o melhor que a lua possa dar;
¹⁵ com as dádivas mais bem escolhidas
dos montes antigosᑫ
e com a fertilidade das colinas eternas;
¹⁶ com os melhores frutos da terra
e a sua plenitude,
e com o favor daquele
que apareceu na sarça ardente.ʳ
Que tudo isso repouse
sobre a cabeça de José,
sobre a fronte do escolhido
entre os seus irmãos.
¹⁷ É majestoso como a primeira cria
de um touro;
seus chifres são os chifres
de um boi selvagem,ˢ
com os quais feriráᵗ as nações
até os confins da terra.
Assim são as dezenas de milhares
de Efraim;
assim são os milhares de Manassés".

¹⁸ A respeito de Zebulomᵘ disse:

"Alegre-se, Zebulom,
em suas viagens,
e você, Issacar, em suas tendas.
¹⁹ Eles convocarão povos para o monteᵛ
e ali oferecerão sacrifícios de justiça;ʷ
farão um banquete
com a riqueza dos mares,ˣ
com os tesouros ocultos das praias".

²⁰ A respeito de Gadeʸ disse:

"Bendito é aquele
que amplia os domínios de Gade!
Gade fica à espreita como um leão;
despedaça um braço e também a cabeça.

---

¹ **33.8** Objetos utilizados para se conhecer a vontade de Deus.
² **33.8** *Massá* significa *provação*.
³ **33.8** *Meribá* significa *rebelião*.

²¹ Escolheu para si o melhor;^z
   a porção do líder lhe foi reservada.
Tornou-se o chefe do povo
   e executou a justa vontade^a do
      Senhor
e os seus juízos sobre Israel".

²² A respeito de Dã^b disse:

"Dã é um filhote de leão,
   que vem saltando desde Basã".

²³ A respeito de Naftali disse:

"Naftali tem fartura do favor do
      Senhor
   e está repleto de suas bênçãos;
suas posses estendem-se para o sul,
   em direção ao mar".

²⁴ A respeito de Aser^c disse:

"Bendito é Aser entre os filhos;
seja ele favorecido por seus irmãos,
   e banhe os seus pés no azeite!^d
²⁵ Sejam de ferro e bronze
   as trancas das suas portas,
   e dure a sua força como os seus dias.^e

²⁶ "Não há ninguém
   como o Deus de Jesurum,^f
que cavalga os céus para ajudá-lo,^g
   e cavalga as nuvens em sua majestade!
²⁷ O Deus eterno é o seu refúgio,^h
   e para segurá-lo
      estão os braços eternos.
Ele expulsará os inimigos
   da sua presença,^i
   dizendo: 'Destrua-os!'^j
²⁸ Somente Israel viverá em segurança;^k
   a fonte de Jacó está segura
numa terra de trigo e de vinho novo,
   onde os céus gotejam orvalho.^l
²⁹ Como você é feliz, Israel!^m
Quem é como você,^n
   povo salvo pelo Senhor?^o
Ele é o seu abrigo, o seu ajudador^p
   e a sua espada gloriosa.
Os seus inimigos se encolherão
   diante de você,
mas você pisará as suas colinas".^q

A Morte de Moisés

34 Então, das campinas de Moabe Moisés subiu ao monte Nebo, ao topo do Pisga, em frente de Jericó.^r Ali o Senhor lhe mostrou^s a terra toda: de Gileade a Dã, ² toda a região de Naftali, o território de Efraim e Manassés, toda a terra de Judá até o mar ocidental,¹ᵗ ³ o Neguebe e toda a região que vai do vale de Jericó, a cidade das Palmeiras,^u até Zoar. ⁴ E o Senhor lhe disse: "Esta é a terra que prometi sob juramento^v a Abraão, a Isaque e a Jacó, quando lhes disse: Eu a darei^w a seus descendentes. Permiti que você a visse com os seus próprios olhos, mas você não atravessará^x o rio, não entrará nela".

⁵ Moisés, o servo do Senhor,^y morreu^z ali, em Moabe, como o Senhor dissera. ⁶ Ele o sepultou² em Moabe, no vale que fica diante de Bete-Peor,^a mas até hoje ninguém sabe onde está localizado seu túmulo.^b ⁷ Moisés tinha cento e vinte anos de idade^c quando morreu; todavia, nem os seus olhos nem o seu vigor tinham se enfraquecido.^d ⁸ Os israelitas choraram Moisés nas campinas de Moabe durante trinta dias, até passar o período de pranto e luto.^e

⁹ Ora, Josué, filho de Num, estava cheio do Espírito³ de sabedoria,^f porque Moisés tinha imposto as suas mãos sobre ele.^g De modo que os israelitas lhe obedeceram e fizeram o que o Senhor tinha ordenado a Moisés.

¹⁰ Em Israel nunca mais se levantou profeta como Moisés,^h a quem o Senhor conheceu face a face,^i ¹¹ e que fez todos aqueles sinais e maravilhas^j que o Senhor o tinha enviado para fazer no Egito, contra o faraó, contra todos os seus servos^k e contra toda a sua terra. ¹² Pois ninguém jamais mostrou tamanho poder como Moisés nem executou os feitos temíveis que Moisés realizou aos olhos de todo o Israel.

¹ 34.2 Isto é, o mar Mediterrâneo.
² 34.6 Ou *Ele foi sepultado*
³ 34.9 Ou *cheio de sabedoria*

LIDERANÇA ESPIRITUAL

Desenvolvendo novos líderes

> *Ora, Josué, filho de Num, estava cheio do Espírito de sabedoria, porque Moisés tinha imposto as suas mãos sobre ele. De modo que os israelitas lhe obedeceram e fizeram o que o* Senhor *tinha ordenado a Moisés.*
>
> Deuteronômio 34.9

Depois de uma longa e bem-sucedida liderança, Moisés passa o bastão para seu pupilo, Josué. (Números 27.18-23 registra uma versão ainda mais detalhada dessa história). Aparentemente a transição funcionou, porque no capítulo seguinte (Josué 1) Deus diz a Josué: "Assim como estive com Moisés, estarei com você". O apóstolo Paulo também foi intencional no desenvolvimento da geração seguinte de líderes. Paulo instruiu o discípulo Timóteo a tomar tudo que lhe havia ensinado e confiar "a homens fiéis que sejam também capazes de ensina[r] a outros" (2Timóteo 2.2).

Para muitos líderes hoje, é tentador dizer que estão muito ocupados para gastar tempo no desenvolvimento de novos líderes. Mas líderes eficientes estão sempre a procura de novos líderes em potencial. Líderes eficientes planejam tempo para as atividades principais do desenvolvimento de liderança — modelar, mentorear, encorajar, treinar e delegar. Desse modo, não se esgotam com as exigências do ministério e também preparam uma nova onda de líderes firmes em favor do Reino de Cristo.

LIDERANÇA ESPIRITUAL

Descobrindo novos líderes em potencial
Angela Yee

Parte do chamado de todo líder envolve cultivar outros líderes em potencial. Líderes surgem com uma grande variedade de dons, personalidades e estilos de trabalho. Quanto melhor você entender os diferentes tipos de liderança, mais será capaz de avaliar aqueles que têm potencial de liderança. Há três tipos diferentes de novos líderes: líderes naturais, líderes situacionais e líderes não desenvolvidos.

Líderes naturais são fáceis de identificar — eles geralmente conversam sobre liderança ou direção ministerial. A ideia de influenciar pessoas os entusiasma. Eles têm prazer de enfrentar desafios e de capacitar pessoas a enfrentá-los. Muitos líderes naturais se sentem impelidos a liderar. Se não estão liderando, sentem que algo está errado. Quando não há um ministério para liderar, começam algo novo! Líderes naturais em geral são imensamente ocupados e envolvidos com diversos ministérios ao mesmo tempo.

- *Líderes naturais já estão ativos no ministério*
  Embora líderes naturais possam já estar bem envolvidos, se a oportunidade de liderança estiver numa área em que eles se entusiasmam ou para a qual sentem um chamado, eles terão disposição de liderar e reorganizar a prioridade de seus outros compromissos.
- *Líderes naturais estão em posição de autoridade no trabalho*
  Às vezes os líderes naturais não percebem a necessidade de liderar dentro da igreja. Imaginam erroneamente que somente aquelas pessoas que têm formação bíblica podem ser líderes, ou talvez não percebam como suas habilidades podem ser valorizadas na igreja.
- *Líderes naturais são apaixonados*
  Os melhores líderes são aqueles que sentem paixão pelo que estão fazendo. Eles são naturalmente motivados, e seu entusiasmo é contagioso. Quando estiver procurando líderes, procure alguém com paixão por determinada área.

Nem todo cargo de liderança precisa ser preenchido por líderes naturais. Às vezes um *líder situacional* preencherá um papel de liderança ainda que a liderança não seja seu dom natural.

- *Líderes situacionais percebem a necessidade e a preenchem*
  Alguém pode não ter uma inclinação natural para liderança, mas, se há necessidade e ninguém está disposto a preenchê-la, eles tomarão a iniciativa de liderar.
- *Líderes situacionais são líderes temporários*
  Um líder situacional realiza um excelente trabalho de supervisionar uma área do ministério por um período limitado, mas, em situações prolongadas de liderança, o líder começa a se sentir frustrado e esgotado. Ao contrário de líderes naturais, que se destacam em *situações de liderança,* os líderes situacionais agem melhor em projetos de curto prazo nos quais possam descansar da função extenuante da liderança.

- *Líderes situacionais têm disposição para servir*
  Mesmo não sendo os mais bem qualificados, eles têm disposição de liderar para atender a uma necessidade. Apesar de não gostarem realmente da liderança, sua motivação é saber que o serviço agrada ao Senhor.

Líderes não desenvolvidos são os mais difíceis de encontrar. Eles estão no anonimato e são geralmente descobertos acidentalmente. A maioria dos líderes não nasce automaticamente com habilidades de liderança; descobrem seus dons de liderança com o tempo. Aqueles que descobrem seus dons de liderança em idade mais avançada geralmente não percebem seu potencial de liderança; suas habilidades valiosas de liderança são latentes. Quando os outros lhes dizem que têm dom de liderança, eles negam como se se tratasse de uma ideia ridícula. Diante disso, como você conseguirá encontrar de forma mais intencional esses líderes?

- *Líderes não desenvolvidos tomam iniciativa*
  Quando você vê alguém que está disposto a tomar a iniciativa de mudar algo ou melhorar uma situação, é porque encontrou uma pessoa motivada que pode ser um líder potencial.
- *Líderes não desenvolvidos são confiáveis*
  Não cogite alguém que não vai até o fim. Liderança exige confiabilidade e integridade. Procure pessoas que tenham um histórico de fidelidade e confiança.
- *Líderes não desenvolvidos são reconhecidos pelos outros*
  Às vezes, os líderes não desenvolvidos não têm autoconfiança, ou são muito discretos para a autoprojeção, mas seus amigos podem tomar a iniciativa indicando seu nome!

Estilos de liderança e personalidade abrangem um vasto espectro. Mesmo aqueles que não são líderes naturais podem ver-se confortáveis em uma posição de liderança quando o fazem colocando em prática outros dons espirituais. Por exemplo, alguém que tenha dom de misericórdia pode gostar de ser líder de um pequeno grupo, mas ele provavelmente se concentraria na área da liderança que lhe agrada — encorajar as pessoas. Por outro lado, quem tem o dom espiritual de liderança pode se sentir sobrecarregado ao ter de lidar constantemente com as necessidades emocionais das pessoas, porque sua tendência é a liderança operacional.

Entender os diferentes tipos de liderança ajudará você a identificar líderes potenciais e combiná-los com ministérios nos quais eles possam se desenvolver. Fique de olho para todo tipo de líder — todos são necessários!

Traços de novos líderes potenciais
Fred Smith

Os atletas mais competentes raramente se tornam bons técnicos. O melhor violinista não se tornará necessariamente o melhor maestro. Nem o melhor professor se tornará necessariamente o melhor chefe de departamento. Por isso, é essencial distinguir entre duas competências bem distintas: a competência da execução e a competência de conduzir a execução. O líder natural se destacará — a questão-chave é como identificar aqueles que são capazes de aprender a liderar com o tempo. Há oito traços que se deve procurar:

1. A capacidade de criar ou incorporar uma visão

Quando converso com as pessoas sobre o futuro, quero ver os olhos delas brilhando. Quero que façam as perguntas certas sobre o que estou dizendo. Um líder empresarial bem-sucedido desenvolveu grandes líderes com uma simples pergunta: "Você gostaria de me ajudar a desenvolver algo grandioso?". Uma pessoa que não sente motivada pelo desafio não é um líder potencial.

2. Um descontentamento construtivo

Algumas pessoas chamariam isso de *crítica*, mas há uma grande diferença em ser descontente de modo construtivo e ser crítico. Quando alguém me diz: "Certamente, tem um jeito melhor de fazer isso", procuro ver se há algum potencial de liderança com a seguinte pergunta: "Você já pensou de que maneira poderia ser?". Se a pessoa responder que não, então ela está sendo crítica, não construtiva. Mas, se disser que sim, ela está sendo desafiada por um espírito construtivo de descontentamento. Trata-se de um anseio constante no líder. Aqueles que se contentam com o *status quo* não são bons líderes.

3. Disposição para assumir a responsabilidade

As pessoas que não estão prontas para liderança tentam abrir mão de responsabilidades assim que têm a oportunidade. Assumir responsabilidade não deveria intimidar um líder potencial, porque a alegria da realização — o sentimento vicário de colaborar com as pessoas — é inerente à liderança.

4. O fator conclusivo

A pessoa que encara um problema e não desiste, como um cachorro mordendo um osso, tem potencial de liderança. Essa qualidade é decisiva nos líderes, pois haverá momentos em que nada além da determinação pessoal dirá: "Siga em frente". Líderes potenciais veem projetos até a completude. Coisas pela metade não são o bastante.

5. Determinação

É impossível liderar sem sofrer críticas e ser desencorajado. Um líder potencial precisa de determinação. Procuro por líderes realistas que olhem para as coisas como são e paguem o preço que for. A função de liderança provoca certa ruptura entre a pessoa e seus colegas devido ao fato de o líder assumir responsabilidades que só ele pode desempenhar.

6. Qualidade de "ser admirado"

Líderes potenciais têm certa qualidade de "ser admirado". Quando falam, as pessoas dão ouvidos. O fato de algumas pessoas falarem muito, não significa que alguém lhes dê atenção. *Elas simplesmente estão fazendo um discurso*, mas não estão exercendo liderança. Sempre fico atento a pessoas que são ouvidas pelos outros.

7. Caráter e contexto.
Contudo, não basta alguém ter potencial de liderança; é preciso ter caráter e o contexto apropriado para se desenvolver. Antes de eu confiar responsabilidades significativas de liderança a alguém, acho muito útil fazer algumas perguntas:

- *O que essa pessoa fará para ser admirada?*
  É bom ser admirado, mas como líder não é esse fator que deve nos controlar. A causa deve ser o principal fator motivador.
- *Essa pessoa tem uma fraqueza destrutiva?*
  Há apenas duas coisas que preciso saber a respeito de mim mesmo: meu potencial construtivo e alguma fraqueza destrutiva. Uma fraqueza destrutiva pode não aparecer em um teste; é uma falha de caráter. Uma fraqueza destrutiva pode, por exemplo, ser uma obsessão. Uma obsessão nos controla; não somos capazes de controlá-la. Ela só piora com o tempo.
- *Essa pessoa consegue aceitar erros razoáveis?*
  Algumas pessoas têm medo de delegar responsabilidades, porque alguém pode cometer erros. Mas a perfeição tem um alto preço; os seguidores não podem viver sob essa tirania. Um líder tem de ser capaz de aceitar determinado grau de erros — isso não quer dizer repetindo-os, mas aceitando-os. O fracasso faz parte da aceitação da liderança.
- *Eu consigo oferecer a essa pessoa o ambiente para que seja bem-sucedida?*
  É muito importante, principalmente nos estágios iniciais da liderança de alguém, que ele seja posto em um ambiente adequado. Eu não gostaria, por exemplo, de deixar alguém que precisa de mentoria com um líder que não presta a menor atenção nas pessoas. Um ambiente que ameace o senso de segurança ou bem-estar da pessoa dispersa sua concentração com respeito à causa. Líderes com pouca experiência precisam de um ambiente em que possam concentrar-se na liderança.

Princípios para o desenvolvimento de novos líderes
Entrevista com John Maxwell

Todo pastor conhece o sentimento. Você precisa estar no hospital, no gabinete, e em casa — tudo ao mesmo tempo. Pensamos assim: Ah! se eu pudesse fazer um clone de mim!. Apesar de essa ainda não ser uma opção, é possível multiplicar a nossa eficácia encontrando e treinando outros para assumir algumas funções de liderança que acumulamos sobre os ombros. Os seguintes princípios de desenvolvimento de novos líderes foram extraídos de uma entrevista de John Maxwell ao periódico Leadership Journal.

É importante desenvolver líderes
Quando cheguei à minha primeira igreja, era possível contar o número de pessoas em uma mão. Durante muitos anos, trabalhei dia e noite até que a igreja cresceu para mais de 300 membros. Eu realmente achava que tinha realizado algo significativo, sem saber que a

minha autoconfiança iria acabar comigo. Quando deixei a igreja, a frequência caiu de 300 para menos de 100 pessoas em apenas alguns meses. Descobri que havia fracassado. Não tinha preparado outros para assumir a liderança. Prometi a mim mesmo que isso nunca mais aconteceria.

É desafiador encontrar líderes
É difícil encontrar novos líderes simplesmente porque as pessoas que estão dispostas a se desenvolver são escassas. Quando você as encontra, elas geralmente já estão cheias de compromissos em outras áreas da vida. Além disso, é difícil formar uma equipe com líderes. Assim como não é possível arrebanhar gatos, tampouco se arrebanham líderes. Eles são enérgicos e normalmente têm seu próprio modo de pensar. Daí, como se não bastasse, é difícil manter os líderes fortes. Eles serão constantemente atraídos por outras oportunidades que pareçam mais animadoras e significativas.

É necessário oração para encontrar líderes
Em todo lugar que servi, pedia a Deus que me enviasse líderes para edificar a igreja. Durante quatorze anos, pelo menos uma vez por mês, eu conhecia alguém que estava visitando a igreja pela primeira vez. Nós nos apresentávamos. Depois Deus falava comigo dizendo: *John, esse é um deles*. Isso era humilhante, pois eu não tinha feito nada para trazer aquela pessoa. Se você orar por líderes; se você tiver um coração para desenvolver, liderar e capacitar as pessoas; se você tiver uma visão dada por Deus — Deus dará a você o que o seu coração deseja.

Perder bons líderes é doloroso
Investir nas pessoas é como investir em ações. Riscos altos poderão trazer enorme retorno ou imensa perda. Os melhores líderes serão os que mais ajudarão você, mas também os que mais poderão machucá-lo. O melhor líder da minha equipe arrebanhou 100 pessoas da igreja e começou uma nova comunidade a apenas algumas quadras de nós. O modo com que ele o fez acabou comigo.

Às vezes, identifico o potencial de um líder, dedico o melhor de mim a ele, e ainda assim ele me decepciona. Depois de um incidente desses, passei meses dizendo: *Nunca mais deixarei os meus colaboradores se aproximarem de mim. Eles nunca mais vão me ferir nem mentir para mim.* Até que um dia me dei conta de que, quando abraçamos pessoas e nos dedicamos integralmente a elas, elas às vezes podem nos ferir. No entanto, o futuro do nosso ministério e das nossas igrejas depende de desenvolvermos outros para liderar.

Novos líderes precisam ser valorizados
Ofereça oportunidade prática para treinar novos líderes. Se eles têm as qualidades de caráter necessárias, precisam apenas aprender a maximizar seus esforços. Trate as pessoas como o seu maior patrimônio. É fácil acreditar nisso quando encontramos as pessoas pela primeira vez; é um pouco mais difícil, no entanto, depois de trabalhar com elas um tempo e ver suas fraquezas.

Para agregar valor é preciso ouvir as pessoas. Se eu conheço o coração de uma pessoa, então sei exatamente o que valorizar mais. Eu desenvolvo a parte da pessoa que ela deseja ter desenvolvida, não o que eu preciso naquele momento. Isso evita que eu me aproveite das pessoas. Ou, então, eu pergunto: "Qual é a contribuição singular dessa pessoa?". Em seguida, treino as pessoas de acordo com seus dons e desejos.

Líderes precisam ser desafiados
Certa vez, um líder empresarial talentoso me disse: "Eu sou desafiado ao limite de segunda a sábado. Assumo riscos, faço compromissos profundos no meu negócio. Mas, quando vou à igreja, nunca sou desafiado, nunca me exigem um grande compromisso. Nunca me pedem para assumir riscos.". Isso me entristece. A maioria das igrejas tem alguns líderes maravilhosos que são espiritualmente nominais porque nunca foram desafiados.

Encare a realidade de líderes não desenvolvidos
Eu achava que era capaz de liderar qualquer pessoa. Mas descobri que há certas pessoas que eu não consigo liderar... Há muita gente que não *deseja* ser líder. Comparo isso uma subida no elevador até o décimo andar. Ao chegar ao terceiro andar alguém diz: "Este é o meu andar, estou saindo.". Nos primeiros anos do meu ministério, a minha tendência era sair com essa pessoa: "Vamos pela escada. Não precisamos do elevador. Vamos subir mais um pouco.". Hoje cheguei à conclusão de que o potencial de liderança de algumas pessoas infelizmente continuará sem ser desenvolvido.

Como procurar e descobrir novos líderes
Macario de la Cruz

Deus nos ordena a que procuremos líderes para sua causa. Não é muito difícil encontrá-los desde que saibamos as características que ele procura. Em todas as épocas, Deus se interessou em levantar líderes e prepará-los. De geração a geração, Deus usou líderes para guiar este mundo a fim de apascentar sua Igreja no caminho que ele traçou para ela. Mas o que exatamente é preciso para a formação de novos líderes? Veja a seguir algumas qualidades essenciais que Deus procura em cada líder.

Deus chama pessoas comuns
Deus busca líderes espirituais que permitam que ele os prepare, que sejam obedientes à voz dele e que tenham um amor sobrenatural por sua obra. Por exemplo, o profeta Isaías não era um santo. Era um homem comum: "[...] Ai de mim! Estou perdido! Pois sou um homem de lábios impuros e vivo no meio de um povo de lábios impuros [...]" (Isaías 6.5).

Deus chama pecadores arrependidos
Isaías confessou seu pecado; ele reconheceu que tinha lábios impuros. " '[...] porque a [...] boca fala do que está cheio o coração' " (Lucas 6.45). Uma vez que seus lábios propagavam o pecado, todo seu ser estava na mesma condição: impuro. Foi preciso que brasas vivas purificassem os lábios, o coração e a vida do profeta.

LIDERANÇA ESPIRITUAL

Deus chama pessoas perdoadas

Somente por meio do toque de Deus é que a culpa de Isaías foi removida e que ele foi purificado de seus pecados. É maravilhoso que Jesus Cristo tenha derramado seu sangue sobre a cruz do Calvário para purificar o nosso pecado, perdoar a nossa culpa e nos preparar para ser chamados pelo Senhor para trabalhar em sua obra. "Então ouvi a voz do Senhor, conclamando: 'Quem enviarei? Quem irá por nós?' E eu respondi: 'Eis-me aqui. Envia-me!' " (Isaías 6.8).

Deus chama líderes dispostos

Deus não começa seu plano com uma organização impessoal, mas com alguma pessoa. "Surgiu um homem enviado por Deus, chamado João" (João 1.6). "Procurei entre eles um homem que erguesse o muro e se pusesse na brecha diante de mim [...]" (Ezequiel 22.30). A pessoa transformada é instrumento de Deus para abençoar outros. O líder espiritual é usado por Deus para evangelizar o mundo, desenvolver líderes e guiar a Igreja a fazer sua santa vontade na terra. Deus procura líderes espirituais que permitam que ele os prepare, que sejam obedientes à voz dele, que tenham um amor sobrenatural por sua obra e fé resoluta.

Como mentorear novos líderes
Earl Palmer & Erik Johnson

A palavra hebraica *morah* refere-se ao tipo de mestre que ensina apontando o caminho. Um mentor é esse tipo de mestre: alguém que caminha ao lado do discípulo parte do caminho e que depois para e aponta o restante da jornada. Isso significa ser um encorajador, oferecer palavras de afirmação e elogio. Como mentor, não quero dizer às pessoas qual é a vontade de Deus para elas; desejo que elas mesmas a descubram. E a melhor maneira de alcançar isso é quando o mentor reconhece o que a pessoa está fazendo corretamente. Cada situação de mentoria é singular, mas há vários modos de desenvolver consistentemente relacionamentos significativos com novos líderes.

Crie encontros

Não é possível ser um mentor a não ser que se tenha contato com pessoas. Um mentor pode tornar-se deliberadamente parte de um pequeno grupo a fim de mentorear pessoas que necessitem de ajuda. Em geral, os mentores estão atentos a pessoas que se esforçam em procurá-los, o que leva ao relacionamento de mentoria.

Envolva-se gradualmente no relacionamento

Não é comum que um líder diga a um provável candidato: "Sou o seu mentor. Quero moldar a sua vida.". Antes, é preciso aprender a dar alguns sinais para que a pessoa saiba que estará mais segura se for mentoreada. A mentoria, como a maioria dos relacionamentos, é algo que se aprofunda gradualmente.

Desenvolvendo novos líderes

Disponha-se a acompanhamentos regulares
Um mentor normalmente não tem uma lista de pessoas com as quais entra em contato semanalmente ou com regularidade. A interação com as pessoas acontece mais naturalmente quando o mentor encontra as pessoas em situações espontâneas. Mesmo assim, os mentores precisam fazer um esforço para manter contato; devem oferecer às pessoas oportunidades de acompanhamento, de lhes dizer como estão e sobre o que têm pensando.

Afaste-se gradualmente do relacionamento
A mentoria não é um relacionamento terapêutico. É mais um relacionamento contínuo, altamente flexível. Envolve iniciar um relacionamento com outro ser humano, talvez pelo restante da vida. Contudo, há diferentes níveis de envolvimento. No decorrer do tempo, um processo intenso de mentoria poderá ser transformado em encontros menos frequentes e regulares. Se eu tenho um bom relacionamento de mentoria, mesmo que não tenha visto a pessoa durante meses, nós nos reconectamos em questão de minutos: não é preciso muito tempo para descobrir o que a pessoa está pensando, em que área ela está crescendo e em qual está sofrendo. Consequentemente, os mentores nunca se tornam sobrecarregados com relacionamentos de mentoria, porque, apesar de alguns se tornarem intensos por um tempo, eles não permanecem desse modo. Há fases de envolvimento quando alguns recebem bastante atenção e outros não.

Desenvolva confiança e encoraje frequentemente
O encorajamento é muito eficaz, mas os mentores precisam, em primeiro lugar, desenvolver confiança. As pessoas são vulneráveis sobre o que é mais importante para elas. Um mentor pode encorajar o outro naquilo que realmente importa somente se a pessoa estiver disposta a compartilhar o que é importante para ela mesma. Isso significa que os mentores precisam dar atenção à longa tarefa de desenvolver a confiança: ouvir com interesse o que é compartilhado e reconhecer o que é dito e feito de bom. Com o tempo, a pessoa mentoreada compartilhará pensamentos mais profundos e falará sobre sonhos mais significativos. É nesse momento em que o encorajamento do mentor será realmente proveitoso.

Não qualifique a afirmação
Muitas pessoas ficam desencorajadas, porque o encorajamento pessoal que elas normalmente recebem não passa de: "Sim, *isso* é verdade, mas você se esqueceu *disto*". Em vez de encorajar com um comentário e solapar no próximo, bons mentores procuram maneiras de fazer afirmações simples e diretas sem ter de acrescentar nada mais. Eles podem dizer algo assim: "Sabe, você está refletindo muito bem sobre isso.". Ponto final. Simplesmente seja afirmativo sobre o que as pessoas estão fazendo certo. Se as pessoas que estão sendo mentoreadas estiverem realmente comprometidas na caminhada com Cristo, na maioria dos casos elas mesmas vão finalmente descobrir qual sua área deficiente. Enquanto isso, os mentores podem transmitir-lhes a segurança de que quando eles perceberem alguma deficiência serão capazes de fazer algo a respeito.

LIDERANÇA ESPIRITUAL

Faça boas perguntas

Um dos deveres mais importantes de um bom mentor é fazer as perguntas certas. O mentor não é uma "pessoa de respostas", mas alguém que auxilia a pessoa mentoreada a fazer uma autorreflexão séria. Às vezes, as perguntas identificam questões mais profundas; outras vezes, as perguntas provocam temores pessoais que precisam ser confrontados.

Estes são alguns exemplos de boas perguntas:

- Como o seu ministério afeta o seu relacionamento com Deus?
- Como o seu senso de chamado de Deus está se tornando mais claro?
- Em que as suas habilidades estão sendo testadas?
- Em que o seu caráter está sendo testado?
- Quais são seus sonhos e esperanças em relação ao seu ministério futuro?
- Como eu posso ajudar você?
- Que evidência você pode observar da presença e do poder de Deus no seu ministério?
- Como o seu estilo de relacionamento/comunicação influencia em seu ministério?
- Ao avaliar o seu crescimento, em que áreas você precisa trabalhar mais?
- Quais são algumas coisas novas que você poderia experimentar?
- Como você poderia se tornar ainda mais íntegro?
- Que sofrimento você tem tido, e quais são alguns reflexos desse sofrimento?
- Como isso tem influenciado quem você é?
- Como Deus poderá usar o seu passado para lhe preparar para o ministério no futuro?

Adquira o direito de confrontar

Digamos que você tem um histórico de encorajar alguém e, de repente, identifica uma área da vida da pessoa que apresenta um problema. Se você não disser nada a respeito, estará se tornando conivente, reforçando um padrão destrutivo. Em algum momento, você terá de confrontar aquela área problemática. Você não poderá fazer isso no início do relacionamento. Tampouco terá como fazer isso em todos os relacionamentos de mentoria que tiver se não se construiu confiança suficiente. Mas, depois de se tornar amigo dessa pessoa e ter oferecido bastante encorajamento, você conquistou o direito de dizer o que ela deve fazer.

Assuma o compromisso de mentoria

Um mentor oferece encorajamento — e às vezes direção — de modo que a pessoa mentoreada possa caminhar independentemente com segurança. O objetivo de um mentor na medicina, por exemplo, é ajudar alguém a obter a confiança e independência de pensamento para fazer cirurgias sem a necessidade de ser observado por seu mentor. O objetivo da mentoria cristã é ajudar o indivíduo a discernir e seguir a vontade de Deus por si próprio.

Estamos falando de um processo lento — mentoria exige tempo. Randy MacFarland, um líder cristão que tem mentoreado muitos novos líderes diz: "Numa cultura que exige resultados instantâneos mediante o seguimento de alguns princípios-chave, o processo de mentoria pode parecer lento. Mas não há atalho quando o assunto é preparar pessoas que sejam teologicamente perspicazes, íntegras no caráter e competentes no ministério." E uma vez que ninguém supre a necessidade de mais caráter e competência, a mentoria será sempre necessária. Todos nós precisamos dos outros para ter ideias, ou um ouvido que ouça e um empurrão que nos indique a direção certa.

Princípios-chave do desenvolvimento de liderança
Dan Reiland

John Maxwell conta a respeito de uma vez em que um novo pastor de sua equipe passou por algumas pessoas na entrada da igreja sem as cumprimentar. O pastor estava ansioso para começar logo o trabalho. John Maxwell chamou o jovem líder de lado e lhe disse: "As pessoas são o nosso trabalho. Nós estamos no negócio de relações públicas". Eu era esse jovem líder, e desde então tenho refletido intensamente sobre os princípios-chave que John Maxwell usou para desenvolver em mim habilidades no trato com as pessoas.

Seja franco
A maneira com que John me tratou fez toda a diferença no mundo. Ele foi firme, muito firme, mas também foi bondoso. Deixou bem claro quais eram as minhas falhas de liderança. Ele foi tão claro que entendi que eu não terminaria o ano naquele cargo se não fizesse algumas mudanças significativas. Contudo, ressaltou o meu potencial. Ele disse: "Eu sei que você ama as pessoas e tem profunda paixão pela igreja, mas você não demonstra isso muito bem. A primeira coisa que você precisa aprender é a expressar a sua convicção aos outros de maneira relevante. As pessoas precisam ver o seu coração.".

Princípios memoráveis
Ele usava princípios. O primeiro era "ande bem devagar no meio da multidão". O sentido disso era óbvio e simples, mas, quando aplicado no momento certo com a pessoa correta, torna-se profundo. Havia outros princípios, como: "As pessoas não se importam com quanto você sabe até que saibam o quanto você se importa". Suas instruções eram simples e memoráveis.

Defenda o seu auxiliar
John me defendia em público. Isso me dava coragem para assumir riscos. Ele nunca me confrontou ou me constrangeu em púbico — sempre o fez em particular. Contudo, quando ele percebia algo, nunca tardava em dizê-lo a mim.

Ensine sendo exemplo
John era o modelo maior. Ele nunca pediu para eu "observá-lo"; acho que ele sabia que eu seria inteligente o suficiente para fazê-lo. Mas ele me encorajava a sempre perguntar "por quê?" para que eu pudesse entender a lógica por trás de algumas decisões de liderança; por exemplo, o modo de ele lidar com as pessoas, questões referentes a horários etc.

Veja o mundo todo como uma sala de aula

John me deu a oportunidade de me associar a um grande número de pessoas. Eu não precisei ser empurrado para tais ambientes, mas precisei de encorajamento para melhor expressar os meus sentimentos na presença de outros.

Personalize sua mentoria

John mentoreava cada pessoa da equipe de uma forma diferente. Ele sabia por intuição como reagiríamos. Por exemplo, ele sabia que eu não reagiria bem a uma "mão forte" (isso é diferente de ser firme e claro), mas ele também percebia que eu tinha condições de aguentar a pressão (sua exigência por mudança e crescimento na minha habilidade de produzir) se eu soubesse que ele se importava comigo. E ele realmente se importava. John não só corrigia as minhas deficiências; ele investia mais tempo em desenvolver as minhas qualidades do que em confrontar as minhas falhas. Serei eternamente grato a ele por isso.

A arte de ser *coach* de novos líderes
Chad Hall

Os chamados *coaches,* ou treinadores, naturalmente desejam ajudar as pessoas a se aperfeiçoar, mudar, reconhecer e usar seu potencial e talentos, para que se tornem bem-sucedidas. *Coaches* cristãos também sabem que a liderança e a vontade de Deus são centrais no processo de *coaching*. Situações de *coaching* são apropriadas quando um novo líder é 1) relativamente saudável; 2) deseja atuar diante de um desafio ou oportunidade; e 3) está motivado a agir, mesmo que provavelmente não saiba o que fazer.

O *coaching* é muito mais uma arte de descoberta do que uma ciência a ser transmitida. O uso de perguntas e a conversa que caracterizam o processo de *coaching* significa que se inicia com uma postura de humildade e mistério, não autoridade e conhecimento. O *coach* serve de catalisador na jornada de autoconhecimento do líder. A arte de *coaching* ajuda as pessoas a encontrar as sinalizações para onde sua jornada as direciona. Não se trata de prescrever uma única solução para cada situação.

O *coaching* não é a mesma coisa que aconselhamento. Enquanto o aconselhamento foca questões internas do passado, o *coaching* trata de seguir adiante, dando passos em direção ao futuro. Ele é apropriado a pessoas que são razoavelmente funcionais e não exigem necessariamente a cura resultante de uma terapia. Os *coaches* eficazes têm em comum as seguintes quatro habilidades:

1. *Coaches* são ouvintes atentos

Os *coaches* percebem a importância de ouvir; eles sabem que não é necessariamente um conselho que as pessoas estão pedindo. Na verdade, o *coach* muitas vezes não tem a menor ideia do que um novo líder precisa fazer. É por isso que nesse processo o *coach* ouve atentamente para descobrir os procedimentos significativos que uma pessoa pode tomar a fim de melhorar sua própria situação. Os *coaches* confiam em que novos líderes terão grandes descobertas à medida que lhes é concedido espaço para expressar o que eles desejam e precisam para crescer.

2. *Coaches* fazem as perguntas certas
O *coaching* é uma arte de dialogo construtivo e envolve fazer diversas perguntas — perguntas elaboradas para ajudar novos líderes a descobrir as respostas. Algumas boas perguntas podem ser:

- "Como esta conversa pode ajudar você a seguir adiante?"
- "Quais procedimentos específicos você precisa tomar agora?"
- "Quais outras opções você deve considera antes de agir?"
- "Diante dessas considerações, o que você fará?" (extraído de *Coaching for Christian Leaders*, de Linda Miller & Chad Hall)

Normalmente quem está mais próximo do problema é quem tem a melhor resposta, mas um líder novo não consegue responder a essas perguntas sem o auxílio de alguém capaz de fazer as perguntas certas. Estamos falando de algo diferente do processo realizado por consultores, que geralmente dão respostas baseadas em suas próprias histórias e experiências.

Coaches falam a verdade
Quando uma seção de *coaching* chega a um ponto-chave, um treinador pode parar de ouvir e fazer perguntas e simplesmente dizer o que pensa. O *coaching* ajuda os líderes a descobrir o que é realmente importante na vida. Depois de ouvir a história de um líder emergente e fazer perguntas relevantes, em algum momento será apropriado dizer a verdade.

Coaches são assertivos
Coaching não é *coaching* a não ser que resulte em ação, e isso poderá exigir muita coragem para que se siga o curso determinado de ação, principalmente quando envolve risco. A maioria das pessoas está em busca de ajuda exterior e está acostumada a fazer o que os outros sugerem. Contudo, quando agem a partir de suas próprias descobertas, novos líderes aprendem a assumir responsabilidade sobre as consequências.

É por isso que a assertiva do *coach* é crucial. A asserção não se resume a agradecer alguém por sua boa liderança, ou por tomar decisões "acertadas". A asserção diz respeito a ajudar um novo líder a se sentir bem sobre seu processo pessoal de descobertas, decisões e ações.

Quatro práticas para estimular novos líderes
Kevin Miller
Como multiplicamos em nossa comunidade pessoas solícitas e maduras, que poderão posteriormente liderar e mentorear outros? Estas são quatro práticas pastorais que, apesar de serem ocultas, discretas e subestimadas, são surpreendentemente impactantes:

LIDERANÇA ESPIRITUAL

Ouça sem filtrar

Os pastores conhecem tudo sobre a eficácia de ouvir. Eles a ensinam. Eles também sabem como dissimulá-la. Eu consigo acenar com a cabeça e ter contato visual com alguém e dizer: "Ahã", enquanto a minha mente está repleta de ruídos. Eu posso estar abatido por causa de uma conversa uma hora antes. Posso estar pensando: *Como ele poderia dizer isso!*, *Esta é uma pessoa boa para eu recrutar para tal ministério?*. Ou, talvez, a minha alma esteja, de modo mais profundo, clamando: *Gostaria muito que você me considerasse espiritual*.

O meu pastor-presidente diz: "Ouvir verdadeiramente envolve se diminuir. Exige mortificar-se.".

Seminários de liderança, muitas vezes, encorajam a que os participantes examinem criteriosamente o tempo gasto com pessoas e façam um tipo de análise custo/benefício: Essa pessoa se tornará um importante líder, doador ou servo? Na liderança secular, o tempo é um investimento. Mas, no pastorado, o tempo gasto com uma pessoa é uma dádiva, uma graça, um frasco de perfume derramado. Ouvir sem filtrar nada significa dar o melhor tempo e energia de si a um indivíduo em determinado momento, sabendo muito bem que isso pode não resultar em nenhum benefício para o programa da organização e, mesmo assim, estar tranquilo a esse respeito.

O autor francês Jacques Philippe diz:

> "Em todo encontro com o outro, quer longo quer breve, devemos fazer a pessoa sentir que estamos, naquele momento, 100% à sua disposição, sem ter nada mais para fazer além de estar com ela e fazer o que for preciso por ela. Boas maneiras, sem dúvida, mas, acima de tudo, disponibilidade genuína. Isso é muito difícil, uma vez que temos um forte senso de direito de propriedade sobre o nosso tempo e ficamos facilmente irritados quando somos impedidos de organizá-lo conforme queremos. Mas esse é o preço do amor genuíno.".

Relacionamentos seguros e significativos começam quando ouvimos sem filtrar nada.

Use o discernimento sem rotular

A maioria das pessoas, mesmo hoje, supõe: "Se eu for totalmente sincero com o meu pastor, terei de contá-lo sobre esse e aquele pecados na minha vida". Em outras palavras: "O que há de mais concreto e verdadeiro a meu respeito é meu pecado e humilhação". Por outro lado, conforme o modelo médico que prevalece na nossa cultura, um pastor poderá iniciar uma conversa com uma suposição semelhante: "A minha tarefa aqui é descobrir o que está errado e consertá-lo — descobrir em que a sua convicção não é bíblica e fidedigna e corrigi-la".

Essa compreensão leva a conversas do tipo: Uma pessoa diz: "Eu visitei sites pornográficos outra vez", e o pastor prontamente oferece um remédio, dizendo: "Você precisa fazer parte do nosso grupo de apoio de homens e precisa memorizar Salmos 119.9.". Esse conselho é útil — não é possível se livrar de um vício sem o confessar na comunidade; contudo, esse remédio pode não ajudar a pessoa a promover mudança de vida. Isso se deve *ao fato de que ambas as suposições estão equivocadas* — ou, pelo menos, não totalmente corretas. Deixe-me explicar. Quando alguém conversa com seu pastor, já é difícil falar sobre o pecado. Mas há um nível de intimidade que é ainda mais profundo, que chamo de "coração" — a verdadeira natureza, os dons e o chamado de uma pessoa. Muito antes de alguém visitar um *site* pornográfico, ele foi criado e amado por Deus. *Esse* é o fato mais concreto e verdadeiro sobre a pessoa.

Então, em vez de perguntar: "Como reparar as falhas e os danos?", o pastor poderá perguntar: "Como eu nomeio, afirmo e encorajo essa pessoa a abraçar o coração?". Essa é a força motriz da alma. Quando o pastor honra essa compreensão, os resultados serão imprevisíveis.

Ter alguém que vê por trás da sua dor, do seu pecado e humilhação e perceber suas virtudes heroicas — isso sim é transformador. Ser verdadeira e corretamente nomeado é uma das experiências mais profundas e belas da vida. Na verdade, o Senhor promete "Ao vencedor" esta dádiva: "darei uma pedra branca com um novo nome nela inscrito, conhecido apenas por aquele que o recebe" (Apocalipse 2.17).

Convide sem querer consertar

Muitos pastores entendem que seu papel é tratar do pecado. É verdade, porém geralmente a abordagem não é tão eficaz até que o pastor ouça sem filtrar e tenha discernimento sem rotular. Então, quando os pastores convidam pessoas ao arrependimento, eles têm condições de abrir possibilidades e esperança.

Líderes espirituais têm a impressionante oportunidade de oferecer às pessoas um "convite pastoral". Em outras palavras, ao caminhar ao lado de alguém, orando e ouvindo o Espírito de Deus, haverá oportunidades de iniciar uma conversa assim: "Bill, baseado no tempo que nos conhecemos, percebo que Deus está convidando você para _____." Esse convite inclui uma palavra de verdade que ajudará um líder potencial a crescer e se desenvolver. É *pastoral* porque inclui um elemento de autoridade espiritual, mas também é um *convite*. Os pastores não conseguem controlar ou consertar ninguém. Deus age na vida de um indivíduo muito tempo antes de a pessoa aparecer, e Deus continuará agindo muito depois de ela ir embora. Tudo que o pastor tem a oferecer é um convite a uma ou duas coisas que ajudem alguém a crescer em Cristo, amar mais a Deus e ao próximo, e viver com foco no coração.

Siga de perto sem resmungar

Os primeiros três aspectos pastorais essenciais mencionados fortalecem relacionamentos; os pastores devem seguir de perto as pessoas periodicamente. Mas "seguir de perto" não significa perguntar: "Você está cumprindo o que eu disse a você que fizesse?". Isso não é prestação de contas como a maioria de nós entende. O pastor não está examinando a pessoa; a ideia é acompanhar como a pessoa está e, depois, orar com ela.

Trata-se de uma forma de exercitar a confiança de que Deus proporciona melhor o crescimento espiritual de alguém do que o próprio pastor. Depois, quando não se percebe nenhum avanço, o pastor deve ter paciência. Em *Interior Freedom* [Liberdade interior], Jacques Philippe desafia:

"Se o Senhor ainda não transformou essa pessoa, ainda não a aliviou de tais e tais imperfeições, é porque ele aceita a pessoa como ela é! Ele espera, com paciência, o momento oportuno. Então, devo fazer o mesmo. Preciso orar e ser paciente. Por que temos de ser

LIDERANÇA ESPIRITUAL

mais exigentes e impacientes do que Deus? Às vezes acho que a minha pressa é motivada por amor. Mas Deus ama infinitamente mais do que eu.".

Passando o bastão para novos líderes
John Perkins

Uma das funções mais difíceis, porém essencial, de líderes é preparar seus seguidores para o dia em que terão de assumir suas responsabilidades sob a orientação de um novo líder. Nenhum líder permanece para sempre, pelo menos em nenhum ministério terreno. No entanto, a maioria dos líderes deseja que seu ministério continue e que seja mais frutífero depois que partirem. Há dois princípios práticos que líderes sensatos podem usar para se preparar para o dia inevitável em que eles não estarão mais lá.

Desenvolva líderes a partir de dentro

Depois de estar envolvido com desenvolvimento comunitário e reconciliação racial no Mississipi por mais de três décadas, aprendi a importância da formação de líderes. Sempre senti que a formação de líderes era crucial para o discipulado cristão, e principalmente na comunidade negra.

Os grupos funcionam melhor quando surge liderança de dentro do próprio grupo em vez de ser imposta de fora. Igrejas e organizações frequentemente passam por séria conturbação quando o pastor ou diretor sai. A substituição deve ser feita com alguém que seja igualmente dinâmico e eficaz, mas um líder trazido de fora quase nunca se encaixa exatamente com a direção do ministério, e as comparações entre o antigo e o novo se tornam ainda mais nítidas. É preciso tempo para que valores, sonhos e personalidades envolvidos no ministério sejam compreendidos pelo novo líder.

Há ainda outro fator: a obra de um ministério não é apenas "um emprego". Não basta simplesmente contratar pessoas que dediquem a alma à causa. Às vezes não é viável sair, solicitar currículos e contratar uma liderança. Consequentemente, faz mais sentido desenvolver uma nova geração de líderes dentro do próprio ministério.

Assuma nova responsabilidade — à distância

Depois de o novo líder assumir seu posto, o líder anterior deve tentar conscientemente se afastar dos diversos ministérios e comissões para que os membros possam ser dirigidos pelo novo líder. No meu caso, eu permaneci na diretoria durante um ano, mas foi estranho continuar mesmo nesse papel indireto de liderança.

Contudo, é difícil para um líder se desligar completamente do ministério. Há sentimentos naturais de afeição e um desejo de manter os relacionamentos; por isso, visitas periódicas aos vários ministérios são apropriadas. Mas os líderes anteriores deveriam sempre confirmar os novos líderes e aprovar o trabalho que eles realizam.

Desenvolvendo novos líderes

Delegando tarefas a novos líderes
John Maxwell

"Eu devo todo sucesso que tive", disse Andrew Carnegie, "principalmente à minha habilidade de me rodear de pessoas mais inteligentes do que eu." A arte de delegar é uma oportunidade para despertar habilidades de liderança em outros. Com treinamento e experiência, novos líderes podem ser mais dotados do que os existentes. Apesar de inicialmente exigir muita dedicação de tempo para delegar responsabilidades aos outros, será uma forma de poupar tempo no longo prazo.

Contudo, isso só acontece quando líderes *delegam* e não *descarregam* tarefas. Descarregar é dar responsabilidade no impulso; não dar atenção às qualidades, personalidades e interesses de cada um; não propiciar *coaching*, preparação e informação; distribuir tarefas por frustração em vez de procurar a responsabilidade certa para a pessoa certa. Descarregar responsabilidades sempre causa mais problema do que soluciona.

No início do ministério, eu sempre tentava fazer tudo sozinho, e, quando esgotava o tempo sem terminar o trabalho, passava para outra pessoa. Com o tempo, descobri que delegar envolve capacitação. Isso mudou a minha maneira de distribuir responsabilidades. Em vez de descarregar, líderes que delegam com êxito têm as seguintes características:

Conheça a si mesmo

Essa regra governa todas as coisas. Uma pessoa não tem os dons e o tempo para fazer tudo. Líderes que descobrem seus pontos fortes sabem quais tarefas lhes são exigidas, em que tarefas eles obtêm melhores resultados e que tarefas lhes dão maior senso de realização. Todas as demais tarefas podem ser delegadas.

Conheça a sua equipe

"Não entregue uma espada nas mãos de um maluco", diz um provérbio inglês. Essa é uma forma contundente de dizer que a pessoa errada pode causar muito dano tanto a si mesma quanto aos outros. Não importa quão grande é a necessidade, líderes bem-sucedidos não delegam algo a alguém a não ser que a pessoa seja adequada para a tarefa.

Defina a tarefa claramente

Isso não significa que você sempre dirá a alguém como realizar uma tarefa. Se as pessoas forem capazes, geralmente é melhor deixar que elas mesmas descubram como cumprir uma tarefa do modo que lhes for mais apropriado. Mas é importante dizer aos colaboradores quais resultados buscar e o que se espera deles.

Forneça os recursos necessários

Isso poderá incluir verba, estrutura física, seminários de capacitação, currículo, promoção etc.

LIDERANÇA ESPIRITUAL

Encoraje o *feedback*
Uma forma segura de fazer alguém sentir-se abandonado é deixar de se comunicar. Depois de iniciar uma tarefa, sempre haverá perguntas, problemas e a necessidade de aprimoramento. Líderes desejam ajudar as pessoas a aprender; por isso, o treinamento prático no decorrer da atividade é o jeito mais eficaz de realizá-lo. Faça perguntas como: "Como você está lidando com isso? Há algum problema? Posso ajudar em alguma coisa?".

Esclareça os limites de autoridade
Como líder, quanta liberdade seus subalternos têm para tomar decisões e agir? Eles devem: 1) Relatar uma situação para que você tome todas as decisões?; 2) Fazer recomendações sobre o trabalho, embora a decisão continue sendo sua?; 3) Escolher uma proposta de ação, mas aguardar aprovação?; 4) Tratar de situações, mas avisar você do que fizeram?; ou 5) Lidar com as responsabilidades sem avisar você sobre o que fazem?

Exija prestação de contas
Uma boa regra sobre prestação de contas é a seguinte: Quando líderes delegam autoridade de ação, eles não abdicam de sua responsabilidade de fazer que a tarefa seja realizada. Se as pessoas para quem eu delego responsabilidade falham, em última instância, é consequência da *minha* liderança. Os líderes devem lembrar-se de que eles têm a responsabilidade de exigir prestação de contas.

Reconheça o esforço e recompense pelos resultados
Um líder deve desejar que as pessoas estejam contentes por trabalhar para ele. Por isso, os líderes devem dizer às pessoas quando elas fizeram algo benfeito, e, muitas vezes, tornar isso público, do púlpito ou por meio de boletim da igreja.

Quando seguem essas diretrizes, os líderes delegam com êxito e é uma situação em que todos saem ganhando.

Introdução a JOSUÉ

PANO DE FUNDO

Moisés fez seu último discurso (o livro de Deuteronômio) e agora está morto. Seu sucessor escolhido, Josué, assumiu o manto da liderança. Ele foi um dos 12 espiões que pesquisou a terra quarenta anos antes (Números 14.26-30). Embora ele e Calebe confiassem em Deus, o restante do povo não confiava. Então Josué vagueou pelo deserto naquelas muitas décadas junto com o povo desobediente, confiando que Deus iria se lembrar da sua promessa de mantê-lo vivo para tomar a terra (Números 14.30). Esse tempo finalmente chegou.

Ainda que o livro tenha como título o nome de sua principal personagem, o nome Josué (Yeshua) é também outro nome para Jesus. Josué, filho de Num, era chamado originariamente, Oshea ou Oseias, que significa "salvação". Moisés lhe deu o nome Josué (v. Números 13.16; Deuteronômio 32.44), que significa "o Senhor salva".

Historicamente o livro tem sido atribuído a Josué. O próprio livro testifica quanto a isso: "Josué registrou essas coisas no Livro da Lei de Deus". A última sessão, o obituário de Josué (24.29-33), pode ter sido escrita pelo sacerdote Eleazar ou pelo filho dele, Fineias.

MENSAGEM

A promessa que Deus fez a Abraão de providenciar uma terra para seu povo (Gênesis 15.12-21) cumpre-se quando o povo de Israel inicia o longo processo de conquistar a terra de Canaã. Tem início uma série de batalhas e vitórias, culminando na divisão da terra a leste e oeste do rio Jordão. Deus sempre cumpre suas promessas. A despeito dos pecados e fracassos do povo, Deus trabalha para cumprir seus planos. Mas os planos de longo prazo não são esquecidos, pois a mulher fiel de Jericó — Raabe — se torna uma ancestral de Jesus Cristo (Mateus 1.5).

O livro de Josué trata de coragem, fé e da fidelidade de Deus em cumprir suas promessas.

ÉPOCA

Muito do livro parece ter sido escrito durante o tempo da conquista de Canaã por Israel (1406-1380 a.C.). Josué morreu em 1380 a.C.

ESBOÇO

I. Rumo a Canaã	1.1—5.15
II. A conquista de Canaã	
A. A queda de Jericó	6.1-27
B. O pecado de Acã e a batalha de Ai	7.1—8.29
C. A aliança é confirmada	8.30-34
D. Campanhas militares no Norte e no Sul	9.1—12.24
III. Distribuição da terra	13.1—21.45
IV. Colonização da terra	
A. Tribos a leste do Jordão	22.1-34
B. O discurso final de Josué	23.1—24.28
C. Morte de Josué	24.29-33

JOSUÉ 1.1

Palavra do Senhor a Josué

1 Depois da morte de Moisés, servo do Senhor,[a] disse o Senhor a Josué,[b] filho de Num, auxiliar de Moisés: **2** "Meu servo Moisés está morto. Agora, pois, você e todo este povo preparem-se para atravessar o rio Jordão[c] e entrar na terra que eu estou para dar aos israelitas. **3** Como prometi a Moisés, todo lugar onde puserem os pés[d] eu darei a vocês. **4** Seu território se estenderá do deserto ao Líbano[1], e do grande rio, o Eufrates,[e] toda a terra dos hititas até o mar Grande[2], no oeste.[f] **5** Ninguém conseguirá resistir a você[g] todos os dias da sua vida. Assim como estive com Moisés,[h] estarei com você; nunca o deixarei, nunca o abandonarei.[i]

6 "Seja forte e corajoso, porque você conduzirá este povo para herdar a terra que prometi sob juramento aos seus antepassados.[j] **7** Somente seja forte e muito corajoso! Tenha o cuidado de obedecer a toda a lei que o meu servo Moisés ordenou a você; não se desvie dela, nem para a direita nem para a esquerda,[k] para que você seja bem-sucedido por onde quer que andar.[l] **8** Não deixe de falar as palavras deste Livro da Lei e de meditar nelas de dia e de noite, para que você cumpra fielmente tudo o que nele está escrito. Só então os seus caminhos prosperarão e você será bem-sucedido.[m] **9** Não fui eu que ordenei a você? Seja forte e corajoso![n] Não se apavore nem desanime, pois o Senhor, o seu Deus, estará com você por onde você andar".[o]

Os Preparativos para a Conquista da Terra

10 Assim Josué ordenou aos oficiais do povo: **11** "Percorram o acampamento e ordenem ao povo que prepare as provisões. Daqui a três dias vocês atravessarão o Jordão neste ponto, para entrar e tomar posse[p] da terra que o Senhor, o seu Deus, lhes dá".

12 Mas às tribos de Rúben, de Gade e à metade da tribo de Manassés[q] Josué disse: **13** "Lembrem-se da ordem que Moisés, servo do Senhor, deu a vocês, quando o Senhor, o seu Deus, prometeu descanso[r] e dar a vocês esta terra: **14** 'As suas mulheres, os seus filhos e os seus rebanhos poderão ficar na terra que Moisés lhes deu a leste do Jordão, mas todos os homens de guerra, preparados para lutar, atravessarão à frente dos seus irmãos israelitas'. Vocês os ajudarão **15** até que o Senhor conceda um lugar de descanso para eles, como deu a vocês, e até que eles também tenham tomado posse da terra que o Senhor, o seu Deus, lhes dá. Depois disso vocês poderão voltar e ocupar a sua própria terra, que Moisés, servo do Senhor, deu a vocês a leste do Jordão, na direção do nascer do sol".[s]

16 Então eles responderam a Josué: "Tudo o que você nos ordenar faremos e aonde quer que nos enviar iremos. **17** Assim como obedecemos totalmente a Moisés, também obedeceremos a você.[t] Somente que o Senhor, o seu Deus, seja com você, como foi com Moisés. **18** Todo aquele que se rebelar contra as suas instruções e não obedecer às suas ordens, seja o que for que você lhe ordenar, será morto. Somente seja forte e corajoso!"

Raabe e os Espiões

2 Então Josué, filho de Num, enviou secretamente de Sitim[v] dois espiões[u] e lhes disse: "Vão examinar a terra, especialmente Jericó". Eles foram e entraram na casa de uma prostituta chamada Raabe,[w] e ali passaram a noite.

2 Todavia, o rei de Jericó foi avisado: "Alguns israelitas vieram aqui esta noite para espionar a terra". **3** Diante disso, o rei de Jericó enviou esta mensagem a Raabe: "Mande embora os homens que entraram em sua casa, pois vieram espionar a terra toda".

4 Mas a mulher que tinha escondido[x] os dois homens respondeu: "É verdade que os homens vieram a mim, mas eu não sabia

---

[1] **1.4** Hebraico: *a este Líbano*. Provavelmente montanhas do Líbano.

[2] **1.4** Isto é, o mar Mediterrâneo; também em 9.1; 15.12, 47 e 23.4.

1.1
[a] Nm 12.7; Dt 34.5 [b] Ex 24.13; Dt 1.38
1.2
[c] ver 11
1.3
[d] Dt 11.24
1.4
[e] Gn 15.18 [f] Nm 34.2-12
1.5
[g] Dt 7.24 [h] Js 3.7; 6.27 [i] Dt 31.6-8
1.6
[j] Dt 31.23
1.7
[k] Dt 5.32; 28.14 [l] Js 11.15
1.8
[m] Dt 29.9; Sl 1.1-3
1.9
[n] Sl 27.1 [o] ver 7; Dt 31.7-8; Jr 1.8
1.11
[p] Jl 3.2
1.12
[q] Nm 32.20-22
1.13
[r] Dt 3.18-20
1.15
[s] Js 22.1-4
1.17
[t] ver 5.9
2.1
[u] Tg 2.25 [v] Nm 25.1; Js 3.1 [w] Hb 11.31
2.4
[x] 2Sm 17.19-20

de onde tinham vindo. ⁵ Ao anoitecer, na hora de fechar a porta da cidade, eles partiram. Não sei por onde foram. Corram atrás deles. Talvez os alcancem". ⁶ Ela, porém, os tinha levado para o terraço e os tinha escondido sob os talos de linho⁷ que havia arrumado lá.ᶻ

⁷ Os perseguidores partiram atrás deles pelo caminho que vai para o lugar de passagem do Jordão. E, logo que saíram, a porta foi trancada.

⁸ Antes de os espiões se deitarem, Raabe subiu ao terraço ⁹ e lhes disse: "Sei que o SENHOR deu a vocês esta terra. Vocês nos causaram um medo terrível, e todos os habitantes desta terra estão apavoradosᵃ por causa de vocês. ¹⁰ Pois temos ouvido como o SENHOR secouᵇ as águas do mar Vermelho perante vocês quando saíram do Egito,ᶜ e o que vocês fizeram a leste do Jordão com Seom e Ogue,ᵈ os dois reis amorreus que vocês aniquilaram. ¹¹ Quando soubemos disso, o povo desanimou-se completamente, e por causa de vocêsᵉ todos perderam a coragem, pois o SENHOR, o seu Deus, é Deus em cima nos céus e embaixo na terra.ᶠ ¹² Jurem-me pelo SENHOR que, assim como eu fui bondosa com vocês, vocês também serão bondosos com a minha família. De-em-me um sinal seguroᵍ ¹³ de que pouparão a vida de meu pai e de minha mãe, de meus irmãos e de minhas irmãs, e de tudo o que lhes pertence. Livrem-nos da morte".

¹⁴ "A nossa vida pela de vocês!", os homens lhe garantiram. "Se você não contar o que estamos fazendo, nós a trataremos com bondade e fidelidadeʰ quando o SENHOR nos der a terra."

¹⁵ Então Raabe os ajudou a descer pela janelaⁱ com uma corda, pois a casa em que *morava fazia parte do muro da cidade*, ¹⁶ e lhes disse: "Vão para aquela montanha, para que os perseguidores não os encontrem. Escondam-se lá por três dias,ʲ até que eles voltem; depois poderão seguir o seu caminho".ᵏ

¹⁷ Os homens lhe disseram: "Estaremos livres do juramentoˡ que você nos levou a fazer ¹⁸ se, quando entrarmos na terra, você não tiver amarrado este cordão vermelho na janela pela qual nos ajudou a descer e se não tiver trazido para a sua casa o seu pai e a sua mãe, os seus irmãos e toda a sua família.ᵐ ¹⁹ Qualquer pessoa que sair da casa será responsável por sua própria morte;ⁿ nós seremos inocentes. Mas seremos responsáveisᵒ pela morte de quem estiver na casa com você, caso alguém toque nessa pessoa. ²⁰ E, se você contar o que estamos fazendo, estaremos livres do juramento que você nos levou a fazer".

²¹ "Seja como vocês disserem", respondeu Raabe. Assim ela os despediu, e eles partiram. Depois ela amarrou o cordão vermelho na janela.

²² Quando partiram, foram para a montanha e ali ficaram três dias, até que os seus perseguidores regressassem. Estes os procuraram ao longo de todo o caminho e não os acharam. ²³ Por fim os dois homens voltaram; desceram a montanha, atravessaram o rio e chegaram a Josué, filho de Num, e lhe contaram tudo o que lhes havia acontecido. ²⁴ E disseram a Josué: "Sem dúvida o SENHOR entregou a terra toda em nossas mãos;ᵖ todos estão apavorados por nossa causa".

A Travessia do Jordão

3 De manhã bem cedo Josué e todos os israelitas partiram de Sitimᵍ e foram para o Jordão, onde acamparam antes de atravessar o rio. ² Três dias depois, os oficiais percorreram o acampamentoʳ ³ e deram esta ordem ao povo: "Quando virem a arca da aliançaˢ do SENHOR, o seu Deus, e os sacerdotesᵗ levitas¹ carregando a arca, saiam das suas posições e sigam-na. ⁴ Mas mantenham a distância de cerca de novecentos metros²

---
¹ 3.3 Alguns manuscritos do Texto Massorético e as Versões Grega, Siríaca e Aramaica dizem *e os levitas*.
² 3.4 Hebraico: *cerca de 2.000 côvados*. O côvado era uma medida linear de cerca de 45 centímetros.

entre vocês e a arca; não se aproximem! Desse modo saberão que caminho seguir, pois vocês nunca passaram por lá".

⁵ Josué ordenou ao povo: "Santifiquem-se, pois amanhã o Senhor fará maravilhas entre vocês".

⁶ E disse aos sacerdotes: "Levantem a arca da aliança e passem à frente do povo". Eles a levantaram e foram na frente.

⁷ E o Senhor disse a Josué: "Hoje começarei a exaltá-lo à vista de todo o Israel, para que saibam que estarei com você como estive com Moisés. ⁸ Portanto, você é quem dará a seguinte ordem aos sacerdotes que carregam a arca da aliança: Quando chegarem às margens das águas do Jordão, parem junto ao rio".

⁹ Então Josué disse aos israelitas: "Venham ouvir as palavras do Senhor, o seu Deus. ¹⁰ Assim saberão que o Deus vivo está no meio de vocês e que certamente expulsará de diante de vocês os cananeus, os hititas, os heveus, os ferezeus, os girgaseus, os amorreus e os jebuseus. ¹¹ Vejam, a arca da aliança do Soberano de toda a terra atravessará o Jordão à frente de vocês. ¹² Agora, escolham doze israelitas, um de cada tribo. ¹³ Quando os sacerdotes que carregam a arca do Senhor, o Soberano de toda a terra, puserem os pés no Jordão, a correnteza será represada e as águas formarão uma muralha".

¹⁴ Quando, pois, o povo desmontou o acampamento para atravessar o Jordão, os sacerdotes que carregavam a arca da aliança foram adiante. ¹⁵ (O Jordão transborda em ambas as margens na época da colheita.) Assim que os sacerdotes que carregavam a arca da aliança chegaram ao Jordão e seus pés tocaram as águas, ¹⁶ a correnteza que descia parou de correr e formou uma muralha a grande distância, perto de uma cidade chamada Adã, nas proximidades de Zaretã; e as águas que desciam para o mar da Arabá, o mar Salgado,¹ escoaram totalmente.

¹ **3.16** Isto é, o mar Morto; também em 12.3; 15.2, 5 e 18.19.

E assim o povo atravessou o rio em frente de Jericó. ¹⁷ Os sacerdotes que carregavam a arca da aliança do Senhor ficaram parados em terra seca no meio do Jordão, enquanto todo o Israel passava, até que toda a nação o atravessou pisando em terra seca."

O Memorial das Doze Pedras

4 Quando toda a nação terminou de atravessar o Jordão, o Senhor disse a Josué: ² "Escolha doze homens dentre o povo, um de cada tribo, ³ e mande que apanhem doze pedras do meio do Jordão, do lugar onde os sacerdotes ficaram parados. Levem-nas com vocês para o local onde forem passar a noite".

⁴ Josué convocou os doze homens que escolhera dentre os israelitas, um de cada tribo, ⁵ e lhes disse: "Passem adiante da arca do Senhor, o seu Deus, até o meio do Jordão. Ponha cada um de vocês uma pedra nos ombros, conforme o número das tribos dos israelitas. ⁶ Elas servirão de sinal para vocês. No futuro, quando os seus filhos perguntarem: 'Que significam essas pedras?', ⁷ respondam que as águas do Jordão foram interrompidas diante da arca da aliança do Senhor. Quando a arca atravessou o Jordão, as águas foram interrompidas. Essas pedras serão um memorial perpétuo para o povo de Israel".

⁸ Os israelitas fizeram como Josué lhes havia ordenado. Apanharam doze pedras do meio do Jordão, conforme o número das tribos de Israel, como o Senhor tinha ordenado a Josué; e as levaram ao acampamento, onde as deixaram. ⁹ Josué ergueu também doze pedras² no meio² do Jordão, no local onde os sacerdotes que carregavam a arca da aliança tinham ficado. E elas estão lá até hoje.

¹⁰ Os sacerdotes que carregavam a arca permaneceram em pé no meio do Jordão até que o povo fez tudo o que o Senhor ordenara a Josué, por meio de Moisés. E o povo atravessou apressadamente. ¹¹ Quando todos tinham acabado de atravessar, a

² **4.9** Ou *ergueu as doze pedras que haviam estado no meio*

arca do Senhor e os sacerdotes passaram para o outro lado, diante do povo. ¹² Os homens das tribos de Rúben, de Gade e da metade da tribo de Manassés atravessaram preparados para lutar, à frente dos israelitas,ˣ como Moisés os tinha orientado. ¹³ Cerca de quarenta mil homens preparados para a guerra passaram perante o Senhor, rumo à planície de Jericó.

¹⁴ Naquele dia o Senhor exaltouʸ Josué à vista de todo o Israel; e eles o respeitaram enquanto viveu, como tinham respeitado Moisés.

¹⁵ Então o Senhor disse a Josué: ¹⁶ "Ordene aos sacerdotes que carregam a arca da aliança¹ᶻ que saiam do Jordão".

¹⁷ E Josué lhes ordenou que saíssem.

¹⁸ Quando os sacerdotes que carregavam a arca da aliança do Senhor saíram do Jordão, mal tinham posto os pés em terra seca, as águas do Jordão voltaram ao seu lugar e cobriramᵃ como antes as suas margens.

¹⁹ No décimo dia do primeiro mês o povo subiu do Jordão e acampou em Gilgal,ᵇ na fronteira leste de Jericó. ²⁰ E em Gilgal Josué ergueu as doze pedrasᶜ tiradas do Jordão. ²¹ Disse ele aos israelitas: "No futuro, quando os filhos perguntarem aos seus pais: 'Que significam essas pedras?',ᵈ ²² expliquem a eles: Aqui Israel atravessou o Jordão em terra seca.ᵉ ²³ Pois o Senhor, o seu Deus, secou o Jordão perante vocês até que o tivessem atravessado. O Senhor, o seu Deus, fez com o Jordão como fizera com o mar Vermelho, quando o secou diante de nós até que o tivéssemos atravessado.ᶠ ²⁴ Ele assim fez para que todos os povos da terra saibamᵍ que a mão do Senhor é poderosaʰ e para que vocês sempre temam o Senhor, o seu Deus".ⁱ

A Circuncisão dos Israelitas em Gilgal

5 Todos os reis amorreus que habitavam a oeste do Jordão e todos os reis cananeus que viviam ao longo do litoralʲ souberam como o Senhor tinha secado o Jordão diante dos israelitas até que tivéssemos atravessado. Por isso, desanimaram-seᵏ e perderam a coragem de enfrentar os israelitas.

² Naquela ocasião o Senhor disse a Josué: "Faça facas de pedraˡ e circuncide os israelitas". ³ Josué fez facas de pedra e circuncidou os israelitas em Gibeate-Aralote².

⁴ Ele fez isso porque todos os homens aptos para a guerra morreram no deserto depois de terem saído do Egito.ᵐ ⁵ Todos os que saíram haviam sido circuncidados, mas todos os que nasceram no deserto, no caminho, depois da saída do Egito, não passaram pela circuncisão. ⁶ Os israelitas andaram quarenta anosⁿ pelo deserto, até que todos os guerreiros que tinham saído do Egito morressem, visto que não tinham obedecido ao Senhor. Pois o Senhor lhes havia jurado que não veriam a terra que prometera aos seus antepassados que nos daria,ᵒ terra onde há leite e melᵖ com fartura. ⁷ Assim, em lugar deles colocou os seus filhos, e estes foram os que Josué circuncidou. Ainda estavam incircuncisos porque não tinham sido circuncidados durante a viagem. ⁸ E, depois que a nação inteira foi circuncidada, eles ficaram onde estavam, no acampamento, até se recuperarem.ᑫ

⁹ Então o Senhor disse a Josué: "Hoje removi de vocês a humilhação sofrida no Egito". Por isso até hoje o lugar se chama Gilgal.

¹⁰ Na tarde do décimo quarto dia do mês,ʳ enquanto estavam acampados em Gilgal, na planície de Jericó, os israelitas celebraram a Páscoa. ¹¹ No dia seguinte ao da Páscoa, nesse mesmo dia, eles comeram pães sem fermento e grãos de trigo tostados,ᵗ produtos daquela terra.ˢ ¹² Um dia depois de comerem do produto da terra, o maná cessou. Já não havia maná para os israelitas, e naquele mesmo ano eles comeram do fruto da terra de Canaã.ᵘ

---

¹ **4.16** Hebraico: *do Testemunho*. Isto é, das tábuas da aliança.

² **5.3** *Gibeate-Aralote* significa *colina dos prepúcios*.

A Queda de Jericó

¹³ Estando Josué já perto de Jericó, olhou para cima e viu um homemᵛ em pé, empunhando uma espada.ʷ Aproximou-se dele e perguntou-lhe: "Você é por nós, ou por nossos inimigos?"

¹⁴ "Nem uma coisa nem outra", respondeu ele. "Venho na qualidade de comandante do exército do SENHOR." Então Josué prostrou-se com o rosto em terra,ˣ em sinal de respeito, e lhe perguntou: "Que mensagem o meu senhor tem para o seu servo?"

¹⁵ O comandante do exército do SENHOR respondeu: "Tire as sandálias dos pés, pois o lugar em que você está é santo".ʸ E Josué as tirou.

6 Jericóᶻ estava completamente fechada por causa dos israelitas. Ninguém saía nem entrava.

² Então o SENHOR disse a Josué: "Saiba que entregueiᵃ nas suas mãos Jericó, seu rei e seus homens de guerra. ³ Marche uma vez ao redor da cidade, com todos os homens armados. Faça isso durante seis dias. ⁴ Sete sacerdotes levarão cada um uma trombeta de chifre de carneiro à frente da arca. No sétimo dia, marchem todos sete vezes ao redor da cidade, e os sacerdotes toquem as trombetas.ᵇ ⁵ Quando as trombetas soarem um longo toque,ᶜ todo o povo dará um forte grito;ᵈ o muro da cidade cairá e o povo atacará, cada um do lugar onde estiver".

⁶ Josué, filho de Num, chamou os sacerdotes e lhes disse: "Levem a arca da aliança do SENHOR. Sete de vocês levarão trombetas à frente da arca". ⁷ E ordenou ao povo: "Avancem!ᵉ Marchem ao redor da cidade! Os soldados armados irão à frente da arca do SENHOR".

⁸ Quando Josué terminou de falar ao povo, os sete sacerdotes que levavam suas trombetas perante o SENHOR saíram à frente, tocando as trombetas. E a arca *da aliança do SENHOR ia atrás deles*. ⁹ Os soldados armados marchavam à frente dos sacerdotes que tocavam as trombetas, e o restante dos soldadosᶠ seguia a arca. Durante todo esse tempo tocavam-se as trombetas. ¹⁰ Mas Josué tinha ordenado ao povo: "Não deem o brado de guerra, não levantem a voz, não digam palavra alguma, até o dia em que eu ordenar. Então vocês gritarão!"ᵍ ¹¹ Assim se fez a arca do SENHOR rodear a cidade, dando uma volta em torno dela. Então o povo voltou para o acampamento, onde passou a noite.

¹² Josué levantou-se na manhã seguinte, e os sacerdotes levaram a arca do SENHOR. ¹³ Os sete sacerdotes que levavam as trombetas iam adiante da arca do SENHOR, tocando as trombetas. Os homens armados iam à frente deles, e o restante dos soldados seguia a arca do SENHOR, enquanto as trombetas tocavam continuamente. ¹⁴ No segundo dia também rodearam a cidade uma vez e voltaram ao acampamento. E durante seis dias repetiram aquela ação.

¹⁵ No sétimo dia, levantaram-se ao romper da manhã e marcharam da mesma maneira sete vezes ao redor da cidade; foi apenas nesse dia que rodearam a cidade sete vezes.ʰ ¹⁶ Na sétima vez, quando os sacerdotes deram o toque de trombeta, Josué ordenou ao povo: "Gritem! O SENHOR entregou a cidade a vocês! ¹⁷ A cidade, com tudo o que nela existe, será consagradaⁱ ao SENHOR para destruição. Somente a prostituta Raabe e todos os que estão com ela em sua casa serão poupados, pois ela escondeuʲ os espiões que enviamos. ¹⁸ Mas fiquem longe das coisas consagradas,ᵏ não se apossem de nenhuma delas, para que não sejam destruídos. Do contrário trarão destruiçãoˡ e desgraçaᵐ ao acampamento de Israel. ¹⁹ Toda a prata, todo o ouro e todos os utensílios de bronze e de ferroⁿ são sagrados e pertencem ao SENHOR e deverão ser levados para o seu tesouro".

²⁰ Quando soaramᵒ as trombetas, o povo gritou. Ao som das trombetas e do forte grito,ᵖ o muro caiu. Cada um atacou do lugar

---

5.13
ᵛGn 18.2; 32.24 ʷNm 22.23
5.14
ˣGn 17.3
5.15
ʸEx 3.5; At 7.33
6.1
ᶻJs 24.11
6.2
ᵃDt 7.24; Js 2.9,24; 8.1
6.4
ᵇLv 25.9; Nm 10.8
6.5
ᶜEx 19.13
ᵈver 20; 1Sm 4.5; Sl 42.4; Is 42.13
6.7
ᵉEx 14.15
6.9
ᶠver 13; Is 52.12
6.10
ᵍver 20
6.15
ʰ1Rs 18.44
6.17
ⁱLv 27.28; Dt 20.17 ʲJs 2.4
6.18
ᵏJs 7.1 ˡJs 7.12 ᵐJs 7.25,26
6.19
ⁿver 24; Nm 31.22
6.20
ᵒJz 6.34; Jr 4.21; Am 2.2 ᵖver 5

onde estava, e tomaram a cidade.*q* **21** Consagraram a cidade ao Senhor, destruindo*r* ao fio da espada homens, mulheres, jovens, velhos, bois, ovelhas e jumentos; todos os seres vivos que nela havia.

22 Josué disse aos dois homens que tinham espionado a terra: "Entrem na casa da prostituta e tirem-na de lá com todos os seus parentes, conforme o juramento que fizeram a ela".*s* **23** Então os jovens que tinham espionado a terra entraram e trouxeram Raabe, seu pai, sua mãe, seus irmãos e todos os seus parentes.*t* Tiraram de lá todos os da sua família e os deixaram num local fora do acampamento de Israel.

24 Depois incendiaram a cidade inteira e tudo o que nela havia, mas entregaram a prata, o ouro e os utensílios de bronze e de ferro*u* ao tesouro do santuário do Senhor. **25** E Josué poupou a prostituta Raabe,*v* a sua família e todos os seus pertences, pois ela escondeu os homens que Josué tinha enviado a Jericó*w* como espiões. E Raabe vive entre os israelitas até hoje.

26 Naquela ocasião Josué pronunciou este juramento solene: "Maldito seja diante do Senhor o homem que reconstruir a cidade de Jericó:

"Ao preço de seu filho mais velho
  lançará os alicerces da cidade;
ao preço de seu filho mais novo
  porá suas portas!"*x*

27 Assim o Senhor esteve com Josué,*y* cuja fama espalhou-se*z* por toda a região.

O Pecado de Acã e suas Consequências

7 Mas os israelitas foram infiéis com relação às coisas consagradas.*a* Acã, filho de Carmi, filho de Zinri¹, filho de Zerá,*b* da tribo de Judá, apossou-se de algumas delas. E a ira do Senhor acendeu-se contra Israel.

2 Sucedeu que Josué enviou homens de Jericó a Ai, que fica perto de Bete-Áven,*c* a leste de Betel, e ordenou-lhes: "Subam e espionem a região". Os homens subiram e espionaram Ai.

3 Quando voltaram a Josué, disseram: "Não é preciso que todos avancem contra Ai. Envie uns dois ou três mil homens para atacá-la. Não canse todo o exército, pois eles são poucos". **4** Por isso cerca de três mil homens atacaram a cidade; mas os homens de Ai*d* os puseram em fuga, **5** chegando a matar trinta e seis deles. Eles perseguiram os israelitas desde a porta da cidade até Sebarim² e os feriram na descida. Diante disso o povo desanimou-se*e* completamente.

6 Então Josué, com as autoridades de Israel, rasgou as vestes,*f* prostrou-se com o rosto em terra, diante da arca do Senhor, cobrindo de terra a cabeça,*g* e ali permaneceu até a tarde. **7** Disse então Josué: "Ah, Soberano Senhor, por que fizeste este povo atravessar o Jordão? Foi para nos entregar nas mãos dos amorreus e nos destruir?*h* Antes nos contentássemos em continuar no outro lado do Jordão! **8** Que poderei dizer, Senhor, agora que Israel foi derrotado por seus inimigos? **9** Os cananeus e os demais habitantes desta terra saberão disso, nos cercarão e eliminarão o nosso nome da terra.*i* Que farás, então, pelo teu grande nome?"

10 O Senhor disse a Josué: "Levante-se! Por que você está aí prostrado? **11** Israel pecou. Violou a aliança*j* que eu lhe ordenei. Apossou-se de coisas consagradas, roubou-as,*k* escondeu-as e as colocou junto de seus bens. **12** Por isso os israelitas não conseguem resistir aos inimigos;*l* fogem deles porque se tornaram merecedores da sua destruição.*m* Não estarei mais com vocês, se não destruírem do meio de vocês o que foi consagrado à destruição.

13 "Vá, santifique o povo! Diga-lhes: Santifiquem-se*n* para amanhã, pois assim diz o Senhor, o Deus de Israel: Há coisas consagradas à destruição no meio de vocês, ó Israel.

---

¹ 7.1 Alguns manuscritos dizem *Zabdi*; também nos versículos 17 e 18. Veja 1Cr 2.6.

² 7.5 Ou *as pedreiras*

Vocês não conseguirão resistir aos seus inimigos enquanto não as retirarem.

¹⁴ "Apresentem-se de manhã, uma tribo de cada vez. A tribo que o Senhor escolher° virá à frente, um clã de cada vez; o clã que o Senhor escolher virá à frente, uma família de cada vez; e a família que o Senhor escolher virá à frente, um homem de cada vez. ¹⁵ Aquele que for pego com as coisas consagradas será queimado no fogo com tudo o que lhe pertence.ᵖ Violou a aliançaᵠ do Senhor e cometeu loucura em Israel!"ʳ

¹⁶ Na manhã seguinte Josué mandou os israelitas virem à frente segundo as suas tribos, e a de Judá foi a escolhida. ¹⁷ Os clãs de Judá vieram à frente, e ele escolheu os zeraítas.ˢ Fez o clã dos zeraítas vir à frente, família por família, e o escolhido foi Zinri. ¹⁸ Josué fez a família de Zinri vir à frente, homem por homem, e Acã, filho de Carmi, filho de Zinri, filho de Zerá, da tribo de Judá, foi o escolhido.

¹⁹ Então Josué disse a Acã: "Meu filho, para a glóriaᵗ do Senhor, o Deus de Israel, diga a verdade. Conte-meᵘ o que você fez; não me esconda nada".

²⁰ Acã respondeu: "É verdade que pequei contra o Senhor, o Deus de Israel. O que fiz foi o seguinte: ²¹ quando vi entre os despojos uma bela capa feita na Babilônia¹, dois quilos e quatrocentos gramas de prata e uma barra de ouro de seiscentos gramas², eu os cobiceiᵛ e me apossei deles. Estão escondidos no chão da minha tenda, com a prata por baixo".

²² Josué enviou alguns homens que correram à tenda de Acã; lá estavam escondidas as coisas, com a prata por baixo. ²³ Retiraram-nas da tenda e as levaram a Josué e a todos os israelitas, e as puseram perante o Senhor.

²⁴ Então Josué, com todo o Israel, levou Acã, bisneto de Zerá, e a prata, a capa, a barra de ouro, seus filhos e filhas, seus bois, seus jumentos, suas ovelhas, sua tenda e tudo o que lhe pertencia, ao vale de Acor.ʷ ²⁵ Disse Josué: "Por que você nos causou esta desgraça?ˣ Hoje o Senhor causará a sua desgraça³". E todo o Israel o apedrejouʸ e depois apedrejou também os seus, e queimou tudo e todos eles no fogo. ²⁶ Sobre Acã ergueram um grande monte de pedras, que existe até hoje. Então o Senhor se afastou do fogo da sua ira.ᶻ Por isso foi dado àquele lugar o nome de vale de Acor,ᵃ nome que permanece até hoje.

A Destruição de Ai

8 E disse o Senhor a Josué: "Não tenha medo!ᵇ Não desanime!ᶜ Leve todo o exércitoᵈ com você e avance contra Ai. Eu entregueiᵉ nas suas mãos o rei de Ai, seu povo, sua cidade e sua terra. ² Você fará com Ai e seu rei o que fez com Jericó e seu rei; e desta vez vocês poderão se apossar dos despojos e dos animais.ᶠ Prepare uma emboscada atrás da cidade".

³ Então Josué e todo o exército se prepararam para atacar a cidade de Ai. Ele escolheu trinta mil dos seus melhores homens de guerra e os enviou de noite ⁴ com a seguinte ordem: "Atenção! Preparem uma emboscada atrás da cidade e não se afastem muito dela. Fiquem todos alerta. ⁵ Eu e todos os que estiverem comigo nos aproximaremos da cidade. Quando os homens nos atacarem como fizeram antes, fugiremos deles. ⁶ Eles nos perseguirão até que os tenhamos atraído para longe da cidade, pois dirão: 'Estão fugindo de nós como fizeram antes'. Quando estivermos fugindo, ⁷ vocês sairão da emboscada e tomarão a cidade. O Senhor, o seu Deus, a entregará em suas mãos.ᵍ ⁸ Depois que tomarem a cidade, vocês a incendiarão.ʰ Façam o que o Senhor ordenou.ⁱ Atentem bem para as minhas instruções".

---

¹ **7.21** Hebraico: *capa de Sinear*.
² **7.21** Hebraico: *200 siclos de prata e 50 siclos de ouro*. Um siclo equivalia a 12 gramas.
³ **7.25** O termo aqui traduzido por *desgraça* está relacionado no hebraico com os nomes *Acã* e *Acor*.

⁹ Então Josué os enviou. Eles foram e ficaram de emboscada entre Betel e Ai, a oeste de Ai. Josué, porém, passou aquela noite com o povo.

¹⁰ Na manhã seguinte Josué passou em revista os homens, e ele e os líderes de Israel partiram à frente deles para atacar a cidade. ¹¹ Todos os homens de guerra que estavam com ele avançaram, aproximaram-se da cidade pela frente e armaram acampamento ao norte de Ai, onde o vale os separava da cidade. ¹² Josué pôs de emboscada cerca de cinco mil homens entre Betel e Ai, a oeste da cidade. ¹³ Os que estavam no acampamento ao norte da cidade, e os que estavam na emboscada a oeste, tomaram posição. Naquela noite Josué foi ao vale.

¹⁴ Quando o rei de Ai viu isso, ele e todos os homens da cidade se apressaram, levantaram-se logo cedo e saíram para enfrentar Israel no campo de batalha, no local de onde se avista a Arabá. Ele não sabia da emboscada armada contra ele atrás da cidade. ¹⁵ Josué e todo o Israel deixaram-se perseguir por eles e fugiram para o deserto. ¹⁶ Todos os homens de Ai foram chamados para persegui-los. Eles perseguiram Josué e foram atraídos para longe da cidade. ¹⁷ Nem um só homem ficou em Ai e em Betel; todos foram atrás de Israel. Deixaram a cidade aberta e saíram em perseguição de Israel.

¹⁸ Disse então o Senhor a Josué: "Estende a lança que você tem na mão na direção de Ai, pois nas suas mãos entregarei a cidade". Josué estendeu a lança na direção de Ai, ¹⁹ e, assim que o fez, os homens da emboscada saíram correndo da sua posição, entraram na cidade, tomaram-na e depressa a incendiaram.

²⁰ Quando os homens de Ai olharam para trás e viram a fumaça da cidade subindo ao céu, não tinham para onde escapar, pois os israelitas que fugiam para o deserto se voltaram contra os seus perseguidores. ²¹ Vendo Josué e todo o Israel que os homens da emboscada tinham tomado a cidade e que desta subia fumaça, deram meia-volta e atacaram os homens de Ai. ²² Os outros israelitas também saíram da cidade para lutar contra eles, de modo que foram cercados, tendo os israelitas dos dois lados. Então os israelitas os mataram, sem deixar sobreviventes nem fugitivos, ²³ mas prenderam vivo o rei de Ai e o levaram a Josué.

²⁴ Israel terminou de matar os habitantes de Ai no campo e no deserto, onde os tinha perseguido; eles morreram ao fio da espada. Depois disso, todos os israelitas voltaram à cidade de Ai e mataram os que lá haviam ficado. ²⁵ Doze mil homens e mulheres caíram mortos naquele dia. Era toda a população de Ai. ²⁶ Pois Josué não recuou a lança até exterminar todos os habitantes de Ai. ²⁷ Mas Israel se apossou dos animais e dos despojos daquela cidade, conforme a ordem que o Senhor tinha dado a Josué.

²⁸ Assim Josué incendiou Ai e fez dela um perpétuo monte de ruínas, um lugar abandonado até hoje. ²⁹ Enforcou o rei de Ai numa árvore e ali o deixou até a tarde. Ao pôr do sol Josué ordenou que tirassem o corpo da árvore e que o atirassem à entrada da cidade. E sobre ele ergueram um grande monte de pedras, que perdura até hoje.

A Renovação da Aliança no Monte Ebal

³⁰ Então Josué construiu no monte Ebal um altar ao Senhor, o Deus de Israel, ³¹ conforme Moisés, servo do Senhor, tinha ordenado aos israelitas. Ele o construiu de acordo com o que está escrito no Livro da Lei de Moisés: um altar de pedras não lavradas, nas quais não se usou ferramenta de ferro. Sobre ele ofereceram ao Senhor holocaustos¹ e sacrifícios de comunhão². ³² Ali, na presença dos israelitas, Josué copiou nas pedras a Lei que Moisés havia escrito. ³³ Todo o Israel, estrangeiros e naturais da terra, com os seus líderes, os seus oficiais e os seus juízes, estavam em pé dos dois lados da arca

---

¹ **8.31** Isto é, sacrifícios totalmente queimados.
² **8.31** Ou *de paz*

da aliança do SENHOR, diante dos sacerdotes levitas,*p* que a carregavam. Metade do povo estava em pé, defronte do monte Gerizim, e metade defronte do monte Ebal.*q* Tudo conforme Moisés, servo do SENHOR, tinha ordenado anteriormente, para que o povo de Israel fosse abençoado.

34 Em seguida Josué leu todas as palavras da lei, a bênção e a maldição, segundo o que está escrito no Livro da Lei.*r* **35** Não houve uma só palavra de tudo o que Moisés tinha ordenado que Josué não lesse para toda a assembleia de Israel, inclusive mulheres, crianças e os estrangeiros que viviam no meio deles.*s*

A Astúcia dos Gibeonitas: o Acordo com Josué

9 E souberam disso todos os reis que viviam a oeste do Jordão, nas montanhas, na Sefelá[1] e em todo o litoral do mar Grande*t* até o Líbano. Eram os reis dos hititas, dos amorreus, dos cananeus, dos ferezeus, dos heveus e dos jebuseus.*u* **2** Eles se ajuntaram para guerrear contra Josué e contra Israel.

3 Contudo, quando os habitantes de Gibeom*v* souberam o que Josué tinha feito com Jericó e Ai, **4** recorreram a um ardil. Enviaram uma delegação, trazendo jumentos carregados de sacos gastos e vasilhas de couro velhas, rachadas e remendadas. **5** Os homens calçavam sandálias gastas e remendadas e vestiam roupas velhas. Todos os pães do suprimento deles estavam secos e esmigalhados. **6** Foram a Josué, no acampamento de Gilgal,*w* e disseram a ele e aos homens de Israel: "Viemos de uma terra distante. Queremos que façam um acordo conosco".

7 Os israelitas disseram aos heveus:*x* "Talvez vocês vivam perto de nós. Como poderemos fazer um acordo*y* com vocês?"

8 "Somos seus servos",*z* disseram a Josué.

Josué, porém, perguntou: "Quem são vocês? De onde vocês vêm?"

9 Eles responderam: "Seus servos vieram de uma terra muito distante*a* por causa da fama do SENHOR, o seu Deus. Pois ouvimos falar*b* dele, de tudo o que fez no Egito **10** e de tudo o que fez aos dois reis dos amorreus a leste do Jordão: Seom, rei de Hesbom, e Ogue, rei de Basã,*c* que reinava em Asterote.*d* **11** E os nossos líderes e todos os habitantes da nossa terra nos disseram: 'Juntem provisões para a viagem, vão encontrar-se com eles e digam-lhes: Somos seus servos, façam um acordo conosco'. **12** Este nosso pão estava quente quando o embrulhamos em casa no dia em que saímos de viagem para cá. Mas vejam como agora está seco e esmigalhado. **13** Estas vasilhas de couro que enchemos de vinho eram novas, mas agora estão rachadas. E as nossas roupas e sandálias estão gastas por causa da longa viagem".

14 Os israelitas examinaram[2] as provisões dos heveus, mas não consultaram*e* o SENHOR. **15** Então Josué fez um acordo de paz*f* com eles, garantindo poupar-lhes a vida, e os líderes da comunidade o confirmaram com juramento.

16 Três dias depois de fazerem o acordo com os gibeonitas, os israelitas souberam que eram vizinhos e que viviam perto deles. **17** Por isso partiram de viagem e três dias depois chegaram às cidades dos heveus, que eram Gibeom, Quefira, Beerote*g* e Quiriate-Jearim.*h* **18** Mas não os atacaram, porque os líderes da comunidade lhes haviam feito um juramento*i* em nome do SENHOR, o Deus de Israel.

Toda a comunidade, porém, queixou-se*j* contra os líderes, **19** que lhes responderam: "Fizemos a eles o nosso juramento em nome do SENHOR, o Deus de Israel; por isso não podemos tocar neles. **20** Todavia, nós os trataremos assim: vamos deixá-los viver, para que não caia sobre nós a ira divina por quebrarmos o juramento que lhes fizemos". **21** E acrescentaram: "Eles ficarão

---

[1] **9.1** Pequena faixa de terra de relevo variável entre a planície costeira e as montanhas; também em 10.40; 11.2, 16; 12.8 e 15.33.

[2] **9.14** Ou *provaram*

vivos,ᵏ mas serão lenhadores e carregadores de água¹ para toda a comunidade". E assim se manteve a promessa dos líderes.

²² Então Josué convocou os gibeonitas e disse: "Por que vocês nos enganaram dizendo que viviam muito longeᵐ de nós, quando na verdade vivem perto?ⁿ ²³ Agora vocês estão debaixo de maldição:ᵒ nunca deixarão de ser escravos, rachando lenha e carregando água para a casa do meu Deus".

²⁴ Eles responderam a Josué: "Os seus servos ficaram sabendoᵖ como o Senhor, o seu Deus, ordenou que o seu servo Moisés desse a vocês toda esta terra e que eliminasse todos os seus habitantes da presença de vocês. Tivemos medo do que poderia acontecer conosco por causa de vocês. Por isso agimos assim. ²⁵ Estamos agora nas suas mãos.ᵠ Faça conosco o que parecer bom e justo".

²⁶ Josué então os protegeu e não permitiu que os matassem. ²⁷ Mas naquele dia fez dos gibeonitas lenhadores e carregadores de água para a comunidade e para o altar do Senhor, no local que o Senhor escolhesse.ʳ É o que eles são até hoje.

O Dia em que o Sol Parou

10 Sucedeu que Adoni-Zedeque, rei de Jerusalém,ˢ soube que Josué tinha conquistado Aiᵗ e a tinha destruído totalmente,ᵘ fazendo com Ai e seu rei o que fizera com Jericó e seu rei, e que o povo de Gibeom tinha feito a pazᵛ com Israel e estava vivendo no meio deles. ² Ele e o seu povo ficaram com muito medo, pois Gibeom era tão importante como uma cidade governada por um rei; era maior do que Ai, e todos os seus homens eram bons guerreiros. ³ Por isso Adoni-Zedeque, rei de Jerusalém, fez o seguinte apelo a Hoão, rei de Hebrom,ʷ a Piram, rei de Jarmute, a Jafia, rei de Laquis,ˣ e a Debir, rei de Eglom: ⁴ "Venham para cá e ajudem-me a atacar Gibeom, pois ela fez a pazʸ com Josué e com os israelitas".

⁵ Então os cinco reis dos amorreus,ᶻ os reis de Jerusalém, de Hebrom, de Jarmute, de Laquis e de Eglom reuniram-se e vieram com todos os seus exércitos. Cercaram Gibeom e a atacaram.

⁶ Os gibeonitas enviaram esta mensagem a Josué, no acampamento de Gilgal: "Não abandone os seus servos. Venha depressa! Salve-nos! Ajude-nos, pois todos os reis amorreus que vivem nas montanhas se uniram contra nós!"

⁷ Josué partiu de Gilgal com todo o seu exército,ᵃ inclusive com os seus melhores guerreiros. ⁸ E disse o Senhor a Josué: "Não tenha medoᵇ desses reis; eu os entreguei nas suas mãos. Nenhum deles conseguirá resistir a você".

⁹ Depois de uma noite inteira de marcha desde Gilgal, Josué os apanhou de surpresa. ¹⁰ O Senhor os lançou em confusão diante de Israel,ᶜ que lhes impôs grande derrota em Gibeom. Os israelitas os perseguiram na subida para Bete-Horomᵈ e os mataram por todo o caminho até Azecaᵉ e Maquedá. ¹¹ Enquanto fugiam de Israel na descida de Bete-Horom para Azeca, do céu o Senhor lançou sobre eles grandes pedras de granizo,ᶠ que mataram mais gente do que as espadas dos israelitas.

¹² No dia em que o Senhor entregou os amorreusᵍ aos israelitas, Josué exclamou ao Senhor, na presença de Israel:

"Sol, pare sobre Gibeom!
E você, ó lua, sobre o vale de Aijalom!"ʰ
¹³ O sol parou,ⁱ
  e a lua se deteve,
até a nação vingar-se
  dosʲ seus inimigos,

como está escrito no Livro de Jasar.ʲ
O sol parouᵏ no meio do céu e por quase um dia inteiro não se pôs. ¹⁴ Nunca antes nem depois houve um dia como aquele, quando o Senhor atendeu a um homem. Sem dúvida o Senhor lutavaˡ por Israel!

¹⁵ Então Josué voltou com todo o Israel ao acampamento em Gilgal.ᵐ

ʲ **10.13** Ou *derrotar os*

Os Cinco Reis Amorreus São Mortos

¹⁶ Os cinco reis fugiram e se esconderam na caverna de Maquedá. ¹⁷ Avisaram a Josué que eles tinham sido achados numa caverna em Maquedá. ¹⁸ Disse ele: "Rolem grandes pedras até a entrada da caverna, e deixem ali alguns homens de guarda. ¹⁹ Mas não se detenham! Persigam os inimigos. Ataquem-nos pela retaguarda e não os deixem chegar às suas cidades, pois o Senhor, o seu Deus, os entregou em suas mãos".

²⁰ Assim Josué e os israelitas os derrotaram por completo,[n] quase exterminando-os. Mas alguns conseguiram escapar e se refugiaram em suas cidades fortificadas. ²¹ O exército inteiro voltou então em segurança a Josué, ao acampamento de Maquedá, e, depois disso, ninguém mais ousou abrir a boca para provocar os israelitas.

²² Então disse Josué: "Abram a entrada da caverna e tragam-me aqueles cinco reis". ²³ Os cinco reis foram tirados da caverna. Eram os reis de Jerusalém, de Hebrom, de Jarmute, de Laquis e de Eglom. ²⁴ Quando os levaram a Josué, ele convocou todos os homens de Israel e disse aos comandantes do exército que o tinham acompanhado: "Venham aqui e ponham o pé[o] no pescoço destes reis". E eles obedeceram.[p]

²⁵ Disse-lhes Josué: "Não tenham medo! Não desanimem! Sejam fortes e corajosos![q] É isso que o Senhor fará com todos os inimigos que vocês tiverem que combater". ²⁶ Depois Josué matou os reis e mandou pendurá-los em cinco árvores, onde ficaram até a tarde.

²⁷ Ao pôr do sol,[r] sob as ordens de Josué, eles foram tirados das árvores e jogados na caverna onde haviam se escondido. Na entrada da caverna colocaram grandes pedras, que lá estão até hoje.

²⁸ Naquele dia Josué tomou Maquedá. Atacou a cidade e matou o seu rei à espada e exterminou todos os que nela viviam, sem deixar sobreviventes.[s] E fez com o rei de Maquedá o que tinha feito com o rei de Jericó.[t]

A Conquista das Cidades do Sul

²⁹ Então Josué, e todo o Israel com ele, avançou de Maquedá para Libna e a atacou. ³⁰ O Senhor entregou também aquela cidade e seu rei nas mãos dos israelitas. Josué atacou a cidade e matou à espada todos os que nela viviam, sem deixar nenhum sobrevivente ali. E fez com o seu rei o que fizera com o rei de Jericó.

³¹ Depois Josué, e todo o Israel com ele, avançou de Libna para Laquis, cercou-a e a atacou. ³² O Senhor entregou Laquis nas mãos dos israelitas, e Josué tomou-a no dia seguinte. Atacou a cidade e matou à espada todos os que nela viviam, como tinha feito com Libna. ³³ Nesse meio-tempo Horão, rei de Gezer,[u] fora socorrer Laquis, mas Josué o derrotou, a ele e ao seu exército, sem deixar sobrevivente algum.

³⁴ Josué, e todo o Israel com ele, avançou de Laquis para Eglom,[v] cercou-a e a atacou. ³⁵ Eles a conquistaram naquele mesmo dia, feriram-na à espada e exterminaram os que nela viviam, como tinham feito com Laquis.

³⁶ Então Josué, e todo o Israel com ele, foi de Eglom para Hebrom e a atacou. ³⁷ Tomaram a cidade e a feriram à espada, como também o seu rei, os seus povoados e todos os que nela viviam, sem deixar sobrevivente algum. Destruíram totalmente a cidade e todos os que nela viviam, como tinham feito com Eglom.

³⁸ Depois Josué, e todo o Israel com ele, voltou e atacou Debir.[w] ³⁹ Tomaram a cidade, seu rei e seus povoados e os mataram à espada. Exterminaram os que nela viviam, sem deixar sobrevivente algum. Fizeram com Debir e seu rei o que tinham feito com Libna e seu rei e com Hebrom.

⁴⁰ Assim Josué conquistou a região toda, incluindo a serra central, o Neguebe,[x] a Sefelá e as vertentes,[y] e derrotou todos os seus reis,[z] sem deixar sobrevivente algum. Exterminou tudo o que respirava, conforme o Senhor, o Deus de Israel, tinha ordenado.[a] ⁴¹ Josué os derrotou desde Cades-Barneia[b]

10.20
ⁿDt 20.16

10.24
ᵒMl 4.3; Sl 110.1

10.25
ᵖDt 31.6

10.27
ʳDt 21.23; Js 8.9,29

10.28
ˢDt 20.16; Js 6.21

10.33
ᵗJs 16.3,10; Jz 1.29; 1Rs 9.15

10.36
ᵘJs 14.13; 15.13; Jz 1.10

10.38
ᵛJs 15.15; Jz 1.11

10.40
ʷGn 12.9; Js 12.8; Dt 1.7; Dt 7.24; Dt 20.16-17

10.41
ˣGn 14.7

até Gaza,ᶜ e toda a região de Gósen,ᵈ e de lá até Gibeom. ⁴² Também subjugou todos esses reis e conquistou suas terras numa única campanha, pois o Senhor, o Deus de Israel, lutouᵉ por Israel.

⁴³ Então Josué retornou com todo o Israel ao acampamento em Gilgal.ᶠ

A Vitória sobre os Reis do Norte

11 Quando Jabim,ᵍ rei de Hazor,ʰ soube disso, enviou mensagem a Jobabe, rei de Madom, aos reis de Sinromⁱ e Acsafe, ² e aos reis do norte que viviam nas montanhas, na Arabáʲ ao sul de Quinerete,ᵏ na Sefelá e em Nafote-Dor¹,ˡ a oeste; ³ aos cananeus a leste e a oeste; aos amorreus, aos hititas, aos ferezeus e aos jebuseus das montanhas; e aos heveusᵐ do sopé do Hermom, na região de Mispá.ⁿ ⁴ Saíram com todas as suas tropas, um exército imenso, tão numeroso como a areia da praia,ᵒ além de um grande número de cavalos e carros. ⁵ Todos esses reis se uniramᵖ e acamparam junto às águas de Merom, para lutar contra Israel.

⁶ E o Senhor disse a Josué: "Não tenha medo deles, porque amanhã a esta hora os entregareiᵠ todos mortos a Israel. A você cabe cortar os tendõesʳ dos cavalos deles e queimar os seus carros".

⁷ Josué e todo o seu exército os surpreenderam junto às águas de Merom e os atacaram, ⁸ e o Senhor os entregou nas mãos de Israel, que os derrotou e os perseguiu até Sidom, a grande, até Misrefote-Maimˢ e até o vale de Mispá, a leste. Eles os mataram sem deixar sobrevivente algum. ⁹ Josué os tratou como o Senhor lhe tinha ordenado. Cortou os tendões dos seus cavalos e queimou os seus carros.

¹⁰ Na mesma ocasião Josué voltou, conquistou Hazor e matou o seu rei à espada. (Hazor tinha sido a capital de todos esses reinos.) ¹¹ Matou à espada todos os que nela estavam. Exterminou-os totalmente, sem poupar nada que respirasse,ᵗ e incendiou Hazor.

¹ 11.2 Ou *no planalto de Dor*; também em 12.23.

¹² Josué conquistou todas essas cidades e matou à espada os reis que as governavam. Destruiu-as totalmente, como Moisés, servo do Senhor, tinha ordenado.ᵘ ¹³ Contudo, Israel não incendiou nenhuma das cidades construídas nas colinas, com exceção de Hazor, que Josué incendiou. ¹⁴ Os israelitas tomaram posse de todos os despojos e dos animais dessas cidades, mas mataram todo o povo à espada, até exterminá-lo completamente, sem poupar ninguém.ᵛ ¹⁵ Tudo o que o Senhor tinha ordenado a seu servo Moisés, Moisés ordenou a Josué, e Josué obedeceu, sem deixar de cumprir nada de tudo o que o Senhor tinha ordenado a Moisés.ʷ

¹⁶ Assim Josué conquistou toda aquela terra: a serra central, todo o Neguebe, toda a região de Gósen, a Sefelá,ˣ a Arabá e os montes de Israel e suas planícies, ¹⁷ desde o monte Halaque, que se ergue na direção de Seir, até Baal-Gade, no vale do Líbano,ʸ no sopé do monte Hermom. Ele capturou todos os seus reis e os matou.ᶻ ¹⁸ Josué guerreou contra todos esses reis por muito tempo. ¹⁹ Com exceção dos heveus que viviam em Gibeom,ᵃ nenhuma cidade fez a paz com os israelitas, que a todas conquistou em combate. ²⁰ Pois foi o próprio Senhor que lhes endureceu o coraçãoᵇ para guerrearem contra Israel, para que ele os destruísse totalmente, exterminando-os sem misericórdia, como o Senhor tinha ordenado a Moisés.ᶜ

²¹ Naquela ocasião Josué exterminou os enaquinsᵈ dos montes de Hebrom, de Debir e de Anabe, de todos os montes de Judá e de Israel. Josué destruiu-os totalmente e também as suas cidades. ²² Nenhum enaquim foi deixado vivo no território israelita; somente em Gaza, em Gateᵉ e em Asdodeᶠ é que alguns sobreviveram. ²³ Foi assim que Josué conquistou toda a terra,ᵍ conforme o Senhor tinha dito a Moisés, e deu-a por herançaʰ a Israel, repartindo-a entre as suas tribos.ⁱ

E a terra teve descanso da guerra.ʲ

A Lista dos Reis Derrotados

12 São estes os reis que os israelitas derrotaram, e de cujo território se apossaram a leste do Jordão, desde o ribeiro do Arnom até o monte Hermom,ᵏ inclusive todo o lado leste da Arabá:

² Seom, rei dos amorreus, que reinou em Hesbom. Governou desde Aroer, na borda do ribeiro do Arnom, desde o meio do ribeiro até o rio Jaboque, que é a fronteira dos amonitas. Esse território incluía a metade de Gileade.ˡ ³ Também governou a Arabá oriental, desde o mar de Quinerete¹ᵐ até o mar da Arabá, o mar Salgado, até Bete-Jesimote,ⁿ e mais ao sul, ao pé das encostas do Pisga.

⁴ Tomaram o território de Ogue, rei de Basã,º um dos últimos refains, que reinou em Asteroteᵖ e Edrei. ⁵ Ele governou o monte Hermom, Salcá,ᑫ toda a Basã até a fronteira do povo de Gesurʳ e de Maaca,ˢ e metade de Gileade até a fronteira de Seom, rei de Hesbom.

⁶ Moisés, servo do Senhor, e os israelitas os derrotaram. E Moisés, servo do Senhor, deu a terra deles como propriedadeᵗ às tribos de Rúben, de Gade e à metade da tribo de Manassés.

⁷ São estes os reis que Josué e os israelitas derrotaram no lado ocidental do Jordão, desde Baal-Gade, no vale do Líbano,ᵘ até o monte Halaque, que se ergue na direção de Seir. Josué deu a terra deles por herança às tribos de Israel, repartindo-a entre elas — ⁸ a serra central, a Sefelá, a Arabá, as encostas das montanhas, o deserto e o Neguebeᵛ — as terras dos hititas, dos amorreus, dos cananeus, dos ferezeus, dos heveus e dos jebuseus:

⁹ o rei de Jericó,ʷ o rei de Ai,ˣ próxima a Betel, ¹⁰ o rei de Jerusalém,ʸ o rei de Hebrom, ¹¹ o rei de Jarmute, o rei de Laquis, ¹² o rei de Eglom, o rei de Gezer,ᶻ ¹³ o rei de Debir, o rei de Geder, ¹⁴ o rei de Hormá, o rei de Arade,ᵃ ¹⁵ o rei de Libna, o rei de Adulão, ¹⁶ o rei de Maquedá, o rei de Betel,ᵇ ¹⁷ o rei de Tapua, o rei de Héfer,ᶜ ¹⁸ o rei de Afeque,ᵈ o rei de Lasarom, ¹⁹ o rei de Madom, o rei de Hazor, ²⁰ o rei de Sinrom-Merom, o rei de Acsafe,ᵉ ²¹ o rei de Taanaque, o rei de Megido, ²² o rei de Quedes,ᶠ o rei de Jocneão do Carmelo,ᵍ ²³ o rei de Dor em Nafote-Dor,ʰ o rei de Goim de Gilgal, ²⁴ e o rei de Tirza. Trinta e um reis ao todo.ⁱ

Terras a Serem Conquistadas

13 Sendo Josué já velho, de idade bastante avançada,ʲ o Senhor lhe disse: "Você já está velho, e ainda há muita terra para ser conquistada.

² "Esta é a terra que resta: todas as regiões dos filisteus e dos gesuritas; ³ desde o rio Sior,ᵏ próximo ao Egito, até o território de Ecrom,ˡ ao norte, todo esse território considerado cananeu. Abrange a região dos aveus, isto é, dos cinco chefes filisteus,ᵐ governantes de Gaza, de Asdode, de Ascalom, de Gate e de Ecrom.ⁿ ⁴ Resta ainda, desde o sul, toda a terra dos cananeus, desde Ara dos sidônios até Afeque,º a região dos amorreus,ᵖ ⁵ a dos gibleusᑫ e todo o Líbano,ʳ para leste, desde Baal-Gade, ao pé do monte Hermom, até Lebo-Hamate.

⁶ "Todos os habitantes das montanhas, desde o Líbano até Misrefote-Maim,ˢ isto é, todos os sidônios; eu mesmo os expulsarei da presença dos israelitas. Você, porém, distribuirá essa terra a Israel por herança, como ordenei,ᵗ ⁷ repartindo-aᵘ agora entre as nove tribos e a metade da tribo de Manassés".

A Divisão das Terras a Leste do Jordão

⁸ Com a outra metade da tribo de Manassés, as tribos de Rúben e de Gade já haviam recebido a herança a leste do Jordão, conforme Moisés, servo do Senhor, lhes tinha designado.ᵛ

⁹ Esse território se estendia de Aroer,ʷ na margem do ribeiro do Arnom, e da cidade

---

¹ **12.3** Isto é, o mar da Galileia; também em 13.27.

situada no meio do vale desse ribeiro, incluindo todo o planalto de Medeba* até Dibom,* ¹⁰ e todas as cidades de Seom, rei dos amorreus, que governava em Hesbom, e prosseguia até a fronteira dos amonitas.² ¹¹ Também incluía Gileade, o território dos gesuritas e maacatitas, toda a região do monte Hermom e toda a Basã até Salcá,ᵃ ¹² isto é, todo o reino de Ogue, em Basã,ᵇ que tinha reinado em Asteroteᶜ e Edrei, um dos últimos refainsᵈ sobreviventes. Moisés os tinha derrotado e tomado as suas terras. ¹³ Mas os israelitas não expulsaram os gesuritasᵉ e maacatitas,ᶠ de modo que até hoje continuam a viver no meio deles.

¹⁴ Mas à tribo de Levi não deu herança alguma, visto que as ofertas preparadas no fogo ao Senhor, o Deus de Israel, são a herança deles, como já lhes dissera.ᵍ

¹⁵ À tribo de Rúben, clã por clã, Moisés dera o seguinte território:

¹⁶ Desde Aroer,ʰ na margem do ribeiro do Arnom, e desde a cidade situada no meio do vale desse ribeiro e todo o planalto depois de Medebaⁱ ¹⁷ até Hesbom e todas as suas cidades no planalto, inclusive Dibom,ʲ Bamote-Baal, Bete-Baal-Meom,ᵏ ¹⁸ Jaza,ˡ Quedemote, Mefaate,ᵐ ¹⁹ Quiriataim,ⁿ Sibma, Zerete-Saar, na encosta do vale, ²⁰ Bete-Peor,ᵒ as encostas do Pisga, e Bete-Jesimote: ²¹ todas as cidades do planalto e todo o domínio de Seom, rei dos amorreus, que governava em Hesbom. Moisés o tinha derrotado, bem como aos líderes midianitasᵖ Evi, Requém, Zur, Hur e Reba,ᵠ aliados de Seom, que viviam naquela terra. ²² Além dos que foram mortos na guerra, os israelitas mataram à espada Balaão, filho de Beor,ʳ *que praticava adivinhação.* ²³ A fronteira da tribo de Rúben era a margem do Jordão. Essas cidades e os seus povoados foram a herança de Rúben, clã por clã.

²⁴ À tribo de Gade, clã por clã, Moisés dera o seguinte território:

²⁵ O território de Jazar,ˢ todas as cidades de Gileade e metade do território amonita até Aroer, perto de Rabá. ²⁶ Estendia-se desde Hesbomᵗ até Ramate-Mispá e Betonim, e desde Maanaim até o território de Debir.ᵘ ²⁷ No vale do Jordão incluía Bete-Arã, Bete-Ninra, Sucoteᵛ e Zafom; o restante do domínio de Seom, rei de Hesbom. Abrangia a margem leste do Jordão até o mar de Quinerete.ʷ ²⁸ Essa região com suas cidades e povoados foram a herança de Gade,ˣ clã por clã.

²⁹ À metade da tribo de Manassés, isto é, à metade dos descendentes de Manassés, clã por clã, Moisés dera o seguinte território:

³⁰ O seu território se estendia desde Maanaimʸ e incluía toda a região de Basã, todo o domínio de Ogue, rei de Basã: todos os povoados de Jairᶻ em Basã, sessenta cidades; ³¹ metade de Gileade, e Asterote e Edrei, cidades do reino de Ogue, em Basã. Esse foi o território destinado à metade dos descendentes de Maquir,ᵃ filho de Manassés, clã por clã.

³² Essa foi a herança que Moisés lhes deu quando estava na planície de Moabe, do outro lado do Jordão, a leste de Jericó. ³³ Mas à tribo de Levi Moisés não deu herançaᵇ alguma; o Senhor, o Deus de Israel, é a herança deles, como já lhes dissera.ᶜ

A Divisão das Terras a Oeste do Jordão

14 Foram estas as terras que os israelitas receberam por herança em Canaã e que o sacerdote Eleazar, Josué, filho de Num, e os chefes dos clãs das tribos dos israelitas repartiram entre eles.ᵈ ² A divisão da herança foi decidida por sorteioᵉ entre as nove tribos e meia, como o Senhor tinha ordenado por meio de Moisés, ³ pois Moisés já tinha dado herança às duas tribos e meia a leste do Jordão.ᶠ Mas aos levitas não dera herança entre os demais.ᵍ ⁴ Os filhos de José formaram as duas tribos de Manassés e Efraim.ʰ Os levitas não receberam porção alguma da terra; receberam apenas cidades onde viver, com pastagens para os seus rebanhos. **5** Os israelitas dividiram a terra conforme o Senhor tinha ordenado a Moisés.*ⁱ*

Calebe Recebe Hebrom

6 Os homens de Judá vieram a Josué em Gilgal, e Calebe, filho do quenezeu Jefoné,*ʲ* lhe disse: "Você sabe o que o Senhor disse a Moisés, homem de Deus, em Cades-Barneia,*ᵏ* sobre mim e sobre você. **7** Eu tinha quarenta anos quando Moisés, servo do Senhor, enviou-me de Cades-Barneia para espionar a terra.*ˡ* Eu lhe dei um relatório digno de confiança,*ᵐ* **8** mas os meus irmãos israelitas que foram comigo fizeram o povo desanimar-se de medo.*ⁿ* Eu, porém, fui inteiramente fiel*ᵒ* ao Senhor, o meu Deus. **9** Por isso naquele dia Moisés me jurou: 'Certamente a terra em que você pisou será uma herança perpétua para você e para os seus descendentes,*ᵖ* porquanto você foi inteiramente fiel ao Senhor, o meu Deus'.

10 "Pois bem, o Senhor manteve-me vivo, como prometeu.*ᑫ* E foi há quarenta e cinco anos que ele disse isso a Moisés, quando Israel caminhava pelo deserto. Por isso aqui estou hoje, com oitenta e cinco anos de idade! **11** Ainda estou tão forte*ʳ* como no dia em que Moisés me enviou; tenho agora tanto vigor para ir à guerra como tinha naquela época. **12** Dê-me, pois, a região montanhosa que naquela ocasião o Senhor me prometeu. Na época, você ficou sabendo que os enaquins*ˢ* lá viviam com suas cidades grandes e fortificadas;*ᵗ* mas, se o Senhor estiver comigo, eu os expulsarei de lá, como ele prometeu".

13 Então Josué abençoou*ᵘ* Calebe, filho de Jefoné, e lhe deu Hebrom*ᵛ* por herança.*ʷ* **14** Por isso, até hoje, Hebrom pertence aos descendentes de Calebe, filho do quenezeu Jefoné, pois ele foi inteiramente fiel ao Senhor, o Deus de Israel. **15** Hebrom era chamada Quiriate-Arba,*ˣ* em homenagem a Arba,*ʸ* o maior dos enaquins.

E a terra teve descanso*ᶻ* da guerra.

As Terras da Tribo de Judá

15 As terras distribuídas à tribo de Judá, clã por clã, estendiam-se para o sul até a fronteira com Edom,*ᵃ* até o deserto de Zim,*ᵇ* no extremo sul.

2 Sua fronteira sul começava na ponta de terra do extremo sul do mar Salgado, **3** passava pelo sul da subida de Acrabim¹,*ᶜ* prosseguia até Zim e daí até o sul de Cades-Barneia. Depois passava por Hezrom, indo até Adar e fazia uma curva em direção a Carca. **4** Dali continuava até Azmom,*ᵈ* indo até o ribeiro do Egito*ᵉ* e terminando no mar. Essa era a fronteira sul deles².

5 A fronteira oriental*ᶠ* era o mar Salgado até a foz do Jordão.

A fronteira norte*ᵍ* começava na enseada, na foz do Jordão, **6** subia até Bete-Hogla*ʰ* e passava ao norte de Bete-Arabá até a Pedra de Boã,*ⁱ* filho de Rúben. **7** A fronteira subia então do vale de Acor*ʲ* até Debir, e virava para o norte, na direção de Gilgal, que fica defronte da subida de Adumim, ao sul do ribeiro. Passava pelas águas de En-Semes, indo até En-Rogel.*ᵏ* **8** Depois subia pelo vale de Ben-Hinom, ao longo da encosta sul da cidade dos jebuseus,*ˡ* isto é, Jerusalém. Dali subia até o alto da montanha, a oeste do vale de Hinom, no lado norte do vale de Refaim. **9** Do alto da montanha a fronteira prosseguia para a fonte de Neftoa,*ᵐ* ia para as cidades do monte Efrom e descia na direção de Baalá,*ⁿ* que é Quiriate-Jearim. **10** De Baalá fazia uma curva em direção ao oeste até o monte Seir, prosseguia pela encosta norte do monte Jearim, isto é, Quesalom; em seguida continuava descendo até Bete-Semes e passava por Timna.*ᵒ* **11** Depois ia para a encosta norte de Ecrom, virava na direção de Sicrom, continuava até o monte Baalá e chegava a Jabneel,*ᵖ* terminando no mar.

12 A fronteira ocidental era o litoral do mar Grande.*ᑫ*

---

¹ 15.3 Isto é, *dos Escorpiões*.

² 15.4 Hebraico: *de vocês*.

Eram essas as fronteiras que demarcavam Judá por todos os lados, de acordo com os seus clãs.

13 Conforme a ordem dada pelo Senhor, Josué deu a Calebe, filho de Jefoné, uma porção de terra em Judá, que foi Quiriate-Arba, isto é, Hebrom. Arba era antepassado de Enaque.[r] **14** Calebe expulsou de Hebrom os três enaquins:[s] Sesai, Aimã e Talmai,[t] descendentes de Enaque.[u] **15** Dali avançou contra o povo de Debir, anteriormente chamada Quiriate-Sefer. **16** E Calebe disse: "Darei minha filha Acsa[v] por mulher ao homem que atacar e conquistar Quiriate-Sefer". **17** Otoniel,[w] filho de Quenaz, irmão de Calebe, a conquistou; e Calebe lhe deu sua filha Acsa por mulher.

18 Quando Acsa foi viver com Otoniel, ela o[1] pressionou para que pedisse um campo ao pai dela. Assim que ela desceu do jumento, perguntou-lhe Calebe: "O que você quer?"

19 "Quero um presente", respondeu ela. "Já que me deu terras no Neguebe, dê-me também fontes de água." Então Calebe lhe deu as fontes superiores e as inferiores.

20 Esta é a herança da tribo de Judá, clã por clã:

21 As cidades que ficavam no extremo sul da tribo de Judá, no Neguebe, na direção da fronteira de Edom, eram:

Cabzeel, Éder,[x] Jagur, **22** Quiná, Dimona, Adada, **23** Quedes, Hazor, Itnã, **24** Zife,[y] Telém, Bealote, **25** Hazor-Hadata, Queriote-Hezrom, que é Hazor, **26** Amã, Sema, Moladá,[z] **27** Hazar-Gada, Hesmom, Bete-Pelete, **28** Hazar-Sual, Berseba,[a] Biziotiá, **29** Baalá,[b] Iim, Azém, **30** Eltolade,[c] Quesil, Hormá, **31** Ziclague,[d] Madmana, Sansana, **32** Lebaote, Silim, Aim e Rimom.[e] Eram vinte e nove cidades com seus povoados.

33 Na Sefelá:

Estaol,[f] Zorá, Asná, **34** Zanoa,[g] En-Ganim, Tapua, Enã, **35** Jarmute,[h] Adulão,[i] Socó, Azeca, **36** Saaraim, Aditaim, e Gederá[j] ou[2] Gederotaim. Eram catorze cidades com seus povoados.

37 Zenã, Hadasa, Migdal-Gade, **38** Dileã, Mispá, Jocteel,[k] **39** Laquis,[l] Bozcate,[m] Eglom, **40** Cabom, Laamás, Quitlis, **41** Gederote, Bete-Dagom, Naamá e Maquedá.[n] Eram dezesseis cidades com seus povoados.

42 Libna, Eter, Asã,[o] **43** Iftá, Asná, Nezibe, **44** Queila, Aczibe[p] e Maressa.[q] Eram nove cidades com seus povoados.

45 Ecrom, com suas vilas e seus povoados; **46** de Ecrom até o mar, todas as cidades nas proximidades de Asdode, com os seus povoados; **47** Asdode,[r] com suas vilas e seus povoados; e Gaza, com suas vilas e seus povoados até o ribeiro do Egito[s] e o litoral do mar Grande.[t]

48 Na região montanhosa:

Samir, Jatir,[u] Socó, **49** Daná, Quiriate-Sana, que é Debir,[v] **50** Anabe, Estemo,[w] Anim, **51** Gósen,[x] Holom e Gilo. Eram onze cidades com seus povoados.

52 Arabe, Dumá,[y] Esã, **53** Janim, Bete-Tapua, Afeca, **54** Hunta, Quiriate-Arba, que é Hebrom e Zior. Eram nove cidades com seus povoados.

55 Maom, Carmelo,[z] Zife, Jutá, **56** Jezreel,[a] Jocdeão, Zanoa, **57** Caim, Gibeá[b] e Timna. Eram dez cidades com seus povoados.

58 Halul, Bete-Zur,[c] Gedor, **59** Maarate, Bete-Anote e Eltecom. Eram seis cidades com seus povoados.

60 Quiriate-Baal, que é Quiriate-Jearim[d] e Rabá.[e] Eram duas cidades com seus povoados.

61 No deserto:

Bete-Arabá, Midim, Secacá, **62** Nibsã, Cidade do Sal e En-Gedi.[f] Eram seis cidades com seus povoados.

63 Os descendentes de Judá não conseguiram[g] expulsar os jebuseus,[h] que viviam em Jerusalém; até hoje os jebuseus vivem ali com o povo de Judá.

---

[1] **15.18** Conforme o Texto Massorético e alguns manuscritos da Septuaginta. Alguns manuscritos da Septuaginta dizem *ele a*. Veja Jz 1.14 e a nota.

[2] **15.36** Ou *e*

As Terras das Tribos de Efraim e Manassés

16 As terras distribuídas aos descendentes de José iam desde o Jordão, perto de Jericó, a leste das águas de Jericó, e daí subiam pelo deserto[i] até a serra que vai de Jericó a Betel. ² De Betel, que é Luz[1],[j] iam para o território dos arquitas, em Atarote, ³ desciam para o oeste até o território dos jafletitas, chegando à região de Bete-Horom[k] Baixa, e prosseguiam até Gezer,[l] terminando no mar.

⁴ Assim os descendentes de Manassés e Efraim, filhos de José, receberam a sua herança.[m]

A Herança de Efraim

⁵ Este era o território de Efraim, clã por clã:
A fronteira da sua herança ia de Atarote-Adar,[n] a leste, até Bete-Horom Alta ⁶ e prosseguia até o mar. De Micmetá,[o] ao norte, fazia uma curva para o leste até Taanate-Siló e, passando por ela, ia até Janoa, a leste. ⁷ Depois descia de Janoa para Atarote[p] e Naarate, encostava em Jericó e terminava no Jordão. ⁸ De Tapua a fronteira seguia rumo oeste até o ribeiro de Caná[q] e terminava no mar. Essa foi a herança da tribo dos efraimitas, clã por clã, ⁹ que incluía todas as cidades com os seus povoados, separadas para os efraimitas na herança dos manassitas.

¹⁰ Os cananeus de Gezer não foram expulsos, e até hoje vivem no meio do povo de Efraim, mas são sujeitos a trabalhos forçados.[r]

A Herança de Manassés

17 Estas foram as terras distribuídas à tribo de Manassés, filho mais velho[s] de José. Foram entregues a Maquir,[t] filho mais velho de Manassés. Maquir, pai de Gileade, guerreiro valente, recebeu Gileade e Basã. ² Também foram dadas terras para os clãs dos outros filhos de Manassés: Abiezer,[u] Heleque, Asriel, Siquém, Héfer e Semida. Esses são os filhos homens de Manassés, filho de José, de acordo com os seus clãs.

³ Zelofeade, porém, filho de Héfer,[v] neto de Gileade, bisneto de Maquir, trineto de Manassés, não teve nenhum filho, somente filhas.[w] Seus nomes eram Maalá, Noa, Hogla, Milca e Tirza. ⁴ Elas foram ao sacerdote Eleazar, a Josué, filho de Num, e aos líderes, e disseram: "O Senhor ordenou a Moisés que nos desse uma herança entre os nossos parentes". Josué deu-lhes então uma herança entre os irmãos de seu pai, de acordo com a ordem[x] do Senhor. ⁵ A tribo de Manassés recebeu dez quinhões de terra, além de Gileade e Basã, que ficam a leste do Jordão, ⁶ pois tanto as filhas de Manassés como os filhos dele receberam herança. A terra de Gileade ficou para os outros descendentes de Manassés.

⁷ O território de Manassés estendia-se desde Aser até Micmetá,[y] a leste de Siquém.[z] A fronteira ia dali para o sul, chegando até o povo que vivia em En-Tapua. ⁸ As terras de Tapua eram de Manassés, mas a cidade de Tapua,[a] na fronteira de Manassés, pertencia aos efraimitas. ⁹ Depois a fronteira descia até o ribeiro[b] de Caná. Ao sul do ribeiro havia cidades pertencentes a Efraim que ficavam em meio às cidades de Manassés, mas a fronteira de Manassés ficava ao norte do ribeiro e terminava no mar. ¹⁰ Do lado sul a terra pertencia a Efraim; do lado norte, a Manassés. O território de Manassés chegava até o mar e alcançava Aser, ao norte, e Issacar,[c] a leste.

¹¹ Em Issacar e Aser, Manassés tinha também Bete-Seã,[d] Ibleã e as populações de Dor,[e] En-Dor,[f] Taanaque e Megido,[g] com os seus respectivos povoados. A terceira da lista, isto é, Dor, é Nafote².

¹² Mas os manassitas não conseguiram[h] expulsar os habitantes dessas cidades, pois os cananeus estavam decididos a viver naquela região. ¹³ Entretanto, quando os israelitas se fortaleceram, submeteram os cananeus a trabalhos forçados, mas não os expulsaram totalmente.[i]

---

¹ **16.2** Conforme a Septuaginta. O Texto Massorético diz *De Betel vai até Luz*.

² **17.11** Isto é, Nafote-Dor, ou planalto de Dor.

¹⁴ Os descendentes de José disseram então a Josué: "Por que nos deste apenas um quinhão, uma só porção de herança? Somos um povo numeroso, e o Senhor nos tem abençoado ricamente".ʲ

¹⁵ Respondeu Josué: "Se vocês são tão numerosos e se os montes de Efraim têm pouco espaço para vocês, subam, entrem na floresta e limpem o terreno para vocês na terra dos ferezeus e dos refains".ᵏ

¹⁶ Os descendentes de José responderam: "Os montes não são suficientes para nós; além disso todos os cananeus que vivem na planície possuem carros de ferro,ˡ tanto os que vivem em Bete-Seã e seus povoados como os que vivem no vale de Jezreel".

¹⁷ Josué, porém, disse à tribo de José, a Efraim e a Manassés: "Vocês são numerosos e poderosos. Vocês não terão apenas um quinhão. ¹⁸ Os montes cobertos de floresta serão de vocês. Limpem o terreno, e será de vocês, até os seus limites mais distantes. Embora os cananeus possuam carros de ferroᵐ e sejam fortes, vocês poderão expulsá-los".

A Divisão do Restante da Terra

18 Toda a comunidade dos israelitas reuniu-se em Silóⁿ e ali armou a Tenda do Encontro.ᵒ A terra foi dominada por eles; ² mas sete tribos ainda não tinham recebido a sua herança.

³ Então Josué disse aos israelitas: "Até quando vocês vão negligenciar a posse da terra que o Senhor, o Deus dos seus antepassados, deu a vocês? ⁴ Escolham três homens de cada tribo, e eu os enviarei. Eles vão examinar a terra e mapeá-la, conforme a herança de cada tribo.ᵖ Depois voltarão a mim. ⁵ Dividam a terra em sete partes. Judá ficará em seu território ao sul,ᵠ e a tribo de José em seu território ao norte.ʳ ⁶ Depois que fizerem um mapa das sete partes da terra, tragam-no para mim, e eu farei sorteioˢ para vocês na presença do Senhor, o nosso Deus. ⁷ Mas os levitas nada receberão entre vocês, pois o sacerdócio do Senhor é a herança deles.ᵗ Gade, Rúben e a metade da tribo de Manassés já receberam a sua herança no lado leste do Jordão, dada a elesᵘ por Moisés, servo do Senhor".

⁸ Quando os homens estavam de partida para mapear a terra, Josué os instruiu: "Vão examinar a terra e façam uma descrição dela. Depois voltem, e eu farei um sorteio para vocês aqui em Siló,ᵛ na presença do Senhor". ⁹ Os homens partiram e percorreram a terra. Descreveram-na num rolo, cidade por cidade, em sete partes, e retornaram a Josué, ao acampamento de Siló. ¹⁰ Josué fez então um sorteioʷ para eles em Siló, na presençaˣ do Senhor, e ali distribuiu a terra aos israelitas, conforme a porção devida a cada tribo.ʸ

As Terras da Tribo de Benjamim

¹¹ Saiu a sorte para a tribo de Benjamim, clã por clã. O território sorteado ficava entre as tribos de Judá e de José.

¹² No lado norte a sua fronteira começava no Jordão, passava pela encosta norte de Jericó e prosseguia para o oeste, para a região montanhosa, terminando no desertoᶻ de Bete-Áven.ᵃ ¹³ Dali ia para a encosta sul de Luz,ᵇ que é Betel,ᶜ e descia para Atarote-Adar,ᵈ na montanha que está ao sul de Bete-Horom Baixa.

¹⁴ Da montanha que fica defronte de Bete-Horom,ᵉ no sul, a fronteira virava para o sul, ao longo do lado ocidental, e terminava em Quiriate-Baal, que é Quiriate-Jearim, cidade do povo de Judá. Esse era o lado ocidental.

¹⁵ A fronteira sul começava no oeste, nos arredores de Quiriate-Jearim, e chegava à fonte de Neftoa.ᶠ ¹⁶ A fronteira descia até o sopé da montanha que fica defronte do vale de Ben-Hinom,ᵍ ao norte do vale de Refaim. Depois, prosseguia, descendo pelo vale de Hinom ao longo da encosta sul da cidade dos jebuseus e chegava até En-Rogel.ʰ ¹⁷ Fazia então uma curva para o norte, ia para En-Semes, continuava até Gelilote, que fica defronte da subida de

Adumim, e descia até a Pedra de Boã,[i] filho de Rúben. ¹⁸ Prosseguia para a encosta norte de Bete-Arabá,[1,j] e daí descia para a Arabá. ¹⁹ Depois ia para a encosta norte de Bete-Hogla e terminava na baía norte do mar Salgado,[k] na foz do Jordão, no sul. Essa era a fronteira sul.

²⁰ O Jordão delimitava a fronteira oriental.

Essas eram as fronteiras que demarcavam por todos os lados a herança dos clãs de Benjamim.[l]

²¹ A tribo de Benjamim, clã por clã, recebeu as seguintes cidades:

Jericó, Bete-Hogla, Emeque-Queziz, ²² Bete-Arabá, Zemaraim, Betel,[m] ²³ Avim, Pará, Ofra, ²⁴ Quefar-Amonai, Ofni e Geba.[n] Eram doze cidades com os seus povoados.

²⁵ Gibeom,[o] Ramá,[p] Beerote,[q] ²⁶ Mispá,[r] Quefira, Mosa, ²⁷ Requém, Irpeel, Tarala, ²⁸ Zela,[s] Elefe, Jebus,[t] que é Jerusalém,[u] Gibeá[v] e Quiriate. Eram catorze cidades com os seus povoados.

Essa foi a herança dos clãs de Benjamim.

As Terras da Tribo de Simeão

19 Na segunda vez, a sorte saiu para a tribo de Simeão, clã por clã. A herança deles ficava dentro do território de Judá.[w] ² Eles receberam:

Berseba[x] ou Seba, Moladá, ³ Hazar-Sual, Balá, Azém, ⁴ Eltolade, Betul, Hormá, ⁵ Ziclague, Bete-Marcabote, Hazar-Susa, ⁶ Bete-Lebaote e Saruém. Eram treze cidades com os seus povoados.

⁷ Aim, Rimom, Eter e Asã,[y] quatro cidades com os seus povoados, ⁸ e todos os povoados ao redor dessas cidades até Baalate-Beer, que é Ramá, no Neguebe.[z]

Essa foi a herança da tribo dos simeonitas, clã por clã. ⁹ A herança dos simeonitas foi tirada de Judá,[a] pois Judá recebera mais terras do que precisava. Assim os simeonitas receberam a sua herança dentro do território de Judá.[b]

---

[1] **18.18** Conforme a Septuaginta. O Texto Massorético diz *encosta norte defronte da Arabá*.

As Terras da Tribo de Zebulom

¹⁰ Na terceira vez, a sorte saiu para Zebulom,[c] clã por clã.

A fronteira da sua herança ia até Saride. ¹¹ De lá ia para o oeste, chegava a Maralá, alcançava Dabesete e se estendia até o ribeiro próximo a Jocneão.[d] ¹² De Saride fazia uma curva para o leste, para o lado do nascente, em direção ao território de Quislote-Tabor, prosseguia até Daberate e subia para Jafia. ¹³ Depois continuava para o leste até Gate-Héfer e Ete-Cazim, chegava a Rimom[e] e fazia uma curva na direção de Neá. ¹⁴ Do norte a fronteira voltava até Hanatom e terminava no vale de Iftá-El. ¹⁵ Aí também estavam Catate, Naalal, Sinrom, Idala e Belém.[f] Eram doze cidades com os seus povoados.

¹⁶ Essas cidades com os seus povoados foram a herança de Zebulom,[g] clã por clã.[h]

As Terras da Tribo de Issacar

¹⁷ Na quarta vez, a sorte saiu para Issacar,[i] clã por clã. ¹⁸ Seu território abrangia:

Jezreel,[j] Quesulote, Suném,[k] ¹⁹ Hafaraim, Siom, Anaarate, ²⁰ Rabite, Quisiom, Ebes, ²¹ Remete, En-Ganim, En-Hadá e Bete-Pazes. ²² A fronteira chega a Tabor,[l] Saazima e Bete-Semes[m] e terminava no Jordão. Eram dezesseis cidades com os seus povoados.

²³ Essas cidades com os seus povoados foram a herança da tribo de Issacar,[n] clã por clã.[o]

As Terras da Tribo de Aser

²⁴ Na quinta vez, a sorte saiu para Aser,[p] clã por clã. ²⁵ Seu território abrangia:

Helcate, Hali, Béten, Acsafe, ²⁶ Alameleque, Amade e Misal. A oeste a fronteira alcançava o Carmelo[q] e Sior-Libnate. ²⁷ De lá virava para o leste em direção a Bete-Dagom, alcançava Zebulom[r] e o vale de Iftá-El e ia para o norte, para Bete-Emeque e Neiel, passando por Cabul,[s] à esquerda, ²⁸ Ebrom, Reobe,[t] Hamom[u] e Caná até Sidom,[v] a grande. ²⁹ Depois a fronteira voltava para Ramá[w] e ia para a cidade fortificada de Tiro,[x] virava na direção de Hosa e terminava no mar, na região de Aczibe,[y] ³⁰ Umá,

Afeque e Reobe. Eram vinte e duas cidades com os seus povoados.

31 Essas cidades com os seus povoados foram a herança da tribo de Aser,*z* clã por clã.

As Terras da Tribo de Naftali

32 Na sexta vez, a sorte saiu para Naftali, clã por clã.

33 Sua fronteira ia desde Helefe e do carvalho de Zaanim, passava por Adami-Neguebe e Jabneel e ia até Lacum, terminando no Jordão. **34** Voltando para o oeste, a fronteira passava por Aznote-Tabor e ia para Hucoque. Atingia Zebulom ao sul, Aser a oeste e o Jordão[1] a leste. **35** As cidades fortificadas eram Zidim, Zer, Hamate, Racate, Quinerete,*a* **36** Adamá, Ramá,*b* Hazor,*c* **37** Quedes, Edrei,*d* En-Hazor, **38** Irom, Migdal-El, Horém, Bete-Anate e Bete-Semes. Eram dezenove cidades com os seus povoados.

39 Essas cidades com os seus povoados foram a herança da tribo de Naftali, clã por clã.*e*

As Terras da Tribo de Dã

40 Na sétima vez, a sorte saiu para Dã, clã por clã. **41** O território da sua herança abrangia:

Zorá, Estaol, Ir-Semes, **42** Saalabim, Aijalom,*f* Itla, **43** Elom, Timna,*g* Ecrom, **44** Elteque, Gibetom, Baalate, **45** Jeúde, Bene-Beraque, Gate-Rimom,*h* **46** Me-Jarcom e Racom, e a região situada defronte de Jope.*i*

47 Mas a tribo de Dã teve dificuldade para tomar posse do seu território.*j* Por isso atacaram Lesém,*k* conquistaram-na, passaram-na ao fio da espada e a ocuparam. Estabeleceram-se em Lesém e lhe deram o nome de Dã, por causa do seu antepassado.*l*

48 Essas cidades com os seus povoados foram a herança da tribo de Dã,*m* clã por clã.

As Terras Dadas a Josué

49 Quando terminaram de dividir a terra em territórios delimitados, os israelitas deram a Josué, filho de Num, uma herança no meio deles, **50** como o Senhor tinha ordenado. Deram-lhe a cidade que ele havia pedido, Timnate-Sera[2],*n* nos montes de Efraim, onde ele reconstruiu a cidade e se estabeleceu.

51 Foram esses os territórios que o sacerdote Eleazar, Josué, filho de Num, e os chefes dos clãs das tribos de Israel repartiram por sorteio em Siló, na presença do Senhor, à entrada da Tenda do Encontro. E assim terminaram de dividir a terra.*o*

As Cidades de Refúgio

20 Disse o Senhor a Josué: **2** "Diga aos israelitas que designem as cidades de refúgio, como lhes ordenei por meio de Moisés, **3** para que todo aquele que matar alguém sem intenção*p* e acidentalmente possa fugir para lá e proteger-se do vingador da vítima.*q*

4 "Quando o homicida involuntário fugir para uma dessas cidades, terá que colocar-se junto à porta da cidade*r* e expor o caso às autoridades*s* daquela cidade. Eles o receberão e lhe darão um local para morar entre eles. **5** Caso o vingador da vítima o persiga, eles não o entregarão, pois matou seu próximo acidentalmente, sem maldade e sem premeditação. **6** Todavia, ele terá que permanecer naquela cidade até comparecer a julgamento perante a comunidade*t* e até morrer o sumo sacerdote que estiver servindo naquele período. Então poderá voltar para a sua própria casa, à cidade de onde fugiu".

7 Assim eles separaram Quedes,*u* na Galileia, nos montes de Naftali, Siquém,*v* nos montes de Efraim, e Quiriate-Arba, que é Hebrom,*w* nos montes de Judá.*x* **8** No lado leste do Jordão, perto de Jericó, designaram Bezer,*y* no planalto desértico da tribo de Rúben; Ramote, em Gileade,*z* na tribo de Gade; e Golã, em Basã, na tribo de Manassés. **9** Qualquer israelita ou estrangeiro residente que matasse alguém sem intenção,

---

[1] **19.34** Conforme a Septuaginta. O Texto Massorético diz *oeste, e Judá, o Jordão*.

[2] **19.50** Também conhecida como *Timnate-Heres*. Veja Jz 2.9.

poderia fugir para qualquer dessas cidades para isso designadas e escapar do vingador da vítima, antes de comparecer a julgamento perante a comunidade.ª

As Cidades dos Levitas

21 Os chefes de família dos levitas se aproximaram do sacerdote Eleazar, de Josué, filho de Num, e dos chefes das outras famílias das tribos dos israelitas[b] ² em Siló,[c] na terra de Canaã, e lhes disseram: "O Senhor ordenou por meio de Moisés que vocês nos dessem cidades onde pudéssemos habitar e pastagens para os nossos animais".[d] ³ Por isso, de acordo com a ordem do Senhor, os israelitas deram da sua própria herança as seguintes cidades com suas pastagens aos levitas:

⁴ A sorte saiu primeiro para os coatitas, clã por clã. Os levitas, que eram descendentes do sacerdote Arão, receberam treze cidades das tribos de Judá, de Simeão e de Benjamim.[e] ⁵ Os outros descendentes de Coate receberam dez cidades dos clãs das tribos de Efraim e de Dã, e da metade da tribo de Manassés.[f]

⁶ Os descendentes de Gérson receberam treze cidades dos clãs das tribos de Issacar,[g] de Aser e de Naftali, e da metade da tribo de Manassés estabelecida em Basã.

⁷ Os descendentes de Merari,[h] clã por clã, receberam doze cidades das tribos de Rúben, de Gade e de Zebulom.[i]

⁸ Dessa maneira os israelitas deram aos levitas essas cidades com suas pastagens, como o Senhor tinha ordenado por meio de Moisés.

⁹ Das tribos de Judá e de Simeão, os israelitas deram as seguintes cidades, indicadas nominalmente. ¹⁰ Foram dadas aos descendentes de Arão que pertenciam aos clãs coatitas dos levitas, pois para eles saiu a primeira sorte:

¹¹ Quiriate-Arba, que é Hebrom,[j] com as suas pastagens ao redor, nos montes de Judá. (Arba era antepassado de Enaque.) ¹² Mas os campos e os povoados em torno da cidade foram dados a Calebe, filho de Jefoné, como sua propriedade.

¹³ Assim, aos descendentes do sacerdote Arão deram Hebrom, cidade de refúgio para os acusados de homicídio, Libna,[k] ¹⁴ Jatir,[l] Estemoa,[m] ¹⁵ Holom,[n] Debir, ¹⁶ Aim, Jutá[o] e Bete-Semes,[p] cada qual com os seus arredores. Foram nove cidades dadas por essas duas tribos.

¹⁷ Da tribo de Benjamim deram-lhes Gibeom, Geba,[q] ¹⁸ Anatote e Almom, cada qual com os seus arredores. Eram quatro cidades.

¹⁹ Todas as cidades dadas aos sacerdotes, descendentes de Arão, foram treze; cada qual com os seus arredores.

²⁰ Os outros clãs coatitas dos levitas receberam cidades da tribo de Efraim.

²¹ Nos montes de Efraim receberam Siquém,[r] cidade de refúgio para os acusados de homicídio, Gezer, ²² Quibzaim e Bete-Horom,[s] cada qual com os seus arredores. Foram quatro cidades.[t]

²³ Também da tribo de Dã receberam Elteque, Gibetom, ²⁴ Aijalom e Gate-Rimom,[u] cada qual com os seus arredores. Foram quatro cidades.

²⁵ Da meia tribo de Manassés receberam Taanaque e Gate-Rimom, cada qual com os seus arredores. Foram duas cidades.

²⁶ Todas essas dez cidades e seus arredores foram dadas aos outros clãs coatitas.

²⁷ Os clãs levitas gersonitas receberam da metade da tribo de Manassés: Golã, em Basã,[v] cidade de refúgio para os acusados de homicídio,[w] e Beesterá, cada qual com os seus arredores. Foram duas cidades.

²⁸ Receberam da tribo de Issacar:[x] Quisiom, Daberate, ²⁹ Jarmute e En-Ganim, cada qual com os seus arredores. Foram quatro cidades.

³⁰ Receberam da tribo de Aser:[y] Misal, Abdom, ³¹ Helcate e Reobe, cada qual com os seus arredores. Foram quatro cidades.

³² Receberam da tribo de Naftali:

20.9
ªEx 21.13; Nm 35.15

21.1
ᵇJs 14.1

21.2
ᶜJs 18.1

21.2
ᵈNm 35.2-3

21.4
ᵉver 19

21.5
ᶠver 26

21.6
ᵍGn 30.18

21.7
ʰEx 6.16 ⁱJs 19.10

21.11
ʲJs 15.13; 1Cr 6.55

21.13
ᵏJs 15.42; 1Cr 6.57

21.14
ˡJs 15.48 ᵐJs 15.50

21.15
ⁿJs 15.51

21.16
ᵒJs 15.55 ᵖJs 15.10

21.17
ᵠJs 18.24

21.21
ʳJs 17.7; 20.7

21.22
ˢJs 10.10
ᵗ1Sm 1.1

21.24
ᵘJs 19.45

21.27
ᵛJs 12.5 ʷNm 35.6

21.28
ˣGn 30.18

21.30
ʸJs 17.7

Quedes,*z* na Galileia, cidade de refúgio dos acusados de homicídio,*a* Hamote-Dor e Cartã, cada qual com os seus arredores. Foram três cidades.

33 Todas as cidades dos clãs gersonitas*b* foram treze.

34 Os clãs meraritas, o restante dos levitas, receberam as seguintes cidades:

Da tribo de Zebulom:*c*

Jocneão, Cartã, **35** Dimna e Naalal, cada qual com os seus arredores. Foram quatro cidades.

36 Da tribo de Rúben:

Bezer,*d* Jaza, **37** Quedemote e Mefaate, cada qual com os seus arredores. Foram quatro cidades.

38 Da tribo de Gade:

em Gileade, Ramote,*e* cidade de refúgio dos acusados de homicídio, Maanaim,*f* **39** Hesbom e Jazar, cada qual com os seus arredores. Foram quatro cidades ao todo.

40 Todas as cidades dadas aos clãs meraritas, que eram o restante dos levitas, foram doze.

41 No total, as cidades dos levitas nos territórios dos outros israelitas foram quarenta e oito cidades com os seus arredores.*g* **42** Cada uma de todas essas cidades tinha pastagens ao seu redor.

43 Assim o Senhor deu aos israelitas toda a terra que tinha prometido sob juramento aos seus antepassados,*h* e eles tomaram posse*i* dela e se estabeleceram ali.*j* **44** O Senhor lhes concedeu descanso*k* de todos os lados, como tinha jurado aos seus antepassados. Nenhum dos seus inimigos*l* pôde resistir-lhes, pois o Senhor entregou todos eles*m* em suas mãos.*n* **45** De todas as boas promessas*o* do Senhor à nação de Israel, nenhuma delas falhou; todas se cumpriram.

O Regresso das Tribos do Leste

22 Josué convocou as tribos de Rúben, de Gade e a metade da tribo de Manassés **2** e lhes disse: "Vocês fizeram tudo o que Moisés, servo do Senhor, ordenou.*p* **3** Durante muito tempo, e até hoje, vocês não abandonaram os seus irmãos, mas cumpriram a missão que o Senhor, o seu Deus, entregou a vocês. **4** Agora que o Senhor, o seu Deus, já concedeu descanso aos seus irmãos israelitas, como tinha prometido,*q* voltem para casa, para a terra que Moisés, servo do Senhor, deu a vocês no outro lado do Jordão.*r* **5** Mas guardem fielmente o mandamento*s* e a lei que Moisés, servo do Senhor, deu a vocês, que amem o Senhor, o seu Deus, andem em todos os seus caminhos, obedeçam aos seus mandamentos,*t* apeguem-se a ele e o sirvam de todo o coração e de toda a alma".*u*

6 Então Josué os abençoou*v* e os despediu, e eles foram para casa. **7** (À metade da tribo de Manassés Moisés dera terras em Basã,*w* e à outra metade da tribo Josué dera terras no lado oeste*x* do Jordão, junto com os outros israelitas.) Ao mandá-los para casa, Josué os abençoou, **8** dizendo: "Voltem para casa com as riquezas que juntaram: grandes rebanhos,*y* prata, ouro, bronze e ferro, e muitas roupas. Dividam*z* com os seus irmãos os despojos*a* de seus inimigos".

9 Assim as tribos de Rúben, de Gade e a metade da tribo de Manassés deixaram os outros israelitas em Siló, na terra de Canaã, para voltarem para Gileade,*b* sua própria terra, da qual se apossaram de acordo com a ordem do Senhor, dada por meio de Moisés.

10 Quando chegaram a Gelilote, perto do Jordão, em Canaã, as tribos de Rúben, de Gade e a metade da tribo de Manassés construíram um imponente altar ali, junto ao Jordão. **11** Quando os outros israelitas souberam que eles tinham construído o altar na fronteira de Canaã, em Gelilote, perto do Jordão, no lado israelita, **12** toda a comunidade de Israel reuniu-se em Siló*c* para guerrear contra eles.

13 Então os israelitas enviaram Fineias,*d* filho do sacerdote Eleazar,*e* à terra de Gileade, às tribos de Rúben e Gade e à metade da tribo de Manassés. **14** Com ele enviaram dez líderes, um de cada tribo de Israel, sendo cada um deles chefe de suas respectivas famílias dos clãs israelitas.ᶠ

¹⁵ Quando chegaram a Gileade, às tribos de Rúben e de Gade e à metade da tribo de Manassés, disseram-lhes: ¹⁶ "Assim diz toda a comunidade do Senhor: 'Como foi que vocês cometeram essa infidelidadeᵍ para com o Deus de Israel? Como foi que se afastaram do Senhor, construindo um altar para vocês, rebelando-seʰ assim contra ele? ¹⁷ Já não nos bastou o pecado de Peor?ⁱ Até hoje não nos purificamos daquele pecado, muito embora uma praga tenha caído sobre a comunidade do Senhor! ¹⁸ E agora vocês estão abandonando o Senhor!

" 'Se hoje vocês se rebelarem contra o Senhor, amanhã a sua ira cairá sobre toda a comunidadeʲ de Israel. ¹⁹ Se a terra que vocês receberam como propriedade está contaminada, passem então para a terra que pertence ao Senhor, onde está o tabernáculo do Senhor, e se apossem de um território entre nós. Mas não se rebelem contra o Senhor nem contra nós, construindo para vocês um altar que não seja o altar do Senhor, o nosso Deus. ²⁰ Quando Acã, filho de Zerá, foi infiel com relação às coisas consagradas,ᵏ não caiu a iraˡ sobre toda a comunidade de Israel? E ele não foi o único que morreu por causa do seu pecado' ".ᵐ

²¹ Então as tribos de Rúben, de Gade e a metade da tribo de Manassés responderam aos chefes dos clãs de Israel: ²² "O Poderoso, Deus, o Senhor! O Poderoso, Deus,ⁿ o Senhor!ᵒ Ele sabe!ᵖ E que Israel o saiba! Se agimos com rebelião ou infidelidade para com o Senhor, não nos poupem hoje. ²³ Se construímos nosso próprio altar para nos afastarmos do Senhor e para oferecermos holocaustos¹ e ofertas de cereal,ᵍ ou sacrifícios de comunhão² sobre ele, que o próprio Senhor nos peça contas disso!ʳ

²⁴ "Ao contrário! Fizemos isso temendo que no futuro os seus descendentes digam aos nossos: 'Que relação vocês têm com o Senhor, com o Deus de Israel? ²⁵ Homens de Rúben e de Gade! O Senhor fez do Jordão uma fronteira entre nós e vocês. Vocês não têm parte com o Senhor'. Assim os seus descendentes poderiam levar os nossos a deixarem de temer o Senhor.

²⁶ "É por isso que resolvemos construir um altar, não para holocaustos ou sacrifícios, ²⁷ mas para que esse altar sirva de testemunhoˢ entre nós e vocês e as gerações futuras de que cultuaremos o Senhor em seu santuário com nossos holocaustos, sacrifícios e ofertasᵗ de comunhão. Então, no futuro, os seus descendentes não poderão dizer aos nossos: 'Vocês não têm parte com o Senhor'.

²⁸ "E dissemos: Se algum dia disserem isso a nós ou aos nossos descendentes, responderemos: Vejam a réplica do altar do Senhor que os nossos antepassados construíram, não para holocaustos ou sacrifícios, mas como testemunho entre nós e vocês.

²⁹ "Longe de nós nos rebelarmosᵘ contra o Senhor e nos afastarmos dele, construindo para holocaustos, ofertas de cereal e sacrifícios um altar que não seja o altar do Senhor, o nosso Deus, que está diante do seu tabernáculo!"ᵛ

³⁰ Quando o sacerdote Fineias e os líderes da comunidade, os chefes dos clãs dos israelitas, ouviram o que os homens de Rúben, de Gade e de Manassés disseram, deram-se por satisfeitos. ³¹ E Fineias, filho do sacerdote Eleazar, disse a Rúben, a Gade e a Manassés: "Hoje sabemos que o Senhor está conosco,ʷ pois vocês não foram infiéis para com o Senhor. Assim vocês livraram os israelitas da mão do Senhor".

³² Então Fineias, filho do sacerdote Eleazar, e os líderes voltaram do encontro com os homens de Rúben e de Gade em Gileade e foram para Canaã dar relatório aos outros israelitas. ³³ Estes se alegraram com o relatório

---

¹ *22.23* Isto é, *sacrifícios totalmente queimados*; também nos versículos 26-29.

² *22.23* Ou *de paz*; também no versículo 27.

22.14 ᶠNm 1.4
22.16 ᵍDt 13.14 ʰDt 12.13-14
22.17 ⁱNm 25.1-9
22.18 ʲLv 10.6; Nm 16.22
22.20 ᵏJs 7.1 ˡSl 7.11 ᵐJs 7.5
22.22 ⁿDt 10.17 ᵒSl 50.1 ᵖ1Rs 8.39; Jó 10.7; Sl 44.21; Jr 17.10
22.23 ʳJr 41.5 ʳDt 12.11; 18.19; 1Sm 20.16
22.27 ˢGn 21.30; Js 24.27 ᵗDt 12.6
22.29 ᵘJs 24.16 ᵛDt 12.13-14
22.31 ʷLv 26.11-12; 2Cr 15.2

e louvaram a Deus.ˣ E não mais falaram em guerrear contra as tribos de Rúben e de Gade nem em devastar a região onde eles viviam.

³⁴ Os homens de Rúben e de Gade deram ao altar este nome: Um Testemunhoʸ Entre Nós de que o Senhor é Deus.

A Despedida de Josué

23 Passado muito tempo, depois que o Senhor concedeu a Israel descansoᶻ de todos os inimigos ao redor, Josué, agora velho, de idade muito avançada,ᵃ ² convocou todo o Israel, com as autoridades,ᵇ os líderes, os juízes e os oficiais,ᶜ e lhes disse: "Estou velho, com idade muito avançada. ³ Vocês mesmos viram tudo o que o Senhor, o seu Deus, fez com todas essas nações por amor a vocês; foi o Senhor, o seu Deus, que lutou por vocês.ᵈ ⁴ Lembrem-se de que eu repartiᵉ por herança para as tribos de vocês toda a terra das nações, tanto as que ainda restam como as que conquistei entre o Jordão e o mar Grande,ᶠ a oeste. ⁵ O Senhor, o seu Deus, as expulsará da presença de vocês. Ele as empurrará de diante de vocês, e vocês se apossarão da terra delas, como o Senhor prometeu.ᵍ

⁶ "Façam todo o esforço para obedecer e cumprir tudo o que está escrito no Livro da Lei de Moisés, sem se desviar, nem para a direita nem para a esquerda.ʰ ⁷ Não se associem com essas nações que restam no meio de vocês. Não invoquem os nomes dos seus deuses nem juremⁱ por eles. Não lhes prestem culto nem se inclinemʲ perante eles. ⁸ Mas apeguem-se somente ao Senhor,ᵏ o seu Deus, como fizeram até hoje.

⁹ "O Senhor expulsou de diante de vocês nações grandes e poderosas;ˡ até hoje ninguém conseguiu resistir a vocês.ᵐ ¹⁰ Um só de vocês faz fugir mil,ⁿ pois o Senhor, o seu Deus, luta por vocês,ᵒ conforme prometeu. ¹¹ Por isso dediquem-se com zelo a amar o Senhor,ᵖ o seu Deus.

¹² "Se, todavia, vocês se afastarem e se aliarem aos sobreviventes dessas nações que restam no meio de vocês e se casarem com elesᑫ e se associarem com eles,ʳ ¹³ estejam certos de que o Senhor, o seu Deus, já não expulsará essas nações de diante de vocês. Ao contrário, elas se tornarão armadilhasˢ e laços para vocês, chicote em suas costas e espinhos em seus olhos,ᵗ até que vocês desapareçam desta boa terra que o Senhor, o seu Deus, deu a vocês.

¹⁴ "Agora estou prestes a ir pelo caminho de toda a terra.ᵘ Vocês sabem, lá no fundo do coração e da alma, que nenhuma das boas promessas que o Senhor, o seu Deus, fez deixou de cumprir-se. Todas se cumpriram; nenhuma delas falhou.ᵛ ¹⁵ Mas, assim como cada uma das boas promessas do Senhor, o seu Deus, se cumpriu, também o Senhor fará cumprir-se em vocês todo o mal com que os ameaçou, até eliminá-los desta boa terra que deu a vocês.ʷ ¹⁶ Se violarem a aliança que o Senhor, o seu Deus, ordenou e passarem a cultuar outros deuses e a inclinar-se diante deles, a ira do Senhor se acenderá contra vocês, e vocês logo desaparecerão da boa terra que ele deu a vocês".ˣ

A Renovação da Aliança em Siquém

24 Então Josué reuniu todas as tribos de Israel em Siquém. Convocou as autoridades, os líderes, os juízes e os oficiais de Israel,ʸ e eles compareceram diante de Deus.

² Josué disse a todo o povo: "Assim diz o Senhor, o Deus de Israel: 'Há muito tempo, os seus antepassados, inclusive Terá, pai de Abraão e de Naor, viviam além do Eufrates¹ e prestavam culto a outros deuses.ᶻ ³ Mas eu tirei seu pai Abraão da terra que fica além do Eufrates e o conduzi por toda a Canaãᵃ e lhe dei muitos descendentes.ᵇ Dei-lhe Isaque,ᶜ ⁴ e a Isaque dei Jacó e Esaú.ᵈ A Esaú dei os montes de Seir,ᵉ mas Jacó e seus filhos desceram para o Egito.ᶠ

⁵ " 'Então enviei Moisés e Arãoᵍ e feri os egípcios com pragas, com as quais os castiguei, e depois tirei vocês de lá. ⁶ Quando tirei os seus antepassados do Egito, vocês

---

¹ **24.2** Hebraico: *do Rio*; também nos versículos 3, 14 e 15.

vieram para o mar, e os egípcios os perseguiram com carros de guerra e cavaleiros¹ʰ até o mar Vermelho. ⁷ Mas os seus antepassados clamaram a mim, e eu coloquei trevasⁱ entre vocês e os egípcios; fiz voltar o mar sobre eles e os encobrir.ʲ Vocês viram com os seus próprios olhos o que eu fiz com os egípcios. Depois disso vocês viveram no deserto longo tempo.ᵏ

⁸ " 'Eu os trouxe para a terra dos amorreus que viviam a leste do Jordão. Eles lutaram contra vocês, mas eu os entreguei nas suas mãos. Eu os destruí diante de vocês, e vocês se apossaram da terra deles.ˡ ⁹ Quando Balaque, rei de Moabe, filho de Zipor,ᵐ se preparava para lutar contra Israel, mandou buscar Balaão, filho de Beor, para lançar maldição sobre vocês.ⁿ ¹⁰ Mas eu não quis ouvir Balaão, de modo que ele os abençoouᵒ vez após vez, e eu os livrei das mãos dele.

¹¹ " 'Depois vocês atravessaram o Jordãoᵖ e chegaram a Jericó.ᑫ Os chefes de Jericó lutaram contra vocês, assim como os amorreus, os ferezeus, os cananeus, os hititas, os girgaseus, os heveus e os jebuseus, mas eu os entreguei nas mãos de vocês.ʳ ¹² Eu lhes causei pânico² para expulsá-los de diante de vocês,ˢ como fiz aos dois reis amorreus. Não foram a espada e o arco que lhes deram a vitória. ¹³ Foi assim que dei a vocês uma terra que não cultivaram e cidades que vocês não construíram. Nelas vocês moram e comem de vinhas e olivais que não plantaram'.ᵗ

¹⁴ "Agora temam o Senhor e sirvam-no com integridade e fidelidade.ᵘ Joguem fora os deusesʷ que os seus antepassados adoraram além do Eufrates e no Egito e sirvam ao Senhor. ¹⁵ Se, porém, não agrada a vocês servir ao Senhor, escolham hoje a quem irão servir, se aos deuses que os seus antepassados serviram além do Eufrates, ou aos deuses dos amorreus,ˣ em cuja terra vocês estão vivendo. Mas eu e a minha família serviremos ao Senhor".ʸ

¹⁶ Então o povo respondeu: "Longe de nós abandonar o Senhor para servir outros deuses! ¹⁷ Foi o próprio Senhor, o nosso Deus, que nos tirou, a nós e a nossos pais, do Egito, daquela terra de escravidão, e realizou aquelas grandes maravilhas diante dos nossos olhos. Ele nos protegeu no caminho e entre as nações pelas quais passamos. ¹⁸ Além disso, o Senhor expulsou de diante de nós todas as nações, inclusive os amorreus, que viviam nesta terra. Nós também serviremos ao Senhor, porque ele é o nosso Deus".

¹⁹ Josué disse ao povo: "Vocês não têm condições de servir ao Senhor. Ele é Deus santo!ᶻ É Deus zeloso!ᵃ Ele não perdoará a rebeliãoᵇ e o pecado de vocês. ²⁰ Se abandonarem o Senhorᶜ e servirem a deuses estrangeiros, ele se voltaráᵈ contra vocês e os castigará.ᵉ Mesmo depois de ter sido bondoso com vocês, ele os exterminará".

²¹ O povo, porém, respondeu a Josué: "De maneira nenhuma! Nós serviremos ao Senhor".

²² Disse então Josué: "Vocês são testemunhas contra vocês mesmos de que escolheramᶠ servir ao Senhor".

"Somos", responderam eles.

²³ Disse Josué: "Agora, então, joguem fora os deuses estrangeirosᵍ que estão com vocês e voltem-se de coraçãoʰ para o Senhor, o Deus de Israel".

²⁴ E o povo disse a Josué: "Serviremos ao Senhor, o nosso Deus, e lhe obedeceremos".ⁱ

²⁵ Naquele dia Josué firmou um acordoʲ com o povo em Siquém e lhe deu decretos e leis.ᵏ ²⁶ Josué registrou essas coisas no Livro da Lei de Deus.ˡ Depois ergueu uma grande pedraᵐ ali, sob a Grande Árvore, perto do santuário do Senhor.

²⁷ Então disse ele a todo o povo: "Vejam esta pedra! Ela será uma testemunhaⁿ contra nós, pois ouviu todas as palavras que o

---

¹ **24.6** Ou *condutores de carros de guerra*
² **24.12** Ou *enviei vespas à sua frente*; ou ainda *enviei praga à sua frente*

Senhor nos disse. Será uma testemunha contra vocês, caso sejam infiéis ao seu Deus".

A Morte de Josué

²⁸ Depois Josué despediu o povo, e cada um foi para a sua propriedade.

²⁹ Passado algum tempo, Josué, filho de Num, servo do Senhor, morreu. Tinha cento e dez anos de idade.ᵒ ³⁰ E o sepultaram na terra que tinha recebido por herança, em Timnate-Sera,ᵖ nos montes de Efraim, ao norte do monte Gaás.

³¹ Israel serviu ao Senhor durante toda a vida de Josué e dos líderesᵍ que lhe sobreviveram e que sabiam de tudo o que o Senhor fizera em favor de Israel.

³² Os ossos de José, que os israelitas haviam trazido do Egito,ʳ foram enterrados em Siquém, no quinhão de terraˢ que Jacó havia comprado dos filhos de Hamor, pai de Siquém, por cem peças de prata¹. Aquele terreno tornou-se herança dos descendentes de José.

³³ Sucedeu também que Eleazar, filho de Arão,ᵗ morreu e foi sepultado em Gibeá, que fora dada a seu filho Fineias,ᵘ nos montes de Efraim.

---

¹ **24.32** Hebraico: *100 quesitas*. A quesita era uma unidade monetária de peso e valor desconhecidos.

Introdução a JUÍZES

PANO DE FUNDO

A conquista da terra, que começara com Josué de maneira tão promissora, nunca foi terminada. Depois da conquista inicial das cidades principais, como Jericó, a terra foi dividia entre as tribos de Israel, e cada tribo teve de conquistar o próprio território. O capítulo 1 do livro de Juízes descreve como cada tribo não conseguiu expulsar (cf. 1.21) os habitantes da terra, tal como Deus havia ordenado. Com o tempo, aquelas nações adoradoras de ídolos tornaram-se a queda do povo de Deus.

O período dos juízes durou mais de quatrocentos anos, desde a morte de Josué até o tempo de Samuel (v. Atos 13.20).

Acredita-se que o profeta Samuel escreveu parte do livro de Juízes. Entretanto, essa autoria é incerta.

MENSAGEM

Depois da morte de Josué, o constante refrão "os israelitas fizeram o que o SENHOR reprova" (2.11; 3.7,12; 4.1; 6.1; 10.6; 13.1) mostra o afastamento de Israel de sua santidade anterior. Um círculo vicioso percorre todo o livro: primeiro, o povo peca, provocando a ira de Deus. Como resultado, Deus permite que seus inimigos ataquem. O povo clama a Deus. Deus levanta um juiz fiel e corajoso — um líder militar e conselheiro — para liderar o povo contra seus inimigos. Depois que a vitória está assegurada, o povo peca, e o ciclo começa novamente. Deus permanece fiel, mas o pecado sempre tem consequências.

ÉPOCA

O livro de Juízes foi escrito provavelmente entre 1043 e 1004 a.C. A frase "Naquela época, não havia rei em Israel; cada um fazia o que lhe parecia certo" (17.6; 18.1; 19.1; 21.25) sugere que o livro foi escrito depois do estabelecimento da monarquia.

ESBOÇO

I. Conquista incompleta e rebelião — 1.1—3.4
II. Os juízes
    A. Primeiro período: Otoniel — 3.5-11
    B. Segundo período: Eúde e Sangar — 3.12-31
    C. Terceiro período: Débora e Baraque — 4.1—5.31
    D. Quarto período: Gideão, Tolá, Jair — 6.1—10.5
    E. Quinto período: Jefté, Ibsã, Elom, Abdom — 10.6—12.15
    F. Sexto período: Sansão — 13.1—16.31
III. Fracassos morais e espirituais de Israel — 17.1—21.25

A Guerra contra os Cananeus Restantes

1 Depois da morte de Josué,ᵃ os israelitas perguntaram ao Senhor: "Quem de nós será o primeiroᵇ a atacar os cananeus?"ᶜ

2 O Senhor respondeu: "Judáᵈ será o primeiro; eu entreguei a terra em suas mãos".ᵉ

3 Então os homens de Judá disseram aos seus irmãos de Simeão: "Venham conosco ao território que nos foi designado por sorteio, e lutemos contra os cananeus. Iremos juntos para o território". E os homens de Simeãoᶠ foram com eles.

4 Quando os homens de Judá atacaram, o Senhor entregou os cananeus e os ferezeusᵍ nas mãos deles, e eles mataram dez mil homens em Bezeque.ʰ **5** Foi lá que encontraram Adoni-Bezeque, lutaram contra ele e derrotaram os cananeus e os ferezeus. **6** Adoni-Bezeque fugiu, mas eles o perseguiram e o prenderam, e lhe cortaram os polegares das mãos e dos pés.

7 Então Adoni-Bezeque disse: "Setenta reis com os polegares das mãos e dos pés cortados apanhavam migalhas debaixo da minha mesa. Agora Deus me retribuiuⁱ aquilo que lhes fiz". Eles o levaram para Jerusalém, onde morreu.

8 Os homens de Judá atacaram também Jerusalémʲ e a conquistaram. Mataram seus habitantes ao fio da espada e a incendiaram.

9 Depois disso eles desceram para lutar contra os cananeus que viviam na serra,ᵏ no Negueveˡ e na Sefelá.¹ **10** Avançaram contra os cananeus que viviam em Hebrom,ᵐ anteriormente chamada Quiriate-Arba,ⁿ e derrotaram Sesai, Aimã e Talmai.ᵒ

11 Dali avançaram contra o povo que morava em Debir,ᵖ anteriormente chamada Quiriate-Sefer. **12** E disse Calebe: "Darei minha filha Acsa em casamento ao homem que atacar e conquistar Quiriate-Sefer". **13** Otoniel, filho de Quenaz, irmão mais novo de Calebe, conquistou a cidade; por isso Calebe lhe deu sua filha Acsa por mulher.

14 Um dia, quando já vivia com Otoniel, ela o persuadiu² a pedir um campo ao pai dela. Assim que ela desceu do jumento, Calebe lhe perguntou: "O que você quer?"

15 Ela respondeu: "Dê-me um presente. Já que o senhor me deu terras no Neguebe, dê-me também fontes de água". E Calebe lhe deu as fontes superiores e as inferiores.

16 Os descendentes do sogroᵍ de Moisés, o queneu,ʳ saíram da Cidade das Palmeiras³ˢ com os homens de Judá e passaram a viver no meio do povo do deserto de Judá, no Neguebe, perto de Arade.ᵗ

17 Depois os homens de Judá foram com seus irmãos de Simeãoᵘ e derrotaram os cananeus que viviam em Zefate e destruíram totalmente a cidade. Por essa razão ela foi chamada Hormá.⁴ᵛ **18** Os homens de Judá também conquistaram⁵ Gaza,ʷ Ascalom e Ecrom, com os seus territórios.

19 O Senhor estava comˣ os homens de Judá. Eles ocuparam a serra central, mas não conseguiram expulsar os habitantes dos vales, pois estes possuíam carros de guerra feitos de ferro.ʸ **20** Conforme Moisés havia prometido, Hebromᶻ foi dada a Calebe, que expulsou de lá os três filhos de Enaque.ᵃ **21** Já os benjamitas deixaramᵇ de expulsar os jebuseus que estavam morando em Jerusalém.ᶜ Os jebuseus vivem ali com os benjamitas até o dia de hoje.

22 Os homens das tribos de José, por sua vez, atacaram Betel, e o Senhor estava com eles. **23** Enviaram espias a Betel, anteriormente chamada Luz.ᵈ **24** Quando os espias viram um homem saindo da cidade, disseram-lhe: "Mostre-nos como entrar na cidade, e nós pouparemos a sua vida".ᵉ **25** Ele mostrou como entrar, e eles mataram os habitantes da cidade ao fio da espada, mas pouparamᶠ o homem e toda a sua família.

---

² **1.14** Conforme o Texto Massorético. A Septuaginta e a Vulgata dizem *ele a persuadiu*.

³ **1.16** Isto é, Jericó.

⁴ **1.17** Hormá significa destruição.

⁵ **1.18** A Septuaginta diz *Judá não conquistaram*.

¹ **1.9** Pequena faixa de terra de relevo variável entre a planície costeira e as montanhas.

1.1
ᵃ Js 24.29
ᵇ Nm 27.21
ᶜ v. 27; Jz 3.1-6

1.2
ᵈ Gn 49.8
ᵉ v. 4; Jz 3.28

1.3
ᶠ v. 17

1.4
ᵍ Gn 13.7; Js 3.10
ʰ 1Sm 11.8

1.7
ⁱ Lv 24.19

1.8
ʲ v. 21; Js 15.63

1.9
ᵏ Nm 13.17
ˡ Nm 21.1

1.10
ᵐ Gn 13.18
ⁿ Gn 35.27
ᵒ Js 15.14

1.11
ᵖ Js 15.15

1.16
ᵍ Nm 10.29
ʳ Jz 1.16; Js 15.19; Jz 4.11
ˢ Dt 34.3; Jz 3.13
ᵗ Nm 21.1

1.17
ᵘ v. 3
ᵛ Nm 21.3

1.18
ʷ Js 11.22

1.19
ˣ v. 2
ʸ Js 17.16

1.20
ᶻ Js 14.9; 15.13-14
ᵃ v. 10; Js 14.13

1.21
ᵇ Js 15.63
ᶜ v. 8

1.23
ᵈ Gn 28.19

1.24
ᵉ Js 2.12,14

1.25
ᶠ Js 6.25

²⁶ Ele foi, então, para a terra dos hititas, onde fundou uma cidade e lhe deu o nome de Luz, que é o seu nome até o dia de hoje.

²⁷ Manassés, porém, não expulsou o povo de Bete-Seã, o de Taanaque, o de Dor, o de Ibleã,ᵍ o de Megido, nem tampouco o dos povoados ao redor dessas cidades, pois os cananeusʰ estavam decididos a permanecer naquela terra. ²⁸ Quando Israel se tornou forte, impôs trabalhos forçados aos cananeus, mas não os expulsou completamente. ²⁹ Efraim também não expulsou os cananeus que viviam em Gezer,ⁱ mas os cananeus continuaram a viver entre eles.ʲ ³⁰ Nem Zebulom expulsou os cananeus que viviam em Quitrom e em Naalol, mas estes permaneceram entre eles e foram submetidos a trabalhos forçados. ³¹ Nem Aser expulsou os que viviam em Aco, Sidom, Alabe, Aczibe,ᵏ Helba, Afeque e Reobe, ³² e, por esse motivo, o povo de Aser vivia entre os cananeus que habitavam naquela terra. ³³ Nem Naftali expulsou os que viviam em Bete-Semes e em Bete-Anate,ˡ mas o povo de Naftali também vivia entre os cananeus que habitavam a terra, e aqueles que viviam em Bete-Semes e em Bete-Anate passaram a fazer trabalhos forçados para eles. ³⁴ Os amorreusᵐ confinaram a tribo de Dã à serra central, não permitindo que descessem ao vale. ³⁵ E os amorreus igualmente estavam decididos a resistir no monte Heres, em Aijalomⁿ e em Saalbim, mas, quando as tribos de José ficaram mais poderosas, eles também foram submetidos a trabalhos forçados. ³⁶ A fronteira dos amorreus ia da subida de Acrabim¹⁰ até Selá, e mais adiante.

O Anjo do Senhor em Boquim

2 O Anjo do Senhorᵖ subiu de Gilgal a Boquimᑫ e disse: "Tirei vocês do Egitoʳ e os trouxe para a terra que prometi com juramento dar a seus antepassados. Eu disse: Jamais quebrarei a minha aliançaᵗ com vocês. ² E vocês não farão acordo com o povo

¹ **1.36** Isto é, dos Escorpiões.

desta terra,ᵘ mas demolirão os seus altares.ᵛ Por que vocês não me obedeceram? ³ Portanto, agora digo a vocês que não os expulsarei da presença de vocês;ʷ eles serão seus adversários,ˣ e os deuses deles serão uma armadilhaʸ para vocês".

⁴ Quando o Anjo do Senhor acabou de falar a todos os israelitas, o povo chorou em alta voz, ⁵ e ao lugar chamaram Boquim². Ali ofereceram sacrifícios ao Senhor.

Desobediência e Derrota

⁶ Depois que Josué despediu os israelitas, eles saíram para ocupar a terra, cada um a sua herança. ⁷ O povo prestou culto ao Senhor durante toda a vida de Josué e dos líderes que sobreviveram a Josué e que tinham visto todos os grandes feitos do Senhor em favor de Israel.

⁸ Josué, filho de Num, servo do Senhor, morreu com a idade de cento e dez anos. ⁹ Foi sepultado na terra de sua herança, em Timnate-Heres³,ᶻ nos montes de Efraim, ao norte do monte Gaás.

¹⁰ Depois que toda aquela geração foi reunida a seus antepassados, surgiu uma nova geração que não conhecia o Senhor e o que ele havia feito por Israel.ᵃ ¹¹ Então os israelitas fizeram o que o Senhorᵇ reprova e prestaram culto aos baalins.ᶜ ¹² Abandonaram o Senhor, o Deus dos seus antepassados, que os havia tirado do Egito, e seguiram e adoraram vários deusesᵈ dos povos ao seu redor,ᵉ provocando a ira do Senhor. ¹³ Abandonaram o Senhor e prestaram culto a Baal e a Astarote.ᶠ ¹⁴ A iraᵍ do Senhor se acendeu contra Israel, e ele os entregouʰ nas mãos de invasores que os saquearam. Ele os entregouⁱ aos inimigos ao seu redor, aos quais já não conseguiam resistir.ʲ ¹⁵ Sempre que os israelitas saíam para a batalha, a mão do Senhor era contra eles para derrotá-los, conforme havia advertido e jurado a vocês. Grande angústia os dominava.

² **2.5** *Boquim* significa *pranteadores*.
³ **2.9** Também conhecida como *Timnate-Sera*. Veja Js 19.50 e 24.30.

¹⁶ Então o Senhor levantou juízes¹,ᵏ que os libertaramˡ das mãos daqueles que os atacavam. ¹⁷ Mesmo assim eles não quiseram ouvir os juízes, antes se prostituíramᵐ com outros deuses e os adoraram. Ao contrário dos seus antepassados, logo se desviaram do caminho pelo qual os seus antepassados tinham andado, o caminho da obediência aos mandamentosⁿ do Senhor. ¹⁸ Sempre que o Senhor lhes levantava um juiz, ele estava com o juiz e os salvava das mãos de seus inimigos enquanto o juiz vivia; pois o Senhor tinha misericórdiaᵒ por causa dos gemidosᵖ deles diante daqueles que os oprimiam e os afligiam. ¹⁹ Mas, quando o juiz morria, o povo voltava a caminhos ainda pioresᑫ do que os caminhos dos seus antepassados, seguindo outros deuses, prestando-lhes culto e adorando-os.ʳ Recusavam-se a abandonar suas práticas e seu caminho obstinado.

²⁰ Por isso a iraˢ do Senhor acendeu-se contra Israel, e ele disse: "Como este povo violou a aliança que fiz com os seus antepassados e não tem ouvido a minha voz, ²¹ não expulsareiᵗ de diante dele nenhuma das nações que Josué deixou quando morreu. ²² Eu as usarei para pôr Israel à provaᵘ e ver se guardará o caminho do Senhor e se andará nele como o fizeram os seus antepassados". ²³ O Senhor havia permitido que essas nações permanecessem; não as expulsou de imediato e não as entregou nas mãos de Josué.

3 São estas as nações que o Senhor deixou para pôr à provaᵛ todos os israelitas que não tinham visto nenhuma das guerras em Canaã ² (fez isso apenas para treinar na guerra os descendentes dos israelitas, pois não tinham tido experiência anterior de combate): ³ os cincoʷ governantes dos filisteus, todos os cananeus, os sidônios e os heveus que viviam nos montes do Líbano, desde o monte Baal-Hermom até Lebo-Hamate. ⁴ Essas nações foram deixadas para que por elas os israelitas fossem postos à prova,ˣ se obedeceriam aos mandamentos que o Senhor dera aos seus antepassados por meio de Moisés.

⁵ Os israelitas viviamʸ entre os cananeus, os hititas, os amorreus, os ferezeus, os heveus e os jebuseus. ⁶ Tomaram as filhas deles em casamento e deram suas filhas aos filhos deles, e prestaram culto aos deuses deles.ᶻ

Otoniel

⁷ Os israelitas fizeram o que o Senhor reprova, pois se esqueceram do Senhor,ᵃ o seu Deus, e prestaram culto aos baalins e a Aserá.ᵇ ⁸ Acendeu-se a ira do Senhor de tal forma contra Israel que ele os entregouᶜ nas mãos de Cuchã-Risataim, rei da Mesopotâmia², por quem os israelitas foram subjugados durante oito anos. ⁹ Mas, quando clamaramᵈ ao Senhor, ele lhes levantou um libertador, Otoniel,ᵉ filho de Quenaz, o irmão mais novo de Calebe, que os libertou. ¹⁰ O Espírito do Senhor veio sobre ele,ᶠ de modo que liderou Israel e foi à guerra. O Senhor entregou Cuchã-Risataim, rei da Mesopotâmia, nas mãos de Otoniel, que prevaleceu contra ele. ¹¹ E a terra teve paz durante quarenta anos, até a morte de Otoniel, filho de Quenaz.

Eúde

¹² Mais uma vez os israelitas fizeram o que o Senhorᵍ reprova, e por isso o Senhor deu a Eglom, rei de Moabe,ʰ poder sobre Israel. ¹³ Conseguindo uma aliança com os amonitas e com os amalequitas, Eglom veio e derrotou Israel e conquistou a Cidade das Palmeiras³.ⁱ ¹⁴ Os israelitas ficaram sob o domínio de Eglom, rei de Moabe, durante dezoito anos.

¹⁵ Novamente os israelitas clamaram ao Senhor, que lhes deu um libertadorʲ chamado Eúde, homem canhoto, filho do benjamita Gera. Os israelitas o enviaram com o pagamento de tributos a Eglom, rei

---

¹ **2.16** Ou *líderes*; também nos versículos 17-19.
² **3.8** Hebraico: *Arã Naaraim*; também no versículo 10.
³ **3.13** Isto é, Jericó.

de Moabe. ¹⁶ Eúde havia feito uma espada de dois gumes, de quarenta e cinco centímetros¹ de comprimento, e a tinha amarrado na coxa direita, debaixo da roupa. ¹⁷ Ele entregou o tributo a Eglom, rei de Moabe, homem muito gordo.ᵏ ¹⁸ Em seguida, Eúde mandou embora os carregadores. ¹⁹ Junto aos ídolos² que estão perto de Gilgal, ele voltou e disse: "Tenho uma mensagem secreta para ti, ó rei".

O rei respondeu: "Calado!" E todos os seus auxiliares saíram de sua presença.

²⁰ Eúde aproximou-se do rei, que estava sentado sozinho na sala superior do palácio de verão, e repetiu: "Tenho uma mensagem de Deus para ti". Quando o rei se levantou do trono, ²¹ Eúde estendeu a mão esquerda, apanhou a espada de sua coxa direita e cravou-a na barriga do rei. ²² Até o cabo penetrou com a lâmina; e, como não tirou a espada, a gordura se fechou sobre ela. ²³ Então Eúde saiu para o pórtico, depois de fechar e trancar as portas da sala atrás de si.

²⁴ Depois que ele saiu, vieram os servos e encontraram trancadas as portas da sala superior, e disseram: "Ele deve estar fazendo suas necessidades¹ em seu cômodo privativo". ²⁵ Cansaram-se de esperarᵐ e, como ele não abria a porta da sala, pegaram a chave e a abriram. E lá estava o seu senhor, caído no chão, morto!

²⁶ Enquanto esperavam, Eúde escapou. Passou pelos ídolos e fugiu para Seirá. ²⁷ Quando chegou, tocou a trombetaⁿ nos montes de Efraim, e os israelitas desceram dos montes, com ele à sua frente.

²⁸ "Sigam-me", ordenou, "pois o Senhor entregou Moabe, o inimigo de vocês, em suas mãos."ᵒ Eles o seguiram, tomaram posse do lugar de passagem do Jordãoᵖ que levava a Moabe e não deixaram ninguém atravessar o rio. ²⁹ Naquela ocasião, mataram cerca de dez mil moabitas, todos eles fortes e vigorosos; nem um só homem escapou. ³⁰ Naquele dia, Moabe foi subjugado por Israel, e a terra teve paz٩ durante oitenta anos.

Sangar

³¹ Depois de Eúde veio Sangar, filho de Anate,ʳ que matou seiscentosˢ filisteus com uma aguilhada de bois. Ele também libertou Israel.

Débora

4 Depois da morte de Eúde, mais uma vez os israelitas fizeram o que o Senhor reprova.ᵗ ² Assim o Senhor os entregou nas mãos de Jabim, rei de Canaã, que reinava em Hazor.ᵘ O comandante do seu exército era Sísera,ᵛ que habitava em Harosete-Hagoim. ³ Os israelitas clamaram ao Senhor, porque Jabim, que tinha novecentos carros de ferro,ʷ os havia oprimidoˣ cruelmente durante vinte anos.

⁴ Débora, uma profetisa, mulher de Lapidote, liderava Israel naquela época. ⁵ Ela se sentava debaixo da tamareira de Débora, entre Ramá e Betel,ʸ nos montes de Efraim, e os israelitas a procuravam, para que ela decidisse as suas questões. ⁶ Débora mandou chamar Baraque, filho de Abinoão,ᶻ de Quedes, em Naftali, e lhe disse: "O Senhor, o Deus de Israel, ordena a você que reúna dez mil homens de Naftali e Zebulom e vá ao monte Tabor. ⁷ Ele fará que Sísera, o comandante do exército de Jabim, vá atacá-lo, com seus carros de guerra e tropas, junto ao rio Quisom,ᵃ e os entregará em suas mãos".

⁸ Baraque disse a ela: "Se você for comigo, irei; mas, se não for, não irei".

⁹ Respondeu Débora: "Está bem, irei com você. Mas saiba que, por causa do seu modo de agir³, a honra não será sua; porque o Senhor entregará Sísera nas mãos de uma mulher". Então Débora foi a Quedesᵇ com Baraque, ¹⁰ onde ele convocouᶜ Zebulom e Naftali. Dez mil homens o seguiram, e Débora também foi com ele.

¹¹ Ora, o queneu Héber se havia separado dos outros queneus,ᵈ descendentes de

---

¹ **3.16** Hebraico: *1 côvado*.
² **3.19** Ou *às pedreiras*; também no versículo 26.

³ **4.9** Ou *saiba que, quanto à expedição que você está assumindo*

Hobabe,ᵉ sogro de Moisés, e tinha armado sua tenda junto ao carvalho de Zaanim, perto de Quedes.ᶠ

¹² Quando disseram a Sísera que Baraque, filho de Abinoão, tinha subido o monte Tabor, ¹³ Sísera reuniu seus novecentos carros de ferroᵍ e todos os seus soldados, de Harosete-Hagoim ao rio Quisom.

¹⁴ E Débora disse também a Baraque: "Vá! Este é o dia em que o Senhor entregou Sísera em suas mãos. O Senhor está indo à sua frente!"ʰ Então Baraque desceu o monte Tabor, seguido por dez mil homens. ¹⁵ Diante do avanço de Baraque, o Senhor derrotouⁱ Sísera e todos os seus carros de guerra e o seu exército ao fio da espada, e Sísera desceu do seu carro e fugiu a pé. ¹⁶ Baraque perseguiu os carros de guerra e o exército até Harosete-Hagoim. Todo o exército de Sísera caiu ao fio da espada; não sobrou um só homem.ʲ

¹⁷ Sísera, porém, fugiu a pé para a tenda de Jael, mulher do queneu Héber, pois havia paz entre Jabim, rei de Hazor, e o clã do queneu Héber.

¹⁸ Jael saiu ao encontro de Sísera e o convidou: "Venha, entre na minha tenda, meu senhor. Não tenha medo!" Ele entrou, e ela o cobriu com um pano.

¹⁹ "Estou com sede", disse ele. "Por favor, dê-me um pouco de água." Ela abriu uma vasilha de leiteᵏ feita de couro, deu-lhe de beber, e tornou a cobri-lo.

²⁰ E Sísera disse à mulher: "Fique à entrada da tenda. Se alguém passar e perguntar se há alguém aqui, responda que não".

²¹ Entretanto, Jael, mulher de Héber, apanhou uma estaca da tenda e um martelo e aproximou-se silenciosamente enquanto ele, exausto, dormia um sono profundo. E cravou-lhe a estaca na têmpora até penetrar o chão, e ele morreu.ˡ

²² Baraque passou à procura de Sísera, e Jael saiu ao seu encontro. "Venha", disse ela, "eu mostrarei a você o homem que você está procurando." E entrando ele na tenda, viu ali caído Sísera, morto, com a estaca atravessada nas têmporas.

²³ Naquele dia, Deus subjugou Jabim,ᵐ o rei cananeu, perante os israelitas. ²⁴ E os israelitas atacaram cada vez mais a Jabim, o rei cananeu, até que eles o destruíram.

O Cântico de Débora

5 Naquele dia, Débora e Baraque, filho de Abinoão, entoaram este cântico:ⁿ

² "Consagrem-se para a guerra
  os chefes de Israel.
Voluntariamente o povo se apresenta.º
  Louvem o Senhor!ᵖ

³ "Ouçam, ó reis!
  Governantes, escutem!
Cantarei aoˡ Senhor, cantarei;
  comporei músicas ao² Senhor,
  o Deus de Israel.ᑫ

⁴ "Ó Senhor, quando saíste de Seir,ʳ
  quando marchaste
    desde os campos de Edom,
a terra estremeceu, os céus gotejaram,
  as nuvens despejaram água!ˢ
⁵ Os montes tremeramᵗ
  perante o Senhor, o Deus do Sinai,
  perante o Senhor, o Deus de Israel.

⁶ "Nos dias de Sangar, filho de Anate,ᵘ
  nos dias de Jael,ᵛ
as estradasʷ estavam desertas;
  os que viajavam seguiam
    caminhos tortuosos.
⁷ Já tinham desistido
  os camponeses de Israel,³
  já tinham desistido,
até que eu, Débora, me levantei;⁴
  levantou-se uma mãe em Israel.
⁸ Quando escolheram novos deuses,ˣ
  a guerra chegou às portas,
e não se via um só escudo ou lança
  entre quarenta mil de Israel.

---
¹ 5.3 Ou *sobre o*
² 5.3 Ou *Com cânticos louvarei o*
³ 5.7 Ou *Desapareceram os guerreiros em Israel*,
⁴ 5.7 Ou *até que você, Débora, se levantou;*

⁹ Meu coração está
  com os comandantes de Israel,
com os voluntáriosʸ dentre o povo.
  Louvem o Senhor!
¹⁰ "Vocês, que cavalgam
  em brancos jumentos,ᶻ
que se assentam em ricos tapetes,
que caminham pela estrada, considerem!
¹¹ Mais alto que a voz
  dos que distribuem água¹
  junto aos bebedouros,
recitem-se os justos feitosᵃ do Senhor,
os justos feitos
  em favor dos camponeses² de Israel.

"Então o povo do Senhor
  desceu às portas.ᵇ
¹² 'Desperte, Débora! Desperte!ᶜ
Desperte, desperte, irrompa em
  cânticos!
Levante-se, Baraque!
Leve presos os seus prisioneiros,ᵈ
  ó filho de Abinoão!'

¹³ "Então desceram os restantes
  e foram aos nobres;
o povo do Senhor
  veio a mim contra os poderosos.
¹⁴ Alguns vieram de Efraim,
  das raízes de Amaleque;ᵉ
Benjamim estava com o povo
  que seguiu você.
De Maquir desceram comandantes;
de Zebulom, os que levam
  a vara de oficial.
¹⁵ Os líderes de Issacar
  estavam com Débora;ᶠ
sim, Issacar também estava
  com Baraque,
apressando-se após ele até o vale.
Nas divisões de Rúben
  houve muita inquietação.
¹⁶ Por que vocês permaneceram
  entre as fogueiras³
  a ouvir o balido dos rebanhos?ᵍ

¹ 5.11 Ou *dos flecheiros*
² 5.11 Ou *guerreiros*
³ 5.16 Ou *os alforjes*

Nas divisões de Rúben
  houve muita indecisão.
¹⁷ Gileade permaneceu
  do outro lado do Jordão.
E Dã, por que se deteve
  junto aos navios?
Aser permaneceu no litoralʰ
  e em suas enseadas ficou.
¹⁸ O povo de Zebulom arriscou a vida,
como o fez Naftali
  nas altas regiões do campo.ⁱ

¹⁹ "Vieram reisʲ e lutaram.
Os reis de Canaã lutaram
  em Taanaque, junto às águas de
    Megido,ᵏ
mas não levaram prata alguma,
  despojo algum.ˡ
²⁰ Desde o céuᵐ lutaram as estrelas,
desde as suas órbitas
  lutaram contra Sísera.
²¹ O rio Quisomⁿ os levou,
  o antigo rio, o rio Quisom.
Avante, minh'alma! Seja forte!
²² Os cascos dos cavalos
  faziam tremer o chão;
galopavam,
  galopavam os seus poderosos
    cavalos.
²³ 'Amaldiçoem Meroz',
  disse o anjo do Senhor.
'Amaldiçoem o seu povo,
  pois não vieram ajudar o Senhor,
  ajudar o Senhor contra os poderosos.'

²⁴ "Que Jael seja
  a mais bendita das mulheres,ᵒ
Jael, mulher de Héber, o queneu!
Seja ela bendita entre as mulheres
  que habitam em tendas!
²⁵ Ele pediu água, e ela lhe deu leite;ᵖ
numa tigela digna de príncipes
  trouxe-lhe coalhada.
²⁶ Ela estendeu a mão e apanhou
  a estaca da tenda;
e com a mão direita
  o martelo do trabalhador.

Golpeou Sísera, esmigalhou sua cabeça,
  esmagou e traspassou suas têmporas.*q*

²⁷ Aos seus pés ele se curvou,
  caiu e ali ficou prostrado.
Aos seus pés ele se curvou e caiu;
  onde caiu, ali ficou. Morto!

²⁸ "Pela janela olhava a mãe de Sísera;
  atrás da grade ela exclamava:*r*

'Por que o seu carro
  se demora tanto?
Por que custa a chegar
  o ruído de seus carros?'

²⁹ As mais sábias de suas damas
  respondiam,
e ela continuava falando consigo
  mesma:

³⁰ 'Estarão achando e repartindo
  os despojos?*s*
Uma ou duas moças
  para cada homem,
roupas coloridas
  como despojo para Sísera,
roupas coloridas e bordadas,
  tecidos bordados
  para o meu pescoço,
tudo isso como despojo?'

³¹ "Assim pereçam
  todos os teus inimigos, ó Senhor!
Mas os que te amam sejam como o sol*t*
  quando se levanta na sua força."

E a terra teve paz*u* durante quarenta anos.

Gideão

6 De novo os israelitas fizeram o que o Senhor*v* reprova, e durante sete anos ele os entregou nas mãos dos midianitas.*w* ² Os midianitas dominaram Israel;*x* por isso os israelitas fizeram para si esconderijos nas montanhas, nas cavernas e nas fortalezas.*y* ³ Sempre que os israelitas faziam as suas plantações, os midianitas, os amalequitas*z* e outros povos da região a leste deles as invadiam. ⁴ Acampavam na terra e destruíam as plantações*a* ao longo de todo o caminho, até Gaza, e não deixavam nada vivo em Israel, nem ovelhas nem gado nem jumentos. ⁵ Eles subiam trazendo os seus animais e suas tendas, e vinham como enxames de gafanhotos;*b* era impossível contar os homens e os seus camelos.*c* Invadiam a terra para devastá-la. ⁶ Por causa de Midiã, Israel empobreceu tanto que os israelitas clamaram por socorro*d* ao Senhor.

⁷ Quando os israelitas clamaram ao Senhor por causa de Midiã, ⁸ ele lhes enviou um profeta, que disse: "Assim diz o Senhor, o Deus de Israel: 'Tirei vocês do Egito,*e* da terra da escravidão. ⁹ Eu os livrei do poder do Egito e das mãos de todos os seus opressores. Expulsei-os e dei a vocês a terra deles.*f* ¹⁰ E também disse a vocês: Eu sou o Senhor, o seu Deus; não adorem*g* os deuses dos amorreus,*h* em cuja terra vivem, mas vocês não me deram ouvidos' ".

¹¹ Então o Anjo do Senhor*i* veio e sentou-se sob a grande árvore de Ofra, que pertencia ao abiezrita*j* Joás. Gideão,*k* filho de Joás, estava malhando o trigo num tanque de prensar uvas, para escondê-lo dos midianitas. ¹² Então o Anjo do Senhor apareceu a Gideão e lhe disse: "O Senhor está com você, poderoso guerreiro".*l*

¹³ "Ah, Senhor", Gideão respondeu, "se o Senhor está conosco, por que aconteceu tudo isso? Onde estão todas as suas maravilhas que os nossos pais nos contam*m* quando dizem: 'Não foi o Senhor que nos tirou do Egito?' Mas agora o Senhor nos abandonou*n* e nos entregou nas mãos de Midiã".

¹⁴ O Senhor se voltou para ele e disse: "Com a força que você tem,*o* vá libertar Israel das mãos de Midiã. Não sou eu quem o está enviando?"

¹⁵ "Ah, Senhor¹", respondeu Gideão, "como posso libertar Israel? Meu clã é o menos importante de Manassés, e eu sou o menor da minha família."*p*

¹⁶ "Eu estarei com você",*q* respondeu o Senhor, "e você derrotará todos os midianitas como se fossem um só homem."

¹ **6.15** Ou *senhor*

¹⁷ E Gideão prosseguiu: "Se de fato posso contar com o teu favor, dá-me um sinal{r} de que és tu que estás falando comigo. ¹⁸ Peço-te que não vás embora até que eu volte e traga minha oferta e a coloque diante de ti".

E o S<small>ENHOR</small> respondeu: "Esperarei até você voltar".

¹⁹ Gideão foi para casa, preparou um cabrito e com uma arroba¹ de farinha fez pães sem fermento. Pôs a carne num cesto e o caldo numa panela, trouxe-os para fora e ofereceu-os a ele sob a grande árvore.{s}

²⁰ E o Anjo de Deus lhe disse: "Apanhe a carne e os pães sem fermento, ponha-os sobre esta rocha{t} e derrame o caldo". Gideão assim o fez. ²¹ Com a ponta do cajado que estava em sua mão, o Anjo do S<small>ENHOR</small> tocou a carne e os pães sem fermento.{u} Fogo subiu da rocha, consumindo a carne e os pães. E o Anjo do S<small>ENHOR</small> desapareceu. ²² Quando Gideão viu{v} que era o Anjo do S<small>ENHOR</small>, exclamou: "Ah, S<small>ENHOR</small> Soberano! Vi o Anjo do S<small>ENHOR</small> face a face!"{w}

²³ Disse-lhe, porém, o S<small>ENHOR</small>: "Paz seja com você! Não tenha medo.{x} Você não morrerá".

²⁴ Gideão construiu ali um altar em honra ao S<small>ENHOR</small> e lhe deu este nome:{y} O S<small>ENHOR</small> é Paz. Até hoje o altar está em Ofra{z} dos abiezritas.

²⁵ Naquela mesma noite, o S<small>ENHOR</small> lhe disse: "Separe o segundo novilho² do rebanho de seu pai, aquele de sete anos de idade. Despedace o altar de Baal, que pertence a seu pai, e corte o poste sagrado de Aserá{a} que está ao lado do altar. ²⁶ Depois faça um altar para o S<small>ENHOR</small>, o seu Deus, no topo desta elevação. Ofereça o segundo novilho em holocausto³ com a madeira do poste sagrado que você irá cortar".

²⁷ Assim Gideão chamou dez dos seus servos e fez como o S<small>ENHOR</small> lhe ordenara. Mas, com medo da sua família e dos homens da cidade, fez tudo de noite, e não durante o dia.

²⁸ De manhã, quando os homens da cidade se levantaram, lá estava demolido o altar de Baal,{b} com o poste sagrado ao seu lado, cortado, e com o segundo novilho sacrificado no altar recém-construído!

²⁹ Perguntaram uns aos outros: "Quem fez isso?"

Depois de investigar, concluíram: "Foi Gideão, filho de Joás".

³⁰ Os homens da cidade disseram a Joás: "Traga seu filho para fora. Ele deve morrer, pois derrubou o altar de Baal e quebrou o poste sagrado que ficava ao seu lado".

³¹ Joás, porém, respondeu à multidão hostil que o cercava: "Vocês vão defender a causa de Baal? Estão tentando salvá-lo? Quem lutar por ele será morto pela manhã! Se Baal fosse realmente um deus, poderia defender-se quando derrubaram o seu altar". ³² Por isso naquele dia chamaram Gideão de "Jerubaal",{c} dizendo: "Que Baal dispute com ele, pois derrubou o seu altar".

³³ Nesse meio tempo, todos os midianitas, amalequitas e outros povos{d} que vinham do leste uniram os seus exércitos, atravessaram o Jordão e acamparam no vale de Jezreel.{e} ³⁴ Então o Espírito do S<small>ENHOR</small> apoderou-se{f} de Gideão, e ele, com toque de trombeta,{g} convocou os abiezritas para segui-lo. ³⁵ Enviou mensageiros a todo o Manassés, chamando-o às armas, e também a Aser, a Zebulom e a Naftali,{h} que também subiram ao seu encontro.

³⁶ E Gideão disse a Deus: "Quero saber se vais libertar{i} Israel por meu intermédio, como prometeste. ³⁷ Vê, colocarei uma porção de lã na eira.{j} Se o orvalho molhar apenas a lã e todo o chão estiver seco, saberei{k} que tu libertarás Israel por meu intermédio, como prometeste". ³⁸ E assim aconteceu. Gideão levantou-se bem cedo no dia

---

6.17 {r}v. 36-37; Gn 24.14; Is 38.7-8
6.19 {s}Gn 18.7-8
6.20 {t}Jz 13.19
6.21 {u}Lv 9.24
6.22 {v}Jz 13.16, 21; {w}Gn 32.30; Ex 33.20; Jz 13.22
6.23 {x}Dn 10.19
6.24 {y}Gn 22.14; {z}Jz 8.32
6.25 {a}Ex 34.13; Dt 7.5
6.28 {b}1Rs 16.32
6.32 {c}Jz 7.1; 8.29,35; 1Sm 12.11
6.33 {d}v. 3; {e}Js 17.16
6.34 {f}Jz 3.10; 1Cr 12.18; 2Cr 24.20; {g}Jz 3.27
6.35 {h}Jz 4.6
6.36 {i}v. 14
6.37 {j}Ex 4.3-7; {k}Gn 24.14

---

¹ **6.19** Hebraico: *1 efa*. O efa era uma capacidade de medidas para secos. As estimativas variam entre 20 e 40 litros.
² **6.25** Ou *um touro bem crescido*; também nos versículos 26 e 28.
³ **6.26** Isto é, *sacrifício totalmente queimado*; também em 11.31; 13.16, 23; 20.26 e 21.4.

seguinte, torceu a lã e encheu uma tigela de água do orvalho.

39 Disse ainda Gideão a Deus: "Não se acenda a tua ira contra mim. Deixa-me fazer só mais um pedido.*l* Permite-me fazer mais um teste com a lã. Desta vez faze ficar seca a lã e o chão coberto de orvalho". **40** E Deus assim fez naquela noite. Somente a lã estava seca; o chão estava todo coberto de orvalho.

A Vitória de Gideão sobre os Midianitas

7 De madrugada Jerubaal,*m* isto é, Gideão, e todo o seu exército acampou junto à fonte de Harode. O acampamento de Midiã estava ao norte deles, no vale, perto do monte Moré.*n* **2** E o SENHOR disse a Gideão: "Você tem gente demais, para eu entregar Midiã nas suas mãos. A fim de que Israel não se orgulhe contra mim, dizendo que a sua própria força*o* o libertou, **3** anuncie, pois, ao povo que todo aquele que estiver tremendo de medo poderá ir embora do monte Gileade".*p* Então vinte e dois mil homens partiram, e ficaram apenas dez mil.

4 Mas o SENHOR tornou a dizer a Gideão: "Ainda há gente demais.*q* Desça com eles à beira d'água, e eu separarei os que ficarão com você. Se eu disser: Este irá com você, ele irá; mas, se eu disser: Este não irá com você, ele não irá".

5 Assim Gideão levou os homens à beira d'água, e o SENHOR lhe disse: "Separe os que beberem a água lambendo-a como faz o cachorro, daqueles que se ajoelharem para beber". **6** O número dos que lamberam a água levando-a com as mãos à boca foi de trezentos homens. Todos os demais se ajoelharam para beber.

7 O SENHOR disse a Gideão: "Com os trezentos homens que lamberam a água livrarei vocês e entregarei os midianitas nas suas mãos. Mande para casa*r* todos os outros homens". **8** Gideão mandou os israelitas para as suas tendas, mas reteve os trezentos. E estes ficaram com as provisões e as trombetas dos que partiram.

O acampamento de Midiã ficava abaixo deles, no vale. **9** Naquela noite, o SENHOR disse a Gideão: "Levante-se e desça ao acampamento, pois vou entregá-lo nas suas mãos.*s* **10** Se você está com medo de atacá-los, desça ao acampamento com o seu servo Pura **11** e ouça o que estiverem dizendo. Depois disso você terá coragem para atacar". Então ele e o seu servo Pura desceram até os postos avançados do acampamento. **12** Os midianitas, os amalequitas*t* e todos os outros povos que vinham do leste haviam se instalado no vale; eram numerosos como nuvens de gafanhotos.*u* Assim como não se pode contar a areia da praia,*w* também não se podia contar os seus camelos.*v*

13 Gideão chegou bem no momento em que um homem estava contando seu sonho a um amigo. "Tive um sonho", dizia ele. "Um pão de cevada vinha rolando dentro do acampamento midianita e atingiu a tenda com tanta força que ela tombou e se desmontou."

14 Seu amigo respondeu: "Não pode ser outra coisa senão a espada de Gideão, filho de Joás, o israelita. Deus entregou os midianitas e todo o acampamento nas mãos dele."

15 Quando Gideão ouviu o sonho e a sua interpretação, adorou a Deus.*x* Voltou para o acampamento de Israel e gritou: "Levantem-se! O SENHOR entregou o acampamento midianita nas mãos de vocês". **16** Dividiu os trezentos homens*y* em três companhias*z* e pôs nas mãos de todos eles trombetas e jarros vazios, com tochas dentro.

17 E ele lhes disse: "Observem-me. Façam o que eu fizer. Quando eu chegar à extremidade do acampamento, façam o que eu fizer. **18** Quando eu e todos os que estiverem comigo tocarmos as nossas trombetas*a* ao redor do acampamento, toquem as suas, e gritem: Pelo SENHOR e por Gideão!"

19 Gideão e os cem homens que o acompanhavam chegaram aos postos avançados do acampamento pouco depois da meia-noite*1*, assim que foram trocadas as sentinelas. Então

---

1 **7.19** Hebraico: *no início da vigília da meia-noite*.

tocaram as suas trombetas e quebraram os jarros que tinham nas mãos; ²⁰ as três companhias tocaram as trombetas e despedaçaram os jarros. Empunhando as tochas com a mão esquerda e as trombetas com a direita, gritaram: "À espada,ᵇ pelo SENHOR e por Gideão!" ²¹ Cada homem mantinha a sua posição em torno do acampamento, e todos os midianitas fugiam correndo e gritando.ᶜ

²² Quando as trezentas trombetas soaram,ᵈ o SENHOR fez que em todo o acampamento os homens se voltassem uns contra os outrosᵉ com as suas espadas. Mas muitos fugiram para Bete-Sita, na direção de Zererá, até a fronteira de Abel-Meolá,ᶠ perto de Tabate. ²³ Os israelitas de Naftali, de Aser e de todo o Manassés foram convocados,ᵍ e perseguiram os midianitas. ²⁴ Gideão enviou mensageiros a todos os montes de Efraim, dizendo: "Desçam para atacar os midianitas e cerquem as águas do Jordãoʰ à frente deles até Bete-Bara".

Foram, pois, convocados todos os homens de Efraim, e eles ocuparam as águas do Jordão até Bete-Bara. ²⁵ Eles prenderam dois líderes midianitas, Orebe e Zeebe.ⁱ Mataram Orebe na rocha de Orebeʲ e Zeebe no tanque de prensar uvas de Zeebe. E, depois de perseguir os midianitas, trouxeram a cabeça de Orebe e a de Zeebe a Gideão, que estava do outro lado do Jordão.ᵏ

A Derrota de Zeba e Zalmuna

8 Os efraimitas perguntaram, então, a Gideão: "Por que você nos tratou dessa forma? Por que não nos chamou quando foi lutar contra Midiã?"ˡ E o criticaram duramente.ᵐ

² Ele, porém, lhes respondeu: "Que é que eu fiz, em comparação com vocês? O resto das uvas de Efraim não são melhores do que toda a colheita de Abiezer? ³ Deus entregou os líderes midianitas Orebe e Zeebeⁿ nas mãos de vocês. O que pude fazer não se compara com o que vocês fizeram!" Diante disso, acalmou-se a indignação deles contra Gideão.

⁴ Gideão e seus trezentos homens, já exaustos, continuaram a perseguição, chegaram ao Jordãoᵒ e o atravessaram. ⁵ Em Sucote, disse ele aos homens dali:ᵖ "Peço a vocês um pouco de pão para as minhas tropas; os homens estão cansados, e eu ainda estou perseguindo os reis de Midiã, Zeba e Zalmuna".ᵠ

⁶ Os líderes de Sucote, porém, disseram: "Ainda não estão em seu poder Zeba e Zalmuna? Por que deveríamos dar pão às suas tropas?"ˢ

⁷ "É assim?", replicou Gideão. "Quando o SENHOR entregar Zeba e Zalmunaᵗ em minhas mãos, rasgarei a carne de vocês com espinhos e espinheiros do deserto."

⁸ Dali subiu a Penielᵘ e fez o mesmo pedido aos homens de Peniel, mas eles responderam como os de Sucote. ⁹ Aos homens de Peniel ele disse: "Quando eu voltar triunfante, destruirei esta fortaleza".ᵛ

¹⁰ Ora, Zeba e Zalmuna estavam em Carcor, e com eles cerca de quinze mil homens. Estes foram todos os que sobraram dos exércitos dos povos que vinham do leste, pois cento e vinte mil homens que portavam espada tinham sido mortos.ʷ ¹¹ Gideão subiu pela rota dos nômades, a leste de Nobaˣ e Jogbeá,ʸ e atacou de surpresa o exército. ¹² Zeba e Zalmuna, os dois reis de Midiã, fugiram, mas ele os perseguiu e os capturou, derrotando também o exército.

¹³ Depois Gideão, filho de Joás, voltou da batalha, pela subida de Heres. ¹⁴ Ele capturou um jovem de Sucote e o interrogou, e o jovem escreveu para Gideão os nomes dos setenta e sete líderes e autoridades da cidade. ¹⁵ Gideão foi então a Sucote e disse aos homens de lá: "Aqui estão Zeba e Zalmuna, acerca dos quais vocês zombaram de mim, dizendo: 'Ainda não estão em seu poder Zeba e Zalmuna? Por que deveríamos dar pão aos seus homens exaustos?' "ᶻ ¹⁶ Gideão prendeu os líderes da cidade de Sucote, castigando-os com espinhos e espinheiros do deserto;ᵃ ¹⁷ depois derrubou a fortaleza de Peniel e matou os homens daquela cidade.ᵇ

¹⁸ Então perguntou a Zebá e a Zalmuna: "Como eram os homens que vocês mataram em Tabor?"ᶜ

"Eram como você", responderam, "cada um tinha o porte de um príncipe."

¹⁹ Gideão prosseguiu: "Aqueles homens eram meus irmãos, filhos de minha própria mãe. Juro pelo nome do Senhor que, se vocês tivessem poupado a vida deles, eu não mataria vocês". ²⁰ E Gideão voltou-se para Jéter, seu filho mais velho, e lhe disse: "Mate-os!" Jéter, porém, teve medo e não desembainhou a espada, pois era muito jovem.

²¹ Mas Zebá e Zalmuna disseram: "Venha, mate-nos você mesmo. Isso exige coragem de homem". Então Gideão avançou e os matou, e tirou os enfeitesᵈ do pescoço dos camelos deles.

O Manto Sacerdotal de Gideão

²² Os israelitas disseram a Gideão: "Reine sobre nós, você, seu filho e seu neto, pois você nos libertou das mãos de Midiã".

²³ "Não reinarei sobre vocês", respondeu-lhes Gideão, "nem meu filho reinará sobre vocês. O Senhor reinaráᵉ sobre vocês." ²⁴ E prosseguiu: "Só faço a vocês um pedido: que cada um de vocês me dê um brinco da sua parte dos despojos". (Os ismaelitas¹ᶠ costumavam usar brincos de ouro.)

²⁵ Eles responderam: "De boa vontade os daremos a você!" Então estenderam uma capa, e cada homem jogou sobre ela um brinco tirado de seus despojos. ²⁶ O peso dos brincos de ouro chegou a vinte quilos e meio², sem contar os enfeites, os pendentes e as roupas de púrpura que os reis de Midiã usavam e os colares que estavam no pescoço de seus camelos. ²⁷ Gideão usou o ouro para fazer um manto sacerdotal,ᵍ que ele colocou em sua cidade, em Ofra. Todo o Israel prostituiu-se, fazendo dele objeto de adoração; e veio a ser uma armadilhaʰ para Gideão e sua família.

A Morte de Gideão

²⁸ Assim Midiã foi subjugado pelos israelitas, e não tornou a erguer a cabeça. Durante a vida de Gideão a terra desfrutou pazⁱ quarenta anos.

²⁹ Jerubaal,ʲ filho de Joás, retirou-se e foi para casa, onde ficou morando. ³⁰ Teve setenta filhos,ᵏ todos gerados por ele, pois tinha muitas mulheres. ³¹ Sua concubina, que morava em Siquém, também lhe deu um filho, a quem ele deu o nome de Abimeleque.ˡ ³² Gideão, filho de Joás, morreu em idade avançadaᵐ e foi sepultado no túmulo de seu pai, Joás, em Ofra dos abiezritas.

³³ Logo depois que Gideão morreu, os israelitas voltaram a prostituir-se com os baalins,ⁿ cultuando-os. Ergueram Baal-Beriteᵒ como seu deusᵖ e ³⁴ não se lembraramᵠ do Senhor, o seu Deus, que os tinha livrado das mãos dos seus inimigos em redor. ³⁵ Também não foram bondosos com a família de Jerubaal, isto é, Gideão, pois não reconheceram todo o bem que ele tinha feito a Israel.ʳ

Abimeleque

9 Abimeleque,ˢ filho de Jerubaal, foi aos irmãos de sua mãe em Siquém e disse a eles e a todo o clã da família de sua mãe: ² "Perguntem a todos os cidadãos de Siquém o que é melhor para eles, ter todos os setenta filhos de Jerubaal governando sobre eles, ou somente um homem? Lembrem-se de que eu sou sangue do seu sangue³".ᵗ

³ Os irmãos de sua mãe repetiram tudo aos cidadãos de Siquém, e estes se mostraram propensos a seguir Abimeleque, pois disseram: "Ele é nosso irmão". ⁴ Deram-lhe setenta peças⁴ de prata tiradas do templo de Baal-Berite,ᵘ as quais Abimeleque usou para contratar alguns desocupados e vadios,ᵛ que se tornaram seus seguidores. ⁵ Foi à casa de seu pai em Ofra e matou seus setenta irmãos,ʷ filhos de Jerubaal, sobre uma rocha. Mas Jotão, o filho mais novo de Jerubaal, escondeu-se e escapou.ˣ ⁶ Então todos

---

¹ *8.24* Os ismaelitas eram parentes dos midianitas.
² *8.26* Hebraico: *1.700 siclos.* Um siclo equivalia a 12 gramas.
³ *9.2* Hebraico: *osso e carne de vocês.*
⁴ *9.4* Hebraico: *siclos.* Um siclo equivalia a 12 gramas.

8.18 ʲJs 19.22; Jz 4.6
8.21 ᵈv. 26; Sl 83.11
8.23 ᵉEx 16.8; 1Sm 8.7; 10.19; 12.12
8.24 ᶠGn 25.13
8.27 ᵍJz 17.5; 18.14 ʰDt 7.16; Sl 106.39
8.28 ⁱJz 5.31
8.29 ʲJz 7.1
8.30 ᵏJz 9.2,5, 18,24
8.31 ˡJz 9.1
8.32 ᵐGn 25.8
8.33 ⁿJz 2.11,13, 19 ᵒJz 9.4 ᵖJz 9.27,46
8.34 ᵠJz 3.7; Dt 4.9; Sl 78.11,42
8.35 ʳJz 9.16
9.1 ˢJz 8.31
9.2 ᵗGn 29.14; Jz 8.30
9.4 ᵘJz 8.33 ᵛJz 11.3; 2Cr 13.7
9.5 ʷv. 2; Jz 8.30 ˣ2Rs 11.2

os cidadãos de Siquém e de Bete-Milo reuniram-se ao lado do Carvalho, junto à coluna de Siquém, para coroar Abimeleque rei.

⁷ Quando Jotão soube disso, subiu ao topo do monte Gerizim⁽ʸ⁾ e gritou para eles: "Ouçam-me, cidadãos de Siquém, para que Deus os ouça. ⁸ Certo dia as árvores saíram para ungir um rei para si. Disseram à oliveira: 'Seja o nosso rei!'

⁹ "A oliveira, porém, respondeu: 'Deveria eu renunciar ao meu azeite, com o qual se presta honra aos deuses e aos homens, para dominar sobre as árvores?'

¹⁰ "Então as árvores disseram à figueira: 'Venha ser o nosso rei!'

¹¹ "A figueira, porém, respondeu: 'Deveria eu renunciar ao meu fruto saboroso e doce, para dominar sobre as árvores?'

¹² "Depois as árvores disseram à videira: 'Venha ser o nosso rei!'

¹³ "A videira, porém, respondeu: 'Deveria eu renunciar ao meu vinho,ᶻ que alegra os deuses e os homens, para ter domínio sobre as árvores?'

¹⁴ "Finalmente todas as árvores disseram ao espinheiro: 'Venha ser o nosso rei!'

¹⁵ "O espinheiro disse às árvores: 'Se querem realmente ungir-me rei sobre vocês, venham abrigar-se à minha sombra;ᵃ do contrário, sairá fogoᵇ do espinheiro e consumirá até os cedros do Líbano!'ᶜ

¹⁶ "Será que vocês agiram de fato com sinceridade quando fizeram Abimeleque rei? Foram justos com Jerubaal e sua família, como ele merecia? ¹⁷ Meu pai lutou por vocês e arriscou a vida para livrá-los das mãos de Midiã. ¹⁸ Hoje, porém, vocês se revoltaram contra a família de meu pai, mataram seus setenta filhosᵈ sobre a mesma rocha e proclamaram Abimeleque, o filho *de sua escrava*, *rei sobre os cidadãos de Siquém* pelo fato de ser irmão de vocês. ¹⁹ Se hoje vocês de fato agiram com sinceridade para com Jerubaal e sua família, alegrem-se com Abimeleque, e alegre-se ele com vocês! ²⁰ Entretanto, se não foi assim, que saia fogoᵉ de Abimeleque e consuma os cidadãos de Siquém e de Bete-Milo, e que saia fogo dos cidadãos de Siquém e de Bete-Milo, e consuma Abimeleque!"

²¹ Depois Jotão fugiu para Beer, onde ficou morando, longe de seu irmão Abimeleque.

²² Fazia três anos que Abimeleque governava Israel, ²³ quando Deus enviou um espírito malignoᶠ entre Abimeleque e os cidadãos de Siquém, e estes agiram traiçoeiramente contra Abimeleque. ²⁴ Isso aconteceu para que o crime contra os setenta filhos de Jerubaal, o derramamentoᵍ do sangue deles, fosse vingadoʰ em seu irmão Abimeleque e nos cidadãos de Siquém que o ajudaramⁱ a assassinar os seus irmãos. ²⁵ Os cidadãos de Siquém enviaram homens para o alto das colinas para emboscarem os que passassem por ali, e Abimeleque foi informado disso.

²⁶ Nesse meio tempo, Gaal, filho de Ebede, mudou-se com seus parentes para Siquém, cujos cidadãos confiavam nele. ²⁷ Sucedeu que foram ao campo, colheram uvas, pisaram-nasʲ e fizeram uma festa no templo do seu deus.ᵏ Comendo e bebendo, amaldiçoaram Abimeleque. ²⁸ Então Gaal, filho de Ebede, disse: "Quemˡ é Abimeleque para que o sirvamos? E quem é Siquém? Não é ele o filho de Jerubaal, e não é Zebul o seu representante? Sirvam aos homens de Hamor,ᵐ o pai de Siquém! Por que servir a Abimeleque? ²⁹ Ah! Se eu tivesse esse povo sob o meu comando!ⁿ Eu me livraria de Abimeleque e lhe diria: Mobilize o seu exército e venha!"

³⁰ Quando Zebul, o governante da cidade, ouviu o que dizia Gaal, filho de Ebede, ficou indignado. ³¹ Secretamente enviou mensageiros a Abimeleque dizendo: "Gaal, filho de Ebede, e seus parentes vieram a Siquém e estão agitando a cidade contra você. ³² Venha de noite, você e seus homens, e fiquem à esperaᵒ no campo. ³³ De manhã, ao nascer do sol, avance contra

---

¹ **9.29** Conforme a Septuaginta. O Texto Massorético diz *E ele disse a Abimeleque: Convoque todo o seu exército!*

a cidade. Quando Gaal e sua tropa atacarem, faça com eles o que achar melhor".ᵖ

³⁴ E assim Abimeleque e todas as suas tropas partiram de noite e prepararam emboscadas perto de Siquém, em quatro companhias. ³⁵ Ora, Gaal, filho de Ebede, tinha saído e estava à porta da cidade quando Abimeleque e seus homens saíram da sua emboscada.ᑫ

³⁶ Quando Gaal os viu, disse a Zebul: "Veja, vem gente descendo do alto das colinas!"

Zebul, porém, respondeu: "Você está confundindo as sombras dos montes com homens".

³⁷ Mas Gaal tornou a falar: "Veja, vem gente descendo da parte central do território¹, e uma companhia está vindo pelo caminho do carvalho dos Adivinhadores".

³⁸ Disse-lhe Zebul: "Onde está toda aquela sua conversa? Você dizia: 'Quem é Abimeleque, para que o sirvamos?' Não são estes os homens que você ridicularizou?ʳ Saia e lute contra eles!"

³⁹ Então Gaal conduziu para fora os² cidadãos de Siquém e lutou contra Abimeleque. ⁴⁰ Abimeleque o perseguiu, e ele fugiu. Muitos dos homens de Siquém caíram mortos ao longo de todo o caminho, até a porta da cidade. ⁴¹ Abimeleque permaneceu em Arumá, e Zebul expulsou Gaal e os seus parentes de Siquém.

⁴² No dia seguinte, o povo de Siquém saiu aos campos, e Abimeleque ficou sabendo disso. ⁴³ Então dividiu os seus homens em três companhiasˢ e armou emboscadas no campo. Quando viu o povo saindo da cidade, levantou-se contra ele e atacou-o. ⁴⁴ Abimeleque e as tropas que estavam com ele avançaram até a porta da cidade. Então duas companhias avançaram sobre os que estavam nos campos e os mataram. ⁴⁵ E Abimeleque atacou a cidade o dia todo, até conquistá-la e matar o seu povo. Depois destruiu a cidadeᵗ e espalhou salᵘ sobre ela.

¹ 9.37 Hebraico: *do Umbigo da Terra*.
² 9.39 Ou *Gaal saiu à vista dos*

⁴⁶ Ao saberem disso, os cidadãos que estavam na torre de Siquém entraram na fortaleza do temploᵛ de El-Berite. ⁴⁷ Quando Abimeleque soube que se haviam reunido lá, ⁴⁸ ele e todos os seus homens subiram o monte Zalmom.ʷ Ele apanhou um machado, cortou um galho de árvore e o pôs nos ombros. Então deu esta ordem aos homens que estavam com ele: "Rápido! Façam o que eu estou fazendo!" ⁴⁹ Todos os homens cortaram galhos e seguiram Abimeleque. Empilharam os galhos junto à fortaleza e a incendiaram. Assim morreu também o povo que estava na torre de Siquém, cerca de mil homens e mulheres.

⁵⁰ A seguir, Abimeleque foi a Tebes,ˣ sitiou-a e conquistou-a. ⁵¹ Mas dentro da cidade havia uma torre bastante forte, para a qual fugiram todos os homens e mulheres, todo o povo da cidade. Trancaram-se por dentro e subiram para o telhado da torre. ⁵² Abimeleque foi para a torre e atacou-a. E, quando se aproximava da entrada da torre para incendiá-la, ⁵³ uma mulher jogou uma pedra de moinho na cabeça dele, e lhe rachou o crânio.ʸ

⁵⁴ Imediatamente ele chamou seu escudeiro e lhe ordenou: "Tire a espada e mate-me,ᶻ para que não digam que uma mulher me matou". Então o jovem o atravessou, e ele morreu. ⁵⁵ Quando os israelitas viram que Abimeleque estava morto, voltaram para casa.

⁵⁶ Assim Deus retribuiu a maldade que Abimeleque praticara contra o seu pai, matando os seus setenta irmãos. ⁵⁷ Deus fez também os homens de Siquém pagarem por toda a sua maldade.ᵃ A maldição de Jotão, filho de Jerubaal, caiu sobre eles.

Tolá

10 Depois de Abimeleque, um homem de Issacarᵇ chamado Tolá, filho de Puá,ᶜ filho de Dodô, levantou-se para libertarᵈ Israel. Ele morava em Samir, nos montes de Efraim, ² e liderou Israel durante vinte e três anos; então morreu e foi sepultado em Samir.

Jair

³ Depois dele veio Jair, de Gileade, que liderou Israel durante vinte e dois anos. ⁴ Teve trinta filhos, que montavam trinta jumentos. Eles tinham autoridade sobre trinta cidades, as quais até hoje são chamadas "povoados de Jair"ᵉ e ficam em Gileade. ⁵ Quando Jair morreu, foi sepultado em Camom.

Jefté

⁶ Mais uma vez os israelitas fizeram o que o Senhorᶠ reprova. Serviram aos baalins, às imagens de Astarote,ᵍ aos deuses de Arã, aos deuses de Sidom, aos deuses de Moabe, aos deuses dos amonitas e aos deuses dos filisteus.ʰ E como os israelitas abandonaramⁱ o Senhor e não mais lhe prestaram culto, ⁷ a iraʲ do Senhor se acendeu contra eles. Ele os entregouᵏ nas mãos dos filisteus e dos amonitas, ⁸ que naquele ano os humilharam e os oprimiram. Durante dezoito anos oprimiram todos os israelitas do lado leste do Jordão, em Gileade, terra dos amorreus. ⁹ Os amonitas também atravessaram o Jordão para lutar contra Judá, contra Benjamim e contra a tribo de Efraim; e grande angústia dominou Israel. ¹⁰ Então os israelitas clamaram ao Senhor, dizendo: "Temos pecado contra ti, pois abandonamos o nosso Deus e prestamos culto aos baalins!"ˡ

¹¹ O Senhor respondeu: "Quando os egípcios,ᵐ os amorreus, os amonitas,ⁿ os filisteus,ᵒ ¹² os sidônios, os amalequitas e os maonitas¹ os oprimiram,ᵖ e vocês clamaram a mim, eu os libertei das mãos deles. ¹³ Mas vocês me abandonaram e prestaram culto a outros deuses. Por isso não os livrarei mais. ¹⁴ Clamem aos deuses que vocês escolheram. Que eles os livrem na hora do aperto!"ᑫ

¹⁵ Os israelitas, porém, disseram ao Senhor: "Nós pecamos. Faze conosco o que achares melhor,ʳ mas te rogamos, livra-nos agora". ¹⁶ Então eles se desfizeram dos deuses estrangeiros que havia no meio deles e prestaram culto ao Senhor.ˢ E ele não pôde maisᵘ suportar o sofrimento de Israel.ᵗ

¹⁷ Quando os amonitas foram convocados e acamparam em Gileade, os israelitas reuniram-se e acamparam em Mispá.ᵛ ¹⁸ Os líderes do povo de Gileade disseram uns aos outros: "Quem iniciar o ataque contra os amonitas será chefeʷ dos que vivem em Gileade".

11 Jefté,ˣ o gileadita, era um guerreiro valente.ʸ Sua mãe era uma prostituta; seu pai chamava-se Gileade. ² A mulher de Gileade também lhe deu filhos, que, quando já estavam grandes, expulsaram Jefté, dizendo: "Você não vai receber nenhuma herança de nossa família, pois é filho de outra mulher". ³ Então Jefté fugiu dos seus irmãos e se estabeleceu em Tobe.ᶻ Ali um bando de vadiosᵃ uniu-se a ele e o seguia.

⁴ Algum tempo depois, quando os amonitasᵇ entraram em guerra contra Israel, ⁵ os líderes de Gileade foram buscar Jefté em Tobe. ⁶ "Venha", disseram. "Seja nosso comandante, para que possamos combater os amonitas."

⁷ Disse-lhes Jefté: "Vocês não me odiavam e não me expulsaram da casa de meu pai?ᶜ Por que me procuram agora, quando estão em dificuldades?"

⁸ "Apesar disso, agora estamos apelando para você", responderam os líderes de Gileade. "Venha conosco combater os amonitas, e você será o chefeᵈ de todos os que vivem em Gileade."

⁹ Jefté respondeu: "Se vocês me levarem de volta para combater os amonitas e o Senhor os entregar a mim, serei o chefe de vocês?"

¹⁰ Os líderes de Gileade responderam: "O Senhor é nossa testemunha;ᵉ faremos conforme você diz". ¹¹ Assim Jefté foi com os líderes de Gileade, e o povo o fez chefe e comandante sobre todos. E ele repetiu perante o Senhor, em Mispá,ᶠ todas as palavras que tinha dito.

---

¹ **10.12** Alguns manuscritos da Septuaginta dizem *midianitas*.

¹² Jefté enviou mensageiros ao rei amonita com a seguinte pergunta: "Que é que tens contra nós, para teres atacado a nossa terra?"

¹³ O rei dos amonitas respondeu aos mensageiros de Jefté: "Quando Israel veio do Egito tomou as minhas terras, desde o Arnom até o Jaboqueᵍ e até o Jordão. Agora, devolvam-me essas terras pacificamente".

¹⁴ Jefté mandou de novo mensageiros ao rei amonita, ¹⁵ dizendo:

"Assim diz Jefté: Israel não tomou a terra de Moabe,ʰ e tampouco a terra dos amonitas.ⁱ ¹⁶ Quando veio do Egito, Israel foi pelo deserto até o mar Vermelhoʲ e daí para Cades.ᵏ ¹⁷ Então Israel enviou mensageirosˡ ao rei de Edom, dizendo: 'Deixa-nos atravessar a tua terra',ᵐ mas o rei de Edom não quis ouvi-lo. Enviou o mesmo pedido ao rei de Moabe, e ele também não consentiu.ⁿ Assim Israel permaneceu em Cades.

¹⁸ "Em seguida, os israelitas viajaram pelo deserto e contornaram Edomᵒ e Moabe; passaram a lesteᵖ de Moabe e acamparam do outro lado do Arnom.ᵍ Não entraram no território de Moabe, pois o Arnom era a sua fronteira.

¹⁹ "Depois Israel enviou mensageiros a Seom, rei dos amorreus, em Hesbom, e lhe pediu: 'Deixa-nos atravessar a tua terra para irmos ao lugar que nos pertence!'ʳ ²⁰ Seom, porém, não acreditou que Israel fosse apenasⁱ atravessar o seu território; assim convocou todos os seus homens, acampou em Jaza e lutou contra Israel.ˢ

²¹ "Então o Senhor, o Deus de Israel, entregou Seom e todos os seus homens nas mãos de Israel, e este os derrotou. Israel tomou posse de todas as terras dos amorreus que viviam naquela região, ²² conquistando-a por inteiro, desde o Arnom até o Jaboque, e desde o deserto até o Jordão.ᵗ

²³ "Agora que o Senhor, o Deus de Israel, expulsou os amorreus da presença de Israel,

---

ⁱ **11.20** Ou *porém, não quis fazer acordo com Israel, permitindo-lhe*

seu povo, queres tu tomá-la? ²⁴ Acaso não tomas posse daquilo que o teu deus Camosᵘ te dá? Da mesma forma tomaremos posse do que o Senhor, o nosso Deus, nos deu. ²⁵ És tu melhor do que Balaque, filho de Zipor,ᵛ rei de Moabe? Entrou ele alguma vez em conflito com Israel ou lutou com ele?ʷ ²⁶ Durante trezentos anos Israel ocupouˣ Hesbom, Aroer, os povoados ao redor e todas as cidades às margens do Arnom. Por que não os reconquistaste todo esse tempo? ²⁷ Nada fiz contra ti, mas tu estás cometendo um erro, lutando contra mim. Que o Senhor, o Juiz,ʸ julgueᶻ hoje a disputa entre os israelitas e os amonitas".

²⁸ Entretanto, o rei de Amom não deu atenção à mensagem de Jefté.

²⁹ Então o Espíritoᵃ do Senhor se apossou de Jefté. Este atravessou Gileade e Manassés, passou por Mispá de Gileade, e daí avançou contra os amonitas. ³⁰ E Jefté fez este votoᵇ ao Senhor: "Se entregares os amonitas nas minhas mãos, ³¹ aquele que estiver saindo da porta da minha casa ao meu encontro, quando eu retornar da vitória sobre os amonitas, será do Senhor, e eu o oferecerei em holocausto".

³² Então Jefté foi combater os amonitas, e o Senhor os entregou nas suas mãos. ³³ Ele conquistou vinte cidades, desde Aroer até as vizinhanças de Minite,ᶜ chegando a Abel-Queramim. Assim os amonitas foram subjugados pelos israelitas.

³⁴ Quando Jefté chegou à sua casa em Mispá, sua filha saiu ao seu encontro, dançando ao som de tamborins.ᵈ E ela era filha única. Ele não tinha outro filho ou filha. ³⁵ Quando a viu, rasgou suas vestes e gritou: "Ah, minha filha! Estou angustiado e desesperado por sua causa, pois fiz ao Senhor um voto que não posso quebrar".ᵉ

³⁶ "Meu pai", respondeu ela, "sua palavra foi dada ao Senhor. Faça comigo o que prometeu,ᶠ agora que o Senhor o vingou dos seus inimigos,ᵍ os amonitas". ³⁷ E prosseguiu: "Mas conceda-me dois meses para

---

11.13
ᵃGn 32.22;
Nm 21.24

11.15
ᵇDt 2.9
ᶜDt 2.19

11.16
ʲNm 14.25;
Dt 1.40
ᵏNm 20.1

11.17
ˡNm 20.14
ᵐNm 20.18, 21
ⁿJs 24.9

11.18
ᵒNm21.4
ᵖDt 2.8
ᵍNm 21.13

11.19
ʳNm 21.21-22; Dt 2.26-27

11.20
ˢNm 21.23;
Dt 2.32

11.22
ᵗDt 2.36

11.24
ᵘNm 21.29;
Js 3.10;
1Rs 11.7

11.25
ᵛNm 22.2
ʷJs 24.9

11.26
ˣNm 21.25

11.27
ʸGn 18.25
ᶻGn 16.5;
31.53
1Sm 24.12,15

11.29
ᵃNm 11.25;
Jz 3.10;
6.34; 14.6,
19; 15.14;
1Sm 11.6;
16.13;
Is 11.2

11.30
ᵇGn 28.20

11.33
ᶜEz 27.17

11.34
ᵈEx 15.20;
Jr 31.4

11.35
ᵉNm 30.2;
Ec 5.2,4,5

11.36
ᶠLc 1.38
ᵍ2Sm 18.19

vagar pelas colinas e chorar com as minhas amigas, porque jamais me casarei".

38 "Vá!", disse ele. E deixou que ela fosse por dois meses. Ela e suas amigas foram para as colinas e choraram porque ela jamais se casaria. **39** Passados os dois meses, ela voltou a seu pai, e ele fez com ela o que tinha prometido no voto. Assim, ela nunca deixou de ser virgem.

Daí vem o costume em Israel **40** de saírem as moças durante quatro dias, todos os anos, para celebrar a memória da filha de Jefté, o gileadita.

O Conflito de Jefté contra Efraim

12 Os homens de Efraim foram convocados para a batalha; dirigiram-se para Zafom e disseram a Jefté: "Por que você foi lutar contra os amonitas sem nos chamar para irmos juntos?*h* Vamos queimar a sua casa e você junto!"

2 Jefté respondeu: "Eu e meu povo estávamos envolvidos numa grande contenda com os amonitas, e, embora eu os tenha chamado, vocês não me livraram das mãos deles. **3** Quando vi que vocês não ajudariam, arrisquei a vida*i* e fui lutar contra os amonitas, e o Senhor me deu a vitória sobre eles. E, por que vocês vieram para cá hoje? Para lutar contra mim?"

4 Jefté reuniu então todos os homens de Gileade e lutou contra Efraim. Os gileaditas feriram os efraimitas porque estes tinham dito: "Vocês, gileaditas, são desertores de Efraim e de Manassés". **5** Os gileaditas tomaram as passagens do Jordão*j* que conduziam a Efraim. Sempre que um fugitivo de Efraim dizia: "Deixem-me atravessar", os homens de Gileade perguntavam: "Você é efraimita?" Se respondesse que não, **6** diziam: "Então diga: *Chibolete*". Se ele dissesse: "Sibolete", sem conseguir pronunciar corretamente a palavra, prendiam-no e matavam-no no lugar de passagem do Jordão. Quarenta e dois mil efraimitas foram mortos naquela ocasião.

7 Jefté liderou Israel durante seis anos. Então o gileadita Jefté morreu e foi sepultado numa cidade de Gileade.

Ibsã, Elom e Abdom

8 Depois de Jefté, Ibsã, de Belém, liderou Israel. **9** Teve trinta filhos e trinta filhas. Deu suas filhas em casamento a homens de fora do seu clã e trouxe para os seus filhos trinta mulheres de fora do seu clã. Ibsã liderou Israel durante sete anos. **10** Então Ibsã morreu e foi sepultado em Belém.

11 Depois dele, Elom, da tribo de Zebulom, liderou Israel durante dez anos. **12** Elom morreu e foi sepultado em Aijalom, na terra de Zebulom.

13 Depois dele, Abdom, filho de Hilel, de Piratom, liderou Israel. **14** Teve quarenta filhos e trinta netos,*k* que montavam setenta jumentos.*l* Abdom liderou Israel durante oito anos. **15** Então Abdom, filho de Hilel, morreu e foi sepultado em Piratom, na terra de Efraim, na serra dos amalequitas.*m*

O Nascimento de Sansão

13 Os israelitas voltaram a fazer o que o Senhor reprova, e por isso o Senhor os entregou nas mãos dos filisteus*n* durante quarenta anos.

2 Certo homem de Zorá,*o* chamado Manoá, do clã da tribo de Dã, tinha mulher estéril. **3** Certo dia o Anjo do Senhor*p* apareceu a ela*q* e lhe disse: "Você é estéril, não tem filhos, mas engravidará e dará à luz um filho.*r* **4** Todavia, tenha cuidado, não beba vinho nem outra bebida fermentada e não coma nada impuro;*s* **5** e não se passará navalha*t* na cabeça do filho que você vai ter, porque o menino será nazireu,*u* consagrado a Deus desde o nascimento; ele iniciará*v* a libertação de Israel das mãos dos filisteus".

6 Então a mulher foi contar tudo ao seu marido: "Um homem de Deus*w* veio falar comigo. Era como um anjo de Deus,*x* de aparência impressionante. Não lhe perguntei de onde tinha vindo, e ele não me disse o seu nome, **7** mas ele me assegurou: 'Você engravidará e dará à luz um filho. Todavia, não beba vinho nem outra bebida fermentada, e não coma nada impuro, porque o menino será nazireu, consagrado a Deus, desde o nascimento até o dia da sua morte' ".

⁸ Então Manoá orou ao Senhor: "Senhor, eu te imploro que o homem de Deus que enviaste volte para nos instruir sobre o que fazer com o menino que vai nascer".

⁹ Deus ouviu a oração de Manoá, e o Anjo de Deus veio novamente falar com a mulher quando ela estava sentada no campo; Manoá, seu marido, não estava com ela. ¹⁰ Mas ela foi correndo contar ao marido: "O homem que me apareceu outro dia está aqui!"

¹¹ Manoá levantou-se e seguiu a mulher. Quando se aproximou do homem, perguntou: "Foste tu que falaste com a minha mulher?"

"Sim", disse ele.

¹² "Quando as tuas palavras se cumprirem", Manoá perguntou, "como devemos criar o menino? O que ele deverá fazer?"

¹³ O Anjo do Senhor respondeu: "Sua mulher terá que seguir tudo o que eu ordenei a você. ¹⁴ Ela não poderá comer nenhum produto da videira, nem vinho ou bebida fermentada,ʸ nem comer nada impuro.ᶻ Terá que obedecer a tudo o que ordenei a você".

¹⁵ Manoá disse ao Anjo do Senhor: "Gostaríamos que ficasses conosco; queremos oferecer-te um cabrito".ᵃ

¹⁶ O Anjo do Senhor respondeu: "Se eu ficar, não comerei nada. Mas, se você preparar um holocausto,ᵇ ofereça-o ao Senhor". Manoá não sabia que ele era o Anjo do Senhor.

¹⁷ Então Manoá perguntou ao Anjo do Senhor: "Qual é o teu nome,ᶜ para que te prestemos homenagem quando se cumprir a tua palavra?"

¹⁸ Ele respondeu: "Por que pergunta o meu nome?ᵈ Meu nome está além do entendimento'".ⁱ ¹⁹ Então Manoá apanhou um cabrito e a oferta de cereal e os ofereceu ao Senhor sobre uma rocha.ᵉ E o Senhor fez algo estranho enquanto Manoá e sua mulher observavam: ²⁰ quando a chamaᶠ do altar subiu ao céu, o Anjo do Senhor subiu na chama. Vendo isso, Manoá e sua mulher prostraram-se com o rosto em terra.ᵍ

²¹ Como o Anjo do Senhor não voltou a manifestar-se a Manoá e à sua mulher, Manoá percebeuʰ que era o Anjo do Senhor.

²² "Sem dúvidaⁱ vamos morrer!" disse ele à mulher, "pois vimosʲ a Deus!"

²³ Mas a mulher respondeu: "Se o Senhor tivesse a intenção de nos matar, não teria aceitado o holocausto e a oferta de cereal das nossas mãos, não nos teria mostrado todas essas coisas e não nos teria revelado o que agora nos revelou".ᵏ

²⁴ A mulher deu à luz um menino e pôs-lhe o nome de Sansão.ˡ Ele cresceu,ᵐ e o Senhor o abençoou,ⁿ ²⁵ e o Espírito do Senhor começou a agirᵒ nele quando ele se achava em Maané-Dã,ᵖ entre Zorá e Estaol.

O Casamento de Sansão

14 Sansão desceu a Timnaᑫ e viu ali uma mulher do povo filisteu. ² Quando voltou para casa, disse a seu pai e a sua mãe: "Vi uma mulher filisteia em Timna; consigam essa mulher para ser minha esposa".ʳ

³ Seu pai e sua mãe lhe perguntaram: "Será que não há mulher entre os seus parentes ou entre todo o seu povo?ˢ Você tem que ir aos filisteus incircuncisosᵗ para conseguir esposa?"ᵘ

Sansão, porém, disse ao pai: "Consiga-a para mim. É ela que me agrada". ⁴ Seus pais não sabiam que isso vinha do Senhor, que buscava ocasião contra os filisteus;ᵛ pois naquela época eles dominavam Israel.ʷ ⁵ Sansão foi para Timna com seu pai e sua mãe. Quando se aproximavam das vinhas de Timna, de repente um leão forte veio rugindo na direção dele. ⁶ O Espírito do Senhor apossou-seˣ de Sansão, e ele, sem nada nas mãos, rasgou o leão como se fos-

---

ⁱ **13.18** Ou *nome é maravilhoso*

se um cabrito. Mas não contou nem ao pai nem à mãe o que fizera. ⁷ Então foi conversar com a mulher de quem gostava.

⁸ Algum tempo depois, quando voltou para casar-se com ela, Sansão saiu do caminho para olhar o cadáver do leão, e nele havia um enxame de abelhas e mel. ⁹ Tirou o mel com as mãos e o foi comendo pelo caminho. Quando voltou aos seus pais, repartiu com eles o mel, e eles também comeram. Mas não lhes contou que tinha tirado o mel do cadáver do leão.

¹⁰ Seu pai desceu à casa da mulher, e Sansão deu ali uma festa, como era costume dos noivos. ¹¹ Quando ele chegou, trouxeram-lhe trinta rapazes para o acompanharem na festa.

¹² "Vou propor um enigma⁹ para vocês", disse-lhes Sansão. "Se vocês puderem dar-me a resposta certa durante os sete dias da festa,ᶻ então eu darei a vocês trinta vestes de linho e trinta mudas de roupas.ᵃ ¹³ Se não conseguirem dar-me a resposta, vocês me darão trinta vestes de linho e trinta mudas de roupas."

"Proponha-nos o seu enigma", disseram. "Vamos ouvi-lo."

¹⁴ Disse ele então:

"Do que come saiu comida;
do que é forte saiu doçura".

Durante três dias eles não conseguiram dar a resposta.

¹⁵ No quarto¹ dia disseram à mulher de Sansão: "Convençaᵇ o seu marido a explicar o enigma. Caso contrário, poremos fogo em você e na família de seu pai, e vocês morrerão.ᶜ Você nos convidou para nos roubar?"

¹⁶ Então a mulher de Sansão implorou-lhe aos prantos: "Você me odeia! Você não me ama!ᵈ Você deu ao meu povo um enigma, mas não me contou a resposta!"

"Nem a meu pai nem à minha mãe expliquei o enigma", respondeu ele. "Por que deveria explicá-lo a você?" ¹⁷ Ela chorou durante o restante da semanaᵉ da festa. Por fim, no sétimo dia, ele lhe contou, pois ela continuava a perturbá-lo. Ela, por sua vez, revelou o enigma ao seu povo.

¹⁸ Antes do pôr do sol do sétimo dia, os homens da cidade vieram lhe dizer:

"O que é mais doce que o mel?
O que é mais forte que o leão?"ᶠ

Sansão lhes disse:

"Se vocês não tivessem arado
   com a minha novilha,
não teriam solucionado o meu enigma".

¹⁹ Então o Espírito do Senhor apossou-se de Sansão.ᵍ Ele desceu a Ascalom, matou trinta homens, pegou as suas roupas e as deu aos que tinham explicado o enigma. Depois, enfurecido,ʰ foi para a casa do seu pai. ²⁰ E a mulher de Sansão foi dada ao amigoⁱ que tinha sido o acompanhante dele no casamento.

A Vingança de Sansão

15 Algum tempo depois, na época da colheita do trigo, Sansão foi visitar a sua mulher e levou-lhe um cabrito.ʲ "Vou ao quarto da minha mulher", disse ele. Mas o pai dela não quis deixá-lo entrar.

² "Eu estava tão certo de que você a odiava", disse ele, "que a dei ao seu amigo.ᵏ A sua irmã mais nova não é mais bonita? Fique com ela no lugar da irmã".

³ Sansão lhes disse: "Desta vez ninguém poderá me culpar quando eu acertar as contas com os filisteus!" ⁴ Então saiu, capturou trezentas raposas e as amarrou aos pares pela cauda. Depois prendeu uma tocha em cada par de caudas, ⁵ acendeu as tochas e soltou as raposas no meio das plantações dos filisteus. Assim ele queimou os feixes, o cereal que iam colher e também as vinhas e os olivais.

⁶ Os filisteus perguntaram: "Quem fez isso?" Responderam-lhes: "Foi Sansão, o genro do timnita, porque a sua mulher foi

---

¹ **14.15** Conforme alguns manuscritos da Septuaginta e a Versão Siríaca. O Texto Massorético diz *sétimo*.

dada ao seu amigo". Então os filisteus foram e queimaram a mulher e seu pai.¹

7 Sansão lhes disse: "Já que fizeram isso, não sossegarei enquanto não me vingar de vocês". **8** Ele os atacou sem dó nem piedade e fez terrível matança. Depois desceu e ficou numa caverna da rocha de Etã.

9 Os filisteus foram para Judá e lá acamparam, espalhando-se pelas proximidades de Leí. **10** Os homens de Judá perguntaram: "Por que vocês vieram lutar contra nós?"

Eles responderam: "Queremos levar Sansão amarrado, para tratá-lo como ele nos tratou".

11 Três mil homens de Judá desceram então à caverna da rocha de Etã e disseram a Sansão: "Você não sabe que os filisteus dominam sobre nós? Você viu o que nos fez?"

Ele respondeu: "Fiz a eles apenas o que eles me fizeram".

12 Disseram-lhe: "Viemos amarrá-lo para entregá-lo aos filisteus".

Sansão disse: "Jurem-me que vocês mesmos não me matarão".

13 "Certamente que não!", responderam. "Somente vamos amarrá-lo e entregá-lo nas mãos deles. Não o mataremos." E o prenderam com duas cordas novas e o fizeram sair da rocha. **14** Quando ia chegando a Leí, os filisteus foram ao encontro dele aos gritos. Mas o Espírito do Senhor apossou-se dele. As cordas em seus braços se tornaram como fibra de linho queimada, e os laços caíram das suas mãos. **15** Encontrando a carcaça de um jumento, pegou a queixada e com ela matou mil homens.

16 Disse ele então:

"Com uma queixada de jumento
  fiz deles montões¹.
Com uma queixada de jumento
  matei mil homens".

17 Quando acabou de falar, jogou fora a queixada; e o local foi chamado Ramate-Leí².

¹ **15.16** Ou *jumentos*. Há um jogo de palavras no hebraico entre jumento e montão.
² **15.17** *Ramate-Leí* significa *colina da queixada*.

18 Sansão estava com muita sede e clamou ao Senhor: "Deste pela mão de teu servo esta grande vitória. Morrerei eu agora de sede para cair nas mãos dos incircuncisos?" **19** Deus então abriu a rocha que há em Leí, e dela saiu água. Sansão bebeu, suas forças voltaram, e ele recobrou o ânimo. Por esse motivo essa fonte foi chamada En-Hacoré³, e ainda lá está, em Leí.

20 Sansão liderou Israel durante vinte anos, no tempo do domínio dos filisteus.

Sansão e Dalila

16 Certa vez Sansão foi a Gaza, viu ali uma prostituta e passou a noite com ela. **2** Disseram ao povo de Gaza: "Sansão está aqui!" Então cercaram o local e ficaram à espera dele a noite toda, junto à porta da cidade. Não se moveram a noite inteira, dizendo: "Ao amanhecer o mataremos".

3 Sansão, porém, ficou deitado só até a meia-noite. Levantou-se, agarrou firme a porta da cidade, com os dois batentes, e os arrancou, com tranca e tudo. Pôs tudo nos ombros e o levou ao topo da colina que fica defronte de Hebrom.

4 Depois dessas coisas, ele se apaixonou por uma mulher do vale de Soreque, chamada Dalila. **5** Os líderes dos filisteus foram dizer a ela: "Veja se consegue induzi-lo a mostrar para você o segredo da sua grande força e como poderemos dominá-lo, para que o amarremos e o subjuguemos. Cada um de nós dará a você treze quilos⁴ de prata".

6 Disse, pois, Dalila a Sansão: "Conte-me, por favor, de onde vem a sua grande força e como você pode ser amarrado e subjugado".

7 Respondeu-lhe Sansão: "Se alguém me amarrar com sete tiras de couro⁵ ainda úmidas, ficarei tão fraco quanto qualquer outro homem".

³ **15.19** *En-Hacoré* significa *a fonte do que clama*.
⁴ **16.5** Hebraico: *1.100 siclos*. Um siclo equivalia a 12 gramas.
⁵ **16.7** Ou *sete cordas de arco*; também nos versículos 8 e 9.

⁸ Então os líderes dos filisteus trouxeram a ela sete tiras de couro ainda úmidas, e Dalila o amarrou com elas. ⁹ Tendo homens escondidos no quarto,ᶻ ela o chamou: "Sansão, os filisteus o estão atacando!" Mas ele arrebentou as tiras de couro como se fossem um fio de estopa posto perto do fogo. Assim, não se descobriu de onde vinha a sua força.

¹⁰ Disse Dalila a Sansão: "Você me fez de boba;ᵃ mentiu para mim! Agora conte-me, por favor, como você pode ser amarrado".

¹¹ Ele disse: "Se me amarrarem firmemente com cordasᵇ que nunca tenham sido usadas, ficarei tão fraco quanto qualquer outro homem".

¹² Dalila o amarrou com cordas novas. Depois, tendo homens escondidos no quarto, ela o chamou: "Sansão, os filisteus o estão atacando!" Mas ele arrebentou as cordas de seus braços como se fossem uma linha.

¹³ Disse Dalila a Sansão: "Até agora você me fez de boba e mentiu para mim. Diga-me como pode ser amarrado".

Ele respondeu: "Se você tecer num pano as sete tranças da minha cabeça e o prender com uma lançadeira, ficarei tão fraco quanto qualquer outro homem". Assim, enquanto ele dormia, Dalila teceu as sete tranças da sua cabeça num pano ¹⁴ e¹ o prendeu com a lançadeira.

Novamente ela o chamou: "Sansão, os filisteus o estão atacando!"ᶜ Ele despertou do sono e arrancou a lançadeira e o tear, com os fios.

¹⁵ Então ela lhe disse: "Como você pode dizer que me amaᵈ se não confia em mim? Esta é a terceira vezᵉ que você me fez de boba e não contou o segredo da sua grande força".ᶠ ¹⁶ Importunando-o o tempo todo, ela o cansava dia após dia, ficando ele a ponto de morrer.

¹⁷ Por isso ele lhe contou o segredo:ᵍ "Jamais se passou navalha em minha cabeça," disse ele, "pois sou nazireu,ʰ desde o ventre materno. Se fosse rapado o cabelo da minha cabeça, a minha força se afastaria de mim, e eu ficaria tão fraco quanto qualquer outro homem".

¹⁸ Quando Dalila viu que Sansão lhe tinha contado todo o segredo, enviou esta mensagem aos líderes dos filisteus:ⁱ "Subam mais esta vez, pois ele me contou todo o segredo". Os líderes dos filisteus voltaram a ela levando a prata. ¹⁹ Fazendo-o dormir no seu colo, ela chamou um homem para cortar as sete tranças do cabelo dele, e assim começou a subjugá-lo². E a sua força o deixou.ʲ

²⁰ Então ela chamou: "Sansão, os filisteus o estão atacando!"

Ele acordou do sono e pensou: "Sairei como antes e me livrarei". Mas não sabia que o SENHOR o tinha deixado.ᵏ

²¹ Os filisteusˡ o prenderam, furaram os seus olhosᵐ e o levaram para Gaza. Prenderam-no com algemas de bronze, e o puseram a girar um moinhoⁿ na prisão. ²² Mas, logo o cabelo da sua cabeça começou a crescer de novo.

A Morte de Sansão

²³ Os líderes dos filisteus se reuniram para oferecer um grande sacrifício a seu deus Dagomᵒ e para festejar. Comemorando sua vitória, diziam: "O nosso deus entregou o nosso inimigo Sansão em nossas mãos".

²⁴ Quando o povo o viu, louvou o seu deus:ᵖ

"O nosso deus nos entregouᵍ
o nosso inimigo,
o devastador da nossa terra,
aquele que multiplicava
os nossos mortos".

²⁵ Com o coração cheio de alegria,ʳ gritaram: "Tragam-nos Sansão para nos divertir!" E mandaram trazer Sansão da prisão, e ele os divertia.

---

¹ **16.13,14** Conforme alguns manuscritos da Septuaginta. O Texto Massorético diz *"Só se você tecer num pano as sete tranças da minha cabeça".* **14** *Assim, ela.*

² **16.19** Alguns manuscritos da Septuaginta dizem *e ele começou a enfraquecer.*

Quando o puseram entre as colunas, ²⁶ Sansão disse ao jovem que o guiava pela mão: "Ponha-me onde eu possa apalpar as colunas que sustentam o templo, para que eu me apoie nelas". ²⁷ Homens e mulheres lotavam o templo; todos os líderes dos filisteus estavam presentes e, no alto, na galeria,ˢ havia cerca de três mil homens e mulheres vendo Sansão, que os divertia. ²⁸ E Sansão orou ao Senhor:ᵗ "Ó Soberano Senhor, lembra-te de mim! Ó Deus, eu te suplico, dá-me forças, mais uma vez, e faze com que eu me vingueᵘ dos filisteus por causa dos meus dois olhos!" ²⁹ Então Sansão forçou as duas colunas centrais sobre as quais o templo se firmava. Apoiando-se nelas, tendo a mão direita numa coluna e a esquerda na outra, ³⁰ disse: "Que eu morra com os filisteus!" Em seguida, ele as empurrou com toda a força, e o templo desabou sobre os líderes e sobre todo o povo que ali estava. Assim, na sua morte, Sansão matou mais homens do que em toda a sua vida.

³¹ Foram, então, os seus irmãos e toda a família do seu pai para buscá-lo. Trouxeram-no e o sepultaram entre Zorá e Estaol, no túmulo de Manoá,ᵛ seu pai. Sansão liderou Israelʷ durante vinte anos.ˣ

Os Ídolos de Mica

17 Havia um homem chamado Mica,ʸ dos montes de Efraim, ² que disse certa vez à sua mãe: "Os treze quilos¹ de prata que foram roubados de você e pelos quais eu a ouvi pronunciar uma maldição, na verdade a prata está comigo; eu a peguei".

Disse-lhe sua mãe: "O Senhor o abençoe,ᶻ meu filho!"

³ Quando ele devolveu os treze quilos de prata à mãe, ela disse: "Consagro solenemente a minha prata ao Senhor para que o meu filho faça uma imagem esculpida e um ídoloᵃ de metal. Eu a devolvo a você".

⁴ Mas ele devolveu a prata à sua mãe, e ela separou dois quilos e quatrocentos gramas, e os deu a um ourives, que deles fez a imagem e o ídolo.ᵇ E estes foram postos na casa de Mica.

⁵ Ora, esse homem, Mica, possuía um santuário,ᶜ fez um manto sacerdotalᵈ e alguns ídolosᵉ da família e pôsᶠ um dos seus filhos como seu sacerdote.ᵍ ⁶ Naquela época, não havia reiʰ em Israel; cada um fazia o que lhe parecia certo.ⁱ

⁷ Um jovem levita de Belém de Judá,ʲ procedente do clã de Judá, ⁸ saiu daquela cidade em busca de outro lugar para morar. Em sua viagem², chegou à casa de Mica, nos montes de Efraim.

⁹ Mica lhe perguntou: "De onde você vem?"

"Sou levita, de Belém de Judá", respondeu ele. "Estou procurando um lugar para morar".

¹⁰ "Fique comigo", disse-lhe Mica. "Seja meu pai e sacerdote,ᵏ e eu darei a você cento e vinte gramas de prata por ano, roupas e comida." ¹¹ O jovem levita concordou em ficar com Mica, e tornou-se como um dos seus filhos. ¹² Mica acolheuˡ o levita, e o jovem se tornou seu sacerdote, e ficou morando em sua casa. ¹³ E Mica disse: "Agora sei que o Senhor me tratará com bondade, pois esse levita se tornou meu sacerdote".

A Tribo de Dã se Estabelece em Laís

18 Naquela época, não havia rei em Israel,ᵐ e a tribo de Dã estava procurando um local onde se estabelecer, pois ainda não tinha recebido herança entre as tribos de Israel.ⁿ ² Então enviaramᵒ cinco guerreiros de Zorá e de Estaol para espionarem a terra e explorá-la. Esses homens representavam todos os clãs da tribo. Disseram-lhes: "Vão, explorem a terra".ᵖ

Os homens chegaram aos montes de Efraim e foram à casa de Mica,ᑫ onde passaram a noite. ³ Quando estavam perto da casa de Mica, reconheceram a voz do jovem levita; aproximaram-se e lhe perguntaram: "Quem o trouxe para cá? O que você está fazendo neste lugar? Por que você está aqui?"

---

¹ **17.2** Hebraico: *1.100 siclos*. Um siclo equivalia a 12 gramas.

² **17.8** Ou *Querendo exercer a sua profissão*

4 O jovem lhes contou o que Mica fizera por ele, e disse: "Ele me contratou, e eu sou seu sacerdote".[r]

5 Então eles lhe pediram: "Pergunte a Deus[s] se a nossa viagem será bem-sucedida".

6 O sacerdote lhes respondeu: "Vão em paz.[t] Sua viagem tem a aprovação do Senhor".

7 Os cinco homens partiram e chegaram a Laís,[u] onde viram que o povo vivia em segurança, como os sidônios, despreocupado e tranquilo, e gozava prosperidade, pois a sua terra não lhe deixava faltar nada. Viram também que o povo vivia longe dos sidônios[v] e não tinha relações com nenhum outro povo.[1]

8 Quando voltaram a Zorá e a Estaol, seus irmãos lhes perguntaram: "O que descobriram?"

9 Eles responderam: "Vamos atacá-los! Vimos que a terra é muito boa. Vocês vão ficar aí sem fazer nada? Não hesitem em ir apossar-se dela.[w] **10** Chegando lá, vocês encontrarão um povo despreocupado e uma terra espaçosa que Deus pôs nas mãos de vocês, terra onde não falta[x] coisa alguma!"[y]

11 Então seiscentos homens[z] da tribo de Dã[a] partiram de Zorá e de Estaol, armados para a guerra. **12** Na viagem armaram acampamento perto de Quiriate-Jearim, em Judá. É por isso que até hoje o local, a oeste de Quiriate-Jearim, é chamado Maané-Dã[2].[b] **13** Dali foram para os montes de Efraim e chegaram à casa de Mica.

14 Os cinco homens que haviam espionado a terra de Laís disseram a seus irmãos: "Vocês sabiam que numa dessas casas há um manto sacerdotal, ídolos da família, uma imagem esculpida e um ídolo de metal?[c] Agora vocês sabem o que devem fazer". **15** Então eles se aproximaram e foram à casa do jovem levita, à casa de Mica, e o saudaram. **16** Os seiscentos homens de Dã,[d] armados para a guerra, ficaram junto à porta. **17** Os cinco homens que haviam espionado a terra entraram e apanharam a imagem, o manto sacerdotal, os ídolos da família[e] e o ídolo de metal, enquanto o sacerdote e os seiscentos homens armados permaneciam à porta.

18 Quando os homens entraram na casa de Mica e apanharam a imagem,[f] o manto sacerdotal, os ídolos da família e o ídolo de metal, o sacerdote lhes perguntou: "Que é que vocês estão fazendo?"

19 Eles lhe responderam: "Silêncio![g] Não diga nada. Venha conosco, e seja nosso pai e sacerdote.[h] Não será melhor para você servir como sacerdote uma tribo e um clã de Israel do que apenas a família de um só homem?" **20** Então o sacerdote se alegrou, apanhou o manto sacerdotal, os ídolos da família e a imagem esculpida e se juntou à tropa. **21** Pondo os seus filhos, os seus animais e os seus bens na frente deles, partiram de volta.

22 Quando já estavam a certa distância da casa, os homens que moravam perto de Mica foram convocados e alcançaram os homens de Dã. **23** Como vinham gritando atrás deles, estes se voltaram e perguntaram a Mica: "Qual é o seu problema? Por que convocou os seus homens para lutar?"

24 Ele respondeu: "Vocês estão levando embora os deuses que fiz e o meu sacerdote. O que me sobrou? Como é que ainda podem perguntar: 'Qual é o seu problema?' "

25 Os homens de Dã responderam: "Não discuta conosco, senão alguns homens de temperamento violento o atacarão, e você e a sua família perderão a vida". **26** E assim os homens de Dã seguiram seu caminho. Vendo que eles eram fortes demais para ele,[i] Mica virou-se e voltou para casa.

27 Os homens de Dã levaram o que Mica fizera e o seu sacerdote, e foram para Laís, lugar de um povo pacífico e despreocupado.[j] Eles mataram todos ao fio da espada e queimaram a cidade.[k] **28** Não houve quem os livrasse, pois viviam longe de Sidom[l] e não tinham relações com nenhum outro povo. A cidade ficava num vale que se estende até Bete-Reobe.[m]

---

[1] **18.7** Alguns manuscritos da Septuaginta dizem *com os arameus*.

[2] **18.12** *Maané-Dã* significa *campo de Dã*.

Os homens de Dã reconstruíram a cidade e se estabeleceram nela. ²⁹ Deram à cidade anteriormente chamada Laís⁰ o nome de Dã,ⁿ em homenagem a seu antepassado Dã, filho de Israel. ³⁰ Eles levantaram para si o ídolo, e Jônatas, filho de Gérson,ᵖ neto de Moisés¹, e os seus filhos foram sacerdotes da tribo de Dã até que o povo foi para o exílio. ³¹ Ficaram com o ídolo feito por Mica durante todo o tempo em que o santuário de Deusᵍ esteve em Siló.ʳ

O Levita e a Morte da sua Concubina

19 Naquela época, não havia rei em Israel. Aconteceu que um levita que vivia nos montes de Efraim,ˢ numa região afastada, tomou para si uma concubina, que era de Belém de Judá.ᵗ ² Mas ela lhe foi infiel. Deixou-o e voltou para a casa do seu pai, em Belém de Judá. Quatro meses depois, ³ seu marido foi convencê-la a voltar. Ele tinha levado o seu servo e dois jumentos. A mulher o levou para dentro da casa do seu pai, e quando seu pai o viu, alegrou-se. ⁴ O sogro dele o convenceu a ficar ali; e ele permaneceu com eles três dias; todos comendo, bebendoᵘ e dormindo ali.

⁵ No quarto dia, eles se levantaram cedo, e o levita se preparou para partir, mas o pai da moça disse ao genro: "Coma alguma coisa,ᵛ e depois vocês poderão partir". ⁶ Os dois se assentaram para comer e beber juntos. Mas o pai da moça disse: "Eu peço a você que fique esta noite, e que se alegre".ʷ ⁷ E, quando o homem se levantou para partir, seu sogro o convenceu a ficar ainda aquela noite. ⁸ Na manhã do quinto dia, quando ele se preparou para partir, o pai da moça disse: "Vamos comer! Espere até a tarde!" E os dois comeram juntos.

⁹ Então, quando o homem, sua concubina e seu servo levantaram-se para partir, o pai da moça, disse outra vez: "Veja, o dia está quase acabando, é quase noite; passe a noite aqui. Fique e alegre-se. Amanhã de madrugada vocês poderão levantar-se e ir para casa". ¹⁰ Não desejando ficar outra noite, o homem partiu rumo a Jebus,ˣ isto é, Jerusalém, com dois jumentos selados e com a sua concubina.

¹¹ Quando estavam perto de Jebus e já se findava o dia, o servo disse a seu senhor: "Venha. Vamos parar nesta cidade dos jebuseusʸ e passar a noite aqui".

¹² O seu senhor respondeu: "Não. Não vamos entrar numa cidade estrangeira, cujo povo não é israelita. Iremos para Gibeá". ¹³ E acrescentou: "Ande! Vamos tentar chegar a Gibeá ou a Ramáᶻ e passar a noite num desses lugares". ¹⁴ Então prosseguiram, e o sol se pôs quando se aproximavam de Gibeá de Benjamim.ᵃ ¹⁵ Ali entraram para passar a noite. Foram sentar-se na praça da cidade.ᵇ E ninguém os convidou para passarem a noite em sua casa.

¹⁶ Naquela noite,ᶜ um homem idoso procedente dos montes de Efraimᵈ e que estava morando em Gibeá (os homens do lugar eram benjamitas), voltava de seu trabalho no campo. ¹⁷ Quando viu o viajante na praça da cidade, o homem idoso perguntou: "Para onde você está indo? De onde vem?"ᵉ

¹⁸ Ele respondeu: "Estamos de viagem, indo de Belém de Judá para uma região afastada, nos montes de Efraim, onde moro. Fui a Belém de Judá, e agora estou indo ao santuário do Senhor².ᶠ Mas aqui ninguém me recebeu em casa. ¹⁹ Temos palha e forragemᵍ para os nossos jumentos, e para nós mesmos, que somos seus servos, temos pão e vinho,ʰ para mim, para a sua serva e para o jovem que está conosco. Não temos falta de nada".

²⁰ "Você é bem-vindo em minha casa", disse o homem idoso. "Vou atendê-lo no que você precisar. Não passe a noite na praça." ²¹ E os levou para a sua casa e alimentou os jumentos. Depois de lavarem os pés, comeram e beberam alguma coisa.ⁱ

---

¹ **18.30** Conforme uma antiga tradição de escribas hebreus. O Texto Massorético diz *Manassés*.

² **19.18** A Septuaginta diz *para a minha casa*.

22 Quando estavam entretidos,ʲ alguns vadiosᵏ da cidade cercaram a casa. Esmurrando a porta, gritaram para o homem idoso, dono da casa: "Traga para fora o homem que entrou em sua casa para que tenhamos relações com ele!"ˡ

23 O dono da casa saiuᵐ e lhes disse: "Não sejam tão perversos, meus amigos. Já que esse homem é meu hóspede, não cometam essa loucura.ⁿ **24** Vejam, aqui está minha filha virgemᵒ e a concubina do meu hóspede. Eu as trarei para vocês, e vocês poderão usá-las e fazer com elas o que quiserem. Mas, nada façam com esse homem, não cometam tal loucura!"

25 Mas os homens não quiseram ouvi-lo. Então o levita mandou a sua concubina para fora, e eles a violentaram e abusaram delaᵖ a noite toda. Ao alvorecer a deixaram. **26** Ao romper do dia a mulher voltou para a casa onde o seu senhor estava hospedado, caiu junto à porta e ali ficou até o dia clarear.

27 Quando o seu senhor se levantou de manhã, abriu a porta da casa e saiu para prosseguir viagem, lá estava a sua concubina, caída à entrada da casa, com as mãos na soleira da porta. **28** Ele lhe disse: "Levante-se, vamos!" Não houve resposta. Então o homem a pôs em seu jumento e foi para casa.

29 Quando chegou, apanhou uma facaᵠ e cortou o corpo da sua concubina em doze partes, e as enviou a todas as regiões de Israel.ʳ **30** Todos os que viram isso disseram: "Nunca se viu nem se fez uma coisa dessas desde o dia em que os israelitas saíram do Egito.ˢ Pensem! Reflitam! Digam o que se deve fazer!"ᵗ

A Guerra entre os Israelitas e os Benjamitas

20 Então todos os israelitas,ᵘ de Dã a Berseba,ᵛ e de Gileade, saíram como um só homemʷ e se reuniramˣ em assembleia perante o SENHOR, em Mispá. **2** Os líderes de todo o povo das tribos de Israel tomaram seus lugares na assembleia do povo de Deus, quatrocentos mil soldadosʸ armados de espada. **3** (Os benjamitas souberam que os israelitas haviam subido a Mispá.) Os israelitas perguntaram: "Como aconteceu essa perversidade?"

4 Então o levita, marido da mulher assassinada, disse: "Eu e a minha concubina chegamos a Gibeáᶻ de Benjamim para passar a noite.ᵃ **5** Durante a noite os homens de Gibeá vieram para atacar-me e cercaram a casa, com a intenção de matar-me.ᵇ Então violentaram minha concubina, e ela morreu.ᶜ **6** Peguei minha concubina, cortei-a em pedaços e enviei um pedaço a cada região da herançaᵈ de Israel, pois eles cometeram essa perversidade e esse ato vergonhosoᵉ em Israel. **7** Agora, todos vocês, israelitas, manifestem-se e deem o seu veredicto".ᶠ

8 Todo o povo se levantou como se fosse um só homem, dizendo: "Nenhum de nós irá para casa. Nenhum de nós voltará para o seu lar. **9** Mas é isto que faremos agora contra Gibeá: separaremos, por sorteio,ᵍ de todas as tribos de Israel, **10** de cada cem homens dez, de cada mil homens cem, de cada dez mil homens mil, para conseguirem provisões para o exército poder chegar a Gibeá¹ de Benjamim e dar a eles o que merecem por esse ato vergonhoso cometido em Israel". **11** E todos os israelitas se ajuntaram e se uniram como um só homemʰ contra a cidade.

12 As tribos de Israel enviaram homens a toda a tribo de Benjamim, dizendo: "O que vocês dizem dessa maldade terrível que foi cometida no meio de vocês? **13** Agora, entreguem esses canalhasⁱ de Gibeá, para que os matemos e eliminemos esse mal de Israel".ʲ

Mas os benjamitas não quiseram ouvir seus irmãos israelitas. **14** Vindos de suas cidades, reuniram-se em Gibeá para lutar contra os israelitas. **15** Naquele dia, os benjamitas mobilizaram vinte e seis mil homens armados de espada que vieram das suas cidades, além dos setecentos melhores soldados que viviam em Gibeá. **16** Dentre todos

---

¹ **20.10** Muitos manuscritos dizem *Geba*, variante de *Gibeá*.

esses soldados havia setecentos canhotos,[k] muito hábeis, e cada um deles podia atirar com a funda uma pedra num cabelo sem errar.

[17] Israel, sem os de Benjamim, convocou quatrocentos mil homens armados de espada, todos eles homens de guerra.

[18] Os israelitas subiram a Betel[1] e consultaram a Deus.[l] "Quem de nós irá lutar[m] primeiro contra os benjamitas?", perguntaram.

O Senhor respondeu: "Judá irá primeiro".

[19] Na manhã seguinte, os israelitas se levantaram e armaram acampamento perto de Gibeá.

[20] Os homens de Israel saíram para lutar contra os benjamitas e tomaram posição de combate contra eles em Gibeá. [21] Os benjamitas saíram de Gibeá e, naquele dia, mataram vinte e dois mil israelitas[n] no campo de batalha. [22] Mas os homens de Israel procuraram animar-se uns aos outros e novamente ocuparam as mesmas posições do primeiro dia. [23] Os israelitas subiram, choraram perante o Senhor até a tarde[o] e consultaram o Senhor: "Devemos atacar[p] de novo os nossos irmãos benjamitas?"

O Senhor respondeu: "Vocês devem atacar".

[24] Então os israelitas avançaram contra os benjamitas no segundo dia. [25] Dessa vez, quando os benjamitas saíram de Gibeá para enfrentá-los, derrubaram outros dezoito mil israelitas,[q] todos eles armados de espada.

[26] Então todos os israelitas subiram a Betel, e ali se assentaram, chorando perante o Senhor.[r] Naquele dia, jejuaram até a tarde e apresentaram holocaustos e ofertas de comunhão[2] ao Senhor.[s] [27] E os israelitas consultaram ao Senhor. (Naqueles dias, a arca da aliança[t] estava ali, [28] e Fineias, filho de Eleazar,[u] filho de Arão, ministrava perante ela.)[v] Perguntaram: "Sairemos de novo ou não, para lutar contra os nossos irmãos benjamitas?"

O Senhor respondeu: "Vão, pois amanhã eu os entregarei nas suas mãos".[w]

[29] Então os israelitas armaram uma emboscada[x] em torno de Gibeá. [30] Avançaram contra os benjamitas no terceiro dia e tomaram posição contra Gibeá, como tinham feito antes. [31] Os benjamitas saíram para enfrentá-los e foram atraídos[y] para longe da cidade. Começaram a ferir alguns dos israelitas como tinham feito antes, e uns trinta homens foram mortos em campo aberto e nas estradas, uma que vai para Betel e a outra que vai para Gibeá.

[32] Enquanto os benjamitas diziam: "Nós os derrotamos como antes",[z] os israelitas diziam: "Vamos retirar-nos e atraí-los para longe da cidade, para as estradas".

[33] Todos os homens de Israel saíram dos seus lugares e ocuparam posições em Baal-Tamar, e a emboscada israelita atacou da sua posição[a] a oeste[3] de Gibeá. [34] Então dez mil dos melhores soldados de Israel iniciaram um ataque frontal contra Gibeá. O combate foi duro, e os benjamitas não perceberam[b] que a desgraça estava próxima deles.[c] [35] O Senhor derrotou Benjamim[d] perante Israel, e naquele dia os israelitas feriram vinte e cinco mil e cem benjamitas, todos armados de espada. [36] Então os benjamitas viram que estavam derrotados.

Os israelitas bateram em retirada[e] diante de Benjamim, pois confiavam na emboscada que tinham preparado perto de Gibeá. [37] Os da emboscada avançaram repentinamente para dentro de Gibeá, espalharam-se e mataram todos os habitantes da cidade à espada.[f] [38] Os israelitas tinham combinado com os da emboscada que estes fariam subir da cidade uma grande nuvem de fumaça,[g] [39] e então os israelitas voltariam a combater.

Os benjamitas tinham começado a ferir os israelitas, matando cerca de trinta deles,

---

[1] **20.18** Ou *subiram à casa de Deus*; também no versículo 26.

[2] **20.26** Ou *de paz*

[3] **20.33** Conforme alguns manuscritos da Septuaginta e a Vulgata.

e disseram: "Nós os derrotamos como na primeira batalha".ʰ ⁴⁰ Mas, quando a coluna de fumaça começou a se levantar da cidade, os benjamitas se viraram e viram a fumaça subindo ao céu.ⁱ ⁴¹ Então os israelitas se voltaram contra eles, e os homens de Benjamim ficaram apavorados, pois perceberam que a sua desgraça havia chegado. ⁴² Assim, fugiram da presença dos israelitas tomando o caminho do deserto, mas não conseguiram escapar do combate. E os homens de Israel que saíram das cidades os mataram ali. ⁴³ Cercaram os benjamitas e os perseguiram, e facilmente os alcançaram nas proximidades de Gibeá, no lado leste. ⁴⁴ Dezoito mil benjamitas morreram, todos eles soldados valentes.ʲ ⁴⁵ Quando se viraram e fugiram rumo ao deserto, para a rocha de Rimom,ᵏ os israelitas abateram cinco mil homens ao longo das estradas. Até Gidom eles pressionaram os benjamitas e mataram mais de dois mil homens.

⁴⁶ Naquele dia, vinte e cinco mil benjamitas que portavam espada morreram, todos eles soldados valentes. ⁴⁷ Seiscentos homens, porém, viraram as costas e fugiram para o deserto, para a rocha de Rimom, onde ficaram durante quatro meses. ⁴⁸ Os israelitas voltaram a Benjamim e passaram todas as cidades à espada, matando inclusive os animais e tudo o que encontraram nelas. E incendiaram todas as cidades por onde passaram.ˡ

Mulheres para os Benjamitas

21 Os homens de Israel tinham feito este juramentoᵐ em Mispá:ⁿ "Nenhum de nós daráº sua filha em casamento a um benjamita".

² O povo foi a Betel¹, onde esteve sentado perante Deus até a tarde, chorando alto e amargamente. ³ "Ó Senhor Deus de Israel", lamentaram, "por que aconteceu isso em Israel? Por que teria que faltar hoje uma tribo em Israel?"

⁴ Na manhã do dia seguinte, o povo se levantou cedo, construiu um altar e apresentou holocaustos e ofertas de comunhão².ᵖ ⁵ Os israelitas perguntaram: "Quem dentre todas as tribos de Israelᑫ deixou de vir à assembleia perante o Senhor?" Pois tinham feito um juramento solene de que qualquer que deixasse de se reunir perante o Senhor em Mispá seria morto ⁶ Os israelitas prantearam pelos seus irmãos benjamitas. "Hoje uma tribo foi eliminada de Israel", diziam. ⁷ "Como poderemos conseguir mulheres para os sobreviventes, visto que juramosʳ pelo Senhor não lhes dar em casamento nenhuma de nossas filhas?" ⁸ Então perguntaram: "Qual das tribos de Israel deixou de reunir-se perante o Senhor em Mispá?" Descobriu-se então que ninguém de Jabes-Gileadeˢ tinha vindo ao acampamento para a assembleia. ⁹ Quando contaram o povo, verificaram que ninguém do povo de Jabes-Gileade estava ali.

¹⁰ Então a comunidade enviou doze mil homens de guerra com instruções para irem a Jabes-Gileade e matarem à espada todos os que viviam lá, inclusive mulheres e crianças. ¹¹ "É isto o que vocês deverão fazer", disseram, "matem todos os homens e todas as mulheres que não forem virgens."ᵗ ¹² No meio de todo o povo que vivia em Jabes-Gileade encontraram quatrocentas moças virgens e as levaram para o acampamento de Siló,ᵘ em Canaã.

¹³ Depois a comunidade toda enviou uma oferta de comunhãoᵛ aos benjamitas que estavam na rocha de Rimom.ʷ ¹⁴ Os benjamitas voltaram naquela ocasião e receberam as mulheres de Jabes-Gileade que tinham sido poupadas. Mas não havia mulheres suficientes para todos eles.

¹⁵ O povo pranteou Benjamim,ˣ pois o Senhor tinha aberto uma lacuna nas tribos de Israel. ¹⁶ E os líderes da comunidade disseram: "Mortas as mulheres de Benjamim, como conseguiremos mulheres para

---

¹ **21.2** Ou *foi à casa de Deus*   ² **21.4** Ou *de paz*; também no versículo 13.

os homens que restaram? ¹⁷ Os benjamitas sobreviventes precisam ter herdeiros, para que uma tribo de Israel não seja destruída. ¹⁸ Não podemos dar-lhes nossas filhas em casamento, pois nós, israelitas, fizemos este juramento: Maldito seja todo aquele que der mulher a um benjamita.ʸ ¹⁹ Há, porém, a festa anual do S{ENHOR} em Siló,ᶻ ao norte de Betel, a leste da estrada que vai de Betel a Siquém, e ao sul de Lebona".

²⁰ Então mandaram para lá os benjamitas, dizendo: "Vão, escondam-se nas vinhas ²¹ e fiquem observando. Quando as moças de Siló forem para as danças,ᵃ saiam correndo das vinhas e cada um de vocês apodere-se de uma das moças de Siló e vá para a terra de Benjamim. ²² Quando os pais ou irmãos delas se queixarem a nós, diremos: Tenham misericórdia deles, pois não conseguimos mulheres para eles durante a guerra, e vocês são inocentes, visto que não lhes deramᵇ suas filhas".

²³ Foi o que os benjamitas fizeram. Quando as moças estavam dançando, cada homem tomou uma para fazer dela sua mulher. Depois voltaram para a sua herança, reconstruíram as cidades e se estabeleceram nelas.ᶜ

²⁴ Na mesma ocasião os israelitas saíram daquele local e voltaram para as suas tribos e para os seus clãs, cada um para a sua própria herança.

²⁵ Naquela época, não havia rei em Israel; cada um fazia o que lhe parecia certo.ᵈ

21.18 ʸv. 1
21.19 ᶻJs 18.1; Jz 18.31; 1Sm 1.3
21.21 ᵃEx 15.20; Jz 11.34
21.22 ᵇv. 1,18
21.23 ᶜJz 20.48
21.25 ᵈDt 12.8; Jz 17.6; 18.1; 19.1

Introdução a RUTE

PANO DE FUNDO

Essa bela história de lealdade e redenção é um interlúdio tranquilo no tempo turbulento dos juízes. O título do livro vem do nome da personagem principal, Rute, uma jovem viúva de Moabe. Seu nome significa "amizade", uma qualidade demonstrada em sua lealdade para com sua sogra, Noemi.

O autor de Rute é desconhecido. Conquanto alguns estudiosos acreditem que tenha sido Samuel seu provável autor, é improvável que ele tenha escrito o livro, pois parte da genealogia de Davi é dada no capítulo 4 de Rute. A inclusão da genealogia indica que o livro deve ter sido escrito durante o tempo do reinado de Davi.

MENSAGEM

Amor, lealdade, fidelidade e redenção são temas desse pequeno livro. O ato de Boaz como um parente-redentor prefigura a redenção que Cristo trará para seu povo. Boaz redime a terra que pertencia a Noemi, casa-se com Rute e tem um filho para manter vivo o nome da família. Quando tudo parece sem esperança para a viúva que volta com as mãos vazias de uma terra estrangeira, Deus intervém com sua misericórdia e proteção.

Rute é um exemplo de fidelidade que é um tipo de Cristo. Ainda que ela não fosse israelita, mas uma estrangeira de Moabe, sua fidelidade lhe garante um lugar na linhagem de Davi e de Jesus (Mateus 1.5).

ÉPOCA

Rute morreu por volta de 1125 a.C. O livro de Rute foi escrito provavelmente entre 980 e 960 a.C.

ESBOÇO

I. A família de Elimeleque em Moabe	1.1-5
II. Volta para Belém	1.6-22
III. Colhendo espigas na lavoura de Boaz	2.1-23
IV. A decisão do parente-redentor	3.1-18
V. A ação do parente-redentor	4.1-9
VI. Rute e Boaz se casam	4.10-16
VII. A linhagem de Davi	4.17-22

A Família de Elimeleque em Moabe

1 Na época dos juízes[a] houve fome na terra[b]. Um homem de Belém de Judá, com a mulher e os dois filhos, foi viver por algum tempo nas terras de Moabe[c]. **2** O homem chamava-se Elimeleque; sua mulher, Noemi; e seus dois filhos, Malom e Quiliom. Eram efrateus de Belém de Judá[d]. Chegaram a Moabe, e lá ficaram.

3 Morreu Elimeleque, marido de Noemi, e ela ficou sozinha, com seus dois filhos. **4** Eles se casaram com mulheres moabitas, uma chamada Orfa e a outra Rute[e]. Depois de terem morado lá por quase dez anos, **5** morreram também Malom e Quiliom, e Noemi ficou sozinha, sem os seus dois filhos e sem o seu marido.

Noemi e Rute Voltam para Belém

6 Quando Noemi soube em Moabe que o Senhor viera em auxílio do seu povo,[f] dando-lhe alimento,[g] decidiu voltar com suas duas noras para a sua terra. **7** Assim, ela, com as duas noras, partiu do lugar onde tinha morado.

Enquanto voltavam para a terra de Judá, **8** disse-lhes Noemi: "Vão! Retornem para a casa de suas mães! Que o Senhor seja leal[h] com vocês, como vocês foram leais com os falecidos[i] e comigo. **9** O Senhor conceda que cada uma de vocês encontre segurança[j] no lar doutro marido".

Então deu-lhes beijos de despedida. Mas elas começaram a chorar alto **10** e lhe disseram:

"Não! Voltaremos com você para junto de seu povo!"

11 Disse, porém, Noemi: "Voltem, minhas filhas! Por que viriam comigo? Poderia eu ainda ter filhos, que viessem a ser seus maridos?[k] **12** Voltem, minhas filhas! Vão! Estou velha demais para ter outro marido. E mesmo que eu pensasse que ainda há esperança para mim — ainda que eu me casasse esta noite e depois desse à luz filhos, **13** iriam vocês esperar até que eles crescessem? Ficariam sem se casar à espera deles? De jeito nenhum, minhas filhas! Para mim é mais amargo do que para vocês, pois a mão do Senhor voltou-se contra mim!"

14 Elas, então, começaram a chorar alto de novo. Depois Orfa deu um beijo de despedida em sua sogra,[m] mas Rute ficou com ela.[n] **15** Então Noemi a aconselhou: "Veja, sua concunhada está voltando para o seu povo e para o seu deus.[o] Volte com ela!"

16 Rute, porém, respondeu:

"Não insistas comigo que te deixe[p]
e que não mais te acompanhe.
Aonde fores irei,
onde ficares ficarei!
O teu povo será o meu povo
e o teu Deus será o meu Deus![q]
17 Onde morreres morrerei,
e ali serei sepultada.
Que o Senhor me castigue
com todo o rigor
se outra coisa que não a morte
me separar de ti!"

18 Quando Noemi viu que Rute estava de fato decidida a acompanhá-la, não insistiu mais.[s]

19 Prosseguiram, pois, as duas até Belém. Ali chegando, todo o povoado ficou alvoroçado[t] por causa delas. "Será que é Noemi?", perguntavam as mulheres. **20** Mas ela respondeu:

"Não me chamem Noemi[1],
melhor que me chamem de Mara[2],
pois o Todo-poderoso[3][u]
tornou minha vida muito amarga![v]
21 De mãos cheias eu parti,
mas de mãos vazias[w]
o Senhor me trouxe de volta.
Por que me chamam Noemi?
O Senhor colocou-se contra mim![4]
O Todo-poderoso me trouxe desgraça!"

---

[1] **1.20** *Noemi* significa *agradável*; também no versículo 21.

[2] **1.20** *Mara* significa *amarga*.

[3] **1.20** Hebraico: *Shaddai*; também no versículo 21.

[4] **1.21** Ou *me trouxe sofrimento!*

²² Foi assim que Noemi voltou das terras de Moabe, com sua nora Rute, a moabita. Elas chegaram a Belém no início^x da colheita da cevada.^y

Rute nas Plantações de Boaz

2 Noemi tinha um parente^z por parte do marido. Era um homem rico e influente, pertencia ao clã de Elimeleque^a e chamava-se Boaz.^b

² Rute, a moabita, disse a Noemi: "Vou recolher espigas no campo daquele que me permitir".

"Vá, minha filha", respondeu-lhe Noemi. ³ Então ela foi e começou a recolher espigas^c atrás dos ceifeiros. Casualmente entrou justo na parte da plantação que pertencia a Boaz, que era do clã de Elimeleque.

⁴ Naquele exato momento, Boaz chegou de Belém e saudou os ceifeiros: "O Senhor esteja com vocês!"^d

Eles responderam: "O Senhor te abençoe!"^e

⁵ Boaz perguntou ao capataz dos ceifeiros: "A quem pertence aquela moça?"

⁶ O capataz respondeu: "É uma moabita^f que voltou de Moabe com Noemi. ⁷ Ela me pediu que a deixasse recolher e juntar espigas entre os feixes, após os ceifeiros. Ela chegou cedo e está em pé até agora. Só sentou-se um pouco no abrigo".

⁸ Disse então Boaz a Rute: "Ouça bem, minha filha, não vá colher noutra lavoura, nem se afaste daqui. Fique com minhas servas. ⁹ Preste atenção onde os homens estão ceifando, e vá atrás das moças que vão colher. Darei ordem aos rapazes para que não toquem em você. Quando tiver sede, beba da água dos potes que os rapazes encheram".

¹⁰ Ela inclinou-se e, prostrada com o rosto em terra^g, exclamou: "Por que achei favor a seus olhos, ao ponto de o senhor se importar comigo^h, uma estrangeira?"

¹¹ Boaz respondeu: "Contaram-me tudo o que você tem feito por sua sogra,^j depois que você perdeu o seu marido: como deixou seu pai, sua mãe e sua terra natal para viver com um povo que você não conhecia bem.^k ¹² O Senhor^l retribua a você o que você tem feito! Que seja ricamente recompensada pelo Senhor, o Deus de Israel, sob cujas asas^m você veio buscar refúgio!"^n

¹³ E disse ela: "Continue eu a ser bem acolhida, meu senhor! O senhor me deu ânimo e encorajou sua serva¹ — e eu sequer sou uma de suas servas!"

¹⁴ Na hora da refeição, Boaz lhe disse: "Venha cá! Pegue um pedaço de pão e molhe-o no vinagre".

Quando ela se sentou junto aos ceifeiros, Boaz lhe ofereceu grãos tostados. Ela comeu até ficar satisfeita e ainda sobrou.^o ¹⁵ Quando ela se levantou para recolher espigas, Boaz deu estas ordens a seus servos: "Mesmo que ela recolha entre os feixes, não a repreendam! ¹⁶ Ao contrário, quando estiverem colhendo, tirem para ela algumas espigas dos feixes e deixem-nas cair para que ela as recolha, e não a impeçam".

¹⁷ E assim Rute colheu na lavoura até o entardecer. Depois debulhou o que tinha ajuntado: quase uma arroba² de cevada. ¹⁸ Carregou-a para o povoado, e sua sogra viu quanto Rute havia recolhido quando ela lhe ofereceu o que havia sobrado^p da refeição.

¹⁹ A sogra lhe perguntou: "Onde você colheu hoje? Onde trabalhou? Bendito seja aquele que se importou com você!"^q

Então Rute contou à sogra com quem tinha trabalhado: "O nome do homem com quem trabalhei hoje é Boaz".

²⁰ E Noemi exclamou: "Seja ele abençoado pelo Senhor, que não deixa de ser leal e bondoso^r com os vivos e com os mortos!" E acrescentou: "Aquele homem é nosso parente; é um de nossos resgatadores³!"^s

---

¹ **2.13** Ou *falou com carinho à sua serva*
² **2.17** Hebraico: *efa*. O efa era uma medida de capacidade para secos; as estimativas variam entre 20 e 40 litros.
³ **2.20** Isto é, o responsável por garantir os direitos de subsistência, descendência e propriedade; também nos capítulos 3 e 4.

²¹ E Rute, a moabita, continuou: "Pois ele mesmo me disse também: 'Fique com os meus ceifeiros até que terminem toda a minha colheita' ".

²² Então Noemi aconselhou à sua nora Rute: "É melhor mesmo você ir com as servas dele, minha filha. Noutra lavoura poderiam molestá-la."

²³ Assim Rute ficou com as servas de Boaz para recolher espigas, até acabarem as colheitas' de cevada e de trigo. E continuou morando com a sua sogra.

Na Eira de Boaz

3 Certo dia, Noemi, sua sogra, lhe disse: "Minha filha, tenho que procurar um lar seguro¹ᵘ, para a sua felicidade. ² Boaz, senhor das servas com quem você esteve, é nosso parente* próximo. Esta noite ele estará limpando cevada na eira. ³ Lave-se, perfume-se*, vista sua melhor roupa e desça para a eira. Mas não deixe que ele perceba você até que tenha comido e bebido. ⁴ Quando ele for dormir, note bem o lugar em que ele se deitar. Então vá, descubra os pés dele e deite-se. Ele dirá a você o que fazer".

⁵ Respondeu Rute: "Farei tudo o que você está me dizendo*".

⁶ Então ela desceu para a eira e fez tudo o que a sua sogra lhe tinha recomendado.

⁷ Quando Boaz terminou de comer e beber, ficou alegre* e foi deitar-se perto do monte de grãos. Rute aproximou-se sem ser notada, descobriu os pés dele e deitou-se. ⁸ No meio da noite, o homem acordou de repente. Ele se virou e assustou-se ao ver uma mulher deitada a seus pés.

⁹ "Quem é você?", perguntou ele.

"Sou sua serva Rute", disse ela. "Estenda a sua capa² sobre a sua serva, pois o senhor é resgatador.ᵃ"

¹⁰ Boaz lhe respondeu: "O SENHOR a abençoe, minha filha! Este seu gesto de bondade é ainda maior do que o primeiro, pois você poderia ter ido atrás dos mais jovens, ricos ou pobres! ¹¹ Agora, minha filha, não tenha medo; farei por você tudo o que me pedir. Todos os meus concidadãos sabem que você é mulher virtuosa.ᵇ ¹² É verdade que sou resgatador, mas há um outro que é parenteᵈ mais próximo do que eu.ᵈ ¹³ Passe a noite aqui. De manhã veremos: se ele quiser resgatá-la,ᵉ muito bem, que resgate. Se não quiser, juro pelo nome do SENHORᶠ que eu a resgatarei. Deite-se aqui até de manhã".

¹⁴ Ela ficou deitada aos pés dele até de manhã, mas levantou-se antes de clarear para não ser reconhecida.

Boaz pensou: "Ninguém deve saber que esta mulher esteve na eiraᵍ".

¹⁵ Por isso disse: "Traga-me o manto que você está usando e segure-o". Ela o segurou, e o homem despejou nele seis medidas de cevada e o pôs sobre os ombros dela. Depois ele² voltou para a cidade.

¹⁶ Quando Rute voltou à sua sogra, esta lhe perguntou: "Como foi, minha filha?"

Rute lhe contou tudo o que Boaz lhe tinha feito, ¹⁷ e acrescentou: "Ele me deu estas seis medidas de cevada, dizendo: 'Não volte para a sua sogra de mãos vazias' ".

¹⁸ Disse então Noemi: "Agora espere, minha filha, até saber o que acontecerá. Sem dúvida aquele homem não descansará enquanto não resolver esta questão hoje mesmoʰ".

O Resgate de Noemi e de Rute

4 Enquanto isso, Boaz subiu à porta da cidade e sentou-se, exatamente quando o resgatador que ele havia mencionadoⁱ estava passando por ali. Boaz o chamou e disse: "Meu amigo, venha cá e sente-se". Ele foi e sentou-se.

² Boaz reuniu dez líderes da cidadeʲ e disse: "Sentem-se aqui". E eles se sentaram. ³ Depois disse ao resgatador: "Noemi, que voltou de Moabe, está vendendo o pedaço de terra que pertencia ao nosso irmão

---

¹ **3.1** Hebraico: *encontrar descanso*. Veja Rt 1.9.

² **3.15** Conforme a maioria dos manuscritos do Texto Massorético. Muitos manuscritos do Texto Massorético, a Vulgata e a Versão Siríaca dizem *ela*.

2.23
ᶠDt 16.9

3.1
ᵘRt 1.9

3.2
ᵛDt 25.5-10; Rt 2.1

3.3
ʷ2Sm 14.2

3.5
ˣEf 6.1; Cl 3.20

3.7
ʸJz 19.6,9,22 2Sm 13.28; 1Rs 21.7; Et 1.10

3.9
ᶻEz 16.8
ᵃv. 12; Rt 2.20

3.11
ᵇPv 12.4; 31.10

3.12
ᶜv. 9
ᵈRt 4.1

3.13
ᵉDt 25.5; Rt 4.5; Mt 22.24
ᶠJz 8.19; Jr 4.2

3.14
ᵍRm 14.16; 2Co 8.21

3.18
ʰSl 37.3-5

4.1
ⁱRt 3.12

4.2
ʲ1Rs 21.8; Pv 31.23

Elimeleque. ⁴ Pensei que devia apresentar a você o assunto, na presença dos líderes do povo, e sugerir a você que adquira o terreno. Se quiser resgatar esta propriedade, resgate-a. Se não¹, diga-me, para que eu o saiba. Pois ninguém tem esse direito, a não ser você;ᵏ e depois eu".

"Eu a resgatarei", respondeu ele.

⁵ Boaz, porém, lhe disse: "No dia em que você adquirir as terras de Noemi e da moabita Rute, estará adquirindo² também a viúva do falecido, para manter o nome dele em sua herança".

⁶ Diante disso, o resgatador respondeu: "Nesse caso não poderei resgatá-la,ᵐ pois poria em risco a minha propriedade.ˡ Resgate-a você mesmo. Eu não poderei fazê-lo!"

⁷ (Antigamente, em Israel, para que o resgate e a transferência de propriedade fossem válidos, a pessoa tirava a sandália e a dava ao outro. Assim oficializavam os negócios em Israel.)ⁿ

⁸ Quando, pois, o resgatador disse a Boaz: "Adquira-a você mesmo!", tirou a sandália.

⁹ Então Boaz anunciou aos líderes e a todo o povo ali presente: "Vocês hoje são testemunhas de que estou adquirindo de Noemi toda a propriedade de Elimeleque, de Quiliom e de Malom. ¹⁰ Também estou adquirindo o direito de ter como mulher a moabita Rute, viúva de Malom, para manter o nome do falecido sobre a sua herança e para que o seu nome não desapareça do meio da sua família ou dos registrosᵒ da cidade. Vocês hoje são testemunhas disso!"

¹¹ Os líderes e todos os que estavam na porta confirmaram: "Somos testemunhas!ᵖ Faça o Senhor com essa mulher que está entrando em sua família como fez com Raquel e Lia,ᑫ que, juntas, formaram as tribos de Israel. Seja poderoso em Efrataʳ e ganhe fama em Belém! ¹² E com os filhos que o Senhor conceder a você dessa jovem, seja a sua família como a de Perez,ˢ que Tamar deu a Judá!"

O Casamento de Boaz e Rute

¹³ Boaz casou-se com Rute, e ela se tornou sua mulher. Boaz a possuiu e o Senhor concedeuᵗ que ela engravidasse dele e desse à luz um filho.

¹⁴ As mulheresᵘ disseram a Noemi: "Louvado seja o Senhor, que hoje não a deixou sem resgatador! Que o seu nome seja celebrado em Israel! ¹⁵ O menino dará a você nova vida e a sustentará na velhice, pois é filho da sua nora, que a ama e que é melhor do que sete filhosᵛ para você!"

¹⁶ Noemi pôs o menino no colo³ e passou a cuidar dele. ¹⁷ As mulheres da vizinhança celebraram o seu nome e disseram: "Noemi tem um filho!", e lhe deram o nome de Obede. Este foi o pai de Jessé,ʷ pai de Davi.

A Genealogia de Davi

¹⁸ Esta é a história dos antepassados de Davi, desde Perez:ˣ

Perez gerou Hezrom;
¹⁹ Hezrom gerou Rão;
Rão gerou Aminadabe;ʸ
²⁰ Aminadabe gerou Naassom;
Naassom gerou Salmom⁴;
²¹ Salmom gerou Boaz;ᶻ
Boaz gerou Obede;
²² Obede gerou Jessé;
e Jessé gerou Davi.

4.4 ᵏLv 25.25; Jr 32.7-8
4.5 ˡGn 38.8; Dt 25.5,6; Rt 3.13; Mt 22.24
4.6 ᵐLev 25.25; Rt 3.13
4.7 ⁿDt 25.7-9
4.10 ᵒDt 25.6
4.11 ᵖDt 25.9; ᑫSl 127.3; 128.3; ʳGn 35.16
4.12 ˢv. 18; Gn 38.29
4.13 ᵗGn 29.31; 33-5; Rt 3.11
4.14 ᵘLc 1.58
4.15 ᵛRt 1.16-17; 2.11,12; 1Sm 1.8
4.17 ʷv. 22; 1Sm 16.1,18; 1Cr 2.12,13
4.18 ˣMt 1.3-6
4.19 ʸEx 6.23
4.21 ᶻRt 2.1

---

¹ **4.4** Conforme muitos manuscritos do Texto Massorético, a Septuaginta, a Vulgata e a Versão Siríaca. A maioria dos manuscritos do Texto Massorético diz *se ele não*.

² **4.5** Conforme o Texto Massorético. A Vulgata e a Versão Siríaca dizem *Noemi, você estará adquirindo a moabita Rute*.

³ **4.16** Possivelmente adotou o menino.

⁴ **4.20** Muitos manuscritos dizem *Salma*. Veja Rt 4.21 e 1 Cr 2.11.

Introdução a 1SAMUEL

PANO DE FUNDO
Primeiro Samuel descreve um ponto de virada para as tribos de Israel: a teocracia — uma nação governada por Deus através de juízes indicados por ele — se torna uma monarquia. O profeta Samuel é o último juiz. Ele foi escolhido por Deus para ungir o primeiro rei, Saul.

Os livros de 1 e 2Samuel eram originariamente uma única narrativa nas Escrituras hebraicas, mas foram divididos na versão grega da Septuaginta. Ainda que ambos os livros tragam o nome de Samuel, ele deve ter escrito apenas parte de 1Samuel. Porque 1Crônicas 29.29 menciona os registros de Natã, o profeta, e os registros de Gade, o vidente, tem sido proposto que esses dois foram coescritores de 1Samuel.

MENSAGEM
O antigo ditado "cuidado com o que você deseja" se aplica a esse período da história de Israel. Outras nações tinham reis. Quando o povo de Israel pediu um, Deus o advertiu quanto ao preço que teria que pagar (8.10-18). O pedido de um rei não era simplesmente uma rejeição da liderança de Samuel; o povo estava rejeitando o próprio Deus (8.7). Eles não queriam como líder um Deus que não pode ser visto; eles pediram "um rei [que] nos governará, e sairá à nossa frente para combater em nossas batalhas" (8.20).

Saul tinha porte de rei, mas sua flagrante desobediência levou Deus a ungir "um homem segundo o seu [de Deus] coração" (13.14) — Davi. Esse jovem pastor de ovelhas matou um gigante, foi bem-sucedido em batalhas e escapou de Saul por muitos anos, até que a morte do rei lhe permitiu subir ao trono.

ÉPOCA
A narrativa de 1Samuel compreende o período anterior ao nascimento de Samuel até a morte de Saul (1105-1011 a.C.). Mas os livros de 1 e 2Samuel devem ter sido compilados entre 931 e 722 a.C.

ESBOÇO
I. Samuel julga Israel
   A. Nascimento e consagração de Samuel — 1.1—3.21
   B. As viagens da arca da aliança — 4.1—7.17
II. Saul se torna rei — 8.1—15.35
III. Saul e Davi
   A. Unção de Davi — 16.1-23
   B. Vitória sobre Golias — 17.1-58
   C. Davi e Jônatas — 18.1—20.43
   D. Saul persegue Davi — 21.1—27.12
   E. Morte de Saul e seus filhos — 28.1—31.13

O Nascimento de Samuel

1 Havia certo homem de Ramataim, zufita¹, dos montes^a de Efraim, chamado Elcana,^b filho de Jeroão, neto de Eliú e bisneto de Toú, filho do efraimita Zufe. ² Ele tinha duas mulheres:^c uma se chamava Ana e a outra Penina. Penina tinha filhos; Ana, porém, não tinha.

³ Todos os anos^d esse homem subia de sua cidade a Siló^f para adorar^e e sacrificar ao Senhor dos Exércitos. Lá, Hofni e Fineias, os dois filhos de Eli, eram sacerdotes do Senhor. ⁴ No dia em que Elcana oferecia sacrifícios,^g dava porções à sua mulher Penina e a todos os filhos e filhas dela. ⁵ Mas a Ana dava uma porção dupla, porque a amava, apesar de o Senhor tê-la deixado estéril.^h ⁶ E porque o Senhor a tinha deixado estéril, sua rival a provocava continuamente, a fim de irritá-la.^i ⁷ Isso acontecia ano após ano. Sempre que Ana subia à casa do Senhor, sua rival a provocava, e ela chorava e não comia. ⁸ Elcana, seu marido, lhe perguntava: "Ana, por que você está chorando? Por que não come? Por que está triste? Será que eu não sou melhor para você do que dez filhos?"^j

⁹ Certa vez quando terminou de comer e beber em Siló, estando o sacerdote Eli sentado numa cadeira junto à entrada do santuário do Senhor,^k Ana se levantou ¹⁰ e, com a alma amargurada,^l chorou muito e orou ao Senhor. ¹¹ E fez um voto, dizendo: "Ó Senhor dos Exércitos, se tu deres atenção à humilhação de tua serva, te lembrares^m de mim e não te esqueceres de tua serva, mas lhe deres um filho, então eu o dedicarei ao Senhor por todos os dias de sua vida, e o seu cabelo e a sua barba nunca serão cortados".^n

¹² Enquanto ela continuava a orar diante do Senhor, Eli observava sua boca. ¹³ Como Ana orava silenciosamente, seus lábios se mexiam, mas não se ouvia sua voz. Então Eli pensou que ela estivesse embriagada ¹⁴ e lhe disse: "Até quando você continuará embriagada? Abandone o vinho!"

¹⁵ Ana respondeu: "Não se trata disso, meu senhor. Sou uma mulher muito angustiada. Não bebi vinho nem bebida fermentada; eu estava derramando^o minha alma diante do Senhor. ¹⁶ Não julgues tua serva uma mulher vadia; estou orando aqui até agora por causa de minha grande angústia e tristeza".

¹⁷ Eli respondeu: "Vá em paz,^p e que o Deus de Israel conceda a você o que pediu".^q

¹⁸ Ela disse: "Espero que sejas benevolente para com tua serva!"^r Então ela seguiu seu caminho, comeu, e seu rosto já não estava mais abatido.^s

¹⁹ Na manhã seguinte, eles se levantaram e adoraram o Senhor; então voltaram para casa, em Ramá. Elcana teve relações com sua mulher Ana, e o Senhor se lembrou^t dela. ²⁰ Assim Ana engravidou e, no devido tempo, deu à luz um filho. E deu-lhe o nome^u de Samuel², dizendo: "Eu o pedi ao Senhor".

Ana Consagra Samuel

²¹ Quando no ano seguinte Elcana subiu com toda a família para oferecer o sacrifício anual^v ao Senhor e para cumprir o seu voto,^w ²² Ana não foi e disse a seu marido: "Depois que o menino for desmamado, eu o levarei e o apresentarei^x ao Senhor, e ele morará ali para sempre".

²³ Disse Elcana, seu marido: "Faça o que parecer melhor a você. Fique aqui até desmamá-lo; que o Senhor apenas confirme^y a palavra³ dele!" Então ela ficou em casa e criou seu filho até que o desmamou.

²⁴ Depois de desmamá-lo, levou o menino, ainda pequeno, à casa do Senhor, em Siló, com um novilho^z de três anos de idade,⁴ uma

---

² **1.20** *Samuel* assemelha-se à palavra hebraica para *ouvido por Deus*.

³ **1.23** Os manuscritos do mar Morto, a Septuaginta e a Versão Siríaca dizem *a palavra que você disse*.

⁴ **1.24** Conforme os manuscritos do mar Morto, a Septuaginta e a Versão Siríaca. O Texto Massorético diz *com três novilhos*.

---

¹ **1.1** Ou *de Ramataim-Zofim*

arroba¹ de farinha e uma vasilha de couro cheia de vinho. ²⁵ Eles sacrificaram o novilho e levaram o menino a Eli, ²⁶ e ela lhe disse: "Meu senhor, juro por tua vida que eu sou a mulher que esteve aqui a teu lado, orando ao Senhor. ²⁷ Era este menino que eu pedia,ᵃ e o Senhor concedeu-me o pedido. ²⁸ Por isso, agora, eu o dedico ao Senhor. Por toda a sua vidaᵇ será dedicado ao Senhor". E ali adorou o Senhor.

A Oração de Ana

2 Então Ana orou assim:ᶜ

"Meu coração exultaᵈ no Senhor;
 no Senhor minha força²ᵉ é exaltada.
Minha boca se exalta
 sobre os meus inimigos,
pois me alegro em tua libertação.

² "Não há ninguém santo³ᶠ
 como o Senhor;
não há outro além de ti;
não há rochaᵍ alguma
 como o nosso Deus.

³ "Não falem tão orgulhosamente,
nem saia de sua boca tal arrogância,ʰ
pois o Senhor é Deus sábio;
é ele quem julgaʲ os atosⁱ dos homens.

⁴ "O arco dos fortes é quebrado,ᵏ
mas os fracos são revestidos de força.
⁵ Os que tinham muito
 agora trabalham por comida,
mas os que estavam famintos
 agora não passam fome.
A que era estérilˡ deu à luz sete filhos,
mas a que tinha muitos filhos
 ficou sem vigor.

⁶ "O Senhor mata e preserva a vida;ᵐ
 ele faz descer à sepultura⁴ e dela resgata.ⁿ

⁷ O Senhor é quem dá
 pobreza e riqueza;ᵒ
ele humilha e exalta.ᵖ
⁸ Levantaᑫ do pó o necessitado
 e do monte de cinzas ergue o pobre;
ele os faz sentar-se com príncipes
 e lhes dá lugar de honra.ʳ

"Pois os alicercesˢ da terra
 são do Senhor;
sobre eles estabeleceu o mundo.
⁹ Ele guardará os pésᵗ dos seus santos,
 mas os ímpios
 serão silenciados nas trevas,ᵘ
pois não é pela forçaᵛ
 que o homem prevalece.
¹⁰ Aqueles que se opõem ao Senhor
 serão despedaçados.ʷ
Ele trovejaráˣ do céu contra eles;
 o Senhor julgaráʸ
 até os confins da terra.

"Ele dará poderᶻ a seu rei
e exaltará a forçaᵃ do seu ungido".

¹¹ Então Elcana voltou para casa em Ramá, mas o menino começou a servirᵇ o Senhor sob a direção do sacerdote Eli.

A Maldade dos Filhos de Eli

¹² Os filhos de Eli eram ímpios; não se importavamᶜ com o Senhor ¹³ nem cumpriam os deveres de sacerdotes para com o povo; sempre que alguém oferecia um sacrifício, o auxiliar do sacerdote vinha com um garfo de três dentes, ¹⁴ e, enquanto a carneᵈ estava cozinhando, ele enfiava o garfo na panela, ou travessa, ou caldeirão, ou caçarola, e o sacerdote pegava para si tudo o que vinha no garfo. Assim faziam com todos os israelitas que iam a Siló. ¹⁵ Mas, antes mesmo de queimarem a gordura, vinha o auxiliar do sacerdote e dizia ao homem que estava oferecendo o sacrifício: "Dê um pedaço desta carne para o sacerdote assar; ele não aceitará de você carne cozida, somente crua".

¹⁶ Se o homem lhe dissesse: "Deixe primeiro a gordura se queimar e então pegue o que quiser", o auxiliar respondia: "Não.

---

¹ **1.24** Hebraico: *1 efa*. O efa era uma medida de capacidade para secos. As estimativas variam entre 20 e 40 litros.
² **2.1** Hebraico: *meu chifre*; também no versículo 10.
³ **2.2** Ou *Não há nenhum Santo*
⁴ **2.6** Hebraico: *Sheol*. Essa palavra também pode ser traduzida por *profundezas*, *pó* ou *morte*.

Entregue a carne agora. Se não, eu a tomarei à força".

17 O pecado desses jovens era muito grande à vista do Senhor, pois eles estavam tratando com desprezo^e a oferta do Senhor.

18 Samuel, contudo, ainda menino, ministrava^f perante o Senhor, vestindo uma túnica de linho.^g **19** Todos os anos sua mãe fazia uma pequena túnica e a levava para ele, quando subia a Siló com o marido para oferecer o sacrifício anual.^h **20** Eli abençoava Elcana e sua mulher, dizendo: "O Senhor dê a você filhos desta mulher no lugar daquele por quem ela pediu^i e dedicou ao Senhor". Então voltavam para casa. **21** O Senhor foi bondoso com Ana; ela engravidou e deu à luz três filhos e duas filhas. Enquanto isso, o menino Samuel crescia^k na presença do Senhor.

22 Eli, já bem idoso, ficou sabendo de tudo o que seus filhos faziam a todo o Israel e que eles se deitavam com as mulheres^l que serviam junto à entrada da Tenda do Encontro. **23** Por isso lhes perguntou: "Por que vocês fazem estas coisas? De todo o povo ouço a respeito do mal que vocês fazem. **24** Não, meus filhos; não é bom o que escuto se espalhando no meio do povo do Senhor. **25** Se um homem pecar contra outro homem, os juízes poderão¹ intervir em seu favor; mas, se pecar contra o Senhor, quem intercederá^m^n por ele?" Seus filhos, contudo, não deram atenção à repreensão de seu pai, pois o Senhor queria matá-los.

26 E o menino Samuel continuava a crescer,^o sendo cada vez mais estimado pelo Senhor e pelo povo.

Profecia contra a Família de Eli

27 E veio um homem de Deus^p a Eli e lhe disse: "Assim diz o Senhor: 'Acaso não me revelei claramente à família de seu pai, quando eles estavam no Egito, sob o domínio do faraó? **28** Escolhi^q seu pai dentre todas as tribos de Israel para ser o meu sacerdote, subir ao meu altar, queimar incenso e usar um colete sacerdotal^r na minha presença. Também dei à família de seu pai todas as ofertas preparadas no fogo pelos israelitas. **29** Por que vocês zombam de meu sacrifício e da oferta^s que determinei para a minha habitação?^t Por que você honra seus filhos mais do que a mim, deixando-os engordar com as melhores partes de todas as ofertas feitas por Israel, o meu povo?'

30 "Portanto, o Senhor, o Deus de Israel, declara: 'Prometi à sua família e à linhagem de seu pai que ministrariam diante de mim para sempre'.^u Mas agora o Senhor declara: 'Longe de mim tal coisa! Honrarei^v aqueles que me honram, mas aqueles que me desprezam^w serão tratados com desprezo. **31** É chegada a hora em que eliminarei a sua força e a força da família² de seu pai, e não haverá mais nenhum idoso na sua família,^x **32** e você verá aflição na minha habitação. Embora Israel prospere, na sua família ninguém alcançará idade avançada.^y **33** E todo descendente seu que eu não eliminar de meu altar será poupado apenas para consumir os seus olhos com lágrimas³ e para entristecer o seu coração, e todos os seus descendentes morrerão no vigor da vida.

34 " 'E o que acontecer a seus dois filhos, Hofni e Fineias, será um sinal para você: os dois morrerão^z no mesmo dia.^a **35** Levantarei para mim um sacerdote fiel,^b que agirá de acordo com o meu coração e o meu pensamento. Edificarei firmemente a família dele, e ele ministrará sempre perante o meu rei ungido.^c **36** Então todo o que restar da sua família virá e se prostrará perante ele, para obter uma moeda de prata e um pedaço de pão. E lhe implorará que o ponha em alguma função sacerdotal, para ter o que comer' ".^d

---

¹ **2.25** Ou *Deus poderá*
² **2.31** Hebraico: *cortarei o seu braço e o braço da casa.*
³ **2.33** Ou *cegar os olhos*; ou ainda *consumir os olhos de inveja*

2.17
^e Ml 2.7-9
2.18
^f v. 11; 1Sm 3.1
^g v. 28
2.19
^h 1Sm 1.3
2.20
^i 1Sm 1.11,27-28; Lc 2.34
2.21
^j Gn 21.1
^k v. 26; Jz 13.24; 1Sm 3.19; Lc 2.40
2.22
^l Ex 38.8
2.25
^m Nm 15.30; Js 11.20
^n Dt 1.17; 1Sm 3.14; Hb 10.26
2.26
^o v. 21; Lc 2.52
2.27
^p Ex 4.14-16; 1Rs 13.1
2.28
^q Ex 28.1
^r Lv 8.7-8
2.29
^s v. 12-17
^t Dt 12.5; Mt 10.37
2.30
^u Ex 29.9
^v Sl 50.23; 91.15
^w Ml 2.9
2.31
^x 1Sm 4.11-18; 22.16-20
2.32
^y 1Rs 2.26-27; Zc 8.4
2.34
^z 1Sm 4.11
^a 1Rs 13.3
2.35
^b 1Sm 12.3; 1Rs 2.35
^c 1Sm 16.13; 2Sm 7.11,27; 1Rs 11.38
2.36
^d 1Rs 2.27

O Chamado de Samuel

3 O menino Samuel ministrava^e perante o Senhor, sob a direção de Eli; naqueles dias raramente^f o Senhor falava, e as visões^g não eram frequentes.

^{2} Certa noite, Eli, cujos olhos^h estavam ficando tão fracos que já não conseguia mais enxergar, estava deitado em seu lugar de costume. ^{3} A lâmpada^i de Deus ainda não havia se apagado, e Samuel estava deitado no santuário do Senhor, onde se encontrava a arca de Deus. ^{4} Então o Senhor chamou Samuel.

Samuel respondeu: "Estou aqui"; ^{5} E correu até Eli e disse: "Estou aqui; o senhor me chamou".

Eli, porém, disse: "Não o chamei; volte e deite-se". Então, ele foi e se deitou.

^{6} De novo o Senhor chamou: "Samuel!" E Samuel se levantou e foi até Eli e disse: "Estou aqui; o senhor me chamou?"

Disse Eli: "Meu filho, não o chamei; volte e deite-se".

^{7} Ora, Samuel ainda não conhecia o Senhor. A palavra do Senhor ainda não lhe havia sido revelada.^{k}

^{8} O Senhor chamou Samuel pela terceira vez. Ele se levantou, foi até Eli e disse: "Estou aqui; o senhor me chamou?"

Eli percebeu que o Senhor estava chamando o menino ^{9} e lhe disse: "Vá e deite-se; se ele chamá-lo, diga: 'Fala, Senhor, pois o teu servo está ouvindo' ". Então Samuel foi deitar-se.

^{10} O Senhor voltou a chamá-lo como nas outras vezes: "Samuel, Samuel!"

Samuel disse: "Fala, pois o teu servo está ouvindo".

^{11} E o Senhor disse a Samuel: "Vou realizar em Israel algo que fará tinir os ouvidos de todos os que ficarem sabendo.^{l} ^{12} Nessa ocasião executarei contra Eli tudo^m o que falei contra sua família, do começo ao fim. ^{13} Pois eu lhe disse que julgaria sua família para sempre, por causa do pecado dos seus filhos, do qual ele tinha consciência; seus filhos se fizeram desprezíveis^i, e ele não os puniu.^{n} ^{14} Por isso jurei à família de Eli: 'Jamais se fará propiciação^o pela culpa da família de Eli mediante sacrifício ou oferta' ".

^{15} Samuel ficou deitado até de manhã e então abriu as portas da casa do Senhor. Ele teve medo de contar a visão a Eli, ^{16} mas este o chamou e disse: "Samuel, meu filho".

"Estou aqui", respondeu Samuel.

^{17} Eli perguntou: "O que o Senhor disse a você? Não esconda de mim. Deus o castigue, e o faça com muita severidade,^{p} se você esconder de mim qualquer coisa que ele falou". ^{18} Então, Samuel lhe contou tudo e nada escondeu. Então Eli disse: "Ele é o Senhor; que faça o que lhe parecer melhor".^{q}

^{19} Enquanto Samuel crescia,^{s} o Senhor estava com^r ele e fazia com que todas^t as suas palavras se cumprissem. ^{20} Todo o Israel, desde Dã até Berseba,^{u} reconhecia que Samuel estava confirmado como profeta do Senhor. ^{21} O Senhor continuou aparecendo em Siló, onde havia se revelado^v a Samuel por meio de sua palavra.

4 E a palavra de Samuel espalhou-se por todo o Israel.

Os Filisteus Tomam a Arca

Nessa época os israelitas saíram à guerra contra os filisteus. Eles acamparam em Ebenézer^w e os filisteus em Afeque.^{x} ^{2} Os filisteus dispuseram suas forças em linha para enfrentar Israel, e, intensificando-se o combate, Israel foi derrotado pelos filisteus, que mataram cerca de quatro mil deles no campo de batalha. ^{3} Quando os soldados voltaram ao acampamento, as autoridades de Israel perguntaram: "Por que^y o Senhor deixou que os filisteus nos derrotassem?" E acrescentaram: "Vamos a Siló buscar a arca^z da aliança do Senhor, para que ele vá conosco e nos salve das mãos de nossos inimigos".

^{4} Então mandaram trazer de Siló a arca da aliança do Senhor dos Exércitos, que

---

^{i} 3.13 Uma antiga tradição dos escribas hebreus e a Septuaginta dizem *filhos blasfemaram contra Deus*.

tem o seu trono entre os querubins.ª E os dois filhos de Eli, Hofni e Fineias, acompanharam a arca da aliança de Deus.

⁵ Quando a arca da aliança do Senhor entrou no acampamento, todos os israelitas gritaram[b] tão alto que o chão estremeceu. ⁶ Os filisteus, ouvindo os gritos, perguntaram: "O que significam todos esses gritos no acampamento dos hebreus?"

Quando souberam que a arca do Senhor viera para o acampamento, ⁷ os filisteus ficaram com medo[c] e disseram: "Deuses chegaram ao acampamento. Ai de nós! Nunca nos aconteceu uma coisa dessas! ⁸ Ai de nós! Quem nos livrará das mãos desses deuses poderosos? São os deuses que feriram os egípcios com toda espécie de pragas, no deserto. ⁹ Sejam fortes, filisteus! Sejam homens, ou vocês se tornarão escravos dos hebreus, assim como eles[d] foram escravos de vocês. Sejam homens e lutem!"

¹⁰ Então os filisteus lutaram, e Israel foi derrotado;[e] cada homem fugiu para a sua tenda. O massacre foi muito grande: Israel perdeu trinta mil homens de infantaria. ¹¹ A arca de Deus foi tomada, e os dois filhos de Eli, Hofni e Fineias, morreram.[f]

A Morte de Eli

¹² Naquele mesmo dia um benjamita correu da linha de batalha até Siló, com as roupas rasgadas e terra[g] na cabeça. ¹³ Quando ele chegou, Eli[h] estava sentado em sua cadeira, ao lado da estrada. Estava preocupado, pois em seu coração temia pela arca de Deus. O homem entrou na cidade, contou o que havia acontecido, e a cidade começou a gritar.

¹⁴ Eli ouviu os gritos e perguntou: "O que significa esse tumulto?"

O homem correu para contar tudo a Eli. ¹⁵ Eli tinha noventa e oito anos de idade e seus olhos[i] estavam imóveis; ele já não conseguia enxergar. ¹⁶ O homem lhe disse: "Acabei de chegar da linha de batalha; fugi de lá hoje mesmo."

Eli perguntou: "O que aconteceu, meu filho?"

¹⁷ O mensageiro respondeu: "Israel fugiu dos filisteus, e houve uma grande matança entre os soldados. Também os seus dois filhos, Hofni e Fineias, estão mortos, e a arca de Deus foi tomada."

¹⁸ Quando ele mencionou a arca de Deus, Eli caiu da cadeira para trás, ao lado do portão, quebrou o pescoço e morreu, pois era velho e pesado. Ele liderou[j] Israel durante quarenta anos.

¹⁹ Sua nora, a mulher de Fineias, estava grávida e perto de dar à luz. Quando ouviu a notícia de que a arca de Deus havia sido tomada e que seu sogro e seu marido estavam mortos, entrou em trabalho de parto e deu à luz, mas não resistiu às dores do parto. ²⁰ Enquanto morria, as mulheres que a ajudavam disseram: "Não se desespere; você teve um menino". Mas ela não respondeu nem deu atenção.

²¹ Ela deu ao menino o nome de Icabode[1],[k] e disse: "A glória[l] se foi de Israel", porque a arca fora tomada e porque o sogro e o marido haviam morrido. ²² E ainda acrescentou: "A glória se foi de Israel, pois a arca de Deus foi tomada".

A Arca em Asdode e Ecrom

5 Depois que os filisteus tomaram a arca de Deus, eles a levaram de Ebenézer[m] para Asdode[n] ² e a colocaram dentro do templo de Dagom, ao lado de sua estátua.[o] ³ Quando o povo de Asdode se levantou na madrugada do dia seguinte, lá estava Dagom caído[p] com o rosto em terra, diante da arca do Senhor! Eles levantaram Dagom e o colocaram de volta em seu lugar. ⁴ Mas, na manhã seguinte, quando se levantaram de madrugada, lá estava Dagom caído com o rosto em terra, diante da arca do Senhor! Sua cabeça e mãos tinham sido quebradas[q] e estavam sobre a soleira; só o seu corpo ficou no lugar. ⁵ Por isso, até hoje, os sacerdotes de Dagom

---

[1] **4.21** *Icabode* significa *glória nenhuma*.

4.4 ªEx 25.22; 2Sm 6.2
4.5 ᵇJs 6.5,10
4.7 ᶜEx 15.14
4.9 ᵈJz 13.1; 1Co 16.13
4.10 ᵉv. 2; Dt 28.25; 2Sm 18.17; 2Rs 14.12
4.11 ᶠ1Sm 2.34 Sl 78.61,64
4.12 ᵍJs 7.6; 2Sm 1.2; 15.32; Ne 9.1; Jó 2.12
4.13 ʰv. 18; 1Sm 1.9
4.15 ⁱ1Sm 3.2
4.18 ʲv. 13
4.21 ᵏGn 35.18 ˡSl 26.8; Jr 2.11
5.1 ᵐ1Sm 4.1; 7.12 ⁿJs 13.3
5.2 ᵒJz 16.23
5.3 ᵖIs 19.1; 46.7
5.4 ᵠEz 6.6; Mq 1.7

e todos os que entram em seu templo, em Asdode, não pisam na soleira.ʳ

⁶ Depois disso a mão do Senhorˢ pesou sobre o povo de Asdode e dos arredores, trazendo devastaçãoᵗ sobre eles e afligindo-os com tumores.¹ᵘ ⁷ Quando os homens de Asdode viram o que estava acontecendo, disseram: "A arca do deus de Israel não deve ficar aqui conosco, pois a mão dele pesa sobre nós e sobre nosso deus Dagom". ⁸ Então reuniram todos os governantes dos filisteus e lhes perguntaram: "O que faremos com a arca do deus de Israel?"

Eles responderam: "Levem a arca do deus de Israel para Gate".ᵛ E então levaram a arca do Deus de Israel.

⁹ Mas, quando a arca chegou, a mão do Senhor castigou aquela cidade e lhe trouxe grande pânico.ʷ Ele afligiu o povo da cidade, jovens e velhos, com uma epidemia de tumores². ¹⁰ Então enviaram a arca de Deus para Ecrom.

Quando a arca de Deus estava entrando na cidade de Ecrom, o povo começou a gritar: "Eles trouxeram a arca do deus de Israel para cá a fim de matar a nós e a nosso povo". ¹¹ Então reuniram todos os governantesˣ dos filisteus e disseram: "Levem embora a arca do deus de Israel; que ela volte ao seu lugar; caso contrário ela³ matará a nós e a nosso povo". Pois havia pânico mortal em toda a cidade; a mão de Deus pesava muito sobre ela. ¹² Aqueles que não morreram foram afligidos com tumores, e o clamor da cidade subiu até o céu.

O Retorno da Arca a Israel

6 Quando já fazia sete meses que a arca do Senhor estava em território filisteu, ² os filisteus chamaram os sacerdotes e adivinhosʸ e disseram: "O que faremos com a arca do Senhor? Digam-nos com o que devemos mandá-la de volta a seu lugar."

³ Eles responderam: "Se vocês devolverem a arca do deus de Israel, não mandem de volta só a arca,ᶻ mas enviem também uma oferta pela culpa.ᵃ Então vocês serão curados e saberão por que a sua mãoᵇ não tem se afastado de vocês".

⁴ Os filisteus perguntaram: "Que oferta pela culpa devemos enviar-lhe?"

Eles responderam: "Cinco tumores de ouro e cinco ratos de ouro, de acordo com o númeroᶜ de governantes filisteus, porquanto a mesma praga atingiu vocês e todos os seus governantes. ⁵ Façam imagens dos tumoresᵈ e dos ratos que estão assolando o país e deem glóriaᵉ ao deus de Israel. Talvez ele alivie a mão de sobre vocês, seus deuses e sua terra. ⁶ Por que ter o coração obstinadoᶠ como os egípcios e o faraó? Só quando esse deus⁴ os tratou severamente, elesᵍ deixaram os israelitas seguirem o seu caminho.

⁷ "Agora, então, preparem uma carroçaʰ nova, com duas vacas que deram cria e sobre as quais nunca foi colocado jugo.ⁱ Amarrem-nas à carroça, mas afastem delas os seus bezerros e ponham-nos no curral. ⁸ Coloquem a arca do Senhor sobre a carroça e ponham numa caixa ao lado os objetos de ouro que vocês estão lhe enviando como oferta pela culpa. Enviem a carroça ⁹ e fiquem observando. Se ela for para o seu próprio território, na direção de Bete-Semes,ʲ então foi o Senhor quem trouxe essa grande desgraça sobre nós. Mas, se ela não for, então saberemos que não foi a sua mão que nos atingiu e que isso aconteceu conosco por acaso".

¹⁰ E assim fizeram. Pegaram duas vacas com cria, amarraram-nas a uma carroça e prenderam seus bezerros no curral. ¹¹ Colocaram a arca do Senhor na carroça e junto dela a caixa com os ratos de ouro e as imagens dos tumores. ¹² Então as vacas foram diretamente para Bete-Semes, mantendo-se na estrada e mugindo por todo o caminho; não se desviaram nem para a direita nem para a esquerda. Os governantes

---

¹ 5.6 A Septuaginta e a Vulgata acrescentam *E ratos surgiram na região, e a morte e a destruição estavam por toda a cidade*.
² 5.9 Ou *com tumores na virilha*
³ 5.11 Ou *ele*
⁴ 6.6 Isto é, Deus.

dos filisteus as seguiram até a fronteira de Bete-Semes.

13 Ora, o povo de Bete-Semes estava colhendo trigo no vale e, quando viu a arca, alegrou-se muito. **14** A carroça chegou ao campo de Josué, de Bete-Semes, e ali parou ao lado de uma grande rocha. Então cortaram a madeira da carroça e ofereceram as vacas como holocausto[1k] ao Senhor. **15** Os levitas[l] tinham descido a arca do Senhor e a caixa com os objetos de ouro e as tinham colocado sobre a grande rocha. Naquele dia, o povo de Bete-Semes ofereceu holocaustos e sacrifícios ao Senhor. **16** Os cinco governantes dos filisteus viram tudo isso e voltaram naquele mesmo dia a Ecrom.

17 Os filisteus enviaram ao Senhor como oferta pela culpa estes tumores de ouro: um[m] por Asdode, outro por Gaza, outro por Ascalom, outro por Gate e outro por Ecrom. **18** O número dos ratos de ouro foi conforme o número das cidades filisteias que pertenciam aos cinco governantes; tanto as cidades fortificadas como os povoados do campo. A grande rocha, sobre a qual puseram[2] a arca do Senhor, é até hoje uma testemunha no campo de Josué, de Bete-Semes.

19 O Senhor, contudo, feriu[n] alguns dos homens de Bete-Semes, matando setenta[3] deles, por terem olhado[o] para dentro da arca do Senhor. O povo chorou por causa da grande matança que o Senhor fizera, **20** e os homens de Bete-Semes perguntaram: "Quem pode permanecer[p] na presença do Senhor, esse Deus santo?[q] A quem enviaremos a arca, para que ele se afaste de nós?"

21 Então enviaram mensageiros ao povo de Quiriate-Jearim,[r] dizendo: "Os filisteus devolveram a arca do Senhor. Venham e levem-na para vocês".

[1] **6.14** Isto é, sacrifício totalmente queimado; também em todo o livro de 1 Samuel.
[2] **6.18** Conforme alguns manuscritos do Texto Massorético. A maioria dos manuscritos do Texto Massorético diz *povoados do campo até Abel Maior, onde puseram.*
[3] **6.19** Conforme alguns manuscritos do Texto Massorético. A maioria dos manuscritos do Texto Massorético e a Septuaginta dizem *50.070.*

7 Os homens de Quiriate-Jearim vieram para levar a arca do Senhor. Eles a levaram para a casa de Abinadabe,[s] na colina, e consagraram seu filho Eleazar para guardar a arca do Senhor.

Samuel Subjuga os Filisteus em Mispá

2 A arca permaneceu em Quiriate-Jearim muito tempo; foram vinte anos. E todo o povo de Israel buscava o Senhor com súplicas[4]. **3** E Samuel disse a toda a nação de Israel: "Se vocês querem voltar-se[t] para o Senhor de todo o coração, livrem-se[u] então dos deuses estrangeiros e das imagens de Astarote,[v] consagrem-se[w] ao Senhor e prestem culto somente[x] a ele, e ele os libertará das mãos dos filisteus". **4** Assim, os israelitas se livraram dos baalins e dos postes sagrados e começaram a prestar culto somente ao Senhor.

5 E Samuel prosseguiu: "Reúnam todo o Israel em Mispá,[y] e eu intercederei ao Senhor a favor de vocês". **6** Quando eles se reuniram em Mispá, tiraram água e a derramaram[z] perante o Senhor. Naquele dia jejuaram e ali disseram: "Temos pecado contra o Senhor". E foi em Mispá que Samuel liderou[a] os israelitas como juiz.

7 Quando os filisteus souberam que os israelitas estavam reunidos em Mispá, os governantes dos filisteus saíram para atacá-los. Quando os israelitas souberam disso, ficaram com medo.[b] **8** E disseram a Samuel: "Não pares de clamar[c] por nós ao Senhor, o nosso Deus, para que nos salve das mãos dos filisteus". **9** Então Samuel[d] pegou um cordeiro ainda não desmamado e o ofereceu inteiro como holocausto ao Senhor. Ele clamou ao Senhor em favor de Israel, e o Senhor lhe respondeu.[e]

10 Enquanto Samuel oferecia o holocausto, os filisteus se aproximaram para combater Israel. Naquele dia, porém, o Senhor trovejou[f] com fortíssimo estrondo contra os filisteus e os colocou em pânico,[g] e foram

[4] **7.2** Hebraico: *lamentava-se após o Senhor.*

6.14
[k] 2Sm 24.22; 1Rs 19.21

6.15
[l] Js 3.3

6.17
[m] v. 4

6.19
[n] 2Sm 6.7
[o] Ex 19.21;
Nm 4.5,15,20

6.20
[p] 2Sm 6.9;
Ml 3.2;
Ap 6.17
[q] Lv 11.45

6.21
[r] Js 9.17;
15.9,60;
1Cr 13.5-6

7.1
[s] 2Sm 6.3

7.3
[t] Dt 30.10;
Is 55.7;
Os 6.1
[u] Gn 35.2;
Js 24.14
[v] Jz 2.12-13;
1Sm 31.10
[w] Jl 2.12
[x] Dt 6.13;
Mt 4.10;
Lc 4.8

7.5
[y] Jz 20.1

7.6
[z] Sl 62.8;
Lm 2.19
[a] Jz 10.10;
Ne 9.1;
Sl 106.6

7.7
[b] 1Sm 17.11

7.8
[c] 1Sm 12.19,23;
Is 37.4;
Jr 15.1

7.9
[d] Sl 99.6
[e] Jr 15.1

7.10
[f] 1Sm 2.10;
2Sm 22.14-15
[g] Js 10.10

derrotados por Israel. ⁱⁱ Os soldados de Israel saíram de Mispá e perseguiram os filisteus até um lugar abaixo de Bete-Car, matando-os pelo caminho.

¹² Então Samuel pegou uma pedra*ʰ* e a ergueu entre Mispá e Sem; e deu-lhe o nome de Ebenézer¹, dizendo: "Até aqui o S͟e͟n͟h͟o͟r nos ajudou". ¹³ Assim os filisteus foram dominados*ⁱ* e não voltaram a invadir o território israelita.

A mão do S͟e͟n͟h͟o͟r esteve contra os filisteus durante toda a vida de Samuel. ¹⁴ As cidades que os filisteus haviam conquistado foram devolvidas a Israel, desde Ecrom até Gate. Israel libertou os territórios ao redor delas do poder dos filisteus. E houve também paz entre Israel e os amorreus.

¹⁵ Samuel*ʲ* continuou como juiz de Israel durante todos os dias de sua vida. ¹⁶ A cada ano percorria Betel, Gilgal e Mispá, decidindo as questões de Israel em todos esses lugares. ¹⁷ Mas sempre retornava a Ramá,*ᵏ* onde ficava sua casa; ali ele liderava Israel como juiz e naquele lugar construiu um altar*ˡ* em honra ao S͟e͟n͟h͟o͟r.

Israel Pede um Rei

8 Quando envelheceu, Samuel nomeou*ᵐ* seus filhos como líderes de Israel. ² Seu filho mais velho chamava-se Joel; o segundo, Abias. Eles eram líderes em Berseba.*ⁿ* ³ Mas os filhos dele não andaram em seus caminhos. Eles se tornaram gananciosos, aceitavam suborno*ᵒ* e pervertiam a justiça.

⁴ Por isso todas as autoridades de Israel reuniram-se e foram falar com Samuel, em Ramá.*ᵖ* ⁵ E disseram-lhe: "Tu já estás idoso, e teus filhos não andam em teus caminhos; escolhe agora um rei*ᑫ* para que nos lidere, à semelhança das outras nações".

⁶ Quando, porém, disseram: "Dá-nos um rei para que nos lidere", isso desagradou*ʳ* a Samuel; então ele orou ao S͟e͟n͟h͟o͟r. ⁷ E o S͟e͟n͟h͟o͟r lhe respondeu: "Atenda a tudo o que o povo está pedindo; não foi a você que rejeitaram; foi a mim que rejeitaram como rei.*ˢ* ⁸ Assim como fizeram comigo desde o dia em que os tirei do Egito até hoje, abandonando-me e prestando culto a outros deuses, também estão fazendo com você. ⁹ Agora atenda-os; mas advirta-os solenemente e diga-lhes*ᵗ* quais direitos reivindicará o rei que os governará".

¹⁰ Samuel transmitiu todas as palavras do S͟e͟n͟h͟o͟r ao povo, que estava lhe pedindo um rei, ¹¹ dizendo: "O rei que reinará sobre vocês reivindicará como seu direito o seguinte: ele tomará*ᵘ* os filhos de vocês para servi-lo em seus carros de guerra e em sua cavalaria e para correr à frente dos seus carros de guerra.*ᵛ* ¹² Colocará alguns como comandantes*ʷ* de mil e outros como comandantes de cinquenta. Ele os fará arar as terras dele, fazer a colheita e fabricar armas de guerra e equipamentos para os seus carros de guerra. ¹³ Tomará as filhas de vocês para serem perfumistas, cozinheiras e padeiras. ¹⁴ Tomará de vocês o melhor das plantações,*ˣ* das vinhas*ʸ* e dos olivais e o dará aos criados dele. ¹⁵ Tomará um décimo dos cereais e da colheita das uvas e o dará a seus oficiais e a seus criados. ¹⁶ Também tomará de vocês para seu uso particular os servos e as servas, e o melhor do gado² e dos jumentos. ¹⁷ E tomará de vocês um décimo dos rebanhos, e vocês mesmos se tornarão escravos dele. ¹⁸ Naquele dia, vocês clamarão por causa do rei que vocês mesmos escolheram, e o S͟e͟n͟h͟o͟r não os ouvirá".*ᶻ*

¹⁹ Todavia, o povo recusou-se*ᵃ* a ouvir Samuel e disse: "Não! Queremos ter um rei. ²⁰ Seremos como todas as outras nações;*ᵇ* um rei nos governará, e sairá à nossa frente para combater em nossas batalhas".

²¹ Depois de ter ouvido tudo o que o povo disse, Samuel o repetiu*ᶜ* perante o S͟e͟n͟h͟o͟r. ²² E o S͟e͟n͟h͟o͟r respondeu: "Atenda-os*ᵈ* e dê-lhes um rei".

Então Samuel disse aos homens de Israel: "Volte cada um para a sua cidade".

---

² **8.16** Conforme a Septuaginta. O Texto Massorético diz *jovens*.

¹ **7.12** *Ebenézer* significa *pedra de ajuda*.

O Encontro entre Saul e Samuel

9 Havia um homem de Benjamim, rico e influente, chamado Quis,ᵉ filho de Abiel, neto de Zeror, bisneto de Becorate e trineto de Afia. ² Ele tinha um filho chamado Saul, jovem de boa aparência, sem igualᶠ entre os israelitas; os mais altosᵍ batiam nos seus ombros.

³ E aconteceu que as jumentas de Quis, pai de Saul, extraviaram-se. E ele disse a Saul: "Chame um dos servos e vá procurar as jumentas". ⁴ Eles atravessaram os montesʰ de Efraim e a região de Salisa,ⁱ mas não as encontraram. Prosseguindo, entraram no distrito de Saalim, mas as jumentas não estavam lá. Então atravessaram o território de Benjamim e mesmo assim não as encontraram.

⁵ Chegando ao distrito de Zufe,ʲ disse Saul ao seu servo: "Vamos voltar, ou meu pai deixará de pensar nas jumentas para começar a preocupar-seᵏ conosco".

⁶ O servo, contudo, respondeu: "Nesta cidade mora um homem de Deusˡ que é muito respeitado. Tudoᵐ o que ele diz acontece. Vamos falar com ele. Talvez ele nos aponte o caminho a seguir".

⁷ Saul disse a seu servo: "Se formos, o que lhe poderemos dar? A comida de nossos sacos de viagem acabou. Não temos nenhum presenteⁿ para levar ao homem de Deus. O que temos para oferecer?"

⁸ O servo lhe respondeu: "Tenho três gramas¹ de prata. Darei isto ao homem de Deus para que ele nos aponte o caminho a seguir". ⁹ (Antigamente em Israel, quando alguém ia consultar a Deus, dizia: "Vamos ao vidente", pois o profeta de hoje era chamado vidente.)ᵒ

¹⁰ E Saul concordou: "Muito bem, vamos!" Assim, foram em direção à cidade onde estava o homem de Deus.

¹¹ Ao subirem a colina para chegar à cidade, encontraram algumas jovens que estavam saindo para buscarᵖ água e perguntaram a elas: "O vidente está na cidade?"

¹² Elas responderam: "Sim. Ele está ali adiante. Apressem-se; ele chegou hoje à nossa cidade, porque o povo vai oferecer um sacrifícioᑫ no altarʳ que há no monte. ¹³ Assim que entrarem na cidade, vocês o encontrarão antes que suba ao altar do monte para comer. O povo não começará a comer antes que ele chegue, pois ele deve abençoar o sacrifício; depois disso, os convidados irão comer. Subam agora e vocês logo o encontrarão".

¹⁴ Eles foram à cidade e, ao entrarem, Samuel vinha na direção deles a caminho do altar do monte.

¹⁵ No dia anterior à chegada de Saul, o Senhor havia revelado isto a Samuel: ¹⁶ "Amanhã, por volta desta hora, enviarei a você um homem da terra de Benjamim. Unja-oˢ como líder sobre Israel, o meu povo; ele libertaráᵗ o meu povo das mãos dos filisteus. Atentei para o meu povo, pois o seu clamor chegou a mim".

¹⁷ Quando Samuel viu Saul, o Senhor lhe disse: "Esteᵘ é o homem de quem falei; ele governará o meu povo".

¹⁸ Saul aproximou-se de Samuel na entrada da cidade e lhe perguntou: "Por favor, pode me dizer onde é a casa do vidente?"

¹⁹ Respondeu Samuel: "Eu sou o vidente. Vá na minha frente para o altar, pois hoje você comerá comigo. Amanhã cedo eu contarei a você tudo o que quer saber e o deixarei ir. ²⁰ Quanto às jumentasᵛ que você perdeu há três dias, não se preocupe com elas; já foram encontradas. E a quem pertencerá tudo o que é preciosoʷ em Israel, senão a você e a toda a família de seu pai?"

²¹ Saul respondeu: "Acaso não sou eu um benjamita, da menor das tribosˣ de Israel, e não é o meu clã o mais insignificante de todos os clãs da tribo de Benjamim?ʸ Por que estás me dizendo tudo isso?"

²² Então Samuel levou Saul e seu servo para a sala e lhes deu o lugar de honra entre os convidados, cerca de trinta pessoas. ²³ E disse ao cozinheiro: "Traga-me a porção

---

¹ **9.8** Hebraico: *1/4 de siclo*. Um siclo equivalia a 12 gramas.

de carne que entreguei a você e mandei reservar".

²⁴ O cozinheiro pegou a coxaᶻ do animal com o que estava sobre ela e colocou tudo diante de Saul. E disse Samuel: "Aqui está o que foi reservado para você. Coma, pois desde o momento em que eu disse: Tenho convidados, essa parte foi separada para você para esta ocasião". E Saul comeu com Samuel naquele dia.

²⁵ Depois que desceu do altar do monte para a cidade, Samuel conversou com Saul no terraçoᵃ de sua casa. ²⁶ Ao romper do dia, quando se levantaram, Samuel chamou Saul no terraço e disse: "Levante-se, e eu o acompanharei, e depois você seguirá viagem". Saul se levantou e saiu com Samuel. ²⁷ Enquanto desciam para a saída da cidade, Samuel disse a Saul: "Diga ao servo que vá na frente". O servo foi e Samuel prosseguiu: "Fique você aqui um instante, para que eu dê a você uma mensagem da parte de Deus".

Saul é Ungido Rei

10 Samuel apanhou um jarroᵇ de óleo, derramou-o sobre a cabeça de Saul e o beijou, dizendo: "O Senhor o ungiuᶜ como líder da herança dele.¹ᵈ ² Hoje, quando você partir, encontrará dois homens perto do túmuloᵉ de Raquel, em Zelza, na fronteira de Benjamim. Eles dirão: 'As jumentasᶠ que você foi procurar já foram encontradas. Agora seu pai deixou de se importar com elas e está preocupadoᵍ com vocês. Ele está perguntando: "Como encontrarei meu filho?"'

³ "Então, dali, você prosseguirá para o carvalho de Tabor. Três homens virão subindo ao santuário de Deus, em Betel,ʰ e encontrarão você ali. Um estará levando três cabritos, outro três pães e outro uma vasilha de couro cheia de vinho. ⁴ Eles o *cumprimentarão* e oferecerão a você dois pães, que você deve aceitar.

⁵ "Depois você irá a Gibeá de Deus, onde há um destacamentoⁱ filisteu. Ao chegar à cidade, você encontrará um grupo de profetas que virão descendo do altarʲ do monte tocando liras, tamborins, flautas e harpas;ᵏ e eles estarão profetizando.ˡ ⁶ O Espíritoᵐ do Senhor se apossará de você, e com eles você profetizará² e será um novo homem. ⁷ Assim que esses sinais se cumprirem, faça o que achar melhor,ⁿ pois Deus está comᵒ você.

⁸ "Vá na minha frente até Gilgal.ᵖ Depois eu irei também, para oferecer holocaustos e sacrifícios de comunhão³, mas você deve esperar sete dias, até que eu chegue e diga a você o que fazer".

⁹ Quando se virou para afastar-se de Samuel, Deus mudouᑫ o coração de Saul, e todos aqueles sinais se cumpriram naquele dia. ¹⁰ Chegando a Gibeá, um grupo veio em sua direção; o Espírito de Deus se apossou dele, e ele profetizouʳ no meio deles. ¹¹ Quando os que já o conheciam viram-no profetizando com os profetas, perguntaram uns aos outros: "O que aconteceuˢ ao filho de Quis? Saul também está entre os profetas?"ᵗ

¹² Um homem daquele lugar respondeu: "E quem é o pai deles?" De modo que isto se tornou um ditado: "Saul também está entre os profetas?" ¹³ Depois que Saul parou de profetizar, foi para o altar do monte.

¹⁴ Então o tio de Saulᵘ perguntou a ele e ao seu servo: "Aonde vocês foram?"

Ele respondeu: "Procurar as jumentas. Quando, porém, vimos que não seriam encontradas, fomos falar com Samuel".

¹⁵ "O que Samuel disse a vocês?", perguntou o tio.

¹⁶ Saul respondeu: "Ele nos garantiu que as jumentasᵛ tinham sido encontradas". Todavia, Saul não contou ao tio o que Samuel tinha dito sobre o reino.

¹⁷ Samuel convocou o povo de Israel ao Senhor, em Mispá,ʷ ¹⁸ e disse a eles: "Assim

---

¹ **10.1** A Septuaginta e a Vulgata dizem *líder de Israel, o seu povo. Você reinará sobre o povo do Senhor e o salvará do poder de seus inimigos ao redor. E isto lhe será um sinal de que o Senhor o ungiu como líder sobre a herança dele.*

² **10.6** Ou *você estará em transe*; também no versículo 10 e em 19.24. Veja 18.10.

³ **10.8** Ou *de paz*

diz o SENHOR, o Deus de Israel: 'Eu tirei Israel do Egito e libertei vocês do poder do Egito e de todos os reinos que os oprimiam'.ˣ ¹⁹ Mas vocês agora rejeitaram o Deus que os salva de todas as suas desgraças e angústias. E disseram: 'Não! Escolhe um reiʸ para nós'. Por isso, agora, apresentem-seᶻ perante o SENHOR, de acordo com as suas tribos e os seus clãs".

²⁰ Tendo Samuel feito todas as tribos de Israel se aproximarem, a de Benjamim foi escolhida. ²¹ Então fez ir à frente a tribo de Benjamim, clã por clã, e o clã de Matri foi escolhido. Finalmente foi escolhido Saul, filho de Quis. Quando, porém, o procuraram, ele não foi encontrado. ²² Consultaramᵃ novamente o SENHOR: "Ele já chegou?"

E o SENHOR disse: "Sim, ele está escondido no meio da bagagem".

²³ Correram e o tiraram de lá. Quando ficou em pé no meio do povo, os mais altosᵇ só chegavam aos seus ombros. ²⁴ E Samuel disse a todos: "Vocês veem o homem que o SENHOR escolheu?ᶜ Não há ninguém como ele no meio de todo o povo".

Então todos gritaram: "Viva o rei!"ᵈ

²⁵ Samuel expôs ao povo as leisᵉ do reino. Ele as escreveu num livro e o pôs perante o SENHOR. Depois disso, Samuel mandou o povo de volta para as suas casas.

²⁶ Saul também foi para sua casa em Gibeá,ᶠ acompanhado por guerreiros, cujo coração Deus tinha tocado. ²⁷ Alguns vadios,ᵍ porém, disseram: "Como este homem pode nos salvar?" Desprezaram-no e não lhe trouxeram presente algum.ʰ Mas Saul ficou calado.

Saul Liberta a Cidade de Jabes

11 O amonita Naásⁱ avançou contra a cidade de Jabes-Gileadeʲ e a cercou. E os homens de Jabes lhe disseram: "Faça um tratadoᵏ conosco, e nos sujeitaremos a você".

² Contudo, Naás, o amonita, respondeu: "Só farei um tratado com vocês sob a condição de que eu arranqueˡ o olho direito de *cada um de vocês e assim humilhe*ᵐ todo o Israel".

³ As autoridades de Jabes lhe disseram: "Dê-nos sete dias para que possamos enviar mensageiros a todo o Israel; se ninguém vier nos socorrer, nós nos renderemos".

⁴ Quando os mensageiros chegaram a Gibeá,ⁿ cidade de Saul, e relataram essas coisas ao povo, todos choraramᵒ em alta voz. ⁵ Naquele momento, Saul estava trazendo o gado do campo e perguntou: "O que há com o povo? Por que estão chorando?" Então lhe contaram o que os homens de Jabes tinham dito.

⁶ Quando Saul ouviu isso, o Espírito de Deusᵖ apoderou-se dele, e ele ficou furioso. ⁷ Apanhou dois bois, cortou-os em pedaços e, por meio dos mensageiros, enviou os pedaços a todo o Israel,ᑫ proclamando: "Isto é o que acontecerá aos bois de quemʳ não seguir Saul e Samuel". Então o temor do SENHOR caiu sobre o povo, e eles vieram unânimes. ⁸ Quando Saul os reuniuˢ em Bezeque,ᵗ havia trezentos mil homens de Israel e trinta mil de Judá.

⁹ E disseram aos mensageiros de Jabes: "Digam aos homens de Jabes-Gileade: 'Amanhã, na hora mais quente do dia, haverá libertação para vocês' ". Quando relataram isso aos habitantes de Jabes, eles se alegraram. ¹⁰ Então, os homens de Jabes disseram aos amonitas: "Amanhã nós nos renderemosᵘ a vocês, e poderão fazer conosco o que quiserem".

¹¹ No dia seguinte, Saul dividiu seus soldados em três grupos;ᵛ entraram no acampamento amonita na alta madrugada e os mataram até a hora mais quente do dia. Aqueles que sobreviveram se dispersaram de tal modo que não ficaram dois juntos.

Saul Confirmado como Rei

¹² Então o povo disse a Samuel: "Quemʷ foi que perguntou: 'Será que Saul vai reinar sobre nós?' Traze-nos esses homens, e nós os mataremos".

¹³ Saul, porém, disse: "Hoje ninguém será morto,ˣ pois neste dia o SENHOR trouxe libertaçãoʸ a Israel".

10.18
ˣJz 6.8-9

10.19
ʸ1Sm 8.5-7; 12.12
ᶻJs 7.14; 24.1

10.22
ᵃ1Sm 23.2,4, 9-11

10.23
ᵇ1Sm 9.2

10.24
ᶜDt 17.15; 2Sm 21.6
ᵈ1Rs 1.25; 34,39

10.25
ᵉDt 17.14-20; 1Sm 8.11-18

10.26
ᶠ1Sm 11.4

10.27
ᵍDt 13.13
ʰ1Rs 10.25; 2Ch 17.5

11.1
ⁱ1Sm 12.12
ʲJz 21.8
ᵏ1Rs 20.34; Ez 17.13

11.2
ˡNm 16.14
ᵐ1Sm 17.26

11.4
ⁿ1Sm 10.5, 26;15.34
ᵒJz 2.4; 1Sm 30.4

11.6
ᵖJz 3.10; 6.34;13.25; 14.6; 1Sm 10.10; 16.13

11.7
ᑫJz 19.29
ʳJz 21.5

11.8
ˢJz 20.2
ᵗJz 1.4

11.10
ᵘv. 3

11.11
ᵛJz 7.16

11.12
ʷ1Sm 10.27; Lc 19.27

11.13
ˣ2Sm 19.22
ʸEx 14.13; 1Sm 19.5

14 Então Samuel disse ao povo: "Venham, vamos a Gilgal^z e reafirmemos ali o reino".^{a} **15** Assim, todo o povo foi a Gilgal^b e proclamou Saul como rei na presença do Senhor. Ali ofereceram sacrifícios de comunhão^1 ao Senhor, e Saul e todos os israelitas tiveram momentos de grande alegria.

A Palavra de Despedida de Samuel

12 Samuel disse a todo o Israel: "Atendi^c a tudo o que vocês me pediram e estabeleci um rei^d para vocês. **2** Agora vocês têm um rei que os governará.^{e} Quanto a mim, estou velho e de cabelos brancos, e meus filhos estão aqui com vocês. Tenho vivido diante de vocês desde a minha juventude até agora. **3** Aqui estou. Se tomei um boi ou um jumento^f de alguém, ou se explorei ou oprimi alguém, ou se das mãos de alguém aceitei suborno,^{g} fechando os olhos para a sua culpa, testemunhem contra mim na presença do Senhor e do seu ungido.^{h} Se alguma dessas coisas pratiquei,^{i} eu farei restituição".

4 E responderam: "Tu não nos exploraste nem nos oprimiste. Tu não tiraste coisa alguma das mãos de ninguém".

5 Samuel lhes disse: "O Senhor é testemunha diante de vocês, como também o seu ungido é hoje testemunha, de que vocês não encontraram culpa alguma^j em minhas mãos".^{k}

E disseram: "Ele é testemunha".

6 Então Samuel disse ao povo: "O Senhor designou Moisés e Arão e tirou^l os seus antepassados do Egito. **7** Agora, pois, fiquem aqui, porque vou entrar em julgamento^m com vocês perante o Senhor, com base nos atos justos realizados pelo Senhor em favor de vocês e dos seus antepassados.

8 "Depois que Jacó entrou no Egito, eles clamaram^n ao Senhor, e ele enviou^o Moisés e Arão para tirar os seus antepassados do Egito e os estabelecer neste lugar.

9 "Seus antepassados, porém, se esqueceram^p do Senhor seu Deus; então ele os vendeu a Sísera,^{q} o comandante do exército de Hazor, aos filisteus^r e ao rei de Moabe,^{s} que lutaram contra eles. **10** Eles clamaram ao Senhor, dizendo: 'Pecamos, abandonando^t o Senhor e prestando culto aos baalins e aos postes sagrados.^{u} Agora, porém, liberta-nos das mãos dos nossos inimigos, e nós prestaremos culto a ti'. **11** Então o Senhor enviou Jerubaal^2,^{v} Baraque^3,^{w} Jefté^x e Samuel^4, e os libertou das mãos dos inimigos que os rodeavam, de modo que vocês viveram em segurança.

12 "Quando porém, vocês viram que Naás,^{y} rei^z dos amonitas, estava avançando contra vocês, me disseram: 'Não! Escolha um rei^a para nós', embora o Senhor, o seu Deus, fosse o rei. **13** Agora, aqui está o rei^b que vocês escolheram, aquele que vocês pediram;^{c} o Senhor deu um rei a vocês. **14** Se vocês temerem,^{d} servirem, obedecerem ao Senhor e não se rebelarem contra suas ordens e se vocês e o rei que reinar sobre vocês seguirem o Senhor, o seu Deus, tudo irá bem a vocês! **15** Todavia, se vocês desobedecerem ao Senhor e se rebelarem contra^e o seu mandamento, sua mão se oporá a vocês da mesma forma como se opôs aos seus antepassados.

16 "Agora, preparem-se para ver^f este grande feito que o Senhor vai realizar diante de vocês! **17** Não estamos na época da colheita do trigo.^{g} Pedirei^h ao Senhor que envie trovões e chuva^i para que vocês reconheçam que fizeram^j o que o Senhor reprova totalmente, quando pediram um rei".

18 Então Samuel clamou ao Senhor, e naquele mesmo dia o Senhor enviou trovões e chuva. E assim todo o povo temeu^k grandemente ao Senhor e a Samuel.

19 E todo o povo disse a Samuel: "Ora^l ao Senhor, o teu Deus, em favor dos teus servos, para que não morramos, pois a todos os nossos pecados acrescentamos o mal de pedir um rei".

---

^{1} **11.15** Ou *de paz*

^{2} **12.11** Também chamado *Gideão*.

^{3} **12.11** Conforme alguns manuscritos da Septuaginta e a Versão Siríaca. O Texto Massorético diz *Bedã*.

^{4} **12.11** Alguns manuscritos da Septuaginta e a Versão Siríaca dizem *Sansão*.

²⁰ Respondeu Samuel: "Não tenham medo. De fato, vocês fizeram todo esse mal. Contudo, não deixem de seguir o Senhor, mas sirvam ao Senhor de todo o coração. ²¹ Não se desviem, para seguir ídolos[n] inúteis,[m] que de nada valem nem podem livrá-los, pois são inúteis. ²² Por causa[o] de seu grande nome,[p] o Senhor não os rejeitará,[q] pois o Senhor teve prazer em torná-los[r] o seu próprio povo. ²³ E longe de mim esteja pecar contra o Senhor, deixando de orar[s] por vocês. Também ensinarei[t] a vocês o caminho que é bom e direito. ²⁴ Somente temam[u] ao Senhor e sirvam a ele fielmente de todo o coração; e considerem[v] as grandes[w] coisas que ele tem feito por vocês. ²⁵ Todavia, se insistirem[x] em fazer o mal, vocês e o seu rei serão destruídos".[y]

Samuel Repreende Saul

13 Saul tinha trinta[1] anos de idade quando começou a reinar e reinou sobre Israel quarenta[2] e dois anos.

² Saul[3] escolheu três mil homens de Israel; dois mil ficaram com ele em Micmás e nos montes de Betel e mil ficaram com Jônatas em Gibeá[z] de Benjamim. O restante dos homens ele mandou de volta para suas tendas.

³ Jônatas atacou os destacamentos[a] dos filisteus em Gibeá[4], e os filisteus foram informados disso. Então Saul mandou tocar a trombeta por todo o país, dizendo: "Que os hebreus fiquem sabendo disto!" ⁴ E todo o Israel ouviu a notícia de que Saul tinha atacado o destacamento dos filisteus, atraindo o ódio[b] dos filisteus sobre Israel[5]. Então os homens foram convocados para se unirem a Saul em Gilgal.

⁵ Os filisteus reuniram-se para lutar contra Israel com três mil[6] carros de guerra, seis mil condutores de carros e tantos soldados quanto a areia[c] da praia. Eles foram a Micmás, a leste de Bete-Áven, e lá acamparam. ⁶ Quando os soldados de Israel viram que a situação era difícil e que o seu exército estava sendo muito pressionado, esconderam-se em cavernas e buracos, entre as rochas e em poços e cisternas.[d] ⁷ Alguns hebreus até atravessaram o Jordão para chegar à terra de Gade[e] e de Gileade.

Saul ficou em Gilgal, e os soldados que estavam com ele tremiam de medo. ⁸ Ele esperou sete[f] dias, o prazo estabelecido por Samuel; mas este não chegou a Gilgal, e os soldados de Saul começaram a se dispersar. ⁹ E ele ordenou: "Tragam-me o holocausto e os sacrifícios de comunhão". Saul então ofereceu[g] o holocausto; ¹⁰ quando terminou de oferecê-lo, Samuel[h] chegou, e Saul foi saudá-lo.

¹¹ Perguntou-lhe Samuel: "O que você fez?"

Saul respondeu: "Quando vi que os soldados estavam se dispersando e que não tinhas chegado no prazo estabelecido, e que os filisteus estavam reunidos em Micmás,[i] ¹² pensei: Agora, os filisteus me atacarão em Gilgal, e eu não busquei o Senhor.[j] Por isso senti-me obrigado a oferecer o holocausto".

¹³ Disse Samuel: "Você agiu como tolo,[k] desobedecendo[l] ao mandamento que o Senhor, o seu Deus, deu a você; se tivesse obedecido, ele teria estabelecido para sempre o seu reinado sobre Israel. ¹⁴ Mas agora o seu reinado[m] não permanecerá; o Senhor procurou um homem segundo o seu coração[n] e o designou[o] líder de seu povo, pois você não obedeceu ao mandamento do Senhor".

¹⁵ Então Samuel partiu de Gilgal[8] e foi a Gibeá[p] de Benjamim, e Saul contou os

---

[1] **13.1** Conforme alguns manuscritos da Septuaginta. O Texto Massorético não traz *trinta*.

[2] **13.1** Veja o número arredondado em At 13.21. O Texto Massorético não traz *quarenta*.

[3] **13.1,2** Ou *com dois anos de reinado, 2Saul*

[4] **13.3** Conforme dois manuscritos do Texto Massorético. A maioria dos manuscritos do Texto Massorético diz *Geba*, variante de *Gibeá*; também no versículo 16.

[5] **13.4** Hebraico: *transformando Israel em mau cheiro para os filisteus*.

[6] **13.5** Conforme alguns manuscritos da Septuaginta e a Versão Siríaca. O Texto Massorético diz *trinta mil*.

[7] **13.9** Ou *de paz*

[8] **13.15** A Septuaginta diz *Gilgal e seguiu seu caminho; o restante do povo foi com Saul encontrar-se com o exército, e saíram de Gilgal*.

12.21
[n]Is 41.24,29; Jr 16.19; Ha 2.18
[m]Dt 11.16

12.22
[o]Sl 106.8
[p]Js 7.9
[q]1Rs 6.13
[r]Dt 7.7; 1Pe 2.9

12.23
[s]Rm 1.9-10; Cl 1.9; 2Tm 1.3
[t]1Rs 8.36; Sl 34.11; Pv 4.11

12.24
[u]Ec 12.13
[v]Is 5.12
[w]Dt 10.21

12.25
[x]1Sm 31.1-5
[y]Js 24.20

13.2
[z]1Sm 10.26

13.3
[a]1Sm 10.5

13.4
[b]Gn 34.30

13.5
[c]Js 11.4

13.6
[d]Jz 6.2

13.7
[e]Nm 32.33

13.8
[f]1Sm 10.8

13.9
[g]2Sm 24.25; 1Rs 3.4

13.10
[h]1Sm 15.13

13.11
[i]v. 2,5,16,23

13.12
[j]Jr 26.19

13.13
[k]2Cr 16.9
[l]1Sm 15.23,24

13.14
[m]1Sm 15.28
[n]At 7.46; 13.22
[o]2Sm 6.21

13.15
[p]1Sm 14.2

soldados que estavam com ele. Eram cerca de seiscentos.

A Desvantagem Militar de Israel

16 Saul e seu filho Jônatas, acompanhados de seus soldados, ficaram em Gibeá de Benjamim, enquanto os filisteus estavam acampados em Micmás. **17** Uma tropa[q] de ataque saiu do acampamento filisteu em três divisões. Uma foi em direção a Ofra,[r] nos arredores de Sual, **18** outra em direção a Bete-Horom,[s] e a terceira em direção à região fronteiriça de onde se avista o vale de Zeboim,[t] diante do deserto.

19 Naquela época não havia nem mesmo um único ferreiro[u] em toda a terra de Israel, pois os filisteus não queriam que os hebreus fizessem espadas e lanças. **20** Assim, eles tinham que ir aos filisteus para afiar seus arados, enxadas, machados e foices[1]. **21** O preço para afiar rastelos e enxadas era oito gramas[2] de prata, e quatro gramas[3] de prata para afiar tridentes, machados e pontas de aguilhadas.

22 Por isso, no dia da batalha, nenhum soldado de Saul e Jônatas[v] tinha espada ou lança[w] nas mãos, exceto o próprio Saul e seu filho Jônatas.

Jônatas Ataca os Filisteus

23 Aconteceu que um destacamento filisteu foi para o desfiladeiro[x] de Micmás.

14 Certo dia, Jônatas, filho de Saul, disse ao seu jovem escudeiro: "Vamos ao destacamento filisteu, do outro lado". Ele, porém, não contou isso a seu pai.

2 Saul estava sentado debaixo de uma romãzeira na fronteira de Gibeá,[y] em Migrom.[z] Com ele estavam uns seiscentos soldados, **3** entre os quais Aías, que levava o *colete sacerdotal*. Ele era filho de Aitube,[a] irmão de Icabode,[b] filho de Fineias e neto de Eli,[c] o sacerdote do Senhor em Siló. Ninguém sabia que Jônatas havia saído.

4 Em cada lado do desfiladeiro[d] que Jônatas pretendia atravessar para chegar ao destacamento filisteu, havia um penhasco íngreme; um se chamava Bozez; o outro, Sené. **5** Havia um penhasco ao norte, na direção de Micmás, e outro ao sul, na direção de Geba.

6 E Jônatas disse a seu escudeiro: "Vamos ao destacamento daqueles incircuncisos.[e] Talvez o Senhor aja em nosso favor, pois nada[f] pode impedir o Senhor de salvar, seja com muitos[g] seja com poucos".[h]

7 Disse o seu escudeiro: "Faze tudo o que tiveres em mente; eu irei contigo".

8 Jônatas disse: "Venha, vamos atravessar na direção dos soldados e deixaremos que nos avistem. **9** Se nos disserem: 'Esperem aí até que cheguemos perto', ficaremos onde estivermos e não avançaremos. **10** Mas, se disserem: 'Subam até aqui', subiremos, pois este será um sinal[i] para nós de que o Senhor os entregou em nossas mãos".

11 Então os dois se deixaram ver pelo destacamento dos filisteus, que disseram: "Vejam, os hebreus estão saindo dos buracos onde estavam escondidos".[j] **12** E gritaram para Jônatas e seu escudeiro: "Subam até aqui e daremos uma lição[k] em vocês".

Diante disso, Jônatas disse a seu escudeiro: "Siga-me; o Senhor os entregou nas mãos[l] de Israel".

13 Jônatas escalou o desfiladeiro, usando as mãos e os pés, e o escudeiro foi logo atrás. Jônatas os derrubava e seu escudeiro, logo atrás dele, os matava. **14** Naquele primeiro ataque, Jônatas e seu escudeiro mataram cerca de vinte homens numa pequena área de terra[4].

A Vitória de Israel sobre os Filisteus

15 Então caiu terror[m] sobre todo o exército, tanto sobre os que estavam no acampamento e no campo como sobre os que

---

[1] **13.20** Conforme a Septuaginta. O Texto Massorético diz *arados*.

[2] **13.21** Hebraico: *1 pim*.

[3] **13.21** Hebraico: *1/3 de siclo*. Um siclo equivalia a 12 gramas.

[4] **14.14** Isto é, a terra arada por um jugo de bois num dia.

estavam nos destacamentos, e até mesmo nas tropas[n] de ataque. O chão tremeu e houve um pânico terrível[1].

¹⁶ As sentinelas[o] de Saul em Gibeá de Benjamim viram o exército filisteu se dispersando, correndo em todas as direções. ¹⁷ Então Saul disse aos seus soldados: "Contem os soldados e vejam quem está faltando". Quando o fizeram, viram que Jônatas e seu escudeiro não estavam presentes.

¹⁸ Saul ordenou a Aías: "Traga[p] a arca de Deus". Naquele tempo ela estava com os israelitas.[2] ¹⁹ Enquanto Saul falava com o sacerdote, o tumulto no acampamento filisteu ia crescendo cada vez mais. Então Saul disse ao sacerdote:[q] "Não precisa trazer a arca".[3]

²⁰ Na mesma hora Saul e todos os soldados se reuniram e foram para a batalha. Encontraram os filisteus em total confusão, ferindo[r] uns aos outros com suas espadas. ²¹ Alguns hebreus que antes estavam do lado dos filisteus e que com eles tinham ido ao acampamento filisteu, passaram[s] para o lado dos israelitas que estavam com Saul e Jônatas. ²² Quando todos os israelitas que haviam se escondido[t] nos montes de Efraim ouviram que os filisteus batiam em retirada, também entraram na batalha, perseguindo-os. ²³ Assim o Senhor concedeu vitória[u] a Israel naquele dia, e a batalha se espalhou para além de Bete-Áven.[v]

O Juramento Impensado de Saul

²⁴ Os homens de Israel estavam exaustos naquele dia, pois Saul lhes havia imposto um juramento,[w] dizendo: "Maldito seja todo o que comer antes do anoitecer, antes que eu tenha me vingado de meus inimigos!" Por isso ninguém tinha comido nada.

²⁵ O exército inteiro entrou num bosque, onde havia mel no chão. ²⁶ Eles viram o mel escorrendo, contudo ninguém comeu, pois temiam o juramento. ²⁷ Jônatas, porém, não sabia do juramento que seu pai havia imposto ao exército, de modo que estendeu a ponta da vara que tinha na mão e a molhou no favo de mel.[x] Quando comeu, seus olhos brilharam[4]. ²⁸ Então um dos soldados lhe disse: "Seu pai impôs ao exército um juramento severo, dizendo: 'Maldito seja todo o que comer hoje!' Por isso os homens estão exaustos".

²⁹ Jônatas disse: "Meu pai trouxe desgraça[y] para nós. Veja como meus olhos brilham[5] desde que provei um pouco deste mel. ³⁰ Como teria sido bem melhor se os homens tivessem comido hoje um pouco do que tomaram dos seus inimigos. A matança de filisteus não teria sido ainda maior?"

³¹ Naquele dia, depois de derrotarem os filisteus, desde Micmás até Aijalom,[z] os israelitas estavam completamente exaustos. ³² Eles então se lançaram sobre os despojos[a] e pegaram ovelhas, bois e bezerros; mataram-nos ali mesmo e comeram a carne com o sangue.[b] ³³ E alguém disse a Saul: "Veja, os soldados estão pecando contra o Senhor, comendo carne com sangue".

Ele disse: "Vocês foram infiéis. Rolem uma grande pedra até aqui. ³⁴ Saiam entre os soldados e digam-lhes: Cada um traga a mim seu boi ou sua ovelha, abatam-nos e comam a carne aqui. Não pequem contra o Senhor comendo carne com sangue".

Assim, cada um levou seu boi naquela noite e ali o abateu. ³⁵ Então, Saul edificou um altar[c] para o Senhor; foi a primeira vez que fez isso.

³⁶ Saul disse ainda: "Desçamos atrás dos filisteus à noite; vamos saqueá-los até o amanhecer e não deixemos vivo nem um só deles".

Eles responderam: "Faze o que achares melhor".

O sacerdote, porém, disse: "Consultemos aqui a Deus".

---

[1] **14.15** Ou *um pânico de Deus*
[2] **14.18** A Septuaginta diz *"Traga o colete sacerdotal". Naquele tempo ele usava o colete sacerdotal diante dos israelitas.*
[3] **14.19** Hebraico: *"Retire a sua mão".*
[4] **14.27** Ou *suas forças se renovaram*
[5] **14.29** Ou *como minhas forças se renovaram*

14.15
[n]1Sm 13.17
14.16
[o]2Sm 18.24
14.18
[p]1Sm 30.7
14.19
[q]Nm 27.21
14.20
[r]Jz 7.22; 2Cr 20.23
14.21
[s]1Sm 29.4
14.22
[t]1Sm 13.6
14.23
[u]Ex 14.30; Sl 44.6-7
[v]1Sm 13.5
14.24
[w]Js 6.26
14.27
[x]v. 43; 1Sm 30.12
14.29
[y]Js 7.25; 1Rs 18.18
14.31
[z]Js 10.12
14.32
[a]1Sm 15.19
[b]Gn 9.4; Lv 3.17; 7.26;17.10-14; 19.26; Dt 12.16,23-24
14.35
[c]1Sm 7.17

37 Então Saul perguntou a Deus: "Devo perseguir os filisteus? Tu os entregarás nas mãos de Israel?" Mas naquele dia Deus não lhe respondeu.ᵈ

38 Disse então Saul: "Venham cá, todos vocês que são líderes do exército, e descubramos que pecado foi cometidoᵉ hoje. **39** Juro pelo nome do Senhor, o libertadorᶠ de Israel; mesmo que seja meu filho Jônatas, ele morrerá". Mas ninguém disse uma só palavra.

40 A seguir disse Saul a todos os israelitas: "Fiquem vocês de um lado; eu e meu filho Jônatas ficaremos do outro".

E eles responderam: "Faze o que achares melhor".

41 E Saul orou ao Senhor, ao Deus de Israel: "Dá-meᵍ a resposta certa"¹·ʰ. A sorte caiu em Jônatas e Saul, e os soldados saíram livres. **42** Saul disse: "Lancem sortes entre mim e meu filho Jônatas". E Jônatas foi indicado.

43 Então Saul disse a Jônatas: "Diga-me o que você fez".ⁱ

E Jônatas lhe contou: "Eu provei um pouco de melʲ com a ponta de minha vara. Estou pronto para morrer".

44 Saul disse: "Que Deus me castigue com todo rigor,ᵏ caso você não morra, Jônatas!"ˡ

45 Os soldados, porém, disseram a Saul: "Será que Jônatas, que trouxe esta grande libertação para Israel, deve morrer? Nunca! Juramos pelo nome do Senhor: Nem um só cabeloᵐ de sua cabeça cairá ao chão, pois o que ele fez hoje foi com o auxílio de Deus". Então os homens resgataramⁿ Jônatas, e ele não foi morto.

46 E Saul parou de perseguir os filisteus, e eles voltaram para a sua própria terra.

47 Quando Saul assumiu o reinado sobre Israel, lutou contra os seus inimigos em redor: moabitas, amonitas,ᵒ edomitas, os reis² de Zobáᵖ e os filisteus. Para qualquer lado que fosse, infligia-lhes castigo³. **48** Lutou corajosamente e derrotou os amalequitas,ᵠ libertando Israel das mãos daqueles que os saqueavam.

A Família de Saul

49 Os filhos de Saul foram Jônatas, Isvi e Malquisua.ʳ O nome de sua filha mais velha era Merabe, e o da mais nova era Mical.ˢ **50** Sua mulher chamava-se Ainoã e era filha de Aimaás. O nome do comandante do exército de Saul era Abner, filho de Ner, tio de Saul. **51** Quis,ᵗ pai de Saul, e Ner, pai de Abner, eram filhos de Abiel.

52 Houve guerra acirrada contra os filisteus durante todo o reinado de Saul. Por isso, sempre que Saul conhecia um homem forte e corajoso, alistava-oᵘ no seu exército.

O Senhor Rejeita Saul como Rei

15 Samuel disse a Saul: "Eu sou aquele a quem o Senhor enviou para ungi-loᵛ como rei de Israel, o povo dele; por isso escute agora a mensagem do Senhor. **2** Assim diz o Senhor dos Exércitos: 'Castigarei os amalequitasʷ pelo que fizeram a Israel, atacando-o quando saía do Egito. **3** Agora vão, ataquem os amalequitas e consagrem ao Senhor para destruição tudoˣ o que lhes pertence. Não os poupem; matem homens, mulheres, crianças, recém-nascidos, bois, ovelhas, camelos e jumentos' ".

4 Então convocou Saul os homens e os reuniu em Telaim: duzentos mil soldados de infantaria e dez mil homens de Judá. **5** Saul foi à cidade de Amaleque e armou uma emboscada no vale. **6** Depois disse aos queneus:ʸ "Retirem-se, saiam do meio dos amalequitas para que eu não os destrua com eles; pois vocês foram bondosos com os israelitas, quando eles estavam vindo do Egito". Então os queneus saíram do meio dos amalequitas.

7 E Saul atacou os amalequitasᶻ por todo o caminho, desde Havilá até Sur,ᵃ a leste do Egito. **8** Capturou vivoᵇ Agague, rei

---

¹ **14.41** A Septuaginta diz *"Por que não respondeste a teu servo hoje? Se a falta está em mim ou no meu filho Jônatas, responde pelo Urim, mas, se os homens de Israel pecaram, responde pelo Tumim".*

² **14.47** Os manuscritos do mar Morto e a Septuaginta dizem *o rei*.

³ **14.47** A Septuaginta diz *era vitorioso*.

dos amalequitas, e exterminou o seu povo. ⁹ Mas Saul e o exército pouparam⁽ᵉ⁾ Agague e o melhor das ovelhas e dos bois, os bezerros gordos e os cordeiros. Pouparam tudo o que era bom, mas tudo o que era desprezível e inútil destruíram por completo.

¹⁰ Então o Senhor falou a Samuel: ¹¹ "Arrependo-me⁽ᵈ⁾ de ter posto Saul como rei, pois ele me abandonou⁽ᵉ⁾ e não seguiu as minhas instruções".⁽ᶠ⁾ Samuel ficou irado⁽ᵍ⁾ e clamou ao Senhor toda aquela noite.

¹² De madrugada Samuel foi ao encontro de Saul, mas lhe disseram: "Saul foi para o Carmelo,⁽ʰ⁾ onde ergueu um monumento em sua própria honra e depois foi para Gilgal".

¹³ Quando Samuel o encontrou, Saul disse: "O Senhor te abençoe! Eu segui as instruções do Senhor".

¹⁴ Samuel, porém, perguntou: "Então que balido de ovelhas é esse que ouço com meus próprios ouvidos? Que mugido de bois é esse que estou ouvindo?"

¹⁵ Respondeu Saul: "Os soldados os trouxeram dos amalequitas; eles pouparam o melhor das ovelhas e dos bois para sacrificarem ao Senhor, o teu Deus, mas destruímos totalmente o restante".

¹⁶ Samuel disse a Saul: "Fique quieto! Eu direi a você o que o Senhor me falou esta noite".

Respondeu Saul: "Dize-me".

¹⁷ E Samuel disse: "Embora pequeno⁽ⁱ⁾ aos seus próprios olhos, você não se tornou o líder das tribos de Israel? O Senhor o ungiu como rei sobre Israel ¹⁸ e o enviou numa missão, ordenando: 'Vá e destrua completamente aquele povo ímpio, os amalequitas; guerreie contra eles até que os tenha eliminado'. ¹⁹ Por que você não obedeceu ao Senhor? Por que se lançou sobre os despojos⁽ʲ⁾ e fez o que o Senhor reprova?"

²⁰ Disse Saul: "Mas eu obedeci⁽ᵏ⁾ ao Senhor! Cumpri a missão que o Senhor me designou. Trouxe Agague, o rei dos amalequitas, mas exterminei os amalequitas. ²¹ Os soldados tomaram ovelhas e bois do despojo, o melhor do que estava consagrado a Deus para destruição, a fim de os sacrificarem ao Senhor, o seu Deus, em Gilgal".

²² Samuel, porém, respondeu:

"Acaso tem o Senhor tanto prazer
    em holocaustos e em sacrifícios
quanto em que se obedeça
    à sua palavra?
A obediência é melhor
    do que o sacrifício,⁽ˡ⁾
e a submissão é melhor
    do que a gordura de carneiros.
²³ Pois a rebeldia
    é como o pecado da feitiçaria;⁽ᵐ⁾
a arrogância, como o mal da idolatria.
Assim como você rejeitou⁽ⁿ⁾
    a palavra do Senhor,
ele o rejeitou como rei".

²⁴ "Pequei",⁽ᵒ⁾ disse Saul. "Violei a ordem do Senhor e as instruções que tu me deste. Tive medo⁽ᵖ⁾ dos soldados e os atendi. ²⁵ Agora eu te imploro, perdoa⁽ᵠ⁾ o meu pecado e volta comigo, para que eu adore o Senhor".

²⁶ Samuel, contudo, lhe disse: "Não voltarei com você. Você rejeitou⁽ʳ⁾ a palavra do Senhor, e o Senhor o rejeitou como rei de Israel!"

²⁷ Quando Samuel se virou para sair, Saul agarrou-se à barra do manto dele, e o manto se rasgou.⁽ˢ⁾ ²⁸ E Samuel lhe disse: "O Senhor rasgou⁽ᵗ⁾ de você, hoje, o reino de Israel, e o entregou a alguém que é melhor que você. ²⁹ Aquele que é a Glória de Israel não mente⁽ᵘ⁾ nem se arrepende,⁽ᵛ⁾ pois não é homem para se arrepender".

³⁰ Saul repetiu: "Pequei. Agora, honra-me⁽ʷ⁾ perante as autoridades do meu povo e perante Israel; volta comigo, para que eu possa adorar o Senhor, o teu Deus". ³¹ E assim Samuel voltou com ele, e Saul adorou o Senhor.

³² Então Samuel disse: "Traga-me Agague, o rei dos amalequitas".

Agague veio confiante, pensando¹: "Com certeza já passou a amargura da morte".

---

¹ **15.32** Ou *veio tremendo, mas ao mesmo tempo pensava*

33 Samuel, porém, disse:

"Assim como a sua espada
  deixou mulheres sem filhos,
também sua mãe, entre as mulheres,ˣ
  ficará sem o seu filho".

E Samuel despedaçou Agague perante o Senhor, em Gilgal.

34 Então Samuel partiu para Ramá,ʸ e Saul foi para a sua casa, em Gibeáᶻ de Saul. **35** Nunca mais Samuel viu Saul, até o dia de suaᵃ morte, embora se entristecesseᵇ por causa dele porque o Senhor se arrependera de ter estabelecido Saul como rei de Israel.

Samuel Unge Davi

16 O Senhor disse a Samuel: "Até quando você irá se entristecerᶜ por causa de Saul? Eu o rejeiteiᵈ como rei de Israel. Encha um chifre com óleoᵉ e vá a Belém; eu o enviarei a Jessé.ᶠ Escolhiᵍ um de seus filhos para fazê-lo rei".

2 Samuel, porém, disse: "Como poderei ir? Saul saberá disto e me matará".

O Senhor disse: "Leve um novilho com você e diga que foi sacrificar ao Senhor. **3** Convide Jessé para o sacrifício, e eu mostrareiʰ a você o que fazer. Você irá ungirⁱ para mim aquele que eu indicar".

4 Samuel fez o que o Senhor disse. Quando chegou a Belém,ʲ as autoridades da cidade foram encontrar-se com ele, tremendo de medo, e perguntaram: "Vens em paz?"ᵏ

5 Respondeu Samuel: "Sim, venho em paz; vim sacrificar ao Senhor. Consagrem-seˡ e venham ao sacrifício comigo". Então ele consagrou Jessé e os filhos dele e os convidou para o sacrifício.

6 Quando chegaram, Samuel viu Eliabeᵐ e pensou: "Com certeza é este que o Senhor *quer ungir*".

7 O Senhor, contudo, disse a Samuel: "Não considere sua aparência nem sua altura, pois eu o rejeitei. O Senhor não vê como o homem: o homem vê a aparência,ⁿ mas o Senhor vê o coração".ᵒ

8 Então Jessé chamou Abinadabeᵖ e o levou a Samuel. Ele, porém, disse: "O Senhor também não escolheu este". **9** Em seguida Jessé levou Samá a Samuel, mas este disse: "Também não foi este que o Senhor escolheu". **10** Jessé levou a Samuel sete de seus filhos, mas Samuel lhe disse: "O Senhor não escolheu nenhum destes". **11** Então perguntou a Jessé: "Estes são todosᵠ os filhos que você tem?"

Jessé respondeu: "Ainda tenho o caçula, mas ele está cuidando das ovelhas".

Samuel disse: "Traga-o aqui; não nos sentaremos para comer enquanto ele não chegar".

12 Jesséʳ mandou chamá-lo, e ele veio. Ele era ruivo¹, de belos olhos e boaˢ aparência.

Então o Senhor disse a Samuel: "É este! Levante-se e unja-o".

13 Samuel apanhou o chifre cheio de óleo e o ungiu na presença de seus irmãos, e, a partir daquele dia, o Espírito do Senhorᵗ apoderou-seᵘ de Davi. E Samuel voltou para Ramá.

Davi a Serviço de Saul

14 O Espírito do Senhor se retirouᵛ de Saul, e um espíritoʷ maligno, vindo da parte do Senhor, o atormentava.

15 Os oficiais de Saul lhe disseram: "Há um espírito maligno², mandado por Deus, te atormentando. **16** Que o nosso soberano mande estes seus servos procurar um homem que saiba tocar harpa.ˣ Quando o espírito maligno, vindo da parte de Deus, se apoderar de ti, o homem tocará harpa e tu te sentirás melhor".

17 E Saul respondeu aos que o serviam: "Encontrem alguém que toque bem e tragam-no até aqui".

18 Um dos oficiais respondeu: "Conheço um filho de Jessé, de Belém, que sabe tocar harpa. É um guerreiro valente, sabe falar bem, tem boa aparência e o Senhor estáʸ com ele".

---

¹ 16.12 Ou *moreno*
² 16.15 Ou *arruinador*

1 SAMUEL 16.19

¹⁹ Então Saul mandou mensageiros a Jessé com a seguinte mensagem: "Envie-me seu filho Davi, que cuida das ovelhas". ²⁰ Jessé apanhou um jumento e o carregou de pães,² uma vasilha de couro cheia de vinho e um cabrito e os enviou a Saul por meio de Davi, seu filho.

²¹ Davi apresentou-se a Saul e passou a trabalhar^a para ele. Saul gostou muito dele, e Davi tornou-se seu escudeiro. ²² Então Saul enviou a seguinte mensagem a Jessé: "Deixe que Davi continue trabalhando para mim, pois estou satisfeito com ele".

²³ Sempre que o espírito mandado por Deus se apoderava de Saul, Davi apanhava sua harpa e tocava. Então Saul sentia alívio e melhorava, e o espírito^b maligno o deixava.

Davi e Golias

17 Os filisteus juntaram suas forças para a guerra e se reuniram^c em Socó, de Judá. E acamparam em Efes-Damim, entre Socó^d e Azeca. ² Saul e os israelitas reuniram-se e acamparam no vale de Elá,^e posicionando-se em linha de batalha para enfrentar os filisteus. ³ Os filisteus ocuparam uma colina e os israelitas outra, estando o vale entre eles.

⁴ Um guerreiro chamado Golias,^f que era de Gate, veio do acampamento filisteu. Tinha dois metros e noventa centímetros¹ de altura. ⁵ Ele usava um capacete de bronze e vestia uma couraça de escamas de bronze que pesava sessenta quilos²; ⁶ nas pernas usava caneleiras de bronze e tinha um dardo^g de bronze pendurado nas costas. ⁷ A haste de sua lança era parecida com uma lançadeira^h de tecelão, e sua ponta de ferro pesava sete quilos e duzentos gramas. Seu escudeiro^i ia à frente dele.

⁸ Golias parou e gritou às tropas de Israel: "Por que vocês estão se posicionando para a batalha? Não sou eu um filisteu, e vocês os servos de Saul? Escolham^j um homem para lutar comigo. ⁹ Se ele puder lutar e vencer-me, nós seremos seus escravos; todavia, se eu o vencer e o puser fora de combate, vocês serão nossos escravos e nos servirão". ¹⁰ E acrescentou: "Eu desafio^k hoje as tropas de Israel! Mandem-me um homem para lutar sozinho comigo". ¹¹ Ao ouvirem as palavras do filisteu, Saul e todos os israelitas ficaram atônitos e apavorados.

¹² Davi era filho de Jessé,^l o efrateu de Belém^m de Judá. Jessé tinha oito^n filhos e já era idoso na época de Saul. ¹³ Os três filhos mais velhos de Jessé tinham ido para a guerra com Saul: Eliabe,^o o mais velho; Abinadabe, o segundo; e Samá,^p o terceiro. ¹⁴ Davi era o caçula. Os três mais velhos seguiram Saul, ¹⁵ mas Davi ia ao acampamento de Saul e voltava para apascentar as ovelhas^q de seu pai, em Belém.

¹⁶ Durante quarenta dias o filisteu aproximou-se, de manhã e de tarde, e tomou posição.

¹⁷ Nessa ocasião Jessé disse a seu filho Davi: "Pegue uma arroba³ de grãos^r tostados e dez pães e leve-os depressa a seus irmãos no acampamento. ¹⁸ Leve também estes dez queijos ao comandante da unidade⁴ deles. Veja como estão seus irmãos^s e traga-me alguma garantia⁵ de que estão bem. ¹⁹ Eles estão com Saul e com todos os homens de Israel no vale de Elá, lutando contra os filisteus".

²⁰ Levantando-se de madrugada, Davi deixou o rebanho com outro pastor, pegou a carga e partiu, conforme Jessé lhe havia ordenado. Chegou ao acampamento na hora em que, com o grito de batalha, o exército estava saindo para suas posições de combate. ²¹ Israel e os filisteus estavam se posicionando em linha de batalha, frente a frente. ²² Davi deixou o que havia trazido com o

---

¹ **17.4** Hebraico: *tinha 6 côvados e 1 palmo*. O côvado era uma medida linear de cerca de 45 centímetros.

² **17.5** Hebraico: *5.000 siclos*. Um siclo equivalia a 12 gramas.

³ **17.17** Hebraico: *1 efa*. O efa era uma medida de capacidade para secos. As estimativas variam entre 20 e 40 litros.

⁴ **17.18** Hebraico: *dos mil*.

⁵ **17.18** Ou *algum sinal*

16.20
^z 1Sm 10.27;
Pv 18.16

16.21
^a Gn 41.46;
Pv 22.29

16.23
^b v. 14-16

17.1
^c 1Sm 13.5
^d Js 15.35;
2Cr 28.18

17.2
^e 1Sm 21.9

17.4
^f Js 11.21-22;
2Sm 21.19

17.6
^g v. 45

17.7
^h 2Sm 21.19
^i v. 41

17.8
^j 1Sm 8.17

17.10
^k v. 26.45;
2Sm 21.21

17.12
^l Rt 4.17;
1Cr 2.13-15
^m Gn 35.19
^n 1Sm 16.11

17.13
^o 1Sm 16.6
^p 1Sm 16.9

17.15
^q 1Sm 16.19

17.17
^r 1Sm 25.18

17.18
^s Gn 37.14

responsável pelos suprimentos e correu para a linha de batalha para saber como estavam seus irmãos. ²³ Enquanto conversava com eles, Golias, o guerreiro filisteu de Gate, avançou e lançou seu desafio habitual;ᵗ e Davi o ouviu. ²⁴ Quando os israelitas viram o homem, todos fugiram cheios de medo.

²⁵ Os israelitas diziam entre si: "Vocês viram aquele homem? Ele veio desafiar Israel. O rei dará grandes riquezas a quem o vencer. Também lhe dará sua filhaᵘ em casamento e isentará de impostos em Israel a família de seu pai".

²⁶ Davi perguntou aos soldados que estavam ao seu lado: "O que receberá o homem que matar esse filisteu e salvar a honraᵛ de Israel? Quem é esse filisteu incircuncisoʷ para desafiarˣ os exércitos do Deus vivo?"ʸ

²⁷ Repetiram a Davi o que haviam comentado e lhe disseram: "É isso que receberá o homem que matá-lo".

²⁸ Quando Eliabe, o irmão mais velho, ouviu Davi falando com os soldados, ficou muito irritadoᶻ com ele e perguntou: "Por que você veio até aqui? Com quem deixou aquelas poucas ovelhas no deserto? Sei que você é presunçoso e que o seu coração é mau; você veio só para ver a batalha".

²⁹ E disse Davi: "O que fiz agora? Será que não posso nem mesmo conversar?"

³⁰ Ele então se virou para outro e perguntou a mesma coisa, e os homens responderam-lhe como antes.

³¹ As palavras de Davi chegaram aos ouvidos de Saul, que o mandou chamar.

³² Davi disse a Saul: "Ninguém deve ficar com o coração abatidoᵃ por causa desse filisteu; teu servo irá e lutará com ele".

³³ Respondeuᵇ Saul: "Você não tem condições de lutar contra esse filisteu; você é apenas um rapaz, e ele é um guerreiro desde a mocidade".

³⁴ Davi, entretanto, disse a Saul: "Teu servo toma conta das ovelhas de seu pai. Quando aparece um leãoᶜ ou um urso e leva uma ovelha do rebanho, ³⁵ eu vou atrás dele, dou-lhe golpes e livro a ovelha de sua boca. Quando se vira contra mim, eu o pego pela juba e lhe dou golpes até matá-lo. ³⁶ Teu servo pôde matar um leão e um urso; esse filisteu incircunciso será como um deles, pois desafiou os exércitos do Deus vivo. ³⁷ O Senhor que me livrouᵈ das garras do leãoᵉ e das garras do urso me livrará das mãos desse filisteu".

Diante disso Saul disse a Davi: "Vá, e que o Senhor esteja com você".ᶠ

³⁸ Saul vestiu Davi com sua própria túnica, colocou-lhe uma armadura e lhe pôs um capacete de bronze na cabeça. ³⁹ Davi prendeu sua espada sobre a túnica e tentou andar, pois não estava acostumado com aquilo.

E disse a Saul: "Não consigo andar com isto, pois não estou acostumado". Então tirou tudo aquilo ⁴⁰ e em seguida pegou seu cajado, escolheu no riacho cinco pedras lisas, colocou-as na bolsa, isto é, no seu alforje de pastor, e, com sua atiradeira na mão, aproximou-se do filisteu.

⁴¹ Enquanto isso, o filisteu, com seu escudeiro à frente, vinha se aproximando de Davi. ⁴² Olhou para Davi com desprezo, viu que era só um rapaz, ruivo¹ e de boa aparência,ᵍ e fez pouco casoʰ dele. ⁴³ Disse ele a Davi: "Por acaso sou um cão,ⁱ para que você venha contra mim com pedaços de pau?" E o filisteu amaldiçoou Davi, invocando seus deuses, ⁴⁴ e disse: "Venha aqui, e darei sua carne às aves do céu e aos animais do campo!"ʲ

⁴⁵ Davi, porém, disse ao filisteu: "Você vem contra mim com espada, com lança e com dardos, mas eu vou contra você em nomeᵏ do Senhor dos Exércitos, o Deus dos exércitos de Israel, a quem você desafiou.ˡ ⁴⁶ Hoje mesmo o Senhor o entregará nas minhas mãos, eu o matarei e cortarei a sua cabeça. Hoje mesmo darei os cadáveresᵐ do exército filisteu às aves do céu e aos animais selvagens, e toda a terraⁿ saberá que há Deus em Israel.ᵒ ⁴⁷ Todos os que estão aqui saberão que não é por espadaᵖ ou

---

¹ **17.42** Ou *moreno*

por lança que o SENHOR concede vitória; pois a batalha é do SENHOR, e ele entregará todos vocês em nossas mãos".

⁴⁸ Quando o filisteu começou a vir na direção de Davi, este correu para a linha de batalha para enfrentá-lo. ⁴⁹ Tirando uma pedra de seu alforje, arremessou-a com a atiradeira e atingiu o filisteu na testa, de tal modo que ela ficou encravada, e ele caiu, dando com o rosto no chão.

⁵⁰ Assim Davi venceu o filisteu com uma atiradeira e uma pedra; sem espada na mão, derrubou o filisteu e o matou.

⁵¹ Davi correu, pôs os pés sobre ele, e, desembainhando a espada do filisteu, acabou de matá-lo, cortando-lhe a cabeça com ela.

Quando os filisteus viram que o seu guerreiro estava morto, recuaram e fugiram. ⁵² Então os homens de Israel e de Judá deram o grito de guerra e perseguiram os filisteus até a entrada de Gate¹ e até as portas de Ecrom. Cadáveres de filisteus ficaram espalhados ao longo da estrada de Saaraim até Gate e Ecrom. ⁵³ Quando os israelitas voltaram da perseguição aos filisteus, levaram tudo o que havia no acampamento deles. ⁵⁴ Davi pegou a cabeça do filisteu, levou-a para Jerusalém e guardou as armas do filisteu em sua própria tenda.

⁵⁵ Quando Saul viu Davi avançando para enfrentar o filisteu, perguntou a Abner, o comandante do exército: "Abner, quem é o pai daquele rapaz?"

Abner respondeu: "Juro por tua vida, ó rei, que eu não sei".

⁵⁶ E o rei ordenou-lhe: "Descubra quem é o pai dele".

⁵⁷ Logo que Davi voltou, depois de ter matado o filisteu, Abner levou-o perante Saul. Davi ainda segurava a cabeça de Golias.

⁵⁸ E Saul lhe perguntou: "De quem você é filho, meu jovem?"

Respondeu Davi: "Sou filho de teu servo Jessé, de Belém".

---

¹ **17.52** Conforme alguns manuscritos da Septuaginta. O Texto Massorético diz *até um vale*.

A Inveja de Saul

18 Depois dessa conversa de Davi com Saul, surgiu tão grande amizade entre Jônatas e Davi que Jônatas tornou-se o seu melhor amigo. ² Daquele dia em diante, Saul manteve Davi consigo e não o deixou voltar à casa de seu pai. ³ E Jônatas fez um acordo de amizade com Davi, pois se tornara o seu melhor amigo. ⁴ Jônatas tirou o manto que estava vestindo e o deu a Davi, com sua túnica, e até sua espada, seu arco e seu cinturão.

⁵ Tudo o que Saul lhe ordenava fazer, Davi fazia com tanta habilidade² que Saul lhe deu um posto elevado no exército. Isso agradou a todo o povo, bem como aos conselheiros de Saul.

⁶ Quando os soldados voltavam para casa, depois que Davi matou o filisteu, as mulheres saíram de todas as cidades de Israel ao encontro do rei Saul com cânticos e danças, com tamborins, com músicas alegres e instrumentos de três cordas. ⁷ As mulheres dançavam e cantavam:

"Saul matou milhares;
Davi, dezenas de milhares".

⁸ Saul ficou muito irritado com esse refrão e, aborrecido, disse: "Atribuíram a Davi dezenas de milhares, mas a mim apenas milhares. O que mais lhe falta senão o reino?" ⁹ Daí em diante Saul olhava com inveja para Davi.

¹⁰ No dia seguinte, um espírito maligno³ mandado por Deus apoderou-se de Saul, e ele entrou em transe⁴ em sua casa, enquanto Davi tocava harpa, como costumava fazer. Saul estava com uma lança na mão ¹¹ e a atirou, dizendo: "Encravarei Davi na parede". Mas Davi desviou-se duas vezes.

¹² Saul tinha medo de Davi porque o SENHOR o havia abandonado e agora

---

² **18.5** Ou *sabedoria*; também nos versículos 15 e 30.
³ **18.10** Ou *arruinador*
⁴ **18.10** Ou *e ele profetizou*; também em 19.20, 21 e 23. Veja 10.6.

estava com⁰ Davi. ¹³ Então afastou Davi de sua presença e deu-lhe o comando de uma tropa de mil soldados, que Davi conduzia em suas campanhas. ¹⁴ Ele tinha êxito em tudo o que fazia, pois o SENHOR estava com ele. ¹⁵ Vendo isso, Saul teve muito medo dele. ¹⁶ Todo o Israel e todo o Judá, porém, gostavam de Davi, pois ele os conduzia em suas batalhas.

¹⁷ Saul disse a Davi: "Aqui está a minha filha mais velha, Merabe. Eu a darei em casamento a você; apenas sirva-me com bravura e lute as batalhas do SENHOR". Pois Saul pensou: "Não o matarei. Deixo isso para os filisteus!"

¹⁸ Mas Davi disse a Saul: "Quem sou eu, e o que é minha família ou o clã de meu pai em Israel, para que eu me torne genro do rei?" ¹⁹ Por isso, quando chegou a época de Merabe, a filha de Saul, ser dada em casamento a Davi, ela foi dada a Adriel, de Meolá.

²⁰ Mical, a outra filha de Saul, gostava de Davi. Quando disseram isso a Saul, ele ficou contente e pensou: ²¹ "Eu a darei a ele, para que lhe sirva de armadilha, fazendo-o cair nas mãos dos filisteus". Então Saul disse a Davi: "Hoje você tem uma segunda oportunidade de tornar-se meu genro".

²² Então Saul ordenou aos seus conselheiros que falassem em particular com Davi, dizendo: "O rei está satisfeito com você, e todos os seus conselheiros o estimam. Torne-se, agora, seu genro".

²³ Quando falaram com Davi, ele disse: "Vocês acham que tornar-se genro do rei é fácil? Sou homem pobre e sem recursos".

²⁴ Quando os conselheiros de Saul lhe contaram o que Davi tinha dito, ²⁵ Saul ordenou que dissessem a Davi: "O rei não quer outro preço pela noiva além de cem prepúcios de filisteus, para vingar-se de seus inimigos". O plano de Saul era que Davi fosse morto pelos filisteus.

¹ **18.14** Ou *Ele era muito sábio*
² **18.19** Ou *Todavia,*

²⁶ Quando os conselheiros falaram novamente com Davi, ele gostou da ideia de tornar-se genro do rei. Por isso, antes de terminar o prazo estipulado, ²⁷ Davi e seus soldados saíram e mataram duzentos filisteus. Ele trouxe os prepúcios e apresentou-os ao rei para que se tornasse seu genro. Então Saul lhe deu em casamento sua filha Mical.

²⁸ Quando Saul viu claramente que o SENHOR estava com Davi e que sua filha Mical o amava, ²⁹ temeu-o ainda mais e continuou seu inimigo pelo resto da vida.

³⁰ Os comandantes filisteus continuaram saindo para a batalha, e, todas as vezes que o faziam, Davi tinha mais habilidade do que os outros oficiais de Saul e assim tornou-se ainda mais famoso.

Saul Procura Matar Davi

19 Saul falou a seu filho Jônatas e a todos os seus conselheiros sobre a sua intenção de matar Davi. Jônatas, porém, gostava muito de Davi ² e o alertou: "Meu pai está procurando uma oportunidade para matá-lo. Tenha cuidado amanhã cedo. Vá para um esconderijo e fique por lá. ³ Sairei e ficarei com meu pai no campo onde você estiver. Falarei a ele sobre você e, depois, contarei a você o que eu descobrir".

⁴ Jônatas falou bem de Davi a Saul, seu pai, e lhe disse: "Que o rei não faça mal a seu servo Davi; ele não lhe fez mal nenhum. Ao contrário, o que ele fez trouxe grandes benefícios ao rei. ⁵ Ele arriscou a vida quando matou o filisteu. O SENHOR trouxe grande vitória para todo o Israel; tu mesmo viste tudo e ficaste contente. Por que, então, farias mal a um inocente como Davi, matando-o sem motivo?"

⁶ Saul atendeu Jônatas e fez este juramento: "Juro pelo nome do SENHOR que Davi não será morto".

⁷ Então Jônatas chamou Davi e lhe contou a conversa toda. Levou-o até Saul, e Davi voltou a servir Saul como anteriormente.

⁸ E houve guerra outra vez, e Davi foi lutar contra os filisteus. Ele lhes impôs uma grande derrota, por isso fugiram de Davi.

⁹ Mas um espírito[p] maligno[1] mandado pelo SENHOR apoderou-se de Saul quando ele estava sentado em sua casa, com sua lança na mão. Enquanto Davi estava tocando harpa, ¹⁰ Saul tentou encravá-lo na parede com sua lança, mas Davi desviou-se[q] e a lança encravou na parede. E Davi conseguiu escapar. Naquela mesma noite, ¹¹ Saul enviou alguns homens à casa de Davi para vigiá-lo[r] e matá-lo de manhã; mas Mical, a mulher de Davi, o alertou: "Se você não fugir esta noite para salvar sua vida, amanhã estará morto". ¹² Então Mical fez Davi descer por uma janela,[s] e ele fugiu. ¹³ Depois Mical pegou um ídolo do clã e o deitou na cama, pôs uma almofada de pelos de cabra na cabeceira e o cobriu com um manto.

¹⁴ Quando chegaram os homens que Saul tinha enviado para prender Davi, Mical disse:[t] "Ele está doente".

¹⁵ Então Saul enviou os homens de volta para verem Davi, dizendo: "Tragam-no até aqui em sua cama para que eu o mate". ¹⁶ Quando, porém, os homens entraram, o ídolo do clã estava na cama, e na cabeceira havia uma almofada de pelos de cabra.

¹⁷ Saul disse a Mical: "Por que você me enganou desse modo e deixou que o meu inimigo escapasse?"

Ela lhe respondeu: "Ele me disse que o deixasse fugir, se não me mataria".

¹⁸ Depois que fugiu, Davi foi falar com Samuel em Ramá[u] e lhe contou tudo o que Saul lhe havia feito. Então ele e Samuel foram a Naiote e ficaram lá. ¹⁹ E Saul foi informado: "Davi está em Naiote, em Ramá", disseram-lhe. ²⁰ Então Saul enviou alguns homens para capturá-lo. Todavia, quando viram um grupo de profetas[v] profetizando, dirigidos por Samuel, o Espírito de Deus apoderou-se[w] dos mensageiros de Saul, e eles também entraram em transe.[x] ²¹ Contaram isso a Saul, e ele enviou mais mensageiros, e estes também entraram em transe. Depois mandou um terceiro grupo, e eles também entraram em transe. ²² Finalmente, ele mesmo foi para Ramá. Chegando à grande cisterna do lugar chamado Seco, perguntou onde estavam Samuel e Davi. E lhe responderam: "Em Naiote de Ramá".

²³ Então Saul foi para lá. Entretanto, o Espírito de Deus apoderou-se dele, e ele foi andando pelo caminho em transe,[y] até chegar a Naiote. ²⁴ Despindo-se[z] de suas roupas, também profetizou na presença de Samuel, e, despido, ficou deitado todo aquele dia e toda aquela noite. Por isso, o povo diz: "Está Saul também entre os profetas?"[a]

A Amizade entre Davi e Jônatas

20 Depois Davi fugiu de Naiote, em Ramá, foi falar com Jônatas e lhe perguntou: "O que foi que eu fiz? Qual é o meu crime? Qual foi o pecado que cometi[b] contra seu pai para que ele queira tirar a minha vida?"

² "Nem pense nisso", respondeu Jônatas; "você não será morto! Meu pai não fará coisa alguma sem antes me avisar, quer importante quer não. Por que ele iria esconder isso de mim? Não é nada disso!"

³ Davi, contudo, fez um juramento[c] e disse: "Seu pai sabe muito bem que eu conto com a sua simpatia, e pensou: 'Jônatas não deve saber disso para não se entristecer'. No entanto, eu juro pelo nome do SENHOR e por sua vida que estou a um passo da morte".

⁴ Jônatas disse a Davi: "Eu farei o que você achar necessário".

⁵ Então disse Davi: "Amanhã é a festa da lua nova,[d] e devo jantar com o rei; mas deixe que eu vá esconder-me[e] no campo até o final da tarde de depois de amanhã. ⁶ Se seu pai sentir minha falta, diga-lhe: Davi insistiu comigo que lhe permitisse ir a Belém,[f] sua cidade natal, por causa do sacrifício anual[g] que está sendo feito lá por todo o seu clã. ⁷ Se ele disser: 'Está bem', então seu servo estará seguro. Se ele, porém, ficar muito

---
[1] **19.9** Ou *arruinador*

19.9
ᵖ1Sm 16.14;
18.10-11

19.10
ᵠ1Sm 18.11

19.11
ʳSl 59 Título

19.12
ˢJs 2.15;
At 9.25

19.14
ᵗJs 2.4

19.18
ᵘ1Sm 7.17

19.20
ᵛv. 11,14;
Jo 7.32,45
ʷNm 11.25
ˣ1Sm 10.5;
Jl 2.28

19.23
ʸ1Sm 10.13

19.24
ᶻ2Sm 6.20;
Is 20.2;
Mq 1.8
ᵃ1Sm 10.11

20.1
ᵇ1Sm 24.9

20.3
ᶜDt 6.13

20.5
ᵈNm 10.10;
28.11
ᵉ1Sm 19.2

20.6
ᶠ1Sm 17.58
ᵍDt 12.5

irado,ʰ você pode estar certo de que está decidido a me fazer mal. **8** Mas seja leal a seu servo, porque fizemos um acordoⁱ perante o Senhor. Se sou culpado, mate-meʲ você mesmo! Por que entregar-me a seu pai?"

9 Disse Jônatas: "Nem pense nisso! Se eu tiver a menor suspeita de que meu pai está decidido a matá-lo, certamente o avisarei!"

10 Davi perguntou: "Quem irá contar-me, se seu pai responder asperamente?"

11 Jônatas disse: "Venha, vamos ao campo". Eles foram, **12** e Jônatas disse a Davi: "Pelo Senhor, o Deus de Israel, prometo que sondarei meu pai, a esta hora, depois de amanhã! Saberei se as suas intenções são boas ou não para com você, e mandarei avisá-lo. **13** E, se meu pai quiser fazer algum mal a você, que o Senhor me castigue com todo o rigor,ᵏ se eu não o informar disso e não deixá-lo ir em segurança. O Senhor esteja comˡ você assim como esteve com meu pai. **14** Se eu continuar vivo, seja leal comigo, com a lealdade do Senhor; mas, se eu morrer, **15** jamais deixe de ser leal com a minha família,ᵐ mesmo quando o Senhor eliminar da face da terra todos os inimigos de Davi".

16 Assim Jônatas fez uma aliançaⁿ com a família de Davi, dizendo: "Que o Senhor chame os inimigos de Davi para prestar contas". **17** E Jônatas fez Davi reafirmar seu juramentoᵒ de amizade, pois era seu amigo leal.

18 Então Jônatas disse a Davi: "Amanhã é a festa da lua nova. Vão sentir sua falta, pois sua cadeira estará vazia.ᵖ **19** Depois de amanhã, vá ao lugar onde você se escondeuᵠ quando tudo isto começou e espere junto à pedra de Ezel. **20** Atirarei três flechas para o lado dela, como se estivesse atirando num alvo, **21** e mandarei um menino procurar as flechas. Se eu gritar para ele: As flechas estão mais para cá, traga-as aqui, você poderá vir, pois juro pelo nome do Senhor que você estará seguro; não haverá perigo algum. **22** Mas, se eu gritar para ele: Olhe, as flechas estão mais para lá,ʳ vá embora, pois o Senhor o manda ir. **23** Quanto ao nosso acordo, o Senhor é testemunhaˢ entre mim e você para sempre". **24** Então Davi escondeu-se no campo. Quando chegou a festa da lua nova, o rei sentou-se à mesa. **25** Ocupou o lugar de costume, junto à parede, em frente de Jônatas,¹ e Abner sentou-se ao lado de Saul, mas o lugar de Davi ficou vazio.ᵗ **26** Saul não disse nada naquele dia, pois pensou: "Algo deve ter acontecido a Davi, deixando-o cerimonialmente impuro. Com certeza ele está impuro".ᵘ **27** No dia seguinte, o segundo dia da festa da lua nova, o lugar de Davi continuou vazio. Então Saul perguntou a seu filho Jônatas: "Por que o filho de Jessé não veio para a refeição, nem ontem nem hoje?"

28 Jônatas respondeu: "Davi me pediu, com insistência, permissãoᵛ para ir a Belém, **29** dizendo: 'Deixe-me ir, pois nossa família oferecerá um sacrifício na cidade, e meu irmão ordenou que eu estivesse lá. Se conto com a sua simpatia, deixe-me ir ver meus irmãos'. Por isso ele não veio à mesa do rei".

30 A ira de Saul se acendeu contra Jônatas, e ele lhe disse: "Filho de uma mulher perversa e rebelde! Será que eu não sei que você tem apoiado o filho de Jessé para a sua própria vergonha e para vergonha daquela que o deu à luz? **31** Enquanto o filho de Jessé viver, nem você nem seu reino serão estabelecidos. Agora mande chamá-lo e traga-o a mim, pois ele deve morrer!"

32 Jônatas perguntou a seu pai: "Por queʷ ele deve morrer? O queˣ ele fez?" **33** Então Saul atirou sua lança contra Jônatas para matá-lo. E assim Jônatas viu que seu pai estava mesmo decididoʸ a matar Davi.

34 Jônatas levantou-se da mesa muito irado; naquele segundo dia da festa da lua nova ele não comeu, entristecido porque seu pai havia humilhado Davi.

35 Pela manhã, Jônatas saiu ao campo para o encontro combinado com Davi. Levava consigo um menino **36** e lhe disse: "Vá

---

¹ **20.25** Conforme a Septuaginta. O Texto Massorético diz *parede. Jônatas se levantou.*

correndo buscar as flechas que eu atirar". O menino correu, e Jônatas atirou uma flecha para além dele. ³⁷ Quando o menino chegou ao lugar onde a flecha havia caído, Jônatas gritou: "A flecha não está mais para lá?ᶻ ³⁸ Vamos! Rápido! Não pare!" O menino apanhou a flecha e voltou ³⁹ sem saber de nada, pois somente Jônatas e Davi sabiam do que tinham combinado. ⁴⁰ Então Jônatas deu suas armas ao menino e disse: "Vá, leve-as de volta à cidade".

⁴¹ Depois que o menino foi embora, Davi saiu do lado sul da pedra e inclinou-se três vezes perante Jônatas com o rosto em terra. Então despediram-se beijando um ao outro e chorando; Davi chorou ainda mais do que Jônatas.

⁴² E ele disse a Davi: "Vá em paz,ᵃ pois temos jurado um ao outro,ᵇ em nome do Senhor, quando dissemos: O Senhor para sempre é testemunha entre nós e entre os nossos descendentes". ⁴³ Então Davi partiu, e Jônatas voltou à cidade.

Davi Vai para Nobe

21 Davi foi falar com o sacerdote Aimeleque, em Nobe.ᶜ Aimeleque tremia de medoᵈ quando se encontrou com ele e perguntou: "Por que você está sozinho? Ninguém veio com você?"

² Respondeu Davi: "O rei me encarregou de uma certa missão e me disse: 'Ninguém deve saber coisa alguma sobre sua missão e sobre as suas instruções'. E eu ordenei aos meus soldados que se encontrassem comigo num certo lugar. ³ Agora, então, o que você pode oferecer-me? Dê-me cinco pães ou algo que tiver".

⁴ O sacerdote, contudo, respondeu a Davi: "Não tenho pão comum;ᵉ somente pão consagrado,ᶠ se os soldados não tiveramᵍ relações com mulheres recentemente, podem comê-lo".

⁵ Davi respondeu: "Certamente que não, pois esse é o nosso costume sempre que saímos em campanha. Não tocamos em mulher. Esses homens mantêm o corpo puroʰ mesmo em missões comuns. Quanto mais hoje!" ⁶ Então, o sacerdote lhe deu os pães consagrados,ⁱ visto que não havia outro além do pão da Presença, que era retirado de diante do Senhor e substituído por pão quente no dia em que era tirado.

⁷ Aconteceu que um dos servos de Saul estava ali naquele dia, cumprindo seus deveres diante do Senhor; era o edomitaᵏ Doegue,ʲ chefe dos pastores de Saul.

⁸ Davi perguntou a Aimeleque: "Você tem uma lança ou uma espada aqui? Não trouxe minha espada nem qualquer outra arma, pois o rei exigiu urgência".

⁹ O sacerdote respondeu: "A espadaˡ de Golias, o filisteu que você matou no vale de Elá,ᵐ está enrolada num pano atrás do colete sacerdotal. Se quiser, pegue-a; não há nenhuma outra espada".

Davi disse: "Não há outra melhor; dê-me essa espada".

Davi Foge para Gate

¹⁰ Naquele dia, Davi fugiu de Saul e foiⁿ procurar Aquis, rei de Gate. ¹¹ Todavia os conselheiros de Aquis lhe disseram: "Não é este Davi, o rei da terra de Israel? Não é aquele acerca de quem cantavam em suas danças:

'Saul matou milhares;
Davi, dezenas de milhares'?"ᵒ

¹² Davi levou a sério aquelas palavras e ficou com muito medo de Aquis, rei de Gate. ¹³ Por isso, na presença deles fingiu que estava louco;ᵖ enquanto esteve com eles, agiu como um louco, riscando as portas da cidade e deixando escorrer saliva pela barba.

¹⁴ Aquis disse a seus conselheiros: "Vejam este homem! Ele está louco! Por que trazê-lo aqui? ¹⁵ Será que me faltam loucos para que vocês o tragam para agir como doido na minha frente? O que ele veio fazer no meu palácio?"

Davi Refugia-se em Adulão e em Mispá

22 Davi fugiu da cidade de Gate e foi para a caverna de Adulão. Quando seus

20.37
ᶻv. 22
20.42
ᵃv. 22;
ᵇ2Sm 1.26;
Pv 18.24
21.1
ᶜ1Sm 14.3;
22.9,19;
Ne 11.32;
Is 10.32
ᵈ1Sm 16.4
21.4
ᵉLv 24.8-9
ᶠEx 25.30;
Mt 12.4
ᵍEx 19.15
21.5
ʰ1Ts 4.4
21.6
ⁱLv 24.8-9;
Mt 12.3-4;
Mc 2.25-28;
Lc 6.1-5
21.7
ʲ1Sm 22.9,22
ᵏ1Sm 14.47;
Sl 52 Título
21.9
ˡ1Sm 17.51
ᵐ1Sm 17.2
21.10
ⁿ1Sm 27.2
21.11
ᵒ1Sm 18.7;
29.5;
Sl 56 Título
21.13
ᵖSl 34 Título
22.1
ᵠ2Sm 23.13;
Sl 57 Título;
142 Título

irmãos e a família de seu pai souberam disso, foram até lá para encontrá-lo. ² Também juntaram-se[r] a ele todos os que estavam em dificuldades, os endividados e os descontentes; e ele se tornou o líder deles. Havia cerca de quatrocentos homens com ele.

³ De lá Davi foi para Mispá, em Moabe, e disse ao rei de Moabe: "Posso deixar meu pai e minha mãe virem para cá e ficarem contigo até que eu saiba o que Deus fará comigo?" ⁴ E assim Davi os deixou com o rei de Moabe, e lá eles ficaram enquanto Davi permaneceu na fortaleza.

⁵ Contudo, o profeta Gade[s] disse a Davi: "Não fique na fortaleza. Vá para Judá". Então Davi foi para a floresta de Herete.

Saul Mata os Sacerdotes de Nobe

⁶ Saul ficou sabendo que Davi e seus homens tinham sido descobertos. Saul estava sentado,[t] com a lança na mão, debaixo da tamargueira,[u] na colina de Gibeá, com todos os seus oficiais ao redor, ⁷ e ele lhes disse: "Ouçam, homens de Benjamim! Será que o filho de Jessé dará a todos vocês terras e vinhas? Será que ele os fará todos comandantes[v] de mil e comandantes de cem? ⁸ É por isso que todos vocês têm conspirado contra mim? Ninguém me informa quando meu filho faz acordo[w] com o filho de Jessé. Nenhum de vocês se preocupa[x] comigo nem me avisa que meu filho incitou meu servo a ficar à minha espreita, como ele está fazendo hoje".

⁹ Entretanto, Doegue,[y] o edomita, que estava com os oficiais de Saul, disse: "Vi o filho de Jessé chegar em Nobe[z] e encontrar-se com Aimeleque, filho de Aitube. ¹⁰ Aimeleque consultou[a] o Senhor em favor dele; também lhe deu provisões[b] e a espada de Golias, o filisteu".

¹¹ Então o rei mandou chamar o sacerdote Aimeleque, filho de Aitube, e toda a família de seu pai, que eram os sacerdotes em Nobe, e todos foram falar com o rei. ¹² E Saul disse: "Ouça agora, filho de Aitube".

Ele respondeu: "Sim, meu senhor".

¹³ Saul lhe disse: "Por que vocês conspiraram[c] contra mim, você e o filho de Jessé? Porque você lhe deu comida e espada, e consultou a Deus em favor dele, para que se rebelasse contra mim e me armasse cilada, como ele está fazendo?"

¹⁴ Aimeleque respondeu ao rei: "Quem[d] entre todos os teus oficiais é tão leal quanto Davi, o genro do rei, capitão de sua guarda pessoal e altamente respeitado em sua casa? ¹⁵ Será que foi essa a primeira vez que consultei a Deus em favor dele? Certamente que não! Que o rei não acuse a mim, seu servo, nem a qualquer um da família de meu pai, pois seu servo nada sabe acerca do que está acontecendo".

¹⁶ O rei, porém, disse: "Com certeza você será morto, Aimeleque, você e toda a família de seu pai".

¹⁷ Em seguida o rei ordenou aos guardas que estavam ao seu lado: "Matem os sacerdotes do Senhor, pois eles também apoiam Davi. Sabiam que ele estava fugindo, mas nada me informaram".

Contudo, os oficiais do rei recusaram[e] erguer as mãos para matar os sacerdotes do Senhor.

¹⁸ Então o rei ordenou a Doegue: "Mate os sacerdotes", e ele os matou. E naquele dia, matou oitenta e cinco homens que vestiam túnica de linho.[f] ¹⁹ Além disso, Saul mandou matar[g] os habitantes de Nobe, a cidade dos sacerdotes: homens, mulheres, crianças, recém-nascidos, bois, jumentos e ovelhas.

²⁰ Entretanto, Abiatar,[h] filho de Aimeleque e neto de Aitube, escapou e fugiu para juntar-se a Davi,[i] ²¹ e lhe contou que Saul havia matado os sacerdotes do Senhor. ²² Então Davi disse a Abiatar: "Naquele dia, quando o edomita Doegue[j] estava ali, eu sabia que ele não deixaria de levar a informação a Saul. Sou responsável pela morte de toda a família de seu pai. ²³ Fique comigo, não tenha medo; o homem que está atrás de sua vida[k] também está atrás da minha. Mas você estará a salvo comigo".

22.2
[r]1Sm 23.13; 25.13; 2Sm 15.20
22.5
[s]2Sm 24.11; 1Cr 21.9; 29.29; 2Cr 29.25
22.6
[t]Jz 4.5
[u]Gn 21.33
22.7
[v]1Sm 8.14
22.8
[w]1Sm 18.3; 20.16
[x]1Sm 23.21
22.9
[y]1Sm 21.7; Sl 52 Título
[z]1Sm 21.1
22.10
[a]Nm 27.21; 1Sm 10.22
[b]1Sm 21.6
22.13
[c]v. 8
22.14
[d]1Sm 19.4
22.17
[e]Ex 1.17
22.18
[f]1Sm 2.18,31
22.19
[g]1Sm 15.3
22.20
[h]1Sm 23.6,7; 30.7; 1Rs 2.22,26,27
[i]1Sm 2.32
22.22
[j]1Sm 21.7
22.23
[k]1Rs 2.26

Davi Liberta o Povo de Queila

23 Quando disseram a Davi que os filisteus estavam atacando a cidade de Queila¹ e saqueando as eiras, ² ele perguntou^m ao Senhor: "Devo atacar esses filisteus?"

O Senhor lhe respondeu: "Vá, ataque os filisteus e liberte Queila".

³ Os soldados de Davi, porém, lhe disseram: "Aqui em Judá estamos com medo. Quanto mais, se formos a Queila lutar contra as tropas dos filisteus!"

⁴ Davi consultou o Senhor novamente. "Levante-se", disse o Senhor, "vá à cidade de Queila, pois estou entregando os filisteus em suas mãos."ⁿ ⁵ Então Davi e seus homens foram a Queila, combateram os filisteus e se apoderaram de seus rebanhos, impondo-lhes grande derrota e libertando o povo daquela cidade. ⁶ Ora, Abiatar,^o filho de Aimeleque, tinha levado o colete sacerdotal quando fugiu para se juntar a Davi, em Queila.

Saul Persegue Davi

⁷ Foi dito a Saul que Davi tinha ido a Queila, e ele disse: "Deus o entregou nas minhas mãos, pois Davi se aprisionou ao entrar numa cidade com portas e trancas". ⁸ E Saul convocou todo o seu exército para a batalha, para irem a Queila e cercarem Davi e os homens que o seguiam.

⁹ Quando Davi soube que Saul tramava atacá-lo, disse a Abiatar:^p "Traga o colete sacerdotal". ¹⁰ Então orou: "Ó Senhor, Deus de Israel, este teu servo ouviu claramente que Saul planeja vir a Queila e destruir a cidade por minha causa. ¹¹ Será que os cidadãos de Queila me entregarão a ele? Saul virá de fato, conforme teu servo ouviu? Ó Senhor, Deus de Israel, responde-me".

E o Senhor lhe disse: "Ele virá".

¹² E Davi, novamente, perguntou: "Será que os cidadãos de Queila entregarão^q a mim e a meus soldados a Saul?"

E o Senhor respondeu: "Entregarão".

¹³ Então Davi e seus soldados,^r que eram cerca de seiscentos, partiram de Queila, e ficaram andando sem direção definida. Quando informaram a Saul que Davi tinha fugido de Queila, ele interrompeu a marcha.

¹⁴ Davi permaneceu nas fortalezas do deserto e nas colinas do deserto de Zife.^s Dia após dia Saul o procurava,^t mas Deus não^u entregou Davi em suas mãos.

¹⁵ Quando Davi estava em Horesa, no deserto de Zife, soube que Saul tinha saído para matá-lo. ¹⁶ E Jônatas, filho de Saul, foi falar com ele, em Horesa, e o ajudou a encontrar forças^v em Deus. ¹⁷ "Não tenha medo", disse ele, "meu pai não porá as mãos em você. Você será rei^w de Israel, e eu serei o seu segundo em comando. Até meu pai sabe disso." ¹⁸ Os dois fizeram um acordo^x perante o Senhor. Então, Jônatas foi para casa, mas Davi ficou em Horesa.

¹⁹ Alguns zifeus^y foram dizer a Saul, em Gibeá: "Davi está se escondendo entre nós^z nas fortalezas de Horesa, na colina de Haquilá,^a ao sul do deserto de Jesimom. ²⁰ Agora, ó rei, vai quando quiseres, e nós seremos responsáveis por entregá-lo^b em tuas mãos".

²¹ Saul respondeu: "O Senhor os abençoe por terem compaixão^c de mim. ²² Vão e façam mais preparativos. Descubram aonde Davi geralmente vai e quem o tem visto ali. Dizem que ele é muito astuto. ²³ Descubram todos os esconderijos dele e voltem aqui com informações exatas¹. Então irei com vocês; se ele estiver na região, eu o procurarei entre todos os clãs de Judá".

²⁴ E eles voltaram para Zife, antes de Saul. Davi e seus soldados estavam no deserto de Maom,^d na Arabá, ao sul do deserto de Jesimom. ²⁵ Depois, Saul e seus soldados saíram e começaram a busca, e, ao ser informado, Davi desceu à rocha e permaneceu no deserto de Maom. Sabendo disso, Saul foi para lá em perseguição a Davi.

²⁶ Saul^e ia por um lado da montanha, e, pelo outro, Davi e seus soldados fugiam depressa para escapar de Saul. Quando Saul e

---

¹ **23.23** Ou *a mim em Nacom*

suas tropas estavam cercando Davi e seus soldados para capturá-los, ²⁷ um mensageiro veio dizer a Saul: "Venha depressa! Os filisteus estão atacando Israel". ²⁸ Então Saul interrompeu a perseguição a Davi e foi enfrentar os filisteus. Por isso chamam esse lugar Selá-Hamalecote¹. ²⁹ E Davi saiu daquele lugar e foi viver nas fortalezas de En-Gedi.ᶠ

Davi Poupa a Vida de Saul

24 Saul voltou da luta contra os filisteus e disseram-lhe que Davi estava no deserto de En-Gedi.ᵍ ² Então Saul tomou três mil de seus melhores soldados de todo o Israel e partiu à procuraʰ de Davi e seus homens, perto dos rochedos dos Bodes Selvagens.

³ Ele foi aos currais de ovelhas que ficavam junto ao caminho; havia ali uma caverna,ⁱ e Saul entrou nela para fazer suas necessidades.ʲ Davi e seus soldados estavam bem no fundo da caverna. ⁴ Eles disseram: "Este é o dia sobre o qual o SENHOR falouᵏ a você:² 'Entregarei nas suas mãos o seu inimigo para que você faça com ele o que quiser' ".ˡ Então Davi foi com muito cuidado e cortou uma ponta do manto de Saul, sem que este percebesse.

⁵ Mas Davi sentiu bater-lhe o coração de remorsoᵐ por ter cortado uma ponta do manto de Saul ⁶ e então disse a seus soldados: "Que o SENHOR me livre de fazer tal coisa a meu senhor, de erguer a mão contra ele, pois é o ungidoⁿ do SENHOR". ⁷ Com essas palavras Davi repreendeu os soldados e não permitiu que atacassem Saul. E este saiu da caverna e seguiu seu caminho.

⁸ Então Davi saiu da caverna e gritou para Saul: "Ó rei, meu senhor!" Quando Saul olhou para trás, Davi inclinou-se com o rosto em terraᵒ ⁹ e depois disse: "Por que o rei dá atenção aos que dizem que eu pretendo fazer-te mal? ¹⁰ Hoje o rei pode ver com teus próprios olhos como o SENHOR te entregou em minhas mãos na caverna. Alguns insistiram que eu te matasse, mas eu te poupei, pois disse: Não erguerei a mão contra meu senhor, pois ele é o ungido do SENHOR. ¹¹ Olha, meu pai, olha para este pedaço de teu manto em minha mão! Cortei a ponta de teu manto, mas não te matei. Agora entende e reconhece que não sou culpadoᵖ de fazer-te mal ou de rebelar-me. Não te fiz mal algum, embora estejas à minha procuraq para tirar-me a vida. ¹² O SENHOR julguer entre mim e ti. Vingues ele os males que tens feito contra mim, mas não levantarei a mão contra ti. ¹³ Como diz o provérbio antigo: 'Dos ímpios vêm coisas ímpias';ᵗ por isso, não levantarei minha mão contra ti.

¹⁴ "Contra quem saiu o rei de Israel? A quem está perseguindo? A um cão morto!ᵘ A uma pulga!ᵛ ¹⁵ O SENHOR seja o juizʷ e nos julgue. Considere ele minha causa e a sustente;ˣ que ele me julgue,ʸ livrando-mez de tuas mãos".

¹⁶ Tendo Davi falado todas essas palavras, Saul perguntou: "É você,ᵃ meu filho Davi?" E chorou em alta voz. ¹⁷ "Você é mais justo do que eu",ᵇ disse a Davi. "Você me tratou bem,ᶜ mas eu o tratei mal. ¹⁸ Você acabou de mostrar o bem que me tem feito; o SENHOR me entregouᵈ em suas mãos, mas você não me matou. ¹⁹ Quando um homem encontra um inimigo e o deixa ir sem fazer-lhe mal? O SENHOR o recompense com o bem, pelo modo com que você me tratou hoje. ²⁰ Agora tenho certeza de que você será reiᵉ e de que o reinoᶠ de Israel será firmado em suas mãos. ²¹ Portanto, jure-meᵍ pelo SENHOR que você não eliminará meus descendentes nem fará meu nome desaparecer da família de meu pai".ʰ

²² Então Davi fez seu juramento a Saul. E este voltou para casa, mas Davi e seus soldados foram para a fortaleza.ⁱ

A Morte de Samuel

25 Samuel morreu,ʲ e todo o Israel se reuniu e o pranteou;ᵏ e o sepultaram onde tinha vivido, em Ramá.ˡ

---

¹ *23.28* Selá-Hamalecote significa *rocha da separação*.
² *24.4* Ou "*Hoje o Senhor está dizendo:*

Davi e Abigail

Depois Davi foi para o deserto de Maom.¹ ² Certo homem de Maom,ᵐ que tinha seus bens na cidade de Carmelo, era muito rico. Possuía mil cabras e três mil ovelhas, as quais estavam sendo tosquiadas em Carmelo. ³ Seu nome era Nabal e o nome de sua mulher era Abigail,ⁿ mulher inteligente e bonita; mas seu marido, descendente de Calebe,ᵒ era rude e mau.

⁴ No deserto, Davi ficou sabendo que Nabal estava tosquiando as ovelhas. ⁵ Por isso, enviou dez rapazes, dizendo-lhes: "Levem minha mensagem a Nabal, em Carmelo, e cumprimentem-no em meu nome. ⁶ Digam-lhe: Longa vida para o senhor! Muita pazᵖ para o senhor e sua família! E muita prosperidade para tudo o que é seu!ᵠ

⁷ "Sei que você está tosquiando suas ovelhas. Quando os seus pastores estavam conosco, nós não os maltratamos,ʳ e, durante todo o tempo em que estiveram em Carmelo, nada que fosse deles se perdeu. ⁸ Pergunte a eles, e eles lhe dirão. Por isso, seja favorável, pois estamos vindo em época de festa. Por favor, dê a nós, seus servos, e a seu filho Davi o que puder".ˢ

⁹ Os rapazes foram e deram a Nabal essa mensagem, em nome de Davi. E ficaram esperando.

¹⁰ Nabal respondeu então aos servos de Davi: "Quemᵗ é Davi? Quem é esse filho de Jessé? Hoje em dia muitos servos estão fugindo de seus senhores. ¹¹ Por que deveria eu pegar meu pãoᵘ e minha água, e a carne do gado que abati para meus tosquiadores, e dá-los a homens que vêm não se sabe de onde?"

¹² Então, os mensageiros de Davi voltaram e lhe relataram cada uma dessas palavras. ¹³ Davi ordenou a seus homens: "Ponham suas espadas na cintura!" Assim eles fizeram e também Davi. Cerca de quatrocentos homens acompanharamᵛ Davi, enquanto duzentos permaneceram com a bagagem.ʷ

¹⁴ Um dos servos disse a Abigail, mulher de Nabal: "Do deserto, Davi enviou mensageiros para saudarˣ o nosso senhor, mas ele os insultou. ¹⁵ No entanto, aqueles homens foram muito bons para conosco. Não nos maltrataram,ʸ e, durante todo o tempo em que estivemos com eles nos campos, nada perdemos.ᶻ ¹⁶ Dia e noite eles eram como um muroᵃ ao nosso redor, durante todo o tempo em que estivemos com eles cuidando de nossas ovelhas. ¹⁷ Agora, leve isso em consideração e veja o que a senhora pode fazer, pois a destruição paira sobre o nosso senhor e sobre toda a sua família. Ele é um homem tão mauᵇ que ninguém consegue conversar com ele".

¹⁸ Imediatamente, Abigail pegou duzentos pães, duas vasilhas de couro cheias de vinho, cinco ovelhas preparadas, cinco medidas² de grãos torrados, cem bolos de uvas passasᶜ e duzentos bolos de figos prensados, e os carregou em jumentos.ᵈ ¹⁹ E disse a seus servos: "Vocês vão na frente;ᵉ eu os seguirei". Ela, porém, nada disse a Nabal, seu marido.

²⁰ Enquanto ela ia montada num jumento, encoberta pela montanha, Davi e seus soldados estavam descendo em sua direção, e ela os encontrou. ²¹ Davi tinha dito: "De nada adiantou proteger os bens daquele homem no deserto, para que nada se perdesse. Ele me pagouᶠ o bem com o mal. ²² Que Deus castigue Davi³, e o faça com muita severidade,ᵍ caso até de manhã eu deixe vivo um só do sexo masculino⁴ʰ de todos os que pertencem a Nabal!"

²³ Quando Abigail viu Davi, desceu depressa do jumento e prostrou-se perante Davi com o rosto em terra.ⁱ ²⁴ Ela caiu a seus pés e disse: "Meu senhor, a culpa é

---

¹ **25.1** Conforme alguns manuscritos da Septuaginta. O Texto Massorético diz *Parã*.
² **25.18** Hebraico: *5 seás*. O seá era uma medida de capacidade para secos. As estimativas variam entre 7 e 14 litros.
³ **25.22** Conforme alguns manuscritos da Septuaginta. O texto Massorético diz *os inimigos de Davi*.
⁴ **25.22** Hebraico: *dos que urinam na parede*; também no versículo 34.

toda minha. Por favor, permite que tua serva te fale; ouve o que ela tem a dizer. ²⁵ Meu senhor, não dês atenção àquele homem mau, Nabal. Ele é insensato,ʲ conforme o significado do seu nome; e a insensatez o acompanha. Contudo, eu, tua serva, não vi os rapazes que meu senhor enviou.

²⁶ "Agora, meu senhor, juro pelo nome do Senhor e por tua vida que foi o Senhor que te impediu de derramar sangueᵏ e de te vingaresˡ com tuas próprias mãos. Que teus inimigos e todos os que pretendem fazer-te mal sejam castigados como Nabal.ᵐ ²⁷ E que este presenteⁿ que esta tua serva trouxe ao meu senhor seja dado aos homens que te seguem. ²⁸ Esquece,ᵒ eu te suplico, a ofensa de tua serva, pois o Senhor certamente fará um reino duradouroᵖ para ti, que travas os combatesᑫ do Senhor. E, em toda a tua vida, nenhuma culpaʳ se ache em ti. ²⁹ Mesmo que alguém te persiga para tirar-te a vida, a vida de meu senhor estará firmemente segura como a dos que são protegidos pelo Senhor, o teu Deus. Mas a vida de teus inimigos será atiradaˢ para longe como por uma atiradeira. ³⁰ Quando o Senhor tiver feito a meu senhor todo o bem que prometeu e te tiver nomeado líderᵗ sobre Israel, ³¹ meu senhor não terá no coração o peso de ter derramado sangue desnecessariamente, nem de ter feito justiça com tuas próprias mãos. E, quando o Senhor tiver abençoado a ti, lembra-teᵘ de tua serva".

³² Davi disse a Abigail: "Benditoᵛ seja o Senhor, o Deus de Israel, que hoje a enviou ao meu encontro. ³³ Seja você abençoada pelo seu bom senso e por evitar que eu hoje derrame sangueʷ e me vingue com minhas próprias mãos. ³⁴ De outro modo, juro pelo nome do Senhor, o Deus de Israel, que evitou que eu fizesse mal a você, que, se você não tivesse vindo depressa encontrar-me, nem um só do sexo masculino pertencente a Nabal teria sido deixado vivo ao romper do dia".

³⁵ Então Davi aceitou o que Abigail lhe tinha trazido e disse: "Vá para sua casa em paz. Ouvi o que você disse e atendereiˣ ao seu pedido".

³⁶ Quando Abigail retornou a Nabal, ele estava dando um banquete em casa, como um banquete de rei. Ele estava alegreʸ e bastante bêbado,ᶻ e ela nada lhe falouᵃ até o amanhecer. ³⁷ De manhã, quando Nabal estava sóbrio, sua mulher lhe contou tudo; ele sofreu um ataque e ficou paralisado como pedra. ³⁸ Cerca de dez dias depois, o Senhor feriuᵇ Nabal, e ele morreu.

³⁹ Quando Davi soube que Nabal estava morto, disse: "Bendito seja o Senhor, que defendeu a minha causa contra Nabal, por ter me tratado com desprezo. O Senhor impediu seu servo de praticar o mal e fez com que a maldade de Nabal caísse sobre a sua própria cabeça".

Então Davi enviou uma mensagem a Abigail, pedindo-lhe que se tornasse sua mulher. ⁴⁰ Seus servos foram a Carmelo e disseram a Abigail: "Davi nos mandou buscá-la para que seja sua mulher".

⁴¹ Ela se levantou, inclinou-se com o rosto em terra e disse: "Aqui está a sua serva, pronta para servi-los e lavar os pés dos servos de meu senhor". ⁴² Abigailᶜ logo montou num jumento e, acompanhada por suas cinco servas, foi com os mensageiros de Davi e tornou-se sua mulher. ⁴³ Davi também casou-se com Ainoã,ᵈ de Jezreel; as duas foram suas mulheres.ᵉ ⁴⁴ Saul, porém, tinha dado sua filha Mical, mulher de Davi, a Paltiel¹,ᶠ filho de Laís, de Galim.ᵍ

Davi Poupa Novamente a Vida de Saul

26 Os zifeusʰ foram falar com Saul, em Gibeá, e disseram: "Davi está escondidoⁱ na colina de Haquilá, em frente do deserto de Jesimom".

² Então Saul desceu ao deserto de Zife com três mil dos melhores soldados de Israel, em buscaʲ de Davi. ³ Saul acampou

---

¹ **25.44** Hebraico: *Palti*, variante de *Paltiel*.

ao lado da estrada, na colina de Haquilá, em frente do deserto de Jesimom, mas Davi permaneceu no deserto. Quando viu que Saul o estava seguindo, ⁴ enviou espiões e soube que Saul havia, de fato, chegado.¹

⁵ Então Davi foi para onde Saul estava acampado. E viu o lugar onde Saul e Abner,ᵏ filho de Ner, comandante de seu exército, haviam se deitado. Saul estava deitado no acampamento, com o exército acampado ao redor.

⁶ Davi perguntou ao hitita Aimeleque e a Abisai, filho de Zeruia,ˡ irmão de Joabe: "Quem descerá comigo ao acampamento de Saul?"

Disse Abisai: "Irei com você".

⁷ Davi e Abisai entraram à noite no acampamento. Saul estava dormindo e tinha fincado sua lança no chão, perto da cabeça. Abner e os soldados estavam deitados à sua volta.

⁸ Abisai disse a Davi: "Hoje Deus entregou o seu inimigo nas suas mãos. Agora deixe que eu crave a lança nele até o chão, com um só golpe; não precisarei de outro".

⁹ Davi, contudo, disse a Abisai: "Não o mate! Quem pode levantar a mão contra o ungido do Senhorᵐ e permanecer inocente?ⁿ ¹⁰ Juro pelo nome do Senhor", disse ele, "o Senhor mesmo o matará;ᵒ ou chegará a sua horaᵖ e ele morrerá,ᵍ ou ele irá para a batalha e perecerá. ¹¹ O Senhor me livre de levantar a mão contra o seu ungido. Agora, peguemos a lança e o jarro com água que estão perto da cabeça dele e vamos embora".

¹² Dito isso, Davi apanhou a lança e o jarro que estavam perto da cabeça de Saul, e eles foram embora. Ninguém os viu, ninguém percebeu nada e ninguém acordou. Estavam todos dormindo, pois um sono pesadoʳ vindo do Senhor havia caído sobre eles.

¹³ Então Davi foi para o outro lado e colocou-se no topo da colina, ao longe, a uma boa distância deles. ¹⁴ E gritou para o exército e para Abner, filho de Ner: "Você não vai me responder, Abner?"

Abner respondeu: "Quem é que está gritando para o rei?"

¹⁵ Disse Davi: "Você é homem, não é? Quem é como você em Israel? Por que você não protegeu o rei, seu senhor? Alguém foi até aí para matá-lo. ¹⁶ Não é bom isso que você fez! Juro pelo Senhor que todos vocês merecem morrer, pois não protegeram o seu rei, o ungido do Senhor. Agora, olhem! Onde estão a lança e o jarro de água do rei, que estavam perto da cabeça dele?"

¹⁷ Saul reconheceu a voz de Davi e disse: "É você,ˢ meu filho Davi?"

Davi respondeu: "Sim, ó rei, meu senhor". ¹⁸ E acrescentou: "Por que meu senhor está perseguindo este seu servo? O que eu fiz, e de que malᵗ sou culpado? ¹⁹ Que o rei, meu senhor, escute as palavras de seu servo. Se o Senhor o instigou contra mim, queira ele aceitar uma oferta;ᵘ se, porém, são homens que o fizeram, que sejam amaldiçoados perante o Senhor! Eles agora me afastaram de minha porção na herançaᵛ do Senhor e disseram: 'Vá, preste culto a outros deuses'. ²⁰ Agora, que o meu sangue não seja derramado longe da presença do Senhor. O rei de Israel saiu à procura de uma pulgaʷ como alguém que sai à caça de uma perdiz nos montes".

²¹ Então Saul disse: "Pequei!ˣ Volte, meu filho Davi! Como hoje você considerou preciosaʸ a minha vida, não farei mal a você de novo. Tenho agido como um tolo e cometi um grande erro".

²² Respondeu Davi: "Aqui está a lança do rei. Venha um de seus servos pegá-la. ²³ O Senhor recompensaᶻ a justiçaᵃ e a fidelidade de cada um. Ele te entregou nas minhas mãos hoje, mas eu não levantaria a mão contra o ungido do Senhor. ²⁴ Assim como eu hoje considerei a tua vida de grande valor, que o Senhor também considere a minha vida e me livreᵇ de toda a angústia".

¹ **26.4** Ou *tinha vindo a Nacom.*

26.5
ᵏ 1Sm 14.50; 17.55
26.6
ˡ Jz 7.10-11; 1Cr 2.16
26.9
ᵐ 2Sm 1.14
ⁿ 1Sm 24.5
26.10
ᵒ 1Sm 25.38; Rm 12.19
ᵖ Gn 47.29; Dt 31.14; Sl 37.13
ᵍ 1Sm 31.6; 2Sm 1.1
26.12
ʳ Gn 2.21; 15.12
26.17
ˢ 1Sm 24.16
26.18
ᵗ 1Sm 24.9,11-14
26.19
ᵘ 2Sm 16.11
ᵛ 2Sm 14.16
26.20
ʷ 1Sm 24.14
26.21
ˣ Ex 9.27; 1Sm 15.24
ʸ 1Sm 24.17
26.23
ᶻ Sl 62.12
ᵃ Sl 7.8; 18.20,24
26.24
ᵇ Sl 54.7

⁲⁵ Então Saul disse a Davi: "Seja você abençoado, meu filho Davi; você fará muitas coisas e em tudo será bem-sucedido".

Assim Davi seguiu seu caminho, e Saul voltou para casa.

Davi entre os Filisteus

27 Davi, contudo, pensou: "Algum dia serei morto por Saul. É melhor fugir para a terra dos filisteus. Então Saul desistirá de procurar-me por todo o Israel, e escaparei dele".

² Assim, Davi e os seiscentos homens*c* que estavam com ele foram*d* até Aquis,*e* filho de Maoque, rei de Gate. ³ Davi e seus soldados se estabeleceram em Gate, acolhidos por Aquis. Cada homem levou sua família, e Davi, suas duas mulheres:*f* Ainoã, de Jezreel, e Abigail, que fora mulher de Nabal, de Carmelo. ⁴ Quando contaram a Saul que Davi havia fugido para Gate, ele parou de persegui-lo.

⁵ Então Davi disse a Aquis: "Se eu conto com a tua simpatia, dá-me um lugar numa das cidades desta terra onde eu possa viver. Por que este teu servo viveria contigo na cidade real?"

⁶ Naquele dia Aquis deu-lhe Ziclague.*g* Por isso, Ziclague pertence aos reis de Judá até hoje. ⁷ Davi morou*h* em território filisteu durante um ano e quatro meses.

⁸ Ele e seus soldados atacavam os gesuritas,*i* os gersitas e os amalequitas,*j* povos que, desde tempos antigos, habitavam a terra que se estende desde Sur*k* até o Egito. ⁹ Quando Davi atacava a região, não poupava*l* homens nem mulheres e tomava ovelhas, bois, jumentos, camelos e roupas. Depois retornava a Aquis.

¹⁰ Quando Aquis perguntava: "Quem você atacou hoje?" Davi respondia: "O Neguebe de Judá" ou "O Neguebe de Jerameel"*m* ou "O Neguebe dos queneus".*n* ¹¹ Ele matava todos, homens e mulheres, para que não fossem levados a Gate, pois pensava: "Eles poderão denunciar-me". Este foi o seu procedimento enquanto viveu em território filisteu. ¹² Aquis confiava em Davi e dizia: "Ele se tornou tão odiado por seu povo, os israelitas, que será meu servo para sempre".

Saul e a Médium de En-Dor*x*

28 Naqueles dias os filisteus reuniram*o* suas tropas para lutar contra Israel. Aquis disse a Davi: "Saiba que você e seus soldados me acompanharão no exército".

² Disse Davi a Aquis: "Então tu saberás o que teu servo é capaz de fazer".

Aquis respondeu-lhe: "Muito bem, eu o colocarei como minha guarda pessoal permanente".

³ Samuel já havia morrido,*p* e todo o Israel o havia pranteado e sepultado em Ramá,*q* sua cidade natal. Saul havia expulsado do país os médiuns e os que consultavam espíritos.*r*

⁴ Depois que os filisteus se reuniram, vieram e acamparam em Suném,*s* enquanto Saul reunia todos os israelitas e acampava em Gilboa.*t* ⁵ Quando Saul viu o acampamento filisteu, teve medo; ficou apavorado. ⁶ Ele consultou*u* o SENHOR, mas este não lhe respondeu nem por sonhos,*v* nem por Urim[1],*w* nem por profetas. ⁷ Então Saul disse aos seus auxiliares: "Procurem uma mulher que invoca espíritos,*x* para que eu a consulte".

Eles disseram: "Existe uma em En-Dor".*y*

⁸ Saul então se disfarçou,*z* vestindo outras roupas, e foi à noite, com dois homens, até a casa da mulher. Ele disse a ela: "Invoque*a* um espírito para mim, fazendo subir aquele cujo nome eu disser".

⁹ A mulher, porém, lhe disse: "Certamente você sabe o que Saul fez. Ele eliminou*b* os médiuns e os que consultam os espíritos da terra de Israel. Por que você está preparando uma armadilha contra mim, que me levará à morte?"

[1] **28.6** Objeto utilizado para se conhecer a vontade de Deus.

¹⁰ Saul jurou-lhe pelo Senhor: "Juro pelo nome do Senhor que você não será punida por isso".

¹¹ "Quem devo fazer subir?", perguntou a mulher.

Ele respondeu: "Samuel".

¹² Quando a mulher viu Samuel, gritou e disse a Saul: "Por que me enganaste? Tu mesmo és Saul!"

¹³ O rei lhe disse: "Não tenha medo. O que você está vendo?"

A mulher respondeu: "Vejo um ser^l que sobe do chão".

¹⁴ Ele perguntou: "Qual a aparência dele?"

E disse ela: "Um ancião que veste um manto^c está subindo".

Então Saul ficou sabendo que era Samuel, inclinou-se e prostrou-se com o rosto em terra.

¹⁵ Samuel perguntou a Saul: "Por que você me perturbou, fazendo-me subir?"

Respondeu Saul: "Estou muito angustiado. Os filisteus estão me atacando, e Deus se afastou^d de mim. Ele já não responde nem por profetas, nem por sonhos; por isso te chamei para me dizeres o que fazer".

¹⁶ Disse Samuel: "Por que você me chamou, já que o Senhor se afastou de você e se tornou seu inimigo? ¹⁷ O Senhor fez o que predisse por meu intermédio: rasgou^e de suas mãos o reino e o deu a seu próximo, a Davi. ¹⁸ Porque você não obedeceu^f ao Senhor nem executou a grande ira^g dele contra os amalequitas, ele faz isso a você hoje. ¹⁹ O Senhor entregará você e o povo de Israel nas mãos dos filisteus, e amanhã você e seus filhos^h estarão comigo. O Senhor também entregará o exército de Israel nas mãos dos filisteus".

²⁰ Na mesma hora Saul caiu estendido no chão, aterrorizado pelas palavras de Samuel. Suas forças se esgotaram, pois ele tinha passado todo aquele dia e toda aquela noite sem comer.

---

^{l} **28.13** Ou *deuses*; ou ainda *um espírito*. Hebraico: *Vejo elohim subindo do chão.*

²¹ Quando a mulher se aproximou de Saul e viu que ele estava profundamente perturbado, disse: "Olha, tua serva te obedeceu. Arrisquei minha vida^i e fiz o que me ordenaste. ²² Agora, por favor, ouve tua serva e come um pouco para que tenhas forças para seguir teu caminho".

²³ Ele recusou^j e disse: "Não vou comer".

Seus homens, porém, insistiram com ele, e a mulher também; e ele os atendeu. Ele se levantou do chão e sentou-se na cama.

²⁴ A mulher matou depressa um bezerro gordo que tinha em casa; apanhou um pouco de farinha, amassou-a e assou pão sem fermento. ²⁵ Então ela serviu Saul e seus homens, e eles comeram. E naquela mesma noite eles partiram.

Os Filisteus Desconfiam de Davi

29 Os filisteus reuniram^k todas as suas tropas em Afeque,^{l} e Israel acampou junto à fonte de Jezreel.^{m} ² Enquanto os governantes filisteus avançavam com seus grupos de cem e de mil, Davi e seus homens iam na retaguarda^n com Aquis. ³ Os comandantes dos filisteus perguntaram: "O que estes hebreus fazem aqui?"

Aquis respondeu: "Este é Davi, que era oficial de Saul, rei de Israel. Ele já está comigo há mais de um ano^o e, desde o dia em que deixou Saul, nada fez que mereça desconfiança".

⁴ Contudo, os comandantes filisteus se iraram contra ele e disseram: "Mande embora^p este homem para a cidade que você lhe designou. Ele não deve ir para a guerra conosco, senão se tornará^q nosso adversário durante o combate. Qual seria a melhor maneira de recuperar a boa vontade de seu senhor, senão à custa da cabeça de nossos homens? ⁵ Não é ele o Davi de quem cantavam em suas danças:

'Saul matou milhares;
Davi, dezenas de milhares'?"^{r}

⁶ Então Aquis chamou Davi e lhe disse: "Juro, pelo nome do Senhor, que você tem

sido leal, e ficaria contente em tê-lo servindo comigo no exército. Desde o diaˢ em que você veio a mim, nunca desconfiei de você, mas os governantesᵗ não o aprovam. ⁷ Agora, volte e vá em paz! Não faça nada que desagrade aos governantes filisteus".

⁸ Davi perguntou: "O que foi que eu fiz? O que descobriste contra teu servo, desde o dia em que cheguei? Por que não posso ir lutar contra os inimigos do rei, meu senhor?"

⁹ Aquis respondeu: "Reconheço que você tem feito o que eu aprovo, como um anjoᵘ de Deus. Os comandantesᵛ filisteus, no entanto, dizem que você não deve ir à batalha conosco. ¹⁰ Agora, levante-se bem cedo, com os servos de seu senhor que vieram com você, e partamʷ de manhã, assim que clarear o dia".

¹¹ Então Davi e seus soldados levantaram-se de madrugada para voltar à terra dos filisteus. E os filisteus foram para Jezreel.

Davi Derrota os Amalequitas

30 Quando Davi e seus soldados chegaram a Ziclague,ˣ no terceiro dia, os amalequitasʸ tinham atacado o Neguebe e incendiado a cidade de Ziclague. ² Levaram como prisioneiros todos os que lá estavam: as mulheres, os jovens e os idosos. A ninguém mataram, mas os levaram consigo, quando prosseguiram seu caminho.

³ Ao chegarem a Ziclague, Davi e seus soldados encontraram a cidade destruída pelo fogo e viram que suas mulheres, seus filhos e suas filhas tinham sido levados como prisioneiros. ⁴ Então Davi e seus soldados choraram em alta voz até não terem mais forças. ⁵ As duas mulheres de Daviᶻ também tinham sido levadas: Ainoã, de Jezreel, e Abigail, de Carmelo, a que fora mulher de Nabal. ⁶ Davi ficou profundamente angustiado, pois os *homens falavam em apedrejá-lo;ᵃ* todos estavam amargurados por causa de seus filhos e de suas filhas. Davi, porém, fortaleceu-seᵇ no Senhor, o seu Deus.

⁷ Então Davi disse ao sacerdote Abiatar,ᶜ filho de Aimeleque: "Traga-me o colete sacerdotal".ᵈ Abiatar o trouxe a Davi, ⁸ e ele perguntouᵉ ao Senhor: "Devo perseguir esse bando de invasores? Irei alcançá-los?"

E o Senhor respondeu: "Persiga-os; é certo que você os alcançará e conseguirá libertarᶠ os prisioneiros".

⁹ Davi e os seiscentos homensᵍ que estavam com ele foram ao ribeiro de Besor, onde ficaram alguns, ¹⁰ pois duzentos deles estavam exaustosʰ demais para atravessar o ribeiro. Todavia, Davi e quatrocentos homens continuaram a perseguição.

¹¹ Encontraram um egípcio no campo e o trouxeram a Davi. Deram-lhe água e comida: ¹² um pedaço de bolo de figos prensados e dois bolos de uvas passas. Ele comeu e recobrou as forças,ⁱ pois tinha ficado três dias e três noites sem comer e sem beber.

¹³ Davi lhe perguntou: "A quem você pertence e de onde vem?"

Ele respondeu: "Sou um jovem egípcio, servo de um amalequita. Meu senhor me abandonou quando fiquei doente há três dias. ¹⁴ Nós atacamos o Neguebe dos queretitas,ʲ o território que pertence a Judá e o Neguebe de Calebe.ᵏ E incendiamosˡ a cidade de Ziclague".

¹⁵ Davi lhe perguntou: "Você pode levar-me até esse bando de invasores?"

Ele respondeu: "Jura, diante de Deus, que não me matarás nem me entregarás nas mãos de meu senhor, e te levarei até eles".

¹⁶ Quando ele levou Davi até lá, os amalequitas estavam espalhados pela região, comendo, bebendo e festejandoᵐ os muitos bensⁿ que haviam tomado da terra dos filisteus e de Judá. ¹⁷ Davi os atacouᵒ no dia seguinte, desde o amanhecer até a tarde, e nenhum deles escapou, com exceção de quatrocentos jovens que montaram em camelos e fugiram.ᵖ ¹⁸ Davi recuperouᑫ tudo o que os amalequitas tinham levado, incluindo suas duas mulheres. ¹⁹ Nada faltou: nem jovens, nem velhos, nem filhos, nem filhas, nem bens, nem qualquer outra coisa que fora levada. Davi recuperou tudo. ²⁰ E tomou

também todos os rebanhos dos amalequitas, e seus soldados os conduziram à frente dos outros animais, dizendo: "Estes são os despojos de Davi".

21 Então Davi foi até os duzentos homens que estavam exaustos' demais para segui-lo e tinham ficado no ribeiro de Besor. Eles saíram para receber Davi e os que estavam com ele. Ao se aproximar com seus soldados, Davi os saudou. **22** Mas todos os elementos maus e vadios que tinham ido com Davi disseram: "Uma vez que não saíram conosco, não repartiremos com eles os bens que recuperamos. No entanto, cada um poderá pegar sua mulher e seus filhos e partir".

23 Davi respondeu: "Não, meus irmãos! Não façam isso com o que o SENHOR nos deu. Ele nos protegeu e entregou em nossas mãos os bandidos que vieram contra nós. **24** Quem concordará com o que vocês estão dizendo? A parte de quem ficou com a bagagem será a mesma de quem foi à batalha. Todos receberão partes iguais".ˢ **25** Davi fez disso um decreto e uma ordenança para Israel, desde aquele dia até hoje.

26 Quando Davi chegou a Ziclague, enviou parte dos bens às autoridades de Judá, que eram seus amigos, dizendo: "Eis um presente para vocês, tirado dos bens dos inimigos do SENHOR".

27 Ele enviou esse presente às autoridades de Betel,ᵗ de Ramoteᵘ do Negueve, de Jatir,ᵛ **28** de Aroer,ʷ de Sifmote, de Estemoa,ˣ **29** de Racal, das cidades dos jerameelitasʸ e dos queneus,ᶻ **30** de Hormá,ᵃ de Corasã,ᵇ de Atace, **31** de Hebromᶜ e de todos os lugares onde Davi e seus soldados tinham passado.

O Suicídio de Saul

31 E aconteceu que, em combate com os filisteus, os israelitas foram postos em fuga e muitos caíram mortos no monte Gilboa.ᵈ **2** Os filisteus perseguiram Saul e seus filhos e mataram Jônatas, Abinadabe e Malquisua, filhos de Saul. **3** O combate foi ficando cada vez mais violento em torno de Saul, até que os flecheiros o alcançaram e o feriramᵉ gravemente.

4 Então Saul ordenou ao seu escudeiro: "Tire sua espada e mate-meᶠ com ela, senão sofrerei a vergonha de cair nas mãos desses incircuncisos".ᵍ

Mas seu escudeiro estava apavorado e não quis fazê-lo. Saul, então, pegou sua própria espada e jogou-se sobre ela. **5** Quando o escudeiro viu que Saul estava morto, jogou-se também sobre sua espada e morreu com ele. **6** Assim foi que Saul, seus três filhos, seu escudeiro e todos os seus soldados morreram naquele dia.

7 Quando os israelitas que habitavam do outro lado do vale e a leste do Jordão viram que o exército tinha fugido e que Saul e seus filhos estavam mortos, fugiram, abandonando suas cidades. Depois os filisteus foram ocupá-las.

8 No dia seguinte, quando os filisteus foram saquear os mortos, encontraram Saul e seus três filhos caídos no monte Gilboa. **9** Cortaram a cabeça de Saul, pegaram suas armas e enviaram mensageiros por toda a terra dos filisteus para proclamar a notíciaʰ nos templos de seus ídolos e no meio do seu povo.ⁱ **10** Expuseram as armas de Saul no templo de Astaroteʲ e penduraram seu corpo no muro de Bete-Seã.ᵏ

11 Quando os habitantes de Jabes-Gileadeˡ ficaram sabendo o que os filisteus tinham feito com Saul, **12** os mais corajosos dentre eles foram durante a noite a Bete-Seã. Baixaram os corpos de Saul e de seus filhos do muro de Bete-Seã e os levaram para Jabes, onde os queimaram.ᵐ **13** Depois enterraram seus ossosⁿ debaixo de uma tamargueiraᵒ em Jabes e jejuaramᵖ durante sete dias.ᵠ

30.21
ᵛv. 10
30.24
ᵗNm 31.27;
Js 22.8
30.27
ᵗJs 7.2
ᵘJs 19.8
ᵛJs 15.48
30.28
ʷJs 13.16
ˣJs 15.50
30.29
ʸ1Sm 27.10
ᶻJz 1.16;
1Sm 15.6
30.30
ᵃNm 14.45;
Jz 1.17
ᵇJs 15.42
30.31
ᶜJs 14.13;
2Sm 2.1,4
31.1
ᵈ1Sm 28.4;
1Cr 10.1-12
31.3
ᵉ2Sm 1.6
31.4
ᶠJz 9.54;
2Sm 1.6,10
ᵍ1Sm 14.6
31.9
ʰ2Sm 1.20
ⁱJz 16.24
31.10
ʲJz 2.12-13;
1Sm 7.3
ᵏJs 17.11;
2Sm 21.12
31.11
ˡ1Sm 11.1
31.12
ᵐ2Sm 2.4-7;
2Cr 16.14;
Am 6.10
31.13
ⁿ2Sm 21.12-14
ᵒ1Sm 22.6
ᵖ2Sm 1.12
ᵠGn 50.10

A VIDA ESPIRITUAL DO LÍDER

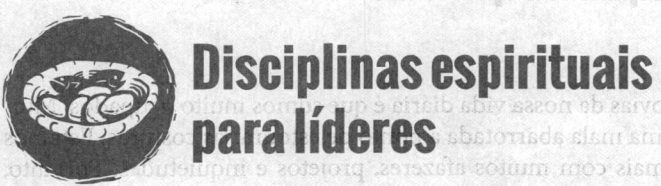
Disciplinas espirituais para líderes

> *Davi ficou profundamente angustiado, pois os homens falavam em apedrejá--lo; todos estavam amargurados por causa de seus filhos e de suas filhas. Davi, porém, fortaleceu-se no Senhor, o seu Deus.*
>
> 1Samuel 30.6

Como líder, você terá alguns dias difíceis — terá inclusive alguns momentos horríveis e intensamente desgastantes de forte resistência e hostilidade contra sua liderança. O texto de 1Samuel 30 relata um desses momentos terríveis na vida de Davi. Ele tinha perdido uma batalha importante, suas tropas terminaram sendo derrotadas e desmoralizadas, e alguns de seus próprios soldados conspiravam para matá-lo. Pense em um dia terrível! Mas Davi encontrou o segredo de como preservar a estabilidade e manter a esperança no ministério — ele "fortaleceu-se no Senhor, o seu Deus". O texto não nos apresenta nenhum outro detalhe além desse, mas podemos supor que Davi, de algum modo, se reconectou com o Deus que ele tinha conhecido e amado.

Como líder de igreja, você nunca crescerá tanto a ponto de dispensar sua necessidade de se fortalecer no Senhor. Em outras palavras, você terá de amadurecer nas disciplinas espirituais — aquelas práticas regulares (como o silêncio, a solitude, o jejum, a meditação etc.) que o manterão centrado nas promessas de Deus mesmo quando tudo ao seu redor estiver desmoronando.

A VIDA ESPIRITUAL DO LÍDER

A importância das disciplinas espirituais
Henri Nouwen

Uma das características mais óbvias da nossa vida diária é que somos muito ocupados. Muitas vezes, a nossa vida parece uma mala abarrotada a ponto de estourar as costuras. Estamos ocupados (e preocupados) demais com muitos afazeres, projetos e inquietudes. Portanto, vamos explorar o que significa seguir a Jesus, que, apesar de ter tido muitas ocupações, encontrava tempo para praticar disciplinas espirituais como oração, silêncio e solitude.

Jesus tinha um único foco
Não há dúvida de que a vida de Jesus era bastante intensa. Pode até nos parecer que ele fosse um fanático movido pela compulsão de anunciar sua mensagem a todo custo. No entanto, a realidade é bem diferente. Quanto mais nos aprofundamos no relato sobre a vida de Jesus nos Evangelhos, mais percebemos que ele não era um zelote tentando realizar diversas coisas ao mesmo tempo para alcançar uma meta que ele mesmo lhe havia imposto.

Pelo contrário, tudo que sabemos a respeito de Jesus mostra que ele tinha uma única preocupação: fazer a vontade do Pai. Desde suas primeiras palavras registradas no templo: " 'Não sabiam que eu devia estar na casa de meu Pai?' " (Lucas 2.49) até suas últimas palavras na cruz: " 'Pai, nas tuas mãos entrego o meu espírito' " (Lucas 23.46), a única preocupação de Jesus era fazer a vontade do Pai. Sua obediência significava uma total e destemida atenção a seu Pai amoroso.

Somos chamados a buscar o Reino em primeiro lugar
Em Mateus 6.33, Jesus nos diz, "Busquem, pois, em primeiro lugar o Reino de Deus". O Reino é o lugar onde o Espírito de Deus nos guia, cura, desafia e renova continuamente. Quando o nosso coração é firmado nesse Reino, nossas preocupações ficarão gradualmente em segundo plano, porque muitas coisas que nos preocupam tanto começam a ocupar seu devido lugar. É importante perceber que "firmar o seu coração no Reino" não é um método para conquistar recompensas. Neste caso, a vida espiritual seria como ganhar um bolão de um programa de TV. As palavras "e todas essas coisas serão acrescentadas a vocês" expressam como o amor e o cuidado de Deus realmente se estendem a todo o nosso ser. Quando colocamos o coração na vida que emana do Espírito de Cristo, perceberemos e entenderemos melhor como Deus nos mantém na palma de sua mão.

Mas isso levanta uma questão bastante difícil. Há algum modo de deixar uma vida cheia de preocupações para a vida no Espírito? Devemos simplesmente aguardar passivamente até que o Espírito apareça e dissipe todas as nossas preocupações? Há maneiras de nos preparar para a vida no Espírito e aprofundar nela uma vez que ela já nos alcançou? A distância entre a vida plena porém não completa e a vida espiritual é tão imensa que pode parecer um tanto impraticável esperar passar de uma para a outra. As demandas do nosso viver diário são tão reais, imediatas e urgentes que uma vida no Espírito parece estar longe de nossas capacidades.

Disciplinas espirituais para líderes

As disciplinas espirituais nos ajudam no desejo de fazer que as nossas preocupações não nos dominem e em deixar que o Espírito nos guie à verdadeira liberdade dos filhos de Deus.

Disciplinas espirituais exigem esforço humano

A vida espiritual é uma dádiva. É uma dádiva do Espírito Santo, que nos eleva ao Reino do amor de Deus. Mas dizer que ser elevado ao Reino de amor é uma dádiva divina não significa que devemos aguardar passivamente até que sejamos presenteados com essa dádiva. Jesus nos exorta a ter o coração no Reino. Ter o coração em algo envolve não só verdadeira aspiração, mas também forte determinação. A vida espiritual exige esforço humano. As forças que nos puxam constantemente de volta a uma vida cheia de preocupações não são nada fáceis de serem vencidas. Para nos convencer da necessidade de dedicação, Jesus diz: " 'Se alguém quiser acompanhar-me, negue-se a si mesmo, tome a sua cruz e siga-me' " (Mateus 16.24).

Aqui tocamos na questão da disciplina na vida espiritual. Ter vida espiritual sem disciplina é impossível. A disciplina representa o outro lado do discipulado. A prática de uma disciplina espiritual nos torna mais sensíveis à voz suave e humilde de Deus.

As disciplinas espirituais são um esforço concentrado de criar certo espaço interno e externo na nossa vida no qual se pratique a obediência. Por meio das disciplinas espirituais impedimos que o mundo preencha a nossa vida a ponto de não restar mais espaço para ouvir. As disciplinas espirituais nos libertam para a oração ou, melhor ainda, permitem que o Espírito de Deus ore dentro de nós.

A disciplina da solitude
Henri Nouwen

Sem solitude é praticamente impossível ter uma vida espiritual. A solitude começa com um tempo e lugar para Deus, e somente ele. Se crermos não só que Deus existe, mas também que ele está ativamente presente na nossa vida — curando, ensinando e guiando — precisamos separar tempo e lugar para dedicar-lhe atenção total. Jesus ensina: " 'vá para seu quarto, feche a porta e ore a seu Pai, que está em secreto' " (Mateus 6.6).

Líderes enfrentam o desafio da solitude

Introduzir a solitude na nossa vida é uma das disciplinas mais necessárias, mas também mais difíceis. Mesmo que tenhamos intenso desejo de verdadeira solitude, também experimentamos certa apreensão à medida que nos aproximamos do lugar e tempo de solitude. Assim que estamos sozinhos — sem pessoas com quem conversar, livros para ler, TV para assistir, ligações telefônicas para fazer — abre-se dentro de nós um caos interior. Esse caos pode ser tão perturbador e tão confuso que a gente não veja a hora de voltar a se ocupar com outras coisas. Entrar no quarto e fechar a porta, portanto, não significa que vamos conseguir nos desligar imediatamente de todas as nossas dúvidas interiores, ansiedades, temores, lembranças ruins, conflitos não resolvidos, sentimentos de ira e desejos impulsivos. Pelo contrário, quando deixamos todas as distrações exteriores, frequentemente descobrimos que as nossas distrações interiores se manifestam com todo ímpeto. Muitas vezes usamos as distrações exteriores para nos proteger dos ruídos interiores. Por isso, não é de surpreender que temos dificuldade em estar sozinhos. O confronto com os nossos conflitos internos podem ser muito dolorosos para que os suportemos.

Líderes planejam tempo de solitude

Precisamos começar planejando cuidadosamente um tempo de solitude. Cinco ou dez minutos por dia podem ser o máximo que conseguimos aguentar. Talvez estejamos prontos para gastar uma hora por dia, uma tarde por semana, um dia a cada mês ou uma semana por ano. O tempo varia conforme a pessoa de acordo com temperamento, idade, tipo de trabalho, estilo de vida e maturidade. Mas não conseguiremos levar a sério a vida espiritual se não separarmos tempo para estar com Deus e ouvi-lo. Talvez tenhamos de registrar na nossa agenda diária para que ninguém mais tire esse tempo de nós. Desse modo, poderemos dizer a amigos, vizinhos, alunos, fregueses, clientes ou pacientes: "Desculpe, mas já tenho um compromisso nesse horário e não tenho como mudar.".

Líderes são fiéis ao momento de solitude

Depois de assumirmos o compromisso de gastar tempo em solitude, precisamos desenvolver uma sensibilidade à voz de Deus em nós. No início, nos primeiros dias, semanas ou meses, podemos sentir que estamos só perdendo tempo. Inicialmente o tempo em solitude pode parecer pouco mais de um tempo em que somos bombardeados por milhares de pensamentos e sentimentos que surgem das regiões ocultas da nossa mente. Um dos antigos autores cristãos descreveu o primeiro estágio da oração solitária como a experiência de um homem que, depois de anos vivendo com as portas abertas, de repente, resolve fechá-las. Os visitantes que vinham e entravam em sua casa começam a bater na porta, sem entender por que não podiam mais entrar. Só depois que percebem que não são mais bem-vindos é que deixarão gradualmente de vir. Essa é a experiência de qualquer pessoa que decide praticar a solitude depois de estar acostumada a pouca disciplina espiritual. No início, muitas distrações aparecem. Depois, à medida que recebem pouca atenção, elas se dissipam aos poucos.

É claro que o que importa é fidelidade à disciplina. No início, a solitude parece tão contrária aos nossos desejos que somos constantemente tentados a fugir dela. Mas, quando nos apegamos a essa disciplina, convictos de que Deus está conosco mesmo que ainda não consigamos ouvi-lo, descobrimos, aos poucos, que não queremos deixar de ter um tempo a sós com Deus.

Líderes têm um crescente desejo por solitude

Intuitivamente, sabemos que é importante gastar tempo em solitude. Passamos até a desejar esse estranho momento de inutilidade. O desejo de solitude, geralmente, é o primeiro sinal da oração, a primeira indicação de que a presença do Espírito de Deus não mais passa despercebida. À medida que nos esvaziamos das nossas muitas preocupações, passamos a reconhecer não só pela mente, mas também por nosso coração, que nunca estivemos só, que o Espírito de Deus sempre esteve conosco.

Disciplinas espirituais para líderes

Então, começamos a entender o que Paulo disse aos romanos: "[...] porque sabemos que a tribulação produz perseverança; a perseverança, um caráter aprovado; e o caráter aprovado, esperança. E a esperança não nos decepciona, porque Deus derramou seu amor em nossos corações, por meio do Espírito Santo que ele nos concedeu." (Romanos 5.3-6). Na solitude, conhecemos o Espírito que já nos foi dado. As dores e os sofrimentos que encontramos na solitude então se transformam no caminho para a esperança, porque a nossa esperança não está baseada em algo que acontecerá depois que os nossos sofrimentos acabarem, mas na presença real do Espírito restaurador de Deus em meio a esses sofrimentos. A disciplina da solitude nos permite gradualmente ter contato com essa presença promissora de Deus na nossa vida e nos permite provar aqui mesmo o início da alegria e paz que pertencem ao novo céu e à nova terra.

Há uma infinidade de variações possíveis para a prática da solitude. Caminhar pela natureza, recitar breves orações, cantar — esses e muitos outros elementos podem se tornar partes úteis da disciplina da solitude. Mas temos de decidir que forma particular dessa disciplina melhor se adapta a nós, à qual delas podemos nos manter fiéis. É melhor ter uma prática diária de dez minutos de solitude do que uma hora de vez em quando. Simplicidade e regularidade são os melhores guias para nos ajudar a descobrir a nossa própria forma de prática. Elas nos permitem tornar a disciplina da solitude parte tão corriqueira da vida diária como comer e dormir. Quando isso acontecer, as nossas preocupações perturbadoras vão gradualmente perder sua força sobre nós, e a ação renovadora do Espírito de Deus irá aos poucos tornar sua presença notável.

Apesar de a disciplina da solitude exigir separação tempo e lugar, o que importa no fim é que o nosso coração se torne como células tranquilas onde Deus possa habitar seja quais forem o lugar e a atividade que façamos. Quanto mais nos condicionamos a gastar tempo com Deus, e somente com ele, mais seremos capazes de reconhecer sua presença, mesmo em meio a uma rotina atarefada e intensa. Uma vez que a solitude do tempo e do lugar se torna a solitude do coração, nós nunca mais teremos de deixar essa solitude. Seremos capazes de viver a vida espiritual em qualquer lugar e a qualquer hora. Portanto, a disciplina da solitude nos capacita a viver de modo intenso no mundo, ao mesmo tempo em que permanecemos na presença do Deus vivo.

Como passar um dia em oração

John Ortberg

Deus convida os líderes da igreja a praticar dois tipos de solitude: períodos regulares e curtos, e períodos ocasionais e longos: de um dia de duração, ou parte de um dia, ou mesmo de alguns dias.

Conheça o propósito da solitude

Algumas pessoas perguntam: "O que eu faço para praticar a solitude? O que devo levar comigo?". A primeira resposta, naturalmente, é: nada. Em essência, a solitude consiste primordialmente em não fazer nada. Assim como o jejum significa abster-se de alimento, a solitude significa abster-se da sociedade. Quando entro em solitude, deixo a conversa, o contato com outras pessoas, e afasto-me do barulho, das mídias e da constante avalanche de estímulos.

"Na solitude", diz Henri Nouwen, "eu me livro das muletas." As muletas são todas aquelas coisas que uso para me manter em pé, para me convencer de que sou importante ou de que estou bem. Na solitude não tenho amigos para conversar, reuniões ou ligações para fazer, TV para me entreter, música, livros ou jornais de que me ocupar e distrair a mente. Eu sou, nas palavras do antigo hino, "assim como estou" — apenas eu com a minha pecaminosidade e Deus. Francisco de Salles, autor do clássico *Introdução à vida devota*, usa a figura de um relógio:

> Não há relógio, não importa quão preciso seja, que não necessite acertar e dar corda duas vezes por dia — uma vez de manhã e outra à tarde. Além disso, pelo menos uma vez por ano, é preciso que seja desmontado para retirar a poeira que o emperra, endireitar peças tortas e trocar peças gastas. Da mesma forma, toda manhã e toda tarde alguém que realmente se importe com seu próprio coração precisa recarregá-lo para o serviço de Deus [...]. Pelo menos uma vez por ano, precisa desmontar e examinar cada peça com detalhe — isto é, todo sentimento e paixão — a fim de consertar os defeitos que possa haver.

Planeje tempo suficiente de solitude

Eu me senti intimidado da primeira vez que tentei passar o dia todo em solitude. É muito importante organizar o dia. Estas são algumas sugestões.

Primeiro, gaste um tempo na véspera para se preparar. Peça a Deus para abençoar o dia e diga que você deseja dedicar esse dia a ele. Esse dia é um presente de Deus para você, mas, naturalmente mais do que isso, é um presente que Deus quer dar a você. O que você precisa do Senhor? Uma certeza de restauração e perdão? Convicção para um coração apático? Compaixão? Um senso renovado de missão?

Segundo, organize o dia para ouvir a Deus. Este é um formato que adaptei da obra de Glandion Carney, *The Spiritual Formation Toolkit* [Ferramentas para a formação espiritual]:

- *8 h — 9 h*. Prepare o coração e a mente. Faça uma caminhada, ou qualquer coisa para deixar de lado as preocupações sobre outras responsabilidades. Procure organizar a manhã de modo que você esteja em silêncio desde o momento em que acorda.
- *9 h — 11 h*. Leia e medite nas Escrituras, dando tempo de pausar e refletir sempre que Deus pareça estar falando a você através do texto.
- *11 h — 12 h*. Escreva as reações ao que você leu. Fale com Deus sobre elas.
- *12 h — 13 h*. Coma alguma coisa e faça uma caminhada, refletindo sobre o que você fez pela manhã.
- *13 h — 14 h*. Descanse ou tire um cochilo.
- *14 h — 15 h*. Reflita sobre os objetivos que surgirem durante o dia.
- *15 h — 16 h*. Registre em um diário os objetivos e qualquer outra ideia que tenha surgido. Você poderá fazer isso na forma de uma carta a Deus.

Disciplinas espirituais para líderes

A disciplina do ritmo espiritual
Ruth Haley Barton

Como é que essa vida dentro e em torno da igreja frequentemente se resume a tanta atividade, tanta ocupação e infindáveis expectativas? Infelizmente, uma das principais razões de a vida eclesiástica ser tão cheia de ocupações é o modo com que seus líderes estão vivendo. A maioria dos líderes de igreja só conhece um ritmo de vida: seguir adiante a todo vapor. E eles se tornaram escravos desse ritmo há muito tempo. Se os líderes não programarem um ritmo mais saudável em suas próprias vidas — um padrão de vida que escape do ativismo desenfreado e acalme sua ocupação compulsiva —, não suportarão a maratona. Tampouco as pessoas que eles lideram o suportarão! Eis alguns modos que líderes fortes lidam com o problema da ocupação.

Aprenda a trabalhar duro e a descansar fielmente

Jesus entendeu o quanto nossas paixões, por mais nobres que sejam, podem nos esgotar se não tomarmos cuidado. Logo no início do ministério com os discípulos, ele começou a ensiná-los sobre a importância de estabelecer um ritmo saudável de trabalho e descanso.

Em Marcos 6, Jesus comissionou os discípulos ao ministério e lhes deu autoridade para expulsar demônios, pregar o Evangelho e curar os enfermos. Eles partiram em sua primeira missão e voltaram entusiasmados com seu recém-descoberto poder e influência. Eles se amontoaram em torno de Jesus para relatar tudo que fizeram. Mas o que foi que Jesus fez? Parece que ele não tinha muito tempo para ouvir o relatório deles. Ele imediatamente os instruiu: "Venham comigo para um lugar deserto e descansem um pouco". Ele parecia mais preocupado em ajudá-los a estabelecer um ritmo que os sustentaria no ministério do que permitir que ficassem demasiadamente entusiasmados pelo sucesso ministerial, que poderia levá-los à compulsão de fazer mais e mais ininterruptamente.

Quando estamos exauridos, tornamo-nos demasiadamente confiantes nos clamores que vêm de fora em busca de direcionamento. Reagimos aos sintomas em vez de buscar compreender e responder às causas subjacentes. Dependemos dos modelos de ministério de outras pessoas, porque estamos muito cansados para ouvir e perceber a nossa realidade, e, assim, ajustar algo singular para esse contexto. Quando estamos descansados, trazemos atenção constante e vigilante a nossa liderança e somos capazes de discernir o que é realmente necessário na nossa situação. E temos a energia e a criatividade de executá-lo.

Crie um ritmo de engajamento e retiro

Um dos riscos ocupacionais de quem está no ministério cristão é a dificuldade de distinguir entre "atividade", estar trabalhando *para* Deus, e o tempo de *estar com* Deus para reabastecer a própria alma. O nosso tempo de leitura das Escrituras corre o risco de ser reduzido ao estudo de um livro-texto ou uso de uma ferramenta para o ministério em vez de um tempo de íntima comunicação com Deus. Até a oração pode transformar-se numa sucessão cansativa de diferentes tipos de atividades mentais, ou uma manifestação pública de bravura espiritual.

Momentos extensos de retiro nos dão a oportunidade de sermos acolhidos na presença de Deus e de nos abrir com ele em total privacidade. Isso é importante para nós — e para quem servimos. Quando reprimimos o que é real na nossa vida e simplesmente continuamos o trabalho, por mais desagradável que seja, cansamos de segurar tudo dentro de nós. No fim, acabará escapando de algum jeito prejudicial a nós e aos outros. Mas no retiro há tempo e espaço para dar atenção ao que é real na nossa própria vida — celebrar as alegrias, chorar as perdas, derramar lágrimas, refletir sobre as dúvidas, sentir nossa fúria, cuidar da nossa solidão — e convidar Deus para estar conosco nisso.

Esses não são momentos de solução de problemas. No retiro descansamos em Deus e esperamos nele para fazer o que é necessário, e voltamos à batalha com energia revigorada e discernimento mais aguçado.

Desenvolva ritmos de silêncio e de expressão

"Quando são muitas as palavras, o pecado que está presente [...]", dizem as Escrituras. Essa é uma verdade que pode levar líderes ao desespero, devido ao incessante fluxo de palavras que nos sentimos obrigados a compartilhar a partir dos nossos lábios, canetas e computadores. Aqueles de nós que lidam com palavras correm grande risco de fazer mau uso delas e até pecar com as palavras pela simples quantidade delas!

Não sei você, mas, às vezes, eu literalmente sinto isto — nos meus ossos — que se eu não fechar a boca por um tempo eu me darei mal, porque as minhas palavras estarão completamente desconectadas da realidade de Deus na minha própria vida. O silêncio é a única cura para essa situação desesperadora.

"Fala correta é resultado de silêncio, e silêncio correto é resultado da fala", disse Dietrich Bonhoeffer. No silêncio, o nosso modo de falar é aperfeiçoado, porque o silêncio promove a autoconsciência que nos possibilita escolher mais verdadeiramente as palavras que dizer. Às vezes, a coisa mais heroica que você como líder poderá fazer é retirar-se a um lugar particular para estar com Deus o quanto puder, para confiar conscientemente em Deus em vez de ceder a tudo que precisa fazer naquele momento.

Adote ritmos de tranquilidade e ação

Este é um segredo um tanto constrangedor e comum entre líderes, por isso precisamos ser mais sinceros em relação a isto: no fundo da alma de muitos líderes há um sentimento de *super-homem*. Acreditamos que, de alguma maneira, não somos como outros seres humanos; pensamos que podemos funcionar além das limitações normais dos humanos e salvar o mundo, ou pelo menos o nosso canto do mundo. Esse é um mito ao qual cedemos em prejuízo a nós mesmos.

Há limites à nossa capacidade relacional, emocional, mental e espiritual. Não somos Deus. Deus é o único que pode ser tudo para todas as pessoas. Deus é o único que pode estar em dois lugares ao mesmo tempo. Deus é que nunca dorme. Nós, não. Isso tudo é muito elementar, mas muitos de nós vivemos como se não acreditássemos nisso.

A guarda do *Shabat* é a disciplina que mais nos ajuda a viver dentro dos limites da nossa humanidade para honrar a Deus como nosso Criador. É chave para uma vida em sincronia com os ritmos que o próprio Deus criou no mundo. A guarda do sábado nos ajuda a viver dentro dos nossos limites, porque no *Shabat*, de diversas maneiras, nos permitimos ser criaturas na presença do nosso Criador. Tocamos em algo mais real do que somos capazes de produzir por nós mesmos. Nosso próprio ser toca Deus.

Há certa liberdade que provém de sermos o que somos em Deus e de descansar em Deus. Isso nos possibilitará contribuir com algo mais autêntico para o mundo do que todo o nosso esforço. Certamente, é disso que as pessoas ao nosso redor mais precisam.

A disciplina da desaceleração
John Ortberg

Uma das grandes ilusões dos nossos dias é achar que a pressa nos comprará mais tempo. As igrejas são obcecadas em terminar o culto na hora certa. Hoje em dia, telefones celulares interrompem mais os sermões do que bebês inquietos. Todo pregador sabe que, quando der a hora, uma sinfonia de bipes de relógios de pulso tomará conta do auditório (embora nem mesmo dois deles toquem precisamente no mesmo instante).

Ironicamente, o nosso esforço não produziu o que estamos querendo — um sentimento do que poderia ser chamado "plenitude de tempo", ou seja, ter tempo suficiente. Na verdade, é justamente o contrário que ocorre, o que é algo extremamente perigoso. O perigo não é que renunciaremos à fé, e sim que ficaremos tão distraídos, apressados e preocupados que nos contentaremos com a mediocridade. Vamos simplesmente deslizar pela vida em vez de realmente vivê-la.

A realidade da "síndrome da pressa"

Apesar de nossa sociedade ser um exemplo da "síndrome da pressa", esse problema não é novo; pessoas envolvidas no ministério estão sujeitas a isso, pelo menos desde os tempos de Jesus. Durante um período agitado do ministério, Marcos fala dos discípulos: "Havia muita gente indo e vindo, ao ponto de eles não terem tempo para comer" (Marcos 6.31).

Muitas pessoas envolvidas no ministério tomam esse versículo como lema de vida — como se Deus fosse algum dia recompensar os agitados. "Que vida você teve! Muitos vinham e iam, e você não teve tempo de parar nem para comer. Muito bem!" Não é bem assim. Jesus tinha consciência desse problema, por isso sempre se afastava das multidões e das atividades.

Se você deseja seguir alguém, não pode ir mais rápido do que quem está liderando. Seguir Jesus não pode ser na correria. Jesus estava frequentemente ocupado, mas ele nunca estava *apressado*. Estar ocupado é uma condição exterior; estar apressado é uma doença da alma. Jesus nunca se apegou às ocupações do ministério a ponto de romper sua conexão de vida com o Pai. Ele nunca o fez de maneira que interferisse em sua habilidade de dispensar amor, uma vez que era justamente esse seu chamado. Ele mantinha um ritmo regular de se afastar das atividades para praticar a solitude e a oração. Fugia sem dó da pressa da vida.

Convite à vida com velocidade reduzida

Nós não precisamos viver assim. Os apressados podem se tornar desapressados. Mas isso não acontecerá só por esforço próprio, tampouco de modo instantâneo. Você terá de se disciplinar.

A VIDA ESPIRITUAL DO LÍDER

Um jeito eficaz de fazer isso se chama "reduzir a velocidade". Isso envolve cultivar paciência decidindo deliberadamente pôr-se em situações em que você será forçado a esperar. Por exemplo, nos próximos dias ou semanas, tente fazer o seguinte:

1. Dirija propositadamente na pista local de trânsito ou na faixa lenta de uma via expressa. Deixar de costurar o trânsito fará você chegar ao trabalho alguns minutos mais tarde. Mas você descobrirá que isso não lhe deixará tão irritado com outros motoristas. Em vez de tentar ultrapassá-los, faça uma breve oração ao deixá-los passar, pedindo que Deus os abençoe.
2. Coma devagar. Esforce-se para mastigar pelo menos quinze vezes antes de engolir a comida.
3. No supermercado, veja qual é a fila mais longa e entre nela. Depois, deixe alguém entrar na sua frente.
4. Releia um livro.
5. Separe uma hora para simplesmente estar com Deus. Não gaste esse tempo para preparar mensagens ou fazer plano estratégico. Não *use* esse tempo para nada. Simplesmente *esteja* com Deus.

Em resumo, procure maneiras de impedir a todo custo a pressa. À medida que você pratica "reduzir a velocidade", fale com Deus sobre como confia nele para capacitá-lo a realizar tudo que precisa ser feito.

A disciplina da guarda do dia de descanso (*Shabat*)
Eugene Peterson

Entenda o sábado (*Shabat*)

Shabat significa "cessar", "parar", "fazer um intervalo". A palavra propriamente não tem nenhuma conotação religiosa ou sagrada. É uma palavra que exprime tempo, que denota o não uso dele — o que normalmente chamamos de "desperdício de tempo". Nas duas passagens da ordenança sobre o *Shabat*, os mandamentos são idênticos, mas a motivação que os substanciam difere. Êxodo diz que devemos guardar o sábado porque Deus *o* guardou (Êxodo 20.8-11). Deus realizou sua obra em seis dias, depois descansou. Se Deus separa um dia para descansar, nós também podemos fazê-lo. Há certas coisas que só podem ser cumpridas, mesmo por Deus, em estado de descanso. O ritmo de descanso/trabalho é construído dentro da própria estrutura da interpenetração de Deus na realidade. O precedente de cessar de trabalhar e simplesmente *ser* é prerrogativa divina. A guarda do *Shabat* é ordenada para que internalizemos o *ser* que amadurece fora do *fazer*.

A razão dada em Deuteronômio para a guarda do *Shabat* é a dos antepassados no Egito que trabalharam quatrocentos anos sem tirar férias (Deuteronômio 5.15) — sem nenhum dia de folga. Consequência: eles já não eram mais considerados pessoas, mas

Disciplinas espirituais para líderes

escravos, unidades de trabalho — não pessoas criadas conforme a imagem de Deus, mas ferramentas na fabricação de tijolos e na construção de pirâmides.

Para que nenhum de nós faça o mesmo ao vizinho, ao marido, à esposa, ao filho, ou ao empregado, somos ordenados a guardar o *Shabat*. No momento em que começamos a ver os outros em termos do que eles podem *fazer*, em vez de o que eles *são*, a humanidade é desfigurada e a comunidade violentada. Não adianta argumentar, "Não preciso descansar esta semana, portanto, não guardarei o *Shabat*". Nossa vida é tão interconectada que inevitavelmente envolvemos outros no nosso trabalho quer o queiramos quer não. A guarda do *Shabat* representa uma benevolência elementar. A guarda do *Shabat* é ordenada para a preservação da imagem de Deus no nosso próximo, para que o enxerguemos como ele realmente é, não como precisamos ou queiramos que ele seja.

Não evite o *Shabat*

Toda profissão contém pecados aos quais está particularmente sujeita. Nunca prestei tanta atenção aos pecados que ameaçam os médicos e advogados, marceneiros e oleiros, mas tenho observado as armadilhas das quais pastores devem escapar: eu chamo de pecado da inversão dos ritmos. Em vez de graça/trabalho, transformamos o ritmo para trabalho/graça.

Em vez de trabalhar num mundo em que Deus chama todas as coisas à existência por meio de sua Palavra e redime seu povo com braço estendido, nós o reorganizamos em um mundo em que pregamos sobre os poderosos feitos de Deus e, como reflexão posterior, pedimos para que ele abençoe nossa mensagem; um mundo em que estendemos os braços com poder para ajudar o oprimido e abrimos as mãos para ajudar o necessitado e depois pedimos desesperadamente para que Deus cuide daqueles que deixamos.

É por isso naturalmente que poucos pastores guardam o *Shabat*: porque invertemos o ritmo. Como podemos deixar de trabalhar um dia quando devemos "remir" o tempo? Como podemos parar quando temos fogo na língua? Como podemos passar um dia sem fazer nada quando somos ordenados a pregar quer seja oportuno quer não e num tempo em que os pedidos de ajuda excedem a nossa capacidade de atendê-los? Talvez seja por esse motivo a guarda do *Shabat* seja uma *ordenança* — não uma *sugestão* —, pois nada menos que um mandamento tem o poder de intervir no ciclo acelerado, autoperpetuador de uma ocupação traiçoeira e desairosa.

De todos os mandamentos, nenhum é tratado com tanto desrespeito por pastores como esse. Somos capazes de pregar ótimos sermões sobre o tema na igreja, e nos dedicamos intensamente a oferecer lazer santo e boa adoração aos membros, mas nos isentamos de obedecer ao mandamento. É curioso: Não muitos de nós prega categoricamente sobre o sétimo mandamento e depois prossegue com uma vida de adultério deliberado. Mas catequizamos conscientemente o nosso povo com o quinto mandamento e depois, sem constrangimento algum, ostentamos a quebra do *Shabat* com nossa compulsão por trabalho como sinal de devoção extraordinária.

Guarde o *Shabat*

O *Shabat* é um espaço e tempo sóbrios para nos distanciar do frenesi das nossas próprias atividades e nos reconectar com o que Deus tem feito (e está fazendo). Se não interrompermos regularmente o trabalho um dia por semana, estamos levando nós mesmos a sério demais. O suor moral que escorre da nossa testa cega-nos os olhos para a ação de Deus em nós e ao nosso redor.

A guarda do *Shabat* não é complexa. Simplesmente escolhemos um dia da semana (Paulo parece pensar que não importa o dia — veja Romanos 14.5,6) e deixamos de trabalhar. Depois de escolher o dia, precisamos também blindá-lo, pois os nossos instintos e hábitos de um dia de trabalho não nos ajudarão. Não se trata de um dia para fazer algo (qualquer coisa!) útil. Não é um dia que prove seu valor ou justifique a si mesmo. Passar um tempo sem nada, inativo, é difícil, porque fomos ensinados que tempo é dinheiro.

A disciplina do jejum
Richard Foster

Em um mundo tomado por verdadeiros templos de pizza e santuários gastronômicos, jejuar pode parecer fora de moda e fora de sintonia com o nosso tempo. Vivemos numa cultura normalmente dominada pela filosofia de que a satisfação absoluta de todo desejo humano é uma virtude positiva. A igreja moldou essa visão em uma teologia respaldada em textos das Escrituras. Igrejas inteiras são criadas em torno dos pequenos deuses de latão dos bons sentimentos e da riqueza. Quando se pratica o jejum, geralmente visa ao emagrecimento ou para influenciar a política. Em outras palavras, o jejum funciona para fins de vaidade ou manipulação. Consequentemente, o jejum como disciplina espiritual cristã tem enfrentado condições difíceis ultimamente.

Existe uma história de jejuadores que marcaram época

Ao olharmos para a tradição bíblica, devemos fazer uma pausa para reavaliar os nossos conceitos sobre o jejum. A lista de jejuadores na Bíblia é como uma relação das pessoas mais influentes das Escrituras: o servo de Abraão, quando procurava uma noiva para Isaque; Moisés, em diversas ocasiões; Ana, quando orava por um filho; Davi, inúmeras vezes; Elias, depois de sua vitória sobre Jezabel; Esdras, quando lamentava a incredulidade de Israel; Neemias, quando preparava sua jornada de volta a Israel; Ester, quando o povo de Deus estava ameaçado de extinção; Daniel, em várias ocasiões; o povo de Nínive; Jesus, quando iniciou seu ministério público; Paulo, em sua conversão; os cristãos em Antioquia, quando enviaram Paulo e Barnabé em missão; Paulo e outros líderes, quando nomeavam presbíteros em todas as igrejas.

Não só isso — muitos dos importantes cristãos da história da Igreja jejuavam: Martinho Lutero, João Calvino, João Knox, João Wesley, Jonathan Edwards, David Brainard, Charles Finney e muitos outros. O fato de que pessoas tanto das Escrituras quanto fora delas jejuavam, certamente deve nos fazer parar e refletir o suficiente para examinar essa questão.

Jejuar é um ato de obediência

Afinal, por que devemos jejuar? Em última instância, a única resposta adequada é dizer que *se trata da persuasão de Deus*, um senso de chamado, uma indução, um senso de retidão. Ouvimos o chamado de Deus, a voz do Senhor, e devemos obedecer a ela.

Disciplinas espirituais para líderes

No Sermão do Monte, Jesus disse: "[...] quando vocês orarem", "[...] quando você der esmola", "Quando jejuarem". Observe que Jesus não disse "*Se* vocês orarem", "*Se* vocês derem esmolas", "*Se* jejuarem". Ele pressupõe que os filhos do Reino fazem essas coisas, por isso instrui como devem ser feitas com êxito espiritual. Sempre fico impressionado como aceitamos inquestionavelmente a *contribuição* como disciplina cristã, mas não o *jejum*. Há pelo menos igual evidência em favor do jejum no Novo Testamento quanto à contribuição — talvez até um pouco mais. Penso se é mais fácil dar, porque vivemos numa cultura de abundância. Jejuar exigiria um maior sacrifício.

O jejum revela o que nos controla

Jejuamos porque o jejum revela as coisas que nos controlam. É fácil acobertar o que está dentro de nós com comida e outras coisas prazerosas, mas, quando jejuamos, tudo isso se manifesta. Quando jejuo, uma das primeiras coisas que aprendo a meu respeito é que tenho profundo anseio por bons sentimentos. Então, quando estou com fome e não me sinto bem, logo percebo que faria qualquer coisa para me sentir bem novamente. Obviamente, não há nada errado em sentir-se bem, mas sentir-se bem nunca deve ser o que comanda a nossa vida.

Quando jejuo, também vejo que a minha ira se manifesta. Na maior parte das vezes, consigo fazer as pessoas crerem que sou um camarada legal, de fácil relacionamento. Nada me perturba. As pessoas imaginam que eu amo viver sob pressão. Mas basta eu orar: "Senhor, gostaria muito que o senhor me revelasse o que há dentro de mim", e o Senhor dirá: "Terei o maior prazer. Que tal um breve jejum?". Logo, estou explodindo de raiva. De repente, penso: *Estou com raiva porque estou com fome*.

É verdade, eu entendo as consequências do baixo nível de açúcar no sangue, mas o jejum também expõe o fato de que há um espírito de ira dentro de mim com o qual tenho de lidar. Naturalmente, jejuar expõe toda uma legião de outros vícios além da ira: orgulho, hostilidade, amargura. Esses são alguns tipos de coisa que começam a surgir quando jejuo.

Siga estes passos práticos para o jejum

Os passos a seguir podem ajudá-lo na prática da disciplina espiritual do jejum:

1. *Comece com pequenos passos*. Tente fazer um jejum breve, por exemplo, durante a hora do almoço. Tente fazer isso uma vez por semana durante algumas semanas.
2. *Tente fazer um jejum de 24 horas*. Beba apenas água (bastante água!).
3. *Siga o conselho de Jesus de evitar chamar a atenção ao que você está fazendo* (veja Mateus 6.16-18). Em outras palavras, não manifeste publicamente o seu jejum.
4. *Lembre-se de que a principal obra do jejum é o impacto espiritual que causa*. Você se envolverá numa batalha espiritual, mas o jejum não se resume apenas a luta e batalha. Também envolve "justiça, paz e alegria no Espírito Santo" (Romanos 14.17). Jejuar pode causar rompimento no domínio espiritual que nunca acontecerá de outro modo.

A VIDA ESPIRITUAL DO LÍDER

A disciplina da comunidade
Henri Nouwen

As disciplinas da solitude e do silêncio não estão sozinhas. Estão intimamente relacionadas a outra disciplina espiritual essencial: a disciplina da comunidade [cristã].

"Comunidade" é uma disciplina

Pode parecer estranho falar de comunidade como disciplina, mas, sem disciplina, a comunidade se torna uma palavra "leve", referindo-se mais a um lugar seguro, acolhedor e exclusivo do que ao espaço em que uma vida nova pode ser recebida e levada à plenitude. Em todo lugar em que a verdadeira comunidade se manifesta, a disciplina é crucial. É crucial não só nas diversas formas, novas e antigas, de vida comum, mas também na manutenção de relacionamentos de amizade, casamento e família. Criar espaço para Deus entre nós exige o constante reconhecimento da presença do Espírito de Deus uns nos outros. Quando passamos a reconhecer o Espírito vivificador de Deus em meio à solitude e consequentemente somos capazes de afirmar a nossa verdadeira identidade, então podemos também perceber que esse mesmo Espírito vivificador fala conosco por meio de outros seres humanos e companheiros de caminhada. E, quando chegamos ao ponto de reconhecer o Espírito vivificador de Deus como fonte da nossa vida em conjunto, também teremos maior disposição para ouvir sua voz na nossa solitude.

Amizade, casamento, família, vida religiosa e todas as demais formas de comunidade são solitude saudando a solitude, um espírito falando a outro espírito, e um coração chamando outro coração. São o grande reconhecimento do chamado de Deus para compartilhar a vida em comunidade, e a oferta jovial de um lugar acolhedor onde o poder renovador do Espírito de Deus pode se manifestar. Assim, todas as formas de vida em comunidade podem se tornar modos de revelar mutuamente a presença real de Deus no nosso meio.

Comunidade está fundamentada em Deus

Comunidade tem muito pouco a ver com compatibilidade mútua. Semelhanças de formação educacional, constituição psicológica ou *status* social podem nos unir, mas nunca servirão de base para a formação da comunidade. A comunidade está fundamentada no Deus que nos une, não na atração mútua de pessoas. Há muitos grupos formados para defender seus próprios interesses, salvaguardar seu próprio *status* ou promover suas próprias causas, mas nenhum deles compõe uma comunidade cristã. Em vez de romper os muros do medo e criar novo espaço para Deus, eles se fecham a intrusos imaginários e reais. O mistério da comunidade consiste precisamente no fato de acolher todas as pessoas, sejam quais forem suas diferenças individuais.

Comunidade inclui silêncio e escuta

Gostaria de descrever uma forma concreta da disciplina da comunidade: a prática de ouvir *juntos*. Neste *nosso* mundo verbal, normalmente passamos o tempo juntos conversando. Sentimo-nos mais à vontade quando compartilhamos experiências, conversamos sobre coisas interessantes, ou discutimos assuntos atuais. É por meio de uma troca verbal bastante dinâmica que tentamos descobrir um ao outro. Mas frequentemente descobrimos que as palavras funcionam mais como paredes do que portas, mais como maneiras de manter distância do que de aproximação. Geralmente — mesmo contra os nossos próprios desejos — nos vemos competindo um com o outro. Tentamos provar ao outro que somos dignos de receber atenção, que temos algo para mostrar que nos torna especial. A disciplina da comunidade nos ajuda a permanecer em silêncio juntos. Esse silêncio disciplinado não é um silêncio constrangedor, mas um silêncio em que juntos prestamos atenção ao Senhor que nos une. Dessa maneira, passamos a conhecer o outro não como pessoas que se apegam ansiosamente a nossa identidade autoconstruída, mas como pessoas que são amadas pelo mesmo Deus de maneira bastante íntima e singular.

Como a disciplina da solitude, frequentemente são as palavras das Escrituras que nos levam a esse silêncio comunitário. A fé, diz Paulo, vem do ouvir. Precisamos ouvir a Palavra de Deus vinda do nosso próximo. Quando nos unimos a partir de diferentes orientações geográficas, históricas, psicológicas e religiosas, ouvir a mesma Palavra expressa por diferentes pessoas pode criar em nós abertura e vulnerabilidade que nos permitem reconhecer que juntos estamos firmados nessa Palavra. Desse modo, podemos descobrir a nossa verdadeira identidade como comunidade e, assim, reconhecer que o mesmo Senhor que descobrimos na solitude, também fala na solitude do nosso próximo, seja qual for seu idioma, denominação ou caráter. Nessa escuta à Palavra de Deus em comunidade, pode se desenvolver um verdadeiro silêncio criativo. Esse silêncio é um silêncio cheio da presença carinhosa de Deus. Então, ouvir a Palavra em comunidade pode nos livrar da nossa competição e rivalidade, e pode permitir que reconheçamos a nossa verdadeira identidade como filhos e filhas do mesmo Deus de amor, e irmãos e irmãs do nosso Senhor Jesus Cristo, e consequentemente uns dos outros.

Ouvir em comunidade é apenas um modo de experimentar a disciplina da comunidade. Celebrar juntos, trabalhar juntos, ter atividades de lazer juntos — são todos modos pelos quais a disciplina da comunidade pode ser praticada. Mas, seja qual for a forma ou configuração concreta, a disciplina da comunidade sempre nos aponta para além das fronteiras de raça, sexo, nacionalidade, caráter ou idade, e sempre nos revela quem somos perante Deus e em relação ao próximo.

Comunidade e solitude estão interligadas

Através da disciplina da solitude encontramos espaço para Deus no mais íntimo do nosso ser. Através da disciplina da comunidade encontramos lugar para Deus na nossa vida em comunidade. Ambas as disciplinas pertencem uma a outra justamente porque o espaço dentro de nós e o espaço entre as pessoas são os mesmos.

É nesse lugar divino que o Espírito de Deus ora em nós. A oração é, em primeiro lugar, a presença ativa do Espírito Santo na nossa vida pessoal e comunitária. Através das disciplinas da solitude e da comunidade tentamos retirar — lenta, amável e persistentemente — os muitos obstáculos que nos impedem de ouvir a voz de Deus dentro de nós. Deus não nos fala somente de vez em quando, mas constantemente. Dia e noite, no trabalho ou no lazer, na alegria ou na tristeza, o Espírito de Deus está ativamente presente em nós.

A VIDA ESPIRITUAL DO LÍDER

A nossa tarefa é permitir que a presença se torne real em nós em tudo que fazemos, falamos ou pensamos.

Solitude e comunidade são as disciplinas pelas quais o espaço fica livre para ouvir a presença do Espírito de Deus e para responder com intrepidez e generosidade. Quando ouvirmos a voz de Deus na solitude, também a ouviremos na vida em comunidade. Quando o ouvirmos por meio dos nossos companheiros de caminhada, também o ouviremos quando estivermos sós. Tanto na solitude quanto na comunhão, quer sozinhos ou com outros, seremos chamados a viver em obediência, isto é, em incessante oração — "incessante" não pela quantidade de orações que fazemos, mas pela atenção que damos à incessante oração do Espírito de Deus dentro de nós e entre nós.

Introdução a 2SAMUEL

PANO DE FUNDO

O rei Saul e seu filho Jônatas estão mortos. No início de 2Samuel, Davi recebe a notícia, lamenta a morte deles e é ungido rei de Judá e, depois, de todo o Israel. O restante do livro conta a história do reinado de Davi.

A primeira metade de 2Samuel detalha o poder avassalador de Davi; a segunda parte mostra seu triste declínio. O ponto de virada foi o relacionamento ilícito de Davi com Bate-Seba e a subsequente tentativa de acobertamento desse fato. Deus enviou o profeta Natã para confrontar Davi. Ainda que Davi tenha reconhecido seu pecado e se arrependido, as consequências permaneceram. Tal como profetizado por Natã, "a espada nunca se afastará de sua [de Davi] família" (12.10). A família de Davi passa por tormentos sem fim: seu filho Amnom estupra Tamar, sua meia-irmã; o plano de Absalão para matar Amnom e a rebelião de Absalão. A despeito dos fracassos de Davi, o coração do livro testifica da fidelidade de Deus para com a aliança davídica (7.14-17). Deus promete que a dinastia davídica durará para sempre: "sua dinastia e seu reino permanecerão para sempre diante de mim; o seu trono será estabelecido para sempre" (7.16). Essa promessa é cumprida em um descendente de Davi — Jesus Cristo, que reinará para sempre.

ÉPOCA

O reino de Davi em Hebrom começou em 1011 a.C. Ele governou todo o Israel de 1004 até 971 a.C.

ESBOÇO

I. O início do reinado de Davi
  A. O lamento de Davi pela casa de Saul — 1.1-27
  B. A oposição de Is-Bosete — 2.1—4.12

II. Davi reina sobre todo o Israel
  A. Davi é feito rei sobre todas as tribos — 5.1-25
  B. O retorno da arca — 6.1—7.29
  C. As conquistas de Davi — 8.1-18
  D. A bondade de Davi para com Mefibosete — 9.1-13
  E. Pecado e rebelião na casa de Davi — 10.1—20.26

III. O reinado posterior de Davi
  A. O fim da linhagem de Saul — 21.1-22
  B. Salmos e palavras finais de Davi — 22.1—23.7
  C. Os homens poderosos — 23.8-39
  D. Um censo desastroso — 24.1-25

2SAMUEL 1.1

Davi Recebe a Notícia da Morte de Saul

1 Depois da morte[a] de Saul, Davi retornou de sua vitória[b] sobre os amalequitas. Fazia dois dias que ele estava em Ziclague **2** quando, no terceiro dia, chegou um homem[c] que vinha do acampamento de Saul, com as roupas rasgadas e terra na cabeça.[d] Ao aproximar-se de Davi, prostrou-se com o rosto em terra, em sinal de respeito.

3 Davi então lhe perguntou: "De onde você vem?"

Ele respondeu: "Fugi do acampamento israelita".

4 Disse Davi: "Conte-me o que aconteceu".

E o homem contou: "O nosso exército fugiu da batalha, e muitos morreram. Saul e Jônatas também estão mortos".

5 Então Davi perguntou ao jovem que lhe trouxera as notícias: "Como você sabe que Saul e Jônatas estão mortos?"

6 O jovem respondeu: "Cheguei por acaso ao monte Gilboa,[e] e lá estava Saul, apoiado em sua lança. Os carros de guerra e os oficiais da cavalaria estavam a ponto de alcançá-lo. **7** Quando ele se virou e me viu, chamou-me gritando, e eu disse: Aqui estou.

8 "Ele me perguntou: 'Quem é você?'

"Sou amalequita,[f] respondi.

9 "Então ele me ordenou: 'Venha aqui e mate-me! Estou na angústia da morte!'.

10 "Por isso aproximei-me dele e o matei, pois sabia que ele não sobreviveria ao ferimento. Peguei a coroa[g] e o bracelete dele e trouxe-os a ti, meu senhor".

11 Então Davi rasgou[h] suas vestes; e os homens que estavam com ele fizeram o mesmo. **12** E se lamentaram, chorando e jejuando até o fim da tarde, por Saul e por seu filho Jônatas, pelo exército do Senhor e pelo povo de Israel, porque muitos haviam sido mortos à espada.

13 E Davi perguntou ao jovem que lhe trouxera as notícias: "De onde você é?"

E ele respondeu: "Sou filho de um estrangeiro, sou amalequita".[i]

14 Davi lhe perguntou: "Como você não temeu levantar a mão para matar o ungido[j] do Senhor?"

15 Então Davi chamou um dos seus soldados e lhe disse: "Venha aqui e mate-o!"[k] O servo o feriu, e o homem morreu.[l] **16** Davi tinha dito ao jovem: "Você é responsável por sua própria morte.[m] Sua boca testemunhou contra você, quando disse: 'Matei o ungido do Senhor' ".

Davi Lamenta-se por Saul e Jônatas

17 Davi cantou este lamento[n] sobre Saul e seu filho Jônatas, **18** e ordenou que se ensinasse aos homens de Judá; é o Lamento do Arco, que foi registrado no Livro de Jasar:[o]

19 "O seu esplendor, ó Israel,
está morto sobre os seus montes.
Como caíram[p] os guerreiros!

20 "Não conte isso em Gate,[q]
não o proclame nas ruas de Ascalom,
para que não se alegrem
as filhas dos filisteus[r]
nem exultem as filhas dos
incircuncisos.[s]

21 "Ó colinas de Gilboa,[t]
nunca mais haja orvalho
nem chuva sobre vocês,
nem campos que produzam trigo
para as ofertas.[u]
Porque ali foi profanado
o escudo dos guerreiros,
o escudo de Saul,
que nunca mais será polido com óleo.[v]

22 Do sangue[w] dos mortos,
da carne¹ dos guerreiros,
o arco[x] de Jônatas nunca recuou,
a espada de Saul
sempre cumpriu a sua tarefa.

23 "Saul e Jônatas, mui amados,
nem na vida nem na morte
foram separados.
Eram mais ágeis que as águias,[y]
mais fortes que os leões.[z]

24 "Chorem por Saul,
ó filhas de Israel!

¹ **1.22** Hebraico: *gordura*.

1.1
[a]1Sm 31.6
[b]1Sm 30.17

1.2
[c]2Sm 4.10
[d]1Sm 4.12

1.6
[e]1Sm 28.4; 31.2-4

1.8
[f]1Sm 15.2; 30.13,17

1.10
[g]Jz 9.54; 2Rs 11.12

1.11
[h]Gn 37.29; 2Sm 3.31; 13.31

1.13
[i]v. 8

1.14
[j]1Sm 24.6; 26.9

1.15
[k]2Sm 4.12
[l]2Sm 4.10

1.16
[m]Lv 20.9; 2Sm 3.28-29; 1Rs 2.32; Mt 27.24-25; At 18.6

1.17
[n]2Cr 35.25

1.18
[o]Js 10.13; 1Sm 31.3

1.19
[p]v. 27

1.20
[q]Mq 1.10
[r]1Sm 31.8
[s]Ex 15.20; 1Sm 18.6

1.21
[t]v. 6; 1Sm 31.1
[u]Ez 31.15
[v]Is 21.5

1.22
[w]Is 34.3,7
[x]Dt 32.42; 1Sm 18.4

1.23
[y]Dt 28.49; Jr 4.13
[z]Jz 14.18

Chorem aquele que as vestia
de rubros ornamentos
e que suas roupas enfeitava
com adornos de ouro.

25 "Como caíram os guerreiros
no meio da batalha!
Jônatas está morto
sobre os montes de Israel.
26 Como estou triste por você,
Jônatas, meu irmão!ᵃ
Como eu lhe queria bem!
Sua amizade era, para mim, mais
preciosaᵇ
que o amor das mulheres!

27 "Caíram os guerreiros!
As armas de guerra foram destruídas!"ᶜ

Davi é Ungido Rei de Judá

2 Passado algum tempo, Davi perguntouᵈ ao Senhor: "Devo ir para uma das cidades de Judá?" O Senhor respondeu que sim, e Davi perguntou para qual delas.

"Para Hebrom",ᵉ respondeu o Senhor.

2 Então Davi foi para Hebrom com suas duas mulheres,ᶠ Ainoã, de Jezreel, e Abigail,ᵍ viúva de Nabal, o carmelita. **3** Davi também levou os homens que o acompanhavam,ʰ cada um com sua família, e estabeleceram-se em Hebrom e nos povoados vizinhos. **4** Então os homens de Judá foram a Hebromⁱ e ali ungiramʲ Davi rei da tribo de Judá.

Informado de que os habitantes de Jabes-Gileadeᵏ tinham sepultado Saul, **5** Davi enviou-lhes mensageiros que lhes disseram: "O Senhor os abençoeˡ pelo seu ato de lealdade, dando sepultura a Saul, seu rei. **6** Seja o Senhor leal e fielᵐ para com vocês. Também eu firmarei minha amizade com vocês, por terem feito essa boa ação. **7** Mas, agora, sejam fortes e corajosos, pois Saul, seu senhor, está morto, e já fui ungido rei pela tribo de Judá".

Is-Bosete Proclamado Rei de Israel

8 Enquanto isso, Abner,ⁿ filho de Ner, comandante do exército de Saul, levou Is-Bosete, filho de Saul, a Maanaim,ᵒ **9** onde o proclamou rei sobre Gileade,ᵖ Assuri¹,ᵠ Jezreel, Efraim, Benjamim e sobre todo o Israel.ʳ

10 Is-Bosete, filho de Saul, tinha quarenta anos de idade quando começou a reinar em Israel, e reinou dois anos. Entretanto, a tribo de Judá seguia Davi, **11** que a governou em Hebrom por sete anos e seis meses.ˢ

A Guerra entre Judá e Israel

12 Abner, filho de Ner, e os soldados de Is-Bosete, filho de Saul, partiram de Maanaim e marcharam para Gibeom.ᵗ **13** Joabe,ᵘ filho de Zeruia, e os soldados de Davi foram ao encontro deles no açude de Gibeom. Um grupo posicionou-se num lado do açude; o outro grupo, no lado oposto.

14 Então Abner disse a Joabe: "Vamos fazer alguns soldados lutarem diante de nós". Joabe respondeu: "De acordo".

15 Então doze soldados aliados de Benjamim e Is-Bosete, filho de Saul, atravessaram o açude para enfrentar doze soldados aliados de Davi. **16** Cada soldado pegou o adversário pela cabeça e fincou-lhe o punhal no lado, e juntos caíram mortos. Por isso aquele lugar, situado em Gibeom, foi chamado Helcate-Hazurim².

17 Houve uma violenta batalha naquele dia, e Abner e os soldados de Israel foram derrotadosᵛ pelos soldados de Davi.

18 Estavam lá Joabe,ˣ Abisaiʸ e Asael,ᶻ os três filhos de Zeruia.ʷ E Asael, que corria como uma gazelaᵃ em terreno plano, **19** perseguiu Abner, sem se desviar nem para a direita nem para a esquerda. **20** Abner olhou para trás e perguntou: "É você, Asael?"

"Sou eu", respondeu ele.

21 Disse-lhe então Abner: "É melhor você se desviar para a direita ou para a esquerda, capturar um dos soldados e ficar com as armas dele". Mas Asael não quis parar de persegui-lo.

¹ **2.9** Ou *Aser*
² **2.16** Helcate-Hazurim significa *campo de punhais* ou *campo de hostilidades*.

22 Então Abner advertiu Asael mais uma vez: "Pare de me perseguir! Não quero matá-lo. Como eu poderia olhar seu irmão Joabe nos olhos*b* de novo?"

23 Como, porém, Asael não desistiu de persegui-lo, Abner cravou no estômago*c* dele a ponta da lança, que saiu pelas costas. E ele caiu, morrendo ali mesmo. E paravam todos os que chegavam ao lugar onde Asael estava caído.*d*

24 Então Joabe e Abisai perseguiram Abner. Ao pôr do sol, chegaram à colina de Amá, defronte de Gia, no caminho para o deserto de Gibeom. **25** Os soldados de Benjamim, seguindo Abner, reuniram-se formando um só grupo e ocuparam o alto de uma colina.

26 Então Abner gritou para Joabe: "O derramamento de sangue*e* vai continuar? Não vê que isso vai trazer amargura? Quando é que você vai mandar o seu exército parar de perseguir os seus irmãos?"

27 Respondeu Joabe: "Juro pelo nome de Deus que, se você não tivesse falado, o meu exército perseguiria os seus irmãos até de manhã".

28 Então Joabe*f* tocou a trombeta,*g* e o exército parou de perseguir Israel e de lutar.

29 Abner e seus soldados marcharam pela Arabá durante toda a noite. Atravessaram o Jordão, marcharam durante a manhã*i* inteira e chegaram a Maanaim.*h*

30 Quando Joabe voltou da perseguição a Abner, reuniu todo o exército. E viram que faltavam dezenove soldados, além de Asael. **31** Mas os soldados de Davi tinham matado trezentos e sessenta benjamitas que estavam com Abner. **32** Levaram Asael e o sepultaram no túmulo*i* de seu pai, em Belém. Depois disso, Joabe e seus soldados marcharam durante toda a noite e chegaram a Hebrom ao amanhecer.

3 A guerra entre as famílias de Saul e de Davi durou muito tempo.*j* Davi tornava-se cada vez mais forte,*k* enquanto a família de Saul se enfraquecia.*l*

Os Filhos de Davi em Hebrom

2 Estes foram os filhos de Davi nascidos em Hebrom:
O seu filho mais velho era Amnom, filho de Ainoã,*m* de Jezreel;
3 o segundo, Quileabe, de Abigail,*n* viúva de Nabal, de Carmelo;
o terceiro, Absalão,*o* de Maaca, filha de Talmai, rei de Gesur;*p*
4 o quarto, Adonias,*q* de Hagite;
o quinto, Sefatias, de Abital;
5 e o sexto, Itreão, de sua mulher Eglá.
Esses foram os filhos de Davi que lhe nasceram em Hebrom.

O Apoio de Abner a Davi

6 Enquanto transcorria a guerra entre as famílias de Saul e de Davi, Abner foi ficando poderoso na família de Saul. **7** Saul tivera uma concubina*r* chamada Rispa,*s* filha de Aiá. Certa vez Is-Bosete perguntou a Abner: "Por que você se deitou com a concubina de meu pai?"

8 Abner ficou furioso com a pergunta de Is-Bosete e exclamou: "Por acaso eu sou um cão*t* a serviço de Judá? Até agora tenho sido leal à família de Saul, seu pai, e aos parentes e amigos dele, e não deixei que você caísse nas mãos de Davi; agora você me acusa de um delito envolvendo essa mulher! **9** Que Deus me castigue com todo o rigor, se eu não fizer por Davi o que o Senhor lhe prometeu*u* sob juramento: **10** tirar o reino da família de Saul e estabelecer o trono de Davi sobre Israel e Judá, de Dã a Berseba".*v*

11 Is-Bosete não respondeu nada a Abner, pois tinha medo dele.

12 Então Abner enviou mensageiros a Davi com esta proposta: "A quem pertence esta terra? Faze um acordo comigo e eu te ajudarei a conseguir o apoio de todo o Israel".

13 "Está bem", disse Davi. "Farei um acordo com você, mas com uma condição:

---

i **2.29** Ou *por toda a região de Bitrom*; ou ainda *pelo vale*

não compareça à minha presença, quando vier me ver,[w] sem trazer-me Mical, filha de Saul." ¹⁴ E Davi enviou mensageiros a Is-Bosete, filho de Saul, exigindo: "Entregue-me minha mulher Mical,[x] com quem me casei pelo preço de cem prepúcios de filisteus".

¹⁵ Diante disso, Is-Bosete mandou que a tirassem do seu marido[y] Paltiel,[z] filho de Laís. ¹⁶ Mas Paltiel foi atrás dela, e a seguiu chorando até Baurim.[a] Então Abner ordenou-lhe que voltasse para casa, e ele voltou.

¹⁷ Nesse meio-tempo, Abner enviou esta mensagem às autoridades[b] de Israel: "Já faz algum tempo que vocês querem Davi como rei. ¹⁸ Agora é o momento de agir! Porque o SENHOR prometeu a Davi: 'Por meio de Davi, meu servo, livrarei Israel do poder dos filisteus[c] e de todos os seus inimigos' ".[d]

¹⁹ Abner também falou pessoalmente com os benjamitas. Depois foi a Hebrom dizer a Davi tudo o que Israel e a tribo de Benjamim[e] haviam aprovado. ²⁰ Quando Abner, acompanhado de vinte homens, apresentou-se a Davi em Hebrom, este ofereceu um banquete para ele e para os homens que o acompanhavam. ²¹ Disse então Abner a Davi: "Deixa que eu me vá e reúna todo o Israel, meu senhor, para que façam um acordo[f] contigo, ó rei, e reines sobre tudo o que desejares".[g] Davi o deixou ir, e ele se foi em paz.

Joabe Mata Abner

²² Naquele momento os soldados de Davi e Joabe voltavam de um ataque, trazendo muitos bens. Abner, porém, já não estava com Davi em Hebrom, porque Davi o tinha deixado partir em paz. ²³ Quando Joabe chegou com todo o seu exército, contaram-lhe que Abner, filho de Ner, se apresentara ao rei, que o tinha deixado ir em paz.

²⁴ Então Joabe foi falar com o rei e lhe disse: "Que foi que fizeste? Abner veio à tua presença e o deixaste ir? ²⁵ Conheces Abner, filho de Ner; ele veio para enganar-te, observar os teus movimentos e descobrir tudo o que estás fazendo".

²⁶ Saindo da presença de Davi, Joabe enviou mensageiros atrás de Abner, e eles o trouxeram de volta, desde a cisterna de Sirá. Mas Davi não ficou sabendo disso. ²⁷ Quando Abner[h] retornou a Hebrom, Joabe o chamou à parte, na porta da cidade, sob o pretexto de falar-lhe em particular, e ali mesmo o feriu no estômago. E Abner morreu[i] por ter derramado o sangue de Asael, irmão de Joabe.

²⁸ Mais tarde, quando Davi soube o que tinha acontecido, disse: "Eu e o meu reino, perante o SENHOR, somos para sempre inocentes[j] do sangue de Abner, filho de Ner. ²⁹ Caia a responsabilidade[k] pela morte dele sobre a cabeça de Joabe e de toda a sua família![l] Jamais falte entre os seus descendentes quem sofra fluxo[m] ou lepra¹, quem use muletas, quem morra à espada, ou quem passe fome".

³⁰ Assim, Joabe e seu irmão Abisai mataram Abner, porque ele havia matado Asael, irmão deles, na batalha de Gibeom.

³¹ Então Davi disse a Joabe e a todo o exército que o acompanhava: "Rasguem suas vestes, vistam roupas de luto[n] e vão chorando[o] à frente de Abner". E o rei Davi seguiu atrás da maca que levava o corpo. ³² Enterraram-no em Hebrom, e o rei chorou[p] em alta voz junto ao túmulo de Abner, como também todo o povo.

³³ Então o rei cantou este lamento[q] por Abner:

"Por que morreu Abner
  como morrem os insensatos?
³⁴ Suas mãos não estavam algemadas
  nem seus pés acorrentados.
Você caiu como quem cai
  perante homens perversos".

E todo o povo chorou ainda mais por ele.

³⁵ Depois, quando o povo insistiu com Davi que comesse alguma coisa enquanto ainda era dia, Davi fez este juramento: "Deus me castigue com todo o rigor,[r] caso

---

¹ 3.29 O termo hebraico não se refere somente à lepra, mas também a diversas doenças da pele.

eu prove pãoˢ ou qualquer outra coisa antes do pôr do sol!"

³⁶ Todo o povo ouviu isso e o aprovou; de fato, tudo o que o rei fazia o povo aprovava. ³⁷ Assim, naquele dia, todo o povo e todo o Israel reconheceram que o rei não tivera participação' no assassinato de Abner, filho de Ner.

³⁸ Então o rei disse aos seus conselheiros: "Não percebem que caiu" hoje em Israel um líder, um grande homem? ³⁹ Embora rei ungido, ainda sou fraco, e esses filhos de Zeruia˅ são mais fortes do que eu.ʷ Que o Senhor retribua˟ ao malfeitor de acordo com as suas más obras!"

O Assassinato de Is-Bosete

4 Ao saber que Abnerʸ havia morrido em Hebrom, Is-Bosete, filho de Saul, perdeu a coragem, e todo o Israel ficou alarmado. ² Ora, o filho de Saul tinha a seu serviço dois líderes de grupos de ataque. Um deles chamava-se Baaná; o outro, Recabe; ambos filhos de Rimom, de Beerote, da tribo de Benjamim; a cidade de Beerote^z era considerada parte de Benjamim. ³ O povo de Beerote fugiu para Gitaimᵃ e até hoje vive ali como estrangeiro.

⁴ (Jônatas,ᵇ filho de Saul, tinha um filho aleijado dos pés. Ele tinha cinco anos de idade quando chegou a notíciaᶜ de Jezreel de que Saul e Jônatas haviam morrido. Sua ama o apanhou e fugiu, mas, na pressa, ela o deixou cair, e ele ficou manco.ᵈ Seu nome era Mefibosete.)ᵉ

⁵ Aconteceu então que Recabe e Baaná, filhos de Rimom, de Beerote, foram à casa de Is-Boseteᶠ na hora mais quente do dia, na hora do seu descanso do meio-dia. ⁶ Os dois entraram na casa como se fossem buscar trigo, traspassaram-lheᵍ o estômago e depois fugiram.

⁷ Eles haviam entrado na casa enquanto Is-Bosete estava deitado em seu quarto. Depois de o traspassar e matar, cortaram-lhe a cabeça. E, levando-a, viajaram toda a noite pela rota da Arabá. ⁸ Levaram a cabeça de Is-Bosete a Davi, em Hebrom, e lhe disseram: "Aqui está a cabeça de Is-Bosete, filho de Saul,ʰ teu inimigo, que tentou tirar-te a vida. Hoje o Senhor vingou o nosso rei e senhor, de Saul e de sua descendência".

⁹ Davi respondeu a Recabe e a Baaná, seu irmão, filhos de Rimom, de Beerote: "Juro pelo nome do Senhor, que me tem livradoⁱ de todas as aflições: ¹⁰ quando um homem me disse que Saul estava morto, pensando que me trazia boa notícia, eu o agarrei e o matei em Ziclague,ʲ como recompensa pela notícia que trouxe! ¹¹ Muito mais agora, que homens ímpios mataram um inocente em sua própria casa e em sua própria cama! Vou castigá-los e eliminá-los da face da terra porque vocês fizeram correr o sangue dele!"ᵏ

¹² Então Davi deu ordem a seus soldados, e eles os mataram.ˡ Depois cortaram as mãos e os pés deles e penduraram os corpos junto ao açude de Hebrom. Mas sepultaram a cabeça de Is-Bosete no túmulo de Abner, em Hebrom.

Davi Torna-se Rei de Israel

5 Representantes de todas as tribos de Israelᵐ foram dizer a Davi, em Hebrom: "Somos sangue do teu sangue¹.ⁿ ² No passado, mesmo quando Saul era rei, eras tu quem liderava Israel em suas batalhas.ᵒ E o Senhor te disse: 'Você pastorearáᵖ Israel, o meu povo, e será o seu governante' ".ᑫ

³ Então todas as autoridades de Israel foram ao encontro do rei Davi em Hebrom; o rei fez um acordoʳ com eles em Hebrom perante o Senhor, e eles ungiramˢ Davi rei de Israel.

⁴ Davi tinha trinta anos de idadeᵗ quando começou a reinar e reinouᵘ durante quarenta˅ anos. ⁵ Em Hebrom, reinou sobre Judá sete anos e meioʷ e, em Jerusalém, reinou sobre todo o Israel e Judá trinta e três anos.

A Conquista de Jerusalém

⁶ O rei e seus soldados marcharam para Jerusalém˟ para atacar os jebuseusʸ que

¹ **5.1** Hebraico: *teu osso e tua carne*.

viviam lá. E os jebuseus disseram a Davi: "Você não entrará aqui! Até os cegos e os aleijados podem se defender de você". Eles achavam que Davi não conseguiria entrar, ⁷ mas Davi conquistou a fortaleza de Sião, que veio a ser a Cidade de Davi.ᶻ

⁸ Naquele dia disse Davi: "Quem quiser vencer os jebuseus terá que utilizar a passagem de água para chegar àqueles cegos e aleijados, inimigos de Davi¹". É por isso que dizem: "Os 'cegos e aleijados' não entrarão no palácio²".

⁹ Davi passou a morar na fortaleza e chamou-a Cidade de Davi. Construiu defesas na parte interna da cidade desde o Milo³.ᵃ ¹⁰ E ele se tornou cada vez mais poderoso,ᵇ pois o Senhor, o Deus dos Exércitos, estava com ele.

¹¹ Pouco depois Hirão,ᶜ rei de Tiro, enviou a Davi uma delegação, que trouxe toras de cedro e também carpinteiros e pedreiros que construíram um palácio para Davi. ¹² Então Davi teve certeza de que o Senhor o confirmara como rei de Israel e que seu reino estava prosperando por amor de Israel, o seu povo.

¹³ Depois de mudar-se de Hebrom para Jerusalém, Davi tomou mais concubinas e esposasᵈ e gerou mais filhos e filhas. ¹⁴ Estes são os nomes dos que lhe nasceram ali:ᵉ Samua, Sobabe, Natã, Salomão, ¹⁵ Ibar, Elisua, Nefegue, Jafia, ¹⁶ Elisama, Eliada e Elifelete.

Davi Derrota os Filisteus

¹⁷ Ao saberem que Davi tinha sido ungido rei de Israel, os filisteus foram com todo o exército prendê-lo, mas Davi soube disso e foi para a fortaleza.ᶠ ¹⁸ Tendo os filisteus se espalhado pelo vale de Refaim,ᵍ ¹⁹ Davi perguntouʰ ao Senhor: "Devo atacar os filisteus? Tu os entregarás nas minhas mãos?"

O Senhor lhe respondeu: "Vá, eu os entregarei nas suas mãos".

¹ 5.8 Ou *odiados por Davi*
² 5.8 Ou *templo*
³ 5.9 Ou *desde o aterro*

²⁰ Então Davi foi a Baal-Perazim e lá os derrotou. E disse: "Assim como as águas de uma enchente causam destruição, pelas minhas mãos o Senhor destruiu os meus inimigos diante de mim". Então aquele lugar passou a ser chamado Baal-Perazim⁴.ⁱ ²¹ Como os filisteus haviam abandonado os seus ídolos ali, Davi e seus soldados os apanharam.ʲ

²² Mais uma vez os filisteus marcharam e se espalharam pelo vale de Refaim; ²³ então Davi consultou o Senhor de novo, que lhe respondeu: "Não ataque pela frente, mas dê a volta por trás deles e ataque-os em frente das amoreiras. ²⁴ Assim que você ouvir um somᵏ de passos por cima das amoreiras, saia rapidamente, pois será esse o sinal de que o Senhor saiu à sua frenteˡ para ferir o exército filisteu". ²⁵ Davi fez como o Senhor lhe tinha ordenado e derrotou os filisteus por todo o caminho, desde Gibeom⁵ᵐ até Gezer.ⁿ

A Arca é Levada para Jerusalém

6 De novo Davi reuniu os melhores guerreiros de Israel, trinta mil ao todo. ² Ele e todos os que o acompanhavam partiram para Baalá,ᵒ em Judá⁶, para buscar a arcaᵖ de Deus, arca sobre a qual é invocado o Nome,ᑫ o nome do Senhor dos Exércitos, que tem o seu tronoʳ entre os querubinsˢ acima dela. ³ Puseram a arca de Deus num carroçãoᵗ novo e a levaram da casa de Abinadabe, na colina. Uzá e Aiô, filhos de Abinadabe, conduziam o carroção ⁴ com a arca de Deus⁷; Aiô andava na frente dela. ⁵ Davi e todos os israelitas iam cantando e dançando perante o Senhor, ao som de todo tipo de instrumentos de pinho: harpas, liras, tamborins, chocalhos e címbalos.ᵘ

⁴ **5.20** *Baal-Perazim* significa *o senhor que destrói*.
⁵ **5.25** Conforme a Septuaginta. O Texto Massorético diz *Geba*. Veja 1Cr 14.16.
⁶ **6.2** Isto é, Quiriate-Jearim.
⁷ **6.3,4** Conforme os manuscritos do mar Morto e alguns manuscritos da Septuaginta. O Texto Massorético diz *carroção* ⁴*e o trouxeram com a arca de Deus desde a casa de Abinadabe, na colina.*

⁶ Quando chegaram à eira de Nacom, Uzá esticou o braço e segurou^v a arca de Deus, porque os bois haviam tropeçado. ⁷ A ira do Senhor acendeu-se contra Uzá por seu ato de irreverência.^w Por isso Deus o feriu,^x e ele morreu ali mesmo, ao lado da arca de Deus.

⁸ Davi ficou contrariado porque o Senhor, em sua ira,^y havia fulminado Uzá. Até hoje aquele lugar é chamado Perez-Uzá¹.^z

⁹ Naquele dia Davi teve medo do Senhor e se perguntou: "Como^a vou conseguir levar a arca do Senhor?" ¹⁰ Por isso ele desistiu de levar a arca do Senhor para a Cidade de Davi. Em vez disso, levou-a para a casa de Obede-Edom,^b de Gate. ¹¹ A arca do Senhor ficou na casa dele por três meses, e o Senhor o abençoou e a toda a sua família.^c

¹² E disseram ao rei Davi:^d "O Senhor tem abençoado a família de Obede-Edom e tudo o que ele possui, por causa da arca de Deus". Então Davi, com grande festa, foi à casa de Obede-Edom e ordenou que levassem a arca de Deus para a Cidade de Davi. ¹³ Quando os que carregavam a arca do Senhor davam seis passos, ele sacrificava^e um boi e um novilho gordo. ¹⁴ Davi, vestindo o colete sacerdotal^f de linho, foi dançando^g com todas as suas forças perante o Senhor, ¹⁵ enquanto ele e todos os israelitas levavam a arca do Senhor ao som de gritos de alegria e de trombetas.^h

¹⁶ Aconteceu que, entrando a arca do Senhor na Cidade de Davi,^i Mical, filha de Saul, observava de uma janela. E, ao ver o rei Davi dançando e celebrando perante o Senhor, ela o desprezou em seu coração.

¹⁷ Eles trouxeram a arca do Senhor e a colocaram na tenda que Davi lhe havia preparado;^j e Davi ofereceu holocaustos²^k e sacrifícios de comunhão³ perante o Senhor. ¹⁸ Após oferecer^l os holocaustos e os sacrifícios de comunhão, ele abençoou o povo em nome do Senhor dos Exércitos ¹⁹ e deu um pão, um bolo de tâmaras⁴ e um bolo de uvas passas^m a cada homem e a cada mulher^n israelita. Depois todo o povo partiu, cada um para a sua casa.

²⁰ Voltando Davi para casa para abençoar sua família, Mical, filha de Saul, saiu ao seu encontro e lhe disse: "Como o rei de Israel se destacou hoje, tirando o manto^o na frente das escravas de seus servos, como um homem vulgar!"

²¹ Mas Davi disse a Mical: "Foi perante o Senhor que eu dancei, perante aquele que me escolheu em lugar de seu pai ou de qualquer outro da família dele, quando me designou^p soberano sobre o povo do Senhor, sobre Israel; perante o Senhor celebrarei ²² e me rebaixarei ainda mais, e me humilharei aos meus próprios olhos. Mas serei honrado por essas escravas que você mencionou".

²³ E até o dia de sua morte, Mical, filha de Saul, jamais teve filhos.

A Promessa de Deus a Davi

7 O rei Davi já morava em seu palácio,^q e o Senhor lhe dera descanso de todos os seus inimigos ao redor. ² Certo dia ele disse ao profeta Natã: "Aqui estou eu, morando num palácio^r de cedro, enquanto a arca de Deus permanece numa simples tenda".^s

³ Natã respondeu ao rei: "Faze o que tiveres em mente, pois o Senhor está contigo".

⁴ E naquela mesma noite o Senhor falou a Natã:

⁵ "Vá dizer a meu servo Davi que assim diz o Senhor: Você^t construirá uma casa para eu morar?^u ⁶ Não tenho morado em nenhuma casa desde o dia em que tirei os israelitas do Egito. Tenho ido de uma tenda para outra,^v de um tabernáculo^w para outro. ⁷ Por onde tenho acompanhado os israelitas,^x alguma vez perguntei a algum líder deles, a quem ordenei que pastoreasse^y

---
¹ **6.8** *Perez-Uzá significa destruição de Uzá.*
² **6.17** *Isto é, sacrifícios totalmente queimados.*
³ **6.17** *Ou de paz*
⁴ **6.19** *Ou um pedaço de carne; ou ainda um pouco de vinho*

6.6 ^vNm 4.15,19-20; 1Cr 13.9
6.7 ^w1Cr 15.13-15 ^xEx 19.22; 1Sm 6.19
6.8 ^ySl 7.11 ^zGn 38.29
6.9 ^aSl 119.120
6.10 ^b1Cr 13.13; 26.4-5
6.11 ^cGn 30.27; 39.5
6.12 ^d1Rs 8.1; 1Cr 15.25
6.13 ^e1Rs 8.5,62
6.14 ^fEx 19.6; 1Sm 2.18 ^gEx 15.20
6.15 ^hSl 47.5; 98.6
6.16 ^i2Sm 5.7
6.17 ^j1Cr 15.1; 2Cr 1.4 ^kLv 1.1-17; 1Rs 8.62-64
6.18 ^l1Rs 8.22
6.19 ^mOs 3.1 ^nNe 8.10
6.20 ^ov. 14,16
6.21 ^p1Sm 13.14; 15.28
7.1 ^q1Cr 17.1
7.2 ^r2Sm 5.11 ^sEx 26.1; At 7.45-46
7.5 ^t1Rs 8.19; 1Cr 22.8 ^u1Rs 5.3-5
7.6 ^vEx 40.18,34 ^w1Rs 8.16
7.7 ^xDt 23.14 ^y2Sm 5.2

Israel, o meu povo: Por que você não me construiu um templo de cedro?

8 "Agora, pois, diga ao meu servo Davi: Assim diz o SENHOR dos Exércitos: 'Eu o tirei das pastagens, onde você cuidava dos rebanhos, para ser o soberano de Israel, o meu povo. 9 Sempre estive com você por onde você andou e eliminei todos os seus inimigos. Agora eu o farei tão famoso quanto os homens mais importantes da terra. 10 E providenciarei um lugar para Israel, o meu povo, e os plantarei lá, para que tenham o seu próprio lar e não mais sejam incomodados. Povos ímpios não mais os oprimirão, como fizeram no início 11 e têm feito desde a época em que nomeei juízes sobre Israel, o meu povo. Também subjugarei todos os seus inimigos. Saiba também que eu, o SENHOR, estabelecerei para ele uma dinastia.¹ 12 Quando a sua vida chegar ao fim e você descansar com os seus antepassados, escolherei um dos seus filhos para sucedê-lo, um fruto do seu próprio corpo, e eu estabelecerei o reino dele. 13 Será ele quem construirá um templo em honra ao meu nome, e eu firmarei o trono dele para sempre. 14 Eu serei seu pai, e ele será meu filho. Quando ele cometer algum erro, eu o punirei com o castigo dos homens, com açoites aplicados por homens. 15 Mas nunca retirarei dele o meu amor, como retirei de Saul, a quem tirei do seu caminho. 16 Quanto a você, sua dinastia e seu reino permanecerão para sempre diante de mim; o seu trono será estabelecido para sempre' ".

17 E Natã transmitiu a Davi tudo o que o SENHOR lhe tinha falado e revelado.

A Oração de Davi

18 Então o rei Davi entrou no tabernáculo, assentou-se diante do SENHOR e orou:

"Quem sou eu, ó Soberano SENHOR, e o que é a minha família, para que me trouxesses a este ponto? 19 E, como se isso não bastasse para ti, ó Soberano SENHOR, também falaste sobre o futuro da família deste teu servo. É assim que procedes com os homens, ó Soberano SENHOR?

20 "Que mais Davi poderá dizer-te? Tu conheces o teu servo, ó Soberano SENHOR. 21 Por amor de tua palavra e de acordo com tua vontade, realizaste este feito grandioso e o revelaste ao teu servo.

22 "Quão grande és tu, ó Soberano SENHOR! Não há ninguém como tu nem há outro Deus além de ti, conforme tudo o que sabemos. 23 E quem é como Israel, o teu povo, a única nação da terra que tu, ó Deus, resgataste para dela fazeres um povo para ti mesmo e assim tornaste o teu nome famoso, realizaste grandes e impressionantes maravilhas ao expulsar nações e seus deuses de diante desta mesma nação que libertaste do Egito²? 24 Tu mesmo fizeste de Israel o teu povo particular para sempre, e tu, ó SENHOR, te tornaste o seu Deus.

25 "Agora, SENHOR Deus, confirma para sempre a promessa que fizeste a respeito de teu servo e de sua descendência. Faze conforme prometeste, 26 para que o teu nome seja engrandecido para sempre e os homens digam: 'O SENHOR dos Exércitos é o Deus de Israel!' E a descendência de teu servo Davi se manterá firme diante de ti.

27 "Ó SENHOR dos Exércitos, Deus de Israel, tu mesmo o revelaste a teu servo, quando disseste: 'Estabelecerei uma dinastia para você'. Por isso o teu servo achou coragem para orar a ti. 28 Ó Soberano SENHOR, tu és Deus! Tuas palavras são verdadeiras, e tu fizeste essa boa promessa a teu servo. 29 Agora, por tua bondade, abençoa a família de teu servo, para que ela continue para sempre na tua presença. Tu, ó Soberano SENHOR, o prometeste! E, abençoada por ti, bendita será para sempre a família de teu servo".

---

¹ 7.16 Conforme alguns manuscritos do Texto Massorético e a Septuaginta. A maioria dos manuscritos do Texto Massorético diz *de você*.

² 7.23 O Texto Massorético diz *maravilhas para tua terra e perante teu povo, o qual resgataste do Egito, das nações e de seus deuses*. Veja 1Cr 17.21.

As Vitórias Militares de Davi

8 Depois disso Davi derrotou os filisteus, subjugou-os, e tirou do controle deles Metegue-Amá.

² Davi derrotou também os moabitas.ᵏ Ele os fez deitar-se no chão e mandou que os medissem com uma corda; os moabitas que ficavam dentro das duas primeiras medidas da corda eram mortos, mas os que ficavam dentro da terceira eram poupados. Assim, os moabitas ficaram sujeitos a Davi, pagando-lhe impostos.

³ Além disso, Davi derrotou Hadadezer,ˡ filho de Reobe, rei de Zobá,ᵐ quando Hadadezer tentava recuperar o controle na região do rio Eufrates. ⁴ Davi se apossou de mil dos seus carros de guerra, sete mil¹ cavaleiros² e vinte mil soldados de infantaria. Ainda levou cem cavalos de carros de guerra e aleijouⁿ todos os outros.

⁵ Quando os arameus de Damascoᵒ vieram ajudar Hadadezer, rei de Zobá, Davi matou vinte e dois mil deles. ⁶ Em seguida estabeleceu guarnições militares no reino dos arameus de Damasco, sujeitando-os a lhe pagarem impostos. E o Senhor dava vitórias a Davi em todos os lugares aonde ia.ᵖ

⁷ Davi também levou para Jerusalém os escudosᵠ de ouro usados pelos oficiais de Hadadezer. ⁸ De Tebá³ e Berotai,ʳ cidades que pertenciam a Hadadezer, o rei Davi levou grande quantidade de bronze.

⁹ Quando Toú, rei de Hamate,ˢ soube que Davi tinha derrotado todo o exército de Hadadezer, ¹⁰ enviou seu filho Jorão⁴ ao rei Davi para saudá-lo e parabenizá-lo por sua vitória na batalha contra Hadadezer, que tinha estado em guerra contra Toú. E, com Jorão, mandou todo tipo de utensílios de prata, de ouro e de bronze. ¹¹ O rei Davi consagrouᵗ esses utensílios ao Senhor, como fizera com a prata e com o ouro tomados de todas as nações que havia subjugado: ¹² Edom⁵ e Moabe,ᵘ os amonitasᵛ e os filisteus,ʷ e Amaleque.ˣ Também consagrou os bens tomados de Hadadezer, filho de Reobe, rei de Zobá.

¹³ Davi ficou ainda mais famosoʸ ao retornar da batalha em que matou dezoito mil edomitas⁶ no vale do Sal.ᶻ

¹⁴ Ele estabeleceu guarnições militares por todo o território de Edom, sujeitando todos os edomitas.ᵃ O Senhor dava vitórias a Daviᵇ em todos os lugares aonde ia.ᶜ

Os Oficiais de Davi

¹⁵ Davi reinou sobre todo o Israel, administrando o direito e a justiça a todo o seu povo. ¹⁶ Joabe,ᵈ filho de Zeruia, era comandante do exército; Josafá,ᵉ filho de Ailude, era o arquivista real; ¹⁷ Zadoque,ᶠ filho de Aitube, e Aimeleque, filho de Abiatar, eram sacerdotes; Seraías era secretário;ᵍ ¹⁸ Benaia,ʰ filho de Joiada, comandava os queretitasⁱ e os peletitas; e os filhos de Davi eram sacerdotes.

Davi e Mefibosete

9 Certa ocasião Davi perguntou: "Resta ainda alguém da família de Saul a quem eu possa mostrar lealdade, por causa de minha amizade com Jônatas?"ʲ

² Então chamaram Ziba,ᵏ um dos servos de Saul, para apresentar-se a Davi, e o rei lhe perguntou: "Você é Ziba?"

"Sou teu servo", respondeu ele.

³ Perguntou-lhe Davi: "Resta ainda alguém da família de Saul a quem eu possa mostrar a lealdade de Deus?"

Respondeu Ziba: "Ainda há um filho de Jônatas,ˡ aleijadoᵐ dos pés".

⁴ "Onde está ele?", perguntou o rei.

Ziba respondeu: "Na casa de Maquir,ⁿ filho de Amiel, em Lo-Debar".

⁵ Então o rei Davi mandou trazê-lo de Lo-Debar.

---

¹ **8.4** Conforme a Septuaginta. O Texto Massorético diz *capturou mil e setecentos*. Veja 1Cr 18.4.
² **8.4** Ou *condutores de carros*
³ **8.8** Muitos manuscritos dizem *Betá*. Veja 1Cr 18.8.
⁴ **8.10** Variante de *Adorão*.
⁵ **8.12** Muitos manuscritos dizem *Arã*. Veja 1Cr 18.11.
⁶ **8.13** Muitos manuscritos dizem *arameus*. Veja 1Cr 18.12.

⁶ Quando Mefibosete, filho de Jônatas e neto de Saul, compareceu diante de Davi, prostrou-se com o rosto em terra.º

"Mefibosete?", perguntou Davi.

Ele respondeu: "Sim, sou teu servo".

⁷ "Não tenha medo", disse-lhe Davi, "pois é certo que eu o tratarei com bondade por causa de minha amizade com Jônatas, seu pai. Vou devolver-lhe todas as terras que pertenciam a seu avô, Saul, e você comerá sempre à minha mesa."ᵖ

⁸ Mefibosete prostrou-se e disse: "Quem é o teu servo, para que te preocupes com um cão mortoᵠ como eu?"

⁹ Então o rei convocou Ziba e disse-lhe: "Devolvi ao neto de Saul, seu senhor, tudo o que pertencia a ele e à família dele. ¹⁰ Você, seus filhos e seus servos cultivarão a terra para ele. Você trará a colheita para que haja provisões na casa do netoʳ de seu senhor. Mas Mefibosete comerá sempre à minha mesa". Ziba tinha quinze filhos e vinte servos.

¹¹ Então Ziba disse ao rei: "O teu servo fará tudo o que o rei, meu senhor, ordenou". Assim, Mefibosete passou a comer à mesa de Davi¹ como se fosse um dos seus filhos.ˢ

¹² Mefibosete tinha um filho ainda jovem chamado Mica. E todos os que moravam na casa de Ziba tornaram-se servos de Mefibosete.ᵗ ¹³ Então Mefibosete, que era aleijado dos pés, foi morar em Jerusalém, pois passou a comer sempre à mesa do rei.

A Guerra contra os Amonitas

10 Algum tempo depois o rei dos amonitas morreu, e seu filho Hanum foi o seu sucessor. ² Davi pensou: "Serei bondoso com Hanum, filho de Naás, como seu pai foi bondoso comigo". Então Davi enviou uma delegação para transmitir a Hanumᵘ seu pesar pela morte do pai dele.

Mas, quando os mensageiros de Davi chegaram à terra dos amonitas, ³ os líderes amonitas disseram a Hanum, seu senhor: "Achas que Davi está honrando teu pai ao enviar mensageiros para expressar condolências? Não é nada disso! Davi os enviou como espiões para examinarem a cidade, a fim de destruí-la". ⁴ Então Hanum prendeu os mensageiros de Davi, rapou metade da barbaᵛ de cada um, cortou metade de suas roupas até as nádegasʷ e os mandou embora.

⁵ Quando Davi soube disso, enviou mensageiros ao encontro deles, pois haviam sido profundamente humilhados, e lhes mandou dizer: "Fiquem em Jericó até que a barba cresça e então voltem para casa".

⁶ Vendo que tinham atraído sobre si o ódioˣ de² Davi, os amonitas contrataram vinte mil soldados de infantaria dos arameusʸ de Bete-Reobeᶻ e de Zobá, mil homens do rei de Maacaᵃ e doze mil dos homens de Tobe.

⁷ Ao saber disso, Davi ordenou a Joabe que marchasse com todo o exército. ⁸ Os amonitas saíram e se puseram em posição de combate à entrada da cidade, e os arameus de Zobá e de Reobe e os homens de Tobe e de Maaca posicionaram-se em campo aberto.

⁹ Vendo Joabe que estava cercado pelas linhas de combate, escolheu alguns dos melhores soldados de Israel e os posicionou contra os arameus. ¹⁰ Pôs o restante dos homens sob o comando de seu irmão Abisai e os posicionou contra os amonitas. ¹¹ E Joabe disse a Abisai: "Se os arameus forem fortes demais para mim, venha me ajudar; mas, se os amonitas forem fortes demais para você, eu irei ajudá-lo. ¹² Seja forteᵇ e lutemos com bravura pelo nosso povo e pelas cidades do nosso Deus. E que o SENHOR faça o que for de sua vontade".ᶜ

¹³ Então Joabe e seus soldados avançaram contra os arameus, que fugiram dele. ¹⁴ Quando os amonitas viram que os arameus estavam fugindo de Joabe, também fugiram de seu irmão Abisai e entraram na cidade. Assim, Joabe parou a batalha contra os amonitas e voltou para Jerusalém.

---

¹ **9.11** Conforme a Septuaginta. O Texto Massorético diz *à minha mesa*.

² **10.6** Hebraico: *se transformado em mau cheiro para*.

¹⁵ Vendo-se derrotados por Israel, os arameus tornaram a agrupar-se. ¹⁶ Hadadezer mandou trazer os arameus que viviam do outro lado do Eufrates¹. Estes chegaram a Helã, tendo à frente Soboque, comandante do exército de Hadadezer.

¹⁷ Informado disso, Davi reuniu todo o Israel, atravessou o Jordão e chegou a Helã. Os arameus estavam em posição de combate para enfrentá-lo, ¹⁸ mas acabaram fugindo de diante de Israel. E Davi matou setecentos condutores de carros de guerra e quarenta mil soldados de infantaria² dos arameus. Soboque, o comandante do exército, também foi ferido e morreu ali mesmo. ¹⁹ Quando todos os reis vassalos de Hadadezer viram que tinham sido derrotados por Israel, fizeram a paz com os israelitas e sujeitaram-se*d* a eles.

E os arameus*e* ficaram com medo de voltar a ajudar os amonitas.

Davi Comete Adultério

11 Na primavera,*f* época em que os reis saíam para a guerra, Davi enviou para a batalha Joabe*g* com seus oficiais e todo o exército*h* de Israel; e eles derrotaram os amonitas e cercaram Rabá.*i* Mas Davi permaneceu em Jerusalém.

² Uma tarde Davi levantou-se da cama e foi passear pelo terraço*j* do palácio. Do terraço viu*k* uma mulher muito bonita, tomando banho, ³ e mandou alguém procurar saber quem era. Disseram-lhe: "É Bate-Seba,*l* filha de Eliã*m* e mulher de Urias,*n* o hitita". ⁴ Davi mandou que a trouxessem*o* e se deitou*p* com ela, que havia acabado de se purificar da impureza da sua menstruação.*q* Depois, voltou para casa. ⁵ A mulher engravidou e mandou um recado a Davi, dizendo que estava grávida.

⁶ Em face disso, Davi mandou esta mensagem a Joabe: "Envie-me Urias,*r* o hitita".

¹ **10.16** Hebraico: *do Rio*.
² **10.18** Conforme alguns manuscritos da Septuaginta. O Texto Massorético diz *cavaleiros*. Veja 1Cr 19.18.

E Joabe o enviou. ⁷ Quando Urias chegou, Davi perguntou-lhe como estavam Joabe e os soldados e como estava indo a guerra; ⁸ e lhe disse: "Vá descansar um pouco em sua casa".*s* Urias saiu do palácio e logo lhe foi mandado um presente da parte do rei. ⁹ Mas Urias dormiu na entrada do palácio, onde dormiam os guardas de seu senhor, e não foi para casa.

¹⁰ Quando informaram a Davi que Urias não tinha ido para casa, ele lhe perguntou: "Depois da viagem que você fez, por que não foi para casa?"

¹¹ Urias respondeu: "A arca*t* e os homens de Israel e de Judá repousam em tendas; o meu senhor Joabe e os seus soldados estão acampados ao ar livre. Como poderia eu ir para casa para comer, beber e deitar-me com minha mulher? Juro por teu nome e por tua vida que não farei uma coisa dessas!"

¹² Então Davi lhe disse: "Fique aqui mais um dia; amanhã eu o mandarei de volta". Urias ficou em Jerusalém, mas no dia seguinte ¹³ Davi o convidou para comer e beber e o embriagou. À tarde, porém, Urias saiu para dormir em sua esteira, onde os guardas de seu senhor dormiam, e não foi para casa.

¹⁴ De manhã, Davi enviou uma carta*u* a Joabe por meio de Urias. ¹⁵ Nela escreveu: "Ponha Urias na linha de frente e deixe-o onde o combate estiver mais violento, para que seja ferido*v* e morra".*w*

¹⁶ Como Joabe tinha cercado a cidade, colocou Urias no lugar onde sabia que os inimigos eram mais fortes. ¹⁷ Quando os homens da cidade saíram e lutaram contra Joabe, alguns dos oficiais da guarda de Davi morreram, e morreu também Urias, o hitita.

¹⁸ Joabe enviou a Davi um relatório completo da batalha, ¹⁹ dando a seguinte instrução ao mensageiro: "Ao acabar de apresentar ao rei este relatório, ²⁰ pode ser que o rei fique muito indignado e lhe pergunte: 'Por que vocês se aproximaram tanto da cidade para combater? Não sabiam que eles

10.19
d 2Sm 8.6
e 1Rs 11.25; 2Rs 5.1

11.1
f 1Rs 20.22,26
g 2Sm 2.18
h 1Cr 20.1
i 2Sm 12.26-28

11.2
j Dt 22.8;
Js 2.8
k Mt 5.28

11.3
l 1Cr 3.5
m 2Sm 23.34
n 2Sm 23.39

11.4
o Lv 20.10;
Sl 51 Título;
Tg 1.14-15
p Dt 22.22
q Lv 15.25-30; 18.19

11.6
r 1Cr 11.41

11.8
s Gn 18.4; 43.24;
Lc 7.44

11.11
t 2Sm 7.2

11.14
u 1Rs 21.8

11.15
v 2Sm 12.9
w 2Sm 12.12

atirariam flechas da muralha? ²¹ Em Tebes, quem matou Abimeleque,ˣ filho de Jerubesete¹? Não foi uma mulher que da muralhaʸ atirou-lhe uma pedra de moinho, e ele morreu? Por que vocês se aproximaram tanto da muralha?' Se ele perguntar isso, diga-lhe: E morreu também o teu servo Urias, o hitita".

²² O mensageiro partiu e, ao chegar, contou a Davi tudo o que Joabe lhe havia mandado falar, ²³ dizendo: "Eles nos sobrepujaram e saíram contra nós em campo aberto, mas nós os fizemos retroceder para a porta da cidade. ²⁴ Então os flecheiros atiraram do alto da muralha contra os teus servos e mataram alguns deles. E morreu também o teu servo Urias, o hitita".

²⁵ Davi mandou o mensageiro dizer a Joabe: "Não fique preocupado com isso, pois a espada não escolhe a quem devorar. Reforce o ataque à cidade até destruí-la". E ainda insistiu com o mensageiro que encorajasse Joabe.

²⁶ Quando a mulher de Urias soube que o seu marido havia morrido, chorou por ele. ²⁷ Passado o luto, Davi mandou que a trouxessem para o palácio; ela se tornou sua mulher e teve um filho dele. Mas o que Davi fez desagradouᶻ ao Senhor.

Natã Repreende Davi

12 E o Senhor enviou a Daviᵇ o profeta Natã.ᵃ Ao chegar, ele disse a Davi:ᶜ "Dois homens viviam numa cidade, um era rico e o outro pobre. ² O rico possuía muitas ovelhas e bois, ³ mas o pobre nada tinha, senão uma cordeirinha que havia comprado. Ele a criou, e ela cresceu com ele e com seus filhos. Ela comia junto dele, bebia do seu copo e até dormia em seus braços. Era como uma filha para ele.

⁴ "Certo dia, um viajante chegou à casa do rico, e este não quis pegar uma de suas próprias ovelhas ou de seus bois para preparar-lhe uma refeição. Em vez disso, preparou para o visitante a cordeira que pertencia ao pobre".

⁵ Então Daviᵈ encheu-se de ira contra o homem e disse a Natã: "Juro pelo nome do Senhor que o homem que fez isso merece a morte! ⁶ Deverá pagar quatro vezesᵉ o preço da cordeira, porquanto agiu sem misericórdia".

⁷ "Você é esse homem!", disse Natã a Davi. E continuou: "Assim diz o Senhor, o Deus de Israel: 'Eu oᵍ ungiᶠ rei de Israel e o livrei das mãos de Saul. ⁸ Dei a vocêʰ a casa e as mulheres do seu senhor. Dei a você a nação de Israel e Judá. E, se tudo isso não fosse suficiente, eu teria dado mais ainda. ⁹ Por que você desprezouⁱ a palavra do Senhor, fazendo o que ele reprova? Você matouʲ Urias, o hitita, com a espada dos amonitas e ficou com a mulher dele. ¹⁰ Por isso, a espadaᵏ nunca se afastará de sua família, pois você me desprezou e tomou a mulher de Urias, o hitita, para ser sua mulher'.

¹¹ "Assim diz o Senhor: 'De sua própria família trarei desgraça sobre você.ˡ Tomarei as suas mulheres diante dos seus próprios olhos e as darei a outro; e ele se deitará com elas em plena luz do dia. ¹² Você fez isso às escondidas,ᵐ mas eu o farei diante de todo o Israel, em plena luz do dia' ".ⁿ

¹³ Então Davi disse a Natã: "Pequeiᵒ contra o Senhor!"

E Natã respondeu: "O Senhor perdoouᵖ o seu pecado.ᑫ Você não morrerá.ʳ ¹⁴ Entretanto, uma vez que você insultouˢ o Senhor², o menino morrerá".

¹⁵ Depois que Natã foi para casa, o Senhor fez adoecerᵗ o filho que a mulher de Urias dera a Davi. ¹⁶ E Davi implorou a Deus em favor da criança. Ele jejuou e, entrando em casa, passou a noite deitadoᵘ no chão. ¹⁷ Os oficiais do palácio tentaram fazê-lo levantar-se do chão, mas ele não quis e recusou comer.ᵛ

---

¹ **11.21** Também conhecido como *Jerubaal* (isto é, Gideão).

² **12.14** Conforme um manuscrito da Septuaginta. O Texto Massorético diz *os inimigos do Senhor*.

18 Sete dias depois a criança morreu. Os conselheiros de Davi ficaram com medo de dizer-lhe que a criança estava morta e comentaram: "Enquanto a criança ainda estava viva, falamos com ele, e ele não quis escutar-nos. Como vamos dizer-lhe que a criança morreu? Ele poderá cometer alguma loucura!"

19 Davi, percebendo que seus conselheiros cochichavam entre si, compreendeu que a criança estava morta e perguntou: "A criança morreu?"

"Sim, morreu", responderam eles.

20 Então Davi levantou-se do chão, lavou-se,[w] perfumou-se e trocou de roupa.[x] Depois entrou no santuário do SENHOR e o adorou. E, voltando ao palácio, pediu que lhe preparassem uma refeição e comeu.

21 Seus conselheiros lhe perguntaram: "Por que ages assim? Enquanto a criança estava viva, jejuaste e choraste;[y] mas, agora que a criança está morta, te levantas e comes!"

22 Ele respondeu: "Enquanto a criança ainda estava viva, jejuei e chorei. Eu pensava: Quem sabe?[z] Talvez o SENHOR tenha misericórdia de mim e deixe a criança viver." **23** Mas agora que ela morreu, por que deveria jejuar? Poderia eu trazê-la de volta à vida? Eu irei até ela,[b] mas ela não voltará para mim".[c]

24 Depois Davi consolou sua mulher Bate-Seba[d] e deitou-se com ela, e ela teve um menino, a quem Davi deu o nome de Salomão.[e] O SENHOR o amou **25** e enviou o profeta Natã com uma mensagem a Davi. E Natã deu ao menino o nome de Jedidias[1].[f]

26 Enquanto isso, Joabe atacou Rabá[g] dos amonitas e conquistou a fortaleza real. **27** Feito isso, mandou mensageiros a Davi, dizendo: "Lutei contra Rabá e apoderei-me dos seus reservatórios de água. **28** Agora, convoca o restante do exército, cerca a cidade e conquista-a. Se não, eu terei a fama de havê-la conquistado."

29 Então Davi convocou todo o exército, foi a Rabá, atacou a cidade e a conquistou. **30** A seguir tirou a coroa[h] da cabeça de Moloque[2], uma coroa de ouro de trinta e cinco quilos[3]; ornamentada com pedras preciosas. E ela foi colocada na cabeça de Davi. Ele trouxe uma grande quantidade de bens da cidade **31** e trouxe também os seus habitantes, designando-lhes trabalhos com serras, picaretas e machados, além da fabricação de tijolos. Davi fez assim com todas as cidades amonitas.[i] Depois voltou com todo o seu exército para Jerusalém.

Tamar é Violentada por Amnom

13 Depois de algum tempo, Amnom,[j] filho de Davi, apaixonou-se por Tamar;[k] ela era muito bonita e era irmã de Absalão,[l] outro filho de Davi.

2 Amnom ficou angustiado a ponto de adoecer por causa de sua meia-irmã Tamar, pois ela era virgem, e parecia-lhe impossível aproximar-se dela.

3 Amnom tinha um amigo muito astuto chamado Jonadabe, filho de Simeia,[m] irmão de Davi. **4** Ele perguntou a Amnom: "Filho do rei, por que todo dia você está abatido? Quer me contar o que se passa?"

Amnom lhe disse: "Estou apaixonado por Tamar, irmã de meu irmão Absalão."

5 "Vá para a cama e finja estar doente", disse Jonadabe. "Quando seu pai vier visitá-lo, diga-lhe: Permite que minha irmã Tamar venha dar-me de comer. Gostaria que ela preparasse a comida aqui mesmo e me servisse. Assim poderei vê-la."

6 Amnom aceitou a ideia e deitou-se, fingindo-se doente. Quando o rei foi visitá-lo, Amnom lhe disse: "Eu gostaria que minha irmã Tamar viesse e preparasse dois bolos aqui mesmo e me servisse".

7 Davi mandou dizer a Tamar no palácio: "Vá à casa de seu irmão Amnom e prepare algo para ele comer". **8** Tamar foi à casa de seu irmão, que estava deitado. Ela amassou

---

[1] **12.25** *Jedidias* significa *amado pelo Senhor*.
[2] **12.30** Conforme a Septuaginta. O Texto Massorético diz *do rei deles*.
[3] **12.30** Hebraico: *1 talento*.

12.20
Mt 6.17
Jó 1.20
12.21
Jz 20.26
12.22
Jn 3.9
Is 38.1-5
12.23
Gn 37.35
1Sm 31.13;
2Sm 13.39;
Jó 7.10;
10.21
12.24
1Rs 1.11
1Rs 1.10;
1Cr 22.9;
28.5;
Mt 1.6
12.25
Ne 13.26
12.26
Dt 3.11;
1Cr 20.1-3
12.30
1Cr 20.2;
Et 8.15;
Sl 21.3;
132.18
12.31
1Sm 14.47
13.1
2Sm 3.2
2Sm 14.27;
1Cr 3.9
2Sm 3.3
13.3
1Sm 16.9

a farinha, preparou os bolos na presença dele e os assou. ⁹ Depois pegou a assadeira e lhe serviu os bolos, mas ele não quis comer.

Então Amnom deu ordem para que todos saíssem*ⁿ* e, depois que todos saíram, ¹⁰ disse a Tamar: "Traga os bolos e sirva-me aqui no meu quarto". Tamar levou os bolos que havia preparado ao quarto de seu irmão. ¹¹ Mas, quando ela se aproximou para servi-lo, ele a agarrou*ᵒ* e disse: "Deite-se comigo, minha irmã".*ᵖ*

¹² Mas ela lhe disse: "Não, meu irmão! Não me faça essa violência. Não se faz uma coisa dessas em Israel!*ᵍ* Não cometa essa loucura.*ʳ* ¹³ O que seria de mim?*ˢ* Como eu poderia livrar-me da minha desonra? E o que seria de você? Você cairia em desgraça em Israel. Fale com o rei; ele deixará que eu me case com você". ¹⁴ Mas Amnom não quis ouvi-la e, sendo mais forte que ela, violentou-a.*ᵗ*

¹⁵ Logo depois Amnom sentiu uma forte aversão por ela, mais forte que a paixão que sentira. E lhe disse: "Levante-se e saia!"

¹⁶ Mas ela lhe disse: "Não, meu irmão, mandar-me embora seria pior do que o mal que você já me fez".

Ele, porém, não quis ouvi-la ¹⁷ e, chamando seu servo, disse-lhe: "Ponha esta mulher para fora daqui e tranque a porta". ¹⁸ Então o servo a pôs para fora e trancou a porta. Ela estava vestindo uma túnica longa*¹,ᵘ* pois esse era o tipo de roupa que as filhas virgens do rei usavam desde a puberdade. ¹⁹ Tamar pôs cinza*ᵛ* na cabeça, rasgou a túnica longa que estava usando e se pôs a caminho, com as mãos sobre a cabeça e chorando em alta voz.

²⁰ Absalão, seu irmão, lhe perguntou: "Seu irmão, Amnom, fez algum mal a você? Acalme-se, minha irmã; ele é seu irmão! Não se deixe dominar pela angústia". E Tamar, muito triste, ficou na casa de seu irmão Absalão.

²¹ Ao saber de tudo isso, o rei Davi ficou indignado.*ʷ* ²² E Absalão não falou nada com Amnom, nem bem, nem mal,*ˣ* embora o odiasse*ʸ* por ter violentado sua irmã Tamar.

Absalão Mata Amnom

²³ Dois anos depois, quando os tosquiadores de ovelhas*ᶻ* de Absalão estavam em Baal-Hazor, perto da fronteira de Efraim, Absalão convidou todos os filhos do rei para se reunirem com ele. ²⁴ Absalão foi ao rei e lhe disse: "Eu, teu servo, estou tosquiando as ovelhas e gostaria que o rei e os seus conselheiros estivessem comigo".

²⁵ Respondeu o rei: "Não, meu filho. Não iremos todos, pois isso seria um peso para você". Embora Absalão insistisse, ele se recusou a ir, mas o abençoou.

²⁶ Então Absalão lhe disse: "Se não queres ir, permite, por favor, que o meu irmão Amnom vá conosco".

O rei perguntou: "Por que ele iria com você?" ²⁷ Mas Absalão insistiu tanto que o rei acabou deixando que Amnom e os seus outros filhos fossem com ele.

²⁸ Absalão*ᵃ* ordenou aos seus homens: "Ouçam! Quando Amnom estiver embriagado*ᵇ* de vinho e eu disser: 'Matem Amnom!', vocês o matarão. Não tenham medo; eu assumo a responsabilidade. Sejam fortes e corajosos!"*ᶜ* ²⁹ Assim os homens de Absalão mataram Amnom, obedecendo às suas ordens. Então todos os filhos do rei montaram em suas mulas e fugiram.

³⁰ Estando eles ainda a caminho, chegou a seguinte notícia ao rei: "Absalão matou todos os teus filhos; nenhum deles escapou". ³¹ O rei levantou-se, rasgou*ᵈ* as suas vestes, prostrou-se com o rosto em terra, e todos os conselheiros que estavam com ele também rasgaram as vestes.

³² Mas Jonadabe, filho de Simeia, irmão de Davi, disse: "Não pense o meu senhor que mataram todos os seus filhos. Somente Amnom foi morto. Essa era a intenção de Absalão desde o dia em que Amnom violentou Tamar, irmã dele. ³³ O rei, meu senhor, não deve acreditar que todos os

---

¹ **13.18** Ou *de diversas cores*; também no versículo 19.

seus filhos estão mortos. Apenas Amnom morreu".

34 Enquanto isso, Absalão fugiu.

Nesse meio-tempo a sentinela viu muita gente que vinha pela estrada de Horonaim, descendo pela encosta da colina, e disse ao rei: "Vejo homens vindo pela estrada de Horonaim, na encosta da colina"[1].

35 E Jonadabe disse ao rei: "São os filhos do rei! Aconteceu como o teu servo disse".

36 Acabando de falar, os filhos do rei chegaram, chorando em alta voz. Também o rei e todos os seus conselheiros choraram muito.

37 Absalão fugiu para o território de Talmai,[e] filho de Amiúde, rei de Gesur. E o rei Davi pranteava por seu filho todos os dias.

38 Depois que Absalão fugiu para Gesur e lá permaneceu três anos, **39** a ira do rei contra Absalão[f] cessou[2], pois ele se sentia consolado[g] da morte de Amnom.

Absalão Volta para Jerusalém

14 Joabe,[h] filho de Zeruia, percebendo que o rei estava com saudade de Absalão, **2** mandou buscar uma mulher astuta[j] em Tecoa, e lhe disse: "Finja que está de luto: vista-se de preto e não se perfume.[k] Aja como uma mulher que há algum tempo está de luto. **3** Vá dizer ao rei estas palavras", e a instruiu[i] sobre o que ela deveria dizer.

4 Quando a mulher apresentou-se[3] ao rei, prostrou-se com o rosto em terra, em sinal de respeito, e lhe disse: "Ajuda-me, ó rei!"

5 "Qual é o seu problema?", perguntou-lhe o rei, e ela respondeu:

"Sou viúva, meu marido morreu, **6** deixando-me com dois filhos. Eles brigaram no campo e, não havendo ninguém para separá-los, um acabou matando o outro. **7** Agora, todo o clã levantou-se contra a tua serva, exigindo: 'Entregue o assassino, para que o matemos[m] pela vida do irmão, e nos livremos também do herdeiro'.[n] Eles querem apagar a última centelha que me restou,[o] deixando meu marido sem nome nem descendência na face da terra".

8 O rei disse à mulher: "Vá para casa.[o] Eu mandarei que cuidem do seu caso".

9 Mas a mulher de Tecoa lhe disse: "Ó rei, meu senhor, é sobre mim e sobre a família de meu pai[r] que pesará a iniquidade;[s] não pesa culpa[q] sobre o rei e sobre o seu trono".

10 O rei respondeu: "Se alguém ameaçá-la, traga-o a mim, e ele não mais a incomodará".

11 Ela acrescentou: "Peço então ao rei que, em nome do Senhor, o seu Deus, não permita que o vingador[t] da vítima cause maior destruição, matando meu outro filho".

E disse ele: "Eu juro pelo nome do Senhor: Nem um só fio de cabelo[u] da cabeça de seu filho cairá".[v]

12 Disse-lhe ainda a mulher: "Permite que a tua serva fale mais uma coisa ao rei, meu senhor".

"Fale", respondeu ele.

13 Disse então a mulher: "Por que terá o rei agido contra o povo de Deus? O rei está se condenando[w] com o que acaba de dizer, pois não permitiu a volta do que foi banido.[x] **14** Que teremos que morrer[y] um dia, é tão certo como não se pode recolher a água[y] que se espalhou pela terra. Mas Deus não tira a vida; ao contrário, cria meios para que o banido[a] não permaneça afastado dele.

15 "E eu vim falar sobre isso ao rei, meu senhor, porque o povo me ameaçou. Tua serva pensou que, se falasse com o rei, talvez ele atendesse ao seu pedido **16** e concordasse em livrar a sua serva das mãos do homem que está tentando eliminar tanto a mim como a meu filho da herança[b] que Deus nos deu.

17 "E agora a tua serva diz: Traga-me descanso a decisão do rei, o meu senhor; pois o

---

[1] **13.34** Conforme a Septuaginta. O Texto Massorético não traz esta frase.

[2] **13.39** Ou *o rei teve saudade de Absalão*. Conforme os manuscritos do mar Morto e alguns manuscritos da Septuaginta.

[3] **14.4** Conforme muitos manuscritos do Texto Massorético, a Septuaginta, a Vulgata e a Versão Siríaca. A maioria dos manuscritos do Texto Massorético diz *falou*.

rei, meu senhor, é como um anjo[c] de Deus, capaz de discernir[d] entre o bem e o mal. Que o Senhor, o teu Deus, esteja contigo!"

¹⁸ Então o rei disse à mulher: "Não me esconda nada do que vou perguntar".

"Fale o rei, meu senhor", disse a mulher.

¹⁹ O rei perguntou: "Não é Joabe[e] que está por trás de tudo isso?"

A mulher respondeu: "Juro por tua vida, ó rei, ninguém é capaz de desviar-se para a direita ou para a esquerda do que tu dizes. Sim, foi o teu servo Joabe que me mandou aqui para dizer tudo isso. ²⁰ O teu servo Joabe agiu assim para mudar essa situação. Mas o meu senhor é sábio[f] como um anjo de Deus, e nada lhe escapa de tudo o que acontece no país".[g]

²¹ Depois o rei disse a Joabe: "Muito bem, atenderei a esse pedido. Vá e traga de volta o jovem Absalão".

²² Joabe prostrou-se com o rosto em terra, abençoou o rei[h] e disse: "Hoje o teu servo ficou sabendo que o vês com bons olhos, pois o rei atendeu ao pedido de teu servo".

²³ Então Joabe foi a Gesur e trouxe Absalão de volta para Jerusalém. ²⁴ Mas o rei disse: "Ele irá para a casa dele; não virá à minha presença". Assim, Absalão foi para a sua casa e não compareceu mais à presença do rei.

²⁵ Em todo o Israel não havia homem tão elogiado por sua beleza como Absalão. Da cabeça aos pés não havia nele nenhum defeito. ²⁶ Sempre que o cabelo lhe ficava pesado demais, ele o cortava[i] e o pesava: eram dois quilos e quatrocentos gramas[1], segundo o padrão do rei.

²⁷ Ele teve três filhos[j] e uma filha, chamada Tamar,[k] que se tornou uma linda mulher.

²⁸ Absalão morou dois anos em Jerusalém sem ser recebido pelo rei. ²⁹ Então *mandou chamar Joabe para enviá-lo ao rei*, mas Joabe não quis ir. Mandou chamá-lo pela segunda vez, mas ele, novamente, não quis ir. ³⁰ Então Absalão disse a seus servos: "Vejam, a propriedade de Joabe é vizinha da minha, e ele tem uma plantação de cevada.[l] Tratem de incendiá-la". E os servos de Absalão puseram fogo na plantação.

³¹ Então Joabe foi à casa de Absalão e lhe perguntou: "Por que os seus servos puseram fogo[m] na minha propriedade?"

³² Absalão respondeu: "Mandei chamá-lo para enviá-lo ao rei com a seguinte mensagem: Por que voltei de Gesur?[n] Melhor seria que eu lá permanecesse! Quero ser recebido pelo rei; e, se eu for culpado de alguma coisa, que ele mande me matar".[o]

³³ Então Joabe foi contar tudo ao rei, que mandou chamar Absalão. Ele entrou e prostrou-se com o rosto em terra, perante o rei. E o rei saudou-o com um beijo.[p]

A Conspiração de Absalão

15 Algum tempo depois,[q] Absalão adquiriu uma carruagem,[r] cavalos e uma escolta de cinquenta homens. ² Ele se levantava cedo e ficava junto ao caminho que levava à porta da cidade.[s] Sempre que alguém trazia uma causa para ser decidida pelo rei, Absalão o chamava e perguntava de que cidade vinha. A pessoa respondia que era de uma das tribos de Israel, ³ e Absalão dizia: "A sua causa é válida e legítima, mas não há nenhum representante do rei para ouvi-lo".[t] ⁴ E Absalão acrescentava: "Quem me dera ser designado juiz desta terra![u] Todos os que tivessem uma causa ou uma questão legal viriam a mim, e eu lhes faria justiça".

⁵ E sempre que alguém se aproximava dele para prostrar-se em sinal de respeito, Absalão estendia a mão, abraçava-o e beijava-o. ⁶ Absalão agia assim com todos os israelitas que vinham pedir que o rei lhes fizesse justiça. Assim ele foi conquistando a lealdade[v] dos homens de Israel.

⁷ Ao final de quatro[2] anos, Absalão disse ao rei: "Deixa-me ir a Hebrom para cumprir um

---

[1] **14.26** Hebraico: *200 siclos*. Um siclo equivalia a 12 gramas.

[2] **15.7** Conforme alguns manuscritos da Septuaginta, a Versão Siríaca e Josefo. O Texto Massorético diz *quarenta*.

voto que fiz ao Senhor. ⁸ Quando o teu servo estava em Gesur, na Síria, fez este voto: Se o Senhor me permitir voltar a Jerusalém, prestarei culto a ele em Hebrom¹".

⁹ "Vá em paz!", disse o rei. E ele foi para Hebrom.

¹⁰ Absalão enviou secretamente mensageiros a todas as tribos de Israel, dizendo: "Assim que vocês ouvirem o som das trombetas, digam: Absalão é rei em Hebrom". ¹¹ Absalão levou duzentos homens de Jerusalém. Eles tinham sido convidados e nada sabiam nem suspeitavam do que estava acontecendo. ¹² Depois de oferecer sacrifícios, Absalão mandou chamar Aitofel, da cidade de Gilo, conselheiro de Davi. A conspiração ganhou força, e cresceu o número dos que seguiam Absalão.

A Fuga de Davi

¹³ Então um mensageiro chegou e disse a Davi: "Os israelitas estão com Absalão!"

¹⁴ Em vista disso, Davi disse aos conselheiros que estavam com ele em Jerusalém: "Vamos fugir; caso contrário não escaparemos de Absalão. Se não partirmos imediatamente ele nos alcançará, causará a nossa ruína e matará o povo à espada".

¹⁵ Os conselheiros do rei lhe responderam: "Teus servos estão dispostos a fazer tudo o que o rei, nosso senhor, decidir".

¹⁶ O rei partiu, seguido por todos os de sua família; deixou, porém, dez concubinas para tomarem conta do palácio. ¹⁷ Assim, o rei partiu com todo o povo. Pararam na última casa da cidade, ¹⁸ e todos os seus soldados marcharam, passando por ele: todos os queretitas e peletitas, e os seiscentos giteus que o acompanhavam desde Gate.

¹⁹ O rei disse então a Itai, de Gate: "Por que você está indo conosco? Volte e fique com o novo rei, pois você é estrangeiro, um exilado de sua terra. ²⁰ Faz pouco tempo que você chegou. Como eu poderia fazê-lo acompanhar-me? Volte e leve consigo os seus irmãos. Que o Senhor o trate com bondade e fidelidade!"

²¹ Itai, contudo, respondeu ao rei: "Juro pelo nome do Senhor e por tua vida que, onde quer que o rei, meu senhor, esteja, ali estará o teu servo, para viver ou para morrer!"

²² Então Davi disse a Itai: "Está bem, pode ir adiante". E Itai, o giteu, marchou, com todos os seus soldados e com as famílias que estavam com ele.

²³ Todo o povo do lugar chorava em alta voz enquanto o exército passava. O rei atravessou o vale do Cedrom e todo o povo foi com ele em direção ao deserto.

²⁴ Zadoque também estava lá e com ele todos os levitas que carregavam a arca da aliança de Deus; Abiatar também estava lá. Puseram no chão a arca de Deus até que todo o povo saísse da cidade.

²⁵ Então o rei disse a Zadoque: "Leve a arca de Deus de volta para a cidade. Se o Senhor mostrar benevolência a mim, ele me trará de volta e me deixará ver a arca e o lugar onde ela deve permanecer. ²⁶ Mas, se ele disser que já não sou do seu agrado, aqui estou! Faça ele comigo a sua vontade".

²⁷ Disse ainda o rei ao sacerdote Zadoque: "Fique alerta! Volte em paz para a cidade, você, Aimaás, seu filho, e Jônatas, filho de Abiatar. ²⁸ Pelos desfiladeiros do deserto ficarei esperando notícias de vocês".

²⁹ Então Zadoque e Abiatar levaram a arca de Deus de volta para Jerusalém e lá permaneceram.

³⁰ Davi, porém, continuou subindo o monte das Oliveiras, caminhando e chorando, com a cabeça coberta e os pés descalços. E todos os que iam com ele também tinham a cabeça coberta e subiam chorando. ³¹ Quando informaram a Davi que Aitofel era um dos conspiradores que apoiavam Absalão, Davi orou: "Ó Senhor, transforma em loucura os conselhos de Aitofel".

---

¹ 15.8 Conforme alguns manuscritos da Septuaginta. O Texto Massorético não traz *em Hebrom*.

³² Quando Davi chegou ao alto do monte, ao lugar onde o povo costumava adorar a Deus, veio ao seu encontro o arquitaʸ Husai, com a roupa rasgada e com terraᶻ sobre a cabeça. ³³ E Davi lhe disse: "Não adianta você vir comigo.ᵃ ³⁴ Mas, se voltar à cidade, poderá dizer a Absalão: Estarei a teu serviço, ó rei. No passado estive a serviço de teu pai, mas agora estarei a teu serviço.ᵇ Assim você me ajudará, frustrando o conselho de Aitofel. ³⁵ Os sacerdotes Zadoque e Abiatar estarão lá com você. Informe-os do que você souber no palácio.ᶜ ³⁶ Também estão lá os dois filhos deles: Aimaás e Jônatas.ᵈ Por meio deles me informe de tudo o que você ouvir.

³⁷ Husai,ᵉ amigo de Davi, chegou a Jerusalém quando Absalãoᶠ estava entrando na cidade.

Davi e Ziba

16 Mal Davi tinha passado pelo alto do monte, lá estava à sua espera Ziba,ᵍ criado de Mefibosete. Ele trazia dois jumentos carregando duzentos pães, cem bolos de uvas passas, cem frutas da estação e uma vasilha de couro cheia de vinho.ʰ

² O rei perguntou a Ziba: "Por que você trouxe essas coisas?"

Ziba respondeu: "Os jumentos servirão de montaria para a família do rei, os pães e as frutas são para os homens comerem, e o vinho servirá para reanimarⁱ os que ficarem exaustos no deserto".

³ "Onde está Mefibosete, netoʲ de seu senhor?", perguntou o rei.

Respondeu-lhe Ziba: "Ele ficou em Jerusalém, pois acredita que os israelitas lhe restituirão o reino de seu avô".

⁴ Então o rei disse a Ziba: "Tudo o que pertencia a Mefibosete agora é seu".

"Humildemente me prostro", disse Ziba. "Que o rei, meu senhor, agrade-se de mim".

Simei Amaldiçoa Davi

⁵ Chegando o rei Davi a Baurim,ᵏ um homem do clã da família de Saul chamado Simei,ˡ filho de Gera, saiu da cidade proferindo maldiçõesᵐ contra ele. ⁶ Ele atirava pedras em Davi e em todos os conselheiros do rei, embora todo o exército e a guarda de elite estivessem à direita e à esquerda de Davi. ⁷ Enquanto amaldiçoava, Simei dizia: "Saia daqui, saia daqui! Assassino! Bandido! ⁸ O Senhor retribuiu a você todo o sangue derramado na família de Saul, em cujo lugar você reinou.ⁿ O Senhor entregou o reino nas mãos de seu filho Absalão. Você está arruinado porque é um assassino!"

⁹ Então Abisai,ᵒ filho de Zeruia, disse ao rei: "Por que esse cão morto amaldiçoa o rei, meu senhor? Permite que eu lhe corte a cabeça".ᵖ

¹⁰ Mas o rei disse: "Que é que vocês têm com isso, filhos de Zeruia?ᑫ Ele me amaldiçoa porque o Senhor lhe disse que amaldiçoasse Davi. Portanto, quem poderá questioná-lo?"ʳ

¹¹ Disse então Davi a Abisai e a todos os seus conselheiros: "Até meu filho,ˢ sangue do meu sangue¹, procura matar-me. Quanto mais este benjamita! Deixem-no em paz! Que amaldiçoe, pois foi o Senhor que mandou fazer isso.ᵗ ¹² Talvez o Senhor considere a minha afliçãoᵘ e me retribua com o bemᵛ a maldição que hojeʷ recebo".

¹³ Assim, Davi e os seus soldados prosseguiram pela estrada, enquanto Simei ia pela encosta do monte, no lado oposto, amaldiçoando e jogando pedras e terra. ¹⁴ O rei e todo o povo que estava com ele chegaram exaustosˣ a seu destino. E lá descansaram.

O Conselho de Husai e de Aitofel

¹⁵ Enquanto isso, Absalãoʸ e todos os homens de Israel entraram em Jerusalém, e Aitofelᶻ estava com eles. ¹⁶ Então Husai,ᵃ o arquita, amigo de Davi, aproximou-se de Absalão e exclamou: "Viva o rei! Viva o rei!"

¹⁷ Mas Absalão disse a Husai: "É essa a lealdade que você tem para com o seu amigo? Por que você não foi com ele?"ᵇ

¹⁸ Respondeu Husai: "Não! Sou do escolhido do Senhor, deste povo e de todos os

---

¹ **16.11** Hebraico: *que saiu das minhas entranhas*.

israelitas, e com ele permanecerei. ¹⁹ Além disso, a quem devo servir? Não deveria eu servir ao filho? Assim como servi a teu pai, também te servirei".*c*

²⁰ Então Absalão disse a Aitofel: "Dê-nos o seu conselho. Que devemos fazer?"

²¹ Aitofel respondeu: "Aconselho que tenhas relações com as concubinas de teu pai, que ele deixou para tomar conta do palácio. Então todo o Israel ficará sabendo que te tornaste repugnante para teu pai e todos os que estão contigo se encherão de coragem". ²² E assim armaram uma tenda no terraço do palácio para Absalão, e ele teve relações com as concubinas de seu pai à vista de todo o Israel.*d*

²³ Naquela época, tanto Davi*f* como Absalão consideravam os conselhos*e* de Aitofel como se fossem a palavra do próprio Deus.

17 Aitofel disse a Absalão: "Permite-me escolher doze mil homens e partirei esta noite em perseguição a Davi. ² Eu o atacarei enquanto ele está exausto e fraco;*g* vou causar-lhe pânico, e seu exército fugirá. Depois matarei somente o rei*h* ³ e trarei todo o exército de volta a ti. É somente um homem que procuras matar. Assim, todo o exército ficará em paz". ⁴ Esse plano pareceu bom a Absalão e a todas as autoridades de Israel.

⁵ Entretanto, Absalão disse: "Chamem também Husai,*i* o arquita, para que ouçamos a opinião dele". ⁶ Quando Husai entrou, Absalão lhe disse: "Aitofel deu-nos o conselho dele. Devemos fazer o que ele diz, ou você tem outra opinião?"

⁷ Husai respondeu: "O conselho que Aitofel deu desta vez não é bom. ⁸ Sabes que o teu pai e os homens que estão com ele são guerreiros e estão furiosos como uma ursa selvagem da qual roubaram os filhotes.*j* Além disso, teu pai é um soldado experiente*k* e não passará a noite com o exército. ⁹ Ele, agora, já deve estar escondido numa caverna ou nalgum outro lugar.*l* Se alguns dos teus soldados forem mortos no primeiro ataque,¹

---
¹ **17.9** Ou *Quando alguns dos homens caírem no primeiro ataque,*

quem souber disso dirá: 'Houve matança no meio do exército de Absalão'. ¹⁰ Então, até o mais bravo soldado, corajoso como leão,*m* ficará morrendo*n* de medo, pois todo o Israel sabe que teu pai é um guerreiro valente e que seus soldados são corajosos.*o*

¹¹ "Por isso, dou o seguinte conselho: que se reúnam a ti todos os homens de Israel, desde Dã até Berseba,*p* tantos como a areia*q* da praia, e que tu mesmo os conduzas na batalha. ¹² Então o atacaremos onde quer que ele se encontre e cairemos sobre ele como o orvalho cai sobre a terra. Ele e todos os seus homens não escaparão. ¹³ Se ele se refugiar em alguma cidade, todo o Israel levará cordas para lá, e arrastaremos aquela cidade para o vale,*r* até que não reste ali nem sequer uma pequena pedra".

¹⁴ Absalão e todos os homens de Israel consideraram o conselho*s* de Husai, o arquita, melhor do que o de Aitofel;*t* pois o SENHOR tinha decidido frustrar*u* o eficiente conselho de Aitofel, a fim de trazer ruína*v* sobre Absalão.*w*

¹⁵ Husai contou aos sacerdotes Zadoque e Abiatar o conselho que Aitofel dera a Absalão e às autoridades de Israel, e o que ele mesmo lhes tinha aconselhado em seguida. ¹⁶ Então pediu que enviassem imediatamente esta mensagem a Davi: "Não passe a noite nos pontos de travessia do Jordão, no deserto,*x* mas atravesse logo o rio, senão o rei e todo o seu exército serão exterminados".*y*

¹⁷ Jônatas*z* e Aimaás estavam em En-Rogel,*a* e uma serva os informava regularmente, pois não podiam arriscar-se a serem vistos na cidade. Eles, por sua vez, iam relatar ao rei Davi o que tinham ouvido. ¹⁸ Mas um jovem os viu e avisou Absalão. Então eles partiram rapidamente e foram para a casa de um habitante de Baurim,*b* que tinha um poço no quintal. Eles desceram ao poço, ¹⁹ e a dona da casa colocou a tampa no poço. Para disfarçar, espalhou grãos de cereal por cima.*c*

20 Os soldados de Absalão chegaram à casa da mulher[d] e lhe perguntaram: "Onde estão Aimaás e Jônatas?"

A mulher respondeu: "Eles atravessaram as águas"[1]. Os homens os procuraram sem sucesso, e voltaram a Jerusalém.

21 Tendo eles ido embora, os dois saíram do poço e foram informar o rei Davi. Falaram-lhe do conselho que Aitofel dera contra ele e lhe disseram que atravessasse imediatamente o Jordão. **22** Então Davi e todo o seu exército saíram e, quando o sol nasceu, todos tinham atravessado o Jordão.

23 Vendo Aitofel que o seu conselho[e] não havia sido aceito, selou seu jumento e foi para casa, para a sua cidade natal; pôs seus negócios em ordem[f] e depois se enforcou. Ele foi sepultado no túmulo de seu pai.

24 Davi já tinha chegado a Maanaim[g] quando Absalão atravessou o Jordão com todos os homens de Israel. **25** Absalão havia nomeado Amasa[h] comandante do exército em lugar de Joabe. Amasa era filho de Jéter[2],[i] um israelita[3] que havia possuído Abigail, filha de Naás e irmã de Zeruia, mãe de Joabe. **26** Absalão e os israelitas acamparam em Gileade.

27 Quando Davi chegou a Maanaim, Sobi, filho de Naás,[j] de Rabá[k] dos amonitas, Maquir,[l] filho de Amiel, de Lo-Debar, e o gileadita[n] Barzilai,[m] de Rogelim, **28** trouxeram a Davi e ao seu exército camas, bacias e utensílios de cerâmica e também trigo, cevada, farinha, grãos torrados, feijão e lentilha[4], **29** mel e coalhada, ovelhas e queijo de leite de vaca; pois sabiam que o exército estava cansado, com fome[o] e com sede no deserto.[p]

---

[1] **17.20** Ou "*Passaram pelo curral de ovelhas e foram na direção da água*".

[2] **17.25** Hebraico: *Itra*, variante de *Jéter*.

[3] **17.25** Conforme o Texto Massorético e alguns manuscritos da Septuaginta. Outros manuscritos da Septuaginta dizem *ismaelita*. Veja 1Cr 2.17.

[4] **17.28** Conforme a maioria dos manuscritos da Septuaginta e a Versão Siríaca. O Texto Massorético diz *lentilha e grãos torrados*.

A Morte de Absalão

18 Davi passou em revista o exército e nomeou comandantes de batalhões de mil e cem. **2** Depois dividiu[q] o exército em três companhias: uma sob o comando de Joabe, outra sob o comando de Abisai,[r] irmão de Joabe, filho de Zeruia, e outra sob o comando de Itai,[s] o giteu. Disse então o rei ao exército: "Eu também marcharei com vocês".

3 Mas os homens disseram: "Não faças isso! Se tivermos que fugir, eles não se preocuparão conosco e, mesmo que metade de nós morra em batalha, eles não se importarão. Tu, porém, vales por dez[t] mil de nós.[5] Melhor será que fiques na cidade[u] e dali nos dês apoio".

4 O rei respondeu: "Farei o que acharem melhor".

E o rei ficou junto à porta, enquanto os soldados marchavam, saindo em unidades de cem e de mil. **5** O rei ordenou a Joabe, a Abisai e a Itai: "Por amor a mim, tratem bem o jovem Absalão!" E todo o exército ouviu quando o rei deu essa ordem sobre Absalão a cada um dos comandantes.

6 O exército saiu a campo para enfrentar Israel, e a batalha aconteceu na floresta[v] de Efraim, **7** onde o exército de Israel foi derrotado pelos soldados de Davi. Houve grande matança naquele dia, elevando-se o número de mortos a vinte mil. **8** A batalha espalhou-se por toda a região e, naquele dia, a floresta matou mais que a espada.

9 Durante a batalha, Absalão, montado em sua mula, encontrou-se com os soldados de Davi. Passando a mula debaixo dos galhos de uma grande árvore, Absalão ficou preso nos galhos pela cabeça.[w] Ficou pendurado entre o céu e a terra, e a mula prosseguiu.

10 Um homem o viu e informou a Joabe: "Acabei de ver Absalão pendurado numa grande árvore".

---

[5] **18.3** Conforme dois manuscritos do Texto Massorético, alguns manuscritos da Septuaginta e a Vulgata. A maioria dos manuscritos do Texto Massorético diz *importarão, pois agora existem dez mil como nós*.

¹¹ "Você o viu?", perguntou Joabe ao homem. "E por que não o matou˟ ali mesmo? Eu teria dado a você dez peças de prata e um cinturão de guerreiro!"ʸ

¹² Mas o homem respondeu: "Mesmo que fossem pesadas e colocadas em minhas mãos mil peças de prata, eu não levantaria a mão contra o filho do rei. Ouvimos o rei ordenar a ti, a Abisai e a Itai: 'Protejam, por amor a mim, o jovem Absalão'¹. ¹³ Por outro lado, se eu tivesse atentado traiçoeiramente contra a vida dele, o reiᶻ ficaria sabendo, pois não se pode esconder nada dele, e tu mesmo ficarias contra mim".

¹⁴ E Joabeᵃ disse: "Não vou perder mais tempo com você". Então pegou três dardos e com eles traspassou o coração de Absalão, quando ele ainda estava vivo na árvore. ¹⁵ E dez dos escudeiros de Joabe cercaram Absalão e acabaram de matá-lo.ᵇ

¹⁶ A seguir Joabeᶜ tocou a trombeta para que o exército parasse de perseguir Israel e assim deteve o exército. ¹⁷ Retiraram o corpo de Absalão, jogaram-no num grande fosso na floresta e fizeram um grande monteᵈ de pedrasᵉ sobre ele. Enquanto isso, todos os israelitas fugiam para casa.

¹⁸ Quando em vida, Absalão tinha levantado um monumentoᵍ para si mesmo no vale do Rei,ᶠ dizendo: "Não tenho nenhum filhoʰ para preservar a minha memória". Por isso deu à coluna o seu próprio nome. Chama-se ainda hoje Monumento de Absalão.

A Tristeza de Davi

¹⁹ Então Aimaás,ⁱ filho de Zadoque, disse: "Deixa-me correr e levar ao rei a notícia de que o Senhor lhe fez justiça, livrando-o de seus inimigos".ʲ

²⁰ "Não é você quem deve levar a notícia hoje", disse-lhe Joabe. "Deixe isso para outra ocasião. Hoje não, porque o filho do rei morreu."

²¹ Então Joabe ordenou a um etíope²: "Vá dizer ao rei o que você viu". O etíope inclinou-se diante de Joabe e saiu correndo para levar a notícia.

²² Todavia Aimaás, filho de Zadoque, disse de novo a Joabe: "Não importa o que aconteça, deixa-me ir com o etíope".

Joabe, porém, respondeu: "Por que está querendo tanto ir, meu filho? Você não receberá nenhuma recompensa pela notícia".

²³ Mas ele insistiu: "Não importa o que aconteça, quero ir".

Disse então Joabe: "Pois vá!" E Aimaás correu pelo caminho da planície³ e passou à frente do etíope.

²⁴ Davi estava sentado entre a porta interna e a externa da cidade. E, quando a sentinelaᵏ subiu ao terraço que havia sobre a porta junto à muralha, viu um homem que vinha correndo sozinho. ²⁵ A sentinela gritou, avisando o rei.

O rei disse: "Se ele está sozinho, deve trazer boa notícia". E o homem aproximou-se.

²⁶ Então a sentinela viu outro homem que vinha correndo e gritou ao porteiro: "Vem outro homem correndo sozinho!"

"Esse também deve estar trazendo boa notícia!",ˡ exclamou o rei.

²⁷ A sentinela disse: "Está me parecendo, pelo jeito de correr, que o da frente éᵐ Aimaás, filho de Zadoque".

"É um bom homem", disse o rei. "Ele traz boas notícias."

²⁸ Então Aimaás aproximou-se do rei e o saudou. Prostrou-se com o rosto em terra, diante do rei e disse: "Bendito seja o Senhor, o teu Deus! Ele entregou os homens que se rebelaram contra o rei, meu senhor".

²⁹ O rei perguntou: "O jovem Absalão está bem?"

Aimaás respondeu: "Vi que houve grande confusão quando Joabe, o servo do rei, ia enviar teu servo, mas não sei o que aconteceu".

---

¹ **18.12** Conforme alguns manuscritos do Texto Massorético, a Septuaginta, a Vulgata e a Versão Siríaca. A maioria dos manuscritos do Texto Massorético diz '*Protejam o jovem Absalão, não importa quem vocês sejam*'.

² **18.21** Hebraico: *cuxita*; também em 18.21-23, 31 e 32.

³ **18.23** Isto é, a planície do Jordão.

30 O rei disse: "Fique ali ao lado esperando". E Aimaás ficou esperando.

31 Então o etíope chegou e disse: "Ó rei, meu senhor, ouve a boa notícia! Hoje o Senhor te livrou de todos os que se levantaram contra ti".

32 O rei perguntou ao etíope: "O jovem Absalão está bem?"

O etíope respondeu: "Que os inimigos do rei, meu senhor, e todos os que se levantam para te fazer mal acabem como aquele jovem!"*n*

33 Então o rei, abalado, subiu ao quarto que ficava por cima da porta e chorou. Foi subindo e clamando: "Ah, meu filho Absalão! Meu filho, meu filho Absalão! Quem me dera ter morrido*º* em seu lugar! Ah, Absalão, meu filho, meu filho!"*p*

O Luto de Davi

19 Informaram a Joabe que o rei estava chorando e se lamentando por Absalão. **2** Para todo o exército a vitória daquele dia se transformou em luto, porque as tropas ouviram dizer: "O rei está de luto por seu filho". **3** Naquele dia o exército ficou em silêncio na cidade, como fazem os que fogem humilhados da batalha. **4** O rei, com o rosto coberto, gritava: "Ah, meu filho Absalão! Ah, Absalão, meu filho, meu filho!"

Joabe Repreende Davi

5 Então Joabe entrou no palácio e foi falar com o rei: "Hoje humilhaste todos os teus soldados, os quais salvaram a tua vida, bem como a de teus filhos e filhas, e de tuas mulheres e concubinas. **6** Amas os que te odeiam e odeias os que te amam. Hoje deixaste claro que os comandantes e os seus soldados nada significam para ti. Vejo que ficarias satisfeito se, hoje, Absalão estivesse vivo e todos nós estivéssemos mortos. **7** Agora, vai e encoraja teus soldados! Juro pelo Senhor que, se não fores, nem um só deles permanecerá contigo esta noite, o que para ti seria pior do que todas as desgraças que já te aconteceram desde a tua juventude".*q*

8 Então o rei levantou-se e sentou-se junto à porta da cidade. Quando o exército soube que o rei estava sentado junto à porta,*r* todos os soldados juntaram-se a ele.

Davi Retorna para Jerusalém

Enquanto isso os israelitas fugiam para casa. **9** Em todas as tribos de Israel o povo discutia, dizendo: "Davi nos livrou das mãos de nossos inimigos; foi ele que nos libertou dos filisteus.*s* Mas agora fugiu do país por causa de Absalão;*t* **10** e Absalão, a quem tínhamos ungido rei, morreu em combate. E por que não falam em trazer o rei de volta?"

11 Quando chegou aos ouvidos do rei o que todo o Israel estava comentando, Davi mandou a seguinte mensagem aos sacerdotes Zadoque*u* e Abiatar: "Perguntem às autoridades de Judá: Por que vocês seriam os últimos a conduzir o rei de volta ao seu palácio? **12** Vocês são meus irmãos, sangue do meu sangue¹! Por que seriam os últimos a ajudar no meu retorno?" **13** E digam a Amasa:*v* "Você é sangue do meu sangue!*w* Que Deus me castigue com todo o rigor*x* se, de agora em diante, você não for o comandante do meu exército em lugar de Joabe".*y*

14 As palavras de Davi conquistaram a lealdade unânime de todos os homens de Judá. E eles mandaram dizer ao rei que voltasse com todos os seus servos. **15** Então o rei voltou e chegou ao Jordão.

E os homens de Judá foram a Gilgal,*z* ao encontro do rei, para ajudá-lo a atravessar o Jordão. **16** Simei,*a* filho de Gera, benjamita de Baurim, foi depressa com os homens de Judá para encontrar-se com o rei Davi. **17** Com ele estavam outros mil benjamitas e também Ziba,*b* supervisor*c* da casa de Saul, com seus quinze filhos e vinte servos. Eles entraram no Jordão antes do rei **18** e atravessaram o rio a fim de ajudar a família real na travessia e fazer o que o rei desejasse.

¹ **19.12** Hebraico: *meu osso e minha carne*; também no versículo 13.

Simei, filho de Gera, atravessou o Jordão, prostrou-se perante o rei ¹⁹ e lhe disse: "Que o meu senhor não leve em conta o meu crime. E que não te lembres do mal que o teu servo cometeu no dia em que o rei, meu senhor, saiu de Jerusalém.ᵈ Que o rei não pense mais nisso! ²⁰ Eu, teu servo, reconheço que pequei. Por isso, de toda a tribo de José, fui o primeiro a vir ao encontro do rei, meu senhor".

²¹ Então Abisai,ᵉ filho de Zeruia, disse: "Simei amaldiçoouᶠ o ungidoᵍ do Senhor; ele deve ser morto!"

²² Davi respondeu: "Que é que vocês têm com isso, filhos de Zeruia?ʰ Acaso se tornaram agora meus adversários? Deve alguém ser morto hojeⁱ em Israel? Ou não tenho hoje a garantia de que voltei a reinar sobre Israel?" ²³ E o rei prometeu a Simei, sob juramento:ʲ "Você não será morto".

²⁴ Mefiboseteᵏ, neto de Saul, também foi ao encontro do rei. Ele não havia lavado os pés nem aparado a barba nem lavado as roupas, desde o dia em que o rei partira até o dia em que voltou em segurança. ²⁵ Quando chegou de Jerusalém e encontrou-se com o rei, este lhe perguntou: "Por que você não foi comigo,ˡ Mefibosete?"

²⁶ Ele respondeu: "Ó rei, meu senhor! Eu, teu servo, sendo aleijado,ᵐ mandei selar o meu jumento para montá-lo e acompanhar o rei. Mas o meu servoⁿ me enganou. ²⁷ Ele falou mal de mim ao rei, meu senhor. Tu és como um anjoᵒ de Deus! Faze o que achares melhor. ²⁸ Todos os descendentes do meu avô nada mereciam do meu senhor e rei, senão a morte.ᵖ Entretanto, deste a teu servo um lugar entre os que comem à tua mesa.ᑫ Que direito tenho eu, pois, de te pedir qualquer outro favor?"

²⁹ Disse-lhe então o rei: "Você já disse o suficiente. Minha decisão é que você e Ziba dividam a propriedade".

³⁰ Mas Mefibosete disse ao rei: "Deixa que ele fique com tudo, agora que o rei, meu senhor, chegou em segurança ao seu lar".

³¹ Barzilai,ʳ de Gileade, também saiu de Rogelim, acompanhando o rei até o Jordão, para despedir-se dele. ³² Barzilai era bastante idoso; tinha oitenta anos. Foi ele que sustentou o rei durante a sua permanência em Maanaim, pois era muito rico.ˢ ³³ O rei disse a Barzilai: "Venha comigo para Jerusalém, e eu cuidarei de você".

³⁴ Barzilai, porém, respondeu: "Quantos anos de vida ainda me restam, para que eu vá com o rei e viva com ele em Jerusalém? ³⁵ Já fiz oitenta anos.ᵗ Como eu poderia distinguir entre o que é bom e o que é mau? Teu servo mal pode sentir o gosto daquilo que come e bebe. Nem consigo apreciar a voz de homens e mulheres cantando!ᵘ Eu seria maisᵛ um peso para o rei, meu senhor. ³⁶ Teu servo acompanhará o rei um pouco mais, atravessando o Jordão, mas não há motivo para uma recompensa dessas. ³⁷ Permite que o teu servo volte! E que eu possa morrer na minha própria cidade, perto do túmulo de meu paiʷ e de minha mãe. Mas aqui está o meu servo Quimã.ˣ Que ele vá com o meu senhor e rei. Faze por ele o que achares melhor!"

³⁸ O rei disse: "Quimã virá comigo! Farei por ele o que você achar melhor. E tudo o mais que desejar de mim, eu o farei por você".

³⁹ Então todo o exército atravessou o Jordão, e também o rei o atravessou. O rei beijou Barzilai e o abençoou.ʸ E Barzilai voltou para casa. ⁴⁰ O rei seguiu para Gilgal; e com ele foi Quimã. Todo o exército de Judá e a metade do exército de Israel acompanharam o rei.

⁴¹ Logo os homens de Israel chegaram ao rei para reclamar: "Por que os nossos irmãos, os de Judá, sequestraram o rei e o levaram para o outro lado do Jordão, como também a família dele e todos os seus homens?"ᶻ

⁴² Todos os homens de Judá responderam aos israelitas: "Fizemos isso porque o rei é nosso parente mais chegado. Por que vocês estão irritados? Acaso comemos das provisões do rei ou tomamos dele alguma coisa?"

⁴³ Então os israelitas[a] disseram aos homens de Judá: "Somos dez com o rei; e muito maior é o nosso direito sobre Davi do que o de vocês. Por que nos desprezam? Nós fomos os primeiros a propor o retorno do nosso rei!"

Mas os homens de Judá falaram ainda mais asperamente do que os israelitas.

A Rebelião de Seba contra Davi

20 Também estava lá um desordeiro chamado Seba, filho de Bicri, de Benjamim. Ele tocou a trombeta e gritou:

"Não temos parte[b] alguma com Davi,[c]
nenhuma herança com o filho de Jessé![d]
Para casa todos, ó Israel!"

² Então todos de Israel abandonaram Davi para seguir Seba, filho de Bicri. Mas os de Judá permaneceram com seu rei e o acompanharam desde o Jordão até Jerusalém.

³ Quando Davi voltou ao palácio, em Jerusalém, mandou confinar numa casa, sob guarda, as dez concubinas[e] que tinha deixado tomando conta do palácio. Ele as sustentou, mas nunca mais as possuiu. Ficaram confinadas, vivendo como viúvas até a morte.

⁴ E o rei disse a Amasa:[f] "Convoque os homens de Judá e, dentro de três dias, apresente-se aqui com eles". ⁵ Mas Amasa levou mais tempo para convocar Judá do que o prazo estabelecido pelo rei.

⁶ Disse então Davi a Abisai:[g] "Agora Seba, filho de Bicri, será pior para nós do que Absalão. Chame os meus soldados e persiga-o, antes que ele encontre alguma cidade fortificada e, depois, nos arranque os olhos". ⁷ Assim, os soldados de Joabe, os queretitas,[h] os peletitas e todos os guerreiros saíram de Jerusalém para perseguir Seba, filho de Bicri.

⁸ Quando estavam junto à grande rocha de Gibeom,[i] Amasa encontrou-se com eles. Joabe[j] vestia seu traje militar e tinha um cinto com um punhal na bainha. Ao aproximar-se de Amasa, deixou cair a adaga.

⁹ "Como vai, meu irmão?", disse Joabe, pegando Amasa pela barba com a mão direita, para beijá-lo. ¹⁰ E Amasa, não percebendo o punhal[k] na mão esquerda de Joabe,[l] foi por ele golpeado no estômago. Suas entranhas se derramaram no chão, e ele morreu, sem necessidade de um segundo golpe. Então Joabe e Abisai, seu irmão, perseguiram Seba, filho de Bicri.

¹¹ Um dos soldados de Joabe ficou ao lado do corpo de Amasa e disse: "Quem estiver do lado de Joabe e de Davi, que siga Joabe!" ¹² Amasa jazia numa poça de sangue no meio da estrada.[m] Quando o homem viu que todos os que se aproximavam do corpo de Amasa paravam, arrastou-o para fora da estrada e o cobriu com uma coberta. ¹³ Depois que o corpo de Amasa foi retirado da estrada, todos os homens seguiram com Joabe em perseguição a Seba, filho de Bicri.

¹⁴ Seba atravessou todas as tribos de Israel e chegou até Abel-Bete-Maaca,[1] e todos os bicritas[2n] se reuniram para segui-lo. ¹⁵ O exército de Joabe veio, cercou Seba em Abel-Bete-Maaca[o] e construiu contra a cidade uma rampa[p] que chegou até a muralha externa. Quando o exército de Joabe estava para derrubar a muralha, ¹⁶ uma mulher sábia[q] gritou da cidade: "Ouçam! Ouçam! Digam a Joabe que venha aqui para que eu fale com ele". ¹⁷ Quando ele se aproximou, a mulher perguntou: "Tu és Joabe?"

Ele respondeu: "Sim".

Ela disse: "Ouve o que a tua serva tem para dizer-te".

"Estou ouvindo", disse ele.

¹⁸ E ela prosseguiu: "Antigamente se dizia: 'Peça conselho na cidade de Abel', e isso resolvia a questão. ¹⁹ Nós somos pacíficos[r] e fiéis em Israel. Tu procuras destruir uma cidade que é mãe em Israel. Por que queres arruinar a herança do SENHOR?"[s]

---

[1] **20.14** Ou *Abel, inclusive Bete-Maaca*; também no versículo 15.

[2] **20.14** Conforme a Septuaginta e a Vulgata. O Texto Massorético diz *beritas*.

²⁰ Respondeu Joabe: "Longe de mim uma coisa dessas! Longe de mim arruinar e destruir esta cidade! ²¹ Não é esse o problema. Mas um homem chamado Seba, filho de Bicri, dos montes de Efraim, rebelou-se contra o rei Davi. Entreguem-me esse homem, e iremos embora".

A mulher disse a Joabe: "A cabeça*ᵗ* dele te será jogada do alto da muralha".

²² Então a mulher foi falar com todo o povo, dando o seu sábio conselho,*ᵘ* e eles cortaram a cabeça de Seba, filho de Bicri, e a jogaram para Joabe. Ele tocou a trombeta, e seus homens se dispersaram, abandonaram o cerco da cidade e cada um voltou para sua casa. E Joabe voltou ao rei, em Jerusalém.

²³ Joabe*ᵛ* comandava todo o exército de Israel; Benaia, filho de Joiada, comandava os queretitas e os peletitas; ²⁴ Adonirão[1]*ʷ* era chefe do trabalho forçado; Josafá,*ˣ* filho de Ailude, era arquivista real; ²⁵ Seva era secretário; Zadoque*ʸ* e Abiatar eram sacerdotes; ²⁶ e Ira, de Jair, era sacerdote de Davi.

Os Gibeonitas São Vingados

21 Durante o reinado de Davi houve uma fome*ᶻ* que durou três anos. Davi consultou*ᵃ* o S<small>ENHOR</small>, que lhe disse: "A fome veio por causa de Saul e de sua família sanguinária, por terem matado os gibeonitas".

² O rei então mandou chamar os gibeonitas*ᵇ* e falou com eles. (Os gibeonitas não eram de origem israelita, mas remanescentes dos amorreus. Os israelitas tinham feito com eles um acordo sob juramento; mas Saul, em seu zelo por Israel e Judá, havia tentado exterminá-los.) ³ Davi perguntou aos gibeonitas: "Que posso fazer por vocês? Como posso reparar o que foi feito, para que abençoem a herança*ᶜ* do S<small>ENHOR</small>?"

⁴ Os gibeonitas responderam: "Não exigimos de Saul ou de sua família prata ou ouro nem queremos matar ninguém em Israel".*ᵈ*

Davi perguntou: "O que querem que eu faça por vocês?", ⁵ e eles responderam: "Quanto ao homem que quase nos exterminou e que pretendia destruir-nos, para que não tivéssemos lugar em Israel, ⁶ que sete descendentes dele sejam executados*ᵉ* perante o S<small>ENHOR</small>, em Gibeá de Saul, no monte*ᶠ* do S<small>ENHOR</small>".

"Eu os entregarei a vocês", disse o rei.

⁷ O rei poupou Mefibosete,*ᵍ* filho de Jônatas e neto de Saul, por causa do juramento*ʰ* feito perante o S<small>ENHOR</small> entre Davi e Jônatas, filho de Saul. ⁸ Mas o rei mandou buscar Armoni e Mefibosete, os dois filhos que Rispa,*ⁱ* filha de Aiá, tinha dado a Saul. Com eles também os cinco filhos que Merabe[2], filha de Saul, tinha dado a Adriel, filho de Barzilai, de Meolá.*ʲ* ⁹ Ele os entregou aos gibeonitas, que os executaram no monte, perante o S<small>ENHOR</small>. Os sete foram mortos*ᵏ* ao mesmo tempo, nos primeiros dias*ˡ* da colheita de cevada.

¹⁰ Então Rispa, filha de Aiá, pegou um pano de saco e o estendeu para si sobre uma rocha. Desde o início da colheita até cair chuva do céu sobre os corpos, ela não deixou que as aves de rapina os tocassem de dia nem os animais selvagens à noite.*ᵐ* ¹¹ Quando Davi foi informado do que Rispa, filha de Aiá, concubina de Saul, havia feito, ¹² mandou recolher os ossos de Saul*ⁿ* e de Jônatas, tomando-os dos cidadãos de Jabes-Gileade. (Eles haviam roubado os ossos da praça de Bete-Seã,*ᵒ* onde os filisteus os tinham pendurado,*ᵖ* no dia em que mataram Saul no monte Gilboa.) ¹³ Davi trouxe de lá os ossos de Saul e de seu filho Jônatas, recolhidos dentre os ossos dos que haviam sido executados.

¹⁴ Enterraram os ossos de Saul e de Jônatas no túmulo de Quis, pai de Saul, em Zela,*ᑫ* na terra de Benjamim, e fizeram tudo

---

[1] **20.24** Conforme alguns manuscritos da Septuaginta. O Texto Massorético diz *Adorão*. Veja 1Rs 4.6 e 5.14.

[2] **21.8** Conforme dois manuscritos do Texto Massorético, alguns manuscritos da Septuaginta e a Versão Siríaca. A maioria dos manuscritos do Texto Massorético e da Septuaginta diz *Mical*. Veja 1Sm 18.19.

o que o rei tinha ordenado. Depois disso[r] Deus respondeu às orações[s] em favor da terra de Israel.

Guerras contra os Filisteus

15 Houve, ainda, outra batalha entre os filisteus[t] e Israel; Davi e seus soldados foram lutar contra os filisteus. Davi se cansou muito, **16** e Isbi-Benobe, descendente de Rafa, prometeu matar Davi. (A ponta de bronze da lança de Isbi-Benobe pesava três quilos e seiscentos gramas[1], e, além disso, ele estava armado com uma espada nova.) **17** Mas Abisai,[u] filho de Zeruia, foi em socorro de Davi e matou o filisteu. Então os soldados de Davi lhe juraram, dizendo: "Nunca mais sairás conosco à guerra, para que não apagues[w] a lâmpada[v] de Israel".

18 Houve depois outra batalha contra os filisteus, em Gobe. Naquela ocasião Sibecai,[x] de Husate, matou Safe, um dos descendentes de Rafa.

19 Noutra batalha contra os filisteus em Gobe, Elanã, filho de Jaaré-Oregim,[2] de Belém, matou Golias,[3] de Gate, que possuía uma lança cuja haste parecia uma lançadeira de tecelão.[y]

20 Noutra batalha, em Gate, havia um homem de grande estatura e que tinha seis dedos em cada mão e seis dedos em cada pé, vinte e quatro dedos ao todo. Ele também era descendente de Rafa **21** e desafiou Israel, mas Jônatas, filho de Simeia,[z] irmão de Davi, o matou.

22 Esses quatro eram descendentes de Rafa, em Gate, e foram mortos por Davi e seus soldados.

Cântico de Louvor de Davi

22 Davi cantou[a] ao Senhor este cântico, quando ele o livrou das mãos de todos os seus inimigos e das mãos de Saul, **2** dizendo:

"O Senhor é a minha rocha,[b]
   a minha fortaleza[c] e o meu
     libertador;[d]
3 o meu Deus é a minha rocha,
   em que me refugio;[e]
o meu escudo[f]
   e o meu poderoso[4][g] salvador.
Ele é a minha torre alta,[h]
   o meu abrigo seguro.
Tu, Senhor,
   és o meu salvador,
   e me salvas dos violentos.
4 Clamo ao Senhor,
   que é digno[i] de louvor,
e sou salvo dos meus inimigos.

5 "As ondas[j] da morte me cercaram;
as torrentes da destruição
   me aterrorizaram.
6 As cordas da sepultura[5][k] me
   envolveram;
as armadilhas da morte
   me confrontaram.
7 Na minha angústia,[l] clamei[m] ao
   Senhor;
   clamei ao meu Deus.
Do seu templo ele ouviu a minha voz;
o meu grito de socorro
   chegou aos seus ouvidos.

8 "A terra[n] abalou-se[o] e tremeu,
os alicerces[p] dos céus[6] estremeceram;
tremeram porque ele estava irado.
9 Das suas narinas saiu fumaça;
da sua boca saiu fogo[q] consumidor;
dele saíram brasas vivas e flamejantes.
10 Ele abriu os céus e desceu;
nuvens escuras[r] estavam debaixo
   dos seus pés.

---

[1] **21.16** Hebraico: *300 siclos*. Um siclo equivalia a 12 gramas.
[2] **21.19** Ou *filho do tecelão Jair*.
[3] **21.19** Conforme o Texto Massorético e a Septuaginta. 1Cr 20.5 diz *filho de Jair, matou Lami, o irmão de Golias*.

[4] **22.3** Hebraico: *chifre*, que aqui simboliza a força.
[5] **22.6** Hebraico: *Sheol*. Essa palavra também pode ser traduzida por *profundezas, pó* ou *morte*.
[6] **22.8** A Vulgata e a Versão Siríaca dizem *montes*. Veja Sl 18.7.

21.14 *r*Js 7.26; *s*2Sm 24.25
21.15 *t*2Sm 5.25
21.17 *u*2Sm 20.6; *v*1Rs 11.36; *w*2Sm 18.3
21.18 *x*1Cr 11.29; 20.4; 27.11
21.19 *y*1Sm 17.7
21.21 *z*1Sm 16.9
22.1 *a*Ex 15.1; Jz 5.1; Sl 18.2-50
22.2 *b*Dt 32.4; Sl 71.3; *c*Sl 31.3; 91.2; *d*Sl 144.2
22.3 *e*Dt 32.27; Jr 16.19; *f*Gn 15.1; *g*Lc 1.69; *h*Sl 9.9
22.4 *i*Sl 48.1; 96.4
22.5 *j*Sl 69.14-15; 93.4; Jn 2.3
22.6 *k*Sl 116.3
22.7 *l*Sl 120.1; *m*Sl 34.6,15; 116.4
22.8 *n*Jz 5.4; Sl 97.4; *o*Sl 77.18; *p*Jó 26.11
22.9 *q*Sl 97.3; Hb 12.29
22.10 *r*1Rs 8.12; Na 1.3

¹¹ Montou sobre um querubim e voou;
 elevou-se¹ sobre as asas do vento.ˢ
¹² Pôs as trevas ao seu redor;
 das densas² nuvens de chuva
  fez o seu abrigo.
¹³ Do brilho da sua presença
  Flamejavamᵗ carvões em brasa.
¹⁴ Dos céus o Senhor trovejou;ᵘ
 ressoou a voz do Altíssimo.
¹⁵ Ele atirou flechasᵛ
  e dispersou os inimigos,
 arremessou raios
  e os fez bater em retirada.
¹⁶ Os vales apareceram,
  e os fundamentos da terra
   foram expostos,
 diante da repreensãoʷ do Senhor,
 com o forte sopro de suas narinas.
¹⁷ "Das alturasˣ estendeu a mão
  e me segurou;
 tirou-meʸ de águas profundas.
¹⁸ Livrou-me do meu inimigo poderoso,
  dos meus adversários,
  que eram fortes demais para mim.
¹⁹ Eles me atacaram
  no dia da minha calamidade,
 mas o Senhor foi o meu amparo.ᶻ
²⁰ Deu-me amplaᵃ liberdade;
 livrou-me,ᵇ pois meᵈ quer bem.ᶜ

²¹ "O Senhor me tratou
  conforme a minha retidão;ᵉ
 conforme a pureza das minhas mãosᶠ
  me recompensou.
²² Pois guardeiᵍ os caminhos do
   Senhor;
  não cometi a perversidade
  de afastar-me do meu Deus.
²³ Todos os seus mandamentos
  estão diante de mim;ʰ
 não me afasteiⁱ dos seus decretos.

²⁴ Tenho sido irrepreensívelʲ
  para com ele
 e guardei-me de pecar.
²⁵ O Senhor recompensou-me
  segundo a minha retidão,ᵏ
 conforme a pureza das minhas mãos
  perante ele.

²⁶ "Ao fiel te revelas fiel,
 ao irrepreensível
  te revelas irrepreensível,
²⁷ ao puroˡ te revelas puro,
 mas ao perverso te revelas astuto.ᵐ
²⁸ Salvas os humildes,ⁿ
 mas os teus olhos
  estão sobre os orgulhosos
  para os humilhar³.ᵒ
²⁹ Tu és a minha lâmpada,ᵖ ó Senhor!
 O Senhor ilumina-me as trevas.
³⁰ Contigo posso avançar
  contra uma tropa⁴;
 com o meu Deus
  posso transpor muralhas.

³¹ "Este é o Deus
  cujo caminho é perfeito;ᑫ
 a palavra do Senhor
  é comprovadamente genuína.ʳ
 Ele é escudo
  para todos os que nele se refugiam.
³² Pois quem é Deus além do Senhor?
 E quem é Rochaˢ senão o nosso
   Deus?
³³ É Deus quem me reveste de força⁵
  e torna perfeito o meu caminho.
³⁴ Ele me faz correr veloz como a gazelaᵗ
  e me firma os passos nos lugares
   altos.ᵘ
³⁵ É ele que treina as minhas mãosᵛ
  para a batalha,

¹ 22.11 Conforme muitos manuscritos do Texto Massorético. A maioria dos manuscritos do Texto Massorético diz *apareceu*. Veja Sl 18.10.
² 22.12 Conforme a Septuaginta e a Vulgata. O Texto Massorético diz *escuras*. Veja Sl 18.11.
³ 22.28 Um manuscrito da Septuaginta e o texto paralelo do Sl 18.27 dizem *mas humilhas os de olhos altivos*.
⁴ 22.30 Ou *posso vencer uma barricada*
⁵ 22.33 Conforme alguns manuscritos do mar Morto, alguns manuscritos da Septuaginta, a Vulgata e a Versão Siríaca. O Texto Massorético diz *Deus, que é minha fortaleza*. Veja Sl 18.32.

22.11
ˢSl 104.3
22.13
ᵗv. 9
22.14
ᵘ1Sm 2.10
22.15
ᵛDt 32.23
22.16
ʷNa 1.4
22.17
ˣSl 144.7
ʸEx 2.10
22.19
ᶻSl 23.4
22.20
ᵃSl 31.8
ᵇSl 118.5
ᶜSl 22.8
ᵈ2Sm 15.26
22.21
ᵉ1Sm 26.23
ᶠSl 24.4
22.22
ᵍGn 18.19;
Sl 128.1;
Pv 8.32
22.23
ʰDt 6.4-9;
Sl 119.30-32
ⁱSl 119.102
22.24
ʲGn 6.9;
Ef 1.4
22.25
ᵏv. 21
22.27
ˡMt 5.8
ᵐLv 26.23-24
22.28
ⁿEx 3.8;
Sl 72.12-13
ᵒIs 2.12,17;
5.15
22.29
ᵖSl 27.1
22.31
ᑫDt 32.4;
Mt 5.48
ʳSl 12.6;
119.140;
Pv 30.5-6
22.32
ˢ1Sm 2.2
22.34
ᵗHa 3.19
ᵘDt 32.13
22.35
ᵛSl 144.1

e assim os meus braços vergam
  o arco de bronze.
³⁶ Tu me dás o teu escudo* de
  livramento;
  a tua ajuda me fez forte.
³⁷ Alargas sob mim o meu caminho,*
  para que os meus tornozelos
  não se torçam.
³⁸ "Persegui os meus inimigos
  e os derrotei;
não voltei
  enquanto não foram destruídos.
³⁹ Esmaguei-os* completamente,
  e não puderam levantar-se;
caíram debaixo dos meus pés.
⁴⁰ Tu me revestiste de força
  para a batalha;
fizeste cair aos meus pés*
  os meus adversários.
⁴¹ Fizeste que os meus inimigos
  fugissem de mim;*
destruí os que me odiavam.
⁴² Gritaram por socorro,*
  mas não havia quem os salvasse;*
gritaram ao Senhor,
  mas ele não respondeu.
⁴³ Eu os reduzi a pó, como o pó da terra;
esmaguei-os
  e os amassei* como a lama* das ruas.
⁴⁴ "Tu me livraste* dos ataques
  do meu povo;
preservaste-me* como líder de nações.
Um povo* que eu não conhecia
  me é sujeito.
⁴⁵ Estrangeiros me bajulam;*
  assim que me ouvem, me obedecem.
⁴⁶ Todos eles perdem a coragem;
  saem tremendo* das suas fortalezas.*
⁴⁷ "O Senhor vive!
  Bendita seja a minha Rocha!
Exaltado seja Deus,
  a Rocha que me salva!*

⁴⁸ Este é o Deus que em meu favor
  executa vingança,*
que sujeita nações ao meu poder,
⁴⁹ que me livrou dos meus inimigos.*
Tu me exaltaste
  acima dos meus agressores;
de homens violentos me libertaste.
⁵⁰ Por isso te louvarei entre as nações,
  ó Senhor;
cantarei louvores ao teu nome.*
⁵¹ Ele concede grandes vitórias* ao seu
  rei;
é bondoso com o seu ungido,*
  com Davi* e seus descendentes para
  sempre".*

As Últimas Palavras de Davi

23 Estas são as últimas palavras de Davi:

"Palavras de Davi, filho de Jessé;
palavras do homem que foi exaltado,*
  do ungido* pelo Deus de Jacó,
  do cantor dos cânticos de Israel²:

² "O Espírito* do Senhor
  falou por meu intermédio;
sua palavra esteve em minha língua.
³ O Deus de Israel falou,
  a Rocha* de Israel me disse:
'Quem governa o povo com justiça,*
quem o governa com o temor de Deus,*
⁴ é como a luz da manhã
  ao nascer do sol,*
numa manhã sem nuvens.
É como a claridade depois da chuva,
que faz crescer as plantas da terra'.

⁵ "A minha dinastia
  está de bem com Deus.
Ele fez uma aliança* eterna comigo,
  firmada e garantida
  em todos os aspectos.
Certamente me fará prosperar em tudo
e me concederá tudo quanto eu desejo.
⁶ Mas os perversos serão lançados fora
  como espinhos,*
que não se ajuntam com as mãos;

---

¹ **22.46** Conforme alguns manuscritos da Septuaginta e a Vulgata. O Texto Massorético diz *desde suas fortalezas eles se armam*. Veja Sl 18.45.

² **23.1** Ou *o amado cantor de Israel*

⁷ quem quer tocá-los usa uma
    ferramenta
    ou o cabo de madeira da lança.
Os espinhos serão totalmente
    queimados
    onde estiverem".

Os Principais Guerreiros de Davi

⁸ Estes são os nomes dos principais guerreiros de Davi:

Jabesão¹, um tacmonita², chefe dos três guerreiros principais; numa ocasião, com uma lança, enfrentou³ oitocentos homens numa mesma batalha e os matou.

⁹ Depois dele, Eleazar, filho do aoíta⁽ᶜ⁾ Dodô.⁽ᵇ⁾ Ele era um dos três principais guerreiros e esteve com Davi quando os filisteus se reuniram em Pas-Damim para a batalha. Os israelitas recuaram, ¹⁰ mas ele manteve a sua posição e feriu os filisteus até a sua mão ficar dormente e grudar na espada. O SENHOR concedeu uma grande vitória a Israel naquele dia, e o exército voltou para onde Eleazar estava, mas somente para saquear os mortos.

¹¹ Depois dele, Samá, filho de Agé, de Harar. Os filisteus reuniram-se em Leí, onde havia uma plantação de lentilha. O exército de Israel fugiu dos filisteus, ¹² mas Samá tomou posição no meio da plantação, defendeu-a e derrotou os filisteus. O SENHOR concedeu-lhe uma grande vitória.

¹³ Durante a colheita, três chefes do batalhão dos Trinta foram encontrar Davi na caverna de Adulão,⁽ᵈ⁾ enquanto um grupo de filisteus acampava no vale de Refaim.⁽ᵉ⁾ ¹⁴ Estando Davi nessa fortaleza⁽ᶠ⁾ e o destacamento filisteu em Belém,⁽ᵍ⁾ ¹⁵ Davi expressou este forte desejo: "Quem me dera me trouxessem água da cisterna da porta de Belém!" ¹⁶ Então aqueles três atravessaram o acampamento filisteu, tiraram água da cisterna e a trouxeram a Davi. Mas ele se recusou a beber; em vez disso, derramou-a⁽ʰ⁾ como oferta ao SENHOR e disse: ¹⁷ "O SENHOR me livre de beber desta água! Seria como beber o sangue⁽ⁱ⁾ dos que arriscaram a vida para trazê-la!" E Davi não bebeu daquela água.

Foram esses os feitos dos três principais guerreiros.

¹⁸ Abisai,⁽ʲ⁾ irmão de Joabe e filho de Zeruia, era o chefe do batalhão dos Trinta⁴. Certa ocasião, com sua lança matou trezentos homens, tornando-se tão famoso quanto os três. ¹⁹ Foi mais honrado que o batalhão dos Trinta e tornou-se o chefe deles. Mas nunca igualou-se aos três principais guerreiros.

²⁰ Benaia,⁽ᵏ⁾ filho de Joiada, era um corajoso soldado de Cabzeel,⁽ˡ⁾ que realizou grandes feitos. Matou dois dos melhores guerreiros de Moabe e, num dia de neve, desceu num buraco e matou um leão. ²¹ Também matou um egípcio de grande estatura. O egípcio tinha na mão uma lança, e Benaia o enfrentou com um cajado. Arrancou a lança da mão do egípcio e com ela o matou. ²² Esses foram os grandes feitos de Benaia, filho de Joiada, que também teve fama como os três principais guerreiros de Davi. ²³ Foi mais honrado do que qualquer dos Trinta, mas nunca igualou-se aos três. E Davi lhe deu o comando da sua guarda pessoal.

²⁴ Entre os Trinta estavam:
Asael,⁽ᵐ⁾ irmão de Joabe;
Elanã, filho de Dodô, de Belém;
²⁵ Samá e Elica, de Harode;⁽ⁿ⁾
²⁶ Helez,⁽ᵒ⁾ de Pelete;
Ira, filho de Iques, de Tecoa;
²⁷ Abiezer, de Anatote;⁽ᵖ⁾
Mebunai⁵, de Husate;

---

¹ **23.8** Alguns manuscritos da Septuaginta sugerem *Is-Bosete*, isto é, Esbaal ou Josebe-Bassebete. Veja 1Cr 11.11.

² **23.8** Provavelmente variante de *hacmonita*. Veja 1Cr 11.11.

³ **23.8** Conforme alguns manuscritos da Septuaginta. O Texto Massorético e outros manuscritos da Septuaginta dizem *três; foi o esnita Adino que matou oitocentos homens*. Veja 1Cr 11.11.

⁴ **23.18** Conforme a maioria dos manuscritos do Texto Massorético. Dois manuscritos do Texto Massorético e a Versão Siríaca dizem *chefe dos três*. Veja 1Cr 11.20.

⁵ **23.27** Alguns manuscritos da Septuaginta dizem *Sibecai*. Veja 1Cr 11.29.

²⁸ Zalmom, de Aoí;
Maarai,ᑫ de Netofate;ʳ
²⁹ Helede¹, filho de Baaná, de Netofate;
Itai, filho de Ribai,
de Gibeáˢ de Benjamim;
³⁰ Benaia, de Piratom;ᵗ
Hidai², dos riachos de Gaás;ᵘ
³¹ Abi-Albom, de Arbate;
Azmavete, de Baurim;ᵛ
³² Eliaba, de Saalbom;
os filhos de Jasém;
Jônatas,
³³ filho de³ Samá, de Harar;
Aião, filho de Sarar⁴, de Harar;
³⁴ Elifelete, filho de Aasbai, de Maaca;
Eliã,ʷ filho de Aitofel,ˣ de Gilo;
³⁵ Hezrai, de Carmelo;ʸ
Paarai, de Arabe;
³⁶ Igal, filho de Natã, de Zobá;ᶻ
o filho de Hagri⁵;
³⁷ Zeleque, de Amom;
Naarai, de Beerote,
escudeiro de Joabe, filho de Zeruia;
³⁸ Ira e Garebe, de Jatir,ᵃ
³⁹ e o hitita Urias.ᵇ
Foram ao todo trinta e sete.

O Recenseamento e a sua Punição

24 Mais uma vezᶜ irou-se o Senhor contra Israel e incitou Davi contra o povo, levando-o a fazer um censoᵈ de Israel e de Judá.

² Então o rei disse a Joabeᵉ e aos outros comandantes do exército⁶: "Vão por todas as tribos de Israel, de Dã a Berseba,ᶠ e contem o povo, para que eu saiba quantos são".

³ Joabe, porém, respondeu ao rei: "Que o Senhor, o teu Deus, multiplique o povo por cem,ᵍ e que os olhos do rei, meu senhor, o vejam! Mas, por que o rei, meu senhor, deseja fazer isso?"

⁴ Mas a palavra do rei prevaleceu sobre a de Joabe e sobre a dos comandantes do exército; então eles saíram da presença do rei para contar o povo de Israel.

⁵ E, atravessando o Jordão, começaram em Aroer,ʰ ao sul da cidade, no vale; depois foram para Gade e de lá para Jazar,ⁱ ⁶ Gileade e Cades dos hititas⁷, chegaram a Dã-Jaã e às proximidades de Sidom.ʲ ⁷ Dali seguiram na direção da fortaleza de Tiroᵏ e de todas as cidades dos heveus e dos cananeus. Por último, foram até Berseba,ˡ no Neguebeᵐ de Judá.

⁸ Percorreram todo o país e voltaram a Jerusalém ao fim de nove meses e vinte dias.

⁹ Então Joabe apresentou ao rei o relatório do recenseamento do povo: havia em Israel oitocentos mil homens habilitados para o serviço militar e, em Judá, quinhentos mil.ⁿ

¹⁰ Depois de contar o povo, Davi sentiu remorsoᵒ e disse ao Senhor: "Pequeiᵖ gravemente com o que fiz! Agora, Senhor, eu imploro que perdoes o pecado do teu servo, porque cometi uma grande loucura!"ᑫ

¹¹ Levantando-se Davi pela manhã, o Senhor já tinha falado a Gade,ʳ o vidente dele:ˢ ¹² "Vá dizer a Davi: Assim diz o Senhor: 'Estou dando a você três opções de punição; escolha uma delas, e eu a executarei contra você'".

¹³ Então Gade foi a Davi e lhe perguntou: "O que você prefere: três⁸ anos de fomeᵗ em sua terra; três meses fugindo de seus adversários, que o perseguirão; ou três dias de pragaᵘ em sua terra? Pense bem e diga-me o que deverei responder àquele que me enviou".

¹⁴ Davi respondeu: "É grande a minha angústia! Prefiro cair nas mãos do Senhor, pois grande é a sua misericórdia,ᵛ a cair nas mãos dos homens".

---

¹ **23.29** Muitos manuscritos dizem *Helebe*. Veja 1Cr 11.30.

² **23.30** Alguns manuscritos da Septuaginta dizem *Hurai*. Veja 1Cr 11.32.

³ **23.33** Conforme alguns manuscritos da Septuaginta. O Texto Massorético não diz *filho de*. Veja 1Cr 11.34.

⁴ **23.33** Alguns manuscritos dizem *Sacar*. Veja 1Cr 11.35.

⁵ **23.36** Vários manuscritos dizem *Hagadi*. Veja 1Cr 11.38.

⁶ **24.2** Conforme a Septuaginta. O Texto Massorético diz *Joabe, o comandante do exército*. Veja o versículo 4 e 1Cr 21.2.

⁷ **24.6** Hebraico: *Tatim-Hodsi*.

⁸ **24.13** Conforme a Septuaginta. O Texto Massorético diz *sete*. Veja 1Cr 21.12.

15 Então o Senhor enviou uma praga sobre Israel, desde aquela manhã até a hora que tinha determinado. E morreram[w] setenta mil homens do povo, de Dã a Berseba. **16** Quando o anjo estendeu a mão para destruir Jerusalém, o Senhor arrependeu-se[x] de trazer essa catástrofe e disse ao anjo destruidor: "Pare! Já basta!" Naquele momento o anjo do Senhor[y] estava perto da eira de Araúna, o jebuseu.

17 Ao ver o anjo que estava matando o povo, disse Davi ao Senhor: "Fui eu que pequei e cometi iniquidade. Estes não passam de ovelhas.[z] O que eles fizeram? Que o teu castigo caia sobre mim e sobre a minha família!"[a]

Davi Constrói um Altar

18 Naquele mesmo dia Gade foi dizer a Davi: "Vá e edifique um altar ao Senhor na eira de Araúna, o jebuseu". **19** Davi foi para lá, em obediência à ordem que Gade tinha dado em nome do Senhor. **20** Quando Araúna viu o rei e seus soldados vindo ao encontro dele, saiu e prostrou-se perante o rei com o rosto em terra, **21** e disse: "Por que o meu senhor e rei veio ao teu servo?"

Respondeu Davi: "Para comprar sua eira e edificar nela um altar ao Senhor, para que cesse[b] a praga no meio do povo".

22 Araúna disse a Davi: "O meu senhor e rei pode ficar com o que desejar e oferecê-lo em sacrifício. Aqui estão os bois[c] para o holocausto[1], e o debulhador e o jugo dos bois para a lenha. **23** Ó rei, eu dou[d] tudo isso a ti". E acrescentou: "Que o Senhor, o teu Deus, aceite a tua oferta".

24 Mas o rei respondeu a Araúna: "Não! Faço questão de pagar o preço justo. Não oferecerei ao Senhor, o meu Deus, holocaustos que não me custem nada";[e] e comprou a eira e os bois por cinquenta peças[2] de prata. **25** Davi edificou ali um altar[f] ao Senhor e ofereceu holocaustos e sacrifícios de comunhão[3]. Então o Senhor aceitou as súplicas[g] em favor da terra e terminou a praga que destruía Israel.

---

[1] **24.22** Isto é, sacrifício totalmente queimado; também nos versículos 24 e 25.

[2] **24.24** Hebraico: *50 siclos*. Um siclo equivalia a 12 gramas.

[3] **24.25** Ou *de paz*

Introdução a 1REIS

PANO DE FUNDO

O livro de 1Reis tem início com a morte de Davi, seguido pelo relato de Salomão reinando sobre um Israel unido, e termina com a nação tão dividida quanto seu coração. Com a construção do templo e com riqueza e sabedoria sem precedentes que lhe foram concedidas por Deus, Salomão leva Israel a uma verdadeira era áurea. Mesmo assim, o mais sábio dos reis permite que suas esposas estrangeiras o desviem para a idolatria. Na morte de Salomão, o reino unido de Israel se divide em duas nações — Israel, no Norte, e Judá, no Sul. O Reino do Norte é constituído de dez tribos, com capital em Samaria. O Reino do Sul tem duas tribos — Judá e Benjamim — e mantém Jerusalém como capital.

Os dois livros de Reis eram originariamente um único livro, que foi dividido na versão grega Septuaginta. Conquanto seu autor seja desconhecido, o profeta Jeremias está na lista de possíveis autores.

MENSAGEM

Os temas do reinado e das alianças são proeminentes em 1 e 2Reis. Os governantes que seguem Deus são claramente destacados dos que não seguem com a frase "[f]ez o que o SENHOR reprova" (15.34). Em outras palavras, eles não honraram a aliança que historicamente o povo de Israel fizera com Deus. O escritor de 1Reis mostra o declínio moral gradual dos reinos de Roboão até Josafá (em Judá) e de Jeroboão a Acazias (em Israel). Mas Deus não está em silêncio. Ele fala através dos profetas, especialmente Elias, constantemente chamando seu povo de volta para Deus e cuidando dos que permaneceram fiéis em tempos de grandes tribulações e liderança ímpia. O desafio no monte Carmelo no qual Elias enfrentou os profetas de Baal providencia para o povo uma inequívoca apresentação do grande poder de Deus.

ÉPOCA

O livro de 1Reis cobre eventos de 970 até cerca de 850 a.C.

ESBOÇO

I. Israel unido
  A. Morte de Davi e unção de Salomão ... 1.1—2.12
  B. Riqueza e sabedoria de Salomão ... 2.13—4.34
  C. Salomão constrói o templo ... 5.1—9.28
  D. A visita da rainha de Sabá ... 10.1-29
  E. O fracasso de Salomão ... 11.1-43

II. Israel dividido
  A. A escolha de Roboão divide o reino ... 12.1-24
  B. O reinado de Jeroboão ... 12.25—14.20
  C. O reinado de Roboão ... 14.21-31
  D. Reinados de vários reis ... 15.1—16.34
  E. O ministério de Elias ... 17.1—22.53

Adonias Declara-se Rei

1 Quando o rei Davi envelheceu, estando já de idade bem avançada, cobriam-no de cobertores, mas ele não se aquecia. ² Por isso os seus servos lhe propuseram: "Vamos procurar uma jovem virgem que sirva o rei e cuide dele. Ela se deitará ao seu lado, a fim de aquecê-lo".

³ Então procuraram em todo o território de Israel uma jovem que fosse bonita e encontraram Abisague, uma sunamita,ᵃ e a levaram ao rei. ⁴ A jovem, muito bonita, cuidava do rei e o servia, mas o rei não teve relações com ela.

⁵ Ora, Adonias,ᵇ cuja mãe se chamava Hagite, tomou a dianteira e disse: "Eu serei o rei". Providenciou uma carruagemᶜ e cavalos¹, além de cinquenta homens para correrem à sua frente. ⁶ Seu pai nunca o havia contrariado;ᵈ nunca lhe perguntava: "Por que você age assim?" Adonias também tinha boa aparência e havia nascido depois de Absalão.

⁷ Adonias fez acordo com Joabe,ᵉ filho de Zeruia, e com o sacerdote Abiatar,ᶠ e eles o seguiram e o apoiaram. ⁸ Mas o sacerdote Zadoque,ᵍ Benaia,ʰ filho de Joiada, o profeta Natã,ⁱ Simei,ʲ Reí e a guarda especial de Daviᵏ não deram apoio a Adonias.

⁹ Então Adonias sacrificou ovelhas, bois e novilhos gordos junto à pedra de Zoelete, próximo a En-Rogel.ˡ Convidou todos os seus irmãos, filhos do rei, e todos os homens de Judá que eram conselheiros do rei, ¹⁰ mas não convidou o profeta Natã nem Benaia, nem a guarda especial, nem o seu irmão Salomão.ᵐ

¹¹ Natã perguntou então a Bate-Seba,ⁿ mãe de Salomão: "Você ainda não sabe que Adonias,ᵒ o filho de Hagite, tornou-se rei, sem que o nosso senhor Davi ficasse sabendo? ¹² Agora, vou dar a você um conselhoᵖ para salvar a sua vida e também a vida do seu filho Salomão. ¹³ Vá perguntar ao rei Davi: Ó rei, meu senhor, não jurasteᵠ a esta tua serva, prometendo: 'Pode estar certa de que o seu filho Salomão me sucederá como rei e se assentará no meu trono'? Por que foi, então, que Adonias se tornou rei? ¹⁴ Enquanto você ainda estiver conversando com o rei, eu entrarei e confirmarei as suas palavras".

¹⁵ Então Bate-Seba foi até o quarto do rei, já idoso, onde a sunamita Abisagueʳ cuidava dele. ¹⁶ Bate-Seba ajoelhou-se e prostrou-se com o rosto em terra, diante do rei.

"O que você quer?", o rei perguntou.

¹⁷ Ela respondeu: "Meu senhor, tu mesmo jurasteˢ a esta tua serva, pelo SENHOR, o teu Deus: 'Seu filho Salomão me sucederá como rei e se assentará no meu trono'. ¹⁸ Mas agora Adonias se tornou rei, sem que o rei, meu senhor, o soubesse. ¹⁹ Ele sacrificouᵗ muitos bois, novilhos gordos e ovelhas e convidou todos os filhos do rei, o sacerdote Abiatar e Joabe, o comandante do exército, mas não convidou o teu servo Salomão. ²⁰ Agora, ó rei, meu senhor, os olhos de todo o Israel estão sobre ti para saber de tua parte quem sucederá ao rei, meu senhor, no trono. ²¹ De outro modo, tão logo o rei, meu senhor, descanse ᵘ com os seus antepassados, eu e o meu filho Salomão seremos tratados como traidores".

²² Ela ainda conversava com o rei, quando o profeta Natã chegou. ²³ Assim que informaram ao rei que o profeta Natã havia chegado, ele entrou e prostrou-se com o rosto em terra, diante do rei.

²⁴ E Natã lhe perguntou: "Ó rei, meu senhor, por acaso declaraste que Adonias te sucederia como rei e que ele se assentaria no teu trono? ²⁵ Hoje ele foi matar muitos bois, novilhos gordos e ovelhas. Convidou todos os filhos do rei, os comandantes do exército e o sacerdote Abiatar. Agora eles estão comendo e bebendo com ele e celebrando: 'Viva o rei Adonias!' ²⁶ Mas ele não convidou a mim, que sou teu servo, nem ao sacerdote Zadoque, nem a Benaia, filho de Joiada, nem a teu servo Salomão. ᵛ ²⁷ Seria isto algo que o

---

¹ **1.5** Ou *condutores de carros*

1.3
ᵃ Jó 19.18
1.5
ᵇ Sm 3.4
ᶜ 2Sm 15.1
1.6
ᵈ 2Sm 3.3-4
1.7
ᵉ Rs 2.22, 28; 1Cr 11.6
ᶠ Sm 22.20; 2Sm 20.25
1.8
ᵍ 2Sm 20.25
ʰ 2Sm 8.18
ⁱ 2Sm 12.1
ʲ 1Rs 4.18
ᵏ 2Sm 23.8
1.9
ˡ 2Sm 17.17
1.10
ᵐ 2Sm 12.24
1.11
ⁿ 2Sm 12.24
ᵒ 2Sm 3.4
1.12
ᵖ Pv 15.22
1.13
ᵠ v. 30; 1Cr 22.9-13
1.15
ʳ v. 1
1.17
ˢ v. 13, 30
1.19
ᵗ v. 9
1.21
ᵘ Dt 31.16; 1Rs 2.10
1.26
ᵛ v. 8, 10

rei, meu senhor, fez sem deixar que os seus conselheiros soubessem quem sucederia ao rei, meu senhor, no trono?"

O Início do Reinado de Salomão

²⁸ Então o rei Davi ordenou: "Chamem Bate-Seba". Ela entrou e ficou em pé diante dele.

²⁹ O rei fez um juramento: "Juro pelo nome do Senhor, o qual me livrou de todas as adversidades,ʷ ³⁰ que, sem dúvida, hoje mesmo vou executar o que jurei ˣ pelo Senhor, o Deus de Israel. O meu filho Salomão me sucederá como rei e se assentará no meu trono em meu lugar".

³¹ Então Bate-Seba prostrou-se com o rosto em terra, e, ajoelhando-se diante do rei, disse: "Que o rei Davi, meu senhor, viva para sempre!"

³² O rei Davi ordenou: "Chamem o sacerdote Zadoque, o profeta Natã e Benaia, filho de Joiada". Quando eles chegaram à presença do rei, ³³ ele os instruiu: "Levem os conselheiros do seu senhor com vocês, ponham o meu filho Salomão sobre a minha mulaʸ e levem-no a Giom.ᶻ ³⁴ Ali o sacerdote Zadoque e o profeta Natã o ungirão ᵃ rei sobre Israel. Nesse momento toquem a trombeta ᵇ e gritem: Viva o rei Salomão! ³⁵ Depois acompanhem-no, e ele virá assentar-se no meu trono e reinará em meu lugar. Eu o designei para governar Israel e Judá".

³⁶ Benaia, filho de Joiada, respondeu ao rei: "Assim se fará! Que o Senhor, o Deus do rei, meu senhor, o confirme. ³⁷ Assim como o Senhor esteve com o rei, meu senhor, também esteja ele com ᶜ Salomão para que ele tenha um reinado ainda mais glorioso¹ ᵈ que o reinado de meu senhor, o rei Davi!"

³⁸ Então o sacerdote Zadoque,ᵉ o profeta Natã, Benaia, filho de Joiada, os queretitas ᶠ e os peletitas fizeram Salomão montar a mula do rei Davi e o escoltaram até Giom.ᵍ ³⁹ O sacerdote Zadoque pegou na Tenda o chifre com óleoʰ e ungiu Salomão. A seguir tocaram a trombeta e todo o povo gritou:ⁱ "Viva o rei Salomão!" ⁴⁰ E todo o povo o acompanhou, tocando flautas e celebrando, de tal forma que o chão tremia com o barulho.

⁴¹ Adonias e todos os seus convidados souberam disso quando estavam terminando o banquete. Ao ouvir o toque da trombeta, Joabe perguntou: "O que significa essa gritaria, esse alvoroço na cidade?"

⁴² Falava ele ainda, quando chegou Jônatas,ʲ filho do sacerdote Abiatar. E Adonias lhe disse: "Entre, pois um homem digno como você deve estar trazendo boas notícias!"ᵏ

⁴³ "De modo algum", respondeu Jônatas a Adonias. "Davi, o nosso rei e senhor, constituiu rei a Salomão. ⁴⁴ O rei enviou com ele o sacerdote Zadoque, o profeta Natã, Benaia, filho de Joiada, os queretitas e os peletitas, e eles o fizeram montar a mula do rei. ⁴⁵ Depois o sacerdote Zadoque e o profeta Natã o ungiram rei em Giom. De lá eles saíram celebrando, e a cidade está alvoroçada.ˡ É esse o barulho que vocês ouvem. ⁴⁶ Além disso, Salomão já se assentou no trono real. ⁴⁷ Até mesmo os oficiais do rei foram cumprimentar Davi, o nosso rei e senhor, dizendo: 'Que o teu Deus torne o nome de Salomão mais famoso que o teu, e o seu reinado mais glorioso ᵐ do que o teu!' E o rei curvou-se reverentemente em sua cama, ⁴⁸ e disse: 'Bendito seja o Senhor, o Deus de Israel, que permitiu que os meus olhos vissem hoje um sucessor ⁿ em meu trono' ".

⁴⁹ Diante disso, todos os convidados de Adonias entraram em pânico e se dispersaram. ⁵⁰ Mas Adonias, com medo de Salomão, foi agarrar-se às pontas ᵒ do altar. ⁵¹ Então informaram a Salomão: "Adonias está com medo do rei Salomão e está agarrado às pontas do altar. Ele diz: 'Que o rei Salomão jure que não matará este seu servo pela espada' ".

⁵² Salomão respondeu: "Se ele se mostrar confiável, não cairá nem um só fio de cabelo ᵖ da sua cabeça, mas, se nele se descobrir alguma maldade, ele morrerá". ⁵³ Então o

---

¹ **1.37** Hebraico: *torne o seu trono ainda maior*; também no versículo 47.

rei enviou alguns soldados, e eles o fizeram descer do altar. E Adonias veio e se curvou solenemente perante o rei Salomão, que lhe disse: "Vá para casa".

As Instruções de Davi a Salomão

2 Quando se aproximava o dia de sua morte,^q Davi deu instruções ao seu filho Salomão:

² "Estou para seguir o caminho de toda a terra. ^r Por isso, seja forte ^s e seja homem. ³ Obedeça^t ao que o S<small>ENHOR</small>, o seu Deus, exige: ande nos seus caminhos e obedeça aos seus decretos, aos seus mandamentos, às suas ordenanças e aos seus testemunhos, conforme se acham escritos na Lei de Moisés; assim você prosperará^u em tudo o que fizer e por onde quer que for, ⁴ e o S<small>ENHOR</small> manterá a promessa^v que me fez: 'Se os seus descendentes cuidarem de sua conduta e se me seguirem fielmente^w de todo o coração e de toda a alma, você jamais ficará sem descendente no trono de Israel'.

⁵ "Você sabe muito bem o que Joabe,^x filho de Zeruia, me fez; o que fez com os dois comandantes dos exércitos de Israel, Abner,^y filho de Ner, e Amasa,^z filho de Jéter. Ele os matou, derramando sangue em tempos de paz; agiu como se estivesse em guerra, e com aquele sangue manchou o seu cinto e as suas sandálias. ⁶ Proceda com a sabedoria^a que você tem e não o deixe envelhecer e descer em paz à sepultura¹.

⁷ "Mas seja bondoso com os filhos de Barzilai,^b de Gileade; admita-os entre os que comem à mesa com você,^c pois eles me apoiaram quando fugi do seu irmão Absalão.

⁸ "Saiba que também está com você Simei,^d filho de Gera, o benjamita de Baurim. Ele lançou terríveis maldições contra mim no dia em que fui a Maanaim. Mas depois desceu ao meu encontro no Jordão e lhe prometi,^e jurando pelo S<small>ENHOR</small>, que não o mataria à espada. ⁹ Mas, agora, não o considere inocente. Você é um homem sábio^f e saberá o que fazer com ele. Apesar de ele já ser idoso, faça-o descer ensanguentado à sepultura".

¹⁰ Então Davi descansou com os seus antepassados e foi sepultado^g na Cidade de Davi.^h ¹¹ Ele reinou^i quarenta anos em Israel: sete anos em Hebrom e trinta e três em Jerusalém. ¹² Salomão assentou-se no trono^j de Davi, seu pai, e o seu reinado foi firmemente estabelecido.^k

O Reinado de Salomão

¹³ Adonias, o filho de Hagite, foi até Bate-Seba, mãe de Salomão, que lhe perguntou: "Você vem em paz?"^l

Ele respondeu: "Sim". ¹⁴ E acrescentou: "Tenho algo a dizer".

Ela disse: "Fale!"

¹⁵ "Você sabe", disse ele, "que o reino era meu. Todo o Israel me via como o seu rei. Mas as circunstâncias mudaram, e o reino foi para o meu irmão; pois o S<small>ENHOR</small> o concedeu a ele. ¹⁶ Agora, quero fazer um pedido a você e espero que não me seja negado."

Ela disse: "Fale!"

¹⁷ Então ele prosseguiu: "Peça, por favor, ao rei Salomão que dê a sunamita Abisague^m por mulher, pois ele não deixará de atender você".

¹⁸ "Está bem", respondeu Bate-Seba, "falarei com o rei em seu favor."

¹⁹ Quando Bate-Seba foi falar ao rei em favor de Adonias, Salomão levantou-se para recebê-la e inclinou-se diante dela. Depois assentou-se no seu trono, mandou que trouxessem um trono para a sua mãe,^n e ela se assentou à sua direita.^o

²⁰ "Tenho um pequeno pedido para fazer a você", disse ela. "Não deixe de me atender."

O rei respondeu: "Faça o pedido, minha mãe; não deixarei de atendê-lo".

²¹ Então ela disse: "Dê a sunamita Abisague^p por mulher a seu irmão Adonias".

---

¹ **2.6** Hebraico: *Sheol*. Essa palavra também pode ser traduzida por *profundezas, pó* ou *morte*; também no versículo 9.

2.1
^q Gn 47.29; Dt 31.14
2.2
^r Jó 23.14
^s Dt 31.7, 23; Jó 1.6
2.3
^t Dt 17.14-20; Jó 1.7
^u 1Cr 22.13
2.4
^v 2Sm 7.13, 25; 1Rs 8.25
^w 2Rs 20.3; Sl 132.12
2.5
^x 2Sm 2.18; 18.5, 12, 14
2.5
^y 2Sm 3.27
^z 2Sm 20.10
2.6
^a v. 9
2.7
^b 2Sm 17.27; 19.31-39
^c 2Sm 9.7
2.8
^d 2Sm 16.5-13
^e 2Sm 19.18-23
2.9
^f v. 6
2.10
^g At 2.29; 13.36
^h 2Sm 5.7
2.11
^i 2Sm 5.4, 5
2.12
^j 1Cr 29.23
^k 2Cr 1.1
2.13
^l 1Sm 16.4
2.17
^m 1Rs 1.3
2.19
^n 1Rs 15.13
^o Sl 45.9
2.21
^p 1Rs 1.3

²² O rei Salomão perguntou à sua mãe: "Por que você pede somente a sunamita Abisague**ᵠ** para Adonias? Peça logo o reino para ele, para o sacerdote Abiatar e para Joabe, filho de Zeruia; afinal ele é o meu irmão mais velho!"**ʳ**

²³ Então o rei Salomão jurou pelo SENHOR: "Que Deus me castigue com todo o rigor,**ˢ** se isso que Adonias falou não lhe custar a sua própria vida! ²⁴ E agora eu juro pelo nome do SENHOR, que me estabeleceu no trono de meu pai, Davi, e, conforme prometeu,**ᵗ** fundou uma dinastia para mim, que hoje mesmo Adonias será morto!" ²⁵ E o rei Salomão deu ordem a Benaia,**ᵘ** filho de Joiada, que ferisse e matasse Adonias.

²⁶ Ao sacerdote Abiatar **ᵛ** o rei ordenou: "Vá para Anatote,**ʷ** para as suas terras! Você merece morrer, mas hoje eu não o matarei, pois você carregou a arca**ˣ** do Soberano, o SENHOR, diante de Davi, meu pai, e partilhou de todas as aflições dele".**ʸ** ²⁷ Então Salomão expulsou Abiatar do sacerdócio do SENHOR, cumprindo**ᶻ** a palavra que o SENHOR tinha dito em Siló a respeito da família de Eli.

²⁸ Quando a notícia chegou a Joabe, que havia conspirado com Adonias, ainda que não com Absalão, ele fugiu para a Tenda do SENHOR e agarrou-se às pontas**ᵃ** do altar. ²⁹ Foi dito ao rei Salomão que Joabe havia se refugiado na Tenda do SENHOR e estava ao lado do altar. Então Salomão ordenou a Benaia,**ᵇ** filho de Joiada: "Vá matá-lo!"

³⁰ Então Benaia entrou na Tenda do SENHOR e disse a Joabe: "O rei ordena que saia".**ᶜ**

"Não", respondeu ele, "Vou morrer aqui."

Benaia relatou ao rei a resposta de Joabe.

³¹ Então o rei ordenou a Benaia: "Faça o que ele diz. Mate-o e sepulte-o, e assim você retirará de mim e da minha família a culpa do sangue inocente **ᵈ** que Joabe derramou. ³² O SENHOR fará recair**ᵉ** sobre a cabeça dele o sangue que derramou: **ᶠ** ele atacou dois homens mais justos e melhores do que ele, sem o conhecimento de meu pai, Davi, e os matou à espada. Os dois homens eram Abner, filho de Ner, comandante do exército de Israel, e Amasa,**ᵍ** filho de Jéter, comandante do exército de Judá.**ʰ** ³³ Que o sangue deles recaia sobre a cabeça de Joabe e sobre a dos seus descendentes para sempre. Mas que a paz do SENHOR esteja para sempre sobre Davi, sobre os seus descendentes, sobre a sua dinastia e sobre o seu trono".

³⁴ Então Benaia, filho de Joiada, atacou Joabe e o matou, e ele foi sepultado em sua casa no campo¹. ³⁵ No lugar dele o rei nomeou Benaia,**ⁱ** filho de Joiada, para o comando do exército, e o sacerdote Zadoque**ʲ** no lugar de Abiatar.

³⁶ Depois o rei mandou chamar Simei**ᵏ** e lhe ordenou: "Construa para você uma casa em Jerusalém. Você morará nela e não poderá ir para nenhum outro lugar. ³⁷ Esteja certo de que no dia em que sair e atravessar o vale de Cedrom,**ˡ** você será morto; e você será responsável por sua própria morte".**ᵐ**

³⁸ Simei respondeu ao rei: "A ordem do rei é boa! O teu servo te obedecerá". E Simei permaneceu em Jerusalém por muito tempo.

³⁹ Mas três anos depois, dois escravos de Simei fugiram para a casa de Aquis,**ⁿ** filho de Maaca, rei de Gate. Alguém contou a Simei: "Seus escravos estão em Gate". ⁴⁰ Então Simei selou um jumento e foi até Aquis, em Gate, procurar os seus escravos. E de lá Simei trouxe os escravos de volta.

⁴¹ Quando Salomão soube que Simei tinha ido a Gate e voltado a Jerusalém, ⁴² mandou chamá-lo e lhe perguntou: "Eu não o fiz jurar pelo SENHOR e o adverti: No dia em que for para qualquer outro lugar, esteja certo de que você morrerá? E você me respondeu: 'Esta ordem é boa! Obedecerei'. ⁴³ Por que não manteve o juramento ao SENHOR e não obedeceu à ordem que dei a você?"

⁴⁴ E acrescentou: "No seu coração você sabe quanto você prejudicou**ᵒ** o meu pai, Davi. Agora o SENHOR faz recair sua maldade sobre a sua cabeça. ⁴⁵ Mas o rei Salomão

---

¹ **2.34** Ou *sepultado em seu túmulo no deserto*

será abençoado, e o trono de Davi será estabelecido perante o Senhor para sempre".

⁴⁶ Então o rei deu ordem a Benaia, filho de Joiada, que atacasse Simei e o matasse.

Assim o reino ficou bem estabelecido nas mãos de Salomão.

Salomão Pede Sabedoria

3 Salomão aliou-se ao faraó, rei do Egito, casando-se com a filha dele. Ele a trouxe à Cidade de Davi até terminar a construção do seu palácio e do templo do Senhor, e do muro em torno de Jerusalém. ² O povo, porém, sacrificava nos lugares sagrados, pois ainda não tinha sido construído um templo em honra ao nome do Senhor. ³ Salomão amava o Senhor, o que demonstrava andando de acordo com os decretos do seu pai, Davi; mas oferecia sacrifícios e queimava incenso nos lugares sagrados.

⁴ O rei Salomão foi a Gibeom para oferecer sacrifícios, pois ali ficava o principal lugar sagrado, e ofereceu naquele altar mil holocaustos¹. ⁵ Em Gibeom o Senhor apareceu a Salomão num sonho, à noite, e lhe disse: "Peça-me o que quiser, e eu darei a você".

⁶ Salomão respondeu: "Tu foste muito bondoso para com o teu servo, o meu pai, Davi, pois ele foi fiel a ti, e foi justo e reto de coração. Tu mantiveste grande bondade para com ele e lhe deste um filho que hoje se assenta no seu trono.

⁷ "Agora, Senhor, meu Deus, fizeste o teu servo reinar em lugar de meu pai, Davi. Mas eu não passo de um jovem e não sei o que fazer. ⁸ Teu servo está aqui no meio do povo que escolheste, um povo tão grande que nem se pode contar. ⁹ Dá, pois, ao teu servo um coração cheio de discernimento para governar o teu povo e capaz de distinguir entre o bem e o mal. Pois quem pode governar este teu grande povo?"

¹⁰ O pedido que Salomão fez agradou ao Senhor. ¹¹ Por isso Deus lhe disse: "Já que você pediu isso e não uma vida longa nem riqueza, nem pediu a morte dos seus inimigos, mas discernimento para ministrar a justiça, ¹² farei o que você pediu. Eu darei a você um coração sábio e capaz de discernir, de modo que nunca houve nem haverá ninguém como você. ¹³ Também darei o que você não pediu: riquezas e fama, de forma que não haverá rei igual a você durante toda a sua vida. ¹⁴ E, se você andar nos meus caminhos e obedecer aos meus decretos e aos meus mandamentos, como o seu pai, Davi, eu prolongarei a sua vida". ¹⁵ Então Salomão acordou e percebeu que tinha sido um sonho.

A seguir voltou a Jerusalém, pôs-se perante a arca da aliança do Senhor, sacrificou holocaustos e apresentou ofertas de comunhão². Depois ofereceu um banquete a toda a sua corte.

Um Sábio Veredicto

¹⁶ Certo dia duas prostitutas compareceram diante do rei. ¹⁷ Uma delas disse: "Ah meu senhor! Esta mulher mora comigo na mesma casa. Eu dei à luz um filho e ela estava comigo na casa. ¹⁸ Três dias depois de nascer o meu filho, esta mulher também deu à luz um filho. Estávamos sozinhas; não havia mais ninguém na casa.

¹⁹ "Certa noite esta mulher se deitou sobre o seu filho, e ele morreu. ²⁰ Então ela se levantou no meio da noite e pegou o meu filho enquanto eu, tua serva, dormia, e o pôs ao seu lado. E pôs o filho dela, morto, ao meu lado. ²¹ Ao levantar-me de madrugada para amamentar o meu filho, ele estava morto. Mas, quando olhei bem para ele de manhã, vi que não era o filho que eu dera à luz".

²² A outra mulher disse: "Não! O que está vivo é meu filho; o morto é seu".

Mas a primeira insistia: "Não! O morto é seu; o vivo é meu". Assim elas discutiram diante do rei.

---

¹ **3.4** Isto é, sacrifícios totalmente queimados; também no versículo 15.

² **3.15** Ou *de paz*

²³ O rei disse: "Esta afirma: 'Meu filho está vivo, e o seu filho está morto', enquanto aquela diz: 'Não! Seu filho está morto, e o meu está vivo' ".

²⁴ Então o rei ordenou: "Tragam-me uma espada". Trouxeram-lhe. ²⁵ Ele ordenou: "Cortem a criança viva ao meio e deem metade a uma e metade à outra".

²⁶ A mãe do filho que estava vivo, movida pela compaixão materna,ᵛ clamou: "Por favor, meu senhor, dê a criança viva a ela! Não a mate!"

A outra, porém, disse: "Não será nem minha nem sua. Cortem-na ao meio!"

²⁷ Então o rei deu o seu veredicto: "Não matem a criança! Deem-na à primeira mulher. Ela é a mãe".

²⁸ Quando todo o Israel ouviu o veredicto do rei, passou a respeitá-lo profundamente, pois viu que a sabedoriaʷ de Deus estava nele para fazer justiça.

Os Assessores de Salomão

4 E assim o rei Salomão tornou-se rei sobre todo o Israel. ² Estes foram os seus principais assessores:

Azarias,ˣ filho de Zadoque: o sacerdote;

³ Eliorefe e Aías, filhos de Sisa: secretários;

Josafá,ʸ filho de Ailude: arquivista real;

⁴ Benaia,ᶻ filho de Joiada: comandante do exército;

Zadoqueᵃ e Abiatar: sacerdotes;

⁵ Azarias, filho de Natã: responsável pelos governadores distritais;

Zabude, filho de Natã: sacerdote e conselheiro pessoal do rei;

⁶ Aisar: responsável pelo palácio;

Adonirão, filho de Abda: chefe do trabalho forçado.

⁷ Salomão tinha também doze governadores distritais em todo o Israel, que forneciam provisões para o rei e para o palácio real. Cada um deles tinha que fornecer suprimentos durante um mês do ano. ⁸ Estes são os seus nomes:

Ben-Hur, nos montesᵇ de Efraim;

⁹ Ben-Dequer, em Macaz, Saalbim,ᶜ Bete-Semesᵈ e Elom-Bete-Hanã;

¹⁰ Ben-Hesede, em Arubote, Socóᵉ e em toda a terra de Héfer;ᶠ

¹¹ Ben-Abinadabe, em Nafote-Dor¹.ᵍ Tafate, filha de Salomão, era sua mulher;

¹² Baaná, filho de Ailude, em Taanaque e em Megido, e em toda a Bete-Seã,ʰ próxima de Zaretã,ⁱ abaixo de Jezreel, desde Bete-Seã até Abel-Meolá,ʲ indo além dos limites de Jocmeão;ᵏ

¹³ Ben-Geder, em Ramote-Gileade e nos povoados de Jair,ˡ filho de Manassés, em Gileade, bem como no distrito de Argobe, em Basã, e em suas sessenta grandes cidades muradasᵐ com trancas de bronze em suas portas;

¹⁴ Ainadabe, filho de Ido, em Maanaim;ⁿ

¹⁵ Aimaás,ᵒ em Naftali. Ele se casou com Basemate, filha de Salomão;

¹⁶ Baaná, filho de Husai,ᵖ em Aser e em Bealote;

¹⁷ Josafá, filho de Parua, em Issacar;

¹⁸ Simei,ᵠ filho de Elá, em Benjamim;

¹⁹ Geber, filho de Uri, em Gileade, a terra de Seom, rei dos amorreus, e de Ogue,ʳ rei de Basã. Ele era o único governador desse distrito.

As Provisões Diárias de Salomão

²⁰ O povo de Judá e de Israel era tão numeroso como a areia da praia;ˢ eles comiam, bebiam e eram felizes. ²¹ E Salomão governavaᵗ todos os reinos, desde o Eufrates² ᵘaté a terra dos filisteus, chegando até a fronteira do Egito.ᵛ Esses reinos traziam tributosʷ e foram submissos a Salomão durante toda a sua vida.

²² As provisões diárias de Salomão eram trinta tonéis³ da melhor farinha e sessenta tonéis de farinha comum, ²³ dez cabeças

---

¹ **4.11** Ou *no planalto de Dor*
² **4.21** Hebraico: o Rio; também no versículo 24.
³ **4.22** Hebraico: *30 coros*. O coro era uma medida de capacidade. As estimativas variam entre 200 e 400 litros.

de gado engordado em cocheiras, vinte de gado engordado no pasto e cem ovelhas e bodes, bem como cervos, gazelas, corças e aves escolhidas. ²⁴ Ele governava todos os reinos a oeste do Eufrates, desde Tifsa^x até Gaza, e tinha paz^y em todas as fronteiras. ²⁵ Durante a vida de Salomão, Judá e Israel viveram em segurança,^a cada homem debaixo da sua videira e da sua figueira,^b desde Dã até Berseba.^z

²⁶ Salomão possuía quatro¹ mil cocheiras para cavalos de carros de guerra,^c e doze mil cavalos².

²⁷ Todo mês um dos governadores^d distritais fornecia provisões ao rei Salomão e a todos os que vinham participar de sua mesa. Cuidavam para que não faltasse nada. ²⁸ Também traziam ao devido lugar suas quotas de cevada e de palha para os cavalos de carros de guerra e para os outros cavalos.

A Sabedoria de Salomão

²⁹ Deus deu a Salomão sabedoria,^e discernimento extraordinário e uma abrangência de conhecimento tão imensurável quanto a areia do mar. ³⁰ A sabedoria de Salomão era maior do que a de todos os homens do oriente^f e do que toda a sabedoria do Egito.^g ³¹ Ele era mais sábio^h do que qualquer outro homem, mais do que o ezraíta Etã; mais sábio do que Hemã, Calcol e Darda, filhos de Maol. Sua fama espalhou-se por todas as nações em redor. ³² Ele compôs três mil provérbios,^i e os seus cânticos^j chegaram a mil e cinco. ³³ Descreveu as plantas, desde o cedro do Líbano até o hissopo que brota nos muros. Também discorreu sobre os quadrúpedes, as aves, os animais que se movem rente ao chão e os peixes. ³⁴ Homens de todas as nações vinham ouvir a sabedoria de Salomão. Eram enviados por todos os reis^k que tinham ouvido falar de sua sabedoria.

---

¹ **4.26** Conforme alguns manuscritos da Septuaginta. O Texto Massorético diz 40. Veja 2Cr 9.25.

² **4.26** Ou *condutores de carros*

Os Preparativos para a Construção do Templo

5 Quando Hirão,^l rei de Tiro, soube que Salomão tinha sido ungido rei, mandou seus conselheiros a Salomão, pois sempre tinha sido amigo leal de Davi. ² Salomão enviou esta mensagem a Hirão:

³ "Tu bem sabes que foi por causa das guerras^m travadas de todos os lados contra meu pai, Davi, que ele não pôde construir um templo em honra ao nome do Senhor, o seu Deus, até que o Senhor pusesse os seus inimigos debaixo dos seus pés. ⁴ Mas agora o Senhor, o meu Deus, concedeu-me paz^n em todas as fronteiras, e não tenho que enfrentar nem inimigos nem calamidades. ⁵ Pretendo, por isso, construir um templo° em honra ao nome do Senhor, o meu Deus, conforme o Senhor disse a meu pai, Davi: 'O seu filho, a quem colocarei no trono em seu lugar, construirá o templo em honra ao meu nome'.^p

⁶ "Agora te peço que ordenes que cortem para mim cedros do Líbano. Os meus servos trabalharão com os teus, e eu pagarei a teus servos o salário que determinares. Sabes que não há entre nós ninguém tão hábil em cortar árvores quanto os sidônios".

⁷ Hirão ficou muito alegre quando ouviu a mensagem de Salomão e exclamou: "Bendito seja o Senhor, pois deu a Davi um filho sábio para governar essa grande nação".

⁸ E Hirão respondeu a Salomão:

"Recebi a mensagem que me enviaste e atenderei ao teu pedido, enviando-te madeira de cedro e de pinho. ⁹ Meus servos levarão a madeira do Líbano até o mar,^q e eu a farei flutuar em jangadas até o lugar que me indicares. Ali eu a deixarei e tu poderás levá-la. E, em troca, fornecerás alimento^r para a minha corte".

¹⁰ Assim Hirão se tornou fornecedor de toda a madeira de cedro e de pinho que Salomão desejava, ¹¹ e Salomão deu a Hirão vinte mil tonéis³ de trigo para suprir de

---

³ **5.11** Hebraico: *20.000 coros*. O coro era uma medida de capacidade. As estimativas variam entre 200 e 400 litros.

mantimento a sua corte, além de vinte mil tonéis¹ de azeite de oliva puro. Era o que Salomão dava anualmente a Hirão. ¹² O Senhor deu sabedoria a Salomão,ˢ como lhe havia prometido. Houve paz entre Hirão e Salomão, e os dois fizeram um tratado.ᵗ

¹³ O rei Salomão arregimentou trinta mil trabalhadoresᵘ de todo o Israel. ¹⁴ Ele os mandou para o Líbano em grupos de dez mil por mês, e eles se revezavam: passavam um mês no Líbano e dois em casa. Adonirãoᵛ chefiava o trabalho. ¹⁵ Salomão tinha setenta mil carregadores e oitenta mil cortadores de pedra nas colinas, ¹⁶ e três mil e trezentos² capatazesʷ que supervisionavam o trabalho e comandavam os operários. ¹⁷ Por ordem do rei retiravam da pedreiraˣ grandes blocos de pedra de ótima qualidadeʸ para servirem de alicerce de pedras lavradas para o templo. ¹⁸ Os construtores de Salomão e de Hirão e os homens de Gebal³ ᶻcortavam e preparavam a madeira e as pedras para a construção do templo.

A Construção do Templo

6 Quatrocentos e oitenta⁴ anos depois que os israelitas saíram do Egito, no quarto ano do reinado de Salomão em Israel, no mês de zive⁵, o segundo mês, ele começou a construir o templo do Senhor.ᵃ

² O temploᵇ que o rei Salomão construiu para o Senhor media vinte e sete metros de comprimento, nove metros de largura e treze metros e meio de altura⁶. ³ O pórtico da entrada do santuário tinha a largura do templo, que era de nove metros, e avançava quatro metros e meio à frente do templo. ⁴ Ele fez para o templo janelas com grades estreitas.ᶜ ⁵ Junto às paredes do átrio principal e do santuário interior, construiu uma estrutura em torno do edifício, na qual havia salas laterais.ᵈ ⁶ O andar inferior tinha dois metros e vinte e cinco centímetros de largura, o andar intermediário tinha dois metros e setenta centímetros e o terceiro andar tinha três metros e quinze centímetros. Ele fez saliências de apoio nas paredes externas do templo, de modo que não houve necessidade de perfurar as paredes.

⁷ Na construção do templo só foram usados blocos lavradosᵉ nas pedreiras, e não se ouviu no templo nenhum barulho de martelo, nem de talhadeira, nem de qualquer outra ferramenta de ferroᶠ durante a sua construção.

⁸ A entrada para o andar inferior⁷ ficava no lado sul do templo; uma escada conduzia até o andar intermediário e dali ao terceiro. ⁹ Assim ele construiu o templo e o terminou, fazendo-lhe um forro com vigas e tábuas de cedro.ᵍ ¹⁰ E fez as salas laterais ao longo de todo o templo. Cada uma tinha dois metros e vinte e cinco centímetros de altura, e elas estavam ligadas ao templo por vigas de cedro.

¹¹ E a palavra do Senhor veio a Salomão dizendo: ¹² "Quanto a este templo que você está construindo, se você seguir os meus decretos, executar os meus juízos e obedecer a todos os meus mandamentos, cumprirei por meio de você a promessaʰ que fiz ao seu pai, Davi, ¹³ viverei no meio dos israelitas e não abandonareiⁱ Israel, o meu povo".

¹⁴ Assim Salomão concluiu a construção do templo.ʲ ¹⁵ Forrou as paredes do templo por dentro com tábuas de cedro, cobrindo-as desde o chão até o teto,ᵏ e fez o soalho do templo com tábuas de pinho. ¹⁶ Separou nove metros na parte de trás do templo, fazendo uma divisão com tábuas de cedro, do chão ao teto, para formar dentro do templo

---

5.12
ˢ 1Rs 3.12
ᵗ Am 1.9

5.13
ᵘ 1Rs 9.15

5.14
ᵛ 1Rs 4.6;
2Cr 10.18

5.16
ʷ 1Rs 9.23

5.17
ˣ 1Rs 6.7
ʸ 1Cr 22.2

5.18
ᶻ Jó 13.5

6.1
ᵃ At 7.47

6.2
ᵇ Ez 41.1

6.4
ᶜ Ez 40.16; 41.16

6.5
ᵈ v. 16, 19-21; Ez 41.5-6

6.7
ᵉ Ex 20.25
ᶠ Dt 27.5

6.9
ᵍ v. 14, 38

6.12
ʰ 2Sm 7.12-16; 1Rs 2.4; 9.5

6.13
ⁱ Ez 25.8; Lv 26.11; Dt 31.6; Hb 13.5

6.14
ʲ v. 9, 38

6.15
ᵏ 1Rs 7.7

---

¹ **5.11** Conforme a Septuaginta. O Texto Massorético diz *20 coros*. Veja 2Cr 2.10.

² **5.16** Alguns manuscritos da Septuaginta dizem *3.600*. Veja 2Cr 2.2,18.

³ **5.18** Isto é, Biblos.

⁴ **6.1** A Septuaginta diz *440*.

⁵ **6.1** Aproximadamente abril/maio; também no versículo 37.

⁶ **6.2** Hebraico: *60 côvados de comprimento, 20 de largura e 30 de altura*. O côvado era uma medida linear de cerca de 45 centímetros.

⁷ **6.8** Conforme a Septuaginta. O Texto Massorético diz *intermediário*.

o santuário interno, o Lugar Santíssimo.ˡ ¹⁷ O átrio principal em frente dessa sala media dezoito metros de comprimento. ¹⁸ O interior do templo era de cedro,ᵐ com figuras entalhadas de frutos e flores abertas. Tudo era de cedro; não se via pedra alguma.

¹⁹ Preparou também o santuário internoⁿ no templo para ali colocar a arca da aliançaᵒ do Senhor. ²⁰ O santuário internoᵖ tinha nove metros de comprimento, nove de largura e nove de altura. Ele revestiu o interior de ouro puro e também revestiu de ouro o altar de cedro. ²¹ Salomão cobriu o interior do templo de ouro puro e estendeu correntes de ouro em frente do santuário interno, que também foi revestido de ouro. ²² Assim, revestiu de ouro todo o interior do templo e também o altar que pertencia ao santuário interno.

²³ No santuário interno ele esculpiu dois querubinsᵠ de madeira de oliveira, cada um com quatro metros e meio de altura. ²⁴ As asas abertas dos querubins mediam dois metros e vinte e cinco centímetros: quatro metros e meio da ponta de uma asa à ponta da outra. ²⁵ Os dois querubins tinham a mesma medida e a mesma forma. ²⁶ A altura de cada querubim era de quatro metros e meio. ²⁷ Ele colocou os querubins,ʳ com as asas abertas, no santuário interno do templo. A asa de um querubim encostava numa parede, e a do outro encostava na outra. As suas outras asas encostavam uma na outra no meio do santuário. ²⁸ Ele revestiu os querubins de ouro.

²⁹ Nas paredes ao redor do templo, tanto na parte interna como na externa, ele esculpiu querubins,ˢ tamareiras e flores abertas. ³⁰ Também revestiu de ouro os pisos, tanto na parte interna como na externa do templo.

³¹ Para a entrada do santuário interno fez portas de oliveira com batentes de cinco lados. ³² E nas duas portas de madeira de oliveira esculpiu querubins, tamareiras e flores abertas e revestiu os querubins e as tamareiras de ouro batido. ³³ Também fez pilares de quatro lados, de madeira de oliveira para a entrada do templo. ³⁴ Fez também duas portas de pinho, cada uma com duas folhas que se articulavam por meio de dobradiças. ³⁵ Entalhou figuras de querubins, de tamareiras e de flores abertas nas portas e as revestiu de ouro batido.

³⁶ E construiu o pátio interno com três camadasᵗ de pedra lavrada e uma de vigas de cedro.

³⁷ O alicerce do templo do Senhor foi lançado no mês de zive, do quarto ano. ³⁸ No mês de bul¹, o oitavo mês, do décimo primeiro ano, o templo foi terminado em todos os seus detalhes, de acordo com as suas especificações.ᵘ Salomão levou sete anos para construí-lo.

A Construção do Palácio de Salomão

7 Salomão levou treze anos para terminar a construção do seu palácio.ᵛ ² Ele construiu o Palácioʷ da Floresta do Líbanoˣ com quarenta e cinco metros de comprimento, vinte e dois metros e meio de largura e treze metros e meio de altura², sustentado por quatro fileiras de colunas de cedro sobre as quais apoiavam-se vigas de cedro aparelhadas. ³ O forro, de cedro, ficava sobre as quarenta e cinco vigas, quinze por fileira, que se apoiavam nas colunas. ⁴ Havia janelas dispostas de três em três, uma em frente da outra. ⁵ Todas as portas tinham estrutura retangular; ficavam na parte da frente, dispostas de três em três, uma em frente da outra.

⁶ Fez um pórtico de colunas de vinte e dois metros e meio de comprimento e treze metros e meio de largura. Em frente havia outro pórtico com colunas e uma cobertura que se estendia além das colunas.

⁷ Construiu a Sala do Trono, isto é, a Sala da Justiça, onde iria julgar,ʸ e revestiu-a de

---

¹ **6.38** Aproximadamente outubro/novembro.
² **7.2** Hebraico: *100 côvados de comprimento, 50 de largura e 30 de altura*. O côvado era uma medida linear de cerca de 45 centímetros.

6.16
ˡ Ex 26.33;
Lv 16.2;
1Rs 8.6
6.18
ᵐ 1Rs 7.24;
Sl 74.6
6.19
ⁿ 1Rs 8.6
ᵒ 1Sm 3.3
6.20
ᵖ Ez 41.3-4
6.23
ᵠ Ex 37.1-9
6.27
ʳ Ez 25.20;
37.9;
1Rs 8.7;
2Cr 5.8
6.29
ˢ v. 32, 35
6.36
ᵗ 1Rs 7.12;
Ez 6.4
6.38
ᵘ Hb 8.5
7.1
ᵛ 1Rs 9.10;
2Cr 8.1
7.2
ʷ 2Sm 7.2
ˣ 1Rs 10.17;
2Cr 9.16
7.7
ʸ Sl 122.5;
Pv 20.8

cedro desde o chão até o teto¹.ᶻ ⁸ E o palácio para sua moradia, no outro pátio, tinha um formato semelhante. Salomão fez também um palácio como esse para a filha do faraó, com quem tinha se casado.ᵃ

⁹ Todas essas construções, desde o lado externo até o grande pátio e do alicerce até o beiral, foram feitas de pedra de qualidade superior, cortadas sob medida e desbastadas com uma serra nos lados interno e externo. ¹⁰ Os alicerces foram lançados com pedras grandes de qualidade superior, algumas medindo quatro metros e meio e outras três metros e sessenta centímetros. ¹¹ Na parte de cima havia pedras de qualidade superior, cortadas sob medida, e vigas de cedro. ¹² O grande pátio era cercado por um muro de três camadasᵇ de pedras lavradas e uma camada de vigas de cedro aparelhadas, da mesma maneira que o pátio interior do templo do Senhor, com o seu pórtico.

Os Utensílios do Templo

¹³ O rei Salomão enviara mensageiros a Tiro e trouxera Hurão²,ᶜ ¹⁴ filho de uma viúva da tribo de Naftali e de um cidadão de Tiro, artífice em bronze. Hurão era extremamente hábilᵈ e experiente e sabia fazer todo tipo de trabalho em bronze. Apresentou-se ao rei Salomão e fez depois todoᵉ o trabalho que lhe foi designado.

¹⁵ Ele fundiu duas colunas de bronze,ᶠ cada uma com oito metros e dez centímetros de altura e cinco metros e quarenta centímetros de circunferência, medidas pelo fio apropriado. ¹⁶ Também fez dois capitéisᵍ de bronze fundido para colocar no alto das colunas; cada capitel tinha dois metros e vinte e cinco centímetros de altura. ¹⁷ Conjuntos de correntes entrelaçadas ornamentavam os capitéis no alto das colunas, sete em cada capitel. ¹⁸ Fez também romãs em duas fileiras³ que circundavam cada conjunto de correntes para cobrir os capitéis no alto das colunas⁴. Fez o mesmo com cada capitel. ¹⁹ Os capitéis no alto das colunas do pórtico tinham o formato de lírios, com um metro e oitenta centímetros de altura. ²⁰ Nos capitéis das duas colunas, acima da parte que tinha formato de taça, perto do conjunto de correntes, havia duzentas romãsʰ enfileiradas ao redor. ²¹ Ele levantou as colunas na frente do pórtico do templo. Deu o nome de Jaquim⁵ à coluna ao sul e de Boaz⁶ à coluna ao norte.ⁱ ²² Os capitéis no alto tinham a forma de lírios. E assim completou-se o trabalho das colunas.

²³ Fez o tanqueʲ de metal fundido, redondo, medindo quatro metros e meio de diâmetro e dois metros e vinte e cinco centímetros de altura. Era preciso um fio de treze metros e meio para medir a sua circunferência. ²⁴ Abaixo da borda e ao seu redor havia duas fileiras de frutos, de cinco em cinco centímetros, fundidas numa só peça com o tanque.

²⁵ O tanque ficava sobre doze touros,ᵏ três voltados para o norte, três para o oeste, três para o sul e três para o leste. Ficava em cima deles, e as pernas traseiras dos touros eram voltadas para o centro. ²⁶ A espessura do tanque era de quatro dedos, e sua borda era como a borda de um cálice, como uma flor de lírio. Sua capacidade era de quarenta mil litros⁷.

²⁷ Também fez dez carrinhosˡ de bronze; cada um tinha um metro e oitenta centímetros de comprimento e de largura, e um metro e trinta e cinco centímetros de altura. ²⁸ Os carrinhos eram feitos assim: tinham placas laterais presas a armações. ²⁹ Nas

---

³ 7.18 Muitos manuscritos dizem *Fez as colunas, e havia duas fileiras.*
⁴ 7.18 Muitos manuscritos dizem *das romãs.*
⁵ 7.21 *Jaquim* provavelmente significa *ele firma.*
⁶ 7.21 *Boaz* provavelmente significa *nele há força.*
⁷ 7.26 Hebraico: *2.000 batos.* O bato era uma medida de capacidade para líquidos. As estimativas variam entre 20 e 40 litros. A Septuaginta não traz esta frase.

¹ 7.7 Conforme a Vulgata e a Versão Siríaca. O Texto Massorético diz *de cedro desde o chão.*
² 7.13 Hebraico: *Hirão*, variante de *Hurão*; também nos versículos 40 e 45.

7.7
ᶻ 1Rs 6.15
7.8
ᵃ 1Rs 3.1; 2Cr 8.11
7.12
ᵇ 1Rs 6.36
7.13
ᶜ 2Cr 2.13
7.14
ᵈ Ex 31.2-5; 35.31; 36.1; 2Cr 2.14
ᵉ 2Cr 4.11, 16
7.15
ᶠ 2Rs 25.17; 2r 3.15; 4.12; 52.17, 21
7.16
ᵍ 2Rs 25.17
7.20
ʰ 2Cr 3.16; 4.13; Jr 52.23
7.21
ⁱ 1Rs 6.3; 2Cr 3.17
7.23
ʲ 2Rs 25.13; 1Cr 18.8; Jr 52.17
7.25
ᵏ 2Cr 4.4-5; Jr 52.20
7.27
ˡ v. 38; 2Cr 4.14

placas, entre as armações, havia figuras de leões, bois e querubins; sobre as armações, acima e abaixo dos leões e bois, havia grinaldas de metal batido. ³⁰ Em cada carrinho[m] havia quatro rodas de bronze com eixos de bronze, cada um com uma bacia apoiada em quatro pés e fundida ao lado de cada grinalda. ³¹ No lado de dentro do carrinho havia uma abertura circular com quarenta e cinco centímetros de profundidade. Essa abertura era redonda e, com sua base, media setenta centímetros. Havia esculturas em torno da abertura. As placas dos carrinhos eram quadradas, e não redondas. ³² As quatro rodas ficavam sob as placas, e os eixos das rodas ficavam presos ao estrado. O diâmetro de cada roda era de setenta centímetros. ³³ As rodas eram feitas como rodas de carros; os eixos, os aros, os raios e os cubos eram todos de metal fundido.

³⁴ Havia quatro cabos que se projetavam do carrinho, um em cada canto. ³⁵ No alto do carrinho havia uma lâmina circular de vinte e dois centímetros de altura. Os apoios e as placas estavam fixados no alto do carrinho. ³⁶ Ele esculpiu figuras de querubins, leões e tamareiras na superfície dos apoios e nas placas, em cada espaço disponível, com grinaldas ao redor. ³⁷ Foi assim que fez os dez carrinhos. Foram todos fundidos nos mesmos moldes e eram idênticos no tamanho e na forma.

³⁸ Depois ele fez dez pias de bronze,[n] cada uma com capacidade de oitocentos litros, medindo um metro e oitenta centímetros de diâmetro; uma pia para cada um dos dez carrinhos. ³⁹ Ele pôs cinco carrinhos no lado sul do templo e cinco no lado norte. Pôs o tanque no lado sul, no canto sudeste do templo. ⁴⁰ Também fez os jarros, as pás e as bacias para aspersão.

Assim, Hurão completou todo o trabalho de que fora encarregado pelo rei Salomão, no templo do Senhor:

⁴¹ as duas colunas;
os dois capitéis em forma de taça no alto das colunas;
os dois conjuntos de correntes que decoravam os dois capitéis;
⁴² as quatrocentas romãs para os dois conjuntos de correntes; duas fileiras de romãs para cada conjunto;[o]
⁴³ os dez carrinhos com as suas dez pias;
⁴⁴ o tanque e os doze touros debaixo dele;
⁴⁵ e os jarros, as pás e as bacias de aspersão.[p]

Todos esses utensílios que Hurão fez a pedido do rei Salomão para o templo do Senhor eram de bronze polido. ⁴⁶ Foi na planície do Jordão, entre Sucote[r] e Zaretã,[s] que o rei os mandou fundir, em moldes de barro.[q] ⁴⁷ Salomão não mandou pesar esses utensílios;[t] eram tantos que o peso do bronze não foi determinado.

⁴⁸ Além desses, Salomão mandou fazer também estes outros utensílios para o templo do Senhor:

O altar de ouro;
a mesa de ouro[u] sobre a qual ficavam os pães da Presença;[v]
⁴⁹ os candelabros[w] de ouro puro, cinco à direita e cinco à esquerda, em frente do santuário interno;
as flores, as lâmpadas e as tenazes de ouro;
⁵⁰ as bacias, os cortadores de pavio, as bacias para aspersão, as tigelas e os incensários;[x]
e as dobradiças de ouro para as portas da sala interna, isto é, o Lugar Santíssimo, e também para as portas do átrio principal.

⁵¹ Terminada toda a obra que Salomão realizou para o templo do Senhor, ele trouxe tudo o que seu pai havia consagrado[y] e colocou-o com os tesouros do templo do Senhor: a prata, o ouro e os utensílios.

O Transporte da Arca para o Templo

8 Então o rei Salomão reuniu em Jerusalém as autoridades de Israel, todos os líderes das tribos e os chefes[z] das famílias israelitas, para levarem de Sião, a Cidade de Davi, a arca da aliança[a] do Senhor.[b]

7.30
[m] 2Rs 16.17
7.38
[n] Ex 30.18; 2Cr 4.6
7.42
[o] v. 20
7.45
[p] Ex 27.3
7.46
[q] 2Cr 4.17
[r] Gn 33.17; Jó 13.27
[s] Jó 3.16
7.47
[t] 1Cr 22.3
7.48
[u] Ex 37.10
[v] Ex 25.30
7.49
[w] Ex 25.31-38
7.50
[x] 2Rs 25.13
7.51
[y] 2Sm 8.11
8.1
[z] Nm 7.2
[a] 2Sm 6.17
8.1
[b] 2Sm 5.7

² E todos os homens de Israel uniram-se ao rei Salomão por ocasião da festa,ᶜ no mês de etanim¹, que é o sétimo mês.ᵈ ³ Quando todas as autoridades de Israel chegaram, os sacerdotesᵉ pegaram ⁴ a arca do Senhor e a levaram, com a Tenda do Encontroᶠ e com todos os seus utensílios sagrados. Foram os sacerdotes e os levitas que levaram tudo. ⁵ O rei Salomão e toda a comunidade de Israel, que se havia reunido a ele diante da arca, sacrificaramᵍ tantas ovelhas e bois que nem era possível contar.

⁶ Os sacerdotes levaram a arca da aliança do Senhor ʰpara o seu lugar no santuário interno do templo, isto é, no Lugar Santíssimo, e a colocaram debaixo das asas dos querubins.ⁱ ⁷ Os querubins tinham suas asas estendidas sobre o lugar da arca e cobriam a arca e as varas utilizadas para o transporte. ⁸ Essas varas eram tão compridas que as suas pontas, que se estendiam para fora da arca, podiam ser vistas da frente do santuário interno, mas não de fora dele; e elas estão lá até hoje.ʲ ⁹ Na arca havia só as duas tábuas de pedraᵏ que Moisés tinha colocado quando estava em Horebe, onde o Senhor fez uma aliança com os israelitas depois que saíram do Egito.

¹⁰ Quando os sacerdotes se retiraram do Lugar Santo, uma nuvemˡ encheu o templo do Senhor, ¹¹ de forma que os sacerdotes não podiam desempenhar o seu serviço, pois a glória do Senhor encheu o seu templo.

¹² E Salomão exclamou: "O Senhor disse que habitaria numa nuvem escura!ᵐ ¹³ Na realidade construí para ti um templo magnífico, um lugar para nele habitaresⁿ para sempre!"

¹⁴ Depois o rei virou-se e abençooouᵒ toda a assembleia de Israel, que estava ali em pé. ¹⁵ E disse:

"Bendito seja o Senhor,ᵖ o Deus de Israel, que com sua mão cumpriu o que com sua própria boca havia prometido a meu pai, Davi, quando lhe disse: ¹⁶ 'Desde o dia em que tirei Israel, o meu povo, do Egito, não escolhi nenhuma cidade das tribos de Israel para nela construir um templo em honra ao meu nome.ᑫ Mas escolhiʳ Daviˢ para governar Israel, o meu povo'.

¹⁷ "Meu pai, Davi, tinha no coração o propósito de construir um temploᵗ em honra ao nome do Senhor, o Deus de Israel. ¹⁸ Mas o Senhor lhe disse: 'Você fez bem em ter no coração o plano de construir um templo em honra ao meu nome; ¹⁹ no entanto, não será vocêᵘ que o construirá, mas o seu filho, que procederá de você; ele construirá o templo em honra ao meu nome'.ᵛ

²⁰ "E o Senhor cumpriu a sua promessa: Sou o sucessor de meu pai, Davi, e agora ocupo o trono de Israel, como o Senhor tinha prometido, e construí o temploʷ em honra ao nome do Senhor, o Deus de Israel. ²¹ Providenciei nele um lugar para a arca, na qual estão as tábuas da aliança do Senhor, aliança que fez com os nossos antepassados quando os tirou do Egito".

A Oração de Dedicação

²² Depois Salomão colocou-se diante do altar do Senhor, diante de toda a assembleia de Israel, levantou as mãosˣ para o céu ²³ e orou:

"Senhor, Deus de Israel, não há Deus comoʸ tu em cima nos céus nem embaixo na terra! Tu que guardas a tua aliança de amorᶻ com os teus servos que, de todo o coração, andam segundo a tua vontade. ²⁴ Cumpriste a tua promessa a teu servo Davi, meu pai; com tua boca prometeste e com tua mão a cumpriste, conforme hoje se vê.

²⁵ "Agora, Senhor, Deus de Israel, cumpre a outra promessaᵃ que fizeste a teu servo Davi, meu pai, quando disseste: 'Você nunca deixará de ter, diante de mim, um descendente que se assente no trono de Israel, se tão somente os seus descendentes tiverem o cuidado de, em tudo, andarem segundo a minha vontade, como você

---

¹ **8.2** Aproximadamente setembro/outubro.

8.2
ᶜ 2Cr 7.8
ᵈ Lv 23.34
8.3
ᵉ Nm 7.9; Jó 3.3
8.4
ᶠ 1Rs 3.4; 2Cr 1.3
8.5
ᵍ 2Sm 6.13
8.6
ʰ 2Sm 6.17
ⁱ 1Rs 6.19, 27
8.8
ʲ Ex 25.13-15
8.9
ᵏ Ex 24.7-8; 25.21; 40.20; Dt 10.2-5; Hb 9.4
8.10
ˡ Ex 40.34-35; 2Cr 7.1-2
8.12
ᵐ Sl 18.11; 97.2 Sl 132.13
8.14
ᵒ 2Sm 6.18
8.15
ᵖ 2Sm 7.12-13; 1Cr 29.10, 20; Ne 9.5; Lc 1.68
8.16
ᑫ Dt 12.5
ʳ 1Sm 16.1
ˢ 2Sm 7.4-6, 8
8.17
ᵗ 2Sm 7.2; 1Cr 17.1
8.19
ᵘ 2Sm 7.5
ᵛ 2Sm 7.13; 1Rs 5.3, 5
8.20
ʷ 1Cr 28.6
8.22
ˣ Ex 9.29; Ez 9.5
8.23
ʸ 1Sm 2.2; 2Sm 7.22
ᶻ Dt 7.9, 12; Ne 1.5; 9.32; Dn 9.4
8.25
ᵃ 1Rs 2.4

tem feito'. ²⁶ Agora, ó Deus de Israel, que se confirme a palavra^b que falaste a teu servo Davi, meu pai.

²⁷ "Mas será possível que Deus habite^c na terra? Os céus, mesmo os mais altos céus, não podem conter-te.^d Muito menos este templo que construí! ²⁸ Ainda assim, atende à oração do teu servo e ao seu pedido de misericórdia, ó SENHOR, meu Deus. Ouve o clamor e a oração que o teu servo faz hoje na tua presença. ²⁹ Estejam os teus olhos voltados^{e,f} dia e noite para este templo, lugar do qual disseste que nele porias o teu nome,^g para que ouças a oração que o teu servo fizer voltado para este lugar. ³⁰ Ouve as súplicas do teu servo e de Israel, o teu povo, quando orarem voltados para este lugar. Ouve dos céus, lugar da tua habitação, e, quando ouvires, dá-lhes o teu perdão.^h

³¹ "Quando um homem pecar contra seu próximo, tiver que fazer um juramento^i e vier jurar diante do teu altar neste templo, ³² ouve dos céus e age. Julga os teus servos; condena o culpado, fazendo recair sobre a sua própria cabeça a consequência da sua conduta, e declara sem culpa o inocente, dando-lhe o que a sua inocência merece.^j

³³ "Quando Israel, o teu povo, for derrotado^k por um inimigo por ter pecado^l contra ti, voltar-se para ti e invocar o teu nome, orando e suplicando a ti neste templo, ³⁴ ouve dos céus e perdoa o pecado de Israel, o teu povo, e traze-o de volta à terra que deste aos seus antepassados.

³⁵ "Quando se fechar o céu e não houver chuva^m por haver o teu povo pecado contra ti e, se o teu povo, voltado para este lugar, invocar o teu nome e afastar-se do seu pecado por o haveres castigado, ³⁶ ouve dos céus e perdoa o pecado dos teus servos, de Israel, teu povo. Ensina-lhes^n o caminho certo^o e envia chuva sobre a tua terra, que deste por herança ao teu povo.

³⁷ "Quando houver fome^p ou praga no país, ferrugem^q e mofo, gafanhotos peregrinos e gafanhotos devastadores, ou quando inimigos sitiarem suas cidades, quando, em meio a qualquer praga ou epidemia, ³⁸ uma oração ou súplica por misericórdia for feita por um israelita ou por todo o Israel, teu povo, cada um sentindo as suas próprias aflições e dores, estendendo as mãos na direção deste templo, ³⁹ ouve dos céus, o lugar da tua habitação. Perdoa e age; trata cada um de acordo com o que merece, visto que conheces^r o seu coração. Sim, só tu conheces o coração do homem. ⁴⁰ Assim eles te temerão^s durante todo o tempo em que viverem na terra que deste aos nossos antepassados.

⁴¹ "Quanto ao estrangeiro, que não pertence a Israel, o teu povo, e que veio de uma terra distante por causa do teu nome — ⁴² pois ouvirão acerca do teu grande nome, da tua mão poderosa^t e do teu braço forte —, quando ele vier e orar voltado para este templo, ⁴³ ouve dos céus, lugar da tua habitação, e atende ao pedido do estrangeiro, a fim de que todos os povos da terra conheçam^u o teu nome e te temam,^v como faz Israel, o teu povo, e saibam que este templo que construí traz o teu nome.

⁴⁴ "Quando o teu povo for à guerra contra os seus inimigos, por onde quer que tu o enviares, e orar ao SENHOR voltado para a cidade que escolheste e para o templo que construí em honra ao teu nome, ⁴⁵ ouve dos céus a sua oração e a sua súplica e defende a sua causa.

⁴⁶ "Quando pecarem contra ti, pois não há ninguém que não peque,^w e ficares irado com eles e os entregares ao inimigo que os leve prisioneiros^x para a sua terra, distante ou próxima; ⁴⁷ se eles caírem em si, na terra para a qual tiverem sido deportados, e se arrependerem^y e lá orarem: 'Pecamos, praticamos o mal e fomos rebeldes';^z ⁴⁸ e se lá eles se voltarem para ti de todo o seu coração^a e de toda a sua alma, na terra dos inimigos que os tiverem levado como prisioneiros, e orarem^b voltados para a terra que deste aos seus antepassados, para a cidade

8.26
^b 2Sm 7.25
8.27
^c At 7.48
^d 2Cr 2.6;
Sl 139.7-16;
Is 66.1;
Jr 23.24
8.29
^e 2Cr 7.15;
Ne 1.6
^f Dn 6.10
^g Dt 12.11
8.30
^h Sl 85.2
8.31
^i Ex 22.11
8.32
^j Dt 25.1
8.33
^k Lv 26.17;
Dt 28.25
^l Lv 26.39
8.35
^m Lv 26.19;
Dt 28.24
8.36
^n 1Sm 12.23;
Sl 25.4;
94.12
^o Sl 5.8;
27.11;
Jr 6.16
8.37
^p Lv 26.26
^q Dt 28.22
8.39
^r 1Sm 16.7;
1Cr 28.9;
Sl 11.4;
Jr 17.10;
Jo 2.24;
At 1.24
8.40
^s Sl 130.4
8.42
^t Dt 3.24
8.43
^u 1Sm 17.46;
2Rs 19.19
^v Sl 102.15
8.46
^w Pv 20.9;
Ec 7.20;
Rm 3.9;
1Jo 1.8-10
^x Lv 26.33-39;
Dt 28.64
8.47
^y Lv 26.40;
Ne 1.6
^z Sl 106.6;
Dn 9.5
8.48
^a Dt 4.29;
Jr 29.12-14
^b Dn 6.10

que escolheste e para o templo[c] que construí em honra ao teu nome, ⁴⁹ então, desde os céus, o lugar da tua habitação, ouve a sua oração e a sua súplica e defende a sua causa. ⁵⁰ Perdoa o teu povo, que pecou contra ti; perdoa todas as transgressões que cometeram contra ti e faze com que os seus conquistadores tenham misericórdia deles;[d] ⁵¹ pois são o teu povo e a tua herança,[e] que tiraste do Egito, da fornalha de fundição.[f]

⁵² "Que os teus olhos estejam abertos para a súplica do teu servo e para a súplica de Israel, o teu povo, e que os ouças sempre que clamarem a ti. ⁵³ Pois tu os escolheste dentre todos os povos da terra para serem a tua herança,[g] como declaraste por meio do teu servo Moisés, quando tu, ó Soberano Senhor, tiraste os nossos antepassados do Egito".

⁵⁴ Quando Salomão terminou a oração e a súplica ao Senhor, levantou-se diante do altar do Senhor, onde tinha se ajoelhado e estendido as mãos para o céu. ⁵⁵ Pôs-se em pé e abençoou[h] em alta voz toda a assembleia de Israel, dizendo:

⁵⁶ "Bendito seja o Senhor, que deu descanso[i] a Israel, o seu povo, como havia prometido. Não ficou sem cumprimento nem uma de todas as boas promessas[j] que ele fez por meio do seu servo Moisés. ⁵⁷ Que o Senhor, o nosso Deus, esteja conosco, assim como esteve com os nossos antepassados. Que ele jamais nos deixe nem nos abandone![k] ⁵⁸ E faça com que de coração[l] nos voltemos para ele, a fim de andarmos em todos os seus caminhos e obedecermos aos seus mandamentos, decretos e ordenanças, que deu aos nossos antepassados. ⁵⁹ E que as palavras da minha súplica ao Senhor tenham acesso ao Senhor, o nosso Deus, dia e noite, para que ele defenda a causa do seu servo e a causa de Israel, o seu povo, de acordo com o que precisarem. ⁶⁰ Assim, todos os povos[m] da terra saberão que o Senhor é Deus e que não há nenhum outro.[n] ⁶¹ Mas vocês, tenham coração íntegro para com[o] o Senhor, o nosso Deus, para viverem por seus decretos e obedecerem aos seus mandamentos, como acontece hoje".

A Dedicação do Templo

⁶² Então o rei Salomão e todo o Israel ofereceram sacrifícios ao Senhor; ⁶³ ele ofereceu em sacrifício de comunhão[1] ao Senhor vinte e dois mil bois e cento e vinte mil ovelhas. Assim o rei e todos os israelitas fizeram a dedicação do templo do Senhor.

⁶⁴ Naquele mesmo dia o rei consagrou a parte central do pátio, que ficava na frente do templo do Senhor, e ali ofereceu holocaustos[2], ofertas de cereal e a gordura das ofertas de comunhão, pois o altar de bronze[p] diante do Senhor era pequeno demais para comportar os holocaustos, as ofertas de cereal e a gordura das ofertas de comunhão.

⁶⁵ E foi assim que Salomão, com todo o Israel, celebrou[q] a festa naquela data; era uma grande multidão, gente vinda desde Lebo-Hamate[r] até o ribeiro do Egito.[s] Celebraram-na diante do Senhor, o nosso Deus, durante sete dias[3]. ⁶⁶ No oitavo dia Salomão mandou o povo para casa. Eles abençoaram o rei e foram embora, jubilosos e de coração alegre por todas as coisas boas que o Senhor havia feito por seu servo Davi e por Israel, o seu povo.

O Senhor Aparece a Salomão

9 Quando Salomão acabou[t] de construir o templo do Senhor, o palácio real e tudo mais que desejara construir, ² o Senhor lhe apareceu[u] pela segunda vez, como lhe havia aparecido em Gibeom. ³ O Senhor lhe disse:

"Ouvi[v] a oração e a súplica que você fez diante de mim; consagrei este templo que você construiu, para que nele habite o meu nome para sempre. Os meus olhos[w] e o meu coração estarão sempre nele.

---

¹ **8.63** Ou *de paz*
² **8.64** Isto é, sacrifícios totalmente queimados.
³ **8.65** Conforme a Septuaginta. O Texto Massorético acrescenta *e mais 7 dias, 14 no total*.

⁴ "E, se você andar segundo a minha vontade, com integridade de coração^x e com retidão, como fez o seu pai, Davi;^{y} se fizer tudo o que ordeno a você, obedecendo aos meus decretos e às minhas ordenanças, ⁵ firmarei^z para sempre sobre Israel o seu trono, conforme prometi a Davi, seu pai, quando lhe disse: Nunca faltará^a descendente para governar Israel.

⁶ "Mas, se você ou seus filhos se afastarem^b de mim e não obedecerem aos mandamentos e aos decretos que lhes dei, e prestarem culto a outros deuses e adorá-los, ⁷ desarraigarei^c Israel da terra que lhes dei e lançarei para longe da minha presença este templo que consagrei ao meu nome.^{d} Israel se tornará então objeto de zombaria^{e,f} entre todos os povos. ⁸ E, embora este templo seja agora imponente, todos os que passarem por ele ficarão espantados e perguntarão: 'Por que o Senhor fez uma coisa dessas a esta terra e a este templo?'^{g} ⁹ E a resposta será: 'Porque abandonaram o Senhor, o seu Deus, que tirou os seus antepassados do Egito, e se apegaram a outros deuses, adorando-os e prestando-lhes culto; por isso o Senhor trouxe sobre eles toda esta desgraça' ".

Outros Feitos de Salomão

¹⁰ Depois de vinte anos, durante os quais construiu estes dois edifícios, o templo do Senhor e o palácio real, ¹¹ o rei Salomão deu vinte cidades da Galileia a Hirão, rei de Tiro, pois Hirão lhe havia fornecido toda a madeira de cedro e de pinho e o ouro^h de que ele precisou. ¹² Mas, quando este veio de Tiro para ver as cidades que Salomão lhe dera, não gostou. ¹³ "Que cidades são essas que tu me deste, meu irmão?", ele perguntou. E as chamou terra de Cabul¹,^{i} nome que elas têm até hoje. ¹⁴ Hirão tinha enviado ao rei quatro mil e duzentos quilos² de ouro!

¹⁵ O rei Salomão impôs^j trabalhos forçados para que se construísse o templo do Senhor, seu próprio palácio,^{k} o Milo³, o muro de Jerusalém, bem como Hazor,^{l} Megido e Gezer.^{m} ¹⁶ O faraó, rei do Egito, havia atacado e conquistado Gezer. Incendiou a cidade e matou os seus habitantes, que eram cananeus, e a deu como presente de casamento à sua filha, mulher de Salomão. ¹⁷ E Salomão reconstruiu Gezer. Ele construiu Bete-Horom Baixa,^{n} ¹⁸ Baalate,^{o} e Tadmor⁴, no deserto dessa região, ¹⁹ bem como todas as cidades-armazéns^p e as cidades onde ficavam os seus carros de guerra^q e os seus cavalos⁵. Construiu tudo o que desejou em Jerusalém, no Líbano e em todo o território que governou.

²⁰ Salomão recrutou para o trabalho forçado^r todos os não israelitas, descendentes^r dos amorreus, dos hititas, dos ferezeus, dos heveus e dos jebuseus, ²¹ que não tinham sido mortos pelos israelitas,^{s} e esses povos continuam nesse trabalho^t até hoje. ²² Mas Salomão não obrigou nenhum israelita a trabalhos forçados;^{u} eles eram seus homens de guerra, seus capitães, os comandantes dos seus carros de guerra e os condutores de carros. ²³ Também eram israelitas os principais oficiais encarregados^v das construções de Salomão: quinhentos e cinquenta oficiais que supervisionavam os trabalhadores.

²⁴ Somente depois que a filha do faraó^w mudou-se da Cidade de Davi para o palácio^x que Salomão havia construído para ela, foi que ele construiu o Milo.

²⁵ Três^y vezes por ano Salomão oferecia holocaustos⁶ e sacrifícios de comunhão⁷ no altar que havia construído para o Senhor e ao mesmo tempo queimava incenso diante do Senhor. E Salomão concluiu o templo.

---

³ **9.15** Ou *aterro*; também no versículo 24.
⁴ **9.18** Ou *Tamar*
⁵ **9.19** Ou *condutores de carros*
⁶ **9.25** Isto é, sacrifícios totalmente queimados; também em 10.5.
⁷ **9.25** Ou *de paz*

¹ **9.13** *Cabul* assemelha-se à palavra hebraica que significa *inútil*.
² **9.14** Hebraico: *120 talentos*. Um talento equivalia a 35 quilos.

²⁶ O rei Salomão também construiu navios² em Eziom-Geber,ᵃ que fica perto de Elate, na terra de Edom, às margens do mar Vermelho. ²⁷ E Hirão enviou em navios os seus marinheiros,ᵇ homens experimentados que conheciam o mar, para trabalharem com os marinheiros de Salomão. ²⁸ Navegaram até Ofirᶜ e de lá trouxeram catorze mil e setecentos quilos de ouro para o rei Salomão.

A Rainha de Sabá Visita Salomão

10 A rainha de Sabáᵈ soube da fama que Salomão tinha alcançado, graças ao nome do Senhor, e foi a Jerusalém para pô-lo à prova com perguntas difíceis.ᵉ ² Quando chegou, acompanhada de uma enorme caravana, com camelos carregados de especiarias, grande quantidade de ouro e pedras preciosas, fez a Salomão todas as perguntas que tinha em mente. ³ Salomão respondeu a todas; nenhuma lhe foi tão difícil que não pudesse responder. ⁴ Vendo toda a sabedoria de Salomão, bem como o palácio que ele havia construído, ⁵ oᶠ que era servido em sua mesa, o alojamento de seus oficiais, os criados e os copeiros — todos uniformizados — e os holocaustos¹ que ele fazia no² templo do Senhor, a visitante ficou impressionada.

⁶ Então ela disse ao rei: "Tudo o que ouvi em meu país acerca de tuas realizações e de tua sabedoria é verdade. ⁷ Mas eu não acreditava no que diziam, até ver com os meus próprios olhos. Na realidade, não me contaram nem a metade; tu ultrapassas em muito o que ouvi, tanto em sabedoria como em riqueza.ᵍ ⁸ Como devem ser felizes os homens da tua corte, que continuamente estão diante de ti e ouvemʰ a tua sabedoria! ⁹ Benditoⁱ seja o Senhor, o teu Deus, que se agradou de ti e te colocou no trono de Israel. Por causa do amor eterno do Senhor para com Israel, ele te fez rei, para manter a justiçaʲ e a retidão".

¹⁰ E ela deu ao rei quatro mil e duzentos quilos³ de ouroᵏ e grande quantidade de especiarias e pedras preciosas. Nunca mais foram trazidas tantas especiarias quanto as que a rainha de Sabá deu ao rei Salomão.

¹¹ (Os navios de Hirão, que carregavam ouro de Ofir,ˡ também trouxeram de lá grande quantidade de madeira de junípero e pedras preciosas. ¹² O rei utilizou a madeira para fazer a escadaria do templo do Senhor e a do palácio real, além de harpas e liras para os músicos. Nunca mais foi importada nem se viu tanta madeira de junípero.)

¹³ O rei Salomão deu à rainha de Sabá tudo o que ela desejou e pediu, além do que já lhe tinha dado por sua generosidade real. Então ela e os seus servos voltaram para o seu país.

O Esplendor do Reino de Salomão

¹⁴ O peso do ouroᵐ que Salomão recebia anualmente era de vinte e três mil e trezentos quilos, ¹⁵ fora os impostos pagos por mercadores e comerciantes, por todos os reis da Arábia e pelos governadores do país.

¹⁶ O rei Salomão fez duzentos escudos grandesⁿ de ouro batido, utilizando três quilos e seiscentos gramas⁴ de ouro em cada um. ¹⁷ Também fez trezentos escudos pequenos de ouro batido, com um quilo e oitocentos gramas de ouro em cada um. O rei os colocou no Palácio da Floresta do Líbano.ᵒ

¹⁸ O rei mandou fazer ainda um grande trono de marfim revestido de ouro puro. ¹⁹ O trono tinha seis degraus, e o seu encosto tinha a parte alta arredondada. Nos dois lados do assento havia braços, com um leão junto a cada braço. ²⁰ Havia doze leões nos seis degraus, um em cada ponta de cada degrau. Nada igual havia sido feito em nenhum outro reino. ²¹ Todas as taças do rei Salomão eram de ouro, bem como todos os

---

³ **10.10** Hebraico: *120 talentos*. Um talento equivalia a 35 quilos.

⁴ **10.16** Hebraico: *6 minas*. Uma mina equivalia a 600 gramas.

---

¹ **10.5** Isto é, sacrifícios totalmente queimados.

² **10.5** Ou *e o caminho pelo qual subia até o*

utensílios do Palácio da Floresta do Líbano. Não havia nada de prata, pois a prata quase não tinha valor nos dias de Salomão. ²² O rei tinha no mar uma frota de navios mercantes¹ ᵖ com os navios de Hirão. Cada três anos a frota voltava, trazendo ouro, prata, marfim, macacos e pavões.

²³ O rei Salomão era o mais rico*q* e o mais sábio*r* de todos os reis da terra. ²⁴ Gente de todo o mundo pedia audiência a Salomão para ouvir a sabedoria*s* que Deus lhe tinha dado. ²⁵ Ano após ano, todos os visitantes traziam algum presente: utensílios de prata e de ouro, mantos, armas e especiarias, cavalos e mulas.

²⁶ Salomão juntou carros e cavalos; possuía mil e quatrocentos carros e doze mil cavalos²,*t* dos quais mantinha uma parte nas guarnições de algumas cidades e a outra perto dele, em Jerusalém. ²⁷ O rei tornou a prata tão comum*u* em Jerusalém quanto as pedras, e o cedro tão numeroso quanto as figueiras bravas da Sefelá³. ²⁸ Os cavalos de Salomão eram importados do Egito⁴ e da Cilícia⁵, onde os fornecedores do rei os compravam. ²⁹ Importavam do Egito um carro por sete quilos e duzentos gramas⁶ de prata, e um cavalo por um quilo e oitocentos gramas, e os exportavam para todos os reis dos hititas*v* e dos arameus.

As Mulheres de Salomão

11 O rei Salomão amou muitas mulheres estrangeiras,*w* além da filha do faraó. Eram mulheres moabitas, amonitas, edomitas, sidônias e hititas. ² Elas eram das nações a respeito das quais o Senhor tinha dito aos israelitas: "Vocês não poderão tomar mulheres*x* dentre essas nações, porque elas os farão desviar-se para seguir os seus deuses". No entanto, Salomão apegou-se amorosamente a elas. ³ Casou com setecentas princesas e trezentas concubinas, e as suas mulheres o levaram a desviar-se. ⁴ À medida que Salomão foi envelhecendo, suas mulheres o induziram a voltar-se para outros deuses, e o seu coração já não era totalmente dedicado*y* ao Senhor, o seu Deus, como fora o coração do seu pai, Davi. ⁵ Ele seguiu Astarote,*z* a deusa dos sidônios, e Moloque,*a* o repugnante deus dos amonitas. ⁶ Dessa forma Salomão fez o que o Senhor reprova; não seguiu completamente o Senhor, como o seu pai, Davi.

⁷ No monte que fica a leste*b* de Jerusalém, Salomão construiu um altar para Camos, *c* o repugnante deus de Moabe,*d* e para Moloque, o repugnante deus dos amonitas. ⁸ Também fez altares para os deuses de todas as suas outras mulheres estrangeiras, que queimavam incenso e ofereciam sacrifícios a eles.

⁹ O Senhor irou-se contra Salomão por ter se desviado do Senhor, o Deus de Israel, que lhe havia aparecido*e* duas vezes. ¹⁰ Embora ele tivesse proibido Salomão de seguir outros deuses,*f* Salomão não lhe obedeceu.*g* ¹¹ Então o Senhor lhe disse: "Já que essa é a sua atitude e você não obedeceu à minha aliança e aos meus decretos, os quais ordenei a você, certamente tirarei*h* de você o reino e o darei a um dos seus servos. ¹² No entanto, por amor a Davi, seu pai, não farei isso enquanto você viver. Eu o tirarei da mão do seu filho. ¹³ Mas não tirarei dele o reino inteiro; eu lhe darei uma tribo*i* por amor*j* de Davi, meu servo, e por amor de Jerusalém, a cidade que escolhi".*k*

Os Adversários de Salomão

¹⁴ Então o Senhor levantou contra Salomão um adversário, o edomita Hadade, da linhagem real de Edom. ¹⁵ Anteriormente, quando Davi estava lutando contra Edom, Joabe, o comandante do exército, que tinha ido para lá enterrar os mortos, exterminara todos os homens de Edom.*l* ¹⁶ Joabe e todo o

---

¹ **10.22** Hebraico: *de Társis.*
² **10.26** Ou *condutores de carros*
³ **10.27** Pequena faixa de terra, de relevo variável, entre a planície costeira e as montanhas.
⁴ **10.28** Ou *Muzur*, região da Cilícia; também no versículo 29.
⁵ **10.28** Hebraico: *Cuve.*
⁶ **10.29** Hebraico: *600 siclos.* Um siclo equivalia a 12 gramas.

exército israelita permaneceram lá seis meses, até matarem todos os edomitas. ¹⁷ Mas Hadade, sendo ainda menino, fugiu para o Egito com alguns dos oficiais edomitas que tinham servido a seu pai. ¹⁸ Partiram de Midiã e foram a Parã.ᵐ Lá reuniram alguns homens e foram ao Egito, até o faraó, rei do Egito, que deu uma casa e terras a Hadade e lhe forneceu alimento.

¹⁹ O faraó acolheu bem a Hadade, a ponto de dar-lhe em casamento uma irmã de sua própria mulher, a rainha Tafnes. ²⁰ A irmã de Tafnes deu-lhe um filho, chamado Genubate, que fora criado por Tafnes no palácio real. Ali Genubate viveu com os próprios filhos do faraó.

²¹ Enquanto estava no Egito, Hadade soube que Davi tinha descansado com seus antepassados e que Joabe, o comandante do exército, também estava morto. Então Hadade disse ao faraó: "Deixa-me voltar para a minha terra."

²² "O que falta aqui para que você queira voltar para a sua terra?", perguntou o faraó.

"Nada me falta", respondeu Hadade, "mas deixa-me ir!"

²³ E Deus fez um outro adversárioⁿ levantar-se contra Salomão: Rezom, filho de Eliada, que tinha fugido do seu senhor, Hadadezer,ᵒ rei de Zobá. ²⁴ Quando Davi destruiu o exército de Zobá, Rezom reuniu alguns homens e tornou-se líder de um bando de rebeldes. Eles foram para Damasco,ᵖ onde se instalaram e assumiram o controle. ²⁵ Rezom foi adversário de Israel enquanto Salomão viveu e trouxe-lhe muitos problemas, além dos causados por Hadade. Assim Rezom governou a Síriaᑫ e foi hostil a Israel.

A Rebelião de Jeroboão contra Salomão

²⁶ Também Jeroboão, filho de Nebate, rebelou-seʳ contra o rei. Ele era um dos oficiais de Salomão, um efraimita de Zeredá, e a sua mãe era uma viúva chamada Zerua.

²⁷ Foi assim que ele se revoltou contra o rei: Salomão tinha construído o Milo¹ ˢe havia tapado a abertura no muro da Cidade de Davi, seu pai. ²⁸ Ora, Jeroboão era homem capaz,ᵗ e, quando Salomão viu como ele fazia bemᵘ o seu trabalho, encarregou-o de todos os que faziam trabalho forçado, pertencentes às tribos de José.

²⁹ Naquela ocasião, Jeroboão saiu de Jerusalém, e Aías,ᵛ o profeta de Siló, que estava usando uma capa nova, encontrou-se com ele no caminho. Os dois estavam sozinhos no campo, ³⁰ e Aías segurou firmemente a capa que estava usando, rasgou-aʷ em doze pedaços ³¹ e disse a Jeroboão: "Apanhe dez pedaços para você, pois assim diz o SENHOR, o Deus de Israel: 'Saiba que vou tirar ˣo reino das mãos de Salomão e dar a você dez tribos. ³² Mas, por amor ao meu servo Davi e à cidade de Jerusalém, a qual escolhi dentre todas as tribos de Israel, ele terá uma tribo. ³³ Farei isso porque eles me abandonaram² e adoraramʸ Astarote, a deusa dos sidônios, Camos, deus dos moabitas, e Moloque, deus dos amonitas, e não andaram nos meus caminhos, nem fizeram o que eu aprovo, nem obedeceram aos meus decretosᶻ e às minhas ordenanças, como fez Davi, pai de Salomão.

³⁴ "'Mas não tirarei o reino todo das mãos de Salomão; eu o fiz governante todos os dias de sua vida por amor ao meu servo Davi, a quem escolhi e que obedeceu aos meus mandamentos e aos meus decretos. ³⁵ Tirarei o reino das mãos do seu filho e darei dez tribos a você. ³⁶ Darei uma triboᵃ ao seu filho a fim de que o meu servo Davi sempre tenha diante de mim um descendente no trono³ ᵇem Jerusalém, a cidade onde eu quis pôr o meu nome. ³⁷ Quanto a você, eu o farei reinar sobre tudo o que o seu coração desejar;ᶜ você será rei de Israel. ³⁸ Se você fizer tudo o que eu ordenar e andar nos meus caminhos e fizer o que eu aprovo, obedecendo aos meus decretosᵈ e aos meus mandamentos,

---

¹ **11.27** Ou *aterro*

² **11.33** A Septuaginta, a Vulgata e a Versão Siríaca dizem *porque ele me abandonou*.

³ **11.36** Hebraico: *haja uma lâmpada para Davi*.

como fez o meu servo Davi, estarei com você. Edificarei para você uma dinastia[e] tão permanente quanto a que edifiquei para Davi e darei Israel a você. ³⁹ Humilharei os descendentes de Davi por causa disso, mas não para sempre' ".

⁴⁰ Salomão tentou matar Jeroboão, mas ele fugiu para o Egito, para o rei Sisaque,[f] e lá permaneceu até a morte de Salomão.

A Morte de Salomão

⁴¹ Os demais acontecimentos do reinado de Salomão, tudo o que fez e a sabedoria que teve, estão todos escritos nos registros históricos de Salomão. ⁴² Salomão reinou quarenta anos em Jerusalém sobre todo o Israel. ⁴³ Então descansou com os seus antepassados e foi sepultado na Cidade de Davi, seu pai. E o seu filho Roboão[g] foi o seu sucessor.

A Revolta de Israel contra Roboão

12 Roboão foi a Siquém, onde todos os israelitas tinham se reunido para proclamá-lo rei. ² Assim que Jeroboão, filho de Nebate, que estava no Egito para onde tinha fugido[h] do rei Salomão, soube disso, voltou de lá. ³ Depois disso mandaram chamá-lo. Então ele e toda a assembleia de Israel foram ao encontro de Roboão e disseram: ⁴ "Teu pai colocou sobre nós um jugo pesado,[i] mas agora diminui o trabalho árduo e este jugo pesado, e nós te serviremos".

⁵ Roboão respondeu: "Voltem a mim daqui a três dias". Então o povo foi embora.

⁶ O rei Roboão perguntou às autoridades[j] que haviam servido ao seu pai, Salomão, durante a vida dele: "Como vocês me aconselham a responder a este povo?"

⁷ Eles responderam: "Se hoje fores um servo deste povo e servi-lo, dando-lhe uma resposta favorável,[k] eles sempre serão teus servos".

⁸ Roboão, contudo, rejeitou o conselho que as autoridades de Israel lhe tinham dado e consultou os jovens que haviam *crescido com ele e o estavam servindo.* ⁹ Perguntou-lhes: "Que conselho vocês me dão? Como devemos responder a este povo, que me diz: 'Diminui o jugo que teu pai colocou sobre nós'?"

¹⁰ Os jovens que haviam crescido com ele responderam: "A este povo que te disse: 'Teu pai colocou sobre nós um jugo pesado; torna-o mais leve', dize: Meu dedo mínimo é mais grosso do que a cintura do meu pai. ¹¹ Pois bem, meu pai lhes impôs um jugo pesado; eu o tornarei ainda mais pesado. Meu pai os castigou com simples chicotes; eu os castigarei com chicotes pontiagudos[1]".

¹² Três dias depois, Jeroboão e todo o povo voltaram a Roboão, segundo a orientação dada pelo rei: "Voltem a mim daqui a três dias". ¹³ E o rei lhes respondeu asperamente. Rejeitando o conselho das autoridades de Israel, ¹⁴ seguiu o conselho dos jovens e disse: "Meu pai tornou pesado o seu jugo; eu o tornarei ainda mais pesado. Meu pai os castigou[l] com simples chicotes; eu os castigarei com chicotes pontiagudos". ¹⁵ E o rei não ouviu o povo, pois esta mudança nos acontecimentos vinha da parte do Senhor,[m] para que se cumprisse a palavra que o Senhor havia falado a Jeroboão, filho de Nebate, por meio do silonita Aías.[n]

¹⁶ Quando todo o Israel viu que o rei se recusava a ouvi-los, respondeu ao rei:

"Que temos em comum com Davi?
Que temos em comum
 com o filho de Jessé?
Para as suas tendas, ó Israel![o]
Cuide da sua própria casa, ó Davi!"

E assim os israelitas foram para as suas casas. ¹⁷ Quanto, porém, aos israelitas que moravam nas cidades de Judá,[p] Roboão continuou como rei deles.

¹⁸ O rei Roboão enviou Adonirão²,[q] chefe do trabalho forçado, mas todo o Israel o apedrejou até a morte. O rei, contudo, con-

---

¹ **12.11** Ou *com escorpiões*; também no versículo 14.
² **12.18** Conforme alguns manuscritos da Septuaginta e a Versão Siríaca. O Texto Massorético diz *Adorão*. Veja 1Rs 4.6 e 5.14.

11.38
[e] Js 1.5
2Sm 7.11, 27
11.40
[f] 2Cr 12.2
11.43
[g] 1Rs 14.21;
Mt 1.7
12.2
[h] 1Rs 11.40
12.4
[i] 1Sm 8.11-18;
1Rs 4.20-28
12.6
[j] 1Rs 4.2
12.7
[k] Pv 15.1
12.14
[l] Ex 1.14;
5.5-9, 16-18
12.15
[m] v. 24;
Dt 2.30;
Jz 14.4;
2Cr 22.7;
25.20
[n] 1Rs 11.29
12.6
[o] 2Sm 20.1
12.17
[p] 1Rs 11.13, 36
12.18
[q] 2Sm 20.24;
1Rs 4.6; 5.14

seguiu subir em sua carruagem e fugir para Jerusalém. ¹⁹ Dessa forma Israel se rebelou contra a dinastia de Davi,ʳ e assim permanece até hoje.

²⁰ Quando todos os israelitas souberam que Jeroboão tinha voltado, mandaram chamá-lo para a reunião da comunidade e o fizeram rei sobre todo o Israel. Somente a tribo de Judá permaneceu leal à dinastia de Davi.ˢ

²¹ Quando Roboão, filho de Salomão, chegou a Jerusalém, convocou cento e oitenta mil homens de combate, das tribos de Judá e de Benjamim, para guerrearemᵗ contra Israel e recuperarem o reino.

²² Entretanto, veio esta palavra de Deus a Semaías,ᵘ homem de Deus: ²³ "Diga a Roboão, filho de Salomão, rei de Judá, às tribos de Judá e Benjamim, e ao restante do povo: ²⁴ Assim diz o Senhor: Não saiam à guerra contra os seus irmãos israelitas. Voltem para casa, todos vocês, pois fui eu que fiz isso". E eles obedeceram à palavra do Senhor e voltaram para as suas casas, conforme o Senhor tinha ordenado.

Bezerros de Ouro em Betel e em Dã

²⁵ Jeroboão fortificou Siquém,ᵛ nos montes de Efraim, onde passou a morar. Depois saiu e fortificou Peniel.ʷ

²⁶ Jeroboão pensou: "O reino agora provavelmente voltará para a dinastia de Davi. ²⁷ Se este povo subir a Jerusalémˣ para oferecer sacrifícios no templo do Senhor, novamente dedicarão sua lealdade ao senhor deles, Roboão, rei de Judá. Eles vão me matar e vão voltar para o rei Roboão".

²⁸ Depois de aconselhar-se, o rei fez dois bezerros de ouroʸ e disse ao povo: "Vocês já subiram muito a Jerusalém. Aqui estão os seus deuses, ó Israel, que tiraramᵃ vocês do Egito".ᶻ ²⁹ Mandou pôr um bezerro em Betelᵃ e outro em Dã.ᵇ ³⁰ E isso veio a ser um pecado,ᶜ pois o povo ia até Dã para adorar aquele bezerro.

³¹ Jeroboão construiu altares idólatrasᵈ e designou sacerdotesᵉ dentre o povo, apesar de não serem levitas. ³² Instituiu uma festa no décimo quinto dia do oitavoᶠ mês, semelhante à festa realizada em Judá, e ofereceu sacrifícios no altar. Ele fez isso em Betel, onde sacrificou aos bezerros que havia feito. Também estabeleceu lá sacerdotes nos seus altares idólatras. ³³ No décimo quinto dia do oitavo mês, data que ele mesmo escolheu, ofereceu sacrifícios no altar que havia construído em Betel.ᵍ Assim ele instituiu a festa para os israelitas e foi ao altar para queimar incenso.

O Homem de Deus que Veio de Judá

13 Por ordem do Senhor um homem de Deusʰ foi de Judá a Betel,ⁱ quando Jeroboão estava em pé junto ao altar para queimar incenso. ² Ele clamou contra o altar, segundo a ordem do Senhor: "Ó altar, ó altar! Assim diz o Senhor: 'Um filho nascerá na família de Davi e se chamará Josias.ʲ Sobre você ele sacrificará os sacerdotes dos altares idólatras que agora queimam incenso aqui, e ossos humanos serão queimados sobre você'". ³ Naquele mesmo dia o homem de Deus deu um sinal:ᵏ "Este é o sinal que o Senhor declarou: O altar se fenderá, e as cinzas que estão sobre ele se derramarão".

⁴ Quando o rei Jeroboão ouviu o que o homem de Deus proclamava contra o altar de Betel, apontou para ele e ordenou: "Prendam-no!" Mas o braço que ele tinha estendido ficou paralisado, e não voltava ao normal. ⁵ Além disso, o altar se fendeu, e as suas cinzas se derramaram, conforme o sinal dado pelo homem de Deus por ordem do Senhor.

⁶ Então o rei disse ao homem de Deus: "Intercedaˡ ao Senhor, o seu Deus, e ore por mim para que meu braço se recupere". O homem de Deus intercedeu ao Senhor, e o braço do rei recuperou-se e voltou ao normal.

⁷ O rei disse ao homem de Deus: "Venha à minha casa e coma algo, e eu o recompensarei".ᵐ

⁸ Mas o homem de Deus respondeu ao rei: "Mesmo que me desse a metade dos

---

12.19
ʳ 2Es 17.21
12.20
ˢ 1Rs 11.13, 32
12.21
ᵗ 2Cr 11.1
12.22
ᵘ 2Cr 12.5-7
12.25
ᵛ Jz 9.45
ʷ Jz 8.8, 17
12.27
ˣ Dt 12.5-6
12.28
ʸ Ex 32.4;
2Rs 10.29;
17.16
ᶻ Ex 32.8
12.29
ᵃ Gn 28.19
ᵇ Jz 18.27-31
12.30
ᶜ 1Rs 13.34;
2Rs 17.21
12.31
ᵈ 1Rs 13.32
ᵉ Nm 3.10;
1Rs 13.33;
2Rs 17.32;
2Cr 11.14-15;
13.9
12.32
ᶠ Lv 23.33-34;
Nm 29.12
12.33
ᵍ Nm 15.39;
1Rs 13.1;
Am 7.13
13.1
ʰ 2Rs 23.17
ⁱ 1Rs 12.32-33
13.2
ʲ 2Rs 23.15-16, 20
13.3
ᵏ Jz 6.17;
Is 7.14;
Jo 2.11;
1Co 1.22
13.6
ˡ Ex 8.8;
9.28;
10.17;
Lc 6.27-28;
At 8.24;
Tg 5.16
13.7
ᵐ 1Sm 9.7;
2Rs 5.15

seus bens," eu não iria com você nem comeria ou beberia nada neste lugar. ⁹ Pois recebi estas ordens pela palavra do SENHOR: 'Não coma pão° nem beba água, nem volte pelo mesmo caminho por onde foi' ". ¹⁰ Por isso, quando ele voltou, não foi pelo caminho por onde tinha vindo a Betel.

¹¹ Ora, havia um certo profeta, já idoso, que morava em Betel. Seus filhos lhe contaram tudo o que o homem de Deus havia feito naquele dia e também o que ele dissera ao rei. ¹² O pai lhes perguntou: "Por qual caminho ele foi?" E os seus filhos lhe mostraram por onde tinha ido o homem de Deus que viera de Judá. ¹³ Então disse aos filhos: "Selem o jumento para mim". E, depois de selarem o jumento, ele montou ¹⁴ e cavalgou à procura do homem de Deus, até que o encontrou sentado embaixo da Grande Árvore. E lhe perguntou: "Você é o homem de Deus que veio de Judá?"

"Sou", respondeu.

¹⁵ Então o profeta lhe disse: "Venha à minha casa comer alguma coisa".

¹⁶ O homem de Deus disse: "Não posso ir com você nem posso comer pão^p ou beber água neste lugar. ¹⁷ A palavra do SENHOR deu-me esta ordem: 'Não coma pão nem beba água lá, nem volte pelo mesmo caminho por onde você foi' ".

¹⁸ O profeta idoso respondeu: "Eu também sou profeta como você. E um anjo me disse por ordem do SENHOR: 'Faça-o voltar com você para a sua casa para que coma pão e beba água' ". Mas ele estava mentindo.^q ¹⁹ E o homem de Deus voltou com ele e foi comer e beber em sua casa.

²⁰ Enquanto ainda estavam sentados à mesa, a palavra do SENHOR veio ao profeta idoso que o havia feito voltar ²¹ e ele bradou ao homem de Deus que tinha vindo de Judá: "Assim diz o SENHOR: 'Você desafiou^r a palavra do SENHOR e não obedeceu à ordem que o SENHOR, o seu Deus, deu a você. ²² Você voltou e comeu pão e bebeu água no lugar onde ele falou que não comesse nem bebesse. Por isso o seu corpo não será sepultado no túmulo dos seus antepassados' ".

²³ Quando o homem de Deus acabou de comer e beber, o profeta idoso selou seu jumento para ele. ²⁴ No caminho, um leão^s o atacou e o matou, e o seu corpo ficou estendido no chão, ao lado do leão e do jumento. ²⁵ Algumas pessoas que passaram viram o cadáver estendido ali, com o leão ao lado, e foram dar a notícia na cidade onde o profeta idoso vivia. ²⁶ Quando este soube disso, exclamou: "É o homem de Deus que desafiou a palavra do SENHOR! O SENHOR o entregou ao leão, que o feriu e o matou, conforme a palavra do SENHOR o tinha advertido".

²⁷ O profeta disse aos seus filhos: "Selem o jumento para mim", e eles o fizeram. ²⁸ Ele foi e encontrou o cadáver caído no caminho, com o jumento e o leão ao seu lado. O leão não tinha comido o corpo nem ferido o jumento. ²⁹ O profeta apanhou o corpo do homem de Deus, colocou-o sobre o jumento e o levou de volta para Betel¹, a fim de chorar por ele e sepultá-lo. ³⁰ Ele o pôs no seu próprio túmulo, e se lamentaram por ele, cada um exclamando: "Ah, meu irmão!"^t

³¹ Depois de sepultá-lo, disse aos seus filhos: "Quando eu morrer, enterrem-me no túmulo onde está sepultado o homem de Deus; ponham os meus ossos^u ao lado dos ossos dele. ³² Pois a mensagem que declarou por ordem do SENHOR contra o altar de Betel e contra todos os altares idólatras^v das cidades de Samaria^w certamente se cumprirá".^x

³³ Mesmo depois disso Jeroboão não mudou o seu mau procedimento, mas continuou a nomear dentre o povo sacerdotes para os altares idólatras.^y Ele consagrava para esses altares todo aquele que quisesse tornar-se sacerdote. ³⁴ Esse foi o pecado^z da família de Jeroboão, que levou à sua queda e à sua eliminação^a da face da terra.

¹ **13.29** Hebraico: *para a cidade*.

A Profecia de Aías contra Jeroboão

14 Naquela época, Abias, filho de Jeroboão, ficou doente, ² e este disse à sua mulher: "Use um disfarce, para não ser reconhecida como a mulher de Jeroboão, e vá a Siló, onde vive o profeta Aías,*b* aquele que me disse que eu seria rei sobre este povo. ³ Leve para ele dez pães,*c* alguns bolos e uma garrafa de mel. Ele dirá a você o que vai acontecer com o menino". ⁴ A mulher de Jeroboão atendeu a seu pedido e foi à casa de Aías, em Siló.

Ora, Aías já não conseguia enxergar; tinha ficado cego por causa da idade. ⁵ Mas o Senhor lhe tinha dito: "A mulher de Jeroboão está vindo para perguntar a você acerca do filho dela, pois ele está doente, e você deve responder-lhe assim e assim. Quando ela chegar, vai fingir que é outra pessoa".

⁶ Quando Aías ouviu o som dos passos junto da porta, disse: "Entre, mulher de Jeroboão. Por que esse fingimento? Fui encarregado de dar más notícias a você. ⁷ Vá dizer a Jeroboão que é isto o que o Senhor, o Deus de Israel, diz: 'Tirei-o dentre o povo e o tornei líder*d* sobre Israel, o meu povo. ⁸ Tirei*e* o reino da família de Davi e o dei a você, mas você não tem sido como o meu servo Davi, que obedecia aos meus mandamentos e me seguia de todo o coração, fazendo apenas o que eu aprovo.*f* ⁹ Você tem feito mais mal do que todos os que viveram antes de você, pois fez para você outros deuses, ídolos*g* de metal; você provocou a minha ira e voltou as costas para mim.*h*

¹⁰ "'Por isso, trarei desgraça à família de Jeroboão. Matarei de Jeroboão até o último indivíduo do sexo masculino¹ em Israel, seja escravo seja livre.*i* Queimarei a família de Jeroboão até o fim como quem queima esterco.*j* ¹¹ Dos que pertencem a Jeroboão, os cães*k* comerão os que morrerem na cidade, e as aves do céu se alimentarão dos que morrerem no campo. O Senhor falou!'

¹² "Quanto a você, volte para casa. Quando você puser os pés na cidade, o menino morrerá. ¹³ Todo o Israel chorará por ele e o sepultará. Ele é o único da família de Jeroboão que será sepultado, pois é o único da família de Jeroboão em quem o Senhor, o Deus de Israel, encontrou alguma coisa boa.*l*

¹⁴ "O Senhor levantará para si um rei sobre Israel que eliminará a família de Jeroboão. O dia virá! Quando? Agora mesmo. ¹⁵ E o Senhor ferirá Israel, de maneira que ficará como junco balançando na água. Ele desarraigará Israel*m* desta boa terra que deu aos seus antepassados e os espalhará para além do Eufrates², pois provocaram*n* a ira do Senhor com os postes sagrados*o* que fizeram. ¹⁶ E ele abandonará Israel por causa dos pecados*p* que Jeroboão cometeu e tem feito Israel cometer".

¹⁷ Então a mulher de Jeroboão levantou-se e voltou para Tirza.*q* Assim que entrou em casa, o menino morreu. ¹⁸ Eles o sepultaram, e todo o Israel chorou por ele, conforme o Senhor predissera por meio do seu servo, o profeta Aías.

¹⁹ Os demais acontecimentos do reinado de Jeroboão, suas guerras e como governou, estão escritos nos registros históricos dos reis de Israel. ²⁰ Ele reinou durante vinte e dois anos, e então descansou com os seus antepassados. E o seu filho Nadabe foi o seu sucessor.

O Reinado de Roboão, Rei de Judá

²¹ Roboão, filho de Salomão, foi rei de Judá. Tinha quarenta e um anos de idade quando começou a reinar e reinou dezessete anos em Jerusalém, cidade que o Senhor havia escolhido dentre todas as tribos de Israel para nela pôr o seu nome. Sua mãe, uma amonita,*r* chamava-se Naamá.

²² Judá*s* fez o que o Senhor reprova. Pelos pecados que cometeram, eles despertaram a sua ira zelosa*t* mais do que os seus antepassados o tinham feito. ²³ Também construíram

---

¹ **14.10** Hebraico: *dos que urinam na parede.*

² **14.15** Hebraico: *do Rio.*

para si altares idólatras, colunas sagradas^u e postes sagrados sobre todos os montes e debaixo de todas as árvores frondosas.^v ²⁴ Havia no país até prostitutos cultuais;^w o povo se envolvia em todas as práticas detestáveis das nações que o Senhor havia expulsado de diante dos israelitas.

²⁵ No quinto ano do reinado de Roboão, Sisaque, rei do Egito, atacou^x Jerusalém. ²⁶ Levou embora todos os tesouros do templo^y do Senhor e do palácio real, inclusive os escudos de ouro^z que Salomão havia feito. ²⁷ Por isso o rei Roboão mandou fazer escudos de bronze para substituí-los e os entregou aos chefes da guarda da entrada do palácio real. ²⁸ Sempre que o rei ia ao templo do Senhor, os guardas empunhavam os escudos e, em seguida, os devolviam à sala da guarda.

²⁹ Os demais acontecimentos do reinado de Roboão, e tudo o que fez, estão escritos nos registros históricos dos reis de Judá. ³⁰ Houve guerra constante^a entre Roboão e Jeroboão. ³¹ Roboão descansou com os seus antepassados e foi sepultado com eles na Cidade de Davi. Sua mãe, uma amonita,^b chamava-se Naamá. E o seu filho Abias foi o seu sucessor.

O Reinado de Abias, Rei de Judá

15 No décimo oitavo ano do reinado de Jeroboão, filho de Nebate, Abias tornou-se rei de Judá ² e reinou três anos em Jerusalém. O nome de sua mãe era Maaca,^c filha de Absalão.

³ Ele cometeu todos os pecados que o seu pai tinha cometido; seu coração não era inteiramente consagrado^d ao Senhor, o seu Deus, quanto fora o coração de Davi, seu predecessor. ⁴ No entanto, por amor de Davi, o Senhor, o seu Deus, concedeu-lhe uma lâmpada^e em Jerusalém, dando-lhe um filho como sucessor e fortalecendo Jerusalém. ⁵ Pois Davi fizera o que o Senhor aprova e não deixara de obedecer^f a nenhum dos mandamentos do Senhor durante todos os dias da sua vida, exceto no caso de Urias,^g o hitita.

⁶ E houve guerra^h entre Roboão e Jeroboão durante toda a vida de Abias.¹ ⁷ Os demais acontecimentos do reinado de Abias e todas as suas realizações estão escritos nos registros históricos dos reis de Judá. Também houve guerra entre Abias e Jeroboão. ⁸ E Abias descansou com os seus antepassados e foi sepultado na Cidade de Davi. E o seu filho Asa foi o seu sucessor.

O Reinado de Asa, Rei de Judá

⁹ No vigésimo ano do reinado de Jeroboão, rei de Israel, Asa tornou-se rei de Judá ¹⁰ e reinou quarenta e um anos em Jerusalém. O nome da sua avó era Maaca,ⁱ filha de Absalão.

¹¹ Asa fez o que o Senhor aprova, tal como Davi, seu predecessor. ¹² Expulsou do país os prostitutos cultuais^j e se desfez de todos os ídolos que seu pai havia feito. ¹³ Chegou até a depor sua avó Maaca da posição de rainha-mãe, pois ela havia feito um poste sagrado repugnante. Asa derrubou o poste^k e o queimou no vale do Cedrom. ¹⁴ Embora os altares idólatras não tenham sido eliminados, o coração de Asa foi totalmente dedicado^l ao Senhor durante toda a sua vida. ¹⁵ Ele trouxe para o templo do Senhor a prata, o ouro e os utensílios que ele e seu pai haviam consagrado.^m

¹⁶ Houve guerraⁿ entre Asa e Baasa, rei de Israel, durante todo o reinado deles. ¹⁷ Baasa, rei de Israel, invadiu Judá e fortificou Ramá,^o para que ninguém pudesse entrar nem sair do território de Asa, rei de Judá.

¹⁸ Então Asa ajuntou a prata e o ouro que haviam sobrado no tesouro do templo^p do Senhor e do seu próprio palácio. Confiou tudo isso a alguns dos seus oficiais e os enviou^q a Ben-Hadade,^r filho de Tabriom e neto de Heziom, rei da Síria, que governava em Damasco, ¹⁹ com uma mensagem que

---

¹ **15.6** Alguns manuscritos dizem *Abião*, variante de *Abias*.

14.23
^u Dt 16.22;
2Rs 17.9-10;
Ez 16.24-25
^v Dt 12.2;
Is 57.5

14.24
^w Dt 23.17;
1Rs 15.21;
2Rs 23.7

14.25
^x 1Rs 11.40;
2Cr 12.2

14.26
^y 1Rs 15.15, 18
^z 1Rs 10.17

14.30
^a 1Rs 12.21; 15.6

14.31
^b v. 21;
2Cr 12.16

15.2
^c 2Cr 11.20; 13.2

15.3
^d 1Rs 11.4;
Sl 119.80

15.4
^e 2Sm 21.17;
1Rs 11.36;
2Cr 21.7

15.5
^f 1Rs 9.4; 14.8
^g 2Sm 11.2-27; 12.9

15.6
^h 1Rs 14.30

15.10
ⁱ v. 2

15.12
^j 1Rs 14.24; 22.46

15.13
^k Ex 32.20

15.14
^l v. 3;
1Rs 8.61;
22.43

15.15
^m 1Rs 7.51

15.16
ⁿ v. 32

15.17
^o Js 18.25;
1Rs 12.27

15.18
^p v. 15;
1Rs 14.26
^q 2Rs 12.18
^r 1Rs 11.23-24

dizia: "Façamos um tratado, como fizeram meu pai e o teu. Estou te enviando como presente prata e ouro. Agora, rompe o tratado que tens com Baasa, rei de Israel, para que ele saia do meu país".

²⁰ Ben-Hadade aceitou a proposta do rei Asa e ordenou aos comandantes das suas forças que atacassem as cidades de Israel. Ele conquistou Ijom,ˢ Dã, Abel-Bete-Maaca e todo o Quinerete, além de Naftali. ²¹ Quando Baasa soube disso, abandonou a construção dos muros de Ramá e foi para Tirza. ²² Então o rei Asa reuniu todos os homens de Judá — ninguém foi isentado — e eles retiraram de Ramá as pedras e a madeira que Baasa estivera usando. Com esse material Asa fortificou Geba,ᵗ em Benjamim, e também Mispá.

²³ Os demais acontecimentos do reinado de Asa, todas as suas realizações, todos os seus atos e todas as cidades que construiu, tudo isso está escrito nos registros históricos dos reis de Judá. Na velhice Asa sofreu uma doença nos pés ²⁴ e, quando descansou com os seus antepassados, foi sepultado com eles na Cidade de Davi, seu predecessor. E seu filho Josafáᵘ foi o seu sucessor.

O Reinado de Nadabe, Rei de Israel

²⁵ Nadabe, filho de Jeroboão, tornou-se rei de Israel no segundo ano do reinado de Asa, rei de Judá, e reinou dois anos sobre Israel. ²⁶ Fez o que o Senhor reprova, andando nos caminhos do seu paiᵛ e no pecado que ele tinha levado Israel a cometer.

²⁷ Baasa, filho de Aías, da tribo de Issacar, conspirou contra ele, e o matouʷ na cidade filisteia de Gibetom,ˣ enquanto Nadabe e todo o exército de Israel a sitiavam. ²⁸ Baasa matou Nadabe no terceiro ano do reinado de Asa, rei de Judá, e foi o seu sucessor.

²⁹ Assim que começou a reinar, matou toda a família de Jeroboão.ʸ Dos pertencentes a Jeroboão não deixou ninguém vivo; destruiu todos, de acordo com a palavra do Senhor anunciada por seu servo, o silonita Aías. ³⁰ Isso aconteceu por causa dos pecadosᶻ que Jeroboão havia cometido e havia feito Israel cometer, e porque ele tinha provocado a ira do Senhor, o Deus de Israel.

³¹ Os demais acontecimentos do reinado de Nadabe e tudo o que fez estão escritos nos registros históricos dos reis de Israel. ³² Houve guerraᵃ entre Asa e Baasa, rei de Israel, durante todo o reinado deles.

O Reinado de Baasa, Rei de Israel

³³ No terceiro ano do reinado de Asa, rei de Judá, Baasa, filho de Aías, tornou-se rei de todo o Israel, em Tirza, e reinou vinte e quatro anos. ³⁴ Fez o que o Senhor reprova,ᵇ andando nos caminhos de Jeroboão e nos pecados que ele tinha levado Israel a cometer.

16 Então a palavra do Senhor contra Baasa veio a Jeú,ᶜ filho de Hanani:ᵈ ² "Eu o levantei do póᵉ e o tornei líderᶠ de Israel, o meu povo, mas você andou nos caminhos de Jeroboão e fezᵍ o meu povo pecar e provocar a minha ira por causa dos pecados deles. ³ Por isso estou na iminência de destruir Baasa e a sua família,ʰ fazendo a ela o que fiz à de Jeroboão, filho de Nebate. ⁴ Cãesⁱ comerão os da família de Baasa que morrerem na cidade, e as aves do céu se alimentarão dos que morrerem no campo".

⁵ Os demais acontecimentos do reinado de Baasa, seus atos e suas realizações estão escritos nos registros históricosʲ dos reis de Israel. ⁶ Baasa descansou com os seus antepassados e foi sepultado em Tirza.ᵏ E seu filho Elá foi o seu sucessor.

⁷ A palavra do Senhor veioˡ por meio do profeta Jeú,ᵐ filho de Hanani, a Baasa e sua família, por terem feito o que o Senhor reprova, provocando a sua ira, tornando-se como a família de Jeroboão — e também porque Baasa destruiu a família de Jeroboão.

O Reinado de Elá, Rei de Israel

⁸ No vigésimo sexto ano do reinado de Asa, rei de Judá, Elá, filho de Baasa, tornou-se rei de Israel e reinou dois anos em Tirza.

⁹ Zinri, um dos seus oficiais, que comandava metade dos seus carros de guerra, conspirou contra ele. Elá estava em Tirza naquela ocasião, embriagando-se[n] na casa de Arsa, o encarregado[o] do palácio de Tirza. ¹⁰ Zinri entrou, feriu-o e matou-o, no vigésimo sétimo ano do reinado de Asa, rei de Judá. E foi o seu sucessor.

¹¹ Assim que começou a reinar, logo que se assentou no trono, eliminou toda a família de Baasa.[p] Não poupou uma só pessoa do sexo masculino[¹], fosse parente fosse amigo. ¹² Assim Zinri destruiu toda a família de Baasa, de acordo com a palavra do Senhor que o profeta Jeú dissera contra Baasa, ¹³ por causa de todos os pecados que este e seu filho Elá haviam cometido e levado Israel a cometer, pois, com os seus ídolos inúteis,[q] provocaram a ira do Senhor, o Deus de Israel.

¹⁴ Os demais acontecimentos do reinado de Elá e tudo o que fez estão escritos nos registros históricos dos reis de Israel.

O Reinado de Zinri, Rei de Israel

¹⁵ No vigésimo sétimo ano do reinado de Asa, rei de Judá, Zinri reinou sete dias em Tirza. O exército estava acampado perto da cidade filisteia de Gibetom.[r] ¹⁶ Quando os acampados souberam que Zinri havia conspirado contra o rei e o tinha assassinado, no mesmo dia, ali no acampamento, proclamaram Onri, o comandante do exército, rei sobre Israel. ¹⁷ Então Onri e todo o seu exército saíram de Gibetom e sitiaram Tirza. ¹⁸ Quando Zinri viu que a cidade tinha sido tomada, entrou na cidadela do palácio real e incendiou o palácio em torno de si, e morreu. ¹⁹ Tudo por causa dos pecados que ele havia cometido, fazendo o que o Senhor reprova e andando nos caminhos de Jeroboão e no pecado que ele tinha cometido e levado Israel a cometer.

²⁰ Os demais acontecimentos do reinado de Zinri e a rebelião que liderou estão escritos nos registros históricos dos reis de Israel.

¹ **16.11** Hebraico: *dos que urinam na parede.*

O Reinado de Onri, Rei de Israel

²¹ Então o povo de Israel dividiu-se em duas facções: metade apoiava Tibni, filho de Ginate, para fazê-lo rei, e a outra metade apoiava Onri. ²² Mas os seguidores de Onri revelaram-se mais fortes do que os de Tibni, filho de Ginate. E aconteceu que Tibni morreu e Onri tornou-se rei.

²³ No trigésimo primeiro ano do reinado de Asa, rei de Judá, Onri tornou-se rei de Israel e reinou doze anos, seis deles em Tirza.[s] ²⁴ Por setenta quilos[²] de prata ele comprou de Sêmer a colina de Samaria,[t] onde construiu uma cidade, a qual chamou Samaria, por causa de Sêmer, o nome do antigo proprietário da colina.

²⁵ Onri, porém, fez o que o Senhor reprova[u] e pecou mais do que todos os que reinaram antes dele. ²⁶ Andou nos caminhos de Jeroboão, filho de Nebate, e no pecado que ele tinha levado Israel a cometer[v] e assim, com os seus ídolos inúteis,[w] provocou a ira do Senhor, o Deus de Israel.

²⁷ Os demais acontecimentos do reinado de Onri, seus atos e suas realizações, tudo está escrito nos registros históricos dos reis de Israel. ²⁸ Onri descansou com os seus antepassados e foi sepultado em Samaria. E seu filho Acabe foi o seu sucessor.

O Reinado de Acabe, Rei de Israel

²⁹ No trigésimo oitavo ano do reinado de Asa, rei de Judá, Acabe, filho de Onri, tornou-se rei de Israel e reinou vinte e dois anos sobre Israel, em Samaria. ³⁰ Acabe, filho de Onri, fez o que o Senhor reprova,[x] mais do que qualquer outro antes dele. ³¹ Ele não apenas achou que não tinha importância cometer os pecados de Jeroboão, filho de Nebate, mas também se casou[y] com Jezabel, filha[z] de Etbaal, rei dos sidônios, e passou a prestar culto a Baal[a] e a adorá-lo. ³² No templo[b] de Baal, que ele mesmo tinha construído em Samaria, Acabe ergueu um

² **16.24** Hebraico: *2 talentos*. Um talento equivalia a 35 quilos.

16.9
[n] 2Rs 9.30-33
16.9
[o] 1Rs 18.3
16.11
[p] v. 3
16.13
[q] Dt 32.21; 1Sm 12.21; Is 41.29
16.15
[r] Js 19.44; 1Rs 15.27
16.23
[s] 1Rs 15.21
16.24
[t] 1Rs 13.32; Jo 4.4
16.25
[u] Dt 4.25; Mq 6.16
16.26
[v] v. 19
[w] Dt 32.21
16.30
[x] v. 25; 1Rs 14.9
16.31
[y] Dt 7.3; 1Rs 11.2; Jz 18.7; 2Rs 9.34
[z] 2Rs 10.18; 17.16
16.32
[a] 2Rs 10.21, 27; 11.18

altar para Baal. **33** Fez também um poste sagrado.ᶜ Ele provocou a ira do Senhor, o Deus de Israel, maisᵈ do que todos os reis de Israel antes dele.

34 Durante o seu reinado, Hiel, de Betel, reconstruiu Jericó. Lançou os alicerces à custa da vida do seu filho mais velho, Abirão, e instalou as suas portas à custa da vida do seu filho mais novo, Segube, de acordo com a palavra que o Senhor tinha falado por meio de Josué, filho de Num.ᵉ

Elias Alimentado por Corvos

17 Ora, Elias,ᶠ de Tisbe¹, em Gileade,ᵍ disse a Acabe: "Juro pelo nome do Senhor, o Deus de Israel, a quem sirvo, que não cairá orvalho nem chuvaʰ nos anos seguintes, exceto mediante a minha palavra".

2 Depois disso a palavra do Senhor veio a Elias: **3** "Saia daqui, vá para o leste e esconda-se perto do riacho de Querite, a leste do Jordão. **4** Você beberá do riacho, e dei ordens aos corvosⁱ para o alimentarem lá".

5 E ele fez o que o Senhor lhe tinha dito. Foi para o riacho de Querite, a leste do Jordão, e ficou lá. **6** Os corvos lhe traziam pão e carne de manhãʲ e de tarde, e ele bebia água do riacho.

A Viúva de Sarepta

7 Algum tempo depois, o riacho secou-se por falta de chuva. **8** Então a palavra do Senhor veio a Elias: **9** "Vá imediatamente para a cidade de Sareptaᵏ de Sidom e fique por lá. Ordenei a uma viúvaˡ daquele lugar que lhe forneça comida". **10** E ele foi. Quando chegou à porta da cidade, encontrou uma viúva que estava colhendo gravetos. Ele a chamou e perguntou: "Pode me trazer um pouco d'água numa jarra para eu beber?"ᵐ **11** Enquanto ela ia buscar água, ele gritou: "Por favor, traga também um pedaço de pão".

12 Mas ela respondeu: "Juro pelo nome do Senhor, o teu Deus, que não tenho nenhum pedaço de pão; só um punhado de farinha num jarro e um pouco de azeiteⁿ numa botija. Estou colhendo uns dois gravetos para levar para casa e preparar uma refeição para mim e para o meu filho, para que a comamos e depois morramos."

13 Elias, porém, lhe disse: "Não tenha medo. Vá para casa e faça o que eu disse. Mas primeiro faça um pequeno bolo com o que você tem e traga para mim, e depois faça algo para você e para o seu filho. **14** Pois assim diz o Senhor, o Deus de Israel: 'A farinha na vasilha não se acabará e o azeite na botija não se secará até o dia em que o Senhor fizer chover sobre a terra'".

15 Ela foi e fez conforme Elias lhe dissera. E aconteceu que a comida durou muito tempo, para Elias e para a mulher e sua família. **16** Pois a farinha na vasilha não se acabou e o azeite na botija não se secou, conforme a palavra do Senhor proferida por Elias.

17 Algum tempo depois o filho da mulher, dona da casa, ficou doente, foi piorando e finalmente parou de respirar. **18** E a mulher reclamou a Elias: "Que foi que eu te fiz, ó homem de Deus? Vieste para lembrar-me do meu pecadoᵒ e matar o meu filho?"

19 "Dê-me o seu filho", respondeu Elias. Ele o apanhou dos braços dela, levou-o para o quarto de cima, onde estava hospedado, e o pôs na cama. **20** Então clamou ao Senhor: "Ó Senhor, meu Deus, trouxeste também desgraça sobre esta viúva, com quem estou hospedado, fazendo morrer o seu filho?" **21** Então ele se deitouᵖ sobre o menino três vezes e clamou ao Senhor: "Ó Senhor, meu Deus, faze voltar a vida a este menino!"

22 O Senhor ouviu o clamor de Elias, e a vida voltou ao menino, e ele viveu. **23** Então Elias levou o menino para baixo, entregou-o à mãe e disse: "Veja, seu filho está vivo!" **24** Então a mulher disse a Elias: "Agora seiᑫ que tu és um homem de Deus e que a palavra do Senhor, vinda da tua boca, é a verdade".ʳ

---

¹ **17.1** Ou *o tesbita Elias, dos colonizadores*

Elias e Obadias

18 Depois de um longo tempo, no terceiro[s] ano da seca, a palavra do Senhor veio a Elias: "Vá apresentar-se a Acabe, pois enviarei chuva[t] sobre a terra". ² E Elias foi.

Como a fome era grande em Samaria, ³ Acabe convocou Obadias, o responsável por seu palácio,[u] homem que temia muito[v] o Senhor. ⁴ Jezabel[w] estava exterminando os profetas do Senhor. Por isso Obadias reuniu cem profetas e os escondeu[x] em duas cavernas, cinquenta em cada uma, e lhes forneceu comida e água. ⁵ Certa vez Acabe disse a Obadias: "Vamos a todas as fontes e vales do país. Talvez consigamos achar um pouco de capim para manter vivos os cavalos e as mulas e assim não será preciso matar nenhum animal". ⁶ Para isso dividiram o território que iam percorrer; Acabe foi numa direção e Obadias noutra.

⁷ Quando Obadias estava a caminho, Elias o encontrou. Obadias o reconheceu,[y] inclinou-se até o chão e perguntou: "És tu mesmo, meu senhor Elias?"

⁸ "Sou", respondeu Elias. "Vá dizer ao seu senhor: 'Elias está aqui'".

⁹ "O que eu fiz de errado", perguntou Obadias, "para que entregues o teu servo a Acabe para ser morto? ¹⁰ Juro pelo nome do Senhor, o teu Deus, que não há uma só nação ou reino aonde o rei, meu senhor, não enviou alguém para procurar[z] por ti. E, sempre que uma nação ou reino afirmava que tu não estavas lá, ele os fazia jurar que não conseguiram encontrar-te. ¹¹ Mas agora me dizes para ir dizer ao meu senhor: 'Elias está aqui'. ¹² Não sei para onde o Espírito[a] do Senhor poderá levar-te quando eu te deixar. Se eu for dizer isso a Acabe e ele não te encontrar, ele me matará. E eu, que sou teu servo, tenho adorado o Senhor desde a minha juventude. ¹³ Por acaso não ouviste, meu senhor, o que eu fiz enquanto Jezabel estava matando os profetas do Senhor? *Escondi cem dos profetas do Senhor* em duas cavernas, cinquenta em cada uma, e os abasteci de comida e água. ¹⁴ E agora me dizes que vá dizer ao meu senhor: 'Elias está aqui'. Ele vai me matar!"

¹⁵ E disse Elias: "Juro pelo nome do Senhor dos Exércitos, a quem eu sirvo, que hoje eu me apresentarei[b] a Acabe."

Elias no Monte Carmelo

¹⁶ Então Obadias dirigiu-se a Acabe, passou-lhe a informação, e Acabe foi ao encontro de Elias. ¹⁷ Quando viu Elias, disse-lhe: "É você mesmo, perturbador[c] de Israel?"

¹⁸ "Não tenho perturbado Israel", Elias respondeu. "Mas você[d] e a família do seu pai têm. Vocês abandonaram[e] os mandamentos do Senhor e seguiram os baalins. ¹⁹ Agora convoque todo o povo de Israel para encontrar-se comigo no monte Carmelo.[f] E traga os quatrocentos e cinquenta profetas de Baal e os quatrocentos profetas de Aserá, que comem à mesa de Jezabel."

²⁰ Acabe convocou então todo o Israel e reuniu os profetas no monte Carmelo. ²¹ Elias dirigiu-se ao povo e disse: "Até quando vocês vão oscilar[g] para um lado e para o outro? Se o Senhor é Deus, sigam-no; mas, se Baal é Deus, sigam-no".

O povo, porém, nada respondeu.

²² Disse então Elias: "Eu sou o único que restou dos profetas do Senhor,[h] mas Baal tem quatrocentos e cinquenta profetas.[i] ²³ Tragam dois novilhos. Escolham eles um, cortem-no em pedaços e o ponham sobre a lenha, mas não acendam fogo. Eu prepararei o outro novilho e o colocarei sobre a lenha, e também não acenderei fogo nela. ²⁴ Então vocês invocarão o nome do seu deus, e eu invocarei o nome do Senhor. O deus que responder por meio do fogo,[j] esse é Deus."

Então todo o povo disse: "O que você disse é bom".

²⁵ Elias disse aos profetas de Baal: "Escolham um dos novilhos e preparem-no primeiro, visto que vocês são tantos. Clamem pelo nome do seu deus, mas não acendam o fogo". ²⁶ Então pegaram o novilho que lhes foi dado e o prepararam.

E clamaram pelo nome de Baal desde a manhã até o meio-dia. "Ó Baal, responde-nos!", gritavam. E dançavam em volta do altar que haviam feito. Mas não houve nenhuma resposta;*k* ninguém respondeu.

²⁷ Ao meio-dia Elias começou a zombar deles. "Gritem mais alto!", dizia, "já que ele é um deus. Quem sabe está meditando, ou ocupado, ou viajando. Talvez esteja dormindo e precise ser despertado."*l* ²⁸ Então passaram a gritar ainda mais alto e a ferir-se*m* com espadas e lanças, de acordo com o costume deles, até sangrarem. ²⁹ Passou o meio-dia, e eles continuaram profetizando em transe até a hora do sacrifício da tarde.*n* Mas não houve resposta alguma; ninguém respondeu, ninguém deu atenção.*o*

³⁰ Então Elias disse a todo o povo: "Aproximem-se de mim". O povo aproximou-se, e Elias reparou o altar*p* do Senhor, que estava em ruínas. ³¹ Depois apanhou doze pedras, uma para cada tribo dos descendentes de Jacó, a quem a palavra do Senhor tinha sido dirigida, dizendo-lhe: "Seu nome será Israel".*q* ³² Com as pedras construiu um altar em honra ao nome*r* do Senhor e cavou ao redor do altar uma valeta na qual poderiam ser semeadas duas medidas¹ de sementes. ³³ Depois arrumou*s* a lenha, cortou o novilho em pedaços e o pôs sobre a lenha. Então lhes disse: "Encham de água quatro jarras grandes e derramem-na sobre o holocausto² e sobre a lenha".

³⁴ "Façam-no novamente", disse, e eles o fizeram de novo.

"Façam-no pela terceira vez", ordenou, e eles o fizeram pela terceira vez. ³⁵ A água escorria do altar, chegando a encher a valeta.

³⁶ À hora do sacrifício, o profeta Elias colocou-se à frente do altar e orou: "Ó Senhor, Deus de Abraão,*t* de Isaque e de Israel, que hoje fique conhecido*u* que tu és Deus em Israel e que sou o teu servo e que fiz todas estas coisas por ordem tua.*v* ³⁷ Responde-me, ó Senhor, responde-me, para que este povo saiba que tu, ó Senhor, és Deus e que fazes o coração deles voltar para ti".

³⁸ Então o fogo*w* do Senhor caiu e queimou completamente o holocausto, a lenha, as pedras e o chão, e também secou totalmente a água na valeta.

³⁹ Quando o povo viu isso, todos caíram prostrados e gritaram: "O Senhor é Deus! O Senhor é Deus!"*x*

⁴⁰ Então Elias ordenou-lhes: "Prendam os profetas de Baal. Não deixem nenhum escapar!" Eles os prenderam, e Elias os fez descer ao riacho de Quisom*y* e lá os matou.*z*

⁴¹ E Elias disse a Acabe: "Vá comer e beber, pois já ouço o barulho de chuva pesada". ⁴² Então Acabe foi comer e beber, mas Elias subiu até o alto do Carmelo, dobrou-se até o chão e pôs o rosto entre os joelhos.*a*

⁴³ "Vá e olhe na direção do mar", disse ao seu servo. E ele foi e olhou.

"Não há nada lá", disse ele.

Sete vezes Elias mandou: "Volte para ver".

⁴⁴ Na sétima vez o servo disse: "Uma nuvem*b* tão pequena quanto a mão de um homem está se levantando do mar".

Então Elias disse: "Vá dizer a Acabe: Prepare o seu carro e desça, antes que a chuva o impeça".

⁴⁵ Enquanto isso, nuvens escuras apareceram no céu, começou a ventar e a chover forte, e Acabe partiu de carro para Jezreel. ⁴⁶ O poder*c* do Senhor veio sobre Elias, e ele, prendendo a capa com o cinto,*d* correu à frente de Acabe por todo o caminho até Jezreel.

A Fuga de Elias para Horebe

19 Ora, Acabe contou a Jezabel tudo o que Elias tinha feito e como havia matado*e* todos aqueles profetas à espada. ² Por isso Jezabel mandou um mensageiro a Elias para dizer-lhe: "Que os deuses me castiguem com todo o rigor,*f* se amanhã nesta hora eu não fizer com a sua vida o que você fez com a deles".

---

¹ **18.32** Hebraico: *2 seás*. O seá era uma medida de capacidade para secos. As estimativas variam entre 7 e 14 litros.

² **18.33** Isto é, sacrifício totalmente queimado.

³ Elias teve medo e fugiu⁹ para salvar a vida. Em Berseba de Judá ele deixou o seu servo ⁴ e entrou no deserto, caminhando um dia. Chegou a um pé de giesta, sentou-se debaixo dele e orou, pedindo a morte: "Já tive o bastante, Senhor. Tira a minha vida;ʰ não sou melhor do que os meus antepassados". ⁵ Depois se deitou debaixo da árvore e dormiu.ⁱ

De repente um anjo tocou nele e disse: "Levante-se e coma". ⁶ Elias olhou ao redor e ali, junto à sua cabeça, havia um pão assado sobre brasas quentes e um jarro de água. Ele comeu, bebeu e deitou-se de novo.

⁷ O anjo do Senhor voltou, tocou nele e disse: "Levante-se e coma, pois a sua viagem será muito longa". ⁸ Então ele se levantou, comeu e bebeu. Fortalecido com aquela comida, viajou quarenta ʲ dias e quarenta noites, até chegar a Horebe,ᵏ o monte de Deus. ⁹ Ali entrou numa cavernaˡ e passou a noite.

O Senhor Aparece a Elias

E a palavra do Senhor veio a ele: "O que você está fazendo aqui, Elias?"

¹⁰ Ele respondeu: "Tenho sido muito zeloso ᵐ pelo Senhor, o Deus dos Exércitos. Os israelitas rejeitaram a tua aliança, quebraram os teus altares, e mataram os teus profetas à espada. Sou o único que sobrou,ⁿ e agora também estão procurando matar-me".

¹¹ O Senhor lhe disse: "Saia e fique no monte,ᵒ na presença do Senhor, pois o Senhor vai passar".

Então veio um vento fortíssimoᵖ que separou os montes e esmigalhou as rochas diante do Senhor, mas o Senhor não estava no vento. Depois do vento houve um terremoto, mas o Senhor não estava no terremoto. ¹² Depois do terremoto houve um fogo, mas o Senhor não estava nele. E depois do fogo houve o murmúrio de uma brisa suave.ᵠ ¹³ Quando Elias ouviu, puxou a capa para cobrir o rosto,ʳ saiu e ficou à entrada da caverna.

E uma voz lhe perguntou: "O que você está fazendo aqui, Elias?"

¹⁴ Ele respondeu: "Tenho sido muito zeloso pelo Senhor, o Deus dos Exércitos. Os israelitas rejeitaram a tua aliança, quebraram os teus altares e mataram os teus profetas à espada. Sou o único que sobrou,ˢ e agora também estão procurando matar-me".

¹⁵ O Senhor lhe disse: "Volte pelo caminho por onde veio e vá para o deserto de Damasco. Chegando lá, unja Hazaelᵗ como rei da Síria. ¹⁶ Unjaᵘ também Jeú, filho de Ninsi, como rei de Israel, e unja Eliseu,ᵛ filho de Safate, de Abel-Meolá, para suceder a você como profeta. ¹⁷ Jeú matará todo aquele que escapar da espada de Hazael,ʷ e Eliseu matará todo aquele que escapar da espada de Jeú. ¹⁸ No entanto, fiz sobrarˣ sete mil em Israel, todos aqueles cujos joelhos não se inclinaram diante de Baal e todos aqueles cujas bocas não o beijaram".ʸ

O Chamado de Eliseu

¹⁹ Então Elias saiu de lá e encontrou Eliseu, filho de Safate. Ele estava arando com doze parelhas de bois e conduzindo a décima segunda parelha. Elias o alcançou e lançouᶻ sua capa sobre ele. ²⁰ Eliseu deixou os bois e correu atrás de Elias. "Deixa-me dar um beijo de despedida em meu pai e minha mãe",ᵃ disse, "e então irei contigo."

"Vá e volte", respondeu Elias; "lembre-se do que fiz a você."

²¹ E Eliseu voltou, apanhou a sua parelha de boisᵇ e os matou. Queimou o equipamento de arar para cozinhar a carne e a deu ao povo, e eles comeram. Depois partiu com Elias, tornando-se o seu auxiliar.ᶜ

Ben-Hadade Ataca Samaria

20 O rei Ben-Hadade,ᵈ da Síria, convocou todo o seu exército e, acompanhado de trinta e dois reis com seus cavalos e carros de guerra, cercou e atacou Samaria. ² Ele enviou mensageiros à cidade, a Acabe, o rei de Israel, que lhe disseram: "Isto é o que diz Ben-Hadade: ³ 'A sua prata e o seu ouro são meus, e o melhor de suas mulheres e filhos também'".

⁴ O rei respondeu: "Que seja conforme tu dizes, ó rei, meu senhor. Eu e tudo o que tenho somos teus".

⁵ Os mensageiros voltaram ao rei e disseram: "Assim diz Ben-Hadade: 'Mandei tomar sua prata e seu ouro, suas mulheres e seus filhos. ⁶ Mas amanhã, a esta hora, enviarei meus oficiais para vasculharem o seu palácio e as casas dos seus oficiais. Eles me trarão tudo o que você considera de valor' ".

⁷ O rei de Israel convocou todas as autoridades de Israel e lhes disse: "Vejam como esse homem está querendo a nossa desgraça!ᵉ Quando mandou tomar as minhas mulheres e os meus filhos, a minha prata e o meu ouro, eu não lhe neguei!"

⁸ As autoridades e todo o povo responderam: "Não lhe dês atenção nem concordes com as suas exigências".

⁹ E ele respondeu aos mensageiros de Ben-Hadade: "Digam ao rei, meu senhor: 'Teu servo fará tudo o que exigiste na primeira vez, mas não posso atender a esta exigência' ". E eles levaram a resposta a Ben-Hadade.

¹⁰ Então Ben-Hadade mandou esta outra mensagem a Acabe: "Que os deuses me castiguem com todo o rigor, caso fique em Samaria pó suficienteᶠ para dar um punhado a cada um dos meus homens".

¹¹ O rei de Israel respondeu: "Digam-lhe: 'Quem está vestindo a sua armadura não deve se gabarᵍ como aquele que a está tirando' ".

¹² Ben-Hadade recebeu essa mensagem quando ele e os reis estavam bebendoʰ em suas tendasⁱ, e ordenou aos seus homens: "Preparem-se para atacar a cidade". E eles lhe obedeceram.

A Derrota de Ben-Hadade

¹³ Nessa ocasião, um profeta foi até Acabe, rei de Israel, e anunciou: "Assim diz o Senhor: 'Vê este exército enorme? Hoje eu o entregarei nas suas mãos, e então você saberáʲ que eu sou o Senhor' ".

ⁱ **20.12** Ou *em Sucote*

¹⁴ "Mas quem fará isso?", perguntou Acabe.
O profeta respondeu: "Assim diz o Senhor: 'Os jovens soldados dos líderes das províncias o farão' ".

"E quem começaráʲ a batalha?", perguntou.
O profeta respondeu: "Você".

¹⁵ Então Acabe convocou os jovens soldados dos líderes das províncias, duzentos e trinta e dois homens. Em seguida reuniu o restante dos israelitas, sete mil ao todo. ¹⁶ Eles partiram ao meio-dia, enquanto Ben-Hadade e os trinta e dois reis aliados a ele estavam se embriagando nas suas tendas.ᵏ ¹⁷ Os jovens soldados dos líderes das províncias saíram primeiro.

Nisso, uma patrulha de Ben-Hadade informou: "Saíram alguns homens de Samaria".

¹⁸ Ele disse: "Quer tenham saído para a paz quer para a guerra, tragam-nos vivos".

¹⁹ Os jovens soldados dos líderes das províncias marcharam para fora da cidade, com o exército na retaguarda, ²⁰ e cada um matou o seu adversário. Diante disso, os arameus fugiram, perseguidos pelos israelitas. Mas Ben-Hadade, rei da Síria, escapou a cavalo com alguns de seus cavaleiros. ²¹ O rei de Israel avançou e matou os cavalos e destruiu os carros de guerra e infligiu pesadas baixas aos arameus.

²² Depois disso, o profetaˡ foi ao rei de Israel e disse: "Fortaleça a sua posição e veja o que deve ser feito, pois na próxima primaveraᵐ o rei da Síria o atacará de novo".

²³ Enquanto isso, os conselheiros do rei da Síria lhe diziam: "Os deuses deles são deusesⁿ das montanhas. É por isso que eles foram fortes demais para nós. Mas, se os combatermos nas planícies, com certeza seremos mais fortes do que eles. ²⁴ Deves tirar todos os reis dos seus comandos e substituí-los por outros comandantes. ²⁵ Também deves organizar um exército como o que perdeste, cavalo por cavalo e carro por carro, para que possamos combater Israel nas planícies. Então é certo que os venceremos". Ele concordou com eles e fez como foi aconselhado.

26 Na primavera seguinte⁰ Ben-Hadade convocou os arameus e marchou até Afeque^p para lutar contra Israel. **27** Os israelitas foram convocados e, tendo recebido provisões, saíram para enfrentar os arameus. Os israelitas acamparam no lado oposto como dois pequenos rebanhos de cabras, enquanto os arameus cobriam todo o campo.^{q}

28 O homem de Deus foi ao rei de Israel e lhe disse: "Assim diz o Senhor: 'Como os arameus pensam que o Senhor é um deus das montanhas e não um deus^r dos vales, eu entregarei esse exército enorme nas suas mãos, e vocês saberão^s que eu sou o Senhor' ".

29 Durante sete dias estiveram acampados em frente um do outro, e no sétimo dia entraram em combate. Num só dia os israelitas mataram cem mil soldados de infantaria arameus. **30** O restante deles escapou para a cidade de Afeque,^{t} onde o muro caiu sobre vinte e sete mil deles. Ben-Hadade também fugiu para a cidade e se escondeu,^{u} ora numa casa ora noutra.

31 Seus oficiais lhe disseram: "Soubemos que os reis do povo de Israel são misericordiosos. Nós vamos até o rei de Israel vestidos com panos de saco^v e com cordas no pescoço. Talvez ele poupe a tua vida".

32 Vestindo panos de saco e tendo cordas envolvendo o pescoço, foram ao rei de Israel e disseram: "Teu servo Ben-Hadade diz: 'Rogo-te que me deixes viver' ".

O rei respondeu: "Ele ainda está vivo? Ele é meu irmão!"

33 Os homens interpretaram isso como um bom sinal e de imediato aproveitaram o que ele tinha dito. "Isso mesmo, teu irmão Ben-Hadade!", disseram.

"Tragam-no aqui", disse o rei. Quando Ben-Hadade chegou, Acabe o fez subir no seu carro.

34 "Devolverei as cidades^w que o meu pai tomou do teu pai", ofereceu Ben-Hadade. "Tu poderás estabelecer os teus próprios mercados em Damasco,^{x} como fez meu pai em Samaria."

Acabe disse: "Mediante um tratado, libertarei você". Então fizeram um tratado,^{y} e Acabe o deixou ir.

Um Profeta Condena Acabe

35 Por ordem do Senhor um dos discípulos dos profetas disse ao seu companheiro: "Fira-me", mas o homem se recusou a fazê-lo.^{z}

36 Então o profeta disse: "Como você não obedeceu ao Senhor, assim que você sair daqui um leão^a o ferirá". E, logo que o homem partiu, um leão o atacou e o feriu.

37 O profeta encontrou outro homem e lhe disse: "Fira-me, por favor". Este o atingiu e o feriu. **38** Então o profeta saiu e ficou ao lado da estrada, à espera do rei. Ele se disfarçou, cobrindo os olhos com sua testeira. **39** Quando o rei ia passando, o profeta gritou para ele: "Em pleno combate teu servo entrou, e alguém veio a mim com um prisioneiro e me disse: 'Vigie este homem. Se ele escapar, será a sua vida pela dele,^{b} ou você deverá pagar trinta e cinco quilos¹ de prata'. **40** Enquanto teu servo estava ocupado com outras coisas, o homem desapareceu".

"Essa é a sua sentença", disse o rei de Israel. "Você mesmo a pronunciou."

41 Então o profeta rapidamente removeu a testeira dos olhos, e o rei o reconheceu como um dos profetas. **42** Ele disse ao rei: "Assim diz o Senhor: 'Você libertou um homem que eu havia decidido que devia morrer.^{c} Por isso, é a sua vida pela vida dele,^{d} o seu povo pelo povo dele' ". **43** Aborrecido e irritado,^{e} o rei de Israel voltou para o seu palácio em Samaria.

A Vinha de Nabote

21 Algum tempo depois houve um incidente envolvendo uma vinha que pertencia a Nabote,^{f} de Jezreel. A vinha ficava em Jezreel,^{g} ao lado do palácio de Acabe, rei de Samaria. **2** Acabe tinha dito a Nabote: "Dê-me a sua vinha para eu usar

¹ **20.39** Hebraico: *1 talento*.

20.26
⁰ v. 22
^{p} 2Rs 13.17
20.27
^{q} Jz 6.6; 1Sm 13.6
20.28
^{r} v. 23
^{s} v. 13
20.30
^{t} v. 26
^{u} 1Rs 22.25; 2Cr 18.24
20.31
^{v} Gn 37.34
20.34
^{w} Jr 15.20
^{x} Jr 49.23-27
^{y} Ex 23.32
20.35
^{z} 1Rs 13.21; 2Rs 2.3-7
20.36
^{a} 1Rs 13.24
20.39
^{b} 2Rs 10.24
20.42
^{c} Jr 48.10 Js 2.14; 1Rs 22.31-37
^{d} v. 39;
20.43
^{e} 1Rs 21.4
21.1
^{f} 2Rs 9.21
^{g} 1Rs 18.45-46

como horta, já que fica ao lado do meu palácio. Em troca eu darei a você uma vinha melhor ou, se preferir, eu pagarei, seja qual for o seu valor".

³ Nabote, contudo, respondeu: "O Senhor me livre de dar a ti a herançaʰ dos meus pais!"

⁴ Então Acabe foi para casa aborrecido e indignadoⁱ porque Nabote, de Jezreel, lhe dissera: "Não te darei a herança dos meus pais". Deitou-se na cama, virou o rosto para a parede e recusou-se a comer.

⁵ Jezabel, sua mulher, entrou e lhe perguntou: "Por que você está tão aborrecido? Por que não come?"

⁶ Ele respondeu-lhe: "Porque eu disse a Nabote, de Jezreel: 'Venda-me a sua vinha; ou, se preferir, eu darei a você outra vinha no lugar dessa.' Mas ele disse: 'Não te darei minha vinha' ".

⁷ Disse-lhe Jezabel, sua mulher: "É assim que você age como rei de Israel? Levante-se e coma! Anime-se. Conseguirei para você a vinhaʲ de Nabote, de Jezreel".

⁸ Então ela escreveu cartas em nome de Acabe, pôs nelas o selo do reiᵏ e as enviou às autoridades e aos nobres da cidade de Nabote. ⁹ Naquelas cartas ela escreveu:

"Decretem um dia de jejum e ponham Nabote sentado num lugar de destaque entre o povo. ¹⁰ E mandem dois homens vadiosˡ sentar-se em frente dele e façam com que testemunhem que ele amaldiçoouᵐ tanto a Deus quanto ao rei. Levem-no para fora e apedrejem-no até a morte".

¹¹ As autoridades e os nobres da cidade de Nabote fizeram conforme Jezabel os orientara nas cartas que lhes tinha escrito. ¹² Decretaram jejumⁿ e fizeram Nabote sentar-se num local destacado no meio do povo. ¹³ Então dois homens vadios vieram e se sentaram em frente dele e o acusaram diante do povo, dizendo: "Nabote amaldiçoou tanto a Deus quanto ao rei". Por isso o levaram para fora da cidade e o apedre-jaram até a morte.ᵒ ¹⁴ Então mandaram informar a Jezabel: "Nabote foi apedrejado e está morto".

¹⁵ Assim que Jezabel soube que Nabote tinha sido apedrejado até a morte, disse a Acabe: "Levante-se e tome posse da vinhaᵖ que Nabote, de Jezreel, recusou-se a vender-lhe. Ele não está mais vivo; está morto!" ¹⁶ Quando Acabe ouviu que Nabote estava morto, levantou-se e foi tomar posse da vinha.

¹⁷ Então a palavra do Senhor veio ao tesbita Elias: ¹⁸ "Vá encontrar-se com Acabe, o rei de Israel, que reina em Samaria. Agora ele está na vinha de Nabote para tomar posse dela. ¹⁹ Diga-lhe que assim diz o Senhor: 'Você assassinou um homem e ainda se apossou de sua propriedade?' E acrescente: Assim diz o Senhor: 'No local onde os cães lamberam o sangue de Nabote,ᑫ lamberãoʳ também o seu sangue; isso mesmo, o seu sangue!' "

²⁰ Acabe disse a Elias: "Então você me encontrou, meu inimigo!"ˢ

"Eu o encontrei", ele respondeu, "porque você se vendeuᵗ para fazer o que o Senhor reprova. ²¹ E ele diz: 'Vou trazer desgraça sobre você. Devorarei os seus descendentes e eliminarei da sua família todos do sexo masculino¹ ᵘem Israel, sejam escravos sejam livres. ²² Farei à sua famíliaᵛ o que fiz à de Jeroboão, filho de Nebate, e à de Baasa, filho de Aías, pois você provocou a minha ira e fez Israel pecar'.ʷ

²³ E acerca de Jezabel o Senhor diz: 'Os cãesˣ devorarão Jezabel junto ao muro de² Jezreel'.

²⁴ "Os cãesʸ comerão os que pertencem a Acabe e que morrerem na cidade, e as aves do céu se alimentarão dos que morrerem no campo".

¹ 21.21 Hebraico: *os que urinam na parede*.
² 21.23 Conforme a maioria dos manuscritos do Texto Massorético. Alguns manuscritos do Texto Massorético, a Vulgata e a Versão Siríaca dizem *no campo de*. Veja 2Rs 9.26.

²⁵ (Nunca^z existiu ninguém como Acabe que, pressionado por sua mulher, Jezabel, vendeu-se para fazer o que o Senhor reprova. ²⁶ Ele se comportou da maneira mais detestável possível, indo atrás de ídolos, como faziam os amorreus,^a que o Senhor tinha expulsado de diante de Israel.)

²⁷ Quando Acabe ouviu essas palavras, rasgou as suas vestes, vestiu-se de pano de saco^b e jejuou. Passou a dormir sobre panos de saco e agia com mansidão.

²⁸ Então a palavra do Senhor veio ao tesbita Elias: ²⁹ "Você notou como Acabe se humilhou diante de mim? Visto que se humilhou, não trarei essa desgraça durante o seu reinado, mas durante o reinado de seu filho".^c

A Profecia contra Acabe

22 Durante três anos não houve guerra entre a Síria e Israel. ² Mas, no terceiro ano, Josafá, rei de Judá, foi visitar o rei de Israel. ³ Este havia perguntado aos seus oficiais: "Por acaso vocês não sabem que Ramote-Gileade^d nos pertence e ainda assim não estamos fazendo nada para retomá-la do rei da Síria?"

⁴ Então perguntou a Josafá: "Irás comigo lutar^e contra Ramote-Gileade?"

Josafá respondeu ao rei de Israel: "Sou como tu, e meu povo é como o teu povo, e os meus cavalos são como se fossem teus". ⁵ Mas acrescentou: "Peço-te que busques primeiro o conselho^f do Senhor".

⁶ Então o rei de Israel reuniu quatrocentos profetas e lhes perguntou: "Devo ir à guerra contra Ramote-Gileade, ou não?"

Eles responderam: "Sim,^g pois o Senhor a entregará nas mãos do rei".

⁷ Josafá, porém, perguntou: "Não existe aqui mais nenhum profeta^h do Senhor a quem possamos consultar?"

⁸ O rei de Israel respondeu a Josafá: "Ainda há um homem por meio de quem podemos consultar o Senhor, mas eu o odeio,^i porque nunca profetiza coisas boas^j a meu respeito, mas sempre coisas ruins. É Micaías, filho de Inlá".

"O rei não deveria dizer isso", Josafá respondeu.

⁹ Então o rei de Israel chamou um dos seus oficiais e disse: "Traga Micaías, filho de Inlá, imediatamente".

¹⁰ Usando vestes reais, o rei de Israel e Josafá, rei de Judá, estavam sentados em seus tronos, na eira,^k junto à porta de Samaria, e todos os profetas estavam profetizando em transe diante deles. ¹¹ E Zedequias, filho de Quenaaná, tinha feito chifres de ferro^l e declarou: "Assim diz o Senhor: 'Com estes chifres tu ferirás os arameus até que sejam destruídos'".

¹² Todos os outros profetas estavam profetizando a mesma coisa, dizendo: "Ataca Ramote-Gileade, e serás vitorioso, pois o Senhor a entregará nas mãos do rei".

¹³ O mensageiro que tinha ido chamar Micaías lhe disse: "Veja, todos os outros profetas estão predizendo que o rei terá sucesso. Sua palavra também deve ser favorável".

¹⁴ Micaías, porém, disse: "Juro pelo nome do Senhor que direi o que o Senhor me mandar".^m

¹⁵ Quando ele chegou, o rei lhe perguntou: "Micaías, devemos ir à guerra contra Ramote-Gileade, ou não?"

Ele respondeu: "Ataca, e serás vitorioso, pois o Senhor a entregará nas mãos do rei".

¹⁶ O rei lhe disse: "Quantas vezes devo fazer você jurar que irá me dizer somente a verdade em nome do Senhor?"

¹⁷ Então Micaías respondeu: "Vi todo o Israel espalhado pelas colinas, como ovelhas sem pastor,^n e ouvi o Senhor dizer: 'Estes não têm dono. Cada um volte para casa em paz'".

¹⁸ O rei de Israel disse a Josafá: "Não disse que ele nunca profetiza nada de bom a meu respeito, mas apenas coisas ruins?"

¹⁹ Micaías prosseguiu: "Ouça a palavra do Senhor: Vi o Senhor assentado em seu trono,^o com todo o exército^p dos céus ao seu redor, à sua direita e à sua esquerda. ²⁰ E o Senhor disse: 'Quem enganará Acabe para que ataque Ramote-Gileade e morra lá?'

21.25
^z Gn 15.16;
Lv 18.25-30;
2Rs 21.11

21.27
^b Gn 37.34;
2Sm 3.31;
2Rs 6.30

21.29
^c 2Rs 9.26

22.3
^d Dt 4.43;
Js 21.38

22.4
^e 2Rs 3.7

22.5
^f Ex 33.7;
2Rs 3.11

22.6
^g 1Rs 18.19

22.7
^h 2Rs 3.11

22.8
^i Am 5.10
^j Is 5.20

22.10
^k v. 6

22.11
^l Dt 33.17;
Zc 1.18-21

22.14
^m Nm 22.18;
24.13;
1Rs 18.10, 15

22.17
^n v. 34-36;
Nm 27.17;
Mt 9.36

22.19
^o Is 6.1;
Ez 1.26;
Dn 7.9
^p Jó 1.6; 2.1;
Sl 103.20-21;
Mt 18.10;
Hb 1.7, 14

"E um sugeria uma coisa, outro sugeria outra, 21 até que, finalmente, um espírito apresentou-se diante do Senhor e disse: 'Eu o enganarei'.

22 "'De que maneira?', perguntou o Senhor.

"Ele respondeu: 'Irei e serei um espírito mentiroso[q] na boca de todos os profetas do rei'.

"Disse o Senhor: 'Você conseguirá enganá-lo; vá e engane-o'.

23 "E o Senhor pôs um espírito mentiroso na boca destes seus profetas.[r] O Senhor decretou a sua desgraça".

24 Então Zedequias,[s] filho de Quenaaná, aproximou-se, deu um tapa[t] no rosto de Micaías e perguntou: "Por qual caminho foi o espírito da parte do[1] Senhor, quando saiu de mim para falar a você?"

25 Micaías respondeu: "Você descobrirá no dia em que estiver se escondendo[u] de quarto em quarto".

26 O rei então ordenou: "Enviem Micaías de volta a Amom, o governador da cidade, e a Joás, filho do rei, 27 e digam: Assim diz o rei: 'Ponham este homem na prisão[v] a pão e água, até que eu volte em segurança' ".

28 Micaías declarou: "Se você de fato voltar em segurança, o Senhor não falou[w] por meu intermédio". E acrescentou: "Ouçam o que estou dizendo, todos vocês!"

A Morte de Acabe

29 Então o rei de Israel e Josafá, rei de Judá, foram atacar Ramote-Gileade. 30 E o rei de Israel disse a Josafá: "Entrarei disfarçado em combate,[x] mas tu, usa as tuas vestes reais". O rei de Israel disfarçou-se, e ambos foram para o combate.

31 O rei da Síria havia ordenado aos seus trinta e dois chefes de carros de guerra: "Não lutem contra ninguém, seja soldado *seja oficial, senão contra o rei*[y] de Israel". 32 Quando os chefes dos carros viram Josafá, pensaram: "É o rei de Israel", e o cercaram para atacá-lo, mas Josafá gritou, 33 e, quando os comandantes dos carros viram

que não era o rei de Israel, deixaram de persegui-lo.

34 De repente, um soldado disparou[z] seu arco ao acaso e atingiu o rei de Israel entre os encaixes da sua armadura. Então o rei disse ao condutor do seu carro: "Tire-me do combate. Fui ferido!" 35 A batalha foi violenta durante todo o dia e, assim, o rei teve que enfrentar os arameus em pé no seu carro. O sangue de seu ferimento ficou escorrendo até o piso do carro de guerra, e, ao cair da tarde, ele morreu. 36 Quando o sol estava se pondo, propagou-se um grito por todo o exército: "Cada homem para a sua cidade; cada um para a sua terra!"[a]

37 Assim o rei morreu e foi levado para Samaria, e ali o sepultaram. 38 Lavaram o seu carro de guerra num açude em Samaria onde as prostitutas se banhavam,[2] e os cães[b] lamberam o seu sangue, conforme a palavra do Senhor havia declarado.

39 Os demais acontecimentos do reinado de Acabe, e tudo o que fez, o palácio que construiu com revestimento de marfim,[c] e as cidades que fortificou, tudo está escrito nos registros históricos dos reis de Israel. 40 Acabe descansou com os seus antepassados, e seu filho Acazias foi o seu sucessor.

O Reinado de Josafá, Rei de Judá

41 Josafá, filho de Asa, tornou-se rei de Judá no quarto ano do reinado de Acabe, rei de Israel. 42 Josafá tinha trinta e cinco anos de idade quando se tornou rei e reinou vinte e cinco anos em Jerusalém. O nome da sua mãe era Azuba, filha de Sili. 43 Em tudo andou nos caminhos de seu pai, Asa,[d] e não se desviou deles; fez o que o Senhor aprova. Contudo, não acabou com os altares idólatras,[e] nos quais o povo continuou a oferecer sacrifícios e a queimar incenso. 44 Josafá teve paz com o rei de Israel.

45 Os demais acontecimentos do reinado de Josafá, suas realizações e suas façanhas militares, tudo está escrito nos registros

---

[1] **22.24** Ou *o Espírito do*

[2] **22.38** Ou *Samaria e limparam as armas,*

históricos dos reis de Judá. ⁴⁶ Ele livrou o país dos prostitutos cultuais⁽ᶠ⁾ que restaram depois do reinado de seu pai, Asa. ⁴⁷ Ora, na época não havia rei em Edom,⁽ᵍ⁾ mas sim um governador nomeado.

⁴⁸ Josafá construiu uma frota de navios mercantes¹⁽ʰ⁾ para buscar ouro em Ofir, mas nunca o trouxeram, pois eles naufragaram em Eziom-Geber. ⁴⁹ Naquela ocasião, Acazias, filho de Acabe, disse a Josafá: "Os meus marinheiros poderão navegar com os teus", mas Josafá recusou.

⁵⁰ Josafá descansou com os seus antepassados e foi sepultado junto deles na Cidade de Davi, seu predecessor. E seu filho Jeorão foi o seu sucessor.

O Reinado de Acazias, Rei de Israel

⁵¹ Acazias, filho de Acabe, tornou-se rei de Israel em Samaria no décimo sétimo ano do reinado de Josafá, rei de Judá, e reinou dois anos sobre Israel. ⁵² Fez o que o Senhor reprova,⁽ⁱ⁾ pois andou nos caminhos de seu pai e de sua mãe e nos caminhos de Jeroboão, filho de Nebate, que fez Israel pecar. ⁵³ Prestou culto a Baal⁽ʲ⁾ e o adorou, provocando assim a ira do Senhor, o Deus de Israel, como o seu pai⁽ᵏ⁾ tinha feito.

22.46
ᶠ Dt 23.17;
1Rs 14.24;
15.12

22.47
ᵍ 2Sm 8.14;
2Rs 3.9; 8.20

22.48
ʰ 1Rs 9.26;
10.22

22.52
ⁱ 1Rs 15.26;
21.25

22.53
ʲ Jz 2.11
ᵏ 1Rs 16.30-32

---

¹ **22.48** Hebraico: *navios de Társis.*

A VIDA ESPIRITUAL DO LÍDER

Saúde espiritual e emocional dos líderes

> Elias teve medo e fugiu para salvar a vida. Em Berseba de Judá ele deixou o seu servo e entrou no deserto, caminhando um dia. Chegou a um pé de giesta, sentou-se debaixo dele e orou, pedindo a morte: "Já tive o bastante, Senhor. Tira a minha vida; não sou melhor do que os meus antepassados". Depois se deitou debaixo da árvore e dormiu.
>
> De repente um anjo tocou nele e disse: "Levante-se e coma". Elias olhou ao redor e ali, junto à sua cabeça, havia um pão assado sobre brasas quentes e um jarro de água. Ele comeu, bebeu e deitou-se de novo.
>
> 1 Reis 19.3-6

Depois de um período de intensos confrontos no ministério, Elias queria desistir de tudo. Ele chegou até mesmo a desejar a própria morte. Mas Deus o encontrou naquele lugar de total exaustão e desespero. O Senhor providenciou meios simples de revigorar e renovar seu servo exausto — alimento, água, sono profundo, e mais sono ainda.

Hoje diríamos que o profeta estava tendo um esgotamento. O que aconteceu com Elias pode acontecer com qualquer líder. Felizmente, há meios de evitar — ou, pelo menos, minimizar — a ameaça do esgotamento. Há também modos práticos de se recuperar do esgotamento. Mas, em última instância, como líder, é sua a responsabilidade de cuidar da própria saúde espiritual e emocional. Como Peter Scazzero escreve em seu livro *Espiritualidade emocionalmente saudável*: "A saúde geral de uma igreja ou ministério depende principalmente da saúde emocional e espiritual de sua liderança. Na verdade, a chave para o êxito da liderança espiritual tem muito mais a ver com a vida interior do líder do que com seus dons, habilidades e experiência". Portanto, não encare a sua saúde espiritual e emocional como algum tipo de capricho. Ela é essencial para você, para a sua família e para as pessoas que você lidera.

A VIDA ESPIRITUAL DO LÍDER

Recuperando a esperança no ministério
John Ortberg

A esperança é o recurso mais indispensável, inegociável e insubstituível necessário para enfrentar grandes desafios e nobres batalhas. Então, como líder de uma igreja, como está a sua reserva? Como você está administrando o tanque da esperança?

Líderes precisam enfrentar os ladrões da esperança

Suponho que pastores e líderes de igreja sempre precisaram de esperança, mas me parece que, nos nossos dias, a esperança é importante de uma forma distinta, pois muitas das estruturas sociais que sustentavam o que nós fazíamos estão se desfazendo. No passado, os pastores eram respeitados em suas comunidades como líderes de boa formação intelectual.

Depois de cinquenta anos de ministério pastoral, um amigo contou sobre algumas das queixas mais frequentes que ouviu no decorrer dos anos — todas elas esmagadoras da esperança: "Eu simplesmente não estou me alimentando"; "Por que você não prega como...?"; "Por que não damos mais atenção a [preencha o espaço em branco como: missões, oração, batalha espiritual, as últimas celebridades]?".

Mas as queixas não são os únicos ladrões da esperança. Nós que estamos no ministério eclesiástico também enfrentamos a realidade de nossas próprias imperfeições, pressões familiares, crises financeiras em tempos de recessão econômica, uma cultura cada vez mais polarizada na qual a fé frequentemente é percebida como nada mais do que um substituto para o conflito político e na qual pessoas que amamos abandonam a fé ou chegam ao fundo do poço no relacionamento matrimonial. Lutamos contra a decepção quando as pessoas não veem à igreja — e contra a complacência, quando elas vêm. Lutamos para ser reconhecidos pelos nossos sucessos e nos autocondenamos quando não somos suficientemente bem-sucedidos.

Líderes cheios de esperança confiam integralmente em Deus

Perguntei a uma pessoa muito sábia o que, segundo sua opinião, era a principal barreira que as pessoas no ministério enfrentam para encontrar saúde espiritual. Eu achava que ele fosse falar da dificuldade da liderança eclesiástica, mas ele imediatamente disse que o nosso desafio não é diferente do que as demais pessoas enfrentam: "Aprender a depender totalmente de Deus a cada momento da sua vida, exatamente onde você está".

Em seguida, ele descreveu a seguinte imagem: Lembra-se de Atlas, aquele velho personagem da mitologia grega que carregava o mundo nas costas? Tira o mundo dos ombros. Recuse-se a carregar o peso do mundo. Dependa do amor de Deus quanto a sua identidade e bem-estar, para não depender mais dos resultados. Eu sou um Atlas em recuperação.

Quando me lembro de fazer isso, quando tiro o mundo dos meus ombros, sempre recebo vida e esperança. Esperança, afinal de contas, é muito diferente de me convencer de que *as coisas* sairão do jeito que eu quero. Esperança significa, entre outras coisas, morrer satisfeito para a necessidade de fazer que a minha vida aconteça de determinado jeito.

Saúde espiritual e emocional dos líderes

A esperança ocorre quando eu vivo na realidade de que o mundo está em mãos melhores, maiores e mais capazes do que as minhas.

Os antigos gregos amavam a virtude, pois acreditavam profundamente que o sofrimento produzia caráter. No mundo antigo, porém, somente alguém como Paulo acrescentaria a "esperança" no topo da lista (sofrimento, perseverança, caráter). Os gregos não eram fortes na esperança; não acreditavam que o Universo fora bondosamente criado para a humanidade. Paulo acreditava, porque Jesus acreditava. Por isso, Paulo diz que a esperança "não decepciona".

Administrar a esperança pode ser a coisa mais importante que você vai fazer hoje. Nenhuma circunstância ou pessoa pode tirar isso de você. Quando assumiu esse trabalho, quando respondeu a esse chamado — você se comprometeu com a esperança. É algo muito maior do que você. Descanse nessa verdade um pouco mais.

Dez maneiras de rejuvenescer a alma
Skye Jethani

Como rejuvenescer a alma? Essa é a pergunta que o *Leadership Journal* fez a dezenas de líderes eclesiásticos. Eis dez práticas que os líderes adotam para benefício da própria alma:

1. Fazer caminhada
Sair para uma longa caminhada regularmente contribui para acalmar a alma e o ajuda a se aproximar de Deus. Muitos pastores dizem que caminham para internalizar o sermão e preparar a alma para a pregação.

2. Orar textos e passagens devocionais
Nos primeiros séculos da era cristã, muitos cristãos se reuniam em momentos designados durante o dia para orar. Esses momentos de oração, conhecidos como "horas" ainda são praticados por alguns cristãos hoje. Com a ajuda de um livro de oração, as pessoas podem orar sozinhas, mas sabem que outras pessoas espalhadas pelo mundo estão ao mesmo tempo participando daquela oração.

3. Aprender a dizer não
As pessoas com frequência requisitam o tempo e a energia do líder. Aprender a dizer não, até mesmo a bons ministérios e oportunidades, permite à alma respirar e se rejuvenescer.

4. Fazer jejum de mídias
A quantidade de informação disponível hoje é interminável, incluindo recursos ministeriais para líderes de igreja. Apesar de alguns serem realmente benéficos, às vezes os líderes de igreja precisam descansar a mente de tantas opiniões e da pressão de pô-las em prática.

5. Fazer exercícios físicos regularmente

Muitos pastores nos disseram que exercício físico regular é crucial para a saúde tanto do corpo quanto da alma. E a pesquisa mostra que um corpo sadio tem impacto positivo sobre as habilidades mentais e emocionais da pessoa.

6. Fazer amizades "não utilitárias"

O ministério envolve pessoas, mas, às vezes, os líderes veem as pessoas como mercadorias necessárias para expandir o ministério. Pastores podem convidar um membro para um café, mas, no fundo, desejam um relacionamento mais intenso com essa pessoa para tê-la como fonte para o ministério da igreja. Naturalmente, essa atitude caminha em dois sentidos. Muitas pessoas tentam usar o pastor para expandir também seus próprios interesses. Os pastores precisam ter pelo menos alguns amigos "não utilitários" — amigos que não têm uma causa predefinida e não desejam nada do pastor. Esse tipo de amizade promove segurança e graça de que a alma precisa para se desenvolver.

7. Encontrar um diretor espiritual

Não se trata exatamente de terapia, nem de *coaching*. O diretor espiritual oferece algo mais: uma perspectiva divina sobre a sua alma. Eugene Peterson diz que um diretor espiritual é "alguém que tem experiência em examinar a saúde e a patologia na vida da fé". Direção espiritual envolve a oportunidade de "explorar as dimensões pessoais da fé e da oração com um guia em vez de trabalhar por tentativa e erro." Richard Foster escreve: "Direção espiritual envolve um processo por meio do qual uma pessoa ajuda outra pessoa a compreender o que Deus está fazendo e dizendo". Depois de Eugene Peterson começar a se reunir com um diretor espiritual, ele percebeu um enorme sentimento de alívio. "Uma vez que essa pessoa concordou em prestar atenção na minha condição espiritual comigo," escreve Peterson, "eu não me sinto mais o único responsável por cuidar dela." Todo líder de igreja deveria se beneficiar disso.

8. Medite na oração do Senhor

A Igreja ortodoxa tem uma tradição conhecida por *hesicasmo*. Trata-se da prática de repetir uma breve oração, como a oração dominical, diversas vezes. Tente permanecer em silêncio durante cinco minutos, depois repita a Oração do Pai-nosso refletindo em voz alta. Em seguida, concentre os pensamentos em uma palavra ou frase e deixe-a influenciar suas orações a Deus.

9. Tenha um *hobby*

Muitos pastores e líderes de igreja renovam a alma envolvendo-se com um *hobby* não relacionado ao ministério. Alguns *hobbies* exigem força física, como o surfe ou rapel. Outros são mais contemplativos e criativos, como desenho, pintura ou composição de poemas.

10. Escreva uma carta de encorajamento

Provérbios 12.25 diz: "O coração ansioso deprime o homem, mas uma palavra bondosa o anima". Esse provérbio não especifica se o benefício é para o coração que recebe a boa

Saúde espiritual e emocional dos líderes

palavra ou o coração que a profere. Gaste tempo refletindo sobre aqueles que abençoaram sua vida e seu ministério. Depois de agradecer a Deus por eles, escreva-lhes uma carta de gratidão e encorajamento. Essa prática pode alegrar o coração de todos que recebem a carta.

Estabelecimento de limites saudáveis
Kevin Miller

Em seu livro *Limites*, Henry Cloud e John Townsend escrevem:

> Assim como proprietários de imóveis colocam uma cerca em torno da propriedade, precisamos colocar cercas mentais, físicas, emocionais e espirituais em torno da nossa vida para nos ajudar a distinguir o que é nossa responsabilidade e o que não é [...] Muitos cristãos sinceros e dedicados [principalmente líderes de igreja] ficam intensamente perplexos sobre o momento biblicamente apropriado para estabelecer limites.

Estes são três modos que os líderes das igrejas podem estabelecer limites sadios, bíblicos e vivificadores:

1. Dê ouvidos ao Pai, não às multidões

Quando me sinto cansado de tanto trabalho, eu me pergunto: *Como me meti nisto? Como foi que sobrou tudo para mim?* Inicialmente, relaciono as razões imediatas: *O projeto demorou mais do que eu imaginava. Não esperava que dois membros da comissão saíssem*. Mas, ao refletir cuidadosamente, geralmente encontro a verdadeira razão lá no fundo do meu coração: *Eu queria que as pessoas gostassem de mim*. O meu desejo de ajudar, em parte, era um desejo de amar e ajudar alguém, mas também vinha da minha insegurança: "Me ame! Me elogie! Talvez, se eu cumprir essa tarefa ministerial, você me amará!".

Jesus nunca agiu desse modo. Se o tivesse feito, ele teria milhares de chefes, porque literalmente milhares de pessoas queriam sua ajuda. Mas Jesus tinha apenas um chefe — seu Pai: " '[...] nada faço de mim mesmo, mas falo exatamente o que o Pai me ensinou' " (João 8.28).

Em obediência ao Pai, Jesus muitas vezes ajudava tanto as pessoas que não tinha nem tempo para comer (Marcos 3.20,21). Ele obedecia e deixava de comer. Mas, em outras ocasiões, o Pai de Jesus deve ter dito: "Deixa essa gente pra lá e venha se retirar comigo", porque Jesus abandonou as multidões e se retirou sozinho para orar e descansar (Mateus 14.22,23).

2. Encontre sua missão específica

Deus não nos pediu para fazer tudo, ir a todos os lugares, ou ajudar todas as pessoas. Jesus tinha um ministério estritamente definido. Enquanto Jesus esteve na terra, ele podia ter viajado por toda a região mediterrânea — Grécia, Itália, Turquia e Espanha. Mas Jesus permaneceu em um minúsculo pedaço de terra do mundo, principalmente nas regiões da Judeia e Galileia. Por quê? Era ali que estava o povo judeu, e eles eram o foco de seu chamado (Mateus 15.24).

A VIDA ESPIRITUAL DO LÍDER

Jesus se entregou às pessoas — mas dentro dos limites do chamado que Deus Pai lhe confiara. Ele se concentrou nisso.

3. Aceite as suas necessidades e limitações

No tempo de Jesus, não havia carros ou aviões, por isso ele tinha de caminhar longas distâncias. Ir de um lugar a outro exigia muito tempo. Não era possível realizar muita coisa para o ministério em tão pouco tempo. O máximo que se podia fazer era olhar a paisagem e conversar com amigos e se reabastecer. À noite, não havia luz elétrica, então Jesus contemplava as estrelas e, em seguida, ia dormir. Para caminhar um dia inteiro, Jesus precisava de momentos de descanso e de recuperar o fôlego.

Deus nos fez com limitações humanas. Precisamos comer, dormir e descansar. Ficamos doentes e precisamos diminuir o ritmo. Precisamos de trabalho árduo, mas também de lazer. Sim, podemos escolher sacrificar o sono para orar, ou deixar de comer para servir as pessoas. Mas essas situações devem ser exceção, não regra.

Mesmo assim, precisamos estar dispostos a arriscar. Apesar de tentarmos estabelecer limites sadios, Deus às vezes nos chama para assumir determinados riscos. Isso não mina a necessidade de estabelecer limites claros; é simplesmente uma lembrança de que a vida cristã é uma aventura. Para vivê-la, precisamos depender de um Deus poderoso e ousado. Ele é a única verdadeira fonte de poder.

Buscando profundidade espiritual e emocional
Peter Scazzero

Em seu livro *Espiritualidade emocionalmente saudável*, Peter Scazzero escreve: "A saúde geral de toda igreja ou ministério depende principalmente da saúde emocional e espiritual de sua liderança. Na verdade, a chave para o êxito da liderança espiritual tem muito mais a ver com a vida interior do líder do que com seus dons, habilidades e experiência". Para líderes que desejam ter saúde emocional e espiritual, é preciso parar de "folhear páginas" e aprofundar-se olhando mais para a "vida interior".

Identifique onde você está "folheando páginas"

Muitos pastores e líderes de igreja estão simplesmente ocupando a liderança superficialmente. A superficialidade retrata o modo com o qual muitos de nós lida com tantas demandas, constante pressão e agendas sobrecarregadas. Conseguimos fazer muitas coisas superficialmente sem que estejamos totalmente engajados. Como folhear as páginas de um livro, isso pode parecer que tudo está sob controle, mas na realidade você não está completamente envolvido no que está fazendo. Eis alguns sinais que denunciam quando você está agindo superficialmente na sua liderança:

- *Você diz "sim"* a novos compromissos e ampliação de atividades sem de fato poder acompanhar bem o que você já está fazendo.

Saúde espiritual e emocional dos líderes

- Na sexta-feira você se dá conta de que não teve tempo suficiente para deixar que a mensagem que pregará no domingo transforme a sua própria caminhada com Cristo.
- Você evita verdades e decisões difíceis, porque alguém ficará zangado.
- Você se atrapalha numa reunião, porque não estabeleceu claramente os seus objetivos e a pauta.
- Quando está com a família, você não consegue parar de pensar sobre o que ainda tem de fazer na igreja.
- Você está muito ocupado e não tem tempo para refletir sobre o seu próprio coração ou cultivar um relacionamento mais pessoal com Jesus Cristo.
- Você não está investindo no seu próprio crescimento pessoal e/ou casamento.
- Você mede o seu sucesso com base no que outras pessoas falam em vez de fazê-lo segundo os seus valores interiores.

Com frequência, a superficialidade é um mecanismo de defesa para negar o que nos impede de crescer espiritual e emocionalmente. É um jeito de evitar aspectos do ministério que despertem ansiedade e sofrimento. Pode funcionar por um tempo, mas, no fim, nos alcança e geralmente o preço a ser pago é alto.

Fortaleça o seu relacionamento com Deus

Cultivar uma vida com o Senhor Jesus exige bastante tempo e foco. Dias a sós com Deus, horas de meditação nas Escrituras e tempo de leitura são indispensáveis. Estamos rodeados de distrações infindáveis e vozes que nos impedem de sentar aos pés de Jesus, como Maria fez em Lucas 10.

Desde muito tempo na história da Igreja, a indolência (ou *acédia* = "não se importar") era tida como um dos sete pecados capitais. Indolência não é apenas preguiça, mas estar ocupado com as coisas erradas. Os guias espirituais argumentam que estamos ocupados simplesmente porque não conseguimos suportar o esforço que uma vida de reconciliação e solitude com Deus exige de nós; não nos importamos com as coisas corretas. Não há nenhuma vantagem na atividade, até mesmo na atividade sagrada, a não ser que ela seja nutrida por uma vida interior plena com Deus.

A fim de impedir a superficialidade no meu relacionamento com Deus, eu comecei a praticar o Ofício Diário como um jeito de organizar meu dia: comecei a planejar o dia em torno de três ou quatro pequenos blocos de tempo para pausa, concentração, leitura das Escrituras e tranquilidade. Também passei a não ter escrúpulos de separar dias de silêncio como aspecto indispensável da minha vocação como pastor.

É ilusão imaginar que podemos conduzir as pessoas em uma jornada espiritual sem que nós mesmos a percorramos. Quando somos superficiais no nosso relacionamento com Deus, não haverá programa que substitua a superficialidade e a teimosia que inevitavelmente tomará conta do nosso ministério.

Cuide de você mesmo

A maioria dos líderes tem a agenda sobrecarregada e vive preocupado; eles não têm tempo para nada e estão exaustos devido a infindáveis necessidades em torno deles. Quem tem tempo para desfrutar de Jesus, do cônjuge, dos filhos e da própria vida? Muitos líderes pensam que vão tirar o atraso do sono alguma hora. O espaço de que precisam para reabastecer a alma e descansar pode ser deixado para depois. Poucos líderes têm tempo para lazer ou para um *hobby*. Eles não vivem! Há simplesmente muito trabalho que realizar para Deus.

Jesus deixou exemplo de um cuidado sadio de si mesmo. Com todo o peso do mundo sobre seus ombros, nós o vemos descansando e desfrutando do que outras pessoas lhe traziam, antes de seguir para a cruz (João 12.1-8). Bernardo de Claraval, como Agostinho antes dele, reconheceu que o amor amadurecido não existe sem amor próprio sadio e centrado em Deus. A não ser que saibamos o que significa cuidar de nós mesmos, não conseguiremos amar os outros corretamente. Uma prática saudável é a guarda do *Shabat* — uma prática de formação espiritual radical e contrária à cultura em que o indivíduo atende ao convite de Deus para pausar, descansar, desfrutar e contemplá-lo durante 24 horas.

Dê prioridade ao seu relacionamento conjugal

Poucas pessoas admitirão a situação lamentável do relacionamento conjugal de muitos pastores. Essa realidade é capaz de perturbar, pelo menos em curto prazo, algumas das igrejas de maior crescimento. As conferências denominacionais e de liderança, bem como os nossos seminários e escolas, não nos preparam para ter relacionamentos conjugais que cheguem perto do céu e apontem para ele. Ignoramos as pressões particulares do ministério, erroneamente supondo que um bom relacionamento conjugal se desenvolverá naturalmente quando trabalhamos para Deus. Esquecemo-nos do princípio bíblico: Tal como vai o casamento do líder, assim irá a igreja. Se em casa lidamos com as coisas superficialmente, não seremos capazes de dirigir de maneira saudável a família da igreja (1Timóteo 3.5). O líder casado é exortado a pôr o cônjuge e os filhos em primeiro lugar. Paulo se refere à união em "uma só carne" do marido e mulher como um reflexo da união de Cristo com sua Noiva, a Igreja (Efésios 5.31,32). Por esse motivo, casamento e sexualidade pretendem proclamar e refletir a união com Cristo. O casamento deve ser um retrato e uma experiência de dar e receber o amor de Deus. Alguns pastores dirão: "Desse jeito, tenho que mudar totalmente a minha prática ministerial!". Sim. Foi justamente isso que aconteceu comigo.

Deixe de ser superficial e seja mais profundo

Estas são algumas maneiras de deixar a superficialidade e começar a ter uma liderança mais profunda na igreja:

- Prepare-se para as reuniões de liderança gastando tempo no esclarecimento dos seus objetivos e pauta.
- Forneça liderança prudente tomando decisões ponderadas e em oração em vez de baseá-las em sentimentos e impulsos.
- Dê seguimento aos seus compromissos.
- *Em* vez de apaziguar as pessoas, fale a verdade — mesmo que implique deixar alguém zangado.

Saúde espiritual e emocional dos líderes

- Não tenha medo de unir a fé aos fatos. Lembre-se do seu objetivo — ajudar as pessoas a serem transformadas à semelhança de Cristo. Jesus deixou-nos o modelo de que amar as pessoas não significa mantê-las felizes.

Guardando o coração
Nancy Beach

Provérbios 4.23 nos diz: "Acima de tudo, guarde o seu coração, pois dele depende toda a sua vida". Aqui estão cinco perguntas de diagnóstico para líderes de igreja que desejam examinar o estado de sua alma.

1. Você sente emoções profundas?
Um coração sadio tem emoções profundas. Pode ser tocado por alegria, sofrimento, ira, gratidão e amor. Você chorou ultimamente? Ou sentiu intensa alegria? Um coração sadio está totalmente atento a profundas emoções — e consegue identificá-las. O oposto disso é um coração dormente. O profeta Elias estava nesse tipo de situação quando sentou debaixo de uma giesta. Ele disse a Deus: "Já tive o bastante, SENHOR", e caiu no sono.

Como está a sua capacidade de sentir fortes emoções ultimamente? Alta, média, ou baixa?

2. Você está atento aos momentos?
A vida está formada por um conjunto de momentos. A principal causa do ressentimento das pessoas é não ter aproveitado bem o dia. Por isso, muitos de nós ignoramos a beleza e o poder de momentos simples do cotidiano. Isso acontece principalmente nos relacionamentos. Quando o nosso coração está funcionando bem, olhamos no olho do outro. Não temos tamanha pressa a ponto de não estar plenamente presentes. Cultivamos a habilidade de ouvir com sinceridade a família, os amigos e as pessoas a quem ministramos.

Corações doentios não produzem brilho nos olhos. Muito frequentemente acabamos oferecendo o mínimo ao cônjuge, ao amigo íntimo ou ao filho. Neste exato momento, você consegue estar "plenamente presente onde quer que esteja"?

Quão atento aos momentos você tem estado nos últimos dias? Bastante, médio, pouco?

3. Você gosta da espontaneidade?
O ministério pode facilmente se tornar um fardo. Não há fim para as necessidades das pessoas, e as consequências para o que a gente faz são eternas. Consequentemente, podemos facilmente nos exaurir — e gravemente. Um coração sadio provoca momentos espontâneos de lazer que contagiam os outros com alegria. Jesus descreveu a vida no Reino como *alegria* e *abundância*, não um fardo que nos abate. Quando não conseguimos rachar de rir, ou nos divertir como uma criança e simplesmente relaxar, é sinal de que não estamos nada bem.

Como está ultimamente o seu fator de diversão? Alto, médio, baixo?

A VIDA ESPIRITUAL DO LÍDER

4. Você está aberto aos perdidos e feridos?
Quando Jesus viu as multidões que tanto precisavam dele, ele sentiu compaixão por elas. Um coração sadio consegue chorar por aqueles que ainda não conhecem o amor de Deus. Um coração sadio é empático e amoroso para com os que sofrem. Mas, quando o nosso coração não está bem, começamos a ver vidas humanas preciosas como mais um problema a ser tratado. Com o tempo, o nosso coração — que outrora se inflamava de compaixão por pessoas interessadas, pelos pobres e pelos que sofrem — pode se tornar endurecido e impenetrável. Isso é trágico para qualquer seguidor de Cristo.

Quão aberto está o seu coração ultimamente? Muito, médio, pouco?

5. Você está atento aos sussurros de Deus?
Quando a nossa alma está fortalecida e agimos a partir da serenidade, Deus não precisa usar um megafone para chamar a nossa atenção. Conseguimos ouvir seus sussurros. Provérbios 3.32 diz: "[...] o justo é seu [de Deus] grande amigo"; Deus o tem em sua confiança. Há uma coisa que eu desejo nunca superar enquanto viver: a verdade de que o majestoso Criador do Universo decide falar a mim — não apenas de vez em nunca, mas na maioria das vezes! Às vezes ele quer me encorajar e consolar. Às vezes ele precisa me convencer do pecado que cometi e me ajudar a confessá-lo. Às vezes, ele quer me mostrar uma ideia. Às vezes, ele deseja apenas me lembrar do quanto sou precioso. Eu me arrepio de pensar quantas mensagens deixei de entender.

Você está atento aos sussurros de Deus?
Como está a sua capacidade de ouvir? Alta, média, baixa?

Lembre-se, o negócio de Deus é transformar corações. Ele promete: " 'Darei a vocês um coração novo e porei um espírito novo em vocês; tirarei de vocês o coração de pedra e lhes darei um coração de carne' " (Ezequiel 36.26). Estas são algumas coisas de que você deve se lembrar ao buscar um coração sadio com Deus e o próximo:

Você é responsável por guardar o seu coração
É tão tentador culpar os outros pela agenda lotada, pelas funções no trabalho e até por seu coração endurecido.

Desenvolva disciplinas espirituais que sustentem o seu coração
Todos nós sabemos o quanto nosso coração físico exige para se manter sadio: exercitar, não fumar, ter menos estresse, não comer tanto alimento não saudável. Para o coração espiritual se manter sadio, é necessário ter um compromisso com determinados sistemas e disciplinas.

Deixe claro qual é o seu papel, quais os seus dons e a sua paixão
O esgotamento no ministério geralmente está ligado ao fato de doar aquilo que não temos — em outras palavras, não exercer o ministério de acordo com o cerne dos nossos dons.

Saúde espiritual e emocional dos líderes

Há momentos na vida da igreja em que todos precisam estar dispostos a fazer o que for necessário. Mas, se você esclarece continuamente o que lhe dá maior prazer, a razão para a qual você nasceu, você terá muito mais a oferecer para o Reino!

Não defina a sua autoestima pelo que você faz

O apóstolo Paulo começava suas cartas dizendo simplesmente: "Paulo, apóstolo [ou servo] de Cristo Jesus". Para ele, bastava isso para descrever quem era. Sua identidade fundamental era ser servo de Jesus Cristo, filho de Deus. Você se vê como filho precioso de Deus, que não precisa conquistar nada ou provar nada ou realizar nada? Nós nos tornamos realmente livres em Cristo quando estamos no lugar de onde se origina o nosso valor.

Viva em autêntica comunidade

Mantenha-se conectado com algumas pessoas que realmente o amam e conhecem, até mesmo as coisas desagradáveis. Se você não tem tempo para gastar em genuína comunidade com alguns amigos, então você está ocupado demais.

Monitorando o indicador emocional
Bill Hybels

Durante boa parte do meu ministério, tenho monitorado dois importantes indicadores pastorais — o indicador espiritual (Como estou espiritualmente?) e o indicador físico (Como está minha saúde física?). Mas também comecei a observar outro indicador crucial — o indicador emocional. Embora todos os pastores precisem monitorar esses três indicadores, geralmente desprezam o indicador emocional.

Aprenda a observar seu indicador emocional

Durante uma semana ministerial típica, algumas atividades esgotarão as suas reservas emocionais. Eu chamo essas experiências "atividades ministeriais intensas". Uma atividade ministerial intensa pode ser um confronto, uma sessão intensa de aconselhamento, um período de ensino exaustivo, uma reunião de diretoria sobre uma decisão financeira muito significativa, ou o preparo e a apresentação de uma mensagem sobre um assunto delicado. O denominador comum dessas atividades é que elas nos consomem emocionalmente, mesmo em questão de poucas horas. Todos os líderes constantemente assumem tais atividades, mas é possível medir o grau de seu impacto em vez de ignorar a intensa exaustão que experimentam. É comum que os líderes atribuam o desânimo à fraqueza espiritual. Eles se condenam dizendo: "Sou um cristão fraco", ou "Sou um discípulo fajuto". Embora algumas vezes *um problema seja sinal de que algo não está bem conectado com Cristo*, há outros problemas no ministério que surgem do esgotamento emocional.

Eu decidi instalar um indicador emocional bem no centro do meu painel e aprender a observá-lo. Comprometi-me a assumir a responsabilidade por gerenciar a reserva emocional da minha vida. Hoje posso dizer que minha reserva se esgotou quando: 1) começo a me sentir moralmente vulnerável; 2) percebo que sou grosso e impaciente com as pessoas; e 3) tenho vontade de abandonar a obra de Deus.

Recarregue suas reservas emocionais

Reabastecer as forças emocionais exige tempo — geralmente, mais tempo do que levou para esgotá-las. A melhor analogia que posso imaginar é a da bateria do carro. Uma recarga lenta e constante é a melhor maneira de recuperar a carga total da bateria. Assim também, recuperar-se corretamente de uma atividade emocionalmente esgotante exige tempo.

Quando percebo que o meu indicador emocional está abaixando, gasto tempo para recarregá-lo. Para fazer isso, algumas pessoas saem para correr; outras tomam um banho relaxante; outras, leem; outras, ouvem música. Normalmente, significa fazer algo — um *hobby* ou alguma atividade — algo totalmente diferente do ministério. O importante é construir uma agenda ministerial que inclua tempo adequado para se recuperar emocionalmente.

Volte-se aos seus dons espirituais

O uso dos seus dons espirituais inala novamente vida em você. Quando você identifica os dons espirituais que tem e os usa sob a direção de Jesus Cristo, então, sim, faz diferença. Você sente a aprovação de Deus, e muitas vezes se sente com mais força depois de empregá-los.

Penso naquela importante conversa de Jesus com a mulher no poço. Os Doze haviam voltado depois de comprar mantimento e disseram: "Mestre, come alguma coisa". Jesus respondeu: "Tenho algo para comer que vocês não conhecem [...]. A minha comida é fazer a vontade daquele que me enviou e concluir a sua obra.". Jesus descobriu que fazer aquilo para o qual o Pai o chamou era extremamente satisfatório.

Por outro lado, exercer o ministério fora dos nossos dons tende a esgotar-nos. Se me pedissem para cantar ou ajudar na contabilidade, eu teria de fazer um esforço tremendo. E não sentiria a aprovação do Espírito, porque não estaria ministrando conforme os meus dons e chamado para servir. É por isso que tantas pessoas abandonam diversos tipos de ministério cristão: eles não estão no lugar certo. Trabalhamos com mais força e energia quando somos capazes de exercer nosso dom principal.

Equilibre o eterno com o terreno

Ficar emocionalmente esgotado me ensinou uma lição que já tinha aprendido, mas havia esquecido: um líder cristão precisa manter um equilíbrio sensato entre envolver-se com as coisas eternas e as coisas terrenas. Os afazeres do cotidiano são um contrapeso necessário para verdades eternas.

Na Bíblia, depois de Jesus ministrar ou proferir um importante discurso, normalmente encontraremos uma frase como esta: "Então Jesus e os discípulos foram da Judeia para a Galileia". Essas frases são extremamente significativas. Em geral, tratava-se de jornadas bastante longas e, na maioria das vezes, feitas a pé por Jesus e pelos discípulos. Não se faz uma caminhada de longa distância durante um intervalo de almoço.

O que acontece durante uma longa caminhada? Os rapazes contam algumas piadas, param e descansam um pouco, apanham frutas e bebem água, tiram uma soneca à tarde e

Saúde espiritual e emocional dos líderes

continuam a caminhar. Durante esse tempo, as reservas emocionais são reabastecidas, e o delicado equilíbrio entre o eterno e o terreno é restaurado.

Se você estiver preocupado apenas com atividades espirituais, tenderá a perder de vista a desesperança das pessoas que estão distantes de Cristo. Você nunca entrará no mundo delas. Segundo, você perderá a admiração pela igreja, pela salvação e por ter sido separado para a obra de Deus. Você poderá se sobrecarregar das responsabilidades eternas a ponto de não apreciar mais a glória que implicam.

O que salvou o meu ministério foram as interrupções para estudos no verão. Durante as semanas que estou fora, em meio aos estudos, eu corro ou saio para velejar, geralmente com não cristãos. A compaixão pelos meus companheiros é renovada, pois adquiro um novo olhar à desesperança e autodestruição da vida longe de Cristo. Durante esses períodos, eu também começo a sentir falta dos cultos da nossa igreja e começo a desejar o relacionamento com a minha equipe e os presbíteros. Ter a dose certa das coisas terrenas na sua vida lhe permitirá ver tanto a futilidade do mundo quanto a maravilha e o encanto da vida cristã.

Encarando o preço do ministério
Jay Kessler

Por mais recompensador que seja o ministério, os líderes precisam ter consciência de que seu chamado tem boas chances de lhes causar considerável sofrimento. Ter um ministério eficaz exige ser vulnerável, e isso cria a possibilidade de o indivíduo ser seriamente ferido. Os líderes podem ser citados erroneamente. Líderes podem ser mal compreendidos. Podem ser alvo de rumores ou ataques diretos. As pessoas podem deixar a igreja sem razão aparente.

A reação natural a esse tipo de sofrimento é se endurecer para evitar mais dor, criar um tipo de cicatriz espiritual e emocional. É tentador se afastar, manter a distância das pessoas e de seus problemas — deixar de ser vulnerável. Ter cuidado com o que se fala, não ter vontade de arriscar. Isso faz que líderes percam a espontaneidade que tinham. O que acontece depois disso naturalmente é que seu ministério se torna muito menos eficaz. Estas são seis maneiras de seguir em frente no ministério mesmo em meio à dor:

Peça que Deus mantenha o seu coração terno

Primeiro, se o sofrimento foi provocado por um estado de vulnerabilidade, a "solução" é simples, contudo nada fácil. A única alternativa ao esfriamento e distanciamento é pedir que Deus mantenha o seu coração terno pelas necessidades daqueles a quem você deseja ajudar, mesmo sabendo que poderia ser seriamente ferido outra vez. É difícil — quase uma *crucificação*. Mas isso faz parte de ser pastor, um pastor de ovelhas, não só um pregador. Isso significa partilhar dos sofrimentos do nosso Senhor. Toda vez que alguém procura sua ajuda, você está diante de uma encruzilhada. Você precisa tomar uma decisão consciente e inteligente de não se deixar levar pela indiferença. Você precisa colocar novamente a vida e a reputação nas mãos do Pai celestial.

A VIDA ESPIRITUAL DO LÍDER

Concentre-se em seus pontos fortes
Peter Drucker encoraja os líderes a se perguntar: "Qual é o papel que somente eu posso ocupar?". Isso o liberta para fazer aquilo que realmente é sua especialidade, coisas que você não pode deixar para outra pessoa fazer. Se você, como a maioria de nós, luta com várias tarefas para o tempo de que dispõe, é fundamental aprender a delegar trabalho; isso pode preservar a sua sanidade, certamente a sua família e possivelmente a sua vida!

Examine sua motivação
Quando estiver pronto para colocar a cabeça no travesseiro à noite, pergunte-se: A m*inha motivação hoje foi realmente servir a Deus, apoiar-me nele, depender da sua força e buscar apenas o seu "muito bem"? Ou eu me deixei levar pelo desejo de aprovação das pessoas?* É muito mais fácil fazer o segundo; eu sei disso por experiência. É bom ouvir elogios sinceros das pessoas. É muito mais fácil se tornar entusiasta e otimista no trabalho. Mas, quando passamos o tempo tentando conquistá-las, nós nos esquecemos daquele a quem dedicamos a nossa vida em servir.

Confronte sinceramente a falta de apreciação
Aprenda a aceitar a natureza humana como Jesus fez. Quando ele curou dez leprosos e somente um voltou para agradecer, imagino que ele se decepcionou, mas tenho certeza de que não se surpreendeu. E, com certeza, ele não deixou que aquilo o magoasse. As pessoas (mesmo cristãs) irão mentir, trapacear, fazer fofoca, trair, desistir, negar e discordar. Elas são criaturas caídas. Assim como eu. Assim como você. Você conseguirá realizar muito mais se for complacente e pronto a perdoar. Aprenda a encorajar as pessoas, levando-as a fazer o melhor e dedicar o melhor delas para Deus.

Aprenda com tudo
Creio piamente que é impossível ter uma má experiência. Não importa o que aconteça, não importa que erro eu tenha cometido ou que dano causaram a mim, sempre posso aprender alguma coisa. Os líderes mais experientes e sábios do mundo são aqueles que cometeram muitos erros e enfrentaram muita adversidade, mas que aprenderam com cada uma dessas experiências.

Viva como escravo de Cristo
Talvez a atitude mais importante no ministério que descobri é saber que em última instância minha vida não é minha. Fui comprado por um preço. Se começo a pensar que mereço algo — mais liberdade, melhor salário ou maior respeito — acabarei tendo ressentimento. Se, contudo, eu me vejo como escravo, um escravo de Deus que não merece nada, não haverá motivos para eu sentir ressentimento. Ser um servo significa abdicar de todos os direitos da vida em favor de Deus. Dessa maneira, não sobrará nada para as pessoas tirarem de você.

Por que precisamos de amizades profundas
Erwin R. McManus

Os líderes de igreja são, muitas vezes, solitários. Com frequência aprenderam que pastores precisam manter distância das pessoas com as quais trabalham. A objetividade necessária para tomar decisões difíceis não pode ser comprometida. (Afinal, você não pode ser amigo do seu chefe!). Como líderes, nós somos responsáveis pela criação da vida comunitária, mas muitos de nós vivemos isolados. Já me encontrei com muitos pastores e esposas que vivem lamentavelmente na solidão e praticamente não têm amizades.

A amizade é vital para o ministério e liderança
É impensável retratar Jesus num relacionamento de trabalho meramente profissional com seus discípulos. Se não estou enganado, ele os chamou de "amigos". Ele chegou a amá-los. Viviam juntos: não se resumia ao expediente de 8 horas de trabalho. Eles tinham um vínculo pessoal e emocional. Não basta apenas contratar funcionários ou formar uma equipe ministerial. Os líderes precisam estar comprometidos a desenvolver uma comunidade de líderes que trabalham juntos numa missão comum.

Crie uma comunidade de líderes que tenham amizade entre si
Jesus formou uma comunidade de líderes que servia junta em uma missão comum. Mais do que partilhar uma visão comum, seus corações estavam inflamados por uma paixão ardente. Apesar de uma visão poder ser formada à distância, a paixão é transmitida pelo contato íntimo. Jesus esteve na pele dos discípulos e entrou na vida deles. Isso só acontece quando rimos juntos, choramos juntos, trabalhamos juntos e nos divertimos juntos. Desde assar um peixe na beira do rio ou assistir a uma sessão de cinema — a equipe de liderança da minha igreja partilha a vida em comunidade. Muitos de nós viajamos juntos em equipes missionárias; praticamos algum esporte ou simplesmente sonhamos com o futuro, pois somos mais do que uma equipe — somos uma comunidade de líderes.

Ame as pessoas suficientemente para falar a verdade
Eu entendo o lado negativo dessa dolorosa tarefa. Às vezes, será necessário despedir alguém que o pastor ama. Eu já tive de fazer isso. Apesar da angústia desses momentos, estou convencido de que precisamos retornar ao tipo de comunidade na qual amamos cada pessoa o *suficiente para falar a ela a verdade em amor*. Quando conhecemos muito bem uma pessoa, temos o desejo de que ela se torne o que Deus tem em mente para ela.

Quatro princípios para a amizade e para a prestação de contas
Entrevista ao *Leadership Journal*

O que é necessário para construir amizades sinceras, confiáveis e encorajadoras? Nesta entrevista do Leadership Journal, *três amigos — dois pastores (Scotty Smith e Scott Roley) e um músico cristão (Michael Card) — falam sobre o compromisso da amizade. Ouvindo algumas partes de sua conversa, aprendemos quatro princípios-chave sobre amizade e prestação de contas para quem está envolvido na liderança da igreja.*

1. Compartilhe a vida, não apenas a prestação de contas
Líderes de igreja precisam de verdadeiros amigos, amigos que sejam comprometidos em meio aos temporais ou à bonança, não apenas parceiros para prestar contas.

"Nosso relacionamento está baseado em um pacto. Isso é amizade. Isso é comunidade. Sim, realmente essa amizade tem a dinâmica de prestação de contas, porque esses dois homens podem me perguntar qualquer coisa; eles me mantêm conectado às questões da vida que as Escrituras me exortam a seguir. Mas prestação de contas, para mim, deve ser apenas um subproduto de uma boa amizade. Não adotamos essa linguagem: 'Este é um grupo de prestação de contas'. A linguagem de grupos de prestação de contas é muito artificial. Fora do ambiente da amizade, a prestação de contas não acontece. Estamos compartilhando a vida."

2. Edifique seu relacionamento no Evangelho
Quando você sabe que é salvo e perdoado em Cristo, você pode buscar relacionamentos seguros e autênticos.

"Um dos elos é o Evangelho: é no quebrantamento, na fraqueza e no arrependimento que iremos crescer. Nossa amizade é uma dádiva. Não é algo criado por nós mesmos. Mal sabia eu que os meus companheiros estavam na mesma situação, precisando do mesmo tipo de afirmação."

"A dor do amor é mais forte do que a dor do legalismo. Se fôssemos apenas um grupo de prestação de contas que tivesse uma lista de coisas para ticar, poderíamos dizer: 'reconheço que errei feio' e seguir adiante. Mas, uma vez que amamos um ao outro, a dor que envolve o rompimento dessa amizade é mais notável. É por isso que grupos de prestação de contas precisam monitorar constantemente o legalismo e o moralismo, porque, se as pessoas não são movidas pela graça do Evangelho, eles se tornam fábricas de ídolos."

"Nós estamos provavelmente mais comprometidos em prestar contas uns aos outros sobre nossa crença no Evangelho do que simplesmente em saber sobre as coisas específicas que fazemos. Questões como sexualidade e poder são secundárias. O nosso relacionamento está centrado no Evangelho. As questões da vida surgirão naturalmente."

3. Aceite as limitações dos grupos de prestação de contas
Grupos de prestação de contas não são sempre espetaculares. Às vezes são tão corriqueiros quanto amigos corriqueiros conversando sobre a vida.

"Nós não podemos ser completamente conhecidos ao outro. Estes dois companheiros nunca conhecerão tudo a meu respeito. Talvez haja um mito sobre o nível de intimidade e sinceridade que uma pessoa pode ter com a outra, na qual se procura cada detalhe. Eu sou um pecador grande demais para que esses colegas me conheçam completamente. Contudo, eles dois me conhecem o suficiente para saber que, se eu disser 'Eu tenho um problema grave', eles saberão exatamente o que é sem eu ter de confessá-lo. De certo modo, eles me conhecem mais do que eu mesmo me conheço."

"Há um mito de que a prestação de contas pode ocorrer fora da comunhão. A prestação de contas surge apenas depois que a comunhão está estabelecida. Também é um mito achar que, se estou no grupo certo de prestação de contas, sentirei que sempre que nos reunirmos reconheceremos a *Shekiná* de Deus. Isso é uma distorção da comunhão. Há tantas fases no relacionamento. Às vezes, você terá o sentimento de missão, como nos unir para a edificação da igreja. Outras vezes, será como três pessoas conversando sobre a vida."

4. Seja franco sobre os problemas reais da vida

A prestação de contas depende de uma franqueza corajosa entre amigos sobre os problemas reais da vida, como sexo, dinheiro, tentação e materialismo.

"Eu já disse a esses companheiros: 'Este é o nome de uma mulher por quem eu me sinto atraído sexualmente. Se vocês me virem conversando com ela mais tempo do que uma simples saudação, precisam chamar a minha atenção. Coloquem o braço nos meus ombros e digam: 'Qual é a novidade?'."

"O psicólogo cristão Larry Crabb, que exerceu forte impacto em todos nós, falou aos jovens aos quais discipulou: 'Se você estiver em algum lugar que tenha essa ou aquela tentação, lembre-se do meu rosto.' Nós tentamos viver dessa maneira um com o outro — quer envolva tentações sexuais, quer financeiras ou materialistas. Sempre que surge uma tentação, eu me lembro do rosto dos meus amigos e não quero decepcioná-los."

Introdução a 2REIS

PANO DE FUNDO
O livro de 2Reis dá ênfase ao que não aparece em 1Reis. Cobre os reinados de 12 reis de Israel (o Reino do Norte), de Acazias a Oseias, e de 15 reis e uma rainha de Judá (o Reino do Sul), de Jeorão até Zedequias. Enquanto o Reino do Norte não teve reis piedosos, Judá teve altos e baixos, com bons governantes sendo sucedidos por maus. Por fim, o Reino do Norte caiu perante os assírios, e seu povo foi levado para o exílio. Os poucos bons governantes de Judá deram estabilidade temporária à nação, mas também vieram a cair — perante os babilônios.

Conquanto seu autor seja desconhecido, o profeta Jeremias está na lista de possíveis autores.

MENSAGEM
Muitos pais, ao disciplinar seus filhos desobedientes, dizem "Isto vai doer mais em mim que em você". Deus lamenta ter de disciplinar seu povo pecador por conta da idolatria dele. Bons reis se seguem a maus reis, e Deus o tempo todo chama o povo a ele, enviando profetas para lhe mostrar sua maldade desenfreada e sua pecaminosidade. Eliseu, Oseias e Amós falam por Deus para o Reino do Norte; Isaías, Jeremias, Joel, Miqueias, Habacuque e Sofonias falam para o Reino do Sul. Deus nunca deixa seu povo sem esperança, sem força ou sem sua presença. Mas não se engane: o pecado será julgado. Essas nações aprenderam essa lição a duras penas.

ÉPOCA
Os eventos de 2Reis tiveram lugar aproximadamente entre 850 e 586 a.C.

ESBOÇO

I. De Acazias até a queda de Samaria
   A. Os últimos dias de Elias   1.1—2.18
   B. O ministério de Eliseu   2.19—8.15
   C. Reis de Israel e de Judá   8.16—16.20
   D. A queda de Samaria (capital de Israel)   17.1-41

II. De Ezequias até a queda de Jerusalém
   A. Ezequias e o profeta Isaías   18.1—20.21
   B. O reinado de Manassés   21.1-26
   C. O reinado de Josias   22.1—23.30
   D. O Egito e a Babilônia controlam Judá   23.31—24.9
   E. A queda do Reino do Sul   24.10—25.30

O Julgamento do Senhor contra Acazias

1 Depois da morte de Acabe, Moabe[a] rebelou-se contra Israel.

2 Certo dia, Acazias caiu da sacada do seu quarto no palácio de Samaria e ficou muito ferido. Então enviou mensageiros[b] para consultar Baal-Zebube,[c] deus de Ecrom,[d] para saber se ele se recuperaria.[e]

3 Mas o anjo[f] do Senhor disse ao tesbita Elias:[g] "Vá encontrar-se com os mensageiros do rei de Samaria e pergunte a eles: Acaso não há Deus em Israel?[h] Por que vocês vão consultar Baal-Zebube, deus de Ecrom? **4** Por isso, assim diz o Senhor: 'Você não se levantará[i] mais dessa cama e certamente morrerá!' " E Elias foi embora.

5 Quando os mensageiros voltaram ao rei, ele lhes perguntou: "Por que vocês voltaram?"

6 Eles responderam: "Um homem veio ao nosso encontro e nos disse: 'Voltem ao rei que os enviou e digam-lhe: Assim diz o Senhor: "Acaso não há Deus em Israel? Por que você mandou consultar Baal-Zebube, deus de Ecrom? Por isso você não se levantará mais dessa cama e certamente morrerá!" ' "

7 O rei lhes perguntou: "Como era o homem que os encontrou e disse isso?"

8 Eles responderam: "Ele vestia roupas de pelos[1][j] e usava um cinto de couro".

O rei concluiu: "Era o tesbita Elias".

9 Em seguida mandou[k] um oficial[l] com cinquenta soldados procurar Elias. O oficial o encontrou sentado no alto de uma colina, e lhe disse: "Homem de Deus, o rei ordena que tu desças".

10 Elias respondeu ao oficial: "Se sou homem de Deus, que desça fogo do céu e consuma você e seus cinquenta soldados!" E desceu fogo[m] do céu e consumiu o oficial e seus soldados.

11 Depois disso o rei enviou outro oficial com mais cinquenta soldados. E ele disse a Elias: "Homem de Deus, o rei ordena que tu desças imediatamente".

---

[1] **1.8** Ou *Era um homem cabeludo*

12 Respondeu Elias: "Se sou homem de Deus, que desça fogo do céu e consuma você e seus cinquenta soldados!" De novo, fogo de Deus desceu do céu e consumiu o oficial e seus soldados.

13 Então o rei enviou um terceiro oficial com outros cinquenta soldados. O oficial subiu o monte, caiu de joelhos diante de Elias e implorou: "Homem de Deus, tem consideração por minha vida[n] e pela vida destes cinquenta soldados, teus servos! **14** Sei que desceu fogo do céu e consumiu os dois primeiros oficiais com todos os seus soldados. Mas agora tem consideração por minha vida!"

15 O anjo[o] do Senhor disse a Elias: "Acompanhe-o; não tenha medo dele".[p] Então Elias se levantou, desceu com ele e foi falar com o rei.

16 Ao chegar, disse ao rei: "Assim diz o Senhor: 'Acaso não há Deus em Israel? Por que você mandou consultar[q] Baal-Zebube, deus de Ecrom? Por isso você não se levantará[r] mais dessa cama e certamente morrerá!' " **17** E Acazias morreu,[s] conforme a palavra do Senhor anunciada por Elias. Como não tinha filhos, Jorão[t] foi o seu sucessor no segundo ano do reinado de Jeorão, rei de Judá, filho de Josafá. **18** Os demais acontecimentos do reinado de Acazias e suas realizações estão escritos nos registros históricos dos reis de Israel.

Elias é Levado aos Céus

2 Quando o Senhor levou[u] Elias aos céus num redemoinho,[v] aconteceu o seguinte: Elias e Eliseu[w] saíram de Gilgal,[x] **2** e no caminho disse-lhe Elias: "Fique aqui,[y] pois o Senhor me enviou a Betel".

Eliseu, porém, disse: "Juro pelo nome do Senhor e por tua vida que não te deixarei ir só".[z] Então foram a Betel.

3 Em Betel os discípulos dos profetas[a] foram falar com Eliseu e perguntaram: "Você sabe que hoje o Senhor vai levar para os céus o seu mestre, separando-o de você?"

Respondeu Eliseu: "Sim, eu sei, mas não falem nisso".

⁴ Então Elias lhe disse: "Fique aqui, Eliseu, pois o SENHOR me enviou a Jericó".ᵇ

Ele respondeu: "Juro pelo nome do SENHOR e por tua vida que não te deixarei ir só". Desceram então a Jericó.

⁵ Em Jericó os discípulos dos profetasᶜ foram falar com Eliseu e lhe perguntaram: "Você sabe que hoje o SENHOR vai levar para os céus o seu mestre, separando-o de você?"

Respondeu Eliseu: "Sim, eu sei, mas não falem nisso".

⁶ Em seguida Elias lhe disse: "Fique aqui,ᵈ pois o SENHOR me enviou ao rio Jordão".ᵉ

Ele respondeu: "Juro pelo nome do SENHOR e por tua vida que não te deixarei ir só!"ᶠ Então partiram juntos.

⁷ Cinquenta discípulos dos profetas os acompanharam e ficaram olhando a distância, quando Elias e Eliseu pararam à margem do Jordão. ⁸ Então Elias tirou o manto,ᵍ enrolou-o e com ele bateuʰ nas águas. As águas se dividiram,ⁱ e os dois atravessaram em chão seco.ʲ

⁹ Depois de atravessar, Elias disse a Eliseu: "O que posso fazer em seu favor antes que eu seja levado para longe de você?"

Respondeu Eliseu: "Faze de mim o principal herdeiro¹ ᵏ de teu espírito profético".ˡ

¹⁰ Disse Elias: "Seu pedido é difícil; mas, se você me vir quando eu for separado de você, terá o que pediu; do contrário, não será atendido".

¹¹ De repente, enquanto caminhavam e conversavam, apareceu um carro de fogoᵐ puxado por cavalos de fogo que os separou, e Elias foi levado aos céusⁿ num redemoinho.ᵒ ¹² Quando viu isso, Eliseu gritou: "Meu pai! Meu pai! Tu eras como os carros de guerraᵖ e os cavaleiros de Israel!" E, quando já não podia mais vê-lo, Eliseu pegou as próprias vestes e as rasgou ao meio.ᵠ

¹³ Depois pegou o manto de Elias, que tinha caído, e voltou para a margem do Jordão. ¹⁴ Então bateuˢ nas águas do rio com o mantoʳ e perguntou: "Onde está agora o SENHOR, o Deus de Elias?" Tendo batido nas águas, elas se dividiram e ele atravessou.

¹⁵ Quando os discípulos dos profetas,ᵗ vindos de Jericó, viram isso, disseram: "O espírito proféticoᵘ de Elias repousa sobre Eliseu". Então foram ao seu encontro, prostraram-se diante dele e disseram: ¹⁶ "Olha, nós, teus servos, temos cinquenta homens fortes. Deixa-os sair à procura do teu mestre. Talvez o Espírito do SENHOR ᵛo tenha levadoʷ e deixado em algum monte ou em algum vale".

Respondeu Eliseu: "Não mandem ninguém".

¹⁷ Mas eles insistiram até que, constrangido,ˣ consentiu: "Podem mandar os homens". E mandaram cinquenta homens, que procuraram Elias por três dias, mas não o encontraram. ¹⁸ Quando voltaram a Eliseu, que tinha ficado em Jericó, ele lhes falou: "Não disse a vocês que não fossem?"

A Purificação da Água

¹⁹ Alguns homens da cidade foram dizer a Eliseu: "Como podes ver, esta cidade está bem localizada, mas a água não é boa e a terra é improdutiva".

²⁰ E disse ele: "Ponham sal numa tigela nova e tragam-na para mim". Quando a levaram, ²¹ ele foi à nascente, jogouʸ o sal ali e disse: "Assim diz o SENHOR: 'Purifiquei esta água. Não causará mais mortes nem deixará a terra improdutiva' ". ²² E até hoje a água permanece pura,ᶻ conforme a palavra de Eliseu.

O Castigo dos Zombadores

²³ De Jericó Eliseu foi para Betel. No caminho, alguns meninos que vinham da cidade começaram a caçoar dele,ᵃ gritando: "Suma daqui, careca!" ²⁴ Voltando-se, olhou para eles e os amaldiçoouᵇ em nomeᶜ do SENHOR. Então, duas ursas saíram do bosque e despedaçaram quarenta e dois meninos. ²⁵ De Betel prosseguiu até o monte Carmeloᵈ e dali voltou a Samaria.

---

¹ **2.9** Hebraico: *Dá-me porção dupla do teu espírito.*

A Rebelião de Moabe

3 Jorão,[e] filho de Acabe, tornou-se rei de Israel em Samaria no décimo oitavo ano de Josafá, rei de Judá, e reinou doze anos. ² Fez o que o Senhor reprova,[f] mas não como seu pai[g] e sua mãe, pois derrubou a coluna sagrada[h] de Baal, que seu pai havia feito. ³ No entanto, persistiu nos pecados[i] que Jeroboão, filho de Nebate, levara Israel a cometer e deles não se afastou.

⁴ Ora, Messa, rei de Moabe,[j] tinha muitos rebanhos e pagava como tributo ao rei de Israel cem mil cordeiros[k] e a lã de cem mil carneiros. ⁵ Mas, depois que Acabe morreu, o rei de Moabe rebelou-se[l] contra o rei de Israel. ⁶ Então, naquela ocasião, o rei Jorão partiu de Samaria e mobilizou todo o Israel. ⁷ Também enviou esta mensagem a Josafá, rei de Judá: "O rei de Moabe rebelou-se contra mim. Irás acompanhar-me na luta[m] contra Moabe?"

Ele respondeu: "Sim, eu irei. Serei teu aliado, os meus soldados e os teus, os meus cavalos e os teus serão um só exército".

⁸ E perguntou: "Por qual caminho atacaremos?"

Respondeu Jorão: "Pelo deserto de Edom".

⁹ Então o rei de Israel partiu com os reis de Judá e de Edom.[n] Depois de uma marcha de sete dias, já havia acabado a água para os homens e para os animais.

¹⁰ Exclamou, então, o rei de Israel: "E agora? Será que o Senhor ajuntou a nós, os três reis, para nos entregar nas mãos de Moabe?"

¹¹ Mas Josafá perguntou: "Será que não há aqui profeta do Senhor, para que possamos consultar °o Senhor por meio dele?"

Um conselheiro do rei de Israel respondeu: "Eliseu,[p] filho de Safate, está aqui. Ele era auxiliar¹ de Elias".[q]

¹² Josafá prosseguiu: "A palavra[r] do Senhor está com ele". Então o rei de Israel, Josafá e o rei de Edom foram falar com ele.

¹³ Eliseu disse ao rei de Israel: "Nada tenho que ver com você. Vá consultar os profetas de seu pai e de sua mãe".

Mas o rei de Israel insistiu: "Não, pois foi o Senhor que nos ajuntou, três reis, para entregar-nos nas mãos de Moabe".

¹⁴ Então Eliseu disse: "Juro pelo nome do Senhor dos Exércitos, a quem sirvo, que, se não fosse por respeito a Josafá, rei de Judá, eu não olharia para você nem mesmo lhe daria atenção. ¹⁵ Mas agora tragam-me um harpista".[s]

Enquanto o harpista estava tocando, o poder ᵗdo Senhor veio sobre Eliseu, ¹⁶ e ele disse: "Assim diz o Senhor: Cavem muitas cisternas neste vale. ¹⁷ Pois assim diz o Senhor: Vocês não verão vento nem chuva; contudo, este vale ficará cheio de água,[u] e vocês, seus rebanhos e seus outros animais beberão. ¹⁸ Mas para o Senhor isso ainda é pouco;[v] ele também entregará Moabe nas suas mãos. ¹⁹ Vocês destruirão todas as suas cidades fortificadas e todas as suas cidades importantes. Derrubarão toda árvore frutífera, taparão todas as fontes e encherão de pedras todas as terras de cultivo".

²⁰ No dia seguinte, na hora[w] do sacrifício da manhã, a água[x] veio descendo da direção de Edom e alagou a região.

²¹ Quando os moabitas ficaram sabendo que os reis tinham vindo para atacá-los, todos os que eram capazes de empunhar armas, do mais jovem ao mais velho, foram convocados e posicionaram-se na fronteira. ²² Ao se levantarem na manhã seguinte, o sol refletia na água. Para os moabitas que estavam defronte dela, a água era vermelha como sangue. ²³ Então gritaram: "É sangue! Os reis lutaram entre si e se mataram. Agora, ao saque, Moabe!"

²⁴ Quando, porém, os moabitas chegaram ao acampamento de Israel, os israelitas os atacaram e os puseram em fuga. Entraram no território de Moabe e o arrasaram. ²⁵ Destruíram as cidades e, quando

---

¹ **3.11** Hebraico: *Ele costumava derramar água nas mãos.*

passavam por um campo cultivável, cada homem atirava uma pedra até que ficasse coberto. Taparam todas as fontes e derrubaram toda árvore frutífera. Só Quir-Haresete[y] ficou com as pedras no lugar, mas homens armados de atiradeiras a cercaram e também a atacaram.

26 Quando o rei de Moabe viu que estava perdendo a batalha, reuniu setecentos homens armados de espadas para forçar a passagem, para alcançar o rei de Edom, mas fracassou. 27 Então pegou seu próprio filho, o filho mais velho,[z] que devia sucedê-lo como rei, e o sacrificou sobre o muro da cidade. Isso trouxe grande ira contra Israel, de modo que eles se retiraram e voltaram para a sua própria terra.

O Milagre do Azeite

4 Certo dia, a mulher de um dos discípulos dos profetas[a] foi falar a Eliseu: "Teu servo, meu marido, morreu, e tu sabes que ele temia o SENHOR. Mas agora veio um credor[b] que está querendo levar meus dois filhos como escravos".

2 Eliseu perguntou-lhe: "Como posso ajudá-la? Diga-me, o que você tem em casa?"

E ela respondeu: "Tua serva não tem nada além de uma vasilha de azeite".[c]

3 Então disse Eliseu: "Vá pedir emprestadas vasilhas a todos os vizinhos. Mas peça muitas. 4 Depois entre em casa com seus filhos e feche a porta. Derrame daquele azeite em cada vasilha e vá separando as que você for enchendo".

5 Depois disso ela foi embora, fechou-se em casa com seus filhos e começou a encher as vasilhas que eles lhe traziam. 6 Quando todas as vasilhas estavam cheias, ela disse a um dos filhos: "Traga-me mais uma".

Mas ele respondeu: "Já acabaram". Então o azeite parou de correr.

7 Ela foi e contou tudo ao homem de Deus,[d] que lhe disse: "Vá, venda o azeite e pague suas dívidas. E você e seus filhos ainda poderão viver do que sobrar".

A Ressurreição do Filho da Sunamita

8 Certo dia, Eliseu foi a Suném,[e] onde uma mulher rica insistiu que ele fosse tomar uma refeição em sua casa. Depois disso, sempre que passava por ali, ele parava para uma refeição. 9 Em vista disso, ela disse ao marido: "Sei que esse homem que sempre vem aqui é um santo homem de Deus. 10 Vamos construir lá em cima um quartinho de tijolos e colocar nele uma cama, uma mesa, uma cadeira e uma lamparina para ele. Assim, sempre que nos visitar ele poderá ocupá-lo".[f]

11 Um dia, quando Eliseu chegou, subiu ao seu quarto e deitou-se. 12 Ele mandou o seu servo Geazi chamar a sunamita.[g] Ele a chamou e, quando ela veio, 13 Eliseu mandou Geazi dizer-lhe: "Você teve todo este trabalho por nossa causa. O que podemos fazer por você? Quer que eu interceda por você ao rei ou ao comandante do exército?"

Ela respondeu: "Estou bem entre a minha própria gente".

14 Mais tarde Eliseu perguntou a Geazi: "O que se pode fazer por ela?"

Ele respondeu: "Bem, ela não tem filhos, e seu marido é idoso".

15 Então Eliseu mandou chamá-la de novo. Geazi a chamou, ela veio até a porta, 16 e ele disse: "Por volta desta época,[h] no ano que vem, você estará com um filho nos braços".

Ela contestou: "Não, meu senhor. Não iludas a tua serva, ó homem de Deus!"

17 Mas, como Eliseu lhe dissera, a mulher engravidou e, no ano seguinte, por volta daquela mesma época, deu à luz um filho.

18 O menino cresceu e, certo dia, foi encontrar-se com seu pai, que estava com os ceifeiros.[i] 19 De repente ele começou a chamar o pai, gritando: "Ai, minha cabeça! Ai, minha cabeça!"

O pai disse a um servo: "Leve-o para a mãe dele". 20 O servo o pegou e o levou à mãe. O menino ficou no colo dela até o meio-dia e morreu. 21 Ela subiu ao quarto do homem de Deus, deitou o menino na cama,[j] saiu e fechou a porta.

²² Ela chamou o marido e disse: "Preciso de um servo e de uma jumenta para ir falar com o homem de Deus. Vou e volto logo".

²³ Ele perguntou: "Mas por que hoje? Não é lua nova*k* nem sábado!"

Ela respondeu: "Não se preocupe".

²⁴ Ela mandou selar a jumenta e disse ao servo: "Vamos rápido; só pare quando eu mandar". ²⁵ Assim ela partiu para encontrar-se com o homem de Deus no monte Carmelo.*l*

Quando ele a viu a distância, disse a seu servo Geazi: "Olhe! É a sunamita! ²⁶ Corra ao seu encontro e pergunte a ela: 'Está tudo bem com você? Tudo bem com seu marido? E com seu filho?' "

Ela respondeu a Geazi: "Está tudo bem".

²⁷ Ao encontrar o homem de Deus no monte, ela se abraçou aos seus pés. Geazi veio para afastá-la, mas o homem de Deus lhe disse: "Deixe-a em paz! Ela está muito angustiada,*m* mas o Senhor nada me revelou e escondeu de mim a razão de sua angústia".

²⁸ E disse a mulher: "Acaso eu te pedi um filho, meu senhor? Não te disse para não me dar falsas esperanças?"

²⁹ Então Eliseu disse a Geazi: "Ponha a capa por dentro do cinto,*n* pegue o meu cajado*o* e corra. Se você encontrar alguém, não o cumprimente e, se alguém o cumprimentar, não responda. Quando lá chegar, ponha o meu cajado sobre o rosto do menino".

³⁰ Mas a mãe do menino disse: "Juro pelo nome do Senhor e por tua vida que, se ficares, não irei". Então ele foi com ela.

³¹ Geazi chegou primeiro e pôs o cajado sobre o rosto do menino, mas ele não falou nem reagiu. Então Geazi voltou para encontrar-se com Eliseu e lhe disse: "O menino não voltou a si".

³² Quando Eliseu chegou à casa, lá estava o menino, morto, estendido na cama.*p* ³³ Ele entrou, fechou a porta e orou*q* ao Senhor. ³⁴ Depois deitou-se sobre o menino, boca a boca, olhos com olhos, mãos com mãos. Enquanto se debruçava*r* sobre ele, o corpo do menino ia se aquecendo. ³⁵ Eliseu levantou-se e começou a andar pelo quarto; depois subiu na cama e debruçou-se mais uma vez sobre ele. O menino espirrou sete vezes*s* e abriu os olhos.*t*

³⁶ Eliseu chamou Geazi e o mandou chamar a sunamita. E ele obedeceu. Quando ela chegou, Eliseu disse: "Pegue seu filho".*u* ³⁷ Ela entrou, prostrou-se a seus pés, curvando-se até o chão. Então pegou o filho e saiu.

A Morte na Panela

³⁸ Depois Eliseu voltou a Gilgal.*v* Nesse tempo a fome*w* assolava a região. Quando os discípulos dos profetas estavam reunidos com ele, ordenou ao seu servo: "Ponha o caldeirão no fogo e faça um ensopado para estes homens".

³⁹ Um deles foi ao campo apanhar legumes e encontrou uma trepadeira. Apanhou alguns de seus frutos e encheu deles o seu manto. Quando voltou, cortou-os em pedaços e colocou-os no caldeirão do ensopado, embora ninguém soubesse o que era. ⁴⁰ O ensopado foi servido aos homens, mas, logo que o provaram, gritaram: "Homem de Deus, há morte na panela!" E não puderam mais tomá-lo.

⁴¹ Então Eliseu pediu um pouco de farinha, colocou no caldeirão e disse: "Sirvam a todos". E já não havia mais perigo no caldeirão.*x*

O Milagre dos Pães

⁴² Veio um homem de Baal-Salisa,*y* trazendo ao homem de Deus vinte pães*z* de cevada,*a* feitos dos primeiros grãos da colheita, e também algumas espigas verdes. Então Eliseu ordenou ao seu servo: "Sirva a todos".

⁴³ O auxiliar de Eliseu perguntou: "Como poderei servir isso a cem homens?"

Eliseu, porém, respondeu: "Sirva a todos,*b* pois assim diz o Senhor: 'Eles comerão, e ainda sobrará' ".*c* ⁴⁴ Então ele serviu a todos e, conforme a palavra do Senhor, eles comeram e ainda sobrou.

4.23
k Nm 10.10; 1Cr 23.31; Sl 81.3

4.24
l 1Rs 18.20; 2Rs 2.25

4.27
m 1Sm 1.15

4.29
n 1Rs 18.46; 2Rs 2.8, 14; 9.1
o Ex 4.2; 7.9; 14.16

4.32
p v. 21

4.33
q 1Rs 17.20; Mt 6.6

4.34
r 1Rs 17.21; At 20.10

4.35
s Js 6.15
t 2Rs 8.5

4.36
u Hb 11.35

4.38
v 2Rs 2.1
w Lv 26.26; 2Rs 8.1

4.41
x Ex 15.25; 2Rs 2.21

4.42
y 1Sm 9.4
z Mt 14.17; 15.36
a 1Sm 9.7

4.43
b Lc 9.13
c Mt 14.20; Jo 6.12

A Cura da Lepra de Naamã

5 Naamã, comandante do exército do rei da Síria,ᵈ era muito respeitado e honrado pelo seu senhor, pois por meio dele o Senhor dera vitória à Síria. Mas esse grande guerreiro ficou leproso¹.ᵉ

² Ora, tropasᶠ da Síria haviam atacado Israel e levado cativa uma menina, que passou a servir a mulher de Naamã. ³ Um dia ela disse à sua senhora: "Se o meu senhor procurasse o profetaᵍ que está em Samaria, ele o curaria da lepra".

⁴ Naamã foi contar ao seu senhor o que a menina israelita dissera. ⁵ O rei da Síria respondeu: "Vá. Eu darei uma carta que você entregará ao rei de Israel". Então Naamã partiu, levando consigo trezentos e cinquenta quilos² de prata, setenta e dois quilos³ de ouro e dez mudas de roupas finas.ʰ ⁶ A carta que levou ao rei de Israel dizia: "Com esta carta estou te enviando meu oficial Naamã, para que o cures da lepra".

⁷ Assim que o rei de Israel leu a carta,ⁱ rasgou as vestes e disse: "Por acaso sou Deus,ʲ capaz de conceder vida ou morte?ᵏ Por que este homem me envia alguém para que eu o cure da lepra? Vejam como ele procura um motivo para se desentenderˡ comigo!"

⁸ Quando Eliseu, o homem de Deus, soube que o rei de Israel havia rasgado suas vestes, mandou-lhe esta mensagem: "Por que rasgaste tuas vestes? Envia o homem a mim, e ele saberá que há profetaᵐ em Israel". ⁹ Então Naamã foi com seus cavalos e carros e parou à porta da casa de Eliseu. ¹⁰ Eliseu enviou um mensageiro para lhe dizer: "Váⁿ e lave-se sete vezesᵒ no rio Jordão; sua pele⁴ será restaurada e você ficará purificado".

¹¹ Mas Naamã ficou indignado e saiu, dizendo: "Eu estava certo de que ele sairia para receber-me, invocaria em pé o nome do Senhor, o seu Deus, moveria a mãoᵖ sobre o lugar afetado e me curaria da lepra. ¹² Não são os rios Abana e Farfar, em Damasco, melhores do que todas as águasᵍ de Israel? Será que não poderia lavar-me neles e ser purificado?" E foi embora dali furioso.ʳ

¹³ Mas os seus servos lhe disseram: "Meu pai,ˢ se o profeta tivesse pedido alguma coisa difícil, o senhor não faria? Quanto mais quando ele apenas diz que se lave, e será purificado!" ¹⁴ Assim ele desceu ao Jordão, mergulhou sete vezesᵗ conforme a ordem do homem de Deus e foi purificado;ᵘ sua pele tornou-se como a de uma criança.ᵛ

¹⁵ Então Naamã e toda a sua comitiva voltaram à casa do homem de Deus.ʷ Ao chegar diante do profeta, Naamã lhe disse: "Agora seiˣ que não há Deus em nenhum outro lugar, senão em Israel. Por favor, aceita um presenteʸ do teu servo".

¹⁶ O profeta respondeu: "Juro pelo nome do Senhor, a quem sirvo, que nada aceitarei". Embora Naamã insistisse, ele recusou.ᶻ

¹⁷ E disse Naamã: "Já que não aceitas o presente, ao menos permite que eu leve duas mulas carregadas de terra,ᵃ pois teu servo nunca mais fará holocaustos⁵ e sacrifícios a nenhum outro deus senão ao Senhor. ¹⁸ Mas que o Senhor me perdoe por uma única coisa: quando meu senhor vai adorar no templo de Rimom, eu também tenho que me ajoelhar ali, pois ele se apoia em meu braço.ᵇ Que o Senhor perdoe o teu servo por isso".

¹⁹ Disse Eliseu: "Vá em paz".ᶜ

O Castigo de Geazi

Quando Naamã já estava a certa distância, ²⁰ Geazi, servo de Eliseu, o homem de Deus, pensou: "Meu senhor foi bom demais para Naamã, aquele arameu, não aceitando o que ele lhe ofereceu. Juro pelo nome do

---

¹ **5.1** O termo hebraico não se refere somente à lepra, mas também a diversas doenças da pele; também nos versículos 3, 6, 7, 11 e 27.

² **5.5** Hebraico: *10 talentos*. Um talento equivalia a 35 quilos.

³ **5.5** Hebraico: *6.000 siclos*. Um siclo equivalia a 12 gramas.

⁴ **5.10** Hebraico: *carne*.

⁵ **5.17** Isto é, sacrifícios totalmente queimados.

Senhor[d] que correrei atrás dele para ver se ganho alguma coisa".

²¹ Então Geazi correu para alcançar Naamã, que, vendo-o se aproximar, desceu da carruagem para encontrá-lo e perguntou: "Está tudo bem?"

²² Geazi respondeu: "Sim, tudo bem. Mas o meu senhor enviou-me para dizer que dois jovens, discípulos dos profetas, acabaram de chegar, vindos dos montes de Efraim. Por favor, dê-lhes trinta e cinco quilos de prata e duas mudas de roupas finas".[e]

²³ "Claro", respondeu Naamã, "leve setenta quilos". Ele insistiu com Geazi para que os aceitasse e colocou os setenta quilos de prata em duas sacolas, com as duas mudas de roupas, entregando tudo a dois de seus servos, os quais foram à frente de Geazi, levando as sacolas. ²⁴ Quando Geazi chegou à colina onde morava, pegou as sacolas das mãos dos servos e as guardou em casa. Mandou os homens de volta, e eles partiram. ²⁵ Depois entrou e apresentou-se ao seu senhor, Eliseu.

E este perguntou: "Onde você esteve, Geazi?"

Geazi respondeu: "Teu servo não foi a lugar algum".

²⁶ Mas Eliseu lhe disse: "Você acha que eu não estava com você em espírito quando o homem desceu da carruagem para encontrar-se com você? Este não era o momento[f] de aceitar prata nem roupas, nem de cobiçar olivais, vinhas, ovelhas, bois, servos e servas.[g] ²⁷ Por isso a lepra de Naamã[h] atingirá você e os seus descendentes para sempre". Então Geazi[i] saiu da presença de Eliseu já leproso, parecendo neve.[j]

Eliseu Faz Flutuar um Machado

6 Os discípulos dos profetas[k] disseram a Eliseu: "Como vês, o lugar onde nos reunimos contigo é pequeno demais para nós. ² Vamos ao rio Jordão onde cada um de nós poderá cortar um tronco para construirmos ali um lugar de reuniões".

Eliseu disse: "Podem ir".

³ Então um deles perguntou: "Não gostarias de ir com os teus servos?"

"Sim", ele respondeu. ⁴ E foi com eles. Foram ao Jordão e começaram a derrubar árvores. ⁵ Quando um deles estava cortando um tronco, o ferro do machado caiu na água. E ele gritou: "Ah, meu senhor, era emprestado!"

⁶ O homem de Deus perguntou: "Onde caiu?" Quando o homem lhe mostrou o lugar, Eliseu cortou um galho e o jogou ali,[l] fazendo o ferro flutuar, ⁷ e disse: "Pegue-o". O homem esticou o braço e o pegou.

O Exército Arameu É Ferido de Cegueira

⁸ Ora, o rei da Síria estava em guerra contra Israel. Depois de reunir-se com os seus conselheiros, disse: "Montarei o meu acampamento em tal lugar".

⁹ Mas o homem de Deus mandava uma mensagem ao rei de Israel:[m] "Evite passar por tal lugar, pois os arameus estão descendo para lá". ¹⁰ Assim, o rei de Israel investigava o lugar indicado pelo homem de Deus. Repetidas vezes Eliseu alertou o rei,[n] que tomava as devidas precauções.

¹¹ Isso enfureceu o rei da Síria, que, convocando seus conselheiros, perguntou-lhes: "Vocês não me apontarão qual dos nossos está do lado do rei de Israel?"

¹² Respondeu um dos conselheiros: "Nenhum de nós, majestade.[o] É Eliseu, o profeta que está em Israel, que revela ao rei de Israel até as palavras que tu falas em teu quarto".

¹³ Ordenou o rei: "Descubram onde ele está, para que eu mande capturá-lo". Quando lhe informaram que o profeta estava em Dotã,[p] ¹⁴ ele enviou[q] para lá uma grande tropa com cavalos e carros de guerra. Eles chegaram de noite e cercaram a cidade.

¹⁵ O servo do homem de Deus levantou-se bem cedo pela manhã e, quando saía, viu que uma tropa com cavalos e carros de guerra havia cercado a cidade. Então ele exclamou: "Ah, meu senhor! O que faremos?"

¹⁶ O profeta respondeu: "Não tenha medo.[r] Aqueles que estão conosco são mais numerosos do que eles".[s]

5.20
[d] Ex 20.7
5.22
[e] v. 5;
Gn 45.22
5.26
[f] v. 16
[g] Jr 45.5
5.27
[h] Nm 12.10;
2Rs 15.5
[i] Cl 3.5
[j] Ex 4.6
6.1
[k] 1Sm 10.5;
2Rs 4.38
6.6
[l] Ex 15.25
2Rs 2.21
6.9
[m] v. 12
6.10
[n] Jr 11.18
6.12
[o] v. 9
6.13
[p] Gn 37.17
6.14
[q] 2Rs 1.9
6.16
[r] Gn 15.1
[s] 2Cr 32.7;
Sl 55.18;
Rm 8.31;
1Jo 4.4

¹⁷ E Eliseu orou: "SENHOR, abre os olhos dele para que veja". Então o SENHOR abriu os olhos do rapaz, que olhou e viu as colinas cheias de cavalos e carros de fogo*t* ao redor de Eliseu.

¹⁸ Quando os arameus desceram na direção de Eliseu, ele orou ao SENHOR: "Fere estes homens de cegueira".*u* Então ele os feriu de cegueira, conforme Eliseu havia pedido.

¹⁹ Eliseu lhes disse: "Este não é o caminho nem esta é a cidade que procuram. Sigam-me, e eu os levarei ao homem que vocês estão procurando". E os guiou até a cidade de Samaria.

²⁰ Assim que entraram na cidade, Eliseu disse: "SENHOR, abre os olhos destes homens para que possam ver". Então o SENHOR abriu-lhes os olhos, e eles viram que estavam dentro de Samaria.

²¹ Quando o rei de Israel os viu, perguntou a Eliseu: "Devo matá-los, meu pai?*v* Devo matá-los?"

²² Ele respondeu: "Não! O rei costuma matar prisioneiros que captura*w* com a espada e o arco? Ordena que lhes sirvam comida e bebida e deixe que voltem ao seu senhor". ²³ Então o rei preparou-lhes um grande banquete e, terminando eles de comer e beber, mandou-os de volta para o seu senhor. Assim, as tropas*x* da Síria pararam de invadir o território de Israel.

Fome durante o Cerco de Samaria

²⁴ Algum tempo depois, Ben-Hadade,*y* rei da Síria, mobilizou todo o seu exército e cercou*z* Samaria. ²⁵ O cerco durou tanto e causou tamanha fome*a* que uma cabeça de jumento chegou a valer oitenta peças¹ de prata, e uma caneca² de esterco de pomba,*b* cinco peças de prata.

²⁶ Um dia, quando o rei de Israel inspecionava os muros da cidade, uma mulher gritou para ele: "Socorro, majestade!"

²⁷ O rei respondeu: "Se o SENHOR não a socorrer, como poderei ajudá-la? Acaso há trigo na eira ou vinho no tanque de prensar uvas?" ²⁸ Contudo ele perguntou: "Qual é o problema?"

Ela respondeu: "Esta mulher me disse: 'Vamos comer o seu filho hoje, e amanhã comeremos o meu'. ²⁹ Então cozinhamos o meu filho e o comemos.*c* No dia seguinte eu disse a ela que era a vez de comermos o seu filho, mas ela o havia escondido".

³⁰ Quando o rei ouviu as palavras da mulher, rasgou as próprias vestes.*d* Como estava sobre os muros, o povo viu que ele estava usando pano de saco por baixo,*e* junto ao corpo. ³¹ E ele disse: "Deus me castigue com todo o rigor, se a cabeça de Eliseu, filho de Safate, continuar hoje sobre seus ombros!"

³² Ora, Eliseu estava sentado em sua casa, reunido com as autoridades de Israel.*f* O rei havia mandado um mensageiro à sua frente, mas, antes que ele chegasse, Eliseu disse às autoridades: "Aquele assassino*g* mandou alguém para cortar-me a cabeça?*h* Quando o mensageiro chegar, fechem a porta e mantenham-na trancada. Vocês não estão ouvindo os passos do seu senhor que vem atrás dele?"

³³ Enquanto ainda lhes falava, o mensageiro chegou. Na mesma hora o rei disse: "Esta desgraça vem do SENHOR. Por que devo ainda ter esperança no SENHOR?"*i*

7 Eliseu respondeu: "Ouçam a palavra do SENHOR! Assim diz o SENHOR: 'Amanhã, por volta desta hora, na porta de Samaria, tanto uma medida³ de farinha como duas medidas de cevada serão vendidas por uma peça⁴ de prata' ".*j*

---

¹ **6.25** Hebraico: *80 siclos*. Um siclo equivalia a 12 gramas.

² **6.25** Hebraico: *1/4 de cabo*. O cabo era uma medida de capacidade para líquidos. As estimativas variam entre 1 e 2 litros.

³ **7.1** Hebraico: *1 seá*. O seá era uma medida de capacidade para secos. As estimativas variam entre 7 e 14 litros.

⁴ **7.1** Hebraico: *1 siclo*. Um siclo equivalia a 12 gramas.

6.17
t 2Rs 2.11,12; Sl 68.17; Zc 6.1-7

6.18
u Gn 19.11; At 13.11

6.21
v 2Rs 5.13

6.22
w Dt 20.11; 2Cr 28.8-15; Rm 12.20

6.23
x 2Rs 5.2

6.24
y 1Rs 15.18; 20.1; 2Rs 8.7
z Dt 28.52

6.25
a Lv 26.26; Rt 1.1
b Is 36.12

6.29
c Lv 26.29; Dt 28.53-55

6.30
d 2Rs 18.37; Is 22.15
e Gn 37.34; 1Rs 21.27

6.32
f Ez 8.1; 14.1; 20.1
g 1Rs 18.4
h v. 31

6.33
i Lv 24.11; Jó 2.9; 14.14; Is 40.31

7.1
j v. 16

² O oficial, em cujo braço o rei estava se apoiando,ᵏ disse ao homem de Deus: "Ainda que o Senhor abrisse as comportas do céu,ˡ será que isso poderia acontecer?"

Mas Eliseu advertiu: "Você o verá com os próprios olhos, mas não comerá coisa alguma!"ᵐ

O Cerco

³ Havia quatro leprosos¹ ⁿ junto à porta da cidade. Eles disseram uns aos outros: "Por que ficar aqui esperando a morte? ⁴ Se resolvermos entrar na cidade, morreremos de fome, mas, se ficarmos aqui, também morreremos. Vamos, pois, ao acampamento dos arameus para nos render. Se eles nos pouparem, viveremos; se nos matarem, morreremos".

⁵ Ao anoitecer, eles foram ao acampamento dos arameus. Quando chegaram às imediações do acampamento, viram que não havia ninguém ali, ⁶ pois o Senhor tinha feito os arameus ouvirem o ruídoᵒ de um grande exército com cavalos e carros de guerra, de modo que disseram uns aos outros: "Ouçam, o rei de Israel contratouᵖ os reis dos hititasᑫ e dos egípcios para nos atacarem!" ⁷ Então, para salvar sua vida, fugiram ao anoitecer,ʳ abandonando tendas, cavalos e jumentos, deixando o acampamento como estava.

⁸ Tendo chegado às imediações do acampamento, os leprososˢ entraram numa das tendas. Comeram e beberam, pegaram prata, ouro e roupas e saíram para esconder tudo. Depois voltaram e entraram noutra tenda, pegaram o que quiseram e esconderam isso também.

⁹ Então disseram uns aos outros: "Não estamos agindo certo. Este é um dia de boas notícias, e não podemos ficar calados. Se esperarmos até o amanhecer, seremos castigados. Vamos imediatamente contar tudo no palácio do rei".

¹⁰ Então foram, chamaram as sentinelas da porta da cidade e lhes contaram: "Entramos no acampamento arameu e não vimos nem ouvimos ninguém. Havia apenas cavalos e jumentos amarrados, e tendas abandonadas". ¹¹ As sentinelas da porta proclamaram a notícia, e ela foi anunciada dentro do palácio.

¹² O rei se levantou de noite e disse aos seus conselheiros: "Eu explicarei a vocês o que os arameus planejaram. Como sabem que estamos passando fome, deixaram o acampamento e se esconderam no campo,ᵗ pensando: 'Com certeza eles sairão, e então os pegaremos vivos e entraremos na cidade' ".

¹³ Um de seus conselheiros respondeu: "Manda que alguns homens apanhem cinco dos cavalos que restam na cidade. O destino desses homens será o mesmo de todos os israelitas que ficarem, sim, como toda esta multidão condenada. Por isso vamos enviá-los para descobrir o que aconteceu".

¹⁴ Assim que prepararam dois carros de guerra com seus cavalos, o rei os enviou atrás do exército arameu, ordenando aos condutores: "Vão e descubram o que aconteceu". ¹⁵ Eles seguiram as pegadas do exército até o Jordão e encontraram todo o caminho cheio de roupas e armas que os arameus haviam deixado para trás enquanto fugiam. Os mensageiros voltaram e relataram tudo ao rei. ¹⁶ Então o povo saiu e saqueou o acampamento dos arameus.ᵘ Assim, tanto uma medida de farinha como duas medidas de cevada passaram a ser vendidas por uma peça de prata,ᵛ conforme o Senhor tinha dito.

¹⁷ Ora, o rei havia posto o oficial em cujo braço tinha se apoiado como encarregado da porta da cidade, mas, quando o povo saiu, atropelou-o junto à porta, e ele morreu,ʷ conforme o homem de Deus havia predito quando o rei foi à sua casa. ¹⁸ Aconteceu conforme o homem de Deus dissera ao rei: "Amanhã, por volta desta hora, na porta de Samaria, tanto uma medida de

---

¹ 7.3 O termo hebraico não se refere somente à lepra, mas também a diversas doenças da pele; também no versículo 8.

7.2
ᵏ 2Rs 5.18
ˡ v. 19;
Gn 7.11;
Sl 78.23;
Ml 3.10
ᵐ v. 17

7.3
ⁿ Lv 13.45-46;
Nm 5.1-4

7.6
ᵒ Ex 14.24;
2Sm 5.24;
Ez 1.24
ᵖ 2Sm 10.6;
Jr 46.21
ᑫ Nm 13.29

7.7
ʳ Jz 7.21;
Sl 48.4-6;
Pv 28.1;
Is 30.17

7.8
ˢ Is 33.23;
35.6

7.12
ᵗ Js 8.4;
2Rs 6.25-29

7.16 ᵘ Is 33.4, 23
ᵛ v. 1

7.17
ʷ v. 2;
2Rs 6.32

farinha como duas medidas de cevada serão vendidas por uma peça de prata".

¹⁹ O oficial tinha contestado o homem de Deus perguntando: "Ainda que o Senhor abrisse as comportas do céu,ˣ será que isso poderia acontecer?" O homem de Deus havia respondido: "Você verá com os próprios olhos, mas não comerá coisa alguma!" ²⁰ E foi exatamente isso que lhe aconteceu, pois o povo o pisoteou junto à porta da cidade, e ele morreu.

A Sunamita Recebe de Volta sua Propriedade

8 Eliseu tinha prevenido a mãe do menino que ele havia ressuscitado:ʸ "Saia do país com sua família e vá morar onde puder, pois o Senhor determinou para esta terra uma fome,ᶻ que durará sete anos".ᵃ ² A mulher seguiu o conselho do homem de Deus, partiu com sua família e passou sete anos na terra dos filisteus.

³ Ao final dos sete anos ela voltou a Israel e fez um apelo ao rei para readquirir sua casa e sua propriedade. ⁴ O rei estava conversando com Geazi, servo do homem de Deus, e disse: "Conte-me todos os prodígios que Eliseu tem feito". ⁵ Enquanto Geazi contava ao rei como Eliseu havia ressuscitado o menino, a própria mãe chegou para apresentar sua petição ao rei a fim de readquirir sua casa e sua propriedade.

Geazi exclamou: "Esta é a mulher, ó rei, meu senhor, e este é o filho dela, a quem Eliseu ressuscitou".ᵇ ⁶ O rei pediu que ela contasse o ocorrido, e ela confirmou os fatos.

Então ele designou um oficial para cuidar do caso dela e lhe ordenou: "Devolva tudo o que lhe pertencia, inclusive toda a renda das colheitas, desde que ela saiu do país até hoje".

A Morte de Ben-Hadade

⁷ Certa ocasião, Eliseu foi a Damasco.ᶜ Ben-Hadade,ᵈ rei da Síria, estava doente. Quando disseram ao rei: "O homem de Deus está na cidade", ⁸ ele ordenou a Hazael:ᵉ "Vá encontrar-se com o homem de Deus e leve-lhe um presente.ᶠ Consulteᵍ o Senhor por meio dele; pergunte-lhe se vou me recuperar desta doença".

⁹ Hazael foi encontrar-se com Eliseu, levando consigo de tudo o que havia de melhor em Damasco, um presente carregado por quarenta camelos. Ao chegar diante dele, Hazael disse: "Teu filho Ben-Hadade, rei da Síria, enviou-me para perguntar se ele vai recuperar-se da sua doença".ʰ ¹⁰ Eliseu respondeu: "Vá e diga-lhe: 'Com certeza te recuperarás', no entanto¹ o Senhor me revelou que de fato ele vai morrer". ¹¹ Eliseu ficou olhando fixamente para Hazael até deixá-lo constrangido. ⁱ Então o homem de Deus começou a chorar.ʲ

¹² E perguntou Hazael: "Por que meu senhor está chorando?"

Ele respondeu: "Porque sei das coisas terríveisᵏ que você fará aos israelitas. Você incendiará suas fortalezas, matará seus jovens à espada, esmagaráˡ as criançasᵐ e rasgará o ventre das suas mulheres grávidas".ⁿ

¹³ Hazael disse: "Como poderia teu servo, que não passa de um cão,ᵒ realizar algo assim?"

Respondeu Eliseu: "O Senhor me mostrou que você se tornará rei da Síria".ᵖ

¹⁴ Então Hazael saiu dali e voltou para seu senhor. Quando Ben-Hadade perguntou: "O que Eliseu disse a você?", Hazael respondeu: "Ele me falou que certamente te recuperarás". ¹⁵ Mas, no dia seguinte, ele apanhou um cobertor, encharcou-o e com ele sufocou o rei, até matá-lo.ᵠ E assim Hazael foi o seu sucessor.

O Reinado de Jeorão, Rei de Judá

¹⁶ No quinto ano de Jorão,ʳ filho de Acabe, rei de Israel, sendo ainda Josafá rei de Judá, Jeorão,ˢ seu filho, começou a reinar em Judá. ¹⁷ Ele tinha trinta e dois anos de idade quando começou a reinar e reinou oito anos em Jerusalém. ¹⁸ Andou nos

---

¹ 8.10 Ou *'Com certeza não te recuperarás'*, pois

caminhos dos reis de Israel, como a família de Acabe havia feito, pois se casou com uma filha de Acabe.ᵗ E fez o que o Senhor reprova. ¹⁹ Entretanto, por amor ao seu servo Davi, o Senhor não quis destruir Judá.ᵘ Ele havia prometido manter para sempre um descendente de Davi no trono¹.ᵛ

²⁰ Nos dias de Jeorão, os edomitas rebelaram-se contra o domínio de Judá, proclamando seu próprio rei.ʷ ²¹ Por isso Jeorão foi a Zair com todos os seus carros de guerra. Lá os edomitas cercaram Jeorão e os chefes dos seus carros de guerra, mas ele os atacou de noite e rompeu o cerco inimigo, e seu exército conseguiu fugir para casa. ²² E até hoje Edom continua independente de Judá.ˣ Nessa mesma época, a cidade de Libna também tornou-se independente.ʸ

²³ Os demais acontecimentos do reinado de Jeorão e todas as suas realizações estão escritos nos registros históricos dos reis de Judá. ²⁴ Jeorão descansou com seus antepassados e foi sepultado com eles na Cidade de Davi. E seu filho Acazias foi o seu sucessor.

O Reinado de Acazias, Rei de Judá

²⁵ No décimo segundo ano do reinado de Jorão,ᶻ filho de Acabe, rei de Israel, Acazias, filho de Jeorão, rei de Judá, começou a reinar. ²⁶ Ele tinha vinte e dois anos de idade quando começou a reinar e reinou um ano em Jerusalém. O nome de sua mãe era Atalia,ᵃ neta de Onri,ᵇ rei de Israel. ²⁷ Ele andou nos caminhos da família de Acabe e fez o que o Senhor reprova, como a família de Acabeᶜ havia feito,ᵈ pois casou-se com uma mulher da família de Acabe.

²⁸ Acazias aliou-se a Jorão, filho de Acabe, e saiu à guerra contra Hazael, rei da Síria, em Ramote-Gileade.ᵉ Jorão foi ferido ²⁹ e voltou a Jezreelᶠ para recuperar-se dos ferimentos sofridos em Ramote², na batalha contra Hazael,ᵍ rei da Síria.

---

¹ **8.19** Hebraico: *uma lâmpada para ele e seus descendentes*.

² **8.29** Hebraico: *Ramá*, variante de *Ramote*.

Acazias, rei de Judá, foi a Jezreel visitar Jorão, que se recuperava de seus ferimentos.

Jeú é Consagrado Rei de Israel

9 Enquanto isso o profeta Eliseu chamou um dos discípulos dos profetasʰ e lhe disse: "Ponha a capa por dentro do cinto,ⁱ pegue este frasco de óleoʲ e vá a Ramote-Gileade.ᵏ ² Quando lá chegar, procure Jeú, filho de Josafá e neto de Ninsi. Dirija-se a ele e leve-o para uma sala, longe dos seus companheiros. ³ Depois pegue o frasco, derrame o óleoˡ sobre a cabeça dele e declare: 'Assim diz o Senhor: Eu o estou ungindo rei sobre Israel'. Em seguida abra a porta e fuja sem demora!"

⁴ Então o jovem profeta foi a Ramote-Gileade. ⁵ Ao chegar, encontrou os comandantes do exército reunidos e disse: "Trago uma mensagem para ti, comandante".

"Para qual de nós?", perguntou Jeú.

Ele respondeu: "Para ti, comandante".

⁶ Jeú levantou-se e entrou na casa. Então o jovem profeta derramou o óleoᵐ na cabeça de Jeú e declarou-lhe: "Assim diz o Senhor, o Deus de Israel: 'Eu o estou ungindo rei de Israel, o povo do Senhor. ⁷ Você dará fim à família de Acabe, seu senhor, e assim eu vingareiⁿ o sangue de meus servosᵒ os profetas, e o sangue de todos os servos do Senhor, derramado por Jezabel.ᵖ ⁸ Toda a família de Acabe perecerá.ᵠ Eliminarei todos os de sexo masculino³ de sua família em Israel,ʳ seja escravo seja livre. ⁹ Tratarei a família de Acabe como tratei a de Jeroboão,ˢ filho de Nebate, e a de Baasa,ᵗ filho de Aías. ¹⁰ E Jezabel será devorada por cãesᵘ num terreno em Jezreel, e ninguém a sepultará' ". Então ele abriu a porta e saiu correndo.

¹¹ Quando Jeú voltou para junto dos outros oficiais do rei, um deles lhe perguntou: "Está tudo bem? O que esse louco queria com você?"ᵛ

Jeú respondeu: "Vocês conhecem essa gente e sabem as coisas que eles dizem".

---

³ **9.8** Hebraico: *os que urinam na parede*.

¹² Mas insistiram: "Não nos engane! Conte-nos o que ele disse".

Então Jeú contou: "Ele me disse o seguinte: 'Assim diz o Senhor: Eu o estou ungindo rei sobre Israel' ".

¹³ Imediatamente eles pegaram os seus mantos e os estenderam sobre os degraus diante dele.w Em seguida tocaram a trombeta e gritaram:x "Jeú é rei!"

A Morte de Jorão e de Acazias

¹⁴ Então Jeú, filho de Josafá e neto de Ninsi, começou uma conspiração contra o rei Jorão, na época em que este defendeu, com todo o Israel, Ramote-Gileadey contra Hazael, rei da Síria. ¹⁵ O rei Jorão tinha voltado a Jezreel para recuperar-se dos ferimentos sofridos na batalha contra Hazael, rei da Síria. Jeú propôs: "Se vocês me apoiam, não deixem ninguém sair escondido da cidade para nos denunciar em Jezreel". ¹⁶ Então ele subiu em seu carro e foi para Jezreel, porque Jorão estava lá se recuperando;z e Acazias, a rei de Judá, tinha ido visitá-lo.

¹⁷ Quando a sentinelab que estava na torre de vigia de Jezreel percebeu a tropa de Jeú se aproximando, gritou: "Estou vendo uma tropa!"

Jorão ordenou: "Envie um cavaleiro ao encontro deles para perguntar se eles vêm em paz".

¹⁸ O cavaleiro foi ao encontro de Jeú e disse: "O rei pergunta: 'Vocês vêm em paz?' "c

Jeú respondeu: "Não me venha falar em paz. Saia da minha frente".

A sentinela relatou: "O mensageiro chegou a eles, mas não está voltando".

¹⁹ Então o rei enviou um segundo cavaleiro. Quando chegou a eles disse: "O rei pergunta: 'Vocês vêm em paz?' "

Jeú respondeu: "Não me venha falar em paz. Saia da minha frente".

²⁰ A sentinela relatou: "Ele chegou a eles, mas também não está voltando". E acrescentou: "O jeito de o chefe da tropa guiar o carro é como o de Jeú,d neto de Ninsi; dirige como louco".

²¹ Jorão ordenou que preparassem seu carro de guerra. Assim que ficou pronto, Jorão, rei de Israel, e Acazias, rei de Judá, saíram, cada um em seu carro, ao encontro de Jeú. Eles o encontraram na propriedade que havia pertencido a Nabote,e de Jezreel. ²² Quando Jorão viu Jeú, perguntou: "Você vem em paz, Jeú?"

Jeú respondeu: "Como pode haver paz, enquanto continuam toda a idolatria e as feitiçarias de sua mãe, Jezabel?"f

²³ Jorão deu meia-volta e fugiu, gritando para Acazias: "Traição,g Acazias!"

²⁴ Então Jeú disparou seu arcoh com toda a força e atingiu Jorão nas costas. A flecha atravessou-lhe o coração e ele caiu morto. ²⁵ Jeú disse a Bidcar, seu oficial: "Pegue o cadáver e jogue-o nesta propriedade que pertencia a Nabote, de Jezreel. Lembre-se da advertência que o Senhor proferiui contra Acabe, pai dele, quando juntos acompanhávamos sua comitiva. Ele disse: ²⁶ 'Ontem, vi o sangue de Nabotej e o sangue dos seus filhos, declara o Senhor, e com certeza farei você pagar por isso nesta mesma propriedade, declara o Senhor'. Agora, então, pegue o cadáver e jogue-o nesta propriedade, conforme a palavra do Senhor".k

²⁷ Vendo isso, Acazias, rei de Judá, fugiu na direção de Bete-Hagã. Mas Jeú o perseguiu, gritando: "Matem-no também!" Eles o atingiram em seu carro de guerra na subida para Gur, perto de Ibleã,l mas ele conseguiu refugiar-se em Megido,m onde morreu. ²⁸ Seus oficiais o levaramn a Jerusalém e o sepultaram com seus antepassados em seu túmulo, na Cidade de Davi. ²⁹ Acazias havia se tornado rei de Judá no décimo primeiro anoo de Jorão, filho de Acabe.

A Morte de Jezabel

³⁰ Em seguida Jeú entrou em Jezreel. Ao saber disso, Jezabel pintou os olhos,p arrumou o cabelo e ficou olhando de uma janela

do palácio. ³¹ Quando Jeú passou pelo portão, ela gritou: "Como vai, Zinri,ᵍ assassino do seu senhor?"

³² Ele ergueu os olhos para a janela e gritou: "Quem de vocês está do meu lado?" Dois ou três oficiais olharam para ele. ³³ Então Jeú ordenou: "Joguem essa mulher para baixo!" Eles a jogaram e o sangue dela espirrou na parede e nos cavalos, e Jeú a atropelou.ʳ

³⁴ Jeú entrou, comeu, bebeu e ordenou: "Peguem aquela maldita e sepultem-na; afinal era filha de rei".ˢ ³⁵ Mas, quando foram sepultá-la, só encontraram o crânio, os pés e as mãos. ³⁶ Então voltaram e contaram isso a Jeú, que disse: "Cumpriu-se a palavra do Senhor anunciada por meio do seu servo Elias, o tesbita: Num terreno em Jezreel cãesᵗ devorarão a carne de Jezabel,ᵘ ³⁷ os seus restos mortais serão espalhadosᵛ num terreno em Jezreel, como esterco no campo, de modo que ninguém será capaz de dizer: 'Esta é Jezabel' ".

A Morte da Família de Acabe

10 Ora, viviam em Samariaʷ setenta descendentes de Acabe.ˣ Jeú escreveu uma carta e a enviou a Samaria, aos líderes da cidade,¹ ʸ às autoridades e aos tutores dos descendentes de Acabe.ᶻ A carta dizia: ² "Assim que receberem esta carta, vocês, que cuidam dos filhos do rei e que têm carros de guerra e cavalos, uma cidade fortificada e armas, ³ escolham o melhor e o mais capaz dos filhos do rei e coloquem-no no trono de seu pai. E lutem pela dinastia de seu senhor".

⁴ Eles, porém, estavam aterrorizados e disseram: "Se dois reis não puderam enfrentá-lo, como poderemos nós?"

⁵ Por isso o administrador do palácio, o governador da cidade, as autoridades e os tutores enviaram esta mensagem a Jeú: "Somos teus servosᵃ e faremos tudo o que exigires de nós. Não proclamaremos nenhum rei. Faze o que achares melhor".

⁶ Então Jeú escreveu-lhes uma segunda carta que dizia: "Se vocês estão do meu lado e estão dispostos a obedecer-me, tragam-me as cabeças dos descendentes de seu senhor a Jezreel, amanhã a esta hora".

Os setenta descendentes de Acabe estavam sendo criados pelas autoridades da cidade. ⁷ Logo que receberam a carta, decapitaram todos os setenta,ᵇ colocaram as cabeçasᶜ em cestos e as enviaram a Jeú, em Jezreel. ⁸ Ao ser informado de que tinham trazido as cabeças, Jeú ordenou: "Façam com elas dois montes junto à porta da cidade, para que fiquem expostas lá até amanhã".

⁹ Na manhã seguinte Jeú saiu e declarou a todo o povo: "Vocês são inocentes! Fui eu que conspirei contra meu senhor e o matei, mas quem matou todos estes? ¹⁰ Saibam, então, que não deixará de se cumprir uma só palavra que o Senhor falou contra a família de Acabe. O Senhor fez o que prometeuᵈ por meio de seu servo Elias".ᵉ

¹¹ Então Jeúᶠ matou todos os que restavam da família de Acabe em Jezreel, bem como todos os seus aliados influentes, os seus amigos pessoais e os seus sacerdotes, não lhe deixando sobrevivente algum.ᵍ

¹² Depois Jeú partiu para Samaria. Em Bete-Equede dos Pastores ¹³ encontrou alguns parentes de Acazias, rei de Judá, e perguntou: "Quem são vocês?"

Eles responderam: "Somos parentes de Acazias ʰ e estamos indo visitar as famílias do rei e da rainha-mãe".ⁱ

¹⁴ Então Jeú ordenou aos seus soldados: "Peguem-nos vivos!" Então os pegaram e os mataram junto ao poço de Bete-Equede. Eram quarenta e dois homens, e nenhum deles foi deixado vivo.

¹⁵ Saindo dali, Jeú encontrou Jonadabe,ʲ filho de Recabe,ᵏ que tinha ido falar com ele. Depois de saudá-lo Jeú perguntou: "Você está de acordo com o que estou fazendo?"

Jonadabe respondeu: "Estou".

---
¹ **10.1** Conforme alguns manuscritos da Septuaginta e a Vulgata. O Texto Massorético diz *de Jezreel*.

9.31
ᵠ 1Rs 16.9-10
9.33
ʳ Sl 7.5
9.34
ˢ 1rs 16.31; 21.25
9.36
ᵗ Sl 68.23; Jr 15.3
ᵘ 1Rs 21.23
9.37
ᵛ Sl 83.10; Is 5.25; Jr 8.2; 9.22; 16.4; 25.33; Zf 1.17
10.1
ʷ 1Rs 13.32
ˣ Jz 8.30
ʸ 1Rs 21.1
ᶻ v. 5
10.5
ᵃ Js 9.8; 1Rs 20.4, 32
10.7
ᵇ 1Rs 21.21
ᶜ 2Sm 4.8
10.10
ᵈ 2Rs 9.7-10
ᵉ 1Rs 21.29
10.11
ᶠ Os 1.4
ᵍ v. 14; Jó 18.19
10.13
ʰ 2Rs 8.24, 29; 2Cr 22.8
ⁱ 1Rs 2.19
10.15
ʲ Jr 35.6, 14-19
ᵏ 1Cr 2.55; Jr 35.2

E disse Jeú: "Então, dê-me a mão".ᶫ Jonadabe estendeu-lhe a mão, e Jeú o ajudou a subir no carro, ¹⁶ e lhe disse: "Venha comigo e veja o meu zelo pelo Senhor".ᵐ E o levou em seu carro.

¹⁷ Quando Jeú chegou a Samaria, matou todos os que restavam da família de Acabe na cidade;ⁿ ele os exterminou, conforme a palavra que o Senhor tinha dito a Elias.

A Morte dos Ministros de Baal

¹⁸ Jeú reuniu todo o povo e declarou: "Acabe não cultuou o deus Baal o bastante;ᵒ eu, Jeú, o cultuarei muito mais. ¹⁹ Por isso convoquemᵖ todos os profetas de Baal, todos os seus ministros e todos os seus sacerdotes. Ninguém deverá faltar, pois oferecerei um grande sacrifício a Baal. Quem não vier morrerá". Mas Jeú estava agindo traiçoeiramente, a fim de exterminar os ministros de Baal.

²⁰ Então Jeú ordenou: "Convoquem uma assembleia em honra a Baal".ᑫ Foi feita a proclamação, ²¹ e ele enviou mensageiros por todo o Israel. Todos os ministros de Baal vieram; nem um deles faltou. Eles se reuniram no templo de Baal, que ficou completamente lotado. ²² E Jeú disse ao encarregado das vestes cultuais: "Traga os mantos para todos os ministros de Baal". E ele os trouxe.

²³ Depois Jeú entrou no templo com Jonadabe, filho de Recabe, e disse aos ministros de Baal: "Olhem em volta e certifiquem-se de que nenhum servo do Senhor está aqui com vocês, mas somente ministros de Baal". ²⁴ E eles se aproximaram para oferecer sacrifícios e holocaustos¹. Jeú havia posto oitenta homens do lado de fora, fazendo-lhes esta advertência: "Se um de vocês deixar escapar um só dos homens que estou entregando a vocês, será a sua vida pela dele".ʳ

²⁵ Logo que Jeú terminou de oferecer o holocausto, ordenou aos guardas e oficiais: "Entrem e matem todos!ˢ Não deixem ninguém escapar!"ᵗ E eles os mataram ao fio da espada, jogaram os corpos para fora e depois entraram no santuário interno do templo de Baal. ²⁶ Levaram a coluna sagradaᵘ para fora do temploᵛ de Baal e a queimaram. ²⁷ Assim destruíram a coluna sagrada de Baal e demoliram o seu templo, e até hoje o local tem sido usado como latrina.

²⁸ Assim Jeúʷ eliminou a adoração a Baal em Israel. ²⁹ No entanto, não se afastou dos pecados de Jeroboão,ˣ filho de Nebate, pois levou Israel a cometer o pecado de adorar os bezerros de ouroʸ em Betelᶻ e em Dã.

³⁰ E o Senhor disse a Jeú: "Como você executou corretamente o que eu aprovo, fazendo com a família de Acabe tudo o que eu queria, seus descendentes ocuparão o trono de Israel até a quarta geração".ᵃ ³¹ Entretanto, Jeú não se preocupou em obedecer de todo o coração à lei do Senhor,ᵇ Deus de Israel, nem se afastou dos pecadosᶜ que Jeroboão levara Israel a cometer.

³² Naqueles dias, o Senhor começou a reduzirᵈ o tamanho de Israel. O rei Hazaelᵉ conquistou todo o território israelita ³³ a leste do Jordão, incluindo toda a terra de Gileade. Conquistou desde Aroer, junto à garganta do Arnom,ᶠ até Basã, passando por Gileade, terras das tribos de Gade, de Rúben e de Manassés.

³⁴ Os demais acontecimentos do reinado de Jeú, todos os seus atos e todas as suas realizações, estão escritos nos registros históricos dos reis de Israel.ᵍ ³⁵ Jeú descansou com os seus antepassados e foi sepultado em Samaria. Seu filho Jeoacaz foi seu sucessor. ³⁶ Reinou Jeú vinte e oito anos sobre Israel em Samaria.

Joás Escapa de Atalia

11 Quando Atalia,ʰ mãe de Acazias, soube que seu filho estava morto, mandou matar toda a família real. ² Mas Jeoseba, filha do rei Jeorão e irmã de Acazias, pegou Joás,ⁱ um dos filhos do rei que iam ser assassinados, e

---

¹ **10.24** Isto é, sacrifícios totalmente queimados; também no versículo 25.

o colocou num quarto, com a sua ama, para escondê-lo de Atalia; assim ele não foi morto.*ʲ* ³ Seis anos ele ficou escondido com ela no templo do Senhor, enquanto Atalia governava o país.

⁴ No sétimo ano, o sacerdote Joiada mandou chamar à sua presença no templo do Senhor os líderes dos batalhões de cem dos cários¹*ᵏ* e dos guardas. E fez um acordo com eles no templo do Senhor, com juramento. Depois lhes mostrou o filho do rei ⁵ e lhes ordenou: "Vocês vão fazer o seguinte: Quando entrarem de serviço no sábado,*ˡ* uma companhia ficará de guarda no palácio real;*ᵐ* ⁶ outra, na porta de Sur; a terceira, na porta que fica atrás das outras companhias. Elas montarão guarda no templo por turnos. ⁷ As outras duas companhias, que normalmente não estão de serviço² no sábado, ficarão de guarda no templo, para proteger o rei. ⁸ Posicionem-se ao redor do rei, de armas na mão. Matem todo o que se aproximar de suas fileiras³. Acompanhem o rei aonde quer que ele for".

⁹ Os líderes dos batalhões de cem fizeram como o sacerdote Joiada havia ordenado. Cada um levou seus soldados, tanto os que estavam entrando em serviço no sábado como os que estavam saindo, ao sacerdote Joiada. ¹⁰ Então ele deu aos líderes dos batalhões de cem as lanças e os escudos*ⁿ* que haviam pertencido ao rei Davi e que estavam no templo do Senhor. ¹¹ Os guardas, todos armados, posicionaram-se em volta do rei, junto do altar e em torno do templo, desde o lado sul até o lado norte do templo.

¹² Depois Joiada trouxe para fora Joás, o filho do rei, colocou nele a coroa e lhe entregou uma cópia da aliança.*ᵒ* Então o proclamaram rei, ungindo-o,*ᵖ* e o povo aplaudia*ᑫ* e gritava: "Viva o rei!".*ʳ*

¹³ Quando Atalia ouviu o barulho dos guardas e do povo, foi ao templo do Senhor, onde estava o povo, ¹⁴ e onde ela viu o rei, em pé junto à coluna,*ˢ* conforme o costume. Os oficiais e os tocadores de corneta estavam ao lado do rei, e todo o povo se alegrava ao som das cornetas.*ᵗ* Então Atalia rasgou*ᵘ* suas vestes e gritou: "Traição! Traição!".*ᵛ*

¹⁵ O sacerdote Joiada ordenou aos líderes dos batalhões de cem que estavam no comando das tropas: "Levem-na para fora por entre as fileiras e matem à espada quem a seguir". Pois o sacerdote dissera: "Ela não será morta no templo do Senhor".*ʷ* ¹⁶ Então eles a prenderam e a levaram ao lugar onde os cavalos entram*ˣ* no terreno do palácio e lá a mataram.*ʸ*

¹⁷ E Joiada fez uma aliança*ᶻ* entre o Senhor, o rei e o povo, para que fossem o povo do Senhor; também fez um acordo entre o rei e o povo.*ᵃ* ¹⁸ Depois todo o povo foi ao templo*ᵇ* de Baal e o derrubou. Despedaçaram*ᶜ* os altares e os ídolos e mataram Matã, sacerdote de Baal,*ᵈ* em frente dos altares.

A seguir o sacerdote Joiada colocou guardas no templo do Senhor. ¹⁹ Levou consigo os líderes dos batalhões de cem cários,*ᵉ* os guardas e todo o povo e, juntos, conduziram o rei do templo ao palácio, passando pela porta da guarda. O rei então ocupou seu lugar no trono real, ²⁰ e todo o povo se alegrou.*ᶠ* E a cidade acalmou-se depois que Atalia foi morta à espada no palácio.

²¹ Joás tinha sete anos de idade quando começou a reinar.

A Reparação do Templo

12 No sétimo ano do reinado de Jeú, Joás*ᵍ* começou a reinar e reinou quarenta anos em Jerusalém. O nome de sua mãe era Zíbia; ela era de Berseba. ² Joás fez o que o Senhor aprova durante todos os anos em que o sacerdote Joiada o orientou. ³ Contudo, os altares idólatras*ʰ* não foram derrubados; o povo continuava a oferecer sacrifícios e a queimar incenso neles.

---

¹ **11.4** Isto é, mercenários que vinham da Ásia Menor; também no versículo 19.
² **11.7** Ou *As duas companhias que saírem do serviço*
³ **11.8** Ou *do local*; também no versículo 15.

11.2
ʲ Jz 9.5
11.4
ᵏ v. 19
11.5
ˡ 1Cr 9.25
ᵐ 1Rs 14.27
11.10
ⁿ 2Sm 8.7; 1Cr 18.7
11.12
ᵒ Ex 25.16; 2Rs 23.3
ᵖ 1Sm 9.16; 1Rs 1.39
ᑫ Sl 47.1; 98.8; Is 55.12
ʳ 1Sm 10.24
11.14
ˢ 1Rs 7.15; 2Rs 23.3; 2Cr 34.31
11.14
ᵗ 1Rs 1.39
ᵘ Gn 37.29
ᵛ 2Rs 9.23
11.15
ʷ 1Rs 2.30
11.6
ˣ Ne 3.28; Jr 31.40
ʸ Gn 4.14
11.17
ᶻ Ex 24.8; 2Sm 5.3; 2Cr 15.12; 23.3; 29.10; 34.31; Ed 10.3
ᵃ 2Rs 23.3; Jr 34.8
11.18
ᵇ 1Rs 16.32
ᶜ Dt 12.3
ᵈ 1Rs 18.40; 2Rs 10.25; 23.20
11.19
ᵉ v. 4
11.20
ᶠ Pv 11.10; 28.12; 29.2
12.1
ᵍ 2Rs 11.2
12.3
ʰ 1Rs 3.3; 2Rs 14.4; 15.35; 18.4

⁴ Joás ordenou aos sacerdotes: "Reúnam toda a prata trazida como dádiva sagrada ao templo do Senhor: a prata recolhida no recenseamento, a prata recebida de votos pessoais e a que foi trazida voluntariamente ao templo. ⁵ Cada sacerdote recolha a prata de um dos tesoureiros para que seja usada na reforma do templo".

⁶ Contudo, no vigésimo terceiro ano do reinado de Joás, os sacerdotes ainda não tinham feito as reformas. ⁷ Por isso o rei Joás chamou o sacerdote Joiada e os outros sacerdotes e lhes perguntou: "Por que vocês não estão fazendo as reformas no templo? Não recolham mais prata com seus tesoureiros, mas deixem-na para as reformas". ⁸ Os sacerdotes concordaram em não mais receberem nenhuma prata do povo e em não serem mais os encarregados dessas reformas.

⁹ Então o sacerdote Joiada pegou uma caixa, fez um furo na tampa e colocou-a ao lado do altar, à direita de quem entra no templo do Senhor. Os sacerdotes que guardavam a entrada colocavam na caixa toda a prata trazida ao templo do Senhor. ¹⁰ Sempre que havia uma grande quantidade de prata na caixa, o secretário real e o sumo sacerdote vinham, pesavam a prata trazida ao templo do Senhor e a colocavam em sacolas. ¹¹ Depois de pesada, entregavam a prata aos supervisores do trabalho no templo. Assim pagavam aqueles que trabalhavam no templo do Senhor: os carpinteiros e os construtores, ¹² os pedreiros e os cortadores de pedras. Também compravam madeira e pedras lavradas para os consertos a serem feitos no templo do Senhor e cobriam todas as outras despesas.

¹³ A prata trazida ao templo não era utilizada na confecção de bacias de prata, cortadores de pavio, bacias para aspersão, cornetas ou quaisquer outros utensílios de ouro ou prata para o templo do Senhor; ¹⁴ era usada como pagamento dos trabalhadores, e eles a empregavam para o reparo do templo. ¹⁵ Não se exigia prestação de contas dos que pagavam os trabalhadores, pois agiam com honestidade. ¹⁶ Mas a prata das ofertas pela culpa e das ofertas pelo pecado não era levada ao templo do Senhor, pois pertencia aos sacerdotes.

¹⁷ Nessa época, Hazael, rei da Síria, atacou Gate e a conquistou. Depois decidiu atacar Jerusalém. ¹⁸ Então Joás, rei de Judá, apanhou todos os objetos consagrados por seus antepassados Josafá, Jeorão e Acazias, reis de Judá, e os que ele mesmo havia consagrado, e todo o ouro encontrado no depósito do templo do Senhor e do palácio real, e enviou tudo a Hazael, rei da Síria, que, assim, desistiu de atacar Jerusalém.

¹⁹ Os demais acontecimentos do reinado de Joás e as suas realizações estão todos escritos no livro dos registros históricos dos reis de Judá. ²⁰ Dois de seus oficiais conspiraram contra ele e o assassinaram em Bete-Milo, no caminho que desce para Sila. ²¹ Os oficiais que o assassinaram foram Jozabade, filho de Simeate, e Jeozabade, filho de Somer. Ele morreu e foi sepultado junto aos seus antepassados na Cidade de Davi. E seu filho Amazias foi o seu sucessor.

O Reinado de Jeoacaz, Rei de Israel

13 No vigésimo terceiro ano do reinado de Joás, filho de Acazias, rei de Judá, Jeoacaz, filho de Jeú, tornou-se rei de Israel em Samaria e reinou dezessete anos. ² Ele fez o que o Senhor reprova, seguindo os pecados que Jeroboão, filho de Nebate, levara Israel a cometer; e não se afastou deles. ³ Por isso a ira do Senhor se acendeu contra Israel, e por longo tempo ele os manteve sob o poder de Hazael, rei da Síria, e de seu filho Ben-Hadade.

⁴ Então Jeoacaz buscou o favor do Senhor, e este o atendeu, pois viu quanto o rei da Síria oprimia Israel. ⁵ O Senhor providenciou um libertador para Israel, que escapou do poder da Síria. Assim os israelitas moraram em suas casas como anteriormente. ⁶ Mas continuaram a praticar os pecados

que a dinastia de Jeroboão havia levado Israel a cometer, permanecendo neles. Até mesmo o poste sagrado[k] permanecia em pé em Samaria.

⁷ De todo o exército de Jeoacaz só restaram cinquenta cavaleiros, dez carros de guerra e dez mil soldados de infantaria, pois o rei da Síria havia destruído a maior parte,[l] reduzindo-a a pó.[m]

⁸ Os demais acontecimentos do reinado de Jeoacaz, os seus atos e tudo o que realizou, estão escritos nos registros históricos dos reis de Israel. ⁹ Jeoacaz descansou com os seus antepassados e foi sepultado em Samaria. Seu filho Jeoás foi o seu sucessor.

O Reinado de Jeoás, Rei de Israel

¹⁰ No trigésimo sétimo ano do reinado de Joás, rei de Judá, Jeoás, filho de Jeoacaz, tornou-se rei de Israel em Samaria e reinou dezesseis anos. ¹¹ Ele fez o que o Senhor reprova e não se desviou de nenhum dos pecados que Jeroboão, filho de Nebate, levara Israel a cometer; antes permaneceu neles.

¹² Os demais acontecimentos do reinado de Jeoás, os seus atos e as suas realizações, inclusive sua guerra contra Amazias,[n] rei de Judá, estão escritos no livro dos registros históricos[o] dos reis de Israel. ¹³ Jeoás descansou com os seus antepassados e Jeroboão[p] o sucedeu no trono. Jeoás foi sepultado com os reis de Israel em Samaria.

¹⁴ Ora, Eliseu estava sofrendo da doença da qual morreria. Então Jeoás, rei de Israel, foi visitá-lo e, curvado sobre ele, chorou gritando: "Meu pai! Meu pai! Tu és como os carros e os cavaleiros de Israel!"[q]

¹⁵ E Eliseu lhe disse: "Traga um arco e algumas flechas",[r] e ele assim fez. ¹⁶ "Pegue o arco em suas mãos", disse ao rei de Israel. Quando pegou, Eliseu pôs suas mãos sobre as mãos do rei ¹⁷ e lhe disse: "Abra a janela que dá para o leste e atire".[s] O rei o fez, e Eliseu declarou: "Esta é a flecha da vitória do Senhor, a flecha da vitória sobre a Síria! Você destruirá totalmente os arameus, em Afeque".[t]

¹⁸ Em seguida Eliseu mandou o rei pegar as flechas e golpear o chão. Ele golpeou o chão três vezes e parou. ¹⁹ O homem de Deus ficou irado com ele e disse: "Você deveria ter golpeado o chão cinco ou seis vezes; assim iria derrotar a Síria e a destruiria completamente. Mas agora você a vencerá somente três vezes".[u]

²⁰ Então Eliseu morreu e foi sepultado.

Ora, tropas moabitas[v] costumavam entrar no país a cada primavera. ²¹ Certa vez, enquanto alguns israelitas sepultavam um homem, viram de repente uma dessas tropas; então jogaram o corpo do homem no túmulo de Eliseu e fugiram. Assim que o cadáver encostou nos ossos de Eliseu, o homem voltou à vida e se levantou.[w]

²² Hazael, rei da Síria, oprimiu[x] os israelitas durante todo o reinado de Jeoacaz. ²³ Mas o Senhor foi bondoso para com eles, teve compaixão e mostrou preocupação por eles, por causa da sua aliança[y] com Abraão, Isaque e Jacó. Até hoje ele não se dispôs a destruí-los[z] ou a eliminá-los de sua presença.[a]

²⁴ E Hazael, rei da Síria, morreu, e seu filho Ben-Hadade[b] foi o seu sucessor. ²⁵ Então Jeoás, filho de Jeoacaz, conquistou de Ben-Hadade, filho de Hazael, as cidades que em combate Hazael havia tomado de seu pai, Jeoacaz. Três vezes[c] Jeoás o venceu e, assim, reconquistou aquelas cidades israelitas.[d]

O Reinado de Amazias, Rei de Judá

14 No segundo ano do reinado de Jeoás, filho de Jeoacaz, rei de Israel, Amazias, filho de Joás, rei de Judá, começou a reinar. ² Ele tinha vinte e cinco anos de idade quando começou a reinar e reinou vinte e nove anos em Jerusalém. O nome de sua mãe era Jeoadã; ela era de Jerusalém. ³ Ele fez o que o Senhor aprova, mas não como Davi, seu predecessor. Em tudo seguiu o exemplo do seu pai, Joás. ⁴ Mas os altares[e] não foram derrubados; o povo continuava a oferecer sacrifícios e a queimar incenso neles.

⁵ Quando Amazias sentiu que tinha o reino sob pleno controle, mandou executar[f] os

---

13.6
[j] 1Rs 12.30
[k] 1Rs 16.33

13.7
[l] 2Rs 10.32-33
[m] 2Sm 22.43

13.12
[n] 2Rs 14.15
[o] 1Rs 15.31

13.13
[p] 2Rs 14.23; Os 1.1

13.14
[q] 2Rs 2.12

13.15
[r] 1Sm 20.20

13.17
[s] Js 8.18
[t] 1Rs 20.26

13.19
[u] v. 25

13.20
[v] 2Rs 3.7; 24.2

13.21
[w] Mt 27.52

13.22
[x] 1Rs 19.17; 2Rs 8.12

13.23
[y] Gn 13.16-17; Ex 2.24
[z] Dt 29.20
[a] Ex 33.15; 2Rs 14.27; 17.18; 24.3, 20

13.24
[b] v. 3

13.25
[c] v. 18,19
[d] 2Rs 10.32

14.4
[e] 2Rs 12.3; 16.4

14.5
[f] 2Rs 21.24

oficiais^g que haviam assassinado o rei, seu pai. **6** Contudo, não matou os filhos dos assassinos, de acordo com o que está escrito no Livro da Lei de Moisés,^h onde o Senhor ordenou: "Os pais não morrerão no lugar dos filhos nem os filhos no lugar dos pais; cada um morrerá pelo seu próprio pecado"^1.^i

7 Foi ele que derrotou dez mil edomitas no vale do Sal^j e conquistou a cidade de Selá^k em combate, dando-lhe o nome de Jocteel, nome que tem até hoje.

8 Então Amazias enviou mensageiros a Jeoás, filho de Jeoacaz e neto de Jeú, rei de Israel, com este desafio: "Venha me enfrentar".

9 Jeoás, porém, respondeu a Amazias: "O espinheiro^l do Líbano enviou uma mensagem ao cedro do Líbano: 'Dê sua filha em casamento a meu filho'. Mas um animal selvagem do Líbano veio e pisoteou o espinheiro. **10** De fato, você derrotou Edom e agora está arrogante.^m Comemore a sua vitória, mas fique em casa! Por que provocar uma desgraça que levará você e também Judá à ruína?"

11 Amazias não quis ouvi-lo, e Jeoás, rei de Israel, o atacou. Ele e Amazias, rei de Judá, enfrentaram-se em Bete-Semes,^n em Judá. **12** Judá foi derrotado por Israel, e seus soldados fugiram para as suas casas.^o **13** Jeoás capturou Amazias, filho de Joás e neto de Acazias, em Bete-Semes. Então Jeoás foi a Jerusalém e derrubou cento e oitenta metros^2 do muro da cidade,^p desde a porta de Efraim^q até a porta da Esquina.^r **14** Ele se apoderou de todo o ouro, de toda a prata e de todos os utensílios encontrados no templo do Senhor e nos depósitos do palácio real. Também fez reféns e, então, voltou para Samaria.

15 Os demais acontecimentos do reinado de Jeoás, os seus atos e todas as suas realizações, inclusive sua guerra contra Amazias,^s rei de Judá, estão escritos nos registros históricos dos reis de Israel. **16** Jeoás descansou com seus antepassados e foi sepultado com os reis de Israel em Samaria. E seu filho Jeroboão foi o seu sucessor.

17 Amazias, filho de Joás, rei de Judá, viveu ainda mais quinze anos depois da morte de Jeoás, filho de Jeoacaz, rei de Israel. **18** Os demais acontecimentos do reinado de Amazias estão escritos nos registros históricos dos reis de Judá.

19 Vítima de uma conspiração ^tem Jerusalém, ele fugiu para Laquis,^u mas o perseguiram até lá e o mataram. **20** Seu corpo foi trazido de volta a cavalo^v e sepultado em Jerusalém, junto aos seus antepassados, na Cidade de Davi.

21 Então todo o povo de Judá proclamou rei a Azarias^3,^w de dezesseis anos de idade, no lugar de seu pai, Amazias. **22** Foi ele que reconquistou e reconstruiu a cidade de Elate^x para Judá, depois que Amazias descansou com os seus antepassados.

O Reinado de Jeroboão, Rei de Israel

23 No décimo quinto ano do reinado de Amazias, filho de Joás, rei de Judá, Jeroboão,^y filho de Joás, rei de Israel, tornou-se rei em Samaria e reinou quarenta e um anos. **24** Ele fez o que o Senhor reprova e não se desviou de nenhum dos pecados que Jeroboão, filho de Nebate, levara Israel a cometer.^z **25** Foi ele que restabeleceu as fronteiras de Israel desde Lebo-Hamate^a até o mar da Arabá^4,^b conforme a palavra do Senhor, Deus de Israel, anunciada pelo seu servo Jonas,^c filho de Amitai, profeta de Gate-Héfer.

26 O Senhor viu a amargura com que todos em Israel, tanto escravos quanto livres,^d estavam sofrendo;^e não havia ninguém para socorrê-los.^f **27** Visto que o Senhor não dissera que apagaria^g o nome de Israel de debaixo do céu, ele os libertou^h pela mão de Jeroboão, filho de Joás.

---

^1 **14.6** Dt 24.16.

^2 **14.13** Hebraico: *400 côvados*. O côvado era uma medida linear de cerca de 45 centímetros.

^3 **14.21** Também chamado *Uzias*.

^4 **14.25** Isto é, o mar Morto.

²⁸ Os demais acontecimentos do reinado de Jeroboão, os seus atos e as suas realizações militares, inclusive a maneira pela qual recuperou para Israel Damasco[i] e Hamate,[j] que haviam pertencido a Iaudi[1], estão escritos nos registros históricos[k] dos reis de Israel. ²⁹ Jeroboão descansou com os seus antepassados, os reis de Israel. Seu filho Zacarias foi o seu sucessor.

O Reinado de Azarias, Rei de Judá

15 No vigésimo sétimo ano do reinado de Jeroboão, rei de Israel, Azarias,[l] filho de Amazias, rei de Judá, começou a reinar. ² Tinha dezesseis anos de idade quando se tornou rei e reinou cinquenta e dois anos em Jerusalém. Sua mãe era de Jerusalém e chamava-se Jecolias. ³ Ele fez o que o SENHOR aprova, tal como o seu pai, Amazias. ⁴ Contudo, os altares idólatras não foram derrubados; o povo continuava a oferecer sacrifícios e a queimar incenso neles.

⁵ O SENHOR feriu[m] o rei com lepra[2], até o dia de sua morte. Durante todo esse tempo ele morou numa casa separada[3].[n] Jotão,[o] filho do rei, tomava conta do palácio[p] e governava o povo.

⁶ Os demais acontecimentos do reinado de Azarias e todas as suas realizações estão escritos nos registros históricos dos reis de Judá. ⁷ Azarias descansou[q] com os seus antepassados e foi sepultado junto a eles na Cidade de Davi. Seu filho Jotão[r] foi o seu sucessor.

O Reinado de Zacarias, Rei de Israel

⁸ No trigésimo oitavo ano do reinado de Azarias, rei de Judá, Zacarias, filho de Jeroboão, tornou-se rei de Israel em Samaria e reinou seis meses. ⁹ Ele fez o que o SENHOR reprova,[s] como seus antepassados haviam feito. Não se desviou dos pecados que Jeroboão, filho de Nebate, levara Israel a cometer.

¹⁰ Salum, filho de Jabes, conspirou contra Zacarias. Ele o atacou na frente do povo[4], assassinou-o[t] e foi o seu sucessor. ¹¹ Os demais acontecimentos do reinado de Zacarias estão escritos nos registros históricos[u] dos reis de Israel. ¹² Assim se cumpriu a palavra do SENHOR anunciada a Jeú:[v] "Seus descendentes ocuparão o trono de Israel até a quarta geração".

O Reinado de Salum, Rei de Israel

¹³ Salum, filho de Jabes, começou a reinar no trigésimo oitavo ano do reinado de Uzias, rei de Judá, e reinou um mês em Samaria.[w] ¹⁴ Então Menaém, filho de Gadi, foi de Tirza[x] a Samaria e atacou Salum, filho de Jabes, assassinou-o[y] e foi o seu sucessor. ¹⁵ Os demais acontecimentos do reinado de Salum e a conspiração que liderou estão escritos nos registros históricos[z] dos reis de Israel.

¹⁶ Naquela ocasião Menaém, partindo de Tirza, atacou Tifsa[a] e todos que estavam na cidade e seus arredores, porque eles se recusaram a abrir as portas da cidade.[b] Saqueou Tifsa e rasgou ao meio todas as mulheres grávidas.

O Reinado de Menaém, Rei de Israel

¹⁷ No trigésimo nono ano do reinado de Azarias, rei de Judá, Menaém, filho de Gadi, tornou-se rei de Israel e reinou dez anos em Samaria. ¹⁸ Ele fez o que o SENHOR reprova. Durante todo o seu reinado não se desviou dos pecados que Jeroboão, filho de Nebate, levara Israel a cometer.

¹⁹ Então Pul[5], ᶜrei da Assíria, invadiu o país, e Menaém lhe deu trinta e cinco toneladas[6] de prata para obter seu apoio e manter-se no trono. ²⁰ Menaém cobrou essa quantia de Israel. Todos os homens de

---

¹ **14.28** Ou *Judá*
² **15.5** O termo hebraico não se refere somente à lepra, mas também a diversas doenças da pele.
³ **15.5** Ou *casa onde estava desobrigado de suas responsabilidades*
⁴ **15.10** Alguns manuscritos da Septuaginta dizem *atacou em Ibleã*.
⁵ **15.19** Também chamado Tiglate-Pileser.
⁶ **15.19** Hebraico: *1.000 talentos*. Um talento equivalia a 35 quilos.

14.28
[i] 2Sm 8.5; 1Rs 11.24
[j] 2Cr 8.3
[k] 1Rs 15.31

15.1
[l] v. 32; 2Rs 14.21

15.5
[m] Gn 12.17
[n] Lv 13.46
[o] 2Cr 27.1
[p] Gn 41.40

15.7
[q] Is 6.1; 14.28
[r] v. 5

15.9
[s] 1Rs 15.26

15.10
[t] 2Rs 12.20

15.11
[u] 1Rs 15.31

15.12
[v] 2Rs 10.30

15.13
[w] v. 1, 8

15.14
[x] v 14.17

15.14
[y] 2Rs 12.20

15.15
[z] 1Rs 15.31

15.16
[a] 1Rs 4.24
[b] 2Rs 8.12; Os 13.16

15.19
[c] 1Cr 5.6, 26

posses tiveram de contribuir com seiscentos gramas¹ de prata no pagamento ao rei da Assíria. Então ele interrompeu a invasão e foi embora.ᵈ

²¹ Os demais acontecimentos do reinado de Menaém e todas as suas realizações estão escritos nos registros históricos dos reis de Israel. ²² Menaém descansou com os seus antepassados, e seu filho Pecaías foi o seu sucessor.

O Reinado de Pecaías, Rei de Israel

²³ No quinquagésimo ano do reinado de Azarias, rei de Judá, Pecaías, filho de Menaém, tornou-se rei de Israel em Samaria e reinou dois anos. ²⁴ Pecaías fez o que o Senhor reprova. Não se desviou dos pecados que Jeroboão, filho de Nebate, levara Israel a cometer. ²⁵ Um dos seus principais oficiais, Peca,ᵉ filho de Remalias, conspirou contra ele. Levando consigo cinquenta homens de Gileade, assassinouᶠ Pecaías e também Argobe e Arié, na cidadela do palácio real em Samaria. Assim Peca matou Pecaías e foi o seu sucessor.

²⁶ Os demais acontecimentos do reinado de Pecaías e todas as suas realizações estão escritos nos registros históricos dos reis de Israel.

O Reinado de Peca, Rei de Israel

²⁷ No quinquagésimo segundo ano do reinado de Azarias, rei de Judá, Peca,ᵍ filho de Remalias,ʰ tornou-se rei de Israel em Samaria e reinou vinte anos. ²⁸ Ele fez o que o Senhor reprova. Não se desviou dos pecados que Jeroboão, filho de Nebate, levara Israel a cometer.

²⁹ Durante o seu reinado, Tiglate-Pileser,ⁱ rei da Assíria, invadiu e conquistou Ijom,ʲ Abel-Bete-Maaca, Janoa, Quedes e Hazor. Tomou Gileade e a Galileia, inclusive toda a terra de Naftali,ᵏ e deportouˡ o povo para a Assíria. ³⁰ Então Oseias,ᵐ filho de Elá, conspirou contra Peca, filho de Remalias. Ele o atacou e o assassinou,ⁿ tornando-se o seu sucessor no vigésimo ano do reinado de Jotão, filho de Uzias.

³¹ Os demais acontecimentos do reinado de Peca e todas as suas realizações estão escritos nos registros históricos dos reis de Israel.

O Reinado de Jotão, Rei de Judá

³² No segundo ano do reinado de Peca, filho de Remalias, rei de Israel, Jotão,ᵒ filho de Uzias, rei de Judá, começou a reinar. ³³ Ele tinha vinte e cinco anos de idade quando começou a reinar e reinou dezesseis anos em Jerusalém. O nome da sua mãe era Jerusa, filha de Zadoque. ³⁴ Ele fez o que o Senhor aprova,ᵖ tal como seu pai, Uzias. ³⁵ Contudo, os altares idólatrasᵠ não foram derrubados; o povo continuou a oferecer sacrifícios e a queimar incenso neles. Jotão reconstruiu a porta superior ʳ do templo do Senhor.

³⁶ Os demais acontecimentos do reinado de Jotão e as suas realizações estão escritos nos registros históricos dos reis de Judá. ³⁷ (Naqueles dias o Senhor começou a enviar Rezim,ˢ rei da Síria, e Peca, filho de Remalias, contra Judá.) ³⁸ Jotão descansou com os seus antepassados e foi sepultado junto a eles na Cidade de Davi, seu predecessor. Seu filho Acaz foi o seu sucessor.

O Reinado de Acaz, Rei de Judá

16 No décimo sétimo ano do reinado de Peca, filho de Remalias, Acaz,ᵗ filho de Jotão, rei de Judá, começou a reinar. ² Acaz tinha vinte anos de idade quando começou a reinar e reinou dezesseis anos em Jerusalém. Ao contrário de Davi, seu predecessor, não fez o que o Senhor, o seu Deus, aprova.ᵘ ³ Andou nos caminhos dos reis de Israel e chegou até a queimar o seu filho em sacrifício,ᵛ imitando os costumesʷ detestáveis das nações que o Senhor havia expulsado de diante dos israelitas. ⁴ Também ofereceu sacrifícios e queimou incenso nos altares idólatras, no alto das colinas e debaixo de toda árvore frondosa.ˣ

---

¹ **15.20** Hebraico: *50 siclos*. Um siclo equivalia a 12 gramas.

⁵ Então Rezim,ʸ rei da Síria, e Peca, filho de Remalias, rei de Israel, saíram para lutar contra Acaz e sitiaram Jerusalém, mas não conseguiram vencê-lo. ⁶ Naquela ocasião, Rezimᶻ recuperou Elateᵃ para a Síria, expulsando os homens de Judá. Os edomitas então se mudaram para Elate, onde vivem até hoje.

⁷ Acaz enviou mensageiros para dizer a Tiglate-Pileser,ᵇ rei da Assíria: "Sou teu servo e teu vassalo. Vem salvar-meᶜ das mãos do rei da Síria e do rei de Israel, que estão me atacando". ⁸ Acaz ajuntou a prata e o ouro encontrados no templo do Senhor e nos depósitos do palácio real e enviou-os como presente ao rei da Assíria.ᵈ ⁹ Este atendeu ao pedido, atacou Damascoᵉ e a conquistou. Deportou seus habitantes para Quirᶠ e matou Rezim.

¹⁰ Então o rei Acaz foi a Damasco encontrar-se com Tiglate-Pileser, rei da Assíria. Ele viu o altar que havia em Damasco e mandou ao sacerdote Uriasᵍ um modelo do altar, com informações detalhadas para a sua construção. ¹¹ O sacerdote Urias construiu um altar conforme as instruções que o rei Acaz tinha enviado de Damasco e o terminou antes do retorno do rei Acaz. ¹² Quando o rei voltou de Damasco e viu o altar, aproximou-se dele e apresentou ofertas¹ ʰ sobre ele. ¹³ Ofereceu seu holocausto² ⁱ e sua oferta de cereal, derramou sua oferta de bebidas³ e aspergiu sobre o altar o sangue dos seus sacrifícios de comunhão⁴. ʲ ¹⁴ Ele tirou da frente do templo, da parte entre o altar e o templo do Senhor, o altar de bronzeᵏ que ficava diante do Senhor e o colocou no lado norte do altar.

¹⁵ Então o rei Acaz deu estas ordens ao sacerdote Urias: "No altar grande, ofereça o holocausto da manhãˡ e a oferta de cereal da tarde, o holocausto do rei e sua oferta de cereal, e o holocausto, a oferta de cereal e a oferta derramada de todo o povo. Espalhe sobre o altar todo o sangue dos holocaustos e dos sacrifícios. Mas utilizarei o altar de bronze para buscar orientação".ᵐ ¹⁶ E o sacerdote Urias fez como o rei Acaz tinha ordenado.

¹⁷ O rei tirou os painéis laterais e retirou as pias dos estrados móveis. Tirou o tanque de cima dos touros de bronze que o sustentavam e o colocou sobre uma base de pedra.ⁿ ¹⁸ Por causa do rei da Assíria, tirou a cobertura que se usava no sábado⁵, que fora construída no templo, e suprimiu a entrada real do lado de fora do templo do Senhor.ᵒ

¹⁹ Os demais acontecimentos do reinado de Acaz e suas realizações estão escritos nos registros históricos dos reis de Judá. ²⁰ Acaz descansou com os seus antepassados e foi sepultado junto a eles na Cidade de Davi. Seu filho Ezequias foi o seu sucessor.

O Reinado de Oseias, o Último Rei de Israel

17 No décimo segundo ano do reinado de Acaz, rei de Judá, Oseias,ᵖ filho de Elá, tornou-se rei de Israel em Samaria e reinou nove anos. ² Ele fez o que o Senhor reprova, mas não como os reis de Israel que o precederam.

³ Salmaneser,ᵠ rei da Assíria, foi atacar Oseias, que fora seu vassalo e lhe pagara tributo. ⁴ Mas o rei da Assíria descobriu que Oseias era um traidor, pois havia mandado emissários a Sô, rei do Egito, e já não pagava mais o tributo, como costumava fazer anualmente. Por isso, Salmaneser mandou lançá-lo na prisão. ⁵ O rei da Assíria invadiu todo o país, marchou contra Samaria e a sitiou por três anos.ʳ ⁶ No nono ano do reinado de Oseias, o rei assírio conquistou Samariaˢ e deportouᵗ os israelitas para a Assíria. Ele os colocou em Hala, em Gozãᵘ do rio Habor e nas cidades dos medos.

Israel é Castigado com o Exílio

⁷ Tudo isso aconteceu porque os israelitas haviam pecado contra o Senhor,ᵛ o

---

¹ 16.12 Ou *e subiu*
² 16.13 Isto é, *sacrifício totalmente queimado*.
³ 16.13 Veja Nm 28.7.
⁴ 16.13 Ou *de paz*
⁵ 16.18 Ou *a plataforma de seu trono*

seu Deus, que os tirara do Egito,[w] de sob o poder do faraó, rei do Egito. Eles prestaram culto a outros deuses [8] e seguiram os costumes das nações[x] que o Senhor havia expulsado de diante deles, bem como os costumes que os reis de Israel haviam introduzido. [9] Os israelitas praticaram o mal secretamente contra o Senhor, o seu Deus. Em todas as suas cidades, desde as torres das sentinelas até as cidades[y] fortificadas, eles construíram altares idólatras. [10] Ergueram colunas sagradas e postes sagrados[z] em todo monte alto e debaixo de toda árvore frondosa.[a] [11] Em todos os altares idólatras queimavam incenso, como faziam as nações que o Senhor havia expulsado de diante deles. Fizeram males que provocaram o Senhor à ira. [12] Prestaram culto a ídolos,[b] embora o Senhor houvesse dito: "Não façam isso". [13] O Senhor advertiu Israel e Judá por meio de todos os seus profetas e videntes:[c] "Desviem-se de seus maus caminhos.[d] Obedeçam às minhas ordenanças e aos meus decretos, de acordo com toda a Lei que ordenei aos seus antepassados e que lhes entreguei por meio de meus servos, os profetas".

[14] Mas eles não quiseram ouvir e foram obstinados como seus antepassados,[e] que não confiaram no Senhor, o seu Deus. [15] Rejeitaram os seus decretos, a aliança[f] que ele tinha feito com os seus antepassados e as suas advertências. Seguiram ídolos inúteis,[g] tornando-se eles mesmos inúteis. Imitaram as nações ao seu redor,[h] embora o Senhor lhes tivesse ordenado: "Não as imitem".

[16] Abandonaram todos os mandamentos do Senhor, o seu Deus, e fizeram para si dois ídolos de metal na forma de bezerros[i] e um poste sagrado de Aserá.[j] Inclinaram-se diante de todos os exércitos celestiais[k] e prestaram culto a Baal.[l] [17] Queimaram seus filhos e filhas em sacrifício.[m] Praticaram adivinhação[n] e feitiçaria[o] e venderam-se para fazer o que o Senhor reprova, provocando-o à ira.

[18] Então o Senhor indignou-se muito contra Israel e os expulsou da sua presença. Só a tribo de Judá escapou, [19] mas nem ela obedeceu aos mandamentos do Senhor, o seu Deus. Seguiram os costumes que Israel havia introduzido.[p] [20] Por isso o Senhor rejeitou todo o povo de Israel; ele o afligiu e o entregou nas mãos de saqueadores,[q] até expulsá-lo da sua presença.

[21] Quando o Senhor separou Israel da dinastia de Davi,[r] os israelitas escolheram como rei Jeroboão, filho de Nebate,[s] que induziu Israel a deixar de seguir o Senhor e o levou a cometer grande pecado. [22] Os israelitas permaneceram em todos os pecados de Jeroboão e não se desviaram deles, [23] até que o Senhor os afastou de sua presença, conforme os havia advertido por meio de todos os seus servos, os profetas. Assim, o povo de Israel foi tirado de sua terra e levado para o exílio na Assíria, onde ainda hoje permanecem.

O Repovoamento de Samaria

[24] O rei da Assíria[t] trouxe gente da Babilônia, de Cuta, de Ava, de Hamate e de Sefarvaim[u] e os estabeleceu nas cidades de Samaria para substituir os israelitas. Eles ocuparam Samaria e habitaram em suas cidades. [25] Quando começaram a viver ali, não adoravam o Senhor; por isso ele enviou leões para o meio deles,[v] que mataram alguns dentre o povo. [26] Então informaram o rei da Assíria: "Os povos que deportaste e fizeste morar nas cidades de Samaria não sabem o que o Deus daquela terra exige. Ele enviou leões para matá-los, pois desconhecem as suas exigências".

[27] Então o rei da Assíria deu esta ordem: "Façam um dos sacerdotes de Samaria que vocês levaram prisioneiros retornar e viver ali para ensinar as exigências do deus da terra". [28] Então um dos sacerdotes exilados de Samaria veio morar em Betel e lhes ensinou a adorar o Senhor.

[29] No entanto, cada grupo fez seus próprios deuses nas diversas cidades[w] em que

moravam e os puseram nos altares idólatras^x que o povo de Samaria havia feito.^y ³⁰ Os da Babilônia fizeram Sucote-Benote, os de Cuta fizeram Nergal e os de Hamate fizeram Asima; ³¹ os aveus fizeram Nibaz e Tartaque; os sefarvitas queimavam seus filhos em sacrifício a Adrameleque^z e Anameleque, deuses de Sefarvaim.^a ³² Eles adoravam o Senhor, mas também nomeavam qualquer pessoa^b para lhes servir como sacerdote nos altares idólatras. ³³ Adoravam o Senhor, mas também prestavam culto aos seus próprios deuses, conforme os costumes das nações de onde haviam sido trazidos.

³⁴ Até hoje eles continuam em suas antigas práticas. Não adoram o Senhor nem se comprometem com os decretos, com as ordenanças, com as leis e com os mandamentos que o Senhor deu aos descendentes de Jacó, a quem deu o nome de Israel.^c ³⁵ Quando o Senhor fez uma aliança com os israelitas, ele lhes ordenou: "Não adorem outros deuses,^d não se inclinem diante deles, não lhes prestem culto nem lhes ofereçam sacrifício. ³⁶ Mas o Senhor, que os tirou do Egito com grande poder e com braço forte,^e é quem vocês adorarão. Diante dele vocês se inclinarão e lhe oferecerão sacrifícios. ³⁷ Vocês sempre tomarão o cuidado de obedecer aos decretos,^f às ordenanças, às leis e aos mandamentos que lhes prescreveu. Não adorem outros deuses. ³⁸ Não esqueçam^g a aliança que fiz com vocês e não adorem outros deuses. ³⁹ Antes, adorem o Senhor, o seu Deus; ele os livrará das mãos de todos os seus inimigos".

⁴⁰ Contudo, eles não lhe deram atenção, mas continuaram em suas antigas práticas. ⁴¹ Mesmo quando esses povos adoravam o Senhor,^h também prestavam culto aos seus ídolos. Até hoje seus filhos e seus netos continuam a fazer o que os seus antepassados faziam.

O Reinado de Ezequias, Rei de Judá

18 No terceiro ano do reinado de Oseias, filho de Elá, rei de Israel, Ezequias,^i filho de Acaz, rei de Judá, começou a reinar. ² Ele tinha vinte e cinco anos de idade quando começou a reinar e reinou vinte e nove anos em Jerusalém.^j O nome de sua mãe era Abia¹, filha de Zacarias. ³ Ele fez o que o Senhor aprova, tal como tinha feito Davi, seu predecessor.^k ⁴ Removeu^l os altares idólatras, quebrou as colunas sagradas^m e derrubou os postes sagrados. Despedaçou a serpente de bronze ^n que Moisés havia feito, pois até aquela época os israelitas lhe queimavam incenso. Era chamada² Neustã.

⁵ Ezequias confiava no Senhor,^o o Deus de Israel. Nunca houve ninguém como ele entre todos os reis de Judá, nem antes nem depois dele. ⁶ Ele se apegou ao Senhor ^p e não deixou de segui-lo; obedeceu aos mandamentos que o Senhor tinha dado a Moisés. ⁷ E o Senhor estava com ele; era bem-sucedido^q em tudo o que fazia. Rebelou-se^r contra o rei da Assíria e deixou de submeter-se a ele. ⁸ Desde as torres das sentinelas até a cidade fortificada,^s ele derrotou os filisteus, até Gaza e o seu território.

⁹ No quarto ano do reinado do rei Ezequias,^t o sétimo ano do reinado de Oseias, filho de Elá, rei de Israel, Salmaneser, rei da Assíria, marchou contra Samaria e a cercou. ¹⁰ Ao fim de três anos, os assírios a tomaram. Assim a cidade foi conquistada no sexto ano do reinado de Ezequias, o nono ano do reinado de Oseias, rei de Israel. ¹¹ O rei assírio^u deportou os israelitas para a Assíria e os estabeleceu em Halá, em Gozã do rio Habor e nas cidades dos medos. ¹² Isso aconteceu porque os israelitas não obedeceram ao Senhor, o seu Deus, mas violaram a sua aliança;^v tudo o que Moisés, o servo do Senhor, tinha ordenado. ^w Não o ouviram nem lhe obedeceram.^x

¹³ No décimo quarto ano do reinado do rei Ezequias, Senaqueribe, rei da Assíria, atacou todas as cidades fortificadas de Judá e as conquistou. ¹⁴ Então Ezequias, rei de Judá,^y

---

¹ 18.2 Hebraico: *Abi*, variante de *Abia*.

² 18.4 Ou *Ele lhe deu o nome de*

enviou esta mensagem ao rei da Assíria, em Laquis: "Cometi um erro.ᶻ Para de atacar-me, e eu pagarei tudo o que exigires". O rei da Assíria cobrou de Ezequias, rei de Judá, dez toneladas e meia¹ de prata e um mil e cinquenta quilos de ouro. ¹⁵ Assim, Ezequias lhes deuᵃ toda a prata que se encontrou no templo e na tesouraria do palácio real.

¹⁶ Nessa ocasião Ezequias, rei de Judá, retirou o ouro com que havia coberto as portas e os batentes do templo do Senhor e o deu ao rei da Assíria.

A Ameaça de Senaqueribe a Jerusalém

¹⁷ De Laquis o rei da Assíria enviou ao rei Ezequias, em Jerusalém, seu general, seu oficial principal e seu comandante de campo com um grande exército.ᵇ Eles subiram a Jerusalém e pararam no aqueduto do açude superior,ᶜ na estrada que leva ao campo do Lavandeiro. ¹⁸ Eles chamaram pelo rei; e o administrador do palácio, Eliaquim,ᵈ filho de Hilquias, o secretário Sebnaᵉ e o arquivista real Joá, filho de Asafe, foram ao seu encontro.

¹⁹ O comandante de campo lhes disse: "Digam isto a Ezequias:

"Assim diz o grande rei, o rei da Assíria: 'Em que você baseia sua confiança? ²⁰ Você pensa que meras palavras já são estratégia e poderio militar. Em quem você está confiando para se rebelar contra mim? ²¹ Você está confiando no Egito,ᶠ aquele caniço quebradoᵍ que espeta e perfura a mão do homem que nele se apoia! Assim o faraó, rei do Egito, retribui a quem confia nele. ²² Mas, se vocês me disserem: "Estamos confiando no Senhor, o nosso Deus"; não é ele aquele cujos santuários e altares Ezequias removeu, dizendo a Judá e Jerusalém: "Vocês devem adorar diante deste altar em Jerusalém"?'

²³ "Aceite, pois, agora, o desafio do meu senhor, o rei da Assíria: 'Eu lhe darei dois mil cavalos, se você tiver cavaleiros para eles!' ²⁴ Como você pode derrotar o mais insignificante guerreiro do meu senhor?ʰ Você confia no Egito para lhe dar carros de guerra e cavaleiros? ²⁵ Além disso, será que vim atacar e destruir este local sem uma palavra da parte do Senhor?ⁱ O próprio Senhor me disse que marchasse contra este país e o destruísse".

²⁶ Então Eliaquim, filho de Hilquias, Sebna e Joá disseram ao comandante de campo: "Por favor, fala com teus servos em aramaico,ʲ porque entendemos essa língua. Não fales em hebraico, pois assim o povo que está sobre os muros o entenderá".

²⁷ O comandante, porém, respondeu: "Será que meu senhor enviou-me para dizer essas coisas somente para o seu senhor e para você, e não para os que estão sentados no muro, que, como vocês, terão que comer as próprias fezes e beber a própria urina?"

²⁸ Então o comandante levantou-se e gritou em hebraico: "Ouçam a palavra do grande rei, o rei da Assíria! ²⁹ Assim diz o rei: 'Não deixem que Ezequias os engane.ᵏ Ele não poderá livrá-los de minha mão. ³⁰ Não deixem Ezequias convencê-los a confiar no Senhor, quando diz: "Com certeza o Senhor nos livrará; esta cidade não será entregue nas mãos do rei da Assíria"'.

³¹ "Não deem ouvidos a Ezequias. Assim diz o rei da Assíria: 'Façam paz comigo e rendam-se. Então cada um de vocês comerá de sua própria videira e de sua própria figueiraˡ e beberá água de sua própria cisterna,ᵐ ³² até que eu venha e os leve para uma terra igual à de vocês, terra de cereais, de vinho, terra de pão e de vinhas, terra de oliveiras e de mel. Escolham a vidaⁿ e não a morte! Não deem ouvidos a Ezequias, pois ele os está iludindo, quando diz: "O Senhor nos livrará"'.

³³ "Será que o deusᵒ de alguma nação conseguiu livrar sua terra das mãos do rei da Assíria? ³⁴ Onde estão os deuses de Hamateᵖ e de Arpade?ᑫ Onde estão os deuses de Sefarvaim, de Hena e de Iva?

---

¹ **18.14** Hebraico: *300 talentos*. Um talento equivalia a 35 quilos.

Acaso livraram Samaria das minhas mãos? ³⁵ Qual dentre todos os deuses dessas nações conseguiu livrar sua terra do meu poder? Como então o Senhor poderá livrar Jerusalém das minhas mãos?"ʳ

³⁶ Mas o povo permaneceu calado e nada disse em resposta, pois o rei tinha ordenado: "Não lhe respondam".

³⁷ Então o administrador do palácio, Eliaquim, filho de Hilquias, o secretário Sebna e o arquivista real Joá, filho de Asafe, retornaram com as vestes rasgadasˢ a Ezequias e lhe relataram o que o comandante de campo tinha dito.

A Predição da Libertação de Jerusalém

19 Ao ouvir o relato, o rei Ezequias rasgou as suas vestes,ᵗ pôs roupas de luto e entrou no templo do Senhor. ² Ele enviou o administrador do palácio, Eliaquim, o secretário Sebna e os sacerdotes principais, todos vestidos com pano de saco, ao profeta Isaías,ᵘ filho de Amoz. ³ Eles lhe disseram: "Assim diz Ezequias: 'Hoje é dia de angústia, de repreensão e de humilhação; estamos como a mulher que está para dar à luz filhos, mas não tem forças para fazê-los nascer. ⁴ Talvez o Senhor, o teu Deus, ouça todas as palavras do comandante de campo, a quem o senhor dele, o rei da Assíria, enviou para zombar do Deus vivo.ᵛ E que o Senhor, o teu Deus, o repreenda pelas palavras que ouviu.ʷ Portanto, suplica a Deus pelo remanescente que ainda sobrevive' ".

⁵ Quando os oficiais do rei Ezequias chegaram a Isaías, ⁶ este lhes disse: "Digam a seu senhor que assim diz o Senhor: 'Não tenha medo das palavras que você ouviu, das blasfêmias que os servos do rei da Assíria lançaram contra mim.ˣ ⁷ Ouça! Eu o farei tomar a decisão de¹ retornar ao seu próprio país, quando ele ouvir certa notícia. E lá o farei morrer à espada' ".ʸ

⁸ Quando o comandante de campo soube que o rei da Assíria havia partido de Laquis,ᶻ retirou-se e encontrou o rei lutando contra Libna.

⁹ Ora, Senaqueribe fora informado de que Tiraca, rei etíope² do Egito, estava vindo lutar contra ele, de modo que mandou novamente mensageiros a Ezequias com este recado: ¹⁰ "Digam a Ezequias, rei de Judá: 'Não deixe que o Deus no qual você confiaᵃ o engane,ᵇ quando diz: "Jerusalém não cairá nas mãos do rei da Assíria". ¹¹ Com certeza você ouviu o que os reis da Assíria têm feito a todas as nações, como as destruíram por completo. E você haveria de livrar-se? ¹² Acaso os deuses das nações que foram destruídas por meus antepassados as livraram:ᶜ os deuses de Gozã,ᵈ Harã,ᵉ Rezefe e do povo de Éden, que estava em Telassar? ¹³ Onde estão o rei de Hamate, o rei de Arpade, o rei da cidade de Sefarvaim, de Hena e de Iva?' "ᶠ

A Oração de Ezequias

¹⁴ Ezequias recebeu a carta das mãos dos mensageiros e a leu. Então subiu ao templo do Senhor e estendeu-a perante o Senhor. ¹⁵ E Ezequias orou ao Senhor: "Senhor, Deus de Israel, que reinas em teu trono, entre os querubins,ᵍ só tu és Deus sobre todos os reinos da terra. Tu criaste os céus e a terra. ¹⁶ Dá ouvidos,ʰ Senhor, e vê;ʲ ouveⁱ as palavras que Senaqueribe enviou para insultar o Deus vivo.

¹⁷ "É verdade, Senhor, que os reis assírios fizeram de todas essas nações e seus territórios um deserto. ¹⁸ Atiraram os deuses delas no fogo e os destruíram, pois não eram deuses;ᵏ eram apenas madeira e pedra moldadas por mãos humanas.ˡ ¹⁹ Agora, Senhor nosso Deus, salva-nos das mãos dele, para que todos os reinosᵐ da terra saibamⁿ que só tu, Senhor, és Deus".

A Profecia de Isaías sobre a Queda de Senaqueribe

²⁰ Então Isaías, filho de Amoz, enviou uma mensagem a Ezequias: "Assim diz o Senhor, o Deus de Israel: 'Ouviᵒ a sua oração acerca de Senaqueribe, o rei da

---

¹ **19.7** Ou *Colocarei nele um espírito que o fará* ² **19.9** Hebraico: *cuxita*.

Assíria'. ²¹ Esta é a palavra que o Senhor falou contra ele:

" 'A virgem, a filha de Sião,
   o despreza e zomba de você.
A filha de Jerusalém
   meneia a cabeça enquanto você foge.
²² De quem você zombou
   e contra quem blasfemou?
Contra quem você levantou a voz
   e contra quem ergueu o
   seu olhar arrogante?
Contra o Santo de Israel!
²³ Sim, você insultou o Senhor
   por meio dos seus mensageiros.
E declarou:
"Com carros sem conta subi,
   aos pontos mais elevados
   e às inacessíveis alturas do Líbano.
Derrubei os seus mais altos cedros,
   os seus melhores pinheiros.
Entrei em suas regiões mais remotas,
   e nas suas mais densas florestas.
²⁴ Em terras estrangeiras
   cavei poços e bebi água.
Com as solas de meus pés
   sequei todos os rios do Egito".

²⁵ " 'Você não percebe
   que há muito tempo
   eu já havia determinado tudo isso.
Desde a antiguidade planejei
   o que agora faço acontecer,
que você deixaria cidades
   fortificadas em ruínas.
²⁶ Seus habitantes, sem forças,
   desanimam-se envergonhados.
São como pastagens,
   como brotos tenros e verdes,
como ervas no telhado,
   queimadas antes de crescer.
²⁷ Eu, porém, sei onde você está,
sei quando você sai e quando retorna;
   e como você se enfurece contra mim.
²⁸ Sim, contra mim você se enfureceu
   e o seu atrevimento
   chegou aos meus ouvidos.
Por isso porei o meu anzol
   em seu nariz
e o meu freio em sua boca,
e o farei voltar
   pelo caminho por onde veio.

²⁹ " 'A você, Ezequias, darei este sinal:
Neste ano vocês comerão
   do que crescer por si,
e no próximo o que daquilo brotar.
Mas no terceiro ano
   semeiem e colham,
plantem vinhas e comam o seu fruto.
³⁰ Mais uma vez, um remanescente
   da tribo de Judá sobreviverá,
lançará raízes na terra
   e se encherão de frutos
   os seus ramos.
³¹ De Jerusalém sairão sobreviventes,
e um remanescente do monte Sião.
O zelo do Senhor dos Exércitos
   o executará'.

³² "Portanto, assim diz o Senhor
   acerca do rei da Assíria:
'Ele não invadirá esta cidade
   nem disparará contra ela
   uma só flecha.
Não a enfrentará com escudo
   nem construirá rampas de cerco
   contra ela.
³³ Pelo caminho por onde veio voltará;
   não invadirá esta cidade',
   declara o Senhor.
³⁴ 'Eu a defenderei e a salvarei,
por amor de mim mesmo
   e do meu servo Davi' ".

³⁵ Naquela noite o anjo do Senhor saiu e matou cento e oitenta e cinco mil homens no acampamento assírio. Quando o povo se levantou na manhã seguinte, o lugar estava repleto de cadáveres! ³⁶ Então Senaqueribe, rei da Assíria, desmontou o acampamento e foi embora. Voltou para Nínive e lá ficou. ³⁷ Certo dia, enquanto ele estava adorando no templo de seu deus Nisroque, seus

filhos Adrameleque e Sarezer mataram-no à espada[q] e fugiram para a terra de Ararate.[r] Seu filho Esar-Hadom[s] foi o seu sucessor.

A Doença de Ezequias

20 Naquele tempo Ezequias ficou doente e quase morreu. O profeta Isaías, filho de Amoz, foi visitá-lo e lhe disse: "Assim diz o Senhor: 'Ponha em ordem a sua casa, pois você vai morrer; não se recuperará' ".

² Ezequias virou o rosto para a parede e orou ao Senhor: ³ "Lembra-te,[t] Senhor, como tenho te servido com fidelidade[u] e com devoção sincera. Tenho feito o que tu aprovas". E Ezequias chorou amargamente.

⁴ Antes de Isaías deixar o pátio intermediário, a palavra do Senhor veio a ele: ⁵ "Volte e diga a Ezequias, líder do meu povo: Assim diz o Senhor, Deus de Davi, seu predecessor: 'Ouvi[v] sua oração e vi suas lágrimas;[w] eu te curarei. Daqui a três dias você subirá ao templo do Senhor. ⁶ Acrescentarei quinze anos à sua vida. E livrarei você e esta cidade das mãos do rei da Assíria. Defenderei esta cidade[x] por causa de mim mesmo e do meu servo Davi' ".

⁷ Então disse Isaías: "Preparem um emplastro de figos". Eles o fizeram e o aplicaram na úlcera;[y] e ele se recuperou.

⁸ Ezequias havia perguntado a Isaías: "Qual será o sinal de que o Senhor me curará e de que de hoje a três dias subirei ao templo do Senhor?"

⁹ Isaías respondeu: "O sinal de que o Senhor[z] vai cumprir o que prometeu é este: você prefere que a sombra avance ou recue dez degraus na escadaria?"

¹⁰ Disse Ezequias: "Como é fácil a sombra avançar dez degraus, prefiro que ela recue dez degraus".

¹¹ Então o profeta Isaías clamou ao Senhor, e este fez a sombra recuar[a] os dez degraus que havia descido na escadaria de Acaz.

Mensageiros da Babilônia

¹² Naquela época, o rei da Babilônia, Merodaque-Baladã, filho de Baladã, enviou cartas e um presente para Ezequias, pois soubera da sua doença. ¹³ Ezequias recebeu em audiência os mensageiros e mostrou-lhes tudo o que havia em seus armazéns: a prata, o ouro, as especiarias e o azeite finíssimo, o seu arsenal e tudo o que havia em seus tesouros. Não houve nada em seu palácio ou em seu reino que Ezequias não lhes mostrasse.

¹⁴ Então o profeta Isaías foi ao rei Ezequias e lhe perguntou: "O que esses homens disseram? De onde vieram?"

Ezequias respondeu: "De uma terra distante. Vieram da Babilônia".

¹⁵ O profeta perguntou: "O que eles viram em seu palácio?"

Disse Ezequias: "Viram tudo em meu palácio. Não há nada em meus tesouros que eu não lhes tenha mostrado".

¹⁶ Então Isaías disse a Ezequias: "Ouça a palavra do Senhor: ¹⁷ 'Um dia, tudo o que se encontra em seu palácio, bem como tudo o que os seus antepassados acumularam até hoje, será levado para a Babilônia.[b] Nada restará', diz o Senhor. ¹⁸ 'Alguns dos seus próprios descendentes serão levados,[c] e eles se tornarão eunucos no palácio do rei da Babilônia' ".

¹⁹ Respondeu Ezequias ao profeta: "Boa é a palavra do Senhor que anunciaste", pois ele entendeu que durante sua vida haveria paz e segurança.

²⁰ Os demais acontecimentos do reinado de Ezequias, todas as suas realizações, inclusive a construção do açude[d] e do túnel que canalizou água para a cidade, estão escritos no livro dos registros históricos dos reis de Judá. ²¹ Ezequias descansou com os seus antepassados, e seu filho Manassés foi o seu sucessor.

O Reinado de Manassés, Rei de Judá

21 Manassés tinha doze anos de idade quando começou a reinar e reinou cinquenta e cinco anos em Jerusalém. O nome de sua mãe era Hefzibá.[e] ² Ele fez o que o Senhor reprova,ᶠ imitando as práticas detestáveisᵍ das nações que o Senhor havia expulsado de diante dos israelitas. ³ Reconstruiu os altares idólatrasʰ que seu pai, Ezequias, havia demolido e também ergueu altares para Baalⁱ e fez um poste sagrado para Aserá, como fizera Acabe, rei de Israel. Inclinou-se diante de todos os exércitos celestesʲ e lhes prestou culto. ⁴ Construiu altaresᵏ no templo do Senhor, do qual este havia dito: "Em Jerusalém porei o meu nome".ˡ ⁵ Nos dois pátiosᵐ do templo do Senhor ele construiu altares para todos os exércitos celestes. ⁶ Chegou a queimar o próprio filho em sacrifício,ⁿ praticou feitiçaria e adivinhação e recorreu a médiuns e a quem consultava os espíritos.ᵒ Fez o que o Senhor reprova, provocando-o à ira.

⁷ Ele tomou o poste sagradoᵖ que havia feito e o pôs no templo, do qual o Senhor tinha dito a Davi e a seu filho Salomão: "Neste templo e em Jerusalém, que escolhi dentre todas as tribos de Israel, porei o meu nome para sempre.ᑫ ⁸ Não farei os pés dos israelitas andarem errantes novamente,ʳ longe da terra que dei aos seus antepassados, se tão somente tiverem o cuidado de fazer tudo o que lhes ordenei e de obedecer a toda a Lei que meu servo Moisésˢ lhes deu". ⁹ Mas o povo não quis ouvir. Manassés os desviou, a ponto de fazerem piorᵗ do que as naçõesᵘ que o Senhor havia destruído diante dos israelitas.

¹⁰ E o Senhor disse por meio dos seus servos, os profetas: ¹¹ "Manassés, rei de Judá, cometeu esses atos repugnantes.ᵛ Agiu pior do que os amorreusʷ que o antecederam e também levou Judá a pecar com os ídolos que fizera. ¹² Portanto, assim diz o Senhor, o Deus de Israel: Causarei uma tal desgraçaˣ em Jerusalém e em Judá que os ouvidos de quem ouvir a respeito ficarão zumbindo.ʸ ¹³ Estenderei sobre Jerusalém o fio de medir utilizado contra Samaria e o fio de prumo usado contra a família de Acabe.ᶻ Limparei Jerusalém como se limpa um prato,ᵃ lavando-o e virando-o de cabeça para baixo. ¹⁴ Abandonareiᵇ o remanescente da minha herançaᶜ e o entregarei nas mãos de seus inimigos. Serão despojados e saqueados por todos os seus adversários, ¹⁵ pois fizeram o que eu reprovoᵈ e me provocaram à ira,ᵉ desde o dia em que os seus antepassados saíram do Egito até hoje".

¹⁶ Manassés também derramou tanto sangue inocenteᶠ que encheu Jerusalém de um extremo a outro; além disso levou Judá a cometer pecado e fazer o que o Senhor reprova.

¹⁷ Os demais acontecimentos do reinado de Manassés e todas as suas realizações, inclusive o pecado que cometeu, estão escritos no livro dos registros históricos dos reis de Judá. ¹⁸ Manassés descansou com os seus antepassados e foi sepultado no jardim do seu palácio,ᵍ o jardim de Uzá. E seu filho Amom foi o seu sucessor.

O Reinado de Amom, Rei de Judá

¹⁹ Amom tinha vinte e dois anos de idade quando começou a reinar e reinou dois anos em Jerusalém. O nome de sua mãe era Mesulemete, filha de Haruz; ela era de Jotbá. ²⁰ Ele fez o que o Senhor reprova,ʰ como fizera Manassés, seu pai. ²¹ Imitou o seu pai em tudo; prestou culto aos ídolos aos quais seu pai havia cultuado e inclinou-se diante deles. ²² Abandonou o Senhor, o Deus dos seus antepassados, e não andou no caminho do Senhor.ⁱ

²³ Os oficiais de Amom conspiraram contra ele e o assassinaram em seu palácio.ʲ ²⁴ Mas o povo matou todos os que haviam conspirado contra o rei Amom,ᵏ e a seu filho Josias proclamou rei em seu lugar.

²⁵ Os demais acontecimentos do reinado de Amom e as suas realizações estão escritos no livro dos registros históricos dos reis de Judá. ²⁶ Ele foi sepultado em seu túmulo no jardim de Uzá.ˡ Seu filho Josias foi o seu sucessor.

O Livro da Lei é Encontrado

22 Josias tinha oito anos de idade quando começou a reinar e reinou trinta e um anos em Jerusalém. O nome de sua mãe era Jedida, filha de Adaías; ela era de Bozcate.ᵐ ² Ele fez o que o Senhor aprovaⁿ e andou nos caminhos de Davi, seu predecessor, sem desviar-se nem para a direita nem para a esquerda.ᵒ

³ No décimo oitavo ano do seu reinado, o rei Josias enviou o secretário Safã,ᵖ filho de Azalias e neto de Mesulão, ao templo do Senhor, dizendo: ⁴ "Vá ao sumo sacerdote Hilquias e mande-o ajuntar a prata que foi trazida ao templo do Senhor, que os guardas das portas recolheram do povo.ᑫ ⁵ Eles deverão entregar a prata aos homens nomeados para supervisionar a reforma do templo, para poderem pagar os trabalhadores que fazem os reparos no templo do Senhor:ʳ ⁶ os carpinteiros, os construtores e os pedreiros. Além disso comprarão madeira e pedras lavradas para os reparos no templo.ˢ ⁷ Mas eles não precisarão prestar contas da prata que lhes foi confiada, pois estão agindo com honestidade".ᵗ

⁸ Então o sumo sacerdote Hilquias disse ao secretário Safã: "Encontrei o Livro da Leiᵘ no templo do Senhor". Ele o entregou a Safã, que o leu. ⁹ O secretário Safã voltou ao rei e lhe informou: "Teus servos entregaram a prata que havia no templo do Senhor e a confiaram aos trabalhadores e aos supervisores no templo". ¹⁰ E o secretário Safã acrescentou: "O sacerdote Hilquias entregou-me um livro". E Safã o leu para o rei.ᵛ

¹¹ Assim que o rei ouviu as palavras do Livro da Lei, rasgou suas vestes ¹² e deu estas ordens ao sacerdote Hilquias, a Aicam,ʷ filho de Safã, a Acbor, filho de Micaías, ao secretário Safã e ao auxiliar real Asaías: ¹³ "Vão consultar o Senhor por mim, pelo povo e por todo o Judá acerca do que está escrito neste livro que foi encontrado. A ira do Senhor contra nós deve ser grande,ˣ pois os nossos antepassados não obedeceram às palavras deste livro nem agiram de acordo com tudo o que nele está escrito a nosso respeito".

¹⁴ O sacerdote Hilquias, Aicam, Acbor, Safã e Asaías foram falar com a profetisa Hulda, mulher de Salum, filho de Ticvá e neto de Harás, responsável pelo guarda-roupa do templo. Ela morava no bairro novo de Jerusalém.

¹⁵ Ela lhes disse: "Assim diz o Senhor, o Deus de Israel: 'Digam ao homem que os enviou a mim ¹⁶ que assim diz o Senhor: Trarei desgraçaʸ sobre este lugar e sobre os seus habitantes; tudo o que está escrito no livroᶻ que o rei de Judá leu. ¹⁷ Porque me abandonaramᵃ e queimaram incenso a outros deuses, provocando a minha ira por meio de todos os ídolos que as mãos deles têm feito¹, a chama da minha ira arderá contra este lugar e não será apagada'. ¹⁸ Digam ao rei de Judá, que os enviou para consultar o Senhor:ᵇ Assim diz o Senhor, o Deus de Israel, acerca das palavras que você ouviu: ¹⁹ 'Já que o seu coração se abriu e você se humilhouᶜ diante do Senhor ao ouvir o que falei contra este lugar e contra os seus habitantes, que seriam arrasadosᵈ e amaldiçoados,ᵉ e porque você rasgou as vestes e chorou na minha presença, eu o ouvi', declara o Senhor. ²⁰ 'Portanto, eu o reunirei aos seus antepassados, e você será sepultado em paz.ᶠ Seus olhos não verão toda a desgraça que vou trazer sobre este lugar' ".

Então eles levaram a resposta ao rei.

Josias Renova a Aliança

23 Depois disso, o rei convocou todas as autoridades de Judá e de Jerusalém. ² Em seguida o rei subiu ao templo do Senhor acompanhado por todos os homens de Judá, todo o povo de Jerusalém, os sacerdotes e os profetas; todo o povo, dos mais simples aos mais importantes². Para todos o rei leuᵍ em alta voz todas as palavras do Livro da Aliança que havia sido encontrado no templo do Senhor. ³ O rei colocou-se junto à coluna real e, na presença

---

¹ **22.17** Ou *por meio de tudo o que eles têm feito*
² **23.2** Ou *dos mais jovens aos mais velhos*

do Senhor, fez uma aliança,[h] comprometendo-se a seguir o Senhor[i] e a obedecer de todo o coração e de toda a alma aos seus mandamentos, aos seus preceitos e aos seus decretos, confirmando assim as palavras da aliança escritas naquele livro. Então todo o povo se comprometeu com a aliança.

4 O rei deu ordens ao sumo sacerdote Hilquias, aos sacerdotes auxiliares e aos guardas das portas[j] que retirassem[k] do templo do Senhor todos os utensílios feitos para Baal e Aserá e para todos os exércitos celestes. Ele os queimou fora de Jerusalém, nos campos do vale de Cedrom e levou as cinzas para Betel. 5 E eliminou os sacerdotes pagãos nomeados pelos reis de Judá para queimarem incenso nos altares idólatras das cidades de Judá e dos arredores de Jerusalém, aqueles que queimavam incenso a Baal, ao Sol e à Lua, às constelações e a todos os exércitos celestes.[l] 6 Também mandou levar o poste sagrado do templo do Senhor para o vale de Cedrom, fora de Jerusalém, para ser queimado e reduzido a cinzas, que foram espalhadas sobre os túmulos de um cemitério público.[m] 7 Também derrubou as acomodações dos prostitutos cultuais,[n] que ficavam no templo do Senhor, onde as mulheres teciam para Aserá.

8 Josias trouxe todos os sacerdotes das cidades de Judá e, desde Geba[o] até Berseba, profanou os altares onde os sacerdotes haviam queimado incenso. Derrubou os altares idólatras junto às portas, inclusive o altar da entrada da porta de Josué, o governador da cidade, que fica à esquerda da porta da cidade. 9 Embora os sacerdotes dos altares não servissem[p] no altar do Senhor em Jerusalém, comiam pães sem fermento junto com os sacerdotes, seus colegas.

10 *Também profanou Tofete,*[q] *que ficava no vale de Ben-Hinom,*[r] *de modo que ninguém mais pudesse usá-lo para sacrificar seu filho*[s] *ou sua filha a Moloque.*[1] 11 Acabou com os cavalos, que os reis de Judá tinham consagrado ao Sol, e que ficavam na entrada do templo do Senhor, perto da sala de um oficial chamado Natã-Meleque. Também queimou as carruagens consagradas ao Sol.[t]

12 Derrubou os altares que os seus antecessores haviam erguido no terraço,[u] em cima do quarto superior de Acaz, e os altares que Manassés havia construído nos dois pátios[v] do templo do Senhor. Retirou-os dali, despedaçou-os e atirou o entulho no vale de Cedrom. 13 O rei também profanou os altares que ficavam a leste de Jerusalém, ao sul do monte da Destruição[2], os quais Salomão,[w] rei de Israel, havia construído para Astarote, a detestável deusa dos sidônios, para Camos, o detestável deus de Moabe, e para Moloque, o detestável deus do povo de Amom. 14 Josias despedaçou[x] as colunas sagradas, derrubou os postes sagrados e cobriu os locais com ossos humanos.

15 Até o altar de Betel,[y] o altar idólatra edificado por Jeroboão,[z] filho de Nebate, que levou Israel a pecar; até aquele altar e o seu santuário ele os demoliu. Queimou o santuário e o reduziu a pó, queimando também o poste sagrado. 16 Quando Josias[a] olhou em volta e viu os túmulos que havia na encosta da colina, mandou retirar os ossos dos túmulos e queimá-los no altar a fim de contaminá-lo, conforme a palavra do Senhor proclamada pelo homem de Deus que predisse essas coisas.

17 O rei perguntou: "Que monumento é este que estou vendo?"

Os homens da cidade disseram: "É o túmulo do homem de Deus que veio de Judá e proclamou estas coisas que tu fizeste ao altar de Betel".

18 Então ele disse: "Deixem-no em paz. Ninguém toque nos seus ossos".[b] Assim pouparam seus ossos bem como os do profeta que tinha vindo de Samaria.

19 Como havia feito em Betel, Josias tirou e profanou todos os santuários idólatras

---

[1] 23.10 Ou *Moloque, fazendo-os passar pelo fogo*

[2] 23.13 Isto é, o monte das Oliveiras.

que os reis de Israel haviam construído nas cidades de Samaria e que provocaram a ira do Senhor. ²⁰ Josias também mandou sacrificar*ᵈ* todos os sacerdotes daqueles altares idólatras e queimou ossos humanos sobre os altares.*ᵈ* Depois voltou a Jerusalém.

²¹ Então o rei deu a seguinte ordem a todo o povo: "Celebrem a Páscoa*ᵉ* ao Senhor, o seu Deus, conforme está escrito neste Livro da Aliança". ²² Nem nos dias dos juízes que lideraram Israel, nem durante todos os dias dos reis de Israel e dos reis de Judá, foi celebrada uma Páscoa como esta. ²³ Mas, no décimo oitavo ano do reinado de Josias, esta Páscoa foi celebrada ao Senhor em Jerusalém.

²⁴ Além disso, Josias eliminou os médiuns, os que consultavam espíritos,*ᶠ* os ídolos da família,*ᵍ* os outros ídolos e todas as outras coisas repugnantes que havia em Judá e em Jerusalém. Ele fez isso para cumprir as exigências da Lei escritas no livro que o sacerdote Hilquias havia descoberto no templo do Senhor. ²⁵ Nem antes nem depois de Josias houve um rei como ele, que se voltasse para o Senhor *ʰ* de todo o coração, de toda a alma e de todas as suas forças, de acordo com toda a Lei de Moisés.

²⁶ Entretanto, o Senhor manteve o furor de sua grande ira, que se acendeu contra Judá por causa de tudo o que Manassés*ⁱ* fizera para provocar a sua ira. ²⁷ Por isso o Senhor disse: "Também retirarei*ʲ* Judá da minha presença,*ᵏ* tal como retirei Israel, e rejeitarei Jerusalém, a cidade que escolhi, e este templo, do qual eu disse: 'Ali porei o meu nome'".

²⁸ Os demais acontecimentos do reinado de Josias e todas as suas realizações estão escritos no livro dos registros históricos dos reis de Judá.

²⁹ Durante o seu reinado, o faraó Neco,*ˡ* rei do Egito, avançou até o rio Eufrates ao encontro do rei da Assíria. O rei Josias marchou para combatê-lo, mas o faraó Neco o enfrentou e o matou em Megido.*ᵐ* ³⁰ Os oficiais de Josias levaram o seu corpo de Megido para Jerusalém e o sepultaram em seu próprio túmulo.*ⁿ* O povo tomou Jeoacaz, filho de Josias, ungiu-o e o proclamou rei no lugar de seu pai.

O Reinado de Jeoacaz, Rei de Judá

³¹ Jeoacaz*ᵒ* tinha vinte e três anos de idade quando começou a reinar e reinou três meses em Jerusalém. O nome de sua mãe era Hamutal,*ᵖ* filha de Jeremias; ela era de Libna. ³² Ele fez o que o Senhor reprova, tal como os seus antepassados. ³³ O faraó Neco o prendeu em Ribla,*ᵠ* na terra de Hamate,¹ *ʳ* de modo que não mais reinou em Jerusalém. O faraó também impôs a Judá um tributo de três toneladas e meia² de prata e trinta e cinco quilos de ouro. ³⁴ Colocou Eliaquim,*ˢ* filho de Josias, como rei no lugar do seu pai, Josias, e mudou o nome de Eliaquim para Jeoaquim. Mas levou Jeoacaz consigo para o Egito, onde ele morreu.*ᵗ* ³⁵ Jeoaquim pagou ao faraó Neco a prata e o ouro. Mas, para cumprir as exigências do faraó, Jeoaquim impôs tributos ao povo, cobrando a prata e o ouro de cada um conforme suas posses.*ᵘ*

O Reinado de Jeoaquim, Rei de Judá

³⁶ Jeoaquim*ᵛ* tinha vinte e cinco anos de idade quando começou a reinar e reinou onze anos em Jerusalém. O nome de sua mãe era Zebida, filha de Pedaías; ela era de Ruma. ³⁷ Ele fez o que o Senhor reprova, tal como os seus antepassados.

24 Durante o reinado de Jeoaquim, Nabucodonosor,*ʷ* rei da Babilônia, invadiu o país, e Jeoaquim tornou-se seu vassalo por três anos. Então ele voltou atrás e rebelou-se contra Nabucodonosor. ² O Senhor enviou contra ele tropas babilônicas³, aramaicas,*ˣ* moabitas e amonitas para destruir Judá,*ʸ* de acordo com a palavra do Senhor proclamada por seus servos, os profetas. ³ Isso aconteceu a Judá conforme a ordem do Senhor,*ᶻ* a fim de removê-los da sua presença, por causa de todos

---

¹ **23.33** A Septuaginta diz *Neco, em Ribla de Hamate, o levou*. Veja 2Cr 36.3.

² **23.33** Hebraico: *100 talentos*. Um talento equivalia a 35 quilos.

³ **24.2** Ou *caldaicas*

os pecados que Manassés*a* cometeu, **4** inclusive o derramamento de sangue inocente.*b* Pois ele havia enchido Jerusalém de sangue inocente, e o SENHOR não o quis perdoar.

5 Os demais acontecimentos do reinado de Jeoaquim e todas as suas realizações estão escritos no livro dos registros históricos dos reis de Judá. **6** Jeoaquim descansou com os seus antepassados.*c* Seu filho Joaquim foi o seu sucessor.

7 O rei do Egito*d* não mais se atreveu a sair com seu exército de suas próprias fronteiras, pois o rei da Babilônia*e* havia ocupado todo o território entre o ribeiro do Egito e o rio Eufrates, que antes pertencera ao Egito.

O Reinado de Joaquim, Rei de Judá

8 Joaquim*f* tinha dezoito anos de idade quando começou a reinar e reinou três meses em Jerusalém. O nome da sua mãe era Neusta, filha de Elnatã; ela era de Jerusalém. **9** Ele fez o que o SENHOR reprova, tal como seu pai.

10 Naquela ocasião os oficiais de Nabucodonosor,*g* rei da Babilônia, avançaram até Jerusalém e a cercaram. **11** Enquanto os seus oficiais a cercavam, o próprio Nabucodonosor veio à cidade. **12** Então Joaquim, rei de Judá, sua mãe, seus conselheiros, seus nobres e seus oficiais se entregaram; todos se renderam a ele.*h*

No oitavo ano do reinado do rei da Babilônia, Nabucodonosor levou Joaquim como prisioneiro. **13** Conforme o SENHOR tinha declarado,*i* ele retirou todos os tesouros*j* do templo do SENHOR e do palácio real, quebrando todos os utensílios de ouro*k* que Salomão,*l* rei de Israel, fizera para o templo do SENHOR. **14** Levou para o exílio*m* toda Jerusalém: todos os líderes e os homens de combate, todos os artesãos e artífices. Era um total de dez mil pessoas; só ficaram os mais pobres.*n*

15 *Nabucodonosor levou prisioneiro Joaquim para a Babilônia. Também levou de Jerusalém para a Babilônia a mãe do rei,*o *suas mulheres, seus oficiais e os líderes do país.*p

16 O rei da Babilônia também deportou para a Babilônia toda a força de sete mil homens de combate, homens fortes e preparados para a guerra, e mil artífices e artesãos.*q* **17** Fez Matanias, tio de Joaquim, reinar em seu lugar, e mudou seu nome para Zedequias.*r*

O Reinado de Zedequias, Rei de Judá

18 Zedequias*s* tinha vinte e um anos de idade quando começou a reinar e reinou onze anos em Jerusalém. O nome de sua mãe era Hamutal,*t* filha de Jeremias; ela era de Libna. **19** Ele fez o que o SENHOR reprova, tal como fizera Jeoaquim. **20** Por causa da ira do SENHOR tudo isso aconteceu a Jerusalém e a Judá; por fim ele os lançou para longe da sua presença.*u*

A Queda de Jerusalém

Ora, Zedequias rebelou-se contra o rei da Babilônia.

25 Então, no nono ano do reinado de Zedequias, no décimo dia do décimo mês, Nabucodonosor,*v* rei da Babilônia, marchou contra Jerusalém com todo o seu exército. Ele acampou em frente da cidade e construiu rampas de ataque ao redor dela.*w* **2** A cidade foi mantida sob cerco até o décimo primeiro ano do reinado de Zedequias. **3** No nono dia do quarto mês, a fome*x* na cidade havia se tornado tão rigorosa que não havia nada para o povo comer. **4** Então o muro da cidade foi rompido,*y* e todos os soldados fugiram de noite pela porta entre os dois muros próximos ao jardim do rei, embora os babilônios[1] estivessem em torno da cidade.*z* Fugiram na direção da Arabá[2], **5** mas o exército babilônio perseguiu o rei e o alcançou nas planícies de Jericó. Todos os seus soldados o abandonaram.*a* **6** e ele foi capturado.*b* Foi levado ao rei da Babilônia, em Ribla,*c* onde pronunciaram a sentença contra ele. **7** Executaram os filhos de Zedequias na sua frente, furaram os seus olhos, prenderam-no com algemas de bronze e o levaram para a Babilônia.*d*

[1] 25.4 Ou *caldeus*; também nos versículos 5, 10, 13 e 24-26.
[2] 25.4 Ou *direção do vale do Jordão*

⁸ No sétimo dia do quinto mês do décimo nono ano do reinado de Nabucodonosor, rei da Babilônia, Nebuzaradã, comandante da guarda imperial, conselheiro do rei da Babilônia, foi a Jerusalém. ⁹ Incendiou o templo do Senhor,ᵉ o palácio real, todas as casas de Jerusalém e todos os edifícios importantes.ᶠ ¹⁰ Todo o exército babilônio que acompanhava Nebuzaradã derrubou os muros de Jerusalém.ᵍ ¹¹ E ele levou para o exílio o povo que sobrou na cidade,ʰ os que passaram para o lado do rei da Babilônia e o restante da população.ⁱ ¹² Mas o comandante deixou para trás alguns dos mais pobres do país,ʲ para trabalharem nas vinhas e nos campos.

¹³ Os babilônios destruíram as colunas de bronze, os suportes e o tanque de bronze que estavam no templo do Senhor e levaram o bronze para a Babilônia. ¹⁴ Também levaram as panelas, as pás, os cortadores de pavio, as vasilhas e todos os utensílios de bronzeᵏ utilizados no serviço do templo. ¹⁵ O comandante da guarda imperial levou os incensários e as bacias de aspersão, tudo o que era era feito de ouro puro ou de prata.

¹⁶ As duas colunas, o tanque e os suportes, que Salomão fizera para o templo do Senhor, eram mais do que podia ser pesado. ¹⁷ Cada colunaˡ tinha oito metros e dez centímetros¹ de altura. O capitel de bronze no alto de cada coluna tinha um metro e trinta e cinco centímetros de altura e era decorado com uma fileira de romãs de bronze ao redor.

¹⁸ O comandante da guarda levou como prisioneiros o sumo sacerdote Seraías,ᵐ Sofonias,ⁿ o segundo sacerdote, e os três guardas da porta. ¹⁹ Dos que ainda estavam na cidade, ele levou o oficial responsável pelos homens de combate e cinco conselheiros reais. Também levou o secretário, principal líder responsável pelo alistamento militar no país, e sessenta homens do povo.

²⁰ O comandante Nebuzaradã levou todos ao rei da Babilônia, em Ribla. ²¹ Lá, em Ribla, na terra de Hamate, o rei mandou executá-los.

Assim Judá foi para o exílio, para longe da sua terra.ᵒ

²² Nabucodonosor, rei da Babilônia, nomeou Gedalias,ᵖ filho de Aicam e neto de Safã, como governador do povo que havia sido deixado em Judá. ²³ Quando Ismael, filho de Netanias, Joanã, filho de Careá, Seraías, filho do netofatita Tanumete, e Jazanias, filho de um maacatita, todos os líderes do exército, souberam que o rei da Babilônia havia nomeado Gedalias como governador, eles e os seus soldados foram falar com Gedalias em Mispá. ²⁴ Gedalias fez um juramento a esses líderes e a seus soldados, dizendo: "Não tenham medo dos oficiais babilônios. Estabeleçam-se nesta terra e sirvam o rei da Babilônia, e tudo lhes irá bem".

²⁵ Mas, no sétimo mês, Ismael, filho de Netanias e neto de Elisama, que tinha sangue real, foi com dez homens e assassinou Gedalias e os judeus e os babilônios que estavam com ele em Mispá. ²⁶ Então todo o povo, desde as crianças até os velhos, inclusive os líderes do exército, fugiram para o Egito,ᑫ com medo dos babilônios.

Joaquim é Libertado da Prisão

²⁷ No trigésimo sétimo ano do exílio de Joaquim, rei de Judá, no ano em que Evil-Merodaque² se tornou rei da Babilônia, ele tirou Joaquim da prisão,ʳ no vigésimo sétimo dia do décimo segundo mês. ²⁸ Ele o tratou com bondade e deu-lhe o lugar mais honradoˢ entre os outros reis que estavam com ele na Babilônia. ²⁹ Assim, Joaquim deixou suas vestes de prisão e pelo resto de sua vida comeu à mesa do rei.ᵗ ³⁰ E diariamente, enquanto viveu, Joaquim recebeu uma pensão do rei.ᵘ

---

¹ **25.17** Hebraico: *18 côvados*. O côvado era uma medida linear de cerca de 45 centímetros.

² **25.27** Também chamado *Amel-Marduque*.

PASTOREANDO EM SITUAÇÕES ESPECÍFICAS

 ## Os fundamentos do pastoreio

> Todo o Israel reuniu-se com Davi em Hebrom e disse: "Somos sangue do teu sangue. No passado, mesmo quando Saul era rei, eras tu quem liderava Israel em suas batalhas. E o Senhor, o teu Deus, te disse: 'Você pastoreará Israel, o meu povo, e será o seu governante' ".
> Então todas as autoridades de Israel foram ao encontro do rei Davi em Hebrom, onde este fez um acordo com elas perante o Senhor, e ali ungiram Davi rei de Israel, conforme o Senhor havia anunciado por meio de Samuel.
>
> 1Crônicas 11.1-3

As pessoas associam os pastores e líderes de igreja às ideias mais diversas — acham que são executivos, CEOs, conselheiros, melhores amigos, empreendedores sociais — mas há uma figura bíblica que ultrapassa todas essas expectativas contemporâneas sobre o pastor: a de pastor de ovelhas. Como escreve Gordon MacDonald: "Referências ao pastor de ovelhas estão espalhadas por toda a Escritura [...] A expressão *pastor como cuidador de ovelhas* naturalmente deu origem ao termo *pastor* usado pela igreja primitiva no Novo Testamento. Em geral, pensamos em *pastor* como um termo religioso. Mas os antigos associavam *pastor* a um conceito administrativo.".

Em 1Crônicas 11, quando Deus formalmente designa Davi como rei sobre Israel, ele diz que Davi iria "pastorear" o povo. Desse modo, em 1Crônicas 17.6, Deus estabelece que todo líder estava incumbido de pastorear seu povo.

Os antigos viam a função do pastor de uma maneira bastante específica, no que se referia a seu trabalho. Os pastores conduziam seu rebanho, garantindo que as ovelhas tivessem água e descanso. Eles davam de comer ao rebanho. Protegiam o rebanho — arriscando a própria vida, se necessário — diante de inimigos ameaçadores. A descrição do trabalho é simples, mas nada fácil de ser cumprida. É por isso que o Novo Testamento nos lembra de que não se pode *pastorear outros* a não ser que o pastor esteja junto de Jesus, o verdadeiro *Pastor* que dá a vida pelas ovelhas.

PASTOREANDO EM SITUAÇÕES ESPECÍFICAS

O papel do pastor
Gordon MacDonald

O pastoreio é uma das profissões mais antigas do mundo. Referências ao cuidado de ovelhas estão espalhadas por toda a Escritura. No Antigo Testamento, o Deus de Israel é comparado a um pastor. Várias das personagens mais importantes da Bíblia (Moisés, Davi e Amós, por exemplo) foram pastores na juventude. A expressão *pastor como cuidador de ovelhas* naturalmente deu origem ao termo *pastor* usado pela Igreja Primitiva no Novo Testamento que tratam da Igreja. Em geral, pensamos em *pastor* como um termo religioso. Mas os antigos associavam *pastor* a um conceito administrativo.

A descrição do trabalho do pastor de ovelhas era simples: conduzir as ovelhas para onde pudessem ter saúde, segurança, alimento, água e onde pudessem dar alguma utilidade (fornecer lã, leite e — às vezes — carne). A maioria das pessoas criadas na igreja aprendeu que os pastores não empurram as ovelhas (só os açougueiros fazem isso); eles as conduzem. E o fazem com paciência.

O salmo 23 contém uma excelente descrição de um pastor competente. Nesse texto, o próprio Deus é pastor. "O Senhor é o meu pastor; de nada terei falta" começa o autor. Por causa dele eu descanso e me alimento em campos verdejantes. Sou restaurado por águas tranquilas. Sou conduzido por caminhos seguros. E não tenho medo diante do perigo.

Quando aparecem os predadores, sou defendido pelo cajado do pastor. Quando caio numa fenda, sou resgatado por seu cajado. Se me machuco, sou tratado com seu óleo restaurador. E, sobretudo, tenho certeza de que serei pastoreado desse modo para todo sempre. Em outras palavras, o meu pastor é totalmente, inabalavelmente fiel.

O trabalho de um pastor, que é conhecido de quase todos os povos antigos, tornou-se o modelo bíblico para os líderes cristãos de todos os tempos. Quando Paulo se encontra com os líderes da igreja dos efésios, provavelmente pela última vez, o que mais o preocupava sobre o futuro da igreja? A segurança espiritual da igreja e a coesão entre os irmãos como seguidores de Jesus. Paulo disse: " 'Cuidem de vocês mesmos e de todo o rebanho sobre o qual o Espírito Santo os designou como bispos, para pastorearem a Igreja de Deus, que ele comprou com o seu próprio sangue. Sei que, depois da minha partida, lobos ferozes penetrarão no meio de vocês e não pouparão o rebanho' " (Atos 20.28-31). É provável que essa breve citação seja um resumo de várias horas de conversa, uma síntese das declarações mais importantes de Paulo sobre teologia pastoral: a prática de cuidar e discipular o povo. Observe as palavras-chave: *cuidar, rebanho, pastorear, sangue, lobos* — todas fazem parte do campo lexical referente ao trabalho do pastor. Pense um pouco nessas palavras. Elas não devem ser descartadas nem desconsideradas como se fossem arcaicas.

- *Cuidar*. A palavra denota a vigilância de um pastor diante de qualquer ameaça potencial contra suas ovelhas: topografia acidentada, plantas venenosas, predadores *famintos*, adversidades meteorológicas, doenças e contusões. Para Paulo, essa vigilância é comparável à ideia de proteger as pessoas contra as ameaças à fé.

Os fundamentos do pastoreio

- *Rebanho*. A "comunidade do rebanho" — como é de esperar, Paulo está se referindo a pessoas: pessoas que podem ser ou não inteligentes, bem-sucedidas ou socialmente visadas, mas que, do ponto de vista espiritual, são altamente vulneráveis. Curioso! Paulo não compara a congregação dos efésios ao orgulho dos leões. Antes, ele os compara a animais que são praticamente indefesos.
- *Pastores*. Via de regra, não havia nada de exuberante na figura do pastor; pelo contrário, geralmente o pastor era o filho mais novo da família ou alguém socialmente desprezado. Não obstante a arte religiosa, não havia absolutamente nenhum *glamour* em ser pastor. Por que Paulo não comparava os pastores a atletas olímpicos ou a médicos?
- *Sangue*. Antigamente, o sangue era a moeda de troca por excelência: Dizer que algo fora comprado pelo sangue de alguém transmitia a noção de valor absoluto. Desse modo, na visão de Paulo, o valor do "rebanho" dos efésios era inestimável. Em essência, esses líderes pastorais não podiam se dar ao luxo de ser arrogantes sobre suas responsabilidades.
- *Lobos*. Entre os vários tipos de predadores que perseguiam ovelhas nesse contexto, os lobos eram os piores: falsos mestres, perseguidores, causadores de confusão na congregação. E os pastores tinham a responsabilidade de impedir que eles se aproximassem do rebanho.

As últimas palavras ditas aos efésios não se referiam à evangelização, nem à visão organizacional ou mesmo ao estilo de culto. Tais palavras diziam respeito à responsabilidade pastoral: para garantir a saúde e a segurança das pessoas que *já* faziam parte do rebanho. Eis a essência da tarefa do pastor.

Pastoreio como presença pessoal
Henri Nouwen

Desde o início da minha vida, duas vozes falam comigo: uma diz: "Henri, procure se virar sozinho. Procure se tornar independente. Dê-me razão para ter orgulho de você.". A outra voz diz: "Henri, seja o que for, ainda que você não faça algo muito atrativo aos olhos do mundo, não deixe de se manter próximo ao coração de Jesus; não deixe de estar próximo do amor de Deus.". Eu me esforço para atender a essas duas vozes — a voz que me eleva e a voz que me convida à humildade.

Logo cedo na vida, eu dei alegria imensa a meu pai e à minha mãe estudando, depois lecionando e me tornando relativamente bem conhecido, indo para as universidades de Notre Dame, Yale e Harvard. Agradei muitas pessoas fazendo isso e também a mim mesmo.

Mas, em certo momento dessa ascensão, eu me perguntava se ainda estava ligado à minha vocação. Comecei a perceber isso quando me vi falando a milhares de pessoas sobre humildade e, ao mesmo tempo, comecei a imaginar o que aquelas pessoas estavam pensando de mim. Essa situação não me deixou em paz. Na verdade, eu me senti solitário.

PASTOREANDO EM SITUAÇÕES ESPECÍFICAS

Fiquei sem saber qual era o meu lugar. Eu impressionava na tribuna, mas nem sempre com o meu próprio coração. Comecei a pensar se talvez a minha carreira não estava atrapalhando a minha vocação.

Então, comecei a orar: "Senhor Jesus, mostre-me para onde tu queres que eu vá, e eu te seguirei. Mas, por favor, seja claro. Não quero mensagem ambígua!". Orei assim várias e várias vezes.

Pouco tempo depois, conheci Jean Vanier, o fundador da L'Arche, uma rede de cristãos que vivem em comunidade com pessoas com necessidades especiais. Ele não me pediu para ser útil; ele não me pediu para trabalhar com pessoas portadoras de deficiências. Ele simplesmente disse: "Talvez possamos lhe oferecer um lar".

Eu aceitei o chamado de ser sacerdote em Daybreak, uma comunidade da L'Arche próxima de Toronto, no Canadá, uma comunidade com cinquenta pessoas portadoras de deficiências e cinquenta assistentes. A primeira tarefa que me deram foi de cuidar de Adam (entre tantos nomes, justamente Adam! Era como se estivesse trabalhando com a própria humanidade). Adam, um moço de 24 anos de idade, não falava. Ele não andava. Não se vestia sozinho. Não dava para saber se ele reconhecia ou não as pessoas. Seu corpo era deformado, sua coluna distorcida; além disso, ele sofria de ataques epilépticos frequentes.

No início, fiquei receoso com Adam. Mas me asseguraram dizendo: "Não se preocupe".

Eu era professor universitário; nunca tinha tocado em ninguém com tanta proximidade. Mas ali estava eu diante de Adam — para segurá-lo!

Às 7 horas da manhã, fui a seu quarto. Tirei sua roupa, levantei-o e cuidadosamente o levei ao banheiro. Estava com medo de que ele tivesse alguma convulsão. Tive dificuldade de levantá-lo para colocá-lo na banheira, uma vez que o peso dele era igual ao meu. Comecei a derramar água sobre ele, lavá-lo, lavar-lhe o cabelo, e depois o tirei de lá para escovar seus dentes, pentear o cabelo e colocá-lo de volta na cama. Depois o vestia com o que encontrasse e o levava para a cozinha.

Eu o assentava à mesa e começava a dar-lhe de comer. A única coisa que ele conseguia fazer era levar a colher à boca. Eu ficava ali o observando. Isso levava cerca de uma hora. Eu nunca tinha ficado com uma única pessoa durante uma hora apenas para ver se ela conseguia comer.

Até que algo aconteceu: depois de duas semanas, eu já não estava tão amedrontado. Decorridas três ou quatro semanas me dei conta de que eu pensando muito a respeito de Adam e aguardava o momento de estar com ele. Descobri que algo estava acontecendo entre nós — algo íntimo e maravilhoso que vinha de Deus. Nem sei exatamente como expressar isso.

Aquele homem debilitado era o meio pelo qual Deus estava falando comigo de um modo diferente. Aos poucos, descobri que eu tinha afeição por ele e comecei a acreditar que Adam e eu "nos pertencíamos". Em outras palavras, Adam me ensinou sobre o amor de Deus de maneira concreta.

Primeiro, ele me ensinou que ser é mais importante do que fazer, que Deus quer que eu esteja com ele e não tenha de fazer uma porção de coisas para provar o meu valor. Toda a minha vida tinha se resumido em fazer, fazer, fazer. Sou uma pessoa impulsiva, que gosta de fazer mil coisas para poder mostrar — de algum modo — que tenho valor.

As pessoas me diziam: "Henri, você está bem". Mas agora, aqui com Adam, eu ouvia: *"Não me importa* o que você faz, contanto que esteja comigo". Não foi fácil simplesmente ficar ali com Adam. Não é fácil ficar com alguém sem fazer muita coisa.

Os fundamentos do pastoreio

De repente, percebi que o que torna uma pessoa em um ser humano é o coração com o qual ele pode dar e receber amor. Adam estava me brindando com uma quantia considerável do amor de Deus, e eu oferecia a Adam o meu amor. Havia uma intimidade que ultrapassava palavras e ações.

Também descobri que Adam não era apenas um portador de deficiência, menos humana do que eu ou outras pessoas. Ele era um ser humano pleno, tão plenamente humano que foi escolhido por Deu para se tornar instrumento de seu amor. Adam era tão vulnerável, tão fraco e tão vazio que ele se tornou apenas coração — o coração em que Deus quis habitar, por meio do qual ele quis falar àqueles que se aproximavam de seu vulnerável coração. Adam era um ser humano pleno, não meio humano ou menos humano. [...] Deus quis habitar no débil Adam para poder se comunicar, por meio da vulnerabilidade, com um mundo cheio de força e chamar as pessoas a se tornarem vulneráveis.

Finalmente, Adam me ensinou algo que deveria ser óbvio: fazer as coisas com os outros é mais importante do que fazer as coisas sozinho. Eu venho de uma realidade que se preocupa em fazer as coisas individualmente, mas ali estava Adam, tão fraco e vulnerável. Eu não conseguia ajudar Adam sozinho. Precisávamos de todo tipo de ajuda. Tínhamos pessoas do Brasil, dos Estados Unidos, do Canadá e da Holanda — jovens, velhos, todos vivendo juntos em uma casa ao redor de Adam e outras pessoas portadoras de deficiência.

Comecei a entender que Adam, o mais fraco entre nós, formava a comunidade. Foi ele que nos uniu; suas necessidades e sua vulnerabilidade nos transformaram em uma verdadeira comunidade. Com todas as nossas diferenças, não poderíamos ter sobrevivido como comunidade se Adam não estivesse ali. Sua fraqueza tornou-se a nossa força. Sua fraqueza nos tornou uma comunidade de amor. Sua fraqueza nos convidou a perdoar um ao outro, a acalmar as nossas discussões, a estar com ele.

É isto que estou aprendendo. Estou em Daybreak há apenas três anos, e não é fácil. Em muitos sentidos, Notre Dame, Yale e Harvard eram mais fáceis. Mas é uma vocação para mim. Eu quero continuar e ser fiel.

Publicado com permissão da Chicago Radio Hour.

Pastoreio como cura da alma
Eugene Peterson

Muito frequentemente, em meio à agitação de "tocar uma igreja" algo essencial é deixado de lado: o trabalho pastoral de "curar a alma". Não há outra frase que capture tão bem a essência do pastorado.

Definindo a frase "cura da alma"

O sentido primário de cuidado no latim é *cura*, de onde vem o termo "curar". A alma é a essência da personalidade humana. A cura da alma, portanto, consiste no cuidado orientado pelas Escrituras e moldado pela oração que se volta a pessoas individualmente ou em grupos,

PASTOREANDO EM SITUAÇÕES ESPECÍFICAS

em contextos sagrados e seculares. É uma determinação de se trabalhar no centro, de se concentrar no que é essencial.

A cura da alma não é uma forma especializada de ministério (análoga, por exemplo, ao capelão hospitalar ou conselheiro pastoral). É o trabalho pastoral essencial. Não é uma redução do trabalho pastoral ao aspecto devocional — é um modo de vida que usa tarefas, encontros e situações do dia a dia como matéria-prima para nos ensinar a orar, a desenvolver a fé e a preparar-nos para a morte. *Curar almas* é remover o que é introduzido pela cultura secularizada. É também um termo que nos identifica com nossos ancestrais e colegas de ministério, leigos e clérigos, que têm a convicção de que uma vida de oração é o tecido que une a proclamação do dia sagrado e o discipulado do cotidiano.

Respondendo à iniciativa de Deus

Para administrar uma igreja, os pastores tomam iniciativas. Eles assumem o controle. Assumem responsabilidades para motivar e recrutar, abrir o caminho e iniciar projetos. Caso não o façam, a igreja fica à deriva. Os pastores têm consciência da tendência humana à apatia e à indolência; por isso, usam sua posição de liderança para enfrentá-la.

Em comparação, a cura da alma consiste em uma crescente percepção de que Deus já tomou a iniciativa. A doutrina tradicional que define essa verdade é chamada de graça preveniente: Deus, em todo lugar e a todo tempo, toma a iniciativa. É ele quem faz as coisas acontecerem. Preveniente é a convicção de que Deus está agindo diligente, redentora e estrategicamente antes de você ou eu entrarmos em cena, antes de termos consciência de que havia algo aqui para realizarmos.

A cura da alma representa uma convicção disciplinada e determinada de que *tudo* que fazemos é uma resposta à primeira palavra de Deus, seu ato inicial. Aprendemos a estar atentos à ação divina já em processo para que a palavra ainda desconhecida de Deus seja ouvida, para que o ato de Deus ainda despercebido seja notado.

Quem administra a igreja pergunta: "O que devemos fazer? Como fazer que as coisas funcionem novamente?". As perguntas de quem cura a alma são: "O que Deus está fazendo aqui? Que traços da graça posso observar nesta pessoa? Quais histórias de amor posso encontrar neste grupo? Em que Deus está agindo do qual eu possa fazer parte?".

Usando a linguagem da oração

Os pastores usam uma linguagem descritiva e motivacional. Eles querem que as pessoas sejam informadas para que não haja desentendimentos e que estejam motivadas para que realizem as tarefas. Mas a cura da alma envolve estar muito mais interessado em saber quem as pessoas são e quem elas estão se tornando em Cristo do que em atestar o que elas conhecem ou o que estão fazendo.

Estar comprometido com a cura da alma significa tomar a decisão de trabalhar no centro das coisas, onde somos mais nós mesmos e onde nossos relacionamentos de fé e intimidade são desenvolvidos. A principal linguagem é a linguagem pessoal de amor e oração. A vocação pastoral não ocorre principalmente em uma escola na qual as *matérias são ensinadas*, ou nos quartéis em que as forças de combate são instruídas a atacar o mal, mas, sim, na família — o lugar em que se aprende a amar, no qual o nascimento tem

Os fundamentos do pastoreio

lugar, em que a intimidade é aperfeiçoada. É nesse ambiente que os pastores vão além da linguagem descritiva e motivacional. Aprendem a usar a linguagem espontânea: clamores e exclamações, confissões e considerações, palavras por meio das quais o coração se expressa.

Com certeza os pastores têm muito a ensinar e a realizar, mas sua principal tarefa é *ser*. A linguagem primeira da cura da alma, portanto, é conversa e oração. Ser pastor significa aprender a usar a linguagem em que a singularidade pessoal é realçada e a santidade individual é reconhecida e respeitada. Trata-se de uma linguagem que não tem pressa, não é forçada, sem alvoroço — a linguagem agradável e cômoda dos amigos e dos amantes, que também é a linguagem da oração.

Abraçando o mistério *versus* a solução de problemas

Onde estiverem dois ou três reunidos, surgem problemas. Os egos são feridos, procedimentos são enroscados, organizações se tornam confusas, planos são frustrados, temperamentos se chocam. Surgem problemas de regulamentos, crises matrimoniais, conflitos de trabalho, problemas com crianças, problemas nas comissões, questões emocionais. Alguém precisa interpretar, explicar, elaborar novos planos, desenvolver procedimentos melhores, organizar e administrar. A maioria dos pastores gosta de fazer isso; há um sentimento de satisfação em poder transformar situações adversas em lugares aprazíveis.

A questão é que a solução de problemas pode ocupar integralmente o ministério. Por ser útil e pelo fato de o pastor normalmente saber fazer bem, a vocação pastoral pode ser subvertida involuntariamente. Gabriel Marcel escreveu que a vida não é tanto um problema a ser resolvido quanto um mistério a ser explorado. Esta é certamente a posição bíblica: a vida não é algo que conseguimos consertar e manter em ordem por nossa própria capacidade; trata-se de uma dádiva incomensurável. Somos imersos em mistérios: amor incrível, maldade perplexa, a criação, a cruz, a graça, Deus.

A mente secularizada é aterrorizada por mistérios. Por isso, ela faz listas, rotula pessoas, designa papéis e soluciona problemas. Mas uma vida resolvida é uma vida reduzida. Vivemos numa seita de especialistas que explicam e resolvem. O vasto mundo tecnológico ao nosso redor nos dá a impressão de que há uma ferramenta para todas as coisas se ao menos tivermos como adquiri-los. Pastores engessados no papel de tecnólogos espirituais têm dificuldade de evitar que essa função seja absorvida por todas as demais coisas, uma vez que há inúmeras coisas que precisam e podem ser, de fato, consertadas.

Se os pastores encaram todas as crianças como um problema a ser resolvido, todos os cônjuges como uma crise a ser tratada, todos os conflitos no coral ou em uma comissão como um problema a ser julgado, eles abdicam da tarefa mais importante de seu ministério: descobrir a presença da cruz nos paradoxos e caos existentes entre um domingo e outro, chamando a atenção para o "esplendor nas coisas comuns" e principalmente *ensinando uma vida de oração* a seus amigos e companheiros de peregrinação.

PASTOREANDO EM SITUAÇÕES ESPECÍFICAS

Pastoreio como cuidado do rebanho
Gordon MacDonald

Uma das tarefas-chave do pastor é cuidar do rebanho. Há de se lembrar das palavras de Ezequiel: "Vocês não fortaleceram a fraca nem curaram a doente nem enfaixaram a ferida. Vocês não trouxeram de volta as desviadas nem procuraram as perdidas" (34.4). Com base na descrição da Bíblia sobre o cuidado de ovelhas, veja a seguir cinco elementos essenciais sobre o que significa cuidar do rebanho de Deus.

Um pastor treina "copastores"
Não é sensato aumentar o rebanho até que se pense em um processo de desenvolvimento da próxima geração de pastores para a expansão do ministério. E esse desenvolvimento de novos pastores não pode ser delegado a outros. Precisa ser organizado pelo pastor principal, para que não pareça algo secundário.

Um pastor ensina a Bíblia e sua aplicação
As pessoas que se identificam com o ramo ortodoxo do cristianismo se dizem o povo do "Livro". Esse livro revela Deus a nós na vida e morte de Jesus Cristo. Por meio desse livro, os cristãos vivem e têm esperança. Isso implica dizer que o pastor garantirá que o rebanho seja nutrido dessa verdade.

Contudo, por que parece que inúmeros frequentadores de igreja de todas as idades deixaram de ter um conhecimento íntimo da Bíblia? Por que há tantos que desconhecem as principais histórias da Bíblia? Das passagens centrais das Escrituras? Dos valores e convicções que definem os cristãos em seu modo de viver em geral? Por que parece que às vezes muitos cristãos estão mais entusiasmados com suas preferências políticas do que com o conhecimento das Escrituras?

Os pastores precisam entender que não importa quão inteligente ou sofisticada seja sua congregação, as pessoas ainda lutam para amar o cônjuge, relacionar-se com os filhos ou desenvolver amizades fortes. O pastor tem uma tarefa vital de ensinar a Bíblia e ajudar o rebanho a viver de modo sábio e consagrado.

Um pastor ensina o rebanho a orar
A oração mantém o inimigo a distância. Ela convida o Espírito Santo a agir na vida do pastor e na vida do rebanho. Pastores que cuidam da igreja estando de joelhos intercedem pelo rebanho e estão atentos à direção espiritual do próprio Deus. O pastor é alguém que realmente ora.

Um pastor fortalece a experiência de adoração
Se as nossas orações públicas se abreviam em frases curtas irrefletidas, se os momentos profundos se perdem quando a congregação ouve as Escrituras Sagradas sendo lidas atenciosamente, se os sacramentos são apressados porque as pessoas não conseguem ficar sossegadas por muito tempo e, se o ofertório se torna constrangedor em vez de ser uma celebração pela

Os fundamentos do pastoreio

dedicação das nossas "primícias" a Deus, a congregação sofrerá. Pastores sábios protegem o rebanho de uma experiência superficial de culto.

Um pastor permanece próximo do rebanho

As pessoas precisam ver seus pastores dentro do curso da vida real, não só no palco ou atrás do púlpito. Elas precisam ver o pastor com a esposa, com os filhos e com os amigos. Precisam ver como o pastor cuida das questões financeiras, sociais e vocacionais.

Se os pastores não permanecem no meio das ovelhas, como saberão quando o rebanho é ameaçado? Como o rebanho terá a certeza de que seu pastor saberá o que fazer quando estiverem em perigo?

Habilidade de ouvir no pastorado
Leadership Journal

De acordo com Jesus, o verdadeiro pastor conhece suas ovelhas (João 10.14). É impossível conhecer as pessoas sem as ouvir. Ouvir atentamente, ouvir como alguém que busca ser semelhante a Cristo, é fundamental no pastorado. Eis sete modos de explorar as habilidades práticas e bíblicas de como ouvir bem as pessoas:

1. Comprometa-se a ouvir

Ouvir envolve afastar-se de si mesmo para se concentrar no que a outra pessoa está dizendo. Infelizmente, a maioria de nós não ouve atentamente. O autor empresarial Stephen Covey diz: "A maioria das pessoas não ouve para entender; ouve para responder. Enquanto o outro fala, estão preparando uma resposta". Contudo, as Escrituras dizem: "Quem responde antes de ouvir comete insensatez e passa vergonha" (Provérbios 18.13). Ouvir atentamente exige esforço. Parte da razão de que ouvir os outros exige atenção é que falamos muito mais devagar do que pensamos. Alguns estudiosos dizem que nós seres humanos pensamos cinco vezes mais rápido do que conversamos. Por isso, enquanto alguém está falando, somos capazes de nos desviar para outros pensamentos e ideias, e voltar de vez em quando só para captar a essência do que a outra pessoa está dizendo.

2. Faça contato com os olhos

Um aspecto importante do cuidado pastoral consiste em ser capaz de olhar diretamente nos olhos das pessoas ao mesmo tempo em que você se concentra no que elas estão dizendo. Por exemplo, se você está dirigindo um pequeno grupo e alguém faz uma pergunta, é fácil se distrair com "outras vozes" na sala. Mas mirar nos olhos de quem fala o ajudará a se concentrar no que a pessoa está dizendo. Manter contato visual o fará focar exatamente no que a pessoa está dizendo. E, por sua vez, o ajudará a dar atenção às necessidades da pessoa em vez de tentar lidar com todos os ruídos incômodos. É verdade que há uma diferença sutil e importante entre olhar atentamente para alguém e encarar a pessoa. Encarar constrange a pessoa e não ajuda em nada. Um leve desvio do olhar pode ajudar você a interromper a fixação nos olhos, ainda que continue atento a todos os detalhes da conversa.

3. Identifique a comunicação não verbal

Geralmente as palavras não expressas são mais importantes do que as expressas. É importante ler as entrelinhas. Os estudiosos divergem sobre quanto de toda comunicação é não verbal, mas estima-se que varia entre 60% e 90%. Todos concordam pelo menos em que a grande maioria de cada experiência de comunicação é não verbal. Observar a linguagem corporal e a variação da voz é essencial para se ouvir com eficácia. Numa perspectiva cristã, ouvir é um dom que damos aos outros. Exige sacrifício e autonegação. Exige transformação espiritual em Cristo, mas também envolve aprender novas habilidades e novos modos de relacionar as pessoas porque somos motivados pelo amor de Cristo por nós.

4. Evite julgar

Às vezes é difícil ouvir as histórias de alguém sem querer julgá-las. Mas, assim que você começa a analisar e a julgar a pessoa que está falando, você praticamente parou de ouvi-la e começou a se concentrar no que ela precisa fazer, ou sobre o que dirá a ela. É fundamental disciplinar a mente e afastar o julgamento, independentemente do que você tende a acreditar sobre a pessoa com quem está conversando.

5. Evite as preocupações

Pastores e líderes de igreja normalmente têm dezenas de coisas que exigem sua atenção — trabalho, cônjuge, filhos, *hobbies* etc. Coisas esperando ser concluídas em geral os acompanham, e é fácil vê-los preocupados. Por isso, é essencial concentrar-se na importância de um determinado encontro com outra pessoa. Deixe conscientemente de lado as demais preocupações. Exerça o autocontrole de modo mais concreto. Jesus tinha uma impressionante habilidade de estar totalmente presente com a pessoa que estivesse diante dele, de dar-lhe atenção total. Estude a vida de Jesus e viva em união com ele. Peça a ele que o torne mais parecido com ele. Do contrário, as preocupações podem levar você a não entender algumas coisas.

6. Evite soluções prematuras

O fato é: as pessoas procuram os pastores para obter respostas. E os pastores frequentemente se sentem obrigados a dar-lhes respostas rápidas e fáceis. Respostas rápidas (mesmo que sejam corretas), entretanto, podem deixar de lado fatores críticos e bloquear o avanço da comunicação. Uma resposta rápida pode fazer que a pessoa sinta que seus problemas não estão sendo levados a sério. Você não é capaz de ouvir plenamente se estiver formulando na mente as respostas. O líder precisa estar seguro de ouvir atentamente e obter informações suficientes antes de ousar oferecer uma solução ou ideia sobre o tema.

7. Absorva as acusações

Líderes de igreja são alvos convenientes para as frustrações das pessoas. Eles podem se tornar o ímpeto das acusações contra Deus, contra o cristianismo e contra a igreja. Nessas situações, é natural reagir defendendo a fé ou sua própria reputação. Mas a atitude defensiva

Os fundamentos do pastoreio

não ajuda em nada. Quando fica na defensiva, você começa imediatamente a se armar mentalmente com argumentos para desmontar o adversário. Nesse momento, você deixa de prestar atenção na outra pessoa. Por outro lado, se você consegue continuar ouvindo *em meio* ao ataque, sem assumir a defensiva, sem reagir às atitudes da pessoa, então é bem provável que você possa servir de ajuda.

Sete aspectos essenciais em visitas hospitalares
Bruce L. Shelley

Visitar membros enfermos do rebanho é uma parte importante do papel do pastor, mas, muitas vezes, é difícil saber como melhor fazê-la. Aqui estão sete dicas de como tornar as visitas em hospitais mais úteis e menos constrangedoras.

Identifique o estado de ânimo do paciente

Pacientes submetidos a cirurgias graves enfrentam pelo menos três fases emocionais: 1) da noite anterior às primeiras horas do dia da cirurgia; 2) o período logo após a cirurgia quando os sinais vitais são baixos e o paciente muito provavelmente esteja sedado ou tomando remédio para aliviar a dor; e 3) o período de aumento de mobilidade e fortalecimento dos sinais vitais. Nesse período, esteja preparado para encontrar pelo menos três estados de disposição:

- *Medo.* Normalmente está presente nas horas que antecedem a cirurgia. A resposta correta é expressar confiança — encarar a realidade da situação, mas com confiança.
- *Solidão.* É comum durante os dias logo após a cirurgia em que há diminuição das funções físicas. Muitas vezes, a melhor coisa é simplesmente estar junto da pessoa.
- *Depressão e impaciência.* São comuns se a recuperação demora mais do que o esperado. Nesse momento, o paciente pode estar pronto para receber algum encorajamento.

Procure identificar o estado de ânimo do paciente a fim de ministrar de maneira apropriada.

Visite o paciente na hora certa

Como uma piada ou um beijo, o momento certo é fundamental. Seis visitas feitas na semana seguinte não recompensarão a perda de oportunidade das horas que antecederam a situação desconhecida. Como professor, sempre me senti grato aos alunos que reconheceram essa verdade durante minha última aula antes de eu ir para o hospital. Eles insistiram que parássemos e orássemos antes de eu sair sozinho para o hospital. Guardei esse momento comigo ao entrar na sala de cirurgia.

Dê atenção à família do paciente

Esse é um momento sensível para os familiares. Geralmente, é quando surgem dúvidas e medo. A minha esposa ficou muito grata por duas amigas que tinham passado pelo terror de

PASTOREANDO EM SITUAÇÕES ESPECÍFICAS

suas próprias cirurgias. Elas se lembraram; visitaram; ficaram com ela. Para mim também foi um consolo saber que as amigas estavam lá para ajudá-la.

Saiba que a sua presença é mais importante que as suas palavras

Isso é especialmente verdade quando o paciente tem sentimentos de solidão. Num sábado à noite um amigo veio me ver. Eu estava há três dias sem me barbear. Um tubo entrava pelo meu nariz e sugava sangue e muco do meu estômago; além disso, eu estava sob o efeito de medicação. Era uma situação muito mais grave do que o meu amigo estava preparado para encontrar. Ele entrou devagar e disse: "Ah, acho que cometi um erro. Não tinha a menor ideia. Não tinha a menor ideia.". Creio que ele imaginava que eu estava praticamente morto. Depois de uns três minutos, ele resmungou alguma coisa e saiu. Em certo sentido, ele fez tudo errado. Mas, quando ele se dirigiu à porta para ir embora, eu sorri. Por quê? Porque ele veio. E eu sabia. Ele interrompeu o meu isolamento; ele esteve ali.

Não se constranja em pegar na mão do paciente

Toque na mão do paciente do modo mais adequado possível sem causar dor. Esse toque — ou aperto — comunica empatia, presença, força, companheirismo. Todo paciente precisa desses quatro gestos, e muitas vezes um toque atende todos eles.

Aceite e responda ao estado de ânimo do paciente

A sua responsabilidade é com o estado de ânimo do paciente não com o relatório do médico. Não subestime a situação do paciente, mas também não seja mórbido. Você deve aceitar o estado do paciente e responder com o encorajamento adequado. Às vezes, mandar um cartão é a coisa certa a fazer. Um dos cartões que recebi de um amigo de Minnesota chegou depois que eu já tinha voltado para casa. Na frente do cartão tinha a personagem Lucy van Pelt, do cartunista Charles Schultz, com a seguinte frase: "Alguém terá de pagar por isso!". Eu ri, porque tive que pagar muito por aquela cirurgia! Se fosse antes, quando eu estava com medo, um cartão desses não ajudaria em nada.

Compartilhe as Escrituras, principalmente os Salmos

Estou convencido de que nenhuma outra porção da Bíblia comunica a franqueza da alma com Deus tanto quanto o livro de Salmos. A Palavra de Deus, principalmente os Salmos, é cura para a alma.

Pastoreando membros inativos
John Savage & Doug Self

Frequentadores de igreja que se afastaram se consideram *condenados, esquecidos, deixados de lado, sozinhos, rejeitados, abandonados, irados, suspeitos* e *apáticos* em relação à igreja. Em outras palavras, são pessoas que ferem. Essas pessoas normalmente não precisam de um puxão de orelha para voltar a se envolver na igreja. Elas precisam de cuidado pastoral.

Os fundamentos do pastoreio

Uma vez que os membros afastados provavelmente olham para o pastor e outros líderes da igreja como a igreja propriamente dita, precisamos ser especialmente sensíveis a seus sentimentos sobre a igreja. Estas são algumas coisas de que você deve lembrar-se quando oferecer assistência pastoral aos membros faltosos:

Dê ouvidos ao que têm a dizer os "entendidos"

Os membros faltosos da igreja são os únicos entendidos sobre o porquê de eles terem se afastado. Essas pessoas sabem exatamente as razões que as levaram a deixar de frequentar a igreja. O que você supõe ou suspeita pode estar equivocado ou completamente errado. A melhor coisa é aprender humildemente as razões da pessoa faltosa.

Entenda que as pessoas deixam a igreja por motivos diferentes

Cada história que levou ao afastamento da igreja é singular, mas, na maioria dos casos, as pessoas se ausentam por uma das seguintes razões:

- *Conflitos dentro da família.* O núcleo familiar está lutando contra problemas conjugais, drogas, depressão, gravidez não planejada — a lista é infindável. Em vez de se apegarem mais à igreja como fonte de cura, as pessoas, muitas vezes, se afastam da igreja.
- *Conflito com os pastores.* Quando os pastores evitam tratar das frustrações e das ansiedades dos membros, muitos simplesmente evitam os pastores e as igrejas.
- *Conflito interpessoal ou entre famílias.* Um mal-entendido ou ofensa entre famílias ou indivíduos nunca trazido à luz e resolvido.
- *Sobrecarga de trabalho* (ou, pelo menos, a percepção de sobrecarga). Voluntários se dedicam por muitas horas ao trabalho da igreja, às vezes com pouco ou nenhum reconhecimento. Eles podem ficar esgotados e deixar de ir à igreja.

Naturalmente, mesmo dentro dessas quatro categorias, cada caso é único. É por isso que os próximos estágios são fundamentais.

Respeite a raiva deles

Os membros que deixam de frequentar a igreja geralmente relembram as ofensas repetidamente. Em alguns casos, eles se debatem com um arroubo de automoralismo. Deixar de ir à igreja é uma afirmação dramática de indignação. Portanto, mesmo quando alguém parece estar se comportando de forma imatura, respeite a dignidade desse indivíduo e procure ver a ofensa do ponto de vista dessa pessoa.

Ouça a dor deles

Se você aprender a ouvir e a responder ao clamor das pessoas por ajuda, você normalmente conseguirá evitar que elas abandonem a igreja. Mas, mesmo quando as pessoas deixam a igreja, os pastores e líderes de igreja podem reagir à ofensa de uma das seguintes maneiras:

1. *Colocar a culpa e humilhação sobre suas feridas.* "Qual é o seu problema? Você está perdendo a fé ou algo parecido?" Não cometa o erro de confundir o sintoma com a doença, o comportamento com a causa.

2. *Ignorar ou minimizar o pedido de ajuda delas.* Seja proativo em estender a mão, mesmo que seja constrangedor e seja recebido com certa resistência.
3. *Ouça e responda ao sofrimento delas.* Ouvir é um ato de amor poderoso. É um ato de reconciliação. Se estivermos dispostos a dar atenção à dor da pessoa faltosa, muitas vezes haverá reconciliação.

Peça desculpas à igreja quando estiver errado
Quando as pessoas são machucadas ou ofendidas pela igreja, expressar uma simples desculpa, muitas vezes é altamente compensatório. Como representante da Igreja e do Evangelho, dizer um simples "Sinto muito por ter acontecido isso com você" pode ter um efeito bastante eficaz. Muitas pessoas precisam apenas saber que alguém se importa com elas e que sua dor foi levada em consideração.

Seja gracioso para com os companheiros de luta
Às vezes, os membros se afastam porque estão lutando contra pecado, fracasso, problemas familiares ou vícios. Sentem-se carregados de culpa e humilhação. Sentem que ninguém compreenderia seus problemas. Nesses casos, os membros afastados da igreja precisam de que alguém venha e declare novamente a verdade do Evangelho: em Cristo, portanto, não há nenhuma condenação (cf. Romanos 8.1).

Se necessário, lance um desafio
Depois de ouvir um ex-membro ofendido, de pedir desculpas e manifestar graça, em algum momento será correto lançar um desafio: "Está na hora de voltar. É hora de você assumir a sua parte de responsabilidade sobre o que ocorreu. Pode ser a hora de perdoar ou lidar com o conflito em vez de abandonar o relacionamento.". Essas palavras podem ser exatamente o que alguém precisa escutar para se desprender do passado e seguir adiante.

Dê permissão para que o membro visite outras igrejas
Às vezes, a melhor coisa é o membro afastado começar do zero em outra igreja. Nenhuma igreja atenderá plenamente às necessidades de todas as pessoas. Um membro afastado pode precisar ouvir algo como: "Sinceramente, baseado no que você me disse, creio que você se encaixaria melhor na igreja 'x'. Essa igreja parece ter o que você precisa nesta fase da sua caminhada com Cristo.".

Seja a presença de Cristo na vida dos membros afastados
Ir atrás de membros afastados é difícil. Vale a pena o esforço e tempo gasto? Veja o que Deus fez por nós. Nós não teríamos dado ouvidos, então ele foi muito além de uma visita pastoral; ele sofreu e morreu na cruz por nós. Esse tipo de amor sacrificial permitiu que nos reconciliássemos com ele.

Você não conseguirá trazer de voltas os membros afastados se simplesmente ignorá-los. Como Cristo, você precisa tomar a iniciativa, procurá-los, ouvir suas reclamações, depois *preparar* o caminho para que voltem. Mesmo que eles prefiram não voltar, você os terá procurado no nome de Jesus Cristo.

Os fundamentos do pastoreio

Pastoreando pessoas profundamente feridas
Matt Woodley

No pastorado nem tudo são flores. Algumas ovelhas parecem que nunca ficam sadias. Em uma sociedade cada vez mais fragmentada como a atual, os líderes pastores podem encontrar pessoas que precisem de dose extra de amor, cuidado e apoio. Carl George chamava essas pessoas de EGEs — membros que Exigem Graça Extra. Gordon MacDonald prefere chamá-los de PAE — Pessoas Altamente Esgotantes.

Quem são essas pessoas profundamente feridas? Primeiramente, são pessoas amadas por Deus que, muito provavelmente, foram vítimas de abuso, abandono ou disfunção familiar. Suas feridas são reais, embora frequentemente tenham desenvolvido métodos autodestrutivos para curá-las. Segundo, esses membros que exigem graça extra transpiram carência. Geralmente deixam muito claro quem é capaz de curar sua carência: o pastor, que supostamente deve ser seu amigo, guru e terapeuta acessível. Terceiro, geralmente se trata de uma condição crônica. O problema não será resolvido rapidamente. Os jovens e impetuosos pastores podem ficar chocados ao descobrir que, depois de esgotar suas ferramentas pastorais, ainda assim verão a maioria dessas pessoas tão feridas e abatidas como antes. Como os líderes de igreja conseguirão ministrar aos cronicamente feridos e carentes sem que se sintam esgotados e usados?

Cultive a aceitação como Cristo fez

Algumas pessoas gastam todo o combustível da atividade pastoral depois pisam mais fundo no acelerador. É fácil melindrar-se com a presença delas. Outros membros da igreja muitas vezes envolvem-se em fofocas ou se queixam de tais pessoas. Você consegue imaginar Jesus fazendo fofoca daqueles leprosos "cronicamente feridos" ou reclamando da desesperadora necessidade do endemoninhado gadareno? Cristo os aceitou. Ele os tocou. Ele os curou. É verdade que Jesus gastou a menor parte de seu tempo com os enfermos crônicos, mas havia espaço em sua agenda para alguns encontros ministeriais mais eficazes. Jesus nunca anestesiou o coração ao sofrimento que estava ao redor.

Lembre-se de que todo membro ou frequentador esgotante carrega uma profunda ferida na alma. A oração é capaz de promover uma atitude de aceitação. Como Dietrich Bonhoeffer escreveu: "Não posso mais condenar ou odiar um irmão por quem oro, não importa quanto dano ele tenha me causado. Seu rosto, que até então pode ter sido estranho e intolerável para mim, é transformado no semblante de um irmão por quem Cristo morreu, a face de um pecador perdoado.". Não caia no erro de rotular uma classe de pessoas; lembre-se de que você está caminhando ao lado de pessoas preciosas por quem Cristo morreu.

Mostre claramente os limites

Pessoas cronicamente feridas em geral exageram na dose inesgotável com que exigem a disponibilidade pastoral. E os pastores gostam de se sentir úteis. A solução é simples, porém dolorosa: mostre claramente os limites. De forma amável, porém firme, diminua as expectativas das pessoas com respeito a sua disponibilidade. Estes são três princípios para estabelecer limites claros com pessoas carentes:

1. *Tome a iniciativa.* Se você não fizer isso, as pessoas automaticamente assumirão que o pastor está totalmente à disposição.
2. *Seja específico sobre seus limites.* Defina claramente quando e onde você estará disponível. Limites vagos não funcionarão.
3. *Verbalize seus limites.* Faça-o com amor e cordialidade; depois mantenha esses limites.

Definir limites é necessário para a eficácia do trabalho pastoral. Isso pode inclusive promover crescimento espiritual. Henri Nouwen chama isso de "ministério da ausência". Sem estabelecer limites claros, Nouwen argumenta: "Nós ministros nos tornamos tão disponíveis a ponto de a nossa presença ser demasiada e a ausência, mínima [...] muito de nós e pouco de Deus e seu Espírito.".

Encoraje o crescimento espiritual

Aqui estão duas perguntas que podem encorajar pessoas profundamente feridas a dar pequenos passos em direção ao crescimento espiritual:

1. Quais objetivos você gostaria de alcançar?
2. Quais dons você gostaria de compartilhar?

A primeira pergunta diz respeito ao *estabelecimento de objetivos espirituais*. Reflita sobre como Cristo aborda de forma direta o cego Bartimeu: " 'O que você quer que eu faça?' " (Marcos 10.46-52). Você poderá perguntar: "Como você quer crescer? Quais passos deseja tomar na vida e como posso encorajá-lo?".

A segunda pergunta foca no *dom da pessoa* — e sobre Deus como doador dos dons. Trabalhe com a suposição de que mesmo a pessoa profundamente ferida pode compartilhar dons com a comunidade. Você poderá perguntar: "Quais dons você pode compartilhar para a edificação do Corpo de Cristo?". Ou talvez possa ser ainda mais direto: "O que você pode fazer aqui para Deus?". Naturalmente, essas perguntas precisam levar em conta as habilidades de cada pessoa, mas esse processo trata o indivíduo com dignidade e respeito.

Entre em contato com outros profissionais

Você não será capaz de resolver todos os problemas das pessoas carentes e feridas. Muito menos conseguirá oferecer o relacionamento terapêutico de longo prazo que muitas vezes se exige. Você não terá condições de preencher o papel onipresente de mentor, amigo, guia, solucionador de problemas gerais e financeiros. Esse simples fato força os líderes de igreja a colaborar com outros profissionais como médicos, psiquiatras, conselheiros e agências de serviço social. Mas nós frequentemente negligenciamos um profissional gratuito e acessível — o Corpo de Cristo. Alguns crentes certamente vão se recusar a ajudar os emocionalmente *carentes*, mas outros estão só aguardando ser chamados. Eles, muitas vezes, podem servir de excelentes mentores, amigos ou conselheiros leigos.

Os fundamentos do pastoreio

Continue levando-os a Jesus

Como pastor você é apenas um pequeno canal do amor e da graça de Cristo. Você — sua sabedoria e técnicas de aconselhamento, até mesmo seu amor — não são a fonte de cura. Cristo é a fonte. Por isso, nunca se esqueça do seu principal chamado — conduzir as pessoas com qualquer tipo de necessidade ou carência à presença de Cristo.

Equipando líderes leigos para o pastoreio
Kelly Brady

Quando eu era criança, minha avó tinha algumas ovelhas em sua fazenda no Texas. Sempre que eu a visitava, ela me levava para "cuidar das ovelhas". Isso significava percorrer o pasto para ver se as ovelhas não estavam machucadas, dar-lhes de comer e água limpa. Às vezes, significava ajudar livrar uma ovelha que tinha enroscado a cabeça na cerca e deixado sua lã presa no arame. Minha avó me ensinou como desgarrar uma ovelha da cerca.

De certo modo, o exemplo da minha avó mostrou claramente a visão da Bíblia sobre o preparo de novos pastores de ovelhas (cf. Efésios 4.12). Os pastores não são os únicos no Corpo de Cristo chamados para cuidar das ovelhas. A seguir, há um processo de três passos para treinar e preparar líderes leigos que possam servir de pastores dedicados e eficazes.

Convide novos pastores de ovelhas leigos para ajudá-lo a cuidar das ovelhas

Minha avó me convidava para acompanhá-la na caminhada pelo pasto e para ajudá-la a cuidar das ovelhas. Ela fazia a maior parte do trabalho, e eu simplesmente a acompanhava e estava por perto. No primeiro século, o discipulado envolvia um convite para seguir um mestre em sua peregrinação pela terra, e a essência do discipulado não mudou com o passar dos séculos. Hoje isso pode significar convidar líderes leigos para que o acompanhem em uma visita de aconselhamento a famílias ou em quartos de hospitais para orar com o doente. Pode significar dar a outros a oportunidade de ajudá-lo a ensinar ou pregar.

É muito comum pastores ministrarem sozinhos, talvez por temerem que sua agenda será atrapalhada ao envolver outras pessoas no ministério. Mas Jesus quase sempre estava acompanhado de seus discípulos quando ministrava aos demais. Se não convidarmos pessoas para que nos acompanhem enquanto cuidamos das ovelhas, como elas aprenderão a cuidar dos outros? Sempre que possível, leve alguém com você quando for atender alguém.

Encoraje os novos pastores leigos a oferecer cuidado aos outros

Em algum momento, eu deixei de simplesmente seguir minha avó e passei a cuidar eu mesmo das ovelhas. Da mesma forma, depois de os discípulos seguirem e observarem Jesus por um tempo, ele os enviou com instruções específicas a que ministrassem aos outros. No contexto da liderança da igreja, isso envolve pedir aos líderes leigos que preguem, aconselhem e façam visitas em hospitais. De fato, sempre há riscos de mobilizar pessoas. E se elas disserem ou fizerem algo errado? E se aqueles a quem eles ministram desejarem e preferirem o cuidado do pastor titular? Contudo, se os pastores leigos nunca cuidarem sozinhos do rebanho, nunca serão verdadeiros pastores.

PASTOREANDO EM SITUAÇÕES ESPECÍFICAS

Encontre-se regularmente com os pastores leigos

No caminho de volta para casa, minha avó e eu conversávamos sobre a situação das ovelhas e sobre o que elas precisariam nos próximos dias. Jesus seguiu um modelo semelhante com seus discípulos. Quando os discípulos voltavam de viagem, eles conversavam com Jesus sobre o que tinham visto e experimentado. Quando eles ficavam admirados pela autoridade que haviam exercido sobre os demônios, Jesus usava a oportunidade para alertá-los de que não se regozijassem de sua autoridade, mas da salvação que tinham. Tenha encontros regulares de avaliação e orientações para que seus pastores leigos tenham ampla oportunidade de aprender e crescer com as experiências. Por exemplo, muitos pastores leigos frequentemente têm dificuldade de saber o que dizer quando estão aconselhando alguém. Você pode lembrá-los de que nós não somos capazes de fazer crescer a grama — nós apenas apontamos o caminho. Sempre que estamos cuidando de alguém do ponto de vista espiritual, nossa tarefa consiste simplesmente em apontar a verdade encontrada na Palavra de Deus. Em última instância, é somente a verdade da Palavra de Deus que nos satisfaz, sustenta e fortalece. Você pode ajudar os novos pastores de ovelhas a ministrar partindo dessa perspectiva.

Introdução a 1CRÔNICAS

PANO DE FUNDO

Conquanto os relatos de 1 e 2Crônicas cubram muitos dos mesmos eventos dos livros de Reis, os dois relatos não são imagens espelhadas. O livro de 1Crônicas segue a linhagem familiar de Davi começando com Adão. Apresenta a perspectiva de Deus sobre os eventos que ocorreram em Israel durante o reinado de Davi, incluindo detalhes das preparações que ele fez para a construção do templo. O profeta Natã lhe disse que não construísse templo, mas isso não o impediu de executar planos, alianças e suprimentos para aquele que o construiria.

Acredita-se que o sacerdote e escriba Esdras tenha sido o autor de 1 e 2Crônicas. Os livros originariamente eram um só, chamado *Dibre Hayyamim*, ou "As Palavras dos Dias", mas foram divididos na *Septuaginta*, na qual recebeu o título de "Das coisas omitidas". As "coisas omitidas" são eventos não incluídos em 1 e 2Samuel e 1 e 2Reis. O nome "Crônicas" vem da *Vulgata* latina, que denominou o livro de "As Crônicas do Todo da História Sagrada".

MENSAGEM

O cativeiro babilônico havia acabado, e o imperador medo-persa Ciro permitiu que os exilados retornassem para seu lar. Esdras liderou um grupo de exilados de volta para Jerusalém por volta de 457 a.C. Ele foi o líder espiritual daquele povo desencorajado que voltou para uma cidade destruída, com muros caídos e um templo profanado. Depois de anos de exílio, o remanescente em Jerusalém precisava de esperança e de um senso de identidade nacional. Esdras escreve para dar esperança ao povo. Deus continuará a ser fiel para com as promessas que lhes fez. Os livros de 1 e 2Crônicas demonstram o envolvimento amoroso de Deus na vida do seu povo.

ÉPOCA

As genealogias de 1Crônicas se estendem de Adão até 538 a.C., quando o primeiro grupo de exilados teve permissão para voltar para Jerusalém. O livro de 1Crônicas cobre eventos até o fim do reinado de Davi, em 971 a.C. Esdras provavelmente completou os livros de 1 e 2Crônicas entre 450 e 430 a.C.

ESBOÇO

I. Genealogias das famílias de Israel	1.1—9.44
II. Reis do reino unido de Israel	
A. Morte de Saul	10.1-14
B. Reino de Davi	
1. Guerras e guerreiros	11.1—12.40
2. A arca da aliança é trazida	13.1—17.27
3. *Mais guerras e guerreiros*	18.1—21.30
4. Davi se prepara para a construção do templo	22.1—29.30

1CRÔNICAS 1.1

A Descendência de Adão

1 Adão,[a] Sete, Enos, ²Cainã,[b] Maalaleel,[c] Jarede,[d] ³Enoque,[e] Matusalém,[f] Lameque,[g] Noé.[h]

⁴ Estes foram os filhos de Noé[1],[i]
Sem, Cam e Jafé.[j]

Os Descendentes dos Filhos de Noé

⁵ Estes foram os filhos[2] de Jafé:
Gômer, Magogue, Madai, Javã,
Tubal, Meseque e Tirás.
⁶ Estes foram os filhos de Gômer:
Asquenaz, Rifate[3] e Togarma.
⁷ Estes foram os filhos de Javã:
Elisá, Társis, Quitim e Rodanim[4].

⁸ Estes foram os filhos de Cam:
Cuxe, Mizraim[5], Fute e Canaã.
⁹ Estes foram os filhos de Cuxe:
Sebá, Havilá, Sabtá, Raamá e Sabtecá.
Estes foram os filhos de Raamá:
Sabá e Dedã.
¹⁰ Cuxe gerou[6] Ninrode,
o primeiro homem poderoso na terra.
¹¹ Mizraim gerou os luditas, os anamitas,
os leabitas, os naftuítas,
¹² os patrusitas, os casluítas,
dos quais se originaram os filisteus,
e os caftoritas.
¹³ Canaã gerou Sidom,
seu filho mais velho[7], e Hete[8],
¹⁴ como também os jebuseus,
os amorreus, os girgaseus,
¹⁵ os heveus, os arqueus, os sineus,
¹⁶ os arvadeus, os zemareus
e os hamateus.

¹⁷ Estes foram os filhos de Sem:
Elão, Assur, Arfaxade, Lude e Arã.
Estes foram os filhos de Arã:[9]
Uz, Hul, Géter e Meseque.
¹⁸ Arfaxade gerou Salá,
e este gerou Héber.
¹⁹ A Héber nasceram dois filhos:
um deles se chamou Pelegue[10],
porque em sua época
a terra foi dividida;
seu irmão chamou-se Joctã.
²⁰ Joctã gerou Almodá, Salefe,
Hazarmavé, Jerá,
²¹ Adorão, Uzal, Dicla,
²² Obal[11], Abimael, Sabá,
²³ Ofir, Havilá e Jobabe.
Todos esses foram filhos de Joctã.

A Descendência de Sem

²⁴ Sem,[k] Arfaxade[12], Salá,
²⁵ Héber, Pelegue, Reú,
²⁶ Serugue, Naor, Terá
²⁷ e Abrão, que é Abraão.

Os Descendentes de Abraão

²⁸ Estes foram os filhos de Abraão:
Isaque e Ismael.
²⁹ Foram estes os seus descendentes:
Nebaiote, o filho mais velho de Ismael,
Quedar, Adbeel, Mibsão,
³⁰ Misma, Dumá, Massá, Hadade, Temá,
³¹ Jetur, Nafis e Quedemá.
Esses foram os filhos de Ismael.
³² Estes foram os filhos de Abraão
com sua concubina Quetura:[l]
Zinrã, Jocsã, Medã, Midiã,
Isbaque e Suá.
Foram estes os filhos de Jocsã:
Sabá e Dedã.[m]
³³ Foram estes os filhos de Midiã:
Efá, Éfer, Enoque, Abida e Elda.

---

[1] **1.4** Conforme a Septuaginta. O Texto Massorético não traz *os filhos de Noé*.
[2] **1.5** *Filhos* pode significar *descendentes* ou *sucessores* ou *nações*; também nos versículos 6,9, 17 e 23.
[3] **1.6** Muitos manuscritos dizem *Difate*.
[4] **1.7** Muitos manuscritos dizem *Dodanim*.
[5] **1.8** Isto é, Egito; também no versículo 11.
[6] **1.10** *Gerar* pode ter o sentido de *ser ancestral* ou *ser predecessor*; também nos versículos 11, 13, 18 e 20.
[7] **1.13** Ou *os sidônios, os primeiros*
[8] **1.13** Ou *e os hititas*
[9] **1.17** Muitos manuscritos não trazem essa linha. Veja Gn 10.23.
[10] **1.19** *Pelegue* significa *divisão*.
[11] **1.22** Muitos manuscritos dizem *Ebal*.
[12] **1.24** Conforme o Texto Massorético. Alguns manuscritos da Septuaginta dizem *Arfaxade, Cainã*. Veja Gn 11.12,13.

1.1
[a] Gn 5.1-32; Lc 3.36-38
1.2
[b] Gn 5.9
[c] Gn 5.12
[d] Gn 5.15
1.3
[e] Gn 5.18; Jd 1.14
[f] Gn 5.21
[g] Gn 5.25
[h] Gn 5.29
1.4
[i] Gn 6.10; 10.1
[j] Gn 5.32
1.24
[k] Gn 10.21-25; Lc 3.34-36
1.32
[l] Gn 22.24
[m] Gn 10.7

Todos esses foram descendentes de Quetura.

³⁴ Abraão[n] gerou Isaque.[o] Estes foram os filhos de Isaque: Esaú e Israel.[p]

Os Descendentes de Esaú

³⁵ Estes foram os filhos de Esaú:[q] Elifaz, Reuel,[r] Jeús, Jalão e Corá. ³⁶ Estes foram os filhos de Elifaz: Temã, Omar, Zefô[1], Gaetã e Quenaz; e Amaleque,[s] de Timna, sua concubina[2]. ³⁷ Estes foram os filhos de Reuel:[t] Naate, Zerá, Samá e Mizá.

Os Descendentes de Seir

³⁸ Estes foram os filhos de Seir: Lotã, Sobal, Zibeão, Aná, Disom, Ézer e Disã. ³⁹ Estes foram os filhos de Lotã: Hori e Homã.

Lotã tinha uma irmã chamada Timna.

⁴⁰ Estes foram os filhos de Sobal: Alvã[3], Manaate, Ebal, Sefô e Onã. Estes foram os filhos de Zibeão: Aiá e Aná.[u] ⁴¹ Este foi o filho de Aná: Disom. Estes foram os filhos de Disom: Hendã[4], Esbã, Itrã e Querã. ⁴² Estes foram os filhos de Ézer: Bilã, Zaavã e Acã[5]. Estes foram os filhos de Disã[6]: Uz e Arã.

Os Reis e os Chefes de Edom

⁴³ Estes foram os reis que reinaram no território de Edom antes que os israelitas tivessem um rei:

Belá, filho de Beor. Sua cidade chamava-se Dinabá. ⁴⁴ Belá morreu; e Jobabe, filho de Zerá, de Bozra, foi o seu sucessor. ⁴⁵ Jobabe morreu; e Husã, da terra dos temanitas,[v] foi o seu sucessor. ⁴⁶ Husã morreu; e Hadade, filho de Bedade, que tinha derrotado os midianitas na terra de Moabe, foi o seu sucessor. Sua cidade chamava-se Avite. ⁴⁷ Hadade morreu; e Samlá de Masreca foi o seu sucessor. ⁴⁸ Samlá morreu; e Saul, de Reobote, próxima ao Eufrates[7], foi o seu sucessor. ⁴⁹ Saul morreu; e Baal-Hanã, filho de Acbor, foi o seu sucessor. ⁵⁰ Baal-Hanã morreu, e Hadade foi o seu sucessor. Sua cidade chamava-se Paú[8], e o nome de sua mulher era Meetabel, filha de Matrede e neta de Mezaabe.

⁵¹ Após a morte de Hadade, Edom foi governada pelos seguintes chefes:

Timna, Alva, Jetete, ⁵² Oolibama, Elá, Pinom, ⁵³ Quenaz, Temã, Mibzar, ⁵⁴ Magdiel e Irã. Foram esses os chefes de Edom.

Os Filhos de Israel

2 Estes foram os filhos de Israel: Rúben, Simeão, Levi, Judá, Issacar, Zebulom, ² Dã, José, Benjamim, Naftali, Gade e Aser.

Os Descendentes de Judá

³ Estes foram os filhos de Judá:[w] Er, Onã e Selá.[x] Ele teve esses três filhos com uma mulher cananeia, a filha de Suá.[y] Mas o Senhor reprovou a conduta perversa de Er, filho mais velho de Judá, e por isso o matou.[z] ⁴ Tamar,[a] nora de Judá,[b] deu-lhe os filhos Perez[c] e Zerá. A Judá nasceram ao todo cinco filhos.

⁵ Estes foram os filhos de Perez:[d] Hezrom[e] e Hamul.

---

[1] **1.36** Muitos manuscritos dizem *Zefi*. Veja Gn 36.11.
[2] **1.36** Muitos manuscritos dizem *Gaetã, Quenaz, Timna e Amaleque*. Veja Gn 36.12.
[3] **1.40** Muitos manuscritos dizem *Aliã*. Veja Gn 36.23.
[4] **1.41** Muitos manuscritos dizem *Hanrão*. Veja Gn 36.26.
[5] **1.42** Muitos manuscritos dizem *Jaacã*. Veja Gn 36.27.
[6] **1.42** Hebraico: *Disom*, variante de *Disã*.
[7] **1.48** Hebraico: *ao Rio*.
[8] **1.50** Muitos manuscritos dizem *Paí*. Veja Gn 36.39.

6 Estes foram os filhos de Zerá: Zinri, Etã, Hemã, Calcol e Dardá¹. Foram cinco ao todo.

7 O filho de Carmi foi Acar²,ᶠ Ele causou desgraça a Israel ao violar a proibição de se apossar das coisas consagradas.ᵍ

8 Este foi o filho de Etã: Azarias.

9 Os filhos que nasceram a Hezromʰ foram Jerameel, Rão e Calebe³.

10 Rãoⁱ gerou Aminadabe, e Aminadabeʲ gerou Naassom,ᵏ o líder da tribo de Judá. **11** Naassom gerou Salmom⁴, Salmom gerou Boaz, **12** Boazˡ gerou Obede, e Obede gerou Jessé. ᵐ **13** Jesséⁿ gerou Eliabe,ᵒ o seu filho mais velho; o segundo foi Abinadabe; o terceiro, Simeia; **14** o quarto, Natanael; o quinto, Radai; **15** o sexto, Ozém; e o sétimo, Davi. **16** As irmãs deles foram Zeruiaᵖ e Abigail. Os três filhos de Zeruiaᑫ foram Abisai, Joabeʳ e Asael. **17** Abigail deu à luz Amasa,ˢ filho do ismaelita Jéter.

18 Calebe, filho de Hezrom, teve, com sua mulher Azuba, uma filha chamada Jeriote. Estes foram os filhos de Azuba: Jeser, Sobabe e Ardom. **19** Quando Azuba morreu, Calebeᵗ tomou por mulher Efrate, com quem teve Hur. **20** Hur gerou Uri, e Uri gerou Bezalel.ᵘ

21 Depois disso, Hezrom, aos sessenta anos, tomou por mulher a filha de Maquir, pai⁵ de Gileade,ᵛ e ela deu-lhe um filho chamado Segube. **22** Segube gerou Jair, que governou vinte e três cidades em Gileade. **23** Gesur e Arã conquistaram Havote-Jair⁶,ʷ bem como Quenateˣ e os povoados ao redor; ao todo sessenta cidades. Todos esses foram descendentes de Maquir, pai de Gileade.

24 Depois que Hezrom morreu em Calebe-Efrata, Abia, mulher de Hezrom, deu-lhe Asur,ʸ fundador⁷ de Tecoa.

25 Estes foram os filhos de Jerameel, o filho mais velho de Hezrom: Rão, o mais velho, Buna, Orém, Ozém e Aías⁸. **26** Jerameel teve outra mulher, chamada Atara, que foi a mãe de Onã.

27 Estes foram os filhos de Rão, o filho mais velho de Jerameel: Maaz, Jamim e Equer.

28 Estes foram os filhos de Onã: Samai e Jada.
Estes foram os filhos de Samai: Nadabe e Abisur.

29 O nome da mulher de Abisur era Abiail. Ela deu-lhe dois filhos: Abã e Molide.

30 Estes foram os filhos de Nadabe: Selede e Apaim. Selede morreu sem filhos.

31 O filho de Apaim foi Isi, pai de Sesã, pai de Alai.

32 Estes foram os filhos de Jada, irmão de Samai: Jéter e Jônatas. Jéter morreu sem filhos.

33 Estes foram os filhos de Jônatas: Pelete e Zaza.
Foram esses os descendentes de Jerameel.

34 Sesã não teve filhos, apenas filhas. Tinha ele um escravo egípcio chamado Jará, **35** a quem deu uma de suas filhas por mulher. E ela deu-lhe um filho chamado Atai.

36 Atai gerou Natã, Natã gerou Zabade,ᶻ **37** Zabade gerou Eflal, Eflal gerou Obede, **38** Obede gerou Jeú, Jeú gerou Azarias, **39** Azarias gerou Helez, Helez gerou Eleasa, **40** Eleasa gerou Sismai, Sismai gerou Salum, **41** Salum gerou Jecamias, e Jecamias gerou Elisama.

---

¹ **2.6** Muitos manuscritos dizem *Dara*. Veja 1Rs 4.31.
² **2.7** *Acar*, também conhecido por *Acã*, significa *desgraça*. Veja Js 7.1.
³ **2.9** Hebraico: *Quelubai*, variante de *Calebe*.
⁴ **2.11** Conforme a Septuaginta. O Texto Massorético diz *Salma*. Veja Rt 4.21.
⁵ **2.21** *Pai* pode significar *líder civil* ou *líder militar*; também no restante do capítulo. Veja 2.24, 4.4, 4.5 e 8.29.
⁶ **2.23** Ou *os povoados de Jair*
⁷ **2.24** Hebraico: *pai*; também nos versículos 50-52. Veja 2.21, 4.4, 4.5 e 8.29.
⁸ **2.25** Ou *por meio de Aías*

2.7
ᶠ Js 7.1
ᵍ Js 6.18
2.9
ᵏ Nm 26.21
2.10
ⁱ Lc 3.32-33
ʲ Ex 6.23
ᵏ Nm 1.7
2.12
ˡ Rt 2.1
ᵐ Rt 4.17
2.13
ⁿ Rt 4.17
ᵒ 1Sm 16.6
2.16
ᵖ 1Sm 26.6
ᑫ 2Sm 2.18
ʳ 2Sm 2.13
2.17
ˢ 2Sm 17.25
2.19
ᵗ v. 42, 50
2.20
ᵘ Ex 31.2
2.21
ᵛ Nm 27.1
2.23
ʷ Nm 32.41; Dt 3.14; Js 13.30
ˣ Nm 32.42
2.24
ʸ 1Cr 4.5
2.36
ᶻ 1Cr 11.41

⁴² Estes foram os filhos de Calebe,ᵃ irmão de Jerameel:
Messa, o mais velho, que foi o pai de Zife, e seu filho Maressa, pai de Hebrom.
⁴³ Estes foram os filhos de Hebrom:
Corá, Tapua, Requém e Sema. ⁴⁴ Sema gerou Raão, pai de Jorqueão. Requém gerou Samai. ⁴⁵ O filho de Samai foi Maom,ᵇ e Maom foi o pai de Bete-Zur.ᶜ
⁴⁶ A concubina de Calebe, Efá, teve três filhos: Hará, Mosa e Gazez. Hará gerou Gazez.
⁴⁷ Estes foram os filhos de Jadai:
Regém, Jotão, Gesã, Pelete, Efá e Saafe.
⁴⁸ A concubina de Calebe, Maaca, teve dois filhos: Seber e Tiraná.
⁴⁹ Ela também teve Saafe, pai de Madmana,ᵈ e Seva, pai de Macbena e de Gibeá. A filha de Calebe chamava-se Acsa.ᵉ
⁵⁰ Calebe teve também estes outros descendentes.
Os filhos de Hur,ᶠ o filho mais velho de Efrate:
Sobal, fundador de Quiriate-Jearim,ᵍ ⁵¹ Salma, fundador de Belém, e Harefe, fundador de Bete-Gader.
⁵² Os descendentes de Sobal, fundador de Quiriate-Jearim:
O povo de Haroé, metade dos manaatitas, ⁵³ e os clãs de Quiriate-Jearim: os itritas,ʰ os fateus, os sumateus e os misraeus. Desses descenderam os zoratitas e os estaoleus.
⁵⁴ Os descendentes de Salma:
O povo de Belém e de Atarote-Bete-Joabe, os netofatitas,ⁱ metade dos manaatitas, os zoreus, ⁵⁵ e os clãs dos escribas¹ que viviam em Jabez: os tiratitas, os simeatitas e os sucatitas. Esses foram os queneus,ʲ descendentes de Hamate,ᵏ antepassado da família de Recabe².ˡ

Os Filhos de Davi

3 Estes foram os filhos de Daviᵐ nascidos em Hebrom:

---

¹ **2.55** Ou *dos soferitas*
² **2.55** Ou *Bete-Recabe*

O seu filho mais velho era Amnom, filho de Ainoã de Jezreel;ⁿ
o segundo, Daniel, de Abigail,ᵒ de Carmelo;
² o terceiro, Absalão, de Maaca, filha de Talmai, rei de Gesur;
o quarto, Adonias,ᵖ de Hagite;
³ o quinto, Sefatias, de Abital;
e o sexto, Itreão, de sua mulher Eglá.
⁴ São esses os seis filhos de Davi que nasceram em Hebrom,ᑫ onde ele reinou sete anos e seis meses.ʳ E, em Jerusalém, ⁵ onde Davi reinou trinta e três anos, nasceram-lhe os seguintes filhos:

Simeia, Sobabe, Natã e Salomão, os quatro filhos que ele teve com Bate-Seba³,ˢ filha de Amiel. ⁶ Davi teve ainda mais nove filhos: Ibar, Elisua⁴, Elpalete, ⁷ Nogá, Nefegue, Jafia, ⁸ Elisama, Eliada e Elifelete. ⁹ Todos esses foram filhos de Davi, além dos que teve com suas concubinas, e a filha Tamar,ᵗ irmã deles.ᵘ

Os Reis de Judá

¹⁰ O filho de Salomão foi Roboão;ᵛ
o filho de Roboão foi Abias;
o filho de Abias, Asa;
o filho de Asa, Josafá;ʷ
¹¹ o filho de Josafá, Jeorão;ˣ
o filho de Jeorão, Acazias;ʸ
o filho de Acazias, Joás;ᶻ
¹² o filho de Joás, Amazias;ᵃ
o filho de Amazias, Azarias;
o filho de Azarias, Jotão;ᵇ
¹³ o filho de Jotão, Acaz;ᶜ
o filho de Acaz, Ezequias;ᵈ
o filho de Ezequias, Manassés;ᵉ
¹⁴ o filho de Manassés, Amom;ᶠ
o filho de Amom, Josias.ᵍ
¹⁵ Os filhos de Josias foram:
Joanã, o primeiro;

---

³ **3.5** Muitos manuscritos dizem *Bate-Sua*. Veja 2Sm 11.3.
⁴ **3.6** Muitos manuscritos dizem *Elisama*. Veja 2Sm 5.15 e 1Cr 14.5.

Jeoaquim, o segundo;[h]
Zedequias, o terceiro;[i]
e Salum, o quarto.[j]
¹⁶ Os sucessores de Jeoaquim foram: Joaquim[1][k] e Zedequias.[l]

A Linhagem Real após o Exílio

¹⁷ Estes foram os filhos de Joaquim, que foi levado para o cativeiro:
Sealtiel,[m] ¹⁸ Malquirão, Pedaías, Senazar,[n] Jecamias, Hosama e Nedabias.[o]
¹⁹ Estes foram os filhos de Pedaías:
Zorobabel[p] e Simei.
Estes foram os filhos de Zorobabel:
Mesulão, Hananias e Selomite, irmã deles.
²⁰ Zorobabel teve ainda mais cinco filhos: Hasubá, Oel, Berequias, Hasadias e Jusabe-Hesede.
²¹ Estes foram os descendentes de Hananias: Pelatias e Jesaías, e os filhos de Refaías, de Arnã, de Obadias e de Secanias.
²² Estes foram os descendentes de Secanias: Semaías e seus filhos Hatus, Igal,[q] Bariá, Nearias e Safate; seis descendentes ao todo.
²³ Estes foram os três filhos de Nearias:
Elioenai, Ezequias e Azricão.
²⁴ Estes foram os sete filhos de Elioenai:
Hodavias, Eliasibe, Pelaías, Acube, Joanã, Delaías e Anani.

Os Outros Descendentes de Judá

4 Estes também foram os descendentes de Judá:[r]
Perez, Hezrom,[s] Carmi, Hur e Sobal.
² Reaías, filho de Sobal, gerou Jaate, e Jaate gerou Aumai e Laade. Estes foram os clãs dos zoratitas.
³ Estes foram os filhos[2] de Etã:
Jezreel, Isma e Idbás. A irmã deles chamava-se Hazelelponi. ⁴ E ainda Penuel, pai[3] de Gedor, e Ézer, pai de Husá. Esses foram os descendentes de Hur,[t] o filho mais velho de Efrate e pai de Belém.[u]
⁵ Asur,[v] fundador[4] de Tecoa, teve duas mulheres: Helá e Naará.
⁶ Naará lhe deu Auzã, Héfer, Temeni e Haastari. Esses foram os filhos de Naará.
⁷ Estes foram os filhos de Helá:
Zerete, Zoar, Etnã ⁸ e Coz, que gerou Anube e Zobeba e os clãs de Aarel, filho de Harum.

⁹ Jabez foi o homem mais respeitado de sua família. Sua mãe lhe deu o nome de Jabez, dizendo: "Com muitas dores o dei à luz". ¹⁰ Jabez orou ao Deus de Israel: "Ah, abençoa-me e aumenta as minhas terras! Que a tua mão esteja comigo, guardando-me de males e livrando-me de dores". E Deus atendeu ao seu pedido.

¹¹ Quelube, irmão de Suá, gerou Meir, pai de Estom. ¹² Estom gerou Bete-Rafa, Paseia e Teína, fundador de Ir-Naás. Esses habitaram em Reca.

¹³ Estes foram os filhos de Quenaz:
Otoniel[w] e Seraías.
Estes foram os filhos de Otoniel:
Hatate e Meonotai.[5]
¹⁴ Meonotai gerou Ofra.
Seraías gerou Joabe, fundador de Ge-Harasim,[6] que recebeu esse nome porque os seus habitantes eram artesãos.
¹⁵ Estes foram os filhos de Calebe, filho de Jefoné:
Iru, Elá e Naã.
O filho de Elá foi Quenaz.
¹⁶ Estes foram os filhos de Jealelel:
Zife, Zifa, Tiria e Asareel.
¹⁷ Estes foram os filhos de Ezra:
Jéter, Merede, Éfer e Jalom. Merede casou-se com Bitia, filha do faraó, e teve os seguintes

---

[1] **3.16** Hebraico: *Jeconias*, também conhecido como *Joaquim*; também no versículo 17.

[2] **4.3** Conforme alguns manuscritos da Septuaginta. O Texto Massorético *diz pai*.

[3] **4.4** *Pai* pode significar *líder civil* ou *líder militar*; também no restante do capítulo. Veja 2.21, 2.24, 4.5 e 8.29

[4] **4.5** Hebraico: *pai*; também nos versículos 12, 14, 17 e 18. Veja 2.21, 2.24, 4.4 e 8.29.

[5] **4.13** Conforme alguns manuscritos da Septuaginta e a Vulgata. O Texto Massorético não traz *e Meonotai*.

[6] **4.14** *Ge-Harasim* significa *vale dos Artesãos*.

filhos: Miriã,ˣ Samai e Isbá, fundador de Estemoa. ¹⁸ Sua mulher judia deu à luz Jerede, fundador de Gedor, Héber, fundador de Socó, e Jecutiel, fundador de Zanoa.ʸ

¹⁹ Estes foram os filhos da mulher de Hodias, irmã de Naã:

o pai de Queila,ᶻ o garmita, e Estemoa, o maacatita.ᵃ

²⁰ Estes foram os filhos de Simão:ᵇ

Amnom, Rina, Bene-Hanã e Tilom.

Estes foram os filhos de Isi:

Zoete e Ben-Zoete.

²¹ Estes foram os filhos de Selá, filho de Judá: Er, pai de Leca; Lada, pai de Maressa. Selá também foi antepassado dos clãs daqueles que trabalhavam com linho em Bete-Asbeia, ²² de Joquim, dos homens de Cozeba, de Joás e de Sarafe, que governavam em Moabe e em Jasubi-Leém. (Estes registros são de épocas antigas.) ²³ Eles eram oleiros e habitavam em Netaim e em Gederá, perto do rei, para quem trabalhavam.

Os Descendentes de Simeão

²⁴ Estes foram os filhos de Simeão:ᶜ

Nemuel, Jamim, Jaribe,ᵈ Zerá e Saul.

²⁵ O filho de Saul era Salum, pai de Mibsão, que foi o pai de Misma.

²⁶ Estes foram os descendentes de Misma: seu filho Hamuel, pai de Zacur, que foi o pai de Simei.

²⁷ Simei teve dezesseis filhos e seis filhas, mas seus irmãos não tiveram muitos filhos; por isso todos os seus clãs não se igualam em número à tribo de Judá. ²⁸ Eles viviam em Berseba,ᵉ Moladá,ᶠ Hazar-Sual, ²⁹ Bila, Azém,ᵍ Tolade, ³⁰ Betuel, Hormá,ʰ Ziclague, ³¹ Bete-Marcabote, Hazar-Susim, Bete-Biri e Saaraim.ⁱ Essas foram as suas cidades até o reinado de Davi. ³² Tinham também as cinco cidades de Etã, Aim,ʲ Rimom, Toquém e Asã,ᵏ ³³ com todos os povoados ao redor delas até Baalate¹. Nessas cidades viviam e mantinham um registro genealógico.

---

¹ **4.33** Conforme alguns manuscritos da Septuaginta. O Texto Massorético diz *Baal*. Veja Js 19.8.

³⁴ Mesobabe, Janleque, Josa – filho de Amazias –,

³⁵ Joel, Jeú – filho de Josibias, neto de Seraías e bisneto de Asiel –;

³⁶ também Elioenai, Jaacobá, Jesoaías, Asaías, Adiel, Jesimiel, Benaia

³⁷ e Ziza – filho de Sifi, neto de Alom, bisneto de Jedaías, trineto de Sinri e tetraneto de Semaías.

³⁸ Essa é a lista dos líderes dos seus clãs. Suas famílias cresceram muito ³⁹ e, por isso, foram para os arredores de Gedor,ˡ a leste do vale, em busca de pastagens para os seus rebanhos. ⁴⁰ Encontraram muitas pastagens boas, numa região vasta, pacífica e tranquila,ᵐ onde alguns camitas tinham vivido anteriormente.

⁴¹ Durante o reinado de Ezequias, rei de Judá, esses homens aqui alistados chegaram e atacaram os camitas e os meunitasⁿ da região e os destruíram totalmente, como até hoje se pode ver. Depois ocuparam o lugar daqueles povos, pois havia pastagens para os seus rebanhos. ⁴² E quinhentos desses simeonitas, liderados por Pelatias, Nearias, Refaías e Uziel, filhos de Isi, invadiram as colinas de Seir.ᵒ ⁴³ Eles mataram o restante dos amalequitasᵖ que tinha escapado, e ali vivem até hoje.

Os Descendentes de Rúben

5 Estes são os filhos de Rúben,ᑫ o filho mais velho de Israel. (De fato ele era o mais velho, mas, por ter desonrado o leito de seu pai,ʳ seus direitos de filho mais velho foram dados aos filhos de José,ˢ filho de Israel,ᵗ de modo que não foi alistado nos registros genealógicos como o primeiro filho.ᵘ ² Embora Judáᵛ tenha sido o mais poderoso de seus irmãos e dele tenha vindo um líder,ʷ os direitos de filho mais velhoˣ foram dados a José.) ³ Os filhos de Rúben,ʸ filho mais velho de Israel, foram:

Enoque, Palu,ᶻ Hezrom e Carmi.

⁴ Estes foram os descendentes de Joel: Seu filho Semaías, pai de Gogue, que foi o pai de Simei, ⁵ pai de Mica, que foi o

pai de Reaías, pai de Baal, ⁶ que foi o pai de Beera, a quem Tiglate-Pileser,ᵃ rei da Assíria, levou para o exílio. Beera era um líder da tribo de Rúben.

⁷ Estes foram os parentes dele, de acordo com seus clãs,ᵇ alistados conforme seus registros genealógicos:

Jeiel, o chefe, Zacarias ⁸ e Belá, filho de Azaz, neto de Sema e bisneto de Joel. Eles foram viver na região que vai desde Aroerᶜ até o monte Nebo e Baal-Meom. ⁹ A leste ocuparam a terra que vai até o deserto que se estende na direção do rio Eufrates, pois seus rebanhos tinham aumentado muito em Gileade.ᵈ

¹⁰ Durante o reinado de Saul eles entraram em guerra contra os hagarenosᵉ e os derrotaram, passando a ocupar o acampamento deles por toda a região a leste de Gileade.

Os Descendentes de Gade

¹¹ Ao lado da tribo de Rúben ficou a tribo de Gade,ᶠ desde a região de Basã até Salcá.ᵍ

¹² Joel foi o primeiro chefe de clãs em Basã; Safã, o segundo; os outros foram Janai e Safate.

¹³ Estes foram os parentes deles, por famílias:

Micael, Mesulão, Seba, Jorai, Jacã, Zia e Héber. Eram sete ao todo.

¹⁴ Eles eram descendentes de Abiail, filho de Huri, neto de Jaroa, bisneto de Gileade e trineto de Micael, que foi filho de Jesisai, neto de Jado e bisneto de Buz. ¹⁵ Aí, filho de Abdiel e neto de Guni, foi o chefe dessas famílias.

¹⁶ A tribo de Gade habitou em Gileade, em Basã e seus povoados, e em toda a extensão das terras de pastagem de Sarom.

¹⁷ Todos esses entraram nos registros genealógicos durante os reinados de Jotão,ʰ rei de Judá, e de Jeroboão,ⁱ rei de Israel.

¹⁸ As tribos de Rúben e Gade e a metade da tribo de Manassés tinham juntas quarenta e quatro mil e setecentos e sessenta homens de combate,ʲ capazes de empunhar escudo e espada, de usar o arco e treinados para a guerra. ¹⁹ Eles entraram em guerra contra os hagarenos e seus aliados Jetur,ᵏ Nafis e Nodabe. ²⁰ Durante a batalha clamaram a Deus,ᵐ que os ajudou,ˡ entregando os hagarenos e todos os seus aliados nas suas mãos. Deus os atendeu, porque confiaram nele.ⁿ ²¹ Tomaram dos hagarenos o rebanho de cinquenta mil camelos, duzentas e cinquenta mil ovelhas e dois mil jumentos. Também fizeram cem mil prisioneiros. ²² E muitos foram os inimigos mortos, pois a batalha era de Deus.ᵒ Eles ocuparam aquela terra até a época do exílio.ᵖ

Os Descendentes da Metade da Tribo de Manassés

²³ A metade da tribo de Manassés era numerosa e se estabeleceu na região que vai de Basã a Baal-Hermom, isto é, até Senir, o monte Hermom.ᑫ

²⁴ Estes eram os chefes das famílias dessa tribo: Éfer, Isi, Eliel, Azriel, Jeremias, Hodavias e Jadiel. Eram soldados valentes, homens famosos e chefes das famílias. ²⁵ Mas foram infiéisʳ para com o Deus dos seus antepassados e se prostituíram,ˢ seguindo os deuses dos povos que Deus tinha destruído diante deles. ²⁶ Por isso o Deus de Israel incitou Pul,ᵗ que é Tiglate-Pileser,ᵘ rei da Assíria, a levar as tribos de Rúben e de Gade e a metade da tribo de Manassés para Hala,ᵛ Habor, Hara e para o rio Gozã, onde estão até hoje.

Os Descendentes de Levi

6 Estes foram os filhos de Levi:ʷ
Gérson, Coate e Merari.

² Estes foram os filhos de Coate:
Anrão, Isar, Hebrom e Uziel.

³ Estes foram os filhos de Anrão:
Arão, Moisés e Miriã.

Estes foram os filhos de Arão:
Nadabe, Abiú,ˣ Eleazar e Itamar.

⁴ Eleazar gerou Fineias,
Fineias gerou Abisua,
⁵ Abisua gerou Buqui,
Buqui gerou Uzi,

6 Uzi gerou Zeraías,
Zeraías gerou Meraiote,
7 Meraiote gerou Amarias,
Amarias gerou Aitube,
8 Aitube gerou Zadoque,^{y}
Zadoque gerou Aimaás,
9 Aimaás gerou Azarias,
Azarias gerou Joanã,
10 Joanã gerou Azarias –^{z}
que foi sacerdote no templo
construído por Salomão em Jerusalém –,
11 Azarias gerou Amarias,
Amarias gerou Aitube,
12 Aitube gerou Zadoque,
Zadoque gerou Salum,
13 Salum gerou Hilquias,^{a}
Hilquias gerou Azarias,
14 Azarias gerou Seraías,^{b}
e Seraías gerou Jeozadaque.

15 Jeozadaque^c foi levado prisioneiro
quando o Senhor enviou Judá
e Jerusalém para o exílio
por meio de Nabucodonosor.

16 Estes foram os filhos de Levi:^{d}
Gérson, Coate e Merari.^{e}
17 Estes são os nomes
dos filhos de Gérson:
Libni e Simei.
18 Estes foram os filhos de Coate:
Anrão, Isar, Hebrom e Uziel.
19 Estes foram os filhos de Merari:^{f}
Mali e Musi.
Estes são os clãs dos levitas alistados
de acordo com os seus antepassados:
20 De Gérson:
Seu filho Libni, que foi o pai de Jaate,
pai de Zima,
21 que foi o pai de Joá,
pai de Ido, pai de Zerá,
que foi o pai de Jeaterai.
22 De Coate:
Seu filho Aminadabe, pai de Corá,^{g}
que foi o pai de Assir,
23 pai de Elcana, pai de Ebiasafe,
que foi o pai de Assir,
24 pai de Taate, pai de Uriel,^{h}
pai de Uzias,
que foi o pai de Saul.
25 De Elcana:
Amasai, Aimote
26 e Elcana, pai de Zofai,^{1} pai de Naate,
27 que foi o pai de Eliabe,^{i}
pai de Jeroão,
pai de Elcana,
que foi o pai de Samuel.$^{2\,j}$
28 De Samuel:
Joel^{3,k} o mais velho,
e Abias, o segundo.
29 De Merari:
Mali, pai de Libni,
pai de Simei,
que foi o pai de Uzá,
30 pai de Simeia,
pai de Hagias,
que foi o pai de Asaías.

Os Músicos do Templo

31 Estes são os homens^l a quem Davi encarregou de dirigir os cânticos^m no templo do Senhor depois que a arca foi levada para lá. **32** Eles ministraram o louvor diante do tabernáculo, da Tenda do Encontro, até quando Salomão construiu o templo do Senhor em Jerusalém. Eles exercem suas funções de acordo com as normas estabelecidas.

33 Estes são os que ministravam, junto com seus filhos:

Entre os coatitas:
O músico Hemã,^{n} filho de Joel,^{o}
filho de Samuel,
34 filho de Elcana,^{p} filho de Jeroão,
filho de Eliel, filho de Toá,
35 filho de Zufe, filho de Elcana,
filho de Maate, filho de Amasai,

---

^{1} **6.26** Muitos manuscritos dizem *e Elcana. De Elcana. Seu filho Zofai*.
^{2} **6.27** Conforme alguns manuscritos da Septuaginta. O Texto Massorético não traz essa linha. Veja 1Sm 1.19,20 e 1Cr 6.33,34.
^{3} **6.28** Muitos manuscritos não trazem *Joel*. Veja 1Sm 8.2 e 1Cr 6.33.

6.8
^{y} 2Sm 8.17; 15.27; Ed 7.2

6.10
^{z} 1Rs 4.2; 6.1; 2Cr 3.1; 26.17-18

6.13
^{a} 2Rs 22.1-20; 2Cr 34.9; 35.8

6.14
^{b} 2Rs 25.18; Ed 2.2; Ne 11.11

6.15
^{c} 2Rs 25.18; Ne 12.1; Ag 1.1, 14; 2.2, 4; Zc 6.11

6.16
^{d} Gn 29.34; Ex 6.16; Nm 3.17-20
^{e} Nm 26.57

6.19
^{f} Gn 46.11; 1Cr 23.21; 24.26

6.22
^{g} Ex 6.24

6.24
^{h} 1Cr 15.5

6.27
^{i} 1Sm 1.1
^{j} 1Sm 1.20

6.28
^{k} v. 32; 1Sm 8.2

6.31
^{l} 1Cr 25.1; 2Cr 29.25-26; Ne 12.45
^{m} 1Cr 9.33; 15.19; Ed 3.10; Sl 68.25

6.33
^{n} 1Rs 4.31; 1Cr 15.17; 25.1
^{o} v. 28

6.34
^{p} 1Sm 1.1

³⁶ filho de Elcana, filho de Joel,
filho de Azarias, filho de Sofonias,
³⁷ filho de Taate, filho de Assir,
filho de Ebiasafe, filho de Corá,ᵠ
³⁸ filho de Isar,ʳ filho de Coate,
filho de Levi, filho de Israel.

³⁹ À direita de Hemã
ficava seu parente Asafe,ˢ

filho de Berequias,
filho de Simeia,ᵗ
⁴⁰ filho de Micael, filho de Baaseias,¹
filho de Malquias, ⁴¹ filho de Etni,
filho de Zerá, filho de Adaías,
⁴² filho de Etã, filho de Zima,
filho de Simei, ⁴³ filho de Jaate,
filho de Gérson, filho de Levi.

⁴⁴ Entre os meraritas:
À esquerda de Hemã,
parente dos meraritas,

ficava Etã, filho de Quisi, filho de Abdi,
filho de Maluque, ⁴⁵ filho de Hasabias,
filho de Amazias, filho de Hilquias,
⁴⁶ filho de Anzi, filho de Bani,
filho de Sêmer, ⁴⁷ filho de Mali,
filho de Musi, filho de Merari,
filho de Levi.

⁴⁸ Seus parentes, os outros levitas,ᵘ foram encarregados de cuidar de todo o serviço do tabernáculo, o templo de Deus. ⁴⁹ Mas eram Arão e seus descendentes que cuidavam dos sacrifícios no altarᵛ do holocausto², das ofertas no altar de incensoʷ e de todo o serviço do Lugar Santíssimo, como também dos sacrifícios de propiciação por Israel, conforme tudo o que Moisés, servo de Deus, tinha ordenado.

⁵⁰ Estes foram os descendentes de Arão:
o seu filho Eleazar, pai de Fineias,
que foi o pai de Abisua,
⁵¹ pai de Buqui, pai de Uzi,
que foi o pai de Zeraías,
⁵² pai de Meraiote, pai de Amarias,
que foi o pai de Aitube,
⁵³ pai de Zadoque,ˣ pai de Aimaás.

As Cidades dos Levitas

⁵⁴ Estas foram as cidades e as regiões dadas aos levitas para nelas habitarem.ʸ Entre os descendentes de Arão, o clã coatita foi sorteado primeiro; ⁵⁵ foi-lhe dada Hebrom, em Judá, com suas pastagens ao redor. ⁵⁶ Mas os campos e os povoados em torno da cidade foram dados a Calebe, filho de Jefoné.ᶻ

⁵⁷ Assim os descendentes de Arão receberam Hebrom, cidade de refúgio, e Libna,ᵃ Jatir,ᵇ Estemoa, ⁵⁸ Hilém, Debir,ᶜ ⁵⁹ Asã,ᵈ Jutá³ e Bete-Semes, com suas respectivas pastagens. ⁶⁰ E da tribo de Benjamim receberam Gibeão⁴, Geba, Alemete e Anatote,ᵉ com suas respectivas pastagens. Ao todo treze cidades foram distribuídas entre os seus clãs.

⁶¹ Para os demais descendentes de Coate foram sorteadas dez cidades pertencentes aos clãs da metade da tribo de Manassés.

⁶² Para os descendentes de Gérson, clã por clã, foram sorteadas treze cidades das tribos de Issacar, de Aser e de Naftali, e da metade da tribo de Manassés que fica em Basã.

⁶³ Para os descendentes de Merari, clã por clã, foram sorteadas doze cidades das tribos de Rúben, de Gade e de Zebulom.

⁶⁴ Assim os israelitas deram aos levitas essas cidadesᶠ com suas respectivas pastagens. ⁶⁵ As cidades anteriormente mencionadas dos territórios de Judá, de Simeão e de Benjamim também lhes foram dadas por sorteio.

⁶⁶ Alguns dos clãs coatitas receberam as seguintes cidades no território da tribo de Efraim:

---

¹ **6.40** Alguns manuscritos dizem *Masteias*.
² **6.49** Isto é, sacrifício totalmente queimado.
³ **6.59** Conforme a Versão Siríaca. O Texto Massorético não traz *Jutá*. Veja Js 21.16.
⁴ **6.60** O Texto Massorético não traz *Gibeão*. Veja Js 21.17.

6.37
ᵠ Ex 6.24
6.38
ʳ Ex 6.21
6.39
ˢ 1Cr 25.1, 9; 2Cr 29.13; Ne 11.17
ᵗ 1Cr 15.17
6.48
ᵘ 1Cr 23.32
6.49
ᵛ Ex 27.1-8
ʷ Ex 30.1-7, 10; 2Cr 26.18
6.53
ˣ 2Sm 8.17
6.54
ʸ Nm 31.10
6.56
ᶻ Js 14.13; 15.13
6.57
ᵃ Nm 33.20
ᵇ Js 15.48
6.58
ᶜ Js 10.3
6.59
ᵈ Js 15.42
6.60
ᵉ Jr 1.1
6.64
ᶠ Nm 35.1-8; Js 21.3, 41-42

⁶⁷ Siquém, cidade de refúgio nos montes de Efraim, e Gezer,ᵍ ⁶⁸ Jocmeão,ʰ Bete-Horom,ⁱ ⁶⁹ Aijalomʲ e Gate-Rimom,ᵏ com suas respectivas pastagens.

⁷⁰ E da metade da tribo de Manassés o restante dos clãs coatitas recebeu Aner e Bileã, com suas respectivas pastagens.

⁷¹ Os gersonitasˡ receberam as seguintes cidades:
Do clã da metade da tribo de Manassés, Golã, em Basã,ᵐ e também Asterote, com suas respectivas pastagens;
⁷² da tribo de Issacar,
Quedes, Daberateⁿ ⁷³ Ramote e Aném, com suas respectivas pastagens;
⁷⁴ da tribo de Aser,
Masal, Abdom, ᵒ⁷⁵ Hucoque ᵖ e Reobe,ᵠ com suas respectivas pastagens;
⁷⁶ e da tribo de Naftali,
Quedes, na Galileia, Hamomʳ e Quiriataim,ˢ com suas respectivas pastagens.

⁷⁷ E estas foram as cidades que os outros meraritas receberam:
Da tribo de Zebulom,
Rimono e Tabor, com suas respectivas pastagens;
⁷⁸ da tribo de Rúben, do outro lado do Jordão, a leste de Jericó,
Bezer,ᵗ no deserto, Jaza, ⁷⁹ Quedemoteᵘ e Mefaate, com suas respectivas pastagens;
⁸⁰ e da tribo de Gade,
Ramote, em Gileade,ᵛ Maanaim,ʷ ⁸¹ Hesbom e Jazar,ˣ com suas respectivas pastagens.ʸ

Os Descendentes de Issacar

7 Estes foram os quatro filhos de Issacar:ᶻ
Tolá, Puá,ᵃ Jasube e Sinrom.
² Estes foram os filhos de Tolá:
Uzi, Refaías, Jeriel, Jamai, Ibsão e Samuel, *chefes dos seus clãs*. No reinado de Davi, os descendentes de Tolá alistados em suas genealogias como homens de combate eram 22.600.
³ O filho de Uzi foi Israías.
Estes foram os filhos de Israías:
Micael, Obadias, Joel e Issias. Todos os cinco eram chefes ⁴ que tinham muitas mulheres e muitos filhos. Por isso, conforme a genealogia de sua família, eles contavam com 36.000 homens prontos para o combate.
⁵ Incluindo seus parentes, os homens de combate de todos os clãs de Issacar, conforme alistados em sua genealogia, eram ao todo 87.000.

Os Descendentes de Benjamim

⁶ Estes foram os três filhos de Benjamim:ᵇ
Belá, Bequer e Jediael.
⁷ Estes foram os filhos de Belá:
Esbom, Uzi, Uziel, Jeremote e Iri, cinco chefes de famílias. Seu registro genealógico alistava 22.034 homens de combate.
⁸ Estes foram os filhos de Bequer:
Zemira, Joás, Eliézer, Elioenai, Onri, Jeremote, Abias, Anatote e Alemete. Todos esses eram filhos de Bequer. ⁹ O registro genealógico deles alistava os chefes de famílias e 20.200 homens de combate.
¹⁰ O filho de Jediael foi Bilã.
Estes foram os filhos de Bilã:
Jeús, Benjamim, Eúde, Quenaaná, Zetã, Társis e Aisaar. ¹¹ Todos esses descendentes de Jediael eram chefes de famílias que contavam com 17.200 homens de combate prontos para a guerra.
¹² Supim e Hupim eram filhos de Ir; e Husim era filho de Aer.

Os Descendentes de Naftali

¹³ Estes foram os filhos de Naftali:ᶜ
Jaziel, Guni, Jezer e Silém¹, netos de Bila.

Os Descendentes de Manassés

¹⁴ Estes foram os descendentes de Manassés:ᵈ
Asriel, filho de sua concubina arameia, que também deu à luz Maquir, pai de Gileade.ᵉ ¹⁵ Maquir casou-se com Maaca, irmã de Hupim e Supim.

---
¹ **7.13** Muitos manuscritos dizem *Salum*. Veja Gn 46.24 e Nm 26.49.

Outro descendente de Manassés chamava-se Zelofeade,ᶠ o qual só teve filhas. ¹⁶ Maaca, mulher de Maquir, deu à luz um filho, a quem deu o nome de Perez. O nome de seu irmão era Seres, cujos filhos chamavam-se Ulão e Requém. ¹⁷ O filho de Ulão foi Bedã.
Esses foram os descendentes de Gileade,ᵍ filho de Maquir e neto de Manassés. ¹⁸ Sua irmã Hamolequete deu à luz Isode, Abiezer ʰ e Maalá.
¹⁹ Estes foram os filhos de Semida:
Aiã, Siquém, Liqui e Anião.

Os Descendentes de Efraim

²⁰ Estes foram os descendentes de Efraim:ⁱ
Sutela, que foi o pai de Berede,
pai de Taate, pai de Eleada,
que foi o pai de Taate, ²¹ pai de Zabade, pai de Sutela.
Ézer e Eleade, filhos de Efraim, foram mortos por homens da cidade de Gate quando tentavam roubar os rebanhos deles. ²² Efraim chorou muitos dias por eles, e seus parentes vieram consolá-lo. ²³ Depois ele se deitou de novo com sua mulher, ela engravidou e deu à luz um filho. Ele o chamou Berias, pois tinha acontecido uma desgraça em sua família. ²⁴ Sua filha chamava-se Seerá. Foi ela que fundou Bete-Horom Alta e Bete-Horom Baixaʲ e também Uzém-Seerá. ²⁵ O filho de Berias foi Refa, pai de Resefe,¹ que foi o pai de Telá, pai de Taã, ²⁶ pai de Ladã, pai de Amiúde, que foi o pai de Elisama, ²⁷ pai de Num, que foi o pai de Josué.

²⁸ Suas terras e cidades incluíam Betel e os povoados ao redor, Naarã a leste, Gezerᵏ e seus povoados a oeste, e Siquém e Aiá com os seus povoados. ²⁹ A tribo de Manassés controlava as cidades de Bete-Seã,ˡ Taanaque, Megido e Dor,ᵐ com seus respectivos povoados. Os descendentes de José, filho de Israel, viviam nessas cidades.

Os Descendentes de Aser

³⁰ Estes foram os filhos de Aser:ⁿ
Imna, Isvá, Isvi e Berias. A irmã deles chamava-se Sera.
³¹ Estes foram os filhos de Berias:
Héber e Malquiel, que foi o pai de Birzavite.
³² Héber gerou Jaflete, Somer e Hotão e a irmã deles, Suá.
³³ Estes foram os filhos de Jaflete:
Pasaque, Bimal e Asvate.
Esses foram os filhos de Jaflete.
³⁴ Estes foram os filhos de Somer:
Aí, Roga, Jeubá e Arã.
³⁵ Estes foram os filhos de Helém², irmão de Somer:
Zofa, Imna, Seles e Amal.
³⁶ Estes foram os filhos de Zofa:
Suá, Harnefer, Sual, Beri, Inra, ³⁷ Bezer, Hode, Samá, Silsa, Itrã e Beera.
³⁸ Estes foram os filhos de Jéter:
Jefoné, Pispa e Ara.
³⁹ Estes foram os filhos de Ula:
Ara, Haniel e Rizia.

⁴⁰ Todos esses foram descendentes de Aser. Eram chefes de famílias, homens escolhidos, soldados valentes e líderes de destaque. O número dos alistados para combate no exército deles foi 26.000.

Os Descendentes de Benjamim

8 Benjamimᵒ gerou Belá, seu filho mais velho; Asbel, seu segundo filho, Aará, o terceiro; ² Noá, o quarto; e Rafa, o quinto.
³ Estes foram os filhos de Belá:
Adar,ᵖ Gera, pai de Eúde, ⁴ Abisua, Naamã, Aoá,ᵠ ⁵ Gera, Sefufá e Hurão.
⁶ Estes foram os descendentes de Eúde,ʳ chefes das famílias dos habitantes de Geba, que foram deportados para Manaate:
⁷ Naamã, Aías e Gera. Esse Gera, pai de Uzá e de Aiúde, foi quem os deportou.

---

¹ 7.25 Conforme alguns manuscritos da Septuaginta. O Texto Massorético não traz *pai de*.

² 7.35 Chamado *Hotão* no versículo 32.

⁸ Depois de ter se divorciado de suas mulheres Husim e Baara, Saaraim teve filhos na terra de Moabe. ⁹ Com sua mulher Hodes ele gerou Jobabe, Zíbia, Messa, Malcã, ¹⁰ Jeús, Saquias e Mirma. Esses foram seus filhos, chefes de famílias. ¹¹ Com Husim ele gerou Abitube e Elpaal.

¹² Estes foram os filhos de Elpaal:
Héber, Misã, Semede, que fundou Ono*s* e Lode com seus povoados. ¹³ Berias e Sema foram os chefes das famílias dos habitantes de Aijalom*t* e foram eles que expulsaram os habitantes de Gate.*u*

¹⁴ Aiô, Sasaque, Jeremote, ¹⁵ Zebadias, Arade, Éder, ¹⁶ Micael, Ispa e Joá foram descendentes de Berias.

¹⁷ Zebadias, Mesulão, Hizqui, Héber, ¹⁸ Ismerai, Izlias e Jobabe foram descendentes de Elpaal.

¹⁹ Jaquim, Zicri, Zabdi, ²⁰ Elienai, Ziletai, Eliel, ²¹ Adaías, Beraías e Sinrate foram descendentes de Simei.

²² Ispã, Héber, Eliel, ²³ Abdom, Zicri, Hanã, ²⁴ Hananias, Elão, Antotias, ²⁵ Ifdeias e Penuel foram descendentes de Sasaque.

²⁶ Sanserai, Searias, Atalias, ²⁷ Jaaresias, Elias e Zicri foram descendentes de Jeroão.

²⁸ Todos esses foram chefes de famílias, líderes, conforme alistados em suas genealogias, e moravam em Jerusalém.

²⁹ Jeiel¹, pai² de Gibeom, morou na cidade de Gibeom.*v* O nome de sua mulher era Maaca; ³⁰ o de seu filho mais velho, Abdom; e o de seus outros filhos, Zur, Quis, Baal, Ner³, Nadabe, ³¹ Gedor, Aiô, Zequer ³² e Miclote, que gerou Simeia. Eles também moravam perto de seus parentes, em Jerusalém.

---

¹ **8.29** Conforme alguns manuscritos da Septuaginta. O Texto Massorético não traz *Jeiel*. Veja 1Cr 9.35.

² **8.29** Ou *líder*; ou ainda *fundador*. Veja 2.21, 2.24, 4.4 e 4.5.

³ **8.30** Conforme alguns manuscritos da Septuaginta. O Texto Massorético não traz *Ner*. Veja 1Cr 9.36.

³³ Ner*w* gerou Quis,*x* que gerou Saul.*y* Saul gerou Jônatas, Malquisua, Abinadabe e Esbaal⁴.*z*

³⁴ O filho de Jônatas*a* foi Meribe-Baal⁵,*b* que gerou Mica.

³⁵ Estes foram os filhos de Mica:
Pitom, Meleque, Tareia e Acaz.

³⁶ Acaz gerou Jeoada, Jeoada gerou Alemete, Azmavete e Zinri, e Zinri gerou Mosa. ³⁷ Mosa gerou Bineá, pai de Rafa, que foi o pai de Eleasa, pai de Azel.

³⁸ Azel teve seis filhos chamados Azricão, Bocru, Ismael, Searias, Obadias e Hanã. Todos esses foram filhos de Azel.

³⁹ Estes foram os filhos de Eseque, seu irmão:
Ulão, o mais velho; Jeús, o segundo; e Elifelete, o terceiro.

⁴⁰ Os filhos de Ulão eram soldados valentes e bons flecheiros. Tiveram muitos filhos e netos, eram cento e cinquenta ao todo.

Todos esses foram descendentes de Benjamim.*c*

9
Todos os israelitas foram alistados nas genealogias dos registros históricos dos reis de Israel.

O Povo de Jerusalém

Por sua infidelidade o povo de Judá foi levado prisioneiro para a Babilônia.*d* ² Os primeiros a voltarem às suas propriedades*e* e às suas cidades foram algumas pessoas do povo e alguns sacerdotes, levitas e servidores do templo.*f*

³ Os de Judá, de Benjamim e de Efraim e Manassés que se instalaram em Jerusalém foram:

⁴ Utai, filho de Amiúde, neto de Onri, bisneto de Inri e trineto de Bani, um descendente de Perez, filho de Judá.*g*

⁵ Dos descendentes de Selá:
O primogênito Asaías com seus filhos.

---

⁴ **8.33** Também conhecido como *Is-Bosete*; também em 9.39.

⁵ **8.34** Também conhecido como *Mefibosete*; também em 9.40.

⁶ Dos descendentes de Zerá:
Jeuel.
Os de Judá eram 690.
⁷ Dos benjamitas:
Salu, filho de Mesulão, neto de Hodavias e bisneto de Hassenua;
⁸ Ibneias, filho de Jeroão; Elá, filho de Uzi, filho de Micri; e Mesulão, filho de Sefatias, filho de Reuel, filho de Ibnias.
⁹ Da tribo de Benjamim, relacionados em sua genealogia, eram 956. Todos esses homens eram chefes de suas famílias.
¹⁰ Dos sacerdotes:
Jedaías, Jeoiaribe, Jaquim;
¹¹ Azarias, filho de Hilquias, neto de Mesulão, bisneto de Zadoque, trineto de Meraiote e tetraneto de Aitube, o líder encarregado do templo de Deus;
¹² Adaías, filho de Jeroão, neto de Pasur*ʰ* e bisneto de Malquias; e Masai, filho de Adiel, neto de Jazera, bisneto de Mesulão, trineto de Mesilemite e tetraneto de Imer.
¹³ O número de sacerdotes que eram chefes de famílias era 1.760. Eram homens capazes, e sua responsabilidade era ministrar no templo de Deus.
¹⁴ Dos levitas:
Semaías, filho de Hassube, neto de Azricão e bisneto de Hasabias, um merarita;
¹⁵ Baquebacar, Heres, Galal e Matanias,*ⁱ* filho de Mica, neto de Zicri e bisneto de Asafe; ¹⁶ Obadias, filho de Semaías, neto de Galal e bisneto de Jedutum; e Berequias, filho de Asa e neto de Elcana, que vivia nos povoados dos netofatitas.*ʲ*
¹⁷ Os guardas das portas eram:*ᵏ*
Salum, o chefe, Acube, Talmom, Aimã e os irmãos deles, sendo até hoje ¹⁸ os guardas da porta do Rei,*ˡ* a leste. Salum era o chefe. Esses eram os guardas das portas, que pertenciam ao acampamento dos levitas. ¹⁹ Salum,*ᵐ* filho de Coré, neto de Ebiasafe e bisneto de Corá e seus parentes, os coreítas, guardas das portas, responsáveis por guardar as entradas da Tenda¹, como os seus antepassados tinham sido responsáveis por guardar a entrada da habitação do Senhor. ²⁰ Naquela época, Fineias,*ⁿ* filho de Eleazar, estivera encarregado dos guardas das portas, e o Senhor estava com ele. ²¹ Zacarias,*ᵒ* filho de Meselemias, era o guarda das portas da entrada da Tenda do Encontro.
²² A soma total dos escolhidos para serem guardas das portas,*ᵖ* registrados nas genealogias dos seus povoados, era de 212. Eles haviam sido designados para esses postos de confiança por Davi e pelo vidente Samuel.*ᵠ* ²³ Eles e os seus descendentes foram encarregados de vigiar as portas do templo do Senhor, o templo chamado Tenda. ²⁴ Os guardas vigiavam as portas nos quatro lados: norte, sul, leste e oeste. ²⁵ Seus parentes, residentes em seus povoados, tinham que vir de tempos em tempos e trabalhar com eles por períodos de sete dias.*ʳ* ²⁶ Mas os quatro principais guardas das portas, que eram levitas, receberam a responsabilidade de tomar conta das salas e da tesouraria do templo de Deus.*ˢ* ²⁷ Eles passavam a noite perto do templo de Deus,*ᵗ* pois tinham o dever de vigiá-lo e de abrir as portas todas as manhãs.*ᵘ*
²⁸ Alguns levitas estavam encarregados dos utensílios utilizados no culto no templo; eles os contavam quando eram retirados e quando eram devolvidos. ²⁹ Outros eram responsáveis pelos móveis e por todos os demais utensílios do santuário,*ᵛ* bem como pela farinha, pelo vinho, pelo óleo, pelo incenso e pelas especiarias. ³⁰ E ainda outros cuidavam da manipulação das especiarias.*ʷ* ³¹ Um levita chamado Matitias, filho mais velho do coreíta Salum, tinha a responsabilidade de assar os pães para as ofertas. ³² E entre os coatitas, seus irmãos, alguns estavam encarregados de preparar os pães que eram postos sobre a mesa todo sábado.*ˣ*

¹ 9.19 Isto é, do templo; também nos versículos 21 e 23.

³³ Os cantores,ʸ chefes de famílias levitas, permaneciam nas salas do templo e estavam isentos de outros deveres, pois dia e noite se dedicavam à sua própria tarefa.ᶻ

³⁴ Todos esses eram chefes de famílias levitas, alistados como líderes em suas genealogias, e moravam em Jerusalém.

A Genealogia de Saul

³⁵ Jeiel,ᵃ pai¹ de Gibeom,
moravam em Gibeom.
O nome de sua mulher era Maaca;
³⁶ e o de seu filho mais velho, Abdom.
Depois nasceram Zur, Quis, Baal,
Ner, Nadabe, ³⁷ Gedor, Aiô,
Zacarias e Miclote.
³⁸ Miclote gerou Simeia.
Eles também moravam perto
de seus parentes em Jerusalém.
³⁹ Nerᵇ gerou Quis,ᶜ Quis gerou Saul,
Saul gerou Jônatas,ᵈ Malquisua,
Abinadabe e Esbaal.ᵉ
⁴⁰ Este foi o filho de Jônatas:
Meribe-Baal,ᶠ que gerou Mica.
⁴¹ Estes foram os filhos de Mica:
Pitom, Meleque, Tareia e Acaz².
⁴² Acaz gerou Jadá; Jadá³ gerou Alemete,
Azmavete e Zinri; e Zinri gerou Mosa.
⁴³ Mosa gerou Bineá,
cujo filho foi Refaías;
o filho deste foi Eleasa, pai de Azel.
⁴⁴ Azel teve seis filhos,
e os nomes deles foram:
Azricão, Bocru, Ismael, Searias,
Obadias e Hanã.
Esses foram os filhos de Azel.

O Suicídio de Saul

10 E aconteceu que, em combate com os filisteus, os israelitas foram postos em fuga, e muitos caíram mortos no monte Gilboa. ² Os filisteus perseguiram Saul e seus filhos e mataram Jônatas, Abinadabe e Malquisua, filhos de Saul. ³ O combate foi ficando cada vez mais violento em torno de Saul, até que os flecheiros o alcançaram e feriram gravemente.

⁴ Então Saul ordenou ao seu escudeiro: "Tire sua espada e mate-me, senão sofrerei a vergonha de cair nas mãos desses incircuncisos".

Mas o seu escudeiro estava apavorado e não quis fazê-lo. Saul, então, apanhou a própria espada e jogou-se sobre ela. ⁵ Quando o escudeiro viu que Saul estava morto, jogou-se também sobre sua espada e morreu. ⁶ Dessa maneira Saul e seus três filhos morreram e, assim, toda a descendência real.

⁷ Quando os israelitas que habitavam no vale viram que o exército tinha fugido e que Saul e seus filhos estavam mortos, fugiram, abandonando suas cidades. Depois os filisteus foram ocupá-las.

⁸ No dia seguinte, quando os filisteus foram saquear os mortos, encontraram Saul e seus filhos caídos no monte Gilboa. ⁹ Cortaram a cabeça de Saul, pegaram suas armas e enviaram mensageiros por toda a terra dos filisteus proclamando a notícia entre os seus ídolos e o seu povo. ¹⁰ Expuseram suas armas num dos templos dos seus deuses e penduraram sua cabeça no templo de Dagom.ᵍ

¹¹ Quando os habitantes de Jabes-Gileadeʰ ficaram sabendo o que os filisteus haviam feito com Saul, ¹² os mais corajosos dentre eles foram e apanharam os corpos de Saul e de seus filhos e os levaram a Jabes. Lá sepultaram seus ossos sob a Grande Árvore e jejuaram por sete dias.

¹³ Saul morreuⁱ dessa forma porque foi infiel ao Senhor,ʲ não foi obediente à palavra do Senhorᵏ e chegou a consultar uma médium em busca de orientação,ˡ ¹⁴ em vez de consultar o Senhor. Por isso o Senhor o entregou à morte e deu,ᵐ o reinoⁿ a Davi, filho de Jessé.

O Reinado de Davi, Rei de Israel

11 Todo o Israelᵒ reuniu-se com Davi em Hebromᵖ e disse: "Somos sangue do teu

---

¹ **9.35** *Pai* pode significar *líder civil* ou *líder militar*.
² **9.41** Conforme a Vulgata e a Versão Siríaca. O Texto Massorético não traz *e Acaz*. Veja 1Cr 8.35.
³ **9.42** Muitos manuscritos dizem *Jaerá*. Veja 1Cr 8.36.

sangue¹. ² No passado, mesmo quando Saul era rei, eras tu quem liderava Israel em suas batalhas.ᵠ E o SENHOR, o teu Deus, te disse: 'Você pastoreará Israel,ʳ o meu povo, e será o seu governante' ".ˢ

³ Então todas as autoridades de Israel foram ao encontro do rei Davi em Hebrom, onde este fez um acordo com elas perante o SENHOR, e ali ungiram Davi rei de Israel,ᵗ conforme o SENHOR havia anunciado por meio de Samuel.

A Conquista de Jerusalém

⁴ Davi e todos os israelitas marcharam para Jerusalém, que é Jebus. Os jebuseus,ᵘ habitantes da cidade, ⁵ disseram a Davi: "Você não entrará aqui". No entanto, Davi conquistou a fortaleza de Sião, a Cidade de Davi.

⁶ Naquele dia Davi disse: "O primeiro que atacar os jebuseus se tornará o comandante do exército". Joabe,ᵛ filho de Zeruia, foi o primeiro e por isso recebeu o comando do exército.

⁷ Davi passou a morar na fortaleza e por isso ela foi chamada Cidade de Davi. ⁸ Ele reconstruiu a cidade ao redor da fortaleza, desde o Milo² até os muros ao redor,ʷ e Joabe restaurou o restante da cidade. ⁹ E Davi ia se tornando cada vez mais poderoso,ˣ pois o SENHOR dos Exércitos estava com ele.

Os Principais Guerreiros de Davi

¹⁰ Estes foram os chefes dos principais guerreiros de Davi que, junto com todo o Israel,ʸ deram um grande apoio para estender o seu reinado a todo o país, conforme o SENHOR havia prometido.ᶻ ¹¹ Esta é a lista deles:ᵃ

Jasobeão³, um hacmonita, chefe dos oficiais⁴; foi ele que, empunhando sua lança, matou trezentos homens numa mesma batalha.

¹² Depois, Eleazar, filho de Dodô, de Aoí, um dos três principais guerreiros. ¹³ Ele estava com Davi na plantação de cevada de Pas-Damim, onde os filisteus se reuniram para a guerra. As tropas israelitas fugiram dos filisteus, ¹⁴ mas eles mantiveram sua posição no meio da plantação. Eles a defenderam e feriram os filisteus, e o SENHOR lhes deu uma grande vitória.ᵇ

¹⁵ Quando um grupo de filisteus estava acampado no vale de Refaim, três chefes do batalhão dos Trinta foram encontrar Davi na rocha que há perto da caverna de Adulão.ᶜ ¹⁶ Estando Davi nessa fortalezaᵈ e o destacamento filisteu em Belém, ¹⁷ Davi expressou seu desejo: "Quem me dera me trouxessem água da cisterna que fica junto à porta de Belém!" .¹⁸ Então aqueles três infiltraram-se no acampamento filisteu, tiraram água daquela cisterna e trouxeram-na a Davi. Mas ele se recusou a bebê-la; em vez disso, derramou-a como uma oferta ao SENHOR.ᵉ ¹⁹ "Longe de mim fazer isso, ó meu Deus!", disse Davi. "Esta água representa o sangue desses homens que arriscaram a própria vida!" Eles arriscaram a vida para trazê-la. E não quis bebê-la. Foram essas as proezas dos três principais guerreiros.

²⁰ Abisai,ᶠ o irmão de Joabe, era o chefe do batalhão dos Trinta⁵. Com uma lança enfrentou trezentos homens e matou-os, tornando-se famoso como os três. ²¹ Foi honrado duas vezes mais do que o batalhão dos Trinta e tornou-se chefe deles, mas nunca igualou-se aos três principais guerreiros.

²² Benaia, filho de Joiada, era um corajoso soldado de Cabzeelᵍ e realizou grandes feitos. Matou dois dos melhores guerreiros de Moabe e, num dia de neve, desceu ao fundo de uma cova e matou um leão.ʰ ²³ Também matou um egípcio de dois metros e vinte e

---

¹ **11.1** Hebraico: *teu osso e tua carne.*
² **11.8** Ou *desde o aterro*
³ **11.11** Possivelmente variante de *Jasobe-Baal.*
⁴ **11.11** Ou *Trinta.* Veja 2Sm 23.8.
⁵ **11.20** Conforme a Versão Siríaca e muitas versões. O Texto Massorético diz *chefe dos três.* Também no versículo 21.

cinco centímetros¹ de altura. Embora o egípcio tivesse na mão uma lança parecida com uma lançadeira de tecelão,ⁱ Benaia o enfrentou com um cajado. Arrancou a lança da mão do egípcio e com ela o matou. ²⁴ Esses foram os grandes feitos de Benaia, filho de Joiada, que também foi famoso como os três principais guerreiros de Davi. ²⁵ Foi mais honrado do que qualquer dos Trinta, mas nunca se igualou aos três. E Davi lhe deu o comando da sua guarda pessoal.

²⁶ Os outros guerreiros foram:
Asael,ʲ irmão de Joabe;
Elanã, filho de Dodô, de Belém;
²⁷ Samote,ᵏ de Haror;
Helez, de Pelom;
²⁸ Ira, filho de Iques, de Tecoa;
Abiezer,ˡ de Anatote;
²⁹ Sibecai,ᵐ de Husate;
Ilai, de Aoí;
³⁰ Maarai, de Netofate;
Helede, filho de Baaná, de Netofate;
³¹ Itai, filho de Ribai,
de Gibeá de Benjamim;
Benaia,ⁿ de Piratom;ᵒ
³² Hurai, dos riachos de Gaás;
Abiel, de Arbate;
³³ Azmavete, de Baurim;
Eliaba, de Saalbom;
³⁴ os filhos de Hasém, de Gizom;
Jônatas, filho de Sage, de Harar;
³⁵ Aião, filho de Sacar, de Harar;
Elifal, filho de Ur;
³⁶ Héfer, de Mequerate;
Aías, de Pelom;
³⁷ Hezro, de Carmelo;
Naarai, filho de Ezbai;
³⁸ Joel, irmão de Natã;
Mibar, filho de Hagri;
³⁹ o amonita Zeleque;
Naarai, de Beerote, escudeiro de Joabe, filho de Zeruia;
⁴⁰ Ira e Garebe, de Jatir;
⁴¹ Urias,ᵖ o hitita;
Zabade,ᵠ filho de Alai;

⁴² Adina, filho de Siza, de Rúben,
chefe dos rubenitas
e do batalhão dos Trinta;
⁴³ Hanã, filho de Maaca;
Josafá, de Mitene;
⁴⁴ Uzia, de Asterote;ʳ
Sama e Jeiel, filhos de Hotão,
de Aroer;
⁴⁵ Jediael, filho de Sinri;
seu irmão, Joá, de Tiz;
⁴⁶ Eliel, de Maave;
Jeribai e Josavias, filhos de Elnaão;
Itma, um moabita,
⁴⁷ e Eliel, Obede e Jaasiel, de Mezoba.

Os Aliados de Davi

12 Estes são os que se juntaram a Davi em Ziclague,ˢ onde se escondia de Saul, filho de Quis. Eles estavam entre os combatentes que o ajudaram na guerra; ² tanto com a mão direita como com a esquerda utilizavam arco e flecha,ᵗ e a funda para atirar pedras; pertenciam à tribo de Benjamim e eram parentes de Saul:ᵘ

³ Aiezer, o chefe deles,
e Joás, filhos de Semaá, de Gibeá;
Jeziel e Pelete, filhos de Azmavete;
Beraca, Jeú, de Anatote,
⁴ e Ismaías, de Gibeom,
um grande guerreiro
do batalhão dos Trinta
e chefe deles;
Jeremias, Jaaziel, Joanã,
Jozabade, de Gederate;ᵛ
⁵ Eluzai, Jeremote, Bealias,
Semarias e Sefatias, de Harufe;
⁶ os coreítas Elcana, Issias, Azareel,
Joezer e Jasobeão;
⁷ e Joela e Zebadias,
filhos de Jeroão, de Gedor.ʷ

⁸ Da tribo de Gade algunsˣ aliaram-se a Davi em sua fortaleza no deserto. Eram guerreiros corajosos, prontos para o combate, e sabiam lutar com escudo e com lança. Tinham a bravura de um leãoʸ e eram ágeis como gazelasᶻ nos montes.

---
¹ **11.23** Hebraico: *5 côvados*. O côvado era uma medida linear de cerca de 45 centímetros.

⁹ Ézer era o primeiro;
Obadias, o segundo; Eliabe, o terceiro;
¹⁰ Mismana, o quarto; Jeremias, o quinto;
¹¹ Atai, o sexto; Eliel, o sétimo;
¹² Joanã, o oitavo; Elzabade, o nono;
¹³ Jeremias, o décimo; e Macbanai era o décimo primeiro.

¹⁴ Todos esses de Gade eram chefes de exército; o menor valia por¹ cem,ᵃ e o maior enfrentava mil.ᵇ ¹⁵ Foram eles que atravessaram o Jordão no primeiro mês do ano, quando o rio transborda em todas as suas margens,ᶜ e puseram em fuga todos os que moravam nos vales, a leste e a oeste.

¹⁶ Alguns outros benjamitasᵈ e certos homens de Judá também vieram a Davi em sua fortaleza. ¹⁷ Davi saiu ao encontro deles e lhes disse: "Se vocês vieram em paz, para me ajudarem, estou pronto a recebê-los. Mas, se querem trair-me e entregar-me aos meus inimigos, sendo que as minhas mãos não cometeram violência, que o Deus de nossos antepassados veja isso e julgue vocês".

¹⁸ Então o Espíritoᵉ veio sobre Amasai,ᶠ chefe do batalhão dos Trinta, e ele disse:

"Somos teus, ó Davi!
Estamos contigo, ó filho de Jessé!
Paz,ᵍ paz seja contigo,
    e com os teus aliados,
pois o teu Deus te ajudará".

Davi os recebeu e os nomeou chefes dos seus grupos de ataque.

¹⁹ Alguns soldados de Manassés desertaram para Davi quando ele foi com os filisteus guerrear contra Saul. Eles não ajudaram os filisteus, porque os seus chefes os aconselharam e os mandaram embora, dizendo: "Pagaremos com a vida, caso Davi deserte e passe para Saul, seu senhor".ʰ ²⁰ Estes foram os homens de Manassés que desertaram para Davi quando ele foi a Ziclague:ⁱ Adna, Jozabade, Jediael, Micael, Jozabade, Eliú e Ziletai, chefes de batalhões de mil em Manassés. ²¹ Eles ajudaram Davi contra grupos de ataque, pois todos eles eram guerreiros valentes e eram líderes no exército dele. ²² Diariamente chegavam soldados para ajudar Davi, até que o seu exército tornou-se tão grande como o exército de Deus².

O Crescimento do Exército de Davi

²³ Este é o número dos soldados armados para a guerra que vieram a Davi em Hebromʲ para lhe entregar o reino de Saul,ᵏ conforme o Senhor tinha dito:ˡ

²⁴ da tribo de Judá, 6.800 armados para a guerra, com escudo e lança;
²⁵ da tribo de Simeão, 7.100 guerreiros prontos para o combate;
²⁶ da tribo de Levi, 4.600, ²⁷ inclusive Joiada, líder da família de Arão, com 3.700 homens, ²⁸ e Zadoque,ᵐ um jovem e valente guerreiro, com 22 oficiais de sua família;
²⁹ da tribo de Benjamim,ⁿ parentes de Saul, 3.000,ᵒ a maioria dos quais era até então fiel à família de Saul;
³⁰ da tribo de Efraim, 20.800 soldados valentes, famosos em seus próprios clãs;
³¹ da metade da tribo de Manassés, 18.000, indicados por nome para fazerem Davi rei;
³² da tribo de Issacar, 200 chefes que sabiam como Israel deveria agir em qualquer circunstância.ᵖ Comandavam todos os seus parentes;
³³ da tribo de Zebulom, 50.000 soldados experientes, preparados para guerrear com qualquer tipo de arma, totalmente decididos a ajudar Davi;
³⁴ da tribo de Naftali, 1.000 líderes com 37.000 homens armados de escudos e lanças;
³⁵ da tribo de Dã, 28.600 preparados para o combate;
³⁶ da tribo de Aser, 40.000 soldados experientes, preparados para o combate;

---

¹ **12.14** Ou *comandava*   ² **12.22** Ou *um exército grande e poderoso*

12.14
ᵃ Lv 26.8
ᵇ Dt 32.30
12.15
ᶜ Js 3.15
12.16
ᵈ 2Sm 3.19
12.18
ᵉ Jz 3.10; 6.34; 1Cr 28.12; 2Cr 15.1; 20.14; 24.20
ᶠ 2Sm 17.25
ᵍ 1Sm 25.5-6
12.19
ʰ 1Sm 29.2-11
12.20
ⁱ 1Sm 27.6
12.23
ʲ 2Sm 2.3-4
ᵏ 1Cr 10.14
ˡ 1Sm 16.1; 1Cr 11.10
12.28
ᵐ 2Sm 8.17; 1Cr 6.8; 15.11; 16.39; 27.17
12.29
ⁿ 2Sm 3.19
ᵒ 2Sm 2.8-9
12.32
ᵖ Et 1.13

37 e do leste do Jordão, das tribos de Rúben e de Gade, e da metade da tribo de Manassés, 120.000 completamente armados.

38 Todos esses eram homens de combate e se apresentaram voluntariamente para servir nas fileiras. Vieram a Hebrom totalmente decididos a fazer de Davi rei sobre todo o Israel.*q* E todos os outros israelitas tinham esse mesmo propósito. 39 Ficaram com Davi três dias, comendo e bebendo,*r* pois as suas famílias haviam fornecido provisões para eles. 40 Os habitantes das tribos vizinhas e também de lugares distantes como Issacar, Zebulom e Naftali, trouxeram-lhes muitas provisões em jumentos, camelos, mulas e bois. Havia grande fartura de suprimentos: *s* farinha, bolos de figo, bolos de uvas passas,*t* vinho, azeite, bois e ovelhas, pois havia grande alegria em Israel.*u*

O Retorno da Arca

13 Depois de consultar todos os seus oficiais, os comandantes de mil e de cem, 2 Davi disse a toda a assembleia de Israel: "Se vocês estão de acordo e se esta é a vontade do Senhor, o nosso Deus, enviemos uma mensagem a nossos irmãos em todo o território de Israel e também aos sacerdotes e aos levitas que estão com eles em suas cidades, para virem unir-se a nós. 3 Vamos trazer de volta a arca de nosso Deus,*v* pois não nos importamos com ela¹ *w*durante o reinado de Saul". 4 Toda a assembleia concordou, pois isso pareceu bom a todo o povo.

5 Então Davi reuniu todos os israelitas,*x* desde o rio Sior,*y* no Egito, até Lebo-Hamate,*z* para trazerem de Quiriate-Jearim a arca de Deus.*a* 6 Davi e todos os israelitas foram a Baalá,*b* que é Quiriate-Jearim, em Judá, para buscar a arca de Deus, o Senhor, que tem o seu trono entre os querubins;*c* a arca *sobre a qual o seu nome é invocado.*

7 Da casa de Abinadabe*d* levaram a arca de Deus num carroção novo, conduzido por Uzá e Aiô. 8 Davi e todos os israelitas iam dançando e cantando com todo o vigor diante de Deus, ao som de harpas, liras, tamborins, címbalos e cornetas.*e*

9 Quando chegaram à eira de Quidom, Uzá esticou o braço e segurou a arca, porque os bois haviam tropeçado. 10 A ira do Senhor *f* acendeu-se contra Uzá, e ele o feriu por ter tocado na arca.*g* Uzá morreu ali mesmo, diante de Deus.

11 Davi ficou contrariado porque o Senhor, em sua ira, havia fulminado Uzá. Até hoje aquele lugar é chamado Perez-Uzá².*h*

12 Naquele dia Davi teve medo de Deus e se perguntou: "Como vou conseguir levar a arca de Deus?" 13 Por isso desistiu de trazer a arca para a Cidade de Davi. Em vez disso, levou-a para a casa de Obede-Edom,*i* de Gate. 14 A arca de Deus ficou na casa dele por três meses, e o Senhor abençoou sua família e tudo o que possuía.*j*

O Palácio e a Família de Davi

14 Hirão, rei de Tiro, enviou a Davi uma delegação, que lhe trouxe toras de cedro,*k* e também pedreiros e carpinteiros para lhe construírem um palácio. 2 Então Davi teve certeza de que o Senhor o confirmara como rei de Israel e de que estava fazendo prosperar o seu reino por amor de Israel, seu povo.*l*

3 Em Jerusalém Davi tomou para si mais mulheres e gerou mais filhos e filhas.*m* 4 Estes são os nomes dos que lhe nasceram ali:*n* Samua, Sobabe, Natã, Salomão, 5 Ibar, Elisua, Elpalete, 6 Nogá, Nefegue, Jafia, 7 Elisama, Beeliada³ e Elifelete.

Davi Derrota os Filisteus

8 Quando os filisteus ficaram sabendo que Davi tinha sido ungido rei de todo o Israel,*o* foram com todo o exército prendê-lo, mas Davi soube disso e saiu para enfrentá-los. 9 Tendo os filisteus invadido o vale de Refaim,*p* 10 Davi perguntou a Deus:

---

¹ **13.3** Ou *a consultamos*; ou ainda *o consultamos*
² **13.11** *Perez-Uzá* significa *destruição de Uzá*.
³ **14.7** Variante de *Eliada*.

"Devo atacar os filisteus? Tu os entregarás nas minhas mãos?"

O Senhor lhe respondeu: "Vá, eu os entregarei nas suas mãos".

¹¹ Então Davi e seus soldados foram a Baal-Perazim,ᵩ e Davi os derrotou e disse: "Assim como as águas de uma enchente causam destruição, pelas minhas mãos Deus destruiu os meus inimigos". E aquele lugar passou a ser chamado Baal-Perazim¹. ¹² Como os filisteus haviam abandonado os seus ídolos ali, Davi ordenou que fossem queimados.ʳˢ

¹³ Os filisteus voltaram a atacar o vale;ᵗ ¹⁴ de novo Davi consultou Deus, que lhe respondeu: "Não ataque pela frente, mas dê a volta por trás deles e ataque-os em frente das amoreiras. ¹⁵ Assim que você ouvir um som de passos por cima das amoreiras, saia para o combate, pois este é o sinal de que Deus saiu à sua frente para ferir o exército filisteu". ¹⁶ E Davi fez como Deus lhe tinha ordenado, e eles derrotaram o exército filisteu por todo o caminho, desde Gibeomᵘ até Gezer.ᵛ

¹⁷ Assim a fama de Daviʷ espalhou-se por todas as terras, e o Senhor fez com que todas as nações o temessem.ˣ

A Arca é Levada para Jerusalém

15 Depois que Davi tinha construído casas² para si na Cidade de Davi, ele preparou um lugarʸ para a arca de Deus e armou uma tenda para ela.ᶻ ² Então Davi disse: "Somente os levitasᵃ poderão carregarᵇ a arca de Deus, pois para isso o Senhor os escolheu e para ficarem sempre a seu serviço".ᶜ

³ Davi reuniu todo o Israelᵈ em Jerusalém para trazer a arca do Senhor para o lugar que ele lhe havia preparado. ⁴ Reuniu também os descendentes de Arão e os levitas:

⁵ dos descendentes de Coate, Uriel, liderando 120;

⁶ dos descendentes de Merari, Asaías, liderando 220;

⁷ dos descendentes de Gérson, Joel, liderando 130;

⁸ dos descendentes de Elisafã,ᵉ Semaías, liderando 200;

⁹ dos descendentes de Hebrom,ᶠ Eliel, liderando 80;

¹⁰ dos descendentes de Uziel, Aminadabe, liderando 112.

¹¹ Em seguida, Davi convocou os sacerdotes Zadoqueᵍ e Abiatar,ʰ os levitas Uriel, Asaías, Joel, Semaías, Eliel e Aminadabe, e ¹² lhes disse: "Vocês são os chefes das famílias levitas; vocês e seus companheiros levitas deverão consagrar-seⁱ e trazer a arca do Senhor, o Deus de Israel, para o local que preparei para ela. ¹³ Pelo fato de vocês não terem carregado a arca na primeira vez, a ira do Senhor, o nosso Deus, causou destruição entre nós.ᵏ Nós não o tínhamos consultado sobre como proceder". ¹⁴ Então os sacerdotes e os levitas se consagraram para transportar a arca do Senhor, o Deus de Israel. ¹⁵ E os levitas carregaram a arca de Deus apoiando as varas da arca sobre os ombros, conforme Moisés tinha ordenado,ˡ de acordo com a palavra do Senhor.

¹⁶ Davi também ordenou aos líderes dos levitas que encarregassem os músicosᵐ que havia entre eles de cantar músicas alegres, acompanhados por instrumentos musicais: liras, harpas e címbalos sonoros.ⁿ

¹⁷ Assim, os levitas escolheram Hemã,ᵒ filho de Joel, e Asafe,ᵖ um parente dele; dentre os meraritas,ᵩ seus parentes, escolheram Etã, filho de Cuxaías; ¹⁸ e com eles seus parentes que estavam no segundo escalão: Zacarias³, Jaaziel, Semiramote, Jeiel, Uni, Eliabe, Benaia, Maaseias, Matitias, Elifeleu, Micneias, Obede-Edomʳ e Jeiel⁴, os porteiros.

¹⁹ Os músicos Hemã,ˢ Asafe e Etã deviam tocar os címbalos de bronze; ²⁰ Zacarias, Aziel, Semiramote, Jeiel, Uni, Eliabe, Maa-

---

¹ **14.11** Baal-Perazim significa *o senhor que destrói.*
² **15.1** Ou *um palácio*
³ **15.18** Muitos manuscritos dizem *Zacarias filho e* ou *Zacarias, Bene e.* Veja o versículo 20 e 1Cr 16.5.
⁴ **15.18** A Septuaginta diz Jeiel e Azarias. Veja o versículo 21.

seias e Benaia deviam tocar as liras, acompanhando o soprano; ²¹ e Matitias, Elifeleu, Micneias, Obede-Edom, Jeiel e Azazias deviam tocar as harpas em oitava, marcando o ritmo. ²² Quenanias, o chefe dos levitas, ficou encarregado dos cânticos; essa era sua responsabilidade, pois ele tinha competência para isso.

²³ Berequias e Elcana seriam porteiros e deveriam proteger a arca. ²⁴ Os sacerdotes Sebanias, Josafá, Natanael, Amasai, Zacarias, Benaia e Eliézer deviam tocar as cornetas diante da arca de Deus.ᵗ Obede-Edom e Jeías também deviam ser porteiros e vigiar a arca.

²⁵ Assim, com grande festa, Davi, as autoridades de Israel e os líderes dos batalhões de mil foram buscar a arcaᵘ da aliança do Senhor que estava na casa de Obede-Edom. ²⁶ Como Deus havia poupado os levitas que carregavam a arca da aliança do Senhor, sete novilhos e sete carneiros foram sacrificados.ᵛ ²⁷ Davi vestia um manto de linho fino, como também todos os levitas que carregavam a arca, os músicos e Quenanias, chefe dos músicos. Davi vestia também o colete sacerdotal de linho. ²⁸ E todo o Israel acompanhou a arca da aliança do Senhor alegremente, ao som de trombetas, cornetas e címbalos, ao toque de liras e de harpas.ʷ

²⁹ Quando a arca da aliança do Senhor estava entrando na Cidade de Davi, Mical, filha de Saul, observava de uma janela. E, aconteceu que ao ver o rei Davi dançando e celebrando, ela o desprezou em seu coração.

16

Eles trouxeram a arca de Deus e a colocaram na tenda que Davi lhe havia preparado,ˣ e ofereceram holocaustos¹ e sacrifícios de comunhão² diante de Deus. ² Após oferecer os holocaustos e os sacrifícios de comunhão, Davi abençoou o povo em nome do Senhor ʸ ³ e deu um pão, um bolo de tâmaras³ e um bolo de uvas passas a cada homem e a cada mulher israelita.

⁴ Davi nomeou alguns dos levitas para ministraremᶻ diante da arca do Senhor, fazendo petições, dando graças e louvando o Senhor, o Deus de Israel. ⁵ Desses, Asafe era o chefe, Zacarias vinha em seguida, e depois Jeiel, Semiramote, Jeiel, Matitias, Eliabe, Benaia, Obede-Edom e Jeiel. Eles deviam tocar lira e harpa enquanto Asafe tocava os címbalos. ⁶ Os sacerdotes Benaia e Jaaziel deviam tocar diariamente as trombetas diante da arca da aliança de Deus.

O Salmo de Gratidão de Davi

⁷ Foi naquele dia que, pela primeira vez, Davi encarregou Asafe e seus parentes de louvarem o Senhor com salmos de gratidão:ᵃ

⁸ "Deem graças ao Senhor,ᵇ
clamem pelo seu nome,
divulguem entre as naçõesᶜ
   o que ele tem feito.
⁹ Cantem para ele, louvem-no;ᵈ
contem todos os seus atos maravilhosos.
¹⁰ Gloriem-se no seu santo nome;
alegre-se o coração
   dos que buscam o Senhor.
¹¹ Olhem para o Senhor
   e para a sua força;
busquem sempre a sua face.ᵉ
¹² Lembrem-seᶠ das maravilhasᵍ
   que ele fez,
dos seus prodígios
   e das ordenanças que pronunciou,
¹³ ó descendentes de Israel, seu servo,
ó filhos de Jacó, seus escolhidos.

¹⁴ "Ele é o Senhor, o nosso Deus;
seu domínio alcança toda a terra.ʰ
¹⁵ Para sempre se lembra⁴ da sua
   aliança,
da palavra que ordenou
   para mil gerações,

³ **16.3** Ou *um pedaço de carne*; ou ainda *um pouco de vinho*.

⁴ **16.15** Conforme alguns manuscritos da Septuaginta. O Texto Massorético diz *lembrem-se*. Veja Sl 105.8.

¹ **16.1** Isto é, sacrifícios totalmente queimados; também no versículo 40.

² **16.1** Ou *de paz*

¹⁶ da aliança que fez com Abraão,ⁱ
do juramento que fez a Isaque,
¹⁷ que confirmou para Jacó ʲ
como um decreto
e para Israel como uma aliança eterna,
dizendo:
¹⁸ 'A vocês darei a terra de Canaã,ᵏ
a herança que possuirão'.
¹⁹ "Quando eles ainda eram poucos,ˡ
muito poucos,
sendo estrangeiros nela
²⁰ e vagueando de nação em nação,
de um reino a outro,
²¹ ele não permitiu que ninguém
os oprimisse;
por causa deles repreendeu reis,ᵐ
ordenando:
²² 'Não maltratem os meus ungidos;
não façam mal aos meus profetas'.ⁿ

²³ "Cantem ao Senhor, todas as terras!
Proclamem a sua salvação dia após dia!
²⁴ Anunciem a sua glória entre as nações,
seus feitos maravilhosos
entre todos os povos!
²⁵ Pois o Senhor é grande
e muitíssimo digno de louvor,ᵒ
ele deve ser mais temido ᵖ
que todos os deuses. ᵠ
²⁶ Pois todos os deuses das nações
não passam de ídolos,
mas o Senhor fez os céus.ʳ
²⁷ O esplendor e a majestade
estão diante dele;
força e alegria, na sua habitação.
²⁸ Deem ao Senhor,
ó famílias das nações,
deem ao Senhor glória e força!
²⁹ Deem ao Senhor
a glória devida ao seu nome.
Tragam ofertas
e venham à sua presença.
Adorem o Senhor
no esplendor da sua santidade,ᵗ
³⁰ tremamᵘ diante dele, todas as nações!
Firmou o mundo, e este não se abalará!

³¹ Que os céus se alegrem
e a terra exulte,ᵛ
e diga-se entre as nações:
'O Senhor reina!'ʷ
³² Ressoe o mar
e tudo o que nele existe;
exultem os campos
e tudo o que neles há!ˣ
³³ Então as árvores da floresta ʸ
cantarão de alegria,
cantarão diante do Senhor,
pois ele vem julgar a terra.ᶻ

³⁴ "Rendam graças ao Senhor,ᵃ
pois ele é bom;ᵇ
o seu amor dura para sempre.ᶜ
³⁵ Clamem: 'Salva-nos, ó Deus,
nosso Salvador!ᵈ
Reúne-nos e livra-nos das nações,
para que demos graças
ao teu santo nome
e façamos do teu louvor a nossa glória.
³⁶ Bendito seja o Senhor,
o Deus de Israel,ᵉ
de eternidade a eternidade".

Então todo o povo exclamou: "Amém!" e "Louvado seja o Senhor!"

³⁷ Davi deixou Asafe e seus parentes diante da arca da aliança do Senhor para ali ministrarem regularmente, de acordo com as prescrições para cada dia.ᶠ ³⁸ Também deixou Obede-Edomᵍ e seus sessenta e oito parentes para ministrarem com eles. Obede-Edom, filho de Jedutum, e também Hosaʰ foram porteiros.

³⁹ Davi deixou o sacerdote Zadoqueⁱ e seus parentes sacerdotes diante do tabernáculo do Senhor em Gibeom ʲ ⁴⁰ para, regularmente, de manhã e à tarde, apresentarem holocaustos no altar de holocaustos, de acordo com tudo o que está escrito na Lei do Senhor,ᵏ que ele deu a Israel. ⁴¹ Com eles estavam Hemãˡ e Jedutum e os outros designados para darem graças ao Senhor, exclamando: "O seu amor dura para sempre".

⁴² Hemã e Jedutum eram responsáveis pelas trombetas, pelos címbalos e pelos outros instrumentos musicais para o culto.ᵐ Os filhos de Jedutum foram nomeados como porteiros.

⁴³ Então todo o povo partiu, cada um para a sua casa, e Davi voltou para casa para abençoar sua família.

A Promessa de Deus a Davi

17 O rei Davi já morava em seu palácio quando, certo dia, disse ao profeta Natã: "Aqui estou eu, morando num palácio de cedro, enquanto a arca da aliança do Senhor permanece numa simples tenda".ⁿ

² Natã respondeu a Davi: "Faze o que tiveres em mente,ᵒ pois Deus está contigo".

³ E naquela mesma noite Deus falou a Natã:

⁴ "Vá dizer ao meu servo Davi que assim diz o Senhor: Não é você ᵖ que vai construir uma casa para eu morar. ⁵ Não tenho morado em nenhuma casa, desde o dia em que tirei Israel do Egito, mas fui de uma tenda para outra, e de um tabernáculo para outro. ⁶ Por onde tenho acompanhado todo o Israel, alguma vez perguntei a algum líder deles, que mandei pastorear o meu povo: Por que você não me construiu um templo de cedro?

⁷ "Agora pois, diga ao meu servo Davi: Assim diz o Senhor dos Exércitos: Eu o tirei das pastagens, onde você cuidava dos rebanhos, para ser o soberano sobre Israel, o meu povo.ᵠ ⁸ Sempre estive com você por onde você andou, e eliminei todos os seus inimigos. Agora eu o farei tão famoso quanto os homens mais importantes da terra. ⁹ E providenciarei um lugar para Israel, o meu povo, e os plantarei lá, para que tenham o seu próprio lar e não mais sejam incomodados. Povos ímpios não mais os oprimirão, como fizeram no início ¹⁰ e têm feito desde a época em que nomeei juízes sobre Israel,ʳ o meu povo. Também subjugarei todos os seus inimigos. Saiba também que eu, o Senhor, estabelecerei para você uma dinastia. ¹¹ Quando a sua vida chegar ao fim e você se juntar aos seus antepassados, escolherei um dos seus filhos para sucedê-lo, e eu estabelecerei o reino dele. ¹² É ele que vai construir um templo para mim,ˢ e eu firmarei o trono dele para sempre.ᵗ ¹³ Eu serei seu pai,ᵘ e ele será meu filho.ᵛ Nunca retirarei dele o meu amor, como retirei de Saul. ¹⁴ Eu o farei líder do meu povo e do meu reino para sempre; seu reinadoʷ será estabelecido para sempre".ˣ

¹⁵ E Natã transmitiu a Davi tudo o que o Senhor lhe tinha falado e revelado.

A Oração de Davi

¹⁶ Então o rei Davi entrou no tabernáculo, assentou-se diante do Senhor, e orou:

"Quem sou eu, ó Senhor Deus, e o que é a minha família, para que me trouxesses a este ponto? ¹⁷ E, como se isso não bastasse para ti, ó Deus, tu falaste sobre o futuro da família deste teu servo. Tens me tratado como um homem de grande importância, ó Senhor Deus.

¹⁸ "O que mais Davi poderá dizer-te por honrares o teu servo? Tu conheces o teu servo, ¹⁹ ó Senhor. Por amor do teu servoʸ e de acordo com tua vontade, realizaste este feito grandioso e tornaste conhecidas todas essas grandes promessas.ᶻ

²⁰ "Não há ninguém como tu, ó Senhor, nem há outro Deus além de ti,ᵃ conforme tudo o que sabemos. ²¹ E quem é como Israel, o teu povo, a única nação da terra que tu, ó Deus, resgataste para ti mesmo,ᵇ e assim tornaste o teu nome famoso, realizando grandes e impressionantes maravilhas ao expulsar nações de diante do povo que libertaste do Egito? ²² Tu fizeste de Israel o teu povo especial para sempre,ᶜ e tu, ó Senhor, te tornaste o seu Deus.

²³ "Agora, Senhor, que a promessa*d* que fizeste a respeito de teu servo e de sua descendência se confirme para sempre. Faze conforme prometeste, ²⁴ para que tudo se confirme, para que o teu nome seja engrandecido para sempre e os homens digam: 'O Senhor dos Exércitos, o Deus de Israel, é Deus para Israel!' E a descendência de teu servo Davi se manterá firme diante de ti.

²⁵ "Tu, meu Deus, revelaste a teu servo que formarás uma dinastia para ele. Por isso teu servo achou coragem para orar a ti. ²⁶ Ó Senhor, tu és Deus! Tu fizeste essa boa promessa a teu servo. ²⁷ Agora, por tua bondade, abençoa a família de teu servo, para que ela continue para sempre na tua presença;*e* pois o que tu, Senhor, abençoas, abençoado está para sempre".

As Vitórias Militares de Davi

18 Depois disso Davi derrotou os filisteus e os subjugou, e tirou do controle deles a cidade de Gate e seus povoados.

² Davi derrotou também os moabitas,*f* que ficaram sujeitos a ele, pagando-lhe impostos.

³ Além disso, Davi derrotou Hadadezer, rei de Zobá,*g* nas proximidades de Hamate, quando Hadadezer tentava obter o controle na região do rio Eufrates.*h* ⁴ Davi se apossou de mil dos seus carros de guerra, sete mil cavaleiros¹ e vinte mil soldados de infantaria. Ainda levou cem cavalos de carros de guerra e aleijou todos os outros.*i*

⁵ Quando os arameus de Damasco*j* vieram ajudar Hadadezer, rei de Zobá, Davi matou vinte e dois mil deles. ⁶ Em seguida, estabeleceu guarnições militares no reino dos arameus de Damasco, sujeitando-os a lhe pagarem impostos. E o Senhor dava vitórias a Davi em todos os lugares aonde ia.

⁷ Davi também trouxe para Jerusalém *os escudos de ouro* usados pelos oficiais de Hadadezer. ⁸ De Tebá² e Cum, cidades que pertenciam a Hadadezer, o rei Davi trouxe grande quantidade de bronze, que Salomão usou para fazer o tanque de bronze,*k* as colunas e vários utensílios.

⁹ Quando Toú, rei de Hamate, soube que Davi tinha derrotado todo o exército de Hadadezer, rei de Zobá, ¹⁰ enviou seu filho Adorão ao rei Davi para saudá-lo e parabenizá-lo por sua vitória na batalha contra Hadadezer, que tinha estado em guerra contra Toú. Com Adorão, mandou todo tipo de utensílios de ouro, de prata e de bronze. ¹¹ O rei Davi consagrou esses utensílios ao Senhor, como fizera com a prata e o ouro tomados de todas estas nações: Edom*l* e Moabe, os amonitas e os filisteus e Amaleque.*m*

¹² Abisai, filho de Zeruia, derrotou dezoito mil edomitas*n* no vale do Sal. ¹³ Depois colocou guarnições militares em Edom, sujeitando todos os edomitas a Davi. O Senhor dava vitórias a Davi em todos os lugares aonde ia.

Os Oficiais de Davi

¹⁴ Davi reinou*o* sobre todo o Israel,*p* administrando o direito e a justiça a todo o seu povo. ¹⁵ Joabe,*q* filho de Zeruia, era comandante do exército; Josafá, filho de Ailude, era o arquivista real; ¹⁶ Zadoque,*r* filho de Aitube, e Aimeleque³,*s* filho de Abiatar, eram sacerdotes; Sausa era secretário; ¹⁷ Benaia, filho de Joiada, comandava os queretitas e os peletitas;*t* e os filhos do rei Davi eram seus principais oficiais.

A Guerra contra os Amonitas

19 Algum tempo depois, Naás, rei dos amonitas,*u* morreu, e seu filho foi o seu sucessor. ² Davi pensou: "Serei bondoso com Hanum, filho de Naás, porque seu pai foi bondoso comigo". Então Davi enviou

---

² **18.8** Hebraico: *Tibate*, variante de *Tebá*. Veja 2Sm 8.8.

³ **18.16** Muitos manuscritos dizem *Abimeleque*. Veja 2Sm 8.17.

---

¹ **18.4** Ou *condutores de carros*

17.23
d 1Rs 8.25
17.27
e Sl 16.11; 21.6
18.2
f Nm 21.29
18.3
g 1Cr 19.6
h Gn 2.14
18.4
i Gn 49.6
18.5
j 2Rs 16.9; 1Cr 19.6
18.8
k 1Rs 7.23; 2Cr 4.12, 15-16
18.11
l Nm 24.18
m Nm 24.20
18.12
n 1Rs 11.15
18.14
o 1Cr 29.26
p 1Cr 11.1
18.15
q 2Sm 5.6-8; 1Cr 11.6
18.16
r 2Sm 8.17; 1Cr 6.8
s 1Cr 24.6
18.17
t 1Sm 30.14; 2Sm 8.18; 15.18
19.1
u Gn 19.38; Jz 10.17-11.33; 2Cr 20.12; Sf 2.8-11

uma delegação para transmitir a Hanum seu pesar pela morte do pai.

Mas, quando os mensageiros de Davi chegaram à terra dos amonitas para expressar condolências a Hanum, ³ os líderes amonitas lhe disseram: "Achas que Davi está honrando teu pai ao enviar mensageiros para expressar condolências? Não é nada disso! Davi os enviou como espiões[v] para examinar o país e destruí-lo". ⁴ Então Hanum prendeu os mensageiros de Davi, rapou-lhes a barba, cortou metade de suas roupas até as nádegas, e mandou-os embora.

⁵ Quando Davi soube disso, enviou mensageiros ao encontro deles, pois haviam sido profundamente humilhados, e mandou dizer-lhes: "Fiquem em Jericó até que a barba cresça e, então, voltem para casa".

⁶ Vendo Hanum e os amonitas que tinham atraído sobre si o ódio de[1] Davi,[w] alugaram da Mesopotâmia[2], de Arã Maaca e de Zobá, carros de guerra e condutores de carros, por trinta e cinco toneladas[3] de prata.[x] ⁷ Alugaram trinta e dois mil carros e seus condutores, contrataram o rei de Maaca com suas tropas, o qual veio e acampou perto de Medeba,[y] e os amonitas foram convocados de suas cidades e partiram para a batalha.

⁸ Ao saber disso, Davi ordenou a Joabe que marchasse com todo o exército. ⁹ Os amonitas saíram e se puseram em posição de combate na entrada da cidade, e os reis que tinham vindo posicionaram-se em campo aberto.

¹⁰ Vendo Joabe que estava cercado pelas linhas de combate, escolheu alguns dos melhores soldados de Israel e posicionou-os contra os arameus. ¹¹ Pôs o restante dos homens sob o comando de seu irmão Abisai[z] e posicionou-os contra os amonitas. ¹² E Joabe disse a Abisai: "Se os arameus forem fortes demais para mim, venha me ajudar; mas, se os amonitas forem fortes demais para você, eu irei ajudá-lo. ¹³ Seja forte e lutemos com bravura pelo nosso povo e pelas cidades do nosso Deus. E que o Senhor faça o que for de sua vontade".

¹⁴ Então Joabe e seus soldados avançaram contra os arameus, que fugiram dele. ¹⁵ Quando os amonitas viram que os arameus estavam fugindo de Joabe, também fugiram de seu irmão Abisai e entraram na cidade. Assim, Joabe voltou para Jerusalém.

¹⁶ Ao perceberem os arameus que haviam sido derrotados por Israel, enviaram mensageiros para trazer arameus que viviam do outro lado do Eufrates[4], e Sofaque, o comandante do exército de Hadadezer, veio à frente deles.

¹⁷ Informado disso, Davi reuniu todo o Israel[a] e atravessou o Jordão; avançou contra eles e formou linhas de combate defronte deles. Mas, começado o combate, ¹⁸ eles fugiram de diante de Israel, e Davi matou sete mil dos seus condutores de carros de guerra e quarenta mil dos seus soldados de infantaria. Também matou Sofaque, o comandante do exército deles.

¹⁹ Quando os vassalos de Hadadezer viram que tinham sido derrotados por Israel, fizeram a paz com Davi e se sujeitaram a ele. E os arameus não quiseram mais ajudar os amonitas.

A Conquista de Rabá

20 Na primavera seguinte, na época em que os reis saem à guerra, Joabe conduziu o seu exército até a terra dos amonitas e a arrasou. Enquanto Davi ainda estava em Jerusalém, Joabe cercou Rabá,[b] a capital, atacou-a e deixou-a em ruínas.[c] ² Davi tirou a coroa da cabeça de Moloque[5], uma coroa de ouro de trinta e cinco quilos[6], ornamentada com pedras preciosas. E ela

---

¹ **19.6** Hebraico: *se transformado em mau cheiro para*.
² **19.6** Hebraico: *Arã Naaraim*.
³ **19.6** Hebraico: *1000 talentos*. Um talento equivalia a 35 quilos.
⁴ **19.16** Hebraico: *do Rio*.
⁵ **20.2** Conforme a Septuaginta. O Texto Massorético diz *do rei deles*.
⁶ **20.2** Hebraico: *1 talento*.

foi colocada na cabeça de Davi. Ele trouxe uma grande quantidade de bens da cidade ³ e trouxe também os seus habitantes, designando-lhes trabalhos com serras, picaretas de ferro e machados.*ᵈ* Davi fez assim com todas as cidades amonitas. Depois voltou com todo seu exército para Jerusalém.

Guerras contra os Filisteus

⁴ Houve depois disso uma guerra contra os filisteus, em Gezer.*ᵉ* Naquela época, Sibecai, de Husate, matou Sipai, um dos descendentes dos refains,*ᶠ* e os filisteus foram subjugados.

⁵ Noutra batalha contra os filisteus, Elanã, filho de Jair, matou Lami, irmão de Golias, de Gate, que possuía uma lança cuja haste parecia uma lançadeira de tecelão.*ᵍ*

⁶ Noutra batalha, em Gate, havia um homem de grande estatura e que tinha seis dedos em cada mão e seis dedos em cada pé; vinte e quatro dedos ao todo. Ele também era descendente de Rafa ⁷ e desafiou Israel, mas Jônatas, filho de Simeia, irmão de Davi, o matou.

⁸ Esses eram descendentes de Rafa, em Gate, e foram mortos por Davi e seus soldados.

O Recenseamento e a sua Punição

21 Satanás*ʰ* levantou-se contra Israel e levou Davi a fazer um recenseamento do povo.*ⁱ* ² Davi disse a Joabe e aos outros comandantes do exército: "Vão e contem*ʲ* os israelitas desde Berseba até Dã e tragam-me um relatório para que eu saiba quantos são".

³ Joabe, porém, respondeu: "Que o Senhor multiplique o povo dele por cem.*ᵏ* Ó rei, meu senhor, não são, porventura, todos eles súditos do meu senhor? Por que o meu senhor deseja fazer isso? Por que deveria trazer culpa sobre Israel?"

⁴ Mas a palavra do rei prevaleceu, de modo que Joabe partiu, percorreu todo o Israel e então voltou a Jerusalém. ⁵ Joabe apresentou a Davi o relatório com o número dos homens de combate: Em todo o Israel*ˡ* havia um milhão e cem mil homens habilitados para o serviço militar, sendo quatrocentos e setenta mil de Judá.

⁶ Mas Joabe não incluiu as tribos de Levi e de Benjamim na contagem, pois a ordem do rei lhe parecera absurda. ⁷ Essa ordem foi reprovada por Deus, e por isso ele puniu Israel.

⁸ Então Davi disse a Deus: "Pequei gravemente com o que fiz. Agora eu te imploro que perdoes o pecado do teu servo, porque cometi uma grande loucura!"

⁹ O Senhor disse a Gade,*ᵐ* o vidente de Davi:*ⁿ* ¹⁰ "Vá dizer a Davi: Assim diz o Senhor: Estou dando a você três opções. Escolha uma delas, e eu a executarei contra você".

¹¹ Gade foi a Davi e lhe disse: "Assim diz o Senhor: 'Escolha entre ¹² três anos de fome;*ᵒ* três meses fugindo de seus adversários, perseguido pela espada deles; ou três dias da espada*ᵖ* do Senhor,*ᑫ* isto é, três dias de praga, com o anjo do Senhor assolando todas as regiões de Israel'. Decida agora como devo responder àquele que me enviou".

¹³ Davi respondeu: "É grande a minha angústia! Prefiro cair nas mãos do Senhor, pois é grande a sua misericórdia,*ʳ* a cair nas mãos dos homens".

¹⁴ O Senhor enviou, assim, uma praga sobre Israel, e setenta mil homens de Israel morreram.*ˢ* ¹⁵ E Deus enviou um anjo*ᵗ* para destruir Jerusalém.*ᵘ* Mas, quando o anjo ia fazê-lo, o Senhor olhou e arrependeu-se*ᵛ* de trazer a catástrofe e disse ao anjo destruidor: *ʷ* "Pare! Já basta!" Naquele momento o anjo do Senhor estava perto da eira de Araúna,*ˡ* o jebuseu.

¹⁶ Davi olhou para cima e viu o anjo do Senhor entre o céu e a terra, com uma espada na mão, erguida sobre Jerusalém. Então Davi e as autoridades de Israel, vestidos de luto, prostraram-se com o rosto em terra.*ˣ*

¹⁷ Davi disse a Deus: "Não fui eu que ordenei contar o povo? Fui eu que pequei e fiz

---

¹ **21.15** Hebraico: Ornã, variante de Araúna; também nos versículos 18-28.

20.3
ᵈ Dt 29.11
20.4
ᵉ Js 10.33
ᶠ Gn 14.5
20.5
ᵍ 1Sm 17.7
21.1
ʰ 2Cr 18.21; Sl 109.6
ⁱ 2Cr 14.8; 25.5
21.2
ʲ 1Cr 27.23-24
21.3
ᵏ Dt 1.11
21.5
ˡ 1Cr 9.1
21.9
ᵐ 1Sm 22.5
ⁿ 1Sm 9.9
21.12
ᵒ Dt 32.24
ᵖ Ez 30.25
ᑫ Gn 19.13
21.13
ʳ Sl 6.4; 86.15; 130.4, 7
21.14
ˢ 1Cr 27.24
21.15
ᵗ Gn 32.1
ᵘ Sl 125.2
ᵛ Gn 6.6
ʷ Ex 32.14
ˡ Gn 19.13
21.16
ˣ Nm 14.5; Js 7.6

o mal. Estes não passam de ovelhas.ʸ O que eles fizeram? Ó Senhor meu Deus, que o teu castigo caia sobre mim e sobre a minha família,ᶻ mas não sobre o teu povo!"

18 Depois disso, o anjo do Senhor mandou Gade dizer a Davi que construísse um altar ao Senhor na eira de Araúna, o jebuseu.ᵃ **19** Davi foi para lá, em obediência à palavra que Gade havia falado em nome do Senhor.

20 Araúna estava debulhando o trigo;ᵇ virando-se, viu o anjo, e ele e seus quatro filhos que estavam com ele se esconderam. **21** Nisso chegou Davi e, quando Araúna o viu, saiu da eira e prostrou-se diante de Davi com o rosto em terra.

22 E Davi lhe pediu: "Ceda-me o terreno da sua eira para eu construir um altar em honra ao Senhor, para que cesse a praga sobre o povo. Venda-me o terreno pelo preço justo".

23 Mas Araúna disse a Davi: "Considera-o teu! Que o meu rei e senhor faça dele o que desejar. Eu darei os bois para os holocaustos¹, o debulhador para servir de lenha e o trigo para a oferta de cereal. Tudo isso eu dou a ti".

24 O rei Davi, porém, respondeu a Araúna: "Não! Faço questão de pagar o preço justo. Não darei ao Senhor aquilo que pertence a você, nem oferecerei um holocausto que não me custe nada".

25 Então Davi pagou a Araúna sete quilos e duzentos gramas² de ouro pelo terreno. **26** E Davi edificou ali um altar ao Senhor e ofereceu holocaustos e sacrifícios de comunhão³. Davi invocou o Senhor, e o Senhor lhe respondeu com fogoᶜ que veio do céu sobre o altar de holocaustos.

27 O Senhor ordenou ao anjo que pusesse a espada na bainha. **28** Nessa ocasião viu Davi que o Senhor lhe havia respondido na eira de Araúna, o jebuseu, e passou a oferecer sacrifícios ali. **29** Naquela época, o tabernáculo do Senhor que Moisés fizera no deserto e o altar de holocaustos estavam em Gibeom⁴.ᵈ **30** Mas Davi não podia consultar a Deus lá, pois tinha medo da espada do anjo do Senhor.

22
Então disse Davi: "Este é o lugar para o templo de Deus, o Senhor, ᵉ e do altar de holocaustos⁵ para Israel".

Preparativos para o Templo

2 Davi deu ordens para que se reunissem os estrangeirosᶠ que viviam em Israel, e dentre eles designou cortadores de pedraᵍ para prepararem pedras lavradas para a construção do templo de Deus. **3** Ele providenciou grande quantidade de ferro para a fabricação de pregos e dobradiças para as portas, e mais bronze do que se podia pesar.ʰ **4** Também providenciou mais toras de cedroⁱ do que se podia contar, pois os sidônios e os tírios haviam trazido muito cedro para Davi.

5 Davi pensava: "Meu filho Salomão é jovemʲ e inexperiente, e o templo que será construído para o Senhor deve ser extraordinariamente magnífico, famoso e cheio de esplendor à vista de todas as nações. Por isso deixarei tudo preparado para a construção". Assim, Davi deixou tudo preparado antes de morrer.

6 Davi mandou chamar seu filho Salomão e ordenou que ele construísseᵏ um templo para o Senhor, o Deus de Israel, **7** dizendo: "Meu filho, eu tinha no coraçãoˡ o propósito de construirᵐ um templo em honra ao nomeⁿ do Senhor, o meu Deus. **8** Mas veio a mim esta palavra do Senhor: 'Você matou muita gente e empreendeu muitas guerras.ᵒ Por isso não construirá um templo em honra ao meu nome,ᵖ pois derramou muito sangue na terra, diante de mim. **9** Mas você

---

¹ **21.23** Isto é, sacrifícios totalmente queimados; também nos versículos 24, 26 e 29.

² **21.25** Hebraico: *600 siclos*. Um siclo equivalia a 12 gramas.

³ **21.26** Ou *de paz*

⁴ **21.29** Hebraico: *no alto de Gibeom*.

⁵ **22.1** Isto é, sacrifícios totalmente queimados.

terá um filho que será um homem de paz,^q e eu farei com que ele tenha paz com todos os inimigos ao redor dele. Seu nome será Salomão,^r e eu darei paz e tranquilidade^s a Israel durante o reinado dele. ¹⁰ É ele que vai construir um templo em honra ao meu nome.^t Eu serei seu pai e ele será meu filho.^u E eu firmarei para sempre o trono do reinado dele sobre Israel".^v

¹¹ "Agora, meu filho, que o Senhor seja com você,^w para que você consiga construir o templo do Senhor, o seu Deus, conforme ele disse que você faria. ¹² Que o Senhor dê a você prudência e entendimento^x para que você obedeça à lei do Senhor, o seu Deus, quando ele o puser como líder de Israel. ¹³ E você prosperará se for cuidadoso em obedecer aos decretos e às leis^y que o Senhor deu a Israel por meio de Moisés. Seja forte e corajoso!^z Não tenha medo nem se desanime!

¹⁴ "Com muito esforço providenciei para o templo do Senhor três mil e quinhentas toneladas¹ de ouro, trinta e cinco mil toneladas de prata, e mais bronze e ferro do que se pode calcular, além de madeira e pedra. E você ainda poderá aumentar a quantidade desse material.^a ¹⁵ Você tem muitos trabalhadores: cortadores de pedras, pedreiros e carpinteiros,^b bem como especialistas em todo tipo de trabalho ¹⁶ em ouro, prata, bronze e ferro. Agora comece o trabalho, e que o Senhor esteja com você".

¹⁷ Então Davi ordenou^c a todos os líderes de Israel que ajudassem seu filho Salomão. ¹⁸ Disse ele: "Certamente o Senhor, o seu Deus, está com vocês, e concedeu a vocês paz.^d,^e Pois ele entregou os habitantes dessa terra em minhas mãos, e ela foi submetida ao Senhor e ao seu povo. ¹⁹ Agora consagrem o coração e a alma para buscarem o Senhor, o seu Deus.^f Comecem a construir o santuário de Deus, o Senhor, para que vocês possam trazer a arca da aliança do Senhor e os utensílios sagrados que pertencem a Deus para dentro do templo que será construído em honra ao nome do Senhor".

Os Levitas

23 Já envelhecido, de idade avançada, Davi fez do seu filho Salomão^g rei sobre Israel.^h

² Ele reuniu todos os líderes de Israel, bem como os sacerdotes e os levitas. ³ Os levitas de trinta anos para cima^i foram contados, e o número total deles chegou a trinta e oito mil.^j ⁴ Davi escolheu vinte e quatro mil deles para supervisionarem^k o trabalho do templo do Senhor e seis mil para serem oficiais e juízes,^l ⁵ quatro mil para serem guardas das portas e quatro mil para louvarem o Senhor com os instrumentos musicais^m que Davi tinha preparado com esse propósito.^n

⁶ Davi repartiu^o os levitas em grupos que descendiam de Gérson, Coate e Merari, filhos de Levi.

Os Descendentes de Gérson

⁷ Dos filhos de Gérson:
Ladã e Simei.
⁸ Estes foram os filhos de Ladã:
Jeiel, o primeiro, Zetã e Joel,
três ao todo.
⁹ Estes foram os filhos de Simei:
Selomote, Haziel e Harã, três ao todo.
Esses foram os chefes
das famílias de Ladã.
¹⁰ E os filhos de Simei foram:
Jaate, Ziza², Jeús e Berias.
Esses foram os filhos de Simei,
quatro ao todo.
¹¹ Jaate foi o primeiro e Ziza, o segundo,
mas Jeús e Berias
não tiveram muitos descendentes,
por isso foram contados
como uma única família.

---

¹ **22.14** Hebraico: *100.000 talentos*. Um talento equivalia a 35 quilos.

² **23.10** Muitos manuscritos dizem *Zina*.

Os Descendentes de Coate

¹²Dos filhos de Coate:ᵖ
Anrão, Isar, Hebrom e Uziel,
quatro ao todo.
¹³Estes foram os filhos de Anrão:ᵠ
Arão e Moisés.
Arão foi separado,ʳ
ele e seus descendentes, para sempre,
para consagrar as coisas santíssimas,
oferecer sacrifícios ao Senhor,
ministrar diante dele
e pronunciar bênçãosˢ
em seu nome.
¹⁴Os filhos de Moisés,
homem de Deus,ᵗ
foram contados
como parte da tribo de Levi.
¹⁵Estes foram os filhos de Moisés:
Gérson e Eliézer.ᵘ
¹⁶Sebuel foi o chefe
dos descendentes de Gérson.ᵛ
¹⁷Reabias foi o chefe
dos descendentes de Eliézer.
Eliézer não teve nenhum outro filho,
mas Reabias teve muitos filhos.
¹⁸Selomite foi o chefe
dos filhos de Isar.
¹⁹Estes foram os filhos de Hebrom:ʷ
Jerias foi o primeiro;
Amarias, o segundo;
Jaaziel, o terceiro;
e Jecameão foi o quarto.
²⁰Estes foram os filhos de Uziel:
Mica, o primeiro;
e Issias, o segundo.

Os Descendentes de Merari

²¹Dos filhos de Merari:ˣ
Mali e Musi.
Estes foram os filhos de Mali:
Eleazar e Quis.
²²Eleazar morreu sem ter filhos,
teve apenas filhas.
Os primos delas, os filhos de Quis,
casaram-se com elas.
²³Estes foram os filhos de Musi:
Mali, Éder e Jeremote, três ao todo.

²⁴Esses foram os descendentes de Levi pelas suas famílias: os chefes de famílias conforme registrados por seus nomes e contados individualmente, ou seja, os de vinte anos para cima,ʸ que serviam no templo do Senhor. ²⁵Pois Davi dissera: "Uma vez que o Senhor, o Deus de Israel, concedeu descansoᶻ ao seu povo e veio habitar para sempre em Jerusalém, ²⁶os levitas não mais precisam carregar o tabernáculo nem os utensílios usados em seu serviço".ᵃ ²⁷De acordo com as instruções finais de Davi, foram contados os levitas de vinte anos para cima.

²⁸O dever dos levitas era ajudar os descendentes de Arão no serviço do templo do Senhor. Encarregavam-se dos pátios, das salas laterais, da purificaçãoᵇ de todas as coisas sagradas e das outras tarefas da casa de Deus. ²⁹Estavam encarregados do pão consagrado, ᶜ da farinha para as ofertas de cereal,ᵈ dos bolos sem fermento, de assar o pão e misturar a massa e de todos os pesos e medidas.ᵉ ³⁰Além disso, deviam se apresentar todas as manhãs e todas as tardes para dar graças e louvar ao Senhor, e fazer o mesmoᶠ ³¹sempre que holocaustos¹ fossem apresentados ao Senhor nos sábados, nas festas da lua novaᵍ e nas festas fixas.ʰ Deviam servir regularmente diante do Senhor, conforme o número prescrito para eles.

³²Dessa maneira os levitasⁱ ficaram responsáveis pela Tenda do Encontro,ʲ pelo Lugar Santo e pela assistência aos seus irmãos, os descendentes de Arão, e pelo serviço do templo do Senhor.ᵏ

O Serviço dos Sacerdotes

24 Os filhos de Arãoᵐ foram assim agrupados:ˡ

Os filhos de Arão foram Nadabe, Abiú, Eleazar e Itamar.ⁿ ²Mas Nadabe e Abiú morreram antes de seu paiᵒ e não tiveram filhos; apenas Eleazar e Itamar serviram como sacerdotes. ³Com a ajuda de Zadoque,ᵖ descendente de Eleazar, e de Aimeleque, descendente

---

¹ **23.31** Isto é, sacrifícios totalmente queimados.

de Itamar, Davi os dividiu em grupos para que cumprissem as suas responsabilidades. ⁴Havia um número maior de chefes de família entre os descendentes de Eleazar do que entre os de Itamar, e por isso eles foram assim divididos: dezesseis chefes de famílias entre os descendentes de Eleazar e oito entre os descendentes de Itamar. ⁵Eles foram divididos de maneira imparcial mediante sorteio,ᵠ pois havia líderes do santuário e líderes de Deus tanto entre os descendentes de Eleazar como entre os de Itamar.

⁶O escriba Semaías, filho do levita Natanael, registrou os nomes deles na presença do rei, dos líderes, dos sacerdotes Zadoque e Aimeleque,ʳ filho de Abiatar, e dos chefes de famílias dos sacerdotes e dos levitas; as famílias de Eleazar e de Itamar foram sorteadas alternadamente.

⁷A primeira sorte caiu para Jeoiaribe,
a segunda para Jedaías,ˢ
⁸a terceira para Harim,ᵗ
a quarta para Seorim,
⁹a quinta para Malquias,
a sexta para Miamim,
¹⁰a sétima para Hacoz,
a oitava para Abias,ᵘ
¹¹a nona para Jesua,
a décima para Secanias,
¹²a décima primeira para Eliasibe,
a décima segunda para Jaquim,
¹³a décima terceira para Hupá,
a décima quarta para Jesebeabe,
¹⁴a décima quinta para Bilga,
a décima sexta para Imer,ᵛ
¹⁵a décima sétima para Hezir,ʷ
a décima oitava para Hapises,
¹⁶a décima nona para Petaías,
a vigésima para Jeezquel,
¹⁷a vigésima primeira para Jaquim,
a vigésima segunda para Gamul,
¹⁸a vigésima terceira para Delaías,
e a vigésima quarta para Maazias.

¹⁹Conforme essa ordem eles deveriam ministrar quando entrassem no templo do Senhor, de acordo com as prescrições deixadas por Arão, antepassado deles, conforme o Senhor, o Deus de Israel, havia lhe ordenado.

O Restante dos Levitas

²⁰Estes foram os chefes
dos outros levitas:ˣ
dos descendentes de Anrão: Subael;
dos descendentes de Subael: Jedias.
²¹Quanto a Reabias,ʸ
Issias foi o chefe dos seus filhos.
²²Dos descendentes de Isar: Selomote;
dos filhos de Selomote: Jaate.
²³Dos descendentes de Hebrom:ᶻ
Jerias, o primeiro¹;
Amarias, o segundo;
Jaaziel, o terceiro;
e Jecameão, o quarto.
²⁴Dos descendentes de Uziel: Mica;
dos filhos de Mica: Samir.
²⁵Dos descendentes de Issias,
irmão de Mica, Zacarias.
²⁶Dos filhos de Merari:ᵃ Mali e Musi.
Dos filhos de Jaazias: Beno.
²⁷Os descendentes de Merari, por Jaazias:
Beno, Soão, Zacur e Ibri.
²⁸De Mali: Eleazar, que não teve filhos.
²⁹De Quis: Jerameel.
³⁰E foram estes os filhos de Musi:
Mali, Éder e Jeremote.

Esses foram os levitas, de acordo com as suas famílias. ³¹Eles também tiraram sortesᵇ na presença do rei Davi, de Zadoque, de Aimeleque e dos chefes de famílias dos sacerdotes e dos levitas, assim como fizeram seus irmãos, os descendentes de Arão. As famílias dos irmãos mais velhos foram tratadas da mesma maneira que as dos mais novos.

Os Músicos

25 Davi, junto com os comandantes do exército, separou alguns dos filhos de Asafe,ᶜ de Hemáᵈ e de Jedutumᵉ para o

¹ **24.23** Muitos manuscritos dizem *Os filhos de Jerias.* Veja 1Cr 23.19.

ministério de profetizar[f] ao som de harpas, liras e címbalos.[g] Esta é a lista dos escolhidos[h] para essa função:[i]

² Dos filhos de Asafe:
Zacur, José, Netanias e Asarela. Os filhos de Asafe estavam sob a sua supervisão, e ele, por sua vez, profetizava sob a supervisão do rei.
³ Dos filhos de Jedutum:[j]
Gedalias, Zeri, Jesaías, Simei[1], Hasabias e Matitias, seis ao todo, sob a supervisão de seu pai, Jedutum, que profetizava ao som da harpa[k] para dar graças e louvar ao Senhor.
⁴ Dos filhos de Hemã:
Buquias, Matanias, Uziel, Sebuel, Jeremote, Hananias, Hanani, Eliata, Gidalti, Romanti-Ézer, Josbecasa, Maloti, Hotir e Maaziote. ⁵ Todos esses eram filhos de Hemã, o vidente do rei. Esses lhe nasceram conforme as promessas de que Deus haveria de torná-lo poderoso[2]. E Deus deu a Hemã catorze filhos e três filhas.

⁶ Todos esses homens estavam sob a supervisão de seus pais[l] quando ministravam a música do templo do Senhor, com címbalos, liras e harpas, na casa de Deus. Asafe, Jedutum e Hemã[m] estavam sob a supervisão do rei.[n] ⁷ Eles e seus parentes, todos capazes e preparados para o ministério do louvor do Senhor, totalizavam 288. ⁸ Então tiraram sortes[o] entre jovens e velhos, mestres e discípulos para designar-lhes suas responsabilidades.

⁹ A primeira sorte caiu para José,
filho de Asafe,[p]
com seus filhos e parentes[3];
eram ao todo doze[4];
a segunda, para Gedalias,
com seus filhos e parentes;
eram ao todo doze;
¹⁰ a terceira, para Zacur,
com seus filhos e parentes;
eram ao todo doze;
¹¹ a quarta, para Izri[5],
com seus filhos e parentes;
eram ao todo doze;
¹² a quinta, para Netanias,
com seus filhos e parentes;
eram ao todo doze;
¹³ a sexta, para Buquias,
com seus filhos e parentes;
eram ao todo doze;
¹⁴ a sétima, para Jesarela[6],
com seus filhos e parentes;
eram ao todo doze;
¹⁵ a oitava, para Jesaías,
com seus filhos e parentes;
eram ao todo doze;
¹⁶ a nona, para Matanias,
com seus filhos e parentes;
eram ao todo doze;
¹⁷ a décima, para Simei,
com seus filhos e parentes;
eram ao todo doze;
¹⁸ a décima primeira, para Azareel[7],
com seus filhos e parentes;
eram ao todo doze;
¹⁹ a décima segunda, para Hasabias,
com seus filhos e parentes;
eram ao todo doze;
²⁰ a décima terceira, para Subael,
com seus filhos e parentes;
eram ao todo doze;
²¹ a décima quarta, para Matitias,
com seus filhos e parentes;
eram ao todo doze;
²² a décima quinta, para Jeremote,
com seus filhos e parentes;
eram ao todo doze;
²³ a décima sexta, para Hananias,
com seus filhos e parentes;
eram ao todo doze;

---

¹ **25.3** Muitos manuscritos não trazem *Simei*.
² **25.5** Hebraico: *exaltar o chifre*.
³ **25.9** O Texto Massorético não traz *seus filhos e parentes*.
⁴ **25.9** O Texto Massorético não traz *doze*.
⁵ **25.11** Variante de *Zeri*.
⁶ **25.14** Variante de *Asarela*.
⁷ **25.18** Variante de *Uziel*.

²⁴ a décima sétima, para Josbecasa,
com seus filhos e parentes;
eram ao todo doze;
²⁵ a décima oitava, para Hanani,
com seus filhos e parentes;
eram ao todo doze;
²⁶ a décima nona, para Maloti,
com seus filhos e parentes;
eram ao todo doze;
²⁷ a vigésima, para Eliata,
com seus filhos e parentes;
eram ao todo doze;
²⁸ a vigésima primeira, para Hotir,
com seus filhos e parentes;
eram ao todo doze;
²⁹ a vigésima segunda, para Gidalti,
com seus filhos e parentes;
eram ao todo doze;
³⁰ a vigésima terceira, para Maaziote,
com seus filhos e parentes;
eram ao todo doze;
³¹ a vigésima quarta, para Romanti-Ézer,
com seus filhos e parentes;
eram ao todo doze. *q*

Os Porteiros

26 Esta é a relação dos grupos dos porteiros:*r*

Dos coreítas, Meselemias, filho de Coré, da família de Asafe.
² Foram estes os filhos de Meselemias:
Zacarias,*s* o primeiro;
Jediael, o segundo;
Zebadias, o terceiro;
Jatniel, o quarto;
³ Elão, o quinto;
Joanã, o sexto;
e Elioenai, o sétimo.
⁴ Foram estes os filhos de Obede-Edom:
Semaías, o primeiro;
Jeozabade, o segundo;
Joá, o terceiro;
Sacar, o quarto;
Natanael, o quinto;
⁵ Amiel, o sexto;
Issacar, o sétimo;
e Peuletai, o oitavo.
Pois Deus havia abençoado Obede-Edom.*t*

⁶ Seu filho Semaías também teve filhos, que foram líderes na família do seu pai, pois eram homens capazes.
⁷ Foram estes os filhos de Semaías:
Otni, Rafael, Obede e Elzabade.
Os parentes dele, Eliú e Semaquias, também foram homens capazes.
⁸ Todos esses foram
descendentes de Obede-Edom;
eles e os seus filhos e parentes
eram capazes e aptos para a obra.
Eram ao todo 62 descendentes
de Obede-Edom.
⁹ Meselemias teve 18 filhos
e parentes chegados,
todos eles homens capazes.

¹⁰ Foram estes os filhos de Hosa,
o merarita:
Sinri, que foi nomeado chefe
por seu pai,
mesmo não sendo o mais velho;*u*
¹¹ Hilquias, o segundo;
Tebalias, o terceiro;
e Zacarias, o quarto.
Os filhos e parentes de Hosa
foram 13 ao todo.

¹² Essas foram as divisões dos porteiros, feitas pelos chefes deles; eles cumpriam tarefas no serviço do templo do S‍enhor,*v* assim como seus parentes. ¹³ Lançaram sortes*w* entre as famílias, incluindo jovens e velhos, para que cuidassem de cada porta. ¹⁴ A porta leste*x* coube a Selemias[1]. Então lançaram sortes para seu filho Zacarias,*y* sábio conselheiro, e a porta norte foi sorteada para ele. ¹⁵ A sorte da porta sul saiu para Obede-Edom,*z* e a do depósito, para seus filhos. ¹⁶ A sorte da porta oeste e da porta Salequete, na rua de cima, saiu para Supim e Hosa. Os guardas ficavam um ao

---

[1] **26.14** Variante de *Meselemias*.

lado do outro. ¹⁷ Havia seis levitas por dia no leste, quatro no norte, quatro no sul e dois de cada vez no depósito. ¹⁸ Quanto ao pátio a oeste, havia quatro na rua e dois no próprio pátio.

¹⁹ Foram essas as divisões dos porteiros, descendentes de Coré e Merari.ᵃ

Os Tesoureiros e Outros Oficiais

²⁰ Outros dos seus irmãos levitasᵇ estavam encarregados¹ dos depósitos dos tesouros do templo de Deus e do depósito das dádivas sagradas.ᶜ

²¹ Os gersonitas, ᵈdescendentes de Ladã, que eram chefes de famílias pertencentes a Ladã, foram Jeieli ²² e seus filhos Zetã e Joel, seu irmão. Estavam encarregados da tesouraria do templo do SENHOR.ᵉ

²³ Dos filhos de Anrão, de Isar, de Hebrom e de Uziel:ᶠ

²⁴ Sebuel,ᵍ um descendente de Gérson, filho de Moisés, era o oficial encarregado dos depósitos dos tesouros. ²⁵ Seus parentes por parte de Eliézer foram seu filho Reabias, que foi o pai de Jesaías, o avô de Jorão, o bisavô de Zicri, o trisavô de Selomote. ʰ²⁶ Selomote e seus parentes estavam encarregados de todos os tesouros consagrados pelo rei Davi,ⁱ pelos chefes de famílias, que eram os comandantes de mil e de cem, e pelos outros líderes do exército. ²⁷ Eles consagravam parte dos despojos tomados em combate para a manutenção do templo do SENHOR. ²⁸ E todas as dádivas consagradas pelo vidente Samuel,ʲ por Saul, filho de Quis, por Abner, filho de Ner, por Joabe, filho de Zeruia, e todas as demais dádivas sagradas estavam sob os cuidados de Selomote e seus parentes.

²⁹ *Dos filhos de Isar*, Quenanias e seus filhos ficaram responsáveis pelos negócios públicos de Israel, atuando como oficiais e juízes.ᵏ

¹ **26.20** Conforme a Septuaginta. O Texto Massorético diz *Quanto aos levitas, Aías estava encarregado.*

³⁰ Dos filhos de Hebrom, Hasabiasˡ e seus parentes ficaram responsáveis por todo o trabalho do SENHOR e pelo serviço do rei em Israel, a oeste do Jordão; ao todo eram mil e setecentos homens capazes. ³¹ De acordo com os registros genealógicos das famílias hebronitas,ᵐ Jerias foi o chefe delas. No ano quarentaⁿ do reinado de Davi fez-se uma busca nos registros, e entre os descendentes de Hebrom encontraram-se homens capazes em Jazar de Gileade. ³² Jerias tinha dois mil e setecentos parentes, homens capazes e chefes de famílias, que o rei Davi encarregou de todas as questões pertinentes a Deus e aos negócios do rei nas tribos de Rúben e de Gade, e na metade da tribo de Manassés.

As Divisões do Exército

27 Esta é a lista dos israelitas, chefes de famílias, comandantes de mil e comandantes de cem, oficiais que serviam o rei na supervisão das divisões do exército que estavam de serviço mês a mês, durante o ano. Cada divisão era constituída por 24.000 homens.

² Encarregado da primeira divisão de 24.000 homens, para o primeiro mês, estava Jasobeão,ᵒ filho de Zabdiel. ³ Ele era descendente de Perez e chefe de todos os oficiais do exército para o primeiro mês.

⁴ Encarregado da divisão para o segundo mês estava Dodai,ᵖ descendente de Aoí; Miclote era o líder da sua divisão, que contava 24.000 homens.

⁵ O terceiro comandante do exército, para o terceiro mês, foi Benaia,ᑫ filho do sacerdote Joiada. Ele era chefe da sua divisão de 24.000 homens. ⁶ Esse Benaia foi guerreiro, chefe do batalhão dos Trinta. Seu filho Amizabade estava encarregado da sua divisão.

⁷ O quarto, para o quarto mês, foi Asael,ʳ irmão de Joabe; seu filho Zebadias foi o seu sucessor. Havia 24.000 homens em sua divisão.

8 O quinto, para o quinto mês, foi o comandante Samute,⁵ o izraíta. Havia 24.000 homens em sua divisão.

9 O sexto, para o sexto mês, foi Ira,ᵗ filho de Iques, de Tecoa. Havia 24.000 homens em sua divisão.

10 O sétimo, para o sétimo mês, foi Helez,ᵘ de Pelom, descendente de Efraim. Havia 24.000 homens em sua divisão.

11 O oitavo, para o oitavo mês, foi Sibecai,ᵛ de Husate, da família de Zerá. Havia 24.000 homens em sua divisão.

12 O nono, para o nono mês, foi Abiezer,ʷ de Anatote, da tribo de Benjamim. Havia 24.000 homens em sua divisão.

13 O décimo, para o décimo mês, foi Maarai,ˣ de Netofate, da família de Zerá. Havia 24.000 homens em sua divisão.

14 O décimo primeiro, para o décimo primeiro mês, foi Benaia,ʸ de Piratom, descendente de Efraim. Havia 24.000 homens em sua divisão.

15 O décimo segundo, para o décimo segundo mês, foi Heldai,ᶻ de Netofate, da família de Otoniel.ᵃ Havia 24.000 homens em sua divisão.

Os Líderes das Tribos

16 Estes foram os líderes das tribos de Israel:

de Rúben: Eliézer, filho de Zicri;

de Simeão: Sefatias, filho de Maaca;

17 de Levi: Hasabias,ᵇ filho de Quemuel;

de Arão: Zadoque;ᶜ

18 de Judá: Eliú, irmão de Davi;

de Issacar: Onri, filho de Micael;

19 de Zebulom: Ismaías, filho de Obadias;

de Naftali: Jeremote, filho de Azriel;

20 dos descendentes de Efraim: Oseias, filho de Azazias;

da metade da tribo de Manassés: Joel, filho de Pedaías;

21 *da outra* metade da tribo de Manassés, em Gileade: Ido, filho de Zacarias;

de Benjamim: Jaasiel, filho de Abner;

22 de Dã: Azareel, filho de Jeroão.

Foram esses os líderes das tribos de Israel.

23 Davi não contou os homens com menos de vinte anos,ᵈ pois o SENHOR havia prometido tornar Israel tão numeroso quanto as estrelas do céu.ᵉ **24** Joabe, filho de Zeruia, começou a contar os homens, mas não pôde terminar. A ira divina caiu sobre Israel por causa desse recenseamento,ᶠ e o resultado não entrou nos registros históricos do rei Davi.

Os Superintendentes do Rei

25 Azmavete, filho de Adiel, estava encarregado dos tesouros do palácio.

Jônatas, filho de Uzias, estava encarregado dos depósitos do rei nos distritos distantes, nas cidades, nos povoados e nas torres de sentinela.

26 Ezri, filho de Quelube, estava encarregado dos trabalhadores rurais, que cultivavam a terra.

27 Simei, de Ramá, estava encarregado das vinhas.

Zabdi, de Sifá, estava encarregado do vinho que era armazenado em tonéis.

28 Baal-Hanã, de Gederá, estava encarregado das oliveiras e das figueiras bravas,ᵍ na Sefelá¹.

Joás estava encarregado do fornecimento de azeite.

29 Sitrai, de Sarom, estava encarregado dos rebanhos que pastavam em Sarom.

Safate, filho de Adlai, estava encarregado dos rebanhos nos vales.

30 O ismaelita Obil estava encarregado dos camelos.

Jedias, de Meronote, estava encarregado dos jumentos.

31 O hagareno Jazizʰ estava encarregado das ovelhas.

Todos esses eram encarregados de cuidar dos bens do rei Davi.

---

¹ **27.28** Pequena faixa de terra de relevo variável entre a planície costeira e as montanhas.

27.8 ˢ 1Cr 11.27
27.9 ᵗ 2Sm 23.26; 1Cr 11.28
27.10 ᵘ 2Sm 23.26; 1Cr 11.27
27.11 ᵛ 2Sm 21.18
27.12 ʷ 2Sm 23.27; 1Cr 11.28
27.13 ˣ 2Sm 23.28; 1Cr 11.30
27.14 ʸ 1Cr 11.31
27.15 ᶻ 2Sm 23.29
ᵃ Js 15.17
27.17 ᵇ 1Cr 26.30
ᶜ 2Sm 8.17; 1Cr 12.28
27.23 ᵈ 1Cr 21.2-5
ᵉ Gn 15.5
27.24 ᶠ 2Sm 24.15; 1Cr 21.7
27.28 ᵍ 1Rs 10.27; 2Cr 1.15
27.31 ʰ 1Cr 5.10

32 Jônatas, tio de Davi, era conselheiro, homem sábio e também escriba. Jeiel, filho de Hacmoni, cuidava dos filhos do rei. **33** Aitofel' era conselheiro do rei.

Husai,' o arquita, era amigo do rei. **34** Aitofel foi sucedido por Joiada, filho de Benaia, e por Abiatar.*

Joabe' era o comandante do exército real.

O Plano de Davi para o Templo

28 Davi reuniu em Jerusalém todos os líderes de Israel:*m* os líderes das tribos, os líderes das divisões a serviço do rei, os comandantes de mil e de cem, e os líderes encarregados de todos os bens e rebanhos que pertenciam ao rei e aos seus filhos, junto com os oficiais do palácio, os principais guerreiros e todos os soldados valentes.

2 O rei Davi se pôs em pé e disse: "Escutem-me, meus irmãos e meu povo. Eu tinha no coração*n* o propósito de construir um templo para nele colocar a arca da aliança do Senhor,*o* o estrado dos pés de nosso Deus; fiz planos para construí-lo, **3** mas Deus me disse:*p* 'Você não construirá um templo em honra ao meu nome,*q* pois você é um guerreiro e matou muita gente'.*r*

4 "No entanto, o Senhor, o Deus de Israel, escolheu-me*s* entre toda a minha família*t* para ser rei em Israel, para sempre. Ele escolheu Judá como líder,*u* e da tribo de Judá escolheu minha família, e entre os filhos de meu pai ele quis fazer-me rei de todo o Israel. **5** E, entre todos os muitos filhos que me deu,*v* ele escolheu Salomão*w* para sentar-se no trono de Israel, o reino do Senhor. **6** Ele me disse: 'Seu filho Salomão é quem construirá o meu templo e os meus pátios, pois eu o escolhi para ser meu filho,*x* e eu serei o pai dele. **7** Firmarei para sempre o reino dele se ele continuar a obedecer aos meus mandamentos e as minhas ordenanças,*y* como faz agora'.

8 "Por isso, agora declaro a vocês perante todo o Israel e a assembleia do Senhor e diante dos ouvidos de nosso Deus: Tenham o cuidado de obedecer a todos os mandamentos do Senhor,*z* o seu Deus, para que mantenham a posse dessa boa terra e a deem por herança aos seus descendentes para sempre.*a*

9 "E você, meu filho Salomão, reconheça o Deus de seu pai, e sirva-o de todo o coração e espontaneamente,*b* pois o Senhor sonda todos os corações*c* e conhece a motivação dos pensamentos. Se você o buscar,*d* o encontrará, mas, se você o abandonar,*e* ele o rejeitará para sempre.*f* **10** Veja que o Senhor o escolheu para construir um templo que sirva de santuário. Seja forte e mãos ao trabalho!"

11 Então Davi deu a seu filho Salomão a planta*g* do pórtico do templo, dos seus edifícios, dos seus depósitos, dos andares superiores e suas salas e do lugar do propiciatório. **12** Entregou-lhe também as plantas de tudo o que o Espírito*h* havia posto em seu coração*i* acerca dos pátios do templo do Senhor e de todas as salas ao redor, acerca dos depósitos dos tesouros do templo de Deus e dos depósitos das dádivas sagradas.*i* **13** Deu-lhe instruções sobre as divisões*j* dos sacerdotes e dos levitas e sobre a execução de todas as tarefas no templo do Senhor e os utensílios que seriam utilizados. **14** Determinou o peso do ouro para todos os utensílios de ouro e o peso da prata para todos os utensílios de prata, que seriam utilizados nas diferentes tarefas: **15** o peso de ouro para cada candelabro e suas lâmpadas;*k* e o peso de prata para cada candelabro de prata e suas lâmpadas, de acordo com a finalidade de cada um; **16** o peso de ouro para cada mesa de pães consagrados; o peso de prata para as mesas de prata;*l* **17** o peso de ouro puro para os garfos, para as bacias de aspersão*m* e para os jarros; o peso de ouro para cada tigela de ouro; o peso de prata para cada tigela de prata; **18** e o peso de ouro refinado para o altar de incenso.*n* Também lhe deu o desenho do carro*o* dos querubins de

---

i **28.12** Ou *tudo o que tinha em mente*

ouro que, com suas asas estendidas, abriguem a arca da aliança do Senhor.

¹⁹ Disse Davi a Salomão: "Tudo isso a mão do Senhor me deu por escrito, e ele me deu entendimento para executar todos esses projetos".

²⁰ E acrescentou: "Seja forte e corajoso! Mãos ao trabalho! Não tenha medo nem desanime, pois Deus, o Senhor, o meu Deus, está com você. Ele não o deixará nem o abandonará até que se termine toda a construção do templo do Senhor. ²¹ As divisões dos sacerdotes e dos levitas estão definidas para todas as tarefas que se farão no templo de Deus, e você receberá ajuda de homens peritos em todo tipo de serviço. Os líderes e todo o povo obedecerão a todas as suas ordens".

Dádivas para a Construção do Templo

29 Então o rei Davi disse a toda a assembleia: "Deus escolheu meu filho Salomão, e mais ninguém. Mas ele é jovem e inexperiente e a tarefa é grande, pois o palácio não será feito para homens, mas para o Senhor, o nosso Deus. ² Forneci grande quantidade de recursos para o trabalho do templo do meu Deus: ouro, prata, bronze, ferro e madeira, bem como ônix para os engastes e ainda turquesas, pedras de várias cores e todo tipo de pedras preciosas e mármore. ³ Além disso, pelo amor ao templo do meu Deus, agora entrego, das minhas próprias riquezas, ouro e prata para o templo do meu Deus, além de tudo o que já tenho dado para este santo templo. ⁴ Ofereço, pois, cento e cinco toneladas¹ de ouro puro de Ofir e duzentos e quarenta e cinco toneladas de prata refinada, para o revestimento das paredes do templo, ⁵ para o trabalho em ouro e em prata e para todo o trabalho dos artesãos. Agora, quem hoje está disposto a ofertar dádivas ao Senhor?"

⁶ Então os chefes das famílias, os líderes das tribos de Israel, os comandantes de mil e de cem e os oficiais encarregados do trabalho do rei ofertaram espontaneamente. ⁷ Para a obra do templo de Deus eles deram cento e setenta e cinco toneladas de ouro e dez mil moedas² de ouro, trezentas e cinquenta toneladas de prata, seiscentas e trinta toneladas de bronze e três mil e quinhentas toneladas de ferro. ⁸ Quem tinha pedras preciosas deu-as para o depósito dos tesouros do templo do Senhor, cujo responsável era Jeiel, o gersonita. ⁹ O povo alegrou-se diante da atitude de seus líderes, pois fizeram essas ofertas voluntariamente e de coração íntegro ao Senhor. E o rei Davi também encheu-se de alegria.

A Oração de Davi

¹⁰ Davi louvou o Senhor na presença de toda a assembleia, dizendo:

"Bendito sejas, ó Senhor,
    Deus de Israel, nosso pai,
    de eternidade a eternidade.
¹¹ Teus, ó Senhor,
    são a grandeza, o poder,
    a glória, a majestade e o esplendor,
    pois tudo o que há
    nos céus e na terra é teu.
Teu, ó Senhor, é o reino;
tu estás acima de tudo.
¹² A riqueza e a honra vêm de ti;
    tu dominas sobre todas as coisas.
Nas tuas mãos estão a força e o poder
    para exaltar e dar força a todos.
¹³ Agora, nosso Deus, damos-te graças,
    e louvamos o teu glorioso nome.

¹⁴ "Mas quem sou eu, e quem é o meu povo para que pudéssemos contribuir tão generosamente como fizemos? Tudo vem de ti, e nós apenas te demos o que vem das tuas mãos. ¹⁵ Diante de ti somos estrangeiros e forasteiros, como os nossos antepassados. Os nossos dias na terra são como uma sombra, sem esperança. ¹⁶ Ó Senhor, nosso Deus, toda essa riqueza que ofertamos para

---

¹ **29.4** Hebraico: *3.000 talentos*. Um talento equivalia a 35 quilos.

² **29.7** Hebraico: *dáricos*.

construir um templo em honra ao teu santo nome vem das tuas mãos, e toda ela pertence a ti. ¹⁷ Sei, ó meu Deus, que sondas o coração⁴ e que te agradas com a integridade. Tudo o que dei foi espontaneamente e com integridade de coração. E agora vi com alegria com quanta disposição o teu povo, que aqui está, tem contribuído.ʳ ¹⁸ Ó Senhor, Deus de nossos antepassados Abraão, Isaque e Israel, conserva para sempre este desejo no coração de teu povo e mantém o coração deles leal a ti. ¹⁹ E dá ao meu filho Salomão um coração íntegro para obedecer aos teus mandamentos,ˢ aos teus preceitos e aos teus decretos,ᵗ a fim de construir este templo para o qual fiz os preparativos necessários".ᵘ

²⁰ Então Davi disse a toda a assembleia: "Louvem o Senhor, o seu Deus". E todos eles louvaram o Senhor, o Deus dos seus antepassados, inclinando-se e prostrando-se diante do Senhor e diante do rei.

Salomão é Ungido Rei

²¹ No dia seguinte fizeram sacrifícios ao Senhor e apresentaram-lhe holocaustos¹:ᵛ mil novilhos, mil carneiros e mil cordeiros, acompanhados de ofertas derramadas, e muitos outros sacrifícios, em favor de todo o Israel. ²² Naquele dia comeram e beberam com grande alegria na presença do Senhor.ʷ Assim, pela segunda vez, proclamaram Salomão, filho de Davi, rei, ungindo-o diante do Senhor como soberano, e Zadoqueˣ como sacerdote. ²³ De maneira que Salomão assentou-se como rei no trono do Senhor,ʸ em lugar de Davi, seu pai. Ele prosperou, e todo o Israel lhe obedecia. ²⁴ Todos os líderes e principais guerreiros, bem como todos os filhos do rei Davi, prometeram submissão ao rei Salomão.

²⁵ O Senhor exaltou muitíssimo Salomão em todo o Israel e concedeu-lhe tal esplendorᶻ em seu reinado como nenhum rei de Israel jamais tivera.ᵃ

A Morte de Davi

²⁶ Davi, filho de Jessé, reinou sobre todo o Israel.ᵇ ²⁷ Reinou quarenta anos em Israel: sete anos em Hebrom e trinta e três em Jerusalém.ᶜ ²⁸ Morreu em boa velhice,ᵈ tendo desfrutado vida longa, riqueza e honra. Seu filho Salomão foi o seu sucessor.ᵉ

²⁹ Os feitos do rei Davi, desde o início até o fim do seu reinado, estão escritos nos registros históricos do vidente Samuel,ᶠ do profeta Natãᵍ e do vidente Gade,ʰ ³⁰ incluindo os detalhes do seu reinado e do seu poder e os acontecimentos relacionados com ele, com Israel e com os reinos das outras terras.

---

¹ **29.21** Isto é, sacrifícios totalmente queimados.

LIDERANÇA ESPIRITUAL

Orientando a igreja a contribuir

> "[...] *Agora, quem hoje está disposto a ofertar dádivas ao* Senhor?"
>
> *Então os chefes das famílias, os líderes das tribos de Israel, os comandantes de mil e de cem e os oficiais encarregados do trabalho do rei ofertaram espontaneamente. Para a obra do templo de Deus eles deram cento e setenta e cinco toneladas de ouro e dez mil moedas de ouro, trezentas e cinquenta toneladas de prata, seiscentas e trinta toneladas de bronze e três mil e quinhentas toneladas de ferro. Quem tinha pedras preciosas deu-as para o depósito dos tesouros do templo do* Senhor, *cujo responsável era Jeiel, o gersonita. O povo alegrou-se diante da atitude de seus líderes, pois fizeram essas ofertas voluntariamente e de coração íntegro ao* Senhor. *E o rei Davi também encheu-se de alegria.*
>
> 1Crônicas 29.5-9

Pastores e líderes de igreja geralmente têm algo em comum — eles não gostam de falar sobre dinheiro. Entendemos que o dinheiro é um assunto pessoal. Algo particular. Se falar sobre dinheiro, é como se criasse controvérsia. Melhor é não dizer nada a respeito. Mas não foi isso que aconteceu em 1Crônicas 29. Esse texto registra como se desencadeou por toda a comunidade uma torrente de generosidade. Sob a liderança de Davi, primeiro as pessoas "se dispuseram" a ofertar. Depois elas "fizeram essas ofertas voluntariamente e de coração íntegro ao Senhor".

Você conseguiria fazer isso na sua igreja? Tudo começa com a disposição para tratar do assunto abertamente. Como Dick Towner escreve: "A maior batalha espiritual do nosso tempo é a batalha pela mente e pelo coração do nosso povo, a qual está sendo travada entre Deus e o deus rival do materialismo (mamom)". Então, é questão pessoal? Sim. É controvertido? Sim. Mas é também vital ao discipulado e à liderança cristã? Absolutamente. Então, não tenha medo de levar seus membros a serem seguidores generosos de Jesus.

Dez princípios bíblicos sobre contribuição
John Stott

Em 2Coríntios 8 e 9, o apóstolo Paulo desenvolve dez princípios da contribuição cristã.

1. A contribuição cristã é uma expressão da graça de Deus (8.1-6)
Paulo começa referindo-se à generosidade de Deus: "graça que Deus concedeu às igrejas da Macedônia" (v. 1). Em outras palavras, por trás da generosidade dos macedônios, Paulo viu a generosidade de Deus. Graça é outra palavra para generosidade. O Deus gracioso é um Deus generoso, que age em meio a seu povo para torná-lo generoso também. A generosidade cristã é fundamentalmente um transbordamento da generosidade de Deus.

2. A contribuição cristã pode ser um dom do Espírito (8.7)
À medida que os cristãos se destacam nos dons espirituais, como fé, palavra, conhecimento, dedicação e amor, o apóstolo os exorta a que se destaquem também no "privilégio de contribuir". Por que é importante chamar a atenção para isso? É porque muitas das doações de Deus são tanto uma dádiva generosa oferecida a todos os que creem quanto um dom (*charisma*) particular concedido a alguns. Todos os cristãos são chamados a ser generosos, mas alguns recebem de maneira particular "o dom de contribuir." Pelo fato de alguns terem recebido recursos financeiros substanciais, têm uma responsabilidade especial de ser bons administradores para o bem comum.

3. A contribuição cristã é inspirada pela cruz de Cristo (8.8,9)
Os coríntios não foram ordenados, muito menos constrangidos, a contribuir generosamente. Antes, a sinceridade de seu amor estava sendo posta à prova na comparação com outros irmãos e supõe-se que principalmente em comparação a Cristo. Pois eles conheciam a graça do Senhor Jesus Cristo — não só a graça de Deus estava agindo neles (v. 1), mas a graça de Cristo que os desafiava à imitação (v. 9). A "pobreza" de Cristo é vista em sua encarnação e especialmente na cruz, ao passo que a "riqueza" que ele nos oferece é a salvação com todas as suas abundantes bênçãos.

4. A contribuição cristã é proporcional (8.10-12)
No ano anterior, os cristãos de Corinto tinham sido os primeiros não só a contribuir, mas também em desejar contribuir (v. 10). Agora, Paulo os exorta a completar a tarefa que eles tinham começado, para que sua realização estivesse em sintonia com seu desejo. E isso deveria ser feito de acordo com suas possibilidades (v. 11); portanto, a contribuição cristã é proporcional. O desejo voluntário vem primeiro. Uma vez presente, a dádiva é aceita de acordo com o que o doador tem, não de acordo com o que ele não tem (v. 12).

Orientando a igreja a contribuir

5. A contribuição cristã promove a igualdade (8.13-15)

O desejo de Paulo não era de que alguns tivessem alívio, enquanto os coríntios estavam sendo pressionados, pois isso simplesmente inverteria a situação, resolvendo um problema e criando outro. O desejo de Paulo era que houvesse igualdade (v. 13). Ele prossegue repetindo esse argumento, ilustrando o princípio do fornecimento do maná no deserto. Deus providenciou o suficiente para todos. Famílias grandes recolheram muito, mas não demais, pois não sobrou nada. Famílias menores recolheram pouco, mas não de menos, pois não lhes faltou nada (v. 15). Portanto, Paulo coloca lado a lado a abundância de alguns com a necessidade de outros e, em seguida, exorta ao equilíbrio — isto é, um alívio da necessidade pela abundância. Duas vezes Paulo conclui que isso se devia a *isotes*, que quer dizer "igualdade" ou "justiça".

6. A contribuição deve ser atentamente supervisionada (8.16-24)

Lidar com dinheiro é questão delicada, por isso Paulo escreve tanto para "evitar que alguém nos critique quanto ao nosso modo de administrar essa generosa oferta" (v. 20) como "estamos tendo o cuidado de fazer o que é correto, não apenas aos olhos do Senhor, mas também aos olhos dos homens" (v. 21). Isto é, ele estava determinado não só a fazer o que era certo, mas também a ser transparente. (Observe os passos que Paulo deu nos v. 16-23). Então, as pessoas que levaram a oferta para Jerusalém foram escolhidas pelas igrejas, porque eram as pessoas de confiança dessas igrejas.

7. A contribuição cristã pode ser estimulada pela competição positiva (9.1-5)

É um tanto interessante ver como Paulo compara uma igreja a outra. Ele elogia uma em relação a outra com o objetivo de estimular a generosidade de ambas. Realmente, a competição pode ser desastrosa, principalmente quando envolve a publicação dos nomes de doadores com a correspondente quantia doada. Contudo, esses versículos oferecem, pelo menos, uma base bíblica para o conceito de equiparação de doações. Todos nós podemos nos sentir encorajados a aumentar a nossa generosidade se temos conhecimento da generosidade de outros.

8. A contribuição cristã lembra uma colheita (9.6-11a)

Há dois princípios de colheita que são aplicados aqui para a contribuição cristã. Primeiro, colhemos o que semeamos (v. 6). Cada doador deve contribuir "conforme determinou em seu coração" (v. 7). Não relutante nem coagido, nem tão pouco calculando quanto receberá em troca (Lucas 6.34,35), mas sem murmuração, porque "Deus ama quem dá com alegria" (v. 7). O segundo princípio de colheita é que o que colhemos tem propósito duplo. Serve tanto para alimento quanto para futura semeadura. O Deus da colheita está preocupado não só em *aliviar a nossa fome presente,* mas também prover para o futuro. De igual forma Deus "suprirá e multiplicará a semente e fará crescer os frutos da sua justiça" (v. 10).

9. A contribuição cristã tem um sentido simbólico

A contribuição cristã está muito além do que aparenta. Paulo é bastante transparente com isso. No caso das igrejas gregas, sua contribuição simbolizava "a confissão que [...] fazem do evangelho de Cristo" (v. 13). Tratava-se de um símbolo deliberado, autoconsciente da solidariedade entre judeus e gentios no Corpo de Cristo. De igual modo, a contribuição cristã pode comunicar um conceito teológico, pois, ao contribuir, demonstramos o nosso apoio à causa para a qual estamos contribuindo. Por exemplo, quando contribuímos para um empreendimento evangelístico, estamos expressando a nossa confiança de que o Evangelho é o poder de Deus para a salvação e que todos têm o direito de ouvi-lo. Quando contribuímos para o desenvolvimento econômico, expressamos a nossa convicção de que homens, mulheres e crianças refletem a imagem de Deus e não devem ser forçados a viver em circunstâncias desumanas.

10. A contribuição cristã promove ação de graças (9.11b-15)

Quatro vezes no final desses dois capítulos, Paulo declara sua confiança de que o resultado final dessa coleta será o aumento da gratidão e louvor a Deus (v. 11-14). A contribuição cristã leva as pessoas não só a agradecer aos doadores, mas a agradecer a Deus e ver sua bondade à luz da bondade dele — ao oferecer-nos o indescritível dom de seu Filho.

Por que os líderes precisam abordar o tema do dinheiro
Dick Towner

A mordomia é o grande "assunto esquecido" em muitas igrejas. Pouco se ensina nos púlpitos sobre o assunto, e, quando se menciona a mordomia, funciona como um código para a contribuição. Pouquíssimas igrejas oferecem treinamento sobre como implantar princípios bíblicos para a administração da vida financeira particular. Contudo, há profundas razões práticas e espirituais para que a igreja ensine e treine regularmente seus membros sobre a administração financeira do ponto de vista bíblico.

O dinheiro é um problema enorme no cotidiano da maioria das pessoas. Muitas passam a maior parte das horas em que estão acordadas fazendo dinheiro, gastando dinheiro, preocupando-se com dinheiro, brigando por dinheiro e tentando proteger seu dinheiro. Estatísticas alarmantes falam de um aumento acelerado da dívida do consumidor, taxas de poupança decrescentes e conflito sobre dinheiro serem as principais causas de divórcio. A falha da igreja em tratar de uma questão tão importante da vida é nada menos do que um ato de automarginalização social.

Mas há ainda razões mais fortes do que o aspecto meramente prático para que a igreja trate da questão. Eis cinco razões pelas quais os líderes de igreja precisam oferecer uma perspectiva franca, sincera e bíblica sobre como lidamos com o dinheiro.

Orientando a igreja a contribuir

1. Dinheiro é um assunto espiritual
O principal motivo para abordar o assunto da mordomia financeira é este: *A atitude e relação do indivíduo com o dinheiro é uma das questões cruciais do discipulado*. A relação da pessoa com seu próprio dinheiro e pertences é com frequência uma barreira ao crescimento e amadurecimento espiritual. Para muitos, o dinheiro é *o deus* rival.

2. Dinheiro traz poder
Alguns autores sugerem que o dinheiro tem uma força ou poder próprio; se não o controlamos, ele nos controlará, e o dinheiro — em vez do discernimento da direção de Deus — tomará as decisões importantes da nossa vida: onde vamos trabalhar, onde vamos morar e quem serão os nossos amigos. Muitas pessoas na cultura de hoje (e na Igreja também) acreditam que dinheiro e posses trazem felicidade, que se endividar é inevitável e esperável, e que um pouco mais de dinheiro resolverá seus problemas. Numa cultura em que as posses se tornaram uma obsessão, o materialismo surge não tanto como um "ismo" maléfico que provoca decisões financeiras imprudentes, mas principalmente como uma cosmovisão conflitante e uma vida espiritual idólatra.

3. É difícil ensinar sobre dinheiro
Por mais importante que seja o tema dinheiro, muitos pastores e líderes de igreja são desafiados e resistem à ideia de ensinar e pregar sobre o assunto. Há diversas razões para isso:

- *Falta de preparo no seminário* — Menos de 10% dos seminários oferece cursos sobre mordomia e, quando oferece, o curso não é obrigatório.
- *Falta de afinidade com o dinheiro* — A maioria dos pastores não tem interesse por dinheiro ou por questões financeiras.
- *Problemas financeiros pessoais* — A formação teológica é cara, o que frequentemente resulta numa enorme dívida com financiamento educacional, e os salários das igrejas iniciantes são modestos.
- *Uma cultura resistente* — A atitude de que a igreja não deve falar sobre dinheiro está profundamente enraizada na nossa cultura.

4. Dinheiro é uma batalha espiritual
A principal batalha espiritual do nosso tempo é a batalha pela mente e pelo coração do nosso povo, a qual está sendo travada entre Deus e o deus rival do materialismo (mamom). Conforme Romanos 1.25, trata-se de trocar ou não a verdade de Deus por uma mentira, e adorar e servir a coisas criadas em vez de servir ao Criador.

Todo seguidor de Cristo está sendo puxado por duas forças opostas: a "mente e o coração de Deus" e a "atração pela cultura". É impossível servir a esses dois senhores. As Escrituras são claras em afirmar que a atração da cultura leva à insensatez. Lucas 12.20 diz: "Contudo, Deus lhe disse: 'Insensato! Esta mesma noite a sua vida será exigida. Então, quem ficará com o que você preparou?' ". Entretanto, a mente e coração de Deus levam à fidelidade. Mateus 25.21 diz: " 'O senhor respondeu: 'Muito bem, servo bom e fiel! Você foi fiel no pouco, eu o porei sobre o muito. Venha e participe da alegria do seu senhor!' ".

5. As pessoas precisam de esclarecimento sobre o dinheiro

A cultura está à deriva com mitos sobre dinheiro e seu poder de influência. Somos levados a julgar o nosso valor próprio pelo valor do nosso patrimônio. A igreja pode ser o único lugar que resta em que os problemas podem ser discutidos em termos não comerciais. Os pastores e líderes de hoje precisam estar preparados para articular, ensinar, treinar e encorajar as pessoas a adquirir uma perspectiva bíblica sobre o dinheiro e os bens materiais. Está em jogo o bem-estar econômico e espiritual de muitas pessoas.

Desfazendo mitos comuns sobre dinheiro
Wayne Pohl

É bastante frequente que os membros da igreja tirem algumas conclusões equivocadas sobre as finanças da igreja. À medida que os líderes encorajam as pessoas a que se tornem contribuintes generosos, podem ter de identificar e depois refutar amavelmente os três seguintes mitos comuns.

Mito 1: Não importa quanto eu dou, Deus sempre proverá sua Igreja

A melhor resposta a esse mito é dizer: "Sim, o Senhor proverá — através de você e de mim, e de cada membro da igreja. Se você acredita no que está dizendo, desafio-o a que confie no Senhor para prover as *suas* necessidades pessoais à medida que contribui sacrificialmente com o ministério. O Senhor deseja realizar um milagre não só nas finanças da igreja, mas nas finanças de cada um de nós.".

Os líderes podem começar a desfazer esse mito no discipulado de novos membros. Podem comunicar algo como: "É um mistério, mas Deus constrói sua Igreja e alcança os perdidos através de nós. Nesta igreja, não vamos ficar martelando a sua cabeça sobre finanças, mas entenda que precisamos que você colabore no sustento financeiro da igreja. Cada um faz sua parte. Algumas igrejas podem funcionar ao ar livre, mas a nossa precisa de bancos, alimento, energia elétrica e água.".

Mito 2: Despesas normais não se aplicam à igreja

Muitas pessoas agem como se a igreja estivesse numa dimensão diferente. As despesas com as quais lidam diariamente — energia elétrica, abastecimento de água, alimento, manutenção do prédio etc.— na mente delas não se aplicam à igreja ou a seus obreiros. *Nenhuma companhia de abastecimento cortaria a luz ou água da igreja. Os obreiros da igreja servem ao Senhor com alegria, sem se preocupar com o salário.*

De vez em quando, dê uma dose de realidade à igreja mostrando as despesas anuais: "Ano passado gastamos tantos mil reais em eletricidade e mais de tanto por mês em serviço

Orientando a igreja a contribuir

de telefone e internet. Esses prestadores de serviços precisam ser pagos. Nós não somos do mundo, mas estamos no mundo.".

Mito 3: Não importa o que aconteça, tudo cooperará para o bem

Falta de recursos na igreja não incomoda alguns membros. Na cabeça deles, é assim que deve ser na igreja. Escassez financeira coopera para o bem: líderes de igreja serão mais espirituais se não souberem de onde virão os recursos para pagar salários e despesas no dia seguinte. Quanto menos segurança financeira tiver a igreja, mais os membros terão de confiar.

Os líderes podem abordar esse mito ensinando que, embora Deus coopere para o bem mesmo em meio à pobreza, ele não se opõe à força financeira de sua igreja. Deus não deseja que pastores fiquem pedindo dinheiro semanalmente para pagar as contas. Ele não deseja que a família do pastor se ressinta do ministério porque estão tendo dificuldade financeira. Ele não quer que sua igreja tenha a má reputação na comunidade de atrasar pagamento, ou pior, de não pagar. Deus não deseja que as igrejas estejam tão sobrecarregadas com problemas financeiros que não possam pensar em expandir sua visão e ministério.

Quanto mais forte for a igreja financeiramente, mais poderá fazer para Deus no mundo, maior será sua reputação diante dos de fora e mais poderá ajudar os necessitados. O bem maior será cumprir muito para Cristo.

Como pregar sobre contribuição
Haddon Robinson

Como líderes podem falar sobre dinheiro de maneira completamente fidedigna e cativante? Eis algumas coisas que aprendi sobre como — e como não — tratar do assunto dinheiro. Para começar é preciso saber que os líderes enfrentam tentações sutis quando preparam uma mensagem sobre contribuição. Estas são algumas armadilhas comuns sobre pregar a respeito de dinheiro:

1. *Motivação por sentimento de culpa.* A motivação do Novo Testamento para a contribuição é a graça; contribuir é um ato de adoração em resposta à generosidade de Deus. Mas frequentemente na pregação os líderes expressam um forte senso de "dever".
2. *Prometer demais o que os contribuintes receberão em troca.* O texto de 2Coríntios 8 e 9 oferece um ensino claro no contexto da discussão de dinheiro: "aquele que semeia com fartura também colherá fartamente". Deus abençoa aqueles que dão com generosidade.
3. *Ensinar sobre dinheiro principalmente quando for urgente.* Quando um líder estiver tentando levantar recursos e pregar repetidamente sobre dinheiro porque a igreja precisa, as pessoas vão sentir o desespero do líder.

Em contraste, aqui estão alguns princípios-chave que líderes bem-sucedidos seguem quando pregam sobre dinheiro:

Identifique uma necessidade e trate o assunto

A contribuição une duas profundas necessidades humanas. Primeiro, as pessoas farão sacrifícios por algo de valor. As pessoas querem encontrar uma causa maior do que elas mesmas que seja digna de ser vivida, se é que a ajuda delas conta alguma coisa, e uma das maneiras de expressar compromisso com uma causa é contribuir. Quando você entrega o seu dinheiro, na verdade entrega a si mesmo. Segundo, as pessoas precisam expressar gratidão. Quando alguém nos ajuda, sentimos o desejo de agradecer a essa pessoa. A contribuição é um modo tangível e eficaz de agradecer ao Deus de graça e generosidade.

Quando líderes pregam sobre dinheiro com essas duas necessidades em mente, isso os liberta. Não estão mais impondo um fardo indesejável sobre as pessoas. Em vez disso, estão oferecendo a elas uma oportunidade inigualável de se envolver em algo que vai além delas e de expressar sua gratidão a Deus.

Implante uma nova mentalidade sobre como o dinheiro nos relaciona a Deus

Muitos conflitos da vida cristã surgem porque as pessoas tratam de dinheiro com uma mentalidade diferente da mentalidade de Deus. O objetivo do pregador é levá-las a pensar como Deus. Saber disso alivia a pressão que está sobre o líder e também sobre os ouvintes. Os líderes sabem que tal mudança leva muito tempo para ocorrer, por isso terão de trabalhar com persistência, mas não com impaciência. Sem a pressão inicial, contudo, mudanças notáveis realmente ocorrem. Sem uma atitude defensiva, com o tempo as pessoas mudam seu modo de ver as coisas. Da mesma forma, quando ensinam sobre finanças, os líderes devem ensinar pensando em longo prazo, não em resultados imediatos, sabendo que com o tempo as pessoas poderão mudar drasticamente suas atitudes *assim como* sua contribuição.

Dê ênfase na atitude, não na quantia

Líderes bem-sucedidos aprendem a deslocar o foco da quantia — até mesmo da porcentagem — da contribuição das pessoas. Em vez disso, procurar ressaltar o elemento que do ponto de vista bíblico é mais crucial: a atitude e dose de sacrifício do ofertante. No Novo Testamento, a doadora que chama a atenção é uma mulher que contribuiu com menos de dez centavos.

Apresente ilustrações eficazes

Aprender a ilustrar o conceito da contribuição é particularmente desafiador, mas estes são alguns modos de como usar a ilustração em sermões sobre mordomia:

- *Use a Bíblia.* Das 38 parábolas de Jesus, pelo menos uma dúzia é dedicada ao dinheiro e ao nosso uso dos bens materiais. A carta aos Filipenses é uma carta de agradecimento pela ajuda financeira, e ensina muito sobre o tema. Dessas fontes, podemos extrair não só importantes *insights*, mas ilustrações eficazes.
- *Compartilhe experiências de pessoas sobre contribuição.* Os líderes podem mostrar às pessoas que não estão pedindo para que façam algo que eles mesmos não estão dispostos a fazer. No entanto, não fale de quantidades específicas — estas em geral se tornam um empecilho.

Orientando a igreja a contribuir

- *Conte relatos positivos e inspiradores sobre pessoas que dão generosamente.* Conte relatos que transmitam a seguinte mensagem: pessoas generosas são atraentes, contribuir possibilita que grandes coisas aconteçam na vida de outras pessoas, a contribuição nos beneficia (mas não necessariamente em termos materiais), Deus pode nos capacitar a dar mais do que jamais pensamos ser possível.

Torne suas aplicações memoráveis

- *Peça com ousadia.* Deve ser óbvio que, se a igreja tem uma necessidade e os líderes comunicam esse fato aos membros, em algum momento terão de fazer um pedido, e terão de fazê-lo com coragem. Do contrário, é como um evangelista que apresenta o Evangelho, mas que não oferece à pessoa a oportunidade de se entregar a Cristo.
- *Enfatize a causa na qual você acredita.* Existe alguma causa maior do que a Igreja de Jesus Cristo? Os pregadores têm um compromisso de vida por ela, e é perfeitamente razoável pedir que os outros também se unam para sustentar a igreja.
- *Dê exemplo.* Sempre que os líderes pregam sobre contribuição, é importante que eles mesmos estejam contribuindo com liberalidade. Do contrário, como poderiam pedir aos outros que contribuíssem?
- *Ressalte que se trata de um esforço conjunto.* Às vezes a igreja olha para o programa missionário como algo que o ministério de missões organizou, ou ao projeto de construção como algo que os presbíteros elaboraram. É por isso que é muito importante que, quando a igreja decide quais são suas necessidades, um grupo grande de pessoas da igreja colabore com suas ideias. Desse modo, o líder poderá dizer sinceramente: "Nós assumimos este compromisso, e agora precisamos contribuir para sustentar o nosso compromisso.".
- *Dê aos não cristãos e visitantes a liberdade de não contribuir.* É fundamental que os líderes da igreja digam: "Se você está iniciando sua jornada de fé, não se sinta constrangido. Para você, Deus tem uma dádiva: a vida eterna. Não queremos que você pense que Deus está pedindo que dê o seu dinheiro. Para nós é uma honra você estar aqui.". Tenho visto que, quando dizemos isso e as pessoas reconhecem a nossa sinceridade, os cristãos dão mais generosamente e os não cristãos são impactados com a livre dádiva que Deus lhes oferece.
- *Peça que as pessoas se comprometam.* Por que os líderes ensinam as pessoas a contribuir, quando sabem que poderão ser mal compreendidos? Porque, quando falam sobre dinheiro, estão falando sobre compromisso, e compromisso faz parte da vida do cristão. Esse compromisso não tem nenhum valor a não ser que as pessoas deixem o dinheiro em segundo plano para atender ao compromisso. Os líderes desejam que as pessoas tenham um compromisso sério com Jesus Cristo; e sabem que, se elas estão comprometidas, isso se fará notar em sua contribuição.

LIDERANÇA ESPIRITUAL

Os quatro estágios da contribuição
Jim Nicodem

A maioria dos membros da igreja passa por quatro estágios de contribuição — ofertante iniciante, ofertante regular, dizimista, doador generoso. Veja a seguir alguns modos práticos de o líder orientar seu povo por meio dos quatro estágios até que se torne um ofertante generoso.

1. Ensine-os a se tornar ofertantes iniciantes
Se você deseja que as pessoas se destaquem na graça de contribuir, ensine-os a se tornar ofertantes iniciantes. John D. Rockfeller foi um homem muito rico que doava milhões de dólares. Ele foi um dos homens mais ricos de seus dias. Certa vez, perguntaram a ele: "Como o senhor consegue doar tanto dinheiro?". Ele respondeu: "Eu nunca conseguiria doar milhões de dólares se não tivesse doado o primeiro dólar". Encoraje os membros a contribuir com uma quantia substancial para a igreja — algo mais do que apenas alguns reais — mesmo que nunca tenham contribuído anteriormente. Eles devem doar o correspondente ao que normalmente gastariam em entretenimento, ou com o cabeleireiro, ou com o que gastaram durante o mês na academia de ginástica.

2. Ensine-os a se tornar ofertantes regulares
A maioria das pessoas que têm menos sensibilidade sente vontade de ser generosa de tempos em tempos. Em momentos de fraqueza, são até capazes de emitir um cheque, principalmente se para projetos especiais, como um desastre natural. Depois, podem passar meses sem contribuir com nada. Os líderes podem desafiar essas pessoas a adentrar nos mananciais da graça e a reconhecer que recebem continuamente bênçãos de Deus. Para manter o manancial jorrando com regularidade, instrua-os a canalizar constantemente suas dádivas seguindo o curso do rio.

Os líderes podem encorajar ofertantes esporádicos a contribuir regularmente pelos três meses seguintes. Se recebem o salário semanalmente, poderão contribuir semanalmente. Se recebem uma vez por mês, podem contribuir mensalmente. Encoraje-os a contribuir de acordo com a regularidade do pagamento. E, se depois de três meses não experimentarem nenhuma bênção de Deus, então estarão desobrigados.

3. Ensine-os a ser dizimistas
Ofertantes regulares podem ser desafiados a passar para o próximo estágio: dar o dízimo. Dízimo significa um décimo — a porcentagem mínima da nossa renda que a Bíblia diz que devemos devolver a Deus. Deus diz em Malaquias 3.8 que se retivermos o dízimo, estamos roubando a Deus. Essas palavras são severas. Eu não desejo estar na posição de roubar a Deus. Dois versículos adiante, Malaquias registra a voz de Deus: " 'Tragam o dízimo todo ao depósito do templo, para que haja alimento em minha casa. Ponham-me à prova', diz o Senhor dos Exércitos, 'e vejam se não vou abrir as comportas dos céus e derramar sobre vocês tantas bênçãos que nem terão onde guardá-las' ". Esse é o desafio de Deus. Em outras

palavras, está dizendo: "Se você estiver contribuindo com 2% ou 4%, mesmo com 7%, esqueça; traga os 10% e faça prova de mim; então verá se eu não vou abençoá-lo com tamanha abundância.". Isso não significa necessariamente que Deus nos dará em retorno bens materiais. Há outras maneiras de Deus nos abençoar. Ele diz que nos abençoará a ponto de não conseguirmos dar conta.

Os líderes podem desafiar ofertantes regulares a contribuir ao Senhor, nos três meses seguintes, com o dízimo de sua renda. Se depois de três meses Deus não tiver cumprido sua promessa e a vida de cada um não tiver melhorado, então poderão parar.

4. Ensine-os a serem ofertantes generosos

Aqueles que realmente se destacam na graça de dar se tornam doadores generosos. Na verdade, há pessoas que contribuem com muito mais do que o dízimo, e é aqui que a coisa se torna interessante. Elas podem entregar o dízimo na igreja local, mas no decorrer do ano dão mais do que essa quantia. Não há alegria maior do que contribuir.

Os líderes podem desafiar as pessoas a fazer algo extravagante. Gosto muito de ver pessoas contribuindo mais porque estão procurando se superar na graça de contribuir.

Como falar sobre contribuição
Wayne Pohl & Jay Pankratz

Aumentar a arrecadação da igreja — para a expansão do ministério, para o atendimento de necessidades e para que pessoas se cheguem a Cristo — tem se tornado um desafio cada vez maior. Eis algumas estratégias-chave que tentam responder ao desafio de aumentar o nível de arrecadação da igreja:

Ore fervorosamente

Sem oração um plano financeiro perde sua base espiritual. Comece sua ênfase sobre a mordomia com um convite à oração. Marque momentos especiais de oração e organize uma vigília de oração de 24 horas. Quando oramos, Deus amolece corações, purifica atitudes, transforma vidas, esclarece prioridades e abre talões de cheque.

Associe tudo à Grande Comissão

As sementes criam raízes e crescem melhor na camada escura do solo da superfície. O solo mais fértil para fazer crescer os recursos financeiros para o ministério é a visão da Grande Comissão. Se os líderes transmitem corretamente a visão e se há corações pulsando pelos *perdidos, então os recursos financeiros virão* como resultado. O dinheiro virá para as causas certas. O entusiasmo pela Grande Comissão, na verdade, fornece um ambiente de crescimento para cada área da igreja, mas principalmente na área de mordomia financeira das pessoas. A boa mordomia é formada com base em uma compreensão clara do propósito da igreja: ela existe para alcançar o perdido. Esse sonho faz surgir recursos financeiros. Sem esse desafio, a igreja acaba se acomodando, como também os compromissos financeiros.

LIDERANÇA ESPIRITUAL

Busque excelência
Quando se trata de campanha publicitária sobre as finanças da igreja, líderes eficazes não utilizam restos. Tudo é feito com excelência. Por exemplo, devem imprimir as comunicações em material gráfico de alta qualidade. As pessoas não levam a sério impressos ou apresentações malfeitas. O líder não pode imprimir folhetos em papel barato e esperar que as pessoas achem que seu programa esteja bem elaborado e seja importante. Quanto maior for a excelência da publicidade e da promoção, maior será o valor presumível do evento.

Repita frequentemente o anúncio
As pessoas tendem a pensar que o que elas veem com mais frequência é mais importante. Um aviso uma semana antes do "Domingo do Compromisso" não convencerá as pessoas. Dois ou três avisos também não resolverão o problema. Para comunicar a importância de algo, as pessoas precisam ouvir sobre o assunto semanalmente por pelo menos cinco a seis semanas. As pessoas já sabem como filtrar boa parte do material publicitário que recebem todos os dias. Mais um evento da igreja será esquecido a não ser que os líderes fixem na mente das pessoas repetidas vezes.

Comunique pessoalmente
Contato pessoal faz diferença. Líderes bem-sucedidos incorporam o toque humano em suas campanhas de mordomia.

Varie a abordagem
Líderes eficazes se comunicam sobre o tema nas mais variadas formas possíveis — cartas, telefonemas, música, testemunho, sermão para as crianças (que comunica mais eficientemente aos adultos do que qualquer outra coisa), cartazes, dramatizações, *banners* e avisos nas dependências da igreja. Eles comunicam questões de mordomia financeira por meio da página da igreja na internet. Quanto maior o número de formatos em que a mensagem é comunicada, mais provavelmente ela será recebida.

Dê tempo às pessoas
O tempo é tudo. Na igreja, ações corretas na hora errada podem ser tão ineficazes quando ações erradas. As pessoas precisam de pelo menos dois meses de antecedência antes de assumir um compromisso. Se eles fizerem isso, em longo prazo poderão ofertar mais. Se os líderes não avisam, acabarão fazendo apelos financeiros com base na emoção das pessoas. Quando isso acontecer, elas não continuarão contribuindo.

Exija compromisso
Os líderes preparam as pessoas com semanas de antecedência para um dia de compromisso. Isso ajuda a evitar o sentimento de pressão ou manipulação. Eles pedem às pessoas que pensem em termos de contribuição semanal em vez de uma doação anual. Isso ajuda as pessoas a *parcelar sua doação em quantias* que estejam a seu alcance. Os líderes também encorajam as pessoas a especificar um aumento semanal; isso as encoraja a crescer em todas as áreas do

Orientando a igreja a contribuir

discipulado, incluindo a mordomia. A quantia de R$ 400 por semana pode parecer muito generosa, mas se o ganho da pessoa aumentou e ela não repassa o aumento significa que seu compromisso não é um sacrifício de fé. Pedir às pessoas que computem o aumento de sua renda em sua contribuição as encoraja a encarar a contribuição como um ato de sacrifício. Em último lugar, é preciso que o líder garanta que a contribuição das pessoas será mantida em sigilo. Isso assegura às pessoas que elas não serão contatadas ou pressionadas pela liderança caso não sejam capazes de cumprir o compromisso.

Como criar discípulos que contribuem generosamente
Forrest Reinhardt

Como pastor de desenvolvimento de recursos estratégicos na Igreja Saddleback, aprendi sobre mordomia com Rick Warren. A Igreja Saddleback tem um objetivo claro e desafiador para cada seguidor de Jesus: "Criar mordomos fiéis de seus recursos, comprometidos na expansão do Reino, e que por meio de sua contribuição experimentem o prazer em sua vida ao mesmo tempo em que acumulam tesouros no céu". Esse tipo de maturidade exige um processo de crescimento — que é porque a mordomia está envolvida em todo o tecido da igreja. A cultura de mordomia da Igreja Saddleback enfatiza o crescimento do povo de Deus, não só o orçamento da igreja. Estas são algumas das estratégias de Saddleback que qualquer líder de igreja pode utilizar para ajudar os discípulos na área da contribuição:

Comece de onde estão as pessoas

Rick Warren tem um estilo de comunicação peculiarmente eficaz, que parte respeitosamente de onde as pessoas estão, independentemente de onde seja, e as leva em direção àquilo para o qual foram criadas. Por exemplo, Rick prega sobre acumular tesouros no céu *versus* gastar dinheiro em coisas terrenas (Mateus 6.19-21) e começa falando sobre a forma de pensar do mundo, suas preocupações, obsessões e sonhos com respeito ao dinheiro. Ele fala da filosofia e dos resultados de se administrar o dinheiro segundo os padrões do mundo. Depois compara isso com o modo de Deus. Por exemplo, o mundo nos ensina a:

- Ganhar dinheiro.
- Desfrutá-lo (normalmente, abusamos disso e acabamos em dívida).
- Pagar nossas dívidas por ter gastado demais.
- Economizar para necessidades futuras depois que nos livrarmos das dívidas.
- Doar dinheiro se e quando sobrar alguma coisa.

Mas Deus nos ensina a gerenciar o dinheiro invertendo a ordem depois que o ganhamos: primeiro, doamos; depois, economizamos; em seguida, pagamos as dívidas; finalmente, desfrutamos. A questão é que, se dermos prioridade ao uso do dinheiro conforme os princípios de Deus, haverá mais paz, generosidade e liberdade financeira. Quando essa exposição é acompanhada de testemunho de pessoas que conseguiram sair das dívidas

LIDERANÇA ESPIRITUAL

reorganizando as finanças nos padrões de Deus, a chama se acende, a mensagem é compreendida e vidas são transformadas.

O estilo de comunicação do líder e a estratégia de dar um passo adiante para ajudar as pessoas a agir com fé na direção de Deus permitem tratar abertamente uma área sensível de como se tornar financeiramente saudável e fiel mordomo.

Seja sensível aos novos na fé

Os líderes devem sempre começar com a necessidade de seus ouvintes e, só depois, prosseguir para as necessidades espirituais. Essa foi a principal metodologia usada por Jesus. Quando Jesus encontrou a mulher ao lado do poço, falou a ela partindo de seu contexto de vida, sua sede física. Em seguida, ele a levou a reconhecer uma verdade mais profunda e valiosa do que aquilo que procurava: sua sede espiritual. No final das contas, a questão que saía à superfície não foi do que Jesus realmente tratou.

Uma das necessidades comuns mais sentidas pelas pessoas é como administrar o dinheiro. O líder pode começar com desafios comuns como gasto excessivo e endividamento, e depois descrever a visão de Deus sobre gestão financeira, que é justamente do que trata a mordomia financeira. O líder deve pregar sobre contribuição esporadicamente — mesmo durante uma campanha importante. Mas, quando o fizer, é importante que os ouvintes saibam que o desafio de contribuir está relacionado a um dos mais importantes benefícios de uma pessoa, não só da igreja.

Adote uma abordagem compreensiva

A estratégia do líder para a orientação no desenvolvimento da mordomia está presente em cada etapa do processo de formação da fé, começando com a compreensão do caráter de Deus. A natureza de Deus é ser doador. À medida que os discípulos se identificam com o caráter de Deus, crescem no desejo de contribuir. A Igreja Saddleback desenvolve a mordomia em tudo que faz como igreja por meio das seguintes estratégias:

- *Cursos:* No centro da nossa estratégia de crescimento espiritual está um sistema de quatro cursos. Cada curso contém um elemento da mordomia em um nível desafiador crescente. Nosso curso introdutório abrange os temas da alegria de contribuir e da doação como um dos aspectos de pertencer à família da igreja. No curso 2, convidamos aqueles que estão crescendo na fé a assinar um compromisso de se desenvolver nas disciplinas espirituais da maturidade, incluindo o dízimo, ou na contribuição proporcional regular à igreja local. No curso 3, diferenciamos dízimos de ofertas (dar mais e além dos 10%). Por último, no curso 4 enfatizamos o propósito bíblico de evangelização e missões. Tratamos sobre contribuição sacrificial e sobre uma compreensão mais madura da missão de cada indivíduo neste mundo.
- *Comunicação:* Ensinamos princípios bíblicos e práticas bíblicas por meio as mensagens semanais e dos cursos mencionados. Depois do Natal, quando as contas do cartão de crédito estão chegando, a maior necessidade das pessoas é saber administrar a *vida financeira*. Muitas pessoas estão tentando refazer o orçamento e cobrir os gastos de fim de ano, e muitos estão desesperados o suficiente para aceitar repensar suas

prioridades financeiras com o objetivo de alinhá-las com os princípios bíblicos. Por isso, todo ano, em janeiro ou início de fevereiro, fazemos uma breve série de sermões sobre finanças.
- *Currículo:* Estudamos e aplicamos os princípios de mordomia em pequenos grupos. Depois da série de sermões, encorajamos os pequenos grupos a fazer uma série de estudos de seis semanas chamada "Administrar as finanças ao modo de Deus". O nosso objetivo é que todo pequeno grupo percorra esse material uma vez a cada três anos.
- *Coaching:* Oferecemos oficinas de ajuda prática e ferramentas *on-line*. O nosso grupo de *coaching* de funcionários e líderes voluntários oferece *workshops* e seminários sobre temas como: fazer um orçamento, redução de dívidas, planejamento patrimonial. Também oferecemos ferramentas e recursos financeiros na página da internet.
- *Conselho:* Oferecemos assistência personalizada e individual. Pomos à disposição um serviço de aconselhamento para quem está se afundando financeiramente e sabe disso. Esse é o nosso ministério de assistência financeira para casos de emergência. Voluntários treinados ajudam pessoas com problemas sérios na preparação de um orçamento, pagamentos de dívidas, prevenção contra falência e celebração da recuperação.
- *Conquistas:* Promovemos o dom da contribuição e os testemunhos daqueles que contribuem generosamente, pois são algumas das pessoas que podem compartilhar o que Deus fez em sua vida financeira. Eles não são apenas os ricos e abençoados, mas também os que estiveram atolados em dívida e que agora estão saindo das dívidas. Trata-se de exemplos reais de libertação e alegria resultantes do amadurecimento como doadores.
- *Campanhas:* Produzimos programas voltados para o amadurecimento da fé relacionado a oportunidades de contribuir baseadas na visão. As oportunidades de contribuição podem estar centradas em uma necessidade não coberta pelos recursos disponíveis, como o desenvolvimento de uma propriedade, uma ênfase em missões, ou o foco na prática da compaixão.

Introdução a 2CRÔNICAS

PANO DE FUNDO

Os eventos descritos em 2Crônicas seguem os passos daqueles recontados em 1Crônicas. Muito do material de 2Crônicas parece repetir 2Reis, mas 2Crônicas cobre apenas a história do Reino do Sul, Judá. A importância do culto é o foco de 2Crônicas, e o autor relembra seus autores do lugar especial do templo na vida espiritual deles.

Acredita-se que o autor desse livro tenha sido o sacerdote e escriba Esdras (v. a introdução a 1Crônicas para mais informações). O livro de 2Crônicas foi compilado de várias fontes que são mencionadas no decorrer do livro.

MENSAGEM

O livro de 2Crônicas enfatiza a centralidade do culto no templo. O templo simboliza a presença de Deus. O livro começa e termina com o templo: desde sua construção até o edito de Ciro da Pérsia para sua reconstrução.

Os exilados recém-chegados da Babilônia lutam para reconstruir seu templo, sua cidade e sua vida. A aliança de Deus com a linhagem familiar de Davi (2Samuel 7.1-29) permanece segura, mesmo tendo o povo fracassado e sido severamente castigado. Em 2Crônicas repetidamente ensina-se que sempre que o povo de Deus o esquece, ele retira sua bênção. Mas ele está sempre pronto e disposto a perdoar e restaurar.

ÉPOCA

O livro de 2Crônicas cobre eventos de 971 a 515 a.C.

ESBOÇO

I. O reinado de Salomão	1.1—9.31
II. História de Judá, o Reino do Sul	
A. De Roboão a Acaz	10.1—28.27
B. Ezequias restaura o culto no templo	29.1—31.21
C. De Ezequias a Amom	32.1—33.25
D. Josias e o Livro da Lei de Deus	34.1—35.27
E. Os últimos reis de Judá	36.1-16
F. O exílio na Babilônia e a destruição do templo	36.17-21
G. Um edito para reconstruir o templo	36.22,23

Salomão Pede Sabedoria

1 Salomão, filho de Davi, estabeleceu-se^a com firmeza em seu reino, pois o Senhor, o seu Deus,^{b} estava com ele e o tornou muito poderoso.^{c}

² Salomão falou a todo o Israel:^{d} os líderes de mil e de cem, os juízes, todos os líderes de Israel e os chefes de famílias. ³ Depois o rei foi com toda a assembleia ao lugar sagrado, no alto de Gibeom, pois ali estava a Tenda do Encontro^e que Moisés,^{f} servo do Senhor, havia feito no deserto. ⁴ Davi tinha transportado a arca^g de Deus de Quiriate-Jearim para a tenda^h que ele tinha armado para ela em Jerusalém. ⁵ O altar de bronze^i que Bezalel,^{j} filho de Uri e neto de Hur, fizera estava em Gibeom, em frente do tabernáculo do Senhor; ali Salomão e a assembleia consultaram o Senhor. ^{k} ⁶ Salomão ofereceu ao Senhor mil holocaustos¹ sobre o altar de bronze, na Tenda do Encontro.

⁷ Naquela noite Deus apareceu^l a Salomão e lhe disse: "Peça-me o que quiser, e eu darei a você."

⁸ Salomão respondeu: "Tu foste muito bondoso para com meu pai Davi e me fizeste rei em seu lugar.^{m} ⁹ Agora, Senhor Deus, que se confirme a tua promessa a meu pai Davi,^{n} pois me fizeste rei sobre um povo tão numeroso quanto o pó da terra.^{o} ¹⁰ Dá-me sabedoria e conhecimento, para que eu possa liderar esta nação,^{p} pois quem pode governar este teu grande povo?"

¹¹ Deus disse a Salomão: "Já que este é o desejo de seu coração e você não pediu riquezas,^{q} nem bens, nem honra, nem a morte dos seus inimigos, nem vida longa, mas sabedoria e conhecimento para governar o meu povo, sobre o qual o fiz rei, ¹² você receberá o que pediu, mas também lhe darei riquezas, bens e honra, ^{r}como nenhum rei antes de você teve e nenhum depois de você terá".^{s}

¹³ Então Salomão voltou de Gibeom, de diante da Tenda do Encontro, para Jerusalém, e reinou sobre Israel.

¹⁴ Salomão juntou carros e cavalos; ^{t} chegou a ter mil e quatrocentos carros e doze mil cavalos², dos quais mantinha uma parte nas guarnições de algumas cidades e a outra perto dele, em Jerusalém. ¹⁵ O rei tornou tão comuns a prata e o ouro em Jerusalém quanto as pedras,^{u} e o cedro tão numeroso quanto as figueiras bravas da Sefelá³. ¹⁶ Os cavalos de Salomão eram importados do Egito⁴ e da Cilícia⁵, onde os fornecedores do rei os compravam. ¹⁷ Importavam do Egito um carro^v por sete quilos e duzentos gramas⁶ de prata, e um cavalo por um quilo e oitocentos gramas, e os exportavam para todos os reis dos hititas e dos arameus.

Os Preparativos para a Construção do Templo

2 Salomão deu ordens para a construção de um templo^w em honra ao nome do Senhor e de um palácio para si mesmo.^{x} ² Ele designou setenta mil homens como carregadores, oitenta mil como cortadores de pedras nas colinas e três mil e seiscentos como capatazes.^{y}

³ Depois Salomão enviou esta mensagem a Hirão⁷, ^{z} rei de Tiro:

"Envia-me cedros^a como fizeste para meu pai Davi, quando ele construiu seu palácio. ⁴ Agora estou para construir um templo^b em honra ao nome do Senhor, o meu Deus, e dedicá-lo a ele, para queimar incenso^c aromático diante dele, apresentar regularmente o pão consagrado^d e fazer holocaustos^e todas as manhãs e todas as tardes, nos sábados,^{f} nas luas novas e nas festas fixas do Senhor,

---

¹ **1.6** Isto é, sacrifícios totalmente queimados; também em todo o livro de 2Crônicas.

² **1.14** Ou *condutores de carros*

³ **1.15** Pequena faixa de terra de relevo variável entre a planície costeira e as montanhas; também em 9.27, 26.10 e 28.18.

⁴ **1.16** Ou *Muzur*, região da Cilícia; também no versículo 17.

⁵ **1.16** Hebraico: *Cuve*.

⁶ **1.17** Hebraico: *600 siclos*. Um siclo equivalia a 12 gramas.

⁷ **2.3** Hebraico: *Hurão*, variante de *Hirão*; também no versículo 11 e em 8.2, 18 e 9.21.

1.1
^{a} 1Rs 2.12, 26;
2Cr 12.1
^{b} Gn 21.22;
39.2;
Nm 14.43
^{c} 1Cr 29.25

1.2
^{d} 1Cr 9.1;
28.1

1.3
^{e} Ex 36.8
^{f} Ex 40.8

1.4
^{g} 2Sm 6.2;
1Cr 15.25
^{h} 2Sm 6.17;
1Cr 15.1

1.5
^{i} Ex 38.2
^{j} Ex 31.2
^{k} 1Cr 13.3

1.7
^{l} 2Cr 7.12

1.8
^{m} 1Cr 23.1;
28.5

1.9
^{n} 2Sm 7.25;
1Rs 8.25
^{o} Gn 12.2

1.10
^{p} Nm 27.17;
2Sm 5.2;
Pv 8.15-16

1.11
^{q} Dt 17.17

1.12
^{r} 1Rs 29.12
^{s} 1Rs 29.25;
2Cr 9.22;
Ne 13.26

1.14
^{t} 1Sm 8.11;
1Rs 4.26;
9.19

1.15
^{u} 1Rs 9.28;
Is 60.5

1.17
^{v} St 1.9

2.1
^{w} Dt 12.5
^{x} Ec 2.4

2.2
^{y} v. 18;
2Cr 10.4

2.3
^{z} 2Sm 5.11
^{a} 1Rs 14.1

2.4
^{b} v. 1;
Dt 12.5
^{c} Ex 30.7
^{d} Ex 25.30
^{e} Ex 29.42;
2Cr 13.11
^{f} Nm 28.9-10

o nosso Deus. Esse é um decreto perpétuo para Israel.

⁵ "O templo que vou construir será grande,ᵍ pois o nosso Deus é maior do que todos os outros deuses.ʰ ⁶ Mas quem é capaz de construir um templo para ele, visto que os céus não podem contê-lo, nem mesmo os mais altos céus?ⁱ Quem sou eu,ʲ então, para lhe construir um templo, a não ser como um lugar para queimar sacrifícios perante ele?

⁷ "Por isso, manda-me um homem competente no trabalho com ouro, com prata, com bronze, com ferro e com tecido roxo, vermelho e azul, e experiente em esculturas, para trabalhar em Judá e em Jerusalém com os meus hábeis artesãos,ᵏ preparados por meu pai Davi.

⁸ "Também envia-me do Líbano madeira de cedro, de pinho e de juníperro, pois eu sei que os teus servos são hábeis em cortar a madeira de lá. Os meus servos trabalharão com os teus ⁹ para me fornecerem madeira em grande quantidade, pois é preciso que o templo que vou edificar seja grande e imponente. ¹⁰ E eu darei como sustento a teus servos, os lenhadores, vinte mil tonéis¹ de trigo, vinte mil tonéis de cevada, dois mil barris² de vinho e dois mil barris de azeite".ˡ

¹¹ Hirão, rei de Tiro, respondeu por carta a Salomão:

"O Senhor ama o seu povo,ᵐ e por isso te fez rei sobre ele".

¹² E acrescentou:

"Bendito seja o Senhor, o Deus de Israel, que fez os céus e a terra,ⁿ pois deu ao rei Davi um filho sábio, que tem inteligência e discernimento, e que vai construir um templo para o Senhor e um palácio para si.

¹³ "Estou te enviando Hurão-Abi,ᵒ homem de grande habilidade. ¹⁴ Sua mãe era de Dãᵖ e seu pai, de Tiro. Ele foi treinadoᑫ para trabalhar com ouro e prata, bronze e ferro, pedra e madeira, e em tecido roxo, azulʳ e vermelho, em linho fino e em todo tipo de entalhe. Ele pode executar qualquer projeto que lhe for dado. Trabalhará com os teus artesãos e com os de meu senhor Davi, teu pai.

¹⁵ "Agora, envia, meu senhor, a teus servos o trigo, a cevada, o azeiteˢ e o vinho que o meu senhor prometeu, ¹⁶ e cortaremos toda a madeira do Líbano necessária, e a faremos flutuar em jangadas pelo mar, descendo até Jope.ᵗ De lá poderás levá-la a Jerusalém".

¹⁷ Salomão fez um recenseamentoᵛ de todos os estrangeirosᵘ que viviam em Israel, como o que fizera seu pai Davi; e descobriu-se que eram cento e cinquenta e três mil e seiscentos. ¹⁸ Ele designouʷ setenta mil deles para serem carregadores e oitenta mil para serem cortadores de pedras nas colinas, com três mil e seiscentos capatazes para manter o povo trabalhando.

A Construção do Templo

3 Então Salomão começou a construir o temploˣ do Senhor ʸ em Jerusalém, no monte Moriá, onde o Senhor havia aparecido a seu pai Davi, na eira de Araúna³,ᶻ o jebuseu, local que havia sido providenciado por Davi. ² Começou a construção no segundo dia do segundo mês do quarto ano de seu reinado.ᵃ

³ Os alicerces que Salomão lançou para o templo de Deus tinham vinte e sete metros de comprimento e nove metros de largura⁴,

---

¹ **2.10** Hebraico: *20.000 coros*. O coro era uma medida de capacidade. As estimativas variam entre 200 e 400 litros.
² **2.10** Hebraico: *20.000 batos*. O bato era uma medida de capacidade para líquidos. As estimativas variam entre 20 e 40 litros.
³ **3.1** Hebraico: *Ornã*, variante de *Araúna*.
⁴ **3.3** Hebraico: *60 côvados de comprimento e 20 côvados de largura*. O côvado era uma medida linear de cerca de 45 centímetros.

b pela medida¹ antiga. ⁴ O pórtico da entrada do templo tinha nove metros de largura e nove metros² de altura. Ele revestiu de ouro puro o seu interior. ⁵ Recobriu de pinho o átrio principal, revestiu-o de ouro puro e decorou-o com desenhos de tamareiras*c* e correntes. ⁶ Ornamentou o templo com pedras preciosas. O ouro utilizado era de Parvaim. ⁷ Também revestiu de ouro as vigas do forro, os batentes, as paredes e as portas do templo, e esculpiu querubins nas paredes.*d*

⁸ Fez o Lugar Santíssimo,*e* com nove metros de comprimento e nove metros de largura, igual à largura do templo. Revestiu o seu interior de vinte e uma toneladas³ de ouro puro. ⁹ Os pregos de ouro*f* pesavam seiscentos gramas⁴. Também revestiu de ouro as salas superiores.

¹⁰ No Lugar Santíssimo esculpiu e revestiu de ouro dois querubins,*g* ¹¹ os quais, de asas abertas, mediam juntos nove metros. Cada asa, de dois metros e vinte e cinco centímetros, tocava, de um lado, na parede do templo ¹² e, do outro lado, na asa do outro querubim. ¹³ Assim os querubins,*h* com asas que se estendiam por nove metros, estavam em pé, de frente para o átrio principal⁵.

¹⁴ Ele fez o véu*i* de tecido azul, roxo, vermelho e linho fino, com querubins desenhados nele.*j*

¹⁵ Fez na frente do templo duas colunas,*k* que, juntas, tinham dezesseis metros, cada uma tendo em cima um capitel*l* com dois metros e vinte e cinco centímetros. ¹⁶ Fez correntes entrelaçadas⁶ *m* e colocou-as no alto das colunas. Fez também cem romãs,*n* colocando-as nas correntes. ¹⁷ Depois levantou as colunas na frente do templo, uma ao sul, outra ao norte; à que ficava ao sul deu o nome de Jaquim⁷ e à que ficava ao norte, Boaz⁸.

Os Utensílios do Templo

4 Salomão também mandou fazer um altar de bronze *o* de nove metros de comprimento, nove metros de largura e quatro metros e meio de altura⁹. ² Fez o tanque *p* de metal fundido, redondo, medindo quatro metros e meio de diâmetro e dois metros e vinte e cinco centímetros de altura. Era preciso um fio de treze metros e meio para medir a sua circunferência. ³ Abaixo da borda e ao seu redor havia figuras de touro, de cinco em cinco centímetros. Os touros foram fundidos em duas fileiras e numa só peça com o tanque.

⁴ O tanque ficava sobre doze touros, três voltados para o norte, três para o oeste, três para o sul e três para o leste. *q* Ficava em cima deles, e as pernas traseiras dos touros eram voltadas para o centro. ⁵ A espessura do tanque era de quatro dedos, e sua borda era como a borda de um cálice, como uma flor de lírio. Sua capacidade era de sessenta mil litros¹⁰.

⁶ Fez dez pias, *r* colocando cinco no lado sul e cinco no lado norte. Nelas era lavado tudo o que era usado nos holocaustos, *s* enquanto que o tanque servia para os sacerdotes se lavarem.

⁷ Fez dez candelabros de ouro, *t* de acordo com as especificações,*u* e os colocou no templo, cinco no lado sul e cinco no lado norte.

⁸ Fez dez mesas *v* e as colocou no templo, cinco no lado sul e cinco no lado norte. Também fez cem bacias de ouro para aspersão.*w*

⁹ Fez ainda o pátio *x* dos sacerdotes e o pátio principal com suas portas e revestiu de bronze as suas portas. ¹⁰ Pôs o tanque no lado sul, no canto sudeste do templo.

---

¹ **3.3** Hebraico: *pelo côvado.*
² **3.4** Conforme alguns manuscritos da Septuaginta e da Versão Siríaca. O Texto Massorético diz *e 120 côvados.*
³ **3.8** Hebraico: *600 talentos.* Um talento equivalia a 35 quilos.
⁴ **3.9** Hebraico: *50 siclos.* Um siclo equivalia a 12 gramas.
⁵ **3.13** Ou *pé, voltados para dentro*
⁶ **3.16** Ou *correntes no santuário interior*
⁷ **3.17** *Jaquim* provavelmente significa *ele firma.*
⁸ **3.17** *Boaz* provavelmente significa *nele há força.*
⁹ **4.1** Hebraico: *20 côvados de comprimento e largura, e 10 côvados de altura.* O côvado era uma medida linear de cerca de 45 centímetros.
¹⁰ **4.5** Hebraico: *3.000 batos.* O bato era uma medida de capacidade para líquidos. As estimativas variam entre 20 e 40 litros.

¹¹ Também fez os jarros, as pás e as bacias para aspersão.

Hurão-Abi terminou ʸ assim o trabalho de que fora encarregado pelo rei Salomão no templo de Deus:

¹² As duas colunas;

os dois capitéis em forma de taça no alto das colunas;

os dois conjuntos de correntes que decoravam os dois capitéis;

¹³ as quatrocentas romãs para os dois conjuntos de correntes, sendo duas fileiras de romãs para cada conjunto;

¹⁴ os dez carrinhos com as suas dez pias;ᶻ

¹⁵ o tanque e os doze touros debaixo dele;

¹⁶ os jarros, as pás, os garfos de carne e todos os utensílios afins.

Todos esses utensílios que Hurão-Abi ᵃ fez para o templo do Senhor, a pedido do rei Salomão, eram de bronze polido. ¹⁷ Foi na planície do Jordão, entre Sucote ᵇ e Zeredá, que o rei os mandou fundir, em moldes de barro. ¹⁸ Salomão os fez em tão grande quantidade que não se pôde determinar o peso do bronze utilizado. ᶜ

¹⁹ Além desses, Salomão mandou fazer também todos estes outros utensílios para o templo de Deus:

O altar de ouro;

as mesas ᵈ sobre as quais ficavam os pães da Presença;

²⁰ os candelabros ᵉ de ouro puro com suas lâmpadas, para alumiarem diante do santuário interno, conforme determinado;

²¹ as flores, as lâmpadas e as tenazes de ouro maciço;

²² os cortadores de pavio, as bacias para aspersão, as tigelas,ᶠ os incensários ᵍ de ouro puro e as portas *de ouro do templo*: tanto as portas da sala interna, o Lugar Santíssimo, quanto as portas do átrio principal.

5 Terminada toda a obra que Salomão havia realizado para o templo do Senhor,ʰ ele trouxe as coisas que seu pai, Davi, tinha consagrado ⁱ e as colocou junto com os tesouros do templo de Deus: a prata, o ouro e todos os utensílios.

O Transporte da Arca para o Templo

² Então Salomão reuniu em Jerusalém as autoridades de Israel e todos os líderes das tribos e os chefes das famílias israelitas, para levarem de Sião, a Cidade de Davi, a arca da aliança do Senhor.ʲ ³ E todos os homens de Israel ᵏ uniram-se ao rei por ocasião da festa, no sétimo mês.

⁴ Quando todas as autoridades de Israel chegaram, os levitas pegaram a arca ⁵ e a levaram com a Tenda do Encontro e com todos os seus utensílios sagrados. Foram os sacerdotes levitas ˡ que levaram tudo. ⁶ O rei Salomão e toda a comunidade de Israel que se havia reunido a ele diante da arca sacrificaram tantas ovelhas e bois que nem era possível contar.

⁷ Os sacerdotes levaram a arca da aliança do Senhor ᵐ para o seu lugar no santuário interno do templo, no Lugar Santíssimo, e a colocaram debaixo das asas dos querubins. ⁸ Os querubins ⁿ tinham suas asas estendidas sobre o lugar da arca e cobriam a arca e as varas utilizadas para o transporte. ⁹ Essas varas eram tão compridas que as suas pontas se estendiam para fora da arca e podiam ser vistas da parte da frente do santuário interno, mas não de fora dele; e elas estão lá até hoje. ¹⁰ Na arca havia só ᵒ as duas tábuas ᵖ que Moisés tinha colocado quando estava em Horebe, onde o Senhor fez uma aliança com os israelitas depois que saíram do Egito.

¹¹ Os sacerdotes saíram do Lugar Santo. Todos eles haviam se consagrado, não importando a divisão a que pertenciam.ᑫ ¹² E todos os levitas que eram músicos — ʳ Asafe, Hemã, Jedutum e os filhos e parentes deles — ficaram a leste do altar, vestidos de linho fino, tocando címbalos, harpas e liras, e os acompanhavam cento e vinte sacerdotes tocando cornetas.ˢ ¹³ Os que tocavam cornetas e os cantores, em uníssono,

louvaram e agradeceram ao Senhor. Ao som de cornetas, címbalos e outros instrumentos, levantaram suas vozes em louvor ao Senhor e cantaram:

"Ele é bom;
o seu amor dura para sempre".*t*

Então uma nuvem encheu o templo do Senhor, ¹⁴ de forma que os sacerdotes não podiam desempenhar o seu serviço,*u* pois a glória*v* do Senhor encheu o templo de Deus.*w*

6

E Salomão exclamou: "O Senhor disse que habitaria numa nuvem escura!*x* ² Na realidade construí para ti um templo magnífico, um lugar para nele habitares para sempre!"*y*

³ Depois o rei virou-se e abençoou toda a assembleia de Israel, que estava ali em pé. ⁴ E disse:

"Bendito seja o Senhor, o Deus de Israel, que por suas mãos cumpriu o que prometeu com sua própria boca a meu pai, Davi, quando lhe disse: ⁵ 'Desde o dia em que tirei meu povo do Egito, não escolhi nenhuma cidade das tribos de Israel para nela construir um templo em honra ao meu nome, nem escolhi ninguém para ser o líder de Israel, o meu povo. ⁶ Mas, agora, escolhi Jerusalém *z* para o meu nome *a* ali estar e escolhi Davi *b* para governar Israel, o meu povo'.

⁷ "Meu pai, Davi, tinha no coração *c* o propósito de construir um templo em honra ao nome do Senhor, o Deus de Israel. ⁸ Mas o Senhor lhe disse: 'Você fez bem em ter no coração o plano de construir um templo em honra ao meu nome; ⁹ no entanto, não será você que o construirá, mas o seu filho, que procederá de você; ele construirá o templo em honra ao meu nome'.

¹⁰ "E o Senhor cumpriu a sua promessa. Sou o sucessor de meu pai, Davi, e agora ocupo o trono de Israel, como o Senhor tinha prometido, e construí o templo em honra ao nome do Senhor, o Deus de Israel. ¹¹ Coloquei nele a arca, na qual estão as tábuas da aliança do Senhor, aliança que ele fez com os israelitas".*d*

A Oração de Dedicação

¹² Depois Salomão colocou-se diante do altar do Senhor, e de toda a assembleia de Israel, e levantou as mãos para orar. ¹³ Ele havia mandado fazer uma plataforma de bronze *e* com dois metros e vinte e cinco centímetros¹ de comprimento e de largura, e um metro e trinta e cinco centímetros de altura no centro do pátio externo. O rei ficou em pé na plataforma e depois ajoelhou-se *f* diante de toda a assembleia de Israel, levantou as mãos para o céu, ¹⁴ e orou:

"Senhor, Deus de Israel, não há Deus como tu *g* nos céus e na terra! Tu que guardas a tua aliança de amor*h* com os teus servos que, de todo o coração, andam segundo a tua vontade. ¹⁵ Cumpriste a tua promessa *i* a teu servo Davi, meu pai; com tua boca a fizeste e com tua mão a cumpriste, conforme hoje se vê.

¹⁶ "Agora, Senhor, Deus de Israel, cumpre a outra promessa que fizeste a teu servo Davi, meu pai, quando disseste: 'Você nunca deixará de ter,*j* diante de mim, um descendente que se assente no trono de Israel, se tão somente os seus descendentes tiverem o cuidado de, em tudo, andar segundo a minha lei, como você tem feito'.*k* ¹⁷ Agora, ó Senhor, Deus de Israel, que se confirme a palavra que falaste a teu servo Davi.

¹⁸ "Mas será possível que Deus habite *l* na terra com os homens? Os céus, mesmo os mais altos céus,*m* não podem conter-te. Muito menos este templo que construí! ¹⁹ Ainda assim, atende à oração do teu servo e ao seu pedido de misericórdia, ó Senhor, meu Deus. Ouve o cla-

---

¹ **6.13** Hebraico: 5 côvados. O côvado era uma medida linear de cerca de 45 centímetros.

mor e a oração que teu servo faz hoje na tua presença. ²⁰ Estejam os teus olhos ⁿ voltados dia e noite para este templo, lugar do qual disseste que nele porias o teu nome,ᵒ para que ouças ᵖ a oração que o teu servo fizer voltado para este lugar. ²¹ Ouve as súplicas do teu servo e de Israel, o teu povo, quando orarem voltados para este lugar. Ouve desde os céus, lugar da tua habitação, e, quando ouvires, dá-lhes o teu perdão.ᵍ

²² "Quando um homem pecar contra seu próximo e tiver que fazer um juramento ʳ e vier jurar diante do teu altar neste templo, ²³ ouve dos céus e age. Julga os teus servos; retribui ao culpado, ˢ fazendo recair sobre a sua própria cabeça o resultado da sua conduta, e declara sem culpa o inocente, dando-lhe o que a sua inocência merece.

²⁴ "Quando Israel, o teu povo, for derrotado ᵗ por um inimigo por ter pecado contra ti e voltar-se para ti e invocar o teu nome, orando e suplicando a ti neste templo, ²⁵ ouve dos céus e perdoa o pecado de Israel, o teu povo, e traze-o de volta à terra que deste a ele e aos seus antepassados.

²⁶ "Quando se fechar o céu e não houver chuva ᵘ por haver o teu povo pecado contra ti e o teu povo, voltado para este lugar, invocar o teu nome e afastar-se do seu pecado por o haveres castigado, ²⁷ ouve dos céus e perdoa ᵛ o pecado dos teus servos, de Israel, o teu povo. Ensina-lhes o caminho certo e envia chuva sobre a tua terra, que deste por herança ao teu povo.

²⁸ "Quando houver fome ʷ ou praga no país, ferrugem e mofo, gafanhotos peregrinos e gafanhotos devastadores, ou *quando inimigos sitiarem suas cidades,* quando, em meio a qualquer praga ou epidemia, ²⁹ uma oração ou uma súplica por misericórdia for feita por um israelita ou por todo o Israel, teu povo, cada um sentindo as suas próprias aflições e dores, estendendo as mãos na direção deste templo, ³⁰ ouve dos céus, o lugar da tua habitação. Perdoa ˣ e trata cada um de acordo com o que merece, visto que conheces o seu coração. Sim, só tu conheces o coração do homem.ʸ ³¹ Assim eles te temerão ᶻ e andarão segundo a tua vontade durante todo o tempo em que viverem na terra que deste aos nossos antepassados.

³² "Quanto ao estrangeiro, que não pertence a Israel, o teu povo, e que veio ᵃ de uma terra distante por causa do teu grande nome, da tua mão poderosa ᵇ e do teu braço forte; quando ele vier e orar voltado para este templo, ³³ ouve dos céus, lugar da tua habitação, e atende o pedido do estrangeiro, ᶜ a fim de que todos os povos da terra conheçam o teu nome e te temam, como faz Israel, o teu povo, e saibam que este templo que construí traz o teu nome.

³⁴ "Quando o teu povo for à guerra contra os seus inimigos,ᵈ por onde quer que tu o enviares, e orar a ti,ᵉ voltado para a cidade que escolheste e para o templo que construí em honra ao teu nome, ³⁵ ouve dos céus a sua oração e a sua súplica e defende a sua causa.

³⁶ "Quando pecarem contra ti, pois não há ninguém que não peque,ᶠ e ficares irado com eles e os entregares ao inimigo, e este os levar prisioneiros ᵍ para uma terra distante ou próxima; ³⁷ se eles caírem em si,ʰ na terra para a qual foram deportados, e se arrependerem e lá orarem: 'Pecamos, praticamos o mal e fomos rebeldes'; ³⁸ e se lá eles se voltarem para ti de todo o coração e de toda a sua alma, na terra de seu cativeiro para onde foram levados, e orarem voltados para a terra que deste aos seus antepassados, para a cidade que escolheste e para o templo que construí em honra ao teu nome, ³⁹ então, dos céus, lugar da tua habitação, ouve a sua oração e a sua súplica, e

defende a sua causa. Perdoa o teu povo, que pecou contra ti.

⁴⁰ "Assim, meu Deus, que os teus olhos estejam abertos e os teus ouvidos atentos ⁱ às orações feitas neste lugar.

⁴¹ "Agora, levanta-te,ʲ ó Senhor, ó Deus,
e vem para o teu lugar de descanso,ᵏ
tu e a arca do teu poder.
Estejam os teus sacerdotes ˡ
vestidos de salvação,
ó Senhor, ó Deus;
que os teus santos se regozijem
em tua bondade. ᵐ
⁴² Ó Senhor, ó Deus,
não rejeites o teu ungido.
Lembra-te da fidelidade ⁿ
prometida a teu servo Davi".

A Dedicação do Templo

7 Assim que Salomão acabou de orar, desceu fogoᵒ do céu e consumiu o holocausto e os sacrifícios, e a glória do Senhor encheu ᵖ o templo.ᑫ ² Os sacerdotes não conseguiam entrar ʳ no templo do Senhor, porque a glória do Senhor o enchia.ˢ ³ Quando todos os israelitas viram o fogo descendo e a glória do Senhor sobre o templo, ajoelharam-se no pavimento com o rosto em terra, adoraram e deram graças ao Senhor, dizendo:

"Ele é bom;
o seu amor dura para sempre".ᵗ

⁴ Então o rei e todo o Israel ofereceram sacrifícios ao Senhor. ⁵ O rei Salomão ofereceu em sacrifício vinte e dois mil bois e cento e vinte mil ovelhas. Assim o rei e todo o povo fizeram a dedicação do templo de Deus. ⁶ Os sacerdotes tomaram seus lugares, bem como os levitas,ᵘ com os instrumentos musicais ᵛ do Senhor feitos pelo rei Davi para louvar o Senhor, cantando: "O seu amor dura para sempre". No outro lado, de frente para os levitas, os sacerdotes tocavam suas cornetas. Todo o povo estava em pé.

⁷ Salomão consagrou a parte central do pátio, que ficava na frente do templo do Senhor, e ali ofereceu holocaustos e a gordura das ofertas de comunhão¹, pois o altar de bronze que Salomão tinha construído não comportava os holocaustos, as ofertas de cereal e as porções de gordura.

⁸ Durante sete dias, Salomão, com todo o Israel, celebrou a festa;ʷ era uma grande multidão, gente vinda desde Lebo-Hamate até o ribeiro do Egito.ˣ ⁹ No oitavo dia realizaram uma assembleia solene. Levaram sete dias para a dedicação do altar, e a festaʸ se prolongou por mais sete dias. ¹⁰ No vigésimo terceiro dia do sétimo mês, o rei mandou o povo para as suas casas. E todos se foram, jubilosos e de coração alegre pelas coisas boas que o Senhor havia feito por Davi e Salomão e por Israel, o seu povo.

O Senhor Aparece a Salomão

¹¹ Quando Salomão acabou de construir o templo do Senhor e o palácio real, executando bem tudo o que pretendia realizar no templo do Senhor e em seu próprio palácio, ¹² o Senhor lhe apareceu de noite e disse:

"Ouvi sua oração e escolhi este lugar para mim,ᶻ como um templo para sacrifícios.

¹³ "Se eu fechar o céu para que não chova ᵃ ou mandar que os gafanhotos devorem o país ou sobre o meu povo enviar uma praga, ¹⁴ se o meu povo, que se chama pelo meu nome, se humilhar ᵇ e orar, buscar a minha face ᶜ e se afastar ᵈ dos seus maus caminhos, dos céus o ouvirei, perdoareiᵉ o seu pecado e curareiᶠ a sua terra. ¹⁵ De hoje em diante os meus olhos estarão abertos e os meus ouvidos atentos às orações feitas neste lugar.ᵍ ¹⁶ Escolhi ʰ e consagrei este templo para que o meu nome esteja nele para sempre. Meus olhos e meu coração nele sempre estarão.

---

¹ **7.7** Ou *de paz*

¹⁷ "E, se você andar segundo a minha vontade,ʲ como fez seu pai Davi, e fizer tudo o que eu ordeno a você, obedecendo aos meus decretos e às minhas leis, ¹⁸ firmarei o seu trono, conforme a aliança que fiz com Davi, seu pai, quando eu lhe disse: Você nunca deixará de ter um descendenteʲ para governar Israel.ᵏ

¹⁹ "Mas, se vocês se afastarem de mimˡ e abandonaremᵐ os decretos e os mandamentos que dei a vocês e prestarem culto a outros deuses e adorá-los, ²⁰ desarraigareiⁿ Israel da minha terra,ᵒ que dei a vocês, e lançarei para longe da minha presença este templo que consagrei ao meu nome. Farei que ele se torne objeto de zombariaᵖ entre todos os povos. ²¹ E todos os que passarem por este templo, agora imponente, ficarão espantados e perguntarão:ᑫ 'Por que o Senhor fez uma coisa dessas a esta terra e a este templo?' ²² E a resposta será: 'Porque abandonaram o Senhor, o Deus dos seus antepassados, que os tirou do Egito, e se apegaram a outros deuses, adorando-os e prestando-lhes culto; por isso ele trouxe sobre eles toda esta desgraça' ".

Outros Feitos de Salomão

8 Depois de vinte anos, durante os quais Salomão construiu o templo do Senhor e o seu próprio palácio, ² ele reconstruiu as cidades que Hirão lhe tinha dado, e nelas estabeleceu israelitas. ³ Depois atacou Hamate-Zobá e a conquistou. ⁴ Também reconstruiu Tadmor, no deserto, e todas as cidades-armazéns que havia construído em Hamate. ⁵ Reconstruiu Bete-Horomʳ Alta e Bete-Horom Baixa, cidades fortificadas com muros, portas e trancas, ⁶ e também Baalate e todas as cidades-armazéns que possuía e todas as cidades onde ficavam os seus carros e os seus cavalos¹. Construiu tudo o que desejou em Jerusalém, no Líbano e em todo o território que governou.

⁷ Todos os que não eram israelitas, descendentes dos hititas, dos amorreus, dos ferezeus, dos heveus e dos jebuseus,ˢ ⁸ que não tinham sido mortos pelos israelitas, Salomão recrutou ᵗ para o trabalho forçado, e nisso continuam até hoje. ⁹ Mas Salomão não obrigou nenhum israelita a trabalhos forçados; eles eram seus homens de guerra, chefes de seus capitães, comandantes dos seus carros e condutores de carros. ¹⁰ Também eram israelitas os principais oficiais do rei Salomão, duzentos e cinquenta oficiais que supervisionavam os trabalhadores.

¹¹ Salomão levou a filhaᵘ do faraó da Cidade de Davi para o palácio que ele havia construído para ela, pois dissera: "Minha mulher não deve morar no palácio de Davi, rei de Israel, pois os lugares onde entrou a arca do Senhor são sagrados".

¹² Sobre o altar do Senhor,ᵛ que havia construído diante do pórtico, Salomão passou a sacrificar holocaustos ao Senhor, ¹³ conforme as determinações ʷ de Moisés acerca das ofertas diárias e dos sábados,ˣ das luas novas e das três ʸ festas anuais: a festa dos pães sem fermento, a festa das semanas² ᶻ e a festa das cabanas³. ¹⁴ De acordo com a ordem de seu pai Davi, designou os grupos dos sacerdotes para as suas tarefas e os levitas ᵇ para conduzirem o louvor e ajudarem os sacerdotes, conforme as determinações diárias. ᵃ Também designou, por divisões, os porteiros das várias portas,ᶜ conforme o que Davi, homem de Deus,ᵈ tinha ordenado.ᵉ ¹⁵ Todas as ordens dadas pelo rei aos sacerdotes e aos levitas, inclusive as ordens relativas aos tesouros, foram seguidas à risca.

¹⁶ Todo o trabalho de Salomão foi executado, desde o dia em que foram lançados os alicerces do templo do Senhor até seu término. Assim foi concluído o templo do Senhor.

¹⁷ Depois Salomão foi a Eziom-Geber e a Elate, no litoral de Edom. ¹⁸ E Hirão

---

¹ **8.6** Ou *condutores de carros*
² **8.13** Isto é, do Pentecoste.
³ **8.13** Ou *dos tabernáculos*; hebraico: *sucote*.

enviou-lhe navios comandados por seus próprios marinheiros, homens que conheciam o mar. Eles navegaram com os marinheiros de Salomão até Ofir e de lá trouxeram quinze mil e setecentos e cinquenta quilos[1] de ouro para o rei Salomão.[f]

A Rainha de Sabá Visita Salomão

9 A rainha de Sabá [g] soube da fama de Salomão e foi a Jerusalém para pô-lo à prova com perguntas difíceis. Quando chegou, acompanhada de uma enorme caravana, com camelos carregados de especiarias, grande quantidade de ouro e pedras preciosas, foi até Salomão e lhe fez todas as perguntas que tinha em mente. ² Salomão respondeu a todas; nenhuma lhe foi tão difícil que não pudesse responder. ³ Vendo a sabedoria de Salomão,[h] bem como o palácio que ele havia construído, ⁴ o que era servido em sua mesa, o lugar de seus oficiais, os criados e os copeiros, todos uniformizados, e os holocaustos que ele fazia no[2] templo do Senhor, ela ficou impressionada.

⁵ Disse ela então ao rei: "Tudo o que ouvi em meu país acerca de tuas realizações e de tua sabedoria era verdade. ⁶ Mas eu não acreditava no que diziam até ver com os meus próprios olhos.[i] Na realidade, não me contaram nem a metade da grandeza de tua sabedoria; tu ultrapassas em muito o que ouvi. ⁷ Como devem ser felizes os homens da tua corte, que continuamente estão diante de ti e ouvem a tua sabedoria! ⁸ Bendito seja o Senhor, o teu Deus, que se agradou de ti e te colocou no trono dele para reinar pelo Senhor,[j] pelo teu Deus. Por causa do amor de teu Deus para com Israel e do seu desejo de preservá-lo para sempre, ele te fez rei,[k] para manter a justiça e a retidão".

⁹ E ela deu ao rei quatro mil e duzentos quilos[3] de ouro[l] e grande quantidade de especiarias e de pedras preciosas. Nunca se viram tantas e tais especiarias como as que a rainha de Sabá deu ao rei Salomão.

¹⁰ (Os marinheiros de Hirão e de Salomão trouxeram ouro de Ofir,[m] e também madeira de junípero e pedras preciosas. ¹¹ O rei utilizou a madeira para fazer a escadaria do templo do Senhor e a do palácio real, além de harpas e liras para os músicos. Nunca se tinha visto algo semelhante em Judá.)

¹² O rei Salomão deu à rainha de Sabá tudo o que ela desejou e pediu; muito mais do que ela lhe tinha trazido. Então ela e seus servos voltaram para o seu país.

O Esplendor do Reino de Salomão

¹³ O peso do ouro que Salomão recebia anualmente era de vinte e três mil e trezentos quilos, ¹⁴ fora o que os mercadores e os comerciantes traziam. Também todos os reis da Arábia[n] e os governadores do país traziam ouro e prata para Salomão.

¹⁵ O rei Salomão fez duzentos escudos grandes de ouro batido, utilizando três quilos e seiscentos gramas de ouro em cada um. ¹⁶ Também fez trezentos escudos pequenos de ouro batido,[o] com um quilo e oitocentos gramas de ouro em cada um, e os colocou no Palácio da Floresta do Líbano.[p]

¹⁷ O rei mandou fazer ainda um grande trono de marfim[q] revestido de ouro puro. ¹⁸ O trono tinha seis degraus, e um estrado de ouro fixo nele. Nos dois lados do assento havia braços, com um leão junto a cada braço. ¹⁹ Doze leões ficavam nos seis degraus, um de cada lado. Nada igual havia sido feito em nenhum outro reino. ²⁰ Todas as taças do rei Salomão eram de ouro, bem como todos os utensílios do Palácio da Floresta do Líbano. Não havia nada de prata, pois a prata quase não tinha valor nos dias de Salomão. ²¹ O rei tinha uma frota de navios mercantes[4] tripulados por marinheiros do rei Hirão. Cada três anos a frota voltava, trazendo ouro, prata, marfim, macacos e pavões.

---

[1] **8.18** Hebraico: *450 talentos*. Um talento equivalia a 35 quilos.
[2] **9.4** Ou *e o caminho pelo qual subia até o*
[3] **9.9** Hebraico: *120 talentos*. Um talento equivalia a 35 quilos.
[4] **9.21** Hebraico: *navios que iam para Társis*. Veja 20.36.

8.18
[f] 2Cr 9.9
9.1
[g] Gn 10.7; Ez 23.42; Mt 12.42; Lc 11.31
9.3
[h] 1Rs 5.12
9.6
[i] 2Cr 6.32
9.8
[j] 1Rs 2.12; 1Cr 17.14; 28.5; 29.23; 2Cr 13.8
[k] 2Cr 2.11
9.9
[l] 2Cr 8.18
9.10
[m] 2Cr 8.18
9.14
[n] 2Cr 17.11; Is 21.13; Jr 25.24; Ez 27.21; 30.5
9.16
[o] 2Cr 12.9
[p] 1Rs 7.2
9.17
[q] 1Rs 22.39

²² O rei Salomão era o mais rico e o mais sábio de todos os reis da terra.ʳ ²³ Estes ˢ pediam audiência a Salomão para ouvirem a sabedoria que Deus lhe tinha dado. ²⁴ Ano após ano, todos os que vinham traziam algum presente:ᵗ utensílios de prata e de ouro, mantos, armas e especiarias, cavalos e mulas.

²⁵ Salomão possuía quatro mil estábulos para cavalos e carros e doze mil cavalos¹,ᵘ dos quais mantinha uma parte nas guarnições de algumas cidades e a outra perto dele, em Jerusalém. ²⁶ Ele dominava ᵛ sobre todos os reis desde o Eufrates²,ʷ até a terra dos filisteus, junto à fronteira do Egito.ˣ ²⁷ O rei tornou a prata tão comum em Jerusalém quanto as pedras, e o cedro tão numeroso quanto as figueiras bravas da Sefelá. ²⁸ Os cavalos de Salomão eram importados do Egito³ e de todos os outros países.

A Morte de Salomão

²⁹ Os demais acontecimentos do reinado de Salomão, desde o início até o fim, estão escritos nos relatos do profeta Natã,ʸ nas profecias do silonita Aíasᶻ e nas visões do vidente Ido acerca de Jeroboão,ᵃ filho de Nebate. ³⁰ Salomão reinou quarenta anos em Jerusalém, sobre todo o Israel. ³¹ Então descansou com os seus antepassados e foi sepultado na Cidade de Davi,ᵇ seu pai. E o seu filho Roboão foi o seu sucessor.

A Revolta de Israel contra Roboão

10 Roboão foi a Siquém, onde todos os israelitas tinham se reunido para proclamá-lo rei. ² Jeroboão,ᶜ filho de Nebate, tinha fugido do rei Salomão e estava no Egito.ᵈ Assim que soube da reunião em Siquém, voltou do Egito. ³ E mandaram chamá-lo. Então ele e todo o Israelᵉ foram ao encontro de Roboão e disseram: ⁴ "Teu pai colocou sobre nós um jugo pesado, mas agora diminui o trabalho árduo e este jugo pesado,ᶠ e nós te serviremos".

⁵ Roboão respondeu: "Voltem a mim daqui a três dias". E o povo foi embora.

⁶ O rei Roboão perguntou às autoridades ᵍ que haviam servido ao seu pai Salomão durante a vida dele: "Como vocês me aconselham a responder a este povo?"

⁷ Eles responderam: "Se hoje fores bom para esse povo, se o agradares e lhe deres resposta favorável,ʰ eles sempre serão teus servos".

⁸ Roboão, contudo, rejeitouⁱ o conselho que as autoridadesʲ de Israel lhe deram e consultou os jovens que haviam crescido com ele e o estavam servindo. ⁹ Perguntou-lhes: "Qual é o conselho de vocês? Como devemos responder a este povo que me diz: 'Diminui o jugo que teu pai colocou sobre nós'?"

¹⁰ Os jovens que haviam crescido com ele responderam: "A este povo que te disse: 'Teu pai colocou sobre nós um jugo pesado; torna-o mais leve' — dize: 'Meu dedo mínimo é mais grosso do que a cintura do meu pai. ¹¹ Pois bem, meu pai impôs a vocês um jugo pesado; eu o tornarei ainda mais pesado. Meu pai os castigou com simples chicotes; eu os castigarei com chicotes pontiagudosᵉ' ".

¹² Três dias depois, Jeroboão e todo o povo voltaram a Roboão, segundo a orientação dada pelo rei: "Voltem a mim daqui a três dias". ¹³ Mas o rei lhes respondeu asperamente. Rejeitando o conselho das autoridades de Israel, ¹⁴ seguiu o conselho dos jovens e disse: "Meu pai tornou pesado o jugo para vocês; eu o tornarei ainda mais pesado. Meu pai os castigou com simples chicotes; eu os castigarei com chicotes pontiagudos". ¹⁵ E o rei não atendeu o povo, pois esta mudança nos acontecimentos vinha da parte de Deus,ᵏ para que se cumprisse a palavra que o Senhor havia falado a Jeroboão, filho de Nebate, por meio do silonita Aías.ˡ

¹⁶ Quando todo o Israelᵐ viu que o rei se recusava a ouvi-lo, respondeu ao rei:

"Que temos em comum com Davi?ⁿ
Que temos em comum
com o filho de Jessé?

---

¹ **9.25** Ou *condutores de carros*
² **9.26** Hebraico: *o Rio*.
³ **9.28** Ou *Muzur*, região da Cilícia.

Para as suas tendas, ó Israel!
Cuide da sua própria casa, ó Davi!"

E assim os israelitas foram para as suas casas. ¹⁷ Quanto, porém, aos israelitas que moravam nas cidades de Judá, Roboão continuou como rei deles.

¹⁸ O rei Roboão enviou Adonirão¹,ᵒ chefe do trabalho forçado, mas todo o Israel o apedrejou até a morte. O rei, contudo, conseguiu subir em sua carruagem e fugir para Jerusalém. ¹⁹ Desta forma Israel se rebelou contra a dinastia de Davi, e assim permanece até hoje.

11 Quando Roboão chegou a Jerusalém,ᵖ convocou cento e oitenta mil homens de combate, das tribos de Judá e de Benjamim, para guerrearem contra Israel e recuperarem o reino para Roboão.

² Entretanto, veio esta palavra do Senhor a Semaías,ᵠ homem de Deus: ³ "Diga a Roboão, filho de Salomão, rei de Judá, e a todos os israelitas de Judá e de Benjamim: ⁴ Assim diz o Senhor: Não saiam à guerra contra os seus irmãos.ʳ Voltem para casa, todos vocês, pois fui eu que fiz isso". E eles obedeceram à palavra do Senhor e desistiram de marchar contra Jeroboão.

A Fortificação das Cidades de Judá

⁵ Roboão morou em Jerusalém e reconstruiu algumas cidades para a defesa de Judá. Foram elas: ⁶ Belém, Etã, Tecoa, ⁷ Bete-Zur, Socó, Adulão, ⁸ Gate, Maressa, Zife, ⁹ Adoraim, Laquis, Azeca, ¹⁰ Zorá, Aijalom e Hebrom. Essas cidades foram fortificadas em Judá e em Benjamim. ¹¹ Ele fortaleceu as suas defesas e nelas colocou comandantes, com suprimentos de alimentos, azeite e vinho. ¹² Armazenou escudos grandes e lanças em todas as cidades, tornando-as muito fortes. Assim, Judá e Benjamim continuaram sob o seu domínio.

¹ **10.18** Conforme alguns manuscritos da Septuaginta. O Texto Massorético diz *Adorão*. Veja 1Rs 4.6 e 5.14.

¹³ Os sacerdotes e os levitas de todos os distritos de Israel o apoiaram. ¹⁴ Os levitasˢ chegaram até a abandonar as suas pastagens e os seus bensᵗ e foram para Judá e para Jerusalém, porque Jeroboão e seus filhos os haviam rejeitado como sacerdotes do Senhor, ¹⁵ nomeando ᵘ seus próprios sacerdotes ᵛ para os altares idólatras e para os ídolos que haviam feito em forma de bodesʷ e de bezerros.ˣ ¹⁶ De todas as tribos de Israelʸ aqueles que estavam realmente dispostos a buscar o Senhor, o Deus de Israel, seguiram os levitas até Jerusalém para oferecerem sacrifícios ao Senhor, ao Deus dos seus antepassados. ¹⁷ Eles fortaleceram o reino de Judá e durante três anos apoiaram Roboão, filho de Salomão, andando nos caminhos de Davi e de Salomão durante esse tempo.ᶻ

A Família de Roboão

¹⁸ Roboão casou-se com Maalate, filha de Jeremote e neta de Davi. A mãe de Maalate era Abiail, filha de Eliabe e neta de Jessé. ¹⁹ Ela deu-lhe três filhos: Jeús, Semarias e Zaão. ²⁰ Depois ele casou-se com Maaca, ᵃ filha de Absalão, a qual lhe deu os filhos Abias,ᵇ Atai, Ziza e Selomite. ²¹ Roboão amava Maaca, filha de Absalão, mais do que a qualquer outra de suas esposas e concubinas. Ao todo ele teve dezoito esposas ᶜ e sessenta concubinas, vinte e oito filhos e sessenta filhas.

²² Roboão nomeou Abias,ᵈ filho de Maaca, chefe entre os seus irmãos, com o intuito de fazê-lo rei. ²³ Ele agiu com sabedoria, dispersando seus filhos pelos distritos de Judá e de Benjamim e pelas cidades fortificadas. Garantiu-lhes fartas provisões e lhes conseguiu muitas mulheres.

Sisaque Ataca Jerusalém

12 Depois que Roboão se fortaleceuᶠ e se firmou como rei,ᵉ ele e todo o Israel²

² **12.1** Isto é, Judá, como ocorre frequentemente em 2Crônicas.

abandonaram a lei do Senhor. ² Por terem sido infiéis ao Senhor,ᵍ Sisaque,ʰ rei do Egito, atacou Jerusalém no quinto ano do reinado de Roboão. ³ Com mil e duzentos carros de guerra, sessenta mil cavaleiros e um exército incontável de líbios, suquitas e etíopes¹,ⁱ que vieram do Egito com ele, ⁴ conquistou as cidades fortificadas de Judá e chegou até Jerusalém.ʲ

⁵ Então o profeta Semaíasᵏ apresentou-se a Roboão e aos líderes de Judá que se haviam reunido em Jerusalém, fugindo de Sisaque, e lhes disse: "Assim diz o Senhor: 'Vocês me abandonaram; por isso eu agora os abandono,ˡ entregando-os a Sisaque' ".

⁶ Os líderes de Israel e o rei se humilharam e disseram: "O Senhor é justo".ᵐ

⁷ Quando o Senhor viu que eles se humilharam, veio a Semaías esta palavra do Senhor: "Visto que eles se humilharam, não os destruirei, mas em breve lhes darei livramento.ⁿ Minha ira não será derramada sobre Jerusalém por meio de Sisaque. ⁸ Eles, contudo, ficarão sujeitos a ele,ᵒ para que aprendam a diferença entre servir a mim e servir aos reis de outras terras".

⁹ Quando Sisaque, rei do Egito, atacou Jerusalém, levou todos os tesouros do templo do Senhor e do palácio real, inclusive os escudos de ouro que Salomão havia feito.ᵖ ¹⁰ Por isso o rei Roboão mandou fazer escudos de bronze para substituí-los e os entregou aos chefes da guarda da entrada do palácio real. ¹¹ Sempre que o rei ia ao templo do Senhor, os guardas empunhavam os escudos e, em seguida, os devolviam à sala da guarda.

¹² Como Roboão se humilhou, a ira do Senhor afastou-se dele, e ele não foi totalmente destruído. Na verdade, em Judá ainda havia algo de bom.ᵠ

¹³ O rei Roboão firmou-se no poder em Jerusalém e continuou a reinar. Tinha quarenta e um anos de idade quando começou

a reinar e reinou dezessete anos em Jerusalém, cidade que o Senhor havia escolhido entre todas as tribos de Israel para nela pôr o seu nome.ʳ Sua mãe, uma amonita, chamava-se Naamá. ¹⁴ Ele agiu mal porque não dispôs o seu coração para buscar o Senhor.

¹⁵ Os demais acontecimentos do reinado de Roboão, do início ao fim, estão escritos nos relatos do profeta Semaíasˢ e do vidente Ido, que tratam de genealogias. Houve guerra constante entre Roboão e Jeroboão. ¹⁶ Roboão descansou com os seus antepassados e foi sepultado na Cidade de Davi; seu filho Abiasᵗ foi o seu sucessor.

O Reinado de Abias, Rei de Judá

13 No décimo oitavo ano do reinado de Jeroboão, Abias tornou-se rei de Judá, ² e reinou três anos em Jerusalém. O nome de sua mãe era Maaca², filha³ de Uriel, de Gibeá.

E houve guerra entre Abiasᵘ e Jeroboão.ᵛ ³ Abias entrou em combate levando uma força de quatrocentos mil excelentes guerreiros, e Jeroboão foi enfrentá-lo com oitocentos mil, igualmente excelentes.

⁴ Abias subiu o monte Zemaraim,ʷ nos montes de Efraim, e gritou: "Jeroboão e todo o Israel,ˣ ouçam-me! ⁵ Vocês não sabem que o Senhor, o Deus de Israel, deu para sempre o reino de Israel a Davi e a seus descendentesʸ mediante uma aliança irrevogável⁴?ᶻ ⁶ Mesmo assim, Jeroboão, filho de Nebate, servo de Salomão, filho de Davi, rebelou-se ᵃ contra o seu senhor. ⁷ Alguns homens vadios e imprestáveisᵇ juntaram-se a ele e se opuseram a Roboão, filho de Salomão, quando ainda era jovem, indeciso e incapaz de oferecer-lhes resistência.

⁸ "E agora vocês pretendem resistir ao reino do Senhor, que está nas mãos dos descendentes de Davi! Vocês são de fato

---

¹ **12.3** Hebraico: *cuxitas*.
² **13.2** Conforme a maioria dos manuscritos da Septuaginta e a Versão Siríaca. O Texto Massorético diz *Micaías*. Veja 2Cr 11.20 e 1Rs 15.2.
³ **13.2** Ou *neta*
⁴ **13.5** Hebraico: *aliança de sal*.

uma multidão imensa e têm os bezerros de ouro^c que Jeroboão fez para serem os seus deuses. ⁹ Mas, não foram vocês que expulsaram os sacerdotes do Senhor,^d os descendentes de Arão, e os levitas, e escolheram os seus próprios sacerdotes, como fazem os outros povos? Qualquer pessoa que se consagre com um novilho^e e sete carneiros pode tornar-se sacerdote daqueles que não são deuses.^f

¹⁰ "Quanto a nós, o Senhor é o nosso Deus, e não o abandonamos. Os nossos sacerdotes, que servem ao Senhor auxiliados pelos levitas, são descendentes de Arão. ¹¹ Todas as manhãs e todas as tardes ^g eles apresentam holocaustos e incenso aromático ao Senhor, arrumam os pães sobre a mesa cerimonialmente pura^h e todas as tardes acendem as lâmpadas do candelabro de ouro. Pois nós observamos as exigências do Senhor, o nosso Deus, enquanto vocês o abandonaram. ¹² E vejam bem! Deus está conosco; ele é o nosso chefe. Os sacerdotes dele, com suas cornetas, farão soar o grito de guerra contra vocês.^i Israelitas, não lutem contra o Senhor,^j o Deus dos seus antepassados, pois vocês não terão êxito!"

¹³ Enquanto isso, Jeroboão tinha mandado tropas para a retaguarda do exército de Judá, de forma que ele estava em frente de Judá e a emboscada estava atrás.^k ¹⁴ Quando o exército de Judá se virou e viu que estava sendo atacado pela frente e pela retaguarda, clamou ao Senhor.^l Os sacerdotes tocaram suas cornetas ¹⁵ e os homens de Judá deram o grito de guerra. Ao som do grito de guerra, Deus derrotou Jeroboão e todo o Israel^m diante de Abias e de Judá. ¹⁶ Os israelitas fugiram dos soldados de Judá, e Deus os entregou nas mãos deles.^n ¹⁷ Abias e os seus soldados lhes infligiram grande derrota; quinhentos mil excelentes guerreiros de Israel foram mortos. ¹⁸ Os israelitas foram subjugados naquela ocasião, e os homens de Judá tiveram força para vencer, pois confiaram no Senhor,^o o Deus dos seus antepassados.

¹⁹ Abias perseguiu Jeroboão e tomou-lhe as cidades de Betel, Jesana e Efrom, com os seus povoados. ²⁰ Durante o reinado de Abias, Jeroboão não recuperou o seu poder; até que o Senhor o feriu, e ele morreu.

²¹ Abias, ao contrário, fortaleceu-se. Ele se casou com catorze mulheres e teve vinte e dois filhos e dezesseis filhas.

²² Os demais acontecimentos do reinado de Abias, o que ele fez e o que disse, estão escritos nos relatos do profeta Ido.

O Reinado de Asa, Rei de Judá

14 Abias descansou com os seus antepassados e foi sepultado na Cidade de Davi. Seu filho Asa foi o seu sucessor, e em seu reinado o país esteve em paz durante dez anos.

² Asa fez o que o Senhor, o seu Deus, aprova. ³ Retirou os altares dos deuses estrangeiros e os altares idólatras que havia nos montes, despedaçou as colunas sagradas e derrubou os postes sagrados.^p ⁴ Ordenou ao povo de Judá que buscasse o Senhor, o Deus dos seus antepassados, e que obedecesse às leis e aos mandamentos dele. ⁵ Retirou os altares idólatras e os altares de incenso¹ ^q de todas as cidades de Judá, e o reino esteve em paz durante o seu governo. ⁶ Também construiu cidades fortificadas em Judá, aproveitando esse período de paz. Ninguém entrou em guerra contra ele durante aqueles anos, pois o Senhor lhe deu descanso.^r

⁷ Disse ele ao povo de Judá: "Vamos construir estas cidades com muros ao redor, fortificadas com torres, portas e trancas. A terra ainda é nossa, porque temos buscado o Senhor, o nosso Deus; nós o buscamos, e ele nos tem concedido paz em nossas fronteiras". Eles então as construíram e prosperaram.

⁸ Asa tinha um exército de trezentos mil homens de Judá, equipados com escudos grandes e lanças, e duzentos e oitenta mil de Benjamim, armados com escudos pe-

---

¹ 14.5 Provavelmente colunas dedicadas ao deus sol.

quenos e arcos. Todos eram valentes homens de combate.

⁹ O etíope¹ Zerá marchou contra eles com um exército de um milhão de soldados e trezentos carros de guerra e chegou a Maressa.

¹⁰ Asa saiu para enfrentá-lo, e eles se puseram em posição de combate no vale de Zefatá, perto de Maressa.

¹¹ Então Asa clamou ao Senhor, o seu Deus: "Senhor, não há ninguém como tu para ajudar os fracos contra os poderosos. Ajuda-nos, ó Senhor, ó nosso Deus, pois em ti pomos a nossa confiança, e em teu nome viemos contra este imenso exército. Ó Senhor, tu és o nosso Deus; não deixes o homem prevalecer contra ti".

¹² O Senhor derrotou os etíopes diante de Asa e de Judá. Os etíopes fugiram, ¹³ e Asa e seu exército os perseguiram até Gerar. Caíram tantos deles que o exército não conseguiu recuperar-se; foram destruídos perante o Senhor e suas forças. E os homens de Judá saquearam muitos bens. ¹⁴ Destruíram todas as cidades ao redor de Gerar, pois o terror do Senhor havia caído sobre elas. Saquearam todas essas cidades, pois havia nelas muitos despojos. ¹⁵ Também atacaram os acampamentos onde havia gado e se apoderaram de muitas ovelhas, cabras e camelos. E, em seguida, voltaram para Jerusalém.

A Reforma Realizada por Asa

15 O Espírito de Deus veio sobre Azarias, filho de Odede. ² Ele saiu para encontrar-se com Asa e lhe disse: "Escutem-me, Asa e todo o povo de Judá e de Benjamim. O Senhor está com vocês quando vocês estão com ele. Se o buscarem, ele deixará que o encontrem, mas, se o abandonarem, ele os abandonará. ³ Durante muito tempo Israel esteve sem o verdadeiro Deus, sem sacerdote para ensiná-lo e sem a Lei. ⁴ Mas em sua angústia eles se voltaram para o Senhor, o Deus de Israel; buscaram-no, e ele deixou que o encontrassem. ⁵ Naqueles dias não era seguro viajar, pois muitos distúrbios afligiam todos os habitantes do território. ⁶ Nações e cidades se destruíam umas às outras, pois Deus as estava afligindo com toda espécie de desgraças. ⁷ Mas, sejam fortes e não desanimem, pois o trabalho de vocês será recompensado".

⁸ Assim que ouviu as palavras e a profecia do profeta Azarias, filho de² Odede, o rei Asa encheu-se de coragem. Retirou os ídolos repugnantes de toda a terra de Judá e de Benjamim e das cidades que havia conquistado nos montes de Efraim, e restaurou o altar do Senhor que estava em frente do pórtico do templo do Senhor.

⁹ Depois reuniu todo o povo de Judá e de Benjamim e convocou também os que pertenciam a Efraim, a Manassés e a Simeão que viviam entre eles, pois muitos de Israel tinham passado para o lado do rei Asa, ao verem que o Senhor, o seu Deus, estava com ele.

¹⁰ Eles se reuniram em Jerusalém no terceiro mês do décimo quinto ano do reinado de Asa. ¹¹ Naquela ocasião sacrificaram ao Senhor setecentos bois e sete mil ovelhas e cabras, do saque que haviam feito. ¹² Fizeram um acordo de todo o coração e de toda a alma de buscar o Senhor, o Deus dos seus antepassados. ¹³ Todo aquele que não buscasse o Senhor, o Deus de Israel, deveria ser morto, gente simples ou importante,³ homem ou mulher. ¹⁴ Fizeram esse juramento ao Senhor em alta voz, bradando ao som de cornetas e trombetas. ¹⁵ Todo o povo de Judá alegrou-se com o juramento, pois o havia feito de todo o coração. Eles buscaram a Deus com a melhor disposição; ele deixou que o encontrassem e lhes concedeu paz em suas fronteiras.

---

¹ **14.9** Hebraico: *cuxita*; também no versículo 12.
² **15.8** Conforme a Vulgata e a Versão Siríaca. O Texto Massorético não traz *Azarias, filho de*.
³ **15.13** Ou *jovens ou idosos*,

¹⁶ O rei Asa chegou até a depor sua avó Maaca da posição de rainha-mãe, pois ela havia feito um poste sagrado repugnante.ʷ Asa derrubou o poste, despedaçou-o e queimou-o no vale do Cedrom. ¹⁷ Embora os altares idólatras não tivessem sido eliminados de Israel, o coração de Asa foi totalmente dedicado ao Senhor durante toda a sua vida. ¹⁸ Ele trouxe para o templo de Deus a prata, o ouro e os utensílios que ele e seu pai haviam consagrado.

¹⁹ E não houve mais nenhuma guerra até o trigésimo quinto ano do seu reinado.

Os Últimos Anos de Asa

16 No trigésimo sexto ano do reinado de Asa, Baasa,ˣ rei de Israel, invadiu Judá e fortificou Ramá, para que ninguém pudesse entrar no território de Asa, rei de Judá, nem sair de lá.

² Então Asa ajuntou a prata e o ouro do tesouro do templo do Senhor e do seu próprio palácio e os enviou a Ben-Hadade, rei da Síria, que governava em Damasco, com uma mensagem que dizia: ³ "Façamos um tratado,ʸ como fizeram meu pai e o teu. Estou te enviando prata e ouro. Agora, rompe o tratado que tens com Baasa, rei de Israel, para que ele saia do meu país".

⁴ Ben-Hadade aceitou a proposta do rei Asa e ordenou aos comandantes das suas forças que atacassem as cidades de Israel. Eles conquistaram Ijom, Dã, Abel-Maim¹ e todas as cidades-armazéns de Naftali. ⁵ Quando Baasa soube disso, abandonou a construção dos muros de Ramá. ⁶ Então o rei Asa reuniu todos os homens de Judá, e eles retiraram de Ramá as pedras e a madeira que Baasa estivera usando. Com esse material Asa fortificou Geba e Mispá.

⁷ Naquela época, o vidente Hananiᶻ foi dizer a Asa, rei de Judá: "Por você ter pedido ajuda ao rei da Síria e não ao Senhor, ao seu Deus, o exército do rei da Síria escapou de suas mãos. ⁸ Por acaso os etíopes² ᵃ e os líbios não eram um exército poderoso, com uma grande multidão de carros e cavalos³? Contudo, quando você pediu ajuda ao Senhor, ele os entregou em suas mãos.ᵇ ⁹ Pois os olhos do Senhor ᶜ estão atentos sobre toda a terra para fortalecer aqueles que lhe dedicam totalmente o coração. Nisso você cometeu uma loucura.ᵈ De agora em diante terá que enfrentar guerras".

¹⁰ Asa irritou-se contra o vidente por causa disso; ficou tão indignado que mandou prendê-lo. Nessa época Asa oprimiu brutalmente alguns do povo.

¹¹ Os demais acontecimentos do reinado de Asa, do início ao fim, estão escritos nos registros históricos dos reis de Judá e de Israel. ¹² No trigésimo nono ano de seu reinado, Asa foi atacado por uma doença nos pés. Embora a sua doença fosse grave, não buscou ajuda do Senhor,ᵉ mas só dos médicos. ¹³ Então, no quadragésimo primeiro ano do seu reinado, Asa morreu e descansou com os seus antepassados. ¹⁴ Sepultaram-no no túmulo que ele havia mandado cavar para si na Cidade de Davi. Deitaram-no num leito coberto de especiarias e de vários perfumes ᶠ de fina mistura e fizeram uma imensa fogueira em sua honra.ᵍ

O Reinado de Josafá, Rei de Judá

17 Josafá, filho de Asa, foi o seu sucessor e fortaleceu-se contra Israel. ² Posicionou tropas em todas as cidades fortificadas de Judá e pôs guarnições em Judá e nas cidades de Efraim que seu pai, Asa, tinha conquistado.ʰ

³ O Senhor esteve com Josafá porque, em seus primeiros anos, ele andou nos caminhos que seu predecessor Davi ⁱ tinha seguido. Não consultou os baalins, ⁴ mas buscou ʲ o Deus de seu pai e obedeceu aos seus mandamentos, e não imitou as práticas de Israel. ⁵ O Senhor firmou o reino de

---

¹ **16.4** Também conhecida como *Abel-Bete-Maaca*.
² **16.8** Hebraico: *cuxitas*.
³ **16.8** Ou *condutores de carro*

15.16
ʷ Ex 34.13;
2Cr 14.2-5
16.1
ˣ Jr 41.9
16.3
ʸ 2Cr 20.35
16.7
ᶻ 1Rs 16.1
16.8
ᵃ 2Cr 12.3;
14.9
ᵇ 2Cr 13.16
16.9
ᶜ Pv 14.3;
Jr 16.17;
Zc 4.10
ᵈ Is 13.13
16.12
ᵉ Jr 17.5-6
16.14
ᶠ Gn 50.2;
Jo 19.39-40
ᵍ 2Cr 21.19;
Jr 34.5
17.2
ʰ 2Cr 15.8
17.3
ⁱ 1Rs 22.43
17.4
ʲ 1Rs 12.28;
2Cr 22.9

Josafá, e todo o Judá lhe trazia presentes,ᵏ de maneira que teve grande riqueza e honra.ˡ ⁶ Ele seguiu corajosamente os caminhos do Senhor;ᵐ além disso, retirou de Judá ᵖ os altares idólatras ⁿ e os postes sagrados.º

⁷ No terceiro ano de seu reinado, ele enviou seus oficiais Bene-Hail, Obadias, Zacarias, Natanael e Micaías para ensinarem ᵠ nas cidades de Judá. ⁸ Com eles foram os levitas ʳ Semaías, Netanias, Zebadias, Asael, Semiramote, Jônatas, Adonias, Tobias, Tobe-Adonias e os sacerdotes Elisama e Jeorão. ⁹ Eles percorreram todas as cidades do reino de Judá, levando consigo o Livro da Lei do Senhor ˢ e ensinando o povo.

¹⁰ O temor ᵗ do Senhor caiu sobre todos os reinos ao redor de Judá, de forma que não entraram em guerra contra Josafá. ¹¹ Alguns filisteus levaram presentes a Josafá, além da prata que lhe deram como tributo, e os árabes ᵘ levaram-lhe rebanhos:ᵛ sete mil e setecentos carneiros e sete mil e setecentos bodes.

¹² Josafá tornou-se cada vez mais poderoso; construiu fortalezas e cidades-armazéns em Judá, ¹³ onde guardava enorme quantidade de suprimentos. Também mantinha em Jerusalém homens de combate experientes. ¹⁴ A lista desses homens,ʷ por famílias, era a seguinte:

De Judá, líderes de batalhões de 1.000:
o líder Adna, com 300.000 homens de combate;
¹⁵ em seguida, o líder Joanã, com 280.000;
¹⁶ depois, Amasias, filho de Zicri, que se apresentou voluntariamente para o serviço do Senhor,ˣ com 200.000.
¹⁷ De Benjamim:ʸ
Eliada, um guerreiro valente, com 200.000 homens armados com arcos e escudos;
¹⁸ Jeozabade, com 180.000 homens armados para a batalha.

¹⁹ Esses eram os homens que serviam ao rei, além dos que estavam posicionados nas cidades fortificadas ᶻ em todo o Judá.ᵃ

A Profecia contra Acabe

18 Josafá tinha grande riqueza e honra ᵇ e aliou-se ᶜ a Acabe ᵈ por laços de casamento. ² Alguns anos depois, ele foi visitar Acabe em Samaria. Acabe abateu muitas ovelhas e bois, para receber Josafá e sua comitiva, e insistiu que atacasse Ramote-Gileade. ³ Acabe, rei de Israel, perguntou a Josafá, rei de Judá: "Irás comigo lutar contra Ramote-Gileade?"

Josafá respondeu: "Sou como tu, e meu povo é como o teu povo; estaremos contigo na guerra". ⁴ Mas acrescentou: "Peço-te que busques primeiro o conselho do Senhor".

⁵ Então o rei de Israel reuniu quatrocentos profetas e lhes perguntou: "Devemos ir à guerra contra Ramote-Gileade, ou não?"

Eles responderam: "Sim, pois Deus a entregará nas mãos do rei".

⁶ Josafá, porém, perguntou: "Não existe aqui mais nenhum profeta do Senhor, a quem possamos consultar?"

⁷ O rei de Israel respondeu a Josafá: "Ainda há um homem por meio de quem podemos consultar o Senhor, porém eu o odeio, porque nunca profetiza coisas boas a meu respeito, mas sempre coisas ruins. É Micaías, filho de Inlá".

"O rei não deveria dizer isso", Josafá respondeu.

⁸ Então o rei de Israel chamou um dos seus oficiais e disse: "Traga imediatamente Micaías, filho de Inlá".

⁹ Usando vestes reais, o rei de Israel e Josafá, rei de Judá, estavam sentados em seus tronos, na eira, junto à porta de Samaria, e todos os profetas estavam profetizando em transe diante deles. ¹⁰ E Zedequias, filho de Quenaaná, tinha feito chifres de ferro e declarou: "Assim diz o Senhor: 'Com estes *chifres* tu ferirás os arameus até que sejam destruídos' ".

¹¹ Todos os outros profetas estavam profetizando a mesma coisa, dizendo: "Ataca Ramote-Gileade,ᵉ e serás vitorioso, pois o Senhor a entregará nas mãos do rei".

¹² O mensageiro que tinha ido chamar Micaías lhe disse: "Vê, todos os outros profetas estão predizendo que o rei terá sucesso. Tua palavra também deve ser favorável".

¹³ Micaías, porém, disse: "Juro pelo nome do Senhor que direi o que o meu Deus mandar".*ᶠ*

¹⁴ Quando ele chegou, o rei lhe perguntou: "Micaías, devemos ir à guerra contra Ramote-Gileade, ou não?"

Ele respondeu: "Ataquem, e serão vitoriosos, pois eles serão entregues em suas mãos".

¹⁵ O rei lhe disse: "Quantas vezes devo fazer-te jurar que me irás dizer somente a verdade em nome do Senhor?"

¹⁶ Então Micaías respondeu: "Vi todo o Israel espalhado pelas colinas,*ᵍ* como ovelhas sem pastor,*ʰ* e ouvi o Senhor dizer: 'Estes não têm dono. Cada um volte para casa em paz' ".

¹⁷ O rei de Israel disse a Josafá: "Não disse a você que ele nunca profetiza nada de bom a meu respeito, mas apenas coisas ruins?"

¹⁸ Micaías prosseguiu: "Ouçam a palavra do Senhor: Vi o Senhor assentado em seu trono,*ⁱ* com todo o exército dos céus à sua direita e à sua esquerda. ¹⁹ E o Senhor disse: 'Quem enganará Acabe, rei de Israel, para que ataque Ramote-Gileade e morra lá?'

"E um sugeria uma coisa, outro sugeria outra, ²⁰ até que, finalmente, um espírito colocou-se diante do Senhor e disse: 'Eu o enganarei'.

" 'De que maneira?', perguntou o Senhor.

²¹ "Ele respondeu: 'Irei e serei um espírito mentiroso na boca de todos os profetas do rei'.*ʲ*

"Disse o Senhor: 'Você conseguirá enganá-lo; vá e engane-o'.

²² "E o Senhor pôs um espírito mentiroso na boca destes seus profetas.*ᵏ* O Senhor decretou a sua desgraça".

²³ Então Zedequias, filho de Quenaaná, aproximou-se, deu um tapa no rosto de Micaías e perguntou:*ˡ* "Por qual caminho foi o espírito da parte do¹ Senhor, quando saiu de mim para falar a você?"

²⁴ Micaías respondeu: "Você descobrirá no dia em que estiver se escondendo de quarto em quarto".

²⁵ O rei de Israel então ordenou: "Enviem Micaías de volta a Amom, o governador da cidade, e a Joás, filho do rei, ²⁶ e digam que assim diz o rei: Ponham este homem na prisão a pão e água,*ᵐ* até que eu volte em segurança".

²⁷ Micaías declarou: "Se você de fato voltar em segurança, o Senhor não falou por meu intermédio". E acrescentou: "Ouçam o que estou dizendo, todos vocês!"

A Morte de Acabe

²⁸ Então o rei de Israel e Josafá, rei de Judá, foram atacar Ramote-Gileade. ²⁹ E o rei de Israel disse a Josafá: "Entrarei disfarçado em combate, mas tu, usa as tuas vestes reais". O rei de Israel disfarçou-se,*ⁿ* e ambos foram para o combate.

³⁰ O rei da Síria havia ordenado a seus chefes dos carros de guerra: "Não lutem contra ninguém, seja soldado seja oficial, senão contra o rei de Israel". ³¹ Quando os chefes dos carros viram Josafá, pensaram: "É o rei de Israel", e o cercaram para atacá-lo, mas Josafá clamou,*ᵒ* e o Senhor o ajudou. Deus os afastou dele, ³² pois, quando os comandantes dos carros viram que não era o rei de Israel, deixaram de persegui-lo.

³³ De repente, um soldado disparou seu arco ao acaso e atingiu o rei de Israel entre os encaixes da sua armadura. Então o rei disse ao condutor do seu carro: "Tire-me do combate. Fui ferido!" ³⁴ A batalha foi violenta durante todo o dia, e assim, o rei de Israel teve que enfrentar os arameus em pé no seu carro, até à tarde. E, ao pôr do sol, ele morreu.*ᵖ*

19 Quando Josafá, rei de Judá, voltou em segurança ao seu palácio em Jerusalém, ² o vidente Jeú,*ᑫ* filho de Hanani, saiu

¹ **18.23** Ou *Espírito do*

ao seu encontro e lhe disse: "Será que você devia ajudar os ímpios ʳ e amar aqueles que odeiam o Senhor?ˢ Por causa disso, a iraᵗ do Senhor está sobre você. ³ Contudo, existe em você algo de bom,ᵘ pois você livrou a terra dos postes sagrados ᵛ e buscou a Deus de todo o seu coração".ʷ

A Nomeação de Juízes

⁴ Josafá morava em Jerusalém; e percorreu de novo a nação, desde Berseba até os montes de Efraim, fazendo-o voltar para o Senhor, o Deus dos seus antepassados. ⁵ Ele nomeou juízesˣ em cada uma das cidades fortificadas de Judá, ⁶ dizendo-lhes: "Considerem atentamente aquilo que fazem,ʸ pois vocês não estão julgando para o homem,ᶻ mas para o Senhor, que estará com vocês sempre que derem um veredicto. ⁷ Agora, que o temor do Senhor esteja sobre vocês. Julguem com cuidado, pois o Senhor, o nosso Deus, não tolera nem injustiça ᵃ nem parcialidade ᵇ nem suborno".

⁸ Também em Jerusalém nomeou Josafá alguns dos levitas, dos sacerdotes e dos chefes de famílias israelitas para julgarem ᶜ questões da lei do Senhor e resolverem pendências dos habitantes. ⁹ Deu-lhes as seguintes ordens: "Vocês devem servir com fidelidade e com coração íntegro, no temor do Senhor. ¹⁰ Em cada causa que chegar a vocês da parte dos seus irmãos israelitas das outras cidades, seja de derramamento de sangue, sejam questões referentes à lei, aos mandamentos, aos decretos ou às ordenanças, vocês deverão adverti-los de que não pequem contra o Senhor; ᵈ caso contrário, a ira dele virá sobre vocês e sobre eles. Façam assim, e vocês não pecarão.

¹¹ "Amarias, o sumo sacerdote, estará *com vocês para decidir qualquer questão* relacionada com o Senhor; Zebadias, filho de Ismael, líder da tribo de Judá, estará com vocês para decidir qualquer questão civil; e os levitas atuarão como oficiais diante de vocês. Cumpram seus deveres com coragem,ᵉ e esteja o Senhor com aqueles que agirem corretamente".

Josafá Derrota Moabe e Amom

20 Depois disso, os moabitas e os amonitas, com alguns dos meunitas¹,ᶠ entraram em guerra contra Josafá.

² Então informaram a Josafá: "Um exército enorme vem contra ti de Edom, do outro lado do mar Morto². Já está em Hazazom-Tamar,ᵍ isto é, En-Gedi". ³ Alarmado, Josafá decidiu consultar o Senhor e proclamou um jejum ʰ em todo o reino de Judá. ⁴ Reuniu-se, pois, o povo vindo de todas as cidades de Judá para buscar a ajuda do Senhor.

⁵ Josafá levantou-se na assembleia de Judá e de Jerusalém, no templo do Senhor, na frente do pátio novo, ⁶ e orou:

"Senhor, Deus dos nossos antepassados,ⁱ não és tu o Deus que está nos céus?ʲ Tu dominas sobre todos os reinos do mundo.ᵏ Força e poder estão em tuas mãos, e ninguém pode opor-se a ti. ⁷ Não és tu o nosso Deus, que expulsaste os habitantes desta terra perante Israel, o teu povo, e a deste para sempre aos descendentes do teu amigo Abraão?ˡ ⁸ Eles a têm habitado e nela construíram um santuárioᵐ em honra ao teu nome, dizendo: ⁹ 'Se alguma desgraça nos atingir, seja o castigo da espada, seja a peste, seja a fome,ⁿ nós nos colocaremos em tua presença diante deste templo, pois ele leva o teu nome, e clamaremos a ti em nossa angústia, e tu nos ouvirás e nos salvarás'.

¹⁰ "Mas agora, aí estão amonitas, moabitas e habitantes dos montes de Seir, cujos territórios não permitiste que Israel invadisse quando vinha do Egito;ᵒ por isso os israelitas se desviaram deles e não os

---

¹ **20.1** Conforme alguns manuscritos da Septuaginta. O Texto Massorético diz *amonitas*.

² **20.2** Conforme um manuscrito do Texto Massorético. A maioria dos manuscritos do Texto Massorético, a Septuaginta e a Vulgata dizem *da Síria*.

destruíram. **11** Vê agora como estão nos retribuindo, ao virem expulsar-nos da terra que nos deste por herança.ᵖ **12** Ó nosso Deus, não irás tu julgá-los?ᵠ Pois não temos força para enfrentar esse exército imenso que vem nos atacar. Não sabemos o que fazer, mas os nossos olhos se voltam para ti".ʳ

13 Todos os homens de Judá, com suas mulheres e seus filhos, até os de colo, estavam ali em pé, diante do Senhor.

14 Então o Espíritoˢ do Senhor veio sobre Jaaziel, filho de Zacarias, neto de Benaia, bisneto de Jeiel e trineto de Matanias, levita e descendente de Asafe, no meio da assembleia.

15 Ele disse: "Escutem, todos os que vivem em Judá e em Jerusalém e o rei Josafá! Assim diz o Senhor a vocês; 'Não tenham medo nem fiquem desanimadosᵗ por causa desse exército enorme. Pois a batalha não é de vocês,ᵘ mas de Deus. **16** Amanhã, desçam contra eles. Eis que virão pela subida de Ziz, e vocês os encontrarão no fim do vale, em frente do deserto de Jeruel. **17** Vocês não precisarão lutar nessa batalha. Tomem suas posições, permaneçam firmes e vejamᵛ o livramento que o Senhor dará, ó Judá, ó Jerusalém. Não tenham medo nem desanimem. Saiam para enfrentá-los amanhã, e o Senhor estará com vocês' ".

18 Josafá prostrou-se ʷ com o rosto em terra, e todo o povo de Judá e de Jerusalém prostrou-se em adoração perante o Senhor. **19** Então os levitas descendentes dos coatitas e dos coreítas levantaram-se e louvaram o Senhor, o Deus de Israel, em alta voz.

20 De madrugada partiram para o deserto de Tecoa. Quando estavam saindo, Josafá lhes disse: "Escutem-me, Judá e povo de Jerusalém! Tenham fé no Senhor,ˣ o seu Deus, e vocês serão sustentados; tenham fé nos profetas do Senhor, e terão a *vitória*".ʸ **21** Depois de consultar o povo, Josafá nomeou alguns homens para cantarem ao Senhor e o louvarem pelo esplendor de sua santidade,ᶻ indo à frente do exército, cantando:

"Deem graças ao Senhor,
pois o seu amor dura para sempre".ᵃ

22 Quando começaram a cantar e a entoar louvores, o Senhor preparou emboscadasᵇ contra os homens de Amom, de Moabe e dos montes de Seir, que estavam invadindo Judá, e eles foram derrotados. **23** Os amonitas ᶜ e os moabitas atacaram os dos montes de Seir ᵈ para destruí-los e aniquilá-los. Depois de massacrarem os homens de Seir, destruíram-se uns aos outros.ᵉ

24 Quando os homens de Judá foram para o lugar de onde se avista o deserto e olharam para o imenso exército, viram somente cadáveres no chão; ninguém havia escapado. **25** Então Josafá e os seus soldados foram saquear os cadáveres e encontraram entre eles grande quantidade de equipamentos e de roupas¹ e também objetos de valor; passaram três dias saqueando, mas havia mais do que eram capazes de levar. **26** No quarto dia eles se reuniram no vale de Beraca, onde louvaram o Senhor. Por isso até hoje esse lugar é chamado vale de Beraca².

27 Depois, sob a liderança de Josafá, todos os homens de Judá e de Jerusalém voltaram alegres para Jerusalém, pois o Senhor os enchera de alegria, dando-lhes vitória sobre os seus inimigos. **28** Entraram em Jerusalém e foram ao templo do Senhor, ao som de liras, harpas e cornetas.

29 O temorᶠ de Deus veio sobre todas as nações, quando souberam como o Senhor havia lutado ᵍ contra os inimigos de Israel. **30** E o reino de Josafá manteve-se em paz, pois o seu Deus lhe concedeu paz em todas as suas fronteiras.ʰ

¹ **20.25** Conforme alguns manuscritos do Texto Massorético e a Vulgata. A maioria dos manuscritos do Texto Massorético diz *cadáveres*.

² **20.26** *Beraca* significa *louvor* ou *bênção*.

20.11
ᵖ Sl 83.1-12
20.12
ᵠ Jz 11.27
ʳ Sl 25.15; 121.1-2
20.14
ˢ 2Cr 15.1
20.15
ᵗ 2Cr 32.7
ᵘ Ex 14.13-14; 1Sm 17.47
20.17
ᵛ Ex 14.13; 2Cr 15.2
20.18
ʷ Ex 4.31
20.20
ˣ Is 7.9
ʸ Gn 39.3; Pv 16.3
20.21
ᶻ 1Cr 16.29; Sl 29.2
ᵃ 2Cr 5.13; Sl 136.1
20.22
ᵇ Jz 7.22; 2Cr 13.13
20.23
ᶜ Gn 19.38
ᵈ 2Cr 21.8
ᵉ Jz 7.22; 1Sm 14.20; Ez 38.21
20.29
ᶠ Gn 35.5; Dt 2.25; 2Cr 14.14; 17.10
ᵍ Ex 14.14
20.30
ʰ 1Cr 22.9; 2Cr 14.6-7; 15.15

O Final do Reinado de Josafá

31 Assim Josafá reinou sobre Judá. Ele tinha trinta e cinco anos de idade quando se tornou rei e reinou vinte e cinco anos em Jerusalém. O nome da sua mãe era Azuba, filha de Sili. **32** Ele andou nos caminhos de Asa, seu pai, e não se desviou deles; fez o que o S<small>ENHOR</small> aprova. **33** Contudo, não acabou com os altares idólatras,^i e o povo ainda não havia firmado o coração no Deus dos seus antepassados.

34 Os demais acontecimentos do reinado de Josafá, do início ao fim, estão escritos nos relatos de Jeú,^j filho de Hanani, e foram incluídos nos registros históricos dos reis de Israel.

35 Posteriormente, Josafá, rei de Judá, fez um tratado com Acazias,^k rei de Israel, que tinha vida ímpia.^l **36** Era um tratado para a construção de navios mercantes[1]. Depois de serem construídos os navios em Eziom-Geber, **37** Eliézer, filho de Dodava de Maressa, profetizou contra Josafá, dizendo: "Por haver feito um tratado com Acazias, o S<small>ENHOR</small> destruirá o que você fez". Assim, os navios naufragaram ^m e não se pôde cumprir o tratado comercial.

21 Josafá descansou com os seus antepassados e foi sepultado junto deles na Cidade de Davi, e seu filho Jeorão^n foi o seu sucessor. **2** Os irmãos de Jeorão, filhos de Josafá, foram Azarias, Jeiel, Zacarias, Azarias, Micael e Sefatias. Todos eles foram filhos de Josafá, rei de Israel[2]. **3** Ele lhes deu muitos presentes ^o de prata, de ouro e objetos de valor, bem como cidades fortificadas em Judá,^p mas o reino, deu a Jeorão, porque este era seu filho mais velho.

O Reinado de Jeorão, Rei de Judá

4 Logo Jeorão se fortaleceu ^q no reino de seu pai e matou à espada todos os seus irmãos^r e alguns líderes de Israel. **5** Ele tinha trinta e dois anos de idade quando começou a reinar e reinou oito anos em Jerusalém. **6** Andou nos caminhos dos reis de Israel,^s como a família de Acabe havia feito, pois se casou com uma filha de Acabe.^t E fez o que o S<small>ENHOR</small> reprova. **7** Entretanto, por causa da aliança que havia feito com Davi,^u o S<small>ENHOR</small> não quis destruir a dinastia dele.^v Ele havia prometido manter para sempre um descendente de Davi no trono[3].^w

8 Nos dias de Jeorão, os edomitas ^x rebelaram-se contra o domínio de Judá, proclamando seu próprio rei. **9** Por isso Jeorão foi combatê-los com seus líderes e com todos os seus carros de guerra. Os edomitas cercaram Jeorão e os chefes dos seus carros de guerra, mas ele os atacou de noite e rompeu o cerco inimigo. **10** E até hoje Edom continua independente de Judá.

Nessa mesma época, a cidade de Libna ^y também tornou-se independente, pois Jeorão havia abandonado o S<small>ENHOR</small>, o Deus dos seus antepassados. **11** Ele até construiu altares idólatras nas colinas de Judá, levando o povo de Jerusalém a prostituir-se e Judá a desviar-se.

12 Então Jeorão recebeu uma carta do profeta Elias, ^z que dizia:

"Assim diz o S<small>ENHOR</small>, o Deus de Davi, seu antepassado: 'Você não tem andado nos caminhos de seu pai ^a Josafá nem de Asa,^b rei de Judá, **13** mas sim nos caminhos dos reis de Israel, levando Judá e o povo de Jerusalém a se prostituírem na idolatria como a família de Acabe.^c E ainda assassinou seus próprios irmãos, membros da família de seu pai, homens que eram melhores do que você.^d **14** Por isso o S<small>ENHOR</small> vai ferir terrivelmente seu povo, seus filhos, suas mulheres e tudo o que é seu. **15** Você ficará muito doente; terá uma enfermidade no ventre,^e que irá piorar até que saiam os seus intestinos' ".

---

[1] 20.36 Hebraico: *de navios que pudessem ir a Társis*. Veja 9.21.

[2] 21.2 Isto é, Judá, como acontece frequentemente em 2 Crônicas.

[3] 21.7 Hebraico: *uma lâmpada para ele e seus descendentes*.

¹⁶ O Senhor despertou contra Jeorão a hostilidade dos filisteus e dos árabes ᶠ que viviam perto dos etíopes¹. ¹⁷ Eles atacaram o reino de Judá, invadiram-no e levaram todos os bens que encontraram no palácio do rei, e também suas mulheres e seus filhos. Só ficou Acazias², o filho mais novo.ᵍ

¹⁸ Depois de tudo isso, o Senhor afligiu Jeorão com uma doença incurável nos intestinos. ¹⁹ Algum tempo depois, ao fim do segundo ano, tanto se agravou a doença que os seus intestinos saíram, e ele morreu sofrendo dores horríveis. Seu povo não fez nenhuma fogueira em sua homenagem, como havia feito para os seus antepassados.ʰ

²⁰ Jeorão tinha trinta e dois anos de idade quando começou a reinar e reinou oito anos em Jerusalém. Morreu sem que ninguém o lamentasse e foi sepultado na Cidade de Davi,ⁱ mas não nos túmulos dos reis.

O Reinado de Acazias, Rei de Judá

22 O povo ʲ de Jerusalém ᵏ proclamou Acazias, filho mais novo de Jeorão, rei em seu lugar, uma vez que as tropas ˡ que tinham vindo com os árabes mataram todos os outros filhos dele. Assim começou a reinar Acazias, filho de Jeorão, rei de Judá.

² Acazias tinha vinte e dois³ anos de idade quando começou a reinar e reinou um ano em Jerusalém. O nome de sua mãe era Atalia, neta de Onri.

³ Ele também andou ᵐ nos caminhos da família de Acabe,ⁿ pois sua mãe lhe dava maus conselhos. ⁴ Ele fez o que o Senhor reprova, como os membros da família de Acabe haviam feito, pois, depois da morte de seu pai, eles se tornaram seus conselheiros, para sua ruína. ⁵ Ele também seguiu o conselho deles quando se aliou a Jorão, filho de Acabe, rei de Israel, e saiu à guerra contra Hazael, rei da Síria, em Ramote-Gileade.ᵒ Jorão foi ferido ⁶ e voltou a Jezreel para recuperar-se dos ferimentos sofridos em Ramote⁴, na batalha contra Hazael,ᵖ rei da Síria.

Depois Acazias, rei de Judá, foi a Jezreel visitar Jorão, que se recuperava de seus ferimentos.

⁷ Por meio dessa visita,ᑫ Deus provocou a queda de Acazias. Quando ele chegou, saiu com Jorão ao encontro de Jeú, filho de Ninsi, a quem o Senhor havia ungido para destruir a família de Acabe. ⁸ Quando Jeú estava executando juízo sobre a família de Acabe,ʳ encontrou os líderes de Judá e os filhos dos parentes de Acazias, que o serviam, e os matou. ⁹ Saiu então em busca de Acazias, e seus soldados o capturaram em Samaria,ˢ onde estava escondido. Levado a Jeú, Acazias foi morto. Mas não lhe negaram sepultura, pois disseram: "Ele era neto de Josafá, que buscou o Senhor de todo o coração".ᵗ Assim, a família de Acazias não tinha mais ninguém que pudesse ser rei.

Joás Escapa de Atalia

¹⁰ Quando Atalia, mãe de Acazias, soube que seu filho estava morto, mandou matar toda a família real de Judá. ¹¹ Mas Jeoseba⁵, filha do rei Jeorão, pegou Joás, um dos filhos do rei Acazias que iam ser assassinados, e o colocou num quarto, junto com a sua ama. Assim Jeoseba, filha do rei Jeorão, mulher do sacerdote Joiada e irmã de Acazias, escondeu Joás de Atalia, de forma que ela não pôde matá-lo. ¹² Seis anos ele ficou escondido com elas no templo de Deus, enquanto Atalia governava o país.

23 No sétimo ano Joiada encorajou-se e fez um acordo com os líderes dos batalhões de cem⁶: Azarias, filho de Jeroão; Ismael, filho de Joanã; Azarias, filho de Obede; Maaseias, filho de Adaías; e Elisafate, filho de Zicri. ² Eles percorreram todo

---

¹ **21.16** Hebraico: *cuxitas*.
² **21.17** Hebraico: *Jeoacaz*, variante de *Acazias*.
³ **22.2** Conforme alguns manuscritos da Septuaginta e a Versão Siríaca. O Texto Massorético diz *42*. Veja 2Rs 8.26.
⁴ **22.6** Hebraico: *Ramá*, variante de *Ramote*.
⁵ **22.11** Hebraico: *Jeosabeate*; variante de *Jeoseba*. Veja 2Rs 11.2.
⁶ **23.1** Hebraico: *chefes de cem*.

o Judá e reuniram de todas as cidades os levitas ᵘ e os chefes das famílias israelitas. Quando chegaram a Jerusalém, ³ toda a assembleia fez um acordo ᵛ com o rei no templo de Deus.

Joiada lhes disse: "Reinará o filho do rei, conforme o Senhor prometeu acerca dos descendentes de Davi.ʷ ⁴ Vocês vão fazer o seguinte: Um terço de vocês, sacerdotes e levitas que entrarão de serviço no sábado, deverá ficar vigiando nas portas do templo, ⁵ um terço no palácio real e um terço na porta do Alicerce; e todo o povo estará nos pátios do templo do Senhor. ⁶ Ninguém deverá entrar no templo do Senhor, exceto os sacerdotes e os levitas de serviço; estes podem entrar porque foram consagrados,ˣ mas o povo deverá observar o que o Senhor lhes determinou. ⁷ Os levitas deverão posicionar-se em torno do rei, todos de armas na mão. Matem todo aquele que entrar no templo. Acompanhem o rei aonde quer que ele for".

⁸ Os levitas e todos os homens de Judá fizeram como o sacerdote Joiada havia ordenado.ʸ Cada um levou seus soldados, tanto os que estavam entrando de serviço no sábado como os que estavam saindo, pois o sacerdote Joiada não havia dispensado nenhuma das divisões.ᶻ ⁹ Então ele deu aos líderes dos batalhões de cem as lanças e os escudos grandes e pequenos que haviam pertencido ao rei Davi e que estavam no templo de Deus. ¹⁰ Posicionou todos os homens, cada um de arma na mão, em volta do rei, perto do altar e no templo, desde o lado sul até o lado norte do templo.

¹¹ Joiada e seus filhos trouxeram o filho do rei e o coroaram; entregaram-lhe uma cópia ᵃ da aliança e o proclamaram rei, ungindo-o e gritando: "Viva o rei!"

¹² Quando Atalia ouviu o barulho do povo correndo e aclamando o rei, foi ao templo do Senhor, onde estava o povo. ¹³ Lá ela viu o rei à entrada, ᵇ em pé, junto à coluna. ᶜ Os oficiais e os tocadores de cornetas estavam ao lado do rei, e todo o povo se alegrava ao som das cornetas; os músicos, com seus instrumentos musicais, dirigiam os louvores. Então Atalia rasgou suas vestes e gritou: "Traição! Traição!"

¹⁴ O sacerdote Joiada ordenou aos líderes dos batalhões de cem que estavam no comando das tropas: "Levem-na para fora por entre as fileiras¹ e matem à espada todo aquele que a seguir". Pois o sacerdote dissera: "Não a matem no templo do Senhor". ¹⁵ Então eles a prenderam e a levaram à porta dos Cavalos,ᵈ no terreno do palácio, e lá a mataram.

¹⁶ E Joiada fez um acordo pelo qual ele, ᵉ o povo e o rei² seriam o povo do Senhor. ¹⁷ Então todo o povo foi ao templo de Baal e o derrubou. Despedaçaram os altares e os ídolos e mataram Matã,ᶠ sacerdote de Baal, em frente aos altares.

¹⁸ Joiada confiou a supervisão do templo do Senhor aos sacerdotes levitas,ᵍ aos quais Davi tinha atribuído tarefas no templo,ʰ para apresentarem os holocaustos ao Senhor, conforme está escrito na Lei de Moisés, com júbilo e cânticos, segundo as instruções de Davi. ¹⁹ Também pôs guardas nas portas do templo ⁱ do Senhor para que não entrasse ninguém que de alguma forma estivesse impuro.

²⁰ Levou consigo os líderes dos batalhões de cem, os nobres, os governantes do povo e todo o povo e, juntos, conduziram o rei do templo do Senhor ao palácio, passando pela porta superior,ʲ e instalaram o rei no trono; ²¹ e todo o povo se alegrou. A cidade acalmou-se depois que Atalia foi morta à espada.ᵏ

As Reformas de Joás no Templo

24 Joás tinha sete anos de idade quando se tornou rei e reinou quarenta anos em Jerusalém. O nome de sua mãe era Zíbia; ela era de Berseba. ² Joás fez o que

---

¹ **23.14** Ou *fora do recinto*
² **23.16** Ou *uma aliança entre* [o Senhor] *e o povo e o rei de que eles* (veja 2Rs 11.17)

o Senhor¹ aprova enquanto viveu o sacerdote Joiada. ³ Este escolheu para Joás duas mulheres, e ele teve filhos e filhas.

⁴ Algum tempo depois, Joás decidiu fazer reparos no templo do Senhor. ⁵ Ele reuniu os sacerdotes e os levitas e lhes disse: "Vão às cidades de Judá e recolham o imposto *m* devido anualmente por todo o Israel,ⁿ para fazer reparos no templo de seu Deus. Vão agora mesmo!" Os levitas,º porém, não agiram imediatamente.

⁶ Por isso o rei convocou Joiada, o sumo sacerdote, e lhe perguntou: "Por que você não exigiu que os levitas trouxessem de Judá e de Jerusalém o imposto determinado por Moisés, servo do Senhor, e pela assembleia de Israel, para a tenda da arca da aliança¹?"ᵖ

⁷ De fato, Atalia, aquela mulher ímpia, e os seus filhos tinham arrombado o templo de Deus e tinham até usado os seus objetos sagrados para cultuar os baalins.

⁸ Então, por ordem do rei, fizeram uma caixa e a colocaram do lado de fora, à entrada do templo do Senhor. ⁹ Fez-se a seguir uma proclamação em Judá e em Jerusalém para que trouxessem ao Senhor o imposto que Moisés, servo de Deus, havia exigido de Israel no deserto. ¹⁰ Todos os líderes e todo o povo trouxeram com alegria as suas contribuições, ᵠ colocando-as na caixa até enchê-la. ¹¹ Sempre que os levitas levavam a caixa até os supervisores do rei e estes viam que havia muita prata, o secretário real e o oficial do sumo sacerdote esvaziavam-na e a levavam de volta. Fazendo isso regularmente, ajuntaram uma grande quantidade de prata. ¹² O rei e Joiada entregavam essa prata aos homens que executavam os trabalhos necessários no templo do Senhor. Eles contratavam ʳ pedreiros, carpinteiros e também operários que trabalhavam em ferro e em bronze para restaurarem o templo do Senhor.

¹³ Os homens encarregados do trabalho eram *diligentes, o que garantiu o progresso* da obra de reforma. Eles reconstruíram o templo de Deus de acordo com o modelo original e o reforçaram. ¹⁴ Quando terminaram, trouxeram o restante da prata ao rei e a Joiada, e com ela foram feitos utensílios para o templo do Senhor; utensílios para o serviço e para os holocaustos, além de tigelas e outros objetos de ouro e de prata. Enquanto Joiada viveu, holocaustos foram apresentados continuamente no templo do Senhor.

¹⁵ Joiada morreu com idade avançada, com cento e trinta anos. ¹⁶ Foi sepultado com os reis na Cidade de Davi, em atenção ao bem que havia feito em Israel em favor de Deus e do seu templo.

A Impiedade de Joás

¹⁷ Depois da morte de Joiada, os líderes de Judá foram falar com o rei e lhe prestaram reverência, e ele aceitou o que disseram. ¹⁸ Então abandonaram ˢ o templo do Senhor, o Deus dos seus antepassados, e prestaram culto aos postes sagrados e aos ídolos.ᵗ Por culpa deles, a ira de Deusᵘ veio sobre Judá e Jerusalém. ¹⁹ Embora o Senhor tivesse enviado profetas ao povo para trazê-lo de volta para ele, e os profetas tivessem testemunhado contra eles, o povo não quis ouvi-los.ᵛ

²⁰ Então o Espírito de Deus ʷ apoderou-se de Zacarias,ˣ filho do sacerdote Joiada. Ele se colocou diante do povo e disse: "Isto é o que Deus diz: 'Por que vocês desobedecem aos mandamentos do Senhor? Vocês não prosperarão. ʸ Já que abandonaram o Senhor, ele os abandonará' ".ᶻ

²¹ Mas alguns conspiraram contra ele e, por ordem do rei, apedrejaram-no ᵃ até a morte ᵇ no pátio do templo do Senhor.ᶜ ²² O rei Joás não levou em conta que Joiada, pai de Zacarias, tinha sido bondoso com ele, e matou o seu filho. Este, ao morrer, exclamou: "Veja isto o Senhor e faça justiça!"ᵈ

²³ Na virada do ano², o exército arameu marchou contra Joás; invadiu Judá e

---

¹ **24.6** Hebraico: *Tenda do Testemunho.*   ² **24.23** Provavelmente na primavera.

Jerusalém, matou todos os líderes do povo ᵉ e enviou para Damasco, ao seu rei, tudo o que saqueou. ²⁴ Embora o exército arameu fosse pequeno,ᶠ o Senhor entregou nas mãos dele um exército muito maior, ᵍ por Judá ter abandonado o Senhor, o Deus dos seus antepassados. Assim o juízo foi executado sobre Joás. ²⁵ Quando os arameus foram embora, deixaram Joás seriamente ferido. Seus oficiais conspiraram contra ele, porque ele tinha assassinado o filho do sacerdote Joiada, e o mataram em sua cama. Assim ele morreu e foi sepultado na Cidade de Davi,ʰ mas não nos túmulos dos reis.

²⁶ Os que conspiraram contra ele foram Zabade, filho da amonita Simeate, e Jeozabade, filho da moabita ʲ Sinrite.ⁱ ²⁷ Quanto a seus filhos, às muitas profecias a seu respeito e ao relato da restauração do templo de Deus, tudo está escrito nas anotações dos livros dos reis. E seu filho Amazias foi o seu sucessor.

O Reinado de Amazias, Rei de Judá

25 Amazias tinha vinte e cinco anos de idade quando começou a reinar e reinou vinte e nove anos em Jerusalém. O nome de sua mãe era Jeoadã; ela era de Jerusalém. ² Ele fez o que o Senhor aprova, mas não de todo o coração.ᵏ ³ Quando sentiu que tinha o reino sob pleno controle, mandou executar os oficiais que haviam assassinado o rei, seu pai. ⁴ Contudo, não matou os filhos dos assassinos, de acordo com o que está escrito na Lei, no Livro de Moisés,ˡ onde o Senhor ordenou: "Os pais não morrerão no lugar dos filhos, nem os filhos no lugar dos pais; cada um morrerá pelo seu próprio pecado"¹.ᵐ

⁵ Amazias reuniu os homens de Judá e, de acordo com as suas respectivas famílias, nomeou chefes de mil e de cem em todo o Judá e Benjamim. Então convocou ⁿ todos os homens com mais de vinte anos ᵒ e constatou que havia trezentos mil homens prontos para o serviço militar,ᵖ capazes de empunhar a lança e o escudo. ⁶ Também contratou em Israel cem mil homens de combate pelo valor de três toneladas e meia² de prata.

⁷ Entretanto, um homem de Deus foi até ele e lhe disse: "Ó rei, essas tropas de Israel não devem marchar com você, pois o Senhor não está com Israel; ᵠ não está com ninguém do povo de Efraim. ⁸ Mesmo que vá e combata corajosamente, Deus o derrotará diante do inimigo, pois tem poder para dar a vitória e a derrota".ʳ

⁹ Amazias perguntou ao homem de Deus: "Mas, e as três toneladas e meia de prata que paguei a estas tropas israelitas?"

Ele respondeu: "O Senhor pode dar-lhe muito mais que isso".ˢ

¹⁰ Então Amazias mandou de volta os soldados de Efraim. Eles ficaram furiosos com Judá e foram embora indignados.ᵗ

¹¹ Amazias encheu-se de coragem e conduziu o seu exército até o vale do Sal, onde matou dez mil homens de Seir. ¹² Também capturou outros dez mil, que levou para o alto de um penhasco e atirou de lá, e todos eles se espatifaram.ᵘ

¹³ Enquanto isso, as tropas que Amazias havia mandado de volta, não lhes permitindo participar da guerra, atacaram cidades de Judá, desde Samaria até Bete-Horom. Mataram três mil pessoas e levaram grande quantidade de despojos.

¹⁴ Amazias voltou da matança dos edomitas trazendo os deuses do povo de Seir, os quais estabeleceu como seus próprios deuses,ᵛ inclinou-se diante deles e lhes queimou incenso. ¹⁵ Então a ira do Senhor acendeu-se contra Amazias, e ele lhe enviou um profeta, que disse ao rei: "Por que você consulta os deuses desse povo, deuses que nem o seu povo puderam salvar?"ʷ

¹⁶ Enquanto ele ainda falava, o rei o interrompeu: "Por acaso nós o nomeamos

---

¹ **25.4** Dt 24.16.
² **25.6** Hebraico: *100 talentos*; também no versículo 9. Um talento equivalia a 35 quilos.

conselheiro do rei? Pare! Por que você quer ser morto?"

O profeta parou, mas disse: "Sei que Deus decidiu destruí-lo, porque você fez tudo isso e não deu atenção ao meu conselho".

17 Depois de consultar os seus conselheiros, Amazias, rei de Judá, enviou mensageiros a Jeoás, filho de Jeoacaz e neto de Jeú, rei de Israel, com este desafio: "Vem me enfrentar".

18 Contudo, Jeoás, respondeu a Amazias: "O espinheiro x do Líbano enviou uma mensagem ao cedro do Líbano: 'Dê sua filha em casamento a meu filho'. Mas um animal selvagem do Líbano veio e pisoteou o espinheiro. **19** Tu dizes a ti mesmo que derrotaste Edom e agora estás arrogante e orgulhoso. Mas fica em casa! Por que provocar uma desgraça que te levará, e Judá contigo, à ruína?"

20 Amazias, porém, não quis ouvi-lo, pois Deus mesmo queria entregar Amazias e seu povo a Jeoás, pois pediram conselhos aos deuses de Edom.y **21** Então Jeoás, rei de Israel, o atacou. Ele e Amazias, rei de Judá, enfrentaram-se em Bete-Semes, em Judá. **22** Judá foi derrotado por Israel, e seus soldados fugiram para as suas casas. **23** Jeoás capturou Amazias, filho de Joás e neto de Acazias[1], em Bete-Semes. Então Jeoás levou-o para Jerusalém e derrubou cento e oitenta metros[2] do muro da cidade, desde a porta de Efraim z até a porta da Esquina. a **24** Ele se apoderou de todo o ouro, de toda a prata e de todos os utensílios encontrados no templo de Deus, que haviam estado sob a guarda de Obede-Edom, b e ainda dos tesouros do palácio real. Também fez reféns e, então, voltou para Samaria.

25 Amazias, filho de Joás, rei de Judá, viveu ainda mais quinze anos depois da morte de Jeoás, filho de Jeoacaz, rei de Israel. **26** Os demais acontecimentos do reinado de Amazias, do início ao fim, estão escritos nos registros históricos dos reis de Judá e de Israel. **27** A partir do momento em que Amazias deixou de seguir o Senhor, conspiraram contra ele em Jerusalém, e ele fugiu para Laquis,c mas o perseguiram até lá e o mataram. **28** Seu corpo foi trazido de volta a cavalo e sepultado junto aos seus antepassados na Cidade de Judá.

O Reinado de Uzias, Rei de Judá

26 Então todo o povo de Judá d proclamou Uzias rei, aos dezesseis anos de idade, no lugar de seu pai, Amazias. **2** Foi ele que reconquistou e reconstruiu a cidade de Elate para Judá, depois que Amazias descansou com os seus antepassados.

3 Uzias tinha dezesseis anos de idade quando se tornou rei e reinou cinquenta e dois anos em Jerusalém. Sua mãe era de Jerusalém e chamava-se Jecolias. **4** Ele fez o que o Senhor aprova, tal como o seu pai Amazias; **5** e buscou a Deus durante a vida de Zacarias, que o instruiu no temor[3] de Deus.e Enquanto buscou ao Senhor, Deus o fez prosperar.f

6 Ele saiu à guerra contra os filisteusg e derrubou os muros de Gate, de Jabne e de Asdode.h Depois reconstruiu cidades próximo a Asdode e em outros lugares do território filisteu. **7** Deus o ajudou contra os filisteus, contra os árabes i que viviam em Gur-Baal e contra os meunitas. j **8** Os amonitas k pagavam tributo a Uzias, e sua fama estendeu-se até a fronteira do Egito, pois havia se tornado muito poderoso.

9 Uzias construiu torres fortificadas em Jerusalém, junto à porta da Esquina,l à porta do Vale m e no canto do muro. **10** Também construiu torres no deserto e cavou muitas cisternas, pois ele possuía muitos rebanhos na Sefelá e na planície. Ele mantinha trabalhadores em seus campos e em suas vinhas,

25.18
x Jz 9.8-15
25.20
y 1Rs 12.15; 2Cr 10.15; 22.7
25.23
z 2Rs 14.13; Ne 8.16; 12.39
a 2Cr 26.9; Jr 31.38
25.24
b 1Cr 26.15
25.27
c Js 10.3
26.1
d 2Cr 22.1
26.5
e 2Cr 15.2; 24.2; Dn 1.17
f 2Cr 27.6
26.6
g Is 2.6; 11.14; 14.29; Jr 25.20
h Am 1.8; 3.9
26.7
i 2Cr 21.16
j 2Cr 20.1
26.8
k Gn 19.38; 2Cr 17.11
26.9
l 2Rs 14.13; 2Cr 25.23
m Ne 2.13; 3.13

---

[1] **25.23** Hebraico: *Jeoacaz*, variante de *Acazias*.

[2] **25.23** Hebraico: *400 côvados*. O côvado era uma medida linear de cerca de 45 centímetros.

[3] **26.5** Conforme muitos manuscritos do Texto Massorético, a Septuaginta e a Versão Siríaca; outros manuscritos do Texto Massorético dizem *na visão*.

nas colinas e nas terras férteis, pois gostava da agricultura. ¹¹ Uzias possuía um exército bem preparado, organizado em divisões de acordo com o número dos soldados convocados pelo secretário Jeiel e pelo oficial Maaseias, sob o comando de Hananias, um dos oficiais do rei. ¹² O total de chefes de família no comando dos homens de combate era de dois mil e seiscentos. ¹³ Sob o comando deles havia um exército de trezentos e sete mil e quinhentos homens treinados para a guerra, uma força poderosíssima que apoiava o rei contra os seus inimigos. ¹⁴ Uzias providenciou escudos, lanças, capacetes, couraças, arcos e atiradeiras de pedras para todo o exército.ⁿ ¹⁵ Em Jerusalém construiu máquinas projetadas por peritos para serem usadas nas torres e nas defesas das esquinas, máquinas que atiravam flechas e grandes pedras. Ele foi extraordinariamente ajudado e, assim, tornou-se muito poderoso e a sua fama espalhou-se para longe.

¹⁶ Entretanto, depois que Uzias se tornou poderoso, o seu orgulho ᵒ provocou a sua queda. ᵖ Ele foi infiel ᵠ ao SENHOR, o seu Deus, e entrou no templo do SENHOR para queimar incenso no altar de incenso. ʳ ¹⁷ O sumo sacerdote Azarias ˢ e outros oitenta corajosos sacerdotes do SENHOR, foram atrás dele. ¹⁸ Eles o enfrentaram e disseram: "Não é certo que você, Uzias, queime incenso ao SENHOR. Isso é tarefa dos sacerdotes, ᵗ os descendentes ᵘ de Arão ᵛ consagrados para queimar incenso. ʷ Saia do santuário, pois você foi infiel e não será honrado por Deus, o SENHOR".

¹⁹ Uzias, que estava com um incensário na mão, pronto para queimar o incenso, irritou-se e indignou-se contra os sacerdotes; e na *mesma hora*, *na presença deles*, diante do altar de incenso no templo do SENHOR, surgiu lepra¹ ˣ em sua testa. ²⁰ Quando o sumo sacerdote Azarias e todos os outros sacerdotes viram a lepra, expulsaram-no imediatamente do templo. Na verdade, ele mesmo ficou ansioso para sair, pois o SENHOR o havia ferido.

²¹ O rei Uzias sofreu de lepra até o dia em que morreu. Durante todo esse tempo morou numa casa separada², ʸ leproso e excluído do templo do SENHOR. Seu filho Jotão tomava conta do palácio e governava o povo.

²² Os demais acontecimentos do reinado de Uzias, do início ao fim, foram registrados pelo profeta Isaías,ᶻ filho de Amoz. ²³ Uzias ᵃ descansou com os seus antepassados e foi sepultado perto deles, num cemitério que pertencia aos reis, pois o povo dizia: "Ele tinha lepra". Seu filho Jotão foi o seu sucessor.ᵇ

O Reinado de Jotão, Rei de Judá

27 Jotão ᶜ tinha vinte e cinco anos de idade quando começou a reinar e reinou dezesseis anos em Jerusalém. O nome da sua mãe era Jerusa, filha de Zadoque. ² Ele fez o que o SENHOR aprova, tal como seu pai, mas, ao contrário deste, não entrou no templo do SENHOR. O povo, contudo, prosseguiu em suas práticas corruptas. ³ Jotão reconstruiu a porta superior do templo do SENHOR e fez amplos trabalhos no muro, na colina de Ofel.ᵈ ⁴ Construiu cidades nos montes de Judá, bem como fortes e torres nas matas.

⁵ Jotão guerreou contra o rei dos amonitas ᵉ e o derrotou. Então os amonitas pagaram-lhe três toneladas e meia³ de prata, dez mil barris⁴ de trigo e dez mil de cevada, durante três anos seguidos.

⁶ Jotão tornou-se cada vez mais poderoso,ᶠ pois andava firmemente segundo a vontade do SENHOR, o seu Deus.

---

¹ **26.19** O termo hebraico não se refere somente à lepra, mas também a diversas doenças da pele; também nos versículos 20, 21 e 23.

² **26.21** Ou *casa onde estava desobrigado de suas responsabilidades*

³ **27.5** Hebraico: *100 talentos*. Um talento equivalia a 35 quilos.

⁴ **27.5** Hebraico: *10.000 coros*. O coro era uma medida de capacidade. As estimativas variam entre 200 e 400 litros.

⁷ Os demais acontecimentos do reinado de Jotão, inclusive todas as suas guerras e as suas outras realizações, estão escritos nos registros históricos dos reis de Israel e de Judá. ⁸ Tinha vinte e cinco anos de idade quando começou a reinar, e reinou dezesseis anos em Jerusalém. ⁹ Jotão descansou com os seus antepassados e foi sepultado na Cidade de Davi. Seu filho Acaz foi o seu sucessor.

O Reinado de Acaz, Rei de Judá

28 Acazᵍ tinha vinte anos de idade quando começou a reinar e reinou dezesseis anos em Jerusalém. Ao contrário de Davi, seu predecessor, não fez o que o Senhor aprova. ² Ele andou nos caminhos dos reis de Israel e fez ídolos de metal a fim de adorar os baalins.ʰ ³ Queimou sacrifícios no vale de Ben-Hinomⁱ e chegou até a queimar seus filhos ʲ em sacrifício, imitando os costumes detestáveisᵏ das nações que o Senhor havia expulsado de diante dos israelitas. ⁴ Também ofereceu sacrifícios e queimou incenso nos altares idólatras, no alto das colinas e debaixo de toda árvore frondosa.

⁵ Por isso o Senhor, o seu Deus, entregou-o nas mãos do rei da Síria.ˡ Os arameus o derrotaram, fizeram muitos prisioneiros no meio do seu povo e os levaram para Damasco.

Israel também lhe infligiu grande derrota. ⁶ Num único dia, Peca,ᵐ filho de Remalias, matou cento e vinte mil soldados corajosos de Judá;ⁿ pois Judá havia abandonado o Senhor, o Deus dos seus antepassados. ⁷ Zicri, guerreiro efraimita, matou Maaseias, filho do rei, Azricão, oficial encarregado do palácio, e Elcana, o braço direito do rei. ⁸ Os israelitas levaram para Samaria duzentos mil prisioneiros entre os seus parentes,ᵒ incluindo mulheres, meninos e meninas. Também levaram muitos despojos.ᵖ

⁹ Mas um profeta do Senhor, chamado Odede, estava em Samaria e saiu ao encontro do exército. Ele lhes disse: "Estando irado contra Judá,ᵠ o Senhor, o Deus dos seus antepassados, entregou-os nas mãos de vocês. Mas a fúria com que vocês os mataram chegou aos céus. ʳ ¹⁰ E agora ainda pretendem escravizar ˢ homens e mulheres de Judá e de Jerusalém! Vocês também não são culpados de pecados contra o Senhor, o seu Deus? ¹¹ Agora, ouçam-me! Mandem de volta seus irmãos que vocês fizeram prisioneiros, pois o fogo da ira do Senhor está sobre vocês".ᵗ

¹² Então Azarias, filho de Joanã, Berequias, filho de Mesilemote, Jeizquias, filho de Salum, e Amasa, filho de Hadlai, que eram alguns dos chefes de Efraim, questionaram os que estavam chegando da guerra, dizendo: ¹³ "Não tragam os prisioneiros para cá. Caso contrário seremos culpados diante do Senhor. Vocês querem aumentar ainda mais o nosso pecado e a nossa culpa? A nossa culpa já é grande, e o fogo da sua ira está sobre Israel".

¹⁴ Então os soldados libertaram os prisioneiros e colocaram os despojos na presença dos líderes e de toda a assembleia. ¹⁵ Aqueles homens citados nominalmente apanharam os prisioneiros e com as roupas e as sandálias dos despojos vestiram todos os que estavam nus. Deram-lhes comida, bebida ᵘ e bálsamo medicinal. Puseram sobre jumentos todos aqueles que estavam fracos. Assim os levaram de volta a seus patrícios residentes em Jericó, a cidade das Palmeiras,ᵛ e voltaram para Samaria.

¹⁶ Nessa época, o rei Acaz enviou mensageiros ao rei¹ da Assíriaʷ para pedir-lhe ajuda. ¹⁷ Os edomitasˣ tinham voltado a atacar Judá fazendo prisioneiros,ʸ ¹⁸ e os filisteusᶻ atacaram cidades na Sefelá e no sul de Judá. Conquistaram e ocuparam Bete-Semes, Aijalonᵃ e Gederote, bem como Socó, Timna e Ginzo, com os seus povoados. ¹⁹ O Senhor humilhou Judá por causa de Acaz, rei de Israel², por sua conduta desregrada em Judá,

---

¹ **28.16** Conforme um manuscrito do Texto Massorético, a Septuaginta e a Vulgata. A maioria dos manuscritos do Texto Massorético diz *aos reis*. Veja 2Rs 16.7.
² **28.19** Isto é, Judá, como ocorre frequentemente em 2 Crônicas.

muito infiel ao Senhor.[b] 20 Quando chegou, Tiglate-Pileser,[c] rei da Assíria, causou-lhe problemas em vez de ajudá-lo.[d] 21 Acaz apanhou algumas coisas do templo do Senhor, do palácio real e dos líderes e ofereceu-as ao rei da Assíria, mas isso não adiantou.

22 Mesmo nessa época em que passou por tantas dificuldades, o rei Acaz tornou-se ainda mais infiel ao Senhor.[e] 23 Ele ofereceu sacrifícios aos deuses de Damasco[f] que o haviam derrotado, pois pensava: "Já que os deuses da Síria os têm ajudado, oferecerei sacrifícios a eles para que me ajudem também".[g] Mas eles foram a causa da sua ruína e da ruína de todo o Israel.

24 Acaz juntou os utensílios do templo de Deus[h] e os retirou de lá[1]. Trancou as portas[i] do templo do Senhor e ergueu altares[j] em todas as esquinas de Jerusalém. 25 Em todas as cidades de Judá construiu altares idólatras para queimar sacrifícios a outros deuses e provocou a ira do Senhor, o Deus dos seus antepassados.

26 Os demais acontecimentos de seu reinado e todos os seus atos, do início ao fim, estão escritos nos registros históricos dos reis de Judá e de Israel. 27 Acaz descansou[k] com os seus antepassados e foi sepultado[l] na cidade de Jerusalém, mas não nos túmulos dos reis de Israel. Seu filho Ezequias foi o seu sucessor.

Ezequias e a Purificação do Templo

29 Ezequias[m] tinha vinte e cinco anos de idade quando começou a reinar e reinou vinte e nove anos em Jerusalém. O nome de sua mãe era Abia, filha de Zacarias. 2 Ele fez o que o Senhor aprova, tal como tinha feito Davi, seu predecessor.[n]

3 No *primeiro mês do primeiro ano de seu reinado*, ele reabriu as portas do templo do Senhor e as consertou.[o] 4 Convocou os sacerdotes e os levitas, reuniu-os na praça que fica no lado leste 5 e disse: "Escutem-me, levitas! Consagrem-se[p] agora e consagrem o templo do Senhor, o Deus dos seus antepassados. Retirem tudo o que é impuro do santuário. 6 Nossos pais[q] foram infiéis;[r] fizeram o que o Senhor, o nosso Deus, reprova e o abandonaram. Desviaram o rosto do local da habitação do Senhor e deram-lhe as costas. 7 Também fecharam as portas do pórtico e apagaram as lâmpadas. Não queimaram incenso nem apresentaram holocausto no santuário para o Deus de Israel. 8 Por isso a ira do Senhor caiu sobre Judá e sobre Jerusalém; e ele fez deles objeto de espanto, horror e zombaria,[t] conforme vocês podem ver com os seus próprios olhos. 9 Por isso os nossos pais caíram à espada e os nossos filhos, as nossas filhas e as nossas mulheres foram levados como prisioneiros.[u] 10 Pretendo, pois, agora fazer uma aliança[v] com o Senhor, o Deus de Israel, para que o fogo da sua ira se afaste de nós. 11 Meus filhos, não sejam negligentes agora, pois o Senhor os escolheu para estarem diante dele e o servirem,[w] para ministrarem [x]perante ele e queimarem incenso".

12 Então estes levitas[y] puseram-se a trabalhar:

entre os descendentes de Coate:
Maate, filho de Amasai,
e Joel, filho de Azarias;
entre os descendentes de Merari:
Quis, filho de Abdi,
e Azarias, filho de Jealelel;
entre os descendentes de Gérson:
Joá, filho de Zima,
e Éden,[z] filho de Joá;

13 entre os descendentes de Elisafã:
Sinri e Jeuel;
entre os descendentes de Asafe:[a]
Zacarias e Matanias;

14 entre os descendentes de Hemã:
Jeuel e Simei;
entre os descendentes de Jedutum:
Semaías e Uziel.

15 Tendo reunido e consagrado os seus parentes, os levitas foram purificar[b] o templo

---

[1] **28.24** Ou *e os despedaçou*

do Senhor, conforme o rei havia ordenado, em obediência à palavra do Senhor. ¹⁶ Os sacerdotes entraram no santuário do Senhor para purificá-lo e trouxeram para o pátio do templo do Senhor todas as coisas impuras que lá havia, e os levitas as levaram para o vale de Cedrom. ᶜ ¹⁷ Começaram a consagração no primeiro dia do primeiro mês e no oitavo dia chegaram ao pórtico do Senhor. Durante mais oito dias consagraram o templo do Senhor propriamente dito, terminando tudo no décimo sexto dia.

¹⁸ Depois foram falar com o rei Ezequias e lhe relataram: "Purificamos todo o templo do Senhor, o altar dos holocaustos e a mesa do pão consagrado, ambos com todos os seus utensílios. ¹⁹ Preparamos e consagramos todos os utensílios ᵈ que o rei Acaz, em sua infidelidade, retirou durante o seu reinado. Eles estão em frente ao altar do Senhor".

²⁰ Cedo, na manhã seguinte, o rei Ezequias reuniu os líderes da cidade e, juntos, subiram ao templo do Senhor, ²¹ levando sete novilhos, sete carneiros, sete cordeiros e sete bodes como oferta pelo pecado,ᵉ em favor da realeza, do santuário e de Judá. O rei ordenou que os sacerdotes, descendentes de Arão, sacrificassem os animais no altar do Senhor. ²² Então os sacerdotes abateram os novilhos e aspergiram o sangue sobre o altar; em seguida, fizeram o mesmo com os carneiros e com os cordeiros.ᶠ ²³ Depois, os bodes para a oferta pelo pecado foram levados para diante do rei e da assembleia, que impuseram as mãos sobre eles.ᵍ ²⁴ Os sacerdotes abateram os bodes e apresentaram o sangue sobre o altar como oferta pelo pecado, para fazer propiciação por todo Israel, ʰ pois era em favor de todo o Israel que o rei havia ordenado o holocausto e a oferta pelo pecado.

²⁵ O rei posicionou os levitas no templo do Senhor, com címbalos, liras e harpas, *segundo a prescrição de Davi,ⁱ de Gade,ʲ vidente do rei, e do profeta Natã*; isso foi ordenado pelo Senhor, por meio de seus profetas. ²⁶ Assim os levitas ficaram em pé, preparados com os instrumentos de Davi,ᵏ e os sacerdotes com as cornetas.ˡ

²⁷ Então Ezequias ordenou que sacrificassem o holocausto sobre o altar. Iniciado o sacrifício, começou também o canto em louvor ao Senhor, ao som das cornetas e dos instrumentos de Davi,ᵐ rei de Israel. ²⁸ Toda a assembleia prostrou-se em adoração, enquanto os músicos cantavam e os cornetieros tocavam, até que terminou o holocausto.

²⁹ Então o rei e todos os presentes ajoelharam-se e adoraram. ⁿ³⁰ O rei Ezequias e seus oficiais ordenaram aos levitas que louvassem o Senhor com as palavras de Davi e do vidente Asafe. Eles o louvaram com alegria, depois inclinaram suas cabeças e o adoraram.

³¹ Disse então Ezequias: "Agora que vocês se dedicaram ao Senhor, tragam sacrifícios ᵒ e ofertas de gratidão ao templo do Senhor". Assim, a comunidade levou sacrifícios e ofertas de gratidão, e alguns, espontaneamente,ᵖ levaram também holocaustos.

³² Esses holocaustos que a assembleia ofertou ao Senhor foram setenta bois, cem carneiros e duzentos cordeiros. ³³ Os animais consagrados como sacrifícios chegaram a seiscentos bois e três mil ovelhas e bodes. ³⁴ Como os sacerdotes eram muito poucos para tirar a pele de todos os holocaustos, ᵠos seus parentes, os levitas, os ajudaram até o fim da tarefa e até que outros sacerdotes se consagrassem, ʳ pois os levitas demoraram menos que os sacerdotes para consagrar-se. ³⁵ Houve holocaustos em grande quantidade, oferecidos com a gordura ˢ das ofertas de comunhão¹ ᵗ e com as ofertas derramadas ᵘ que acompanhavam esses holocaustos.

Assim foi restabelecido o culto no templo do Senhor. ³⁶ Ezequias e todo o povo regozijavam-se com o que Deus havia feito por seu povo, e tudo em tão pouco tempo.

---

¹ 29.35 Ou *de paz*; também em 30.22, 31.2 e 33.16.

29.16
ᶜ 2Sm 15.23
29.19
ᵈ 2Cr 28.24
29.21
ᵉ Lv 4.13-14
29.22
ᶠ Lv 4.18
29.23
ᵍ Lv 4.15
29.24
ʰ Ex 29.36; Lv 4.26
29.25
ⁱ 1Cr 24.6; 2Cr 8.14
ʲ 1Sm 22.5; 2Sm 24.11
29.26
ᵏ 1Cr 15.16
ˡ 1Cr 15.24; 23.5; 2Cr 5.12
29.27
ᵐ 2Cr 23.18
29.29
ⁿ 2Cr 20.18
29.31
ᵒ Hb 13.15-16
ᵖ Ex 25.2; 35.22
29.34
ᵠ 2Cr 35.11
ʳ 2Cr 30.3, 15
29.35
ˢ Ex 29.13; Lv 3.16
ᵗ Lv 7.11-21
ᵘ Nm 15.5-10

A Celebração da Páscoa

30 Ezequias enviou uma mensagem a todo o Israel e Judá e também escreveu cartas a Efraim e a Manassés,ᵛ convidando-os para virem ao templo do Senhor em Jerusalém e celebrarem a Páscoa do Senhor,ʷ o Deus de Israel. ² O rei, seus oficiais e toda a comunidade de Jerusalém decidiram celebrar a Páscoa no segundo mês.ˣ ³ Não tinha sido possível celebrá-la na data prescrita, pois não havia número suficiente de sacerdotes consagrados,ʸ e o povo não estava reunido em Jerusalém. ⁴ A ideia pareceu boa tanto ao rei quanto a toda a assembleia. ⁵ Então decidiram fazer uma proclamação em todo o Israel, desde Berseba até Dã,ᶻ convocando o povo a Jerusalém para celebrar a Páscoa do Senhor, o Deus de Israel, pois muitos não a celebravam segundo o que estava escrito.

⁶ Por ordem do rei, mensageiros percorreram Israel e Judá com cartas assinadas pelo rei e pelos seus oficiais, com a seguinte mensagem:

"Israelitas, voltem para o Senhor, o Deus de Abraão, de Isaque e de Israel, para que ele se volte para vocês que restaram e escaparam das mãos dos reis da Assíria. ⁷ Não sejam como seus paisᵃ e seus irmãos, que foram infiéis ao Senhor, o Deus dos seus antepassados, de maneira que ele os deixou em ruínas,ᵇ conforme vocês veem. ⁸ Portanto, não sejam obstinados ᶜ como os seus antepassados; submetam-se ao Senhor. Venham ao santuário que ele consagrou para sempre. Sirvam ao Senhor, o seu Deus, para que o fogo da sua ira ᵈ se desvie de vocês. ⁹ Se vocês voltarem ᵉ para o Senhor, os que capturaram os seus irmãos e os seus filhos terão misericórdia deles,ᶠ e eles voltarão a esta terra, pois o Senhor, o seu Deus, é bondoso e compassivo.ᵍ Ele não os rejeitará se vocês se voltarem para ele".

¹⁰ Os mensageiros foram de cidade em cidade, em Efraim e em Manassés, e até em Zebulom, mas o povo zombou deles e os expôs ao ridículo.ʰ ¹¹ No entanto, alguns homens de Aser, de Manassés e de Zebulom humilharam-se e foram para Jerusalém. ⁱ ¹² Já em Judá a mão de Deus esteve sobre o povo dando-lhes unidade ʲ de pensamento para executarem o que o rei e os seus oficiais haviam ordenado, conforme a palavra do Senhor.

¹³ Uma imensa multidão reuniu-se em Jerusalém no segundo mês, para celebrar a festa dos pães sem fermento. ᵏ ¹⁴ Eles retiraram os altares ˡ que havia em Jerusalém e se desfizeram de todos os altares de incenso¹, atirando-os no vale de Cedrom.ᵐ

¹⁵ Abateram o cordeiro da Páscoa no décimo quarto dia do segundo mês. Os sacerdotes e os levitas, envergonhados, consagraram-se ⁿ e trouxeram holocaustos ao templo do Senhor. ¹⁶ E assumiram seus postos,ᵒ conforme prescrito na Lei de Moisés, homem de Deus. Os sacerdotes aspergiram o sangue que os levitas lhes entregaram. ¹⁷ Visto que muitos na multidão não se haviam consagrado, os levitas tiveram que matar cordeiros da Páscoa ᵖ para todos os que não estavam cerimonialmente puros e que, por isso, não podiam consagrar os seus cordeiros ao Senhor. ¹⁸ Embora muitos dos que vieram de Efraim, de Manassés, de Issacar e de Zebulom não se tivessem purificado,ᵠ assim mesmo comeram a Páscoa, contrariando o que estava escrito. Mas Ezequias orou por eles, dizendo: "Queira o Senhor, que é bondoso, perdoar todo ¹⁹ aquele que inclina o seu coração para buscar a Deus, o Senhor, o Deus dos seus antepassados, mesmo que não esteja puro de acordo com as regras do santuário". ²⁰ E o Senhor ouviu ʳ a oração de Ezequias e não castigouˢ o povo.ᵗ

²¹ Os israelitas presentes em Jerusalém celebraram com muita alegria a festa

---

¹ **30.14** Provavelmente colunas dedicadas ao deus sol.

dos pães sem fermento" durante sete dias. Diariamente os levitas e os sacerdotes cantavam louvores ao Senhor, ao som dos instrumentos ressonantes do Senhor.

²² Ezequias dirigiu palavras animadoras a todos os levitas que mostraram boa disposição para com o serviço do Senhor. Durante os sete dias eles comeram suas porções das ofertas, apresentaram sacrifícios de comunhão e louvaram o Senhor, o Deus dos seus antepassados.

²³ E toda a assembleia decidiu prolongar a festa por mais sete dias, e celebraram-na com alegria." ²⁴ Ezequias, rei de Judá, forneceu" mil novilhos e sete mil ovelhas e bodes para a assembleia; e os líderes, mil novilhos e dez mil ovelhas e bodes. Muitos sacerdotes se consagraram, ²⁵ e toda a assembleia de Judá se regozijava com os sacerdotes, com os levitas e com todos os que se haviam reunido, vindos de Israel, ˣ inclusive os estrangeiros que viviam em Israel e em Judá. ²⁶ Houve grande alegria em Jerusalém, pois desde os dias de Salomão, ʸ filho de Davi, rei de Israel, não havia acontecido algo assim na cidade. ²⁷ Os sacerdotes e os levitas levantaram-se para abençoar o povo, ᶻ e Deus os ouviu; a oração deles chegou aos céus, sua santa habitação.

31 Quando a festa acabou, os israelitas saíram pelas cidades de Judá e despedaçaram as pedras sagradas e derrubaram os postes sagrados.ᵃ Eles destruíram os altares idólatras em todo o Judá e Benjamim, e em Efraim e Manassés. Depois de destruírem tudo, voltaram para as suas cidades, cada um para a sua propriedade.

O Serviço do Templo é Reorganizado

² Ezequiasᵇ designou os sacerdotes e os levitas por turnos,ᶜ cada um de acordo com os seus deveres, para apresentarem holocaustos e sacrifícios de comunhão, ministrarem, ᵈ darem graças ᵉ e cantarem louvores junto às portas da habitação do Senhor.ᶠ ³ O rei contribuía ᵍ com seus bens pessoais para os holocaustos da manhã e da tarde e para os holocaustos dos sábados, das luas novas e das festas fixas, conforme o que está escrito na Lei do Senhor.ʰ ⁴ Ele ordenou ao povo de Jerusalém que desse aos sacerdotes e aos levitas a porção ⁱ que lhes era devida a fim de que pudessem dedicar-se à Lei do Senhor. ⁵ Assim que se divulgou essa ordem, os israelitas deram ʲ com generosidade o melhor do trigo, do vinho,ᵏ do óleo, do mel e de tudo o que os campos produziam. Trouxeram o dízimo de tudo. Era uma grande quantidade. ⁶ Os habitantes de Israel e de Judá que viviam nas cidades de Judá também trouxeram o dízimo ˡ de todos os seus rebanhos e das coisas sagradas dedicadas ao Senhor, o seu Deus, ajuntando-os em muitas pilhas.ᵐ ⁷ Começaram a fazer isso no terceiro mês e terminaram no sétimo.ⁿ ⁸ Quando Ezequias e os seus oficiais chegaram e viram as pilhas de ofertas, louvaram o Senhor e abençoaram Israel,ᵒ o seu povo.

⁹ Ezequias perguntou aos sacerdotes e aos levitas sobre essas ofertas; ¹⁰ o sumo sacerdote Azarias, da família de Zadoque,ᵖ respondeu: "Desde que o povo começou a trazer suas contribuições ao templo do Senhor, temos tido o suficiente para comer e ainda tem sobrado muito, pois o Senhor tem abençoado o seu povo, e esta é a grande quantidade que sobra".ᵠ

¹¹ Ezequias ordenou que preparassem despensas no templo do Senhor, e assim foi feito. ¹² Então recolheram fielmente as contribuições, os dízimos e os presentes dedicados. O levita Conanias ʳ foi encarregado desses deveres, e seu irmão Simei era o seu auxiliar. ¹³ Jeiel, Azarias, Naate, Asael, Jeremote, Jozabade,ˢ Eliel, Ismaquias, Maate e Benaia eram supervisores, subordinados a Conanias e ao seu irmão Simei, por nomeação do rei Ezequias e de Azarias, o oficial encarregado do templo de Deus.

¹⁴ Coré, filho do levita Imna, guarda da porta leste, foi encarregado das ofertas

voluntárias feitas a Deus, distribuindo as contribuições dedicadas ao Senhor e as ofertas santíssimas. **15** Sob o comando dele estavam Éden, Miniamim, Jesua, Semaías, Amarias e Secanias, que, nas cidades dos sacerdotes, com toda a fidelidade distribuíam ofertas aos seus colegas sacerdotes de acordo com seus turnos, tanto aos idosos quanto aos jovens.

16 Eles as distribuíam aos homens e aos meninos de três anos para cima, cujos nomes estavam nos registros genealógicos, e também a todos os que entravam no templo do Senhor para realizar suas várias tarefas diárias, de acordo com suas responsabilidades e seus turnos. **17** Os registros genealógicos dos sacerdotes eram feitos segundo suas famílias; o dos levitas com mais de vinte anos, de acordo com suas responsabilidades e seus turnos. **18** O registro incluía todos os filhos pequenos, as mulheres e os filhos e as filhas de todo o grupo, pois os sacerdotes e os levitas haviam sido fiéis em se consagrarem.

19 Entre os sacerdotes, descendentes de Arão, que viviam nas terras de pastagem ao redor de suas cidades, foram nomeados alguns deles, de cidade em cidade, para distribuírem as ofertas a todos os sacerdotes e a todos os que estavam registrados nas genealogias dos levitas.

20 Foi isso que Ezequias fez em todo o reino de Judá. Ele fez o que era bom e certo, e em tudo foi fiel diante do Senhor, do seu Deus. **21** Em tudo o que ele empreendeu no serviço do templo de Deus e na obediência à lei e aos mandamentos, ele buscou o seu Deus e trabalhou de todo o coração; e por isso prosperou.

A Ameaça de Senaqueribe contra Judá

32 Depois de tudo o que Ezequias fez com tanta fidelidade, Senaqueribe, rei da Assíria, invadiu Judá e sitiou as cidades fortificadas para conquistá-las. **2** Quando Ezequias viu que Senaqueribe pretendia guerrear contra Jerusalém, **3** consultou os seus oficiais e os comandantes do exército sobre a ideia de mandar fechar a passagem de água das fontes do lado de fora da cidade; e eles concordaram. **4** Assim, ajuntaram-se muitos homens, e fecharam todas as fontes e o riacho que atravessava a região. Eles diziam: "Por que deixar que os reis[1] da Assíria venham e encontrem toda essa água?" **5** Depois, com grande empenho reparou todos os trechos quebrados do muro e construiu torres sobre ele. Construiu outro muro do lado de fora do primeiro e reforçou o Milo[2] da Cidade de Davi; e mandou fazer também muitas lanças e muitos escudos.

6 Nomeou sobre o povo oficiais militares e os reuniu na praça, junto à porta da cidade, animando-os com estas palavras: **7** "Sejam fortes e corajosos. Não tenham medo nem desanimem por causa do rei da Assíria e do seu enorme exército, pois conosco está um poder maior do que o que está com ele. **8** Com ele está somente o poder humano[3], mas conosco está o Senhor, o nosso Deus, para nos ajudar e para travar as nossas batalhas". E o povo ganhou confiança com o que disse Ezequias, rei de Judá.

9 Mais tarde, quando Senaqueribe, rei da Assíria, e todas as suas forças estavam sitiando Laquis, mandou oficiais a Jerusalém com a seguinte mensagem a Ezequias e a todo o povo de Judá que morava lá:

10 "Assim diz Senaqueribe, rei da Assíria: Em que vocês baseiam a sua confiança, para permanecerem cercados em Jerusalém? **11** Quando Ezequias diz: 'O Senhor, o nosso Deus, nos salvará das mãos do rei da Assíria', ele os está enganando, para deixá-los morrer de fome e de sede. **12** Mas não foi o próprio Ezequias que retirou os altares desse deus, dizendo a Judá e a Jerusalém: 'Vocês devem adorar diante de um só altar e sobre ele queimar incenso'?

---

[1] **32.4** A Septuaginta e a Versão Siríaca dizem *o rei*.

[2] **32.5** Ou *o aterro*.

[3] **32.8** Hebraico: *o braço de carne*.

¹³ "Vocês não sabem o que eu e os meus antepassados fizemos a todos os povos das outras terras? Acaso alguma vez os deuses daquelas nações conseguiram livrar das minhas mãos a terra deles?ᵖ ¹⁴ De todos os deuses das nações que os meus antepassados destruíram, qual deles conseguiu salvar o seu povo de mim? Como então o deus de vocês poderá livrá-los das minhas mãos? ¹⁵ Portanto, não deixem Ezequias enganá-losᵠ ou iludi-los dessa maneira. Não acreditem nele, pois nenhum deus de qualquer nação ou reino jamais conseguiu livrar ʳ o seu povo das minhas mãos ou das mãos de meus antepassados.ˢ Muito menos o deus de vocês conseguirá livrá-los das minhas mãos!"

¹⁶ Os oficiais de Senaqueribe desafiaram ainda mais Deus, o SENHOR, e seu servo Ezequias. ¹⁷ Senaqueribe também escreveu cartasᵗ insultandoᵘ o SENHOR, o Deus de Israel, e o desafiando: "Assim como os deuses ᵛ dos povos das outras terras não livraram o povo deles das minhas mãos, também o deus de Ezequias não livrará o seu povo das minhas mãos". ¹⁸ Então os oficiais gritaram na língua dos judeus ao povo de Jerusalém que estava sobre o muro, para assustá-lo e amedrontá-lo, com o intuito de conquistarem a cidade. ¹⁹ Referiram-se ao Deus de Jerusalém como falavam dos deuses dos outros povos da terra, que não passam de obra das mãos dos homens.ʷ

²⁰ Por tudo isso o rei Ezequias e o profeta Isaías, filho de Amoz, clamaram em oração aos céus. ²¹ E o SENHOR enviou um anjo,ˣ que matou todos os homens de combate e todos os líderes e oficiais no acampamento do rei assírio, de forma que este se retirou envergonhado para a sua terra. E certo dia, ao adentrar o templo do seu deus, alguns dos seus filhos o mataram à espada.ʸ ²² Assim o SENHOR salvou Ezequias e o povo de Jerusalém das mãos de Senaqueribe, rei da Assíria, e das mãos de todos os outros e cuidou deles¹ em todas as fronteiras. ²³ Muitos trouxeram a Jerusalém ofertas para o SENHOR e presentes valiososᶻ para Ezequias, rei de Judá. Daquela ocasião em diante ele foi muito respeitado por todas as nações.

O Orgulho e a Morte de Ezequias

²⁴ Naquele tempo, Ezequias ficou doente e quase morreu. Ele orou ao SENHOR, que lhe respondeu dando-lhe um sinal milagroso. ²⁵ Mas Ezequias tornou-se orgulhosoᵃ e não correspondeu à bondade com que foi tratado; por isso a ira do SENHOR veio sobre ele,ᵇ sobre Judá e sobre Jerusalém. ²⁶ Então Ezequias humilhou-se, ᶜ reconhecendo o seu orgulho, como também o povo de Jerusalém; por isso a ira do SENHOR não veio sobre eles durante o reinado de Ezequias.ᵈ

²⁷ Possuía Ezequias muitíssimas riquezas e glória;ᵉ construiu depósitos para guardar prata, ouro, pedras preciosas, especiarias, escudos e todo tipo de objetos de valor. ²⁸ Também construiu armazéns para estocar trigo, vinho e azeite; fez ainda estábulos para os seus diversos rebanhos e para as ovelhas. ²⁹ Construiu cidades e adquiriu muitos rebanhos, pois Deus lhe dera muitas riquezas.ᶠ

³⁰ Foi Ezequias que bloqueouᵍ o manancial superior da fonte de Giomʰ e canalizou a água para a parte oeste da Cidade de Davi. Ele foi bem-sucedido em tudo o que se propôs a fazer. ³¹ Mas, quando os governantes da Babilônia ⁱ enviaram uma delegação para perguntar-lhe acerca do sinal milagrosoʲ que havia ocorrido no país, Deus o deixou, para prová-lo ᵏ e para saber tudo o que havia em seu coração.

³² Os demais acontecimentos do reinado de Ezequias e os seus atos piedosos estão escritos na visão do profeta Isaías, filho de Amoz, no livro dos reis de Judá e de Israel. ³³ Ezequias descansou com os seus antepassados e foi sepultado na colina onde estão

¹ **32.22** A Septuaginta e a Vulgata dizem *deu-lhes descanso.*

32.13
ᵖ v. 15
32.15
ᵠ Is 37.10
ʳ Dn 3.15
ˢ Ex 5.2
32.17
ᵗ Is 37.14
ᵘ Sl 74.22;
Is 37.4, 17
ᵛ 2Rs 19.12
32.19
ʷ 2Rs 19.18;
Sl 115.4-8;
Is 2.8; 17.8
32.21
ˣ Gn 19.13
ʸ 2Rs 19.7
32.23
ᶻ 2Cr 9.24;
17.5;
Is 45.14;
Zc 14.16-17
32.25
ᵃ 2Rs 14.10;
2Cr 26.16
ᵇ 2Cr 19.2;
24.18
32.26
ᶜ Jr 26.18-19
ᵈ 2Cr 34.27, 28;
Is 39.8
32.27
ᵉ 1Cr 29.12
32.29
ᶠ 1Cr 29.12
32.30
ᵍ 2Rs 18.17
ʰ 1Rs 1.33
32.31
ⁱ Is 39.1
ʲ v. 24;
Is 38.7
ᵏ Gn 22.1;
Dt 8.16

os túmulos dos descendentes de Davi. Todo o Judá e o povo de Jerusalém prestaram-lhe homenagens por ocasião da sua morte. E seu filho Manassés foi o seu sucessor.

O Reinado de Manassés, Rei de Judá

33 Manassés[l] tinha doze anos de idade quando começou a reinar e reinou cinquenta e cinco anos em Jerusalém. ² Ele fez o que o Senhor reprova,[m] imitando as práticas detestáveis[n] das nações que o Senhor havia expulsado de diante dos israelitas. ³ Reconstruiu os altares idólatras que seu pai Ezequias havia demolido, ergueu altares para os baalins e fez postes sagrados.[o] Inclinou-se[p] diante de todos os exércitos celestes e lhes prestou culto. ⁴ Construiu altares no templo do Senhor, do qual o Senhor tinha dito: "Meu nome[q] permanecerá para sempre em Jerusalém". ⁵ Nos dois pátios do templo do Senhor [r] ele construiu altares para todos os exércitos celestes. ⁶ Chegou a queimar seus filhos em sacrifício[s] no vale de Ben-Hinom; praticou feitiçaria, adivinhação e magia, e recorreu a médiuns [t] e aos que consultavam os espíritos. [u] Fez o que o Senhor reprova, provocando-o à ira.

⁷ Ele tomou a imagem esculpida que havia feito e a colocou no templo,[v] do qual Deus tinha dito a Davi e a seu filho Salomão: "Neste templo e em Jerusalém, que escolhi entre todas as tribos de Israel, porei meu nome para sempre. ⁸ Não farei os pés dos israelitas deixarem novamente a terra [w] que dei aos seus antepassados se tão somente tiverem o cuidado de fazer tudo o que lhes ordenei em todas as leis, decretos e ordenanças dados por meio de Moisés". ⁹ Manassés, porém, desencaminhou Judá e o povo de Jerusalém, ao ponto de fazerem pior do que as nações que o Senhor havia destruído diante dos israelitas.[x]

¹⁰ O Senhor falou a Manassés e a seu povo, mas não lhe deram atenção. ¹¹ Por isso o Senhor enviou contra eles os comandantes do exército do rei da Assíria, os quais prenderam Manassés, [y] colocaram-lhe um gancho no nariz e algemas de bronze [z] e o levaram para a Babilônia. ¹² Em sua angústia, ele buscou o favor do Senhor, o seu Deus, e humilhou-se [a] muito diante do Deus dos seus antepassados. ¹³ Quando ele orou, o Senhor o ouviu e atendeu o seu pedido e o trouxe de volta a Jerusalém e a seu reino. E assim Manassés reconheceu que o Senhor é Deus.

¹⁴ Depois disso ele reconstruiu e aumentou a altura do muro externo da Cidade de Davi, a oeste da fonte de Giom, [b] no vale, até a entrada da porta do Peixe, [c] em torno da colina de Ofel. [d] Também pôs comandantes militares em todas as cidades fortificadas de Judá.

¹⁵ Manassés tirou [e] do templo do Senhor os deuses estrangeiros e a imagem que havia colocado lá, bem como todos os altares idólatras que havia construído na colina do templo e em Jerusalém e jogou-os fora da cidade. ¹⁶ Depois restaurou o altar do Senhor e sobre ele ofereceu sacrifícios de comunhão e ofertas de gratidão, [f] ordenando a Judá que servisse o Senhor, o Deus de Israel. ¹⁷ O povo, contudo, continuou a sacrificar nos altares idólatras, mas somente ao Senhor, o seu Deus.

¹⁸ Os demais acontecimentos do reinado de Manassés, inclusive sua oração a seu Deus e as palavras que os videntes lhe falaram em nome do Senhor, o Deus de Israel, estão escritos nos registros históricos dos reis de Israel[1]. ¹⁹ Sua oração e a resposta de Deus, bem como todos os seus pecados e a sua infidelidade, além dos locais onde construiu altares idólatras e ergueu postes sagrados e ídolos, antes de humilhar-se,[g] tudo está escrito nos registros históricos dos videntes[2].[h] ²⁰ Manassés descansou com os seus antepassados e foi sepultado [i] em

---

[1] **33.18** Isto é, Judá, como ocorre frequentemente em 2 Crônicas.

[2] **33.19** Conforme um manuscrito do Texto Massorético e a Septuaginta. A maioria dos manuscritos do Texto Massorético diz *registros históricos de Hozai*.

O Reinado de Amom, Rei de Judá

²¹ Amom ʲ tinha vinte e dois anos de idade quando começou a reinar e reinou dois anos em Jerusalém. ²² Ele fez o que o Senhor reprova; à semelhança de seu pai, Amom prestou culto e ofereceu sacrifícios a todos os ídolos que Manassés havia feito. ²³ Mas, ao contrário de seu pai Manassés, não se humilhou ᵏ diante do Senhor, antes, aumentou a sua culpa.

²⁴ Os oficiais de Amom conspiraram contra ele e o assassinaram em seu palácio. ²⁵ Mas o povo ˡ matou todos os que haviam conspirado contra o rei Amom, e proclamou seu filho Josias rei em seu lugar.

As Reformas de Josias

34 Josias ᵐ tinha oito anos de idade quando começou a reinar ⁿ e reinou trinta e um anos em Jerusalém. ² Ele fez o que o Senhor aprova e andou nos caminhos de Davi,ᵒ seu predecessor, sem desviar-se nem para a direita nem para a esquerda.

³ No oitavo ano do seu reinado, sendo ainda bem jovem, ele começou a buscar o Deus de Davi, ᵖ seu predecessor. No décimo segundo ano, começou a purificar Judá e Jerusalém dos altares idólatras, dos postes sagrados, das imagens esculpidas e dos ídolos de metal. ⁴ Sob as suas ordens foram derrubados os altares dos baalins; além disso, ele despedaçou os altares de incenso¹ ᵠ que ficavam acima deles. Também despedaçou e reduziu a pó os postes sagrados, as imagens esculpidas e os ídolos de metal, e os espalhou sobre os túmulos daqueles que lhes haviam oferecido sacrifícios.ʳ ⁵ Depois queimou ˢ os ossos dos sacerdotes sobre esses altares, purificando assim Judá e Jerusalém. ⁶ Nas cidades das tribos de Manassés, de Efraim e de Simeão, e até mesmo de Naftali, e nas ruínas ao redor delas, ⁷ derrubou os altares e os postes sagrados, esmagou os ídolos, reduzindo-os a pó,ᵗ e despedaçou todos os altares de incenso espalhados por Israel. Então voltou para Jerusalém.

⁸ No décimo oitavo ano do seu reinado, a fim de purificar o país e o templo, ele enviou Safã, filho de Azalias, e Maaseias, governador da cidade, junto com Joá, filho do arquivista real Joacaz, para restaurarem o templo do Senhor, o seu Deus.

⁹ Eles foram entregar ao sumo sacerdote Hilquias ᵘ a prata que havia sido trazida ao templo de Deus e que os porteiros levitas haviam recolhido das ofertas do povo de Manassés e de Efraim, e de todo o remanescente de Israel, e também de todo o povo de Judá e de Benjamim e dos habitantes de Jerusalém. ¹⁰ Confiaram a prata aos homens nomeados para supervisionarem a reforma no templo do Senhor, os quais pagavam os trabalhadores que faziam os reparos no templo. ¹¹ Também deram dessa prata ᵛ aos carpinteiros e aos construtores para comprarem pedras lavradas e madeira para as juntas e as vigas dos edifícios que os reis de Judá haviam deixado ficar em ruínas.ʷ

¹² Esses homens fizeram o trabalho com fidelidade.ˣ Eram dirigidos por Jaate e Obadias, levitas descendentes de Merari, e por Zacarias e Mesulão, descendentes de Coate. Todos os levitas que sabiam tocar instrumentos musicaisʸ ¹³ estavam encarregados ᶻ dos operários e supervisionavam todos os trabalhadores em todas as funções. Outros levitas eram secretários, oficiais e porteiros.

O Livro da Lei é Encontrado

¹⁴ Enquanto recolhiam a prata que tinha sido trazida para o templo do Senhor, o sacerdote Hilquias encontrou o Livro da Lei do Senhor que havia sido dada por meio de Moisés. ¹⁵ Hilquias disse ao secretário Safã: "Encontrei o Livro da Lei ᵃ no templo do Senhor". E o entregou a Safã.

¹⁶ Então Safã levou o Livro ao rei e lhe informou: "Teus servos estão fazendo tudo

---

¹ **34.4** Provavelmente colunas dedicadas ao deus sol; também no versículo 7.

o que lhes foi ordenado. ¹⁷ Fundiram a prata que estava no templo do Senhor e a confiaram aos supervisores e aos trabalhadores". ¹⁸ E acrescentou: "O sacerdote Hilquias entregou-me um livro". E Safã leu trechos do Livro para o rei.

¹⁹ Assim que o rei ouviu as palavras da Lei,ᵇ rasgou suas vestesᶜ ²⁰ e deu estas ordens a Hilquias, a Aicam, filho de Safã,ᵈ a Abdom, filho de Mica¹, ao secretário Safã e ao auxiliar real Asaías: ²¹ "Vão consultar o Senhor por mim e pelo remanescente de Israel e de Judá acerca do que está escrito neste livro que foi encontrado. A ira do Senhor ᵉ contra nós deve ser grande, pois os nossos antepassados não obedeceram à palavra do Senhor e não agiram de acordo com tudo o que está escrito neste livro".

²² Hilquias e aqueles que o rei tinha enviado com ele² foram falar com a profetisa Hulda,ᶠ mulher de Salum, filho de Tocate³ e neto de Harás, e responsável pelo guarda-roupa do templo. Ela morava no bairro novo de Jerusalém.

²³ Hulda lhes disse: "Assim diz o Senhor, o Deus de Israel: 'Digam ao homem que os enviou a mim: ²⁴ Assim diz o Senhor: Eu vou trazer uma desgraça ᵍ sobre este lugar e sobre os seus habitantes; ʰ todas as maldiçõesⁱ escritas no livro que foi lido na presença do rei de Judá. ²⁵ Porque me abandonaram ʲ e queimaram incenso a outros deuses, provocando a minha ira por meio de todos os ídolos que as mãos deles têm feito⁴, minha ira arderá contra este lugar e não será apagada'. ²⁶ Digam ao rei de Judá, que os enviou para consultar o Senhor: Assim diz o Senhor, o Deus de Israel, acerca das palavras que você ouviu: ²⁷ 'Já que o seu coração se abriu ᵏ e você se humilhou ˡ diante de Deus quando ouviu o que ele falou contra este lugar e contra os seus habitantes e você se humilhou diante de mim, rasgou as suas vestes e chorou na minha presença, eu o ouvi', declara o Senhor. ²⁸ 'Portanto, eu o reunirei aos seus antepassados, ᵐ e você será sepultado em paz. Seus olhos não verão a desgraça que trarei sobre este lugar e sobre os seus habitantes' ".ⁿ

Então eles levaram a resposta a Josias.

²⁹ Em face disso, o rei convocou todas as autoridades de Judá e de Jerusalém. ³⁰ Depois subiu ao templo do Senhor ᵒ acompanhado por todos os homens de Judá, todo o povo de Jerusalém, os sacerdotes e os levitas: todo o povo, dos mais simples aos mais importantes⁵. Para todos o rei leu em alta voz todas as palavras do Livro da Aliança, que havia sido encontrado no templo do Senhor. ³¹ Ele tomou o seu lugar ᵖ e, na presença do Senhor, fez uma aliança,ᵠ comprometendo-se a seguir ʳ o Senhor e obedecer de todo o coração e de toda a alma aos seus mandamentos, aos seus testemunhos e aos seus decretos, cumprindo as palavras da aliança escritas naquele livro.

³² Depois fez com que todos em Jerusalém e em Benjamim se comprometessem com a aliança; os habitantes de Jerusalém passaram a cumprir a aliança de Deus, o Deus dos seus antepassados.

³³ Josias retirou todos os ídolos detestáveis ˢ de todo o território dos israelitas e obrigou todos os que estavam em Israel a servirem ao Senhor, o seu Deus. E enquanto ele viveu, o povo não deixou de seguir o Senhor, o Deus dos seus antepassados.

Josias Celebra a Páscoa

35 Josias celebrou a Páscoa do Senhor em Jerusalém, e o cordeiro da Páscoa ᵗ foi abatido no décimo quarto dia do primeiro mês. ² Ele nomeou os sacerdotes para as suas responsabilidades e os

---

¹ **34.20** Também chamado *Acbor, filho de Micaías*.
² **34.22** Conforme um manuscrito do Texto Massorético, a Vulgata e a Versão Siríaca. A maioria dos manuscritos do Texto Massorético não traz *tinha enviado com ele*.
³ **34.22** Também chamado *Ticvá*.
⁴ **34.25** Ou *por meio de tudo o que eles têm feito*
⁵ **34.30** Ou *dos mais jovens aos mais velhos*

encorajou a se dedicarem ao serviço no templo do Senhor. ³ Ele disse aos levitas que instruíam ᵘ todo o Israel e haviam sido consagrados ao Senhor: "Ponham a arca sagrada no templo construído por Salomão, filho de Davi, rei de Israel. Vocês não precisam mais levá-la de um lado para outro sobre os ombros. Agora sirvam ao Senhor, o seu Deus, e a Israel, o povo dele. ⁴ Preparem-se por famílias, em suas divisões,ᵛ de acordo com a orientação escrita por Davi, rei de Israel, e por seu filho Salomão.

⁵ "Fiquem no Lugar Santo com um grupo de levitas para cada subdivisão das famílias do povo. ⁶ Abatam os cordeiros da Páscoa, consagrem-se ʷ e preparem os cordeiros para os seus irmãos israelitas, fazendo o que o Senhor ordenou por meio de Moisés".

⁷ Josias deu a todo o povo que ali estava um total de trinta mil ovelhas e cabritos para as ofertas da Páscoa,ˣ além de três mil bois; tudo foi tirado dos bens pessoais do rei.ʸ

⁸ Seus oficiais também contribuíramᶻ voluntariamente para o povo, para os sacerdotes e para os levitas. Hilquias,ᵃ Zacarias e Jeiel, os administradores do templo de Deus, deram aos sacerdotes duas mil e seiscentas ovelhas e cabritos e trezentos bois. ⁹ Também Conanias,ᵇ com seus irmãos Semaías e Natanael, e os líderes dos levitas – Hasabias, Jeiel e Jozabade – ᶜ ofereceram aos levitas cinco mil ovelhas e cabritos e quinhentos bois.

¹⁰ O serviço foi organizado e os sacerdotes assumiram os seus lugares com os levitas em seus turnos,ᵈ conforme o rei ordenara.ᵉ ¹¹ Os cordeiros da Páscoa foram abatidos,ᶠ e os sacerdotes aspergiram o sangue que lhes fora entregue, enquanto os levitas tiravam a pele dos animais. ¹² Eles separaram também os holocaustos para dá-los aos grupos das famílias do povo, para que elas os oferecessem ao Senhor, conforme está escrito no Livro de Moisés; e fizeram o mesmo com os bois. ¹³ Assaram os animais da Páscoa sobre o fogo, conforme prescrito, ᵍ cozinharam as ofertas sagradas em potes, caldeirões e panelas, e serviram rapidamente todo o povo. ¹⁴ Depois disso, os levitas prepararam a parte deles e a dos sacerdotes, pois estes, descendentes de Arão, ficaram sacrificando os holocaustos e as porções de gordura ʰ até o anoitecer. Foi por isso que os levitas prepararam a parte deles e a dos sacerdotes, descendentes de Arão.

¹⁵ Os músicos,ⁱ descendentes de Asafe, estavam nos locais prescritos por Davi e por Asafe, Hemã e Jedutum, vidente do rei. Os porteiros que guardavam cada porta não precisaram deixar os seus postos, pois os seus colegas levitas prepararam as ofertas para eles.

¹⁶ Assim, naquele dia, todo o serviço do Senhor foi executado para a celebração da Páscoa e para a apresentação de holocaustos no altar do Senhor, conforme o rei Josias havia ordenado. ¹⁷ Os israelitas que estavam presentes celebraram a Páscoa naquele dia e durante sete dias celebraram a festa dos pães sem fermento. ¹⁸ A Páscoa não havia sido celebrada dessa maneira em Israel desde os dias do profeta Samuel; e nenhum dos reis de Israel havia celebrado uma Páscoa como esta, como o fez Josias, com os sacerdotes, os levitas e todo o Judá e Israel que estavam ali com o povo de Jerusalém. ¹⁹ Esta Páscoa foi celebrada no décimo oitavo ano do reinado de Josias.

A Morte de Josias

²⁰ Depois de tudo o que Josias fez, e depois de colocar em ordem o templo, Neco, rei do Egito, saiu para lutar em Carquemis, ʲ junto ao Eufrates,ᵏ e Josias marchou para combatê-lo. ²¹ Neco, porém, enviou-lhe mensageiros, dizendo: "Não interfiras nisso, ó rei de Judá. Desta vez não estou atacando a ti, mas a outro reino com o qual estou em guerra. Deus me disse ˡ que me apressasse; por isso para de te opores a Deus, que está comigo; caso contrário ele te destruirá".

²² Josias, contudo, não quis voltar atrás, e disfarçou-se ᵐ para enfrentá-lo em combate. Ele não quis ouvir o que Neco lhe dissera por ordem de Deus e foi combatê-lo na planície de Megido. ²³ Na batalha, flecheiros ⁿ atingiram o rei Josias, pelo que disse aos seus oficiais: "Tirem-me daqui. Estou gravemente ferido". ²⁴ Eles o tiraram do seu carro, colocaram-no em outro e o levaram para Jerusalém, onde morreu. Ele foi sepultado nos túmulos dos seus antepassados, e todos os moradores de Judá e de Jerusalém choraram por ele. ²⁵ Jeremias compôs um cântico de lamento em homenagem a Josias, e até hoje todos os cantores e cantoras homenageiam Josias com cânticos de lamento.º Estes se tornaram uma tradição em Israel e estão escritos na coletânea de lamentações. ²⁶ Os demais acontecimentos do reinado de Josias e os seus atos piedosos, de acordo com o que está escrito na Lei do Senhor, ²⁷ todos os acontecimentos, do início ao fim, estão escritos nos registros históricos dos reis de Israel e de Judá.

36 E o povo tomou Jeoacaz, filho de Josias, e proclamou-o rei em Jerusalém, no lugar de seu pai.

O Reinado de Jeoacaz, Rei de Judá

² Jeoacaz tinha vinte e três anos de idade quando começou a reinar e reinou três meses em Jerusalém. ³ O rei do Egito destronou-o em Jerusalém e impôs a Judá um tributo de três toneladas e meia¹ de prata e trinta e cinco quilos de ouro. ⁴ O rei do Egito proclamou Eliaquim, irmão de Jeoacaz, rei sobre Judá e sobre Jerusalém e mudou-lhe o nome para Jeoaquim. Mas Necoᵖ levou Jeoacaz, irmão de Eliaquim, para o Egito.

O Reinado de Jeoaquim, Rei de Judá

⁵ Jeoaquimᑫ tinha vinte e cinco anos de idade quando começou a reinar e reinou onze anos em Jerusalém. Ele fez o que o Senhor, o seu Deus, reprova. ⁶ Nabucodonosor,ʳ rei da Babilônia, atacou-o e prendeu-o com algemas de bronze para levá-lo para a Babilônia.ˢ ⁷ Levou também para a Babilônia objetos do templo do Senhor e os colocou no seu templo².ᵗ

⁸ Os demais acontecimentos do reinado de Jeoaquim, as coisas detestáveis que fez e tudo o que foi achado contra ele, estão escritos nos registros históricos dos reis de Israel e de Judá. Seu filho Joaquim foi o seu sucessor.

O Reinado de Joaquim, Rei de Judá

⁹ Joaquimᵘ tinha dezoito³ anos de idade quando começou a reinar e reinou três meses e dez dias em Jerusalém. Ele fez o que o Senhor reprova. ¹⁰ Na primavera o rei Nabucodonosor mandou levá-lo para a Babilônia,ᵛ junto com objetos de valor retirados do templo do Senhor, e proclamou Zedequias, tio⁴ de Joaquim, rei sobre Judá e sobre Jerusalém.

O Reinado de Zedequias, Rei de Judá

¹¹ Zedequiasʷ tinha vinte e um anos de idade quando começou a reinar, e reinou onze anos em Jerusalém. ¹² Ele fez o que o Senhor,ˣ o seu Deus, reprova e não se humilhouʸ diante do profeta Jeremias, que lhe falava como porta-voz do Senhor. ¹³ Também se revoltou contra o rei Nabucodonosor, que o havia obrigado a fazer um juramento ᶻ em nome de Deus. Tornou-se muito obstinado ᵃ e não quis se voltar para o Senhor, o Deus de Israel. ¹⁴ Além disso, todos os líderes dos sacerdotes e o povo se tornaram cada vez mais infiéis,ᵇ seguindo todas as práticas detestáveis das outras nações e contaminando o templo do Senhor, consagrado por ele em Jerusalém.

---

¹ **36.3** Hebraico: *100 talentos*. Um talento equivalia a 35 quilos.
² **36.7** Ou *palácio*
³ **36.9** Conforme um manuscrito do Texto Massorético, alguns manuscritos da Septuaginta e a Versão Siríaca. A maioria dos manuscritos do Texto Massorético diz *oito*. Veja 2Rs 24.8.
⁴ **36.10** Ou *parente*

A Queda de Jerusalém

15 O Senhor, o Deus dos seus antepassados, advertiu-os várias vezes[d] por meio de seus mensageiros,[e] pois ele tinha compaixão de seu povo e do lugar de sua habitação. **16** Mas eles zombaram dos mensageiros de Deus, desprezaram as palavras dele e expuseram ao ridículo os seus profetas,[e] até que a ira[f] do Senhor se levantou contra o seu povo e já não houve remédio.[g] **17** O Senhor enviou contra eles o rei dos babilônios[i] que, no santuário, matou os seus jovens à espada. Não poupou nem rapazes,[h] nem moças, nem adultos, nem velhos. Deus entregou todos eles nas mãos de Nabucodonosor;[i] **18** este levou para a Babilônia todos os utensílios[j] do templo de Deus, tanto os pequenos como os grandes, com os tesouros do templo do Senhor, os do rei e os de seus oficiais. **19** Os babilônios incendiaram[k] o templo de Deus[l] e derrubaram o muro de Jerusalém;[m] queimaram todos os palácios e destruíram[n] todos os utensílios de valor que havia neles.[o] **20** Nabucodonosor levou para o exílio,[p] na Babilônia, os remanescentes que escaparam da espada, para serem seus escravos[q] e dos seus descendentes, até a época do domínio persa. **21** A terra desfrutou os seus descansos sabáticos;[r] descansou durante todo o tempo de sua desolação,[s] até que os setenta anos[t] se completaram, em cumprimento da palavra do Senhor anunciada por Jeremias.

22 No primeiro ano do reinado de Ciro,[u] rei da Pérsia, para que se cumprisse a palavra do Senhor anunciada por Jeremias, o Senhor tocou no coração de Ciro, rei da Pérsia, para que fizesse uma proclamação em todo o território de seu domínio e a pusesse por escrito, nestes termos:

23 "Assim declaro eu, Ciro, rei da Pérsia:

'O Senhor, o Deus dos céus, deu-me todos os reinos da terra e designou-me[v] para construir um templo para ele em Jerusalém, na terra de Judá. Quem dentre vocês pertencer ao seu povo vá para Jerusalém, e que o Senhor, o seu Deus, esteja com ele' ".

---

l **36.17** Ou *caldeus*

Introdução a ESDRAS

PANO DE FUNDO

O livro de Esdras está alinhado com a cronologia de 2Crônicas. O segundo êxodo do povo de Deus começa quando Deus cumpre sua promessa para trazer seu povo de volta para sua terra (Jeremias 29.10) depois do exílio de setenta anos. A primeira parte desse retorno exílico acontece sob a liderança e o trabalho de Zorobabel, o governador apontado para reconstruir o templo. Aproximadamente na metade do livro, quase sessenta anos depois, o sacerdote e escriba Esdras retorna com prata, ouro e outros itens para uso no templo, bem como sacerdotes para oferecer sacrifícios.

Acredita-se que o autor desse livro tenha sido Esdras, um sacerdote e descendente de Arão (7.1-5). As seções desse livro escritas na primeira pessoa (7.28—9.15) dão credenciais a sua autoria. Historicamente os livros de Esdras e Neemias era um único documento.

MENSAGEM

O livro de Esdras é um testamento da fidelidade de Deus. Depois que a conquistadora Babilônia foi conquistada pelos medo-persas (Daniel 5.30), o rei persa Ciro publica um decreto permitindo ao povo de Israel retornar para sua terra. Essa ação tinha sido profetizada por Isaías — até mesmo o nome do rei: "[Deus] que diz acerca de Ciro:

> Ele é meu pastor, e realizará tudo o que me agrada; ele dirá acerca de Jerusalém: 'Seja reconstruída', e do templo: 'Sejam lançados os seus alicerces' " (Isaías 44.28).

Nada pega Deus de surpresa; nada está fora do seu controle.

ÉPOCA

O livro de Esdras foi escrito provavelmente entre 457 e 444 a.C. Seus eventos se encaixam com os livros de Ester e Neemias: os eventos em Ester ocorrem durante o período coberto nos seis primeiros capítulos de Esdras; os eventos de Neemias ocorrem durante o período recontado em Esdras 7—10.

ESBOÇO

I. O retorno de Zorobabel
   A. O decreto de Ciro — 1.1-11
   B. O censo desses retornados — 2.1-67
   C. Ofertas para o templo — 2.68—3.7
   D. A construção do templo — 3.8—6.22

II. O retorno de Esdras
   A. Presentes de Artaxerxes — 7.1-28
   B. *O censo desses retornados* — 8.1-14
   C. A jornada para Jerusalém — 8.15-36
   D. Anulação dos casamentos ilegais — 9.1—10.44

O Decreto de Ciro

1 No primeiro ano do reinado de Ciro, rei da Pérsia, a fim de que se cumprisse a palavra do Senhor falada por Jeremias,ᵃ o Senhor despertou o coraçãoᵇ de Ciro, rei da Pérsia, para redigir uma proclamação e divulgá-la em todo o seu reino, nestes termos:

² "Assim diz Ciro, rei da Pérsia:

"O Senhor, o Deus dos céus, deu-me todos os reinos da terra e designou-meᶜ para construirᵈ um templo para ele em Jerusalém de Judá. ³ Qualquer do seu povo que esteja entre vocês, que o seu Deus esteja com ele, e que vá a Jerusalém de Judá reconstruir o templo do Senhor, o Deus de Israel, o Deus que em Jerusalém tem a sua morada. ⁴ E que todo sobrevivente,ᵉ seja qual for o lugar em que esteja vivendo, receba dos que ali vivem prata, ouro, bens, animais e ofertas voluntáriasᶠ para o templo de Deus em Jerusalém".ᵍ

⁵ Então os líderes das famílias de Judá e de Benjamim,ʰ como também os sacerdotes e os levitas, todos aqueles cujo coração Deus despertou,ⁱ dispuseram-se a ir para Jerusalém e a construir o temploʲ do Senhor. ⁶ Todos os seus vizinhos os ajudaram, trazendo-lhes utensílios de prata e de ouro, bens, animais e presentes valiosos, além de todas as ofertas voluntárias que fizeram. ⁷ Além disso, o rei Ciro mandou tirar os utensílios pertencentes ao templo do Senhor, os quais Nabucodonosor tinha levado de Jerusalém e colocado no templo do seu deus¹.ᵏ ⁸ Ciro, rei da Pérsia, ordenou que fossem tirados pelo tesoureiro Mitredate, que os enumerou e os entregou a Sesbazar,ˡ governador de Judá.

⁹ O total foi o seguinte:

30 tigelas de ouro,
1.000 tigelas de prata,
29 panelas de prata,
¹⁰ 30 bacias de ouro,
410 bacias de prata
de qualidade inferior
e 1.000 outros objetos.

¹¹ Ao todo foram, na verdade, cinco mil e quatrocentos utensílios de ouro e de prata. Sesbazar trouxe tudo isso consigo quando os exilados vieram da Babilônia para Jerusalém.

A Lista dos Exilados que Voltaram

2 Esta é a lista dos homens da província que Nabucodonosor, rei da Babilônia,ⁿ tinha levado prisioneiros ᵐ para a Babilônia. Eles voltaram para Jerusalém e Judá, cada um para a sua própria cidade.ᵒ ² Vieram na companhia de Zorobabel,ᵖ Jesua,ᵠ Neemias, Seraías,ʳ Reelaías, Mardoqueu, Bilsã, Mispar, Bigvai, Reum e Baaná.

Esta é a lista dos israelitas:

³ os descendentes
de Parós,ˢ 2.172;
⁴ de Sefatias, 372;
⁵ de Ara, 775;
⁶ de Paate-Moabe,
por meio da linhagem
de Jesua e Joabe, 2.812;
⁷ de Elão, 1.254;
⁸ de Zatu, 945;
⁹ de Zacai, 760;
¹⁰ de Bani, 642;
¹¹ de Bebai, 623;
¹² de Azgade, 1.222;
¹³ de Adonicão,ᵗ 666;
¹⁴ de Bigvai, 2.056;
¹⁵ de Adim, 454;
¹⁶ de Ater,
por meio de Ezequias, 98;
¹⁷ de Besai, 323;
¹⁸ de Jora, 112;
¹⁹ de Hasum, 223;
²⁰ de Gibar, 95;
²¹ os da cidade de Belém, 123;ᵘ
²² de Netofate, 56;

---
¹ **1.7** Ou *seus deuses*

²³ de Anatote, 128;
²⁴ de Azmavete, 42;
²⁵ de Quiriate-Jearim¹, Quefira e Beerote, 743;
²⁶ de Ramá e Geba, 621;
²⁷ de Micmás, 122;
²⁸ de Betel e Ai, 223;
²⁹ de Nebo, 52;
³⁰ de Magbis, 156;
³¹ do outro Elão, 1.254;
³² de Harim, 320;
³³ de Lode, Hadide e Ono, 725;
³⁴ de Jericó, 345;
³⁵ de Senaá, 3.630.

³⁶ Os sacerdotes:

os descendentes de Jedaías, por meio da família de Jesua, 973;
³⁷ de Imer, 1.052;
³⁸ de Pasur, 1.247;
³⁹ de Harim, 1.017.

⁴⁰ Os levitas:

os descendentes de Jesua e de Cadmiel, por meio da linhagem de Hodavias, 74.

⁴¹ Os cantores:

os descendentes de Asafe, 128.

⁴² Os porteiros do templo:

os descendentes de Salum, Ater, Talmom, Acube, Hatita e Sobai, 139.

⁴³ Os servidores do templo:

os descendentes de Zia, Hasufa, Tabaote,
⁴⁴ Queros, Sia, Padom,
⁴⁵ Lebana, Hagaba, Acube,
⁴⁶ Hagabe, Sanlai, Hanã,
⁴⁷ Gidel, Gaar, Reaías,
⁴⁸ Rezim, Necoda, Gazão,
⁴⁹ Uzá, Paseia, Besai,
⁵⁰ Asná, Meunim, Nefusim,
⁵¹ Baquebuque, Hacufa, Harur,
⁵² Baslute, Meída, Harsa,
⁵³ Barcos, Sísera, Tamá,
⁵⁴ Nesias e Hatifa.

⁵⁵ Os descendentes dos servos de Salomão:

os descendentes de Sotai, Soferete, Peruda,
⁵⁶ Jaala, Darcom, Gidel,
⁵⁷ Sefatias, Hatil, Poquerete-Hazebaim e Ami.

⁵⁸ O total dos servidores do templo e dos descendentes dos servos de Salomão, 392.

⁵⁹ Os que chegaram das cidades de Tel-Melá, Tel-Harsa, Querube, Adã e Imer, mas não puderam comprovar que suas famílias descendiam de Israel, foram os seguintes:

⁶⁰ os descendentes de Delaías, Tobias e Necoda, 652.

⁶¹ E entre os sacerdotes:

os descendentes de Habaías, Hacoz e Barzilai, homem que se casou com uma filha de Barzilai, de Gileade, e que era chamado pelo nome do sogro.
⁶² Eles examinaram seus registros de família, mas não conseguiram achá-los e foram considerados impuros para o sacerdócio. ⁶³ Por isso o governador os proibiu de comer alimentos sagrados enquanto não houvesse um sacerdote capaz de consultar Deus por meio do Urim e do Tumim².

¹ **2.25** Conforme a Septuaginta. O Texto Massorético diz *Quiriate-Arim*. Veja Ne 7.29.

² **2.63** Objetos utilizados para se conhecer a vontade de Deus.

⁶⁴ A totalidade dos que voltaram do exílio atingiu o número de 42.360 homens, ⁶⁵ além dos seus 7.337 servos e servas; havia entre eles 200 cantores e cantoras.ⁿ ⁶⁶ Possuíam 736 cavalos,ᵒ 245 mulas, ⁶⁷ 435 camelos e 6.720 jumentos.

⁶⁸ Quando chegaram ao templo do SENHOR em Jerusalém, alguns dos chefes das famíliasᵖ deram ofertas voluntárias para a reconstrução do templo de Deus no seu antigo local. ⁶⁹ De acordo com as suas possibilidades, deram à tesouraria para essa obra quinhentos quilos¹ de ouro, três toneladas² de prata e cem vestes sacerdotais.

⁷⁰ Os sacerdotes, os levitas, os cantores, os porteiros e os servidores do templo, bem como os demais israelitas, estabeleceram-se em suas cidades de origem.ᵍ

A Reconstrução do Altar

3 Quando chegou o sétimo mês e os israelitas já estavam em suas cidades,ʳ o povo se reuniuˢ como um só homem em Jerusalém. ² Então Jesua,ᵗ filho de Jozadaque,ᵘ e seus colegas, os sacerdotes, e Zorobabel, filho de Sealtiel,ᵛ e seus companheiros começaram a construir o altar do Deus de Israel para nele sacrificarem holocaustos³, conforme o que está escrito na Lei de Moisés,ʷ homem de Deus. ³ Apesar do receioˣ que tinham dos povos ao redor, construíram o altar sobre a sua base e nele sacrificaram holocaustos ao SENHOR, tanto os sacrifíciosʸ da manhã como os da tarde. ⁴ Depois, de acordo com o que está escrito, celebraram a festa das cabanas²⁴ com o número determinado de holocaustos prescritos para cada dia. ⁵ A seguir apresentaram os holocaustos regulares, os sacrifícios da lua novaᵃ e os sacrifícios requeridos para todas as festas sagradas determinadas pelo SENHOR,ᵇ bem como os que foram trazidos como ofertas voluntárias ao SENHOR. ⁶ A partir do primeiro dia do sétimo mês começaram a oferecer holocaustos ao SENHOR, embora ainda não tivessem sido lançados os alicerces do templo do SENHOR.

A Reconstrução do Templo

⁷ Então eles deram dinheiro aos pedreiros e aos carpinteiros, e deram comida, bebida e azeite ao povo de Sidom e de Tiro, para que, pelo mar, trouxessem do Líbanoᵈ para Jope toras de cedro.ᶜ Isso tinha sido autorizado por Ciro,ᵉ rei da Pérsia.

⁸ No segundo mês do segundo ano depois de chegarem ao templo de Deus em Jerusalém, Zorobabel,ᶠ filho de Sealtiel, Jesua, filho de Jozadaque, e o restante dos seus irmãos — os sacerdotes, os levitas e todos os que tinham voltado do cativeiro para Jerusalém — começaram o trabalho, designando levitas de vinteᵍ anos para cima para supervisionarem a construção do templo do SENHOR. ⁹ Jesua,ʰ seus filhos e seus irmãos, e Cadmiel e seus filhos, descendentes de Hodavias⁵, e os filhos de Henadade e seus filhos e seus irmãos, todos eles levitas, uniram-se para supervisionar os que trabalhavam no templo de Deus.

¹⁰ Quando os construtores lançaramⁱ os alicerces do templo do SENHOR, os sacerdotes, com suas vestes e suas trombetas,ʲ e os levitas, filhos de Asafe, com címbalos, tomaram seus lugares para louvarᵏ o SENHOR, conforme prescrito por Davi,ˡ rei de Israel.ᵐ ¹¹ Com louvor e ações de graças, cantaram responsivamente ao SENHOR:

"Ele é bom;
 seu amor a Israel dura para sempre".ⁿ

E todo o povo louvou o SENHOR em alta voz,ᵒ pois haviam sido lançados os alicerces do templo do SENHOR. ¹² Mas muitos dos sacerdotes, dos levitas e dos chefes

---

¹ **2.69** Hebraico: *61.000 dracmas*.
² **2.69** Hebraico: *5.000 minas*. Uma mina equivalia a 600 gramas.
³ **3.2** Isto é, *sacrifícios totalmente queimados*; também nos versículos 3-6.
⁴ **3.4** Ou *dos tabernáculos*; hebraico: *sucote*.
⁵ **3.9** Hebraico: *Judá*, possível variante de *Hodavias*.

das famílias mais velhos, que tinham visto o antigo templo,ᵖ choraram em alta voz quando viram o lançamento dos alicerces desse templo; muitos, porém, gritavam de alegria. ¹³ Não era possível distinguir entre o som dos gritos de alegriaᵠ e o som do choro, pois o povo fazia enorme barulho. E o som foi ouvido a grande distância.

A Oposição à Obra

4 Quando os inimigos de Judá e de Benjamim souberam que os exilados estavam reconstruindo o templo do Senhor, o Deus de Israel, ² foram falar com Zorobabel e com os chefes das famílias: "Vamos ajudá-los nessa obra porque, como vocês, nós buscamos o Deus de vocês e temos sacrificado a ele desde a época de Esar-Hadom,ʳ rei da Assíria, que nos trouxe para cá".ˢ

³ Contudo, Zorobabel, Jesua e os demais chefes das famílias de Israel responderam: "Não compete a vocês a reconstrução do templo de nosso Deus. Somente nós o construiremos para o Senhor, o Deus de Israel, conforme Ciro, o rei da Pérsia, nos ordenou".ᵗ

⁴ Então a gente da região começou a desanimar o povo de Judá e a atemorizá-lo, para que não continuasse a construção¹.ᵘ ⁵ Pagaram alguns funcionários para que se opusessem ao povo e frustrassem o seu plano. E fizeram isso durante todo o reinado de Ciro até o reinado de Dario, reis da Pérsia.

A Oposição nos Reinados de Xerxes e Artaxerxes

⁶ No início do reinado de Xerxes²,ᵛ apresentaram uma acusação contra o povo de Judá e de Jerusalém.ʷ

⁷ E nos dias de Artaxerxes,ˣ rei da Pérsia, Bislão, Mitredate, Tabeel e o restante dos seus companheiros escreveram uma carta a Artaxerxes. A carta foi escrita em aramaico, com caracteres aramaicos³.ʸ⁴

⁸ O comandante Reum e o secretário Sinsai escreveram uma carta contra Jerusalém ao rei Artaxerxes:

⁹ O comandante Reum e o secretário Sinsai, e o restante de seus companheirosᶻ — os juízes e os oficiais de Trípoli, da Pérsia, de Ereque e⁵ da Babilônia, os elamitas de Susã, ¹⁰ e das outras nações que o grande e renomado Assurbanípal⁶ deportou e assentou na cidade de Samaria e noutros lugares a oeste do Eufratesᵃ — escreveram, nos seguintes termos:

¹¹ (Esta é uma cópia da carta que lhe enviaram.)

"Ao rei Artaxerxes,

"De seus servos que vivem a oeste do Eufrates:

¹² "Informamos o rei que os judeus que chegaram a nós da tua parte vieram a Jerusalém e estão reconstruindo aquela cidade rebelde e má. Estão fazendo reparos nos muros e consertando os alicerces.ᵇ

¹³ "Além disso, é preciso que o rei saiba que, se essa cidade for reconstruída e os seus muros reparados, não mais se pagarão impostos, tributos ou taxas,ᶜ e as rendas do rei sofrerão prejuízo. ¹⁴ Agora, visto que estamos a serviço do palácio e não nos é conveniente ver a desonra do rei, nós enviamos esta mensagem ao rei, ¹⁵ a fim de que se faça uma pesquisa nos arquivosᵈ de seus antecessores. Nesses arquivos o rei descobrirá e saberá que essa cidade é uma cidade rebelde, problemática para reis e províncias, um lugar de revoltas desde épocas antigas, motivo pelo qual foi destruída.ᵉ ¹⁶ Informamos ao rei que, se essa cidade for reconstruída e seus muros reparados, nada sobrará a oeste do Eufrates".ᶠ

---

¹ **4.4** Ou *a perturbá-lo enquanto construía*
² **4.6** Hebraico: *Assuero*, variante do nome persa *Xerxes*.
³ **4.7** Ou *em aramaico, com sua respectiva tradução*
⁴ **4.7** O texto de Esdras 4.8-6.18 está em aramaico.
⁵ **4.9** Ou *oficiais, magistrados e governadores sobre Ereque* e; ou ainda *oficiais de Dim, Afarsaque, Tarpel e Afarsa*
⁶ **4.10** Aramaico: *Osnapar*, variante de *Assurbanípal*.

¹⁷ O rei enviou-lhes a seguinte resposta:

"Ao comandante Reum, ao secretário Sinsai e aos seus demais companheiros que vivem em Samaria e em outras partes, a oeste do Eufrates:

"Saudações de paz!

¹⁸ "A carta que vocês nos enviaram foi traduzida e lida na minha presença. **¹⁹** Sob minhas ordens fez-se uma pesquisa e descobriu-se que essa cidade tem uma longa história de rebeldia*ᵍ* contra os reis e que tem sido um lugar de rebeliões e revoltas. **²⁰** Jerusalém teve reis poderosos que governaram toda a região a oeste do Eufrates,*ʰ* aos quais se pagavam impostos, tributos e taxas. **²¹** Ordene agora a esses homens que parem a obra, para que essa cidade não seja reconstruída enquanto eu não mandar. **²²** Tenham cuidado, não sejam negligentes neste assunto, para que os interesses reais*ⁱ* não sofram prejuízo".

²³ Lida a cópia da carta do rei Artaxerxes para Reum, para o secretário Sinsai e para os seus companheiros,*ʲ* eles foram depressa a Jerusalém e forçaram os judeus a parar a obra.

²⁴ Assim a obra do templo de Deus em Jerusalém foi interrompida e ficou parada até o segundo ano do reinado de Dario,*ᵏ* rei da Pérsia.

A Carta de Tatenai a Dario

5 Ora, o profeta Ageu*ˡ* e o profeta Zacarias,*ᵐ* descendente de Ido, profetizaram*ⁿ* aos judeus de Judá e de Jerusalém, em nome do Deus de Israel, que estava sobre eles. **²** Então Zorobabel,*ᵒ* filho de Sealtiel, e Jesua,*ᵖ* filho de Jozadaque, começaram*ᵍ* a reconstruir o templo de Deus em Jerusalém. E os profetas de Deus estavam com eles e os ajudavam.

³ Tatenai,*ʳ* governador do território a oeste do Eufrates, Setar-Bozenai*ˢ* e seus companheiros foram logo perguntar a eles: "Quem os autorizou a reconstruir este templo e estes muros?"*ᵗ* **⁴** E como se chamam os homens que estão construindo este edifício?"¹ **⁵** Mas os olhos do seu Deus*ᵘ* estavam sobre os líderes dos judeus, e eles não foram impedidos de trabalhar até que um relatório fosse enviado a Dario e dele se recebesse uma ordem oficial a respeito do assunto.

⁶ Esta é uma cópia da carta que Tatenai, governador do território situado a oeste do Eufrates, Setar-Bozenai e seus companheiros, os oficiais do oeste do Eufrates, enviaram ao rei Dario. **⁷** O relatório que lhe enviaram dizia o seguinte:

"Ao rei Dario:

"Paz e prosperidade!

⁸ "Informamos ao rei que fomos à província de Judá, ao templo do grande Deus. O povo o está reconstruindo com grandes pedras e já estão fixando as vigas de madeira nas paredes. A obra*ᵛ* está sendo executada com diligência e apresentando rápido progresso.

⁹ "Então perguntamos aos líderes: Quem os autorizou a reconstruir este templo e estes muros?*ʷ* **¹⁰** Também perguntamos os nomes dos líderes deles, para que os registrássemos para a tua informação.

¹¹ "Esta é a resposta que nos deram:

" 'Somos servos do Deus dos céus e da terra e estamos reconstruindo o templo*ˣ* edificado há muitos anos, templo que foi construído e terminado por um grande rei de Israel. **¹²** Mas, visto que os nossos antepassados irritaram*ʸ* o Deus dos céus, ele os entregou nas mãos do babilônio² Nabucodonosor, rei da Babilônia, que destruiu este templo e deportou o povo para a Babilônia.*ᶻ*

¹³ " 'Contudo, no seu primeiro ano como rei da Babilônia, o rei Ciro emitiu

---

¹ 5.4 Conforme a Septuaginta. O Texto Massorético diz *Demos a eles os nomes dos homens que estavam construindo este edifício*.

² 5.12 Ou *caldeu*

4.19
*ᵗ*2Rs 18.7

4.20
*ʰ*Gn 15.18-21; Ex 23.31; Jó 1.4; 1Rs 4.21; 1Cr 18.3; Sl 72.8-11

4.22
*ⁱ*Dn 6.2
4.23
*ʲ*v.9

4.24
*ᵏ*Ne 2.1-8; Dn 9.25; Ag 1.1,15; Zc 1.1

5.1
*ˡ*Ed 6.14; Ag 1.1,3, 12; 2.1,10, 20
*ᵐ*Zc 1.1; 7.1
*ⁿ*Ag 1.14-2.9; Zc 4.9-10;8.9

5.2
*ᵒ*1Cr 3.19; Ag 1.14; 2.21; Zc 4.6-10
*ᵖ*Ed 2.2; 3.2
*ᵍ*v. 8; Ag 2.2-5

5.3
*ʳ*Ed 6.6
*ˢ*Ed 6.6
*ᵗ*v. 9; Ed 1.3; 4.12

5.5
*ᵘ*2Rs 25.58; Ed 7.6,9,28; 8.18,22,31; Ne 2.8,18; Sl 33.18; Is 66.14

5.8
*ᵛ*v. 2

5.9
*ʷ*Ed 4.12

5.11
*ˣ*1Rs 6.1; 2Cr 3.1-2

5.12
*ʸ*2Cr 36.16
*ᶻ*Dt 21.10; 28.36; 2Rs 24.1; 25.8,9,11; Jr 1.3

um decreto*ª* ordenando a reconstrução desta casa de Deus. ¹⁴ Ele até mesmo tirou do templo¹ da Babilônia os utensílios de ouro e de prata da casa de Deus, os quais Nabucodonosor havia tirado do templo de Jerusalém e levado para o templo da Babilônia.*ᵇ*

" 'O rei Ciro os confiou a um homem chamado Sesbazar,*ᶜ* que ele tinha nomeado governador, ¹⁵ e lhe disse: "Leve estes utensílios, coloque-os no templo de Jerusalém e reconstrua a casa de Deus em seu antigo local". ¹⁶ Então Sesbazar veio e lançou os alicerces do templo de Deus*ᵈ* em Jerusalém. Desde aquele dia o templo tem estado em construção, mas ainda não foi concluído'.

¹⁷ "Agora, se for do agrado do rei, que se faça uma pesquisa nos arquivos reais*ᵉ* da Babilônia para verificar se o rei Ciro de fato emitiu um decreto ordenando a reconstrução da casa de Deus em Jerusalém. Aguardamos do rei a decisão sobre o assunto".

O Decreto de Dario

6 O rei Dario mandou então fazer uma pesquisa nos arquivos*ᶠ* da Babilônia, que estavam nos locais em que se guardavam os tesouros. ² Encontrou-se um rolo na cidadela de Ecbatana, na província da Média, e nele estava escrito o seguinte, que Dario comunicou:

³ "No primeiro ano do seu reinado, o rei Ciro promulgou um decreto acerca do templo de Deus em Jerusalém, nestes termos:

" 'Que o templo seja reconstruído como local destinado à apresentação de sacrifícios e que se lancem os seus alicerces.*ᵍ* Ele terá vinte e sete metros² de altura e vinte e sete metros de largura, ⁴ com três carreiras*ʰ* de pedras grandes e uma carreira de madeira. O custo será pago pela tesouraria do rei.*ⁱ* ⁵ E os utensílios de ouro*ʲ* e de prata da casa de Deus, que Nabucodonosor tirou do templo de Jerusalém e trouxe para a Babilônia, serão devolvidos aos seus lugares no templo de Jerusalém; devem ser colocados na casa de Deus'.*ᵏ*

⁶ "Agora, então, Tatenai,*ˡ* governador do território situado a oeste do Eufrates, e Setar-Bozenai,*ᵐ* e vocês, oficiais dessa província e amigos deles, mantenham-se afastados de lá. ⁷ Não interfiram na obra que se faz nesse templo de Deus. Deixem o governador e os líderes dos judeus reconstruírem esse templo de Deus em seu antigo local.

⁸ "Além disso, promulgo o seguinte decreto a respeito do que vocês farão por esses líderes dos judeus na construção desse templo de Deus:

"As despesas desses homens serão integralmente pagas pela tesouraria do rei,*ⁿ* do tributo*ᵒ* recebido do território a oeste do Eufrates, para que a obra não pare. ⁹ E o que for necessário: novilhos, carneiros, cordeiros para os holocaustos³ oferecidos*ᵖ* ao Deus dos céus, e trigo, sal, vinho e azeite, conforme for solicitado pelos sacerdotes em Jerusalém, tudo deverá ser entregue diariamente a eles, sem falta, ¹⁰ para que ofereçam sacrifícios agradáveis ao Deus dos céus e orem pelo bem-estar do rei e dos seus filhos.*q*

¹¹ "Além disso, determino que, se alguém alterar este decreto, atravessem-lhe o corpo com uma viga tirada de sua casa e deixem-no empalado.*ʳ* E seja a sua casa transformada num monte de entulho.*ˢ* ¹² E que Deus, que fez o seu nome ali habitar,*ᵗ* derrube qualquer rei ou povo que estender a mão para mudar este decreto ou para destruir esse templo de Jerusalém.

"Eu, Dario,*ᵘ* o decretei. Que seja plenamente executado".

---

¹ 5.14 Ou *palácio*; também no mesmo versículo.
² 6.3 Aramaico: *60 côvados*. O côvado era uma medida linear de cerca de 45 centímetros.
³ 6.9 Isto é, sacrifícios totalmente queimados.

A Dedicação do Templo

13 Tendo recebido o decreto do rei Dario, Tatenai, governador do território situado a oeste do Eufrates,ᵛ Setar-Bozenai e os companheiros deles o cumpriram plenamente. **14** Dessa maneira, os líderes dos judeus continuaram a construir e a prosperar, encorajados pela pregaçãoʷ dos profetas Ageu e Zacarias, descendente de Ido. Eles terminaram a reconstrução do templo conforme a ordem do Deus de Israel e os decretos de Ciro,ˣ de Darioʸ e de Artaxerxes,ᶻ reis da Pérsia. **15** O templo foi concluído no terceiro dia do mês de adar¹, no sexto ano do reinado do rei Dario.ᵃ

16 Então o povo de Israel, os sacerdotes, os levitas e o restante dos exilados, celebraram com alegria a dedicaçãoᵇ do templo de Deus. **17** Para a dedicação do templo de Deus ofereceramᶜ cem touros, duzentos carneiros, quatrocentos cordeiros e, como oferta pelo pecado de todo o Israel, doze bodes, de acordo com o número das tribos de Israel. **18** E organizaram os sacerdotes em suas divisõesᵈ e os levitas em seus gruposᵉ para o serviço de Deus em Jerusalém, conforme o que está escrito no Livro de Moisés.ᶠ

A Celebração da Páscoa

19 No décimo quarto dia do primeiro mês, os exilados celebraram a Páscoa.ᵍ **20** Os sacerdotes e os levitas tinham se purificado; estavam todos cerimonialmente puros. Os levitas sacrificaramʰ o cordeiro da Páscoa por todos os exilados, por seus colegas sacerdotes e por eles mesmos. **21** Assim, os israelitas que tinham voltado do exílio comeram do cordeiro, participando com eles todos os que se haviamⁱ separadoʲ das práticas impuras dos seus vizinhos gentios para buscarem o Senhor,ᵏ o Deus de Israel. **22** Durante sete dias eles celebraram com alegria a festa dos pães sem fermento,ˡ pois o Senhor os enchera de alegria ao mudar o coraçãoᵐ do rei da Assíria, levando-o a dar-lhes força para realizarem a obra de reconstrução do templo de Deus, o Deus de Israel.

Esdras Vai para Jerusalém

7 Depois dessas coisas, durante o reinado de Artaxerxes,ⁿ rei da Pérsia, vivia um homem chamado Esdras. Era filho de Seraías, filho de Azarias, filho de Hilquias,ᵒ **2** filho de Salum, filho de Zadoque,ᵖ filho de Aitube,ᵠ **3** filho de Amarias, filho de Azarias, filho de Meraiote, **4** filho de Zeraías, filho de Uzi, filho de Buqui, **5** filho de Abisua, filho de Fineias, filho de Eleazar, filho do sumo sacerdote Arão. **6** Este Esdrasʳ veio da Babilônia. Era um escriba que conhecia muito a Lei de Moisés dada pelo Senhor, o Deus de Israel. O rei lhe concedera tudo o que ele tinha pedido, pois a mão do Senhor, o seu Deus, estava sobre ele.ˢ **7** Alguns dos israelitas, inclusive sacerdotes, levitas, cantores, porteiros e servidores do templo, também foram para Jerusalém no sétimo ano do reinado de Artaxerxes.ᵗ

8 Esdras chegou a Jerusalém no quinto mês do sétimo ano desse reinado. **9** No primeiro dia do primeiro mês ele saiu da Babilônia e chegou a Jerusalém no primeiro dia do quinto mês, porque a boa mão de seu Deus estava sobre ele.ᵘ **10** Pois Esdras tinha decidido dedicar-se a estudar a Lei do Senhor e a praticá-la, e a ensinarᵛ os seus decretos e mandamentos aos israelitas.

A Carta do Rei Artaxerxes a Esdras

11 Esta é uma cópia da carta que o rei Artaxerxes entregou ao sacerdote e escriba Esdras, conhecedor dos mandamentos e decretos do Senhor para Israel:

12 ² "Artaxerxes, rei dos reis,ʷ

"Ao sacerdote Esdras, escriba da Lei do Deus dos céus:

"Paz e prosperidade!

13 "Estou decretando que qualquer israelita em meu reino, inclusive entre os sacerdotes

---

¹ **6.15** Aproximadamente fevereiro/março.

² **7.12** O texto original de Esdras 7.12-26 está em aramaico.

e levitas, que desejar ir a Jerusalém com você, poderá fazê-lo. ¹⁴ Você está sendo enviado pelo rei e por seus sete conselheiros* para fazer uma investigação em Judá e em Jerusalém com respeito à Lei do seu Deus, que está nas suas mãos. ¹⁵ Além disso, você levará a prata e o ouro que o rei e seus conselheiros voluntariamente ofereceram^y ao Deus de Israel, cuja habitação^z está em Jerusalém, ¹⁶ além de toda a prata e todo o ouro^a que você receber da província da Babilônia, como também as ofertas voluntárias do povo e dos sacerdotes para o templo do Deus deles em Jerusalém.^b ¹⁷ Com esse dinheiro compre novilhos, carneiros,^c cordeiros e o que for necessário para as suas ofertas de cereal e de bebida,^d e sacrifique-os^e no altar do templo do seu Deus em Jerusalém.

¹⁸ "Você e seus irmãos poderão fazer o que acharem melhor com o restante da prata e do ouro, de acordo com a vontade do seu Deus. ¹⁹ Entregue^f ao Deus de Jerusalém todos os utensílios que foram confiados a você para o culto no templo de seu Deus. ²⁰ E todas as demais despesas necessárias com relação ao templo de seu Deus serão pagas pelo tesouro real.^g

²¹ "Agora eu, o rei Artaxerxes, ordeno a todos os tesoureiros do território situado a oeste do Eufrates que forneçam tudo o que lhes solicitar o sacerdote Esdras, escriba da Lei do Deus dos céus, ²² até três toneladas e meia¹ de prata, cem tonéis² de trigo, dez barris³ de vinho, dez barris de azeite de oliva e sal à vontade. ²³ Tudo o que o Deus dos céus tenha prescrito, que se faça com presteza para o templo do Deus dos céus, para que a sua ira não venha contra o império do rei e dos seus descendentes.^h ²⁴ Saibam também que vocês não têm autoridade para exigir impostos, tributos ou taxas^i de nenhum sacerdote, levita, cantor, porteiro, servidor do templo e de nenhum dos que trabalham nesse templo de Deus.^j

²⁵ "E você, Esdras, com a sabedoria que o seu Deus deu a você, nomeie^k magistrados e juízes para ministrarem a justiça a todo o povo do território situado a oeste do Eufrates, a todos os que conhecem as leis do seu Deus. E aos que não as conhecem você deverá ensiná-las.^l ²⁶ Aquele que não obedecer à lei do Deus de vocês e à lei do rei seja punido com a morte, ou com o exílio, ou com o confisco de bens, ou com a prisão".^m

²⁷ Bendito seja o SENHOR, o Deus de nossos antepassados, que pôs no coração do rei^n o propósito de honrar^o desta maneira o templo do SENHOR em Jerusalém, ²⁸ e que, por sua bondade, favoreceu-me^p perante o rei, seus conselheiros e todos os seus altos oficiais. Como a mão do SENHOR, o meu Deus, esteve sobre mim,^q tomei coragem e reuni alguns líderes de Israel para me acompanharem.

A Lista dos Líderes das Famílias que Voltaram

8 Estes são os chefes das famílias e dos que com eles foram registrados, os quais saíram comigo da Babilônia durante o reinado do rei Artaxerxes:^r

² dos descendentes de Fineias, Gérson;
dos descendentes de Itamar, Daniel;
dos descendentes de Davi, Hatus;
³ dos descendentes de Secanias,^s
dos descendentes de Parós,^t Zacarias,
sendo registrados com ele
150 homens;
⁴ dos descendentes de Paate-Moabe,^u
Elioenai, filho de Zeraías,
e com ele 200 homens;

---

¹ **7.22** Aramaico: *100 talentos*. Um talento equivalia a *35 quilos*.
² **7.22** Aramaico: *100 coros*. O coro era uma medida de capacidade. As estimativas variam entre 200 e 400 litros.
³ **7.22** Aramaico: *100 batos*. O bato era uma medida de capacidade para líquidos. As estimativas variam entre 20 e 40 litros.

⁵ dos descendentes de Zatu¹,
Secanias, filho de Jaaziel,
e com ele 300 homens;
⁶ dos descendentes de Adim,ᵛ
Ebede, filho de Jônatas,
e com ele 50 homens;
⁷ dos descendentes de Elão,
Jesaías, filho de Atalias,
e com ele 70 homens;
⁸ dos descendentes de Sefatias,
Zebadias, filho de Micael,
e com ele 80 homens;
⁹ dos descendentes de Joabe,
Obadias, filho de Jeiel,
e com ele 218 homens;
¹⁰ dos descendentes de Bani²,
Selomite, filho de Josifias,
e com ele 160 homens;
¹¹ dos descendentes de Bebai,
Zacarias, filho de Bebai,
e com ele 28 homens;
¹² dos descendentes de Azgade,
Joanã, filho de Hacatã,
e com ele 110 homens;
¹³ dos descendentes de Adonicão,ʷ
os últimos que chegaram,
Elifelete, Jeiel e Semaías,
e com eles 60 homens;
¹⁴ dos descendentes de Bigvai,
Utai e Zabude,
e com eles 70 homens.

O Retorno a Jerusalém

¹⁵ Eu os reuni junto ao canal que corre para Aavaˣ e acampamos ali por três dias. Quando passei em revista o povo e os sacerdotes, não encontrei nenhum levita.ʸ ¹⁶ Por isso convoquei Eliézer, Ariel, Semaías, Elnatã, Jaribe, Elnatã, Natã, Zacarias e Mesulão, que eram líderes, e Joiaribe e Natã, que eram homens sábios, ¹⁷ e os enviei a Ido, o líder de Casifia. Eu lhes falei o que deveriam dizer a Ido e a seus parentes, os servidores do templo,ᶻ em Casifia, para que nos trouxessem servidores para o templo de nosso Deus. ¹⁸ Como a bondosa mão de Deus estava sobre nós,ᵃ eles nos trouxeram Serebias, homem capaz, dentre os descendentes de Mali, filho de Levi, neto de Israel, e os filhos e irmãos de Serebias, dezoito homens; ¹⁹ e também Hasabias, acompanhado de Jesaías, dentre os descendentes de Merari, e seus irmãos e filhos, vinte homens. ²⁰ Trouxeram ainda duzentos e vinte dos servidores do templo,ᵇ um grupo que Davi e os seus oficiais tinham formado para ajudar os levitas. Todos eles tinham seus nomes registrados.

²¹ Ali, junto ao canal de Aava,ᶜ proclamei jejum para que nos humilhássemos diante do nosso Deus e lhe pedíssemos uma viagem seguraᵈ para nós e nossos filhos, com todos os nossos bens. ²² Tive vergonha de pedir soldadosᵉ e cavaleiros ao rei para nos protegerem dos inimigos na estrada, pois lhe tínhamos dito: "A mão bondosa de nosso Deus está sobre todosᶠ os que o buscam, mas o seu poder e a sua ira são contra todos os que o abandonam".ᵍ ²³ Por isso jejuamosʰ e suplicamos essa bênção ao nosso Deus, e ele nos atendeu.

²⁴ Depois separei doze dos principais sacerdotes, a saber, Serebias,ⁱ Hasabias e dez dos seus irmãos, ²⁵ e peseiʲ diante deles a oferta de prata e de ouro e os utensílios que o rei, seus conselheiros, seus oficiais e todo o Israel ali presente tinham doado para a casa de nosso Deus. ²⁶ Pesei e entreguei-lhes vinte e dois mil e setecentos e cinquenta quilos³ de prata, três toneladas e meia de utensílios de prata, três toneladas e meia de ouro, ²⁷ vinte tigelas de ouro pesando oito quilos e meio⁴, e dois utensílios finos de bronze polido, tão valiosos como se fossem de ouro.

²⁸ E eu lhes disse: Tanto vocês como estes utensílios estão consagradosᵏ ao Senhor.

---

³ 8.26 Hebraico: *650 talentos*. Um talento equivalia a 35 quilos.
⁴ 8.27 Hebraico: *1.000 dáricos*.

---

¹ 8.5 Muitos manuscritos não trazem *Zatu*.
² 8.10 Muitos manuscritos não trazem *Bani*.

8.6
ᵗEd 2.15;
Ne 7.20;
10.16
8.13
ᵘEd 2.13
8.15
ᵛv. 21,31
ʸEd 2.40;
7.7
8.17
ᶻEd 2.43
8.18
ᵃEd 5.5
8.20
ᵇ1Cr 9.2;
Ed 2.43
8.21
ᶜv. 15;
2Cr 20.3
ᵈSl 5.8;
107.7
8.22
ᵉNe 2.9;
Ed 7.6,9,28
ᶠEd 5.5
ᵍDt 31.17;
2Cr 15.2
8.23
ʰ2Cr 20.3;
33.13
8.24
ⁱv. 18
8.25
ʲv. 33;
Ed 7.15,16
8.28
ᵏLv 21.6;
22.2-3

A prata e o ouro são uma oferta voluntária ao Senhor, o Deus dos seus antepassados. ²⁹ Peço que os guardem bem até que os pesem nas salas do templo do Senhor em Jerusalém diante dos sacerdotes principais, dos levitas e dos chefes das famílias de Israel. ³⁰ Então os sacerdotes e os levitas receberam a prata, o ouro e os utensílios sagrados, depois de pesados, para levá-los a Jerusalém, ao templo do nosso Deus.

³¹ No décimo segundo dia do primeiro mês nós partimos do canal de Aava¹ e fomos para Jerusalém. A mão do nosso Deus esteve sobre nós, e ele nos protegeu do ataque de inimigos e assaltantes pelo caminho. ³² Assim chegamos a Jerusalém, e ficamos descansando três dias.

³³ No quarto dia, no templo do nosso Deus, pesamos a prata, o ouro e os utensílios sagrados, e os demos a Meremote, filho do sacerdote Urias. Estavam com ele Eleazar, filho de Fineias, e os levitas Jozabade, filho de Jesua, e Noadias, filho de Binui. ³⁴ Tudo foi contado e pesado, e o peso total foi registrado naquela mesma hora.

³⁵ Então os exilados que tinham voltado do cativeiro sacrificaram holocaustos¹ ao Deus de Israel: doze touros em favor de todo o Israel, noventa e seis carneiros, setenta e sete cordeiros e, como oferta pelo pecado, doze bodes — tudo oferecido como holocausto ao Senhor. ³⁶ Eles também entregaram as ordens do rei aos sátrapas e aos governadores do território a oeste do Eufrates, e ajudaram o povo na obra do templo de Deus.

A Oração de Esdras

9 Depois que foram feitas essas coisas, os líderes vieram dizer-me: "O povo de Israel, inclusive os sacerdotes e os levitas, não se mantiveram separados dos povos vizinhos e de suas práticas repugnantes, como as dos cananeus, dos hititas, dos ferezeus, dos jebuseus, dos amonitas, dos moabitas, dos egípcios e dos amorreus. ² Eles e seus filhos se casaram com mulheres daqueles povos e com eles misturaram a descendência santa. E os líderes e os oficiais estão à frente nessa atitude infiel!"

³ Quando ouvi isso, rasguei a minha túnica e o meu manto, arranquei os cabelos da cabeça e da barba e me sentei estarrecido! ⁴ Então todos os que tremiam diante das palavras do Deus de Israel reuniram-se ao meu redor por causa da infidelidade dos exilados. E eu fiquei sentado ali, estarrecido, até o sacrifício da tarde.

⁵ Então, na hora do sacrifício da tarde, eu saí do meu abatimento, com a túnica e o manto rasgados, e caí de joelhos com as mãos estendidas para o Senhor, o meu Deus, ⁶ e orei:

Meu Deus, estou por demais envergonhado e humilhado para levantar o rosto diante de ti, meu Deus, porque os nossos pecados cobrem a nossa cabeça e a nossa culpa sobe até os céus. ⁷ Desde os dias dos nossos antepassados até agora, a nossa culpa tem sido grande. Por causa dos nossos pecados, nós, os nossos reis e os nossos sacerdotes temos sido entregues à espada e ao cativeiro, ao despojo e à humilhação nas mãos de reis estrangeiros, como acontece hoje.

⁸ Mas agora, por um breve momento, o Senhor, o nosso Deus, foi misericordioso, deixando-nos um remanescente e dando-nos um lugar seguro em seu santuário, e dessa maneira o nosso Deus ilumina os nossos olhos e nos dá um pequeno alívio em nossa escravidão. ⁹ Somos escravos, mas o nosso Deus não nos abandonou na escravidão. Ele tem sido bondoso para conosco diante dos reis da Pérsia: ele nos deu vida nova para reconstruir o templo do nosso Deus e levantar suas ruínas, e nos deu um muro de proteção em Judá e em Jerusalém.

---

¹ **8.35** Isto é, sacrifícios totalmente queimados.

¹⁰ E agora, ó nosso Deus, o que podemos dizer depois disso? Pois nós abandonamos os mandamentosᵐ que ¹¹ nos deste por meio dos teus servos, os profetas, quando disseste: "A terra que vocês estão conquistando está contaminadaⁿ pelas práticas repugnantesᵒ dos seus povos. Com essas práticas eles encheram de impureza toda essa terra. ¹² Por isso, não deem as suas filhas em casamento aos filhos deles, nem aceitem as filhas deles para os filhos de vocês. Nunca procurem o bem-estar e a prosperidade desses povos,ᵖ para que vocês sejam fortes e desfrutem os bons produtos da terra, e a deixem para os seus filhos como herança eterna". ¹³ Depois de tudo o que nos aconteceu por causa de nossas más obras e por causa de nossa grande culpa, apesar de nos teres punido menos do que os nossos pecados mereciam,ᵠ ó Deus, e ainda nos teres dado um remanescente como este, ¹⁴ como podemos voltar a quebrar os teus mandamentos e a realizar casamentos mistosʳ com esses povos de práticas repugnantes? Como não ficarias irado conosco, não nos destruirias,ˢ e não nos deixarias sem remanescenteᵗ ou sobrevivente algum? ¹⁵ Ó SENHOR, Deus de Israel, tu és justo!ᵘ E até hoje nos deixaste sobreviver como um remanescente. Aqui estamos diante de ti com a nossa culpa, embora saibamos que por causa dela nenhum de nós pode permanecerᵛ na tua presença.ʷ

A Confissão de Pecado do Povo

10 Enquanto Esdras estava orando e confessando,ˣ chorando prostrado diante do templo de Deus, uma grande multidão de israelitas, homens, mulheres e crianças, reuniram-se em volta dele. Eles também choravam amargamente. ² Então Secanias, filho de Jeiel, um dos descendentes de Elão, disse a Esdras: "Fomos infiéisʸ ao nosso Deus quando nos casamos com mulheres *estrangeiras* procedentes dos povos vizinhos. Mas, apesar disso, ainda há esperança para Israel. ᶻ ³ Façamos agora um acordoᵃ diante do nosso Deus e mandemos de voltaᵇ todas essas mulheres e seus filhos, segundo o conselho do meu senhor e daqueles que tremem diante dos mandamentos de nosso Deus. Que isso seja feito em conformidade com a Lei. ⁴ Levante-se! Esta questão está em suas mãos, mas nós o apoiaremos. Tenha coragem e mãos à obra!"

⁵ Esdras levantou-se e fez os sacerdotes principais, os levitas e todo o Israel juraremᶜ que fariam o que fora sugerido. E eles juraram. ⁶ Então Esdras retirou-se de diante do templo de Deus e foi para o quarto de Joanã, filho de Eliasibe. Enquanto esteve ali, não comeu nem bebeu nada,ᵈ lamentando a infidelidade dos exilados.

⁷ Fez-se então uma proclamação em todo o Judá e em Jerusalém convocando todos os exilados a se reunirem em Jerusalém. ⁸ Os líderes e as demais autoridades tinham decidido que aquele que não viesse no prazo de três dias perderia todos os seus bens e seria excluído da comunidade dos exilados.

⁹ No prazo de três dias, todos os homens de Judá e de Benjamimᵉ tinham se reunido em Jerusalém e, no vigésimo dia do nono mês, todo o povo estava sentado na praça que ficava diante do templo de Deus. Todos estavam profundamente abatidos por causa da reunião e também porque chovia muito. ¹⁰ Então o sacerdote Esdras levantou-se e lhes disse: "Vocês têm sido infiéis! Vocês se casaram com mulheres estrangeiras, aumentando a culpa de Israel. ¹¹ Agora confessem seu pecado ao SENHOR, o Deus dos seus antepassados, e façam a vontade dele. Separem-se dos povos vizinhos e das suas mulheres estrangeiras".ᶠ

¹² A comunidade toda respondeu em alta voz:ᵍ "Você está certo! Devemos fazer o que você diz. ¹³ Mas há muita gente aqui, e esta é a estação das chuvas; por isso não podemos ficar do lado de fora. Além disso, essa questão não pode ser resolvida em um dia ou dois, pois foram muitos os que assim pecaram. ¹⁴ Que os nossos líderes

9.10
ᵐ Dt 11.8;
Is 1.19-20
9.11
ⁿ Lv 18.25-28
ᵒ Dt 9.4
9.12
ᵖ Ex 34.15;
Dt 7.3; 23.6
9.13
ᵠ Jó 11.6;
Sl 103.10
9.14
ʳ Ne 13.27
ˢ Dt 9.8
ᵗ Dt 9.14
9.15
ᵘ Gn 18.25;
Sl 51.4;
Jr 12.1;
Dn 9.7
ᵛ Nm 9.33;
Sl 103.3;
Ml 3.2
ʷ 1Rs 8.47
10.1
ˣ 2Cr 20.9;
Dn 9.20
10.2
ʸ Ed 9.2;
Ne 13.27
ᶻ Dt 30.8-10
10.3
ᵃ 2Cr 34.31
ᵇ Ex 34.16;
Dt 7.2-3;
Ed 9.4
10.5
ᶜ Ne 5.12;
13.25
10.6
ᵈ Ex 34.28;
Dt 9.18
10.9
ᵉ Ed 1.5
10.11
ᶠ v. 3;
Dt 24.1;
Ne 9.2;
Ml 2.10-16
10.12
ᵍ Js 6.5

decidam por toda a assembleia. Depois, que cada homem de nossas cidades que se casou com mulher estrangeira venha numa data marcada, acompanhado dos líderes e juízes[h] de cada cidade, para que se afaste de nós o furor[i] da ira de nosso Deus por causa desse pecado". ¹⁵ Somente Jônatas, filho de Asael, e Jaseías, filho de Ticvá, apoiados por Mesulão[j] e o levita Sabetai, discordaram.

¹⁶ E assim os exilados fizeram conforme proposto. O sacerdote Esdras escolheu chefes de família, um de cada grupo de famílias, todos eles chamados por nome. E no primeiro dia do décimo mês eles se assentaram para investigar cada caso. ¹⁷ No primeiro dia do primeiro mês terminaram de investigar todos os casos de casamento com mulheres estrangeiras.

Os Culpados de Casamento Misto

¹⁸ Entre os descendentes dos sacerdotes, estes foram os que se casaram com mulheres estrangeiras:[k]

Entre os descendentes de Jesua,[l] filho de Jozadaque, e de seus irmãos: Maaseias, Eliézer, Jaribe e Gedalias. ¹⁹ Eles apertaram as mãos[m] em sinal de garantia de que iam despedir suas mulheres, e cada um apresentou um carneiro do rebanho como oferta por sua culpa.[n]
²⁰ Entre os descendentes de Imer:[o]
Hanani e Zebadias.
²¹ Entre os descendentes de Harim:[p]
Maaseias, Elias, Semaías, Jeiel e Uzias.
²² Entre os descendentes de Pasur:[q]
Elioenai, Maaseias, Ismael,
Natanael, Jozabade e Eleasa.

²³ Entre os levitas:[r]

Jozabade, Simei, Quelaías,
também chamado Quelita,
Petaías, Judá e Eliézer.
²⁴ Entre os cantores:
Eliasibe.[s]
Entre os porteiros:
Salum, Telém e Uri.

²⁵ E entre os outros israelitas:

Entre os descendentes de Parós:[t]
Ramias, Jezias, Malquias, Miamim,
Eleazar, Malquias e Benaia.
²⁶ Entre os descendentes de Elão:[u]
Matanias, Zacarias, Jeiel,
Abdi, Jeremote e Elias.
²⁷ Entre os descendentes de Zatu:
Elioenai, Eliasibe, Matanias,
Jeremote, Zabade e Aziza.
²⁸ Entre os descendentes de Bebai:
Joanã, Hananias, Zabai e Atlai.
²⁹ Entre os descendentes de Bani:
Mesulão, Maluque, Adaías,
Jasube, Seal e Jeremote.
³⁰ Entre os descendentes
de Paate-Moabe:
Adna, Quelal, Benaia, Maaseias,
Matanias, Bezalel, Binui e Manassés.
³¹ Entre os descendentes de Harim:
Eliézer, Issias, Malquias,
Semaías, Simeão,
³² Benjamim, Maluque e Semarias.
³³ Entre os descendentes de Hasum:
Matenai, Matatá, Zabade, Elifelete,
Jeremai, Manassés e Simei.
³⁴ Entre os descendentes de Bani:
Maadai, Anrão, Uel,
³⁵ Benaia, Bedias, Queluí,
³⁶ Vanias, Meremote, Eliasibe,
³⁷ Matanias, Matenai e Jaasai.
³⁸ Entre os descendentes de Binui:[1]
Simei, ³⁹ Selemias, Natã, Adaías,
⁴⁰ Macnadbai, Sasai, Sarai,
⁴¹ Azareel, Selemias, Semarias,
⁴² Salum, Amarias e José.
⁴³ Entre os descendentes de Nebo:
Jeiel, Matitias, Zabade, Zebina,
Jadai, Joel e Benaia.

⁴⁴ Todos esses tinham se casado com mulheres estrangeiras, e alguns deles tiveram filhos dessas mulheres.[2]

---

[1] **10.37,38** Muitos manuscritos dizem *Jaasai,* **38** *Bani, Binui.*

[2] **10.44** Ou *e eles as despediram com seus filhos.*

LIDERANÇA ESPIRITUAL

Visão, valores e planejamento estratégico

> *O sumo sacerdote Eliasibe e os seus colegas sacerdotes começaram o seu trabalho e reconstruíram a porta das Ovelhas. Eles a consagraram e colocaram as portas no lugar. Depois construíram o muro até a torre dos Cem, que consagraram, e até a torre de Hananeel. [...] A porta do Peixe foi reconstruída pelos filhos de Hassenaá. Eles puseram os batentes e colocaram as portas, os ferrolhos e as trancas no lugar. [...] A porta Jesana foi consertada por Joiada, filho de Paseia, e por Mesulão, filho de Besodias. Eles puseram os batentes e colocaram as portas, os ferrolhos e as trancas no lugar.*
>
> Neemias 3.1,3,6

À primeira vista, o capítulo 3 de Neemias parece uma lista enfadonha e cansativa de projetos de reforma de um imóvel. Mas há coisas muito mais importantes acontecendo nos bastidores. Um muro reconstruído significava segurança e proteção para o povo de Deus. Todo esse projeto exigia esforço administrativo e organizacional que incluía visão abrangente, valores centrais não negociáveis, amplo plano estratégico, alvos para cada passo, pontos de ação e distribuição de tarefas. Obviamente, nada disso aconteceu por acaso ou por mera boa intenção.

Infelizmente, os líderes de igreja pensam muitas vezes que planejamento estratégico é de alguma forma algo menos "espiritual" do que orar e pregar. Mas o enorme e inspirador projeto de reconstrução de Neemias mostra que oração e planejamento estratégico podem caminhar juntos. Não é fácil, mas o esforço de desenvolver uma visão clara, um plano estratégico, valores centrais e alvos mensuráveis provocará enorme impacto na saúde da sua igreja.

LIDERANÇA ESPIRITUAL

Princípios bíblicos de visão
Steve Mathewson

Líderes eficazes possuem a capacidade de perceber oportunidades nas circunstâncias. Eles têm uma visão clara de como o futuro pode e deve ser. Isto é chamado de "visão". O livro de Neemias oferece alguns excelentes princípios sobre como nasce uma visão e como ela se desenvolve.

A visão começa com uma necessidade
Neemias era um judeu que ocupava alta posição no governo da Pérsia. Em 445 a.C., ele ouviu um relato de primeira mão sobre a situação dos judeus remanescentes que tinham retornado do cativeiro para a terra prometida. Suas perguntas revelaram algumas informações incômodas. Os judeus remanescentes passavam por uma situação degradante e perigosa: os muros de Jerusalém estavam em ruínas. Neemias chorou porque essa situação incomodou-o profundamente.

Encontre um líder visionário e terá um líder que vê necessidades que o fazem chorar ou bater na mesa: pessoas perdidas, falta de instrução bíblica, aborto, famílias em dificuldade financeira ou qualquer outro tipo de necessidade.

A visão cresce mediante oração
Neemias foi de tal modo tocado por aquela necessidade que começou a orar. A oração de Neemias em 1.5-11 começa com uma confissão do pecado de Israel. Ele reconheceu a necessidade de tratar do passado antes de prosseguir. Neemias também refletiu atentamente sobre as promessas de Deus, as quais direcionaram sua visão. No fim da oração, Neemias pede a Deus para obter êxito em seu propósito.

Um detalhe no final da oração de Neemias revela algo sobre seu pedido. Neemias era copeiro do rei — uma posição-chave no gabinete do governo persa. O que Neemias estava pedindo, então, era que Deus transformasse aquelas medidas em oportunidades.

A visão nasce quando um líder é movido por uma necessidade tal que ele pede a Deus que transforme circunstâncias em oportunidades. Deus responde dando a esses líderes — como fez a Neemias — uma visão para perseguir, uma visão de como Deus pode usá-los para atender a essa necessidade.

A visão mobiliza a igreja
À primeira vista, Neemias 3 parece uma leitura cansativa, algo como a leitura de um relatório anual de uma corporação ou igreja. Mas uma reflexão mais atenta mostra que esse capítulo testifica o poder de uma visão. O capítulo simplesmente vai de uma seção a outra em torno do muro na direção contrária ao relógio, começando e terminando na porta das Ovelhas, na ponta norte de Jerusalém. O muro da cidade, visto de cima, *lembra a forma de uma colher* — redonda em cima, estreita na parte debaixo. O muro tinha 3,2 km. O capítulo mostra que o povo judeu reconstruiu o muro trecho por trecho.

Visão, valores e planejamento estratégico

Trabalharam simultaneamente em quarenta trechos. A visão deles motivou e mobilizou o povo a completar aquela imensa obra.

Há algumas frases que se repetem em Neemias 3: "ao lado da sua casa" e "em frente da sua casa". Cada grupo de pessoas ficou responsável por um trecho na vizinhança. Era algo que eles podiam fazer, algo dentro da área que tinha importância para eles. Pense nas crianças no período de férias de Natal: se deixadas sozinhas, elas podem usar a energia uma contra a outra. Mas, quando recebem uma visão — decorar a árvore de Natal ou embrulhar os presentes —, serão capazes de cumprir algo significativo. Da mesma forma, quando líderes têm uma visão clara de como poderá ser o futuro, eles podem aproveitar a energia coletiva do povo de Deus para realizar tarefas formidáveis.

As igrejas raramente se debatem por falta de voluntários. Mas é comum que se debatam por falta de visão. A visão tem o poder de motivar os "construtores de muros".

Os princípios básicos da visão
Ken Blanchard & Max DePree

Como você estabelece a visão da sua igreja ou ministério? Em seguida, como torna essa visão em realidade? Há oito princípios fundamentais para isso.

1. Esclareça a visão

Muitas igrejas não sabem exatamente a natureza de sua atividade; elas procuram ser tudo para todos. Às vezes há visões conflitantes. O conselho que dou aos pastores é: seja bastante claro sobre a visão. O primeiro passo é decidir a respeito do que você acredita ser a vontade de Deus para a sua igreja. Qual é a sua visão de perfeição? Toda grande organização que conheço tem alguém no topo com uma visão clara de perfeição e que está disposto a colocá-la em prática. Determinar uma visão exige tempo, algo que está em falta entre muitos pastores. Contudo, os líderes precisam refletir (e orar) sobre o ministério, criar uma estratégia e um plano e, por fim, focar nele até o fim.

2. Comunique a visão

Na maior parte das organizações e empresas, as pessoas sentem que serão mais beneficiadas se seguirem um líder visionário. Mas, na igreja, parece que as pessoas pensam que uma visão tornará as coisas mais difíceis.

Os líderes de igreja precisam de um grande grupo de pessoas que defendam a visão. Há um processo simples em duas etapas para isso: primeiro, todos precisam *entender* claramente a visão. Segundo, precisam *aceitá-la*. Nesse segundo passo, os líderes caem facilmente em uma armadilha: acham que precisam ser unânimes quanto à visão. Mas não precisam. O que é necessário é a aceitação. As pessoas adultas fazem muitas coisas das quais discordam entre si, mas aceitam o principal. Os líderes precisam reconhecer isso.

Tudo começa em levar a sério cada pessoa e tratá-la como adulta. Um líder poderá dizer: "Não podemos ter uma grande visão a não ser que haja riscos. Será necessário muito esforço para implantar essa visão. Ela terá um alto custo. Levará tempo para colocá-la em prática. Certamente cometeremos erros".

3. Deixe que a visão tenha foco
Existe um mito segundo o qual ter uma visão significa que qualquer coisa é possível. Crer nessa ideia pode causar sérias consequências. A consequência imediata é o sentimento de frustração quando o sonho não é realizado. Os líderes precisam aceitar que não têm todos os talentos, nem todo o dinheiro do mundo, nem todo o tempo para fazer tudo que desejam.

Eles precisam entender quem e o que é mais importante — porque nem tudo é importante. Se a visão diz: "Vamos fazer algumas coisas bem", significa que outras coisas boas deixarão de ser feitas, ou que ignoraremos algumas pessoas que merecem atenção. A verdade é que os líderes não podem fazer tudo: precisam decidir o que vão fazer.

4. Ouça as sugestões dos outros
Depois de o líder estabelecer uma visão, as pessoas provavelmente quererão ajustá-la, mas não a transformarão de modo significativo. Se alguém disser: "Sim, mas você não pensou nisso", e o líder responder, dizendo: "Vai ser assim, já está decidido", então esse líder está com um problema. O pior problema no processo de mudança é quando o líder pensa: "Se não fui eu quem teve a iniciativa, não vale a pena levar em conta".

Uma das principais causas de fracasso na liderança é não saber pedir conselhos. Muitas pessoas sabem demais, mas os líderes precisam convidá-las a compartilhar o que sabem. A nossa cultura vê o pedido de ajuda como fraqueza, mas, na verdade, é um sinal de força.

5. Envolva-se na visão
Muitas vezes um líder divulga um objetivo: "Esta é a minha visão; isto é o que quero realizar.". Mas depois adota um estilo de liderança caracterizado por delegar autoridade às pessoas e não arregaça as mangas para se envolver na obra. O melhor exemplo de um líder envolvido é Jesus. Ele ia de cidade em cidade e as pessoas perguntavam: "O que é preciso para ser o primeiro?", Jesus respondia: "Estar disposto a ser o último". Outros perguntavam: "Como se lidera?". Ele respondia: "Acompanhando".

Administrar o processo de mudanças implica uma liderança de serviço. Os líderes precisam deixar o ego de lado e estar dispostos a elogiar, reorientar e corrigir — qualquer coisa que ajude as pessoas a ser vitoriosas. Liderança não é algo que os líderes fazem *para* as pessoas; é algo que os líderes fazem *com* elas. Liderança é uma parceria; a não ser que o seguidor esteja disposto a seguir, não há liderança.

6. Ajude as pessoas a lidar com mudanças
A maioria dos líderes não compreende as preocupações que as pessoas têm quando estão num processo de mudança baseado em uma nova visão. Sua primeira preocupação é obter informação: "Fale-me sobre o que você tem em mente; preciso obter mais informações". A segunda preocupação é de nível pessoal: "Eu vou resistir? Onde me encaixo nisso?". *A terceira preocupação* é sobre o processo de implantação: "Tudo bem, agora entendo o que você está propondo e talvez eu consiga continuar firme. Mas como será realizado?". A quarta

Visão, valores e planejamento estratégico

questão diz respeito ao impacto: "Qual será o impacto disso? Que vantagem isso terá?". Observe que só depois de responder às três primeiras preocupações é que as pessoas pensam nos benefícios. Isso significa que o líder não pode anunciar uma mudança, explicar seus benefícios e esperar que as pessoas simplesmente apoiem as mudanças.

7. Leve a visão até o fim

É muito comum líderes gastarem todo o tempo na elaboração da visão e nada em sua implantação. Por que as resoluções de Ano Novo não funcionam? Porque as pessoas falam o que vão fazer, mas não fazem mais nada a respeito disso. A Disney Corporation convida seus concorrentes a visitar a Disneylândia para observar e fazer cursos. Por que a Disney tem tanta segurança em fazer isso? Porque sabe que ninguém mais levará a visão até o fim. Outras empresas imitam as atrações da Disney porque acham que é a chave do negócio, mas não entendem qual é o verdadeiro ponto: levar a sério os detalhes — a cordialidade dos funcionários, a limpeza do parque etc.

A pergunta que todo líder tem a fazer é: "Você tem o compromisso de melhorar, está simplesmente interessado?". Muitas pessoas estão interessadas em melhorias, mas nem todas estão dispostas a pagar o preço.

8. Seja humilde sobre sua visão

Às vezes o líder que tem uma grande visão age como se estivesse em um patamar moral superior enquanto os demais estão à beira do inferno. Contudo, a última coisa que um pastor precisa para manter unidas quarenta famílias numa região não muito habitada é o orgulho sobre sua visão. Ele só precisa manter a união dessas pessoas — essa, sim, é a visão.

Como desenvolver uma visão em equipe
Kevin Ford

A maior parte da literatura contemporânea sobre liderança enfatiza o "líder visionário", aquele que primeiro estabelece o chamado da igreja e depois comunica a visão para a igreja. Segue-se o modelo de Moisés recebendo os Dez Mandamentos: ele subiu ao monte, ouviu Deus e desceu da montanha para comunicar a visão e desafiar o povo a segui-la. É o modelo "Moisés como CEO". Mas, se você deseja desenvolver a sua visão por meio de um processo em equipe, siga os passos seguintes.

Considere outro modelo bíblico

A abordagem de Moisés subindo a montanha não é o único modelo bíblico para se estabelecer *a visão para a igreja* ou para o ministério. Por exemplo, em Atos 6, quando a igreja enfrentou um momento decisivo, ao que parece nenhum líder tinha ideia do que fazer. O texto de Efésios 4.11-16 ressalta as habilidades dos membros pela diversidade de dons para equipar os santos, e também a unidade e a maturidade do grupo, em vez do indivíduo. A única menção ao indivíduo é que "cada parte realiza a sua função" (4.16).

LIDERANÇA ESPIRITUAL

Talvez Deus queira que algumas igrejas descubram seu chamado por meio de um processo em comunidade em vez de um processo individual. No longo prazo, a habilidade de um líder em equipar com eficiência sua equipe e liberá-la para atuar pode ser seu ministério mais significativo.

Se, como diz Bruce Bugbee, Deus trouxe "a pessoa certa para o lugar certo na hora certa para as razões certas", então a compreensão do líder a respeito de si próprio torna-se fundamental para descobrir a visão de Deus para o ministério.

Defina um grupo que compartilha a visão

Desenvolva uma equipe de liderança que junta possa buscar a visão. Em algumas igrejas, essa equipe é formada pelo pastor e sua equipe administrativa. Em outras palavras, é o pastor e os diáconos, presbíteros e conselheiros. Também pode incluir líderes de ministérios. Seja como for que os líderes formem sua equipe, ela deve incluir aqueles que impõem o ritmo do ministério, compartilham a visão e terão papel-chave no cumprimento da visão em suas respectivas áreas do ministério.

Uma equipe de visão incluirá não só "líderes oficiais", como também outras pessoas relevantes, mesmo que não tenham um cargo nem sejam responsáveis por um ministério. Como membros do Corpo de Cristo, cada membro da equipe tem importância vital. A morte de Jesus na cruz resolveu toda e qualquer questão de importância. Uma vez que os membros da equipe entendem que sua importância individual foi solucionada na cruz, eles podem encontrar sua função ao lado dos demais membros da equipe.

Promova um autêntico trabalho em equipe

Cada membro da equipe foi planejado por Deus. Em Cristo, cada pessoa é de fato singular, pois foi criada com um projeto espiritual que determina como pode atuar no ministério de modo mais eficaz. A identificação dos dons espirituais de cada pessoa, a paixão que dirige o ministério, o estilo de equipe, os valores pessoais e as "prioridades principais" (quais funções-chave de liderança são mais fortes em você?) são de grande ajuda tanto na formação da equipe quanto no estabelecimento da visão. "Equipe" significa que cada participante atua efetivamente em favor da unidade. A unidade nunca é um resultado acidental. Trata-se de uma escolha e de um processo. Resulta da preferência do "nós" (a igreja) em detrimento do "eu" (o cristão isolado). Com esse tipo de comunidade, nada é impossível.

Esteja pronto para ouvir antes de falar

Ao se estabelecer a visão de Deus para uma igreja, o segredo está na ordem com que se compartilha a visão. Normalmente os líderes falam primeiro. Resultado? Os demais podem sentir-se constrangidos em comentar suas preocupações sobre o que o líder compartilha. Contudo, o grande benefício desse exercício é ouvir as pessoas antes de o líder compartilhar, porque Deus pode falar claramente sobre a visão geral para a igreja por meio dessas manifestações espontâneas sinceras. Depois de cada participante compartilhar as preocupações ou paixões pelo ministério, então o líder compartilha a sua.

Deus certamente concede algum nível de visão para os líderes, mas também comunica a visão, ou partes dela, diretamente no coração de cada participante. Raramente o líder terá resolvidos todos os detalhes. Se o líder prestar muita atenção, terá respostas específicas

Visão, valores e planejamento estratégico

sobre as quais não tinha refletido — ou mesmo elementos estratégicos sobre a visão geral que até então estavam nebulosos. Você ouviu bem?

Como consolidar a visão
Andy Stanley

Um líder repete centenas de vezes a visão para a igreja. Consequentemente, as pessoas levantarão dúvidas que o farão refletir: *O que aconteceu? As pessoas ouviram o que eu repeti centenas de vezes? Elas não sabem do que se trata esta igreja?* Os líderes conseguem ter uma noção de como a visão está sendo compreendida prestando atenção a três situações:

1. *Pedidos de oração.* Quando você está numa reunião de liderança, os pedidos de oração se concentram apenas nas pessoas enfermas? Quando isso acontece comigo, digo: "Espera aí, tem alguém neste grupo preocupado com os sem igreja ou algum amigo não convertido? Vamos, sim, orar pelos enfermos. Mas, por quais outros motivos podemos orar?".
2. *Histórias de transformação.* Se não houver nenhum testemunho, então provavelmente a visão de transformação de vida se dispersou.
3. *A queixa das pessoas.* Se as pessoas estão reclamando pelos motivos errados, então a visão foi dispersa. Quando reclamam da música, do estacionamento, de que a igreja está muito grande ou de que há muita gente na igreja que elas não conhecem, isso é sinal de que houve dispersão da visão.

Como os líderes podem assegurar uma visão convincente, e o que precisam fazer para garantir que ela não se disperse? O que causa a dispersão?

Há três razões para que uma visão seja dissipada: sucesso, fracasso e vida. Sucesso significa que suas opções se multiplicam. O tamanho aumenta a complexidade, e complexidade pode causar confusão de visão. O fracasso também causará uma ruptura na visão se não for interrompido. Quando um plano ou estratégia fracassa, as pessoas são tentadas a achar que a visão estava errada. Planos e estratégias podem ser mudados e melhorados. Mas a visão não muda. Contudo, a visão normalmente é refinada com o tempo. A terceira razão é a vida. A visão trata do que poderia ou deveria ser; a vida, porém, lida com o que está acontecendo neste instante. A vida lida com os filhos, a roupa suja, a consulta médica e as contas a serem pagas.

Estes são alguns modos de os líderes evitarem a dispersão da visão:

Líderes consolidam a visão

Para que uma visão permaneça, ela precisa ser remodelada repetidamente, mas não só repetidas vezes. A repetição é essencial. O tempo também é essencial; os líderes devem ser estratégicos sobre o melhor momento de consolidar uma visão. (Obviamente em um fim de semana que coincida com um feriado não é a melhor opção). É importante comunicar a visão de um modo claro e atrativo aos ouvintes. Há três maneiras de fazer isso:

LIDERANÇA ESPIRITUAL

1. *Definir o problema.* O líder pergunta: "Que problema a nossa organização está tentando resolver? Há alguma coisa que deixará de ser feita caso nós não a façamos. Se não fizermos o que fazemos, algum grupo de pessoas deixará de ser alcançado".
2. *Oferecer solução.* A visão de um líder representa a solução de um problema e quando um líder une um problema a que as pessoas estão emocionalmente envolvidas com uma solução clara, esse líder conquistará o coração delas.
3. *Apresentar um motivo urgente.* Eles respondem às perguntas: "Por que devemos fazer isso? E por que precisamos fazer isso agora?".

Líderes celebram a visão

A celebração é o que reveste a visão. Nada contribui mais para definir a visão do que celebrar as vitórias. O batismo é uma ótima oportunidade de celebrar e pode ser uma oportunidade de alguém dar seu testemunho de vida a toda a igreja. Isso fortalece a visão.

Líderes vivem a visão

A disposição do líder de encarnar a visão de sua organização tem um impacto direto sobre sua credibilidade como líder. No instante em que um líder começa a olhar para as maneiras de celebrar algo que não está acontecendo em sua própria vida, as pessoas vão perceber.

Os fatos da vida são momentos cruciais para se manter a visão. E por isso mesmo podem provocar uma grave dispersão da visão. Mas, se os líderes conseguirem superar as dificuldades da vida para manter o foco na visão, seus seguidores farão o mesmo.

A Bíblia e o planejamento estratégico
Peter Barnes & Mark Marshall

O velho ditado "Aponte para lugar nenhum e você vai acertá-lo" é verdadeiro para o ministério como para qualquer outra coisa na vida. Portanto, líderes de ministério, mais do que qualquer outra pessoa, devem estar preparados para se engajar com o que é chamado de planejamento estratégico. A maioria dos líderes dirá que planejamento eficaz inclui as cinco fases seguintes:

1. Análise: *Onde estamos?*
2. Visão: *Para onde vamos?*
3. Planejamento: *Como vamos chegar lá?*
4. Financiamento: *Como vamos pagar por isso?*
5. Execução: *Como vamos executar?*

Alguns membros de igreja poderão argumentar que a atitude mais "espiritual" é evitar o planejamento estratégico e confiar no Espírito Santo; contudo, sempre fico impressionado *em como as pessoas* na Bíblia planejaram estrategicamente cumprir a missão de Deus. Por exemplo:

Visão, valores e planejamento estratégico

Moisés nomeou oficiais
Esses oficiais exerceram o papel de juízes sobre o povo de Israel.

Davi foi um estrategista
Ele preparou a construção do templo e providenciou tudo para que Salomão pudesse completar a tarefa.

Neemias fez um planejamento criterioso
Ele fez planos práticos para a reconstrução dos muros de Jerusalém a fim de restaurar a segurança e a autoestima do povo de Israel depois do cativeiro babilônico.

Jesus foi resoluto
Ao se aproximar a hora de Jesus completar sua missão, ele foi resoluto em ir para Jerusalém. Foi como se Cristo tivesse orquestrado os acontecimentos de seus últimos dias a fim de cumprir o plano de Deus.

O apóstolo Paulo desenvolveu uma estratégia missionária
Paulo pregava estrategicamente a boa-nova e estabelecia igrejas em centros de comércio dos quais o Evangelho pudesse ser levado para os vilarejos mais remotos.

O livro de Provérbios contém vários princípios práticos claros sobre estratégia e planejamento:

- Provérbios 14.15: "O inexperiente acredita em qualquer coisa, mas o homem prudente vê bem onde pisa.".
- Provérbios 15.22: "Os planos fracassam por falta de conselho, mas são bem-sucedidos quando há muitos conselheiros.".
- Provérbios 16.3: "Consagre ao SENHOR tudo o que você faz, e os seus planos serão bem-sucedidos.".
- Provérbios 20.18: "Os conselhos são importantes para quem quiser fazer planos, e quem sai à guerra precisa de orientação.".

Em toda a história bíblica, pessoas consagradas fizeram planos estratégicos. Análise e preparação ponderadas e em oração são essenciais para obter êxito na obra de Deus. Esse planejamento estratégico cria um conjunto de prioridades que possibilita aos líderes agir com coragem e responsabilidade no presente a fim de avançar em direção ao futuro com uma maior expressão do Reino de Deus. Representa um esforço intencional de buscar a inspiração e direção do Espírito Santo, discernir a vontade de Deus à medida que se avança. *Não há melhor substituto para um bom planejamento e preparação.* Esse é um dos princípios essenciais para a liderança eficaz.

Planejamento estratégico não é somente um conceito bíblico; é um mandato bíblico. É o método de trabalho escolhido por Deus para estabelecer como líderes e as igrejas pretendem realizar a Grande Comissão.

LIDERANÇA ESPIRITUAL

Como desenvolver um planejamento estratégico
Stephen A. Macchia

Alguns líderes de igreja consideram o planejamento uma atividade pavorosa. Na realidade, o processo de planejamento é simples — pelo menos *conceitualmente*. Ele pode ser entendido pelas respostas a perguntas feitas em sete áreas essenciais:

1. *Avaliação das necessidades espirituais*: Quais são as maiores necessidades espirituais da sua igreja ou comunidade?
2. *Pontos positivos e negativos:* Quais são os pontos positivos mais fortes e fraquezas mais evidentes da sua igreja?
3. *Oportunidades e ameaças ou barreiras:* Considerando as respostas às duas primeiras perguntas, quais são as oportunidades de ministério mais significativas e quais são algumas ameaças (ou barreiras) em potencial para a sua igreja?
4. *Opções ministeriais*: Qual é a opção mais viável para o fortalecimento do ministério da sua igreja?
5. *Plataforma ministerial:* Qual é a principal plataforma ministerial sobre a qual os ministérios devem ser construídos? Nela se incluem a declaração de fé, a visão, a missão, a filosofia de ministério e a relação dos ministérios.
6. *Objetivos ministeriais*: Para quais objetivos o Espírito Santo está nos levando a almejar a fim de expandir o ministério da sua igreja no decorrer do próximo ano? E nos próximos dois ou três anos?
7. *Plano de ação*: Quais etapas devem ser cumpridas para que esses objetivos sejam alcançados?

Levar uma equipe de líderes a concordar com as respostas a essas perguntas (mesmo na direção do Espírito Santo) pode não ser simples, dependendo das circunstâncias e dos relacionamentos dos que estão na igreja.

Na Nova Inglaterra, onde moro, as estradas secundárias geralmente são muito esburacadas. Alguns buracos têm como ser evitados, enquanto outros surgem rapidamente ficando difícil desviar-se deles. Na estrada chamada planejamento, os líderes saberão em que momento devem desviar-se dos buracos:

Líderes devem manter planejamentos simples
Normalmente, há duas ou três questões importantes, que, uma vez descobertas e trabalhadas, proporcionarão o fortalecimento da saúde e da vitalidade. Certa igreja focou seu planejamento em: 1) revisão do organograma da organização; 2) fortalecimento da vida comunitária; e 3) aperfeiçoamento das prioridades. Quando esses três focos foram mencionados, cada grupo ministerial estabeleceu alvos para o ministério diário com base neles.

Visão, valores e planejamento estratégico

Líderes seguem seus planos de ação
Líderes evitam deixar processos inconclusos. Eles procuram aparar todas as arestas e esboçar um plano de ação apropriado.

Líderes mantêm seu plano de ação simples
Uma igreja em que trabalhei produziu um documento tão longo — com dezenas de alvos e planos de ação — que pareceu sufocante, e por isso não foi aprovado. O objetivo é criar um plano que todo membro possa articular sem ter de consultar nenhuma documentação.

Líderes consultam continuamente o plano
À medida que são executados, os planos devem ser adaptados, revisados e renovados de acordo com necessidades e recursos disponíveis. O líder mantém vivos os documentos do planejamento; não os deixa na estante, arquivados ou formalizados em documentos bem elaborados esteticamente. Os planos devem servir de referência tendo bastante espaço para colaborações ao longo do caminho.

Líderes mantêm as coisas em movimento
Líderes evitam que seu grupo de planejamento se canse a ponto de começar a questionar a validade da execução do plano. Eles mantêm o grupo em movimento em direção à conclusão e à celebração.

Líderes confiam em seus instintos mediante a oração
Líderes levam o grupo totalmente em direção a Deus para ouvir sua voz, sentir seu coração, compreender sua vontade e confiar em sua presença poderosa. Planejamento estratégico em uma igreja local é um processo que Deus deve dirigir por meio de seu Espírito Santo.

Cinco princípios para um planejamento eficaz
Larry Osborne

Guarde na mente estes cinco princípios à medida que começar a planejar o futuro de seu ministério.

1. Apegue-se aos seus pontos fortes
O padrão normal do planejamento nas igrejas acontece mais ou menos assim: expanda o ministério, identifique as principais fraquezas, desenvolva e execute um plano para eliminá-las. Contudo, essa *estratégia pode ser contraproducente*: o tempo usado para pensar nas fraquezas exaure tempo e energia que poderiam ser mais bem empregados identificando e desenvolvendo os aspectos fortes. Em vez de ter uma postura criativa e proativa, o planejamento acaba sendo defensivo e reativo. Essa atitude em geral tem como resultado um programa medíocre. Tanto as igrejas como os cristãos individualmente são chamados

para realizar algumas coisas de maneira extraordinária — e outras nem tanto. Uma vez que nenhuma igreja é capaz de fazer tudo muito bem, os líderes são sábios em concentrar recursos limitados naquilo que Deus os capacitou para fazer bem.

2. Não ignore as fraquezas inevitáveis
Se dar tanta atenção às fraquezas é contraproducente, ignorar *determinadas* fraquezas pode ser fatal. Um "defeito fatal" é uma deficiência ministerial que afasta pessoas da igreja ou impede muitos de virem à igreja. Por exemplo, se não há ninguém na igreja que canta afinado, a baixa qualidade da música pode deixar as pessoas desconfortáveis no culto.

3. Foque naquilo que você faz mais bem-feito
Se outra igreja tem uma excelente escola cristã, um entusiasmado ministério infantil durante a semana, ou um bem-sucedido programa para a terceira idade, por que não encorajar pessoas com tais necessidades e interesses a se envolver nesses programas? Isso deixa você livre para se ocupar com aquilo que sabe fazer melhor, e fortalece, em vez de minar, o ministério de outras igrejas. Se um ministério não é vital à saúde da sua igreja, deixe-o àqueles a quem Deus capacitou para fazê-lo bem-feito.

4. Não engraxe a roda que range
Toda igreja tem as pessoas do contra, as que chiam e rangem. A reação mais natural é tentar engraxá-los, ou seja, atender a suas reclamações na expectativa de silenciá-los. Infelizmente, isso raramente funciona, porque reclamar é o que as rodas rangedoras sabem fazer. Atenção demasiada aos que reclamam pode transmitir a mensagem de que a melhor maneira de exercer influência é reclamar. Mais do que isso, pode significar que os líderes ouvem 20% das pessoas — os que reclamam — ao passo que desprezam os outros 80% — os produtivos.

5. Faça planos flexíveis
Geralmente se supõe que as igrejas mais bem administradas são as que têm a rota mais clara e detalhada para o futuro. Mas geralmente as igrejas mais eficazes possuem planos flexíveis que dão direcionamento geral sem comprometer todas as pessoas em um curso de ação irrevogável.

Por exemplo, muitas igrejas assumem um compromisso com um orçamento altamente detalhado e restritivo. O processo de planejamento é prolongado e intenso. O que significa que, ao ser posto em prática, o orçamento não pode ser mudado até o ano seguinte. Para antecipar necessidades inesperadas, é melhor encarar o orçamento não como um teto rígido de despesas, mas como uma previsão ponderada (e até certo ponto nebulosa) das receitas e despesas do ano em curso. Desse modo, se um aparelho quebra, por exemplo, poderá ser consertado. E se um equipamento necessário para o escritório estiver em promoção, poderá ser adquirido. Dessa forma, o ministério não será impedido de continuar.

Visão, valores e planejamento estratégico

Definindo os valores centrais da igreja
Kelly Brady

Sempre que duas ou três pessoas estiverem reunidas, estarão presentes valores centrais. Mesmo que não sejam explicitamente articulados, os valores centrais estão presentes em toda igreja. Esses valores representam as convicções que dirigem uma organização. Os valores centrais *não* são descrições da obra de uma organização ou das estratégias adotadas por uma organização; antes, tratam das crenças que estão no centro da razão de ser da organização. Assim como o sangue corre pelo coração humano, para suprir o corpo de nutrientes e oxigênio, os valores centrais fluem do coração de toda organização atribuindo propósito e sentido a tudo que é realizado.

As igrejas podem possuir valores centrais semelhantes, mas os valores centrais também refletirão a cultura singular e o chamado de cada comunidade de fé. Por exemplo, uma igreja pode dar valor à proclamação clara do Evangelho, ao passo que outra valoriza a oração. Ambas têm fundamento bíblico, mas os valores de cada uma refletem os dons e o chamado singulares que Deus estabeleceu a cada uma delas. Por esse motivo, estabelecer os valores centrais da sua igreja é um processo muito importante, pois fortalece os frutos da igreja, solidificando a unidade de propósito e criando clareza na missão. Para você estabelecer os valores centrais de sua organização, é necessário:

Ouça a comunidade
Pergunte aos membros da comunidade cristã o que eles mais valorizam na igreja, assim como o que acreditam que a igreja valoriza como grupo. Para que este primeiro passo tenha êxito, os líderes da igreja precisam ouvir atentamente e de modo isento. Isso significa separar tempo para dedicar-se a escutar as pessoas. Recomendo pelo menos dois meses para esta atividade, agendando quatro encontros de uma hora para o primeiro passo. Diga aos participantes que esses encontros não são destinados para 'consertar' as coisas; haverá oportunidade para discussões profundas na etapa seguinte. Não se deve permitir que os participantes deem respostas uns aos outros, quer concordando ou discordando do que ouvem uns dos outros, porque o objetivo dos encontros é ouvir e entender de modo isento o que é compartilhado. Muitos líderes terão dificuldade com isso, uma vez que todos temos a tendência de falar mais do que ouvir. Mas esse processo ajudará os líderes a conhecer os membros. O número de participantes no primeiro passo dependerá do tamanho da igreja, mas, como regra geral, é recomendável envolver 25% da comunidade.

Reflita sobre o que ouve
A boa notícia é que o Espírito Santo está vivo e age no meio de seu povo, por isso as pessoas darão valor a muitos dos valores de Jesus. A má notícia é que uma vez que o pecado está presente em toda igreja, você também descobrirá que algumas das coisas que a comunidade valoriza são contrárias às Escrituras. Por exemplo, uma igreja pode valorizar um culto entusiasmado, o que está claramente de acordo com as Escrituras. Contudo, também é

possível que a mesma igreja valorize a manutenção de seu *status* social perante a sociedade, o que é claramente contrário às Escrituras. O principal objetivo dessa etapa é promover a conversa entre os membros da liderança. Certamente, a igreja como um todo também deve estar envolvida, mas é mais importante que a liderança da igreja reflita sobre o sistema de valores vigentes, descartando valores que não estejam de acordo com as Escrituras e afirmando os valores bíblicos.

Lembre-se de que a tarefa de refletir sobre os valores centrais está carregada de dificuldades e exige liderança firme. Tenha paciência — se preciso, amplie o prazo de avaliação para vários meses. Estabeleça um tempo exato para cada encontro (aproximadamente 90 minutos). As pessoas tendem a se cansar desse tipo de discussão, por isso estabelecer um tempo limite pode evitar reações de raiva. Tome nota de tudo para que haja continuidade entre as reuniões e você não perca o fio da meada. Finalmente, não deixe de regar todo o processo com oração. Comece e termine as reuniões com oração, mas também separe tempo para jejuar juntos. Na minha igreja, foram necessários três anos para completar esse passo, no qual os presbíteros e a equipe refletiram sobre os valores históricos da igreja e buscaram nas Escrituras a direção para o futuro. Talvez a sua igreja não leve tanto tempo, mas não se apresse. O processo é quase tão importante quanto o produto.

Registre os valores centrais

O resultado final de refletir sobre o que você ouviu deve produzir uma lista de três a sete valores centrais. Registrar os valores centrais é uma forma de concretizar a importância que têm na comunidade e de fornecer unidade de propósito e clareza da missão para os dias que se seguem. Se a liderança não conseguir chegar a um acordo sobre como expressar em escrito os valores centrais, então será preciso refletir mais sobre eles. Escrever os valores centrais da igreja os forçará a ser exaustivos e facilitará o passo seguinte — alinhamento.

Alinhe as atividades com os valores centrais

Você não terá "estabelecido" realmente os valores centrais da sua igreja até que esses valores norteiem cada aspecto da comunidade. Pode ser muito útil colocar um *banner* com os valores centrais na entrada, mas certamente não é o suficiente. A fase de alinhamento exige comunicação clara e repetida dos valores centrais, mas também exige mudança. Em última instância, os valores centrais de uma igreja dirigirão tudo que ela faz, principalmente como gasta seu tempo e dinheiro. Na minha igreja, isso significou acabar com programas que tinham mais em comum com os valores do distrito do parque local e também contratar pessoas que contribuíssem para alcançar determinados valores centrais. O alinhamento também deve ser uma atividade constante. Negue-se a deixar de iniciar programas ou investir em cargos que não estejam alinhados com os valores centrais.

Celebre quando os valores centrais são vividos

Nós nos tornamos aquilo que celebramos, e a celebração reforça o que queremos nos tornar. Este último passo do estabelecimento dos valores centrais deve consistir em uma constante *prioridade ministerial* e tem como objetivo a manutenção do foco da comunidade.

Visão, valores e planejamento estratégico

Três valores que norteiam as decisões
Bill Hybels

Após muita reflexão, acredito que líderes persistentes, dotados de dons espirituais, conforme Romanos 12.8, construirão com o tempo um sistema de valores e uma base de experiências que oferecerão subsídios a cada decisão subsequente. Esse processo possibilita que líderes dirigidos pelo Espírito sejam aperfeiçoados e se tornem mais sábios à medida que os anos passam. Todas as principais decisões que tomo no ministério são dirigidas pelos três valores fundamentais que menciono a seguir:

Se eu honro a Deus em todas as coisas, Deus me honrará

Não se trata aqui de meros detalhes. É a firme convicção que tenho no meu interior. Eu realmente acredito que o Deus soberano mostra seu favor divino a qualquer líder que procura honrá-lo de modo persistente em absolutamente tudo que faz.

Por outro lado, se de alguma maneira eu desonro a Deus, se tomo atalhos na vida ou no ministério, se cedo em questões de caráter, se falho em manter a palavra, se deixo de obedecer à direção do Espírito, então entendo que não tenho total garantia da ajuda do céu. Deus poderá me conceder graça, mas não posso contar com isso. E eu não sou um líder tão competente a ponto de não precisar da ajuda do céu.

Pessoas são importantes, trate-as com dignidade

Deus tem apenas um verdadeiro tesouro neste cosmos: as pessoas. Portanto, acredito que, se dou valor ao que Deus mais valoriza neste mundo, ele multiplicará os meus esforços. Por isso, sempre que houver um "componente humano" para se tomar uma decisão, fico atento. Muitas vezes digo aos membros do conselho: "Companheiros, se temos de cometer algum erro, que seja o de errar para beneficiar as pessoas". Quando comparecermos perante Deus, talvez descubramos que agimos com excessiva graça em algumas ocasiões, mas não vamos querer descobrir que agimos totalmente o contrário.

Em Lucas 18, Jesus fala de um juiz injusto que "não temia a Deus nem se importava com os homens". Ele não se preocupava em honrar a Deus; tomava decisões que lhe favoreceriam. Uma vez que não acreditava na importância das pessoas, não tinha respeito por elas. Suas decisões estavam baseadas em um sistema de valores equivocados que levavam à corrupção. Decidi nunca ser parecido com esse juiz.

A igreja é a esperança do mundo

A maioria das pessoas pensa equivocadamente que sou bastante fascinado com tudo. Não é verdade. Pergunte aos meus amigos mais próximos. Não me importo tanto com restaurantes, roupas, carros, lazer, dinheiro e política. Mas digo sem constrangimento nenhum que me sinto responsável por essa coisa que Jesus chama de noiva, a Igreja. Você pode me acusar de ser fascinado pela Igreja, pois é verdade — admito que me sinto totalmente comprometido por ela. Eu me envolvo completamente em toda decisão que tenha implicações importantes para o futuro, a saúde, a unidade ou a eficácia da igreja. Farei praticamente qualquer coisa ou pagarei qualquer preço para garantir que a igreja seja bem conduzida.

Um exemplo pessoal

Este é um exemplo do meu ministério de como esses três valores influenciam as minhas decisões diárias. Um líder veterano, que posteriormente deixou de trabalhar conosco, tinha feito vários compromissos financeiros questionáveis. Não havia contratos assinados nem documentação comprobatória, mas as pessoas nos cobravam por serviços que supostamente haviam realizado. Quando me perguntaram o que devíamos fazer, respondi de imediato: "Pague. Todos eles. Pague o que eles pedirem". Como holandês, abrir mão de qualquer quantidade de dinheiro é algo doloroso para mim, mas essa decisão foi fácil. Não tive que contratar um consultor ou orar especificamente pelo assunto. Essa nem seria a saída mais econômica. Mas, com base nos três fundamentos sólidos para a minha vida e ministério, a decisão foi praticamente espontânea.

Os princípios básicos para estabelecer metas
Paul Johnson

Por um lado, o estabelecimento de metas pode contribuir para o fortalecimento da visão da igreja, pois mantém o dinamismo e o foco das pessoas. Por outro, estabelecer metas também tem a capacidade de minar a visão, pois pode criar uma certa confusão e senso de fracasso. Os princípios a seguir sobre estabelecimento de metas podem contribuir para garantir o êxito.

Metas mantêm o foco

Em todo o Novo Testamento, Jesus instrui seus seguidores a focar — por exemplo: "Busquem, pois, em primeiro lugar o Reino". As metas possibilitam esse tipo de foco. Aliás, alcançar metas é o passo seguinte depois de se estabelecer o foco em uma direção. O foco central evita que o ministério seja enfraquecido. As igrejas têm a tendência de repetir o que deu certo no passado, acrescentando apenas algumas novas ideias. Quando se agrega outros ministérios sem um foco, o impacto geral é diluído. O estabelecimento de metas permite que os líderes digam: "Isto é o que sentimos ser mais importante para Deus, não aquilo". Em geral, o maior benefício do estabelecimento de metas é poder se dar ao luxo de *não* fazer aquilo que esteja fora do foco central.

Há metas tanto de longo prazo quanto de curto prazo

É importante estabelecer dois tipos de metas. O primeiro tipo deve ser de longo prazo, as grandes metas. As metas de longo prazo forçam a igreja a mudar estratégias e a oferecer a intensidade de que precisa para reavaliar como atua. Em segundo lugar, há metas de curto prazo, *metas que dão impulso*. Um jeito prático de desenvolver metas de curto prazo é determinar entre três a cinco áreas de concentração para o ano seguinte, listando-as em uma coluna.

Visão, valores e planejamento estratégico

Na coluna seguinte, liste aquelas coisas nas quais você *não* se concentrará. Isso permite aos líderes do ministério dizer não a iniciativas que estejam fora do foco. Finalmente, procure estabelecer referências numéricas e temporais para cada meta, para que você tenha um modo de medir o progresso. Estabeleça metas realistas, específicas e mensuráveis.

Metas são alcançáveis

As metas principais de longo prazo representam seus "sonhos". Elas o impelem a crescer e a aprender. Entretanto, as metas secundárias têm a finalidade de fazer uso racional dos recursos oferecidos por Deus. Se você só possui "sonhos", sempre se sentirá frustrado. E essa frustração poderá contaminar toda a igreja. Frequentemente, se uma igreja não aproveita o momento ideal é porque suas metas não são muito realistas e a igreja nunca celebra as coisas que Deus está realmente fazendo.

Por exemplo, já vi grupos de plantação de igreja bastante conceituados planejar alcançar mil pessoas, mas não conseguir passar da barreira dos 200. Isso acontece porque as metas estão muito além dos recursos disponíveis da igreja. É um desafio gerenciar um novo impulso, mas as metas, quando são passíveis de ser alcançadas, possibilitam isso.

Metas são mensuráveis

Ao atribuir números às suas metas, você fornece à igreja a oportunidade de celebrar. Mas tenha em mente que alcançar uma cifra não é o principal, porque você pode celebrar tanto se atingir a meta *quanto se não a atingir*. Se deixa de alcançar uma meta, você celebra o que foi alcançado *e* tudo que aprendeu no processo. Às vezes é mais importante aprender com o fracasso do que com o sucesso de uma meta.

Metas podem ser revisadas

Se você pensa que o êxito em alcançar uma meta significa que precisa de uma meta maior na mesma área, está enganado. Se você estabeleceu uma meta de começar cinco novos pequenos grupos, por exemplo, isso significa que depois de alcançar essa meta vai estabelecer uma meta de dez novos grupos? Não. Você precisa voltar a refletir se não está na hora de pensar em outro foco. Talvez a direção de Deus para os pequenos grupos se cumpriu e o foco deve ser voltado à evangelização.

Outro problema surge quando as pessoas estão tão empenhadas em alcançar uma meta que se ressentem quando outros não colaboram, ou quando forçam outros a ajudar apenas para cumprir a meta. Por exemplo, um pastor estabelece a meta de envolver 120 pessoas em determinado programa. Ele ora, jejua e convida pessoas a participar, mas decepciona-se (até com Deus) quando a meta não é alcançada.

Mas é possível que o pastor nunca tenha se preocupado com as pessoas. Ele estava interessado no público. Orar por números sem orar por pessoas especificamente pode indicar uma disfunção. Quando se trata de estabelecer metas, os líderes são capazes de ter motivações falsas. O problema não está na meta em si; o problema está em como os líderes procuram alcançar suas metas. É por isso que precisamos constantemente avaliar os motivos do nosso coração enquanto procuramos alcançar metas.

LIDERANÇA ESPIRITUAL

Os riscos de se estabelecer metas
Jack Hayford

A grande vantagem de se estabelecer metas é que elas possibilitam tanto a busca de ideais quanto a medição do progresso. A Palavra de Deus aprova ambas. Contudo, o problema surge quando, sem perceber, as metas se tornam puramente numéricas: tantos colaboradores treinados, aulas ministradas, decisões executadas, dinheiro doado, missões iniciadas, resultados tabulados.

Depois de certo tempo, algo estranho poderá ocorrer. Quando uma meta é alcançada, conclui-se que "Deus está abençoando". A suposição seguinte é que "Deus está neste plano", e não demora muito para que as pessoas estejam servindo o programa em vez de o próprio Senhor. As pessoas e as instituições começam a se corroer à medida que um zelo mundano se associa a metas espirituais. Os líderes têm a propensão de programar verdadeiras cruzadas com uma boa intenção, mas depois passam a executá-las com uma força meramente carnal.

O que acontece, no entanto, quando uma meta não é alcançada? Ela pode até ser descartada como inútil, mas isso raramente acontece, porque está implícito na definição de meta que ela tem como objetivo "a glória de Deus". Por isso, a meta precisa ser alcançada a qualquer custo, até mesmo por meio de divulgações estarrecedoras comparáveis às da rua do comércio local.

Antes de estabelecer metas, faça as perguntas essenciais
Acredito que analisar a taxa de crescimento (ou não crescimento) de uma comunidade possa representar um jeito eficiente de perturbar o *status quo* e tirar as pessoas de sua rotina. Vale a pena transformar sonhos e visões em estratégias de ação, mas o estabelecimento de metas precisa ser abordado à luz de algumas importantes perguntas:

1. Esta meta é resultado direto de uma direção dada por Deus, não só de um desejo de "ser como as outras nações"? O Espírito Santo falou à liderança, e essa percepção de direcionamento foi submetida aos presbíteros e diáconos? Eles a confirmaram? A comunidade, de maneira geral, apoia a visão?

2. Esta meta sacrifica algum princípio ou pessoas no altar da exigência? De acordo com as ordenanças de Deus, nunca haverá uma situação tão desesperadora a ponto de reduzir pessoas a pó nem de forçar um apelo financeiro a custo da integridade, com táticas de exploração ou mercantilismo secularizado.

Antes de estabelecer metas, assuma seis compromissos
No início do meu ministério dediquei boa parte do tempo estabelecendo metas e, em seguida, procurando alcançá-las com meu entusiasmo na divulgação. Naturalmente que eu orava. Mas as coisas pareciam não passar de um nível natural. Com o tempo, aprendi a confrontar a tendência de me acomodar à naturalidade — buscar metas sagradas meramente por meios humanos. Então, comecei a defender que os líderes assumissem

Visão, valores e planejamento estratégico

os seguintes seis compromissos *antes* de um planejamento estratégico ou do estabelecimento de uma meta:

1. Não vamos nos ocupar com nada que não venha de uma clara percepção da direção do Espírito Santo, confirmada pelos presbíteros.
2. Não utilizaremos nenhum meio de divulgação ou levantamento de recursos cuja eficácia dependa de estilo ou artimanha humana.
3. Não buscaremos nada que despreze as prioridades de culto, relacionamentos e ministério.
4. Nós oraremos muito, com frequência e sempre.
5. Nós refletiremos sobre cada passo — confiados em que o Espírito de Deus nos dê clareza, coerência e convicção.
6. Nós acreditaremos sempre reconhecendo que "sem fé é impossível agradar a Deus" (Hebreus 11.6).

A seguinte paráfrase (minha própria) de Filipenses 3.13,14 resume a minha compreensão sobre o estabelecimento de metas: "Irmãos, não penso que eu mesmo já o tenha alcançado, mas uma coisa faço: esquecendo-me das coisas que ficaram para trás e avançando para as que estão adiante, prossigo para o alvo, a fim de ganhar o prêmio do chamado celestial de Deus em Cristo Jesus".

Confiando no Espírito Santo durante o planejamento
Bill Hybels

Às vezes os líderes tratam o planejamento estratégico como um processo alternativo — depender de sua própria visão ou depender do Espírito Santo. Mas o planejamento estratégico pode (e deve) incluir ambas as perspectivas. É fácil negligenciar o papel do Espírito Santo no estabelecimento da visão, dos valores e dos objetivos para uma igreja, mas é fundamental que se ouça a dócil orientação do Espírito.

Um ano atrás fui pressionado por nossa equipe de programação a decidir sobre o tema para a série de estudos dos fins de semana de janeiro. No processo de uma decisão conflituosa, o Espírito Santo falou-me da maneira mais decisiva que já experimentei a "pregar sobre o amor". Eu retruquei: "Senhor, não é possível. Esse assunto é muito sentimental para o mês de janeiro. Em janeiro, as pessoas estão precisando daquela chacoalhada anual — algo como 'Não fuja do rumo este ano', 'Perca peso', 'Diminua o ritmo', 'Como se livrar *das dívidas*', '*Abandone o pecado*', '*Cresça espiritual*mente'. O Senhor sabe — os assuntos típicos de janeiro!".

Mas, alguns dias depois, o Espírito Santo me venceu pelo cansaço: "Será que, desta vez, você pode confiar em mim?". Então, desenvolvi uma série de pregações chamada "Amor no nível universitário". Poucas vezes uma série recebeu maior índice de reações positivas nos últimos anos — e foi mais pela direção de Deus do que pelo bom senso pastoral.

LIDERANÇA ESPIRITUAL

A própria decisão de começar a Igreja Willow Creek não foi resultado de um planejamento cuidadoso e calculado de um empreendimento. Foi simplesmente resultado de uma orientação. O mesmo aconteceu com a decisão de nos concentrar nas pessoas interessadas no Evangelho, em usar as artes e em oferecer um culto durante a semana aos já convertidos. Tudo isso foi contra o senso comum. Essas decisões foram simplesmente dirigidas pelo Espírito. Além disso, muitos dos nossos melhores colaboradores e voluntários acabam ocupando posições não tanto porque nós os colocamos ali em destaque, mas porque o Espírito Santo os direcionou a isso.

Tudo isso me lembra do que as Escrituras ensinam claramente: "porque todos os que são guiados pelo Espírito de Deus são filhos de Deus" (Romanos 8.14). Sem dúvida, os líderes devem usar sabedoria e bom senso na liderança da igreja. Mas, da mesma forma, eles precisam estar atentos a Deus, prontos a ouvir os sussurros do Espírito Santo, que de tempos em tempos se comunica no processo de decisão.

Ao elaborar planos, faça três perguntas a si mesmo

1. O seu ouvido está atento ao que Deus quer falar?
2. Os momentos de meditação fazem parte integral da sua vida para que você ouça o Espírito quando ele sussurrar?
3. Você obedece ao Espírito quando ele interfere no seu processo de decisão?

Introdução a NEEMIAS

PANO DE FUNDO
A história de Neemias e da reconstrução do muro ao redor de Jerusalém é muito comum em aulas de Escola Bíblica Dominical. No início de seu texto, Neemias vive no exílio no Império Persa. Sua confiabilidade é evidente por sua profissão de copeiro do rei Artaxerxes, enteado da rainha Ester. A pedido de Neemias, em 445 a.C. Artaxerxes permite que ele volte a Jerusalém para supervisionar a reconstrução dos muros e paredes da cidade.

Pelo menos parte desse livro foi escrita por Neemias. Para mais informações a respeito do relacionamento entre os livros de Esdras e Neemias, veja a introdução ao livro de Esdras.

MENSAGEM
Enquanto Esdras trata da restauração espiritual do povo de Deus e da reconstrução do templo, a tarefa de Neemias é garantir a segurança da cidade por meio da reconstrução de seus muros. Nos tempos antigos, uma cidade sem muros não tinha defesa.

A liderança corajosa de Neemias e sua fé em Deus exemplificadas em sua vida de oração permitiram que ele cumprisse sua missão, a despeito da constante oposição da parte do povo que lá vivia. Eles trabalharam em conjunto e em apenas 52 dias — um feito e tanto para qualquer padrão. Com a orientação de Deus e um bom planejamento, nada é impossível. Neemias trabalha como governador, tendo consciência das necessidades dos pobres, a importância de guardar o *Shabat* e de apresentar os dízimos ao Senhor. Em 433 a.C., Neemias é chamado de volta por Artaxerxes, mas mais uma vez pede permissão para voltar a Jerusalém, e a recebe (13.6), onde trabalha como governador por um segundo mandato.

ÉPOCA
Veja a introdução ao livro de Esdras. Os eventos em Neemias começam em 445 a.C. e continuam por pelo menos doze anos. Neemias chega a Jerusalém no vigésimo ano do reinado de Artaxerxes. O profeta Malaquias foi um contemporâneo de Neemias.

ESBOÇO
I. Reconstruindo o muro
   A. A viagem de Neemias para Jerusalém — 1.1—2.20
   B. Assumindo a tarefa — 3.1-32
   C. Oposição à reconstrução — 4.1-23; 6.1-19
   D. As reformas de Neemias — 5.1-19
   E. Completando os muros — 7.1-73

II. *Reconstruindo o povo*
   A. Lendo a Lei — 8.1-18
   B. Renovação da aliança — 9.1—10.39
   C. O censo — 11.1—12.26
   D. Dedicação dos muros — 12.27-47
   E. Purificação do templo e reformas no casamento — 13.1-31

A História de Neemias

1 Palavras de Neemias, filho de Hacalias:

No mês de quisleu¹,ᵃ no vigésimo ano², enquanto eu estava na cidade de Susã, ² Hanani,ᵇ um dos meus irmãos, veio de Judá com alguns outros homens, e eu lhes perguntei acerca dos judeus que restaram,ᶜ os sobreviventes do cativeiro,³ e também sobre Jerusalém.

³ E eles me responderam: "Aqueles que sobreviveram ao cativeiro e estão lá na província passam por grande sofrimento e humilhação. O muro de Jerusalém foi derrubado, e suas portas foram destruídas pelo fogo".ᵈ

⁴ Quando ouvi essas coisas, sentei-me e chorei.ᵉ Passei dias lamentando-me, jejuandoᶠ e orando ao Deus dos céus. ⁵ Então eu disse:

Senhor, Deus dos céus, Deus grandeᵍ e temível, fiel à aliançaʰ e misericordioso com os que te amam e obedecem aos teus mandamentos, ⁶ que os teus ouvidos estejam atentosⁱ e os teus olhos estejam abertos para a oraçãoʲ que o teu servo está fazendo diante de ti, dia e noite, em favor de teus servos, o povo de Israel. Confesso os pecados que nós, os israelitas, temos cometido contra ti. Sim, eu e o meu povo temos pecado. ⁷ Agimos de forma corrupta e vergonhosaᵏ contra ti. Não temos obedecido aos mandamentos, aos decretos e às leis que deste ao teu servo Moisés. ⁸ Lembra-teˡ agora do que disseste a Moisés, teu servo: "Se vocês forem infiéis, eu os espalhareiᵐ entre as nações, ⁹ mas, se voltarem para mim, obedecerem aos meus mandamentos e os puserem em prática, mesmo que vocês estejam espalhados pelos lugares mais distantes debaixo do céu, de lá eu os reunireiⁿ e os trarei para o lugar que escolhi para estabelecer o meu nome".ᵒ

¹⁰ Estes são os teus servos, o teu povo. Tu os resgataste com o teu grande poder e com o teu braço forte.ᵖ ¹¹ Senhor, que os teus ouvidos estejam atentosᑫ à oração deste teu servo e à oração dos teus servos que têm prazer em temer o teu nome. Faze com que hoje este teu servo seja bem-sucedido, concedendo-lhe a benevolência deste homem.

Nessa época, eu era o copeiroʳ do rei.

Neemias em Jerusalém

2 No mês de nisã⁴ do vigésimo ano do rei Artaxerxes,ˢ na hora de servir-lhe o vinho, levei-o ao rei. Nunca antes eu tinha estado triste na presença dele; ² por isso o rei me perguntou: "Por que o seu rosto parece tão triste se você não está doente? Essa tristeza só pode ser do coração!"

Com muito medo, ³ eu disse ao rei: Que o rei viva para sempre!ᵗ Como não estaria triste o meu rosto se a cidadeᵘ em que estão sepultados os meus pais está em ruínas e as suas portas foram destruídas pelo fogo?ᵛ

⁴ O rei me disse: "O que você gostaria de pedir?"

Então orei ao Deus dos céus ⁵ e respondi ao rei: Se for do agrado do rei e se o seu servo puder contar com a sua benevolência, que ele me deixe ir à cidade onde meus pais estão enterrados, em Judá, para que eu possa reconstruí-la.

⁶ Então o rei,ʷ estando presente a rainha, sentada ao seu lado, perguntou-me: "Quanto tempo levará a viagem? Quando você voltará?" Marquei um prazo com o rei, e ele concordou que eu fosse.

⁷ A seguir, acrescentei: Se for do agrado do rei, eu poderia levar cartas do rei aos governadores do Trans-Eufratesˣ para que me deixem passar até chegar a Judá. ⁸ E também uma carta para Asafe, guarda da floresta do rei, para que ele me forneça madeira

---

¹ **1.1** Aproximadamente novembro/dezembro.
² **1.1** Isto é, do reinado de Artaxerxes I, conforme 2.1.
³ **1.2** Ou *os que não foram levados*; ou ainda *os que haviam voltado do cativeiro*.
⁴ **2.1** O mesmo que *abibe*; aproximadamente março/abril.

1.1 ᵃNm 10.1; Zc 7.1
1.2 ᵇNe 7.2; Jr 52.28
1.3 ᶜ2Rs 25.10; Nm 2.3,13,17
1.4 ᵈSl 137.1; ᵉEd 9.4
1.5 ᶠDt 7.21; Ne 4.14; ᵍEx 20.6; Dn 9.4
1.6 ⁱ1Rs 8.29; ʲDn 9.17
1.7 ᵏDt 28.14-15; Sl 106.6
1.8 ˡ2Rs 20.3; ᵐLv 26.33
1.9 ⁿDt 30.4; 1Rs 8.48; Jr 29.14
1.10 ᵖEx 32.11; Dt 9.29
1.11 ᑫv. 6; ʳGn 40.1
2.1 ˢEd 7.1
2.3 ᵗ1Rs 1.31; Dn 2.4; 5.10; 6.6; 21; ᵘSl 137.6; ᵛNe 1.3
2.6 ʷNe 5.14; 13.6
2.7 ˣEd 8.36

para as portas da cidadela que fica junto ao templo, para os muros da cidade e para a residência que irei ocupar. Visto que a bondosa mão de Deus estava sobre mim, o rei atendeu os meus pedidos. ⁹ Com isso fui aos governadores do Trans-Eufrates e lhes entreguei as cartas do rei. Acompanhou-me uma escolta de oficiais do exército e de cavaleiros que o rei enviou comigo.

¹⁰ Sambalate, o horonita, e Tobias, o oficial amonita, ficaram muito irritados quando viram que havia gente interessada no bem dos israelitas.

A Inspeção dos Muros de Jerusalém

¹¹ Cheguei a Jerusalém e, depois de três dias de permanência ali, ¹² saí de noite com alguns dos meus amigos. Eu não havia contado a ninguém o que o meu Deus havia posto em meu coração que eu fizesse por Jerusalém. Não levava nenhum outro animal além daquele em que eu estava montado. ¹³ De noite saí pela porta do Vale na direção da fonte do Dragão e da porta do Esterco, examinando o muro de Jerusalém, que havia sido derrubado e suas portas, que haviam sido destruídas pelo fogo. ¹⁴ Fui até a porta da Fonte e do tanque do Rei, mas ali não havia espaço para o meu animal passar; ¹⁵ por isso subi o vale, ainda de noite, examinando o muro. Finalmente voltei e tornei a entrar pela porta do Vale. ¹⁶ Os oficiais não sabiam aonde eu tinha ido ou o que eu estava fazendo, pois até então eu não tinha dito nada aos judeus, aos sacerdotes, aos nobres, aos oficiais e aos outros que iriam realizar a obra.

¹⁷ Então eu lhes disse: Vejam a situação terrível em que estamos: Jerusalém está em ruínas, e suas portas foram destruídas pelo fogo. Venham, vamos reconstruir os muros de Jerusalém, para que não fiquemos mais nesta situação humilhante. ¹⁸ Também lhes contei como Deus tinha sido bondoso comigo e o que o rei me tinha dito.

Eles responderam: "Sim, vamos começar a reconstrução". E se encheram de coragem para a realização desse bom projeto.

¹⁹ Quando, porém, Sambalate, o horonita, Tobias, o oficial amonita, e Gesém, o árabe, souberam disso, zombaram de nós, desprezaram-nos e perguntaram: "O que vocês estão fazendo? Estão se rebelando contra o rei?"

²⁰ Eu lhes respondi: O Deus dos céus fará que sejamos bem-sucedidos. Nós, os seus servos, começaremos a reconstrução, mas, no que lhes diz respeito, vocês não têm parte nem direito legal sobre Jerusalém, e em sua história não há nada de memorável que favoreça vocês!

A Distribuição do Trabalho

3 O sumo sacerdote Eliasibe e os seus colegas sacerdotes começaram o seu trabalho e reconstruíram a porta das Ovelhas. Eles a consagraram e colocaram as portas no lugar. Depois construíram o muro até a torre dos Cem, que consagraram, e até a torre de Hananeel. ² Os homens de Jericó construíram o trecho seguinte, e Zacur, filho de Inri, construiu logo adiante.

³ A porta do Peixe foi reconstruída pelos filhos de Hassenaá. Eles puseram os batentes e colocaram as portas, os ferrolhos e as trancas no lugar. ⁴ Meremote, filho de Urias, neto de Hacoz, fez os reparos do trecho seguinte. Ao seu lado Mesulão, filho de Berequias, neto de Mesezabel, fez os reparos, e ao seu lado Zadoque, filho de Baaná, também fez os reparos. ⁵ O trecho seguinte foi reparado pelos homens de Tecoa, mas os nobres dessa cidade não quiseram se juntar ao serviço, rejeitando a orientação de seus supervisores¹.

⁶ A porta Jesana² foi consertada por Joiada, filho de Paseia, e por Mesulão, filho de Besodias. Eles puseram os batentes e colocaram as portas, os ferrolhos e as trancas no lugar. ⁷ No trecho seguinte os reparos foram feitos por Melatias de Gibeom e Jadom de Meronote, homens de Gibeom e de Mispá,

---

¹ 3.5 Ou *de seu Senhor*; ou ainda *de seu governador*
² 3.6 Ou *porta Velha*

localidades que estavam sob a autoridade do governador da província do Trans-Eufrates. ⁸ Uziel, filho de Haraías, um dos ourives, fez os reparos do trecho seguinte; e Hananias, um dos perfumistas, fez os reparos ao seu lado. Eles reconstruíram¹ Jerusalém até o muro Largo.ᵃ ⁹ Refaías, filho de Hur, governador da metade do distrito de Jerusalém, fez os reparos do trecho seguinte. ¹⁰ Ao seu lado, Jedaías, filho de Harumafe, fez os reparos em frente da sua casa, e Hatus, filho de Hasabneias, fez os reparos ao seu lado. ¹¹ Malquias, filho de Harim, e Hassube, filho de Paate-Moabe, repararam outro trecho e a torre dos Fornos.ᵇ ¹² Salum, filho de Haloês, governador da outra metade do distrito de Jerusalém, fez os reparos do trecho seguinte com a ajuda de suas filhas.

¹³ A porta do Valeᶜ foi reparada por Hanum e pelos moradores de Zanoa.ᵈ Eles a reconstruíram e colocaram as portas, os ferrolhos e as trancas no lugar. Também repararam quatrocentos e cinquenta metros² do muro, até a porta do Esterco.ᵉ

¹⁴ A porta do Esterco foi reparada por Malquias, filho de Recabe, governador do distrito de Bete-Haquerém.ᶠ Ele a reconstruiu e colocou as portas, os ferrolhos e as trancas no lugar.

¹⁵ A porta da Fonte foi reparada por Salum, filho de Col-Hozé, governador do distrito de Mispá. Ele a reconstruiu, cobriu-a e colocou as portas, os ferrolhos e as trancas no lugar. Também fez os reparos do muro do tanque de Siloé³,ᵍ junto ao jardim do Rei, até os degraus que descem da Cidade de Davi. ¹⁶ Além dele, Neemias, filho de Azbuque, governador de meio distrito de Bete-Zur,ʰ fez os reparos até em frente dos túmulos⁴ de Davi, até o açude artificial e a casa dos soldados.

¹⁷ Depois dele os reparos foram feitos pelos levitas que estavam sob a responsabilidade de Reum, filho de Bani. Junto a ele Hasabias, governador da metade do distrito de Queila,ʲ fez os reparos em seu distrito. ¹⁸ Depois dele os reparos foram feitos pelos seus compatriotas que estavam sob a responsabilidade de Binui⁵, filho de Henadade, governador da metade do distrito de Queila. ¹⁹ Ao seu lado Ézer, filho de Jesua, governador de Mispá, reconstruiu outro trecho, começando de um ponto que fica em frente da subida para a casa das armas, indo até a esquina do muro. ²⁰ Depois dele Baruque, filho de Zabai, reparou com zelo outro trecho, desde a esquina do muro até a entrada da casa do sumo sacerdote Eliasibe. ²¹ Em seguida, Meremote,ᵏ filho de Urias, neto de Hacoz, reparou outro trecho, desde a entrada da casa de Eliasibe até o fim dela.

²² Os demais reparos foram feitos pelos sacerdotes das redondezas. ²³ Depois, Benjamim e Hassube fizeram os reparos em frente da sua casa, e ao lado deles Azarias, filho de Maaseias, filho de Ananias, fez os reparos ao lado de sua casa. ²⁴ Depois dele, Binui,ˡ filho de Henadade, reparou outro trecho, desde a casa de Azarias até a esquina do muro, ²⁵ e Palal, filho de Uzai, trabalhou em frente da esquina do muro e da torre que sai do palácio superior, perto do pátio da guarda.ᵐ Junto a ele, Pedaías, filho de Parós,ⁿ ²⁶ e os servos do temploᵒ que viviam na colina de Ofelᵖ fizeram os reparos até em frente da porta das Águas,ᵠ na direção do leste e da torre que ali sobressaía. ²⁷ Depois dele os homens de Tecoaʳ repararam outro trecho, desde a grande torreˢ até o muro de Ofel.

²⁸ Acima da porta dos Cavalos,ᵗ os sacerdotes fizeram os reparos, cada um em frente da sua própria casa. ²⁹ Depois deles Zadoque, filho de Imer, fez os reparos em frente da sua casa. Ao seu lado Semaías,

---

¹ **3.8** Ou *Eles deixaram de lado parte de*
² **3.13** Hebraico: *1.000 côvados*. O côvado era uma medida linear de cerca de 45 centímetros.
³ **3.15** Hebraico: *Selá*, variante de *Siloé*.
⁴ **3.16** A Septuaginta, alguns manuscritos da Vulgata e a Versão Siríaca dizem *do túmulo*.
⁵ **3.18** Muitos manuscritos dizem *Bavai*; também no versículo 24.

filho de Secanias, o guarda da porta Oriental, fez os reparos. ³⁰ Depois, Hananias, filho de Selemias, e Hanum, filho de Zalafe, fez os reparos do outro trecho. Ao seu lado, Mesulão, filho de Berequias, fez os reparos em frente da sua moradia. ³¹ Depois dele, Malquias, um ourives, fez os reparos do muro até a casa dos servos do templo e dos comerciantes, em frente da porta da Inspeção, até o posto de vigia da esquina; ³² e entre a sala acima da esquina e a porta das Ovelhas^u os ourives e os comerciantes fizeram os reparos.

Oposição à Reconstrução

4 Quando Sambalate^v soube que estávamos reconstruindo o muro, ficou furioso. Ridicularizou os judeus ² e, na presença de seus compatriotas^w e dos poderosos de Samaria, disse: "O que aqueles frágeis judeus estão fazendo? Será que vão restaurar o seu muro? Irão oferecer sacrifícios? Irão terminar a obra num só dia? Será que vão conseguir ressuscitar pedras de construção daqueles montes de entulho^x e de pedras queimadas?"

³ Tobias,^y o amonita, que estava ao seu lado, completou: "Pois que construam! Basta que uma raposa suba lá, para que esse muro de pedras desabe!"^z

⁴ Ouve-nos, ó Deus, pois estamos sendo desprezados.^a Faze cair sobre eles a zombaria. E sejam eles levados prisioneiros como despojo para outra terra. ⁵ Não perdoes os seus pecados^b nem apagues as suas maldades,^c pois provocaram a tua ira diante dos construtores.

⁶ Nesse meio tempo fomos reconstruindo o muro, até que em toda a sua extensão chegamos à metade da sua altura, pois o povo estava totalmente dedicado ao trabalho.

⁷ Quando, porém, Sambalate, Tobias,^d os árabes, os amonitas e os homens de Asdode souberam que os reparos nos muros de Jerusalém tinham avançado e que as brechas estavam sendo fechadas, ficaram furiosos. ⁸ Todos juntos planejaram^e atacar Jerusalém e causar confusão. ⁹ Mas nós oramos ao nosso Deus e colocamos guardas de dia e de noite para proteger-nos deles.

¹⁰ Enquanto isso, o povo de Judá começou a dizer: "Os trabalhadores já não têm mais forças^f e ainda há muito entulho. Por nós mesmos não conseguiremos reconstruir o muro".

¹¹ E os nossos inimigos diziam: "Antes que descubram qualquer coisa ou nos vejam, estaremos bem ali no meio deles; vamos matá-los e acabar com o trabalho deles".

¹² Os judeus que moravam perto deles dez vezes nos previniram: "Para onde quer que vocês se virarem, saibam que seremos atacados de todos os lados".

¹³ Por isso posicionei alguns do povo atrás dos pontos mais baixos do muro, nos lugares abertos, divididos por famílias, armados de espadas, lanças e arcos. ¹⁴ Fiz uma rápida inspeção e imediatamente disse aos nobres, aos oficiais e ao restante do povo: Não tenham medo^g deles. Lembrem-se^h de que o Senhor é grande^i e temível e lutem^j por seus irmãos, por seus filhos e por suas filhas, por suas mulheres e por suas casas.

¹⁵ Quando os nossos inimigos descobriram que sabíamos de tudo e que Deus tinha frustrado^k a sua trama, todos nós voltamos para o muro, cada um para o seu trabalho.

¹⁶ Daquele dia em diante, enquanto a metade dos meus homens fazia o trabalho, a outra metade permanecia armada de lanças, escudos, arcos e couraças. Os oficiais davam apoio a todo o povo de Judá ¹⁷ que estava construindo o muro. Aqueles que transportavam material faziam o trabalho com uma das mãos e com a outra seguravam uma arma,^l ¹⁸ e cada um dos construtores trazia na cintura uma espada enquanto trabalhava; e comigo ficava um homem pronto para tocar a trombeta.^m

¹⁹ Então eu disse aos nobres, aos oficiais e ao restante do povo: A obra é grande e extensa, e estamos separados, distantes uns

dos outros, ao longo do muro. ²⁰ Do lugar de onde ouvirem o som da trombeta,ⁿ juntem-se a nós ali. Nosso Deus lutará por nós!ᵒ

²¹ Dessa maneira prosseguimos o trabalho com metade dos homens empunhando espadas desde o raiar da alvorada até o cair da tarde. ²² Naquela ocasião, eu também disse ao povo: Cada um de vocês e o seu ajudante devem ficar à noite em Jerusalém, para que possam servir de guarda à noite e trabalhar durante o dia. ²³ Eu, os meus irmãos, os meus homens de confiança e os guardas que estavam comigo nem tirávamos a roupa, e cada um permanecia de arma na mão.

A Solução das Injustiças Sociais

5 Ora, o povo, homens e mulheres, começou a reclamar muito de seus irmãos judeus. ² Alguns diziam: "Nós, nossos filhos e nossas filhas somos numerosos; precisamos de trigo para comer e continuar vivos".

³ Outros diziam: "Tivemos que penhorar nossas terras,ᵖ nossas vinhas e nossas casas para conseguir trigo para matar a fome".ᵍ

⁴ E havia ainda outros que diziam: "Tivemos que tomar dinheiro emprestado para pagar o impostoʳ cobrado sobre as nossas terras e as nossas vinhas. ⁵ Apesar de sermos do mesmo sangueˢ¹ dos nossos compatriotas, e de nossos filhos serem tão bons quanto os deles, ainda assim temos que sujeitar os nossos filhos e as nossas filhas à escravidão.ᵗ E, de fato, algumas de nossas filhas já foram entregues como escravas e não podemos fazer nada, pois as nossas terras e as nossas vinhas pertencem a outros".ᵘ

⁶ Quando ouvi a reclamação e essas acusações, fiquei furioso. ⁷ Fiz uma avaliação de tudo e então repreendi os nobres e os oficiais, dizendo-lhes: "Vocês estão cobrando jurosᵛ dos seus compatriotas!" Por isso convoquei uma grande reunião contra eles ⁸ e disse: Na medida do possível nós compramos de voltaʷ nossos irmãos judeus que haviam sido vendidos aos outros povos. Agora vocês estão até vendendo os seus irmãos! Assim eles terão que ser vendidos a nós de novo! Eles ficaram em silêncio, pois não tinham resposta.ˣ

⁹ Por isso prossegui: O que vocês estão fazendo não está certo. Vocês devem andar no temor do nosso Deus para evitar a zombariaʸ dos outros povos, os nossos inimigos. ¹⁰ Eu, os meus irmãos e os meus homens de confiança também estamos emprestando dinheiro e trigo ao povo. Mas vamos acabar com a cobrança de juros!ᶻ ¹¹ Devolvam-lhes imediatamente suas terras, suas vinhas, suas oliveiras e suas casas, e também os jurosᵃ que cobraram deles, a centésima parte do dinheiro, do trigo, do vinho e do azeite.

¹² E eles responderam: "Nós devolveremos tudo o que você citou, e não exigiremos mais nada deles. Vamos fazer o que você está pedindo".

Então convoquei os sacerdotes e os fiz declarar sob juramentoᵇ que cumpririam a promessa feita. ¹³ Também sacudiᶜ a dobra do meu manto e disse: Deus assim sacuda de sua casa e de seus bens todo aquele que não mantiver a sua promessa. Tal homem seja sacudido e esvaziado!

Toda a assembleia disse: "Amém!",ᵈ e louvou o SENHOR. E o povo cumpriu o que prometeu.

O Exemplo de Neemias

¹⁴ Além disso, desde o vigésimo ano do rei Artaxerxes,ᵉ quando fui nomeado governador delesᶠ na terra de Judá, até o trigésimo segundo ano do seu reinado, durante doze anos, nem eu nem meus irmãos comemos a comida destinada ao governador. ¹⁵ Mas os governantes anteriores, aqueles que me precederam, puseram um peso sobre o povo e tomavam dele quatrocentos e oitenta gramas² de prata, além de comida e vinho. Até os seus auxiliares oprimiam o povo. Mas, por temer a Deus,ᵍ não agi

---

4.20
ⁿEz 33.3
ᵒEx 14.14;
Dt 1.30;
20.4
Js 10.14

5.3
ᵖSl 109.11
ᵍGn 47.23

5.4
ʳEd 4.13

5.5
ˢGn 29.14
ᵗLv 25.39-43,47
2Rs 4.1;
Is 50.1
ᵘDt 15.7-11;
2Rs 4.1

5.7
ᵛEx 22.25-27;
Lv 25.35-37; Dt 23.19-20; 24.10-13

5.8
ʷLv 25.47
ˣJr 34.8

5.9
ʸIs 52.5

5.10
ᶻEx 22.25

5.11
ᵃIs 58.6

5.12
ᵇEd 10.5

5.13
ᶜMt 10.14;
At 18.6
ᵈDt 27.15-26

5.14
ᵉNe 2.6; 13.6
ᶠGn 42.6;
Ed 6.7;
Jr 40.7
Ag 1.1

5.15
ᵍGn 20.11

---

¹ **5.5** Hebraico: *carne*.
² **5.15** Hebraico: *40 siclos*. Um siclo equivalia a 12 gramas.

dessa maneira. ¹⁶ Ao contrário,ʰ eu mesmo me dediquei ao trabalho neste muro. Todos os meus homens de confiança foram reunidos ali para o trabalho; e não compramos¹ nenhum pedaço de terra.

¹⁷ Além do mais, cento e cinquenta homens, entre judeus do povo e seus oficiais, comiam à minha mesa, como também pessoas das nações vizinhas que vinham visitar-nos. ¹⁸ Todos os dias eram preparados, à minha custa, um boi, seis das melhores ovelhas e aves,ⁱ e a cada dez dias eu recebia uma grande remessa de vinhos de todo tipo. Apesar de tudo isso, jamais exigi a comida destinada ao governador, pois eram demasiadas as exigências que pesavam sobre o povo.

¹⁹ Lembra-teʲ de mim, ó meu Deus, levando em conta tudo o que fiz por este povo.

A Tentativa de Intimidação

6 Quando Sambalate, Tobias,ᵏ Gesém,ˡ o árabe, e o restante de nossos inimigos souberam que eu havia reconstruído o muro e que não havia ficado nenhuma brecha, embora até então eu ainda não tivesse colocado as portas nos seus lugares, ² Sambalate e Gesém mandaram-me a seguinte mensagem: "Venha, vamos nos encontrar num dos povoados² da planície de Ono".ᵐ

Eles, contudo, estavam tramando fazer-me mal; ³ por isso enviei-lhes mensageiros com esta resposta: "Estou executando um grande projeto e não posso descer. Por que parar a obra para ir encontrar-me com vocês?" ⁴ Eles me mandaram quatro vezes a mesma mensagem, e todas as vezes lhes dei a mesma resposta.

⁵ Então, na quinta vez, Sambalateⁿ mandou-me um dos seus homens de confiança com a mesma mensagem; ele tinha na mão uma carta aberta ⁶ em que estava escrito:

"Dizem entre as nações, e Gesémᵒ diz que é verdade, que você e os judeus estão tramando uma revolta e que, por isso, estão reconstruindo o muro. Além disso, conforme dizem, você está na iminência de se tornar o rei deles, ⁷ e até nomeou profetas para fazerem em Jerusalém a seguinte proclamação a seu respeito: 'Há um rei em Judá!' Ora, essa informação será levada ao rei; por isso, vamos conversar".

⁸ Eu lhe mandei esta resposta: Nada disso que você diz está acontecendo; é pura invenção sua.

⁹ Estavam todos tentando intimidar-nos, pensando: "Eles serão enfraquecidos e não concluirão a obra".

Eu, porém, orei pedindo: Fortalece agora as minhas mãos!

¹⁰ Um dia fui à casa de Semaías, filho de Delaías, neto de Meetabel, que estava trancado portas adentro. Ele disse: "Vamos encontrar-nos na casa de Deus, no templo,ᵖ a portas fechadas, pois estão querendo matá-lo; eles virão esta noite".

¹¹ Todavia, eu lhe respondi: Acha que um homem como eu deveria fugir? Alguém como eu deveria entrar no templo para salvar a vida? Não, eu não irei! ¹² Percebi que Deus não o tinha enviado e que ele tinha profetizado contra mimᵠ porque Tobias e Sambalateʳ o tinham contratado. ¹³ Ele tinha sido pago para me intimidar, a fim de que eu cometesse um pecado agindo daquela maneira, e então eles poderiam difamar-me e desacreditar-me.ˢ

¹⁴ Lembra-teᵗ do que fizeram Tobias e Sambalate,ᵘ meu Deus, lembra-te também da profetisaᵛ Noadia e do restante dos profetasʷ que estão tentando me intimidar.

O Término da Reconstrução

¹⁵ O muro ficou pronto no vigésimo quinto dia de elul³, em cinquenta e dois dias. ¹⁶ Quando todos os nossos inimigos

---

¹ **5.16** Conforme a maioria dos manuscritos do Texto Massorético. Alguns manuscritos do Texto Massorético, a Septuaginta, a Vulgata e a Versão Siríaca dizem *eu não comprei*.

² **6.2** Ou *em Quefirim*

³ **6.15** Aproximadamente agosto/setembro.

souberam disso, todas as nações vizinhas ficaram atemorizadas e com o orgulho ferido, pois perceberam que essa obra havia sido executada com a ajuda de nosso Deus.

¹⁷ E também, naqueles dias, os nobres de Judá estavam enviando muitas cartas a Tobias, que lhes enviava suas respostas. ¹⁸ Porque muitos de Judá estavam comprometidos com ele por juramento, visto que era genro de Secanias, filho de Ara, e seu filho Joanã havia se casado com a filha de Mesulão, neto de Berequias. ¹⁹ Até ousavam elogiá-lo na minha presença e iam contar-lhe o que eu dizia. E Tobias continuou a enviar-me cartas para me intimidar.

7 Depois que o muro foi reconstruído e que eu coloquei as portas no lugar, foram nomeados os porteiros,ˣ os cantoresʸ e os levitas.ᶻ ² Para governar Jerusalém encarreguei o meu irmão Hananiᵃ e, com ele, Hananias¹,ᵇ comandante da fortaleza,ᶜ pois Hananias era íntegro e temiaᵈ a Deus mais do que a maioria dos homens. ³ Eu lhes disse: As portas de Jerusalém não deverão ser abertas enquanto o sol não estiver alto. E antes de deixarem o serviço, os porteiros deverão fechar e travar as portas. Também designei moradores de Jerusalém para sentinelas, alguns em postos no muro, outros em frente das suas casas.

A Lista dos Exilados que Retornaram

⁴ Ora, a cidade era grande e espaçosa, mas havia poucos moradores,ᵉ e as casas ainda não tinham sido reconstruídas. ⁵ Por isso o meu Deus pôs no meu coração reunir os nobres, os oficiais e todo o povo para registrá-los por famílias. Encontrei o registro genealógico dos que foram os primeiros a voltar. Assim estava registrado ali:

⁶ "Estes são os homens da província que voltaram do exílio,ᶠ os quais Nabucodonosor, rei da Babilônia, havia levado prisioneiros. *Eles voltaram para Jerusalém e para Judá*,

cada um para a sua própria cidade, ⁷ em companhia de Zorobabel,ᵍ Jesua, Neemias, Azarias, Raamias, Naamani, Mardoqueu, Bilsã, Misperete, Bigvai, Neum e Baaná. E esta é a lista e o número dos que retornaram, pelos chefes de família e respectivas cidades:

⁸ "os descendentes de Parós, 2.172;

⁹ de Sefatias, 372;

¹⁰ de Ara, 652;

¹¹ de Paate-Moabe, por meio da linhagem de Jesua e Joabe, 2.818;

¹² de Elão, 1.254;

¹³ de Zatu, 845;

¹⁴ de Zacai, 760;

¹⁵ de Binui, 648;

¹⁶ de Bebai, 628;

¹⁷ de Azgade, 2.322;

¹⁸ de Adonicão, 667;

¹⁹ de Bigvai, 2.067;

²⁰ de Adim, 655;ʰ

²¹ de Ater, por meio de Ezequias, 98;

²² de Hasum, 328;

²³ de Besai, 324;

²⁴ de Harife, 112;

²⁵ de Gibeom, 95;

²⁶ "das cidades de Belém e de Netofate, 188;ⁱ

²⁷ de Anatote, 128;ʲ

²⁸ de Bete-Azmavete, 42;

²⁹ de Quiriate-Jearim², Cefiraᵏ e Beerote,ˡ 743;

³⁰ de Ramá e Geba, 621;

³¹ de Micmás, 122;

³² de Betel e Ai,ᵐ 123;

³³ do outro Nebo, 52;

³⁴ do outro Elão, 1.254;

³⁵ de Harim, 320;

³⁶ de Jericó,ⁿ 345;

³⁷ de Lode, Hadide e Ono,ᵒ 721;

³⁸ de Senaá, 3.930.

---

¹ **7.2** Ou *Hanani, isto é, Hananias.*

² **7.29** Veja Ed 2.25.

39 "Os sacerdotes:

"os descendentes de Jedaías,
por meio da família
de Jesua, 973;
40 de Imer, 1.052;
41 de Pasur, 1.247;
42 de Harim, 1.017.

43 "Os levitas:

"os descendentes de Jesua,
por meio de Cadmiel,
pela linhagem de Hodeva, 74.

44 "Os cantores:ᵖ

"os descendentes de Asafe 148.

45 "Os porteirosᑫ do templo:
os descendentes de Salum,
Ater, Talmom, Acube,
Hatita e Sobai 138.

46 "Os servidores do templo:ʳ

"os descendentes de Zia,
Hasufa, Tabaote,
47 Queros, Sia, Padom,
48 Lebana, Hagaba, Salmai,
49 Hanã, Gidel, Gaar,
50 Reaías, Rezim, Necoda,
51 Gazão, Uzá, Paseia,
52 Besai, Meunim, Nefusim,
53 Baquebuque, Hacufa, Harur,
54 Baslite, Meída, Harsa,
55 Barcos, Sísera, Tamá,
56 Nesias e Hatifa.

57 "Os descendentes dos servos
de Salomão:

"os descendentes de Sotai,
Soferete, Perida,
58 Jaala, Darcom, Gidel,
59 Sefatias, Hatil,
Poquerete-Hazebaim e Amom.

60 "Os servos do templo
e os descendentes dos servos
de Salomão 392.⁵

61 "Os que chegaram
das cidades de Tel-Melá,
Tel-Harsa, Querube, Adom
e Imer, mas não puderam
provar que suas famílias
eram descendentes de Israel:

62 "os descendentes de Delaías,
Tobias e Necoda 642.

63 "E entre os sacerdotes:

"os descendentes de Habaías,
Hacoz e Barzilai, homem
que se casou com uma filha
de Barzilai, de Gileade,
e que era chamado
por aquele nome".
64 Esses procuraram seus registros de família, mas não conseguiram achá-los e, dessa forma, foram considerados impuros para o sacerdócio. **65** Por isso o governador determinou que eles não comessem das ofertas santíssimas enquanto não houvesse um sacerdote para consultar o Urim e o Tumim¹.ᵗ

66 O total de todos os registrados foi 42.360 homens, **67** além dos seus 7.337 servos e servas; havia entre eles 245 cantores e cantoras. **68** Possuíam 736 cavalos, 245 mulas,² **69** 435 camelos e 6.720 jumentos.
70 Alguns dos chefes das famílias contribuíram para o trabalho. O governador deu à tesouraria oito quilos³ de ouro, 50 bacias e 530 vestes para os sacerdotes. **71** Alguns dos chefes das famíliasᵘ deram à tesouraria cento e sessenta quilos de ouro e mil e trezentos e vinte quilos⁴ de prata, para a realização do trabalho.

¹ **7.65** Objetos utilizados para se conhecer a vontade de Deus.
² **7.68** Conforme alguns manuscritos do Texto Massorético. A maioria dos manuscritos do Texto Massorético não traz este versículo. Veja Ed 2.66.
³ **7.70** Hebraico: *1.000 dracmas*.
⁴ **7.71** Hebraico: *2.200 minas*. Uma mina equivalia a 600 gramas.

⁷² O total dado pelo restante do povo foi de cento e sessenta quilos de ouro, mil e duzentos quilos de prata e 67 vestes para os sacerdotes.ᵛ

⁷³ Os sacerdotes, os levitas, os porteiros, os cantores e os servidores do templo,ʷ e também alguns do povo e os demais israelitas, estabeleceram-se em suas próprias cidades.ˣ

A Leitura Pública da Lei

8 Quando chegou o sétimo mês e os israelitas tinham se instalado em suas cidades,ʸ todo o povo juntou-se como se fosse um só homem na praça, em frente da porta das Águas.ᶻ Pediram ao escriba Esdras que trouxesse o Livro da Lei de Moisés,ᵃ que o Senhor dera a Israel.

² Assim, no primeiro dia do sétimo mês,ᵇ o sacerdote Esdras trouxe a Leiᶜ diante da assembleia, que era constituída de homens e mulheres e de todos os que podiam entender. ³ Ele a leu em alta voz desde o raiar da manhã até o meio-dia, de frente para a praça, em frente da porta das Águas,ᵈ na presença dos homens, mulheres e de outros que podiam entender. E todo o povo ouvia com atenção a leitura do Livro da Lei.

⁴ O escriba Esdras estava numa plataformaᵉ elevada, de madeira, construída para a ocasião. Ao seu lado, à direita, estavam Matitias, Sema, Anaías, Urias, Hilquias e Maaseias; e à esquerda estavam Pedaías, Misael, Malquias, Hasum, Hasbadana, Zacarias e Mesulão.

⁵ Esdras abriu o Livro diante de todo o povo, e este podia vê-lo, pois ele estava num lugar mais alto.ᶠ E, quando abriu o Livro, o povo todo se levantou. ⁶ Esdras louvou o Senhor, o grande Deus, e todo o povo ergueu as mãosᵍ e respondeu: "Amém! Amém!" Então eles adoraram o Senhor, prostrados com o rosto em terra.

⁷ Os levitasʰ Jesua, Bani, Serebias, Jamim, *Acube*, *Sabetai*, *Hodias*, Maaseias, Quelita, Azarias, Jozabade, Hanã e Pelaías instruíramⁱ o povo na Lei, e todos permaneciam ali. ⁸ Leram o Livro da Lei de Deus, interpretando-o e explicando-o, a fim de que o povo entendesse o que estava sendo lido.

⁹ Então Neemias, o governador, Esdras, o sacerdote e escriba, e os levitasʲ que estavam instruindo o povo disseram a todos: "Este dia é consagrado ao Senhor, o nosso Deus. Nada de tristeza e de choro!"ᵏ Pois todo o povo estava chorando enquanto ouvia as palavras da Lei.

¹⁰ E Neemias acrescentou: "Podem sair, e comam e bebam do melhor que tiverem, e repartam com os que nada têmˡ preparado. Este dia é consagrado ao nosso Senhor. Não se entristeçam, porque a alegriaᵐ do Senhor os fortalecerá".

¹¹ Os levitas tranquilizaram todo o povo, dizendo: "Acalmem-se, porque este é um dia santo. Não fiquem tristes!"

¹² Então todo o povo saiu para comer, beber, repartir com os que nada tinham preparado e para celebrar com grande alegria,ⁿ pois agora compreendiam as palavras que lhes foram explicadas.

¹³ No segundo dia do mês, os chefes de todas as famílias, os sacerdotes e os levitas reuniram-se com o escriba Esdras para estudarem as palavras da Lei. ¹⁴ Descobriram na Lei que o Senhor tinha ordenado, por meio de Moisés, que os israelitas deveriam morar em tendas durante a festa do sétimo mês. ¹⁵ Por isso anunciaram em todas as suas cidades e em Jerusalém: "Saiam às montanhas e tragam ramos de oliveiras cultivadas, de oliveiras silvestres, de murtas, de tamareiras e de árvores frondosas, para fazerem tendas, conforme está escrito¹".

¹⁶ Então o povo saiu e trouxe os ramos, e eles mesmos construíram tendas nos seus terraços, nos seus pátios, nos pátios do templo de Deus e na praça junto à porta das Águas e na que fica junto à porta de Efraim.ᵒ ¹⁷ Todos os que tinham voltado do exílio construíram tendas e moraram nelas.

---

¹ **8.15** Veja Lv 23.37-40.

Desde os dias de Josué, filho de Num, até aquele dia, os israelitas não tinham celebrado*ᵖ* a festa dessa maneira. E grande foi a alegria deles.

¹⁸ Dia após dia, desde o primeiro até o último dia da festa, Esdras leu*ᵠ* o Livro da Lei de Deus. Eles celebraram a festa durante sete dias, e no oitavo dia, conforme o ritual,*ʳ* houve uma reunião solene.

A Confissão do Pecado

9 No vigésimo quarto dia do mês, os israelitas se reuniram, jejuaram, vestiram pano de saco e puseram terra sobre a cabeça.*ˢ* ² Os que eram de ascendência israelita tinham se separado de todos os estrangeiros.*ᵗ* Levantaram-se nos seus lugares, confessaram os seus pecados e a maldade dos seus antepassados.*ᵘ* ³ Ficaram onde estavam e leram o Livro da Lei do SENHOR, do seu Deus, durante três horas, e passaram outras três horas confessando os seus pecados e adorando o SENHOR, o seu Deus. ⁴ Em pé, na plataforma, estavam os levitas*ᵛ* Jesua, Bani, Cadmiel, Sebanias, Buni, Serebias, Bani e Quenani, que em alta voz clamavam ao SENHOR, o seu Deus. ⁵ E os levitas Jesua, Cadmiel, Bani, Hasabneias, Serebias, Hodias, Sebanias e Petaías conclamavam o povo, dizendo: "Levantem-se e louvem o SENHOR, o seu Deus,*ʷ* que vive para todo o sempre.

"Bendito seja o teu nome glorioso! A tua grandeza está acima de toda expressão de louvor. ⁶ Só tu és o SENHOR.*ˣ* Fizeste os céus,*ʸ* e os mais altos céus, e tudo o que neles há, a terra*ᶻ* e tudo o que nela existe, os mares*ᵃ* e tudo o que neles existe.*ᵇ* Tu deste vida a todos os seres, e os exércitos dos céus te adoram.

⁷ "Tu és o SENHOR, o Deus que escolheu Abrão, trouxe-o de Ur dos caldeus*ᶜ* e deu-lhe o nome de Abraão.*ᵈ* ⁸ Viste que o coração dele era fiel, e fizeste com ele uma aliança, prometendo dar aos seus descendentes a terra dos cananeus, dos hititas, dos amorreus, dos ferezeus, dos jebuseus e dos girgaseus.*ᵉ* E cumpriste a tua promessa*ᶠ* porque tu és justo.*ᵍ*

⁹ "Viste o sofrimento dos nossos antepassados no Egito,*ʰ* e ouviste o clamor deles no mar Vermelho.*ⁱ* ¹⁰ Fizeste sinais*ʲ* e maravilhas contra o faraó e todos os seus oficiais e contra todo o povo da sua terra, pois sabias com quanta arrogância os egípcios os tratavam. Alcançaste renome,*ᵏ* que permanece até hoje. ¹¹ Dividiste o mar diante deles,*ˡ* para que o atravessassem a seco, mas lançaste os seus perseguidores nas profundezas, como uma pedra em águas agitadas.*ᵐ* ¹² Tu os conduziste*ⁿ* de dia com uma nuvem e de noite com uma coluna de fogo,*ᵒ* para iluminar o caminho que tinham que percorrer.

¹³ "Tu desceste ao monte Sinai;*ᵖ* dos céus lhes falaste.*ᵠ* Deste-lhes ordenanças justas,*ʳ* leis verdadeiras, decretos e mandamentos excelentes.*ˢ* ¹⁴ Fizeste que conhecessem o teu sábado*ᵗ* santo e lhes deste ordens, decretos e leis por meio de Moisés, teu servo. ¹⁵ Na fome deste-lhes pão do céu,*ᵘ* e na sede tiraste para eles água da rocha;*ᵛ* mandaste-os entrar e tomar posse da terra que, sob juramento, tinhas prometido dar-lhes.*ʷ*

¹⁶ "Mas os nossos antepassados tornaram-se arrogantes e obstinados, e não obedeceram aos teus mandamentos.*ˣ* ¹⁷ Eles se recusaram a ouvir-te e esqueceram-se*ʸ* dos milagres que realizaste entre eles. Tornaram-se obstinados e, na sua rebeldia, escolheram um líder a fim de voltarem à sua escravidão.*ᶻ* Mas tu és um Deus perdoador, um Deus bondoso e misericordioso, muito paciente*ᵃ* e cheio de amor.*ᵇ* Por isso não os abandonaste,*ᶜ* ¹⁸ mesmo quando fundiram para si um ídolo na forma de bezerro*ᵈ* e disseram: 'Este é o seu deus, que os tirou do Egito', ou quando proferiram blasfêmias terríveis. ¹⁹ "Foi por tua grande compaixão que não os abandonaste no deserto. De dia a nuvem não deixava de guiá-los em seu caminho,

nem de noite a coluna de fogo deixava de brilhar sobre o caminho que deviam percorrer. ²⁰ Deste o teu bom Espíritoᵉ para instruí-los. Não retiveste o teu manáᶠ que os alimentava, e deste-lhes águaᵍ para matar a sede. ²¹ Durante quarenta anos tu os sustentaste no deserto; nada lhes faltou,ʰ as roupas deles não se gastaram nem os seus pés ficaram inchados.ⁱ

²² "Deste-lhes reinos e nações, cuja terra repartiste entre eles. Eles conquistaram a terra de Seom,ʲ rei de Hesbom, e a terra de Ogue, rei de Basã.ᵏ ²³ Tornaste os seus filhos tão numerosos como as estrelas do céu, e os trouxeste para entrar e possuir a terra que prometeste aos seus antepassados. ²⁴ Seus filhos entraram e tomaram posse da terra.ˡ Tu subjugaste diante deles os cananeus, que viviam na terra, e os entregaste nas suas mãos, com os seus reis e com os povos daquela terra, para que os tratassem como bem quisessem. ²⁵ Conquistaram cidades fortificadas e terra fértil; apossaram-se de casas cheias de bens, poços já escavados, vinhas, olivais e muitas árvores frutíferas. Comeram até fartar-se e foram bem alimentados;ᵐ eles desfrutaram de tua grande bondade.ⁿ

²⁶ "Mas foram desobedientes e se rebelaram contra ti; deram as costasᵒ para a tua Lei. Mataram os teus profetas,ᵖ que os tinham advertido que se voltassem para ti; e fizeram-te ofensas detestáveis.ᑫ

²⁷ Por isso tu os entregaste nas mãos de seus inimigos,ʳ que os oprimiram. Mas, quando foram oprimidos, clamaram a ti. Dos céus tu os ouviste, e na tua grande compaixãoˢ deste-lhes libertadores, que os livraram das mãos de seus inimigos.

²⁸ "Mas, tão logo voltavam a ter paz, de novo faziam o que tu reprovas. Então tu os abandonavas às mãos de seus inimigos, para que dominassem sobre eles. E, quando novamente clamavam a ti, dos céus tu os ouvias e na tua compaixão os livravasᵗ vez após vez.

²⁹ "Tu os advertiste que voltassem à tua Lei, mas eles se tornaram arrogantesᵘ e desobedeceram aos teus mandamentos. Pecaram contra as tuas ordenanças, pelas quais o homem vive se lhes obedece.ᵛ Com teimosia, deram-te as costas, tornaram-se obstinados e recusaram ouvir-te.ʷ

³⁰ E durante muitos anos foste paciente com eles. Por teu Espírito, por meio dos profetas,ˣ os advertiste. Contudo, não te deram atenção, de modo que os entregaste nas mãos dos povos vizinhos. ³¹ Graças, porém, à tua grande misericórdia, não os destruísteʸ nem os abandonaste, pois és Deus bondoso e misericordioso.

³² "Agora, portanto, nosso Deus, ó Deus grande, poderosoᶻ e temível, fiel à tua aliançaᵃ e misericordioso, não fiques indiferente a toda a aflição que veio sobre nós, sobre os nossos reis e sobre os nossos líderes, sobre os nossos sacerdotes e sobre os nossos profetas, sobre os nossos antepassados e sobre todo o teu povo, desde os dias dos reis da Assíria até hoje. ³³ Em tudo o que nos aconteceu foste justo;ᵇ agiste com lealdade mesmo quando fomos infiéis.ᶜ ³⁴ Nossos reis,ᵈ nossos líderes, nossos sacerdotes e nossos antepassadosᵉ não seguiram a tua Lei; não deram atenção aos teus mandamentos nem às advertências que lhes fizeste. ³⁵ Mesmo quando estavam no reino deles, desfrutando da tua grande bondade,ᶠ na terra espaçosa e fértil que lhes deste, eles não te serviramᵍ nem abandonaram os seus maus caminhos.

³⁶ "Vê, porém, que hoje somos escravos,ʰ escravos na terra que deste aos nossos antepassados para que usufruíssem dos seus frutos e das outras boas coisas que ela produz. ³⁷ Por causa de nossos pecados, a sua grande produção pertence aos reis que puseste sobre nós. Eles dominam sobre nós e sobre os nossos rebanhos como bem lhes parece. É grande a nossa angústia!ⁱ

O Acordo do Povo

38 "Em vista disso tudo, estamos fazendo um acordo,ʲ por escrito,ᵏ e assinado por nossos líderes, nossos levitas e nossos sacerdotes".

10 Esta é a relação dos que o assinaram:

Neemias, o governador,
filho de Hacalias,

e Zedequias,

2 Seraías,ˡ Azarias, Jeremias,
3 Pasur,ᵐ Amarias, Malquias,
4 Hatus, Sebanias, Maluque,
5 Harim,ⁿ Meremote, Obadias,
6 Daniel, Ginetom, Baruque,
7 Mesulão, Abias, Miamim,
8 Maazias, Bilgai e Semaías.
Esses eram os sacerdotes.

9 Dos levitas:ᵒ

Jesua, filho de Azanias, Binui,
dos filhos de Henadade, Cadmiel
10 e seus colegas: Sebanias,
Hodias, Quelita, Pelaías, Hanã,
11 Mica, Reobe, Hasabias,
12 Zacur, Serebias, Sebanias,
13 Hodias, Bani e Beninu.

14 Dos líderes do povo:

Parós, Paate-Moabe, Elão, Zatu, Bani,
15 Buni, Azgade, Bebai,
16 Adonias, Bigvai, Adim,ᵖ
17 Ater, Ezequias, Azur,
18 Hodias, Hasum, Besai,
19 Harife, Anatote, Nebai,
20 Magpias, Mesulão, Hezir,ᵠ
21 Mesezabel, Zadoque, Jadua,
22 Pelatias, Hanã, Anaías,
23 Oseias, Hananias,ʳ Hassube,
24 Haloês, Pílea, Sobeque,
25 Reum, Hasabna, Maaseias,
26 Aías, Hanã, Anã,
27 Maluque, Harim e Baaná.

28 "O restante do povo — sacerdotes, levitas, porteiros, cantores, servidores do temploˢ e todos os que se separaram dos povos vizinhosᵗ por amor à Lei de Deus, com suas mulheres e com todos os seus filhos e filhas capazes de entender— **29** agora se une a seus irmãos, os nobres, e se obrigam sob maldição e sob juramentoᵘ a seguir a Lei de Deus dada por meio do servo de Deus, Moisés, e a obedecer fielmente a todos os mandamentos, ordenanças e decretos do Senhor, o nosso Senhor.

30 "Prometemos não dar nossas filhas em casamento aos povos vizinhos nem aceitar que as filhas deles se casem com os nossos filhos.ᵛ

31 "Quando os povos vizinhos trouxerem mercadorias ou cereal para venderem no sábadoʷ ou em dia de festa, não compraremos deles nesses dias. Cada sete anos abriremos mão de trabalhar a terraˣ e cancelaremos todas as dívidas.ʸ

32 "Assumimos a responsabilidade de, conforme o mandamento, dar anualmente quatro gramas¹ para o serviço do templo de nosso Deus: **33** para os pães consagrados,ᶻ para as ofertas regulares de cereal e para os holocaustos², para as ofertas dos sábados, das festas de lua novaᵃ e das festas fixas, para as ofertas sagradas, para as ofertas pelo pecado para fazer propiciação por Israel e para as necessidades do templo de nosso Deus.ᵇ

34 "Também lançamos sortesᶜ entre as famílias dos sacerdotes, dos levitas e do povo, para escalar anualmente a família que deverá trazer lenhaᵈ ao templo de nosso Deus, no tempo determinado, para queimar sobre o altar do Senhor, o nosso Deus, conforme está escrito na Lei.

35 "Também assumimos a responsabilidade de trazer anualmente ao templo do Senhor os primeiros frutosᵉ de nossas colheitas e de toda árvore frutífera.ᶠ

36 "Conforme também está escrito na Lei, traremos o primeiro de nossos filhosᵍ

---

¹ **10.32** Hebraico: *1/3 de siclo*. Um siclo equivalia a 12 gramas, geralmente de prata.
² **10.33** Isto é, sacrifícios totalmente queimados.

e a primeira cria de nossos rebanhos, tanto de ovelhas como de bois, para o templo de nosso Deus, para os sacerdotes que ali estiverem ministrando.ʰ

37 "Além do mais, traremos para os depósitos do templo de nosso Deus, para os sacerdotes, a nossa primeira massa de cereal moído e as nossas primeiras ofertas de cereal, do fruto de todas as nossas árvores e de nosso vinho e azeite.ⁱ E traremos o dízimoʲ das nossas colheitas para os levitas,ᵏ pois são eles que recolhem os dízimos em todas as cidades onde trabalhamos.ˡ **38** Um sacerdote descendente de Arão acompanhará os levitas quando receberem os dízimos, e os levitas terão que trazer um décimo dos dízimosᵐ ao templo de nosso Deus, aos depósitos do templo. **39** O povo de Israel, inclusive os levitas, deverão trazer ofertas de cereal, de vinho novo e de azeite aos depósitos onde se guardam os utensílios para o santuário. É onde os sacerdotes ministram e onde os porteiros e os cantores ficam.

"Não negligenciaremos o templo de nosso Deus."ⁿ

O Repovoamento de Jerusalém

11 Os líderes do povo passaram a morar em Jerusalém, e o restante do povo fez um sorteio para que, de cada dez pessoas, uma viesse morar em Jerusalém,ᵒ a santa cidade;ᵖ as outras nove deveriam ficar em suas próprias cidades.ᵍ **2** O povo abençoou todos os homens que se apresentaram voluntariamente para morar em Jerusalém.

3 Alguns israelitas, sacerdotes, levitas, servos do templo e descendentes dos servos de Salomão viviam nas cidades de Judá, cada um em sua propriedade.ʳ Estes são os líderes da província que passaram a morar em Jerusalém **4** (além deles veio gente tanto de Judá quanto de Benjamimˢ viver em Jerusalém):ᵗ

Entre os descendentes de Judá:

Ataías, filho de Uzias, neto de Zacarias, bisneto de Amarias; Amarias era filho de Sefatias e neto de Maalaleel, descendente de Perez. **5** Maaseias, filho de Baruque, neto de Col-Hozé, bisneto de Hazaías; Hazaías era filho de Adaías, neto de Joiaribe e bisneto de Zacarias, descendente de Selá. **6** Os descendentes de Perez que viviam em Jerusalém totalizavam 468 homens de destaque.

7 Entre os descendentes de Benjamim:

Salu, filho de Mesulão, neto de Joede, bisneto de Pedaías; Pedaías era filho de Colaías, neto de Maaseias, bisneto de Itiel, tetraneto de Jesaías; **8** os seguidores de Salu, Gabai e Salai totalizavam 928 homens. **9** Joel, filho de Zicri, era o oficial superior entre eles, e Judá, filho de Hassenua, era responsável pelo segundo distrito da cidade.

10 Entre os sacerdotes:

Jedaías, filho de Joiaribe; Jaquim; **11** Seraías,ᵘ filho de Hilquias, neto de Mesulão, bisneto de Zadoque — Zadoque era filho de Meraiote, neto de Aitube,ᵛ supervisor da casa de Deus — **12** e seus colegas, que faziam o trabalho do templo, totalizavam 822 homens. Adaías, filho de Jeroão, neto de Pelaías, bisneto de Anzi — Anzi era filho de Zacarias, neto de Pasur, bisneto de Malquias — **13** e seus colegas, que eram chefes de famílias, totalizavam 242 homens. Amassai, filho de Azareel, neto de Azai, bisneto de Mesilemote, tetraneto de Imer, **14** e os seus colegas, que eram homens de destaque, totalizavam 128. O oficial superior deles era Zabdiel, filho de Gedolim.

15 Entre os levitas:

Semaías, filho de Hassube, neto de Azricão, bisneto de Hasabias, tetraneto de Buni; **16** Sabetaiʷ e Jozabade,ˣ dois dos líderes dos levitas, encarregados do trabalho externo do templo de Deus; **17** Matanias,ʸ

10.36
ʰNe 13.31

10.37
ⁱLv 23.17;
Nm 18.12
ʲLv 27.30;
Nm 18.21
ᵏDt 14.22-29
ˡEz 44.30

10.38
ᵐNm 18.26

10.39
ⁿDt 12.6;
Ne 13.11,12

11.1
ᵒNe 7.4
ᵖv. 18;
Is 48.2;
52.1; 64.10;
Zc 14.20-21
ᵍNe 7.73

11.3
ʳ1Cr 9.2-3;
Ed 2.1

11.4
ˢEd 1.5
ᵗEd 2.70

11.11
ᵘ2Rs 25.18;
Ed 2.2
ᵛEd 7.2

11.16
ʷEd 10.15
ˣEd 8.33

filho de Mica, neto de Zabdi, bisneto de Asafe,ᶻ o dirigente que conduzia as ações de graças e as orações; Baquebuquias, o segundo entre os seus colegas e Abda, filho de Samua, neto de Galal, bisneto de Jedutum.ᵃ ¹⁸ Os levitas totalizavam 284 na cidade santa.ᵇ

¹⁹ Os porteiros:

Acube, Talmom e os homens dos seus clãs, que guardavam as portas, eram 172.

²⁰ Os demais israelitas, incluindo os sacerdotes e os levitas, estavam em todas as cidades de Judá, cada um na propriedade de sua herança.

²¹ Os que prestavam serviçoᶜ no templo moravam na colina de Ofel, e Zia e Gispa estavam encarregados deles.

²² O oficial superior dos levitas em Jerusalém era Uzi, filho de Bani, neto de Hasabias, bisneto de Matanias,ᵈ tetraneto de Mica. Uzi era um dos descendentes de Asafe, que eram responsáveis pela música do templo de Deus. ²³ Elesᵉ estavam sujeitos às prescrições do rei, que regulamentavam suas atividades diárias.

²⁴ Petaías, filho de Mesezabel, descendente de Zerá,ᶠ filho de Judá, representava o rei nas questões de ordem civil.

²⁵ Alguns do povo de Judá foram morar em Quiriate-Arbaᵍ e seus povoados, em Dibomʰ e seus povoados, em Jecabzeel e seus povoados, ²⁶ em Jesua, em Moladá, em Bete-Pelete,ⁱ ²⁷ em Hazar-Sual, em Bersebaʲ e seus povoados, ²⁸ em Ziclague,ᵏ em Meconá e seus povoados, ²⁹ em En-Rimom, em Zorá,ˡ em Jarmute,ᵐ ³⁰ em Zanoa, em Adulãoⁿ e seus povoados, em Laquisᵒ e seus arredores, e em Azecaᵖ e *seus povoados. Eles se estabeleceram desde Bersebaᵠ até o vale de Hinom.*

³¹ Os descendentes dos benjamitas foram viver em Geba,ʳ Micmás,ˢ Aia, Betel e seus povoados, ³² em Anatote,ᵗ Nobeᵘ e Ananias, ³³ Hazor,ᵛ Ramá e Gitaim,ʷ ³⁴ Hadide, Zeboimˣ e Nebalate, ³⁵ Lode e Ono,ʸ e no vale dos Artesãos.

³⁶ Alguns grupos dos levitas de Judá se estabeleceram em Benjamim.

A Lista dos Sacerdotes e dos Levitas

12 Estes foram os sacerdotesᶻ e os levitas que voltaram com Zorobabel,ᵃ filho de Sealtiel, e com Jesua:ᵇ

Seraías, ᶜJeremias, Esdras,
² Amarias, Maluque, Hatus,
³ Secanias¹, Reum, Meremote²,
⁴ Ido,ᵈ Ginetom³, Abias,ᵉ
⁵ Miamim⁴, Maadias, Bilga,
⁶ Semaías, Joiaribe, Jedaías,ᶠ
⁷ Salu, Amoque, Hilquias e Jedaías.

Esses foram os chefes dos sacerdotes e seus colegas nos dias de Jesua.

⁸ Os levitas foram Jesua,
Binui, Cadmiel,
Serebias, Judá,
e também Matanias,ᵍ o qual,
com seus colegas,
estava encarregado
dos cânticos de ações de graças.
⁹ Baquebuquias e Uni, seus colegas,
ficavam em frente deles
para responder-lhes.

¹⁰ Jesua foi o pai de Joiaquim,
Joiaquim foi o pai de Eliasibe,ʰ
Eliasibe foi o pai de Joiada,
¹¹ Joiada foi o pai de Jônatas,
Jônatas foi o pai de Jadua.

¹² Nos dias de Joiaquim
estes foram os líderes
das famílias dos sacerdotes:
da família de Seraías, Meraías;
da família de Jeremias, Hananias;

---

¹ **12.3** Muitos manuscritos dizem *Sebanias*; também no versículo 14.

² **12.3** Muitos manuscritos dizem *Meraiote*; também no versículo 15.

³ **12.4** Muitos manuscritos dizem *Ginetoi*; também no versículo 16.

⁴ **12.5** Variante de *Miniamim*; também no versículo 17.

¹³ da família de Esdras, Mesulão; da família de Amarias, Joanã; ¹⁴ da família de Maluqui, Jônatas; da família de Secanias, José; ¹⁵ da família de Harim, Adna; da família de Meremote, Helcai; ¹⁶ da família de Ido,ⁱ Zacarias; da família de Ginetom, Mesulão; ¹⁷ da família de Abias, Zicri; da família de Miniamim e de Maadias, Piltai; ¹⁸ da família de Bilga, Samua; da família de Semaías, Jônatas; ¹⁹ da família de Joiaribe, Matenai; da família de Jedaías, Uzi; ²⁰ da família de Salai, Calai; da família de Amoque, Héber; ²¹ da família de Hilquias, Hasabias; da família de Jedaías, Natanael.

²² Nos dias de Eliasibe, os chefes das famílias dos levitas e dos sacerdotes, Joiada, Joanã e Jadua, foram registrados durante o reinado de Dario, o persa. ²³ Os chefes das famílias dos descendentes de Levi até a época de Joanã, filho de Eliasibe, foram registrados no livro das crônicas. ²⁴ Os líderes dos levitasʲ foram Hasabias, Serebias, Jesua, filho de Cadmiel, e seus colegas, que ficavam em frente deles quando entoavam louvores e ações de graças; um grupo respondia ao outro, conforme prescrito por Davi, homem de Deus.

²⁵ Matanias, Baquebuquias, Obadias, Mesulão, Talmom e Acube eram porteiros; vigiavam os depósitos localizados junto às portas. ²⁶ Eles serviram nos dias de Joiaquim, filho de Jesua, neto de Jozadaque, e nos dias do governador Neemias e de Esdras, sacerdote e escriba.

A Dedicação dos Muros de Jerusalém

²⁷ Por ocasião da dedicaçãoᵏ dos muros de Jerusalém, os levitas foram procurados e trazidos de onde moravam para Jerusalém para celebrarem a dedicação alegremente, com cânticos e ações de graças, ao som de címbalos,ˡ harpas e liras.ᵐ ²⁸ Os cantores foram trazidos dos arredores de Jerusalém, dos povoados dos netofatitas,ⁿ ²⁹ de Bete-Gilgal, e das regiões de Geba e de Azmavete, pois esses cantores haviam construído povoados para si ao redor de Jerusalém. ³⁰ Os sacerdotes e os levitas se purificaram cerimonialmente e depois purificaram também o povo,ᵒ as portas e os muros.

³¹ Ordenei aos líderes de Judá que subissem ao alto do muro. Também designei dois grandes coros para darem graças. Um deles avançou em cima do muro, para a direita, até a porta do Esterco.ᵖ ³² Hosaías e metade dos líderes de Judá os seguiram. ³³ Azarias, Esdras, Mesulão, ³⁴ Judá, Benjamim,ᑫ Semaías, Jeremias, ³⁵ e alguns sacerdotes com trombetas,ʳ além de Zacarias, filho de Jônatas, neto de Semaías, bisneto de Matanias, que era filho de Micaías, neto de Zacur, bisneto de Asafe, ³⁶ e seus colegas, Semaías, Azareel, Milalai, Gilalai, Maai, Natanael, Judá e Hanani, que tocavam os instrumentos musicaisˢ prescritos por Davi, homem de Deus.ᵗ Esdras,ᵘ o escriba, ia à frente deles. ³⁷ À porta da Fonteᵛ eles subiram diretamente os degraus da Cidade de Davi, na subida para o muro, e passaram sobre a casa de Davi até a porta das Águas,ʷ a leste.

³⁸ O segundo coro avançou no sentido oposto. Eu os acompanhei, quando iam sobre o muro, levando comigo a metade do povo; passamos pela torre dos Fornosˣ até a porta Larga,ʸ ³⁹ sobre a porta de Efraim,ᶻ a porta Jesana¹,ᵃ a porta do Peixe,ᵇ a torre de Hananeelᶜ e a torre dos Cem,ᵈ indo até a porta das Ovelhas.ᵉ Junto à porta da Guarda paramos.

⁴⁰ Os dois coros encarregados das ações de graças assumiram os seus lugares no templo de Deus, o que também fiz, acompanhado da metade dos oficiais ⁴¹ e dos sacerdotes Eliaquim, Maaseias, Miniamim, Micaías, Elioenai, Zacarias e Hananias, com suas trombetas, ⁴² além de Maaseias,

¹ **12.39** Ou *porta Velha*

Semaías, Eleazar, Uzi, Joanã, Malquias, Elão e Ézer. Os coros cantaram sob a direção de Jezraías. ⁴³ E, naquele dia, contentes como estavam, ofereceram grandes sacrifícios, pois Deus os enchera de grande alegria. As mulheres e as crianças também se alegraram, e os sons da alegria de Jerusalém podiam ser ouvidos de longe.

⁴⁴ Naquela ocasião, foram designados alguns encarregados dos depósitos*ᶠ* onde se recebiam as contribuições gerais, os primeiros frutos e os dízimos.*ᵍ* Das lavouras que havia em torno das cidades eles deveriam trazer para os depósitos as porções exigidas pela Lei para os sacerdotes e para os levitas. E, de fato, o povo de Judá estava satisfeito com os sacerdotes e os levitas*ʰ* que ministravam no templo. ⁴⁵ Eles celebravam o culto ao seu Deus e o ritual de purificação, dos quais também participavam os cantores e os porteiros, de acordo com as ordens de Davi*ⁱ* e do seu filho Salomão.*ʲ* ⁴⁶ Pois muito tempo antes, nos dias de Davi e de Asafe,*ᵏ* havia dirigentes dos cantores e pessoas que dirigiam os cânticos de louvor*ˡ* e de graças a Deus. ⁴⁷ Assim, nos dias de Zorobabel e de Neemias, todo o Israel contribuía com ofertas diárias para os cantores e para os porteiros. Também separavam a parte pertencente aos outros levitas, e os levitas separavam a porção dos descendentes de Arão.*ᵐ*

As Últimas Reformas Realizadas por Neemias

13 Naquele dia, o Livro de Moisés foi lido em alta voz diante do povo, e nele achou-se escrito que nenhum amonita ou moabita jamais poderia ser admitido no povo de Deus,*ⁿ* ² pois eles, em vez de darem água e comida aos israelitas, tinham contratado Balaão*ᵒ* para invocar maldição sobre eles.*ᵖ* O nosso Deus, porém, transformou a maldição em bênção.*ᑫ* ³ Quando o povo ouviu essa Lei, excluiu de Israel todos os que eram de ascendência estrangeira.*ʳ*

⁴ Antes disso, o sacerdote Eliasibe tinha sido encarregado dos depósitos*ˢ* do templo de nosso Deus. Ele era parente próximo de Tobias*ᵗ* ⁵ e lhe havia cedido uma grande sala, anteriormente utilizada para guardar as ofertas de cereal, o incenso, os utensílios do templo e também os dízimos*ᵘ* do trigo, do vinho novo e do azeite prescritos para os levitas, para os cantores e para os porteiros, além das ofertas para os sacerdotes.

⁶ Mas, enquanto tudo isso estava acontecendo, eu não estava em Jerusalém, pois no trigésimo segundo ano do reinado de Artaxerxes,*ᵛ* rei da Babilônia, voltei ao rei. Algum tempo depois pedi sua permissão ⁷ e voltei para Jerusalém. Aqui soube do mal que Eliasibe*ʷ* fizera ao ceder uma sala a Tobias nos pátios do templo de Deus. ⁸ Fiquei muito aborrecido e joguei todos os móveis de Tobias fora da sala.*ˣ* ⁹ Mandei purificar as salas*ʸ* e coloquei de volta nelas os utensílios do templo de Deus, com as ofertas de cereal e o incenso.

¹⁰ Também fiquei sabendo que os levitas não tinham recebido a parte que lhes era devida*ᶻ* e que todos os levitas e cantores responsáveis pelo culto haviam voltado para suas próprias terras. ¹¹ Por isso repreendi os oficiais e lhes perguntei: "Por que essa negligência com o templo de Deus?"*ᵃ* Então convoquei os levitas e os cantores e os coloquei em seus postos.

¹² E todo o povo de Judá trouxe os dízimos*ᵇ* do trigo, do vinho novo e do azeite aos depósitos.*ᶜ* ¹³ Coloquei o sacerdote Selemias, o escriba Zadoque e um levita chamado Pedaías como encarregados dos depósitos e fiz de Hanã, filho de Zacur, neto de Matanias, assistente deles, porque esses homens eram de confiança. Eles ficaram responsáveis pela distribuição de suprimentos aos seus colegas.*ᵈ*

¹⁴ Lembra-te*ᵉ* de mim por isso, meu Deus, e não te esqueças do que fiz com tanta fidelidade pelo templo de meu Deus e pelo seu culto.

¹⁵ Naqueles dias, vi que em Judá alguns trabalhavam nos tanques de prensar uvas

no sábado e ajuntavam trigo e o carregavam em jumentos, transportando-o com vinho, uvas, figos e todo tipo de carga. Tudo isso era trazido para Jerusalém em pleno sábado.ᶠ Então os adverti que não vendessem alimento nesse dia. ¹⁶ Havia alguns da cidade de Tiro que moravam em Jerusalém e que, no sábado, ᵍtraziam e vendiam peixes e toda espécie de mercadoria em Jerusalém, para o povo de Judá. ¹⁷ Diante disso, repreendi os nobres de Judá e lhes disse: Como é que vocês podem fazer tão grande mal, profanando o dia de sábado? ¹⁸ Por acaso os seus antepassados não fizeram o mesmo, levando o nosso Deus a trazer toda essa desgraça sobre nós e sobre esta cidade? Pois agora, profanando o sábado,ʰ vocês provocam maior ira contra Israel!

¹⁹ Quando as sombras da tarde cobriram as portas de Jerusalém na véspera do sábado,ⁱ ordenei que estas fossem fechadas e só fossem abertas depois que o sábado tivesse terminado. Coloquei alguns de meus homens de confiança junto às portas, para que nenhum carregamento pudesse ser introduzido no dia de sábado. ²⁰ Uma ou duas vezes os comerciantes e vendedores de todo tipo de mercadoria passaram a noite do lado de fora de Jerusalém. ²¹ Mas eu os adverti, dizendo: Por que vocês passam a noite junto ao muro? Se fizerem isso de novo, mandarei prendê-los. Depois disso não vieram mais no sábado. ²² Então ordenei aos levitas que se purificassem e fossem vigiar as portas a fim de que o dia de sábado fosse respeitado como sagrado.

Lembra-teʲ de mim também por isso, ó meu Deus, e tem misericórdia de mim conforme o teu grande amor.

²³ Além disso, naqueles dias, vi alguns judeus que haviam se casadoᵏ com mulheres de Asdode, de Amom e de Moabe.ˡ ²⁴ A metade dos seus filhos falavam a língua de Asdode ou a língua de um dos outros povos e não sabiam falar a língua de Judá. ²⁵ Eu os repreendi e invoquei maldições sobre eles. Bati em alguns deles e arranquei os seus cabelos. Fiz com que jurassemᵐ em nome de Deus e lhes disse: Não consintam mais em dar suas filhas em casamento aos filhos deles, nem haja casamento das filhas deles com seus filhos ou com vocês. ²⁶ Não foi por causa de casamentos como esses que Salomão, rei de Israel, pecou? Entre as muitas nações não havia rei algum como ele.ⁿ Ele era amado por seu Deus,ᵒ e Deus o fez rei sobre todo o Israel, mas até mesmo ele foi induzido ao pecado por mulheres estrangeiras.ᵖ ²⁷ Como podemos tolerar o que ouvimos? Como podem vocês cometer essa terrível maldade e serem infiéis ao nosso Deus, casando-se com mulheres estrangeiras?

²⁸ Um dos filhos de Joiada, filho do sumo sacerdote Eliasibe,ʳ era genro de Sambalate,ˢ o horonita. Eu o expulsei para longe de mim.

²⁹ Não te esqueçasᵗ deles, ó meu Deus, pois profanaram o ofício sacerdotal e a aliança do sacerdócio e dos levitas.

³⁰ Dessa forma purifiquei os sacerdotes e os levitas de tudo o que era estrangeiroᵘ e lhes designei responsabilidades, cada um em seu próprio cargo. ³¹ Também estabeleci regras para as provisões de lenha,ᵛ determinando as datas certas para serem trazidas, e para os primeiros frutos.

Em tua bondade, lembra-te de mim,ʷ ó meu Deus.

Introdução a ESTER

PANO DE FUNDO

A persuasiva e intrigante história de Ester tem sido tema de filmes e romances. Mas, excetuados os aspectos de contos de fadas, há uma história mais sombria: o complô para um genocídio proposto por Hamã, o número 2 da corte, apontado pelo próprio rei, mas que foi impedido por alguém que não é mencionado no livro — Deus. Ester é o instrumento de Deus na salvação do seu povo.

O autor do livro de Ester é desconhecido. O título do livro é extraído de sua principal personagem, Ester, cujo nome em hebraico era Hadassa (2.7), que significa "murta". O nome "Ester" vem de uma palavra persa que significa "estrela". A festa de Purim (9.26) ainda é celebrada pela comunidade judaica no início da primavera.

MENSAGEM

O tema da divina providência é evidente em todo o livro — da deposição de Vasti à ascensão de Ester, passando pelos planos que foram descobertos e revelados e até mesmo o livro que é lido pelo rei que não consegue dormir. O plano para destruir os judeus soa muito similar aos eventos acontecidos no século XX. Ester, uma jovem judia criada por seu parente Mardoqueu, torna-se rainha no reino persa em "um momento como este" (4.14). Deus usa sua bela serva para frustrar o plano de Hamã e salvar seu povo.

ESBOÇO

I. A concepção de um complô
  A. Ester se torna rainha 1.1—2.23
  B. O complô de Hamã 3.1-15

II. A exposição do complô
  A. Apelo a Ester 4.1-17
  B. Ester se apresenta perante o rei 5.1-14
  C. Mardoqueu é honrado 6.1-14
  D. A execução de Hamã 7.1-10

III. A derrota do complô
  A. O decreto do rei 8.1-17
  B. A festa de Purim 9.1-32
  C. A promoção de Mardoqueu 10.1-3

ESTER 1.1

A Rainha Vasti Afronta o Rei

1 Foi no tempo de Xerxes¹,ª que reinou sobre cento e vinte e sete províncias,ᵇ desde a Índia até a Etiópia².ᶜ ² Naquela época o rei Xerxes reinava em seu trono na cidadela de Susã ³ᵈ e, no terceiro ano do seu reinado, deu um banqueteᵉ a todos os seus nobres e oficiais. Estavam presentes os líderes militares da Pérsia e da Média, os príncipes e os nobres das províncias.

⁴ Durante cento e oitenta dias ele mostrou a enorme riqueza de seu reino e o esplendor e a glória de sua majestade. ⁵ Terminados esses dias, o rei deu um banquete no jardim internoᵍ do palácio, de sete dias,ᶠ para todo o povo que estava na cidadela de Susã, do mais rico ao mais pobre. ⁶ O jardim possuía forrações em branco e azul, presas com cordas de linho branco e tecido roxo, ligadas por anéis de prata a colunas de mármore. Tinha assentosʰ de ouro e de prata num piso de mosaicos de pórfiro, mármore, madrepérola e outras pedras preciosas. ⁷ Pela generosidade do rei,ⁱ o vinho real era servido em grande quantidade, em diferentes taças de ouro. ⁸ Por ordem real, cada convidado tinha permissão de beber o quanto desejasse, pois o rei tinha dado instruções a todos os mordomos do palácio que os servissem à vontade.

⁹ Enquanto isso, a rainha Vasti também oferecia um banqueteʲ às mulheres, no palácio do rei Xerxes.

¹⁰ No sétimo dia, quando o rei Xerxes já estava alegreᵏ por causa do vinho,ˡ ordenou aos sete oficiais que o serviam — Meumã, Bizta, Harbona,ᵐ Bigtá, Abagta, Zetar e Carcas — ¹¹ que trouxessemⁿ à sua presença a rainha Vasti, usando a coroa real. Ele queria mostrar aos seus súditos e aos nobres a beleza dela,ᵒ pois era de fato muito bonita. ¹² Quando, porém, os oficiais transmitiram a ordem do rei à rainha Vasti, esta se recusou a ir, e o rei ficou furioso e indignado.ᵖ

¹³ Como era costume o rei consultar especialistas em questões de direito e justiça, ele mandou chamar os sábios que entendiam das leis ¹⁴ᵠ e que eram muito amigos do rei: Carsena, Setar, Adamata, Társis, Meres, Marsena e Memucã; eles eram os sete nobresʳ da Pérsia e da Média que tinham acesso direto ao rei e eram os mais importantes do reino.

¹⁵ O rei lhes perguntou: "De acordo com a lei, o que se deve fazer à rainha Vasti? Ela não obedeceu à ordem do rei Xerxes transmitida pelos oficiais".

¹⁶ Então Memucã respondeu na presença do rei e dos nobres: "A rainha Vasti não ofendeu somente o rei, mas também todos os nobres e os povos de todas as províncias do rei Xerxes, ¹⁷ pois a conduta da rainha se tornará conhecida por todas as mulheres, e assim também elas desprezarão seus maridos e dirão: 'O rei Xerxes ordenou que a rainha Vasti fosse à sua presença, mas ela não foi'. ¹⁸ Hoje mesmo as mulheres persas e medas da nobreza que ficarem sabendo do comportamento da rainha agirão da mesma maneira com todos os nobres do rei. Isso provocará desrespeito e discórdiaˢ sem fim.

¹⁹ "Por isso, se for do agrado do rei,ᵗ que ele emita um decreto real e que seja incluído na lei irrevogávelᵘ da Pérsia e da Média, determinando que Vasti nunca mais compareça na presença do rei Xerxes. Também dê o rei a sua posição de rainha a outra que seja melhor do que ela. ²⁰ Assim, quando o decreto real for proclamado em todo o seu imenso domínio, todas as mulheres respeitarão seus maridos, do mais rico ao mais pobre".

²¹ O rei e seus nobres aceitaram de bom grado o conselho, de modo que o rei pôs em prática a proposta de Memucã. ²² Para isso, enviou cartas a todas as partes do reino, a cada província e a cada povo, em sua própria escrita e em sua própria língua,ᵛ proclamando que todo homem deveria mandar em sua própria casa.

---

¹ **1.1** Hebraico: *Assuero*, variante do nome persa *Xerxes*.
² **1.1** Hebraico: *Cuxe*.

A Coroação da Rainha Ester

2 Algum tempo depois, quando cessou[w] a indignação do rei Xerxes, ele se lembrou de Vasti, do que ela havia feito e do que ele tinha decretado contra ela. ² Então os conselheiros do rei sugeriram que se procurassem belas virgens para o rei ³ e que se nomeassem comissários em cada província do império para trazerem todas essas lindas moças ao harém da cidadela de Susã. Elas estariam sob os cuidados de Hegai, oficial responsável pelo harém, e deveriam receber tratamento de beleza. ⁴ A moça que mais agradasse o rei seria rainha em lugar de Vasti. Esse conselho agradou o rei, e ele o pôs em execução.

⁵ Nesse tempo vivia na cidadela de Susã um judeu chamado Mardoqueu, da tribo de Benjamim, filho de Jair, neto de Simei e bisneto de Quis.[x] ⁶ Ele fora levado de Jerusalém para o exílio por Nabucodonosor, rei da Babilônia, entre os que foram levados prisioneiros com Joaquim[1][y], rei de Judá.[z] ⁷ Mardoqueu tinha uma prima chamada Hadassa, que havia sido criada por ele, por não ter pai nem mãe. Essa moça, também conhecida como Ester,[a] era atraente[b] e muito bonita, e Mardoqueu a havia tomado como filha quando o pai e a mãe dela morreram.

⁸ Quando a ordem e o decreto do rei foram proclamados, muitas moças foram trazidas à cidadela de Susã[c] e colocadas sob os cuidados de Hegai. Ester também foi trazida ao palácio do rei e confiada a Hegai, encarregado do harém. ⁹ A moça o agradou e ele a favoreceu.[d] Ele logo lhe providenciou tratamento de beleza e comida especial.[e] Designou-lhe sete moças escolhidas do palácio do rei e transferiu-a, junto com suas jovens, para o melhor lugar do harém.

¹⁰ Ester não tinha revelado a que povo pertencia nem a origem da sua família, pois Mardoqueu a havia proibido de fazê-lo.[f] ¹¹ Diariamente ele caminhava de um lado para outro perto do pátio do harém para saber como Ester estava e o que lhe estava acontecendo.

¹² Antes de qualquer daquelas moças apresentar-se ao rei Xerxes, devia completar doze meses de tratamento de beleza prescritos para as mulheres: seis meses com óleo de mirra e seis meses com perfumes[g] e cosméticos. ¹³ Quando ia apresentar-se ao rei, a moça recebia tudo o que quisesse levar consigo do harém para o palácio do rei. ¹⁴ À tarde ela ia para lá e de manhã voltava para outra parte do harém, que ficava sob os cuidados de Saasgaz, oficial responsável pelas concubinas.[h] Ela não voltava ao rei, a menos que dela ele se agradasse e a mandasse chamar pelo nome.[i]

¹⁵ Quando chegou a vez de Ester, filha de Abiail,[j] tio de Mardoqueu, que a tinha adotado como filha, ela não pediu nada além daquilo que Hegai, oficial responsável pelo harém, sugeriu. Ester causava boa impressão[l] a todos os que a viam. ¹⁶ Ela foi levada ao rei Xerxes,[k] à residência real, no décimo mês, o mês de tebete[2], no sétimo ano do seu reinado.

¹⁷ O rei gostou mais de Ester do que de qualquer outra mulher; ela foi favorecida por ele e ganhou sua aprovação mais do que qualquer das outras virgens. Então ele colocou nela uma coroa real e tornou-a rainha[m] em lugar de Vasti. ¹⁸ O rei deu um grande banquete,[n] o banquete de Ester, para todos os seus nobres e oficiais.[o] Proclamou feriado em todas as províncias e distribuiu presentes por sua generosidade real.[p]

Mardoqueu Descobre uma Conspiração

¹⁹ Quando as virgens foram reunidas pela segunda vez, Mardoqueu estava sentado junto à porta[q] do palácio real. ²⁰ Ester havia mantido segredo sobre seu povo e sobre a origem de sua família, conforme a ordem de Mardoqueu, pois continuava a seguir as instruções dele, como fazia quando ainda estava sob sua tutela.[r]

---

[1] **2.6** Hebraico: *Jeconias*, variante de *Joaquim*.
[2] **2.16** Aproximadamente dezembro/janeiro.

²¹ Um dia, quando Mardoqueu estava sentado junto à porta do palácio real, Bigtã e Teres, dois dos oficiais⁵ do rei que guardavam a entrada, estavam indignados' e conspiravam para assassinar o rei Xerxes. ²² Mardoqueu, porém, descobriu o plano e o contou à rainha Ester, que, por sua vez, passou a informação ao rei, em nome de Mardoqueu. ²³ Depois de investigada a informação e descobrindo-se que era verdadeira, os dois oficiais foram enforcados¹ᵘ. Tudo isso foi escrito nos registros históricos,ᵛ na presença do rei.

O Plano de Hamã para Exterminar os Judeus

3 Depois desses acontecimentos, o rei Xerxes honrou Hamã, filho de Hamedata, descendente de Agague,ʷ promovendo-o e dando-lhe uma posição mais elevada do que a de todos os demais nobres. ² Todos os oficiais do palácio real curvavam-se e prostravam-se diante de Hamã, conforme as ordens do rei. Mardoqueu, porém, não se curvava nem se prostrava diante dele.

³ Então os oficiais do palácio real perguntaram a Mardoqueu: "Por que você desobedece à ordemˣ do rei?" ⁴ Dia após dia eles lhe falavam, mas ele não lhes dava atençãoʸ e dizia que era judeu. Então contaram tudo a Hamã para ver se o comportamento de Mardoqueu seria tolerado.

⁵ Quando Hamã viu que Mardoqueu não se curvava nem se prostrava, ficou muito irado. ᶻ⁶ Contudo, sabendo quem era o povo de Mardoqueu, achou que não bastava matá-lo. Em vez disso, Hamã procurou uma formaᵃ de exterminarᵇ todos os judeus,ᶜ o povo de Mardoqueu, em todo o império de Xerxes.

⁷ No primeiro mês do décimo segundo ano do reinado do rei Xerxes, no mês de nisã², lançaram o pur,ᵈ isto é, a sorte,ᵉ na presença de Hamã a fim de escolher um dia e um mês para executar o plano. E foi sorteado o décimo segundo mês, o mês de adar³.ᶠ

⁸ Então Hamã disse ao rei Xerxes: "Existe certo povo disperso e espalhado entre os povos de todas as províncias do teu império, cujos costumesᵍ são diferentes dos de todos os outros povos e que não obedecemʰ às leis do rei; não convém ao rei tolerá-los.ⁱ ⁹ Se for do agrado do rei, que se decrete a destruição deles, e eu colocarei trezentas e cinquenta toneladas⁴ de prata na tesouraria real à disposição para que se execute esse trabalho".ʲ

¹⁰ Em vista disso, o rei tirou seu anel-seloᵏ do dedo, deu-o a Hamã, o inimigo dos judeus, filho de Hamedata, descendente de Agague, e lhe disse: ¹¹ "Fique com a prata e faça com o povo o que você achar melhor".

¹² Assim, no décimo terceiro dia do primeiro mês, os secretários do rei foram convocados. Hamã ordenou que escrevessem cartas na língua e na escritaˡ de cada povo aos sátrapas do rei, aos governadores das várias províncias e aos chefes de cada povo. Tudo foi escrito em nome do rei Xerxes e seladoᵐ com o seu anel. ¹³ As cartas foram enviadas por mensageiros a todas as províncias do império com a ordem de exterminar e aniquilar completamente todos os judeus,ⁿ jovens e idosos, mulheres e crianças, num único dia, o décimo terceiro dia do décimo segundo mês, o mês de adar,ᵒ e de saquearᵖ os seus bens. ¹⁴ Uma cópia do decreto deveria ser publicada como lei em cada província e levada ao conhecimento do povo de cada nação, a fim de que estivessem prontos para aquele dia.ᵠ

¹⁵ Por ordem do rei, os mensageiros saíram às pressas, e o decreto foi publicado na cidadela de Susã. O rei e Hamã assentaram-se para beber,ʳ mas a cidade de Susãʳ estava em confusão.ᵗ

---

¹ **2.23** Ou *pendurados em postes*; ou ainda *empalados*
² **3.7** O mesmo que *abibe*; aproximadamente março/abril.
³ **3.7** Aproximadamente fevereiro/março; também no versículo 13.
⁴ **3.9** Hebraico: *10.000 talentos*. Um talento equivalia a 35 quilos.

O Pedido de Mardoqueu a Ester

4 Quando Mardoqueu soube de tudo o que tinha acontecido, rasgou as vestes,ᵘ vestiu-se de pano de saco, cobriu-se de cinza,ᵛ e saiu pela cidade, chorando amargamenteʷ em alta voz. ² Foi até a portaˣ do palácio real, mas não entrou, porque ninguém vestido de pano de saco tinha permissão de entrar. ³ Em cada província onde chegou o decreto com a ordem do rei, houve grande pranto entre os judeus, com jejum, choro e lamento. Muitos se deitavam em pano de saco e em cinza.

⁴ Quando as criadas de Ester e os oficiais responsáveis pelo harém lhe contaram o que se passava com Mardoqueu, ela ficou muito aflita e mandou-lhe roupas para que as vestisse e tirasse o pano de saco; mas ele não quis aceitá-las. ⁵ Então Ester convocou Hatá, um dos oficiais do rei, nomeado para ajudá-la, e deu-lhe ordens para descobrir o que estava perturbando Mardoqueu e por que ele estava agindo assim.

⁶ Hatá foi falar com Mardoqueu na praça da cidade, em frente da porta do palácio real. ⁷ Mardoqueu contou-lhe tudo o que lhe tinha acontecido e quanta prata Hamã tinha prometido depositar na tesouraria real para a destruição dos judeus.ʸ ⁸ Deu-lhe também uma cópia do decreto que falava do extermínio e que tinha sido anunciado em Susã, para que ele o mostrasse a Ester e insistisse com ela para que fosse à presença do rei implorar misericórdia e interceder em favor do seu povo.

⁹ Hatá retornou e relatou a Ester tudo o que Mardoqueu lhe tinha dito. ¹⁰ Então ela o instruiu que dissesse o seguinte a Mardoqueu: ¹¹ "Todos os oficiais do rei e o povo das províncias do império sabem que existe somente uma lei paraᵃ qualquer homem ou mulher que se aproxime do rei no pátio interno sem *por ele ser chamado*: será morto, a não ser que o rei estenda o cetroᵇ de ouro para a pessoa e lhe poupe a vida. E eu não sou chamada à presença do rei há mais de trinta dias".

¹² Quando Mardoqueu recebeu a resposta de Ester, ¹³ mandou dizer-lhe: "Não pense que pelo fato de estar no palácio do rei, você será a única entre os judeus que escapará. ¹⁴ pois, se você ficar caladaᶜ nesta hora, socorroᵈ e livramentoᵉ surgirão de outra parte para os judeus, mas você e a família do seu pai morrerão. Quem sabe se não foi para um momento como esteᶠ que você chegou à posição de rainha?"

¹⁵ Então Ester mandou esta resposta a Mardoqueu: ¹⁶ "Vá reunir todos os judeus que estão em Susã, e jejuemᵍ em meu favor. Não comam nem bebam durante três dias e três noites. Eu e minhas criadas jejuaremos como vocês. Depois disso irei ao rei, ainda que seja contra a lei. Se eu tiver que morrer, morrerei".ʰ

¹⁷ Mardoqueu retirou-se e cumpriu todas as instruções de Ester.

O Pedido de Ester ao Rei

5 Três dias depois, Ester vestiu seus trajes de rainhaⁱ e colocou-se no pátio interno do palácio, em frente do salão do rei.ʲ O rei estava no trono, de frente para a entrada. ² Quando viu a rainha Ester ali no pátio, teve misericórdia dela e estendeu-lhe o cetro de ouro que tinha na mão. Ester aproximou-se e tocou a ponta do cetro.ᵏ

³ E o rei lhe perguntou: "Que há, rainha Ester? Qual é o seu pedido? Mesmo que seja a metade do reino,ˡ será dado a você".

⁴ Respondeu Ester: "Se for do agrado do rei, venha com Hamã a um banquete que lhe preparei".

⁵ Disse o rei: "Tragam Hamã imediatamente, para que ele atenda ao pedido de Ester".

Então o rei e Hamã foram ao banquete que Ester havia preparado. ⁶ Enquanto bebiam vinho,ᵐ o rei tornou a perguntar a Ester: "Qual é o seu pedido? Você será atendida. Qual o seu desejo? Mesmo que seja a metade do reino,ⁿ será concedido a você".ᵒ

⁷ E Ester respondeu: "Este é o meu pedido e o meu desejo: ⁸ Se o rei tem consideração por mimᵖ e se lhe agrada atender e conceder o meu pedido, que o rei e Hamã venham amanhã ao banqueteᵠ que lhes prepararei. Então responderei à pergunta do rei".

A Ira de Hamã contra Mardoqueu

⁹ Naquele dia, Hamã saiu alegre e contente. Mas ficou furioso^r quando viu que Mardoqueu,^s que estava junto à porta do palácio real, não se levantou nem mostrou respeito em sua presença. ¹⁰ Hamã, porém, controlou-se e foi para casa.

Reunindo seus amigos e Zeres,^t sua mulher, ¹¹ Hamã vangloriou-se^u de sua grande riqueza, de seus muitos filhos^v e de como o rei o havia honrado e promovido acima de todos os outros nobres e oficiais. ¹² E acrescentou Hamã: "Além disso, sou o único^w que a rainha Ester convidou para acompanhar o rei ao banquete que ela lhe ofereceu. Ela me convidou para comparecer amanhã, com o rei. ¹³ Mas tudo isso não me dará satisfação enquanto eu vir aquele judeu Mardoqueu sentado junto à porta do palácio real".^x

¹⁴ Então Zeres, sua mulher, e todos os seus amigos lhe sugeriram: "Mande fazer uma forca, de mais de vinte metros¹ de altura,^y e logo pela manhã peça ao rei que Mardoqueu seja enforcado^z nela. Assim você poderá acompanhar o rei ao jantar e alegrar-se". A sugestão agradou Hamã, e ele mandou fazer a forca.

Hamã é Obrigado a Honrar Mardoqueu

6 Naquela noite, o rei não conseguiu dormir;^a por isso ordenou que trouxessem o livro das crônicas^b do seu reinado e que o lessem para ele. ² E foi lido o registro de que Mardoqueu tinha denunciado Bigtã e Teres, dois dos oficiais do rei que guardavam a entrada do Palácio e que haviam conspirado para assassinar o rei Xerxes.

³ "Que honra e reconhecimento Mardoqueu recebeu por isso?", perguntou o rei.

Seus oficiais responderam: "Nada lhe foi feito".^c

⁴ O rei perguntou: "Quem está no pátio?" Ora, Hamã havia acabado de entrar no pátio externo do palácio para pedir ao rei o enforcamento de Mardoqueu na forca que ele lhe havia preparado.

⁵ Os oficiais do rei responderam: "É Hamã que está no pátio".

"Façam-no entrar", ordenou o rei.

⁶ Entrando Hamã, o rei lhe perguntou: "O que se deve fazer ao homem que o rei tem o prazer de honrar?"

E Hamã pensou consigo: "A quem o rei teria prazer de honrar, senão a mim?" ⁷ Por isso respondeu ao rei: "Ao homem que o rei tem prazer de honrar, ⁸ ordena que tragam um manto^d do próprio rei e um cavalo^e que o rei montou, e que ele leve o brasão² do rei na cabeça. ⁹ Em seguida, sejam o manto e o cavalo confiados a alguns dos príncipes mais nobres do rei, e ponham eles o manto sobre o homem que o rei deseja honrar e o conduzam sobre o cavalo pelas ruas da cidade, proclamando diante dele: 'Isto é o que se faz ao homem que o rei tem o prazer de honrar!'"^f

¹⁰ O rei ordenou então a Hamã: "Vá depressa apanhar o manto e o cavalo e faça ao judeu Mardoqueu o que você sugeriu. Ele está sentado junto à porta do palácio real. Não omita nada do que você recomendou".

¹¹ Então Hamã apanhou^g o cavalo, vestiu Mardoqueu com o manto e o conduziu sobre o cavalo pelas ruas da cidade, proclamando à frente dele: "Isto é o que se faz ao homem que o rei tem o prazer de honrar!"

¹² Depois disso, Mardoqueu voltou para a porta do palácio real. Hamã, porém, correu para casa com o rosto coberto,^h muito aborrecido ¹³ e contou a Zeres,ⁱ sua mulher, e a todos os seus amigos tudo o que lhe havia acontecido.

Tanto os seus conselheiros como Zeres, sua mulher, lhe disseram: "Visto que Mardoqueu, diante de quem começou a sua queda,^j é de origem judaica, você não terá condições de enfrentá-lo. Sem dúvida, você ficará arruinado!" ¹⁴ E, enquanto ainda conversavam, chegaram os oficiais do rei e, às pressas, levaram Hamã para o banquete^k que Ester havia preparado.

---

¹ **5.14** Hebraico: *50 côvados*. O côvado era uma medida linear de cerca de 45 centímetros.

² **6.8** Ou *e que o homem traga a coroa*

O Enforcamento de Hamã

7 O rei e Hamã foram ao banquete com a rainha Ester, ² e, enquanto estavam bebendo vinho no segundo dia, o rei perguntou de novo: "Rainha Ester, qual é o seu pedido? Você será atendida. Qual o seu desejo? Mesmo que seja a metade do reino, isso será concedido a você".

³ Então a rainha Ester respondeu: "Se posso contar com o favor do rei e se isto lhe agrada, poupe a minha vida e a vida do meu povo; este é o meu pedido e o meu desejo. ⁴ Pois eu e meu povo fomos vendidos para destruição, morte e aniquilação. Se apenas tivéssemos sido vendidos como escravos e escravas, eu teria ficado em silêncio, porque nenhuma aflição como essa justificaria perturbar o rei".¹

⁵ O rei Xerxes perguntou à rainha Ester: "Quem se atreveu a uma coisa dessas? Onde está ele?"

⁶ Respondeu Ester: "O adversário e inimigo é Hamã, esse perverso".

Diante disso, Hamã ficou apavorado na presença do rei e da rainha. ⁷ Furioso, o rei levantou-se, deixou o vinho, saiu dali e foi para o jardim do palácio. E percebendo Hamã que o rei já tinha decidido condená-lo, ficou ali para implorar por sua vida à rainha Ester.

⁸ E voltando o rei do jardim do palácio ao salão do banquete, viu Hamã caído sobre o assento onde Ester estava reclinada. E então exclamou: "Chegaria ele ao cúmulo de violentar a rainha na minha presença e em minha própria casa?"

Mal o rei terminou de dizer isso, alguns oficiais cobriram o rosto de Hamã. ⁹ E um deles, chamado Harbona, que estava a serviço do rei, disse: "Há uma forca de mais de vinte metros² de altura junto à casa de Hamã, que ele fez para Mardoqueu, aquele que intercedeu pela vida do rei".

Então o rei ordenou: "Enforquem-no nela!" ¹⁰ Assim Hamã morreu na forca que tinha preparado para Mardoqueu; e a ira do rei se acalmou.

O Decreto do Rei em Favor dos Judeus

8 Naquele mesmo dia, o rei Xerxes deu à rainha Ester todos os bens de Hamã, o inimigo dos judeus. E Mardoqueu foi trazido à presença do rei, pois Ester lhe dissera que ele era seu parente. ² O rei tirou seu anel-selo, que havia tomado de Hamã, e o deu a Mardoqueu; e Ester o nomeou administrador dos bens de Hamã.

³ Mas Ester tornou a implorar ao rei, chorando aos seus pés, que revogasse o plano maligno de Hamã, o agagita, contra os judeus. ⁴ Então o rei estendeu o cetro de ouro para Ester, e ela se levantou diante dele e disse:

⁵ "Se for do agrado do rei, se posso contar com o seu favor e se ele considerar justo, que se escreva uma ordem revogando as cartas que Hamã, filho do agagita Hamedata, escreveu para que os judeus fossem exterminados em todas as províncias do império. ⁶ Pois, como suportarei ver a desgraça que cairá sobre o meu povo? Como suportarei a destruição da minha própria família?"

⁷ O rei Xerxes respondeu à rainha Ester e ao judeu Mardoqueu: "Mandei enforcar Hamã e dei os seus bens a Ester porque ele atentou contra os judeus. ⁸ Escrevam agora outro decreto em nome do rei, em favor dos judeus, como melhor lhes parecer, e selem-no com o anel-selo do rei, pois nenhum documento escrito em nome do rei e selado com o seu anel pode ser revogado".

⁹ Isso aconteceu no vigésimo terceiro dia do terceiro mês, o mês de sivã³. Os secretários do rei foram imediatamente convocados e escreveram todas as ordens de Mardoqueu aos judeus, aos sátrapas, aos governadores e aos nobres das cento e vinte e sete províncias que se estendiam da Índia até a Etiópia⁴. Essas ordens foram redigi-

---

¹ 7.4 Ou *em silêncio, apesar de que o bem que oferece o nosso inimigo não se compara com a perda que o rei sofreria*.

² 7.9 Hebraico: *50 côvados*. O côvado era uma medida linear de cerca de 45 centímetros.

³ 8.9 Aproximadamente maio/junho.

⁴ 8.9 Hebraico: *Cuxe*.

das na língua e na escrita de cada província e de cada povo e também na língua e na escrita dos judeus.º ¹⁰ Mardoqueu escreveu em nome do rei Xerxes, selou as cartas com o anel-selo do rei e as enviou por meio de mensageiros montados em cavalos velozes, das estrebarias do próprio rei.

¹¹ O decreto do rei concedia aos judeus de cada cidade o direito de se reunirem e de se protegerem, de destruir, matar e aniquilar qualquer força armada de qualquer povo ou província que os ameaçasse, a eles, suas mulheres e seus filhos¹, e o direito de saquearᵖ os bens dos seus inimigos. ¹² O decreto entrou em vigor nas províncias do rei Xerxes no décimo terceiro dia do décimo segundo mês, o mês de adar².ᑫ ¹³ Uma cópia do decreto foi publicada como lei em cada província e levada ao conhecimento do povo de cada nação, a fim de que naquele diaʳ os judeus estivessem prontos para vingar-se dos seus inimigos.

¹⁴ Os mensageiros, montando cavalos das estrebarias do rei, saíram a galope, por causa da ordem do rei. O decreto também foi publicado na cidadela de Susã.

¹⁵ Mardoqueuˢ saiu da presença do rei usando vestes reais em azul e branco, uma grande coroa de ouro e um manto púrpura de linho fino.ᵗ E a cidadela de Susã exultava de alegria.ᵘ ¹⁶ Para os judeus foi uma ocasião de felicidade, alegria,ᵛ júbilo e honra.ʷ ¹⁷ Em cada província e em cada cidade, onde quer que chegasse o decreto do rei, havia alegriaˣ e júbilo entre os judeus, com banquetes e festas. Muitos que pertenciam a outros povos do reino tornaram-se judeus, porque o temorʸ dos judeus tinha se apoderado deles.ᶻ

A Vitória dos Judeus

9 No décimo terceiro dia do décimo segundo mês, o mês de adar³,ᵃ entraria em vigor o decreto do rei. Naquele dia, os inimigos dos judeus esperavam vencê-los, mas aconteceu o contrário: os judeus dominaramᵇ aqueles que os odiavam,ᶜ ² reunindo-se em suas cidades,ᵈ em todas as províncias do rei Xerxes, para atacar os que buscavam a sua destruição. Ninguém conseguia resistir-lhes,ᵉ porque todos os povos estavam com medo deles. ³ E todos os nobres das províncias, os sátrapas, os governadores e os administradores do rei apoiaram os judeus,ᶠ porque o medo que tinham de Mardoqueu havia se apoderado deles. ⁴ Mardoqueu era influenteᵍ no palácio; sua fama espalhou-se pelas províncias, e ele se tornava cada vez mais poderoso.ʰ

⁵ Os judeus feriram todos os seus inimigos à espada, matando-os e destruindo-os,ⁱ e fizeram o que quiseram com eles. ⁶ Na cidadela de Susã os judeus mataram e destruíram quinhentos homens. ⁷ Também mataram Parsandata, Dalfom, Aspata, ⁸ Porata, Adalia, Aridata, ⁹ Farmasta, Arisai, Aridai e Vaisata, ¹⁰ os dez filhosʲ de Hamã, filho de Hamedata, o inimigo dos judeus. Mas não se apossaram dos seus bens.ᵏ

¹¹ Naquele mesmo dia, o total de mortos na cidadela de Susã foi relatado ao rei, ¹² que disse à rainha Ester: "Os judeus mataram e destruíram quinhentos homens e os dez filhos de Hamã na cidadela de Susã. Que terão feito nas outras províncias do império? Agora, diga qual é o seu pedido, e você será atendida. Tem ainda algum desejo? Este será concedido a você".ˡ

¹³ Respondeu Ester: "Se for do agrado do rei, que os judeus de Susã tenham autorização para executar também amanhã o decreto de hoje, para que os corpos dos dez filhos de Hamãᵐ sejam penduradosⁿ na forca".

¹⁴ Então o rei deu ordens para que assim fosse feito. O decreto foi publicado em Susã, e os corpos dos dez filhos de Hamã foram pendurados na forca.º ¹⁵ Os judeus de Susã ajuntaram-se no décimo quarto dia do mês de adar e mataram trezentos homens em Susã, mas não se apossaram dos seus bens.ᵖ

---

¹ **8.11** Ou *inclusive mulheres e crianças*
² **8.12** Aproximadamente fevereiro/março.
³ **9.1** Aproximadamente fevereiro/março; também nos versículos 15, 17, 19 e 21.

¹⁶ Enquanto isso, o restante dos judeus que viviam nas províncias do império também se ajuntaram para se protegerem e se livrarem*q* dos seus inimigos.*r* Eles mataram setenta e cinco mil deles,*s* mas não se apossaram dos seus bens. ¹⁷ Isso aconteceu no décimo terceiro dia do mês de adar, e no décimo quarto dia descansaram e fizeram dessa data um dia de festa*t* e de alegria.

A Comemoração do Purim

¹⁸ Os judeus de Susã, porém, tinham se reunido no décimo terceiro e no décimo quarto dias e no décimo quinto descansaram e dele fizeram um dia de festa e de alegria. ¹⁹ Por isso os judeus que vivem em vilas e povoados comemoram o décimo quarto dia do mês de adar*u* como um dia de festa e de alegria, um dia de troca de presentes.*v*

²⁰ Mardoqueu registrou esses acontecimentos e enviou cartas a todos os judeus de todas as províncias do rei Xerxes, próximas e distantes, ²¹ determinando que anualmente se comemorassem o décimo quarto e o décimo quinto dias do mês de adar, ²² pois nesses dias os judeus livraram-se*w* dos seus inimigos; nesse mês a sua tristeza tornou-se em alegria; e o seu pranto, num dia de festa.*x* Escreveu-lhes dizendo que comemorassem aquelas datas como dias de festa e de alegria, de troca de presentes*y* e de ofertas aos pobres.

²³ E assim os judeus adotaram como costume aquela comemoração, conforme o que Mardoqueu lhes tinha ordenado por escrito. ²⁴ Pois Hamã, filho do agagita*z* Hamedata, inimigo de todos os judeus, tinha tramado contra eles para destruí-los e tinha lançado o pur,*a* isto é, a sorte*b* para a ruína e destruição deles. ²⁵ Mas, quando isso chegou ao conhecimento do rei¹, ele deu ordens escritas para que o plano maligno de Hamã contra os judeus se voltasse contra a sua própria cabeça,*c* e para que ele e seus filhos fossem enforcados.*d* ²⁶ Por isso aqueles dias foram chamados Purim, da palavra pur.*f* Considerando tudo o que estava escrito nessa carta, o que tinham visto e o que tinha acontecido, ²⁷ os judeus decidiram estabelecer o costume de que eles e os seus descendentes e todos os que se tornassem judeus não deixariam de comemorar anualmente esses dois dias, na forma prescrita e na data certa. ²⁸ Esses dias seriam lembrados e comemorados em cada família de cada geração, em cada província e em cada cidade, e jamais deveriam deixar de ser comemorados pelos judeus. E os seus descendentes jamais deveriam esquecer-se de tais dias.

²⁹ Então a rainha Ester, filha de Abiail*g*, e o judeu Mardoqueu escreveram com toda a autoridade uma segunda carta para confirmar a primeira, acerca do Purim. ³⁰ Mardoqueu enviou cartas a todos os judeus das cento e vinte e sete províncias*h* do império de Xerxes, desejando-lhes paz e segurança, ³¹ e confirmando que os dias de Purim deveriam ser comemorados nas datas determinadas, conforme o judeu Mardoqueu e a rainha Ester tinham decretado e estabelecido para si mesmos, para todos os judeus e para os seus descendentes, e acrescentou observações sobre tempos de jejum*i* e de lamentação.*j* ³² O decreto de Ester confirmou as regras do Purim, e isso foi escrito nos registros.

A Grandeza de Mardoqueu

10 O rei Xerxes impôs tributos a todo o império, até sobre as distantes regiões costeiras.*k* ² Todos os seus atos de força e de poder, e o relato completo da grandeza de Mardoqueu,*l* a quem o rei dera autoridade,*m* estão registrados no livro das crônicas*n* dos reis da Média e da Pérsia. ³ O judeu Mardoqueu foi o segundo*o* na hierarquia,*p* depois do rei Xerxes.*q* Era homem importante entre os judeus e foi muito amado por eles, pois trabalhou para o bem do seu povo e promoveu o bem-estar de todos.*r*

---

¹ **9.25** Ou *quando Ester foi à presença do rei*

Introdução a JÓ

PANO DE FUNDO
Por que Deus permite o sofrimento e o mal no mundo? Essa questão é debatida nas páginas do livro de Jó — a história de um homem piedoso que sofre grandemente. Por tratar dessas questões, o livro é classificado entre os livros bíblicos de sabedoria.

O livro de Jó pode ser o mais antigo da Bíblia. Conquanto seu autor seja desconhecido, muitas pessoas foram consideradas como possibilidades: Moisés, Eliú, Salomão, Isaías, Ezequias, Jeremias, Baruque e até Esdras. A palavra hebraica para Jó significa "perseguido".

MENSAGEM
A soberania de Deus é o tema principal do livro de Jó. Deus permite a Satanás afligir Jó, um homem justo, com qualquer coisa, menos a morte. O sofrimento de Jó torna-se o tema de um vigoroso debate entre Jó e seus amigos, Elifaz, Bildade, Zofar e Eliú. Finalmente Deus oferece uma refutação apresentando uma sequência atordoante de perguntas retóricas, demonstrando seu poder e autoridade.

ÉPOCA
Ainda que ninguém saiba quando a história de Jó aconteceu, o ambiente cultural sugere uma possível data durante o tempo dos patriarcas, entre 2100 e 1900 a.C.

ESBOÇO

I. Prólogo
- A. A vida de Jó — 1.1-5
- B. Reunião no céu — 1.6-12
- C. Problemas na vida de Jó — 1.13-22
- D. Reunião no céu — 2.1-6
- E. Mais aflições para Jó — 2.7-13

II. Discursos e respostas
- A. O lamento de Jó — 3.1-26
- B. Primeiro ciclo de discursos — 4.1—14.22
- C. Segundo ciclo de discursos — 15.1—21.34
- D. Terceiro ciclo de discursos — 22.1—31.40
- E. A fala de Eliú — 32.1—37.24
- F. O Senhor fala — 38.1—41.34
- G. A submissão de Jó — 42.1-6

III. Epílogo
- A. Jó ora por seus amigos — 42.7-9
- B. Jó é restaurado — 42.10-17

699

Introdução

1 Na terra de Uz^a vivia um homem chamado Jó^b. Era homem íntegro^c e justo; temia a Deus^d e evitava fazer o mal. **2** Tinha ele sete filhos e três filhas^e **3** e possuía sete mil ovelhas, três mil camelos, quinhentas juntas de boi e quinhentos jumentos e tinha muita gente a seu serviço. Era o homem^f mais rico do oriente.

4 Seus filhos costumavam dar banquetes em casa, um de cada vez, e convidavam suas três irmãs para comerem e beberem com eles. **5** Terminado um período de banquetes, Jó mandava chamá-los e fazia com que se purificassem. De madrugada ele oferecia um holocausto^{g1} em favor de cada um deles, pois pensava: "Talvez os meus filhos tenham, lá no íntimo, pecado^h e amaldiçoado a Deus^i". Essa era a prática constante de Jó.

A Primeira Provação de Jó

6 Certo dia os anjos^{j2} vieram apresentar-se ao Senhor, e Satanás^3 também veio com eles^k. **7** O Senhor disse a Satanás: "De onde você veio?"

Satanás respondeu ao Senhor: "De perambular pela terra e andar por ela^l".

8 Disse então o Senhor a Satanás: "Reparou em meu servo Jó^m? Não há ninguém na terra como ele, irrepreensível, íntegro, homem que teme a Deus e evita o mal^n".

9 "Será que Jó não tem razões para temer a Deus?" ^{o}, respondeu Satanás. **10** "Acaso não puseste uma cerca em volta dele, da família dele e de tudo o que ele possui?^{p} Tu mesmo tens abençoado tudo o que ele faz, de modo que os seus rebanhos estão espalhados por toda a terra.^{q} **11** Mas estende a tua mão e fere tudo o que ele tem,^{r} e com certeza ele te amaldiçoará na tua face."^{s}

12 O Senhor disse a Satanás: "Pois bem, tudo o que ele possui está nas suas mãos; apenas não toque nele".

Então Satanás saiu da presença do Senhor.

13 Certo dia, quando os filhos e as filhas de Jó estavam num banquete, comendo e bebendo vinho na casa do irmão mais velho, **14** um mensageiro veio dizer a Jó: "Os bois estavam arando e os jumentos estavam pastando por perto, **15** quando os sabeus^t os atacaram e os levaram embora. Mataram à espada os empregados, e eu fui o único que escapou para lhe contar!"

16 Enquanto ele ainda estava falando, chegou outro mensageiro e disse: "Fogo de Deus caiu do céu^u e queimou totalmente as ovelhas e os empregados^v, e eu fui o único que escapou para contar a você!"

17 Enquanto ele ainda estava falando, chegou outro mensageiro e disse: "Vieram caldeus^w em três bandos, atacaram os camelos e os levaram embora. Mataram à espada os empregados, e eu fui o único que escapou para contar a você!"

18 Enquanto ele ainda estava falando, chegou ainda outro mensageiro e disse: "Seus filhos e suas filhas estavam num banquete, comendo e bebendo vinho na casa do irmão mais velho, **19** quando, de repente, um vento^x muito forte veio do deserto e atingiu os quatro cantos da casa, que desabou. Eles morreram, e eu fui o único que escapou para contar a você!"

20 Ao ouvir isso, Jó levantou-se, rasgou o manto^y e rapou a cabeça. Então prostrou-se com o rosto em terra, em adoração^z, **21** e disse:

"Saí nu do ventre da minha mãe,
    e nu partirei^{a4}.
O Senhor o deu, o Senhor o levou^b;
    louvado seja o nome do Senhor "^{c}.

22 Em tudo isso Jó não pecou e não culpou a Deus de coisa alguma^d.

A Segunda Provação de Jó

2 Num outro dia os anjos^5 vieram apresentar-se ao Senhor, e Satanás também veio

---

^{1} **1.5** Isto é, *sacrifício totalmente queimado*.
^{2} **1.6** Hebraico: *os filhos de Deus*.
^{3} **1.6** Satanás significa *acusador*.
^{4} **1.21** Ou *nu voltarei para lá*
^{5} **2.1** Hebraico: *os filhos de Deus*.

1.1
^{a}Jr 25.30
^{b}Ez 14.14,20; Tg 5.11
^{c}Gn 6.9; 17.1
Gn 22.12; Ex 18.21
1.2
^{e}Jó 42.13
1.3
Jó 29.25
1.5
^{g}Gn 8.20; Jó 42.8
^{h}Jó 8.4
^{i}1 Rs 21.10,13
1.6
^{j}Jó 38.7
^{k}Jó 2.1
1.7
^{l}1 Pe 5.8
1.8
^{m}Js 1.7; Jó 42.7-8
^{n}ver 1
1.9
^{o}1 Tm 6.5
1.10
^{p}Sl 34.7
^{q}Ver 3; Jó 29.6; 31.25; Sl 128.1-2
1.11
^{r}Jó 19.21
^{s}Jó 2.5
1.15
^{t}Gn 10. 7; Jó 6.19
1.16
^{u}Gn 19.24
^{v}Lv 10.2; Nm 11.1-3
1.17
^{w}Gn 11.28, 31
1.19
^{x}Jr 4.11; 13.24
1.20
^{y}Gn 37.29
^{z}1 Pe 5.6
1.21
^{a}Ec 5.11; 1 Tm 6.7
^{b}1 Sm 2.7
^{c}Jó 2.10; Ef 5.20; 1Ts 5.18
1.22
^{d}Jó 2.10

com eles^e para apresentar-se. ² O Senhor perguntou a Satanás, "De onde você veio?"

Satanás respondeu ao Senhor: "De perambular pela terra e andar por ela".

³ Disse então o Senhor a Satanás: "Reparou em meu servo Jó? Não há ninguém na terra como ele, irrepreensível, íntegro, homem que teme a Deus e evita o mal.^f Ele se mantém íntegro,^g apesar de você me haver instigado contra ele para arruiná-lo sem motivo".^h

⁴ "Pele por pele!", respondeu Satanás. "Um homem dará tudo o que tem por sua vida. ⁵ ^i Estende a tua mão e fere a sua carne e os seus ossos,^j e com certeza ele te amaldiçoará na tua face."

⁶ O Senhor disse a Satanás: "Pois bem, ele está nas suas mãos; apenas poupe a vida dele". ^k

⁷ Saiu, pois, Satanás da presença do Senhor e afligiu Jó com feridas terríveis, da sola dos pés ao alto da cabeça.^l ⁸ Então Jó apanhou um caco de louça e com ele se raspava, sentado entre as cinzas. ^m

⁹ Então sua mulher lhe disse: "Você ainda mantém a sua integridade? Amaldiçoe a Deus, e morra!"

¹⁰ Ele respondeu: "Você fala como uma insensata. Aceitaremos o bem dado por Deus, e não o mal?"^n

Em tudo isso Jó não pecou com seus lábios. ^o

Os Amigos de Jó

¹¹ Quando três amigos de Jó, Elifaz, de Temã,^p Bildade, de Suá,^q e Zofar, de Naamate, souberam de todos os males que o haviam atingido, saíram, cada um da sua região. Combinaram encontrar-se para, juntos, irem mostrar solidariedade a Jó e consolá-lo. ^r ¹² Quando o viram a distância, mal puderam reconhecê-lo e começaram a chorar em alta voz. Cada um deles rasgou seu manto e colocou terra sobre a cabeça. ^s ¹³ Depois os três se assentaram no chão com ele, durante sete dias e sete noites.^t Ninguém lhe disse uma palavra, pois viam como era grande o seu sofrimento.

O Discurso de Jó

3 Depois disso Jó abriu a boca e amaldiçoou o dia do seu nascimento, ² dizendo:

³ "Pereça o dia do meu nascimento
 e a noite em que se disse:
  'Nasceu um menino!'^u
⁴ Transforme-se aquele dia em trevas,
 e Deus, lá do alto,
  não se importe com ele;
não resplandeça a luz sobre ele.
⁵ Chamem-no de volta as trevas
 e a mais densa escuridão^1v;
coloque-se uma nuvem sobre ele
 e o negrume aterrorize a sua luz.
⁶ Apoderem-se daquela noite
 densas trevas^w!
Não seja ela incluída
 entre os dias do ano,
nem faça parte de nenhum dos meses.
⁷ Seja aquela noite estéril,
 e nela não se ouçam brados de alegria.
⁸ Amaldiçoem aquele dia
 os que amaldiçoam os dias²
e são capazes de atiçar o Leviatã³.^x
⁹ Fiquem escuras
 as suas estrelas matutinas,
espere ele em vão pela luz do sol
 e não veja os primeiros raios
  da alvorada, ^y
¹⁰ pois não fechou as portas
 do ventre materno
para evitar
 que eu contemplasse males.

¹¹ "Por que não morri ao nascer
 e não pereci quando saí do ventre?^z
¹² Por que houve joelhos
 para me receberem^a
e seios para me amamentarem?

---

¹ **3.5** Ou *e a sombra da morte*
² **3.8** Ou *o mar*
³ **3.8** Ou *monstro marinho*

¹³ Agora eu bem poderia
  estar deitado[b] em paz
e achar repouso[c]
¹⁴ junto aos reis e conselheiros da terra,[d]
que construíram para si
  lugares que agora jazem em ruínas,[e]
¹⁵ com governantes[f] que possuíam ouro,
  que enchiam suas casas de prata.[g]
¹⁶ Por que não me sepultaram
  como criança abortada,
como um bebê[h]
  que nunca viu a luz do dia?
¹⁷ Ali os ímpios já não se agitam,
e ali os cansados
  permanecem em repouso;[i]
¹⁸ os prisioneiros também
  desfrutam sossego,
já não ouvem mais os gritos
  do feitor de escravos.[j]
¹⁹ Os simples e os poderosos ali estão,
e o escravo está livre do seu senhor.
²⁰ "Por que se dá luz aos infelizes,
e vida aos de alma amargurada,[k]
²¹ aos que anseiam pela morte
  e esta não vem,[l]
e a procuram mais
  do que a um tesouro oculto,[m]
²² aos que se enchem de alegria
  e exultam quando vão
  para a sepultura?
²³ Por que se dá vida àquele
  cujo caminho é oculto
e a quem Deus fechou as saídas?[n]
²⁴ Pois me vêm suspiros
  em vez de comida;[o] meus gemidos
  transbordam como água.[p]
²⁵ O que eu temia veio sobre mim;
o que eu receava[q] me aconteceu.
²⁶ Não tenho paz,
  nem tranquilidade,[r] nem descanso;
somente inquietação".

Elifaz

4 Então respondeu Elifaz, de Temã:
² "Se alguém se aventurar
  a dizer a você uma palavra,
isso tirará a sua paciência?
Mas quem pode refrear as palavras?[s]

³ Pense bem! Você ensinou a tantos;
  fortaleceu mãos fracas.[t]
⁴ Suas palavras davam firmeza
  aos que tropeçavam;
você fortaleceu joelhos vacilantes.[u]
⁵ Mas agora que se vê em dificuldade,
  você desanima;
quando você é atingido[v],
  fica prostrado.[w]
⁶ Sua vida piedosa
  não inspira confiança[x] a você?
E o seu procedimento irrepreensível[y]
  não dá a você esperança?

⁷ "Reflita agora:
Qual foi o inocente
  que chegou a perecer?[z]
Onde os íntegros
  sofreram destruição?[a]
⁸ Pelo que tenho observado,
quem cultiva o mal e semeia
  maldade[b]
  isso também colherá.[c]
⁹ Pelo sopro de Deus[d] são destruídos;
pelo vento de sua ira eles perecem.[e]
¹⁰ Os leões podem rugir e rosnar,
mas até os dentes dos leões fortes
  se quebram.[f]
¹¹ O leão morre por falta de presa,[g]
e os filhotes da leoa se dispersam.

¹² "Disseram-me uma palavra
  em segredo,
da qual os meus ouvidos
  captaram um murmúrio.[h] [i]
¹³ Em meio a sonhos perturbadores da
  noite,
quando cai sono profundo
  sobre os homens,[j]
¹⁴ temor e tremor
  se apoderaram de mim
e fizeram estremecer[k]
  todos os meus ossos.
¹⁵ Um espírito[l] roçou o meu rosto,
e os pelos do meu corpo
  se arrepiaram.

[l] **4.15** Ou *vento*

3.13 [s]Jó 17.13
[b]Jó 7. 8-10, 21; 10.22; 14.10-22; 19.27;21.13,23
3.14 [c]Jó 12.17
[d]Jó 15.28
3.15 [e]Jó 12.21
[f]Jó 27.17
3.16 [h]Sl 58.8; Ec 6.3
3.17 [i]Jó 17.16
3.18 [j]Jó 39.7
3.20 [k]1 Sm 1.10; Jr 20.18; Eze 27.30-31
3.21 [l]Ap 9.6
[m]Pv 2.4
3.23 [n]Jó 19.6,8, 12; Sl 88.8; Lm 3.7
3.24 [o]Jó 6.7; 33.20
[p]Sl 42.3,4
3.25 [q]Jó 30.15
3.26 [r]Jó 7.4,14
4.2 [s]Jó 32.30
4.3 [t]Is 35.3; Hb 12.12
4.4 [u]Is 35.3; Hb 12.12
4.5 [v]Jó 19.21
[w]Jó 6.14
4.6 [x]Pv 3.26
[y]Jó 1.1
4.7 [z]Jó 36.7
[a]Jó 8.20; Sl 37.25
4.8 [b]Jó 15.35
[c]Pv 22.8; Os 10.13; Gl 6.7-8
4.9 [d]Jó 15.30; Is 30.33; 2 Tm 2.8
[e]Jó 40.13
4.10 [f]Jó 5.15; Sl 58.6
4.11 [g]Jó 27.14; Pv 34.10
4.12 [h]Jó 26.14
[i]Jó 33.14
4.13 [j]Jó 33.15
4.14 [k]Jó 33.14; Hc 3.16

16 Ele parou,
  mas não pude identificá-lo.
Um vulto se pôs
  diante dos meus olhos,
e ouvi uma voz suave, que dizia:
17 'Poderá algum mortal
  ser mais justo que Deus?[1]
Poderá algum homem ser mais puro
  que o seu Criador?ᵐ
18 Se Deus não confia em seus servos,
se vê erro em seus anjos e os acusa,ⁿ
19 quanto mais nos que moram
  em casas de barro,ᵒ
cujos alicercesᵖ estão no pó!ᵠ
São mais facilmente esmagados
  que uma traça!
20 Entre o alvorecer e o crepúsculo
  são despedaçados;
perecem para sempre,ʳ
  sem ao menos serem notados.
21 Não é certo que as cordas
  de suas tendas
  são arrancadas,ˢ
  e eles morrem sem sabedoria?'¹ ᵗ

5 "Clame, se quiser,
  mas quem o ouvirá?
Para qual dos seres celestes² ᵘ
  você se voltará?
2 O ressentimento mata o insensato,
  e a inveja destrói o tolo.ᵛ
3 Eu mesmo já vi
  um insensato lançar raízes,ʷ
mas de repente a sua casa
  foi amaldiçoada.ˣ
4 Seus filhos longe estão
  de desfrutar segurança,ʸ
maltratados nos tribunais,ᶻ
  não há quem os defenda.
5 Os famintos devoram a sua colheita,ᵃ
  tirando-a até do meio dos espinhos,
e os sedentos sugam a sua riqueza.
6 Pois o sofrimento não brota do pó,
  e as dificuldades não nascem do chão.

¹ **4.21** Alguns sugerem que o discurso de Elifaz termina no versículo 17.
² **5.1** Hebraico: *santos*.

7 No entanto, o homem nasce
  para as dificuldadesᵇ
tão certamente como as fagulhas
  voam para cima.

8 "Mas, se fosse comigo,
  eu apelaria para Deus;
apresentaria a ele a minha causa.ᶜ
9 Ele realiza maravilhas insondáveis,ᵈ
  milagres que não se pode contar.
10 Derrama chuva sobre a terra
  e envia água sobre os campos.ᵉ
11 Os humildes, ele exaltaᶠ
  e traz os que pranteiam
  a um lugar de segurança.
12 Ele frustraᵍ os planos dos astutos,
  para que fracassem as mãos deles.
13 Apanha os sábios na astúcia deles,ʰ
  e as maquinações dos astutos
  são malogradas por sua precipitação.
14 As trevasⁱ vêm sobre eles
  em pleno dia;
ao meio-dia eles tateiam
  como se fosse noite.ʲ
15 Ele salva o oprimidoᵏ
  da espada
  que trazem na boca;
salva-o das garras dos poderosos.ˡ
16 Por isso os pobres têm esperança,
  e a injustiça cala a própria boca.ᵐ

17 "Como é feliz o homem
  a quem Deus corrige;ⁿ
portanto, não despreze
  a disciplinaᵒ do Todo-poderoso³.ᵖ
18 Pois ele fere,
  mas trata do ferido;ᵠ
ele machuca,
  mas suas mãos também curam.ʳ
19 De seis desgraças ele o livrará;
em sete delas você nada sofrerá.ˢ
20 Na fomeᵗ ele o livrará da morte
e na guerra o livrará
  do golpe da espada.ᵘ

³ **5.17** Hebraico: *Shaddai*; também em todo o livro de Jó.

²¹ Você será protegido
   do açoite da língua,ᵛ
e não precisará ter medoʷ
   quando a destruição chegar.
²² Você rirá da destruição e da fome
e não precisará temer as feras da terra.ˣ
²³ Pois fará aliança
   com as pedrasʸ do campo,
e os animais selvagens
   estarão em paz com você.ᶻ
²⁴ Você saberá que a sua tenda
   é segura;ᵃ
contará os bens da sua morada
   e de nada achará falta.
²⁵ Você saberá que
   os seus filhos serão muitos,ᵇ
e que os seus descendentes
   serão como a relva da terra.ᶜ
²⁶ Você irá para a sepultura
   em pleno vigor,ᵈ
como um feixe recolhido
   no devido tempo.
²⁷ "Verificamos isso e vimos
   que é verdade.
Portanto, ouça e aplique isso
   à sua vida".

Jó

6

Então Jó respondeu:
² "Se tão somente pudessem
   pesar a minha aflição
e pôr na balança a minha desgraça!ᵉ
³ Veriam que o seu peso é maior
   que o da areiaᶠ dos mares.
Por isso as minhas palavras
   são tão impetuosas.ᵍ
⁴ As flechasʰ do Todo-poderoso
   estão cravadas em mim,ⁱ
e o meu espírito sugaʲ delas o veneno;
os terroresᵏ de Deus
   me assediam.ˡ
⁵ Zurra o jumento selvagem
   se tiver capim?
Muge o boi se tiver forragem?
⁶ Come-se sem sal
   uma comida insípida?

E a clara do ovo,
   tem algum sabor?
⁷ Recuso-me a tocar nisso;
esse tipo de comida
   causa-me repugnância.ᵐ

⁸ "Se tão somente fosse atendido
   o meu pedido,
se Deus me concedesse o meu desejo,ⁿ
⁹ se Deus se dispusesse a esmagar-me,
a soltar a mão protetora e eliminar-me!ᵒ
¹⁰ Pois eu ainda teria o consolo,
   minha alegria
em meio à dor implacável,
   de não ter negado
as palavrasᵖ do Santo.ᵠ

¹¹ "Que esperança posso ter,
   se já não tenho forças?
Como posso ter paciência,
   se não tenho futuro?ʳ
¹² Acaso tenho a força da pedra?
Acaso a minha carne é de bronze?
¹³ Haverá poder que me ajudeˢ
agora que os meus recursos se foram?

¹⁴ "Um homemᵗ desesperado
   deve receber
   a compaixãoᵘ de seus amigos,
muito embora ele tenha abandonado
   o temor do Todo-poderoso.
¹⁵ Mas os meus irmãos enganaram-me
   como riachos temporários,ᵛ
como os riachos que transbordam
¹⁶ quando o degelo os torna turvos
   e a neve que se derrete os faz encher,
¹⁷ mas que param de fluir
   no tempo da seca
e no calorʷ desaparecem
   dos seus leitos.
¹⁸ As caravanas se desviam
   de suas rotas;
sobem para lugares desertos
   e perecem.
¹⁹ Procuram água
   as caravanas de Temá,ˣ
olham esperançosos
   os mercadores de Sabá.

20 Ficam tristes,
  porque estavam confiantes;
lá chegaram tão somente
  para sofrer decepção.*y*
21 Pois agora vocês
  de nada me valeram;
contemplam minha temível situação
  e se enchem de medo.*z*
22 Alguma vez pedi a vocês
  que me dessem alguma coisa?
Ou que da sua riqueza
  pagassem resgate por mim?
23 Ou que me livrassem
  das mãos do inimigo?
Ou que me libertassem das garras
  de quem me oprime?
24 "Ensinem-me,
  e eu me calarei;*a*
mostrem-me onde errei.
25 Como doem as palavras verdadeiras!*b*
Mas o que provam
  os argumentos de vocês?
26 Vocês pretendem corrigir o que digo
  e tratar como vento
as palavras de um homem
  desesperado?*c*
27 Vocês seriam capazes
  de pôr*d* em sorteio o órfão
e de vender um amigo
  por uma bagatela!
28 "Mas agora,
  tenham a bondade
  de olhar para mim.
Será que eu mentiria
  na frente de vocês?*e*
29 Reconsiderem a questão,
  não sejam injustos;
tornem a analisá-la,
  pois a minha integridade
  está em jogo.¹*f*
30 Há alguma iniquidade em meus
  lábios?*g*
Será que a minha boca
  não consegue discernir*h* a maldade?

¹ 6.29 Ou *minha retidão ainda está firme*

7 "Não é pesado o labor*i*
  do homem na terra?*j*
Seus dias não são
  como os de um assalariado?*k*
2 Como o escravo que anseia
  pelas sombras do entardecer,
ou como o assalariado
  que espera ansioso pelo pagamento,*l*
3 assim me deram meses de ilusão
  e noites de desgraça
  me foram destinadas.*m*
4 Quando me deito,
  fico pensando:
Quanto vai demorar
  para eu me levantar?*n*
A noite se arrasta,
  e eu fico me virando na cama
  até o amanhecer.
5 Meu corpo está coberto de vermes*o*
  e cascas de ferida,
minha pele está rachada
  e vertendo pus.
6 "Meus dias correm mais depressa
  que a lançadeira do tecelão,*p*
e chegam ao fim
  sem nenhuma esperança.*q*
7 Lembra-te, ó Deus,
  de que a minha vida*r*
não passa de um sopro;
  meus olhos jamais
  tornarão a ver a felicidade.*s*
8 Os que agora me veem,
  nunca mais me verão;
puseste o teu olhar em mim,
  e já não existo.*t*
9 Assim como a nuvem se esvai
  e desaparece,
assim quem desce à sepultura²*u*
  não volta.*v*
10 Nunca mais voltará ao seu lar;
  a sua habitação*w* não mais o conhecerá.*x*
11 "Por isso não me calo;*y*
  na aflição do meu espírito
  desabafarei,

² 7.9 Hebraico: *Sheol*. Essa palavra também pode ser traduzida por morte, pó ou profundezas.

na amargura da minha alma
farei as minhas queixas.ᶻ
¹² Sou eu o mar,
ou o monstro das profundezas,ᵃ
para que me ponhas sob guarda?
¹³ Quando penso que
a minha cama me consolará
e que o meu leito
aliviará a minha queixa,ᵇ
¹⁴ mesmo aí me assustas com sonhos
e me aterrorizasᶜ com visões.
¹⁵ É melhor ser estrangulado e morrerᵈ
do que sofrer assim¹;
¹⁶ sinto desprezo pela minha vida!ᵉ
Não vou viver para sempre;
deixa-me,
pois os meus dias não têm sentido.

¹⁷ "Que é o homem,
para que lhe dês importância
e atenção,ᶠ
¹⁸ para que o examines a cada manhã
e o proves a cada instante?ᵍ
¹⁹ Nunca desviarás de mim o teu olhar?
Nunca me deixarás a sós,
nem por um instante?ʰ
²⁰ Se pequei, que mal te causei,ⁱ
ó tu que vigias os homens?
Por que me tornaste teu alvo?ʲ
Acaso tornei-me um fardo para ti?²
²¹ Por que não perdoas
as minhas ofensas
e não apagas os meus pecados?ᵏ
Pois logo me deitarei no pó;ˡ
tu me procurarás,
mas eu já não existirei".

Bildade

8 Então Bildade, de Suá, respondeu:

² "Até quando você vai
falar desse modo?
Suas palavras
são um grande vendaval!ᵐ
³ Acaso Deus torce a justiça?ⁿ
Será que o Todo-poderoso
torce o que é direito?ᵒ
⁴ Quando os seus filhos
pecaram contra ele,
ele os castigou
pelo mal que fizeram.ᵖ
⁵ Mas, se você procurar Deus
e implorarᵠ junto ao Todo-poderoso,
⁶ se você for íntegro e puro,
ele se levantará agora mesmo
em seu favorʳ
e o restabelecerá no lugar
que por justiça cabe a você.ˢ
⁷ O seu começo parecerá modesto,
mas o seu futuro será
de grande prosperidade.

⁸ "Pergunte às gerações anterioresᵘ
e veja o que os seus pais aprenderam,
⁹ pois nós nascemos ontem
e não sabemos nada.ᵛ
Nossos dias na terra
não passam de uma sombra.ʷ
¹⁰ Acaso eles não o instruirão,
não lhe falarão?
Não proferirão palavras vindas
do entendimento?
¹¹ Poderá o papiro crescer
senão no pântano?
Sem água cresce o junco?
¹² Mal cresce e,
antes de ser colhido, seca-se,
mais depressa que qualquer grama.ˣ
¹³ Esse é o destino
de todo o que se esquece de Deus;ʸ
assim perece a esperança dos ímpios.ᶻ
¹⁴ Aquilo em que ele confia é frágil,ᵃ
aquilo em que se apoia
é uma teia de aranha.
¹⁵ Encosta-se em sua teia,ᵇ mas ela cede;
agarra-se a ela, mas ela não aguenta.ᶜ
¹⁶ Ele é como uma planta
bem regada ao brilho do sol,
espalhando seus brotosᵈ pelo jardim;ᵉ

---

¹ **7.15** Hebraico: *ter os meus ossos*.
² **7.20** Conforme alguns manuscritos do Texto Massorético, uma antiga tradição de escribas hebreus e a Septuaginta. A maioria dos manuscritos do Texto Massorético diz *para mim mesmo*.

¹⁷ entrelaça as raízes
  em torno de um monte de pedras
e procura um lugar entre as rochas.
¹⁸ Mas, quando é arrancada
  do seu lugar,
este a rejeita e diz: 'Nunca a vi'.ᶠ
¹⁹ Esse é o fim da sua vida,ᵍ
e do solo brotam outras plantas.ʰ

²⁰ "Pois o certo é que
  Deus não rejeita o íntegroⁱ
e não fortalece as mãos
  dos que fazem o mal.ʲ
²¹ Mas, quanto a você,
ele encherá de riso a sua bocaᵏ
e de brados de alegria os seus lábios.ˡ
²² Seus inimigos
  se vestirão de vergonha,ᵐ
e as tendas dos ímpios
  não mais existirão".ⁿ

Jó 9

Então Jó respondeu:
² "Bem sei que isso é verdade.
Mas como pode o mortal
  ser justo diante de Deus?ᵒ
³ Ainda que quisesse discutir com ele,
não conseguiria argumentar
  nem uma vez em mil.ᵖ
⁴ Sua sabedoriaᑫ é profunda,
seu poder é imenso.ʳ
Quem tentou resistir-lhe e saiu ileso?ˢ
⁵ Ele transporta montanhas
  sem que elas o saibam
e em sua ira
  as põe de cabeça para baixo.ᵗ
⁶ Sacode a terraᵘ e a tira do lugar,
e faz suas colunas tremerem.ᵛ
⁷ Fala com o sol, e ele não brilha;
ele veda e esconde a luz das estrelas.ʷ
⁸ Só ele estende os céusˣ
e anda sobre as ondas do mar.ʸ
⁹ Ele é o Criador da Ursa e do Órion,
das Plêiades e das constelações do sul.ᶻ
¹⁰ Realiza maravilhasᵃ
  que não se pode perscrutar,
milagres incontáveis.ᵇ

¹¹ Quando passa por mim,
  não posso vê-lo;
se passa junto de mim, não o percebo.ᶜ
¹² Se ele apanha algo,
  quem pode pará-lo?ᵈ
Quem pode dizer-lhe:
  'O que fazes?'ᵉ
¹³ Deus não refreia a sua ira;
até o séquito de Raabe¹ᶠ encolheu-se
  diante dos seus pés.

¹⁴ "Como então poderei eu
  discutir com ele?
Como achar palavras
  para com ele argumentar?
¹⁵ Embora inocente,
  eu seria incapaz de responder-lhe;ᵍ
poderia apenas implorarʰ
  misericórdia ao meu Juiz.
¹⁶ Mesmo que eu o chamasse
  e ele me respondesse,
não creio que me daria ouvidos.
¹⁷ Ele me esmagariaⁱ
  com uma tempestadeʲ
e sem motivo multiplicariaᵏ
  minhas feridas.ˡ
¹⁸ Não me permitiria
  recuperar o fôlego,
mas me engolfaria em agruras.ᵐ
¹⁹ Recorrer à força?
  Ele é mais poderoso!
Ao tribunal?
  Quem o² intimará?
²⁰ Mesmo sendo eu inocente,
  minha boca me condenaria;
se eu fosse íntegro,
  ela me declararia culpado.

²¹ "Conquanto eu seja íntegro,ⁿ
já não me importo comigo;ᵒ
  desprezo a minha própria vida.
²² É tudo a mesma coisa;
  por isso digo:

¹ 9.13 Ou *até o mar*; ou ainda *até o séquito do Egito*
² 9.19 Conforme a Septuaginta. O Texto Massorético diz *me*.

Ele destrói tanto o íntegro
    como o ímpio.ᵖ
²³ Quando um flageloᵍ
    causa morte repentina,
ele zomba do desespero dos inocentes.ʳ
²⁴ Quando um país
    cai nas mãos dos ímpios,ˢ
ele venda os olhos de seus juízes.ᵗ
    Se não é ele, quem é então?

²⁵ "Meus dias corremᵘ
    mais velozes que um atleta;
eles voam
    sem um vislumbre de alegria.ᵛ
²⁶ Passam como barcos de papiro,
como águias que mergulham
    sobre as presas.ʷ
²⁷ Se eu disser:
Vou esquecer a minha queixa,ˣ
vou mudar o meu semblante e sorrir,
²⁸ ainda assim me apavoroʸ
    com todos os meus sofrimentos,
pois sei que não me considerarás
    inocente.ᶻ
²⁹ Uma vez que já fui
    considerado culpado,
por que deveria eu lutar em vão?ᵃ
³⁰ Mesmo que eu me lavasse
    com sabão¹
e limpasse as minhas mãosᵇ
    com soda de lavadeira,ᶜ
³¹ tu me atirarias num poço de lodo,
para que até as minhas roupas
    me detestassem.

³² "Ele não é homem como eu,
    para que eu lhe respondaᵈ
e nos enfrentemos em juízo.ᵉ
³³ Se tão somente houvesse alguém
    para servir de árbitro entre nós,ᶠ
    para impor as mãos sobre nós dois,
³⁴ alguém que afastasse de mimᵍ
    a vara de Deus,
para que o seu terror
    não mais me assustasse!

³⁵ Então eu falaria sem medo;
    mas não é esse o caso.ʰ

10 "Minha vida só me dá desgosto;ⁱ
    por isso darei vazão à minha queixa
e de alma amargurada me expressarei.ʲ
² Direi a Deus: Não me condenes;
revela-me que acusaçõesᵏ
    tens contra mim.
³ Tens prazer em oprimir-me,ˡ
em rejeitar a obra de tuas mãos,ᵐ
    enquanto sorris
    para o plano dos ímpios?ⁿ
⁴ Acaso tens olhos de carne?
    Enxergas como os mortais?ᵒ
⁵ Teus dias são como
    os de qualquer mortal?
Os anos de tua vida
    são como os do homem?ᵖ
⁶ Pois investigas a minha iniquidade
    e vasculhas o meu pecado,ᵠ
⁷ embora saibas que não sou culpado
e que ninguém pode
    livrar-me das tuas mãos.

⁸ "Foram as tuas mãosʳ
    que me formaram
    e me fizeram.
Irás agora voltar-te e destruir-me?
⁹ Lembra-te de que me moldaste
    como o barro;ˢ
e agora me farás voltar ao pó?ᵗ
¹⁰ Acaso não me despejaste como leite
e não me coalhaste como queijo?
¹¹ Não me vestiste de pele e carne
e não me juntasteᵘ
    com ossos e tendões?
¹² Deste-me vidaᵛ e foste bondoso
    para comigo
e na tua providência
    cuidaste do meu espírito.

¹³ "Mas algo escondeste
    em teu coração,
e agora sei o que pensavas.ʷ
¹⁴ Se eu pecasse,
    estarias me observando

---

¹ 9.30 Ou *neve*

e não deixarias sem punição
   a minha ofensa.ˣ
¹⁵ Se eu fosse culpado, ai de mim!ʸ
Mesmo sendo inocente,
   não posso erguer a cabeça,ᶻ
pois estou dominado pela vergonha
e mergulhado na¹ minha aflição.
¹⁶ Se mantenho a cabeça erguida,
   ficas à minha espreita como um leão ᵃ
e, de novo, manifestas contra mim
   o teu poder tremendo. ᵇ
¹⁷ Trazes novas testemunhas
   contra mim ᶜ
e contra mim aumentas a tua ira; ᵈ
teus exércitos atacam-me
   em batalhões sucessivos.
¹⁸ "Então, por que me fizeste
   sair do ventre? ᵉ
Eu preferia ter morrido
   antes que alguém pudesse ver-me.
¹⁹ Se tão somente
   eu jamais tivesse existido,
ou fosse levado direto do ventre
   para a sepultura!
²⁰ Já estariam no fim
   os meus poucos ᶠ dias? ᵍ
Afasta-te de mim ʰ, para que eu tenha
   um instante de alegria,
²¹ antes que eu vá para o lugar
   do qual não há retorno, ⁱ
para a terra de sombras
   e densas trevas², ʲ
²² para a terra tenebrosa como a noite,
   terra de trevas e de caos,
onde até mesmo a luz é escuridão".

Zofar

11 Então Zofar, de Naamate, respondeu:
² "Ficarão sem resposta
   todas essas palavras? ᵏ
Irá confirmar-se
   o que esse tagarela diz?
³ Sua conversa tola calará os homens?
Ninguém o repreenderá
   por sua zombaria? ˡ
⁴ Você diz a Deus:
   'A doutrina que eu aceito é
      perfeita, ᵐ
   e sou puro ⁿ aos teus olhos'.
⁵ Ah, se Deus falasse com você,
se contra você abrisse os lábios
⁶ e revelasse
   os segredos da sabedoria! ᵒ
Pois a verdadeira sabedoria
   é complexa.
Fique sabendo que Deus esqueceu
   alguns dos seus pecados. ᵖ
⁷ "Você consegue perscrutar ᑫ
   os mistérios de Deus?
Pode sondar os limites
   do Todo-poderoso?
⁸ São mais altos que os céus ʳ!
   O que você poderá fazer?
São mais profundos
   que as profundezas³!
   O que você poderá saber?
⁹ Seu comprimento
   é maior que a terra
e a sua largura é maior que o mar.
¹⁰ "Se ele ordena uma prisão
   e convoca o tribunal,
quem poderá opor-se? ˢ
¹¹ Pois ele não identifica os enganadores
e não reconhece a iniquidade
   logo que a vê? ᵗ
¹² Mas o tolo só será sábio
quando a cria do jumento selvagem
   nascer homem⁴.
¹³ "Contudo, se você lhe consagrar
   o coração ᵘ
e estender as mãos para ele; ᵛ
¹⁴ se afastar das suas mãos o pecado
e não permitir que a maldade ʷ
   habite em sua tenda, ˣ

---

¹ 10.15 Ou *e consciente da*
² 10.21 Ou *e trevas da morte*; também no versículo 22.
³ 11.8 Hebraico: *Sheol*. Essa palavra também pode ser traduzida por sepultura, pó ou morte.
⁴ 11.12 Ou *nascer domesticado*

¹⁵ então você levantará o rosto ʸ
  sem envergonhar-se;
será firme e destemido.
¹⁶ Você esquecerá as suas desgraças, ᶻ
lembrando-as apenas
  como águas passadas. ᵃ
¹⁷ A vida será mais refulgente
  que o meio-dia, ᵇ
e as trevas serão
  como a manhã em seu fulgor.
¹⁸ Você estará confiante,
graças à esperança que haverá;
olhará ao redor
  e repousará ᶜ em segurança. ᵈ
¹⁹ Você se deitará,
  e não terá medo de ninguém, ᵉ
e muitos procurarão o seu favor. ᶠ
²⁰ Mas os olhos dos ímpios fenecerão ᵍ
  e em vão procurarão refúgio; ʰ
o suspiro da morte
  será a esperança que terão". ⁱ

12 Então Jó respondeu:
² "Sem dúvida vocês são o povo,
e a sabedoria morrerá com vocês! ʲ
³ Mas eu tenho a mesma capacidade
  de pensar que vocês têm;
não sou inferior a vocês.
Quem não sabe dessas coisas? ᵏ

⁴ "Tornei-me objeto de riso ˡ
  para os meus amigos,
logo eu, que clamava a Deus
  e ele me respondia, ᵐ
eu, íntegro e irrepreensível, ⁿ
  um mero objeto de riso!
⁵ Quem está bem despreza a desgraça,
o destino daqueles
  cujos pés escorregam.
⁶ As tendas dos saqueadores
  não sofrem perturbação, ᵒ
e aqueles que provocam a Deus
  estão seguros,ᵖ
aqueles que transportam o seu deus
  em suas mãos.¹

⁷ "Pergunte, porém, aos animais,
  e eles o ensinarão,
ou às aves do céu, e elas contarão a você;
⁸ fale com a terra, e ela o instruirá,
  deixe que os peixes do mar
  o informem.
⁹ Quem de todos eles ignora
  que a mão do Senhor fez isso? ᑫ
¹⁰ Em sua mão
  está a vida de cada criatura
e o fôlego de toda a humanidade. ʳ
¹¹ O ouvido não experimenta
  as palavras
como a língua experimenta a comida? ˢ
¹² A sabedoria se acha entre os idosos? ᵗ
A vida longa traz entendimento? ᵘ
¹³ "Deus é que tem sabedoria ᵛ e poder ʷ;
a ele pertencem o conselho
  e o entendimento. ˣ
¹⁴ O que ele derruba ʸ
  não se pode reconstruir; ᶻ
quem ele aprisiona
  ninguém pode libertar.
¹⁵ Se ele retém as águas, ᵃ
  predomina a seca; ᵇ
se as solta, devastam a terra. ᶜ
¹⁶ A ele pertencem a força
  e a sabedoria;
tanto o enganado quanto o enganador
  a ele pertencem. ᵈ
¹⁷ Ele despoja e demite os conselheiros ᵉ
e faz os juízes de tolos. ᶠ
¹⁸ Tira as algemas ᵍ postas pelos reis,
e amarra uma faixa²
  em torno da cintura deles.
¹⁹ Despoja e demite os sacerdotes
e arruína os homens de sólida posição. ʰ
²⁰ Cala os lábios
  dos conselheiros de confiança,
e tira o discernimento dos anciãos. ⁱ
²¹ Derrama desprezo sobre os nobres,
e desarma os poderosos.

---

¹ **12.6** Ou *seguros naquilo que a mão de Deus lhes traz.*   ² **12.18** Ou *algemas de reis e amarra um cinto*

²² Revela coisas profundas das trevas,ʲ
e traz à luz ᵏ densas sombras. ˡ
²³ Dá grandeza às nações e as destrói; ᵐ
faz crescer as nações ⁿ e as dispersa.
²⁴ Priva da razão os líderes da terra
e os envia a perambular
  num deserto sem caminhos. ᵒ
²⁵ Andam tateando nas trevas,
  sem nenhuma luz; ᵖ
ele os faz cambalear como bêbados. ᑫ

13 "Meus olhos viram tudo isso,
meus ouvidos o ouviram
  e entenderam.
² O que vocês sabem, eu também sei;
não sou inferior a vocês. ʳ
³ Mas desejo falar ao Todo-poderoso
e defender a minha causa
  diante de Deus. ˢ
⁴ Vocês, porém, me difamam
  com mentiras;ᵗ
todos vocês são médicos
  que de nada valem!
⁵ Se tão somente ficassem calados,
mostrariam sabedoria. ᵘ
⁶ Escutem agora o meu argumento;
prestem atenção à réplica
  de meus lábios.
⁷ Vocês vão falar com maldade
  em nome de Deus? ᵛ
Vão falar enganosamente a favor dele?
⁸ Vão revelar parcialidade por ele? ʷ
Vão defender a causa a favor de Deus?
⁹ Tudo iria bem se ele os examinasse?
Vocês conseguiriam enganá-lo
  como podem enganar os homens? ˣ
¹⁰ Com certeza ele os repreenderia
se, no íntimo, vocês fossem parciais.
¹¹ O esplendor ʸ dele
  não os aterrorizaria?
O pavor dele não cairia sobre vocês?
¹² As máximas que vocês citam
  são provérbios de cinza;
suas defesas não passam de barro.
¹³ "Aquietem-se e deixem-me falar,
e aconteça comigo o que acontecer.

¹⁴ Por que me ponho em perigo
e tomo a minha vida
  em minhas mãos?
¹⁵ Embora ele me mate,
  ainda assim esperarei ᶻ nele; ᵃ
certo é que defenderei ¹
os meus caminhos diante dele. ᵇ
¹⁶ Aliás, será essa a minha libertação, ᶜ
pois nenhum ímpio ousaria
  apresentar-se a ele!
¹⁷ Escutem atentamente
  as minhas palavras; ᵈ
que os seus ouvidos
  acolham o que eu digo.
¹⁸ Agora que preparei a minha defesa,
e sei que serei justificado.
¹⁹ Haverá quem me acuse?ᶠ
  Se houver, ficarei calado e morrerei. ᵍ
²⁰ "Concede-me
  só estas duas coisas, ó Deus,
e não me esconderei de ti:
²¹ Afasta de mim a tua mão ʰ
e não mais me assustes
  com os teus terrores.
²² Chama-me, e eu responderei, ⁱ
ou deixa-me falar, e tu responderás. ʲ
²³ Quantos erros e pecados cometi? ᵏ
Mostra-me a minha falta
  e o meu pecado.
²⁴ Por que escondes o teu rosto ˡ
e me consideras teu inimigo? ᵐ
²⁵ Atormentarás uma folha
  levada pelo vento? ⁿ
Perseguirás a palha? ᵒ
²⁶ Pois fazes constar contra mim
  coisas amargas
e me fazes herdar os pecados
  da minha juventude. ᵖ
²⁷ Acorrentas ᑫ os meus pés
e vigias todos os meus caminhos,
  pondo limites aos meus passos.
²⁸ "Assim o homem se consome
  como coisa podre,
como a roupa que a traça vai roendo. ʳ

¹ **13.15** Ou *Certamente ele me matará; não tenho esperança; ainda assim defenderei*

14 "O homem nascido de mulher
vive pouco tempo
e passa por muitas dificuldades.ˢ
² Brota como a florᵗ e murcha.ᵘ
Vai-se como a sombraᵛ passageira;
não dura muito.
³ Fixas o olhar num homem desses?ʷ
E o¹ trarás à tua presença
para julgamento?ˣ
⁴ Quem pode extrair algo puroʸ da
impureza?ᶻ
Ninguém!ᵃ
⁵ Os dias do homem
estão determinados;
tu decretaste o número de seus mesesᵇ
e estabeleceste limites
que ele não pode ultrapassar.
⁶ Por isso desvia dele o teu olhar
e deixa-oᶜ
até que ele cumpra o seu tempo
como o trabalhador contratado.ᵈ

⁷ "Para a árvore
pelo menos há esperança:
se é cortada, torna a brotar,
e os seus renovos vingam.
⁸ Suas raízes poderão envelhecer
no solo
e seu tronco morrer no chão;
⁹ ainda assim, com o cheiro de água
ela brotará
e dará ramos como se fosse
muda plantada.
¹⁰ Mas o homem morre
e morto permanece;
dá o último suspiro e deixa de existir.ᵉ
¹¹ Assim como a água do mar evapora
e o leito do rio perde as águas e seca,ᶠ
¹² assim o homem se deita
e não se levanta;
até quando os céus já não existirem,ᵍ
os homens não acordarão
e não serão despertados do seu sono.ʰ

¹³ "Se tão somente me escondesses
na sepultura²
e me ocultasses até passar a tua ira!ⁱ
Se tão somente me impusesses
um prazo
e depois te lembrasses de mim!
¹⁴ Quando um homem morre,
acaso tornará a viver?
Durante todos os dias
do meu árduo labor
esperarei pela minha dispensa³.
¹⁵ Chamarás, e eu te responderei;ʲ
terás anelo pela criatura
que as tuas mãos fizeram.
¹⁶ Por certo contarás então
os meus passos,ᵏ
mas não tomarás conhecimento
do meu pecado.ˡ
¹⁷ Minhas faltas serão encerradas
num saco;ᵐ
tu esconderás a minha iniquidade.ⁿ

¹⁸ "Mas, assim como a montanha
sofre erosão e se desmorona,
e a rocha muda de lugar;
¹⁹ e assim como a água desgasta
as pedras
e as torrentes arrastam terra,
assim destróis a esperança do homem.ᵒ
²⁰ Tu o subjugas de uma vez por todas,
e ele se vai;
alteras a sua fisionomia
e o mandas embora.
²¹ Se honram os seus filhos,
ele não fica sabendo;
se os humilham, ele não o vê.ᵖ
²² Só sente a dor do seu próprio corpo;
só pranteia por si mesmo".

Elifaz

15 Então Elifaz, de Temã, respondeu:

² "Responderia o sábio com ideias vãs,
ou encheria o estômago com o vento?ᵠ

---

¹ **14.3** Conforme a Septuaginta, a Vulgata e a Versão Siríaca. O Texto Massorético diz *me*.
² **14.13** Hebraico: *Sheol*. Essa palavra também pode ser traduzida por profundezas, pó ou morte.
³ **14.14** Ou *libertação*

14.1
ˢJó 5.7;
Ec 2.23
14.2
ᵗTg 1.10
ᵘSl 90.5-6
ᵛJó 8.9
14.3
ʷSl 8.4;
144.3
14.3
ˣSl 143.2
14.4
ʸSl 51.10
ᶻEf 2.1-3
ᵃJn 3.6
Rm 5.12
14.5
ᵇJó 21.21
14.6
ᶜJó 7.19
ᵈJó 7.1,2;
Sl 39.13
14.10
ᵉJó 13.19
14.11
ᶠIs 19.5
14.12
ᵍAp 20.11;
21.1
ʰAt 3.21
14.13
ⁱIs 26.20
14.15
ʲJó 13.22
14.16
ᵏSl 139.1-3;
Pv 5.21;
Jr 32.19
ˡJo 10.6
14.17
ᵐDt 32.34
ⁿOs 13.12
14.19
ᵒJó 7.6
14.21
ᵖEc 9.5;
Is 63.16
15.2
ᵠJó 6.26

³ Argumentaria
    com palavras inúteis,
com discursos sem valor?
⁴ Mas você sufoca a piedade
e diminui a devoção a Deus.
⁵ O seu pecado motiva a sua boca;
você adota a linguagem dos astutos.ʳ
⁶ É a sua própria boca que o condena,
    e não a minha;
os seus próprios lábios
    depõem contra você.ˢ

⁷ "Será que você foi o primeiro a nascer?ᵗ
Acaso foi gerado antes das colinas?ᵘ
⁸ Você costuma ouvir
    o conselho secreto de Deus?ᵛ
Só a você pertence a sabedoria?
⁹ O que você sabe,
    que nós não sabemos?
Que compreensão tem você,
    que nós não temos?ʷ
¹⁰ Temos do nosso lado
    homens de cabelos brancos,ˣ
muito mais velhos
    que o seu pai.
¹¹ Não bastam para você
    as consolaçõesʸ divinas
e as nossas palavrasᶻ amáveis?ᵃ
¹² Por que você se deixa levar
    pelo coração,ᵇ
e por que esse brilho nos seus olhos?
¹³ Pois contra Deus é que você
    dirige a sua ira
e despeja da sua boca essas palavras!

¹⁴ "Como o homem pode ser puro?ᶜ
Como pode ser justo
    quem nasce de mulher?ᵈ
¹⁵ Pois, se nem nos seus santos
    Deus confia,
e se nem os céus são puros
    aos seus olhos,ᵉ
¹⁶ quanto menos o homem,
    que é impuro e corrupto,ᶠ
e que bebe iniquidade como água.ᵍ

¹⁷ "Escute-me, e eu explicarei para você;
vou dizer a você o que vi,
¹⁸ o que os sábios declaram
sem esconder o que receberam
    dos seus pais,ʰ
¹⁹ a quem foi dada a terra,
    e a mais ninguém;
nenhum estrangeiro passou
    entre eles:
²⁰ O ímpio sofre tormentos
    a vida toda,
como também o homem cruel,
nos poucos anos
    que lhe são reservados.ⁱ
²¹ Só ouve ruídos aterrorizantes;ʲ
quando se sente em paz,
    ladrões o atacam.ᵏ
²² Não tem esperança
    de escapar das trevas;
sente-se destinado ao fio da espada.ˡ
²³ Fica perambulando;ᵐ
é comida para os abutres;¹
sabe muito bem que logo
    virão sobre ele as trevas.ⁿ
²⁴ A aflição e a angústia
    o apavoram e o dominam
como um rei pronto para atacar,
²⁵ porque agitou os punhos
    contra Deus
e desafiou o Todo-poderoso,ᵒ
²⁶ afrontando-o com arrogância,
    com um escudo grosso e resistente.

²⁷ "Apesar de ter o rosto
    coberto de gordura
e a cintura estufada de carne,ᵖ
²⁸ habitará em cidades
    prestes a arruinar-se,ᵠ
em casas inabitáveis,
    caindo aos pedaços.ʳ
²⁹ Nunca mais será rico;
    sua riqueza não durará,ˢ
e os seus bens
    não se propagarão pela terra.
³⁰ Não poderá escapar das trevas;ᵗ
o fogoᵘ chamuscará os seus renovos,
e o sopro da bocaᵛ de Deus
    o arrebatará.

¹ **15.23** Ou *Fica perambulando em busca de pão;*

31 Que ele não se iluda em confiar
   no que não tem valor,
pois nada receberá ʷ
   como compensação.
32 Terá completa paga
   antes do tempo, ˣ ʸ
e os seus ramos não florescerão. ᶻ
33 Será como a vinha despojada
   de suas uvas verdes, ᵃ
como a oliveira que perdeu
   a sua floração,
34 pois o companheirismo dos ímpios
   nada lhe trará,
e o fogo devorará as tendas
   dos que gostam de subornar. ᵇ
35 Eles concebem maldade
   e dão à luz a iniquidade; ᶜ
seu ventre gera engano".

Jó

16 Então Jó respondeu:
2 "Já ouvi muitas palavras como essas.
Pobres consoladores são vocês todos! ᵈ
3 Esses discursos inúteis
   nunca terminarão?
E você, o que o leva a continuar
   discutindo? ᵉ
4 Bem que eu poderia falar
   como vocês,
se estivessem em meu lugar;
   eu poderia condená-los
   com belos discursos
e menear a cabeça ᶠ contra vocês.
5 Mas a minha boca
   procuraria encorajá-los;
a consolação dos meus lábios
   daria alívio para vocês.

6 "Contudo, se falo,
   a minha dor não se alivia;
se me calo, ela não desaparece.
7 Sem dúvida, ó Deus,
   tu me esgotaste as forças, ᵍ
deste fim a toda a minha família.
8 Tu me deixaste deprimido,
   o que é uma testemunha disso;

a minha magreza ʰ se levanta
   e depõe contra mim. ⁱ
9 Deus, em sua ira, ʲ ataca-me
   e faz-me em pedaços
e range os dentes contra mim; ᵏ
meus inimigos fitam-me
   com olhar ferino. ˡ
10 Os homens abrem sua boca ᵐ
   contra mim,
esmurram meu rosto ⁿ com zombaria ᵒ
   e se unem contra mim.
11 Deus fez-me cair
   nas mãos dos ímpios
e atirou-me nas garras dos maus. ᵖ
12 Eu estava tranquilo,
   mas ele me arrebentou;
agarrou-me pelo pescoço
   e esmagou-me. ᵠ
Fez de mim o seu alvo; ʳ
13 seus flecheiros me cercam.
Ele traspassou ˢ sem dó os meus rins
   e derramou na terra a minha bílis.
14 Lança-se sobre mim uma e outra vez; ᵗ
   ataca-me como um guerreiro. ᵘ

15 "Costurei veste de lamento ᵛ
   sobre a minha pele
e enterrei a minha testa no pó.
16 Meu rosto está rubro
   de tanto eu chorar,
e sombras densas
   circundam os meus olhos,
17 apesar de não haver violência ʷ
   em minhas mãos
e de ser pura a minha oração.

18 "Ó terra, não cubra o meu sangue! ˣ
Não haja lugar de repouso ʸ
   para o meu clamor!
19 Saibam que agora mesmo
   a minha testemunha ᶻ está nos céus;
nas alturas está o meu advogado.
20 O meu intercessor é meu amigo,¹
   quando diante de Deus
correm ᵃ lágrimas dos meus olhos;

---

¹ **16.20** Ou *Meus amigos zombam de mim,*

15.31
ʷIs 59.4
15.32
ˣEc 7.17
ʸJó 22.16;
Sl 55.23
ᶻJó 18.16
15.33
ᵃHa 3.17
15.34
ᵇJó 8.22
15.35
ᶜSl 7.14;
Is 59.4;
Os 10.13
16.2
ᵈJó 13.4
16.3
ᵉJó 6.26
16.4
ᶠSl 22.7;
109.25;
Lm 2.15;
Sf 2.15;
Mt 27.39
16.7
ᵍJó 7.3
16.8
ʰJó 19.20
ⁱJó 10.17
16.9
ʲOs 6.1
ᵏSl 35.16;
Lm 2.16;
At 7.54
ˡJó 13.24
16.10
ᵐSl 22.13
ⁿIs 50.6;
Lm 3.30;
Mq 5.1;
At 23.2
ᵒSl 35.15
16.11
ᵖJó 1.15,17
16.12
ᵠJó 9.17
ʳLm 3.12
16.13
ˢJó 20.24
16.14
ᵗJó 9.17
ᵘJl 2.7
16.15
ᵛGn 37.34
16.17
ʷIs 59.6;
Jn 3.8
16.18
ˣIs 26.21
ʸSl 66.18-19
16.19
ᶻGn 31.50
Rm 1.9;
1 Tm 2.5
16.20
ᵃLm 2.19

²¹ ele defende ᵇ a causa do homem
      perante Deus,
como quem defende
      a causa de um amigo.
²² "Pois mais alguns anos apenas,
e farei a viagem sem retorno. ᶜ

17 "Meu espírito está quebrantado,
os meus dias se encurtam,
a sepultura me espera. ᵈ
² A verdade é que
      zombadores ᵉ me rodeiam,
e tenho que ficar olhando
      a sua hostilidade.

³ "Dá-me, ó Deus,
      a garantia que exiges. ᶠ
Quem, senão tu, me dará segurança ᵍ? ʰ
⁴ Fechaste as mentes deles
      para o entendimento
e com isso não os deixarás triunfar.
⁵ Se alguém denunciar os seus amigos
      por recompensa,
os olhos dos filhos dele fraquejarão, ⁱ

⁶ "mas de mim Deus fez
      um provérbio ʲ para todos,
um homem em cujo rosto
      os outros cospem.
⁷ Meus olhos se turvaram de tristeza; ᵏ
      o meu corpo não passa
de uma sombra.
⁸ Os íntegros ficam atônitos
      em face disso,
e os inocentes se levantam ˡ
      contra os ímpios.
⁹ Mas os justos ᵐ se manterão firmes
      em seus caminhos,
e os homens de mãos ⁿ puras se tornarão
      cada vez mais fortes.

¹⁰ "Venham, porém, vocês todos,
      e façam nova tentativa!
*Não acharei nenhum sábio
      entre vocês.* ᵒ
¹¹ Foram-se os meus dias,
      os meus planos fracassaram,
como também
      os desejos do meu coração. ᵖ

¹² Andam querendo tornar a noite
      em dia;
ante a aproximação das trevas dizem:
      'Vem chegando a luz'.
¹³ Ora, se o único lar pelo qual espero
      é a sepultura¹, ᵠ
se estendo a minha cama nas trevas,
¹⁴ se digo à corrupção ʳ mortal:
      Você é o meu pai,
e se aos vermes ˢ digo:
      Vocês são minha mãe e minha irmã,
¹⁵ onde está então
      minha esperança? ᵗ
Quem poderá ver
      alguma esperança para mim?
¹⁶ Descerá ela às portas do Sheol? ᵘ
      Desceremos juntos ao pó?"

Bildade

18 Então Bildade, de Suá, respondeu:
² "Quando você vai parar de falar?
      Proceda com sensatez,
e depois poderemos conversar.
³ Por que somos considerados
      como animais
e somos ignorantes aos seus olhos? ᵛ
⁴ Ah, você ʷ, que se dilacera de ira!
Deve-se abandonar a terra
      por sua causa?
Ou devem as rochas mudar de lugar?

⁵ "A lâmpada do ímpio se apaga, ˣ
e a chama do seu fogo se extingue.
⁶ Na sua tenda a luz se escurece;
a lâmpada de sua vida se apaga. ʸ
⁷ O vigor dos seus passos
      se enfraquece,
e os seus próprios planos ᶻ
      o lançam por terra. ᵃ
⁸ Por seus próprios pés
      você se prende na rede, ᵇ
e se perde na sua malha.
⁹ A armadilha o pega pelo calcanhar;
      o laço o prende firme.

¹ **17.13** Hebraico: *Sheol*. Essa palavra também pode ser traduzida por profundezas, pó ou morte; também no versículo 16.

¹⁰ O nó corredio está escondido na terra
        para pegá-lo,
    há uma armadilha em seu caminho.
¹¹ Terrores de todos os lados[c]
        o assustam
    e o perseguem[d]
        em todos os seus passos.
¹² A calamidade tem fome[e] de alcançá-lo;
    a desgraça está à espera
        de sua queda
¹³ e consome partes da sua pele;
    o primogênito da morte
        devora os membros do seu corpo.[f]
¹⁴ Ele é arrancado da segurança
        de sua tenda,[g]
    e o levam à força ao rei dos terrores.
¹⁵ O fogo mora na tenda dele;[¹]
    espalham enxofre[h] ardente
        sobre a sua habitação.
¹⁶ Suas raízes secam-se embaixo,[i]
    e seus ramos murcham em cima.[j]
¹⁷ Sua lembrança desaparece da terra,
    e nome não tem, em parte alguma.[k]
¹⁸ É lançado da luz para as trevas;[l]
    é banido do mundo.
¹⁹ Não tem filhos nem descendentes[m]
        entre o seu povo,
    nem lhe restou sobrevivente[n] algum
        nos lugares onde antes vivia.[o]
²⁰ Os homens do ocidente assustam-se
        com a sua ruína,[p]
    e os do oriente enchem-se de pavor.
²¹ É assim a habitação[q] do perverso;
    essa é a situação de quem
        não conhece a Deus".[r]

Jó

19

Então Jó respondeu:
² "Até quando vocês continuarão
        a atormentar-me
    e a esmagar-me com palavras?
³ Vocês já me repreenderam dez vezes;
    não se envergonham de agredir-me!
⁴ Se é verdade que me desviei,
    meu erro[s] só interessa a mim.[t]

[¹] **18.15** Ou *Nada do que ele possuía permanece;*

⁵ Se de fato vocês se exaltam
        acima de mim
    e usam contra mim
        a minha humilhação,
⁶ saibam que foi Deus
        que me tratou mal[u]
    e me envolveu em sua rede.[v]
⁷ "Se grito: É injustiça!
        Não obtenho resposta;[w]
    clamo por socorro,
        todavia não há justiça.[x]
⁸ Ele bloqueou o meu caminho,
        e não consigo passar;[y]
    cobriu de trevas as minhas veredas.[z]
⁹ Despiu-me[a] da minha honra
    e tirou a coroa de minha cabeça.[b]
¹⁰ Ele me arrasa[c] por todos os lados
        enquanto eu não me vou;
    desarraiga a minha esperança[d]
        como se arranca uma planta.[e]
¹¹ Sua ira[f] acendeu-se contra mim;
    ele me vê como inimigo.[g]
¹² Suas tropas avançam poderosamente;[h]
    cercam-me[i] e acampam
        ao redor da minha tenda.
¹³ "Ele afastou de mim
        os meus irmãos;[j]
    até os meus conhecidos
        estão longe de mim.[k]
¹⁴ Os meus parentes me abandonaram
    e os meus amigos
        esqueceram-se de mim.
¹⁵ Os meus hóspedes
    e as minhas servas
        consideram-me estrangeiro;
    veem-me como um estranho.
¹⁶ Chamo o meu servo,
        mas ele não me responde,
    ainda que eu lhe implore
        pessoalmente.
¹⁷ Minha mulher acha repugnante
        o meu hálito;
    meus próprios irmãos
        têm nojo de mim.
¹⁸ Até os meninos[l] zombam de mim
    e dão risada quando apareço.

18.11
Jó 15.21;
Jr 6.25;
20.3
ᵈJó 20.8

18.12
ᵉIs 8.21

18.13
ᶠZc 14.12

18.14
ᵍJó 8.22

18.15
ʰSl 11.6

18.16
Is 5.24;
Os 9.1-19;
Am 2.9
ʲJó 15.30;
Ml 4.1

18.17
ᵏSl 34.16;
Pv 2.22; 10.7

18.18
ˡJó 5.14

18.19
ᵐJr 22.30
ⁿIs 14.22
ᵒJó 27.14-15

18.20
ᵖSl 37.12;
Jr 50.27, 31

18.21
ᵠJó 21.28
ʳJr 9.3;
1 Tm 4.5

19.4
ˢJó 6.24

19.5
ᵗSl 35.26;
38.16; 55.12

19.6
ᵘJó 27.2
ᵛJó 18.8

19.7
ʷJó 30.20
ˣJó 9.24;
Hc 1.2-4

19.8
ʸJó 3.23;
Lm 3.7
ᶻJó 30.26

19.9
ᵃJó 12.17
ᵇSl 89.39, 44; Lm 5.16

19.10
ᶜJó 12.14
ᵈJó 7.6
ᵉJó 24.20

19.11
ᶠJó 16.9
ᵍJó 13.24

19.12
ʰJó 16.13
ⁱJó 30.12

19.13
ʲSl 69.8
ᵏJó 16.7;
Sl 88.8

19.18
ˡ2 Rs 2.33

¹⁹ Todos os meus amigos ᵐ chegados
me detestam; ⁿ
aqueles a quem amo
voltaram-se contra mim.
²⁰ Não passo de pele e ossos; ᵒ
escapei só com a pele
dos meus dentes¹.
²¹ "Misericórdia, meus amigos!
Misericórdia!
Pois a mão de Deus me feriu.
²² Por que vocês me perseguem ᵖ
como Deus o faz?
Nunca irão saciar-se da minha carne? ᑫ
²³ "Quem dera as minhas palavras
fossem registradas!
Quem dera fossem escritas num livro,
²⁴ fossem talhadas a ferro no chumbo²,
ou gravadas para sempre na rocha! ʳ
²⁵ Eu sei que o meu Redentor ˢ vive ᵗ
e que no fim se levantará
sobre a terra³.
²⁶ E, depois que o meu corpo
estiver destruído⁴ e sem⁵ carne,
verei a Deus. ᵘ
²⁷ Eu o verei
com os meus próprios olhos;
eu mesmo, e não outro!
Como anseia ᵛ no meu peito o coração!
²⁸ "Se vocês disserem:
'Vejamos como vamos persegui-lo,
pois a raiz do problema está nele⁶',
²⁹ melhor será que temam a espada, ʷ
porquanto por meio dela
a ira trará castigo para vocês,
e então vocês saberão
que há julgamento⁷". ˣ

---

¹ **19.20** Ou *apenas com minha gengiva*
² **19.24** Ou *talhadas com ferramenta de ferro e chumbo*
³ **19.25** Ou *sobre o meu túmulo*
⁴ **19.26** Ou *E, depois de eu despertar, embora este corpo tenha sido destruído*
⁵ **19.26** Ou *fora da*
⁶ **19.28** Conforme muitos manuscritos do Texto Massorético, a Septuaginta e a Vulgata. A maioria dos manuscritos do Texto Massorético diz *em mim*.
⁷ **19.29** Ou *vocês poderão vir a conhecer o Todo-poderoso*

Zofar

20 Então Zofar, de Naamate, respondeu:
² "Agitam-se os meus pensamentos
e levam-me a responder
porque estou profundamente
perturbado.
³ Ouvi uma repreensão ʸ
que me desonra,
e o meu entendimento
faz-me contestar.

⁴ "Certamente você sabe
que sempre foi assim,
desde a antiguidade;
desde que o homem⁸ foi posto na terra,
⁵ o riso dos maus é passageiro,
e a alegria dos ímpios
dura apenas um instante. ᶻ
⁶ Mesmo que o seu orgulho
chegue aos céus
e a sua cabeça toque as nuvens, ᵃ
⁷ ele perecerá para sempre, ᵇ
como o seu próprio excremento;
os que o tinham visto perguntarão:
'Onde ele foi parar?' ᶜ
⁸ Ele voa e vai-se como um sonho, ᵈ ᵉ
para nunca mais ser encontrado,
banido ᶠ como uma visão noturna. ᵍ
⁹ O olho que o viu não o verá mais,
nem o seu lugar o tornará a ver. ʰ
¹⁰ Seus filhos ⁱ terão que indenizar
os pobres;
ele próprio, com suas mãos,
terá que refazer sua riqueza. ʲ
¹¹ O vigor ᵏ juvenil que enche
os seus ossos
jazerá com ele no pó. ˡ

¹² "Mesmo que o mal seja doce
em sua boca
e ele o esconda sob a língua, ᵐ
¹³ mesmo que o retenha na boca
para saboreá-lo,
¹⁴ ainda assim a sua comida azedará
no estômago;
e será como veneno de cobra
em seu interior.

---

⁸ **20.4** Ou *Adão*

¹⁵ Ele vomitará as riquezas
  que engoliu;
Deus fará seu estômago lançá-las fora.
¹⁶ Sugará veneno ⁿ de cobra;
as presas de uma víbora o matarão. ᵒ
¹⁷ Não terá gosto na contemplação
  dos regatos
e dos rios que vertem mel ᵖ e nata. ᑫ
¹⁸ Terá que devolver
  aquilo pelo que lutou,
  sem aproveitá-lo,
e não desfrutará dos lucros
  do seu comércio.
¹⁹ Sim, pois ele tem oprimido os pobres
e os tem deixado desamparados; ʳ
apoderou-se de casas
  que não construiu.

²⁰ "Certo é que a sua cobiça
  não lhe trará descanso, ˢ
e o seu tesouro não o salvará.
²¹ Nada lhe restou para devorar;
sua prosperidade não durará muito. ᵗ
²² Em meio à sua fartura,
  a aflição o dominará;
a força total da desgraça o atingirá.
²³ Quando ele estiver
  de estômago cheio,
Deus dará vazão
  às tremendas chamas de sua ira
e sobre ele despejará o seu furor. ᵘ
²⁴ Se escapar ᵛ da arma de ferro,
  o bronze da sua flecha o atravessará.
²⁵ Ele a arrancará das suas costas,
  a ponta reluzente saindo do seu
    fígado.
Grande pavor ʷ virá sobre ele; ˣ
²⁶ densas trevas ʸ estarão à espera
  dos seus tesouros.
Um fogo não assoprado o consumirá ᶻ
e devorará o que sobrar em sua tenda.
²⁷ Os céus revelarão a sua culpa;
  a terra se levantará contra ele. ᵃ
²⁸ Uma inundação arrastará a sua casa, ᵇ
  águas avassaladoras¹,
    no dia da ira de Deus. ᶜ

²⁹ Esse é o destino que Deus dá aos
    ímpios,
é a herança designada por Deus
  para eles". ᵈ

Jó

21 Então Jó respondeu:
² "Escutem com atenção
  as minhas palavras;
seja esse o consolo
  que vocês haverão de dar-me.
³ Suportem-me enquanto
  eu estiver falando;
depois que eu falar
  poderão zombar de mim. ᵉ

⁴ "Acaso é dos homens que me queixo?
Por que não deveria eu
  estar impaciente? ᶠ
⁵ Olhem para mim e ficarão atônitos;
tapem a boca com a mão. ᵍ
⁶ Quando penso nisso, fico aterrorizado;
todo o meu corpo se põe a tremer.
⁷ Por que vivem os ímpios?
Por que chegam à velhice
  e aumentam seu poder? ʰ
⁸ Eles veem os seus filhos
  estabelecidos ao seu redor
e os seus descendentes
  diante dos seus olhos. ⁱ
⁹ Seus lares estão seguros
  e livres do medo; ʲ
a vara de Deus não os vem ferir.
¹⁰ Seus touros nunca deixam
  de procriar; ᵏ
suas vacas dão crias e não abortam.
¹¹ Eles soltam os seus filhos
  como um rebanho;
seus pequeninos põem-se a dançar.
¹² Cantam, acompanhando a música
  do tamborim e da harpa;
alegram-se ao som da flauta. ˡ
¹³ Os ímpios passam a vida na
  prosperidade ᵐ
e descem à sepultura² em paz³.

---

² **21.13** Hebraico: *Sheol*. Essa palavra também pode ser traduzida por *profundezas*, *pó* ou *morte*.
³ **21.13** Ou *de repente*

¹ **20.28** Ou *Os bens de sua casa serão levados, arrastados pelas águas,*

20.16
ⁿDt 32.32
ᵒDt 32.24
20.17
ᵖDt 32.13
ᑫJó 29.6
20.19
ʳJó 24.4, 14; 35.9
20.20
ˢEc 5.12-14
20.21
ᵗJó 15.29
20.23
ᵘSl 78.30-31
20.24
ᵛIs 24.18; Am 5.9
20.25
ʷJó 18.11
ˣJó 16.13
20.26
ʸJó 18.18
ᶻSl 21.9
20.27
ᵃDt 31.28
20.28
ᵇDt 28.31
ᶜJó 21.17, 20, 30
20.29
ᵈJó 27.13
21.3
ᵉJó 16.10
21.4
ᶠJó 6.11
21.5
ᵍJz 6.11
Jó 29.9; 40.4
21.7
ʰJó 12.6; Sl 73.3; Jr 12.1; Ha 1.13
21.8
ⁱSl 17.14
21.9
ʲSl 73.5
21.10
ᵏEx 23.26
21.12
ˡSl 81.2
21.13
ᵐJó 36.11

14 Contudo, dizem eles a Deus:
'Deixa-nos!ⁿ Não queremos conhecer
   os teus caminhos.ᵒ
15 Quem é o Todo-poderoso,
   para que o sirvamos?
Que vantagem temos em orar a Deus?'ᵖ
16 Mas não depende deles
   a prosperidade que desfrutam;
por isso fico longe
   do conselho dos ímpios.

17 "Pois, quantas vezes
   a lâmpada dos ímpios se apaga?ᵠ
Quantas vezes a desgraça
   cai sobre eles,
o destino que em sua ira Deus lhes dá?
18 Quantas vezes o vento
   os leva como palha,ʳ
e o furacão os arrebata como cisco?
19 Dizem que Deus
   reserva o castigo de um homem
   para os seus filhos.ˢ
Que o próprio pai o receba,
   para que aprenda a lição!
20 Que os seus próprios olhos
   vejam a sua ruína;
que ele mesmo bebaᵗ da ira
   do Todo-poderoso!¹ ᵘ
21 Pois, que lhe importará a família
   que deixará atrás de si
quando chegarem ao fim os mesesᵛ
   que lhe foram destinados?

22 "Haverá alguém que o ensine
   a conhecer a Deus,ʷ
uma vez que ele julga
   até os de mais alta posição?ˣ
23 Um homem morre em pleno vigor,
   quando se sentia bem e seguro,
24 tendo o corpo bem nutrido
e os ossos cheios de tutano.ʸ
25 *Já outro morre*
   tendo a alma amargurada,
sem nada ter desfrutado.
26 Um e outro jazem no pó,
ambos cobertos de vermes.ᶻ

27 "Sei muito bem
   o que vocês estão pensando,
as suas conspirações contra mim.
28 'Onde está agora a casa
   do grande homem?'ᵃ, vocês
      perguntam.
'Onde a tenda dos ímpios?'ᵇ
29 Vocês nunca fizeram perguntas
   aos que viajam?
Não deram atenção ao que eles contam?
30 Pois eles dizem que o mau é poupado
   da calamidadeᶜ
e que do dia da ira recebe livramento.ᵈ
31 Quem o acusa, lançando em rosto
   a sua conduta?
Quem lhe retribui o mal que fez?
32 Pois o levam para o túmulo
   e vigiam a sua sepultura.
33 Para ele é macio o terreno do vale;ᵉ
   todos o seguem,
e uma multidão incontável o precede.² ᶠ

34 "Por isso, como podem vocês
   consolar-meᵍ com esses absurdos?
O que sobra das suas respostas
   é pura falsidade!"

Elifaz

22 Então, Elifaz, de Temã, respondeu:
2 "Pode alguém ser útil a Deus?ʰ
Mesmo um sábio,
   pode ser-lhe de algum proveito?
3 Que prazer você daria
   ao Todo-poderoso
se você fosse justo?
Que é que ele ganharia se os seus
   caminhos fossem irrepreensíveis?

4 "É por sua piedade
   que ele o repreende
e faz acusações a você?ⁱ

---

¹ **21.17-20** Os versículos 17 e 18 podem ser lidos como exclamações e os 19 e 20 como afirmações.

² **21.33** Ou *assim como uma multidão incontável o precedeu.*

⁵ Não é grande a sua maldade?
Não são infindos os seus pecados?ʲ
⁶ Sem motivo você exigiaᵏ penhores
      dos seus irmãos;
você despojava das roupas
      os que quase nenhuma tinham.
⁷ Você não deu água ao sedento
e reteve a comida do faminto,ˡ
⁸ sendo você poderoso, dono de terras
      e delas vivendo, e honradoᵐ
      diante de todos.
⁹ Você mandou embora de mãos vaziasⁿ
      as viúvas
e quebrou a força dos órfãos.
¹⁰ Por isso está cercado de armadilhas
e o perigo repentino o apavora.
¹¹ Também por isso você se vê envolto
      em escuridãoᵒ que o cega,
e o cobrem as águas,
      em tremenda inundação.ᵖ

¹² "Não está Deus nas alturas dos céus?ᑫ
      E em que altura
      estão as estrelas mais distantes!
¹³ Contudo, você diz:
      'O que sabe Deus?ʳ
Poderá julgar através
      de tão grande escuridão?ˢ
¹⁴ Nuvens espessasᵗ o cobrem,
      e ele não pode ver-nos
quando percorre a abóbada dos céus'.
¹⁵ Você vai continuar
      no velho caminho
      que os perversos palmilharam?
¹⁶ Estes foram levados antes da hora;ᵘ
seus alicerces foram arrastados
      por uma enchente.ᵛ
¹⁷ Eles disseram a Deus: 'Deixa-nos!
O que o Todo-poderoso
      poderá fazer conosco?'ʷ
¹⁸ Contudo, foi ele que encheu
      de bens as casas deles;ˣ
por isso fico longe
      do conselho dos ímpios.ʸ

¹⁹ "Os justos veem a ruína deles
      e se regozijam;ᶻ
os inocentes zombamᵃ deles, dizendo:

²⁰ 'Certo é que os nossos inimigos
      foram destruídos,
e o fogoᵇ devorou a sua riqueza'.

²¹ "Sujeite-se a Deus,
      fique em paz com ele,
e a prosperidade virá a você.ᵛ
²² Aceite a instrução
      que vem da sua boca
e ponha no coração
      as suas palavras.ᶜ
²³ Se você voltarᵈ
      para o Todo-poderoso,
voltará ao seu lugar.ᵉ
Se afastar da sua tendaᶠ a injustiça,
²⁴ lançar ao pó as suas pepitas,
      o seu ouro puro de Ofir
      às rochas dos vales,ᵍ
²⁵ o Todo-poderoso será o seu ouro,
      será para você prata seleta.ʰ
²⁶ É certo que você achará prazer
      no Todo-poderosoⁱ
e erguerá o rosto para Deus.
²⁷ A ele orará,ʲ e ele o ouvirá,
e você cumprirá os seus votos.
²⁸ O que você decidir se fará,
e a luz brilhará em seus caminhos.
²⁹ Quando os homens
      forem humilhados
      e você disser: 'Levanta-os!',
ele salvará o abatido.ᵏ
³⁰ Livrará até o que não é inocente,
que será liberto graças à pureza
      que há em você, nas suas mãos".ˡ

Jó

23 Então Jó respondeu:
² "Até agora me queixoᵐ com
      amargura;ⁿ
a mão deleⁱ é pesada,
      a despeito de meu gemido.
³ Se tão somente eu soubesse
      onde encontrá-lo e como ir à sua
      habitação!

ⁱ **23.2** Conforme a Septuaginta e a Versão Siríaca. O Texto Massorético diz *a mão sobre mim*.

22.5
ʲJó 11.6; 15.5
22.6
ᵏEx 22.26; Dt 24.6,17; Ez 18.12,16
22.7
ˡJó 31.17, 21,31
22.8
ᵐIs 3.3; 9.15
22.9
ⁿJó 24.3,21
22.11
ᵒJó 5.14
ᵖSl 69.1-2; 124.4-5; Lm 3.54
22.12
ᑫJó 11.8
22.13
ʳSl 10.11; Is 29.15
ˢEz 8.12
22.14
ᵗJó 26.9
22.16
ᵘJó 15.32
ᵛJó 14.19; Mt 7.26,27
22.17
ʷJó 21.15
22.18
ˣJó 12.6
ʸJó 21.16;
22.19
ᶻSl 58.10; 107.42
ᵃSl 52.6
22.20
ᵇJó 15.30
22.21
ᵛSl 34.8-10
22.23
ᵈJó 8.5; Is 31.6; Zc 1.3
ᵉIs 19.22; At 20.32
ᶠJó 11.14
22.24
ᵍJó 31.25
22.25
ʰIs 31.25
22.26
ⁱJó 27.10; Is 58.14
22.27
ʲJó 33.26; 34.28; Is 58.9
22.29
ᵏMt 23.12; 1 Pe 5.5
22.30
ˡJó 42.7-8
23.2
ᵐJó 7.11
ⁿJó 6.3

⁴ Eu lhe apresentaria a minha causa ᵒ
e encheria a minha boca
   de argumentos.
⁵ Estudaria o que ele me respondesse
e analisaria o que me dissesse.
⁶ Será que ele se oporia a mim
   com grande poder? ᵖ
Não, ele não me faria acusações.
⁷ O homem íntegro poderia
   apresentar-lhe sua causa; ᵠ
eu seria liberto para sempre
   de quem me julga.

⁸ "Mas, se vou para o oriente,
   lá ele não está;
se vou para o ocidente,
   não o encontro.
⁹ Quando ele está em ação no norte,
   não o enxergo;
quando vai para o sul,
   nem sombra dele eu vejo! ʳ
¹⁰ Mas ele conhece o caminho
   por onde ando; ˢ
se me puser à prova,
   aparecerei como o ouro. ᵗ
¹¹ Meus pés seguiram de perto
   as suas pegadas; ᵘ
mantive-me no seu caminho
   sem desviar-me. ᵛ
¹² Não me afastei dos mandamentos
   dos seus lábios; ʷ
dei mais valor às palavras de sua boca
   do que ao meu pão de cada dia. ˣ

¹³ "Mas ele é ele!
Quem poderá fazer-lhe oposição?
Ele faz o que quer. ʸ
¹⁴ Executa o seu decreto contra mim
e tem muitos outros planos
   semelhantes. ᶻ
¹⁵ Por isso fico apavorado diante dele;
pensar nisso me enche de medo.
¹⁶ Deus fez desmaiar o meu coração; ᵃ
o Todo-poderoso ᵇ causou-me pavor.
¹⁷ Contudo, não fui silenciado
   pelas trevas, ᶜ
pelas densas trevas
   que cobrem o meu rosto.

24 "Por que o Todo-poderoso
não marca as datas de julgamento? ᵈ
Por que aqueles que o conhecem
   não chegam a vê-las? ᵉ
² Há os que mudam
   os marcos dos limites ᶠ
e apascentam rebanhos
   que eles roubaram.
³ Levam o jumento
   que pertence ao órfão
e tomam o boi da viúva como penhor. ᵍ
⁴ Forçam os necessitados
   a sair do caminho
e os pobres ʰ da terra a esconder-se. ⁱ
⁵ Como jumentos selvagens no deserto,
os pobres vão em busca ʲ de comida;
da terra deserta a obtêm
   para os seus filhos.
⁶ Juntam forragem nos campos
e respigam nas vinhas dos ímpios.
⁷ Pela falta de roupas,
   passam a noite nus;
não têm com que cobrir-se no frio. ᵏ
⁸ Encharcados pelas chuvas
   das montanhas,
abraçam-se ˡ às rochas
   por falta de abrigo.
⁹ A criança órfã ᵐ é arrancada
   do seio de sua mãe;
o recém-nascido do pobre é tomado
   para pagar uma dívida.
¹⁰ Por falta de roupas, andam nus;
carregam os feixes,
   mas continuam famintos.
¹¹ Espremem azeitonas
   dentro dos seus muros¹;
pisam uvas nos lagares,
   mas assim mesmo sofrem sede.
¹² Sobem da cidade os gemidos
   dos que estão para morrer,
e as almas dos feridos
   clamam por socorro. ⁿ
Mas Deus não vê mal nisso. ᵒ

¹³ "Há os que se revoltam
   contra a luz, ᵖ

¹ **24.11** Ou *entre as pedras de moinho*

não conhecem os caminhos dela
  e não permanecem em suas veredas. *q*
¹⁴ De manhã o assassino se levanta
  e mata os pobres e os necessitados;
de noite age como ladrão. *r*
¹⁵ Os olhos do adúltero
  ficam à espera do crepúsculo; *s*
'Nenhum olho me verá', pensa ele; *t*
  e mantém oculto o rosto.
¹⁶ No escuro os homens invadem casas, *u*
  mas de dia se enclausuram;
não querem saber da luz. *v*
¹⁷ Para eles a manhã
  é tremenda escuridão;¹
eles são amigos
  dos pavores das trevas.
¹⁸ "São, porém, como espuma *w*
  sobre as águas; *x*
sua parte da terra foi amaldiçoada,
  e por isso ninguém vai às vinhas.
¹⁹ Assim como o calor e a seca
  depressa consomem a neve derretida, *y*
assim a sepultura² *z* consome
  os que pecaram.
²⁰ Sua mãe os esquece,
  os vermes se banqueteiam neles.
Ninguém se lembra*a* dos maus;
  quebram-se como árvores. *b*
²¹ Devoram a estéril e sem filhos
  e não mostram bondade *c*
  para com a viúva.
²² Mas Deus, por seu poder, os arranca;
  embora firmemente estabelecidos,
  a vida deles não tem segurança. *d*
²³ Ele poderá deixá-los descansar,
  sentindo-se seguros; *e*
mas atento os vigia
  nos caminhos que seguem. *f*
²⁴ Por um breve instante são exaltados
  e depois se vão, *g*
colhidos como todos os demais,
  ceifados como espigas de cereal. *h*

²⁵ "Se não é assim,
quem poderá provar que minto
e reduzir a nada as minhas palavras?" *i*

Bildade

25 Então Bildade, de Suá, respondeu:
² "O domínio e o temor pertencem
  a Deus; *j*
ele impõe ordem nas alturas,
  que a ele pertencem.
³ Seria possível contar
  os seus exércitos?
E a sua luz, sobre quem
  não se levanta? *k*
⁴ Como pode então o homem
  ser justo diante de Deus?
Como pode ser puro
  quem nasce de mulher? *l*
⁵ Se nem a lua *m* é brilhante
  e nem as estrelas são puras
  aos olhos dele, *n*
⁶ muito menos o será o homem,
  que não passa de larva,
o filho do homem, *o*
  que não passa de verme!" *p*

Jó

26 Então Jó respondeu:
² "Grande foi a ajuda que você deu
  ao desvalido! *q*
Que socorro você prestou
  ao braço frágil! *r*
³ Belo conselho você ofereceu
  a quem não é sábio,
e que grande sabedoria você revelou!
⁴ Quem o ajudou a proferir
  essas palavras,
e por meio de que espírito
  você falou?
⁵ "Os mortos estão em grande angústia *s*
  sob as águas, e com eles sofrem os
    que nelas vivem.
⁶ Nu está o Sheol³ *t* diante de Deus,
  e nada encobre a Destruição⁴. *u*

---

¹ **24.17** Ou *A manhã deles é como a sombra da morte;*
² **24.19** Hebraico: *Sheol.* Essa palavra também pode ser traduzida por profundezas, pó ou morte.
³ **26.6** Essa palavra pode ser traduzida por sepultura, profundezas, pó ou morte.
⁴ **26.6** Hebraico: *Abadom.*

⁷ Ele estende os céus ᵛ do norte
  sobre o espaço vazio;
suspende a terra sobre o nada.
⁸ Envolve as águas ʷ em suas nuvens, ˣ
  e estas não se rompem
    sob o peso delas.
⁹ Ele cobre a face da lua cheia
  estendendo sobre ela as suas nuvens. ʸ
¹⁰ Traça o horizonte
  sobre a superfície das águas ᶻ
para servir de limite
  entre a luz e as trevas. ᵃ
¹¹ As colunas dos céus estremecem
  e ficam perplexas
diante da sua repreensão.
¹² Com seu poder agitou
  violentamente o mar; ᵇ
com sua sabedoria ᶜ
  despedaçou o Monstro dos Mares¹.
¹³ Com seu sopro
  os céus ficaram límpidos;
sua mão feriu a serpente arisca. ᵈ
¹⁴ E isso tudo é apenas
  a borda de suas obras!
Um suave sussurro
  é o que ouvimos dele.
Mas quem poderá compreender
  o trovão do seu poder?" ᵉ

27 E Jó prosseguiu em seu discurso: ᶠ
² "Pelo Deus vivo,
  que me negou justiça, ᵍ
pelo Todo-poderoso,
  que deu amargura à minha alma, ʰ
³ enquanto eu tiver vida em mim,
o sopro de Deus ⁱ em minhas narinas,
⁴ meus lábios não falarão maldade,
e minha língua não proferirá
  nada que seja falso. ʲ
⁵ Nunca darei razão a vocês!
Minha integridade não negarei jamais,
  até a morte. ᵏ
⁶ Manterei minha retidão
  e nunca a deixarei;
enquanto eu viver, ˡ

a minha consciência
  não me repreenderá.
⁷ "Sejam os meus inimigos
  como os ímpios,
e os meus adversários
  como os injustos!
⁸ Pois, qual é a esperança do ímpio ᵐ,
  quando é eliminado,
quando Deus lhe tira a vida? ⁿ
⁹ Ouvirá Deus o seu clamor
  quando vier sobre ele a aflição? ᵒ
¹⁰ Terá ele prazer no Todo-poderoso? ᵖ
Chamará a Deus a cada instante?
¹¹ "Eu os instruirei
  sobre o poder de Deus;
não esconderei de vocês
  os caminhos do Todo-poderoso.
¹² Pois a verdade é que todos vocês
  já viram isso.
Então por que essa conversa
  sem sentido?
¹³ "Este é o destino
  que Deus determinou para o ímpio,
a herança que o mau recebe
  do Todo-poderoso: ᵠ
¹⁴ Por mais filhos que o ímpio tenha,
  o destino deles é a espada; ʳ
sua prole jamais
  terá comida suficiente. ˢ
¹⁵ A epidemia sepultará aqueles
  que lhe sobreviverem,
e as suas viúvas não chorarão por eles. ᵗ
¹⁶ Ainda que ele acumule
  prata como pó
e amontoe roupas como barro, ᵘ
¹⁷ o que ele armazenar ficará para os
  justos, ᵛ
e os inocentes dividirão sua prata.
¹⁸ A casa que ele constrói
  é como casulo ʷ de traça,
como cabana ˣ feita pela sentinela.
¹⁹ Rico ele se deita, mas nunca mais o
  será! ʸ
Quando abre os olhos, tudo se foi.
²⁰ Pavores vêm sobre ele
  como uma enchente; ᶻ
de noite ᵃ a tempestade o leva de roldão.

¹ **26.12** Hebraico: Raabe. Veja Sl 89.10 e Is 51.9.

²¹ O vento oriental o leva,
   e ele desaparece;
arranca-o do seu lugar.ᵇ
²² Atira-se contra ele sem piedade,ᶜ
   enquanto ele foge às pressas
      do seu poder.ᵈ
²³ Bate palmas contra ele
e com assobios o expele do seu lugar.ᵉ

28

"Existem minas de prata
e locais onde se refina ouro.
² O ferro é extraído da terra,
   e do minério se funde o cobre.ᶠ
³ O homem dá fim à escuridãoᵍ
e vasculha os recônditos mais remotos
   em busca de minério,
      nas mais escuras trevas.
⁴ Longe das moradias
   ele cava um poço,
em local esquecido
   pelos pés dos homens;
longe de todos,
   ele se pendura e balança.
⁵ A terra, da qual vem o alimento,ʰ
   é revolvida embaixo
como que pelo fogo;
⁶ das suas rochas saem safiras,
   e seu pó contém pepitas de ouro.
⁷ Nenhuma ave de rapina conhece
   aquele caminho oculto,
e os olhos de nenhum falcão o viram.
⁸ Os animais altivos
   não põem os pés nele,
e nenhum leão ronda por ali.
⁹ As mãos dos homens
   atacam a dura rocha
e transtornam as raízes das
      montanhas.
¹⁰ Fazem túneis através da rocha,
   e os seus olhos enxergam todos
      os tesouros dali.
¹¹ Eles vasculham¹ as nascentes
   dos rios
e trazem à luz coisas ocultas.

¹² "Onde, porém, se poderá
   achar a sabedoria?ⁱ
Onde habita o entendimento?
¹³ O homem não percebe
   o valor da sabedoria;ʲ
ela não se encontra
   na terra dos viventes.
¹⁴ O abismo diz: 'Em mim não está';
   o mar diz: 'Não está comigo'.
¹⁵ Não pode ser comprada,
   mesmo com o ouro mais puro,
nem se pode pesar o seu preço
   em prata.ᵏ
¹⁶ Não pode ser comprada
   nem com o ouro puro de Ofir,
nem com o precioso ônix,
   nem com safiras.
¹⁷ O ouro e o cristal
   não se comparam com ela,
e é impossível tê-la em troca
   de joias de ouro.ˡ
¹⁸ O coral e o jaspe
   nem merecem menção;
o preço da sabedoria
   ultrapassa o dos rubis.ᵐ
¹⁹ O topázio da Etiópia²
   não se compara com ela;
não se compra a sabedoria
   nem com ouro puro!ⁿ

²⁰ "De onde vem, então, a sabedoria?
Onde habita o entendimento?ᵒ
²¹ Escondida está dos olhos
   de toda criatura viva,
até das aves dos céus.
²² A Destruição³ ᵖ e a Morte dizem:
'Aos nossos ouvidos só chegou
   um leve rumor dela'.
²³ Deus conhece o caminho;
só ele sabe onde ela habita,ᑫ
²⁴ pois ele enxerga os confins da terraʳ
e vê tudo o que há debaixo dos céus.ˢ
²⁵ Quando ele determinou
   a força do vento

---

¹ **28.11** Conforme a Septuaginta e a Vulgata. O Texto Massorético diz *Eles fecham*.
² **28.19** Hebraico: *Cuxe*.
³ **28.22** Hebraico: *Abadom*.

27.21
ᵇ Jó 7.10;
21.18
27.22
ᶜ Jr 13.14;
Ez 5.11;
24.14
ᵈ Jó 10.18
27.23
ᵉ Jó 18.18
28.02
ᶠ Dt 8.9
28.03
ᵍ Ec 1.13
28.05
ʰ Sl 104.14
28.12
ⁱ Ec 7.24
28.15
ᵏ Pv 3.13-14;
8.10-11;
16.16
28.18
ᵐ Pv 3.15
28.19
ⁿ Pv 8.19
28.20
ᵒ ver 23,28
28.22
ᵖ Jó 26.6
28.23
ᑫ Pv 8.22-31
28.24
ʳ Sl 33.13-14
ˢ Pv 15.3

e estabeleceu a medida exata
    para as águas,ᵗ
²⁶ quando fez um decreto para a chuva
e o caminho
    para a tempestade trovejante,ᵘ
²⁷ ele olhou para a sabedoria
    e a avaliou;
confirmou-a e a pôs à prova.
²⁸ Disse então ao homem:
'No temor do Senhor
    está a sabedoria,
e evitar o mal é ter entendimento' ".ᵛ

29 Jó prosseguiu sua fala:ʷ
² "Como tenho saudade
    dos meses que se passaram,
dos dias em que Deus
    cuidava de mim,ˣ
³ quando a sua lâmpada brilhava
    sobre a minha cabeça
e por sua luz eu caminhava
    em meio às trevas!ʸ
⁴ Como tenho saudade
    dos dias do meu vigor,
quando a amizade de Deus
    abençoava a minha casa,ᶻ
⁵ quando o Todo-poderoso
    ainda estava comigo
e meus filhos estavam ao meu redor,
⁶ quando as minhas veredas
    se embebiam em nataᵃ
e a rochaᵇ me despejava
    torrentes de azeite.ᶜ
⁷ "Quando eu ia à portaᵈ da cidade
e tomava assento na praça pública;
⁸ quando, ao me verem,
    os jovens saíam do caminho,
e os idosos ficavam em pé;
⁹ os líderes se abstinham de falar
e com a mão cobriam a boca.ᵉ
¹⁰ As vozes dos nobres silenciavam,
e suas línguas
    colavam-se ao céu da boca.ᶠ
¹¹ Todos os que me ouviam
    falavam bem de mim,
e quem me via me elogiava,
¹² pois eu socorria o pobreᵍ
    que clamava por ajuda
e o órfãoʰ que não tinha
    quem o ajudasse.ⁱ
¹³ O que estava à beira da morte me
    abençoava,ʲ
e eu fazia regozijar-se o coração
    da viúva.ᵏ
¹⁴ A retidãoˡ era a minha roupa;
a justiça era o meu manto e
    o meu turbante.
¹⁵ Eu era os olhosᵐ do cego
e os pés do aleijado.
¹⁶ Eu era o pai dos necessitadosⁿ
e me interessava
    pela defesa de desconhecidos.
¹⁷ Eu quebrava as presas dos ímpios
e dos seus dentes arrancava
    as suas vítimas.ᵒ
¹⁸ "Eu pensava: Morrerei em casa,
e os meus dias serão numerosos
    como os grãos de areia.ᵖ
¹⁹ Minhas raízes chegarão até as águas,ᵠ
e o orvalho passará a noite
    nos meus ramos.
²⁰ Minha glória se renovará em mim,
e novo será o meu arcoʳ
    em minha mão.ˢ
²¹ "Os homens me escutavam
    em ansiosa expectativa,
aguardando em silêncio
    o meu conselho.
²² Depois que eu falava,
    eles nada diziam;
minhas palavras caíam suavemente
    em seus ouvidos.ᵗ
²³ Esperavam por mim
    como quem espera
    por uma chuvarada
e bebiam minhas palavras
    como quem bebe a chuva
    da primavera.
²⁴ Quando eu lhes sorria,
    mal acreditavam;
a luz do meu rosto lhes era preciosa.

²⁵ Era eu que escolhia o caminho
    para eles
e me assentava como seu líder;
instalava-me como um rei ᵘ
    no meio das suas tropas;
eu era como um consolador
    dos que choram. ᵛ

30 "Mas agora eles zombam de mim, ʷ
homens mais jovens que eu,
homens cujos pais eu teria rejeitado,
    não lhes permitindo sequer estar
    com os cães de guarda do rebanho.
² De que me serviria
    a força de suas mãos,
já que desapareceu o seu vigor?
³ Desfigurados
    de tanta necessidade e fome,
perambulavam pela¹ terra ressequida,
    em sombrios e devastados desertos.
⁴ Nos campos de mato rasteiro
    colhiam ervas,
e a raiz da giesta era a sua comida².
⁵ Da companhia dos amigos
    foram expulsos aos gritos,
como se fossem ladrões.
⁶ Foram forçados a morar
    nos leitos secos dos rios,
entre as rochas e nos buracos da terra.
⁷ Rugiam entre os arbustos
    e se encolhiam sob a vegetação.
⁸ Prole desprezível e sem nome,
    foram expulsos da terra.

⁹ "E agora os filhos deles
    zombam de mim ˣ
    com suas canções; ʸ
tornei-me um provérbio ᶻ entre eles.
¹⁰ Eles me detestam
    e se mantêm a distância;
não hesitam em cuspir em meu rosto. ᵃ
¹¹ Agora que Deus afrouxou
    a corda do meu arco e me afligiu, ᵇ
eles ficam sem freios ᶜ
    na minha presença.

¹² À direita os embrutecidos
    me atacam;
preparam armadilhas
    para os meus pés ᵈ
e constroem rampas de cerco
    contra mim. ᵉ
¹³ Destroem o meu caminho; ᶠ
conseguem destruir-me
    sem a ajuda de ninguém.
¹⁴ Avançam como através
    de uma grande brecha;
arrojam-se entre as ruínas.
¹⁵ Pavores apoderam-se de mim; ᵍ
a minha dignidade é levada
    como pelo vento,
a minha segurança
    se desfaz como nuvem. ʰ

¹⁶ "E agora esvai-se a minha vida; ⁱ
estou preso a dias de sofrimento.
¹⁷ A noite penetra os meus ossos;
minhas dores me corroem sem cessar.
¹⁸ Em seu grande poder,
    Deus é como a minha roupa³;
ele me envolve
    como a gola da minha veste.
¹⁹ Lança-me na lama, ʲ
    e sou reduzido a pó e cinza.

²⁰ "Clamo a ti, ó Deus,
    mas não me respondes; ᵏ
fico em pé, mas apenas
    olhas para mim.
²¹ Contra mim te voltas com dureza ˡ
e me atacas com a força de tua mão. ᵐ ⁿ
²² Tu me apanhas
    e me levas contra o vento ᵒ
e me jogas de um lado a outro
    na tempestade. ᵖ
²³ Sei que me farás descer até a morte, ᵍ
    ao lugar destinado a todos os
    viventes. ʳ

²⁴ "A verdade é que ninguém dá a mão
    ao homem arruinado,
quando este, em sua aflição,
    grita por socorro. ˢ

---

¹ **30.3** Ou *roíam a*
² **30.4** Ou *o seu combustível*
³ **30.18** A Septuaginta diz *Deus agarra minha roupa*.

29.25
ᵘ Jó 1.3;
31.37
ᵛ Jó 4.4

30.1
ʷ Jó 12.4

30.9
ˣ Sl 69.11
ʸ Jó 12.4;
Lm 3.14, 63
ᶻ Jó 17.6

30.10
ᵃ Nm 12.14;
Dt 25.9;
Is 50.6;
Mt 26.27

30.11
ᵇ Rt 1.21
ᶜ Sl 32.9

30.12
ᵈ Sl 140.4-5
ᵉ Jó 19.12

30.13
ᶠ Is 3.12

30.15
ᵍ Jó 31.23;
Sl 55.4-5
ʰ Jó 3.25;
Os 13.3

30.16
ⁱ Jó 3.24;
Sl 22.14;
42.4

30.19
ʲ Sl 69.2,14

30.20
ᵏ Jó 19.7

30.21
ˡ Jó 19.6,22
ᵐ Jó 16.9,14
ⁿ Jó 10.3

30.22
ᵒ Jó 27.21
ᵖ Jó 9.17

30.23
ᵍ Jó 9.22;
10.88
ʳ Jó 3.19

30.24
ˢ Jó 19.7

30.25
ʳJó 24.4;
Sl 35.13-14;
Rm 12.15
30.26
ˢJó 3.25-26;
19.8;
Jr 8.15
30.27
ᵗLm 2.11
30.28
ᵘSl 38.6;
42.9; 43.2
ᵛJó 19.7
30.29
ʷSl 44.19
ˣSl 102.6;
Mq 1.8
30.30
ʸLm 4.8
ᶻSl 102.3
30.31
ᵃIs 24.8
31.1
ᵇMt 5.28
31.2
ᶜJó 20.29
31.3
ᵈJó 21.30
ᵉJó 34.22
31.4
ᶠ2 Cr 16.9
Pv 5.11
31.5
ᵍMq 2.11
31.6
ʰJó 6.2;
27.5-6
31.7
ⁱJó 23.11
ʲJó 9.30
31.8
ᵏLv 26.16;
Jó 20.18
ˡMq 6.15
31.9
ᵐJó 24.15
31.10
ⁿDt 28.30;
Jr 8.10
31.11
ᵒGn 38.24;
Lv 20.10;
Dt 22.22-24
31.12
ᵖJó 15.30
ᵠJó 26.6
ʳJó 20.28
31.13
ˢDt 24.14-15
31.15
ᵗJó 10.3
31.16
ᵘJó 5.6;
20.19
ᵛJó 22.9
31.17
ʷJó 22.7;
29.12
31.19
ˣJó 22.6
ʸJó 24.4

²⁵ Não é certo que chorei por causa
    dos que passavam dificuldade?
E que a minha alma se entristeceu
    por causa dos pobres?ᵗ
²⁶ Mesmo assim,
    quando eu esperava o bem,
    veio o mal;
quando eu procurava luz,
    vieram trevas.ᵘ
²⁷ Nunca para a agitaçãoᵛ
    dentro de mim;
dias de sofrimento me confrontam.
²⁸ Perambulo escurecido,ʷ
    mas não pelo sol;
levanto-me na assembleia
    e clamo por ajuda.ˣ
²⁹ Tornei-me irmão dos chacais,ʸ
    companheiro das corujas.ᶻ
³⁰ Minha pele escurece e cai;ᵃ
    meu corpo queima de febre.ᵇ
³¹ Minha harpa está afinada
    para cantos fúnebres,ᶜ
e minha flauta para o som de pranto.

31 "Fiz acordo com os meus olhos
    de não olhar com cobiça
    para as moças.ᵈ
² Pois qual é a porção que o homem
    recebe de Deus lá de cima?
Qual a sua herança do Todo-poderoso,
    que habita nas alturas?ᵉ
³ Não é ruínaᶠ para os ímpios,
desgraça para os que fazem o mal?ᵍ
⁴ Não vê ele os meus caminhosʰ
e não considera
    cada um de meus passos?ⁱ
⁵ "Se me conduzi com falsidade,
ou se meus pés se apressaram
    a enganar,ʲ
⁶ — Deus me pese em balança justa,ᵏ
e saberá que não tenho culpa —
⁷ se meus passos
    desviaram-se do caminho,ˡ
se o meu coração foi conduzido
    por meus olhos,

ou se minhas mãosᵐ
    foram contaminadas,
⁸ que outros comam o que semeeiⁿ
e que as minhas plantações
    sejam arrancadas pelas raízes.ᵒ

⁹ "Se o meu coração
    foi seduzidoᵖ por mulher,
ou se fiquei à espreita
    junto à porta do meu próximo,
¹⁰ que a minha esposa moa cereal
    de outro homem,
e que outros durmam com ela.ᵠ
¹¹ Pois fazê-lo seria vergonhoso,ʳ
crime merecedor de julgamento.
¹² Isso é um fogoˢ que consome
    até a Destruição¹;ᵗ
teria extirpado a minha colheita.ᵘ

¹³ "Se neguei justiça
    aos meus servos e servas,
quando reclamaram contra mim,ᵛ
¹⁴ que farei quando Deus
    me confrontar?
Que responderei quando chamado
    a prestar contas?
¹⁵ Aquele que me fez no ventre materno
    não os fez também?
Não foi ele que nos formou,
    a mim e a eles,
    no interior de nossas mães?ʷ

¹⁶ "Se não atendi os desejos do pobre,ˣ
ou se fatiguei os olhos da viúva,ʸ
¹⁷ se comi meu pão sozinho,
sem compartilhá-lo com o órfão,ᶻ
¹⁸ sendo que desde a minha juventude
    o criei
    como se fosse seu pai,
e desde o nascimento guiei a viúva;
¹⁹ se vi alguém morrendo
    por falta de roupa,ᵃ
ou um necessitadoᵇ sem cobertor,
²⁰ e o seu coração não me abençoou
    porque o aqueci com a lã
    de minhas ovelhas,

---

¹ **31.12** Hebraico: *Abadom*.

²¹ se levantei a mão contra o órfão,
ciente da minha influência no tribunal,ᶜ
²² que o meu braço descaia do ombro
e se quebre nas juntas.ᵈ
²³ Pois eu tinha medo
que Deus me destruísse,
e, temendo o seu esplendor,ᵉ
não podia fazer tais coisas.

²⁴ "Se pus no ouro a minha confiança
e disse ao ouro puro:ᶠ
Você é a minha garantia,ᵍ
²⁵ se me regozijei
por ter grande riqueza,ʰ
pela fortuna que as minhas mãos
obtiveram,
²⁶ se contemplei o solⁱ em seu fulgor
e a lua a mover-se esplêndida,
²⁷ e em segredo o meu coração
foi seduzido
e a minha mão lhes ofereceu
beijos de veneração,
²⁸ esses também seriam pecados
merecedores de condenação,ʲ
pois eu teria sido infiel a Deus,
que está nas alturas.

²⁹ "Se a desgraça do meu inimigo
me alegrou,ᵏ
ou se os problemas que teve
me deram prazer;ˡ
³⁰ eu, que nunca deixei minha boca
pecar,
lançando maldição sobre ele;
³¹ se os que moram em minha casa
nunca tivessem dito:
'Quem não recebeu de Jó
um pedaço de carne?',ᵐ
³² sendo que nenhum estrangeiro
teve que passar a noite na rua,
pois a minha porta
sempre esteve aberta para o viajante;ⁿ
³³ se escondiᵒ o meu pecado,
como outros fazem¹,
acobertandoᵖ no coração
a minha culpa,

³⁴ com tanto medo da multidãoᑫ
e do desprezo dos familiares
que me calei e não saí de casa...

³⁵ ("Ah, se alguém me ouvisse!ʳ
Agora assino a minha defesa.
Que o Todo-poderoso me responda;
que o meu acusadorˢ
faça a denúncia por escrito.
³⁶ Eu bem que a levaria nos ombros
e a usaria como coroa.
³⁷ Eu lhe falaria
sobre todos os meus passos;
como um príncipeᵗ
eu me aproximaria dele.)

³⁸ "Se a minha terra se queixar de mimᵘ
e todos os seus sulcos chorarem,
³⁹ se consumi os seus produtos
sem nada pagar,ᵛ
ou se causei desânimo
aos seus ocupantes,ʷ
⁴⁰ que me venham espinhosˣ
em lugar de trigo
e ervas daninhas em lugar de cevada".

Aqui terminam as palavras de Jó.

Eliú

32 Então esses três homens pararam de responder a Jó, pois este se julgava justo.ʸ ² Mas Eliú, filho de Baraquel, de Buz,ᶻ da família de Rão, indignou-se muito contra Jó, porque este se justificava diante de Deus.ᵃ ³ Também se indignou contra os três amigos, pois não encontraram meios de refutar Jó, e mesmo assim o tinham condenado.² ⁴ Eliú tinha ficado esperando para falar a Jó porque eles eram mais velhos que ele. ⁵ Mas, quando viu que os três não tinham mais nada a dizer, indignou-se.

⁶ Então Eliú, filho de Baraquel, de Buz, falou:

"Eu sou jovem, vocês têm idade.ᵇ
Por isso tive receio
e não ousei dizer a vocês o que sei.

---

¹ **31.33** Ou *como fez Adão*

² **32.3** Uma antiga tradução de escribas hebreus diz *Jó, e assim haviam condenado a Deus.*

7 Os que têm idade é que devem falar,
   pensava eu,
os anos avançados é que devem
   ensinar sabedoria.
8 Mas é o espírito¹ dentro do homem
   que lhe dá entendimento; ᵈ
o sopro do Todo-poderoso. ᵉ
9 Não são só os mais velhos², os sábios, ᵉ
   não são só os de idade
que entendem o que é certo.

10 "Por isso digo: Escutem-me;
também vou dizer o que sei.
11 Enquanto vocês estavam falando,
   esperei;
fiquei ouvindo os seus arrazoados;
enquanto vocês estavam
   procurando palavras,
12 escutei suas palavras com toda
   atenção.
Mas nenhum de vocês
   demonstrou que Jó está errado.
Nenhum de vocês respondeu
   aos seus argumentos.
13 Não digam: 'Encontramos
   a sabedoria; ᶠ
que Deus o refute, não o homem'.
14 Só que não foi contra mim
   que Jó dirigiu as suas palavras,
e não vou responder a ele
   com os argumentos de vocês.

15 "Vejam, eles estão consternados
e não têm mais o que dizer;
as palavras lhes fugiram.
16 Devo aguardar,
agora que estão calados
   e sem resposta?
17 Também vou dar a minha opinião,
também vou dizer o que sei,
18 pois não me faltam palavras,
e dentro de mim o espírito
   me impulsiona.
19 Por dentro estou
   como vinho arrolhado,

como odres novos
   prestes a romper.
20 Tenho que falar; isso me aliviará.
Tenho que abrir os lábios e responder.
21 Não serei parcial ᵍ com ninguém ʰ
e a ninguém bajularei,
22 porque não sou bom em bajular;
se fosse, o meu Criador
   em breve me levaria.

33 "Mas agora, Jó,
escute as minhas palavras;
preste atenção a tudo o que vou dizer. ⁱ
2 Estou prestes a abrir a boca;
minhas palavras
   estão na ponta da língua.
3 Minhas palavras procedem
   de um coração íntegro;
meus lábios falam com sinceridade
   o que eu sei. ʲ
4 O Espírito de Deus me fez; ᵏ
o sopro do Todo-poderoso ˡ me dá vida.
5 Responda-me, ᵐ então, se puder;
prepare-se ⁿ para enfrentar-me.
6 Sou igual a você diante de Deus;
eu também fui feito do barro. ᵒ
7 Por isso não devo inspirar nenhum
   temor,
e a minha mão não há de ser pesada
   sobre você. ᵖ

8 "Mas você disse ao meu alcance;
eu ouvi bem as palavras:
9 'Estou limpo ᑫ e sem pecado; ʳ
estou puro e sem culpa.
10 Contudo, Deus procurou em mim
   motivos para inimizade;
ele me considera seu inimigo. ˢ
11 Ele acorrenta ᵗ os meus pés;
vigia de perto
   todos os meus caminhos'. ᵘ

12 "Mas eu digo
   que você não está certo,
porquanto Deus é maior
   do que o homem. ᵛ
13 Por que você se queixa a ele ʷ

---

¹ **32.8** Ou *Espírito*; também no versículo 18.
² **32.9** Ou *muitos*; ou ainda *grandes*

de que não responde
às palavras dos homens?¹
¹⁴ Pois a verdade é que Deus fala,ˣ
ora de um modo, ora de outro,
mesmo que o homem não o perceba.
¹⁵ Em sonho ʸ ou em visão
   durante a noite,
quando o sono profundo
   cai sobre os homens
e eles dormem em suas camas,
¹⁶ ele pode falar ᶻ aos ouvidos deles
e aterrorizá-los com advertências,
¹⁷ para prevenir o homem
   das suas más ações
e livrá-lo do orgulho,
¹⁸ para preservar da cova a sua alma,ᵃ
e a sua vida da espada.² ᵇ
¹⁹ Ou o homem pode ser castigado
   no leito de dor,
com os seus ossos
   em constante agonia,ᶜ
²⁰ sendo levado a achar a comida ᵈ
   repulsiva
e a detestar na alma
   sua refeição preferida.ᵉ
²¹ Já não se vê sua carne,
e seus ossos, que não se viam,
   agora aparecem.ᶠ
²² Sua alma aproxima-se da cova,
e sua vida, dos mensageiros da morte.ᵍ

²³ "Havendo, porém, um anjo
   ao seu lado,
como mediador entre mil,
que diga ao homem o que é certo
   a seu respeito,ʰ
²⁴ para ser-lhe favorável e dizer:
'Poupa-o de descer à cova;ⁱ
encontrei resgate para ele',
²⁵ então sua carne se renova
   voltando a ser como de criança;
ele se rejuvenesce.ʲ
²⁶ Ele ora a Deus e recebe o seu favor;ᵏ
vê o rosto de Deus
e dá gritos de alegria,ˡ
e Deus lhe restitui a condição de
   justo.ᵐ
²⁷ Depois ele vem aos homens e diz:
'Pequei'ⁿ e torci o que era certo,ᵒ
mas ele não me deu o que eu merecia.ᵖ
²⁸ Ele resgatou a minha alma,
impedindo-a de descer à cova,
e viverei para desfrutar a luz'.ᑫ

²⁹ "Deus faz dessas coisas ao homem ʳ,
   duas ou três vezes,
³⁰ para recuperar sua alma da cova,ˢ
a fim de que refulja sobre ele
   a luz da vida.

³¹ "Preste atenção, Jó, e escute-me;
fique em silêncio, e falarei.
³² Se você tem algo para dizer,
   responda-me;
fale logo, pois quero que você
   seja absolvido.
³³ Se não tem nada para dizer, ouça-me,
   fique em silêncio,
e eu ensinarei
   a sabedoria a você".ᵗ

34

Eliú continuou:
² "Ouçam as minhas palavras,
   vocês que são sábios;
escutem-me,
   vocês que têm conhecimento.
³ Pois o ouvido prova as palavras
como a língua prova o alimento.ᵘ
⁴ Tratemos de discernir juntos
   o que é certo
e de aprender o que é bom.ᵛ

⁵ "Jó afirma: 'Sou inocente,ʷ
mas Deus me nega justiça.ˣ
⁶ Apesar de eu estar certo,
   sou considerado mentiroso;
apesar de estar sem culpa,
   sua flecha me causa ferida incurável'.ʸ
⁷ Que homem existe como Jó,
que bebe zombaria como água?ᶻ
⁸ Ele é companheiro
   dos que fazem o mal
e anda com os ímpios.ᵃ

---
¹ 33.13 Ou *por quaisquer de suas ações?*
² 33.18 Ou *e de atravessar o Rio.*

33.14
ˣSl 62.11
33.15
ʸJó 4.13
33.16
ᶻJó 36.10, 15
33.18
ᵃver 22,24, 28,30
ᵇJó 15.22
33.19
ᶜJó 30.17
33.20
ᵈSl 107.18
ᵉJó 3.24; 6.6
33.21
ᶠJó 16.8; 19.20
33.22
ᵍSl 88.3
33.23
ʰMq 6.8
33.24
ⁱIs 38.17
33.25
ʲ2 Rs 5.14
33.26
ᵏJó 34.17
ˡJó 22.26
ᵐSl 50.15; 51.12
33.27
ⁿ2 Sm 12.13
ᵒLc 15.21
ᵖRm 6.21
33.28
ᑫJó 22.28
33.29
ʳ1 Co 12.6; Ef 1.11; Fl 2.13
33.30
ˢSl 56.13
33.33
ᵗSl 34.11
34.3
ᵘJó 12.11
34.4
ᵛ1 Tm 5.21
34.5
ʷJó 33.9
ˣJó 27.2
34.6
ʸJó 6.4
34.7
ᶻJó 15.16
34.8
ᵃJó 22.15; Sl 50.18

⁹ Pois diz: 'Não dá lucro
   agradar a Deus'.ᵇ
¹⁰ "Por isso escutem-me,
   vocês que têm conhecimento.
Longe de Deus esteja o fazer o mal,ᶜ
   e do Todo-poderoso
   o praticar a iniquidade.ᵈ
¹¹ Ele retribui ao homem
   conforme o que este fez,ᵉ
e lhe dá o que a sua conduta merece.ᶠ
¹² Não se pode nem pensar
   que Deus faça o mal,
que o Todo-poderoso
   perverta a justiça.ᵍ
¹³ Quem o nomeou
   para governar a terra?
Quem o encarregou de cuidar
   do mundo inteiro?ʰ
¹⁴ Se fosse intenção dele,
   e de fato retirasse o seu espírito¹
   e o seu sopro,ⁱ
¹⁵ a humanidade pereceria
   toda de uma vez,
e o homem voltaria ao pó.ʲ
¹⁶ "Portanto, se você
   tem entendimento,
ouça-me, escute o que tenho a dizer.
¹⁷ Acaso quem odeia a justiça
   poderá governar?ᵏ
Você ousará condenar
   aquele que é justo e poderoso?ˡ
¹⁸ Não é ele que diz aos reis:
   'Vocês nada valem',
e aos nobres: 'Vocês são ímpios'?ᵐ
¹⁹ Não é verdade que ele não mostra
   parcialidadeⁿ a favor dos príncipes
e não favorece o rico
   em detrimento do pobre,ᵒ
uma vez que todos
   são obra de suas mãos?ᵖ
²⁰ Morrem num momento,
   em plena noite;ᵠ
cambaleiam e passam.

Os poderosos são retirados
   sem a intervenção de mãos
   humanas.ʳ
²¹ "Pois Deus vê o caminho
   dos homens;ˢ
ele enxerga cada um dos seus passos.
²² Não há sombraᵗ densa o bastante,
onde os que fazem o malᵘ
   possam esconder-se.
²³ Deus não precisa de maior tempo
   para examinar os homens
e levá-los à sua presença
   para julgamento.ᵛ
²⁴ Sem depender de investigações,
   ele destrói os poderososʷ
e coloca outros em seu lugar.ˣ
²⁵ Visto que ele repara nos atos
   que eles praticam,
derruba-os, e eles são esmagados.
²⁶ Pela impiedade deles,
   ele os castiga onde todos
   podem vê-los.
²⁷ Isso porque deixaram de segui-loʸ
   e não deram atenção aos caminhos
   por ele traçados.ᶻ
²⁸ Fizeram chegar a ele
   o grito do pobre,
e ele ouviu o clamor do necessitado.ᵃ
²⁹ Mas, se ele permanecer calado,
   quem poderá condená-lo?
Se esconder o rosto,
   quem poderá vê-lo?
No entanto, ele domina igualmente
   sobre homens e nações,
³⁰ para evitar que o ímpio governe
   e prepare armadilhas para o povo.ᵇ
³¹ "Suponhamos que um homem
   diga a Deus:
'Sou culpado,
   mas não vou mais pecar.ᶜ
³² Mostra-me o que não estou vendo;
se agi mal, não tornarei a fazê-lo'.ᵈ
³³ Quanto a você,
   deveria Deus recompensá-lo
quando você nega a sua culpa?ᵉ

¹ **34.14** Ou *Espírito*

É você que deve decidir, não eu;
  conte-me, pois, o que você sabe.

34 "Os homens de bom senso,
  os sábios que me ouvem,
    me declaram:
35 'Jó não sabe o que diz;*f*
  não há discernimento em suas palavras.'
36 Ah, se Jó sofresse a mais dura prova,
    por sua resposta de ímpio!*g*
37 Ao seu pecado ele acrescenta
    a revolta;
  com desprezo bate palmas*h* entre nós
  e multiplica suas palavras
    contra Deus".*i*

35

Eliú prosseguiu:
2 "Você acha que isso é justo?
  Pois você diz:
'Serei absolvido por Deus'.¹
3 Contudo, você lhe pergunta:
'Que vantagem tenho eu²,
  e o que ganho, se não pecar?'*j*

4 "Desejo responder
  a você e aos seus amigos
    que estão com você.
5 Olhe para os céus*k* e veja;
  mire as nuvens, tão elevadas.*l*
6 Se você pecar, em que isso o afetará?
  Se os seus pecados forem muitos,
    que é que isso lhe fará?*m*
7 Se você for justo, o que lhe dará?*n*
  Ou o que ele receberá*o* de sua mão?*p*
8 A sua impiedade só afeta aos homens,
    seus semelhantes,
  e a sua justiça, aos filhos dos homens.

9 "Os homens se lamentam*q*
    sob fardos de opressão;
  imploram que os libertem
    do braço dos poderosos.
10 Mas não há quem pergunte:
'Onde está Deus, o meu Criador,*s*
  que de noite faz surgirem cânticos,*t*
11 que nos ensina*u* mais
    que aos animais da terra
  e nos faz mais sábios
    que as³ aves dos céus?'
12 Quando clamam, ele não responde,*v*
  por causa da arrogância dos ímpios.
13 Aliás, Deus não escuta
    a vã súplica que fazem;
  o Todo-poderoso não lhes dá atenção.*w*
14 Pois muito menos escutará
  quando você disser que não o vê,*x*
  que a sua causa*y* está diante dele
  e que você tem que esperar por ele.
15 Mais que isso,
  que a sua ira jamais castiga
  e que ele não dá a mínima atenção
    à iniquidade.⁴
16 Assim é que Jó abre a sua boca
    para dizer palavras vãs;
  em sua ignorância
    ele multiplica palavras".*z*

36

Disse mais Eliú:
2 "Peço-lhe que seja um pouco mais
    paciente comigo,
  e mostrarei a você que se pode dizer
    mais verdades em defesa de Deus.
3 Vem de longe o meu conhecimento;
  atribuirei justiça ao meu Criador.*a*
4 Não tenha dúvida,
  as minhas palavras não são falsas;*b*
  quem está com você
    é a perfeição no conhecimento.*c*

5 "Deus é poderoso,
  mas não despreza os homens;*d*
  é poderoso e firme em seu propósito.*e*
6 Não poupa a vida dos ímpios,*f*
  mas garante os direitos dos aflitos.*g*
7 Não tira os seus olhos do justo;*h*
  ele o coloca nos tronos com os reis*i*
  e o exalta para sempre.

---

¹ 35.2 Ou *'Minha justiça é maior que a de Deus'*.
² 35.3 Ou *você tem*
³ 35.11 Ou *ensina pelos animais da terra e nos faz sábios através das*
⁴ 35.15 Conforme as versões de Símaco, Teodócio e a Vulgata.

⁸ Mas, se os homens
   forem acorrentados,ʲ
presos firmemente
   com as cordas da aflição,
⁹ ele lhes dirá o que fizeram,
que pecaram com arrogância. ᵏ
¹⁰ Ele os fará ouvir ˡ a correção
e lhes ordenará que se arrependam
   do mal que praticaram. ᵐ
¹¹ Se lhe obedecerem e o servirem,ⁿ
   serão prósperos até o fim dos seus
      dias
e terão contentamento
   nos anos que lhes restam.
¹² Mas, se não obedecerem,
perecerão à espada¹ ᵒ
e morrerão na ignorância. ᵖ
¹³ "Os que têm coração ᑫ ímpio
   guardam ressentimento;
mesmo quando ele os agrilhoa
   eles não clamam por socorro.
¹⁴ Morrem em plena juventude
   entre os prostitutos dos santuários. ʳ
¹⁵ Mas aos que sofrem
   ele os livra
   em meio ao sofrimento;
em sua aflição ele lhes fala.

¹⁶ "Ele o está atraindo ˢ
   para longe das mandíbulas da aflição,
para um lugar amplo e livre,
para o conforto da mesa ᵗ farta e seleta
   que você terá.
¹⁷ Mas, agora, farto sobre você
é o julgamento que cabe aos ímpios;
   o julgamento e a justiça o pegaram. ᵘ
¹⁸ Cuidado!
Que ninguém o seduza com riquezas;
não se deixe desviar por suborno,
   por maior que este seja. ᵛ
¹⁹ Acaso a sua riqueza, ou mesmo
   todos os seus grandes esforços,
dariam a você apoio
   e alívio da aflição?

---

¹ **36.12** Ou *atravessarão o Rio*

²⁰ Não anseie pela noite, ʷ
quando o povo é tirado dos seus lares.
²¹ Cuidado! Não se volte
   para a iniquidade, ˣ
que você parece preferir à aflição. ʸ
²² "Deus é exaltado em seu poder.
Quem é mestre como ele? ᶻ
²³ Quem lhe prescreveu
   os seus caminhos ᵃ
ou lhe disse: 'Agiste mal'? ᵇ
²⁴ Lembre-se de exaltar as suas obras, ᶜ
às quais os homens dedicam
   cânticos de louvor. ᵈ
²⁵ Toda a humanidade as vê;
de lugares distantes
   os homens as contemplam.
²⁶ Como Deus é grande!
Ultrapassa o nosso entendimento! ᵉ
Não há como calcular
   os anos da sua existência. ᶠ
²⁷ "Ele atrai as gotas de água,
   que se dissolvem
   e descem como chuva
   para os regatos²; ᵍ
²⁸ as nuvens as despejam em aguaceiros
   sobre a humanidade. ʰ
²⁹ Quem pode entender
   como ele estende as suas nuvens,
como ele troveja
   desde o seu pavilhão? ⁱ
³⁰ Observe como ele espalha
   os seus relâmpagos ao redor,
iluminando até as profundezas do mar.
³¹ É assim que ele governa³ as nações ʲ
e lhes fornece grande fartura. ᵏ
³² Ele enche as mãos de relâmpagos
e lhes determina o alvo
   que deverão atingir. ˡ
³³ Seu trovão anuncia a tempestade
   que está a caminho;
até o gado a pressente.⁴

---

² **36.27** Ou *destilam como chuva a partir da névoa*
³ **36.31** Ou *nutre*
⁴ **36.33** Ou *anuncia a sua vinda, a vinda do que é zeloso contra o mal.*

37 "Diante disso o meu coração
   bate aceleradamente
e salta do seu lugar.
² Ouça! Escute o estrondo da sua voz,
o trovejar da sua boca.ᵐ
³ Ele solta os seus relâmpagos
   por baixo de toda a extensão do céu
e os manda para os confins da terra.
⁴ Depois vem o som
   do seu grande estrondo:
ele troveja com sua majestosa voz.
Quando a sua voz ressoa,
nada o faz recuar.
⁵ A voz de Deus troveja
   maravilhosamente;
ele faz coisas grandiosas,
acima do nosso entendimento.ⁿ
⁶ Ele diz à neve:ᵒ 'Caia sobre a terra',
   e à chuva: 'Seja um forte aguaceiro'.ᵖ
⁷ Ele paralisa
   o trabalho de cada homem,
a fim de que todos os que ele criou
   conheçam a sua obra.¹ᑫ
⁸ Os animais vão
   para os seus esconderijos
e ficam nas suas tocas.ʳ
⁹ A tempestade sai da sua câmara,
e dos ventos vem o frio.
¹⁰ O sopro de Deus produz gelo,
   e as vastas águas se congelam.ˢ
¹¹ Também carrega de umidade
   as nuvens,
e entre elas espalha
   os seus relâmpagos.ᵗ
¹² Ele as faz girar, circulando
   sobre a superfície de toda a terra,
para fazerem tudo
   o que ele lhes ordenar.ᵘ
¹³ Ele traz as nuvens,
ora para castigar os homens,ᵛ
ora para regar a sua terra²
   e lhes mostrar o seu amor.ʷ

¹⁴ "Escute isto, Jó;
pare e reflita nas maravilhas de Deus.
¹⁵ Acaso você sabe como Deus
   comanda as nuvens
e faz brilhar os seus relâmpagos?
¹⁶ Você sabe como ficam
   suspensas as nuvens,
essas maravilhas daquele
   que tem perfeito conhecimento?ˣ
¹⁷ Você, que em sua roupa
   desfalece de calor
quando a terra fica amortecida
   sob o vento sul,
¹⁸ pode ajudá-lo a estender os céus,ʸ
   duros como espelho de bronze?

¹⁹ "Diga-nos o que devemos
   dizer a ele;
não podemos elaborar a nossa defesa
   por causa das nossas trevas.
²⁰ Deve-se dizer-lhe
   o que lhe quero falar?
Quem pediria para ser devorado?
²¹ Ninguém pode olhar
   para o fulgor do sol nos céus
depois que o vento os clareia.
²² Do norte vem luz dourada;
Deus vem em temível majestade.
²³ Fora de nosso alcance
   está o Todo-poderoso,
exaltado em poder;ᶻ
mas, em sua justiçaᵃ e retidão,
   não oprime ninguém.ᵇ
²⁴ Por isso os homens o temem;ᶜ
não dá ele atenção
   a todos os sábiosᵈ de coração?³"

O Senhor Fala

38 Então o SENHOR respondeu a Jó do meio da tempestadeᵉ e disse:

² "Quem é esse que obscurece
   o meu conselho
com palavras sem conhecimento?ᶠ

---

¹ **37.7** Ou *pelo seu poder ele enche de temor todos os homens.*

² **37.13** Ou *para favorecê-los*

³ **37.24** Ou *pois ele não tem consideração por ninguém que se ache sábio.*

³ Prepare-se como simples homem;
vou fazer perguntas a você,
  e você me responderá.ᵍ

⁴ "Onde você estava quando lancei
  os alicerces da terra?ʰ
Responda-me, se é que você sabe tanto.
⁵ Quem marcou os limites
  das suas dimensões?ⁱ
Talvez você saiba!
E quem estendeu sobre ela
  a linha de medir?
⁶ E os seus fundamentos,
  sobre o que foram postos?
E quem colocou sua pedra de esquina,ʲ
⁷ enquanto as estrelas matutinas
  juntas cantavam
e todos os anjos¹ se regozijavam?

⁸ "Quem represou o mar
  pondo-lhe portas,ᵏ
quando ele irrompeu
  do ventre materno,ˡ
⁹ quando o vesti de nuvens
e em densas trevas o envolvi,
¹⁰ quando fixei os seus limitesᵐ
e lhe coloquei portas e barreiras,ⁿ
¹¹ quando eu lhe disse:
Até aqui você pode vir,
além deste ponto não;
aqui faço parar suas ondas orgulhosas?ᵒ

¹² "Você já deu ordens à manhã
ou mostrou à alvorada o seu lugar,
¹³ para que ela apanhasse a terra
  pelas pontas
e sacudisse dela os ímpios?ᵖ
¹⁴ A terra toma forma
  como o barro sob o sinete;
e tudo nela se vê como uma veste.
¹⁵ Aos ímpios é negada a sua luz,ᑫ
e quebra-se o seu braço levantado.ʳ

¹⁶ "Você já foi
  até as nascentes do mar,
ou já passeou pelas obscuras profundezas
  do abismo?ˢ
¹⁷ As portas da morteᵗ
  foram mostradas a você?
Você viu as portas das densas trevas?²
¹⁸ Você faz ideia de quão imensas
  são as áreas da terra?ᵘ
Fale-me, se é que você sabe.

¹⁹ "Como se vai ao lugar
  onde mora a luz?
E onde está a residência das trevas?
²⁰ Poderá você conduzi-las
  ao lugar que lhes pertence?
Conhece o caminhoᵛ
  da habitação delas?
²¹ Talvez você conheça,
  pois você já tinha nascido!ʷ
Você já viveu tantos anos!

²² "Acaso você entrou
  nos reservatórios de neve,ˣ
já viu os depósitos de saraiva
²³ que eu guardo para
  os períodos de tribulação,ʸ
para os dias de guerra e de combate?ᶻ
²⁴ Qual o caminho
  por onde se repartem
  os relâmpagos?
Onde é que os ventos orientais
  são distribuídos sobre a terra?
²⁵ Quem é que abre um canal
  para a chuva torrencial,
e um caminho
  para a tempestade trovejante,ᵃ
²⁶ para fazer choverᵇ na terra
em que não vive nenhum homem,
no deserto onde não há ninguém,
²⁷ para matar a sede do deserto árido
e nele fazer brotar vegetação?ᶜ
²⁸ Acaso a chuva tem pai?ᵈ
Quem é o pai das gotas de orvalho?
²⁹ De que ventre materno vem o gelo?
E quem dá à luz a geada
  que cai dos céus,ᵉ

---

¹ **38.7** Hebraico: *os filhos de Deus*.   ² **38.17** Ou *da sombra da morte*?

30 quando as águas se tornam
      duras como pedra
e a superfície do abismo se congela?[f]

31 "Você pode amarrar
      as lindas[1] Plêiades?
Pode afrouxar as cordas do Órion?[g]
32 Pode fazer surgir no tempo certo
      as constelações[2]
ou fazer sair a Ursa[3]
      com seus filhotes?
33 Você conhece as leis dos céus?[h]
Você pode determinar
      o domínio de Deus[4] sobre a terra?

34 "Você é capaz de levantar a voz
      até as nuvens
e cobrir-se com uma inundação?[i]
35 É você que envia os relâmpagos,
e eles respondem: 'Aqui estamos'?[j]
36 Quem foi que deu sabedoria[k]
      ao coração
e entendimento[l] à mente?
37 Quem é que tem sabedoria
      para avaliar as nuvens?
Quem é capaz de despejar
      os cântaros de água dos céus,
38 quando o pó se endurece
e os torrões de terra
      aderem uns aos outros?

39 "É você que caça a presa para a leoa
e satisfaz a fome dos leões[m]
40 quando se agacham em suas tocas[n]
ou ficam à espreita no matagal?
41 Quem dá alimento aos corvos[o]
      quando os seus filhotes clamam a Deus
      e vagueiam por falta de comida?[p]

39

"Você sabe quando
      as cabras[q] monteses dão à luz?
Você está atento quando a corça
      tem o seu filhote?
2 Acaso você conta os meses
      até elas darem à luz?
Sabe em que época
      elas têm as suas crias?
3 Elas se agacham,
      dão à luz os seus filhotes,
e suas dores se vão.
4 Seus filhotes crescem nos campos
      e ficam fortes;
partem, e não voltam mais.

5 "Quem pôs em liberdade
      o jumento[r] selvagem?
Quem soltou suas cordas?
6 Eu lhe dei o deserto[s] como lar,
o leito seco de lagos salgados
      como sua morada.[t]
7 Ele se ri da agitação da cidade;
não ouve os gritos do tropeiro.[u]
8 Vagueia pelas colinas
      em busca de pasto
e vai em busca daquilo
      que é verde.

9 "Será que o boi selvagem[v] consentirá
      em servir você?
E em passar a noite ao lado dos cochos
      do seu curral?
10 Poderá você prendê-lo
      com arreio na vala?
Irá atrás de você arando os vales?
11 Você vai confiar nele,
      por causa da sua grande força?
Vai deixar a cargo dele
      o trabalho pesado
      que você tem que fazer?
12 Poderá você estar certo
      de que ele recolherá o seu trigo
e o ajuntará na sua eira?

13 "A avestruz
      bate as asas alegremente.
Que se dirá então das asas
      e da plumagem da cegonha?
14 Ela abandona os ovos no chão
e deixa que a areia os aqueça,
15 esquecida de que um pé
      poderá esmagá-los,

---

[1] 38.31 Ou *as cintilantes*; ou ainda *as cadeias das*
[2] 38.32 Ou *a estrela da manhã*
[3] 38.32 Ou *o Leão*
[4] 38.33 Ou *deles*

38.30 [f]Jó 37.10
38.31 [g]Jó 9.9; Am 5.8
38.33 [h]Sl 148.6; Jr 31.36
38.34 [i]Jó 22.11; 37.3
38.35 [j]Jó 36.32; 37.3
38.36 [k]Jó 9.4 [l]Jó 32.8; Sl 51.6; Ec 2.26
38.39 [m]Sl 104.21
38.40 [n]Jó 37.8
38.41 [o]Lc 12.24 [p]Sl 147.9; Mt 6.26
39.1 [q]Dt 14.5
39.5 [r]Jó 6.5; 11.12; 24.5
39.9 [v]Jó 24.5; Sl 107.34; Jr 2.24 [t]Os 8.9
39.7 [u]Jó 3.18
39.9 [v]Nm 23.22; Dt 33.17

que algum animal selvagem
  poderá pisoteá-los.
¹⁶ Ela trata mal ʷ os seus filhotes,
  como se não fossem dela,
e não se importa se o seu trabalho
  é inútil.
¹⁷ Isso porque Deus
  não lhe deu sabedoria
nem parcela alguma de bom senso. ˣ
¹⁸ Contudo, quando estende as penas
  para correr,
ela ri do cavalo
  e daquele que o cavalga.

¹⁹ "É você que dá força ao cavalo
ou veste o seu pescoço
  com sua crina tremulante?
²⁰ Você o faz saltar como gafanhoto, ʸ
espalhando terror
  com o seu orgulhoso resfolegar? ᶻ
²¹ Ele escarva com fúria,
mostra com prazer a sua força
e sai para enfrentar as armas. ᵃ
²² Ele ri do medo e nada teme;
não recua diante da espada.
²³ A aljava balança ao seu lado,
com a lança e o dardo flamejantes.
²⁴ Num furor frenético
  ele devora o chão;
não consegue esperar
  pelo toque da trombeta. ᵇ
²⁵ Ao ouvi-lo ᶜ, ele relincha:
  'Eia!'
De longe sente cheiro de combate,
  o brado de comando
  e o grito de guerra. ᵈ

²⁶ "É graças à inteligência que você tem
  que o falcão alça voo
e estende as asas rumo ao sul?
²⁷ É por sua ordem
  que a águia se eleva
e no alto constrói o seu ninho? ᵉ
²⁸ Um penhasco é sua morada,
  e ali passa a noite;
uma escarpa rochosa é a sua fortaleza.
²⁹ De lá sai ela em busca de alimento; ᶠ
de longe os seus olhos o veem.

³⁰ Seus filhotes bebem sangue,
e, onde há mortos, ali ela está". ᵍ

40 Disse ainda o SENHOR a Jó: ʰ
² "Aquele que contende
  com o Todo-poderoso
poderá repreendê-lo?
Que responda a Deus
  aquele que o acusa!"

³ Então Jó respondeu ao SENHOR:

⁴ "Sou indigno; ⁱ
  como posso responder-te?
Ponho a mão sobre a minha boca. ʲ
⁵ Falei uma vez,
  mas não tenho resposta; ᵏ
sim, duas vezes,
  mas não direi mais nada". ˡ

⁶ Depois, o SENHOR falou a Jó
  do meio da tempestade: ᵐ

⁷ "Prepare-se
  como simples homem que é;
eu farei perguntas,
  e você me responderá. ⁿ

⁸ "Você vai pôr em dúvida
  a minha justiça? ᵒ
Vai condenar-me para justificar-se?
⁹ Seu braço é como o de Deus, ᵖ
e sua voz pode trovejar como a dele? ᑫ
¹⁰ Adorne-se, então,
  de esplendor e glória
e vista-se de majestade e honra. ʳ
¹¹ Derrame a fúria da sua ira, ˢ
olhe para todo orgulhoso
  e lance-o por terra, ᵗ
¹² olhe para todo orgulhoso
  e humilhe-o, ᵘ
esmague ᵛ os ímpios onde estiverem.
¹³ Enterre-os todos juntos no pó;
encubra os rostos deles no túmulo.
¹⁴ Então admitirei que a sua mão direita
  pode salvá-lo. ʷ

¹⁵ "Veja o Beemote¹
  que criei quando criei você

¹ **40.15** Grande animal de identificação desconhecida. Tradicionalmente *hipopótamo*.

e que come capim
   como o boi.
16 Que força ele tem em seus lombos!
Que poder nos músculos
   do seu ventre!
17 Sua cauda[1] balança como o cedro;
os nervos de suas coxas
   são firmemente entrelaçados.
18 Seus ossos são canos de bronze,
seus membros são varas de ferro.
19 Ele ocupa o primeiro lugar
   entre as obras de Deus.ˣ
No entanto, o seu Criador
   pode chegar a ele com sua espada.
20 Os montes lhe oferecemʸ
   tudo o que produzem,
e todos os animais selvagens
   brincamᶻ por perto.
21 Sob os lotos se deita,
oculto entre os juncos do brejo.
22 Os lotos o escondem à sua sombra;
os salgueiros junto ao regatoᵃ o cercam.
23 Quando o rio se enfurece,
   ele não se abala;
mesmo que o Jordão
   encrespe as ondas
   contra a sua boca,
   ele se mantém calmo.
24 Poderá alguém capturá-lo
   pelos olhos[2],
ou prendê-lo em armadilha
   e enganchá-lo pelo nariz?ᵇ

41 "Você consegue pescar com anzol
   o Leviatã[3]ᶜ
ou prender sua língua com uma corda?
2 Consegue fazer passar um cordão
   pelo seu nariz
ou atravessar seu queixo
   com um gancho?ᵈ
3 Você imagina que ele vai
   implorar misericórdia
e dizer palavras amáveis?

4 Acha que ele vai fazer
   acordo com você,
para que o tenha como escravo
   pelo resto da vida?ᵉ
5 Acaso você consegue fazer dele
   um bichinho de estimação,
como se fosse um passarinho,
ou pôr-lhe uma coleira
   para dá-lo às suas filhas?
6 Poderão os negociantes vendê-lo?
Ou reparti-lo
   entre os comerciantes?
7 Você consegue encher de arpões
   o seu couro
e de lanças de pesca a sua cabeça?
8 Se puser a mão nele,
   a luta ficará em sua memória,
e nunca mais você tornará a fazê-lo.
9 Esperar vencê-lo é ilusão;
apenas vê-lo já é assustador.
10 Ninguém é suficientemente corajoso
   para despertá-lo.ᶠ
Quem então será capaz
   de resistir a mim?ᵍ
11 Quem primeiro me deu alguma coisa,
   que eu lhe deva pagar?ʰ
Tudo o que há debaixo dos céus
   me pertence.ⁱ

12 "Não deixarei de falar
   de seus membros,
de sua força e de seu porte gracioso.
13 Quem consegue arrancar
   sua capa externa?
Quem se aproximaria dele
   com uma rédea?
14 Quem ousa abrir as portas
   de sua boca,
cercada com seus dentes temíveis?
15 Suas costas possuem[4]
   fileiras de escudos
   firmemente unidos;
16 cada um está tão junto do outro
   que nem o ar passa entre eles;
17 estão tão interligados
   que é impossível separá-los.

---

[1] **40.17** Ou *tronco*; ou ainda *tromba*
[2] **40.24** Ou *capturá-lo por meio de um açude*
[3] **41.1** Ou *monstro marinho*
[4] **41.15** Ou *Seu orgulho são suas costas*

40.19
ʸJó 41.33
40.20
ʸSl 104.14
ᶻSl 104.26
40.22
ᵃIs 44.4
40.24
ᵇJó 41.2,7,26
41.1
ᶜJó 3.8;
Sl 104.26;
Is 27.1
41.2
ᵈIs 37.29
41.4
ᵉEx 21.6
41.10
ᶠJó 3.8
ᵍJr 50.44
41.11
ʰRm 11.35
ⁱEx 19.5;
Dt 10.14;
Sl 24.1;
50.12;
1 Co 10.26

¹⁸ Seu forte sopro
    atira lampejos de luz;
seus olhos são como
    os raios da alvorada.ʲ
¹⁹ Tições saem da sua boca;
fagulhas de fogo estalam.
²⁰ Das suas narinas sai fumaça
    como de panela fervente
    sobre fogueira de juncos.
²¹ Seu soproᵏ acende o carvão,
e da sua bocaˡ saltam chamas.
²² Tanta força reside em seu pescoço
    que o terror vai adiante dele.
²³ As dobras da sua carne
    são fortemente unidas;
são tão firmes que não se movem.
²⁴ Seu peito é duro como pedra,
rijo como a pedra inferior do moinho.
²⁵ Quando ele se ergue,
    os poderosos se apavoram;
fogem com medo dos seus golpes.
²⁶ A espada que o atinge
    nada lhe faz,
nem a lança nem a flecha
    nem o dardo.
²⁷ Ferro ele trata como palha,
e bronze como madeira podre.
²⁸ As flechas não o afugentam,
as pedras das fundas
    são como cisco para ele.
²⁹ O bastão lhe parece fiapo de palha;
o brandir da grande lança o faz rir.
³⁰ Seu ventre é como caco denteado
e deixa rastro na lama
    como o trilho de debulhar.
³¹ Ele faz as profundezas se agitarem
    como caldeirão fervente
e revolve o mar
    como pote de unguento.ᵐ
³² Deixa atrás de si
    um rastro cintilante,
como se fossem
    os cabelos brancos do abismo.
³³ Nada na terra se equipara a ele:ⁿ
criatura destemida!
³⁴ Com desdém olha todos os altivos;
reina soberano
    sobre todos os orgulhosos".ᵒ

Jó

42 ²Então Jó respondeu ao Senhor:
² "Sei que podes fazer todas as coisas;ᵖ
nenhum dos teus planos
    pode ser frustrado.ᑫ
³ Tu perguntaste: 'Quem é esse
    que obscurece o meu conselho
    sem conhecimento?'ʳ
Certo é que falei de coisas
    que eu não entendia,
coisas tão maravilhosas
    que eu não poderia saber.ˢ

⁴ "Tu disseste:
'Agora escute, e eu falarei;
vou fazer perguntas,
    e você me responderá'.ᵗ
⁵ Meus ouvidos já tinham
    ouvido a teu respeito,ᵘ
mas agora os meus olhos te viram.ᵛ
⁶ Por isso menosprezo a mim mesmoʷ
e me arrependo no pó e na cinza".ˣ

Epílogo

⁷ Depois que o Senhor disse essas palavras a Jó, disse também a Elifaz, de Temã: "Estou indignado com você e com os seus dois amigos,ʸ pois vocês não falaram o que é certo a meu respeito, como fez meu servo Jó. ⁸ Vão agora até meu servo Jó, levem sete novilhos e sete carneiros,ᶻ e com eles apresentem holocaustos¹ ᵃ em favor de vocês mesmos. Meu servo Jó orará por vocês; eu aceitarei a oraçãoᵇ dele e não farei a vocês o que merecem pela loucura que cometeram. ᶜVocês não falaram o que é certo a meu respeito, como fez meu servo Jó". ⁹ Então Elifaz, de Temã, Bildade, de Suá, e Zofar, de Naamate, fizeram o que o Senhor lhes ordenara; e o Senhor aceitou a oração de Jó.

¹⁰ Depois que Jó orou por seus amigos, o Senhor o tornou novamente prósperoᵈ e lhe deu em dobro tudo o que tinha antes.ᵉ ¹¹ Todos os seus irmãos e irmãs e todos os que o haviam conhecido anteriormenteᶠ vieram

---
¹ **42.8** Isto é, sacrifícios totalmente queimados.

comer com ele em sua casa. Eles o consolaram e o confortaram por todas as tribulações que o SENHOR tinha trazido sobre ele, e cada um lhe deu uma peça de prata¹ e um anel de ouro.

¹² O SENHOR abençoou o final da vida de Jó mais do que o início. Ele teve catorze mil ovelhas, seis mil camelos, mil juntas de boi e mil jumentos. ¹³ Também teve ainda sete filhos e três filhas. ¹⁴ À primeira filha deu o nome de Jemima, à segunda o de Quézia e à terceira o de Quéren-Hapuque. ¹⁵ Em parte alguma daquela terra havia mulheres tão bonitas como as filhas de Jó, e seu pai lhes deu herança junto com os seus irmãos.

¹⁶ Depois disso Jó viveu cento e quarenta anos; viu seus filhos e os descendentes deles até a quarta geração. ¹⁷ E então morreu, em idade muito avançada.ᵍ

42.17
ᵍGn 15.15; 25.8

---

¹ **42.11** Hebraico: *1 quesita*. Uma quesita era uma unidade monetária de peso e valor desconhecidos.

PASTOREANDO EM SITUAÇÕES ESPECÍFICAS

Pastoreando os mentalmente doentes

> "Por que se dá vida àquele
>   cujo caminho é oculto,
> e a quem Deus fechou as saídas?
> Pois me vêm suspiros
>   em vez de comida;
> meus gemidos
>   transbordam como água.
> O que eu temia veio sobre mim;
>   o que eu receava me aconteceu.
> Não tenho paz,
>   nem tranquilidade, nem descanso;
>   somente inquietação."
>
> Jó 3.23-26

A doença mental toma diversas formas modernas, mas frequentemente tem o tipo de qualidade como a de Jó de se sentir "preso". Como Jó, o doente mental pode muitas vezes sentir constante pavor, medo e distúrbio em vez de tranquilidade e descanso. A vida pode se tornar complicada, confusa e completamente dolorosa para aqueles que amam alguém que é doente mental.

Felizmente, os pastores hoje têm recursos que jamais tiveram para ajudá-los a ministrar aos deficientes mentais e seus familiares. Mas, como recomendam os autores dessa seção, não tente fazer isso sozinho. Entre em contato com os profissionais de saúde mental. Quando necessário, encaminhe a pessoa para um profissional. Por outro lado, não se esqueça de que você pode e deve ter uma função na caminhada com o doente mental e assim como sua igreja. Como aconselha Amy Simpson: "Goste disso ou não, saiba que a igreja é o primeiro lugar que muitos procuram em situações de crise. Se é correto ou não, o silêncio ou a rejeição da igreja parece rejeição de Deus. Não podemos continuar nos afastando dos mais vulneráveis que vivem entre nós. Está na hora de fazer parte da solução.".

PASTOREANDO EM SITUAÇÕES ESPECÍFICAS

A reação da igreja à doença mental
Amy Simpson

Em geral, a igreja tende a lidar com o doente mental de uma de três maneiras: ignorá-lo, tratá-lo exclusivamente como problema espiritual ou simplesmente encaminhá-lo para profissionais competentes.

Não ignore o doente mental
Quando o ignoramos, comprometemos nossa responsabilidade de ser Igreja, de expressar compaixão, mansidão, humildade, bondade e paciência (Colossenses 3.12). Comunicamos a mensagem de que a nossa fé não é grande o suficiente para lidar com problemas que não entendemos. A doença mental realmente suscita perguntas desafiadoras, mas essas perguntas não ameaçam Deus. E elas não são incompatíveis com a teologia cristã — toda criação, incluindo a nossa mente, geme sob o peso do nosso pecado. Os nossos sermões, orações e conversões precisam mostrar que a nossa fé não fracassa diante da doença mental, nem a doença mental indica que Deus abandonou a pessoa que está sofrendo (Romanos 8.35-39).

Não trate a doença mental apenas como problema espiritual
Entretanto, quando tratamos da doença mental só como problema espiritual, recomendando que a pessoa tenha mais fé ou se dedique mais à oração, estamos dizendo, na verdade, que as pessoas que sofrem não estão qualificadas para receber a graça de Deus. Somos como os fariseus, que não praticavam o que ensinavam. Nosso corpo, mente e espírito estão interconectados de maneiras tão misteriosas que não conseguimos decifrar. Doenças mentais são condições reais, tratáveis e controláveis, causadas por fatores genéticos, biológicos ou ambientais, ou uma combinação dos três. Negar ou desencorajar a intervenção médica e psicológica é tão cruel quanto negar tratamento por um braço quebrado ou um caso de diabetes.

Não abandone o doente mental aos profissionais
Ao mesmo tempo, quando encaminhamos as pessoas a profissionais sem as acompanhar com amor e aceitação, nós as abandonamos a um sistema que não lhes oferece o que esperamos que ofereça. A igreja deve encaminhar pessoas a professionais da área em questão, mas deve também se comunicar com esses profissionais e oferecer amizade e amor às pessoas que sofrem. Com a permissão por escrito da pessoa que está em tratamento, conselheiros e outros profissionais podem conversar com líderes da igreja sobre as maneiras de apoiar o processo de cura de uma pessoa. Os líderes podem fazer perguntas para melhor compreender a doença e saber reagir a seus sintomas.

Estes são alguns modos simples de como os líderes de uma igreja podem apoiar o doente mental:

- *Converse sobre o assunto*. Todo ano, mais de 25% da população adulta dos EUA sofre de uma doença mental diagnosticável — e a maioria sofre em silêncio e humilhada.

Pastoreando os mentalmente doentes

- **Crie uma rede**. Encontre profissionais de diversas especialidades. Desenvolva relacionamentos com eles, peça conselhos e prepare-se para fazer parcerias quando alguém precisar de cuidados especiais.
- **Cultive amizades**. As pessoas afetadas por uma doença mental precisam de amigos que não as abandonem quando estão com os sintomas. Peça a pessoas maduras e compassivas para acompanhar os que sofrem de doença mental numa espécie de ministério individual.
- **Seja exemplo de saúde**. Estabeleça — e preserve — limites pessoais saudáveis para a sua própria saúde mental e emocional. Quando alguém exigir de você mais do que você pode dar, explique com gentileza e firmeza porque você não pode ajudá-lo. Quando alguém se comporta de modo inapropriado ou põe outros em perigo, mostre-lhe claramente que aquilo não está correto.
- **Esteja disponível durante o tratamento**. Visite o hospital. Ofereça uma refeição. Ofereça ajuda para pagar medicamentos. Pergunte sobre como está indo o tratamento. Ministre a pessoas com doença mental do mesmo jeito que ministra as pessoas que estão se recuperando de cirurgia ou sofrendo com tratamento de câncer.
- **Consulte os profissionais da área**. Peça permissão aos membros doentes mentais da sua congregação para conversar com os seus conselheiros e médicos a fim de que você saiba como oferecer apoio adequado.
- **Acompanhe a situação regularmente**. Pergunte aos enfermos se eles estão tomando os remédios, tendo contato com amigos, controlando os sintomas. Principalmente se a pessoa deu permissão para você conversar com conselheiros ou médicos, acompanhe o caso a fim de prestar contas e mostrar que você se importa com a pessoa.

Saiba que a igreja é o primeiro lugar que muitos procuram em situações de crise. O silêncio ou a rejeição da igreja parece rejeição de Deus. Não podemos continuar nos afastando dos mais vulneráveis que vivem entre nós. Está na hora de fazer parte da solução.

Como pastorear os mentalmente doentes
Amy Simpson

De acordo com o órgão da Organização Mundial da Saúde, 400 milhões de pessoas em todo o mundo sofrem de doenças e transtornos mentais. Nos Estados Unidos, de acordo com o Instituto Nacional de Doenças Mentais, 26,2% dos americanos acima de 18 anos de idade — um em cada quatro adultos — "sofrem de desordem mental diagnosticável". Isso significa *mais de 50 milhões de pessoas*. No Brasil, de acordo com dados de 2010 da Associação Brasileira de Psiquiatria, 23 milhões de pessoas precisaram de atendimento em saúde mental.

Doenças mentais graves são menos comuns, mas estão presentes em 3% da população brasileira. Os medicamentos antipsicóticos representam no Brasil 44% das vendas de todos os medicamentos controlados. Se a sua igreja retrata a típica população brasileira, pelo

PASTOREANDO EM SITUAÇÕES ESPECÍFICAS

menos 12% dos adultos presentes no culto de domingo estão sofrendo de alguma forma de transtorno mental, e muitos estão sob o efeito de medicamentos antipsicóticos.

O doente mental pode se sentir à margem da sociedade, mas, na verdade, ele faz parte da tendência da maioria. Com os medicamentos disponíveis atualmente — e futuros avanços da indústria farmacêutica — doenças mentais podem ser tratadas e administradas eficazmente para a maioria das pessoas; contudo, raramente se discute a doença mental abertamente e de forma madura na igreja.

Se você deseja que a sua igreja seja mais fiel e eficaz em ministrar aos doentes mentais, o que você pode fazer além de encaminhar as pessoas aos profissionais? Aqui estão nove sugestões.

Não tache a doença mental

Temos a tendência de ver a doença mental como algo sobre o qual não temos qualificação para tratar; por isso, nós a ignoramos. Mas, quando alguém tem uma doença física, a igreja não ignora a pessoa que está sofrendo, ainda que ela esteja sob os cuidados de um médico. O doente mental e sua família também precisam de cuidado pastoral e do amor de uma comunidade cristã.

Faça um esforço deliberado para livrar a igreja do estigma e da humilhação que estão associados à doença mental. Fale sobre o assunto. Reconheça a luta de pessoas que você conhece e sua própria luta, se for o caso. Entre em contato com organizações locais para saber como a igreja pode servir melhor de apoio ao doente mental. Caso necessário, arrependa-se particularmente ou até publicamente pela maneira com que a igreja tem tratado a doença mental.

Não espiritualize demais a doença mental

Para alguns cristãos, todo problema e toda solução devem ser espirituais. Nesse ambiente, a doença mental é evidência de falta de fé. Intervenções médicas e psiquiátricas são consideradas suspeitas. Quando "só ter fé e orar" não parece ser suficiente, as pessoas desistem e o doente mental é humilhado, ficando, assim, ainda mais isolado.

Fale publicamente sobre a doença mental

Quando foi a última vez que você mencionou a doença mental em um sermão ou aula? Você já discutiu as questões teológicas difíceis que surgem sobre a doença mental? Sua igreja é uma comunidade de pessoas imperfeitas que crescem no relacionamento com um Deus que não é confundido nem ameaçado por essas imperfeições? Ou sua igreja, sem se dar conta, comunica a mensagem de que é um lugar apenas para os mentalmente saudáveis? Você pode tornar sua igreja num lugar apropriado e acolhedor para aqueles que lutam com sua saúde mental falando abertamente sobre o assunto. É preciso ter cuidado: nada de piadas de "loucos" ou "psicopatas". Não levar a sério a doença mental aliena ainda mais os que sofrem e reforça o estigma e humilhação associados à doença mental.

Encoraje relacionamentos e faça perguntas

Eu perguntei aos meus pais, que tiveram de lidar com a doença mental da minha mãe, o que a igreja fez de correto ao cuidar deles. Ambos ressaltaram os relacionamentos francos

Pastoreando os mentalmente doentes

e genuínos que tiveram. Os pequenos grupos foram para eles como cordas de salvamento, principalmente quando eles puderam falar abertamente sobre suas lutas, mencionar a atividade terapêutica e relacionar suas experiências com a Bíblia.

Meus pais também mencionaram como é útil quando os curiosos fazem perguntas, aprendem sobre suas experiências e procuram pontos de identificação. Perguntas como: "Como é estar sob o efeito de medicação?" ou "Como é participar de terapia de grupo?" podem parecer inoportunas, mas, para a minha mãe, essas perguntas abriam portas para uma conversa genuína e traziam alívio ao sentimento de isolamento. Uma vez que refletem suas experiências cotidianas, é fácil para ela conversar sobre o assunto quando alguém demonstra interesse.

Relacionamentos genuínos são insubstituíveis. Encoraje ministérios de relacionamentos sinceros na sua igreja para que, ao surgirem lutas e crises referentes a saúde mental, os que sofrem tenham amigos para ajudá-los a enfrentar a situação.

Ofereça ajuda
Você precisa estar realmente disposto a ajudar se alguém comunica uma necessidade específica. Nem sempre as pessoas que estão em crise têm consciência do que precisam, mas às vezes elas têm, e muitas vezes sentem que não há ninguém disponível ou disposto a ajudar. Você não precisa ser um profissional da saúde mental, mas há diversas maneiras de ajudar — organizar uma escala para preparar e levar refeições, visitar alguém num hospital psiquiátrico, dar carona ou cuidar das crianças. Esteja principalmente atento às pessoas que estão cuidando ou vivendo com uma pessoa mentalmente enferma. Elas provavelmente estão em melhores condições de comunicar o que realmente está acontecendo e o que os enfermos precisam, e assim, como qualquer pessoa que ama e se importa com os que sofrem, elas mesmas podem estar sofrendo.

Esteja presente
Parece simples, mas é eficaz. Quando alguém está lutando contra uma doença mental e quando a família da pessoa está em crise, há um sentimento de caos total como se a terra tivesse saído de sua órbita. Eles precisam de algo estável para ajudá-los a manter a fé. Um pastor que se recusa a abandonar uma família em crise demonstra vigorosamente que Deus não os abandonou. Torne-se coerentemente disponível, mesmo que você não saiba exatamente o que pode fazer para ajudar.

Irradie aceitação
Nunca rejeite uma pessoa ou família em crise. Seja a pessoa que representa o amor persistente e confiante de Cristo, recusando-se a se afastar pelo que você não entende. Não os abandone só porque você encaminhou a pessoa a um profissional de saúde mental. Como outros em crise, as pessoas afetadas por doença mental sabem que você se importa.

Procure tratar as pessoas com doença mental como você trataria alguém que sofre de artrite ou diabetes. Faça perguntas: "Você está conseguindo lidar com a sua enfermidade? Está cuidando de si? A família está com saúde?" Um diagnóstico ou hospitalização não muda o que a pessoa é; apenas muda a sua percepção sobre o que a pessoa necessita.

PASTOREANDO EM SITUAÇÕES ESPECÍFICAS

Estabeleça limites e preserve-os
Só porque alguém está mentalmente doente, não relaxe os padrões morais, a teologia bíblica ou uma conduta respeitável da sua comunidade. Negligenciar comportamento ou convicções inapropriadas é arrasador para sua congregação e não contribui em nada para o doente mental.

A despeito de como reagem às expectativas sociais, os doentes mentais não precisam de estruturas e limites para crescer em independência, compreensão e administração da própria doença. Precisam de pessoas saudáveis em torno deles para lhes dar retorno objetivo e oferecer exemplos de saúde mental. Ajude-os a buscar e manter saúde insistindo em preservar uma comunidade saudável em torno deles. Expresse expectativas em comum aberta e amavelmente, e apegue-se a elas com perseverança.

Reconheça quando a situação for demais para você
Às vezes será preciso chamar um profissional para lidar com uma crise imediata ou oferecer cuidado em longo prazo. Se você suspeita que alguém na congregação está sofrendo com uma doença mental, encaminhe a pessoa a um terapeuta profissional ou psiquiatra. Monte e mantenha uma lista de profissionais confiáveis e suas respectivas especialidades: desde depressão e transtorno alimentar até casos de transtorno bipolar e esquizofrenia. Desse modo, você terá uma indicação à mão quando alguém da igreja precisar.

Naturalmente, se alguém na igreja estiver em perigo ou pondo outra pessoa em perigo, ligue para o serviço de emergência. Essa não é uma situação para você ou sua congregação lidar, é um caso de polícia. Depois que todos estiverem seguros, você poderá dar o devido encaminhamento e oferecer cuidado pastoral.

Peça ajuda quando tiver com dificuldades
Se você ou algum membro da família estiver tendo dificuldades com a saúde mental, procure ajuda profissional. Você não será capaz de ministrar de modo eficaz à igreja sem tratar das suas próprias necessidades. Além disso, a prioridade do seu ministério é a família que Deus lhe deu e confiou.

Ajudando as famílias dos mentalmente doentes
Amy Simpson

Eu tinha quatorze anos quando a minha mãe sofreu o primeiro surto psicótico. Ela tinha demonstrado sintomas de doença mental durante muito tempo, mas, até aquele dia, nós não tínhamos noção da natureza ou magnitude de seu problema. E *era* realmente problemático — a esquizofrenia não pediu licença para entrar; ela arrombou a porta e se acomodou como um visitante inesperado, indesejado e violento que se recusava a ir embora.

Minha família tentou de tudo para entender e se adaptar ao que tinha acontecido com a *minha mãe, mas era demais* para nós. Sua doença avançava e retrocedia, sempre pegando-nos de surpresa com algumas novas expressões dos sintomas. Nós sempre a recebíamos

Pastoreando os mentalmente doentes

de volta depois de um delírio ou internação hospitalar, e não demorava muito para que entrasse em uma nova crise. Nós cuidávamos do profissional da saúde, preocupando-nos com coisas que não entendíamos, perdendo-nos no labirinto do cuidado da saúde mental, e desejando desesperadamente voltar à normalidade. Precisávamos de ajuda, mas não sabíamos onde recorrer. Além de tudo isso, a última coisa de que precisávamos era humilhação e rejeição, mas foi exatamente isso que recebemos. Como, então, a igreja pode ajudar aqueles que precisam dela desesperadamente?

Entenda o estigma da doença mental

A doença mental é terrivelmente estigmatizada na nossa sociedade, e as pessoas que estão sofrendo sentem instintivamente que devem permanecer em silêncio. Esse estigma não se limita a pessoas com doenças mentais; ele se estende às famílias dos enfermos, pois sofrem as consequências relacionadas à enfermidade. Na minha família, aprendemos a não conversar sobre o que estava acontecendo em casa.

A rejeição ocorreu quando as pessoas que não sabiam o que estava acontecendo se distanciaram de nós. Amigos que podiam ter ajudado expressando uma simples palavra de aceitação ignoraram o nosso desespero ou até evitaram contato com os olhos. A igreja, que deveria ter nos ajudado, foi omissa e assumiu a posição de não envolvimento. Sentimo-nos completamente sozinhos.

Mas nós não estávamos sozinhos. Muito pelo contrário. Todo ano, um pouco mais de 25% dos adultos nos Estados Unidos sofrem de uma doença mental diagnosticável.[1] Isso significa quase 12 milhões de pessoas. Entre crianças, de acordo com o cirurgião-geral dos EUA, todo ano cerca de 20% são, pelo menos, levemente afetados por algum tipo de doença mental diagnosticável. De 5-9% das crianças entre 9 e 17 anos têm um "grave distúrbio emocional".[2] Isso significa de 3 a 7 milhões de crianças em grave situação — e milhões de famílias em crise. No Brasil, cerca de 12% das crianças e adolescentes entre 6 e 17 anos de idade apresentam sintomas de algum tipo de transtorno mental.[3]

Doenças mentais incluem desde depressão e transtornos de ansiedade até transtorno bipolar, esquizofrenia e todos os demais transtornos relacionados. Todas as formas de doença mental, não importa a gravidade, causam crise nas famílias dos que estão enfermos. Com um sistema de cuidado mental disfuncional e as leis de privacidade que frequentemente impedem o acesso dos familiares a informações de que eles tanto precisam, muitas famílias são deixadas no escuro mesmo durante o tratamento dos que estão enfermos. Para onde elas poderão recorrer? Muitas vezes é na igreja que muitas pessoas procuram ajuda para todo tipo de problema.

As igrejas não podem ignorar a doença mental e o sofrimento que ela causa. Entretanto, a igreja nem sempre sabe como ajudar. Mesmo quando está concentrada em ajudar alguém doente, às vezes negligencia a família do enfermo. Estes são alguns modos por meio dos quais você pode atuar em favor das famílias atingidas por uma doença mental:

[1] Statistics. **National Institute of Mental Health**. Disponível em: <http://www.nimh.nih.gov/statistics/index.shtml>.
[2] Epidemiology of Mental Illness. **Mental Health: A Report of the Surgeon General** (1999). Disponível em: <http://www.surgeongeneral.gov/library/mentalhealth/chapter2/sec2_1.html>.
[3] Dados da Associação Brasileira de Psiquiatria. Disponível em: <http://www.abp.org.br/medicos/pesquisas/>.

PASTOREANDO EM SITUAÇÕES ESPECÍFICAS

Resista ao estigma
Atitudes em relação à doença mental não mudarão até que pessoas saudáveis as discutam abertamente e sem constrangimento. Ajude sua congregação mencionando-a em sermões, discutindo sobre o tema em estudos bíblicos e orando publicamente por aqueles que são afetados (sem quebrar a privacidade de pessoas específicas). Recuse-se a tolerar piadas ou comentários cruéis sobre pessoas com doença mental. Trate como se fosse qualquer outra enfermidade, todas as quais procedem da nossa infame condição de pecadores em rebeldia contra Deus.

Forme uma rede de contatos
Crie uma lista de conselheiros, grupos de apoio e instituições de saúde comportamental. Comece com profissionais que pertençam a sua congregação, terapeutas cristãos, e a Associação Brasileira de Saúde Mental (ABRASME) ou o Corpo de Psicólogos e Psiquiatras Cristãos (CPPC). Utilize essa lista para ajudar as famílias a encontrar ajuda.

Informe-se
Leia sobre o sistema de atendimento para a saúde mental. Procure conhecer o sistema com alguém de sua congregação. Faça perguntas e procure entender o que eles passam. Depois, esteja preparado para ajudar outra pessoa a fazer o mesmo.

Faça o que você sempre fez
Famílias em crise de saúde mental precisam do mesmo cuidado que outras pessoas que passam por dificuldades: visita no hospital, preparo de refeição, caronas e oferecimento de ajuda.

Ajude com as despesas
Ajude essas famílias com o custo de medicação e hospitalização, ou ajude financeiramente quando um membro da família tiver de se ausentar do trabalho ou houver perdido o emprego.

A ajuda mais eficaz que você pode oferecer é a sua presença. Pela graça de Deus, recuse-se a ter medo ou ser afastado das famílias em crise. Assegure-lhes o amor de Deus e a certeza de que ele não os abandonou (Romanos 8.35-39). Tenha paciência com as lutas constantes. A maioria das enfermidades mentais é tratável e administrável, contudo, raramente é curada. As famílias precisarão da sua ajuda por muito tempo. Lembre-se de que, como representante de Cristo e de sua Igreja, o seu apoio em amor falará muito mais alto sobre quem Deus é e como ele ama todos nós.

Questão espiritual, psicológica ou demoníaca?
Archibald D. Hart

Em algum momento, todo pastor terá de diagnosticar, pelo menos preliminarmente, o problema de uma pessoa perturbada. Essa pessoa precisa ter o novo nascimento em Cristo, uma

Pastoreando os mentalmente doentes

intervenção sobrenatural ou um aconselhamento? O problema é espiritual, demoníaco ou psicológico? A aplicação equivocada de uma solução espiritual pode postergar o tratamento apropriado de um grave transtorno mental. Da mesma forma, aceitar exclusivamente tratamentos psicológicos para problemas espirituais pode ser danoso e perigoso para a alma. Estes são alguns princípios-chave para decidir como lidar com o cerne do problema de alguém.

Reconheça que os problemas são complexos

Por exemplo, raramente alguém chega à idade adulta sem carregar alguma cicatriz psicológica. Até mesmo famílias cristãs podem ser gravemente disfuncionais e gerar ansiedade. O abuso pode tomar diversas formas. O divórcio ou a falha do cuidado dos pais — negligência, demasiada permissividade ou repressão exagerada — podem provocar sérios danos psicológicos.

Mais adiante na vida, essas cicatrizes podem interferir no desenvolvimento espiritual da pessoa impedindo uma experiência livre e desimpedida com Cristo. Um pastor que está aconselhando alguém nessa situação precisa de muita sabedoria para corrigir essas distorções. O dano psicológico precisa ser curado e, embora algumas vezes Deus intervenha de modo extraordinário para eliminar essas cicatrizes, outras vezes essa intervenção sobrenatural não acontece.

Nesses casos, é prejudicial achar precipitadamente que o problema é demoníaco. Atribuir falsamente problemas emocionais a demônios acarreta graves consequências. Em primeiro lugar, tira a responsabilidade da pessoa de reconhecer e confessar seu pecado. Em segundo, dá inadequadamente mais força a Satanás. E, o mais importante, retarda o início de um tratamento adequado.

Do mesmo modo, retardar o tratamento de uma doença mental como a esquizofrenia pode também diminuir significativamente a probabilidade de o enfermo voltar à normalidade. A esquizofrenia é uma doença física. Por manifestar sintomas estranhos, é frequentemente confundida com possessão demoníaca. Ela pode ser controlada (e até curada) com medicação. Qualquer demora em administrar a medicação correta no tratamento da esquizofrenia pode afetar a recuperação permanente do paciente. O diagnóstico errado pode ter graves consequências.

Registre cuidadosamente o histórico da pessoa

A maioria dos pastores não está preparada para fazer um levantamento detalhado da história de vida dos membros da igreja, mas isso é vital para que não deixem de ver a raiz de um possível problema. O histórico deve incluir o seguinte:

Detalhes sobre a origem familiar
- História de padrões disfuncionais na família.
- História de doenças mentais na família.

História do problema atual
- Quando foi a primeira vez que ocorreu; com que frequência ocorre.
- Mudanças que vêm ocorrendo.

PASTOREANDO EM SITUAÇÕES ESPECÍFICAS

História de experiência e prática espiritual
- Experiência de conversão — quando, onde e como?
- Padrões de desenvolvimento espiritual desde a conversão

Um histórico detalhado deve fornecer um quadro claro dos problemas da pessoa, como começaram e o contexto do problema.

Intervenha primeiro no nível mais óbvio

Talvez este seja o princípio-chave para determinar se o problema vem da necessidade de crescimento espiritual, saúde emocional ou libertação demoníaca. Comece tentando explicar o problema em termos mais naturais e óbvios. Em outras palavras, trate dos sintomas básicos primeiro e, depois, prossiga para os sintomas mais complexos.

Por exemplo, um homem pode estar se comportando de maneira estranha, vendo coisas ou ouvindo vozes que ninguém mais vê ou ouve. A primeira intervenção é encaminhá-lo a um profissional competente que tratará esses comportamentos estranhos e as alucinações. Enquanto a pessoa é submetida ao tratamento para esse tipo de comportamento, talvez você possa aconselhá-la a dar passos em direção a um compromisso cristão e encorajá-la a "aceitar" o convite de Cristo. Naturalmente, o tratamento profissional deverá vir antes da orientação espiritual simplesmente porque a doença precisa estar sob controle para que a pessoa possa compreender adequadamente as questões espirituais.

Um segundo exemplo pode envolver membros que tenham história de doença mental na família. Novamente, parta inicialmente da explicação mais básica — de que essa pessoa esteja sofrendo do mesmo padrão familiar de doença mental. Fatores genéticos afetam decisivamente graves transtornos mentais. A não ser que você tenha formação em psicopatologia, a medida mais responsável que você pode tomar é encaminhar a pessoa a um psicólogo ou psiquiatra para fazer um diagnóstico.

Considere a possibilidade de causas sobrenaturais

Depois de descartar o óbvio, ou se os sintomas são tão estranhos a ponto de descartar qualquer causa natural, então talvez você possa investigar diretamente fatores sobrenaturais. As características de possessão demoníaca nem sempre são fáceis de discernir, mas quem tem extensa experiência com o tratamento de possessão procura os seguintes sinais:

- *A manifestação de uma personalidade diferente*. A voz e as expressões da pessoa mudam, e ela começa agir e falar como se fosse outra pessoa. Entretanto, isso também acontece em "transtornos de múltiplas personalidades", um grave problema psicológico associado a abuso infantil. Somente um profissional com formação em psicologia saberá perceber a diferença.
- *Falta notável de calor humano*. A pessoa endemoninhada parece estéril e vazia, falta-lhe empatia.
- *Repulsa marcante a símbolos cristãos*. A cruz, a Bíblia e outros símbolos cristãos tornam a pessoa endemoninhada extremamente incomodada. Entretanto, muitos

Pastoreando os mentalmente doentes

esquizofrênicos também demonstram essa reação; por isso, esse sinal por si mesmo não é evidência de possessão.
- **Fenômeno físico**. Muitos dos que ministram a pessoas possessas descrevem um mau cheiro inexplicável, temperaturas geladas, objetos voando, e uma "pele esticada suave".[1]
- **Mudança de comportamento**. A vítima tem "gravidade de endemoninhado" — em outras palavras, ou não pode se mexer fisicamente, ou consegue levitar.

Obviamente, a possessão demoníaca não é tão comum quanto se supõe, e muitas das supostas possessões podem ser explicadas por fatores naturais. Um caso de possessão demoníaca somente é diagnosticado depois de se eliminar as causas óbvias do problema.

Algumas palavras de cautela:

- **Nunca tente diagnosticar sozinho as causas sobrenaturais**. Sempre procure a corroboração de outros e submeta-se ao discernimento da comunidade.
- **Lembre-se de que muitos especialistas acreditam que a possessão geralmente não se manifesta por meio de um comportamento estranho**. Satanás é mais criativo do que se pensa; talvez você tenha que investigar outras causas.
- **Problemas psicológicos ou psicossomáticos acompanham casos complicados de possessão**. Esses problemas também podem exigir tratamento.

Apesar de Jesus instruir seus seguidores a lidar com demônios (veja Lucas 9.1,2), não há nenhuma determinação para que se procurem os demônios. Em outras palavras, evite preocupar-se com essas causas. Enfatize, em vez disso, a vitória e proteção que temos em Cristo.

Considere a necessidade da regeneração

Um dos grandes obstáculos ao aconselhamento ou psicoterapia é que nenhum deles trata diretamente com o problema central da existência humana: a nossa alienação de Deus. Sem a regeneração que Deus efetua em nosso ser, todo esforço humano de melhorar a qualidade de vida (mental ou psicológica) é limitado. O diagnóstico pastoral sempre precisa verificar se houve ou não a regeneração. Essa é uma tarefa que envolve o cuidado pastoral e a evangelização.

Durante o distúrbio emocional as pessoas estão mais abertas a intervenções espirituais. O pastor que estiver cuidando do caso pode cautelosamente sugerir modos de o paciente experimentar a renovação por meio da graça de Deus. Regeneração significa literalmente "gerar de novo," e somente depois que o cerne (ou "coração") é regenerado é que o aconselhamento ou psicoterapia poderá fazer uma diferença significativa. A terapia ou o aconselhamento não cumprem o papel da graça; apenas auxiliam no processo.

Não demore em encaminhar alguém

Sempre que algum problema for complicado ou estiver além de sua capacidade e seu preparo profissional, encaminhe a pessoa a um especialista.

---

[1] Veja a obra de Malachi MARTIN, **Hostage to the Devil** [Refém do Diabo].

PASTOREANDO EM SITUAÇÕES ESPECÍFICAS

Como ministrar a alguém com TEPT (Transtorno de estresse pós-traumático)
Gregory L. Jantz

TEPT (Transtorno de estresse pós-traumático) é uma reação a eventos traumáticos ou acontecimentos em que o estresse, o medo e a ansiedade continuam sendo experimentados mesmo que já não exista uma ameaça. Embora seja normal que as pessoas reflitam sobre o que ocorreu ou tenham problemas de sono logo após ter ocorrido algo traumático, o TEPT ocorre quando esse sentimento de ameaça e perigo imediatos continua a se manifestar durante várias semanas ou mesmo anos após o trauma.

O evento ou acontecimentos traumáticos que causam o TEPT podem ocorrer de diversas formas. Pode ocorrer como trauma pessoal intenso, como ataque físico ou estupro. O TEPT também pode ser causado por um trauma coletivo, como um desastre natural ou ataque terrorista. O trauma pode estar ligado a um único acontecimento grave ou a uma sequência de traumas que se estende por um período. Uma pessoa pode experimentar o TEPT por ameaça, dano ou morte inesperada de um familiar. Quanto mais ameaçador for o trauma no nível pessoal, maior a probabilidade de se desenvolver o TEPT. Eis algumas diretrizes importantes a serem seguidas ao se ministrar a pessoas afetadas por um TEPT.

Entenda os sintomas e efeitos do TEPT
Pessoas que estão passando por um TEPT normalmente demonstram um conjunto dos seguintes sintomas e/ou efeitos:

- **Revivem o trauma por meio de flashbacks, pesadelos ou temores**. O *flashback* leva a pessoa aos lugares, sons, cheiros e sentimentos que marcaram o trauma original. Trata-se de algo imediato e instigante que transporta a pessoa do presente ao passado, e é acompanhado de sintomas físicos completos como suor, taquicardia e hiperventilação. O *flashback* pode ocorrer durante o sono como pesadelo, provocando dificuldade em dormir ou manter o sono. Pensamentos de temor podem ocorrer quando se está acordado, provocando ansiedade e pavor. O TEPT também pode se manifestar por fatores exteriores que lembram o trauma ou como resultado dos próprios pensamentos do indivíduo.
- **Usam a fuga como meio de lidar com temores e lembranças indesejadas**. Pessoas que sofrem de TEPT evitam sentimentos e tornam-se emocionalmente insensíveis. Em geral, evitam pessoas, lugares ou objetos que possam desencadear um *flashback* e evitam conscientemente pensar sobre o trauma.
- **Mantém um estado de alerta máximo**. Pessoas com TEPT são hipersensíveis (ou facilmente assustadas) a movimentos e sons; elas estão constantemente no limiar, entre estar alertas e tensas. Elas reagem exageradamente a situações com atitudes *defensivas*, hostilidade ou fúria.
- **Usam álcool ou droga para se automedicar contra a dor do trauma passado**.

- *Sentem-se deprimidas e têm dificuldades para trabalhar ou estudar, realizar tarefas diárias ou conviver com outras pessoas.*

Procure modos práticos de ajudar alguém com TEPT

- *Seja um ouvinte.* Pessoas que sofrem de TEPT precisam de um ouvinte, não de um pregador, alguém que concorde em caminhar com elas o caminho da dor e do trauma.
- *Seja paciente.* O TEPT não é uma ferida física; é uma ferida psíquica que exige tempo para ser curada.
- *Seja empático.* A pessoa talvez já se sinta isolada, cercada por um inimigo que ninguém vê. Procure entender o que a pessoa sente e experimenta, sem julgar se você poderia ou não ter reagido da mesma forma.
- *Seja calmo.* A pessoa já está em um estado de grande agitação e poderá se nutrir do seu estresse.
- *Seja prático.* Procure sugerir ações concretas que a pessoa pode realizar para lidar com a situação, tais como:
  - *Memorizar as Escrituras.* Juntos, escolham um ou dois versículos que possam ser recitados para amparar a pessoa no amor e poder de Deus.
  - *Memorizar uma oração.* Juntos, escrevam uma breve oração em três partes, reconhecendo os atributos de Deus mais relevantes aos temores da pessoa, especificando o tipo de ajuda necessária e terminando com uma declaração de confiança na habilidade de Deus em ouvir e responder à oração.
  - *Memorizar um cântico.* A música tem um modo próprio de ministrar num nível profundo não verbal. Ajude a pessoa a escolher um cântico que lhe acalme a alma.
  - *Memorizar verdades.* O TEPT usa o sofrimento do passado para distorcer a verdade do presente. Juntos, escrevam três ou quatro afirmações que ajudem a pessoa a manter-se no presente, como "Deus é capaz de me manter seguro.".
- *Seja apoiador.* Uma das principais marcas de alguém que tem TEPT é o sentimento de abandono. Quem tem TEPT não consegue enxergar além da crise do momento. Você pode ajudar lembrando a pessoa do amor, do poder e da presença constantes de Deus. Encoraje a pessoa a procurar maneiras pelas quais Deus pode resgatá-la das experiências do passado, incluindo ajudar outros a se recuperar de situações semelhantes.
- *Faça parte de uma equipe.* TEPT pode ter consequências além de sua capacidade de tratar. O ideal é que você faça parte de uma equipe que inclua profissionais médicos e de saúde mental. Encoraje a pessoa a usar serviços profissionais adequados para agregar ao seu aconselhamento espiritual.
- *Esteja você mesmo preparado.* Ministrar a alguém com TEPT pode significar reviver os traumas dessa pessoa. Quanto mais empático, compassivo e conectado você estiver com a pessoa, mais poderá ser afetado. Consequentemente, você poderá se surpreender com o surgimento de um sofrimento inesperado do seu próprio passado. Procure alguém de confiança a quem possa recorrer, alguém que poderá ajudá-lo a entender as suas reações ao que ouve, experimenta e revive. Acima de tudo, continue orando, não apenas pela pessoa, mas também por você mesmo.

PASTOREANDO EM SITUAÇÕES ESPECÍFICAS

Saiba o que evitar ao ajudar alguém com TEPT

- *Evite comparações imediatas*. Quando alguém começa a recontar um acontecimento traumático, há a tentação de que o conselheiro se identifique relatando experiências semelhantes. Geralmente se faz isso com a melhor das intenções, mas a pessoa com TEPT já sente enorme culpa por não conseguir viver como as demais pessoas. Tal comparação pode despertar mais sentimento de culpa e falta de valor. Deixe inicialmente que a dor da pessoa se manifeste e seja respeitada sem comparações. Pode haver um momento, à medida que o relacionamento se aprofunda, em que você compartilhará experiências — não como comparação, mas como forma de encorajar — que a pessoa estará pronta para escutar.
- *Evite indivíduos física ou verbalmente violentos*. Você não precisa nem está preparado para ajudar todas as pessoas. Há indivíduos com TEPT que ficam agressivos ou violentos com os espasmos de lembrança traumática e com a frustração de suas consequências. Se você se deparar com alguém assim, encaminhe-o a profissionais e o assegure do seu apoio em oração, mas deixe claro que há outras pessoas mais bem preparadas para lidar com tal situação.

Como pastorear alguém que sofre de transtorno alimentar
Margaret Nagib

O transtorno alimentar afeta 10 milhões de mulheres e um milhão de homens *somente* nos Estados Unidos. Anorexia e bulimia são graves desordens que destroem vidas podendo até causar a morte. Mais pessoas morrem todo ano de anorexia do que qualquer outra doença mental, incluindo depressão. Essas desordens são igualitárias, o que significa que afetam pessoas de toda idade, cultura, grupo étnico, classe socioeconômica e religião. Ninguém está imune — e, em todos os casos, os transtornos alimentares roubam os indivíduos de sua identidade divina, alegria e propósito na vida.

Apesar de os sintomas ocorrerem de forma contínua desde pensamentos e padrões desordenados até condições desenvolvidas e diagnosticáveis, pessoas com transtorno alimentar frequentemente sofrem em silêncio. Medo intenso em relação a comida e controle de peso aliado a uma incapacidade de controlar a própria vida criam um profundo senso de vergonha da própria identidade. Esse sentimento negativista afeta a habilidade da pessoa em receber amor dos outros, de si mesmo e até de Deus. Veja a seguir alguns modos de pastorear alguém que sofre de transtorno alimentar:

Valorize o seu papel de ajudar

O constrangimento é fator-chave no desenvolvimento e perpetuação de crenças distorcidas e comportamentos destrutivos associados a transtornos alimentares. Portanto, alguém que *sofre de transtorno alimentar* precisa de muita coragem para procurar ajuda. Por isso, se uma pessoa com transtorno alimentar lhe pede ajuda, reconheça que ela teve de superar um

Pastoreando os mentalmente doentes

grande peso de vergonha para dar esse passo aparentemente muito simples. Talvez você represente o primeiro passo na jornada delas em busca de Deus e da ajuda de terceiros. Você ocupa uma função singular nesse processo de ajuda.

Entenda os fatos básicos sobre os transtornos alimentares

Para poder ajudar, é importante compreender os seguintes fatos sobre esse problema. *Há três tipos de transtornos alimentares*:

1. *Anorexia nervosa*. É caracterizada por severa perda de peso em razão de uma alimentação restritiva provocada por intenso medo de engordar. Indivíduos com anorexia são incapazes de se ver como os outros os veem. Eles realmente lutam por se verem totalmente obesos ainda que estejam abaixo do peso.
2. *Bulimia nervosa*. É caracterizada por uma alimentação restritiva, mas também por momentos de comilança — consumo de grandes quantidades de calorias em um período relativamente curto de tempo. Esses episódios são seguidos de fortes sentimentos de culpa e vergonha, em consequência do consumo exagerado e de sentimentos perturbadores de falta de disciplina pessoal. O indivíduo, portanto, sente a necessidade de compensar a comilança com jejum, exercícios físicos exagerados ou o vômito. Pessoas com bulimia podem estar abaixo do peso, com peso normal ou acima do peso.
3. *Transtorno da compulsão alimentar / compulsão obsessiva* É o transtorno alimentar mais comum. Como os bulímicos, os indivíduos com esse transtorno lutam contra a comilança desenfreada, mas não procuram fazer nenhum tipo de compensação posterior pelo exagero.

Transtornos alimentares têm causas complexas que incluem desde fatores genéticos, psicológicos até sociais. O tratamento exige lidar com o corpo, alma e espírito do indivíduo. Por esse motivo, sempre se recomenda buscar ajuda profissional. O tratamento envolve uma equipe de profissionais que se especializam em tratamento de transtorno alimentar, que poderá incluir: pastor, psicoterapeuta, médico e nutricionista.

O transtorno alimentar não se refere ao que você está consumindo, mas, sim, do que está consumindo você. As pessoas que lutam contra transtorno alimentar são altamente sensíveis à realidade das emoções que elas e os outros sentem, mas faltam-lhes habilidades necessárias para identificar essas emoções, examiná-las ou enfrentar aquelas que lhes perturbam. Portanto, o alimento torna-se uma metáfora de como lidam com os conflitos tanto internos quanto relacionais. Os anoréxicos enfrentam suas emoções matando-as de fome. Os que têm bulimia ficam cativos das variações de suas emoções, e seu comportamento é reflexo disso. *Os compulsivos obsessivos entopem as emoções entorpecendo-as com alimento.*

Indivíduos que sofrem de transtorno alimentar têm dificuldade de enfrentar emoções como ira, ansiedade, trauma e sentimento de descontrole. Educação e desenvolvimento de habilidades com respeito à identificação, tolerância e enfrentamento de emoções incômodas são componentes-chave para que o indivíduo encontre verdadeira liberdade e cura.

PASTOREANDO EM SITUAÇÕES ESPECÍFICAS

Uma vez que o foco é desviado do real problema para a comida, surge um círculo vicioso: as questões subjacentes alimentam pensamentos de autodesvalorização, que alimentam comportamentos negativos relacionados ao transtorno alimentar, que, por sua vez, reforça a vergonha e a necessidade de comportar-se assim.

Ofereça ajuda prática
Como pastor ou líder de igreja, estas são algumas coisas práticas que você pode fazer como parte de uma equipe que oferece cura para alguém:

- *Incentive o tratamento*. Uma das coisas mais importantes que você pode fazer é incentivar e ajudar os indivíduos a encontrar tratamento que lidem com as causas complexas subjacentes ao transtorno alimentar.
- *Encaminhe a pessoa a um profissional*. Identifique os profissionais de saúde mental confiáveis da sua comunidade que possam oferecer uma avaliação, encaminhamentos e recomendações profissionais ao indivíduo que está lutando contra transtorno alimentar. Há diversas organizações não governamentais que podem oferecer assistência nesse processo.
- *Encontre ou forme um grupo de apoio local de transtorno alimentar*.
- *Comunique o amor e graça incondicionais de Cristo*. Há diversas mensagens comuns que a pessoa com transtorno alimentar normalmente internaliza, e elas precisam ser tratadas. Essas crenças giram em torno da necessidade de ser perfeito para ser valorizado ou amado. Em geral, resultam do medo de decepcionar os outros ou não atingir as expectativas, incluindo as que as pessoas pensam que Deus ou a igreja espera delas. Feridas da infância, traumas passados, ou necessidades não atendidas contribuem para as mentiras que esses doentes acreditam a respeito de si mesmos e dos relacionamentos. Diante dessas necessidades, você está numa posição privilegiada para expressar e demonstrar o amor incondicional de Deus às pessoas enfraquecidas.

Compreendendo a "Noite Escura da Alma"
Chuck DeGroat

Como pastor e terapeuta, frequentemente encontro pessoas cujas vidas são invadidas pelo desespero. Muitas vezes, essas pessoas me procuram sem saber muito bem o que está acontecendo. "Talvez eu esteja ficando louco. Ou talvez eu esteja apenas deprimido. Você pode me ajudar?", dizem. Eis algumas maneiras que me ajudam a compreender essas "noites escuras da alma".

Noites escuras levantam questões profundas
Períodos de confusão podem ser amedrontadores, tanto para os leigos quanto para os pastores. O autor cristão do século XV, João da Cruz, descreveu bem essa experiência; ele a chamou de *La noche oscura*, ou noite escura, a difícil incursão à graça constrangedora de

Pastoreando os mentalmente doentes

Deus que nos abre a novas realidades da experiência espiritual. Entretanto, é fácil perder esse momento da graça, principalmente se deixamos de nos perguntar o que Deus está fazendo.

Imagine este cenário. Um pastor de 38 anos de idade pediu-me um conselho. Sua igreja não crescia. Sua oração não tinha entusiasmo. Sua pregação parecia que encontrava ouvidos surdos. Práticas espirituais que anteriormente haviam sido muito úteis não tinham mais impacto. Tentações crescentes à pornografia ou entregar-se ao jogo *Fantasy Football* preocupavam a ele e à esposa. Sentindo-se impotente e deprimido, ele se perguntava se não tinha chegado ao limite do ministério. Eu lhe disse que percebia um momento extraordinário de graça e crescimento. Como sempre faço, recomendei que ele procurasse um psicólogo para avaliar questões terapêuticas e uma possível necessidade de medicação.

Sua história, assim como a de inúmeros casos como esse, levanta questões difíceis sobre como devemos enxergar a noite escura. Há alguma diferença entre a depressão e a noite escura? Que passos práticos podemos tomar para seguir adiante e crescer espiritual e emocionalmente?

Noites escuras envolvem tanto aspectos espirituais quanto psicológicos

São João da Cruz e Santa Tereza de Ávila imaginaram a noite escura como um tempo de purificação e iluminação espiritual, mas também entenderam que em geral há em jogo forças psicológicas na experiência da noite escura. Apesar de não utilizarem categorias e definições em linguagem moderna, ambos representam a mentalidade psicológica mais competente de sua época. São João ensinou que a *melancholia*, ou depressão, geralmente acompanhava a noite escura. Para ele, não era uma questão de escolha entre uma e outra, mas frequentemente uma questão que envolvia tanto uma quanto a outra. O espiritual e o psicológico estão interconectados.

Infelizmente, deixamos de aprender essa valiosa lição. Os psicólogos, com frequência, encaram a depressão como mero problema neuroquímico que precisa ser resolvido. E os pastores, muito frequentemente, espiritualizam as enfermidades psicológicas que possam exigir uma maior especialidade. Por outro lado, vejo que muitos terapeutas (incluindo terapeutas cristãos) têm pouca percepção de como empregar disciplinas espirituais, ou desafiar seus pacientes a aproveitar os benefícios espirituais do culto, da liturgia e dos sacramentos. Essa divisão era completamente estranha a Santa Tereza ou São João.

Noites escuras são verdadeiras oportunidade de crescimento

Uma das lições que aprendemos com os antigos místicos é que as noites escuras não constituem problemas, mas, sim, oportunidades. Compreender essa realidade nos permite ir de "O que fazer para sair dessa situação?" para "O que devo aprender com isso?".

No contexto da América do Norte, fracasso e dificuldades são frequentemente vistos como problemas, um desvio truncado da estrada da vida, supostamente plana e direta. *Esse é um fenômeno marcadamente ocidental*, mas que influencia sutilmente a nossa percepção cristã. Por isso, muitos pastores sentem que depressão, dúvida ou distância de Deus resultam em obstáculos ao ministério em vez de oportunidades.

Quando o jovem pastor que mencionei anteriormente me ligou, ele estava preocupado consigo mesmo, com a família e com a congregação que esperava que ele estivesse em alerta toda semana. Enquanto eu o escutava, ficou claro que ele poderia se beneficiar de uma terapia. Ele até então nunca havia examinado sua família de origem, e bastou algumas perguntas para mostrar que o alto nível de expectativas de seu pai se manifestava em autocrítica e medo do fracasso.

Foi por isso que o aconselhei a procurar um terapeuta. Mas isso significava que seu problema era simplesmente sua família de origem? João da Cruz diria que não, e eu concordo. A maioria dos problemas psicológicos são análogos a problemas espirituais reais. O que chamamos de dificuldade ou fracasso, ou mesmo de "problema psicológico", pode ocasionar momentos de despertamento espiritual. Eu imagino que João da Cruz encararia essa dificuldade pastoral com oração, sua falta de entusiasmo e mesmo sua tendência à cobiça como sinais da noite escura. O propósito da noite escura é, naturalmente, despir-nos da nossa fútil tentativa de encontrar Deus do nosso próprio jeito e despertar-nos para um desejo muito mais modesto de intimidade com Deus. Vejo no meu trabalho que isso é exatamente o que as pessoas desejam. Repetidamente ouço de pastores que eles desejam simplesmente conhecer Deus de modo mais puro, singelo e profundo.

O famoso pregador do século XIX, Charles Spurgeon, sofreu de grave depressão. Muitas vezes esteve acamado e impossibilitado de pregar, às vezes, até duas vezes por mês. Hoje em dia, talvez tenhamos pouca compaixão de um pastor que luta contra crises de depressão tão frequentes e debilitantes. Entretanto, Jesus convida o "cansado e sobrecarregado" a encontrar descanso nele. Isso também se aplica a pastores.

Atualmente, essas lutas emocionais são confirmadas pela psicologia, e devemos buscar refúgio na terapia, nas atividades físicas, nos grupos de apoio e na medicação, quando necessária. Não há razão de nos envergonhar por recorrer a essas coisas. Mas considere também esse momento como uma oportunidade de ver o que Jesus está fazendo na sua vida, ou na vida daqueles que você aconselha. O que você poderá descobrir é que está sendo convidado para a gloriosa purificação da noite escura, na qual o velho eu e suas antigas paixões são derramadas e substituídas por um novo e mais profundo amor por Jesus, pelos outros e até por você mesmo — um amado filho do Pai celeste que anseia por ver você em plena saúde.

Como conduzir alguém a um especialista
Randy Christian

Os ministros e líderes das igrejas frequentemente não têm tempo ou qualificação para enfrentar algumas situações específicas. Quando isso acontecer, precisam encaminhar as pessoas a outros profissionais. Eis alguns *insights* sobre três perguntas que você pode fazer quando estiver nessa situação.

Devo encaminhar esse caso?
Para decidir se é o caso de encaminhar uma pessoa a um profissional, responda a estas perguntas:

Pastoreando os mentalmente doentes

- **Eu tenho as habilidades necessárias para ajudar essa pessoa?** Isso não significa ter a formação profissional necessária para cada área. Significa querer ter certeza de que você é a pessoa certa naquele momento. Quando há uma necessidade que esteja fora da sua área de especialidade, a escolha mais óbvia é encaminhar a pessoa a outro profissional; no entanto, em outras situações, mesmo que esteja dentro do seu alcance, pode ser uma questão de alguém estar mais bem qualificado para ajudar aquele indivíduo.
- **Eu tenho condições de dedicar o tempo necessário para essa situação?** Além do horário do aconselhamento, o tempo adicional de reflexão, oração, chamadas telefônicas, pesquisa e consulta a outros exigem tempo. A maioria dos pastores consegue assumir apenas um pequeno número desses compromissos.
- **Considerando a posição que ocupo, sou eu a melhor pessoa para essa situação?** Se você for muito próximo da pessoa aconselhada (ou se houver risco de atração sexual), você deve encaminhar a pessoa a outro profissional. O encaminhamento permitirá que a pessoa receba a ajuda necessária sem deixar de ter seu apoio como pastor.

A quem devo encaminhar?

Crie uma lista de recursos disponíveis para vários tipos de necessidades. Muitas comunidades disponibilizam gratuitamente ou a custo simbólico uma lista de contatos de profissionais, mas você também pode preparar sua própria lista. Em todo caso, não se deve encaminhar alguém para um profissional com o qual você não teve um contato prévio. A triagem exige tempo, mas é altamente recompensadora quando você tem segurança sobre as qualificações e sobre o caráter do profissional a quem você encaminha as pessoas. Ao avaliar os profissionais, talvez você precise descobrir o tipo de ajuda que eles oferecem, sua formação acadêmica e experiência, convicções espirituais e qualquer outra característica sobre o serviço que prestam (incluindo a tabela de honorários).

Como efetuo o encaminhamento?

Embora cada situação seja única, estes são alguns passos elementares para se ter em conta:

- **Determine a real necessidade.** Quando lhe pedem ajuda, a sua primeira responsabilidade é decidir que tipo de ajuda se faz necessária e quem é a melhor pessoa para atender àquela necessidade. Isso geralmente significará pelo menos um encontro ou conversa prolongada com a pessoa aconselhada. Faça perguntas suficientes para ter certeza de qual é a necessidade.
- **Faça um encaminhamento pessoal.** Quando fizer um encaminhamento, faça-o para uma pessoa ou pessoas — não para uma instituição.
- **Faça uma recomendação clara.** Ao fazer suas sugestões à pessoa aconselhada, esteja preparado para explicar exatamente por que você acredita que seja melhor encaminhar aquela pessoa a um profissional. Você terá melhores chances de êxito no encaminhamento ao responder diretamente a todas as questões legítimas. Dê a pessoa tempo para refletir sobre o encaminhamento, caso necessário. Em muitos casos, você poderá assegurar à pessoa aconselhada que continuará envolvido, embora em uma função diferente.

PASTOREANDO EM SITUAÇÕES ESPECÍFICAS

- *Se necessário, faça o primeiro contato.* Nem sempre é necessário fazer o primeiro contato com o profissional. Em determinadas situações, pode ser importante que a pessoa aconselhada assuma a responsabilidade de fazer o contato. Entretanto, precisamos estar sensíveis àquelas situações em que é melhor que tomemos a iniciativa.
- *Assegure a comunicação com o novo colaborador.* Eu nunca encaminho alguém para um profissional que não queira se comunicar comigo. Isso não significa que eu precise saber de todos os detalhes do que está acontecendo, mas eu tenho responsabilidade perante a pessoa que encaminho; quero ter certeza de que ela está sendo realmente ajudada.
- *Especifique ao colaborador, antes de fazer o encaminhamento, qual será o papel dele.* Se você deseja um tipo de ajuda específico, isso deve ser comunicado com clareza. Quando eu encaminho pessoas a médicos ou terapeutas para um aconselhamento técnico, como terapia sexual ou tratamento de depressão, peço que qualquer pergunta relacionada a questões espirituais ou morais (p.ex., anticoncepcionais ou aborto) sejam encaminhadas de volta para mim.
- *Acompanhe o encaminhamento.* Procure acompanhar o caso logo na semana seguinte e depois periodicamente sempre que possível. A pessoa aconselhada fez o contato? Como está indo a atividade? Como você poderá apoiar melhor o processo? Se você ainda estiver trabalhando com a pessoa, como seu trabalho pode complementar o esforço do outro profissional?

Nenhum de nós é capaz de atender todas as necessidades de todas as pessoas que nos procuram, mas podemos direcionar as pessoas a outros colaboradores qualificados. Fazer encaminhamentos acertados pode nos livrar de trabalhar demais e oferecer os melhores recursos disponíveis a quem tem necessidade.

Introdução a SALMOS

PANO DE FUNDO
O livro de Salmos é o livro de cânticos, ou saltérios, da Bíblia. Diferentemente de outros livros do Antigo Testamento, Salmos não segue uma narrativa contínua. Antes, seus poemas e orações capturam muitos e diferentes momentos no relacionamento do fiel com Deus.

O rei Davi escreveu muitos dos salmos em resposta a eventos em sua vida (v., p. ex., 18; 51) ou para serem executados no templo. Outros salmistas foram: Asafe, um sacerdote que liderava a música nos cultos no templo (50; 73—83); os filhos de Corá, uma associação de cantores e compositores (42; 44—49; 84—85; 87), Salomão (72; 127); Moisés (90); Hemã, um homem sábio (88); e Etã, outro homem sábio (89). Esses salmistas empregaram diferentes tipos de poesia e diversos artifícios literários: há salmos para serem acompanhados por instrumentos musicais; poemas contemplativos (identificados pela palavra *maskil*); acrósticos alfabéticos (37; 119); salmos da Criação (8; 19); um relato do êxodo (78); salmos penitenciais (6; 25; 32; 38; 51); salmos de romaria (120—134) e salmos messiânicos.

MENSAGEM
O livro de Salmos levanta o véu das narrativas do Antigo Testamento para revelar como Deus trabalha na vida interior do seu povo escolhido. Seus temas variam do louvor ao lamento, da guerra à paz e do júbilo ao julgamento. Os apelos do salmista por libertação por Deus, seus brados fervorosos pela vingança divina e sua alegria na salvação vista e prometida ilustram o que significa ser "segundo o seu [de Deus] coração" (1Samuel 13.14).

ÉPOCA
O livro de Salmos foi composto e compilado no decorrer de gerações da história de Israel, em um período que se estende dos dias de Moisés até a reconstrução da nação sob Esdras (1410-430 a.C.). O esboço aqui apresentado é extraído de manuscritos hebraicos antigos, que apresentam a coleção em cinco seções ou "livros".

ESBOÇO
I. Canções de libertação	1.1—41.13
II. Julgamentos divinos	42.1—72.20
III. Hinos nacionais de Judá	73.1—89.52
IV. O grande reinado de Deus	90.1—106.48
V. Canções de louvor e ação de graças	107.1—150.6

PRIMEIRO LIVRO

Salmo 1

¹ Como é feliz aquele
  que não segue*ᵃ* o conselho dos
    ímpios,
  não imita a conduta dos pecadores,
    nem se assenta*ᵇ* na roda dos
      zombadores!
² Ao contrário, sua satisfação*ᶜ*
    está na lei do Senhor,*ᵈ*
  e nessa lei medita*ᵉ* dia e noite.
³ É como árvore*ᶠ* plantada
    à beira de águas*ᵍ* correntes:
  Dá fruto*ʰ* no tempo certo
  e suas folhas não murcham.
  Tudo o que ele faz prospera!*ⁱ*

⁴ Não é o caso dos ímpios!
  São como palha que o vento leva.*ʲ*
⁵ Por isso os ímpios
    não resistirão*ᵏ* no julgamento*ˡ*
  nem os pecadores na comunidade dos
    justos.

⁶ Pois o Senhor aprova o*ᵐ* caminho
    dos justos,
  mas o caminho dos ímpios leva à
    destruição!*ⁿ*

Salmo 2

¹ Por que se amotinam² as nações
    e os povos tramam*ᵒ* em vão?
² Os reis*ᵖ* da terra tomam posição
  e os governantes conspiram unidos
  contra o Senhor e contra o seu ungido,*ᑫ*
    e dizem:*ʳ*
³ "Façamos em pedaços as suas
    correntes,
  lancemos de nós as suas algemas!"*ˢ*

⁴ Do seu trono nos céus
    o Senhor põe-se a rir*ᵗ* e caçoa deles.
⁵ Em sua ira os repreende
    e em seu furor os aterroriza,*ᵘ*
      dizendo:

⁶ "Eu mesmo estabeleci o meu rei
  em Sião, no meu santo monte".

⁷ Proclamarei o decreto do Senhor:
  Ele me disse: "Tu és meu filho;
    eu hoje te gerei.*ᵛ*
⁸ Pede-me, e te darei as nações como
      herança
    e os confins da terra*ᵐ* como tua
      propriedade.
⁹ Tu as quebrarás com vara de ferro³*ˣ*
    e as despedaçarás como a um vaso*ʸ*
      de barro".*ᶻ*
¹⁰ Por isso, ó reis, sejam prudentes;
  aceitem a advertência, autoridades da
    terra.
¹¹ Adorem o Senhor com temor;
  Exultem*ᵃ* com tremor.*ᵇ*
¹² Beijem o filho,⁴*ᶜ* para que ele não se
      ire*ᵈ*
    e vocês não sejam destruídos de
      repente,
  pois num instante acende-se a sua ira.
  Como são felizes todos os que nele se
    refugiam!*ᵉ*

Salmo 3

Salmo de Davi, quando fugiu de seu filho Absalão.*ᶠ*

¹ Senhor, muitos são os meus
    adversários!
  Muitos se rebelam contra mim!
² São muitos os que dizem a meu
    respeito:
  "Deus nunca o salvará!"*ᵍ*
    *Pausa*⁵

³ Mas tu, Senhor,
    és o escudo*ʰ* que me protege;
  és a minha glória
  e me fazes andar de cabeça erguida.*ⁱ*

---

³ **2.9** Ou *as governarás com cetro de ferro*
⁴ **2.12** Os versículos 11 e 12 permitem traduções alternativas.
⁵ **3.2** Hebraico: *Selá*; também em todo o livro de Salmos.

¹ **1.6** Ou *cuida do*; ou ainda *conhece o*
² **2.1** A Septuaginta diz *se enfurecem*.

⁴ Ao Senhor clamo em alta voz,
  e do seu santo monte ele me
    responde.ʲ

            Pausa

⁵ Eu me deito e durmo,ᵏ e torno a
    acordar,
  porque é o Senhor que me sustém.
⁶ Não me assustamʲ os milhares que me
    cercam.
⁷ Levanta-te,ᵐ Senhor!
  Salva-me,ⁿ Deus meu!
  Quebraᵒ o queixo de todos os meus
    inimigos;
  arrebenta os dentesᵖ dos ímpios.
⁸ Do Senhor vem o livramento.ᵠ
  A tua bênção está sobre o teu povo.

            Pausa

Salmo 4

Para o mestre de música. Com instrumentos de cordas. Salmo davídico.

¹ Responde-me quando clamo,
  ó Deus que me fazes justiça!
  Dá-me alívio da minha angústia;
  tem misericórdiaʳ de mim
  e ouve a minha oração.ˢ

² Até quando vocês, ó poderosos¹,
    ultrajarão a minha honra?²
  Até quando estarão amando ilusões
    e buscando mentiras³?ᵗ

            Pausa

³ Saibam que o Senhor escolheu o
    piedoso;ᵘ
  o Senhor ouvirá quando eu o invocar.ᵛ

⁴ Quando vocês ficarem irados, não
    pequem;ʷ
  ao deitar-se,ˣ reflitam nisso
    e aquietem-se.

            Pausa

⁵ Ofereçam sacrifícios como Deus exige
    e confiem no Senhor.ʸ

---

¹ 4.2 Ou *mortais*
² 4.2 Ou *desonrarão aquele em quem me glorio?*
³ 4.2 Ou *deuses falsos?*

⁶ Muitos perguntam:
  "Quem nos fará desfrutar o bem?"
  Faze, ó Senhor, resplandecer sobre nósᶻ
    a luz do teu rosto!⁴
⁷ Encheste o meu coraçãoᵃ de alegria,ᵇ
  alegria maior do que a daqueles
    que têm fartura de trigo e de vinho.
⁸ Em paz me deitoᶜ e logo adormeço,
  pois só tu, Senhor,
  me fazes viver em segurança.ᵈ

Salmo 5

Para o mestre de música. Para flautas. Salmo davídico.

¹ Escuta, Senhor, as minhas palavras,
  considera o meu gemer.
² Atenta para o meu grito de socorro,ᵉ
  meu Rei e meu Deus,ᶠ
  pois é a ti que imploro.
³ De manhãᵍ ouves, Senhor, o meu
    clamor;
  de manhã te apresento a minha oração⁵
    e aguardo com esperança.

⁴ Tu não és um Deus
    que tenha prazer na injustiça;
  contigo o malʰ não pode habitar.
⁵ Os arrogantesⁱ não são aceitosʲ
    na tua presença;
  odeiasᵏ todos os que praticam o mal.
⁶ Destróis os mentirosos;ˡ
  os assassinos e os traiçoeiros
    o Senhor detesta.

⁷ Eu, porém, pelo teu grande amor,
    entrarei em tua casa;
  com temor me inclinareiᵐ
    para o teu santo templo.
⁸ Conduze-me, Senhor, na tua justiça,ⁿ
    por causa dos meus inimigos;
  aplaina o teu caminhoᵒ diante de mim.
⁹ Em seus lábios não há palavra
    confiável;
  a mente deles só trama destruição.

---

⁴ 4.6 Isto é, *mostra-nos, Senhor, a tua bondade!*
⁵ 5.3 Ou *o meu sacrifício*

SALMOS 5.10

A garganta é um túmulo aberto;
 com a língua enganam sutilmente.
¹⁰ Condena-os, ó Deus!
Caiam eles por suas próprias
 maquinações.
Expulsa-os por causa dos seus muitos
 crimes,
 pois se rebelaram contra ti.

¹¹ Alegrem-se, porém,
 todos os que se refugiam em ti;
cantem sempre de alegria!
Estende sobre eles a tua proteção.
Em ti exultem os que amam o teu
 nome.
¹² Pois tu, Senhor, abençoas o justo;
o teu favor o protege como um escudo.

Salmo 6

Para o mestre de música. Com instrumentos de cordas. Em oitava. Salmo davídico.

¹ Senhor, não me castigues na tua ira
nem me disciplines no teu furor.
² Misericórdia, Senhor, pois vou
 desfalecendo!
Cura-me, Senhor, pois os meus ossos
 tremem:
³ todo o meu ser estremece.
Até quando, Senhor, até quando?

⁴ Volta-te, Senhor, e livra-me;
salva-me por causa do teu amor leal.
⁵ Quem morreu não se lembra de ti.
Entre os mortos¹, quem te louvará?
⁶ Estou exausto de tanto gemer.
De tanto chorar inundo de noite
 a minha cama;
de lágrimas encharco o meu leito.
⁷ Os meus olhos se consomem de
 tristeza;
fraquejam por causa de todos
 os meus adversários.

⁸ Afastem-se de mim
 todos vocês que praticam o mal,
porque o Senhor ouviu o meu choro.
⁹ O Senhor ouviu a minha súplica;
o Senhor aceitou a minha oração.
¹⁰ Serão humilhados e aterrorizados
 todos os meus inimigos;
frustrados, recuarão de repente.

Salmo 7

Confissão de Davi, que ele cantou ao Senhor acerca de Cuxe, o benjamita.

¹ Senhor, meu Deus, em ti me refugio;
salva-me e livra-me de todos
 os que me perseguem,
² para que, como leões,
 não me dilacerem nem me
 despedacem,
 sem que ninguém me livre.

³ Senhor, meu Deus, se assim procedi,
se nas minhas mãos há injustiça,
⁴ se fiz algum mal a um amigo
ou se poupei² sem motivo o meu
 adversário,
⁵ persiga-me o meu inimigo até me
 alcançar,
no chão me pisoteie e aniquile a minha
 vida,
 lançando a minha honra no pó.
                                                    Pausa

⁶ Levanta-te, Senhor, na tua ira;
ergue-te contra o furor dos meus
 adversários.
Desperta-te, meu Deus! Ordena a
 justiça!
⁷ Reúnam-se os povos ao teu redor.
Das alturas reina sobre eles.
⁸ O Senhor é quem julga os povos.
Julga-me, Senhor, conforme a minha
 justiça,
 conforme a minha integridade.
⁹ Deus justo,
 que sondas a mente e o coração dos
 homens,
dá fim à maldade dos ímpios
e ao justo dá segurança.

---

¹ **6.5** Hebraico: *Sheol*. Essa palavra também pode ser traduzida por sepultura, profundezas, pó ou morte.

² **7.4** Ou *explorei*

¹⁰ O meu escudo está nas mãos de Deus,
   que salva o reto de coração.ʷ
¹¹ Deus é um juiz justo,ˣ
   um Deus que manifesta cada dia o
     seu furor.
¹² Se o homem não se arrepende,
   Deus afia a sua espada,ʸ
   arma o seu arco e o aponta,
¹³ prepara as suas armas mortais
   e faz de suas setas flechas flamejantes.

¹⁴ Quem gera a maldade concebeᶻ
     sofrimento
   e dá à luz a desilusão.
¹⁵ Quem cava um buraco e o aprofunda
   cairá nessa armadilha que fez.ᵃ
¹⁶ Sua maldade se voltará contra ele;
   sua violência cairá sobre a sua própria
     cabeça.

¹⁷ Darei graças ao Senhor por sua
     justiça;ᵇ
   ao nome do Senhor Altíssimo
     cantarei louvores.ᶜ

Salmo 8

Para o mestre de música. De acordo com a melodia Os Lagares. Salmo davídico.

¹ Senhor, Senhor nosso,
   como é majestoso o teu nome em
     toda a terra!
   Tu, cuja glória é cantada nos céus.¹ ᵈ
² Dos lábios das crianças e dos recém-
     nascidos
   firmaste o teu nome como fortaleza,² ᵉ
   por causa dos teus adversários,
     para silenciar o inimigoᶠ que busca
       vingança.

³ Quando contemplo os teus céus,ᵍ
     obra dos teus dedos,
   a lua e as estrelasʰ que ali firmaste,
⁴ pergunto: Que é o homem,
   para que com ele te importes?
   E o filho do homem,
   para que com ele te preocupes?ⁱ
⁵ Tu o fizeste um pouco menor
     do que os seres celestiais³
   e o coroaste de glória e de honra.ʲ
⁶ Tu o fizeste dominarᵏ
     as obras das tuas mãos;
   sob os seus pés tudo puseste:ˡᵐ
⁷ todos os rebanhos e manadas,
     e até os animais selvagens,
⁸ as aves do céu, os peixes do mar
     e tudo o que percorre as veredas dos
       mares.

⁹ Senhor, Senhor nosso,
   como é majestoso o teu nome em
     toda a terra!ⁿ

Salmo 9⁴

Para o mestre de música. De acordo com muth-labén⁵. Salmo davídico.

¹ Senhor, quero dar-te graças de todo o
     coraçãoᵒ
   e falar de todas as tuas maravilhas.ᵖ
² Em ti quero alegrar-me e exultar,ᑫ
   e cantar louvores ao teu nome,ʳ ó
     Altíssimo.

³ Quando os meus inimigos
     contigo se defrontam,
   tropeçam e são destruídos.
⁴ Pois defendeste o meu direito e a
     minha causa;ˢ
   em teu trono te assentaste,
   julgando com justiça.ᵗ
⁵ Repreendeste as nações e destruíste os
     ímpios;
   para todo o sempre apagaste o nomeᵘ
     deles.

---
³ 8.5 Ou *do que Deus*

⁴ Os salmos 9 e 10 talvez tenham sido originalmente um único poema, organizado em ordem alfabética, no hebraico. Na Septuaginta constituem um único salmo.

⁵ Expressão de sentido desconhecido. Tradicionalmente: De acordo com a melodia *A Morte para o Filho*.

---
¹ 8.1 Ou *Puseste a tua glória nos céus*; ou ainda *Eu te cultuarei acima dos céus.*

² 8.2 Ou *suscitaste louvor*

⁶ O inimigo foi totalmente arrasado,
 para sempre;
desarraigaste as suas cidades;
 já não há quem delas︎ᵛ se lembre.

⁷ O S͟ENHOR reina para sempre;
estabeleceu o seu tronoʷ para julgar.
⁸ Ele mesmo julga o mundo com
 justiça;ˣ
governa os povos com retidão.
⁹ O S͟ENHOR é refúgio para os
 oprimidos,
uma torre segura na hora da
 adversidade.ʸ
¹⁰ Os que conhecem o teu nomeᶻ
 confiam em ti,
pois tu, S͟ENHOR, jamais abandonasᵃ
 os que te buscam.

¹¹ Cantem louvores ao S͟ENHOR,
 que reina em Sião;ᵇ
proclamem entre as naçõesᶜ os seus
 feitos.ᵈ
¹² Aquele que pede contas do sangueᵉ
 derramado
 não esquece;
ele não ignora o clamor dos oprimidos.

¹³ Misericórdia, S͟ENHOR!
Vê o sofrimento que me causam
 os que me odeiam.ᶠ
Salva-me das portas da morte,
¹⁴ para que, junto às portas da cidade¹
 de Sião,
 eu cante louvores a tiᵍ
e ali exulte em tua salvação.ʰ
¹⁵ Caíram as nações na cova que
 abriram;ⁱ
os seus pés ficaram presos
 no laço que esconderam.ʲ
¹⁶ O S͟ENHOR é conhecido
 pela justiça que executa;
os ímpios caem em suas próprias
 armadilhas.

Interlúdio². Pausa

¹⁷ Voltem os ímpios ao pó³,ᵏ
todas as nações que se esquecem de
 Deus!ˡ
¹⁸ Mas os pobres nunca serão
 esquecidos,
nem se frustrará a esperançaᵐ dos
 necessitados.ⁿ

¹⁹ Levanta-te, S͟ENHOR!
 Não permitas que o mortal triunfe!
Julgadas sejam as nações na tua
 presença.
²⁰ Infunde-lhes terror, S͟ENHOR;
saibam as nações
 que não passam de seres humanos.ᵒ

Pausa

Salmo 10

¹ S͟ENHOR, por que estás tão longe?ᵖ
 Por que te escondes em tempos de
 angústia?ᵠ

² Em sua arrogância o ímpio persegue o
 pobre,
 que é apanhado em suas tramas.
³ Ele se gabaʳ de sua própria cobiça
e, em sua ganância,
 amaldiçoa⁴ e insulta o S͟ENHOR.
⁴ Em sua presunção o ímpio não o
 busca;
não há lugar para Deus
 em nenhum dos seus planos.ˢ
⁵ Os seus caminhos prosperam sempre;
tão acima da sua compreensão estão as
 tuas leis
que ele faz pouco caso
 de todos os seus adversários,
⁶ pensando consigo mesmo: "Nada me
 abalará!ᵗ
Desgraça alguma me atingirá,
nem a mim nem aos meus
 descendentes".
⁷ Sua boca está cheia de maldições,ᵘ
 mentiras e ameaças;ᵛ

---

³ **9.17** Hebraico: *Sheol*. Essa palavra também pode ser traduzida por sepultura, profundezas ou morte.
⁴ **10.3** Hebraico: *abençoa*. Aqui empregado como eufemismo.

¹ **9.14** Hebraico: *filha*.
² **9.16** Hebraico: *Higaion*.

9.6
ᵘSl 34.16
9.7
ᵛSl 89.14
 1 Sm 2.6
9.8
ˣSl 96.13
9.9
ʸSl 32.7
9.10
ᶻSl 91.14
ᵃSl 37.28
9.11
ᵇSl 76.2
ᶜSl 107.22
ᵈSl 105.1
9.12
ᵉGn 9.5
9.13
ᶠSl 38.19
9.14
ᵍSl 106.2
ʰSl 13.5;
 51.12
9.15
ⁱSl 7.15-16
ʲSl 35.8;
 57.6
9.17
ᵏSl 49.14
ˡJó 8.13
 Sl 50.22
9.18
ᵐSl 71.5;
 Pv 23.18
ⁿSl 12.5
9.20
ᵒSl 62.9;
 Is 13.1
10.1
ᵖSl 22.1,11
ᵠSl 13.1
10.4
ˢSl 14.1;
 36.1
10.6
ᵗAp 18.7
10.7
ᵘRm 3.14
ᵛSl 73.8

violência e maldade estão em sua
    língua.ʷ
⁸ Fica à espreita perto dos povoados;
em emboscadas mata os inocentes,
    procurando às escondidas as suas
    vítimas.ˣ
⁹ Fica à espreita como o leão escondido;
fica à espreita para apanhar o
    necessitado;ʸ
apanha o necessitado e o arrasta para a
    sua rede.
¹⁰ Agachado, fica de tocaia;
as suas vítimas caem em seu poder.
¹¹ Pensa consigo mesmo: "Deus se
    esqueceu;ᶻ
escondeu o rosto e nunca verá isto".

¹² Levanta-te, Senhor!
Ergue a tua mão,ᵃ ó Deus!
Não te esqueças dos necessitados.ᵇ
¹³ Por que o ímpio insulta a Deus,
dizendo no seu íntimo:
"De nada me pedirás contas!"?
¹⁴ Mas tu enxergas o sofrimentoᶜ e a dor;
observa-os para tomá-los em tuas
    mãos.
A vítima deles entrega-se a ti;ᵈ
tu és o protetorᵉ do órfão.
¹⁵ Quebra o braço do ímpio e do perverso;ᶠ
pede contas de sua impiedade
    até que dela nada mais se ache.¹

¹⁶ O Senhor é rei para todo o sempre;ᵍ
da sua terraʰ desapareceram os outros
    povos.
¹⁷ Tu, Senhor, ouves a súplica dos
    necessitados;ⁱ
tu os reanimas e atendes ao seu clamor.
¹⁸ Defendes o órfãoʲ e o oprimido,ᵠᵏ
a fim de que o homem, que é pó,
já não cause terror.

Salmo 11
Para o mestre de música. Davídico.

¹ No Senhor me refugio.¹
Como então vocês podem dizer-me:

"Fuja como um pássaro para os
    montes"?
² Vejam! Os ímpios preparam os seus
    arcos;ᵐ
colocam as flechas contra as cordas
para das sombras as atirarem
    nos retos de coração."
³ Quando os fundamentosᵒ
    estão sendo destruídos,
que pode fazer o justo?

⁴ O Senhor está no seu santo
    templo;ᵖ
o Senhor tem o seu tronoᵠ nos céus.
Seus olhos observam;ʳ
    seus olhos examinamˢ os filhos dos
    homens.
⁵ O Senhor prova o justo,ᵗ
mas o ímpio e a quem² ama a
    injustiça,
a sua alma odeia.ᵘ
⁶ Sobre os ímpios ele fará chover
    brasas ardentes e enxofreᵛ
    incandescente;
ventoʷ ressecante é o que
    terão.
⁷ Pois o Senhor é justoˣ e ama a
    justiça;ʸ
os retos verão a sua face.ᶻ

Salmo 12
Para o mestre de música. Em oitava. Salmo davídico.

¹ Salva-nos, Senhor!
Já não há quem seja fiel;ᵃ
já não se confia em ninguém entre os
    homens.
² Cada um mente ao seu próximo;
seus lábios bajuladores falam
    com segundas intenções.ᵇ
³ Que o Senhor corte
    todos os lábios bajuladores
    e a língua arroganteᶜ

---

² **11.5** Ou *O Senhor examina o justo e o ímpio, mas a quem;* ou ainda *O Senhor, o Justo, examina o ímpio, mas a quem*

¹ **10.15** Ou *do contrário, não será descoberta*

⁴ dos que dizem:
"Venceremos graças à nossa língua;
somos donos dos nossos lábios!¹
Quem é senhor sobre nós?"

⁵ "Por causa da opressão do necessitado
e do gemido do pobre, agora me
 levantarei",
diz o Senhor.
"Eu lhes darei^d a segurança que tanto
 anseiam."²

⁶ As palavras do Senhor são puras,^e
são como prata purificada num forno,
sete vezes refinada.

⁷ Senhor, tu nos guardarás seguros,
 e dessa gente nos protegerás para
  sempre.^f
⁸ Os ímpios andam altivos^g por toda parte,
 quando a corrupção é exaltada entre
  os homens.

Salmo 13
Para o mestre de música. Salmo davídico.

¹ Até quando, Senhor?
Para sempre te esquecerás de mim?
Até quando esconderás de mim o teu
 rosto?^h

² Até quando terei inquietações
 e tristeza no coração dia após dia?^i
Até quando o meu inimigo triunfará
 sobre mim?^j

³ Olha para mim e responde,^k Senhor,
 meu Deus.
Ilumina os meus olhos,^l
 ou do contrário dormirei o sono da
  morte;^m
⁴ os meus inimigos dirão: "Eu o venci",^n
 e os meus adversários festejarão o
  meu fracasso.

⁵ Eu, porém, confio em teu amor;^o
 o meu coração exulta em tua salvação.^p
⁶ Quero cantar^q ao Senhor
 pelo bem que me tem feito.

---

¹ **12.4** Ou *nossos lábios são lâminas cortantes!*
² **12.5** Ou *"Eu os protegerei dos que anseiam destruí-los."*

Salmo 14
Para o mestre de música. Davídico.

¹ Diz o tolo em seu coração: "Deus não
 existe".^r
Corromperam-se e cometeram atos
 detestáveis;
não há ninguém que faça o bem.

² O Senhor olha dos céus^s
 para os filhos dos homens,
para ver se há alguém que tenha
 entendimento,^t
 alguém que busque a Deus.

³ Todos se desviaram,
 igualmente se corromperam;^u
não há ninguém que faça o bem,^v
 não há nem um sequer.^w

⁴ Será que nenhum dos malfeitores
 aprende?^x
Eles devoram o meu povo^y
 como quem come pão
e não clamam pelo Senhor!^z

⁵ Olhem! Estão tomados de pavor!
Pois Deus está presente no meio dos
 justos.
⁶ Vocês, malfeitores,
 frustram os planos dos pobres,
mas o refúgio deles é o Senhor.^a

⁷ Ah, se de Sião viesse a salvação para
 Israel!
Quando o Senhor restaurar^b o seu³ povo,
 Jacó exultará! Israel se regozijará!

Salmo 15
Salmo davídico.

¹ Senhor, quem habitará no teu
 santuário?^c
Quem poderá morar no teu santo
 monte?^d

² Aquele que é íntegro em sua conduta
 e pratica o que é justo;
que de coração fala a verdade^e

---

³ **14.7** Ou *trouxer de volta os cativos do seu*

12.5 ^d Sl 10.18; 34.6
12.6 ^e 2Sm 22.231; Sl 18.30; Pv 30.5
12.7 ^f Sl 37.28
12.8 ^g Sl 55.10-11
13.1 ^h Jó 13.24; Sl 44.24
13.2 ^i Sl 42.4; ^j Sl 42.9
13.3 ^k Sl 5.1; ^l Ez 9.8; ^m Jr 51.39
13.4 ^n Sl 25.2
13.5 ^o Sl 52.8; ^p Sl 9.14
13.6 ^q Sl 116.6
14.1 ^r Sl 10.4
14.2 ^s Sl 33.13; ^t Sl 92.6
14.3 ^u Sl 58.3; ^v Sl 143.2; ^w Rm 3.10-12*
14.4 ^x Sl 81.5; ^y Sl 27.2; ^z Sl 79.6; Is 64.7
14.6 ^a Sl 9.9; 40.17
14.7 ^b Sl 53.6
15.1 ^c Sl 27.5-6; ^d Sl 24.3-5
15.2 ^e Sl 24.4; Zc 8.3,16; Ef 4.25

³ e não usa a língua para difamar;ᶠ
que nenhum mal faz ao seu semelhante
e não lança calúnia contra o seu
próximo;
⁴ que rejeita quem merece desprezo,
mas honraᵍ os que temem o Senhor;
que mantém a sua palavra,ʰ
mesmo quando sai prejudicado;
⁵ que não empresta o seu dinheiro
visando a algum lucroⁱ
nem aceita subornoʲ contra o
inocente.ᵏ

Quem assim procede
nunca será abalado!

Salmo 16

Poema epigráfico davídico.

¹ Protege-me,ˡ ó Deus,
pois em ti me refugio.ᵐ
² Ao Senhor declaro: "Tu és o meu
Senhor;
não tenho bem nenhum além de ti".ⁿ
³ Quanto aos fiéis que há na terra,ᵒ
eles é que são os notáveis
em quem está todo o meu prazer.
⁴ Grande será o sofrimentoᵖ
dos que correm atrás de outros
deuses.¹ ᵠ
Não participarei dos seus sacrifícios de
sangue,
e os meus lábios nem mencionarão
os seus nomes.ʳ
⁵ Senhor, tu és a minha porçãoˢ e o
meu cálice;ᵗ
és tu que garantes o meu futuro.
⁶ As divisas caíram para mim
em lugares agradáveis:
Tenho uma bela herança!ᵘ
⁷ Bendirei o Senhor, que me aconselha;ᵛ
na escura noiteʷ o meu coração me
ensina!

⁸ Sempre tenho o Senhor diante de
mim.
Com ele à minha direita,ˣ não serei
abalado.
⁹ Por isso o meu coração se alegraʸ
e no íntimo exulto;
mesmo o meu corpo repousará
tranquilo,ᶻ
¹⁰ porque tu não me abandonarás no
sepulcro,²
nem permitirás que o teu santo
sofra decomposição.ᵃ
¹¹ Tu me farás³ conhecer a vereda da
vida,ᵇ
a alegria plena da tua presença,ᶜ
eterno prazerᵈ à tua direita.

Salmo 17

Oração davídica.

¹ Ouve, Senhor, a minha justa queixa;
atenta para o meu clamor.ᵉ
Dá ouvidos à minha oração,
que não vem de lábios falsos.ᶠ
² Venha de ti a sentença em meu favor;
vejam os teus olhos onde está a justiça!
³ Provas o meu coração e de noite me
examinas;
tu me sondasᵍ e nada encontras;ʰ
decidi que a minha boca não pecaráⁱ
⁴ como fazem os homens.
Pela palavra dos teus lábios
eu evitei os caminhos do violento.
⁵ Meus passos seguem firmes nas tuas
veredas;ʲ
os meus pés não escorregaram.ᵏ
⁶ Eu clamo a ti, ó Deus, pois tu me
respondes;ˡ
inclina para mim os teus ouvidosᵐ
e ouve a minha oração.ⁿ
⁷ Mostra a maravilha do teu amor,ᵒ
tu, que com a tua mãoᵖ direita salvas
os que em ti buscam proteção
contra aqueles que os ameaçam.

---

¹ **16.3,4** Ou *Quanto aos sacerdotes pagãos que estão na terra e aos nobres em quem todos têm prazer, eu disse: Aumentarão suas tristezas, pois correm atrás de outros deuses.*

² **16.10** Hebraico: *Sheol*. Essa palavra também pode ser traduzida por profundezas, pó ou morte.

³ **16.11** Ou *fizeste*

⁸ Protege-me como à menina dos teus
   olhos;ᑫ
esconde-me à sombra das tuas asas,
⁹ dos ímpios que me atacam com
   violência,
dos inimigos mortais que me cercam. ʳ

¹⁰ Eles fecham o coração insensível⁵
e com a boca falam com arrogância. ᵗ
¹¹ Eles me seguem os passos e já me
   cercam; ᵘ
seus olhos estão atentos,
   prontos para derrubar-me.
¹² São como um leão ᵛ ávido pela presa,
como um leão forte agachado na
   emboscada.
¹³ Levanta-te, Senhor!
   Confronta-os! Derruba-os! ʷ
   Com a tua espada livra-me dos
      ímpios.
¹⁴ Com a tua mão, Senhor,
   livra-me de homens assim,
de homens deste mundo, ˣ
   cuja recompensa ʸ está nesta vida.
Enche-lhes o ventre de tudo
   o que lhes reservaste;
sejam os seus filhos saciados,
   e o que sobrar fique para os seus
      pequeninos.¹

¹⁵ Quanto a mim, feita a justiça, verei a
      tua face;
quando despertar, ficarei satisfeito
   ao ver a tua semelhança. ᶻ

Salmo 18

Para o mestre de música. De Davi, servo do Senhor. Ele cantou as palavras deste cântico ao Senhor quando este o livrou das mãos de todos os seus inimigos e das mãos de Saul. Ele disse:

¹ Eu te amo, ó Senhor, minha força.

² O Senhor é a minha rocha, ᵃ a minha
      fortaleza
   e o meu libertador;

o meu Deus é o meu rochedo,
   em quem me refugio.
Ele é o meu escudo ᵇ e o poder² que me
      salva, ᶜ
   a minha torre alta.
³ Clamo ao Senhor, que é digno de
      louvor, ᵈ
e estou salvo dos meus inimigos.
⁴ As cordas da morte ᵉ me enredaram;
as torrentes ᶠ da destruição me
      surpreenderam.
⁵ As cordas do Sheol³ me envolveram;
os laços da morte ᵍ me alcançaram.
⁶ Na minha aflição clamei ao Senhor;
gritei por socorro ao meu Deus.
Do seu templo ele ouviu a minha voz; ʰ
meu grito chegou à sua presença,
   aos seus ouvidos.

⁷ A terra tremeu e agitou-se, ⁱ
   e os fundamentos dos montes se
      abalaram;
estremeceram porque ele se irou. ʲ
⁸ Das suas narinas subiu fumaça;
da sua boca saíram brasas vivas
   e fogo consumidor. ᵏ
⁹ Ele abriu os céus e desceu; ˡ
nuvens escuras estavam sob os seus pés.
¹⁰ Montou um querubim ᵐ e voou,
   deslizando sobre as asas do vento. ⁿ
¹¹ Fez das trevas o seu esconderijo; ᵒ
das escuras nuvens, cheias de água,
o abrigo que o envolvia.
¹² Com o fulgor da sua presença ᵖ
   as nuvens se desfizeram em granizo
      e raios, ᑫ
¹³ quando dos céus trovejou ʳ o Senhor,
   e ressoou a voz do Altíssimo.
¹⁴ Atirou suas flechas e dispersou meus
      inimigos,
   com seus raios os derrotou. ˢ
¹⁵ O fundo do mar apareceu,
   e os fundamentos da terra foram
      expostos

---

¹ **17.14** Ou *Tu sacias a fome daqueles a quem queres bem; os seus filhos têm fartura e armazenam bens para os seus pequeninos.*
² **18.2** Hebraico: *chifre.*
³ **18.5** Essa palavra pode ser traduzida por *sepultura, profundezas, pó* ou *morte.*

pela tua repreensão,[t] ó Senhor,
com o forte sopro das tuas narinas.

16 Das alturas estendeu a mão e me segurou;
tirou-me das águas profundas.[u]
17 Livrou-me do meu inimigo poderoso,
dos meus adversários, fortes demais para mim.[v]
18 Eles me atacaram no dia da minha desgraça,[w]
mas o Senhor foi o meu amparo.
19 Ele me deu total libertação;[1][x]
livrou-me porque me quer bem.[y]

20 O Senhor me tratou
conforme a minha justiça,
conforme a pureza das minhas mãos[z] recompensou-me.
21 Pois segui os caminhos do Senhor;[a]
não agi como ímpio,
afastando-me[b] do meu Deus.
22 Todas as suas ordenanças estão diante de mim;[c]
não me desviei dos seus decretos.
23 Tenho sido irrepreensível para com ele
e guardei-me de praticar o mal.
24 O Senhor me recompensou
conforme a minha justiça,[d]
conforme a pureza das minhas mãos diante dos seus olhos.

25 Ao fiel[e] te revelas fiel,
ao irrepreensível te revelas irrepreensível,
26 ao puro te revelas puro,
mas com o perverso reages à altura.[f]
27 Salvas os que são humildes,
mas humilhas os de olhos altivos.[g]
28 Tu, Senhor, manténs acesa a minha lâmpada;
o meu Deus transforma em luz as minhas trevas.[h]
29 Com o teu auxílio[i] posso atacar uma tropa;

com o meu Deus posso transpor muralhas.
30 Este é o Deus cujo caminho é perfeito;[j]
a palavra do Senhor
é comprovadamente genuína.[k]
Ele é um escudo para todos
os que nele se refugiam.[l]
31 Pois quem é Deus além do Senhor?[m]
E quem é rocha[n] senão o nosso Deus?
32 Ele é o Deus que me reveste de força[o]
e torna perfeito o meu caminho.
33 Torna os meus pés ágeis como os da corça,[p]
sustenta-me firme nas alturas.[q]
34 Ele treina as minhas mãos para a batalha[r]
e os meus braços
para vergar um arco de bronze.
35 Tu me dás o teu escudo de vitória;
tua mão direita me sustém;[s]
desces ao meu encontro para exaltar-me.
36 Deixaste livre o meu caminho,
para que não se torçam os meus tornozelos.

37 Persegui os meus inimigos[t] e os alcancei;
e não voltei enquanto não foram destruídos.
38 Massacrei-os, e não puderam levantar-se;[u]
jazem debaixo dos meus pés.[v]
39 Deste-me força para o combate;
subjugaste os que se rebelaram contra mim.
40 Puseste os meus inimigos em fuga[w]
e exterminei[x] os que me odiavam.
41 Gritaram por socorro,
mas não houve quem os salvasse;[y]
clamaram ao Senhor, mas ele não respondeu.[z]
42 Eu os reduzi a pó, pó que o vento leva.
Pisei-os como à lama das ruas.

---

¹ **18.19** Hebraico: *Ele me levou para um local espaçoso.*

⁴³ Tu me livraste de um povo em
    revolta;
fizeste-me o cabeça de nações;ᵃ
um povo que não conheciᵇ sujeita-se a
    mim.
⁴⁴ Assim que me ouvem, me obedecem;
são estrangeirosᶜ que se submetem a
    mim.
⁴⁵ Todos eles perderam a coragem;
tremendo, saem das suas fortalezas.ᵈ

⁴⁶ O Senhor vive! Bendita seja a minha
    Rocha!
Exaltado seja Deus, o meu Salvador!ᵉ
⁴⁷ Este é o Deus que em meu favor
    executa vingança,
que a mim sujeita nações.ᶠ
⁴⁸ Tu me livrasteᵍ dos meus inimigos;
sim, fizeste-me triunfar
    sobre os meus agressores,
    e de homens violentos me libertaste.
⁴⁹ Por isso eu te louvarei entre as nações,
    ó Senhor;
cantareiʰ louvores ao teu nome.ⁱ
⁵⁰ Ele dá grandes vitórias ao seu rei;
é bondoso com o seu ungido,
com Daviʲ e os seus descendentes para
    sempre.ᵏ

Salmo 19
Para o mestre de música. Salmo davídico.

¹ Os céusˡ declaramᵐ a glória de Deus;
o firmamento proclama a obra das suas
    mãos.
² Um dia fala disso a outro dia;
uma noite o revela a outra noite.ⁿ
³ Sem discurso nem palavras,
não se ouve a sua voz.
⁴ Mas a sua vozˡ ressoa por toda a terra
e as suas palavras até os confins do
    mundo.ᵒ

Nos céus ele armou uma tendaᵖ para o sol,
⁵ que é como um noivo que sai de seu
    aposento
e se lança em sua carreira
    com a alegria de um
    herói.
⁶ Sai de uma extremidade dos céus
e faz o seu trajeto até a outra;ᵠ
nada escapa ao seu calor.

⁷ A lei do Senhor é perfeita e revigora
    a alma.ʳ
Os testemunhos do Senhor
    são dignos de confiançaˢ
    e tornam sábios os inexperientes.ᵗ
⁸ Os preceitos do Senhor são justosᵘ
    e dão alegria ao coração.
Os mandamentos do Senhor são
    límpidos
    e trazem luz aos olhos.
⁹ O temor do Senhor é puro
    e dura para sempre.
As ordenanças do Senhor são
    verdadeiras,
    são todas elas justas.ᵛ
¹⁰ São mais desejáveis do que o ouro,ʷ
    do que muito ouro puro;
são mais doces do que o mel,
    do que as gotas do favo.
¹¹ Por elas o teu servo é advertido;
há grande recompensa em obedecer-lhes.

¹² Quem pode discernir os próprios
    erros?
Absolve-me dos que desconheço!ˣ
¹³ Também guarda o teu servo
    dos pecados intencionais;
que eles não me dominem!
Então serei íntegro,
inocente de grande transgressão.

¹⁴ Que as palavras da minha boca
    e a meditação do meu coração
    sejam agradáveisʸ a ti,
Senhor, minha Rochaᶻ e meu
    Resgatador!ᵃ

Salmo 20
Para o mestre de música. Salmo davídico.

¹ Que o Senhor te responda
    no tempo da angústia;
o nome do Deus de Jacóᵇ te proteja!ᶜ

ˡ **19.4** Conforme a Septuaginta e a Versão Siríaca. O Texto Massorético diz *corda*.

18.43
ᵃ 2Sm 8.1-14
ᵇ Is 52.26; 55.5
18.44
ᶜ Sl 66.3
18.45
ᵈ Mq 7.17
18.46
ᵉ Sl 51.14
18.47
ᶠ Sl 47.3
18.48
ᵍ Sl 59.1
18.49
ʰ Sl 108.1
18.50
ⁱ Sl 144.10
ʲ Sl 89.4
19.1
ˡ Is 40.22
ᵐ Sl 50.6; Rm 1.19
19.2
ⁿ Sl 74.16
19.4
ᵒ Rm 10.18*
ᵖ Sl 104.2
19.6
ᵠ Sl 113.3; Ec 1.5
19.7
ʳ Sl 23.3
ˢ Sl 93.5; 11.7
ᵗ Sl 119.98-100
19.8
ᵘ Sl 12.6; 119.28
19.9
ᵛ Sl 119.138, 142
19.10
ʷ Pv 8.10
19.12
ˣ Sl 51.2; 90.8; 139.6
19.14
ʸ Sl 104.34
ᶻ Sl 18.2
ᵃ Is 47.4
20.1
ᵇ Sl 46.7,11
ᶜ Sl 91.14

² Do santuário te envie auxílio[d]
e de Sião te dê apoio.
³ Lembre-se[e] de todas as tuas ofertas
e aceite os teus holocaustos[1,f]

Pausa

⁴ Conceda-te o desejo do teu coração[g]
e leve a efeito todos os teus planos.
⁵ Saudaremos a tua vitória com gritos de alegria
e ergueremos as nossas bandeiras[h]
em nome do nosso Deus.
Que o Senhor atenda a todos os teus pedidos![i]

⁶ Agora sei que o Senhor
dará vitória ao seu ungido;[j]
dos seus santos céus lhe responde
com o poder salvador da sua mão direita.
⁷ Alguns confiam em carros e outros em cavalos,[k]
mas nós confiamos
no nome do Senhor, o nosso Deus.[l]
⁸ Eles vacilam e caem,
mas nós nos erguemos[m] e estamos firmes.[n]

⁹ Senhor, concede vitória ao rei!
Responde-nos[2] quando clamamos!

Salmo 21

Para o mestre de música. Salmo davídico.

¹ O rei se alegra na tua força, ó Senhor!
Como é grande a sua exultação
pelas vitórias que lhe dás![p]
² Tu lhe concedeste o desejo do seu coração[q]
e não lhe rejeitaste o pedido
dos seus lábios.

Pausa

³ Tu o recebeste dando-lhe ricas bênçãos,
e em sua cabeça
puseste uma coroa de ouro puro.[r]
⁴ Ele te pediu vida, e tu lhe deste!
Vida longa e duradoura.[s]

⁵ Pelas vitórias[t] que lhe deste,
grande é a sua glória;
de esplendor e majestade o cobriste.
⁶ Fizeste dele uma grande bênção para sempre
e lhe deste a alegria[u] da tua presença.[v]

⁷ O rei confia no Senhor:
por causa da fidelidade do Altíssimo
ele não será abalado.

⁸ Tua mão alcançará[w] todos os teus inimigos;
tua mão direita atingirá todos os que te odeiam.
⁹ No dia em que te manifestares
farás deles uma fornalha ardente.
Na sua ira o Senhor os devorará,
um fogo os consumirá.[x]
¹⁰ Acabarás com a geração deles na terra,
com a sua descendência entre os homens.[y]
¹¹ Embora tramem o mal[z] contra ti
e façam planos[a] perversos,
nada conseguirão;
¹² pois tu os porás em fuga[b]
quando apontares para eles o teu arco.

¹³ Sê exaltado, Senhor, na tua força!
Cantaremos e louvaremos o teu poder.

Salmo 22

Para o mestre de música. De acordo com a melodia A Corça da Manhã. Salmo davídico.

¹ Meu Deus! Meu Deus!
Por que me abandonaste?[c]
Por que estás tão longe[d] de salvar-me,
tão longe dos meus gritos de angústia?
² Meu Deus!
Eu clamo de dia, mas não respondes;
de noite,[e] e não recebo alívio!
³ Tu, porém, és o Santo,[f]
és rei, és o louvor[g] de Israel.
⁴ Em ti os nossos antepassados
puseram a sua confiança;
confiaram, e os livraste.

---

¹ 20.3 Isto é, *sacrifícios totalmente queimados.*
² 20.9 Ou *Vitória! Ó Rei, responde-nos*

⁵ Clamaram a ti, e foram libertos;
em ti confiaram, e não se
  decepcionaram.ʰ

⁶ Mas eu sou verme,ⁱ e não homem,
motivo de zombariaʲ
  e objeto de desprezoᵏ do povo.
⁷ Caçoam de mim todos os que me
  veem;
balançando a cabeça,
  lançam insultosˡ contra mim,
    dizendo:ᵐ
⁸ "Recorra ao Senhor!
  Que o Senhor o liberte!ⁿ
  Que ele o livre, já que lhe quer
    bem!"ᵒ

⁹ Contudo, tu mesmo me tiraste do
  ventre;ᵖ
deste-me segurança
  junto ao seio de minha mãe.
¹⁰ Desde que nasciᵠ fui entregue a ti;
desde o ventre materno és o meu Deus.

¹¹ Não fiques distante de mim,
pois a angústia está perto
  e não há ninguém que me socorra.ʳ
¹² Muitos tourosˢ me cercam,
sim, rodeiam-me os poderosos de
  Basã.ᵗ
¹³ Como leãoᵘ voraz rugindo,
  escancaramᵛ a boca contra mim.
¹⁴ Como água me derramei,
e todos os meus ossos estão
  desconjuntados.ʷ
Meu coração se tornou como cera;
derreteu-seˣ no meu íntimo.
¹⁵ Meu vigor secou-se como um caco de
  barro,
e a minha língua gruda no céu da boca;ʸ
deixaste-me no pó, à beiraᶻ da morte.
¹⁶ Cãesᵃ me rodearam!
  Um bando de homens maus me
    cercou!
  Perfuraramᵇ minhas mãos e meus pés.
¹⁷ Posso contar todos os meus ossos,
  mas eles me encaramᶜ com desprezo.ᵈ

¹⁸ Dividiram as minhas roupas entre si,
  e lançaram sortesᵉ pelas minhas
    vestes.

¹⁹ Tu, porém, Senhor, não fiques
  distante!
Ó minha força, vem logoᶠ em meu
  socorro!
²⁰ Livra-me da espada,
livra a minha vidaᵍ do ataque dos cães.
²¹ Salva-me da boca dos leões,
  e dos chifres dos bois selvagens.
E tu me respondeste.

²² Proclamarei o teu nome a meus
  irmãos;
na assembleia te louvarei.ʰ
²³ Louvem-no, vocês que temem o
  Senhor!ⁱ
Glorifiquem-no, todos vocês,
  descendentes de Jacó!
Tremamʲ diante dele, todos vocês,
  descendentes de Israel!
²⁴ Pois não menosprezou
  nem repudiou o sofrimento do aflito;
não escondeu dele o rosto,ᵏ
  mas ouviu o seu grito de socorro.ˡ

²⁵ De ti vem o tema do meu louvor
  na grande assembleia;ᵐ
na presença dos que teⁱ temem
  cumprirei os meus votos.ⁿ
²⁶ Os pobres comerãoᵒ até ficarem
  satisfeitos;
aqueles que buscam o Senhor o
  louvarão!ᵖ
  Que vocês tenham vida longa!
²⁷ Todos os confins da terraᵠ
  se lembrarão e se voltarão para o
    Senhor,
e todas as famílias das nações
  se prostrarão diante dele,ʳ
²⁸ pois do Senhorˢ é o reino;
ele governa as nações.

²⁹ Todos os ricosᵗ da terra
  se banquetearão e o adorarão;

ⁱ **22.25** Hebraico: *o*.

22.5
ʰIs 49.23
22.6
ⁱJó 25.6;
Is 41.14
ʲSl 31.11
ᵏIs 49.7;
53.3
22.7
ˡMt 27.39,44
ᵐMl 15.29
22.8
ⁿSl 91.14
ᵒMt 27.43
22.9
ᵖSl 71.6
22.10
ᵠIs 46.3
22.11
ʳSl 72.12
22.12
ˢSl 68.30
ᵗDt 32.14
22.13
ᵘSl 17.12
ᵛSl 35?21
22.14
ʷSl 31.10
ˣJó 30.16;
Dn 5.6
22.15
ʸSl 38.10;
Jo 19.28
ᶻSl 104.29
22.16
ᵃSl 59.6
ᵇIs 53.5;
Zc 12.10;
Jo 19.34
22.17
ᶜLc 23.35
ᵈLc 23.27
22.18
ᵉMt 27.35*;
Lc 23.34;
Jo 19.24*
22.19
ᶠSl 70.5
22.20
ᵍSl 35.17
22.22
ʰHb 2.12*
22.23
ⁱSl 86.12;
135.19
ʲSl 33.8
22.24
ᵏSl 69.17
ˡHb 5.7
22.25
ᵐSl 35.18
ⁿEc 5.4
22.26
ᵒSl 107.9
ᵖSl 40.16
22.27
ᵠSl 2.8
ʳSl 86.9
22.28
ˢSl 47.7-8
22.29
ᵗSl 45.12

haverão de ajoelhar-se diante dele
todos os que descem ao pó,ᵘ
cuja vida se esvai.
³⁰ A posteridadeᵛ o servirá;
gerações futuras ouvirão falar do
Senhor,
³¹ e a um povo que ainda não nasceuʷ
proclamarão seus feitos de justiça,
pois ele agiu poderosamente.

Salmo 23

Salmo davídico.

¹ O Senhor é o meu pastor;ˣ de nada
terei falta.ʸ
² Em verdes pastagens me faz repousar
e me conduz a águas tranquilas;ᶻ
³ restaura-me o vigor.ᵃ
Guia-me nas veredas da justiçaᵇ
por amor do seu nome.
⁴ Mesmo quando eu andar
por um vale de trevas e morte,ᶜ
não temerei perigo algum,ᵈ pois tu estás
comigo;ᵉ
a tua vara e o teu cajado me
protegem.
⁵ Preparas um banquete para mim
à vista dos meus inimigos.
Tu me honras,
ungindo a minha cabeça com óleoᶠ
e fazendo transbordar o meu cálice.ᵍ
⁶ Sei que a bondade e a fidelidade
me acompanharão todos os dias da
minha vida,
e voltarei à¹ casa do Senhor enquanto
eu viver.

Salmo 24

Salmo davídico.

¹ Do Senhorʰ é a terra e tudo o que
nela existe,ⁱ
o mundo e os que nele vivem;
² *pois foi ele quem a estabeleceu sobre
os mares
e a firmou sobre as águas.*

³ Quem poderá subir o monteʲ do
Senhor?
Quem poderá entrar no seu Santo
Lugar?ᵏ
⁴ Aquele que tem as mãos limpasˡ
e o coração puro,ᵐ
que não recorre aos ídolos
nem jura por deuses falsos².
⁵ Ele receberá bênçãos do Senhor,
e Deus, o seu Salvador, lhe fará justiça.
⁶ São assim aqueles que o buscam,
que buscam a tua face,ⁿ ó Deus de
Jacó³.
Pausa

⁷ Abram-se, ó portais;ᵒ
abram-se,⁴ ó portas antigas,
para que o Rei da glóriaᵖ entre.
⁸ Quem é o Rei da glória?
O Senhor forte e valente,
o Senhor valente nas guerras.ᵠ
⁹ Abram-se, ó portais;
abram-se, ó portas antigas,
para que o Rei da glória entre.
¹⁰ Quem é esse Rei da glória?
O Senhor dos Exércitos;
ele é o Rei da glória!
Pausa

Salmo 25⁵

Davídico.

¹ A ti, Senhor, elevo a minha alma.ʳ
² Em ti confio,ˢ ó meu Deus.
Não deixes que eu seja humilhado
nem que os meus inimigos triunfem
sobre mim!
³ Nenhum dos que esperam em ti
ficará decepcionado;ᵗ

---

¹ **23.6** A Septuaginta e outras versões antigas dizem *habitarei na*.
² **24.4** Ou *não se volta para a mentira nem jura falsamente*.
³ **24.6** Conforme dois manuscritos do Texto Massorético, a Versão Siríaca e a Septuaginta. A maioria dos manuscritos do Texto Massorético diz *a tua face, Jacó*.
⁴ **24.7** Hebraico: *Levantem a cabeça, ó portais; estejam erguidas*; também no versículo 9.
⁵ O salmo 25 é um poema organizado em ordem alfabética, no hebraico.

decepcionados ficarão
   aqueles que, sem motivo, agem traiçoeiramente.

⁴ Mostra-me, S*enhor*, os teus caminhos,ᵘ
ensina-me as tuas veredas;
⁵ guia-me com a tua verdade e ensina-me,
   pois tu és Deus, meu Salvador,
e a minha esperança está em ti o tempo todo.
⁶ Lembra-te, S*enhor*,
   da tua compaixão e da tua misericórdia,ᵛ
   que tens mostrado desde a antiguidade.
⁷ Não te lembres dos pecados e transgressões
   da minha juventude;ʷ
conforme a tua misericórdia,ˣ lembra-te de mim,
   pois tu, S*enhor*, és bom.

⁸ Bom e justoʸ é o S*enhor*;
por isso mostraᶻ o caminho aos pecadores.
⁹ Conduzᵃ os humildes na justiça
e lhesᵇ ensina o seu caminho.
¹⁰ Todos os caminhos do S*enhor*
   são amor e fidelidadeᶜ
para com os que cumprem
   os preceitos da sua aliança.ᵈ
¹¹ Por amor do teu nome,ᵉ S*enhor*,
perdoa o meu pecado, que é tão grande!
¹² Quem é o homem que teme o S*enhor*?
Ele o instruirá no caminhoᶠ que deve seguir.
¹³ Viverá em prosperidade,ᵍ
e os seus descendentes herdarão a terra.ʰ
¹⁴ O S*enhor* confiaⁱ os seus segredos
   aos que o temem,
e os leva a conhecerʲ a sua aliança.
¹⁵ Os meus olhos estão sempre voltados
   para o S*enhor*,ᵏ
pois só ele tira os meus pés da armadilha.

¹⁶ Volta-teˡ para mim e tem misericórdia de mim,
   pois estou só e aflito.
¹⁷ As angústias do meu coração se multiplicaram;
   liberta-me da minha aflição.ᵐ
¹⁸ Olha para a minha tribulaçãoⁿ
   e o meu sofrimento,
e perdoa todos os meus pecados.
¹⁹ Vê como aumentaram os meus inimigosᵒ
   e com que fúria me odeiam!
²⁰ Guarda a minha vidaᵖ e livra-me!
Não me deixes decepcionado,
   pois eu me refugio em ti.
²¹ Que a integridadeq e a retidão me protejam,
porque a minha esperança está em ti.
²² Ó Deus, liberta Israelʳ de todas as suas aflições!

Salmo 26

Davídico.

¹ Faze-me justiça, S*enhor*,
   pois tenho vivido com integridade.ˢ
Tenho confiadoᵗ no S*enhor*, sem vacilar.
² Sonda-me,ᵛ S*enhor*, e prova-me,ᵘ
examina o meu coração e a minha mente;ʷ
³ pois o teu amor está sempre diante de mim,
e continuamenteˣ sigo a tua verdade.
⁴ Não me associoʸ com homens falsos
nem ando com hipócritas;
⁵ detestoᶻ o ajuntamento dos malfeitores
e não me assento com os ímpios.
⁶ Lavo as mãos na inocência,ᵃ
e do teu altar, S*enhor*, me aproximo
⁷ cantando hinos de gratidão
   e falando de todas as tuas maravilhas.ᵇ
⁸ Eu amo,ᶜ S*enhor*, o lugar da tua habitação,
   onde a tua glória habita.

25.4 ᵘÊx 33.13
25.6 ᵛSl 103.17; Is 63.7,15
25.7 ʷJó 13.26; Jr 3.25 ˣSl 51.1
25.8 ʸSl 92.14
25.9 ᶻSl 23.3 ᵃSl 27.11
25.10 ᵇSl 40.11 ᶜSl 103.18
25.11 ᵈSl 31.3; 79.9
25.12 ᵉSl 37.23
25.13 ᶠPv 19.23 ᵍSl 37.11
25.14 ʰPv 3.32 ⁱJo 7.17
25.15 ʲSl 141.8
25.16 ᵏSl 69.16
25.17 ˡSl 107.6
25.18 ᵐ2Sm 16
25.19 ⁿSl 3.1
25.20 ᵒSl 86.2
25.21 ᵖSl 41.12
25.22 ᵠSl 130.8
26.1 ʳSl 7.8; Pv 20.7 ˢSl 28.7 ᵗ2 Rs 20.3; Hb 10.23
26.2 ᵘSl 17.3 ᵛSl 7.9
26.3 ʷ2 Rs 20.3
26.4 ˣSl 11.11
26.5 ʸSl 31.6; 139.21
26.6 ᶻSl 73.13
26.7 ᵃSl 9.1
26.8 ᵇSl 27.4

⁹ Não me dês o destino dos pecadores
nem o fim dos assassinos; ᵈ
¹⁰ suas mãos executam planos
  perversos,
praticam suborno abertamente. ᵉ

¹¹ Mas eu vivo com integridade;
livra-me ᶠ e tem misericórdia de mim.
¹² Os meus pés estão firmes na retidão; ᵍ
na grande assembleia ʰ bendirei o
  Senhor.

Salmo 27

Davídico.

¹ O Senhor é a minha luz ⁱ e a minha
    salvação; ʲ
de quem terei temor?
O Senhor é o meu forte refúgio;
de quem terei medo? ᵏ

² Quando homens maus avançarem
    contra mim
    para destruir-me,¹
eles, meus inimigos e meus adversários,
é que tropeçarão e cairão. ˡ

³ Ainda que um exército se acampe
    contra mim,
meu coração não temerá; ᵐ
ainda que se declare guerra contra mim,
mesmo assim estarei confiante. ⁿ

⁴ Uma coisa ᵒ pedi ao Senhor
    e a procuro:
que eu possa viver na casa do Senhor
    todos os dias da minha vida, ᵖ
para contemplar a bondade do Senhor
    e buscar sua orientação no seu
      templo.

⁵ Pois no dia da adversidade
    ele me guardará protegido em sua
      habitação;
no seu tabernáculo me esconderá ᵠ
    e me porá em segurança sobre um
      rochedo. ʳ

⁶ Então triunfarei ˢ sobre os inimigos
    que me cercam.

Em seu tabernáculo oferecerei
    sacrifícios ᵗ
    com aclamações;
cantarei e louvarei ao Senhor.

⁷ Ouve a minha voz quando clamo, ó
    Senhor;
tem misericórdia de mim e responde-
    -me. ᵘ
⁸ A teu respeito diz o meu coração:
    Busque a minha face!²
A tua face, Senhor, buscarei.
⁹ Não escondas de mim a tua face, ᵛ
não rejeites com ira o teu servo;
tu tens sido o meu ajudador.
Não me desampares nem me
    abandones,
    ó Deus, meu salvador!

¹⁰ Ainda que me abandonem pai e mãe,
    o Senhor me acolherá.
¹¹ Ensina-me o teu caminho, Senhor;
conduze-me por uma vereda ʷ segura
    por causa dos meus inimigos.
¹² Não me entregues
    ao capricho dos meus adversários,
pois testemunhas ˣ falsas se levantam
    contra mim,
    respirando violência.

¹³ Apesar disso, esta certeza eu tenho:
    viverei até ver a bondade do Senhor ʸ
      na terra. ᶻ
¹⁴ Espere ᵃ no Senhor.
    Seja forte! Coragem!
    Espere no Senhor.

Salmo 28

Davídico.

¹ A ti eu clamo, Senhor, minha Rocha;
não fiques indiferente para comigo.
Se permaneceres calado, ᵇ
serei como os que descem à cova. ᶜ
² Ouve as minhas súplicas ᵈ
    quando clamo a ti por socorro,

---

¹ **27.2** Hebraico: *devorar a minha carne.*

² **27.8** Ou *A você, ó meu coração, ele diz: "Busque a minha face!"*

quando ergo as mãos
 para o teu Lugar Santíssimo.ᵉ

³ Não me dês o castigo reservado para
 os ímpios
 e para os malfeitores,
que falam como amigos com o próximo,
 mas abrigam maldade no coração.ᶠ
⁴ Retribui-lhes conforme os seus atos,
 conforme as suas más obras;
retribui-lhes o que as suas mãos têm
 feitoᵍ
 e dá-lhes o que merecem.ʰ
⁵ Visto que não consideram os feitos do
 Senhor
 nem as obras de suas mãos,ⁱ
ele os arrasará e jamais os deixará
 reerguer-se.

⁶ Bendito seja o Senhor,
 pois ouviu as minhas súplicas.
⁷ O Senhor é a minha forçaʲ e o meu
 escudo;
 nele o meu coração confia,ᵏ e dele
 recebo ajuda.
Meu coração exulta de alegria,
 e com o meu cântico lhe darei
 graças.ˡ

⁸ O Senhor é a força do seu povo,
 a fortaleza que salva o seu ungido.ᵐ
⁹ Salva o teu povo e abençoa a tua
 herança!ⁿ
Cuida deles como o seu pastor
 e conduze-osᵖ para sempre.

Salmo 29

Salmo davídico.

¹ Atribuam ao Senhor,ᑫ ó seres
 celestiais¹,
 atribuam ao Senhor glóriaʳ e força.
² Atribuam ao Senhor
 a glória que o seu nome merece;
 adorem o Senhor
 no esplendor do seu santuário².ˢ

³ A vozᵗ do Senhor ressoa sobre as águas;
 o Deus da glória troveja,ᵘ
o Senhor troveja sobre as muitas águas.
⁴ A voz do Senhor é poderosa;ᵛ
 a voz do Senhor é majestosa.
⁵ A voz do Senhor quebra os cedros;
 o Senhor despedaça os cedros do
 Líbano.ʷ
⁶ Ele faz o Líbano saltarˣ como bezerro,
 o Siriom³ʸ como novilho selvagem.
⁷ A voz do Senhor corta os céus
 com raios flamejantes.
⁸ A voz do Senhor faz tremer o deserto;
 o Senhor faz tremer o deserto de
 Cades.ᶻ
⁹ A voz do Senhor retorce os carvalhos⁴
 e despe as florestas.
E no seu templo todos clamam:
 "Glória!"ᵃ

¹⁰ O Senhor assentou-se soberano
 sobre o Dilúvio;ᵇ
o Senhor reina soberano para sempre.ᶜ
¹¹ O Senhor dá força ao seu povo;ᵈ
 o Senhor dá a seu povo a bênção
 da paz.ᵉ

Salmo 30

Salmo. Cântico para a dedicação do templo⁵. Davídico.

¹ Eu te exaltarei, Senhor,
 pois tu me reergueste
e não deixaste que os meus inimigos
 se divertissem à minha custa.ᶠ
² Senhor meu Deus, a ti clamei por
 socorro,ᵍ
 e tu me curaste.ʰ
³ Senhor, tiraste-me da sepultura⁶;
 prestes a descer à cova, devolveste-me
 à vida.ⁱ
⁴ Cantem louvores ao Senhor,
 vocês, os seus fiéis;ʲ
louvem o seu santo nome.ᵏ

---

¹ **29.1** Ou *filhos de Deus*; ou ainda *poderosos*
² **29.2** Ou *da sua santidade*
³ **29.6** Isto é, o monte Hermom.
⁴ **29.9** Ou *faz a corça dar cria*
⁵ Título: Ou *do palácio*. Hebraico: *casa*.
⁶ **30.3** Hebraico: Sheol. Essa palavra também pode ser traduzida por profundezas, pó ou morte.

⁵ Pois a sua ira¹ só dura um instante,
   mas o seu favor dura a vida toda;
o choro pode persistir uma noite,
   mas de manhã irrompe a alegria.ᵐ

⁶ Quando me senti seguro, disse:
   Jamais serei abalado!
⁷ Senhor, com o teu favor,
   deste-me firmeza e estabilidade;¹
mas, quando escondeste a tua face,ⁿ
   fiquei aterrorizado.

⁸ A ti, Senhor, clamei,
   ao Senhor pedi misericórdia:
⁹ Se eu morrer², se eu descer à cova,
   que vantagem haverá?
Acaso o pó te louvará?
Proclamará a tua fidelidade?ᵒ
¹⁰ Ouve, Senhor, e tem misericórdia de mim;
   Senhor, sê tu o meu auxílio.

¹¹ Mudaste o meu pranto em dança,
a minha veste de lamento em veste de alegria,ᵖ
¹² para que o meu coração
   cante louvores a ti e não se cale.
Senhor, meu Deus,
   eu te darei graçasᵍ para sempre.ʳ

Salmo 31

Para o mestre de música. Salmo davídico.

¹ Em ti, Senhor, me refugio;
   nunca permitas que eu seja humilhado;
   livra-me pela tua justiça.
² Inclina os teus ouvidos para mim,
   vem livrar-me depressa!
Sê minha rocha de refúgio,ˢ
uma fortaleza poderosa para me salvar.
³ Sim, tu és a minha rocha e a minha *fortaleza*;ᵗ
por amor do teu nomeᵘ, conduze-me e guia-me.

⁴ Tira-me da armadilha que me prepararam,
   pois tu és o meu refúgio.ᵛ
⁵ Nas tuas mãos entrego o meu espírito;ʷ
resgata-me, Senhor, Deus da verdade.

⁶ Odeio aqueles que se apegam a ídolos inúteis;
eu, porém, confio no Senhor.ˣ
⁷ Exultarei com grande alegria por teu amor,
pois viste a minha aflição ʸ
   e conheceste a angústia ᶻ da minha alma.
⁸ Não me entregasteᵃ
   nas mãos dos meus inimigos;
deste-me segurança e liberdade.³

⁹ Misericórdia, Senhor! Estou em desespero!
A tristeza me consomeᵇ
   a vista, o vigor e o apetite⁴.
¹⁰ Minha vida é consumida pela angústia,
   e os meus anos pelo gemido;ᶜ
minha aflição⁵ esgota as minhas forças,
   e os meus ossos se enfraquecem.ᵈ
¹¹ Por causa de todos os meus adversários,
sou motivo de ultraje para os meus vizinhosᵉ
e de medo para os meus amigos;
os que me veem na rua fogem de mim.
¹² Sou esquecido por eles
   como se estivesse morto;ᶠ
tornei-me como um pote quebrado.
¹³ Ouço muitos cochicharem a meu respeito;
   o pavor me domina,ᵍ
pois conspiram contra mim,
   tramando tirar-me a vida.ʰ

---

¹ **30.7** Hebraico: *firmaste a minha montanha.*
² **30.9** Hebraico: *No meu sangue.*
³ **31.8** Hebraico: *puseste os meus pés num lugar espaçoso.*
⁴ **31.9** Ou *os olhos, a garganta e o ventre*
⁵ **31.10** Ou *culpa*

¹⁴ Mas eu confio[i] em ti, Senhor,
   e digo: Tu és o meu Deus.
¹⁵ O meu futuro[j] está nas tuas mãos;
   livra-me dos meus inimigos
   e daqueles que me perseguem.
¹⁶ Faze o teu rosto resplandecer[k]
     sobre[1] o teu servo;
   salva-me por teu amor leal.
¹⁷ Não permitas que eu seja humilhado,[l]
     Senhor,
   pois tenho clamado a ti;
   mas que os ímpios sejam humilhados,
   e calados[m] fiquem no Sheol[2].
¹⁸ Sejam emudecidos os seus lábios[n]
     mentirosos,
   pois com arrogância[o] e desprezo
   humilham os justos.
¹⁹ Como é grande a tua bondade,[p]
   que reservaste para aqueles que te
     temem,
   e que, à vista dos homens,[q]
   concedes àqueles que se refugiam
     em ti!
²⁰ No abrigo da tua presença os
     escondes[r]
   das intrigas dos homens;[s]
   na tua habitação os proteges
   das línguas acusadoras.
²¹ Bendito seja o Senhor,
   pois mostrou o seu maravilhoso amor[t]
     para comigo
   quando eu estava numa cidade cercada.[u]
²² Alarmado,[v] eu disse:
   Fui excluído da tua presença!
   Contudo, ouviste as minhas súplicas[w]
   quando clamei a ti por socorro.
²³ Amem o Senhor, todos vocês, os
     seus santos![x]
   O Senhor preserva os fiéis,[y]
   mas aos arrogantes dá[z] o que
     merecem.

---
[1] **31.16** Isto é, mostra a tua bondade para com.
[2] **31.17** Essa palavra pode ser traduzida por sepultura, profundezas, pó ou morte.

²⁴ Sejam fortes e corajosos,[a]
   todos vocês que esperam no Senhor!

Salmo 32
Davídico. Poema.

¹ Como é feliz aquele
   que tem suas transgressões
     perdoadas
   e seus pecados apagados![b]
² Como é feliz aquele
   a quem o Senhor não atribui culpa[c]
   e em quem não há hipocrisia![d]
³ Enquanto eu mantinha escondidos os
     meus pecados,[e]
   o meu corpo definhava de tanto
     gemer.
⁴ Pois dia e noite
   a tua mão pesava[f] sobre mim;
   minhas forças foram-se esgotando
   como em tempo de seca.
                              Pausa
⁵ Então reconheci diante de ti o meu
     pecado
   e não encobri as minhas culpas.
   Eu disse: "Confessarei[g] as minhas
     transgressões[h]",
                              ao Senhor,
   e tu perdoaste a culpa do meu
     pecado.[i]
                              Pausa
⁶ Portanto, que todos os que são fiéis
     orem a ti
   enquanto podes ser encontrado;[j]
   quando as muitas águas se levantarem,
     elas não os atingirão.[k]
⁷ Tu és o meu abrigo;
   tu me preservarás das angústias[l]
   e me cercarás de canções de livramento.[m]
                              Pausa
⁸ Eu o instruirei[n] e o ensinarei
   no caminho que você deve seguir;
   eu o aconselharei e cuidarei de você.[o]
⁹ Não sejam como o cavalo ou o burro,
   que não têm entendimento

mas precisam ser controlados
  com freios e rédeas;ᵖ
caso contrário não obedecem.
¹⁰ Muitas são as dores dos ímpios,ᑫ
mas a bondade do Senhor
  protege quem nele confia.ʳ
¹¹ Alegrem-se no Senhorˢ e exultem,
  vocês que são justos!
Cantem de alegria,
  todos vocês que são retos de coração!

Salmo 33

¹ Cantem de alegria ao Senhor,
  vocês que são justos;
aos que sãoᵗ retosᵘ fica bem louvá-lo.
² Louvem o Senhor com harpa;
ofereçam-lhe música com lira de dez
  cordas.ᵛ
³ Cantem-lhe uma nova canção;ʷ
toquem com habilidade ao aclamá-lo.
⁴ Pois a palavra do Senhor é
  verdadeira;ˣ
ele é fiel em tudo o que faz.
⁵ Ele ama a justiça e a retidão;ʸ
a terra está cheia da bondade do
  Senhor.ᶻ
⁶ Mediante a palavraᵃ do Senhor
  foram feitos os céus,
e os corpos celestes, pelo sopro de sua
  boca.
⁷ Ele ajunta as águas do mar num só
  lugar;
das profundezas faz reservatórios.
⁸ Toda a terra tema o Senhor;
tremam diante dele
  todos os habitantes do mundo.ᵇ
⁹ Pois ele falou, e tudo se fez;
ele ordenou,ᶜ e tudo surgiu.
¹⁰ O Senhor desfaz os planos das
  naçõesᵈ
e frustra os propósitos dos povos.
¹¹ Mas os planos do Senhor
  permanecem para sempre,
os propósitosᵉ do seu coração,
  por todas as gerações.

¹² Como é feliz a nação
  que tem o Senhor como Deus,ᶠ
o povo que ele escolheuᵍ para lhe
  pertencer!
¹³ Dos céus olha o Senhor
e vê toda a humanidade;ʰ
¹⁴ do seu tronoⁱ ele observa
  todos os habitantes da terra;
¹⁵ ele, que formaʲ o coração de todos,
  que conhece tudo o que fazem.ᵏ
¹⁶ Nenhum rei se salva
  pelo tamanho do seu exército;ˡ
nenhum guerreiro escapa por sua
  grande força.
¹⁷ O cavaloᵐ é vã esperança de vitória;
apesar da sua grande força, é incapaz
  de salvar.
¹⁸ Masⁿ o Senhor protege aqueles que o
  temem,
aqueles que firmam a esperança no
  seu amor,ᵒ
¹⁹ para livrá-los da morte e garantir-lhes
  vida,
mesmo em tempos de fome.ᵖ
²⁰ Nossa esperançaᑫ está no Senhor;
ele é o nosso auxílio e a nossa proteção.
²¹ Nele se alegra o nosso coração,ʳ
pois confiamos no seu santo nome.
²² Esteja sobre nós o teu amor, Senhor,
  como está em ti a nossa esperança.

Salmo 34[1]

De Davi, quando ele se fingiu de louco diante de Abimeleque — que o expulsou — e depois partiu.

¹ Bendirei o Senhor o tempo todo!ˢ
Os meus lábios sempre o louvarão.
² Minha alma se gloriaráᵗ no Senhor;
ouçam os oprimidos e se alegrem.ᵘ
³ Proclamem a grandeza do Senhor
  comigo;
juntos exaltemosᵛ o seu nome.
⁴ Busquei o Senhor,ʷ e ele me
  respondeu;
livrou-me de todos os meus temores.

[1] O salmo 34 é um poema organizado em ordem alfabética, no hebraico.

⁵ Os que olham para ele
    estão radiantes ˣ de alegria;
seu rosto jamais mostrará decepção. ʸ
⁶ Este pobre homem clamou,
    e o SENHOR o ouviu;
e o libertou de todas as suas tribulações.
⁷ O anjo do SENHOR ᶻ é sentinela ao
    redor
    daqueles que o temem,
    e os livra.

⁸ Provem e vejam como o SENHOR é
    bom. ᵃ
    Como é feliz o homem que nele se
    refugia! ᵇ
⁹ Temam o SENHOR,
    vocês que são os seus santos,
pois nada falta aos que o temem. ᶜ
¹⁰ Os leões¹ podem passar necessidade
    e fome,
mas os que buscam o SENHOR de nada
    têm falta. ᵈ

¹¹ Venham, meus filhos, ouçam-me;
eu ensinarei ᵉ a vocês o temor do
    SENHOR.
¹² Quem de vocês quer amar a vida ᶠ
e deseja ver dias felizes?
¹³ Guarde a sua língua do mal
e os seus lábios da falsidade. ᵍ
¹⁴ Afaste-se do mal e faça o bem; ʰ
busque a paz ⁱ com perseverança.
¹⁵ Os olhos do SENHOR ʲ voltam-se para
    os justos ᵏ
e os seus ouvidos
    estão atentos ao seu grito de socorro;
¹⁶ o rosto do SENHOR
    volta-se contra ˡ os que praticam o
    mal, ᵐ
para apagar da terra a memória ⁿ deles.

¹⁷ Os justos clamam, o SENHOR os ouve ᵒ
e os livra de todas as suas tribulações.
¹⁸ O SENHOR está perto ᵖ
    dos que têm o coração quebrantado ᵠ
e salva os de espírito abatido.

¹⁹ O justo passa por muitas
    adversidades, ʳ
mas o SENHOR o livra de todas; ˢ
²⁰ protege todos os seus ossos;
nenhum deles será quebrado. ᵗ

²¹ A desgraça matará os ímpios;² ᵘ
os que odeiam o justo serão
    condenados.
²² O SENHOR redime ᵛ a vida dos seus
    servos;
ninguém que nele se refugia será
    condenado.

Salmo 35
Davídico.

¹ Defende-me, SENHOR, dos que me
    acusam;
luta ʷ contra os que lutam comigo.
² Toma os escudos, o grande e o
    pequeno;
levanta-te ˣ e vem socorrer-me.
³ Empunha a lança e o machado de
    guerra³
contra os meus perseguidores.
Dize à minha alma: "Eu sou a sua
    salvação".

⁴ Sejam humilhados e desprezados ʸ
    os que procuram matar-me;
retrocedam envergonhados
    aqueles que tramam a minha ruína.
⁵ Que eles sejam como a palha ᶻ ao vento,
    quando o anjo do SENHOR os
    expulsar;
⁶ seja a vereda deles sombria e
    escorregadia,
    quando o anjo do SENHOR os
    perseguir.
⁷ Já que, sem motivo, prepararam contra
    mim
    uma armadilha oculta
e, sem motivo, abriram uma cova para
    mim,

---

¹ **34.10** A Septuaginta e a Versão Siríaca dizem *ricos*.
² **34.21** Ou *Os ímpios serão mortos nas suas próprias maldades*;
³ **35.3** Ou *e bloqueia o caminho*

34.5
ˣ Sl 36.9
ʸ Sl 25.3
34.7
ᶻ 2 Rs 6.17;
Dn 6.22
34.8
ᵃ 1 Pe 2.3
ᵇ Sl 2.12
34.9
ᶜ Sl 23.1
34.10
ᵈ Sl 84.11
34.11
ᵉ Sl 32.8
34.12
ᶠ 1 Pe 3.10
34.13
ᵍ 1 Pe 2.22
34.14
ʰ Sl 37.27
ⁱ Hb 12.14
34.15
ʲ Sl 33.18
ᵏ Jó 36.7
34.16
ˡ Lv 17.10;
Jr 44.11
ᵐ 1 Pe 3.10-12*
ⁿ Pv 10.7
34.17
ᵒ Sl 145.19
34.18
ᵖ Sl 145.18
ᵠ Is 57.15
34.19
ʳ ver 17
ˢ ver 4,6;
Pv 24.16
34.20
ᵗ Jo 19.36*
34.21
ᵘ Sl 94.23
34.22
ᵛ 1 Rs 1.29;
Sl 71.23
35.1
ʷ Sl 43.1
35.2
ˣ Sl 62.2
35.4
ʸ Sl 70.2
35.5
ᶻ Jó 21.18;
Sl 1.4;
Is 29.5

8 que a ruína lhes sobrevenha de surpresa:ᵃ
   sejam presos pela armadilha que prepararam,
caiam na covaᵇ que abriram,
   para a sua própria ruína.
9 Então a minha alma exultaráᶜ no Senhor
   e se regozijará na sua salvação.ᵈ
10 Todo o meu ser exclamará:
   "Quem se compara a ti,ᵉ Senhor?
Tu livras os necessitados daqueles que são
   mais poderososᶠ do que eles,
livras os necessitadosᵍ e os pobres
   daqueles que os exploram."

11 Testemunhasʰ maldosas enfrentam-me
   e questionam-me sobre coisas de que nada sei.
12 Elas me retribuem o bemⁱ com o mal
   e procuram tirar-me a vida.¹
13 Contudo, quando estavam doentes,
   usei vestes de lamento,
   humilhei-me com jejumʲ
   e recolhi-me em oração.²
14 Saí vagueando e pranteando,
   como por um amigo ou por um irmão.
Eu me prostrei enlutado,
   como quem lamenta por sua mãe.
15 Mas, quando tropecei,
   eles se reuniram alegres;
sem que eu o soubesse,
   ajuntaram-se para me atacar.
Eles me agrediramᵏ sem cessar.
16 Como ímpios caçoando do meu refúgio,
   rosnaramˡ contra mim.
17 Senhor, até quandoᵐ ficarás olhando?
Livra-me dos ataques deles,
   livra a minha vidaⁿ preciosa desses leões.

18 Eu te darei graças na grande assembleia;ᵒ
   no meio da grande multidão te louvarei.ᵖ
19 Não deixes que os meus inimigos traiçoeiros
   se divirtam à minha custa;
não permitas que aqueles
   que sem razão me odeiamᑫ
   troquem olhares de desprezo.ʳ
20 Não falam pacificamente,
   mas planejam acusações falsas
   contra os que vivem tranquilamente na terra.
21 Com a boca escancarada,
   riem de mimˢ e me acusam:ᵗ
"Nós vimos! Sabemos de tudo!"
22 Tu visteᵘ isso, Senhor! Não fiques calado.
Não te afastesᵛ de mim, Senhor,
23 Acorda!ʷ Desperta! Faze-me justiça!
Defende a minha causa, meu Deus e Senhor.
24 Senhor, meu Deus, tu és justo;
   faze-me justiça para que eles
   não se alegrem à minha custa.
25 Não deixes que pensem:
   "Ah! Era isso que queríamos!"
nem que digam: "Acabamos com ele!"ˣ

26 Sejam humilhados e frustrados
   todos os que se divertem
   à custa do meu sofrimento;
cubram-se de vergonhaʸ e desonra
   todos os que se acham superiores a mim.ᶻ
27 Cantem de alegria e regozijo
   todos os que desejam ver provada
   a minha inocênciaᵃ
e sempre repitamᵇ:
"O Senhor seja engrandecido!
Ele tem prazerᶜ no bem-estar do seu servo".
28 Minha língua proclamará a tua justiçaᵈ
   e o teu louvor o dia inteiro.

¹ 35.12 Ou *e estou abandonado*
² 35.13 Ou *orei por eles sem cessar*; ou ainda *Ah! Se eu pudesse cancelar minhas orações*

Salmo 36
Para o mestre de música. De Davi, servo do Senhor.

¹ Há no meu íntimo um oráculo
a respeito da maldade do ímpio:
Aos seus olhos é inútil temer a Deus.^{e}

² Ele se acha tão importante,
que não percebe nem rejeita o seu
  pecado.

³ As palavras da sua boca^f
são maldosas e traiçoeiras;
abandonou o bom senso^g e não quer
  fazer o bem.^{h}

⁴ Até na sua cama planeja maldade;^{i}
nada há de bom no caminho^j a que se
  entregou,
e ele nunca rejeita o mal.^{k}

⁵ O teu amor, Senhor, chega até os
  céus;
a tua fidelidade até as nuvens.

⁶ A tua justiça é firme como as altas
  montanhas;
  as tuas decisões, insondáveis como o
  grande mar.^{l}
Tu, Senhor, preservas
  tanto os homens quanto os animais.

⁷ Como é precioso o teu amor, ó Deus!
Os homens encontram
  refúgio à sombra das tuas asas.^{m}

⁸ Eles se banqueteiam na fartura da tua
  casa;^{n}
tu lhes dás de beber do teu rio^o de
  delícias.

⁹ Pois em ti está a fonte da vida;^{p}
graças à tua luz^q, vemos a luz.

¹⁰ Estende o teu amor aos que te
  conhecem;
a tua justiça, aos que são retos de
  coração.

¹¹ Não permitas que o arrogante me
  pisoteie
nem que a mão do ímpio me faça
  recuar.

¹² Lá estão os malfeitores caídos,
lançados ao chão, incapazes de
  levantar-se!^{r}

Salmo 37^1
Davídico.

¹ Não se aborreça por causa dos homens
  maus
e não tenha inveja^s dos perversos;^{t}

² pois como o capim logo secarão,
como a relva verde logo murcharão.^{u}

³ Confie no Senhor e faça o bem;
assim você habitará na terra^v
e desfrutará segurança.^{w}

⁴ Deleite-se^x no Senhor,
e ele atenderá aos desejos do seu
  coração.

⁵ Entregue o seu caminho ao Senhor;
confie nele^y, e ele agirá:

⁶ ele deixará claro como a alvorada^a
que você é justo,^{z}
e como o sol do meio-dia que você é
  inocente.

⁷ Descanse^b no Senhor
e aguarde por ele com paciência;^{c}
não se aborreça com o sucesso dos
  outros
  nem com aqueles que maquinam o
  mal.

⁸ Evite a ira^d e rejeite a fúria;
não se irrite: isso só leva ao mal.

⁹ Pois os maus serão eliminados,
mas os que esperam no Senhor
receberão a terra por herança.^{e}

¹⁰ Um pouco de tempo,
e os ímpios não mais existirão;^{f}
por mais que você os procure, não serão
  encontrados.

¹¹ Mas os humildes receberão a terra^g
  por herança
e desfrutarão pleno bem-estar.

¹² Os ímpios tramam contra os justos
e rosnam^h contra eles;

---

^{1} O salmo 37 é um poema organizado em ordem alfabética, no hebraico.

36.1 ^{e}Rm 3.18*
36.3 ^{f}Sl 10.7; ^{g}Sl 94.8; ^{h}Jr 4.22
36.4 ^{i}Pv 4.16; Mq 2.1
36.5 ^{j}Is 65.2; ^{k}Sl 52.3; Rm 12.9
36.6 ^{l}Jó 11.8; Sl 77.19; Rm 11.33
36.7 ^{m}Rt 2.12; Sl 17.8
36.8 ^{n}Sl 65.4; ^{o}Jó 20.12; Ap 2.1
36.9 ^{p}Jr 2.13; ^{q}1 Pe 2.9
36.12 ^{r}Sl 140.10
37.1 ^{s}Pv 23.17-18; ^{t}Sl 73.3
37.2 ^{u}Sl 90.6
37.3 ^{v}Dt 30.20; ^{w}Is 40.11; Jo 10.9
37.4 ^{x}Is 58.14
37.5 ^{y}Sl 4.5; Sl 55.22; Pv 16.3; 1 Pe 5.7
37.6 ^{z}Mq 7.9; ^{a}Jó 11.17
37.7 ^{b}Sl 62.5; Lm 3.26; ^{c}Sl 40.1
37.8 ^{d}Ef 4.31; Cl 3.8
37.9 ^{e}Is 57.13; 60.21
37.10 ^{f}Jó 7.10; 24.24
37.11 ^{g}Mt 5.5
37.12 ^{h}Sl 35.16

¹³ O Senhor, porém, ri dos ímpios,
pois sabe que o dia deles está chegando.ⁱ

¹⁴ Os ímpios desembainham a espada
e preparam o arcoʲ
para abater o necessitadoᵏ e o pobre,
para matar os que andam na retidão.
¹⁵ Mas as suas espadas
irão atravessar-lhes o coração,ˡ
e os seus arcos serão quebrados.
¹⁶ Melhor é o pouco do justo
do que a riquezaᵐ de muitos ímpios;
¹⁷ pois o braço forte dos ímpios será
quebrado,ⁿ
mas o Senhor sustém os justos.
¹⁸ O Senhor cuida da vida dos
íntegros,ᵒ
e a herança deles permanecerá para
sempre.
¹⁹ Em tempos de adversidade
não ficarão decepcionados;
em dias de fome desfrutarão fartura.
²⁰ Mas os ímpios perecerão;
os inimigos do Senhor
murcharão como a beleza dos
campos;
desvanecerão como fumaça.ᵖ
²¹ Os ímpios tomam emprestado e não
devolvem,
mas os justos dão com generosidade;ᵠ
²² aqueles que o Senhor abençoa
receberão a terra por herança,
mas os que ele amaldiçoaʳ serão
eliminados.
²³ O Senhor firmaˢ os passos de um
homem,
quando a conduta deste o agrada;ᵗ
²⁴ ainda que tropece, não cairá,ᵘ
pois o Senhor o tomaᵛ pela mão.
²⁵ Já fui jovem e agora sou velho,
mas nunca vi o justo desamparadoʷ
nem seus filhos mendigando o pão.

²⁶ Ele é sempre generoso
e empresta com boa vontade;
seus filhos serão abençoados.ˣ

²⁷ Desvie-se do mal e faça o bem;ʸ
e você terá sempre onde morar.
²⁸ Pois o Senhor ama quem pratica a
justiça,
e não abandonará os seus fiéis.

Para sempre serão protegidos,
mas a descendência dos ímpios será
eliminada;ᶻ
²⁹ os justos herdarão a terraᵃ
e nela habitarão para sempre.

³⁰ A boca do justo profere sabedoria,
e a sua língua fala conforme a justiça.
³¹ Ele traz no coração a lei do seu Deus;ᵇ
nunca pisará em falso.ᶜ

³² O ímpio fica à espreitaᵈ do justo,
querendo matá-lo;
³³ mas o Senhor não o deixará cair
em suas mãos
nem permitirá que o condenem quando
julgado.ᵉ
³⁴ Espere no Senhorᶠ
e siga a sua vontade.
Ele o exaltará, dando-lhe a terra por
herança;
quando os ímpios forem eliminados,
você o verá.ᵍ

³⁵ Vi um homem ímpio e cruel
florescendoʰ como frondosa árvore
nativa,
³⁶ mas logo desapareceu e não mais
existia;
embora eu o procurasse,
não pôde ser encontrado.ⁱ

³⁷ Considere o íntegro, observe o justo;
há futuro¹ para o homem de paz.ʲ
³⁸ Mas todos os rebeldes serão
destruídos;
futuro para os ímpios nunca haverá.ᵏ

¹ 37.37 Ou *haverá posteridade*; também no versículo 38.

39 Do Senhor vem a salvação dos justos;
ele é a sua fortaleza na hora da adversidade. *m*
40 O Senhor os ajuda *n* e os livra; *o*
ele os livra dos ímpios e os salva,
porque nele se refugiam.

Salmo 38
Salmo davídico. Uma petição.

1 Senhor, não me repreendas no teu furor
nem me disciplines na tua ira. *p*
2 Pois as tuas flechas *q* me atravessaram,
e a tua mão me atingiu.
3 Por causa de tua ira,
todo o meu corpo está doente;
não há saúde nos meus ossos *r*
por causa do meu pecado.
4 As minhas culpas me afogam;
são como um fardo pesado e insuportável. *s*

5 Minhas feridas cheiram mal e supuram
por causa da minha insensatez. *t*
6 Estou encurvado e muitíssimo abatido;
o dia todo saio vagueando e pranteando. *u*
7 Estou ardendo em febre; *v*
todo o meu corpo está doente.
8 Sinto-me muito fraco e totalmente esmagado;
meu coração geme *w* de angústia.

9 Senhor, diante de ti
estão todos os meus anseios;
o meu suspiro *x* não te é oculto.
10 Meu coração palpita, as forças me faltam; *y*
até a luz dos meus olhos se foi. *z*
11 Meus amigos e companheiros me evitam
por causa da doença que me aflige; *a*
ficam longe de mim os meus vizinhos.
12 Os que desejam matar-me
preparam armadilhas, *b*
os que me querem prejudicar
anunciam a minha ruína; *c*
passam o dia planejando traição. *d*
13 Como um surdo, não ouço,
como um mudo, não abro a boca.
14 Fiz-me como quem não ouve,
e em cuja boca não há resposta.
15 Senhor, em ti espero; *e*
tu me responderás, *f* ó Senhor meu Deus!
16 Pois eu disse: "Não permitas *g*
que eles se divirtam à minha custa
nem triunfem sobre mim quando eu tropeçar". *h*

17 Estou a ponto de cair,
e a minha dor está sempre comigo. *i*
18 Confesso a minha culpa;
em angústia estou por causa do meu pecado.
19 Meus inimigos, porém,
são muitos e poderosos; *j*
é grande o número
dos que me odeiam sem motivo. *k*
20 Os que me retribuem o bem com o mal *l*
caluniam-me porque é o bem que procuro.

21 Senhor, não me abandones!
Não fiques longe de mim, *m* ó meu Deus!
22 Apressa-te a ajudar-me, *n*
Senhor, meu Salvador! *o*

Salmo 39
Para o mestre de música. Ao estilo de Jedutum. Salmo davídico.

1 Eu disse: Vigiarei a minha conduta *p*
e não pecarei em palavras; *q*
porei mordaça em minha boca
enquanto os ímpios
estiverem na minha presença.
2 Enquanto me calei resignado, *r*
e me contive inutilmente,
minha angústia aumentou.
3 Meu coração ardia-me no peito

e, enquanto eu meditava, o fogo
   aumentava;
então comecei a dizer:
⁴ Mostra-me, Senhor, o fim da minha
   vida
e o número dos meus dias,ˢ
   para que eu saiba quão frágil sou.ᵗ
⁵ Deste aos meus diasᵘ
   o comprimento de um palmo;
a duração da minha vida é nada diante
   de ti.
   De fato, o homem não passa de um
      sopro.ᵛ
                            Pausa

⁶ Sim, cada um vai e volta como a
   sombra.ʷ
Em vãoˣ se agita, amontoando riqueza
   sem saber quem ficará com ela.ʸ

⁷ Mas agora, Senhor, que hei de
   esperar?
Minha esperança está em ti.ᶻ
⁸ Livra-meᵃ de todas as minhas
   transgressões;ᵇ
não faças de mim
   um objeto de zombaria dos tolos.
⁹ Estou calado!ᶜ Não posso abrir a boca,
   pois tu mesmo fizeste isso.
¹⁰ Afasta de mim o teu açoite;
fui vencido pelo golpe da tua mão.ᵈ
¹¹ Tu repreendesᵉ e disciplinas o homem
   por causa do seu pecado;
como traça destróis o que ele mais
   valoriza;
de fato,ᶠ o homem não passa de um
   sopro.
                            Pausa

¹² Ouve a minha oração, Senhor;
escuta o meu grito de socorro;
não sejas indiferente ao meu lamento.
Pois sou para ti um estrangeiro,ᵍ
como foram todos os meus
   antepassados.ʰ
¹³ Desvia de mim os teus olhos,
para que eu volte a ter alegria,
antes que eu me vá e deixe de existir.ⁱ

Salmo 40
Para o mestre de música. Davídico. Um salmo.

¹ Depositei toda a minha esperançaʲ no
   Senhor;
ele se inclinou para mim
e ouviu o meu grito de socorro.ᵏ
² Ele me tirou de um poço de
   destruição,
   de um atoleiro de lama;ˡ
pôs os meus pés sobre uma rochaᵐ
   e firmou-me num local seguro.
³ Pôs um novo cânticoⁿ na minha boca,
   um hino de louvor ao nosso Deus.
Muitos verão isso e temerão,
   e confiarão no Senhor.

⁴ Como é feliz o homemᵒ
   que põe no Senhor a sua confiança,ᵖ
e não vai atrás dos orgulhosos¹,
   dos que se afastam para seguir deuses
      falsos²!

⁵ Senhor meu Deus!
   Quantas maravilhasᵠ tens feito!
Não se pode relatarʳ
   os planos que preparaste para nós!
Eu queria proclamá-los e anunciá-los,
   mas são por demais numerosos!

⁶ Sacrifício e oferta não pediste,ˢ
   mas abriste os meus ouvidos³;
holocaustos⁴ e ofertasᵗ pelo pecado
   não exigiste.
⁷ Então eu disse: "Aqui estou!"
   No livro está escrito a meu respeito.
⁸ Tenho grande alegria em fazer a tua
   vontade,ᵘ
   ó meu Deus;
a tua lei está no fundo do meu coração.ᵛ

⁹ Eu proclamo as novas de justiça
   na grande assembleia;ʷ

---
¹ **40.4** Ou *idólatras*
² **40.4** Ou *para a falsidade*
³ **40.6** Ou *furaste as minhas orelhas.* A Septuaginta diz *mas tens preparado um corpo para mim.*
⁴ **40.6** Isto é, sacrifícios totalmente queimados.

como sabes, Senhor,ˣ não fecho os
  meus lábios.
¹⁰ Não oculto no coração a tua justiça;
falo da tua fidelidade ʸ e da tua
  salvação.
Não escondo da grande assembleia
  a tua fidelidade e a tua verdade.ᶻ

¹¹ Não me negues a tua misericórdia,
  Senhor;
que o teu amor ᵃ e a tua verdade ᵇ
  sempre me protejam.
¹² Pois incontáveis problemas ᶜ me
  cercam,
as minhas culpas me alcançaram
  e já não consigo ver.ᵈ
Mais numerosos são
  que os cabelos da minha cabeça,ᵉ
e o meu coração perdeu ᶠ o ânimo.

¹³ Agrada-te, Senhor, em libertar-me;
apressa-te, Senhor, a ajudar-me.ᵍ
¹⁴ Sejam humilhados e frustrados
  todos os que procuram tirar-me a
    vida;ʰ
retrocedam desprezados
  os que desejam a minha ruína.
¹⁵ Fiquem chocados com a sua própria
  desgraça
  os que zombam de mim.

¹⁶ Mas regozijem-se e alegrem-se em ti
  todos os que te buscam;
digam sempre aqueles que amam a tua
  salvação:
  "Grande é o Senhor!" ⁱ

¹⁷ Quanto a mim, sou pobre e
  necessitado,
mas o Senhor preocupa-se comigo.
Tu és o meu socorro e o meu libertador;
  meu Deus, não te demores! ʲ

Salmo 41
Para o mestre de música. Salmo davídico.

¹ Como é feliz aquele
  que se interessa pelo pobre! ᵏ
O Senhor o livra em tempos de
  adversidade.
² O Senhor o protegerá e preservará a
  sua vida;
ele o fará feliz na terra ˡ
e não o entregará ao desejo dos seus
  inimigos.ᵐ
³ O Senhor o susterá
  em seu leito de enfermidade,
e da doença o restaurará.

⁴ Eu disse: "Misericórdia, Senhor!"
Cura-me, pois pequei contra ti".ᵒ
⁵ Os meus inimigos
  dizem maldosamente a meu respeito:
"Quando ele vai morrer?
  Quando vai desaparecer o seu
    nome?" ᵖ
⁶ Sempre que alguém vem visitar-me,
  fala com falsidade,ᑫ
enche o coração de calúnias
e depois as espalha por onde vai.ʳ
⁷ Todos os que me odeiam
  juntam-se ˢ e cochicham contra mim,
imaginando que o pior me acontecerá:
⁸ "Uma praga terrível o derrubou;
está de cama e jamais se levantará".
⁹ Até o meu melhor amigo,ᵗ
em quem eu confiava
e que partilhava do meu pão,
  voltou-seˡ contra mim.ᵘ

¹⁰ Mas, tu, Senhor, tem misericórdia de
  mim;
levanta-me,ᵛ para que eu lhes
  retribua.
¹¹ Sei que me queres bem,ʷ
pois o meu inimigo não triunfa sobre
  mim.ˣ
¹² Por causa da minha integridade me
  sustens ʸ
e me pões na tua presença para
  sempre.ᶻ

¹³ Louvado seja o Senhor, o Deus de
  Israel,ᵃ
de eternidade a eternidade!
Amém e amém! ᵇ

ˡ **41.9** Hebraico: *levantou o calcanhar.*

SEGUNDO LIVRO
Salmo 42[1]
Para o mestre de música. Um poema dos coraítas.

¹ Como a corça anseia por águas correntes,
a minha alma anseia[c] por ti, ó Deus.
² A minha alma tem sede[d] de Deus, do Deus vivo.[e]
Quando poderei entrar[f] para apresentar-me a Deus?
³ Minhas lágrimas[g] têm sido o meu alimento
de dia e de noite,
pois me perguntam o tempo todo:
"Onde está o seu Deus?"[h]
⁴ Quando me lembro dessas coisas, choro angustiado.
Pois eu costumava ir com a multidão,
conduzindo a procissão à casa de Deus,[i]
com cantos de alegria e de ação de graças[j]
em meio à multidão que festejava.

⁵ Por que você está assim tão triste, ó minha alma?
Por que está assim tão perturbada[k] dentro de mim?
Ponha a sua esperança em Deus![l]
Pois ainda o louvarei;
ele é o meu Salvador[m] e ⁶ o meu Deus.[2]
A minha alma está profundamente triste;
por isso de ti me lembro
desde a terra do Jordão,
das alturas do Hermom,
desde o monte Mizar.
⁷ Abismo chama abismo
ao rugir das tuas cachoeiras;
todas as tuas ondas e vagalhões
se abateram sobre mim.[n]

⁸ Conceda-me o Senhor o seu fiel amor de dia;[o]
de noite[p] esteja comigo a sua canção.[q]
É a minha oração ao Deus que me dá vida.

⁹ Direi a Deus, minha Rocha:
"Por que te esqueceste de mim?
Por que devo sair vagueando e pranteando,[r]
oprimido pelo inimigo?"
¹⁰ Até os meus ossos sofrem agonia mortal
quando os meus adversários zombam de mim,
perguntando-me o tempo todo:
"Onde está o seu Deus?"
¹¹ Por que você está assim tão triste, ó minha alma?
Por que está assim tão perturbada dentro de mim?
Ponha a sua esperança em Deus!
Pois ainda o louvarei;
ele é o meu Salvador e o meu Deus.[s]

Salmo 43

¹ Faze-me justiça, ó Deus,
e defende a minha causa[t] contra um povo infiel;
livra-me dos homens traidores e perversos.[u]
² Pois tu, ó Deus, és a minha fortaleza.
Por que me rejeitaste?[v]
Por que devo sair vagueando e pranteando,
oprimido pelo inimigo?[w]
³ Envia a tua luz[x] e a tua verdade;
elas me guiarão
e me levarão ao teu santo monte,[y]
ao lugar onde habitas.[z]
⁴ Então irei ao altar[a] de Deus,
a Deus, a fonte da minha plena alegria.
Com a harpa[b] te louvarei,
ó Deus, meu Deus!

⁵ Por que você está assim tão triste, ó minha alma?

---

¹ Os salmos 42 e 43 constituem um único poema em muitos manuscritos do Texto Massorético.
² 42.5,6 Conforme alguns manuscritos do Texto Massorético, a Septuaginta e a Versão Siríaca. A maioria dos manuscritos do Texto Massorético diz *louvarei por teu auxílio salvador. 6Ó meu Deus*.

Por que está assim tão perturbada
    dentro de mim?
Ponha a sua esperança em Deus!
    Pois ainda o louvarei;
    ele é o meu Salvador e o meu Deus.ᶜ

Salmo 44
Para o mestre de música. Dos coraítas. Um poema.

¹ Com os nossos próprios ouvidos
        ouvimos,
    ó Deus;
os nossos antepassados nos contaramᵈ
    os feitos que realizaste no tempo
        deles,
    nos dias da antiguidade.
² Com a tua própria mão expulsasteᵉ as
        nações
    para estabelecerᶠ os nossos
        antepassados;
arruinaste povos e fizeste prosperar
    os nossos antepassados.ᵍ
³ Não foi pela espadaʰ que
        conquistaram a terra
nem pela força do seu braço
    que alcançaram a vitória;
foi pela tua mão direita, pelo teu braçoⁱ
    e pela luz do teu rosto,¹
    por causa do teu amorʲ para com eles.

⁴ És tu, meu Reiᵏ e meu Deus!²
    És tu que decretas vitórias para Jacó!
⁵ Contigo pomos em fuga os nossos
        adversários;
    pelo teu nome pisoteamosˡ os que nos
        atacam.
⁶ Não confio em meu arco,ᵐ
    minha espada não me concede a vitória;
⁷ mas tu nos concedes a vitóriaⁿ
    sobre os nossos adversários
    e humilhas os que nos odeiam.ᵒ
⁸ Em Deus nos gloriamosᵖ o tempo todo,
    e louvaremos o teu nome para sempre.ᵠ
                                    Pausa

⁹ Mas agora nos rejeitasteʳ e nos
        humilhaste;
já não sais com os nossos exércitos.ˢ
¹⁰ Diante dos nossos adversários
    fizeste-nos bater em retirada,ᵗ
e os que nos odeiam nos saquearam.
¹¹ Tu nos entregaste
    para sermos devorados como ovelhasᵘ
e nos dispersaste entre as nações.ᵛ
¹² Vendeste o teu povo por uma
        ninharia,ʷ
    nada lucrando com a sua venda.
¹³ Tu nos fizeste
    motivo de vergonha dos nossos
        vizinhos,ˣ
objeto de zombaria e menosprezoʸ dos
    que nos rodeiam.
¹⁴ Fizeste de nós um provérbio entre as
        nações;
    os povos meneiam a cabeçaᶻ quando
        nos veem.
¹⁵ Sofro humilhação o tempo todo,
    e o meu rosto está coberto de vergonha
¹⁶ por causa da zombaria
        dos que me censuram e me
            provocam,ᵃ
    por causa do inimigo, que busca
        vingança.

¹⁷ Tudo isso aconteceu conosco,
    sem que nos tivéssemos esquecidoᵇ
        de ti
    nem tivéssemos traído a tua aliança.
¹⁸ Nosso coração não voltou atrásᶜ
    nem os nossos pés se desviaram da tua
        vereda.
¹⁹ Todavia, tu nos esmagasteᵈ e fizeste
        de nós
    um covil de chacais,
e de densas trevas nos cobriste.ᵉ

²⁰ Se tivéssemos esquecidoᶠ
    o nome do nosso Deus
e tivéssemos estendido as nossas mãos
    a um deus estrangeiro,ᵍ
²¹ Deus não o teria descoberto?
Pois ele conhece os segredos do
    coração!ʰ

---

¹ **44.3** Isto é, pela tua bondade.
² **44.4** Conforme a Septuaginta e a Versão Siríaca. O Texto Massorético diz *meu Rei, ó Deus!*

22 Contudo, por amor de ti
    enfrentamos a morte todos os dias;
  somos considerados como ovelhas
    destinadas ao matadouro.[i]

23 Desperta,[j] Senhor! Por que dormes?[k]
  Levanta-te! Não nos rejeites para
    sempre.[l]

24 Por que escondes o teu rosto[m]
  e esqueces o nosso sofrimento
    e a nossa aflição?[n]

25 Fomos humilhados até o pó;[o]
  nossos corpos se apegam ao chão.

26 Levanta-te[p]! Socorre-nos!
  Resgata-nos[q] por causa da tua
    fidelidade.

Salmo 45

Para o mestre de música. De acordo com a melodia Os Lírios. Dos coraítas. Poema. Cântico de casamento.

1 Com o coração vibrando de boas
    palavras
  recito os meus versos em honra ao
    rei;
  seja a minha língua
    como a pena de um hábil escritor.

2 És dos homens o mais notável;
  derramou-se graça em teus lábios,
  visto que Deus te abençoou para
    sempre.[r]

3 Prende a espada[s] à cintura, ó
    poderoso![t]
  Cobre-te de esplendor e majestade.

4 Na tua majestade cavalga
    vitoriosamente[u]
    pela verdade, pela misericórdia e pela
      justiça;
  que a tua mão direita realize feitos
    gloriosos.

5 Tuas flechas afiadas atingem
    o coração dos inimigos do rei;
  debaixo dos teus pés caem nações.

6 O teu trono, ó Deus,
    subsiste para todo o sempre;[v]
  cetro de justiça é o cetro do teu reino.

7 Amas a justiça[w] e odeias a iniquidade;
  por isso Deus, o teu Deus,
    escolheu-te dentre os teus
      companheiros
    ungindo-te[x] com óleo de alegria.[y]

8 Todas as tuas vestes exalam[z]
    aroma de mirra, aloés e cássia;
  nos palácios adornados de marfim
    ressoam
    os instrumentos de corda que te
      alegram.

9 Filhas de reis[a]
    estão entre as mulheres da tua corte;
  à tua direita[b] está a noiva real
    enfeitada de ouro puro de Ofir.

10 Ouça, ó filha, considere
    e incline os seus ouvidos:
  Esqueça o seu povo[c] e a casa paterna.

11 O rei foi cativado pela sua beleza;
  honre-o[d], pois ele é o seu senhor.[e]

12 A cidade[1] de Tiro trará[2] seus
    presentes;[f]
  seus moradores mais ricos buscarão o
    seu favor.

13 Cheia de esplendor[g] está a princesa
    em seus aposentos,
  com vestes enfeitadas de ouro.

14 Em roupas bordadas é conduzida ao
    rei,[h]
    acompanhada de um cortejo de
      virgens;
  são levadas à tua presença.

15 Com alegria e exultação
    são conduzidas ao palácio do rei.

16 Os teus filhos ocuparão o trono dos
    teus pais;
  por toda a terra os farás príncipes.

17 Perpetuarei a tua lembrança
    por todas as gerações;[i]
  por isso as nações te louvarão[j]
    para todo o sempre.

---

[1] 45.12 Hebraico: *filha*.
[2] 45.12 Ou *Um manto feito em Tiro está entre*

Salmo 46

Para o mestre de música. Dos coraítas. Para vozes agudas. Um cântico.

¹ Deus é o nosso refúgio ^{k} e a nossa fortaleza,
auxílio sempre presente^l na adversidade.
² Por isso não temeremos,^{m}
ainda que a terra trema^n
 e os montes afundem^o no coração do mar,
³ ainda que estrondem^p as suas águas turbulentas
e os montes sejam sacudidos
 pela sua fúria.

Pausa

⁴ Há um rio cujos canais alegram
 a cidade de Deus,^{q}
o Santo Lugar onde habita o Altíssimo.
⁵ Deus nela está!^{r} Não será abalada!
Deus vem em seu auxílio^s
 desde o romper da manhã.
⁶ Nações^t se agitam, reinos^u se abalam;
ele ergue a voz, e a terra se derrete.^{v}

⁷ O Senhor dos Exércitos está conosco;^{w}
 o Deus de Jacó é a nossa torre segura.^{x}

Pausa

⁸ Venham! Vejam as obras do Senhor,^{y}
seus feitos estarrecedores^z na terra.
⁹ Ele dá fim às guerras^a até os confins da terra;
quebra o arco^b e despedaça a lança;
destrói os escudos^1 com fogo.^{c}
¹⁰ "Parem de lutar! Saibam que eu sou Deus!^{d}
Serei exaltado^e entre as nações,
serei exaltado na terra."

¹¹ O Senhor dos Exércitos está conosco;
 o Deus de Jacó é a nossa torre segura.

Pausa

---
^{1} **46.9** Ou *carros*

Salmo 47

Para o mestre de música. Salmo dos coraítas.

¹ Batam palmas,^{f} vocês, todos os povos;
aclamem a Deus com cantos de alegria.^{g}
² Pois o Senhor^i Altíssimo é temível,^{h}
é o grande Rei sobre toda a terra!
³ Ele subjugou^j as nações ao nosso poder;
os povos, colocou debaixo de nossos pés
⁴ e escolheu para nós a nossa herança,^{k}
o orgulho de Jacó, a quem amou.

Pausa

⁵ Deus subiu em meio a gritos de alegria;
o Senhor, em meio ao som de trombetas.^{l}
⁶ Ofereçam música^m a Deus, cantem louvores!
Ofereçam música ao nosso Rei, cantem louvores!
⁷ Pois Deus é o rei de toda a terra;^{n}
cantem louvores^o com harmonia e arte.

⁸ Deus reina^p sobre as nações;
Deus está assentado em seu santo trono.
⁹ Os soberanos das nações se juntam
 ao povo do Deus de Abraão,
pois os governantes^2 da terra pertencem a Deus;^{q}
 ele é soberanamente exaltado.^{r}

Salmo 48

Um cântico. Salmo dos coraítas.

¹ Grande é o Senhor,^{s}
 e digno de todo louvor
na cidade^t do nosso Deus.^{u}
² Seu santo monte, belo^v e majestoso,
é a alegria de toda a terra.
Como as alturas do Zafom^3 é o monte Sião,
 a cidade do grande Rei.^{w}
³ Nas suas cidadelas
 Deus se revela como sua proteção.^{x}

---
^{2} **47.9** Hebraico: *escudos*.
^{3} **48.2** *Zafom* refere-se ou a um monte sagrado ou à direção norte.

46.1 ^{k}Sl 9.9; 14.6 ^{l}Dt 4.7
46.2 ^{m}Sl 23.4 ^{n}Sl 82.5 ^{o}Sl 18.7
46.3 ^{p}Sl 93.3
46.4 ^{q}Sl 48.1.8; Is 60.14
46.5 ^{r}Is 12.6; Ez 43.7 ^{s}Sl 37.40
46.6 ^{t}Sl 2.1 ^{u}Sl 68.32 ^{v}Mq 1.4
46.7 ^{w}2 Cr 13.12 ^{x}Sl 9.9
46.8 ^{y}Sl 66.5 ^{z}Is 61.4
46.9 ^{a}Is 2.4 ^{b}Sl 76.3 ^{c}Ez 19.9
46.10 ^{d}Sl 100.3 ^{e}Is 2.11
47.1 ^{f}Sl 98.8; Is 55.2 ^{g}Sl 106.47
47.2 ^{h}Dt 7.21 ^{i}Ml 1.14
47.3 ^{j}Sl 18.39,47
47.4 ^{k}1 Pe 1.4
47.5 ^{l}Sl 68.33; 98.6
47.6 ^{m}Sl 68.4; 89.18
47.7 ^{n}Zc 14.9 ^{o}Cl 3.16
47.8 ^{p}1 Co 16.31
47.9 ^{q}Sl 72.11; 89.18 ^{r}Sl 97.9
48.1 ^{s}Sl 96.4 ^{t}Sl 46.4 ^{u}Is 2.2-3; Ml 4.1; Zc 8.3
48.2 ^{v}Sl 50.02 Lm 2.15 ^{w}Sl 46.7 ^{x}Mt 5.35

⁴ Vejam! Os reis somaram forças,
e juntos avançaram contra ela.ʸ
⁵ Quando a viram, ficaram atônitos,
fugiram aterrorizados.ᶻ
⁶ Ali mesmo o pavor os dominou;
contorceram-se como a mulher no parto.
⁷ Foste como o vento oriental
quando destruiu os navios de Társis.ᵃ

⁸ Como já temos ouvido,
agora também temos visto
na cidade do Senhor dos Exércitos,
na cidade de nosso Deus:
Deus a preserva firme para sempre.ᵇ
Pausa

⁹ No teu templo, ó Deus,
meditamos em teu amor leal.ᶜ
¹⁰ Como o teu nome,ᵈ ó Deus,
o teu louvor alcança os confins da
terra;ᵉ
a tua mão direita está cheia de justiça.
¹¹ O monte Sião se alegra,
as cidades¹ de Judá exultam
por causa das tuas decisões justas.ᶠ

¹² Percorram Sião, contornando-a,
contem as suas torres,
¹³ observem bem as suas muralhas,
examinem as suas cidadelas,ᵍ
para que vocês falem à próxima geraçãoʰ
¹⁴ que este Deus é o nosso Deus
para todo o sempre;
ele será o nosso guiaⁱ até o fim².

Salmo 49
Para o mestre de música. Salmo dos coraítas.

¹ Ouçam isto vocês, todos os povos,ʲ
escutem, todos os que vivem neste
mundo,ᵏ
² gente do povo, homens importantes,
ricos e pobres igualmente:
³ A minha boca falará com sabedoria;ˡ
a meditação do meu coração
trará entendimento.ᵐ

⁴ Inclinarei os meus ouvidos a um
provérbio;ⁿ
com a harpa exporei o meu enigma:ᵒ
⁵ Por que deverei temer,ᵖ
quando vierem dias maus,
quando inimigos traiçoeiros me
cercarem,
⁶ aqueles que confiam em seus bens
e se gabam de suas muitas riquezas?ᑫ
⁷ Homem algum pode redimir seu
irmão
ou pagar a Deus o preço de sua vida,
⁸ pois o resgate de uma vida não tem
preço.
Não há pagamento que o livreʳ
⁹ para que vivaˢ para sempre
e não sofra decomposição.
¹⁰ Pois todos podem ver que os sábios
morrem,ᵗ
como perecem o tolo e o insensato
e para outros deixam os seus bens.ᵘ
¹¹ Seus túmulos serão sua morada
para sempre,³
sua habitação de geração em geração,
ainda que tenham⁴ dado seu nomeᵛ a
terras.

¹² O homem, mesmo que muito
importante,
não vive para sempre⁵;
é como os animais, que perecem.
¹³ Este é o destino
dos que confiam em si mesmos,ʷ
e dos seus seguidores,
que aprovam o que eles dizem.
Pausa
¹⁴ Como ovelhas,
estão destinados à sepultura⁶,ˣ

---

³ **49.11** Conforme a Septuaginta e a Versão Siríaca. O Texto Massorético diz *Em seus pensamentos suas casas serão perpétuas*.

⁴ **49.11** Ou *pois eles têm*

⁵ **49.12** Conforme o Texto Massorético. A Septuaginta e a Versão Siríaca dizem *não tem entendimento*. Veja o versículo 20.

⁶ **49.14** Hebraico: *Sheol*. Essa palavra também pode ser traduzida por profundezas, pó ou morte; também

---

¹ **48.11** Hebraico: *filhas*.
² **48.14** Ou *até à morte*

e a morte lhes servirá de pastor.
Pela manhã os justos triunfarão[y] sobre eles!
A aparência deles se desfará na sepultura,
longe das suas gloriosas mansões.
¹⁵ Mas Deus redimirá a minha vida da sepultura[z]
e me levará para si.[a]

Pausa

¹⁶ Não se aborreça quando alguém se enriquece
e aumenta o luxo de sua casa;
¹⁷ pois nada levará consigo quando morrer;
não descerá com ele o seu esplendor.[b]
¹⁸ Embora em vida ele se parabenize:[c]
"Todos o elogiam, pois você está prosperando",
¹⁹ ele se juntará aos seus antepassados,[d]
que nunca mais verão a luz.[e]

²⁰ O homem, mesmo que muito importante,
não tem entendimento;
é como os animais, que perecem.[f]

Salmo 50
Salmo da família de Asafe.

¹ Fala o SENHOR, o Deus supremo;[g]
convoca toda a terra, do nascente ao poente.[h]
² Desde Sião, perfeita em beleza,[i]
Deus resplandece.[j]
³ Nosso Deus vem![k]
Certamente não ficará calado![l]
À sua frente vai um fogo devorador,
e, ao seu redor, uma violenta tempestade.
⁴ Ele convoca os altos céus e a terra,[m]
para o julgamento do seu povo:
⁵ "Ajuntem os que me são fiéis,[n]
que, mediante sacrifício,
fizeram aliança[o] comigo".

⁶ E os céus proclamam[p] a sua justiça,
pois o próprio Deus é o juiz.[q]

Pausa

⁷ "Ouça, meu povo, pois eu falarei;
vou testemunhar[r] contra você, Israel,
eu, que sou Deus, o seu Deus.[s]
⁸ Não o acuso pelos seus sacrifícios,
nem pelos holocaustos,[1,t]
que você sempre me oferece.
⁹ Não tenho necessidade
de nenhum novilho[u] dos seus estábulos
nem dos bodes dos seus currais,
¹⁰ pois todos os animais da floresta são meus,
como são as cabeças de gado
aos milhares nas colinas.[v]
¹¹ Conheço todas as aves dos montes
e cuido das criaturas do campo.
¹² Se eu tivesse fome, precisaria dizer a você?
Pois o mundo[w] é meu, e tudo o que nele existe.
¹³ Acaso como carne de touros
ou bebo sangue de bodes?
¹⁴ Ofereça a Deus em sacrifício[x] a sua gratidão,
cumpra os seus votos[y] para com o Altíssimo,
¹⁵ e clame[z] a mim no dia da angústia;
eu o livrarei, e você me honrará".[a]

¹⁶ Mas ao ímpio Deus diz:

"Que direito você tem de recitar as minhas leis
ou de ficar repetindo a minha aliança?[b]
¹⁷ Pois você odeia a minha disciplina
e dá as costas[c] às minhas palavras!
¹⁸ Você vê um ladrão e já se torna seu cúmplice,[d]
e com adúlteros se mistura.
¹⁹ Sua boca está cheia de maldade
e a sua língua formula a fraude.[e]

---

[1] 50.8 Isto é, sacrifícios totalmente queimados; também em 51.16.

no final deste versículo e no versículo 15.

20 Deliberadamente você fala contra o
   seu irmão*f*
e calunia o filho de sua própria mãe.
21 Ficaria eu calado*g*
   diante de tudo o que você tem feito?
Você pensa que eu sou como você?
Mas agora eu o acusarei*h* diretamente,
   sem omitir coisa alguma.

22 "Considerem isto,
   vocês que se esquecem de Deus;*i*
caso contrário os despedaçarei,
   sem que ninguém os livre.*j*
23 Quem me oferece sua gratidão
   como sacrifício honra-me,*k*
e eu mostrarei a salvação de Deus
   ao que anda nos meus caminhos".*l*

Salmo 51

Para o mestre de música. Salmo de Davi. Escrito quando o profeta Natã veio falar com Davi, depois que este cometeu adultério com Bate-Seba.

1 Tem misericórdia de mim, ó Deus,
   por teu amor;
por tua grande compaixão
   apaga*m* as minhas transgressões.*n*
2 Lava-me*o* de toda a minha culpa
   e purifica-me*p* do meu pecado.

3 Pois eu mesmo
   reconheço as minhas transgressões,
e o meu pecado sempre me persegue.*q*
4 Contra ti, só contra ti, pequei
   e fiz o que tu reprovas,*r*
de modo que justa é a tua sentença
   e tens razão em condenar-me.*s*
5 Sei que sou pecador*t* desde que nasci;
sim, desde que me concebeu minha mãe.
6 Sei que desejas a verdade no íntimo;
e no coração me ensinas a sabedoria.*u v*

7 Purifica-me com hissopo,*w* e ficarei
   puro;
lava-me, e mais branco do que a neve
   serei.*x*
8 Faze-me ouvir de novo júbilo e alegria,*y*
e os ossos que esmagaste exultarão.

9 Esconde o rosto dos meus pecados*z*
e apaga todas as minhas iniquidades.

10 Cria em mim um coração puro,*a* ó Deus,
e renova dentro de mim um espírito
   estável.*b*
11 Não me expulses da tua presença
nem tires de mim o teu Santo Espírito.*c*
12 Devolve-me a alegria da tua salvação*d*
e sustenta-me
   com um espírito pronto a obedecer.
13 Então ensinarei os teus caminhos*e*
   aos transgressores,
para que os pecadores se voltem para ti.*f*

14 Livra-me da culpa dos crimes de
   sangue,*g*
   ó Deus, Deus da minha salvação!*h*
E a minha língua aclamará a tua justiça.*i*
15 Ó Senhor, dá palavras aos meus lábios,*j*
e a minha boca anunciará o teu louvor.
16 Não te deleitas em sacrifícios*k*
nem te agradas em holocaustos,
   senão eu os traria.
17 Os sacrifícios que agradam a Deus
   são um espírito quebrantado;
um coração quebrantado e contrito*l*,
   ó Deus, não desprezarás.

18 Por tua boa vontade faze Sião*m*
   prosperar;
ergue os muros de Jerusalém.
19 Então te agradarás dos sacrifícios
   sinceros,*n*
   das ofertas queimadas*o* e dos
      holocaustos;
e novilhos*p* serão oferecidos sobre o teu
   altar.

Salmo 52

Para o mestre de música. Poema de Davi, quando o edomita*q* Doegue foi a Saul e lhe contou: "Davi foi à casa de Aimeleque".

1 Por que você se vangloria*r* do mal
e de ultrajar a Deus continuamente?,[1]
   ó homem poderoso!

---

[1] 52.1 Ou *se a fidelidade de Deus dura para sempre?*

² Sua língua trama destruição;
é como navalha afiada,ˢ cheia de engano.ᵗ
³ Você prefere o mal ao bem;
a falsidade,ᵘ à verdade.
Pausa

⁴ Você ama toda palavra maldosa,
ó língua mentirosa!ᵛ
⁵ Saiba que Deus o arruinará para sempre:
ele o agarrará e o arrancaráʷ da sua tenda;
ele o desarraigaráˣ da terra dos vivos.ʸ
Pausa

⁶ Os justos verão isso e temerão;
rirãoᶻ dele, dizendo:
⁷ "Veja só o homem
que rejeitou a Deus como refúgio;
confiou em sua grande riquezaᵃ
e buscou refúgio em sua maldade!"

⁸ Mas eu sou como uma oliveiraᵇ
que floresce na casa de Deus;
confioᶜ no amor de Deus
para todo o sempre.
⁹ Para sempreᵈ te louvarei pelo que fizeste;
na presença dos teus fiéis
proclamarei o teu nome,
porque tu és bom.ᵉ

Salmo 53

Para o mestre de música. De acordo com mahalath¹. Poema davídico.

¹ Diz o toloᶠ em seu coração:
"Deus não existe!"ᵍ
Corromperam-se
e cometeram injustiças detestáveis;
não há ninguém que faça o bem.

² Deus olha lá dos céusʰ
para os filhos dos homens,
para ver se há alguém
que tenha entendimento,
alguém que busque a Deus.ⁱ

³ Todos se desviaram,
igualmente se corromperam;
não há ninguém que faça o bem;
nem um sequer.ʲ

⁴ Será que os malfeitores não aprendem?
Eles devoram o meu povo
como quem come pão
e não clamam a Deus!
⁵ Olhem! Estão tomados de pavor,
quando não existe motivo algum para temer!ᵏ
Pois foi Deus quem espalhou os ossosˡ
dos que atacaram você;
você os humilhou porque Deus os rejeitou.

⁶ Ah, se de Sião viesse a salvação para Israel!
Quando Deus restaurar² o seu povo,
Jacó exultará! Israel se regozijará!

Salmo 54

Para o mestre de música. Com instrumentos de cordas. Poema de Davi, quando os zifeus foram a Saul e disseram: "Acaso Davi não está se escondendo entre nós?"

¹ Salva-me, ó Deus, pelo teu nome;ᵐ
defende-me pelo teu poder.ⁿ
² Ouve a minha oração, ó Deus;ᵒ
escuta as minhas palavras.
³ Estrangeiros³ me atacam;ᵖ
homens cruéis querem matar-me,ᑫ
homens que não se importam com Deus.ʳ
Pausa

⁴ Certamente Deus é o meu auxílio;ˢ
é o Senhor que me sustém.ᵗ
⁵ Recaiaᵘ o mal sobre os meus inimigos!
Extermina-os por tua fidelidade!ᵛ

⁶ Eu te oferecerei um sacrifício voluntário;ʷ
louvarei o teu nome, ó SENHOR,
porque tu és bom.ˣ

---

² 53.6 Ou *trouxer de volta os cativos do seu*
³ 54.3 Alguns manuscritos do Texto Massorético dizem *Arrogantes*.

¹ Título: Possivelmente uma melodia solene.

7 Pois ele me livrou de todas as minhas
   angústias,
e os meus olhos contemplaram
   a derrota dos meus inimigos. ᶻ

Salmo 55

Para o mestre de música. Com instrumentos de cordas. Poema davídico.

1 Escuta a minha oração, ó Deus,
   não ignores a minha súplica; ᵃ
2 ouve-me e responde-me! ᵇ
Os meus pensamentos me perturbam,
   e estou atordoado ᶜ
3 diante do barulho do inimigo,
   diante da gritaria¹ dos ímpios;
pois eles aumentam o meu ᵈ sofrimento
   e, irados, mostram seu rancor. ᵉ

4 O meu coração está acelerado;
   os pavores ᶠ da morte me assaltam.
5 Temor e tremor ᵍ me dominam;
   o medo tomou conta de mim.
6 Então eu disse:
   Quem dera eu tivesse asas como a
      pomba;
   voaria até encontrar repouso!
7 Sim, eu fugiria para bem longe,
   e no deserto eu teria o meu abrigo.
   Pausa
8 Eu me apressaria em achar refúgio
   longe do vendaval e da tempestade. ʰ

9 Destrói os ímpios, Senhor,
   confunde a língua deles,
pois vejo violência e brigas ⁱ na cidade.
10 Dia e noite eles rondam por seus muros;
   nela permeiam o crime e a maldade.
11 A destruição ʲ impera na cidade;
   a opressão e a fraude ᵏ jamais deixam
      suas ruas.
12 *Se um inimigo me insultasse,*
   eu poderia suportar;
se um adversário se levantasse contra mim,
   eu poderia defender-me;

13 mas logo você, meu colega,
   meu companheiro, meu amigo
      chegado, ˡ
14 você, com quem eu partilhava
   agradável comunhão
enquanto íamos com a multidão festiva
   para a casa de Deus! ᵐ

15 Que a morte
   apanhe os meus inimigos de
      surpresa! ⁿ
Desçam eles vivos para a sepultura², ᵒ
   pois entre eles o mal acha guarida.

16 Eu, porém, clamo a Deus,
   e o Senhor me salvará.
17 À tarde, ᵖ pela manhã ᵍ e ao meio-dia
   choro angustiado,
e ele ouve a minha voz.
18 Ele me guarda ileso na batalha,
sendo muitos os que estão contra mim.
19 Deus, que reina desde a eternidade, ʳ
   me ouvirá ˢ e os castigará.
   Pausa
Pois jamais mudam sua conduta
   e não têm temor de Deus.

20 Aquele homem se voltou ᵗ
   contra os seus aliados, ᵘ
violando o seu acordo.
21 Macia como manteiga é a sua fala,
   mas a guerra está no seu coração;
suas palavras são mais suaves que o
   óleo, ᵛ
   mas são afiadas como
      punhais. ʷ

22 Entregue suas preocupações ao
   Senhor,
   e ele o susterá; ˣ
jamais permitirá que o justo venha a
   cair. ʸ
23 Mas tu, ó Deus,
   farás descer à cova ᶻ da destruição
   aqueles assassinos ᵃ e traidores,

¹ 55.3 Ou *opressão*

² 55.15 Hebraico: *Sheol*. Essa palavra também pode ser traduzida por *profundezas*, *pó* ou *morte*.

os quais não viverão a metade dos
    seus dias.^b
Quanto a mim, porém, confio em ti.^c

Salmo 56

Para o mestre de música. De acordo com a melodia Uma Pomba em Carvalhos Distantes. Poema epigráfico davídico. Quando os filisteus prenderam Davi em Gate.

¹ Tem misericórdia de mim, ó Deus,
    pois os homens me pressionam;^d
o tempo todo me atacam e me oprimem.
² Os meus inimigos pressionam-me sem
    parar;^e
muitos atacam-me arrogantemente.^f

³ Mas eu, quando estiver com medo,^g
    confiarei em ti.
⁴ Em Deus, cuja palavra eu louvo,
    em Deus eu confio e não temerei.
Que poderá fazer-me o simples mortal?^h

⁵ O tempo todo
    eles distorcem as minhas palavras;ⁱ
estão sempre tramando prejudicar-me.
⁶ Conspiram,^j ficam à espreita,
vigiam os meus passos,
    na esperança de tirar-me a vida.^k
⁷ Deixarás escapar essa gente tão
    perversa?^l
Na tua ira, ó Deus, derruba as nações.^l
⁸ Registra, tu mesmo, o meu lamento;
recolhe as minhas lágrimas em teu odre;
acaso não estão anotadas em teu livro?^m

⁹ Os meus inimigos retrocederão,ⁿ
    quando eu clamar por socorro.^o
Com isso saberei que Deus está a meu
    favor.^p
¹⁰ Confio em Deus, cuja palavra louvo,
no Senhor, cuja palavra louvo,
¹¹ em Deus eu confio e não temerei.
Que poderá fazer-me o homem?

¹² Cumprirei os votos^q que te fiz, ó Deus;
a ti apresentarei minhas ofertas de
    gratidão.

¹ **56.7** Ou *Rejeita-os por causa de sua maldade;*

¹³ Pois me livraste da morte^r
e aos meus pés de tropeçar,
para que eu ande diante de Deus
    na luz que ilumina os vivos.^s

Salmo 57

Para o mestre de música. De acordo com a melodia Não Destruas. Poema epigráfico davídico. Quando Davi fugiu de Saul para a caverna.

¹ Misericórdia, ó Deus; misericórdia,
    pois em ti a minha alma se refugia.^t
Eu me refugiarei à sombra das tuas asas,^u
    até que passe o perigo.^v

² Clamo ao Deus Altíssimo,
a Deus, que para comigo
    cumpre o seu propósito.^w
³ Dos céus ele me envia a salvação,^x
põe em fuga^y
    os que me perseguem de perto;^z
Pausa
Deus envia o seu amor e a sua
    fidelidade.

⁴ Estou em meio a leões,^a
    ávidos para devorar;
seus dentes são lanças e flechas,
sua língua é espada afiada.^b

⁵ Sê exaltado, ó Deus, acima dos céus!
Sobre toda a terra esteja a tua glória!^c

⁶ Preparam armadilhas para os meus pés;
    fiquei muito abatido.^d
Abriram uma cova^e no meu caminho,
mas foram eles que nela caíram.^f
Pausa

⁷ Meu coração está firme, ó Deus,
    meu coração está firme;^g
cantarei ao som de instrumentos!
⁸ Acorde, minha alma!
    Acordem, harpa e lira!^h
Vou despertar a alvorada!
⁹ Eu te louvarei, ó Senhor, entre as
    nações;
cantarei teus louvores entre os
    povos.

¹⁰ Pois o teu amor é tão grande
    que alcança os céus;
a tua fidelidade vai até as nuvens.ⁱ

¹¹ Sê exaltado, ó Deus, acima dos céus!
    Sobre toda a terra esteja a tua
        glória!ʲ

Salmo 58

Para o mestre de música. De acordo com a melodia Não Destruas. Davídico. Poema epigráfico.

¹ Será que vocês, poderosos¹,
    falam de fato com justiça?ᵏ
Será que vocês, homens, julgam
    retamente?

² Não! No coração vocês tramam a
        injustiça,
e na terra as suas mãos espalham a
        violência.ˡ

³ Os ímpios erram o caminho desde o
        ventre;
desviam-se os mentirosos desde que
        nascem.

⁴ Seu veneno é como veneno de
        serpente;ᵐ
tapam os ouvidos,
    como a cobra que se faz de surda

⁵ para não ouvir a música dos
        encantadores,
que fazem encantamentos com tanta
        habilidade.

⁶ Quebra os dentes deles, ó Deus;ⁿ
arranca, Senhor, as presas desses
        leões!ᵒ

⁷ Desapareçam como a água que
        escorre!
Quando empunharem o arco,ᵖ
    caiam sem força as suas flechas!²ᵠ

⁸ Sejam como a lesma
    que se derrete pelo caminho;
como feto abortado,ʳ não vejam eles o sol!

⁹ Os ímpios serão varridos
    antes que as suas panelasˢ

sintam o calor da lenha³,
    esteja ela verde ou seca.ᵗ

¹⁰ Os justos se alegrarão quando forem
        vingados,ᵘ
quando banharem seus pés
    no sangue dos ímpios.ᵛ

¹¹ Então os homens comentarão:
    "De fato os justos
        têm a sua recompensa;
com certeza há um Deus
    que faz justiça na terra".ʷ

Salmo 59

Para o mestre de música. De acordo com a melodia Não Destruas. Poema epigráfico davídico, quando Saul enviou homens para vigiar a casa de Davi a fim de matá-lo.

¹ Livra-me dos meus inimigos, ó Deus;ˣ
põe-me fora do alcance dos meus
    agressores.

² Livra-me dos que praticam o mal
e salva-me dos assassinos.ʸ

³ Vê como ficam à minha espreita!
Homens cruéis conspiramᶻ contra mim,
    sem que eu tenha cometido
        qualquer delito ou pecado, ó
        Senhor.

⁴ Mesmo eu não tendo culpa de nada,
    eles se preparam às pressas para
        atacar-me.ᵃ
Levanta-te para ajudar-me;
    olha para a situação em que me
        encontro!

⁵ Ó Senhor, Deus dos Exércitos,
    ó Deus de Israel!
Desperta para castigar todas as nações;
    não tenhas misericórdia
        dos traidores perversos.ᵇ

Pausa

⁶ Eles voltam ao cair da tarde,
    rosnando como cãesᶜ
    e rondando a cidade.

⁷ Vê que ameaças saem de sua boca;
    seus lábios são como espadasᵈ
    e dizem: "Quem nos ouvirá?"ᵉ

---

¹ **58.1** Ou *deuses*
² **58.7** Ou *murchem como a erva que é pisada!*
³ **58.9** Hebraico: *dos espinhos.*

⁸ Mas tu, SENHOR, vais rir deles;ᶠ
   caçoarás de todas aquelas nações.ᵍ

⁹ Ó tu, minha força, por ti vou aguardar;
   tu, ó Deus, és o meu alto refúgio.ʰ

¹⁰ O meu Deus fiel
    virá ao meu encontro
    e permitirá que eu triunfe
      sobre os meus inimigos.

¹¹ Mas não os mates, ó Senhor, nosso escudo,ⁱ
    se não, o meu povo o esquecerá.ʲ
    Em teu poder faze-os vaguear,
      e abate-os.ᵏ

¹² Pelos pecados de sua boca,ˡ
    pelas palavras de seus lábios,ᵐ
    sejam apanhados em seu orgulho.ⁿ
    Pelas maldições e mentiras que pronunciam,

¹³ consome-os em tua ira,
    consome-os até que não mais existam.ᵒ
    Então se saberá até os confins da terra
      que Deus governa Jacó.ᵖ

                                    Pausa

¹⁴ Eles voltam ao cair da tarde,
    rosnando como cães
    e rondando a cidade.

¹⁵ À procura de comidaᵠ perambulam
    e, se não ficam satisfeitos, uivam.

¹⁶ Mas eu cantarei louvores à tua força;ʳ
    de manhãˢ louvarei a tua fidelidade,ᵗ
    pois tu és o meu alto refúgio,
      abrigo seguro nos tempos difíceis.ᵘ

¹⁷ Ó minha força, canto louvores a ti;
    tu és, ó Deus, o meu alto refúgio,
      o Deus que me ama.

Salmo 60

Para o mestre de música. De acordo com a melodia O Lírio da Aliança. Didático. Poema epigráfico davídico. Quando Davi combateu Arã Naraim¹ e Arã Zobá², e quando Joabe voltou e feriu doze mil edomitas no vale do Sal.

¹ Tu nos rejeitasteᵛ e dispersaste, ó Deus;
   tu derramaste a tua ira;ʷ
   restaura-nos agora!ˣ

² Sacudiste a terraʸ e abriste-lhe fendas;
   repara suas brechas,
     pois ameaçaᶻ desmoronar-se.

³ Fizeste passar o teu povo por tempos difíceis;ᵃ
   deste-nos um vinho estonteante.ᵇ

⁴ Mas aos que te temem deste um sinal
    para que fugissem das flechas.
                                    Pausa

⁵ Salva-nos com a tua mão direitaᶜ
    e responde-nos,
    para que sejam libertos aqueles a quem amas.ᵈ

⁶ Do seu santuário³ Deus falou:
   "No meu triunfo dividirei Siquémᵉ
    e repartirei o vale de Sucote.

⁷ Gileadeᶠ é minha, Manassés também;
   Efraim é o meu capacete,
   Judáᵍ é o meu cetro.ʰ

⁸ Moabe é a pia em que me lavo,
   em Edom atiro a minha sandália;
   sobre a Filístia dou meu brado de vitória!"ⁱ

⁹ Quem me levará à cidade fortificada?
   Quem me guiará a Edom?

¹⁰ Não foste tu, ó Deus, que nos rejeitaste
    e deixaste de sair com os nossos exércitos?ʲ

¹¹ Dá-nos ajuda contra os adversários,
    pois inútil é o socorro do homem.ᵏ

¹² Com Deus conquistaremos a vitória,
    e ele pisoteará os nossos adversários.ˡ

Salmo 61

Para o mestre de música. Com instrumentos de cordas. Davídico.

¹ Ouve o meu clamor, ó Deus;ᵐ
   atenta para a minha oração.ⁿ

² Desde os confins da terra eu clamo a ti
   com o coração abatido;ᵒ
   põe-me a salvo na rochaᵖ mais alta do que eu.

---

¹ Título: Isto é, os arameus do nordeste da Mesopotâmia.
² Título: Isto é, os arameus da Síria central.
³ 60.6 Ou *Na sua santidade*

59.8
ᶠSl 37.13; Pv 1.26
ᵍSl 2.4
59.9
ʰSl 9.9;62.2
59.11
ⁱSl 84.9
ʲDt 4.9
ᵏSl 106.27
59.12
ˡSl 10.7
ᵐPv 12.13
ⁿSf 3.11
59.13
ᵒSl 104.35
ᵖSl 83.18
59.15
ᵠJó 15.13
59.16
ʳSl 21.13
ˢSl 88.13
ᵗSl 101.1
ᵘSl 46.1
60.1
ᵛ2 Sm 5.20; Sl 44.9
ʷSl 79.5
ˣSl 80.33
60.2
ʸSl 18.7
ᶻ2 Cr 7.14
60.3
ᵃSl 71.20
ᵇIs 7.14
60.5
ᶜSl 17.7; 108.6
ᵈSl 127.2
60.6
ᵉGn 12.6
60.7
ᶠJo 13.31
ᵍDt 33.17
Gn 49.10
ʰJó 16.7;
60.11
ˡSl 146.3
60.12
ᵐNm 24.18; Sl 44.5
61.1
ᵐSl 64.1
ⁿSl 86.6
61.2
ᵒSl 77.3
ᵖSl 18.2

3 Pois tu tens sido o meu refúgio, ᵍ
uma torre forte contra o inimigo. ʳ

4 Para sempre anseio habitar ˢ na tua tenda
e refugiar-me no abrigo das tuas asas. ᵗ
Pausa

5 Pois ouviste os meus votos, ᵘ ó Deus;
deste-me a herança que concedes
   aos que temem o teu nome. ᵛ

6 Prolonga os dias do rei,
por muitas gerações ʷ os seus anos de vida.
7 Para sempre esteja ele em seu trono,
   diante de Deus; ˣ
envia o teu amor e a tua fidelidade
   para protegê-lo. ʸ

8 Então sempre cantarei louvores ao teu nome, ᶻ
cumprindo os meus votos cada dia.

Salmo 62

Para o mestre de música. Ao estilo de Jedutum. Salmo davídico.

1 A minha alma descansa ᵃ somente em Deus;
dele vem a minha salvação.
2 Somente ele é a rocha ᵇ que me salva;
ele é a minha torre segura! ᶜ Jamais serei abalado!

3 Até quando todos vocês atacarão um homem
   que está como um muro inclinado,
como uma cerca prestes a cair?
4 Todo o propósito deles é derrubá-lo
   de sua posição elevada;
eles se deliciam com mentiras.
Com a boca abençoam,
   mas no íntimo amaldiçoam. ᵈ
Pausa

5 Descanse somente em Deus,
   ó minha alma;
dele vem a minha esperança.
6 Somente ele é a rocha que me salva;
ele é a minha torre alta! Não serei abalado!
7 A minha salvação e a minha honra
   de Deus dependem;
ele é a minha rocha firme, o meu refúgio. ᵉ
8 Confie nele em todos os momentos, ó povo;
derrame diante dele ᶠ o coração,
   pois ele é o nosso refúgio.
Pausa

9 Os homens de origem humilde ᵍ
   não passam de um sopro,
os de origem importante
   não passam de mentira;
pesados na balança, ʰ
   juntos não chegam ao peso de um sopro.
10 Não confiem na extorsão
   nem ponham a esperança em bens roubados; ⁱ
se as suas riquezas aumentam,
   não ponham nelas o coração. ʲ

11 Uma vez Deus falou,
   duas vezes eu ouvi,
que o poder pertence a Deus.
12 Contigo também, Senhor, está a fidelidade.
É certo que retribuirás a cada um
   conforme o seu procedimento. ᵏ

Salmo 63

Salmo de Davi, quando ele estava no deserto de Judá.

1 Ó Deus, tu és o meu Deus,
   eu te busco intensamente;
a minha alma tem sede de ti! ˡ
Todo o meu ser anseia por ti,
   numa terra seca, exausta e sem água.

2 Quero contemplar-te no santuário ᵐ
e avistar o teu poder e a tua glória.
3 O teu amor é melhor do que a vida! ⁿ
Por isso os meus lábios te exaltarão.
4 Enquanto eu viver te bendirei, ᵒ

e em teu nome levantarei as minhas
   mãos.ᵖ
⁵ A minha alma ficará satisfeita
   como quando tem rico banquete;ᑫ
com lábios jubilosos a minha boca te
   louvará.

⁶ Quando me deito, lembro-me de ti;
penso em ti durante as vigílias da noite.ʳ
⁷ Porque és a minha ajuda,ˢ
canto de alegria à sombra das tuas asas.
⁸ A minha alma apega-se a ti;
a tua mão direita me sustém.ᵗ

⁹ Aqueles, porém, que querem matar-me
   serão destruídos;ᵘ
descerão às profundezas da terra.ᵛ
¹⁰ Serão entregues à espada
   e devorados por chacais.

¹¹ Mas o rei se alegrará em Deus;
todos os que juram pelo nome de Deus
   o louvarão,ʷ
mas a boca dos mentirosos será tapada.

Salmo 64

Para o mestre de música. Salmo davídico.

¹ Ouve-me, ó Deus, quando faço a
   minha queixa;ˣ
protege a minha vida do inimigo
   ameaçador.ʸ
² Defende-me da conspiração dos
   ímpiosᶻ
e da ruidosa multidão de malfeitores.

³ Eles afiam a língua como espada
   e apontam, como flechas,ᵃ palavras
   envenenadas.
⁴ De onde estão emboscados
   atiram no homem íntegro;ᵇ
atiram de surpresa, sem nenhum temor.ᶜ

⁵ Animam-se uns aos outros
   com planos malignos,
combinam como ocultar as suas
   armadilhas,
e dizem: "Quem as¹ verá?"ᵈ

⁶ Tramam a injustiça e dizem:
"Fizemos² um plano perfeito!"
A mente e o coração de cada um deles
   o escondem!³

⁷ Mas Deus atirará neles suas flechas;
repentinamente serão atingidos.
⁸ Pelas próprias palavras
   farão cair uns aos outros;ᵉ
menearão a cabeçaᶠ e zombarão deles
   todos os que os virem.

⁹ Todos os homens temerão
e proclamarão as obras de Deus,
   refletindo no que ele fez.ᵍ
¹⁰ Alegrem-se os justos no SENHOR
   e nele busquem refúgio;ʰ
congratulem-se todos os retos de
   coração!ⁱ

Salmo 65

Para o mestre de música. Salmo davídico. Um cântico.

¹ O louvor te aguarda⁴ em Sião, ó Deus;
os votos que te fizemos serão
   cumpridos.ʲ
² Ó tu que ouves a oração,
a ti virão todos os homens.ᵏ
³ Quando os nossos pecados pesavam
   sobre nós,ˡ
tu mesmo fizeste propiciação
   por nossas transgressões.ᵐ
⁴ Como são felizes aqueles que escolhesⁿ
   e trazes a ti para que vivam nos teus
   átrios!
Transbordamos de bênçãos da tua casa,ᵒ
   do teu santo templo!

⁵ Tu nos respondes
   com temíveis feitos de justiça,
ó Deus, nosso Salvador,ᵖ
esperança de todos os confins da terra
   e dos mais distantes mares.ᑫ
⁶ Tu que firmaste os montes pela tua força,ʳ
   pelo teu grande poder.

---

¹ 64.5 Ou *nos*
² 64.6 Ou *Eles ocultam*
³ 64.6 Ou *Ninguém nos descobrirá!*
⁴ 65.1 Ou *O louvor é apropriado a ti*

⁷ Tu que acalmas o bramido dos mares,ˢ
  o bramido de suas ondas,
  e o tumulto das nações.ᵗ
⁸ Tremem os habitantes das terras distantes
  diante das tuas maravilhas;
do nascente ao poente
  despertas canções de alegria.

⁹ Cuidas da terra e a regas;ᵘ
  fartamente a enriqueces.
Os riachos de Deus transbordam
  para que nunca falte o trigo,ᵛ
pois assim ordenaste.¹
¹⁰ Encharcas os seus sulcos
  e aplainas os seus torrões;
tu a amoleces com chuvas
  e abençoas as suas colheitas.
¹¹ Coroas o ano com a tua bondade,
e por onde passas emana fartura;
¹² fartura vertem as pastagens do deserto,ʷ
  e as colinas se vestem de alegria.
¹³ Os campos se revestem de rebanhos,ˣ
e os vales se cobrem de trigo;ʸ
  eles exultam e cantam de alegria!ᶻ

Salmo 66

Para o mestre de música. Um cântico. Um salmo.

¹ Aclamem a Deus, povos de toda terra!ᵃ
² Cantem louvores ao seu glorioso nome;ᵇ
louvem-no gloriosamente!
³ Digam a Deus:
  "Quão temíveis são os teus feitos!ᶜ
  Tão grande é o teu poder que os teus inimigos
    rastejamᵈ diante de ti!
⁴ Toda a terra te adoraᵉ
  e canta louvoresᶠ a ti,
  canta louvores ao teu nome".
                                    Pausa

⁵ Venham e vejam o que Deus tem feito;
como são impressionantes
  as suas obrasᵍ em favor dos homens!
⁶ Ele transformou o mar em terra seca,ʰ
  e o povo atravessou as águas² a pé;
e ali nos alegramos nele.³
⁷ Ele governaⁱ para sempre com o seu poder,
seus olhos vigiamʲ as nações;
que os rebeldesᵏ
  não se levantem contra ele!
                                    Pausa

⁸ Bendigamˡ o nosso Deus, ó povos,
façam ressoar o som do seu louvor;
⁹ foi ele quem preservou a nossa vida
  impedindo que os nossos pés escorregassem.ᵐ
¹⁰ Pois tu, ó Deus, nos submeteste à prova
e nos refinaste como a prata.ⁿ
¹¹ Fizeste-nos cair numa armadilha
e sobre nossas costasᵒ pusete fardos.
¹² Deixaste que os inimigos cavalgassem
  sobre a nossa cabeça;ᵖ
passamos pelo fogo e pela água,
  mas a um lugar de fartura⁴ nos trouxeste.ᵠ

¹³ Para o teu templo virei com holocaustos⁵
e cumprirei os meus votosʳ para contigo,
¹⁴ votos que os meus lábios fizeram
e a minha boca falou
quando eu estava em dificuldade.
¹⁵ Oferecerei a ti animais gordos em holocausto;
sacrificarei carneiros, cuja fumaça subirá a ti,
e também novilhos e cabritos.ˢ
                                    Pausa

---

¹ 65.9 Ou *pois é assim que preparas a terra.*
² 66.6 Ou *o rio*
³ 66.6 Ou *venham, alegremo-nos nele.*
⁴ 66.12 Algumas versões antigas dizem *de repouso.*
⁵ 66.13 Isto é, sacrifícios totalmente queimados; também no versículo 15.

¹⁶ Venham e ouçam,ᵗ
todos vocês que temem a Deus;
vou contar-lhesᵘ o que ele fez por mim.
¹⁷ A ele clamei com os lábios;
com a língua o exaltei.
¹⁸ Se eu acalentasse o pecado no coração,
o Senhor não me ouviria;
¹⁹ mas Deus me ouviu,ᵛ
deu atenção à oração ʷ que lhe dirigi.
²⁰ Louvado seja Deus,
que não rejeitou ˣ a minha oração
nem afastou de mim o seu amor!

Salmo 67

Para o mestre de música. Com instrumentos de cordas. Um salmo. Um cântico.

¹ Que Deus tenha misericórdia de nós
e nos abençoe,
e faça resplandecer
o seu rosto sobre nós¹,ʸ

Pausa

² para que sejam conhecidos na terra
os teus caminhos, ó Deus,
a tua salvação² entre todas as nações.ᵃ

³ Louvem-te os povos, ó Deus;
louvem-te todos os povos.

⁴ Exultem e cantem de alegria as nações,
pois governas os povos com justiçaᵇ
e guias as nações na terra.

Pausa

⁵ Louvem-te os povos, ó Deus;
louvem-te todos os povos.

⁶ Que a terra dê a sua colheita,ᶜ
e Deus, o nosso Deus, nos abençoe!
⁷ Que Deus nos abençoe,
e o temam todos os confins da terra.ᵈ

Salmo 68

Para o mestre de música. Davídico. Um salmo. Um cântico.

¹ Que Deus se levante!
Sejam espalhados os seus inimigos,
fujamᵉ dele os seus adversários.

---

¹ **67.1** Isto é, mostre-nos a sua bondade.

² Que tu os dissipes
assim como o vento leva a fumaça;ᶠ
como a cera se derreteᵍ na presença do fogo,
assim pereçam os ímpios na presença de Deus.
³ Alegrem-se, porém, os justos!
Exultemʰ diante de Deus!
Regozijem-se com grande alegria!

⁴ Cantem a Deus, louvem o seu nome,ⁱ
exaltem aquele que cavalga sobre as nuvens;²ʲ
seu nome é Senhor!ᵏ
Exultem diante dele!

⁵ Pai para os órfãosˡ e defensor das viúvasᵐ
é Deus em sua santa habitação.ⁿ
⁶ Deus dá um lar aos solitários,ᵒ
liberta os presosᵒ para a prosperidade,
mas os rebeldes vivem em terra árida.ᵠ

⁷ Quando saísteʳ à frente do teu povo, ó Deus,
quando marchaste pelo ermo,

Pausa

⁸ a terra tremeu,
o céu derramou chuvaˢ
diante de Deus, o Deus do Sinai;ᵗ
diante de Deus,ᵘ o Deus de Israel.
⁹ Deste chuvas generosas, ó Deus;
refrescaste a tua herança exausta.
¹⁰ O teu povo nela se instalou,
e da tua bondade, ó Deus, supristeᵛ os pobres.

¹¹ O Senhor anunciou a palavra,
e muitos mensageiros a proclamavam:
¹² "Reis e exércitos fogemʷ em debandada;
a dona de casa reparte os despojos.³
¹³ Mesmo quando vocês dormem
entre as fogueiras do acampamento⁴,ˣ

---

² **68.4** Ou *preparem o caminho para aquele que cavalga pelos desertos*;
³ **68.12** Ou *as belas mulheres do palácio são repartidas como despojo*.
⁴ **68.13** Ou *os alforjes*

66.16
ᵗ Sl 34.11
ᵘ Sl 71.15, 24

66.18
ʲ Jó 36.21;
Is 1.15;
Tg 4.3

66.19
ᵛ Sl 116.1-2

66.20
ˣ Sl 22.24;
68.35

67.1
ʸ Nm 6.24-26;
Sl 4.6

67.2
ᵃ Is 52.10
ᵃ Tt 2.11

67.4
ᵇ Sl 96.10-13

67.6
ᶜ Lv 26. 4;
Sl 85.12;
Ez 34.27

67.7
ᵈ Sl 33.8

68.1
ᵉ Nm 10.35;
Is 33.3

68.2
ᶠ Os 13.3
ᵍ Is 9.18;
Mq 1.4

68.3
ʰ Sl 32.11

68.4
ⁱ Sl 66.2
ʲ Dt 33.26
ᵏ Êx 6.3;
Sl 83.18

68.5
ˡ Sl 10.14
ᵐ Dt 10.18
ⁿ Dt 26.15

68.6
ᵒ At 9.9;
ᵖ At 12.6
ᵠ Sl 107.34

68.7
ʳ Êx 13.21;
Jd 4.14

68.8
ˢ Jd 5.4
ᵗ Êx 19.16,18

68.9
ᵘ Dt 11.11

68.10
ᵛ Sl 74.19

68.12
ʷ Js 10.16

68.13
ˣ Gn 49.14

as asas da minha pomba
estão recobertas de prata;
as suas penas, de ouro reluzente".

14 Quando o Todo-poderoso espalhou^y
os reis,
foi como neve no monte Zalmom.

15 Os montes de Basã são majestosos;
escarpados são os montes de Basã.
16 Por que, ó montes escarpados,
estão com inveja do monte que Deus
escolheu^z para sua habitação,
onde o próprio Senhor habitará para
sempre?
17 Os carros de Deus são incontáveis,^a
são milhares de milhares;
neles o Senhor veio do Sinai
para o seu Lugar Santo.
18 Quando subiste em triunfo às alturas,
ó Senhor Deus,
levaste cativos^b muitos prisioneiros;
recebeste homens^c como dádivas,
até mesmo rebeldes,
para estabeleceres morada.^1

19 Bendito seja o Senhor,
Deus, nosso Salvador,^d
que cada dia suporta as nossas cargas.^e

Pausa

20 O nosso Deus é um Deus que salva;
ele é o Soberano, ele é o Senhor
que nos livra da morte.^f

21 Certamente Deus
esmagará a cabeça^g dos seus
inimigos,
o crânio cabeludo
dos que persistem em seus pecados.
22 "Eu os trarei de Basã", diz o Senhor,
"eu os trarei das profundezas do
mar,^h
23 para que você encharque os pés
no sangue dos inimigos,^i
sangue do qual a língua dos cães^j
terá a sua porção."

24 Já se vê a tua marcha triunfal, ó Deus,
a marcha do meu Deus e Rei
adentrando o santuário.^k
25 À frente estão os cantores, depois os
músicos;
com eles vão as jovens tocando
tamborins.^l
26 Bendigam a Deus na grande
congregação!
Bendigam o Senhor,
descendentes^2 de Israel!^m
27 Ali está a pequena tribo^n de
Benjamim,
a conduzi-los,
os príncipes de Judá
acompanhados de suas tropas,
e os príncipes de Zebulom e Naftali.

28 A favor de vocês,
manifeste Deus o seu poder!^3
Mostra, ó Deus, o poder que já tens
operado
para conosco.
29 Por causa do teu templo em
Jerusalém,
reis te trarão presentes.^o
30 Repreende a fera entre os juncos,
a manada de touros^p
entre os bezerros das nações.
Humilhados, tragam barras de prata.
Espalha as nações^q que têm prazer na
guerra.
31 Ricos tecidos^4 venham do Egito;^r
a Etiópia corra para Deus de mãos cheias.

32 Cantem a Deus, reinos da terra,
louvem o Senhor,

Pausa

33 aquele que cavalga^s os céus, os
antigos céus.
Escutem! Ele troveja com voz poderosa.^t

68.14 ^y Js 10.10
68.16 ^z Dt 12.5
68.17 ^a Dt 33.2; Dn 7.10
68.18 ^b Jz 5.12; ^c Ef 4.8*
68.19 ^d Sl 65.5; ^e Sl 55.22
68.20 ^f Sl 56.13
68.21 ^g Sl 110.5; Hc 3.13
68.22 ^h Nm 21.33
68.23 ^i Sl 58.10; ^j 1Rs 21.19
68.24 ^k Sl 63.2
68.25 ^l Jz 11.34; 1Cr 13.8
68.26 ^m Sl 26.12; Is 48.1
68.27 ^n 1Sm 9.21
68.29 ^o Sl 72.10
68.30 ^p Sl 22.12; ^q Sl 89.10
68.31 ^r Is 19.9; 45.14
68.33 ^s Sl 18.10; ^t Sl 29.4

---

^1 **68.18** Ou *dádivas dentre os homens, até dos que se rebelaram contra a tua habitação.*
^2 **68.26** Hebraico: *fonte.*
^3 **68.28** Conforme alguns manuscritos do Texto Massorético. Muitos manuscritos do Texto Massorético e algumas versões antigas dizem *Manifesta, ó Deus, o teu poder!*
^4 **68.31** Ou *embaixadores*

³⁴ Proclamem o poder ᵘ de Deus!
Sua majestade está sobre Israel,
 seu poder está nas altas nuvens.
³⁵ Tu és temível no teu santuário, ó Deus;
é o Deus de Israel
 que dá poder e força ao seu povo. ᵛ

Bendito seja Deus! ʷ

Salmo 69

Para o mestre de música. De acordo com a melodia Lírios. Davídico.

¹ Salva-me, ó Deus!,
 pois as águas subiram até o meu pescoço. ˣ
² Nas profundezas lamacentas eu me afundo; ʸ
 não tenho onde firmar os pés.
Entrei em águas profundas;
 as correntezas me arrastam.
³ Cansei-me de pedir socorro; ᶻ
 minha garganta se abrasa.
Meus olhos fraquejam ᵃ
 de tanto esperar pelo meu Deus.
⁴ Os que sem razão me odeiam ᵇ
 são mais do que os fios de cabelo da minha cabeça;
muitos são os que me prejudicam sem motivo; ᶜ
muitos, os que procuram destruir-me.
Sou forçado a devolver o que não roubei.

⁵ Tu bem sabes como fui insensato, ᵈ ó Deus;
 a minha culpa não te é encoberta. ᵉ

⁶ Não se decepcionem por minha causa
 aqueles que esperam em ti,
ó Senhor, Senhor dos Exércitos!
Não se frustrem por minha causa
 os que te buscam, ó Deus de Israel!
⁷ Pois por amor a ti suporto zombaria, ᶠ
 e a vergonha cobre-me o rosto. ᵍ
⁸ Sou um estrangeiro para os meus irmãos,
um estranho até para os filhos da minha mãe; ʰ
⁹ pois o zelo pela tua casa me consome, ⁱ
 e os insultos daqueles que te insultam caem sobre mim. ʲ
¹⁰ Até quando choro e jejuo, ᵏ
 tenho que suportar zombaria;
¹¹ quando ponho vestes de lamento, ˡ
 sou objeto de chacota.
¹² Os que se ajuntam na praça falam de mim,
 e sou a canção dos bêbados. ᵐ

¹³ Mas eu, Senhor, no tempo oportuno,
 elevo a ti minha oração; ⁿ
responde-me, ᵒ por teu grande amor, ó Deus,
 com a tua salvação infalível!
¹⁴ Tira-me do atoleiro,
 não me deixes afundar;
liberta-me dos que me odeiam
 e das águas profundas. ᵖ
¹⁵ Não permitas que as correntezas ᵠ me arrastem
 nem que as profundezas me engulam, ʳ
 nem que a cova feche sobre mim a sua boca!

¹⁶ Responde-me, Senhor,
 pela bondade do teu amor; ˢ
por tua grande misericórdia, volta-te para mim.
¹⁷ Não escondas do teu servo a tua face; ᵗ
responde-me depressa, pois estou em perigo. ᵘ
¹⁸ Aproxima-te e resgata-me;
livra-me ᵛ por causa dos meus inimigos.
¹⁹ Tu bem sabes como sofro zombaria, ʷ
 humilhação e vergonha;
conheces todos os meus adversários.
²⁰ A zombaria partiu-me o coração;
 estou em desespero!
Supliquei por socorro, nada recebi;
por consoladores, ˣ e a ninguém encontrei. ʸ
²¹ Puseram fel na minha comida
e para matar-me a sede deram-me vinagre. ᶻ

²² Que a mesa deles se lhes transforme
   em laço;
torne-se retribuição e¹ armadilha.
²³ Que se lhe escureçam os olhos
   para que não consigam ver;
faze-lhes tremer o corpo sem parar.ᵃ
²⁴ Despeja sobre eles a tua ira;ᵇ
que o teu furor ardente os alcance.ᶜ
²⁵ Fique deserto o lugar deles;
não haja ninguém que habite nas suas
   tendas.ᵈ
²⁶ Pois perseguem aqueles que tu feres
e comentam a dor daqueles a quem
   castigas.ᵉ
²⁷ Acrescenta-lhes pecado sobre pecado;ᶠ
não os deixes alcançar a tua justiça.ᵍ
²⁸ Sejam eles tirados do livro da vidaʰ
e não sejam incluídos no rol dos justos.ⁱ
²⁹ Grande é a minha aflição e a minha
   dor!
Proteja-me, ó Deus, a tua salvação!ʲ

³⁰ Louvarei o nome de Deus com
   cânticosᵏ
e proclamarei sua grandezaˡ
   com ações de graças;
³¹ isso agradará o Senhor mais do que
   bois,
mais do que touros com seus chifres e
   cascos.ᵐ
³² Os necessitados o verão e se
   alegrarão;ⁿ
a vocês que buscam a Deus,
   vida ao seu coração!ᵒ
³³ O Senhor ouve o pobreᵖ
e não despreza o seu povo aprisionado.

³⁴ Louvem-no os céus e a terra,
os mares e tudo o que neles se move,ᵠ
³⁵ pois Deus salvará Siãoʳ
e reconstruirá as cidades de Judá.ˢ
Então o povo ali viverá e tomará posse
   da terra;

³⁶ a descendência dos seus servos a
   herdará,
e nela habitarão os que amam o seu
   nome.ᵗ

Salmo 70
Para o mestre de música. Davídico. Uma petição.

¹ Livra-me, ó Deus!
Apressa-te, Senhor, a ajudar-me!ᵘ
² Sejam humilhados e frustrados
   os que procuram tirar-me a vida;ᵛ
retrocedam desprezados
   os que desejam a minha ruína.ʷ
³ Retrocedam em desgraça
   os que zombam de mim.
⁴ Mas regozijem-se e alegrem-se em ti
   todos os que te buscam;
digam sempre os que amam a tua
   salvação:
   "Como Deus é grande!"

⁵ Quanto a mim, sou pobre e
   necessitado;ˣ
apressa-te, ó Deus.ʸ
Tu és o meu socorro e o meu libertador;
Senhor, não te demores!

Salmo 71

¹ Em ti, Senhor, busquei refúgio;
nunca permitas que eu seja humilhado.ᶻ
² Resgata-me e livra-me por tua justiça;
inclina o teu ouvidoᵃ para mim e salva-
   -me.
³ Peço-te que sejas a minha rocha de
   refúgio,
   para onde eu sempre possa ir;
dá ordem para que me libertem,
   pois és a minha rocha
   e a minha fortaleza.ᵇ
⁴ Livra-me, ó meu Deus, das mãos dos
   ímpios,
   das garras dos perversos e cruéis.ᶜ

⁵ Pois tu és a minha esperança,
   ó Soberano Senhor,
em ti está a minha confiançaᵈ desde a
   juventude.

---

¹ **69.22** Ou *Que até as suas ofertas de comunhão se tornem em armadilha*; ou ainda *Que até os seus aliados se tornem uma armadilha*

⁶ Desde o ventre^e materno dependo de ti;
tu me sustentaste¹
    desde as entranhas^f de minha mãe.
Eu sempre te louvarei!^g
⁷ Tornai-me um exemplo^h para muitos,
porque tu és o meu refúgio seguro.^i
⁸ Do teu louvor transborda a minha
    boca,^j
que o tempo todo proclama o teu
    esplendor.^k

⁹ Não me rejeites^l na minha velhice;^m
não me abandones
    quando se vão as minhas forças.
¹⁰ Pois os meus inimigos me caluniam;
os que estão à espreita juntam-se e
    planejam^n matar-me.^o
¹¹ "Deus o abandonou", dizem eles;
    "persigam-no e prendam-no,
pois ninguém o livrará".^p
¹² Não fiques longe^q de mim, ó Deus;
ó meu Deus, apressa-te em ajudar-me.^r
¹³ Pereçam humilhados os meus
    acusadores;
sejam cobertos de zombaria e vergonha
    os que querem prejudicar-me.^s
¹⁴ Mas eu sempre terei esperança^t
e te louvarei cada vez mais.
¹⁵ A minha boca falará^u sem cessar da
    tua justiça
e dos teus incontáveis atos de salvação.
¹⁶ Falarei dos teus feitos poderosos,^v
    ó Soberano SENHOR;
proclamarei a tua justiça,
    unicamente a tua justiça.
¹⁷ Desde a minha juventude, ó Deus,
    tens me ensinado,^w
e até hoje eu anuncio as tuas maravilhas.^x
¹⁸ Agora que estou velho, de cabelos
    brancos,^y
não me abandones, ó Deus,
para que eu possa falar da tua força
    aos nossos filhos,
e do teu poder às futuras gerações.^z

¹⁹ Tua justiça chega até as alturas, ó Deus,^a
tu, que tens feito coisas grandiosas.^b
Quem se compara a ti, ó Deus?^c
²⁰ Tu, que me fizeste passar
    muitas e duras tribulações,^d
restaurarás^e a minha vida,
    e das profundezas da terra
    de novo me farás subir.^f
²¹ Tu me farás mais honrado
e mais uma vez me consolarás.^g

²² E eu te louvarei com a lira^h
    por tua fidelidade, ó meu Deus;
cantarei louvores a ti com a harpa,^i
    ó Santo de Israel.^j
²³ Os meus lábios gritarão de alegria
    quando eu cantar louvores a ti,
pois tu me redimiste.^k
²⁴ Também a minha língua sempre falará
    dos teus atos de justiça,^l
pois os que queriam prejudicar-me^m
    foram humilhados e ficaram
    frustrados.

Salmo 72

De Salomão.

¹ Reveste da tua justiça o rei, ó Deus,
e da tua retidão o filho do rei,
² para que ele julgue com retidão^n
e com justiça os teus que sofrem
    opressão.
³ Que os montes tragam prosperidade
    ao povo^o
e as colinas o fruto da justiça.
⁴ Defenda ele os oprimidos no meio do
    povo
e liberte os filhos dos pobres;
    esmague ele o opressor!
⁵ Que ele perdure² como o sol
e como a lua por todas as gerações.
⁶ Seja ele como chuva^p
    sobre uma lavoura ceifada,
como aguaceiros que regam a terra.

---

¹ **71.6** Ou *separaste*
² **72.5** Conforme a Septuaginta. O Texto Massorético diz *Que tu sejas temido.*

⁷ Floresçam*ᵍ* os justos nos dias do rei,
e haja grande prosperidade enquanto durar a lua.

⁸ Governe ele de mar a mar
e desde o rio*ʳ* Eufrates até os confins da terra.¹ˢ

⁹ Inclinem-se diante dele as tribos do deserto²,
e os seus inimigos lambam o pó.

¹⁰ Que os reis de Társis e das regiões litorâneas
lhe tragam tributo;
os reis de Sabá e de Sebá*ᵗ*
lhe ofereçam presentes. *ᵘ*

¹¹ Inclinem-se diante dele todos os reis,
e sirvam-no todas as nações.

¹² Pois ele liberta os pobres que pedem socorro,
os oprimidos que não têm quem os ajude.

¹³ Ele se compadece dos fracos e dos pobres
e os salva da morte.

¹⁴ Ele os resgata*ᵛ* da opressão e da violência,
pois aos seus olhos a vida³ deles é preciosa. *ʷ*

¹⁵ Tenha o rei vida longa!
Receba ele o ouro de Sabá. *ˣ*
Que se ore por ele continuamente,
e todo o dia se invoquem bênçãos sobre ele.

¹⁶ Haja fartura de trigo por toda a terra,
ondulando no alto dos montes.
Floresçam os seus frutos como os do Líbano*ʸ*
e cresçam as cidades como as plantas no campo.

¹⁷ *Permaneça para sempre o seu nome*ᶻ
e dure a sua fama enquanto o sol brilhar. *ᵃ*

Sejam abençoadas todas as nações por meio dele,
e que elas o chamem bendito. *ᵇ*

¹⁸ Bendito seja o Senhor Deus,
o Deus de Israel,
o único que realiza feitos maravilhosos. *ᶜ ᵈ*

¹⁹ Bendito seja
o seu glorioso nome para sempre;
encha-se toda a terra da sua glória. *ᵉ*
Amém e amém.*ᶠ*

²⁰ Encerram-se aqui as orações de Davi,
filho de Jessé.

TERCEIRO LIVRO
Salmo 73
Salmo da família de Asafe.

¹ Certamente Deus é bom para Israel,
para os puros de coração.*ᵍ*

² Quanto a mim, os meus pés quase tropeçaram;
por pouco não escorreguei.

³ Pois tive inveja*ʰ* dos arrogantes
quando vi a prosperidade desses ímpios.*ⁱ*

⁴ Eles não passam por sofrimento⁴
e têm o corpo saudável e forte.

⁵ Estão livres*ʲ* dos fardos de todos;
não são atingidos por doenças como os outros homens.

⁶ Por isso o orgulho lhes serve de colar,*ᵏ*
e eles se vestem de violência.*ˡ*

⁷ Do seu íntimo⁵ *ᵐ* brota a maldade⁶;
da sua mente transbordam maquinações.

⁸ Eles zombam e falam com más intenções;
em sua arrogância*ⁿ* ameaçam com opressão.

⁹ Com a boca arrogam a si os céus,
e com a língua se apossam da terra.

---

¹ **72.8** Ou *do país*
² **72.9** Ou *criaturas do deserto*; ou ainda *adversários*
³ **72.14** Hebraico: *sangue*.
⁴ **73.4** Ou *sofrimento até morrer*; ou ainda *sofrimento; até morrer o corpo deles é*
⁵ **73.7** Hebraico: *gordura*.
⁶ **73.7** Conforme a Versão Siríaca. O Texto Massorético diz *Seus olhos saltam-lhes da gordura*.

¹⁰ Por isso o seu povo se volta para eles
e bebe suas palavras até saciar-se.
¹¹ Eles dizem: "Como saberá Deus?
    Terá conhecimento o Altíssimo?"

¹² Assim são os ímpios;
sempre despreocupados,
    aumentam suas riquezas. ᵒ

¹³ Certamente me foi inútil ᵖ
manter puro o coração
e lavar as mãos na inocência, ᵠ
¹⁴ pois o dia inteiro sou afligido,
e todas as manhãs sou castigado.
¹⁵ Se eu tivesse dito: "Falarei como eles",
teria traído os teus filhos.
¹⁶ Quando tentei entender ʳ tudo isso,
achei muito difícil para mim,
¹⁷ até que entrei no santuário ˢ de Deus,
e então compreendi o destino dos
    ímpios. ᵗ

¹⁸ Certamente os pões em terreno
    escorregadio
e os fazes cair na ruína. ᵘ
¹⁹ Como são destruídos de repente, ᵛ
completamente tomados de pavor!
²⁰ São como um sonho ʷ
    que se vai quando acordamos; ˣ
quando te levantares, Senhor,
    tu os farás desaparecer.

²¹ Quando o meu coração estava
    amargurado
e no íntimo eu sentia inveja,
²² agi como insensato ʸ e ignorante;
minha atitude para contigo
    era a de um animal ᶻ irracional.

²³ Contudo, sempre estou contigo;
tomas a minha mão direita e me
    susténs.
²⁴ Tu me diriges ᵃ com o teu conselho, ᵇ
e depois me receberás com honras.
²⁵ A quem tenho nos céus senão a ti?
    E, na terra, nada mais desejo
    além de estar junto a ti. ᶜ
²⁶ O meu corpo e o meu coração ᵈ
    poderão fraquejar, ᵉ

mas Deus é a força do meu coração
    e a minha herança para sempre.

²⁷ Os que te abandonam sem dúvida
    perecerão; ᶠ
tu destróis todos os infiéis.
²⁸ Mas, para mim, bom é estar perto de
    Deus; ᵍ
fiz do Soberano Senhor o meu refúgio;
proclamarei todos os teus feitos. ʰ

Salmo 74
Poema da família de Asafe.

¹ Por que nos rejeitaste definitivamente,
    ó Deus? ⁱ
Por que se acende a tua ira
    contra as ovelhas da tua pastagem? ʲ
² Lembra-te do povo que adquiriste ᵏ
    em tempos passados, ˡ
da tribo da tua herança, que resgataste, ᵐ
    do monte Sião, onde habitaste. ⁿ
³ Volta os teus passos
    para aquelas ruínas irreparáveis,
para toda a destruição
    que o inimigo causou em teu
    santuário.

⁴ Teus adversários gritaram ᵒ triunfantes
    bem no local onde te encontravas
    conosco,
e hastearam suas bandeiras ᵖ em sinal de
    vitória.
⁵ Pareciam homens armados com
    machados
    invadindo um bosque cerrado. ᵠ
⁶ Com seus machados e machadinhas
    esmigalharam ʳ todos os
    revestimentos
    de madeira esculpida.
⁷ Atearam fogo ao teu santuário;
profanaram o lugar da habitação do teu
    nome.
⁸ Disseram no coração:
    "Vamos acabar ˢ com eles!"
Queimaram todos os santuários do país.
⁹ Já não vemos sinais milagrosos;
não há mais profetas, ᵗ

e nenhum de nós sabe
  até quando isso continuará.

ⁱ⁰ Até quando o adversário irá zombar,
  ó Deus?
Será que o inimigo blasfemará ᵘ
  o teu nome para sempre?
¹¹ Por que reténs a tua mão, a tua mão
  direita? ᵛ
Não fiques de braços cruzados! Destrói-
  os!

¹² Mas tu, ó Deus,
  és o meu rei ʷ desde a antiguidade;
trazes salvação sobre a terra.
¹³ Tu dividiste o mar ˣ pelo teu poder;
quebraste as cabeças das serpentes ʸ das
  águas.
¹⁴ Esmagaste as cabeças do Leviatã ¹
e o deste por comida às criaturas do
  deserto.
¹⁵ Tu abriste fontes ᶻ e regatos;
secaste ᵃ rios perenes.
¹⁶ O dia é teu, e tua também é a noite;
estabeleceste o sol e a lua. ᵇ
¹⁷ Determinaste todas as fronteiras ᶜ da
  terra;
fizeste o verão e o inverno. ᵈ

¹⁸ Lembra-te de como o inimigo
  tem zombado de ti, ó Senhor,
como os insensatos ᵉ têm blasfemado o
  teu nome.
¹⁹ Não entregues a vida da tua pomba
  aos animais selvagens;
não te esqueças para sempre da vida
  do teu povo indefeso. ᶠ
²⁰ Dá atenção à tua aliança, ᵍ
porque de antros de violência se
  enchem
  os lugares sombrios do país.
²¹ Não deixes que o oprimido ʰ
  se retire humilhado!
Faze que o pobre e o necessitado ⁱ
  louvem o teu nome.

²² Levanta-te, ó Deus, e defende a tua
  causa;
lembra-te de como os insensatos ʲ
  zombam de ti sem cessar.
²³ Não ignores a gritaria dos teus
  adversários,
o crescente tumulto dos teus inimigos. ᵏ

Salmo 75

Para o mestre de música. De acordo com a melodia Não Destruas. Salmo da família de Asafe. Um cântico.

¹ Damos-te graças, ó Deus,
damos-te graças, pois perto está o teu
  nome; ˡ
todos falam dos teus feitos
  maravilhosos. ᵐ

² Tu dizes: "Eu determino o tempo
  em que julgarei com justiça.
³ Quando treme a terra
  com todos os seus habitantes, ⁿ
sou eu que mantenho firmes
  as suas colunas. ᵒ
                              Pausa

⁴ "Aos arrogantes digo: Parem de
  vangloriar-se!
E aos ímpios: Não se rebelem!² ᵖ
⁵ Não se rebelem contra os céus;
não falem com insolência".

⁶ Não é do oriente nem do ocidente
  nem do deserto que vem a exaltação.
⁷ É Deus quem julga: ᵠ
Humilha a um, a outro exalta. ʳ
⁸ Na mão do Senhor está um cálice
  cheio de vinho espumante e
    misturado; ˢ
ele o derrama, e todos os ímpios da
  terra
  o bebem até a última gota. ᵗ
⁹ Quanto a mim,
  para sempre anunciarei ᵘ essas coisas;
cantarei louvores ao Deus de Jacó.

---

¹ **74.14** Ou *monstro marinho*

² **75.4** Hebraico: *Não levantem o chifre*; também no versículo 5.

¹⁰ Destruirei o poder¹ de todos os ímpios,
mas o poder dos justos aumentará.ᵛ

Salmo 76

Para o mestre de música. Com instrumentos de cordas. Salmo da família de Asafe. Um cântico.

¹ Em Judá Deus é conhecido;
o seu nome é grande em Israel.
² Sua tenda está em Salém;ʷ
o lugar da sua habitação está em Sião.
³ Ali quebrou ele as flechas reluzentes,
os escudos e as espadas,
as armas de guerra.ˣ

Pausa

⁴ Resplendes de luz!
És mais majestoso que os montes cheios de despojos.
⁵ Os homens valorosos jazem saqueados,
dormem o sono final;ʸ
nenhum dos guerreiros
foi capaz de erguer as mãos.
⁶ Diante da tua repreensão, ó Deus de Jacó,
o cavalo e o carroᶻ estacaram.
⁷ Somente tu és temível.ᵃ
Quem poderáᵇ permanecer diante de ti
quando estiveres irado?ᶜ
⁸ Dos céus pronunciaste juízo,
e a terra tremeuᵈ e emudeceu,
⁹ quando tu, ó Deus, te levantaste para julgar,ᵉ
para salvar todos os oprimidos da terra.

Pausa

¹⁰ Até a tua ira contra os homens redundará em teu louvor,ᶠ
e os sobreviventes da tua ira se refrearão.²
¹¹ Façam votos ao Senhor, ao seu Deus,
e não deixem de cumpri-los;ᵍ
que todas as nações vizinhas tragam presentesʰ
a quem todos devem temer.
¹² Ele tira o ânimo dos governantes
e é temido pelos reis da terra.

Salmo 77

Para o mestre de música. Ao estilo de Jedutum. Salmo da família de Asafe.

¹ Clamo a Deusⁱ por socorro;
clamo a Deus que me escute.
² Quando estou angustiado,ʲ busco o Senhor;
de noite estendo as mãosᵏ sem cessar;
a minha alma está inconsolável!ˡ
³ Lembro-me de ti, ó Deus, e suspiro;
começo a meditar,
e o meu espírito desfalece.ᵐ

Pausa

⁴ Não me permites fechar os olhos;
tão inquieto estou que não consigo falar.
⁵ Fico a pensar nos dias que se foram,ⁿ
nos anos há muito passados;
⁶ de noite recordo minhas canções.
O meu coração medita,
e o meu espírito pergunta:
⁷ Irá o Senhor rejeitar-nos para sempre?
Jamais tornará a mostrar-nos o seu favor?ᵒ
⁸ Desapareceu para sempre o seu amor?
Acabou-se a sua promessa?ᵖ
⁹ Esqueceu-se Deus de ser misericordioso?ᵠ
Em sua ira refreou sua compaixão?ʳ

Pausa

¹⁰ Então pensei: "A razão da minha dor
é que a mãoˢ direita do Altíssimo não age mais".³
¹¹ Recordarei os feitos do Senhor;
recordarei os teus antigos milagres.ᵗ
¹² Meditarei em todas as tuas obras
e considerarei todos os teus feitos.

---

¹ **75.10** Hebraico: *chifre*. Duas vezes neste versículo.
² **76.10** Ou *Até a ira dos homens redundará em teu louvor, e com o restante da ira tu te armas.*
³ **77.10** Ou *Apelarei para o que há muito fez a mão direita do Altíssimo.*

75.10
ᵛSl 89.17; 92.10; 148.14
76.2
ʷGn 14.18
76.3
ˣSl 46.9
76.5
ʸSl 13.3
76.6
ᶻÊx 15.1
76.7
ᵃ1 Cr 16.25
ᵇEs 9.15; Ap 6.17
ᶜSl 2.5; Na 1.6
76.8
ᵈ1 Cr 16.30; 2 Cr 20.29-30
76.9
ᵉSl 9.8
76.10
ᶠÊx 9.16; Rm 9.17
76.11
ᵍSl 50.14; Ec 5.4-5
ʰ2 Cr 32.23; Sl 68.29
77.1
ⁱSl 3.4
77.2
ʲSl 50.15; Is 26.9,16
ᵏJó 11.13
ˡGn 37.35
77.3
ᵐSl 143.4
77.5
ⁿDt 32.7; Sl 44.1; 143.5; Is 51.9
77.7
ᵒSl 85.1
77.8
ᵖ2 Pe 3.9
77.9
ᵠSl 25.6; 40.11; 51.1; Is 49.15
77.10
ʳSl 31.22
77.11
ᵗSl 143.5

¹³ Teus caminhos, ó Deus, são santos.
Que deus é tão grande como o nosso
  Deus?ᵘ
¹⁴ Tu és o Deus que realiza milagres;
mostras o teu poder entre os povos.
¹⁵ Com o teu braço forte resgataste o teu
  povo,ᵛ
  os descendentes de Jacó e de José.

Pausa

¹⁶ As águasʷ te viram, ó Deus,
as águas te viram e se contorceram;ˣ
até os abismos estremeceram.
¹⁷ As nuvens despejaram chuvas,ʸ
  ressoou nos céus o trovão;
as tuas flechas reluziam em todas as
  direções.
¹⁸ No redemoinho, estrondou o teu
  trovão,
os teus relâmpagos iluminaram o
  mundo;
a terra tremeu e sacudiu-se.ᶻ
¹⁹ A tua vereda passou pelo mar,ᵃ
o teu caminho pelas águas poderosas,
e ninguém viu as tuas pegadas.
²⁰ Guiaste o teu povoᵇ como a um
  rebanhoᶜ
  pela mão de Moisés e de Arão.

Salmo 78

Poema da família de Asafe.

¹ Povo meu, escute o meu ensino;ᵈ
incline os ouvidos
  para o que eu tenho a dizer.ᵉ
² Em parábolas abrirei a minha boca,
proferirei enigmas do passado;
³ o que ouvimos e aprendemos,
o que nossos pais nos contaram.ᶠ
⁴ Não os esconderemos dos nossos filhos;ᵍ
contaremos à próxima geração
  os *louváveis feitos*ʰ do SENHOR,
o seu poder e as maravilhas que fez.
⁵ Ele decretou estatutosⁱ para Jacó,ʲ
  e em Israel estabeleceu a lei,
e ordenou aos nossos antepassados
  que a ensinassem aos seus filhos,
⁶ de modo que a geração seguinte a
  conhecesse,
e também os filhos que ainda
  nasceriam,ᵏ
e eles, por sua vez,
  contassem aos seus próprios filhos.
⁷ Então eles porão a confiança em Deus;
não esquecerãoˡ os seus feitos
e obedecerão aos seus mandamentos.ᵐ
⁸ Eles não serão como os seus
  antepassados,ⁿ
  obstinadosᵒ e rebeldes,ᵖ
povo de coração desleal para com Deus,
  gente de espírito infiel.

⁹ Os homens de Efraim, flecheiros
  armados,ᵠ
viraram as costas no dia da batalha;ʳ
¹⁰ não guardaram a aliança de Deusˢ
e se recusaram a viver de acordo com a
  sua lei.
¹¹ Esqueceram o que ele tinha feito,ᵗ
as maravilhas que lhes havia mostrado.
¹² Ele fez milagresᵘ diante dos seus
  antepassados,
na terra do Egito,ᵛ na região de Zoã.ʷ
¹³ Dividiu o marˣ para que pudessem
  passar;
fez a água erguer-se como um muro.ʸ
¹⁴ Ele os guiou com a nuvem de dia
e com a luz do fogo de noite.ᶻ
¹⁵ Fendeu as rochas no desertoᵃ
e deu-lhes tanta água
  como a que flui das profundezas;
¹⁶ da pedra fez sair regatos
e fluir água como um rio.

¹⁷ Mas contra ele continuaram a pecar,ᵇ
revoltando-se no deserto contra o
  Altíssimo.
¹⁸ Deliberadamente puseram Deus à
  prova,ᶜ
exigindo o que desejavam comer.ᵈ
¹⁹ Duvidaram de Deus,ᵉ dizendo:
"Poderá Deus preparar uma mesa no
  deserto?
²⁰ Sabemos que, quando ele feriu a rocha,
  a água brotou e jorrou em torrentes.ᶠ

Mas conseguirá também dar-nos de comer?
Poderá suprir*g* de carne o seu povo?"
21 O SENHOR os ouviu e enfureceu-se;
com fogo atacou Jacó,*h*
e sua ira levantou-se contra Israel,
22 pois eles não creram em Deus
nem confiaram*i* no seu poder salvador.
23 Contudo, ele deu ordens às nuvens
e abriu as portas dos céus;*j*
24 fez chover maná*k* para que o povo comesse,
deu-lhe o pão*1* dos céus.
25 Os homens comeram o pão dos anjos;
enviou-lhes comida à vontade.
26 Enviou dos céus o vento oriental*l*
e pelo seu poder fez avançar o vento sul.
27 Fez chover carne sobre eles como pó,
bandos de aves como a areia da praia.
28 Levou-as a cair dentro do acampamento,
ao redor das suas tendas.
29 Comeram à vontade,*m*
e assim ele satisfez o desejo deles.
30 Mas, antes de saciarem o apetite,
quando ainda tinham a comida na boca,*n*
31 acendeu-se contra eles a ira de Deus;
e ele feriu de morte os mais fortes*o*
dentre eles,
matando os jovens de Israel.
32 A despeito disso tudo, continuaram pecando;
não creram nos seus prodígios.*pq*
33 Por isso ele encerrou*r*
os dias deles como um sopro
e os anos deles em repentino pavor.
34 Sempre que Deus os castigava com a morte,
eles o buscavam;*s*
com fervor se voltavam de novo para ele.
35 Lembravam-se de que Deus era a sua Rocha,*t*

de que o Deus Altíssimo era o seu Redentor.*u*
36 Com a boca o adulavam,*v*
com a língua o enganavam;
37 o coração deles não era sincero;*w*
não foram fiéis à sua aliança.
38 Contudo, ele foi misericordioso;*x*
perdoou-lhes*y* as maldades*z*
e não os destruiu.
Vez após vez conteve a sua ira,
sem despertá-la totalmente.
39 Lembrou-se de que eram meros mortais,*a*
brisa*b* passageira que não retorna.
40 Quantas vezes mostraram-se rebeldes*c*
contra ele no deserto*d*
e o entristeceram na*e* terra solitária!
41 Repetidas vezes puseram Deus à prova;*f*
irritaram o Santo de Israel.*g*
42 Não se lembravam da sua mão poderosa,
do dia em que os redimiu do opressor,
43 do dia em que mostrou
os seus prodígios no Egito,
as suas maravilhas na região de Zoã,
44 quando transformou os rios
e os riachos dos egípcios em sangue,*h*
e eles não mais conseguiam beber das suas águas,
45 e enviou enxames de moscas*i*
que os devoraram,
e rãs*j* que os devastaram;
46 quando entregou as suas plantações às larvas,
a produção da terra aos gafanhotos,*k*
47 e destruiu as suas vinhas com a saraiva*l*
e as suas figueiras bravas com a geada;
48 quando entregou o gado*m* deles ao granizo,
os seus rebanhos aos raios;*n*
49 quando os atingiu com a sua ira ardente,
com furor, indignação e hostilidade,
com muitos anjos destruidores.

---

1 **78.24** Hebraico: *trigo*.

78.18
*I*1 Co 10.9
*g*Êx 16.2;
Nm 11.18
78.19
*h*Nm 21.19
78.20
*j*Nm 20.11
*i*Nm 11.18
78.21
*k*Nm 11.1
78.22
*l*Dt 1.32;
Hb 3.19
78.23
*j*Gn 7.11;
Ml 3.10
78.24
*k*Êx 16.4;
Jo 6.31*
78.26
*l*Nm 11.31
78.29
*m*Nm 11.20
78.30
*n*Nm 11.33
78.31
*o*Is 10.16
78.32
*p*ver 11
*q*ver 22
78.33
*r*Nm 14.29,35
78.34
*s*Os 5.15
78.35
*t*Dt 32.4
*u*Dt 9.26
78.36
*v*Ez 33.31
78.37
*w*ver 8;
At 8.21
78.38
*x*Êx 34.6
*y*Is 48.10
*z*Nm 14.18,20
78.39
*a*Gn 6.3;
Sl 103.14
*b*Jó 7.7;
Tg 4.14
78.40
*c*Hb 3.16
*d*Sl 95.7;
106.14
*e*Ef 4.30
78.41
*f*Nm 14.22
*g*2 Rs 19.22;
Sl 89.18
78.44
*h*Êx 7.20-21;
Sl 105.29
78.45
*i*Êx 8.24;
Sl 105.31
*j*Êx 8.2,6
78.46
*k*Êx 10.13
78.47
*l*Êx 9.23;
Sl 105.32
78.48
*m*Êx 9.25
78.49
*n*Êx 15.7

⁵⁰ Abriu caminho para a sua ira;
não os poupou da morte,
mas os entregou à peste.
⁵¹ Matou todos os primogênitos do
    Egito,°
as primícias do vigor varonil
    das tendas de Cam.ᵖ
⁵² Mas tirou o seu povo como ovelhasᵍ
e o conduziu como a um rebanho pelo
    deserto.
⁵³ Ele os guiou em segurança,
    e não tiveram medo;
e os seus inimigos afundaram-seʳ no
    mar.ˢ
⁵⁴ Assim os trouxe à fronteira
    da sua terra santa,
aos montes que a sua mãoᵗ direita
    conquistou.
⁵⁵ Expulsou naçõesᵘ que lá estavam,
distribuiu-lhes as terras por herançaᵛ
e deu suas tendas às tribos de Israel
    para que nelas habitassem.
⁵⁶ Mas eles puseram Deus à prova
    e foram rebeldes contra o Altíssimo;
não obedeceram aos seus testemunhos.
⁵⁷ Foram desleais e infiéis,
    como os seus antepassados,ʷ
confiáveis como um arco defeituoso.ˣ
⁵⁸ Eles oʸ irritaram com os altares
    idólatras;ᶻ
com os seus ídolos lhe provocaram
    ciúmes.ᵃ
⁵⁹ Sabendo-o Deus, enfureceu-se
e rejeitou totalmente Israel;ᵇ
⁶⁰ abandonou o tabernáculo de Siló,ᶜ
a tenda onde habitava entre os homens.
⁶¹ Entregou o símbolo do seu poderᵈ ao
    cativeiroᵉ
e o seu esplendor nas mãos do
    adversário.
⁶² Deixou que o seu povo fosse morto à
    espada,
pois enfureceu-se com a sua herança.
⁶³ O fogo consumiuᶠ os seus jovens,
e as suas moças não tiveram
    canções de núpcias;ᵍ

⁶⁴ os sacerdotes foram mortos à espada!ʰ
As viúvas já nem podiam chorar!
⁶⁵ Então o Senhor despertou
    como que de um sono,ⁱ
como um guerreiro despertado do
    domínio do vinho.
⁶⁶ Fez retroceder a golpes os seus
    adversários
e os entregou a permanente
    humilhação.ʲ
⁶⁷ Também rejeitou as tendas de José
e não escolheu a tribo de Efraim;
⁶⁸ ao contrário, escolheu a tribo de Judá
e o monte Sião,ᵏ o qual amou.
⁶⁹ Construiu o seu santuário como as
    alturas;
como a terra o firmou para sempre.
⁷⁰ Escolheu o seu servo Daviˡ
e o tirou do aprisco das ovelhas,
⁷¹ do pastoreio de ovelhas,ᵐ
para ser o pastor de Jacó, seu povo,
    de Israel, sua herança.
⁷² E de coraçãoⁿ íntegro Davi os
    pastoreou;
com mãos experientes os conduziu.

Salmo 79
Salmo da família de Asafe.

¹ Ó Deus, as nações invadiram a tua
    herança,°
profanaram o teu santo templo,
reduziram Jerusalém a ruínas.ᵖ
² Deram os cadáveres dos teus servos
    às aves do céu por alimento;
a carne dos teus fiéis, aos animais
    selvagens.ᵍ
³ Derramaram o sangue deles como
    água
ao redor de Jerusalém,
e não há ninguém para sepultá-los.ʳ
⁴ Somos objeto de zombaria
    para os nossos vizinhos,
de riso e menosprezo
    para os que vivem ao nosso redor.ˢ

⁵ Até quando, SENHOR?ᵗ

Ficarás irado para sempre?ᵘ
Arderá o teu ciúme como o fogo?ᵛ
⁶ Derrama a tua iraʷ sobre as nações
    que não te reconhecem,ˣ
sobre os reinos
    que não invocam o teu nome,ʸ
⁷ pois devoraram Jacó,
    deixando em ruínas a sua terra.
⁸ Não cobres de nós
    as maldades dos nossos
    antepassados;ᶻ
venha depressa ao nosso encontro
    a tua misericórdia,
pois estamos totalmente desanimados!ᵃ
⁹ Ajuda-nos,ᵇ ó Deus, nosso Salvador,
    para a glória do teu nome;
livra-nos e perdoa os nossos pecados,
    por amor do teu nome.ᶜ
¹⁰ Por que as nações haverão de dizer:
    "Onde está o Deus deles?"ᵈ
Diante dos nossos olhos, mostra às nações
    a tua vingançaᵉ pelo sangue dos teus
    servos.
¹¹ Cheguem à tua presença
    os gemidos dos prisioneiros.
Pela força do teu braço
    preserva os condenados à morte.
¹² Retribuiᶠ sete vezesᵍ mais aos nossos
    vizinhos
    as afrontas com que te insultaram,
    Senhor!
¹³ Então nós, o teu povo,
    as ovelhas das tuas pastagens,ʰ
    para sempre te louvaremos;ⁱ
de geração em geração
    cantaremos os teus louvores.

Salmo 80

Para o mestre de música. De acordo com a melodia Os Lírios da Aliança. Salmo da família de Asafe.

¹ Escuta-nos, Pastor de Israel,
    tu, que conduzes José como um
    rebanho;ʲ
tu, que tens o teu trono sobre os
    querubins,ᵏ
    manifesta o teu esplendor
² diante de Efraim, Benjamim e
    Manassés.ˡ
Despertaᵐ o teu poder e vem salvar-nos!

³ Restaura-nos,ⁿ ó Deus!
Faze resplandecer sobre nós o teu rosto,¹
    para que sejamos salvos.

⁴ Ó Senhor, Deus dos Exércitos,
até quando arderá a tua ira
    contra as orações do teu povo?
⁵ Tu o alimentaste com pão de lágrimas
e o fizeste beber copos de lágrimas.ᵖ
⁶ Fizeste de nós um motivo de disputas
    entre as nações vizinhas,
e os nossos inimigos caçoam de nós.ᵠ

⁷ Restaura-nos, ó Deus dos Exércitos;
faze resplandecer sobre nós o teu rosto,
    para que sejamos salvos.

⁸ Do Egito trouxeste uma videira;ʳ
expulsasteˢ as nações e a plantaste.
⁹ Limpaste o terreno,
ela lançou raízes e encheu a terra.
¹⁰ Os montes foram cobertos pela sua
    sombra
e os mais altos cedros pelos seus ramos.
¹¹ Seus ramos se estenderam até o Mar² ᵗ
e os seus brotos até o Rio³.

¹² Por que derrubaste as suas cercas,ᵘ
    permitindo que todos os que passam
    apanhem as suas uvas?
¹³ Javalis da floresta a devastamᵛ
e as criaturas do campo dela se
    alimentam.
¹⁴ Volta-te para nós, ó Deus dos
    Exércitos!
Dos altos céus olha e vê!ʷ
Toma conta desta videira,
¹⁵ da raiz que a tua mão direita plantou,
do filho⁴ que para ti fizeste crescer!

---

¹ 80.3 Isto é, mostra-nos a tua bondade; também nos versículos 7 e 19.
² 80.11 Isto é, o Mediterrâneo.
³ 80.11 Isto é, o Eufrates.
⁴ 80.15 Ou *ramo*

¹⁶ Tua videira foi derrubada;
   como lixo foi consumida pelo fogo.
Pela tua repreensão˟ perece o teu povo!¹
¹⁷ Repouse a tua mão sobre aquele
   que puseste à tua mão direita,
o filho do homem que para ti fizeste
   crescer.
¹⁸ Então não nos desviaremos de ti;
vivifica-nos, e invocaremos o teu nome.
¹⁹ Restaura-nos, ó Senhor, Deus dos
   Exércitos;
faze resplandecer sobre nós o teu rosto,
   para que sejamos salvos.

Salmo 81
Para o mestre de música. De acordo com a melodia Os Lagares. Da família de Asafe.

¹ Cantem de alegria a Deus, nossa força;
aclamem o Deus de Jacó!ʸ
² Comecem o louvor, façam ressoar o
   tamborim,ᶻ
toquem a lira e a harpaᵃ melodiosa.
³ Toquem a trombeta na lua nova
e no dia de lua cheia, dia da nossa festa;
⁴ porque este é um decreto para Israel,
uma ordenança do Deus de Jacó,
⁵ que ele estabeleceu como estatuto para
   José,
   quando atacou o Egito.ᵇ
Ali ouvimos uma língua² que não
   conhecíamos.ᶜ
⁶ Ele diz: "Tirei o peso dos seus ombros;ᵈ
suas mãos ficaram livres dos cestos de
   cargas.
⁷ Na sua aflição vocês clamaramᵉ e eu
   os livrei,
do esconderijo dos trovões lhes
   respondi;ᶠ
eu os pus à prova nas águas de Meribá³·ᵍ
                              Pausa

⁸ "Ouça, meu povo,ʰ as minhas
   advertências;
se tão somente você me escutasse, ó Israel!
⁹ Não tenha deusⁱ estrangeiro no seu
   meio;
não se incline perante nenhum deus
   estranho.
¹⁰ Eu sou o Senhor, o seu Deus,
que o tirei da terra do Egito.ʲ
Abra a sua boca, e eu o alimentarei.ᵏ

¹¹ "Mas o meu povo não quis ouvir-me;
Israel não quis obedecer-me.ˡ
¹² Por isso os entregueiᵐ
   ao seu coração obstinado,
para seguirem os seus próprios planos.

¹³ "Se o meu povo apenas me ouvisse,ⁿ
se Israel seguisse os meus caminhos,
¹⁴ com rapidez eu subjugariaᵒ os seus
   inimigos
e voltaria a minha mão
contraᵖ os seus adversários!
¹⁵ Os que odeiam o Senhor
se renderiam diante dele
e receberiam um castigo perpétuo.
¹⁶ Mas eu sustentaria Israel
com o melhor trigo,ᑫ
e com o mel da rocha eu o satisfaria".

Salmo 82
Para o mestre de música. Salmo da família de Asafe.

¹ É Deus quem preside a assembleia
   divina;
no meio dos deuses, ele é o juiz.⁴ʳ
² "Até quando vocês vão absolver os
   culpados
e favorecerˢ os ímpios?ᵗ
                              Pausa
³ "Garantam justiça para os fracos
   e para os órfãos;ᵘ
mantenham os direitos dos necessitadosᵛ
   e dos oprimidos.

---

¹ **80.16** Ou *Pela tua repreensão faze perecer os que a derrubaram e a queimaram como lixo!*
² **81.5** Ou *voz*
³ **81.7** *Meribá* significa *rebelião*.
⁴ **82.1** Ou *É Deus quem preside na suprema assembleia; no meio dos poderosos, ele é o juiz;* ou ainda *no meio dos juízes, ele é o juiz.*

⁴ Livrem os fracos e os pobres;
 libertem-nos das mãos dos ímpios.

⁵ "Eles nada sabem, nada entendem.ʷ
   Vagueiam pelas trevas;ˣ
 todos os fundamentosʸ da terra estão
   abalados.

⁶ "Eu disse: 'Vocês são deuses,ᶻ
 todos vocês são filhos do Altíssimo'.
⁷ Mas vocês morrerãoᵃ como simples
   homens;
 cairão como qualquer outro
   governante."

⁸ Levanta-te,ᵇ ó Deus, julga a terra,
 pois todas as nações te pertencem.ᶜ

Salmo 83
Uma canção. Salmo da família de Asafe.

¹ Ó Deus, não te emudeças;ᵈ
 não fiques em silêncio nem te detenhas,
   ó Deus.
² Vê como se agitam os teus inimigos,ᵉ
 como os teus adversários
   te desafiam de cabeça erguida.ᶠ
³ Com astúcia conspiramᵍ contra o teu
   povo;
 tramam contra aqueles
   que são o teu tesouro.
⁴ Eles dizem: "Venham,
   vamos destruí-losʰ como nação,
 para que o nome de Israel
   não seja mais lembrado!"ⁱ

⁵ Com um só propósito tramam juntos;ʲ
 é contra ti que fazem acordo
⁶ as tendas de Edomᵏ e os ismaelitas,
 Moabeˡ e os hagarenos,ᵐ
⁷ Gebal¹ ⁿ, Amom e Amaleque,
 a Filístia, com os habitantes de Tiro.ᵒ
⁸ Até a Assíria aliou-se a eles,
 e trouxe força aos descendentes de
   Ló.ᵖ
                                                Pausa

⁹ Trata-os como trataste Midiã,ᑫ
 como trataste Sísera e Jabim no rio
   Quisom,ʳ
¹⁰ os quais morreramˢ em En-Dor
 e se tornaram esterco para a terra.
¹¹ Faze com os seus nobres o que fizeste
   com Orebe e Zeebe,ᵗ
 e com todos os seus príncipes
   o que fizeste com Zeba e Zalmuna,ᵘ
¹² que disseram:
   "Vamos apossar-nos das pastagens de
     Deus".ᵛ

¹³ Faze-os como folhas secas
   levadas no redemoinho, ó meu Deus,
 como palhaʷ ao vento.
¹⁴ Assim como o fogo consome a floresta
 e as chamas incendeiam os montes,ˣ
¹⁵ persegue-os com o teu vendaval
 e aterroriza-os com a tua tempestade.ʸ
¹⁶ Cobre-lhes de vergonhaᶻ o rosto
 até que busquem o teu nome, Senhor.

¹⁷ Sejam eles humilhados e
   aterrorizados
   para sempre;
 pereçam em completa desgraça.ᵃ
¹⁸ Saibam eles que tu, cujo nome é
   Senhor,
 somente tu, és o Altíssimo sobre toda a
   terra.ᵇ

Salmo 84
Para o mestre de música. De acordo com a melodia Os Lagares. Salmo dos coraítas.

¹ Como é agradável o lugar da tua
   habitação,ᶜ
   Senhor dos Exércitos!
² A minha alma anela,ᵈ e até desfalece,
   pelos átrios do Senhor;
 o meu coração e o meu corpo
   cantam de alegria ao Deus vivo.

³ Até o pardal achou um lar
   e a andorinha um ninho para si,
 para abrigar os seus filhotes,
   um lugar perto do teu altar,ᵉ

---

¹ **83.7** Isto é, Biblos.

ó Senhor dos Exércitos, meu Rei e meu Deus.*f*

4 Como são felizes
   os que habitam em tua casa;
louvam-te sem cessar!

Pausa

5 Como são felizes os que em ti
   encontram força*g*
e os que são peregrinos de coração!*h*
6 Ao passarem pelo vale de Baca¹,
   fazem dele um lugar de fontes;
as chuvas de outono*i*
   também o enchem de cisternas².
7 Prosseguem o caminho de força em
   força,*j*
até que cada um se apresente*k* a Deus
   em Sião.

8 Ouve a minha oração,
   ó Senhor Deus dos Exércitos;
escuta-me, ó Deus de Jacó.

Pausa

9 Olha, ó Deus, que és nosso escudo³*l*;
trata com bondade o teu ungido.*m*
10 Melhor é um dia nos teus átrios
   do que mil noutro lugar;
prefiro ficar à porta da casa*n* do meu Deus
a habitar nas tendas dos ímpios.
11 O Senhor Deus é sol*o* e escudo;*p*
o Senhor concede favor e honra;
não recusa nenhum bem
   aos que vivem com integridade.*q*

12 Ó Senhor dos Exércitos,
como é feliz*r* aquele que em ti confia!

Salmo 85
Para o mestre de música. Salmo dos coraítas.

1 Foste favorável à tua terra, ó Senhor;
trouxeste restauração⁴ a Jacó.*s*
2 Perdoaste*t* a culpa*u* do teu povo
e cobriste todos os seus pecados.

Pausa

---
¹ **84.6** Ou *de lágrimas*; ou ainda *seco*
² **84.6** Ou *bênçãos*
³ **84.9** Ou *soberano*
⁴ **85.1** Ou *os cativos de volta*

3 Retiraste todo o teu furor*v*
e te afastaste da tua ira tremenda.*w*

4 Restaura-nos*x* mais uma vez,
   ó Deus, nosso Salvador,
e desfaze o teu furor para conosco.
5 Ficarás indignado conosco para
   sempre?*y*
Prolongarás a tua ira por todas as
   gerações?
6 Acaso não nos renovarás*z* a vida,
a fim de que o teu povo se alegre em ti?
7 Mostra-nos o teu amor, ó Senhor,
e concede-nos a tua salvação!

8 Eu ouvirei o que Deus, o Senhor,
   disse;
ele promete paz*a* ao seu povo, aos seus
   fiéis!
Não voltem eles à insensatez!
9 Perto está a salvação*b* que ele trará
   aos que o temem,
e a sua glória*c* habitará em nossa terra.

10 O amor e a fidelidade*d* se
   encontrarão;
a justiça*e* e a paz se beijarão.
11 A fidelidade brotará da terra,
e a justiça*f* descerá dos céus.
12 O Senhor nos trará bênçãos,*g*
e a nossa terra dará a sua colheita.*h*
13 A justiça irá adiante dele
e preparará o caminho para os seus
   passos.

Salmo 86
Oração davídica.

1 Inclina os teus ouvidos, ó Senhor,
   e responde-me,*i*
pois sou pobre e necessitado.
2 Guarda a minha vida, pois sou fiel a ti.
Tu és o meu Deus;
salva o teu servo que em ti confia!*j*
3 Misericórdia,*k* Senhor,
pois clamo*l* a ti sem cessar.
4 Alegra o coração do teu servo,
pois a ti, Senhor, elevo*m* a minha alma.

⁵ Tu és bondoso e perdoador, Senhor,
rico em graça ⁿ
    para com todos os que te invocam.

⁶ Escuta a minha oração, Senhor;
atenta para a minha súplica!
⁷ No dia da minha angústia ᵒ clamarei a ti,
pois tu me responderás.

⁸ Nenhum dos deuses é comparável a ti,
ᵖ Senhor,
nenhum deles pode fazer o que tu fazes.

⁹ Todas as nações que tu formaste
virão e te adorarão, ᵠ Senhor,
e glorificarão ʳ o teu nome.
¹⁰ Pois tu és grande
e realizas feitos ˢ maravilhosos;
só ᵗ tu és Deus!

¹¹ Ensina-me o teu caminho, ᵘ Senhor,
    para que eu ande na tua verdade;
dá-me um coração inteiramente ᵛ fiel,
    para que eu tema o teu nome.
¹² De todo o meu coração te louvarei,
Senhor, meu Deus;
glorificarei o teu nome para sempre.
¹³ Pois grande é o teu amor para
comigo;
tu me livraste das profundezas do
Sheol¹.

¹⁴ Os arrogantes estão me atacando, ó
Deus;
um bando de homens cruéis,
gente que não faz caso de ti
procura tirar-me a vida. ʷ
¹⁵ Mas tu, Senhor,
és Deus compassivo e misericordioso, ˣ
muito paciente, rico em amor e em
fidelidade. ʸ
¹⁶ Volta-te para mim! Tem misericórdia
de mim!
Concede a tua força a teu servo
e salva o filho da tua serva². ᶻ

¹⁷ Dá-me um sinal da tua bondade,
para que os meus inimigos vejam
    e sejam humilhados,
pois tu, Senhor, me ajudaste e me
consolaste.

Salmo 87
Dos coraítas. Um salmo. Um cântico.

¹ O Senhor edificou sua cidade sobre o
monte santo;
² ele ama as portas de Sião ᵃ
mais do que qualquer outro lugar³ de
Jacó.
³ Coisas gloriosas são ditas de ti,
ó cidade de Deus! ᵇ
                                    Pausa

⁴ "Entre os que me reconhecem
incluirei Raabe⁴ ᶜ e Babilônia,
além da Filístia, de Tiro, ᵈ
e também da Etiópia⁵,
como se tivessem nascido em Sião⁶ ᵉ."

⁵ De fato, acerca de Sião se dirá:
"Todos estes nasceram em Sião,
e o próprio Altíssimo a estabelecerá".
⁶ O Senhor escreverá no registro ᶠ dos
povos:
"Este nasceu ali".
                                    Pausa

⁷ Com danças e cânticos, ᵍ dirão:
"Em Sião estão as nossas origens⁷ ʰ!"

Salmo 88
**Um cântico. Salmo dos coraítas. Para o mestre de música.
Conforme mahalath leannoth⁸. Poema do ezraíta Hemã.**

¹ Ó Senhor, Deus que me salva, ⁱ
a ti clamo ʲ dia e noite.
² Que a minha oração chegue diante de ti;
inclina os teus ouvidos ao meu clamor. ᵏ

---

¹ **86.13** Essa palavra pode ser traduzida por sepultura, profundezas, pó ou morte.
² **86.16** Ou *salva o teu filho fiel*
³ **87.2** Ou *santuário*
⁴ **87.4** Isto é, o Egito.
⁵ **87.4** Hebraico: *Cuxe*.
⁶ **87.4** Hebraico: *este nasceu ali*.
⁷ **87.7** Ou *está a nossa fonte de felicidade*
⁸ Título: Possivelmente a melodia *O Sofrimento do Aflito*.

86.5
ⁿÊx 34.6;
Nm 9.17;
Sl 103.8;
145.8;
Jl 2.13;
Jn 4.2

86.7
ᵒSl 50.15

86.8
ᵖÊx 15.11;
Dt 3.24;
Sl 89.6

86.9
ᵠSl 66.4;
Ap 15.4
ʳIs 43.7

86.10
ˢSl 72.18
ᵗDt 6.4
Ml 12.29;
1 Co 8.4

86.11
ᵘSl 25.5
ᵛJr 32.39

86.14
ʷSl 54.3

86.15
ˣSl 103.8
ʸÊx 34;6;
Ne 9.17
Jl 2.13

86.16
ᶻSl 116.16

87.2
Sl 78.68

87.3
ᵇSl 46.4;
Is 60.1

87.4
ᶜJó 9.13
ᵈSl 45.12
ᵉIs 19.25

87.6
ᶠSl 69.28;
Is 4.3;
Ez 13.9

87.7
ᵍSl 149.3
ʰSl 36.6

88.1
ⁱSl 51.14
ʲSl 22.2;
27.9; Lc 18.7

88.3
ᵏ107.18, 26

³ Tenho sofrido tanto que a minha vida
   está à beira da sepultura¹!
⁴ Sou contado entre os que descem à
   cova;
sou como um homem que já não tem
   forças.
⁵ Fui colocado junto aos mortos,
sou como os cadáveres que jazem no
   túmulo,
dos quais já não te lembras,
   pois foram tirados ᵐ de tua mão.
⁶ Puseste-me na cova mais profunda,
na escuridão das profundezas. ⁿ
⁷ Tua ira pesa sobre mim;
com todas as tuas ondas me afligiste. ᵒ
                                    Pausa
⁸ Afastaste de mim os meus melhores
   amigos ᵖ
e me tornaste repugnante para eles.
Estou como um preso ᵠ que não pode
   fugir;
⁹ minhas vistas ʳ já estão fracas de
   tristeza.

A ti, Senhor, clamo ˢ cada dia;
   a ti ergo as minhas mãos. ᵗ
¹⁰ Acaso mostras as tuas maravilhas aos
   mortos?
Acaso os mortos se levantam
   e te louvam? ᵘ
                                    Pausa
¹¹ Será que o teu amor é anunciado no
   túmulo
e a tua fidelidade ᵛ no Abismo da
   Morte²?
¹² Acaso são conhecidas as tuas
   maravilhas
   na região das trevas
e os teus feitos de justiça
   na terra do esquecimento?
¹³ Mas eu, Senhor, a ti clamo por
   socorro; ʷ

---

¹ **88.3** Hebraico: *Sheol*. Essa palavra também pode ser traduzida por profundezas, pó ou morte.
² **88.11** Hebraico: *Abadom*.

já de manhã ˣ a minha oração
   chega à tua presença. ʸ
¹⁴ Por que, Senhor, me rejeitas ᶻ
e escondes de mim o teu rosto? ᵃ
¹⁵ Desde moço tenho sofrido
e ando perto da morte;
os teus terrores ᵇ levaram-me ao
   desespero.
¹⁶ Sobre mim se abateu a tua ira;
os pavores que me causas me
   destruíram.
¹⁷ Cercam-me o dia todo como uma
   inundação; ᶜ
envolvem-me por completo.
¹⁸ Tiraste de mim os meus amigos
   e os meus companheiros; ᵈ
as trevas são a minha única companhia.

Salmo 89

Poema do ezraíta Etã.

¹ Cantarei ᵉ para sempre o amor do
   Senhor;
com minha boca anunciarei
   a tua fidelidade por todas as gerações.
² Sei que firme está o teu amor para
   sempre,
e que firmaste nos céus a tua fidelidade. ᵍ
³ Tu disseste: "Fiz aliança com o meu
   escolhido,
   jurei ao meu servo Davi:
⁴ 'Estabelecerei a tua linhagem para
   sempre
e firmarei o teu trono
   por todas as gerações' ". ʰ
                                    Pausa
⁵ Os ⁱ louvam as tuas maravilhas,
   Senhor,
e a tua fidelidade na assembleia dos
   santos.
⁶ Pois quem nos céus
   poderá comparar-se ao Senhor?
Quem entre os seres celestiais³
   assemelha-se ao Senhor? ʲ

---

³ **89.6** Ou *deuses*; ou ainda *poderosos*

⁷ Na assembleia dos santos Deus é
   temível,
mais do que todos os que o rodeiam.ᵏ
⁸ Ó Senhor, Deus dos Exércitos,
quem é semelhante a ti?ˡ
És poderoso, Senhor,
envolto em tua fidelidade.

⁹ Tu dominas o revolto mar;
quando se agigantam as suas ondas,
   tu as acalmas.ᵐ
¹⁰ Esmagaste e mataste o Monstro dos
   Mares¹ ⁿ;
com teu braço forte
   dispersasteᵒ os teus inimigos.
¹¹ Os céus são teus, e tua também é a
   terra;ᵖ
fundaste o mundo e tudo o que nele
   existe.ᵠ
¹² Tu criaste o Norte e o Sul;
o Taborʳ e o Hermomˢ
   cantam de alegriaᵗ pelo teu nome.
¹³ O teu braço é poderoso;
a tua mão é forte, exaltada é tua mão
   direita.

¹⁴ A retidão e a justiça são os alicerces
   do teu trono;ᵘ
o amor e a fidelidade vão à tua frente.
¹⁵ Como é feliz o povo
   que aprendeu a aclamar-te, Senhor,
e que anda na luzᵛ da tua presença!
¹⁶ Sem cessar exultam no teu nome,ʷ
   e alegram-se na tua retidão,
¹⁷ pois tu és a nossa glória e a nossa
   força²,
   e pelo teu favor exaltas a nossa força³ˣ.
¹⁸ Sim, Senhor, tu és o nosso escudo⁴,
   ó Santo de Israel, tu és o nosso rei.ʸ

¹⁹ Numa visão falaste um dia,
e aos teus fiéis disseste:
   "Cobri de forças um guerreiro,
exaltei um homem escolhido dentre o
   povo.
²⁰ Encontrei o meu servo Davi;ᶻ ᵃ
ungi-oᵇ com o meu óleo sagrado.
²¹ A minha mão o susterá,
e o meu braço o fará forte.ᶜ
²² Nenhum inimigo o sujeitará a
   tributos;
nenhum injusto o oprimirá.ᵈ
²³ Esmagarei diante deleᵉ os seus
   adversáriosᶠ
e destruirei os seus inimigos.
²⁴ A minha fidelidade e o meu amor
   o acompanharão,ᵍ
e pelo meu nome aumentará o seu poder.
²⁵ A sua mão dominará até o mar;
   sua mão direita, até os rios.ʰ
²⁶ Ele me dirá: 'Tu és o meu Pai,ⁱ
   o meu Deus, a Rocha que me salva'.ʲ
²⁷ Também o nomearei meu
   primogênito,ᵏ
o mais exaltadoˡ dos reisᵐ da terra.
²⁸ Manterei o meu amor por ele para
   sempre,
   e a minha aliança com ele jamais se
   quebrará.ⁿ
²⁹ Firmarei a sua linhagem para sempre,
   e o seu trono durará enquanto
   existirem céus.ᵒ

³⁰ "Se os seus filhos abandonarem a
   minha lei
   e não seguirem as minhas
   ordenanças,
³¹ se violarem os meus decretos
   e deixarem de obedecer aos meus
   mandamentos,
³² com a vara castigarei o seu pecado,
   e a sua iniquidade com açoites;ᵖ
³³ mas não afastarei dele o meu amor;ᵠ
   jamais desistirei da minha fidelidade.
³⁴ Não violarei a minha aliança
   nem modificarei as promessas dos
   meus lábios.ʳ
³⁵ De uma vez para sempre jurei
   pela minha santidade
   e não mentirei a Davi,

---

¹ **89.10** Hebraico: *Raabe*.
² **89.17** Hebraico: *a glória do seu poder*.
³ **89.17** Hebraico: *chifre*; também no versículo 24.
⁴ **89.18** Ou *soberano*

36 que a sua linhagem permanecerá para sempre,
e o seu trono durará como o sol;
37 será estabelecido para sempre como a lua,
a fiel testemunha no céu."
Pausa

38 Mas tu o rejeitaste,ˢ recusaste-o
e te enfureceste com o teu ungido.
39 Revogaste a aliança com o teu servo
e desonraste a sua coroa, lançando-a ao chão.ᵗ
40 Derrubaste todos os seus murosᵘ
e reduziste a ruínas as suas fortalezas.ᵛ
41 Todos os que passam o saqueiam;
tornou-se objeto de zombaria
para os seus vizinhos.ʷ
42 Tu exaltaste a mão direita dos seus adversários
e encheste de alegria todos os seus inimigos.ˣ
43 Tiraste o fio da sua espada
e não o apoiaste na batalha.ʸ
44 Deste fim ao seu esplendor
e atiraste ao chão o seu trono.
45 Encurtaste os dias da sua juventude;
com um manto de vergonha o cobriste.ᶻ
Pausa

46 Até quando, Senhor?
Para sempre te esconderás?
Até quando a tua ira queimará como fogo?ᵃ
47 Lembra-te de como é passageira a minha vida.ᵇ
Terás criado em vão todos os homens?
48 Que homem pode viver e não ver a morte,
ou livrar-se do poder da sepultura¹?ᶜ
Pausa

49 Ó Senhor, onde está o teu antigo amor,
que com fidelidade juraste a Davi?

50 Lembra-te, Senhor,
das afrontas que o teu servo tem² sofrido,ᵈ
das zombarias que no íntimo
tenho que suportar de todos os povos,
51 das zombarias dos teus inimigos, Senhor,
com que afrontam a cada passo o teu ungido.ᵉ

52 Bendito seja o Senhor para sempre!
Amém e amém.ᶠ

QUARTO LIVRO
Salmo 90
Oração de Moisés, homem de Deus.

1 Senhor, tu és o nosso refúgio,ᵍ sempre,
de geração em geração.
2 Antes de nascerem os montesʰ
e de criares a terra e o mundo,
de eternidade a eternidade tu és Deus.ⁱ

3 Fazes os homens voltarem ao pó,
dizendo: "Retornem ao pó, seres humanos!"ʲ
4 De fato, mil anos para ti
são como o dia de ontem que passou,
como as horas da noite.ᵏ
5 Como uma correnteza, tu arrastasˡ os homens;
são breves como o sono;
são como a relva que brota ao amanhecer;
6 germina e brota pela manhã,
mas, à tarde, murcha e seca.ᵐ

7 Somos consumidos pela tua ira
e aterrorizados pelo teu furor.
8 Conheces as nossas iniquidades;
não escapam os nossos pecadosⁿ secretos
à luz da tua presença.

---

¹ **89.48** Hebraico: *Sheol*. Essa palavra também pode ser traduzida por profundezas, pó ou morte.

² **89.50** Ou *teus servos têm*

⁹ Todos os nossos dias passam
    debaixo do teu furor;
vão-se como um murmúrio.º
¹⁰ Os anos de nossa vida chegam a
    setenta,
ou a oitenta para os que têm mais vigor;
entretanto, são anos difíceis
    e cheios de sofrimento,
pois a vida passa depressa,
    e nós voamos!ᵖ

¹¹ Quem conhece o poder da tua ira?
Pois o teu furor é tão grande
    como o temor que te é devido.ᑫ
¹² Ensina-nos a contar os nossos dias ʳ
para que o nosso coração alcance
    sabedoria. ˢ

¹³ Volta-te, Senhor! Até quando ᵗ será
    assim?
Tem compaixão dos teus servos! ᵘ
¹⁴ Satisfaze-nos ᵛ pela manhã
    com o teu amor leal,
e todos os nossos dias ʷ cantaremos
    felizes. ˣ
¹⁵ Dá-nos alegria pelo tempo que nos
    afligiste,
pelos anos em que tanto sofremos.
¹⁶ Sejam manifestos os teus feitos
    aos teus servos,
e aos filhos deles o teu esplendor!ʸ
¹⁷ Esteja sobre nós a bondade
    do nosso Deus Soberano.
Consolida, para nós,
    a obra de nossas mãos;
consolida a obra de nossas mãos!ᶻ

Salmo 91

¹ Aquele que habita no abrigo ᵃ do
    Altíssimo
e descansa à sombra ᵇ do Todo-
    -poderoso
² pode dizer ao¹ Senhor:

"Tu és o meu refúgio ᶜ e a minha
    fortaleza,
o meu Deus, em quem confio".

³ Ele o livrará ᵈ do laço do caçador
    e do veneno mortal². ᵉ
⁴ Ele o cobrirá com as suas penas,
    e sob as suas asas você encontrará
        refúgio; ᶠ
a fidelidade dele será o seu escudo ᵍ
    protetor.
⁵ Você não temerá ʰ o pavor da noite
    nem a flecha que voa de dia,
⁶ nem a peste que se move sorrateira
    nas trevas,
    nem a praga que devasta ao meio-dia.
⁷ Mil poderão cair ao seu lado;
dez mil, à sua direita,
    mas nada o atingirá.
⁸ Você simplesmente olhará,
e verá o castigo dos ímpios. ⁱ

⁹ Se você fizer do Altíssimo o seu abrigo,
do Senhor o seu refúgio,
¹⁰ nenhum mal o atingirá, ʲ
desgraça alguma chegará à sua tenda.
¹¹ Porque a seus anjos ᵏ ele dará ordens
    a seu respeito,
para que o protejam em todos
    os seus caminhos; ˡ
¹² com as mãos eles o segurarão,
para que você não tropece em alguma
    pedra. ᵐ
¹³ Você pisará o leão e a cobra;
pisoteará o leão forte e a serpente. ⁿ

¹⁴ "Porque ele me ama, eu o resgatarei;
eu o protegerei, pois conhece o meu
    nome.
¹⁵ Ele clamará a mim, e eu lhe darei
    resposta,
e na adversidade estarei com ele;
vou livrá-lo e cobri-lo de honra. º
¹⁶ Vida longaᵖ eu lhe darei,
    e lhe mostrarei a minha salvação. ᑫ"

---

¹ **91.2** Conforme a Septuaginta. O Texto Massorético diz *Direi do*.

² **91.3** Ou *da praga mortal*; ou ainda *da ameaça de destruição*

Salmo 92

Salmo. Um cântico. Para o dia de sábado.

¹ Como é bom render graças ao Senhor
e cantar louvores ao teu nome,ʳ ó
   Altíssimo;ˢ
² anunciar de manhãᵗ o teu amor leal
e de noite a tua fidelidade,
³ ao som da lira de dez cordas e da
   cítara,
e da melodia da harpa.ᵘ

⁴ Tu me alegras, Senhor, com os teus
   feitos;
as obras das tuas mãosᵛ
   levam-me a cantar de alegria.
⁵ Como são grandes as tuas obras,ʷ
   Senhor,
como são profundos os teus propósitos!ˣ
⁶ O insensatoʸ não entende, o tolo não vê
⁷ que, embora os ímpios brotem como
   a erva
   e floresçam todos os malfeitores,
eles serão destruídos para sempre.
⁸ Pois tu, Senhor, és exaltado para
   sempre.

⁹ Mas os teus inimigos, Senhor,
os teus inimigos perecerão;
serão dispersos todos os malfeitores!ᶻ
¹⁰ Tu aumentaste a minha força¹ ᵃ
   como a do boi selvagem;
derramaste sobre mim óleoᵇ novo.²
¹¹ Os meus olhos contemplaram a
   derrota
   dos meus inimigos;
os meus ouvidos escutaram a
   debandada
   dos meus maldosos agressores.ᶜ

¹² Os justos florescerão como a
   palmeira,
crescerão como o cedro do Líbano;ᵈ
¹³ plantados na casa do Senhor,
florescerão nos átrios do nosso Deus.ᵉ
¹⁴ Mesmo na velhice darão fruto,ᶠ
permanecerão viçosos e verdejantes,
¹⁵ para proclamar que o Senhor é justo.
Ele é a minha Rocha;
   nele não há injustiça.ᵍ

Salmo 93

¹ O Senhor reina!ʰ
Vestiu-se de majestade;ⁱ
de majestade vestiu-se o Senhor
   e armou-se de poder!ʲ
O mundo está firme e não se abalará.ᵏ
² O teu trono está firme desde a
   antiguidade;
tu existes desde a eternidade.ˡ
³ As águasᵐ se levantaram, Senhor,
as águas levantaram a voz;
as águas levantaram seu bramido.
⁴ Mais poderoso do que o estrondoⁿ
   das águas impetuosas,
mais poderoso do que as ondas do mar
é o Senhor nas alturas.

⁵ Os teus mandamentos
   permanecem firmes e fiéis;
a santidade,ᵒ Senhor,
   é o ornamento perpétuo da tua casa.

Salmo 94

¹ Ó Senhor, Deus vingador;ᵖ
Deus vingador! Intervém!³ ᑫ
² Levanta-te, Juizʳ da terra;
retribuiˢ aos orgulhosos o que merecem.
³ Até quando os ímpios, Senhor,
até quando os ímpios exultarão?

⁴ Eles despejam palavras arrogantes;ᵗ
todos esses malfeitores enchem-se de
   vanglória.ᵘ
⁵ Massacram o teu povo,ᵛ Senhor,
e oprimem a tua herança;
⁶ matam as viúvas e os estrangeiros,
assassinam os órfãos
⁷ e ainda dizem: "O Senhor não nos vê;ʷ
o Deus de Jacó nada percebe".

---

¹ **92.10** Hebraico: *chifre*.
² **92.10** Ou *exaltaste a minha velhice com óleo novo*.
³ **94.1** Hebraico: *Resplandece*!

⁸ Insensatos,ˣ procurem entender!
E vocês, tolos, quando se tornarão
   sábios?
⁹ Será que quem fez o ouvido não ouve?
Será que quem formou o olho não vê?ʸ
¹⁰ Aquele que disciplina as nações
   os deixará sem castigo?
Não tem sabedoria aquele
   que dáᶻ ao homem o conhecimento?
¹¹ O Senhor conhece
   os pensamentos do homem,
e sabe como são fúteis.ᵃ

¹² Como é feliz o homem a quem
   disciplinas,ᵇ
   Senhor,
aquele a quem ensinasᶜ a tua lei;
¹³ tranquilo, enfrentará os dias maus,
enquanto, para os ímpios,
   uma cova ᵈ se abrirá.
¹⁴ O Senhor não desamparará o seu
   povo;ᵉ
jamais abandonará a sua herança.
¹⁵ Voltará a haver justiçaᶠ nos
   julgamentos,
e todos os retos de coração a seguirão.
¹⁶ Quem se levantaráᵍ a meu favor
   contra os ímpios?
Quem ficará a meu lado contra os
   malfeitores?ʰ
¹⁷ Não fosse a ajudaⁱ do Senhor,
eu já estaria habitando no silêncio.ʲ
¹⁸ Quando eu disse:
   Os meus pés escorregaram,
o teu amor leal, Senhor, me amparou!
¹⁹ Quando a ansiedade
   já me dominava no íntimo,
o teu consolo trouxe alívio à minha
   alma.
²⁰ Poderá um trono corrupto
   estar em aliança contigo?,
um trono que faz injustiças em nome
   da lei?ᵏ
²¹ Eles planejamˡ contra a vida dos
   justos
e condenam os inocentesᵐ à morte.

²² Mas o Senhor é a minha torre
   segura;
o meu Deus é a rocha em que encontro
   refúgio.ⁿ
²³ Deus faráᵒ cair sobre eles os seus
   crimes,
e os destruirá por causa dos seus pecados;
   o Senhor, o nosso Deus, os
   destruirá!

Salmo 95

¹ Venham! Cantemos ao Senhor com
   alegria!
Aclamemosᵖ a Rochaᵠ da nossa
   salvação.
² Vamos à presença deleʳ com ações de
   graças;
vamos aclamá-lo com cânticosˢ de
   louvor.
³ Pois o Senhor é o grande Deus,ᵗ
o grande Rei acima de todos os deuses.ᵘ
⁴ Nas suas mãos estão as profundezas da
   terra,
os cumes dos montes lhe pertencem.
⁵ Dele também é o mar, pois ele o fez;
as suas mãos formaram a terra seca.ᵛ

⁶ Venham! Adoremos prostradosʷ
   e ajoelhemosˣ diante do Senhor,
   o nosso Criador;ʸ
⁷ pois ele é o nosso Deus,
e nós somos o povo do seu pastoreio,ᶻ
   o rebanho que ele conduz.

Hoje, se vocês ouvirem a sua voz,
⁸ não endureçam o coração, como em
   Meribá¹ᵃ,
como aquele dia em Massá², no deserto,
⁹ onde os seus antepassados me
   tentaram,ᵇ
   pondo-me à prova,
apesar de terem visto o que eu fiz.
¹⁰ Durante quarenta anosᶜ
fiquei irado contra aquela geração e disse:

---

¹ **95.8** *Meribá* significa *rebelião*.
² **95.8** *Massá* significa *provação*.

"Eles são um povo de coração ingrato;
não reconheceram os meus caminhos".
¹¹ Por isso jurei ᵈ na minha ira:
"Jamais entrarão no meu descanso". ᵉ

Salmo 96

¹ Cantem ao Senhor ᶠ um novo cântico;
cantem ao Senhor, todos os habitantes
da terra!
² Cantem ao Senhor, bendigam o seu
nome;
cada dia proclamem a sua salvação! ᵍ
³ Anunciem a sua glória entre as nações,
seus feitos maravilhosos entre todos os
povos!

⁴ Porque o Senhor é grande
e digno de todo louvor, ʰ
mais temível ⁱ do que todos os deuses! ʲ
⁵ Todos os deuses das nações
não passam de ídolos,
mas o Senhor fez os céus. ᵏ
⁶ Majestade e esplendor estão diante
dele;
poder e dignidade ˡ, no seu santuário.

⁷ Deem ao Senhor, ᵐ ó famílias das
nações, ⁿ
deem ao Senhor glória e força.
⁸ Deem ao Senhor
a glória devida ao seu nome
e entrem nos seus átrios trazendo
ofertas. ᵒ
⁹ Adorem o Senhor
no esplendor da sua santidade; ᵖ
tremam ᵠ diante dele todos os habitantes
da terra. ʳ

¹⁰ Digam entre as nações: "O Senhor
reina!" ˢ
Por isso firme está o mundo e não se
abalará, ᵗ
e ele julgará os povos com justiça. ᵘ

¹¹ Regozijem-se ᵛ os céus e exulte a terra!
Ressoe o mar e tudo o que nele existe!
¹² Regozijem-se os campos
e tudo o que neles há!

Cantem de alegria todas as árvores da
floresta, ʷ ˣ
¹³ cantem diante do Senhor, porque ele
vem,
vem julgar ʸ a terra;
julgará o mundo com justiça
e os povos com a sua fidelidade!

Salmo 97

¹ O Senhor reina! ᶻ
Exulte a terra ᵃ
e alegrem-se as regiões costeiras
distantes.

² Nuvens escuras ᵇ e espessas o cercam;
retidão e justiça são a base do seu
trono. ᶜ
³ Fogo ᵈ vai adiante ᵉ dele
e devora ᶠ os adversários ao redor.
⁴ Seus relâmpagos iluminam o mundo;
a terra os vê e estremece. ᵍ
⁵ Os montes se derretem ʰ como cera
diante do Senhor,
diante do Soberano de toda a terra. ⁱ
⁶ Os céus proclamam a sua justiça, ʲ
e todos os povos contemplam a sua
glória. ᵏ

⁷ Ficam decepcionados
todos os que adoram imagens ˡ ᵐ
e se vangloriam ⁿ de ídolos.
Prostram-se diante dele todos os
deuses!

⁸ Sião ouve e se alegra,
e as cidades¹ de Judá exultam,
por causa das tuas sentenças, ᵒ Senhor.
⁹ Pois tu, Senhor,
és o Altíssimo sobre toda a terra! ᵖ
És exaltado ᵠ muito acima de todos os
deuses!

¹⁰ Odeiem o mal, ʳ vocês que amam o
Senhor,
pois ele protege a vida dos seus fiéis ˢ
e os livra ᵗ das mãos dos ímpios. ᵘ

---

¹ 97.8 Hebraico: *filhas*.

¹¹ A luz nasce¹ ᵛ sobre o justo
e a alegria sobre os retos de coração.
¹² Alegrem-se no SENHOR, justos,
e louvem o seu santo nome. ʷ

Salmo 98

Salmo.

¹ Cantem ao SENHOR um novo cântico, ˣ
pois ele fez coisas ʸ maravilhosas;
a sua mão ᶻ direita e o seu braço ᵃ santo
lhe deram a vitória!
² O SENHOR anunciou a sua vitória ᵇ
e revelou a sua justiça às nações.
³ Ele se lembrou ᶜ do seu amor leal
e da sua fidelidade para com a casa
de Israel;
todos os confins da terra viram
a vitória do nosso Deus.

⁴ Aclamem ᵈ o SENHOR
todos os habitantes da terra!
Louvem-no com cânticos de alegria
e ao som de música!
⁵ Ofereçam música ao SENHOR com a
harpa, ᵉ
com a harpa e ao som de canções, ᶠ
⁶ com cornetas ᵍ e ao som da trombeta;
exultem diante do SENHOR, o Rei! ʰ

⁷ Ressoe o mar e tudo o que nele existe,
o mundo e os seus habitantes! ⁱ
⁸ Batam palmas os rios,
e juntos cantem de alegria os
montes; ʲ
⁹ cantem diante do SENHOR, porque ele
vem,
vem julgar a terra;
julgará o mundo com justiça
e os povos com retidão. ᵏ

Salmo 99

¹ O SENHOR reina! As nações tremem! ˡ
O seu trono está sobre os querubins! ᵐ
Abala-se a terra!

² Grande é o SENHOR ⁿ em Sião;
ele é exaltado ᵒ acima de todas as
nações!
³ Seja louvado o teu grande e temível
nome, ᵖ
que é santo.
⁴ Rei poderoso, amigo da justiça!² ᵠ
Estabeleceste a equidade ʳ
e fizeste em Jacó o que é direito e justo.
⁵ Exaltem ˢ o SENHOR, o nosso Deus,
prostrem-se diante do estrado dos seus
pés.
Ele é santo!

⁶ Moisés ᵗ e Arão estavam
entre os seus sacerdotes,
Samuel, ᵘ entre os que invocavam o seu
nome;
eles clamavam pelo SENHOR,
e ele lhes respondia. ᵛ
⁷ Falava-lhes da coluna de nuvem, ʷ
e eles obedeciam aos seus mandamentos
e aos decretos que ele lhes dava.

⁸ Tu lhes respondeste, SENHOR, nosso
Deus; ˣ
para eles, tu eras um Deus perdoador,
embora os tenhas castigado
por suas rebeliões.
⁹ Exaltem o SENHOR, o nosso Deus;
prostrem-se, voltados para o seu santo
monte,
porque o SENHOR, o nosso Deus, é
santo.

Salmo 100

Salmo. Para ação de graças.

¹ Aclamem ʸ o SENHOR
todos os habitantes da terra!
² Prestem culto ao SENHOR com alegria;
entrem na sua presença ᶻ
com cânticos alegres.
³ Reconheçam que o SENHOR é o nosso
Deus. ᵃ

---

¹ **97.11** Conforme a Septuaginta e algumas versões antigas. O Texto Massorético diz *A luz é semeada*.

² **99.4** Ou *O rei é poderoso e ama a justiça*.

Ele nos fez[b] e somos dele[1]:
somos o seu povo,
  e rebanho do seu pastoreio.[c]

⁴ Entrem por suas portas com ações de graças
e em seus átrios com louvor;
deem-lhe graças e bendigam o seu nome.[d]

⁵ Pois o Senhor é bom[e]
e o seu amor leal é eterno;[f]
a sua fidelidade permanece
  por todas as gerações.

Salmo 101

Salmo davídico.

¹ Cantarei a lealdade[h] e a justiça.
A ti, Senhor, cantarei louvores!
² Seguirei o caminho da integridade;
quando virás ao meu encontro?
Em minha casa viverei de coração íntegro.
³ Repudiarei todo mal.[i]

Odeio a conduta dos infiéis;[j]
jamais me dominará!
⁴ Longe estou dos perversos de coração;[k]
não quero envolver-me com o mal.

⁵ Farei calar ao que difama o próximo[l]
  às ocultas.
Não vou tolerar o homem de olhos[m]
  arrogantes
  e de coração orgulhoso.

⁶ Meus olhos aprovam os fiéis da terra,
e eles habitarão comigo.
Somente quem tem vida íntegra[n] me servirá.

⁷ Quem pratica a fraude
  não habitará no meu santuário;
o mentiroso não permanecerá
  na minha presença.
⁸ Cada manhã[o] fiz calar
  todos os ímpios[p] desta terra;
eliminei todos os malfeitores[q]
da cidade do Senhor.[r]

Salmo 102

Oração de um aflito que, quase desfalecido, derrama o seu lamento diante do Senhor.

¹ Ouve a minha oração, Senhor!
Chegue a ti o meu grito de socorro![s]
² Não escondas de mim o teu rosto[t]
quando estou atribulado.
Inclina para mim os teus ouvidos;
quando eu clamar, responde-me depressa!

³ Esvaem-se os meus dias como fumaça;[u]
meus ossos queimam como brasas vivas.
⁴ Como a relva[v] ressequida está o meu coração;
esqueço até de comer!
⁵ De tanto gemer estou reduzido a pele e osso.
⁶ Sou como a coruja do deserto[2],[w]
como uma coruja entre as ruínas.
⁷ Não consigo dormir;[x]
pareço um pássaro solitário[y] no telhado.
⁸ Os meus inimigos zombam de mim
  o tempo todo;
os que me insultam usam o meu nome
  para lançar maldições.
⁹ Cinzas são a minha comida,
e com lágrimas misturo o que bebo,[z]
¹⁰ por causa da tua indignação e da tua ira,[a]
pois me rejeitaste e me expulsaste
  para longe de ti.
¹¹ Meus dias são como sombras[b] crescentes;
sou como a relva que vai murchando.

¹² Tu, porém, Senhor,
  no trono reinarás para sempre;[c]
o teu nome será lembrado[d]
  de geração em geração.

---

[1] 100.3 Ou *e não nós mesmos*

[2] 102.6 Ou *pelicano*

13 Tu te levantarás e terás misericórdia[e] de Sião,
pois é hora de lhe mostrares compaixão;
o tempo certo é chegado.
14 Pois as suas pedras são amadas pelos teus servos,
as suas ruínas os enchem de compaixão.
15 Então as nações temerão[f] o nome do Senhor
e todos os reis[g] da terra a sua glória.[h]
16 Porque o Senhor reconstruirá Sião
e se manifestará na glória que ele tem.
17 Responderá à oração[i] dos desamparados;
as suas súplicas não desprezará.
18 Escreva-se[j] isto para as futuras gerações,
e um povo que ainda será criado[k] louvará o Senhor, proclamando:
19 "Do seu santuário nas alturas o Senhor olhou;[l]
dos céus observou a terra,
20 para ouvir os gemidos dos prisioneiros[m]
e libertar os condenados à morte".
21 Assim o nome do Senhor será anunciado[n] em Sião
e o seu louvor em Jerusalém,
22 quando os povos e os reinos se reunirem para adorar o Senhor.
23 No meio da minha vida ele me abateu com sua força;
abreviou os meus dias.
24 Então pedi:
"Ó meu Deus, não me leves no meio dos meus dias.
Os teus dias duram[o] por todas as gerações!
25 No princípio[p] firmaste os fundamentos da terra,
e os céus são obras das tuas mãos.
26 Eles perecerão,[q] mas tu permanecerás;
envelhecerão como vestimentas.
Como roupas tu os trocarás
e serão jogados fora.[r]
27 Mas tu permaneces o mesmo,
e os teus dias jamais terão fim.
28 Os filhos dos teus servos[s] terão uma habitação;
os seus descendentes[t] serão estabelecidos na tua presença.

Salmo 103

Davídico.

1 Bendiga o Senhor a minha alma![u]
Bendiga o Senhor todo o meu ser!
2 Bendiga o Senhor a minha alma!
Não esqueça nenhuma de suas bênçãos![v]
3 É ele que perdoa todos os seus pecados
e cura[w] todas as suas doenças,
4 que resgata a sua vida da sepultura
e o coroa de bondade e compaixão,
5 que enche de bens a sua existência,
de modo que a sua juventude se renova como a águia.[x]
6 O Senhor faz justiça
e defende a causa dos oprimidos.
7 Ele manifestou[y] os seus caminhos[z] a Moisés;
os seus feitos,[a] aos israelitas.
8 O Senhor é compassivo e misericordioso,[b]
mui paciente e cheio de amor.
9 Não acusa sem cessar
nem fica ressentido para sempre;[c]
10 não nos trata conforme os nossos pecados[d]
nem nos retribui conforme as nossas iniquidades.
11 Pois como os céus se elevam acima da terra,
assim é grande o seu amor[e] para com os que o temem;
12 e como o Oriente está longe do Ocidente,
assim ele afasta para longe de nós as nossas transgressões.[f]

¹³ Como um pai tem compaixão de
seus filhos,
assim o Senhor
tem compaixão dos que o temem;
¹⁴ pois ele sabe do que somos
formados;
lembra-se de que somos pó.
¹⁵ A vida do homem é semelhante à
relva;
ele floresce como a flor do campo,
¹⁶ que se vai quando sopra o vento;
tampouco se sabe mais o lugar que
ocupava.
¹⁷ Mas o amor leal do Senhor,
o seu amor eterno, está com os que o
temem
e a sua justiça com os filhos dos seus
filhos,
¹⁸ com os que guardam a sua aliança
e se lembram de obedecer aos seus
preceitos.
¹⁹ O Senhor estabeleceu o seu trono
nos céus,
e como rei domina sobre tudo o que
existe.
²⁰ Bendigam o Senhor,
vocês, seus anjos poderosos,
que obedecem à sua palavra.
²¹ Bendigam o Senhor todos os seus
exércitos,
vocês, seus servos, que cumprem a sua
vontade.
²² Bendigam o Senhor todas as suas
obras
em todos os lugares do seu domínio.
Bendiga o Senhor a minha alma!

Salmo 104

¹ Bendiga o Senhor a minha alma!
Ó Senhor, meu Deus, tu és tão
grandioso!
Estás vestido de majestade e esplendor!
² Envolto em luz como numa veste,
ele estende os céus como uma tenda,
³ e põe sobre as águas dos céus
as vigas dos seus aposentos.
Faz das nuvens a sua carruagem
e cavalga nas asas do vento.
⁴ Faz dos ventos seus mensageiros[1]
e dos clarões reluzentes seus servos.
⁵ Firmaste a terra sobre os seus
fundamentos
para que jamais se abale;
⁶ com as torrentes do abismo a
cobriste,
como se fossem uma veste;
as águas subiram acima dos montes.
⁷ Diante das tuas ameaças as águas
fugiram,
puseram-se em fuga ao som do teu
trovão;
⁸ subiram pelos montes
e escorreram pelos vales,
para os lugares que tu lhes designaste.
⁹ Estabeleceste um limite
que não podem ultrapassar;
jamais tornarão a cobrir a terra.

¹⁰ Fazes jorrar as nascentes nos vales
e correrem as águas entre os montes;
¹¹ delas bebem todos os animais
selvagens,
e os jumentos selvagens saciam a sua sede.
¹² As aves do céu fazem ninho junto às
águas
e entre os galhos põem-se a cantar.
¹³ Dos teus aposentos celestes
regas os montes;
sacia-se a terra com o fruto das tuas
obras!
¹⁴ É o Senhor que faz crescer o pasto
para o gado,
e as plantas que o homem cultiva,
para da terra tirar o alimento:
¹⁵ o vinho, que alegra o coração do
homem;
o azeite, que lhe faz brilhar o rosto,
e o pão, que sustenta o seu vigor.

---

[1] **104.4** Ou *anjos*

¹⁶ As árvores do Senhor são bem
    regadas,
os cedros do Líbano que ele plantou;
¹⁷ nelas os pássaros ᵐ fazem ninho,
e nos pinheiros a cegonha tem o seu lar.
¹⁸ Os montes elevados pertencem
    aos bodes selvagens,
e os penhascos são um refúgio para os
    coelhos.ⁿ

¹⁹ Ele fez a lua para marcar estações;ᵒ
o sol ᵖ sabe quando deve se pôr.
²⁰ Trazes trevas,ᑫ e cai a noite,ʳ
quando os animais da floresta ˢ
    vagueiam.
²¹ Os leões rugem à procura da presa,
buscando de Deus o alimento,ᵗ
²² mas ao nascer do sol eles se vão
e voltam a deitar-se em suas tocas.ᵘ
²³ Então o homem sai para o seu
    trabalho,ᵛ
para o seu labor até o entardecer.

²⁴ Quantas são as tuas obras,ʷ Senhor!
Fizeste ˣ todas elas com sabedoria!
A terra está cheia de seres que criaste.
²⁵ Eis o mar,ʸ imenso e vasto.
Nele vivem inúmeras criaturas,
seres vivos, pequenos e grandes.
²⁶ Nele passam os navios,ᶻ
e também o Leviatã¹,ᵃ
que formaste para com ele² brincar.

²⁷ Todos eles dirigem seu olhar a ti,
esperando que lhes dês o alimento ᵇ no
    tempo certo;
²⁸ tu lhes dás, e eles o recolhem;
abres a tua mão, e saciam-se ᶜ de coisas
    boas.
²⁹ Quando escondes o rosto,ᵈ
    entram em pânico;
quando lhes retiras o fôlego,
    morrem e voltam ao pó.ᵉ
³⁰ Quando sopras o teu fôlego,
    eles são criados,
e renovas a face da terra.

³¹ Perdure para sempre a glória do
    Senhor!
Alegre-se o Senhor em seus feitos!ᶠ
³² Ele olha para a terra, e ela treme;ᵍ
toca os montes,ʰ e eles fumegam.ⁱ

³³ Cantarei ʲ ao Senhor toda a minha
    vida;
louvarei ao meu Deus enquanto eu
    viver.
³⁴ Seja-lhe agradável a minha
    meditação,
pois no Senhor tenho alegria.ᵏ
³⁵ Sejam os pecadores eliminados ˡ da
    terra
e deixem de existir os ímpios.

Bendiga o Senhor a minha alma!

Aleluia!³ᵐ

Salmo 105

¹ Deem graças ao Senhor,ⁿ
proclamem o seu nome;ᵒ
divulguem os seus feitos entre as nações.
² Cantem ᵖ para ele e louvem-no;
relatem todas as suas maravilhas.
³ Gloriem-se no seu santo nome;
alegre-se o coração dos
    que buscam o Senhor.
⁴ Recorram ao Senhor e ao seu poder;
busquem sempre a sua presença.ᑫ
⁵ Lembrem-se das maravilhas ʳ que ele fez,
dos seus prodígios
    e das sentenças de juízo que
    pronunciou,ˢ
⁶ ó descendentes de Abraão, seu servo,ᵗ
ó filhos de Jacó, seus escolhidos.ᵘ

⁷ Ele é o Senhor, o nosso Deus;
seus decretos são para toda a terra.
⁸ Ele se lembra para sempre da sua
    aliança,ᵛ
por mil gerações, da palavra que
    ordenou,

---

¹ **104.26** Ou *monstro marinho*
² **104.26** Ou *para nele*
³ **104.35** Ou *Louvem o Senhor*; também em todo o livro de Salmos.

⁹ da aliança que fez com Abraão,ʷ
do juramento que fez a Isaque.
¹⁰ Ele o confirmouˣ como decreto a Jacó,
a Israel como aliança eterna, quando disse:
¹¹ "Darei a você a terra de Canaã,
a herança que lhe pertence".ʸ

¹² Quando ainda eram poucos,ᶻ
um punhado de peregrinos na terra,ᵃ
¹³ e vagueavam de nação em nação,
de um reino a outro,
¹⁴ ele não permitiu que ninguém os oprimisse,ᵇ
mas a favor deles repreendeu reis,ᶜ dizendo:
¹⁵ "Não toquemᵈ nos meus ungidos;
não maltratem os meus profetas".

¹⁶ Ele mandou vir fomeᵉ sobre a terra
e destruiu todo o seu sustento;
¹⁷ mas enviou um homem adiante deles,
José, que foi vendido como escravo.ᶠ
¹⁸ Machucaram-lhe os pés com correntesᵍ
e com ferros prenderam-lhe o pescoço,
¹⁹ até cumprir-se a sua prediçãoʰ
e a palavra do Senhor confirmar o que dissera.
²⁰ O rei mandou soltá-lo,
o governante dos povos o libertou.ⁱ
²¹ Ele o constituiu senhor de seu palácio
e administrador de todos os seus bens,
²² para instruir os seus oficiaisʲ como desejasse
e ensinar a sabedoria às autoridades do rei.

²³ Então Israel foi para o Egito,ᵏ
Jacó viveu como estrangeiro na terra de Cam.
²⁴ Deus fez proliferarˡ o seu povo,
tornou-o mais poderoso
do que os seus adversários
²⁵ e mudouᵐ o coração deles
para que odiassem o seu povo,
para que tramassemⁿ contra os seus servos.
²⁶ Então enviou seu servo Moisés,ᵒ
e Arão, a quem tinha escolhido,ᵖ
²⁷ por meio dos quais realizouᵠ
os seus sinais milagrosos
e as suas maravilhas na terra de Cam.
²⁸ Ele enviou trevas,ʳ e houve trevas,
e eles não se rebelaram¹ contra as suas palavras.
²⁹ Ele transformou as águas deles em sangue,ˢ
causando a morte dos seus peixes.ᵗ
³⁰ A terra deles ficou infestada de rãs,ᵘ
até mesmo os aposentos reais.
³¹ Ele ordenou, e enxames de moscasᵛ e piolhos² ʷ
invadiram o território deles.
³² Deu-lhes granizo,ˣ em vez de chuva,
e raios flamejantes por toda a sua terra;
³³ arrasou as suas videirasʸ e figueiras
e destruiu as árvores do seu território.ᶻ
³⁴ Ordenou, e vieram enxames de gafanhotos,
gafanhotos inumeráveis,
³⁵ e devoraram toda a vegetação daquela terra,
e consumiram tudo o que a lavoura produziu.
³⁶ Depois matou todos os primogênitosᵃ da terra deles,
todas as primícias da sua virilidade.
³⁷ Ele tirou de lá Israel,
que saiu cheio de prata e ouro.ᵇ
Não havia em suas tribos quem fraquejasse.
³⁸ Os egípcios alegraram-se quando eles saíram,
pois estavam com verdadeiro pavor dos israelitas.ᶜ
³⁹ Ele estendeu uma nuvemᵈ para lhes dar sombra,
e fogo para iluminar a noite.ᵉ

---

¹ 105.28 A Septuaginta e a Versão Siríaca dizem *mas eles se rebelaram*.
² 105.31 Ou *mosquitos*

⁴⁰ Pediram,ᶠ e ele enviou codornizesᵍ
e saciou-os com pão do céu.ʰ
⁴¹ Ele fendeu a rocha,ⁱ e jorrou água,
que escorreu como um rio pelo deserto.
⁴² Pois ele se lembrou da santa promessaʲ
que fizera ao seu servo Abraão.
⁴³ Fez o seu povo sair cheio de júbiloᵏ
e os seus escolhidos com cânticos
    alegres.
⁴⁴ Deu-lhes as terras das nações,ˡ
e eles tomaram posse
    do fruto do trabalho de outros povos,
⁴⁵ para que obedecessem aos seus
    decretos
e guardassem as suas leis.ᵐ
Aleluia!

Salmo 106

¹ Aleluia!
Deem graças ao Senhor porque ele é
    bom;ⁿ
    o seu amor dura para sempre.
² Quem poderá descrever
    os feitosᵒ poderosos do Senhor,
ou declarar todo o louvor que lhe é
    devido?
³ Como são felizes
    os que perseveram na retidão,
que sempre praticam a justiça!ᵖ
⁴ Lembra-te de mim,ᑫ Senhor,
    quando tratares com bondade o teu
        povo;
vem em meu auxílio quando o salvares,
⁵ para que eu possa testemunhar¹
    o bem-estar dos teus escolhidos,
alegrar-me com a alegriaˢ do teu povo
    e louvar-te com a tua herança.
⁶ Pecamos ᵗ como os nossos
    antepassados;
fizemos o mal e fomos rebeldes.
⁷ No Egito, os nossos antepassados
    não deram atenção às tuas
        maravilhas,

não se lembraramᵘ das muitas
    manifestações
    do teu amor leal
e rebelaram-se junto ao mar, o marᵛ
    Vermelho.
⁸ Contudo, ele os salvou por causa do
    seu nome,ʷ
    para manifestar o seu poder.
⁹ Repreendeuˣ o mar Vermelho, e este
    secou;ʸ
ele os conduziu pelasᶻ profundezas
    como por um deserto.
¹⁰ Salvou-osᵃ das mãos daqueles que os
    odiavam;
das mãos dos inimigos os resgatou.ᵇ
¹¹ As águas cobriramᶜ os seus
    adversários;
nenhum deles sobreviveu.
¹² Então creram nas suas promessas
e a ele cantaram louvores.ᵈ
¹³ Mas logo se esqueceramᵉ do que ele
    tinha feito
e não esperaram para saber o seu plano.
¹⁴ Dominados pela gula no deserto,
puseram Deus à prova nas regiões
    áridas.ᶠ
¹⁵ Deu-lhesᵍ o que pediram,
mas mandou sobre eles uma doençaʰ
    terrível.
¹⁶ No acampamento
    tiveram invejaⁱ de Moisés e de Arão,
daquele que fora consagrado ao
    Senhor.
¹⁷ A terra abriu-se,ʲ engoliu Datã
e sepultou o grupo de Abirão;
¹⁸ fogo surgiuᵏ entre os seus seguidores;
as chamas consumiram os ímpios.
¹⁹ Em Horebe fizeram um bezerro,ˡ
adoraram um ídolo de metal.
²⁰ Trocaram a Glóriaᵐ deles
    pela imagem de um boi que come
        capim.
²¹ Esqueceram-se de Deus,ⁿ seu
    Salvador,

---

¹ 106.5 Ou *desfrutar*

que fizera coisasᵒ grandiosas no Egito,
²² maravilhas na terra de Camᵖ
e feitos temíveis junto ao mar Vermelho.
²³ Por isso, ele ameaçou destruí-los;ᑫ
mas Moisés, seu escolhido,
intercedeu¹ʳ diante dele,
para evitar que a sua ira os destruísse.

²⁴ Também rejeitaram a terra desejável;ˢ
não creramᵗ na promessa dele.
²⁵ Queixaram-seᵘ em suas tendas
e não obedeceram ao Senhor.
²⁶ Assim, de mão levantada,
ele jurouᵛ que os abateria no desertoʷ
²⁷ e dispersariaˣ os seus descendentes
entre as nações e os espalharia por outras terras.

²⁸ Sujeitaram-se ao jugo de Baal-Peorʸ
e comeram sacrifícios oferecidos
a ídolos mortos;
²⁹ provocaram a ira do Senhor
com os seus atos,
e uma praga irrompeu no meio deles.
³⁰ Mas Fineias se interpôs para executar o juízo,
e a praga foi interrompida.ᶻ
³¹ Isso lheᵃ foi creditado como um ato de justiça
que para sempre será lembrado,
por todas as gerações.

³² Provocaram a ira de Deus
junto às águas de Meribá;ᵇ
e, por causa deles, Moisés foi castigado;
³³ rebelaram-se contra o Espírito de Deus,
e Moisés² falou sem refletir.ᶜ

³⁴ Eles não destruíramᵈ os povos,
como o Senhor tinha ordenado,ᵉ
³⁵ em vez disso, misturaram-seᶠ com as nações
e imitaram as suas práticas.
³⁶ Prestaram culto aos seus ídolos,ᵍ
que se tornaram uma armadilha para eles.
³⁷ Sacrificaram seus filhosʰ e suas filhas aos demônios.
³⁸ Derramaram sangue inocente,
o sangue de seus filhosⁱ e filhas
sacrificados aos ídolos de Canaã;
e a terra foi profanada pelo sangue deles.
³⁹ Tornaram-se impurosʲ pelos seus atos;
prostituíram-seᵏ por suas ações.

⁴⁰ Por isso acendeu-se a iraˡ do Senhor
contra o seu povo
e ele sentiu aversão por sua herança.ᵐ
⁴¹ Entregou-osⁿ nas mãos das nações,
e os seus adversários dominaram sobre eles.
⁴² Os seus inimigos os oprimiram
e os subjugaram com o seu poder.
⁴³ Ele os libertou muitas vezes,
embora eles persistissem
em seus planos de rebeliãoᵒ
e afundassem em sua maldade.

⁴⁴ Mas Deus atentou para o sofrimento deles
quando ouviu o seu clamor.ᵖ
⁴⁵ Lembrou-se da sua aliançaᑫ com eles,
e arrependeu-se,
por causa do seu imenso amorʳ leal.
⁴⁶ Fez com que os seus captores
tivessem misericórdiaˢ deles.

⁴⁷ Salva-nos, Senhor, nosso Deus!
Ajunta-nosᵗ dentre as nações,
para que demos graças ao teu santo nome
e façamos do teu louvor a nossa glória.

⁴⁸ Bendito seja o Senhor, o Deus de Israel,
por toda a eternidade.
Que todo o povo diga: "Amém!"ᵘ

Aleluia!

---

¹ **106.23** Hebraico: *colocou-se na brecha.*
² **106.33** Ou *tanto irritaram-lhe o espírito que Moisés*

QUINTO LIVRO
Salmo 107

¹ Deem graças ao Senhor⁰ porque ele é bom;
o seu amor dura para sempre.
² Assim o digam os que o Senhor resgatou,ʷ
os que livrou das mãos do adversário
³ e reuniuˣ de outras terras,
do oriente e do ocidente, do norte e do sul¹.

⁴ Perambularam pelo desertoʸ e por terras áridas
sem encontrar cidade habitada.
⁵ Estavam famintos e sedentos;
sua vida ia se esvaindo.
⁶ Na sua aflição, clamaramᶻ ao Senhor,
e ele os livrou da tribulação
em que se encontravam
⁷ e os conduziu por caminho seguroᵃ
a uma cidade habitada.
⁸ Que eles deem graças ao Senhor
por seu amor leal e por suas maravilhas
em favor dos homens,
⁹ porque ele saciaᵇ o sedento
e satisfaz plenamente o faminto.ᶜ

¹⁰ Assentaram-se nas trevasᵈ e na sombra mortal,
aflitos, acorrentados,ᵉ
¹¹ pois se rebelaramᶠ contra as palavras de Deus
e desprezaram os desígniosᵍ do Altíssimo.
¹² Por isso ele os sujeitou a trabalhos pesados;
eles tropeçaram,
e não houve quem os ajudasse.ʰ
¹³ Na sua aflição, clamaram ao Senhor,
e ele os salvou da tribulação
em que se encontravam.
¹⁴ Ele os tirou das trevas e da sombra mortal
e quebrou as correntes que os prendiam.ⁱ

¹⁵ Que eles deem graças ao Senhor,
por seu amor leal e por suas maravilhas
em favor dos homens,
¹⁶ porque despedaçou as portas de bronze
e rompeu as trancas de ferro.
¹⁷ Tornaram-se tolos por causa dos seus caminhos rebeldes,
e sofreramʲ por causa das suas maldades.
¹⁸ Sentiram repugnância por toda comidaᵏ
e chegaram perto das portas da morte.ˡ
¹⁹ Na sua aflição, clamaram ao Senhor,
e ele os salvou da tribulação
em que se encontravam.
²⁰ Ele enviou a sua palavraᵐ e os curou,ⁿ
e os livrouᵒ da morte.ᵖ
²¹ Que eles deem graças ao Senhor,
por seu amor leal e por suas maravilhas
em favor dos homens.
²² Que eles ofereçam sacrifícios de ação de graçasᵠ
e anunciem as suas obrasʳ
com cânticos de alegria.

²³ Fizeram-se ao mar em navios,
para negócios na imensidão das águas,
²⁴ e viram as obras do Senhor,
as suas maravilhas nas profundezas.
²⁵ Deus falouˢ e provocou um vendavalᵗ
que levantava as ondas.ᵘ
²⁶ Subiam aos céus e desciam aos abismos;
diante de tal perigo, perderamᵛ a coragem.
²⁷ Cambaleavam, tontos como bêbados,
e toda a sua habilidade foi inútil.
²⁸ Na sua aflição, clamaram ao Senhor,
e ele os tirou da tribulação
em que se encontravam.
²⁹ Reduziu a tempestadeʷ a uma brisa
e serenou as ondas.ˣ
³⁰ As ondas sossegaram, eles se alegraram,
e Deus os guiou ao porto almejado.

¹ 107.3 Hebraico: *mar*.

³¹ Que eles deem graças ao Senhor
    por seu amor leal e por suas
        maravilhas
    em favor dos homens.
³² Que o exaltem na assembleia do povo
    e o louvem na reunião[y] dos líderes.
³³ Ele transforma os rios em deserto[z]
    e as fontes em terra seca,
³⁴ faz da terra fértil um solo estéril,[a]
    por causa da maldade dos seus
        moradores.
³⁵ Transforma o deserto em açudes[b]
    e a terra ressecada em fontes.
³⁶ Ali ele assenta os famintos,
    para fundarem uma cidade habitável,
³⁷ semearem lavouras, plantarem vinhas[c]
    e colherem uma grande safra.
³⁸ Ele os abençoa, e eles se multiplicam;[d]
    e não deixa que os seus rebanhos
        diminuam.
³⁹ Quando, porém, reduzidos,[e]
    são humilhados com opressão,
        desgraça e tristeza.
⁴⁰ Deus derrama desprezo sobre os
        nobres[f]
    e os faz vagar num deserto sem
        caminhos.[g]
⁴¹ Mas tira os pobres[h] da miséria
    e aumenta as suas famílias como
        rebanhos.
⁴² Os justos veem tudo isso e se alegram,[i]
    mas todos os perversos se calam.[j]
⁴³ Reflitam nisso os sábios[k]
    e considerem a bondade[l] do Senhor.

Salmo 108
Uma canção. Salmo davídico.

¹ Meu coração está firme, ó Deus!
    Cantarei e louvarei, ó Glória minha!
² Acordem, harpa e lira!
    Despertarei a alvorada.
³ Eu te darei graças, ó Senhor, entre os
        povos;
    cantarei louvores entre as nações,
⁴ porque o teu amor leal
    se eleva muito acima dos céus;
    a tua fidelidade alcança as nuvens!
⁵ Sê exaltado, ó Deus, acima dos céus;
    estenda-se a tua glória sobre toda a
        terra![m]
⁶ Salva-nos com a tua mão direita
    e responde-nos,
    para que sejam libertos aqueles a quem
        amas.
⁷ Do seu santuário[1] Deus falou:
    "No meu triunfo dividirei Siquém
    e repartirei o vale de Sucote.
⁸ Gileade me pertence e Manassés
        também;
    Efraim é o meu capacete, Judá[n] é o meu
        cetro.
⁹ Moabe é a pia em que me lavo,
    em Edom atiro a minha sandália,
    sobre a Filístia dou meu brado de
        vitória!"
¹⁰ Quem me levará à cidade fortificada?
    Quem me guiará a Edom?
¹¹ Não foste tu, ó Deus, que nos
        rejeitaste
    e deixaste de sair com os nossos exércitos?[o]
¹² Dá-nos ajuda contra os adversários,
    pois inútil é o socorro do homem.
¹³ Com Deus conquistaremos a vitória,
    e ele pisará os nossos adversários.

Salmo 109
Para o mestre de música. Salmo davídico.

¹ Ó Deus, a quem louvo, não fiques
        indiferente,[p]
² pois homens ímpios e falsos
    dizem calúnias contra mim,
    e falam mentiras a meu respeito.[q]
³ Eles me cercaram com palavras
        carregadas de ódio;[r]
    atacaram-me sem motivo.[s]
⁴ Em troca da minha amizade eles me
        acusam,

---

[1] **108.7** Ou *Na sua santidade*

mas eu permaneço em oração.ᵗ

⁵ Retribuem-me o bem ᵘ com o mal,
e a minha amizade com ódio.

⁶ Designe-se¹ um ímpio² para ser seu oponente;
à sua direita esteja um acusador³ ᵛ.
⁷ Seja declarado culpado no julgamento,
e que até a sua oração seja considerada ʷ pecado.
⁸ Seja a sua vida curta,
e outro ocupe o seu lugar.ˣ
⁹ Fiquem órfãos os seus filhos
e viúva a sua esposa.ʸ
¹⁰ Vivam os seus filhos vagando como mendigos,
e saiam rebuscando o pão
longe de⁴ suas casas em ruínas.
¹¹ Que um credor se apossa
de todos os seus bens,
e estranhos saqueiem o fruto do seu trabalho.ᶻ
¹² Que ninguém o trate com bondade
nem tenha misericórdia ᵃ dos seus filhos órfãos.
¹³ Sejam exterminados os seus descendentes ᵇ
e desapareçam os seus nomes ᶜ
na geração seguinte.
¹⁴ Que o Senhor se lembre
da iniquidade dos seus antepassados,ᵈ
e não se apague o pecado de sua mãe.
¹⁵ Estejam os seus pecados sempre perante o Senhor,
e na terra ninguém jamais se lembre ᵉ
da sua família.

¹⁶ Pois ele jamais pensou em praticar
um ato de bondade,
mas perseguiu até à morte o pobre,
o necessitado ᶠ e o de coração partido.ᵍ
¹⁷ Ele gostava de amaldiçoar:
venha sobre ele a maldição! ʰ
Não tinha prazer em abençoar:
afaste-se dele a bênção!
¹⁸ Ele vestia a maldição ⁱ como uma roupa:
entre ela em seu corpo como água ʲ
e em seus ossos como óleo.
¹⁹ Envolva-o como um manto
e aperte-o sempre como um cinto.
²⁰ Assim retribua ᵏ o Senhor
aos meus acusadores,
aos que me caluniam.ˡ

²¹ Mas tu, Soberano Senhor,
intervém em meu favor, por causa do teu nome.ᵐ
Livra-me, pois é sublime o teu amor leal! ⁿ
²² Sou pobre e necessitado
e, no íntimo, o meu coração está abatido.ᵒ
²³ Vou definhando como a sombra vespertina;
para longe sou lançado, como um gafanhoto.
²⁴ De tanto jejuar os meus joelhos fraquejam ᵖ
e o meu corpo definha de magreza.
²⁵ Sou objeto de zombaria ᵠ
para os meus acusadores;
logo que me veem, meneiam a cabeça.ʳ

²⁶ Socorro,ˢ Senhor, meu Deus!
Salva-me pelo teu amor leal!
²⁷ Que eles reconheçam ᵗ que foi a tua mão,
que foste tu, Senhor, que o fizeste.
²⁸ Eles podem amaldiçoar,ᵘ
tu, porém, me abençoas.
Quando atacarem, serão humilhados,
mas o teu servo se alegrará.ᵛ
²⁹ Sejam os meus acusadores
vestidos de desonra;
que a vergonha ʷ os cubra como um manto.

³⁰ Em alta voz, darei muitas graças ao Senhor;
no meio da assembleia ˣ eu o louvarei,

---

¹ **109.6** Ou *Eles dizem: "Designa*
² **109.6** Ou *o maligno*
³ **109.6** Ou *Satanás*
⁴ **109.10** A Septuaginta diz *e sejam expulsos de*.

31 pois ele se põe ao lado^y do pobre
para salvá-lo daqueles que o
condenam.

Salmo 110

Salmo davídico.

¹ O Senhor disse^z ao meu Senhor:
"Senta-te à minha direita
até que eu faça dos teus inimigos
um estrado para os teus pés".^a

² O Senhor estenderá
o cetro^b de teu poder desde Sião,
e dominarás sobre os teus inimigos!

³ Quando convocares as tuas tropas,
o teu povo se apresentará
voluntariamente.¹
Trajando vestes santas,^{2 c}
desde o romper da alvorada
os teus jovens virão como o orvalho.³

⁴ O Senhor jurou e não se arrependerá:^d
"Tu és sacerdote para sempre,^e
segundo a ordem de Melquisedeque".^f

⁵ O Senhor está à tua direita;^g
ele esmagará reis^h no dia da sua ira.ⁱ
⁶ Julgará as nações,^j amontoando os
mortos^k
e esmagando governantes^{4 l}
em toda a extensão da terra.
⁷ No caminho beberá de um ribeiro,
e então erguerá a cabeça.^m

Salmo 111⁵

¹ Aleluia!

Darei graças ao Senhor de todo o
coração

---

¹ 110.3 A Septuaginta diz *contigo está o principado*.
² 110.3 Vários manuscritos do Texto Massorético e outras versões antigas dizem *Dos santos montes*.
³ 110.3 A Septuaginta, a Versão Siríaca e vários manuscritos do Texto Massorético dizem *antes da aurora eu o gerei*.
⁴ 110.6 Ou *cabeças*
⁵ O salmo 111 é um poema organizado em ordem alfabética, no hebraico.

na reunião da congregação dos
justos.

² Grandes são as obrasⁿ do Senhor;
nelas meditam todos os que as
apreciam.
³ Os seus feitos manifestam
majestade e esplendor,
e a sua justiça dura para sempre.
⁴ Ele fez proclamar as suas maravilhas;
o Senhor é misericordioso e
compassivo.^o
⁵ Deu alimento^p aos que o temiam,
pois sempre se lembra de sua aliança.
⁶ Mostrou ao seu povo os seus feitos
poderosos,
dando-lhe as terras das nações.
⁷ As obras das suas mãos são fiéis e
justas;
todos os seus preceitos merecem
confiança.^q
⁸ Estão firmes para sempre,^r
estabelecidos com fidelidade e retidão.
⁹ Ele trouxe redenção^s ao seu povo
e firmou a sua aliança para sempre.
Santo e temível é o seu nome!^t

¹⁰ O temor do Senhor
é o princípio da sabedoria;^u
todos os que cumprem os seus preceitos^v
revelam bom senso.

Ele será louvado para sempre!^w

Salmo 112⁶

¹ Aleluia!

Como é feliz o homem que teme o
Senhor^x
e tem grande prazer^y em seus
mandamentos!
² Seus descendentes serão poderosos na
terra,
serão uma geração abençoada,
de homens íntegros.

---

⁶ O salmo 112 é um poema organizado em ordem alfabética, no hebraico.

³ Grande riqueza há em sua casa,
e a sua justiça dura para sempre.
⁴ A luz raia nas trevas ᶻ para o íntegro,
para quem é misericordioso¹,
    compassivo e justo.ᵃ

⁵ Feliz é o homem
    que empresta com generosidade ᵇ
e que com honestidade conduz os seus
    negócios.
⁶ O justo jamais será abalado;
para sempre se lembrarão dele.ᶜ
⁷ Não temerá más notícias;
seu coração está firme,ᵈ confiante no
    Senhor.
⁸ O seu coração está seguro e nada
    temerá.
No final, verá a derrota dos seus
    adversários.ᵉ
⁹ Reparte generosamente com os pobres;ᶠ
a sua justiça dura para sempre;
seu poder² será exaltadoᵍ em honra.

¹⁰ O ímpio o vêʰ e fica irado,
range os dentesⁱ e definha.ʲ
O desejo dos ímpios se frustrará.ᵏ

Salmo 113

¹ Aleluia!

Louvem, ó servos do Senhor,ˡ
louvem o nome do Senhor!
² Seja bendito o nome do Senhor,
desde agora e para sempre! ᵐ
³ Do nascente ⁿ ao poente,
seja louvado o nome do Senhor!

⁴ O Senhor está exaltado ᵒ
    acima de todas as nações;
e acima dos céus está a sua glória.ᵖ
⁵ Quem é como o Senhor, o nosso
    Deus,ᵠ
    que reina em seu trono ʳ nas alturas,
⁶ mas se inclina para contemplar ˢ
    o que acontece nos céus e na terra?

¹ **112.4** Ou *pois o Senhor é misericordioso*
² **112.9** Hebraico: *chifre*.

⁷ Ele levanta do póᵗ o necessitado
e ergue do lixo o pobre,ᵘ
⁸ para fazê-los ᵛ sentar-se com príncipes,
com os príncipes do seu povo.
⁹ Dá um lar à estéril,ʷ
e dela faz uma feliz mãe de filhos.

Aleluia!

Salmo 114

¹ Quando Israel saiu do Egito ˣ
e a casa de Jacó saiu do meio
de um povo de língua estrangeira,
² Judá tornou-se o santuário de Deus;
Israel, o seu domínio.

³ O mar olhou e fugiu,ʸ
    o Jordão retrocedeu;ᶻ
⁴ os montes saltaram como carneiros;
    as colinas, como cordeiros.

⁵ Por que fugir, ó mar?
E você, Jordão, por que retroceder?
⁶ Por que vocês saltaram como
    carneiros,
    ó montes?
E vocês, colinas, porque saltaram
    como cordeiros?

⁷ Estremeça na presença do Soberano, ó
    terra,ᵃ
    na presença do Deus de Jacó!
⁸ Ele fez da rocha um açude,
    do rochedo uma fonte. ᵇ

Salmo 115

¹ Não a nós, Senhor, nenhuma glóriaᶜ
    para nós,
    mas sim ao teu nome,
por teu amor e por tua fidelidade!

² Por que perguntam as nações:
    "Onde está o Deus deles?"ᵈ
³ O nosso Deus está nos céus,ᵉ
e pode fazer tudo o que lhe agrada.ᶠ
⁴ Os ídolos deles, de prata e ouro,
são feitos por mãos humanas.ᵍ

⁵ Têm boca, mas não podem falar;ʰ
olhos, mas não podem ver;
⁶ têm ouvidos, mas não podem ouvir;
nariz, mas não podem sentir cheiro;
⁷ têm mãos, mas nada podem apalpar;
pés, mas não podem andar;
e não emitem som algum com a
garganta.
⁸ Tornem-se como eles aqueles que os fazem
e todos os que neles confiam.

⁹ Confie no Senhor, ó Israel!
Ele é o seu socorro e o seu escudo.
¹⁰ Confiem no Senhor,ⁱ sacerdotes!
Ele é o seu socorro e o seu escudo.
¹¹ Vocês que temem o Senhor,
confiem no Senhor!
Ele é o seu socorro e o seu escudo.

¹² O Senhor lembra-se de nós e nos abençoará;
abençoará os israelitas,
abençoará os sacerdotes,
¹³ abençoará os que tememʲ o Senhor,
do menor ao maior.
¹⁴ Que o Senhor os multiplique,ᵏ
vocês e os seus filhos.

¹⁵ Sejam vocês abençoados pelo Senhor,
que fez os céusˡ e a terra.
¹⁶ Os mais altos céus pertencem ao Senhor,ᵐ
mas a terra, ele a confiouⁿ ao homem.
¹⁷ Os mortosᵒ não louvam o Senhor,
tampouco nenhum dos que descem ao silêncio.
¹⁸ Mas nós bendiremos o Senhor,
desde agora e para sempre!ᵖ

Aleluia!

Salmo 116

¹ Eu amo o Senhor,ᵠ porque ele me ouviu
quando lhe fiz a minha súplica.ʳ

² Ele inclinou os seus ouvidosˢ para mim;
eu o invocarei toda a minha vida.

³ As cordas da morteᵗ me envolveram,
as angústias do Sheol¹ vieram sobre mim;
aflição e tristeza me dominaram.
⁴ Então clamei pelo nomeᵘ do Senhor:
Livra-me, Senhor!ᵛ

⁵ O Senhor é misericordioso e justo;ʷ
o nosso Deus é compassivo.
⁶ O Senhor protege os simples;
quando eu já estava sem forças,ˣ ele me salvou.

⁷ Retorne ao seu descansoʸ, ó minha alma,
porque o Senhor tem sido bomᶻ para você!

⁸ Pois tu me livraste da morte,ᵃ
livraste os meus olhos das lágrimas
e os meus pés de tropeçar,
⁹ para que eu pudesse andar diante do Senhor
na terra dos viventes.ᵇ

¹⁰ Eu cri,ᶜ ainda que tenha dito:²
Estou muito aflito.
¹¹ Em pânico eu disse:
Ninguém merece confiança.ᵈ

¹² Como posso retribuir ao Senhor
toda a sua bondade para comigo?
¹³ Erguerei o cálice da salvação
e invocarei o nomeᵉ do Senhor.
¹⁴ Cumprirei para com o Senhor
os meus votos,ᶠ
na presença de todo o seu povo.

¹⁵ O Senhor vê com pesarᵍ
a morte de seus fiéis.³

---

¹ 116.3 Essa palavra pode ser traduzida por sepultura, profundezas, pó ou morte.
² 116.10 Ou *Eu cri, por isso falei:*
³ 116.15 Ou *Para o Senhor é preciosa a morte dos seus fiéis.*

¹⁶ Senhor, sou teu servo,ʰ
Sim, sou teu servo, filho da tua serva;ⁱ
livraste-me das minhas correntes.

¹⁷ Oferecerei a ti um sacrifício de
gratidãoʲ
e invocarei o nome do Senhor.
¹⁸ Cumprirei para com o Senhor
os meus votos,
na presença de todo o seu povo,
¹⁹ nos pátiosᵏ da casa do Senhor,
no seu interior, ó Jerusalém!

Aleluia!

Salmo 117

¹ Louvem o Senhor, todas as nações;ˡ
exaltem-no, todos os povos!
² Porque imenso é o seu amor leal por
nós,
e a fidelidade do Senhorᵐ dura para
sempre.

Aleluia!

Salmo 118

¹ Deem graças ao Senhorⁿ porque ele
é bom;
o seu amor dura para sempre.ᵒ

² Que Israel diga:ᵖ
"O seu amor dura para sempre!"
³ Os sacerdotes digam:
"O seu amor dura para sempre!"
⁴ Os que temem o Senhor digam:
"O seu amor dura para sempre!"

⁵ Na minha angústiaᵠ clamei ao
Senhor;
e o Senhor me respondeu,ʳ
dando-me ampla liberdade.¹
⁶ O Senhor está comigo,ˢ não temerei.
O que me podem fazer os homens?
⁷ O Senhor está comigo;ᵗ
ele é o meu ajudador.ᵘ
Verei a derrota dos meus inimigos.ᵛ

⁸ É melhor buscar refúgio no Senhorʷ
do que confiar nos homens.ˣ
⁹ É melhor buscar refúgio no Senhor
do que confiar em príncipes.ʸ

¹⁰ Todas as nações me cercaram,
mas em nome do Senhor eu as
derrotei.ᶻ
¹¹ Cercaram-meᵃ por todos os lados,ᵇ
mas em nome do Senhor eu as
derrotei.
¹² Cercaram-me como um enxame de
abelhas,ᶜ
mas logo se extinguiram
como espinheirosᵈ em chamas.
Em nome do Senhor eu as derrotei!

¹³ Empurraram-me para forçar a minha
queda,
mas o Senhor me ajudou.ᵉ
¹⁴ O Senhor é a minha forçaᶠ e o meu
cântico;
ele é a minha salvação.ᵍ

¹⁵ Alegres brados de vitóriaʰ
ressoam nas tendas dos justos:
"A mão direitaⁱ do Senhor age com
poder!
¹⁶ A mão direita do Senhor é exaltada!
A mão direita do Senhor age com
poder!"

¹⁷ Não morrerei;ʲ mas vivo ficarei
para anunciarᵏ os feitos do Senhor.
¹⁸ O Senhor me castigou com
severidade,
mas não me entregou à morte.ˡ

¹⁹ Abram as portasᵐ da justiça para mim,
pois quero entrar para dar graças ao
Senhor.
²⁰ Esta é a porta do Senhor,
pela qual entram os justos.ⁿ
²¹ Dou-te graças, porque me
respondesteᵒ
e foste a minha salvação.

²² A pedra que os construtores
rejeitaram
tornou-se a pedra angular.ᵖ

---

¹ **118.5** Hebraico: *pondo-me num lugar espaçoso.*

116.16
ʰSl 119.125;
143.12
ⁱSl 86.16
116.17
ʲLv 7.12;
Sl 50.14
116.19
ᵏSl 96.8;
135.2
117.1
ˡRm 15.11*
117.2
ᵐSl 100.5
118.1
ⁿ1 Cr 16.8
ᵒSl 106.1;
136.1
118.2
ᵖSl 115.9
118.5
ᵠSl 120.1
ʳSl 18.19
118.6
ˢHb 13.6*
ᵗSl 27.1;
56.4
118.7
ᵘSl 54.4
ᵛSl 59.10
118.8
ʷSl 40.4
ˣJr 17.5
118.9
ʸSl 146.3
118.11
ᵃSl 88.17
ᵇSl 3.6
118.12
ᶜDt 1.44
ᵈSl 58.9
118.13
ᵉSl 86.17;
140.4
118.14
ᶠÊx 15.2
ᵍIs 12.2
118.15
ʰSl 68.3
ⁱSl 89.13
118.18
ʲ2 Co 6.9
118.19
ᵐIs 26.2
118.20
ⁿSl 24.7;
Is 35.8
Ap 22.14
118.21
ᵒSl 116.1
118.22
ᵖMt 21.42;
Ml 12.10;
Lc 20.17*;
At 4.11*;
1 Pe 2.7*

²³ Isso vem do S{\sc enhor},
    e é algo maravilhoso para nós.
²⁴ Este é o dia em que o S{\sc enhor} agiu;
    alegremo-nos e exultemos neste dia.

²⁵ Salva-nos, S{\sc enhor}! Nós imploramos.
Faze-nos prosperar, S{\sc enhor}! Nós
    suplicamos.
²⁶ Bendito é o que vem ⁿ em nome do
    S{\sc enhor}.
Da casa do S{\sc enhor} nós os abençoamos.
²⁷ O S{\sc enhor} é Deus,
    e ele fez resplandecer ʳ sobre nós a
    sua luz.¹
Juntem-se ao cortejo festivo,
    levando ramos até as pontas² do altar.

²⁸ Tu és o meu Deus; graças te darei!
    Ó meu Deus,ˢ eu te exaltarei!ᵗ

²⁹ Deem graças ao S{\sc enhor}, porque ele
    é bom;
    o seu amor dura para sempre.

Salmo 119³

Álef

¹ Como são felizes os que andam ᵘ
    em caminhos irrepreensíveis,
que vivem conforme a lei do S{\sc enhor}!
² Como são felizes os que obedecem
    aos seus estatutos
e de todo o coração o buscam! ᵛ
³ Não praticam o mal ʷ
    e andam nos caminhos do S{\sc enhor}.
⁴ Tu mesmo ordenaste os teus preceitos
para que sejam fielmente obedecidos.
⁵ Quem dera fossem firmados os meus
    caminhos
    na obediência aos teus decretos.
⁶ Então não ficaria decepcionado
    ao considerar todos os teus
    mandamentos.

---
¹ 118.27 Ou *mostrou sua bondade para conosco*.
² 118.27 Ou *Amarrem o sacrifício da festa com cordas e levem-no até as pontas*
³ O salmo 119 é um poema organizado em ordem alfabética, no hebraico.

⁷ Eu te louvarei de coração sincero
    quando aprender as tuas justas
    ordenanças.
⁸ Obedecerei aos teus decretos;
    nunca me abandones.

Bêt

⁹ Como pode o jovem
    manter pura a sua conduta?
Vivendo de acordo com a tua palavra. ˣ
¹⁰ Eu te busco de todo o coração; ʸ
    não permitas que eu me desvie
    dos teus mandamentos. ᶻ
¹¹ Guardei no coração a tua palavra ᵃ
para não pecar contra ti.
¹² Bendito sejas, S{\sc enhor}!
Ensina-me os teus decretos. ᵇ
¹³ Com os lábios repito
    todas as leis que promulgaste. ᶜ
¹⁴ Regozijo-me em seguir os teus
    testemunhos
como o que se regozija com grandes
    riquezas. ᵈ
¹⁵ Meditarei nos teus preceitos
    e darei atenção às tuas veredas.
¹⁶ Tenho prazer ᵉ nos teus decretos;
não me esqueço da tua palavra.

Guímel

¹⁷ Trata com bondade o teu servo ᶠ
para que eu viva e obedeça à tua
    palavra.
¹⁸ Abre os meus olhos
    para que eu veja as maravilhas da tua
    lei.
¹⁹ Sou peregrino na terra; ᵍ
não escondas de mim os teus
    mandamentos.
²⁰ A minha alma consome-se ʰ de perene
    desejo
    das tuas ordenanças. ⁱ
²¹ Tu repreendes os arrogantes;
malditos os que se desviam ʲ
    dos teus mandamentos!
²² Tira de mim a afronta ᵏ e o desprezo,
pois obedeço aos teus estatutos.
²³ Mesmo que os poderosos se reúnam
    para conspirar contra mim,

ainda assim o teu servo meditará
   nos teus decretos.
²⁴ Sim, os teus testemunhos são o meu prazer;
   eles são os meus conselheiros.

Dálet

²⁵ Agora estou prostrado no pó;¹
preserva a minha vida ᵐ
   conforme a tua promessa.
²⁶ A ti relatei os meus caminhos
   e tu me respondeste;
ensina-me os teus decretos. ⁿ
²⁷ Faze-me discernir o propósito
   dos teus preceitos;
então meditarei nas tuas maravilhas. ᵒ
²⁸ A minha alma se consome de tristeza;ᵖ
fortalece-me ᑫ conforme a tua promessa.
²⁹ Desvia-me dos caminhos enganosos;
por tua graça, ensina-me a tua lei.
³⁰ Escolhi o caminho da fidelidade;
decidi seguir as tuas ordenanças.
³¹ Apego-me ʳ aos teus testemunhos,
   ó Senhor;
não permitas que eu fique decepcionado.
³² Corro pelo caminho
   que os teus mandamentos apontam,
pois me deste maior entendimento.

He

³³ Ensina-me, ˢ Senhor,
   o caminho dos teus decretos,
e a eles obedecerei até o fim.
³⁴ Dá-me entendimento,
   para que eu guarde a tua lei
e a ela obedeça de todo o coração.
³⁵ Dirige-me pelo caminho
   dos teus mandamentos,
pois nele encontro satisfação.
³⁶ Inclina o meu coração ᵗ para os teus estatutos,
e não para a ganância. ᵘ
³⁷ Desvia os meus olhos das coisas inúteis;
faze-me viver ᵛ nos caminhos que traçaste.¹

³⁸ Cumpre a tua promessa ʷ
   para com o teu servo,
para que sejas temido.
³⁹ Livra-me da afronta que me apavora,
pois as tuas ordenanças são boas.
⁴⁰ Como anseio ˣ pelos teus preceitos!
Preserva a minha vida por tua justiça!

Vav

⁴¹ Que o teu amor alcance-me, Senhor,
e a tua salvação, segundo a tua promessa;
⁴² então responderei ʸ aos que me afrontam,
pois confio na tua palavra.
⁴³ Jamais tires da minha boca
   a palavra da verdade,
pois nas tuas ordenanças
   depositei a minha esperança.
⁴⁴ Obedecerei constantemente à tua lei,
para todo o sempre.
⁴⁵ Andarei em verdadeira liberdade,
pois tenho buscado os teus preceitos.
⁴⁶ Falarei dos teus testemunhos diante de reis, ᶻ
sem ficar envergonhado.
⁴⁷ Tenho prazer nos teus mandamentos;
eu os amo.
⁴⁸ A ti² levanto minhas mãos
   e medito nos teus decretos.

Zain

⁴⁹ Lembra-te da tua palavra ao teu servo,
pela qual me deste esperança.
⁵⁰ Este é o meu consolo no meu sofrimento:
   A tua promessa dá-me vida. ᵃ
⁵¹ Os arrogantes zombam de mim ᵇ
   o tempo todo,
mas eu não me desvio ᶜ da tua lei.
⁵² Lembro-me, ᵈ Senhor,
   das tuas ordenanças do passado
e nelas acho consolo.
⁵³ Fui tomado de ira ᵉ tremenda
   por causa dos ímpios
que rejeitaram a tua lei. ᶠ

---

¹ **119.37** Dois manuscritos do Texto Massorético e os manuscritos do mar Morto dizem *preserva a minha vida pela tua palavra.*

² **119.48** Ou *Aos teus mandamentos*

119.25
ˡSl 44.25
ᵐSl 143.11
119.26
ⁿSl 143.11
27.11;86.11
119.27
ᵒSl 145.5
119.28
ᵖSl 107.26
ᑫSl 20.2;
1 Pe 5.10
119.31
ʳDt 11.22
119.33
ˢver 12
119.36
ᵗ1 Rs 8.58
ᵘEz 33.31;
Ml 7.21-22;
Lc 12.15;
Hb 13.5
119.37
ᵛSl 71.20;
Is 33.15
119.38
ʷ2Sm 7.25
119.40
ˣver 20
119.42
ʸPv 27.11
119.46
ᶻMt 10.18;
At 26.1-2
119.50
ᵃRm 15.4
119.51
ᵇJr 20.7
ᶜver 157;
Jó 23.11;
Sl 44.18
119.52
ᵈSl 103.18
119.53
ᵉEd 9.3
ᶠSl 89.30

⁵⁴ Os teus decretos são o tema
    da minha canção em minha
    peregrinação.
⁵⁵ De noite lembro-me⁹ do teu nome,
    Senhor!
Vou obedecer à tua lei.
⁵⁶ Esta tem sido a minha prática:
    Obedecer aos teus preceitos.

Hêt

⁵⁷ Tu és a minha herança,ʰ Senhor;
prometi obedecer às tuas palavras.
⁵⁸ De todo o coração suplico a tua graça;
    tem misericórdiaⁱ de mim,
    conforme a tua promessa.ʲ
⁵⁹ Refleti em meus caminhosᵏ
    e voltei os meus passos
    para os teus testemunhos.
⁶⁰ Eu me apressarei e não hesitarei
    em obedecer aos teus mandamentos.
⁶¹ Embora as cordas dos ímpios
    queiram prender-me,
    eu não me esqueçoˡ da tua lei.
⁶² À meia-noiteᵐ me levanto para dar-te graças
    pelas tuas justas ordenanças.
⁶³ Sou amigo de todos os que te tememⁿ
    e obedecem aos teus preceitos.
⁶⁴ A terra está cheia do teu amor,ᵒ
    Senhor;
    ensina-me os teus decretos.

Tét

⁶⁵ Trata com bondade o teu servo,
    Senhor,
    conforme a tua promessa.
⁶⁶ Ensina-me o bom senso e o
    conhecimento,
    pois confio em teus mandamentos.
⁶⁷ Antes de ser castigado, eu andava
    desviado,ᵖ
    mas agora obedeço à tua palavra.
⁶⁸ Tu és bom,ᵍ e o que fazes é bom;
    ensina-me os teus decretos.ʳ
⁶⁹ Os arrogantes mancharam o meu
    nome
    com mentiras,ˢ

mas eu obedeço aos teus preceitos
    de todo o coração.
⁷⁰ O coração deles é insensível;ᵗ
    eu, porém, tenho prazer na tua lei.
⁷¹ Foi bom para mim ter sido castigado,
    para que aprendesse os teus
    decretos.
⁷² Para mim vale mais a lei que
    decretaste
    do que milhares de peças de prata e
    ouro.ᵘ

Iode

⁷³ As tuas mãos me fizeramᵛ e me
    formaram;
dá-me entendimento para aprender
    os teus mandamentos.
⁷⁴ Quando os que têm temor de ti me
    virem,
    se alegrarão,ʷ
pois na tua palavra
    depositei a minha esperança.
⁷⁵ Sei, Senhor, que as tuas ordenanças
    são justas,
    e que por tua fidelidadeˣ me castigaste.
⁷⁶ Seja o teu amor o meu consolo,
conforme a tua promessa ao teu servo.
⁷⁷ Alcance-me a tua misericórdiaʸ
    para que eu tenha vida,
porque a tua lei é o meu prazer.
⁷⁸ Sejam humilhados os arrogantes,ᶻ
pois me prejudicaram sem motivo;
mas eu meditarei nos teus preceitos.ᵃ
⁷⁹ Venham apoiar-me aqueles que te
    temem,
aqueles que entendem os teus estatutos.
⁸⁰ Seja o meu coração íntegro
    para com os teus decretos,
para que eu não seja humilhado.

Caf

⁸¹ Estou quase desfalecido,ᵇ
    aguardando a tua salvação,
mas na tua palavra depositei a minha
    esperança.
⁸² Os meus olhosᶜ fraquejam
    de tanto esperar pela tua promessa,
e pergunto: "Quando me consolarás?"

⁸³ Embora eu seja como uma vasilha
    inútil,¹
não me esqueço dos teus decretos.
⁸⁴ Até quando ᵈ o teu servo deverá
    esperar
para que castigues os meus
    perseguidores?
⁸⁵ Cavaram uma armadilha ᵉ contra mim
    os arrogantes,
os que não seguem a tua lei.
⁸⁶ Todos os teus mandamentos ᶠ
    merecem confiança;
ajuda-me,ᵍ pois sou perseguido com
    mentiras ʰ
⁸⁷ Quase acabaram com a minha vida
    na terra,
mas não abandonei ⁱ os teus preceitos.
⁸⁸ Preserva a minha vida pelo teu amor,
e obedecerei aos estatutos que
    decretaste.

Lâmed
⁸⁹ A tua palavra, SENHOR,ʲ
    para sempre está firmada nos céus.
⁹⁰ A tua fidelidade ᵏ é constante
    por todas as gerações;
estabeleceste a terra, que firme subsiste.ˡ
⁹¹ Conforme as tuas ordens,ᵐ
    tudo permanece até hoje²,
pois tudo está a teu serviço.
⁹² Se a tua lei não fosse o meu prazer,
o sofrimento já me teria destruído.
⁹³ Jamais me esquecerei dos teus
    preceitos,
pois é por meio deles
    que preservas a minha vida.
⁹⁴ Salva-me, pois a ti pertenço
e busco os teus preceitos!
⁹⁵ Os ímpios estão à espera para
    destruir-me,
mas eu considero os teus testemunhos.
⁹⁶ Tenho constatado
    que toda perfeição tem limite;
mas não há limite para o teu
    mandamento.

Mem
⁹⁷ Como eu amo a tua lei!
    Medito ⁿ nela o dia inteiro.
⁹⁸ Os teus mandamentos me tornam
    mais sábio ᵒ que os meus inimigos,
porquanto estão sempre comigo.
⁹⁹ Tenho mais discernimento
    que todos os meus mestres,
pois medito nos teus testemunhos.
¹⁰⁰ Tenho mais entendimento que os
    anciãos,
pois obedeço aos teus preceitos.ᵖ
¹⁰¹ Afasto os pés ᵍ de todo caminho mau
para obedecer à tua palavra.
¹⁰² Não me afasto das tuas ordenanças,
pois tu mesmo me ensinas.
¹⁰³ Como são doces para o meu paladar
    as tuas palavras!
Mais que o mel ʳ para a minha boca! ˢ
¹⁰⁴ Ganho entendimento
    por meio dos teus preceitos;
por isso odeio todo caminho de
    falsidade.ᵗ

Nun
¹⁰⁵ A tua palavra é lâmpada
    que ilumina ᵘ os meus passos
e luz que clareia o meu caminho.
¹⁰⁶ Prometi sob juramento ᵛ e o
    cumprirei:
vou obedecer às tuas justas ordenanças.
¹⁰⁷ Passei por muito sofrimento;
preserva, SENHOR, a minha vida,
    conforme a tua promessa.
¹⁰⁸ Aceita, SENHOR, a oferta de louvor
    dos meus lábios,ʷ
e ensina-me as tuas ordenanças.
¹⁰⁹ A minha vida está sempre em perigo³,ˣ
mas não me esqueço da tua lei.
¹¹⁰ Os ímpios prepararam ʸ uma
    armadilha
    contra mim,
mas não me desviei ᶻ dos teus preceitos.
¹¹¹ Os teus testemunhos
são a minha herança permanente;
são a alegria do meu coração.

---

¹ **119.83** Hebraico: *um odre na fumaça.*
² **119.91** Ou *as tuas leis permanecem até hoje*
³ **119.109** Hebraico: *em minhas mãos.*

112 Dispus o meu coração para cumprir
    os teus decretos até o fim.ᵃ

Sâmeq

113 Odeio os que são inconstantes,ᵇ
    mas amo a tua lei.
114 Tu és o meu abrigo e o meu escudo;ᶜ
    e na tua palavra depositei a minha
    esperança.ᵈ
115 Afastem-seᵉ de mim os que praticam
    o mal!
    Quero obedecer
    aos mandamentos do meu Deus!
116 Sustenta-me,ᶠ segundo a tua
    promessa,
    e eu viverei;
    não permitas que se frustrem
    as minhas esperanças.ᵍ
117 Ampara-me, e estarei seguro;
    sempre estarei atento aos teus decretos.
118 Tu rejeitas todos os que se desviam
    dos teus decretos,
    pois os seus planos enganosos são inúteis.
119 Tu destróis¹ como refugo
    todos os ímpios da terra;ʰ
    por isso amo os teus testemunhos.
120 O meu corpo estremeceⁱ diante de ti;
    as tuas ordenanças enchem-me de temor.

Áin

121 Tenho vivido com justiça e retidão;ʲ
    não me abandones
    nas mãos dos meus opressores.
122 Garante o bem-estar do teu servo;
    não permitas que os arrogantes
    me oprimam.
123 Os meus olhos fraquejam,
    aguardando a tua salvação
    e o cumprimento da tua justiça.ᵏ
124 Trata o teu servo conforme o teu
    amor leal
    e ensina-me os teus decretos.ˡ
125 Sou teu servo;ᵐ dá-me
    discernimento
    para compreender os teus testemunhos.

126 Já é tempo de agires, SENHOR,
    pois a tua lei está sendo desrespeitada.
127 Eu amo os teus mandamentos
    mais do que o ouro,ⁿ
    mais do que o ouro puro.
128 Por isso considero justos
    os teus preceitos
    e odeio todo caminho de falsidade.ᵒ

Pê

129 Os teus testemunhos são
    maravilhosos;
    por isso lhes obedeço.
130 A explicação das tuas palavras
    iluminaᵖ
    e dá discernimento aos inexperientes.ᑫ
131 Abro a boca e suspiro,ʳ
    ansiando por teus mandamentos.ˢ
132 Volta-te para mim
    e tem misericórdiaᵗ de mim,
    como sempre fazes aos que amam o teu
    nome.
133 Dirige os meus passos,ᵘ
    conforme a tua palavra;ᵛ
    não permitas que nenhum pecado me
    domine.
134 Resgata-me da opressão dos homens,
    para que eu obedeça aos teus
    preceitos.ʷ
135 Faze o teu rosto resplandecerˣ
    sobre² o teu servo
    e ensina-me os teus decretos.
136 Rios de lágrimasʸ correm dos meus
    olhos,
    porque a tua lei não é obedecida.ᶻ

Tsade

137 Justo és,ᵃ SENHOR,
    e retas são as tuas ordenanças.ᵇ
138 Ordenaste os teus testemunhos com
    justiça;ᶜ
    dignos são de inteira confiança!
139 O meu zelo me consome,ᵈ
    pois os meus adversários
    se esquecem das tuas palavras.

---

¹ 119.119 Alguns manuscritos do Texto Massorético, a Septuaginta e outras versões gregas dizem *consideras*.

² 119.135 Isto é, mostra a tua bondade para com.

140 A tua promessa¹
foi plenamente comprovada,ᵉ
e, por isso, o teu servo a ama.
141 Sou pequeno e desprezado,ᶠ
mas não esqueço os teus preceitos.
142 A tua justiça é eterna,
e a tua lei é a verdade.ᵍ
143 Tribulação e angústia me atingiram,
mas os teus mandamentos são o meu prazer.
144 Os teus testemunhos são
eternamente justos,
dá-me discernimentoʰ para que eu tenha vida.

Cof

145 Eu clamo de todo o coração;
responde-me, Senhor,
e obedecerei aos teus testemunhos!
146 Clamo a ti; salva-me,
e obedecerei aos teus estatutos!
147 Antes do amanhecerⁱ me levanto
e suplico o teu socorro;
na tua palavra depositei a minha esperança.
148 Fico acordado nas vigílias da noite,ʲ
para meditar nas tuas promessas.
149 Ouve a minha voz pelo teu amor leal;
faze-me viver, Senhor,
conforme as tuas ordenanças.
150 Os meus perseguidores
aproximam-se com más intenções,²
mas estão distantes da tua lei.
151 Tu, porém, Senhor, estás perto,ᵏ
e todos os teus mandamentos são verdadeiros.ˡ
152 Há muito aprendi dos teus testemunhos
que tu os estabeleceste para sempre.ᵐ

---

¹ **119.140** Ou *palavra*
² **119.150** Conforme alguns manuscritos do Texto Massorético, a Septuaginta e algumas versões gregas. O Texto Massorético diz *Os que tramam o mal estão por perto*.

Rêsh

153 Olha para o meu sofrimentoⁿ e livra-me,
pois não me esqueçoº da tua lei.
154 Defende a minha causaᵖ e resgata-me;ᵠ
preserva a minha vida
conforme a tua promessa.
155 A salvação está longe dos ímpios,
pois eles não buscamʳ os teus decretos.
156 Grande é a tua compaixão, Senhor;
preserva a minha vidaˢ conforme as tuas leis.
157 Muitos são os meus adversáriosᵗ
e os meus perseguidores,
mas eu não me desvio dos teus estatutos.
158 Com grande desgosto vejo os infiéis,ᵘ
que não obedecem à tua palavra.
159 Vê como amo os teus preceitos!
Dá-me vida, Senhor, conforme o teu amor leal.
160 A verdade é a essência da tua palavra,
e todas as tuas justas ordenanças são eternas.

Shin e Sin

161 Os poderosos perseguem-meᵛ sem motivo,
mas é diante da tua palavra
que o meu coração treme.
162 Eu me regozijo na tua promessa
como alguém
que encontra grandes despojos.ʷ
163 Odeio e detesto a falsidade,
mas amo a tua lei.
164 Sete vezes por dia eu te louvo
por causa das tuas justas ordenanças.
165 Os que amam a tua lei desfrutam paz,ˣ
e nada há que os faça tropeçar.
166 Aguardo a tua salvação,ʸ Senhor,
e pratico os teus mandamentos.
167 Obedeço aos teus testemunhos;
amo-os infinitamente!
168 Obedeço a todos os teus preceitos
e testemunhos,

119.140
ᵉSl 12.6
119.141
ᶠSl 22.6
119.143
ᵍSl 19.7
119.144
ʰSl 19.9
119.147
ⁱSl 5.3; 57.8; 108.2
119.148
ʲSl 63.6
119.151
ᵏSl 34.18; 145.18
ˡver 142
119.152
ᵐLc 21.33
119.153
ⁿLm 5.1
ºPv 3.1
119.154
ᵖMq 7.9
ᵠ1 Sm 24.15
119.155
ʳJó 5.4
119.156
ˢ2 Sm 24.14
119.157
ᵗSl 7.1
119.158
ᵘSl 139.21
119.191
ᵛ1 Sm 24.11
119.162
ʷ1 Sm 30.16
119.165
ˣPv 3.2; Is 26.3,12; 32.17
119.166
ʸGn 49.18

Tau

169 Chegue à tua presença o meu clamor, *a* Senhor!
Dá-me entendimento conforme a tua palavra.
170 Chegue a ti a minha súplica, *b*
Livra-me, *c* conforme a tua promessa.
171 Meus lábios transbordarão de louvor, *d*
pois me ensinas *e* os teus decretos.
172 A minha língua cantará a tua palavra,
pois todos os teus mandamentos são justos.
173 Com tua mão vem ajudar-me, *f*
pois escolhi *g* os teus preceitos.
174 Anseio pela tua salvação, *h* Senhor,
e a tua lei é o meu prazer.
175 Permite-me viver *i* para que eu te louve;
e que as tuas ordenanças me sustentem. *j*
176 Andei vagando como ovelha perdida;
vem em busca do teu servo,
pois não me esqueci dos teus mandamentos.

Salmo 120

Cântico de Peregrinação¹.

1 Eu clamo pelo Senhor na minha angústia, *k*
e ele me responde.
2 Senhor, livra-me dos lábios mentirosos *l*
e da língua traiçoeira! *m*

3 O que ele dará a você?
Como lhe retribuirá, ó língua enganadora?

4 Ele a castigará
com flechas *n* afiadas de guerreiro,
com brasas incandescentes de sândalo.

pois conheces *z* todos os meus caminhos.

5 Ai de mim, que vivo como estrangeiro em Meseque,
que habito entre as tendas de Quedar! *o*
6 Tenho vivido tempo demais entre os que odeiam a paz.
7 Sou um homem de paz;
mas, ainda que eu fale de paz,
eles só falam de guerra.

Salmo 121

Cântico de Peregrinação.

1 Levanto os meus olhos para os montes e pergunto:
De onde me vem o socorro?
2 O meu socorro vem do Senhor,
que fez os céus e a terra. *p*

3 Ele não permitirá que você tropece;
o seu protetor se manterá alerta,
4 sim, o protetor de Israel não dormirá;
ele está sempre alerta!

5 O Senhor é o seu protetor; *q*
como sombra que o protege,
ele está à sua direita.
6 De dia o sol *r* não o ferirá; *s*
nem a lua, de noite.

7 O Senhor o protegerá de todo o mal,
protegerá a sua vida.
8 O Senhor protegerá a sua saída
e a sua chegada,
desde agora e para sempre. *t*

Salmo 122

Cântico de Peregrinação. Davídico.

1 Alegrei-me com os que me disseram:
"Vamos à casa do Senhor!"
2 Nossos pés já se encontram
dentro de suas portas, ó Jerusalém!
3 Jerusalém está construída
como cidade firmemente estabelecida.
4 Para lá sobem as tribos do Senhor,
para dar graças ao Senhor,
conforme o mandamento dado a Israel.

¹ **120** Ou *dos Degraus*; também nos salmos 121 a 134.

⁵ Lá estão os tribunais de justiça,
os tribunais da casa real de Davi.

⁶ Orem pela paz de Jerusalém:
"Vivam em segurança aqueles que te amam!"ᵘ
⁷ Haja paz dentro dos teus muros
e segurança nas tuas cidadelas!"
⁸ Em favor de meus irmãos e amigos,
direi:
Paz seja com você!
⁹ Em favor da casa do Senhor, nosso Deus,
buscarei o seu bem.ᵛ

Salmo 123
Cântico de Peregrinação.

¹ A ti levanto os meus olhos,
a ti, que ocupas o teu trono nos céus.
² Assim como os olhos dos servos
estão atentos à mãoʷ de seu senhor
e como os olhos das servas
estão atentos à mão de sua senhora,
também os nossos olhos
estão atentos ao Senhor,ˣ
ao nosso Deus,
esperando que ele tenha misericórdia de nós.

³ Misericórdia, Senhor!
Tem misericórdia de nós!
Já estamos cansados de tanto desprezo.
⁴ Estamos cansados de tanta zombaria
dos orgulhosos
e do desprezo dos arrogantes.

Salmo 124
Cântico de Peregrinação. Davídico.

¹ Se o Senhor não estivesse do nosso lado;
que Israel o repita:ʸ
² Se o Senhor não estivesse do nosso lado
quando os inimigos nos atacaram,
³ eles já nos teriam engolido vivos,
quando se enfureceram contra nós;
⁴ as águas nos teriam arrastado
e as torrentes nos teriam afogado;
⁵ sim, as águas violentas nos teriam afogado!

⁶ Bendito seja o Senhor,
que não nos entregou para sermos dilacerados
pelos dentes deles.
⁷ Como um pássaro escapamos
da armadilha do caçador;ᶻ
a armadilha foi quebrada,
e nós escapamos.
⁸ O nosso socorro está no nome do Senhor,
que fez os céus e a terra.ᵃ

Salmo 125
Cântico de Peregrinação.

¹ Os que confiam no Senhor
são como o monte Sião,
que não se pode abalar,ᵇ
mas permanece para sempre.
² Como os montes cercam Jerusalém,
assim o Senhor protegeᶜ o seu povo,
desde agora e para sempre.

³ O cetro dos ímpios não prevaleceráᵈ
sobre a terra dada aos justos;
se assim fosse,
até os justos praticariam a injustiça.ᵉ

⁴ Senhor,ᶠ trata com bondade
os que fazem o bem,
os que têm coração íntegro.ᵍ
⁵ Mas, aos que se desviamʰ
por caminhos tortuosos,ⁱ
o Senhor infligirá o castigo dado aos malfeitores.

Haja paz em Israel!ʲ

Salmo 126
Cântico de Peregrinação.

¹ Quando o Senhor trouxeᵏ os cativos
de volta a Sião¹, foi como um sonho.

---

¹ **126.1** Ou *trouxe restauração a Sião*

² Então a nossa boca encheu-se de riso¹
e a nossa língua de cantos de alegria.
Até nas outras nações se dizia:
"O Senhor fez coisas ᵐ grandiosas
     por este povo".
³ Sim, coisas grandiosas fez o Senhor
     por nós,
por isso estamos alegres. ⁿ

⁴ Senhor, restaura-nos¹, ᵒ
assim como enches
     o leito dos ribeiros no deserto².

⁵ Aqueles que semeiam com lágrimas,
com cantos de alegria colherão. ᵖ

⁶ Aquele que sai chorando
     enquanto lança a semente,
voltará com cantos de alegria,
     trazendo os seus feixes.

Salmo 127
Cântico de Peregrinação. De Salomão.

¹ Se não for o Senhor o construtor ᑫ da
     casa,
     será inútil trabalhar na construção.
Se não é o Senhor que vigia ʳ a cidade,
     será inútil a sentinela montar guarda.

² Será inútil levantar cedo e dormir
     tarde,
     trabalhando arduamente por
          alimento. ˢ
O Senhor concede o sono ᵗ
     àqueles a quem ele ama.³

³ Os filhos são herança do Senhor,
uma recompensa ᵘ que ele dá.

⁴ Como flechas nas mãos do guerreiro
são os filhos nascidos na juventude.

⁵ Como é feliz o homem
     que tem a sua aljava cheia deles!
Não será humilhado quando enfrentar
     seus inimigos ᵛ no tribunal.

---

¹ **126.4** Ou *traze nossos cativos de volta*
² **126.4** Ou *Neguebe*
³ **127.2** Ou *concede sustento aos seus amados enquanto dormem*

Salmo 128
Cântico de Peregrinação.

¹ Como é feliz quem teme o Senhor, ʷ
quem anda em seus caminhos! ˣ

² Você comerá do fruto do seu trabalho ʸ
e será feliz e próspero. ᶻ

³ Sua mulher será como videira frutífera ᵃ
     em sua casa;
seus filhos serão como brotos de oliveira ᵇ
     ao redor da sua mesa.

⁴ Assim será abençoado
     o homem que teme o Senhor!

⁵ Que o Senhor o abençoe desde Sião, ᶜ
para que você veja a prosperidade de
     Jerusalém
     todos os dias da sua vida
⁶ e veja os filhos dos seus filhos. ᵈ

Haja paz em Israel! ᵉ

Salmo 129
Cântico de Peregrinação.

¹ Muitas vezes me oprimiram
     desde a minha juventude;ᶠ
que Israel o repita: ᵍ
² Muitas vezes me oprimiram
     desde a minha juventude,
mas jamais conseguiram vencer-me. ʰ

³ Passaram o arado em minhas costas
e fizeram longos sulcos.

⁴ O Senhor é justo! ⁱ
Ele libertou-me das algemas dos ímpios.

⁵ Retrocedam envergonhados ʲ
     todos os que odeiam Sião. ᵏ

⁶ Sejam como o capim do terraço,
     que seca ˡ antes de crescer,
⁷ que não enche as mãos do ceifeiro
     nem os braços daquele que faz os
          fardos.

⁸ E que ninguém que passa diga:
     "Seja sobre vocês a bênção do
          Senhor;
     nós os abençoamos ᵐ em nome do
          Senhor!"

Salmo 130
Cântico de Peregrinação.

¹ Das profundezas[n] clamo a ti, Senhor;
² ouve, Senhor, a minha voz![o]
Estejam atentos os teus ouvidos[p]
    às minhas súplicas!

³ Se tu, Soberano Senhor,
    registrasses os pecados, quem
    escaparia?[q]
⁴ Mas contigo está o perdão[r]
    para que sejas temido.[s]

⁵ Espero no Senhor[t] com todo o meu ser
e na sua palavra[u] ponho a minha
    esperança.
⁶ Espero pelo Senhor
    mais do que as sentinelas[v] pela
    manhã;
sim, mais do que as sentinelas
    esperam pela manhã![w]

⁷ Ponha a sua esperança[x] no Senhor, ó
    Israel,
pois no Senhor há amor leal
    e plena redenção.
⁸ Ele próprio redimirá[y] Israel
    de todas as suas culpas.

Salmo 131
Cântico de Peregrinação. Davídico.

¹ Senhor, o meu coração não é
    orgulhoso[z]
e os meus olhos não são arrogantes.
Não me envolvo com coisas grandiosas
nem maravilhosas demais para mim.
² De fato, acalmei e tranquilizei a minha
    alma.
Sou como uma criança
    recém-amamentada¹ por sua mãe;
a minha alma[a] é como essa criança.

³ Ponha a sua esperança[b] no Senhor, ó
    Israel,
desde agora e para sempre!

Salmo 132
Cântico de Peregrinação.

¹ Senhor, lembra-te de Davi
e das dificuldades que enfrentou.
² Ele jurou ao Senhor
e fez um voto ao Poderoso de Jacó:[c]
³ "Não entrarei na minha tenda
nem me deitarei no meu leito;
⁴ não permitirei
    que os meus olhos peguem no sono
nem que as minhas pálpebras
    descansem,
⁵ enquanto não encontrar
    um lugar[d] para o Senhor,
    uma habitação para o Poderoso de Jacó".

⁶ Soubemos que a arca estava em
    Efrata²,[e]
mas nós a encontramos nos campos de
    Jaar³;[f]
⁷ "Vamos para a habitação do Senhor![g]
Vamos adorá-lo diante do estrado de
    seus pés![h]
⁸ Levanta-te, Senhor,[i]
e vem para o teu lugar de descanso,
tu e a arca onde está o teu poder.
⁹ Vistam-se de retidão os teus
    sacerdotes;
cantem de alegria os teus fiéis".[j]
¹⁰ Por amor ao teu servo Davi,[k]
não rejeites o teu ungido.

¹¹ O Senhor fez um juramento a Davi,
um juramento firme que ele não
    revogará:
"Colocarei um dos seus descendentes[l]
    no seu trono.
¹² Se os seus filhos forem fiéis à minha
    aliança
e aos testemunhos que eu lhes ensino,
também os filhos deles
    o sucederão no trono[m] para sempre".
¹³ O Senhor escolheu Sião,[n]
    com o desejo de fazê-la sua habitação:

---

¹ 131.2 Ou *desmamada*

² 132.6 Ou *a respeito da arca em Efrata*
³ 132.6 Isto é, Quiriate-Jearim.

130.1 "Sl 42.7; 69.2; Lm 3.55
130.2 °Sl 28.2; ᵖ2 Cr 6.40; Sl 64.1
130.3 ᵠSl 76.7; 143.2
130.4 ʳEx 34.7; Is 55.7; Jr 33.8
ˢ1 Rs 8.40
130.5 ᵗSl 27;14; 33.20; Is 8.17
ᵘSl 119.81
130.6 ᵛSl 63.6
ʷSl 119.147
130.7 ˣSl 131.3
130.8 ʸLc 1.68
131.1 ᶻSl 101.5; Rm 12.16
131.2 ᵃMT 18.3
131.3 ᵇSl 130.7
132.2 ᶜGn 49.24
132.5 ᵈSl 7.46
132.6 ᵉ1 Sm 17.12; 1 SM 7.2
132.7 ᶠSl 5.7
ᵍSl 99.5
132.8 ʰNm 10.35; Sl 78.61
132.9 ⁱJó 29.14; Is 61.3,10
132.11 ʲSl 89.3-4; 35
2 Sm 7.12
132.12 ᵏLc 1.32; At 2.30
132.13 ˡSl 48.1-2

¹⁴ "Este será o meu lugar de descanso
  para sempre;ᵒ
aqui firmarei o meu trono,
  pois esse é o meu desejo.
¹⁵ Abençoarei este lugar com fartura;
os seus pobres suprirei de pão.ᵖ
¹⁶ Vestirei de salvação os seus sacerdotesᑫ
e os seus fiéis a celebrarão com grande
  alegria.
¹⁷ "Ali farei renascerʳ o poder¹ de Davi
e farei brilhar a luz²ˢ do meu ungido.
¹⁸ Vestirei de vergonhaᵗ os seus
  inimigos,
mas nele brilhará a sua coroa".

Salmo 133

Cântico de Peregrinação. Davídico.

¹ Como é bom e agradável
  quando os irmãos convivem em
  união!ᵘ
² É como óleo precioso
  derramado sobre a cabeça,ᵛ
  que desce pela barba, a barba de
  Arão,
  até a gola das suas vestes.
³ É como o orvalho do Hermomʷ
  quando desce sobre os montes de
  Sião.
Ali o Senhor concede a bênçãoˣ
  da vida para sempre.ʸ

Salmo 134

Cântico de Peregrinação.

¹ Venham! Bendigam o Senhor
todos vocês, servosᶻ do Senhor,
vocês, que servem de noiteᵃ
  na casa do Senhor.
² Levantem as mãosᵇ na direção do
  santuário
e bendigam o Senhor!
³ De Sião os abençoe o Senhor,
  que fez os céusᶜ e a terra!ᵈ

¹ 132.17 Hebraico: *chifre*.
² 132.17 Isto é, perpetuarei a dinastia.

Salmo 135

¹ Aleluia!

Louvem o nome do Senhor;
louvem-no, servosᵉ do Senhor,
² vocês, que servem na casaᶠ do
  Senhor,
  nos pátiosᵍ da casa de nosso Deus.

³ Louvem o Senhor, pois o Senhor é
  bom;ʰ
cantem louvores ao seu nome,
  pois é nome amável.ⁱ
⁴ Porque o Senhor escolheu Jacó;ʲ
a Israel, como seu tesouro pessoal.ᵏ

⁵ Na verdade, sei que o Senhor é
  grande,ˡ
que o nosso Soberano é maior
  do que todos os deuses.ᵐ
⁶ O Senhor faz tudo o que lhe agrada,ⁿ
nos céus e na terra,
nos mares e em todas as suas
  profundezas.
⁷ Ele traz as nuvens desde os confins da
  terra;
envia os relâmpagos que acompanham
  a chuvaᵒ
e faz que o ventoᵖ saia dos seus
  depósitos.ᑫ

⁸ Foi ele que matou os primogênitosʳ do
  Egito,
tanto dos homens como dos animais.
⁹ Ele realizou em pleno Egito
  sinaisˢ e maravilhas,
contra o faraó e todos os seus
  conselheiros.ᵗ
¹⁰ Foi ele que feriu muitasᵘ nações
e matou reis poderosos,
¹¹ Seom,ᵛ rei dos amorreus,
Ogue, rei de Basã,
e todos os reinos de Canaã;ʷ
¹² e deu a terra deles como herança,ˣ
como herança a Israel, o seu povo.

¹³ O teu nome, Senhor,
  permanece para sempre,ʸ

a tua fama,[z] Senhor, por todas as
   gerações!
¹⁴ O Senhor defenderá o seu povo
e terá compaixão dos seus servos.[a]

¹⁵ Os ídolos das nações
   não passam de prata e ouro,
   feitos por mãos humanas.
¹⁶ Têm boca, mas não podem falar;
   olhos, mas não podem ver;
¹⁷ têm ouvidos, mas não podem escutar
   nem há respiração em sua boca.
¹⁸ Tornem-se[1] como eles aqueles que os
   fazem
   e todos os que neles confiam.

¹⁹ Bendigam o Senhor, ó israelitas!
Bendigam o Senhor, ó sacerdotes!
²⁰ Bendigam o Senhor, ó levitas!
Bendigam o Senhor
   os que temem o Senhor!
²¹ Bendito seja o Senhor desde Sião,[b]
aquele que habita em Jerusalém.

Aleluia!

Salmo 136

¹ Deem graças ao Senhor, porque ele é
   bom.[c]
   O seu amor dura para sempre![d]
² Deem graças ao Deus dos deuses.[e]
   O seu amor dura para sempre!
³ Deem graças ao Senhor dos senhores.
   O seu amor dura para sempre!

⁴ Ao único que faz grandes maravilhas,[f]
   O seu amor dura para sempre!
⁵ Que com habilidade[g] fez os céus,[h]
   O seu amor dura para sempre!
⁶ Que estendeu a terra[i] sobre as águas;[j]
   O seu amor dura para sempre!
⁷ Àquele que fez os grandes luminares:[k]
   O seu amor dura para sempre!
⁸ O sol para governar[l] o dia,
   O seu amor dura para sempre!
⁹ A lua e as estrelas para governarem a
   noite.
   O seu amor dura para sempre!

¹ **135.18** Ou *São*

¹⁰ Àquele que matou
   os primogênitos[m] do Egito
   O seu amor dura para sempre!
¹¹ E tirou Israel do meio deles[n]
   O seu amor dura para sempre!
¹² Com mão poderosa e braço forte.[o]
   O seu amor dura para sempre!

¹³ Àquele que dividiu o mar Vermelho[p]
   O seu amor dura para sempre!
¹⁴ E fez Israel atravessá-lo,[q]
   O seu amor dura para sempre!
¹⁵ Mas lançou o faraó e o seu exército
   no mar Vermelho.[r]
   O seu amor dura para sempre!

¹⁶ Àquele que conduziu seu povo pelo
   deserto,[s]
   O seu amor dura para sempre!
¹⁷ Feriu grandes reis[t]
   O seu amor dura para sempre!
¹⁸ E matou reis poderosos:[u]
   O seu amor dura para sempre!
¹⁹ Seom, rei dos amorreus,[v]
   O seu amor dura para sempre!
²⁰ E Ogue, rei de Basã,
   O seu amor dura para sempre!
²¹ E deu a terra[w] deles como herança,
   O seu amor dura para sempre!
²² Como herança ao seu servo Israel.
   O seu amor dura para sempre!

²³ Àquele que se lembrou de nós[x]
   quando fomos humilhados
   O seu amor dura para sempre!
²⁴ E nos livrou dos nossos adversários;[y]
   O seu amor dura para sempre!
²⁵ Àquele que dá alimento[z]
   a todos os seres vivos.
   O seu amor dura para sempre!

²⁶ Deem graças ao Deus dos céus.
   O seu amor dura para sempre!

Salmo 137

¹ Junto aos rios da Babilônia[a]
nós nos sentamos e choramos[b]
   com saudade de Sião.

² Ali, nos salgueiros,
   penduramos as nossas harpas;
³ ali os nossos captores pediam-nos canções,
   os nossos opressores exigiam ᶜ canções alegres, dizendo:
   "Cantem para nós uma das canções de Sião!"

⁴ Como poderíamos cantar
   as canções do Senhor
   numa terra estrangeira?
⁵ Que a minha mão direita definhe,
   ó Jerusalém, se eu me esquecer de ti!
⁶ Que me grude a língua ao céu da boca,ᵈ
   se eu não me lembrar de ti
   e não considerar Jerusalém
   a minha maior alegria!

⁷ Lembra-te, Senhor, dos edomitas ᵉ
   e do que fizeram
   quando Jerusalém foi destruída,ᶠ
   pois gritavam: "Arrasem-na!
   Arrasem-na até aos alicerces!"

⁸ Ó cidade¹ de Babilônia,
   destinada à destruição,ᵍ
   feliz aquele que lhe retribuir
   o mal que você nos fez!
⁹ Feliz aquele que pegar os seus filhos
   e os ʰ despedaçar contra a rocha!

Salmo 138
Davídico.

¹ Eu te louvarei, Senhor, de todo o coração;
   diante dos deuses ⁱ cantarei louvores a ti.
² Voltado para o teu santo templo ʲ
   eu me prostrarei
   e renderei graças ao teu nome,
   por causa do teu amor e da tua fidelidade;
   pois exaltaste acima de todas as coisas
   o teu nome e a tua palavra.ᵏ
³ Quando clamei, tu me respondeste;
   deste-me força e coragem.ˡ

---
¹ **137.8** Hebraico: *filha*.

⁴ Todos os reis da terra ᵐ te renderão graças, Senhor,
   pois saberão das tuas promessas.
⁵ Celebrarão os feitos do Senhor,
   pois grande é a glória do Senhor!

⁶ Embora esteja nas alturas,
   o Senhor olha para os humildes,ⁿ
   e de longe reconhece os arrogantes. ᵒ
⁷ Ainda que eu passe ᵖ por angústias,
   tu me preservas a vida
   da ira dos meus inimigos; ᵠ
   estendes a tua mão direita ʳ e me livras. ˢ
⁸ O Senhor cumprirá o seu propósito ᵗ
   para comigo!
   Teu amor, Senhor, permanece para sempre;
   não abandones as obras das tuas mãos! ᵘ

Salmo 139
Para o mestre de música. Davídico. Um salmo.

¹ Senhor, tu me sondas ᵛ e me conheces.ʷ
² Sabes quando me sento e quando me levanto; ˣ
   de longe percebes os meus pensamentos.ʸ
³ Sabes muito bem quando trabalho
   e quando descanso;
   todos os meus caminhos
   são bem conhecidos por ti. ᶻ
⁴ Antes mesmo que a palavra
   me chegue à língua,
   tu já a conheces ᵃ inteiramente, Senhor.

⁵ Tu me cercas, ᵇ por trás e pela frente,
   e pões a tua mão sobre mim.
⁶ Tal conhecimento é maravilhoso demais
   e está além do meu alcance;
   é tão elevado ᶜ que não o posso atingir.

⁷ Para onde poderia eu escapar do teu Espírito?
   Para onde poderia fugir ᵈ da tua presença?

⁸ Se eu subir aos céus,ᵉ lá estás;
se eu fizer a minha camaᶠ na sepultura¹,
também lá estás.
⁹ Se eu subir com as asas da alvorada
e morar na extremidade do mar,
¹⁰ mesmo ali a tua mão direita me guiaráᵍ
e me susterá.
¹¹ Mesmo que eu diga que as trevas
me encobrirão,
e que a luz se tornará noiteʰ ao meu redor,
¹² verei que nem as trevas são escuras
para ti.
A noite brilhará como o dia,
pois para ti as trevas são luz.
¹³ Tu criaste o íntimo do meu serⁱ
e me tecesteʲ no ventre de minha mãe.
¹⁴ Eu te louvo porque me fizeste
de modo especial e admirável².
Tuas obras são maravilhosas!ᵏ
Digo isso com convicção.
¹⁵ Meus ossos não estavam escondidos
de ti
quando em secreto fui formadoˡ
e entretecido como nas profundezas
da terra.ᵐ
¹⁶ Os teus olhos viram o meu embrião;
todos os dias determinados para mim
foram escritos no teu livro
antes de qualquer deles existir.
¹⁷ Como são preciosos para mim
os teus pensamentos, ó Deus!ⁿ
Como é grande a soma deles!
¹⁸ Se eu os contasse, seriam mais
do que os grãos de areia.
Se terminasse de contá-los³,
eu ainda estaria contigo.
¹⁹ Quem dera matasses os ímpios,ᵒ
ó Deus!
Afastem-seᵖ de mim os assassinos!

²⁰ Porque falam de ti com maldade;
em vão rebelam-se contra ti.ᑫ
²¹ Acaso não odeio os que teʳ odeiam,
Senhor?
E não detesto os que se revoltam
contra ti?
²² Tenho por eles ódio implacável!
Considero-os inimigos meus!

²³ Sonda-me,ˢ ó Deus,
e conhece o meu coração;ᵗ
prova-me e conhece as minhas
inquietações.
²⁴ Vê se em minha conduta algo te
ofende
e dirige-meᵘ pelo caminho eterno.

Salmo 140
Para o mestre de música. Salmo davídico.

¹ Livra-me,ᵛ Senhor, dos maus;
protege-me dos violentos,ʷ
² que no coração tramam planosˣ
perversos
e estão sempre provocando guerra.
³ Afiam a língua comoʸ a da serpente;
veneno de víboraᶻ está em seus
lábios.
Pausa

⁴ Protege-me,ᵃ Senhor, das mãos dos
ímpios;ᵇ
protege-me dos violentos,
que pretendem fazer-me tropeçar.
⁵ Homens arrogantes prepararam
armadilhasᶜ contra mim,
perversos estenderam as suas redes;
no meu caminho armaram ciladas
contra mim.
Pausa

⁶ Eu declaro ao Senhor: Tu és o meu
Deus.ᵈ
Ouve, Senhor, a minha súplica!ᵉ
⁷ Ó Soberano Senhor,ᶠ meu salvador
poderoso,
tu me proteges a cabeça no dia da
batalha;

---

¹ **139.8** Hebraico: *Sheol*. Essa palavra também pode ser traduzida por *profundezas, pó* ou *morte*.
² **139.14** A Septuaginta, a Versão Siríaca e os manuscritos do mar Morto dizem *porque tu és tremendo e maravilhoso*.
³ **139.18** Ou *Quando acordasse*

⁸ não atendas aos desejos dos ímpios,ᵍ
  Senhor!
Não permitas que os planos deles
  tenham sucesso,
para que não se orgulhem.

Pausa

⁹ Recaia sobre a cabeça dos que me
  cercam
a maldade que os seus lábios proferiram.ʰ
¹⁰ Caiam brasas sobre eles,
  e sejam lançados ao fogo,ⁱ
em covas das quais jamais possam sair.
¹¹ Que os difamadores
  não se estabeleçam na terra,
que a desgraça persiga os violentos até
  a morte.ʲ

¹² Sei que o Senhor defenderá
  a causa do necessitadoᵏ
e fará justiça aos pobres.ˡ
¹³ Com certeza os justos darão graças
  ao teu nome,ᵐ
e os homens íntegros viverãoⁿ na tua
  presença.

Salmo 141

Salmo davídico.

¹ Clamo a ti, Senhor; vem depressa!ᵒ
Escuta a minha vozᵖ quando clamo a ti.
² Seja a minha oração
  como incensoᵠ diante de ti
e o levantar das minhas mãosʳ
  como a oferta da tarde.ˢ

³ Coloca, Senhor,
  uma guarda à minha boca;
vigia a porta de meus lábios.
⁴ Não permitas que o meu coração
  se volte para o mal
nem que eu me envolva em práticas
  perversas
  com os malfeitores.
Que eu nunca participe dos seus
  banquetes!ᵗ

⁵ Fira-me o justo com amor leal
  e me repreenda,ᵘ

mas não perfume a minha cabeça
  o óleo do ímpio,¹
pois a minha oração
  é contra as práticas dos malfeitores.ᵛ
⁶ Quando eles caírem nas mãos da
  Rocha,
  o juiz deles,
ouvirão as minhas palavras com
  apreço.²
⁷ Como a terra é arada e fendida,
assim foram espalhados os seus ossos
  à entradaʷ da sepultura³.

⁸ Mas os meus olhos estão fixosˣ em ti,
  ó Soberano Senhor;
em ti me refugio;ʸ
  não me entregues à morte.
⁹ Guarda-meᶻ das armadilhas
  que prepararam contra mim,
das ciladas dosᵃ que praticam o mal.
¹⁰ Caiamᵇ os ímpios em sua própria
  rede,
  enquanto eu escapo ileso.

Salmo 142

Poema de Davi, quando ele estava na caverna. Uma oração.

¹ Em alta voz clamo ao Senhor;
elevo a minha voz ao Senhor,
  suplicando misericórdia.ᶜ
² Derramo diante dele o meu lamento;ᵈ
a ele apresento a minha angústia.

³ Quando o meu espírito desanima,ᵉ
  és tu quem conhece o caminho
  que devo seguir.
Na vereda por onde ando
  esconderam uma armadilha contra
  mim.
⁴ Olha para a minha direita e vê;
  ninguém se preocupa comigo.

---

¹ 141.5 Ou *Fira-me o justo e me repreenda o piedoso; será como óleo fino que minha cabeça não recusará*.
² 141.6 Ou *Quando os seus governantes forem lançados dos penhascos, todos saberão que minhas palavras eram verdadeiras*.
³ 141.7 Hebraico: *Sheol*. Essa palavra também pode ser traduzida por profundezas, pó ou morte.

Não tenho abrigo seguro;
    ninguém se importa^f com a minha vida.

⁵ Clamo a ti, Senhor, e digo:
    Tu és o meu refúgio;^g
    és tudo^h o que tenho na terra dos viventes.^i
⁶ Dá atenção ao meu clamor,^j
    pois estou muito abatido;^k
livra-me dos que me perseguem,
    pois são mais fortes do que eu.
⁷ Liberta-me da prisão,^l
    e renderei graças ao teu nome.
Então os justos se reunirão à minha volta
        por causa da tua bondade para comigo.^m

Salmo 143

Salmo davídico.

¹ Ouve, Senhor, a minha oração,
dá ouvidos à minha súplica;^n
responde-me
    por tua fidelidade^o e por tua justiça.^p
² Mas não leves o teu servo a julgamento,
pois ninguém é justo^q diante de ti.

³ O inimigo persegue-me
    e esmaga-me ao chão;
ele me faz morar nas trevas,
    como os que há muito morreram.
⁴ O meu espírito desanima;
o meu coração está em pânico.^r
⁵ Eu me recordo^s dos tempos antigos;
medito em todas as tuas obras
e considero o que as tuas mãos têm feito.
⁶ Estendo as minhas mãos^t para ti;
como a terra árida, tenho sede de ti.
Pausa

⁷ Apressa-te^u em responder-me, Senhor!
    O meu espírito se abate.
Não escondas de mim o teu rosto,^v
    ou serei como os que descem à cova.

⁸ Faze-me ouvir do teu amor leal^w pela manhã,
    pois em ti confio.
Mostra-me o caminho^x que devo seguir,
    pois a ti elevo a minha alma.^y
⁹ Livra-me dos meus inimigos,^z Senhor,
    pois em ti eu me abrigo.
¹⁰ Ensina-me a fazer a tua vontade,
    pois tu és o meu Deus;
que o teu bondoso Espírito
    me conduza^a por terreno plano.

¹¹ Preserva-me a vida,^b Senhor,
    por causa do teu nome;
por tua justiça,^c tira-me desta angústia.
¹² E no teu amor leal,
    aniquila os meus inimigos;
destrói todos os meus adversários,^d
    pois sou teu servo.^e

Salmo 144

Davídico.

¹ Bendito seja o Senhor, a minha Rocha,^f
que treina as minhas mãos para a guerra
    e os meus dedos para a batalha.
² Ele é o meu aliado fiel, a minha fortaleza,^g
    a minha torre de proteção
    e o meu libertador;
é o meu escudo,^h aquele em quem me refugio.
Ele subjuga a mim os povos¹.

³ Senhor, que é o homem^i
    para que te importes com ele,
ou o filho do homem
    para que por ele te interesses?
⁴ O homem é como um sopro;
seus dias são como sombra passageira.^j

---

¹ **144.2** Conforme muitos manuscritos do Texto Massorético, os manuscritos do mar Morto, a Versão Siríaca e algumas outras versões antigas. A maioria dos manuscritos do Texto Massorético diz *o meu povo*.

⁵ Estende, Senhor, os teus céusᵏ e desce;
toca os montes para que fumeguem.¹
⁶ Envia relâmpagos e dispersa os inimigos;
atira as tuas flechas ᵐ e faze-os debandar.
⁷ Das alturas, estende a tua mão e liberta-me;
salva-me da imensidão das águas,ⁿ
das mãos desses estrangeiros,ᵒ
⁸ que têm lábios mentirosos ᵖ
e que, com a mão direita erguida, juram falsamente.

⁹ Cantarei uma nova canção a ti, ó Deus;
tocarei para ti a lira ᑫ de dez cordas,
¹⁰ para aquele que dá vitória aos reis,
que livra o seu servo Davi ʳ
da espada mortal.

¹¹ Dá-me libertação;
salva-me das mãos dos estrangeiros,
que têm lábios mentirosos
e que, com a mão direita erguida, juram falsamente.ˢ

¹² Então, na juventude,
os nossos filhos serão como plantas viçosas;ᵗ
as nossas filhas, como colunas esculpidas para ornar um palácio.
¹³ Os nossos celeiros estarão cheios das mais variadas provisões.
Os nossos rebanhos se multiplicarão aos milhares,
às dezenas de milhares em nossos campos;
¹⁴ o nosso gado dará suas crias;
não haverá praga alguma nem aborto.¹
Não haverá gritos de aflição em nossas ruas.

¹⁵ Como é feliz o povo ᵘ assim abençoado!
Como é feliz o povo cujo Deus é o Senhor!

¹ **144.14** Ou *os nossos distritos não terão sobrecarga; não haverá invasão nem exílio.*

Salmo 145²
Um cântico de louvor. Davídico.

¹ Eu te exaltarei,ᵛ meu Deus e meu rei; ʷ
bendirei o teu nome para todo o sempre!
² Todos os dias te bendirei ˣ
e louvarei o teu nome para todo o sempre!
³ Grande é o Senhor e digno de ser louvado;
sua grandeza não tem limites.ʸ
⁴ Uma geração ᶻ contará à outra a grandiosidade dos teus feitos;
eles anunciarão os teus atos poderosos.
⁵ Proclamarão o glorioso esplendor da tua majestade,
e meditarei nas maravilhas que fazes.³ ᵃ
⁶ Anunciarão o poder dos teus feitos temíveis,ᵇ
e eu falarei das tuas grandes obras.ᶜ
⁷ Comemorarão a tua imensa bondade ᵈ
e celebrarão a tua justiça.ᵉ

⁸ O Senhor é misericordioso e compassivo,ᶠ
paciente e transbordante de amor.ᵍ
⁹ O Senhor é bom para todos;ʰ
a sua compaixão alcança todas as suas criaturas.
¹⁰ Rendam-te graças todas as tuas criaturas,ⁱ Senhor,
e os teus fiéis te bendigam.ʲ
¹¹ Eles anunciarão a glória do teu reino
e falarão do teu poder,
¹² para que todos saibam dos teus feitos ᵏ poderosos
e do glorioso esplendor do teu reino.
¹³ O teu reino é reino eterno,ˡ
e o teu domínio permanece de geração em geração.

² O salmo 145 é um poema organizado em ordem alfabética, no hebraico.
³ **145.5** Conforme os manuscritos do mar Morto e a Versão Siríaca. O Texto Massorético diz *Meditarei no glorioso esplendor da tua majestade e nas tuas obras maravilhosas.*

O Senhor é fiel em todas as suas
    promessas
e é bondoso em tudo o que faz.¹
¹⁴ O Senhor ampara ᵐ todos os que
    caem
e levanta ⁿ todos os que estão
    prostrados.
¹⁵ Os olhos de todos estão voltados para
    ti,
e tu lhes dás o alimento ᵒ no devido
    tempo.
¹⁶ Abres a tua mão e satisfazes os
    desejos ᵖ
de todos os seres vivos.

¹⁷ O Senhor é justo
    em todos os seus caminhos
e bondoso em tudo o que faz.
¹⁸ O Senhor está perto ᵠ
    de todos os que o invocam, ʳ
de todos os que o invocam com
    sinceridade.
¹⁹ Ele realiza os desejos ˢ daqueles que o
    temem;
ouve-os gritar ᵗ por socorro e os salva.
²⁰ O Senhor cuida de todos os que o
    amam,
mas a todos os ímpios destruirá. ᵛ

²¹ Com meus lábios louvarei ʷ o
    Senhor.
Que todo ser vivo ˣ bendiga o seu santo
    nome
para todo o sempre!

Salmo 146

¹ Aleluia!

Louve, ó minha alma, ʸ o Senhor.
² Louvarei o Senhor por toda a minha
    vida; ᶻ
cantarei louvores ao meu Deus
    enquanto eu viver.

¹ **145.13** Conforme um manuscrito do Texto Massorético, os manuscritos do mar Morto e a Versão Siríaca. A maioria dos manuscritos do Texto Massorético não traz as duas últimas linhas desse versículo.

³ Não confiem em príncipes, ᵃ
em meros mortais, ᵇ incapazes de salvar.
⁴ Quando o espírito deles se vai, eles
    voltam ao pó; ᶜ
naquele mesmo dia acabam-se os seus
    planos. ᵈ

⁵ Como é feliz aquele ᵉ cujo auxílio ᶠ
    é o Deus de Jacó,
cuja esperança está no Senhor, no seu
    Deus,
⁶ que fez os céus ᵍ e a terra,
    o mar e tudo o que neles há,
e que mantém a sua fidelidade ʰ para
    sempre!
⁷ Ele defende a causa dos oprimidos ⁱ
    e dá alimento aos famintos. ʲ
O Senhor liberta os presos, ᵏ
⁸ o Senhor dá vista aos cegos, ˡ
o Senhor levanta os abatidos,
o Senhor ama os justos.
⁹ O Senhor protege o estrangeiro
    e sustém o órfão e a viúva, ᵐ
mas frustra o propósito dos ímpios.

¹⁰ O Senhor reina ⁿ para sempre!
O teu Deus, ó Sião,
    reina de geração em geração.

Aleluia!

Salmo 147

¹ Aleluia!

Como é bom cantar louvores ao nosso
    Deus!
Como é agradável ᵒ e próprio louvá-lo! ᵖ

² O Senhor edifica Jerusalém; ᵠ
ele reúne os exilados ʳ de Israel.
³ Só ele cura os de coração quebrantado
e cuida das suas feridas.
⁴ Ele determina o número de estrelas ˢ
e chama cada uma pelo nome.
⁵ Grande é o nosso Soberano ᵗ
    e tremendo é o seu poder;
é impossível medir o seu entendimento. ᵘ

145.14
ᵐ Sl 37.24
ⁿ Sl 136.25

145.16
ᵖ Sl 104.28

145.18
ᵠ Dt 4.7
ʳ Jo 4.24

145.19
ˢ Sl 37.4
ᵗ Pv 15.29

145.20
ᵛ Sl 31.23; 97.10
ʷ Sl 9.5

145.21
ʷ Sl 71.8
ˣ Sl 65.2

146.1
ʸ Sl 103.1

146.2
ᶻ Sl 104.33

146.3
ᵃ Sl 118.9
ᵇ Is 2.22

146.4
ᶜ Sl 104.29; Ec 12.7
ᵈ Sl 33.10; 1 Co 2.6

146.5
ᵉ Sl 144.15; Jr 17.7
ᶠ Sl 71.5

146.6
ᵍ Sl 115.15; At 14.15; Ap 14.7
ʰ Sl 117.2

146.7
ⁱ Sl 103.6
ʲ Sl 107.9
ᵏ Sl 68.6

146.8
ˡ Mt 9.30

146.9
ᵐ Êx 22.22; Dt 10.18; Sl 68.5

146.10
ⁿ Êx 15.18; Sl 10.16

147.1
ᵒ Sl 135.3
ᵖ Sl 33.1

147.2
ᵠ Sl 102.16
ʳ Dt 30.3

147.4
ˢ Is 40.26

147.5
ᵗ Sl 48.1
ᵘ Is 40.28

⁶ O Senhor sustém o oprimido,ᵛ
mas lança por terra o ímpio.

⁷ Cantem ao Senhor ʷ com ações de graças;
ao som da harpa façam música para o nosso Deus.
⁸ Ele cobre o céu de nuvens,
concede chuvas ˣ à terra
e faz crescer ʸ a relva nas colinas.
⁹ Ele dá alimento ᶻ aos animais,
e aos filhotes dos corvos ᵃ
quando gritam de fome.
¹⁰ Não é a força ᵇ do cavalo ᶜ que lhe dá satisfação,
nem é a agilidade do homem que lhe agrada;
¹¹ o Senhor se agrada dos que o temem,
dos que depositam sua esperança no seu amor leal.

¹² Exalte o Senhor, ó Jerusalém!
Louve o seu Deus, ó Sião,
¹³ pois ele reforçou as trancas de suas portas
e abençoou o seu povo, que lá habita.
¹⁴ É ele que mantém as suas fronteiras em segurança ᵈ
e que a supre ᵉ do melhor do trigo.
¹⁵ Ele envia sua ordem ᶠ à terra,
e sua palavra corre veloz.
¹⁶ Faz cair a neve ᵍ como lã,
e espalha a geada ʰ como cinza.
¹⁷ Faz cair o gelo como se fosse pedra.
Quem pode suportar o seu frio?
¹⁸ Ele envia a sua palavra,ⁱ e o gelo derrete;
envia o seu sopro, e as águas tornam a correr.
¹⁹ Ele revela a sua palavra a Jacó,
os seus decretos ʲ *e ordenanças a Israel*.
²⁰ Ele não fez isso a nenhuma outra nação; ᵏ
todas as outras desconhecem as suas ordenanças.

Aleluia!

Salmo 148

¹ Aleluia!

Louvem o Senhor desde os céus,
louvem-no nas alturas!
² Louvem-no todos os seus anjos,ˡ
louvem-no todos os seus exércitos celestiais.
³ Louvem-no sol e lua,
louvem-no todas as estrelas cintilantes.
⁴ Louvem-no os mais altos céus
e as águas acima do firmamento. ᵐ
⁵ Louvem todos eles o nome do Senhor,
pois ordenou,ⁿ e eles foram criados.
⁶ Ele os estabeleceu em seus lugares para todo o sempre;
deu-lhes um decreto ᵒ que jamais mudará.

⁷ Louvem o Senhor, vocês que estão na terra,
serpentes marinhas ᵖ e todas as profundezas,
⁸ relâmpagos e granizo, neve e neblina,
vendavais que cumprem o que ele determina, ᑫ
⁹ todas as montanhas e colinas,ʳ
árvores frutíferas e todos os cedros,
¹⁰ todos os animais selvagens
e os rebanhos domésticos,
todos os demais seres vivos e as aves,
¹¹ reis da terra e todas as nações,
todos os governantes e juízes da terra,
¹² moços e moças, velhos e crianças.

¹³ Louvem todos o nome do Senhor,ˢ
pois somente o seu nome é exaltado;
a sua majestade está acima da terra e dos céus. ᵗ
¹⁴ Ele concedeu poder[1] ᵘ ao seu povo
e recebeu louvor de todos os seus fiéis,
dos israelitas, povo a quem ele tanto ama.
Aleluia!

---

[1] **148.14** Hebraico: *levantou um chifre*.

Salmo 149

¹ Aleluia!ᵛ

Cantem ao Senhor uma nova canção,
louvem-no na assembleiaʷ dos fiéis.
² Alegre-se Israel no seu Criador,ˣ
exulte o povo de Sião no seu Rei!ʸ
³ Louvem eles o seu nome com danças;
ofereçam-lhe música
   com tamborim e harpa.ᶻ
⁴ O Senhor agrada-seᵃ do seu povo;
ele coroa de vitória os oprimidos.ᵇ
⁵ Regozijem-seᶜ os seus fiéis nessa
   glória
e em seu leito cantem alegremente!ᵈ
⁶ Altos louvores estejam em seus lábiosᵉ
e uma espada de dois gumesᶠ em suas
   mãos,
⁷ para impor vingança às nações
e trazer castigo aos povos;
⁸ para prender os seus reis com
   grilhões
e seus nobres com algemas de ferro;
⁹ para executar a sentença escrita
   contra eles.ᵍ
Esta é a glória de todos os seus fiéis.ʰ
Aleluia!

Salmo 150

¹ Aleluia!
Louvem a Deus no seu santuário,ⁱ
   louvem-no em seu magnífico
   firmamento.ʲ
² Louvem-no pelos seus feitos poderosos,ᵏ
   louvem-no segundo a imensidão
   de sua grandeza!ˡ
³ Louvem-no ao som de trombeta,
   louvem-no com a liraᵐ e a harpa,
⁴ louvem-no com tamborins e danças,ⁿ
   louvem-no com instrumentos de
      cordasᵒ
   e com flautas,
⁵ louvem-no com címbalosᵖ sonoros,
   louvem-no com címbalos
      ressonantes.
⁶ Tudo o que tem vidaᵠ louve o Senhor!
Aleluia!

149.1 ᵛSl 33.2; ʷSl 35.18
149.2 ˣSl 95.6; ʸSl 47.9; Zc 9.9
149.3 ᶻSl 81.2; 150.4
149.4 ᵃSl 35.27; ᵇSl 132.16
149.5 ᶜSl 132.16; ᵈJó 35.10
149.6 ᵉSl 66.17; ᶠHb 4.12; Ap 1.16
149.9 ᵍDt 7.1; Ez 28.26; ʰSl 148.14
150.1 ⁱSl 102.19; ʲSl 19.1
150.2 ᵏDt 3.24; ˡSl 145.5-6
150.3 ᵐSl 149.3
150.4 ⁿÊx 15.20; ᵒIs 38.20
150.5 ᵖ1 Cr 13.8; 15.16
150.6 ᵠSl 145.21

PASTOREANDO EM SITUAÇÕES ESPECÍFICAS

Pastoreando pessoas em situações de trauma, crises e suicídio

Salva-me, ó Deus!,
*   pois as águas subiram até o meu pescoço.*
Nas profundezas lamacentas eu me afundo;
*   não tenho onde firmar os pés.*
Entrei em águas profundas;
*   as correntezas me arrastam.*
Cansei-me de pedir socorro;
*   minha garganta se abrasa.*
Meus olhos fraquejam
*   de tanto esperar pelo meu Deus.*

Salmos 69.1-3

Os líderes cristãos têm o maravilhoso privilégio de andar com pessoas que vivem intensas crises. Como o salmista, esses companheiros de luta podem se sentir completamente sobrecarregados, afundados em situações difíceis e traumáticas. Quando a água chega ao pescoço, eles precisam de um pastor — alguém que esteja disposto a entrar na correnteza e ainda assim manter-se ancorado na força e no poder de Deus.

O tipo de crise que o salmista experimentou pode tomar diversas formas modernas: desastres naturais, tiroteio, ataques terroristas, suicídio, violência doméstica, gravidez não planejada, estupro ou abuso sexual. Inicialmente a nossa simples presença durante a crise pode ser o instrumento mais eficaz que temos a oferecer. Naturalmente, no longo prazo, o nosso papel é mostrar às pessoas que sofrem aquele que entrou nas "profundezas" das nossas crises, carregando a nossa maldição do pecado para que fosse o verdadeiro "ponto de apoio" de que todos nós que estamos afundando precisamos.

PASTOREANDO EM SITUAÇÕES ESPECÍFICAS

Pastoreando pessoas em situações de crise ou trauma
Scott Floyd

Pastorear pessoas que passam por momentos de trauma ou crise é um elemento-chave de qualquer ministério. Muitas vezes, quando ocorrem situações difíceis, as pessoas em geral e as famílias estão abertas para receber ajuda dos que fazem parte da comunidade da fé. Saber que passos dar quando indivíduos, famílias ou comunidades passam por crises ou traumas aumenta grandemente a possibilidade de um ministério eficaz. Como qualquer outro tipo de ação ministerial, os aspectos específicos do trabalho com aqueles que passam por crise ou trauma dependerão da situação particular. Não há uma receita pronta para toda situação. A sensibilidade do cuidador aos que estão em circunstâncias difíceis ajuda a definir a abordagem e o tipo de ajuda a ser oferecida. Eis alguns modos de ajudar as pessoas que atravessam momentos de crise e trauma:

Saiba a diferença entre crise e trauma
Compreender a natureza das crises e de acontecimentos traumáticos e ser capaz de distinguir entre eles é o ponto de partida para ajudar as pessoas nas circunstâncias mais difíceis da vida. Uma *crise* é um estado de angústia que ameaça os mecanismos normais de enfrentamento do indivíduo. Uma crise não é necessariamente ruim; trata-se antes do ponto decisivo em que as coisas podem tomar o rumo positivo ou negativo. As crises tendem a variar no grau de choque (gradual ou repentino), intensidade (moderada ou severa) e duração (breve ou prolongada). Um dos aspectos mais importantes que distinguem a crise do trauma é que a crise pode ser imaginada, não real. Por exemplo, um homem pode pensar que está prestes a perder o emprego, quando, na realidade, seu chefe o vê como bom funcionário e uma vantagem para a empresa. Uma crise imaginada geralmente é tão real quanto uma crise de verdade e os efeitos sobre a pessoa podem ser os mesmos de quando realmente acontecem.

Um *trauma* consiste em um acontecimento inesperado que está muito além dos mecanismos normais de defesa e enfrentamento, e provoca forte dor emocional. Há quatro elementos principais no trauma. Primeiro, é causado por um acontecimento real. Segundo, um acontecimento traumático não faz parte do desenvolvimento ou funcionamento humano normal, antes é uma ocorrência externa ao que a pessoa experimenta. Terceiro, se a crise ameaça os mecanismos normais de enfrentamento da pessoa, a experiência traumática tende a devastar o modo com o qual a pessoa normalmente enfrenta a situação. Finalmente, o trauma produz sintomas. Apesar de haver grande variação de sintomas de pessoa para pessoa, todos que passam por um acontecimento traumático terão um conjunto de sintomas previsíveis.

Permita e ajude as vítimas de trauma a expressar o que aconteceu
As vítimas de trauma precisam expressar o que aconteceu. Alguns repetirão a história diversas vezes. O processo de falar sobre o ocorrido e sobre pensamentos e sentimentos

a ele relacionados em geral ajudam a vítima de trauma a processar o que aconteceu e a encontrar um modo de enxergar aquele acontecimento. Permitir e até encorajar a pessoa a relatar o trauma é o início do processo de cura.

Evite explicações ou soluções simples

Ao acompanhar uma crise ou experiência traumática, os cuidadores são tentados a tranquilizar a vítima explicando o que aconteceu. Um exemplo claro disso nas Escrituras é como os amigos de Jó reagiram à sucessão de perdas traumáticas de Jó. Esses amigos tentaram explicar como Deus estava respondendo ao suposto pecado de Jó permitindo-lhe atravessar circunstâncias tão trágicas. Um cuidador eficaz reconhece que não há respostas fáceis para circunstâncias trágicas. Frequentemente sua maior ajuda é estar com a pessoa em meio, ou logo após, a experiência traumática.

Esteja atento a todos os membros da família envolvidos

Depois de uma crise ou experiência traumática, os cuidadores devem estar atentos a todos os que foram atingidos pela tragédia. Isso inclui não só os diretamente envolvidos, mas também os outros membros da família. O membro mais calado da família pode estar extremamente necessitado de ajuda, mas ser ignorado. Os cuidadores também devem estar atentos às necessidades especiais que as crianças e os adolescentes têm após um acontecimento traumático.

Preste atenção às necessidades físicas dos atingidos

Em muitas crises, as pessoas atingidas terão uma série de necessidades físicas. Depois de um incêndio, uma família poderá precisar de acomodação, roupas e comida. Numa inundação, as vítimas podem precisar de ajuda para retirar o lodo da casa, refazer paredes ou rever a instalação elétrica. Depois de um acidente automobilístico, o indivíduo pode precisar de ajuda na locomoção. Atender a necessidades físicas é, muitas vezes, o modo mais significativo de ajudar.

Normalize os sintomas

Todas as pessoas que passaram por um acontecimento traumático experimentam determinados sintomas, que variam muito de pessoa para pessoa. Os cuidadores devem compreender os sintomas cognitivos, emocionais, comportamentais, relacionais e espirituais comuns que são provocados pelo trauma[1]. As pessoas podem sentir-se culpadas, enfraquecidas ou até mesmo loucas por ter esses sintomas, principalmente se os sintomas são duradouros. Uma afirmação serena de que tais sintomas são comuns ou normais fornece confiança às vítimas de trauma. Entretanto, os cuidadores devem estar atentos de que sintomas extremos, como dores no peito ou pensamentos de suicídio, exigem encaminhamento a um médico ou conselheiro habilitado.

---

[1] Veja Scott Floyd, Crisis Counseling: A Guide for Pastors and Professionals, que contém uma "Lista de verificação dos sintomas de traumas" e uma explicação básica dos vários sintomas que uma pessoa pode experimentar após um acontecimento traumático.

PASTOREANDO EM SITUAÇÕES ESPECÍFICAS

Ajude a definir alguns "próximos passos" concretos
É verdade que um dos principais alvos para a ajuda de vítimas de traumas ou crises inclui estar pronto para ouvir e oferecer apoio, mas os cuidadores também podem ajudar as vítimas a planejar e dar sequência ao que precisa ser feito. Frequentemente as vítimas de crise ou trauma estão assustadas ou sobrecarregadas pelo que aconteceu, a ponto de ter dificuldades de tomar pequenas decisões. Um cuidador pode ajudar a vítima a preparar uma lista das principais coisas que devem ser feitas e que ajudarão a pessoa ferida a seguir adiante apesar de estar paralisada ou sobrecarregada.

Encaminhe a pessoa a um aconselhamento quando necessário
O contato inicial com a pessoa após o trauma ou crise pode ser limitado ao tempo ou às circunstâncias. Se o indivíduo ou família exigir mais cuidados do que a igreja tem condições de oferecer, é melhor encaminhá-la a um conselheiro ou terapeuta que tem experiência em aconselhamento em situações de crise e trauma.

Até onde for possível, dê acompanhamento à pessoa
O contato inicial com vítimas de crise ou trauma é inestimável para o processo de enfrentamento ou recuperação. Entretanto, fazer contato com as vítimas de trauma ou crise alguns dias depois do acontecimento também podem ser de grande valor. Em alguns casos, um sobrevivente de trauma pode ficar em estado de choque depois do acontecido e pode levar vários dias ou semanas para que surjam os sintomas. Fazer novo contato com a pessoa depois do contato inicial permite ao cuidador monitorar e apoiar a pessoa de modo constante após o acontecido. Quando acontecimentos trágicos ocorrem, feriados e aniversários são muitas vezes lembranças dolorosas das perdas associadas ao trauma ou crise. O fato de um cuidador reconhecer a natureza constante do problema pode ser particularmente consolador.

Oferecer cuidado, apoio e amor àqueles que passaram por crises ou experiências traumáticas é um componente valioso no ministério. Isso não só reflete como Jesus interagiu com as pessoas, mas também consiste em uma expressão tangível do amor e cuidado de Deus por aqueles que ele criou e que passam por algumas das circunstâncias mais difíceis da vida.

A crise causada por um trauma comunitário
Scott Floyd

Nos últimos anos, muitas cidades de diversas partes do mundo têm sofrido desastres significativos em consequência de ações humanas que afetam uma parte substancial da comunidade, comunidades inteiras ou regiões de um país. Esses episódios incluem: tiroteios em escolas, igrejas, escritórios, *shoppings*, cinemas; incêndios; acidentes aéreos ou automobilísticos; ataques terroristas. Em cada um desses casos, lugares que *deveriam* ser seguros na sociedade — igrejas, escolas, empresas e áreas recreativas — são cenários de tragédias indizíveis. Apesar de acontecimentos graves chamarem a atenção das nações,

há muitos outros episódios que não recebem tanta atenção ou destaque e que são tão devastadores para as pessoas envolvidas quanto os demais.

A quantidade e extensão de desastres provocados pelo homem nos levam a refletir sobre o que o indivíduo precisa saber a respeito desse tipo de desastre e como a igreja e seus líderes podem reagir diante da situação. Charles Figley, um renomado especialista sobre trauma e desastres, observa que as comunidades tendem a seguir um padrão ou um conjunto determinado de reações a um desastre.[1] Reconhecer e compreender essas fases de reação permite ao cuidador oferecer ajuda eficaz após um trauma comunitário:

- *Fase pré-desastre*: Muitas comunidades estão despreparadas para um evento traumático, por isso são pegas de surpresa. Frequentemente, os indivíduos dirão: "Não imaginava que isso poderia acontecer". A falta de preparo deixa as comunidades vulneráveis.
- *Fase do impacto*: Quando ocorre o episódio traumático, os indivíduos normalmente ficam devastados e agem com medo e incredulidade. Na fase do impacto, as pessoas se esforçam para sobreviver, mas também experimentam forte ansiedade em relação a amigos e familiares. Choque e apatia são reações típicas.
- *Fase da reação heroica*: Muitas vezes, as pessoas têm reações heroicas em desastres provocados pelo homem. Relatos sobre esses esforços começam a circular logo após o impacto inicial do desastre. Essas histórias parecem ajudar os indivíduos a enfrentar as consequências imediatas da tragédia.
- *Fase do inventário*: Nas horas e dias que seguem ao desastre, as pessoas começam a calcular as perdas, incluindo a perda da vida e de propriedade. Imediatamente após o episódio, muitas vezes a comunicação é rompida e os indivíduos se concentram em obter informações sobre perdas relacionadas.
- *Fase da lua de mel*: Nessa fase, grande atenção é dada à região afetada. Isso inclui a presença da mídia, dos políticos e até celebridades, que assumem o compromisso de ajudar a comunidade atingida. Depois que a atenção se desvia, a comunidade se sente isolada, esquecida e abandonada, o que aumenta o sentimento de dor e ressentimento.
- *Fase da desilusão*: À medida que passam os dias, as pessoas envolvidas no acontecimento traumático começam a compreender mais claramente o impacto do desastre. Quando caem na realidade, é comum os indivíduos ficarem desanimados pela demora da recuperação; consequentemente têm dificuldades com os sentimentos de desesperança e abandono.
- *Fase da reconstrução*: Na fase final, os indivíduos e as famílias põem as coisas em seu lugar. A vida volta a um estado mais rotineiro, à medida que as pessoas se adaptam à vida pós-trauma.

Baseado no conhecimento de como as comunidades reagem a episódios traumáticos, eis algumas formas de os colaboradores e cuidadores responderem diante de um episódio traumático causado pelo homem e que atinge uma comunidade:

---

[1] Charles Figley, "Disaster and Violence: Picking Up the Family Pieces and Keeping Them Together", palestra em outubro de 1998, na Conferência da Associação Americana de Terapeutas de Casais e Famílias, em Dallas, Texas.

PASTOREANDO EM SITUAÇÕES ESPECÍFICAS

Esteja atento e se previna
Conscientização e prevenção são os pontos iniciais cruciais para a ajuda apropriada diante de um desastre comunitário. Os desastres podem ocorrer em grandes cidades, pequenos vilarejos, bairros residenciais ou áreas rurais. Uma reação eficaz exige preparação e planejamento cuidadoso.

Monte uma equipe de atendimento imediato
Muitas igrejas e comunidades têm formado equipes de atendimento a desastres que tenham a capacidade de se mobilizar prontamente diante de um acontecimento traumático. Essas equipes devem ser capazes de lidar com uma variedade de necessidades — físicas, emocionais e espirituais — e oferecer apoio durante o episódio e alívio após o acontecimento. Os indivíduos interessados em oferecer ajuda após um acontecimento traumático podem formar uma equipe de atendimento a desastres em sua igreja, participar de uma organização de assistência como a Cruz Vermelha, ou procurar alguma das inúmeras denominações que possuam unidades de atendimento imediato a desastres.

Ofereça ajuda aos cuidadores
Durante um acontecimento traumático, os cuidadores trabalham em geral no limite de suas capacidades, se não além delas. Estar atento ao tremendo peso que um desastre desencadeia nos primeiros indivíduos que se oferecem para ajudar e sobre os membros das organizações de socorro permitem que um grupo de pessoas esteja disponível para oferecer ajuda e apoio aos que estão diretamente envolvidos nos esforços de socorro.

Esteja atento para as necessidades de relações públicas
Se um acontecimento traumático ocorrer no contexto de uma igreja ou organização, os líderes precisam ter planejado quem vai se comunicar com a mídia sobre o desastre. No caos que segue ao desastre, uma palavra ou declaração dita na hora errada pode causar enorme prejuízo à igreja. Geralmente, um porta-voz previamente designado, cuja comunicação seja clara, ajudará a organização religiosa a administrar alguns dos problemas potenciais de comunicação com a mídia.

Infelizmente, no mundo de hoje, muitos indivíduos, comunidades, igrejas, escolas e empresas serão vítimas de violência e acidentes terríveis. O apoio oportuno e ponderado de indivíduos dentro da comunidade de fé, de igrejas e de organizações religiosas é de grande ajuda para os que sofrem e expressa o amor e cuidado de Deus, os quais são essenciais para a recuperação de traumas provocados pelo homem.

A crise causada por um desastre natural
Scott Floyd

Um desastre natural é uma crise de grandes proporções que ocorre quase sem nenhum sinal de alerta e tem um impacto devastador na comunidade. Desastres naturais incluem furacões, ciclones, inundações, *tsunamis*, secas, tempestades, calor prolongado, frio intenso, geadas, incêndios e deslizamentos. Qualquer um desses pode ser devastador para indivíduos, famílias ou comunidades. Os desastres naturais variam em extensão, intensidade e duração.[1] A *abrangência* envolve o número de famílias, lares e empresas afetados. Um desastre de alto grau de *intensidade* provoca grande número de mortes e destruição. A *duração* de um desastre pode ser prolongada, como em caso de uma seca, ou breve, quando um furacão destrói uma cidade. Desastres de grande extensão, alto grau de intensidade e prolongados são os mais danosos a uma comunidade e a todos envolvidos.

Quando ocorre um desastre natural em uma comunidade, indivíduos, igrejas, organizações filantrópicas e entidades denominacionais têm inúmeras oportunidades de oferecer vários tipos de ajuda e cuidado aos que foram atingidos. Eis alguns modos por meio dos quais os cuidadores podem participar no resgate, no socorro ou na recuperação:

Monte uma central de operações

Inicialmente, quando ocorre um desastre natural, a primeira tarefa deve ser proteger a propriedade e resguardar a segurança dos indivíduos. Se, por um lado, os primeiros colaboradores da comunidade são os que frequentemente que estão mais envolvidos nessa fase, por outro a igreja pode dispor de suas instalações para servir de central de operações para os trabalhos de resgate ou para os processos de comunicação que são tão importantes na fase inicial de uma crise de grandes proporções.

Ofereça abrigo e socorro

Trabalhos de resgate geralmente acontecem durante e após desastres prolongados ou imediatamente após acontecimentos repentinos e breves. O socorro envolve determinar as necessidades das pessoas atingidas e atender às necessidades existentes. Isso pode incluir abrigo, roupa, comida e água, serviços de eletricidade e telefone. Depois do furacão Katarina, nos EUA, muitas igrejas de Louisiana e Texas acolheram famílias e atenderam suas necessidades básicas; algumas igrejas ofereceram e levaram ajuda humanitária durante vários dias ou semanas.

Ajude as vítimas de desastre a voltar à normalidade

Ajudar na recuperação envolve ajudar vítimas de desastre a olhar para o futuro e para a vida em seu estágio de normalidade, a rotina anterior ao desastre. Para alguns, a recuperação significa começar tudo do zero, principalmente quando as perdas foram devastadoras. A recuperação pode englobar ajuda com moradia temporária ou permanente, recolocação no emprego, orientação jurídica, assistência médica ou dentária. Serviços de aconselhamento podem permitir a indivíduos e famílias tratar do impacto emocional do desastre e das perdas relacionadas.

A reação mais eficaz a um desastre natural que atinge uma comunidade pressupõe algum grau de precaução e preparo. Indivíduos bem-intencionados podem se prontificar

---

[1] Veja James Halpern; Mary Tramontin. Disaster Mental Health: Theory and Practice. Belmont, CA: Brooks/Cole. p. 3

PASTOREANDO EM SITUAÇÕES ESPECÍFICAS

para ajudar logo após o desastre, mas a ajuda oferecida por esses indivíduos não se compara a um planejamento bem elaborado e intencional de uma equipe ou força-tarefa de apoio a desastres vinculada a uma igreja ou comunidade. Uma equipe dessa natureza pode avaliar os recursos pessoais, físicos, financeiros e de equipamento para desenvolver um planejamento intencional e bem elaborado a fim de enfrentar uma crise de grandes proporções. Esse planejamento pode objetivar algumas das seguintes áreas:

Ofereça assistência para prevenir desastres
Apesar de alguns desastres ocorrerem sem ou com quase nenhum aviso prévio, outros dão chance para que os cuidadores se preparem a fim de abrandar a extensão do dano. Uma força-tarefa de apoio a desastres poderá ajudar as pessoas a revestir as janelas com compensado antes da chegada de um furacão ou a encher sacos de areia quando o nível de um rio estiver subindo.

Ajude na limpeza e em reparos
Desastres naturais como furacões, ciclones, incêndios, inundações e tempestades de granizo são capazes de causar uma destruição massiva. Os voluntários podem ajudar a retirar entulhos como árvores, galhos e lama, e fazer reparos temporários em telhados danificados. Os geradores de eletricidade normalmente são de grande benefício após tempestades destruidoras, pois possibilitam que os membros da comunidade tenham o suprimento necessário de eletricidade, luz e aquecimento.

Atenda a necessidades básicas
Após um desastre natural, as pessoas têm dificuldades de suprir as necessidades mais básicas. Algumas famílias perdem casas, automóveis, roupas e até acesso a alimento e água. Um dos meios mais elementares de ajuda que uma igreja pode oferecer é atender a esse tipo de necessidades básicas, incluindo comida, garrafas de água, fraldas, roupas, transporte ou abrigo temporário. Em circunstâncias extremas, oferecer acesso à internet e a serviço telefônico permite que as famílias se reconectem com familiares ou obtenham informação sobre o desastre e suas consequências. Atender a necessidades básicas é um meio de oferecer "um copo de água" no nome de Jesus (Mateus 10.42).

Ofereça ajuda e assistência financeira
Muitas igrejas ou forças-tarefa formam um fundo beneficente que é colocado à disposição de indivíduos envolvidos em desastres. Esse tipo de ministério pode incluir mantimento ou vestuário, mas, em alguns casos, uma assistência financeira mais direta pode beneficiar grandemente as famílias atingidas. A assistência pode ocorrer em forma de vales-presente ou bônus de crédito para compra material de construção ou mantimentos. Algumas igrejas ou organizações, às vezes, são capazes de oferecer às vítimas de desastre um serviço de planejamento financeiro enquanto essas famílias procuram reconstruir ou se adaptar às mudanças causadas pelo desastre.

Igrejas e organizações filantrópicas têm uma diversidade de maneiras de oferecer ajuda a vítimas de desastres naturais. Um preparo intencional, bem elaborado, pode ajudar indivíduos

Pastoreando pessoas em situações de trauma, crises e suicídio

e organizações a ser proativos em vez de reativos, quando estiverem diante de um desastre, beneficiando, assim, profundamente as pessoas atingidas por esse tipo de ocorrência.

A crise causada por suicídio: prevenção
Jolene L. Roehlkepartain & Randy Christian

Cuidar de pessoas com tendências suicidas pode gerar sentimento de sobrecarga, talvez até de pavor. Mas poucas áreas do cuidado pastoral oferecem um modo tão eficaz para alcançar uma vida humana como esta. Eis alguns modos básicos de ajudar os suicidas:

Preste atenção aos sinais de alerta

De cada cinco pessoas que pensam em cometer suicídio, quatro dão sinais de que precisam de ajuda. Cada sintoma isoladamente representa simplesmente um caso de estresse ou pode não significar que a pessoa esteja à beira de cometer suicídio. Mas o conjunto desses sintomas pode indicar que a pessoa está chegando a um estado depressivo ou suicida. Estes são alguns sinais que devem ser observados:

- Mudança de personalidade; tornando-se retraído, triste, irritável ou apático.
- Explosão irracional; tornando-se irritadiço, chorando com facilidade ou ficando facilmente aborrecido com acontecimentos triviais.
- Baixo desempenho no trabalho ou nos estudos.
- Mudança de hábitos alimentares e do sono; dormir ou comer notavelmente mais ou menos.
- Conversa sobre suicídio.
- Conversa sobre odiar a si mesmo, não ter valor e de como deve ser um peso para os outros.
- Falta de interesse em atividades anteriormente desfrutadas.
- Dificuldade de comunicação, mesmo para jogar conversa fora.
- Isolamento e perda de amigos.
- Doação de objetos preciosos e favoritos.
- Abuso de bebida alcoólica e droga, iniciando o uso dessas substâncias ou tornando o vício ainda pior.
- Constante falta de otimismo; sentir-se extremamente mal sobre a vida em geral.
- Perda recente de emprego, amigos, casamento ou algo significativo.
- Forte sentimento de infelicidade ou depressão.

Mantenha ocupada a pessoa com pensamentos suicidas

Se não há uma recomendação médica de urgência, faça algumas perguntas em conversa informal. Desse modo, a pessoa não sentirá que está sendo interrogada. Transmita esperança — a maioria dos suicidas em potencial não quer morrer. É por isso que eles normalmente procuram alguma forma de ajuda. É vital fazer que a pessoa compartilhe

PASTOREANDO EM SITUAÇÕES ESPECÍFICAS

seus sentimentos. O elemento específico que desencadeia a depressão e os pensamentos suicidas está frequentemente escondido em sentimentos terríveis que a pessoa está experimentando. Portanto, quando as preocupações ou os problemas do suicida em potencial são identificados, nunca devem ser desprezados, não importa quão insignificantes sejam. Uma nota baixa em matemática, a perda do emprego, ou o rompimento de um relacionamento podem não parecer muito, mas as pessoas cometem suicídio por questões como essas. Encoraje-as com palavras de afirmação declarando algo como: "Você fez a coisa certa procurando ajuda" ou "Que bom que você ligou". Não ceda à tentação comum de discutir com um suicida tentando encontrar um furo em seu raciocínio, porque quase sempre não há muito sentido discutir a probidade do ato. A pessoa já está sobrecarregada de sentimento de culpa, impotência e rejeição; argumentar apenas piora esse sentimento.

Analise a situação

Se alguém estiver extremamente deprimido, mas não expressar nenhum pensamento suicida, pergunte diretamente se ele está pensando em cometer suicídio. Falar sobre suicídio não lhe trará nenhuma nova ideia à cabeça; antes, poderá ajudar a pessoa a expressar pensamentos terríveis. Perguntas francas geralmente são muito eficazes: "Alguma vez você já pensou em tirar a própria vida?"; "Quando você diz que quer 'terminar logo com isso', significa que está pensando em suicídio?". O fato de a pessoa ser capaz de conversar abertamente com você sobre suicídio pode dar a ela algum senso de estabilidade. Você pode também examinar as intenções da pessoa. Calmamente, fará perguntas como: "Se você fosse tirar a sua vida, como faria? Você já planejou alguma coisa?". Se ela responder que pensou em usar uma arma, pergunte calmamente: "Você está com a arma? Está carregada? Você sabe usá-la?" (Essa informação também é vital para a segurança de policiais que poderão ser chamados). A ideia é descobrir se algum passo foi dado para cometer o suicídio. Não deixe de obter as informações básicas do indivíduo: nome, telefone, localização. Essas informações poderão ser muito úteis caso haja necessidade de intervenção direta.

Elabore um plano de ação

Procure definir se a situação é urgente ou não. Uma vaga menção de "acabar com tudo algum dia", apesar de séria, provavelmente não significa uma ação iminente. Fatores que indicam urgência são: um plano suicida válido, específico e letal; meios prontamente disponíveis; depressão nervosa; falta de um sistema de apoio; histórico de tentativa de suicídio; e até uma guinada repentina para o melhor depois de um período de melancolia. Se a ameaça de suicídio for urgente e iminente, você poderá dizer: "Não vou fazer nada para machucá-lo", em vez de prometer que não contará nada a ninguém. Depois, continue conversando; isso é um antídoto e pode dissipar emoções destrutivas. Você pode tentar fazer um pacto com o suicida. Diga algo como: "Depois de tudo que passamos, eu quero que você ligue para mim antes de qualquer atitude drástica. Prometa-me que fará apenas isso para mim.". Esse senso de obrigação pode simplesmente evitar que a pessoa siga em frente com o plano.

Se o suicida já elaborou um plano de suicídio, veja se você consegue substituí-lo por um plano de vida. Você pode começar descartando os meios que possibilitem a execução de um plano suicida específico; contudo, um plano de vida vai muito além. Ele ajuda a pessoa a começar a andar em direção à vida e à saúde. Talvez envolva um acordo de conversarem todos os dias por telefone. Esse acordo deve explorar questões espirituais sobre confiar em Cristo. Mas o plano de vida pode também ser dividido em um programa completo de terapia que inclua consultar um médico, um conselheiro, um mentor ou fazer parte de um grupo de apoio ou pequeno grupo de uma igreja. Sobretudo, *oração*. Incluir o poder de Deus na situação é absolutamente vital.

A crise causada por suicídio: cuidados posteriores
Randy Christian

Quando o suicídio é cometido, os sobreviventes muitas vezes descobrem que poucos amigos são capazes ou estão dispostos a ajudar. É comum o pastor ser chamado para a cena do suicídio, para a casa ou hospital a fim de confortar os sobreviventes. Os pastores podem ter uma oportunidade incrível de ministrar às pessoas deixadas pelo suicida, mesmo em meio ao choque e tristeza deles.

Seja franco com os fatos dolorosos
Talvez a primeira e mais importante prioridade seja a franqueza. Isso começa com uma conversa clara com os sobreviventes dizendo a palavra "suicídio" em vez de eufemismos como "esse terrível incidente". Isso não é fácil. Aqueles que foram atingidos pelo suicídio são tentados a evitar os fatos dolorosos de que um querido tirou a própria vida. Mas fugir do problema só tornará as coisas mais difíceis para se recuperar do luto. Ninguém se sente à vontade com a realidade do suicídio. Ninguém deve esperar se sentir à vontade de falar sobre suicídio ou mesmo pensar sobre isso. Podemos conversar com sensibilidade e bondade, mas o luto não se completa nem a cura é alcançada sem a devida franqueza.

Aceite os sentimentos de "indignação"
Não abrevie os sentimentos dos sobreviventes, mesmo que sejam condenáveis. Ouvir e aceitar os sentimentos é um fator importante, ainda que difícil, desse ministério. Esteja pronto para ouvir e aceitar uma variedade de emoções. Alguns sobreviventes sentem profundo ódio e ira; outros têm sentimento de remorso ou culpa. Ainda outros têm um sentimento de alívio ou mesmo paz e felicidade. A questão não é se as pessoas podem ter esses sentimentos. Os sentimentos estão lá; a questão é buscar o modo mais saudável de expressá-los.

Deixe que Deus julgue
Essa recomendação é particularmente importante para líderes de igreja, os quais são frequentemente vistos pelos familiares do falecido como representantes físicos de Deus. Deixar de julgar a pessoa que cometeu o suicídio — mesmo que os familiares desejem ouvir uma palavra de condenação — possibilita aos sobreviventes deixar o julgamento nas mãos de Deus. Contudo, isso não significa dar falsas esperanças. O nosso papel é lembrar os

PASTOREANDO EM SITUAÇÕES ESPECÍFICAS

familiares de que Deus é o único legítimo Juiz, e que a base do seu julgamento é nosso relacionamento com Cristo.

Substitua a rejeição pela aceitação
Muitos sobreviventes têm um forte sentimento de rejeição. Para eles é como se o suicida estivesse dizendo: "Eu não quero nunca mais conviver com vocês". Oferecer uma profunda aceitação pastoral pode demandar tempo, e os familiares podem se tornar bastante dependentes da presença da pessoa que os ajuda. Para evitar isso, apresente os familiares a outras pessoas que também poderão dar atenção e mostrar aceitação.

Lembre-se do poder da presença
A tentação é achar que temos de ter palavras precisamente corretas para dizer aos familiares. É importante reconhecer o valor de simplesmente "estar lá". Naturalmente que o tempo gasto depende da sua agenda. Eu descobri que, na fase inicial, gastar de uma a três horas é o suficiente — e necessário — para mostrar à família que eu me importo com a situação deles. Durante esse período, procuro não deixar os membros da família sozinhos a não ser que eles peçam. Eu sei que eles não precisarão de mim ali todo tempo, mas desejam sentir que eu tenho um compromisso com eles.

Conduza outros ao perdão de Cristo
É provável que se exija dois tipos de perdão. O primeiro envolve os sobreviventes que anseiam por perdão, que de alguma maneira se sentem responsáveis pelo suicídio. Discursos teológicos não são a cura para essas pessoas feridas, mas é sempre recomendável compartilhar de maneira simples o amor de Cristo por nós e sua disposição de perdoar nossos pecados. Encoraje os sobreviventes, passo a passo, a aceitar o perdão de Deus, o perdão uns dos outros, a aprender com os erros e talvez a ajudar outra pessoa.

Um segundo tipo de perdão consiste na habilidade de perdoar a pessoa que cometeu suicídio. Não importa quanta explicação os familiares ouçam a respeito do estado mental de seu querido familiar, não importa quantas vezes eles ouçam sobre as pressões sofridas pelo falecido, em última instância apenas Cristo pode aliviar o coração amargurado. No fim, deixar de perdoar não afetará a vítima de suicídio; só afetará os sobreviventes que preferem não deixar a amargura.

Represente Cristo aos feridos
Permanecer com aqueles que passaram pela dor do suicídio é uma oportunidade singular para servir. Como pastores, representamos Cristo, e os sobreviventes normalmente levam a sério a nossa missão de embaixadores. Isso não exige um desempenho perfeito de nossa parte. No entanto, dá-nos a oportunidade de moldar a compaixão e o perdão oferecidos por aquele que nos enviou.

A crise causada por uma gravidez indesejada
Nancy Kreuzer

Uma mulher que descobre que está grávida sem ter desejado geralmente se sente com medo, insegura e nega o fato. Numa sociedade que valoriza a independência, essas mulheres são suscetíveis a sentimentos de fracasso e extrema solidão. Elas estão num estado de profunda necessidade de amor e cuidado cristão. Para pastores e líderes de igreja, isso oferece uma excelente oportunidade de testemunhar a promessa infalível de Deus "[...] 'de fazê-los prosperar e não de lhes causar dano, planos de dar-lhes esperança e um futuro' " (Jeremias 29.11).

Compreenda a reação inicial da mulher
A reação imediata de uma mulher a uma gravidez indesejada normalmente é de intenso sentimento sobrecarga e solidão. Talvez ela não tenha os meios para lidar com a situação, ou não tenha a menor ideia de a quem recorrer. A igreja pode ser um sinal visível de que ela não precisa trilhar esse caminho sozinha, abandonada e tendo de enfrentar seus temores sem a companhia de alguém.

Reaja com compaixão, não condenação
Em vez de condenar, a reação inicial da igreja deve ser a demonstração de gratidão e alegria pela oportunidade de ministrar o amor de Cristo à mãe e ao bebê (e talvez a outros membros da família e amigos) em meio a uma situação difícil. Os líderes da igreja podem dar graças pela oportunidade de oferecer ajuda concreta e de nutrir relacionamentos duradouros na vida dessas mulheres. Procure levar a igreja a testemunhar ousadamente do cuidado de Cristo a todas as pessoas, não importando a necessidade, e a refletir seu amor por toda vida, não importando as circunstâncias.

Ofereça apoio positivo e prático
As mulheres que estão convivendo com uma gravidez indesejada podem estar recebendo todo tipo de conselho e pressão. É crucial que ela tenha alguém em quem possa confiar. Por isso, também é fundamental encaminhá-la a um centro cristão de apoio a mulheres grávidas. Centros de apoio a gestantes fornecem apoio tanto emocional quanto assistência prática — ajudar a moça a contar aos pais ou namorado, a continuar estudando ou conseguir um emprego. E, o mais importante, a ajuda pode resumir-se a acompanhá-la nas decisões difíceis sobre a gravidez.

Apoie a decisão de criar a criança
Decidir criar uma criança traz ao mesmo tempo tanto satisfação como desafio. É um direito individual, apesar de o que os outros possam dizer ou aconselhar. Centros de apoio a gestantes podem colaborar em oferecer aulas sobre maternidade e paternidade, material de apoio, como moradia e abrigo. Esses centros também podem ajudar novas mães a conseguir

PASTOREANDO EM SITUAÇÕES ESPECÍFICAS

alimento, roupa, fraldas etc. Apoie as pessoas na decisão de criar seus filhos, mostrando-lhes recursos disponíveis como casas de apoio a mães e outras agências de apoio.

Apoie a decisão de procurar entregar a criança à adoção
Cuidar de um bebê durante nove meses de gestação e depois entregá-lo a um casal exige discernimento e muita coragem. A mãe nunca deve ser levada a se sentir culpada por considerar essa possibilidade. Somente ela poderá decidir se a adoção é a melhor opção para ela e para a criança. Apoiar a mãe no processo de decisão pode ajudá-la a processar alguma tristeza que ela possa ter em relação à alegria de saber que seu bebê terá um futuro promissor.

Ofereça conselho em relação ao aborto
Uma gravidez indesejada pode fazer a mulher sentir que sua vida acabou. O sentimento da falta de opção pode levá-la a procurar soluções impulsivas e drásticas. Nunca suponha, mesmo que ela seja cristã, que a mulher não tenha considerado o aborto ou que algum parente não tenha a pressionado a essa solução. Nos Estados Unidos, uma de cada três mulheres já realizou um aborto, e esse índice se aplica também à população das nossas igrejas.[1] A mulher pode ter ouvido que o aborto permite que ela continue sua vida normal, deixando a gravidez para trás. Isso pode ser extremamente atraente para alguém que esteja imaginando que é muito mais simples não passar pela gravidez.

É muito importante que alguém acompanhe essa gestante durante a gravidez para que ela nunca se sinta desesperada ou abandonada. Geralmente, a melhor maneira de enfrentar essa situação é ser direto e franco, fazendo perguntas simples e garantindo que ela não tenha de tomar uma decisão em meio ao desespero. Você pode perguntar gentilmente algo como: "Sentimentos de sobrecarga são perfeitamente naturais e podem levar a pessoa a pensar no aborto. Isso já passou por sua mente ou você está sendo pressionada por alguém a fazer essa opção?".

Ofereça companheirismo durante toda a gestação
Uma gravidez indesejada é uma oportunidade para a igreja oferecer ajuda tanto espiritual quanto prática. Programas assistenciais de apoio a gestantes podem estabelecer contato de uma mãe, que optou corajosamente por criar o bebê, com a igreja. Um grupo pequeno de mulheres da igreja pode se oferecer a caminhar junto com a gestante durante a gravidez. Elas se tornam as mãos e os pés de Cristo à medida que ministram à gestante com o amor e cuidado de Cristo. Elas estão dispostas a ouvir, orar, levá-la às consultas e oferecer um chá de bebê para ela. Cada "ligação" possui sua própria personalidade e pode ser diferente de mãe para mãe, dependendo de suas necessidades específicas.

---

[1] No Brasil, apesar de o aborto ser ilegal, segundo estudos da Universidade de Brasília, estima-se que 15% das mulheres entre 18 e 34 anos e 20% entre 35 e 39 já realizaram um aborto. [N. do T.]

A crise causada por violência doméstica
Lou Reed

Uma mulher que está em meio ao pesadelo da violência doméstica e grave abuso verbal tem muita dificuldade de romper com as garras do medo e da insegurança que escravizam seu coração debilitado e sua mente perturbada. Eis algumas regras basilares do cuidado pastoral em casos de violência doméstica:

Ouça a história da vítima
As vítimas são as melhores pessoas para falar sobre suas experiências. Comece fazendo perguntas e ouvindo. Isso o ajudará a identificar padrões dos modos com os quais as vítimas reagem e lidam com as situações de abuso. Ouvir também ajuda a vítima a expressar seu drama.

Fortaleça a vítima
Uma das estratégias-chave para lidar com vítimas de abuso é o fortalecimento. A maioria das vítimas se viu impotente em seu relacionamento doméstico — ou, pelo menos, supõe-se essa impotência. Envolver-se na crise e dizer o que a vítima deve fazer pode provocar nova "autocondenação". A melhor maneira de ajudar é fornecer informação concreta e apresentar as opções acertadas nos momentos devidos da situação da vítima. Uma palavra de cautela: esteja preparado para reveses; algumas mulheres parecerão estar progredindo, mas voltarão à situação abusiva depois que a crise passar.

Atenda às necessidades práticas da vítima
Necessidades práticas envolvem alimentação, transporte, orientação jurídica, bens domésticos e emprego. Como observou um policial cristão:

> "Precisamos ser capazes de oferecer a estrutura de apoio que cada mulher precisa para que ela responsabilize com amabilidade o marido pela conduta dele. Se nós, a Igreja, atendemos a suas necessidades físicas, financeiras, emocionais e espirituais, o marido não poderá mantê-la refém de suas ameaças de arruiná-la ou forçá-la a voltar para casa. Ela será capaz de tomar decisões ponderadas sobre sua vida e seu relacionamento, e ela permanecerá forte e confiante à medida que Deus age em seu favor".

Procure defensores locais de vítimas de abuso
O seu objetivo de curto prazo não é a reconciliação, mas, sobretudo, a proteção da mulher e dos filhos. Familiarize-se com os defensores locais de vítimas de abuso, que trabalhem na polícia, no conselho tutelar ou na defensoria pública. Esses profissionais são capacitados para dar informação e orientação sobre qualquer tipo de situação doméstica. Eles podem ajudá-lo a entender o complexo caminho das situações de abuso, e você deverá encaminhar as vítimas a esses órgãos quando elas estiverem prontas a comunicar o caso às autoridades.

PASTOREANDO EM SITUAÇÕES ESPECÍFICAS

Envolva a polícia
Frequentemente a polícia é a primeira a prestar assistência. Ela conhece a lei e tem a autoridade de agir rápida e decisivamente. Se você for avisado de primeira mão a respeito de um abuso doméstico, ligue imediatamente para a polícia. Entretanto, se a vítima não quiser que você chame a polícia e você não tiver outra testemunha, ou não houver sinais de abuso físico, então — por mais irresponsável que pareça — você não deverá chamar a polícia. A polícia será não só impedida pela falta de cooperação da vítima como também você correrá o risco de duas coisas: provocar ainda mais a fúria do ofensor ou passar por cima da opção da vítima. Geralmente, a melhor coisa a fazer é oferecer à vítima os contatos de serviços locais e encorajá-la a se beneficiar da ajuda que esses serviços oferecem.

Recomende abrigo seguro
De todas as opções que você puder recomendar a uma vítima de abuso, provavelmente a melhor será um abrigo para mulheres. Esses abrigos, ou lares de apoio, protegem as mulheres que correm o risco de abusos repetidos. Outras opções — por exemplo, ordem de reclusão ou intervenção policial — não garantem o mesmo grau de segurança. Um abrigo pode oferecer acomodação e refeições, segurança 24 horas, defensores públicos, conselheiros de emprego e trabalho, creches para crianças em idade pré-escolar, transporte, profissionais de saúde e muito mais.

Considere a "questão da submissão"
Deixe o debate teológico de lado e considere a posição de uma vítima de abuso que acredite no seu dever de se submeter ao marido. Pergunte-se se a compreensão de sua igreja sobre submissão coloca um fardo maior na esposa do que no esposo. A posição da sua igreja pode desvirtuar as perspectivas tanto da vítima quanto do agressor sobre o relacionamento do casal.

Envolva uma mulher no processo
Se um líder homem está aconselhando uma mulher vítima de violência doméstica, é importante envolver outra mulher madura no processo de aconselhamento. A mera presença de uma mulher na sala pode criar um grau imensurável de conforto à vítima.

Confronte e ajude o agressor
Uma noite ou duas na cadeia pode ser exatamente do que o agressor precise, e um tempo na prisão pode abrir possibilidades estratégicas para abordá-lo. Aproveite essa oportunidade de vulnerabilidade repentina para entrar em cena, fazer contato e começar aconselhar o agressor. Examine as intenções dele. As pesquisas mostram que os agressores são casos patológicos de transferência de culpa; por isso, prepare-se para ouvir que não foi culpa dele. Leve-o gentilmente a responder uma simples pergunta: "O que você pensa sobre o que fez?". É impressionante como um agressor será franco com você, especialmente numa conversa homem a homem.

Pastoreando pessoas em situações de trauma, crises e suicídio

O agressor pode ter de se submeter a algum acompanhamento terapêutico por ordem judicial. Quando o acompanhamento estiver chegando ao fim, peça ao agressor para se reunir com você ou outro mentor por mais três meses. Defina alguns objetivos com ele e desafie-o a assumir responsabilidade por seu próprio ataque de ira. Converse sobre caminhos que ele deve adotar para fazer a esposa se sentir mais segura e amada. Como ele poderia ser mais afetivo e atencioso?

Casos de violência doméstica são complexos. Pode levar anos para se chegar a uma solução. Às vezes, nada se resolve. Mas, não importa o que aconteça, devemos ajudar os outros a confiar no Defensor absoluto — Jesus Cristo.

A crise causada por estupro
Danny Armstrong

O estupro arrasa e traumatiza tanto a alma quanto o corpo. Um dia a mulher está feliz, otimista, produtiva e olhando para o futuro. No outro dia, ela é estuprada. Um dia depois, ela sente que a vida acabou. Se uma mulher revela que foi violentada, há sete sentimentos que podem se manifestar nas vítimas de estupro:

1. *Raiva*. Vítimas de estupro ficam, com toda a razão, com raiva do estuprador, do sistema judicial (pelo fato de estupradores serem soltos mediante pagamento de fiança, ter sentenças leves ou suspensas, ou por serem soltos em liberdade condicional), e de ser pessoalmente violentadas.
2. *Vergonha*. Apesar de inúmeros banhos, a vítima de estupro não se sente limpa. Isso geralmente dura muito tempo. Ela se sente contaminada e degradada pela vergonha.
3. *Desespero*. A vítima de estupro foi despojada das coisas intocáveis que tornam a vida digna de ser vivida. Agora, ela não consegue olhar para além do dia seguinte. A semana seguinte está muito distante de sua visão; o mês seguinte é inimaginável; o próximo ano, impensável.
4. *Culpa*. Vítimas de estupro muitas vezes ficam se martirizando pensando "se ao menos..." — "Se ao menos eu tivesse trancado as janelas e portas", "Se ao menos eu não tivesse saído naquela noite" ou "Se ao menos eu tivesse saído um pouco mais cedo".
5. *Solidão*. O estupro não é assunto para ser tratado casualmente. A vítima de estupro muitas vezes se sente marginalizada, alienada e solitária. Suas amigas muitas vezes se afastam dela pensando que já não é a mesma, mas não entendem o por quê.
6. *Medo*. *Aterrorizada* talvez seja a palavra mais correta para expressar o sentimento da vítima. Esse tipo de medo não vai embora com o estuprador. É difícil a pessoa pegar no sono. A vida parece estar por um fio.
7. *Tristeza*. Nós nos entristecemos quando perdemos algo que é precioso para nós. As perdas da vítima de estupro são profundas. Ela perde o controle da própria vida. Perde a esperança. Perde dignidade e autoestima.

PASTOREANDO EM SITUAÇÕES ESPECÍFICAS

Depois de ouvir atentamente tudo que ela precisa compartilhar, é hora de responder. Estas são algumas maneiras de oferecer cuidado pastoral depois de um estupro:

Assegure à vítima de que você acredita na história dela

Ela precisa saber imediatamente que você é um defensor, que é alguém que entende e tomará o lado dela. Ela não procura aconselhamento como testemunha-chave de um tribunal, mas como vítima em meio à tragédia. O pastor é o representante de Deus, e Deus aceita as pessoas incondicionalmente.

Deixe a vítima expressar ira

Mostre que a ira, às vezes, não é só adequada como também justificada. Jesus ficou tão irado que pegou um chicote e expulsou fisicamente os cambistas do templo (João 2.15,16). No entanto, a Bíblia diferencia ira de pecado — os dois nem sempre são a mesma coisa. Você pode ajudar vítimas de estupro a seguir o conselho de Paulo em Efésios 4.26: "Quando vocês ficarem irados, não pequem".

Ofereça a purificação de Cristo

Os seus principais instrumentos de purificação são a oração, as Escrituras, e, para muitos, os sacramentos. Como os dez leprosos que se sentiam imundos, não por causa de algo que tivessem feito, mas por causa de algo que lhes acontecera, as vítimas de estupro precisam saber que podem ser completamente purificadas e restauradas (veja Lucas 17.11-19).

Trate da diferença entre culpa falsa e culpa verdadeira

As atitudes e os comentários dos outros podem despertar falsa culpa. A vítima de estupro precisa ouvir outra vez sobre sua bondade, sua dignidade e seu valor. Ela precisa reconhecer que é vítima, não criminosa. Mas a verdadeira culpa também assombra o cenário de todos os acontecimentos humanos. Toda vítima de estupro pode olhar para a cruz e encontrar alívio de suas ansiedades dessa verdadeira culpa. Mostre-lhe versículos como 1João 1.9 e Romanos 8.31-34. Fale sobre a visão que ela tem de Deus para determinar se ela o imagina como capataz austero, um disciplinador severo, que nos castiga pelos nossos pecados, ou um Pai amoroso que se entristece quando nos entristecemos e deseja atender às nossas necessidades.

Encaminhe a vítima a um grupo de apoio

O encaminhamento a outra vítima de estupro ou a um grupo de apoio pode ser relevante, mas isso não deve ser um meio de esquivar-se da responsabilidade. A vítima procurou você em busca de orientação espiritual. Encoraje-a a frequentar e participar da igreja, principalmente das atividades que dão ênfase à comunhão.

Ofereça assistência prática

Conecte a vítima de estupro a outros membros do Corpo de Cristo que poderão oferecer assistência prática, por exemplo, providenciar mudança de fechaduras e instalação de um sistema de segurança na casa. Talvez a pessoa queira fazer parte de um grupo de mulheres que orem com ela e por ela.

Respeite o processo de luto
O luto da vítima de estupro deve ser tratado da mesma forma como se trataria outros tipos de luto. Como qualquer um que lida com luto profundo, a vítima experimentará choque, angústia, ansiedade, perda, hostilidade e ressentimento antes de ser capaz de finalmente "voltar à normalidade".

Ajude a vítima de estupro a perdoar
Em algum momento, depois do período de acolhimento e da demonstração de maturidade espiritual, você terá a obrigação de ajudar a vítima a deixar o ódio que sente contra o agressor. Enquanto mantiver o ódio, ela ainda estará sujeita ao controle do agressor. Sua força emocional e psicológica será consumida pelo ódio. Só depois de deixar o assunto para trás e voluntariamente perdoar é que poderá retomar o controle total de sua vida.

Pastoreando pessoas em situações de trauma, crises e sofrimento

Introdução a PROVÉRBIOS

PANO DE FUNDO
Provérbios é um excelente exemplo da antiga literatura de sabedoria. Conquanto a literatura de sabedoria seja comum nas culturas do Oriente Médio (há exemplos do Egito datados de 2700 a.C.), o livro de Provérbios é único no sentido de que atribui a sabedoria à fonte: Deus.

Em hebraico e em grego, o livro de Provérbios é chamado de Provérbios de Salomão (as primeiras palavras do capítulo 1). O título latino é Livro de Provérbios. A palavra hebraica traduzida por "provérbio" geralmente tem conotação de similitude. A expressão latina *pro verba* ("provérbio") refere-se à redução de muitos pensamentos em poucas palavras memoráveis.

Salomão é citado como autor ou compilador do livro três vezes: 1.1; 10.1; 25.1 (1Reis 4.32 credita a Salomão "três mil provérbios"). Mas outros contribuíram: homens sábios, possivelmente se baseando em ou usando como padrão provérbios da *Sabedoria de Amenemope*, um documento antigo escrito entre 1000 e 600 a.C. (22.17-24.34); Agur, um oráculo (30.1-33); e Lemuel, um rei e oráculo (31.1-9).

ÉPOCA
Os provérbios de Salomão sem dúvida foram escritos antes que ele caísse na idolatria. Outros foram colecionados pelos escribas de Ezequias (25.1), provavelmente durante o reinado de Ezequias de Judá, mais de dois séculos mais tarde (715-688 a.C.).

ESBOÇO
I. A sabedoria fala	1.1—9.18
II. Contraste entre a Sabedoria e a Loucura	10.1—22.16
III. Recomendação sábia	22.17—24.34
IV. Aforismos da vida	25.1—29.27
V. Coleções de provérbios	
A. Agur	30.1-33
B. Rei Lemuel	31.1-9
C. O acróstico da mulher virtuosa	31.10-31

Propósito

1 Estes são os provérbios de Salomão[a], filho de Davi, rei de Israel.[b]

² Eles ajudarão a experimentar
   a sabedoria e a disciplina;
a compreender as palavras
   que dão entendimento;
³ a viver com disciplina e sensatez,
   fazendo o que é justo, direito e
      correto;
⁴ ajudarão a dar prudência
   aos inexperientes[c]
e conhecimento[d] e bom senso aos
   jovens.
⁵ Se o sábio lhes der ouvidos,
   aumentará seu conhecimento,[e]
e quem tem discernimento
   obterá orientação[f]
⁶ para compreender provérbios e
   parábolas,
   ditados e enigmas[g] dos sábios.

⁷ O temor do Senhor[h]
   é o princípio[1] do conhecimento,
mas os insensatos desprezam
   a sabedoria e a disciplina.

Advertências da Sabedoria

⁸ Ouça, meu filho,[i] a instrução de seu pai
   e não despreze o ensino de sua mãe.[j]
⁹ Eles serão um enfeite para a sua
      cabeça,
   um adorno para o seu pescoço.[k]

¹⁰ Meu filho, se os maus tentarem
      seduzi-lo,[l]
   não ceda![m][n]
¹¹ Se disserem: "Venha conosco,
   fiquemos de tocaia[o] para matar alguém,
   vamos divertir-nos armando
      emboscada
   contra quem de nada suspeita!
¹² Vamos engoli-los vivos,
   como a sepultura[2][p] engole os mortos;
vamos destruí-los inteiros,
   como são destruídos
   os que descem à cova;
¹³ acharemos todo tipo de objetos
      valiosos
e encheremos as nossas casas
   com o que roubarmos;
¹⁴ junte-se ao nosso bando;
dividiremos em partes iguais
   tudo o que conseguirmos!"
¹⁵ Meu filho,
   não vá pela vereda dessa gente![q]
Afaste os pés do caminho que eles
      seguem,[r]
¹⁶ pois os pés deles correm para fazer o
      mal,
   estão sempre prontos
      para derramar sangue.[s]
¹⁷ Assim como é inútil
   estender a rede se as aves o
      observam,
¹⁸ também esses homens não percebem
   que fazem tocaia contra a própria
      vida;
   armam emboscadas contra eles
      mesmos!
¹⁹ Tal é o caminho de todos os
   gananciosos;
quem assim procede a si mesmo se
   destrói.[t]

Convite à Sabedoria

²⁰ A sabedoria clama[u] em alta voz nas
      ruas,
ergue a voz nas praças públicas,
²¹ nas esquinas das ruas barulhentas[3]
      ela clama,
nas portas da cidade faz o seu discurso:
²² "Até quando vocês,[v] inexperientes,
   irão contentar-se
      com a sua inexperiência?
Vocês, zombadores,
até quando terão prazer na zombaria?
E vocês, tolos,

---

¹ **1.7** Ou *a chave*; também em 9.10.
² **1.12** Hebraico: *Sheol*. Essa palavra também pode ser traduzida por *profundezas*, *pó* ou *morte*; também em 5.5; 7.27 e 9.18.
³ **1.21** A Septuaginta diz *no alto dos muros*.

1.1
[a] 1 Rs 4.29-34
[b] Pv 10.1; 25.1; Ec 1.1

1.4
[c] Pv 8.5
[d] Pv 2.10-11 8.12

1.5
[e] Pv 9.9

1.6
[f] Sl 49.4; 78.2
[g] Nm 12.8

1.7
[h] Jó 28.28; Sl 111.10; 15.33 Ec 12.13

1.8
[i] Pv 4.1
[j] Pv 6.20

1.9
[k] Pv 4.1-9

1.10
[l] Gn 39.7
[m] Dt 13.8
[n] Pv 16.29; Ef 5.11

1.11
[o] Sl 10.8

1.12
[p] Sl 28.1

1.15
[q] Sl 119.101
[r] SL 1.1 Pv 4.14

1.16
[s] Pv 6.18 Is 89.7

1.19
[t] Pv 15.27

1.20
[u] Pv 8.1; 9.1-3,13-15

1.22
[v] Pv 8.5; 9.4.16

até quando desprezarão o conhecimento?
²³ Se acatarem a minha repreensão,
eu darei a vocês um espírito de sabedoria
e revelarei a vocês os meus pensamentos.
²⁴ Vocês, porém, rejeitaram o meu convite;
ninguém se importou quando estendi minha mão!
²⁵ Visto que desprezaram totalmente o meu conselho
e não quiseram aceitar a minha repreensão,
²⁶ eu, de minha parte,
vou rir-me da sua desgraça;
zombarei quando o que temem se abater sobre vocês,
²⁷ quando aquilo que temem abater-se sobre vocês
como uma tempestade,
quando a desgraça os atingir como um vendaval,
quando a angústia e a dor os dominarem.
²⁸ "Então vocês me chamarão,
mas não responderei;
procurarão por mim,
mas não me encontrarão.
²⁹ Visto que desprezaram o conhecimento
e recusaram o temor do Senhor,
³⁰ não quiseram aceitar o meu conselho
e fizeram pouco caso da minha advertência,
³¹ comerão do fruto da sua conduta
e se fartarão de suas próprias maquinações.
³² Pois a inconstância dos inexperientes os matará,
e a falsa segurança dos tolos os destruirá;
³³ mas quem me ouvir viverá em segurança

e estará tranquilo, sem temer nenhum mal".

O Valor da Sabedoria

2 Meu filho, se você aceitar
as minhas palavras
e guardar no coração
os meus mandamentos;
² se der ouvidos à sabedoria
e inclinar o coração para o discernimento;
³ se clamar por entendimento
e por discernimento gritar bem alto;
⁴ se procurar a sabedoria
como se procura a prata
e buscá-la como quem busca um tesouro escondido,
⁵ então você entenderá
o que é temer o Senhor
e achará o conhecimento de Deus.
⁶ Pois o Senhor é quem dá sabedoria;
de sua boca procedem
o conhecimento e o discernimento.
⁷ Ele reserva a sensatez para o justo;
como um escudo
protege quem anda com integridade,
⁸ pois guarda a vereda do justo
e protege o caminho de seus fiéis.
⁹ Então você entenderá
o que é justo, direito e certo
e aprenderá os caminhos do bem.
¹⁰ Pois a sabedoria entrará em seu coração,
e o conhecimento
será agradável à sua alma.
¹¹ O bom senso o guardará,
e o discernimento o protegerá.
¹² A sabedoria o livrará
do caminho dos maus,
dos homens de palavras perversas –
¹³ que abandonam as veredas retas
para andarem por caminhos de trevas –,
¹⁴ têm prazer em fazer o mal,
exultam com a maldade dos perversos,

PROVÉRBIOS 2.15

15 andam por veredas tortuosas ˢ
e no caminho se extraviam. ᵗ

16 Ela também o livrará da mulher imoral, ᵘ
da pervertida¹ que seduz com suas palavras,
17 que abandona aquele que desde a juventude foi seu companheiro
e ignora a aliança que fez diante de Deus². ᵛ
18 A mulher imoral se dirige para a morte, que é a sua casa,
e os seus caminhos levam às sombras³. ʷ
19 Os que a procuram jamais voltarão,
nem tornarão a encontrar as veredas da vida. ˣ

20 A sabedoria o fará andar nos caminhos
dos homens de bem
e manter-se nas veredas dos justos.
21 Pois os justos habitarão na terra, ʸ
e os íntegros nela permanecerão;
22 mas os ímpios serão eliminados da terra, ᶻ
e dela os infiéis serão arrancados. ᵃ

Conselhos da Sabedoria

3 Meu filho, não se esqueça da minha lei, ᵇ
mas guarde no coração os meus mandamentos,
2 pois eles prolongarão a sua vida por muitos anos ᶜ
e darão a você prosperidade e paz.

3 Que o amor e a fidelidade jamais o abandonem;
prenda-os ao redor do seu pescoço,
escreva-os na tábua do seu coração. ᵈ
4 Então você terá o favor de Deus e dos homens
e boa reputação. ᵉ

5 Confie no S<small>ENHOR</small> ᶠ de todo o seu coração
e não se apoie em seu próprio entendimento;
6 reconheça o S<small>ENHOR</small> em todos os seus caminhos, ᵍ
e ele endireitará⁴ as suas veredas. ʰ
7 Não seja sábio aos seus próprios olhos; ⁱ
tema o S<small>ENHOR</small> e evite o mal. ʲ
8 Isso dará a você saúde ao corpo ᵏ
e vigor aos ossos. ˡ

9 Honre o S<small>ENHOR</small>
com todos os seus recursos
e com os primeiros frutos ᵐ
de todas as suas plantações;
10 os seus celeiros ficarão plenamente cheios, ⁿ
e os seus barris transbordarão de vinho. ᵒ

11 Meu filho,
não despreze a disciplina do S<small>ENHOR</small> ᵖ
nem se magoe com a sua repreensão,
12 pois o S<small>ENHOR</small> disciplina a quem ama, ᵠ
assim como o pai faz ao filho de quem deseja o bem. ʳ

13 Como é feliz o homem que acha a sabedoria,
o homem que obtém entendimento,
14 pois a sabedoria é mais proveitosa do que a prata
e rende mais do que o ouro. ˢ
15 É mais preciosa do que rubis; ᵗ
nada do que você possa desejar se compara a ela. ᵘ
16 Na mão direita, a sabedoria garante a você vida longa; ᵛ
na mão esquerda, riquezas e honra.
17 Os caminhos da sabedoria são caminhos agradáveis,
e todas as suas veredas são paz. ʷ
18 A sabedoria é árvore que dá vida ˣ
a quem a abraça;
quem a ela se apega será abençoado.

---

¹ **2.16** Hebraico: *estrangeira*.
² **2.17** Ou *aliança de seu Deus*
³ **2.18** Hebraico: *refaim*. Isto é, os espíritos dos mortos.
⁴ **3.6** Ou *orientará*

¹⁹ Por sua sabedoria
    o S‍enhor lançou os alicerces da
        terra,ʸ
por seu entendimento
    fixou no lugar os céus,ᶻ
²⁰ por seu conhecimento
    as fontes profundas se rompem
    e as nuvens gotejam o orvalho.

²¹ Meu filho, guarde consigo
    a sensatez e o equilíbrio,
nunca os perca de vista;ᵃ
²² trarão vida a você
    e serão um enfeite para o seu pescoço.ᵇ
²³ Então você seguirá o seu caminho
    em segurança
    e não tropeçará;ᶜ
²⁴ quando se deitar,ᵈ não terá medo,
    e o seu sonoᵉ será tranquilo.
²⁵ Não terá medo da calamidade
    repentina
nem da ruína que atinge os ímpios¹,
²⁶ pois o S‍enhor será a sua segurança
    e o impediráᶠ de cair em armadilha.

²⁷ Quanto for possível,
    não deixe de fazer o bem
        a quem dele precisa.
²⁸ Não diga ao seu próximo:
        "Volte amanhã, e eu darei algo a
            você",
    se pode ajudá-lo hoje.ᵍ

²⁹ Não planeje o mal contra o seu
        próximo
    que confiantemente mora perto de
        você.
³⁰ Não acuse alguém sem motivo
    se ele não fez nenhum mal a você.

³¹ Não tenha invejaʰ de quem é violento
nem adote nenhum dos seus
    procedimentos,
³² pois o S‍enhor detesta o perverso,ⁱ
mas o justo é seu grande amigo.ʲ

³³ A maldiçãoᵏ do S‍enhor
    está sobre a casa dos ímpios,ˡ
mas ele abençoa o lar dos justos.ᵐ
³⁴ Ele zomba dos zombadores,
    mas concede graça aos humildes.ⁿ
³⁵ A honra é herança dos sábios,
    mas o S‍enhor expõe os tolos ao
        ridículo.

A Sabedoria é Suprema

4 Ouçam, meus filhos,ᵒ
    a instrução de um pai;
estejam atentos e obterão
    discernimento.
² O ensino que ofereço a vocês é bom;
por isso não abandonem
    a minha instrução.
³ Quando eu era menino,
    ainda pequeno,
em companhia de meu pai,
    um filho muito especial para minha
        mãe,
⁴ ele me ensinava e me dizia:
"Apegue-se às minhas palavras
    de todo o coração;
obedeça aos meus mandamentos,
    e você terá vida.ᵖ
⁵ Procure obter sabedoriaᵠ e
    entendimento;
não se esqueça das minhas palavras
    nem delas se afaste.
⁶ Não abandone a sabedoria,
    e ela o protegerá;ʳ
ame-a, e ela cuidará de você.
⁷ O conselho da sabedoria é:²
    Procure obter sabedoria;
use tudoˢ o que você possui
    para adquirir entendimento.ᵗ
⁸ Dedique alta estima à sabedoria,
    e ela o exaltará;
abrace-a, e ela o honrará.ᵘ
⁹ Ela porá um belo diadema
    sobre a sua cabeça
e dará de presente a você
    uma coroa de esplendor".ᵛ

---

¹ **3.25** Ou *provocada pelos ímpios*   ² **4.7** Ou *A sabedoria é suprema;*

¹⁰ Ouça, meu filho, e aceite o que digo,
e você terá vida longa.ʷ
¹¹ Eu o conduzi ˣ pelo caminho da sabedoria
e o encaminhei por veredas retas.
¹² Assim, quando você por elas seguir,
não encontrará obstáculos;
quando correr, não tropeçará.ʸ
¹³ Apegue-se à instrução, não a abandone;
guarde-a bem,
pois dela depende a sua vida.ᶻ
¹⁴ Não siga pela vereda dos ímpios
nem ande no caminho dos maus.ᵃ
¹⁵ Evite-o, não passe por ele;
afaste-se e não se detenha.
¹⁶ Porque eles não conseguem dormir
enquanto não fazem o mal;ᵇ
perdem o sono
se não causarem a ruína de alguém.
¹⁷ Pois eles se alimentam de maldade,
e se embriagam de violência.

¹⁸ A vereda do justo ᶜ
é como a luz da alvorada,
que brilha cada vez mais
até a plena claridade do dia.ᵈ
¹⁹ Mas o caminho dos ímpios
é como densas trevas;ᵉ
nem sequer sabem em que tropeçam.

²⁰ Meu filho, escute o que digo a você;
preste atenção às minhas palavras.ᶠ
²¹ Nunca as perca de vista;ᵍ
guarde-as no fundo do coração,
²² pois são vida para quem as encontra
e saúde para todo o seu ser.ʰ
²³ Acima de tudo, guarde o seu coração,¹
pois dele depende toda a sua vida.ⁱ
²⁴ Afaste da sua boca as palavras perversas;
fique longe dos seus lábios a maldade.
²⁵ Olhe sempre para a frente,
mantenha o olhar fixo
no que está adiante de você.

²⁶ Veja bem por onde anda,ʲ
e os seus passos serão seguros.
²⁷ Não se desvie nem para a direita
nem para a esquerda;ᵏ
afaste os seus pés da maldade.

Advertência contra o Adultério

5 Meu filho,
dê atenção à minha sabedoria,
incline os ouvidos
para perceber o meu discernimento.ˡ
² Assim você manterá o bom senso,
e os seus lábios
guardarão o conhecimento.
³ Pois os lábios da mulher imoral
destilam mel,
sua voz é mais suave que o azeite;ᵐ
⁴ mas no final é amarga como fel,ⁿ
afiada como uma espada de dois gumes.
⁵ Os seus pés descem para a morte;
os seus passos conduzem diretamente
para a sepultura.ᵒ
⁶ Ela nem percebe que anda
por caminhos tortuosos
e não enxerga a vereda da vida.ᵖ

⁷ Agora, então, meu filho, ouça-me;ᑫ
não se desvie das minhas palavras.
⁸ Fique longe dessa mulher;ʳ
não se aproxime da porta de sua casa,
⁹ para que você não entregue aos outros
o seu vigor
nem a sua vida a algum homem cruel,
¹⁰ para que estranhos
não se fartem do seu trabalho
e outros não se enriqueçam
à custa do seu esforço.
¹¹ No final da vida você gemerá,
com sua carne
e seu corpo desgastados.
¹² Você dirá: "Como odiei a disciplina!
Como o meu coração
rejeitou a repreensão!ˢ
¹³ Não ouvi os meus mestres
nem escutei os que me ensinavam.
¹⁴ Cheguei à beira da ruína completa,
à vista de toda a comunidade".

---

¹ **4.23** Ou *os seus pensamentos*

4.10 ʷPv 3.2
4.11 ˣ1 Sm 12.23
4.12 ʸJó 18.7; Pv 3.23
4.13 ᶻPv 3.22
4.14 ᵃSl 1.1; Pv 1.15
4.16 ᵇSl 36.4; Mq 2.1
4.18 ᶜIs 26.7 ᵈ2 Sm 23.4; Dn 12.3; Mt 5.14; Fl 2.15
4.19 ᵉJó 18.5; Pv 2.13; Is 59.9-10; Jo 12.35
4.20 ᶠPv 5.1
4.21 ᵍPv 3.21; 7.1-2
4.22 ʰPv 3.8; 12.18
4.23 ⁱMt 12.34; Lc 6.45
4.26 ʲHb 12.13*
4.27 ᵏDt 5.32; 28.14
5.1 ˡPv 4.20; 22.17
5.3 ᵐSl 55.21; Pv 2.16; 7.5
5.4 ⁿEc 7.26
5.5 ᵒPv 7.26-27
5.6 ᵖPv 30.20
5.7 ᑫPv 7.24
5.8 ʳPv 7.1-27
5.12 ˢPv 1.29; 12.1

¹⁵ Beba das águas da sua cisterna,
das águas que brotam do seu próprio
  poço.
¹⁶ Por que deixar que as suas fontes
  transbordem pelas ruas,
e os seus ribeiros pelas praças?
¹⁷ Que elas sejam exclusivamente suas,
nunca repartidas com estranhos.
¹⁸ Seja bendita a sua fonte!ᵗ
Alegre-se com a esposa da sua
  juventude. ᵘ
¹⁹ Gazela amorosa, corça graciosa;ᵛ
que os seios de sua esposa
  sempre o fartem de prazer,
e sempre o embriaguem os carinhos
  dela.
²⁰ Por que, meu filho, ser
  desencaminhado
  pela mulher imoral?
Por que abraçar o seio de uma leviana¹?

²¹ O Senhor vê os caminhos do homemʷ
e examina todos os seus passos.ˣ
²² As maldades do ímpio o prendem;ʸ
ele se torna prisioneiro
  das cordas do seu pecado.ᶻ
²³ Certamente morrerá
  por falta de disciplina;ᵃ
andará cambaleando
  por causa da sua insensatez.

Advertências contra a Insensatez

6 Meu filho, se você serviu de fiador
  do seu próximo,ᵇ
se, com um aperto de mãos,
  empenhou-seᶜ por um estranho
² e caiu na armadilha
  das palavras que você mesmo disse,
está prisioneiro do que falou.
³ Então, meu filho,
uma vez que você caiu
  nas mãos do seu próximo,
  vá e humilhe-se;
insista, incomode o seu próximo!
⁴ Não se entregue ao sono,
não procure descansar.ᵈ

¹ 5.20 Ou *de uma mulher casada*

⁵ Livre-se como a gazela se livra do
  caçador,
como a ave do laço que a pode prender.ᵉ
⁶ Observe a formiga, preguiçoso,ᶠ
reflita nos caminhos dela e seja sábio!
⁷ Ela não tem nem chefe,
  nem supervisor, nem governante,
⁸ e ainda assim armazena
  as suas provisões no verão
e na época da colheita
  ajunta o seu alimento.ᵍ
⁹ Até quando você vai ficar deitado,
  preguiçoso?ʰ
Quando se levantará de seu sono?
¹⁰ Tirando uma soneca,
  cochilando um pouco,
cruzando um pouco os braços
  para descansar,ⁱ
¹¹ a sua pobrezaʲ o surpreenderá
  como um assaltante,
e a sua necessidade sobrevirá
  como um homem armado sobre
  você.

¹² O perverso não tem caráter.
Anda de um lado para o outro
  dizendo coisas maldosas;
¹³ pisca o olho, arrasta os pésᵏ
  e faz sinais com os dedos;
¹⁴ tem no coração
  o propósito de enganar;ˡ
planeja sempre o mal e semeia
  discórdia.ᵐ
¹⁵ Por isso a desgraça
  se abaterá repentinamente sobre ele;
de um golpe será destruído
  irremediavelmente.ⁿ

¹⁶ Há seis coisas que o Senhor odeia,
sete coisas que ele detesta:
¹⁷ olhos altivos, língua mentirosa,ᵒ
  mãos que derramam sangue
  inocente,ᵖ
¹⁸ coração que traça planos perversos,
  pés que se apressam para fazer
  o mal,ᵠ

19 a testemunha[r] falsa que espalha mentiras
e aquele que provoca discórdia entre irmãos.[s]

Advertências contra o Adultério

20 Meu filho,
obedeça aos mandamentos de seu pai
e não abandone o ensino de sua mãe.[t]
21 Amarre-os sempre junto ao coração;
ate-os ao redor do pescoço.[u]
22 Quando você andar, eles o guiarão;
quando dormir,
o estarão protegendo;
quando acordar, falarão com você.
23 Pois o mandamento é lâmpada,
a instrução é luz,[v]
e as advertências da disciplina
são o caminho que conduz à vida;
24 eles o protegerão da mulher imoral,
e dos falsos elogios da mulher leviana[1].[w]
25 Não cobice em seu coração a sua beleza
nem se deixe seduzir por seus olhares,
26 pois o preço de uma prostituta
é um pedaço de pão,
mas a adúltera sai à caça
de vidas preciosas.[x]
27 Pode alguém colocar fogo no peito
sem queimar a roupa?
28 Pode alguém andar sobre brasas
sem queimar os pés?
29 Assim acontece com quem se deita[y]
com mulher alheia;[z]
ninguém que a toque ficará sem castigo.

30 O ladrão não é desprezado
se, faminto, rouba para matar a fome.[2]
31 Contudo, se for pego,
deverá pagar sete vezes o que roubou,[a]
embora isso lhe custe
tudo o que tem em casa.
32 Mas o homem que comete adultério[b]
não tem juízo;
todo aquele que assim procede
a si mesmo se destrói.
33 Sofrerá ferimentos e vergonha,
e a sua humilhação jamais[d] se apagará,
34 pois o ciúme[e] desperta a fúria do marido,[f]
que não terá misericórdia
quando se vingar.
35 Não aceitará nenhuma compensação;
os melhores presentes não o acalmarão.[g]

Advertência contra a Mulher Adúltera

7 Meu filho,[h] obedeça às minhas palavras
e no íntimo guarde os meus mandamentos.
2 Obedeça aos meus mandamentos,
e você terá vida;[i]
guarde os meus ensinos
como a menina dos seus olhos.
3 Amarre-os aos dedos;
escreva-os na tábua do seu coração.[j]
4 Diga à sabedoria: "Você é minha irmã",
e chame ao entendimento seu parente;
5 eles o manterão afastado
da mulher imoral,
da mulher leviana
com suas palavras sedutoras.[k]

6 Da janela de minha casa
olhei através da grade
7 e vi entre os inexperientes,
no meio dos jovens,
um rapaz sem juízo.[l]
8 Ele vinha pela rua,
próximo à esquina de certa mulher,
andando em direção à casa dela.
9 Era crepúsculo,[m] o entardecer do dia,
chegavam as sombras da noite,
crescia a escuridão.

10 A mulher veio então ao seu encontro,
vestida como prostituta,
cheia de astúcia no coração.
11 (Ela é espalhafatosa[n] e provocadora,
seus pés nunca param em casa;
12 uma hora na rua, outra nas praças,
em cada esquina fica à espreita.)[o]

---

[1] 6.24 Ou *adúltera*; também em 7.5.
[2] 6.30 Ou *a fome?*

¹³ Ela agarrou o rapaz,
  beijou-o e lhe disse descaradamente: ^q

¹⁴ "Tenho em casa
  a carne dos sacrifícios ^r de
    comunhão¹,
que hoje fiz para cumprir os meus
  votos.
¹⁵ Por isso saí para encontrá-lo;
vim à sua procura e encontrei!
¹⁶ Estendi sobre o meu leito
  cobertas de linho fino do Egito.
¹⁷ Perfumei a minha cama ^s
  com mirra,^t aloés e canela.
¹⁸ Venha, vamos embriagar-nos
  de carícias até o amanhecer;
gozemos as delícias do amor! ^u
¹⁹ Pois o meu marido não está em casa;
partiu para uma longa viagem.
²⁰ Levou uma bolsa cheia de prata
e não voltará antes da lua cheia".

²¹ Com a sedução das palavras o
    persuadiu
e o atraiu com o dulçor dos lábios. ^v
²² Imediatamente ele a seguiu
  como o boi levado ao matadouro,
ou como o cervo que vai cair no laço² ^w
²³ até que uma flecha lhe atravesse ^x o
    fígado,
ou como o pássaro que salta
  para dentro do alçapão,
sem saber que isso lhe custará a vida. ^y

²⁴ Então, meu filho, ouça-me; ^z
dê atenção às minhas palavras.
²⁵ Não deixe que o seu coração
  se volte para os caminhos dela,
nem se perca em tais veredas. ^a
²⁶ Muitas foram as suas vítimas;
os que matou são uma grande multidão.
²⁷ A casa dela é um caminho que desce
    para a sepultura,
para as moradas da morte. ^b

¹ **7.14** Ou *de paz*
² **7.22** Hebraico: *como o acorrentado que vai para o castigo de um tolo.*

O Chamado da Sabedoria

8 A sabedoria está clamando,^c
o discernimento ergue a sua voz;
² nos lugares altos, junto ao caminho,
nos cruzamentos ela se coloca;
³ ao lado das portas,
  à entrada da cidade,
portas adentro, ela clama em alta voz: ^d
⁴ "A vocês, homens, eu clamo;
a todos levanto a minha voz.
⁵ Vocês, inexperientes,^e
  adquiram a prudência;^f
e vocês, tolos, tenham bom senso.
⁶ Ouçam, pois tenho coisas importantes
    para dizer;
os meus lábios falarão do que é certo.
⁷ Minha boca fala a verdade, ^g
pois a maldade causa repulsa
  aos meus lábios.
⁸ Todas as minhas palavras são justas;
nenhuma delas é distorcida ou perversa.
⁹ Para os que têm discernimento,
  são todas claras,
e retas para os que têm conhecimento.
¹⁰ Prefiram a minha instrução à prata,
e o conhecimento ao ouro puro, ^h
¹¹ pois a sabedoria é mais preciosa ^i
  do que rubis;
nada do que vocês possam desejar
  compara-se a ela. ^j

¹² "Eu, a sabedoria,
  moro com a prudência,
e tenho o conhecimento
  que vem do bom senso. ^k
¹³ Temer o SENHOR é odiar o mal; ^l
odeio^m o orgulho e a arrogância,
o mau comportamento
  e o falar perverso.
¹⁴ Meu é o conselho sensato;
a mim pertencem o entendimento e o
    poder. ^n
¹⁵ Por meu intermédio os reis
    governam,^o
e as autoridades exercem a justiça;
¹⁶ também por meu intermédio
    governam os nobres,
todos os juízes da terra.

¹⁷ Amo os que me amam,ᵖ
e quem me procura me encontra.ᑫ
¹⁸ Comigo estão riquezas e honra,ʳ
prosperidade e justiça duradouras.ˢ
¹⁹ Meu fruto é melhor do que o ouro,
    do que o ouro puro;
o que ofereço é superior à prata
    escolhida.ᵗ
²⁰ Ando pelo caminho da retidão,
pelas veredas da justiça,
²¹ concedendo riqueza aos que me
    amam
e enchendo os seus tesouros.ᵘ

²² "O Senhor me criou¹
    como o princípio de seu caminho²,
antes das suas obras mais antigas;
²³ fui formada desde a eternidade,
desde o princípio, antes de existir a
    terra.
²⁴ Nasci quando ainda não havia
    abismos,
quando não existiam fontes de águas;ᵛ
²⁵ antes de serem estabelecidos os
    montes
e de existirem colinas eu nasci.ʷ
²⁶ Ele ainda não havia feito a terra,
    nem os campos,
nem o pó com o qual formou o mundo.ˣ
²⁷ Quando ele estabeleceu os céus,
    lá estava eu;
quando traçou o horizonte
    sobre a superfície do abismo,ʸ
²⁸ quando colocou as nuvens em cima
e estabeleceu as fontes do abismo,
²⁹ quando determinou as fronteirasᶻ do
    mar
para que as águas
    não violassem a sua ordem,ᵃ
quando marcou os limites
    dos alicerces da terra,ᵇ
³⁰ eu estava ao seu lado
    e era o seu arquiteto;ᶜ
dia a dia eu era o seu prazer

e me alegrava continuamente
    com a sua presença.ᵈ
³¹ Eu me alegrava com o mundo
    que ele criou,
e a humanidade me dava alegria.

³² "Ouçam-me agora, meus filhos:
Como são felizesᵉ
    os que guardam os meus caminhos!ᶠ
³³ Ouçam a minha instrução
    e serão sábios.
Não a desprezem.
³⁴ Como é feliz o homem que me ouve,ᵍ
vigiando diariamente à minha porta,
esperando junto às portas da minha
    casa.
³⁵ Pois todo aquele que me encontra,ʰ
    encontra a vida
e recebe o favor do Senhor.ⁱ
³⁶ Mas aquele que de mim se afasta,
    a si mesmo se agride;ʲ
todos os que me odeiam amam a
    morte".

Os Convites da Sabedoria e da Insensatez

9 A sabedoria construiuᵏ sua casa;
    ergueu suas sete colunas.
² Matou animais para a refeição,
preparou seu vinho e arrumou sua
    mesa.ˡ
³ Enviou suas servas para fazerem
    convitesᵐ
desde o ponto mais alto da cidade,ⁿ
clamando:
⁴ "Venham todos os inexperientes!"
Aos que não têm bom senso ela diz:ᵒ
⁵ "Venham comer a minha comida
e beber o vinho que preparei.ᵖ
⁶ Deixem a insensatez, e vocês terão
    vida;ᑫ
andem pelo caminho do
    entendimento.

⁷ "Quem corrige o zombador
    traz sobre si o insulto;
quem repreende o ímpio
    mancha o próprio nome.ʳ

---
¹ 8.22 Ou *me possuía*
² 8.22 Ou *domínio*

⁸ Não repreenda o zombador,ˢ
  caso contrário ele o odiará;
repreenda o sábio, e ele o amará.ᵗ
⁹ Instrua o homem sábio,
  e ele será ainda mais sábio;
ensine o homem justo,
  e ele aumentará o seu saber.ᵘ
¹⁰ "O temor do Senhorᵛ
  é o princípio¹ da sabedoria,
e o conhecimento do Santo
  é entendimento.
¹¹ Pois por meu intermédio
  os seus dias serão multiplicados,
e o tempo da sua vida se prolongará.ʷ
¹² Se você for sábio, o benefício será seu;
se for zombador, sofrerá as
  consequências".
¹³ A insensatez é pura exibição,ˣ
  sedução e ignorância.ʸ
¹⁴ Sentada à porta de sua casa,
  no ponto mais alto da cidade,ᶻ
¹⁵ clama aos que passam por ali
  seguindo o seu caminho:
¹⁶ "Venham todos os inexperientes!"
Aos que não têm bom senso ela diz:
¹⁷ "A água roubada é doce,
e o pão que se come escondido
  é saboroso!"ᵃ
¹⁸ Mas eles nem imaginam
  que ali estão os espíritos dos mortos²,
que os seus convidados
  estão nas profundezas da sepultura.ᵇ

Provérbios de Salomão

10 Provérbios de Salomão:ᶜ
O filho sábio dá alegria ao pai;ᵈ
o filho tolo dá tristeza à mãe.

² Os tesouros de origem desonesta
  não servem para nada,ᵉ
mas a retidão livra da morte.ᶠ

³ O Senhor não deixa o justo passar
  fome,ᵍ
mas frustra a ambição dos ímpios.

⁴ As mãos preguiçosas
  empobrecem o homem,ʰ
porém as mãos diligentes
  lhe trazem riqueza.ⁱ

⁵ Aquele que faz a colheita no verão
  é filho sensato,
mas aquele que dorme durante a ceifa
  é filho que causa vergonha.

⁶ As bênçãos coroam a cabeça dos
  justos,
mas a boca dos ímpios abriga a
  violência.ʲ

⁷ A memória deixada pelos justosᵏ
  será uma bênção,
mas o nome dos ímpios ˡ apodrecerá.ᵐ

⁸ Os sábios de coração
  aceitam mandamentos,
mas a boca do insensato o leva à ruína.ⁿ

⁹ Quem anda com integridadeᵒ
  anda com segurança,ᵖ
mas quem segue veredas tortuosas
  será descoberto.ᑫ

¹⁰ Aquele que pisca maliciosamenteʳ
  causa tristeza,
e a boca do insensato o leva à ruína.

¹¹ A boca do justo é fonte de vida,ˢ
mas a boca dos ímpios abriga a
  violência.ᵗ

¹² O ódio provoca dissensão,
mas o amor cobre todos os pecados.ᵘ

¹³ A sabedoria está nos lábios
  dos que têm discernimento,ᵛ
mas a vara é para as costas
  daquele que não tem juízo.ʷ

¹⁴ Os sábios acumulam conhecimento,
mas a boca do insensato
  é um convite à ruína.ˣ

¹⁵ A riqueza dos ricos
  é a sua cidade fortificada,ʸ
mas a pobreza é a ruína dos pobres.ᶻ

---

¹ **9.10** Ou *a chave*
² **9.18** Ou *as sombras*

¹⁶ O salário do justo lhe traz vida,
mas a renda do ímpio lhe traz castigo. ᵃ

¹⁷ Quem acolhe a disciplina
mostra o caminho da vida, ᵇ
mas quem ignora a repreensão
desencaminha outros.

¹⁸ Quem esconde o ódio
tem lábios mentirosos,
e quem espalha calúnia é tolo.

¹⁹ Quando são muitas as palavras,
o pecado está presente,
mas quem controla a língua é sensato. ᶜ

²⁰ A língua dos justos é prata escolhida,
mas o coração dos ímpios
quase não tem valor.

²¹ As palavras dos justos
dão sustento a muitos,
mas os insensatos morrem
por falta de juízo. ᵈ

²² A bênção do Senhor traz riqueza ᵉ
e não inclui dor alguma.

²³ O tolo encontra prazer
na má conduta, ᶠ
mas o homem cheio de entendimento
deleita-se na sabedoria.

²⁴ O que o ímpio teme ᵍ lhe acontecerá;
o que os justos desejam
lhes será concedido. ʰ

²⁵ Passada a tempestade,
o ímpio já não existe,
mas o justo permanece firme ⁱ para
sempre. ʲ

²⁶ Como o vinagre para os dentes
e a fumaça para os olhos,
assim é o preguiçoso
para aqueles que o enviam. ᵏ

²⁷ O temor do Senhor prolonga a vida, ˡ
mas a vida do ímpio é abreviada. ᵐ

²⁸ O que o justo almeja redunda em
alegria,
mas as esperanças dos ímpios dão em
nada. ⁿ

²⁹ O caminho do Senhor
é o refúgio dos íntegros,
mas é a ruína dos que praticam o mal. ᵒ

³⁰ Os justos jamais serão desarraigados,
mas os ímpios pouco duram na terra. ᵖ

³¹ A boca do justo produz sabedoria, ᵠ
mas a língua perversa será extirpada.

³² Os lábios do justo sabem o que é
próprio, ʳ
mas a boca dos ímpios
só conhece a perversidade.

11 O Senhor repudia balanças desonestas, ˢ
mas os pesos exatos lhe dão prazer. ᵗ

² Quando vem o orgulho,
chega a desgraça, ᵘ
mas a sabedoria está com os humildes. ᵛ

³ A integridade dos justos os guia,
mas a falsidade dos infiéis os destrói. ʷ

⁴ De nada vale a riqueza no dia da ira
divina, ˣ
mas a retidão livra da morte. ʸ

⁵ A retidão dos irrepreensíveis
lhes abre um caminho reto,
mas os ímpios são abatidos
por sua própria impiedade. ᶻ

⁶ A justiça dos justos os livra,
mas o desejo dos infiéis os aprisiona.

⁷ Quando morre o ímpio,
sua esperança perece;
tudo o que ele esperava do seu poder
dá em nada. ᵃ

⁸ O justo é salvo das tribulações,
e estas são transferidas para o ímpio. ᵇ

⁹ Com a boca o ímpio
pretende destruir o próximo,
mas pelo seu conhecimento
o justo se livra.

10.16
ᵃPv 11.18-19
10.17
ᵇPv 6.23
10.19
ᶜPv 17.28;
Ec 5.3;
Tg 1.19;3.2-12
10.21
ᵈPv 5.22-23;
Os 4.1,6,14
10.22
ᵉGn 24.35;
Sl 97.22
10.23
ᶠPv 2.14;
15.21
10.24
ᵍIs 66.4
ʰSl 145.17-19; Mt 5.6;
1 Jo 5.14-15
10.25
ⁱSl 15.5
ʲPv 12.3,7;
Mt 7.24-27
10.26
ᵏPv 26.6
10.27
ˡPv 9.10-11
ᵐJó 15.32
10.28
ⁿJó 8.13;
Pv 11.7
10.29
ᵒPv 21.15
10.30
ᵖSl 37.9,28-29; Pv 2.20-22
10.31
ᵠSl 37.30
10.32
ʳEc 10.12
11.1
ˢLv 19.36;
Dt 25.13-16;
Pv 20.10,23
ᵗPv 16.11
11.2
ᵘPv 16.18
ᵛPv 18.12;
29.23
11.3
ʷPv 13.6
11.4
ˣEz 7.19;
Sf 1.18
ʸGn 7.1;
Pv 10.2
11.5
ᶻPv 5.21-23
11.7
ᵃPv 10.28
11.8
ᵇPv 21.18

¹⁰ Quando os justos prosperam,
   a cidade exulta;ᶜ
quando os ímpios perecem,
   há cantos de alegria.

¹¹ Pela bênção dos justos
   a cidade é exaltada,
mas pela boca dos ímpios é destruída.ᵈ

¹² O homem que não tem juízo
   ridiculariza o seu próximo,ᵉ
mas o que tem entendimento
   refreia a língua.

¹³ Quem muito fala trai a confidência,ᶠ
mas quem merece confiança
   guarda o segredo.

¹⁴ Sem diretrizes a nação cai;ᵍ
o que a salva é ter muitos conselheiros.ʰ

¹⁵ Quem serve de fiador certamente
   sofrerá;ⁱ
mas quem se nega a fazê-lo está seguro.

¹⁶ A mulher bondosa conquista o
   respeito,ʲ
mas os homens cruéis¹
   só conquistam riquezas.

¹⁷ Quem faz o bem aos outros,
   a si mesmo o faz;
o homem cruel causa o seu próprio mal.

¹⁸ O ímpio recebe salários enganosos,
mas quem semeia a retidão
   colhe segura recompensa.ᵏ

¹⁹ Quem permanece na justiça viverá,
mas quem sai em busca do mal
   corre para a morte.

²⁰ O Senhor detesta
   os perversos de coração,
mas os de conduta irrepreensível
   dão-lhe prazer.ˡ

²¹ Esteja certo de que
   os ímpios não ficarão sem castigo,
mas os justos serão poupados.ᵐ

²² Como anel de ouro em focinho de
   porco,
assim é a mulher bonita,
   mas indiscreta.

²³ O desejo dos justos resulta em bem;
a esperança dos ímpios, em ira.

²⁴ Há quem dê generosamente,
   e vê aumentar suas riquezas;
outros retêm o que deveriam dar,
   e caem na pobreza.

²⁵ O generoso prosperará;
quem dá alívio aos outros,
   alívio receberá.ⁿ

²⁶ O povo amaldiçoa
   aquele que esconde o trigo,
mas a bênção coroa
   aquele que logo se dispõe a vendê-lo.

²⁷ Quem procura o bem será respeitado;
já o mal vai de encontro a quem o
   busca.ᵒ

²⁸ Quem confia em suas riquezas
   certamente cairá,ᵖ
mas os justos florescerão
   como a folhagem verdejante.ᑫ

²⁹ Quem causa problemas à sua família
   herdará somente vento;
o insensato será servo do sábio.ʳ

³⁰ O fruto da retidão é árvore de vida,ˢ
e aquele que conquista almas² é sábio.

³¹ Se os justos recebem na terra
   a punição que merecem,ᵗ
quanto mais o ímpio e o pecador!

12

¹ Todo o que ama a disciplina
   ama o conhecimento,
mas aquele que odeia a repreensão é
   tolo.ᵘ

² O homem bom
   obtém o favor do Senhor,

---

¹ **11.16** Ou *valentes*
² **11.30** Ou *pessoas*

mas o que planeja maldades
   o Senhor condena.

3 Ninguém consegue se firmar
   mediante a impiedade,
e não se pode desarraigar o justo.ʸ

4 A mulher exemplar
   é a coroa do seu marido,
mas a de comportamento vergonhoso
   é como câncer em seus ossos.ʷ

5 Os planos dos justos são retos,
mas o conselho dos ímpios é enganoso.

6 As palavras dos ímpios
   são emboscadas mortais,
mas quando os justos falam há
   livramento.ˣ

7 Os ímpios são derrubados e
   desaparecem,ʸ
mas a casa dos justos permanece firme.ᶻ

8 O homem é louvado
   segundo a sua sabedoria,
mas o que tem o coração perverso
   é desprezado.

9 Melhor é não ser ninguém
   e, ainda assim, ter quem o sirva,
do que fingir ser alguém
   e não ter comida.

10 O justo cuida bem dos seus rebanhos,
   mas até os atos mais bondosos dos
      ímpios
   são cruéis.

11 Quem trabalha a sua terra
   terá fartura de alimento,
mas quem vai atrás de fantasias
   não tem juízo.ᵃ

12 Os ímpios cobiçam
   o despojo tomado pelos maus,
mas a raiz do justo floresce.

13 O mau se enreda em seu falar
   pecaminoso,ᵇ
mas o justo não cai nessas dificuldades.ᶜ

14 Do fruto de sua boca
   o homem se beneficia,ᵈ
e o trabalho de suas mãos
   será recompensado.ᵉ

15 O caminho do insensato
   parece-lhe justo,ᶠ
mas o sábio ouve os conselhos.

16 O insensato revela de imediato
   o seu aborrecimento,
mas o homem prudente ignora o
   insulto.ᵍ

17 A testemunha fiel
   dá testemunho honesto,
mas a testemunha falsa conta mentiras.ʰ

18 Há palavras que ferem como espada,ⁱ
mas a língua dos sábios traz a cura.ʲ

19 Os lábios que dizem a verdade
   permanecem para sempre,
mas a língua mentirosa
   dura apenas um instante.

20 O engano está no coração
   dos que maquinam o mal,
mas a alegria está
   no meio dos que promovem a paz.

21 Nenhum mal atingirá o justo,ᵏ
mas os ímpios
   estão cobertos de problemas.

22 O Senhor odeia os lábios
   mentirosos,ˡ
mas se deleita com os que falam a
   verdade.ᵐ

23 O homem prudente
   não alardeia o seu conhecimento,ⁿ
mas o coração dos tolos
   derrama insensatez.

24 As mãos diligentes governarão,
mas os preguiçosos acabarão escravos.ᵒ

25 O coração ansioso deprime o homem,ᵖ
mas uma palavra bondosa o anima.

12.3
ʸPv 10.25
12.4
ʷPv 14.30
12.6
ˣPv 14.3
12.7
ʸSl 37.36
ᶻPv 10.25
12.11
ᵃPv 28.19
12.13
ᵇPv 18.7
ᶜPv 21.23;
2 Pe 2.9
12.14
ᵈPv 13.2;
15.23; 18.20
ᵉIs 3.10-11
12.15
ᶠPv 14.12;
16.2,25;
Lc 18.11
12.16
ᵍPv 29.11
12.17
ʰPv 14.5,25
12.18
ⁱSl 57.4
ʲPv 15.4
12.21
ᵏSl 91.10
12.22
ˡPv 6.17;
Ap 22.15
ᵐPv 11.20
12.23
ⁿPv 10.14;
13.16
12.24
ᵒPv 10.4
12.25
ᵖPv 15.13;
Is 50.4

²⁶ O homem honesto
  é cauteloso em suas amizades¹,
mas o caminho dos ímpios
  os leva a perder-se.

²⁷ O preguiçoso não aproveita a sua
  caça,
mas o diligente dá valor a seus bens.

²⁸ No caminho da justiça está a vida; ⁹
  essa é a vereda que nos preserva da
    morte.

13 O filho sábio
  acolhe a instrução do pai,
mas o zombador não ouve a repreensão. ʳ

² Do fruto de sua boca
  o homem desfruta coisas boas, ˢ
mas o que os infiéis desejam é violência.

³ Quem guarda a sua boca ᵗ
  guarda a sua vida, ᵘ
mas quem fala demais acaba se
  arruinando. ᵛ

⁴ O preguiçoso deseja e nada consegue,
mas os desejos do diligente
  são amplamente satisfeitos.

⁵ Os justos odeiam o que é falso,
mas os ímpios
  trazem vergonha e desgraça.

⁶ A retidão protege o homem íntegro,
mas a impiedade derruba o pecador. ʷ

⁷ Alguns fingem que são ricos e nada
  têm;
outros fingem que são pobres
  e têm grande riqueza. ˣ

⁸ As riquezas de um homem
  servem de resgate para a sua vida,
mas o pobre nunca recebe ameaças.

⁹ A luz dos justos
  resplandece esplendidamente,
mas a lâmpada dos ímpios apaga-se. ʸ

¹⁰ O orgulho só gera discussões,
mas a sabedoria está
  com os que tomam conselho.

¹¹ O dinheiro ganho com desonestidade
  diminuirá, ᶻ
mas quem o ajunta aos poucos
  terá cada vez mais.

¹² A esperança que se retarda
  deixa o coração doente,
mas o anseio satisfeito é árvore de vida.

¹³ Quem zomba da instrução pagará por
  ela, ᵃ
mas aquele que respeita o mandamento
  será recompensado.

¹⁴ O ensino dos sábios é fonte de vida ᵇ
e afasta o homem
  das armadilhas da morte. ᶜ

¹⁵ O bom entendimento conquista favor,
mas o caminho do infiel é áspero².

¹⁶ Todo homem prudente
  age com base no conhecimento,
mas o tolo expõe a sua insensatez. ᵈ

¹⁷ O mensageiro ímpio cai em
  dificuldade,
mas o enviado digno de confiança
  traz a cura. ᵉ

¹⁸ Quem despreza a disciplina
  cai na pobreza e na vergonha,
mas quem acolhe a repreensão
  recebe tratamento honroso. ᶠ

¹⁹ O anseio satisfeito agrada a alma,
mas o tolo detesta afastar-se do mal.

²⁰ Aquele que anda com os sábios
  será cada vez mais sábio,
mas o companheiro dos tolos
  acabará mal. ᵍ

²¹ O infortúnio persegue o pecador,
mas a prosperidade
  é a recompensa do justo. ʰ

---

¹ 12.26 Ou *é um guia para o seu próximo*

² 13.15 Ou *não permanece*

²² O homem bom deixa herança
   para os filhos de seus filhos,
mas a riqueza do pecador
   é armazenada para os justos.ⁱ

²³ A lavoura do pobre
   produz alimento com fartura,
mas por falta de justiça ele o perde.

²⁴ Quem se nega a castigar seu filho
   não o ama;
quem o ama não hesita em discipliná-lo.ʲ

²⁵ O justo come até satisfazer o apetite,
mas os ímpios permanecem famintos.ᵏ

14

¹ A mulher sábia edifica a sua casa,ˡ
mas com as próprias mãos
   a insensata derruba a sua.

² Quem anda direito teme o Senhor,
mas quem segue caminhos enganosos
   o despreza.

³ A conversa do insensato
   traz a vara para as suas costas,
mas os lábios dos sábios os protegem.ᵐ

⁴ Onde não há bois o celeiro fica vazio,
mas da força do boi vem a grande
   colheita.

⁵ A testemunha sincera não engana,
mas a falsa transborda em mentiras.ⁿ

⁶ O zombador busca sabedoria
   e nada encontra,
mas o conhecimento vem facilmente
   ao que tem discernimento.

⁷ Mantenha-se longe do tolo,
pois você não achará conhecimento
   no que ele falar.

⁸ A sabedoria do homem prudente
   é discernir o seu caminho,
mas a insensatez dos tolos é enganosa.ᵒ

⁹ Os insensatos zombam
   da ideia de reparar o pecado
   cometido,
mas a boa vontade está entre os justos.

¹⁰ Cada coração conhece
   a sua própria amargura,
e não há quem possa partilhar sua
   alegria.

¹¹ A casa dos ímpios será destruída,
mas a tenda dos justos florescerá.ᵖ

¹² Há caminho que parece certo ao
   homem,ᑫ
mas no final conduz à morte.ʳ

¹³ Mesmo no risoˢ o coração pode
   sofrer,
e a alegria pode terminar em tristeza.

¹⁴ Os infiéis receberão a retribuição
   de sua conduta,ᵗ
mas o homem bom será recompensado.ᵘ

¹⁵ O inexperiente acredita
   em qualquer coisa,
mas o homem prudente vê bem onde
   pisa.

¹⁶ O sábio é cautelosoˡ e evita o mal,ᵛ
mas o tolo é impetuoso e irresponsável.

¹⁷ Quem é irritadiço faz tolices,ʷ
e o homem cheio de astúcias é odiado.

¹⁸ Os inexperientes herdam a insensatez,
mas o conhecimento
   é a coroa dos prudentes.

¹⁹ Os maus se inclinarão
   diante dos homens de bem;
e os ímpios, às portas da justiça.ˣ

²⁰ Os pobres são evitados
   até por seus vizinhos,
mas os amigos dos ricos são muitos.ʸ

²¹ Quem despreza o próximo
   comete pecado,ᶻ
mas como é feliz quem trata com
   bondade
   os necessitados!ᵃ

ˡ **14.16** Ou *teme o Senhor*

13.22 ⁱJó 27.17; Ec 2.26
13.24 ʲPv 19.18; 22.15; 23.13-14; 29.15, 17; Hb 12.7
13.25 ᵏSl 34.10; Pv 10.3
14.1 ˡPv 24.3
14.3 ᵐPv 12.6
14.5 ⁿPv 6.19; 12.17
14.8 ᵒver 24
14.11 ᵖPv 3.33; 12.7
14.12 ᑫPv 12.15
ʳPv 16.25
14.13 ˢEc 2.2
14.14 ᵗPv 1.31
ᵘPv 12.14
14.16 ᵛPv 22.3
14.17 ʷver 29
14.19 ˣPv 11.29
14.20 ʸPv 19.4,7
14.21 ᶻPv 11.12
ᵃSl 41.1; Pv 19.17

22 Não é certo que se perdem
　　os que só pensam no mal?
Mas os que planejam o bem
　　encontram¹ amor e fidelidade.

23 Todo trabalho árduo traz proveito,
mas o só falar leva à pobreza.

24 A riqueza dos sábios é a sua coroa,
mas a insensatez dos tolos
　　produz apenas insensatez.

25 A testemunha que fala a verdade
　　salva vidas,
mas a testemunha falsa é enganosa.ᵇ

26 Aquele que teme o Senhor
　　possui uma fortaleza segura,ᶜ
refúgio para os seus filhos.

27 O temor do Senhor é fonte de vida,
e afasta das armadilhas da morte.ᵈ

28 Uma grande população é a glória do
　　rei,
mas, sem súditos,
　　o príncipe está arruinado.

29 O homem paciente
　　dá prova de grande entendimento,
mas o precipitado revela insensatez.ᵉ

30 O coração em paz dá vida ao corpo,
mas a inveja apodrece os ossos.ᶠ

31 Oprimir o pobre
　　é ultrajar o seu Criador,ᵍ
mas tratar com bondade o necessitado
　　é honrar a Deus.

32 Quando chega a calamidade,
　　os ímpios são derrubados;ʰ
os justos, porém,
　　até em face da morte
　　encontram refúgio.ⁱ

33 A sabedoria repousa no coração
　　*dos que têm discernimento,*ʲ
e mesmo entre os tolos
　　ela se deixa conhecer².

34 A justiça engrandece a nação,ᵏ
mas o pecado é uma vergonha
　　para qualquer povo.

35 O servo sábio agrada o rei,
mas o que procede vergonhosamente
　　incorre em sua ira.ˡ

15

¹ A resposta calma desvia a fúria,ᵐ
mas a palavra ríspida desperta a ira.

² A língua dos sábios
　　torna atraente o conhecimento,
mas a boca dos tolos derrama insensatez.ⁿ

³ Os olhosᵒ do Senhor estão em toda
　　parte,ᵖ
observando atentamente os maus e
　　os bons.ᑫ

⁴ O falar amável é árvore de vida,
mas o falar enganoso esmaga o espírito.

⁵ O insensato faz pouco caso
　　da disciplina de seu pai,
mas quem acolhe a repreensão
　　revela prudência.ʳ

⁶ A casa do justo contém grande tesouro,
mas os rendimentos dos ímpiosˢ
　　lhes trazem inquietação.

⁷ As palavras dos sábios
　　espalham conhecimento;
mas o coração dos tolos não é assim.

⁸ O Senhor detesta o sacrifício dos
　　ímpios,ᵗ
mas a oração do justo o agrada.ᵘ

⁹ O Senhor detesta
　　o caminho dos ímpios,
mas ama quem busca a justiça.ᵛ

¹⁰ Há uma severa lição
　　para quem abandona o seu caminho;
quem despreza a repreensão morrerá.ʷ

¹¹ A Sepultura e a Destruição³
　　estão abertas diante do Senhor;ˣ
quanto mais os corações dos homens!ʸ

---

¹ **14.22** Ou *demonstram*
² **14.33** A Septuaginta e a Versão Siríaca dizem *mas no coração dos tolos ela não é conhecida.*
³ **15.11** Hebraico: *Sheol* e *Abadom. Sheol* também pode ser traduzido por profundezas, pó ou morte; também no versículo 24.

¹² O zombador não gosta de quem o
        corrige,ᶻ
nem procura a ajuda do sábio.

¹³ A alegria do coração transparece no
        rosto,
mas o coração angustiado
        oprime o espírito.ᵃ

¹⁴ O coração que sabe discernir
        busca o conhecimento,ᵇ
mas a boca dos tolos
        alimenta-se de insensatez.

¹⁵ Todos os dias do oprimido são
        infelizes,
mas o coração bem-disposto
        está sempre em festa.ᶜ

¹⁶ É melhor ter pouco
        com o temor do Senhor
do que grande riqueza com inquietação.ᵈ

¹⁷ É melhor ter verduras na refeição
        onde há amor
do que um boi gordo
        acompanhado de ódio.ᵉ

¹⁸ O homem irritável provoca
        dissensão,ᶠ
mas quem é paciente acalma a
        discussão.ᵍ

¹⁹ O caminho do preguiçoso
        é cheio de espinhos,ʰ
mas o caminho do justo
        é uma estrada plana.

²⁰ O filho sábio dá alegria a seu pai,ⁱ
mas o tolo despreza a sua mãe.

²¹ A insensatez alegra
        quem não tem bom senso,ʲ
mas o homem de entendimento
        procede com retidão.

²² Os planos fracassam
        por falta de conselho,
mas são bem-sucedidos
        quando há muitos conselheiros.ᵏ

²³ Dar resposta apropriada¹
        é motivo de alegria;ˡ
e como é bom
        um conselho na hora certa!ᵐ

²⁴ O caminho da vida conduz para cima
        quem é sensato,
para que ele não desça à sepultura.

²⁵ O Senhor derruba
        a casaⁿ do orgulhoso,
mas mantém intactos
        os limites da propriedade da viúva.ᵒ

²⁶ O Senhor detesta
        os pensamentos dos maus,ᵖ
mas se agrada de palavras ditas sem
        maldade.

²⁷ O avarento põe sua família em
        apuros,
mas quem repudia o suborno viverá.ᵠ

²⁸ O justo pensa bem antes de
        responder,ʳ
mas a boca dos ímpios jorra o mal.

²⁹ O Senhor está longe dos ímpios,
mas ouve a oração dos justos.ˢ

³⁰ Um olhar animador
        dá alegria ao coração,
e as boas notícias revigoram os ossos.

³¹ Quem ouve a repreensão construtiva
        terá lugar permanente entre os
        sábios.ᵗ

³² Quem recusa a disciplina
        faz pouco caso de si mesmo,ᵘ
mas quem ouve a repreensão
        obtém entendimento.

³³ O temor do Senhorᵛ ensina a
        sabedoria,²
e a humildade antecede a honra.ʷ

¹ **15.23** Ou *Expressar a própria opinião*
² **15.33** Ou *A sabedoria ensina o temor do Senhor,*

15.12
ᶻ Am 5.10
15.13
ᵃ Pv 12.25;
17.22; 18.14
15.14
ᵇ Pv 18.15
15.15
ᶜ ver 13
15.16
ᵈ Sl 37.16-17;
Pv 16.8;
1 Tm 6.6
15.17
ᵉ Pv 17.1
15.18
ᶠ Pv 26.21
ᵍ Gn 13.8
15.19
ʰ Pv 22.5
15.20
ⁱ Pv 10.1
15.21
ʲ Pv 10.23
15.22
ᵏ Pv 11.14
15.23
ˡ Pv 12.14
ᵐ Pv 25.11
15.25
ⁿ Pv 12.7
ᵒ Dt 19.14;
Sl 68.5-6;
Pv 23.10-11
15.26
ᵖ Pv 6.16
15.27
ᵠ Êx 23.8;
Is 33.15
15.28
ʳ 1 Pe 3.15
15.29
ˢ Sl 145.18-19
15.31
ᵗ ver 5
15.32
ᵘ Pv 1.7
15.33
ᵛ Pv 1.7
ʷ Pv 18.12

16 ¹ Ao homem pertencem
os planos do coração,
mas do Senhor vem a resposta da
língua.ˣ

² Todos os caminhos do homem
lhe parecem puros,
mas o Senhor avalia o espírito.ʸ

³ Consagre ao Senhor
tudo o que você faz,
e os seus planos serão bem-sucedidos.ᶻ

⁴ O Senhor faz tudo com um propósito;ᵃ
até os ímpios para o dia do castigo.ᵇ

⁵ O Senhor detesta
os orgulhosos de coração.ᶜ
Sem dúvida serão punidos.ᵈ

⁶ Com amor e fidelidade
se faz expiação pelo pecado;
com o temor do Senhor
o homem evita o mal.ᵉ

⁷ Quando os caminhos de um homem
são agradáveis ao Senhor,
ele faz que até os seus inimigos
vivam em paz com ele.

⁸ É melhor ter pouco com retidão
do que muito com injustiça.

⁹ Em seu coração
o homem planeja o seu caminho,
mas o Senhor determina
os seus passos.ᵍ

¹⁰ Os lábios do rei
falam com grande autoridade;
sua boca não deve trair a justiça.

¹¹ Balanças e pesos honestos
vêm do Senhor;
todos os pesos da bolsa são feitos por
ele.ʰ

¹² Os reis detestam a prática da
maldade,
porquanto o trono se firma pela justiça.ⁱ

¹³ O rei se agrada dos lábios honestos
e dá valor ao homem que fala a
verdade.ʲ

¹⁴ A ira do rei é um mensageiro da
morte,ᵏ
mas o homem sábio a acalmará.

¹⁵ Alegria no rosto do rei é sinal de vida;ˡ
seu favor é como
nuvem de chuva na primavera.

¹⁶ É melhor obter sabedoria do que
ouro!
É melhor obter entendimento do que
prata!ᵐ

¹⁷ A vereda do justo evita o mal;
quem guarda o seu caminho
preserva a sua vida.

¹⁸ O orgulho vem antes da destruição;
o espírito altivo, antes da queda.ⁿ

¹⁹ Melhor é ter espírito humilde
entre os oprimidos
do que partilhar despojos
com os orgulhosos.

²⁰ Quem examina cada questão
com cuidado prospera,¹
e feliz é aquele que confia no
Senhor.ᵒ

²¹ O sábio de coração
é considerado prudente;
quem fala com equilíbrio
promove a instrução².ᵖ

²² O entendimento é fonte de vida
para aqueles que o têm,ᵠ
mas a insensatez traz castigo
aos insensatos.

²³ O coração do sábio ensina a sua boca,
e os seus lábios promovem a instrução.

---

¹ **16.20** Ou *Quem acolhe a palavra prospera;* ou ainda *Quem considera atentamente o que fala prospera,*
² **16.21** Ou *consegue convencer;* também no versículo 23.

²⁴ As palavras agradáveis
    são como um favo de mel,
são doces para a alma
    e trazem cura para os ossos.ʳ

²⁵ Há caminho que parece reto ao
    homem,ˢ
mas no final conduz à morte.ᵗ

²⁶ O apetite do trabalhador
    o obriga a trabalhar;
a sua fome o impulsiona.

²⁷ O homem sem caráter maquina o
    mal;
suas palavras são um fogo devorador.ᵘ

²⁸ O homem perverso provoca
    dissensão,ᵛ
e o que espalha boatos afasta bons
    amigos.ʷ

²⁹ O violento recruta o seu próximo
    e o leva por um caminho ruim.ˣ

³⁰ Quem pisca os olhos planeja o mal;
quem franze os lábios já o vai praticar.

³¹ O cabelo grisalho
    é uma coroa de esplendor,ʸ
e obtém-se mediante uma vida justa.

³² Melhor é o homem paciente
    do que o guerreiro,
mais vale controlar o seu espírito
    do que conquistar uma cidade.

³³ A sorte é lançada no colo,
mas a decisão vem do Senhor.ᶻ

17 Melhor é um pedaço de pão seco
    com paz e tranquilidade
do que uma casa onde há banquetes¹
    e muitas brigas.ᵃ

² O servo sábio dominará sobre
    o filho de conduta vergonhosa
e participará da herança
    como um dos irmãos.

³ O crisol é para a prata
    e o forno é para o ouro,ᵇ
mas o Senhor prova o coração.ᶜ

⁴ O ímpio dá atenção aos lábios maus;
o mentiroso dá ouvidos
    à língua destruidora.

⁵ Quem zomba dos pobres
    mostra desprezo pelo Criador deles;ᵈ
quem se alegra com a desgraçaᵉ
    não ficará sem castigo.ᶠ

⁶ Os filhos dos filhosᵍ
    são uma coroa para os idosos,
e os pais são o orgulho dos seus filhos.

⁷ Os lábios arrogantes²
    não ficam bem ao insensato;
muito menos os lábios mentirosos
    ao governante!

⁸ O suborno é um recurso fascinante
    para aquele que o oferece;
aonde quer que vá, ele tem sucesso.

⁹ Aquele que cobre uma ofensa
    promove amor,ʰ
mas quem a lança em rosto
    separa bons amigos.ⁱ

¹⁰ A repreensão faz marca mais
    profunda
no homem de entendimento
do que cem açoites no tolo.

¹¹ O homem mau só pende para a
    rebeldia;
por isso um oficial impiedoso
    será enviado contra ele.

¹² Melhor é encontrar uma ursa
    da qual roubaram os filhotes
do que um tolo em sua insensatez.

¹³ Quem retribui o bem com o malʲ
    jamais deixará de ter mal no seu lar.

¹⁴ Começar uma discussão
    é como abrir brecha num dique;

16.24
ʳPv 24.13-14
16.25
ˢPv 12.15
ᵗPv 14.12
16.27
ᵘTg 3.6
16.28
ᵛPv 15.18
ʷPv 17.9
16.29
ˣPv 1.10;
12.26
16.31
ʸPv 20.29
16.33
ᶻPv 18.18;
29.26
17.1
ᵃPv 15.16,17
17.3
ᵇPv 27.21
ᶜ1 Cr 29.17;
Sl 26.2;
Jr 17.20
17.5
ᵈPv 14.31
ᵉJó 31.29
ᶠOb 1.12
17.6
ᵍPv 13.22
17.9
ʰPv 10.12
ⁱPv 16.28
17.13
ʲSl 109.4-5;
Jr 18.2

---

¹ **17.1** Hebraico: *sacrifícios*.   ² **17.7** Ou *eloquentes*

por isso resolva a questão
    antes que surja a contenda. *k*

15 Absolver o ímpio e condenar o justo *l*
    são coisas que o Senhor odeia. *m*

16 De que serve o dinheiro na mão do tolo,
    já que ele não quer obter sabedoria? *n*

17 O amigo ama em todos os momentos;
    é um irmão na adversidade.

18 O homem sem juízo
    com um aperto de mãos se compromete
    e se torna fiador do seu próximo. *o*

19 Quem ama a discussão ama o pecado;
    quem constrói portas altas¹
    está procurando a sua ruína.

20 O homem de coração perverso
    não prospera,
    e o de língua enganosa cai na desgraça.

21 O filho tolo só dá tristeza,
    e nenhuma alegria tem o pai do insensato. *p*

22 O coração bem-disposto
    é remédio eficiente,
    mas o espírito oprimido resseca os ossos. *q*

23 O ímpio aceita às escondidas o suborno *r*
    para desviar o curso da justiça.

24 O homem de discernimento
    mantém a sabedoria em vista,
    mas os olhos *s* do tolo vagueiam
    até os confins da terra.

25 O filho tolo é a tristeza do seu pai
    e a amargura daquela que o deu à luz. *t*

26 Não é bom castigar o inocente, *u*
    nem açoitar quem merece ser honrado.

27 Quem tem conhecimento
    é comedido no falar,
    e quem tem entendimento
    é de espírito sereno. *v*

28 Até o insensato passará por sábio
    se ficar quieto
    e, se contiver a língua,
    parecerá que tem discernimento. *w*

18 Quem se isola
    busca interesses egoístas
    e se rebela contra a sensatez.

2 O tolo não tem prazer no entendimento,
    mas sim em expor os seus pensamentos. *x*

3 Com a impiedade vem o desprezo,
    e com a desonra vem a vergonha.

4 As palavras do homem
    são águas profundas,
    mas a fonte da sabedoria
    é um ribeiro que transborda.

5 Não é bom favorecer os ímpios *y*
    para privar da justiça o justo. *z*

6 As palavras do tolo provocam briga,
    e a sua conversa atrai açoites.

7 A conversa do tolo é a sua desgraça,
    e seus lábios são uma armadilha *a*
    para a sua alma. *b*

8 As palavras do caluniador
    são como petiscos deliciosos;
    descem até o íntimo do homem. *c*

9 Quem relaxa em seu trabalho
    é irmão do que o destrói. *d*

10 O nome do Senhor é uma torre forte; *e*
    os justos correm para ela e estão seguros.

11 A riqueza dos ricos
    é a sua cidade fortificada, *f*
    eles a imaginam como um muro
    que é impossível escalar.

---

¹ **17.19** Ou *quem se orgulha*

¹² Antes da sua queda
  o coração do homem se envaidece,
mas a humildade antecede a honra. ᵍ

¹³ Quem responde antes de ouvir
  comete insensatez e passa vergonha. ʰ

¹⁴ O espírito do homem
  o sustenta na doença;
mas, o espírito deprimido,
  quem o levantará? ⁱ

¹⁵ O coração do que tem discernimento ʲ
  adquire conhecimento;
os ouvidos dos sábios
  saem à sua procura.

¹⁶ O presente ᵏ abre o caminho
  para aquele que o entrega
e o conduz à presença dos grandes.

¹⁷ O primeiro a apresentar a sua causa
  parece ter razão,
até que outro venha à frente e o
  questione.

¹⁸ Lançar sortes resolve contendas ˡ
e decide questões entre poderosos.

¹⁹ Um irmão ofendido é mais inacessível
  do que uma cidade fortificada,
e as discussões são como
  as portas trancadas de uma cidadela.

²⁰ Do fruto da boca enche-se
  o estômago do homem;
o produto dos lábios o satisfaz. ᵐ

²¹ A língua tem poder sobre a vida
  e sobre a morte;
os que gostam de usá-la
  comerão do seu fruto. ⁿ

²² Quem encontra uma esposa
  encontra algo excelente; ᵒ
recebeu uma bênção do Senhor. ᵖ

²³ O pobre implora misericórdia,
mas o rico responde com aspereza.

²⁴ Quem tem muitos amigos
  pode chegar à ruína,
mas existe amigo
  mais apegado que um irmão. ᑫ

19 Melhor é o pobre
  que vive com integridade
do que o tolo que fala perversamente. ʳ

² Não é bom ter zelo sem conhecimento,
nem ser precipitado e perder o
  caminho. ˢ

³ É a insensatez do homem
  que arruína a sua vida,
mas o seu coração se ira contra o
  Senhor.

⁴ A riqueza traz muitos amigos,
mas até o amigo do pobre o abandona. ᵗ

⁵ A testemunha falsa ᵛ não ficará sem
  castigo,
e aquele que despeja mentiras
  não sairá livre.

⁶ Muitos adulam o governante, ʷ
e todos são amigos de quem dá
  presentes. ˣ

⁷ O pobre é desprezado
  por todos os seus parentes,
quanto mais por seus amigos!
Embora os procure,
  para pedir-lhes ajuda,
não os encontra em lugar nenhum. ʸ

⁸ Quem obtém sabedoria
  ama-se a si mesmo;
quem acalenta o entendimento
  prospera. ᶻ

⁹ A testemunha falsa não ficará sem
  castigo,
e aquele que despeja mentiras perecerá. ᵃ

¹⁰ Não fica bem o tolo ᵇ viver no luxo;
quanto pior é o servo dominar
  príncipes! ᶜ

¹¹ A sabedoria do homem
  lhe dá paciência; ᵈ
sua glória é ignorar as ofensas.

18.12
ᶠPv 11.2;
15.33; 16.18
18.13
ʰPv 20.25;
Jo 7.51
18.14
ⁱPv 15.13;
17.22
18.15
ʲPv 15.14
18.16
ᵏGn 32.30
18.18
ˡPv 16.33
18.20
ᵐPv 12.14
18.21
ⁿPv 13.2-3;
Mt 12.37
18.22
ᵒPv 12.4
ᵖPv 19.14;
31.10
18.24
ᑫPv 17.17;
Jo 15.13-15
19.1
ʳPv 28.6
19.2
ˢPv 29.20
19.4
ᵗPv 14.20
19.5
ᵛÊx 23.1
ʷDt 19.19.
Pv 21.28
19.6
ʷPv 29.26
ˣPv 17.8;
18.16
19.7
ʸver 4;
Sl 38.11
19.8
ᶻPv 16.20
19.9
ᵃver 5
19.10
ᵇPv 26.1
ᶜPv 30.21-23;
Ec 10.5-7
19.11
ᵈPv 16.32

12 A ira do rei é como o rugido do leão,
mas a sua bondade
   é como o orvalho[e] sobre a relva.[f]

13 O filho tolo é a ruína de seu pai,[g]
e a esposa briguenta
   é como uma goteira constante.[h]

14 Casas e riquezas herdam-se dos pais,[i]
mas a esposa prudente vem do Senhor.[j]

15 A preguiça leva ao sono profundo,
e o preguiçoso passa fome.[k]

16 Quem obedece aos mandamentos
      preserva a sua vida,
mas quem despreza os seus caminhos
      morrerá.[l]

17 Quem trata bem os pobres
      empresta ao Senhor,
e ele o recompensará.[m]

18 Discipline seu filho,
      pois nisso há esperança;
não queira a morte dele.[n]

19 O homem de gênio difícil
      precisa do castigo;
se você o poupar,
      terá que poupá-lo de novo.

20 Ouça conselhos e aceite instruções,[o]
e acabará sendo sábio.[p]

21 Muitos são os planos
      no coração do homem,
mas o que prevalece
      é o propósito do Senhor.[q]

22 O que se deseja ver num homem
      é amor perene;[1]
melhor é ser pobre do que mentiroso.

23 O temor do Senhor conduz à vida:
quem o teme pode descansar em paz,
      livre de problemas.[r]

24 O preguiçoso põe a mão no prato,
      e não se dá ao trabalho
      de levá-la à boca![s]

25 Açoite o zombador,
   e os inexperientes aprenderão a
      prudência;
repreenda o homem de discernimento,
   e ele obterá conhecimento.[t]

26 O filho que rouba o pai e expulsa a
      mãe[u]
   é causador de vergonha e desonra.

27 Se você parar de ouvir a instrução,
      meu filho,
irá afastar-se das palavras
   que dão conhecimento.

28 A testemunha corrupta zomba da
      justiça,
e a boca dos ímpios
   tem fome de iniquidade.[v]

29 Os castigos estão preparados
      para os zombadores,
e os açoites para as costas dos tolos.[w]

20 O vinho é zombador
e a bebida fermentada provoca
      brigas;
não é sábio deixar-se dominar por
   eles.[x]

2 O medo que o rei provoca
   é como o do rugido de um leão;[y]
quem o irrita põe em risco a própria
   vida.[z]

3 É uma honra dar fim a contendas,
mas todos os insensatos envolvem-se
   nelas.[a]

4 O preguiçoso não ara a terra
   na estação própria[2];
mas na época da colheita procura,
   e não acha nada.

5 Os propósitos do coração do homem
   são águas profundas,
mas quem tem discernimento
   os traz à tona.

---

[1] **19.22** Ou *A ambição de um homem é sua vergonha*;

[2] **20.4** Hebraico: *por causa do frio*.

6 Muitos se dizem amigos leais;
   mas um homem fiel,
      quem poderá achar? ᵇ

7 O homem justo leva uma vida íntegra;
   como são felizes os seus filhos! ᶜ

8 Quando o rei se assenta no trono
      para julgar,
   com o olhar esmiúça todo o mal. ᵈ

9 Quem poderá dizer:
   "Purifiquei o coração;
      estou livre do meu pecado"? ᵉ

10 Pesos adulterados
      e medidas falsificadas
   são coisas que o Senhor detesta. ᶠ

11 Até a criança mostra o que é
      por suas ações;
   o seu procedimento
      revelará se ela é pura ᵍ e justa.

12 Os ouvidos que ouvem
      e os olhos que veem
   foram feitos pelo Senhor. ʰ

13 Não ame o sono,
      senão você acabará ficando pobre; ⁱ
   fique desperto, e terá alimento de sobra.

14 "Não vale isso! Não vale isso!",
      diz o comprador,
   mas, quando se vai,
      gaba-se do bom negócio.

15 Mesmo onde há ouro e rubis
      em grande quantidade,
   os lábios que transmitem conhecimento
      são uma rara preciosidade.

16 Tome-se a veste
      de quem serve de fiador ao estranho;
   sirva ela de penhor ʲ
      de quem dá garantia a uma mulher
         leviana¹. ᵏ

17 Saborosa é a comida
      que se obtém com mentiras, ˡ
   mas depois dá areia na boca.

18 Os conselhos são importantes
      para quem quiser fazer planos,
   e quem sai à guerra
      precisa de orientação. ᵐ

19 Quem vive contando casos
      não guarda segredo; ⁿ
   por isso, evite quem fala demais.

20 Se alguém amaldiçoar seu pai ou sua
         mãe, ᵒ
   a luz de sua vida se extinguirá
      na mais profunda escuridão. ᵖ

21 A herança que se obtém
      com ganância no princípio²
   no final não será abençoada.

22 Não diga:
   "Eu o farei pagar pelo mal que me
      fez!"
   Espere pelo Senhor, ᑫ
      e ele dará a vitória a você. ʳ

23 O Senhor detesta pesos adulterados,
   e balanças falsificadas não o agradam. ˢ

24 Os passos do homem
      são dirigidos pelo Senhor.
   Como poderia alguém
      discernir o seu próprio caminho? ᵗ

25 É uma armadilha consagrar algo
      precipitadamente,
   e só pensar nas consequências
      depois que se fez o voto. ᵘ

26 O rei sábio abana os ímpios
   e passa sobre eles a roda de debulhar. ᵛ

27 O espírito do homem
      é a lâmpada do Senhor,
   e vasculha cada parte do seu ser.

28 A bondade e a fidelidade
      preservam o rei;
   por sua bondade
      ele dá firmeza ao seu trono. ʷ

---

¹ **20.16** Ou *a um desconhecido*

² **20.21** Ou *A herança que se obtém às pressas no início,*

20.6
ᵇSl 12.1
20.7
ᶜSl 37.25-26; 112.2
20.8
ᵈver 26; Pv 11.1
20.11
ᵍMt 7.16
20.12
ʰSl 94.9
20.13
ⁱPv 6.11; 19.15
20.16
ʲEx 22.26
ᵏPv 27.13
20.17
ˡPv 9.17
20.18
ᵐPv 11.14; 24.6
20.19
ⁿPv 11.13
20.20
ᵒPv 30.11
ᵖEx 21.17; Jó 18.5
20.22
ᑫPv 24.29
ʳRm 12.19
20.23
ˢver 10
20.24
ᵗJr 10.23
20.25
ᵘEc 5.2, 4-5
20.26
ᵛver 8
20.28
ʷPv 19.14

²⁹ A beleza dos jovens está na sua força;
a glória dos idosos,
   nos seus cabelos brancos.*

³⁰ Os golpes e os ferimentos
      eliminam ʸ o mal;
os açoites limpam as profundezas do ser.

21

O coração do rei é como um rio
   controlado pelo S<small>ENHOR</small>;
ele o dirige para onde quer.

² Todos os caminhos do homem
      lhe parecem justos,
mas o S<small>ENHOR</small> pesa o coração.ᶻ

³ Fazer o que é justo e certo
      é mais aceitável ao S<small>ENHOR</small>
do que oferecer sacrifícios.ᵃ

⁴ A vida de pecado dos ímpios
se vê no olhar ᵇ orgulhoso
e no coração arrogante.

⁵ Os planos bem elaborados levam à
      fartura;ᶜ
mas o apressado sempre acaba na
   miséria.

⁶ A fortuna obtida com língua
      mentirosa
   é ilusão fugidia e armadilha mortal.ᵈ

⁷ A violência dos ímpios os arrastará,
pois se recusam a agir corretamente.

⁸ O caminho do culpado é tortuoso,ᵉ
mas a conduta do inocente é reta.

⁹ Melhor é viver num canto sob o
      telhado
do que repartir a casa
   com uma mulher briguenta.ᶠ

¹⁰ O desejo do perverso é fazer o mal;
ele não tem dó do próximo.

¹¹ Quando o zombador é castigado,
   o inexperiente obtém sabedoria;
quando o sábio recebe instrução,
   obtém conhecimento.ᵍ

¹² O justo observa a casa dos ímpios
e os faz cair na desgraça.ʰ

¹³ Quem fecha os ouvidos
      ao clamor dos pobres
também clamará e não terá resposta.ⁱ

¹⁴ O presente que se faz em segredo
      acalma a ira,
e o suborno oferecido às ocultas
   apazigua a maior fúria.ʲ

¹⁵ Quando se faz justiça,
      o justo se alegra,
mas os malfeitores se apavoram.ᵏ

¹⁶ Quem se afasta
      do caminho da sensatez
repousará na companhia dos mortos.ˡ

¹⁷ Quem se entrega aos prazeres
      passará necessidade;
quem se apega ao vinho e ao azeite
   jamais será rico.ᵐ

¹⁸ O ímpio serve de resgate ⁿ para o
      justo,
e o infiel, para o homem íntegro.

¹⁹ Melhor é viver no deserto
do que com uma mulher briguenta
   e amargurada¹.ᵒ

²⁰ Na casa do sábio
   há comida e azeite armazenados,
mas o tolo devora tudo o que pode.ᵖ

²¹ Quem segue a justiça e a lealdade ᵠ
      encontra vida, justiça e honra.

²² O sábio conquista
      a cidade dos valentes
e derruba a fortaleza
   em que eles confiam.

²³ Quem é cuidadoso no que fala ʳ
   evita muito sofrimento.ˢ

---

¹ 21.19 Ou *do que ser importunado por uma mulher briguenta*

24 O vaidoso e arrogante[1]
  chama-se zombador;
ele age com extremo orgulho.

25 O preguiçoso morre de tanto desejar[u]
e de nunca pôr as mãos no trabalho.

26 O dia inteiro ele deseja mais e mais,
enquanto o justo reparte sem cessar.[v]

27 O sacrifício dos ímpios
  já por si é detestável;[w]
tanto mais quando oferecido
  com más intenções.[x]

28 A testemunha falsa perecerá,[y]
mas o testemunho
  do homem bem informado
  permanecerá.[1]

29 O ímpio mostra no rosto
  a sua arrogância,
mas o justo mantém em ordem
  o seu caminho.

30 Não há sabedoria[z] alguma,
nem discernimento algum,
nem plano algum
  que possa opor-se ao Senhor.[a]

31 Prepara-se o cavalo para o dia da
  batalha,
mas o Senhor é que dá a vitória.[b]

22

A boa reputação vale mais
que grandes riquezas;
desfrutar de boa estima
  vale mais que prata e ouro.[c]

2 O rico e o pobre têm isto em comum:
  o Senhor é o Criador de ambos.[d]

3 O prudente percebe o perigo
  e busca refúgio;[e]
o inexperiente segue adiante
  e sofre as consequências.[f]

4 A recompensa da humildade
  e do temor do Senhor
são a riqueza, a honra e a vida.

5 No caminho do perverso
  há espinhos e armadilhas;[g]
quem quer proteger a própria vida
  mantém-se longe dele.

6 Instrua a criança segundo os objetivos
  que você tem para ela,[h]
e mesmo com o passar dos anos[2]
  não se desviará deles.

7 O rico domina sobre o pobre;
quem toma emprestado
  é escravo de quem empresta.

8 Quem semeia a injustiça colhe a
  maldade;[i]
o castigo da sua arrogância será
  completo.[j]

9 Quem é generoso será abençoado,[k]
pois reparte o seu pão com o pobre.[l]

10 Quando se manda embora o
  zombador,
  a briga acaba;
cessam as contendas e os insultos.[m]

11 Quem ama a sinceridade de coração
e se expressa com elegância
  será amigo do rei.[n]

12 Os olhos do Senhor
  protegem o conhecimento,
mas ele frustra as palavras dos infiéis.

13 O preguiçoso diz:
  "Há um leão lá fora!"
  "Serei morto na rua!"[o]

14 A conversa da mulher imoral
  é uma cova profunda;[p]
nela cairá quem estiver
  sob a ira do Senhor.[q]

15 A insensatez está ligada
  ao coração da criança,
mas a vara da disciplina
  a livrará dela.[r]

16 Tanto quem oprime o pobre
  para enriquecer-se

---

[1] **21.28** Hebraico: *o homem que sabe ouvir falará para sempre.*

[2] **22.6** Ou *no caminho que deve seguir, e mesmo quando envelhecer*

21.24
ᵗSl 1.1;
Pv 1.22;
Is 16.6;
Jr 48.29
21.25
ᵘPv 13.4
21.26
ᵛSl 37.26;
Mt 5.42;
Ef 4.28
21.27
ʷIs 66.3;
Jr 6.20;
Am 5.22
ˣPv 15.8
21.28
ʸPv 19.5
21.30
ᶻJr 9.23
ᵃIs 8.10;
At 5.39
21.31
ᵇSl 3.8;
33.12-19;
Is 31.1
22.1
ᶜEc 7.1
22.2
ᵈJó 31.15
22.3
ᵉPv 14.16
ᶠPv 27.12
22.5
ᵍPv 15.19
22.6
ʰEf 6.4
22.8
ⁱJó 4.8
ʲSl 125.3
22.9
ᵏ2 Co 9.6
ˡPv 19.17
22.10
ᵐPv 18.6;
26.20
22.11
ⁿPv 16.13;
Mt 5.8
22.13
ᵒPv 26.13
22.14
ᵖPv 2.16;
5.3-5; 7.5;
23.27
ᑫEc 7.26
22.15
ʳPv 13.24;
23.14

como quem faz cortesia ao rico
   com certeza passarão necessidade.¹

Ditados dos Sábios

17 Preste atenção e ouça
   os ditados dos sábios,ˢ
e aplique o coração ao meu ensino.
18 Será uma satisfação guardá-los no íntimo
e tê-los todos na ponta da língua.
19 Para que você confie no Senhor,
   a você hoje ensinarei.
20 Já não lhe escrevi
   conselhos e instruções²,
21 ensinando-lhe palavras ᵗ
   dignas de confiança,
para que você responda
   com a verdade a quem o enviou?
22 Não explore os pobres ᵘ por serem pobres,
nem oprima os necessitados no tribunal,ᵛ
23 pois o Senhor será o advogado deles ʷ
e despojará da vida os que os despojarem.ˣ
24 Não se associe
   com quem vive de mau humor,
nem ande em companhia
   de quem facilmente se ira;
25 do contrário você acabará
   imitando essa conduta
e cairá em armadilha mortal.ʸ
26 Não seja como aqueles que,
   com um aperto de mãos,ᶻ
empenham-se com outros
e se tornam fiadores de dívidas;
27 se você não tem como pagá-las,
por que correr o risco de perder
   até a cama em que dorme?ᵃ

28 Não mude de lugar os antigos marcos ᵇ
que limitam as propriedades
e que foram colocados
   por seus antepassados.
29 Você já observou um homem
   habilidoso em seu trabalho?
Será promovido ao serviço real;ᶜ
   não trabalhará para gente obscura.

23 Quando você se assentar
   para uma refeição
   com alguma autoridade,
   observe com atenção
   quem está diante de você
2 e encoste a faca à sua própria garganta
se estiver com grande apetite. ᵈ
3 Não deseje as iguarias que lhe oferece,
pois podem ser enganosas.
4 Não esgote suas forças
   tentando ficar rico;
tenha bom senso!
5 As riquezas desaparecem
   assim que você as contempla;
elas criam asas
   e voam como águias pelo céu. ᵉ
6 Não aceite a refeição
   de um hospedeiro invejoso³,
nem deseje as iguarias que lhe oferece;ᶠ
7 pois ele só pensa nos gastos.
Ele lhe diz: "Coma e beba!",
mas não fala com sinceridade.
8 Você vomitará o pouco que comeu,
e desperdiçará a sua cordialidade.
9 Não vale a pena conversar com o tolo,
pois ele despreza a sabedoria
   do que você fala.ᵍ
10 Não mude de lugar
   os antigos marcos de propriedade,ʰ
nem invada as terras dos órfãos,
11 pois aquele que defende ⁱ
   os direitos⁴ deles é forte.
Ele lutará contra você para defendê-los.ʲ

---

¹ **22.16** Ou *Quem oprime o pobre faz com que ele ganhe mais; quem faz cortesia ao rico só promove a própria necessidade.*

² **22.20** Ou *escrevi trinta ditados*; ou ainda *escrevi ditados excelentes*

³ **23.6** Hebraico: *de olhos maus.*

⁴ **23.11** Hebraico: *o resgatador.*

¹² Dedique à disciplina o seu coração
e os seus ouvidos
  às palavras que dão conhecimento.

¹³ Não evite disciplinar a criança;
se você a castigar com a vara,
  ela não morrerá.

¹⁴ Castigue-a, você mesmo, com a vara,
e assim a livrará da sepultura.¹

¹⁵ Meu filho, se o seu coração for sábio,
  o meu coração se alegrará.

¹⁶ Sentirei grande alegria
  quando os seus lábios falarem com
    retidão. ᵏ

¹⁷ Não inveje ᶦ os pecadores
  em seu coração;
melhor será que tema sempre o
  Senhor.

¹⁸ Se agir assim, certamente haverá
  bom futuro para você,
e a sua esperança não falhará. ᵐ

¹⁹ Ouça, meu filho, e seja sábio;
guie o seu coração pelo bom caminho.

²⁰ Não ande com os que
  se encharcam de vinho, ⁿ
nem com os que
  se empanturram de carne.

²¹ Pois os bêbados e os glutões
  se empobrecerão, ᵒ
e a sonolência os vestirá de trapos.

²² Ouça o seu pai, que o gerou;
não despreze sua mãe
  quando ela envelhecer. ᵖ

²³ Compre a verdade e não abra mão dela,
nem tampouco da sabedoria, da
  disciplina
  e do discernimento. ᵠ

²⁴ O pai do justo exultará de júbilo;
quem tem filho sábio nele se alegra. ʳ

²⁵ Bom será que se alegrem
  seu pai e sua mãe
e que exulte a mulher que o deu à luz!

²⁶ Meu filho, ˢ dê-me o seu coração;
mantenha os seus olhos
  em meus caminhos, ᵗ

²⁷ pois a prostituta é uma cova ᵘ
  profunda,
e a mulher pervertida² é um poço
  estreito.

²⁸ Como o assaltante, ela fica de tocaia ᵛ
e multiplica entre os homens os infiéis.

²⁹ De quem são os ais?
  De quem as tristezas?
  E as brigas, de quem são?
  E os ferimentos desnecessários?
  De quem são os olhos vermelhos³?

³⁰ Dos que se demoram bebendo vinho, ʷ
dos que andam à procura
  de bebida misturada.

³¹ Não se deixe atrair pelo vinho
  quando está vermelho,
quando cintila no copo
  e escorre suavemente!

³² No fim, ele morde como serpente
e envenena como víbora.

³³ Seus olhos verão coisas estranhas,
e sua mente imaginará coisas
  distorcidas.

³⁴ Você será como quem
  dorme no meio do mar,
como quem se deita
  no alto das cordas do mastro.

³⁵ E dirá: "Espancaram-me,
  mas eu nada senti!
Bateram em mim, mas nem percebi!
Quando acordarei
  para que possa beber mais uma vez?"

24

¹ Não tenha inveja ˣ dos ímpios,
  nem deseje a companhia deles;
² pois destruição é o que
  planejam no coração,
e só falam de violência. ʸ

³ Com sabedoria se constrói a casa, ᶻ
e com discernimento se consolida.

---

¹ **23.14** Hebraico: *Sheol*. Essa palavra também pode ser traduzida por profundezas, pó ou morte.
² **23.27** Ou *adúltera*
³ **23.29** Ou *embaçados*

⁴ Pelo conhecimento
  os seus cômodos se enchem
  do que é precioso e agradável.ᵃ

⁵ O homem sábio é poderoso,
e quem tem conhecimento
  aumenta a sua força;
⁶ quem sai à guerra precisa de
  orientação,
e com muitos conselheiros
  se obtém a vitória.ᵇ

⁷ A sabedoria é elevada demais
  para o insensato;
ele não sabe o que dizer
  nas assembleias.

⁸ Quem maquina o mal
  será conhecido como criador de
  intrigas.
⁹ A intriga do insensato é pecado,
e o zombador é detestado pelos
  homens.

¹⁰ Se você vacila no dia da dificuldade,
como será limitada a sua força!ᶜ

¹¹ Liberte os que estão sendo levados
  para a morte;
socorra os que caminham
  trêmulos para a matança!ᵈ
¹² Mesmo que você diga:
  "Não sabíamos o que estava
  acontecendo!"
Não o perceberia aquele que
  pesaᵉ os corações?
Não o saberia aquele que
  preserva a sua vida?
Não retribuirá ele a cada um
  segundo o seu procedimento?ᶠ

¹³ Coma mel, meu filho. É bom.
  O favo é doce ao paladar.
¹⁴ Saiba que a sabedoria também será
  boa
  para a sua alma;
se você a encontrar, certamente haverá
  futuro para você,
e a sua esperança não vai decepcioná-lo.ᵍ ʰ

¹⁵ Não fique de tocaia, como faz o
  ímpio,
  contra a casa do justo,
e não destrua o seu local de repouso,
¹⁶ pois ainda que o justo caia sete vezes,
  tornará a erguer-se,
mas os ímpios são arrastados
  pela calamidade.ⁱ

¹⁷ Não se alegreʲ quando
  o seu inimigo cair,
nem exulte o seu coração
  quando ele tropeçar,ᵏ
¹⁸ para que o Senhor não veja isso
  e se desagrade
  e desvie dele a sua ira.

¹⁹ Não se aborreçaˡ por causa dos maus,
nem tenha inveja dos ímpios,
²⁰ pois não há futuro para o mau,
e a lâmpada dos ímpios se apagará.ᵐ

²¹ Tema o Senhor e o rei,ⁿ meu filho,
e não se associe aos dissidentes,
²² pois terão repentina destruição,
e quem pode imaginar a ruína
  que o Senhor e o rei podem causar?

Outros Ditados de Sabedoria

²³ Aqui vão outros ditados dos sábios:ᵒ

Agir com parcialidadeᵖ nos julgamentos
  não é nada bom.ᑫ
²⁴ Quem disser ao ímpio:
  "Você é justo",ʳ
será amaldiçoado pelos povos
e sofrerá a indignação das nações.
²⁵ Mas os que condenam o culpado
  terão vida agradável;
  receberão grandes bênçãos.
²⁶ A resposta sincera
  é como beijoˡ nos lábios.²

²⁷ Termine primeiro o seu trabalho
  a céu aberto;

---

¹ **24.26** Ou *é prova de amizade*
² **24.26** Ou *Quem dá um veredicto correto sela os lábios.*

deixe pronta a sua lavoura.
Depois constitua família.[1]

²⁸ Não testemunhe sem motivo
      contra o seu próximo[s]
nem use os seus lábios para enganá-lo.
²⁹ Não diga: "Farei com ele
      o que fez comigo;
ele pagará pelo que fez".[t]

³⁰ Passei pelo campo do preguiçoso,[u]
pela vinha do homem sem juízo;
³¹ havia espinheiros por toda parte,
o chão estava coberto de ervas daninhas
e o muro de pedra estava em ruínas.
³² Observei aquilo e fiquei pensando;
olhei e aprendi esta lição:
³³ "Vou dormir um pouco", você diz.
"Vou cochilar um momento;
vou cruzar os braços
      e descansar mais um pouco",[v]
³⁴ mas a pobreza lhe sobrevirá
      como um assaltante,
e a sua miséria
      como um homem armado.[w]

Outros Provérbios de Salomão

25 Estes são outros provérbios[x] de Salomão, compilados pelos servos de Ezequias, rei de Judá:[y]

² A glória de Deus é ocultar certas
      coisas;
tentar descobri-las é a glória dos reis.[z]

³ Assim como o céu é elevado
      e a terra é profunda,
também o coração dos reis é insondável.

⁴ Quando se retira a escória da prata,
nesta se tem material para o[²] ourives;
⁵ quando os ímpios são retirados
      da presença do rei,[a]
a justiça firma[b] o seu trono.[c]

⁶ Não se engrandeça na presença do rei
e não reivindique lugar
      entre os homens importantes;

⁷ é melhor que o rei lhe diga:
      "Suba para cá!",[d]
do que ter que humilhá-lo
diante de uma autoridade.

O que você viu com os olhos
⁸ não leve precipitadamente ao tribunal,
pois o que você fará
se o seu próximo o desacreditar?[e]

⁹ Procure resolver sua causa diretamente
      com o seu próximo
e não revele o segredo de outra pessoa,
¹⁰ caso contrário, quem o ouvir
      poderá recriminá-lo,
e você jamais perderá sua má reputação.

¹¹ A palavra proferida no tempo certo
      é como frutas de ouro
incrustadas numa escultura[³] de
      prata.[f]
¹² Como brinco de ouro
      e enfeite de ouro fino
é a repreensão dada com sabedoria
      a quem se dispõe a ouvir.[g]

¹³ Como o frescor da neve
      na época da colheita
é o mensageiro de confiança
      para aqueles que o enviam;
ele revigora o ânimo de seus senhores.[h]

¹⁴ Como nuvens e ventos sem chuva
      é aquele que se gaba de presentes
      que não deu.

¹⁵ Com muita paciência
      pode-se convencer a autoridade,[i]
e a língua branda quebra até ossos[⁴].[j]
¹⁶ Se você encontrar mel,
      coma apenas o suficiente,
para que não fique enjoado e vomite.[k]
¹⁷ Não faça visitas frequentes
      à casa do seu vizinho
para que ele não se canse de você
      e passe a odiá-lo.

---

[1] **24.27** Hebraico: *construa sua casa.*
[2] **25.4** Ou *aí surge um vaso da parte do*
[3] **25.11** Ou *moldura*
[4] **25.15** Ou *vence a resistência*

24.28
[s]Sl 7.4;
Pv 25.18;
Ef 4.25
24.29
[t]Pv 20.22
Mt 5.38-41;
Rm 12.17
24.30
[u]Pv 6.6-11;
26.13-16
24.33
[v]Pv 6.10
24.34
[w]Pv 10.4;
Ec 10.18
25.1
[x]1 Rs 4.32
[y]Pv 1.1
25.2
[z]Pv 16.10-15
25.5
[a]Pv 20.8
[b]2 Sm 7.13
[c]Pv 16.12;
29.14
25.7
[d]Lc 14.7-10
25.8
[e]Mt 5.25-26
25.11
[f]ver 12;
Pv 15.23
25.12
[g]ver 11
Sl 141.5;
Pv 13.18;
15.31
25.13
[h]Pv 10.26;
13.17
25.15
[i]Ec 10.4
[j]Pv 15.1
25.16
[k]ver 27

18 Como um pedaço de pau,
uma espada ou uma flecha aguda
é o que dá falso testemunho
contra o seu próximo.¹

19 Como dente estragado ou pé
deslocado
é a confiança no¹ hipócrita
na hora da dificuldade.

20 Como tirar a própria roupa
num dia de frio,
ou derramar vinagre numa ferida
é cantar com o coração entristecido.

21 Se o seu inimigo tiver fome,
dê-lhe de comer;
se tiver sede, dê-lhe de beber.
22 Fazendo isso, você amontoará
brasas vivaᵐs sobre a cabeça dele,
e o Senhor recompensará você.ⁿ

23 Como o vento norte traz chuva,
assim a língua fingida traz o olhar
irado.

24 Melhor é viver num canto sob o
telhado
do que repartir a casa
com uma mulher briguenta.ᵒ

25 Como água fresca para a garganta
sedenta
é a boa notícia que chega
de uma terra distante.ᵖ

26 Como fonte contaminada
ou nascente poluída,
assim é o justo que fraqueja
diante do ímpio.

27 Comer mel demais não é bom,ᑫ
nem é honroso buscar a própria
honra.ʳ

28 Como a cidade
com seus muros derrubados,
assim é quem não sabe dominar-se.

¹ **25.19** Ou *do*

26 Como neve no verão
ou chuvaˢ na colheita,
assim a honra é imprópria para o tolo.ᵗ

2 Como o pardal que voa em fuga,
e a andorinha que esvoaça veloz,
assim a maldição sem motivo justo
não pega.ᵘ

3 O chicote é para o cavalo;ᵛ
o freio, para o jumento;
e a vara, para as costas do tolo!ʷ

4 Não responda ao insensato
com igual insensatez,
do contrário você se igualará a ele.ˣ

5 Responda ao insensato
como a sua insensatez merece,
do contrário ele pensará
que é mesmo um sábio.ʸ

6 Como cortar o próprio pé
ou beber veneno²,
assim é enviar mensagem
pelas mãos do tolo.ᶻ

7 Como pendem inúteis as pernas do
coxo,
assim é o provérbio na boca do tolo.ᵃ

8 Como amarrar uma pedra na
atiradeira,
assim é prestar honra ao insensato.ᵇ

9 Como ramo de espinhos
nas mãos do bêbado,
assim é o provérbio na boca do
insensato.ᶜ

10 Como o arqueiro que atira ao acaso,
assim é quem contrata o tolo
ou o primeiro que passa.

11 Como o cão volta ao seu vômito,ᵈ
assim o insensato repete a sua
insensatez.ᵉ

12 Você conhece alguém que se julga
sábio?ᶠ

² **26.6** Hebraico: *violência*.

Há mais esperança para o insensato
  do que para ele.ᵍ

¹³ O preguiçoso diz:ʰ
  "Lá está um leão no caminho,
  um leão feroz rugindo nas ruas!"ⁱ

¹⁴ Como a porta gira em suas dobradiças,
assim o preguiçoso
  se revira em sua cama.ʲ

¹⁵ O preguiçoso coloca a mão no prato,
mas acha difícil demais
  levá-la de volta à boca.ᵏ

¹⁶ O preguiçoso considera-se mais sábio
  do que sete homens que respondem
  com bom senso.

¹⁷ Como alguém que pega pelas orelhas
  um cão qualquer,
assim é quem se mete em discussão
  alheia.

¹⁸ Como o louco que atira
  brasas e flechas mortais,
¹⁹ assim é o homem
  que engana o seu próximo
e diz: "Eu estava só brincando!"

²⁰ Sem lenha a fogueira se apaga;
sem o caluniador morre a contenda.ˡ

²¹ O que o carvão é para as brasas
  e a lenha para a fogueira,
o amigo de brigas
  é para atiçar discórdias.ᵐ

²² As palavras do caluniador
  são como petiscos deliciosos;
  descem saborosos até o íntimo.ⁿ

²³ Como uma camada de esmalte¹
  sobre um vaso de barro,
os lábios amistosos
  podem ocultar um coração mau.

²⁴ Quem odeia disfarça as suas
  intenções

---

¹ **26.23** Ou *de escória de prata*

com os lábios,ᵒ
mas no coração abriga a falsidade.ᵖ

²⁵ Embora a sua conversa seja mansa,ᵠ
  não acredite nele,
pois o seu coração está cheio de
  maldade.ʳ

²⁶ Ele pode fingir e esconder o seu ódio,
mas a sua maldade será exposta em
  público.

²⁷ Quem faz uma cova,ˢ nela cairá;ᵗ
se alguém rola uma pedra,
  esta rolará de volta sobre ele.ᵘ

²⁸ A língua mentirosa
  odeia aqueles a quem fere,
e a bocaᵛ lisonjeira provoca a ruína.

27

Não se gabeʷ do dia de amanhã,
pois você não sabe
  o que este ou aquele dia poderá
  trazer.ˣ

² Que outros façam elogios a você,
  não a sua própria boca;
outras pessoas, não os seus próprios
  lábios.ʸ

³ A pedra é pesada e a areiaᶻ é um fardo,
mas a irritação causada pelo insensato
é mais pesada do que as duas juntas.

⁴ O rancor é cruel e a fúria é
  destruidora,
mas quem consegue suportar
  a inveja?ᵃ

⁵ Melhor é a repreensão feita
  abertamente
  do que o amor oculto.

⁶ Quem fere por amor
  mostra lealdade,
mas o inimigo multiplica beijos.ᵇ

⁷ Quem está satisfeito despreza o mel,
mas para quem tem fome
  até o amargo é doce.

⁸ Como a ave que vagueiaᶜ
  longe do ninho,

assim é o homem que vagueia
    longe do lar.

⁹ Perfume ᵈ e incenso trazem
    alegria ao coração;
do conselho sincero do homem
    nasce uma bela amizade.

¹⁰ Não abandone o seu amigo
    nem o amigo de seu pai;
quando for atingido pela adversidade ᵉ
    não vá para a casa de seu irmão;
melhor é o vizinho próximo
    do que o irmão distante.

¹¹ Seja sábio, meu filho,
    e traga alegria ao meu coração; ᶠ
poderei então responder
    a quem me desprezar. ᵍ

¹² O prudente percebe o perigo
    e busca refúgio;
o inexperiente segue adiante
    e sofre as consequências. ʰ

¹³ Tome-se a veste
    de quem serve de fiador ao estranho;
sirva ela de penhor
    de quem dá garantia a uma mulher leviana¹. ⁱ

¹⁴ A bênção dada aos gritos cedo de manhã,
    como maldição é recebida.

¹⁵ A esposa briguenta é como
    o gotejar ʲ constante num dia chuvoso;
¹⁶ detê-la é como deter o vento,
    como apanhar óleo com a mão.

¹⁷ Assim como o ferro afia o ferro,
    o homem afia o seu companheiro.

¹⁸ Quem cuida de uma figueira
    comerá de seu fruto, ᵏ
e quem trata bem o seu senhor
    receberá tratamento de honra. ˡ

¹ 27.13 Ou *a um desconhecido*

¹⁹ Assim como a água reflete o rosto,
    o coração reflete quem somos nós.

²⁰ O Sheol e a Destruição² são insaciáveis, ᵐ
    como insaciáveis são os olhos do homem. ⁿ

²¹ O crisol é para a prata
    e o forno é para o ouro, ᵒ
mas o que prova o homem
    são os elogios que recebe.

²² Ainda que você moa o insensato,
    como trigo no pilão,
a insensatez não se afastará dele.

²³ Esforce-se para saber bem
    como suas ovelhas estão, ᵖ
dê cuidadosa atenção aos seus rebanhos,
²⁴ pois as riquezas não duram para sempre, ᑫ
e nada garante que a coroa
    passe de uma geração a outra.
²⁵ Quando o feno for retirado,
    surgirem novos brotos
e o capim das colinas for colhido,
²⁶ os cordeiros fornecerão a você roupa,
    e os bodes renderão a você o preço de um campo.
²⁷ Haverá fartura de leite de cabra
    para alimentar você e sua família,
    e para sustentar as suas servas.

28

O ímpio foge, ʳ
embora ninguém o persiga, ˢ
mas os justos são corajosos como o leão. ᵗ

² Os pecados de uma nação fazem mudar
    sempre os seus governantes,
mas a ordem se mantém
    com um líder sábio e sensato.

³ O pobre que se torna poderoso
    e oprime os pobres

² 27.20 Hebraico: *Sheol* e *Abadom*. *Sheol* pode ser traduzido por sepultura, profundezas, pó ou morte.

é como a tempestade súbita
　　que destrói toda a plantação.

4 Os que abandonam a lei
　　elogiam os ímpios,
mas os que obedecem à lei
　　lutam contra eles.

5 Os homens maus
　　não entendem a justiça,
mas os que buscam o Senhor
　　a entendem plenamente.

6 Melhor é o pobre íntegro em sua
　　conduta
　　do que o rico perverso em seus
　　　caminhos. *u*

7 Quem obedece à lei é filho sábio,
mas o companheiro dos glutões
　　envergonha o pai. *v*

8 Quem aumenta sua riqueza
　　com juros exorbitantes *w*
ajunta para algum outro, *x*
　　que será bondoso com os pobres. *y*

9 Se alguém se recusa a ouvir a lei,
até suas orações serão detestáveis. *z*

10 Quem leva o homem direito
　　pelo mau caminho
cairá ele mesmo
　　na armadilha *a* que preparou,
mas o que não se deixa corromper
　　terá boa recompensa.

11 O rico pode até se julgar sábio,
mas o pobre que tem discernimento
　　o conhece a fundo.

12 Quando os justos triunfam,
　　há prosperidade geral¹; *b*
mas, quando os ímpios sobem ao poder,
　　os homens tratam de esconder-se. *c*

13 Quem esconde os seus pecados *d*
　　não prospera,
mas quem os confessa e os abandona
　　encontra misericórdia. *e*

14 Como é feliz o homem constante
　　no temor do Senhor!
Mas quem endurece o coração
　　cairá na desgraça.

15 Como um leão que ruge ou um urso
　　feroz
é o ímpio que governa
　　um povo necessitado.

16 O governante sem discernimento
　　aumenta as opressões,
mas os que odeiam o ganho desonesto
　　prolongarão o seu governo.

17 O assassino atormentado pela culpa
　　será fugitivo*f* até a morte;
que ninguém o proteja!

18 Quem procede com integridade
　　viverá seguro,
mas quem procede com perversidade
　　de repente cairá. *g*

19 Quem lavra sua terra
　　terá comida com fartura,
mas quem persegue fantasias
　　se fartará de miséria. *h*

20 O fiel será ricamente abençoado,
mas quem tenta enriquecer-se depressa
　　não ficará sem castigo. *i*

21 Agir com parcialidade não é bom; *j*
Pois até por um pedaço de pão
　　o homem se dispõe a fazer o mal. *k*

22 O invejoso é ávido por riquezas
e não percebe que a pobreza o aguarda. *l*

23 Quem repreende o próximo
　　obterá por fim mais favor
do que aquele que só sabe bajular. *m*

24 Quem rouba seu pai ou sua mãe *n*
　　e diz: "Não é errado",
é amigo de quem destrói. *o*

25 O ganancioso provoca brigas,
mas quem confia no Senhor*p*
　　prosperará.

¹ **28.12** Ou *grande alegria*

²⁶ Quem confia em si mesmo é
 insensato,ᵍ
mas quem anda segundo a sabedoria
 não corre perigo.

²⁷ Quem dá aos pobres
 não passará necessidade,ʳ
mas quem fecha os olhos para não vê-
 los
 sofrerá muitas maldições.

²⁸ Quando os ímpios sobem ao poder,
 o povo se esconde;ˢ
mas, quando eles sucumbem,
 os justos florescem.

29 Quem insiste no erro
 depois de muita repreensão,
 será destruído, sem aviso
 e irremediavelmente.ᵗ

² Quando os justos florescem,
 o povo se alegra;ᵘ
quando os ímpios governam,
 o povo geme.ᵛ

³ O homem que ama a sabedoria
 dá alegria a seu pai,ʷ
mas quem anda com prostitutas
 dá fim à sua fortuna.ˣ

⁴ O rei que exerce a justiça
 dá estabilidade ao país,ʸ
mas o que gosta de subornos
 o leva à ruína.

⁵ Quem adula seu próximo
 está armando uma rede para os pés
 dele.

⁶ O pecado do homem mau
 o apanha na sua própria armadilha,¹ᶻ
mas o justo pode cantar e alegrar-se.

⁷ Os justos levam em conta
 os direitos dos pobres,ᵃ
mas os ímpios nem se importam com
 isso.

⁸ Os zombadores agitam a cidade,
mas os sábios a apaziguam.ᵇ

⁹ Se o sábio for ao tribunal
 contra o insensato,
 não haverá paz,
pois o insensato se enfurecerá e
 zombará.

¹⁰ Os violentos odeiam os honestos
e procuram matar o homem íntegro.ᶜ

¹¹ O tolo dá vazão à sua ira,
mas o sábio domina-se.ᵈ

¹² Para o governante
 que dá ouvidos a mentiras,
todos os seus oficiais são ímpios.

¹³ O pobre e o opressor
 têm algo em comum:
o Senhor dá vista a ambos.ᵉ

¹⁴ Se o rei julga os pobres com justiça,
 seu trono estará sempre seguro.ᶠ

¹⁵ A vara da correção dá sabedoria,
mas a criança entregue a si mesma
 envergonha a sua mãe.ᵍ

¹⁶ Quando os ímpios prosperam,
 prospera o pecado,
mas os justos verão a queda deles.ʰ

¹⁷ Discipline seu filho, e este lhe dará paz;
trará grande prazer à sua alma.ⁱ

¹⁸ Onde não há revelação divina,
 o povo se desvia;
mas como é feliz quem obedece à lei!ʲ

¹⁹ Meras palavras não bastam
 para corrigir o escravo;
mesmo que entenda, não reagirá bem.

²⁰ Você já viu alguém
 que se precipita no falar?
Há mais esperança para o insensato
 do que para ele.ᵏ

²¹ Se alguém mima seu escravo
 desde jovem,
no fim terá tristezas.

---

¹ **29.6** Ou *No pecado do homem mau há uma armadilha,*

²² O homem irado provoca brigas,
e o de gênio violento
   comete muitos pecados.ˡ

²³ O orgulho do homem o humilha,
mas o de espírito humilde obtém
   honra. ᵐ

²⁴ O cúmplice do ladrão odeia a si
      mesmo;
posto sob juramento,
   não ousa testemunhar. ⁿ

²⁵ Quem teme o homem
   cai em armadilhas,
mas quem confia no Senhor° está
   seguro.

²⁶ Muitos desejam os favores¹
   do governante,ᵖ
mas é do Senhor que procede a justiça.

²⁷ Os justos detestam os desonestos,
já os ímpios detestam os íntegros.ᵠ

Ditados de Agur

30 Ditados de Agur, filho de Jaque; oráculo:²

Este homem declarou a Itiel;
   a Itiel e a Ucal:³

² "Sou o mais tolo dos homens;
não tenho o entendimento
   de um ser humano.
³ Não aprendi sabedoria,
nem tenho conhecimento do Santo.ʳ
⁴ Quem subiuˢ aos céus e desceu?
Quem ajuntouᵗ nas mãos os ventos?
Quem embrulhou as águasᵘ em sua
   capa?ᵛ
Quem fixou todos os limites da terra?
Qual é o seu nomeʷ
   e o nome do seu filho?
Conte-me, se você sabe!

⁵ "Cada palavra de Deus
   é comprovadamente pura;ˣ
ele é um escudoʸ para quem
   nele se refugia.
⁶ Nada acrescenteᶻ às palavras dele,
do contrário, ele o repreenderá
e mostrará que você é mentiroso.

⁷ "Duas coisas peço que me dês
   antes que eu morra:
⁸ Mantém longe de mim
   a falsidade e a mentira;
não me dês nem pobreza nem riqueza;
dá-me apenas o alimento necessário.ᵃ
⁹ Se não, tendo demais,
   eu te negariaᵇ e te deixaria,
   e diria: 'Quem é o Senhor?'ᶜ
Se eu ficasse pobre, poderia vir a roubar,
desonrando assim o nome do meu Deus.ᵈ

¹⁰ "Não fale mal do servo ao seu senhor;
do contrário, o servo o amaldiçoará,
   e você levará a culpa.

¹¹ "Existem os que amaldiçoam seu pai
e não abençoam sua mãe;ᵉ
¹² os que são puros aos seus próprios
   olhosᶠ
e que ainda não foram
   purificados da sua impureza;ᵍ
¹³ os que têm olhos altivos
   e olhar desdenhoso;ʰ
¹⁴ pessoas cujos dentesⁱ são espadas
e cujas mandíbulas
   estão armadas de facasʲ
para devoraremᵏ os necessitadosˡ
   desta terra
   e os pobres da humanidade.ᵐ

¹⁵ "Duas filhas tem a sanguessuga.
   'Dê! Dê!', gritam elas.

"Há três coisas que nunca estão satisfeitas,ⁿ
quatro que nunca dizem: 'É o bastante!':
¹⁶ o Sheol⁴°, o ventre estéril,
   a terra, cuja sede nunca se aplaca,

---

¹ **29.26** Hebraico: *a face.*
² **30.1** Ou *Jaque de Massá;*
³ **30.1** Ou ⟨*Estou exausto, ó Deus; estou exausto, ó Deus, quase desfalecendo.*
⁴ **30.16** Essa palavra pode ser traduzida por sepultura, profundezas, pó ou morte.

e o fogo, que nunca diz: 'É o
    bastante!'

¹⁷ "Os olhos de quem zomba^p do pai,
    e, zombando, nega obediência à mãe,
serão arrancados pelos corvos do vale,
    e serão devorados
    pelos filhotes do abutre. ^q

¹⁸ "Há três coisas
    misteriosas demais para mim,
quatro que não consigo entender:
¹⁹ o caminho do abutre no céu,
    o caminho da serpente sobre a rocha,
    o caminho do navio em alto-mar,
    e o caminho do homem com uma
        moça.

²⁰ "Este é o caminho da adúltera:
ela come e limpa a boca, e diz:
    'Não fiz nada de errado'.

²¹ "Três coisas fazem tremer a terra,
    e quatro ela não pode suportar:
²² o escravo que se torna rei, ^s
    o insensato farto de comida,
²³ a mulher desprezada
    que por fim se casa,
    e a escrava que toma o lugar
        de sua senhora.

²⁴ "Quatro seres da terra são pequenos,
    e, no entanto, muito sábios:
²⁵ as formigas, criaturas de pouca força,
    contudo, armazenam sua comida no
        verão; ^t
²⁶ os coelhos, ^u criaturas sem nenhum
        poder,
    contudo, habitam nos penhascos;
²⁷ os gafanhotos, ^v que não têm rei,
    contudo, avançam juntos
        em fileiras;
²⁸ a lagartixa, que se pode
    apanhar com as mãos,
    contudo, encontra-se nos palácios
        dos reis.

²⁹ "Há três seres de andar elegante,
    quatro que se movem com passo
        garboso:

³⁰ o leão, que é poderoso entre os
        animais
    e não foge de ninguém;
³¹ o galo de andar altivo; o bode;
    e o rei à frente do seu exército.

³² "Se você agiu como tolo
    e exaltou-se a si mesmo,
ou se planejou o mal,
    tape a boca com a mão! ^w
³³ Pois assim como bater o leite
    produz manteiga,
e assim como torcer o nariz
    produz sangue,
também suscitar a raiva
    produz contenda".

Ditados do Rei Lemuel

31 Ditados ^x do rei Lemuel; uma exortação que sua mãe lhe fez:¹

² "Ó meu filho, filho do meu ventre,
    filho de meus votos,² ^y
³ não gaste sua força com mulheres,
    seu vigor com aquelas que destroem
        reis. ^z

⁴ "Não convém aos reis, ó Lemuel;
    não convém aos reis beber vinho, ^a
não convém aos governantes
    desejar bebida fermentada,
⁵ para não suceder que bebam ^b
    e se esqueçam do que a lei determina ^c
e deixem de fazer justiça aos oprimidos.
⁶ Dê bebida fermentada aos
    que estão prestes a morrer,
vinho ^d aos que estão angustiados;
⁷ para que bebam ^e e se esqueçam
    da sua pobreza,
e não mais se lembrem
    da sua infelicidade.

⁸ "Erga ^f a voz em favor
    dos que não podem defender-se,

---

¹ **31.1** Ou *Ditados de Lemuel, rei de Massá, os quais sua mãe lhe ensinou:*
² **31.2** Ou *resposta às minhas orações,*

seja o defensor de todos os
　　desamparados.
⁹ Erga a voz e julgue com justiça;
defenda os direitos
　　dos pobres e dos necessitados". ᵍ

Epílogo: A Mulher Exemplar

¹⁰ ¹Uma esposa exemplar; ʰ
　　feliz quem a encontrar! ⁱ
É muito mais valiosa que os rubis.
¹¹ Seu marido ʲ tem plena confiança nela
e nunca lhe falta coisa alguma. ᵏ
¹² Ela só lhe faz o bem, e nunca o mal,
　　todos os dias da sua vida.
¹³ Escolhe a lã e o linho
e com prazer trabalha com as mãos. ˡ
¹⁴ Como os navios mercantes,
ela traz de longe as suas provisões.
¹⁵ Antes de clarear o dia ela se levanta,
prepara comida para todos os de casa
e dá tarefas às suas servas.
¹⁶ Ela avalia um campo e o compra;
com o que ganha planta uma vinha.
¹⁷ Entrega-se com vontade ao seu
　　trabalho;
seus braços são fortes e vigorosos.
¹⁸ Administra bem o seu comércio
　　lucrativo,
e a sua lâmpada fica acesa durante a
　　noite.
¹⁹ Nas mãos segura o fuso
e com os dedos pega a roca.
²⁰ Acolhe os necessitados
e estende as mãos aos pobres. ᵐ
²¹ Não teme por seus familiares quando
　　chega a neve,
pois todos eles vestem agasalhos².
²² Faz cobertas para a sua cama;
veste-se de linho fino e de púrpura.
²³ Seu marido é respeitado
　　na porta da cidade,
onde toma assento
　　entre as autoridades ⁿ da sua terra.
²⁴ Ela faz vestes de linho e as vende,
e fornece cintos aos comerciantes.
²⁵ Reveste-se de força e dignidade;
sorri diante do futuro.
²⁶ Fala com sabedoria
e ensina com amor. ᵒ
²⁷ Cuida dos negócios de sua casa
e não dá lugar à preguiça.
²⁸ Seus filhos se levantam e a elogiam;
seu marido também a elogia, dizendo:
²⁹ "Muitas mulheres são exemplares,
mas você a todas supera".
³⁰ A beleza é enganosa,
　　e a formosura é passageira;
mas a mulher que teme o Senhor
　　será elogiada.
³¹ Que ela receba a recompensa
　　merecida,
e as suas obras sejam elogiadas ᵖ
　　à porta da cidade.

31.9
ᶠLv 19.15;
Dt 1.16;
Pv 24.23;
29.7;
Is 1.17;
Jr 22.16
31.10
ʰRt 3.11;
Pv 12.4;
18.22
ⁱPv 8.35;
19.14
31.11
ʲGn 2.18
ᵏPv 12.4
31.13
ˡ1 Tm 2.9-10
31.20
ᵐDt 15.11;
Ef 4.28;
Hb 13.16
31.23
ⁿÊx 3.16;
Rt 4.1,11;
Pv 12.4
31.26
ᵒPv 10.31
31.31
ᵖPv 11.16

---

¹ **31.10** Os versículos 10-31 são um poema organizado em ordem alfabética, no hebraico.

² **31.21** Ou *roupas vermelhas*

Introdução a ECLESIASTES

PANO DE FUNDO
O título do livro, Eclesiastes, é derivado da palavra grega *ekklesia* ("assembleia", "congregação", "igreja") e significa "Pregador". O título hebraico, *Qoheleth*, tem o mesmo significado.

Presume-se que o rei Salomão tenha sido seu autor. Ele é um homem que tem tudo isto: sabedoria, riquezas, realizações e posses. Mesmo assim, ele diz que nada disso faz sentido — "Que grande inutilidade!" (1.2) — à parte de conhecer Deus.

MENSAGEM
Eclesiastes mostra o vazio de uma vida sem conhecimento de Deus. "Inutilidade" é uma palavra-chave no livro. O autor, que agora é um homem idoso, quando jovem buscou prazer em sua riqueza, suas esposas, na idolatria e no prestígio. Ele chegou à conclusão de que Deus pôs uma fome em nós de saber quem somos e qual é nosso lugar no Universo.

ÉPOCA
O livro de Eclesiastes foi escrito provavelmente por volta de 935 a.C.

ESBOÇO
I. Prólogo	1.1-11
II. Experiências de teste	
A. Uma vida de experiências	1.12—2.26
B. Observações a respeito da vida	3.1—4.6
C. Advertência sábia	4.7—7.22
D. Necessidade de sabedoria	7.23—9.18
E. O fim da vida	10.1—12.7
Epílogo	12.8-14

ECLESIASTES 1.1

Nada Tem Sentido

1 As palavras do mestre,[a] filho de Davi, rei em Jerusalém:[b]

² "Que grande inutilidade!",
   diz o mestre.
"Que grande inutilidade!
   Nada faz sentido!"[c]

³ O que o homem ganha
   com todo o seu trabalho
em que tanto se esforça debaixo do sol?[d]
⁴ Gerações vêm e gerações vão,
   mas a terra permanece para sempre.[e]
⁵ O sol se levanta e o sol se põe
   e depressa volta
      ao lugar de onde se levanta.[f]
⁶ O vento sopra para o sul
      e vira para o norte;
   dá voltas e voltas,
      seguindo sempre o seu curso.
⁷ Todos os rios vão para o mar,
      contudo, o mar nunca se enche;
   ainda que sempre corram para lá,
      para lá voltam a correr.[g]
⁸ Todas as coisas trazem canseira.
O homem não é capaz de descrevê-las;
   os olhos nunca se saciam de ver,[h]
      nem os ouvidos de ouvir.
⁹ O que foi tornará a ser,
   o que foi feito se fará novamente;[i]
   não há nada novo debaixo do sol.
¹⁰ Haverá algo de que se possa dizer:
      "Veja! Isto é novo!"?
   Não! Já existiu há muito tempo,
      bem antes da nossa época.
¹¹ Ninguém se lembra
      dos que viveram na antiguidade,
   e aqueles que ainda virão
      tampouco serão lembrados
   pelos que vierem depois deles.[1j]

A Sabedoria Não Tem Sentido

¹² Eu, o mestre,[k] fui rei de Israel em Jerusalém. ¹³ Dediquei-me a investigar e a usar a sabedoria para explorar tudo o que é feito debaixo do céu. Que fardo pesado Deus pôs sobre os homens![l] ¹⁴ Tenho visto tudo o que é feito debaixo do sol; tudo é inútil, é correr atrás do vento![m]

¹⁵ O que é torto não pode ser
      endireitado,[n]
   o que está faltando
      não pode ser contado.

¹⁶ Fiquei pensando: Eu me tornei famoso e ultrapassei em sabedoria todos os que governaram Jerusalém antes de mim;[o] de fato adquiri muita sabedoria e conhecimento. ¹⁷ Por isso me esforcei para compreender a sabedoria,[p] bem como a loucura e a insensatez,[q] mas aprendi que isso também é correr atrás do vento.

¹⁸ Pois quanto maior a sabedoria,
      maior o sofrimento;[r]
   e quanto maior o conhecimento,
      maior o desgosto.

Os Prazeres Não Têm Sentido

2 Eu disse a mim mesmo: Venha. Experimente a alegria.[s] Descubra as coisas boas da vida! Mas isso também se revelou inútil. ² Concluí que o rir é loucura,[t] e a alegria de nada vale. ³ Decidi entregar-me ao vinho[u] e à extravagância,[v] mantendo, porém, a mente orientada pela sabedoria. Eu queria saber o que vale a pena, debaixo do céu, nos poucos dias da vida humana.

⁴ Lancei-me a grandes projetos: construí casas[w] e plantei vinhas para mim.[x] ⁵ Fiz jardins e pomares e neles plantei todo tipo de árvore frutífera. ⁶ Construí também reservatórios para irrigar os meus bosques verdejantes. ⁷ Comprei escravos e escravas e tive escravos que nasceram em minha casa. Além disso, tive também mais bois e ovelhas do que todos os que viveram antes de mim em Jerusalém. ⁸ Ajuntei para mim prata e ouro,[y] tesouros de reis e de províncias. Servi-me de cantores e cantoras,[z] e

---

[1] **1.11** Ou *Não há lembrança do que aconteceu, e mesmo o que ainda acontecerá não será lembrado pelos que vierem depois disso*.

1.1
[a]v. 12; Ec 7.27; 12.10
[b]Pv 1.1

1.2
[c]Sl 39.5-6; 62.9; 144.4; Ec 12.8; Rm 8.20-21

1.3
[d]Ec 2.11,22; 3.9; 5.15-16

1.4
[e]Sl 104.5; 119.0

1.5
[f]Sl 19.5-6

1.7
[g]Jó 36.28

1.8
[h]Pv 27.20

1.9
[i]Ec 2.12; 3.15

1.11
[j]Ec 2.16
[k]1.12
[k]v. 1

1.13
[l]Gn 3.17; Ec 3.10

1.14
[m]Ec 2.11,17

1.15
[n]Ec 7.13

1.16
[o]1Rs 3.12; 4.30; Ec 2.9

1.17
[p]Ec 7.23
[q]Ec 2.3,12; 7.25

1.18
[r]Ec 2.23; 12.12

2.1
[s]Ec 7.4; 8.15; Lc 12.19

2.2
[t]Pv 14.13; Ec 7.6

2.3
[u]v.24-25; Ec 3.12-13
[v]Ec 1.17

2.4
[w]1Rs 7.1-12
[x]Ct 8.11

2.8
[y]1Rs 9.28; 10.10,14,21
[z]2Sm 19.35

também de um harém, as delícias dos homens. **9** Tornei-me mais famoso e poderoso do que todos os que viveram em Jerusalém antes de mim,[a] conservando comigo a minha sabedoria.

10 Não me neguei nada
que os meus olhos desejaram;
não me recusei a dar prazer algum
ao meu coração.
Na verdade, eu me alegrei
em todo o meu trabalho;
essa foi a recompensa
de todo o meu esforço.
11 Contudo, quando avaliei
tudo o que as minhas mãos
haviam feito
e o trabalho que eu tanto me esforçara
para realizar,
percebi que tudo foi inútil,
foi correr atrás do vento;[b]
não há nenhum proveito
no que se faz debaixo do sol.[c]

A Sabedoria e a Insensatez

12 Então passei a refletir na sabedoria,
na loucura e na insensatez.[d]
O que pode fazer o sucessor do rei,
a não ser repetir o que já foi feito?[e]
13 Percebi que a sabedoria[f]
é melhor que a insensatez,[g]
assim como a luz é melhor
do que as trevas.
14 O homem sábio
tem olhos que enxergam,[1]
mas o tolo anda nas trevas;
todavia, percebi
que ambos[h] têm o mesmo destino.

15 Aí fiquei pensando:

O que acontece ao tolo
também me acontecerá.
Que proveito eu tive em ser sábio?[i]
Então eu disse a mim mesmo:
Isso não faz o menor sentido!

16 Nem o sábio, nem o tolo
serão lembrados para sempre;
nos dias futuros
ambos serão esquecidos.[j]
Como pode o sábio morrer
como o tolo morre?

O Trabalho Árduo é Inútil

17 Por isso desprezei a vida, pois o trabalho que se faz debaixo do sol pareceu-me muito pesado. Tudo era inútil, era correr atrás do vento.[k] **18** Desprezei todas as coisas pelas quais eu tanto me esforçara debaixo do sol, pois terei que deixá-las para aquele que me suceder.[l] **19** E quem pode dizer se ele será sábio ou tolo? Todavia, terá domínio sobre tudo o que realizei com o meu trabalho e com a minha sabedoria debaixo do sol. Isso também não faz sentido. **20** Cheguei ao ponto de me desesperar por todo o trabalho no qual tanto me esforcei debaixo do sol. **21** Pois um homem pode realizar o seu trabalho com sabedoria, conhecimento e habilidade, mas terá que deixar tudo o que possui como herança para alguém que não se esforçou por aquilo. Isso também é um absurdo e uma grande injustiça. **22** Que proveito tem um homem de todo o esforço e de toda a ansiedade com que trabalha debaixo do sol?[m] **23** Durante toda a sua vida, seu trabalho é pura dor e tristeza;[n] mesmo à noite a sua mente não descansa. Isso também é absurdo.

24 Para o homem não existe nada melhor do que comer, beber[o] e encontrar prazer em seu trabalho.[p] E vi que isso também vem da mão de Deus.[q] **25** E quem aproveitou melhor as comidas e os prazeres do que eu?[z] **26** Ao homem que o agrada, Deus dá sabedoria, conhecimento e felicidade. Quanto ao pecador, Deus o encarrega de ajuntar e armazenar riquezas[r] para entregá-las a quem o agrada.[s] Isso também é inútil, é correr atrás do vento.

[1] **2.14** Hebraico: *na cabeça*.

[z] **2.25** Várias versões antigas dizem *Pois sem ele, quem poderia comer ou encontrar satisfação?*

ECLESIASTES 3.1

Há Tempo para Tudo

3 Para tudo há uma ocasião certa; há um tempo' certo para cada propósito debaixo do céu:

² Tempo de nascer e tempo de morrer,
tempo de plantar
  e tempo de arrancar o que se plantou,
³ tempo de matar e tempo de curar,
tempo de derrubar e tempo de construir,
⁴ tempo de chorar e tempo de rir,
tempo de prantear e tempo de dançar,
⁵ tempo de espalhar pedras
  e tempo de ajuntá-las,
tempo de abraçar e tempo de se conter,
⁶ tempo de procurar e tempo de desistir,
tempo de guardar
  e tempo de jogar fora,
⁷ tempo de rasgar e tempo de costurar,
tempo de calar" e tempo de falar,
⁸ tempo de amar e tempo de odiar,
tempo de lutar e tempo de viver em paz.

⁹ O que ganha o trabalhador com todo o seu esforço?ᵛ ¹⁰ Tenho visto o fardo que Deus impôs aos homens.ʷ ¹¹ Ele fez tudo apropriado ao seu tempo.ˣ Também pôs no coração do homem o anseio pela eternidade; mesmo assim ele não consegue compreenderʸ inteiramenteᶻ o que Deus fez. ¹² Descobri que não há nada melhor para o homem do que ser feliz e praticar o bem enquanto vive. ¹³ Descobri também que poder comer, beberᵃ e ser recompensadoᵇ pelo seu trabalho é um presente de Deus.ᶜ ¹⁴ Sei que tudo o que Deus faz permanecerá para sempre; a isso nada se pode acrescentar, e disso nada se pode tirar. Deus assim faz para que os homens o temam.ᵈ

¹⁵ Aquilo que é, já foi,ᵉ
  e o que será, já foi anteriormente;ᶠ
Deus investigaráⁱ o passado.

¹⁶ Descobri também que debaixo do sol:
  No lugar da justiça havia impiedade,
  no lugar da retidão,
  ainda mais impiedade.

¹⁷ Fiquei pensando:

O justo e o ímpio,
  Deus julgaráᵍ ambos,
pois há um tempo para todo propósito,ʰ
um tempo para tudo o que acontece.

¹⁸ Também pensei: Deus prova os homens para que vejam que são como os animais.ⁱ ¹⁹ O destino do homemʲ é o mesmo do animal; o mesmo destino os aguarda. Assim como morre um, também morre o outro. Todos têm o mesmo fôlego de vida²; o homem não tem vantagem alguma sobre o animal. Nada faz sentido! ²⁰ Todos vão para o mesmo lugar; vieram todos do pó, e ao pó todos retornarão.ᵏ ²¹ Quem pode dizer se o fôlego do homem sobe às alturasˡ e se o fôlego do animal desce³ para a terra?

²² Por isso concluí que não há nada melhor para o homem do que desfrutar do seu trabalho,ᵐ porque esta é a sua recompensa.ⁿ Pois, quem poderá fazê-lo ver o que acontecerá depois de morto?

As Injustiças e os Absurdos da Vida

4 De novo olhei e vi toda a opressãoᵒ que ocorre debaixo do sol:

Vi as lágrimas dos oprimidos,
mas não há quem os console;
o poder está do lado
  dos seus opressores,
e não há quem os console.ᵖ

² Por isso considerei os mortosᑫ
  mais felizes do que os vivos,
pois estes ainda têm que viver!ʳ
³ No entanto, melhor do que ambos
  é aquele que ainda não nasceu,ˢ
que não viu o mal
  que se faz debaixo do sol.ᵗ

---

¹ **3.15** Ou *Deus chama de volta*
² **3.19** Ou *espírito*
³ **3.21** Ou *Quem conhece o espírito do homem, que sobe, ou o espírito do animal, que desce*

⁴ Descobri que todo trabalho e toda realização surgem da competição que existe entre as pessoas. Mas isso também é absurdo, é correr atrás do vento."

⁵ O tolo cruza os braços^v
e destrói a própria vida.
⁶ Melhor é ter um punhado
   com tranquilidade
do que dois punhados^w
   à custa de muito esforço
   e de correr atrás do vento.

⁷ Descobri ainda outra situação absurda debaixo do sol:

⁸ Havia um homem totalmente solitário;
   não tinha filho nem irmão.
Trabalhava sem parar!
Contudo, os seus olhos
   não se satisfaziam^x com a sua
       riqueza.
Ele sequer perguntava:
"Para quem estou trabalhando tanto,
e por que razão deixo de me divertir?"
Isso também é absurdo;
é um trabalho por demais ingrato!

⁹ É melhor ter companhia
   do que estar sozinho,
porque maior é
   a recompensa do trabalho
   de duas pessoas.
¹⁰ Se um cair,
   o amigo pode ajudá-lo a levantar-se.
Mas pobre do homem que cai
   e não tem quem o ajude a levantar-
       se!
¹¹ E, se dois dormirem juntos,
   vão manter-se aquecidos.
Como, porém,
   manter-se aquecido sozinho?
¹² Um homem sozinho pode ser
       vencido,
   mas dois conseguem defender-se.
Um cordão de três dobras
   não se rompe com facilidade.

A Futilidade do Poder

¹³ Melhor é um jovem pobre e sábio, do que um rei idoso e tolo, que já não aceita repreensão. ¹⁴ O jovem pode ter saído da prisão e chegado ao trono, ou pode ter nascido pobre no país daquele rei. ¹⁵ Percebi que, ainda assim, o povo que vivia debaixo do sol seguia o jovem, o sucessor do rei. ¹⁶ O número dos que aderiram a ele era incontável. A geração seguinte, porém, não ficou satisfeita com o sucessor. Isso também não faz sentido, é correr atrás do vento.

O Temor Devido a Deus

5 Quando você for ao santuário de Deus, seja reverente¹. Quem se aproxima para ouvir é melhor do que os tolos que oferecem sacrifício sem saber que estão agindo mal.

² Não seja precipitado de lábios,
   nem apressado de coração
para fazer promessas diante de Deus.^y
Deus está nos céus,
   e você está na terra,
por isso, fale pouco.^z
³ Das muitas ocupações brotam sonhos;^a
   do muito falar nasce a prosa^b vã do tolo.

⁴ Quando você fizer um voto, cumpra-o sem demora,^c pois os tolos desagradam a Deus; cumpra o seu voto.^d ⁵ É melhor não fazer voto do que fazer e não cumprir.^e ⁶ Não permita que a sua boca o faça pecar. E não diga ao mensageiro de Deus²: "O meu voto foi um engano". Por que irritar a Deus com o que você diz e deixá-lo destruir o que você realizou? ⁷ Em meio a tantos sonhos absurdos e conversas inúteis, tenha temor de Deus.^f

As Riquezas Não Dão Sentido à Vida

⁸ Se você vir o pobre oprimido^g numa província e vir que lhe são negados o direito e a justiça, não fique surpreso; pois todo oficial está subordinado a alguém que ocu-

---

¹ 5.1 Hebraico: *guarde o seu pé*.
² 5.6 Hebraico: *do templo*.

pa posição superior, e sobre os dois há outros em posição ainda mais alta. **9** Mesmo assim, é vantagem a nação ter um rei que a governe e que se interesse pela agricultura.¹

10 Quem ama o dinheiro
jamais terá o suficiente;
quem ama as riquezas jamais ficará
satisfeito com os seus rendimentos.
Isso também não faz sentido.

11 Quando aumentam os bens,
também aumentam
os que os consomem.
E que benefício trazem os bens
a quem os possui,
senão dar um pouco de alegria
aos seus olhos?

12 O sono do trabalhador é ameno,
quer coma pouco quer coma muito,
mas a fartura de um homem rico
não lhe dá tranquilidade para
dormir.ʰ

13 Há um mal terrível que vi debaixo do sol:ⁱ

Riquezas acumuladas
para infelicidade do seu possuidor.
14 Se as riquezas dele se perdem
num mau negócio,
nada ficará para o filho
que lhe nascer.
15 O homem sai nu do ventre de sua mãe,
e como vem, assim vai.ʲ
De todo o trabalho em que se esforçouᵏ
nada levará consigo.ˡ

16 Há também outro mal terrível:

Como o homem vem, assim ele vai,
e o que obtém de todo o seu esforço
em busca do vento?ᵐ

17 Passa² toda a sua vida nas trevas, com grande frustração,
doença e amargura.

18 Assim, descobri que, para o homem, o melhor e o que mais vale a pena é comer, beberⁿ e desfrutar o resultado de todo o esforçoᵒ que se faz debaixo do sol durante os poucos dias de vida que Deus lhe dá, pois essa é a sua recompensa. **19** E, quando Deus concede riquezas e bensᵖ a alguém e o capacita a desfrutá-los,ᵠ a aceitar a sua sorteʳ e a ser feliz em seu trabalho, isso é um presente de Deus.ˢ **20** Raramente essa pessoa fica pensando na brevidade de sua vida, porque Deus o mantém ocupado com a alegria do coração.ᵗ

6 Vi ainda outro mal debaixo do sol, que pesa bastante sobre a humanidade: **2** Deus dá riquezas, bens e honra ao homem, de modo que não lhe falta nada que os seus olhos desejam; mas Deus não lhe permite desfrutar tais coisas,ᵘ e outro as desfruta em seu lugar. Isso não faz sentido; é um mal terrível.ᵛ

3 Um homem pode ter cem filhos e viver muitos anos. No entanto, se não desfrutar as coisas boas da vida, digo que uma criança que nasce mortaʷ e nem ao menos recebe um enterro digno tem melhor sorte que ele.ˣ **4** Ela nasce em vão e parte em trevas, e nas trevas o seu nome fica escondido. **5** Embora jamais tenha visto o sol ou conhecido qualquer coisa, ela tem mais descanso do que tal homem. **6** Pois, de que lhe valeria viver dois mil anos, sem desfrutar a sua prosperidade? Afinal, não vão todos para o mesmo lugar?

7 Todo o esforço do homem
é feito para a sua boca;
contudo, o seu apetite jamais se
satisfaz.ʸ

8 Que vantagem tem o sábio
em relação ao tolo?ᶻ
Que vantagem tem o pobre em saber
como se portar diante dos outros?

---

¹ **5.9** Ou *De toda forma, a terra terá vantagem se tiver um rei que zela pelos campos cultivados.*
² **5.17** Hebraico: *Come.*

⁹ Melhor é contentar-se
  com o que os olhos veem
do que sonhar com o que se deseja.
Isso também não faz sentido;
  é correr atrás do vento.ᵃ

¹⁰ Tudo o que existe já recebeu nome,
  e já se sabe o que o homem é;
não se pode lutar
  contra alguém mais forte.
¹¹ Quanto mais palavras,
  mais tolices¹,
e sem nenhum proveito.

¹² Na verdade, quem sabe o que é bom para o homem, nos poucos dias de sua vida vazia,ᵇ em que ele passa como uma sombra?ᶜ Quem poderá contar-lhe o que acontecerá debaixo do sol depois que ele partir?

A Sabedoria

7 O bom nome é melhor
  do que um perfume finíssimo,ᵈ
e o dia da morte é melhor
  do que o dia do nascimento.
² É melhor ir a uma casa onde há luto
  do que a uma casa em festa,
pois a morteᵉ é o destinoᶠ de todos;
os vivos devem levar isso a sério!
³ A tristeza é melhor do que o riso,ᵍ
porque o rosto triste
  melhora o coração.
⁴ O coração do sábio
  está na casa onde há luto,
mas o do tolo, na casa da alegria.ʰ
⁵ É melhor ouvir
  a repreensão de um sábioⁱ
do que a canção dos tolos.
⁶ Tal como o estalo de espinhosʲ
  debaixo da panela,
assim é o risoᵏ dos tolos.
Isso também não faz sentido.

⁷ A opressão transforma o sábio em tolo,
e o subornoˡ corrompe o coração.

⁸ O fim das coisas é melhor que
  o seu início,
e o pacienteᵐ é melhor que o orgulhoso.
⁹ Não permita que a ira domine
  depressaⁿ
  o seu espírito,
pois a ira se aloja no íntimo dos tolos.

¹⁰ Não diga: "Por que os dias do passado foram melhores que os de hoje?"
Pois não é sábio fazer esse tipo de pergunta.

¹¹ A sabedoria, como uma herança,
é coisa boa,ᵒ e beneficia aqueles
  que veem o sol.ᵖ
¹² A sabedoria oferece proteção,
  como o faz o dinheiro,
mas a vantagem do conhecimento é esta:
  a sabedoria preserva a vida
  de quem a possui.

¹³ Considere o que Deus fez:ᑫ

Quem pode endireitar
  o que ele fez torto?ʳ
¹⁴ Quando os dias forem bons,
  aproveite-os bem;
mas, quando forem ruins,
  considere:
Deus fez tanto um quanto o outro,
para evitar que o homem descubra
  alguma coisa sobre o seu futuro.

¹⁵ Nesta vida sem sentidoˢ
  eu já vi de tudo:

Um justo que morreu²
  apesar da sua justiça,
e um ímpio que teve vida longa
  apesar da sua impiedade.ᵗ
¹⁶ Não seja excessivamente justo
  nem demasiadamente sábio;
por que destruir a você mesmo?

---

¹ **6.11** Ou *menos sentido*; ou ainda *mais frustração*

² **7.15** Ou *morreu jovem*; ou ainda *morreu por causa da*

¹⁷ Não seja demasiadamente ímpio
   e não seja tolo;
por que morrer antes do tempo?ᵘ
¹⁸ É bom reter uma coisa
   e não abrir mão da outra,
pois quem teme a Deusᵛ
   evitará ambos os extremos¹.

¹⁹ A sabedoriaʷ torna o sábio
   mais poderosoˣ
   que uma cidade guardada
   por dez valentes.
²⁰ Todavia, não há um só justoʸ na terra,
ninguém que pratique o bem e nunca
   peque.ᶻ

²¹ Não dê atenção
   a todas as palavras que o povo diz,
caso contrário,ᵃ poderá ouvir
   o seu próprio servo falando mal de
   você;
²² pois em seu coração você sabe
   que muitas vezes você também
   falou mal de outros.

²³ Tudo isso eu examinei mediante a sabedoria e disse:

Estou decidido a ser sábio;ᵇ
   mas isso estava fora do meu alcance.
²⁴ A realidade está bem distante
   e é muito profunda;
   quem pode descobri-la?ᶜ
²⁵ Por isso dediquei-me a aprender,
   a investigar, a buscar a sabedoria
   e a razão de ser das coisas,ᵈ
para compreender
   a insensatez da impiedade
   e a loucura da insensatez.ᵉ
²⁶ Descobri que
   muito mais amarga que a morte
   é a mulher que serve de laço,ᶠ
cujo coração é uma armadilha
   e cujas mãos são correntes.
O homem que agrada a Deus
   escapará dela,
mas o pecador ela apanhará.ᵍ

²⁷ "Veja", diz o mestre,ʰ "foi isto que descobri:

Ao comparar uma coisa com outra
   para descobrir a sua razão de ser,
²⁸ sim, durante essa minha busca
   que ainda não terminou²,
entre mil homens
   descobri apenas um que julgo digno,
mas entre as mulheres
   não achei umaⁱ sequer.
²⁹ Assim, cheguei a esta conclusão:
   Deus fez os homens justos,
mas eles foram em busca
   de muitas intrigas."

A Obediência Devida ao Rei

8 Quem é como o sábio?
Quem sabe interpretar as coisas?
A sabedoria de um homem
   alcança o favor do rei³
e muda o seu semblante carregado.

² Este é o meu conselho: obedeça às ordens do rei porque você fez um juramento
diante de Deus. ³ Não se apresse em deixar
a presença do rei,ʲ nem se levante em favor
de uma causa errada, visto que o rei faz o
que bem entende. ⁴ Pois a palavra do rei é
soberana, e ninguém lhe pode perguntar:
"O que estás fazendo?"ᵏ

⁵ Quem obedece às suas ordens
   não sofrerá mal algum,
pois o coração sábio saberá a hora
   e a maneira certa de agir.
⁶ Porquanto há uma hora certa
   e também uma maneira certa de agir
   para cada situação.ˡ
O sofrimento de um homem, no
   entanto,
   pesa muito sobre ele,
⁷ visto que ninguém conhece o futuro.
Quem lhe poderá dizer
   o que vai acontecer?

---

¹ **7.18** Ou *seguirá ambas*
² **7.28** Ou *há algo que ainda não encontrei*
³ **8.1** Hebraico: *ilumina o seu rosto*.

7.17
ᵘJó 15.32;
Sl 55.23
7.18
ᵛEc 3.14
7.19
ʷEc 2.13
ˣEc 9.13-18
7.20
ʸSl 14.3
ᶻ1Rs 8.46;
2Cr 6.36;
Pv 20.9;
Rm 3.23
7.21
ᵃPv 30.10
7.23
ᵇEc 1.17;
Rm 1.22
7.24
ᶜJó 28.12
7.25
ᵈJó 28.3
ᵉEc 1.17
7.26
ᶠEx 10.7;
Jz 14.15
ᵍPv 2.16-19;
5.3-5; 7.23;
22.14
7.27
ʰEc 1.1
7.28
ⁱ1Rs 11.3
8.3
ʲEc 10.4
8.4
ᵏJó 9.12;
Et 1.19;
Dn 4.35
8.6
ˡEc 3.1

⁸ Ninguém tem o poder
de dominar o próprio espírito¹;
tampouco tem poder
sobre o dia da sua morte
e de escapar dos efeitos da guerra²;
nem mesmo a maldade
livra aqueles que a praticam.

⁹ Tudo isso vi quando me pus a refletir em tudo o que se faz debaixo do sol. Há ocasiões em que um homem domina sobre outros para a sua própria infelicidade³. ¹⁰ Nessas ocasiões, vi ímpios serem sepultados^m e gente indo e vindo do lugar onde eles foram enterrados. Todavia, os que haviam praticado o bem foram esquecidos na cidade.⁴ Isso também não faz sentido.

¹¹ Quando os crimes não são castigados logo, o coração do homem se enche de planos para fazer o mal. ¹² O ímpio pode cometer uma centena de crimes e, apesar disso, ter vida longa, mas sei muito bem que as coisas serão melhoresⁿ para os que temem a Deus,^o para os que mostram respeito diante dele.^p ¹³ Para os ímpios, no entanto, nada irá bem, porque não temem a Deus,^q e os seus dias,^r como sombras, serão poucos.

¹⁴ Há mais uma coisa sem sentido na terra: justos que recebem o que os ímpios merecem, e ímpios que recebem o que os justos merecem.⁵ Isto também, penso eu, não faz sentido.^t ¹⁵ Por isso recomendo que se desfrute a vida,^u porque debaixo do sol não há nada melhor para o homem do que comer, beber^v e alegrar-se.^w Sejam esses os seus companheiros no seu duro trabalho durante todos os dias da vida que Deus lhe der debaixo do sol!

¹⁶ Quando voltei a mente para conhecer a sabedoria^x e observar as atividades do homem sobre a terra,^y daquele cujos olhos não veem sono⁵ nem de dia nem de noite, ¹⁷ percebi tudo o que Deus tem feito.^z Ninguém é capaz de entender o que se faz debaixo do sol. Por mais que se esforce para descobrir o sentido das coisas, o homem não o encontrará. O sábio pode até afirmar que entende, mas, na realidade, não o consegue encontrar.^a

O Destino de Todos

9 Refleti nisso tudo e cheguei à conclusão de que os justos e os sábios, e aquilo que eles fazem, estão nas mãos de Deus. O que os espera,^b seja amor ou ódio, ninguém sabe. ² Todos partilham um destino comum: o justo e o ímpio, o bom e o mau⁶, o puro e o impuro, o que oferece sacrifícios e o que não os oferece.

O que acontece com o homem bom,
acontece com o pecador;
o que acontece
com quem faz juramentos,
acontece com quem teme fazê-los.^c

³ Este é o mal que há em tudo o que acontece debaixo do sol: o destino de todos é o mesmo.^d O coração dos homens, além do mais, está cheio de maldade e de loucura durante toda a vida;^e e por fim eles se juntarão aos mortos.^f ⁴ Quem está entre os vivos tem esperança;⁷ até um cachorro vivo é melhor do que um leão morto!

⁵ Pois os vivos sabem que morrerão,
mas os mortos nada sabem;^g
para eles não haverá mais recompensa,
e já nãoⁱ se tem lembrança^h deles.
⁶ Para eles o amor, o ódio e a inveja
há muito desapareceram;
nunca mais terão parte em nada
do que acontece debaixo do sol.^j

⁷ Portanto, vá, coma com prazer a sua comida e beba o seu vinho^k de coração

---

¹ **8.8** Ou *o vento*
² **8.8** Ou *desse combate*
³ **8.9** Ou *para a infelicidade deles*
⁴ **8.10** Conforme alguns manuscritos do Texto Massorético e a Septuaginta. A maioria dos manuscritos do Texto Massorético diz *sepultados, aqueles que haviam frequentado o lugar santo e recebido elogios na cidade onde haviam feito o mal*.
⁵ **8.16** Ou *daquele que não descansa*
⁶ **9.2** Conforme a Septuaginta, a Vulgata e a Versão Siríaca. O Texto Massorético não traz *o mau*.
⁷ **9.4** Ou *O que se deve escolher então? Para todos os que vivem existe esperança;*

alegre,¹ pois Deus já se agradou do que você faz. ⁸ Esteja sempre vestido com roupas de festa¹,ᵐ e unja sempre a sua cabeça com óleo. ⁹ Desfrute a vida com a mulherⁿ a quem você ama, todos os dias desta vida sem sentido que Deus dá a você debaixo do sol; todos os seus dias sem sentido! Pois essa é a sua recompensa na vidaᵒ pelo seu árduo trabalho debaixo do sol. ¹⁰ O queᵖ as suas mãos tiverem que fazer, que o façam com toda a sua força,𝑞 pois na sepultura²,ʳ para onde você vai, não há atividade nem planejamento, não há conhecimento nem sabedoria.ˢ

¹¹ Percebi ainda outra coisa debaixo do sol:

Os velozes nem sempre vencem a corrida;
os fortesᵗ nem sempre triunfam na guerra;
os sábiosᵘ nem sempre têm comida;
os prudentes nem sempre são ricos;
os instruídos nem sempre têm prestígio;
pois o tempo e o acasoᵛ afetam a todos.ʷ

¹² Além do mais,
ninguém sabe quando virá a sua hora:
Assim como os peixes são apanhados
numa rede fatal
e os pássaros são pegos
numa armadilha,
também os homens são enredados
pelos tempos de desgraçaˣ
que caem inesperadamente sobre eles.ʸ

O Valor da Sabedoria

¹³ Também vi debaixo do sol este exemplo de sabedoriaᶻ que muito me impressionou: ¹⁴ Havia uma pequena cidade, de poucos habitantes. Um rei poderoso veio contra ela, cercou-a com muitos dispositivos de guerra. ¹⁵ Ora, naquela cidade vivia um homem pobre mas sábio, e com sua sabedoria ele salvou a cidade. No entanto, ninguém se lembrou mais daquele pobre.ᵃ ¹⁶ Por isso pensei: Embora a sabedoria seja melhor do que a força, a sabedoria do pobre é desprezada, e logo suas palavras são esquecidas.ᵇ

¹⁷ As palavras dos sábios
devem ser ouvidas com mais atenção
do que os gritos de quem
domina sobre tolos.
¹⁸ A sabedoriaᶜ é melhor
do que as armas de guerra,
mas um só pecador
destrói muita coisa boa.

10 Assim como a mosca morta
produz mau cheiro
e estraga o perfume,
também um pouco de insensatezᵈ
pesa mais que a sabedoria e a honra.
² O coração do sábio
se inclina para o bem,
mas o coração do tolo, para o mal³.
³ Mesmo quando anda pelo caminho,
o tolo age sem o mínimo bom senso
e mostra a todosᵉ
que não passa de tolo.
⁴ Se a ira de uma autoridade
se levantar contra você,
não abandone o seu posto;ᶠ
a tranquilidade evita grandes erros.ᵍ

⁵ Há outro mal que vi debaixo do sol,
um erro cometido pelos que governam:
⁶ tolos são postos em cargos elevados,ʰ
enquanto ricos ocupam
cargos inferiores.
⁷ Tenho visto servos andando a cavalo,
e príncipes andando a pé, como servos.ⁱ

⁸ Quem cava um poço cairá nele;ʲ
quem derruba um muro
será picado por uma cobra.ᵏ

---

¹ **9.8** Hebraico: *de branco*.
² **9.10** Hebraico: *Sheol*. Essa palavra também pode ser traduzida por profundezas, pó ou morte.
³ **10.2** Hebraico: *para a direita ... para a esquerda*.

9.7
ᵗEc 2.24;
8.15
9.8
ᵐSl 23.35;
Ap 3.4
9.9
ⁿPv 5.18
ᵒJó 31.2
9.10
ᵖ1Sm 10.7
𝑞Ec 11.6;
Rm 12.11;
Cl 3.23
ʳNm 16.33
ˢEc 2.24
9.11
ᵗAm 2.14-15
ᵘJó 32.13;
Is 47.10;
Jr 9.23
ᵛEc 2.14
ʷDt 8.18
9.12
ˣPv 29.6
ʸSl 73.22;
Ec 2.14; 8.7
9.13
ᶻ2Sa 20.22
9.15
ᵃGn 40.14;
Ec 1.11;
2.16; 4.13
9.16
ᵇPv 21.22;
Ec 7.19
9.18
ᶜv. 16
10.1
ᵈPv 13.16;
18.2
10.3
ᵉPv 13.16;
18.2
10.4
ᶠEc 8.3
ᵍPv 16.14;
25.15
10.6
ʰPv 29.2
10.7
ⁱPv 19-10
10.8
ʲSl 7.15;
57.6;
Pv 26.27
ᵏEt 2.23;
Sl 9.16;
Am 5.19

⁹ Quem arranca pedras
   com elas se ferirá;
quem racha lenha se arrisca.ˡ

¹⁰ Se o machado está cego
   e sua lâmina não foi afiada,
é preciso golpear com mais força;
agir com sabedoria assegura
   o sucesso.

¹¹ Se a cobra morder
   antes de ser encantada,
para que servirá o encantador?ᵐ

¹² As palavras do sábio
   lhe trazem benefícios,ⁿ
mas os lábios do insensato o destroem.º

¹³ No início as suas palavras
   são mera tolice,
mas no final são loucura perversa.

¹⁴ Embora o tolo fale sem parar,ᵖ
   ninguém sabe o que está para vir;
quem poderá dizer a outrem
   o que lhe acontecerá depois?ᑫ

¹⁵ O trabalho do tolo o deixa tão
      exausto
   que ele nem consegue
   achar o caminho de casa.ˡ

¹⁶ Pobre da terra cujo rei é jovem
      demaisʳ
e cujos líderes fazem banquetes
   logo de manhã.

¹⁷ Feliz é a terra cujo rei
   é de origem nobre,
e cujos líderes comem no devido tempo
para recuperar as forças,
   e não para embriagar-se.ˢ

¹⁸ Por causa da preguiça,
   o telhado se enverga;
por causa das mãos indolentes,
   a casa tem goteiras.ᵗ

¹⁹ O banquete é feito para divertir,
   e o vinhoᵘ torna a vida alegre,

mas isso tudo se paga com
   dinheiro.

²⁰ Nem em pensamento insulte o rei!ᵛ
Nem mesmo em seu quarto
   amaldiçoe o rico!
Porque uma ave do céu
   poderá levar as suas palavras,
e seres alados
   poderão divulgar o que você disser.

Sábios Conselhos

11 ¹ Atireʷ o seu pão sobre as águas²,
e depois de muitos dias
   você tornará a encontrá-lo.ˣ

² Reparta o que você tem com sete,
   até mesmo com oito,
pois você não sabe que desgraça
   poderá cair sobre a terra.

³ Quando as nuvens estão cheias de
      água,
   derramam chuva sobre a terra.
Quer uma árvore caia para o sul
   quer para o norte,
onde cair ficará.

⁴ Quem fica observando o vento não
      plantará,
e quem fica olhando para as nuvens
   não colherá.

⁵ Assim como você não conhece
   o caminho do vento,ʸ
nem como o corpo é formado³
   no ventreᶻ de uma mulher,
também não pode compreender
   as obras de Deus,
o Criador de todas as coisas.

⁶ Plante de manhã a sua semente,
   e mesmo ao entardecer
   não deixe as suas mãos ficarem à toa,ᵃ
pois você não sabe o que acontecerá,
   se esta ou aquela produzirá,
   ou se as duas serão igualmente boas.

---

² **11.1** Ou *Dê com generosidade o seu pão*
³ **11.5** Ou *não sabe como a vida* (ou *o espírito*) *entra no corpo que está se formando*

ˡ **10.15** Hebraico: *da cidade*.

Conselho para os Jovens

⁷ A luz é agradável, é bom ver o sol.ᵇ
⁸ Por mais que um homem viva,
   deve desfrutar sua vida toda.
Lembre-se,ᶜ porém, dos dias de trevas,
   pois serão muitos.
Tudo o que está para vir não faz sentido.

⁹ Alegre-se, jovem, na sua mocidade!
Seja feliz o seu coração
   nos dias da sua juventude!
Siga por onde seu coração mandar,
   até onde a sua vista alcançar;
mas saiba que por todas essas coisas
   Deus o trará a julgamento.ᵈ
¹⁰ Afaste do coração a ansiedadeᵉ
   e acabe com o sofrimento do seu
      corpo,
pois a juventude e o vigor
   são passageiros.ᶠ

12 Lembre-seᵍ do seu Criador
   nos dias da sua juventude,
antes que venham os dias difíceisʰ
   e se aproximem os anos
      em que você dirá:
   "Não tenho satisfação neles";
² antes que se escureçam o sol e a luz,
   a lua e as estrelas,
e as nuvens voltem depois da chuva;
³ quando os guardas da casa tremerem
   e os homens fortes
      caminharem encurvados;
quando pararem os moedores
   por serem poucos,
e aqueles que olham pelas janelas
   enxergarem embaçado;
⁴ quando as portas da rua forem
      fechadas
   e diminuir o som da moagem;
quando o barulho das aves
   o fizer despertar,
mas o som de todas as canções
   parecer fraco para você;ⁱ
⁵ quando você tiver medo de altura,
   e dos perigos das ruas;
quando florir a amendoeira,
   o gafanhoto for um peso
   e o desejo já não se despertar.
Então o homem se vai
   para o seu lar eterno,ʲ
e os pranteadoresᵏ já vagueiam pelas
      ruas.

⁶ Sim, lembre-se dele,
   antes que se rompa o cordão de prata,
   ou se quebre a taça de ouro;
antes que o cântaro se despedace
      junto à fonte,
a roda se quebre junto ao poço,
⁷ o pó volte à terra,ˡ de onde veio,
e o espírito volte a Deus,ᵐ que o deu.ⁿ

⁸ "Tudo sem sentido! Sem sentido!",
   diz o mestre.
"Nada faz sentido!ᵒ
   Nada faz sentido!"

Conclusão

⁹ Além de ser sábio, o mestre também ensinou conhecimento ao povo. Ele escutou, examinou e colecionou muitos provérbios.ᵖ ¹⁰ Procurou também encontrar as palavras certas, e o que ele escreveu era reto e verdadeiro.ᑫ

¹¹ As palavras dos sábios são como aguilhões, a coleção dos seus ditos como pregos bem fixados,ʳ provenientes do único Pastor. ¹² Cuidado, meu filho; nada acrescente a eles.
Não há limite para a produção de livros, e estudar demais deixa exausto o corpo.ˢ

¹³ Agora que já se ouviu tudo,
   aqui está a conclusão:
Tema a Deus
   e obedeça aos seus mandamentos,ᵗ
porque isso é o essencial para o
   homem¹.ᵘ
¹⁴ Pois Deus trará a julgamentoᵛ
   tudo o que foi feito,
inclusive tudo o que está escondido,ʷ
   seja bom, seja mau.

---

¹ 12.13 Ou *o dever de todo homem*

11.7
ᵇEc 7.11
11.8
ᶜEc 12.1
11.9
ᵈJó 19.29; Ec 2.24; 3.17; 12.14; Rm 14.10
11.10
ᵉSl 94.19
ᶠEc 2.24
12.1
ᵍEc 11.8
ʰ2Sm 19.35
12.4
ⁱJr 25.10
12.5
ʲJó 17.13; 10.21
ᵏJr 9.17; Am 5.16
12.7
ˡGn 3.19; Jó 34.15; Sl 146.4
ᵐEc 3.21
ⁿJó 20.8; Zc 12.1
12.8
ᵒEc 1.2
12.9
ᵖ1Rs 4.32
12.10
ᑫPv 22.20-21
12.11
ʳEd 9.8
12.12
ˢEc 1.18
12.13
ᵗDt 4.2; 10.12
ᵘMq 6.8
12.14
ᵛEc 3.17
ʷMt 10.26; 1Co 4.5

Introdução a CÂNTICO DOS CÂNTICOS

PANO DE FUNDO
Cântico dos Cânticos é uma alegoria a respeito do amor de Cristo pela Igreja? Uma história de amor escrita por um rei? Teólogos acreditam que a história é verdade literal e ao mesmo tempo um relato simbólico do povo de Israel como a noiva de Deus (v. tb. Oseias 2.19,20) e da Igreja como noiva de Cristo (v. tb. Apocalipse 21.9).

Acredita-se que Salomão tenha sido o autor desse livro, categorizado como literatura de sabedoria; ele é mencionado no texto sete vezes (1.1,5; 3.7,9,11; 8.11,12) e identificado como o noivo. O livro tem seu título extraído do versículo 1: "Cântico dos Cânticos, de Salomão". O título em hebraico é "Cântico dos Cânticos".

MENSAGEM
O livro apresenta uma história de amor e um retrato do amor de Deus por seu povo. Outros textos do Antigo e do Novo Testamentos também usam a imagem do marido e da esposa para descrever esse relacionamento: " 'Pois o seu Criador é o seu marido, o Senhor dos Exércitos é o seu nome, o Santo de Israel é seu Redentor'; ele é chamado o Deus de toda a terra" (Isaías 54.5; v. tb. 62.5; Jeremias 2.2; 3.14,20; 31.32; Ezequiel 16.32,35); "Vi a Cidade Santa, a nova Jerusalém, que descia dos céus, da parte de Deus, preparada como uma noiva adornada para o seu marido" (Apocalipse 21.2; v. tb. 22.17).

ÉPOCA
Cântico dos Cânticos foi provavelmente escrito por volta de 965 a.C., logo no início do reinado de Salomão.

ESBOÇO
I. Começa o cortejo	1.1—4.16
II. O florescer do amor	5.1—8.14

CÂNTICO DOS CÂNTICOS

1 Cântico dos Cânticos de Salomão.[a]

A Amada[1]

2 Ah, se ele me beijasse,
se a sua boca me cobrisse de beijos...

Sim, as suas carícias[b] são mais
agradáveis que o vinho.
3 A fragrância dos seus perfumes[c] é
suave;
o seu nome é como perfume[d]
derramado.
Não é à toa que as jovens[e] o amam!
4 Leve-me com você! Vamos depressa!

Leve-me o rei para os seus aposentos![f]

Amigas (Mulheres de Jerusalém)

Estamos alegres e felizes por sua causa;
celebraremos o seu amor
mais do que o vinho.

A Amada

Com toda a razão você é amado!

5 Estou escura, mas sou bela,[g]
ó mulheres de Jerusalém;[h]
escura como as tendas de Quedar,
bela como as cortinas de Salomão.
6 Não fiquem me olhando assim
porque estou escura;
foi o sol que me queimou a pele.
Os filhos de minha mãe
zangaram-se comigo
e fizeram-me tomar conta das
vinhas;[i]
da minha própria vinha, porém,
não pude cuidar.

7 Conte-me, você, a quem amo,
onde faz pastar o seu rebanho
e onde faz as suas ovelhas
descansarem ao meio-dia?[j]

Se eu não o souber,
serei como uma mulher
coberta com véu
junto aos rebanhos dos seus amigos.

O Amado

8 Se você, a mais linda das mulheres,[k]
se você não o sabe,
siga a trilha das ovelhas
e faça as suas cabritas pastarem
junto às tendas dos pastores.

9 Comparo você, minha querida,
a uma égua das carruagens do faraó.[l]
10 Como são belas as suas faces[m]
entre os brincos,
e o seu pescoço com os colares de joias![n]

Amigas (Mulheres de Jerusalém)

11 Faremos para você brincos de ouro
com incrustações de prata.

A Amada

12 Enquanto o rei estava em seus
aposentos,
o meu nardo espalhou sua
fragrância.[o]
13 O meu amado é para mim
como uma pequenina bolsa de mirra
que passa a noite entre os meus seios.
14 O meu amado é para mim
um ramalhete de flores de hena[2p]
das vinhas de En-Gedi.[q]

O Amado

15 Como você é linda,[r] minha querida!
Ah, como é linda!
Seus olhos são pombas.[s]

A Amada

16 Como você é belo, meu amado!
Ah, como é encantador!
Verdejante é o nosso leito.
17 De cedro são as vigas da nossa casa,[t]
e de cipreste os caibros do nosso
telhado.

---

[1] 1.2 Com base no gênero dos pronomes hebraicos empregados, indicam-se por meio dos títulos *o Amado* e *a Amada*, quando o interlocutor é o homem ou a mulher. As palavras dos outros interlocutores estão assinaladas com o título *Amigas*. Em alguns casos as divisões e seus títulos são discutíveis.

[2] 1.14 Isto é, planta aromática.

1.1 [a] 1Rs 4.32
1.2 [b] Ct 4.10
1.3 [c] Ct 4.10 [d] Ec 7.1 [e] Sl 45.14
1.4 [f] Sl 45.15
1.5 [g] Ct 2.14; 4.3 [h] Ct 2.7; 5.8; 5.16
1.6 [i] Sl 69.8; Ct 8.12
1.7 [j] Ct 3.1-4; Is 13.20
1.8 [k] Ct 5.9; 6.1
1.9 [l] 2Cr 1.17
1.10 [m] Ct 5.13 [n] Is 61.10
1.12 [o] Ct 4.11-14
1.14 [p] Ct 4.13 [q] 1Sm 23.29
1.15 [r] Ct 4.7 [s] Ct 2.14; 4.1; 5.2,12; 6.9
1.17 [t] 1Rs 6.9

A Amada

2 Sou uma flor¹ᵘ de Sarom,ᵛ
um lírioʷ dos vales.

O Amado

² Como um lírio entre os espinhos
é a minha amada entre as jovens.

A Amada

³ Como uma macieira entre
as árvores da floresta
é o meu amadoˣ entre os jovens.
Tenho prazerʸ em sentar-me
à sua sombra;
o seu fruto é doce ao meu paladar.ᶻ
⁴ Ele me levou ao salão de banquetes,ᵃ
e o seu estandarteᵇ sobre mim é o amor.²
⁵ Por favor, sustentem-me com passas,
revigorem-me com maçãs,³·ᶜ
pois estou doente de amor.ᵈ
⁶ O seu braço esquerdo
esteja debaixo da minha cabeça,
e o seu braço direito me abrace.ᵉ
⁷ Mulheres de Jerusalém, eu as faço
jurarᶠ
pelas gazelas e pelas corças do
campo:
não despertem nem provoquem o amor
enquanto ele não o quiser.ᵍ

⁸ Escutem! É o meu amado!
Vejam! Aí vem ele,
saltando pelos montes,
pulando sobre as colinas.ʰ
⁹ O meu amado é como uma gazela,ⁱ
como um cervo novo.ʲ
Vejam! Lá está ele atrás do nosso muro,
observando pelas janelas,
espiando pelas grades.
¹⁰ O meu amado falou e me disse:

O Amado

Levante-se, minha querida,
minha bela, e venha comigo.

¹¹ Veja! O inverno passou;
acabaram-se as chuvas e já se foram.
¹² Aparecem flores na terra,
e chegou o tempo de cantar;⁴
já se ouve em nossa terra
o arrulhar dos pombos.
¹³ A figueira produz os primeiros
frutos;ᵏ
as vinhasˡ florescem e espalham
sua fragrância.
Levante-se, venha, minha querida;
minha bela, venha comigo.
¹⁴ Minha pombaᵐ que está
nas fendas da rocha,
nos esconderijos,
nas encostas dos montes,
mostre-me seu rosto,
deixe-me ouvir sua voz;
pois a sua voz é suave
e o seu rosto é lindo.ⁿ

A Amada

¹⁵ Apanhem para nós as raposas,ᵒ
as raposinhas que estragam as
vinhas,ᵖ
pois as nossas vinhas estão floridas.ᑫ
¹⁶ O meu amado é meu, e eu sou dele;ʳ
ele pastoreia entre os lírios.ˢ
¹⁷ Volte, amado meu,ᵗ
antes que rompa o dia
e fujam as sombras;ᵘ
seja como a gazela
ou como o cervo novoᵛ
nas colinas escarpadas.⁵·ʷ

3 A noite toda procureiˣ em meu leito
aquele a quem o meu coração ama,
mas não o encontrei.
² Vou levantar-me agora
e percorrer a cidade,
irei por suas ruas e praças;
buscarei aquele a quem
o meu coração ama.
Eu o procurei, mas não o encontrei.

---

¹ **2.1** Tradicionalmente *rosa*. Talvez um narciso ou uma tulipa.
² **2.4** Ou *seus olhares para mim eram de amor*.
³ **2.5** Ou *damascos*.
⁴ **2.12** Ou *de podar*.
⁵ **2.17** Ou *colinas de Beter*; ou ainda *montes da separação*.

³ As sentinelas me encontraram
    quando faziam as suas rondas na
        cidade.ʸ
"Vocês viram aquele a quem
    o meu coração ama?", perguntei.
⁴ Mal havia passado por elas,
    quando encontrei aquele a quem
        o meu coração ama.
Eu o segurei e não o deixei ir,
    até que o trouxe
        para a casa de minha mãe,ᶻ
    para o quarto daquela que me
        concebeu.ᵃ
⁵ Mulheres de Jerusalém, eu as faço
        jurarᵇ
    pelas gazelas e pelas corças do
        campo:
Não despertem nem incomodem o
        amor
    enquanto ele não o quiser.ᶜ

Coro

⁶ O que vem subindo do deserto,ᵈ
    como uma coluna de fumaça,
perfumado com mirraᵉ e incenso
com extrato de todas as especiariasᶠ
    dos mercadores?
⁷ Vejam! É a liteira de Salomão,
    escoltada por sessenta guerreiros,ᵍ
        os mais nobres de Israel;
⁸ todos eles trazem espada,
    todos são experientes na guerra,
cada um com a sua espada,
    preparado para enfrentar
        os pavores da noite.ʰ
⁹ O rei Salomão fez para si uma liteira;
    ele a fez com madeira do Líbano.
¹⁰ Suas traves, ele fez de prata;
    seu teto, de ouro.
Seu banco foi estofado em púrpura;
    seu interior foi cuidadosamente
        preparado
    pelas mulheres de Jerusalém.
¹¹ Mulheres de Sião,ⁱ saiam!
    Venham ver o rei Salomão!
    Ele está usando a coroa,

a coroa que sua mãe lhe colocou
    no dia do seu casamento,
no dia em que o seu coração se alegrou.ʲ

O Amado

4 Como você é linda, minha querida!
    Ah, como é linda!
Seus olhos, por trás do véu, são
        pombas.ᵏ
Seu cabelo é como um rebanho de
        cabras
    que vêm descendo do monte
        Gileade.ˡ
² Seus dentes são como um
    rebanho de ovelhas recém-tosquiadas
        que vão subindo do lavadouro.
Cada uma tem o seu par;
não há nenhuma sem crias.ᵐ
³ Seus lábios são como um fio vermelho;
    sua bocaⁿ é belíssima.
Suas faces, por trás do véu,
    são como as metades de uma romã.ᵒ
⁴ Seu pescoço é como a torreᵖ de Davi,
    construída como arsenal.
Nela estão pendurados mil escudos,ᵠ
    todos eles escudos de heroicos
        guerreiros.
⁵ Seus dois seiosʳ são como filhotes de
        cervo,
como filhotes gêmeos de uma gazelas
    que repousam entre os lírios.ˢ
⁶ Enquanto não raia o dia
    e as sombras não fogem,ᵘ
irei à montanha da mirraᵛ
    e à colina do incenso.
⁷ Você é toda linda,ʷ minha querida;
    em você não há defeito algum.

⁸ Venha do Líbano comigo, minha
        noiva,ˣ
    venha do Líbano comigo.
Desça do alto do Amana,
    do topo do Senir,ʸ do alto do
        Hermom,ᶻ
das covas dos leões
    e das tocas dos leopardos nas
        montanhas.

9 Você fez disparar o meu coração,
   minha irmã, minha noiva;
fez disparar o meu coração
   com um simples olhar,
com uma simples joia dos seus colares.ᵃ
10 Quão deliciosasᵇ são as suas carícias,ᶜ
   minha irmã, minha noiva!
Suas carícias são mais agradáveis
   que o vinho,
e a fragrância do seu perfume
   supera o de qualquer especiaria!
11 Os seus lábios gotejam a doçura
   dos favos de mel, minha noiva;
leite e mel estão debaixo da sua língua.ᵈ
A fragrância das suas vestes
   é como a fragrância do Líbano.ᵉ
12 Você é um jardim fechado,
   minha irmã, minha noiva;
você é uma nascente fechada,
   uma fonte selada.ᶠ
13 De você brota um pomar de romãsᵍ
   com frutos seletos,
com flores de henaʰ e nardo,
14 nardo e açafrão, cálamo e canela,ⁱ
com todas as madeiras aromáticas,
mirra ͥ e aloés e as mais finas
   especiarias.ᵏ
15 Você éˡ uma fonte de jardim,
um poço de águas vivas,
   que descem do Líbano.

A Amada

16 Acorde, vento norte!
   Venha, vento sul!
Soprem em meu jardim,
para que a sua fragrância
   se espalhe ao seu redor.
Que o meu amado entre em seu jardim
e saboreie os seus deliciosos frutos.ˡ

O Amado

5 Entrei em meu jardim,
   minha irmã, minha noiva;ᵐ
ajuntei a minha mirra com
   as minhas especiarias.

Comi o meu favo e o meu mel;
bebi o meu vinho e o meu leite.ⁿ

Poeta

Comam, amigos,
bebam quanto puderem, ó amados!

A Amada

2 Eu estava quase dormindo,
   mas o meu coração estava acordado.
Escutem! O meu amado está batendo.

O Amado

Abra-me a porta, minha irmã,
   minha querida, minha pomba,
   minha mulherᵒ ⁱᵈᵉᵃˡ,ᵖ
pois a minha cabeça
   está encharcada de orvalho;
o meu cabelo, da umidade da noite.

A Amada

3 Já tirei a túnica;
   terei que vestir-me de novo?
Já lavei os pés;
   terei que sujá-los de novo?
4 O meu amado pôs a mão
   por uma abertura da tranca;
meu coração começou
   a palpitar por causa dele.
5 Levantei-me para abrir-lhe a porta;
minhas mãos destilavam mirra,ᵠ
meus dedos vertiam mirra,
   na maçaneta da tranca.
6 Eu abri,ʳ mas o meu amado se fora;ˢ
   o meu amado já havia partido.

Quase desmaiei de tristeza!
Procurei-o,ᵗ mas não o encontrei.
Eu o chamei, mas ele não respondeu.
7 As sentinelas me encontraram
   enquanto faziam a ronda na cidade.ᵘ
Bateram-me, feriram-me
e tomaram o meu manto,
   as sentinelas dos muros!
8 Ó mulheres de Jerusalém,
   eu as faço jurar:ᵛ
se encontrarem o meu amado,
   que dirão a ele?

---

¹ 4.15 Ou *Eu sou* (na voz da *Amada*)

Digam-lhe que estou doente
   de amor.[w]

Amigas (As Mulheres de Jerusalém)

⁹ Que diferença há entre o seu amado
   e outro qualquer,
ó você, das mulheres a mais linda?[x]
Que diferença há entre o seu amado
   e outro qualquer,
para você nos obrigar a tal promessa?

A Amada

¹⁰ O meu amado tem a pele bronzeada;
ele se destaca entre dez mil.[y]
¹¹ Sua cabeça é como ouro, o ouro mais
   puro;
seus cabelos ondulam ao vento
   como ramos de palmeira;
são negros como o corvo.
¹² Seus olhos são como pombas[z]
   junto aos regatos de água,
lavados em leite,[a]
   incrustados como joias.
¹³ Suas faces[b] são como
   um jardim de especiarias[c]
   que exalam perfume.
Seus lábios são como lírios[d]
   que destilam mirra.
¹⁴ Seus braços são cilindros de ouro
   com berilo neles engastado.
Seu tronco é como marfim polido
   adornado de safiras.[e]
¹⁵ Suas pernas são colunas de
   mármore[1]
   firmadas em bases de ouro puro.
Sua aparência é como o Líbano;[f]
   ele é elegante como os cedros.
¹⁶ Sua boca[g] é a própria doçura;
   ele é mui desejável.
Esse é o meu amado,[h]
   esse é o meu querido,
ó mulheres de Jerusalém.[i]

Amigas (Mulheres de Jerusalém)

6 Para onde foi o seu amado,[j]
   ó mais linda das mulheres?[k]

---

[1] 5.15 Ou *alabastro*

Diga-nos para onde foi o seu amado
   e o procuraremos com você!

A Amada

² O meu amado desceu[l] ao seu jardim,[m]
   aos canteiros de especiarias,[n]
para descansar
   e colher lírios.
³ Eu sou do meu amado,
   e o meu amado é meu;[o]
ele descansa entre os lírios.[p]

O Amado

⁴ Minha querida, você é linda como
   Tirza,[q]
   bela como Jerusalém,[r]
admirável como um exército[s]
   e suas bandeiras.

⁵ Desvie de mim os seus olhos,
   pois eles me perturbam.
Seu cabelo é como
   um rebanho de cabras
   que descem de Gileade.[t]
⁶ Seus dentes são como
   um rebanho de ovelhas
   que sobem do lavadouro.
Cada uma tem o seu par,
não há nenhuma sem crias.[u]
⁷ Suas faces, por trás do véu,[v]
são como as metades de uma romã.[w]
⁸ Pode haver sessenta rainhas,[x]
   e oitenta concubinas,[y]
   e um número sem-fim de virgens,
⁹ mas ela é única,[a] a minha pomba,[z]
   minha mulher ideal!
Ela é a filha favorita de sua mãe,
a predileta daquela que a deu à luz.[b]
Quando outras jovens a veem,
   dizem que ela é muito feliz;
as rainhas e as concubinas a elogiam.

Amigas (Mulheres de Jerusalém)

¹⁰ Quem é essa que aparece
   como o alvorecer,
bela como a Lua, brilhante como o Sol,
admirável como um exército
   e suas bandeiras?

A Amada

¹¹ Desci ao bosque das nogueiras
  para ver os renovos no vale,
para ver se as videiras tinham brotado
  e se as romãs estavam em flor.ᶜ
¹² Antes que eu o percebesse,
  você me colocou entre as carruagens,
  com um príncipe ao meu lado.¹

Amigas (Mulheres de Jerusalém)

¹³ Volte, volte, Sulamita;
  volte, volte, para que a
  contemplemos.

O Amado

Por que vocês querem
  contemplar a Sulamita,
  como na dançaᵈ de Maanaim²?

7 Como são lindos
  os seus pés calçados com sandálias,
  ó filha do príncipe!ᵉ
As curvas das suas coxas são como
  joias,
obra das mãos de um artífice.
² Seu umbigo é uma taça redonda
  onde nunca falta o vinho
  de boa mistura.
Sua cintura é um monte de trigo
  cercado de lírios.
³ Seus seiosᶠ são como
  dois filhotes de corça,
  gêmeos de uma gazela.
⁴ Seu pescoço é como
  uma torre de marfim.ᵍ
Seus olhos são como
  os açudes de Hesbom,ʰ
  junto à porta de Bate-Rabim.
Seu nariz é como a torre do Líbanoⁱ
  voltada para Damasco.
⁵ Sua cabeça eleva-se
  *como o monte Carmelo.*ʲ
Seus cabelos soltos
têm reflexos de púrpura;
  o rei caiu prisioneiro das suas ondas.
⁶ Como você é linda!ᵏ
  Como você me agrada!
Oh, o amor e suas delícias!ˡ
⁷ Seu porte é como o da palmeira;
  os seus seios,ᵐ como cachos de frutos.
⁸ Eu disse: Subirei a palmeira
  e me apossarei dos seus frutos.
Sejam os seus seios
  como os cachos da videira,
  o aroma da sua respiração como
  maçãs³ⁿ
⁹ e a sua boca como o melhor vinho...

A Amada

... vinho que flui suavemente
  para o meu amado,ᵒ
escorrendo suavemente sobre os lábios
  de quem já vai adormecendo.
¹⁰ Eu pertenço ao meu amado,
  e ele meᵠ deseja.ᵖ
¹¹ Venha, meu amado,
  vamos fugir para o campo,
passemos a noite nos povoados.
¹² Vamos cedo para as vinhasʳ
  para ver se as videiras brotaram,ˢ
se as suas floresᵗ se abriram
  e se as romãsᵘ estão em flor;ᵛ
ali eu darei a você o meu amor.
¹³ As mandrágoras⁴ʷ exalam o seu
  perfume,
e à nossa porta há todo tipo de frutos
  finos,
  secos e frescos,
que reservei para você, meu amado.ˣ

8 Ah, quem dera você fosse meu irmão,
  amamentado nos seios de minha mãe!
Então, se eu o encontrasse fora de casa,
  eu o beijaria,
e ninguém me desprezaria.
² Eu o conduziria
  e o traria à casa de minha mãe,ʸ

---

¹ **6.12** Ou *Sem que eu percebesse, minha imaginação me colocou entre os carros do meu nobre povo.*

² **6.13** Ou *dos dois coros*; ou ainda *dos dois acampamentos*

³ **7.8** Ou *damascos*

⁴ **7.13** Isto é, plantas tidas por afrodisíacas e capazes de favorecer a fertilidade feminina.

e você me ensinaria.
Eu daria a você vinho aromatizado
    para beber,
o néctar das minhas romãs.
³ O seu braço esquerdo esteja debaixo
    da minha cabeça,
e o seu braço direito me abrace.ᶻ
⁴ Mulheres de Jerusalém, eu as faço
    jurar:
Não despertem nem incomodem o
    amor
enquanto ele não o quiser.ᵃ

Amigas (Mulheres de Jerusalém)

⁵ Quem vem subindo do deserto,ᵇ
    apoiada em seu amado?

A Amada

Debaixo da macieira eu o despertei;
ali esteve a sua mãe em trabalho de
    parto,
ali sofreu as dores aquela que o deu à
    luz.ᶜ
⁶ Ponha-me como um selo sobre
    o seu coração;
como um selo sobre o seu braço;
pois o amorᵈ é tão forte quanto a morte
e o ciúme¹ᵉ é tão inflexível
    quanto a sepultura².
Suas brasas são fogo ardente,
    são labaredas do Senhor³.
⁷ Nem muitas águas conseguem
    apagar o amor;
os rios não conseguem levá-lo
    na correnteza.
Se alguém oferecesse todas as riquezas
    da sua casa para adquirir o amor,
seria totalmente desprezado.ᶠ

Irmãos

⁸ Temos uma irmãzinha;
seus seios ainda não estão crescidos.

Que faremos com nossa irmã
    no dia em que for pedida
    em casamento?
⁹ Se ela for um muro,
construiremos sobre ela
    uma torre de prata.
Se ela for uma porta,
nós a reforçaremos com tábuas de
    cedro.

A Amada

¹⁰ Eu sou um muro,
e meus seios são as suas torres.
Assim me tornei aos olhos dele
    como alguém que inspira paz.
¹¹ Salomão possuía uma vinhaᵍ
    em Baal-Hamom;
ele entregou a sua vinha a
    arrendatários.
Cada um devia trazer pelos
    frutos da vinha
doze quilos⁴ʰ de prata.
¹² Quanto à minha própria vinha,ⁱ
    essa está em meu poder;
os doze quilos de prata são para você,
    ó Salomão,
e dois quilos e meio são para os
    que tomaram conta dos
    seus frutos.

O Amado

¹³ Você, que habita nos jardins,
os amigos desejam ouvi-la;
deixe-me ouvir a sua voz!

A Amada

¹⁴ Venha depressa,
    meu amado,
e seja como uma gazela,
ou como um cervo novo
saltando sobre os montes
    cobertos de especiarias.

8.3
ᶻCt 2.6
8.4
ᵃCt 2.7; 3.5
8.5
ᵇCt 3.6
ᶜCt 3.4
8.6
ᵈCt 1.2
ᵉNm 5.14
8.7
ᶠPv 6.35
8.11
ᵍEc 2.4
ʰIs 7.23
8.12
ⁱCt 1.6
8.14
ʲPv 5.19
ᵏCt 2.9
ˡCt 2.8,17

---

¹ **8.6** Ou *paixão*
² **8.6** Hebraico: *Sheol*. Essa palavra também *pode ser traduzida por* profundezas, pó *ou* morte.
³ **8.6** Ou *labaredas enormes*

⁴ **8.11** Hebraico: *1.000 siclos*; também no versículo 12. Um siclo equivalia a 12 gramas.

Introdução a ISAÍAS

PANO DE FUNDO
Isaías é o primeiro dos livros bíblicos de profecia. Isaías, que se acredita tenha sido seu autor, era conhecido na corte real de Judá, o Reino do Sul. Tal como Moisés, recebeu boa educação. Teve uma esposa que era profetisa e pelo menos dois filhos (7.3; 8.3). Como profeta e escritor, ele é mencionado no registro histórico de 2Crônicas (26.22; 32.20,32). Isaías é citado no novo Testamento mais que qualquer outro profeta do Antigo Testamento (v. Mateus 3.3; 12.17-21; Lucas 3.4-6; 4.17-19; João 12.38-41; Atos 8.28,32,33; Romanos 9.27-29; 10.16-21).

Em hebraico Isaías significa "Javé é salvação".

MENSAGEM
O formato do livro de Isaías demonstra por que ele foi chamado de "Bíblia em miniatura". Os primeiros 39 capítulos têm um tema de julgamento, que é proeminente nos 39 livros do Antigo Testamento. Mesmo assim, advertências severas são entremeadas com palavras de conforto e a promessa do Messias, incluindo uma referência a um menino chamado Emanuel (7.14). Os 27 capítulos finais refletem a mensagem dos 27 livros do Novo Testamento: esperança encontrada no Salvador que virá. A descrição profética que Isaías faz do Servo Sofredor é o ponto culminante do livro. Isaías termina com profecias da restauração de Sião, quando todas as coisas serão feitas novas.

ÉPOCA
Isaías viveu no tempo dos reinos divididos de Israel e Judá. No tempo de Isaías, o Reino do Norte, Israel, caiu diante dos assírios. O ministério de Isaías se estendeu pelo período do reinado de cinco reis de Judá: começou em 740 a.C., no fim do reinado de Uzias, e se estendeu pelos reinados de Jotão, Acaz e Ezequias, terminando, por volta de 680 a.C., durante o reinado de Manassés (686-642 a.C.). A tradição, com base em Hebreus 11.37, diz que Isaías foi morto — "serrado ao meio" — por Manassés.

ESBOÇO
I. Julgamento e ação de graças
   A. Julgamento de Judá e Jerusalém ... 1.1—5.30
   B. O Senhor chama Isaías ... 6.1-13
   C. Emanuel ... 7.1—12.6
II. Problemas nacionais ... 13.1—27.13
III. Seis ais ... 28.1—35.10
IV. Eventos no tempo de Ezequias ... 36.1—39.8
V. *Libertação divina* ... 40.1—48.22
VI. O Servo Sofredor
   A. A missão do Servo ... 49.1—52.15
   B. O sacrifício do Servo ... 53.1-12
   C. A promessa de salvação do Servo ... 54.1—59.21
VII. **Novo céu e nova terra** ... 60.1—66.24

ISAÍAS 1.1

1 Visão que Isaías, filho de Amoz, teve a respeito de Judá e Jerusalém durante os reinados de Uzias, Jotão, Acaz e Ezequias, reis de Judá.

Uma Nação Rebelde

2 Ouçam, ó céus! Escute, ó terra!
   Pois o Senhor falou:
"Criei filhos e os fiz crescer,
   mas eles se revoltaram contra mim.
3 O boi reconhece o seu dono,
   e o jumento conhece a manjedoura
      do seu proprietário,
mas Israel nada sabe,
   o meu povo nada compreende".

4 Ah, nação pecadora,
   povo carregado de iniquidade!
Raça de malfeitores,
   filhos dados à corrupção!
Abandonaram o Senhor,
   desprezaram o Santo de Israel
e o rejeitaram.

5 Por que haveriam de continuar a ser
      castigados?
   Por que insistem na revolta?
A cabeça toda está ferida,
   todo o coração está sofrendo.
6 Da sola do pé ao alto da cabeça
   não há nada são;
somente machucados,
   vergões e ferimentos abertos,
que não foram limpos nem enfaixados
   nem tratados com azeite.

7 A terra de vocês está devastada,
   suas cidades foram destruídas a fogo;
os seus campos estão sendo tomados
   por estrangeiros diante de vocês
e devastados como a ruína que eles
      costumam causar.
8 Só restou a cidade¹ de Sião
   como tenda numa vinha,
   como abrigo numa plantação de melões,
   como uma cidade sitiada.

9 Se o Senhor dos Exércitos
   não tivesse poupado alguns de nós,
já estaríamos como Sodoma
   e semelhantes a Gomorra.

10 Governantes de Sodoma,
   ouçam a palavra do Senhor!
Vocês, povo de Gomorra,
   escutem a instrução de nosso Deus!
11 "Para que me oferecem
   tantos sacrifícios?",
pergunta o Senhor.
"Para mim, chega de holocaustos² de
      carneiros
   e da gordura de novilhos gordos.
Não tenho nenhum prazer
   no sangue de novilhos, de cordeiros
      e de bodes!
12 Quando vocês vêm à minha presença,
   quem pediu que pusessem os pés em
      meus átrios?
13 Parem de trazer ofertas inúteis!
O incenso de vocês
   é repugnante para mim.
Luas novas, sábados e reuniões!
Não consigo suportar suas assembleias
   cheias de iniquidade.
14 Suas festas da lua nova
   e suas festas fixas, eu as odeio.
Tornaram-se um fardo para mim;
   não as suporto mais!
15 Quando vocês estenderem as mãos
      em oração,
   esconderei de vocês os meus olhos;
mesmo que multipliquem
   as suas orações,
   não as escutarei!
As suas mãos estão cheias de sangue!
16 Lavem-se! Limpem-se!
Removam suas más obras
   para longe da minha vista!
Parem de fazer o mal,
17 aprendam a fazer o bem!
Busquem a justiça,
   acabem com a opressão.³

---

¹ **1.8** Hebraico: *filha*.
² **1.11** Isto é, sacrifícios totalmente queimados.
³ **1.17** Ou *repreendam o opressor*.

1.1
ᵃ Nm 12.6
ᵇ Is 40.9
ᶜ Is 2.1
ᵈ 2Cr 26.22
ᵉ 2Rs 16.1
1.2
ᶠ Mq 1.2
ᵍ Is 30.1, 9; 65.2
1.3
ʰ Jr 8.7; 9.3, 6
1.4
ⁱ Is 14.20
ʲ Is 5.19, 24
1.5
ᵏ Is 31.6
ˡ Is 33.6, 24
1.6
ᵐ Sl 38.3
ⁿ Is 30.26; Jr 8.22
ᵒ Lc 10.34
1.7
ᵖ Lv 26.34
1.8
ᵠ Jó 27.18
1.9
ʳ Is 10.20-22; 37.4, 31-32
ˢ Gn 19.24; Rm 9.29
1.10
ᵗ Is 28.14
ᵘ Is 3.9; Ez 16.49; Rm 9.29; Ap 11.8
ᵛ Is 8.20
1.11
ʷ Sl 50.8
1.11
ˣ Jr 6.20
ʸ 1Sm 15.22; Ml 1.10
1.12
ᶻ Ex 23.17
1.13
ᵃ Is 66.3
ᵇ Jr 7.9
ᶜ 1Cr 23.31
1.14
ᵈ Lv 23.1-44; Nm 28.11-29.39; Is 29.1
ᵉ Is 7.13; 43.22, 24
1.15
ᶠ Is 8.17; 59.2; Mq 3.4
ᵍ Is 59.3
1.16
ʰ Is 52.11
ⁱ Is 55.7; Jr 25.5
1.17
ʲ Sf 2.3

Lutem pelos direitos do órfão,[k]
defendam a causa da viúva.

¹⁸ "Venham, vamos refletir juntos",[l]
diz o S‍ENHOR.
"Embora os seus pecados
sejam vermelhos como escarlate,
eles se tornarão brancos como a neve;[m]
embora sejam rubros como púrpura,
como a lã se tornarão.
¹⁹ Se vocês estiverem dispostos a obedecer,
comerão os melhores frutos desta terra;[n]
²⁰ mas, se resistirem e se rebelarem,
serão devorados pela espada."[o]
Pois o S‍ENHOR é quem fala![p]

²¹ Vejam como a cidade fiel
se tornou prostituta![q]
Antes cheia de justiça
e habitada pela retidão,
agora está cheia de assassinos!
²² Sua prata tornou-se escória,
seu licor ficou aguado.
²³ Seus líderes são rebeldes,
amigos de ladrões;
todos eles amam o suborno[r]
e andam atrás de presentes.
Eles não defendem os direitos do órfão,
e não tomam conhecimento
da causa da viúva.[s]
²⁴ Por isso o Soberano,
o S‍ENHOR dos Exércitos,
o Poderoso de Israel, anuncia:
"Ah! Derramarei minha ira
sobre os meus adversários
e me vingarei dos meus inimigos.[t]
²⁵ Voltarei minha mão contra você;
tirarei toda a sua escória
e removerei todas as suas impurezas.[u]
²⁶ Restaurarei os seus juízes como no passado;[v]
os seus conselheiros, como no princípio.
Depois disso você será chamada
cidade de retidão,[w] cidade fiel".[x]

²⁷ Sião será redimida com justiça,
com retidão os que se arrependerem.[y]
²⁸ Mas os rebeldes e os pecadores
serão destruídos,
e os que abandonam o S‍ENHOR
perecerão.[z]

²⁹ "Vocês se envergonharão
dos carvalhos sagrados[a]
que tanto apreciam;
ficarão decepcionados
com os jardins sagrados que escolheram.[b]
³⁰ Vocês serão como um terebinto
cujas folhas estão caindo,
como um jardim sem água.
³¹ O poderoso se tornará como estopa,
e sua obra como fagulha;
ambos serão queimados juntos
sem que ninguém apague o fogo".[c]

A Glória do Monte do S‍ENHOR

2 Foi isto que Isaías, filho de Amoz, viu a respeito de Judá e de Jerusalém:[d]

² Nos últimos dias
o monte[e] do templo do S‍ENHOR
será estabelecido
como o principal;
será elevado acima das colinas,
e todas as nações correrão para ele.

³ Virão muitos povos e dirão:

"Venham, subamos ao monte do S‍ENHOR,
ao templo do Deus de Jacó,
para que ele nos ensine os seus caminhos,
e assim andemos em suas veredas".
Pois a lei sairá de Sião,[f]
de Jerusalém[g] virá a palavra do S‍ENHOR.
⁴ Ele julgará entre as nações
e resolverá contendas de muitos povos.
Eles farão de
suas espadas arados,
e de suas lanças, foices.[h]

1.17
[k] Sl 8.23
1.18
[l] Is 41.1; 43.9, 26
[m] Sl 51.7; Ap 7.14
1.19
[n] Dt 30.15-16; Is 55.2
1.20
[o] Is 3.25; 65.12
[p] Is 34.16;40.5; 58.14; Mq 4.4
1.21
[q] Is 57.3-9; Jr 2.20
1.23
[r] Ex 23.8
[s] Is 10.2; Jr 5.28; Ez 22.6-7; Zc 7.10
1.24
[t] Is 35.4; 59.17; 61.2; 63.4
1.25
[u] Ez 22.22; Ml 3.3
1.26
[v] Jr 33.7, 11
[w] Is 33.5; 62.1; Zc 8.3
[x] Is 60.14; 62.2
1.27
[y] Is 35.10; 62.12; 63.4
1.28
[z] Sl 9.5; Is 24.20; 66.24; 2Ts 1.8-9
1.29
[a] Is 57.5
[b] Is 65.3; 66.17
1.31
[c] Is 5.24; 9.18-19; 26.11; 33.14; 66.15-16, 24
2.1
[d] Is 1.1
2.2
[e] Is 27.13; 56.7; 66.20; Mq 4.7
2.3
[f] Is 51.4, 7
[g] Lc 24.47
2.4
[h] Jl 3.10

Uma nação não mais pegará em armas
  para atacar outra nação,[i]
elas jamais tornarão a preparar-se
  para a guerra.

⁵ Venha, ó descendência de Jacó,[j]
  andemos na luz do SENHOR![k]

O Dia do SENHOR

⁶ Certamente abandonaste o teu povo,[l]
  os descendentes de Jacó,
porque eles se encheram
  de superstições dos povos do leste,
praticam adivinhações como os
  filisteus[m]
e fazem acordos[n] com pagãos.[o]
⁷ Sua terra está cheia de prata e ouro;
  seus tesouros são incontáveis.
Sua terra está cheia de cavalos;[p]
  seus carros não têm fim.[q]
⁸ Sua terra está cheia de ídolos.[r]
Eles se inclinam diante da obra
  das suas mãos,
diante do que os seus dedos fizeram.[s]
⁹ Por isso a humanidade será abatida[t]
  e o homem será humilhado;[u]
não os perdoes[1]![v]
¹⁰ Entre no meio das rochas,
  esconda-se no pó
por causa do terror que vem do SENHOR
e do esplendor da sua majestade![w]
¹¹ Os olhos do arrogante serão
  humilhados
  e o orgulho[x] dos homens será
    abatido;
somente o SENHOR será exaltado
  naquele dia.
¹² O SENHOR dos Exércitos
  tem um dia reservado
  para todos os orgulhosos e altivos,
  para tudo o que é exaltado,[y]
para que eles sejam humilhados;[z]
¹³ para todos os cedros do Líbano,
  altos e altivos,
  e todos os carvalhos de Basã;[a]

¹⁴ para todos os montes elevados
  e todas as colinas altas;[b]
¹⁵ para toda torre imponente
  e todo muro fortificado;[c]
¹⁶ para todo navio mercante[2d]
  e todo barco de luxo.
¹⁷ A arrogância dos homens será
    abatida,
  e o seu orgulho será humilhado.
Somente o SENHOR será exaltado
  naquele dia,[e]
¹⁸ e os ídolos desaparecerão por
    completo.[f]
¹⁹ Os homens fugirão
  para as cavernas das rochas
  e para os buracos da terra
por causa do terror
  que vem do SENHOR
e do esplendor da sua majestade
  quando ele se levantar
  para sacudir a terra.[g]
²⁰ Naquele dia, os homens atirarão
  aos ratos e aos morcegos[h]
  os ídolos de prata
  e os ídolos de ouro
que fizeram para adorar.
²¹ Fugirão para as cavernas das rochas
  e para as brechas dos penhascos,
por causa do terror
  que vem do SENHOR
e do esplendor da sua majestade
  quando ele se levantar
  para sacudir a terra.[i]
²² Parem de confiar no homem,[j]
  cuja vida não passa de um sopro
    em suas narinas.
Que valor ele tem?[k]

Julgamento de Judá e de Jerusalém

3 Vejam! O Soberano,
  o SENHOR dos Exércitos,
logo irá retirar de Jerusalém e de Judá
  todo o seu sustento,

---

¹ **2.9** Ou *exaltes*

² **2.16** Ou *de Társis*

tanto o suprimento de comida,*l*
  como o suprimento de água,*m*
2 e também o herói e o guerreiro,*n*
  o juiz e o profeta,
o adivinho e a autoridade,*o*
3 o capitão e o nobre,
  o conselheiro, o conhecedor de magia
e o perito em maldições.
4 Porei jovens no governo;*p*
  irresponsáveis dominarão.
5 O povo oprimirá a si mesmo:
  homem contra homem,
cada um contra o seu próximo.*q*
O jovem se levantará contra o idoso,
  o desprezível contra o nobre.

6 Um homem agarrará seu irmão,
  um da família de seu pai, e lhe dirá:
"Você pelo menos tem um manto;
  seja o nosso governante;
assuma o poder
  sobre este monte de ruínas!"
7 Mas naquele dia ele exclamará:
  "Não tenho remédios,*r*
não há comida nem roupa em minha
  casa;
não me nomeiem governante do povo".

8 Jerusalém está em ruínas,
  e o povo de Judá está caído;*s*
suas palavras e suas ações*t*
  são contra o Senhor,
desafiando a sua presença gloriosa."*u*
9 O jeito como olham testifica
  contra eles;
eles mostram seu pecado como
  Sodoma,*v*
  sem nada esconder.
Ai deles! Pois trouxeram desgraça*w*
  sobre si mesmos.
10 Digam aos justos que tudo lhes irá
  bem,*x*
pois comerão do fruto de suas ações.*y*
11 Mas, ai dos ímpios!
  Tudo lhes irá mal!*z*
Terão a retribuição
  pelo que fizeram as suas mãos.

12 Meu povo é oprimido por uma
  criança;*a*
  mulheres dominam sobre ele.
Meu povo, os seus guias o enganam*b*
  e o desviam do caminho.

13 O Senhor toma o seu lugar no
  tribunal;
levanta-se para julgar os povos¹.*c*
14 O Senhor entra em juízo*d*
  contra as autoridades
  e contra os líderes do seu povo.
"Vocês arruinaram a vinha,
e o que foi roubado dos necessitados*e*
  está nas suas casas.
15 Que pretendem vocês
  ao esmagarem o meu povo*f*
  e ao moerem o rosto dos
    necessitados?"
Quem pergunta é o Senhor,
  o Senhor dos Exércitos.

16 O Senhor diz:
"Por causa da arrogância
  das mulheres de Sião,*g*
que caminham de cabeça erguida,
flertando com os olhos,
desfilando com passos curtos,
com enfeites tinindo em seus
  calcanhares,
17 o Senhor rapará a cabeça
  das mulheres de Sião;
o Senhor porá a descoberto
  as suas vergonhas".

18 Naquele dia, o Senhor arrancará os enfeites delas: as pulseiras, as testeiras e os colares;*h* **19** os pendentes, os braceletes e os véus, **20** os enfeites de cabeça,*i* as correntinhas de tornozelo, os cintos, os talismãs e os amuletos; **21** os anéis e os enfeites para o nariz; **22** as roupas caras, as capas, as mantilhas e as bolsas; **23** os espelhos, as roupas de linho, as tiaras e os xales.

24 Em vez de perfume haverá mau
  cheiro;*j*

¹ **3.13** A Septuaginta e a Versão Siríaca dizem *o seu povo*.

em vez de cintos, corda;*k*
em vez de belos penteados, calvície;*l*
em vez de roupas finas, vestes de lamento;*m*
em vez de beleza, cicatrizes.*n*

²⁵ Seus homens cairão ao fio da espada;*o*
seus guerreiros morrerão no combate.
²⁶ As portas de Sião se lamentarão
e prantearão por causa disso;*p*
e, sem nada,
a cidade se assentará no chão.*q*

4 Naquele dia, sete mulheres agarrarão um homem e lhe dirão:*r*
"Nós mesmas providenciaremos⁵
nossa comida e nossas roupas;
apenas case-se conosco¹
e livre-nos da vergonha
de sermos solteiras!"*t*

O Renovo do Senhor

² Naquele dia, o Renovo do Senhor *u* será belo e glorioso, e o fruto*v* da terra será o orgulho e a glória dos sobreviventes de Israel. ³ Os que forem deixados em Sião e ficarem*w* em Jerusalém serão chamados santos:*x* todos os inscritos*y* para viverem em Jerusalém. ⁴ Quando o Senhor tiver lavado a impureza*z* das mulheres de Sião e tiver limpado por meio de um espírito de julgamento*b* e de um espírito² de fogo*c* o sangue derramado*a* em Jerusalém, ⁵ o Senhor criará sobre todo o monte Sião e sobre aqueles que se reunirem ali uma nuvem de dia e um clarão de fogo de noite.*d* A glória tudo cobrirá ⁶ e será um abrigo*e* e sombra para o calor do dia, refúgio*g* e esconderijo contra a tempestade e a chuva.

A Canção da Vinha

5 Cantarei para o meu amigo
o seu cântico
a respeito de sua vinha:*h*
Meu amigo tinha uma vinha
na encosta de uma fértil colina.

---
¹ **4.1** Hebraico: *queremos ser chamadas pelo seu nome.*
² **4.4** Ou *do Espírito de julgamento e do Espírito*

² Ele cavou a terra, tirou as pedras
e plantou as melhores videiras.*i*
Construiu uma torre de sentinela
e também fez um tanque de prensar uvas.
Ele esperava que desse uvas boas,
mas só deu uvas azedas.*j*

³ "Agora, habitantes de Jerusalém
e homens de Judá,
julguem entre mim e a minha vinha.*k*
⁴ Que mais se poderia fazer por ela
que eu não tenha feito?
Então, por que só produziu uvas azedas
quando eu esperava uvas boas?*l*
⁵ Pois eu digo a vocês o que vou fazer
com a minha vinha:
Derrubarei a sua cerca
para que ela seja transformada em pasto;
derrubarei o seu muro*m*
para que seja pisoteada.*n*
⁶ Farei dela um terreno baldio;
não será podada nem capinada;
espinheiros e ervas daninhas crescerão nela.*o*
Também ordenarei às nuvens
que não derramem chuva sobre ela."

⁷ Pois bem,
a vinha*p* do Senhor dos Exércitos
é a nação de Israel,
e os homens de Judá
são a plantação que ele amava.
Ele esperava justiça,*q*
mas houve derramamento de sangue;
esperava retidão,
mas ouviu gritos de aflição.

Ais e Julgamentos

⁸ Ai*r* de vocês que adquirem casas e mais casas,
propriedades e mais propriedades*s*
até não haver mais lugar para ninguém
e vocês se tornarem
os senhores absolutos da terra!

⁹ O Senhor dos Exércitos me disse:ᵗ

"Sem dúvida muitas casas
 ficarão abandonadas,ᵘ
as casas belas e grandes
 ficarão sem moradores.
¹⁰ Uma vinha de dez alqueires¹
 só produzirá um pote² de vinho,
um barril³ de sementeᵛ
 só dará uma arroba⁴ de trigo".

¹¹ Ai dos que se levantam cedo
 para embebedar-se,
e se esquentam com o vinho até a
 noite!ʷ
¹² Harpas, liras, tamborins, flautas e
 vinho
 há em suas festas,
mas não se importam
 com os atos do Senhor,ˣ
nem atentam para a obra
 que as suas mãos realizam.ʸ
¹³ Portanto, o meu povo vai para o exílioᶻ
 por falta de conhecimento. ᵃ
A elite morrerá de fome;
 e as multidões, de sede.
¹⁴ Por isso o Sheol⁵ᵇ aumenta o seu
 apetite
 e escancara a sua boca.ᶜ
Para dentro dele descerão
 o esplendor da cidade e a sua riqueza,
 o seu barulho e os que se divertem.
¹⁵ Por isso o homem será abatido,ᵈ
 a humanidade se curvará,ᵉ
 e os arrogantes terão que baixar os
 olhos.ᶠ

¹⁶ Mas o Senhor dos Exércitos
 será exaltado em sua justiça;ᵍ
o Deus santo se mostrará santoʰ
 em sua retidão.
¹⁷ Então ovelhas pastarão ali
 como em sua própria pastagem;ⁱ
cordeiros⁶ comerão nas ruínas dos ricos.

¹⁸ Ai dos que se prendem à iniquidade
 com cordas de engano
e ao pecado com cordas de carroça,ʲ
¹⁹ e dizem: "Que Deus apresse
 a realização da sua obra
para que a vejamos;
que se cumpra
 o plano do Santo de Israel
para que o conheçamos".ᵏ

²⁰ Ai dos que chamam ao mal bem
 e ao bem, mal,
que fazem das trevas luz
 e da luz, trevas,ˡ
do amargo, doceᵐ
 e do doce, amargo!
²¹ Ai dos que são sábios
 aos seus próprios olhosⁿ
e inteligentes em sua própria opinião!

²² Ai dos que são campeões
 em beber vinhoᵒ
e mestres em misturar bebidas,
²³ dos que por subornoᵖ
 absolvem o culpado,
mas negam justiçaᑫ ao inocente!ʳ
²⁴ Por isso, assim como a palha
 é consumida pelo fogo
e o restolho é devorado pelas chamas,
assim também as suas raízes
 apodrecerãoˢ
e as suas flores, como pó,
 serão levadas pelo vento;
pois rejeitaram
 a lei do Senhor dos Exércitos,
desprezaram a palavra do Santo de
 Israel.ᵗ

---

¹ 5.10 Isto é, a terra arada num dia por dez parelhas de boi.
² 5.10 Hebraico: *bato*. O bato era uma medida de capacidade. As estimativas variam entre 20 e 40 litros.
³ 5.10 Hebraico: *hômer*. O hômer era uma medida de *capacidade para secos. As estimativas variam entre 200 e 400 litros.*
⁴ 5.10 Hebraico: *efa*. O efa era uma medida de capacidade para secos. As estimativas variam entre 20 e 40 litros.
⁵ 5.14 Essa palavra pode ser traduzida por sepultura, profundezas, pó ou morte.
⁶ 5.17 Conforme a Septuaginta. O Texto Massorético diz *estrangeiros*.

²⁵ Por tudo isso a ira do Senhor
      acendeu-se contra o seu povo,
   e ele levantou sua mão para os ferir.
   Os montes tremeram,
   e os seus cadáveres
      estão como lixo nas ruas.

   Apesar disso tudo,
      a ira dele não se desviou;
   sua mão continua erguida.

²⁶ Ele levanta uma bandeira
      convocando uma nação distante
   e assobia para um povo
      dos confins da terra.
   Aí vêm eles rapidamente!
²⁷ Nenhum dos seus soldados
      se cansa nem tropeça,
   nenhum deles cochila nem dorme,
   nenhum afrouxa o cinto,
   nenhum desamarra a correia das
      sandálias.
²⁸ As flechas deles estão afiadas,
   preparados estão todos
      os seus arcos;
   os cascos dos seus cavalos
      são duros como pedra,
   as rodas de seus carros
      são como um furacão.
²⁹ O rugido deles é como o do leão;
   rugem como leões ferozes;
   rosnam enquanto se apoderam da presa
      e a arrastam
   sem que ninguém possa livrá-la.
³⁰ Naquele dia, rugirão sobre Judá
      como o rugir do mar.

   E, se alguém olhar para a terra de Israel,
      verá trevas e aflição;
   até a luz do dia
      será obscurecida pelas nuvens.

O Chamado de Isaías

6 No ano em que o rei Uzias morreu, eu vi o Senhor assentado num trono alto e exaltado, e a aba de sua veste enchia o templo. ² Acima dele estavam serafins; cada um deles tinha seis asas: com duas cobriam o rosto, com duas cobriam os pés e com duas voavam. ³ E proclamavam uns aos outros:

"Santo, santo, santo
é o Senhor dos Exércitos,
a terra inteira está cheia da sua glória".

⁴ Ao som das suas vozes os batentes das portas tremeram, e o templo ficou cheio de fumaça.

⁵ Então gritei: Ai de mim! Estou perdido! Pois sou um homem de lábios impuros e vivo no meio de um povo de lábios impuros; os meus olhos viram o Rei, o Senhor dos Exércitos!

⁶ Logo um dos serafins voou até mim trazendo uma brasa viva, que havia tirado do altar com uma tenaz. ⁷ Com ela tocou a minha boca e disse: "Veja, isto tocou os seus lábios; por isso, a sua culpa será removida, e o seu pecado será perdoado".

⁸ Então ouvi a voz do Senhor, conclamando: "Quem enviarei? Quem irá por nós?"
   E eu respondi: Eis-me aqui. Envia-me!
⁹ Ele disse: "Vá e diga a este povo:

"Estejam sempre ouvindo,
   mas nunca entendam;
estejam sempre vendo,
   e jamais percebam.
¹⁰ Torne insensível o coração deste
      povo;
   torne surdos os seus ouvidos
   e feche os seus olhos.
   Que eles não vejam com os olhos,
      não ouçam com os ouvidos
   e não entendam com o coração,
   para que não se convertam
      e sejam curados".

¹¹ Então eu perguntei:
   Até quando, Senhor?

¹ 6.9,10 A Septuaginta diz *Ainda que estejam sempre ouvindo, vocês nunca entenderão; ainda que estejam sempre vendo, vocês jamais perceberão. 10O coração desse povo se tornou insensível; de má vontade ouviram com os seus ouvidos, e fecharam os seus olhos.*

E ele respondeu:

"Até que as cidades estejam em ruínas
e sem habitantes,
até que as casas fiquem abandonadas
e os campos estejam
totalmente devastados,
¹² até que o Senhor tenha enviado
todos para longe
e a terra esteja totalmente desolada.
¹³ E ainda que um décimo fique no país,
esses também serão destruídos.
Mas, assim como o terebinto e o
carvalho
deixam o tronco quando são
derrubados,
assim a santa semente será o seu
tronco".

O Sinal de Emanuel

7 Quando Acaz – filho de Jotão e neto de Uzias – era rei de Judá, o rei Rezim – da Síria – e Peca – filho de Remalias, rei de Israel – atacaram Jerusalém, mas não puderam vencê-la.

² Informaram ao rei: "A Síria montou acampamento em Efraim". Com isso o coração de Acaz e do seu povo agitou-se, como as árvores da floresta agitam-se com o vento.

³ Então o Senhor disse a Isaías: "Saia e leve seu filho Sear-Jasube. Vá encontrar-se com Acaz no final do aqueduto do açude Superior, na estrada que vai para o campo do Lavandeiro. ⁴ Diga a ele: Tenha cuidado, acalme-se e não tenha medo. Que o seu coração não desanime por causa do furor destes restos de lenha fumegantes: Rezim, a Síria e o filho de Remalias.

⁵ "Porque a Síria, Efraim e o filho de Remalias têm tramado a sua ruína, dizendo: ⁶ 'Vamos invadir o reino de Judá; vamos rasgá-lo e dividi-lo entre nós, e fazer o filho de Tabeel reinar sobre ele' ". ⁷ Assim diz o Soberano, o Senhor:

"Não será assim,
isso não acontecerá,
⁸ pois a cabeça da Síria é Damasco,
e a cabeça de Damasco é Rezim.
Em sessenta e cinco anos
Efraim ficará muito arruinado
para ser um povo.
⁹ A cabeça de Efraim é Samaria,
e a cabeça de Samaria
é o filho de Remalias.
Se vocês não ficarem firmes na fé,
com certeza não resistirão!"

¹⁰ Disse ainda o Senhor a Acaz: ¹¹ "Peça ao Senhor, ao seu Deus, um sinal milagroso, seja das maiores profundezas, seja das alturas mais elevadas".

¹² Mas Acaz disse: "Não pedirei; não porei o Senhor à prova".

¹³ Disse então Isaías: "Ouçam agora, descendentes de Davi! Não basta abusarem da paciência dos homens? Também vão abusar da paciência do meu Deus? ¹⁴ Por isso o Senhor mesmo dará a vocês um sinal: a virgem ficará grávida, dará à luz um filho e o chamará Emanuel. ¹⁵ Ele comerá coalhada e mel até a idade em que saiba rejeitar o erro e escolher o que é certo. ¹⁶ Mas, antes que o menino saiba rejeitar o erro e escolher o que é certo, a terra dos dois reis que você teme ficará deserta. ¹⁷ O Senhor trará o rei da Assíria sobre você e sobre o seu povo e sobre a descendência de seu pai. Serão dias como nunca houve, desde que Efraim se separou de Judá".

¹⁸ Naquele dia, o Senhor assobiará para chamar as moscas dos distantes rios do Egito e as abelhas da Assíria. ¹⁹ Todas virão e pousarão nos vales íngremes e nas fendas das rochas, em todos os espinheiros e em todas as cisternas. ²⁰ Naquele dia, o Senhor utilizará uma navalha alugada de além do Eufrates, o rei da Assíria, para rapar a sua

---

³ 7.14 Alguns manuscritos do mar Morto dizem *e ele o chamará*; outros dizem *e eles o chamarão*.
⁴ 7.14 Emanuel significa *Deus conosco*.
⁵ 7.20 Hebraico: *do Rio*.

---

¹ 7.2 Ou *A Síria fez um acordo com*
² 7.3 Sear-Jasube significa *um remanescente voltará*.

cabeça e os pelos de suas pernas e da sua barba. ²¹ Naquele dia, o homem que tiver uma vaca e duas cabras ²² terá coalhada para comer, graças à fartura de leite que elas darão. Todos os que ficarem na terra comerão coalhada e mel. ²³ Naquele dia, todo lugar onde havia mil videiras no valor de doze quilos¹ de prata será deixado para as roseiras bravas e para os espinheiros.ᵏ ²⁴ Os homens entrarão ali com arcos e flechas, pois todo o país estará coberto de roseiras bravas e de espinheiros. ²⁵ E às colinas antes lavradas com enxada você não irá mais, porque terá medo das roseiras bravas e dos espinheiros; nesses lugares os bois ficarão à solta e as ovelhas correrão livremente.ˡ

Assíria, Instrumento do Senhor

8 O Senhor me disse: "Tome uma placa de bom tamanhoᵐ e nela escreva de forma legível: Maher-Shalal-Hash-Baz².ⁿ ² E chame o sacerdote Uriasᵒ e Zacarias, filho de Jeberequias, como testemunhas de confiança".

³ Então deitei-me com a profetisa³, e ela engravidou e deu à luz um filho. E o Senhor me disse: "Dê-lhe o nome de Maher-Shalal--Hash-Baz. ⁴ Pois, antes que o menino saibaᵖ dizer 'papai' ou 'mamãe', a riqueza de Damasco e os bens de Samaria serão levados pelo rei da Assíria".ᵠ

⁵ O Senhor tornou a falar-me:

⁶ "Já que este povo rejeitouʳ
as águas de Siloé,ˢ que fluem
mansamente,
e alegrou-se com Rezim
e com o filho de Remalias,ᵗ
⁷ o Senhor está trazendo contra eles
as poderosas e devastadorasᵘ
águas do Eufrates⁴,

---

¹ **7.23** Hebraico: *1.000 siclos*. Um siclo equivalia a 12 gramas.
² **8.1** *Maher-Shalal-Hash-Baz* significa *rapidamente até os despojos, agilmente até a pilhagem*; também no versículo 3.
³ **8.3** Isto é: mulher do profeta
⁴ **8.7** Hebraico: *do Rio*.

o rei da Assíriaᵛ com todo o seu
poderio.
Elas transbordarão
em todos os seus canais,
encobrirão todas as suas margens
⁸ e inundarão Judá,
cobrindo-o até o pescoço.
Seus braços abertos se espalharão
por toda a tua terra, ó Emanuel⁵!"ʷ

⁹ Continuem a fazer o mal,ˣ ó nações,
e vocês serão destruídas!
Escutem, terras distantes:
Ainda que vocês se preparemʸ
para o combate,
serão destruídas!
Sim, mesmo que se preparem
para o combate,
vocês serão destruídas!
¹⁰ Mesmo que vocês criem estratégias,
elas serão frustradas;ᶻ
mesmo que façam planos,
não terão sucesso,ᵃ
pois Deus está conosco!ᵇ

Temam a Deus

¹¹ O Senhor falou comigo com veemência⁶,ᶜ advertindo-meᵈ a não seguir o caminho desse povo. Ele disse:

¹² "Não chamem conspiraçãoᵉ
a tudo o que esse povo chama
conspiração;⁷
não temam aquilo que eles temem,
nem se apavorem.ᶠ
¹³ O Senhor dos Exércitos
é que vocês devem considerar santo,ᵍ
a ele é que vocês devem temer,
dele é que vocês devem ter pavor.ʰ
¹⁴ Para os dois reinos de Israel
ele será um santuário,ⁱ
mas também uma pedra de tropeço,
uma rocha que faz cair.ʲ

---

⁵ **8.8** *Emanuel* significa *Deus conosco*.
⁶ **8.11** Hebraico: *com forte mão*.
⁷ **8.12** Ou "Não peça um tratado todas as vezes que esse povo pedir um tratado;

7.23
ᵏ Is 5.6
7.25
ˡ Is 5.17
8.1
ᵐ Is 30.8; Ha 2.2
ⁿ v. 3; Ha 2.2
8.2
ᵒ 2Rs 16.10
8.4
ᵖ Is 7.16
ᵠ Is 7.8
8.6
ʳ Is 5.24
ˢ Jo 9.7
ᵗ Is 7.1
8.7
ᵘ Is 17.12-13
ᵛ Is 7.20
8.8
ʷ Is 7.14
8.9
ˣ Is 17.12-13
ʸ Jl 3.9
8.10
ᶻ Jó 5.12
ᵃ Is 7.7
ᵇ Is 7.14; Rm 8.31
8.11
ᶜ Ez 3.14
ᵈ Ez 2.8
8.12
ᵉ Is 7.2; 30.1
ᶠ Pe 3.14*
8.13
ᵍ Nm 20.12
ʰ Is 29.23
8.14
ⁱ Is 4.6; Ez 11.6
ʲ Lc 2.34; Rm 9.33*; 1Pe 2.8*;

E para os habitantes de Jerusalém
  ele será uma armadilha e um laço.ᵏ
¹⁵ Muitos deles tropeçarão,ˡ
  cairão e serão despedaçados,
  presos no laço e capturados".

¹⁶ Guarde o mandamento com cuidado
  e seleᵐ a lei entre os meus discípulos.
¹⁷ Esperareiⁿ pelo Senhor,
  que está escondendoᵒ o seu rosto
  da descendência de Jacó.
Nele porei a minha esperança.

¹⁸ Aqui estou eu com os filhos que o Senhor me deu.ᵖ Em Israel somos sinaisᵠ e símbolos da parte do Senhor dos Exércitos, que habita no monte Sião.ʳ

¹⁹ Quando disserem a vocês: "Procurem um médium ou alguém que consulteˢ os espíritos e murmureᵗ encantamentos, pois todos recorrem a seus deuses e aos mortos em favor dos vivos", ²⁰ respondam: "À lei" e aos mandamentos!" Se eles não falarem conforme esta palavra, vocês jamais verão a luz!ᵛ ²¹ Aflitos e famintos vaguearão pela terra; quando estiverem famintos, ficarão irados e, olhando para cima, amaldiçoarãoʷ o seu rei e o seu Deus. ²² Depois olharão para a terra e só verão aflição, trevas e temível escuridão, e serão atirados em densas trevas.ˣ

O Nascimento do Príncipe da Paz

9 Contudo, não haverá mais escuridão para os que estavam aflitos. No passado ele humilhou a terra de Zebulom e de Naftali,ʸ mas no futuro honrará a Galileia dos gentios, o caminho do mar, junto ao Jordão.

² O povo que caminhava em trevas
  viu uma grande luz;ᶻ
sobre os que viviam na terra
  da sombra da morte¹ᵃ
  raiou uma luz.ᵇ
³ Fizeste crescer a nação
  e aumentaste a sua alegria;
eles se alegram diante de ti
  como os que se regozijam na colheita,
  como os que exultam
    quando dividem os bens tomados na batalha.
⁴ Pois tu destruíste o jugoᵈ
  que os oprimia,
a canga que estava sobre os seus ombrosᵉ
  e a vara de castigo do seu opressor,ᶠ
como no dia da derrota de Midiã.ᶜ
⁵ Pois toda bota de guerreiro
  usada em combate
e toda veste revolvida em sangue
  serão queimadas,
  como lenha no fogo.ᵍ
⁶ Porque um menino nos nasceu,ʰ
  um filho nos foi dado,ⁱ
e o governo está sobre os seus ombros.ʲ
E ele será chamado
Maravilhoso Conselheiro²,ᵏ Deus Poderoso,ˡ
  Pai Eterno, Príncipe da Paz.ᵐ
⁷ Ele estenderá o seu domínio,
  e haverá paz sem fimⁿ
sobre o trono de Davi
  e sobre o seu reino,
estabelecido e mantido
  com justiça e retidãoᵒ
desde agora e para sempre.
O zeloᵖ do Senhor dos Exércitos fará isso.

A Ira do Senhor contra Israel

⁸ O Senhor enviou uma mensagem
  contra Jacó,
e ela atingiu Israel.
⁹ Todo o povo ficará sabendo,
tanto Efraim como
  os habitantes de Samaria,ᵠ
que dizem com orgulho
  e arrogância de coração:ʳ
¹⁰ "Os tijolos caíram,
mas nós reconstruiremos
  com pedras lavradas;

---

¹ **9.2** Ou *terra das trevas*

² **9.6** Ou *chamado Maravilhoso, Conselheiro*

ISAÍAS 9.11

as figueiras bravas foram derrubadas,
mas nós as substituiremos por cedros".
[11] Mas o Senhor fortaleceu
os adversários de Rezim[s] para atacá-los
e incitou contra eles os seus inimigos.
[12] Os arameus[t] do leste
e os filisteus[u] do oeste
devoraram[v] Israel, escancarando a boca.

Apesar disso tudo,
a ira divina não se desviou;
sua mão continua erguida.[w]

[13] Mas o povo não voltou
para aquele que o feriu,[x]
nem buscou[y] o Senhor dos Exércitos.
[14] Por essa razão o Senhor corta de Israel
tanto a cabeça como a cauda,
tanto a palma como o junco,[z]
num único dia;[a]
[15] as autoridades[b] e os homens de destaque
são a cabeça,
os profetas que ensinam mentiras
são a cauda.
[16] Aqueles que guiam[e] este povo
o desorientam,
e aqueles que são guiados
deixam-se induzir ao erro.[d]
[17] Por isso o Senhor não terá nos jovens[e]
motivo de alegria,
nem terá piedade dos órfãos e das viúvas,[f]
pois todos são hipócritas[g] e perversos,[h]
e todos falam loucuras.[i]

Apesar disso tudo,
a ira dele não se desviou;
sua mão continua erguida.[j]

[18] Porque a impiedade queima como fogo;[k]
consome roseiras bravas e espinheiros,
põe em chamas os matagais da floresta,[l]
fazendo nuvens de fumaça.
[19] Pela ira[m] do Senhor dos Exércitos
a terra será ressecada,
e o povo será como lenha no fogo;[n]
ninguém poupará seu irmão.[o]

[20] À direita devorarão,
mas ainda estarão com fome;[p]
à esquerda comerão,[q]
mas não ficarão satisfeitos.
Cada um comerá a carne
do seu próprio irmão[1].
[21] Manassés contra Efraim,
Efraim contra Manassés,
e juntos eles se voltarão contra Judá.[r]

Apesar disso tudo,
a ira divina não se desviou;
sua mão continua erguida.[s]

10 Ai daqueles que fazem leis injustas,
que escrevem decretos opressores,[t]
[2] para privar os pobres dos seus direitos[u]
e da justiça os oprimidos do meu povo,[v]
fazendo das viúvas sua presa
e roubando dos órfãos!
[3] Que farão vocês no dia do castigo,[w]
quando a destruição[x] vier de um lugar distante?
Atrás de quem vocês correrão
em busca de ajuda?[y]
Onde deixarão
todas as suas riquezas?
[4] Nada poderão fazer,
a não ser encolher-se entre os prisioneiros[z]
ou cair entre os mortos.[a]

Apesar disso tudo,
a ira divina não se desviou;[b]
sua mão continua erguida.

O Juízo de Deus sobre a Assíria

[5] "Ai dos assírios,[c] a vara do meu furor,
em cujas mãos está o bastão[d] da minha ira![e]
[6] Eu os envio contra uma nação ímpia,[f]
contra um povo que me enfurece,[g]
para saqueá-lo e arrancar-lhe os bens,[h]
e para pisoteá-lo como a lama das ruas.

---

[1] 9.20 Ou *braço*

9.11
[r] Is 7.8
9.12
[t] 2Rs 16.6
[u] 2Cr 28.18
[v] Sl 79.7
[w] Is 5.25
9.13
[x] Jr 5.3
[y] Is 31.1;
Os 7.7,10
9.14
[z] Is 19.15
[a] Ap 18.8
9.15
[b] Is 3.2-3
9.16
[c] Mt 15.14;
23.16, 24
[d] Is 3.12
9.17
[e] Jr 18.21
[f] Is 27.11
[g] Is 10.6
[h] Is 1.4
[i] Mt 12.34
[j] Is 5.25
9.18
[k] Ml 4.1
[l] Sl 83.14
9.19
[m] Is 13.9, 13
[n] Is 1.31
[o] Mq 7.2, 6
9.20
[p] Lv 26.26
[q] Is 49.26
9.21
[r] 2Cr 28.6
[s] Is 5.25
10.1
[t] Sl 58.2
10.2
[u] Is 3.14
[v] Is 5.23
10.3
[w] Jó 31.14;
Os 9.7
[x] Lc 19.44
[y] Is 20.6
10.4
[z] Is 24.22
[a] Is 22.2;
34.3; 66.6
[b] Is 5.25
10.5
[c] Is 14.25;
Zf 2.13
[d] Jr 51.20
[e] Is 13.3,
5, 13;
30.30;
66.14
10.6
[f] Is 9.17
[g] Is 9.19
[h] Is 5.29

⁷ Mas não é o que eles pretendem,ⁱ
   não é o que têm planejado;
antes, o seu propósito é destruir
   e dar fim a muitas nações.
⁸ 'Os nossos comandantesʲ
   não são todos reis?', eles perguntam.
⁹ Acaso não aconteceu a Calnoᵏ
   o mesmo que a Carquemis?ˡ
Hamate não é como Arpade
   e Samariaᵐ como Damasco?ⁿ
¹⁰ Assim como esses reinos idólatrasᵒ
foram conquistados por minha mão,
reinos cujas imagens
   eram mais numerosas
   que as de Jerusalém e de Samaria,
¹¹ eu tratarei Jerusalém e suas imagens
   como tratei Samaria e seus ídolos."

¹² Quando o Senhor terminar toda a sua obraᵖ contra o monte Siãoᵠ e contra Jerusalém, ele dirá: "Castigarei o rei da Assíriaʳ pelo orgulho obstinado de seu coração e pelo seu olhar arrogante. ¹³ Pois ele diz:

" 'Com a força da minha mão eu o fiz,ˢ
   e com a minha sabedoria,
porque tenho entendimento.
Removi as fronteiras das nações,
   saqueei os seus tesouros;ᵗ
como um poderoso
   subjuguei seus habitantes¹.
¹⁴ Como se estica o braço
   para alcançar um ninho,ᵘ
assim estiquei o braço
   para apanhar a riquezaᵛ das nações;
como os que ajuntam ovos
   abandonados,
   assim ajuntei toda a terra;
não houve ninguém que batesse as asas
   ou que desse um pio' ".

¹⁵ Será que o machado se exalta
   acima daquele que o maneja,
ou a serra se vangloria
   contra aquele que a usa?ʷ
Seria como se uma vara manejasse
   quem a ergue,

ou o bastãoˣ levantasse
   quem não é madeira!
¹⁶ Por isso o Soberano,
   o Senhor dos Exércitos,
enviará uma enfermidade devastadoraʸ
   sobre os seus fortes guerreiros;ᶻ
no lugar da sua glória
   se acenderá um fogo
   como chama abrasadora.
¹⁷ A Luz de Israel se tornará um fogo;ᵃ
   o seu Santo,ᵇ uma chama.
Num único dia ela queimará e
   consumirá
   os seus espinheirosᶜ
   e as suas roseiras bravas.ᵈ
¹⁸ A glória das suas florestasᵉ
   e dos seus campos férteis
se extinguirá totalmente
   como definha um enfermo.
¹⁹ E as árvores que sobrarem
   nas suas florestas serão tão poucasᶠ
   que até uma criança poderá contá-las.

O Remanescente de Israel

²⁰ Naquele dia,ᵍ o remanescente de Israel,
   os sobreviventes da descendência de Jacó,
já não confiarãoʰ naquele que os feriu;ⁱ
antes confiarão no Senhor,ʲ
   no Santo de Israel, com toda a fidelidade.
²¹ Um remanescenteᵏ voltará²,
sim, o remanescente de Jacó
   voltará para o Deus Poderoso.ˡ
²² Embora o seu povo, ó Israel,
   seja como a areia do mar,
apenas um remanescente voltará.ᵐ
A destruição já foi decretadaⁿ
e virá transbordante de justiça.
²³ O Soberano, o Senhor dos Exércitos,
executará a destruição decretada
   contra todo o país.ᵒ

²⁴ Por isso o Soberano,
   o Senhor dos Exércitos, diz:

---

¹ **10.13** Ou *poderosos*   ² **10.21** Hebraico: *Sear-Jasube*; também no versículo 22.

"Povo meu que vive em Sião,ᵖ
    não tenha medo dos assírios
quando eles o espancam com uma vara,ᵍ
e erguem contra você um bastão
    como fez o Egito.
²⁵ Muito em breveʳ o meu furor passará,
e a minha iraˢ se voltará
    para a destruição deles".

²⁶ O Senhor dos Exércitos
    os flagelaráᵗ com um chicote,
como fez quando feriu Midiãᵘ
    na rocha de Orebe;
ele erguerá o seu cajado contra o marᵛ
    como fez no Egito.

²⁷ Naquele dia, o fardo deles
    será tirado dos seus ombros,
e o jugoʷ deles do seu pescoço;ˣ
o jugo se quebrará
    porque vocês estarão muito gordos!¹

²⁸ Eles entram em Aiate;
    passam por Migrom;ʸ
    guardam suprimentos em Micmás.ᶻ
²⁹ Atravessam o vale e dizem:
    "Passaremos a noite acampados
    em Geba".
Ramáᵃ treme; Gibeá de Saul foge.
³⁰ Clamem, ó habitantes de Galim!ᵇ
    Escute, ó Laís! Pobre Anatote!ᶜ
³¹ Madmena está em fuga;
    o povo de Gebim esconde-se.
³² Hoje eles vão parar em Nobe;ᵈ
sacudirão o punho para
    o monte da cidade² de Sião,ᵉ
    para a colina de Jerusalém.

³³ Vejam! O Soberano,
    o Senhor dos Exércitos,
cortará os galhos com grande força.
As árvores altivas serão derrubadas,
as altasᶠ serão lançadas por terra.
³⁴ Com um machado ele ceifará a floresta;
    o Líbano cairá diante do Poderoso.

O Ramo de Jessé

11 Um ramo surgirá do tronco de Jessé,ᵍ
    e das suas raízes brotará um renovo.ʰ
² O Espíritoⁱ do Senhor
    repousará sobre ele,
o Espírito que dá sabedoriaʲ e
    entendimento,
o Espírito que traz conselho e poder,ᵏ
o Espírito que dá conhecimento
    e temor do Senhor.
³ E ele se inspirará no temor do Senhor.

Não julgará pela aparência,ˡ
    nem decidirá com base no que ouviu;ᵐ
⁴ mas com retidãoⁿ julgará os
    necessitados,
    com justiçaᵒ tomará decisões
em favor dos pobres.ᵖ
    Com suas palavras,
    como se fossem um cajado,
    ferirá a terra;ᵠ
com o sopro de sua bocaʳ
    matará os ímpios.
⁵ A retidão será a faixa de seu peito,
e a fidelidadeˢ o seu cinturão.ᵗ

⁶ O lobo viverá com o cordeiro,ᵘ
    o leopardo se deitará com o bode,
o bezerro, o leão e o novilho gordo
    pastarão juntos;³
e uma criança os guiará.
⁷ A vaca se alimentará com o urso,
    seus filhotes se deitarão juntos,
e o leão comerá palha como o boi.
⁸ A criancinha brincará
    perto do esconderijo da cobra,
a criança colocará a mão
    no ninho da víbora.
⁹ Ninguém fará nenhum mal,
    nem destruirá coisa algumaᵛ
em todo o meu santo monte,
    pois a terra se encheráʷ
do conhecimento do Senhorˣ
    como as águas cobrem o mar.

---

¹ **10.27** A Septuaginta diz *será quebrado dos seus ombros.*
² **10.32** Hebraico: *filha.*
³ **11.6** A Septuaginta diz *o bezerro e o leão comerão juntos.*

10.24
ᵖ Sl 87.5-6
ᵠ Ex 5.14
10.25
ʳ Is 17.14
ˢ v. 5; Dn 11.36
10.26
ᵗ Is 37.36-38
ᵘ Is 9.4
ᵛ Ex 14.16
10.27
ʷ Is 9.4
ˣ Is 14.25
10.28
ʸ 1Sm 14.2
ᶻ 1Sm 13.2
10.29
ᵃ Js 18.25
10.30
ᵇ 1Sm 25.44
ᶜ Ne 11.32
10.32
ᵈ 1Sm 21.1
ᵉ Jr 6.23
10.33
ᶠ Am 2.9
11.1
ᵍ v. 10; Is 9.7; Ap 5.5
ʰ Is 4.2
11.2
ⁱ Is 42.1; 48.16; 61.1; Mt 3.16; Jo 1.32-33
11.2
ʲ Ef 1.17
ᵏ 2Tm 1.7
11.3
ˡ Jo 7.24
ᵐ Jo 2.25
11.4
ⁿ Sl 72.2
ᵒ Is 9.7
ᵖ Is 3.14
ᵠ Ml 4.6
ʳ Jó 4.9; 2Ts 2.8
11.5
ˢ Is 25.1
ᵗ Ef 6.14
11.6
ᵘ Is 65.25
11.9
ᵛ Jó 5.23
ʷ Sl 98.2-3; Is 52.10
ˣ Is 45.6, 14; Ha 2.14

¹⁰ Naquele dia, as nações buscarão a Raiz de Jessé,ª que será como uma bandeiraʸ para os povos,ᶻ e o seu lugar de descansoᵇ será glorioso. ¹¹ Naquele dia,ᶜ o Senhor estenderá o braço pela segunda vez para reivindicar o remanescente do seu povo que for deixado na Assíria,ᵈ no Egito, em Patros¹, na Etiópia², em Elão,ᵉ em Sinear³, em Hamate e nas ilhas do mar.ᶠ

¹² Ele erguerá uma bandeira para as nações
a fim de reunir os exilados de Israel;
ajuntará o povo disperso de Judáᵍ
desde os quatro cantos da terra.
¹³ O ciúme de Efraimʰ desaparecerá,
e a hostilidade de Judá será
eliminada;
Efraim não terá ciúme de Judá,
nem Judá será hostil a Efraim.
¹⁴ Eles se infiltrarão pelas encostas
da Filístia, a oeste;
juntos saquearão o povo do leste.
Porão as mãos sobre Edomⁱ e Moabe,ʲ
e os amonitas lhes estarão sujeitos.
¹⁵ O Senhor fará secar o golfo do mar
do Egito;
com um forte vento ᵏvarrerá com a
mão o Eufrates⁴ˡ
e o dividirá em sete riachos,
para que se possa atravessá-lo de
sandálias.
¹⁶ Haverá uma estradaᵐ
para o remanescente do seu povo
que for deixado na Assíria,
como houve para Israel
quando saiu do Egito.ⁿ

Ação de Graças

12 Naquele dia, você dirá:

"Eu te louvarei, Senhor!ᵒ
Pois estavas irado contra mim,

mas a tua ira desviou-se,
e tu me consolaste.
² Deus é a minha salvação;
terei confiança e não temerei.ᵖ
O Senhor, sim, o Senhor
é a minha força e o meu cântico;
ele é a minha salvação!"ᑫ
³ Com alegria vocês tirarão águaʳ
das fontes da salvação.

⁴ Naquele dia, vocês dirão:

"Louvem o Senhor,
invoquem o seu nome;ˢ
anunciem entre as nações os seus feitos,
e façam-nas saber
que o seu nome é exaltado.
⁵ Cantemᵗ louvores ao Senhor,
pois ele tem feito coisas gloriosas,ᵘ
sejam elas conhecidas em todo o mundo.
⁶ Gritem bem alto e cantem de alegria,
habitantes de Sião,
pois grande é o Santo de Israelᵛ
no meio de vocês".ʷ

Profecia contra a Babilônia

13 Advertência contra a Babilônia, que Isaías, filho de Amoz, recebeu em visão:

² Levantem uma bandeira no topoˣ
de uma colina desnuda,
gritem a eles;
chamem-lhes com um aceno,
para que entrem pelas portas dos nobres.
³ Eu mesmo ordenei aos meus santos;
para executarem a minha ira
já convoquei os meus guerreiros,ʸ
os que se regozijamᶻ
com o meu triunfo.

⁴ Escutem! Há um barulho nos montes
como o de uma grande multidão!ª
Escutem! É uma gritaria entre os reinos,
como nações formando
uma imensa multidão!
O Senhor dos Exércitos está
reunindo
um exército para a guerra.

---

¹ 11.11 Ou *alto Egito*
² 11.11 Hebraico: *Cuxe*.
³ 11.11 Ou *Babilônia*
⁴ 11.15 Hebraico: *o Rio*.

⁵ Eles vêm de terras distantes,
  lá dos confins dos céus;ᵇ
o Senhor e as armas da sua ira,
  para destruírem todo o país.ᶜ

⁶ Chorem,ᵈ pois o diaᵉ do Senhor está perto;
  virá como destruição
da parte do Todo-poderoso.

⁷ Por isso, todas as mãos ficarão trêmulas,
  o coração de todos os homens se derreterá.ᶠ

⁸ Ficarão apavorados,ᵍ
  dores e aflições os dominarão;
eles se contorcerão como a mulher
  em trabalho de parto.
Olharão chocados uns para os outros,
  com os rostos em fogo.ʰ

⁹ Vejam! O dia do Senhor está perto,
  dia cruel, de ira e grande furor,
para devastar a terra
  e destruir os seus pecadores.

¹⁰ As estrelas do céu
  e as suas constelações
não mostrarão a sua luz.
  O sol nascenteⁱ escurecerá,ʲ
e a lua não fará brilhar a sua luz.ᵏ

¹¹ Castigareiˡ o mundo
  por causa da sua maldade,
os ímpios pela sua iniquidade.
  Darei fim à arrogância dos altivos
e humilharei o orgulho dos cruéis.

¹² Tornarei o homemᵐ mais escasso
  do que o ouro puro,
mais raro do que o ouro de Ofir.

¹³ Por isso farei o céu tremer,ⁿ
  e a terra se moverá do seu lugar
diante da ira do Senhor dos Exércitos
  no dia do furor da sua ira.

¹⁴ Como a gazela perseguida,
  como a ovelha que ninguém recolhe,ᵒ
cada um voltará para o seu povo,
  cada um fugirá para a sua terra.ᵖ

¹⁵ Todo o que for capturado
  será traspassado;
todos os que forem apanhados
  cairãoᵠ à espada.ʳ

¹⁶ Seus bebêsˢ serão despedaçados
  diante dos seus olhos;
suas casas serão saqueadas
  e suas mulheres, violentadas.

¹⁷ Vejam! Eu despertareiᵗ
  contra eles os medos,
que não se interessam pela prata
  nem se deleitam com o ouro.ᵘ

¹⁸ Seus arcos ferirão os jovens,
  e eles não terão misericórdia dos bebês,
nem olharão com compaixão
  para as crianças.

¹⁹ Babilônia, a joia dos reinos,
  o esplendor do orgulhoᵛ dos babilônios¹,
será destruída por Deus,ʷ
  à semelhança de Sodoma e Gomorra.ˣ

²⁰ Nunca mais será repovoadaʸ
  nem habitada, de geração em geração;
o árabeᶻ não armará ali a sua tenda
  e o pastor não fará descansar ali
o seu rebanho.

²¹ Mas as criaturas do deserto lá estarão,ᵃ
  e as suas casas se encherão de chacais;
nela habitarão corujas
  e saltarão bodes selvagens.

²² As hienas uivarão em suas fortalezas,ᵇ
  e os chacaisᶜ em seus luxuosos palácios.
O tempo dela está terminando,ᵈ
  e os seus dias não serão prolongados.

14

O Senhor terá compaixão de Jacó;ᵉ
tornará a escolher Israelᶠ
e os estabelecerá em sua própria terra.
  Os estrangeirosᵍ se juntarão a eles
e farão parte da descendência de Jacó.

---

¹ **13.19** Ou *caldeus*

13.5 ᵇ Is 5.26; ᶜ Is 24.1
13.6 ᵈ Ez 30.2; ᵉ Is 2.12; Jl 1.15
13.7 ᶠ Ez 21.7
13.8 ᵍ Is 21.4; ʰ Na 2.10
13.10 ⁱ Is 24.23; ʲ Is 5.30; Ap 8.12; ᵏ Ez 32.7; Mt 24.29*; Mc 13.24*
13.11 ˡ Is 3.11; 11.4; 26.21
13.12 ᵐ Is 4.1
13.13 ⁿ Is 34.4; 51.6; Ag 2.6
13.14 ᵒ 1Rs 22.17; ᵖ Jr 50.16
13.15 ᵠ Jr 51.4; ʳ Is 14.19; Jr 50.25
13.16 ˢ Sl 137.9
13.17 ᵗ Jr 51.1; ᵘ Pv 6.34-35
13.19 ᵛ Dn 4.30; ʷ Ap 14.8; ˣ Gn 19.24
13.20 ʸ Is 14.23; 34.10-15; ᶻ 2Cr 17.11
13.21 ᵃ Ap 18.2
13.22 ᵇ Is 25.2; ᶜ Is 34.13; ᵈ Jr 51.33
14.1 ᵉ Sl 102.13; Is 49.10,13; 54.7-8,10; ᶠ Is 41.8; 44.1; 49.7; Zc 1.17; 2.12; ᵍ Ef 2.12-19

2 Povos os apanharão e os levarão[h]
   ao seu próprio lugar.[i]
E a descendência de Israel
   possuirá os povos
como servos e servas
   na terra do Senhor.
Farão prisioneiros os seus captores
   e dominarão sobre os seus opressores.[j]

3 No dia em que o Senhor der descanso do sofrimento,[k] da perturbação e da cruel escravidão que sobre você foi imposta, **4** você zombará[l] assim do rei da Babilônia:

Como chegou ao fim o opressor![m]
   Sua arrogância¹ acabou-se!
5 O Senhor quebrou a vara dos ímpios,[n]
   o cetro dos governantes
6 que irados feriram os povos[o]
   com golpes incessantes
e enfurecidos subjugaram as nações
   com perseguição implacável.[p]
7 Toda a terra descansa tranquila,
   todos irrompem em gritos de
      alegria.[q]
8 Até os pinheiros[r] e os cedros do
      Líbano
   alegram-se por sua causa e dizem:
"Agora que você foi derrubado,
   nenhum lenhador vem derrubar-nos!"

9 Nas profundezas[s]
   o Sheol² está todo agitado
para recebê-lo quando chegar.
   Por sua causa ele desperta
os espíritos dos mortos,
   todos os governantes da terra.
Ele os faz levantar-se dos seus tronos,
   todos os reis dos povos.
10 Todos responderão e dirão a você:
   "Você também perdeu as forças
      como nós,
   e tornou-se como um de nós".[t]

11 Sua soberba foi lançada na sepultura,
   junto com o som das suas liras;
sua cama é de larvas,
   sua coberta, de vermes.[u]
12 Como você caiu dos céus,[v]
   ó estrela da manhã,[w] filho da
      alvorada!
Como foi atirado à terra,
   você, que derrubava as nações!
13 Você, que dizia no seu coração:
   "Subirei aos céus;[x]
erguerei o meu trono[y]
   acima das estrelas de Deus;
eu me assentarei no monte da
      assembleia,
   no ponto mais elevado do monte
      santo³.
14 Subirei mais alto
   que as mais altas nuvens;
serei como o Altíssimo".[z]
15 Mas às profundezas do Sheol
   você será levado,
irá ao fundo do abismo![a]

16 Os que olham para você
   admiram-se da sua situação,[b]
   e a seu respeito ponderam:
"É esse o homem que fazia tremer a
      terra,
   abalava os reinos,
17 fez do mundo um deserto,[c]
   conquistou cidades
e não deixou que os seus prisioneiros
   voltassem para casa?"

18 Todos os reis das nações
   jazem honrosamente,
cada um em seu próprio túmulo.
19 Mas você é atirado fora do seu
      túmulo,[d]
   como um galho rejeitado;
como as roupas dos mortos
   que foram feridos à espada;
como os que descem às pedras da cova;[e]
   como um cadáver pisoteado,

---

¹ **14.4** Conforme os manuscritos do mar Morto, a Septuaginta e a Versão Siríaca.
² **14.9** Essa palavra pode ser traduzida por sepultura, profundezas, pó ou morte; também no versículo 15
³ **14.13** Ou *alto do norte*. Hebraico: *zafon*.

20 você não se unirá a eles
   num sepultamento,
pois destruiu a sua própria terra
   e matou o seu próprio povo.

Nunca se mencione[h]
   a descendência[f] dos malfeitores![g]
21 Preparem um local para matar
   os filhos dele
por causa da iniquidade
   dos seus antepassados;[i]
para que eles não se levantem
   para herdar a terra
e cobri-la de cidades.

22 "Eu me levantarei contra eles",
   diz o Senhor dos Exércitos.
"Eliminarei da Babilônia o seu nome
   e os seus sobreviventes,
sua prole e os seus descendentes",[j]
   diz o Senhor.
23 "Farei dela um lugar para corujas[k]
   e uma terra pantanosa;
vou varrê-la com a vassoura da
   destruição",
   diz o Senhor dos Exércitos.

Profecia contra a Assíria

24 O Senhor dos Exércitos jurou:[l]

"Certamente, como planejei,
   assim acontecerá,
e, como pensei, assim será."[m]
25 Esmagarei a Assíria[n] na minha terra;
   nos meus montes a pisotearei.
O seu jugo[o] será tirado do meu
   povo,
   e o seu fardo, dos ombros dele".[p]

26 Esse é o plano estabelecido[q]
   para toda a terra;
essa é a mão estendida[r]
   sobre todas as nações.
27 Pois esse é o propósito
   do Senhor dos Exércitos;
quem pode impedi-lo?
   Sua mão está estendida;
quem pode fazê-la recuar?[s]

Profecia contra os Filisteus

28 Esta advertência[t] veio no ano em que o rei Acaz[u] morreu:

29 Vocês, filisteus,[v] todos vocês,
   não se alegrem
porque a vara que os feria está
   quebrada!
Da raiz da cobra brotará uma
   víbora,[w]
e o seu fruto será uma serpente veloz.
30 O mais pobre dos pobres
   achará pastagem,
e os necessitados[x] descansarão
   em segurança.[y]
Mas eu matarei de fome[z]
   a raiz de vocês,
e ela matará os seus sobreviventes.[a]

31 Lamente, ó porta![b] Clame, ó cidade!
   Derretam-se todos vocês, filisteus!
Do norte vem um exército,[c]
   e ninguém desertou de suas fileiras.
32 Que resposta se dará
   aos emissários daquela nação?[d]
Esta: "O Senhor estabeleceu Sião,[e]
   e nela encontrarão refúgio[f]
os aflitos do seu povo".

Profecia contra Moabe

15 Advertência contra Moabe:[g]

Sim, na noite em que foi destruída,[h]
   Ar, em Moabe, ficou arruinada!
E, na noite em que foi destruída,
   Quir, em Moabe, ficou arruinada!
2 Sobe-se ao templo em Dibom,
   a seus altares idólatras, para chorar;[i]
por causa de Nebo e de Medeba
   Moabe pranteia.
Todas as cabeças estão rapadas[j]
   e toda barba foi cortada.
3 Nas ruas andam vestidos
   de roupas de lamento;
nos terraços e nas praças públicas[k]
   todos pranteiam e se prostram
   chorando.[l]

14.20
[f] Jó 18.19
[g] Is 1.4
[h] Sl 21.10
14.21
[i] Ex 20.5; Lv 26.39
14.22
[j] 1Rs 14.10; Jó 18.19
14.23
[k] Is 34.11-15; Sf 2.14
14.24
[l] Is 45.23
[m] At 4.28
14.25
[n] Is 10.5, 12
[o] Is 9.4
[p] Is 10.27
14.26
[q] Is 23.9
[r] Ex 15.12
14.27
[s] 2Cr 20.6; Is 43.13; Dn 4.35
14.28
[t] Is 13.1
[u] 2Rs 16.20
14.29
[v] 2Cr 26.6
[w] Is 11.8
14.30
[x] Is 3.15
[y] Is 7.21-22
[z] Is 8.21; 9.20; 51.19
[a] Jr 25.16
14.31
[b] Is 3.26
[c] Jr 1.14
14.32
[d] Is 37.9
[e] Sl 87.2, 5; Is 44.28; 54.11
[f] Is 4.6; Tg 2.5
15.1
[g] Is 11.14
[h] Jr 48.24, 41
15.2
[i] Jr 48.35
[j] Lv 21.5
15.3
[k] Jr 48.38
[l] Is 22.4

⁴ Hesbom e Eleale*ᵐ* clamam;
  até Jaaz as suas vozes são ouvidas.
Por isso os homens armados
  de Moabe gritam,
e o coração deles treme.

⁵ O meu coração clama
  por causa de Moabe!*ⁿ*
Os seus fugitivos vão até Zoar,
  até Eglate-Selisia.
Sobem pelo caminho de Luíte
  caminhando e chorando.
Pela estrada de Horonaim*ᵒ*
  levantam clamor em face da
    destruição,*ᵖ*
⁶ porque as águas de Ninrim secaram-se,*ᵠ*
  a pastagem secou-se*ʳ*
e a vegetação morreu;
  todo o verde desapareceu!
⁷ Por isso, a riqueza que adquiriram*ˢ*
  e armazenaram
eles levam para além
  do riacho dos Salgueiros.
⁸ Com efeito, seu clamor espalha-se
  por todo o território de Moabe;
sua lamentação até Eglaim,
  até Beer-Elim.
⁹ Ainda que as águas de Dimom¹
  estejam cheias de sangue,
trarei mais mal sobre Dimom:
  um leão*ᵗ* sobre os fugitivos de Moabe
e sobre aqueles que permanecem na terra.

16 Enviem cordeiros como tributo*ᵘ*
  ao governante da terra,
desde Selá,*ᵛ* atravessando o deserto,
  até o monte Sião.*ʷ*
² Como aves perdidas,
  lançadas fora do ninho,*ˣ*
assim são os habitantes de Moabe
  nos lugares de passagem do Arnom.*ʸ*

³ "Dá conselhos e propõe uma decisão.
  Torna a tua sombra como a noite
em pleno meio-dia
  e esconde os fugitivos;*ᶻ*
não deixes ninguém saber
  onde estão os refugiados.
⁴ Que os fugitivos moabitas
  habitem contigo;
sê para eles abrigo contra o destruidor."

O opressor há de ter fim,*ᵃ*
  a destruição se acabará
e o agressor desaparecerá da terra.
⁵ Então, em amor será firmado um
    trono;*ᵇ*
  em fidelidade um homem
se assentará nele na tenda de Davi:*ᶜ*
  um Juiz que busca a justiça*ᵈ*
e se apressa em defender o que é justo.

⁶ Ouvimos acerca da soberba*ᶠ* de Moabe:*ᵉ*
  da sua arrogância exagerada,
de todo o seu orgulho e do seu ódio;
  mas tudo isso não vale nada.
⁷ Por isso choram os moabitas,*ᵍ*
  todos choram por Moabe.
Cada um se lamenta e se entristece
  pelos bolos de passas*ʰ* de Quir-
    Haresete.*ⁱ*
⁸ As lavouras de Hesbom estão murchas,
  como também as videiras de Sibma.
Os governantes das nações
  pisotearam as melhores videiras,
que antes chegavam até Jazar
  e estendiam-se para o deserto.
Seus brotos espalhavam-se
  e chegavam ao mar.
⁹ Por isso eu choro,*ʲ* como Jazar chora,
  por causa das videiras de Sibma.
Hesbom, Eleale, com minhas lágrimas
  eu as encharco!
Pois não se ouvem mais os gritos de
    alegria
  por seus frutos e por suas colheitas.*ᵏ*
¹⁰ Foram-se a alegria
  e a exultação dos pomares;*ˡ*
ninguém canta*ᵐ* nem grita nas vinhas;
  ninguém*ⁿ* pisa as uvas nos lagares,
pois fiz cessar os gritos de alegria.
¹¹ Por isso as minhas entranhas gemem
  como harpa por Moabe;*ᵒ*

---

¹ **15.9** Alguns manuscritos dizem *Dibom*.

o íntimo do meu serᵖ
    estremece por Quir-Heres.
¹² Quando Moabe se apresentar cansado
    nos lugares altos
e for ao seu santuário,ᑫ
    nada conseguirá.ʳ

¹³ Essa palavra o Senhor já havia falado acerca de Moabe. ¹⁴ Mas agora o Senhor diz: "Dentro de três anos, e nem um dia mais,¹ o esplendor de Moabe e toda a sua grande população serão desprezados,ˢ e os seus sobreviventes serão poucos e fracos".ᵗ

Mensagem contra Damasco

17 Advertência contra Damasco:ᵘ

Damasco deixará de ser cidade;
    vai se tornar um monte de ruínas.ᵛ
² Suas cidades serão abandonadas;
    serão entregues aos rebanhosʷ
que ali se deitarão,
    e ninguém os espantará.ˣ
³ Efraim deixará de ser uma fortaleza,
    e Damasco uma realeza;
o remanescente de Arã será
    como a glóriaʸ dos israelitas,ᶻ
anuncia o Senhor dos Exércitos.

⁴ Naquele dia, a glória de Jacó se
        definhará,
    e a gordura do seu corpo se
        consumirá.ᵃ
⁵ Será como quando
    um ceifeiro junta o trigo
e colhe as espigas com o braço,ᵇ
    como quando se apanham
os feixes de trigo
    no vale de Refaim.
⁶ Contudo, restarão algumas espigas,ᶜ
    como, quando se sacode uma
        oliveira,ᵈ
ficam duas ou três azeitonas
    nos galhos mais altos
e umas quatro ou cinco

---

¹ **16.14** Hebraico: *como os anos de um contrato de trabalho.*

nos ramos mais produtivos,
anuncia o Senhor, o Deus de Israel.

⁷ Naquele dia, os homens olharãoᵉ
    para aquele que os fez
e voltarão os olhos para o Santo de Israel.ᶠ
⁸ Não olharão para os altares,
    obra de suas mãos,ᵍ
e não darão a mínima atenção
    aos postes sagrados
e aos altares de incenso
    que os seus dedos fizeram.

⁹ Naquele dia, as suas cidades fortes, que tinham sido abandonadas por causa dos israelitas, serão como lugares entregues aos bosques e ao mato. E tudo será desolação.

¹⁰ Porque vocês se esqueceram de Deus,ʰ
    do seu Salvador,ⁱ
e não se lembraram da Rocha,
    da fortaleza de vocês.
Por isso, embora vocês cultivem
    as melhores plantas,
videiras importadas,
¹¹ as façam crescer
    no dia ʲ em que as semearem
e as façam florescer de manhã,
    não haverá colheitaᵏ
no dia da tristeza e do mal irremediável.ˡ

¹² Ah! O bramido das numerosas
        nações;
    bramam como o mar!ᵐ
Ah, o rugido dos povos;
    rugem como águas impetuosas!
¹³ Embora os povos rujam como
        ondas encapeladas,
quando ele os repreender,ⁿ
    fugirão para longe,ᵒ
carregados pelo vento
    como palha nas colinas,ᵖ
como galhos arrancados pela ventania.ᑫ
¹⁴ Ao cair da tarde, pavor repentino!
    Antes do amanhecer, já se foram!ʳ
Esse é o destino dos que nos saqueiam,
    essa é a parte que caberá aos que
        roubam.

Profecia contra a Etiópia

18 Ai da terra do zumbido de insetos¹
ao longo dos rios da Etiópia²,ˢ
² que manda emissários pelo mar
em barcos de papiro sobre as águas.ᵗ

Vão, ágeis mensageiros,
a um povo alto e de pele macia,
a um povo temido
pelos que estão perto
e pelos que estão longe,
nação agressiva e de fala estranha,ᵘ
cuja terra é dividida por rios.ᵛ

³ Todos vocês, habitantes do mundo,
vocês que vivem na terra,
quando a bandeira for erguidaʷ
sobre os montes, vocês a verão,
e, quando soar a trombeta,
vocês a ouvirão.
⁴ Assim diz o Senhor:
"Do lugar onde moroˣ
ficarei olhando, quieto
como o ardor do sol reluzente,
como a nuvem de orvalhoʸ
no calor do tempo da colheita".
⁵ Pois, antes da colheita,
quando a floração der lugar ao fruto
e as uvas amadurecerem,
ele cortará os brotos com a podadeira
e tirará os ramos longos.ᶻ
⁶ Serão todos entregues
aos abutres das montanhas
e aos animais selvagens;ᵃ
as aves se alimentarão deles todo o verão,
e os animais selvagens, todo o inverno.

⁷ Naquela ocasião, dádivas serão trazidas
ao Senhor dos Exércitos
da parte de um povo alto e de pele macia,
da parte de um povo temido
pelos que estão perto
e pelos que estão longe,
nação agressiva e de fala estranha,
cuja terra é dividida por rios.

As dádivas serão trazidas ao monte Sião,
ao local do nome do Senhor dos Exércitos.ᵇ

Profecia contra o Egito

19 Advertênciaᶜ contra o Egito:ᵈ,ᵉ

Vejam! O Senhor cavalga
numa nuvem velozᶠ
que vai para o Egito.
Os ídolos do Egito tremem diante dele,
e os corações dos egípcios
se derretem no íntimo.ᵍ

² "Incitarei egípcio contra egípcio;
cada um lutará contra seu irmão,ʰ
vizinho lutará contra vizinho,
cidade contra cidade,
reino contra reino.ⁱ
³ Os egípcios ficarão desanimados,
e farei que os seus planos
resultem em nada.
Depois eles consultarão os ídolos
e os necromantes,
os médiuns e os adivinhos,ʲ
⁴ então eu entregarei os egípcios
nas mãos de um senhor cruel,
e um rei ferozᵏ dominará sobre eles",
anuncia o Soberano,
o Senhor dos Exércitos.

⁵ As águas do rio vão secar-se;ˡ
o leito do rio ficará completamente seco.
⁶ Os canais terão mau cheiro;ᵐ
os riachos do Egito
vão diminuir até secar-se;ⁿ
os juncos e as canas murcharão.ᵒ
⁷ Haverá lugares secos ao longo do Nilo
e na própria foz do rio.
Tudo o que for semeado ao longo do Niloᵖ
se ressecará,
será levado pelo vento
e desaparecerá.

---

¹ **18.1** Ou *gafanhotos*
² **18.1** Hebraico: *de Cuxe*.

⁸ Os pescadores gemerão^q
  e se lamentarão,
como também todos os que lançam^r
  anzóis no Nilo;
os que lançam redes na água
  desanimarão.
⁹ Os que trabalham com linho^s
  e os tecelões de algodão se
    desesperarão.
¹⁰ Os nobres ficarão deprimidos,
  e todos os assalariados ficarão
    abatidos.
¹¹ Os líderes de Zoã^t
  não passam de insensatos;
os sábios conselheiros do faraó
  dão conselhos tolos.
Como, então,
  vocês podem dizer ao faraó:
"Sou sábio,^u
  sou discípulo dos reis da
    antiguidade"?
¹² Onde estão agora os seus sábios?^v
  Que mostrem a vocês,
se é que eles têm conhecimento
  do que o Senhor dos Exércitos
tem planejado contra o Egito."^w
¹³ Tornaram-se tolos os líderes de Zoã,
  e os de Mênfis^x são enganados;
os chefes dos seus clãs
  induziram o Egito ao erro.
¹⁴ O Senhor derramou dentro deles
  um espírito que os deixou
    desorientados;^y
eles levam o Egito a cambalear
  em tudo quanto faz,
como cambaleia o bêbado
  em volta do seu vômito.
¹⁵ Não há nada que o Egito possa fazer,
  nada que a cabeça ou a cauda,
  a palma ou o junco possam fazer.^z

¹⁶ Naquele dia, os egípcios serão como mulheres.^a Tremerão de medo^b diante do agitar da mão^c do Senhor dos Exércitos, que se levantará contra eles. ¹⁷ Judá trará pavor aos egípcios; todo aquele que mencionar o nome de Judá ficará apavorado, por causa do plano do Senhor dos Exércitos contra eles.^d

¹⁸ Naquele dia, cinco cidades do Egito falarão a língua de Canaã e jurarão lealdade^e ao Senhor dos Exércitos. Uma delas será chamada Cidade do Sol¹.

¹⁹ Naquele dia, haverá um altar^f dedicado ao Senhor no centro do Egito e, em sua fronteira, um monumento^g ao Senhor. ²⁰ Serão um sinal e um testemunho para o Senhor dos Exércitos na terra do Egito. Quando eles clamarem ao Senhor por causa dos seus opressores, ele lhes enviará um salvador e defensor que os libertará.^h ²¹ Assim o Senhor se dará a conhecer aos egípcios; e, naquele dia, eles saberãoⁱ quem é o Senhor. A ele prestarão culto^j com sacrifícios e ofertas de cereal; farão votos ao Senhor e os cumprirão. ²² O Senhor ferirá os egípcios;^k ele os ferirá e os curará. Eles se voltarão^l para o Senhor, e ele responderá às suas súplicas e os curará.^m

²³ Naquele dia, haverá uma estradaⁿ do Egito para a Assíria. Os assírios irão para o Egito, e os egípcios para a Assíria, e os egípcios e os assírios cultuarão juntos.^o ²⁴ Naquele dia, Israel será um mediador entre o Egito e a Assíria, uma bênção na terra. ²⁵ O Senhor dos Exércitos os abençoará, dizendo: "Bendito sejam o Egito, meu povo,^p a Assíria, obra de minhas mãos,^q e Israel, minha herança".^r

Profecia contra o Egito e a Etiópia

20 No ano em que o general^s enviado por Sargom, rei da Assíria, atacou Asdode e a conquistou, ² nessa mesma ocasião o Senhor falou por meio de Isaías, filho de Amoz,^t e disse: "Tire o pano de saco^u do corpo e as sandálias^v dos pés". Ele obedeceu e passou a andar nu^w e descalço.^x

¹ 19.18 Isto é, Heliópolis. Conforme alguns manuscritos do Texto Massorético, os manuscritos do mar Morto e a Vulgata. Muitos manuscritos do Texto Massorético dizem *Cidade da Destruição*.

19.8
^q Ez 47.10
^r Ha 1.15
19.9
^s Pv 7.16; Ez 27.7
19.11
^t Nm 13.22
^u 1Rs 4.30; At 7.22
19.12
^v 1Co 1.20
^w Is 14.24; Rm 9.17
19.13
^x Jr 2.16; Ez 30.13,16
19.14
^y Mt 17.17
19.15
^z Is 9.14
19.16
^a 50.37; 51.30; Na 3.13
^b Hb 10.31
^c Is 11.15
19.17
^d Is 14.24
19.18
^e Sf 3.9
19.19
^f Js 22.10
^g Gn 28.18
19.20
^h Is 49.24-26
19.21
ⁱ Is 11.9
^j Is 56.7; Ml 1.11
19.22
^k Hb 12.11
^l Is 45.14; Os 14.1
^m Dt 32.39
19.23
ⁿ Is 11.16
^o Is 27.13
19.25
^p Sl 110.3
^q Is 29.23; 45.11; 60.21; 64.8; Ef 2.10
^r Os 2.23
20.1
^s 2Rs 18.17
20.2
^t Is 13.1
^u Zc 13.4; Mt 3.4
^v Ez 24.17,23
^w 1Sm 19.24
^x Mq 1.8

³ Disse então o Senhor: "Assim como o meu servo Isaías andou nu e descalço durante três anos, como sinal[y] e advertência contra o Egito e contra a Etiópia[1],[z] ⁴ assim também o rei da Assíria,[a] para vergonha do Egito, levará nus e descalços os prisioneiros egípcios e os exilados etíopes, jovens e velhos, com as nádegas descobertas.[b] ⁵ Os que confiavam na Etiópia e se vangloriavam no Egito[c] terão medo e ficarão decepcionados. ⁶ Naquele dia, o povo que vive deste lado do mar dirá: 'Vejam o que aconteceu com aqueles em quem confiávamos, a quem recorremos para nos ajudar[d] e nos livrar do rei da Assíria! E agora? Como escaparemos?' "[e]

Profecia contra a Babilônia

21 Advertência contra o deserto[f] junto ao mar:

Como um vendaval
  em redemoinhos
que varre todo o Neguebe,[g]
  um invasor vem do deserto,
  de uma terra pavorosa.

² Eu tive uma visão terrível:[h]

O traidor fora traído,[i]
  o saqueador, saqueado.
Elão,[j] vá à luta!
  Média, feche o cerco!
Porque ponho fim a todo gemido
  que ela provocou.

³ Diante disso fiquei tomado de angústia,
  tive dores como as de uma mulher
em trabalho de parto;[k]
  estou tão transtornado
  que não posso ouvir,
  tão atônito que não posso ver.
⁴ O meu coração se estremece,
  o temor toma conta de mim;
  o anoitecer que eu tanto aguardava
  transformou-se em terror para mim.

⁵ Eles põem as mesas, estendem a toalha,
  comem, bebem![l]

¹ **20.3** Hebraico: *Cuxe*; também no versículo 5.

Levantem-se, líderes,
  preparem os escudos!

⁶ Assim me diz o Senhor:

"Vá, coloque um vigia de prontidão
  para que anuncie tudo
o que se aproximar.
⁷ Quando ele vir carros[m]
  com parelhas de cavalos,
homens montados em jumentos
  ou em camelos,
fique alerta, bem alerta".

⁸ Então o vigia[2][n] gritou:

"Dia após dia, meu senhor,
  eu fico na torre das sentinelas;
todas as noites permaneço em meu posto.
⁹ Veja! Ali vem um homem num carro
  com uma parelha de cavalos,
e ele diz:
  'Caiu! A Babilônia[o] caiu![p]
Todas as imagens dos seus deuses[q]
  estão despedaçadas no chão!' "[r]

¹⁰ Ah, meu povo malhado na eira!
  Eu conto a vocês o que ouvi
da parte do Senhor dos Exércitos,
  da parte do Deus de Israel.

Profecia contra Edom

¹¹ Advertência contra Dumá[3]:[s]

Gente de Seir[t] me pergunta:
"Guarda, quanto ainda falta
  para acabar a noite?
Guarda, quanto falta
  para acabar a noite?"
¹² O guarda responde:
"Logo chega o dia, mas a noite também vem.
Se vocês quiserem perguntar de novo,
  voltem e perguntem".

² **21.8** Conforme os manuscritos do mar Morto e a Versão Siríaca. O Texto Massorético diz *um leão*.

³ **21.11** *Dumá* significa *silêncio*, um trocadilho com a palavra *Edom*.

Profecia contra a Arábia

13 Advertência contra a Arábia:[u]

Vocês, caravanas de dedanitas,
 que acampam nos bosques da Arábia,
14 tragam água para os sedentos;
 vocês, que vivem em Temá,[v]
tragam comida para os fugitivos.
15 Eles fogem da espada,[w]
 da espada desembainhada,
do arco preparado
 e da crueldade da batalha.

16 Assim me diz o Senhor: "Dentro de um ano, e nem um dia mais,[1] ˣtoda a pompa[y] de Quedar[z] chegará ao fim. **17** Poucos[a] serão os sobreviventes dos flecheiros, dos guerreiros de Quedar". O Senhor, o Deus de Israel, falou.

Profecia contra Jerusalém

22 Advertência[b] contra o vale da Visão:[c]

O que está perturbando vocês agora,
 o que os levou
a se refugiarem nos terraços,
2 cidade cheia de agitação,
 cidade de tumulto e alvoroço?[d]
Na verdade, seus mortos
 não foram mortos à espada,
nem morreram em combate.
3 Todos os seus líderes fugiram juntos;
 foram capturados sem resistência.
Todos vocês foram encontrados
 e presos, embora tendo fugido
para bem longe.
4 Por isso eu disse: Afastem-se de mim;
 deixem-me chorar amargamente.[e]
Não tentem consolar-me pela destruição
 do meu povo.[f]

5 Pois o Soberano,
 o Senhor dos Exércitos,
enviou um dia de tumulto,
 pisoteamento e pavor[g] ao vale da Visão;
dia de derrubar muros
 e de gritar por socorro pelos montes.
6 Elão[h] apanhou a aljava[i]
 e avança com seus carros e cavalos;
Quir[j] ostenta o escudo.
7 Os vales mais férteis de Judá
 ficaram cheios de carros,
e cavaleiros tomaram posição
 junto às portas das cidades;[k]
8 Judá ficou sem defesas.

Naquele dia, vocês olharam
 para as armas[l] do palácio da Floresta[m]
9 e viram que a Cidade de Davi
 tinha muitas brechas em seus muros.
Vocês armazenaram água
 no açude inferior,[n]
10 contaram as casas de Jerusalém
 e derrubaram algumas
para fortalecer os muros.
11 Vocês construíram um reservatório
 entre os dois muros[o]
para a água do açude velho,[p]
 mas não olharam para aquele
que fez essas coisas,
 nem deram atenção àquele
que há muito as planejou.

12 Naquele dia, o Soberano,
 o Senhor dos Exércitos,
os chamou para que chorassem[q]
 e pranteassem,
arrancassem os seus cabelos[r]
 e usassem vestes de lamento.[s]
13 Mas, ao contrário,
 houve júbilo e alegria,
abate de gado
 e matança de ovelhas,
muita carne e muito vinho![t]
 E vocês diziam: "Comamos e
  bebamos,
porque amanhã morreremos".[u]

14 O Senhor dos Exércitos revelou-me isto:[v] "Até o dia de sua morte não haverá propiciação em favor desse pecado",[w] diz o Soberano, o Senhor dos Exércitos.

---

[1] **21.16** Hebraico: *como os anos de um contrato de trabalho.*

Profecia contra Sebna

15 Assim diz o Soberano, o Senhor dos Exércitos:

"Vá dizer a esse Sebna,[x] administrador do palácio:
16 Que faz você aqui,
   e quem deu a você permissão
para abrir aqui um túmulo,[y]
   você que o está lavrando no alto do monte
e talhando na rocha o seu lugar de descanso?

17 "Veja que o Senhor vai agarrar você
   e atirá-lo para bem longe,
   ó homem poderoso!
18 Ele o embrulhará como uma bola
   e o atirará num vasto campo.[z]
Lá você morrerá
   e lá os seus poderosos carros se tornarão
a vergonha da casa do seu senhor!
19 Eu o demitirei das suas funções,
   e do seu cargo você será deposto.

20 "Naquele dia, convocarei o meu servo Eliaquim,[a] filho de Hilquias. **21** Eu o vestirei com o manto que pertencia a você, com o seu cinto o revestirei de força e a ele entregarei a autoridade que você exerce. Ele será um pai para os habitantes de Jerusalém e para os moradores de Judá. **22** Porei sobre os ombros dele a chave[b] do reino de Davi;[c] o que ele abrir ninguém conseguirá fechar, e o que ele fechar ninguém conseguirá abrir.[d] **23** Eu o fincarei como uma estaca[e] em terreno firme;[f] ele será para o reino de seu pai um trono de glória.[1],[g] **24** Toda a glória de sua família dependerá dele: sua prole e seus descendentes — todos os seus utensílios menores, das bacias aos jarros.

25 "Naquele dia", anuncia o Senhor dos Exércitos, "a estaca[h] fincada em terreno firme cederá; será arrebentada e desabará, e o peso sobre ela cairá". Pois o Senhor o declarou.[i]

Profecia contra Tiro

23 Advertência contra Tiro:[j]

Pranteiem, navios[k] de Társis![l]
   Pois Tiro foi destruída
e ficou sem nenhuma casa e sem porto.
   De Chipre[2] veio a você essa mensagem.

2 Fiquem calados,
   habitantes das regiões litorâneas,
e vocês, mercadores de Sidom,
   enriquecidos pelos que atravessam o mar
3 e as grandes águas.
   O trigo de Sior[n]
e a colheita do Nilo[m] eram a sua renda,
   e vocês se tornaram
o suprimento das nações.

4 Envergonhe-se, Sidom,[o]
   pois o mar, a fortaleza do mar, falou:
"Não estive em trabalho de parto
   nem dei à luz;
não criei filhos nem eduquei filhas".
5 Quando a notícia chegar ao Egito,
   ficarão angustiados
com as novidades de Tiro.

6 Cruzem o mar para Társis;
   pranteiem, vocês,
habitantes das regiões litorâneas.
7 É esta a cidade jubilosa[p]
   que existe desde tempos muito antigos,
cujos pés a levaram a conquistar terras distantes?
8 Quem planejou isso contra Tiro,
   contra aquela que dava coroas,
cujos comerciantes são príncipes,
   cujos negociantes são famosos
em toda a terra?
9 O Senhor dos Exércitos o planejou
   para abater[q] todo orgulho e vaidade

---

[1] **22.23** Ou *assento de honra*

[2] **23.1** Hebraico: *Quitim*; também no versículo 12.

e humilhar^r todos os que têm fama^s
 na terra.

10 Cultive¹ a sua terra
 como se cultivam as margens do Nilo,
ó povo² de Társis,
 pois você não tem mais porto.
11 O Senhor estendeu a mão^f sobre o mar
 e fez tremer seus reinos.
Acerca da Fenícia³ ordenou
 que as suas fortalezas sejam
 destruídas,^u
12 e disse: "Você não se alegrará mais,^v
 ó cidade de Sidom, virgem
 derrotada!^w

"Levante-se, atravesse o mar até Chipre;
 nem lá você terá descanso".
13 Olhem para a terra dos babilônios⁴;
 esse é o povo que não existe mais!
Os assírios^x a deixaram
 para as criaturas do deserto;
ergueram torres de vigia,
 despojaram suas cidadelas
 e fizeram dela uma ruína.^y

14 Pranteiem, vocês,
 navios de Társis;^z
 destruída está a sua fortaleza!

15 Naquele tempo, Tiro^a será esquecida por setenta anos, o tempo da vida de um rei. Mas, no fim dos setenta anos, acontecerá com Tiro o que diz a canção da prostituta:

16 "Pegue a harpa, vá pela cidade,
 ó prostituta esquecida;
toque a harpa, cante muitas canções,
 para se lembrarem de você".

17 No fim dos setenta anos o Senhor se lembrará de Tiro. Esta voltará ao seu ofício de prostituta^b e servirá a todos os reinos que há na face da terra. **18** Mas o seu lucro e a sua renda serão separados para o Senhor;^c não serão guardados nem depositados. Seus lucros irão para os que vivem na presença do Senhor,^d para que tenham bastante comida e roupas finas.

A Devastação do Senhor na Terra

24 Vejam! O Senhor vai arrasar a terra^e
 e devastá-la;
arruinará sua superfície
 e espalhará seus habitantes.
2 Será o mesmo
para o sacerdote e o povo,^f
para o senhor e o servo,
para a senhora e a serva,
para o vendedor e o comprador,^g
para quem toma emprestado
 e quem empresta,
para o devedor e o credor.^h
3 A terra será completamente arrasada
 e totalmente saqueada.^i
Quem falou esta palavra
 foi o Senhor.

4 A terra seca-se e murcha,
o mundo definha e murcha,
definham os nobres da terra.^j
5 A terra está contaminada^k
 pelos seus habitantes,
porque desobedeceram às leis,^l
violaram os decretos
e quebraram a aliança eterna.
6 Por isso a maldição consome a terra,
 e seu povo é culpado.
Por isso os habitantes da terra
 são consumidos pelo fogo^m
ao ponto de sobrarem pouquíssimos.
7 O vinho novo vai-se,
 e a videira murcha;^n
todos os que se divertiam gemem.^o
8 O som festivo dos tamborins^p
 foi silenciado,
o barulho^q dos que se alegram parou,
 a harpa^r cheia de júbilo está muda.^s
9 Já não bebem vinho^t entoando
 canções;
a bebida fermentada é amarga^u
 para os que a bebem.

---

¹ **23.10** O Texto Massorético diz *Atravesse*.
² **23.10** Hebraico: *filha*.
³ **23.11** Hebraico: *de Canaã*.
⁴ **23.13** Ou *caldeus*

¹⁰ A cidade vã está em ruínas;
a entrada de cada casa está fechada.
¹¹ Nas ruas clamam por vinho;
toda a alegria chegou ao fim,ᵛ
toda celebração foi eliminada da terra.
¹² A cidade foi deixada em ruínas,
sua porta feita em pedaços.
¹³ Assim será na terra, entre as nações,
como quando se usa a vara na oliveiraʷ
ou se buscam os restos das uvas
após a colheita.
¹⁴ Erguem as vozes, cantam de alegria;ˣ
desde o ocidente aclamam
a majestade do Senhor.
¹⁵ Deem glória, pois, ao Senhor no oriente,ʸ
e nas ilhas do mar exaltemᶻ
o nome do Senhor, o Deus de Israel.
¹⁶ Desde os confins da terra
ouvimos cantar:
"Glóriaᵃ seja dada ao Justo!"

Mas eu disse: "Que desgraça!
Que desgraça!
Ai de mim! Os traidores traem!ᵇ
Os traidores agem traiçoeiramente!"
¹⁷ Pavor, cova e laçoᶜ os aguardam,
ó habitantes da terra!
¹⁸ Quem fugir ao grito de terror
cairá na cova;
quem sair da cova será pego no laço.

Abertas estão as comportas dos céus;ᵈ
tremem os alicerces da terra.ᵉ
¹⁹ A terra foi despedaçada,
está destruída,ᶠ
totalmente abalada!
²⁰ A terra cambaleia como um bêbado,ᵍ
balança como uma cabana ao vento;
tão pesada sobre ela é a culpa
de sua rebelião^h
que ela cai para nunca mais se levantar!
²¹ Naquele dia, o Senhor castigaráⁱ
os poderes em cima nos céus
e os reis embaixo na terra.

²² Eles serão arrebanhados
como prisioneirosʲ numa masmorra,ᵏ
trancados numa prisão
e castigadosˡ depois de muitos dias.¹
²³ A lua ficará humilhada,
e o sol,ᵐ envergonhado;
pois o Senhor dos Exércitos reinaráⁿ
no monte Siãoᵒ e em Jerusalém,
glorioso na presença dos seus líderes!ᵖ

Louvem o Senhor

25 Senhor, tu és o meu Deus;
eu te exaltarei e louvarei o teu nome,
pois com grande perfeição
tens feito maravilhas,^q
coisas há muito planejadas.ʳ
² Fizeste da cidade um monte de entulho,ˢ
da cidade fortificadaᵗ uma ruína,
da cidadelaᵘ dos estrangeiros
uma cidade inexistente
que jamais será reconstruída.
³ Por isso um povo forte te honrará;
a cidade das nações cruéisᵛ te temerá.
⁴ Tens sido refúgioʷ para os pobres,
refúgio para o necessitado em sua aflição,
abrigo contra a tempestade
e sombra contra o calor
quando o sopro dos cruéisˣ
é como tempestade contra um muro
⁵ e como o calor do deserto.
Tu silenciasʸ o bramido dos estrangeiros;
assim como diminui o calor
com a sombra de uma nuvem,
assim a canção dos temíveis é emudecida.

⁶ Neste monteᶻ o Senhor dos Exércitos
preparará um farto banqueteᵃ
para todos os povos,
um banquete de vinho envelhecido,
com carnes suculentas
e o melhor vinho.ᵇ

---

¹ **24.22** Ou *soltos*

⁷ Neste monte ele destruirá o véu^c
    que envolve todos os povos,
a cortina que cobre todas as nações;
⁸ destruirá a morte^d para sempre.
O Soberano, o Senhor,
enxugará as lágrimas^e
    de todo rosto
e retirará de toda a terra
    a zombaria^f do seu povo.
Foi o Senhor quem o disse!

⁹ Naquele dia, dirão:

"Este é o nosso Deus;^g
    nós confiamos nele, e ele nos salvou.^h
Este é o Senhor, nós confiamos nele;
    exultemos^i e alegremo-nos,
pois ele nos salvou".

¹⁰ Pois a mão do Senhor repousará
    sobre este monte;
mas Moabe^j será pisoteado
    em seu próprio lugar,
como a palha é pisoteada na esterqueira.
¹¹ Ali Moabe estenderá as mãos
    como faz o nadador para nadar,
mas o Senhor abaterá^k o seu orgulho,^l
    apesar da habilidade das suas mãos.
¹² Abaterá as torres altas
    dos seus altos muros
    e os derrubará;^m
ele os lançará ao pó da terra.

Cântico de Louvor

26 Naquele dia, este cântico será entoado em Judá:

Temos uma cidade forte;^n
Deus estabelece a salvação
    como muros^o e trincheiras.
² Abram as portas para que entre
    a nação justa,^p
a nação que se mantém fiel.
³ Tu, Senhor, guardarás em perfeita paz
    aquele cujo propósito está firme,
porque em ti confia.
⁴ Confiem^q para sempre no Senhor,
pois o Senhor, somente o Senhor,
    é a Rocha eterna.

⁵ Ele humilha os que habitam nas
    alturas,^r
rebaixa e arrasa a cidade altiva
    e a lança ao pó.
⁶ Pés as pisoteiam,
    os pés dos necessitados,
    os passos dos pobres.^s

⁷ A vereda do justo é plana;
tu, que és reto,
    tornas suave o caminho do justo.^t
⁸ Andando pelo caminho
    das tuas ordenanças^1^u
esperamos em ti, Senhor.
O teu nome^v e a tua lembrança
    são o desejo do nosso coração.
⁹ A minha alma suspira por ti
    durante a noite;
e logo cedo o meu espírito por ti
    anseia,^w
pois, quando se veem na terra
    as tuas ordenanças,
os habitantes do mundo aprendem
    justiça.^x
¹⁰ Ainda que se tenha compaixão do
    ímpio,
ele não aprenderá a justiça;
na terra da retidão ele age
    perversamente^y
e não vê^z a majestade do Senhor.
¹¹ Erguida está a tua mão, Senhor,
    mas eles não a veem!^a
Que vejam o teu zelo
    para com o teu povo
    e se envergonhem;
que o fogo^b reservado
    para os teus adversários os consuma.

¹² Senhor, tu estabeleces a paz para nós;
tudo o que alcançamos,
    fizeste-o para nós.
¹³ Ó Senhor, ó nosso Deus,
outros senhores além de ti^c
    nos têm dominado,
mas só ao teu nome honramos.^d

^1 **26.8** Ou *dos teus juízos*

¹⁴ Agora eles estão mortos, não viverão;
  são sombras, não ressuscitarão.
Tu os castigaste e os levaste à ruína;
  apagaste por completo a lembrança
    deles!
¹⁵ Fizeste crescer a nação, Senhor;
  sim, fizeste crescer a nação.
De glória te revestiste;
  alargaste todas as fronteiras
    da nossa terra.
¹⁶ Senhor, no meio da aflição
  te buscaram;
quando os disciplinaste
  sussurraram uma oração.
¹⁷ Como a mulher grávida
  prestes a dar à luz
  se contorce e grita de dor,
assim estamos nós na tua presença,
  ó Senhor.
¹⁸ Nós engravidamos
  e nos contorcemos de dor,
  mas demos à luz o vento.
Não trouxemos salvação à terra;
  não demos à luz os habitantes do
    mundo.
¹⁹ Mas os teus mortos viverão;
  seus corpos ressuscitarão.
Vocês, que voltaram ao pó,
  acordem e cantem de alegria.
O teu orvalho é orvalho de luz;
  a terra dará à luz os seus mortos.
²⁰ Vá, meu povo, entre em seus quartos
  e tranque as portas;
esconda-se por um momento
  até que tenha passado a ira dele.
²¹ Vejam! O Senhor está saindo
  da sua habitação
  para castigar os moradores da terra
    por suas iniquidades.
A terra mostrará o sangue
  derramado sobre ela;
  não mais encobrirá os seus mortos.

27

Naquele dia,
  o Senhor, com sua espada
  severa, longa e forte,
  castigará o Leviatã¹, serpente veloz,
  o Leviatã, serpente tortuosa;
  matará no mar a serpente aquática.

O Livramento de Israel

² Naquele dia se dirá:
  "Cantem sobre a vinha frutífera!
³ Eu, o Senhor, sou o seu vigia,
  rego-a constantemente
e a protejo dia e noite
  para impedir que lhe façam dano.
⁴ Não estou irado.
Se espinheiros e roseiras bravas
  me enfrentarem,
eu marcharei contra eles
  e os destruirei a fogo.
⁵ A menos que venham
  buscar refúgio em mim;
que façam as pazes comigo.
Sim, que façam as pazes comigo".

⁶ Nos dias vindouros Jacó lançará raízes,
  Israel terá botões e flores
  e encherá o mundo de frutos.

⁷ Acaso o Senhor o feriu
  como àqueles que o feriram?
Acaso ele foi morto
  como foram mortos os que o
    feriram?
⁸ Pelo desterro e pelo exílio o julga,
com seu sopro violento ele o expulsa,
como num dia de rajadas
  do vento oriental.
⁹ Assim será perdoada a maldade de
    Jacó,
  e será este o fruto da remoção do seu
    pecado:
quando ele fizer com que
  as pedras do altar sejam
    esmigalhadas
  e fiquem como pó de giz,
os postes sagrados
  e os altares de incenso não
    permanecerão em pé.

¹ **27.1** Ou *monstro marinho*

¹⁰ A cidade fortificada está abandonada,ⁱ
 desabitada e esquecida como o deserto;
ali os bezerros pastam e se deitamʲ
 e desfolham os seus ramos.
¹¹ Quando os seus ramos estão secos e se quebram,
 as mulheres fazem fogo com eles,
pois esse é um povo sem entendimento.ᵏ
Por isso aquele que o fez
 não tem compaixão dele,
aquele que o formouˡ
 não lhe mostra misericórdia.ᵐ

¹² Naquele dia, o Senhor debulhará as suas espigas desde as margens do Eufrates¹ até o ribeiro do Egito,ⁿ e vocês, israelitas, serão ajuntadosᵒ um a um. ¹³ E, naquele dia, soará uma grande trombeta.ᵖ Os que estavam perecendo na Assíria e os que estavam exilados no Egitoᵠ virão e adorarão o Senhor no monte santo, em Jerusalém.

Ai de Efraim!

28 Ai daquela coroa
 situada nos altos de um vale fértil,ˢ
 orgulho dos bêbados de Efraim!ʳ
Ai de sua magnífica beleza,
 que agora é como uma flor murcha.
Ai dos que são dominados pelo vinho!ᵗ
² Vejam! O Senhor envia alguém
 que é poderosoᵘ e forte.
Como chuva de granizoᵛ
 e vento destruidor,ʷ
como violento aguaceiroˣ
 e tromba d'água inundante,
ele a lançará com força ao chão.
³ A coroa orgulhosa
 dos bêbados de Efraimʸ
 será pisoteada.
⁴ Sua magnífica beleza,
 localizada na cabeça de um vale fértil,ᶻ
 é agora uma flor que murcha.

Ela será como figo maduroᵃ
 antes da colheita;
quem o vê, logo o apanha e o come.

⁵ Naquele dia, o Senhor dos Exércitos
 será uma coroa gloriosa,ᵇ um belo diadema
 para o remanescente do seu povo.
⁶ Ele será um espírito de justiçaᶜ
 para aquele que se assenta para julgarᵈ
e força para os que fazem recuar
 o ataqueᵉ na porta.

⁷ E estes também cambaleiam
 pelo efeito do vinho,ᶠ
e não param em pé
 por causa da bebida fermentada.ᵍ
Os sacerdotesʰ e os profetasⁱ
 cambaleiam
por causa da bebida fermentada
e estão desorientados devido ao vinho;
eles não conseguem parar em pé
 por causa da bebida fermentada,
confundem-se quando têm visões,ʲ
tropeçam quando devem dar um veredicto.
⁸ Todas as mesas estão cobertas de vômitoᵏ
 e não há um só lugar limpo.

⁹ "Quem é que está tentando ensinar?",ˡ
 eles perguntam.
"A quem está explicando a sua mensagem?
A crianças desmamadasᵐ ⁿ
 e a bebês recém-tirados do seio materno?
¹⁰ Pois o que se diz é: ˊOrdem sobre ordem, ordem sobre ordem,
regra e mais regra;²
 um pouco aqui, um pouco ali."

¹¹ Pois bem, com lábios trôpegos
 e língua estranhaᵒ
Deus falará a este povo,ᵖ
¹² ao qual dissera:
 "Este é o lugar de descanso.

---

¹ **27.12** Hebraico: *do Rio.*
² **28.10** Hebraico: *sav lasav sav lasav / kav lakav kav lakav* (possivelmente sons sem sentido; talvez uma imitação zombadora das palavras do profeta); também no versículo 13.

27.10
ⁱ Is 32.14; Jr 26.6
ʲ Is 17.2

27.11
ᵏ Dt 32.28; Is 1.3; Jr 8.7

27.11
ˡ Dt 32.18; Is 43.1,7,15; 44.1-2,21,24
ᵐ Is 9.17

27.12
ⁿ Gn 15.18
ᵒ Dt 30.4; Is 11.12; 17.6

27.13
ᵖ Lv 25.9; Mt 24.31
ᵠ Is 19.21, 25

28.1
ʳ v. 3; Is 9.9
ˢ v. 4
ᵗ Os 7.5

28.2
ᵘ Is 40.10
ᵛ Is 30.30; Ez 13.11
ʷ Is 29.6
ˣ Is 8.7

28.3
ʸ v. 1

28.4
ᶻ v.1
ᵃ Os 9.10; Na 3.12

28.5
ᵇ Is 62.3

28.6
ᶜ Is 11.2-4; 32.1, 16
ᵈ Jo 5.30
ᵉ 2Cr 32.8

28.7
ᶠ Is 22.13
ᵍ Is 56.10-12
ʰ Is 24.1
ⁱ Is 9.15
ʲ Is 29.11; Os 4.11

28.8
ᵏ Jr 48.26

28.9
ˡ v. 26; Is 30.20; 48.17; 50.4; 54.13

28.9
ᵐ Sl 132.2
ⁿ Hb 5.12-13

28.11
ᵒ Is 33.19
ᵖ 1Co 14.21

Deixem descansar o exausto.*q*
   Este é o lugar de repouso!"
Mas eles não quiseram ouvir.
13 Por isso o Senhor lhes dirá:
   "Ordem sobre ordem,
ordem sobre ordem,
   regra e mais regra,
   regra e mais regra;
      um pouco aqui, um pouco ali",
para que saiam, caiam de costas,
   firam-se,*r* fiquem presos no laço
   e sejam capturados.*s*
14 Portanto, ouçam a palavra do Senhor,*t*
   zombadores,
vocês, que dominam este povo
   em Jerusalém.
15 Vocês se vangloriam, dizendo:
   "Fizemos um pacto com a morte,
com a sepultura¹ fizemos um acordo.
Quando vier a calamidade destruidora,*u*
   não nos atingirá,
pois da mentira*v* fizemos o nosso
   refúgio
e na falsidade²
   temos o nosso esconderijo".*w*
16 Por isso diz o Soberano, o Senhor:
"Eis que ponho em Sião uma pedra,
   uma pedra já experimentada,*x*
uma preciosa pedra angular
   para alicerce seguro;
aquele que confia, jamais será abalado.*y*
17 Farei do juízo*z* a linha de medir
   e da justiça o fio de prumo;*a*
o granizo varrerá o seu falso refúgio,
   e as águas inundarão o seu abrigo.
18 Seu pacto com a morte será anulado;
   seu acordo com a sepultura
   não subsistirá.*b*
Quando vier a calamidade destruidora,*c*
   vocês serão arrastados por ela.*d*

¹ **28.15** Hebraico: *Sheol*. Essa palavra também pode ser traduzida por profundezas, pó ou morte; também no versículo 18.
² **28.15** Ou *e nos deuses falsos*

19 Todas as vezes que vier, ela os
   arrastará;*e*
passará manhã após manhã,
   de dia e de noite".

A compreensão desta mensagem
   trará pavor total.*f*
20 A cama é curta demais
   para alguém se deitar,
e o cobertor é estreito demais
   para ele se cobrir.*g*
21 O Senhor se levantará como fez
   no monte Perazim,*h*
mostrará sua ira
   como no vale de Gibeom,*i*
para realizar sua obra,*j*
   obra muito estranha,
e cumprir sua tarefa,
   tarefa misteriosa.
22 Agora, parem com a zombaria;
senão, as suas correntes
   ficarão mais pesadas;
o Senhor, o Senhor dos Exércitos,
falou-me da destruição decretada*k*
   contra o território inteiro.*l*
23 Ouçam, escutem a minha voz;
prestem atenção, ouçam o que eu digo.
24 Quando o agricultor ara a terra
   para o plantio, só faz isso o tempo
      todo?
Só fica abrindo sulcos
   e gradeando o solo?
25 Depois de nivelado o solo,
   ele não semeia o endro e não espalha
   as sementes do cominho?*m*
Não planta o trigo no lugar certo,
a cevada no terreno próprio
   e o trigo duro nas bordas?*n*
26 O seu Deus o instrui
   e lhe ensina o caminho.
27 Não se debulha o endro com
   trilhadeira,
e sobre o cominho não se faz passar
   roda de carro;
tira-se o endro com vara,
e o cominho com um pedaço de pau.

²⁸ É preciso moer o cereal para fazer pão;
   por isso ninguém o fica
   trilhando para sempre.
Fazem passar as rodas da trilhadeira
   sobre o trigo,
mas os seus cavalos não o trituram.
²⁹ Isso tudo vem da parte
   do Senhor dos Exércitos,
   maravilhoso em conselhos°
   e magnífico em sabedoria.ᵖ

Ai da Cidade de Davi!

29 Aiᑫ de Ariel! Ariel,ʳ a cidade onde acampou Davi.
   Acrescentem um ano a outro
   e deixem seguir o seu ciclo de festas.ˢ
² Mas eu sitiarei Ariel,
   que vai chorar e lamentar-se,ᵗ
   e para mim será como
   uma fornalha de altar,¹
³ Acamparei ao seu redor;
   eu a cercareiᵘ de torres
   e instalarei contra você
   minhas obras de cerco.
⁴ Lançada ao chão, de lá você falará;
do pó virão em murmúrioᵛ
   as suas palavras.
Fantasmagórica, subirá sua voz da terra;
   um sussurro vindo do pó será sua voz.
⁵ Mas os seus muitos inimigos
   se tornarão como o pó fino;
   as hordas cruéis,
   como palha levada pelo vento.ʷ
Repentinamente,ˣ num instante,
⁶ o Senhor dos Exércitos virá
   com trovões e terremotoʸ
   e estrondoso ruído,
   com tempestade e furacão
   e chamas de um fogo devorador.
⁷ Então as hordas de todas as naçõesᶻ
   que lutam contra Ariel,
   que investem contra ele e contra
   a sua fortaleza e a sitiam,
serão como acontece num sonho,ᵃ
   numa visão noturna,
⁸ como quando um homem faminto
   sonha que está comendo,
mas acordaᵇ e sua fome continua;
como quando um homem sedento
   sonha que está bebendo,
mas acorda enfraquecido,
   sem ter saciado a sede.
Assim será com as hordas
   de todas as nações
   que lutam contra o monte Sião.

⁹ Pasmem e fiquem atônitos!
Ceguem-se a si mesmos
   e continuem cegos!
Estão bêbados,ᶜ porém, não de vinho,ᵈ
   cambaleiam, mas não pela
   bebida fermentada.
¹⁰ O Senhor trouxe sobre vocês
   um sono profundo:
fechou os olhos de vocês,ᵉ que são os
   profetas;ᶠ
   cobriu a cabeça de vocês, que são os
   videntes.ᵍ

¹¹ Para vocês toda esta visão não passa de palavras seladasʰ num livro². E, se vocês derem o livro a alguém que saiba ler e lhe disserem: "Leia, por favor", ele responderá: "Não posso; está lacrado". ¹² Ou, se vocês derem o livro a alguém que não saiba ler e lhe disserem: "Leia, por favor", ele responderá: "Não sei ler".

¹³ O Senhor diz:

"Esse povo se aproxima de mim
   com a boca
   e me honra com os lábios,
   mas o seu coração está longe de
   mim.ⁱ
A adoração que me prestam
   é feita só de regras
   ensinadas por homens.³ʲ

---

² **29.11** Hebraico: *rolo*; também nos versículos 12 e 18.
³ **29.13** A Septuaginta diz *Em vão me adoram; seus ensinamentos não passam de regras ensinadas por homens.*

¹ **29.2** A palavra que designa *fornalha de altar* assemelha-se à palavra *Ariel* no hebraico.

28.29
° Is 9.6
ᵖ Rm 11.33

29.1
ᑫ Is 22.12-13
ʳ 2Sm 5.9
ˢ Is 1.14

29.2
ᵗ Is 3.26;
Lm 2.5

29.3
ᵘ Lc 19.43-44

29.4
ᵛ Is 8.19

29.5
ʷ Is 17.13
ˣ Is 17.14;
1Ts 5.3

29.6
ʸ Mt 24.7;
Mc 13.8;
Lc 21.11;
Ap 11.19

29.7
ᶻ Mq 4.11-12;
Zc 12.9
ᵃ Jó 20.8

29.8
ᵇ Sl 73.20

29.9
ᶜ Is 51.17
ᵈ is 51.21-22

29.10
ᵉ Sl 69.23;
Is 6.9-10;
Rm 11.8*
ᶠ Mq 3.6
ᵍ 1Sm 9.9

29.11
ʰ Is 8.16;
Mt 13.11;
Ap 5.1-2

29.13
ⁱ Ez 33.31
ʲ Mt 15.8-9*;
Mc 7.6-7*;
Cl 2.22

¹⁴ Por isso uma vez mais
   deixarei atônito esse povo
com maravilha e mais maravilha;ᵏ
a sabedoria dos sábiosˡ perecerá,
a inteligência dos inteligentes
   se desvanecerá".ᵐ
¹⁵ Ai daqueles que descem às
      profundezas
   para esconder seus planos do
      Senhor,
que agem nas trevas e pensam:
"Quem é que nos vê?ⁿ
Quem ficará sabendo?"ᵒ
¹⁶ Vocês viram as coisas pelo avesso!
Como se fosse possível imaginar
   que o oleiro é igual ao barro!
Acaso o objeto formado
   pode dizer àquele que o formou:
"Ele não me fez"?
E o vaso poderá dizer do oleiro:ᵖ
"Ele nada sabe"?
¹⁷ Acaso o Líbano não será logo
   transformado em campo fértil,ᵠ
e não se pensará que o campo fértil
   é uma floresta?ʳ
¹⁸ Naquele dia, os surdosˢ ouvirão
   as palavras do livro,
e, não mais em trevas e escuridão,
   os olhos dos cegos tornarão a ver.ᵗ
¹⁹ Mais uma vez os humildesᵘ
   se alegrarão no Senhor,
e os necessitadosᵛ exultarão
   no Santo de Israel.
²⁰ Será o fim do cruel,
   o zombadorʷ desaparecerá
e todos os de olhos
   inclinados para o malˣ
   serão eliminados,
²¹ os quais com uma palavra
   tornam réu o inocente,
no tribunalʸ trapaceiam contra o defensor
e com testemunho falso impedem
   que se faça justiça ao inocente.ᶻ

²² Por isso, o Senhor, que redimiu
Abraão,ᵃ diz à descendência de Jacó:

"Jacó não será mais humilhado;ᵇ
e o seu rosto não tornará a empalidecer.
²³ Quando ele vir em seu meio,
   os seus filhos,ᶜ
a obra de minhas mãos,ᵈ
proclamará o meu santo nome;
reconhecerá a santidade
   do Santo de Jacó,
²⁴ e, no temor do Deus de Israel,
   permanecerá.
Os desorientadosᵉ de espírito
   obterão entendimento;ᶠ
e os queixosos aceitarão instrução".ᵍ

Ai da Nação Obstinada!

30 "Aiʰ dos filhos obstinados",ⁱ
declara o Senhor,
"que executam planos que não são meus,
   fazem acordoʲ sem minha aprovação,
para ajuntar pecado sobre pecado,
² que descem ao Egitoᵏ sem me
      consultar,ˡ
   para buscar proteçãoᵐ no poder do
      faraó,
e refúgio na sombra do Egito.
³ Mas a proteção do faraó
   lhes trará vergonha,
e a sombra do Egito
   lhes causará humilhação.ⁿ
⁴ Embora seus líderes tenham ido a Zoãᵒ
   e seus enviados tenham chegado a
      Hanes,
⁵ todos se envergonharão
   por causa de um povoᵖ que lhes é
      inútil,
que não traz ajuda nem vantagem,
   mas apenas vergonha e zombaria."

⁶ Advertência contra os animais do Neguebe:

Atravessando uma terra hostil e severa,ᵠ
de leões e leoas, de víborasʳ
   e serpentes velozes,
os enviados transportam suas riquezasˢ
   no lombo de jumentos;
seus tesouros, nas corcovas de camelos,
para aquela nação inútil,

⁷ o Egito, cujo socorro é totalmente inútil.
Por isso eu o chamo Monstro¹ inofensivo.

⁸ Agora vá, escreva isso
    numa tábua para eles,
registre-o num livro,ᵗ
para que nos dias vindouros
    seja um testemunho eterno.

⁹ Esse povo é rebelde;
    são filhos mentirosos,ᵘ
filhos que não querem saber
    da instrução do Senhor.ᵛ
¹⁰ Eles dizem aos videntes:
    "Não tenham mais visões!"ʷ
e aos profetas:
    "Não nos revelem o que é certo!
Falem-nos coisas agradáveis,ˣ
    profetizem ilusões.ʸ
¹¹ Deixem esse caminho,
    abandonem essa vereda
e parem de confrontar-nosᶻ
    com o Santo de Israel!"

¹² Por isso diz o Santo de Israel:

"Como vocês rejeitaram esta
    mensagem,ᵃ
    apelaram para a opressãoᵇ
    e confiaram nos perversos,
¹³ este pecado será para vocês
    como um muro alto,ᶜ
    rachado e torto,
que de repente desaba,ᵈ
    inesperadamente.ᵉ
¹⁴ Ele o fará em pedaços
    como um vaso de barro,ᶠ
tão esmigalhado
    que entre os seus pedaços
    não se achará um caco
    que sirva para pegar brasas de uma
        lareira
    ou para tirar água da cisterna".

¹⁵ Diz o Soberano, o Senhor, o Santo de Israel:

"No arrependimento e no descanso
    está a salvação de vocês,
na quietude e na confiançaᵍ
    está o seu vigor,
mas vocês não quiseram.
¹⁶ Vocês disseram:
    'Não, nós vamos fugir a cavalo'.ʰ
E fugirão!
    Vocês disseram:
'Cavalgaremos cavalos velozes'.
    Velozes serão os seus perseguidores!
¹⁷ Mil fugirão diante da ameaça de um;
    diante da ameaça de cincoⁱ
    todos vocês fugirão,ʲ
até que vocês sejam deixados
    como um mastro no alto de um monte,
    como uma bandeira numa colina".

¹⁸ Contudo, o Senhor esperaᵏ o momento
    de ser bondoso com vocês;
ele ainda se levantará
    para mostrar-lhes compaixão.
Pois o Senhor é Deus de justiça.ˡ
Como são felizes todos
os que nele esperam!ᵐ

¹⁹ Ó povo de Sião, que mora em Jerusalém, você não vai chorar mais.ⁿ Como ele será bondoso quando você clamar por socorro! Assim que ele ouvir, responderá a você.ᵒ ²⁰ Embora o Senhor dê o pãoᵖ da adversidade e a água da aflição a você, o seu mestre não se esconderá mais;ᑫ com seus próprios olhos você o verá. ²¹ Quer você se volte para a direita quer para a esquerda, uma vozʳ nas suas costas dirá a você: "Este é o caminho; siga-o". ²² Então você tratará como impuras as suas imagensˢ revestidas de prata e os seus ídolos recobertos de ouro; você os jogará fora como um trapo imundo e lhes dirá: "Fora!"

²³ Ele também mandará a você chuvaᵗ para a semente que você semear, e a terra dará alimento rico e farto. Naquele dia, o seu gado pastará em grandes prados.ᵘ ²⁴ Os

---

¹ **30.7** Hebraico: *Raabe.*

bois e os jumentos que lavram o solo comerão forragem e sal espalhados com forcado[v] e pá. ²⁵ No dia do grande massacre, quando caírem as torres,[w] regatos de água fluirão[x] sobre todo monte elevado e sobre toda colina altaneira. ²⁶ A luz da lua brilhará como o sol,[y] e a luz do sol será sete vezes mais brilhante, como a luz de sete dias completos, quando o Senhor cuidar das contusões do seu povo e curar[z] as feridas que lhe causou.

²⁷ Vejam! De longe vem
  o Nome[a] do Senhor,
  com sua ira[b] em chamas
    e densas nuvens de fumaça;
  seus lábios estão cheios de ira,[c]
    e sua língua é fogo consumidor.
²⁸ Seu sopro[d] é como
    uma torrente impetuosa
    que sobe até o pescoço.[e]
  Ele faz sacudir as nações
    na peneira[f] da destruição;
  ele coloca na boca dos povos
    um freio[g] que os desencaminha.
²⁹ E vocês cantarão
    como em noite de festa sagrada;
  seus corações se regozijarão
    como quando se vai, ao som da flauta,
  ao monte[h] do Senhor, à Rocha de Israel.
³⁰ O Senhor fará que os homens
    ouçam sua voz majestosa
  e os levará a ver seu braço descendo
    com ira impetuosa e fogo
      consumidor,
  com aguaceiro, tempestades de raios
    e saraiva.
³¹ A voz do Senhor despedaçará a Assíria;[i]
    com seu cetro a ferirá.[j]
³² Cada pancada que com a vara
    o Senhor desferir para a castigar
  será dada ao som de tamborins e
    harpas,
  enquanto a estiver combatendo
    com os golpes do seu braço.[k]
³³ Tofete[l] está pronta já faz tempo;
    foi preparada para o rei.

Sua fogueira é funda e larga,
    com muita lenha e muito fogo;
  o sopro do Senhor,
    como uma torrente de enxofre
      ardente,[m]
    a incendeia.

Ai dos que Confiam no Egito!

31 Ai dos que descem ao Egito[n]
    em busca de ajuda,
    que contam com cavalos.
  Eles confiam na multidão dos seus carros[o]
    e na grande força dos seus cavaleiros,
  mas não olham para o Santo de Israel,
    nem buscam a ajuda
    que vem do Senhor![p]
² Contudo, ele é também sábio[q]
    e pode trazer a desgraça;[r]
  ele não volta atrás em suas palavras.[s]
  Ele se levantará contra
    a casa dos perversos,[t]
  contra quem ajuda os maus.
³ Mas os egípcios[u] são homens, não Deus;[v]
    seus cavalos são carne, não espírito.
  Quando o Senhor estender a mão,[w]
    aquele que ajuda tropeçará,
    aquele que é ajudado[x] cairá;
    ambos perecerão juntos.

⁴ Assim me diz o Senhor:

"Assim como quando o leão,[y]
    o leão grande, ruge ao lado da presa
  e contra ele se junta
    um bando de pastores,
  e ele não se intimida com os gritos deles
    e não se perturba com o seu clamor,
  assim o Senhor dos Exércitos descerá[z]
    para combater nas alturas do monte
      Sião.
⁵ Como as aves dão proteção aos filhotes
    com suas asas,
  o Senhor dos Exércitos
    protegerá[a] Jerusalém;
  ele a protegerá e a livrará;[b]
    ele a poupará¹ e a salvará".

¹ 31.5 Hebraico: *passará sobre ela*. Veja Êx 12.13.

⁶ Voltem para aquele contra quem vocês se revoltaram tão tremendamente, ó israelitas! ⁷ Pois naquele dia cada um de vocês rejeitará os ídolos de prata e de ouro*c* que suas mãos pecaminosas fizeram.

⁸ "A Assíria*d* cairá por uma espada
    que não é de homem;
uma espada, não de mortais, a
    devorará.*e*
Todos fugirão da espada
e os seus jovens serão sujeitos
    a trabalhos forçados.*f*
⁹ Sua fortaleza*g* cairá por causa do
    pavor;
ao verem a bandeira da batalha,
    seus líderes entrarão em pânico",
anuncia o Senhor,
    cujo fogo*h* está em Sião,
cuja fornalha está em Jerusalém.

O Reino de Justiça

32 Vejam! Um rei*i* reinará com retidão,
    e príncipes governarão com justiça.*j*
² Cada homem será como um
    esconderijo*k*
    contra o vento
e um abrigo contra a tempestade,
como correntes de água numa terra seca
e como a sombra de uma grande rocha
    no deserto.

³ Então os olhos dos que veem
    não mais estarão fechados,*l*
e os ouvidos dos que ouvem escutarão.
⁴ A mente do precipitado saberá julgar,*m*
e a língua gaguejante falará
    com facilidade e clareza.
⁵ O tolo já não será chamado nobre
e o homem sem caráter
    não será tido em alta estima.
⁶ Pois o insensato*n* fala com insensatez*o*
    e só pensa no mal:
ele pratica a maldade*p*
    e espalha mentiras*q* sobre o Senhor;
deixa o faminto sem nada*r*
    e priva de água o sedento.

⁷ As artimanhas do homem sem caráter
    são perversas;*s*
ele inventa planos maldosos*t*
    para destruir com mentiras o pobre,*u*
mesmo quando a súplica deste é justa.
⁸ Mas o homem nobre faz planos nobres,
e graças aos seus feitos nobres*v*
    permanece firme.

As Mulheres de Jerusalém

⁹ Vocês, mulheres tão sossegadas,
    levantem-se e escutem-me!*w*
Vocês, filhas que se sentem seguras,*x*
    ouçam o que vou dizer a vocês!
¹⁰ Daqui a pouco mais de um ano,
    vocês, que se sentem seguras,
    ficarão apavoradas;
a colheita de uvas falhará,*y*
e a colheita de frutas não virá.
¹¹ Tremam, vocês, mulheres tranquilas!
Estremeçam, vocês,
    que se sentem seguras!
Arranquem suas vestes*z*
    e vistam roupas de lamento.
¹² Batam no peito*a* e chorem
    pelos campos agradáveis,
    pelas videiras frutíferas
¹³ e pela terra do meu povo,
terra infestada de espinhos
    e roseiras bravas;*b*
sim, pranteiem por todas
    as casas cheias de júbilo
e por esta cidade exultante.*c*
¹⁴ A fortaleza*d* será abandonada,
a cidade barulhenta ficará deserta,*e*
a cidadela e a torre das sentinelas*f*
    se tornarão covis,
uma delícia para os jumentos,*g*
    uma pastagem para os rebanhos,
¹⁵ até que sobre nós o Espírito*h*
    seja derramado do alto,
e o deserto se transforme em campo
    fértil,*i*
e o campo fértil pareça uma floresta.*j*
¹⁶ A justiça habitará no deserto,
e a retidão viverá no campo fértil.

¹⁷ O fruto da justiça será paz;ᵏ
    o resultado da justiça será tranquilidade
        e confiançaˡ para sempre.
¹⁸ O meu povo viverá em locais
        pacíficos,
    em casas seguras,
em tranquilos lugares de descanso,ᵐ
¹⁹ mesmo que a saraivaⁿ arrase a florestaᵒ
    e a cidade seja nivelada ao pó.ᵖ
²⁰ Como vocês serão felizes
        semeandoᑫ perto das águas
    e deixando soltosʳ os bois e os jumentos!

Aflição e Auxílio

33 Ai de você, destruidor,
        que ainda não foi destruído!
    Ai de você, traidor,
        que não foi traído!
    Quando você acabar de destruir,
        será destruído;ˢ
    quando acabar de trair, será traído.ᵗ

² SENHOR, tem misericórdia de nós;
        pois em ti esperamos!
    Sê tu a nossa forçaᵘ cada manhã,
        nossa salvaçãoᵛ na hora do perigo.
³ Diante do trovão da tua voz,
        os povos fogem;
    quando te levantas,ʷ
        dispersam-se as nações.
⁴ Como gafanhotos novos
        os homens saquearão vocês,
        ó nações;
    tomarão posse do despojo
        como gafanhotos em nuvem.

⁵ O SENHOR é exaltado,ˣ
        pois habita no alto;
    ele encherá Sião de retidãoᶻ e justiça.ʸ
⁶ Ele será o firme fundamento nos
        tempos
        a que você pertence,
    uma grande riqueza de salvação,ᵃ
        sabedoria e conhecimento;
    o temorᵇ do SENHOR
        é a chave desse tesouro.ˡ

⁷ Vejam! Os seus heróis gritam nas ruas;
    os embaixadoresᶜ da paz
        choram amargamente.
⁸ As estradasᵈ estão abandonadas,
        ninguém viaja por elas.
Rompeu-se o acordo,
    suas testemunhas² são desprezadas,
    não se respeita ninguém.
⁹ A terra pranteia³ ᵉ e fraqueja,
    o Líbanoᶠ murcha, envergonhado;ᵍ
Sarom é como a Arabá,
    e Basã e o Carmelo perdem sua
        folhagem.

¹⁰ "Agora me levantarei",ʰ diz o SENHOR.
"Agora eu me erguerei;
    agora serei exaltado.
¹¹ Vocês concebemⁱ palha
    e dão à luzʲ restolho;
    seu sopro é um fogoᵏ que o consome.
¹² Os povos serão queimados
        como se faz com a cal;
    como espinheiros cortados,
        serão postos no fogo.ˡ

¹³ "Vocês, que estão longe,ᵐ
        atentemⁿ para o que eu fiz!
Vocês, que estão perto,
    reconheçam o meu poder!"
¹⁴ Em Sião os pecadores
        estão aterrorizados;
    o tremorᵒ se apodera dos ímpios:
"Quem de nós pode conviver
        com o fogo consumidor?ᵖ
    Quem de nós pode conviver
        com a chama eterna?"
¹⁵ Aquele que anda corretamenteᑫ
    e fala o que é reto,ʳ
    que recusa o lucro injusto,
        cuja mão não aceita suborno,
    que tapa os ouvidos
        para as tramas de assassinatos
    e fecha os olhosˢ
        para não contemplar o mal,

² **33.8** Conforme os manuscritos do mar Morto. O Texto Massorético diz *as cidades*.
³ **33.9** Ou *seca*

¹ **33.6** Ou *é um tesouro da parte dele*

¹⁶ é esse o homem que habitará nas alturas;
seu refúgio
 será a fortaleza das rochas;
terá suprimento de pão
 e água não lhe faltará.

¹⁷ Seus olhos verão o rei em seu esplendor
e vislumbrarão o território
 em toda a sua extensão.
¹⁸ Em seus pensamentos
 você lembrará terrores passados:
"Onde está o oficial maior?
Onde está o que recebia tributos?
Onde o encarregado das torres?"
¹⁹ Você não tornará a ver
 aquele povo arrogante,
aquele povo de fala obscura,
 com sua língua estranha,
 incompreensível.

²⁰ Olhe para Sião,
 a cidade das nossas festas;
seus olhos verão Jerusalém,
 morada pacífica,
 tenda que não será removida;
suas estacas jamais serão arrancadas,
nem se romperá nenhuma de suas cordas.
²¹ Ali o Senhor será o Poderoso para nós.
Será como uma região de rios e canais largos,
mas nenhum navio a remo os percorrerá,
e nenhuma nau poderosa velejará neles.
²² Pois o Senhor é o nosso juiz,
o Senhor é o nosso legislador,
o Senhor é o nosso rei;
 é ele que nos vai salvar.
²³ Suas cordas se afrouxam:
 o mastro não está firme,
 as velas não estão estendidas.
Então será dividida
 grande quantidade de despojos,
e até o aleijado levará sua presa.

²⁴ Nenhum morador de Sião dirá:
 "Estou doente!"
E os pecados dos que ali habitam
 serão perdoados.

Julgamento contra as Nações

34 Aproximem-se, nações, e escutem;
prestem atenção, ó povos!
Que o ouçam a terra
 e tudo o que nela há,
o mundo e tudo o que dele procede!
² O Senhor está indignado
 contra todas as nações;
sua ira está contra
 todos os seus exércitos.
Ele os destruirá totalmente,
 ele os entregará à matança.
³ Seus mortos serão lançados fora
 e os seus cadáveres exalarão mau cheiro;
os montes se encharcarão
 do sangue deles.
⁴ As estrelas dos céus
 serão todas dissolvidas,
e os céus se enrolarão
 como um pergaminho;
todo o exército celeste cairá
 como folhas secas da videira e da figueira.

⁵ Quando minha espada
 embriagar-se nos céus,
saibam que ela descerá
 para julgar Edom,
povo que condenei à destruição.
⁶ A espada do Senhor está
 banhada em sangue,
está coberta de gordura,
 sangue de cordeiros e de bodes,
gordura dos rins de carneiros.
Pois o Senhor exige sacrifício em Bozra
 e grande matança em Edom.
⁷ Com eles cairão os bois selvagens,
 e os novilhos com os touros.
A terra deles ficará ensopada
 de sangue,
 e o pó se encharcará de gordura.

8 Pois o Senhor terá seu dia de
  vingança,^z
um ano de retribuição,
  para defender a causa de Sião.
9 Os riachos de Edom
  se transformarão em piche,
  em enxofre, o seu pó;
sua terra se tornará betume ardente!
10 Não se apagará de dia nem de noite;
  sua fumaça subirá para sempre.^a
De geração em geração
  ficará abandonada;^b
ninguém voltará a passar por ela.
11 A coruja-do-deserto^c
  e a coruja estridente a possuirão;
o corujão e o corvo
  farão nela os seus ninhos.
Deus estenderá sobre Edom
  o caos como linha de medir
e a desolação como fio de prumo.^d
12 Seus nobres nada terão ali
  que possa chamar-se reino,
e todos os seus líderes^e desaparecerão.^f
13 Espinhos tomarão de assalto
  as suas cidadelas;
urtigas e sarças
  cobrirão as suas fortalezas.^g
Será um antro de chacais^h
  e moradia de corujas.
14 Criaturas do deserto
  se encontrarão com hienas,^i
e bodes selvagens balirão
  uns para os outros;
ali também descansarão
  as criaturas noturnas
e acharão para si locais de descanso.
15 Nela a coruja fará ninho,
  chocará seus ovos
  e cuidará dos seus filhotes
  à sombra de suas asas;
os falcões^j também se ajuntarão ali,
  cada um com o seu par.

16 Procurem no livro^k do Senhor e leiam:

Nenhum desses animais estará faltando;
  nenhum estará sem o seu par.
Pois foi a sua boca^l que deu a ordem,
  e o seu Espírito os ajuntará.
17 Ele designa as porções de cada um;^m
  sua mão as distribui por medida.
Eles se apossarão delas para sempre
  e ali habitarão de geração em
    geração.^n

A Alegria dos Redimidos

35 O deserto^o e a terra ressequida
  se regozijarão;
o ermo exultará e florescerá^p
  como a tulipa;
2 irromperá em flores,
  mostrará grande regozijo
  e cantará de alegria.^q
A glória do Líbano^r lhe será dada,
como também o resplendor do
    Carmelo^s
  e de Sarom;
verão a glória do Senhor,
  o resplendor do nosso Deus.^t

3 Fortaleçam as mãos cansadas,
firmem os joelhos^u vacilantes;
4 digam aos desanimados de coração:
  "Sejam fortes, não temam!
Seu Deus virá, virá com vingança;^v
  com divina retribuição
virá para salvá-los".

5 Então os olhos dos cegos se abrirão^w
  e os ouvidos dos surdos^x se
    destaparão.
6 Então os coxos^y saltarão como o cervo,
  e a língua do mudo^z cantará de
    alegria.
Águas irromperão no ermo
  e riachos^a no deserto.
7 A areia abrasadora se tornará um lago;
  a terra seca, fontes borbulhantes.^b
Nos antros onde outrora havia chacais,^c
  crescerão a relva, o junco e o papiro.

8 E ali haverá uma grande estrada,^d
  um caminho que será chamado
    Caminho de Santidade.^e
Os impuros^f não passarão por ele;

servirá apenas aos que são do Caminho;
os insensatos não o tomarão.[1]
⁹ Ali não haverá leão algum,[g]
e nenhum animal feroz[h] passará por ele;
nenhum deles se verá por ali.
Só os redimidos[i] andarão por ele,
¹⁰ e os que o Senhor resgatou voltarão.
Entrarão em Sião com cantos de alegria;
duradoura alegria[j] coroará sua cabeça.
Júbilo e alegria se apoderarão deles,
e a tristeza e o suspiro fugirão.[k]

A Ameaça de Senaqueribe

36 No décimo quarto ano do reinado de Ezequias, Senaqueribe,[l] rei da Assíria, atacou todas as cidades fortificadas de Judá e se apossou delas. ² Então, de Laquis, o rei da Assíria enviou seu comandante com um grande exército a Jerusalém, ao rei Ezequias. Quando o comandante parou no aqueduto do açude superior, na estrada que leva ao campo do Lavandeiro,[m] ³ o administrador do palácio, Eliaquim,[n] filho de Hilquias, o secretário Sebna[o] e o arquivista real Joá, filho de Asafe, foram ao encontro dele.

⁴ E o comandante de campo falou: "Digam a Ezequias:

"Assim diz o grande rei, o rei da Assíria: 'Em que você está baseando essa sua confiança? ⁵ Você diz que tem estratégia e força militar, mas não passam de palavras vãs. Em quem você confia, para rebelar-se contra mim?[p] ⁶ Pois veja! Agora você está confiando no Egito,[q] aquela cana esmagada,[r] que fura a mão de quem nela se apoia! Assim é o faraó, o rei do Egito, para todos os que dele dependem. ⁷ E, se você me disser: "No Senhor, o nosso Deus, confiamos"; não são dele os altos e os altares que Ezequias removeu,[s] dizendo a Judá e a Jerusalém: "Vocês devem adorar aqui, diante deste altar"?'[t]

⁸ "Faça, agora, um acordo com o meu senhor, o rei da Assíria: Eu darei a você dois mil cavalos — se você puder pôr cavaleiros neles! ⁹ Como então você poderá repelir um só dos menores oficiais do meu senhor, confiando que o Egito[u] dará a você carros e cavaleiros?[v] ¹⁰ Além disso, você pensa que vim atacar e destruir esta nação sem o Senhor? O próprio Senhor me mandou[w] marchar contra esta nação e destruí-la".

¹¹ Então Eliaquim, Sebna e Joá disseram ao comandante: "Por favor, fala com os teus servos em aramaico,[x] pois entendemos essa língua. Não fales em hebraico, pois assim o povo que está sobre os muros entenderá".

¹² O comandante, porém, respondeu: "Pensam que o meu senhor mandou-me dizer estas coisas só a vocês e ao seu senhor, e não aos homens que estão sentados no muro? Pois, como vocês, eles terão que comer as próprias fezes e beber a própria urina!"

¹³ E o comandante se pôs em pé e falou alto, em hebraico:[y] "Ouçam as palavras do grande rei, do rei da Assíria! ¹⁴ Não deixem que Ezequias os engane. Ele não poderá livrá-los! ¹⁵ Não deixem Ezequias convencê-los a confiar no Senhor, quando diz: 'Certamente o Senhor nos livrará; esta cidade não será entregue nas mãos do rei da Assíria'.[z]

¹⁶ "Não deem atenção a Ezequias. Assim diz o rei da Assíria: 'Venham fazer as pazes comigo. Então cada um de vocês comerá de sua própria videira e de sua própria figueira,[a] e beberá água de sua própria cisterna,[b] ¹⁷ até que eu os leve a uma terra como a de vocês: terra de cereal e de vinho, terra de pão e de vinhas.

¹⁸ " 'Não deixem que Ezequias os engane quando diz que o Senhor os livrará. Alguma vez o deus de qualquer nação livrou sua terra das mãos do rei da Assíria? ¹⁹ Onde estão os deuses de Hamate e de Arpade? Onde estão os deuses de Sefarvaim? Eles livraram Samaria das minhas mãos? ²⁰ Quem entre todos os deuses[c] dessas nações conseguiu livrar a sua terra? Como

---

[1] **35.8** Ou *os simples não se desviarão dele.*

então o Senhor poderá livrar Jerusalém das minhas mãos?' "

²¹ Mas o povo ficou em silêncio e nada respondeu, porque o rei dera esta ordem: "Não lhe respondam".ᵈ

²² Então o administrador do palácio, Eliaquim, filho de Hilquias, o secretário Sebna e o arquivista Joá, filho de Asafe, com as vestes rasgadas, foram contar a Ezequias o que dissera o comandante.

Predito o Livramento de Jerusalém

37 Quando o rei Ezequias soube disso, rasgou suas vestes, vestiu pano de saco e entrou no templo do Senhor. ² Depois enviou o administrador do palácio, Eliaquim, o secretário Sebna e os chefes dos sacerdotes, todos vestidos de pano de saco, ao profeta Isaías, filho de Amoz,ᵉ ³ com esta mensagem: "Assim diz Ezequias: Hoje é dia de angústia, de repreensão e de vergonha, como quando uma criança está a ponto de nascerᶠ e não há forças para dá-la à luz. ⁴ Talvez o Senhor, o seu Deus, ouça as palavras do comandante de campo, a quem o seu senhor, o rei da Assíria, enviou para zombar do Deus vivo. E que o Senhor, o seu Deus, o repreenda pelas palavras que ouviu.ᵍ Portanto, ore pelo remanescenteʰ que ainda sobrevive".

⁵ Quando os oficiais do rei Ezequias vieram a Isaías, ⁶ este lhes respondeu: "Digam a seu senhor: Assim diz o Senhor: 'Não tenha medoⁱ das palavras que você ouviu, das blasfêmias que os servos do rei da Assíria falaram contra mim. ⁷ Porei nele um espírito para que, quando ouvir uma certa notícia,ʲ volte à sua própria terra, e ali farei com que seja morto à espada' ".

⁸ Quando o comandante de campo soube que o rei da Assíria havia partido de Laquis, retirou-se e encontrou o rei lutando contra Libna.ᵏ

⁹ Ora, Senaqueribe foi informadoˡ de que Tiraca, o rei da Etiópia¹, saíra para lutar contra ele. Quando soube disso, enviou mensageiros a Ezequias com esta mensagem: ¹⁰ "Digam a Ezequias, rei de Judá: Não deixe que o Deus no qual você confia o engane quando diz: 'Jerusalém não será entregue nas mãos do rei da Assíria'.ᵐ ¹¹ Com certeza você ouviu o que os reis da Assíria têm feito a todas as nações e como as destruíram por completo. E você acha que se livrará?ⁿ ¹² Acaso os deuses das nações que foram destruídas pelos meus antepassadosᵒ os livraram: os deuses de Gozã, de Harã,ᵖ de Rezefe e dos descendentes de Éden, que estavam em Telassar? ¹³ Onde estão o rei de Hamate, o rei de Arpade, o rei da cidade de Sefarvaim, de Hena e de Iva?"

A Oração de Ezequias

¹⁴ Ezequias recebeu a carta das mãos dos mensageiros e a leu. Então subiu ao templo do Senhor, abriu-a diante do Senhor ¹⁵ e orou: ¹⁶ "Senhor dos Exércitos, Deus de Israel, cujo trono está entre os querubins, só tu és Deusᑫ sobre todos os reinos da terra. Tu fizeste os céus e a terra. ¹⁷ Dá ouvidos, Senhor, e ouve;ʳ abre os teus olhos, Senhor, e vê;ˢ escuta todas as palavras que Senaqueribe enviou para insultar o Deus vivo.

¹⁸ "É verdade, Senhor, que os reis assírios fizeram de todas essas nações e de seus territórios um deserto.ᵗ ¹⁹ Atiraram os deuses delas no fogo e os destruíram,ᵘ pois em vez de deuses,ᵛ não passam de madeira e pedra, moldados por mãos humanas. ²⁰ Agora, Senhor nosso Deus, salva-nos das mãos dele, para que todos os reinos da terra saibam que só tu, Senhor, és Deus²".ʷ

A Queda de Senaqueribe

²¹ Então Isaías, filho de Amoz,ˣ enviou esta mensagem a Ezequias: "Assim diz o Senhor, Deus de Israel: 'Ouvi a sua oração acerca de Senaqueribe, rei da Assíria. ²² Esta é a palavra que o Senhor falou contra ele:

---

² **37.20** Conforme os manuscritos do mar Morto. O Texto Massorético diz *és o Senhor*. Veja 2Rs 19.19.

¹ **37.9** Hebraico: *de Cuxe*.

" 'A Virgem Cidade¹ de Sião
   despreza e zomba de você.
A cidade de Jerusalém meneia a cabeça^y
   enquanto você foge.
²³ De quem você zombou
   e contra quem blasfemou?^z
Contra quem você ergueu a voz
   e contra quem levantou
   seu olhar arrogante?^a
Contra o Santo de Israel!
²⁴ Sim, você insultou o Senhor
   por meio dos seus mensageiros,
   dizendo:
"Com carros sem conta
   subi aos mais elevados
   e inacessíveis cumes do Líbano.^b
Derrubei os seus cedros mais altos,
   os seus melhores pinheiros.
Entrei em suas regiões mais remotas,
   na melhor parte de suas
      florestas.
²⁵ Em terras estrangeiras²
   cavei poços e bebi água.
Com as solas dos meus pés
   sequei todos os riachos do Egito".^c

²⁶ " 'Você não soube que há muito^d
   eu já o havia ordenado,
que desde os dias da antiguidade
   eu o havia planejado?^e
Agora eu o executo
   e faço você transformar
      cidades fortificadas
      em montões de pedra.^f
²⁷ Os seus habitantes, já sem forças,
   desanimam-se envergonhados.
São como pastagens,
   como brotos tenros e verdes,
   como capim no terraço,^g
   queimado³ antes de crescer.

²⁸ " 'Eu, porém, sei onde você está,
   quando sai e quando retorna^h
e quando você se enfureceⁱ contra mim.
²⁹ Sim, contra mim você se enfurece,
   o seu atrevimento^j chegou
aos meus ouvidos;
   por isso, porei o meu anzol em seu
      nariz^k
   e o meu freio em sua boca,
e o farei voltar pelo caminho
   por onde veio.^l

³⁰ " 'A você, Ezequias, darei este sinal:

" 'Neste ano vocês comerão
   do que crescer por si
e, no próximo, o que daquilo brotar.
Mas no terceiro ano semeiem e colham,
plantem vinhas e comam o seu fruto.
³¹ Mais uma vez um remanescente
   da tribo de Judá
lançará raízes na terra
e se encherão de frutos^m os seus ramos.
³² De Jerusalém sairão sobreviventes,
   e um remanescente do monte Sião.
O zeloⁿ do Senhor dos Exércitos
   realizará isso'.

³³ "Por isso, assim diz o Senhor acerca
do rei da Assíria:

" 'Ele não entrará nesta cidade
   e não atirará aqui uma flecha sequer.
Não virá diante dela com escudo
   nem construirá rampas de cerco
      contra ela.
³⁴ Pelo caminho por onde veio voltará;^o
   não entrará nesta cidade',
      declara o Senhor.
³⁵ " 'Eu defenderei^p esta cidade e a
      salvarei,
   por amor de mim^q
   e por amor de Davi,^r meu servo!' "

³⁶ Então o anjo do Senhor saiu e matou cento e oitenta e cinco mil homens no

---

¹ **37.22** Hebraico: *Filha*.
² **37.25** Conforme os manuscritos do mar Morto. O Texto Massorético não traz *Em terras estrangeiras*. Veja 2Rs 19.24.
³ **37.27** Conforme alguns manuscritos do Texto Massorético, os manuscritos do mar Morto e alguns manuscritos da Septuaginta. A maioria dos manuscritos do Texto Massorético diz *terraços e campos terraplanados em degraus*. Veja 2Rs 19.26.

37.22
^y Jó 16.4
37.23
^z v. 4
^a Is 2.11
37.24
^b Is 14.8
37.25
^c Dt 11.10
37.26
^d At 2.23; 4.27-28; 1Pe 2.8
^e Is 10.6; 25.1
^f Is 25.2
37.27
^g Sl 129.6
37.28
^h Sl 139.1-3
ⁱ Sl 2.1
37.29
^j Is 10.12
^k Is 30.28; Ez 38.4
^l v. 34
37.31
^m Is 27.6
37.32
ⁿ Is 9.7
37.34
^o v.29
37.35
^p Is 31.5; 38.6
^q Is 43.25; 48.9, 11
^r 2Rs 20.6

acampamento assírio. ⁵ Quando o povo se levantou na manhã seguinte, só havia cadáveres! ³⁷ Assim, Senaqueribe, rei da Assíria, fugiu do acampamento, voltou para Nínive' e lá ficou.

³⁸ Certo dia, quando estava adorando no templo de seu deus Nisroque, seus filhos Adrameleque e Sarezer o feriram à espada e fugiram para a terra de Ararate.ᵘ E seu filho Esar-Hadom foi o seu sucessor.

A Doença de Ezequias

38 Naqueles dias, Ezequias ficou doente, à beira da morte. O profeta Isaías, filho de Amoz,ᵛ foi visitá-lo e lhe disse: "Assim diz o Senhor: 'Ponha a casa em ordem,ʷ porque você vai morrer; você não se recuperará' ".

² Ezequias virou o rosto para a parede e orou ao Senhor: ³ "Lembra-te, Senhor, de como tenho te servidoˣ com fidelidade e com devoção sincera,ʸ e tenho feito o que tu aprovas".ᶻ E Ezequias chorou amargamente.ᵃ

⁴ Então a palavra do Senhor veio a Isaías: ⁵ "Vá dizer a Ezequias: Assim diz o Senhor, o Deus de seu antepassado Davi: Ouvi sua oração e vi suas lágrimas; acrescentarei quinze anosᵇ à sua vida. ⁶ E eu livrarei você e esta cidade das mãos do rei da Assíria. Eu defenderei esta cidade.ᶜ

⁷ "Este é o sinalᵈ de que o Senhor fará o que prometeu: ⁸ Farei a sombra do sol retroceder os dez degraus que ela já cobriu na escadaria de Acaz". E a luz do sol retrocedeu os dez degraus que tinha avançado.ᵉ

⁹ Depois de recuperar-se dessa doença, Ezequias, rei de Judá, escreveu o seguinte:

¹⁰ "Eu disse: No vigor da minha vidaᶠ
   tenho que passar pelas
      portas da sepultura¹ᵍ
   e ser roubado do restante
      dos meus anos?ʰ

¹¹ Eu disse: Não tornarei a ver o
      Senhor,
   o Senhor, na terra dos viventes;ⁱ
não olharei mais para a humanidade,
   nem estarei mais com
      os que agora habitam neste mundo².

¹² A minha casa foi derrubadaᵏ
   e tirada de mim,
      como se fosse uma tenda de pastor.ʲ
A minha vida foi enovelada,ˡ
   como faz o tecelão,
   e ele me cortou como um pedaço de
      tecido;ᵐ
dia e noiteⁿ foi acabando comigo.

¹³ Esperei pacientemente até o alvorecer,
   mas como um leão
      ele quebrouᵒ todos os meus ossos;ᵖ
dia e noite foi acabando comigo.

¹⁴ Gritei como um andorinhão,
      como um tordo;
gemi como uma pomba chorosa.ᵠ
Olhando para os céus,
   enfraqueceram-se os meus olhos.
Estou aflito, ó Senhor!
Vem em meu auxílio!ʳ

¹⁵ "Mas, que posso dizer?
Ele falou comigo, e ele mesmo fez isso.ˢ
Andarei humildementeᵗ toda a minha
      vida,
   por causa dessa aflição da minha
      alma.ᵘ

¹⁶ Senhor, por tais coisas
   os homens vivem,
e por elas também vive o meu espírito.
Tu me restauraste a saúde
   e deixaste-me viver.ᵛ

¹⁷ Foi para o meu benefício
   que tanto sofri.
Em teu amor me guardaste
   da cova da destruição;ʷ
lançaste para trás de tiʸ
   todos os meus pecados,ˣ

---

¹ **38.10** Hebraico: *Sheol*. Essa palavra pode ser traduzida por profundezas, pó ou morte; também no versículo 18.

² **38.11** Conforme alguns manuscritos do Texto Massorético. A maioria dos manuscritos do Texto Massorético diz *habitam no lugar onde tudo acaba*.

¹⁸ pois a sepultura^z não pode louvar-te,
   a morte não pode cantar o teu
      louvor.^a
Aqueles que descem à cova^b
   não podem esperar pela tua
      fidelidade.
¹⁹ Os vivos, somente os vivos, te
      louvam,^c
   como hoje estou fazendo;
os pais contam a tua fidelidade
   a seus filhos.^d

²⁰ "O Senhor me salvou.
Cantaremos^e com instrumentos de
      corda^f
   todos os dias de nossa vida^g
no templo^h do Senhor".

²¹ Isaías dissera: "Apliquem um emplastro de figos no furúnculo, e ele se recuperará".

²² Ezequias tinha perguntado: "Qual será o sinal de que subirei ao templo do Senhor?"

Enviados da Babilônia

39 Naquela época, Merodaque-Baladã, filho de Baladã, rei da Babilônia,^i enviou a Ezequias cartas e um presente, porque soubera de sua doença e de sua recuperação. ² Ezequias recebeu com alegria os enviados^j e mostrou-lhes o que havia em seus depósitos: a prata, o ouro,^k as especiarias, o óleo fino, todo o seu arsenal e tudo o que se encontrava em seus tesouros. Não houve nada em seu palácio ou em todo o seu reino que Ezequias não lhes mostrasse.

³ Então o profeta Isaías foi ao rei Ezequias e perguntou: "O que aqueles homens disseram, e de onde vieram?"

"De uma terra distante",^l Ezequias respondeu. "Eles vieram da Babilônia para visitar-me."

⁴ O profeta perguntou: "O que eles viram em seu palácio?"

Ezequias respondeu: "Viram tudo o que há em meu palácio. Não há nada em meus tesouros que não lhes tenha mostrado".

⁵ Então Isaías disse a Ezequias: "Ouça a palavra do Senhor dos Exércitos: ⁶ 'Um dia, tudo o que há em seu palácio, bem como tudo o que os seus antepassados acumularam até hoje, será levado para a Babilônia.^m Nada ficará', diz o Senhor. ⁷ 'E alguns de seus próprios descendentes serão levados e se tornarão eunucos no palácio do rei da Babilônia' ".^n

⁸ "É boa a palavra do Senhor que você falou", Ezequias respondeu. Pois pensou: "Haverá paz e segurança enquanto eu viver".^o

Consolo para o Povo de Deus

40 Consolem, consolem^p o meu povo,¹
   diz o Deus de vocês.
² Encorajem^q Jerusalém e anunciem
   que ela já cumpriu o trabalho^r
   que lhe foi imposto,
pagou por sua iniquidade
   e recebeu da mão do Senhor
   em dobro^s por todos os seus pecados.

³ Uma voz clama:
   "No deserto preparem² o caminho^t
para o Senhor;
   façam no deserto um caminho reto
para o nosso Deus.³ᵘ
⁴ Todos os vales serão levantados,
todos os montes e colinas
   serão aplanados;
os terrenos acidentados
   se tornarão planos;^v
as escarpas serão niveladas.
⁵ A glória do Senhor será revelada,
   e, juntos, todos a verão.^w
Pois é o Senhor quem fala".^x

⁶ Uma voz ordena: "Clame".
   E eu pergunto: O que clamarei?

"Que toda a humanidade é como a relva,^y
   e toda a sua glória⁴
      como a flor da relva.

¹ 40.1 Ou Ó meu povo, consolem, consolem Jerusalém,
² 40.3 Ou clama no deserto: "Preparem
³ 40.3 A Septuaginta diz façam retas as veredas de nosso Deus.
⁴ 40.6 Ou fidelidade

38.18
^z Ec 9.10
^a Sl 6.5; 88.10-11; 115.17
^b Sl 30.9

38.19
^c Dt 6.7; Sl 118.17; 119.175
^d Dt 11.19

38.20
^e Sl 68.25
^f Sl 33.2
^g Sl 116.2
^h Sl 116.17-19

39.1
^i 2Cr 32.31

39.2
^j 2Cr 32.31
^k 2Rs 18.15

39.3
^l Dt 28.49

39.4
^m 2Rs 24.13; Jr 20.5

39.7
^n 2Rs 24.15; Dn 1.1-7

39.8
^o 2Cr 32.26

40.1
^p Is 12.1; 49.13; 51.3, 12; 52.9; 61.2; 66.13; Jr 31.13; Sf 3.14-17; 2Co 1.3

40.2
^q Is 35.4
^r Is 41.11-13; 49.25
^s Is 61.7; Jr 16.18; Zc 9.12; Ap 18.6

40.3
^t Ml 3.1
   Mt 3.3*;
   Mc 1.3*;
   Jo 1.23*

40.4
^v Is 45.2, 13

40.5
^w Is 52.10; Lc 3.4-6*
^x Is 1.20; 58.14

40.6
^y Jó 14.2

⁷ A relva murcha e cai a sua flor,
quando o vento[z] do Senhor
    sopra sobre elas;
o povo não passa de relva.
⁸ A relva murcha, e as flores caem,
mas a palavra[a] de nosso Deus
permanece para sempre".[b]

⁹ Você, que traz boas-novas[c] a Sião,
    suba num alto monte.
Você, que traz boas-novas a Jerusalém,[1]
    erga a sua voz com fortes gritos,
erga-a, não tenha medo;
    diga às cidades de Judá:
"Aqui está o seu Deus!"[d]
¹⁰ O Soberano, o Senhor, vem[e] com poder!
    Com seu braço[f] forte ele governa.[g]
A sua recompensa[h] com ele está,
    e seu galardão o acompanha.
¹¹ Como pastor ele cuida de seu rebanho,[i]
com o braço ajunta os cordeiros
    e os carrega no colo;
conduz com cuidado
    as ovelhas que amamentam suas crias.

¹² Quem mediu as águas[j]
    na concha da mão,[k]
ou com o palmo
    definiu os limites dos céus?[l]
Quem jamais calculou o peso da terra,
ou pesou os montes na balança
e as colinas nos seus pratos?
¹³ Quem definiu limites
    para o Espírito[2] do Senhor,
ou o instruiu como seu conselheiro?[m]
¹⁴ A quem o Senhor consultou
    que pudesse esclarecê-lo,
e que lhe ensinasse a julgar com justiça?
    Quem lhe ensinou o conhecimento[n]
ou lhe apontou o caminho da sabedoria?

¹⁵ Na verdade as nações
    são como a gota que sobra do balde;
para ele são como o pó
    que resta na balança;
para ele as ilhas não passam
    de um grão de areia.
¹⁶ Nem as florestas do Líbano
    seriam suficientes
    para o fogo do altar,
nem os animais[o] de lá bastariam
    para o holocausto.[3]
¹⁷ Diante dele todas as nações[p]
    são como nada;[q]
para ele são sem valor e menos que nada.[r]

¹⁸ Com quem vocês compararão Deus?[s]
    Como poderão representá-lo?[t]
¹⁹ Com uma imagem[u] que o artesão funde,
e que o ourives[v] cobre de ouro[w]
    e para a qual modela correntes de prata?
²⁰ Ou com o ídolo do pobre,
    que pode apenas escolher
    um bom pedaço de madeira
    e procurar um marceneiro
    para fazer uma imagem que não caia?[x]

²¹ Será que vocês não sabem?
Nunca ouviram falar?
Não contaram[y] a vocês desde a antiguidade?
Vocês não compreenderam[z]
como a terra foi fundada?[a]
²² Ele se assenta no seu trono,
acima da cúpula da terra,
cujos habitantes
    são pequenos como gafanhotos.[b]
Ele estende os céus como um forro[c]
e os arma como uma tenda[d]
    para neles habitar.
²³ Ele aniquila os príncipes[e]
    e reduz a nada[f] os juízes deste mundo.
²⁴ Mal eles são plantados ou semeados,
    mal lançam raízes na terra,

---

[1] **40.9** Ou *Ó Sião, que traz boas-novas, suba num alto monte. Ó Jerusalém, que traz boas-novas,*

[2] **40.13** Ou *conheceu a mente do Espírito*

[3] **40.16** Isto é, sacrifício totalmente queimado.

Deus sopra[g] sobre eles, e eles murcham;
um redemoinho os leva como palha.

25 "Com quem vocês vão me comparar?[h]
Quem se assemelha a mim?",
pergunta o Santo.
26 Ergam os olhos e olhem para as
alturas.[i]
Quem criou tudo isso?[j]
Aquele que põe em marcha
cada estrela do seu exército celestial,[k]
e a todas chama pelo nome.
Tão grande é o seu poder
e tão imensa a sua força,
que nenhuma delas deixa de
comparecer![l]

27 Por que você reclama, ó Jacó,
e por que se queixa, ó Israel:
"O Senhor não se interessa
pela minha situação;
o meu Deus não considera
a minha causa"?[m]
28 Será que você não sabe?
Nunca ouviu falar?[n]
O Senhor é o Deus eterno,[o]
o Criador de toda a terra.
Ele não se cansa nem fica exausto;
sua sabedoria é insondável.[p]
29 Ele fortalece o cansado
e dá grande vigor ao que está sem
forças.[q]
30 Até os jovens se cansam
e ficam exaustos,
e os moços[r] tropeçam e caem;
31 mas aqueles que esperam[s] no Senhor
renovam as suas forças.[t]
Voam alto como águias;[u]
correm e não ficam exaustos,
andam e não se cansam.[v]

O Ajudador de Israel

41 "Calem-se[w] diante de mim, ó ilhas![x]
Que as nações renovem as suas
forças!
Que elas se apresentem[y] para se
defender;
vamos encontrar-nos[z]
para decidir a questão.

2 "Quem despertou[a] o que vem do
oriente[b]
e o chamou em retidão ao seu serviço,[1]
entregando-lhe nações
e subjugando reis diante dele?
Com a espada ele os reduz a pó,[c]
com o arco os dispersa como palha.[d]
3 Ele os persegue e avança com
segurança
por um caminho que seus pés
jamais percorreram.
4 Quem fez tudo isso?
Quem chama as gerações à existência
desde o princípio?[e]
Eu, o Senhor,
que sou o primeiro,
e que sou eu mesmo
com os últimos."[f]

5 As ilhas[g] viram isso e temem;
os confins da terra tremem.
Eles se aproximam e vêm à frente;
6 cada um ajuda o outro e diz a seu irmão:
"Seja forte!"
7 O artesão encoraja o ourives,[h]
e aquele que alisa com o martelo
incentiva o que bate na bigorna.
Ele diz acerca da soldagem: "Está boa".
E fixa o ídolo com prego
para que não tombe.

8 "Você, porém, ó Israel, meu servo,
Jacó, a quem escolhi,
vocês, descendentes de
Abraão,[i] meu amigo,[j]
9 eu os tirei dos confins da terra,[k]
de seus recantos mais distantes
eu os chamei.
Eu disse: Você é meu servo;
eu o escolhi[l] e não o rejeitei.
10 Por isso não tema, pois estou com
você;[m]
não tenha medo, pois sou o seu Deus.

---

[1] **41.2** Ou *com quem a vitória se encontra a cada passo,*

40.24
[g] Is 41.16
40.25
[h] v. 18
40.26
[i] Is 51.6
[j] Sl 89.11-13; Is 42.5
[k] Sl 147.4
[l] Is 34.16
40.27
[m] Jó 27.2; Lc 18.7-8
40.28
[n] v. 21
[o] Sl 90.2
[p] Sl 147.5; Rm 11.33
40.29
[q] Is 50.4; Jr 31.25
40.30
[r] Is 9.17; Jr 6.11; 9.21
40.31
[s] Lc 18.1
[t] 2Co 4.16
[u] Ex 19.4; Sl 103.5
[v] 2Co 4.1; Hb 12.1-3
41.1
[w] Hc 2.20; Zc 2.13
[x] Is 11.11
[y] Is 48.16
41.1
[z] is 1.18; 34.1; 50.8
41.2
[a] Ed 1.2
[b] v. 25; Is 45.1, 13
[c] 2Sm 22.42
[d] Is 40.24
41.4
[e] v. 26; Is 46.10
[f] Is 44.6; 48.12; Ap 1.8, 17; 22.13
41.5
[g] Ez 26.17-18
41.7
[h] Is 40.19
41.8
[i] Is 29.22; 51.2; 63.16
[j] 2Cr 20.7; Tg 2.23
41.9
[k] Is 11.12
[l] Dt 7.6
41.10
[m] Js 1.9; Is 43.2,5; Rm 8.31

ISAÍAS 41.27

Eu o fortalecerei e o ajudarei;ⁿ
eu o segurarei
com a minha mão direita vitoriosa.

¹¹ "Todos os que o odeiamᵒ
certamente serão humilhados
e constrangidos;ᵖ
aqueles que se opõem a vocêq
serão como nada e perecerão.ʳ
¹² Ainda que você procure os seus
inimigos,
você não os encontrará.ˢ
Os que guerreiam contra você
serão reduzidos a nada.ᵗ
¹³ Pois eu sou o Senhor, o seu Deus,
que o segura pela mão direitaᵘ
e diz a você: Não tema; eu o ajudarei.ᵛ
¹⁴ Não tenha medo, ó verme Jacó,
ó pequeno Israel,
pois eu mesmo o ajudarei",
declara o Senhor,
seu Redentor, o Santo de Israel.
¹⁵ "Veja, eu o tornarei um debulhadorʷ
novo e cortante, com muitos dentes.
Você debulhará os montes e os
esmagará
e reduzirá as colinas a palha.
¹⁶ Você irá peneirá-los,ˣ o vento os levará,
e uma ventania os espalhará.
Mas você se regozijará no Senhor
e no Santo de Israel se gloriará.ʸ

¹⁷ "O pobre e o necessitado buscam
águaᶻ
e não a encontram!
Suas línguas estão ressequidas de sede.
Mas eu, o Senhor, lhes responderei;ᵃ
eu, o Deus de Israel, não os
abandonarei.
¹⁸ Abrireiᵇ rios nas colinas estéreis
e fontes nos vales.
Transformarei o desertoᶜ num lago
e o chão ressequido em mananciais.ᵈ
¹⁹ Porei no deserto o cedro,
a acácia, a murta e a oliveira.
Colocarei juntos no ermo
o cipreste, o abeto e o pinheiro,ᵉ

²⁰ para que o povo veja e saiba,
e todos vejam e saibam,
que a mão do Senhor fez isso,
que o Santo de Israel o criou.ᶠ

²¹ "Exponham a sua causa", diz o
Senhor.
"Apresentem as suas provas",
diz o rei de Jacó.ᵍ
²² "Tragam os seus ídolos
para nos dizerem o que vai
acontecer.ʰ
Que eles nos contem como eram
as coisas anteriores,
para que as consideremos
e saibamos o seu resultado final;
ou que nos declarem as coisas vindouras,ⁱ
²³ revelem-nos o futuro,
para que saibamos que eles são
deuses.ʲ
Façam alguma coisa, boa ou má,ᵏ
para que nos rendamos, cheios de
temor.
²⁴ Mas vejam só! Eles não são nada,ˡ
e as suas obras são totalmente nulas;
detestávelᵐ é aquele que os escolhe!

²⁵ "Despertei um homem,
e do norteⁿ ele vem;
desde o nascente
proclamará o meu nome.
Pisaᵒ em governantes como em
argamassa,
como o oleiro amassa o barro.
²⁶ Quem falou disso desde o princípio,
para que o soubéssemos,
ou antecipadamente,
para que pudéssemos dizer:
'Ele estava certo'?
Ninguém o revelou,
ninguém o fez ouvir,
ninguém ouviu palavraᵖ alguma
de vocês.
²⁷ Desde o princípio eu disseq a Sião:
Veja, estas coisas acontecendo!
A Jerusalém eu darei um mensageiro
de boas-novas.ʳ

28 Olho, e não há ninguém entre eles,^s
nenhum conselheiro que dê resposta^t
quando pergunto.
29 Veja, são todos falsos!
Seus feitos são nulos;^u
suas imagens fundidas
não passam de um sopro^v e de uma nulidade!

O Servo do Senhor

42 "Eis o meu servo,
a quem sustento,
o meu escolhido,^w em quem tenho prazer.
Porei nele o meu Espírito,^x
e ele trará justiça às nações.
2 Não gritará nem clamará,
nem erguerá a voz nas ruas.
3 Não quebrará o caniço rachado,
e não apagará o pavio fumegante.
Com fidelidade fará justiça;^y
4 não mostrará fraqueza
nem se deixará ferir
até que estabeleça a justiça na terra.
Em sua lei as ilhas porão sua esperança."^z

5 É o que diz Deus, o Senhor,
aquele que criou o céu e o estendeu,
que espalhou a terra
e tudo o que dela procede,^a
que dá fôlego^b aos seus moradores
e vida aos que andam nela:
6 "Eu, o Senhor, o chamei^c para justiça;^d
segurarei firme a sua mão.
Eu o guardarei^e e farei de você
um mediador^f para o povo
e uma luz para os gentios,^g
7 para abrir os olhos dos cegos,^h
para libertar^i da prisão^j os cativos
e para livrar do calabouço
os que habitam na escuridão.
8 "Eu sou o Senhor; este é o meu nome!^k
Não darei a outro a minha glória^l
nem a imagens o meu louvor.

9 Vejam! As profecias antigas
aconteceram, e novas eu anuncio;
antes de surgirem, eu as declaro a vocês".

10 Cantem ao Senhor um novo cântico,^m
seu louvor desde os confins da terra,^n
vocês, que navegam no mar,
e tudo o que nele existe,^o
vocês, ilhas, e todos os seus habitantes.
11 Que o deserto^p e as suas cidades
ergam a sua voz;
regozijem-se os povoados
habitados por Quedar.^q
Cante de alegria o povo de Selá,
gritem pelos altos dos montes.^r
12 Deem glória^s ao Senhor
e nas ilhas proclamem seu louvor.
13 O Senhor sairá
como homem poderoso,^t
como guerreiro despertará o seu zelo;^u
com forte brado^v e seu grito de guerra,
triunfará sobre os seus inimigos.^w

14 "Fiquei muito tempo em silêncio
e me contive, calado.
Mas agora, como mulher
em trabalho de parto,
eu grito, gemo e respiro ofegante.
15 Arrasarei^x os montes e as colinas
e secarei toda sua vegetação;
tornarei rios em terra seca e secarei^y os açudes.
16 Conduzirei^z os cegos^a por caminhos
que eles não conheceram,
por veredas desconhecidas eu os guiarei;
transformarei as trevas em luz
diante deles
e tornarei retos os lugares acidentados.^b
Essas são as coisas que farei;
não os abandonarei.^c
17 Mas retrocederão em vergonha total^d
aqueles que confiam
em imagens esculpidas,
que dizem aos ídolos fundidos:
'Vocês são nossos deuses'.

A Cegueira de Israel

¹⁸ "Ouçam, surdos; e olhem, cegos, e vejam!
¹⁹ Quem é cego senão o meu servo,
e surdo senão o mensageiro que enviei?
Quem é cego como aquele
 que é consagrado a mim,
cego como o servo do Senhor?
²⁰ Você viu muitas coisas,
 mas não deu nenhuma atenção;
seus ouvidos estão abertos,
 mas você não ouve nada."
²¹ Foi do agrado do Senhor,
 por amor de sua retidão,
tornar grande e gloriosa a sua lei.
²² Mas este é um povo saqueado e roubado;
foi apanhado em cavernas
 e escondido em prisões.
Tornou-se presa,
 sem ninguém para resgatá-lo;
tornou-se despojo,
 sem que ninguém o reclamasse,
 dizendo: "Devolvam".
²³ Qual de vocês escutará isso
ou prestará muita atenção
no tempo vindouro?
²⁴ Quem entregou Jacó
 para tornar-se despojo
e Israel aos saqueadores?
Não foi o Senhor,
 contra quem temos pecado?
Pois eles não quiseram seguir
 os seus caminhos;
não obedeceram à sua lei.
²⁵ De modo que ele lançou sobre eles
 o seu furor,
a *violência da guerra*.
Ele os envolveu em chamas,
 contudo nada aprenderam;
isso os consumiu
e, ainda assim, não o levaram a sério.

O Único Salvador de Israel

43 Mas agora assim diz o Senhor,
aquele que o criou, ó Jacó,
aquele que o formou, ó Israel:
"Não tema, pois eu o resgatei;
eu o chamei pelo nome; você é meu.
² Quando você atravessar as águas,
 eu estarei com você;
quando você atravessar os rios,
 eles não o encobrirão.
Quando você andar através do fogo,
 não se queimará;
as chamas não o deixarão em brasas.
³ Pois eu sou o Senhor, o seu Deus,
 o Santo de Israel, o seu Salvador;
dou o Egito como resgate para livrá-lo,
 a Etiópia[1] e Sebá em troca de você.
⁴ Visto que você é precioso
 e honrado à minha vista,
e porque eu o amo,
darei homens em seu lugar,
e nações em troca de sua vida.
⁵ Não tenha medo,
 pois eu estou com você,
do oriente trarei seus filhos
e do ocidente ajuntarei você.
⁶ Direi ao norte: 'Entregue-os!'
 e ao sul: 'Não os retenha'.
De longe tragam os meus filhos,
 e dos confins da terra as minhas filhas;
⁷ todo o que é chamado pelo meu nome,
 a quem criei para a minha glória,
 a quem formei e fiz".
⁸ Traga o povo que tem olhos, mas é cego,
que tem ouvidos, mas é surdo.
⁹ Todas as nações se reúnem,
 e os povos se ajuntam.
Qual deles predisse isso
 e anunciou as coisas passadas?
Que eles façam entrar suas testemunhas,
 para provarem que estavam certos,
para que outros ouçam e digam:
 "É verdade".

---

[1] 43.3 Hebraico: *Cuxe*.

¹⁰ "Vocês são minhas testemunhas",
    declara o Senhor,
"e meu servo,ᵒ a quem escolhi,
    para que vocês saibam e creiam em
        mim
    e entendam que eu sou Deus¹.
Antes de mim nenhum deusᵖ se formou,
nem haverá algum depois de mim.
¹¹ Eu, eu mesmo, sou o Senhor,
    e além de mim não há salvador algum.ᵠ
¹² Eu revelei, salvei e anunciei;
    eu, e não um deus estrangeiroʳ entre
        vocês.
Vocês são testemunhasˢ de que eu sou
        Deus",
    declara o Senhor.
¹³ "Desde os dias mais antigosᵗ eu o sou.
    Não há quem possa
        livrar alguém de minha mão.
    Agindo eu, quem o pode desfazer?"ᵘ

A Misericórdia de Deus e a Infidelidade de Israel

¹⁴ Assim diz o Senhor, o seu Redentor,
o Santo de Israel:

"Por amor de vocês mandarei
        inimigosᵛ contra a Babilônia
    e farei todos os babilônios²ʷ
        descerem como fugitivos
    nos navios de que se orgulhavam.
¹⁵ Eu sou o Senhor, o Santo de vocês,
    o Criador de Israel e o seu Rei".

¹⁶ Assim diz o Senhor,
aquele que fez um caminho pelo mar,
uma vereda pelas águas violentas,ˣ
¹⁷ que fez saíremʸ juntosᶻ
    os carros e os cavalos,
    o exército e seus reforços,
    e eles jazem ali, para nunca mais
        se levantarem,
    exterminados, apagados como um pavio:
¹⁸ "Esqueçam o que se foi;
    não vivam no passado.
¹⁹ Vejam, estou fazendo uma coisa
        nova!ᵃ
Ela já está surgindo! Vocês não a
        reconhecem?
Até no deserto vou abrir um caminhoᵇ
    e riachos no ermo.
²⁰ Os animais do campo me honrarão,
    os chacaisᶜ e as corujas,
porque fornecerei águaᵈ no deserto
    e riachos no ermo,
para dar de beber a meu povo,
    meu escolhido,
²¹ ao povo que formei para mim mesmo
    a fim de que proclamasse o meu
        louvor.ᵉ

²² "Contudo, você não me invocou, ó
        Jacó,
embora você tenha ficado exausto
    por minha causa, ó Israel.ᶠ
²³ Não foi para mim que você trouxe
    ovelhas para holocaustos³,
nem foi a mim que você honrouᵍ com
    seus sacrifícios.ʰ
Não o sobrecarreguei
    com ofertas de cereal,
nem o deixei exausto
    com exigênciasⁱ de incenso.ʲ
²⁴ Você não me comprou
    nenhuma canaᵏ aromática,
nem me saciou
    com a gordura de seus sacrifícios.
Mas você me sobrecarregou
    com seus pecados
e me deixou exaustoˡ com suas ofensas.ᵐ

²⁵ "Sou eu, eu mesmo, aquele que apaga
    suas transgressões,ⁿ por amor de mim,ᵒ
e que não se lembra mais
    de seus pecados.ᵖ
²⁶ Relembre o passado para mim;
    vamos discutir a sua causa.ᵠ
Apresente o argumentoʳ
    para provar sua inocência.
²⁷ Seu primeiro pai pecou;
    seus porta-vozesˢ se rebelaram
        contra mim.

---

¹ **43.10** Ou *ele*
² **43.14** Ou *caldeus*; também em 47.1, 5; 48.14 e 20.
³ **43.23** Isto é, sacrifícios totalmente queimados.

43.10
ᵒ Is 41.8-9
ᵖ Is 44.6,8
43.11
ᵠ Is 45.21
43.12
ʳ Dt 32.12;
Sl 81.9
ˢ Is 44.8
43.13
ᵗ Sl 90.2
ᵘ Jó 9.12;
Is 14.27
43.14
ᵛ Is 13.14-15
ʷ is 23.13;
43.16
ˣ Sl 77.19
Is 11.15;
51.10
43.17
ʸ Sl 118.12;
Is 1.31
ᶻ Ex 14.9
43.19
ᵃ 2Co 5.17;
Ap 21.5
ᵇ Ex 17.6;
Nm 20.11
43.20
ᶜ Is 13.22
ᵈ Is 48.21
43.21
ᵉ Sl 102.18;
1Pe 2.9
43.22
ᶠ Is 30.11
43.23
ᵍ Zc 7.5-6;
Ml 1.6-8
ʰ Am 5.25
ⁱ Jr 7.22
ʲ Ex 30.35;
Lv 2.1
43.24
ᵏ Ex 30.23
ˡ Is 1.14;
7.13
ᵐ Ml 2.17
43.25
ⁿ At 3.19
ᵒ Is 37.35;
Ez 36.22
ᵖ Is 38.17;
Jr 31.34
43.26
ᵠ Is 1.18
ʳ Is 41.1;
50.8
43.27
ˢ Is 9.15;
28.7;
Jr 5.31

²⁸ Por isso envergonharei
 os líderes do templo,
e entregarei Jacó à destruição
 e Israel à zombaria.ᵗ

Israel, o Escolhido do Senhor

44 "Mas escute agora, Jacó,
 meu servo,ᵘ
Israel, a quem escolhi.
² Assim diz o Senhor,
 aquele que o fez,
 que o formou no ventre, e que o
  ajudará:ᵛ
Não tenha medo, ó Jacó, meu servo,
Jesurum,ʷ a quem escolhi.
³ Pois derramarei águaˣ na terra sedenta,
 e torrentes na terra seca;
derramarei meu Espíritoʸ sobre sua prole
 e minha bênção sobre seus
  descendentes.ᶻ
⁴ Eles brotarão como relva nova,
 como salgueirosᵃ junto a regatos.ᵇ
⁵ Um dirá: 'Pertenço ao Senhor';
outro chamará a si mesmo
 pelo nome de Jacó;
ainda outro escreverá em sua mão:ᶜ
 'Do Senhor',ᵈ
e tomará para si o nome Israel.

A Insensatez da Idolatria

⁶ "Assim diz o Senhor,
 o rei de Israel,ᵉ o seu redentor,ᶠ
 o Senhor dos Exércitos:
Eu sou o primeiro e eu sou o último;ᵍ
além de mim não há Deus.
⁷ Quem então é como eu?
Que ele o anuncie,
que ele declare e exponha diante de mim
 o que aconteceu
desde que estabeleci meu antigo povo
 e o que ainda está para vir;
que todos eles predigam as coisas
 futuras
 e o que irá acontecer.ʰ
⁸ Não tremam, nem tenham medo.
Não anunciei isto e não o predisse
 muito tempo atrás?

Vocês são minhas testemunhas.
 Há outro Deusⁱ além de mim?
Não, não existe nenhuma outra Rocha;ʲ
 não conheço nenhuma".

⁹ Todos os que fazem imagens nada são,
 e as coisas que estimam são sem
  valor.ᵏ
As suas testemunhas nada veem
 e nada sabem,
para que sejam envergonhados.
¹⁰ Quem é que modela um deus
 e funde uma imagem,
 que de nada lhe serve?ˡ
¹¹ Todos os seus companheiros
 serão envergonhados;ᵐ
pois os artesãos não passam de homens.
Que todos eles se ajuntem
 e declarem sua posição;
eles serão lançados ao pavor
 e à vergonha.ⁿ

¹² O ferreiroᵒ apanha uma ferramenta
 e trabalha com ela nas brasas;
modela um ídolo com martelos,
 forja-o com a força do braço.ᵖ
Ele sente fome e perde a força;
 passa sede e desfalece.
¹³ O carpinteiroᵠ mede a madeira
 com uma linha
e faz um esboço com um traçador;
ele o modela toscamente com formões
 e o marca com compassos.
Ele o faz na forma de homem,ʳ
de um homem em toda a sua beleza,
 para que habite num santuário.ˢ
¹⁴ Ele derruba cedros,
 talvez apanhe um cipreste,
 ou ainda um carvalho.
Ele o deixou crescer entre
 as árvores da floresta,
ou plantou um pinheiro,
 e a chuva o fez crescer.
¹⁵ É combustívelᵗ usado para queimar;
 um pouco disso ele apanha e se
  aquece,
acende um fogo e assa um pão.

Mas também modela um deus e o adora;
faz uma imagem e se curva[u] diante dela.
16 Metade da madeira
  ele queima no fogo;
sobre ela ele prepara sua refeição,
  assa a carne e come sua porção.
Ele também se aquece e diz:
  "Ah! Estou aquecido;
  estou vendo o fogo".
17 Do restante ele faz um deus, seu ídolo;
  inclina-se diante dele e o adora.
Ora[v] a ele e diz: "Salva-me;[w]
  tu és o meu deus".
18 Eles nada sabem, nada entendem;[x]
  seus olhos[y] estão tapados,
não conseguem ver,
  e suas mentes estão fechadas,
não conseguem entender.
19 Para pensar ninguém para,
ninguém tem o conhecimento
  ou o entendimento[z] para dizer:
"Metade dela usei como combustível;
até mesmo assei pão sobre suas brasas,
  assei carne e comi.
Faria eu algo repugnante[a]
  com o que sobrou?
Iria eu ajoelhar-me diante
  de um pedaço de madeira?"
20 Ele se alimenta de cinzas,[b]
  um coração iludido[c] o desvia;
ele é incapaz de salvar a si mesmo
  ou de dizer:
"Esta coisa na minha mão direita
  não é uma mentira?"[d]

21 "Lembre-se[e] disso, ó Jacó,
  pois você é meu servo, ó Israel.
Eu o fiz, você é meu servo;[f]
  ó Israel, eu não o esquecerei.[g]
22 Como se fossem uma nuvem,
  varri para longe[h] suas ofensas;
como se fossem a neblina da manhã,
  os seus pecados.
Volte[i] para mim, pois eu o resgatei."[j]

23 *Cantem de alegria,[k] ó céus,*
  pois o Senhor *fez isto;*
gritem bem alto, ó profundezas da terra.[l]
Irrompam em canção, vocês, montes,[m]
  vocês, florestas e todas as suas
    árvores,
pois o Senhor *resgatou Jacó;*
ele mostra sua glória[n] em Israel.

Jerusalém Será Habitada

24 "Assim diz o Senhor,
  o seu redentor,[o] que o formou no
    ventre:

"Eu sou o Senhor, que fiz todas as coisas,
que sozinho estendi os céus,[p]
que espalhei a terra por mim mesmo,

25 "que atrapalha[q] os sinais dos falsos
    profetas
  e faz de tolos os adivinhadores,[r]
que derruba o conhecimento dos sábios[s]
  e o transforma em loucura,[t]
26 que executa as palavras[u] de seus servos
  e cumpre[v] as predições
    de seus mensageiros,

"que diz acerca de Jerusalém:
  Ela será habitada,
e das cidades de Judá:
  Elas serão construídas,
e de suas ruínas: Eu as restaurarei,[w]
27 que diz às profundezas aquáticas:
  Sequem-se, e eu secarei seus regatos,
28 que diz acerca de Ciro:[x]
  Ele é meu pastor,
e realizará tudo o que me agrada;
ele dirá acerca de Jerusalém:[y]
  'Seja reconstruída',
e do templo:[z] 'Sejam lançados os seus
    alicerces'.

45 "Assim diz o Senhor ao seu ungido:
  a Ciro, cuja mão direita
    eu seguro com firmeza[a]
para subjugar as nações[b] diante dele
  e arrancar a armadura de seus reis,
para abrir portas diante dele,
  de modo que as portas
    não estejam trancadas:

² Eu irei adiante de você e aplainarei
   montes;
derrubarei portas de bronze
e romperei trancas de ferro.ᵈ
³ Darei a você os tesourosᵉ das trevas,
riquezas armazenadas em locais secretos,ᶠ
para que você saibaᵍ
   que eu sou o Senhor,
o Deus de Israel,
que o convoca pelo nome.ʰ
⁴ Por amor de meu servo Jacó,ⁱ
   de meu escolhido Israel,
eu o convoco pelo nome
   e concedo a você um título de honra,
embora você não me reconheça.ʲ
⁵ Eu sou o Senhor,
   e não há nenhum outro;ᵏ
além de mim não há Deus.ˡ
Eu o fortalecerei,ᵐ ainda que você
   não tenha me admitido,
⁶ de forma que do nascente ao poenteⁿ
   saibam todos que não há
   ninguém além de mim.ᵒ
Eu sou o Senhor,
   e não há nenhum outro.
⁷ Eu formo a luz e crio as trevas,
   promovo a paz e causo a desgraça;ᵖ
eu, o Senhor, faço todas essas coisas.

⁸ "Vocês, céus elevados,
   façam choverᵍ justiça;ʳ
derrem-na as nuvens.
Abra-se a terra, brote a salvação,ˢ
cresça a retidão com ela;
   eu, o Senhor, a criei.

⁹ "Ai daquele que contendeᵗ
   com seu Criador,
daquele que não passa de um caco
   entre os cacos no chão.
Acaso o barro pode dizer ao oleiro:ᵘ
   'O que você está fazendo?'
Será que a obra que você faz pode dizer:
   'Você não tem mãos?'
¹⁰ Ai daquele que diz a seu pai:
   'O que você gerou?',
ou à sua mãe: 'O que você deu à luz?'

¹¹ "Assim diz o Senhor, o Santo de
   Israel,
   o seu Criador:
A respeito de coisas vindouras,
   você me pergunta sobre meus filhos,
ou me dá ordens sobre o trabalho
   de minhas mãos?ᵛ
¹² Fui eu que fiz a terra
   e nela criei a humanidade.
Minhas próprias mãos
   estenderam os céus;ʷ
eu dispus o seu exército de estrelas.ˣ
¹³ Eu levantarei este homemʸ em minha
   retidão:
farei direitos todos os seus caminhos.
Ele reconstruirá minha cidade
   e libertará os exilados,
sem exigir pagamento
   nem qualquer recompensa,ᶻ
diz o Senhor dos Exércitos.

¹⁴ "Assim diz o Senhor:

Os produtos do Egito
   e as mercadorias da Etiópia¹,
e aqueles altos sabeus,
   passarão para o seu lado
e pertencerão a você, ó Jerusalém;
   eles a seguirão,
acorrentados,ᵃ passarão para o seu lado.
Eles se inclinarão diante de você
e implorarãoᵇ a você, dizendo:
   'Certamente Deus está com você,ᶜ
   e não há outro;
não há nenhum outro Deus' ".

¹⁵ Verdadeiramente tu és um Deus
   que se esconde,ᵈ
ó Deus e Salvador de Israel.
¹⁶ Todos os que fazem ídolos
   serão envergonhados e
   constrangidos;ᵉ
juntos cairão em constrangimento.
¹⁷ Mas Israel será salvoᶠ pelo Senhor
   com uma salvação eterna;ᵍ
vocês jamais serão envergonhados

¹ **45.14** Hebraico: *de Cuxe*.

ou constrangidos, por toda a
    eternidade.

¹⁸ Pois assim diz o Senhor,
    que criou os céus, ele é Deus;
que moldou a terra e a fez,
    ele a estabeleceu;
não a criou para estar vazia,ʰ
    mas a formou para ser habitada;ⁱ
ele diz: "Eu sou o Senhor,
    e não há nenhum outro.ʲ
¹⁹ Não falei secretamente,ᵏ
    de algum lugar numa terra de trevas;
eu não disse aos descendentes de Jacó:ˡ
    Procurem-me à toa.
Eu, o Senhor, falo a verdade;
    eu anuncio o que é certo.ᵐ

²⁰ "Ajuntem-seⁿ e venham; reúnam-se,
    vocês, fugitivos das nações.
São ignorantesᵒ aqueles que levamᵖ
    de um lado para outro
    imagens de madeira,
que oram a deuses que não podem salvar.ᑫ
²¹ Declarem o que deve ser,
    apresentem provas.
Que eles juntamente se aconselhem.
Quem há muito predisseʳ isto,
    quem o declarou
    desde o passado distante?
Não fui eu, o Senhor?
E não há outro Deus além de mim,ˢ
    um Deus justo e salvador;
    não há outro além de mim.

²² "Voltem-seᵗ para mim e sejam salvos,ᵘ
    todos vocês, confins da terra;ᵛ
pois eu sou Deus,
    e não há nenhum outro.
²³ Por mim mesmo eu jurei,ʷ
    a minha boca pronunciou
    com toda a integridadeˣ
    uma palavra que não será revogada:ʸ
Diante de mim todo joelho se dobrará;
    junto a mim toda língua jurará.ᶻ
²⁴ Dirão a meu respeito:
    'Somente no Senhor
    estão a justiçaᵃ e a força' ".

Todos os que o odeiam
    virão a ele e serão envergonhados.ᵇ
²⁵ Mas no Senhor todos
    os descendentes de Israel
    serão considerados justos e exultarão.ᶜ

Os Deuses da Babilônia

46 Belᵈ se inclina, Nebo se abaixa;
    os seus ídolos são levados
    por animais de carga.¹
As imagens que são levadasᵉ
    por aí são pesadas,
um fardo para os exaustos.
² Juntos eles se abaixam e se inclinam;
incapazes de salvar o fardo,
    eles mesmos vão para o cativeiro.ᶠ

³ "Escute-me,ᵍ ó casa de Jacó,
    todos vocês que restam da nação de
        Israel,
vocês, a quem tenho sustentado
    desde que foram concebidos,
e que tenho carregado
    desde o seu nascimento.
⁴ Mesmo na sua velhice,
    quando tiverem cabelos brancos,ʰ
sou eu aquele,ⁱ
    aquele que os susterá.
Eu os fiz e eu os levarei;
    eu os sustentarei
    e eu os salvarei.

⁵ "Com quem vocês vão comparar-me
    ou a quem me considerarão igual?
A quem vocês me assemelharão
    para que sejamos comparados?ʲ
⁶ Alguns derramam ouro de suas bolsas
    e pesam prata na balança;
contratam um ourivesᵏ
    para transformar isso num deus,
inclinam-se e o adoram.ˡ
⁷ Erguem-no ao ombro e o carregam;ᵐ
    põem-no em pé em seu lugar, e ali
        ele fica.
Daquele local não consegue se mexer.
    Embora alguém o invoque,

---

¹ 46.1 Ou *ídolos não passam de animais de carga e gado*

45.18
ʰ Gn 1.2
ⁱ Gn 1.26;
Is 42.5
ʲ v. 5
45.19
ᵏ Is 48.16
ˡ Is 41.8
ᵐ Dt 30.11
45.20
ⁿ Is 43.9
ᵒ Is 44.19
ᵖ Is 46.1;
Jr 10.5
ᑫ Is 44.17;
46.6-7
45.21
ʳ Is 41.22
ˢ v. 5
45.22
ᵗ Zc 12.10
ᵘ Nm 21.8-9;
2Cr 20.12
ᵛ Is 49.6,12
45.23
ʷ Gn 22.16
ˣ Hb 6.13
ʸ Is 55.11
ᶻ Sl 63.11;
Is 19.18;
Rm 14.11*;
Fp 2.10-11
45.24
ᵃ Jr 33.16
ᵇ is 41.11
45.25
ᶜ Is 41.16
46.1
ᵈ Is 21.9;
Jr 50.2;
51.44
ᵉ Is 45.20
46.2
ᶠ Jz 18.17-18;
2Sm 5.21
46.3
ᵍ v.12
46.4
ʰ Sl 71.18
ⁱ Is 43.13
46.5
ʲ Is 40.18,25
46.6
ᵏ Is 40.19
ˡ Is 44.17
46.7
ᵐ v. 1

ele não responde;
  é incapaz de salvá-loⁿ de seus problemas.

⁸ "Lembrem-seᵒ disso, gravem-no na mente,
  acolham no íntimo, ó rebeldes.
⁹ Lembrem-se das coisas passadas,
  das coisas muito antigas!ᵖ
Eu sou Deus, e não há nenhum outro;
  eu sou Deus, e não há nenhum como eu.ᵠ
¹⁰ Desde o início faço conhecido o fim,
desde tempos remotos,ʳ
  o que ainda virá.
Digo: Meu propósito permanecerá em pé,ˢ
e farei tudo o que me agrada.
¹¹ Do oriente convoco uma ave de rapina;
de uma terra bem distante,
  um homem para cumprir o meu propósito.
O que eu disse, isso eu farei acontecer;
  o que planejei, isso farei.
¹² Escutem-me,ᵗ
  vocês de coração obstinado,
vocês que estão longe da retidão.ᵘ
¹³ Estou trazendo para perto
  a minha retidão,
ela não está distante;
  e a minha salvação não será adiada.
Concederei salvação a Sião,
  meu esplendor a Israel.ᵛ

A Queda de Babilônia

47 "Desça, sente-se no pó,
  Virgem Cidade¹ ʷ de Babilônia;
sente-se no chão sem um trono,
  Filha dos babilônios.ˣ
Você não será mais chamada
  mimosa e delicada.ʸ
² Apanhe pedras de moinhoᶻ e faça farinha;ᵃ
  retire o seu véu.ᵇ
Levante a saia,ᶜ desnude as suas pernas
  e atravesse os riachos.
³ Sua nudezᵈ será exposta
  e sua vergonhaᵉ será revelada.
Eu me vingarei;ᶠ não pouparei ninguém."
⁴ Nosso redentor,
  o Senhor dos Exércitos é o seu nome,ᵍ
é o Santo de Israel.

⁵ "Sente-se em silêncio, entre nas trevas,ʰ
  cidade dos babilônios;
você não será mais chamada
  rainha dos reinos.ⁱ
⁶ Fiquei iradoʲ contra o meu povo
  e profanei minha herança;
eu os entreguei nas suas mãos,ᵏ
  e você não mostrou misericórdia para com eles.
Mesmo sobre os idosos
  você pôs um jugo muito pesado.
⁷ Você disse: 'Continuarei sempre sendo
  a rainha eterna!'ˡ
Mas você não ponderou estas coisas,
  nem refletiuᵐ no que poderia acontecer.ⁿ

⁸ "Agora, então, escute,
  criatura provocadora,
que age despreocupada ᵒ
  e preguiçosamente
  em sua segurança e diz a si mesma:
    'Somente eu,
    e mais ninguém.ᵖ
Jamais ficarei viúvaᵠ nem sofrerei
  a perda de filhos'.
⁹ Estas duas coisas acontecerão a você
  num mesmo instante,ʳ num único dia,
perda de filhosˢ e viuvez;
  virão sobre você com todo o seu peso,
a despeito de suas muitas feitiçarias
e de todas as suas poderosasᵗ
palavras de encantamento.ᵘ
¹⁰ Você confiouᵛ em sua impiedade e disse:
  'Ninguém me vê'.ʷ
Sua sabedoria e seu conhecimento a enganamʸ
  quando você diz a si mesma:

---

¹ **47.1** Hebraico: *Filha*; também no versículo 5.

'Somente eu, e mais ninguém
   além de mim'.
¹¹ A desgraça a alcançará
   e você não saberá como esconjurá-la.
Cairá sobre você um mal
   do qual você não poderá proteger-se
   com um resgate;
uma catástrofe que você não pode prever
   cairá repentinamente[z] sobre você.

¹² "Continue, então, com suas
      palavras mágicas de encantamento
   e com suas muitas feitiçarias,[a]
      nas quais você tem se afadigado
      desde a infância.
Talvez você consiga,
   talvez provoque pavor.
¹³ Todos os conselhos que você recebeu
   só a deixaram extenuada![b]
Deixe seus astrólogos[c] se apresentarem,
   aqueles fitadores de estrelas
que fazem predições de mês a mês,
   que eles a salvem[d] daquilo
   que está vindo sobre você;
¹⁴ sem dúvida eles são como restolho;[e]
   o fogo os consumirá.
Eles não podem nem mesmo salvar-se
   do poder das chamas.[f]
Aqui não existem brasas
   para aquecer ninguém;
não há fogueira para a gente sentar-se
   ao lado.
¹⁵ Isso é tudo o que eles podem
      fazer por você,
   esses com quem você se afadigou
      e com quem teve negócios escusos[g]
   desde a infância.
Cada um deles prossegue em seu erro;
   não há ninguém que possa salvá-la.

Israel Obstinado

48 "Escute isto, ó comunidade de Jacó,
   vocês que são chamados
      pelo nome de Israel
   e vêm da linhagem de Judá,
vocês que fazem juramentos
   pelo nome do SENHOR
e invocam[h] o Deus de Israel,
   mas não em verdade[i] ou retidão;
² vocês que chamam a si mesmos
   cidadãos da cidade santa[j]
e dizem confiar[k] no Deus de Israel;
   o SENHOR dos Exércitos é o seu
      nome:
³ Eu predisse há muito
      as coisas passadas,[l]
   minha boca as anunciou,"
      e eu as fiz conhecidas;
   então repentinamente agi,
      e elas aconteceram.
⁴ Pois eu sabia quão obstinado[n] você era;
   os tendões de seu pescoço[o] eram ferro,
      a sua testa[p] era bronze.
⁵ Por isso há muito contei a você
      essas coisas;
   antes que acontecessem
      eu as anunciei a você
   para que você não pudesse dizer:
'Meus ídolos as fizeram;[q]
   minha imagem de madeira
      e meu deus de metal as
         determinaram'.
⁶ Você tem ouvido essas coisas;
      olhe para todas elas.
Você não irá admiti-las?

"De agora em diante eu contarei a você
      coisas novas,
coisas ocultas, que você desconhece.
⁷ Elas foram criadas agora,
      e não há muito tempo;
você nunca as conheceu antes.
Por isso você não pode dizer:
   'Sim, eu as conhecia'.
⁸ Você não tinha conhecimento
      nem entendimento;
desde a antiguidade o seu ouvido
   tem se fechado.
Sei quão traiçoeiro você é;
   desde o nascimento
      você foi chamado rebelde.[r]
⁹ Por amor do meu próprio nome
      eu adio a minha ira;[s]

47.11
[z] 1Ts 5.3
47.12
[a] v. 9
47.13
[b] Is 57.10;
    Jr 51.58
[c] Is 44.25
[d] v.15
47.14
[e] Is 5.24;
    Na 1.10
[f] Is 10.17;
    Jr 51.30,
    32, 58
47.15
[g] Ap 18.11
48.1
[h] Is 58.2
[i] Jr 4.2
48.2
[j] Is 52.1
[k] Is 10.20;
    Mq 3.11;
    Rm 2.17
48.3
[l] Is 41.22
[m] Is 45.21
48.4
[n] Dt 31.27
[o] Ex 32.9;
    At 7.51
48.4
[p] Ez 3.9
48.5
[q] Jr 44.15-18
48.8
[r] Dt 9.7,24;
    Sl 58.3
48.9
[s] Sl 78.38;
    Is 30.18

por amor de meu louvor
  eu a contive,
para que você não fosse eliminado.ᵗ
¹⁰ Veja, eu refinei você,
  embora não como prata;
eu o provei na fornalhaᵘ da aflição.
¹¹ Por amor de mim mesmo,ᵛ
  por amor de mim mesmo, eu faço isso.
Como posso permitir que
  eu mesmo seja difamado?ʷ
Não darei minha glória a nenhum outro.ˣ

A Libertação de Israel

¹² "Escute-me,ʸ ó Jacó,
Israel,
  a quem chamei:
Eu sou sempre o mesmo;
  eu sou o primeiro
  e eu sou o último.ᶻ
¹³ Minha própria mão
  lançou os alicerces da terra,ᵃ
e a minha mão direita estendeu os céus;ᵇ
quando eu os convoco,
  todos juntos se põem em pé.ᶜ

¹⁴ "Reúnam-se,ᵈ todos vocês, e escutem:
  Qual dos ídolos predisse essas coisas?
O amado do Senhor
  cumprirá seu propósitoᵉ
  contra a Babilônia;
seu braço será contra os babilônios.
¹⁵ Eu, eu mesmo, falei;
  sim, eu o chamei.ᶠ
Eu o trarei, e ele será bem-sucedido
  em sua missão.

¹⁶ "Aproximem-seᵍ de mim e escutem isto:

"Desde o primeiro anúncio
  não falei secretamente;ʰ
na hora em que acontecer, estarei ali."

E agora o Soberano, o Senhor, me
  enviou,ⁱ
  com seu Espírito.

¹⁷ Assim diz o Senhor, o seu redentor,ʲ
  o Santo de Israel:ᵏ

"Eu sou o Senhor, o seu Deus,
  que ensina o que é melhor para você,
que o dirigeˡ no caminhoᵐ
  em que você deve ir.
¹⁸ Se tão somente você tivesse
  prestado atençãoⁿ às minhas ordens,
sua paz ᵒ seria como um rio,
  sua retidão,ᵖ como as ondas do mar.
¹⁹ Seus descendentes
  seriam como a areia,
seus filhos, como seus inúmeros grãos;ᵠ
o nome deles jamais seria eliminadoʳ
  nem destruído de diante de mim".

²⁰ Deixem a Babilônia,
  fujamˢ do meio dos babilônios!
Anunciem isso com gritos de alegriaᵗ
  e proclamem-no.
Enviem-no aos confins da terra; digam:
  O Senhor resgatouᵘ seu servo Jacó.
²¹ Não tiveram sedeᵛ
  quando ele os conduziu
  através dos desertos;
ele fez água fluirʷ da rocha para eles;
fendeu a rocha, e a água jorrou.ˣ

²² "Não há paz alguma para os ímpios",ʸ
  diz o Senhor.

O Servo do Senhor

49 Escutem-me, vocês, ilhas;
  ouçam, vocês, nações distantes:
Antes de eu nascerᶻ
  o Senhor me chamou;ᵃ
desde o meu nascimento
  ele fez menção de meu nome.
² Ele fez de minha boca
  uma espada afiada,ᵇ
na sombra de sua mão ele me escondeu;
  ele me tornou uma flecha polida
e escondeu-me na sua aljava.
³ Ele me disse: "Você é meu servo,ᶜ
  Israel, em quem mostrarei o meu
  esplendor".ᵈ
⁴ Mas eu disse: Tenho me afadigado
  sem qualquer propósito;
tenho gastado minha força em vãoᵉ
  e para nada.

Contudo, o que me é devido
  está na mão do Senhor,
e a minha recompensa[f]
  está com o meu Deus.

5 E agora o Senhor diz,
  aquele que me formou no ventre
  para ser o seu servo,
  para trazer de volta Jacó
  e reunir Israel[g] a ele mesmo,
pois sou honrado[h] aos olhos do
    Senhor,
e o meu Deus tem sido a minha força;
6 ele diz: "Para você é coisa pequena
    demais
    ser meu servo
para restaurar as tribos de Jacó
e trazer de volta aqueles de Israel
    que eu guardei.
Também farei de você uma luz
    para os gentios,[i]
para que você leve a minha salvação
    até os confins da terra".[j]

7 Assim diz o Senhor, o Redentor,
    o Santo de Israel,[k]
àquele que foi desprezado[l]
    e detestado pela nação,
ao servo de governantes:
"Reis[m] o verão e se levantarão,
líderes o verão e se encurvarão,
    por causa do Senhor, que é fiel,
    o Santo de Israel, que o
        escolheu".

A Restauração de Israel

8 Assim diz o Senhor:

"No tempo favorável[n]
    eu responderei a você
e no dia da salvação eu o ajudarei;[o]
eu o guardarei[p] e farei que você
    seja uma aliança para o povo,[q]
para restaurar a terra[r] e distribuir
    suas propriedades abandonadas,
9 para dizer aos cativos:[s] 'Saiam',
e àqueles que estão nas trevas:
    'Apareçam!'

"Eles se apascentarão junto aos
    caminhos
  e acharão pastagem em toda colina
    estéril.[t]
10 Não terão fome nem sede;[u]
  o calor do deserto e o sol não os
    atingirão.[v]
Aquele que tem compaixão[w] deles os
    guiará
  e os conduzirá às fontes de água.[x]
11 Transformarei todos os meus montes
    em estradas,
  e os meus caminhos[y] serão erguidos.[z]
12 Veja, eles virão de bem longe;[a]
  alguns do norte, alguns do oeste,
  alguns de Assuã[1]".

13 Gritem de alegria, ó céus,
  regozije-se, ó terra;
irrompam em canção, ó montes![b]
Pois o Senhor consola[c] o seu povo
e terá compaixão de seus aflitos.

14 Sião, porém, disse:

"O Senhor me abandonou,
  o Senhor me desamparou".

15 "Haverá mãe que possa esquecer
    seu bebê que ainda mama
e não ter compaixão do filho
    que gerou?
Embora ela possa esquecê-lo,
eu não me esquecerei de você![d]
16 Veja, eu gravei você[e]
  nas palmas das minhas mãos;
seus muros[f] estão sempre diante de
    mim.
17 Seus filhos apressam-se em voltar,
e aqueles que a despojaram[g]
    afastam-se de você.
18 Erga os olhos e olhe ao redor;
todos os seus filhos se ajuntam[h]
  e vêm até você.
Juro pela minha vida[i]

---

[1] **49.12** Conforme os manuscritos do mar Morto. O Texto Massorético diz *Sinim*.

que você se vestirá[j] deles todos como ornamento;
você se vestirá deles como uma noiva",
declara o Senhor.

¹⁹ "Apesar de você ter sido arruinada e abandonada[k]
e apesar de sua terra ter sido arrasada,[l]
agora você será pequena demais para o seu povo,"[m]
e aqueles que a devoraram estarão bem distantes.

²⁰ Os filhos nascidos durante seu luto ainda dirão ao alcance dos seus ouvidos:
'Este lugar é pequeno demais para nós; dê-nos mais espaço para nele vivermos.'[n]

²¹ Então você dirá em seu coração:
'Quem me gerou estes filhos?
Eu estava enlutada e estéril;
estava exilada e rejeitada.[o]
Quem os criou?
Fui deixada[p] totalmente só,
mas estes... de onde vieram?' "

²² Assim diz o Soberano, o Senhor:

"Veja, eu acenarei para os gentios,
erguerei minha bandeira[q] para os povos;
eles trarão nos braços os seus filhos
e carregarão nos ombros as suas filhas.[r]

²³ Reis[s] serão os seus padrastos,
e suas rainhas serão as suas amas de leite.[t]
Eles se inclinarão diante de você, com o rosto em terra;
lamberão o pó[u] dos seus pés.
Então você saberá que eu sou o Senhor;[v]
aqueles que esperam em mim não ficarão decepcionados".

²⁴ Será que se pode tirar o despojo dos guerreiros,[w]
ou será que os prisioneiros podem ser resgatados
do poder dos violentos[1]?

²⁵ Assim, porém, diz o Senhor:

²⁶ "Sim, prisioneiros[x] serão tirados de guerreiros,[y]
e despojo será retomado dos violentos;
brigarei com os que brigam com você,
e seus filhos, eu os salvarei.[z]
Farei seus opressores[a] comerem[b] sua própria carne;
ficarão bêbados com seu próprio sangue,[c]
como com vinho.
Então todo mundo saberá que eu,[d]
o Senhor, sou o seu Salvador,
seu Redentor, o Poderoso de Jacó".

O Pecado de Israel e a Obediência do Servo

50 Assim diz o Senhor:

"Onde está a certidão de divórcio de sua mãe[e]
com a qual eu a mandei embora?
A qual de meus credores eu vendi vocês?[f]
Por causa de seus pecados vocês foram vendidos;[g]
por causa das transgressões de vocês sua mãe foi mandada embora.

² Quando eu vim, por que não encontrei ninguém?
Quando eu chamei, por que ninguém respondeu?[h]
Será que meu braço era curto demais[i] para resgatá-los?
Será que me falta a força[j] para redimi-los?
Com uma simples repreensão eu seco o mar,[k]
transformo rios em deserto;
seus peixes apodrecem por falta de água
e morrem de sede.

---

[1] **49.24** Conforme os manuscritos do mar Morto, a Vulgata e a Versão Siríaca. O Texto Massorético diz *justos*.

³ Visto de trevas os céus
   e faço da veste de lamento a sua
      coberta".

⁴ O Soberano, o Senhor, deu-me
      uma língua instruída,
   para conhecer a palavra
      que sustém o exausto.
Ele me acorda manhã após manhã,
desperta meu ouvido para escutar
   como alguém que está sendo
      ensinado.

⁵ O Soberano, o Senhor,
   abriu os meus ouvidos,
e eu não tenho sido rebelde;
   eu não me afastei.

⁶ Ofereci minhas costas
   àqueles que me batiam,
meu rosto àqueles
   que arrancavam minha barba;
não escondi a face da zombaria
   e dos cuspes.

⁷ Porque o Senhor, o Soberano, me ajuda,
   não serei constrangido.
Por isso eu me opus firme
   como uma dura rocha
e sei que não ficarei decepcionado.

⁸ Aquele que defende o meu nome
      está perto.
   Quem poderá trazer acusações
      contra mim?
   Encaremo-nos um ao outro!
   Quem é meu acusador?
      Que ele me enfrente!

⁹ É o Soberano, o Senhor, que me
      ajuda.
   Quem irá me condenar?
Todos eles se desgastam
   como uma roupa;
as traças os consumirão.

¹⁰ Quem entre vocês teme o Senhor
   e obedece à palavra de seu servo?
Que aquele que anda no escuro,
   que não tem luz alguma,
confie no nome do Senhor
   e se apoie em seu Deus.

¹¹ Mas agora,
   todos vocês
   que acendem fogo
   e fornecem a si mesmos tochas
      acesas,
vão, andem na luz de seus fogos
   e das tochas que vocês acenderam.
Vejam o que receberão da minha mão:
   vocês se deitarão atormentados.

A Salvação Eterna para Sião

51 "Escutem-me,
   vocês que buscam a retidão
   e procuram o Senhor:
Olhem para a rocha
   da qual foram cortados
e para a pedreira
   de onde foram cavados;

² olhem para Abraão, seu pai,
   e para Sara, que os deu à luz.
Quando eu o chamei, ele era apenas um,
   e eu o abençoei e o tornei muitos."

³ Com certeza o Senhor consolará Sião
   e olhará com compaixão
   para todas as ruínas dela;
ele tornará seus desertos como o Éden,
   seus ermos, como o jardim do Senhor.
Alegria e contentamento
   serão achados nela,
ações de graças e som de canções.

⁴ "Escute-me, povo meu;
   ouça-me, nação minha:
A lei sairá de mim;
minha justiça se tornará uma luz para
   as nações.

⁵ Minha retidão logo virá,
minha salvação está a caminho,
e meu braço trará justiça às nações.
As ilhas esperarão em mim e aguardarão
   esperançosamente pelo meu braço.

⁶ Ergam os olhos para os céus,
   olhem para baixo, para a terra;
os céus desaparecerão como fumaça,
a terra se gastará como uma roupa,
e seus habitantes morrerão como
   moscas.

Mas a minha salvação
  durará para sempre,
a minha retidão jamais falhará.

⁷ "Ouçam-me, vocês que sabem
  o que é direito,ᵗ
vocês, povo que tem a minha lei
  no coração:ᵘ
Não temam a censura de homens
nem fiquem aterrorizados
  com seus insultos.ᵛ
⁸ Pois a traça os comerá
  como a uma roupa;ʷ
o verme os devorará como à lã.
Mas a minha retidão durará para
  sempre,ˣ
a minha salvação de geração em
  geração."

⁹ Desperta! Desperta! Veste de força,ʸ
  o teu braço, ó Senhor;
acorda, como em dias passados,
  como em gerações de outrora.ᶻ
Não foste tu que despedaçaste o
  Monstro dos Mares,¹
que traspassaste aquela serpente aquática?ᵃ
¹⁰ Não foste tu que secaste o mar,ᵇ
  as águas do grande abismo,
que fizeste uma estrada
  nas profundezas do mar
para que os redimidos
  pudessem atravessar?
¹¹ Os resgatadosᶜ do Senhor voltarão.
  Entrarão em Sião com cântico;
alegria eterna coroará sua cabeça.
Júbilo e alegriaᵈ se apossarão deles,
tristeza e suspiro deles fugirão.ᵉ

¹² "Eu, eu mesmo,
  sou quem a consola.ᶠ
Quem é você para que tema
  homens mortais,ᵍ
os filhos de homens,
  que não passam de relva,ʰ
¹³ e para que esqueçaⁱ o Senhor,
  aquele que fez você,ʲ
que estendeu os céusᵏ
  e lançou os alicerces da terra,
para que você viva diariamente,
  constantemente apavoradaˡ
por causa da ira do opressor,
  que está inclinado a destruir?
Pois onde está a ira do opressor?
¹⁴ Os prisioneiros encolhidos
  logo serão postos em liberdade;
não morrerão em sua masmorra,
  nem terão falta de pão.ᵐ
¹⁵ Pois eu sou o Senhor, o seu Deus,
que agitoⁿ o mar
  para que suas ondas rujam;
Senhor dos Exércitos é o meu nome.
¹⁶ Pus minhas palavras em sua bocaᵒ
  e o cobri com a sombra da minha mão,ᵖ
eu, que pus os céus no lugar,
  que lancei os alicerces da terra
e que digo a Sião:
  Você é o meu povo."

O Cálice da Ira do Senhor

¹⁷ Desperte, desperte!ᵠ
  Levante-se, ó Jerusalém,
você que bebeu da mão do Senhor
  o cálice da ira dele,ʳ
você que engoliu,
  até a última gota,
da taça que faz os homens
  cambalearem.ˢ
¹⁸ De todos os filhosᵗ que ela teve
  não houve nenhum para guiá-la;ᵘ
de todos os filhos que criou
  não houve nenhum
para tomá-la pela mão.
¹⁹ Quem poderá consolá-la
  dessas duas desgraçasᵛ que a atingiram?
Ruína e destruição, fomeʷ e espada,
quem poderᵃ² consolá-la?
²⁰ Seus filhos desmaiaram;
eles jazem no início de cada rua,ˣ
  como antílope pego numa rede.

² 51.19 Conforme os manuscritos do mar Morto, a Septuaginta, a Vulgata e a Versão Siríaca. O Texto Massorético diz *como poderei*.

¹ 51.9 Hebraico: *Raabe*.

Estão cheios da ira do Senhor
e da repreensão do seu Deus.

²¹ Portanto, ouça isto, você, aflita,
embriagada,ʸ mas não com vinho.
²² Assim diz o seu Soberano, o Senhor,
o seu Deus, que defendeᶻ o seu povo:
"Veja que eu tirei da sua mão
o cáliceᵃ que faz cambalear;
dele, do cálice da minha ira,
você nunca mais beberá.
²³ Eu o porei nas mãos
dos seus atormentadores,ᵇ
que disseram a você: 'Caia prostradaᶜ
para que andemos sobre você'.ᵈ
E você fez as suas costas como chão,
como uma rua para nela a gente
andar."

52 Desperte! Desperte,ᵉ ó Sião!
Vista-se de força.ᶠ
Vista suas roupas de esplendor,ᵍ
ó Jerusalém, cidade santa.ʰ
Os incircuncisos e os impuros
não tornarão a entrar por suas portas.ⁱ
² Sacuda para longe a sua poeira;ʲ
levante-se, sente-se entronizada,
ó Jerusalém.
Livre-se das correntes em seu pescoço,
ó cativa cidade¹ de Sião.

³ Pois assim diz o Senhor:

"Vocês foram vendidos por nada,ᵏ
e sem dinheiroˡ vocês serão
resgatados".

⁴ Pois assim diz o Soberano, o Senhor:

"No início o meu povo desceu
para morar no Egito;ᵐ
ultimamente a Assíria o tem oprimido.

⁵ "E agora o que tenho aqui?",
pergunta o Senhor.

"Pois o meu povo foi levado
por nada,

¹ **52.2** Hebraico: *filha*.

e aqueles que o dominam zombam²",
diz o Senhor.

"E constantemente,
o dia inteiro,
meu nome é blasfemado.ⁿ
⁶ Por isso o meu povo
conheceráᵒ o meu nome;
naquele dia eles saberão
que sou eu que o previ.
Sim, sou eu".

⁷ Como são belos nos montes
os pés daqueles que anunciam
boas-novas,ᵖ
que proclamam a paz,ᵠ
que trazem boas notícias,
que proclamam salvação,
que dizem a Sião:
"O seu Deus reina!"ʳ
⁸ Escutem!
Suas sentinelasˢ erguem a voz;
juntas gritam de alegria.
Quando o Senhor voltar a Sião,
elas o verão com os seus próprios olhos.
⁹ Juntas cantem de alegria,ᵗ
vocês, ruínasᵘ de Jerusalém,
pois o Senhor consolou o seu povo;
ele resgatou Jerusalém.ᵛ
¹⁰ O Senhor desnudará seu santo braço
à vista de todas as nações,ʷ
e todos os confins da terra verão
a salvaçãoˣ de nosso Deus.
¹¹ Afastem-se,ʸ afastem-se, saiam daqui!
Não toquem em coisas impuras!ᶻ
Saiam dela e sejam puros,ᵃ
vocês, que transportam os utensílios
do Senhor.
¹² Mas vocês não partirão
apressadamente,ᵇ
nem sairão em fuga;
pois o Senhor irá à frente de vocês;ᶜ
o Deus de Israel será a sua
retaguarda.ᵈ

² **52.5** Conforme os manuscritos do mar Morto e a Vulgata. O Texto Massorético diz *uivam*.

51.21
ʸ v. 17;
Is 29.9
51.22
ᶻ Is 49.25
ᵃ v. 17
51.23
ᵇ Is 49.26;
Jr 25.15-17,
26, 28; 49.12

51.23
ᶜ Zc 12.2
ᵈ Js 10.24
52.1
ᵉ Is 51.17
ᶠ Is 51.9
ᵍ Ex 28.2, 40;
Sl 110.3;
Zc 3.4
ʰ Ne 11.1;
Mt 4.5;
Ap 21.2
ⁱ Na 1.15;
Ap 21.27
52.2
ʲ Is 29.4
52.3
ᵏ Sl 44.12
ˡ Is 45.13
54.4
ᵐ Gn 46.6
52.5
ⁿ Ez 36.20;
Rm 2.24*
52.6
ᵒ Is 49.23
52.7
ᵖ Is 40.9;
Rm 10.15*
ᵠ Na 1.15;
Ef 6.15
ʳ Sl 93.1
52.8
ˢ Is 62.6
52.9
ᵗ Sl 98.4
ᵘ Is 51.3
ᵛ Is 48.20
52.10
ʷ Is 66.18
ˣ Sl 98.2-3;
Lc 3.6
52.11
ʸ Is 48.20
ᶻ Is 1.16;
2Co 6.17*
ᵃ 2Tm 2.19
52.12
ᵇ Ex 12.11
ᶜ Mq 2.13
ᵈ Ex 14.19

O Sofrimento e a Glória do Servo do Senhor

¹³ Vejam, o meu servo[e] agirá
com sabedoria¹;
será engrandecido, elevado
e muitíssimo exaltado.[f]
¹⁴ Assim como houve muitos
que ficaram pasmados diante dele²;
sua aparência estava tão desfigurada,
que ele se tornou irreconhecível
como homem;
não parecia um ser humano;
¹⁵ de igual modo ele aspergirá
muitas nações,³
e reis calarão a boca por causa dele.
Pois aquilo que não lhes foi dito verão,
e o que não ouviram compreenderão.[g]

53 Quem creu em nossa mensagem?[h]
E a quem foi revelado o braço do
Senhor?[i]
² Ele cresceu diante dele
como um broto tenro
e como uma raiz saída de uma
terra seca.
Ele não tinha qualquer beleza
ou majestade que nos atraísse,
nada havia em sua aparência[j]
para que o desejássemos.
³ Foi desprezado e rejeitado pelos
homens,
um homem de dores
e experimentado no sofrimento.[k]
Como alguém de quem
os homens escondem o rosto,
foi desprezado,[l]
e nós não o tínhamos em estima.

⁴ Certamente ele tomou sobre si
as nossas enfermidades
e sobre si levou as nossas doenças;[m]
contudo nós o consideramos
castigado por Deus,[n]
por Deus atingido e afligido.

⁵ Mas ele foi traspassado
por causa das nossas transgressões,[o]
foi esmagado por causa
de nossas iniquidades;
o castigo que nos trouxe paz
estava sobre ele, e pelas suas feridas
fomos curados.[p]
⁶ Todos nós, como ovelhas,
nos desviamos,
cada um de nós se voltou
para o seu próprio caminho;
e o Senhor fez cair sobre ele
a iniquidade de todos nós.
⁷ Ele foi oprimido e afligido;
e, contudo, não abriu a sua boca;[q]
como um cordeiro,
foi levado para o matadouro;
e, como uma ovelha que diante de seus
tosquiadores fica calada,
ele não abriu a sua boca.
⁸ Com julgamento opressivo ele foi
levado.
E quem pode falar dos seus
descendentes?
Pois ele foi eliminado
da terra dos viventes;[r]
por causa da transgressão[s]
do meu povo ele foi golpeado.⁴
⁹ Foi-lhe dado um túmulo com os
ímpios
e com os ricos[t] em sua morte,
embora não tivesse cometido
nenhuma violência[u]
nem houvesse nenhuma mentira
em sua boca.[v]

¹⁰ Contudo, foi da vontade do Senhor[w]
esmagá-lo[x] e fazê-lo sofrer,[y]
e, embora o Senhor tenha feito⁵ da vida
dele
uma oferta pela culpa,
ele verá sua prole[z] e prolongará seus dias,

---

¹ **52.13** Ou *servo prosperará*
² **52.14** Hebraico: *diante de você*.
³ **52.15** A Septuaginta diz *muitas nações ficarão pasmadas diante dele*.
⁴ **53.8** Ou *Contudo, quem da sua geração considerou que ele foi eliminado da terra dos viventes por causa da transgressão do meu povo, para quem era devido o castigo?*
⁵ **53.10** Hebraico: *embora você tenha feito*.

e a vontade do Senhor
   prosperará em sua mão.
¹¹ Depois do sofrimento[a] de sua alma,
   ele verá a luz[1] e ficará satisfeito;[2]
pelo seu conhecimento
   meu servo justo
   justificará a muitos[b]
e levará a iniquidade deles.
¹² Por isso eu lhe darei uma porção
   entre os grandes[3],[c]
e ele dividirá os despojos com os fortes[4],
porquanto ele derramou sua vida
   até a morte[d]
e foi contado entre os transgressores.[e]
Pois ele levou o pecado de muitos
e pelos transgressores intercedeu.

A Futura Glória de Sião

54 "Cante, ó estéril,
   você que nunca teve um filho;
irrompa em canto, grite de alegria,
   você que nunca esteve
   em trabalho de parto;
porque mais são os filhos[f]
   da mulher abandonada
do que os daquela que tem marido",[g]
   diz o Senhor.
² "Alargue o lugar de sua tenda,[h]
estenda bem as cortinas de sua tenda,
   não o impeça;
estique suas cordas, firme suas estacas.[i]
³ Pois você se estenderá para a direita
   e para a esquerda;
seus descendentes desapossarão nações
   e se instalarão
   em suas cidades abandonadas.[j]

⁴ "Não tenha medo;
   você não sofrerá vergonha.
Não tema o constrangimento;
   você não será humilhada.
Você esquecerá
   a vergonha de sua juventude
e não se lembrará mais
   da humilhação[k] de sua viuvez.
⁵ Pois o seu Criador é o seu marido,[l]
   o Senhor dos Exércitos é o seu
      nome,
o Santo de Israel é seu Redentor;[m]
ele é chamado o Deus de toda a
      terra.[n]
⁶ O Senhor chamará você de volta[o]
   como se você fosse uma
   mulher abandonada[p] e aflita de
      espírito,
uma mulher que se casou nova
   apenas para ser rejeitada", diz o seu
      Deus.
⁷ "Por um breve instante[q] eu a
      abandonei,
mas com profunda compaixão
   eu a trarei de volta.[r]
⁸ Num impulso de indignação[s]
   escondi de você por um instante
   o meu rosto,
mas com bondade eterna[t]
   terei compaixão de você",
diz o Senhor, o seu Redentor.
⁹ "Para mim isso é como os dias de Noé,
   quando jurei que as águas de Noé
   nunca mais tornariam a cobrir a
      terra.[u]
De modo que agora jurei
   não ficar irado[v] contra você,
   nem tornar a repreendê-la.
¹⁰ Embora os montes sejam sacudidos[w]
   e as colinas sejam removidas,
ainda assim a minha fidelidade
   para com você não será abalada,[x]
nem será removida
   a minha aliança de paz",[y]
diz o Senhor,
   que tem compaixão de você.[z]

¹¹ "Ó cidade aflita,[a]
   açoitada por tempestades[b]
   e não consolada,[c]

---

[1] 53.11 Conforme os manuscritos do mar Morto. O Texto Massorético não traz *a luz*.
[2] 53.11 Ou *Ele verá o resultado do sofrimento da sua alma e ficará satisfeito*;
[3] 53.12 Ou *entre muitos*
[4] 53.12 Ou *numerosos*

53.11
[a] Jo 10.14-18
[b] Rm 5.18-19

53.12
[c] Fp 2.9
[d] Mt 26.28; 38,39,42
[e] Mc 15.27*; Lc 22.37*; 23.32

54.1
[f] Is 49.20
[g] 1Sm 2.5; Gl 4.27*

54.2
[h] Is 49.19-20
[i] Ex 35.18; 39.40

54.3
[j] Is 49.19

54.4
[k] Is 51.7

54.5
[l] Jr 3.14
[m] Is 48.17
[n] Is 6.3

54.6
[o] Is 49.14-21
[p] Is 50.1-2; 62.4,12

54.7
[q] Is 26.20
[r] Is 49.18

54.8
[s] Is 60.10
[t] v. 10

54.9
[u] Gn 8.21
[v] Is 12.1

54.10
[w] Sl 46.2
[x] Is 51.6
[y] Sl 89.34
[z] v. 8

54.11
[a] Is 14.32
[b] Is 28.2; 29.6
[c] Is 51.19

eu a edificarei com turquesas,^d
edificarei seus alicerces^e com safiras.
¹² Farei de rubis os seus escudos,
    de carbúnculos as suas portas,
    e de pedras preciosas
        todos os seus muros.
¹³ Todos os seus filhos
    serão ensinados pelo S℮nhor,^f
e grande será a paz de suas crianças.^g
¹⁴ Em retidão você será estabelecida:
A tirania^h estará distante;
    você não terá nada a temer.
O pavor estará removido para longe;
    ele não se aproximará de você.
¹⁵ Se alguém a atacar,
    não será por obra minha;
todo aquele que a atacar
    se renderá a você.^i

¹⁶ "Veja, fui eu quem criou o ferreiro,
    que sopra as brasas até darem chama
    e forja uma arma
        própria para o seu fim.
E fui eu quem criou o destruidor
    para gerar o caos;
¹⁷ nenhuma arma forjada contra você
    prevalecerá,^j
e você refutará^k toda língua que a
    acusar.
Esta é a herança dos servos do S℮nhor,
    e esta é a defesa que faço do nome
        deles",
declara o S℮nhor.

Convite aos Sedentos

55 "Venham, todos vocês
que estão com sede,^l
venham às águas;
    e vocês que não possuem
        dinheiro algum,
venham, comprem^m e comam!
Venham, comprem vinho
    e leite^n sem dinheiro e sem custo.^o
² Por que gastar dinheiro
    naquilo que não é pão,
e o seu trabalho árduo
    naquilo que não satisfaz?^p

Escutem, escutem-me,
    e comam o que é bom,^q
e a alma de vocês se deliciará
    com a mais fina refeição.
³ Deem-me ouvidos e venham a mim;
    ouçam-me, para que sua alma viva.^r
Farei uma aliança eterna com vocês,^s
    minha fidelidade^t prometida a Davi.^u
⁴ Vejam, eu o fiz
    uma testemunha aos povos,
um líder e governante dos povos.^v
⁵ Com certeza você convocará nações^w
    que você não conhece,
e nações que não o conhecem
    se apressarão até você,
por causa do S℮nhor, o seu Deus,
    o Santo de Israel,
pois ele concedeu a você esplendor."^x

⁶ Busquem o S℮nhor
    enquanto é possível achá-lo;^y
clamem^z por ele enquanto está perto.
⁷ Que o ímpio abandone o seu caminho;
    e o homem mau, os seus
        pensamentos.^a
Volte-se ele^b para o S℮nhor,
    que terá misericórdia dele;^c
volte-se para o nosso Deus,
    pois ele dá de bom grado o seu
        perdão.^d

⁸ "Pois os meus pensamentos
    não são os pensamentos de vocês,
nem os seus caminhos
    são os meus caminhos",^e
declara o S℮nhor.
⁹ "Assim como os céus são mais altos
    do que a terra,^f
também os meus caminhos
    são mais altos do que os seus
        caminhos;
e os meus pensamentos,
    mais altos do que os seus
        pensamentos.
¹⁰ Assim como a chuva^g e a neve
    descem dos céus
e não voltam para eles sem regarem a terra
    e fazerem-na brotar e florescer,

para ela produzir semente
   para o semeador
e pão para o que come,ʰ
¹¹ assim também ocorre com a palavra
   que sai da minha boca:
ela não voltará para mim vazia,ⁱ
   mas fará o que desejo
e atingirá o propósitoʲ para o qual a enviei.
¹² Vocês sairão em júbilo
   e serão conduzidos em paz;ᵏ
os montes e colinas irromperão
   em canto diante de vocês,
e todas as árvoresˡ do campo
   baterão palmas.ᵐ
¹³ No lugar do espinheiroⁿ
   crescerá o pinheiro,ᵒ
e em vez de roseiras bravas
   crescerá a murta.
Isso resultará em renome para o
   Senhor,ᵖ
   para sinal eterno,
que não será destruído."

Salvação para os Gentios

56 Assim diz o Senhor:

"Mantenham a justiçaᵍ
   e pratiquem o que é direito,
pois a minha salvaçãoʳ está perto,
   e logo será revelada a minha retidão.
² Felizˢ aquele que age assim,
   o homem que nisso permanece firme,
observando o sábadoᵗ
   para não profaná-lo,
e vigiando sua mão
   para não cometer nenhum mal".

³ Que nenhum estrangeiro
   que se disponha a unir-se ao Senhor
venha a dizer:
   "É certo que o Senhor
   me excluirá do seu povo".
E que nenhum eunucoᵘ se queixe:
   "Não passo de uma árvore seca".

⁴ Pois assim diz o Senhor:

"Aos eunucos que guardarem
   os meus sábados,
que escolherem o que me agrada
   e se apegarem à minha aliança,
⁵ a eles darei, dentro de meu templo
   e dos seus muros,ᵛ
um memorial e um nome melhor
   do que filhos e filhas,
um nome eterno, que não será
   eliminado.ʷ

⁶ E os estrangeiros que se unirem
   ao Senhor para servi-lo,ˣ
para amarem o nome do Senhor
   e prestar-lhe culto,
todos os que guardarem o sábadoʸ
   deixando de profaná-lo,
e que se apegarem à minha aliança,
⁷ esses eu trarei ao meu santo monteᶻ
   e lhes darei alegria
   em minha casa de oração.
Seus holocaustos¹ e demais sacrifíciosᵃ
   serão aceitos em meu altar;
pois a minha casa será chamada
   casa de oração para todos os povos".ᵇ ᶜ
⁸ Palavra do Soberano, do Senhor,
   daquele que reúne os exilados de Israel:
"Reunireiᵈ ainda outros
   àqueles que já foram reunidos".

A Acusação de Deus contra os Ímpios

⁹ Venham todos vocês,
   animais do campo;ᵉ
todos vocês, animais da floresta,
   venham comer!
¹⁰ As sentinelas de Israelᶠ estão cegas
   e não têm conhecimento;
todas elas são como cães mudos,
   incapazes de latir.
Deitam-se e sonham;
   só querem dormir.ᵍ
¹¹ São cães devoradores, insaciáveis.
São pastoresʰ sem entendimento;ⁱ
todos seguem seu próprio caminho,
cada um procura vantagem própria.ʲ
¹² "Venham", cada um grita,
   "tragam-me vinho!

---

¹ **56.7** Isto é, sacrifícios totalmente queimados.

55.10
ʰ 2Co 9.10
55.11
ⁱ Is 45.23
ʲ Is 44.26
55.12
ᵏ Is 54.10,13
ˡ 1Cr 16.33
ᵐ Sl 98.8
55.13
ⁿ Is 5.6
ᵒ Is 41.19
ᵖ Is 63.12
56.1
ᵍ Is 1.17
ʳ Sl 85.9
56.2
ˢ Sl 119.2
56.2
ᵗ Ex 20.8, 10; Is 58.13
56.3
ᵘ Jr 38.7 nota; At 8.27
56.5
ᵛ Is 26.1; 60.18
ʷ Is 48.19; 55.13
56.6
ˣ Is 60.7,10; 61.5
ʸ v. 2, 4
56.7
ᶻ Is 2.2
ᵃ Rm 12.1; Hb 13.15
ᵇ Mt 21.13*
Lc 19.46*
ᶜ Mc 11.17*
56.8
ᵈ Is 11.12; 60.3-11; Jo 10.16
56.9
ᵉ Is 18.6; Jr 12.9
56.10
ᶠ Ez 3.17
ᵍ Na 3.18
56.11
ʰ Ez 34.2
ⁱ Is 1.3
ʲ Is 57.17; Ez 13.19; Mq 3.11

Bebamos nossa dose
    de bebida fermentada,
que amanhã será como hoje,
    e até muito melhor!"ᵏ

57

O justo perece,ˡ e ninguém pondera
    isso em seu coração;ᵐ
homens piedosos são tirados,
    e ninguém entende
que os justos são tirados
    para serem poupados do mal.ⁿ
² Aqueles que andam retamenteᵒ
    entrarão na paz;
acharão descanso na morte.

³ "Mas vocês, aproximem-se,
    vocês, filhos de adivinhas,
vocês, prole de adúlterosᵖ e de prostitutas!ᵍ
⁴ De quem vocês estão zombando?
De quem fazem pouco caso?
E para quem mostram a língua?
Não são vocês uma ninhada de rebeldes,
    uma prole de mentirosos?
⁵ Vocês ardem de desejo
    entre os carvalhos
e debaixo de toda árvore frondosa;ʳ
vocês sacrificam seus filhosˢ nos vales
    e debaixo de penhascos salientes.
⁶ Os ídolosᵗ entre as pedras lisas
    dos vales são a sua porção;
    são a sua parte.
Isso mesmo! Para eles você derramou
    ofertas de bebidasᵘ
e apresentou ofertas de cereal.
Poderei eu contentar-me com isso?ᵛ
⁷ Você fez o leito numa colina
    alta e soberba;ʷ
ali você subiu para oferecer sacrifícios.
⁸ Atrás de suas portas e dos seus
    batentes
você pôs os seus símbolos pagãos.
Ao me abandonar,
    você descobriu seu leito,
subiu nele e o deixou escancarado;
fez acordo com aqueles
    cujas camas você amaˣ
e dos quais contemplou a nudez.ʸ

⁹ Você foi até Moloque¹
    com azeite de oliva
e multiplicou os seus perfumes.
Você enviou seus embaixadores²ᶻ
    a lugares distantes;
você desceu ao fundo do poço³!
¹⁰ Você se cansou
    com todos os seus caminhos,
mas não quis dizer: 'Não há esperança!'ᵃ
Você recuperou as forças,
    e por isso não esmoreceu.

¹¹ "De quem você teve tanto medo e
    tremorᵇ
ao ponto de agir com falsidade para
    comigo,
não se lembrar de mimᶜ
    e não ponderar isso em seu coração?
Não será por que há muito estou
    caladoᵈ
que você não me teme?
¹² Sua retidão e sua justiça exporei,ᵉ
    e elas não a beneficiarão.
¹³ Quando você clamar por ajuda,ᶠ
    que a sua coleção de ídolos a salve!
O vento levará todos eles,
    um simples sopro os
        arrebatará.
Mas o homem que faz de mim o seu
    refúgio
receberá a terra por herançaᵍ
    e possuirá o meu santo monte."ʰ

Consolação para os Contritos

¹⁴ E se dirá:

"Aterrem, aterrem, preparem o
    caminho!
Tirem os obstáculos do caminho do
    meu povo".ⁱ
¹⁵ Pois assim diz o Alto e Sublime,ʲ
    que vive para sempre,ᵏ
    e cujo nome é santo:

¹ **57.9** Ou *até o rei*
² **57.9** Ou *ídolos*
³ **57.9** Hebraico: *Sheol*. Essa palavra também pode ser traduzida por sepultura, profundezas, pó ou morte.

"Habito num lugar alto e santo,
  mas habito também com o contrito
    e humilde de espírito,
para dar novo ânimo
  ao espírito do humilde
e novo alento ao coração do contrito.
¹⁶ Não farei litígio para sempre,
  nem permanecerei irado,
porque, senão, o espírito do homem
    esmoreceria diante de mim,
bem como o sopro do homem que eu
    criei!
¹⁷ Por causa da sua cobiça perversa
  fiquei indignado e o feri;
fiquei irado e escondi o meu rosto.
Mas ele continuou extraviado,
  seguindo os caminhos que escolheu.
¹⁸ Eu vi os seus caminhos,
  mas vou curá-lo;
eu o guiarei e tornarei a dar-lhe
    consolo,
¹⁹ criando louvor nos lábios
  dos pranteadores de Israel.
Paz, paz, aos de longe e aos de perto",
  diz o Senhor.
"Quanto a ele, eu o curarei".
²⁰ Mas os ímpios são como o mar
    agitado,
  incapaz de sossegar
e cujas águas expelem lama e lodo.
²¹ "Para os ímpios não há paz",
  diz o meu Deus.

O Verdadeiro Jejum

58 "Grite alto, não se contenha!
Levante a voz como trombeta.
Anuncie ao meu povo a rebelião dele
  e à comunidade de Jacó, os seus
    pecados.
² Pois dia a dia me procuram;
parecem desejosos de conhecer
  os meus caminhos,
como se fossem uma nação
  que faz o que é direito
e que não abandonou
  os mandamentos do seu Deus.
Pedem-me decisões justas
e parecem desejosos
  de que Deus se aproxime deles.
³ 'Por que jejuamos', dizem,
  'e não o viste?
Por que nos humilhamos,
  e não reparaste?'
Contudo, no dia do seu jejum
  vocês fazem o que é do agrado de
    vocês
e exploram os seus empregados.
⁴ Seu jejum termina em discussão
    e rixa
  e em brigas de socos brutais.
Vocês não podem jejuar como fazem
    hoje
  e esperar que a sua voz seja ouvida
    no alto.
⁵ Será esse o jejum que escolhi,
  que apenas um dia o homem se
    humilhe,
  incline a cabeça como o junco
  e se deite sobre pano de saco e
    cinzas?
É isso que vocês chamam jejum,
  um dia aceitável ao Senhor?
⁶ "O jejum que desejo não é este:
  soltar as correntes da injustiça,
  desatar as cordas do jugo,
  pôr em liberdade os oprimidos
  e romper todo jugo?
⁷ Não é partilhar sua comida
  com o faminto,
  abrigar o pobre desamparado,
  vestir o nu que você encontrou,
  e não recusar ajuda ao próximo?
⁸ Aí sim, a sua luz irromperá
  como a alvorada,
e prontamente surgirá a sua cura;
a sua retidão irá adiante de você,
e a glória do Senhor estará
  na sua retaguarda.
⁹ Aí sim, você clamará ao Senhor,
  e ele responderá;
você gritará por socorro, e ele dirá:
  Aqui estou.

"Se você eliminar do seu meio
    o jugo opressor,
  o dedo acusadorᵛ e a falsidade do
    falar;ʷ
¹⁰ se com renúncia própria
  você beneficiar os famintos
    e satisfizer o anseio dos aflitos,ˣ
então a sua luzʸ despontará nas trevas,
  e a sua noite será como o meio-dia.ᶻ
¹¹ O Senhor o guiará constantemente;
satisfará os seus desejosᵃ
  numa terra ressequida pelo sol
e fortalecerá os seus ossos.
Você será como um jardim bem
    regado,ᵇ
como uma fonteᶜ cujas águas
    nunca faltam.
¹² Seu povo reconstruirá as velhas
    ruínasᵈ
  e restaurará os alicerces antigos;ᵉ
você será chamado reparador de muros,
  restaurador de ruas e moradias.

¹³ "Se você vigiar seus pés
  para não profanar o sábadoᶠ
  e para não fazer o que bem quiser
em meu santo dia;
se você chamar delícia o sábadoᵍ
  e honroso o santo dia do Senhor,
e se honrá-lo, deixando de seguir
  seu próprio caminho,
  de fazer o que bem quiser
  e de falar futilidades,
¹⁴ então você terá no Senhor
    a sua alegria,ʰ
  e eu farei com que você cavalgue
    nos altosⁱ da terra
  e se banqueteie com a herança
    de Jacó, seu pai."
É o Senhor quem fala.ʲ

Pecado, Confissão e Redenção

59 Vejam! O braço do Senhor
  não está tão encolhidoᵏ que não
    possa salvar,
  e o seu ouvido tão surdo
    que não possa ouvir.ˡ

² Mas as suas maldades separaram
    vocês do seu Deus;
os seus pecados esconderam de vocês
    o rosto dele,
e por isso ele não os ouvirá.ᵐ
³ Pois as suas mãos
  estão manchadas de sangue,ⁿ
  e os seus dedos, de culpa.
Os seus lábios falam mentiras,
  e a sua língua murmura palavras
    ímpias.
⁴ Ninguém pleiteia sua causa com justiça,
  ninguém faz defesa com integridade.
Apoiam-se em argumentos vazios
  e falam mentiras;
concebem maldade e geram
    iniquidade.ᵒ
⁵ Chocam ovos de cobra
  e tecem teias de aranha.ᵖ
Quem comer seus ovos morre,
  e de um ovo esmagado sai uma
    víbora.
⁶ Suas teias não servem de roupa;
  eles não conseguem cobrir-se
    com o que fazem.ᵠ
Suas obras são más,
  e atos de violênciaʳ estão em suas mãos.
⁷ Seus pés correm para o mal,
  ágeis em derramar sangue inocente.ˢ
Seus pensamentos são maus;ᵗ
  ruína e destruição
    marcam os seus caminhos.ᵘ
⁸ Não conhecem o caminho da paz;
  não há justiça em suas veredas.
Eles as transformaram
    em caminhos tortuosos;
quem andar por eles não conhecerá a paz.ᵛ

⁹ Por isso a justiça está longe de nós,
  e a retidão não nos alcança.
Procuramos, mas tudo são trevas;ʷ
  buscamos claridade,
    mas andamos em sombras densas.
¹⁰ Como o cegoˣ caminhamos
    apalpando o muro,
tateamos como quem não tem olhos.

Ao meio-dia tropeçamos[y]
  como se fosse noite;
entre os fortes somos como os mortos.[z]
11 Todos nós urramos como ursos;
  gememos como pombas.[a]
Procuramos justiça, e nada!
Buscamos livramento, mas está longe!

12 Sim, pois são muitas
  as nossas transgressões[b] diante de ti,
e os nossos pecados
  testemunham[c] contra nós.
As nossas transgressões
  estão sempre conosco,
e reconhecemos as nossas iniquidades:
13 rebelar-nos contra o Senhor e traí-lo,
deixar de seguir o nosso Deus,[d]
fomentar a opressão[e] e a revolta,
proferir as mentiras[f] que os nossos
  corações conceberam.
14 Assim a justiça retrocede,
  e a retidão[g] fica a distância,
pois a verdade[h] caiu na praça
  e a honestidade não consegue entrar.
15 Não se acha a verdade em parte alguma,
e quem evita o mal
  é vítima de saque.

Olhou o Senhor e indignou-se
  com a falta de justiça.
16 Ele viu que não havia ninguém,[i]
  admirou-se porque ninguém
    intercedeu;
então o seu braço lhe trouxe livramento[j]
  e a sua justiça deu-lhe apoio.
17 Usou a justiça como couraça,[k]
pôs na cabeça o capacete[l] da salvação;
vestiu-se de vingança[m]
e envolveu-se no zelo[n] como numa capa.
18 Conforme o que fizeram
  lhes retribuirá:
aos seus inimigos, ira;
aos seus adversários, o que merecem;
às ilhas, a devida retribuição.
19 Desde o poente[o] os homens temerão
  o nome do Senhor,
e desde o nascente,[p] a sua glória.

Pois ele virá como uma inundação
  impelida pelo sopro do Senhor.
20 "O Redentor virá a Sião,
aos que em Jacó
  se arrependerem dos seus pecados",[q]
declara o Senhor.

21 "Quanto a mim,
  esta é a minha aliança com eles",
diz o Senhor.
"O meu Espírito[r] que está em você
  e as minhas palavras que pus em
  sua boca não se afastarão dela,
  nem da boca dos seus filhos e dos
  descendentes deles, desde agora e
  para sempre", diz o Senhor.

A Glória de Sião

60 "Levante-se,[s] refulja!
Porque chegou a sua luz,[t]
  e a glória do Senhor raia sobre você.
2 Olhe! A escuridão cobre a terra,
  densas trevas[u] envolvem os povos,
mas sobre você raia o Senhor,
  e sobre você se vê a sua glória.
3 As nações[v] virão à sua luz
  e os reis[w] ao fulgor do seu alvorecer.

4 "Olhe ao redor e veja:
todos se reúnem[x] e vêm a você;
de longe vêm os seus filhos,
e as suas filhas[y] vêm carregadas nos
  braços.[z]
5 Então você o verá e ficará radiante;
o seu coração pulsará forte
  e se encherá de alegria,
porque a riqueza dos mares
  será trazida a você,
e a você virão as riquezas das nações.
6 Manadas de camelos cobrirão a sua
  terra,
  camelos novos de Midiã[a] e de Efá.[b]
Virão todos os de Sabá[c]
  carregando ouro e incenso[d]
e proclamando[e] o louvor do Senhor.
7 Todos os rebanhos de Quedar[f]
  se reunirão junto de você,

59.10
[y] Is 8.15
[z] Lm 3.6
59.11
[a] Is 38.14; Ez 7.16
59.12
[b] Ed 9.6
[c] Is 3.9
59.13
[d] Pv 30.9; Mt 10.33; Tt 1.16
[e] Is 5.7
[f] Mc 7.21-22
59.14
[g] Is 1.21
[h] Is 48.1
59.16
[i] Is 41.28
[j] Sl 98.1; Is 63.5
59.17
[k] Ef 6.14
59.17
[l] Ef 6.17; 1Ts 5.8
[m] Is 63.3
[n] Is 9.7
59.19
[o] Is 49.12
[p] Sl 113.3
59.20
[q] At 2.38-39; Rm 11.26-27*
59.21
[r] Is 11.2; 44.3
60.1
[s] Is 52.2
[t] Ef 5.14
60.2
[u] Jr 13.16; Cl 1.13
60.3
[v] Is 45.14; Ap 21.24
[w] Is 49.23
60.4
[x] Is 11.12
[y] Is 43.6
[z] Is 49.20-22
60.6
[a] Gn 25.2
[b] Gn 25.4
[c] Sl 72.10
[d] Is 43.23; Mt 2.11
60.6
[e] Is 42.10
60.7
[f] Gn 25.13

e os carneiros de Nebaiote a
    servirão;
serão aceitos como ofertas em meu
    altar,
e adornarei o meu glorioso templo.ᵍ

⁸ "Quem são estesʰ que voam
    como nuvens,
que voam como pombas
    para os seus ninhos?
⁹ Pois as ilhasⁱ esperam em mim;
à frente vêm os navios de Társis¹,ʲ
    trazendoᵏ de longe os seus filhos,
    com prata e ouro,
em honra ao Senhor, o seu Deus,
    o Santo de Israel,
porque ele se revestiu de esplendor.ˡ

¹⁰ "Estrangeirosᵐ reconstruirão
    os seus muros, e seus reisⁿ a servirão.
Com ira eu a feri, mas com amor
    mostrarei a você compaixão.ᵒ
¹¹ As suas portasᵖ permanecerão
    abertas;
jamais serão fechadas,
    dia e noite,
para que tragam a você
    as riquezas das nações,ᑫ
    com seus reisʳ e sua comitiva.
¹² Pois a nação e o reino
    que não a servirem ˢ perecerão;
    serão totalmente exterminados.

¹³ "A glória do Líbanoᵗ virá a você;
juntos virão o pinheiro, o abeto
    e o cipreste,ᵘ
para adornarem o lugar do meu
    santuário;
e eu glorificarei o local
    em que pisam os meus pés.ᵛ
¹⁴ Os filhos dos seus opressoresʷ virão
    e se inclinarãoˣ diante de você;
todos os que a desprezam
    se curvarão aos seus pés
e a chamarão Cidade do Senhor,
    Siãoʸ do Santo de Israel.

¹⁵ "Em vez de abandonadaᶻ
    e odiada,
sem que ninguém quisesse percorrê-la,ᵃ
farei de você um orgulho,ᵇ
uma alegriaᶜ para todas as gerações.
¹⁶ Você beberá o leite das nações
e será amamentadaᵈ por mulheres
    nobres.
Então você saberá que eu, o Senhor,
    sou o seu Salvador,
o seu Redentor,ᵉ o Poderoso de Jacó.
¹⁷ Em vez de bronze eu trarei a você
    ouro,
    e em vez de ferro, prata.
Em vez de madeira eu trarei a você
    bronze,
    e em vez de pedras, ferro.
Farei da paz o seu dominador,
    da justiça, o seu governador.
¹⁸ Não se ouvirá mais falar
    de violência em sua terra,
nem de ruína e destruição
    dentro de suas fronteiras.
Os seus muros você chamará salvação,ᶠ
    e as suas portas, louvor.

¹⁹ O sol não será mais a sua luz de dia,
e você não terá mais o brilho do luar,
pois o Senhor será a sua luz
    para sempre;ᵍ
o seu Deus será a sua glória.ʰ
²⁰ O seu solⁱ nunca se porá,
    e a sua lua nunca desaparecerá,
porque o Senhor será
    a sua luz para sempre,
e os seus dias de tristezaʲ terão fim.
²¹ Então todo o seu povo será justo,ᵏ
    e possuiráˡ a terra para sempre.
Ele é o renovo que plantei,ᵐ
    obra das minhas mãos,ⁿ
para manifestação da minha glória.ᵒ
²² O mais pequenino se tornará
    mil,
    o menor será uma nação poderosa.
Eu sou o Senhor;
    na hora certa farei que isso aconteça
    depressa."

¹ 60.9 Ou *navios mercantes*

O Ano da Bondade do Senhor

61 O Espírito[p] do Soberano, o Senhor,
    está sobre mim,
  porque o Senhor ungiu-me[q]
    para levar boas notícias aos pobres.[r]
  Enviou-me para cuidar[s] dos que estão
    com o coração quebrantado,
  anunciar liberdade aos cativos[t]
    e libertação das trevas aos
      prisioneiros,[1]
2 para proclamar o ano da bondade[u] do
    Senhor
  e o dia da vingança[v] do nosso Deus;
  para consolar[w] todos os que andam
    tristes
3 e dar a todos os que choram em Sião
    uma bela coroa em vez de cinzas,
  o óleo da alegria em vez de pranto
  e um manto de louvor
    em vez de espírito deprimido.
  Eles serão chamados
    carvalhos de justiça,
    plantio do Senhor,
  para manifestação da sua glória.[x]

4 Eles reconstruirão as velhas ruínas[y]
    e restaurarão os antigos escombros;
  renovarão as cidades arruinadas
    que têm sido devastadas
    de geração em geração.
5 Gente de fora[z] vai pastorear
    os rebanhos de vocês;
  estrangeiros trabalharão
    em seus campos e vinhas.
6 Mas vocês serão chamados
    sacerdotes[a] do Senhor,
    ministros do nosso Deus.
  Vocês se alimentarão
    das riquezas[b] das nações,
  e do que era o orgulho delas
    vocês se orgulharão.
7 Em lugar da vergonha que sofreu,
    o meu povo receberá porção dupla[c]
  e, em vez de humilhação,
    ele se regozijará em sua herança;
  pois herdará porção dupla em sua terra,
    e terá alegria eterna.

8 "Porque eu, o Senhor, amo a justiça[d]
    e odeio o roubo e toda maldade.
  Em minha fidelidade os recompensarei
    e com eles farei aliança eterna.[e]
9 Seus descendentes serão
    conhecidos entre as nações,
  e a sua prole entre os povos.
  Todos os que os virem reconhecerão
    que eles são um povo
    abençoado pelo Senhor."

10 É grande o meu prazer no Senhor!
  Regozija-se[f] a minha alma em meu Deus!
  Pois ele me vestiu
    com as vestes da salvação
  e sobre mim pôs o manto da justiça,[g]
  qual noivo que adorna a cabeça
    como um sacerdote,
  qual noiva[h] que se enfeita com joias.
11 Porque, assim como a terra
    faz brotar a planta
  e o jardim faz germinar a semente,
    assim o Soberano, o Senhor,
  fará nascer a justiça[i] e o louvor
    diante de todas as nações.

O Novo Nome de Sião

62 Por amor de Sião eu não sossegarei,
  por amor de Jerusalém não
    descansarei
  enquanto a sua justiça[j]
    não resplandecer como a alvorada,
  e a sua salvação,
    como as chamas de uma tocha.
2 As nações[k] verão a sua justiça,
    e todos os reis, a sua glória;
  você será chamada por um
  novo nome[l]
    que a boca do Senhor lhe dará.
3 Será uma esplêndida coroa[m]
    na mão do Senhor,
  um diadema real na mão do seu Deus.
4 Não mais a chamarão abandonada,[n]
    nem desamparada à sua terra.

---

[1] **61.1** A Septuaginta diz *aos cegos.*

61.1
[p] Is 11.2
[q] Sl 45.7
[r] Mt 11.5; Lc 7.22
[s] Is 57.15
[t] Is 42.7; 49.9
61.2
[u] Is 49.8; Lc 4.18-19
[v] Is 34.8
[w] Is 57.18; Mt 5.4
61.3
[x] Is 60.20-21
61.4
[y] Is 49.8; Ez 36.33; Am 9.14
61.5
[z] Is 14.1-2
61.6
[a] Ex 19.6; 1Pe 2.5
[b] Is 60.11
61.7
[c] Is 40.2; Zc 9.12
61.8
[d] Sl 11.7; Is 5.16
[e] Is 55.3
61.10
[f] Is 25.9; Ha 3.18
[g] Sl 132.9; Is 52.1
[h] Is 49.18; Ap 21.2
61.11
[i] Sl 85.11
62.1
[j] Is 1.26
62.2
[k] Is 52.10; 60.3
62.2
[l] v. 4, 12
62.3
[m] Is 28.5; Zc 9.16; 1Ts 2.19
62.4
[n] Is 54.6

Você, porém, será chamada Hefzibá¹,
  e a sua terra, Beulá²,
pois o Senhor terá prazer em você,ᵒ
  e a sua terra estará casada.ᵖ
⁵ Assim como um jovem se casa
  com sua noiva,
os seus filhos se casarão³ com você;
assim como o noivo se regozija
  por sua noiva,
assim o seu Deus se regozija por você.ᵍ

⁶ Coloquei sentinelasʳ em seus muros,
  ó Jerusalém;
jamais descansarão, dia e noite.
Vocês que clamam pelo Senhor
  não se entreguem ao repouso
⁷ e não lhe concedam descansoˢ
até que ele estabeleça Jerusalém
e faça dela o louvor da terra.
⁸ O Senhor jurou por sua mão direita
  e por seu braço poderoso:
"Nunca mais darei o seu trigoᵗ
  como alimento para os seus inimigos,
e nunca mais estrangeiros
  beberão o vinho novo
  pelo qual se afadigaram;
⁹ mas aqueles que colherem o trigo,
  dele comerão
  e louvarão o Senhor,
e aqueles que juntarem as uvas
  delas beberão
  nos pátios do meu santuário".

¹⁰ Passem, passem pelas portas!ᵘ
Preparem o caminho para o povo.
  Construam, construam a estrada!ᵛ ʷ
Removam as pedras.
  Ergam uma bandeiraˣ para as nações.

¹¹ O Senhor proclamou
  aos confins da terra:
"Digam à cidade⁴ de Sião:ʸ
Veja! O seu Salvador vem!ᶻ

Veja! Ele traz a sua recompensa
  e o seu galardão o acompanha".ᵃ
¹² Eles serão chamadosᵇ povo santo,ᶜ
  redimidosᵈ do Senhor;
e você será chamada procurada,
  cidade não abandonada.ᵉ

O Dia da Vingança e da Redenção

63 Quem é aquele que vem de Edom,
que vem de Bozra,ᶠ com as roupas
  tingidas de vermelho?
Quem é aquele que,
  num manto de esplendor,
avança a passos largos
  na grandeza da sua força?

"Sou eu, que falo com retidão,
  poderoso para salvar."ᵍ

² Por que tuas roupas estão vermelhas,
  como as de quem pisa uvas no lagar?

³ "Sozinho pisei uvas no lagar;ʰ
  das nações ninguém esteve comigo.
Eu as pisoteei na minha ira
  e as pisei na minha indignação;ⁱ
o sangue delas respingou
  na minha roupa,ʲ
e eu manchei toda a minha veste.
⁴ Pois o dia da vingança
  estava no meu coração,
e chegou o ano da minha redenção.
⁵ Olhei, e não havia ninguémᵏ
  para ajudar-me;
mostrei assombro,
  e não havia ninguém para apoiar-me.
Por isso o meu braçoˡ me ajudou,
  e a minha ira deu-me apoio.ᵐ
⁶ Na minha ira pisoteei as nações;
  na minha indignação eu as
    embebedeiⁿ
e derramei na terra o sangue delas."ᵒ

Oração e Louvor

⁷ Falarei da bondade do Senhor,ᵖ
  dos seus gloriosos feitos,
por tudo o que o Senhor fez por nós,

---

¹ **62.4** *Hefzibá* significa *o meu prazer está nela*.
² **62.4** *Beulá* significa *casada*.
³ **62.5** Ou *assim aquele que a edificou se casará*
⁴ **62.11** Hebraico: *filha*.

sim, de quanto bem ele fez
  à nação de Israel,
conforme a sua compaixão[q]
  e a grandeza da sua bondade.
⁸ "Sem dúvida eles são o meu povo",[r]
  disse ele;
"são filhos que não me vão trair";
e assim ele se tornou o Salvador deles.
⁹ Em toda a aflição do seu povo
  ele também se afligiu,
e o anjo da sua presença[s] os salvou.
Em seu amor e em sua misericórdia
  ele os resgatou;[t]
foi ele que sempre os levantou
  e os conduziu[u] nos dias passados.
¹⁰ Apesar disso, eles se revoltaram[v]
  e entristeceram o seu Espírito Santo.[w]
Por isso ele se tornou inimigo deles[x]
  e lutou pessoalmente contra eles.

¹¹ Então o seu povo recordou¹ o
    passado,
  o tempo de Moisés e a sua geração:
Onde está aquele que os fez
    passar através do mar,[y]
  com o pastor do seu rebanho?
Onde está aquele que entre eles
  pôs o seu Espírito Santo,[z]
¹² que com o seu glorioso braço
    esteve à mão direita de Moisés,
que dividiu as águas[a] diante deles
  para alcançar renome eterno,
¹³ e os conduziu[b] através das
    profundezas?
Como o cavalo em campo aberto,
  eles não tropeçaram;[c]
¹⁴ como o gado que desce à planície,
  foi-lhes dado descanso
  pelo Espírito do Senhor.
Foi assim que guiaste o teu povo
  para fazer para ti um nome glorioso.
¹⁵ Olha dos altos céus,[d]
  da tua habitação elevada,[e] santa e
    gloriosa.
Onde estão o teu zelo[f] e o teu poder?

Retiveste a tua bondade
  e a tua compaixão;[g]
elas já nos faltam!
¹⁶ Entretanto, tu és o nosso Pai.
Abraão não nos conhece
  e Israel nos ignora;[h]
tu, Senhor, és o nosso Pai
e, desde a antiguidade, te chamas
    nosso Redentor.[i]
¹⁷ Senhor, por que nos fazes andar
    longe dos teus caminhos
e endureces o nosso coração
  para não termos temor de ti?[j]
Volta,[k] por amor dos teus servos,
  por amor das tribos que são a tua
    herança!
¹⁸ Por pouco tempo o teu povo possuiu
  o teu santo lugar;
depois os nossos inimigos
  pisotearam o teu santuário.[l]
¹⁹ Somos teus desde a antiguidade,
  mas aqueles tu não governaste;
eles não foram chamados pelo teu
    nome.²

64 Ah, se rompesses os céus[m] e descesses![n]
  Os montes[o] tremeriam diante de ti!
² Como quando o fogo acende
  os gravetos e faz a água ferver,
desce, para que os teus inimigos
    conheçam o teu nome
e as nações tremam[p] diante de ti!
³ Pois, quando fizeste coisas
    tremendas,[q]
  coisas que não esperávamos,
    desceste,
e os montes tremeram diante de ti.
⁴ Desde os tempos antigos ninguém
    ouviu,
  nenhum ouvido percebeu,
e olho nenhum viu outro Deus, além
    de ti,
que trabalha para aqueles
  que nele esperam.[r]

---

¹ **63.11** Ou *Que ele, porém, recorde o*
² **63.19** Ou *Somos como aqueles que jamais governaste, como os que jamais foram chamados pelo teu nome.*

63.7
[q] Sl 51.1;
Ef 2.4
63.8
[r] Is 51.4
63.9
[s] Ex 33.14
[t] Dt 7.7-8
[u] Dt 1.31
63.10
[v] Sl 78.40
[w] Sl 51.11;
At 7.51;
Ef 4.30
[x] Sl 106.40
63.11
[y] Ex 14.22, 30
[z] Nm 11.17
63.12
[a] Ex 14.21-22;
Is 11.15
63.13
[b] Dt 32.12
Jr 31.9
63.15
[d] Dt 26.15;
Sl 80.14
[e] Sl 123.1
[f] Is 9.7;
26.11
[g] Jr 31.20;
Os 11.8
63.16
[h] Jó 14.21
[i] Is 41.14;
44.6
63.17
[j] Is 29.13
[k] Nm 10.36
63.18
[l] Sl 74.3-8
64.1
[m] Sl 18.9;
144.5
[n] Mq 1.3
[o] Ex 19.18
64.2
[p] Sl 99.1;
Jr 5.22;
33.9
64.3
[q] Sl 65.5
64.4
[r] Is 30.18;
1Co 2.9*

⁵ Vens ajudar aqueles
    que praticam
    a justiça com alegria,ˢ
  que se lembram de ti e dos teus
    caminhos.
Mas, prosseguindo nós em nossos
    pecados,
    tu te iraste.
Como, então, seremos salvos?
⁶ Somos como o impuro — todos nós!
Todos os nossos atos de justiçaᵗ
    são como trapo imundo.
Murchamos como folhas,ᵘ
e como o vento as nossas iniquidades
    nos levam para longe.
⁷ Não há ninguémᵛ
    que clame pelo teu nome,
    que se anime a apegar-se a ti,
pois escondesteʷ de nós o teu rosto
e nos deixaste perecerˣ
    por causa das nossas iniquidades.
⁸ Contudo, Senhor, tu és o nosso Pai.ʸ
    Nós somos o barro; tu és o oleiro.ᶻ
Todos nós somos obra das
    tuas mãos.
⁹ Não te irasᵃ demais, ó Senhor!
Não te lembres constantemente
    das nossas maldades.ᵇ
Olha para nós!
Somos o teu povo!
¹⁰ As tuas cidades sagradas
    transformaram-se em deserto.
Até Sião virou um deserto,
    e Jerusalém, uma desolação!
¹¹ O nosso templo santo e
    glorioso,ᶜ
onde os nossos antepassados
    te louvavam,
foi destruído pelo fogo,
e tudo o que nos era preciosoᵈ
    está em ruínas.
¹² E depois disso tudo, Senhor,
    ainda irás te conter?ᵉ
Ficarás caladoᶠ
    e nos castigarás
    além da conta?

Julgamento e Salvação

65 "Fiz-me acessível
aos que não perguntavam por mim;
fui achado pelos que não me
    procuravam.ᵍ
A uma naçãoʰ que não clamava
    pelo meu nome
eu disse: Eis-me aqui, eis-me aqui.
² O tempo todo estendi as mãos
    a um povo obstinado,ⁱ
que anda por um caminho que não é
    bom,
    seguindo as suas inclinações;ʲ
³ esse povo que sem cessar me provoca
    abertamente,ᵏ
oferecendo sacrifícios em jardinsˡ
    e queimando incenso em altares de
    tijolos;
⁴ povo que vive nos túmulos
    e à noite se oculta nas covas,
que come carne de porco,ᵐ
    e em suas panelas
tem sopa de carne impura;
⁵ esse povo diz: 'Afasta-te!
Não te aproximes de mim,
    pois eu sou santo!'ⁿ
Essa gente é fumaça no meu nariz!
É fogo que queima o tempo todo!

⁶ "Vejam, porém!
Escrito está diante de mim:
Não ficarei calado,ᵒ
    mas lhes darei plenaᵖ
    e total retribuição,ᵠ
⁷ tanto por seus pecadosʳ
    como pelos pecados
    dos seus antepassados",ˢ diz o Senhor.
"Uma vez que eles queimaram incenso
    nos montes
e me desafiaram nas colinas,ᵗ
eu os farei pagar
    pelos seus feitos anteriores."

⁸ Assim diz o Senhor:

"Quando ainda se acha suco
    num cacho de uvas,

os homens dizem: 'Não o destruam,
    pois ainda há algo bom';
assim farei em favor dos meus servos;
    não os destruirei totalmente.
⁹ Farei surgir descendentes de Jacó⁽ᵘ⁾
e de Judá quem receba por herança⁽ᵛ⁾
    as minhas montanhas.
Os meus escolhidos as herdarão,
    e ali viverão os meus servos.⁽ʷ⁾
¹⁰ Para o meu povo que me buscou,⁽ᶻ⁾
Sarom⁽ˣ⁾ será um pasto para os rebanhos,
e o vale de Acor,⁽ʸ⁾ um lugar de descanso
    para o gado.

¹¹ "Mas vocês, que abandonam⁽ᵃ⁾ o
    Senhor
    e esquecem o meu santo monte,
que põem a mesa para a deusa Sorte
    e enchem taças de vinho para o deus
        Destino,
¹² eu os destinarei à espada,⁽ᵇ⁾
    e todos vocês se dobrarão para a
        degola.
Pois eu os chamei,
    e vocês nem responderam;⁽ᶜ⁾
falei, e não me deram ouvidos.⁽ᵈ⁾
Vocês fizeram o mal diante de mim
    e escolheram o que me desagrada".

¹³ Portanto, assim diz o Soberano, o
    Senhor:

"Os meus servos comerão,⁽ᵉ⁾
    e vocês passarão fome;
os meus servos beberão,
    e vocês passarão sede;⁽ᶠ⁾
os meus servos se regozijarão,
    e vocês passarão vergonha;⁽ᵍ⁾
¹⁴ os meus servos cantarão
    com alegria no coração,
e vocês se lamentarão⁽ʰ⁾
    com angústia no coração
e uivarão pelo quebrantamento
    de espírito.
¹⁵ Vocês deixarão seu nome
    como uma *maldição*⁽ⁱ⁾
    para os meus escolhidos;

o Soberano, o Senhor, matará vocês,
    mas aos seus servos dará outro nome.
¹⁶ Quem pedir bênção para si na terra,
    que o faça pelo Deus da verdade;⁽ʲ⁾
quem fizer juramento na terra,
    que o faça⁽ᵏ⁾ pelo Deus da verdade.
Porquanto as aflições passadas
    serão esquecidas
e estarão ocultas aos meus olhos.

Novos Céus e Nova Terra

¹⁷ "Pois vejam!
Criarei novos céus
    e nova terra,⁽ˡ⁾
e as coisas passadas não serão
    lembradas.⁽ᵐ⁾
Jamais virão à mente!
¹⁸ Alegrem-se, porém, e regozijem-se⁽ⁿ⁾
    para sempre no que vou criar,
porque vou criar Jerusalém para
    regozijo
    e seu povo para alegria.
¹⁹ Por Jerusalém me regozijarei⁽ᵒ⁾
    e em meu povo terei prazer;
nunca mais se ouvirão nela
    voz de pranto e choro de tristeza.⁽ᵖ⁾

²⁰ "Nunca mais haverá nela
    uma criança que viva poucos dias,
e um idoso que não complete
    os seus anos de idade;⁽ᵠ⁾
quem morrer aos cem anos
    ainda será jovem,
e quem não chegar¹ aos cem será
    maldito.
²¹ Construirão casas⁽ʳ⁾ e nelas habitarão;
    plantarão vinhas e comerão do seu
        fruto.⁽ˢ⁾
²² Já não construirão casas
    para outros ocuparem,
nem plantarão para outros comerem.
Pois o meu povo terá vida longa⁽ᵘ⁾
    como as árvores;⁽ᵗ⁾
os meus escolhidos esbanjarão
    o fruto do seu trabalho.

---

¹ **65.20** Ou *o pecador que chegar*

65.9
ᵘ Is 45.19
ᵛ Am 9.11-15
ʷ Is 32.18

65.10
ˣ Is 35.2
ʸ Js 7.26
ᶻ Is 51.1

65.11
ᵃ Dt 29.24-25; Is 1.28

65.12
ᵇ Is 27.1
ᶜ Pv 1.24-25; Is 41.28; 66.4
ᵈ 2Cr 36.15-16; Jr 7.13

65.13
ᵉ Is 1.19
ᶠ Is 41.17
ᵍ Is 44.9

65.14
ʰ Mt 8.12; Lc 13.28

65.15
ⁱ Zc 8.13

65.16
ʲ Sl 31.5
ᵏ Is 19.18

65.17
ˡ Is 66.22; 2Pe 3.13
ᵐ Is 43.18; Jr 3.16

65.18
ⁿ Sl 98.1-9; Is 25.9

65.19
ᵒ Is 35.10; 62.5
ᵖ Is 25.8; Ap 7.17

65.20
ᵠ Ec 8.13

65.21
ʳ Is 32.18
ˢ Is 37.30; Am 9.14

65.22
ᵗ Sl 92.12-14
ᵘ Sl 21.4; 91.16

²³ Não labutarão inutilmente,
　　nem gerarão filhos para a infelicidade;
pois serão um povo abençoado
　　pelo Senhor,
eles e os seus descendentes."
²⁴ Antes de clamarem,
　　eu responderei;
ainda não estarão falando, e eu os ouvirei.
²⁵ O lobo e o cordeiro comerão juntos,
　　e o leão comerá feno, como o boi,
mas o pó será a comida da serpente.
Ninguém fará nem mal nem destruição
　　em todo o meu santo monte",
diz o Senhor.

Julgamento e Esperança

66 Assim diz o Senhor:

"O céu é o meu trono;
　　e a terra, o estrado dos meus pés.
Que espécie de casa vocês me
　　edificarão?
É este o meu lugar de descanso?
² Não foram as minhas mãos que fizeram
　　todas essas coisas,
　　e por isso vieram a existir?",
pergunta o Senhor.

"A este eu estimo:
　　ao humilde e contrito de espírito,
que treme diante da minha palavra.
³ Mas aquele que sacrifica um boi
　　é como quem mata um homem;
aquele que sacrifica um cordeiro,
　　é como quem quebra
　　o pescoço de um cachorro;
aquele que faz oferta de cereal
　　é como quem apresenta sangue de
　　　　porco,
e aquele que queima incenso memorial,
　　é como quem adora um ídolo.
Eles escolheram os seus caminhos,
　　e suas almas têm prazer
　　em suas práticas detestáveis.
⁴ Por isso também escolherei
　　um duro tratamento para eles
e trarei sobre eles o que eles temem.

Pois eu chamei, e ninguém respondeu;
falei, e ninguém deu ouvidos.
Fizeram o mal diante de mim
e escolheram o que me desagrada".

⁵ Ouçam a palavra do Senhor,
　　vocês que tremem diante da sua
　　　　palavra:
"Seus irmãos que os odeiam e os
　　excluem
　　por causa do meu nome, disseram:
'Que o Senhor seja glorioso,
　　para que vejamos a alegria de vocês!'
Mas eles é que passarão vergonha.
⁶ Ouçam o estrondo que vem da cidade,
　　o som que vem do templo!
É o Senhor que está dando
　　a devida retribuição
　　aos seus inimigos.

⁷ "Antes de entrar em trabalho de parto,
　　ela dá à luz;
antes de lhe sobrevirem as dores,
　　ela ganha um menino.
⁸ Quem já ouviu uma coisa dessas?
Quem já viu tais coisas?
Pode uma nação nascer num só dia,
ou, pode-se dar à luz um povo
　　num instante?
Pois Sião ainda estava
　　em trabalho de parto,
　　e deu à luz seus filhos.
⁹ Acaso faço chegar a hora do parto
　　e não faço nascer?",
diz o Senhor.
"Acaso fecho o ventre,
　　sendo que eu faço dar à luz?",
pergunta o seu Deus.
¹⁰ "Regozijem-se com Jerusalém
　　e alegrem-se por ela,
　　todos vocês que a amam;
regozijem-se muito com ela,
todos vocês que por ela pranteiam.
¹¹ Pois vocês irão mamar e saciar-se
　　em seus seios reconfortantes,
e beberão à vontade
　　e se deleitarão em sua fartura."

12 Pois assim diz o Senhor:

"Estenderei para ela a paz como um rioʸ
e a riquezaᶻ das nações, como
  uma corrente avassaladora;
vocês serão amamentados nos braços dela
e acalentadosᵃ em seus joelhos.
13 Assim como uma mãe consola seu filho,
  também eu os consolarei;ᵇ
em Jerusalém vocês serão consolados".

14 Quando vocês virem isso,
  o seu coração se regozijará,
e vocês florescerão como a relva;
a mão do Senhor
  estará com os seus servos,
mas a sua iraᶜ será contra os seus
  adversários.
15 Vejam! O Senhor vem num fogo,
  e os seus carrosᵈ são como um
    turbilhão!
Transformará em fúria a sua ira
  e em labaredas de fogo, a sua
    repreensão.ᵉ
16 Pois com fogoᶠ e com a espadaᵍ
  o Senhor executará julgamento
    sobre todos os homens,
e muitos serão os mortos pela mão do
  Senhor.

17 "Os que se consagram para entrar nos jardinsʰ indo atrás do sacerdote¹ que está no meio, comem² carne de porco,ⁱ ratos e outras coisas repugnantes, todos eles perecerão",ʲ declara o Senhor.

18 "E, por causa dos seus atos e das suas conspirações, virei ajuntar todas as nações e línguas, e elas virão e verão a minha glória.

19 "Estabelecerei um sinalᵏ entre elas, e enviarei alguns dos sobreviventes às nações: a Társis,ˡ aos líbios³ e aos lídios,ᵐ famosos flecheiros, a Tubal,ⁿ à Grécia, e às ilhas distantes,ᵒ que não ouviram falar de mim e não viram a minha glória.ᵖ Eles proclamarão a minha glória entre as nações. **20** Também dentre todas as nações trarão os irmãos de vocês ao meu santo monte, em Jerusalém, como oferta ao Senhor. Virão a cavalo, em carros e carroças, e montados em mulas e camelos", diz o Senhor.

"Farão como fazem os israelitas quando apresentam as suas ofertas de cereal, trazendo-as em vasos cerimonialmente puros; ᵠ **21** também escolherei alguns deles para serem sacerdotesʳ e levitas", diz o Senhor.

22 "Assim como os novos céus e a nova terraˢ que vou criar serão duradouros diante de mim", declara o Senhor, "assim serão duradouros os descendentes de vocês e o seu nome.ᵗ **23** De uma lua nova a outra e de um sábadoᵘ a outro, toda a humanidade virá e se inclinaráᵛ diante de mim", diz o Senhor. **24** "Sairão e verão os cadáveres dos que se rebelaram contra mim; o vermeʷ destes não morrerá, e o seu fogo não se apagará,ˣ e causarão repugnância a toda a humanidade."

---

¹ **66.17** Ou *da deusa*
² **66.17** Ou *jardins atrás de um de seus templos, e aqueles que comem*
³ **66.19** Conforme alguns manuscritos da Septuaginta. O Texto Massorético diz *a Pul.*

PASTOREANDO EM SITUAÇÕES ESPECÍFICAS

 # Pastoreio de casais em crise, divorciados e solteiros

O Espírito do Soberano, o S<small>ENHOR</small>,
está sobre mim,
porque o S<small>ENHOR</small> ungiu-me
para levar boas notícias aos pobres.
Enviou-me para cuidar dos que estão
com o coração quebrantado,
anunciar liberdade aos cativos
e libertação das trevas aos prisioneiros,
para proclamar o ano da bondade do S<small>ENHOR</small>
e o dia da vingança do nosso Deus;
para consolar todos os que andam tristes,
e dar a todos os que choram em Sião
uma bela coroa em vez de cinzas,
o óleo da alegria em vez de pranto,
e um manto de louvor
em vez de espírito deprimido.
Eles serão chamados
carvalhos de justiça,
plantio do Senhor,
para manifestação da sua glória.

Isaías 61.1-3

Estes versículos de Isaías falam sobre a restauração plena, possível apenas por meio de Cristo. A quebra de um casamento — ou mesmo a perda do que o casamento já foi — representa um momento de derrota e desespero. Infelizmente, muitas pessoas nas nossas congregações passam por essa experiência, mas elas precisam ser lembradas da redenção oferecida nesse texto.

Thomas Needham diz: "Casais em crise frequentemente perdem a esperança que é tão crucial para o processo de restauração matrimonial". Por isso, para os casais que passam por crise conjugal, o nosso papel como cuidadores é oferecer não apenas ferramentas, mas a esperança de restauração. Para divorciados e mães ou pais solteiros, a restauração é ligeiramente diferente, pois é possível que seu matrimônio nunca mais seja plenamente resgatado. Mas, mesmo nessas situações, Deus pode semear esperança que florescerá em uma maravilhosa árvore que vicejará e expandirá para além de si mesma, alcançando e amparando outras pessoas que estão em situação semelhante.

PASTOREANDO EM SITUAÇÕES ESPECÍFICAS

O papel do pastor na restauração de casais em crise
Thomas Needham

Como você reage à crise conjugal de alguém na sua igreja? Os pastores e líderes da igreja não podem fazer tudo, mas têm possibilidades únicas de ajudar os casais em crise. Lembre-se dos cinco pontos a seguir quando tiver de ajudar casais feridos:

1. Aproveite a oportunidade
Uma vez que casais em crise são, cada vez mais, tratados por profissionais treinados, os pastores e líderes leigos às vezes não sabem exatamente qual é o papel que desempenham. Embora terapeutas seculares de casais possam, em muitos casos, restaurar o casamento, eles não são capazes de lidar com as questões que envolvem o amor de Deus, o papel do compromisso e o lugar da oração. O cuidado profissional não substitui o cuidado pastoral. Isso não só significa que as famílias são nutridas por meio da fé em Deus e a participação na igreja, como também significa que a igreja tem obrigações éticas e pastorais para com as famílias. Somente quando a igreja assume a responsabilidade pela vitalidade e longevidade do casamento é que ela poderá oferecer instrução, treinamento, cuidado e apoio que deem fruto. Para interromper a epidemia do divórcio, é essencial desenvolver um programa de cuidado pastoral e aconselhamento sobre o fundamento da compaixão. O apóstolo Paulo reconhece que o sofrimento nos prepara para sermos empáticos para com os que sofrem (2Coríntios 1.3-7). É por isso que casais que já passaram por lutas em seu relacionamento matrimonial são normalmente compassivos, capacitados e prontos para ajudar outros casais em crise.

2. Rompa o isolamento
Apesar de os casais feridos terem de reconhecer que não estão sozinhos, eles raramente procuram ajuda de outros membros da igreja. Muito provavelmente temem a rejeição ou se sentem constrangidos. Contudo, não é fácil romper esse isolamento; é preciso um equilíbrio amoroso entre estender a mão e respeitar a necessidade de privacidade e confiabilidade. Mas o apoio é crucial. Será que casais em crise se sentem desprezados ou negligenciados nas nossas igrejas? Em caso afirmativo, provavelmente continuarão sofrendo em silêncio e o pior: sem o apoio do nosso aconselhamento, encorajamento e orações.

3. Crie formas de apoio
Eis várias maneiras de apoio e confidencialidade que igrejas, pastores e conselheiros cristãos podem utilizar para romper o isolamento dos casais em crise:

- ***Ajude-os a recuperar a esperança***. Casais em crise frequentemente perdem a esperança que é tão crucial para o processo de restauração matrimonial. Embora eles estejam comprometidos em manter o casamento, o sofrimento prolongado pode debilitar sua convicção. Lembrar-lhes de que Deus deseja a manutenção do casamento pode, na verdade, piorar os sentimentos de culpa e aumentar as dificuldades.

Pastoreio de casais em crise, divorciados e solteiros

No fim, eles conseguem enxergar apenas duas alternativas indesejáveis — manter um *relacionamento cronicamente infeliz*, que seria a decisão pelo certo e bom, ou o *divórcio*, que muitos consideram a promessa de um raio de esperança à custa de um relacionamento de segunda classe com Deus. Os casais precisam de encorajamento sério e desafios hábeis para corrigir tal miopia.

- **Apoie a fé do casal**. Talvez mais do que em outras situações, as vítimas de insatisfação conjugal lutem com questões sobre a bondade e o amor de Deus. Eles precisam de oração, encaminhamento a um terapeuta de casais competente, conselho e cuidado pastoral constantes. As igrejas podem criar uma atmosfera de interesse e esperança que não gere mais sentimentos de fracasso. Pastores e leigos podem aprender a detectar disfunção marital precocemente para que o tratamento seja menos traumático. Outra importante medida de apoio é desenvolver uma rede de terapeutas de casais competentes.

4. Promova a avaliação da vida

A restauração do matrimônio às vezes exige uma dolorosa autoavaliação. Os cônjuges podem ter de levar uns cutucões para reconhecer a responsabilidade que têm pela insatisfação conjugal. Entretanto, as igrejas precisam estar atentas ao fato de que a autoavaliação, muitas vezes, exige coragem e força incomuns. Esses casais confrontam muitas realidades desagradáveis sobre si mesmos e suas famílias de origem. Eles deveriam ser elogiados e encorajados por estarem dispostos a realizar uma tarefa tão difícil. Estas são algumas implicações da realização de uma autoavaliação:

- **Evite acusar e jogar a culpa no casal**. Embora os pastores precisem manter os padrões das Escrituras para o casamento e para o divórcio, eles devem fazê-lo de maneira que proteja as pessoas contra o excesso de condenação.
- **Não tome o lado de nenhum dos cônjuges**. Falar de um cônjuge com o outro — o que os terapeutas chamam de conluio — é característico de famílias disfuncionais. Tomar o lado de um deles sempre diminui a eficácia da ajuda.
- **Não fique confuso com os sintomas**. O companheirismo no casamento normalmente se perde, porque ambos os cônjuges têm bloqueios emocionais para a intimidade. Evitar o sexo, ficar fora de casa, ter um caso amoroso — são todos sintomas de que a relação conjugal já foi quebrada. Focar nos sintomas pode levar à conclusão equivocada de que somente um lado é culpado.
- **Seja realista**. Encorajar a autoavaliação também significa não oferecer falsas esperanças. Os casais muitas vezes desejam garantias de que o trabalho de autoavaliação e profunda cura interior revitalizarão o casamento. Devemos evitar oferecer certeza superficial. Muitos casais, embora não todos, podem ser transformados.

5. Resgate a visão moral do matrimônio

Muitos evangélicos supõem que os casais se comprometerão em preservar o matrimônio uma vez que ambos têm um relacionamento com Cristo. Contudo, não é tão simples assim. Muitos precisam de encorajamento para se fortalecer e ter mais coragem de rejeitar o divórcio quando surge algum conflito. Igrejas, conselheiros e pastores devem levar a sério seu papel como agentes de persuasão moral. "A estabilidade do matrimônio está baseada no compromisso, não no amor", disse certa vez o teólogo Emil Brunner. Mas falar de compromisso tem sido cada vez mais raro na nossa cultura, e não podemos supor que os cristãos tenham sido formados e moldados pela linguagem moral do compromisso. Às vezes, somente a convicção moral ajudará o casal a continuar se esforçando no matrimônio.

Ajudando um casal em crise
Greg & Priscilla Hunt

Um determinado casal estava em crise quando tivemos o primeiro encontro com eles; além disso, lidavam com o fato de que Tiago havia tido um caso e que sua "amante" estava grávida. A esposa, em meio a prantos e soluços, se esforçava para expressar dor, raiva e vergonha. O marido segurava as lágrimas de remorso, desesperado para salvar seu casamento. Nenhum dos dois tinha confiança de que o relacionamento pudesse suportar o peso dessa traição e as complicações dela decorrentes. Eles estavam completamente perdidos sobre o que fazer.

Mas ambos trataram honestamente de suas dificuldades, fizeram mudanças significativas em sua vida e seu relacionamento, e seguiram em frente numa história impressionante de restauração. Familiares e amigos de dentro e de fora da igreja se reuniram em torno deles. Um terapeuta de casais de confiança trabalhou com eles individualmente e em conjunto. Ficamos muito gratos por fazer parte do processo de restauração, acompanhando-os e oferecendo treinamento em relacionamentos interpessoais. Sua história é um testemunho de esperança. Casais em crise podem vencer suas dificuldades e encontrar nova vida no amor.

As circunstâncias de um casal não precisam ser tão dramáticas quanto essa para merecer nossa atenção. Prestamos atenção sempre que percebemos relacionamentos desgastados de afetividade ou entupidos de conflitos não resolvidos. A questão é: Como podemos ajudar? O que podemos fazer para tratar das necessidades de matrimônios infelizes? Considere as seguintes recomendações:

Promova um ambiente seguro para que comecem a tratar de seus problemas
Se o processo começar com um ou ambos os cônjuges procurando ajuda, o nosso primeiro passo é promover um ambiente de empatia e perdão dentro do qual possam se desarmar. Não precisamos ser especialistas em relacionamento matrimonial para ouvir atentamente e ser imparcial. Nosso papel para com o casal é ajudá-lo a dar nomes a cada dificuldade e a processar seus problemas. Eles talvez precisem de ajuda para compartilhar pensamentos, sentimentos e vontades sem ser tomados por pensamentos negativos. Talvez também precisem de encorajamento para buscar compreensão mútua em vez de manter uma atitude reativa como em um conflito de vontades em que um é o vencedor e o outro perdedor.

Pastoreio de casais em crise, divorciados e solteiros

Encoraje-os
Um dos aspectos essenciais do nosso papel é oferecer esperança realista. Observe que realismo e esperança caminham juntos. Não queremos dar falsas esperanças, mas queremos lembrá-los de que Deus está com eles em meio às circunstâncias, repleto de boa vontade e tendo os meios para acompanhá-los ao longo de suas lutas.

Fortaleça-os
Uma das características daqueles que passam por conflitos conjugais é o sentimento de incapacidade em resolver seus problemas. Nós os ajudamos melhor se não desenvolvemos um relacionamento que dependa de nós, mas levando-os a identificar e mobilizar seus recursos internos e externos de enfrentamento, desenvolver um plano de ação, e dar passos concretos para resolver seus problemas.

Tire-os do isolamento
Um dos recursos essenciais de enfrentamento da crise conjugal é o círculo de relacionamentos do casal. Enquanto os ajudamos a distinguir entre apoio benéfico e apoio não benéfico, podemos encorajá-los a se apoiar no amor e força de familiares e amigos. É importante reagirmos contra a tendência do isolamento. Relacionamentos de solidariedade podem fazer diferença entre vencer as dificuldades e ceder a pressões.

Ajude-os a desenvolver habilidades relacionais
Em estudos sobre a relação conjugal, casais em crise possuem um grau previsivelmente baixo no que se refere à habilidade de se comunicar com eficácia e resolver conflitos. Essas habilidades não surgem espontaneamente. Precisam ser adquiridas; portanto, podemos ajudá-los a desenvolvê-las. Encontros de casais podem ser muito úteis para grupos de casais, ou um casal por vez, para promover o desenvolvimento de habilidades relacionais.

Encaminhe-os a profissionais confiáveis
É importante que reconheçamos nossas limitações. Poucos de nós que exercem o ministério pastoral têm a habilidade ou o tempo para trabalhar intensamente com casais individuais. Precisamos ter uma lista de terapeutas de casais e de família da região em cujas competências e perspectivas temos confiança. Quando observarmos que um casal precisa de ajuda prolongada e apoio intenso, então poderemos encaminhá-lo a um desses profissionais.

Mantenha contato
Os terapeutas servem de aliados, não são substitutos do nosso compromisso contínuo com casais em crise. Geralmente, as complicações de seu relacionamento são complexas e profundas, por isso é certo dizer que levará tempo para que resolvam tudo. À medida que virem sinais precoces de esperança, sua vitalidade voltará, mas, ainda assim, precisarão de encorajamento constante para mantê-los na jornada de aperfeiçoamento de seu relacionamento.

PASTOREANDO EM SITUAÇÕES ESPECÍFICAS

Desenvolva a capacidade da congregação de oferecer um sistema de apoio

Se desejarmos levar a sério a habilidade da nossa igreja de influenciar o bom relacionamento de casais e famílias, aproveitaremos ao máximo o potencial atual da igreja e desenvolveremos novos potenciais no cuidado da igreja. Sua igreja tem uma classe de escola bíblica ou pequenos grupos com casais? Você tem uma equipe formal ou informal de cuidadores leigos? Você tem na igreja casais amorosos cujos relacionamentos são saudáveis? Você tem um programa educacional, uma livraria ou biblioteca, uma página na internet, uma base de dados de endereços eletrônicos? Tudo isso pode ser criado levando-se em conta as necessidades dos casais. Ofereça treinamento de liderança e oportunidades de desenvolvimento de habilidades relacionais. Ajude os casais a obter recursos para fortalecer seus relacionamentos.

Estes são alguns excelentes recursos para igrejas que desejem aprimorar o ministério com casais:

- **Instituto da Família** é uma instituição para formação e capacitação de leigos e profissionais no apoio de casais e famílias em crise. (www.ftsa.edu.br/ifamilia)
- **EIRENE do Brasil** é uma organização que oferece capacitação na área de aconselhamento pastoral familiar, assessoria familiar e terapia de casal e família (www.eirene.com.br)
- **Instituto Phileo de Psicologia** oferece cursos de capacitação, assessoria familiar e de casais assim como atendimento terapêutico e psicológico a casais e famílias cristãs (secretaria@ipp-tap.com.br).
- **MMI Brasil** visa apoiar igrejas no trabalho com famílias e casais por meio de cursos de casais em forma de pequenos grupos entre membros de igrejas (www.mmibrasil.com.br).

Não está fora do nosso alcance ajudar casais em crise. Podemos ajudá-los. Podemos também preparar a igreja para ter a cultura de cuidado e saúde relacional. Cristo é glorificado quando fazemos isso.

Três perguntas para casais em crise
Ron Edmondson

Já passei muitas horas com casais e indivíduos que me procuraram para aconselhamento dizendo que desejavam salvar ou melhorar o casamento, mas que, na realidade, o que realmente queriam era uma justificativa para se livrar do relacionamento. Já me deparei com relacionamentos conjugais gravemente afetados, mas nunca encontrei um que não tivesse possibilidade de restauração se ambos os cônjuges estivessem dispostos a isso.

Você não conseguirá conduzir pessoas para onde elas não desejam ir. Quando alguém está convencido de que o casamento acabou, a pessoa ou terá de mudar de ideia, ou Deus

Pastoreio de casais em crise, divorciados e solteiros

terá de intervir. Com isso em mente, faço três perguntas categóricas logo no início do processo de aconselhamento. Essas perguntas vão direto ao assunto e me ajudam a identificar quão determinado está o casal em salvar ou melhorar o casamento.

As perguntas também são ótimas para tratar com qualquer pessoa que deseje aprofundar o compromisso e a intimidade do relacionamento. As perguntas podem ser aplicadas pelo próprio casal, mas é mais proveitoso quando o casal permite que outra pessoa — talvez um ministro ou amigo íntimo — as faça e o conduza na discussão de suas respostas.

1. Onde vocês querem chegar com este relacionamento?

Muitos casais nunca conversam sobre o que esperam do casamento. Um pode estar satisfeito em viver vidas separadas a dois debaixo do mesmo teto, enquanto o outro deseja compartilhar tudo. Muitas pessoas, principalmente os homens, pensam que se não há muita briga no casamento, as coisas estão bem. Contudo, a outra pessoa anseia por maior intimidade.

Quando o casamento está em crise, um dos cônjuges pode já ter decidido abandonar o relacionamento. Até que isso seja manifesto, qualquer tentativa de ajudar o casal será completamente infrutífera. Uma vez que é fundamental que as pessoas respondam a esta pergunta com toda sinceridade, normalmente peço que elas gastem alguns dias para responder — sondando o coração e orando sobre os reais sentimentos. Muitas vezes fico surpreso de ver como essa pergunta abre o diálogo que leva à compreensão da verdadeira condição do relacionamento conjugal.

As respostas a esta pergunta devem ser tanto gerais quanto específicas. Uma resposta geral seria: "Desejo um casamento em que estejamos continuamente nos tornando mais íntimos e apaixonados um pelo outro". Uma resposta específica seria: "Desejo que o meu marido goste de fazer algumas das coisas que eu faço e demonstre que me ama de modo prático", ou "Desejo que minha esposa me respeite ou mostre o quanto ela valoriza o que eu faço pela família".

2. Como vocês vão chegar lá?

Uma vez que o casal sabe o que quer, o passo seguinte é elaborar um plano para chegar lá. Mas esses planos não podem ser implantados até que as três perguntas sejam respondidas. Se ambos não estiverem decididos, as mudanças não durarão muito. Depois de refletir sobre os objetivos de cada um para o casamento e até que ponto querem ir com o casamento, o casal precisa pensar sobre o que é necessário acontecer para que esses objetivos sejam alcançados. Se o casal deseja que a intimidade entre eles aumente continuamente, por exemplo, provavelmente o casal terá de planejar mais tempo a sós um com o outro. É difícil ser íntimo de alguém que você quase não vê.

Alguns casais que conheço aplicaram essa pergunta e, juntamente com a primeira, conseguiram entender como suas atitudes e palavras influenciam o fortalecimento ou o enfraquecimento do casamento. Cônjuges que estão constantemente criticando um ao outro começam a perceber que esse tipo de ação não contribui para conduzir o casamento para o nível que eles desejam.

Respostas detalhadas a essas perguntas devem ser escritas e ter a concordância de ambos. Novamente digo que é muito útil ter um mediador envolvido no processo. Essa pessoa pode guardar a lista de respostas para futuramente perguntar ao casal de forma regular se eles estão cumprindo o plano.

3. Você está disposto a fazer o que for necessário?
Esta é sem dúvida a pergunta mais importante, mas ela não pode ser respondida antes das duas primeiras. Já ouvi pessoas responderem: "Sim, claro que estou pronto para fazer o que for necessário para alcançar os meus objetivos conjugais. Não estaria aqui se não estivesse disposto".

A minha experiência diz que as pessoas normalmente estão dispostas a fazer o que elas desejam, mas, proporcionalmente, não estão dispostas a fazer o que não querem. Parece óbvio, mas é importante entendê-lo. Essa terceira pergunta ajuda a revelar a autenticidade das respostas às duas perguntas anteriores. Às vezes é fácil responder às primeiras duas perguntas, mas esta terceira força as pessoas a ponderar mais seriamente suas decisões com base nos sentimentos e na vontade.

Essas perguntas não dispensam o aconselhamento profissional. Muitos casais precisam de aconselhamento para trabalhar questões mais profundas e sérias. No entanto, essas perguntas darão aos casais a compreensão básica da condição atual de seu relacionamento conjugal. Podem ser úteis em qualquer estágio do casamento, e independente da condição do casamento, podem auxiliar a encorajar o fortalecimento e a intimidade do relacionamento.

Como estabelecer um ministério do segundo casamento
Leadership Journal

Muitas igrejas possuem programas para casais. Mas é também importante pensar em formar um ministério para casais em segundas núpcias. Estas são algumas dicas de como fazer:

Explicite a posição da sua igreja sobre o segundo casamento
Antes de começar um ministério para casais em busca de um novo casamento, a sua equipe de liderança precisa decidir o que a igreja pensa sobre o novo casamento. Sob quais circunstâncias você realmente aceitará um segundo casamento? Sob quais circunstâncias você não aceitará um segundo casamento? Como você tratará os casos intermediários? Você exigirá uma entrevista com o pastor? Gaste tempo estudando juntos as Escrituras. Pesquise e leia declarações sobre divórcio e novo casamento de outras igrejas e denominações cristãs. Como pastores e líderes de igreja, vocês precisam chegar a um acordo e depois registrar esse acordo por escrito. Isso evita que o ministro seja visto como arbitrário e envolve muito mais a igreja na preparação do ministério de casais em segundas núpcias.

Não pressuponha que haja maturidade espiritual
Algumas igrejas têm a tendência de supor que as pessoas que já foram casadas aprenderam tudo que tinham de saber sobre casamento. Por isso, é possível acelerar o processo e dispensar a orientação pastoral. Mas, apesar de as pessoas terem bastante experiência, nem

Pastoreio de casais em crise, divorciados e solteiros

sempre elas aprendem com as experiências. Comunicação, divisão de papéis, de tempo de lazer, férias, controle, solução de conflitos, origem familiar, questões de personalidade, prioridades espirituais, e participação na igreja — são áreas importantes em qualquer casamento que precisam ser discutidas entre duas pessoas que buscam o segundo casamento, mesmo que esses mesmos cônjuges já tenham sido casados anteriormente.

Tenha cautela

O processo do novo casamento precisa ser percorrido com cautela. Sem tempo suficiente para autoexame, as pessoas muitas vezes se iludem com a crença de que aprenderam com os erros e estão prontas para entrar logo no segundo casamento. A intensidade do romance de um novo relacionamento pode fazer que a pessoa subestime as dificuldades que estão pela frente, principalmente no que se refere a mesclar famílias. Um sólido programa de preparo para o novo casamento pode ajudar esses casais a discernir com calma suas necessidades. Se a igreja for suficientemente comprometida e corajosa, também poderá prover o difícil mas valioso serviço de tentar convencer um casal de que o novo casamento não é a melhor opção para um determinado momento.

Faça uma avaliação do(s) casamento(s) anterior(es)

Examinar com franqueza o casamento anterior deve ser feito com a presença de ambas as partes envolvidas. Elas precisam ouvir um ao outro descrever abertamente o relacionamento que tiveram com o ex-cônjuge. Pergunte ao casal quais passos foram dados para resolver os problemas que resultaram no rompimento do primeiro casamento.

Como líder de igreja, é sua a responsabilidade de garantir que as seguintes perguntas sejam feitas:

- Eles assumiram parte da responsabilidade pelo divórcio? Em caso afirmativo, conseguem expressar claramente o que aprenderam dos fracassos do primeiro casamento? Ou ainda estão culpando o ex-cônjuge por todas as desgraças do matrimônio?
- Eles tiveram de ser perdoados e oferecer perdão ao ex-cônjuge?
- Eles tiveram de lidar com questões de perda e rejeição?
- Eles trataram dos problemas pessoais que podem ter contribuído para o estresse conjugal?

Caso não tenham tratado dessas questões, não estão prontos para iniciar um novo relacionamento. O objetivo desse processo é ajudar cada indivíduo a assumir sua própria responsabilidade pelo fracasso do casamento anterior. Por exemplo, se alguém ainda estiver carregando grande mágoa contra o cônjuge anterior, a probabilidade de iniciar desavenças no novo relacionamento é muito alta.

Converse sobre como unir as duas famílias

A tarefa de unir satisfatoriamente os filhos de ambos os lados em uma nova família é muito desafiadora. Encoraje o casal a conversar sobre adoção, mudança de nome, herança, regras para os relacionamentos entre irmãos do novo casamento, como o relacionamento com

PASTOREANDO EM SITUAÇÕES ESPECÍFICAS

amigos e parentes irá mudar com o novo casamento, disciplina dos filhos, mudança de carreira, competição por amor e afeição, como lidar com o ciúme, e o estabelecimento de prioridades para a nova família. O foco dessa discussão é levantar alguns sinais de alerta. A família não pode ignorar esses fatos.

A questão mais sensível é a da disciplina das crianças. A postura de padrasto ou madrasta não deve ser de muita permissividade na tentativa de conquistar o amor. Mas, se o padrasto ou madrasta procura exercer autoridade muito depressa, corre o risco de ouvir algo como "Eu não preciso fazer o que você me diz! Você não é meu verdadeiro pai". Disciplina muito rígida pode fazer que o pai ou a mãe biológica proteja a criança já fragilizada pelo divórcio dos pais biológicos.

Enfatize a pureza do relacionamento pré-marital

As pesquisas mostram que a maioria de noivos cujos parceiros já haviam sido casados era sexualmente ativa. Muitas vezes, até o cristão aceita essa situação. Lide com esse problema diretamente. Se o casal estiver tendo relacionamento sexual, apresente-lhe a visão das Escrituras sobre o assunto, e encoraje-o a buscar o perdão de Deus e um do outro. Peça para que eles não mantenham relações até que se casem. Além de todos os argumentos morais e espirituais, é importante para o casal determinar quanto seu relacionamento está baseado exclusivamente no sexo. Abster-se até o casamento pode forçar o casal a perceber as fraquezas de seu relacionamento e a considerar meios de fortalecê-las.

Restauração do casamento após a infidelidade
Louis McBurney

A infidelidade é umas das crises mais graves que um casal pode enfrentar. O divórcio não é inevitável, mas o caminho da cura do casamento será longo e árduo. A restauração do relacionamento envolve muito mais do que mero perdão. No aconselhamento de casais que enfrentam essa dificuldade, os seguintes passos específicos são muito úteis:

Fale abertamente sobre as dificuldades

Muitos casais nunca refletiram suas opções. Uma opção naturalmente é resmungar um "Desculpe-me... eu o perdoo" e continuar nos mesmos modos conhecidos de relacionamento — os mesmos padrões que levaram ao rompimento da relação. A segunda opção é o divórcio. Eu tenho o firme compromisso com a continuação do casamento e sempre luto para seguir o ensinamento bíblico. Entretanto, quando aconselho casais em crise, descubro que uma linha dura, um ataque frontal com citação de versículos das Escrituras geralmente colocará o casal ainda mais na defensiva e aumentará a resistência dos dois, levando o casal a sentir-se encurralado e menos disposto a lidar com as mudanças necessárias. Obtive melhores resultados examinando abertamente os detalhes confusos do divórcio, *primeiro analisando como* o mundo vê o divórcio como forma de alívio rápido e depois levantando os aspectos negativos de longo prazo.

Pastoreio de casais em crise, divorciados e solteiros

Deixe claro que, depois do alívio inicial, a maioria das pessoas enfrenta um período de sofrimento durante um ano ou mais. Entre esses fatores, estão a devastação financeira do divórcio, a dissolução da família nuclear e o aumento dos problemas de comportamento dos filhos. Mesmo depois da dor da infidelidade, os casais que estão pensando no divórcio precisam encarar de frente o custo potencial de sua decisão. Fale abertamente sobre as dificuldades reais advindas do divórcio, além do alívio imediato da tensão.

Verifique o compromisso de reconciliação

Frequentemente o parceiro culpado prefere simplesmente que toda aquela situação perturbadora desapareça. Já ouvi alguns homens dizerem: "O problema não é tão grave assim". Entretanto, *é* realmente uma questão grave e o parceiro ofendido precisa decisivamente sentir-se compreendido. Ao dar ouvidos à ofensa e mostrar que entende a razão da dor, o cônjuge culpado pode colaborar com a restauração.

Procure ajudar um a mostrar empatia com a dor do outro. Você poderá perguntar ao marido: "Como você se sentiu quando foi ignorado (ou criticado, ou enganado) em algum momento em sua vida?". Ao relembrar esse sentimento, é mais fácil que ele responda de modo não defensivo à dor semelhante da esposa. Eu posso interpretar a uma esposa como imagino que seu marido se sinta — entrincheirado, sufocado ou desacreditado, emoções que ele pode ser incapaz ou não querer comunicar.

Restaure a confiança e a autoestima

Restaurar a confiança exige esforço de ambos, do marido e da mulher. A parte infiel precisa esforçar-se realmente para reafirmar sua fidelidade. Isso significa contar ao cônjuge sobre as coisas que faz e as pessoas com quem se encontra. Significa limitar a expressão de afeição a outras pessoas publicamente. Significa separar tempo para estarem juntos, só os dois. Significa ser verdadeiro e manter compromissos.

Para o cônjuge traído, restaurar a confiança inclui aceitar o que o outro diz sem manifestar dúvidas por meio de acusações. A segunda grande vítima da infidelidade é a autoestima do cônjuge ofendido, a qual precisa ser levada em conta na reconciliação. O fato de que o parceiro infiel resolveu manter o casamento tem pouco efeito considerando-se o nível da ofensa sentida. A pergunta mais importante é: *O que está errado comigo como mulher (ou homem) que não consegui segurar o meu cônjuge? Será que sou incompetente como pessoa? Deixei de ser atraente?*.

Vergonha e constrangimento prejudicam a autoimagem de ambas as partes. Praticamente todo cônjuge traído demonstra forte senso de constrangimento. Começam a imaginar o que os outros estão dizendo a seu respeito e acham difícil aparecer em lugares públicos. Sentem que estão sendo culpados pela infidelidade do cônjuge e realmente podem estar se culpando.

Abra o caminho para o perdão

Em consequência de um caso amoroso, o casamento pode parecer tão incerto que ambos os parceiros evitam expressar ira com medo de afastar o cônjuge definitivamente. Entretanto, a ira permanece e precisa ser expressa. A ira por si só não é pecado; ela pode ser expressa sem destruir a outra pessoa. Procure preparar os casais para manifestar positivamente a ira e assegurar-lhes que é possível lidar com ela.

PASTOREANDO EM SITUAÇÕES ESPECÍFICAS

Deus oferece um modo eficaz de tratar até mesmo com os tipos mais severos de dano emocional: reconhecendo o dano e a ira, expressando a ira diretamente ao ofensor e resolvendo perdoar. O perdão não é um ato mágico único que remove toda lembrança e dor; é uma escolha contínua. É importante ver o perdão como um ato volitivo em vez de um sentimento. Isso também ajuda os casais a manter a esperança quando velhas lembranças vierem à mente. Eles começam a ver o perdão como um processo, não como um ato instantâneo de cura.

Enfatize o aspecto positivo

Como um casal poderá enfatizar o aspecto positivo de um casamento afetado pela infidelidade? Uma das maneiras é relembrar vários momentos especiais que tiveram juntos. Ajude os casais a lembrar-se da atração inicial que tiveram um pelo outro. Faça que eles conversem sobre os momentos especiais que desfrutaram juntos ou relembre as lutas que enfrentaram juntos. O aspecto positivo também pode ser ressaltado para manter o senso de humor. O principal é poder rir de si mesmo, não do outro.

O objetivo é que o casal prossiga para o futuro junto e com otimismo, reconstrua sonhos e se entusiasme com o fato de que o nível de união pode ser ainda mais profundo do que antes. Isso exige fé de que, mesmo diante desse caso doloroso e pecaminoso, o Espírito de Deus pode transformá-lo em bem. As pessoas precisam acreditar que os sentimentos intensos de dor e perda serão substituídos por alegria e paz, até mesmo com uma nova paixão entre eles.

Fale sobre a ilusão do "eu primeiro"

Os pesquisadores Dave e Vera Mace descobriram que casais que pretendem satisfazer as necessidades uns dos outros são os mais felizes. Por outro lado, quando necessidades não satisfeitas e decepções se tornam o foco, as discórdias conjugais desencadeiam críticas e afastamento. Necessidades não satisfeitas assombram como gigantes que bloqueiam o caminho à felicidade.

Os casais precisam manifestar as áreas de decepção — de forma diplomática —, mas não podem permanecer presos a um estado de crítica. Antes, cada parceiro deve focar, com determinação, agradar o cônjuge, procurando modos de satisfazer efetivamente as necessidades do outro. O pecado do adultério é perdoável. Embora nenhum passe de mágica faça desaparecer o passado, a ajuda pastoral poderá dissipá-lo. Os relacionamentos podem ser restaurados — às vezes a patamares nunca antes experimentados ou imaginados.

Nunca é fácil, mas nenhum casamento é fácil em qualquer circunstância.

Iniciando um ministério para a restauração de divorciados

Lee A. Dean

A realidade das nossas igrejas hoje é que há muitos membros sofrendo com a dor de *casamentos fracassados*. Eis alguns modos de iniciar um ministério para a restauração de divorciados com o objetivo de tratar dessa questão:

Pastoreio de casais em crise, divorciados e solteiros

Desenvolva uma base lógica clara

"Deus odeia o divórcio" é uma expressão inequívoca fundamentada nas Escrituras (Malaquias 2.16). Mas, apesar da força dessa expressão, o divórcio se tornou corriqueiro. Isso significa que a sua igreja, onde quer que esteja e seja qual for seu posicionamento teológico, terá pessoas sofrendo pelo divórcio. Naturalmente, a igreja deveria investir o suficiente no preparo de pessoas para o casamento. Ela também deve estar atenta para ajudar os relacionamentos conjugais que estão em crise. Mas nenhuma dessas importantes prioridades deve negar o fato de que a igreja tem a responsabilidade de cuidar das pessoas que já são divorciadas e ajudá-las a recuperar-se do trauma e a preparar-se para uma nova vida.

Estabeleça objetivos específicos

Um ministério eficaz para a restauração de divorciados deve ter pelo menos três objetivos:

1. ***Lidar com o presente.*** O divórcio arremessa as pessoas a novas realidades assustadoras. Um ministério de restauração para divorciados tem a tarefa imediata de ajudar as pessoas a lidar com os efeitos de curto prazo do divórcio, os quais incluem aspectos emocionais, físicos, materiais, espirituais e legais. Assim, elas precisam lidar com o fato de estarem solteiras (e, às vezes, sozinhas).
2. ***Lidar com o passado.*** Os líderes da igreja precisam ajudar os divorciados a entender claramente a si mesmos sobre o porquê de terem se casado e quais foram os fatores que os levaram ao divórcio. Isso pode significar ajudar as pessoas a descobrir padrões de conduta e relacionamentos.
3. ***Olhar para a frente.*** Boa parte do processo de restauração envolve tratar e processar a dor da separação. Isso significa encorajar as pessoas divorciadas a perdoar seus ex-cônjuges e a se arriscar a confiar novamente.

Prepare a liderança do ministério

Depois de estabelecer os objetivos, um ministério para a recuperação de divorciados precisa do apoio dos líderes da igreja:

- ***Apoio de cima.*** A liderança pode apoiar esse ministério por meio da pregação ou de aulas para os adultos. Literatura e informação da internet podem servir de orientação a pessoas divorciadas e à congregação como um todo. No mínimo, pastores e líderes da igreja devem encorajar a aceitação e a compreensão das necessidades das pessoas divorciadas.
- ***Recrutamento e treinamento.*** O ideal é que haja alguém na equipe pastoral com experiência ministerial e de aconselhamento, mas talvez você tenha de procurar ajuda de fora. Outra possibilidade de parceria possível são os líderes das classes da escola bíblica e mentores dentro da própria igreja — pessoas divorciadas que já demonstrem ter se recuperado de sua experiência. Esses mentores devem estar debaixo da liderança de um pastor ou outro membro da equipe pastoral que oferecerá treinamento inicial e supervisão contínua.

PASTOREANDO EM SITUAÇÕES ESPECÍFICAS

Decida que tipo de programa a igreja oferecerá

Há várias opções de como alcançar homens e mulheres no período imediato após um divórcio. Esta é a estrutura básica que muitas igrejas utilizam para esse ministério:

- **Workshops *ou palestras isoladas*.** A igreja pode oferecer um *workshop* de fim de semana, dirigido por um especialista de fora, sem um programa de continuação do ministério. Outra opção são aulas especiais específicas como "O que fazer nas férias depois do divórcio ou da viuvez".
- *Uma série de estudos semanais, sem um* **workshop** *de fim de semana.* Algumas igrejas preferem esse modo de trabalho, principalmente se ajudam a criar um ministério permanente de cuidado aos divorciados. Uma pessoa que necessite de cuidado pode entrar no programa de estudo a qualquer momento e continuar até que os estudos terminem e recomecem.
- *Um* **workshop** *seguido de uma série de estudos.* Um *workshop* de fim de semana para iniciar o programa, normalmente começando na sexta-feira à noite e estendendo-se no sábado todo. Na sequência, pode haver entre seis e quinze estudos.
- *Relacionamentos individuais.* São relacionamentos individuais de mentoria em que uma pessoa que passa por divórcio recebe o cuidado de alguém que já completou o processo. Os mentores devem complementar, não substituir, estudos, *workshops* e pequenos grupos.
- *Pequenos grupos.* Esses grupos podem utilizar uma combinação de materiais curriculares e são idealmente dirigidos por alguém que já tenha passado pela restauração do divórcio.
- *Ajuda a membros da família.* Cada um na família sofre com o divórcio, não só o casal que se separa. Devem ser levadas em conta as necessidades dos filhos em particular.

Desenvolva um currículo

Algumas igrejas desenvolvem seu próprio currículo para restauração de divorciados e o fazem muito bem. Muitas outras igrejas, seja pelo fato de ter uma equipe ministerial pequena, recursos limitados ou falta de habilidade, preferirão pesquisar e adquirir currículo já existente. Alguns exemplos de recursos em inglês são:

- *DivorceCare* [Ajuda a divorciados]: Um currículo formado de uma série de treze estudos para pequenos grupos que visa oferecer à igreja um ministério completo e contínuo de cuidado aos divorciados. Entre os tópicos estão perda, ira, depressão, solidão, finanças, sexualidade, cuidado dos filhos, perdão e muito mais. Todo o material tem uma perspectiva cristã.
- *Rebuilding* [Reconstrução]: Esse programa de dez estudos não é expressamente cristão, mas um facilitador competente poderá incorporar esses princípios com as Escrituras.
- *A Time for Healing: Coming to Terms with Your Divorce* [Tempo de cura: sabendo lidar com o seu divórcio]: Essa série de dez estudos é programada para pequenos grupos.
- *DC4K, ou Divorce Recovery for Kids* [Restauração pós-divórcio para crianças]: Outro programa do ministério *DivorceCare*, em uma série de treze estudos destinados

Pastoreio de casais em crise, divorciados e solteiros

a crianças de 5 a 12 anos de idade. Esse programa pode ser oferecido paralelamente aos programas *DivorceCare* para adultos.

Embora muitos ministérios e igrejas no Brasil trabalhem com divorciados, há escassez de material especificamente publicado para fins de estudos na igreja. Alguns são listados aqui:

- **Ministério de Apoio**: Ministério que promove encontros, oferece aconselhamento, divulga palestras e estudos, publica revistas e outras obras sobre solteiros, viúvos e divorciados.
- *Quando o vínculo se rompe* (Editora Ultimato). Contém uma série de 14 tópicos sobre o enfrentamento do divórcio, escritos pela psicóloga e terapeuta de casais Esly Regina Carvalho.
- *A cura para pessoas feridas* (Editora Ultimato). Seis estudos sobre a cura de feridas emocionais causadas pelos conflitos familiares. Entre os tópicos, fazem parte: como lidar com a ira, curando a dor emocional e entendendo a culpa.

Evite erros comuns

Mesmo o melhor dos ministérios pode sofrer dos seguintes deslizes:

- **Atitude de julgamento**. A atitude correta do ministério é ouvir com compaixão e fazer perguntas brandas com a finalidade de inquirir sobre a situação e evitar o julgamento.
- **Não oferecer programa para as crianças** durante estudos, *workshops* e encontros.
- **Achar que há algo errado ou incomum sobre ser solteiro.** Restauração de divórcio não deve servir de programa casamenteiro. Estar solteiro pode ser um tempo revelador de autodescoberta, aprofundamento da fé e de maior envolvimento no ministério.
- **Falta de seguimento depois de uma série de estudos ou** *workshop*. Evite um sistema em que as pessoas vão a um estudo ou *workshop* e depois são deixadas sem nada para fazer.
- **Não integrar com outros ministérios relacionados.** Um ministério para recuperação de divorciados deve fazer parte de uma abordagem holística que inclua o ministério de preparo para o casamento, fortalecimento do casamento, restauração do casamento e até um novo casamento.

Ministrando a pais solteiros
Adam Stadtmiller

Pais e mães solteiras tendem a ser a faixa etária mais negligenciada no Corpo geral da Igreja. Muitos líderes deixam de entender que pais solteiros representam um enorme potencial ministerial. Mas eles também têm necessidades especiais. Eis alguns pontos para se levar em conta sobre o que pais solteiros representam na igreja e como ministrar-lhes com eficácia.

Pais solteiros oferecem longevidade e estabilidade
Pais solteiros são diferentes de solteiros sem filhos, porque eles muitas vezes se tornam nos membros mais estáveis e confiáveis da igreja. Os pais, por natureza, tendem a buscar estabilidade para os filhos. Isso significa que estão menos propensos a sair de uma igreja para outra do que a média dos demais solteiros. Isso também implica que eles normalmente tomam a iniciativa de se tornarem voluntários comprometidos.

Pais solteiros participam ativamente
Esses pais tendem a ser mais intencionais nos compromissos que têm. Alguns solteiros muitas vezes esperam até o último minuto para assumir um compromisso, ou não cumprem o compromisso, por causa de uma opção melhor na última hora. Em comparação, pais solteiros tendem a ser firmes nos compromissos que assumem. Isso se deve ao fato de que precisam considerar os filhos em todas as decisões, que, por sua vez, tende a torná-los menos imprevisíveis.

Pais solteiros constroem pontes
Geralmente é muito difícil tentar unir adultos solteiros com adultos casados. Mas é fundamental fazer que esses dois grupos tão diferentes, porém essenciais, não só coexistam lado a lado, mas também se desenvolvam como uma só entidade. Poucas igrejas têm tido êxito em eliminar essa lacuna. Os pais solteiros podem servir de ponte para unir os dois grupos. Naturalmente, podem se relacionar com os demais solteiros porque eles mesmos são solteiros. Mas também conseguem se relacionar com casais pelo fato de terem também filhos. Portanto, por causa do relacionamento com ambos os grupos, os pais solteiros podem promover unidade na igreja sendo uma ponte na igreja entre os casais e os solteiros sem filhos.

Pais solteiros precisam da mesma atenção dada às famílias de casais
Um ministério eficaz a pais solteiros oferece as mesmas oportunidades e atenção que as famílias com ambos os pais recebem. Infelizmente, muitas igrejas ainda dão mais atenção e cuidado às famílias com ambos os pais, quando mais de um terço das famílias que elas atendem já não se enquadram nesse perfil. Você pode contrabalançar essa ênfase exclusiva sobre as famílias com ambos os pais promovendo um retiro anual de famílias ou um fim de semana para os pais que inclua intencionalmente no programa um seminário específico sobre pais solteiros. Isso mostrará aos pais solteiros que eles são bem-vindos, uma vez que muitos pais solteiros hesitam participar de programas de família que dão ênfase a casais. Você também pode acolher pais solteiros incluindo-os nas conversas da sua igreja. Incluir histórias ou ilustrações do púlpito sobre como o texto bíblico da *mensagem se aplica à família de um pai solteiro* lhes mostrará que eles não são apenas compreendidos como também valorizados.

Pastoreio de casais em crise, divorciados e solteiros

Pais solteiros precisam de oportunidades de relacionar-se

Se os líderes de ministério não tiverem a intenção de criar oportunidades relacionais duradouras para pais solteiros tanto com os demais solteiros quanto com famílias de ambos os pais, eles normalmente farão parte de um grupo segregado da igreja. Isso acontece por dois motivos. Primeiro, muitos casados sentem-se ameaçados quando o cônjuge tem um relacionamento próximo com uma pessoa solteira do sexo oposto. Por causa desse estereótipo, pais solteiros são frequentemente excluídos dos círculos de famílias e casais. Segundo, pais solteiros também têm dificuldade de se relacionar com solteiros sem filhos. Esses pais não saem até tarde, geralmente vão embora mais cedo do que os outros solteiros, têm menos recursos financeiros disponíveis e menos energia por causa da demanda de criar os filhos. Formar pequenos grupos fora das faixas etárias, estudos bíblicos e grupos de interesse são algumas das formas mais eficazes de unir pais solteiros com a igreja como um todo.

Pais solteiros precisam de eventos voltados a pais solteiros e acessíveis a crianças

Pais solteiros precisam de eventos que os integrem à vida da igreja como um todo. Esses eventos podem ser difíceis de organizar e facilitar. Algumas das considerações mais importantes a ser levadas em conta são o custo e o programa para as crianças. Programar eventos que envolvam toda a igreja respeitando as prioridades dos pais solteiros com relação a custo e calendário ajudará os pais solteiros a se integrar como membros ativos da sua comunidade.

Esses pais também estão procurando um ministério que inclua os filhos na vida da comunidade. Muitas das mães e pais dependem de direitos de visita com os filhos; por isso, não querem perder a oportunidade de estar com o filho se não for necessário. Almoço comunitário, passeios em grupo e trabalhos evangelísticos locais são algumas maneiras de permitir que pais e filhos passem tempo juntos, ao mesmo tempo em que atendem à necessidade dos pais para um tempo de confraternização com adultos.

Oferecer estudos e *workshops* em que os pais possam participar e crescer com seu filho é outra excelente ferramenta para abençoar famílias de pais solteiros. Assuntos relacionados a transformação emocional e espiritual ajudam essas famílias a recuperar o tempo perdido se tiverem exemplo e influência de fidelidade em casa.

Com foco intencional e em oração sobre esse grupo etário crucial, você não só ajudará famílias de pais solteiros a crescer e florescer como também infundirá um entusiasmo abençoador em toda a igreja.

Introdução a JEREMIAS

PANO DE FUNDO
Jeremias teve a distinção de ser conhecido como "profeta chorão". Teve um ministério longo e difícil e viveu no período mais complicado da história de Judá: a queda de Jerusalém, em 586 a.C.

Jeremias em hebraico pode significar "Javé arremessa" ou "Javé estabelece, aponta ou envia". Em grego Jeremias é *Hieremias*.

MENSAGEM
Ocorreu um declínio moral constante em Judá durante os reinados de quatro reis idólatras que sucederam ao rei Josias, que estava no trono quando Jeremias recebeu pela primeira vez o chamado profético (1.2). A apostasia do rei fez que Deus executasse a ação disciplinar definitiva: permitir que seu povo fosse conquistado por uma nação inimiga. Jeremias teve as tarefas nada invejáveis de predizer o julgamento de Deus, convocar a nação para o arrependimento e observar o julgamento de primeira mão. Mas houve também boas notícias: por fim a nação seria restaurada. Mas as palavras de Jeremias foram continuamente ignoradas ou contestadas. O profeta também sofreu espancamentos e prisões por ser o porta-voz de Deus.

ÉPOCA
O ministério de Jeremias começou por volta de 627 a.C. e durou até por volta de 580 a.C. No capítulo 43 encontramos Jeremias exilado no Egito — ainda proclamando a "palavra do Senhor"; a tradição alega que ele morreu apedrejado no Egito.

ESBOÇO
I. Julgamento predito
   A. O chamado de Jeremias 1.1-19
   B. A apostasia da nação .... 2.1—23.40
   C. O julgamento virá .... 24.1—29.32
   D. Restauração prometida .... 30.1—33.26

II. O julgamento acontece
   A. Porque houve o julgamento .... 34.1—35.19
   B. Jeremias é perseguido e aprisionado ... 36.1—38.28
   C. A destruição de Jerusalém 39.1-18
   D. O remanescente .... 40.1—45.5

III. Profecias contra as nações .... 46.1—51.64

IV. Detalhes da queda de Jerusalém 52.1-34

1 As palavras de Jeremias, filho de Hilquias, um dos sacerdotes de Anatote,[a] no território de Benjamim. ² A palavra do Senhor veio a ele no décimo terceiro ano do reinado de Josias, filho de Amom, rei de Judá, ³ e durante o reinado de Jeoaquim,[b] filho de Josias, rei de Judá, até o quinto mês do décimo primeiro ano de Zedequias,[c] filho de Josias, rei de Judá, quando os habitantes de Jerusalém foram levados para o exílio.[d]

O Chamado de Jeremias

⁴ A palavra do Senhor veio a mim, dizendo:

⁵ "Antes de formá-lo no ventre
  eu o escolhi[1];[e]
antes de você nascer,[f] eu o separei
  e o designei profeta às nações".[g]

⁶ Mas eu disse: Ah, Soberano Senhor! Eu não sei falar,[h] pois ainda sou muito jovem.[i]

⁷ O Senhor, porém, me disse: "Não diga que é muito jovem. A todos a quem eu o enviar, você irá e dirá tudo o que eu ordenar a você. ⁸ Não tenha medo deles,[j] pois eu estou com você [k] para protegê-lo", diz o Senhor.

⁹ O Senhor estendeu a mão, tocou [l] a minha boca e disse-me: "Agora ponho em sua boca as minhas palavras.[m] ¹⁰ Veja! Eu hoje dou a você autoridade sobre nações e reinos, para arrancar, despedaçar, arruinar e destruir; para edificar e plantar".[n]

¹¹ E a palavra do Senhor veio a mim: "O que você vê, Jeremias?"[o] Vejo o ramo de uma amendoeira, respondi.

¹² O Senhor me disse: "Você viu bem, pois estou vigiando[2] para que a minha palavra se cumpra".

¹³ A palavra do Senhor veio a mim pela segunda vez, dizendo: "O que você vê?"[p]

E eu respondi: Vejo uma panela fervendo; ela está inclinada do norte para cá.

¹⁴ O Senhor me disse: "Do norte se derramará a desgraça sobre todos os habitantes desta terra. ¹⁵ Estou convocando todos os povos dos reinos do norte", diz o Senhor.

"Cada um virá e colocará o seu trono
  diante das portas de Jerusalém,
virão contra todas as muralhas
  que a cercam
e contra todas as cidades de Judá.[q]
¹⁶ Pronunciarei a minha sentença
  contra o meu povo
  por todas as suas maldades;[r]
porque me abandonaram,[s]
queimaram incenso a outros deuses [t]
e adoraram deuses
  que as suas mãos fizeram.

¹⁷ "E você, prepare-se! Vá dizer-lhes tudo o que eu ordenar. Não fique aterrorizado [u] por causa deles, senão eu o aterrorizarei diante deles. ¹⁸ E hoje eu faço de você [v] uma cidade fortificada, uma coluna de ferro e um muro de bronze, contra toda a terra: contra os reis de Judá, seus oficiais, seus sacerdotes e o povo da terra. ¹⁹ Eles lutarão contra você, mas não o vencerão, pois eu estou com você [w] e o protegerei",[x] diz o Senhor.

A Infidelidade de Israel

2 A palavra do Senhor veio a mim: ² "Vá proclamar aos ouvidos de Jerusalém:

"Eu me lembro de sua fidelidade
  quando você era jovem;[y]
como noiva, você me amava
  e me seguia pelo deserto,[z]
por uma terra não semeada.
³ Israel, meu povo, era santo [a] para o
  Senhor,[b]
os primeiros frutos [c] de sua colheita;
todos os que o devoravam [d]
  eram considerados culpados,[e]
  e a desgraça os alcançava",
  declara o Senhor.

⁴ Ouça a palavra do Senhor,
  ó comunidade de Jacó,
todos os clãs da comunidade de Israel.

---

¹ **1.5** Ou *conheci*
² **1.12** A palavra *vigiando* assemelha-se à palavra *amendoeira* no hebraico.

⁵ Assim diz o Senhor:

"Que falta os seus antepassados
   encontraram em mim,
para que me deixassem
   e se afastassem de mim?
Eles seguiram ídolos sem valor,
   tornando-se eles próprios sem valor.ᶠ
⁶ Eles não perguntaram:
'Onde está o Senhor,
   que nos trouxe do Egito ᵍ
e nos conduziu pelo deserto,
   por uma terra árida ʰ e cheia de covas,ⁱ
   terra de seca e de trevas,¹
   terra pela qual ninguém passa
   e onde ninguém vive?'
⁷ Eu trouxe vocês a uma terra fértil,
   para que comessem
   dos seus frutos
   e dos seus bons produtos.ʲ
Entretanto, vocês contaminaram
   a minha terra;
tornaram a minha herança repugnante.ᵏ
⁸ Os sacerdotes não perguntavam pelo
   Senhor;
os intérpretes da lei não me conheciam, ˡ
e os líderes do povo
   se rebelaram contra mim.
Os profetas profetizavam
   em nome de Baal,ᵐ
seguindo deuses inúteis.ⁿ

⁹ "Por isso, eu ainda faço denúncias ᵒ
   contra vocês", diz o Senhor,
"e farei denúncias
   contra os seus descendentes.
¹⁰ Atravessem o mar
   até o litoral de Chipre² e vejam;
mandem observadores a Quedar³
   e reparem de perto;
e vejam se alguma vez
   aconteceu algo assim:
¹¹ alguma nação já trocou
   os seus deuses?
E eles nem sequer são deuses! ᵖ
Mas o meu povo trocou a sua⁴ Glória ᑫ
   por deuses inúteis.
¹² Espantem-se diante disso, ó céus!
Fiquem horrorizados e abismados",
diz o Senhor.
¹³ "O meu povo cometeu dois crimes:
eles me abandonaram,
   a mim, a fonte de água viva; ʳ
e cavaram as suas próprias cisternas,
   cisternas rachadas
   que não retêm água.
¹⁴ Acaso Israel, meu povo, é escravo,ˢ
   escravo de nascimento?
Por que foi então que se tornou presa
¹⁵ de leões ᵗ que rugem e urram contra ele?
Arrasaram a sua terra,
queimaram as suas cidades
   e as deixaram desabitadas.ᵘ
¹⁶ Até mesmo os homens
   de Mênfis ᵛ e de Tafnes ʷ
   raparam⁵ a sua cabeça.

¹⁷ Não foi você mesmo o responsável ˣ
   pelo que aconteceu a você,
ao abandonar o Senhor, o seu Deus?⁶
¹⁸ Agora, por que você vai ao Egito ʸ
   beber água do Nilo⁷?ᶻ
E por que vai à Assíria
   beber água do Eufrates?
¹⁹ O seu crime a castigará
   e a sua rebelião ᵃ a repreenderá.ᵇ
Compreenda e veja
   como é mau e amargo ᶜ
   abandonar o Senhor, o seu Deus,
e não ter temor ᵈ de mim",
   diz o Soberano,
   o Senhor dos Exércitos.

²⁰ "Há muito tempo
   eu quebrei o seu jugo ᵉ

---

⁴ **2.11** Uma antiga tradição de escribas hebreus diz *minha*.
⁵ **2.16** Ou *racharam*
⁶ **2.17** Conforme a Septuaginta. O Texto Massorético acrescenta *quando ele a conduziu pelo caminho?*
⁷ **2.18** Hebraico: *Sior*, um braço do Nilo.

---

¹ **2.6** Ou *e da sombra da morte*
² **2.10** Hebraico: *as ilhas de Quitim.*
³ **2.10** Terra natal de tribos beduínas do deserto siro-árabe.

e despedacei as correias que a
      prendiam.
Mas você disse: 'Eu não servirei!'
Ao contrário, em todo monte elevado ᶠ
    e debaixo de toda árvore verdejante, ᵍ
    você se deitava como uma prostituta.
²¹ Eu a plantei ʰ como uma videira
      seleta, ⁱ
    de semente absolutamente pura.
Como, então, contra mim
    você se tornou uma videira
      degenerada ʲ e selvagem?
²² Mesmo que você se lave com soda
    e com muito sabão,
a mancha da sua iniquidade
    permanecerá diante de mim",
diz o Soberano Senhor.
²³ "Como você pode dizer
    que não se contaminou ᵏ
    e que não correu atrás dos baalins? ˡ
Reveja o seu procedimento no vale ᵐ
e considere o que você tem feito.
Você é como uma camela
    jovem e arisca ⁿ
    que corre para todos os lados;
²⁴ como uma jumenta selvagem ᵒ
    habituada ao deserto,
    farejando o vento em seu desejo.
Quem é capaz de controlá-la
    quando está no cio?
Os machos que a procuram
    não precisam se cansar,
porque logo encontrarão
    a que está no mês do cio.
²⁵ Não deixe que os seus pés se esfolem
    nem que a sua garganta fique seca.
Mas você disse: 'Não adianta!
Eu amo os deuses estrangeiros ᵖ
    e continuarei a ir atrás deles.'
²⁶ "Assim como o ladrão
    fica envergonhado ᵠ
    quando é apanhado em flagrante,
também a comunidade de Israel
    ficará envergonhada:
seus reis e oficiais,
seus sacerdotes e profetas.

²⁷ Pois dizem à madeira:
    'Você é meu pai'
e à pedra:ʳ 'Você me deu à luz'.
Voltaram para mim as costas
    e não o rosto,ˢ
mas na hora da adversidade ᵗ dizem:
    'Venha salvar-nos!'
²⁸ E onde estão os deuses ᵘ
    que você fabricou para si?
Que eles venham,
    se puderem salvá-la
    na hora da adversidade! ᵛ
Porque os seus deuses
    são tão numerosos
    como as suas cidades,ʷ ó Judá!

²⁹ "Por que vocês fazem
    denúncias contra mim?
Todos vocês ˣ se rebelaram contra mim",
    declara o Senhor.
³⁰ "De nada adiantou castigar o seu povo,
    eles não aceitaram a correção.
A sua espada tem destruído
    os seus profetas ʸ
como um leão devorador.

³¹ "Vocês, desta geração,
    considerem a palavra do Senhor:

"Tenho sido um deserto para Israel?
Uma terra de grandes trevas? ᶻ
Por que o meu povo diz:
    'Nós assumimos o controle!
    Não mais viremos a ti'?
³² Será que uma jovem
    se esquece das suas joias,
ou uma noiva, de seus enfeites nupciais?
Contudo, o meu povo
    esqueceu-se de mim
    por dias sem fim.
³³ Com quanta habilidade
    você busca o amor!
Mesmo as mulheres da pior espécie
    aprenderam com o seu
      procedimento.
³⁴ Nas suas roupas encontrou-se
    o sangue ᵃ de pobres inocentes,

2.20
ᶠ Is 57.7;
Jr 17.2
ᵍ Dt 12.2
2.21
ʰ Ex 15.17
ⁱ Sl 80.8
ʲ Is 5.4
2.23
ᵏ Pv 30.12
ˡ Jr 9.14
ᵐ Jr 7.31
ⁿ v.33;
Jr 31.22
2.24
ᵒ Jr 14.6
2.25
ᵖ Dt 32.16;
Jr 3.13;
14.10
2.26
ᵠ Jr 48.27
2.27
ʳ Jr 3.9
ˢ Jr 18.17;
32.33
ᵗ Jz 10.10;
Is 26.16
2.28
ᵘ Is 45.20
ᵛ Dt 32.37
ʷ 2Rs 17.29;
Jr 11.13
2.29
ˣ Jr 5.1;
6.13;
Dn 9.11
2.30
ʸ Ne 9.26;
At 7.52;
1Ts 2.15
2.31
ᶻ Is 45.19
2.34
ᵃ 2Rs 21.16

que não foram flagrados
    arrombando casas.ᵇ
Contudo, apesar de tudo isso,
³⁵ você diz: 'Sou inocente;
    ele não está irado comigo'.
Mas eu passarei sentençaᶜ contra você
    porque você disse que não pecou.ᵈ
³⁶ Por que você não leva a sério
    a sua mudançaᵉ de rumo?
Você ficará decepcionada com o Egito,ᶠ
    como ficou com a Assíria.
³⁷ Você também deixará aquele lugar
    com as mãos na cabeça,ᵍ
pois o Senhor rejeitou
    aqueles em quem você confia;
você não receberá a ajudaʰ deles.

3 "Se um homem se divorciarⁱ
    de sua mulher
e depois da separação
    ela casar-se com outro homem,
poderá o primeiro marido
    voltar para ela?
Não seria a terra
    totalmente contaminada?
Mas você tem se prostituído
    com muitos amantesʲ
e, agora,
    quer voltar para mim?",
pergunta o Senhor.
² "Olhe para o campo e veja:
Há algum lugar
    onde você não foi desonrada?
À beira do caminhoᵏ você se assentou
    à espera de amantes,
assentou-se como um nômadeˡ
    no deserto.
Você contaminou a terraˡ
    com sua prostituição e impiedade.
³ Por isso as chuvas foram retidas,ᵐ
    e não veio chuva na primavera.ⁿ
Mas você,
apresentando-se declaradamente
    como prostituta,
se recusa a corar de vergonha.ᵒ

---

¹ **3.2** Ou *árabe*

JEREMIAS 3.13

⁴ Você não acabou de me chamar:
    'Meu pai,ᵖ amigo da minha
        juventude?ᵠ
⁵ Ficarás irado para sempre?ʳ
Teu ressentimento permanecerá
até o fim?'
É assim que você fala,
    mas faz todo o mal que pode".

A Infidelidade de Israel

⁶ Durante o reinado do rei Josias, o Senhor me disse: "Você viu o que fez Israel, a infiel? Subiu todo monte elevado e foi para debaixo de toda árvore verdejante ˢ para prostituir-se.ᵗ ⁷ Depois de ter feito tudo isso, pensei que ela voltaria para mim, mas não voltou. E a sua irmã traidora,ᵘ Judá, viu essas coisas. ⁸ Viu² também que dei à infiel Israel uma certidão de divórcio e a mandei embora, por causa de todos os seus adultérios. Entretanto, a sua irmã Judá, a traidora, também se prostituiu, sem temor algum.ᵛ ⁹ E, por ter feito pouco caso da imoralidade, Judá contaminou a terra,ʷ cometendo adultério com ídolos de pedra ˣ e madeira.ʸ ¹⁰ Apesar de tudo isso, sua irmã Judá, a traidora, não voltou para mim de todo o coração, mas sim com fingimento",ᶻ declara o Senhor.

¹¹ O Senhor me disse: "Israel, a infiel, é melhor ᵃ do que Judá, a traidora.ᵇ ¹² Vá e proclame esta mensagem para os lados do norte:ᶜ

"Volte,ᵈ ó infiel Israel",
    declara o Senhor,
"Não mais franzirei a testa
    cheio de ira contra você,
pois eu sou fiel", declara o Senhor,
"Não ficarei iradoᵉ para sempre.
¹³ Mas reconheçaᶠ o seu pecado:
você se rebelou contra
    o Senhor, o seu Deus,
    e ofereceu os seus favores
    a deuses estranhos,ᵍ

---

² **3.8** Conforme um manuscrito do Texto Massorético, a Septuaginta e a Versão Siríaca. O Texto Massorético diz *Eu vi*.

1041

debaixo de toda árvore verdejante,[h]
e não me obedeceu",[i]
declara o Senhor.

14 "Voltem,[j] filhos rebeldes! Pois eu sou o Senhor[1] de vocês", declara o Senhor. "Tomarei vocês, um de cada cidade e dois de cada clã, e os trarei de volta a Sião. **15** Então eu darei a vocês governantes [k] conforme a minha vontade, que os dirigirão com sabedoria e com entendimento. **16** Quando vocês aumentarem e se multiplicarem na sua terra naqueles dias", declara o Senhor, "não dirão mais: 'A arca da aliança do Senhor'. Não pensarão mais nisso nem se lembrarão dela;[l] não sentirão sua falta nem se fará outra arca. **17** Naquela época, chamarão Jerusalém 'O Trono [m] do Senhor', e todas as nações se reunirão para honrar [n] o nome do Senhor em Jerusalém. Não mais viverão segundo a obstinação de seus corações para fazer o mal.[o] **18** Naqueles dias, a comunidade de Judá caminhará com a comunidade de Israel,[p] e juntas [q] voltarão do norte [r] para a terra [s] que dei como herança aos seus antepassados.

19 "Eu mesmo disse:

Com que alegria eu a trataria
 como se tratam filhos
e daria uma terra aprazível a você,
 a mais bela herança entre as nações!
Pensei que você me chamaria de 'Pai' [t]
e que não deixaria de seguir-me.
20 Mas, como a mulher
 que trai o marido,
assim você tem sido infiel comigo,
 ó comunidade de Israel",
declara o Senhor.

21 Ouve-se um choro no campo,[u]
 o pranto de súplica dos israelitas,
porque perverteram os seus caminhos
 e esqueceram o Senhor, o seu Deus.

22 "Voltem,[v] filhos rebeldes!
 Eu os curarei [w] da sua rebeldia".

"Sim!", o povo responde.
"Nós viremos a ti,
 pois tu és o Senhor, o nosso Deus.
23 De fato, a agitação idólatra nas
  colinas
 e o murmúrio nos montes é um
  engano.
No Senhor, no nosso Deus,
 está a salvação [x] de Israel.
24 Desde a nossa juventude,
 Baal, o deus da vergonha,[y]
tem consumido o fruto do trabalho
 dos nossos antepassados:
as ovelhas, os bois,
 os seus filhos e as suas filhas.
25 Seja a vergonha a nossa cama [z]
 e a desonra, o nosso cobertor.
Pecamos contra o Senhor,
 o nosso Deus,
tanto nós como os nossos antepassados,
 desde a nossa juventude [a]
até o dia de hoje;
e não temos obedecido
 ao Senhor, ao nosso Deus."

4 "Se você voltar,[b] ó Israel,
 volte para mim", diz o Senhor.
"Se você afastar
 para longe de minha vista
 os seus ídolos detestáveis [c]
 e não se desviar,
2 se você jurar [d] pelo nome do Senhor [e]
 com fidelidade, justiça e retidão,
então as nações serão
 por ele abençoadas [f]
e nele se gloriarão."

3 Assim diz o Senhor
ao povo de Judá e de Jerusalém:

"Lavrem seus campos não arados [g]
 e não semeiem entre espinhos.[h]
4 Purifiquem-se para o Senhor,
 sejam fiéis à aliança[2],[i]
homens de Judá
 e habitantes de Jerusalém!

---

[1] **3.14** Ou *marido*

[2] **4.4** Hebraico: *circuncidem os seus corações.*

3.13
[h] Dt 12.2
[i] v. 25

3.14
[j] Os 2.19

3.15
[k] At 20.28

3.16
[l] Is 65.17

3.17
[m] Jr 16.12; Ez 43.7
[n] Is 60.9
[o] Jr 11.8

3.18
[p] Os 1.11
[q] Is 11.13; Jr 50.4
[r] Jr 16.15; 31.8
[s] Am 9.15

3.19
[t] v. 4; Is 63.16

3.21
[u] v. 2

3.22
[v] Os 14.4
[w] Jr 33.6; Os 6.1

3.23
[x] Sl 3.8; Jr 17.14

3.24
[y] Os 9.10

3.25
[z] Ed 9.6
[a] Jr 22.21

4.1
[b] Jr 3.1, 22; Jl 2.12
[c] Jr 35.15

4.2
[d] Dt 10.20; Is 65.16
[e] Jr 12.16
[f] Gn 22.18; Gl 3.8

4.3
[g] Os 10.12
[h] Mc 4.18

4.4
[i] Dt 10.1; Jr 9.26; Rm 2.28-29

Se não fizerem isso,
   a minha ira se acenderá
   e queimará como fogo,
por causa do mal que vocês fizeram;
   queimará
      e ninguém conseguirá apagá-la.

A Invasão que Vem do Norte

5 "Anunciem em Judá! Proclamem em Jerusalém:
Toquem a trombeta por toda
   esta terra!
Gritem bem alto e digam: Reúnam-se!
   Fujamos para as cidades fortificadas!
6 Ergam o sinal indicando Sião.
Fujam sem demora em busca de abrigo!
Porque do norte eu estou
   trazendo desgraça,
uma grande destruição".

7 Um leão saiu da sua toca,
   um destruidor de nações
      se pôs a caminho.
Ele saiu de onde vive
   para arrasar a sua terra.
Suas cidades ficarão em ruínas
   e sem habitantes.
8 Por isso, ponham vestes de lamento,
   chorem e gritem,
pois o fogo da ira do Senhor
   não se desviou de nós.

9 "Naquele dia", diz o Senhor,
   "o rei e os seus oficiais
      perderão a coragem,
os sacerdotes ficarão horrorizados
   e os profetas, perplexos."

10 Então eu disse: Ah, Soberano Senhor, como enganaste completamente este povo e a Jerusalém dizendo: "Vocês terão paz" quando a espada está em nossa garganta.

11 Naquela época, será dito a este povo e a Jerusalém: "Um vento escaldante, que vem das dunas do deserto, sopra na direção da minha filha, do meu povo, mas não para peneirar nem para limpar. 12 É um vento forte demais, que vem da minha parte¹. Agora eu pronunciarei as minhas sentenças contra eles".

13 Vejam! Ele avança como as nuvens;
   os seus carros de guerra
      são como um furacão
e os seus cavalos são mais velozes
   do que as águias.
Ai de nós! Estamos perdidos!
14 Ó Jerusalém, lave o mal
   do seu coração
      para que você seja salva.
Até quando você vai acolher
   projetos malignos no íntimo?
15 Ouve-se uma voz proclamando
   desde Dã,
desde os montes de Efraim
   se anuncia calamidade.
16 "Relatem isto a esta nação²
   e proclamem contra Jerusalém:
Um exército inimigo³ está vindo
   de uma terra distante,
dando seu grito de guerra
   contra as cidades de Judá.
17 Eles a cercam como homens
   que guardam um campo,
pois ela se rebelou contra mim",
   declara o Senhor.
18 "A sua própria conduta e as suas ações
   trouxeram isso sobre você.
Como é amargo esse seu castigo!
   Ele atinge até o seu coração!"

19 Ah, minha angústia, minha angústia!
Eu me contorço de dor.
Ó paredes do meu coração!
O meu coração dispara dentro de mim;
   não posso ficar calado.
Ouvi o som da trombeta,
   ouvi o grito de guerra.
20 Um desastre depois do outro;
   toda a minha terra foi devastada.

---

¹ **4.12** Ou *vem ao meu comando*

² **4.16** Ou *Tragam essas coisas à lembrança das nações*; ou ainda *Anunciem isso às nações*

³ **4.16** Ou *Um exército sitiador*

Num instante as minhas tendas
    foram destruídas;
e os meus abrigos, num momento.
²¹ Até quando verei o sinal levantado
    e ouvirei o som da trombeta?

²² "O meu povo é tolo,
    eles não me conhecem".

"São crianças insensatas
    que nada compreendem.
São hábeis para praticar o mal,
    mas não sabem fazer o bem."

²³ Olhei para a terra,
    e ela era sem forma¹ e vazia;
para os céus,
    e a sua luz tinha desaparecido.
²⁴ Olhei para os montes
    e eles tremiam;
todas as colinas oscilavam.
²⁵ Olhei, e não havia mais gente;
    todas as aves do céu
tinham fugido em revoada.
²⁶ Olhei, e a terra fértil era um deserto;
todas as suas cidades estavam em ruínas
por causa do Senhor,
    por causa do fogo da sua ira.

²⁷ Assim diz o Senhor:

"Toda esta terra ficará devastada,
    embora eu não vá destruí-la
    completamente.
²⁸ Por causa disso, a terra ficará de luto
    e o céu, em cima, se escurecerá;
porque eu falei e não me arrependi,
    decidi e não voltarei atrás".

²⁹ Quando se ouvem os cavaleiros
    e os flecheiros,
todos os habitantes da cidade fogem.
Alguns vão para o meio dos arbustos;
outros escalam as rochas.
Todas as cidades são abandonadas
    e ficam sem habitantes.

³⁰ O que você está fazendo,
    ó cidade devastada?
Por que se veste de vermelho
    e se enfeita com joias de ouro?
Por que você pinta os olhos?
Você se embeleza em vão,
pois os seus amantes a desprezam
    e querem tirar sua vida.

³¹ Ouvi um grito, como de mulher
    em trabalho de parto,
como a agonia de uma mulher
    ao dar à luz o primeiro filho.
É o grito da cidade² de Sião,
    que está ofegante
    e estende as mãos, dizendo:
"Ai de mim! Estou desfalecendo.
Minha vida está nas mãos
    de assassinos!"

Ninguém é Justo

5 "Percorram as ruas de Jerusalém,
    olhem e observem.
Procurem em suas praças
    para ver se podem encontrar
alguém que aja com honestidade
    e que busque a verdade.
Então eu perdoarei a cidade.
² Embora digam:
    'Juro pelo nome do Senhor',
ainda assim estão jurando falsamente."

³ Senhor, não é fidelidade
    que os teus olhos procuram?
Tu os feriste, mas eles nada sentiram;
tu os deixaste esgotados,
    mas eles recusaram a correção.
Endureceram o rosto
    mais que a rocha,
e recusaram arrepender-se.
⁴ Pensei: Eles são apenas
    pobres e ignorantes,
não conhecem o caminho do Senhor,
    as exigências do seu Deus.
⁵ Irei aos nobres e falarei com eles,
pois, sem dúvida, eles conhecem

---

¹ **4.23** Ou *estava assolada*
² **4.31** Hebraico: *filha*.

o caminho do Senhor,
as exigências do seu Deus.
Mas todos eles também
quebraram o jugo
e romperam as amarras."

6 Por isso, um leão da floresta os atacará,
um lobo da estepe os arrasará,
um leopardo" ficará à espreita
nos arredores das suas cidades,
para despedaçar qualquer pessoa
que delas sair.
Porque a rebeldia deles é grande
e muitos são os seus desvios."

7 "Por que deveria eu o perdoar?"
"Seus filhos me abandonaram
e juraram ˣ por aqueles
que não são deuses.ʸ
Embora eu tenha suprido
as suas necessidades,
eles cometeram adultério ᶻ
e frequentaram as casas de
prostituição.

8 Eles são garanhões
bem alimentados e excitados,
cada um relinchando
para a mulher do próximo.ᵃ

9 Não devo eu castigá-los por isso?",ᵇ
pergunta o Senhor.
"Não devo eu vingar-me
de uma nação como esta?

10 "Vão por entre as suas vinhas
e destruam-nas,
mas não acabem totalmente com elas.ᶜ
Cortem os seus ramos,
pois eles não pertencem ao Senhor.

11 Porque a comunidade de Israel
e a comunidade de Judá têm me traído",ᵈ
declara o Senhor.

12 Mentiram acerca do Senhor,
dizendo: "Ele não vai fazer nada!
Nenhum mal nos acontecerá;ᵉ
jamais veremos espada ou fome.ᶠ

13 Os profetas ᵍ não passam de vento,
e a palavra não está neles;
por isso aconteça com eles
o que dizem".

14 Portanto, assim diz
o Senhor dos Exércitos:

"Porque falaram essas palavras,
farei com que as minhas palavras ʰ
em sua boca sejam fogo,ⁱ
e este povo seja a lenha
que o fogo consome.

15 Ó comunidade de Israel",
declara o Senhor,
"estou trazendo de longe uma nação ʲ
para atacá-la:
uma nação muito antiga e invencível,
uma nação cuja língua ᵏ
você não conhece
e cuja fala você não entende.

16 Sua aljava é como um túmulo aberto;
toda ela é composta de guerreiros.

17 Devorarão ᶫᵐ as suas colheitas
e os seus alimentos;
devorarão ⁿᵒ os seus filhos e as suas
filhas;
devorarão ᵖ as suas ovelhas e os seus bois;
devorarão as suas videiras
e as suas figueiras.
Destruirão ao fio da espada
as cidades fortificadas
nas quais vocês confiam.ᵠ

18 "Contudo, mesmo naqueles dias não
os destruirei ʳ completamente", declara o
Senhor. **19** "E, quando perguntarem: ˢ 'Por
que o Senhor, o nosso Deus, fez isso conosco?', você lhes dirá: Assim como vocês
me abandonaram e serviram deuses estrangeiros ᵗ em sua própria terra, também
agora vocês servirão estrangeiros ᵘ numa
terra que não é de vocês.

20 "Anunciem isto à comunidade de Jacó
e proclamem-no em Judá:

21 Ouçam isto, vocês,
povo tolo e insensato,
que têm olhos,ᵛ mas não veem,
têm ouvidos, mas não ouvem:ʷ

²² Acaso vocês não me temem?",
  pergunta o S<small>ENHOR</small>.
"Não tremem diante da minha
  presença?
Porque fui eu que fiz da areia
  um limite para o mar,
um decreto eterno que ele
  não pode ultrapassar.
As ondas podem quebrar,
  mas não podem prevalecer,
podem bramir,
  mas não podem ultrapassá-lo.
²³ Mas este povo tem coração
  obstinado e rebelde;
eles se afastaram e foram embora.
²⁴ Não dizem no seu íntimo:
'Temamos o S<small>ENHOR</small>, o nosso Deus:
aquele que dá as chuvas do outono
  e da primavera no tempo certo,
e nos assegura
  as semanas certas da colheita'.
²⁵ Porém os pecados de vocês
  têm afastado essas coisas;
as faltas de vocês
  os têm privado desses bens.

²⁶ "Há ímpios no meio do meu povo:
homens que ficam à espreita
  como num esconderijo
  de caçadores de pássaros;
preparam armadilhas
  para capturar gente.
²⁷ Suas casas estão cheias de engano,
  como gaiolas cheias de pássaros.
E assim eles se tornaram
  poderosos e ricos,
²⁸ estão gordos e bem alimentados.
Não há limites para as suas obras más.
Não se empenham pela causa do órfão,
  nem defendem os direitos do pobre.
²⁹ Não devo eu castigá-los?",
  pergunta o S<small>ENHOR</small>.
"Não devo eu vingar-me
  de uma nação como essa?"

³⁰ "Uma coisa espantosa e horrível
  acontece nesta terra:

³¹ Os profetas profetizam mentiras,
os sacerdotes governam
  por sua própria autoridade,
e o meu povo gosta dessas coisas.
Mas o que vocês farão
  quando tudo isso chegar ao fim?

Jerusalém Sitiada

6 "Fuja para um lugar seguro,
  povo de Benjamim!
Fuja de Jerusalém!
Toquem a trombeta em Tecoa!
Ponham sinal em Bete-Haquerém!
Porque já se vê a desgraça
  que vem do norte,
uma terrível destruição!
² Destruirei a cidade de Sião;
  você é como uma bela pastagem,²
³ para onde os pastores vêm
  com os seus rebanhos;
armam as suas tendas ao redor dela
  e apascentam, cada um no seu lugar.

⁴ "Preparem-se para enfrentá-la
  na batalha!
Vamos, ataquemos ao meio-dia!
Ai de nós! O dia declina
  e as sombras da tarde já se estendem.
⁵ Vamos, ataquemos de noite!
Destruamos as suas fortalezas!"

⁶ Assim diz o S<small>ENHOR</small> dos Exércitos:

"Derrubem as árvores
  e construam rampas de cerco
  contra Jerusalém.
Ó cidade da falsidade!³
Ela está cheia de opressão.
⁷ Assim como um poço produz água,
  também ela produz sua maldade.
Violência! Destruição!
É o que se ouve dentro dela;
  doenças e feridas estão sempre
  diante de mim.

---

¹ **6.2** Hebraico: *filha*; também no versículo 23.
² **6.2** Ou *Sião, tão bela e formosa,*
³ **6.6** Tradicionalmente traduzida por *Esta é a cidade que deve ser castigada.*

⁸ Ouça a minha advertência, ó
    Jerusalém!
Do contrário eu me afastarei
    inteiramente de você
e farei de você uma desolação,
    uma terra desabitada".

⁹ Assim diz o Senhor dos Exércitos:

"Rebusque-se o remanescente de Israel
tão completamente
    como se faz com uma videira,
    como faz quem colhe uvas:
e você, repasse os ramos cacho por
    cacho".

¹⁰ A quem posso eu falar ou advertir?
Quem me escutará?
Os ouvidos deles são obstinados,¹
    e eles não podem ouvir.
A palavra do Senhor é para eles
    desprezível,
não encontram nela motivo de prazer.
¹¹ Mas a ira do Senhor
    dentro de mim transborda,
já não posso retê-la.

"Derrama-a sobre as crianças na rua
e sobre os jovens reunidos em grupos;
pois eles também serão pegos
com os maridos e as mulheres,
    os velhos e os de idade bem
        avançada.
¹² As casas deles
    serão entregues a outros,
com os seus campos
    e as suas mulheres,
quando eu estender a minha mão
    contra os que vivem nesta terra",
declara o Senhor.

¹³ "Desde o menor até o maior,
    todos são gananciosos;
profetas e sacerdotes igualmente,
    todos praticam o engano.
¹⁴ Eles tratam da ferida do meu povo
    como se não fosse grave.

'Paz, paz', dizem,
    quando não há paz alguma.
¹⁵ Ficarão eles envergonhados
    da sua conduta detestável?
Não, eles não sentem vergonha alguma,
    nem mesmo sabem corar.
Portanto, cairão entre os que caem;
serão humilhados
    quando eu os castigar",
declara o Senhor.

¹⁶ Assim diz o Senhor:

"Ponham-se nas encruzilhadas e olhem;
perguntem pelos caminhos antigos,
perguntem pelo bom caminho.
    Sigam-no e acharão descanso.
Mas vocês disseram:
    'Não seguiremos!'
¹⁷ Coloquei sentinelas entre vocês e disse:
    Prestem atenção ao som da trombeta!
Mas vocês disseram:
    'Não daremos atenção'.
¹⁸ Vejam, ó nações;
    observe, ó assembleia,
o que acontecerá a eles.
¹⁹ Ouça, ó terra:
    Trarei desgraça sobre este povo,
o fruto das suas maquinações,
porque não deram atenção
    às minhas palavras
e rejeitaram a minha lei.
²⁰ De que me serve o incenso
    trazido de Sabá,
ou o cálamo aromático
    de uma terra distante?
Os seus holocaustos² não são aceitáveis
nem me agradam as suas ofertas".

²¹ Assim diz o Senhor:

"Estou colocando obstáculos
    diante deste povo.
Pais e filhos tropeçarão neles;
    vizinhos e amigos perecerão".

---

² **6.20** Isto é, sacrifícios totalmente queimados; também em 7.21 e 22.

¹ **6.10** Hebraico: *incircuncisos*.

6.8
ᵗ Ez 23.18;
Os 9.12

6.10
ᵘ At 7.51
ᵛ Jr 20.8

6.11
ʷ Jr 7.20
ˣ Jó 32.20;
Jr 20.9
ʸ 9.21

6.12
ᶻ Dt 28.30
ᵃ Jr 8.10;
38.22
ᵇ Is 5.25

6.13
ᶜ Is 56.11
ᵈ Jr 8.10

6.14
ᵉ Jr 4.10;
8.11;
Ez 13.10

6.15
ᶠ Jr 3.3;
8.10-12

6.16
ᵍ Jr 18.15
ʰ Sl 119.3
ⁱ Mt 11.29

6.17
ʲ Ez 3.17
ᵏ Jr 11.7-8;
25.4

6.19
ˡ Is 1.2;
Jr 22.29
ᵐ Pv 1.31
ⁿ Jr 8.9

6.20
ᵒ Ex 30.23
ᵖ Am 5.22
ᵠ Sl 50.8-10;
Jr 7.21;
Mq 6.7-8
ʳ Is 1.11

6.21
ˢ Is 8.14

²² Assim diz o S<small>ENHOR</small>:

"Veja! Um exército vem do norte;
uma grande nação
   está sendo mobilizada
desde os confins da terra.
²³ Eles empunham o arco e a lança;
   são cruéis e não têm misericórdia,
e o barulho que fazem é como
   o bramido do mar.
Vêm montando os seus cavalos
   em formação de batalha,
para atacá-la, ó cidade de Sião".

²⁴ Ouvimos os relatos sobre eles,
   e as nossas mãos amoleceram.
A angústia tomou conta de nós,
dores como as da mulher
   que está dando à luz.
²⁵ Não saiam aos campos
   nem andem pelas estradas,
pois o inimigo traz a espada,
   e há terror por todos os lados.
²⁶ Ó minha filha, meu povo,
ponha vestes de lamento
   e revolva-se em cinza.
Lamente-se com choro amargurado,
   como quem chora por um filho único,
pois subitamente o destruidor
   virá sobre nós.

²⁷ "Eu o designei para
   examinador de metais,
   provador do meu povo,
para que você examine
   e ponha à prova a conduta deles.
²⁸ Todos eles são rebeldes obstinados
   e propagadores de calúnias.
Estão endurecidos
   como o bronze e o ferro.
Todos eles são corruptos.
²⁹ O fole sopra com força
   para separar o chumbo com o fogo,
mas o refino prossegue em vão;
os ímpios não são expurgados.
³⁰ São chamados prata rejeitada,
   porque o S<small>ENHOR</small> os rejeitou".

A Inutilidade da Falsa Religião

7 Esta é a palavra que veio a Jeremias da parte do S<small>ENHOR</small>: ² "Fique junto à porta do templo do S<small>ENHOR</small> e proclame esta mensagem:

"Ouçam a palavra do S<small>ENHOR</small>, todos vocês de Judá que atravessam estas portas para adorar o S<small>ENHOR</small>. ³ Assim diz o S<small>ENHOR</small> dos Exércitos, o Deus de Israel: Corrijam a sua conduta e as suas ações, eu os farei habitar neste lugar. ⁴ Não confiem nas palavras enganosas dos que dizem: 'Este é o templo do S<small>ENHOR</small>, o templo do S<small>ENHOR</small>, o templo do S<small>ENHOR</small>!' ⁵ Mas, se vocês realmente corrigirem a sua conduta e as suas ações, e se, de fato, tratarem uns aos outros com justiça, ⁶ se não oprimirem o estrangeiro, o órfão e a viúva e não derramarem sangue inocente neste lugar, e, se vocês não seguirem outros deuses para a sua própria ruína, ⁷ então eu os farei habitar neste lugar, na terra que dei aos seus antepassados desde a antiguidade e para sempre. ⁸ Mas vejam! Vocês confiam em palavras enganosas e inúteis.

⁹ "Vocês pensam que podem roubar e matar, cometer adultério e jurar falsamente,¹ queimar incenso a Baal e seguir outros deuses que vocês não conheceram, ¹⁰ e depois vir e permanecer perante mim neste templo, que leva o meu nome, e dizer: 'Estamos seguros!', seguros para continuar com todas essas práticas repugnantes? ¹¹ Este templo, que leva o meu nome, tornou-se para vocês um covil de ladrões? Cuidado! Eu mesmo estou vendo isso", declara o S<small>ENHOR</small>.

¹² "Portanto, vão agora a Siló, o meu lugar de adoração, onde primeiro fiz uma habitação em honra ao meu nome, e vejam o que eu lhe fiz por causa da impiedade de Israel, o meu povo. ¹³ Mas agora, visto que vocês fizeram todas essas coisas", diz o S<small>ENHOR</small>, "apesar de eu ter falado a vocês repetidas vezes, e vocês não me terem dado atenção, e de eu tê-los chamado, e vocês

---

¹ 7.9 Ou *jurar por deuses falsos*

não me terem respondido,ʸ ¹⁴ eu farei a este templo que leva o meu nome,ᶻ no qual vocês confiam, o lugar de adoração que dei a vocês e aos seus antepassados, o mesmo que fiz a Siló. ¹⁵ Expulsarei vocês da minha presença, como fiz com todos os seus compatriotas, o povo de Efraim.ᵃ

¹⁶ "E você, Jeremias, não ore por este povo nem faça súplicas ou pedidos em favor dele,ᵇ nem interceda por ele junto a mim, pois eu não o ouvirei. ¹⁷ Não vê o que estão fazendo nas cidades de Judá e nas ruas de Jerusalém? ¹⁸ Os filhos ajuntam a lenha, os pais acendem o fogo, e as mulheres preparam a massa e fazem bolos para a Rainha dos Céus.ᶜ Além disso, derramam ofertasᵈ a outros deuses para provocaremᵉ a minha ira. ¹⁹ Mas será que é a mim que eles estão provocando?", pergunta o Senhor. "Não é a si mesmos, para a sua própria vergonha?"ᶠ

²⁰ Portanto, assim diz o Soberano, o Senhor: "A minha ardente iraᵍ será derramada sobre este lugar, sobre os homens, os animais, e as árvores do campo, como também sobre o produto do solo; ela arderá como fogo e não poderá ser extinta".

²¹ Assim diz o Senhor dos Exércitos, o Deus de Israel: "Juntem os seus holocaustos aos outros sacrifíciosʰ e comamⁱ a carne vocês mesmos! ²² Quando tirei do Egito os seus antepassados, nada lhes falei nem lhes ordenei quanto a holocaustos e sacrifícios.ʲ ²³ Dei-lhes, entretanto, esta ordem: Obedeçam-me,ᵏ e eu serei o seu Deus e vocês serão o meu povo.ˡ Vocês andarão em todo o caminho que eu ordenar, para que tudo vá bemᵐ a vocês. ²⁴ Mas eles não me ouviram nem me deram atenção.ⁿ Antes, seguiram o raciocínio rebelde dos seus corações maus. Andaram para trás e não para a frente. ²⁵ Desde a época em que os seus antepassados saíram do Egito até o dia de hoje, eu enviei os meus servos a vocês, os profetas, dia após dia.ᵒ ²⁶ Mas eles não me ouviram nem me deram atenção. Antes, tornaram-se obstinados e foram piores do que os seus antepassados.ᵖ

²⁷ "Quando você lhes disser ᵠ tudo isso, eles não o escutarão;ʳ quando você os chamar, não responderão. ²⁸ Portanto, diga a eles: Esta é uma nação que não obedeceu ao Senhor, ao seu Deus, nem aceitou a correção. A verdade foi destruída e desapareceu dos seus lábios. ²⁹ Cortem ˢ os seus cabelos consagrados e joguem-nos fora. Lamentem-se sobre os montes estéreis, pois o Senhor rejeitou e abandonou ᵗ esta geração que provocou a sua ira.

O Vale da Matança

³⁰ "Os de Judá fizeram o que eu reprovo", declara o Senhor. "Profanaram o templo que leva o meu nome,ᵛ colocando nele as imagens dos seus ídolos.ᵘ ³¹ Construíram o alto de Tofete ʷ no vale de Ben-Hinom, para queimarem em sacrifício os seus filhos e as suas filhas,ˣ coisa que nunca ordenei e que jamais me veio à mente.ʸ ³² Por isso, certamente vêm os dias", declara o Senhor, "em que não mais chamarão este lugar Tofete ou vale de Ben-Hinom, mas vale da Matança,ᶻ pois ali enterrarão ᵃ cadáveres até que não haja mais lugar. ³³ Então os cadáveres deste povo servirão de comida ᵇ para as aves e para os animais, e não haverá quem os afugente. ³⁴ Darei fim às vozes ᶜ de júbilo e de alegria, às vozes do noivo ᵈ e da noiva nas cidades de Judá e nas ruas de Jerusalém, pois esta terra se tornará um deserto.ᵉ

8 "Naquele tempo", declara o Senhor, "os ossos dos reis e dos líderes de Judá, os ossos dos sacerdotes e dos profetas e os ossos do povo de Jerusalém serão retirados dos seus túmulos. ² Serão expostos ao sol e à lua e a todos os astros do céu, que eles amaram, aos quais prestaram culto ᶠ e os quais seguiram, consultaram e adoraram. Não serão ajuntados nem enterrados, antes se tornarão esterco sobre o solo. ³ Todos os sobreviventes dessa nação má preferirão a morte à vida,ᵍ em todos os lugares para onde eu os expulsar", diz o Senhor dos Exércitos.

O Pecado do Povo e o seu Castigo

⁴ "Diga a eles: Assim diz o SENHOR:

"Quando os homens caem,
  não se levantam mais? ʰ
Quando alguém se desvia do caminho,
  não retorna a ele?
⁵ Por que será, então,
  que este povo se desviou?
Por que Jerusalém persiste
  em desviar-se?
Eles apegam-se ao engano ⁱ
  e recusam-se a voltar.ʲ
⁶ Eu ouvi com atenção,
  mas eles não dizem o que é certo.
Ninguém se arrepende ᵏ de sua maldade
  e diz: 'O que foi que eu fiz?'
Cada um se desvia
  e segue seu próprio curso,ˡ
como um cavalo que se lança
  com ímpeto na batalha.
⁷ Até a cegonha no céu
  conhece as estações
  que lhe estão determinadas,
e a pomba, a andorinha e o tordo
  observam a época de sua migração.
Mas o meu povo não conhece ᵐ
  as exigências do SENHOR.

⁸ "Como vocês podem dizer:
  'Somos sábios,
  pois temos a lei ⁿ do SENHOR',
quando na verdade
  a pena mentirosa dos escribas
  a transformou em mentira?
⁹ Os sábios ᵒ serão envergonhados;
  ficarão amedrontados
  e serão pegos na armadilha.
Visto que rejeitaram
  a palavra ᵖ do SENHOR,
  que sabedoria é essa que eles têm?
¹⁰ Por isso, entregarei as suas mulheres
  a outros homens,
e darei os seus campos
  a outros proprietários.ᵠ
Desde o menor até o maior,
  todos são gananciosos;ʳ

tanto os sacerdotes como os profetas,
  todos praticam a falsidade.
¹¹ Eles tratam da ferida do meu povo
  como se ela não fosse grave.
'Paz, paz', dizem,
  quando não há paz alguma.ˢ
¹² Ficaram eles envergonhados
  de sua conduta detestável?
Não, eles não sentem vergonha,ᵗ
  nem mesmo sabem corar.
Portanto, cairão entre os que caem;
  serão humilhados quando eu os castigar",ᵘ
  declara o SENHOR.ᵛ

¹³ "Eu quis recolher a colheita deles",
  declara o SENHOR.
"Mas não há uvas na videira ʷ
  nem figos ˣ na figueira;
as folhas estão secas.ʸ
O que lhes dei será tomado deles."ᶻ

¹⁴ Por que estamos sentados aqui?
  Reúnam-se!
Fujamos para as cidades fortificadas ᵃ
  e pereçamos ali!
Pois o SENHOR, o nosso Deus,
  condenou-nos a perecer
e nos deu água envenenadaᵇ para beber,
  porque temos pecado ᶜ contra ele.
¹⁵ Esperávamos a paz,ᵈ
  mas não veio bem algum;
esperávamos um tempo de cura,
  mas há somente terror.ᵉ
¹⁶ O resfolegar dos seus cavalos
  pode-se ouvir desde Dã;ᶠ
ao relinchar dos seus garanhões
  a terra toda treme.
Vieram para devorar esta terra
  e tudo o que nela existe,
a cidade e todos os que nela habitam.

¹⁷ "Vejam, estou enviando contra vocês
  serpentes venenosas,ᵍ
  que ninguém consegue encantar;ʰ
elas morderão vocês, e não haverá
  remédio",
  diz o SENHOR.

8.4
ʰ Pv 24.16
8.5
ⁱ Jr 5.27
ʲ Jr 7.24; 9.6
8.6
ᵏ Ap 9.20
ˡ Sl 14.1-3
8.7
ᵐ Is 1.3; Jr 5.4-5
8.8
ⁿ Rm 2.17
8.9
ᵒ Jr 6.15
ᵖ Jr 6.19
8.10
ᵠ Jr 6.12
ʳ Is 56.11
8.11
ˢ Jr 6.14
8.12
ᵗ Jr 3.3
ᵘ Sl 52.5-7; Is 3.9
ᵛ Jr 6.15
8.13
ʷ Jl 1.7
ˣ Lc 13.6
ʸ Mt 21.19
ᶻ Jr 5.17
8.14
ᵃ Jr 4.5; Jr 35.11
ᵇ Dt 29.18; Jr 9.15; 23.15
ᶜ Jr 14.7, 20
8.15
ᵈ v. 11
ᵉ Jr 14.19
8.16
ᶠ Jr 4.14
8.17
ᵍ Nm 21.6; Dt 32.24
ʰ Sl 58.5

18 A tristeza tomou conta de mim;
   o meu coração desfalece.*i*
19 Ouça o grito de socorro da minha filha,
   do meu povo,
grito que se estende por toda esta terra:*j*
   "O Senhor não está em Sião?
   Não se acha mais ali o seu rei?"

"Por que eles me provocaram à ira
   com os seus ídolos,
com os seus inúteis
   deuses estrangeiros?"*k*

20 Passou a época da colheita,
   acabou o verão,
e não estamos salvos.

21 Estou arrasado com a devastação
   sofrida pelo meu povo.
Choro muito,*l*
   e o pavor se apodera de mim.
22 Não há bálsamo em Gileade? *m*
   Não há médico?
Por que será, então,
   que não há sinal de cura *n*
   para a ferida do meu povo?

9 Ah, se a minha cabeça
   fosse uma fonte de água
e os meus olhos
   um manancial de lágrimas!
Eu choraria *o* noite e dia
   pelos mortos do meu povo.*p*
2 Ah, se houvesse um alojamento
   para mim no deserto,
para que eu pudesse deixar o meu povo
   e afastar-me dele.
São todos adúlteros,*q*
   um bando de traidores!

3 "A língua deles é como um arco
   pronto para atirar.*r*
É a falsidade, não a verdade,
   que prevalece nesta terra.¹
Eles vão de um crime a outro;
   eles não me reconhecem",
   declara o Senhor.

4 "Cuidado com os seus amigos,
   não confie em seus parentes.*s*
Porque cada parente é um enganador²,*t*
   e cada amigo um caluniador.
5 Amigo engana amigo,
   ninguém fala a verdade.
Eles treinaram a língua
   para mentir;
e, sendo perversos,
   eles se cansam demais
   para se converterem.³
6 De opressão em opressão,*u*
   de engano em engano,
eles se recusam a reconhecer-me",
   declara o Senhor.

7 Portanto, assim diz
o Senhor dos Exércitos:

"Vejam, sou eu que vou refiná-los *v*
   e prová-los.*w*
Que mais posso eu fazer
   pelo meu povo?
8 A língua deles *x* é uma flecha mortal;
   eles falam traiçoeiramente.
Cada um mostra-se cordial
   com o seu próximo,
mas no íntimo lhe prepara
   uma armadilha.*y*
9 Deixarei eu de castigá-los?",
   pergunta o Senhor.
"Não me vingarei *z*
   de uma nação como essa?"

10 Chorarei, prantearei
   e me lamentarei pelos montes
por causa das pastagens da estepe;
pois estão abandonadas
   e ninguém mais as percorre.
   Não se ouve o mugir do gado;
tanto as aves *a* como os animais fugiram.

11 "Farei de Jerusalém
   um amontoado de ruínas,
uma habitação de chacais.*b*

---

¹ **9.3** Ou *um arco que atira a mentira; não é pela verdade que prevalecem na terra.*

² **9.4** Ou *um Jacó enganador*
³ **9.5** Ou *eles se cansam de tanto pecar.*

Devastarei as cidades de Judá
até não restar nenhum morador." *c*

¹² Quem é bastante sábio *d* para compreender isso? Quem foi instruído pelo Senhor, que possa explicá-lo? Por que a terra está arruinada e devastada como um deserto pelo qual ninguém passa?

¹³ O Senhor disse: "Foi porque abandonaram a minha lei, que estabeleci diante deles; não me obedeceram nem seguiram a minha lei.*e* ¹⁴ Em vez disso, seguiram *f* a dureza de seus próprios corações,*g* indo atrás dos baalins, como os seus antepassados lhes ensinaram". ¹⁵ Por isso, assim diz o Senhor dos Exércitos, o Deus de Israel: "Vejam! Farei este povo comer comida amarga *h* e beber água envenenada.*i* ¹⁶ Eu os espalharei entre as nações *j* que nem eles nem os seus antepassados conheceram;*k* e enviarei contra eles a espada *l* até exterminá-los".*m*

¹⁷ Assim diz o Senhor dos Exércitos:

"Considerem:
Chamem as pranteadoras profissionais;*n*
mandem chamar
 as mais hábeis entre elas.
¹⁸ Venham elas depressa
 e lamentem por nós,
até que os nossos olhos
 transbordem de lágrimas
e águas corram de nossas pálpebras.*o*
¹⁹ O som de lamento se ouve desde Sião:
'Como estamos arruinados!*p*
Como é grande a nossa humilhação!
Deixamos a nossa terra
 porque as nossas casas
 estão em ruínas' ".

²⁰ Ó mulheres, ouçam agora
 a palavra do Senhor;
abram os ouvidos às palavras
 de sua boca.
Ensinem suas filhas a lamentar-se;
 ensinem umas as outras a prantear.*q*

²¹ A morte subiu e penetrou
 pelas nossas janelas

e invadiu as nossas fortalezas,
eliminando das ruas as crianças
 e das praças os rapazes.*r*

²² "Diga: Assim declara o Senhor:

"Cadáveres ficarão estirados
 como esterco *s* em campo aberto,
como o trigo deixado para trás
 pelo ceifeiro,
sem que ninguém o ajunte."

²³ Assim diz o Senhor:

"Não se glorie o sábio em sua sabedoria *t*
 nem o forte em sua força *u*
 nem o rico em sua riqueza,*v*
²⁴ mas quem se gloriar, glorie-se nisto:*w*
 em compreender-me e conhecer-me,
pois eu sou o Senhor *x*
 e ajo com lealdade,*y*
com justiça e com retidão *z* sobre a terra,
pois é dessas coisas que me agrado",
 declara o Senhor.

²⁵ "Vêm chegando os dias", declara o Senhor, "em que castigarei todos os que são circuncidados apenas no corpo,*a* ²⁶ como também o Egito, Judá, Edom, Amom, Moabe e todos os que rapam a cabeça*¹* e vivem no deserto; *b* porque todas essas nações são incircuncisas, e a comunidade de Israel tem o coração obstinado²."*c*

Deus e os Ídolos

10 Ouçam o que o Senhor diz a vocês, ó comunidade de Israel! ² Assim diz o Senhor:

"Não aprendam as práticas das nações *d*
 nem se assustem com os sinais no céu,
embora as nações se assustem com eles.
³ Os costumes religiosos das nações são inúteis:
 corta-se uma árvore da floresta,
 um artesão *e* a modela com seu
  formão;

---

¹ 9.26 Ou *e todos os que prendem o cabelo junto à testa*
² 9.26 Hebraico: *é incircuncisa de coração.*

⁴ enfeitam-na com prata e ouro,
  prendendo tudo com martelo e pregos
para que não balance.ᶠ
⁵ Como um espantalho
  numa plantação de pepinos,
os ídolos são incapazes de falar ᵍ
e têm que ser transportados
  porque não conseguem andar.ʰ
Não tenham medo deles,
pois não podem fazer
  nem mal nem bem".ⁱ

⁶ Não há absolutamente ninguém
  comparável a ti, ó Senhor;
tu és grande,ʲ
  e grande é o poder do teu nome.
⁷ Quem não te temerá,
  ó rei das nações?ᵏ
Esse temor te é devido.
Entre todos os sábios das nações
e entre todos os seus reinos
não há absolutamente ninguém
  comparável a ti.
⁸ São todos insensatos e tolos;ˡ
  querem ser ensinados por ídolos
    inúteis.
Os deuses deles não passam de madeira.
⁹ Prata batida é trazida de Társis,
  e ouro, de Ufaz.
A obra do artesão e do ourives ᵐ
  é vestida de azul e de púrpura;
tudo não passa de obra
  de hábeis artesãos.
¹⁰ Mas o Senhor é o Deus verdadeiro;
  ele é o Deus vivo; o rei eterno.
Quando ele se ira, a terra treme;
  as nações não podem suportar o seu
    furor.ⁿ

¹¹ "Digam-lhes isto: Estes deuses, que não fizeram nem os céus nem a terra, desaparecerão ᵒ da terra e de debaixo dos céus".¹

¹² Mas foi Deus quem fez a terra
  com o seu poder,

firmou o mundo com a sua sabedoria
e estendeu os céus ᵖ
  com o seu entendimento.
¹³ Ao som do seu trovão,ᑫ
  as águas no céu rugem,
e formam-se nuvens
  desde os confins da terra.
Ele faz os relâmpagos para a chuva ʳ
  e dos seus depósitos faz sair o vento.

¹⁴ Esses homens todos
  são estúpidos e ignorantes;
cada ourives é envergonhado
  pela imagem que esculpiu.
Suas imagens esculpidas
  são uma fraude,
elas não têm fôlego de vida.
¹⁵ São inúteis,ˢ
  são objetos de zombaria.
Quando vier o julgamento delas,
  perecerão.
¹⁶ Aquele que é a porção ᵗ de Jacó
  nem se compara a essas imagens,ᵘ
pois ele é quem forma todas as coisas,
  e Israel é a tribo de sua propriedade,ᵛ
Senhor dos Exércitos é o seu nome.ʷ

A Destruição Vindoura

¹⁷ Ajunte os seus pertences ˣ
  para deixar a terra,
você que vive sitiada.
¹⁸ Porque assim diz o Senhor:
  "Desta vez lançarei fora ʸ
os que vivem nesta terra.
Trarei aflição sobre eles,
  e serão capturados".

¹⁹ Ai de mim! Estou ferido!
  O meu ferimento ᶻ é incurável!
Apesar disso eu dizia:
Esta é a minha enfermidade
  e tenho que suportá-la. ᵃ
²⁰ A minha tenda ᵇ foi destruída;
todas as cordas da minha tenda
  estão arrebentadas.
Os meus filhos me deixaram
  e já não existem;ᶜ

---

¹ **10.11** Este versículo está em aramaico no texto original.

JEREMIAS 10.21

não restou ninguém para
   armar a minha tenda
e montar o meu abrigo.
²¹ Os líderes do povo são insensatos
   e não consultam o SENHOR;
por isso não prosperam
   e todo o seu rebanho está disperso.ᵈ
²² Escutem! Estão chegando notícias:
   uma grande agitação vem do
      norte!
As cidades de Judá serão arrasadas
   e transformadas em morada de
      chacais.ᵉ

A Oração de Jeremias

²³ Eu sei, SENHOR,
   que não está nas mãos do homem
o seu futuro;
não compete ao homem
   dirigir os seus passos.ᶠ
²⁴ Corrige-me, SENHOR,
   mas somente com justiça,
não com ira,ᵍ
   para que não me reduzas a nada.ʰ
²⁵ Derrama a tua ira sobre as nações ⁱ
   que não te conhecem,
sobre os povos que não invocam o teu
      nome;ʲ
pois eles devoraram ᵏ Jacó,
devoraram-no completamente
   e destruíram a sua terra.ˡ

A Aliança é Quebrada

11 Esta é a palavra que veio a Jeremias da parte do SENHOR: ² "Ouça os termos desta aliança; e repita-os ao povo de Judá e aos habitantes de Jerusalém. ³ Diga-lhes que assim diz o SENHOR, o Deus de Israel: Maldito ᵐ é aquele que não obedecer aos termos desta aliança, ⁴ os quais ordenei aos antepassados de vocês, quando eu os tirei do Egito, da fornalha de fundir ferro.ⁿ Eu disse: Obedeçam-me ᵒ e façam tudo o que ordeno, e vocês serão o meu povo,ᵖ e *eu serei o seu Deus*. ⁵ Então cumprirei a promessa que fiz sob juramento ᵠ aos antepassados de vocês, de dar-lhes uma terra onde há leite e mel com fartura, a terra que vocês hoje possuem".

Então respondi: Amém, SENHOR.

⁶ O SENHOR me disse: "Proclame todas estas palavras nas cidades de Judá e nas ruas de Jerusalém: Ouçam os termos desta aliança e cumpram-nos.ʳ ⁷ Desde a época em que tirei os seus antepassados do Egito até hoje, repetidas vezes ˢ os adverti, dizendo: Obedeçam-me. ⁸ Mas eles não me ouviram nem me deram atenção;ᵗ ao contrário, seguiram os seus corações duros e maus. Por isso eu trouxe sobre eles todas as maldições ᵘ desta aliança, que eu tinha ordenado que cumprissem, mas que eles não cumpriram".

⁹ Então o SENHOR me disse: "Há uma conspiração ᵛ entre o povo de Judá e os habitantes de Jerusalém. ¹⁰ Eles retornaram aos pecados de seus antepassados,ʷ que recusaram dar ouvidos às minhas palavras e seguiram outros deuses ˣ para prestar-lhes culto. Tanto a comunidade de Israel como a de Judá quebraram a aliança que eu fiz com os antepassados deles". ¹¹ Por isso, assim diz o SENHOR: "Trarei sobre eles uma desgraça ʸ da qual não poderão escapar. Ainda que venham a clamar ᶻ a mim, eu não os ouvirei.ᵃ ¹² Então as cidades de Judá e os habitantes de Jerusalém clamarão aos deuses aos quais queimam incenso,ᵇ mas eles não poderão salvá-los quando a desgraça ᶜ os atingir. ¹³ Você tem tantos deuses quantas são as suas cidades, ó Judá; e os altares que você construiu para queimar incenso ᵈ àquela coisa vergonhosa ᵉ chamada Baal são tantos quantas são as ruas de Jerusalém.

¹⁴ "E você, Jeremias, não ore ᶠ em favor deste povo nem ofereça súplica ou petição alguma por eles, porque eu não ouvirei ᵍ quando clamarem a mim na hora da desgraça.

¹⁵ "O que a minha amada faz
   no meu templo
   com intenção enganosa?

10.21 ᵈ Jr 23.2
10.22 ᵉ Jr 9.11
10.23 ᶠ Pv 20.24
10.24 ᵍ Sl 6.1; 38.1
       ʰ Jr 30.11
10.25 ⁱ Sf 3.8
       ʲ Jó 18.21; Sl 14.4
       ᵏ Sl 79.7; Jr 8.16
       ˡ Sl 79.6-7
11.3 ᵐ Dt 27.26; Gl 3.10
11.4 ⁿ Dt 4.20; 1Rs 8.51
     ᵒ Ex 24.8
     ᵖ Jr 7.23; 31.33
11.5 ᵠ Ex 13.5; Dt 7.12; Sl 105.8-11
11.6 ʳ Dt 15.5; Rm 2.13; Tg 1.22
11.7 ˢ 2Cr 36.15
11.8 ᵗ Jr 7.26
11.8 ᵘ Lv 26.14-43
11.9 ᵛ Ez 22.25
11.10 ʷ Dt 9.7
      ˣ Jz 2.12-13
11.11 ʸ 2Rs 22.16
      ᶻ Jr 14.12; Ez 8.18
      ᵃ v. 14; Pv 1.28; Is 1.15; Zc 7.13
11.12 ᵇ Jr 44.17
      ᶜ Dt 32.37
11.13 ᵈ Jr 7.9
      ᵉ Jr 3.24
11.14 ᶠ Ex 32.10
      ᵍ v. 11

Será que os votos e a carne consagrada
    evitarão o castigo?
Poderá você, então, exultar?"

¹⁶ O S*enhor* a chamou
    de oliveira verdejante,
    ornada de belos e bons frutos.
Mas, com o estrondo
    de um grande tumulto,
    ele a incendiará,ʰ
    e os seus ramos serão quebrados.ⁱ

¹⁷ O S*enhor* dos Exércitos, que a plantou,ʲ anunciou-lhe desgraça, porque a comunidade de Israel e a comunidade de Judá fizeram o que é reprovável e provocaram a minha ira, queimando incenso a Baal.ᵏ

A Conspiração contra Jeremias

¹⁸ Fiquei sabendo porque o S*enhor* me revelou; tu me mostraste o que eles estavam fazendo. ¹⁹ Eu era como um cordeiro manso levado ao matadouro; não tinha percebido que tramavam contra mim,ˡ dizendo:

"Destruamos a árvore e a sua seiva¹,
    vamos cortá-lo da terra dos viventesᵐ
para que o seu nome
    não seja mais lembrado".ⁿ

²⁰ Ó S*enhor* dos Exércitos,
    justo juiz que provas
    o coração e a mente,ᵒ
espero ver a tua vingança sobre eles,
    pois a ti expus a minha causa.

²¹ Em vista disso, assim diz o S*enhor* a respeito dos homens de Anatote que querem tirar a minha vida,ᵖ e que dizem: "Não profetize em nome do S*enhor*, senão nós o mataremos";ᑫ ²² assim diz o S*enhor* dos Exércitos: "Eu os castigarei. Seus jovensʳ morrerão à espada; seus filhos e suas filhas, de fome. ²³ Nem mesmo um remanescenteˢ lhes restará, porque trarei a desgraça sobre os homens de Anatote no ano do seu castigo".ᵗ

---

¹ **11.19** Hebraico: *com seu pão.*

A Queixa de Jeremias

12 Tu és justo,ᵘ S*enhor*,
    quando apresento
    uma causa diante de ti.
Contudo, eu gostaria de discutir contigo
    sobre a tua justiça.
Por que o caminho
    dos ímpios prospera?ᵛ
Por que todos os traidores
    vivem sem problemas?
² Tu os plantaste,ʷ e eles criaram raízes;
    crescem e dão fruto.
Tu estás sempre perto dos seus lábios,
    mas longe dos seus corações.ˣ
³ Tu, porém, me conheces, S*enhor*;
    tu me vês e provasʸ a minha atitude
    para contigo.
Arranca os ímpios como a ovelhas
    destinadas ao matadouro!
Reserva-os para o dia da matança!ᶻ
⁴ Até quando a terra ficará de luto² ᵃ
    e a relva de todo o campo estará
        seca?ᵇ
Perecem os animais e as aves ᶜ
    por causa da maldade
    dos que habitam nesta terra,
pois eles disseram:
    "Ele não verá o fim que nos espera".

A Resposta de Deus

⁵ "Se você correu com homens
    e eles o cansaram,
como poderá competir com cavalos?
Se você tropeça³ em terreno seguro,⁴
    o que fará nos matagaisᵈ
    junto ao Jordão?⁵
⁶ Até mesmo os seus irmãos
    e a sua própria família traíram você
    e o perseguem aos gritos. ᵉ
Não confie neles,
    mesmo quando dizem coisas boas. ᶠ

---

² **12.4** Ou *a terra pranteará*
³ **12.5** Ou *você se sente seguro*
⁴ **12.5** Ou *Se você põe a confiança numa terra segura,*
⁵ **12.5** Ou *fará quando o Jordão inundar?*

⁷ "Abandonei a minha família,
  deixei a minha propriedade ᵍ
e entreguei aquela a quem amo
  nas mãos dos seus inimigos.
⁸ O povo de minha propriedade
  tornou-se para mim
  como um leão na floresta.
Ele ruge contra mim,
  por isso eu o detesto.ʰ
⁹ O povo de minha propriedade
  tornou-se para mim
  como uma toca de hiena,
  sobre a qual pairam as aves de rapina.
Reúnam todos os animais selvagens;
  tragam-nos para o banquete.ⁱ
¹⁰ A minha vinha foi destruída
  por muitos pastores, ʲ
que pisotearam
  a minha propriedade.
Eles tornaram a minha
  preciosa propriedade
  num deserto devastado.ᵏ
¹¹ Fizeram dela uma terra devastada;
e devastada ela pranteia
  diante de mim. ˡ
A terra toda foi devastada,
mas não há quem se importe
  com isso.
¹² Destruidores vieram
  sobre todas
  as planícies do deserto,
pois a espada do Senhor ᵐ
  devora esta terra
  de uma extremidade à outra;ⁿ
ninguém está seguro.
¹³ Semearam trigo,
  mas colheram espinhos;
cansaram-se de trabalhar
  para nada produzir. ᵒ
Estão desapontados com a colheita
  por causa do fogo da ira ᵖ
  do Senhor."

¹⁴ Assim diz o Senhor a respeito de todos os meus vizinhos, as nações ímpias que se apoderam da herança que dei a Israel, o meu povo: "Eu os arrancarei ᵠ da sua terra, e arrancarei Judá do meio deles. ¹⁵ Mas, depois de arrancá-los, terei compaixão de novo e os farei voltar,ʳ cada um à sua propriedade e à sua terra. ¹⁶ E, se aprenderem a comportar-se como o meu povo, e jurarem pelo nome do Senhor, dizendo: 'Juro pelo nome do Senhor'ˢ — como antes ensinaram o meu povo a jurar por Baal ᵗ —, então eles serão estabelecidos no meio do meu povo. ᵘ ¹⁷ Mas, se não me ouvirem, eu arrancarei completamente aquela nação e a destruirei",ᵛ declara o Senhor.

O Cinto de Linho

13 Assim me disse o Senhor: "Vá comprar um cinto de linho e ponha-o em volta da cintura, mas não o deixe encostar na água". ² Comprei um cinto e o pus em volta da cintura, como o Senhor me havia instruído.

³ O Senhor me dirigiu a palavra pela segunda vez, dizendo: ⁴ "Pegue o cinto que você comprou e está usando, vá agora a Perateˡ e esconda-o ali numa fenda da rocha". ⁵ Assim, fui e o escondi em Perate, conforme o Senhor me havia ordenado.ʷ

⁶ Depois de muitos dias, o Senhor me disse: "Vá agora a Perate e pegue o cinto que ordenei a você que escondesse ali". ⁷ Então fui a Perate, desenterrei o cinto e o tirei do lugar em que o havia escondido. O cinto estava podre e se tornara completamente inútil.

⁸ E o Senhor dirigiu-me a palavra, dizendo: ⁹ "Assim diz o Senhor: Do mesmo modo também arruinarei o orgulho de Judá e o orgulho desmedido ˣ de Jerusalém. ¹⁰ Este povo ímpio, que se recusa a ouvir as minhas palavras, que age segundo a dureza de seus corações,ʸ seguindo outros deuses ᶻ para prestar-lhes culto e adorá-los, que este povo seja como aquele cinto: completamente inútil! ¹¹ Assim como um cinto se apega à cintura de um homem, da mesma

---

ˡ **13.4** Possivelmente *ao Eufrates*; também nos versículos 5-7.

12.7
ᵍ Jr 7.29
12.8
ʰ Os 9.15;
Am 6.8
12.9
ⁱ Is 56.9;
Jr 15.3;
Ez 23.25
12.10
ʲ Jr 23.1
ᵏ Is 5.1-7
12.11
ˡ v. 4;
Is 42.25;
Jr 23.10
12.12
ᵐ Jr 47.6
ⁿ Jr 3.2
12.13
ᵒ Lv 26.20;
Dt 28.38;
Mq 6.15;
Ag 1.6
ᵖ Jr 4.26
12.14
ᵠ Zc 2.7-9
12.15
ʳ Am 9.14-15
12.16
ˢ Jr 4.2
ᵗ Js 23.7
ᵘ Is 49.6;
Jr 3.17
12.17
ᵛ Is 60.12
13.5
ʷ Ex 40.16
13.9
ˣ Lv 26.19
13.10
ʸ Jr 11.8;
16.12
ᶻ Jr 9.14

forma fiz com que toda a comunidade de Israel e toda a comunidade de Judá se apegasse a mim, para que fosse o meu povo para o meu renome,ᵃ louvor e honra.ᵇ Mas eles não me ouviram", declara o Senhor.

As Vasilhas de Couro

¹² "Diga-lhes também: Assim diz o Senhor, o Deus de Israel: Deve-se encher de vinho toda vasilha de couro. E, se eles disserem a você: 'Será que não sabemos que se deve encher de vinho toda vasilha de couro?' ¹³ Então você lhes dirá: Assim diz o Senhor: Farei com que fiquem totalmente embriagados ᵈ todos os habitantes desta terra, bem como os reis que se assentam no trono de Davi, os sacerdotes, os profetas e todos os habitantes de Jerusalém. ¹⁴ Eu os despedaçarei, colocando uns contra os outros, tanto os pais como os filhos", diz o Senhor. "Nem a piedade nem a misericórdia nem a compaixão ᵉ me impedirão de destruí-los."

Ameaça de Cativeiro

¹⁵ Escutem e deem atenção,
　　não sejam arrogantes,
pois o Senhor falou.
¹⁶ Deem glória ᵍ ao Senhor, ao seu Deus,
　　antes que ele traga trevas,
　　antes que os pés de vocês tropecem ʰ
　　nas colinas ao escurecer.
Vocês esperam a luz,
mas ele fará dela
　　uma escuridão profunda;
sim, ele a transformará
　　em densas trevas.ⁱ
¹⁷ Mas, se vocês não ouvirem, ʲ
　　eu chorarei em segredo
por causa do orgulho de vocês.
Chorarei amargamente,
　　e de lágrimas ᵏ
os meus olhos transbordarão,
porque o rebanho do Senhor ˡ
　　foi levado para o cativeiro.ᵐ

¹⁸ Diga-se ao rei e à rainha-mãe:
　　"Desçam do trono,
pois as suas coroas gloriosas
　　caíram de sua cabeça".
¹⁹ As cidades do Neguebe
　　estão bloqueadas
e não há quem nelas consiga entrar.
Todo o Judá ⁿ foi levado para o exílio,
　　todos foram exilados.

²⁰ Erga os olhos, Jerusalém,
　　e veja aqueles que vêm do norte.ᵒ
Onde está o rebanho ᵖ
　　que foi confiado a você,
as ovelhas das quais se orgulhava?
²¹ O que você dirá
　　quando sobre você dominarem
　　aqueles que você
　　sempre teve como aliados? ᑫ
Você não irá sentir dores
　　como as de uma mulher
　　em trabalho de parto? ʳ
²² E, se você se perguntar:
　　"Por que aconteceu isso
　　　comigo?",
saiba que foi por causa
　　dos seus muitos pecados ˢ
que as suas vestes foram levantadas
　　e você foi violentada¹.ᵗ
²³ Será que o etíope² pode
　　mudar a sua pele?
Ou o leopardo as suas pintas?
Assim também vocês são incapazes
　　de fazer o bem,
vocês, que estão acostumados
　　a praticar o mal.

²⁴ "Espalharei vocês como a palha ᵘ
　　levada pelo vento do deserto. ᵛ
²⁵ Esta é a sua parte,
a porção ʷ que determinei para você",
　　declara o Senhor,
"porque você se esqueceu de mim
　　e confiou em deuses falsos.
²⁶ Eu mesmo levantarei as suas
　　vestes até o seu rosto para que
　　as suas vergonhas sejam expostas.ˣ

---

¹ **13.22** Hebraico: *os seus calcanhares sofreram violência.*
² **13.23** Hebraico: *cuxita.*

²⁷ Tenho visto os seus atos repugnantes,
os seus adultérios, os seus relinchos,
a sua prostituição desavergonhada ʸ
sobre as colinas e nos campos.ᶻ
Ai de você, Jerusalém!
Até quando você continuará
impura?" ᵃ

Seca, Fome, Espada

14 Esta é a palavra que o Senhor dirigiu a Jeremias acerca da seca:

² "Judá pranteia,ᵇ
as suas cidades estão definhando
e os seus habitantes se lamentam,
prostrados no chão!
O grito de Jerusalém sobe.
³ Os nobres mandam os seus servos
à procura de água;
eles vão às cisternas
mas nada encontram. ᶜ
Voltam com os potes vazios
e, decepcionados e desesperados,
cobrem a cabeça.ᵈ
⁴ A terra nada produziu,
porque não houve chuva;ᵉ
e os lavradores, decepcionados,
cobrem a cabeça.
⁵ Até mesmo a corça no campo
abandona a cria recém-nascida,
porque não há capim. ᶠ
⁶ Os jumentos selvagens
permanecem nos altos,ᵍ
farejando o vento como os chacais,
mas a sua visão falha,
por falta de pastagem".

⁷ Embora os nossos pecados nos acusem,ʰ
age por amor do teu nome,
ó Senhor!
Nossas infidelidades ⁱ são muitas;
temos pecado ʲ contra ti.
⁸ Ó Esperança ᵏ de Israel,
tu que o salvas na hora da
adversidade,
por que te comportas
como um estrangeiro na terra,
ou como um viajante
que fica somente uma noite?
⁹ Por que ages como um homem
que foi pego de surpresa,
como um guerreiro que não pode
salvar? ˡ
Tu estás em nosso meio,ᵐ ó Senhor,
e nós pertencemos a ti¹;ⁿ
não nos abandones!

¹⁰ Assim diz o Senhor
acerca deste povo:

"Eles gostam muito de vaguear;
não controlam os pés.ᵒ
Por isso o Senhor não os aceita;ᵖ
agora ele se lembrará ᑫ
da iniquidade deles
e os castigará por causa
dos seus pecados".ʳ

¹¹ Então o Senhor me disse: "Não ore ˢ pelo bem-estar deste povo. ¹² Ainda que jejuem, não escutarei o clamor deles; ᵗ ainda que ofereçam holocaustos² ᵘ e ofertas de cereal, não os aceitarei.ᵛ Mas eu os destruirei pela guerra, pela fome e pela peste".

¹³ Mas eu disse: Ah, Soberano Senhor, os profetas estão dizendo a eles: "Vocês não verão a guerra nem a fome;ʷ eu lhes darei prosperidade duradoura neste lugar".

¹⁴ Então o Senhor me disse: "É mentira o que os profetas estão profetizando ˣ em meu nome. Eu não os enviei ʸ nem lhes dei ordem nenhuma, nem falei com eles. Eles estão profetizando para vocês falsas visões,ᶻ adivinhações ᵃ inúteis e ilusões de suas próprias mentes". ¹⁵ Por isso, assim diz o Senhor: "Quanto aos profetas que estão profetizando em meu nome, embora eu não os tenha enviado, e que dizem: 'Nem guerra nem fome alcançarão esta terra', aqueles mesmos profetas perecerão ᵇ pela guerra e pela fome!ᶜ ¹⁶ E aqueles a quem

---

¹ 14.9 Hebraico: *e teu nome foi invocado sobre nós.*
² 14.12 Isto é, sacrifícios totalmente queimados; também em 17.26 e 19.5.

estão profetizando serão jogados nas ruas de Jerusalém, por causa da fome e da guerra. E não haverá ninguém para sepultá-los,[d] nem para sepultar as suas mulheres, os seus filhos e as suas filhas.[e] Despejarei sobre eles o castigo que merecem.[f]

17 "Diga-lhes isto:

"Que os meus olhos derramem lágrimas,[g]
    noite e dia sem cessar;
pois a minha filha virgem, o meu povo,
    sofreu um ferimento terrível,
um golpe fatal.[h]

18 Se vou para o campo,
    vejo os que morreram à espada;
se entro na cidade,
    vejo a devastação da fome.[i]
Tanto o profeta como o sacerdote
    percorrem a terra
sem nada compreender[1]".

19 Rejeitaste Judá completamente?[j]
    Desprezaste Sião?
Por que nos feriste a ponto
    de não podermos ser curados?[k]
Esperávamos a paz,
    mas não veio bem algum;
esperávamos um tempo de cura,
    mas há somente terror.[l]

20 SENHOR, reconhecemos
    a nossa impiedade
    e a iniquidade dos nossos pais;
temos de fato pecado[m] contra ti.

21 Por amor do teu nome[n]
    não nos desprezes;
não desonres o teu trono glorioso.[o]
Lembra-te da tua aliança conosco
    e não a quebres.

22 Entre os ídolos inúteis das nações,
    existe algum que possa
    trazer chuva?[p]
Podem os céus, por si mesmos,
    produzir chuvas copiosas?
Somente tu o podes, SENHOR,
    nosso Deus!

Portanto, a nossa esperança está em ti,
    pois tu fazes todas essas coisas.

15 Então o SENHOR me disse: "Ainda que Moisés[q] e Samuel[r] estivessem diante de mim, intercedendo por este povo,[s] eu não lhes mostraria favor. Expulse-os da minha presença![t] Que saiam! 2 E, se perguntarem a você: 'Para onde iremos?', diga-lhes: Assim diz o SENHOR:

"Os destinados à morte, para a morte;
    os destinados à espada, para a espada;[u]
    os destinados à fome, para a fome;[v]
    os destinados ao cativeiro,[w]
    para o cativeiro.

3 "Enviarei quatro tipos de destruidores[x] contra eles", declara o SENHOR: "a espada para matar, os cães para dilacerar, as aves[y] do céu e os animais selvagens para devorar e destruir.[z] 4 Eu farei deles uma causa de terror[a] para todas as nações da terra,[b] por tudo o que Manassés,[c] filho de Ezequias, rei de Judá, fez em Jerusalém.

5 "Quem terá compaixão[d] de você,
    ó Jerusalém?
Quem se lamentará por você?
Quem vai parar e perguntar
    como você está?
6 Você me rejeitou",[e] diz o SENHOR.
"Você vive se desviando.
Por isso, porei as mãos[f] em você
    e a destruirei;
cansei-me de mostrar compaixão.
7 Eu os espalhei ao vento como palha
    nas cidades desta terra.
Deixei-os sem filhos;
    destruí o meu povo,[g]
pois não se converteram
    de seus caminhos.
8 Fiz com que as suas viúvas
    se tornassem mais numerosas
    do que a areia do mar.
Ao meio-dia, trouxe um destruidor[h]
    contra as mães
    dos jovens guerreiros;

---

[1] 14.18 Ou *foram para uma terra que não conhecem*

14.16
[d] Sl 79.3
[e] Jr 7.33
[f] Pv 1.31
14.17
[g] Jr 9.1
14.17
[h] Jr 8.21
14.18
[i] Ez 7.15
14.19
[j] Jr 7.29
[k] Jr 30.12-13
[l] Jr 8.15
14.20
[m] Dn 9.7-8
14.21
[n] v. 7
[o] Jr 3.17
14.22
[p] Sl 135.7
15.1
[q] Ex 32.11; Nm 14.13-20
[r] 1Sm 7.9
[s] Jr 7.16; Ez 14.14, 20
[t] 2Rs 17.20
15.2
[u] Jr 43.11
[v] Jr 14.12
[w] Ap 13.10
15.3
[x] Lv 26.16
[y] Dt 28.26
[z] Lv 26.22; Ez 14.21
15.4
[a] Jr 24.9; 29.18
[b] Dt 28.25
[c] 2Rs 21.2; 23.26-27
15.5
[d] Is 51.19; Jr 13.14; 21.7; Na 3.7
15.6
[e] Jr 6.19; 7.24
15.6
[f] Sf 1.4
15.7
[g] Jr 18.21
15.8
[h] Jr 6.4

JEREMIAS 15.9

fiz cair sobre elas
  repentina angústia e pavor.
⁹ A mãe de sete filhos desmaiou *i*
  e está ofegante.
Para ela o sol se pôs
  enquanto ainda era dia;
ela foi envergonhada e humilhada.
Entregarei os sobreviventes à espada *j*
  diante dos seus inimigos",
declara o SENHOR

¹⁰ Ai de mim, minha mãe,
  por me haver dado à luz! *k*
Pois sou um homem em luta
  e em contenda *l*
  com a terra toda!
Nunca emprestei *m*
  nem tomei emprestado,
e assim mesmo todos me amaldiçoam.

¹¹ O SENHOR disse:

"Eu certamente o fortaleci para o bem
  e intervim por você,*n*
na época da desgraça e da adversidade,
  por causa do inimigo.¹ *o*

¹² "Será alguém capaz de quebrar o ferro,
  o ferro que vem do norte,*p* ou o bronze?

¹³ Diga a esse povo:
Darei de graça *q* a sua riqueza
  e os seus tesouros como despojo,
por causa de todos os seus pecados
  em toda a sua terra.*r*

¹⁴ Eu os tornarei escravos
  de seus inimigos,
  numa terra² que vocês não conhecem,*s*
pois a minha ira acenderá um fogo *t*
  que arderá contra vocês".

¹⁵ Tu me conheces, SENHOR;
  lembra-te de mim, vem em meu auxílio
e vinga-me dos meus perseguidores.*u*
Que, pela tua paciência para com eles,
  eu não seja eliminado.
Sabes que sofro afronta por tua causa.*v*

¹⁶ Quando as tuas palavras
  foram encontradas, eu as comi;*w*
elas são a minha alegria e o meu júbilo,*x*
  pois pertenço a ti³,*y*
SENHOR Deus dos Exércitos.

¹⁷ Jamais me sentei *z* na companhia
  dos que se divertem,
nunca festejei com eles.
Sentei-me sozinho,
  porque a tua mão estava sobre mim
  e me encheste de indignação.

¹⁸ Por que é permanente a minha dor,
  e a minha ferida é grave e incurável? *a*
Por que te tornaste para mim
  como um riacho seco,
cujos mananciais falham? *b*

¹⁹ Assim respondeu o SENHOR:

"Se você se arrepender, eu o restaurarei
  para que possa me servir; *c*
se você disser palavras de valor,
  e não indignas,
será o meu porta-voz.
Deixe este povo voltar-se para você,
  mas não se volte para eles.

²⁰ Eu farei de você
  uma muralha de bronze fortificada
  diante deste povo;
lutarão contra você,
  mas não o vencerão,
pois estou com você
  para resgatá-lo e salvá-lo",*d*
declara o SENHOR.

²¹ "Eu o livrarei das mãos dos ímpios
  e o resgatarei *e* das garras dos violentos". *f*

---

¹ **15.11** A Septuaginta diz *Certamente, Senhor, eu te servi fielmente e te busquei na época da desgraça e da adversidade, para o bem de meu inimigo.*
² **15.14** Conforme alguns manuscritos do Texto Massorético, a Septuaginta e a Versão Siríaca. A maioria dos manuscritos do Texto Massorético diz *Eu farei com que os seus inimigos o levem a uma terra.* Veja Jr 17.4.
³ **15.16** Hebraico: *pois teu nome foi invocado sobre mim.*

15.9
i 1Sm 2.5
j Jr 21.7
15.10
k Jó 3.1
l Jr 1.19
m Lv 24.36
15.11
n Jr 40.4
o Jr 21.1-2; 37.3; 42.1-3
15.12
p Jr 28.14
15.13
q Sl 44.12
r Jr 17.3
15.14
s Dt 28.36; Jr 16.13
t Dt 32.22; Sl 21.9
15.15
u Jr 12.3
v Sl 69.7-9
15.16
w Ez 3.3; Ap 10.10
x Sl 119.72, 103
y Jr 14.9
15.17
z Sl 1.1; 26.4-5; Jr 16.8
15.18
a Jr 30.15; Mq 1.9
b Jó 6.15
15.19
c Zc 3.7
15.20
d Jr 20.11; Ez 3.8
15.21
e Jr 50.34
f Gn 48.16

A Vida Solitária de Jeremias

16 Então o Senhor me dirigiu a palavra, dizendo: ² "Não se case ᵍ nem tenha filhos ou filhas neste lugar"; ³ porque assim diz o Senhor a respeito dos filhos e filhas nascidos nesta terra e a respeito das mulheres que forem suas mães e dos homens que forem seus pais: ʰ ⁴ "Eles morrerão de doenças graves; ninguém pranteará por eles; não serão sepultados,ⁱ mas servirão de esterco para o solo.ʲ Perecerão pela espada e pela fome, e os seus cadáveres serão o alimento das aves e dos animais".ᵏ

⁵ Porque assim diz o Senhor: "Não entre numa casa onde há luto; não vá prantear nem apresentar condolências, porque retirei a minha paz, o meu amor leal e a minha compaixão deste povo", declara o Senhor. ⁶ "Tanto grandes como pequenos morrerão nesta terra;ˡ não serão sepultados nem se pranteará por eles; não se farão incisões ᵐ nem se rapará ⁿ a cabeça por causa deles. ⁷ Ninguém oferecerá comida para fortalecer os que pranteiam ᵒ pelos mortos; ninguém dará de beber do cálice da consolação nem mesmo pelo pai ou pela mãe.

⁸ "Não entre numa casa em que há um banquete, para se assentar com eles a fim de comer e beber".ᵖ ⁹ Porque assim diz o Senhor dos Exércitos, o Deus de Israel: "Farei cessar ᑫ neste lugar,ʳ diante dos olhos de vocês e durante a vida de vocês, a voz de júbilo e a voz de alegria, a voz do noivo e a voz da noiva.

¹⁰ "Quando você falar todas essas coisas a este povo e eles perguntarem a você: 'Por que o Senhor determinou uma desgraça tão terrível contra nós? Que delito ou pecado cometemos contra o Senhor, contra o nosso Deus?',ˢ ¹¹ diga-lhes: Foi porque os seus antepassados me abandonaram", diz o Senhor, "e seguiram outros deuses, aos quais prestaram culto e adoraram. Eles me abandonaram e não obedeceram à minha lei.ᵗ ¹² Mas vocês têm feito coisas piores do que os seus antepassados:ᵘ cada um segue a rebeldia do seu coração mau,ᵛ em vez de obedecer-me. ¹³ Por isso eu os lançarei fora desta terra, para uma terra que vocês e os seus antepassados desconhecem;ʷ lá vocês servirão a outros deuses ˣ dia e noite, pois não terei misericórdia de vocês.ʸ

¹⁴ "Contudo, vêm dias", declara o Senhor, "quando já não mais se dirá: 'Juro pelo nome do Senhor, que trouxe os israelitas do Egito'.ᶻ ¹⁵ Antes dirão: 'Juro pelo nome do Senhor, que trouxe os israelitas do norte e de todos os países para onde ele os havia expulsado'.ᵃ Eu os conduzirei de volta ᵇ para a sua terra, terra que dei aos seus antepassados.

¹⁶ "Mas agora mandarei chamar muitos pescadores", declara o Senhor, "e eles os pescarão.ᶜ Depois disso mandarei chamar muitos caçadores, e eles os caçarão ᵈ em cada monte e colina e nas fendas das rochas.ᵉ ¹⁷ Os meus olhos veem todos os seus caminhos; eles não estão escondidos de mim,ᶠ nem a sua iniquidade está oculta aos meus olhos.ᵍ ¹⁸ Eu lhes retribuirei em dobro ʰ pela sua impiedade e pelo seu pecado, porque contaminaram a minha terra ⁱ com as carcaças de seus ídolos detestáveis e encheram a minha herança com as suas abominações".

¹⁹ Senhor, minha força
  e minha fortaleza,
meu abrigo seguro
  na hora da adversidade,
a ti virão as nações ʲ
  desde os confins da terra e dirão:
"Nossos antepassados
  possuíam deuses falsos,ᵏ
ídolos inúteis,
  que não lhes fizeram bem algum.
²⁰ Pode o homem mortal
  fazer os seus próprios deuses?
Sim, mas estes não seriam deuses!" ˡ

²¹ "Portanto eu lhes ensinarei;
  desta vez eu lhes ensinarei
  sobre o meu poder e sobre a minha força.

Então saberão
 que o meu nome é Senhor.

17 "O pecado de Judá está escrito
 com estilete de ferro,ᵐ
gravado com ponta de diamante
 nas tábuas dos seus corações ⁿ
e nas pontas dos seus altares.
² Os seus filhos se lembram
 dos seus altares e dos postes
  sagrados,ᵒ
ao lado das árvores verdejantes,
 sobre os montes altos ᵖ
³ e sobre as montanhas do campo.
As riquezas de vocês
e todos os seus tesouros,
 eu os darei como despojo, ᑫ
como preço por todos
 os seus pecados nos altares idólatras,ʳ
em toda a sua terra.ˢ
⁴ Você mesmo perdeu a posse da
  herança ᵗ
 que eu tinha dado a você.
Eu o farei escravo de seus inimigos ᵘ
 numa terra ᵛ que você não conhece,
pois acendeu-se a minha ira,
 que arderá para sempre." ʷ

⁵ Assim diz o Senhor:

"Maldito é o homem
 que confia nos homens,ˣ
que faz da humanidade mortal
 a sua força,
mas cujo coração se afasta do Senhor.
⁶ Ele será como um arbusto no deserto;
não verá quando vier algum bem.
Habitará nos lugares áridos do deserto,
 numa terra salgada ʸ
  onde não vive ninguém.

⁷ "Mas bendito é o homem
 cuja confiança ᶻ está no Senhor,
 cuja confiança nele está.
⁸ Ele será como uma árvore
 plantada junto às águas
e que estende as suas raízes
 para o ribeiro.

Ela não temerá quando chegar o calor,
porque as suas folhas
 estão sempre verdes;
não ficará ansiosa no ano da seca ᵃ
nem deixará de dar fruto".ᵇ

⁹ O coração ᶜ é mais enganoso
 que qualquer outra coisa
e sua doença é incurável.
Quem é capaz de compreendê-lo?

¹⁰ "Eu sou o Senhor
 que sonda o coração ᵈ
 e examina a mente,ᵉ
para recompensar ᶠ a cada um
 de acordo com a sua conduta,
 de acordo com as suas obras." ᵍ

¹¹ O homem que obtém riquezas
 por meios injustos
é como a perdiz
 que choca ovos que não pôs.
Quando a metade da sua vida
 tiver passado,
elas o abandonarão,
 e, no final, ele se revelará um tolo.ʰ

¹² Um trono glorioso,ⁱ
 exaltado desde o início,
é o lugar de nosso santuário.
¹³ Ó Senhor, Esperança ʲ de Israel,
todos os que te abandonarem ᵏ
 sofrerão vergonha;
aqueles que se desviarem de ti
 terão os seus nomes escritos no pó,
pois abandonaram o Senhor,
 a fonte de água viva.

¹⁴ Cura-me, Senhor, e serei curado;
salva-me, e serei salvo,
 pois tu és aquele a quem eu louvo.ˡ
¹⁵ Há os que vivem me dizendo:
 "Onde está a palavra do Senhor?
Que ela se cumpra!" ᵐ
¹⁶ Mas não insisti eu contigo
 para que afastasses a desgraça?
Tu sabes que não desejei
 o dia do desespero.

17.1
ᵐ Jó 19.24
ⁿ Pv 3.3;
2Co 3.3
17.2
ᵒ 2Cr 24.18
17.2
ᵖ Jr 2.20
17.3
ᑫ 2Rs 24.13
ʳ Jr 26.18;
Mq 3.12
ˢ Jr 15.13
17.4
ᵗ Lm 5.2
ᵘ Dt 28.48;
Jr 12.7
ᵛ Jr 16.13
ʷ Jr 7.20;
15.14
17.5
ˣ Is 2.22;
30.1-3
17.6
ʸ Dt 29.23;
Jó 39.6
17.7
ᶻ Sl 34.8;
40.4;
Pv 16.20
17.8
ᵃ Jr 14.1-6
ᵇ Sl 1.3;
92.12-14
17.9
ᶜ Ec 9.3;
Mt 13.15;
Mc 7.21-22
17.10
ᵈ 1Sm 16.7;
Ap 2.23
ᵉ Sl 17.3;
139.23;
Jr 11.20;
20.12;
Rm 8.27
ᶠ Sl 62.12;
Jr 32.19
ᵍ Rm 2.6
17.11
ʰ lc 12.20
17.12
ⁱ Jr 3.17
17.13
ʲ Jr 14.8
ᵏ Is 1.28;
Jr 2.17
17.14
ˡ Sl 109.1
17.15
ᵐ Is 5.19;
2Pe 3.4

Sabes o que saiu de meus lábios,
  pois está diante de ti.
¹⁷ Não sejas motivo de pavor ⁿ para mim;
tu és o meu refúgio ᵒ
  no dia da desgraça.
¹⁸ Que os meus perseguidores
  sejam humilhados,
mas não eu;
que eles sejam aterrorizados,
mas não eu.
Traze sobre eles o dia da desgraça;
destrói-os com destruição dobrada. ᵖ

A Guarda do Sábado

¹⁹ Assim me disse o Senhor: "Vá colocar-se à porta do Povo, por onde entram e saem os reis de Judá; faça o mesmo junto a todas as portas de Jerusalém.ᑫ ²⁰ Diga-lhes: Ouçam a palavra do Senhor, reis de Judá, todo o Judá e todos os habitantes de Jerusalém,ʳ vocês que passam por estas portas".ˢ ²¹ Assim diz o Senhor: "Por amor à vida de vocês, tenham o cuidado de não levar cargas nem de fazê-las passar pelas portas de Jerusalém no dia de sábado.ᵗ ²² Não levem carga alguma para fora de casa nem façam nenhum trabalho no sábado, mas guardem o dia de sábado como dia consagrado, como ordenei aos seus antepassados.ᵘ ²³ Contudo, eles não me ouviram nem me deram atenção;ᵛ foram obstinados ʷ e não quiseram ouvir nem aceitar a disciplina.ˣ ²⁴ Mas, se vocês tiverem o cuidado de obedecer-me", diz o Senhor, "e não fizerem passar carga alguma pelas portas desta cidade no sábado, mas guardarem o dia de sábado como dia consagrado, deixando de realizar nele todo e qualquer trabalho, ²⁵ então os reis que se assentarem no trono de Davi ʸ *entrarão pelas portas desta cidade em companhia de seus conselheiros*. Eles e os seus conselheiros virão em carruagens e cavalos, acompanhados dos homens de Judá e dos habitantes de Jerusalém; e esta cidade será habitada para sempre. ²⁶ Virá gente das cidades de Judá e dos povoados ao redor de Jerusalém, do território de Benjamim e da Sefelá¹, das montanhas e do Neguebe,ᶻ trazendo holocaustos e sacrifícios, ofertas de cereal, incenso e ofertas de ação de graças ao templo do Senhor. ²⁷ Mas, se vocês não me obedecerem ᵃ e deixarem de guardar o sábado como dia consagrado, fazendo passar cargas pelas portas de Jerusalém no dia de sábado, porei fogo ᵇ nas suas portas, que consumirá os seus palácios".ᶜ

Na Casa do Oleiro

18 Esta é a palavra que veio a Jeremias da parte do Senhor: ² "Vá à casa do oleiro, e ali você ouvirá a minha mensagem". ³ Então fui à casa do oleiro, e o vi trabalhando com a roda. ⁴ Mas o vaso de barro que ele estava formando estragou-se em suas mãos; e ele o refez, moldando outro vaso de acordo com a sua vontade.

⁵ Então o Senhor dirigiu-me a palavra: ⁶ "Ó comunidade de Israel, será que eu não posso agir com vocês como fez o oleiro?", pergunta o Senhor. "Como barro ᵈ nas mãos do oleiro, assim são vocês nas minhas mãos, ó comunidade de Israel. ⁷ Se em algum momento eu decretar que uma nação ou um reino seja arrancado, ᵉ despedaçado e arruinado, ⁸ e se essa nação que eu adverti converter-se da sua perversidade, então eu me arrependerei ᶠ e não trarei sobre ela a desgraça ᵍ que eu tinha planejado. ⁹ E, se noutra ocasião eu decretar que uma nação ou um reino seja edificado ʰ e plantado, ¹⁰ e se ele fizer o que eu reprovo ⁱ e não me obedecer, então me arrependerei ʲ do bem que eu pretendia fazer em favor dele.

¹¹ "Agora, portanto, diga ao povo de Judá e aos habitantes de Jerusalém: Assim diz o Senhor: Estou preparando uma desgraça ᵏ e fazendo um plano contra vocês. Por isso, converta-se ˡ cada um de seu mau procedimento ᵐ e corrija a sua conduta e as

---
¹ 17.26 Pequena faixa de terra de relevo variável entre a planície costeira e as montanhas.

suas ações. **12** Mas eles responderão: 'Não adianta. *ⁿ* Continuaremos com os nossos próprios planos; cada um de nós seguirá a rebeldia do seu coração mau'."

13 Portanto, assim diz o Senhor:

"Perguntem entre as nações se alguém
já ouviu uma coisa dessas;*°*
coisa tremendamente horrível *ᵖ* fez a
virgem, Israel!
14 Poderá desaparecer a neve do Líbano
de suas encostas rochosas?
Poderão parar de fluir suas águas frias,
vindas de lugares distantes?
15 Contudo, o meu povo
esqueceu-se de mim:
queimam incenso a ídolos inúteis,*ᵍ*
que os fazem tropeçar em seus
caminhos *ʳ*
e nas antigas veredas,
para que andem em desvios,
em estradas não aterradas. *ˢ*
16 A terra deles ficará deserta *ᵗ*
e será tema de permanente
zombaria.*ᵘ*
Todos os que por ela passarem
ficarão chocados
e balançarão a cabeça.*ᵛ*
17 Como o vento *ʷ* leste,
eu os dispersarei diante dos inimigos;
eu lhes mostrarei as costas e não o rosto,*ˣ*
no dia da sua derrota".

18 Então disseram: "Venham! Façamos planos *ʸ* contra Jeremias, pois não cessará o ensino da lei pelo sacerdote *ᶻ* nem o conselho do sábio nem a mensagem do profeta.*ᵃ* Venham! Façamos acusações contra ele *ᵇ* e não ouçamos nada do que ele disser".

19 Atende-me, ó Senhor;
ouve o que os meus acusadores
estão dizendo!
20 Acaso se paga o bem com o mal?
Mas eles cavaram uma cova *ᶜ* para mim.
Lembra-te de que eu compareci
diante de ti
para interceder em favor deles,*ᵈ*
para que desviasses deles a tua ira.
21 Por isso entrega os filhos deles à fome *ᵉ*
e ao poder da espada.
Que as suas mulheres
fiquem viúvas e sem filhos;*ᶠ*
que os seus homens sejam mortos,
e os seus rapazes sejam
mortos à espada na batalha.
22 Seja ouvido o grito *ᵍ*
que vem de suas casas,
quando repentinamente
trouxeres invasores contra eles;
pois cavaram uma cova
para me capturarem
e esconderam armadilhas *ʰ*
para os meus pés.
23 Mas tu conheces, ó Senhor,
todas as suas conspirações
para me matarem.*ⁱ*
Não perdoes *ʲ* os seus crimes
nem apagues de diante da tua vista
os seus pecados.
Sejam eles derrubados diante de ti;
age contra eles na hora da tua ira!

19 Assim diz o Senhor: "Vá comprar um vaso de barro de um oleiro.*ᵏ* Leve com você alguns líderes *ˡ* do povo e alguns sacerdotes **2** e vá em direção ao vale de Ben-Hinom,*ᵐ* perto da entrada da porta dos Cacos. Proclame ali as palavras que eu disser a você. **3** Diga: Ouçam a palavra do Senhor, reis *ⁿ* de Judá e habitantes de Jerusalém". Assim diz o Senhor dos Exércitos, Deus de Israel: "Sobre este lugar trarei desgraça *°* tal que fará retinir os ouvidos daqueles que ouvirem isso.*ᵖ* **4** Porque eles me abandonaram *ᵠ* e profanaram este lugar, oferecendo sacrifícios *ʳ* a deuses estranhos, que nem eles nem seus antepassados nem os reis de Judá conheceram; e encheram este lugar com o sangue de inocentes.*ˢ* **5** Construíram nos montes os altares dedicados a Baal, para queimarem os seus filhos *ᵗ* como holocaustos oferecidos a Baal, coisa que não

---

18.12
ⁿ Is 57.10;
Jr 2.25
18.13
° Is 66.8;
Jr 2.10
ᵖ Jr 5.30
18.15
ᵍ Jr 10.15
ʳ Jr 6.16
ˢ Is 57.14;
62.10
18.16
ᵗ Jr 25.9
ᵘ Jr 19.8
ᵛ Sl 22.7
18.17
ʷ Jr 13.24
18.17
ˣ Jr 2.27
18.18
ʸ Jr 11.19
ᶻ Ml 2.7
ᵃ Jr 5.13
ᵇ Sl 52.2
18.20
ᶜ Sl 35.7; 57.6
ᵈ Sl 106.23
18.21
ᵉ Jr 11.22
ᶠ Sl 109.9
18.22
ᵍ Jr 6.26
ʰ Sl 140.5
18.23
ⁱ Jr 11.21
ʲ Sl 109.14
19.1
ᵏ Jr 18.2
ˡ Nm 11.17
19.2
ᵐ Js 15.8
19.3
ⁿ Jr 17.20
° Jr 6.19
ᵖ 1Sm 3.11
19.4
ᵠ Dt 28.20; Is 65.11
ʳ Lv 18.21
ˢ 2Rs 21.16; Jr 2.34
19.5
ᵗ Lv 18.21; Sl 106.37-38

ordenei, da qual nunca falei nem jamais me veio à mente."ᵘ ⁶ Por isso, certamente vêm os dias", declara o Senhor, "em que não mais chamarão este lugar Tofete ou vale de Ben-Hinom,ᵛ mas vale da Matança.ʷ

⁷ "Esvaziarei¹ neste lugar os planos de Judá e de Jerusalém: eu os farei morrer à espada perante os seus inimigos,ˣ pelas mãos daqueles que os perseguem; e darei os seus cadáveres ʸ como comida ᶻ para as aves e os animais. ⁸ Farei com que esta cidade fique deserta e seja tema de zombaria.ᵃ Todos os que por ela passarem ficarão chocados e zombarão de todos os seus ferimentos. ⁹ Eu farei com que comam a carne ᵇ dos seus filhos e das suas filhas; e cada um comerá a carne do seu próximo, por causa do sofrimento que os inimigos ᶜ que procuram tirar-lhes a vida lhes infligirão durante o cerco.

¹⁰ "Depois quebre o vaso de barro ᵈ diante dos homens que o acompanharam, ¹¹ e diga-lhes: Assim diz o Senhor dos Exércitos: Assim como se quebra um vaso de oleiro, que não pode ser mais restaurado, quebrarei ᵉ este povo e esta cidade, e os mortos em Tofete serão sepultados ᶠ até que não haja mais lugar. ¹² Assim farei a este lugar e aos seus habitantes", declara o Senhor, "tornarei esta cidade como Tofete. ¹³ As casas ᵍ de Jerusalém e os palácios reais de Judá serão profanados, como este lugar de Tofete: todas as casas em cujos terraços queimaram incenso a todos os corpos celestes ʰ e derramaram ofertas de bebidas ⁱ aos seus deuses estrangeiros".

¹⁴ Jeremias voltou então de Tofete para onde o Senhor o mandara profetizar e, entrando no pátio do templo do Senhor, disse a todo o povo:ʲ ¹⁵ "Assim diz o Senhor dos Exércitos, o Deus de Israel: 'Ouçam! Trarei sobre esta cidade, e sobre todos os povoados ao redor, todas as desgraças contra eles anunciadas, porque se obstinaram ᵏ e não quiseram obedecer às minhas palavras'".

Jeremias e Pasur

20 Quando o sacerdote Pasur, filho de Imer,ˡ o mais alto oficial ᵐ do templo do Senhor, ouviu Jeremias profetizando essas coisas, ² mandou espancar ⁿ o profeta e prendê-lo no tronco ᵒ que havia junto à porta Superior de Benjamim,ᵖ no templo do Senhor. ³ Na manhã seguinte, quando Pasur mandou soltá-lo do tronco, Jeremias lhe disse: "O Senhor já não o chama Pasur, e sim Magor-Missabibe².ᑫ ⁴ Pois assim diz o Senhor: 'Farei de você um terror para você mesmo e para todos os seus amigos: você verá com os próprios olhosʳ quando eles forem mortos à espada dos seus inimigos. Entregarei ˢ todo o povo de Judá nas mãos do rei da Babilônia, que os levaráᵗ para a Babilônia e os matará à espada. ⁵ Eu entregarei nas mãos dos seus inimigos toda a riqueza ᵘ desta cidade: toda a sua produção, todos os seus bens de valor e todos os tesouros dos reis de Judá. Levarão ᵛ tudo como despojo para a Babilônia. ⁶ E você, Pasur, e todos os que vivem em sua casa irão para o exílio, para a Babilônia. Lá vocês morrerão e serão sepultados, você e todos os seus amigos a quem você tem profetizado ʷ mentiras'".

A Queixa de Jeremias

⁷ Senhor, tu me enganaste,
  e eu fui enganado;³
foste mais forte
  do que eu e prevaleceste.
Sou ridicularizado o dia inteiro;
  todos zombam de mim.
⁸ Sempre que falo
  é para gritar que há
  violência e destruição.ˣ
Por isso a palavra do Senhor
  trouxe-me insulto e censura
  o tempo todo.ʸ
⁹ Mas, se eu digo: "Não o mencionarei
  nem mais falarei em seu nome",

---

¹ **19.7** A palavra *esvaziarei* assemelha-se à palavra *vaso* no hebraico.

² **20.3** *Magor-Missabibe* significa *terror por todos os lados*.

³ **20.7** Ou *persuadiste, e eu fui persuadido;*

é como se um fogo ardesse [z]
   em meu coração,
um fogo dentro de mim.
Estou exausto tentando contê-lo; [a]
já não posso mais!
¹⁰ Ouço muitos comentando:
"Terror [b] por todos os lados!
Denunciem-no! [c] Vamos denunciá-lo!"
Todos os meus amigos [d] estão
   esperando
   que eu tropece, [e] e dizem:
"Talvez ele se deixe enganar;
então nós o venceremos [f]
   e nos vingaremos dele".

¹¹ Mas o Senhor [g] está comigo,
   como um forte guerreiro!
Portanto, aqueles que me perseguem [h]
   tropeçarão e não prevalecerão. [i]
O seu fracasso lhes trará
   completa vergonha; [j]
a sua desonra jamais será esquecida.
¹² Ó Senhor dos Exércitos,
   tu que examinas o justo
   e vês o coração e a mente, [k]
deixa-me ver a tua vingança [l] sobre eles,
   pois a ti expus a minha causa. [m]

¹³ Cantem ao Senhor!
   Louvem o Senhor!
Porque ele salva o pobre [n]
   das mãos dos ímpios.
¹⁴ Maldito seja o dia em que eu nasci! [o]
Jamais seja abençoado o dia
   em que minha mãe me deu à luz!
¹⁵ Maldito seja o homem
   que levou a notícia a meu pai
e o deixou muito alegre quando disse:
   "Você é pai de um menino!"
¹⁶ Seja aquele homem
   como as cidades [p]
   que o Senhor destruiu sem piedade.
Que ele ouça gritos de socorro
   pela manhã
e gritos de guerra ao meio-dia;
¹⁷ mas Deus não me matou no ventre
   materno [q]

nem fez da minha mãe o meu
   túmulo,
e tampouco a deixou
   permanentemente grávida.
¹⁸ Por que saí do ventre materno?
Só para ver dificuldades e tristezas,
   e terminar os meus dias
   na maior decepção? [r]

Deus Rejeita o Pedido de Zedequias

21 Esta é a palavra que veio a Jeremias da parte do Senhor, quando o rei Zedequias [s] enviou-lhe Pasur, [t] filho de Malquias, e o sacerdote Sofonias, [u] filho de Maaseias. Eles disseram: ² "Consulte [v] agora o Senhor por nós porque Nabucodonosor, [w] rei da Babilônia, está nos atacando. Talvez o Senhor faça por nós uma de suas maravilhas [x] e, assim, ele se retire de nós".

³ Jeremias, porém, respondeu-lhes: "Digam a Zedequias: ⁴ Assim diz o Senhor, o Deus de Israel: 'Estou a ponto de voltar [y] contra vocês as armas de guerra que estão em suas mãos, as quais vocês estão usando para combater o rei da Babilônia e os babilônios[1], que cercam vocês do lado de fora do muro. [z] E eu os reunirei dentro desta cidade. ⁵ Eu mesmo lutarei contra vocês com mão poderosa [a] e braço forte, com ira, furor e grande indignação. ⁶ Matarei os habitantes desta cidade, tanto homens como animais; eles morrerão de uma peste terrível. [b] ⁷ Depois disso', declara o Senhor, 'entregarei Zedequias, [c] rei de Judá, seus conselheiros e o povo desta cidade que sobreviver à peste, à espada e à fome nas mãos de Nabucodonosor, rei da Babilônia, [d] nas mãos dos inimigos deles e daqueles que querem tirar-lhes a vida. Ele os matará à espada sem piedade nem misericórdia; não terá deles nenhuma compaixão'. [e]

⁸ "Digam a este povo: Assim diz o Senhor: 'Ponho diante de vocês o caminho da vida e o caminho da morte. ⁹ Todo aquele que ficar nesta cidade morrerá pela espada, pela

---

[1] 21.4 Ou *caldeus*; também em todo o livro de Jeremias.

20.9
[z] Sl 39.3
[a] Jó 32.18-20; At 4.20
20.10
[b] Sl 31.13; Jr 6.25
[c] Is 29.21
[d] Sl 41.9
[e] Lc 11.53-54
[f] 1Rs 19.2
20.11
[g] Jr 1.8; Rm 8.31
[h] Jr 17.18
[i] Jr 15.20
[j] Jr 23.40
20.12
[k] Jr 17.10
[l] Sl 54.7; 59.10
[m] Sl 62.8; Jr 11.20
20.13
[n] Sl 35.10
20.14
[o] Jó 3.3; Jr 15.10
20.16
[p] Gn 19.25
20.17
[q] Jó 10.18-19
20.18
[r] Sl 90.9
21.1
[s] 2Rs 24.18; Jr 52.1
[t] Jr 38.1
[u] 2Rs 25.18; Jr 29.25; 37.3
21.2
[v] Jr 37.3, 7
[w] 2Rs 25.1
[x] Sl 44.1-4; Jr 32.17
21.4
[y] Jr 32.5
[z] Jr 37.8-10
21.5
[a] Jr 6.12
21.6
[b] Jr 14.12
21.7
[c] 2Rs 25.7; Jr 52.9
[d] Jr 37.17; 39.5
[e] 2Cr 36.17; Ez 7.9; Ha 1.6

fome ou pela peste.ᶠ Mas todo o que sair e render-se aos babilônios, que cercam vocês, viverá; esse escapará com vida.ᵍ ¹⁰ Decidi fazer o mal ʰ e não o bem a esta cidade', diz o Senhor. 'Ela será entregue nas mãos ⁱ do rei da Babilônia, e ele a incendiará.'ʲ

¹¹ "Digam à casa real ᵏ de Judá: Ouçam a palavra do Senhor. ¹² Ó dinastia de Davi, assim diz o Senhor:

" 'Administrem justiça ˡ cada manhã:
livrem o explorado
    das mãos do opressor;
senão a minha ira se acenderá e
    queimará
como fogo inextinguível,
por causa do mal que vocês têm feito.ᵐ
¹³ Eu estou contra ⁿ você, Jerusalém!
Você que está entronizada
    acima deste vale,ᵒ
    na rocha do planalto',
declara o Senhor;
'vocês que dizem: "Quem nos atacará?
Quem poderá invadir nossas
    moradas?"ᵖ
¹⁴ Eu os castigarei ᑫ
    de acordo com as suas obras',
diz o Senhor.
'Porei ʳ fogo em sua floresta,ˢ
que consumirá tudo ao redor' ".

Juízo sobre os Reis Maus

22 Assim diz o Senhor: "Desça ao palácio do rei de Judá e proclame ali esta mensagem: ² Ouve a palavra do Senhor, ó rei de Judá, tu que te assentas no trono de Davi;ᵗ tu, teus conselheiros e teu povo, que passa por estas portas".ᵘ ³ Assim diz o Senhor: "Administrem a justiça e o direito: ᵛ livrem o explorado das mãos do opressor.ʷ Não oprimam nem maltratem o estrangeiro, o órfão ou a viúva; ˣ nem derramem sangue inocente neste lugar. ⁴ Porque, se vocês tiverem o cuidado de cumprir essas ordens, então os reis ʸ que se assentarem no trono de Davi entrarão pelas portas deste palácio em carruagens e cavalos, em companhia de seus conselheiros e de seu povo. ⁵ Mas, se vocês desobedecerem ᶻ a essas ordens", declara o Senhor, "juro ᵃ por mim mesmo que este palácio ficará deserto".

⁶ Porque assim diz o Senhor a respeito do palácio real de Judá:

"Apesar de você ser para mim
    como Gileade
e como o topo do Líbano,
certamente farei de você um deserto, ᵇ
uma cidade desabitada.
⁷ Prepararei destruidores ᶜ contra você,
    cada um com as suas armas;
eles cortarão ᵈ o melhor dos seus cedros
e o lançarão ao fogo.

⁸ "De numerosas nações muitos passarão por esta cidade e perguntarão uns aos outros: 'Por que o Senhor fez uma coisa dessas a esta grande cidade?'ᵉ ⁹ E lhes responderão: 'Foi porque abandonaram a aliança do Senhor, do seu Deus, e adoraram outros deuses e prestaram-lhes culto' ".ᶠ

¹⁰ Não chorem pelo rei morto ᵍ
    nem lamentem sua perda.ʰ
Chorem amargamente, porém,
    por aquele que está indo
    para o exílio,
porque jamais voltará
nem verá sua terra natal.

¹¹ Porque assim diz o Senhor acerca de Salum,ⁱ rei de Judá, sucessor de seu pai Josias, que partiu deste lugar: "Ele jamais voltará. ¹² Morrerá ʲ no lugar para onde o levaram prisioneiro; não verá novamente esta terra.

¹³ "Ai daquele que constrói ᵏ
    o seu palácio por meios corruptos,
    seus aposentos, pela injustiça,
fazendo os seus compatriotas
    trabalharem por nada,
sem pagar-lhes ˡ o devido salário.
¹⁴ Ele diz: 'Construirei para mim
    um grande palácio,ᵐ
    com aposentos espaçosos'.

Faz amplas janelas,
reveste o palácio de cedro [n]
e pinta-o de vermelho.

15 "Você acha que acumular cedro
faz de você um rei?
O seu pai não teve comida e bebida?
Ele fez o que era justo e certo,[o]
e tudo ia bem [p] com ele.
16 Ele defendeu a causa
do pobre e do necessitado,[q]
e, assim, tudo corria bem.
Não é isso que significa conhecer-me?",
declara o SENHOR.
17 "Mas você não vê nem pensa
noutra coisa
além de lucro desonesto,
derramar sangue inocente,[r]
opressão e extorsão".

18 Portanto, assim diz o SENHOR a respeito de Jeoaquim, filho de Josias, rei de Judá:

"Não se lamentarão por ele, clamando:
'Ah, meu irmão!' ou
'Ah, minha irmã!'
Nem se lamentarão, clamando:
'Ah, meu senhor!' ou
'Ah, sua majestade!'
19 Ele terá o enterro de um jumento:
arrastado e lançado [s]
fora das portas de Jerusalém!

20 "Jerusalém, suba ao Líbano e clame,
seja ouvida a sua voz em Basã,
clame desde Abarim,[t]
pois todos os seus aliados
foram esmagados.
21 Eu a adverti quando você
se sentia segura,
mas você não quis ouvir-me.
Esse foi sempre o seu procedimento,
pois desde a sua juventude [u]
você não me obedece.[v]
22 O vento conduzirá para longe
todos os governantes
que conduzem você,
e os seus aliados irão para o exílio.
Então você será envergonhada
e humilhada
por causa de todas as suas maldades.
23 Você, que está entronizada no Líbano[1],
que está aninhada em prédios de
cedro,
como você gemerá quando
vierem as dores de parto,
dores [w] como as de uma mulher
que está para dar à luz!

24 "Juro pelo meu nome", diz o SENHOR,
"que ainda que você, Joaquim[2],[x] filho de
Jeoaquim, rei de Judá, fosse um anel de selar
em minha mão direita, eu o arrancaria. 25 Eu
o entregarei nas mãos [y] daqueles que querem
tirar a sua vida; daqueles que você teme, nas
mãos de Nabucodonosor, rei da Babilônia,
e dos babilônios. 26 Expulsarei [z] você e sua
mãe, a mulher que o deu à luz, para um
outro país, onde vocês não nasceram e no
qual ambos morrerão. 27 Jamais retornarão
à terra para a qual anseiam voltar".

28 É Joaquim um vaso desprezível
e quebrado,[a]
um utensílio que ninguém quer?
Por que ele e os seus descendentes
serão expulsos e lançados [b]
num país [c] que não conhecem?
29 Ó terra,[d] terra, terra,
ouça a palavra do SENHOR!
30 Assim diz o SENHOR:
"Registrem esse homem
como homem sem filhos.[e]
Ele não prosperará em toda a sua vida;
nenhum dos seus descendentes
prosperará [f]
nem se assentará no trono de Davi [g]
nem governará em Judá.

O Renovo Justo

23 "Ai dos pastores [h] que destroem e dispersam [i] as ovelhas do meu pasto!",[j] diz

[1] **22.23** Isto é, no palácio de Jerusalém (veja 1Rs 7.2).
[2] **22.24** Hebraico: *Conias*, variante de *Joaquim*; também no versículo 28.

22.14 [n] 2Sm 7.2
22.15 [o] 2Rs 23.25 [p] Sl 128.2; Is 3.10
22.16 [q] Sl 72.1-4, 12-13
22.17 [r] 2Rs 24.4
22.19 [s] Jr 36.30
22.20 [t] Nm 27.12
22.21 [u] Jr 3.25; 32.30 [v] Jr 7.23-28
22.23 [w] Jr 4.31
22.24 [x] 2Rs 24.6, 8; Jr 37.1
22.25 [y] 2Rs 24.16; Jr 34.20
22.26 [z] 2Rs 24.8; 2Cr 36.10
22.28 [a] Sl 31.12; Jr 48.38; Os 8.8 [b] Jr 15.1 [c] Jr 17.4
22.29 [d] Jr 6.19; Mq 1.2
22.30 [e] 1Cr 3.18; Mt 1.12 [f] Jr 10.21 [g] Sl 94.20
23.1 [h] Jr 10.21; Ez 34.1-10; Zc 11.15-17 [i] Is 56.11 [j] Ez 34.31

o Senhor. ² Portanto, assim diz o Senhor, Deus de Israel, aos pastores que tomam conta do meu povo: "Foram vocês que dispersaram e expulsaram o meu rebanho e não cuidaram dele. Mas eu vou castigar vocês pelos seus maus procedimentos",*ᵏ* declara o Senhor. ³ "Eu mesmo reunirei os remanescentes *ˡ* do meu rebanho de todas as terras para onde os expulsei e os trarei de volta à sua pastagem, a fim de que cresçam e se multipliquem. ⁴ Estabelecerei sobre eles pastores *ᵐ* que cuidarão deles. E eles não mais terão medo *ⁿ* ou pavor, e nenhum deles faltará",*ᵒ* declara o Senhor.

⁵ "Dias virão", declara o Senhor,
 "em que levantarei para Davi¹
  um Renovo justo,*ᵖ*
 um rei que reinará *ᑫ* com sabedoria
  e fará o que é justo e certo *ʳ* na terra.
⁶ Em seus dias Judá será salva,
 Israel viverá em segurança,
 e este é o nome *ˢ* pelo qual será
  chamado:
   O Senhor é a Nossa Justiça.*ᵗ*

⁷ "Portanto, vêm dias", diz o Senhor, "em que não mais se dirá: 'Juro pelo nome do Senhor, que trouxe os israelitas do Egito',*ᵘ* ⁸ mas se dirá: 'Juro pelo nome do Senhor, que trouxe os descendentes de Israel da terra do norte e de todas as nações para onde os expulsou'. E eles viverão na sua própria terra".*ᵛ*

Profetas Mentirosos

⁹ Acerca dos profetas:

Meu coração está partido
 dentro de mim;
todos os meus ossos tremem.
Sou como um bêbado,
 como um homem dominado pelo
  vinho,
por causa do Senhor
 e de suas santas palavras.*ʷ*

¹⁰ A terra está cheia de adúlteros *ˣ*
 e, por causa disso,² a terra chora³
 e as pastagens *ʸ* do deserto estão secas.*ᶻ*
Seu modo de vida é perverso
 e o seu poder é ilegítimo.

¹¹ "Tanto o profeta como o sacerdote
  são profanos;*ᵃ*
 até no meu templo *ᵇ*
  encontro as suas iniquidades",
 declara o Senhor.
¹² "Por isso, o caminho deles
  será como lugares escorregadios *ᶜ*
 nas trevas,
  para as quais serão banidos,
 e nelas cairão.
Trarei a desgraça sobre eles,
 no ano do seu castigo",*ᵈ*
 declara o Senhor.

¹³ "Entre os profetas de Samaria
  vi algo repugnante:
 eles profetizaram por Baal *ᵉ*
  e desviaram Israel, o meu povo.
¹⁴ E entre os profetas de Jerusalém
  vi algo horrível:*ᶠ*
 eles cometem adultério e
  vivem uma mentira.*ᵍ*
Encorajam os que praticam o mal,*ʰ*
 para que nenhum deles se converta
  de sua impiedade.
Para mim são todos como Sodoma;*ⁱ*
 o povo de Jerusalém é como Gomorra." *ʲ*

¹⁵ Por isso assim diz o Senhor dos Exércitos acerca dos profetas:

"Eu os farei comer comida amarga
 e beber água envenenada,*ᵏ*
porque dos profetas de Jerusalém
 a impiedade se espalhou
por toda esta terra".

¹⁶ Assim diz o Senhor dos Exércitos:

"Não ouçam *ˡ* o que os profetas
 estão profetizando para vocês;
eles os enchem de falsas esperanças.

---

¹ **23.5** Ou *levantarei da linhagem de Davi*
² **23.10** Ou *por causa da maldição*
³ **23.10** Ou *a terra está ressequida*

Falam de visões ᵐ inventadas
　　por eles mesmos
e que não vêm da boca ⁿ do Senhor.
¹⁷ Vivem dizendo àqueles que
　　desprezam
　　a palavra do Senhor:
'Vocês terão paz'.ᵒ
E a todos os que seguem a obstinação ᵖ
　　dos seus corações dizem:
'Vocês não sofrerão desgraça alguma'.ᑫ
¹⁸ Mas qual deles esteve no
　　conselho do Senhor
para ver ou ouvir a sua palavra?
Quem deu atenção
　　e obedeceu à minha palavra?
¹⁹ Vejam, a tempestade ʳ do Senhor!
A sua fúria está à solta!
Um vendaval vem sobre
　　a cabeça dos ímpios.
²⁰ A ira ˢ do Senhor não se afastará ᵗ
　　até que ele tenha completado
　　os seus propósitos.
Em dias vindouros vocês
　　o compreenderão claramente.
²¹ Não enviei ᵘ esses profetas,
mas eles foram correndo
　　levar sua mensagem;
não falei com eles,
　　mas eles profetizaram.
²² Mas, se eles tivessem comparecido
　　ao meu conselho,
anunciariam as minhas palavras
　　ao meu povo
e teriam feito com que se convertessem ᵛ
　　do seu mau procedimento
　　e das suas obras más.
²³ "Sou eu apenas um Deus de perto",ʷ
　　pergunta o Senhor,
"e não também um Deus de longe?
²⁴ Poderá alguém esconder-se ˣ
　　sem que eu o veja?",
pergunta o Senhor.
　　"Não sou eu aquele que enche
os céus e a terra?",ʸ
　　pergunta o Senhor.

²⁵ "Ouvi o que dizem os profetas, que profetizam mentiras ᶻ em meu nome, dizendo: 'Tive um sonho!ᵃ Tive um sonho!' ²⁶ Até quando os profetas continuarão a profetizar mentiras e as ilusões ᵇ de suas próprias mentes? ²⁷ Eles imaginam que os sonhos que contam uns aos outros farão o povo esquecer ᶜ o meu nome, assim como os seus antepassados esqueceram ᵈ o meu nome por causa de Baal. ²⁸ O profeta que tem um sonho, conte o sonho, e o que tem a minha palavra, fale a minha palavra com fidelidade. Pois o que tem a palha a ver com o trigo?", pergunta o Senhor. ²⁹ "Não é a minha palavra como o fogo", ᵉ pergunta o Senhor, "e como um martelo que despedaça a rocha?

³⁰ "Portanto", declara o Senhor, "estou contra ᶠ os profetasᵍ que roubam uns dos outros as minhas palavras. ³¹ Sim", declara o Senhor,ʰ "estou contra os profetas que com as suas próprias línguas declaram oráculos. ³² Sim, estou contra os que profetizam sonhos falsos",ⁱ declara o Senhor. "Eles os relatam e com as suas mentiras irresponsáveis desviam o meu povo. Eu não os enviei nem os autorizei; e eles não trazem benefício ʲ algum a este povo", declara o Senhor.

Os Falsos Profetas

³³ "Quando este povo ou um profeta ou um sacerdote perguntar a você: 'Qual é a mensagem pesada ᵏ da qual o Senhor o encarregou?', diga-lhes: Vocês são o peso! E eu os abandonarei",ˡ declara o Senhor. ³⁴ "Se um profeta ou um sacerdote ou alguém do povo afirmar: 'Esta é a mensagem ᵐ da qual o Senhor me encarregou', eu castigarei ⁿ esse homem e a sua família. ³⁵ Assim dirá cada um de vocês ao seu amigo ou parente: 'O que o Senhor respondeu? ᵒ O que o Senhor falou?' ³⁶ Nunca mais mencionem a expressão 'Esta é a mensagem da qual o Senhor me encarregou', senão essa palavra se tornará uma 'carga'ᵖ para aquele que a proferir; porque vocês distorcem as palavras do Deus vivo, do Senhor dos Exércitos, do

nosso Deus. 37 É assim que vocês dirão ao
profeta: 'Qual é a resposta do SENHOR para
você?' ou 'O que o SENHOR falou?' 38 Mas,
se vocês disserem: 'Esta é a mensagem da
qual o SENHOR me encarregou' ", assim diz
o SENHOR: "Vocês dizem: 'Esta é a mensagem da qual o SENHOR me encarregou',
quando eu os adverti de que não dissessem
isso. 39 Por isso eu me esquecerei de vocês
e os lançarei [q] fora da minha presença, juntamente com a cidade que dei a vocês e aos
seus antepassados. 40 Trarei sobre vocês humilhação perpétua,[r] vergonha permanente,
que jamais será esquecida".

Dois Cestos de Figos

24 E o SENHOR mostrou-me dois cestos
de figos postos diante do templo do
SENHOR. Isso aconteceu depois que Nabucodonosor levou de Jerusalém, para o exílio
na Babilônia, Joaquim[1],[s] filho de Jeoaquim,
rei de Judá, os líderes de Judá e os artesãos
e artífices. 2 Um cesto continha figos [t] muito
bons, como os que amadurecem no princípio da colheita; os figos do outro cesto eram
ruins e intragáveis.[u]

3 Então o SENHOR me perguntou: "O que
você vê,[v] Jeremias?"

Eu respondi: Figos. Os bons são muito
bons, mas os ruins são intragáveis.

4 Então o SENHOR me dirigiu a palavra,
dizendo: 5 "Assim diz o SENHOR, o Deus de
Israel: Considero como esses figos bons os
exilados de Judá, os quais expulsei deste
lugar para a terra dos babilônios, a fim de
fazer-lhes bem. 6 Olharei favoravelmente
para eles, e os trarei de volta [w] a esta terra.
Eu os edificarei [x] e não os derrubarei; eu os
plantarei e não os arrancarei. 7 Eu lhes darei um coração capaz de conhecer-me e de
saber que eu sou o SENHOR. Serão o meu
povo,[y] e eu serei o seu Deus, pois eles se voltarão [z] para mim de todo o coração.[a]

8 "Mas como se faz com os figos ruins e
intragáveis",[b] diz o SENHOR, "assim lidarei
com Zedequias, rei de Judá, com os seus
líderes [c] e com os sobreviventes [d] de Jerusalém, tanto os que permanecem nesta terra
como os que vivem no Egito.[e] 9 Eu os tornarei objeto de terror [f] e de desgraça para
todos os reinos da terra. Para onde quer
que eu os expulsar,[i] serão uma afronta e
servirão de exemplo,[g] ridículo e maldição.[h]
10 Enviarei contra eles a guerra,[j] a fome e
a peste [k] até que sejam eliminados da terra
que dei a eles e aos seus antepassados".

Setenta Anos de Cativeiro

25 A palavra veio a Jeremias a respeito
de todo o povo de Judá no quarto
ano de Jeoaquim, [l] filho de Josias, rei de
Judá, que foi o primeiro ano de Nabucodonosor,[m] rei da Babilônia. 2 O que o profeta Jeremias anunciou a todo o povo de
Judá [n] e aos habitantes de Jerusalém foi
isto: 3 "Durante vinte e três anos a palavra do SENHOR tem vindo a mim, desde
o décimo terceiro ano de Josias, [o] filho de
Amom, rei de Judá, até o dia de hoje. E eu
a tenho anunciado a vocês, dia após dia,[p]
mas vocês não me deram ouvidos.[q]

4 "Embora o SENHOR tenha enviado
a vocês os seus servos, os profetas,[r] dia
após dia, vocês não os ouviram nem lhes
deram atenção 5 quando disseram: 'Converta-se cada um do seu caminho mau e
de suas más obras, e vocês permanecerão
na terra que o SENHOR deu a vocês e aos
seus antepassados para sempre. 6 Não sigam outros deuses [s] para prestar-lhes culto
e adorá-los; não provoquem a minha ira
com ídolos feitos por vocês. E eu não trarei desgraça sobre vocês'.

7 " 'Mas vocês não me deram ouvidos
e me provocaram à ira com os ídolos que
fizeram,[t] trazendo desgraça sobre vocês
mesmos',[u] declara o SENHOR.

8 "Portanto, assim diz o SENHOR dos Exércitos: 'Visto que vocês não ouviram as minhas
palavras, 9 convocarei [v] todos os povos do
norte [w] e o meu servo [x] Nabucodonosor, rei da

[1] **24.1** Hebraico: *Jeconias*, variante de *Joaquim*.

23.39 [q] Jr 7.15
23.40 [r] Jr 20.11; Ez 5.14-15
24.1 [s] 2Rs 24.16; 2Cr 36.9; Jr 29.2 [t] Am 8.1-2
24.2 [u] Is 5.4
24.3 [v] Jr 1.11; Am 8.2
24.6 [w] Jr 29.10; Ez 11.17 [x] Jr 33.7; 42.10
24.7 [y] Is 51.16; Jr 31.33; Hb 8.10 [z] Jr 32.40 [a] Ez 11.19
24.8 [b] Jr 29.17 [c] Jr 39.6 [d] Jr 39.9 [e] Jr 44.1, 26
24.9 [f] jr 15.4; 34.17 [g] Dt 28.25; 1Rs 9.7 [h] Jr 29.18 [i] Dt 28.37
24.10 [j] Is 51.19 [k] Jr 27.8
25.1 [l] 2Rs 24.2; Jr 36.1 [m] 2Rs 44.22
25.2 [n] Jr 18.11
25.3 [o] Jr 1.2 [p] Jr 11.7; 26.5 [q] Jr 7.26
25.4 [r] Jr 7.25
25.6 [s] Dt 8.19
25.7 [t] Dt 32.21 [u] 2Rs 21.15
25.9 [v] *Is 13.3-5* [w] Jr 1.15 [x] Jr 27.6

Babilônia', declara o Senhor, 'e os trarei para atacar esta terra, os seus habitantes e todas as nações ao redor. Eu os destruirei completamente e os farei um objeto de pavor e de zombaria,[y] e uma ruína permanente. 10 Darei fim às vozes[z] de júbilo e de alegria, às vozes do noivo e da noiva,[a] ao som do moinho[b] e à luz das candeias.[c] 11 Toda esta terra se tornará uma ruína desolada,[d] e essas nações estarão sujeitas ao rei da Babilônia durante setenta anos.[e]

12 " 'Quando se completarem os setenta anos,[f] castigarei o rei da Babilônia e a sua nação, a terra dos babilônios, por causa de suas iniquidades', declara o Senhor, 'e a deixarei arrasada para sempre.[g] 13 Cumprirei naquela terra tudo o que falei contra ela, tudo o que está escrito neste livro e que Jeremias profetizou contra todas as nações. 14 Porque os próprios babilônios serão escravizados[h] por muitas nações[i] e grandes reis; eu lhes retribuirei[j] conforme as suas ações e as suas obras' ".

O Cálice da Ira de Deus

15 Assim me disse o Senhor, o Deus de Israel: "Pegue de minha mão este cálice[k] com o vinho da minha ira e faça com que bebam dele todas as nações a quem eu o envio. 16 Quando o beberem, ficarão cambaleando,[l] enlouquecidas[m] por causa da espada que enviarei contra elas".

17 Então peguei o cálice da mão do Senhor, e fiz com que dele bebessem[n] todas as nações às quais o Senhor me enviou: 18 Jerusalém e as cidades de Judá, seus reis e seus líderes, para fazer deles uma desolação e um objeto de pavor, zombaria e maldição,[o] como hoje acontece;[p] 19 o faraó, o rei do Egito, seus conselheiros e seus líderes, todo o seu povo 20 e todos os estrangeiros que lá residem; todos os reis de Uz;[q] todos os reis dos filisteus: de Ascalom,[r] Gaza, Ecrom e o povo que restou em Asdode; 21 Edom, Moabe e os amonitas,[s] 22 os reis de Tiro e de Sidom;[t] os reis das ilhas e das terras de além-mar;[u] 23 Dedã, Temá, Buz e todos os que rapam a cabeça;[v] 24 e os reis da Arábia[w] e todos os reis dos estrangeiros que vivem no deserto; 25 todos os reis de Zinri, de Elão[x] e da Média; 26 e todos os reis do norte,[y] próximos ou distantes, um após outro; e todos os reinos da face da terra. Depois de todos eles, o rei de Sesaque[1][z] também beberá do cálice.

27 "A seguir diga-lhes: Assim diz o Senhor dos Exércitos, o Deus de Israel: Bebam, embriaguem-se,[a] vomitem, caiam e não mais se levantem, por causa da espada[b] que envio no meio de vocês. 28 Mas, se eles se recusarem a beber, diga-lhes: Assim diz o Senhor dos Exércitos: Vocês vão bebê-lo! 29 Começo a trazer desgraça[c] sobre a cidade que leva o meu nome;[d] e vocês sairiam impunes?[e] De maneira alguma ficarão sem castigo! Estou trazendo a espada contra todos[f] os habitantes da terra", declara o Senhor dos Exércitos.

30 "E você, profetize todas estas palavras contra eles, dizendo:

"O Senhor ruge do alto;[g]
troveja[h] de sua santa morada;
ruge poderosamente
 contra a sua propriedade.
Ele grita como os que pisam as uvas;
grita contra todos
 os habitantes da terra.
31 Um tumulto ressoa até
 os confins da terra,
pois o Senhor faz
acusações[i] contra as nações
e julga toda a humanidade:
ele entregará os ímpios à espada",
 declara o Senhor.

32 Assim diz o Senhor:

"Vejam! A desgraça está se espalhando
 de nação em nação;[j]
uma terrível tempestade[k] se levanta
 desde os confins da terra".

[1] 25.26 *Sesaque* é um criptograma para *Babilônia*.

³³ Naquele dia, os mortos ᶫ pelo Senhor estarão em todo lugar, de um lado ao outro da terra. Ninguém pranteará por eles, e não serão recolhidos ᵐ e sepultados,ⁿ mas servirão de esterco sobre o solo.

³⁴ Lamentem-se e gritem, pastores!
  Rolem ᵒ no pó, chefes do rebanho!
Porque chegou para vocês
  o dia da matança ᵖ
  e da sua dispersão;
vocês cairão e serão esmigalhados
  como vasos finos.¹
³⁵ Não haverá refúgio para os pastores
nem escapatória ᑫ
  para os chefes do rebanho.
³⁶ Ouvem-se os gritos dos pastores
  e o lamento dos chefes do rebanho,
pois o Senhor está destruindo
  as pastagens deles.
³⁷ Os pastos tranquilos estão devastados
  por causa do fogo da ira do Senhor.
³⁸ Como um leão,ʳ ele saiu de sua toca;
  a terra deles ficou devastada,
por causa da espada² do opressor
  e do fogo de sua ira.

Jeremias é Ameaçado de Morte

26 No início do reinado de Jeoaquim,ˢ filho de Josias, rei de Judá, veio esta palavra da parte do Senhor: ² "Assim diz o Senhor: Coloque-se no pátio do templo ᵗ do Senhor e fale a todo o povo das cidades de Judá que vem adorar no templo do Senhor. Diga-lhes ᵘ tudo o que eu ordenar a você; não omita ᵛ uma só palavra. ³ Talvez eles escutem e cada um se converta ʷ de sua má conduta. Então eu me arrependerei ˣ e não trarei sobre eles a desgraça que estou planejando por causa do mal que eles têm praticado. ⁴ Diga-lhes: Assim diz o Senhor: Se vocês não me escutarem ʸ nem seguirem a minha lei,ᶻ que dei a vocês, ⁵ e se não ouvirem as palavras dos meus servos, os profetas, os quais tenho enviado a vocês vez após vez, embora vocês não os tenham ouvido,ᵃ ⁶ então farei deste templo o que fiz do santuário de Siló,ᵇ e desta cidade, um objeto de maldiçãoᶜ entre todas as nações da terra".

⁷ Os sacerdotes, os profetas e todo o povo ouviram Jeremias falar essas palavras no templo do Senhor. ⁸ E assim que Jeremias acabou de dizer ao povo tudo o que o Senhor lhe tinha ordenado, os sacerdotes, os profetas e todo o povo o prenderam e disseram: "Você certamente morrerá! ⁹ Por que você profetiza em nome do Senhor e afirma que este templo será como Siló e que esta cidade ficará arrasada e abandonada?"ᵈ E todo o povo se ajuntou em volta de Jeremias no templo do Senhor.

¹⁰ Quando os líderes de Judá souberam disso, foram do palácio real até o templo do Senhor e se assentaram para julgar, à entrada da porta Nova do templo do Senhor. ¹¹ E os sacerdotes e os profetas disseram aos líderes e a todo o povo: "Este homem deve ser condenado à morte ᵉ porque profetizou contra esta cidade. Vocês o ouviram com os seus próprios ouvidos!"

¹² Disse então Jeremias a todos os líderes ᶠ e a todo o povo: "O Senhor enviou-me para profetizar ᵍ contra este templo e contra esta cidade tudo o que vocês ouviram.ʰ ¹³ Agora, corrijam ⁱ a sua conduta e as suas ações e obedeçam ao Senhor, ao seu Deus. Então o Senhor se arrependerá da desgraça que pronunciou contra vocês. ¹⁴ Quanto a mim, estou nas mãos de vocês; façam comigo o que acharem bom e certo. ¹⁵ Entretanto, estejam certos de que, se me matarem, vocês, esta cidade e os seus habitantes serão responsáveis por derramar sangue inocente, pois, na verdade, o Senhor enviou-me a vocês para anunciar essas palavras".

¹⁶ Então os líderes ᵏ e todo o povo disseram aos sacerdotes e aos profetas: "Este

---

¹ **25.34** A Septuaginta traz *cairão como carneiros selecionados*.
² **25.38** Conforme alguns manuscritos do Texto Massorético e a Septuaginta. A maioria dos manuscritos do Texto Massorético diz *ira*. Veja Jr 46.16 e 50.16.

homem não deve ser condenado à morte! Ele nos falou em nome do Senhor, do nosso Deus".

¹⁷ Alguns dos líderes da terra se levantaram e disseram a toda a assembleia do povo: ¹⁸ "Miqueias de Moresete profetizou nos dias de Ezequias, rei de Judá, dizendo a todo o povo de Judá: 'Assim diz o Senhor dos Exércitos:

" 'Sião será arada como um campo.
Jerusalém se tornará
    um monte de entulho,
a colina do templo,
    um monte coberto de mato' ".

¹⁹ "Acaso Ezequias, rei de Judá, ou alguém do povo de Judá o matou? Ezequias não temeu o Senhor e não buscou o seu favor? E o Senhor não se arrependeu da desgraça que pronunciara contra eles? Estamos a ponto de trazer uma terrível desgraça sobre nós!"

²⁰ Outro homem que profetizou em nome do Senhor foi Urias, filho de Semaías, de Quiriate-Jearim. Ele profetizou contra esta cidade e contra esta terra as mesmas coisas anunciadas por Jeremias. ²¹ Quando o rei Jeoaquim, todos os seus homens de guerra e os seus oficiais ouviram isso, o rei procurou matá-lo. Sabendo disso, Urias teve medo e fugiu para o Egito. ²² Mas o rei Jeoaquim mandou ao Egito Elnatã, filho de Acbor, e com ele alguns homens, ²³ os quais trouxeram Urias do Egito e o levaram ao rei Jeoaquim, que o mandou matar à espada. Depois, jogaram o corpo dele numa vala comum.

²⁴ Mas Aicam, filho de Safã, protegeu Jeremias, impedindo que ele fosse entregue ao povo para ser executado.

A Profecia Favorável a Nabucodonosor

27 No início do reinado de Zedequias, filho de Josias, rei de Judá, veio esta palavra a Jeremias da parte do Senhor: ² Assim me ordenou o Senhor: "Faça para você um jugo com cordas e madeira e ponha-o sobre o pescoço. ³ Depois mande uma mensagem aos reis de Edom, de Moabe, de Amom, de Tiro e de Sidom, por meio dos embaixadores que vieram a Jerusalém para ver Zedequias, rei de Judá. ⁴ Esta é a mensagem que deverão transmitir aos seus senhores: Assim diz o Senhor dos Exércitos, o Deus de Israel: ⁵ Eu fiz a terra, os seres humanos e os animais que nela estão, com o meu grande poder e com meu braço estendido, e eu a dou a quem eu quiser. ⁶ Agora, sou eu mesmo que entrego todas essas nações nas mãos do meu servo Nabucodonosor, rei da Babilônia; sujeitei a ele até mesmo os animais selvagens. ⁷ Todas as nações estarão sujeitas a ele, a seu filho e a seu neto; até que chegue a hora em que a terra dele seja subjugada por muitas nações e por reis poderosos.

⁸ "Se, porém, alguma nação ou reino não se sujeitar a Nabucodonosor, rei da Babilônia, nem colocar o pescoço sob o seu jugo, eu castigarei aquela nação com a guerra, a fome e a peste", declara o Senhor, "e por meio dele eu a destruirei completamente. ⁹ Não ouçam os seus profetas, os seus adivinhos, os seus intérpretes de sonhos, os seus médiuns e os seus feiticeiros, os quais dizem a vocês que não se sujeitem ao rei da Babilônia. ¹⁰ Porque suas profecias são mentiras e os levarão para longe de sua terra. Eu banirei vocês, e vocês perecerão. ¹¹ Mas, se alguma nação colocar o pescoço sob o jugo do rei da Babilônia e a ele se sujeitar, então deixarei aquela nação permanecer na sua própria terra para cultivá-la e nela viver", declara o Senhor.

¹² Entreguei a mesma mensagem a Zedequias, rei de Judá, dizendo-lhe: Coloquem o pescoço sob o jugo do rei da Babilônia, sujeitem-se a ele e ao seu povo, e vocês viverão. ¹³ Por que razão você e o seu povo

---

¹ 26.18 Mq 3.12
² 27.1 Conforme alguns manuscritos do Texto Massorético e a Versão Siríaca. A maioria dos manuscritos do Texto Massorético diz *Jeoaquim*. Veja Jr 27.3-12 e 28.1.

morreriam ᵒ pela guerra, pela fome e pela peste, com as quais o Senhor ameaça a nação que não se sujeitar ao rei da Babilônia? ¹⁴ Não deem atenção às palavras dos profetas que dizem que vocês não devem sujeitar-se ao rei da Babilônia; estão profetizando mentiras. ᵖ ¹⁵ "Eu não os enviei!",ᑫ declara o Senhor. "Eles profetizam mentiras em meu nome.ʳ Por isso, eu banirei vocês, e vocês perecerão ˢ juntamente com os profetas que estão profetizando a vocês."

¹⁶ Então eu disse aos sacerdotes e a todo este povo: Assim diz o Senhor: "Não ouçam os seus profetas que dizem que em breve os utensílios ᵗ do templo do Senhor serão trazidos de volta da Babilônia. Eles estão profetizando mentiras". ¹⁷ Não os ouçam. Sujeitem-se ao rei da Babilônia, e vocês viverão. Por que deveria esta cidade ficar em ruínas? ¹⁸ Se eles são profetas e têm a palavra do Senhor, que implorem ᵘ ao Senhor dos Exércitos, pedindo que os utensílios que restam no templo do Senhor, no palácio do rei de Judá e em Jerusalém não sejam levados para a Babilônia. ¹⁹ Porque assim diz o Senhor dos Exércitos acerca das colunas, do tanque,ᵛ dos suportes e dos outros utensílios ʷ que foram deixados nesta cidade, ²⁰ os quais Nabucodonosor, rei da Babilônia, não levou consigo ˣ de Jerusalém para a Babilônia, quando exilou Joaquim¹,ʸ filho de Jeoaquim, rei de Judá, com os nobres de Judá e de Jerusalém. ²¹ Sim, assim diz o Senhor dos Exércitos, Deus de Israel, acerca dos utensílios que restaram no templo do Senhor, no palácio do rei de Judá e em Jerusalém: ²² "Serão levados ᶻ para a Babilônia e ali ficarão até o dia ᵃ em que eu os quiser buscar", declara o Senhor. "Então os trarei ᵇ de volta e os restabelecerei neste lugar".

O Falso Profeta Hananias

28 No quinto mês daquele mesmo ano, o quarto ano, no início do reinado de Zedequias,ᶜ rei de Judá, Hananias, filho de Azur, profeta natural de Gibeom,ᵈ disse-me no templo do Senhor, na presença dos sacerdotes e de todo o povo: ² "Assim diz o Senhor dos Exércitos, Deus de Israel: 'Quebrarei o jugoᵉ do rei da Babilônia. ³ Em dois anos trarei de volta a este lugar todos os utensílios ᶠ do templo do Senhor que Nabucodonosor, rei da Babilônia, tirou daqui e levou para a Babilônia. ⁴ Também trarei de volta para este lugar Joaquim,ᵍ filho de Jeoaquim, rei de Judá, e todos os exilados de Judá que foram para a Babilônia', diz o Senhor, 'pois quebrarei o jugo do rei da Babilônia' ".

⁵ Mas o profeta Jeremias respondeu ao profeta Hananias diante dos sacerdotes e de todo o povo que estava no templo do Senhor: ⁶ "Amém! Que assim faça o Senhor! Que o Senhor cumpra as palavras que você profetizou, trazendo os utensílios do templo do Senhor e todos os exilados da Babilônia para este lugar. ⁷ Entretanto, ouça o que tenho a dizer a você e a todo o povo: ⁸ Os profetas que precederam a você e a mim, desde os tempos antigos, profetizaram guerra, desgraça e peste ʰ contra muitas nações e grandes reinos. ⁹ Mas o profeta que profetiza prosperidade será reconhecido como verdadeiro enviado do Senhor se aquilo que profetizou se realizar".ⁱ

¹⁰ Então o profeta Hananias tirou o jugo ʲ do pescoço de Jeremias e o quebrou ¹¹ e disse ᵏ diante de todo o povo: "Assim diz o Senhor: 'É deste modo que quebrarei o jugo de Nabucodonosor, rei da Babilônia, e o tirarei do pescoço de todas as nações no prazo de dois anos' ". Diante disso, o profeta Jeremias retirou-se.

¹² Depois que o profeta Hananias quebrou o jugo do pescoço do profeta Jeremias, o Senhor dirigiu a palavra a Jeremias: ¹³ "Vá dizer a Hananias: Assim diz o Senhor: Você quebrou um jugo de madeira, mas em seu lugar você fará um jugo de ferro². ¹⁴ Assim diz o Senhor dos Exércitos,

---

¹ **27.20** Hebraico: *Jeconias*, variante de *Joaquim*; também em 28.4 e 29.2

² **28.13** A Septuaginta diz *eu farei um jugo de ferro*.

o Deus de Israel: Porei um jugo sobre o pescoço de todas essas nações, para fazê-las sujeitas a Nabucodonosor, rei da Babilônia, e elas se sujeitarão a ele. Até mesmo os animais selvagens estarão sujeitos a ele".

¹⁵ Disse, pois, o profeta Jeremias ao profeta Hananias: "Escute, Hananias! O Senhor não o enviou, mas assim mesmo você persuadiu esta nação a confiar em mentiras. ¹⁶ Por isso, assim diz o Senhor: 'Vou tirá-lo da face da terra. Este ano você morrerá, porque pregou rebelião contra o Senhor'".

¹⁷ E o profeta Hananias morreu no sétimo mês daquele mesmo ano.

A Carta aos Exilados

29 Este é o conteúdo da carta que o profeta Jeremias enviou de Jerusalém aos líderes, que ainda restavam entre os exilados, aos sacerdotes, aos profetas e a todo o povo que Nabucodonosor deportara de Jerusalém para a Babilônia. ² Isso aconteceu depois que o rei Joaquim e a rainha-mãe, os oficiais do palácio real, os líderes de Judá e Jerusalém, os artesãos e os artífices foram deportados de Jerusalém para a Babilônia. ³ Ele enviou a carta por intermédio de Eleasa, filho de Safã, e Gemarias, filho de Hilquias, os quais Zedequias, rei de Judá, mandou a Nabucodonosor, rei da Babilônia. A carta dizia o seguinte:

⁴ "Assim diz o Senhor dos Exércitos, o Deus de Israel, a todos os exilados, que deportei de Jerusalém para a Babilônia: ⁵ 'Construam casas e habitem nelas; plantem jardins e comam de seus frutos. ⁶ Casem-se e tenham filhos e filhas; escolham mulheres para casar-se com seus filhos e deem as suas filhas em casamento, para que também tenham filhos e filhas. Multipliquem-se e não diminuam. ⁷ Busquem a prosperidade da cidade para a qual eu os deportei e orem ao Senhor em favor dela, porque a prosperidade de vocês depende da prosperidade dela'. ⁸ Porque assim diz o Senhor dos Exércitos, o Deus de Israel: 'Não deixem que os profetas e adivinhos que há no meio de vocês os enganem. Não deem atenção aos sonhos que vocês os encorajam a terem. ⁹ Eles estão profetizando mentiras em meu nome. Eu não os enviei', declara o Senhor.

¹⁰ "Assim diz o Senhor: 'Quando se completarem os setenta anos da Babilônia, eu cumprirei a minha promessa em favor de vocês, de trazê-los de volta para este lugar. ¹¹ Porque sou eu que conheço os planos que tenho para vocês', diz o Senhor, 'planos de fazê-los prosperar e não de causar dano, planos de dar a vocês esperança e um futuro. ¹² Então vocês clamarão a mim, virão orar a mim, e eu os ouvirei. ¹³ Vocês me procurarão e me acharão quando me procurarem de todo o coração. ¹⁴ Eu me deixarei ser encontrado por vocês', declara o Senhor, 'e os trarei de volta do cativeiro. Eu os reunirei de todas as nações e de todos os lugares para onde eu os dispersei e os trarei de volta para o lugar de onde os deportei', diz o Senhor.

¹⁵ "Vocês podem dizer: 'O Senhor levantou profetas para nós na Babilônia', ¹⁶ mas assim diz o Senhor sobre o rei que se assenta no trono de Davi e sobre todo o povo que permanece nesta cidade, seus compatriotas que não foram com vocês para o exílio; ¹⁷ assim diz o Senhor dos Exércitos: 'Enviarei a guerra, a fome e a peste contra eles; lidarei com eles como se lida com figos ruins, que são intragáveis. ¹⁸ Eu os perseguirei com a guerra, a fome e a peste; farei deles objeto de terror para todos os reinos da terra, maldição e exemplo, zombaria e afronta entre todas as nações para onde eu os dispersei. ¹⁹ Porque eles não deram atenção às minhas palavras', declara o Senhor, 'palavras que lhes enviei pelos meus servos, os profetas. E vocês também não deram atenção!', diz o Senhor.

---

¹ **29.14** Ou *e restaurarei a sorte de vocês*.

²⁰ "Ouçam, agora, a palavra do Senhor, todos vocês exilados, que deportei de Jerusalém para a Babilônia! ²¹ Assim diz o Senhor dos Exércitos, o Deus de Israel, a respeito de Acabe, filho de Colaías, e a respeito de Zedequias, filho de Maaseias, que estão profetizando mentiras a vocês em meu nome: 'Eu os entregarei nas mãos de Nabucodonosor, rei da Babilônia, e ele os matará diante de vocês. ²² Em razão disso, os exilados de Judá que estão na Babilônia usarão esta maldição: "Que o Senhor o trate como tratou Zedequias e Acabe, os quais o rei da Babilônia queimou vivos". ²³ Porque cometeram loucura em Israel: adulteraram com as mulheres de seus amigos e em meu nome falaram mentiras, que eu não ordenei que falassem. Mas eu estou sabendo; sou testemunha disso', declara o Senhor.

Mensagem a Semaías

²⁴ "Diga a Semaías, de Neelam: ²⁵ Diz o Senhor dos Exércitos, o Deus de Israel, que você enviou cartas em seu próprio nome a todo o povo de Jerusalém, a Sofonias, filho do sacerdote Maaseias, e a todos os sacerdotes. Você disse a Sofonias: ²⁶ 'O Senhor o designou sacerdote em lugar de Joiada como encarregado do templo do Senhor; você deveria prender no tronco, com correntes de ferro, qualquer doido que agisse como profeta. ²⁷ E por que você não repreendeu Jeremias de Anatote, que se apresenta como profeta entre vocês? ²⁸ Ele até mandou esta mensagem para nós que estamos na Babilônia, dizendo que o exílio será longo, que construam casas e habitem nelas, plantem jardins e comam de seus frutos' ".

²⁹ O sacerdote Sofonias leu a carta para o profeta Jeremias. ³⁰ Então o Senhor dirigiu a palavra a Jeremias: ³¹ "Envie esta mensagem a todos os exilados: Assim diz o Senhor sobre Semaías, de Neelam: Embora eu não o tenha enviado, Semaías profetizou a vocês e fez com que vocês cressem numa mentira, ³² por isso, assim diz o Senhor: Castigarei Semaías, de Neelam, e os seus descendentes. Não lhe restará ninguém entre este povo, e ele não verá as coisas boas que farei em favor de meu povo", declara o Senhor, "porque ele pregou rebelião contra o Senhor".

A Restauração de Israel

30 Esta é a palavra que veio a Jeremias da parte do Senhor: ² "Assim diz o Senhor, o Deus de Israel: Escreva num livro todas as palavras que eu falei a você. ³ Certamente vêm os dias", diz o Senhor, "em que mudarei a sorte do meu povo, Israel e Judá, e os farei retornar à terra que dei aos seus antepassados, e eles a possuirão", declara o Senhor.

⁴ Estas são as palavras que o Senhor falou acerca de Israel e de Judá: ⁵ "Assim diz o Senhor:

"Ouvem-se gritos de pânico,
de pavor e não de paz.
⁶ Pergunte e veja:
    Pode um homem dar à luz?
Por que vejo, então, todos os homens
    com as mãos no estômago,
como uma mulher em trabalho de parto?
    Por que estão pálidos todos os rostos?
⁷ Como será terrível aquele dia!
    Sem comparação!
Será tempo de angústia para Jacó;
    mas ele será salvo.

⁸ "Naquele dia",
    declara o Senhor dos Exércitos,
"quebrarei o jugo
    que está sobre o pescoço deles
e arrebentarei as suas correntes;
não mais serão escravizados
    pelos estrangeiros.
⁹ Servirão ao Senhor, ao seu Deus,
    e a Davi, seu rei,
que darei a eles.

10 "Por isso, não tema,^q Jacó, meu servo!^r
Não fique assustado, ó Israel!",
    declara o S<small>ENHOR</small>.
"Eu o salvarei^s de um lugar distante,
e os seus descendentes,
    da terra do seu exílio.
Jacó voltará e ficará em paz
    e em segurança;^t
ninguém o inquietará.
11 Porque eu estou com você
    e o salvarei", diz o S<small>ENHOR</small>.
"Destruirei completamente^u
    todas as nações
    entre as quais eu o dispersei;^v
mas a você
    não destruirei completamente.
Eu o disciplinarei, como você merece.
Não o deixarei impune".^w

12 Assim diz o S<small>ENHOR</small>:

"Seu ferimento é grave,
    sua ferida, incurável.^x
13 Não há quem defenda a sua causa;
não há remédio para a sua ferida,
    que não cicatriza.^y
14 Todos os seus amantes^z
    esqueceram-se de você;
eles não se importam com você.
Eu a golpeei como faz um inimigo;^a
dei a você um castigo cruel,^b
    porque é grande a sua iniquidade
    e numerosos são os seus pecados.^c
15 Por que você grita
    por causa do seu ferimento,
    por sua ferida incurável?
Fiz essas coisas a você
    porque é grande a sua iniquidade
    e numerosos são os seus pecados.

16 "Mas todos os que a devoram^d
    serão devorados;
todos os seus adversários
    irão para o exílio.^e
Aqueles que a saqueiam^f
    serão saqueados;
eu despojarei todos os que a despojam.

17 Farei cicatrizar o seu ferimento
    e curarei as suas feridas",
declara o S<small>ENHOR</small>,
"porque a você, Sião,
    chamam de rejeitada,^g
aquela por quem ninguém se importa".

18 Assim diz o S<small>ENHOR</small>:

"Mudarei a sorte das tendas de Jacó^h
    e terei compaixão^i das suas
        moradas.
A cidade será reconstruída^j
    sobre as suas ruínas
e o palácio no seu devido lugar.
19 Deles virão ações^k de graça^l
    e o som de regozijo.^m
Eu os farei aumentar^n
    e eles não diminuirão;
eu os honrarei^o
    e eles não serão desprezados.
20 Seus filhos^p serão
    como nos dias do passado,
e a sua comunidade
    será firmada^q diante de mim;
castigarei todos aqueles
    que os oprimem.
21 Seu líder^r será um entre eles;
    seu governante virá do meio
        deles.
Eu o trarei para perto^s
    e ele se aproximará de mim;
pois quem se arriscaria
    a aproximar-se de mim?",
pergunta o S<small>ENHOR</small>.
22 "Por isso vocês serão o meu povo,
    e eu serei o seu Deus".
23 Vejam, a tempestade^t do S<small>ENHOR</small>!
    Sua fúria está à solta!
Um vendaval vem
    sobre a cabeça dos ímpios.
24 A ira^u do S<small>ENHOR</small> não se afastará^v
até que ele tenha completado
    os seus propósitos.
Em dias vindouros
    vocês compreenderão isso.^w

31 "Naquele tempo", diz o Senhor, "serei o Deus ˣ de todas as famílias de Israel, e eles serão o meu povo."

² Assim diz o Senhor:

"O povo que escapou da morte
 achou favor ʸ no deserto".

Quando Israel buscava descanso,ᶻ
³ o Senhor lhe apareceu no passado,¹
 dizendo:

"Eu a amei ᵃ com amor eterno;
 com amor leal a atraí.ᵇ
⁴ Eu a edificarei mais uma vez,
 ó virgem, Israel!
Você será reconstruída!
Mais uma vez você
 se enfeitará com guizos
 e sairá dançando com os que se
 alegram.ᶜ
⁵ De novo você plantará videiras
 nas colinas de Samaria;ᵈ
videiras antes profanadas pelos
 lavradores
 que as tinham plantado.² ᵉ
⁶ Porque vai chegando o dia
 em que os sentinelas gritarão
 nas colinas de Efraim:
'Venham e subamos a Sião,
à presença do Senhor,
 do nosso Deus' ".ᶠ

⁷ Assim diz o Senhor:

"Cantem de alegria por causa de Jacó;
gritem, exaltando a principal ᵍ
 das nações!
Proclamem e deem louvores, dizendo:
'O Senhor salvou ʰ o seu povo,³
 o remanescente ⁱ de Israel'.
⁸ Vejam, eu os trarei da terra do norte ʲ
 e os reunirei ᵏ dos confins da terra.

Entre eles estarão o cego ˡ e o aleijado, ᵐ
 mulheres grávidas
 e em trabalho de parto;
uma grande multidão voltará.
⁹ Voltarão com choro,⁴ ⁿ
 mas eu os conduzirei
 em meio a consolações.
Eu os conduzirei ᵒ às correntes de água
 por um caminho plano, ᵖ
 onde não tropeçarão,
porque sou pai para Israel ᵠ
 e Efraim é o meu filho mais velho.

¹⁰ "Ouçam a palavra do Senhor,
 ó nações,
e proclamem nas ilhas distantes:ʳ
'Aquele que dispersou Israel o reunirá ˢ
e, como pastor, vigiará o seu rebanho'.ᵗ
¹¹ O Senhor resgatou Jacó
 e o libertou ᵘ das mãos
 do que é mais forte ᵛ do que ele.
¹² Eles virão e cantarão de alegria
 nos altos ʷ de Sião;
ficarão radiantes de alegria
 pelos muitos bens ˣ
 dados pelo Senhor:
o cereal, o vinho novo, o azeite puro,ʸ
as crias das ovelhas e das vacas.
Serão como um jardim bem regado,ᶻ
 e não mais se entristecerão.ᵃ
¹³ Então as moças dançarão de alegria,
 como também os jovens e os velhos.
Transformarei o lamento ᵇ deles
 em júbilo;
eu lhes darei consolo e alegria ᶜ
 em vez de tristeza.
¹⁴ Satisfarei ᵈ os sacerdotes com fartura;
 e o meu povo será saciado
pela minha bondade",
 declara o Senhor.

¹⁵ Assim diz o Senhor:

"Ouve-se uma voz em Ramá,ᵉ
 lamentação e amargo choro;

---

¹ **31.3** Ou *o Senhor apareceu a nós vindo de longe*.
² **31.5** Ou *videiras que os lavradores plantarão e cujo fruto colherão*.
³ **31.7** Conforme a Septuaginta. O Texto Massorético diz *Ó Senhor, salva o teu povo*.
⁴ **31.9** Conforme a Septuaginta. O Texto Massorético diz *Suplicarão enquanto eu os conduzir*.

é Raquel, que chora por seus filhos
  e recusa ser consolada,ᶠ
porque os seus filhos já não existem".ᵍ

¹⁶ Assim diz o Senhor:

"Contenha o seu choro
  e as suas lágrimas,ʰ
pois o seu sofrimento
  será recompensado",ⁱ
declara o Senhor.
"Eles voltarão ʲ da terra do inimigo.
¹⁷ Por isso há esperança
  para o seu futuro",
declara o Senhor.
"Seus filhos voltarão
  para a sua pátria.

¹⁸ "Ouvi claramente Efraim
  lamentando-se:
'Tu me disciplinaste ᵏ
  como a um bezerro indomado,ˡ
e fui disciplinado.
Traze-me de volta,ᵐ e voltarei,
  porque tu és o Senhor, o meu Deus.
¹⁹ De fato, depois de desviar-me,ⁿ
  eu me arrependi;
depois que entendi, bati ᵒ no meu peito.
Estou envergonhado e humilhado
porque trago sobre mim
  a desgraça da minha juventude'.
²⁰ Não é Efraim o meu filho querido?
  O filho em quem tenho prazer?
Cada vez que eu falo sobre Efraim,
  mais intensamente me lembro dele.ᵖ
Por isso, com ansiedade
  o tenho em meu coração;
tenho por ele grande compaixão",ᑫ
declara o Senhor.

²¹ "Coloque marcos
  e ponha sinais nas estradas,ʳ
preste atenção no caminho
  que você trilhou.
Volte,ˢ ó virgem,ᵗ Israel!
Volte para as suas cidades.
²² Até quando você vagará,"
  ó filha rebelde?ᵛ

O Senhor criou algo novo
  nesta terra:
uma mulher abraça¹ um
  guerreiro".

²³ Assim diz o Senhor dos Exércitos, o Deus de Israel: "Quando eu os trouxer de volta do cativeiro²,ʷ o povo de Judá e de suas cidades dirá novamente: 'O Senhor a abençoe, ó morada justa,ˣ ó monte sagrado'.ʸ ²⁴ O povo viverá ᶻ em Judá e em todas as suas cidades, tanto os lavradores como os que conduzem os rebanhos. ²⁵ Restaurarei o exausto e saciarei o enfraquecido".ᵃ

²⁶ Então acordei ᵇ e olhei em redor. Meu sono tinha sido agradável.

²⁷ "Virão dias", diz o Senhor, "em que semearei ᶜ na comunidade de Israel e na comunidade de Judá homens e animais. ²⁸ Assim como os vigiei para arrancar e despedaçar, para derrubar, destruir e trazer a desgraça,ᵈ também os vigiarei para edificar e plantar",ᵉ declara o Senhor. ²⁹ "Naqueles dias não se dirá mais:

" 'Os pais ᶠ comeram uvas verdes,
  e os dentes dos filhos se
    embotaram'.ᵍ

³⁰ "Ao contrário, cada um morrerá
  por causa do seu próprio pecado.ʰ
Os dentes de todo aquele
  que comer uvas verdes
se embotarão.

³¹ "Estão chegando os dias", declara o Senhor,
  "quando farei uma nova
    aliança ⁱ
com a comunidade de Israel
  e com a comunidade de Judá.
³² Não será como a aliança ʲ
  que fiz com os seus antepassados ᵏ
quando os tomei pela mão
  para tirá-los do Egito;

---

¹ **31.22** Ou *sairá em busca de*; ou ainda *protegerá*
² **31.23** Ou *eu restaurar a sorte deles*

31.15
ᶠ Gn 37.35
ᵍ Jr 10.20;
Mt 2.17-18
31.16
ʰ Is 25.8;
30.19
ⁱ Ru 2.12
ʲ Jr 30.3;
Ez 11.17
31.18
ᵏ Jó 5.17
ˡ Os 4.16
ᵐ Sl 80.3
31.19
ⁿ Ez 36.31
ᵒ Ez 21.12;
Lc 18.13
31.20
ᵖ Os 4.4;
11.8
ᑫ Is 55.7;
63.15;
Mq 7.18
31.21
ʳ Jr 50.5
ˢ Is 52.11
ᵗ v. 4
31.22
ᵘ Jr 2.23
ᵛ Jr 3.6
31.23
ʷ Jr 30.18
ˣ Is 1.26
ʸ Sl 48.1;
Zc 8.3
31.24
ᶻ Zc 8.4-8
31.25
ᵃ Jó 4.14
31.26
ᵇ Zc 4.1
31.27
ᶜ Ez 36.9-11;
Os 2.23
31.28
ᵈ Jr 18.8;
44.27
ᵉ Jr 1.10
31.29
ᶠ Lm 5.7
ᵍ Ez 18.2
31.30
ʰ Is 3.11;
Gl 6.7
31.31
ⁱ Jr 32.40;
Ez 37.26;
Lc 22.20;
Hb 8.8-12*;
10.16-17
31.32
ʲ Ex 24.8
ᵏ Dt 5.3

porque quebraram a minha aliança,
   apesar de eu ser o Senhor¹ deles²",
diz o Senhor.
³³ "Esta é a aliança que farei
   com a comunidade de Israel
   depois daqueles dias",
declara o Senhor:
"Porei a minha lei no íntimo deles
   e a escreverei nos seus corações. *l*
Serei o Deus deles,
   e eles serão o meu povo." *m*
³⁴ Ninguém mais ensinará *n* ao seu
      próximo
   nem ao seu irmão, dizendo:
'Conheça ao Senhor',
   porque todos eles me conhecerão,*o*
   desde o menor até o maior",
diz o Senhor.
"Porque eu lhes perdoarei *p* a maldade
   e não me lembrarei mais
      dos seus pecados."*q*
³⁵ Assim diz o Senhor,
   aquele que designou *r* o sol
      para brilhar de dia,
   que decretou que a lua
      e as estrelas brilhem de noite,*s*
   que agita o mar
      para que as suas ondas rujam;
   o seu nome é o Senhor dos Exércitos:*t*
³⁶ "Somente se esses decretos *u*
   desaparecerem de diante de mim",
declara o Senhor,
   "deixarão os descendentes *v*
      de Israel
   de ser uma nação diante de mim
      para sempre".
³⁷ Assim diz o Senhor:
"Se os céus em cima
   puderem ser medidos,*w*
   e os alicerces da terra embaixo
   puderem ser sondados,

¹ **31.32** Ou *marido*
² **31.32** A Septuaginta e a Versão Siríaca dizem *e eu me afastei deles.*

então eu rejeitarei *x*
   os descendentes de Israel,
   por tudo o que eles têm feito",
diz o Senhor.

³⁸ "Estão chegando os dias", declara o Senhor, "em que esta cidade será reconstruída *y* para o Senhor, desde a torre de Hananeel *z* até a porta da Esquina.*a* ³⁹ A corda de medir será estendida diretamente até a colina de Garebe, indo na direção de Goa. ⁴⁰ Todo o vale,*b* onde cadáveres *c* e cinzas são jogados, e todos os terraços que dão para o vale do Cedrom *d* a leste, até a esquina da porta dos Cavalos,*e* serão consagrados*f* ao Senhor. A cidade nunca mais será arrasada ou destruída."

Jeremias Compra um Campo

32 Esta é a palavra que o Senhor dirigiu a Jeremias no décimo*g* ano do reinado de Zedequias, rei de Judá, que foi o décimo oitavo*h* ano de Nabucodonosor. ² Naquela época, o exército do rei da Babilônia sitiava Jerusalém e o profeta Jeremias estava preso no pátio da guarda,*i* no palácio real de Judá.

³ Zedequias, rei de Judá, havia aprisionado Jeremias acusando-o de fazer a seguinte profecia:*j* O Senhor entregará a cidade nas mãos do rei da Babilônia, e este a conquistará;*k* ⁴ Zedequias, rei de Judá, não escapará*l* das mãos dos babilônios, mas certamente será entregue nas mãos do rei da Babilônia, falará com ele face a face e o verá com os seus próprios olhos; ⁵ e ele levará *m* Zedequias para a Babilônia, onde este ficará até que o Senhor cuide da situação dele; e, ainda, se eles lutarem contra os babilônios, não serão bem-sucedidos."*n*

⁶ E Jeremias disse: "O Senhor dirigiu-me a palavra nos seguintes termos: ⁷ 'Hanameel, filho de seu tio Salum, virá ao seu encontro e dirá: "Compre a propriedade que tenho em Anatote, porque, sendo o parente mais próximo, você tem o direito e o dever de comprá-la".'*o*

⁸ "Conforme o Senhor tinha dito, meu primo Hanameel veio ao meu encontro no pátio da guarda e disse: 'Compre a propriedade que tenho em Anatote, no território de Benjamim, porque é seu o direito de posse e de resgate. Compre-a!'

"Então, compreendi que essa era a palavra do Senhor. ⁹ Assim, comprei do meu primo Hanameel a propriedade que ele possuía em Anatote. Pesei a prata e lhe paguei dezessete peças de prata.ᵖ ¹⁰ Assinei e selei a escritura, e pesei a prata na balança, diante de testemunhas por mim chamadas.ᵠ ¹¹ Peguei a escritura, a cópia selada com os termos e condições da compra, bem como a cópia não selada, ¹² e entreguei essa escritura de compra a Baruque,ʳ filho de Nerias,ˢ filho de Maaseias, na presença de meu primo Hanameel, das testemunhas que tinham assinado a escritura e de todos os judeus que estavam sentados no pátio da guarda.

¹³ "Na presença deles dei as seguintes instruções a Baruque: ¹⁴ Assim diz o Senhor dos Exércitos, Deus de Israel: 'Tome estes documentos, tanto a cópia selada como a não selada da escritura de compra e coloque-os num jarro de barro para que se conservem por muitos anos'. ¹⁵ Porque assim diz o Senhor dos Exércitos, Deus de Israel: 'Casas, campos e vinhas tornarão a ser comprados nesta terra'.ᵗ

¹⁶ "Depois que entreguei a escritura de compra a Baruque, filho de Nerias, orei ao Senhor:

¹⁷ "Ah! Soberano Senhor,ᵘ tu fizeste os céus e a terra pelo teu grande poder e por teu braço estendido.ᵛ Nada é difícil demais ʷ para ti. ¹⁸ Mostras bondade ˣ até mil gerações, mas lanças os pecados dos pais sobre os seus filhos.ʸ Ó grande e poderoso Deus, cujo nome é o Senhor dos Exércitos,ᶻ ¹⁹ grandes são os teus propósitos e poderosos os teus feitos.ᵃ Os teus olhos estão atentos aos atos dos homens;ᵇ tu retribuis a cada um de acordo com a sua conduta, de acordo com os efeitos das suas obras.ᶜ

²⁰ Realizaste sinais e maravilhas no Egito ᵈ e continuas a fazê-los até hoje, tanto em Israel como entre toda a humanidade, e alcançaste o renome que hoje tens. ²¹ Tiraste o teu povo do Egito com sinais e maravilhas, com mão poderosa e braço estendido,ᵉ causando grande pavor.ᶠ ²² Deste a eles esta terra, que sob juramento prometeste aos seus antepassados; uma terra onde há leite e mel com fartura.ᵍ ²³ Eles vieram e tomaram posse dela,ʰ mas não te obedeceram nem seguiram a tua lei.ⁱ Não fizeram nada daquilo que lhes ordenaste. Por isso trouxeste toda esta desgraça ʲ sobre eles.

²⁴ "As rampas de cerco são erguidas pelos inimigos para tomarem a cidade, e pela guerra, pela fome e pela peste,ᵏ ela será entregue nas mãos dos babilônios que a atacam. Cumpriu-se aquilo que disseste,ˡ como vês. ²⁵ Ainda assim, ó Soberano Senhor, tu me mandaste comprar a propriedade e convocar testemunhas do negócio, embora a cidade esteja entregue nas mãos dos babilônios!

²⁶ "A palavra do Senhor veio a mim, dizendo: ²⁷ 'Eu sou o Senhor, o Deus de toda a humanidade.ᵐ Há alguma coisa difícil demais para mim?' ²⁸ Portanto, assim diz o Senhor: 'Estou entregando esta cidade nas mãos dos babilônios e de Nabucodonosor,ⁿ rei da Babilônia, que a conquistará.ᵒ ²⁹ Os babilônios, que estão atacando esta cidade, entrarão e a incendiarão. Eles a queimarão ᵖ com as casas ᵠ nas quais o povo provocou a minha ira queimando incenso a Baal nos seus terraços e derramando ofertas de bebida ʳ em honra a outros deuses.

³⁰ " 'Desde a sua juventude ˢ o povo de Israel e de Judá nada tem feito senão aquilo que eu considero mau; de fato, o povo de Israel nada tem feito além de provocar-me à ira', declara o Senhor.ᵘ ³¹ 'Desde o dia em que foi construída até hoje, esta cidade tem despertado o meu furor de tal forma que tenho que tirá-la ᵛ da minha frente. ³² O povo de Israel e de Judá tem provocado a minha

ira por causa de todo o mal que tem feito,ʷ tanto o povo como os seus reis e os seus líderes, os seus sacerdotes e os seus profetas, os homens de Judá e os habitantes de Jerusalém. ³³ Voltaram as costasˣ para mim e não o rosto; embora eu os tenha ensinadoʸ vez após vez, não quiseram ouvir-me nem aceitaram a correção. ³⁴ Profanaram o templo que leva o meu nome, colocando nele as imagens de seus ídolos.ᶻ ³⁵ Construíram altares idólatras para Baal no vale de Ben-Hinom, para sacrificarem a Moloque ᵃ os seus filhos e as suas filhas,¹ coisa que nunca ordenei, prática repugnante que jamais imaginei;ᵇ e, assim, levaram Judá a pecar'.

³⁶ "Portanto, assim diz o Senhor a esta cidade, sobre a qual vocês estão dizendo que será entregue nas mãos do rei da Babilônia por meio da guerra, da fome e da peste:ᶜ ³⁷ 'Certamente eu os reunirei ᵈ de todas as terras para onde os dispersei na minha ardente ira e no meu grande furor; eu os trarei de volta a este lugar e permitirei que vivam em segurança.ᵉ ³⁸ Eles serão o meu povo,ᶠ e eu serei o seu Deus. ³⁹ Darei a eles um só pensamento e uma só conduta,ᵍ para que me temam durante toda a sua vida, para o seu próprio bem e o de seus filhos e descendentes. ⁴⁰ Farei com eles uma aliança permanente;ʰ Jamais deixarei de fazer o bem a eles, e farei com que me temam de coração, para que jamais se desviem de mim.ⁱ ⁴¹ Terei alegria em fazer-lhes o bem,ʲ e os plantarei ᵏ firmemente nesta terra de todo o meu coração e de toda a minha alma. Sim, é o que farei'.

⁴² "Assim diz o Senhor: 'Assim como eu trouxe toda esta grande desgraça sobre este povo, também lhes darei a prosperidade que lhes prometo.ˡ ⁴³ De novo serão compradas ᵐ propriedades nesta terra, da qual vocês dizem: "É uma terra arrasada, sem homens nem animais, pois foi entregue nas mãos dos babilônios". ⁴⁴ Propriedades serão compradas por prata e escrituras ⁿ serão assinadas e seladas diante de testemunhas no território de Benjamim, nos povoados ao redor de Jerusalém, nas cidades de Judá e nas cidades dos montes, da Sefelá² e do Neguebe,ᵒ porque eu restaurarei ᵖ a sorte deles', declara o Senhor".

Promessa de Restauração

33 Jeremias ainda estava preso no pátio ᵠ da guarda quando o Senhor lhe dirigiu a palavra pela segunda vez: ² "Assim diz o Senhor que fez a terra,ʳ o Senhor que a formou e a firmou; seu nome é Senhor:ˢ ³ Clameᵗ a mim e eu responderei e direi a você coisas grandiosas e insondáveis que você não conhece". ⁴ Porque assim diz o Senhor, o Deus de Israel, a respeito das casas desta cidade e dos palácios reais de Judá, que foram derrubados para servirem de defesa contra as rampas ᵛ de cerco ᵘ e a espada, ⁵ na luta contra os babilônios: "Elas ficarão cheias de cadáveres dos homens que matarei no meu furor.ʷ Ocultarei desta cidade o meu rosto ˣ por causa de toda a sua maldade.

⁶ "Todavia, trarei restauração e cura para ela; curarei o meu povo e lhe darei muita prosperidade e segurança. ⁷ Mudarei a sorte de Judá ʸ e de Israel³ ᶻ e os reconstruirei como antigamente.ᵃ ⁸ Eu os purificareiᵇ de todo o pecado que cometeram contra mim e perdoareiᶜ todos os seus pecados de rebelião contra mim. ⁹ Então Jerusalém será para mim uma fonte de alegria, de louvor ᵈ e de glória,ᵉ diante de todas as nações da terra que ouvirem acerca de todos os benefícios que faço por ela. Elas temerão e tremerão diante da paz e da prosperidade que eu lhe concedo".

¹⁰ Assim diz o Senhor: "Vocês dizem que este lugar está devastado e ficará sem homens nem animais. Contudo, nas cidades de Judá e nas ruas de Jerusalém, que estão devastadas, desabitadas, sem homens nem animais,ᶠ mais uma vez se ouvirão ¹¹ as

---

¹ **32.35** Ou *para fazerem seus filhos e suas filhas passarem pelo fogo*.

² **32.44** Pequena faixa de terra de relevo variável entre a planície costeira e as montanhas; também em 33.13.

³ **33.7** Ou *Trarei Judá e Israel de volta do cativeiro*

vozes de júbilo e de alegria,^g do noivo e da noiva, e as vozes daqueles que trazem ofertas^h de ação de graças para o templo do Senhor, dizendo:

'Deem graças ao Senhor dos Exércitos,
pois ele é bom;^i
o seu amor leal dura para sempre.'^j

"Porque eu mudarei a sorte desta terra como antigamente", declara o Senhor.

12 Assim diz o Senhor dos Exércitos: "Neste lugar desolado, ^k sem homens nem animais, haverá novamente pastagens onde os pastores farão descansar os seus rebanhos, em todas as suas cidades.^l 13 Tanto nas cidades dos montes, da Sefelá, do Neguebe ^m e do território de Benjamim, como nos povoados ao redor de Jerusalém e nas cidades de Judá, novamente passarão ovelhas sob as mãos ^n daquele que as conta", diz o Senhor.

14 "Dias virão", declara o Senhor, "em que cumprirei a promessa ^o que fiz à comunidade de Israel e à comunidade de Judá.

15 "Naqueles dias e naquela época
farei brotar um Renovo ^q justo ^p
da linhagem de Davi;
ele fará o que é justo e certo na terra.

16 Naqueles dias, Judá será salva ^r
e Jerusalém viverá em segurança,
e este é o nome pelo qual
ela será chamada^1:
O Senhor é a Nossa Justiça".^s

17 Porque assim diz o Senhor: "Davi jamais deixará ^t de ter um descendente que se assente no trono de Israel, 18 nem os sacerdotes, que são levitas,^u deixarão de ter descendente que esteja diante de mim para oferecer, continuamente, holocaustos^2, queimar ofertas de cereal e apresentar sacrifícios".^v

19 O Senhor dirigiu a palavra a Jeremias: 20 "Assim diz o Senhor: Se vocês puderem romper a minha aliança com o dia ^w e a minha aliança com a noite, de modo que nem o dia nem a noite aconteçam no tempo que está determinado para vocês, 21 então poderá ser quebrada a minha aliança ^x com o meu servo Davi, e neste caso ele não mais terá um descendente que reine no seu trono; e também será quebrada a minha aliança com os levitas que são sacerdotes e que me servem.^y 22 Farei os descendentes do meu servo Davi e os levitas, que me servem, tão numerosos^z como as estrelas do céu e incontáveis como a areia das praias do mar".

23 O Senhor dirigiu a palavra a Jeremias: 24 "Você reparou que essas pessoas estão dizendo que o Senhor rejeitou os dois reinos^3 ^a que tinha escolhido? Por isso desprezam^b o meu povo e não mais o consideram como nação".^c 25 Assim diz o Senhor: "Se a minha aliança com o dia e com a noite ^d não mais vigorasse, se eu não tivesse estabelecido as leis fixas do céu e da terra,^e 26 então eu rejeitaria ^f os descendentes de Jacó ^g e do meu servo Davi e não escolheria um dos seus descendentes para que governasse os descendentes de Abraão, de Isaque e de Jacó. Mas eu restaurarei a sorte deles^4 ^h e lhes manifestarei a minha compaixão".

Advertência a Zedequias

34 Quando Nabucodonosor, rei da Babilônia, todo o seu exército e todos os reinos e povos ^i do império que ele governava lutavam contra Jerusalém,^j e contra todas as cidades ao redor, o Senhor dirigiu esta palavra a Jeremias: 2 "Assim diz o Senhor, o Deus de Israel: Vá ao rei Zedequias ^k de Judá e lhe diga: Assim diz o Senhor: Estou entregando esta cidade nas mãos do rei da Babilônia, e ele a incendiará.^l 3 Você não escapará, mas será capturado ^m e entregue nas mãos dele. Com os seus próprios olhos você verá o rei da Babilônia, e ele falará com você face a face. E você irá para a Babilônia.

---

^1 **33.16** Ou *ele será chamado*
^2 **33.18** Isto é, sacrifícios totalmente queimados.
^3 **33.24** Ou *as duas famílias*
^4 **33.26** Ou *os trarei de volta do cativeiro*

⁴ "Ouça, porém, a promessa do Senhor, ó Zedequias, rei de Judá. Assim diz o Senhor a seu respeito: Você não morrerá à espada, ⁵ mas morrerá em paz. E assim como o povo queimou incenso ⁿ em honra aos seus antepassados, os reis que o precederam, também queimarão incenso em sua honra e se lamentarão, clamando: 'Ah,ᵒ meu senhor!' Sim, eu mesmo faço essa promessa", declara o Senhor.

⁶ O profeta Jeremias disse todas essas palavras ao rei Zedequias de Judá, em Jerusalém, ⁷ enquanto o exército do rei da Babilônia lutava contra Jerusalém e contra as outras cidades de Judá que ainda resistiam, Laquisᵖ e Azeca,ᵠ pois só restaram essas cidades fortificadas em Judá.

Liberdade para os Escravos

⁸ O Senhor dirigiu a palavra a Jeremias depois do acordo ʳ que o rei Zedequias fez com todo o povo de Jerusalém, proclamando a libertação ˢ dos escravos. ⁹ Todos teriam que libertar seus escravos e escravas hebreus; ninguém poderia escravizar um compatriota judeu.ᵗ ¹⁰ Assim, todos os líderes e o povo que firmaram esse acordo de libertação dos escravos, concordaram em deixá-los livres e não mais escravizá-los; o povo obedeceu e libertou os escravos. ¹¹ Mas, depois disso, mudou de ideia e tomou de volta os homens e as mulheres que havia libertado e tornou a escravizá-los.

¹² Então o Senhor dirigiu a palavra a Jeremias, dizendo: ¹³ "Assim diz o Senhor, o Deus de Israel: Fiz uma aliança com os seus antepassados ᵘ quando os tirei do Egito, da terra da escravidão. Eu disse: ¹⁴ Ao fim de sete anos, cada um de vocês libertará todo compatriota hebreu que se vendeu a vocês. Depois que ele o tiver servido por seis anos, você o libertará.ˡ ᵛ Mas os seus antepassados não me obedeceram nem me deram atenção.ʷ ¹⁵ Recentemente vocês se arrependeram e fizeram o que eu aprovo: cada um de vocês proclamou liberdade para os seus compatriotas.ˣ Vocês até fizeram um acordo diante de mim no templo que leva o meu nome.ʸ ¹⁶ Mas, agora, vocês voltaram atrás ᶻ e profanaram ᵃ o meu nome, pois cada um de vocês tomou de volta os homens e as mulheres que tinham libertado. Vocês voltaram a escravizá-los".

¹⁷ Portanto, assim diz o Senhor: "Vocês não me obedeceram; não proclamaram libertação ᵇ cada um para o seu compatriota e para o seu próximo. Por isso, eu agora proclamo libertação para vocês", diz o Senhor, "pela espada, pela peste e pela fome. Farei com que vocês sejam um objeto de terror para todos os reinos da terra.ᶜ ¹⁸ Entregarei os homens que violaram a minha aliança e não cumpriram os termos da aliança que fizeram na minha presença quando cortaram o bezerro em dois e andaram entre as partes do animal;ᵈ ¹⁹ isto é, os líderes de Judá e de Jerusalém, os oficiais do palácio real,ᵉ os sacerdotes e todo o povo da terra que andou entre as partes do bezerro, ²⁰ sim, eu os entregarei ᶠ nas mãos dos inimigos que desejam tirar-lhes a vida.ᵍ Seus cadáveres servirão de comida para as aves e para os animais.ʰ

²¹ "Eu entregarei Zedequias,ⁱ rei de Judá, e os seus líderes ʲ nas mãos dos inimigos que desejam tirar-lhes a vida, e do exército do rei da Babilônia, que retirou o cerco de vocês.ᵏ ²² Darei a ordem", declara o Senhor, "e os trarei de volta a esta cidade. Eles lutarão contra ela e vão conquistá-laˡ e incendiá-la.ᵐ Farei com que as cidades de Judá fiquem devastadas e desabitadas".

Os Recabitas

35 Durante o reinado de Jeoaquim,ⁿ filho de Josias, rei de Judá, o Senhor dirigiu esta palavra a Jeremias: ² "Vá à comunidade dos recabitas,ᵒ convide-os a virem a uma das salas ᵖ do templo do Senhor e ofereça-lhes vinho para beber".

³ Então busquei Jazanias, filho de Jeremias, filho de Habazinias, seus irmãos e todos os

---

ˡ 34.14 Dt 15.12

seus filhos e toda a comunidade dos recabitas. ⁴ Eu os levei ao templo do SENHOR, à sala dos filhos de Hanã, filho de Jigdalias, homem de Deus.ᑫ A sala ficava ao lado da sala dos líderes e debaixo da sala de Maaseias, filho de Salum,ʳ o porteiro.ˢ ⁵ Então coloquei vasilhas cheias de vinho e alguns copos diante dos membros da comunidade dos recabitas e lhes pedi que bebessem.

⁶ Eles, porém, disseram: "Não bebemos vinho porque o nosso antepassado Jonadabe,ᵗ filho de Recabe, nos deu esta ordem: 'Nem vocês nem os seus descendentes beberão vinho.ᵘ ⁷ Vocês não construirão casas nem semearão; não plantarão vinhas nem as possuirão; mas vocês sempre habitarão em tendas.ᵛ Assim vocês viverão por muito tempo na terra ʷ na qual são nômades'. ⁸ Temos obedecido a tudo o que nos ordenou nosso antepassado ˣ Jonadabe, filho de Recabe. Nós, nossas mulheres, nossos filhos e nossas filhas jamais bebemos vinho em toda a nossa vida, ⁹ não construímos casas para nossa moradia nem possuímos vinhas, campos ou plantações.ʸ ¹⁰ Temos vivido em tendas e obedecido fielmente a tudo o que nosso antepassado Jonadabe nos ordenou. ¹¹ Mas, quando Nabucodonosor, rei da Babilônia, invadiu ᶻ esta terra, dissemos: Venham, vamos para Jerusalém ᵃ para escapar dos exércitos dos babilônios e dos sírios. Assim, permanecemos em Jerusalém".

¹² O SENHOR dirigiu a palavra a Jeremias, dizendo: ¹³ "Assim diz o SENHOR dos Exércitos, Deus de Israel: Vá dizer aos homens de Judá e aos habitantes de Jerusalém: Será que vocês não vão aprender a lição ᵇ e obedecer às minhas palavras?", pergunta o SENHOR. ¹⁴ "Jonadabe, filho de Recabe, ordenou a seus filhos que não bebessem vinho, e essa ordem tem sido obedecida até hoje. Eles não bebem vinho porque obedecem à ordem do seu antepassado. Mas eu tenho falado a vocês repetidas vezes,ᶜ e, contudo, *vocês não me obedecem*.ᵈ ¹⁵ Enviei a vocês, repetidas vezes, todos os meus servos, os profetas,ᵉ para dizer que cada um de vocês ᶠ deveria converter-se ᵍ da sua má conduta, corrigir as suas ações e deixar de seguir outros deuses para prestar-lhes culto. Assim, vocês habitariam na terra ʰ que dei a vocês e a seus antepassados. Mas vocês não me deram atenção nem me obedeceram.ⁱ ¹⁶ Os descendentes de Jonadabe, filho de Recabe, cumprem a ordem que o seu antepassado ʲ lhes deu, mas este povo não me obedece".

¹⁷ Portanto, assim diz o SENHOR dos Exércitos, Deus de Israel: "Trarei sobre Judá e sobre todos os habitantes de Jerusalém toda a desgraça ᵏ da qual os adverti; porque falei a eles, mas não me ouviram,ˡ chamei-os, mas não me responderam".ᵐ

¹⁸ Jeremias disse à comunidade dos recabitas: "Assim diz o SENHOR dos Exércitos, Deus de Israel: 'Vocês têm obedecido àquilo que o seu antepassado Jonadabe ordenou; têm cumprido todas as suas instruções e têm feito tudo o que ele ordenou'. ¹⁹ Por isso, assim diz o SENHOR dos Exércitos, Deus de Israel: 'Jamais faltará ⁿ a Jonadabe, filho de Recabe, um descendente que me sirva'".ᵒ

Jeoaquim Queima o Rolo de Jeremias

36 No quarto ano do reinado de Jeoaquim,ᵖ filho de Josias, rei de Judá, o SENHOR dirigiu esta palavra a Jeremias: ² "Pegue um rolo ᑫ e escreva nele todas as palavras que falei a você a respeito de Israel, de Judá e de todas as outras nações, desde que comecei a falar a você, durante o reinado de Josias,ʳ até hoje. ³ Talvez,ˢ quando o povo de Judá souber ᵗ de cada uma das desgraças que planejo trazer sobre eles, cada um se converta ᵘ de sua má conduta e eu perdoe ᵛ a iniquidade e o pecado deles".

⁴ Então Jeremias chamou Baruque,ʷ filho de Nerias, para que escrevesse no rolo, conforme Jeremias ditava,ˣ todas as palavras que o SENHOR lhe havia falado.ʸ ⁵ Depois Jeremias disse a Baruque: "Estou preso; não posso ir ao templo do SENHOR.

⁶ Por isso, vá ao templo do Senhor no dia do jejum ᶻ e leia ao povo as palavras do Senhor que eu ditei, as quais você escreveu. Você também as lerá a todo o povo de Judá que vem de suas cidades. ⁷ Talvez a súplica deles chegue diante do Senhor, e cada um se converta ᵃ de sua má conduta, pois é grande o furor ᵇ anunciado pelo Senhor contra este povo.”

⁸ E Baruque, filho de Nerias, fez exatamente tudo aquilo que o profeta Jeremias lhe mandou fazer e leu as palavras do Senhor. ⁹ No nono mês ᶜ do quinto ano do reinado de Jeoaquim, filho de Josias, rei de Judá, foi proclamado um jejum ᵈ perante o Senhor para todo o povo de Jerusalém e para todo o povo que vinha das cidades de Judá para Jerusalém. ¹⁰ Baruque leu a todo o povo as palavras de Jeremias escritas no rolo. Ele as leu no templo do Senhor, da sala de Gemarias, filho do secretário Safã.ᵉ A sala ficava no pátio superior, na porta Nova do templo.ᶠ

¹¹ Quando Micaías, filho de Gemarias, filho de Safã, ouviu todas as palavras do Senhor, ¹² desceu à sala do secretário, no palácio real, onde todos os líderes estavam sentados: o secretário Elisama, Delaías, filho de Semaías, Elnatã,ᵍ filho de Acbor, Gemarias, filho de Safã, Zedequias, filho de Hananias, e todos os outros líderes. ¹³ Micaías relatou-lhes tudo o que tinha ouvido quando Baruque leu ao povo o que estava escrito. ¹⁴ Então todos os líderes mandaram por intermédio de Jeudi,ʰ filho de Netanias, neto de Selemias, bisneto de Cuchi, a seguinte mensagem a Baruque: “Pegue o rolo que você leu ao povo e venha aqui”. Baruque, filho de Nerias, pegou o rolo e foi até eles. ¹⁵ Disseram-lhe: “Sente-se e leia-o para nós”.

Então Baruque o leu para eles. ¹⁶ Quando ouviram todas aquelas palavras, entreolharam-se com medo e disseram a Baruque: “É absolutamente necessário que relatemos ao rei todas essas palavras”. ¹⁷ Perguntaram a Baruque: “Diga-nos, como você escreveu tudo isso? Foi Jeremias quem o ditou a você?”

¹⁸ “Sim”, Baruque respondeu, “ele ditouⁱ todas essas palavras, e eu as escrevi com tinta no rolo.”

¹⁹ Os líderes disseram a Baruque: “Vá esconder-se ʲ com Jeremias; e que ninguém saiba onde vocês estão”.

²⁰ Então deixaram o rolo na sala de Elisama, o secretário, foram ao pátio do palácio real e relataram tudo ao rei. ²¹ O rei mandou Jeudi ᵏ pegar o rolo, e Jeudi o trouxe da sala de Elisama, o secretário, e o leu ao rei ˡ e a todos os líderes que estavam a seu serviço. ²² Isso aconteceu no nono mês. O rei estava sentado em seus aposentos de inverno,ᵐ perto de um braseiro aceso. ²³ Assim que Jeudi terminava de ler três ou quatro colunas, o rei as cortava com uma faca de escrivão e as atirava no braseiro, até que o rolo inteiro foi queimado no braseiro.ⁿ ²⁴ O rei e todos os seus conselheiros que ouviram todas aquelas palavras não ficaram alarmados ᵒ nem rasgaram as suas roupas, lamentando-se.ᵖ ²⁵ Embora Elnatã, Delaías e Gemarias tivessem insistido com o rei que não queimasse o rolo, ele não quis ouvi-los. ²⁶ Em vez disso, o rei ordenou a Jerameel, filho do rei, Seraías, filho de Azriel, e Selemias, filho de Abdeel, que prendessem ᵍ o escriba Baruque e o profeta Jeremias. Mas o Senhor os tinha escondido.ʳ

²⁷ Depois que o rei queimou o rolo que continha as palavras ditadas ˢ por Jeremias e redigidas por Baruque, o Senhor dirigiu esta palavra a Jeremias: ²⁸ “Pegue outro rolo e escreva nele todas as palavras que estavam no primeiro, que Jeoaquim, rei de Judá, queimou. ²⁹ Também diga a Jeoaquim, rei de Judá: Assim diz o Senhor: Você queimou aquele rolo e perguntou: ‘Por que você escreveu nele que o rei da Babilônia virá e destruirá esta terra e dela eliminará tanto homens como animais?’ ” ᵗ ³⁰ Pois assim diz o Senhor acerca de Jeoaquim, rei de Judá: “Ele não terá nenhum descendente

para sentar-se no trono de Davi; seu corpo será lançado fora ᵘ e exposto ao calor de dia e à geada de noite. ³¹ Eu castigarei a ele, aos seus filhos e aos seus conselheiros por causa dos seus pecados. Trarei sobre eles, sobre os habitantes de Jerusalém e sobre os homens de Judá toda a desgraça ᵛ que pronunciei contra eles, porquanto não me deram atenção".

³² Então Jeremias pegou outro rolo e o deu ao escriba Baruque, filho de Nerias, para que escrevesse ˣ nele, conforme Jeremias ditava,ʷ todas as palavras do livro que Jeoaquim, rei de Judá, tinha queimado, ʸ além de muitas outras palavras semelhantes que foram acrescentadas.

Jeremias na Prisão

37 Zedequias,ᶻ filho de Josias, rei de Judá,ᵃ foi designado rei por Nabucodonosor, rei da Babilônia. Ele reinou em lugar de Joaquim¹,ᵇ filho de Jeoaquim. ² Nem ele, nem seus conselheiros, nem o povo da terra deram atenção ᶜ às palavras que o SENHOR tinha falado por meio do profeta Jeremias.

³ O rei Zedequias, porém, mandou Jucal, filho de Selemias, e o sacerdote Sofonias,ᵈ filho de Maaseias, ao profeta Jeremias com esta mensagem: "Ore ᵉ ao SENHOR, ao nosso Deus, em nosso favor".

⁴ Naquela época, Jeremias estava livre para circular entre o povo, pois ainda não tinha sido preso.ᶠ ⁵ Enquanto isso, o exército do faraó tinha saído do Egito.ᵍ E, quando os babilônios que cercavam Jerusalémⁱ ouviram isso, retiraram o cerco.ʰ

⁶ O SENHOR dirigiu esta palavra ao profeta Jeremias: ⁷ "Assim diz o SENHOR, o Deus de Israel: Digam ao rei de Judá, que os mandou para consultar-me:ʲ O exército do faraó, que saiu do Egito para vir ajudá-los, retornará à sua própria terra, ao Egito.ᵏ ⁸ Os babilônios voltarão e atacarão esta cidade; eles a conquistarão e a destruirão a fogo".ˡ

---
¹ 37.1 Hebraico: *Conias*, variante de *Joaquim*.

⁹ Assim diz o SENHOR: "Não se enganem,ᵐ dizendo: 'Os babilônios certamente vão embora'. Porque eles não vão. ¹⁰ Ainda que vocês derrotassem todo o exército babilônio que está atacando vocês, e só lhe restassem homens feridos em suas tendas, eles se levantariam e incendiariam esta cidade".

¹¹ Depois que o exército babilônio se retirou ⁿ de Jerusalém por causa do exército do faraó, ¹² Jeremias saiu da cidade para ir ao território de Benjamim a fim de tomar posse da propriedade ᵒ que tinha entre o povo daquele lugar. ¹³ Mas, quando chegou à porta de Benjamim, o capitão da guarda, cujo nome era Jerias, filho de Selemias, filho de Hananias, o prendeu e disse: "Você está desertando para o lado dos babilônios!"

¹⁴ "Isso não é verdade!", disse Jeremias. "Não estou passando para o lado dos babilônios." Mas Jerias não quis ouvi-lo; e, prendendo ᵖ Jeremias, o levou aos líderes. ¹⁵ Eles ficaram furiosos com Jeremias, espancaram-no ᵠ e o prenderam na casa ʳ do secretário Jônatas, que tinham transformado numa prisão.

¹⁶ Jeremias foi posto numa cela subterrânea da prisão, onde ficou por muito tempo. ¹⁷ Então o rei mandou buscá-lo, e Jeremias foi trazido ao palácio. E, secretamente,ᵗ o rei lhe perguntou:ˢ "Há alguma palavra da parte do SENHOR?"

"Há", respondeu Jeremias, "você será entregue ᵘ nas mãos do rei da Babilônia".

¹⁸ Então Jeremias disse ao rei Zedequias: "Que crime ᵛ cometi contra você ou contra os seus conselheiros ou contra este povo para que você me mandasse para a prisão? ¹⁹ Onde estão os seus profetas que profetizaram para você: 'O rei da Babilônia não atacará nem a vocês nem a esta terra'? ²⁰ Mas, agora, ó rei, meu senhor, escute-me, por favor. Permita-me apresentar-lhe a minha súplica: Não me mande de volta à casa de Jônatas, o secretário, para que eu não morra ali".

²¹ Então o rei Zedequias deu ordens para que Jeremias fosse colocado no pátio

da guarda e que diariamente recebesse pão da rua dos padeiros, enquanto houvesse pão na cidade. Assim, Jeremias permaneceu no pátio da guarda.

Jeremias Confinado numa Cisterna

38 E ocorreu que Sefatias, filho de Matã, Gedalias, filho de Pasur, Jucal, filho de Selemias, e Pasur, filho de Malquias, ouviram o que Jeremias estava dizendo a todo o povo: ² "Assim diz o Senhor: 'Aquele que permanecer nesta cidade morrerá pela espada, pela fome e pela peste; mas aquele que se render aos babilônios viverá. Escapará com vida e sobreviverá.' ³ E, assim diz o Senhor: 'Esta cidade certamente será entregue ao exército do rei da Babilônia, que a conquistará' ".

⁴ Então os líderes disseram ao rei: "Este homem deve morrer. Ele está desencorajando os soldados que restaram nesta cidade, bem como todo o povo, com as coisas que ele está dizendo. Este homem não busca o bem deste povo, mas a sua ruína".

⁵ O rei Zedequias respondeu: "Ele está em suas mãos; o rei não pode opor-se a vocês".

⁶ Assim, pegaram Jeremias e o jogaram na cisterna de Malquias, filho do rei, a qual ficava no pátio da guarda. Baixaram Jeremias por meio de cordas para dentro da cisterna. Não havia água na cisterna, mas somente lama; e Jeremias afundou na lama.

⁷ Mas Ebede-Meleque, o etíope, oficial¹ do palácio real, ouviu que eles tinham jogado Jeremias na cisterna. Ora, o rei estava sentado junto à porta de Benjamim, ⁸ e Ebede-Meleque saiu do palácio e foi dizer-lhe: ⁹ "Ó rei, meu senhor, esses homens cometeram um mal em tudo o que fizeram ao profeta Jeremias. Eles o jogaram numa cisterna para que morra de fome, pois já não há mais pão na cidade".

¹⁰ Então o rei ordenou a Ebede-Meleque, o etíope: "Leve com você três homens sob as suas ordens e retire o profeta Jeremias da cisterna antes que ele morra".

¹¹ Então Ebede-Meleque levou consigo os homens que estavam sob as suas ordens e foi à sala que fica debaixo da tesouraria do palácio. Pegou alguns trapos e roupas velhas e desceu cordas até Jeremias na cisterna. ¹² Ebede-Meleque, o etíope, disse a Jeremias: "Põe esses trapos e roupas velhas debaixo dos braços para servirem de almofada para as cordas". E Jeremias assim fez. ¹³ Assim, com as cordas o puxaram para cima e o tiraram da cisterna.

E Jeremias permaneceu no pátio da guarda.

Jeremias é Interrogado Novamente

¹⁴ Então o rei Zedequias mandou trazer o profeta Jeremias e o encontrou na terceira entrada do templo do Senhor. "Quero pedir-te uma palavra", disse o rei. "Não me escondas nada."

¹⁵ Jeremias disse a Zedequias: "Se eu der uma resposta, você não me matará? Mesmo que eu o aconselhasse, você não me escutaria".

¹⁶ O rei Zedequias, porém, fez este juramento secreto a Jeremias: "Juro pelo nome do Senhor, de quem recebemos a vida, que eu não o matarei nem o entregarei nas mãos daqueles que desejam tirar sua vida".

¹⁷ Então Jeremias disse a Zedequias: "Assim diz o Senhor dos Exércitos, Deus de Israel: 'Se você se render imediatamente aos oficiais do rei da Babilônia, sua vida será poupada e esta cidade não será incendiada; você e a sua família viverão. ¹⁸ Mas, se você não se render imediatamente aos oficiais do rei da Babilônia, esta cidade será entregue nas mãos dos babilônios, e eles a incendiarão; nem mesmo você escapará das mãos deles' ".

¹⁹ O rei Zedequias disse a Jeremias: "Tenho medo dos judeus que estão apoiando os babilônios, pois os babilônios poderão entregar-me nas mãos deles, e eles me maltratarão".

---

¹ **38.7** Ou *eunuco*

²⁰ "Eles não o entregarão", Jeremias respondeu. "Obedeça ᵛ ao Senhor fazendo o que eu digo, para que tudo corra bem a você e a sua vida ʷ seja poupada. ²¹ Mas, se você não quiser render-se, foi isto que o Senhor me revelou: ²² Todas as mulheres ˣ deixadas no palácio real de Judá serão levadas aos oficiais do rei da Babilônia. E elas dirão a você:

'Aqueles teus amigos de confiança
  te enganaram
e prevaleceram sobre ti.
Teus pés estão atolados na lama;
  teus amigos te abandonaram'.

²³ "Todas as suas mulheres e os seus filhos ʸ serão levados aos babilônios. Você mesmo não escapará das mãos deles, mas será capturado ᶻ pelo rei da Babilônia; e esta cidade será¹ incendiada."

²⁴ Então Zedequias disse a Jeremias: "Se alguém souber dessa conversa, tu morrerás. ²⁵ Se os líderes ouvirem que eu conversei contigo e vierem dizer-te: 'Conta-nos o que disseste ao rei e o que o rei te disse; não escondas nada de nós, se não nós te mataremos', ²⁶ dize: Fui suplicar ao rei que não me mandasse de volta à casa de Jônatas,ᵃ para ali morrer".

²⁷ Quando os líderes vieram interrogar Jeremias, ele lhes disse tudo o que o rei tinha ordenado que dissesse. E eles não lhe perguntaram mais nada, pois ninguém tinha ouvido a conversa com o rei.

²⁸ E Jeremias permaneceu no pátio da guarda ᵇ até o dia em que Jerusalém foi conquistada.

A Queda de Jerusalém

39 Foi assim que Jerusalém foi tomada: no nono ano do reinado de Zedequias, rei de Judá, no décimo mês, Nabucodonosor, rei da Babilônia, marchou contra Jerusalém com todo seu exército e a sitiou.ᶜ ² E, no nono dia do quarto mês do décimo primeiro ano do reinado de Zedequias, o muro da cidade foi rompido. ³ Então todos os oficiais ᵈ do rei da Babilônia vieram e se assentaram junto à porta do Meio: Nergal-Sarezer de Sangar, Nebo-Sarsequim, um dos chefes dos oficiais, Nergal-Sarezer, um alto oficial, e todos os outros oficiais do rei da Babilônia. ⁴ Quando Zedequias, rei de Judá, e todos os soldados os viram, fugiram e saíram da cidade, à noite, na direção do jardim real, pela porta entre os dois muros; e foram para a Arabá².

⁵ Mas o exército babilônio os perseguiu e alcançou Zedequias ᵉ na planície de Jericó. Eles o capturaram e o levaram a Nabucodonosor, rei da Babilônia, em Ribla,ᶠ na terra de Hamate, que o sentenciou. ⁶ Em Ribla, o rei da Babilônia mandou executar os filhos de Zedequias diante dos seus olhos ᵍ e também matou todos os nobres de Judá. ⁷ Mandou furar os olhos de Zedequias e prendê-lo com correntes de bronze para levá-lo para a Babilônia.ʰ

⁸ Os babilônios incendiaram ⁱ o palácio real e as casas do povo e derrubaram os muros de Jerusalém.ʲ ⁹ Nebuzaradã, o comandante da guarda imperial, deportou para a Babilônia o povo que restou na cidade, junto com aqueles que tinham se rendido a ele, e o restante dos artesãos³.ᵏ ¹⁰ Somente alguns dos mais pobres do povo, que nada tinham, Nebuzaradã deixou para trás em Judá. E, naquela ocasião, ele lhes deu vinhas e campos.

¹¹ Mas Nabucodonosor, rei da Babilônia, deu ordens a respeito de Jeremias a Nebuzaradã: ¹² "Vá buscá-lo e cuide bem dele; não o maltrate,ˡ mas faça o que ele pedir". ¹³ Então Nebuzaradã, o comandante da guarda imperial, Nebusazbã, um dos chefes dos oficiais, Nergal-Sarezer, um alto oficial, e todos os outros oficiais do rei da Babilônia ¹⁴ mandaram tirar Jeremias do pátio da guarda ᵐ e o entregaram a Gedalias, filho de

---

¹ **38.23** Ou *e fará esta cidade ser*
² **39.4** Ou *para o vale do Jordão*
³ **39.9** Ou *restante do povo*

Aicam,[n] filho de Safã, para que o levasse à residência do governador. Assim, Jeremias permaneceu no meio do seu povo.[o]

¹⁵ Enquanto Jeremias esteve preso no pátio da guarda, o Senhor lhe dirigiu a palavra: ¹⁶ "Vá dizer a Ebede-Meleque,[p] o etíope: Assim diz o Senhor dos Exércitos, Deus de Israel: Estou prestes a cumprir as minhas advertências contra esta cidade, com desgraça[q] e não com prosperidade. Naquele dia, elas se cumprirão diante dos seus olhos. ¹⁷ Mas eu o resgatarei[r] naquele dia", declara o Senhor; "você não será entregue nas mãos daqueles a quem teme. ¹⁸ Eu certamente o resgatarei; você não morrerá à espada,[s] mas escapará com vida,[t] porque você confia em mim",[u] declara o Senhor.

A Libertação de Jeremias

40 O Senhor dirigiu a palavra a Jeremias depois que o comandante da guarda imperial, Nebuzaradã, o libertou em Ramá. Ele tinha encontrado Jeremias acorrentado no meio de todos os cativos de Jerusalém e de Judá que estavam sendo levados para o exílio na Babilônia. ² Quando o comandante da guarda encontrou Jeremias, disse-lhe: "Foi o Senhor, o seu Deus, que determinou esta desgraça para este lugar.[v] ³ Agora o Senhor a cumpriu e fez o que tinha prometido. Tudo isso aconteceu porque vocês[w] pecaram contra o Senhor e não lhe obedeceram.[x] ⁴ Mas hoje eu o liberto das correntes que prendem as suas mãos. Se você quiser, venha comigo para a Babilônia e eu cuidarei de você; se, porém, não quiser, pode ficar. Veja! Toda esta terra está diante de você; vá para onde achar melhor".[y] ⁵ Contudo, antes de Jeremias se virar para partir,[1] Nebuzaradã acrescentou: "Volte a Gedalias,[z] filho de Aicam, neto de Safã, a quem o rei da Babilônia nomeou governador sobre as cidades de Judá, e viva com ele entre o povo, ou vá para qualquer outro lugar que desejar".[a]

---

[1] 40.5 Ou *Jeremias responder*

Então o comandante lhe deu provisões e um presente, e o deixou partir. ⁶ Jeremias foi a Gedalias, filho de Aicam, em Mispá,[b] e permaneceu com ele entre o povo que foi deixado na terra de Judá.

O Assassinato de Gedalias

⁷ Havia comandantes do exército que ainda estavam em campo aberto com os seus soldados. Eles ouviram que o rei da Babilônia tinha nomeado Gedalias, filho de Aicam, governador de Judá e o havia encarregado dos homens, das mulheres, das crianças e dos mais pobres[c] da terra que não tinham sido deportados para a Babilônia. ⁸ Então foram até Gedalias, em Mispá:[d] Ismael,[e] filho de Netanias, Joanã e Jônatas, filhos de Careá, Seraías, filho de Tanumete, os filhos de Efai, de Netofate,[f] e Jazanias, filho do maacatita,[g] juntamente com os seus soldados. ⁹ Gedalias, filho de Aicam, neto de Safã, fez um juramento a eles e aos seus soldados: "Não temam sujeitar-se[h] aos babilônios. Estabeleçam-se na terra, sujeitem-se ao rei da Babilônia, e tudo irá bem para vocês.[i] ¹⁰ Eu mesmo permanecerei em Mispá[j] para representá-los diante dos babilônios que vierem a nós. Mas, vocês, façam a colheita das uvas para o vinho, das frutas e das olivas para o azeite, ponham o produto em jarros e vivam nas cidades que vocês ocuparam".[k]

¹¹ Todos os judeus que estavam em Moabe,[l] em Amom, em Edom e em todas as outras terras ouviram que o rei da Babilônia tinha deixado um remanescente em Judá e que havia nomeado Gedalias, filho de Aicam, neto de Safã, governador sobre eles. ¹² Então voltaram de todos os lugares para onde tinham sido espalhados;[m] vieram para a terra de Judá e foram até Gedalias em Mispá. E fizeram uma grande colheita de frutas de verão e de uvas para o vinho.

¹³ Joanã, filho de Careá, e todos os comandantes do exército que ainda estavam em campo aberto, foram até Gedalias em

Mispá ⁿ ¹⁴ e lhe disseram: "Você não sabe que Baalis, rei dos amonitas,º enviou Ismael, filho de Netanias, para matá-lo?" Mas Gedalias, filho de Aicam, não acreditou neles.

¹⁵ Então Joanã, filho de Careá, disse em particular a Gedalias, em Mispá: "Irei agora e matarei Ismael, filho de Netanias, e ninguém ficará sabendo disso. Por que deveria ele fazer que os judeus que se uniram a você sejam espalhados e o remanescente de Judá seja destruído?"

¹⁶ Mas Gedalias, filho de Aicam, disse a Joanã, filho de Careá: "Não faça uma coisa dessas. O que você está dizendo sobre Ismael não é verdade".

41 No sétimo mês, Ismael,ᵖ filho de Netanias, filho de Elisama, que era de sangue real e tinha sido um dos oficiais do rei, foi até Gedalias, filho de Aicam, em Mispá, levando consigo dez homens. Enquanto comiam juntos, ² Ismael ᵠ e os dez homens que estavam com ele se levantaram e feriram à espada Gedalias, filho de Aicam, neto de Safã, matando aquele que o rei da Babilônia tinha nomeadoʳ governador de Judá.ˢ ³ Ismael também matou todos os judeus que estavam com Gedalias em Mispá, bem como os soldados babilônios que ali estavam.

⁴ No dia seguinte ao assassinato de Gedalias, antes que alguém o soubesse, ⁵ oitenta homens que haviam rapado a barba,ᵗ rasgado suas roupas e feito cortes no corpo, vieram de Siquém,ᵘ de Siló ᵛ e de Samaria,ʷ trazendo ofertas de cereal e incenso para oferecer no templo do SENHOR.ˣ ⁶ Ismael, filho de Netanias, saiu de Mispá para encontrá-los, chorando ʸ enquanto caminhava. Quando os encontrou, disse: "Venham até onde se encontra Gedalias, filho de Aicam". ⁷ Quando entraram na cidade, Ismael, filho de Netanias, e os homens que estavam com ele os mataram e os atiraram numa cisterna. ⁸ Mas dez deles disseram a Ismael: "Não nos mate! Temos trigo e cevada, azeite e mel, escondidos num campo".ᶻ Então ele os deixou em paz e não os matou com os demais. ⁹ A cisterna na qual ele jogou os corpos dos homens que havia matado, juntamente com o de Gedalias, tinha sido cavada pelo rei Asaᵃ para defender-se ᵇ de Baasa,ᶜ rei de Israel. Ismael, filho de Netanias, encheu-a com os mortos.

¹⁰ Ismael tomou como prisioneiros todo o restante do povo ᵈ que estava em Mispá, inclusive as filhas do rei, sobre os quais Nebuzaradã, o comandante da guarda imperial, havia nomeado Gedalias, filho de Aicam, governador. Ismael, filho de Netanias, levou-os como prisioneiros e partiu para o território de Amom.ᵉ

¹¹ Quando Joanã,ᶠ filho de Careá, e todos os comandantes do exército que com ele estavam souberam do crime que Ismael, filho de Netanias, tinha cometido, ¹² convocaram todos os seus soldados para lutar contra ele. Eles o alcançaram perto do grande açude de Gibeom.ᵍ ¹³ Quando todo o povo,ʰ que Ismael tinha levado como prisioneiro, viu Joanã, filho de Careá, e os comandantes do exército que estavam com ele, alegrou-se. ¹⁴ Todo o povo que Ismael tinha levado como prisioneiro de Mispá se voltou e passou para o lado de Joanã, filho de Careá. ¹⁵ Mas Ismael, filho de Netanias, e oito de seus homens escaparam ⁱ de Joanã e fugiram para o território de Amom.

A Fuga para o Egito

¹⁶ Então, Joanã, filho de Careá, e todos os comandantes do exército que com ele estavam levaram todos os que tinham restado ʲ em Mispá, os quais ele tinha resgatado de Ismael, filho de Netanias, depois que este havia assassinado Gedalias, filho de Aicam: os soldados, as mulheres, as crianças e os oficiais do palácio real, que ele tinha trazido de Gibeom. ¹⁷ E eles prosseguiram, parando em Gerute-Quimã,ᵏ perto de Belém, a caminho do Egito.ˡ ¹⁸ Queriam escapar dos babilônios. Estavam com medo ᵐ porque Ismael, filho de Netanias, tinha matado

---

40.13
ⁿ v. 8

40.14
º 2Sm 10.1-19; Jr 25.21; 41.10

41.1
ᵖ Jr 40.8

41.2
ᵠ Sl 41.9; 109.5
ʳ Jr 40.5
ˢ 2Sm 3.27; 20.9-10

41.5
ᵗ Lv 19.27
ᵘ Gn 33.18; Jz 9.1-57; 1Rs 12.1
ᵛ Js 18.1
ʷ 1Rs 16.24
ˣ 2Rs 25.9

41.6
ʸ 2Sm 3.16

41.8
ᶻ Is 45.3

41.9
ᵃ 1Rs 15.22; 2Cr 16.6

41.9
ᵇ Jz 6.2
ᶜ 2Cr 16.1

41.10
ᵈ Jr 40.7, 12
ᵉ Jr 40.14

41.11
ᶠ Jr 40.8

41.12
ᵍ 2Sm 2.13

41.13
ʰ v. 10

41.15
ⁱ Jó 21.30; Pv 28.17

41.16
ʲ Jr 43.4

41.17
ᵏ 2Sm 19.37
ˡ Jr 42.14

41.18
ᵐ Is 51.12; Jr 42.16; Lc 12.4-5

Gedalias,ⁿ filho de Aicam, a quem o rei da Babilônia nomeara governador de Judá.

42 Então todos os líderes do exército, inclusive Joanã,° filho de Careá, e Jezanias,¹ filho de Hosaías, e todo o povo, desde o menor até o maior,ᵖ aproximaram-se ² do profeta Jeremias e lhe disseram: "Por favor, ouça a nossa petição e ore ᵠ ao Senhor, ao seu Deus, por nós e em favor de todo este remanescente;ʳ pois, como você vê, embora fôssemos muitos, agora só restam poucos de nós.ˢ ³ Ore rogando ao Senhor, ao seu Deus, que nos diga para onde devemos ir e o que devemos fazer".ᵗ

⁴ "Eu os atenderei", respondeu o profeta Jeremias. "Orarei ᵘ ao Senhor, ao seu Deus, conforme vocês pediram. E tudo o que o Senhor responder eu direi; nada esconderei de vocês".ᵛ

⁵ Então disseram a Jeremias: "Que o Senhor seja uma testemunha verdadeira ʷ e fiel contra nós, caso não façamos tudo o que o Senhor, o seu Deus, nos ordenar por você. ⁶ Quer seja favorável ou não, obedeceremos ao Senhor, o nosso Deus, a quem o enviamos, para que tudo vá bem conosco,ˣ pois obedeceremos ʸ ao Senhor, o nosso Deus".

⁷ Dez dias depois o Senhor dirigiu a palavra a Jeremias, ⁸ e ele convocou Joanã, filho de Careá, e todos os comandantes do exército ᶻ que estavam com ele e todo o povo, desde o menor até o maior. ⁹ Disse-lhes então: "Assim diz o Senhor, o Deus de Israel, a quem vocês me enviaram para apresentar a petição de vocês:ᵃ ¹⁰ 'Se vocês permanecerem nesta terra, eu os edificarei ᵇ e não os destruirei; eu os plantareiᶜ e não os arrancarei,ᵈ pois muito me pesa a desgraça que eu trouxe sobre vocês.ᵉ ¹¹ Não tenham medo do rei da Babilônia,ᶠ a quem vocês agora temem.ᵍ Não tenham medo dele', declara o Senhor, 'pois estou com vocês e os salvarei ʰ e os livrarei das mãos dele.ⁱ ¹² Eu terei compaixão de vocês, e ele também, e permitirá a vocês retornar à terra de vocês'.ʲ

¹³ "Contudo, se vocês disserem 'Não permaneceremos nesta terra', e assim desobedecerem ᵏ ao Senhor, ao seu Deus, ¹⁴ e se disserem: 'Não, nós iremos para o Egito,ˡ onde não veremos a guerra nem ouviremos o som da trombeta, nem passaremos fome', ¹⁵ ouçam a palavra do Senhor, ó remanescente de Judá. Assim diz o Senhor dos Exércitos, Deus de Israel: 'Se vocês estão decididos a ir para o Egito e lá forem residir, ¹⁶ a guerra ᵐ que vocês temem os alcançará, a fome que receiam os seguirá até o Egito, e lá vocês morrerão. ¹⁷ Todos os que estão decididos a partir e residir no Egito morrerão pela guerra, pela fome e pela peste; ⁿ nem um só deles sobreviverá ou escapará da desgraça que trarei sobre eles'. ¹⁸ Assim diz o Senhor dos Exércitos, Deus de Israel: 'Como o meu furor ° foi derramado sobre os habitantes de Jerusalém,ᵖ também a minha ira será derramada sobre vocês, quando forem para o Egito. Vocês serão objeto de maldição e de pavor,ᑫ de desprezo e de afronta. Vocês jamais tornarão a ver este lugar'.ʳ

¹⁹ "Ó remanescente de Judá, o Senhor disse a vocês: 'Não vão para o Egito'.ˢ Estejam certos disto: Eu hoje os advirto ²⁰ que vocês cometeram um erro fatal² quando me enviaram ao Senhor, ao seu Deus, pedindo: 'Ore ao Senhor, ao nosso Deus, em nosso favor. Diga-nos tudo o que ele falar a você, e nós o faremos'.ᵗ ²¹ Eu disse a vocês, hoje mesmo, o que o Senhor, o seu Deus, me mandou dizer a vocês, mas vocês não lhe estão obedecendo.ᵘ ²² Agora, porém, estejam certos de que vocês morrerão pela guerra, pela fome e pela peste,ᵛ no lugar em que vocês desejam residir".ʷ

43 Quando Jeremias acabou de dizer ao povo tudo o que o Senhor, o seu Deus, lhe mandara dizer,ˣ ² Azarias, filho

---

¹ **42.1** A Septuaginta diz *Azarias*. Veja 43.2.

² **42.20** Ou *no coração*

de Hosaías, e Joanã,ʸ filho de Careá, e todos os homens arrogantes disseram a Jeremias: "Você está mentindo! O Senhor não o mandou dizer que não fôssemos residir no Egito. ³ Mas é Baruque, filho de Nerias, que o está instigando contra nós para que sejamos entregues nas mãos dos babilônios, a fim de que nos matem ou nos levem para o exílio na Babilônia".ᶻ

⁴ Assim Joanã, filho de Careá, todos os comandantes do exército e todo o povo desobedeceram à ordem do Senhor ᵃ de que permanecessem na terra de Judá.ᵇ ⁵ E Joanã, filho de Careá, e todos os comandantes do exército levaram todo o remanescente de Judá que tinha voltado de todas as nações para onde haviam sido espalhados a fim de viver na terra de Judá:ᶜ ⁶ todos os homens, mulheres e crianças, as filhas do rei, todos os que Nebuzaradã, o comandante da guarda imperial, deixara com Gedalias, filho de Aicam, neto de Safã; além do profeta Jeremias e de Baruque, filho de Nerias. ⁷ Eles foram para o Egito, desobedecendo ao Senhor, indo até Tafnes.ᵈ

⁸ Em Tafnes,ᵉ o Senhor dirigiu a palavra a Jeremias, dizendo: ⁹ "Pegue algumas pedras grandes e, à vista dos homens de Judá, enterre-as no barro do pavimento à entrada do palácio do faraó, em Tafnes. ¹⁰ Então diga-lhes: Assim diz o Senhor dos Exércitos, Deus de Israel: Mandarei chamar meu servo ᶠ Nabucodonosor, rei da Babilônia, e ele colocará o seu trono sobre essas pedras que enterrei, e estenderá a sua tendaⁱ real sobre elas. ¹¹ Ele virá e atacará o Egito,ᵍ trará a morte aos destinados à morte, o cativeiro aos destinados ao cativeiro, e a espada aos destinados a morrer à espada.ʰ ¹² Ele incendiará² os templos dos deusesⁱ do Egito; queimará seus templos e levará embora cativos os seus deuses. Como um pastor tira os piolhos do seu manto³,ʲ assim ele tirará os piolhos do Egito, e sairá em paz. ¹³ Ele despedaçará as colunas no templo do sol⁴, no Egito, e incendiará os templos dos deuses do Egito".

A Desgraça Causada pela Idolatria

44 Esta é a palavra do Senhor, que foi dirigida a Jeremias, para todos os judeus que estavam no Egito e viviam em Migdol,ᵏ Tafnes,ˡ Mênfis,ᵐ e na região de Patros:ⁿ ² "Assim diz o Senhor dos Exércitos, Deus de Israel: Vocês viram toda a desgraça que eu trouxe sobre Jerusalém e sobre todas as cidades de Judá. Hoje elas estão em ruínas e desabitadas ᵒ ³ por causa do mal que fizeram. Seus moradores provocaram a minha ira queimando incenso e prestando culto a outros deuses,ᵖ que nem eles nem vocês nem seus antepassados ᑫ jamais conheceram. ⁴ Dia após dia ʳ eu enviei a vocês meus servos, os profetas,ˢ que disseram: 'Não façam essa abominação detestável!' ⁵ Mas eles não me ouviram nem me deram atenção; não se converteram de sua impiedade nem cessaram de queimar incenso a outros deuses.ᵗ ⁶ Por isso, o meu furor foi derramado e queimou as cidades de Judá e as ruas de Jerusalém, tornando-as na ruína desolada que são hoje".

⁷ Assim diz o Senhor, o Deus dos Exércitos, o Deus de Israel: "Por que trazer uma desgraça ᵘ tão grande sobre vocês mesmos, eliminando de Judá homens e mulheres,ᵛ crianças e recém-nascidos, sem deixar remanescente algum? ⁸ Por que vocês provocam a minha ira com o que fazem,ʷ queimando incenso a outros deuses no Egito, onde vocês vieram residir? ˣ Vocês se destruirão e se tornarão objeto de desprezo e afronta ʸ entre todas as nações da terra. ⁹ Acaso vocês se esqueceram da impiedade cometida por seus antepassados, pelos reis de Judá e as mulheres deles, e da impiedade cometida por vocês e suas mulheres na terra de Judá e nas ruas de Jerusalém? ᶻ ¹⁰ Até

---

¹ **43.10** Ou *tapete*
² **43.12** Ou *Eu incendiarei*
³ **43.12** Ou *enrola o seu manto*
⁴ **43.13** Ou *em Heliópolis*

hoje não se humilharam nem mostraram reverência e não têm seguido a minha lei *a* e os decretos que coloquei diante de vocês e dos seus antepassados". *b*

11 Portanto, assim diz o Senhor dos Exércitos, Deus de Israel: "Estou decidido a trazer desgraça *c* sobre vocês e a destruir todo o Judá. **12** Tomarei o remanescente de Judá,*d* que decidiu partir e residir no Egito, e todos morrerão no Egito. Cairão pela espada ou pela fome; desde o menor até o maior, morrerão pela espada ou pela fome.*e* Eles se tornarão objeto de maldição e de pavor, de desprezo e de afronta.*f* **13** Castigarei aqueles que vivem no Egito com a guerra, a fome e a peste,*g* como castiguei Jerusalém. **14** Ninguém do remanescente de Judá que foi morar no Egito escapará ou sobreviverá para voltar à terra de Judá, para a qual anseiam voltar e nela anseiam viver; nenhum voltará, exceto uns poucos fugitivos".*h*

15 Então, todos os homens que sabiam que as suas mulheres queimavam incenso a outros deuses, e todas as mulheres que estavam presentes, em grande número, e todo o povo que morava no Egito, e na região de Patros, disseram a Jeremias: **16** "Nós não daremos atenção *i* à mensagem que você nos apresenta em nome do Senhor! **17** É certo que faremos tudo o que dissemos que faríamos *j* — queimaremos incenso à Rainha dos Céus *k* e derramaremos ofertas de bebidas para ela, tal como fazíamos, nós e nossos antepassados, nossos reis e nossos líderes, nas cidades de Judá e nas ruas de Jerusalém. Naquela época, tínhamos fartura de comida, éramos prósperos e nada sofríamos.*l* **18** Mas, desde que paramos de queimar incenso à Rainha dos Céus e de derramar ofertas de bebidas a ela, nada temos tido e temos perecido pela espada e pela fome".*m*

19 E as mulheres acrescentaram: "Quando queimávamos incenso à Rainha dos Céus *n* e derramávamos ofertas de bebidas para ela, será que era sem o consentimento de nossos maridos que fazíamos bolos na forma da imagem dela e derramávamos as ofertas de bebidas?"

20 Então Jeremias disse a todo o povo, tanto aos homens como às mulheres que estavam respondendo a ele: **21** "E o Senhor? Não se lembra *o* ele do incenso queimado *p* nas cidades de Judá e nas ruas de Jerusalém *q* por vocês e por seus antepassados,*r* seus reis e seus líderes e pelo povo da terra? Será que ele não pensa nisso? **22** Quando o Senhor não pôde mais suportar as impiedades e as práticas repugnantes de vocês, a terra de vocês ficou devastada e desolada, tornou-se objeto de maldição *s* e ficou desabitada, como se vê no dia de hoje.*t* **23** Foi porque vocês queimaram incenso e pecaram contra o Senhor e não obedeceram à sua palavra nem seguiram a sua lei, os seus decretos e os seus testemunhos, que esta desgraça *u* caiu sobre vocês, como se vê no dia de hoje".*v*

24 Disse então Jeremias a todo o povo, inclusive às mulheres:*w* "Ouçam a palavra do Senhor, todos vocês, judeus que estão no Egito.*x* **25** Assim diz o Senhor dos Exércitos, Deus de Israel: 'Vocês e suas mulheres cumpriram o que prometeram quando disseram: "Certamente cumpriremos os votos que fizemos de queimar incenso e derramar ofertas de bebidas à Rainha dos Céus" '.*y*

"Prossigam! Façam o que prometeram! Cumpram os seus votos!*z* **26** Mas ouçam a palavra do Senhor, todos vocês, judeus que vivem no Egito: 'Eu juro *a* pelo meu grande nome', diz o Senhor, 'que em todo o Egito ninguém de Judá voltará a invocar o meu nome ou a jurar pela vida do Soberano,*b* o Senhor. **27** Vigiarei sobre eles para trazer-lhes a desgraça e não o bem;*c* os judeus do Egito perecerão pela espada e pela fome até que sejam todos destruídos. **28** Serão poucos os que escaparão da espada e voltarão do Egito para a terra de Judá.*d* Então, todo o remanescente de Judá que veio residir no Egito saberá qual é a palavra que se realiza, a minha ou a deles.

29 " 'Este será o sinal para vocês de que os castigarei neste lugar', declara o Senhor, 'e então vocês ficarão sabendo que as minhas ameaças de trazer-lhes desgraça certamente se realizarão'. **30** Assim diz o Senhor: 'Entregarei o faraó Hofra, rei do Egito, nas mãos dos seus inimigos que desejam tirar-lhe a vida, assim como entreguei Zedequias, rei de Judá, nas mãos de Nabucodonosor, rei da Babilônia, o inimigo que desejava tirar a vida dele' ".

Mensagem a Baruque

45 No quarto ano do reinado de Jeoaquim, filho de Josias, rei de Judá, depois que Baruque, filho de Nerias, escreveu num rolo as palavras ditadas por Jeremias, este lhe disse: **2** "Assim diz o Senhor, o Deus de Israel, a você, Baruque: **3** 'Você disse: "Ai de mim! O Senhor acrescentou tristeza ao meu sofrimento. Estou exausto de tanto gemer, e não encontro descanso" '.

4 "Mas o Senhor manda-me dizer-lhe: 'Assim diz o Senhor: Destruirei o que edifiquei e arrancarei o que plantei em toda esta terra. **5** E então? Você deveria buscar coisas especiais para você? Não as busque, pois trarei desgraça sobre toda a humanidade', diz o Senhor, 'mas eu o deixarei escapar com vida onde quer que você vá' ".

Mensagem acerca do Egito

46 Esta é a mensagem do Senhor que veio ao profeta Jeremias acerca das nações:

2 Acerca do Egito:

Esta é a mensagem contra o exército do rei do Egito, o faraó Neco, que foi derrotado em Carquemis, junto ao rio Eufrates, por Nabucodonosor, rei da Babilônia, no quarto ano do reinado de Jeoaquim, filho de Josias, rei de Judá:

3 "Preparem seus escudos,
os grandes e os pequenos,
e marchem para a batalha!
4 Selem os cavalos e montem!
Tomem posição e coloquem o capacete!
Passem óleo na ponta de suas lanças
e vistam a armadura!
5 Mas o que vejo?
Eles estão apavorados,
estão se retirando,
seus guerreiros estão derrotados.
Fogem às pressas, sem olhar para trás;
há terror por todos os lados",
declara o Senhor.
6 "O ágil não consegue fugir,
nem o forte escapar.
No norte, junto ao rio Eufrates,
eles tropeçam e caem.

7 "Quem é aquele que se levanta
como o Nilo,
como rios de águas agitadas?
8 O Egito se levanta como o Nilo,
como rios de águas agitadas.
Ele diz: 'Eu me levantarei
e cobrirei a terra;
destruirei as cidades
e os seus habitantes'.
9 Ao ataque, cavalos!
Avancem, carros de guerra!
Marchem em frente, guerreiros!
Homens da Etiópia e da Líbia,
que levam escudos;
homens da Lídia, que empunham o arco!
10 Mas aquele dia pertence ao Soberano,
ao Senhor dos Exércitos.
Será um dia de vingança,
para vingar-se dos seus adversários.
A espada devorará até saciar-se,
até satisfazer sua sede de sangue.
Porque o Soberano,
o Senhor dos Exércitos,
fará um banquete na terra do norte,
junto ao rio Eufrates.

46.9 Hebraico: *de Cuxe e de Fute.*

11 "Suba a Gileade em busca de
  bálsamo,*h*
    ó virgem,*i* filha do Egito!
  Você multiplica remédios em vão;
    não há cura para você.*j*
12 As nações ouviram da sua
    humilhação;
  os seus gritos encheram a terra,
    quando um guerreiro
      tropeçou noutro guerreiro
  e ambos caíram".*k*

13 Esta é a mensagem que o Senhor falou ao profeta Jeremias acerca da vinda de Nabucodonosor, rei da Babilônia, para atacar o Egito:*l*

14 "Anunciem isto no Egito
    e proclamem-no em Migdol;
  proclamem-no também em Mênfis
    e em Tafnes:*m*
  Assumam posição! Preparem-se!
  Porque a espada devora aqueles
    que estão ao seu redor.
15 Por que o deus Ápis fugiu?¹
  O seu touro não resistiu,
    porque o Senhor o derrubou.*n*
16 Tropeçam e caem,*o*
    caem *p* uns sobre os outros.
  Eles dizem: 'Levantem-se.
  Vamos voltar para nosso próprio povo
    e para nossa terra natal,
  para longe da espada do opressor.
17 O faraó, rei do Egito,
    é barulho e nada mais!
  Ele perdeu a sua oportunidade'.*q*

18 "Juro pela minha vida",
    declara o Rei,*r*
  cujo nome é Senhor dos Exércitos,
  "ele virá como o Tabor *s* entre os
    montes,
  como o Carmelo *t* junto ao mar.
19 Arrumem a bagagem para o exílio,*u*
    vocês que vivem no Egito,
  pois Mênfis será arrasada,
    ficará desolada e desabitada.

20 "O Egito é uma linda novilha,
    mas do norte a ataca
      uma mutuca. *v*
21 Os mercenários *w* em suas fileiras
    são como bezerros gordos.
  Eles também darão meia volta
    e juntos fugirão;*x*
  não defenderão suas posições,
  pois o dia *y* da derrota deles
    está chegando,
  a hora de serem castigados.
22 O Egito silvará
    como uma serpente em fuga
  à medida que o inimigo
    avança com grande força.
  Virão sobre ele com machados,
    como os homens
      que derrubam árvores.
23 Eles derrubarão sua floresta",
    declara o Senhor,
  "por mais densa que seja.
  São mais que os gafanhotos; *z*
    são incontáveis!
24 A cidade² do Egito será
    envergonhada,
  será entregue nas mãos
    do povo do norte".*a*

25 O Senhor dos Exércitos, o Deus de Israel, diz: "Castigarei Amom, deus de Tebas³,*b* o faraó, o Egito, seus deuses *c* e seus reis, e também os que confiam *d* no faraó. **26** Eu os entregarei nas mãos *e* daqueles que desejam tirar-lhes a vida; nas mãos de Nabucodonosor, rei da Babilônia,*f* e de seus oficiais. Mais tarde, porém, o Egito será habitado *g* como em épocas passadas", declara o Senhor.

27 "Quanto a você, não tema,*h*
    meu servo Jacó!
  Não fique assustado, ó Israel!
  Eu o salvarei de um lugar distante;

---

¹ **46.15** Ou *Por que os seus guerreiros estão estirados no chão?*
² **46.24** Hebraico: *filha*.
³ **46.25** Hebraico: *No*.

e os seus descendentes,
    da terra do seu exílio.ⁱ
Jacó voltará e ficará em paz
    e em segurança;
ninguém o inquietará.
²⁸ Não tema, meu servo Jacó!
    Eu estou com você", ʲ
    declara o Senhor.
"Destruirei completamente ᵏ
    todas as nações entre as quais
    eu o dispersei;
mas a você
    não destruirei completamente.
Eu o disciplinarei como você merece;
    não serei severo demais".

Mensagem acerca dos Filisteus

47 Esta é a palavra do Senhor que veio ao profeta Jeremias acerca dos filisteus, antes do ataque do faraó a Gaza:¹

² Assim diz o Senhor:

"Vejam como as águas estão
    subindo do norte; ᵐ
elas se tornam
    uma torrente transbordante.
Inundarão esta terra
    e tudo o que nela existe;
as cidades e os seus habitantes.
O povo clamará,
    gritarão todos os habitantes desta
    terra,
³ ao estrondo dos cascos
    dos seus cavalos galopando,
ao barulho dos seus carros de guerra,
    e ao estampido de suas rodas.
Os pais não se voltarão
    para ajudar seus filhos,
porque suas mãos estarão fracas.
⁴ Pois chegou o dia de destruir
    todos os filisteus
e de eliminar todos os sobreviventes
    que poderiam ajudar Tiro ⁿ e Sidom.ᵒ
O Senhor destruirá os filisteus,ᵖ
    o remanescente da ilha de Caftor².ᵍ

⁵ Os habitantes de Gaza
    raparam a cabeça;ʳ
Ascalom ˢ está calada.
Ó remanescente da planície,
    até quando você fará incisões
    no próprio corpo?
⁶ " 'Ah, espada ᵗ do Senhor,
    quando você descansará?
Volte à sua bainha,
    acalme-se e repouse.'
⁷ Mas como poderá ela descansar
    quando o Senhor lhe deu ordens,
quando determinou
    que ataque Ascalom e o litoral?"

Mensagem acerca de Moabe

48 Acerca de Moabe:

Assim diz o Senhor dos Exércitos, Deus de Israel:

"Ai de Nebo,ᵘ pois ficou em ruínas.
Quiriataim ᵛ foi derrotada e capturada;
a fortaleza² foi derrotada e destroçada.
² Moabe não é mais louvada;ʷ
    em Hesbom ˣ tramam a sua ruína:
'Venham! Vamos dar fim àquela
    nação'.
Você também ficará calada,
ó Madmém; a espada a perseguirá.
³ Ouçam os gritos de Horonaim:ʸ
    'Devastação! Grande destruição!
⁴ Moabe está destruída!'
    É o grito que se ouve até em Zoar³.
⁵ Eles sobem pelo caminho para Luíte,ᶻ
chorando amargamente
    enquanto seguem;
na estrada que desce a Horonaim
    ouvem-se gritos angustiados
    por causa da destruição.
⁶ Fujam! Corram para salvar suas vidas;
    tornem-se como um arbusto⁴ no
    deserto.ᶻ

---

¹ **47.4** Isto é, Creta.
² **48.1** Ou *Misgabe*
³ **48.4** Ou *Os seus pequenos clamam*
⁴ **48.6** Ou *como Aroer*

46.27
ⁱ Is 11.11;
Jr 50.19

46.28
ʲ Is 8.9-10
ᵏ Jr 4.27

47.1
ˡ Gn 10.19;
Am 1.6;
Zc 9.5-7

47.2
ᵐ Is 8.7;
14.31

47.4
ⁿ Am 1.9-10;
Zc 9.2-4
ᵒ Gn 10.14;
Jl 3.4
ᵖ Dt 2.23

47.5
ᵍ Jr 41.5;
Mq 1.16

47.5
ʳ Jr 25.20

47.6
ᵗ Jr 12.12

48.1
ᵘ Nm 32.38
ᵛ Nm 32.37

48.2
ʷ Is 16.14
ˣ Nm 21.25

48.3
ʸ Is 15.5

48.5
ᶻ Is 15.5

48.6
ᶻ Jr 17.6

⁷ Uma vez que vocês confiam
  em seus feitos e em suas riquezas,
vocês também serão capturados,
  e Camos ᵇ irá para o exílio,ᶜ
junto com seus sacerdotes e líderes.
⁸ O destruidor virá contra
    todas as cidades,
  e nenhuma escapará.
O vale se tornará ruínas,
e o planalto será destruído,
  como o Senhor falou.
⁹ Ponham sal sobre Moabe,
  pois ela será deixada em ruínas;¹
suas cidades ficarão devastadas,
  sem nenhum habitante.

¹⁰ "Maldito o que faz com negligência
  o trabalho do Senhor!
Maldito aquele que impede a sua espada ᵈ
  de derramar sangue!ᵉ

¹¹ "Moabe tem estado tranquila ᶠ
  desde a sua juventude,
como o vinho deixado
  com os seus resíduos;ᵍ
não foi mudada de vasilha em vasilha.
Nunca foi para o exílio;
por isso, o seu sabor
    permanece o mesmo
e o seu cheiro não mudou.
¹² Portanto, certamente vêm os dias",
    declara o Senhor,
"quando enviarei decantadores
  que a decantarão;
esvaziarão as suas jarras
  e as despedaçarão.
¹³ Então Moabe se decepcionará ʰ
    com Camos,
assim como Israel
    se decepcionou com Betel,
em quem confiava.

¹⁴ "Como vocês podem dizer:
  'Somos guerreiros,ⁱ
  somos homens de guerra'?

¹⁵ Moabe foi destruída
  e suas cidades serão invadidas;
o melhor dos seus jovens
  desceu para a matança",ʲ
declara o Rei,ᵏ cujo nome é
  Senhor dos Exércitos.ˡ
¹⁶ "A derrota de Moabe está próxima;ᵐ
  a sua desgraça vem rapidamente.
¹⁷ Lamentem por ela
  todos os seus vizinhos,
todos os que conhecem a sua fama.
Digam: Como está quebrado
  o cajado poderoso, o cetro glorioso!

¹⁸ "Desçam de sua glória
  e sentem-se sobre o chão ressequido,ⁿ
ó moradores da cidade² de Dibom,ᵒ
pois o destruidor de Moabe
  veio para atacá-los
  e destruir as suas fortalezas.ᵖ
¹⁹ Fiquem junto à estrada e vigiem,
  vocês que vivem em Aroer.ᑫ
Perguntem ao homem que
    foge e à mulher que escapa,
perguntem a eles: O que aconteceu?
²⁰ Moabe ficou envergonhada,
  pois está destroçada.
Gritem ʳ e clamem!
Anunciem junto ao Arnom ˢ
  que Moabe foi destruída.
²¹ O julgamento chegou ao planalto:
  a Holom, Jaza ᵗ e Mefaate,ᵘ
²² a Dibom,ᵛ Nebo e Bete-Diblataim,
²³ a Quiriataim, Bete-Gamul
  e Bete-Meom,ʷ
²⁴ a Queriote ˣ e Bozra,
a todas as cidades de Moabe,
  distantes e próximas.
²⁵ O poder³ de Moabe ʸ foi eliminado;
seu braçoᶻ está quebrado",
    declara o Senhor.

²⁶ "Embriaguem-na,ᵃ
  pois ela desafiou o Senhor.

---

¹ **48.9** Ou *Deem asas a Moabe, pois ela voará para longe;*
² **48.18** Hebraico: *filha.*
³ **48.25** Hebraico: *chifre.*

Moabe se revolverá no seu vômito
e será objeto de ridículo.
²⁷ Não foi Israel objeto de ridículo
para você?ᵇ
Foi ele encontrado
em companhia de ladrões
para que você sacuda a cabeçaᶜ
sempre que fala dele?ᵈ
²⁸ Abandonem as cidades!
Habitem entre as rochas,
vocês que moram em Moabe!
Sejam como uma pombaᵉ
que faz o seu ninho
nas bordas de um precipício.ᶠ

²⁹ "Temos ouvido
do orgulho de Moabe:ᵍ
da sua extrema arrogância,
do seu orgulho e soberba,
e do seu espírito de superioridade.
³⁰ Conheço bem a sua arrogância",
declara o Senhor.
"A sua tagarelice sem fundamento
e as suas ações que nada alcançam.
³¹ Por isso, eu me lamentarei por
Moabe,ʰ
gritarei por causa
de toda a terra de Moabe,
prantearei pelos habitantes
de Quir-Heres.ⁱ
³² Chorarei por vocês
mais do que choro por Jazar,
ó videiras de Sibma.ʲ
Os seus ramos se estendiam até o mar
e chegavam até Jazar.
O destruidor caiu sobre as suas frutas
e sobre as suas uvas.
³³ A alegria e a satisfação se foram
das terras férteis de Moabe.
Interrompi a produção de vinhoᵏ
nos lagares.
Ninguém mais pisa as uvas
com gritos de alegria;ˡ
embora haja gritos, não são de alegria.
³⁴ "O grito de Hesbom
é ouvido em Elealeᵐ e Jaaz,ⁿ

desde Zoarᵒ até Horonaimᵖ
e Eglate-Selisia,
pois até as águas do Ninrim secaram.ᑫ
³⁵ Em Moabe darei fim àqueles
que fazem ofertas
nos altares idólatrasʳ
e queimam incensoˢ a seus deuses",
declara o Senhor.
³⁶ "Por isso o meu coração
lamenta-seᵗ por Moabe,
como uma flauta;
lamenta-se como uma flauta
pelos habitantes de Quir-Heres.
A riqueza que acumularam se foi.ᵘ
³⁷ Toda cabeça foi rapadaᵛ
e toda barba foi cortada;
toda mão sofreu incisões
e toda cintura foi coberta
com veste de lamento.ʷ
³⁸ Em todos os terraços de Moabe
e nas praças
não há nada senão pranto,
pois despedacei Moabe
como a um jarroˣ
que ninguém deseja",
declara o Senhor.
³⁹ "Como ela foi destruída!
Como lamentam!
Como Moabe dá as costas,
envergonhada!
Moabe tornou-se objeto de ridículo
e de pavor para todos os seus vizinhos".

⁴⁰ Assim diz o Senhor:

"Vejam! Uma águia planandoʸ
estende as asasᶻ sobre Moabe.
⁴¹ Queriote será capturada,¹
e as fortalezas serão tomadas.
Naquele dia,
a coragem dos guerreiros de Moabe
será como a de uma mulher
em trabalho de parto.ᵃ
⁴² Moabe será destruídaᵇ como nação,ᶜ
pois ela desafiouᵈ o Senhor.

48.27
ᵇ Jr 2.26
ᶜ Jó 16.4;
Jr 18.16
ᵈ Mq 7.8-10
48.28
ᵉ Sl 55.6-7
ᶠ Jz 6.2
48.29
ᵍ Jó 40.12;
Is 16.6
48.31
ʰ Is 15.5-8
ⁱ 2Rs 3.25
48.32
ʲ Is 16.8-9
48.33
ᵏ Is 16.10
ˡ Jl 1.12
48.34
ᵐ Nm 32.3
ⁿ Is 15.4
ᵒ Gn 13.10
ᵖ Is 15.5
ᑫ Is 15.6
48.35
ʳ Is 15.2;
16.12
ˢ Jr 11.13
48.36
ᵗ Is 16.11
ᵘ Is 15.7
48.37
ᵛ Is 15.2;
Jr 41.5
ʷ Gn 37.34
48.38
ˣ Jr 22.28
48.40
ʸ Dt 28.49;
Ha 1.8
ᶻ Is 8.8
48.41
ᵃ Is 21.3
48.42
ᵇ Sl 83.4;
Is 16.14
ᶜ v. 2
ᵈ v. 26

¹ **48.41** Ou *As cidades serão capturadas,*

⁴³ Terror, cova e laço ᵉ esperam por você,
ó povo de Moabe", declara o Senhor.
⁴⁴ "Quem fugir ᶠ do terror
cairá numa cova,
e quem sair da cova
será apanhado num laço.
Trarei sobre Moabe
a hora do seu castigo",ᵍ
declara o Senhor.

⁴⁵ "Na sombra de Hesbom
os fugitivos se encontram
desamparados,
pois um fogo saiu de Hesbom,
uma labareda, do meio de Seom;ʰ
e queima as testas
dos homens de Moabe
e os crânios ⁱ dos homens turbulentos.
⁴⁶ Ai de você, ó Moabe! ʲ
O povo de Camos está destruído;
seus filhos são levados para o exílio,
e suas filhas para o cativeiro.

⁴⁷ "Contudo, restaurarei ᵏ a sorte de
Moabe
em dias vindouros", declara o
Senhor.

Aqui termina a sentença sobre Moabe.

Mensagem acerca de Amom

49 Acerca dos amonitas:ˡ

Assim diz o Senhor:

"Por acaso Israel não tem filhos?
Será que não tem herdeiros?
Por que será então que Moloqueˡ
se apossou de Gade?
Por que seu povo vive
nas cidades de Gade?
² Portanto, certamente vêm os dias",
declara o Senhor,
"em que farei soar o grito de guerra ᵐ
contra Rabá ⁿ dos amonitas;
ela virá a ser uma pilha de ruínas,

e os seus povoados ao redor
serão incendiados.
Então Israel expulsará
aqueles que o expulsaram",ᵒ
diz o Senhor.
³ "Lamente-se, ó Hesbom,
pois Ai ᵖ está destruída!
Gritem, ó moradores de Rabá!
Ponham veste de lamento e chorem!
Corram para onde der,
pois Moloque irá para o exílio ᵠ
com os seus sacerdotes
e os seus oficiais.
⁴ Por que você se orgulha de seus vales?
Por que se orgulha
de seus vales tão frutíferos?
Ó filha infiel!
Você confia em suas riquezas e diz:
'Quem me atacará?' ˢ
⁵ Farei com que você tenha pavor
de tudo o que está a sua volta",
diz o Senhor, o Senhor dos Exércitos.
"Vocês serão dispersos,
cada um numa direção,
e ninguém conseguirá
reunir os fugitivos.

⁶ "Contudo, depois disso,
restaurarei ᵗ a sorte dos amonitas",
declara o Senhor.

Mensagem acerca de Edom

⁷ Acerca de Edom: ᵘ

Assim diz o Senhor dos Exércitos:

"Será que já não há mais
sabedoria em Temã? ᵛ
Será que o conselho
desapareceu dos prudentes?
A sabedoria deles deteriorou-se?
⁸ Voltem-se e fujam,
escondam-se em cavernas profundas,
vocês que moram em Dedã,ʷ
pois trarei a ruína sobre Esaú
na hora em que eu o castigar.
⁹ Se os que colhem uvas
viessem até você,

ˡ **49.1** Conforme a Septuaginta. O Texto Massorético diz *o rei deles*; também no versículo 3.

não deixariam eles
  apenas umas poucas uvas?
Se os ladrões viessem durante a noite,
  não roubariam
apenas o quanto desejassem?
¹⁰ Mas eu despi Esaú
  e descobri os seus esconderijos,
para que ele não mais se esconda.
Os seus filhos, parentes
  e vizinhos foram destruídos.
Ninguém restou¹ ˣ para dizer:
¹¹ 'Deixe os seus órfãos;ʸ
  eu protegerei a vida deles.
As suas viúvas também
  podem confiar em mim' ".

¹² Assim diz o SENHOR: "Se aqueles para quem o cálice ᶻ não estava reservado tiveram que bebê-lo, por que você deveria ficar impune?ᵃ Você não ficará sem castigo, mas irá bebê-lo. ¹³ Eu juroᵇ por mim mesmo", declara o SENHOR, "que Bozra ᶜ ficará em ruínas e desolada; ela se tornará objeto de afronta e de maldição, e todas as suas cidades serão ruínas para sempre".

¹⁴ Ouvi uma mensagem
  da parte do SENHOR;
um mensageiro foi mandado
  às nações para dizer:
"Reúnam-se para atacar Edom!
  Preparem-se para a batalha!"

¹⁵ "Agora eu faço de você
  uma nação pequena
  entre as demais,
desprezada pelos homens.
¹⁶ O pavor que você inspira
  e o orgulho de seu coração
  o enganaram,
a você, que vive nas fendas das rochas,
que ocupa os altos das colinas.
Ainda que você, como a águia,
  faça o seu ninho nas alturas,ᵈ
de lá eu o derrubarei",
  declara o SENHOR.

¹⁷ "Edom se tornará objeto de terror;ᵉ
todos os que por ali passarem
  ficarão chocados e zombarão
por causa de todas as suas feridas.ᶠ
¹⁸ Como foi com a destruição
  de Sodoma e Gomorra ᵍ
e das cidades vizinhas",
  diz o SENHOR,
"ninguém mais habitará ali,
  nenhum homem residirá nela.ʰ

¹⁹ "Como um leão
  que sobe da mata do Jordão ⁱ
  em direção aos pastos verdejantes,
subitamente eu caçarei Edom
pondo-o fora de sua terra.
Quem é o escolhido
  que designarei para isso?
Quem é como eu
  que possa me desafiar?ʲ
E que pastor pode me resistir²?"
²⁰ Por isso, ouçam o que
  o SENHOR planejou contra Edom,
  o que preparou contra ᵏ
  os habitantes de Temã:
Os menores do rebanho ˡ
  serão arrastados,
e as pastagens ficarão devastadas ᵐ
  por causa deles.
²¹ Ao som de sua queda a terra tremerá; ⁿ
o grito deles ressoará ᵒ
  até o mar Vermelho.
²² Vejam! Uma águia,
  subindo e planando, ᵖ
  estende as asas sobre Bozra.
Naquele dia,
  a coragem dos guerreiros de Edom
  será como a de uma mulher que está
  dando à luz.ᵠ

Mensagem acerca de Damasco

²³ Acerca de Damasco:ʳ

"Hamate ˢ e Arpade ᵗ estão atônitas,
  pois ouviram más notícias.
Estão desencorajadas,
  perturbadas como o mar agitado. ᵘ

---

¹ **49.10** Ou *E ele já não existe*

² **49.19** Ou *Escolherei os melhores carneiros*

²⁴ Damasco tornou-se frágil,
ela se virou para fugir,
e o pânico tomou conta dela;
angústia e dor dela se apoderaram,
dor como a de uma mulher
  em trabalho de parto.
²⁵ Como está abandonada
  a cidade famosa,
  a cidade da alegria!
²⁶ Por isso, os seus jovens
    cairão nas ruas
e todos os seus guerreiros
    se calarão naquele dia",ᵛ
declara o SENHOR dos Exércitos.
²⁷ "Porei fogo ʷ nas muralhas de Damasco,
  que consumirá as fortalezas
  de Ben-Hadade".ˣ

Mensagem acerca de Quedar e de Hazor

²⁸ Acerca de Quedar ʸ e os reinos de Hazor, que Nabucodonosor, rei da Babilônia, derrotou:

Assim diz o SENHOR:

"Preparem-se, ataquem Quedar
  e destruam o povo do oriente.ᶻ
²⁹ Tomem suas tendas e seus rebanhos,
suas cortinas com todos
  os seus utensílios e camelos.
Gritem contra eles:
  'Há terror ᵃ por todos os lados!'

³⁰ "Fujam rapidamente!
Escondam-se em cavernas profundas,
  vocês habitantes de Hazor",
  diz o SENHOR.
"Nabucodonosor, rei da Babilônia,
  fez planos e projetos contra vocês.

³¹ "Preparem-se e ataquem uma nação
  que vive tranquila e confiante",
declara o SENHOR,
"uma nação que não tem portas
  nem trancas,ᵇ
  e que vive sozinha.
³² Seus camelos se tornarão despojo
  e suas grandes manadas, espólio.

Espalharei ao vento
  aqueles que rapam a cabeça¹,ᶜ
  e de todos os lados trarei a sua ruína",
declara o SENHOR.
³³ "Hazor se tornará
  uma habitação de chacais,
  uma ruína para sempre.ᵈ
Ninguém mais habitará ali,
nenhum homem residirá nela." ᵉ

Mensagem acerca de Elão

³⁴ Esta é a palavra do SENHOR que veio ao profeta Jeremias acerca de Elão,ᶠ no início do reinado de Zedequias,ᵍ rei de Judá:

³⁵ Assim diz o SENHOR dos Exércitos:

"Vejam, quebrarei o arco de Elão,ʰ
  a base de seu poder.
³⁶ Farei com que os quatro ventos,ⁱ
  que vêm dos quatro cantos do céu,
  soprem contra Elão.
E eu os dispersarei aos quatro ventos,
e não haverá nenhuma nação
  para onde não sejam levados
  os exilados de Elão.
³⁷ Farei com que Elão trema
  diante dos seus inimigos,
  diante daqueles que desejam
  tirar-lhe a vida.
Trarei a desgraça sobre eles,
  a minha ira ardente",ʲ
declara o SENHOR.
"Farei com que a espada os persiga ᵏ
até que eu os tenha eliminado.
³⁸ Porei meu trono em Elão
  e destruirei seu rei e seus líderes",
declara o SENHOR.

³⁹ "Contudo, restaurarei ˡ a sorte de Elão
  em dias vindouros",
declara o SENHOR.

Mensagem acerca da Babilônia

50 Esta é a palavra que o SENHOR falou pelo profeta Jeremias acerca da Babilônia ᵐ e da terra dos babilônios:

¹ **49.32** Ou *que prendem o cabelo junto à testa*

2 "Anunciem e proclamem
        entre as nações,
ergam um sinal e proclamem;
        não escondam nada.
Digam: 'A Babilônia foi conquistada;
Bel foi humilhado,
Marduque está apavorado.
As imagens da Babilônia
        estão humilhadas
        e seus ídolos apavorados'.
3 Uma nação vinda do norte a atacará,
arrasará a sua terra e não deixará nela
        nenhum habitante;
tanto homens como animais fugirão.

4 "Naqueles dias e naquela época",
        declara o Senhor,
"o povo de Israel
        e o povo de Judá virão juntos,
chorando e buscando
o Senhor, o seu Deus.
5 Perguntarão pelo caminho para Sião
        e voltarão o rosto na direção dela.
Virão e se apegarão ao Senhor
numa aliança permanente
        que não será esquecida.

6 "Meu povo tem sido ovelhas perdidas;
seus pastores as desencaminharam
e as fizeram perambular pelos montes.
Elas vaguearam por montanhas e colinas
e se esqueceram de seu próprio curral.
7 Todos que as encontram as devoram.
Os seus adversários disseram:
'Não somos culpados,
        pois elas pecaram contra o Senhor,
        sua verdadeira pastagem,
o Senhor, a esperança
        de seus antepassados'.

8 "Fujam da Babilônia;
        saiam da terra dos babilônios
e sejam como os bodes
        que lideram o rebanho.
9 Vejam! Eu mobilizarei
        e trarei contra a Babilônia uma
                coalizão
        de grandes nações do norte.

Elas tomarão posição de combate
        contra ela e a conquistarão.
Suas flechas serão
        como guerreiros bem treinados,
        que não voltam de mãos vazias.
10 Assim a Babilônia¹ será saqueada;
        todos os que a saquearem se
                fartarão",
declara o Senhor.

11 "Ainda que você
        esteja alegre e exultante,
você que saqueia a minha herança;
ainda que você seja brincalhão
como uma novilha solta no pasto,
        e relinche como os garanhões,
12 sua mãe se envergonhará
        profundamente;
aquela que a deu à luz
        ficará constrangida.
Ela se tornará a menor das nações,
        um deserto, uma terra seca e árida.
13 Por causa da ira do Senhor
        ela não será habitada,
mas estará completamente desolada.
Todos os que passarem pela Babilônia
        ficarão chocados e zombarão
por causa de todas as suas feridas.

14 "Tomem posição de combate
        em volta da Babilônia,
todos vocês que empunham o arco.
Atirem nela! Não poupem flechas,
        pois ela pecou contra o Senhor.
15 Soem contra ela um grito de guerra
        de todos os lados!
Ela se rende, suas torres caem
        e suas muralhas são derrubadas.
Esta é a vingança do Senhor;
        vinguem-se dela!
Façam a ela o que ela fez aos outros!
16 Eliminem da Babilônia o semeador
        e o ceifeiro, com a sua foice na
                colheita.
Por causa da espada do opressor,"

¹ 50.10 Ou *Caldeia*

que cada um volte
  para o seu próprio povo,ⁿ
e cada um fuja para a sua própria terra.º

17 "Israel é um rebanho disperso,
  afugentado por leões.ᵖ
O primeiro a devorá-lo
  foi o rei da Assíria;ᑫ
e o último a esmagar os seus ossos
  foi Nabucodonosor,ʳ rei ˢ da
  Babilônia."

18 Portanto, assim diz
o Senhor dos Exércitos,
o Deus de Israel:

"Castigarei o rei da Babilônia
  e a sua terra assim como
castiguei o rei ᵗ da Assíria.ᵘ
19 Mas trarei ᵛ Israel de volta
  a sua própria pastagem
e ele pastará no Carmelo e em Basã;
e saciará o seu apetite
  nos montes ʷ de Efraim e em Gileade.
20 Naqueles dias, naquela época",
  declara o Senhor,
"procurarão pela iniquidade de Israel,
  mas nada será achado,
pelos pecados ˣ de Judá,
  mas nenhum será encontrado,
pois perdoarei ʸ o remanescente ᶻ
  que eu poupar.

21 "Ataquem a terra de Meraticam
  e aqueles que moram em Pecode.ᵃ
Persigam-nos, matem-nos
  e destruam-nos totalmente",
declara o Senhor.
  "Façam tudo o que ordenei a vocês.
22 Há ruído ᵇ de batalha na terra;
  grande destruição!
23 Quão quebrado e destroçado
  está o martelo de toda a terra!
Quão arrasada ᶜ está a Babilônia
  entre as nações!
24 Preparei uma armadilha ᵈ para você,
  ó Babilônia,
e você foi apanhada de surpresa;

você foi achada e capturada ᵉ
porque se opôsᶠ ao Senhor.
25 O Senhor abriu o seu arsenal
  e trouxe para fora as armas ᵍ da sua
    ira,
pois o Soberano, o Senhor dos
  Exércitos,
  tem trabalho para fazer
  na terra dos babilônios.ʰ
26 Venham contra ela
  dos confins da terra.
Arrombem os seus celeiros;
  empilhem-na como feixes de cereal.
Destruam-na totalmente ⁱ
  e não lhe deixem nenhum
    remanescente.
27 Matem todos os seus
  jovens guerreiros!
Que eles desçam para o matadouro!
Ai deles! Pois chegou o seu dia,
a hora de serem castigados.
28 Escutem os fugitivos
  e refugiados vindos da Babilônia,
declarando em Sião ʲ como o Senhor,
  o nosso Deus, se vingou,ᵏ
como se vingou de seu templo.

29 "Convoquem flecheiros
  contra a Babilônia,
todos aqueles que empunham o arco.ˡ
Acampem-se todos ao redor dela;
  não deixem ninguém escapar.
Retribuam ᵐ a ela conforme os seus feitos;ⁿ
  façam com ela tudo o que ela fez.
Porque ela desafiou º o Senhor,
  o Santo de Israel.
30 Por isso, os seus jovens ᵖ cairão nas ruas
e todos os seus guerreiros
  se calarão naquele dia",
declara o Senhor.

31 "Veja, estou contra você,ᑫ
  ó arrogante",
declara o Soberano,
  o Senhor dos Exércitos,
"pois chegou o seu dia,
  a sua hora de ser castigada.

³² A arrogância tropeçará e cairá,
  e ninguém a ajudará a se levantar.
Incendiarei ʳ as suas cidades,
  e o fogo consumirá tudo ao seu redor".

³³ Assim diz o Senhor dos Exércitos:

"O povo de Israel está sendo oprimido ˢ
  e também o povo de Judá.
Todos os seus captores
  os prendem à força,
recusando deixá-los ir.ᵗ
³⁴ Contudo, o Redentor deles é forte;
  Senhor dos Exércitos ᵘ é o seu nome.
Ele mesmo defenderá a causa deles ᵛ
  e trará descanso à terra,ʷ
mas inquietação
  aos que vivem na Babilônia.

³⁵ "Uma espada ˣ contra os babilônios!",
  declara o Senhor;
"contra os que vivem na Babilônia
  e contra seus líderes e seus sábios!ʸ
³⁶ Uma espada contra
  os seus falsos profetas!
Eles se tornarão tolos.
Uma espada contra os seus guerreiros!ᶻ
Eles ficarão apavorados.
³⁷ Uma espada contra os seus cavalos,
  contra os seus carros de guerra ᵃ
e contra todos os estrangeiros
  em suas fileiras!
Eles serão como mulheres.ᵇ
Uma espada contra os seus tesouros!
Eles serão saqueados.
³⁸ Uma espada contra as suas águas!
Elas secarão.ᶜ
Porque é uma terra
  de imagens esculpidas,ᵈ
e eles enlouquecem
  por causa de seus ídolos horríveis.

³⁹ "Por isso, criaturas do deserto e
  hienas
    nela morarão,
e as corujas nela habitarão.
Ela jamais voltará a ser povoada
nem haverá quem nela viva no futuro.ᵉ

⁴⁰ Como Deus destruiu
  Sodoma e Gomorra ᶠ
e as cidades vizinhas",
diz o Senhor,
"ninguém mais habitará ali,
nenhum homem residirá nela.

⁴¹ "Vejam! Vem vindo um povo do norte;ᵍ
  uma grande nação
e muitos reis se mobilizam
  desde os confins da terra.ʰ
⁴² Eles empunham o arco ⁱ e a lança;
  são cruéis e não têm misericórdia,ʲ
e o seu barulho é como
  o bramido do mar.ᵏ
Vêm montados em seus cavalos,
  em formação de batalha,
para atacá-la, ó cidade¹ de Babilônia.ˡ
⁴³ Quando o rei da Babilônia
  ouviu relatos sobre eles,
as suas mãos amoleceram.
A angústia tomou conta dele,
dores como as de uma mulher
  que está dando à luz.
⁴⁴ Como um leão
  que sobe da mata do Jordão
em direção aos pastos verdejantes,
  subitamente eu caçarei a Babilônia
pondo-a fora de sua terra.
  Quem é o escolhido
que designarei para isso?ᵐ
Quem é como eu que possa me desafiar? ⁿ
E que pastor pode me resistir?"
⁴⁵ Por isso ouçam o que
  o Senhor planejou contra a
    Babilônia,
o que ele preparou ᵒ
  contra a terra dos babilônios:
os menores do rebanho
  serão arrastados,
e as pastagens ficarão devastadas
  por causa deles.
⁴⁶ Ao som da tomada da Babilônia
  a terra tremerá;
o grito deles ressoará entre as nações.ᵖ

¹ **50.42** Hebraico: *filha*.

50.32
ʳ Jr 21.14;
49.27
50.33
ˢ Is 58.6
50.33
ᵗ Is 14.17
50.34
ᵘ Jr 51.19
ᵛ Jr 15.21;
51.36
ʷ Is 14.7
50.35
ˣ Jr 47.6
ʸ Dn 5.7
50.36
ᶻ Jr 49.22
50.37
ᵃ Jr 51.21
ᵇ Jr 51.30;
Na 3.13
50.38
ᶜ Jr 51.36
ᵈ v. 2
50.39
ᵉ Is 13.19-22;
34.13-15;
Jr 51.37;
Ap 18.2
50.40
ᶠ Gn 19.24
50.41
ᵍ Jr 6.22
ʰ Is 13.4;
Jr 51.22-28
50.42
ⁱ v. 14
ʲ Is 13.18
ᵏ Is 5.30
ˡ Jr 6.23
50.44
ᵐ Nm 16.5
ⁿ Jó 41.10;
Is 46.9;
Jr 49.19
50.45
ᵒ Sl 33.11;
Is 14.24;
Jr 51.11
50.46
ᵖ Ap 18.9-10

51 Assim diz o Senhor:

"Vejam! Levantarei um vento destruidor
 contra a Babilônia,
contra o povo de Lebe-Camai.¹
² Enviarei estrangeiros para a Babilônia
 a fim de peneirá-la como trigo
 e devastar a sua terra.
No dia de sua desgraça
 virão contra ela de todos os lados.
³ Que o arqueiro não arme o seu arco
 nem vista a sua armadura.
Não poupem os seus jovens guerreiros,
 destruam completamente
 o seu exército.
⁴ Eles cairão mortos na Babilônia,²
 mortalmente feridos em suas ruas.
⁵ Israel e Judá não foram abandonadas
 como viúvas pelo seu Deus,
o Senhor dos Exércitos,
 embora a terra dos babilônios
 esteja cheia de culpa
 diante do Santo de Israel.

⁶ "Fujam da Babilônia!
 Cada um por si!
Não sejam destruídos
 por causa da iniquidade dela.
É hora da vingança do Senhor;
 ele lhe pagará o que ela merece.
⁷ A Babilônia era um cálice de ouro
 nas mãos do Senhor;
ela embriagou a terra toda.
As nações beberam o seu vinho;
 por isso enlouqueceram.
⁸ A Babilônia caiu de repente
 e ficou arruinada.
Lamentem-se por ela!
Consigam bálsamo para a sua ferida;
 talvez ela possa ser curada.

⁹ " 'Gostaríamos de ter curado Babilônia,
 mas ela não pode ser curada;
deixem-na
 e vamos, cada um para a sua própria
 terra,
pois o julgamento dela chega ao céu,
 eleva-se tão alto quanto as nuvens.

¹⁰ " 'O Senhor defendeu o nosso nome;
 venham, contemos em Sião o que
o Senhor, o nosso Deus, tem feito.'
¹¹ "Afiem as flechas,
 peguem os escudos!
O Senhor incitou o espírito
 dos reis dos medos,
porque seu propósito
 é destruir a Babilônia.
O Senhor se vingará,
 se vingará de seu templo.
¹² Ergam o sinal para atacar
 as muralhas da Babilônia!
Reforcem a guarda!
Posicionem as sentinelas!
Preparem uma emboscada!
O Senhor executará o seu plano,
 o que ameaçou fazer
 contra os habitantes da Babilônia.
¹³ Você que vive junto a muitas águas
 e está rico de tesouros,
chegou o seu fim,
 a hora de você ser eliminado.
¹⁴ O Senhor dos Exércitos
 jurou por si mesmo:
Com certeza a encherei de homens,
 como um enxame de gafanhotos,
e eles gritarão triunfantes sobre você.

¹⁵ "Mas foi Deus quem fez a terra
 com o seu poder;
firmou o mundo com a sua sabedoria
 e estendeu os céus
 com o seu entendimento.
¹⁶ Ao som do seu trovão,
 as águas no céu rugem;
ele faz com que as nuvens se levantem
 desde os confins da terra.
Ele faz relâmpagos para a chuva
 e faz sair o vento de seus depósitos.

¹⁷ "São todos eles estúpidos e
 ignorantes;

---

¹ 51.1 *Lebe-Camai* é um criptograma para *Caldeia*, isto é, a Babilônia.
² 51.4 Ou *Caldeia*; também nos versículos 24 e 35.

cada ourives é envergonhado
    pela imagem que esculpiu.
Suas imagens esculpidas
    são uma fraude,[v]
elas não têm fôlego de vida.
[18] Elas são inúteis,[w]
    são objeto de zombaria.
Quando vier o julgamento delas,
    perecerão.
[19] Aquele que é a Porção de Jacó
    não é como esses,
pois ele é quem forma todas as coisas,
    e Israel é a tribo de sua propriedade;
SENHOR dos Exércitos
    é o seu nome.

[20] "Você é o meu martelo,[x]
    a minha arma de guerra.
Com você eu despedaço nações,[y]
    com você eu destruo reinos,
[21] com você despedaço
    cavalo e cavaleiro,[z]
com você despedaço
    carro de guerra e cocheiro,
[22] com você despedaço homem e
    mulher,
com você despedaço velho e jovem,
com você despedaço rapaz e moça,[a]
[23] com você despedaço pastor e
    rebanho,
com você despedaço lavrador e bois,
com você despedaço
    governadores e oficiais.[b]

[24] "Retribuirei [c] à Babilônia e a todos os que vivem na Babilônia toda a maldade que fizeram em Sião diante dos olhos de vocês", declara o SENHOR.

[25] "Estou contra você,
    ó montanha destruidora,
você que destrói a terra inteira",
    declara o SENHOR.
"Estenderei minha mão contra você,
    eu a farei rolar dos penhascos,
e farei de você
    uma montanha calcinada.[d]

[26] Nenhuma pedra sua será cortada
    para servir de pedra angular,
    nem para um alicerce,
pois você estará arruinada para
    sempre",[e]
    declara o SENHOR.

[27] "Ergam um estandarte [f] na terra!
    Toquem a trombeta entre as nações!
Preparem as nações
    para o combate contra ela;
convoquem contra ela estes reinos:[g]
    Ararate,[h] Mini e Asquenaz.[i]
Nomeiem um comandante contra ela;
lancem os cavalos ao ataque
    como um enxame de gafanhotos.
[28] Preparem as nações
    para o combate contra ela:
os reis dos medos,[j] seus governadores
    e todos os seus oficiais
e todos os países que governam.
[29] A terra treme e se contorce de dor,
pois permanecem em pé
    os planos do SENHOR
    contra a Babilônia:
desolar a terra da Babilônia
    para que fique desabitada.[k]
[30] Os guerreiros da Babilônia [l]
    pararam de lutar;
permanecem em suas fortalezas.
A força deles acabou;
tornaram-se como mulheres.[m]
As habitações dela estão incendiadas;
as trancas de suas portas [n]
    estão quebradas.
[31] Um emissário [o] vai após outro,
e um mensageiro sai
    após outro mensageiro
para anunciar ao rei da Babilônia
    que sua cidade inteira foi capturada,
[32] os vaus do rio foram tomados,
a vegetação dos pântanos foi
    incendiada,
    e os soldados ficaram aterrorizados." [p]

[33] Assim diz o SENHOR dos Exércitos,
Deus de Israel:

51.17 [v] Is 44.20; Ha 2.18-19
51.18 [w] Jr 18.15
51.20 [x] Is 10.5 [y] Mq 4.13
51.21 [z] Ex 15.1
51.22 [a] 2Cr 36.17; Is 13.17-18
51.23 [b] v. 57
51.24 [c] Jr 50.15
51.25 [d] Zc 4.7
51.26 [e] v. 29; Is 13.19-22; Jr 50.12
51.27 [f] Is 13.2; Jr 50.2 [g] Jr 25.14 [h] Gn 8.4 [i] Gn 10.3
51.28 [j] v. 11
51.29 [k] v. 43; Is 13.20
51.30 [l] Jr 50.36 [m] Is 19.16 [n] Is 45.2; Lm 2.9; Na 3.13
51.31 [o] 2Sm 18.19-31
51.32 [p] Jr 50.36

"A cidade¹ de Babilônia é como uma
    eira;ᵍ
a época da colheita ʳ
    logo chegará para ela".

³⁴ "Nabucodonosor,ˢ rei da Babilônia,
    devorou-nos, lançou-nos em
        confusão,
fez de nós um jarro vazio.
Tal como uma serpente ele nos engoliu,
    encheu seu estômago
        com nossas finas comidas
    e então nos vomitou.
³⁵ Que a violência
    cometida contra nossa carne²
    esteja sobre a Babilônia",
dizem os habitantes de Sião.
"Que o nosso sangue esteja sobre
    aqueles que moram na
        Babilônia",
    diz Jerusalém.ᵗ

³⁶ Por isso, assim diz o Senhor:
"Vejam, defenderei a causa de vocês ᵘ
    e os vingarei;ᵛ
secarei o seu mar ʷ
    e esgotarei as suas fontes.
³⁷ A Babilônia se tornará
    um amontoado de ruínas,
uma habitação de chacais,ˣ
    objeto de pavor e de zombaria,
    um lugar onde ninguém vive.ʸ
³⁸ O seu povo todo
    ruge como leõezinhos,
    rosnam como filhotes de leão.
³⁹ Mas, enquanto estiverem excitados,
    prepararei um banquete para eles
e os deixarei bêbados,
    para que fiquem bem alegres
e, então, durmam e jamais acordem",
    declara o Senhor.ᶻ
⁴⁰ "Eu os levarei como cordeiros
    para o matadouro,
como carneiros e bodes.

⁴¹ "Como Sesaque³ ᵃ será capturada!ᵇ
    Como o orgulho de toda a terra será
        tomado!
Que horror a Babilônia
    será entre as nações!
⁴² O mar se levantará sobre a Babilônia;
    suas ondas ᶜ agitadas a cobrirão.
⁴³ Suas cidades serão arrasadas,
    uma terra seca e deserta,
    uma terra onde ninguém mora,
    pela qual nenhum homem passa.ᵈ
⁴⁴ Castigarei Bel ᵉ na Babilônia
    e o farei vomitar ᶠ o que engoliu.
As nações não mais acorrerão a ele.
E a muralha ᵍ da Babilônia cairá.

⁴⁵ "Saia dela,ʰ meu povo!
Cada um salve ⁱ a sua própria vida,
    da ardente ira do Senhor.
⁴⁶ Não desanimem
    nem tenham medo ʲ
quando ouvirem rumores ᵏ na terra;
um rumor chega este ano,
    outro no próximo,
rumor de violência na terra
    e de governante contra governante.
⁴⁷ Portanto, certamente vêm os dias
    quando castigarei as imagens ˡ
        esculpidas da Babilônia;
toda a sua terra será envergonhada, ᵐ
    e todos os seus mortos jazerão
        caídos dentro dela.
⁴⁸ Então o céu e a terra
    e tudo o que existe neles
gritarão de alegria ⁿ
    por causa da Babilônia,
pois do norte ᵒ destruidores a atacarão",
    declara o Senhor.

⁴⁹ "A Babilônia cairá
    por causa dos mortos de Israel,
assim como os mortos de toda a terra
    caíram por causa da Babilônia.ᵖ
⁵⁰ Vocês que escaparam da espada,
    saiam!ᵍ Não permaneçam!

---

¹ **51.33** Hebraico: *filha*.
² **51.35** Ou *feita a nós e a nossos filhos*
³ **51.41** *Sesaque* é um criptograma para *Babilônia*.

Lembrem-se do Senhor
   numa terra distante,
e pensem em Jerusalém.

51 "Vocês dirão: 'Estamos
      envergonhados,
   pois fomos insultados
e a vergonha cobre o nosso rosto,
porque estrangeiros penetraram
   nos lugares santos
   do templo do Senhor'.

52 "Portanto, certamente vêm os dias",
   declara o Senhor,
"quando castigarei
   as suas imagens esculpidas,
e por toda a sua terra
   os feridos gemerão.

53 Mesmo que a Babilônia chegue ao
      céu
   e fortifique no alto a sua fortaleza,
enviarei destruidores contra ela",
   declara o Senhor.

54 "Vem da Babilônia o som de um grito;
o som de grande destruição
   vem da terra dos babilônios.

55 O Senhor destruirá a Babilônia;
   ele silenciará o seu grande ruído.
Ondas de inimigos avançarão
   como grandes águas;
o rugir de suas vozes ressoará.

56 Um destruidor virá contra a
      Babilônia;
seus guerreiros serão capturados,
e seus arcos serão quebrados.
Pois o Senhor é um
   Deus de retribuição;
ele retribuirá plenamente.

57 Embebedarei os seus líderes
      e os seus sábios,
os seus governadores,
   os seus oficiais e os seus guerreiros.
Eles dormirão para sempre
   e jamais acordarão",
   declara o Rei,
      cujo nome é Senhor dos Exércitos.

58 Assim diz o Senhor dos Exércitos:

"A larga muralha da Babilônia
   será desmantelada
e suas altas portas serão incendiadas.
Os povos se exaurem por nada,
o trabalho das nações não passa
   de combustível para as chamas".

59 Esta é a mensagem que Jeremias deu ao responsável pelo acampamento, Seraías, filho de Nerias, filho de Maaseias, quando ele foi à Babilônia com o rei Zedequias de Judá, no quarto ano do seu reinado. 60 Jeremias escreveu num rolo todas as desgraças que sobreviriam à Babilônia, tudo que fora registrado acerca da Babilônia. 61 Ele disse a Seraías: "Quando você chegar à Babilônia, tenha o cuidado de ler todas estas palavras em alta voz. 62 Então diga: Ó Senhor, disseste que destruirás este lugar, para que nem homem nem animal viva nele, pois ficará em ruínas para sempre. 63 Quando você terminar de ler este rolo, amarre nele uma pedra e atire-o no Eufrates. 64 Então diga: Assim Babilônia afundará para não mais se erguer, por causa da desgraça que trarei sobre ela. E seu povo cairá".

Aqui terminam as palavras de Jeremias.

A Queda de Jerusalém

52 Zedequias tinha vinte e um anos quando se tornou rei e reinou onze anos em Jerusalém. O nome de sua mãe era Hamutal, filha de Jeremias, de Libna. ² Ele fez o que o Senhor reprova, assim como fez Jeoaquim. ³ A ira do Senhor havia sido provocada em Jerusalém e em Judá de tal forma que ele teve que tirá-los da sua presença.

Zedequias se rebelou contra o rei da Babilônia.

⁴ Então, no nono ano do reinado de Zedequias, no décimo mês, Nabucodonosor, rei da Babilônia, marchou contra Jerusalém com todo o seu exército. Acamparam fora

da cidade e construíram torres de assalto ao redor dela.ᵛ ⁵ A cidade ficou sob cerco até o décimo primeiro ano do rei Zedequias.

⁶ Ao chegar o nono dia do quarto mês a fome era tão severa que não havia comida para o povo.ʷ ⁷ Então o muro da cidade foi rompido. O rei e todos os soldados fugiram e saíram da cidade, à noite, na direção do jardim real, pela porta entre os dois muros, embora os babilônios estivessem cercando a cidade. Foram à Arabá¹, ⁸ mas os babilônios perseguiram o rei Zedequias e o alcançaram na planície de Jericó. Todos os seus soldados se separaram dele e se dispersaram, ⁹ e ele foi capturado.ˣ

Ele foi levado ao rei da Babilônia em Ribla,ʸ na terra de Hamate,ᶻ que o sentenciou. ¹⁰ Em Ribla, o rei da Babilônia mandou executar os filhos ᵃ de Zedequias diante de seus olhos e também matou todos os nobres de Judá. ¹¹ Então mandou furar os olhos de Zedequias e prendê-lo com correntes de bronze e o levou para a Babilônia, onde o manteve na prisão até o dia de sua morte.ᵇ

¹² No décimo dia do quinto mês,ᶜ no décimo nono ano de Nabucodonosor, rei da Babilônia, Nebuzaradã,ᵈ comandante da guarda imperial, que servia o rei da Babilônia, veio a Jerusalém. ¹³ Ele incendiou ᵉ o templo ᶠ do Senhor, o palácio real e todas as casas de Jerusalém. Todos os edifícios importantes foram incendiados por ele. ¹⁴ O exército babilônio, sob o comandante da guarda imperial, derrubou todos os muros ᵍ em torno de Jerusalém. ¹⁵ Nebuzaradã deportou para a Babilônia alguns dos mais pobres e o povo que restou na cidade, juntamente com o restante dos artesãos² e aqueles que tinham se rendido ao rei da Babilônia. ¹⁶ Mas Nebuzaradã deixou para trás ʰ o restante dos mais pobres da terra para trabalhar nas vinhas e nos campos.

¹⁷ Os babilônios despedaçaram as colunas de bronze,ⁱ os estrados móveis ʲ e o mar de bronze ᵏ que ficavam no templo do Senhor e levaram todo o bronze para a Babilônia.ˡ ¹⁸ Também levaram embora as panelas, pás, tesouras de pavio, bacias de aspersão, tigelas e todos os utensílios de bronze usados no serviço do templo.ᵐ ¹⁹ O comandante da guarda imperial levou embora as pias, os incensários,ⁿ as bacias de aspersão, as panelas, os candeeiros, as tigelas e as bacias usadas para as ofertas derramadas, tudo que era feito de ouro puro ou de prata.

²⁰ O bronze tirado das duas colunas, o mar e os doze touros de bronze debaixo dele, e os estrados móveis, que o rei Salomão fizera para o templo do Senhor, eram mais do que se podia pesar.º ²¹ Cada uma das colunas tinha oito metros e dez centímetros de altura e cinco metros e quarenta centímetros de circunferência³; cada uma tinha quatro dedos de espessura e era oca.ᵖ ²² O capitel de bronze ᵠ no alto de uma coluna tinha dois metros e vinte e cinco centímetros de altura e era ornamentado com uma peça entrelaçada e romãs de bronze em volta, tudo de bronze. A outra coluna, com suas romãs, era igual. ²³ Havia noventa e seis romãs nos lados; o número total de romãs ʳ acima da peça entrelaçada ao redor era de cem.

²⁴ O comandante da guarda tomou como prisioneiros o sumo sacerdote Seraías, ˢ o sacerdote adjunto Sofonias ᵗ e os três guardas das portas. ²⁵ Dos que ainda estavam na cidade, tomou o oficial encarregado dos homens de combate e sete conselheiros reais. Também tomou o secretário, que era o oficial maior encarregado do alistamento do povo da terra, e sessenta de seus homens que foram encontrados na cidade. ²⁶ O comandante Nebuzaradã ᵘ tomou todos eles e os levou ao rei da Babilônia em Ribla.

¹ **52.7** Ou *para o vale do Jordão*
² **52.15** Ou *restante das massas*
³ **52.21** Hebraico: *18 côvados de altura e 12 côvados de circunferência*. O côvado era uma medida linear de cerca de 45 centímetros.

27 Ali, em Ribla, na terra de Hamate, o rei fez com que fossem executados.

Assim Judá foi para o cativeiro, longe ᵛ de sua terra. **28** Este é o número dos que Nebuzaradã levou para o exílio: ʷ

No sétimo ano, 3.023 judeus;
29 no décimo oitavo ano de Nabucodonosor, 832 de Jerusalém;
30 em seu vigésimo terceiro ano, 745 judeus levados ao exílio pelo comandante da guarda imperial, Nebuzaradã. Foram ao todo 4.600 judeus.

Joaquim é Libertado

31 No trigésimo sétimo ano do exílio do rei Joaquim de Judá, no ano em que Evil-Merodaque¹ tornou-se rei de Babilônia, ele libertou Joaquim, rei de Judá, da prisão no vigésimo quinto dia do décimo segundo mês. **32** Ele falou bondosamente com ele e deu-lhe um assento de honra mais elevado do que os dos outros reis que estavam com ele na Babilônia. **33** Desse modo Joaquim tirou as roupas da prisão e pelo resto da vida comeu à mesa do rei.ˣ **34** O rei da Babilônia deu a Joaquim uma pensão diária ʸ até o dia de sua morte.

52.27
ᵛ Jr 20.4
52.28
ʷ 2Rs 24.14-16; 2Cr 36.20
52.33
ˣ 2Sm 9.7
52.34
ʸ 2Sm 9.10

¹ **52.31** Também chamado *Amel-Marduque*.

PREGAÇÃO, ORAÇÃO CORPORATIVA E DISCIPULADO

 ## Fundamentos da boa pregação

*A palavra do S*ENHOR *veio a mim, dizendo:*

*"Antes de formá-lo no ventre
eu o escolhi;
antes de você nascer, eu o separei
e o designei profeta às nações".*

Mas eu disse: Ah, Soberano SENHOR! *Eu não sei falar, pois ainda sou muito jovem.*

O SENHOR, *porém, me disse: "Não diga que é muito jovem. A todos a quem eu o enviar, você irá e dirá tudo o que eu ordenar a você. Não tenha medo deles, pois eu estou com você para protegê-lo", diz o* SENHOR.

O Senhor estendeu a mão, tocou a minha boca e disse-me: "Agora ponho em sua boca as minhas palavras. Veja! Eu hoje dou a você autoridade sobre nações e reinos, para arrancar, despedaçar, arruinar e destruir; para edificar e plantar".

Jeremias 1.4-10

Deus chama algumas pessoas para pregar. Jeremias entendeu a natureza audaz e até jocosa dessa simples afirmação. É por isso que imediatamente listou as razões pelas quais renunciaria à tarefa antes mesmo de começar. Sou muito jovem, disse ele. Não sei como fazer isso. Mas Deus não aceitou sua carta de renúncia. Talvez, como Jeremias, você se sinta amedrontado, sobrecarregado ou desqualificado para pregar. Mas, se Deus chamou você, ele o capacitará. "Você irá e dirá tudo o que eu ordenar a você", disse o Senhor a Jeremias, "[porque] ponho em sua boca as minhas palavras" (v. 9).

Lembre-se de que a pregação é tanto um chamado sobrenatural quanto uma arte humana. E, se é uma arte, significa que você também pode aprender a desenvolvê-la. Você pode se tornar um pregador. Leva tempo (Gardner Taylor afirmou que ainda estava aprendendo a pregar mesmo depois de quarenta anos), mas você *consegue* aprender a arte. Ouça os mestres pregadores desta seção. Deixe Deus iniciar, renovar ou amadurecer o chamado dele de pregar sua palavra em você.

PREGAÇÃO, ORAÇÃO CORPORATIVA E DISCIPULADO

O sublime chamado da pregação
Gardner Taylor

Depois de mais de quarenta anos pregando, posso finalmente dizer: "Tenho um sentimento de que a minha pregação está mais em sintonia com o cerne do Evangelho.". Isso não significa, porém, que a pregação de domingo seja fácil. Estas são algumas das minhas ideias principais sobre o sublime chamado para a pregação:

Esteja espiritualmente pleno
Talvez uma das mais importantes, porém, frequentemente negligenciada, partes do preparo do sermão seja a vida espiritual. O apóstolo Paulo diz: "depois de ter pregado aos outros, eu mesmo não venha a ser reprovado" (1Coríntios 9.27). É fácil se envolver tanto nos mecanismos da pregação e menosprezar o elemento vital da pregação.

Noemi diz no livro de Rute: "Cheia parti, porém vazia o Senhor me fez tornar" (Rute 1.21, *Almeida Revista e Corrigida*). Essa é a história da vida. É também a história da pregação: precisamos nos manter em plenitude para poder nos esvaziar no púlpito.

Confie em Deus nos períodos de estagnação na pregação
Às vezes, chego ao que a minha esposa chama de "platô da pregação", em que tudo permanece o mesmo. Isso acontecia com mais frequência quando eu era mais jovem; eu tinha algumas quedas bruscas na eficácia da pregação, quando a fonte não jorrava e a roda d'água não se movia durante três, quatro e até cinco semanas. Aprendi a olhar para dentro de mim durante esse período e a apresentar diante de Deus o que eu estava passando. Eu tentava crer que aqueles sermões diziam alguma coisa a alguém que estivesse passando por experiência semelhante.

Às vezes, o sermão do pregador tratará intencionalmente de determinadas necessidades; outras vezes, porém, acontece misteriosamente, e a palavra de Deus irrompe pelo poder do Espírito Santo. Ainda outras vezes, apesar do pregador, as pessoas são edificadas. Ou acontece como quando um membro da comunidade dirá na porta da igreja: "Você falou para mim; esse era o meu problema, e você foi direto ao ponto"; contudo, o pregador nem tinha a intenção de tratar daquele problema.

Ofereça a Deus o seu melhor
Raramente fico satisfeito com a minha pregação, mesmo que depois da pregação eu sinta um enorme alívio. De vez em quando, tenho um presságio de como devo pregar, então procuro pregar desse jeito todas às vezes. Mas isso é impossível; por isso, tenho de fazer as pazes com a realidade. Mas sempre me esforço para oferecer o melhor de mim.

Um pregador escocês chamado Arthur Gossip conta a respeito de certa experiência mística que teve na igreja. Ao descer a escada do púlpito, depois da pregação, ele encontrou uma Presença que lhe disse: "Isso foi o melhor que você podia me oferecer hoje?". Gossip disse que voltou ao gabinete e chorou. Esta é a pergunta que todo pregador deve

Fundamentos da boa pregação

fazer a si mesmo: "Esse é o melhor que posso oferecer?". Se a resposta for sim, então, é tudo que podemos fazer.

Empregue os seus dons como pregador

Em algum momento precisamos reconhecer os dons de pregação que Deus nos deu. Quando cheguei à cidade de Nova York em 1948, tive o privilégio de ser colega de algumas das personalidades mais proeminentes daquele século. Todos eles eram verdadeiros homens de Deus, mas cada um era diferente. Robert McClacken pregava com um anelo profundo. George Buttrick era um homem ligado às tendências do pensamento contemporâneo, mas sempre as examinava através das lentes das Escrituras. Paul Scherer era imponente e expansivo. Um de seus alunos compartilhou que, quando Scherer lhe dizia "Bom dia", era uma ocasião especial; sua pregação era quase como uma peça de Shakespeare. Sandy Ray tinha um dom de observar a natureza humana, de tomar coisas singelas e atribuir-lhes sentido eterno. Ele dizia, por exemplo, que alguns de nós somos como um navio de cruzeiro navegando em alto mar e outros são como pequenos rebocadores, mas o único jeito de um cruzeiro chegar ao porto é com a ajuda dos rebocadores.

Os pregadores precisam descobrir seu potencial interior e se dedicar àquilo. Arthur Gossip dizia que ele pregava para si mesmo e depois descobria que tinha pregado para os outros. É verdade que o pregador não pode se tornar simplesmente o eco de sua própria excentricidade, mas é preciso enfrentar primeiro a si próprio.

Aqueles que encontram essa aceitação transpiram autenticidade incomparável. Todo pregador tem uma força singular, basta deixar que ela resplandeça. Eu tive um aluno gago — às vezes, mesmo durante a pregação ele gaguejava. Mas havia uma força na gagueira que levava as pessoas a quase se pôr de pé para tentar ajudá-lo. Não era para impressionar; se fosse, não teria efeito. Mas ele provocava interesse em sua pregação como poucos pregadores.

Diante de tantas dúvidas e incertezas que tive, sou cada vez mais grato ao Senhor por ter me feito um pregador. Sempre que desço do púlpito tão cansado a ponto de pensar que não quero pregar nunca mais, o Senhor acha algum modo de me restaurar e normalmente torna a minha oportunidade ministerial seguinte uma das mais encorajadoras.

Preparando-se para pregar
Peter Scazzero

Deixe a palavra de Deus primeiro transformar você

Se você deseja ver verdadeira transformação na vida das pessoas através da sua pregação, é preciso que comece com você — o pregador. Para transformar profundamente a vida das pessoas pela Palavra, a vida do pregador precisa ser transformada primeiro por meio dessa Palavra. Raramente prego em um texto sem antes ter meditado nele durante toda a semana — o objetivo é deixar que Deus *me* transforme, não só preparar um bom sermão. Então, antes de eu subir ao púlpito, o texto deverá ter me transformado.

 **PREGAÇÃO, ORAÇÃO CORPORATIVA E DISCIPULADO**

Muitos de nós não gasta tempo examinando a própria vida abaixo da superfície. Como um *iceberg* — a maior parte está submersa; não a vemos. Sei que posso facilmente ignorar a imaturidade e o mundanismo que está sob a superfície da minha vida. Consequentemente, a minha pregação é enfraquecida, porque o meu próprio relacionamento com Jesus está atrofiado. Mas, quando eu lido com um texto bíblico, quando deixo que o texto examine as partes ocultas da minha vida, então começam a acontecer verdadeiras transformações.

Por exemplo, algumas semanas atrás, preguei João 21, em que Jesus diz a Pedro: " 'Digo a verdade: Quando você era mais jovem, vestia-se e ia para onde queria; mas, quando for velho, estenderá as mãos e outra pessoa o vestirá e o levará para onde você não deseja ir' " (v. 18). Antes de pregar esse versículo, tive de deixá-lo perscrutar a minha própria vida. Enquanto orava a respeito, atento à voz de Jesus para mim por meio dessas palavras, percebi como é comum eu fazer planos sem consultá-lo. Deus começou a retirar as camadas do meu falso eu: *Peter, você está realmente procurando felicidade na segurança, no controle e no poder, como Pedro? Como ele, você está só tentando cumprir as suas responsabilidades e seguir adiante?* A conclusão é que Deus me levou para um novo lugar de entrega a ele e a sua vontade.

Toda semana você deve ouvir o Senhor dessa maneira. A Palavra deve entrar no mais profundo da sua vida, muito abaixo da superfície. É isso que produzirá frutos no seu ministério. Você não aprende isso com um livro. Você não vai encontrar isso em um comentário bíblico.

Pregue partindo da sua fraqueza

Nenhum de nós chegou lá ainda, mas essa é justamente a beleza da pregação! Os sermões mais eficazes são aqueles que surgem do reconhecimento de que nós ainda estamos no processo de crescimento em Cristo. É justamente aí que Deus pode se manifestar. Quebrantar-se diante de Deus é crucial para a nossa pregação. Obviamente, espero comunicar alguma maturidade espiritual, mas, por outro lado, é bem provável que haja pessoas na igreja que estejam mais avançadas do que eu no caminho do perdão e de outras questões. Eu não fico dizendo do púlpito que já resolvi tudo. Quando prego, sempre procuro comunicar que sou um companheiro de jornada assim como todos os demais. Eu dependo da graça de Deus assim como você.

Ainda assim, você continua podendo pregar a Palavra de Deus com autoridade. Pode pregar sobre perdoar seus inimigos, porque é verdade. Mas você também pode dizer: "Amigos, isso é impossível. Eu sei, porque já tentei. Somente Deus pode ajudá-lo. Será preciso um milagre, mas Deus deseja nos oferecer o milagre do perdão.".

Gosto muito da visão do apóstolo Paulo em 2Coríntios 10—13. Ele deixou claro que não era um "superapóstolo". Ele tinha um espinho na carne, contudo tinha prazer na fraqueza. Isso vai contra a cultura, e é até mesmo uma abordagem de pregação totalmente contrária à cultura contemporânea.

Pregue partindo da sua relação com Cristo

Este é o princípio-chave por trás da pregação que leva à transformação em Cristo: Você não pode conduzir as pessoas a uma jornada que você mesmo não tenha percorrido. Você pode falar a elas sobre a jornada, mas isso elas leem nos livros. Se a sua jornada com Jesus tem alguma consistência, contudo, certamente transparecerá na pregação. Se você se desvia da

Fundamentos da boa pregação

jornada com Cristo — construir uma igreja maior, conquistar a aprovação das pessoas, ou se ocupar tanto a ponto de não conseguir raciocinar bem —, muito provavelmente é sinal de que Deus está lhe dizendo para diminuir o ritmo para que você tenha tempo com Jesus. As pessoas precisam de que você gaste tempo em oração. O povo quer que você passe tempo com Deus para que possa transmitir a verdadeira palavra de Deus a eles.

Orando pelo sermão
H. B. Charles

"Senhor, ajude-me a pregar sua Palavra com fidelidade, clareza, autoridade, paixão, sabedoria, humildade e liberdade." Frequentemente oro assim em público, na oração que antecede o sermão. Essas palavras se tornaram parte das minhas orações. Quer eu ore publicamente quer em particular, estes são os sete elementos que desejo que o Senhor me dê enquanto prego:

1. Fidelidade
Eu quero obedecer à ordenança bíblica de pregar a palavra (2Timóteo 4.2). Isso exige que eu entenda o que o texto significa. Depois, preciso preparar e apresentar a mensagem que combine com a intenção do autor. Quero extrair do texto o que está *no* texto, em vez de impor as minhas próprias ideias. Desejo que os meus pensamentos e palavras sejam coerentes com a sã doutrina.

2. Clareza
Um dos melhores elogios que alguém possa me dar é de que a minha pregação foi clara. Não quero que os ouvintes fiquem confusos sobre o que eu disse. Mesmo que não concordem, quero que a explicação do texto e a ideia central da mensagem sejam claras. Clareza deve ser a base do estilo; há algo atrativo sobre a mensagem que é clara.

3. Autoridade
No início do meu primeiro pastorado, eu não tinha autoridade pessoal em que me basear. Mas logo aprendi que a verdade é a verdade, quer eu tenha experiência quer não. Depois de algumas décadas, ainda estou convencido de que a autoridade máxima do pregador se encontra na Palavra de Deus. Desejo pregar com autoridade bíblica que reflita o fato de que o meu texto foi extraído da Palavra de Deus, não de palavras humanas.

4. Paixão
Nunca quero pregar como se fosse um repórter de notícias que lê sem paixão o texto de um *teleprompter*. Quero que a minha pregação flua de uma mente e de um coração apaixonados pela verdade. As pessoas no banco da igreja podem até não acreditar no que estou dizendo, mas quero deixar claro que *eu* acredito naquilo. Se a pregação pode ser definida como "a lógica no fogo", devemos pregar com a mente convicta e o coração inflamado.

PREGAÇÃO, ORAÇÃO CORPORATIVA E DISCIPULADO

5. Sabedoria
Em Colossenses 1.28, Paulo ressalta a prioridade de proclamar a Cristo, exortando e ensinando cada um com toda sabedoria. A pregação deve ter como marca a sabedoria. O conteúdo da nossa pregação deve refletir a sabedoria de Deus em vez de a loucura do mundo. Precisamos de sabedoria para expor a Palavra.

6. Humildade
Somos chamados para pregar a Jesus e não a nós mesmos (2Coríntios 4.5). É impossível exaltar a Cristo e exaltar o ego ao mesmo tempo. Somos apenas amigos do noivo, como João Batista (João 3.29). Devemos diminuir para que Cristo cresça em nós (João 3.30). A nossa tarefa é pregar de tal maneira que as nossas palavras levem o ouvinte perante o Deus vivo. Depois, devemos sair do caminho!

7. Liberdade
Um famoso pregador do século XX muitas vezes pedia a seus mantenedores para que orassem a fim de que ele tivesse liberdade ao pregar. Isso me marcou. Não sei como explicar, mas toda pessoa que está acostumada a pregar há algum tempo sabe o que significa pregar com liberdade e o que é pregar sem liberdade. Portanto, peço liberdade para pregar com o coração e com convicções para a glória de Deus.

A introdução do sermão
E. K. Bailey

A introdução do sermão é a chance que você tem de cativar os ouvintes e levá-los à aplicação contemporânea do texto. Isso não é fácil. Você tem cerca de um a três minutos para conquistar a atenção deles. Se não sintonizarem, começarão a se distrair. Eis alguns pontos-chave para a preparação de uma boa introdução:

A introdução deve ser breve
A introdução não deve passar de 15% do tempo total do sermão. O sermão precisa de simetria, ou seja, equilíbrio — todos os argumentos devem ter aproximadamente a mesma duração. A introdução deve se enquadrar nessa simetria geral. O público tende a ficar inquieto quando a introdução é muito longa. Se a pregação propriamente dura 30 minutos e a introdução 20 minutos, eles já percebem que será uma pregação cansativa. Ou a introdução envolve o público, ou cria ansiedade.

A introdução deve ser relevante
A introdução deve enquadrar-se em um sermão específico e um público específico. Às vezes, tentamos encontrar uma introdução isolada assim como fazemos com a conclusão. No entanto, uma introdução deve acompanhar um sermão particular e deve encaixar-se

em um momento específico para um público determinado; desse modo, a aplicação será apropriada.

Certifique-se de que a introdução é moderada
A introdução do sermão deve aprofundar no tema na medida razoável. Isso é moderação. Não suba no púlpito e diga simplesmente: "Hoje vou falar sobre o Espírito Santo". Esse é um assunto muito vasto. Você pode pregar, pelo menos, quinze variações sobre a obra do Espírito Santo. Moderação significa estreitar o foco da mensagem para que os ouvintes entendam o aspecto particular do assunto de que você pretende tratar.

Há uma história sobre o velho reverendo R. G. Lee, famoso pastor da Igreja Batista Bellevue de Memphis, estado do Tennessee, nos Estados Unidos. Certa noite, doutor Lee estava pregando em outra igreja, mas o sermão não emplacava. Ele começou com uma longa introdução e depois o sermão se tornou monótono. Após o culto, ele perguntou ao leigo que o acompanhava: "O que foi que aconteceu?". O homem respondeu: "Doutor Lee, o senhor lançou o alicerce para a construção de um arranha-céu e no fim construiu um galinheiro.".

Faça uma introdução atraente
Uma introdução deve ser atraente. Monotonia é um pecado capital para o púlpito. Grandes pregadores têm diferentes estilos, mas nunca são monótonos. A introdução é uma oportunidade breve de prender a atenção dos ouvintes. Se você não prender a atenção deles com um início interessante, logo decidirão que você será monótono e previsível; resultado: eles se desligarão de você.

Diversifique a introdução
Não faça o mesmo tipo de introdução todo domingo. Planeje deliberadamente diversificar as introduções. Estas são algumas maneiras de fazê-lo:

- *Use citações.* Isso implica naturalmente ser um bom leitor.
- *Conte relatos a respeito de pessoas importantes.* Leia biografias — elas contam como grandes homens e mulheres se tornaram aquilo que foram.
- *Conte histórias pessoais.* É aceitável começar contando uma experiência comum sobre você mesmo, mas tenha o cuidado de não começar o sermão desse jeito todos os domingos.
- *Crie algumas parábolas ou analogias.* Como dizia o doutor Warren Wiersbe, os pregadores precisam usar a imaginação. Desenvolva parábolas.
- *Use ilustrações práticas.* Esta forma de introduzir sermão é apropriada quando usada com moderação e esporadicamente, desde que não caia em sensacionalismo. Quando você apela para o sensacionalismo, desperta um apetite que nunca será saciado.

A introdução deve ser coloquial
Não comece a introdução aos oitenta decibéis. Se você começar o sermão vociferando com intensidade e gritando, em dez minutos, ficará rouco. Quando não há variação na voz, você não dá às pessoas tempo para descansar mental e emocionalmente. É por isso que você

PREGAÇÃO, ORAÇÃO CORPORATIVA E DISCIPULADO

precisa de ilustrações e aplicações. Envolva a mente dos ouvintes, mas depois dê tempo para que eles respirem intelectualmente. Comece em tom coloquial. Contudo, é preciso que haja certo senso de autoridade na voz, porque você está representando Deus ao pregar. Isso não significa arrogância — trata-se de reconhecer que você está cheio do Espírito e que pode pregar com entusiasmo e confiança.

Preparando o sermão: 7 passos para a preparação do sermão
Peter Mead

O percurso que vai de uma passagem bíblica para um sermão envolve os seguintes sete passos (como explicado abaixo, você também terá de preparar uma boa introdução e conclusão, além de acrescentar ilustrações para prender a atenção dos ouvintes):

- Passo 1: Escolha a passagem bíblica
- Passo 2: Estude a passagem
- Passo 3: Encontre o propósito da passagem
- Passo 4: Encontre a ideia central da passagem
- Passo 5: Determine o propósito da mensagem
- Passo 6: Esclareça a ideia central da mensagem
- Passo 7: Decida a estratégia da mensagem

Esses sete passos não são aleatórios: seguem uma sequência lógica. Por exemplo, você não pode preparar a mensagem até que entenda a passagem; não pode estudar a passagem até que tenha escolhido o texto; não conseguirá a ideia e estratégia da mensagem até que determine o propósito da mensagem, assim por diante. Apesar de a sequência ser lógica, não é mecânica. Trata-se de um processo profundamente relacional. A vida, a integridade, o conhecimento e a experiência do pregador entram em jogo; sem falar que a caminhada do pregador com Deus é crucial. Portanto, enquanto você prepara o sermão, deixe que Deus prepare o seu coração para pregar. Este artigo inclui os sete passos e conclui com uma lista de verificação para ajudá-lo a trabalhar o sermão.

Passo 1: Escolha a passagem bíblica

Você precisa escolher o texto bíblico para o seu sermão. Parece óbvio, mas, se você não encontrar uma passagem, não terá um sermão. Você pode até ter um discurso interessante, que inclusive pode ter verdades bíblicas, mas não é um sermão baseado na Palavra de Deus. Você pode começar com um assunto e encontrar uma passagem apropriada, mas tome o cuidado de não impor o seu tema sobre o texto bíblico. Você pode também escolher mais de uma passagem adotando uma abordagem tópica. Entretanto, normalmente é mais fácil, tanto para você quanto para os ouvintes, focar em *uma passagem de cada vez*. Estes são alguns passos que você pode seguir para selecionar o texto da pregação:

Fundamentos da boa pregação

Reflita em oração sobre as suas opções
Se a passagem não foi preestabelecida, considere em oração o seguinte:

- *Leve em conta a ocasião.* Se for um feriado ou ocasião especial, então suas opções serão significativamente reduzidas. Talvez a ocasião não seja uma data oficial do calendário, mas um momento depois de a igreja ou a sociedade ter enfrentado uma crise ou sofrido uma perda. Seja sensível ao escolher a passagem apropriada.
- *Ore por seu público e pelo que possa necessitar.* Talvez a igreja esteja enfrentando desafios específicos, e a sua ajuda é bem-vinda; ou então as pessoas já ouviram o suficiente sobre uma parte da Bíblia e você talvez possa oferecer algo para manter o equilíbrio do ensino.
- *Leve em consideração o que você mesmo tem desfrutado recentemente na Bíblia.* A sua motivação para escolher uma passagem específica o ajudará a ter prazer no trabalho de preparação e tornará a pregação mais envolvente.

Se você tem a opção de planejar uma série, pense como uma sequência de mensagens poderá reforçar o impacto do seu ministério. A não ser que haja um motivo de não seguir esse caminho, pense em pregar sobre um livro da Bíblia ou parte de um livro.

Foque em uma unidade legítima das Escrituras
Mesmo que tenham pedido a você para pregar sobre um único versículo, não deixe de estudar toda a unidade das Escrituras. Se a passagem for uma narrativa, não deixe de incluir o início, a conclusão e qualquer outro comentário do narrador. Em outras palavras, estude o relato por inteiro. Se a passagem for poesia, não deixe de estudar o salmo todo, ou o provérbio todo, ou o oráculo profético inteiro. Se a passagem for uma espécie de raciocínio ou discurso, estude o parágrafo inteiro no contexto da seção. Estudar metade da narrativa, metade do provérbio ou metade de um parágrafo pode levá-lo a erros de interpretação e reduzir a eficácia da pregação.

Dedique-se ao preparo da mensagem
Pode parecer óbvio, mas é importante dizer. É fácil deixar o tempo passar sem tomar a decisão de escolher a passagem até que o tempo de preparo do sermão tenha se esgotado. Em vez de orar e aguardar até que você não tenha muito mais tempo para preparar, estabeleça em oração um prazo para escolha do texto e respeite o prazo. Depois de tomar essa decisão, dedique o restante do tempo e energia para o estudo da passagem que você escolheu. É melhor estar bem preparado em uma passagem apropriada do que estar mal preparado na *escolha* "perfeita" de uma passagem.

Passo 2: Estude a passagem
Um dos maiores privilégios de ser um pregador é passar tempo com o Senhor e buscar entender sua Palavra. É tentador se adiantar e querer logo passar para o planejamento da mensagem. Não faça isso. Comece pesquisando o sentido do texto como prioridade.

# PREGAÇÃO, ORAÇÃO CORPORATIVA E DISCIPULADO

Isso exigirá uma "viagem pelo tempo". Tanto quanto for possível, volte ao mundo do autor e seus destinatários, com a seguinte pergunta: *O que o autor bíblico estava comunicando? O que ele esperava que seus destinatários compreendessem? Como os primeiros ouvintes/leitores deveriam reagir?* Enquanto estuda a Bíblia, nunca se esqueça disto: o que *você* pode fazer o texto falar nunca será tão importante quanto o que *Deus* já o fez falar. Estes são três elementos básicos no estudo da passagem:

Leve em consideração o gênero literário

Levar em consideração o gênero implica em perguntar: *Que forma literária ou gênero o Espírito e o autor humano empregou para escrever essa verdade?* Embora haja sete gêneros principais e muitas formas pelas quais textos específicos foram escritos, as Escrituras essencialmente chegam a nós em três principais formas literárias:

- *Narrativa.* Este é o tipo mais comum tanto no Antigo quanto no Novo Testamentos. As narrativas, fictícias (como a parábola) ou histórica (como o livro de Rute), têm a mesma função. As personagens experimentam uma tensão que cresce até que seja resolvida por meio daquilo que se chama de enredo. Quer Deus esteja abertamente presente quer não, ele sempre é a personagem principal. Normalmente, as personagens estão numa encruzilhada entre fé e pecado, entre confiar em Deus e confiar em si mesmas.
- *Poesia.* Este é o segundo tipo mais comum. Os profetas normalmente escreviam em forma poética. Os poemas fornecem um breve retrato dentro de uma narrativa; entretanto, não fica sempre clara qual era exatamente a situação que provocara a composição de um poema. O uso de imagens é geralmente vívido e emotivo. As frases são mais sucintas. A estrutura básica é a do paralelismo, em que dois ou mais versos se juntam para expressar uma única ideia. A escrita poética normalmente seguirá uma estrutura interna dentro da unidade.
- *Discurso ou raciocínio.* Este é o tipo mais comum, encontrado em ambos os testamentos e nas epístolas. O discurso também oferece um reflexo na narrativa: algo que provocou a escrita da passagem. O orador ou escritor se comunica diretamente a um público. A explicação une-se à exortação. A estrutura das frases é importante, assim como a escolha do vocabulário feita pelo autor.

Entenda o contexto

Para obter a compreensão precisa de uma passagem, é preciso dar muita atenção tanto ao contexto histórico como literário.

- *O contexto histórico* inclui a compreensão da cultura, da política, da geografia, do ambiente religioso e assim por diante. Há muitas obras de referência acessíveis, mas não se esqueça de ler atentamente as passagens relevantes para verificar o que se *pode extrair da própria Bíblia.* Por exemplo, ao estudar as epístolas de Paulo, não se esqueça de ler passagens importantes de Atos sobre a vida de Paulo.

Fundamentos da boa pregação

- *O contexto literário* representa o que vem antes e depois da passagem da Bíblia. A passagem que você está estudando está dentro de uma série de contextos. Preste bastante atenção ao que está em torno dela. Procure entender a estrutura do livro como um todo e seu contexto dentro do cânon. A passagem faz parte da história como um todo. Apesar de o contexto imediato ser muito importante para o estudo, não deixe de reconhecer a "teologia intrínseca" de textos anteriores que seja mencionada diretamente ou, de alguma forma, aludida. Apesar de as passagens anteriores nem sempre estarem dentro do contexto imediato, podem fazer parte da consciência imediata do autor. Contextos posteriores também precisam ser compreendidos para se evitar a aplicação equivocada da passagem a um público contemporâneo.

Observe o conteúdo
A observação do conteúdo apoia-se em basicamente duas questões: detalhe e estrutura.

- *Estude os detalhes.* Detalhes incluem nomes e lugares, diálogo, imagens, orientações ou vocabulário importante. Cada detalhe está presente para alcançar o objetivo do autor de comunicar a ideia do texto.
- *Verifique a estrutura.* Procure não impor uma estrutura homilética tradicional de três pontos paralelos sobre o texto. Antes, procure perceber como o pensamento se desenvolve. Como o autor está comunicando a mensagem intencionada?

Passo 3: Encontre o propósito da passagem
O objetivo de estudar uma passagem não é abrir possibilidades inesgotáveis de mais estudo, e sim discernir *a ideia principal do autor*. Quando você estuda uma passagem das Escrituras, é tentador começar a pensar sobre como você irá pregá-la, mas não se apresse ainda. Depois de escolher a passagem (Passo 1) e estudá-la (Passo 2), no Passo 3 você começará a perguntar: *Qual foi a intenção original do autor? Por que o autor escreveu originalmente essa passagem?*

Infelizmente, muitos estudos da Bíblia omitem esse "por quê". Entretanto, sem compreender a intenção do autor, não podemos compreender plenamente seu significado, e podemos acabar pregando uma análise enfadonha que falta vitalidade atraente. A Bíblia não foi escrita no vácuo; foi escrita para pessoas reais em situações reais. Foi escrita para criar vínculo com a vida real.

Examine o objetivo do livro bíblico
- *O livro declara o motivo de ser escrito?* Cada livro tem um objetivo geral ou talvez vários objetivos. Alguns livros explicitam esse objetivo (Lucas 1.1-4; João 20.30,31; 1Timóteo 3.14,15; 1João 5.13), ao passo que em outros livros é preciso que nós mesmos o determinemos. Nenhum autor bíblico escreve com um fim em si mesmo. O papiro e o pergaminho eram muito caros para que fossem usados meramente pelo prazer de escrever!

PREGAÇÃO, ORAÇÃO CORPORATIVA E DISCIPULADO

- *Houve alguma razão histórica para o livro ser escrito?* Quando o livro não declara explicitamente o seu propósito, reflita sobre a ocasião que possa ter provocado sua escrita. As epístolas, por exemplo, foram escritas para pessoas reais em situações reais com aplicações específicas de um Evangelho transformador de um Deus que se importa. Não deixe a vida ser esgotada antes de você pregar sobre elas. Em Gálatas, Paulo escreveu para esclarecer a confusão local causada pelos falsos mestres. Em Êxodo, os acontecimentos foram registrados para que gerações futuras pudessem entender o que Deus havia feito.

Depois de determinar o objetivo geral de todo o livro, prossiga para determinar o propósito particular da passagem em estudo.

Examine o objetivo da passagem

- *Pergunte "por quê" em referência à passagem como um todo.* É tentador transformar toda a passagem em uma instrução ou aplicação imediata. Por exemplo, muitos sermões transformam a conversa de Eva com a serpente (Gênesis 3.1-5) em uma série de princípios sobre como resistir à tentação. Mas, fazendo assim, deixamos de entender a intenção teológica maior — a História da queda e seu significado. Essa passagem não é primordialmente um guia de como enfrentar a tentação. Antes, trata de um dos acontecimentos mais significativos da história, um acontecimento que molda o nosso mundo hoje. O evangelho de Gênesis 3 não depende da nossa habilidade de empregar lições práticas para a vida. Em vez disso, o evangelho se concentra na esperança da semente da mulher que esmagará a cabeça da serpente (Gênesis 3.15). Ao estudar toda a passagem, em vez de nos concentrar apenas naquilo que poderá ser transformado numa instrução prática, podemos enxergar a intenção do autor.

- *Pergunte "por quê" a cada detalhe da passagem.* Não use simplesmente um "caça-mandamento" para destacar todo imperativo ou lição de vida inferida no texto. Uma abordagem desse tipo transformará a Bíblia em um simples livro de instrução. Observe atentamente para entender por que o autor escreveu o que escreveu. Que detalhes foram incluídos? Como o texto flui? Como o autor desenvolve seu pensamento? Há somente três maneiras de desenvolver um pensamento: explicá-lo, prová-lo ou aplicá-lo. Toda passagem usará uma ou mais dessas formas. A passagem foi escrita para informar, convencer e/ou motivar?

- *Pergunte "o quê" a respeito do tom do texto.* Se percebermos que a passagem expressa uma comunicação interpessoal, em que o autor se expõe no próprio texto, então desenvolveremos uma sensibilidade de perceber o tom do texto em vez de enxergá-lo como mera coleção de dados. O cuidado de Paulo por Timóteo, em sua última carta, ou sua preocupação pelos filipenses são bem diferentes do tom indignado expresso na carta de Gálatas. Salmos 51 tem uma tônica bastante diferente Salmos 100.

Alguns pregadores transformam toda instrução, implicação, sugestão, encorajamento ou exortação em uma ordem voraz. Paulo e outros escritores bíblicos ficariam decepcionados em ouvir como suas cartas são pregadas por alguns hoje em dia. Se você não tiver sensibilidade ao tom empregado na passagem, não entenderá satisfatoriamente o texto.

Fundamentos da boa pregação

(Tenha em mente a compreensão do tom à medida que desenvolve e prega a mensagem, porque a *ênfase da sua pregação* também será crucial. Não seja surdo ao tom que emprega!)

Determine o resultado intencionado para os destinatários originais

Antes de você resumir uma passagem em uma única frase (veja Passo 4), determine qual foi o propósito do autor ao escrever o texto. O propósito da passagem não dita o propósito da mensagem (veja Passo 5), mas é o ponto de partida e oferece alguns limites.

Passo 4: Encontre a ideia central da passagem

O Passo 3 nos faz ver além do conteúdo. Mas, à medida que estuda a passagem, você examinará não só o conteúdo do autor, mas também sua intenção. Começará a perguntar-se: "Por que ele escreveu essa passagem e o que estava tentando alcançar?" Estudar uma passagem da Bíblia representa uma busca interminável. Cada detalhe pode nos levar a outras abordagens de estudo e pode parecer que o trabalho só vai se avolumando a cada passo. É possível saber quando você já estudou o suficiente? Se o estudo nunca estiver completo, então nunca haverá tempo suficiente para o preparo do sermão, e os ouvintes vão sofrer com mensagens mal preparadas.

A *ideia central da passagem* é a linha de chegada da primeira metade do processo. Depois de estudar o contexto e o conteúdo da passagem (Passo 2), e a intenção do autor (Passo 3), é importante chegar ao objetivo: a ideia central do texto. Trata-se da verbalização do pensamento do autor em uma frase. Quando você encontrar a ideia central da passagem, cavar mais apenas reforçará a ideia da passagem. Então será a hora de escrever a mensagem propriamente dita (Passos 5 ao 7).

O que é a "ideia central da passagem"?

- *As ideias são os alicerces da comunicação.* É possível comunicar sem palavras, mas não sem ideias. O significado de qualquer texto bíblico consiste em ideias que formam esse texto. Ao tratar de uma única passagem, sempre haverá uma ideia principal.
- *As ideias são compostas de duas partes.* Primeiro, há o elemento que pergunta sobre o tema da ideia (de que se trata a passagem). Segundo, há o elemento que responde com o complemento (o que a passagem diz sobre o tema). Em outras palavras, o *tema* funciona como uma pergunta; o *complemento* responde a essa pergunta. Juntando as duas sem o ponto de interrogação, é possível determinar a ideia central da passagem. Por exemplo, pense na ideia central da passagem de 1Timóteo 5.1,2. A pergunta do assunto tratado nesse texto é algo assim: "Como Timóteo deve tratar os diversos tipos de pessoas na igreja em que serve em Éfeso?" A resposta-complemento apresentada no texto responde: "como membros de sua própria família". Colocando as duas partes juntas — a pergunta-tema e a resposta-complemento — encontramos a ideia da passagem: "Timóteo deve tratar os diversos tipos de pessoas na igreja em que serve em Éfeso como membros de sua própria família.".

Em suma, a ideia central da passagem resume toda a passagem. Ela é tanto a soma das partes quanto o sentido do todo expresso em uma única frase.

PREGAÇÃO, ORAÇÃO CORPORATIVA E DISCIPULADO

Como você encontra a ideia central da passagem?

Quando você estudar o texto, pergunte: *De que se trata esta passagem?* ou *A que pergunta ela responde?* Não fique com esses pensamentos só na cabeça. As coisas sempre ficarão mais claras quando as expressarmos; portanto, tome uma folha de papel e tente resumir a ideia principal em uma única frase.

Compare a frase escrita no papel com a passagem. Todos os elementos da passagem influenciaram a frase? Ela pode ser aperfeiçoada, esclarecida ou simplificada? No fim das contas, a folha de papel terá diversas tentativas riscadas e uma frase final que atenderá à necessidade de um resumo eficaz e preciso de toda a passagem.

Como você sabe se a ideia central que você formulou está na direção certa? Imagine que você está numa banca diante do autor, dos destinatários originais e de Deus. Você apresenta a referência da passagem e depois a ideia central. Os membros da banca estão concordando, ou estão coçando a cabeça, diante da sua ingênua tentativa?

É preciso muito tempo para captar a ideia, principalmente dado o tempo necessário para preparar o restante da mensagem. Mas é tão importante condensar o significado da passagem em uma única sentença que valerá a pena o tempo investido. Além de influenciar os ouvintes para sempre, moldar a ideia central também ajudará a produzir alguns benefícios práticos significativos:

- *Forçará você a estudar a passagem com mais afinco.* Qualquer pessoa pode reunir informações, mas é necessário habilidade para descobrir e comunicar o que uma passagem está realmente dizendo.
- *Será um guia incalculável ao que deverá ser incluído na mensagem.* (Isso servirá de ajuda no Passo 6). O maior desafio não é decidir o que falar, mas o que deixar de fora.
- *Ajudará os ouvintes a se envolver com o que é realmente importante na passagem.* Os ouvintes não se apegam a complexidades, mas certamente lembrarão uma ideia central. Ter uma declaração clara como "ideia principal" sempre ajudará o ouvinte.
- *Poderá transformar vidas.* Haddon Robinson tinha razão ao declarar que as pessoas não são transformadas pelos esboços, mas elas viverão e até morrerão por ideias — por verdades essenciais que prendem a atenção delas.

Comece a estudar a Bíblia e só pare depois de ter um resumo preciso, em uma frase, do que o autor está dizendo — a ideia central do texto que você elaborou. Ao chegar aqui, você concluiu a primeira metade do preparo do sermão.

Passo 5: Determine o propósito da mensagem

A segunda metade do preparo do sermão envolve tomar a ideia principal do texto e moldá-la em um sermão que será relevante e transformador para os ouvintes. Nos primeiros quatro passos, o foco estava na passagem; agora muda para a mensagem. À medida que *você forma e molda o sermão*, deve manter o foco na seguinte pergunta: *"Qual é o propósito desta mensagem?"*. As perguntas a seguir o ajudarão a responder a essa pergunta.

Fundamentos da boa pregação

Qual é o meu papel e o papel do Espírito Santo?

É correto perseguir um alvo na pregação? Não é papel do Espírito Santo transformar vidas? Absolutamente — transformar vidas não é nossa função. Entretanto, ser bons mordomos do privilégio de pregar significa buscar em oração enfatizar a relevância da passagem aos ouvintes. Não podemos nos eximir do nosso papel de comunicar a relevância e aplicação de um texto simplesmente porque é o Espírito que promove transformação. Devemos depender inteiramente de Deus para tudo, mas isso não diminui a responsabilidade que temos.

Por que pregar esta mensagem?

Essa pergunta é crucial. O seu propósito influenciará toda a mensagem. Não pregue apenas para impressionar os ouvintes, mas pregue para agradar a Deus que tem prazer em transformar vidas. Se você tem uma visão clara do que a mensagem deve alcançar, você será capaz de descartar o conteúdo que, apesar de interessante, não contribua para alcançar o propósito. Ter um propósito claro exige que toda explicação, toda ilustração e toda aplicação estejam alinhadas a ele. A tarefa do pregador não é tornar a Bíblia relevante — é enfatizar como a Bíblia já é relevante aos ouvintes.

Quem são os meus ouvintes?

Reflita conscientemente e em oração sobre quem ouvirá a sua mensagem. Isso envolve mais do que apenas as tendências culturais atuais, apesar de elas serem importantes. Que tipo de reunião será? É uma comunidade rural, urbana, ou de periferia? O auditório é predominantemente cristão ou haverá também não cristãos? Que tipos de emprego as pessoas têm? Em que fase da vida estão e qual o nível de formação educacional? Trata-se de um grupo de uma faixa etária específica? Haverá crianças? Quanto mais você pensar sobre quem são os seus ouvintes, melhor você será capaz de direcionar a sua mensagem. É por isso que os pastores nunca devem desprezar o cuidado pastoral. Se você não conhece as feridas, os medos, as expectativas e os sonhos do seu público, terá muita dificuldade em se conectar com eles no púlpito.

Qual é o alvo da mensagem?

Considere o propósito da mensagem. A ideia central da mensagem será o dardo que você arremessará ao alvo, mas sem um alvo você não tem como mirar o dardo. O que a mensagem pretende alcançar? Qual deve ser a aplicação? Reflita sobre os resultados que você espera alcançar, depois será capaz de planejar a mensagem e alcançar esses alvos.

Há três níveis de aplicação. É fácil supor que a pregação orientada à aplicação signifique oferecer aos ouvintes uma lista de tarefas a ser realizadas. Tome cuidado. As pessoas vão tomar nota das listas e guardá-las em suas Bíblias, mas a Bíblia pretende uma transformação profunda em todos os três dos seguintes níveis:

- *Conduta*. A Bíblia deve envolver vidas de modo que a conduta seja transformada. A vida daqueles que são moldados pela Palavra deve produzir frutos. Ajude os ouvintes a imaginar a diferença que uma verdade bíblica faria na vida de cada um, mas procure evitar o maior inimigo da verdadeira transformação: a moralização. Moralizar envolve apresentar uma verdade bíblica de tal maneira que os ouvintes se voltem para si mesmos em busca da transformação, não na dependência da graça de Deus. Deus nos transforma de dentro para fora; a moralização nos força a mudar de fora para dentro. Demonstre a diferença que a Palavra de Deus faz encorajando os ouvintes a ser praticantes da Palavra, não com suas próprias forças, mas na força que vem de caminhar junto do Senhor.

- *Convicção.* A Bíblia não contém apenas instrução sobre conduta; ela também molda o pensamento e as convicções. A maneira com que os seus ouvintes compreendem Deus, o pecado, a salvação e a espiritualidade cristã deve ser moldada pela Palavra de Deus, que é comunicada através da sua pregação.
- *Afeição.* A Bíblia nos ensina que os humanos são seres movidos pelo coração. O nosso modo de pensar e de agir reflete o sistema de valores do coração: quem e o que amamos (o que Jesus chama de "tesouro" em Mateus 6.21). Os nossos problemas mais profundos proveem do coração; por isso, a pregação bíblica deve tanto condenar a dureza de coração dos ouvintes quanto procurar atraí-los à graça de Deus em Jesus Cristo. A transformação cristã é uma questão de resposta mais do que de responsabilidade.

É bíblico procurar algo mais profundo do que a conduta?

Siga o exemplo da própria Bíblia: o discurso nos move; as narrativas nos envolvem; e a poesia nos agita. Procure não só *dizer* o que o texto diz, mas também *fazer* o que o texto faz.

Comece com o propósito da passagem (Passo 3), reflita em oração o público a quem você espera se dirigir e defina o propósito da mensagem (Passo 5). Não despreze este passo. Mesmo que você esteja pregando para o mesmo público semana após semana, não deixe de gastar tempo em oração buscando o propósito de Deus para *aquelas* pessoas *naquela* ocasião *nessa* passagem.

O Evangelho transforma vidas; Deus transforma vidas. Quando você prega, não insista para que os ouvintes se esforcem ainda mais. Antes, apresente o Pai revelado no Filho pelo Espírito e observe como corações se quebrantam, motivações se despertam e vidas se transformam.

Passo 6: Esclareça a ideia central da mensagem

O passo anterior definiu o alvo. O Passo 6 sintoniza o dardo que você lançará ao alvo. A ideia central da mensagem representa todo o sermão resumido em uma frase (alguns pregadores também chamam isso de "ideia principal" do sermão). Como todo dardo bem-sucedido, precisa ser o mais afiado, equilibrado e desimpedido quanto possível. Estas são algumas perguntas e respostas-chave sobre a ideia central da mensagem:

A ideia da mensagem é a mesma que a da passagem?

Ela deve refletir essencialmente o mesmo conceito, contudo será elaborada de maneira diferente. Referências históricas como "Paulo disse a Timóteo que..." devem ser evitadas, *pois a frase precisa ser dirigida* diretamente ao ouvinte *contemporâneo*. A frase é declarada do modo mais eficiente possível para sensibilizar o coração e a mente dos ouvintes.

Fundamentos da boa pregação

Essencialmente, a *ideia da mensagem* é a *ideia da passagem* moldada pelo *propósito da mensagem* e elaborada para os seus ouvintes.

Faça as três seguintes perguntas sobre a ideia da mensagem (comparada com a ideia da passagem elaborada anteriormente):

1. *A ideia mudou o suficiente?* Em outras palavras, ela é relevante a esse grupo de ouvintes?
2. *A ideia mudou demais?* Ela perdeu a autoridade do texto sendo tão contemporânea que se tornou apenas a ideia do pregador?
3. *Um "especialista em Bíblia" reconheceria a passagem a partir da ideia da mensagem?* Ela se tornou uma verdade bíblica geral, em vez de uma verdade bíblica desta passagem em particular?

O que você fará com a ideia da mensagem?

Você terá de encaixá-la dentro do tempo disponível para a pregação. Isso significa tratar de uma frase em trinta a quarenta minutos? Sim, ou você descobre como inculcar a ideia da mensagem no decorrer da pregação, ou o tempo será gasto para obscurecer a mensagem. A melhor opção é gastar o tempo disponível e tornar a ideia da mensagem — partindo do texto bíblico — tão clara, transformadora, evidente e aplicável a todos a ponto de que essa frase se torne uma mensagem singular de transformação de vida.

Sem o compromisso de comunicar eficazmente a ideia da mensagem, a mensagem consistirá em uma coleção de referências cruzadas vagamente relacionadas, anedotas associadas com superficialidade e destaques exegéticos aleatórios. Você pode apresentar informações muito úteis e um esboço bem estruturado, mas os ouvintes não conseguirão se concentrar na ideia principal que Deus tem para o texto. Em vez disso, sem o poder coerente de uma ideia da mensagem clara e bem articulada, os ouvintes irão apenas pinçar algumas ideias ou relatos interessantes do seu sermão.

Na pregação, descer a lenha nos ouvintes não tem eficácia nenhuma. Um composto de massa pesado pode impressionar os ouvintes, mas não penetrará sua mente e coração. É muito mais produtivo trabalhar bem o sermão e pregar o ponto principal da ideia da mensagem. É por isso que a ideia da mensagem precisa ser tão clara e focada quanto possível — sem nenhuma palavra desnecessária.

O que torna uma ideia da mensagem eficaz?

Uma ideia da mensagem eficaz terá as seguintes características:

- *É uma síntese precisa da ideia central da mensagem.* Se nela não se perceber a passagem como pano de fundo, então mudou muito ou perdeu o embasamento bíblico.
- *É coerente com a Bíblia como um todo.* Não deve contrariar o restante da Bíblia.
- *Ressoa com a vida real.* Se uma ideia parece verdadeira para você e seus ouvintes, vidas serão profundamente impactadas. Se for apenas uma verdade banal, o máximo que provocará será olhares dispersos.
- *É rica em significado e implicações.* Depois de ser afirmada, deve conter um senso de ímpeto adiante à medida que você desenvolve, expande e comunica sua riqueza.

PREGAÇÃO, ORAÇÃO CORPORATIVA E DISCIPULADO

- *É uma frase completa.* Não é um título ou uma pergunta, mas uma declaração.
- *É precisa e concisa.* Não deve ser extensa demais; de preferência deve conter entre 10 e 15 palavras.

Estes são alguns exemplos de ideias da mensagem que seguem essas orientações:

- Deus veio ao encontro de pessoas como nós para que pessoas como nós pudessem encontrá-lo (Lucas 2.1-20).
- Se você deseja bênçãos duradouras, ouça as palavras de Deus — não de pecadores (Salmos 1).
- Revista-se do caráter de Cristo para experimentar a igreja como Cristo tinha em mente (Colossenses 3.12-17).
- Sirva como um doador amoroso, não como um ávido por honras (1Tessalonicenses 2.1-12).
- A glória de Deus brilha através das nossas feridas e fraquezas (2Coríntios 12.1-10).

Vale a pena todo esse esforço?

Nem mesmo os melhores pregadores da ideia principal são capazes de tirar nota "dez" todas as vezes. Esse não deve ser o seu objetivo. Se as passagens da Bíblia fossem pregadas com uma ideia boa, precisa, útil e simples da mensagem, toda semana e em toda igreja, o impacto seria inacreditável! Se você articular uma ótima ideia da mensagem, agradeça a Deus e pregue em total dependência dele. Mas reconheça que na maioria das vezes todo esforço e oração produzirão apenas uma ideia razoável, nada impressionante. Mas mesmo ideias razoáveis promovem saúde e crescimento ao povo de Deus. Não se desanime. As ideias da Palavra de Deus pregadas no poder do Espírito transformarão vidas.

Passo 7: Decida a estratégia da mensagem

Que forma terá a mensagem? Em outros termos, *que estratégia você adotará para pregar a ideia da mensagem da maneira mais eficaz possível?* A seguir, há três elementos principais para um planejamento estratégico.

Quando compartilhar a ideia da mensagem

Depois de definir a ideia da mensagem para o sermão e dela estar completamente resumida numa sentença concisa, quando será o melhor momento de apresentá-la aos ouvintes? Há basicamente duas opções: anuncie-a logo no início do sermão e depois a repita outras vezes; ou, então, aguarde, prepare o momento certo e apresente-a posteriormente na mensagem.

- *Anuncie-a no início e repita-a outras vezes.* Isso é conhecido como método *dedutivo* de organização do sermão. A ideia é apresentada em sua totalidade, talvez depois da introdução à mensagem. Ela serve de direção para os ouvintes da men*sagem como um todo* e lhes permite ouvir a ideia central repetida várias vezes nas transições no decorrer da mensagem. Essa abordagem é mais fácil para o pregador

Fundamentos da boa pregação

e mais esclarecedora aos ouvintes. Ao mesmo tempo, é previsível, de modo que é mais difícil prender a atenção dos ouvintes que já deduzem o que virá a seguir.

- *Prepare o momento e apresente-a posteriormente.* Essa abordagem é conhecida como método *indutivo* de organização do sermão. Isso não significa deixar os ouvintes confusos. Geralmente o pregador deixa dicas sobre a ideia da mensagem, talvez fazendo uma pergunta que não será respondida até o momento certo durante o sermão. Com essa abordagem, a ideia da mensagem não é repetida muitas vezes; mas, quando é finalmente expressa com clareza, vem com impacto maior.

Observe como Pedro pregou em Pentecostes. Ele começou dizendo aos ouvintes que explicaria o fenômeno que eles estavam testemunhando, mas deixou a explicação para o fim da mensagem. Pedro começou prometendo uma explicação (Atos 2.14), analisou e rejeitou a explicação errônea (de que eles estivessem embriagados; v. 15) e só então começou a elaborar o argumento para a explicação correta (citou o livro de Joel sobre o derramamento do Espírito e, em seguida, relacionou-o a Jesus, o descendente exaltado do rei Davi). Finalmente, Pedro chega à ideia da mensagem no v. 36: " 'Este Jesus, a quem vocês crucificaram, Deus o fez Senhor e Cristo' ". Se Pedro tivesse começado com essa ideia, a maioria das pessoas o rejeitariam. Em vez disso, usando o método indutivo para anunciar a ideia principal (pense em como despejar água por um funil), quando finalmente a anunciou, a ideia causou grande impacto.

Com a abordagem indutiva, geralmente é mais difícil preparar o sermão do que com o método dedutivo convencional. Mas, se os ouvintes confiarem no pregador e permanecerem focados, os sermões indutivos podem criar um impacto maior. Eles são muito eficazes quando os ouvintes são resistentes à ideia da mensagem.

Então, como decidir que estratégia usar? Primeiro, reflita sobre a passagem e observe como ela é elaborada. Você não precisa reproduzir a mesma abordagem da passagem, mas é um ótimo ponto de partida. Segundo, quem ouvirá a mensagem? Os ouvintes resistirão à ideia? Eles estão acostumados a ouvir sermões pregados num modo específico? Terceiro, quais são as suas habilidades como pregador? Você é capaz de prender a atenção dos ouvintes e obter a confiança deles? Você se sente mais à vontade com um método do que com outro?

Procure sempre inovar o modo de estruturar o sermão. Tome cuidado para não tornar previsíveis o esboço e a estratégia da mensagem. Falta de variedade irá posteriormente cansar seus ouvintes — e o pregador!

Quando incluir relevância e aplicação

Procure incluir tanto relevância quanto aplicação o mais cedo e o mais frequente possível no sermão. Torne a introdução relevante aos ouvintes, depois inclua elementos de relevância ou aplicação dentro de cada movimento da mensagem e nas transições. A antiga estratégia de pregação envolvia uma longa explicação seguida de uma enxurrada final de aplicações. Mas hoje essa não é a abordagem mais eficaz. É melhor ajudar os ouvintes a reconhecer a relevância da Bíblia durante todo o sermão.

PREGAÇÃO, ORAÇÃO CORPORATIVA E DISCIPULADO

Embora a aplicação seja boa, tenha cuidado de respeitar a passagem. Deixe que os detalhes do texto reforcem a aplicação de toda a mensagem, em vez de tratá-la como ponto de partida isolada de moralismos para pressionar os ouvintes.

Como preparar um esboço

Lembre-se, o seu esboço é importante para *você*, não para os ouvintes. O objetivo principal não é fazer que o seu esboço seja memorável e incisivo, e sim comunicar a ideia da mensagem e sua relevância aos ouvintes. Prepare um esboço que lhe ajude a alcançar o objetivo de transformar vidas. Torne cada argumento do sermão uma frase completa que seja relevante aos ouvintes (em vez de um comentário ou descrição histórica do texto). Procure deixar o esboço refletir a linha de pensamento da passagem para que os ouvintes possam acompanhar a mensagem com a Bíblia aberta. Retire todo elemento que não contribua para a comunicação da ideia principal da passagem.

Por exemplo, este é um esboço de 2Timóteo 3.16 — 4.5:

1. Ideia da mensagem: "Persevere na pregação da Palavra"
2. Pregamos porque é a Palavra de Deus (3.16a)
3. Pregamos porque a Palavra transforma vidas (3.16b-17)
4. Pregamos porque prestaremos contas a Deus (4.1)
5. Pregamos porque as pessoas precisam ouvir mais do que nunca (4.2-5)

Este é um esboço baseado em Salmos 1:
Ideia da mensagem: "Bênção duradoura é derramada sobre os que ouvem a Palavra de Deus em vez de ouvir pecadores"

1. Os que creem na Bíblia são frutíferos e abençoados (v. 1-3)
2. Os que rejeitam a Bíblia são estéreis e estão perdidos (v. 4)
3. O que colhemos na vida depende do nosso relacionamento com a Palavra de Deus (v. 5,6)

Você deve preparar um esboço claro, escrito de tal modo que seja relevante aos ouvintes e reflita um modo eficaz de pregar o conteúdo da sua mensagem. Deve elaborar o esboço a partir da ideia principal e marcar os pontos de relevância e aplicação. Nesse momento, o esqueleto da mensagem estará pronto para ser encorpado com o material preparado.

Preparação do sermão: a lista de verificação dos sete passos

Use a seguinte lista de verificação à medida que desenvolver os passos apresentados neste artigo:

❖ Passo 1: Escolhi uma unidade textual legítima e apropriada das Escrituras.

❖ Passo 2: Estudei a passagem atenciosamente observando:
- o gênero (narrativa, poesia ou discurso) da passagem;

Fundamentos da boa pregação

- o contexto histórico e literário da passagem;
- o conteúdo, principalmente seus detalhes e estrutura.

❖ Passo 3: Encontrei o propósito principal da passagem:
- examinando a intenção do livro bíblico;
- examinando a intenção da passagem;
- determinando o resultado intencionado para os primeiros destinatários.

❖ Passo 4: Encontrei a ideia principal da passagem respondendo às perguntas:
- Qual é o assunto da passagem (a pergunta-tema)?
- O que a passagem diz a respeito desse assunto (a resposta-complemento)?

❖ Passo 5: Determinei o propósito da mensagem, lembrando os três alvos da aplicação:
- conduta;
- convicção;
- afeição.

❖ Passo 6: Articulei uma ideia principal de maneira clara e simples que é:
- uma síntese precisa da passagem;
- coerente com a Bíblia como um todo;
- verdadeira à vida real;
- rica de significado e implicações;
- uma frase completa;
- elaborada contendo entre 10 e 15 palavras.

❖ Passo 7: Tenho uma estratégia clara para esta mensagem, que inclui:
- quando apresentar a ideia da mensagem (indutiva ou dedutiva);
- quando apresentar as aplicações;
- um esboço homilético claro.

A conclusão do sermão
E. K. Bailey

Quando viajo de avião, apenas dois breves momentos — a decolagem e a aterrissagem — me deixam apreensivos. A maioria dos acidentes aéreos ocorre durante esses momentos cruciais, por isso é justamente nesse instante que ouço atentamente o barulho do motor e procuro perceber qualquer movimento incomum.

Ouvir sermões suscita períodos semelhantes de ansiedade. Se a introdução for clara, todos conseguem relaxar e ouvir. Mas, quando o tempo de voo já está terminando, as pessoas começam a antecipar a chegada, e a ansiedade pode aumentar. Quando um pregador deixa de concluir o sermão de modo eficaz, dando duas ou três voltas, as pessoas começam

PREGAÇÃO, ORAÇÃO CORPORATIVA E DISCIPULADO

a pensar: *Agora sim ele vai terminar!* Um bom sermão não só começa bem como também termina bem. As seguintes ideias são algumas coisas que aprendi para garantir que o sermão chegue ao destino pretendido.

Fique atento às aterrissagens turbulentas

Uma das causas de uma aterrissagem turbulenta é introduzir um assunto novo na conclusão. Por exemplo, posso ilustrar a conclusão com outra passagem das Escrituras, mas perceber depois que as pessoas não estão entendendo a ligação e ter de voltar e explicá-la.

Preciso também evitar a tentação de incluir na conclusão algo que tenha ouvido, lido ou experimentado recentemente. Ainda que seja algo interessante e talvez esteja ansioso para pregar sobre isso, não o inclua caso não esteja em sintonia com o restante do sermão.

Por último, não existe uma conclusão genérica. Eu não posso "correr para a cruz" se não falei nada sobre a cruz na pregação. Assim como um molho excelente, a boa conclusão é composta da mesma essência da carne.

Adote as características das boas conclusões

Uma boa conclusão tem três características:

1. Breve. Comparada com a extensão do corpo do sermão, uma conclusão é relativamente curta. Todo mundo acha graça quando o pregador diz: "Concluindo", quando todos sabem que ele está apenas esquentando. A brevidade tem uma força tremenda. Não desejo que a conclusão passe despercebida por ninguém, mas, se for muito extensa, as pessoas não me acompanharão até o fim.

2. Pessoal. Desejo que a conclusão do sermão seja como uma conversa individual, como se estivesse conversando diretamente com cada pessoa presente. Já ouvi pessoas dizerem: "Vim para me esconder no meio da multidão, mas eu senti que você estava falando diretamente para mim.". É isso que eu procuro.

3. Persuasiva. Acredito que a intenção de todas as pregações é levar as pessoas a tomar uma decisão. Apenas apresentar informação e dizer: "É isso aí", sem cobrar uma decisão, para mim é impensável.

A conclusão representa o pico emocional mais alto da mensagem, porque eu quero motivar as pessoas a fazer aquilo sobre o que tenham acabado de ouvir. Desejo que elas partam para *ação*, não só que *concordem* comigo. As pessoas não fazem o que *sabem* que devem fazer; elas fazem o que estão *motivadas* a fazer. Uma boa conclusão deve utilizar a moeda da paixão.

Ouça o Espírito e a igreja

Ao chegar perto do fim da pregação, observo e interpreto a igreja. Já passei por isso muitas vezes, mas sei que Deus pode querer fazer algo diferente. Portanto, observo as pessoas e ouço o Espírito, mesmo enquanto estou pregando. Na tradição afro-americana, quando um pregador toca numa questão familiar à comunidade, ele não só ouvirá uma reação audível, como também a própria linguagem corporal das pessoas muda. O Espírito pode me conduzir a *desenvolver um pensamento*, porque é nesse momento que ele está agindo no coração das pessoas. Mas, em outras ocasiões, sinto que está na hora de encerrar e aterrissar.

Fundamentos da boa pregação

Comece pensando na conclusão

Eu nunca entrei num avião sem ter certeza absoluta do meu destino. Mas todos nós ouvimos, e provavelmente pregamos, sermões sem destino — que simplesmente não iam para lugar nenhum. Normalmente, isso acontece porque o sermão foi preparado em cima da hora pouco antes da pregação. Se deixarmos para preparar a conclusão por último, há boa chance de não termos mais tempo, e subir ao púlpito sem uma direção clara na mente. Em todos os aspectos do meu trabalho, e principalmente na pregação, costumo atacar as coisas mais difíceis primeiro. Portanto, quando preparo um sermão, começo planejando a direção que terá. Isso se torna o meu alvo no restante do sermão.

Introdução a LAMENTAÇÕES

PANO DE FUNDO
O livro de Lamentações, como o próprio nome indica, é um lamento em cinco poemas sobre a destruição da grande cidade — Jerusalém — que caiu diante do Império Babilônico. Cada um desses poemas é um acróstico que descreve habilidosamente a dor da catástrofe, orando por misericórdia e restauração da parte de Deus.

Esse livro é geralmente atribuído a Jeremias, o "profeta chorão". O título do livro em hebraico é *Ekah*, extraído das primeiras palavras de 1.1, 2.1 e 4.1: "Como [...]". Nas traduções gregas e latinas, o livro tem o título de Lamentações.

MENSAGEM
Três temas se destacam em Lamentações: luto, confissão e esperança. Jeremias pranteia o cerco e o incêndio da cidade e chora pela ira de Deus, que fora provocada pelo impenitente reino de Judá. Ele confessa os pecados de Judá e a justiça das ações de Deus em resposta a esses pecados. Mas Jeremias baseia suas esperanças nas misericórdias de Deus, que "Renovam-se cada manhã; grande é a sua fidelidade!" (3.23).

ÉPOCA
O livro de Lamentações foi escrito depois que os babilônios incendiaram Jerusalém no dia 15 de agosto de 586 a.C.

ESBOÇO
I. Uma cidade lamenta	1.1-22
II. A ira de Deus	2.1-22
III. Desespero e misericórdia	3.1-66
IV. O cerco de Jerusalém	4.1-22
V. Oração por restauração	5.1-22

1 ¹ Como está deserta a cidade,
   antes tão cheia de gente!
Como se parece com uma viúva,ᵃ
   a que antes era grandiosaᵇ entre as nações!
A que era a princesa das províncias
   agora tornou-se uma escrava.ᶜ
² Choraᵈ amargamente à noite,
   as lágrimas rolam por seu rosto.
De todos os seus amantesᵉ
   nenhum a consola.
Todos os seus amigos a traíram;ᶠ
   tornaram-se seus inimigos.ᵍ
³ Em aflição e sob trabalhos forçados,
   Judá foi levado ao exílio.ʰ
Vive entre as nações
   sem encontrar repouso.ⁱ
Todos os que a perseguiram a capturaram
   em meio ao seu desespero.
⁴ Os caminhos para Sião pranteiam,
   porque ninguém comparece
   às suas festas fixas.
Todas as suas portas estão desertas,ʲ
   seus sacerdotes gemem,
   suas moças se entristecem,
e ela se encontra em angústia profunda.ᵏ
⁵ Seus adversários são os seus chefes;
   seus inimigos estão tranquilos.
O Senhor lhe trouxe tristezaˡ
   por causa dos seus muitos pecados.
Seus filhos foram levados ao exílio,ᵐ
   prisioneiros dos adversários.
⁶ Todo o esplendor fugiu da cidade² de Sião.ⁿ
Seus líderes são como corças
   que não encontram pastagem;
sem forças fugiram diante do perseguidor.
⁷ Nos dias da sua aflição e do seu desnorteio,
Jerusalém se lembra de todos os tesouros
   que lhe pertenciam nos tempos passados.
Quando o seu povo caiu nas mãos do inimigo,
   ninguém veio ajudá-la.ᵒ
Seus inimigos olharam para ela
   e zombaram da sua queda.
⁸ Jerusalém cometeu graves pecados;ᵖ
   por isso tornou-se impura.
Todos os que a honravam agora a desprezam,
   porque viram a sua nudez;ᵠ
ela mesma gemeʳ e se desvia deles.
⁹ Sua impureza prende-se às suas saias;
   ela não esperava que chegaria o seu fim.ˢ
Sua quedaᵗ foi surpreendente;
   ninguém veio consolá-la.ᵘ
"Olha, Senhor, para a minha aflição,ᵛ
   pois o inimigo triunfou."
¹⁰ O adversário saqueia todos os seus tesouros;ʷ
ela viu nações pagãs entrarem
   em seu santuário,ˣ
sendo que tu as tinhas proibidoʸ
   de participar das tuas assembleias.
¹¹ Todo o seu povo se lamentaᶻ
   enquanto vai em busca de pão;ᵃ
e, para sobreviverem,
   trocam tesouros por comida.
"Olha, Senhor, e considera,
   pois tenho sido desprezada.
¹² Vocês não se comovem,
   todos vocês que passam por aqui?ᵇ
Olhem ao redor e vejam
   se há sofrimentoᶜ maior do que
   o que me foi imposto,
   e que o Senhor trouxe sobre mim
no dia em que se acendeu a sua ira.ᵈ
¹³ Do alto ele fez cair fogo
   sobre os meus ossos.ᵉ
Armou uma rede para os meus pés
   e me derrubou de costas.
Deixou-me desolada,ᶠ
   e desfalecidaᵍ o dia todo.
¹⁴ Os meus pecados foram
   amarrados num jugo;ʰ

---

¹ **1.1** Cada capítulo de Lamentações é um poema organizado em ordem alfabética, no hebraico.
² **1.6** Hebraico: *filha*; também em todo o livro de Lamentações.

1.1
ᵃIs 47.8
ᵇ1Rs 4.21
ᶜIs 3.26; Jr 40.9
1.2
ᵈSl 6.6
ᵉJr 3.1
ᶠJr 4.30; Mq 7.5
ᵍv. 16
1.3
ʰJr 13.19
ⁱDt 28.65
1.4
ʲJr 9.11
ᵏJl 1.8-13
1.5
ˡJr 30.15
ᵐJr 39.9; 52.28-30
1.6
ⁿJr 13.18
1.7
ᵒJr 37.7; Lm 4.17
1.8
ᵖv. 20; Is 59.2-13
ᵠJr 13.22,26
ʳv. 21,22
1.9
ˢDt 32.28-29; Is 47.7; Ez 24.13
ᵗJr 13.18
ᵘEc 4.1; Jr 16.7
ᵛSl 25.18
1.10
ʷIs 64.11
ˣSl 74.7-8; Jr 51.51
ʸDt 23.3
1.11
ᶻSl 38.8
ᵃJr 52.6
1.12
ᵇJr 18.16
ᶜv. 18
ᵈIs 13.13; Jr 30.24
1.13
ᵉJó 30.30
ᶠJr 44.6
ᵍHc 3.16
1.14
ʰDt 28.48; Is 47.6

suas mãos os ataram todos juntos
  e os colocaram em meu pescoço;
o Senhor abateu a minha força.
Ele me entregou[i] àqueles
  que não consigo vencer.
15 O Senhor dispersou todos os guerreiros
  que me apoiavam;[j]
convocou um exército[k] contra mim
  para destruir os meus jovens.[l]
O Senhor pisou no seu lagar
  a virgem, a cidade de Judá.
16 É por isso que eu choro;
  as lágrimas[m] inundam os meus olhos.
Ninguém está por perto para consolar-me,[n]
  não há ninguém que restaure o meu espírito.
Meus filhos estão desamparados
  porque o inimigo prevaleceu."[o]
17 Suplicante, Sião estende as mãos,[p]
  mas não há quem a console.
O Senhor decretou que os vizinhos de Jacó
  se tornem seus adversários;
Jerusalém tornou-se coisa imunda entre eles.
18 "O Senhor é justo,
  mas eu me rebelei[q] contra a sua ordem.
Ouçam, todos os povos;
  olhem para o meu sofrimento.[r]
Meus jovens e minhas moças
  foram para o exílio.[s]
19 Chamei os meus aliados,
  mas eles me traíram.
Meus sacerdotes e meus líderes
  Pereceram[t] na cidade,
enquanto procuravam comida
  para poderem sobreviver.
20 Veja, Senhor, como estou angustiada![u]
Estou atormentada[v] no íntimo
  e no meu coração me perturbo,
pois tenho sido muito rebelde.
Lá fora, a espada a todos consome;
  dentro, impera a morte."[w]

21 Os meus lamentos[x] têm sido ouvidos,
  mas não há ninguém que me console.[y]
Todos os meus inimigos
  sabem da minha agonia;
eles se alegram[z] com o que fizeste.
Quem dera trouxesses o dia[a] que anunciaste
  para que eles ficassem como eu!
22 Que toda a maldade deles
  seja conhecida diante de ti;
faze com eles o que fizeste comigo
  por causa de todos os meus pecados.[b]
Os meus gemidos são muitos
  e o meu coração desfalece."

2 O Senhor cobriu a cidade de Sião
  com a nuvem da sua ira![c]
Lançou por terra o esplendor de Israel,
  que se elevava para os céus;
não se lembrou do estrado dos seus pés[d]
  no dia da sua ira.
2 Sem piedade[e] o Senhor devorou[f]
  todas as habitações de Jacó;
em sua ira destruiu as fortalezas[g]
  da filha de Judá.
Derrubou ao chão[h] e desonrou
  o seu reino e os seus líderes.
3 Em sua flamejante ira,
  cortou todo o poder[1][i] de Israel.
Retirou a sua mão direita[j]
  diante da aproximação do inimigo.
Queimou Jacó como um fogo ardente
  que consome tudo ao redor.[k]
4 Como um inimigo, preparou o seu arco;[l]
como um adversário,
  a sua mão direita está pronta.
Ele massacrou tudo o que era agradável contemplar;[m]
derramou sua ira como fogo[n]
  sobre a tenda da cidade de Sião.
5 O Senhor é como um inimigo;[o]
  ele tem devorado Israel.
Tem devorado todos os seus palácios
  e destruído as suas fortalezas.[p]

[1] **2.3** Hebraico: *chifre*; também no versículo 17.

Tem feito multiplicar os prantos
e as lamentações da filha de Judá.*q*

⁶ Ele destroçou a sua morada
como se fosse um simples jardim;
destruiu o seu local de reuniões.*r*
O Senhor fez esquecidas em Sião
suas festas fixas e seus sábados;*s*
em seu grande furor
rejeitou o rei e o sacerdote.*t*

⁷ O Senhor rejeitou o seu altar e
abandonou o seu santuário.
Entregou aos inimigos
os muros dos seus palácios,*u*
e eles deram gritos na casa do Senhor,
como fazíamos nos dias de festa.

⁸ O Senhor está decidido
a derrubar os muros da cidade de Sião.
Esticou a trena*v* e
não poupou a sua mão destruidora.
Fez com que os muros e as paredes
se lamentassem;
juntos eles desmoronaram.*w*

⁹ Suas portas*x* caíram por terra;
suas trancas ele quebrou e destruiu.
O seu rei e os seus líderes
foram exilados*y* para diferentes
nações,
e a lei*z* já não existe;
seus profetas já não recebem
visões*a* do Senhor.

¹⁰ Os líderes da cidade de Sião
sentam-se no chão em silêncio;
despejam pó sobre a cabeça*b*
e usam vestes de lamento.*c*
As moças de Jerusalém
inclinam a cabeça até o chão.*d*

¹¹ Meus olhos estão cansados de chorar,*e*
minha alma está atormentada,*f*
meu coração se derrama,*g*
porque o meu povo está destruído,
porque crianças e bebês desmaiam*h*
pelas ruas da cidade.

¹² Eles clamam às suas mães:
"Onde estão o pão e o vinho?"
Ao mesmo tempo em que desmaiam
pelas ruas da cidade, como os feridos,
e suas vidas se desvanecem
nos braços de suas mães.*i*

¹³ Que posso dizer a seu favor?
Com que posso compará-la,
ó cidade de Jerusalém?
Com que posso assemelhá-la,
a fim de trazer-lhe consolo,
ó virgem, ó cidade de Sião?*j*
Sua ferida é tão profunda quanto o
oceano;*k*
quem pode curá-la?

¹⁴ As visões dos seus profetas
eram falsas e inúteis;
eles não expuseram o seu pecado
para evitar o seu cativeiro.*l*
As mensagens que eles lhe deram
eram falsas e enganosas.*m*

¹⁵ Todos os que cruzam o seu caminho
batem palmas;*n*
eles zombam*o* e meneiam a cabeça
diante da cidade de Jerusalém:
"É esta a cidade que era chamada
a perfeição da beleza,*p*
a alegria de toda a terra?"*q*

¹⁶ Todos os seus inimigos
escancaram a boca contra você;*r*
eles zombam, rangem os dentes*s*
e dizem: "Nós a devoramos.*t*
Este é o dia que esperávamos;
e eis que vivemos até vê-lo chegar!"

¹⁷ O Senhor fez o que planejou;
cumpriu a sua palavra,
que há muito havia decretado.*u*
Derrubou tudo sem piedade,*v*
permitiu que o inimigo zombasse de você,
exaltou o poder dos seus adversários.*w*

¹⁸ O coração do povo clama ao Senhor.*x*
Ó muro da cidade de Sião,
corram como um rio
as suas lágrimas*y* dia e noite;*z*
não se permita nenhum descanso*a*
nem dê repouso à menina dos seus
olhos.

¹⁹ Levante-se, grite no meio da noite,
quando começam as vigílias
noturnas;

derrame o seu coração*b* como água
    na presença do Senhor.*c*
Levante para ele as mãos
    em favor da vida de seus filhos,
que desmaiam*d* de fome
    nas esquinas de todas as ruas.
20 "Olha, Senhor, e considera:
A quem trataste dessa maneira?
Deverão as mulheres comer seus
    próprios filhos,*e*
    que elas criaram com tanto
        amor?*f*
Deverão os profetas e os sacerdotes
    ser assassinados*g* no santuário
    do Senhor?
21 Jovens e velhos espalham-se
    em meio ao pó das ruas;
meus jovens e minhas virgens
    caíram mortos à espada.*h*
Tu os sacrificaste no dia da tua ira;
    tu os mataste sem piedade.*i*
22 Como se faz convocação
    para um dia de festa,
convocaste contra mim
    terrores*j* por todos os lados.
No dia da ira do Senhor,
    ninguém escapou nem
        sobreviveu;
aqueles dos quais eu cuidava
    e que eu fiz crescer,*k*
    o meu inimigo destruiu."

3

Eu sou o homem que viu a aflição
    trazida pela vara da sua ira.*l*
2 Ele me impeliu e me fez andar na
        escuridão,*m*
    e não na luz;
3 sim, ele voltou sua mão contra mim*n*
    vez após vez, o tempo todo.
4 Fez que a minha pele e a minha carne
        envelhecessem
    e quebrou os meus ossos.*o*
5 Ele me sitiou e me cercou
    de amargura*p* e de pesar.*q*
6 Fez-me habitar na escuridão
    como os que há muito morreram.*r*

7 Cercou-me de muros,
    e não posso escapar;*s*
atou-me a pesadas correntes.*t*
8 Mesmo quando chamo ou grito por
        socorro,
    ele rejeita a minha oração.*u*
9 Ele impediu o meu caminho
    com blocos de pedra;
e fez tortuosas*v* as minhas sendas.
10 Como um urso à espreita,
    como um leão escondido,
11 arrancou-me do caminho e
        despedaçou-me,*w*
    deixando-me abandonado.
12 Preparou o seu arco*x*
    e me fez alvo*y* de suas flechas.*z*
13 Atingiu o meu coração
    com flechas de sua aljava.*a*
14 Tornei-me objeto de riso*b*
    de todo o meu povo;
nas suas canções*c*
    eles zombam de mim o tempo todo.
15 Fez-me comer ervas amargas
    e fartou-me de fel.*d*
16 Quebrou os meus dentes com pedras;*e*
    e pisoteou-me no pó.
17 Tirou-me a paz;
    esqueci-me o que é prosperidade.
18 Por isso, digo: "Meu esplendor
        já se foi,
    bem como tudo o que eu esperava do
        Senhor".*f*
19 Lembro-me da minha aflição
    e do meu delírio,
da minha amargura e do meu pesar.
20 Lembro-me bem disso tudo,
    e a minha alma desfalece*g* dentro de
        mim.*h*
21 Todavia, lembro-me também
    do que pode me dar esperança:
22 Graças ao grande amor do Senhor
    é que não somos consumidos,
pois as suas misericórdias são
        inesgotáveis.*i*
23 Renovam-se cada manhã;
    grande é a sua fidelidade!*j*

LAMENTAÇÕES 3.24

²⁴ Digo a mim mesmo:
  A minha porção^k é o Senhor;
portanto, nele porei a minha esperança.
²⁵ O Senhor é bom para com aqueles
  cuja esperança está nele,
para com aqueles que o buscam;^{l}
²⁶ é bom esperar tranquilo
  pela salvação do Senhor.^{m}
²⁷ É bom que o homem suporte o jugo
  enquanto é jovem.
²⁸ Leve-o sozinho e em silêncio,^{n}
  porque o Senhor o pôs sobre ele.
²⁹ Ponha o seu rosto no pó;
  talvez ainda haja esperança.^{o}
³⁰ Ofereça o rosto a quem o quer ferir,^{p}
  e engula a desonra.
³¹ Porque o Senhor
  não o desprezará para sempre.^{q}
³² Embora ele traga tristeza,
  mostrará compaixão,
tão grande é o seu amor infalível.^{r}
³³ Porque não é do seu agrado trazer
    aflição
  e tristeza aos filhos dos homens,^{s}
³⁴ esmagar com os pés
  todos os prisioneiros da terra,
³⁵ negar a alguém os seus direitos,
  enfrentando o Altíssimo,
³⁶ impedir a alguém o acesso à justiça;
  não veria o Senhor tais coisas?^{t}
³⁷ Quem poderá falar e fazer acontecer,
  se o Senhor não o tiver decretado?^{u}
³⁸ Não é da boca do Altíssimo que vêm^v
  tanto as desgraças como as bênçãos?
³⁹ Como pode um homem reclamar
  quando é punido por seus pecados?^{w}
⁴⁰ Examinemos e coloquemos à prova
  os nossos caminhos^x
e depois voltemos ao Senhor.^{y}
⁴¹ Levantemos o coração e as mãos
  para Deus, que está nos céus,^{z} e
    digamos:
⁴² "Pecamos e nos rebelamos,^{a}
  e tu não nos perdoaste.^{b}
⁴³ Tu te cobriste de ira e nos perseguiste,
  massacraste-nos sem piedade.^{c}

⁴⁴ Tu te escondeste atrás de uma nuvem^d
  para que nenhuma oração^e chegasse
    a ti.
⁴⁵ Tu nos tornaste escória^f
  e refugo entre as nações.
⁴⁶ Todos os nossos inimigos
  escancaram a boca contra nós.^{g}
⁴⁷ Sofremos terror e ciladas,^{h}
  ruína e destruição".^{i}
⁴⁸ Rios de lágrimas correm dos meus
    olhos^j
porque o meu povo foi destruído.^{k}
⁴⁹ Meus olhos choram sem parar,
  sem nenhum descanso,^{l}
⁵⁰ até que o Senhor contemple dos céus
  e veja.^{m}
⁵¹ O que eu enxergo enche-me a alma
    de tristeza,
  de pena de todas as mulheres da
    minha cidade.
⁵² Aqueles que, sem motivo,
  eram meus inimigos
caçaram-me como a um passarinho.^{n}
⁵³ Procuraram fazer minha vida
  acabar na cova^o
e me jogaram pedras;
⁵⁴ as águas me encobriram a cabeça,^{p}
  e cheguei a pensar
que o fim de tudo tinha chegado.
⁵⁵ Clamei pelo teu nome, Senhor,
  das profundezas da cova.^{q}
⁵⁶ Tu ouviste o meu clamor:^{r}
  "Não feches os teus ouvidos
aos meus gritos de socorro".
⁵⁷ Tu te aproximaste quando a ti clamei,
  e disseste: "Não tenha medo".^{s}
⁵⁸ Senhor, tu assumiste a minha causa;^{t}
  e redimiste a minha vida.^{u}
⁵⁹ Tu tens visto, Senhor,
  o mal que me tem sido feito.^{v}
Toma a teu cargo a minha causa!
⁶⁰ Tu viste como é terrível a vingança
    deles,
  todas as suas ciladas contra mim.^{w}
⁶¹ Senhor, tu ouviste os seus insultos,
  todas as suas ciladas contra mim,

3.24 ^{k}Sl 16.5
3.25 ^{l}Is 25.9-30.18
3.26 ^{m}Sl 37.7; 40.1
3.28 ^{n}Jr 15.17
3.29 ^{o}Jr 31.17
3.30 ^{p}Jó 16.10; Is 50.6
3.31 ^{q}Sl 94.14; Is 54.7
3.32 ^{r}Sl 78.38; Os 11.8
3.33 ^{s}Ez 33.11
3.36 ^{t}Jr 22.3; Hc 1.13
3.37 ^{u}Sl 33.9-11
3.38 ^{v}Jó 2.10; Is 45.7; Jr 32.42
3.39 ^{w}Jr 30.15; Mq 7.9
3.40 ^{x}2Co 13.5
^{y}Sl 119.59; 139.23-24
3.41 ^{z}Sl 25.1; 28.2
3.42 ^{a}Dn 9.5
^{b}Jr 5.7-9
3.43 ^{c}Lm 2.2,17,21
3.44 ^{d}Sl 97.2
^{e}v. 8
3.45 ^{f}1Co 4.13
3.46 ^{g}Lm 2.16
3.47 ^{h}Jr 48.43
^{i}Is 24.17-18; 51.19
3.48 ^{j}Lm 1.16
^{k}Lm 2.11
3.49 ^{l}Jr 14.17
3.50 ^{m}Is 63.15
3.52 ^{n}Sl 35.7
3.53 ^{o}Jr 37.16
3.54 ^{p}Sl 69.2; Jn 2.3-5
3.55 ^{q}Sl 130.1; Jn 2.2
3.56 ^{r}Sl 55.1
3.57 ^{s}Is 41.10
3.58 ^{t}Jr 51.36
^{u}Sl 34.22; Jr 50.34

⁶² aquilo que os meus inimigos sussurram
e murmuram o tempo todo˟ contra mim.
⁶³ Olha para eles! Sentados ou em pé,
zombam de mim com as suas canções.
⁶⁴ Dá-lhes o que merecem, Senhor,
conforme o que as suas mãos têm feito.ʸ
⁶⁵ Coloca um véu sobre os seus corações ᶻ
e esteja a tua maldição sobre eles.
⁶⁶ Persegue-os com fúria e elimina-os
de debaixo dos teus céus, ó Senhor.

4 Como o ouro perdeu o brilho!
Como o ouro fino ficou embaçado!
As pedras sagradas estão espalhadas
pelas esquinas de todas as ruas.ᵃ
² Como os preciosos filhos de Sião,
que antes valiam seu peso em ouro,
hoje são considerados como vasos de barro,
obra das mãos de um oleiro!
³ Até os chacais oferecem o peito
para amamentar os seus filhotes,
mas o meu povo não tem mais coração;
é como as avestruzes do deserto.ᵇ
⁴ De tanta sede, a língua dos bebês
gruda no céu da boca;ᶜ
as crianças imploram pelo pão,
mas ninguém as atende.ᵈ
⁵ Aqueles que costumavam comer comidas finas
passam necessidade nas ruas.
Aqueles que se adornavam de púrpuraᵉ
hoje estão prostrados
sobre montes de cinza.ᶠ
⁶ A punição do meu povo
é maior que a de Sodoma,ᵍ
que foi destruída num instante
sem que ninguém a socorresse.
⁷ Seus príncipes eram mais brilhantes que a neve,
mais brancos do que o leite;
e tinham a pele mais rosada que rubis;
e sua aparência lembrava safiras.

⁸ Mas agora estão mais negrosʰ do que o carvão;
não são reconhecidos nas ruas.
Sua pele enrugou-se sobre os seus ossos;ⁱ
agora parecem madeira seca.
⁹ Os que foram mortos à espada
estão melhor do que os que morreram de fome,
os quais, tendo sido torturados pela fome,
definham pela falta de produção das lavouras.ʲ
¹⁰ Com as próprias mãos,
mulheres bondosas
cozinharam seus próprios filhos,ᵏ
que se tornaram sua comida
quando o meu povo foi destruído.
¹¹ O Senhor deu vazão total à sua ira;
derramou a sua grande fúria.
Ele acendeu em Sião um fogoˡ
que consumiu os seus alicerces.ᵐ
¹² Os reis da terra e os povos de todo o mundo
não acreditavam
que os inimigos
e os adversários pudessem entrar
pelas portas de Jerusalém.ⁿ
¹³ Dentro da cidade foi derramado
o sangue dos justos,
por causa do pecado dos seus profetas
e das maldades dos seus sacerdotes.ᵒ
¹⁴ Hoje eles tateiam pelas ruas como cegos,ᵖ
e tão sujos de sangueᑫ estão
que ninguém ousa tocar em suas vestes.
¹⁵ "Vocês estão imundos!",
o povo grita para eles.
"Afastem-se! Não nos toquem!"
Quando eles fogem e andam errantes,
os povos das outras nações dizem:
"Aqui eles não podem habitar".ʳ
¹⁶ O próprio Senhor os espalhou;
ele já não cuida deles.ˢ
Ninguém honra os sacerdotes
nem respeita os líderes.ᵗ

¹⁷ Nossos olhos estão cansados
de buscar ajuda^v em vão;^{u}
de nossas torres ficávamos à espera
de uma nação^w que não podia
salvar-nos.
¹⁸ Cada passo nosso era vigiado;
nem podíamos caminhar
por nossas ruas.
Nosso fim estava próximo,
nossos dias estavam contados;
o nosso fim já havia chegado.^{x}
¹⁹ Nossos perseguidores eram mais
velozes
que as águias^y nos céus;
perseguiam-nos^z por sobre as
montanhas,
ficavam de tocaia contra nós no
deserto.
²⁰ O ungido do Senhor,^{a}
o próprio fôlego da nossa vida,
foi capturado em suas armadilhas.^{b}
E nós que pensávamos que sob
a sua sombra viveríamos entre as
nações!
²¹ Alegre-se e exulte, ó terra de Edom,
você que vive na terra de Uz.
Mas a você também será servido o
cálice;^{c}
você será embriagada
e as suas roupas serão arrancadas.^{d}
²² Ó cidade de Sião, o seu castigo
terminará;^{e}
o Senhor não prolongará o seu
exílio.
Mas você, ó terra de Edom, ele punirá o
seu pecado
e porá à mostra a sua perversidade.^{f}

5

Lembra-te, Senhor,
do que tem acontecido conosco;
olha e vê a nossa desgraça.^{g}
² Nossa herança^h foi entregue aos
estranhos,
nossas casas,^{i} aos estrangeiros.
³ Somos órfãos de pai,
nossas mães são como viúvas.^{j}

⁴ Temos que comprar a água que
bebemos;
nossa lenha, só conseguimos
pagando.^{k}
⁵ Aqueles que nos perseguem
estão bem próximos;
estamos exaustos^l e não temos como
descansar.
⁶ Submetemo-nos ao Egito e à Assíria^m
para conseguir pão.
⁷ Nossos pais pecaram e já não existem,
e nós recebemos o castigo^n
pelos seus pecados.
⁸ Escravos^o dominam sobre nós,
e não há quem possa livrar-nos
das suas mãos.^{p}
⁹ Conseguimos pão arriscando a vida,
enfrentando a espada do deserto.
¹⁰ Nossa pele está quente como um
forno,
febril de tanta fome.^{q}
¹¹ As mulheres têm sido violentadas^r
em Sião,
e as virgens, nas cidades de Judá.
¹² Os líderes foram pendurados por suas
mãos;
aos idosos não se mostra
nenhum respeito.^{s}
¹³ Os jovens trabalham nos moinhos;
os meninos cambaleiam
sob o fardo de lenha.
¹⁴ Os líderes já não se reúnem
junto às portas da cidade;
os jovens cessaram a sua música.^{t}
¹⁵ Dos nossos corações fugiu
a alegria;
nossas danças se transformaram
em lamentos.^{u}
¹⁶ A coroa^v caiu da nossa cabeça.
Ai de nós, porque temos pecado!^{w}
¹⁷ E por esse motivo o nosso coração^x
desfalece,
e os nossos olhos^y perdem
o brilho.
¹⁸ Tudo porque o monte Sião está
deserto,^{z}

4.17
^{v}Is 20.5;
Ez 29.16
^{u}Lm 1.7
^{w}Jr 37.7
4.18
^{x}Ez 7.2-12;
Am 8.2
4.19
^{y}Dt 28.49
^{z}Is 5.26-28
4.20
^{a}2Sm 19.21
^{b}Jr 39.5;
Ez 12.12-13;
19.4,8
4.21
^{c}Jr 25.15
^{d}Is 34.6-10;
Am 1.11-12;
Ob 1.16
4.22
^{e}Is 40.2;
Jr 33.8
^{f}Sl 137.7;
Ml 1.4
5.1
^{g}Sl 44.13-16;
89.50
5.2
^{h}Sl 79.1
^{i}So 1.13
5.3
^{j}Jr 15.8;
18.21
5.4
^{k}Is 3.1
5.5
^{l}Ne 9.37
5.6
^{m}Os 9.3
5.7
^{n}Jr 14.20;
16.12
5.8
^{o}Ne 5.15
^{p}Zc 11.6
5.10
^{q}Lm 4.8-9
5.11
^{r}Zc 14.2
5.12
^{s}Lm 4.16
5.14
^{t}Is 24.8;
Jr 7.34
5.15
^{u}Jr 25.10
5.16
^{v}Sl 89.39
^{w}Is 3.11
5.17
^{x}Is 1.5
^{y}Sl 6.7
5.18
^{z}Mq 3.12

5.19
ªSl 45.6; 102.12,24-27
5.20
ᵇSl 13.1; 44.24
5.21
ᶜSl 80.3
5.22
ᵈIs 64.9

e os chacais perambulam
  por ele.
19 Tu, Senhor, reinas para sempre;
teu trono permanece*ª*
  de geração em geração.
20 Por que motivo então te esquecerias
  de nós?*ᵇ*
Por que haverias de desamparar-nos
  por tanto tempo?

21 Restaura-nos*ᶜ* para ti,
  Senhor,
  para que voltemos;
renova os nossos dias como os de
  antigamente,
22 a não ser que já nos tenhas
  rejeitado completamente
e a tua ira contra nós
  não tenha limite!*ᵈ*

PASTOREANDO EM SITUAÇÕES ESPECÍFICAS

 ## Pastoreando pessoas que enfrentam sofrimento, doença e morte

Os líderes da cidade de Sião
  sentam-se no chão em silêncio;
despejam pó sobre a cabeça
  e usam vestes de lamento.
As moças de Jerusalém
  inclinam a cabeça até o chão.
Meus olhos estão cansados de chorar,
  minha alma está atormentada,
meu coração se derrama,
  porque o meu povo está destruído,
porque crianças e bebês desmaiam
[...]
Com que posso assemelhá-la,
  a fim de trazer-lhe consolo,
  ó virgem, ó cidade de Sião?
Sua ferida é tão profunda quanto o oceano;
  quem pode curá-la?

Lamentações 2.10-11, 13

O sofrimento é confuso, agonizante e imprevisível. O sofrimento nunca percorre um caminho certo. À primeira vista, o sofrimento pode parecer insondável, interminável e incurável. É a dor latejante que não termina nunca. O sofrimento do povo de Deus na época de Jeremias (descrito em Lamentações) parecia uma ferida "tão profunda quanto o oceano". Como você ministrará a pessoas que estejam passando pela longa e lenta jornada do sofrimento? Como você ajudará o seu povo a enfrentar o sofrimento quando uma perda ou tragédia atingir toda a igreja — ou mesmo toda uma comunidade? E como você ajudará a conduzir outros através do sofrimento quando você for um dos que estiverem sofrendo?

Não há respostas fáceis a nenhuma dessas perguntas. Mas há duas certezas sobre o sofrimento no ministério: Primeiro, as pessoas da sua igreja passarão pelo sofrimento. Segundo, Deus pedirá que você leve consolo aos desconsolados. Você não será capaz de eliminar o sofrimento dos que sofrem, mas poderá amá-los. Você poderá orar com eles e por eles. E você poderá conduzi-los a Jesus, cujo amor e consolo é mais profundo do que o mar.

PASTOREANDO EM SITUAÇÕES ESPECÍFICAS

Pastoreando em situação de luto
Harold Ivan Smith

Depois de trabalhar com milhares de pessoas em luto, aprendi que um número razoável de pastores são — ou parecem ser — ausentes. Claro, eles em geral estão presentes nos funerais, mas não estão tão presentes quando a dor aperta. Eis os principais modos pelos quais os cuidadores podem cuidar dos enlutados.

Esqueça os chavões

Depois do suicídio de um filho, Gloria Vanderbilt, uma celebridade norte-americana, disse: " 'Fechar o ciclo' não passa de uma expressão do mundo da televisão". O objetivo não é tirar alguém daquela situação. Não existe algo como "estatura das limitações" para se referir ao período que dura o luto. A história do luto de Abraão depois da morte de Sara (Gênesis 23.1-4) é um bom exemplo disso. Observe que Abraão não "seguiu em frente". Ele simplesmente percebeu que não conseguia mais ficar *naquele* lugar. Em outras palavras, quando lidamos com pessoas enlutadas, talvez seja melhor evitar frases como "seguir adiante" ou "encerrar o ciclo".

Ouça

As pessoas que estão passando pelo luto o deixam constrangido? Como você expressa constrangimento? A primeira tarefa que os pastores têm diante de si quando estão lidando com o luto é estar pronto para ouvir. A tarefa seguinte é ouvir ainda mais — até a última frase que a pessoa em luto precisa dizer.

Preste atenção às oscilações

Margaret Stroebe e Hans Schut, dois pesquisadores da Holanda, compararam uma perda saudável a um ventilador oscilante. Há dois "polos" do luto: a perda de orientação (o que eu tinha *e* desejo ter de volta) e a orientação à restauração (o que ainda está por vir que eu não desejo). Assim como um ventilador oscila de um ponto ao outro, assim um enlutado saudável oscila entre o passado e o futuro, do futuro ao passado. Às vezes, uma pessoa enlutada concluirá que fez tudo que estava a seu alcance e está pronta para concentrar-se novamente na energia da restauração. Alguns enlutados ficam "presos" no passado. Alguns lutam contra: "Eu *devia ter feito* algo mais". Outros enlutados assumem uma postura fatalista: "Não há nada que possa ser feito sobre o passado. Simplesmente temos que tocar a vida daqui por diante.". No caso de casais que perdem um filho, a dificuldade surge quando um deles "embalsama" o passado e mantém o quarto da criança intacto, enquanto o outro "segue em frente". Se o casal não se comunica adequadamente, a dissonância desafia o relacionamento.

O luto não é algo que se deve *superar*, mas pelo qual se deve *passar*. As pessoas enlutadas fariam bem em lembrar-se do protesto de Jacó: " 'Não te deixarei ir, *a não ser que* me abençoes' " (Gênesis 32.26). Muitos enlutados recebem a repetida orientação de que devem "sair dessa e seguir em frente"; na verdade, eles precisam de alguém que lhes ajude a *passar* pela experiência.

Pregue sobre a morte

Sejamos sinceros, os pastores são capazes de preparar bons sermões sobre o tema da morte durante a quaresma, mas e nos demais 45 domingos do ano? Um dos pastores de uma grande igreja em que eu ia pregar não gostou do título do meu sermão: "Introdução à morte". Ele achou o título muito negativo e que o povo não conseguiria entender. Finalmente, concordamos com um título mais "apropriado": "O destino final da vida". Infelizmente, muitas igrejas reagem com um constrangimento semelhante ao assunto da morte. (E infelizmente essa negação da morte, que é tão dominante na nossa cultura, é especialmente acentuada em muitos dos nossos cânticos de louvor e hinos). Mas, na verdade, depois do choque inicial, a congregação estava muito aberta para ouvir um sermão sobre a preparação para a morte. De Gênesis a Apocalipse, o cenário das Escrituras está repleto de morte e perda. Não tenha medo de investigar o que a Bíblia tem a dizer sobre morte, luto e perda.

Aguarde a ressurreição

Os pastores não devem ter medo de falar da morte — podem ser especialistas sobre a ressurreição. Em outras palavras, podemos ajudar as pessoas enlutadas a imaginar uma vida depois das perdas — seja qual for o tipo de perda. Psicólogos e assistentes sociais sabem fazer isso muito bem, mas um pastor tem a capacidade de extrair essa abordagem da profundidade da tradição bíblica e das narrativas de ressurreição. Antes de um enlutado ficar se perguntando "Por quê?", o pastor poderá perguntar: "Deus, como tu podes oferecer ressurreição diante *dessa* situação?".

Leve a oração a sério

Muitos pastores usam frases como "Eu me lembrarei de você nas minhas orações" ou "Deus o abençoe" como expressão surrada para terminar a conversa e ir embora. *Quando* exatamente você vai orar por essa pessoa enlutada? Como as pessoas saberão que você está orando por elas? Talvez seja possível incluir no funeral uma oração do Pai-nosso pausada e uma reflexão sobre o salmo 23. Você também poderá perguntar aos enlutados: "Como posso orar *especificamente* por você?", e em seguida fazer a oração.

Lembre-se de que o luto é mais abrangente do que a morte

Muitos dos que ouvem a palavra *luto* a associam à morte. O salmista pergunta: "Como poderíamos cantar as canções do Senhor numa terra estrangeira?" (Salmos 137.4). Perda é uma "terra estrangeira". Como pastor, parte de seu papel é preparar a igreja para a realidade de que a vida está cheia de perdas dolorosas — a perda de um emprego, um sonho, um casamento, a saúde, lembranças (com o início da demência), um investimento significativo, uma comunidade. Toda vez que você se levanta para pregar, está diante de pessoas que estão passando por perdas — no tempo presente. Para outros, as perdas estão "do outro lado da esquina". Outros passam por perdas antecipadamente. Alguns talvez não sejam capazes de expressar em palavras a perda em um pedido de oração. Alguns ainda

PASTOREANDO EM SITUAÇÕES ESPECÍFICAS

permanecem em estado de choque: Isso — e há uma imensidão de situações que podem ser chamadas de isso — não pode *estar acontecendo comigo!*

Acompanhe o seu ministério com os enlutados

Gaste um tempo revendo seus estudos e sermões. Pergunte-se: "Como eu, como pastor, preparo meu rebanho para passar pelo vale da sombra da morte?". Essa é uma pergunta que deve ser examinada com outros líderes da igreja. É igualmente importante pedir aos membros em luto que avaliem como está a sua demonstração de compaixão. O que poderia ser feito diferente, mais rapidamente, ou de modo mais sensível?

Recentemente, ouvi a história de um menino que viveu em torno da virada do século 19 e que observava os acendedores de lampiões da rua. Seu pai perguntou: "Filho, o que há de tão fascinante nisso?". O menino respondeu: "Eu estou vendo os homens trazendo luz à escuridão.". Quando se trata de ajudar pessoas enlutadas, essa é a tarefa de todo pastor.

Dirigindo a igreja que passa por luto
Harold Ivan Smith

O que fazer quando o luto atinge toda a congregação? Como liderar a igreja quando praticamente todos estão de luto? Estas são algumas ideias práticas de como conduzir uma congregação por um processo de profundo luto.

Seja realista com o seu próprio processo de luto

Fui a um funeral, em que estavam cerca de mil pessoas, de um moço que tinha cometido suicídio. O jovem, que tinha crescido na igreja, tinha perdido as esperanças e tirara a própria vida. Toda a igreja precisava ouvir de seu líder palavras de consolo.

No final do ofício fúnebre, o pastor aproximou-se do esquife. Para terminar, ele fez três pedidos. Ele disse: "Primeiro, não fiquemos especulando mais sobre o que levou Kevin a tomar esse passo de desespero. A especulação não trará cura. Segundo, quero que vocês olhem para essa família. Quero que vocês estendam as mãos para ela. Vocês têm sido muito bondosos nestes últimos dias, mas há uma longa jornada pela frente, e a família precisa experimentar o seu amor e apoio nos dias, semanas e *meses* que seguem".

Então o pastor começou a chorar. "Eu já me perguntei repetidamente nestes últimos dias, 'Kevin, por que você *não* ligou para mim?'. Eu teria deixado tudo para ajudá-lo..." Seus olhos esquadrinhavam lentamente a congregação. "Em terceiro lugar, quero que todos façamos uma promessa a Deus nesta tarde de que quando soubermos que alguém está numa situação difícil, principalmente com depressão, nós faremos *de tudo* para ajudar no que ela precisar."

Foi um ato comovente de um pastor sábio e amoroso. Ao ser autêntico sobre sua *própria reação ao luto*, ele estava ajudando a congregação a passar por um período de profundo luto.

Pastoreando pessoas que enfrentam sofrimento, doença e morte

Cuidado quando citar Romanos 8.28

Toda igreja tem indivíduos prontos para lembrar Romanos 8.28. Quando não têm o que dizer, citam Romanos 8.28. Contudo, as palavras de Paulo soam diferente para alguém que está em luto. Essas palavras ficam reverberando nos corredores do coração do enlutado por muito tempo após terem sido citadas. Em algum momento, a declaração de Paulo de que "todas as coisas cooperam para o bem" (*Almeida Revista Atualizada*) pode ter um sentido mais profundo, mas provavelmente não de imediato. Um pai me disse que ele foi inundado com cartões de condolência que citavam Romanos 8.28. Ele os jogou todos no lixo.

Esteja disposto a fazer perguntas cruciais

No período logo após uma morte traumática ou inesperada, a curiosidade às vezes deixa de lado as condolências. É tentador ficar comparando: "Olha, eu ouvi *isso*" ou "Ah, eu não tinha ouvido *isso*". Depois de algumas perdas traumáticas, dois mais dois não equivalem a quatro. Quando a morte de alguém não faz sentido ou me faz sentir ansiedade pessoal sobre a morte, sou tentado a inventar explicações que modifiquem as coisas e, infelizmente, as embelezam.

Edwin S. Shneidman viveu sua carreira como psiquiatra esclarecendo o mundo sobre prevenção de suicídio. Aos 80 anos, ele concluiu que com duas perguntas era possível diminuir o índice de suicídios: *Onde está doendo?* e *Como posso ajudar?* Como líder de igreja, se você treinar as pessoas a fazer essas perguntas, elas transformarão sua demonstração de compaixão, independente da perda. Eu acrescentaria ainda outra pergunta: *Quão disposto estou a ser interrompido pelas respostas a essas duas perguntas?*

Aceite a linguagem de quem está com raiva de Deus

Para muitos que sofrem em silêncio, a vida se torna um campo minado teológico. "Não sei *mais* o que acreditar sobre Deus." Alguns de nós possuímos um medo inato quando um enlutado realmente "descarrega tudo em Deus". Somos tentados a reagir: "Quem somos *nós* para questionar a Deus?". Em vez disso, deixemos que as pessoas enlutadas perguntem "Por quê?". Se Jesus o fez (Mateus 27.46), então podemos permitir a alguém que está em luto a questionar Deus com honestidade.

Ofereça lugar seguro para os enlutados

A sua comunidade de fé é um lugar acolhedor para os enlutados? No grupo de enlutados que eu lidero, tenho apenas um compromisso: O grupo será um lugar seguro para consolo. Os enlutados, normalmente depois de uma morte acidental ou traumática, têm muitas perguntas que merecem ser feitas. Interromper perguntas difíceis dizendo: "Um dia compreenderemos melhor", dificilmente transmitirá alguma compaixão. Os enlutados precisam percorrer um longo caminho antes de ouvir a explicação-chavão de um futuro em que tudo será compreendido.

Dê à congregação a oportunidade de passar pelo luto

Diante da primeira lágrima derramada, alguns supostos consoladores já oferecem uma caixa de lenço de papel para a pessoa enlutada. Esse gesto é ótimo para quem está com o

PASTOREANDO EM SITUAÇÕES ESPECÍFICAS

nariz escorrendo, mas geralmente interfere no processo psicológico e fisiológico básico do choro. Praticamente todas as personagens principais da Bíblia choraram; contudo, nenhuma delas se desculpou por suas emoções. Certo psicólogo me ensinou que as lágrimas não expressas procuram e encontram seu meio de vingança. Eu reconheço que o choro, o pranto e o lamento podem ser perturbadores e de difícil convivência — mas são saudáveis! As lágrimas são uma evidência das lamentações que sentimos.

Preste atenção nas crianças

Muitos de nós apreciamos a frase: "nenhuma criança será deixada para trás", mas os especialistas que trabalham com crianças em luto dizem que muitas crianças são *realmente* deixadas para trás. Há de se reconhecer que algumas crianças são mais "resilientes", ou seja, têm a capacidade de se recobrar facilmente depois de passar por situações difíceis, mas, para outras, a perda se torna um peso para a vida toda. Ensine a sua igreja a perguntar: "O que estamos fazendo em favor das crianças?".

Não deixe os enlutados caminhar sozinhos

Alan Wolfelt, um especialista em luto, alerta que os cuidadores que pensam que o luto é algo para "ser superado" têm pouco impacto positivo sobre os que estão desolados. Pastores compassivos precisam se esforçar para formar uma comunidade de fé que acompanhe os enlutados. Muitos cristãos hoje têm fobia de intrusão — são tão temerosos de intrometer-se na privacidade do enlutado que perdem oportunidades para ministrar aos outros.

As quatro tarefas de todos que sofrem luto
Harold Ivan Smith

Às vezes penso que muitos pastores-cuidadores supõem que Moisés desceu do monte com os "Cinco Estágios do Luto" assim como com os Dez Mandamentos. De fato, a principal ferramenta de compaixão na caixa de ferramentas de muitos pastores é o tão conhecido ciclo de cinco estágios do luto: ira, negação, barganha, aceitação e crescimento. Especialistas em tanatologia (o estudo da morte e dos meios psicológicos de lidar com ela), entretanto, já perceberam há muito tempo a inadequação desses "estágios" devido à passividade que representam. A conclusão implícita é que se você *ainda* está em luto significa que não "processou" corretamente os estágios. Assim como as impressões digitais do indivíduo são únicas, as "digitais do luto" também serão singulares.

William Worden, renomado especialista sobre o luto, desenvolveu uma alternativa significativa aos cinco estágios que ele chama de "as quatro tarefas do luto". A palavra "tarefa" implica certa medida de ação no âmbito da responsabilidade pessoal.

Tarefa 1: Aceite a realidade da perda

Infelizmente, alguns negam a realidade vivendo como se o falecido estivesse "apenas fora por um breve momento". Tudo continua exatamente como o falecido deixou. Eu prefiro as

realidades da perda, porque uma morte significativa afeta todas as dimensões da vida do enlutado. A pergunta-chave se torna: "Quem sou eu sem [fulano] ou depois de que se foi?".

Reconhecer a realidade da morte torna-se mais difícil devido à crescente prática do "Eu quero que eles se lembrem de mim como eu era", da cremação direta ou do ofício fúnebre com esquife "fechado". Essas são algumas tendências recentes à longa tradição da igreja de amparo ao luto.

Tarefa 2: Processe a dor do luto

Nas edições anteriores de *Grief Counseling* [Aconselhamento em situação de luto], Worden falou da tarefa 2 como "processar *para* a dor da perda. Infelizmente, muitas pessoas entenderam 'processar a dor' em vez de 'processar *para* a dor.'" Muitas pessoas criam caminhos alternativos para o processo rigoroso do luto porque supõem que a maturidade espiritual implica a habilidade de dizer: "Eu estou bem. Obrigado pela atenção. No começo foi difícil, mas o Senhor está me ajudando...".

Tarefa 3: Adapte-se à realidade sem o falecido

"Como vou viver sem [fulano], quando tudo que vejo me faz lembrar de sua ausência: a mesa do café, a cadeira de balanço, a sala de TV, a cama?" Para alguns, a pergunta é: "Como vou voltar à igreja sem ele?".

Tarefa 4: Procure encontrar um vínculo com o falecido quando recomeçar a vida

Os pastores não forçam os enlutados a "deletar" o familiar, mas a criar um lugar para o falecido na ausência dele. Procuro lembrar os enlutados de que o parente não "irá embora" a não ser que duas coisas aconteçam: Deixamos de mencionar o nome dele e deixamos de contar histórias sobre ele.

Alguns gostam da analogia do "espelho retrovisor". Alguns enlutados têm um espelho retrovisor do tamanho de um para-brisa. "*Antes* eu/nós éramos felizes." Algumas pessoas tentam caminhar para o futuro olhando através de um minúsculo para-brisa ao mesmo tempo em que lamentam: "Não consigo ver nenhum futuro para mim". A comunidade cristã ensina sobre o céu, mas o conceito, como observou C. S. Lewis, pode ser um tanto abstrato até que nos confrontemos com perguntas como: "Onde está meu querido?".

Dada a intensa diversidade cultural das comunidades que lideram, os pastores-cuidadores precisam estar atentos ao fato de que precisam explorar novas compreensões sobre o luto, a fim de cumprir as palavras de Isaac Watt: "Servir a geração atual — meu chamado a cumprir.".

Cuidado pastoral pós-aborto espontâneo ou parto de natimorto
James D. Berkley

"Por favor, não chame de aborto. Meu bebê está morto!" Essas frases impactantes de uma mãe que havia perdido seu bebê antes do nascimento resumem os sentimentos dos pais

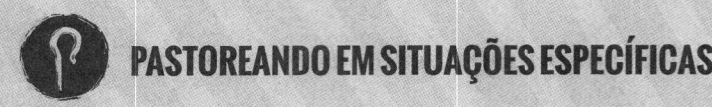

PASTOREANDO EM SITUAÇÕES ESPECÍFICAS

que foram impedidos de receber a esperada criança: eles não querem que sua perda seja subestimada.

A tendência é consolá-los com palavras neste sentido: "Bem, é melhor assim do que se você tivesse segurado essa criança". Mesmo as ciências médicas reconhecem que isso não é verdade. A ligação da mãe com a criança em seu ventre começa logo no início da gravidez. A criança no útero é uma criança real. Esperanças, sonhos e características se unem a ela muito antes de nascer. Quando essa criança não chega como se esperava, é difícil acostumar-se com o estágio do vazio sem sentido que toma conta.

Os cuidadores fazem bem em tratar o aborto espontâneo ou o parto natimorto como morte. Os pais e familiares precisam ter a liberdade de passar pelo luto. Para mulheres que tiveram dificuldade de conceber, esse momento é particularmente amargo, o que significa não só a perda de uma criança, mas possivelmente um senso de fracasso absoluto de nunca mais poder ser mãe e pai. Wayne Willis, um capelão de hospital pediátrico, aconselha que os pais sejam visitados o mais rápido possível depois da morte, a fim de avaliar a reação deles diante da perda, expressar apoio e ajudá-los a expressar sua dor. Estas são algumas recomendações dele:

Dê atenção tanto ao pai quanto à mãe
Às vezes o sentimento de perda do pai é tão forte ou até maior do que o da mãe.

Fale abertamente sobre os acontecimentos e sentimentos que antecederam à perda
Dê atenção a questões que provavelmente afetarão o processo do luto; por exemplo, sobre o relacionamento matrimonial ou a falta dele, se a concepção foi planejada ou não, se era uma gestação normal ou de risco, sobre o parto (já se sabia da morte antes do parto? Foi parto normal? A morte foi devida à má formação?), além de fantasias e temores relacionados à gravidez e ao parto.

Lide com o processo pós-morte
Encoraje os pais a se imaginarem olhando ou segurando o bebê, dando banho, colocando a roupa nele, decidindo sobre a autópsia, fazendo os planos para o funeral e o sepultamento, dando o nome à criança, tirando fotos, guardando lembranças, como a marca do pezinho ou um cachinho de cabelo.

Saiba o os pais pensam sobre a causa da morte
Saiba o que os pais pensam sobre a explicação médica, a compreensão teológica ou filosófica, o sentimento de responsabilidade pessoal e a atitude de culpar a si mesmos ou aos outros.

Assegure a qualidade do sistema de apoio à disposição
Leve em conta o relacionamento matrimonial, a família, os amigos, o grupo de apoio, igreja, terapeutas e companheiros de trabalho que estão à disposição para ajudar.

Pastoreando pessoas que enfrentam sofrimento, doença e morte

Ofereça orientação sempre que necessário

Isso pode incluir como dar a notícia aos demais filhos, como lidar com comentários sem sentido, como lidar com o estranho afastamento dos outros e como lidar com o estresse antecipado sobre o relacionamento matrimonial. Os comentários banais com os quais poderão lidar são: "Não se preocupem; vocês sempre poderão ter outro filho" (cada filho é singular; não se pode "substituir" ninguém); "Deus quis outro anjinho" (esse ponto de vista subestima uma tragédia e tende a retratar Deus como um tirano que brinca com a vida das pessoas); ou "Sei exatamente como você se sente" (ninguém pode dizer isso honestamente).

As responsabilidades mais importantes de um cuidador são: aceitar e compreender as profundas emoções que os pais experimentam; deixá-los expressar-se plenamente; encorajar atividades que promovam aceitação — como segurar o bebê, tirar fotos, ou dar nome ao filho. Apesar de isso poder agravar a tristeza no momento, permite que as feridas profundas comecem a ser curadas.

Pastoreando doentes terminais
Greg Asimakoupoulos

Ajudar alguém a morrer com dignidade é um dos privilégios mais significativos do ministro. É também uma tarefa atemorizadora, séria e assustadora. Eis alguns pontos que aprendi ao prestar cuidado pastoral às pessoas que atravessam o vale da sombra da morte.

Pequenos gestos demonstram que você se importa

Certa vez, um pastor veterano me disse: "Quando a vida está ameaçada, pequenos gestos passam a ter um significado muito maior do que antes". Isso me marcou. Desde então procuro pensar em pequenas coisas que expressem aos que se aproximam da morte que "eu me importo".

Para aqueles que apreciam música, procuro encontrar uma música de que gostam. Para um fã de esportes, procuro reunir recordações que eles apreciariam. Bilhetes pessoais são muito significativos, e incluo nos meus pensamentos e orações devocionais.

Certo pastor disse: "Se não há nenhuma reação durante a minha visita, antes de sair, coloco a mão sobre meu amigo e faço uma oração em silêncio".

Torne as visitas bastante pessoais

A pessoa que está à beira da morte anseia por companhia e aguarda visitas de pastores e líderes de igreja. Eu tento dar atenção especial uma vez por semana durante o período de estabilização de um paciente terminal (o período que antecede o rápido declínio da saúde). À medida que a morte se aproxima, as minhas visitas se tornam mais frequentes.

Nas visitas domiciliares, eu fico menos de meia hora. No hospital, fico dez minutos ou menos. Para quem está morrendo, mais importante do que o tempo que passamos é o que

PASTOREANDO EM SITUAÇÕES ESPECÍFICAS

fazemos quando estamos lá. O toque físico é muito eficaz. É um sinal exterior de que você, como cuidador, está disposto a sentir a dor do paciente. Nas visitas que faço, sempre procuro segurar a mão da pessoa que está à beira da morte.

Tenho descoberto que é muito importante para o enfermo quando você lê uma passagem preferida dele. Normalmente uso passagens conhecidas, uma vez que palavras familiares são especialmente significativas diante da morte. Às vezes, canto um hino ou cântico favorito da pessoa. Uma melodia conhecida e palavras afáveis podem engrandecer a fé alojada em um físico enfraquecido.

Lembre-se de que você não precisa falar muito. Uma enfermeira, que passou muitos anos trabalhando com pacientes à beira da morte, certa vez, disse: "Ninguém quer morrer sozinho. Jesus disse: 'Eis que estou com vocês para sempre'. Não há nada melhor do que isso. Você não precisa dizer nada profundo. Não há coisas profundas suficientes para dizer.".

Converse abertamente sobre o que acontecerá depois

Parte essencial do meu cuidado espiritual para quem está morrendo é prepará-lo não só para a morte, mas também para a eternidade. Faço perguntas diretas: "Você tem medo do que vem depois?" ou "O que você sente sobre deixar sua família?". Mostro passagens bíblicas de esperança e segurança para quem está à beira da morte. Isso dá aos cristãos confiança e possibilita aos não cristãos ver os benefícios oferecidos a um cristão.

Ajude a família a entregar

Às vezes a família, principalmente o cônjuge, tem dificuldade de se adaptar à realidade que vem depois. É nessas horas que você pode ajudar a família a dar a quem está morrendo permissão para morrer. Essa experiência pode ser libertadora para a pessoa que está sofrendo e libertadora para a família — que então pode começar a aceitar o que vem depois.

Pastoreando casais inférteis
Beth Spring

Somente nos Estados Unidos, há aproximadamente 10 milhões de casais atingidos pela infertilidade.[1] É difícil explicar as complexas fases emocionais que afetam os casais que não podem conceber ou não conseguem levar a gestação até o fim. Como ajudar pessoas que atravessam por essa dificuldade, algo que pode nunca ser vencido?

Reconheça que a infertilidade é uma crise real

Quase sem exceção, os casais enfrentam a infertilidade como uma profunda crise espiritual, emocional e matrimonial. O *Stepping Stones* [Degraus], um folheto informativo destinado a casais inférteis, articula os questionamentos espirituais que assolam esses casais:

---

[1] No Brasil, estima-se que 278 mil casais enfrentam problemas com infertilidade. Isso representa 15% dos casais brasileiros. [N. do T.]

Pastoreando pessoas que enfrentam sofrimento, doença e morte

"Autoconceito, autoimagem, nossa própria masculinidade ou feminilidade, tudo parece posto em perigo pela infertilidade. Uma vez que fomos ensinados que os filhos são dádiva de Deus, e não recebemos essa dádiva, olhamos para nós mesmos perguntando: Será que estou sendo castigado? Será que seria um mau pai? Se Deus não vai me dar um filho, por que ele não tira de mim esse desejo? Por acaso não tenho fé suficiente? Eu posso negociar com Deus?".

Emocionalmente, a infertilidade confronta um casal com tensão simultânea de uma crise (cada 28 dias que não ocorre a gravidez) e uma condição crônica (à medida que passam os meses e anos). Em geral, o desgaste dessa crise crônica atinge a mulher com mais intensidade, uma vez que ela é quem antecipa o nascimento da criança e talvez associa seu principal papel na vida e casamento à geração de filhos. Uma reviravolta de esperança e desespero deixa ambos os parceiros sentindo-se emocionalmente desestabilizados.

Quando eles descobrem que a infertilidade é irreversível — e a gravidez não ocorrerá em seu curso normal —entram em luto. Todos os "estágios" conhecidos do luto podem ocorrer, mesmo sem a morte de ninguém. O casal pode experimentar qualquer combinação de choque, negação, isolamento, raiva, culpa e depressão.

O estresse sobre o relacionamento conjugal é inevitável. As intervenções médicas iniciais para possibilitar a fertilidade perturbam os momentos mais íntimos do casal uma vez que a relação sexual deve ser programada para os dias mais prováveis de a mulher estar fértil. Geralmente, esse controle é feito pela mulher que tira sua temperatura diariamente e registra os resultados em gráfico numa folha de papel. Quando se pode associar claramente a infertilidade a um dos cônjuges, a tensão aumenta. Cerca de 30 % dos casos se devem a problemas físicos da mulher, 30% estão ligados ao homem, e o restante se deve a uma combinação de fatores, ou não foram diagnosticados.

Não prometa soluções fáceis
Casais estéreis frequentemente recebem conselhos que nunca pediram, como: "Fiquem tranquilos", "Adotem uma criança, e aí você ficará grávida", ou "Deus pode fazer milagres". Esses conselhos são terrivelmente superficiais e de pouco proveito. Uma melhor reação é lidar com a esterilidade involuntária como se fosse qualquer outra doença ou condição crônica que uma pessoa possa desenvolver.

Fale sobre o assunto publicamente
Muitos pastores e líderes de igreja temem falar sobre o assunto. Como disse certo pastor: "Esse é um grupo com o qual particularmente não desejo falar sobre o tema, porque não me sinto à vontade. Gostaria de poder responder às perguntas de todos. Mas, com esse grupo, não consigo respondê-las.". Mas, quando o líder espiritual da igreja assume o risco de publicamente reconhecer a dor da infertilidade, isso pode ajudar outros casais a dar passos no caminho da cura.

Forme um grupo de apoio
Os grupos de apoio para casais estéreis podem ser formais ou informais. O grupo pode se reunir toda semana ou cada dois meses. Pode concentrar-se em encorajar casais a

compartilhar suas histórias, orar uns pelos outros, encorajar e apoiar uns aos outros. De vez em quando, pode-se convidar alguém de fora para falar sobre algum aspecto da infertilidade. O simples fato de conhecer outros casais que passam pela mesma experiência da esterilidade pode colocar muitos maridos e mulheres no caminho da solução do problema. A existência de um grupo de apoio, e sua divulgação regular no boletim da igreja, alerta a congregação como um todo a estar mais atenta ao problema. os grupos de apoio asseguram esses casais de que são membros valiosos e essenciais do Corpo de Cristo. O grupo ajuda-os a sair do ostracismo e a voltar para a atividade. Os grupos de apoio ou redes mais informais exigem pouca atenção contínua de um membro da equipe pastoral e são uma oportunidade ideal para o ministério de líderes leigos.

Lembre-se dos casais estéreis em "datas especiais"

Mesmo que os pastores não se envolvam intensamente nesses programas, poderão levar em conta os casais envolvidos em ocasiões particularmente dolorosas para eles como o Dia das Mães, Dia dos Pais, batismo ou apresentação de crianças, e Natal. As ocasiões que envolvem criança e família provavelmente fazem com que casais estéreis sintam vontade de fugir da igreja enquanto toda atenção é dada aos casais prolíferos.

Entender a esterilidade, reconhecer seu impacto emocional e conduzir casais em direção a soluções positivas são alguns passos que qualquer líder de igreja pode dar. Para aqueles que estão passando por isso, saber que um líder da igreja se importa pode ser o que realmente precisam para ajudá-los a percorrer esse penoso caminho com o Senhor em vez de se afastarem com amargura e isolando-se dos demais.

Pastoreando mulheres pós-aborto
Nancy Kreuzer

Nos Estados Unidos, uma de cada três mulheres já fizeram um aborto.[1] Semana após semana elas estão nas igrejas; contudo, raramente ouvimos suas histórias. Há um enorme silêncio sobre o aborto e, lamentavelmente, esse silêncio muitas vezes é ainda mais profundo na igreja. Como seguidores de Cristo, somos chamados "para levar boas notícias aos pobres [...], cuidar dos que estão com o coração quebrantado, anunciar liberdade aos cativos e libertação das trevas aos prisioneiros" (Isaías 61.1). O aborto representa escravidão — homens e mulheres presos pela dor e silenciados pela vergonha. O que os pastores deveriam saber e fazer ao procurar levar a boa-nova de Cristo a esse grupo quebrantado?

Compreenda a luta espiritual

As forças demoníacas em torno do aborto se fortalecem com o silêncio. A mentira floresce no silêncio, mentiras que justificam a morte de crianças não nascidas, mentiras que dizem que o aborto não afeta homens e mulheres. Quebrar o silêncio nas nossas igrejas é essencial

---

[1] No Brasil, entre 15% e 20% das mulheres já realizaram aborto. [N. do T.]

Pastoreando pessoas que enfrentam sofrimento, doença e morte

para sarar uma cultura ferida pelo aborto. Por saber que as feridas e a cegueira são tão profundas, os líderes das igrejas estarão na linha de frente da luta espiritual quando começarem a tratar desse problema, Então, banhe o seu pastoreio com oração. Jesus nos diz que determinados males só podem ser enfrentados com oração e jejum. Como cristãos, precisamos encorajar uns aos outros a usar as armas que nos são oferecidas por nosso Salvador.

Saiba o que *não* dizer às mulheres logo após o aborto

Uma mulher que sofre em decorrência do aborto geralmente sofre em silêncio. Se ela contar para alguém que fez um aborto, correrá o risco de ser criticada e temerá a rejeição. Há duas coisas que nunca se deve dizer a uma mulher logo após ter passado pelo aborto. Primeiro, não se deve condená-la de nenhuma forma; o aborto, por si só, gera culpa suficiente. Segundo, nunca se deve dizer a ela que abortar não é um problema tão grave. Minimizar a dor e o sentimento de culpa só a impedirá de expressar sua perda e posteriormente processá-la. A mensagem da igreja de que o aborto causa danos combina perfeitamente com a verdade que cala fundo em sua alma e lhe garante que ela tem fortes razões para lamentar o(s) aborto(s) cometido(s) no passado.

Conheça os sintomas do sofrimento pós-aborto

Mulheres pós-aborto, muitas vezes, sofrem por muito tempo as consequências físicas, psicológicas e espirituais do aborto. Entre elas, pode-se incluir luto prolongado e intenso, culpa, ansiedade, depressão, volta ao passado, abuso próprio, pesadelos, desapego ou apego excessivo a outras crianças, abuso de substância química, promiscuidade, surtos psicóticos diante da realidade no prazo de duas semanas pós-aborto, e tentativa de suicídio. Alguns desses sintomas podem exigir a intervenção de um conselheiro experiente qualificado para compreender a mulher que acaba de passar pelo aborto.

Espere ouvir perguntas comuns de mulheres pós-abortivas

Esteja preparado para tratar de questões não resolvidas e agonizantes que perturbam a alma de muitas mulheres pós-aborto:

- "Sei que Deus me perdoou, então por que eu continuo sentindo medo e tristeza?"
- "Não posso ter mais filhos. Deus está me castigando?"
- "Como posso perdoar aqueles que me forçaram a abortar?"
- "Como digo à minha família e filhos sobre meu aborto?"
- "Eu serei feliz outra vez?"

Quebre o silêncio e acolha a mulher sofredora

A maioria das pessoas tem tanto medo de ofender uma mulher pós-aborto dizendo algo que prefere não dizer absolutamente nada. Mas o primeiro passo para a cura é quebrar o silêncio da negação; ficar em silêncio só agravará o problema. O silêncio pode ser interpretado como falta de interesse, ou, então, a mulher poderá sentir que você não tem nenhuma esperança a oferecer.

Se não conseguimos falar sobre o aborto nas igrejas, onde poderemos falar sobre isso? Jesus anseia acolher de volta a mulher que realizou o aborto, e nós também precisamos.

PASTOREANDO EM SITUAÇÕES ESPECÍFICAS

O ideal é que ela descubra que nada, nem mesmo o aborto, pode separá-la do amor de Cristo. Nunca podemos rejeitá-la ou condená-la. Antes, devemos acolhê-la para que ela venha conhecer a paz e a misericórdia de Jesus Cristo.

Instrua a congregação

Jovens adolescentes, assim como adultos, estão sedentos para ouvir e discutir a respeito da distorção que se faz a respeito do aborto. Há diversos excelentes documentários que poderão ser utilizados para grupos de estudo, retiros e encontros de jovens. Além disso, testemunhos pessoais de mulheres que foram curadas das sequelas do aborto são ferramentas eficazes para quebrar o silêncio sobre o tema e descobrir a misericórdia e cura do poder de Jesus.

Conecte-se a outros ministérios e fontes de recursos

[Nos Estados Unidos] há diversos ministérios que oferecem cuidado para mulheres pós--aborto. A *Silent No More Awareness Campaign* [Campanha de conscientização Silêncio Nunca Mais] busca educar as pessoas sobre as dores do aborto. Esse ministério também pode ajudar a encontrar pessoas em sua vizinhança que compartilhem suas histórias. Ministérios como Rachel's Vineyard [A vinha de Raquel] e RESTORE [Restaure] oferecem esperança por meio de retiros e estudos bíblicos sobre cura pós-aborto.[1]

Comece um ministério em sua igreja

Veja a possibilidade de criar na sua igreja um ministério em prol da vida. Lembre-se de que muitas mulheres após o aborto sentem que o foco dos ministérios da igreja está no bebê, não na mãe. É importante lembrar de que o aborto diz respeito aos bebês, mas também envolve mães, pais, irmãs e irmãos — todos são afetados pelo aborto. Dar assistência a mulheres que decidiram corajosamente optar pela vida de seus bebês também é uma forma maravilhosa de ser as mãos e os pés de Cristo num momento da vida da mulher em que ela frequentemente se sente vulnerável e sozinha.

Pastoreando em funerais trágicos
Roger F. Miller

Todo ofício fúnebre tem seus desafios, mas há "mortes precoces" que tornam o preparo de um culto fúnebre ainda mais difícil. Suicídio, acidentes trágicos, nascimento de um natimorto, enfermidades inesperadas — mortes que parecem não fazer nenhum sentido. Quando os familiares perguntam "Por quê?", não há respostas fáceis. Poucas responsabilidades ministeriais são tão desafiadoras quanto esse tipo de funeral. Quando realizado de

---

[1] No Brasil, pelo fato de o aborto ser ilegal e imperar o silêncio e o isolamento da mulher, são raras as organizações específicas que tratam de mulheres pós-aborto. O tema requer atenção especial na identificação e no tratamento dessas pessoas. [N. do T.]

O Cervi — Centro de Reestruturação para a Vida — oferece completa assistência a mulheres que estejam enfrentando uma gravidez inesperada. Acesse: <www.cervibrasil.wordpress.com>. [N. do R.]

modo eficaz, a pessoa enlutada pode experimentar em primeira mão um sentimento do cuidado e da atenção de Deus. Mas, quando o cuidado pastoral durante funerais inesperados é malsucedido, os pastores podem provocar ainda mais dor e decepção, e sintomas como raiva, culpa e isolamento podem se intensificar. Com isso em mente, eis alguns pontos-chave a serem lembrados em funerais "inesperados":

Personalize o ofício fúnebre

O quanto antes, vá à capela funerária onde está a família. Deixe que as pessoas falem a respeito do falecido. Peça que elas descrevam como era a pessoa. Ouça as histórias que os familiares contam sobre ela. Isso pode levar de 30 a 60 minutos, mas dê tempo para que a família relembre diversos fatos. Certos temas sempre recorrerão. Enquanto falam sobre o falecido, faça algumas anotações mentais para depois anotá-las num papel assim que puder. Na hora do funeral, faça menção a alguns desses temas importantes. Mesmo que você mencione apenas algumas qualidades-chave ou histórias importantes, os familiares sentirão que você tornou o funeral uma experiência personalizada em vez de um ofício mecânico.

Mencione a causa da morte

É comum que a família fique frustrada quando o pastor menciona a causa da morte sem tratá-la diretamente. Em alguns casos, as circunstâncias serão óbvias, como a morte de uma criança. Em outros casos, no entanto, o pastor poderá ter de quebrar o gelo dizendo publicamente o que está na mente de todos — "Na terça-feira à noite João morreu num acidente de automóvel", "Ontem, Maria tirou a própria vida", "Voltando do trabalho para casa, Mário foi assassinado". Mencionar a causa da morte permite a todos a oportunidade de começar a se recuperar do luto a partir de um ponto relativamente comum. Naturalmente que você deverá ter sensibilidade e cuidado, além de confirmar antecipadamente seu plano com a família.

Reconheça que esse momento foge à normalidade

Reconhecer a dificuldade da situação será de ajuda a quem sobrevive no sentido de dar perspectiva adequada a sentimentos desagradáveis. Muitas vezes, as pessoas em luto se sentem como se estivessem perdendo contato com a realidade e que não conseguirão nunca mais voltar ao normal. Quando alguém morre repentina ou inesperadamente, os familiares podem sentir que seu mundo desabou. Declarar publicamente que a situação ainda parece irreal, surpreendente e anormal, pode ajudar os enlutados a atravessar melhor um momento difícil.

Fale diretamente aos principais membros da família

Em alguns momentos durante o ofício fúnebre, faça questão de se dirigir direta e ternamente a membros-chave da família enlutada. Diga algo como: "Mariana, você já passou por muito. Esta vez foi um grande choque. Você teve um marido maravilhoso, cuja vida foi ceifada tragicamente. Quero que você saiba o quanto todos nós a amamos e nos importamos com você. Deus é o nosso refúgio em tempos de aflição. Sabemos que não será fácil nem rápido, mas ele estará com você neste processo".

PASTOREANDO EM SITUAÇÕES ESPECÍFICAS

Permita uma manifestação sincera dos sentimentos

No caso de assassinato, suicídio, morte de uma criança ou outra situação trágica, certamente haverá sentimentos de raiva. Muitas vezes também surgem culpas e outros sentimentos. Ao lembrar as pessoas de que expressar sentimentos não é um sinal de desequilíbrio mental nem de falta de fé, podemos oferecer um ambiente no qual as pessoas enlutadas começarão a ser curadas.

Mostre Cristo às pessoas

Ainda que as pessoas enlutadas estejam furiosas com Deus, o amor de Deus ainda é muito importante para elas. O pastor eficaz pode utilizar a oração e as promessas da Palavra de Deus para expressar a mensagem de que Cristo está presente. Apesar de não sabermos (o que podemos admitir sem problema) por que um acidente fatal aconteceu, ou por que uma criança contraiu câncer, ou uma mulher tirou a própria vida, a Bíblia garante que Jesus se identifica com as nossas aflições e um dia ele enxugará toda lágrima dos nossos olhos. E todas essas promessas são encontradas somente na Palavra de Deus, não no brilhantismo ou na sinceridade do pregador. Em última instância, o nosso papel é mostrar às pessoas, de maneira tranquila, humilde, gentil e confiante, Cristo e a esperança que temos nele.

Introdução a EZEQUIEL

PANO DE FUNDO

Ezequiel viveu e ministrou em um tempo turbulento. Quando os babilônios derrotaram os egípcios em 605 a.C., o rei de Judá (Jeoaquim) jurou fidelidade a Nabucodonosor. Mas, depois que os babilônios não conseguiram derrotar os egípcios em 597 a.C., Jeoaquim mudou de lado. O exército invasor de Nabucodonosor marchou contra Jerusalém, levando cativo o sacerdote-profeta Ezequiel e muitos outros. Ezequiel profetizou a destruição de Judá. Ele também profetizou contra os futuros inimigos de Israel, proclamando que Deus defenderia seu povo.

Muitos estudiosos acreditam que Ezequiel tenha sido o autor desse livro. Em hebraico Ezequiel significa "Deus fortalece". É um nome particularmente apropriado, considerando as circunstâncias da vida no cativeiro.

MENSAGEM

Ezequiel tem o ministério mais incomum que qualquer profeta. Ele teve a tarefa de encenar alguns dos julgamentos vindouros, tal como apresentado no capítulo 24, em que ele é advertido da morte iminente de sua esposa e recebe instruções para o pranteamento. No livro o profeta visionário é guiado pelo Espírito de Deus (v. 8.3) enquanto profetiza nos dias mais sombrios da história do seu povo.

Os exilados tinham esperança de libertação imediata do julgamento, mas Ezequiel tem a tarefa ingrata de falar exatamente o contrário. Como Jeremias, Ezequiel prega a respeito do julgamento de Deus sobre Judá, mas também prega a esperança de restauração. Sua visão de "ossos secos" voltando à vida (capítulo 37) tem transmitido esperança para o povo de Deus por milênios. As mais destacadas imagens no decorrer do livro são o templo, a saída de Deus do templo e seu retorno a ele.

ÉPOCA

Tal como Daniel muito antes, Ezequiel foi levado para a Babilônia em 597 a.C., antes da destruição de Jerusalém em 586 a.C. Na Babilônia, Ezequiel profetizou de 592 a.C. até pelo menos 570 a.C. e morreu por volta do ano 560 a.C.

ESBOÇO

I. Profecias a respeito de Israel
A. O chamado de Ezequiel — 1.1—3.27
B. O cerco simbólico de Jerusalém — 4.1—6.14
C. A história e o futuro de Israel — 7.1—24.27

II. Profecias a respeito de outras nações — 25.1—32.32

III. Profecias a respeito do futuro de Israel
A. A queda de Jerusalém — 33.1-33
B. A restauração de Israel — 34.1—39.29
C. Um novo templo — 40.1—48.35

Os Seres Viventes e a Glória do Senhor

1 Era o quinto dia do quarto mês do trigésimo ano¹, e eu estava entre os exilados,ᵃ junto ao rio Quebar. Abriram-seᵇ os céus, e eu tive visõesᶜ de Deus.

² Foi no quinto ano do exílio do rei Joaquim,ᵈ no quinto dia do quarto mês. ³ A palavra do SENHOR veio ao sacerdote Ezequiel, filho de Buzi,² junto ao rio Quebar, na terra dos caldeus. Ali a mão do SENHOR esteve sobre ele.ᵉ

⁴ Olhei e vi uma tempestade que vinha do norte:ᶠ uma nuvem imensa, com relâmpagos e faíscas, e cercada por uma luz brilhante. O centro do fogo parecia metal reluzente,ᵍ ⁵ e no meio do fogo havia quatro vultos que pareciam seres viventes.ʰ Na aparência tinham forma de homem,ⁱ ⁶ mas cada um deles tinha quatro rostosʲ e quatro asas. ⁷ Suas pernas eram retas; seus pés eram como os de um bezerro e reluziam como bronze polido.ᵏ ⁸ Debaixo de suas asas, nos quatro lados, eles tinham mãos humanas.ˡ Os quatro tinham rostos e asas, ⁹ e as suas asas encostavam umas nas outras. Quando se moviam andavam para a frente, e não se viravam.ᵐ

¹⁰ Quanto à aparência dos seus rostos, os quatro tinham rosto de homem, rosto de leão no lado direito, rosto de boi no lado esquerdo, e rosto de águia.ⁿ ¹¹ Assim eram os seus rostos. Suas asasᵒ estavam estendidas para cima; cada um deles tinha duas asas que se encostavam na de outro ser vivente, de um lado e do outro, e duas asas que cobriam os seus corpos. ¹² Cada um deles ia sempre para a frente. Para onde quer que fosse o Espírito eles iam, e não se viravam quando se moviam. ¹³ Os seres viventes pareciam carvão aceso; eram como tochas. O fogo ia de um lado a outro entre os seres viventes, e do fogo saíam relâmpagosᵖ e faíscas. ¹⁴ Os seres viventes iam e vinham como relâmpagos.ᑫ

¹⁵ Enquanto eu olhava para eles, vi uma roda ao lado de cada um deles, diante dos seus quatro rostos. ¹⁶ Esta era a aparência das rodas e a sua estrutura: reluziam como o berilo;ʳ as quatro tinham aparência semelhante. Cada roda parecia estar entrosada na outra. ¹⁷ Quando se moviam, seguiam nas quatro direções dos quatro rostos, e não se viravam³ˢ enquanto iam. ¹⁸ Seus aros eram altos e impressionantes e estavam cheios de olhosᵗ ao redor.

¹⁹ Quando os seres viventes se moviam, as rodas ao seu lado se moviam; quando se elevavam do chão, as rodas também se elevavam. ²⁰ Para onde quer que o Espírito fosse, os seres viventes iam,ᵘ e as rodas os seguiam, porque o mesmo Espírito estava nelas. ²¹ Quando os seres viventes se moviam, elas também se moviam; quando eles ficavam imóveis, elas também ficavam; e quando os seres viventes se elevavam do chão, as rodas também se elevavam com eles, porque o mesmo Espírito deles estava nelas.ᵛ

²² Acima das cabeças dos seres viventes estava o que parecia uma abóbada,ʷ reluzente como gelo, e impressionante. ²³ Debaixo dela cada ser vivente estendia duas asas ao que lhe estava mais próximo, e com as outras duas asas cobria o corpo. ²⁴ Ouvi o ruído de suas asas quando voavam. Parecia o ruído de muitas águas, parecia a vozˣ do Todo-poderoso. Era um ruído estrondoso, como o de um exército.ʸ Quando paravam, fechavam as asas.

²⁵ Então veio uma voz de cima da abóbada sobre as suas cabeças, enquanto eles ficavam de asas fechadas. ²⁶ Acima da abóbada sobre as suas cabeças havia o que parecia um trono de safiraᶻ e, bem no alto, sobre o trono, havia uma figura que parecia um homem.ᵃ ²⁷ Vi que a parte de cima do que parecia ser a cintura dele, parecia metal brilhante, como que cheia de fogo, e a parte de baixo parecia fogo; e uma luz brilhante

---

¹ **1.1** Ou *do meu trigésimo ano*

² **1.3** Ou *veio a Ezequiel, filho do sacerdote Buzi,*

³ **1.17** Ou *não viravam para o lado*

o cercava.*b* 28 Tal como a aparência do arco-íris*c* nas nuvens de um dia chuvoso, assim era o resplendor ao seu redor.*d*

Essa era a aparência da figura da glória*e* do Senhor. Quando a vi, prostrei-me com o rosto em terra,*f* e ouvi a voz de alguém falando.

O Chamado de Ezequiel

2 Ele me disse: "Filho do homem, fique em pé,*g* pois eu vou falar com você". ² Enquanto ele falava, o Espírito entrou em mim e me pôs em pé,*h* e ouvi aquele que me falava.

³ Ele disse: "Filho do homem, vou enviá-lo aos israelitas, nação rebelde que se revoltou contra mim; até hoje eles e os seus antepassados têm se revoltado contra mim.*i* ⁴ O povo a quem vou enviá-lo é obstinado e rebelde.*j* Diga-lhes: Assim diz o Soberano, o Senhor. ⁵ E, quer aquela nação rebelde*k* ouça, quer deixe de ouvir,*l* saberá que um profeta esteve no meio dela.*m* ⁶ E você, filho do homem, não tenha medo*n* dessa gente nem das suas palavras. Não tenha medo, ainda que o cerquem espinheiros*o* e você viva entre escorpiões. Não tenha medo do que disserem, nem fique apavorado ao vê-los, embora sejam uma nação rebelde.*p* ⁷ Você lhes falará as minhas palavras, quer ouçam quer deixem de ouvir, pois são rebeldes.*q* ⁸ Mas você, filho do homem, ouça o que lhe digo. Não seja rebelde como aquela nação;*r* abra a boca e coma*s* o que vou lhe dar".

⁹ Então olhei, e vi a mão*t* de alguém estendida para mim. Nela estava o rolo de um livro, ¹⁰ que ele desenrolou diante de mim. Em ambos os lados do rolo estavam escritas palavras de lamento, pranto e ais.*u*

3 E ele me disse: "Filho do homem, coma este rolo; depois vá falar à nação de Israel". ² Eu abri a boca, e ele me deu o rolo para eu comer.

³ E acrescentou: "Filho do homem, coma este rolo que estou lhe dando e encha o seu estômago com ele". Então eu o comi,*v* e em minha boca era doce como mel.*w*

⁴ Depois ele me disse: "Filho do homem, vá agora à nação de Israel e diga-lhe as minhas palavras. ⁵ Você não está sendo enviado a um povo de fala obscura e de língua difícil,*x* mas à nação de Israel; ⁶ não irá a muitos povos de fala obscura e de língua difícil, cujas palavras você não conseguiria entender. Certamente, se eu o enviasse, eles o ouviriam.*y* ⁷ Mas a nação de Israel não vai querer ouvi-lo porque não quer me ouvir, pois toda a nação de Israel está endurecida e obstinada.*z* ⁸ Porém eu tornarei você tão inflexível e endurecido quanto eles.*a* ⁹ Tornarei a sua testa como a mais dura das pedras, mais dura que a pederneira. Não tenha medo deles, nem fique apavorado ao vê-los, embora sejam uma nação rebelde".*b*

¹⁰ E continuou: "Filho do homem, ouça atentamente e guarde no coração todas as palavras que eu lhe disser. ¹¹ Vá agora aos seus compatriotas que estão no exílio e fale com eles. Diga-lhes, quer ouçam quer deixem de ouvir:*c* Assim diz o Soberano, o Senhor".

¹² Depois o Espírito elevou-me,*d* e ouvi esta estrondosa aclamação: "Que a glória do Senhor seja louvada em sua habitação!" ¹³ E ouvi o som das asas dos seres viventes roçando umas nas outras e, atrás deles, o som das rodas — um forte estrondo!*e* ¹⁴ Então o Espírito elevou-me e tirou-me de lá, com o meu espírito cheio de amargura e de ira, e com a forte mão do Senhor sobre mim. ¹⁵ Fui aos exilados que moravam em Tel-Abibe, perto do rio Quebar.*f* Sete dias*g* fiquei lá entre eles — atônito!

Advertência a Israel

¹⁶ Ao fim dos sete dias a palavra do Senhor veio a mim:*h* ¹⁷ "Filho do homem", disse ele, "eu o fiz sentinela*i* para a nação de Israel; por isso ouça a palavra que digo e leve a eles a minha advertência. ¹⁸ Quando eu disser a um ímpio que ele vai morrer, e você não o advertir nem lhe falar para dissuadi-lo dos seus maus caminhos para salvar a vida

dele, aquele ímpio morrerá por[l] sua iniquidade; mas para mim você será responsável pela morte dele.[j] **19** Se, porém, você advertir o ímpio e ele não se desviar de sua impiedade ou dos seus maus caminhos, ele morrerá por sua iniquidade, mas você estará livre dessa culpa.[k]

20 "Da mesma forma, quando um justo se desviar de sua justiça e fizer o mal, e eu puser uma pedra de tropeço diante dele, ele morrerá. Uma vez que você não o advertiu, ele morrerá pelo pecado que cometeu. As práticas justas dele não serão lembradas; para mim, porém, você será responsável pela morte dele.[l] **21** Se, porém, você advertir o justo e ele não pecar, certamente ele viverá porque aceitou a advertência, e você estará livre dessa culpa".[m]

22 A mão do Senhor[n] esteve ali sobre mim, e ele me disse: "Levante-se e vá[o] para a planície,[p] e lá falarei com você". **23** Então me levantei e fui para a planície. E lá estava a glória do Senhor, glória como a que eu tinha visto junto ao rio Quebar.[q] Prostrei-me com o rosto em terra,[r] **24** mas o Espírito entrou em mim e me pôs em pé.[s] Ele me disse: "Vá para casa e tranque-se. **25** Pois você, filho do homem, será amarrado com cordas; você ficará preso, e não conseguirá sair para o meio do povo.[t] **26** Farei sua língua apegar-se ao céu da boca para que você fique calado e não possa repreendê-los, embora sejam uma nação rebelde.[u] **27** Mas, quando eu falar com você, abrirei sua boca e você lhes dirá: Assim diz o Soberano, o Senhor.[v] Quem quiser ouvir ouça, e quem não quiser não ouça; pois são uma nação rebelde.[w]

Cerco Simbólico de Jerusalém

4 "Agora, filho do homem, apanhe um tijolo, coloque-o à sua frente e nele desenhe a cidade de Jerusalém. **2** Cerque-a então, e erga obras de cerco contra ela; construa uma rampa,[x] monte acampamentos e ponha aríetes ao redor dela.[y] **3** Depois apanhe uma panela de ferro, coloque-a como muro de ferro entre você e a cidade e ponha-se de frente para ela. Ela estará cercada, e você a sitiará. Isto será um sinal[z] para a nação de Israel.[a]

4 "Deite-se então sobre o seu lado esquerdo e sobre você[2] ponha a iniquidade da nação de Israel. Você terá que carregar a iniquidade dela durante o número de dias em que estiver deitado sobre o lado esquerdo. **5** Determinei que o número de dias seja equivalente ao número de anos da iniquidade dela, ou seja, durante trezentos e noventa dias você carregará a iniquidade da nação de Israel.

6 "Terminado esse prazo, deite-se sobre o seu lado direito, e carregue a iniquidade da nação de Judá, **7** durante quarenta dias, tempo que eu determinei para você, um dia para cada ano.[b] Olhe para o cerco de Jerusalém e, com braço desnudo, profetize contra ela. **8** Vou amarrá-lo com cordas para que você não possa virar-se enquanto não cumprir os dias da sua aflição.[c]

9 "Pegue trigo e cevada, feijão e lentilha, painço e espelta[3];[d] ponha-os numa vasilha e com eles faça pão para você. Você deverá comê-lo durante os trezentos e noventa dias em que estiver deitado sobre o seu lado. **10** Pese duzentos e quarenta gramas[4] do pão por dia e coma-o em horas determinadas. **11** Também meça meio litro[5] de água e beba-a em horas determinadas. **12** Coma o pão como você comeria um bolo de cevada; asse-o à vista do povo, usando fezes humanas[e] como combustível". **13** O Senhor disse: "Desse modo os israelitas comerão sua comida imunda entre as nações para onde eu os expulsar".[f]

[2] **4.4** Ou *sobre o seu lado*
[3] **4.9** *Painço* é uma gramínea (capim) cujas espigas servem de alimento e *espelta*, uma espécie de trigo de qualidade inferior.
[4] **4.10** Hebraico: *20 siclos*. Um siclo equivalia a 12 gramas.
[5] **4.11** Hebraico: *1/6 de um him*. O him era uma medida de capacidade para líquidos. As estimativas variam entre 3 e 6 litros.

[l] **3.18** Ou *morrerá em*; também nos versículos 19 e 20.

14 Então eu disse: Ah! Soberano Senhor!ᵍ Eu jamais me contaminei. Desde a minha infância até agora, jamais comi qualquer coisa achada mortaʰ ou que tivesse sido despedaçada por animais selvagens. Jamais entrou em minha bocaⁱ qualquer carne impura.

15 "Está bem", disse ele, "deixarei que você asse o seu pão em cima de esterco de vaca, e não em cima de fezes humanas."

16 E acrescentou: "Filho do homem, cortareiʲ o suprimento de comida em Jerusalém. O povo comerá com ansiedade comida racionada e beberá com desespero água racionada,ᵏ **17** pois haverá falta de comida e de água. Ficarão chocados com a aparência uns aos outros, e definharão por causa deˡ sua iniquidade.ˡ

5 "Agora, filho do homem, apanhe uma espada afiada e use-a como navalha de barbeiroᵐ para raparⁿ a cabeça e a barba.º Depois tome uma balança de pesos e reparta o cabelo. **2** Quando os dias do cerco da cidade chegarem ao fim, queime no fogo um terço do cabelo dentro da cidade. Pegue um terço e corte-o com a espada ao redor de toda a cidade. E espalhe um terço ao vento. Porque eu os perseguirei com espada desembainhada.ᵖ **3** Mas apanhe umas poucas mechas de cabelo e esconda-as nas dobras de sua roupa.ᵠ **4** E destas ainda, pegue algumas e atire-as ao fogo, para que se queimem. Dali um fogo se espalhará por toda a nação de Israel.

5 "Assim diz o Soberano, o Senhor: Esta é Jerusalém, que pus no meio dos povos, com nações ao seu redor. **6** Contudo, em sua maldade, ela se revoltou contra as minhas leis e contra os meus decretos mais do que os povos e as nações ao seu redor. Ela rejeitou as minhas leis e não agiu segundo os meus decretos.ʳ

7 "Portanto assim diz o Soberano, o Senhor: Você tem sido mais rebelde do que as nações ao seu redor e não agiu segundo os meus decretos nem obedeceu às minhas leis. Você nem mesmo alcançou os padrões das nações ao seu redor.ˢ

8 "Por isso diz o Soberano, o Senhor: Eu estou contra você, Jerusalém, e lhe infligirei castigo à vista das nações.ᵗ **9** Por causa de todos os seus ídolos detestáveis, farei com você o que nunca fiz nem jamais voltarei a fazer.ᵘ **10** Por isso, entre vocês sucederá que os pais comerão os seus próprios filhos, e os filhos comerão os seus pais.ᵛ Castigarei você e dispersarei aos ventos os seus sobreviventes.ʷ **11** Por isso, juro pela minha vida, palavra do Soberano, o Senhor, que por ter contaminado meu santuário com suas imagens detestáveisˣ e com suas práticas repugnantes,ʸ eu retirarei a minha bênção. Não olharei com piedade para você e não a pouparei.ᶻ **12** Um terço de seu povo morrerá de peste ou perecerá de fome dentro de seus muros; um terço cairá à espada fora da cidade; e um terço dispersarei aos ventos e perseguirei com a espada em punho.ᵃ

13 "Então a minha ira cessará, diminuirá a minha indignaçãoᵇ contra eles, e serei vingado.ᶜ E, quando tiver esgotado a minha ira sobre eles, saberão que eu, o Senhor, falei segundo o meu zelo.

14 "Farei de você uma ruína e a tornarei desprezível entre as nações ao seu redor, à vista de todos quantos passarem por você.ᵈ **15** Você será objeto de desprezo e de escárnio, e servirá de advertência e de causa de pavor às nações ao redor, quando eu castigar você com ira, indignação e violência.ᵉ Eu, o Senhor, falei.ᶠ **16** Quando eu atirar em você minhas flechas mortais e destruidoras, minhas flechas de fome, atirarei para destruí-la. Aumentarei a sua fome e cortarei o seu sustento.ᵍ **17** Enviarei contra você a fome e animais selvagens, que acabarão com os seus filhos. A peste e o derramamento de sangueʰ a alcançarão, e trarei a espada contra você. Eu, o Senhor, falei".ⁱ

Profecia contra os Montes de Israel

6 Esta palavra do Senhor veio a mim: **2** "Filho do homem, vire o rosto contra os montesʲ de Israel; profetize contra eles **3** e diga:

ˡ **4.17** Ou *definharão em*

Ó montes de Israel, ouçam a palavra do Soberano, o Senhor. Assim diz o Soberano, o Senhor, aos montes e às colinas, às ravinas e aos vales:*k* Estou prestes a trazer a espada contra vocês; vou destruir os seus altares idólatras.*l* **4** Seus altares serão arrasados, seus altares*m* de incenso*l* serão esmigalhados, e abaterei o seu povo na frente dos seus ídolos. **5** Porei os cadáveres dos israelitas em frente dos seus ídolos, e espalharei os seus ossos*n* ao redor dos seus altares. **6** Onde quer que você viva, as cidades serão devastadas e os altares idólatras serão arrasados e devastados, seus ídolos*o* serão esmigalhados e transformados em ruínas, seus altares*p* de incenso serão derrubados e tudo o que vocês realizaram será apagado.*q* **7** Seu povo cairá morto no meio de vocês, e vocês saberão que eu sou o Senhor.

8 "Mas pouparei alguns; alguns de vocês escaparão*r* da espada quando forem espalhados entre as terras e nações.*s* **9** Ali, nas nações para onde vocês tiverem sido levados cativos, aqueles que escaparem se lembrarão de mim; lembrarão como fui entristecido*t* por seus corações adúlteros, que se desviaram de mim, e, por seus olhos, que cobiçaram os seus ídolos.*u* Terão nojo de si mesmos por causa do mal que fizeram e por causa de todas as suas práticas repugnantes.*v* **10** E saberão que eu sou o Senhor, que não ameacei em vão trazer esta desgraça sobre eles.

11 "Assim diz o Soberano, o Senhor: Esfregue as mãos, bata os pés e grite 'Ai!', por causa de todas as práticas ímpias e repugnantes da nação de Israel, pois eles morrerão pela espada, pela fome e pela peste.*w* **12** Quem está longe morrerá pela peste, quem está perto cairá pela espada, e quem sobreviver e for poupado morrerá de fome. Assim enviarei a minha ira sobre eles.*x* **13** E saberão que eu sou o Senhor, quando o seu povo estiver estirado, morto entre os seus ídolos, ao redor dos seus altares, em todo monte alto e em todo topo de montanha, debaixo de toda árvore frondosa e de todo carvalho viçoso*y* — em todos os lugares nos quais eles ofereciam incenso aromático a todos os seus ídolos.*z* **14** Estenderei o meu braço*a* contra eles e tornarei a terra uma imensidão desolada, desde o deserto até Dibla² — onde quer que estiverem vivendo. Então saberão que eu sou o Senhor".*b*

A Chegada do Fim

7 Veio a mim esta palavra do Senhor: **2** "Filho do homem, assim diz o Soberano, o Senhor, à nação de Israel: Chegou o fim!*c* O fim chegou aos quatro cantos*d* da terra de Israel. **3** O fim está agora sobre você, e sobre você eu vou desencadear a minha ira. Eu a julgarei de acordo com a sua conduta e lhe retribuirei todas as suas práticas repugnantes. **4** Não olharei com piedade*e* para você nem a pouparei; com certeza eu lhe retribuirei sua conduta e suas práticas em seu meio. Então você saberá que eu sou o Senhor".

5 Assim diz o Soberano, o Senhor: "Eis a desgraça!*f* Uma desgraça jamais imaginada vem aí. **6** Chegou o fim! Chegou o fim! Ele se insurgiu contra você. O fim chegou! **7** A condenação chegou sobre você que habita no país. Chegou a hora, o dia está próximo;*g* há pânico, e não alegria, sobre os montes. **8** Estou prestes a derramar a minha*h* ira sobre você e esgotar a minha indignação contra você; eu a julgarei de acordo com a sua conduta e lhe retribuirei todas as suas práticas repugnantes.*i* **9** Não olharei com piedade para você nem a pouparei; eu lhe retribuirei de acordo com todas as práticas repugnantes que há no seu meio. Então você saberá que é o Senhor que desfere o golpe.

10 "Eis o dia! Já chegou! A condenação irrompeu, a vara*j* brotou, a arrogância floresceu! **11** A violência tomou a forma de uma³ vara para castigar a maldade; ninguém do povo será deixado, ninguém daquela multidão,

---

l **6.4** Provavelmente colunas dedicadas ao deus sol.
² **6.14** Conforme a maioria dos manuscritos do Texto Massorético. Alguns manuscritos do Texto Massorético dizem *Ribla*.
³ **7.11** Ou *O violento se tornou uma*

como também nenhuma riqueza, nada que tenha algum valor.*k* 12 Chegou a hora, o dia chegou. Que o comprador não se regozije nem o vendedor se entristeça, pois a ira está sobre toda a multidão.*l* 13 Nenhum vendedor viverá o suficiente para recuperar a terra que vendeu, mesmo que viva muito tempo, pois a visão acerca de toda a multidão não voltará atrás. Por causa de sua iniquidade, nenhuma vida humana será preservada.*m* 14 Embora toquem a trombeta e deixem tudo pronto, ninguém irá a combate, pois a minha ira está sobre toda a multidão".

15 "Fora está a espada, dentro estão a peste e a fome; quem estiver no campo morrerá pela espada, e quem estiver na cidade será devorado pela fome e pela peste.*n* 16 Todos os que se livrarem e escaparem estarão nos montes, gemendo como pombas*o* nos vales, cada um por causa de sua própria iniquidade.*p* 17 Toda mão ficará pendendo,*q* frouxa, e todo joelho ficará como água, de tão fraco. 18 Eles se cobrirão de vestes de luto e se vestirão de pavor.*r* Terão o rosto coberto de vergonha, e sua cabeça será rapada.*s* 19 Atirarão sua prata nas ruas, e seu ouro será tratado como coisa impura. Sua prata e seu ouro serão incapazes de livrá-los no dia da ira*t* do Senhor e não poderão saciar sua fome e encher os seus estômagos; servirão apenas para fazê-los tropeçar*u* na iniquidade*v* 20 Eles tinham orgulho de suas lindas joias e as usavam para fazer os seus ídolos repugnantes e as suas imagens detestáveis.*w* Por isso tornarei essas coisas em algo impuro para eles. 21 Entregarei tudo isso como despojo nas mãos de estrangeiros e como saque nas mãos dos ímpios da terra, e eles o contaminarão.*x* 22 Desviarei deles o meu rosto,*y* e eles profanarão o lugar que tanto amo; este será invadido por ladrões que o profanarão.

23 "Preparem correntes, porque a terra está cheia de sangue derramado*z* e a cidade está cheia de violência. 24 Trarei os piores elementos das nações para se apossarem das casas deles; darei fim ao orgulho dos poderosos, e os santuários*a* deles serão profanados.*b* 25 Quando chegar o pavor, eles buscarão paz, mas não a encontrarão.*c* 26 Virá uma desgraça*d* após a outra, e um alarme após o outro. Tentarão conseguir uma visão da parte do profeta, e o ensino da Lei pelo sacerdote se perderá, como também o conselho das autoridades.*e* 27 O rei pranteará, o príncipe se vestirá de desespero,*f* e as mãos do povo da terra tremerão. Lidarei com eles de acordo com a sua conduta,*g* e pelos seus próprios padrões eu os julgarei. Então saberão que eu sou o Senhor".

Idolatria no Templo

8 No quinto dia do sexto mês do sexto ano do exílio, eu e as autoridades*i* de Judá estávamos sentados em minha casa*j* quando a mão do Soberano, o Senhor, veio sobre mim.*k* 2 Olhei e vi uma figura como a de um homem. Do que parecia ser a sua cintura para baixo, ele era como fogo,*1* e dali para cima sua aparência era tão brilhante como metal reluzente.*l* 3 Ele estendeu o que parecia um braço e pegou-me pelo cabelo. O Espírito levantou-me*m* entre a terra e o céu, e em visões de Deus, ele me levou a Jerusalém, à entrada da porta norte do pátio interno, onde estava colocado o ídolo que provoca o ciúme*n* de Deus. 4 E ali, diante de mim, estava a glória*o* do Deus de Israel, como na visão que eu havia tido na planície.*p*

5 Então ele me disse: "Filho do homem, olhe para o norte". Olhei para o lado norte, e vi, junto à porta do altar, o ídolo*q* que provoca o ciúme de Deus.

6 E ele me disse: "Filho do homem, você vê o que estão fazendo? As práticas repugnantes*r* da nação de Israel, coisas que me levarão para longe do meu santuário? Mas você verá práticas ainda piores que estas".

7 Em seguida me levou para a entrada do pátio. Olhei e vi um buraco no muro. 8 Ele me disse: "Filho do homem, agora

1 8.2 Ou *vi um ser que parecia feito de fogo,*

escave o muro". Escavei o muro e vi ali a abertura de uma porta.

⁹ Ele me disse: "Entre e veja as coisas repugnantes e más que estão fazendo". ¹⁰ Eu entrei e olhei. Lá, desenhadas por todas as paredes, vi todo tipo de criaturas rastejantes e animais impuros e todos os ídolos da nação de Israel.ˢ ¹¹ Na frente deles estavam setenta autoridades da nação de Israel, e Jazanias, filho de Safã, estava no meio deles. Do incensário¹ que cada um tinha em suas mãos, elevava-se uma nuvem aromática.ᵘ

¹² Ele me disse: "Filho do homem, você viu o que as autoridades da nação de Israel estão fazendo nas trevas, cada uma no santuário de sua própria imagem esculpida? Elas dizem: 'O SENHOR não nos vê;ᵛ o SENHOR abandonou o país' ". ¹³ E de novo disse: "Você os verá cometerem práticas ainda mais repugnantes".

¹⁴ Então ele me levou para a entrada da porta norte da casa do SENHOR. Lá eu vi mulheres sentadas, chorando por Tamuz¹. ¹⁵ Ele me disse: "Você vê isso, filho do homem? Você verá práticas ainda mais repugnantes do que esta".

¹⁶ Ele então me levou para dentro do pátio interno da casa do SENHOR, e ali, à entrada do templo, entre o pórtico e o altar,ʷ havia uns vinte e cinco homens. Com as costas para o templo do SENHOR e os rostos voltados para o oriente, estavam se prostrando na direção do sol.ˣ

¹⁷ Ele me disse: "Você viu isso, filho do homem? Será que essas práticas repugnantes são corriqueiras para a nação de Judá? Deverão também encher a terra de violênciaʸ e continuamente me provocar a ira?ᶻ Veja! Eles estão pondo o ramo perto do nariz! ¹⁸ Por isso com ira eu os tratarei; não olharei com piedadeᵃ para eles nem os pouparei. Mesmo que gritem aos meus ouvidos, não os ouvireiᵇ".

A Morte dos Idólatras

9 Então o ouvi clamar em alta voz: "Tragam aqui os guardas da cidade, cada um com uma arma na mão". ² E vi seis homens que vinham da porta superior, que está voltada para o norte, cada um com uma arma mortal na mão. Com eles estava um homem vestido de linhoᶜ que tinha um estojo de escrevente à cintura. Eles entraram e se puseram ao lado do altar de bronze.

³ E a glóriaᵈ do Deus de Israel levantou-se de cima do querubim,ᵉ onde havia estado, e se moveu para a entrada do templo. E o SENHOR chamou o homem vestido de linho e que tinha o estojo de escrevente à cintura ⁴ e lhe disse: "Percorra a cidade de Jerusalém e ponha um sinalᶠ na testa daqueles que suspiram e gememᵍ por causa de todas as práticas repugnantes que são feitas nela".ʰ

⁵ Enquanto eu escutava, ele disse aos outros: "Sigam-no por toda a cidade e matem, sem piedadeⁱ ou compaixão, ⁶ velhos, rapazes e moças, mulheres e crianças. Mas não toquem em ninguém que tenha o sinal. Comecem pelo meu santuário". Então eles começaram com as autoridadesʲ que estavam na frente do templo.ᵏ

⁷ E ele lhes disse: "Contaminem o templo e encham de mortos os pátios. Podem ir!" Eles saíram e começaram a matança na cidade toda. ⁸ Enquanto isso eu fiquei sozinho. Então prostrei-me com o rosto em terra,ˡ clamando: "Ah! Soberano SENHOR! Vais destruir todo o remanescente de Israel, lançando a tua ira sobre Jerusalém?ᵐ

⁹ Ele me respondeu: "A iniquidade da nação de Israel e de Judá é enorme; a terra está cheia de sangue derramado e a cidade está cheia de injustiça.ⁿ Eles dizem: 'O SENHOR abandonou o país; o SENHOR não nos vê'.ᵒ ¹⁰ Então eu, de minha parte, não olharei para eles com piedadeᵖ nem os pouparei, mas farei cair sobre a sua cabeça o que eles têm feito".ᵠ

---

¹ 8.14 Essa lamentação pelo deus Tamuz ocorreu no *segundo dia do quarto mês*, tamuz (aproximadamente junho/julho), que recebeu seu nome devido a esse acontecimento.

8.10
ˢ Ex 20.4
8.11
ᵗ Nm 16.17;
ᵘ Nm 16.35
8.12
ᵛ Sl 10.11; Is 29.15; Ez 9.9
8.16
ʷ Jl 2.17;
ˣ Dt 4.19; 17.3; Jó 31.28; Jr 2.27; Ez 11.1,12
8.17
ʸ Ez 9.9;
ᶻ Ez 16.26
8.18
ᵃ Ez 9.10; 24.14;
ᵇ Is 1.15; Jr 11.11; Mq 3.4; Zc 7.13
9.2
ᶜ Lv 16.4; Ez 10.2; Ap 15.6
9.3
ᵈ Ez 10.4;
ᵉ Ez 11.22
9.4
ᶠ Ex 12.7; 2Co 1.22; Ap 7.3; 9.4;
ᵍ Sl 119.136; Jr 13.17; Ez 21.6;
ʰ Sl 119.53
9.5
ⁱ Ez 5.11
9.6
ʲ Ez 8.11-13,16;
ᵏ 2Cr 36.17; Jr 25.29; 1Pe 4.17
9.8
ˡ Js 7.6;
ᵐ Ez 11.13; Am 7.1-6
9.9
ⁿ Ez 22.29;
ᵒ Jó 22.13; Ez 8.12
9.10
ᵖ Ez 7.4; 8.18;
ᵠ Is 65.6; Ez 11.21

¹¹ Então o homem de linho com o estojo de escrevente à cintura voltou trazendo um relatório, e disse: "Fiz o que me ordenaste".

A Glória de Deus Afasta-se do Templo

10 Olhei e vi algo semelhante a um trono*ʳ* de safira*ˢ* sobre a abóbada*ᵗ* que estava por cima das cabeças dos querubins. ² O Senhor disse ao homem vestido de linho:*ᵘ* "Vá entre as rodas,*ᵛ* por baixo dos querubins. Encha*ʷ* as mãos com brasas ardentes apanhadas de entre os querubins e espalhe-as sobre a cidade". E, enquanto eu observava, ele foi.

³ Ora, os querubins estavam no lado sul do templo quando o homem entrou, e uma nuvem encheu o pátio interno. ⁴ Então a glória do Senhor*ˣ* levantou-se de cima dos querubins e moveu-se para a entrada do templo. A nuvem encheu o templo, e o pátio foi tomado pelo resplendor da glória do Senhor. ⁵ O som das asas dos querubins podia ser ouvido até no pátio externo, como a voz*ʸ* do Deus todo-poderoso, quando ele fala.

⁶ Quando o Senhor ordenou ao homem vestido de linho: "Apanhe fogo do meio das rodas, do meio dos querubins", o homem foi e colocou-se ao lado de uma roda. ⁷ No meio do fogo que estava entre os querubins um deles estendeu a mão, apanhou algumas brasas e as colocou nas mãos do homem vestido de linho, que as recebeu e saiu. ⁸ (Debaixo das asas dos querubins podia-se ver o que se parecia com mãos humanas.)*ᶻ*

⁹ Olhei e vi ao lado dos querubins quatro rodas, uma ao lado de cada um dos querubins; as rodas reluziam como berilo.*ᵃ* ¹⁰ Quanto à sua aparência, eram iguais, e cada uma parecia estar entrosada na outra. ¹¹ Enquanto se moviam, elas iam em qualquer uma das quatro direções que tomavam os querubins; as rodas não se viravam¹ enquanto os querubins se moviam. Eles seguiam qualquer direção à sua frente, sem se virar. ¹² Seus corpos, inclusive as costas, as mãos e as asas, estavam completamente cheios de olhos,*ᵇ* como as suas quatro rodas.*ᶜ* ¹³ Quanto às rodas, ouvi que as chamavam "giratórias". ¹⁴ Cada um dos querubins*ᵈ* tinha quatro rostos:*ᵉ* Um rosto era o de um querubim, o segundo, de um homem, o terceiro, de um leão, e o quarto, de uma águia.*ᶠ*

¹⁵ Então os querubins se elevaram. Eram os mesmos seres viventes*ᵍ* que eu tinha visto junto ao rio Quebar. ¹⁶ Quando os querubins se moviam, as rodas ao lado deles se moviam; quando os querubins estendiam as asas para erguer-se do chão, as rodas também iam com eles. ¹⁷ Quando os querubins se mantinham imóveis, elas também ficavam; e quando os querubins se levantavam, elas se levantavam com eles, porque o espírito dos seres viventes estava nelas.*ʰ*

¹⁸ E a glória do Senhor afastou-se da entrada do templo e parou sobre os querubins.*ⁱ* ¹⁹ Enquanto eu observava, os querubins estenderam as asas e se ergueram do chão, e as rodas foram com eles.*ʲ* Eles pararam à entrada da porta oriental do templo do Senhor, e a glória do Deus de Israel estava sobre eles.

²⁰ Esses seres viventes eram os mesmos que eu tinha visto debaixo do Deus de Israel, junto ao rio Quebar,*ᵏ* e percebi que eles eram querubins. ²¹ Cada um tinha quatro rostos*ˡ* e quatro asas,*ᵐ* e debaixo de suas asas havia o que parecia mãos humanas. ²² Seus rostos tinham a mesma aparência daqueles que eu tinha visto junto ao rio Quebar. Todos iam sempre para a frente.

O Julgamento dos Líderes de Israel

11 Então o Espírito me ergueu e me levou para a porta do templo do Senhor que dá para o oriente. Ali, à entrada da porta, havia vinte e cinco homens, e vi entre eles Jazanias, filho de Azur, e Pelatias, filho de Benaia, líderes do povo.*ⁿ* ² O Senhor me disse: "Filho do homem, estes são os homens que estão tramando o mal e dando maus conselhos nesta cidade. ³ Eles dizem: 'Não está chegando o

---

¹ **10.11** Ou *não viravam para o lado*

tempo de construir casas?¹ Esta cidade é uma panela,ᵒ e nós somos a carneᵖ dentro dela'. 4 Portanto, profetizeᵠ contra eles; profetize, filho do homem".

5 Então o Espírito do Senhor veio sobre mim e mandou-me dizer: "Assim diz o Senhor: É isso que vocês estão dizendo, ó nação de Israel, mas eu sei em que vocês estão pensando.ʳ 6 Vocês mataram muita gente nesta cidade e encheram as suas ruas de cadáveres.ˢ

7 "Portanto, assim diz o Soberano, o Senhor: Os corpos que vocês jogaram nas ruas são a carne, e esta cidade é a panela, mas eu os expulsarei dela.ᵗ 8 Vocês têm medo da espada, e a espada é o que trarei contra vocês. Palavra do Soberano, o Senhor."ᵘ 9 Eu os expulsarei da cidade e os entregarei nas mãosᵛ de estrangeiros e os castigarei.ʷ 10 Vocês cairão à espada, e eu os julgarei nas fronteiras de Israel.ˣ Então vocês saberão que eu sou o Senhor. 11 Esta cidade não será uma panelaʸ para vocês, nem vocês serão carne dentro dela; eu os julgarei nas fronteiras de Israel. 12 E vocês saberão que eu sou o Senhor, pois vocês não agiram segundo os meus decretosᶻ nem obedeceram às minhas leis, mas se conformaram aos padrões das nações ao seu redor".ᵃ

13 Ora, enquanto eu estava profetizando, Pelatias,ᵇ filho de Benaia, morreu. Então prostrei-me com o rosto em terra, e clamei em alta voz: "Ah! Soberano Senhor! Destruirás totalmente o remanescente de Israel?"ᶜ

14 Esta palavra do Senhor veio a mim: 15 "Filho do homem, seus irmãos, sim, seus irmãos que são seus parentes consanguíneos² e toda a nação de Israel, são aqueles de quem o povo de Jerusalém tem dito: 'Eles estão³ longe do Senhor. É a nós que esta terra foi dada, para ser nossa propriedade'.ᵈ

A Promessa da Volta de Israel

16 "Portanto diga: Assim diz o Soberano, o Senhor: Embora eu os tenha mandado para terras muito distantes entre os povos e os tenha espalhado entre as nações, por breve período tenho sido um santuárioᵉ para eles nas terras para onde foram.

17 "Portanto, diga: Assim diz o Soberano, o Senhor: Eu os ajuntarei dentre as nações e os trarei de volta das terras para onde vocês foram espalhados, e lhes devolverei a terra de Israel.ᶠ

18 "Eles voltarão para ela e retirarão todas as suas imagensᵍ repugnantes e os seus ídolos detestáveis.ʰ 19 Darei a eles um coraçãoⁱ não dividido e porei um novo espírito dentro deles; retirarei deles o coração de pedraʲ e lhes darei um coração de carne.ᵏ 20 Então agirão segundo os meus decretos e serão cuidadosos em obedecer às minhas leis.ˡ Eles serão o meu povo, e eu serei o seu Deus.ᵐ 21 Mas, quanto àqueles cujo coração está afeiçoado às suas imagens repugnantes e aos seus ídolos detestáveis, farei cair sobre a sua cabeça aquilo que eles têm feito. Palavra do Soberano, o Senhor".ⁿ

22 Então os querubins, com as rodas ao lado, estenderam as asas, e a glória do Deus de Israel estava sobre eles.ᵒ 23 A glóriaᵖ do Senhor se levantou da cidade e parou sobre o monteᵠ que fica a leste dela. 24 Então o Espíritoʳ de Deus ergueu-me e em visãoˢ levou-me aos que estavam exilados na Babilônia.

Findou-se então a visão que eu havia tido, 25 e contei aos exilados tudo o que o Senhor tinha me mostrado.ᵗ

O Exílio Simbolizado

12 Veio a mim esta palavra do Senhor: 2 "Filho do homem, você vive no meio de uma nação rebelde. Eles têm olhos para ver, mas não veem, e ouvidos para ouvir, mas não ouvem, pois são uma nação rebelde.ᵘ

3 "Portanto, filho do homem, arrume sua bagagem para o exílio e, durante o dia, à vista de todos, parta, e vá para outro lugar.

---

¹ 11.3 Ou *Esta não é a hora de construir casas?*
² 11.15 Ou *que estão no exílio junto com você*
³ 11.15 Ou *aqueles a quem o povo de Jerusalém disse: 'Permaneçam*

Talvez eles compreendam, embora sejam uma nação rebelde. ⁴ Durante o dia, sem fugir aos olhares do povo, leve para fora os seus pertences arrumados para o exílio. À tarde, saia como aqueles que vão para o exílio. E que os outros o vejam fazer isso. ⁵ Enquanto eles o observam, faça um buraco no muro e passe a sua bagagem através dele. ⁶ Ponha-a nos ombros, enquanto o povo estiver observando, e carregue-a ao entardecer. Cubra o rosto para que você não possa ver nada do país, pois eu fiz de você um sinal para a nação de Israel".

⁷ Então eu fiz o que me foi ordenado. Durante o dia levei para fora as minhas coisas, arrumadas para o exílio. Depois, à tarde, fiz com as mãos um buraco no muro. Ao entardecer saí com a minha bagagem carregando-a nos ombros à vista de todos.

⁸ De manhã recebi esta palavra do Senhor: ⁹ "Filho do homem, acaso aquela nação rebelde de Israel não lhe perguntou: 'O que você está fazendo?'

¹⁰ "Diga-lhes: Assim diz o Soberano, o Senhor: Esta advertência diz respeito ao príncipe de Jerusalém e a toda a nação de Israel que está ali. ¹¹ Diga-lhes: Eu sou um sinal para vocês. Como eu fiz, assim lhes será feito. Eles irão para o exílio como prisioneiros.

¹² "O príncipe deles porá a sua bagagem nos ombros ao entardecer e sairá por um buraco que será escavado no muro para ele passar. Ele cobrirá o rosto para que não possa ver nada do país. ¹³ Estenderei a minha rede para ele, e ele será apanhado em meu laço; eu o trarei para a Babilônia, terra dos caldeus, mas ele não a verá, e ali morrerá. ¹⁴ Espalharei aos ventos todos os que estão ao seu redor, os seus oficiais e todas as suas tropas, e os perseguirei com a espada em punho.

¹⁵ "Eles saberão que eu sou o Senhor, quando eu os dispersar entre as nações e os espalhar pelas terras. ¹⁶ Mas pouparei uns poucos deles da espada, da fome e da peste para que, nas nações aonde forem, contem todas as suas práticas repugnantes. Então saberão que eu sou o Senhor".

¹⁷ Esta palavra do Senhor veio a mim: ¹⁸ "Filho do homem, trema enquanto come a sua comida, e fique arrepiado de medo enquanto bebe a sua água. ¹⁹ Diga ao povo do país: Assim diz o Senhor, o Soberano, acerca daqueles que vivem em Jerusalém e em Israel: Eles comerão sua comida com ansiedade e beberão sua água desesperados, pois tudo o que existe em sua terra dela será arrancado por causa da violência de todos os que ali vivem. ²⁰ As cidades habitadas serão arrasadas e a terra ficará abandonada. Então vocês saberão que eu sou o Senhor".

²¹ O Senhor me falou: ²² "Filho do homem, que provérbio é este que vocês têm em Israel: 'Os dias passam e todas as visões dão em nada'? ²³ Diga-lhes, pois: Assim diz o Soberano, o Senhor: Darei fim a esse provérbio, e não será mais citado em Israel. Diga-lhes: Estão chegando os dias em que toda visão se cumprirá. ²⁴ Pois não haverá mais visões falsas ou adivinhações bajuladoras entre o povo de Israel. ²⁵ Mas eu, o Senhor, falarei o que eu quiser, e isso se cumprirá sem demora. Pois em seus dias, ó nação rebelde, cumprirei tudo o que eu disser. Palavra do Soberano, o Senhor".

²⁶ Veio a mim esta palavra do Senhor: ²⁷ "Filho do homem, a nação de Israel está dizendo: 'A visão que ele vê é para daqui a muitos anos, e ele profetiza sobre o futuro distante'.

²⁸ "Pois diga a eles: Assim diz o Soberano, o Senhor: Nenhuma de minhas palavras sofrerá mais demora; tudo o que eu disser se cumprirá. Palavra do Soberano, o Senhor".

A Condenação dos Falsos Profetas

13 A palavra do Senhor veio a mim. Disse ele: ² "Filho do homem, profetize contra os profetas de Israel que estão profetizando agora. Diga àqueles que estão profetizando pela sua própria imaginação: Ouçam a palavra do Senhor! ³ Assim diz o Soberano, o

Senhor: Ai dos profetas[v] tolos[1] que seguem o seu próprio espírito e não viram nada![w] ⁴ Seus profetas, ó Israel, são como chacais no meio de ruínas. ⁵ Vocês não foram consertar as brechas do muro[x] para a nação de Israel, para que ela pudesse resistir firme no combate do dia do Senhor.[y] ⁶ Suas visões são falsas e suas adivinhações, mentira. Dizem 'Palavra do Senhor', quando o Senhor não os enviou; contudo, esperam que as suas palavras se cumpram.[z] ⁷ Acaso vocês não tiveram visões falsas e não pronunciaram adivinhações mentirosas quando disseram 'Palavra do Senhor', sendo que eu não falei?

⁸ "Portanto assim diz o Soberano, o Senhor: Por causa de suas palavras falsas e de suas visões mentirosas, estou contra vocês. Palavra do Soberano, o Senhor. ⁹ Minha mão será contra os profetas que têm visões falsas e proferem adivinhações mentirosas. Eles não pertencerão ao conselho do meu povo, não estarão inscritos nos registros[a] da nação de Israel e não entrarão na terra de Israel. Então vocês saberão que eu sou o Soberano, o Senhor.[b]

¹⁰ "Porque fazem o meu povo desviar-se[c] dizendo-lhe 'Paz' quando não há paz e, quando constroem um muro frágil, passam-lhe cal,[d] ¹¹ diga àqueles que lhe passam cal: Esse muro vai cair! Virá chuva torrencial, e derramarei chuva de pedra, e rajarão ventos violentos.[e] ¹² Quando o muro desabar, o povo lhes perguntará: 'Onde está a caiação que vocês fizeram?'

¹³ "Por isso, assim diz o Soberano, o Senhor: Na minha ira permitirei o estouro de um vento violento, e na minha indignação chuva de pedra[f] e um aguaceiro torrencial cairão com ímpeto destruidor.[g] ¹⁴ Despedaçarei o muro que vocês caiaram e o arrasarei para que se desnudem os seus alicerces.[h] Quando ele[2] cair,[i] vocês serão destruídos com ele; e saberão que eu sou o Senhor. ¹⁵ Assim esgotarei minha ira contra o muro e contra aqueles que o caiaram. Direi a vocês: O muro se foi, e também aqueles que o caiaram, ¹⁶ os profetas de Israel que profetizaram sobre Jerusalém e tiveram visões de paz para ela quando não havia paz. Palavra do Soberano, o Senhor.[j]

¹⁷ "Agora, filho do homem, vire o rosto contra as filhas[k] do seu povo que profetizam pela sua própria imaginação. Profetize contra elas[l] ¹⁸ e diga: Assim diz o Senhor, o Soberano: Ai das mulheres que costuram berloques de feitiço em seus pulsos e fazem véus de vários comprimentos para a cabeça a fim de enlaçarem o povo. Pensam que vão enlaçar a vida do meu povo e preservar a de vocês? ¹⁹ Vocês me profanaram[m] no meio de meu povo em troca de uns punhados de cevada e de migalhas de pão. Ao mentirem ao meu povo, que ouve mentiras, vocês mataram aqueles que não deviam ter morrido e pouparam aqueles que não deviam viver.[n]

²⁰ "Por isso, assim diz o Soberano, o Senhor: Estou contra os seus berloques de feitiço com os quais vocês prendem o povo como se fossem passarinhos, e os arrancarei dos seus braços; porei em liberdade o povo que vocês prendem como passarinhos. ²¹ Rasgarei os seus véus e libertarei o meu povo das mãos de vocês, e ele não será mais presa do seu poder. Então vocês saberão que eu sou o Senhor.[o] ²² Vocês, mentindo, desencorajaram o justo contra a minha vontade, e encorajaram os ímpios a não se desviarem dos seus maus caminhos para salvarem a sua vida.[p] ²³ Por isso, vocês não terão mais visões falsas e nunca mais vão praticar adivinhação.[q] Livrarei o meu povo das mãos de vocês. E então vocês saberão que eu sou o Senhor".[r]

A Condenação dos Idólatras

14 Algumas das autoridades de Israel vieram e se sentaram diante de mim.[s] ² Então o Senhor me falou: ³ "Filho do homem, estes homens ergueram ídolos em seus corações e puseram tropeços[t] ímpios

---

[1] **13.3** Ou *ímpios*
[2] **13.14** Ou *Quando a cidade*

diante de si. Devo deixar que me consultem?"ᵘ ⁴ Ora, diga-lhes: Assim diz o Soberano, o SENHOR: Quando qualquer israelita erguer ídolos em seu coração e puser um tropeço ímpio diante do seu rosto e depois for consultar um profeta, eu o SENHOR, eu mesmo, responderei a ele conforme a sua idolatria. ⁵ Isto farei para reconquistar o coração da nação de Israel, que me abandonouᵛ em troca de seus ídolos.ʷ

⁶ "Por isso diga à nação de Israel: Assim diz o Soberano, o SENHOR: Arrependa-se! Desvie-se dos seus ídolos e renuncie a todas as práticas detestáveis!ˣ

⁷ "Quando qualquer israelita ou qualquer estrangeiroʸ residente em Israel separar-se de mim, erguer ídolos em seu coração e puser um tropeço ímpio diante de si e depois for a um profeta para me consultar, eu, o SENHOR, eu mesmo, responderei a ele. ⁸ Voltarei o meu rosto contraᶻ aquele homem e farei dele um exemplo e um objeto de zombaria.ᵃ Eu o eliminarei do meio do meu povo. E vocês saberão que eu sou o SENHOR.

⁹ "E, se o profetaᵇ for enganadoᶜ e levado a proferir uma profecia, eu, o SENHOR, terei enganado aquele profeta, e estenderei o meu braço contra ele e o destruirei, tirando-o do meio de Israel, o meu povo.ᵈ ¹⁰ O profeta será tão culpado quanto aquele que o consultar; ambos serão castigados. ¹¹ Isso para que a nação de Israel não se desvieᵉ mais de mim, nem mais se contamine com todos os seus pecados. Serão o meu povo, e eu serei o seu Deus. Palavra do Soberano, o SENHOR"ᶠ.

Julgamento Inevitável

¹² Esta palavra do SENHOR veio a mim: ¹³ "Filho do homem, se uma nação pecar contra mim por infidelidade, estenderei contra ela o meu braço para cortar o seu sustento,ᵍ enviar fome sobre ela e exterminar seus homens e seus animais.ʰ ¹⁴ Mesmo que estes três homens — Noé,ⁱ Daniel¹ ʲ e Jóᵏ — estivessem nela, por sua retidãoˡ eles só poderiam livrar a si mesmos. Palavra do Soberano, o SENHOR.

¹⁵ "Ou, se eu enviar animais selvagensᵐ para aquela nação e eles a deixarem sem filhos e ela for abandonada de tal forma que ninguém passe por ela, com medo dos animais,ⁿ ¹⁶ juro pela minha vida, palavra do Soberano, o SENHOR, mesmo que aqueles três homens estivessem nela, eles não poderiam livrar os seus próprios filhos ou filhas. Só a si mesmos livrariam, e a nação seria arrasada.ᵒ

¹⁷ "Ou, se eu trouxer a espadaᵖ contra aquela nação e disser: Que a espada passe por toda esta terra, e eu exterminar dela os homens e os animais,ᑫ ¹⁸ juro pela minha vida, palavra do Soberano, o SENHOR, mesmo que aqueles três homens estivessem nela, eles não poderiam livrar seus próprios filhos ou filhas. Somente eles se livrariam.

¹⁹ "Ou, se eu enviar uma peste contra aquela terra e despejar sobre ela a minha iraʳ derramando sangue, exterminando seus homens e seus animais,ˢ ²⁰ juro pela minha vida, palavra do Soberano, o SENHOR, mesmo que Noé, Daniel e Jó estivessem nela, eles não poderiam livrar seus filhos e suas filhas. Por sua justiçaᵗ só poderiam livrar a si mesmos.

²¹ "Pois assim diz o Soberano, o SENHOR: Quanto pior será quando eu enviar contra Jerusalém os meus quatro terríveis juízos: a espada, a fome, os animais selvagens e a peste, para com eles exterminar os seus homens e os seus animais!ᵘ ²² Contudo, haverá alguns sobreviventes; filhos e filhas que serão retirados dela.ᵛ Eles virão a vocês e, quando vocês virem a condutaʷ e as ações deles, vocês se sentirão consolados com relação à desgraça que eu trouxe sobre Jerusalém. ²³ Vocês se sentirão consolados quando virem a conduta e as ações deles, pois saberão que não agi sem motivo em tudo quanto fiz ali. Palavra do Soberano, o SENHOR".ˣ

Jerusalém, A Videira Inútil

15 A palavra do SENHOR veio a mim. Disse ele: ² "Filho do homem, em que

---

¹ 14.14 Ou *Danel*; também no versículo 20.

a madeira da videira^y é melhor do que o galho de qualquer árvore da floresta? ³ Alguma vez a madeira dela é usada para fazer algo útil? Alguém faz suportes com ela para neles pendurar coisas? ⁴ E depois de lançada no fogo como combustível e o fogo queimar as duas extremidades e carbonizar o meio, servirá para alguma coisa?^z ⁵ Se não foi útil para coisa alguma enquanto estava inteira, muito menos o será quando o fogo a queimar e ela estiver carbonizada.

⁶ "Por isso diz o Soberano, o SENHOR: Assim como destinei a madeira da videira dentre as árvores da floresta para servir de lenha para o fogo, também tratarei os habitantes de Jerusalém. ⁷ Voltarei contra eles o meu rosto. Do fogo saíram, mas o fogo os consumirá. E quando eu voltar o meu rosto contra^a eles, vocês saberão que eu sou o SENHOR.^b ⁸ Arrasarei^c a terra porque eles foram infiéis.^d Palavra do Soberano, o SENHOR".

A Alegoria da Jerusalém Infiel

16 Veio a mim esta palavra do SENHOR: ² "Filho do homem, confronte Jerusalém com suas práticas detestáveis^e ³ e diga: Assim diz o Soberano, o SENHOR, a Jerusalém: Sua origem^f e seu nascimento foram na terra dos cananeus; seu pai era um amorreu e sua mãe uma hitita.^g ⁴ Seu nascimento^h foi assim: no dia em que você nasceu, o seu cordão umbilical não foi cortado, você não foi lavada com água para que ficasse limpa, não foi esfregada com sal nem enrolada em panos. ⁵ Ninguém olhou para você com piedade nem teve suficiente compaixão para fazer qualquer uma dessas coisas por você. Ao contrário, você foi jogada fora, em campo aberto, pois, no dia em que nasceu, foi desprezada.

⁶ "Então, passando por perto, vi você se espernando em seu sangue e, enquanto você jazia ali em seu sangue, eu lhe disse: Viva!^{1 i} ⁷ E eu a fiz crescer^j como uma planta no campo. Você cresceu e se desenvolveu e se tornou a mais linda das joias². Seus seios se formaram e seu cabelo cresceu, mas você ainda estava totalmente nua.^k

⁸ "Mais tarde, quando passei de novo por perto, olhei para você e vi que já tinha idade suficiente para amar; então estendi a minha capa^l sobre você e cobri a sua nudez. Fiz um juramento e estabeleci uma aliança com você, palavra do Soberano, o SENHOR, e você se tornou minha.^m

⁹ "Eu lhe dei³ banho com água e, ao lavá-la,^n limpei o seu sangue e a perfumei. ¹⁰ Pus-lhe um vestido bordado^o e sandálias de couro⁴. Eu a vesti de linho fino^p e a cobri com roupas caras.^q ¹¹ Adornei-a com joias;^r pus braceletes^s em seus braços e uma gargantilha^t em torno de seu pescoço; ¹² dei-lhe um pendente,^u pus brincos em suas orelhas e uma linda coroa^v em sua cabeça. ¹³ Assim você foi adornada com ouro e prata; suas roupas eram de linho fino, tecido caro e pano bordado. Sua comida era a melhor farinha, mel e azeite de oliva.^w Você se tornou muito linda e uma rainha.^x ¹⁴ Sua fama^y espalhou-se entre as nações por sua beleza,^z porque o esplendor que eu lhe dera tornou perfeita a sua formosura. Palavra do Soberano, o SENHOR.

¹⁵ "Mas você confiou em sua beleza e usou sua fama para se tornar uma prostituta. Você concedeu os seus favores a todos os que passaram por perto,^a e a sua beleza se tornou deles.⁵ ^b ¹⁶ Você usou algumas de suas roupas para adornar altares idólatras, onde levou adiante a sua prostituição.^c Coisas assim jamais deveriam acontecer! ¹⁷ Você apanhou as joias finas que eu lhe tinha dado, joias feitas com meu ouro e minha prata, e fez para si mesma ídolos em

---

² 16.7 Ou *se tornou amadurecida*
³ 16.9 Ou *Eu tinha lhe dado*
⁴ 16.10 Possivelmente peles de animais marinhos.
⁵ 16.15 Conforme a maioria dos manuscritos do Texto Massorético. Um manuscrito do Texto Massorético diz *perto. Uma coisa dessas não devia acontecer*.

¹ 16.6 Conforme alguns manuscritos do Texto Massorético, a Septuaginta e a Versão Siríaca. A maioria dos manuscritos do Texto Massorético diz *Viva! E, enquanto você jazia ali em seu sangue, eu lhe disse: Viva!*

forma de homem e se prostituiu com eles.ᵈ ¹⁸ Você também os vestiu com suas roupas bordadas, e lhes ofereceu o meu óleo e o meu incenso. ¹⁹ E até a minha comida que lhe dei: a melhor farinha, o azeite de oliva e o mel; você lhes ofereceu tudo como incenso aromático. Foi isso que aconteceu, diz o Soberano, o SENHOR.ᵉ

²⁰ "E você ainda pegou seus filhos e filhas,ᶠ que havia gerado para mim,ᵍ e os sacrificou como comida para os ídolos. A sua prostituição não foi suficiente?ʰ ²¹ Você abateu os meus filhos e os sacrificou¹ para os ídolos!ⁱ ²² Em todas as suas práticas detestáveis, como em sua prostituição, você não se lembrou dos dias de sua infância,ʲ quando estava totalmente nua, esperneando em seu sangue.ᵏ

²³ "Ai! Ai de você! Palavra do Soberano, o SENHOR. Somando-se a todas as suas outras maldades, ²⁴ em cada praça pública,ˡ você construiu para si mesma altares e santuários elevados.ᵐ ²⁵ No começo de cada rua você construiu seus santuários elevados e deturpou sua beleza, oferecendo seu corpo com promiscuidade cada vez maior a qualquer um que passasse.ⁿ ²⁶ Você se prostituiu com os egípcios, os seus vizinhos cobiçosos, e provocouᵒ a minha ira com sua promiscuidade cada vez maior.ᵖ ²⁷ Por isso estendi o meu braçoᑫ contra você e reduzi o seu território; eu a entreguei à vontade das suas inimigas, as filhas dos filisteus,ʳ que ficaram chocadas com a sua conduta lasciva. ²⁸ Você se prostituiu também com os assírios,ˢ porque era insaciável, e, mesmo depois disso, ainda não ficou satisfeita. ²⁹ Então você aumentou a sua promiscuidade também com a Babilônia,ᵗ uma terra de comerciantes, mas nem com isso ficou satisfeita.

³⁰ "Como você tem pouca força de vontade, palavra do Soberano, o SENHOR, quando você faz todas essas coisas, agindo como uma prostituta descarada!ᵘ ³¹ Quando construía os seus altares idólatras em cada esquina e fazia seus santuários elevadosᵛ em cada praça pública, você só não foi como prostituta porque desprezou o pagamento.

³² "Você, mulher adúltera! Prefere estranhos ao seu próprio marido! ³³ Toda prostituta recebe pagamento, mas você dá presentesʷ a todos os seus amantes, subornando-os para que venham de todos os lugares receber de você os seus favores ilícitos.ˣ ³⁴ Em sua prostituição dá-se o contrário do que acontece com outras mulheres; ninguém corre atrás de você em busca dos seus favores. Você é o oposto, pois você faz o pagamento e nada recebe.

³⁵ "Por isso, prostituta, ouça a palavra do SENHOR! ³⁶ Assim diz o Soberano, o SENHOR: Por você ter desperdiçado a sua riqueza² e ter exposto a sua nudez em promiscuidade com os seus amantes, por causa de todos os seus ídolos detestáveis, e do sangue dos seus filhos dado a eles,ʸ ³⁷ por esse motivo vou ajuntar todos os seus amantes, com quem você encontrou tanto prazer, tanto os que você amou como aqueles que você odiou. Eu os ajuntarei contra você de todos os lados e a deixarei nua na frente deles, e eles verão toda a sua nudez.ᶻ ³⁸ Eu a condenarei ao castigo determinado para mulheres que cometem adultério e que derramam sangue;ᵃ trarei sobre você a vingança de sangue da minha ira e da indignação que o meu ciúme provoca.ᵇ ³⁹ Depois eu a entregarei nas mãos de seus amantes, e eles despedaçarão os seus outeiros e destruirão os santuários elevados. Eles arrancarão as suas roupas e apanharão as suas joias finas e a deixarão nua.ᶜ ⁴⁰ Trarão uma multidão contra você, que a apedrejaráᵈ e com suas espadas a despedaçará. ⁴¹ Eles destruirão a fogoᵉ as suas casas e lhe infligirão castigo à vista de muitas mulheres.ᶠ Porei fimᵍ à sua prostituição, e você não pagará mais nada aos seus amantes. ⁴² Então a minha ira contra você diminuirá e a minha indignação cheia de ciúme se desviará de você; ficarei tranquilo e já não estarei irado.ʰ

---

¹ **16.21** Ou *e os fez passar pelo fogo*

² **16.36** Ou *cobiça*

⁴³ "Por você não se ter lembrado[i] dos dias de sua infância, mas ter provocado a minha ira com todas essas coisas, certamente farei cair[j] sobre a sua cabeça o que você fez. Palavra do Soberano, o SENHOR. Acaso você não acrescentou lascívia a todas as suas outras práticas repugnantes?[k]

⁴⁴ "Todos os que gostam de citar provérbios citarão este provérbio sobre você: 'Tal mãe, tal filha'. ⁴⁵ Você é uma verdadeira filha de sua mãe, que detestou o seu marido e os seus filhos; e você é uma verdadeira irmã de suas irmãs, as quais detestaram os seus maridos e os seus filhos. A mãe de vocês era uma hitita e o pai de vocês, um amorreu.[l] ⁴⁶ Sua irmã mais velha era Samaria, que vivia ao norte de você com suas filhas; e sua irmã mais nova, que vivia ao sul com suas filhas, era Sodoma.[m] ⁴⁷ Você não apenas andou nos caminhos delas e imitou suas práticas repugnantes, mas também, em todos os seus caminhos, logo se tornou mais depravada do que elas.[n] ⁴⁸ Juro pela minha vida, palavra do Soberano, o SENHOR, sua irmã Sodoma e as filhas dela jamais fizeram o que você e as suas filhas têm feito.[o]

⁴⁹ "Ora, este foi o pecado de sua irmã Sodoma:[p] ela e suas filhas eram arrogantes,[q] tinham fartura de comida e viviam despreocupadas; não ajudavam os pobres e os necessitados.[r] ⁵⁰ Eram altivas e cometeram práticas repugnantes diante de mim. Por isso eu me desfiz delas, conforme você viu.[s] ⁵¹ Samaria não cometeu metade dos pecados que você cometeu. Você tem cometido mais práticas repugnantes do que elas, e tem feito suas irmãs parecerem mais justas, dadas todas as suas práticas repugnantes.[t] ⁵² Aguente a sua vergonha, pois você proporcionou alguma justificativa às suas irmãs. Visto que os seus pecados são mais detestáveis que os delas, elas parecem mais justas que você. Envergonhe-se, pois, e suporte a sua humilhação, porquanto você fez as suas irmãs parecerem justas.

⁵³ "Contudo, eu restaurarei[u] a sorte de Sodoma e das suas filhas, e de Samaria e das suas filhas, e a sua sorte junto com elas, ⁵⁴ para que você carregue a sua vergonha[v] e seja humilhada por tudo o que você fez, o que serviu de consolo para elas. ⁵⁵ E suas irmãs, Sodoma com suas filhas e Samaria com suas filhas, voltarão para o que elas eram antes; e você e suas filhas voltarão ao que eram antes.[w] ⁵⁶ Você nem mencionaria o nome de sua irmã Sodoma na época do orgulho que você sentia, ⁵⁷ antes da sua impiedade ser trazida a público. Mas agora você é alvo da zombaria das filhas de Edom[1][x] e de todos os vizinhos dela, e das filhas dos filisteus, de todos os que vivem ao seu redor e que a desprezam. ⁵⁸ Você sofrerá as consequências da sua lascívia e das suas práticas repugnantes. Palavra do SENHOR.[y]

⁵⁹ "Assim diz o Soberano, o SENHOR: Eu a tratarei como merece, porque você desprezou o meu juramento ao romper a aliança.[z] ⁶⁰ Contudo, eu me lembrarei da aliança que fiz com você nos dias da sua infância, e com você estabelecerei uma aliança eterna.[a] ⁶¹ Então você se lembrará dos seus caminhos e se envergonhará[b] quando receber suas irmãs, a mais velha e a mais nova. Eu as darei a você como filhas, não porém com base em minha aliança com você. ⁶² Por isso estabelecerei a minha aliança com você, e você saberá que eu sou o SENHOR.[c] ⁶³ Então, quando eu fizer propiciação[d] em seu favor por tudo o que você tem feito, você se lembrará e se envergonhará e jamais voltará a abrir a boca[e] por causa da sua humilhação. Palavra do Soberano, o SENHOR".[f]

Duas Águias e Uma Videira

17 Veio a mim esta palavra do SENHOR: ² "Filho do homem, apresente uma alegoria e conte uma parábola à nação de Israel.[g]

---

[1] 16.57 Conforme muitos manuscritos do Texto Massorético e a Versão Siríaca. A maioria dos manuscritos do Texto Massorético, a Septuaginta e a Vulgata dizem *Arã*.

³ Diga a eles: Assim diz o Soberano, o Senhor: Uma grande águia,ʰ com asas poderosas, penas longas e basta plumagem de cores variadas veio ao Líbano.ⁱ Apoderando-se do alto de um cedro, ⁴ arrancou o seu broto mais alto e o levou para uma terra de comerciantes, onde o plantou numa cidade de mercadores.

⁵ "Depois apanhou um pouco de sementes da sua terra e as pôs em solo fértil. Ela as plantou como um salgueiro junto a muita água,ʲ ⁶ e elas brotaram e formaram uma videira baixa e copada. Seus ramos se voltaram para a águia, mas as suas raízes permaneceram debaixo da videira. A videira desenvolveu-se e cobriu-se de ramos, brotos e folhas.

⁷ "Mas havia outra águia grande, com asas poderosas e rica plumagem. A videira lançou suas raízes na direção dessa águia, desde o lugar onde estava plantada e estendeu seus ramos para ela em busca de água.ᵏ ⁸ Ora, ela havia sido plantada em terreno bom, junto a muita água, onde produziria ramos, daria fruto e se tornaria uma videira viçosa.

⁹ "Diga a eles: Assim diz o Soberano, o Senhor: Ela vingará? Não será desarraigada e seus frutos não serão arrancados para que ela seque? Tudo o que brotar dela secará. Não serão necessários nem braços fortes nem muitas pessoas para arrancá-la pelas raízes. ¹⁰ Ainda queˡ seja transplantada, será que vingará? Não secará totalmente quando o vento oriental a atingir, murchando e desaparecendo do lugar onde crescia?"

¹¹ Veio depois a mim esta palavra do Senhor: ¹² "Diga a essa nação rebelde: Você não sabe o que essas coisas significam?ᵐ Diga a eles: O rei da Babilônia foi a Jerusalém, tirou de lá o seu rei e os seus nobres,ⁿ e os levou consigo de volta à Babilônia.ᵒ ¹³ Depois fez um tratado com um membro da família real e o colocou sob juramento.ᵖ Levou também os líderes da terra, ¹⁴ para humilharᵠ o reino e torná-lo incapaz de reerguer-se, garantindo apenas a sua sobrevivência pelo cumprimento do seu tratado. ¹⁵ Mas o rei se revoltouʳ contra ele e enviou mensagem ao Egito pedindo cavalos e um grande exército.ˢ Será que ele se sairá bem? Escapará aquele que age dessa maneira? Romperá ele o tratado e ainda assim escapará?ᵗ

¹⁶ "Juro pela minha vida, palavra do Soberano, o Senhor, que ele morreráᵘ na Babilônia, na terra do rei que o pôs no trono, cujo juramento ele desprezou e cujo tratado rompeu.ᵛ ¹⁷ O faraó,ʷ com seu poderoso exército e seus batalhões, não será de nenhuma ajuda para ele na guerra, quando rampasˣ forem construídas e obras de cerco forem erguidas para destruir muitas vidas.ʸ ¹⁸ Como ele desprezou o juramento quando rompeu o tratado feito com aperto de mãoᶻ e fez todas essas coisas, de modo algum escapará.

¹⁹ "Por isso assim diz o Soberano, o Senhor: Juro pela minha vida que farei cair sobre a cabeça dele o meu juramento, que ele desprezou, e a minha aliança, que ele rompeu.ᵃ ²⁰ Estenderei sobre ele a minha rede,ᵇ e ele será pego em meu laço. Eu o levarei para a Babilônia e ali executarei juízoᶜ sobre ele porque me foi infiel. ²¹ Todas as suas tropas em fuga cairão à espada,ᵈ e os sobreviventesᵉ serão espalhados aos ventos.ᶠ Então vocês saberão que eu, o Senhor, falei.

²² "Assim diz o Soberano, o Senhor: Eu mesmo apanharei um broto bem do alto de um cedro e o plantarei; arrancarei um renovo tenro de seus ramos mais altos e o plantarei num monte alto e imponente.ᵍ ²³ Nos montes altos de Israel eu o plantarei; ele produzirá galhos e dará fruto e se tornará um cedro viçoso. Pássaros de todo tipo se aninharão nele; encontrarão abrigo à sombra de seus galhos.ʰ ²⁴ Todas as árvores do campoⁱ saberão que eu, o Senhor, faço cair a árvore alta e faço crescer bem alto a árvore baixa. Eu resseco a árvore verde e faço florescer a árvore seca.

"Eu, o Senhor, falei, e o farei".ʲ

Aquele que Pecar Morrerá

18 Esta palavra do Senhor veio a mim: ² "O que vocês querem dizer quando citam este provérbio sobre Israel:

" 'Os pais comem uvas verdes,
    e os dentes dos filhos se embotam'?^{k}

³ "Juro pela minha vida, palavra do Soberano, o S%%enhor%%, que vocês não citarão mais esse provérbio em Israel. ⁴ Pois todos me pertencem. Tanto o pai como o filho me pertencem. Aquele que pecar é que morrerá.^{l}

⁵ "Suponhamos que haja um justo
    que faz o que é certo e direito.
⁶ Ele não come nos santuários
    que há nos montes^m
e nem olha para os ídolos^n
    da nação de Israel.
Ele não contamina a mulher
    do próximo
nem se deita com uma mulher
    durante os dias de sua menstruação.
⁷ Ele não oprime^o a ninguém,
    antes, devolve o que tomou como garantia^p
    num empréstimo.
Não comete roubos,
antes dá a sua comida aos famintos
    e fornece roupas para os despidos.^{q}
⁸ Ele não empresta visando lucro
    nem cobra juros.^{r}
Ele retém a sua mão
    para não cometer erro
e julga com justiça^s
    entre dois homens.
⁹ Ele age segundo os meus decretos
    e obedece fielmente às minhas leis.
Esse homem é justo;^{t}
com certeza ele viverá.^{u}
    Palavra do Soberano, o S%%enhor%%.

¹⁰ "Suponhamos que ele tenha um filho violento, que derrama sangue^v ou faz qualquer uma destas outras coisas,^{l} ¹¹ embora o pai não tenha feito nenhuma delas:

"Ele come nos santuários
    que há nos montes.
Contamina a mulher do próximo.

¹² Oprime os pobres^w e os necessitados.
Comete roubos.
Não devolve o que tomou
    como garantia.
Volta-se para os ídolos
e comete práticas detestáveis.^{x}
¹³ Empresta visando lucro
    e cobra juros.^{y}

Deverá viver um homem desses? Não! Por todas essas práticas detestáveis, com certeza será morto, e ele será responsável por sua própria morte.^{z}

¹⁴ "Mas suponhamos que esse filho tenha ele mesmo um filho que vê todos os pecados que seu pai comete e, embora os veja, não os comete.^{a}

¹⁵ "Ele não come nos santuários
    que há nos montes
e nem olha para os ídolos
    da nação de Israel.
Não contamina a mulher do próximo.
¹⁶ Não oprime a ninguém,
    nem exige garantia para um empréstimo.
Não comete roubos,
mas dá a sua comida aos famintos
    e fornece roupas aos despidos.^{b}
¹⁷ Ele retém a mão para não pecar^2
    e não empresta visando lucro
    nem cobra juros.
Obedece às minhas leis
e age segundo os meus decretos.

"Ele não morrerá por causa da iniquidade do seu pai; certamente viverá. ¹⁸ Mas seu pai morrerá por causa de sua própria iniquidade, pois praticou extorsão, roubou seu compatriota e fez o que era errado no meio de seu povo.

¹⁹ "Contudo, vocês perguntam: 'Por que o filho não partilha da culpa de seu pai?' Uma vez que o filho fez o que é justo e direito e

---

¹ **18.10** *Ou coisas a um irmão*

² **18.17** Conforme a Septuaginta. O Texto Massorético diz *Ele mantém sua mão longe dos pobres*. Veja o versículo 8.

teve o cuidado de obedecer a todos os meus decretos, com certeza ele viverá.ᶜ ²⁰ Aquele que pecar é que morrerá. O filho não levará a culpa do pai, nem o pai levará a culpa do filho. A justiça do justo lhe será creditada, e a impiedade do ímpio lhe será cobrada.ᵈ

²¹ "Mas, se um ímpio se desviar de todos os pecados que cometeu e obedecer a todos os meus decretos e fizer o que é justo e direito, com certeza viverá; não morrerá.ᵉ ²² Não se terá lembrança de nenhuma das ofensas que cometeu. Devido às coisas justas que tiver feito, ele viverá.ᶠ ²³ Teria eu algum prazer na morte do ímpio? Palavra do Soberano, o SENHOR. Ao contrário, acaso não me agradaᵍ vê-lo desviar-se dos seus caminhos e viver?ʰ

²⁴ "Se, porém, um justo se desviar de sua justiça, e cometer pecado e as mesmas práticas detestáveis dos ímpios, deverá ele viver? Nenhum de seus atos justos será lembrado! Por causa da infidelidade de que é culpado e por causa dos pecados que cometeu, ele morrerá.ⁱ

²⁵ "Contudo, vocês dizem: 'O caminho do Senhor não é justo'. Ouça, ó nação de Israel: O meu caminho é injusto?ʲ Não são os seus caminhos que são injustos? ²⁶ Se um justo desviar-se de sua justiça e cometer pecado, ele morrerá por causa disso; por causa do pecado que cometeu morrerá. ²⁷ Mas, se um ímpio se desviar de sua maldade e fizer o que é justo e direito, ele salvará sua vida.ᵏ ²⁸ Por considerar todas as ofensas que cometeu e se desviar delas, ele com certeza viverá; não morrerá. ²⁹ Contudo, a nação de Israel diz: 'O caminho do Senhor não é justo'. São injustos os meus caminhos, ó nação de Israel? Não são os seus caminhos que são injustos?

³⁰ "Portanto, ó nação de Israel, eu os julgarei, a cada um de acordo com os seus caminhos. Palavra do Soberano, o SENHOR. Arrependam-se!ˡ Desviem-se de todos os seus males, para que o pecado não cause a queda de vocês.ᵐ ³¹ Livrem-se de todos os males que vocês cometeram, e busquem um coraçãoⁿ novo e um espírito novo. Por que deveriam morrer, ó nação de Israel?ᵒ ³² Pois não me agrada a morte de ninguém. Palavra do Soberano, o SENHOR. Arrependam-se e vivam!ᵖ

Lamento pelos Príncipes de Israel

19 "Levante um lamentoᑫ pelos príncipesʳ de Israel ² e diga:

"Que leoa foi sua mãe entre os leões!
Ela se deitava entre os leõezinhos
   e criava os seus filhotes.
³ Um dos seus filhotes
   tornou-se um leão forte.
Ele aprendeu a despedaçar a presa
   e devorou homens.
⁴ As nações ouviram a seu respeito,
   e ele foi pego na cova delas.
Elas o levaram com ganchos
   para o Egito.ˢ

⁵ "Quando ela viu que a sua esperança
      não se cumpria,
quando viu que se fora
      a sua expectativa,
escolheu outro de seus filhotes
   e fez dele um leão forte.ᵗ
⁶ Ele vagueou entre os leões,
   pois agora era um leão forte.
Ele aprendeu a despedaçar a presa
   e devorou homens.ᵘ
⁷ Arrebentou¹ suas fortalezas
   e devastouᵛ suas cidades.
A terra e todos que nela estavam
ficaram aterrorizados
   com o seu rugido.
⁸ Então as naçõesʷ vizinhas
   o atacaram.
Estenderam sua rede para apanhá-lo,
   e ele foi pego na armadilha que
      fizeram.ˣ
⁹ Com ganchos elas o puxaram
   para dentro de uma jaula
   e o levaram ao rei da Babilônia.ʸ

¹ **19.7** Conforme o Targum. O Texto Massorético diz *Conheceu*.

Elas o colocaram na prisão,
de modo que não se ouviu mais
 o seu rugido
nos montes de Israel.*z*

¹⁰ "Sua mãe era como uma vide
 em sua vinha¹
plantada junto à água;
era frutífera e cheia de ramos,
 graças às muitas águas.*a*
¹¹ Seus ramos eram fortes,
próprios para o cetro
 de um governante.
Ela cresceu e subiu muito,
 sobressaindo
 à folhagem espessa;
chamava a atenção por sua altura
 e por seus muitos ramos.*b*
¹² Mas foi desarraigada*c* com fúria
 e atirada ao chão.
O vento oriental a fez murchar,
 seus frutos foram arrancados,
seus fortes galhos secaram
 e o fogo os consumiu.*d*
¹³ Agora está plantada no deserto,*e*
 numa terra seca e sedenta.*f*
¹⁴ O fogo espalhou-se de um
 dos seus ramos principais
e consumiu*g* toda a ramagem.
Nela não resta nenhum ramo forte
 que seja próprio para o cetro
 de um governante.*h*

Esse é um lamento e como lamento deverá ser empregado".

Israel Rebelde

20 No décimo dia do quinto mês do sétimo ano do exílio, alguns dos líderes de Israel vieram consultar o Senhor, e se sentaram diante de mim.*i* ² Então me veio esta palavra do Senhor: ³ "Filho do homem, fale com os líderes de Israel e diga-lhes: Assim diz o Soberano, o Senhor: Vocês vieram consultar-me?*j* Juro pela minha vida que não deixarei que vocês me consultem. Palavra do Soberano, o Senhor.*k*

⁴ "Você os julgará? Você os julgará, filho do homem? Então confronte-os com as práticas repugnantes dos seus antepassados*l* ⁵ e diga-lhes: Assim diz o Soberano, o Senhor: No dia em que escolhi*m* Israel, jurei com mão erguida aos descendentes da família de Jacó e me revelei a eles no Egito. Com mão erguida eu lhes disse: Eu sou o Senhor, o seu Deus.*n* ⁶ Naquele dia jurei a eles que os tiraria do Egito e os levaria para uma terra que eu havia procurado para eles, terra onde há leite e mel*o* com fartura, a mais linda de todas as terras.*p* ⁷ E eu lhes disse: Desfaçam-se, todos vocês, das imagens repugnantes*q* em que vocês puseram os seus olhos, e não se contaminem com os ídolos do Egito. Eu sou o Senhor, o seu Deus.*r*

⁸ "Mas eles se rebelaram contra mim e não quiseram ouvir-me; não se desfizeram das imagens repugnantes em que haviam posto os seus olhos, nem abandonaram os ídolos do Egito.*s* Por isso eu disse que derramaria a minha ira sobre eles e que lançaria a minha indignação contra eles no Egito.*t* ⁹ Mas, por amor do meu nome, eu agi, evitando que o meu nome fosse profanado aos olhos das nações entre as quais eles estavam e à vista de quem eu tinha me revelado aos israelitas para tirá-los do Egito.*u* ¹⁰ Por isso eu os tirei do Egito e os trouxe para o deserto.*v* ¹¹ Eu lhes dei os meus decretos e lhes tornei conhecidas as minhas leis, pois aquele que lhes obedecer por elas viverá.*w* ¹² Também lhes dei os meus sábados como um sinal*x* entre nós, para que soubessem que eu, o Senhor, fiz deles um povo santo.

¹³ "Contudo, os israelitas se rebelaram*y* contra mim no deserto. Não agiram segundo os meus decretos, mas profanaram os meus sábados e rejeitaram as minhas leis, sendo que aquele que lhes obedecer por elas viverá. Por isso eu disse que derrama-

---

¹ **19.10** Conforme dois manuscritos do Texto Massorético. A maioria dos manuscritos do Texto Massorético diz *em seu sangue*.

ria a minha ira^z sobre eles e os destruiria no deserto.^a **14** Mas, por amor do meu nome, eu agi, evitando que o meu nome fosse profanado aos olhos das nações à vista das quais eu os havia tirado do Egito.^b **15** Com mão erguida, também jurei a eles que não os levaria para a terra que eu lhes dei, terra onde há leite e mel com fartura, a mais linda de todas as terras,^c **16** porque eles rejeitaram as minhas leis, não agiram segundo os meus decretos e profanaram os meus sábados. Pois os seus corações^d estavam voltados para os seus ídolos.^e **17** Olhei, porém, para eles com piedade e não os destruí, não os exterminei no deserto. **18** Eu disse aos filhos deles no deserto: Não sigam as normas dos seus pais^f nem obedeçam às leis deles nem se contaminem com os seus ídolos. **19** Eu sou o Senhor, o seu Deus;^g ajam conforme os meus decretos e tenham o cuidado de obedecer às minhas leis.^h **20** Santifiquem os meus sábados, para que eles sejam um sinal entre nós. Então vocês saberão que eu sou o Senhor, o seu Deus.ⁱ

21 "Mas os filhos se rebelaram contra mim — não agiram de acordo com os meus decretos, não tiveram o cuidado de obedecer às minhas leis, sendo que aquele que lhes obedecer viverá por elas, e profanaram os meus sábados. Por isso eu disse que derramaria a minha ira sobre eles e lançaria o meu furor contra eles no deserto. **22** Mas contive^j o meu braço e, por amor do meu nome, agi, evitando que o meu nome fosse profanado aos olhos das nações à vista das quais eu os havia tirado do Egito. **23** Com mão erguida, também jurei a eles no deserto que os espalharia entre as nações e os dispersaria^k por outras terras, **24** porque não obedeceram às minhas leis, mas rejeitaram os meus decretos e profanaram os meus sábados,^l e os seus olhos cobiçaram^m os ídolos de seus pais.ⁿ **25** Também os abandonei^o a decretos que não eram bons e a leis pelas quais não conseguiam viver;^p **26** deixei que se contaminassem por meio de suas ofertas, isto é, pelo sacrifício de cada filho mais velho, para que eu os enchesse de pavor e para que eles soubessem que eu sou o Senhor.^q

27 "Portanto, filho do homem, fale à nação de Israel e diga-lhes: Assim diz o Soberano, o Senhor: Nisto os seus antepassados também blasfemaram^r contra mim ao me abandonarem:^s **28** quando eu os trouxe para a terra^t que havia jurado dar-lhes, bastava que vissem um monte alto ou uma árvore frondosa, ali ofereciam os seus sacrifícios, faziam ofertas que provocaram a minha ira, apresentavam seu incenso aromático e derramavam suas ofertas de bebidas.^u **29** Perguntei-lhes então: Que altar é este no monte para onde vocês vão?" Esse altar é chamado Bama¹ até o dia de hoje.

Julgamento e Restauração

30 "Portanto, diga à nação de Israel: Assim diz o Soberano, o Senhor: Vocês não estão se contaminando^v como os seus antepassados se contaminaram? E não estão cobiçando as suas imagens repugnantes?^w **31** Quando vocês apresentam as suas ofertas, o sacrifício de seus filhos^x no fogo, continuam a contaminar-se com todos os seus ídolos até o dia de hoje. E eu deverei deixar que me consultem, ó nação de Israel? Juro pela minha vida, palavra do Soberano, o Senhor, que não permitirei que vocês me consultem.^y

32 "Vocês dizem: 'Queremos ser como as nações, como os povos do mundo, que servem à madeira e à pedra'. Mas o que vocês têm em mente jamais acontecerá. **33** Juro pela minha vida, palavra do Soberano, o Senhor, que dominarei sobre vocês com mão poderosa e braço forte e com ira que já transbordou.^z **34** Trarei vocês dentre as nações^a e os ajuntarei dentre as terras para onde vocês foram espalhados, com mão poderosa e braço forte e com ira que já transbordou.^b **35** Trarei vocês para o deserto das nações e ali, face a face, os julgarei.^c **36** Assim como julguei os seus antepassados

¹ **20.29** *Bama* significa *altar no monte* ou *altar idólatra*.

no deserto do Egito, também os julgarei. Palavra do Soberano, o SENHOR.ᵈ ³⁷ Contarei vocês enquanto estiverem passando debaixo da minha vara,ᵉ e os trarei para o vínculo da aliança.ᶠ ³⁸ Eu os separareiᵍ daqueles que se revoltam e se rebelam contra mim. Embora eu os tire da terra onde habitam, eles não entrarão na terra de Israel. Então vocês saberão que eu sou o SENHOR.ʰ

³⁹ "Quanto a vocês, ó nação de Israel, assim diz o Soberano, o SENHOR: Vão prestar culto a seus ídolos,ⁱ cada um de vocês! Mas depois disso certamente me ouvirão e não profanarão mais o meu santo nome com as suas ofertas e com os seus ídolos.ʲ ⁴⁰ Pois no meu santo monte, no alto monte de Israel, palavra do Soberano, o SENHOR, na sua terra, toda a nação de Israel me prestará culto, e ali eu os aceitarei. Ali exigirei as suas ofertasᵏ e as suas melhores dádivas,ˡ junto com todas as suas dádivas sagradas.ˡ ⁴¹ Eu as aceitarei como incenso aromático, quando eu os tirar dentre as nações e os ajuntar dentre as terras pelas quais vocês foram espalhados, e me mostrarei santoᵐ no meio de vocês à vista das nações.ⁿ ⁴² Vocês saberão que eu sou o SENHOR,ᵒ quando eu os trouxer para a terra de Israel,ᵖ a terra que, de mão erguida, jurei dar aos seus antepassados. ⁴³ Ali vocês se lembrarão da conduta que tiveram e de todas as ações pelas quais vocês se contaminaram, e terão nojo de si mesmos por causa de todo mal que fizeram.ᑫ ⁴⁴ E saberão que eu sou o SENHOR, quando eu tratar com vocês por amor do meu nomeʳ e não de acordo com os seus caminhos maus e suas práticas perversas, ó nação de Israel. Palavra do Soberano, o SENHOR".ˢ

Profecia contra o Sul

⁴⁵ Veio a mim esta palavra do SENHOR: ⁴⁶ "Filho do homem, vire o rosto para o sul; pregue contra o sul e profetize contraᵗ a floresta da terra do Neguebe.ᵘ ⁴⁷ Diga à floresta *do Neguebe*: Ouça a palavra do SENHOR.

Assim diz o Soberano, o SENHOR: Estou a ponto de incendiá-la, consumindo assim todas as suas árvores, tanto as verdes quanto as secas. A chama abrasadora não será apagada, e todos os rostos, do Neguebe até o norte, serão ressecados por ela.ᵛ ⁴⁸ Todos verão que eu, o SENHOR, a acendi; não será apagada".ʷ

⁴⁹ Então eu disse: Ah, Soberano SENHOR! Estão dizendo a meu respeito: "Acaso ele não está apenas contando parábolas?"ˣ

Babilônia, a Espada do Juízo Divino

21 Esta palavra do SENHOR veio a mim: ² "Filho do homem, vire o rosto contra Jerusalém e pregue contra o santuário. Profetize contraʸ Israel, ³ dizendo-lhe: Assim diz o SENHOR: Estou contra você.ᶻ Empunharei a minha espada para eliminar tanto o justo quanto o ímpio.ᵃ ⁴ Uma vez que eu vou eliminar o justo e o ímpio, estarei empunhando a minha espada contra todos, desde o Neguebe até o norte.ᵇ ⁵ Então todos saberão que eu, o SENHOR, tirei a espada da bainha e não tornareiᶜ a guardá-la.ᵈ

⁶ "Portanto, comece a gemer, filho do homem! Comece a gemer diante deles com o coração partido e com amarga tristeza.ᵉ ⁷ E, quando lhe perguntarem: 'Por que você está gemendo?', você dirá: Por causa das notícias que estão vindo. Todo coração se derreterá, e toda mão penderá frouxa;ᶠ todo espírito desmaiará, e todo joelho se tornará como água, de tão fraco. E vem chegando! Sem nenhuma dúvida vai acontecer. Palavra do Soberano, o SENHOR".

⁸ Esta palavra do SENHOR veio a mim: ⁹ "Filho do homem, profetize e diga: Assim diz o Senhor:

"Uma espada, uma espada, afiada e polida;
¹⁰ afiada para a mortandade,ᵍ
polida para luzir como relâmpago!

"Acaso vamos regozijar-nos com o cetro do meu filho Judá? A espada despreza toda e qualquer vareta como essa.

ˡ **20.40** Ou *e as dádivas dos primeiros frutos*

¹¹ "A espada foi destinada a ser polida,ʰ
a ser pega com as mãos;
está afiada e polida,
preparada para que a maneje
a mão do matador.
¹² Clame e grite, filho do homem,
pois ela está contra o meu povo;
está contra todos os príncipes de Israel.
Eles e o meu povo são atirados
contra a espada.
Lamente-se, pois; bata no peito.ⁱ

¹³ "É certo que a prova virá. E que acontecerá, se o cetro de Judá, que a espada despreza, não continuar a existir? Palavra do Soberano, o Senhor.

¹⁴ "Por isso profetize, então,
filho do homem,
e bata as mãosʲ uma na outra.
Que a espada golpeie não duas,
mas três vezes.
É uma espada para matança,
para grande matança,
avançando sobre eles de todos os lados.ᵏ
¹⁵ Assim, para que os corações
se derretamˡ
e muitos sejam os caídos,
coloquei a espada para a matança
junto a todas as suas portas.
Ah! Ela foi feita para luzir
como relâmpago;
é empunhada firmemente
para a matança.ᵐ
¹⁶ Ó espada, golpeie para todos os lados,
para onde quer que se vire a sua
lâmina.
¹⁷ Eu também baterei minhas mãosⁿ
uma na outra,
e a minha iraᵒ diminuirá.
Eu, o Senhor, falei".

¹⁸ A palavra do Senhor veio a mim: ¹⁹ "Filho do homem, trace as duas estradas que a espada do rei da Babilônia deve seguir, as duas partindo da mesma terra. Em cada uma delas coloque um marco indicando o rumo de uma cidade. ²⁰ Trace uma estrada que leve a espada contra Rabá dos amonitas,ᵖ e a outra contra Judá e contra a Jerusalém fortificada. ²¹ Pois o rei da Babilônia parará no local de onde partem as duas estradas para sortear a escolha. Ele lançará a sorteᑫ com flechas, consultará os ídolos da família, examinará o fígado.ʳ ²² Pela sua mão direita será sorteada Jerusalém, onde deverá preparar aríetes, dar ordens para a matança, soar o grito de guerra, montar aríetes contra as portas, construir uma rampa e levantar obras de cerco.ˢ ²³ Isso parecerá um falso presságio aos judeus, que tinham feito uma aliança com juramento, mas o rei invasor os fará recordarᵗ sua culpa e os levará prisioneiros.

²⁴ "Portanto, assim diz o Soberano, o Senhor: Visto que vocês trouxeram à lembrança a sua iniquidade mediante rebelião ostensiva, revelando seus pecados em tudo o que fazem; por isso vão ser levados prisioneiros.

²⁵ "Ó ímpio e profano príncipe de Israel, o seu dia chegou, esta é a hora do seu castigo,ᵘ ²⁶ e assim diz o Soberano, o Senhor: Tire o turbante e a coroa.ᵛ Não será como antes — os humildes serão exaltados, e os exaltados serão humilhados.ʷ ²⁷ Uma desgraça! Uma desgraça! Eu farei dela uma desgraça! Não será restaurada, enquanto não vier aquele a quem ela pertence por direito; a ele eu a darei.ˣ

²⁸ "E você, filho do homem, profetize e diga: Assim diz o Soberano, o Senhor, acerca dos amonitasʸ e dos seus insultos:

"Uma espada,ᶻ
uma espada, empunhada
para matança,
polida para consumir
e para luzir como relâmpago!
²⁹ A despeito das visões falsas
e das adivinhações mentirosas
sobre vocês,
ela será posta no pescoço

dos ímpios que devem
    ser mortos
e cujo dia chegou,
    cujo momento de castigo
    é agora.ᵃ
³⁰ Volte a espada à sua bainha.ᵇ
No lugar onde vocês foram criados,
    na terra dos seus antepassados,ᶜ
    eu os julgarei.
³¹ Derramarei a minha ira sobre vocês,
soprarei a minha ira impetuosaᵈ
    contra vocês;
eu os entregarei nas mãos
    de homens brutais,
    acostumados à destruição.ᵉ
³² Vocês serão combustível para o fogo,ᶠ
    seu sangue será derramado em sua
        terra
e vocês não serão mais lembrados;ᵍ
    porque eu, o Senhor, falei."

Os Pecados de Jerusalém

22 Veio a mim esta palavra do Senhor: ² "Filho do homem, você a julgará? Você julgará essa cidade sanguinária?ʰ Então confronte-a com todas as suas práticas repugnantesⁱ ³ e diga: Assim diz o Soberano, o Senhor: Ó cidade, que traz condenação sobre si mesma por derramar sangueʲ em seu meio e por se contaminar fazendo ídolos! ⁴ Você se tornou culpada por causa do sangue que derramouᵏ e por ter se contaminado com os ídolos que fez. Você apressou o seu dia; chegou o fim dos seus anos.ˡ Por isso farei de você objeto de zombaria para as nações e de escárnio em todas as terras.ᵐ ⁵ Tanto as nações vizinhas como as distantes zombarão de você, ó cidade infame e inquieta!

⁶ "Veja como cada um dos príncipes de Israel que aí está usa o seu poder para derramar sangue.ⁿ ⁷ Em seu meio eles têm desprezado pai e mãe,ᵒ oprimido o estrangeiro e maltratado o órfão e a viúva.ᵖ ⁸ Você desprezou as *minhas dádivas sagradas* e profanou os meus sábados.ᵠ ⁹ Em seu meio há caluniadores,ʳ prontos para derramar sangue; em seu meio há os que comem nos santuáriosˢ dos montes e praticam atos lascivos;ᵗ ¹⁰ em seu meio há aqueles que desonram a cama dos seus pais, e aqueles que têm relações com as mulheres nos dias de sua menstruação.ᵘ ¹¹ Um homem comete adultério com a mulher do seu próximo, outro contamina vergonhosamente a sua nora,ᵛ e outro desonra a sua irmã,ʷ filha de seu próprio pai. ¹² Em seu meio há homens que aceitam subornoˣ para derramar sangue; você empresta a juros, visando lucro, e obtém ganhos injustos, extorquindo o próximo.ʸ E você se esqueceu de mim. Palavra do Soberano, o Senhor.

¹³ "Mas você me verá bater as minhas mãosᶻ uma na outra contraᵃ os ganhos injustos que você obteve e contra o sangueᵇ que você derramou. ¹⁴ Será que a sua coragem suportará ou as suas mãos serão fortes para o que eu vou fazer no dia em que eu lhe der o devido tratamento? Eu, o Senhor, falei,ᶜ e o farei.ᵈ ¹⁵ Dispersarei você entre as nações e a espalhareiᵉ pelas terras; e darei fim à sua impureza.ᶠ ¹⁶ Quando você tiver sido desonrada¹ aos olhos das nações, você saberá que eu sou o Senhor".

¹⁷ E depois veio a mim esta palavra do Senhor: ¹⁸ "Filho do homem, a nação de Israel tornou-se escóriaᵍ para mim; cobre, estanho, ferro e chumbo deixados na fornalha. Não passa de escória de prata.ʰ ¹⁹ Por isso, assim diz o Soberano, o Senhor: Visto que vocês todos se tornaram escória, eu os ajuntarei em Jerusalém. ²⁰ Assim como os homens ajuntam prata, cobre, ferro, chumbo e estanho numa fornalha a fim de fundi-los soprando fortemente o fogo, na minha ira e na minha indignação também ajuntarei vocês dentro da cidade e os fundirei.ⁱ ²¹ Eu os ajuntarei e soprarei sobre vocês o fogo da minha ira, e vocês se derreterão. ²² Assim como a prata se derreteʲ numa fornalha, também vocês se derreterão dentro

---

¹ 22.16 Ou *Quando eu lhe tiver designado sua herança*

dela, e saberão que eu, o Senhor, derramei a minha ira sobre vocês".ᵏ

²³ De novo a palavra do Senhor veio a mim. Disse ele: ²⁴ "Filho do homem, diga a esta terra: Você é uma terra que não tem tido chuva nem aguaceiros¹ no dia da ira.ˡ ²⁵ Há nela uma conspiraçãoᵐ de seus príncipes² como um leão que ruge ao despedaçar sua presa; devoram pessoas,ⁿ apanham tesouros e objetos preciosos e fazem muitas viúvas.ᵒ ²⁶ Seus sacerdotes cometem violência contra a minha leiᵖ e profanam minhas ofertas sagradas; não fazem distinção entre o sagrado e o comum;ᵠ ensinam que não existe nenhuma diferença entre o puro e o impuro;ʳ e fecham os olhos quanto à guarda dos meus sábados, de maneira que sou desonrado no meio deles.ˢ ²⁷ Seus oficiais são como lobos que despedaçam suas presas; derramam sangue e matam gente para obter ganhos injustos.ᵗ ²⁸ Seus profetas disfarçamᵘ esses feitos enganando o povo com visões falsas e adivinhações mentirosas. Dizem: 'Assim diz o Soberano, o Senhor', quando o Senhor não falou.ᵛ ²⁹ O povo da terra pratica extorsão e comete roubos; oprime os pobres e os necessitados e maltrata os estrangeiros,ʷ negando-lhes justiça.ˣ

³⁰ "Procurei entre eles um homem que erguesse o muroʸ e se pusesse na brecha diante de mim e em favor desta terra, para que eu não a destruísse, mas não encontrei nenhum.ᶻ ³¹ Por isso derramarei a minha ira sobre eles e os consumirei com o meu grande furor; sofrerão as consequênciasᵃ de tudo o que fizeram. Palavra do Soberano, o Senhor".ᵇ

As Duas Irmãs Adúlteras

23 Esta palavra do Senhor veio a mim: ² "Filho do homem, existiam duas mulheres, filhas da mesma mãe.ᶜ ³ Elas se tornaram prostitutas no Egito,ᵈ envolvendo-se na prostituiçãoᵉ desde a juventude. Naquela terra os seus peitos foram acariciados e os seus seios virgens foram afagados. ⁴ A mais velha chamava-se Oolá, e sua irmã, Oolibá. Elas eram minhas e deram à luz filhos e filhas. Oolá é Samaria, e Oolibá é Jerusalém.

⁵ "Oolá envolveu-se em prostituição enquanto ainda era minha; ela se encheu de cobiça por seus amantes, os assírios,ᶠ guerreirosᵍ ⁶ vestidos de vermelho, governadores e comandantes, todos eles cavaleiros jovens e elegantes. ⁷ Ela se entregou como prostituta a toda a elite dos assírios e se contaminou com todos os ídolos de cada homem por ela cobiçado.ʰ ⁸ Ela não abandonou a prostituição iniciada no Egito,ⁱ quando em sua juventude homens dormiram com ela, afagaram seus seios virgens e a envolveram em suas práticas dissolutas.ʲ

⁹ "Por isso eu a entreguei nas mãosᵏ de seus amantes, os assírios, os quais ela desejou ardentemente.ˡ ¹⁰ Eles lhe arrancaram as roupas,ᵐ deixando-a nua, levaram embora seus filhos e suas filhas e a mataram à espada. Ela teve má fama entre as mulheres.ⁿ E lhe foi dado castigo.ᵒ

¹¹ "Sua irmã Oolibá viu isso. No entanto, em sua cobiça e prostituição, ela foi mais depravada que a irmã.ᵖ ¹² Também desejou ardentemente os assírios, governadores e comandantes, guerreiros em uniforme completo, todos eles jovens e belos cavaleiros.ᵠ ¹³ Vi que ela também se contaminou; ambas seguiram o mesmo caminho.

¹⁴ "Mas Oolibá levou sua prostituição ainda mais longe. Viu homens desenhados numa parede,ʳ figuras de caldeus em vermelho,ˢ ¹⁵ usando cinturões e esvoaçantes turbantes na cabeça; todos se pareciam com os oficiais responsáveis pelos carros da Babilônia, nativos da Caldeia. ¹⁶ Assim que ela os viu, desejou-os ardentemente e lhes mandou mensageiros até a Caldeia. ¹⁷ Então os babilônios vieram procurá-la, até a cama do amor, e em sua cobiça a contaminaram. Depois de haver sido contaminada por eles, ela se afastou deles desgostosa. ¹⁸ Então prosseguiu

---

¹ **22.24** Conforme a Septuaginta. O Texto Massorético diz *não se purificou nem recebeu chuva*.

² **22.25** Conforme a Septuaginta. O Texto Massorético diz *profetas*.

abertamente em sua prostituição e expôs a sua nudez, e eu me afastei dela desgostoso, assim como eu tinha me afastado de sua irmã.ᵘ ¹⁹ Contudo, ela ia se tornando cada vez mais promíscua à medida que se recordava dos dias de sua juventude, quando era prostituta no Egito. ²⁰ Desejou ardentemente os seus amantes, cujos membros eram como os de jumentos e cuja ejaculação era como a de cavalos. ²¹ Assim, Oolibá ansiou pela lascívia de sua juventude, quando no Egito seus peitos eram afagados e seus seios virgens eram acariciados.¹ ᵛ

²² "Portanto, assim diz o Soberano, o Senhor: Incitarei os seus amantes contra você, aqueles de quem você se afastou desgostosa, e os trarei para atacá-la de todos os lados:ʷ ²³ os babilôniosˣ e todos os caldeus, os homens de Pecode,ʸ de Soa e de Coa, e com eles todos os assírios, belos rapazes, todos eles governadores e comandantes, oficiais que chefiam os carros e homens de posto elevado, todos eles cavaleiros.ᶻ ²⁴ Eles virão contra você com armas, carros e carroças,ᵃ e com uma multidão de povos; por todos os lados tomarão posição contra você com escudos grandes e pequenos e com capacetes. Eu a entregarei a eles para castigo,ᵇ e eles a castigarão conforme o costume deles. ²⁵ Dirigirei contra você a ira do meu ciúme e, enfurecidos, eles saberão como tratá-la. Cortarão fora o seu nariz e as suas orelhas, e as pessoas que forem deixadas cairão à espada. Levarão embora seus filhos e suas filhas,ᶜ e os que forem deixados serão consumidos pelo fogo.ᵈ ²⁶ Também arrancarão as suas roupasᵉ e tomarão suas lindas joias.ᶠ ²⁷ Assim darei um bastaᵍ à lascívia e à prostituição que você começou no Egito. Você deixará de olhar com desejo para essas coisas e não se lembrará mais do Egito.

²⁸ "Pois assim diz o Soberano, o Senhor: Estou a ponto de entregá-la nas mãosʰ daqueles que você odeia, daqueles de quem você se afastou desgostosa. ²⁹ Eles a tratarão com ódio e levarão embora tudo aquilo pelo que você trabalhou. Eles a deixarão despida e nua, e a vergonha de sua prostituição será exposta. Isso lhe sobrevirá por sua lascívia e promiscuidade,ⁱ ³⁰ porque você desejou ardentemente as nações e se contaminou com os ídolos delas.ʲ ³¹ Você seguiu pelo caminho de sua irmã; por essa razão porei o copoᵏ dela nas suas mãos.ˡ

³² "Assim diz o Soberano, o Senhor:

"Você beberá do copo de sua irmã,
    copo grande e fundo;
ele causará riso e zombaria,
    de tão grande que é.ᵐ
³³ Você será dominada pela embriaguez
    e pela tristeza,
com esse copo de desgraça
    e desolação,
o copo de sua irmã Samaria.ⁿ
³⁴ Você o beberá,ᵒ
    engolindo até a última gota;
depois o despedaçará
    e mutilará os próprios seios.

"Eu o disse. Palavra do Soberano, o Senhor.

³⁵ "Agora, assim diz o Soberano, o Senhor: Visto que você se esqueceuᵖ de mim e me deu as costas,ᵠ você vai sofrer as consequências de sua lascívia e de sua prostituição".

³⁶ O Senhor me disse: "Filho do homem, você julgará Oolá e Oolibá? Então confronte-asʳ com suas práticas repugnantes,ˢ ³⁷ pois elas cometeram adultério e há sangue em suas mãos. Cometeram adultério com seus ídolos; até os seus filhos, que elas geraram para mim, sacrificaram aos ídolos.ᵗ ³⁸ Também me fizeram isto: ao mesmo tempo contaminaram o meu santuário e profanaram os meus sábados. ³⁹ No mesmo dia em que sacrificavam seus filhos a seus ídolos, elas entravam em meu santuário e o profanavam.ᵘ Foi o que fizeram em minha casa.ᵛ

⁴⁰ "Elas até enviaram mensageiros atrás de homens, vindos de bem longe,ʷ e, quando

---

¹ 23.21 Conforme a Versão Siríaca. O Texto Massorético diz *afagados por causa de seus seios jovens*.

eles chegaram, você se banhou para recebê-los, pintou os olhos˟ e pôs suas joias.ʸ ⁴¹ Você se sentou num belo sofá,ᶻ tendo à frente uma mesa,ᵃ na qual você havia colocado o incenso e o óleo que me pertenciam.

⁴² "Em torno dela havia o ruído de uma multidão despreocupada; sabeusⁱ foram trazidos do deserto junto com homens do povo, e eles puseram braceletesᵇ nos braços da mulher e da sua irmã e belíssimas coroas nas cabeças delas.ᶜ ⁴³ Então eu disse a respeito daquela que fora destruída pelo adultério: Que agora a usem como prostituta,ᵈ pois é o que ela é. ⁴⁴ E eles dormiram com ela. Dormiram com aquelas mulheres lascivas, Oolá e Oolibá, como quem dorme com uma prostituta. ⁴⁵ Mas homens justos as condenarão ao castigo que merecem as mulheres que cometem adultério e derramam sangue, porque são adúlteras e há sangue em suas mãos.ᵉ

⁴⁶ "Assim diz o Soberano, o SENHOR: Que uma multidão as ataqueᶠ e que elas sejam entregues ao pavor e ao saque. ⁴⁷ A multidão as apedrejará e as retalhará à espada; matarão seus filhos e suas filhas, destruirão suas casasᵍ e as queimarão.ʰ

⁴⁸ "Dessa maneira darei fim à lascívia na terra, para que todas as mulheres fiquem advertidas e não imitem vocês.ⁱ ⁴⁹ Vocês sofrerão o castigo de sua cobiça e as consequências de seus pecados de idolatria. E vocês saberão que eu sou o Soberano, o SENHOR".ʲ

A Panela

24 No décimo dia do décimo mês do nono ano, a palavra do SENHOR veio a mim. Disse ele:ᵏ ² "Filho do homem, registre esta data, a data de hoje, porque o rei da Babilônia sitiou Jerusalém exatamente neste dia.ˡ ³ Conte a esta nação rebeldeᵐ uma parábolaⁿ e diga-lhes: Assim diz o Soberano, o SENHOR:

"Ponha a panelaᵒ para esquentar;
ponha-a para esquentar com água.

⁴ Ponha dentro dela pedaços de carne,
os melhores pedaços
  da coxa e da espádua.
Encha-a com o melhor desses ossos;
⁵ apanhe o melhor do rebanho.ᵖ
Empilhe lenha debaixo dela
  para cozinhar os ossos;
faça-a ferver a água e cozinhe tudo
  o que está na panela.ᵠ

⁶ "Porque assim diz o Soberano, o SENHOR:

"Ai da cidade sanguinária,ʳ
da panela que agora
  tem uma crosta,
cujo resíduo não desaparecerá!
Esvazie-a, tirando pedaço por pedaço,
  sem sorteá-los.ˢ

⁷ "Pois o sangue que ela derramou
  está no meio dela;
ela o derramou na rocha nua;
não o derramou no chão,
  onde o pó o cobriria.ᵗ
⁸ Para atiçar a minha ira e me vingar,
  pus o sangue dela sobre a rocha nua,
para que ele não fosse coberto.

⁹ "Portanto, assim diz o Soberano, o SENHOR:

"Ai da cidade sanguinária!
Eu também farei uma pilha de lenha,
  uma pilha bem alta.
¹⁰ Por isso amontoem a lenha
  e acendam o fogo.
Cozinhem bem a carne,
  misturando os temperos;
e reduzam os ossos a cinzas.
¹¹ Ponham depois a panela vazia
  sobre as brasas
para que esquente
até que o seu bronze
  fique incandescente,
as suas impurezas se derretam
e o seu resíduo seja queimado
  e desapareça.ᵘ
¹² Mas ela frustrou todos os esforços;
  nem o fogo pôde eliminar
  seu resíduo espesso!

ⁱ **23.42** Ou *bêbados*

¹³ "Ora, a sua impureza é a lascívia. Como eu desejei purificá-la, mas você não quis ser purificada, você não voltará a estar limpa, enquanto não se abrandar a minha ira contra você.ᵛ

¹⁴ "Eu, o Senhor, falei. Chegou a hora de eu agir. Não me conterei; não terei piedade, nem voltarei atrás. Você será julgada de acordo com o seu comportamento e com as suas ações.ʷ Palavra do Soberano, o Senhor".ˣ

A Morte da Mulher de Ezequiel

¹⁵ Veio a mim esta palavra do Senhor: ¹⁶ "Filho do homem, com um único golpe estou para tirar de você o prazer dos seus olhos. Contudo, não lamente nem chore nem derrame nenhuma lágrima.ʸ ¹⁷ Não permita que ninguém ouça o seu gemer; não pranteie pelos mortos. Mantenha apertado o seu turbante e as sandálias nos pés; não cubra o rosto nem coma a comida costumeira dos pranteadores".ᶻ

¹⁸ Assim, falei de manhã ao povo, e à tarde minha mulher morreu. No dia seguinte fiz o que me havia sido ordenado.

¹⁹ Então o povo me perguntou: "Você não vai nos dizer que relação essas coisas têm conosco?"ᵃ

²⁰ E eu lhes respondi: Esta palavra do Senhor veio a mim: ²¹ "Diga à nação de Israel: Assim diz o Soberano, o Senhor: Estou a ponto de profanar o meu santuário, a fortaleza de que vocês se orgulham, o prazer dos seus olhos,ᵇ o objeto da sua afeição. Os filhos e as filhasᶜ que vocês deixaram lá cairão à espada.ᵈ ²² E vocês farão o que eu fiz. Vocês não cobrirão o rosto nem comerão a comida costumeira dos pranteadores.ᵉ ²³ Vocês manterão os turbantes na cabeça e as sandálias nos pés. Não pranteaão ᶠ nem chorarão, mas irão consumir-se por causa de suas iniquidades e gemerão uns pelos outros.ᵍ ²⁴ Ezequiel lhes será um sinal;ʰ vocês farão o que ele fez. Quando isso acontecer, vocês saberão que eu sou o Soberano, o Senhor.

²⁵ "E você, filho do homem, no dia em que eu tirar deles a sua fortaleza, sua alegria e sua glória, o prazer dos seus olhos, e também os seus filhos e as suas filhas,ⁱ o maior desejo de suas vidas, ²⁶ naquele dia um fugitivo virá dar-lheʲ a notícia. ²⁷ Naquela hora sua boca será aberta; você falará com ele e não ficará calado. E assim você será um sinal para eles, e eles saberão que eu sou o Senhor".ᵏ

Profecia contra Amom

25 Esta palavra do Senhor veio a mim: ² "Filho do homem, vire o rosto contra os amonitasˡ e profetize contra eles.ᵐ ³ Diga-lhes: Ouçam a palavra do Soberano, o Senhor. Assim diz o Soberano, o Senhor: Visto que vocês exclamaram: 'Ah! Ah!'ⁿ quando o meu santuário foi profanado, quando a terra de Israel foi arrasada e quando a nação de Judá foi para o exílio,ᵒ ⁴ vou entregá-los como propriedade do povo do oriente.ᵖ Eles instalarão seus acampamentos e armarão suas tendas no meio de vocês; comerão suas frutas e beberão seu leite.ᑫ ⁵ Farei de Rabáʳ um cercado para camelos e de Amom um local de descanso para ovelhas.ˢ Então vocês saberão que eu sou o Senhor. ⁶ Porque assim diz o Soberano, o Senhor: Visto que vocês bateram palmas e pularam de alegria com o coração cheio de maldade contra Israel,ᵗ ⁷ por essa razão estenderei o meu braçoᵘ contra vocês e os darei às nações como despojo. Eliminarei vocês do meio das nações e os exterminarei do meio dos povos. Eu os destruirei,ᵛ e vocês saberão que eu sou o Senhor".ʷ

Profecia contra Moabe

⁸ "Assim diz o Soberano, o Senhor: Uma vez que Moabeˣ e Seir disseram: 'Vejam, a nação de Judá tornou-se como todas as outras nações', ⁹ por essa razão abrirei o flanco de Moabe, começando por suas cidades fronteiriças, Bete-Jesimote,ʸ Baal-Meomᶻ e Quiriataim,ᵃ que são a glória dessa terra. ¹⁰ Darei Moabe e os amonitas como propriedade ao

povo do oriente. Os amonitas não serão lembrados[b] entre as nações, ¹¹ e a Moabe trarei castigo. Então eles saberão que eu sou o SENHOR.

Profecia contra Edom

¹² "Assim diz o Soberano, o SENHOR: Visto que Edom[c] vingou-se da nação de Judá e com isso trouxe grande culpa sobre si, ¹³ assim diz o Soberano, o SENHOR: Estenderei o braço contra Edom e matarei os seus homens e os seus animais.[d] Eu o arrasarei, e desde Temã até Dedã[e] eles cairão à espada. ¹⁴ Eu me vingarei de Edom pelas mãos de Israel, o meu povo, e este lidará com Edom de acordo com a minha ira[f] e a minha indignação; Edom conhecerá a minha vingança. Palavra do Soberano, o SENHOR.

Profecia contra a Filístia

¹⁵ "Assim diz o Soberano, o SENHOR: Uma vez que a Filístia[g] agiu por vingança e com maldade no coração, e com antiga hostilidade buscou destruir Judá, ¹⁶ assim diz o Soberano, o SENHOR: Estou a ponto de estender meu braço contra os filisteus.[h] Eliminarei os queretitas[i] e destruirei os que restarem no litoral. ¹⁷ Executarei neles grande vingança e os castigarei na minha ira. Então, quando eu me vingar deles, saberão que eu sou o SENHOR".

Profecia contra Tiro

26 No décimo primeiro ano, no primeiro dia do mês, veio a mim esta palavra do SENHOR: ² "Filho do homem, visto que Tiro[j] falou de Jerusalém: 'Ah! Ah![k] O portal das nações está quebrado, e as suas portas se me abriram; agora que ela jaz em ruínas, eu prosperarei', ³ por essa razão assim diz o Soberano, o SENHOR: Estou contra você, ó Tiro, e trarei muitas nações contra você; virão como o mar[l] quando eleva as suas ondas. ⁴ Elas destruirão[m] os muros de Tiro[n] e derrubarão suas torres; eu espalharei o seu entulho e farei dela uma rocha nua. ⁵ Fora, no mar,[o] ela se tornará um local propício para estender redes de pesca, pois eu falei. Palavra do Soberano, o SENHOR. Ela se tornará despojo[p] para as nações, ⁶ e em seus territórios no continente será feita grande destruição pela espada. E saberão que eu sou o SENHOR.

⁷ "Pois assim diz o Soberano, o SENHOR: Contra você, Tiro, vou trazer do norte o rei da Babilônia, Nabucodonosor,[q] rei de reis,[r] com cavalos e carros,[s] com cavaleiros e um grande exército. ⁸ Ele desfechará com a espada um violento ataque contra os seus territórios no continente. Construirá obras de cerco[t] e uma rampa[u] de acesso aos seus muros. E armará uma barreira de escudos contra você. ⁹ Ele dirigirá as investidas dos seus aríetes contra os seus muros e com armas de ferro demolirá as suas torres. ¹⁰ Seus cavalos serão tantos que cobrirão você de poeira. Seus muros tremerão com o barulho dos cavalos de guerra, das carroças e dos carros,[v] quando ele entrar por suas portas com a facilidade com que se entra numa cidade cujos muros foram derrubados. ¹¹ Os cascos[w] de seus cavalos pisarão todas as suas ruas; ele matará o seu povo à espada, e as suas resistentes colunas[x] ruirão.[y] ¹² Despojarão sua riqueza e saquearão seus suprimentos; derrubarão seus muros, demolirão suas lindas casas e lançarão ao mar as suas pedras, o seu madeiramento e todo o entulho.[z] ¹³ Porei fim[a] a seus cânticos barulhentos, e não se ouvirá mais[b] a música de suas harpas.[c] ¹⁴ Farei de você uma rocha nua, e você se tornará um local propício para estender redes de pesca. Você jamais será reconstruída,[d] pois eu, o SENHOR, falei. Palavra do Soberano, o SENHOR.

¹⁵ "Assim diz o Soberano, o SENHOR, a Tiro: Acaso as regiões litorâneas[e] não tremerão[f] ao som de sua queda, quando o ferido gemer e a matança acontecer em seu meio? ¹⁶ Então todos os príncipes do litoral descerão do trono e porão de lado seus mantos e tirarão suas roupas bordadas.

Vestidosᵍ de pavor, vão assentar-se no chão, tremendoʰ sem parar, apavoradosⁱ por sua causa. ¹⁷ Depois entoarão um lamentoʲ acerca de você e lhe dirão:

" 'Como você está destruída,
  ó cidade de renome,
  povoada por homens do mar!
Você era um poder nos mares,
  você e os seus cidadãos;
você impunha pavor
  a todos os que ali vivem.ᵏ
¹⁸ Agora as regiões litorâneas tremem
  no dia de sua queda;
as ilhas do mar estão apavoradas
  diante de sua ruína.'ˡ

¹⁹ "Assim diz o Soberano, o SENHOR: Quando eu fizer de você uma cidade abandonada, lembrando cidades inabitáveis, e quando eu a cobrir com as vastas águas do abismo,ᵐ ²⁰ então farei você descer com os que descem à cova,ⁿ para fazer companhia aos antigos. Eu a farei habitar embaixo da terra, como em ruínas antigas, com aqueles que descem à cova, e você não voltará e não retomará o seu lugar¹ na terra dos viventes.ᵒ ²¹ Levarei você a um fim terrível e você já não existirá. Será procurada, e jamais será achada. Palavra do Soberano, o SENHOR".ᵖ

Um Lamento por Tiro

27 Esta palavra do SENHOR veio a mim: ² "Filho do homem, faça um lamento a respeito de Tiro. ³ Diga a Tiro, que está junto à entrada para o mar,ᑫ e que negocia com povos de muitos litorais: Assim diz o Soberano, o SENHOR:

"Você diz, ó Tiro:
  'Minha beleza é perfeita.'ʳ
⁴ Seu domínio abrangia
  o coração dos mares;
seus construtores levaram a sua beleza
  à perfeição.
⁵ Eles fizeram todo o seu madeiramento
  com pinheiros de Senir²;ˢ
apanharam um cedro do Líbano
  para fazer-lhe um mastro.
⁶ Dos carvalhosᵗ de Basã
  fizeram os seus remos;
de cipreste procedente
  das costas de Chipreᵘ
fizeram seu convés,
  revestido de mármore.
⁷ Suas velas foram feitas
  de belo linho bordado,
  procedente do Egito,
  servindo-lhe de bandeira;
seus toldos, em azul e púrpura,ᵛ
  provinham das costas de Elisá.
⁸ Habitantes de Sidom e Arvadeʷ
  eram os seus remadores;
os seus homens hábeis, ó Tiro,
  estavam a bordo como
  marinheiros.ˣ
⁹ Artesãos experientes de Gebal³ ʸ
  estavam a bordo
como construtores de barcos
  para calafetarem as suas juntas.
Todos os navios do mar
  e seus marinheiros
vinham para negociar com você
  as suas mercadorias.
¹⁰ "Os persas,ᶻ os lídios
  e os homens de Futeᵃ
serviam como soldados
  em seu exército.
Eles penduravam os seus escudos
  e capacetes nos seus muros,
trazendo-lhe esplendor.
¹¹ Homens de Arvade e de Heleque
  guarneciam os seus muros
  em todos os lados;
homens de Gamade
  estavam em suas torres.
Eles penduravam os escudos deles
  em seus muros ao redor;
levaram a sua beleza à perfeição.

¹ **26.20** Conforme a Septuaginta. O Texto Massorético diz *voltará, e eu darei glória*.
² **27.5** Isto é, do Hermom.
³ **27.9** Isto é, Biblos.

26.16
ʲJó 8.22;
ᵏOs 11.10;
ˡEz 32.10
26.17
ʲEz 19.1;
27.32;
ˡIs 14.12
26.18
ˡIs 23.5; 41.5;
Ez 27.35
26.19
ˡIs 8.7-8
26.20
ⁿEz 32.18;
Am 9.2;
Jn 2.2,6;
ᵒEz 32.24,30
26.21
ᵖEz 27.36;
28.19;
Ap 18.21
27.3
ᑫv. 33;
ʳEz 28.2
27.5
ˢDt 3.9
27.6
ᵗNm 21.33;
Jr 22.20;
Zc 11.2;
ᵘGn 10.4;
Is 23.12
27.7
ᵛÊx 25.4;
Jr 10.9
27.8
ʷGn 10.18;
ˣ1Rs 9.27
27.9
ʸJs 13.5;
1Rs 5.18
27.10
ᶻEz 38.5;
ᵃEz 30.5

¹² "Társis^b fez negócios com você, tendo em vista os seus muitos bens;^c eles deram prata, ferro, estanho e chumbo em troca de suas mercadorias.

¹³ "Javã, Tubal e Meseque^d negociaram com você; trocaram escravos^e e utensílios de bronze pelos seus bens.

¹⁴ "Homens de Bete-Togarma^f trocaram cavalos de carga, cavalos de guerra e mulas pelas suas mercadorias.

¹⁵ "Os homens de Rodes¹ ^g negociaram com você, e muitas regiões costeiras^h se tornaram seus clientes; pagaram-lhe suas compras com presas de marfim^i e com ébano.

¹⁶ "Arã² ^j negociou com você atraído por seus muitos produtos; em troca de suas mercadorias deu-lhe turquesa,^k tecido púrpura, trabalhos bordados, linho fino, coral e rubis.

¹⁷ "Judá e Israel negociaram com você; pelos seus bens trocaram trigo de Minite,^l confeitos, mel, azeite e bálsamo.

¹⁸ "Em razão dos muitos produtos de que você dispõe e da grande riqueza de seus bens, Damasco^m negociou com você, pagando-lhe com vinho de Helbom e lã de Zaar.

¹⁹ "Também Dã e Javã, de Uzal, compraram suas mercadorias, trocando-as por ferro, cássia e cálamo.

²⁰ "Dedã negociou com você mantos de sela.

²¹ "A Arábia e todos os príncipes de Quedar^n eram seus clientes; fizeram negócios com você, fornecendo-lhe cordeiros, carneiros e bodes.

²² "Os mercadores de Sabá^o e de Raamá fizeram comércio com você; pelas mercadorias que você vende eles trocaram o que há de melhor em toda espécie de especiarias,^p pedras preciosas e ouro.

²³ "Harã,^q Cane e Éden^r e os mercadores de Sabá, Assur e Quilmade fizeram comércio com você. ²⁴ No seu mercado eles negociaram com você lindas roupas, tecido azul, trabalhos bordados e tapetes multicoloridos com cordéis retorcidos e de nós firmes.

²⁵ "Os navios de Társis^s
    transportam os seus bens.
Quanta carga pesada você tem
    no coração do mar.
²⁶ Seus remadores a levam
    para alto-mar.
Mas o vento oriental^t a despedaçará
    no coração do mar.
²⁷ Sua riqueza,^u suas mercadorias
    e seus bens,
seus marujos, seus homens do mar
    e seus construtores de barcos,
seus mercadores
    e todos os seus soldados,
todos quantos estão a bordo
    sucumbirão no coração do mar
no dia do seu naufrágio.
²⁸ As praias tremerão^v
    quando os seus marujos clamarem.
²⁹ Todos os que manejam os remos
    abandonarão os seus navios;
os marujos e todos os marinheiros
    ficarão na praia.
³⁰ Erguerão a voz
    e gritarão com amargura por sua
    causa;
espalharão poeira^w sobre a cabeça
    e rolarão^x na cinza.^y
³¹ Raparão a cabeça por sua causa
    e porão vestes de lamento.
Chorarão^z por você com angústia na
    alma
    e com pranto amargurado.^a
³² Quando estiverem gritando
    e pranteando por você,
erguerão este lamento^b a seu respeito:
'Quem chegou a ser silenciada
    como Tiro,
    cercada pelo mar?'
³³ Quando as suas mercadorias
    saíam para o mar,
você satisfazia muitas nações;

---

¹ **27.15** Conforme a Septuaginta. O Texto Massorético diz *Dedã*.
² **27.16** Alguns manuscritos do Texto Massorético e a Versão Siríaca dizem *Edom*.

com sua grande riqueza[c] e com
  seus bens
  você enriqueceu os reis da terra.
34 Agora, destruída pelo mar,
  você jaz nas profundezas das águas;
  seus bens e todos os que a acompanham
  afundaram com você.[d]
35 Todos os que moram
  nas regiões litorâneas[e]
estão chocados com o que aconteceu
  com você;
seus reis arrepiam-se horrorizados
e os seus rostos estão desfigurados
  de medo.
36 Os mercadores entre as nações
  gritam de medo ao vê-la;[f]
chegou o seu terrível fim,
e você não mais existirá".[g]

Profecia contra o Rei de Tiro

28 Veio a mim esta palavra do Senhor: **2** "Filho do homem, diga ao governante de Tiro: Assim diz o Soberano, o Senhor:

"No orgulho do seu coração
  você diz: 'Sou um deus;
sento-me no trono[h] de um deus
  no coração dos mares'.
Mas você é um homem, e não um deus,
  embora se considere tão sábio
    quanto Deus.[i]
3 Você é mais sábio que Daniel[1]?[j]
Não haverá segredo que lhe seja oculto?
4 Mediante a sua sabedoria
  e o seu entendimento,
você granjeou riquezas
e acumulou ouro e prata
  em seus tesouros.[k]
5 Por sua grande habilidade comercial
você aumentou
  as suas riquezas,
e, por causa das suas riquezas,
o seu coração ficou cada vez mais
  orgulhoso.[l]

6 "Por isso, assim diz o Soberano, o Senhor:

"Porque você pensa que é sábio,
  tão sábio quanto Deus,
7 trarei estrangeiros contra você,
  das mais impiedosas nações;[m]
eles empunharão suas espadas
  contra a sua beleza
  e a sua sabedoria
e traspassarão o seu esplendor
  fulgurante.
8 Eles o farão descer à cova,[n]
  e você terá morte violenta
    no coração dos mares.[o]
9 Dirá você então:
  'Eu sou um deus'
na presença daqueles que o matarem?
Você será tão-somente um homem,
  e não um deus,
nas mãos daqueles que o abaterem.
10 Você terá a morte dos incircuncisos[p]
  nas mãos de estrangeiros.

Eu falei. Palavra do Soberano, o Senhor".

11 Esta palavra do Senhor veio a mim: **12** "Filho do homem, erga um lamento[q] a respeito do rei de Tiro e diga-lhe: Assim diz o Soberano, o Senhor:

"Você era o modelo da perfeição,
cheio de sabedoria
  e de perfeita beleza.[r]
13 Você estava no Éden,[s]
  no jardim de Deus;[t]
todas as pedras preciosas o enfeitavam:
  sárdio, topázio e diamante,
  berilo, ônix e jaspe,
  safira, carbúnculo[u] e esmeralda.[2]
Seus engastes e guarnições
  eram feitos de ouro;
tudo foi preparado no dia
  em que você foi criado.
14 Você foi ungido[v]
  como um querubim guardião,[w]
pois para isso eu o designei.

---

[1] 28.3 Ou *Danel*.

[2] 28.13 A identificação precisa de algumas dessas pedras preciosas não é conhecida.

Você estava no monte santo de Deus
e caminhava entre as pedras
    fulgurantes.
¹⁵ Você era inculpável em seus caminhos
    desde o dia em que foi criado
até que se achou maldade em você.
¹⁶ Por meio do seu amplo comércio,
você encheu-se de violência⁽ˣ⁾ e pecou.
Por isso eu o lancei, humilhado,
    para longe do monte de Deus,
e o expulsei, ó querubim guardião,⁽ʸ⁾
    do meio das pedras fulgurantes.
¹⁷ Seu coração tornou-se orgulhoso⁽ᶻ⁾
    por causa da sua beleza,
e você corrompeu a sua sabedoria
    por causa do seu esplendor.
Por isso eu o atirei à terra;
fiz de você um espetáculo para os reis.
¹⁸ Por meio dos seus muitos pecados
    e do seu comércio desonesto
você profanou os seus santuários.
Por isso fiz sair de você um fogo,
    que o consumiu,
e reduzi você a cinzas⁽ᵃ⁾ no chão,
    à vista de todos
    os que estavam observando.
¹⁹ Todas as nações que o conheciam
    espantaram-se ao vê-lo;
chegou o seu terrível fim,
    você não mais existirá".⁽ᵇ⁾

Profecia contra Sidom

²⁰ Veio a mim esta palavra do Senhor: ²¹ "Filho do homem, vire o rosto contra⁽ᶜ⁾ Sidom;⁽ᵈ⁾ profetize contra ela ²² e diga: Assim diz o Soberano, o Senhor:

"Estou contra você, Sidom,
e manifestarei a minha glória⁽ᵉ⁾
    dentro de você.
Todos saberão que eu sou o Senhor,
quando eu castigá-la⁽ᶠ⁾
    e mostrar-me santo em seu meio.
²³ Enviarei uma peste sobre você
    e farei sangue correr em suas ruas.
Os mortos cairão, derrubados pela espada
    que virá de todos os lados contra você.
E todos saberão que eu sou o
    Senhor.⁽ᵍ⁾

²⁴ "Israel não terá mais vizinhos maldosos agindo como roseiras bravas dolorosas e espinhos pontudos.⁽ʰ⁾ Pois eles saberão que eu sou o Soberano, o Senhor.

²⁵ "Assim diz o Soberano, o Senhor: Quando eu reunir⁽ⁱ⁾ Israel dentre as nações nas quais foi espalhado,⁽ʲ⁾ eu me mostrarei santo⁽ᵏ⁾ entre eles à vista das nações. Então eles viverão em sua própria terra, a qual dei ao meu servo Jacó.⁽ˡ⁾ ²⁶ Eles viverão ali em segurança,⁽ᵐ⁾ construirão casas e plantarão vinhas; viverão em segurança quando eu castigar todos os seus vizinhos que lhes fizeram mal. Então eles saberão que eu sou o Senhor, o seu Deus".⁽ⁿ⁾

Profecia contra o Egito

29 No décimo segundo dia do décimo mês do décimo ano do exílio, esta palavra do Senhor veio a mim:⁽ᵒ⁾ ² "Filho do homem, vire o rosto contra o faraó, rei do Egito,⁽ᵖ⁾ e profetize contra ele e contra todo o Egito.⁽q⁾ ³ Diga-lhe: Assim diz o Soberano, o Senhor:

"Estou contra você, faraó,⁽ʳ⁾ rei do Egito,
contra você, grande monstro⁽ˢ⁾ deitado
    em meio a seus riachos.
Você diz: 'O Nilo é meu;
    eu o fiz para mim mesmo'.
⁴ Mas porei anzóis⁽ᵗ⁾ em seu queixo
e farei os peixes dos seus regatos
    se apegarem
    às suas escamas, ó Egito.
Puxarei você para fora dos seus riachos,
    com todos os peixes grudados
    em suas escamas.⁽ᵘ⁾
⁵ Deixarei você no deserto,
    você e todos os peixes
    dos seus regatos.
Você cairá em campo aberto
    e não será recolhido
    nem sepultado.
Darei você como comida
    aos animais selvagens
    e às aves do céu.⁽ᵛ⁾

⁶ "Então todos os que vivem no Egito saberão que eu sou o Senhor.

"Você tem sido um bordão de juncoʷ para a nação de Israel. ⁷ Quando eles o pegaram com as mãos, você rachouˣ e rasgou os ombros deles; quando eles se apoiaram em você, você se quebrou, e as costas deles sofreram torção.¹ ʸ

⁸ "Portanto, assim diz o Soberano, o Senhor: Trarei uma espada contra você e matarei os seus homens e os seus animais.ᶻ ⁹ O Egito se tornará um deserto arrasado. Então eles saberão que eu sou o Senhor.

"Visto que você disse: 'O Nilo é meu; eu o fiz',ᵃ ¹⁰ estou contra você e contra os seus regatos, e tornarei o Egito uma desgraça e um deserto arrasado desde Migdol até Sevene,ᵇ chegando até a fronteira da Etiópia². ¹¹ Nenhum pé de homem ou pata de animal o atravessará; ninguém morará ali por quarenta anos.ᶜ ¹² Farei a terra do Egito arrasada em meio a terras devastadas, e suas cidades estarão arrasadas durante quarenta anos entre cidades em ruínas. Espalharei os egípcios entre as nações e os dispersarei entre os povos.ᵈ

¹³ "Contudo, assim diz o Soberano, o Senhor: Ao fim dos quarenta anos ajuntarei os egípcios dentre as nações nas quais foram espalhados. ¹⁴ Eu os trarei de volta do cativeiro e os farei voltar ao alto Egito³,ᵉ à terra dos seus antepassados. Ali serão um reino humilde.ᶠ ¹⁵ Será o mais humilde dos reinos, e nunca mais se exaltará sobre as outras nações.ᵍ Eu o farei tão fraco que nunca mais dominará sobre as nações. ¹⁶ O Egito não inspirará mais confiançaʰ a Israel, mas será uma lembrança de sua iniquidade por procurá-lo em busca de ajuda. Então eles saberão que eu sou o Soberano, o Senhor".ⁱ

¹⁷ No primeiro dia do primeiro mês do vigésimo sétimo ano do exílio, esta palavra do Senhor veio a mim:ʲ ¹⁸ "Filho do homem, o rei Nabucodonosor,ᵏ da Babilônia, conduziu o seu exército numa dura campanha contra Tiro; toda cabeça foi esfregadaˡ até não ficar cabelo algum e todo ombro ficou esfolado. Contudo, ele e o seu exército não obtiveram nenhuma recompensa com a campanha que ele conduziu contra Tiro. ¹⁹ Por isso, assim diz o Soberano, o Senhor: Vou dar o Egito ao rei Nabucodonosor, da Babilônia, e ele levará embora a riqueza dessa nação. Ele saqueará e despojará a terra como pagamento para o seu exército.ᵐ ²⁰ Eu lhe dei o Egito como recompensa por seus esforços, por aquilo que ele e o seu exército fizeram para mim. Palavra do Soberano, o Senhor."

²¹ "Naquele dia farei crescer o poder⁴ ᵒ da nação de Israel, e abrirei a minha bocaᵖ no meio deles. Então eles saberão que eu sou o Senhor".ᵠ

Um Lamento pelo Egito

30 Esta palavra do Senhor veio a mim: ² "Filho do homem, profetize e diga: Assim diz o Soberano, o Senhor:

"Clamemʳ e digam:
    Ai! Aquele dia!
³ Pois o dia está próximo,ˢ
o dia do Senhorᵗ
    está próximo;
será dia de nuvens,
uma época de condenação
    para as nações.
⁴ A espada virá contra o Egito,
    e angústia virá sobre a Etiópia⁵.
Quando os mortos caírem no Egito,
    sua riqueza lhe será tirada
e os seus alicerces serão despedaçados.ᵘ

⁵ "A Etiópia e Fute,ᵛ Lude e toda a Arábia, a Líbia⁶ e o povoʷ da terra da aliança cairão à espada junto com o Egito.

⁶ "Assim diz o Senhor:

---

¹ **29.7** Conforme a Versão Siríaca. O Texto Massorético diz *e fez que as costas deles paralisassem*.
² **29.10** Hebraico: *Cuxe*.
³ **29.14** Hebraico: *a Patros*.
⁴ **29.21** Hebraico: *chifre*.
⁵ **30.4** Hebraico: *Cuxe*; também nos versículos 5 e 9.
⁶ **30.5** Hebraico: *Cube*.

"Os aliados do Egito cairão,
e a sua orgulhosa força fracassará.
Desde Migdol até Sevene[x]
eles cairão à espada.
Palavra do Soberano, o SENHOR.
⁷ Serão arrasados
no meio de terras devastadas,
e as suas cidades jazerão
no meio de cidades em ruínas.[y]
⁸ E eles saberão que eu sou o SENHOR,
quando eu incendiar o Egito
e todos os que o apoiam
forem esmagados.

⁹ "Naquele dia enviarei mensageiros em navios para assustar o povo da Etiópia,[z] que se sente seguro. A angústia[a] se apoderará deles no dia da condenação do Egito, pois é certo que isso acontecerá.[b]

¹⁰ "Assim diz o Soberano, o SENHOR:

"Darei fim à população do Egito
pelas mãos do rei Nabucodonosor,
da Babilônia.[c]
¹¹ Ele e o seu exército,
a nação mais impiedosa,[d]
serão levados para destruir a terra.
Eles empunharão a espada
contra o Egito
e a terra se encherá de mortos.
¹² Eu secarei[e] os regatos do Nilo[f]
e venderei a terra
a homens maus;
pela mão de estrangeiros
deixarei arrasada a terra
e tudo o que nela há.

"Eu, o SENHOR, falei.

¹³ "Assim diz o Soberano, o SENHOR:

"Destruirei os ídolos[g]
e darei fim às imagens
que há em Mênfis.[h]
Não haverá mais príncipe no Egito,[i]
e espalharei medo
por toda a terra.
¹⁴ Arrasarei[j] o alto Egito[1],
incendiarei Zoã[k]
e infligirei castigo a Tebas[2].[l]
¹⁵ Derramarei a minha ira sobre
Pelúsio[3],
a fortaleza do Egito,
e acabarei com a população de Tebas.
¹⁶ Incendiarei o Egito;
Pelúsio se contorcerá de agonia.
Tebas será levada pela tempestade;
Mênfis estará em constante aflição.
¹⁷ Os jovens de Heliópolis[4][m] e de
Bubastis[5]
cairão à espada,
e a população das cidades irá para o
cativeiro.
¹⁸ As trevas imperarão em pleno dia
em Tafnes quando eu quebrar o cetro
do Egito;[n]
ali sua força orgulhosa chegará ao fim.
Ficará coberta de nuvens,
e os moradores dos seus povoados
irão para o cativeiro.[o]
¹⁹ Assim eu darei castigo ao Egito,
e todos ali saberão
que eu sou o SENHOR".

²⁰ No sétimo dia do primeiro mês do décimo primeiro ano, a palavra do SENHOR veio a mim:[p] ²¹ "Filho do homem, quebrei o braço[q] do faraó, rei do Egito. Não foi enfaixado para sarar,[r] nem lhe foi posta uma tala para fortalecê-lo o bastante para poder manejar a espada. ²² Portanto, assim diz o Soberano, o SENHOR: Estou contra o faraó, rei do Egito.[s] Quebrarei os seus dois braços, o bom e o que já foi quebrado, e farei a espada cair da sua mão.[t] ²³ Dispersarei os egípcios entre as nações e os espalharei entre os povos.[u] ²⁴ Fortalecerei[v] os braços do rei da Babilônia e porei a minha espada[w] nas mãos dele, mas quebrarei os braços do

¹ **30.14** Hebraico: *Arrasarei Patros.*
² **30.14** Hebraico: *No;* também nos versículos 15 e 16.
³ **30.15** Hebraico: *Sim;* também no versículo 16.
⁴ **30.17** Hebraico: *Áven.*
⁵ **30.17** Hebraico: *Pi-Besete.*

faraó, e este gemerá diante dele como um homem mortalmente ferido. ²⁵ Fortalecerei os braços do rei da Babilônia, mas os braços do faraó penderão sem firmeza. Quando eu puser minha espada na mão do rei da Babilônia e ele a brandir contra o Egito, eles saberão que eu sou o Senhor. ²⁶ Eu dispersarei os egípcios no meio das nações e os espalharei entre os povos. Então eles saberão que eu sou o Senhor".ˣ

Um Cedro no Líbano

31 No primeiro dia do terceiro mês do décimo primeiro ano,ʸ a palavra do Senhor veio a mim:ᶻ ² "Filho do homem, diga ao faraó, rei do Egito, e ao seu povo:

"Quem é comparável a você
  em majestade?
³ Considere a Assíria,
  outrora um cedro no Líbano,
com belos galhos que faziam
  sombra à floresta;
era alto;
  seu topo ficava acima da espessa
    folhagem.ᵃ
⁴ As águas o nutriam,
correntes profundas o faziam crescer
  a grande altura;
seus riachos fluíam de onde ele estava
  para todas as árvores do campo.
⁵ Erguia-se mais alto que
  todas as árvores do campo;
brotaram muitos ramos
  e seus galhos cresceram,
espalhando-se, graças à fartura de água.ᵇ
⁶ Todas as aves do céu
  se aninhavam em seus ramos,
todos os animais do campo
  davam à luz debaixo dos seus galhos;
todas as grandes nações
  viviam à sua sombra.ᶜ
⁷ Era de uma beleza majestosa,
  com seus ramos que tanto se
    espalhavam,
pois as suas raízes desciam até as
  muitas águas.

⁸ Os cedrosᵈ do jardim de Deus
  não eram rivais para ele,
nem os pinheiros conseguiam
  igualar-se aos seus ramos,
nem os plátanos podiam
  comparar-se com os seus galhos;
nenhuma árvore do jardim de Deus
  podia equiparar-se à sua beleza.ᵉ
⁹ Eu o fiz belo com rica ramagem,
a inveja de todas as árvores do Éden,ᶠ
  do jardim de Deus.ᵍ

¹⁰ "Portanto, assim diz o Soberano, o Senhor: Como ele se ergueu e se tornou tão alto, alçando seu topo acima da folhagem espessa, e como ficou orgulhosoʰ da sua altura, ¹¹ eu o entreguei ao governante das nações para que este o tratasse de acordo com a sua maldade. Eu o rejeitei,ⁱ ¹² e a mais impiedosa das nações estrangeirasʲ o derrubou e o deixou. Seus ramos caíram sobre os montes e em todos os vales;ᵏ seus galhos jazeram quebrados em todas as ravinas da terra. Todas as nações da terra saíram de sua sombra e o abandonaram.ˡ ¹³ Todas as aves do céu se instalaram na árvore caída, e todos os animais do campo se abrigaram em seus galhos.ᵐ ¹⁴ Por isso nenhuma outra árvore junto às águas chegará a erguer-se orgulhosamente tão alto, alçando o seu topo acima da folhagem espessa. Nenhuma outra árvore igualmente bem regada chegará a essa altura; estão todas destinadas à morte,ⁿ e irão para debaixo da terra, entre os homens mortais, com os que descem à cova.º

¹⁵ "Assim diz o Soberano, o Senhor: No dia em que ele foi baixado à sepultura¹, fiz o abismo encher-se de pranto por ele; estanquei os seus riachos, e a sua fartura de água foi retida. Por causa dele vesti o Líbano de trevas, e todas as árvores do campo secaram-se completamente. ¹⁶ Fiz as nações tremeremᵖ ao som da sua queda, quando o fiz

---

¹ **31.15** Hebraico: *Sheol*. Essa palavra também pode ser traduzida por profundezas, pó ou morte; também nos versículos 16 e 17.

30.26
ˣ Ez 29.12
31.1
ʸ Jr 52.5;
ᶻ Ez 30.20
31.3
ᵃ Is 10.34
31.5
ᵇ Ez 17.5
31.6
ᶜ Ez 17.23;
Mt 13.32
31.8
ᵈ Sl 80.10;
ᵉ Gn 2.8-9
31.9
ᶠ Gn 2.8;
ᵍ Gn 13.10;
Ez 28.13
31.10
ʰ Is 14.13-14;
Ez 28.17
31.11
ⁱ Dn 5.20
31.12
ʲ Ez 28.7;
ᵏ Ez 32.5;
35.8;
ˡ Ez 32.11-12;
Dn 4.14
31.13
ᵐ Is 18.6;
Ez 29.5; 32.4
31.14
ⁿ Sl 82.7;
º Sl 63.9;
Ez 26.20;
32.24
31.16
ᵖ Ez 26.15

descer à sepultura junto com os que descem à cova. Então todas as árvores*q* do Éden, as mais belas e melhores do Líbano, todas as árvores bem regadas, consolavam-se*r* embaixo da terra.*s* ¹⁷ Todos os que viviam à sombra dele, seus aliados entre as nações, também haviam descido com ele à sepultura, juntando-se aos que foram mortos à espada.*t*

¹⁸ "Qual das árvores do Éden pode comparar-se com você em esplendor e majestade? No entanto, você também será derrubado e irá para baixo da terra, junto com as árvores do Éden; você jazerá entre os incircuncisos,*u* com os que foram mortos à espada.

"Eis aí o faraó e todo o seu grande povo. Palavra do Soberano, o Senhor".

Um Lamento pelo Faraó

32 No primeiro dia do décimo segundo mês do décimo segundo ano, esta palavra do Senhor veio a mim:*v* ² "Filho do homem, entoe um lamento*w* a respeito do faraó, rei do Egito, e diga-lhe:

"Você é como um leão*x* entre as nações,
  como um monstro nos mares,
contorcendo-se em seus riachos,
  agitando e enlameando
  as suas águas com os pés.*y*

³ "Assim diz o Soberano, o Senhor:

"Com uma imensa multidão de povos
  lançarei sobre você a minha rede,*z*
e com ela eles o puxarão para cima.
⁴ Atirarei você na terra
  e o lançarei no campo.
Deixarei que todas as aves do céu
  se abriguem em você
e os animais de toda a terra
  o devorarão até fartar-se.*a*
⁵ Estenderei a sua carne sobre os montes
  e encherei os vales*b* com os seus restos.
⁶ Encharcarei a terra com o seu sangue*c*
  por todo o caminho, até os montes,
e os vales ficarão cheios da sua carne.

⁷ Quando eu o extinguir,
  cobrirei o céu e escurecerei
  as suas estrelas;
cobrirei o sol com uma nuvem,
  e a lua não dará a sua luz.*d*
⁸ Todas as estrelas que brilham nos céus,
  escurecerei sobre você,
e trarei escuridão sobre a sua terra.
  Palavra do Soberano, o Senhor.
⁹ Perturbarei os corações de muitos povos
quando eu provocar a sua destruição
  entre as nações,
em terras¹ que você não conheceu.
¹⁰ Farei que muitos povos
  espantem-se ao vê-lo,
e que os seus reis fiquem arrepiados
  de horror por sua causa,
quando eu brandir a minha espada
  diante deles.
No dia*e* da sua queda todos eles
  tremerão de medo
sem parar, por suas vidas.*f*

¹¹ "Porque assim diz o Soberano, o Senhor:

"A espada do rei da Babilônia*g*
  virá contra você.
¹² Farei multidões do seu povo
  caírem à espada de poderosos,
  da mais impiedosa das nações.*h*
Eles destruirão o orgulho do Egito,
  e toda a sua população será vencida.*i*
¹³ Destruirei todo o seu rebanho,
  junto às muitas águas,
as quais não serão mais agitadas
  pelo pé do homem
nem serão enlameadas
  pelos cascos do gado.*j*
¹⁴ Então deixarei que as suas águas
  se assentem
e farei os seus riachos fluírem
  como azeite.
Palavra do Soberano, o Senhor.

¹ 32.9 A Septuaginta diz *quando eu o levar ao cativeiro entre as nações, para a terra.*

15 Quando eu arrasar o Egito
e arrancar da terra
   tudo o que nela existe,
quando eu abater todos os que
   ali habitam,
então eles saberão que eu sou
   o Senhor.ᵏ

16 "Esse é o lamentoˡ que entoarão por causa dele. As filhas das nações o entoarão; por causa do Egito e de todas as suas multidões de povo, elas o entoarão. Palavra do Soberano, o Senhor".

17 No décimo quinto dia do mês do décimo segundo ano, esta palavra do Senhor veio a mim:ᵐ **18** "Filho do homem, lamente-se pelas multidões do Egito e faça descerⁿ para debaixo da terra tanto elas como as filhas das nações poderosas, junto com aqueles que descem à cova.ᵒ **19** Diga ao povo: Acaso você merece mais favores que as outras nações? Desça e deite-se com os incircuncisos.ᵖ **20** Eles cairão entre os que foram mortos à espada. A espada está preparada; sejam eles arrastadosᑫ com toda a multidão do seu povo. **21** De dentro da sepultura¹ ʳ os poderosos líderes dirão ao Egito e aos seus aliados: 'Eles desceram e jazem com os incircuncisos, com os que foram mortos à espada'.

22 "A Assíria está ali com todo o seu exército; está cercada pelos túmulos de todos os seus mortos, de todos os que caíram à espada. **23** Seus túmulos estão nas profundezas,ˢ e o seu exército jaz ao redor de seu túmulo. Todos os que haviam espalhado pavor na terra dos viventes estão mortos, caídos à espada.

24 "Elãoᵗ está ali, com toda a sua população ao redor de seu túmulo. Todos eles estão mortos, caídos à espada.ᵘ Todos os que haviam espalhado pavor na terra dos viventesᵛ desceram incircuncisos para debaixo da terra. Carregam sua vergonha com os que descem à cova.ʷ **25** Uma cama está preparada para ele entre os mortos, com todas as suas hordas em torno de seu túmulo. Todos estes incircuncisos foram mortos à espada. O seu terror havia se espalhado na terra dos viventes e por isso eles carregam sua desonra com aqueles que descem à cova; jazem entre os mortos.

26 "Meseque e Tubalˣ estão ali, com toda a sua população ao redor de seus túmulos. Todos eles são incircuncisos e foram mortos à espada porque espalharam o seu terror na terra dos viventes. **27** Acaso não jazem com os outros guerreiros incircuncisos que caíram, que desceram à sepultura com suas armas de guerra, cujas espadas foram postas debaixo da cabeça deles? O castigo de suas iniquidades está sobre os seus ossos, embora o pavor causado por esses guerreiros tenha percorrido a terra dos viventes.

28 "Você também, ó faraó, será abatido e jazerá entre os incircuncisos, com os que foram mortos à espada.

29 "Edomʸ está ali, seus reis e todos os seus príncipes; a despeito de seu poder, jazem com os que foram mortos à espada. Jazem com os incircuncisos, com aqueles que descem à cova.ᶻ

30 "Todos os príncipes do norteᵃ e todos os sidôniosᵇ estão ali; eles desceram com os mortos, cobertos de vergonha, apesar do pavor provocado pelo poder que tinham. Eles jazem incircuncisos com os que foram mortos à espada e carregam sua desonra com aqueles que descem à cova.

31 "O faraó, ele e todo o seu exército, os verá e será consolado ͨ da perda de todo o seu povo, que foi morto à espada. Palavra do Soberano, o Senhor. **32** Embora eu o tenha feito espalhar pavor na terra dos viventes, o faraó e todo o seu povo jazerão entre os incircuncisos, com os que foram mortos à espada. Palavra do Soberano, o Senhor".

Ezequiel, a Sentinela

33 Esta palavra do Senhor veio a mim: **2** "Filho do homem, fale com os seus compatriotas e diga-lhes: Quando eu trouxer

---

¹ *32.21* Hebraico: *Sheol*. Essa palavra também pode ser traduzida por profundezas, pó ou morte; também no versículo 27.

a espada^d contra uma terra e o povo dessa terra escolher um homem para ser sentinela,^e ³ e ele vir a espada vindo contra a terra e tocar a trombeta^f para advertir o povo, ⁴ então, se alguém ouvir a trombeta mas não der atenção à advertência^g e a espada vier e tirar a sua vida, este será responsável por sua própria morte.^h ⁵ Uma vez que ele ouviu o som da trombeta mas não deu atenção à advertência, será responsável por sua morte. Se ele desse atenção à advertência, se livraria. ⁶ Mas, se a sentinela vir chegar a espada e não tocar a trombeta para advertir o povo e a espada vier e tirar a vida de um deles, aquele homem morrerá por causa de sua iniquidade, mas considerarei a sentinela responsável pela morte daquele homem.ⁱ

⁷ "Filho do homem, eu fiz de você uma sentinela para a nação de Israel; por isso, ouça a minha palavra e advirta-os em meu nome.^j ⁸ Quando eu disser ao ímpio que é certo que ele morrerá,^k e você não falar para dissuadi-lo de seus caminhos, aquele ímpio morrerá por¹ sua iniquidade, mas eu considerarei você responsável pela morte dele.^l ⁹ Entretanto, se você de fato advertir o ímpio para que se desvie dos seus caminhos e ele não se desviar, ele morrerá por sua iniquidade, e você estará livre da sua responsabilidade.^m

¹⁰ "Filho do homem, diga à nação de Israel: É isto que vocês estão dizendo: 'Nossas ofensas e pecados são um peso sobre nós, e estamos desfalecendoⁿ por causa deles².Como então poderemos viver?'^o ¹¹ Diga-lhes: Juro pela minha vida, palavra do Soberano, o Senhor, que não tenho prazer na morte dos ímpios, antes tenho prazer em que eles se desviem dos seus caminhos e vivam.^p Voltem! Voltem-se dos seus maus caminhos! Por que o seu povo haveria de morrer, ó nação de Israel?^q

¹² "Por isso, filho do homem, diga aos seus compatriotas: A retidão do justo não o livrará se ele se voltar para a desobediência, e a maldade do ímpio não o fará cair se ele se desviar dela. E se o justo pecar, não viverá por causa de sua justiça.^r ¹³ Se eu garantir ao justo que ele irá viver, mas ele, confiando em sua justiça, fizer o mal, de suas ações justas nada será lembrado; ele morrerá por causa do mal que fez.^s ¹⁴ E, se você disser ao ímpio: Certamente você morrerá, mas ele se desviar do seu pecado e fizer o que é justo^t e certo; ¹⁵ se ele devolver o que apanhou como penhor de um empréstimo, se devolver o que roubou,^u se agir segundo os decretos que dão vida e não fizer mal algum, é certo que viverá; não morrerá.^v ¹⁶ Nenhum dos pecados que cometeu será lembrado contra ele. Ele fez o que é justo e certo; certamente viverá."^w

¹⁷ "Contudo, os seus compatriotas dizem: 'O caminho do Senhor não é justo'. Mas é o caminho deles que não é justo. ¹⁸ Se um justo se afastar de sua justiça e fizer o mal, morrerá.^x ¹⁹ E, se um ímpio se desviar de sua maldade e fizer o que é justo e certo, viverá por assim proceder. ²⁰ No entanto, ó nação de Israel, você diz: 'O caminho do Senhor não é justo'. Mas eu julgarei cada um de acordo com os seus próprios caminhos".

A Razão da Queda de Jerusalém

²¹ No quinto dia do décimo mês do décimo segundo ano do nosso exílio, um homem que havia escapado^y de Jerusalém veio a mim e disse: "A cidade caiu!"^z ²² Ora, na tarde do dia anterior, a mão do Senhor estivera sobre mim,^a e ele abriu a minha boca^b antes de chegar aquele homem. Assim foi aberta a minha boca, e eu não me calei mais.^c

²³ Então me veio esta palavra do Senhor: ²⁴ "Filho do homem, o povo que vive naquelas ruínas^d em Israel está dizendo: 'Abraão era apenas um único homem e, contudo, possuiu a terra. Mas nós somos muitos; com certeza receberemos a terra como propriedade'.^e ²⁵ Então diga a eles: Assim diz o Soberano, o Senhor: Uma

---

¹ 33.8 Ou *em*; também no versículo 9.
² 33.10 Ou *desfalecendo neles*

vez que vocês comem carne com sangue,ᶠ voltam-se para os seus ídolos e derramam sangue, como deveriam possuir a terra?ᵍ ²⁶ Vocês confiam na espada, fazem coisas repugnantes, e cada um de vocês contamina a mulher do seu próximo.ʰ Deveriam possuir a terra?

²⁷ "Diga isto a eles: Assim diz o Soberano, o Senhor: Juro pela minha vida: Os que restam nas ruínas cairão à espada, os que estão no campo entregarei aos animais selvagens para ser devorados, e os que se abrigam em fortalezas e em cavernas morrerão de peste.ⁱ ²⁸ Tornarei a terra um deserto abandonado. Darei fim ao poder de que se orgulha, e tão arrasados estarão os montes de Israel que ninguém desejará passar por lá. ²⁹ Eles saberão que eu sou o Senhor, quando eu tiver tornado a terra um deserto abandonado por causa de todas as práticas repugnantes que eles cometeram.

³⁰ "Quanto a você, filho do homem, seus compatriotas estão conversando sobre você junto aos muros e às portas das casas, dizendo uns aos outros: 'Venham ouvir a mensagem que veio da parte do Senhor'. ³¹ O meu povo vem a você, como costuma fazer, e se assentaʲ para ouvir as suas palavras, mas não as põe em prática. Com a boca eles expressam devoção, mas o coração deles está ávido de ganhos injustos.ᵏ ³² De fato, para eles você não é nada mais que um cantor que entoa cânticos de amor com uma bela voz e que sabe tocar um instrumento, pois eles ouvem as suas palavras, mas não as põem em prática.ˡ

³³ "Quando tudo isso acontecer — e certamente acontecerá — eles saberão que um profeta esteve no meio deles".ᵐ

Os Pastores e as Ovelhas

34 Veio a mim esta palavra do Senhor: ² "Filho do homem, profetize contra os pastores de Israel; profetize e diga-lhes: Assim diz o Soberano, o Senhor: Ai dos pastores de Israel que só cuidam de si mesmos! Acaso os pastores não deveriam cuidar do rebanho?ⁿ ³ Vocês comem a coalhada, vestem-se de lã e abatem os melhores animais, mas não tomam conta do rebanho.ᵒ ⁴ Vocês não fortaleceram a fraca nem curaram a doente nem enfaixaram a ferida. Vocês não trouxeram de volta as desviadas nem procuraram as perdidas. Vocês têm dominado sobre elas com dureza e brutalidade.ᵖ ⁵ Por isso elas estão dispersas, porque não há pastorᑫ algum e, quando foram dispersas, elas se tornaram comida de todos os animais selvagens.ʳ ⁶ As minhas ovelhas vaguearam por todos os montes e por todas as altas colinas. Foram dispersas por toda a terra, e ninguém se preocupou com elas nem as procurou.ˢ

⁷ "Por isso, pastores, ouçam a palavra do Senhor: ⁸ Juro pela minha vida, palavra do Soberano, o Senhor: Visto que o meu rebanho ficou sem pastor, foi saqueado e se tornou comida de todos os animais selvagens, e uma vez que os meus pastores não se preocuparam com o meu rebanho, mas cuidaram de si mesmos em vez de cuidarem do rebanho, ⁹ ouçam a palavra do Senhor, ó pastores: ¹⁰ Assim diz o Soberano, o Senhor: Estou contraᵗ os pastores e os considerarei responsáveis pelo meu rebanho. Eu lhes tirarei a função de apascentá-lo para que os pastores não mais se alimentem a si mesmos. Livrareiᵘ o meu rebanho da boca deles, e as ovelhas não lhes servirão mais de comida.ᵛ

¹¹ "Porque assim diz o Soberano, o Senhor: Eu mesmo buscarei as minhas ovelhas e delas cuidarei. ¹² Assim como o pastorʷ busca as ovelhas dispersas quando está cuidando do rebanho, também tomarei conta de minhas ovelhas. Eu as resgatarei de todos os lugares para onde foram dispersas num dia de nuvens e de trevas.ˣ ¹³ Eu as farei sair das outras nações e as reunirei, trazendo-as dos outros povos para a sua própria terra. E as apascentarei nos montes de Israel, nos vales e em todos os povoados

do país.ʸ ¹⁴ Tomarei conta delas numa boa pastagem, e os altos dos montes de Israel° serão a terra onde pastarão; ali se alimentarão, num rico pasto° nos montes de Israel.ᵇ ¹⁵ Eu mesmo tomarei conta das minhas ovelhas e as farei deitar-se e repousar. Palavra do Soberano, o Senhor.ᶜ ¹⁶ Procurarei as perdidas e trarei de volta as desviadas. Enfaixarei a que estiver ferida e fortalecerei a fraca,ᵈ mas a rebelde e forte eu destruirei. Apascentarei o rebanho com justiça.ᵉ

¹⁷ "Quanto a você, meu rebanho, assim diz o Soberano, o Senhor: Julgarei entre uma ovelha e outra, e entre carneiros e bodes.ᶠ ¹⁸ Não lhes basta comerem em boa pastagem? Deverão também pisotear o restante da pastagem? Não lhes basta beberem água límpida? Deverão também enlamear o restante com os pés? ¹⁹ Deverá o meu rebanho alimentar-se daquilo que vocês pisotearam e beber daquilo que vocês enlamearam com os pés?

²⁰ "Por isso, assim diz o Soberano, o Senhor, a eles: Vejam, eu mesmo julgarei entre a ovelha gorda e a magra. ²¹ Pois vocês forçaram passagem com o corpo e com o ombro, empurrando todas as ovelhas fracas com os chifresᵍ até expulsá-las; ²² eu salvarei o meu rebanho, e elas não mais serão saqueadas. Julgarei entre uma ovelha e outra.ʰ ²³ Porei sobre elas um pastor, o meu servo Davi, e ele cuidaráⁱ delas; cuidará delas e será o seu pastor. ²⁴ Eu, o Senhor, serei o seu Deus,ʲ e o meu servo Davi será o líder no meio delas. Eu, o Senhor, falei.ᵏ

²⁵ "Farei uma aliança de paz com elas e deixarei a terra livre de animais selvagensˡ para que as minhas ovelhas possam viver com segurança no deserto e dormir nas florestas.ᵐ ²⁶ Eu as abençoareiⁿ e abençoarei os lugares em torno da minha colina.¹ Na estação própria farei descer chuva;ᵒ haverá chuvas de bênçãos.ᵖ ²⁷ As árvores do campo produzirão o seu fruto, a terra produzirá a sua safra e as ovelhas estarão seguras na terra. Elas saberão que eu sou o Senhor, quando eu quebrar as cangas de seu jugoᑫ e as livrar das mãos daqueles que as escravizaram.ʳ ²⁸ Não serão mais saqueadas pelas nações, nem os animais selvagens as devorarão. Viverão em segurança, e ninguém lhes causará medo.ˢ ²⁹ Eu lhes darei uma terra famosaᵗ por suas colheitas, e elas não serão mais vítimas de fomeᵘ na terra nem carregarão a zombariaᵛ das nações.ʷ ³⁰ Então elas saberão que eu, o Senhor, o seu Deus, estou com elas, e que elas, a nação de Israel, são o meu povo. Palavra do Soberano, o Senhor.ˣ ³¹ Vocês, minhas ovelhas, ovelhas da minha pastagem,ʸ são o meu povo, e eu sou o seu Deus. Palavra do Soberano, o Senhor".

Profecia contra Edom

35 Esta palavra do Senhor veio a mim: ² "Filho do homem, vire o rosto contra o monte Seir; profetize contra ele ³ e diga: Assim diz o Soberano, o Senhor: Estou contra você, monte Seir, e estenderei o meu braçoᶻ contra você e farei de você um deserto arrasado.ᵃ ⁴ Transformarei as suas cidades em ruínas, e você ficará arrasado. Então você saberá que eu sou o Senhor.ᵇ

⁵ "Visto que você manteve uma velha hostilidade e entregou os israelitas à espada na hora da desgraça, na hora em que o castigo deles chegou,ᶜ ⁶ por isso, juro pela minha vida, palavra do Soberano, o Senhor, que entregarei você ao espírito sanguinário, e este o perseguirá.ᵈ Uma vez que você não detestou o espírito sanguinário, este o perseguirá. ⁷ Farei do monte Seir um deserto arrasado e dele eliminarei todos os que por ali vêm e vão. ⁸ Encherei seus montes de mortos; os mortos à espada cairão em suas colinas, em seus vales e em todas as suas ravinas.ᵉ ⁹ Arrasarei você para sempre; suas cidades ficarão inabitáveis. Então você saberá que eu sou o Senhor.ᶠ

¹⁰ "Uma vez que você disse: 'Estas duas nações e povos serão nossos e nos apossaremosᵍ

---

¹ **34.26** Ou *Eu farei que elas e os lugares em torno da minha colina sejam uma bênção.*

deles', sendo que eu, o Senhor, estava ali, ¹¹ juro pela minha vida, palavra do Soberano, o Senhor, que tratarei você de acordo com a ira*ʰ* e o ciúme que você mostrou em seu ódio para com eles, e me farei conhecido entre eles quando eu julgar você.*ⁱ* ¹² Então você saberá que eu, o Senhor, ouvi todas as coisas desprezíveis que você disse contra os montes de Israel. Você disse: 'Eles foram arrasados e nos foram entregues para que os devoremos.'*ʲ* ¹³ Você encheu-se de orgulho contra mim e falou contra mim sem se conter, e eu o ouvi.*ᵏ* ¹⁴ Pois assim diz o Soberano, o Senhor: Enquanto a terra toda se regozija, eu o arrasarei.*ˡ* ¹⁵ Como você se regozijou*ᵐ* quando a herança da nação de Israel foi arrasada, é assim que eu o tratarei. Você ficará arrasado, ó monte Seir,*ⁿ* você e todo o Edom.*ᵒ* Então saberão que eu sou o Senhor.

Profecia para os Montes de Israel

36 "Filho do homem, profetize para os montes de Israel e diga: Ó montes de Israel, ouçam a palavra do Senhor. ² Assim diz o Soberano, o Senhor: O inimigo disse a respeito de vocês: 'Ah! Ah!*ᵖ* As antigas elevações*ᵠ* se tornaram nossas.'*ʳ* ³ Por isso profetize e diga: Assim diz o Soberano, o Senhor: Eles devastaram e perseguiram vocês por todos os lados, de maneira que vocês se tornaram propriedade das demais nações e objeto de conversa maliciosa e de calúnia de todos.*ˢ* ⁴ Por isso, ó montes de Israel, ouçam a palavra do Soberano, o Senhor: Assim diz o Soberano, o Senhor, aos montes, às colinas, às ravinas, aos vales,*ᵗ* às ruínas arrasadas e às cidades abandonadas que foram saqueadas e ridicularizadas pelas demais nações ao seu redor*ᵘ* — ⁵ assim diz o Soberano, o Senhor: Em meu zelo ardente falei contra o restante das nações e contra todo o Edom, pois, com prazer e com maldade no coração, eles fizeram de minha terra sua propriedade, para saquear suas pastagens.*ᵛ* ⁶ Por isso, profetize acerca da terra de Israel e diga aos montes, às colinas, às ravinas e aos vales: Assim diz o Soberano, o Senhor: Falo com ciúme em minha ira porque vocês sofreram a zombaria das nações.*ʷ* ⁷ Por isso, assim diz o Soberano, o Senhor: Juro de mão erguida que as nações ao redor também sofrerão zombaria.

⁸ "Mas vocês, ó montes de Israel, produzirão galhos e frutos*ˣ* para Israel, o meu povo, pois ele virá logo para casa. ⁹ Estou preocupado com vocês e olharei para vocês favoravelmente; vocês serão arados e semeados, ¹⁰ e os multiplicarei, sim, toda a nação de Israel. As cidades serão habitadas e as ruínas reconstruídas.*ʸ* ¹¹ Multiplicarei os homens e os animais, e eles serão prolíferos e se tornarão numerosos. Tornarei a povoá-los como no passado,*ᶻ* e farei vocês prosperarem mais do que antes.*ᵃ* Então vocês saberão que eu sou o Senhor. ¹² Farei Israel, o meu povo, andar sobre vocês. Vocês lhe pertencerão, serão a herança*ᵇ* de Israel; vocês nunca mais os privarão dos seus filhos.

¹³ "Assim diz o Soberano, o Senhor: Como de fato dizem a você: 'Você devora homens*ᶜ* e priva a sua nação de filhos', ¹⁴ você não mais devorará nem tornará sua nação sem filhos. Palavra do Soberano, o Senhor. ¹⁵ Eu não permitirei mais que você ouça o sarcasmo das nações, e você não sofrerá mais a zombaria dos povos, nem fará mais a sua nação cair. Palavra do Soberano, o Senhor".*ᵈ*

¹⁶ De novo a palavra do Senhor veio a mim, dizendo: ¹⁷ "Filho do homem, quando os israelitas moravam em sua própria terra, eles a contaminaram com sua conduta e com suas ações. Sua conduta era à minha vista como a impureza menstrual de uma mulher.*ᵉ* ¹⁸ Por essa razão derramei*ᶠ* sobre eles a minha ira, porque eles derramaram sangue na terra e porque se contaminaram com seus ídolos. ¹⁹ Eu os dispersei entre as nações, e eles foram espalhados*ᵍ* entre os povos; eu os julguei de acordo com a conduta e as ações deles.*ʰ* ²⁰ E, por onde andaram entre as nações, eles profanaram*ⁱ*

o meu santo nome, pois se dizia a respeito deles: 'Esse é o povo do Senhor, mas assim mesmo teve que sair da terra que o Senhor lhe deu'.ʲ ²¹ Tive consideração pelo meu santo nome, o qual a nação de Israel profanou entre as nações para onde tinha ido.ᵏ

²² "Por isso, diga à nação de Israel: Assim diz o Soberano, o Senhor: Não é por sua causa, ó nação de Israel, que farei essas coisas, mas por causa do meu santo nome, que vocês profanaramˡ entre as nações para onde foram.ᵐ ²³ Mostrarei a santidade do meu santo nome, que foi profanado entre as nações, o nome que vocês profanaram no meio delas. Então as nações saberão que eu sou o Senhor, palavra do Soberano, o Senhor, quando eu me mostrar santoⁿ por meio de vocês diante dos olhos delas.ᵒ

²⁴ "Pois eu os tirarei dentre as nações, os ajuntarei do meio de todas as terras e os trarei de volta para a sua própria terra.ᵖ ²⁵ Aspergireiᵠ água pura sobre vocês e ficarão puros; eu os purificareiʳ de todas as suas impurezas e de todos os seus ídolos.ˢ ²⁶ Darei a vocês um coraçãoᵗ novo e porei um espírito novo em vocês; tirarei de vocês o coração de pedra e lhes darei um coração de carne.ᵘ ²⁷ Porei o meu Espíritoᵛ em vocês e os levarei a agirem segundo os meus decretos e a obedecerem fielmente às minhas leis. ²⁸ Vocês habitarão na terra que dei aos seus antepassados; vocês serão o meu povo,ʷ e eu serei o seu Deus.ˣ ²⁹ Eu os livrarei de toda a sua impureza. Convocarei o cereal e o farei multiplicar-se, e não trarei fomeʸ sobre vocês. ³⁰ Aumentarei a produção das árvores e as safras dos campos, de modo que vocês não sofrerão mais vergonha entre as nações por causa da fome.ᶻ ³¹ Então vocês se lembrarão dos seus caminhos maus e das suas ações ímpias, e terão nojo de si mesmos por causa das suas iniquidades e das suas práticas repugnantes.ᵃ ³² Quero que saibam que não estou fazendo isso por causa de vocês. Palavra do Soberano, o Senhor. Envergonhem-se e humilhem-se por causa de sua conduta, ó nação de Israel!ᵇ

³³ "Assim diz o Soberano, o Senhor: No dia em que eu os purificar de todos os seus pecados, restabelecerei as suas cidades e as ruínas serão reconstruídas. ³⁴ A terra arrasada será cultivada; não permanecerá arrasada à vista de todos que passarem por ela. ³⁵ Estes dirão: 'Esta terra que estava arrasada tornou-se como o jardim do Éden;ᶜ as cidades que jaziam em ruínas, arrasadas e destruídas, agora estão fortificadas e habitadas'.ᵈ ³⁶ Então as nações que estiverem ao redor de vocês e que subsistirem saberão que eu, o Senhor, reconstruí o que estava destruído e replantei o que estava arrasado. Eu, o Senhor, falei, e o farei.ᵉ

³⁷ "Assim diz o Soberano, o Senhor: Uma vez mais cederei à súplica da nação de Israel e farei isto por ela: tornarei o seu povo tão numeroso como as ovelhas, ³⁸ e como os grandes rebanhos destinados às ofertasᶠ das festas fixas de Jerusalém. Desse modo as cidades em ruínas ficarão cheias de rebanhos de gente. Então eles saberão que eu sou o Senhor".

O Vale dos Ossos Secos

37 A mão do Senhor estava sobre mim,ᵍ e por seu Espíritoʰ ele me levou a um valeⁱ cheio de ossos.ʲ ² Ele me levou de um lado para outro, e pude ver que era enorme o número de ossos no vale, e que os ossos estavam muito secos. ³ Ele me perguntou: "Filho do homem, estes ossos poderão tornar a viver?"

Eu respondi: "Ó Soberano Senhor, só tu o sabes".ᵏ

⁴ Então ele me disse: "Profetize a estes ossos e diga-lhes: Ossos secos, ouçam a palavra do Senhor!ˡ ⁵ Assim diz o Soberano, o Senhor, a estes ossos: Farei um espírito entrar em vocês, e vocês terão vida.ᵐ ⁶ Porei tendões em vocês e farei aparecer carne sobre vocês e os cobrirei com pele; porei um espírito em vocês, e vocês terão vida. Então vocês saberão que eu sou o Senhor".ⁿ

7 E eu profetizei conforme a ordem recebida. Enquanto profetizava, houve um barulho, um som de chocalho, e os ossos se juntaram, osso com osso. **8** Olhei, e os ossos foram cobertos de tendões e de carne, e depois de pele; mas não havia espírito neles.

9 A seguir ele me disse: "Profetize ao espírito;[o] profetize, filho do homem, e diga-lhe: Assim diz o Soberano, o SENHOR: Venha desde os quatro ventos, ó espírito, e sopre dentro desses mortos, para que vivam". **10** Profetizei conforme a ordem recebida, e o espírito entrou neles; eles receberam vida e se puseram em pé. Era um exército enorme![p]

11 Então ele me disse: "Filho do homem, estes ossos são toda a nação de Israel. Eles dizem: 'Nossos ossos se secaram e nossa esperança desvaneceu-se; fomos exterminados'.[q] **12** Por isso profetize e diga-lhes: Assim diz o Soberano, o SENHOR: Ó meu povo, vou abrir os seus túmulos e fazê-los sair; trarei vocês de volta à terra de Israel.[r] **13** E quando eu abrir os seus túmulos e os fizer sair, vocês, meu povo, saberão que eu sou o SENHOR. **14** Porei o meu Espírito[s] em vocês e vocês viverão, e eu os estabelecerei em sua própria terra. Então vocês saberão que eu, o SENHOR, falei, e fiz. Palavra do SENHOR".[t]

Uma Só Nação e Um Só Rei

15 Esta palavra do SENHOR veio a mim: **16** "Filho do homem, escreva num pedaço de madeira: Pertencente a Judá e aos israelitas,[u] seus companheiros.[v] Depois escreva noutro pedaço de madeira: Vara de Efraim, pertencente a José e a toda a nação de Israel, seus companheiros. **17** Junte-os numa única vara para que se tornem uma só em sua mão.[w]

18 "Quando os seus compatriotas lhe perguntarem: 'Você não vai nos dizer o que significa isso?'[x] **19** Diga-lhes: Assim diz o Soberano, o SENHOR: Vou apanhar a vara que está na mão de Efraim, pertencente a José e às demais tribos israelitas, suas companheiras, e vou juntá-las à vara de Judá. Assim farei delas um único pedaço de madeira, e elas se tornarão uma só na minha mão.[y] **20** Segure diante dos olhos deles os pedaços de madeira em que você escreveu **21** e diga-lhes: Assim diz o Soberano, o SENHOR: Tirarei os israelitas das nações para onde foram. Vou ajuntá-los de todos os lugares ao redor e trazê-los de volta à sua própria terra.[z] **22** Eu os farei uma única nação na terra, nos montes de Israel. Haverá um único rei sobre todos eles, e nunca mais serão duas nações, nem estarão divididos em dois reinos.[a] **23** Não se contaminarão[b] mais com seus ídolos e imagens detestáveis, nem com nenhuma de suas transgressões, pois eu os salvarei de todas as suas apostasias pecaminosas[1] e os purificarei. Eles serão o meu povo, e eu serei o seu Deus.[c]

24 "O meu servo Davi[d] será rei sobre eles, e todos eles terão um só pastor.[e] Seguirão as minhas leis e terão o cuidado de obedecer aos meus decretos.[f] **25** Viverão na terra que dei ao meu servo Jacó, a terra onde os seus antepassados viveram.[g] Eles e os seus filhos e os filhos de seus filhos viverão ali para sempre,[h] e o meu servo Davi será o seu líder para sempre.[i] **26** Farei uma aliança de paz[j] com eles; será uma aliança eterna. Eu os firmarei e os multiplicarei,[k] e porei o meu santuário no meio deles para sempre.[l] **27** Minha morada[m] estará com eles; eu serei o seu Deus, e eles serão o meu povo.[n] **28** Então, quando o meu santuário estiver entre eles para sempre, as nações saberão que eu, o SENHOR, santifico Israel".[o]

Profecia contra Gogue

38 Veio a mim esta palavra do SENHOR: **2** "Filho do homem, vire o rosto contra Gogue, da terra de Magogue,[p] o príncipe maior de[2] Meseque e de Tubal;[q] profetize contra ele **3** e diga: Assim diz o Soberano, o SENHOR: Estou contra você, ó Gogue, príncipe maior de Meseque e de Tubal.[r] **4** Farei

---

[1] **37.23** Ou *de todas as moradias em que pecaram*
[2] **38.2** Ou *príncipe de Rôs e de*; também no versículo 3 e em 39.1.

você girar, porei anzóisˢ em seu queixo e o farei sair com todo o seu exército: seus cavalos, seus cavaleiros totalmente armados e uma grande multidão com escudos grandes e pequenos, todos eles brandindo suas espadas.ᵗ ⁵ A Pérsia, a Etiópiaᵘ e a Líbiaˡ ᵛ estarão com eles, todos com escudos e capacetes; ⁶ Gômerʷ com todas as suas tropas, e Bete-Togarma,ˣ do extremo norte, com todas as suas tropas; muitas nações com você.

⁷ "Apronte-se; esteja preparado,ʸ você e todas as multidões reunidas ao seu redor, e assuma o comando delas. ⁸ Depois de muitos diasᶻ você será chamado às armas. Daqui a alguns anos você invadirá uma terra que se recuperou da guerra, cujo povo foi reunido dentre muitas naçõesᵃ nos montes de Israel, os quais por muito tempo estiveram arrasados. Trazido das nações, agora vive em segurança.ᵇ ⁹ Você, todas as suas tropas e as muitas nações subirão, avançando como uma tempestade;ᶜ você será como uma nuvemᵈ cobrindo a terra.

¹⁰ "Assim diz o Soberano, o Senhor: Naquele dia virão pensamentos à sua cabeça e você maquinará um plano maligno.ᵉ ¹¹ Você dirá: 'Invadirei uma terra de povoados; atacarei um povo pacífico e que de nada suspeita, onde todos moram em cidades sem muros, sem portas e sem trancas.ᶠ ¹² Despojarei, saquearei e voltarei a minha mão contra as ruínas reerguidas e contra o povo reunido dentre as nações, rico em gado e em bens, que vive na parte central do território². ¹³ Sabáᵍ e Dedã e os mercadores de Társis e todos os seus povoados³ dirão a você: 'Você veio para tomar despojos? Você reuniu essa multidão para saquear, levar embora prata e ouro, tomar o gado e os bens e apoderar-se de muitos despojos?'ʰ

¹⁴ "Por isso, filho do homem, profetize e diga a Gogue: Assim diz o Soberano, o Senhor: Naquele dia, quando Israel, o meu povo, estiver vivendo em segurança,ⁱ será que você não vai reparar nisso? ¹⁵ Você virá do seu lugar, do extremo norte, você, acompanhado de muitas nações, todas elas montadas em cavalos, uma grande multidão, um exército numeroso.ʲ ¹⁶ Você avançará contra Israel, o meu povo, como uma nuvemᵏ que cobre a terra. Nos dias vindouros, ó Gogue, trarei você contra a minha terra, para que as nações me conheçam quando eu me mostrar santo por meio de você diante dos olhos delas.ˡ

¹⁷ "Assim diz o Soberano, o Senhor: Acaso você não é aquele de quem falei em dias passados por meio dos meus servos, os profetas de Israel? Naquela época eles profetizaram durante anos que eu traria você contra Israel. ¹⁸ É isto que acontecerá naquele dia: Quando Gogue atacar Israel, será despertado o meu furor. Palavra do Soberano, o Senhor. ¹⁹ Em meu zelo e em meu grande furor declaro que naquela época haverá um grande terremoto em Israel.ᵐ ²⁰ Os peixes do mar, as aves do céu, os animais do campo, toda criatura que rasteja pelo chão e todas as pessoas da face da terra tremerão diante da minha presença. Os montes serão postos abaixo, os penhascos se desmoronarão e todos os muros cairão.ⁿ ²¹ Convocarei a espadaᵒ contra Gogue em todos os meus montes. Palavra do Soberano, o Senhor. A espada de cada um será contra o seu irmão.ᵖ ²² Executarei juízoᑫ sobre ele com peste e derramamento de sangue; desabarei torrentes de chuva, saraivaʳ e enxofre ardente sobre ele e sobre as suas tropas e sobre as muitas nações que estarão com ele. ²³ E assim mostrarei a minha grandeza e a minha santidade, e me farei conhecido de muitas nações. Então eles saberão que eu sou o Senhor.ˢ

39

"Filho do homem, profetize contra Gogue e diga: Assim diz o Soberano, o Senhor: Eu estou contra você, ó Gogue, príncipe maior de Meseque e de Tubal.ᵗ

---

¹ **38.5** Hebraico: *Cuxe e Fute.*

² **38.12** Hebraico: *no umbigo da terra.*

³ **38.13** Ou *seus leões fortes*

² Farei você girar e o arrastarei. Eu o trarei do extremo norte e o enviarei contra os montes de Israel. ³ Então derrubarei o arcoᵘ da sua mão esquerda e farei suas flechasᵛ caírem da sua mão direita. ⁴ Nos montes de Israel você cairá, você e todas as suas tropas e as nações que estiverem com você. Eu darei você como comida a todo tipo de ave que come carniça e aos animais do campo.ʷ ⁵ Você cairá em campo aberto, pois eu falei. Palavra do Soberano, o Senhor. ⁶ Mandarei fogoˣ sobre Magogue e sobre aqueles que vivem em segurança nas regiões costeiras,ʸ e eles saberão que eu sou o Senhor.

⁷ "Farei conhecido o meu santo nome no meio de Israel, o meu povo. Não mais deixarei que o meu nome seja profanado,ᶻ e as nações saberão que eu, o Senhor, sou o Santo de Israel.ᵃ ⁸ E aí vem! É certo que acontecerá. Palavra do Soberano, o Senhor. Este é o dia de que eu falei.

⁹ "Então aqueles que morarem nas cidades de Israel sairão e usarão armas como combustível e as queimarão: os escudos, pequenos e grandes, os arcos e flechas, os bastões de guerra e as lanças. Durante sete anos eles as utilizarão como combustível.ᵇ ¹⁰ Não precisarão ajuntar lenha nos campos nem cortá-la nas florestas, porque eles usarão as armas como combustível. E eles despojarão aqueles que os despojaram e saquearão aqueles que os saquearam. Palavra do Soberano, o Senhor.ᶜ

¹¹ "Naquele dia darei a Gogue um túmulo em Israel, no vale dos que viajam para o oriente na direção¹ do Mar². Ele bloqueará o caminho dos viajantes porque Gogue e todos os seus batalhões serão sepultados ali. Por isso será chamado vale de Hamom-Gogue³.ᵈ

¹² "Durante sete meses a nação de Israel os estará sepultando a fim de purificar a terra.ᵉ ¹³ Todo o povo da terra os sepultará, e o dia em que eu for glorificadoᶠ será para eles um dia memorável. Palavra do Soberano, o Senhor.

¹⁴ "Depois dos sete meses serão contratados homens para percorrerem a terra e sepultarem os que ainda restarem. E assim a terra será purificada. ¹⁵ Quando estiverem percorrendo a terra e um deles vir um osso humano, fincará um marco ao lado do osso até que os coveiros o sepultem no vale de Hamom-Gogue. ¹⁶ (Também haverá ali uma cidade à qual se dará o nome de Hamoná⁴.) E assim eles purificarão a terra.

¹⁷ "Filho do homem, assim diz o Soberano, o Senhor: Chame todo tipo de aveᵍ e todos os animais do campo: Venham de todos os lugares ao redor e reúnam-se para o sacrifício que estou preparando para vocês, o grande sacrifício nos montes de Israel. Ali vocês comerão carne e beberão sangue. ¹⁸ Comerão a carne dos poderosos e beberão o sangue dos príncipes da terra como se eles fossem carneiros, cordeiros, bodes e novilhos, todos eles animais gordos de Basã.ʰ ¹⁹ No sacrifício que lhes estou preparando vocês comerão gordura até empanturrar-se e beberão sangue até embriagar-se. ²⁰ À minha mesa vocês comerão sua porção de cavalos e cavaleiros, de homens poderosos e soldados de todo tipo. Palavra do Soberano, o Senhor.ⁱ

²¹ "Exibirei a minha glória entre as nações, e todas as nações verão o castigo que eu trouxer e a mão que eu colocar sobre eles.ʲ ²² Daquele dia em diante a nação de Israel saberá que eu sou o Senhor, o seu Deus. ²³ E as nações saberão que os israelitas foram para o exílio por sua iniquidade, porque me foram infiéis. Por isso escondi deles o meu rosto e os entreguei nas mãos de seus inimigos, e eles caíram à espada.ᵏ ²⁴ Tratei com eles de acordo com a sua impureza e com as suas transgressões, e escondi deles o meu rosto.ˡ

²⁵ "Por isso, assim diz o Soberano, o Senhor: Agora trarei Jacó de volta do cativeiro⁵ ᵐ e terei compaixãoⁿ de toda a

---

¹ **39.11** Ou *viajam a leste*
² **39.11** Isto é, o mar Morto.
³ **39.11** *Hamom-Gogue* significa *hordas de Gogue*.
⁴ **39.16** *Hamoná* significa *hordas*.
⁵ **39.25** Ou *Agora restaurarei a sorte de Jacó*

39.3
"Os 1.5;
"Sl 76.3

39.4
"v. 17-20;
Ez 29.5;
33.27

39.6
ˣEz 30.8;
Am 1.4;
ʸJr 25.22

39.7
ᶻEx 20.7;
ᵃIs 12.6;
Ez 36.16,23

39.9
ᵇSl 46.9

39.10
ᶜIs 14.2; 33.1;
Hc 2.8

39.11
ᵈEz 38.2

39.12
ᵉDt 21.23

39.13
ᶠEz 28.22

39.17
ᵍAp 19.17

39.18
ʰSl 22.12;
Jr 51.40

39.20
ⁱAp 19.17-18

39.21
ʲEx 9.16;
Is 37.20;
Ez 38.16

39.23
ᵏIs 1.15; 59.2;
Jr 22.8-9;
44.23

39.24
ˡJr 2.17,19;
4.18;
Ez 36.19

39.25
ᵐJr 33.7;
Ez 34.13;
ⁿJr 30.18;

nação de Israel, e serei zeloso pelo meu santo nome.º ²⁶ Eles se esquecerão da vergonha por que passaram e de toda a infidelidade que mostraram para comigo enquanto viviam em segurançaᵖ em sua terra, sem que ninguém lhes causasse medo.ᑫ ²⁷ Quando eu os tiver trazido de volta das nações e os tiver ajuntado dentre as terras de seus inimigos, eu me revelarei santo por meio deles à vista de muitas nações.ʳ ²⁸ Então eles saberão que eu sou o Senhor, o seu Deus, pois, embora os tenha enviado para o exílio entre as nações, eu os reunirei em sua própria terra, sem deixar um único deles para trás. ²⁹ Não mais esconderei deles o rosto, pois derramarei o meu Espíritoˢ sobre a nação de Israel. Palavra do Soberano, o Senhor".

O Novo Templo

40 No início do vigésimo quinto ano do exílio, no início do ano, no décimo dia do mês, no décimo quarto ano depois da queda da cidade,ᵗ naquele exato dia a mão do Senhor esteve sobre mimᵘ e ele me levou para lá. ² Em visõesᵛ de Deus ele me levou a Israel e me pôs num monte muito alto,ʷ sobre o qual, no lado sul, havia alguns prédios que tinham a aparência de uma cidade. ³ Ele me levou para lá, e eu vi um homem que parecia de bronze;ˣ ele estava em pé junto à entrada, tendo em sua mão uma corda de linho e uma vara de medir.ʸ ⁴ E ele me disse: "Filho do homem, fixe bem os olhos e procure ouvir bem, e preste atenção a tudo o que vou lhe mostrar, pois para isso você foi trazido aqui. Conteᶻ à nação de Israel tudo o que você vai ver".ᵃ

A Porta Oriental

⁵ Vi um muro que cercava completamente a área do templo. O comprimento da vara de medir na mão do homem era de seis medidas longas, cada uma com meio metro¹. Ele mediuᵇ o muro, que tinha três metros² de espessura e três de altura.

⁶ Depois ele foi até a porta que dá para o oriente.ᶜ Subiu os seus degraus e mediu a soleira da porta, que tinha três metros de extensão³. ⁷ As salasᵈ dos guardas tinham três metros de comprimento e três metros de largura, e as paredes entre elas tinham dois metros e meio de espessura. A soleira da porta junto ao pórtico, defronte do templo, tinha três metros de extensão.

⁸ Depois ele mediu o pórtico, ⁹ que tinha⁴ quatro metros de extensão e seus batentes tinham um metro de espessura. O pórtico estava voltado para o templo.

¹⁰ Da porta oriental para dentro havia três salas de cada lado; as três tinham as mesmas medidas, e as faces das paredes salientes de cada lado tinham as mesmas medidas. ¹¹ A seguir ele mediu a largura da porta, à entrada; era de cinco metros, e seu comprimento era de seis metros e meio. ¹² Defronte de cada sala havia um muro de meio metro de altura, e os nichos eram quadrados, com três metros em cada lado. ¹³ Depois ele mediu a entrada a partir do alto da parede do fundo de uma sala até o alto da sala oposta; a distância era de doze metros e meio, da abertura de um parapeito até a abertura do parapeito oposto. ¹⁴ E mediu ao longo das faces das paredes salientes por toda a parte interna da entrada; eram trinta metros. A medida era até o pórtico⁵ que dá para o pátio.ᵉ ¹⁵ A distância desde a entrada da porta até a extremidade do seu pórtico era de vinte e cinco metros. ¹⁶ As salas e as paredes salientes dentro da entrada eram guarnecidas de estreitas aberturas com parapeito ao redor, como o pórtico; as aberturas que os circundavam davam para

---

¹ **40.5** Hebraico: *1 côvado longo*. O côvado longo era uma medida linear de cerca de meio metro.
² **40.5** Hebraico: *1 vara*.
³ **40.6** Conforme a Septuaginta. O Texto Massorético diz *fundo, a primeira soleira, uma vara de fundo*.
⁴ **40.8,9** Conforme muitos manuscritos do Texto Massorético, a Septuaginta, a Vulgata e a Versão Siríaca. A maioria dos manuscritos do Texto Massorético diz *a entrada defronte do templo; ela media uma vara de fundo. ⁹Então ele mediu o pórtico da entrada, que tinha*
⁵ **40.14** Conforme a Septuaginta. O Texto Massorético diz *a parede saliente*.

a parte interna. As faces das paredes salientes eram decoradas com tamareiras.ᶠ

O Pátio Externo

17 Depois ele me levou ao pátio externo.ᵍ Ali eu vi alguns quartos e um piso que havia sido construído ao redor de todo o pátio; nele havia trinta quartosʰ ao longo de todo o piso.ⁱ **18** Este era adjacente às laterais das entradas e sua largura era igual ao comprimento; esse era o piso inferior. **19** A seguir ele mediu a distância da parte interna da entrada inferior até a parte externa do pátio interno,ʲ o que deu cinquenta metros,ᵏ tanto no lado leste como no lado norte.

A Porta Norte

20 Mediu depois o comprimento e a largura da porta que dá para o norte, e para o pátio externo. **21** Seus compartimentos,ˡ três de cada lado, suas paredes salientes e seu pórtico tinham as mesmas medidas dos compartimentos da primeira entrada. Tinham vinte e cinco metros de comprimento e doze metros e meio de largura. **22** Suas aberturas, seu pórticoᵐ e sua decoração com tamareiras tinham as mesmas medidas dos da porta que dava para o oriente. Sete degraus subiam até ela, e o seu pórtico ficava no lado oposto a eles. **23** Havia uma porta que abria o pátio interno e que dava para a porta norte, como também uma que dava para a porta leste. Ele mediu de uma porta à que lhe ficava oposta; eram cinquenta metros.ⁿ

A Porta Sul

24 Depois ele me levou para o lado sul, e eu vi uma porta que dava para o sul. Ele mediu seus batentes e seu pórtico, e eles tinham as mesmas medidas das outras portas. **25** A entrada e o pórtico tinham aberturas estreitas ao seu redor, como as aberturas das outras. Tinham vinte e cinco metros de comprimento e doze metros e meio de largura.ᵒ **26** Sete degraus subiam até ela, e o seu pórtico ficava no lado oposto a eles; havia uma decoração de tamareiras nas faces das paredes salientes em cada lado.ᵖ **27** O pátio internoᵠ também tinha uma porta que dava para o sul, e ele mediu desde essa porta até a porta externa no lado sul; eram cinquenta metros.

Portas para o Pátio Interno

28 A seguir ele me levou ao pátio interno pela porta sul e mediu a porta sul; suas medidasʳ eram iguais às outras. **29** Suas salas, suas paredes salientes e seu pórtico tinham as mesmas medidas dos outros. A entrada e seu pórtico tinham aberturas ao seu redor. Tinham vinte e cinco metros de comprimento e doze metros e meio de largura. **30** (Os pórticosˢ das entradas ao redor do pátio interno tinham doze metros e meio de largura e dois metros e meio de extensão.) **31** Seu pórticoᵗ dava para o pátio externo; tamareiras decoravam seus batentes, e oito degraus subiam até a porta.

32 Depois ele me levou ao pátio interno no lado leste, e mediu a entrada; suas medidas eram iguais às outras. **33** Suas salas, suas paredes salientes e seu pórtico tinham as mesmas medidas dos outros. A entrada e seu pórtico tinham aberturas ao seu redor. Tinham vinte e cinco metros de comprimento e doze metros e meio de largura. **34** Seu pórticoᵘ dava para o pátio externo; tamareiras decoravam os batentes em cada lado, e oito degraus subiam até ela.

35 Depois ele me levou à porta norteᵛ e a mediu; suas medidas eram iguais às outras, **36** como também as medidas de suas salas,ʷ suas paredes salientes e seu pórtico, e tinha aberturas ao seu redor. Tinha vinte e cinco metros de comprimento e doze metros e meio de largura. **37** Seu pórtico davaˡ para o pátio externo; tamareiras decoravam os batentes em ambos os lados, e oito degraus subiam até ela.

Os Quartos da Preparação dos Sacrifícios

38 Um quarto com sua entrada ficava junto do pórtico de cada uma das entradas

---

ˡ **40.37** Conforme a Septuaginta. O Texto Massorético diz *Seus batentes davam*. Veja os versículos 31 e 34.

internas, onde os holocaustos¹ ˣ eram lavados. ³⁹ No pórtico da entrada havia duas mesas de cada lado, em que os holocaustos,ʸ as ofertas pelo pecadoᶻ e as ofertas pela culpaᵃ eram abatidos. ⁴⁰ Junto à parede externa do pórtico da entrada, perto dos degraus da porta norte, ficavam duas mesas, e do outro lado dos degraus havia duas mesas. ⁴¹ Havia, pois, quatro mesas num lado da entrada e quatro no outro, onde os sacrifícios eram abatidos. Eram oito mesas ao todo. ⁴² Também havia quatro mesas de pedra lavradaᵇ para os holocaustos, cada uma com setenta e cinco centímetros de comprimento e de largura, e cinquenta centímetros de altura. Nelas colocavam-se os utensílios para o abate dos holocaustos e dos outros sacrifícios.ᶜ ⁴³ E ganchos de duas pontas, cada um com quatro dedos de comprimento, estavam presos à parede, em toda a sua extensão. As mesas destinavam-se à carne das ofertas.

Quartos para os Sacerdotes

⁴⁴ Dentro do pátio interno havia dois quartos antes da porta interna; um ficava ao lado² da porta norte que dava para o sul, e outro ao lado da porta sul³ que dava para o norte. ⁴⁵ Ele me disse: "O quarto que dá para o sul é para os sacerdotes encarregados do templo,ᵈ ⁴⁶ e o quarto que dá para o norteᵉ é para os sacerdotes encarregados do altar.ᶠ São eles os filhos de Zadoque,ᵍ os únicos levitas que podem aproximar-se do Senhor para ministrarem diante dele".ʰ

⁴⁷ Depois ele mediu o pátio: era quadrado, medindo cinquenta metros de comprimento e cinquenta de largura. E o altar ficava em frente do templo.

O Templo

⁴⁸ A seguir levou-me ao pórtico do temploⁱ e mediu os seus batentes; eles tinham dois metros e meio de largura em ambos os lados. A largura da entrada era de sete metros, e suas paredes salientes tinhamᵃ um metro e meio de largura em cada lado. ⁴⁹ O pórticoʲ tinha dez metros de largura e seis metros da frente aos fundos. Havia um lance de escadas que dava acesso a ele⁵, e três colunasᵏ em cada lado dos batentes.

41 Depois o homem me levou ao santuário externoˡ e mediu os batentes; a largura dos batentes era de três metros⁶ em cada lado.⁷ ² A entrada tinha cinco metros de largura, e as paredes salientes em cada lado tinham dois metros e meio de largura. Ele mediu também o santuário externo; e ele tinha vinte metros de comprimento e dez de largura.ᵐ

³ Depois entrou no santuário interno e mediu os batentes da entrada; cada um tinha um metro de largura. A entrada tinha três metros de largura, e as paredes salientes em cada lado dela tinham três metros e meio de largura. ⁴ E ele mediu o comprimento do santuário interno; tinha dez metros, e sua largura era de dez metros até o fim do santuário externo.ⁿ Ele me disse: "Este é o Lugar Santíssimo".ᵒ

⁵ Depois mediu a parede do templo; tinha três metros de espessura, e cada quarto lateral em torno do templo tinha dois metros de largura. ⁶ Os quartos laterais, sobrepostos uns aos outros, ficavam em três andares, havendo trintaᵖ em cada andar. Havia saliências em torno de toda a parede do templo para servirem de pontos de apoio para os quartos laterais, para que não fossem incrustados na parede do templo.ᵠ ⁷ As paredes laterais em torno de todo o

---

¹ **40.38** Isto é, sacrifícios totalmente queimados; também nos versículos 39 e 42.
² **40.44** Conforme a Septuaginta. O Texto Massorético diz *havia quartos para cantores, os quais ficavam ao lado*.
³ **40.44** Conforme a Septuaginta. O Texto Massorético diz *leste*.
⁴ **40.48** Conforme a Septuaginta. O Texto Massorético diz *e sua entrada tinha*.
⁵ **40.49** A Septuaginta diz *10 degraus que subiam até ele*.
⁶ **41.1** Hebraico: *6 côvados*. O côvado longo era uma medida linear de cerca de meio metro.
⁷ **41.1** Conforme um manuscrito do Texto Massorético e a Septuaginta. A maioria dos manuscritos do Texto Massorético diz *lado, a largura da tenda*.

templo eram mais largas em cada andar superior. A estrutura em torno do templo foi construída em plataformas ascendentes, de modo que os quartos ficavam mais largos à medida que se subia. Uma escada^r subia do andar inferior até o andar superior, servindo também o andar do meio.

8 Vi que ao redor de todo o templo fora construída uma base, formando o alicerce dos quartos laterais. Era do comprimento da vara de medir, ou seja, três metros. **9** A parede externa dos quartos laterais era de dois metros e meio de espessura. A área aberta entre os quartos laterais do templo **10** e os quartos dos sacerdotes era de dez metros de largura ao redor de todo o templo. **11** Havia entradas para os quartos laterais a partir da área aberta, uma ao norte e outra ao sul; e a base vizinha à área aberta era de dois metros e meio ao redor de todo o templo.

12 O prédio em frente do pátio do templo no lado oeste media trinta e cinco metros de largura. A parede do prédio tinha dois metros e meio de espessura em toda a sua volta, e o seu comprimento era de quarenta e cinco metros.

13 Depois ele mediu o templo; tinha cinquenta metros de comprimento, e o pátio do templo e o prédio com suas paredes também tinham cinquenta metros de comprimento. **14** A largura do pátio do templo no lado oeste, inclusive a frente do templo, era de cinquenta metros.^{s}

15 A seguir ele mediu o comprimento do prédio que ficava em frente do pátio, na parte de trás do templo, inclusive suas galerias^t em cada lado; era de cinquenta metros.

O santuário externo, o santuário interno e o pórtico que dava para o pátio, **16** bem como as soleiras, as janelas estreitas^u e as galerias em volta dos três, tudo o que estava do lado de fora, inclusive a soleira, fora revestido de madeira. Igualmente estavam revestidos o piso, a parede até a altura das janelas, e as janelas.^{v} **17** No espaço acima do lado externo da entrada do santuário interno e nas paredes, a intervalos regulares, em volta de todo o santuário interno e externo, **18** havia^w querubins^x e tamareiras^y em relevo. As tamareiras alternavam com os querubins. Cada querubim tinha dois rostos:^{z} **19** o rosto de um homem virado para a tamareira de um dos lados, e o rosto de um leão virado para a tamareira do outro lado. Estavam em relevo ao redor de todo o templo.^{a} **20** Desde o chão até a área acima da entrada havia querubins e tamareiras em relevo na parede do santuário externo.

21 O santuário externo^b tinha batentes retangulares, e o que ficava em frente do Santo dos Santos era semelhante. **22** Havia um altar de madeira^c com um metro e meio de altura e um metro em cada lado; seus cantos, sua base^1 e seus lados eram de madeira. O homem me disse: "Esta é a mesa^d que fica diante do Senhor". **23** Tanto o santuário externo^e quanto o Santo dos Santos tinham portas duplas.^{f} **24** Cada porta tinha duas folhas^g articuladas. **25** E nas portas do santuário externo havia querubins e tamareiras esculpidos em relevo, como os que havia nas paredes, e havia também uma saliência de madeira na frente do pórtico. **26** Nas paredes laterais do pórtico havia janelas estreitas com tamareiras em relevo em cada lado. Os quartos laterais do templo também tinham saliências.^{h}

Os Quartos dos Sacerdotes

42 Depois disso o homem conduziu-me para o lado norte, para o pátio externo, e levou-me aos quartos^i opostos ao pátio do templo^j e ao muro externo do lado norte.^{k} **2** O prédio cuja porta dava para o norte tinha cinquenta metros^2 de comprimento e vinte e cinco metros de largura. **3** Tanto na seção que ficava a dez metros de distância do pátio interno quanto na seção oposta ao piso do pátio externo, havia uma galeria^l

---
^{1} **41.22** Conforme a Septuaginta. O Texto Massorético diz *cantos, seu comprimento*.
^{2} **42.2** Hebraico: *100 côvados*. O côvado longo era uma medida linear de cerca de meio metro.

frente à outra nos três andares.ᵐ ⁴ Em frente dos quartos havia uma passagem interna com cinco metros de largura e cinquenta metros¹ de comprimento. Suas portas ficavam no lado norte.ⁿ ⁵ Ora, os quartos superiores eram mais estreitos, pois as galerias tomavam mais espaço deles do que dos quartos do andar inferior e médio. ⁶ Os quartos do terceiro andar não tinham colunas, ao passo que os pátios tinham. Por isso a área deles era menor do que a dos quartos do andar inferior e do meio. ⁷ Havia uma parede externa paralela aos quartos e ao pátio externo; sua extensão era de vinte e cinco metros, em frente dos quartos. ⁸ A fileira de quartos junto ao pátio interno tinha vinte e cinco metros de comprimento, e a que ficava mais próxima do santuário tinha cinquenta metros de comprimento. ⁹ Os quartos de baixo tinham entradaᵒ pelo lado leste, quando se vem do pátio externo.

¹⁰ No lado sul, ao longo da parede do pátio externo, adjacentes ao pátio do templo e no lado oposto do muro externo, havia quartosᵖ ¹¹ com uma passagem em frente deles. Eram como os quartos do lado norte; tinham o mesmo comprimento e a mesma largura, com saídas e dimensões semelhantes. As portas do lado norte ¹² eram semelhantes às portas dos quartos do lado sul. Havia uma entrada no início do corredor paralelo ao muro correspondente que se estendia para leste; e havia uma entrada para os quartos.

¹³ Depois o homem me disse: "Os quartos do norteᑫ e do sul que dão para o pátio do templo são os quartos em que os sacerdotes que se aproximam do Senhor comerão e guardarão as ofertas santíssimas, isto é, as ofertas de cereal, as ofertas pelo pecadoʳ e as ofertas pela culpa,ˢ pois o local é santo.ᵗ ¹⁴ Assim que os sacerdotes entrarem nos recintos sagrados, só poderão ir para o pátio externo após tirarem as vestesᵘ com as quais ministram, pois elas são santas. Porão outras vestes antes de se aproximarem dos lugares reservados para o povo".ᵛ

¹⁵ Quando ele acabou de medir o que havia dentro da área do templo, levou-me para fora pela porta lesteʷ e mediu a área em redor. ¹⁶ Mediu o lado leste com a vara de medir; tinha duzentos e cinquenta metros². ¹⁷ Mediu o lado norte; tinha duzentos e cinquenta metros, segundo a vara de medir. ¹⁸ Mediu o lado sul; tinha duzentos e cinquenta metros, segundo a vara de medir. ¹⁹ Depois ele foi para o lado oeste e o mediu; tinha duzentos e cinquenta metros, segundo a vara de medir. ²⁰ Assim ele mediuˣ a área nos quatro lados. Em torno dela havia um muroʸ de duzentos e cinquenta metros de comprimento e duzentos e cinquenta metros de largura,ᶻ para separar o santo do comum.ᵃ

A Glória Retorna ao Templo

43 Então o homem levou-me até a porta que dava para o leste.ᵇ ² e vi a glória do Deus de Israel, que vinha do lado leste. Sua voz era como o rugido de águasᶜ avançando, e a terra refulgia com a sua glória.ᵈ ³ A visão que tive era como a que eu tivera quando ele veio³ destruir a cidade e como as que eu tivera junto ao rio Quebar; e me prostrei com o rosto em terra. ⁴ A glóriaᵉ do Senhor entrou no templo pela porta que dava para o lado leste.ᶠ ⁵ Então o Espíritoᵍ pôs-me em péʰ e levou-me para dentro do pátio interno, e a glória do Senhor encheu o templo.

⁶ Enquanto o homem estava ao meu lado, ouvi alguém falando comigo de dentro do templo. ⁷ Ele disse: "Filho do homem, este é o lugar do meu trono e o lugar para a sola dos meus pés. Aqui viverei para sempre entre os israelitas. A nação de Israel jamais contaminará o meu santo nome, nem os

---

¹ **42.4** Conforme a Septuaginta e a Versão Siríaca. O Texto Massorético diz *1 côvado*.

² **42.16** Com base na Septuaginta. O Texto Massorético diz *500 varas* (1.500 metros); também nos versículos 17-20.

³ **43.3** Conforme alguns manuscritos do Texto Massorético e a Vulgata. A maioria dos manuscritos do Texto Massorético diz *eu vim*.

israelitas, nem seus reis, mediante a sua prostituição e os ídolos sem vida¹ de seus reis, em seus santuários nos montes.ⁱ ⁸ Quando eles puseram sua soleira perto de minha soleira e seus batentes junto de meus batentes, com apenas uma parede fazendo separação entre mim e eles, contaminaram o meu santo nome com suas práticas repugnantes. Por isso eu os destruí na minha ira. ⁹ Agora, que afastem de mim a sua prostituição e os ídolos sem vida de seus reis, e eu viverei entre eles para sempre.ʲ

¹⁰ "Filho do homem, descreva o templo para a nação de Israel, para que se envergonhemᵏ dos seus pecados. Que eles analisem o modelo ¹¹ e, se ficarem envergonhados por tudo o que fizeram, informe-os acerca da planta do templo — sua disposição, suas saídas e suas entradas — toda a sua planta e todas as suas estipulações² e leis. Ponha essas coisas por escrito diante deles para que sejam fiéis à planta e sigam as suas estipulações.ˡ

¹² "Esta é a lei do templo: toda a área ao redor,ᵐ no topo do monte, será santíssima. Essa é a lei do templo.

O Altar

¹³ "Estas são as medidas do altarⁿ pela medida longa, isto é, a de meio metro³: sua calha tem meio metro de profundidade e meio metro de largura, com uma aba de um palmo em torno da beirada. E esta é a altura do altar: ¹⁴ desde a calha no chão até a saliência inferior, ele tem um metro de altura e um metro de largura, e desde a saliência menor até a saliência maior, tem dois metros de altura e meio metro de largura. ¹⁵ A fornalha do altar tem dois metros de altura, e quatro pontasᵒ se projetam dela para cima. ¹⁶ Ela é quadrada, com seis metros de comprimento e seis metros de largura. ¹⁷ A saliência superior também é quadrada, com sete metros de comprimento e sete metros de largura, com uma aba de vinte e cinco centímetros e uma calha de meio metro em toda a sua extensão ao redor. Os degrausᵖ do altar estão voltados para o oriente".

¹⁸ Então ele me disse: "Filho do homem, assim diz o Soberano, o SENHOR: Estes serão os regulamentos que deverão ser seguidos no cerimonial do sacrifício dos holocaustos⁴ᵍ e da aspersão do sangueʳ no altar, quando ele for construído: ¹⁹ Você deverá dar um novilhoˢ como oferta aos sacerdotes levitas, da família de Zadoque,ᵗ que se aproximamᵘ para ministrar diante de mim. Palavra do Soberano, o SENHOR. ²⁰ Você colocará um pouco do sangue nas quatro pontas do altar, quatro cantos da saliência superiorᵛ e ao redor de toda a aba, e assim purificará o altarʷ e fará propiciação por ele. ²¹ Você queimará o novilho para a oferta pelo pecado no lugar determinado da área do templo, fora do santuário.ˣ

²² "No segundo dia você oferecerá um bode sem defeito como oferta pelo pecado, e o altar será purificado como foi purificado com o novilho. ²³ Quando terminar de purificá-lo, ofereça um novilho e um carneiro tirados do rebanho, ambos sem defeito.ʸ ²⁴ Você os oferecerá perante o SENHOR, e os sacerdotes deverão pôr salᶻ sobre eles e sacrificá-los como holocausto ao SENHOR.

²⁵ "Durante sete diasᵃ você fornecerá diariamente um bode como oferta pelo pecado; fornecerá também um novilho e um carneiro tirados do rebanho, ambos sem defeito.ᵇ ²⁶ Durante sete dias os sacerdotes farão propiciação pelo altar e o purificarão; assim eles o consagrarão. ²⁷ No final desses dias, a partir do oitavo dia,ᶜ os sacerdotes apresentarão

43.7
ⁱLv 26.30
43.9
ʲEz 37.26-28
43.10
ᵏEz 16.61
43.11
ˡEz 44.5
43.12
ᵐEz 40.2
43.13
ⁿ2Cr 4.1
43.15
ᵒÊx 27.2
43.17
ᵖÊx 20.26
43.18
ᵠÊx 40.29;
ʳLv 1.5,11;
Hc 9.21-22
43.19
ˢLv 4.3; Ez 45.18-19;
ᵗEz 44.15;
ᵘNm 16.40; Ez 40.46
43.20
ᵛv. 17;
ʷLv 16.19
43.21
ˣÊx 29.14; Hc 13.11
43.23
ʸÊx 29.1
43.24
ᶻLv 2.13;
Mc 9.49-50
43.25
ᵃLv 8.33;
ᵇÊx 29.37
43.27
ᶜLv 9.1;

---

¹ **43.7** Ou *mediante o seu adultério espiritual*; também no versículo 9.
² **43.11** Conforme alguns manuscritos do Texto Massorético e a Septuaginta. A maioria dos manuscritos do Texto Massorético diz *estipulações e toda a sua planta*.
³ **43.13** Hebraico: *1 côvado e 1 punho*. Equivalente a um côvado longo, medida linear de cerca de meio metro.
⁴ **43.18** Isto é, sacrifícios totalmente queimados; também nos versículos 24 e 27.

os holocaustos e os sacrifícios de comunhão*¹ ᵈ* de vocês sobre o altar. Então eu os aceitarei. Palavra do Soberano, o SENHOR".

O Príncipe, os Levitas, os Sacerdotes

44 Depois o homem trouxe-me de volta para a porta externa do santuário, que dava para o lado leste,*ᵉ* e ela estava trancada. ² O SENHOR me disse: "Esta porta deve permanecer trancada. Não deverá ser aberta; ninguém poderá entrar por ela.*ᶠ* Deve permanecer trancada porque o SENHOR, o Deus de Israel, entrou por ela. ³ O príncipe é o único que poderá entrar e sentar-se ali para comer na presença*ᵍ* do SENHOR. Ele entrará pelo pórtico da entrada e sairá pelo mesmo caminho".*ʰ*

⁴ Então o homem levou-me até a frente do templo, passando pela porta norte. Olhei e vi a glória do SENHOR enchendo o templo*ⁱ* do SENHOR, e prostrei-me com o rosto em terra.*ʲ*

⁵ O SENHOR me disse: "Filho do homem, preste atenção, olhe e ouça atentamente tudo o que eu lhe disser acerca de todos os regulamentos relacionados com o templo do SENHOR. Preste atenção à entrada do templo e a todas as saídas do santuário.*ᵏ* ⁶ Diga à rebelde nação*ˡ* de Israel: Assim diz o Soberano, o SENHOR: Já bastam suas práticas repugnantes, ó nação de Israel! ⁷ Além de todas as suas outras práticas repugnantes, vocês trouxeram estrangeiros incircuncisos no coração*ᵐ* e na carne para dentro do meu santuário, profanando o meu templo enquanto me ofereciam comida, gordura e sangue, e assim vocês romperam a minha aliança.*ⁿ* ⁸ Ao invés de cumprirem seu dever quanto às minhas coisas sagradas, vocês encarregaram outros do meu santuário.*ᵒ*

⁹ *Assim diz o Soberano, o* SENHOR: Nenhum estrangeiro incircunciso no coração e na carne entrará no meu santuário, nem tampouco os estrangeiros que vivem entre os israelitas.*ᵖ*

¹⁰ "Os levitas, que tanto se distanciaram de mim quando Israel se desviou*ᵠ* e que vaguearam para longe de mim, indo atrás de seus ídolos, sofrerão as consequências de sua iniquidade.*ʳ* ¹¹ Poderão servir no meu santuário como encarregados das portas do templo e também farão o serviço nele; poderão matar os animais dos holocaustos² *ˢ* e outros sacrifícios em lugar do povo e colocar-se diante do povo e servi-lo.*ᵗ* ¹² Mas, porque os serviram na presença de seus ídolos e fizeram a nação de Israel cair em pecado, jurei de mão erguida*ᵘ* que eles sofrerão as consequências de sua iniquidade. Palavra do Soberano, o SENHOR.*ᵛ* ¹³ Não se aproximarão para me servir como sacerdotes, nem se aproximarão de nenhuma de minhas coisas sagradas e das minhas ofertas santíssimas; carregarão a vergonha*ʷ* de suas práticas repugnantes.*ˣ* ¹⁴ Contudo, eu os encarregarei dos deveres do templo e de todo o trabalho que nele deve ser feito.*ʸ*

¹⁵ "Mas, os sacerdotes levitas, descendentes de Zadoque, que fielmente executaram os deveres do meu santuário quando os israelitas se desviaram de mim, se aproximarão para ministrar diante de mim; eles estarão diante de mim para oferecer sacrifícios de gordura e de sangue. Palavra do Soberano, o SENHOR.*ᶻ* ¹⁶ Só eles entrarão em meu santuário e se aproximarão da minha mesa*ᵃ* para ministrar diante de mim e realizar o meu serviço.*ᵇ*

¹⁷ "Quando entrarem pelas portas do pátio interno, estejam vestindo roupas de linho;*ᶜ* não usem nenhuma veste de lã enquanto estiverem ministrando junto às portas do pátio interno ou dentro do templo. ¹⁸ Usarão turbantes de linho*ᵈ* na cabeça e calções de linho*ᵉ* na cintura. Não vestirão nada que os faça transpirar.*ᶠ* ¹⁹ Quando saírem para o pátio externo onde fica o povo, tirarão as roupas com que estiveram ministrando e as deixarão nos quartos sagrados,

---

¹ **43.27** Ou *de paz*

² **44.11** Isto é, sacrifícios totalmente queimados.

e vestirão outras roupas, para que não consagrem*g* o povo por meio de suas roupas sacerdotais.*h*

²⁰ "Não raparão a cabeça nem deixarão o cabelo comprido, mas o manterão aparado.*i* ²¹ Nenhum sacerdote beberá vinho quando entrar no pátio interno.*j* ²² Eles não se casarão com viúva ou divorciada; só poderão casar-se com mulher virgem, de ascendência israelita, ou com viúva de sacerdote.*k* ²³ Eles ensinarão ao meu povo a diferença entre o santo e o comum*l* e lhe mostrarão como fazer distinção entre o puro e o impuro.*m*

²⁴ "Em qualquer disputa, os sacerdotes servirão como juízes*n* e a decisão será tomada de acordo com as minhas sentenças. Eles obedecerão às minhas leis e aos meus decretos com respeito a todas as minhas festas fixas, e manterão santos os meus sábados.*o*

²⁵ "O sacerdote não se contaminará por aproximar-se do cadáver de alguém; no entanto, ele poderá contaminar-se se o morto for seu pai, sua mãe, seu filho, sua filha, seu irmão ou sua irmã, desde que esta não tenha marido.*p* ²⁶ Depois de se purificar, esperará sete dias.*q* ²⁷ No dia em que entrar no pátio interno do santuário para ministrar ali, o sacerdote oferecerá em favor de si mesmo uma oferta pelo pecado. Palavra do Soberano, o Senhor.

²⁸ "Eu serei a única herança*r* dada aos sacerdotes. Vocês não lhes darão propriedade alguma em Israel; eu serei a sua herança. ²⁹ Eles comerão as ofertas de cereal, as ofertas pelo pecado e as ofertas pela culpa; e tudo o que em Israel for consagrado ao Senhor*s* será deles.*t* ³⁰ O melhor de todos os primeiros frutos*u* e de todas as contribuições que vocês fizerem pertencerá aos sacerdotes. Vocês darão a eles a primeira porção de sua refeição de cereal moído,*v* para que haja bênçãos*w* sobre as suas casas.*x* ³¹ Os sacerdotes não comerão a carne de aves ou de animais encontrados mortos ou despedaçados por animais selvagens.*y*

A Divisão da Terra

45 "Quando vocês distribuírem a terra como herança,*z* apresentem ao Senhor como distrito sagrado uma porção da terra, com doze quilômetros e meio¹ de comprimento e dez quilômetros² de largura; toda essa área será santa.*a* ² Desse terreno, uma área quadrada de duzentos e cinquenta metros de lado*b* servirá para o santuário, com vinte e cinco metros ao redor para terreno aberto. ³ No distrito sagrado, separe um pedaço de doze quilômetros e meio de comprimento e cinco quilômetros de largura. Nele estará o santuário, o Lugar Santíssimo. ⁴ Essa será a porção sagrada da terra para os sacerdotes,*c* os quais ministrarão no santuário e se aproximarão para ministrar diante do Senhor. Esse será um lugar para as suas casas, bem como um lugar santo para o santuário.*d* ⁵ Uma área de doze quilômetros e meio de comprimento e cinco quilômetros de largura pertencerá aos levitas, os quais servirão no templo; essa será a propriedade deles para ali viverem³.*e*

⁶ "Como propriedade da cidade, vocês darão uma área de dois quilômetros e meio de largura e doze quilômetros e meio de comprimento, adjacente à porção sagrada; ela pertencerá a toda a nação de Israel.*f*

⁷ "O príncipe possuirá a terra que fica dos dois lados da área formada pelo distrito sagrado e pela propriedade da cidade. Ela se estenderá, no lado oeste, em direção a oeste e, no lado leste, em direção a leste, indo desde a fronteira ocidental até a fronteira oriental que é paralela a uma das porções tribais.*g* ⁸ Essa terra será sua propriedade em Israel. E os meus príncipes não oprimirão mais o meu povo, mas permitirão que

---

¹ **45.1** Hebraico: *25.000 côvados*. O côvado longo era uma medida linear de cerca de meio metro.
² **45.1** Conforme a Septuaginta. O Texto Massorético diz *10.000 côvados*.
³ **45.5** Conforme a Septuaginta. O Texto Massorético diz *templo; eles terão como propriedade 20 quartos*.

a nação de Israel possua a terra de acordo com as suas tribos.ʰ

⁹ "Assim diz o Soberano, o Senhor: Vocês já foram longe demais, ó príncipes de Israel! Abandonem a violência e a opressão e façam o que é justo e direito.ⁱ Parem de apossar-se do que é do meu povo. Palavra do Soberano, o Senhor. ¹⁰ Usem balançasʲ honestas, arroba¹ ᵏ honesta e pote² honesto. ¹¹ A arrobaˡ e o pote devem ser iguais, o pote terá um décimo de um barril³; o barril deve ser a medida padrão para os dois. ¹² O peso padrão⁴ deve consistir de doze gramas.ᵐ Vinte pesos, mais vinte e cinco pesos, mais quinze pesos equivalem a setecentos e vinte gramas⁵.

Ofertas e Dias Sagrados

¹³ "Esta é a oferta sagrada que vocês apresentarão: um sexto de uma arroba de cada barril de trigo e um sexto de uma arroba de cada barril de cevada. ¹⁴ A porção prescrita de azeite, medida pelo pote, é de um décimo de pote de cada tonel, que consiste de dez potes ou um barril, pois dez potes equivalem a um barril. ¹⁵ Também se deve tomar uma ovelha de cada rebanho de duzentas ovelhas das pastagens bem regadas de Israel. Tudo será usado para as ofertas de cereal, os holocaustos⁶ ⁿ e as ofertas de comunhãoʲ, para fazer propiciaçãoᵒ pelo povo. Palavra do Soberano, o Senhor. ¹⁶ Todo o povo da terra participará nessa oferta sagrada para o uso do príncipe de Israel. ¹⁷ Será dever do príncipe fornecer os holocaustos, as ofertas de cereal e as ofertas derramadas, nas festas, nas luas novas e nos sábados,ᵖ em todas as festas fixas da nação de Israel. Ele fornecerá as ofertas pelo pecado, as ofertas de cereal, os holocaustos e as ofertas de comunhão para fazer propiciação em favor da nação de Israel.ᑫ

¹⁸ "Assim diz o Soberano, o Senhor: No primeiro dia do primeiro mêsʳ você apanhará um novilho sem defeitoˢ e purificará o santuário.ᵗ ¹⁹ O sacerdote apanhará um pouco do sangue da oferta pelo pecado e o colocará nos batentes do templo, nos quatro cantos da saliência superiorᵘ do altarᵛ e nos batentes do pátio interno. ²⁰ Você fará o mesmo no sétimo dia do mês, em favor de qualquer pessoa que pecar sem intençãoʷ ou por ignorância; assim vocês deverão fazer propiciação em favor do templo.

²¹ "No décimo quarto dia do primeiro mês vocês observarão a Páscoa,ˣ festa de sete dias, na qual vocês comerão pão sem fermento. ²² Naquele dia o príncipe fornecerá um novilho em favor de si mesmo e de todo o povo da terra como oferta pelo pecado.ʸ ²³ Diariamente, durante os sete dias da festa, ele fornecerá sete novilhos e sete carneirosᶻ sem defeito como holocaustos ao Senhor, e um bode como oferta pelo pecado.ᵃ ²⁴ Ele fornecerá como oferta de cerealᵇ uma arroba para cada novilho e uma arroba para cada carneiro, junto com um galão⁷ de azeite para cada arroba.ᶜ

²⁵ "Durante os sete dias da festa,ᵈ que começa no décimo quinto dia do sétimo mês, ele trará as mesmas dádivas para as ofertas pelo pecado, os holocaustos, e as ofertas de cereal e azeite.ᵉ

46 "Assim diz o Soberano, o Senhor: A porta do pátio internoᶠ que dá para o lesteᵍ ficará trancada nos seis dias úteis, mas no sábado e no dia da lua novaʰ será aberta. ² O príncipe, vindo do pátio externo, entra-

---

¹ **45.10** Hebraico: *efa*. O efa era uma unidade de medida de capacidade para secos. As estimativas variam entre 20 e 40 litros.
² **45.10** Hebraico: *bato*. O bato era uma medida de capacidade. As estimativas variam entre 20 e 40 litros.
³ **45.11** Hebraico: *hômer*. O hômer era uma medida de capacidade para secos. As estimativas variam entre 200 e 400 litros; também nos versículos 13 e 14.
⁴ **45.12** Hebraico: *siclo*.
⁵ **45.12** Hebraico: *1 mina*. Isto é, 60 siclos. A mina comum pesava 50 siclos ou 600 gramas.
⁶ **45.15** Ou *de paz*; também no versículo 17.
⁷ **45.24** Hebraico: *1 him*. O him era uma medida de capacidade para líquidos. As estimativas variam entre 3 e 6 litros; também em 46.5.

rá pelo pórtico¹ da entrada e ficará junto ao batente. Enquanto isso, os sacerdotes sacrificarão os holocaustos¹ e as ofertas de comunhão² dele. Ele adorará o Senhor na soleira da entrada e depois sairá, mas a porta não será fechada até a tarde.ʲ ³ Nos sábados e nas luas novas o povo da terra adorará o Senhor junto à entrada que leva à porta.ᵏ ⁴ O holocausto que o príncipe trouxer ao Senhor no dia de sábado deverá ser de seis cordeiros e um carneiro, todos sem defeito. ⁵ A oferta de cereal dada junto com o carneiro será de uma arroba³, e a oferta de cereal com os cordeiros será de quanto ele quiser dar, mais um galão de azeite para cada arroba de cereal.ˡ ⁶ No dia da lua novaᵐ ele oferecerá um novilho, seis cordeiros e um carneiro, todos sem defeito. ⁷ Como oferta de cereal ele fornecerá uma arroba com o novilho, uma arroba com o carneiro, e com os cordeiros, quanto ele quiser dar, mais um galão de azeite para cada arroba de cereal.ⁿ ⁸ Quando o príncipe entrar, ele o fará pelo pórticoᵒ da entrada, e sairá pelo mesmo caminho.ᵖ

⁹ "Quando o povo da terra vier perante o Senhor nas festas fixas,ᑫ todo aquele que entrar pela porta norte para adorá-lo sairá pela porta sul, e todo aquele que entrar pela porta sul sairá pela porta norte. Ninguém voltará pela porta pela qual entrou, mas todos sairão pela porta oposta. ¹⁰ O príncipe deverá estar no meio deles, entrando quando eles entrarem e saindo quando eles saírem.ʳ

¹¹ "Nas festas, inclusive as fixas, a oferta de cereal será de uma arroba com um novilho, uma arroba com um carneiro, e com os cordeiros, quanto ele quiser dar, mais um galão de azeite para cada arroba.ˢ ¹² Quando o príncipe fornecerᵗ uma oferta voluntáriaᵘ ao Senhor, seja holocausto seja oferta de comunhão, a porta que dá para o leste será aberta para ele. Ele oferecerá seu holocausto ou suas ofertas de comunhão como o faz no dia de sábado. Então ele sairá e, depois de ter saído, a porta será trancada.ᵛ

¹³ "Diariamente vocês fornecerão um cordeiro de um ano sem defeito como holocausto ao Senhor; manhã após manhã vocês o trarão.ʷ ¹⁴ Com ele vocês também trarão, manhã após manhã, uma oferta de cereal, de um sexto de arroba e um terço de galão de azeite para umedecer a farinha. A apresentação dessa oferta de cereal será feita em obediência a um decreto perpétuo.ˣ ¹⁵ Assim o cordeiro, a oferta de cereal e o azeite serão trazidos manhã após manhã para o holocaustoʸ que será apresentado regularmente.ᶻ

¹⁶ "Assim diz o Soberano, o Senhor: Se da sua herança o príncipe fizer um presente a um de seus filhos, este pertencerá também aos seus descendentes; será propriedade deles por herança.ᵃ ¹⁷ Se, porém, da sua herança ele fizer um presente a um dos seus escravos, o escravo poderá mantê-lo consigo até o ano da liberdade;ᵇ então o presente voltará para o príncipe. Sua herançaᶜ pertence unicamente a seus filhos; deles será. ¹⁸ O príncipe não tomará coisa alguma da herança do povo, expulsando os herdeiros de sua propriedade. Dará a seus filhos a herança daquilo que é sua própria propriedade, para que ninguém do meu povo seja separado de sua propriedade".

¹⁹ Depois o homem me levou, pela entradaᵈ existente ao lado da porta, até os quartos sagrados que davam para o norte, os quais pertenciam aos sacerdotes, e mostrou-me um local no lado oeste. ²⁰ Ele me disse: "Este é o lugar onde os sacerdotes cozinharão a oferta pela culpa e a oferta pelo pecado, e assarão a oferta de cereal, para levá-las ao pátio externo e consagrarᵉ o povo".ᶠ

---

¹ **46.2** Isto é, sacrifícios totalmente queimados; também nos versículos 4, 12, 13 e 15.
² **46.2** Ou *de paz*; também no versículo 12.
³ **46.5** Hebraico: *1 efa*. O efa era uma medida de capacidade para secos. As estimativas variam entre 20 e 40 litros.

46.2
ʲv. 8;
ʲv. 12;
Ez 44.3
46.3
ᵏLc 1.10
46.5
ˡv. 11;
Ez 45.24
46.6
ᵐv. 1;
Nm 10.10
46.7
ⁿEz 45.24
46.8
ᵒv. 2;
ᵖEz 44.3
46.9
ᑫÊx 23.14; 34.20
46.10
ʳ2Sm 6.14-15; Sl 42.4
46.11
ˢv. 5
46.12
ᵗEz 45.17;
ᵘLv 7.16;
ᵛv. 2
46.13
ʷÊx 29.38; Nm 28.3
46.14
ˣDn 8.11
46.15
ʸÊx 29.38; Nm 28.5-6;
ᶻÊx 29.42
46.16
ᵃ2Cr 21.3
46.17
ᵇLv 25.10
46.18
ᶜLv 25.23; Ez 45.8; Mq 2.1-2
46.19
ᵈEz 42.9
46.20
ᵉLv 6.27;
ᶠZc 14.20

²¹ Ele então me levou para o pátio externo e me fez passar por seus quatro cantos, e em cada canto vi um pátio. ²² Eram pátios fechados, com vinte metros de comprimento e quinze metros de largura; os pátios dos quatro cantos tinham a mesma medida. ²³ Em volta de cada um dos quatro pátios, pelo lado de dentro, havia uma saliência de pedra, com lugares para fogo construídos em toda a sua volta debaixo da saliência. ²⁴ Ele me disse: "Estas são as cozinhas onde aqueles que ministram no templo cozinharão os sacrifícios do povo".

As Águas que Saíam do Templo

47 O homem levou-me de volta à entrada do templo, e vi água*g* saindo de debaixo da soleira do templo e indo para o leste, pois o templo estava voltado para o oriente. A água descia de debaixo do lado sul do templo, ao sul do altar.*h* ² Ele então me levou para fora, pela porta norte, e conduziu-me pelo lado de fora até a porta externa que dá para o leste, e a água fluía do lado sul.

³ O homem foi para o lado leste com uma linha de medir*i* na mão e, enquanto ia, mediu quinhentos metros¹ e levou-me pela água, que batia no tornozelo. ⁴ Ele mediu mais quinhentos metros e levou-me pela água, que chegava ao joelho. Mediu mais quinhentos e levou-me pela água, que batia na cintura. ⁵ Mediu mais quinhentos, mas agora era um rio que eu não conseguia atravessar, porque a água havia aumentado e era tão profunda que só se podia atravessar a nado; era um rio que não se podia atravessar andando.*j* ⁶ Ele me perguntou: "Filho do homem, você vê isto?"

Levou-me então de volta à margem do rio. ⁷ Quando ali cheguei, vi muitas árvores em cada lado do rio.*k* ⁸ Ele me disse: "Esta água flui na direção da região situada a leste e desce até a Arabá²,*l* onde entra no Mar³. Quando deságua no Mar, a água ali é saneada.*m* ⁹ Por onde passar o rio haverá todo tipo de animais e de peixes. Porque essa água flui para lá e saneia a água salgada; de modo que onde o rio fluir tudo viverá.*n* ¹⁰ Pescadores*o* estarão ao longo do litoral; desde En-Gedi*p* até En-Eglaim haverá locais próprios para estender as redes.*q* Os peixes serão de muitos tipos,*r* como os peixes do mar Grande⁴.*s* ¹¹ Mas os charcos e os pântanos não ficarão saneados; serão deixados para o sal.*t* ¹² Árvores frutíferas de toda espécie crescerão em ambas as margens do rio.*u* Suas folhas não murcharão e os seus frutos*v* não cairão. Todo mês produzirão, porque a água vinda do santuário chega a elas. Seus frutos servirão de comida, e suas folhas de remédio".*w*

As Fronteiras da Terra

¹³ Assim diz o Soberano, o Senhor: "Estas são as fronteiras*x* pelas quais vocês devem dividir a terra como herança entre as doze tribos de Israel, com duas porções para José.*y* ¹⁴ Vocês a dividirão igualmente entre elas. Visto que eu jurei de mão erguida que a daria aos seus antepassados, esta terra se tornará herança de vocês.*z*

¹⁵ "Esta é a fronteira da terra:

"No lado norte ela irá desde o mar Grande, indo pela estrada*a* de Hetlom, passando por Lebo-Hamate até Zedade, ¹⁶ Berota⁵ *b* e Sibraim, que fica na fronteira entre Damasco e Hamate,*c* e indo até Hazer-Haticom, que fica na extremidade de Haurã. ¹⁷ A fronteira se estenderá desde o Mar até Hazar-Enã, ao longo da fronteira norte de Damasco, com a fronteira de Hamate ao norte. Essa será a fronteira norte.*d*

---

¹ **47.3** Hebraico: *1.000 côvados*; também nos versículos 4 e 5.
² **47.8** Ou *até o vale do Jordão*
³ **47.8** Isto é, o mar Morto; também no versículo 17.
⁴ **47.10** Isto é, o mar Mediterrâneo; também nos versículos 15, 19, 20 e em 48.28.
⁵ **47.15,16** Com base na Septuaginta e em Ezequiel 48.1. O Texto Massorético diz *estrada de Hetlom que entra em Zedade,* ¹⁶*Hamate, Berota.*

¹⁸ "No lado leste a fronteira irá entre Haurã e Damasco, ao longo do Jordão entre Gileade e a terra de Israel, até o mar oriental, prosseguindo até Tamar.¹ Essa será a fronteira leste.

¹⁹ "No lado sul ela irá desde Tamar até as águas de Meribá-Cades,ᵉ prosseguindo então ao longo do ribeiro do Egitoᶠ até o mar Grande.ᵍ Essa será a fronteira sul.

²⁰ "No lado oeste, o mar Grande será a fronteira até defronte de Lebo-Hamate.ʰ Essa será a fronteira oeste.ⁱ

²¹ "Distribuam essa terra entre vocês de acordo com as tribos de Israel. ²² Vocês a distribuirão como herança para vocês mesmos e para os estrangeirosʲ residentes no meio de vocês e que tenham filhos. Vocês os considerarão como israelitas de nascimento; junto com vocês, a eles deverá ser designada uma herança entre as tribos de Israel.ᵏ ²³ Qualquer que seja a tribo na qual o estrangeiro se instale, ali vocês lhe darão a herança que lhe cabe". Palavra do Soberano, o SENHOR.

A Divisão da Terra

48 "Estas são as tribos, relacionadas nominalmente: na fronteira norte, Dãˡ terá uma porção; ela seguirá a estradaᵐ de Hetlom até Lebo-Hamate;ⁿ Hazar-Enã e a fronteira norte, vizinha a Damasco, próxima de Hamate farão parte dos seus limites, desde o lado leste até o lado oeste.

² "Aserᵒ terá uma porção; esta margeará o território de Dã do leste ao oeste.

³ "Naftaliᵖ terá uma porção; esta margeará o território de Aser do leste ao oeste.

⁴ "Manassésᵠ terá uma porção; esta margeará o território de Naftali do leste ao oeste.

⁵ "Efraimʳ terá uma porção; esta margeará o território de Manassésˢ do leste ao oeste.ᵗ

⁶ "Rúbenᵘ terá uma porção; esta margeará o território de Efraim do leste ao oeste.

⁷ "Judáᵛ terá uma porção; esta margeará o território de Rúben do leste ao oeste.

⁸ "Margeando o território de Judá do leste ao oeste, estará a porção que vocês apresentarão como dádiva sagrada. Terá doze quilômetros e meio² de largura, e o seu comprimento, do leste ao oeste, equivalerá a uma das porções tribais; o santuário estará no centro dela.ʷ

⁹ "A porção sagrada que vocês devem oferecer ao SENHOR terá doze quilômetros e meio de comprimento e cinco quilômetros de largura.ˣ ¹⁰ Esta será a porção sagrada para os sacerdotes. Terá doze quilômetros e meio de comprimento no lado norte, cinco quilômetros de largura no lado ocidental, cinco quilômetros de largura no lado oriental e doze quilômetros e meio de comprimento no lado sul. No centro dela estará o santuário do SENHOR.ʸ ¹¹ Pertencerá aos sacerdotes consagrados, os zadoquitas,ᶻ que foram fiéis em me servirᵃ e não se desviaram como fizeram os levitas quando os israelitas se desviaram.ᵇ ¹² Será um presente especial para eles da porção sagrada da terra, uma porção santíssima, margeando o território dos levitas.

¹³ "Ao longo do território dos sacerdotes, os levitas terão uma área de doze quilômetros e meio de comprimento e cinco quilômetros de largura. Seu comprimento total medirá doze quilômetros e meio, e sua largura cinco quilômetros.ᶜ ¹⁴ Eles não a venderão nem trocarão parte alguma dela. Essa área é a melhor de todo o território, e não poderá passar para outras mãos, porque é santa para o SENHOR.ᵈ

¹⁵ "A área restante, dois quilômetros e meio de largura e doze quilômetros e meio de comprimento, será para o uso comum da cidade, para casas e para pastagens. A cidade será o centro dela ¹⁶ e terá estas medidas: o lado norte, dois mil e duzentos e cinquenta metros, o lado sul, dois mil e

---

¹ **47.18** Conforme a Septuaginta e a Versão Siríaca. O Texto Massorético diz *Israel. Vocês medirão até o mar oriental.*

² **48.8** Hebraico: *25.000 côvados.* O côvado longo era uma medida linear de cerca de meio metro.

duzentos e cinquenta metros, o lado leste, dois mil e duzentos e cinquenta metros e o lado oeste, dois mil e duzentos e cinquenta metros.ᵉ ¹⁷ A cidade terá uma área livre de cento e vinte e cinco metros ao norte, cento e vinte e cinco metros ao sul, cento e vinte e cinco metros a leste e cento e vinte e cinco metros a oeste, que servirá para pasto. ¹⁸ O restante da área, ao longo da porção sagrada, será de cinco quilômetros no lado leste e cinco quilômetros no lado oeste. Suas colheitas fornecerão comida para os trabalhadores da cidade.ᶠ ¹⁹ Estes poderão vir de todas as tribos de Israel. ²⁰ A porção toda, incluindo a cidade, será um quadrado, com doze quilômetros e meio de cada lado. É uma dádiva sagrada, que como tal vocês reservarão.

²¹ "As terras que restarem em ambos os lados da área formada pela porção sagrada e pela cidade pertencerão ao príncipe. Elas se estenderão para o leste a partir dos doze quilômetros e meio da porção sagrada até a fronteira leste, e para o oeste a partir dos doze quilômetros e meio até a fronteira oeste. Essas duas áreas, paralelas ao comprimento das porções das tribos, pertencerão ao príncipe, e a porção sagrada, inclusive o santuário do templo, estará no centro delas.ᵍ ²² Assim a propriedade dos levitas e a propriedade da cidade estarão no centro da área que pertence ao príncipe. A área pertencente ao príncipe estará entre a fronteira de Judá e a fronteira de Benjamim.

²³ "Quanto ao restante das tribos: Benjamimʰ terá uma porção; esta se estenderá do lado leste ao lado oeste.

²⁴ "Simeãoⁱ terá uma porção; esta margeará o território de Benjamim do leste ao oeste.

²⁵ "Issacarʲ terá uma porção; esta margeará o território de Simeão do leste ao oeste.

²⁶ "Zebulomᵏ terá uma porção; esta margeará o território de Issacar do leste ao oeste.

²⁷ "Gadeˡ terá uma porção; esta margeará o território de Zebulom do leste ao oeste.

²⁸ "A fronteira sul de Gade vai desde Tamar,ᵐ no sul, até as águas de Meribá-Cades, e depois ao longo do ribeiro do Egito até o mar Grande.ⁿ

²⁹ "Esta é a terra que vocês distribuirão às tribos de Israel como herança, e serão essas as suas porções. Palavra do Soberano, o Senhor.

As Portas da Cidade

³⁰ "Estas serão as saídas da cidade: Começando pelo lado norte, que tem dois mil e duzentos e cinquenta metros de comprimento, ³¹ as portas da cidade receberão os nomes das tribos de Israel. As três portas do lado norte serão a porta de Rúben, a porta de Judá e a porta de Levi.

³² "No lado leste, que tem dois mil e duzentos e cinquenta metros de comprimento, haverá três portas: a de José, a de Benjamim e a de Dã.

³³ "No lado sul, que tem dois mil e duzentos e cinquenta metros de comprimento, haverá três portas: a de Simeão, a de Issacar e a de Zebulom.

³⁴ "No lado oeste, que tem dois mil e duzentos e cinquenta metros de comprimento, haverá três portas: a porta de Gade, a de Aser e a de Naftali.

³⁵ "A distância total ao redor será de nove quilômetros.

E daquele momento em diante, o nome da cidade será:

O Senhor ESTÁ AQUI".ᵒ

48.16 ᵉAp 21.16
48.18 ᶠEz 45.6
48.21 ᵍv. 8,10; Ez 45.7
48.23 ʰJs 18.11-28
48.24 ⁱGn 29.33; Js 19.1-9
48.25 ʲJs 19.17-23
48.26 ᵏJs 19.10-16
48.27 ˡJs 13.24-28
48.28 ᵐGn 14.7; ⁿEz 47.19
48.35 ᵒIs 12.6; 24.23; Jr 3.17; 14.9; 33.16; Jl 3.21; Zc 2.10; Ap 21.3

Introdução a DANIEL

PANO DE FUNDO

A vida de Daniel sumariza o exílio do povo de Judá. Tendo sido levado para a Babilônia quando adolescente, quase vinte anos antes da queda de Jerusalém, Daniel viu reis ascenderem e caírem no decorrer das décadas que passou longe de casa. O elemento que perpassa os reinos desses reis não hebreus é a sabedoria de Daniel, vinda de Deus.

Daniel é a forma grega do nome hebraico que significa "Deus é meu juiz". Várias passagens no livro apontam para o próprio Daniel como sendo seu autor: o relato na primeira pessoa, começando em 7.2, e as palavras de 12.4: "Mas você, Daniel, feche com um selo as palavras do livro até o tempo do fim". Jesus também atribuiu o livro a Daniel (v. Mateus 24.15).

MENSAGEM

O livro de Daniel é uma mistura de narrativa histórica e literatura apocalíptica ou simbólica. A soberania de Deus é o tema desse livro. Enquanto Daniel e seus amigos são espólios de guerra e servem no palácio, Deus tem outros planos para esses homens. Isso fica evidente quando os colegas de Daniel são salvos no meio da "fornalha em chamas" (3.6) e Daniel sobrevive uma noite na cova dos leões. Esses homens devem ser representantes de Deus — torres de fidelidade — em uma sociedade permissiva. Tendo servido como administrador de confiança durante os reinados dos conquistadores Nabucodonosor, Belsazar e Dario, Daniel sabe que, em última instância, Deus está no controle. Muito do livro de Daniel fala sobre sonhos e visões — alguns que o rei teve, outros que Daniel teve, sobre reinos mundiais e o fim dos tempos.

ÉPOCA

Ainda que os livros de Ester e Ezequiel precedam o livro de Daniel na Bíblia, alguns dos eventos de Daniel são anteriores ao tempo de Ezequiel e certamente a todos os do tempo de Ester. Daniel e seus três amigos, Hananias, Misael e Azarias (Sadraque, Mesaque e Abede-Nego) junto com milhares de cidadãos de Judá, foram levados cativos para a Babilônia em 605 a.C., antes da queda de Jerusalém em 586 a.C.

ESBOÇO

I. História
- A. Daniel e seus amigos 1.1-21
- B. Os sonhos de Nabucodonosor ..... 2.1—4.37
- C. Belsazar 5.1-31
- D. Daniel na cova dos leões 6.1-28

II. Profecia
- A. *Os quatro animais* 7.1-28
- B. O carneiro e o bode 8.1-27
- C. A oração de Daniel 9.1-27
- D. A visão do homem ..... 10.1—11.1
- E. Os reis do Sul e do Norte 11.2-45
- F. O julgamento no fim dos tempos 12.1-13

Daniel na Babilônia

1 No terceiro ano do reinado de Jeoaquim, rei de Judá, Nabucodonosor,[a] rei da Babilônia, veio a Jerusalém e a sitiou.[b] **2** E o Senhor entregou Jeoaquim, rei de Judá, nas suas mãos, e também alguns dos utensílios do templo de Deus. Ele levou os utensílios para o templo do seu deus na terra de Sinear[1] e os colocou na casa do tesouro do seu deus.[c]

3 Depois o rei ordenou a Aspenaz, o chefe dos oficiais da sua corte, que trouxesse alguns dos israelitas da família real e da nobreza:[d] **4** jovens sem defeito físico, de boa aparência, cultos, inteligentes, que dominassem os vários campos do conhecimento e fossem capacitados para servir no palácio do rei. Ele deveria ensinar-lhes a língua e a literatura dos babilônios.[2] **5** De sua própria mesa, o rei designou-lhes uma porção diária de comida e de vinho.[e] Eles receberiam um treinamento durante três anos e depois disso passariam a servir o rei.[f]

6 Entre esses estavam alguns que vieram de Judá: Daniel,[g] Hananias, Misael e Azarias. **7** O chefe dos oficiais deu-lhes novos nomes: a Daniel deu o nome de Beltessazar;[h] a Hananias, Sadraque; a Misael, Mesaque; e a Azarias, Abede-Nego.[i]

8 Daniel, contudo, decidiu não se tornar impuro[j] com a comida e com o vinho do rei, e pediu ao chefe dos oficiais permissão para se abster deles. **9** E Deus fez com que o homem fosse bondoso[k] para com Daniel e tivesse simpatia[l] por ele. **10** Apesar disso, ele disse a Daniel: "Tenho medo do rei, o meu senhor, que determinou a comida e a bebida de vocês. E se ele os achar menos saudáveis que os outros jovens da mesma idade? O rei poderia pedir a minha cabeça por causa de vocês".

11 Daniel disse então ao homem que o chefe dos oficiais tinha encarregado de cuidar dele e de Hananias, Misael e Azarias: **12** "Peço que faça uma experiência com os seus servos durante dez dias: Não nos dê nada além de vegetais para comer e água para beber. **13** Depois compare a nossa aparência com a dos jovens que comem a comida do rei, e trate os seus servos de acordo com o que você concluir". **14** Ele concordou e fez a experiência com eles durante dez dias.

15 Passados os dez dias, eles pareciam mais saudáveis e mais fortes do que todos os jovens que comiam a comida[m] da mesa do rei. **16** Assim o encarregado tirou a comida especial e o vinho que haviam sido designados e em lugar disso lhes dava vegetais.[n]

17 A esses quatro jovens Deus deu sabedoria e inteligência[o] para conhecerem todos os aspectos da cultura e da ciência.[p] E Daniel, além disso, sabia interpretar todo tipo de visões e sonhos.[q]

18 Ao final do tempo[r] estabelecido pelo rei para que os jovens fossem trazidos à sua presença, o chefe dos oficiais os apresentou a Nabucodonosor. **19** O rei conversou com eles, e não encontrou ninguém comparável a Daniel, Hananias, Misael e Azarias; de modo que eles passaram a servir o rei.[s] **20** O rei lhes fez perguntas sobre todos os assuntos que exigiam sabedoria e conhecimento e descobriu que eram dez vezes mais sábios do que todos os magos e encantadores de todo o seu reino.[t]

21 Daniel permaneceu ali até o primeiro ano do rei Ciro.[u]

O Sonho de Nabucodonosor

2 No segundo ano de seu reinado, Nabucodonosor teve sonhos;[v] sua mente ficou tão perturbada[w] que ele não conseguia dormir.[x] **2** Por isso o rei convocou os magos,[y] os encantadores, os feiticeiros[z] e os astrólogos[3][a] para que lhe dissessem o que ele havia sonhado.[b] Quando eles vieram e se apresentaram ao rei, **3** este lhes disse: "Tive um sonho que me perturba[c] e quero saber o que significa[4]".

---

[1] **1.2** Isto é, na região da Babilônia.
[2] **1.4** Hebraico: *caldeus*.
[3] **2.2** Ou *caldeus*; também em todo o livro de Daniel.
[4] **2.3** Ou *o que sonhei*

4 Então os astrólogos responderam em aramaico*ᵈ* ao rei:¹ "Ó rei, vive para sempre!*ᵉ* Conta o sonho aos teus servos, e nós o interpretaremos".

5 O rei respondeu aos astrólogos: "Esta é a minha decisão: se vocês não me disserem qual foi o meu sonho e não o interpretarem, farei que vocês sejam cortados em pedaços*ᶠ* e que as suas casas se tornem montes de entulho.*ᵍ* **6** Mas, se me revelarem o sonho e o interpretarem, eu darei a vocês presentes, recompensas e grandes honrarias.*ʰ* Portanto, revelem-me o sonho e a sua interpretação".

7 Mas eles tornaram a dizer: "Conte o rei o sonho a seus servos, e nós o interpretaremos".

8 Então o rei respondeu: "Já descobri que vocês estão tentando ganhar tempo, pois sabem da minha decisão. **9** Se não me contarem o sonho, todos vocês receberão a mesma sentença;*ⁱ* pois vocês combinaram enganar-me com mentiras, esperando que a situação mudasse. Contem-me o sonho, e saberei que vocês são capazes de interpretá-lo para mim".*ʲ*

10 Os astrólogos responderam ao rei: "Não há homem na terra que possa fazer o que o rei está pedindo! Nenhum rei, por maior e mais poderoso que tenha sido, chegou a pedir uma coisa dessas a nenhum mago, encantador ou astrólogo.*ᵏ* **11** O que o rei está pedindo é difícil demais; ninguém pode revelar isso ao rei, senão os deuses,*ˡ* e eles não vivem entre os mortais".

12 Isso deixou o rei tão irritado e furioso*ᵐ* que ele ordenou a execução*ⁿ* de todos os sábios da Babilônia. **13** E assim foi emitido o decreto para que fossem mortos os sábios; os encarregados saíram à procura de Daniel e dos seus amigos, para que também fossem mortos.*ᵒ*

14 Arioque, o comandante da guarda do rei, já se preparava para matar os sábios da Babilônia, quando Daniel dirigiu-se a ele com sabedoria e bom senso. **15** Ele perguntou ao oficial do rei: "Por que o rei emitiu um decreto tão severo?" Arioque explicou o motivo a Daniel. **16** Diante disso, Daniel foi pedir ao rei que lhe desse um prazo, e ele daria a interpretação.

17 Daniel voltou para casa, contou o problema aos seus amigos Hananias, Misael e Azarias,*ᵖ* **18** e lhes pediu que rogassem ao Deus dos céus que tivesse misericórdia*ᑫ* acerca desse mistério,*ʳ* para que ele e seus amigos não fossem executados com os outros sábios da Babilônia. **19** Então o mistério*ˢ* foi revelado a Daniel de noite, numa visão.*ᵗ* Daniel louvou o Deus dos céus **20** e disse:

"Louvado seja o nome de Deus
para todo o sempre;*ᵘ*
a sabedoria e o poder*ᵛ* a ele pertencem.
21 Ele muda as épocas e as estações;*ʷ*
destrona reis e os estabelece.*ˣ*
Dá sabedoria*ʸ* aos sábios
e conhecimento aos que
sabem discernir.
22 Revela coisas profundas e ocultas;*ᶻ*
conhece o que jaz nas trevas,*ᵃ*
e a luz*ᵇ* habita com ele.
23 Eu te agradeço e te louvo,
ó Deus dos meus antepassados;*ᶜ*
tu me deste sabedoria*ᵈ* e poder,
e me revelaste o que te pedimos;
revelaste-nos o sonho do rei".

Daniel Interpreta o Sonho

24 Então Daniel foi falar com Arioque,*ᵉ* a quem o rei tinha designado para executar os sábios da Babilônia, e lhe disse: "Não execute os sábios. Leve-me ao rei, e eu interpretarei para ele o sonho que teve".

25 Imediatamente Arioque levou Daniel ao rei e disse: "Encontrei um homem entre os exilados de Judá*ᶠ* que pode dizer ao rei o significado do sonho".

26 O rei perguntou a Daniel, também chamado Beltessazar.*ᵍ* "Você é capaz de contar-me o que vi no meu sonho e interpretá-lo?"

---

¹ **2.4** Daqui até o final do capítulo 7 o texto original está em aramaico.

² **2.11** Aramaico: *com a carne*.

²⁷ Daniel respondeu: "Nenhum sábio, encantador, mago ou adivinho é capaz de revelar ao rei o mistério sobre o qual ele perguntou,ʰ ²⁸ mas existe um Deus nos céus que revela os mistérios.ⁱ Ele mostrou ao rei Nabucodonosor o que acontecerá nos últimos dias.ʲ O sonho e as visões que passaram por tua menteᵏ quando estavas deitado foram os seguintes:

²⁹ "Quando estavas deitado, ó rei, tua mente se voltou para as coisas futuras, e aquele que revela os mistérios te mostrou o que vai acontecer. ³⁰ Quanto a mim, esse mistério não me foi reveladoˡ porque eu tenha mais sabedoria do que os outros homens, mas para que tu, ó rei, saibas a interpretação e entendas o que passou pela tua mente.

³¹ "Tu olhaste, ó rei, e diante de ti estava uma grande estátua:ᵐ uma estátua enorme, impressionante, de aparência terrível. ³² A cabeça da estátua era feita de ouro puro; o peito e o braço eram de prata; o ventre e os quadris eram de bronze; ³³ as pernas eram de ferro; e os pés eram em parte de ferro e em parte de barro. ³⁴ Enquanto estavas observando, uma pedra soltou-se, sem auxílio de mãos,ⁿ atingiu a estátua nos pés de ferro e de barro e os esmigalhou.ᵒ ³⁵ Então o ferro, o barro, o bronze, a prata e o ouro foram despedaçados, viraram pó, como o pó da debulha do trigo na eira durante o verão. O vento os levouᵖ sem deixar vestígio. Mas a pedra que atingiu a estátua tornou-se uma montanhaᑫ e encheu a terra toda.

³⁶ "Foi esse o sonho, e nós o interpretaremos para o rei. ³⁷ Tu, ó rei, és rei de reis.ʳ O Deus dos céus concedeu-te domínio,ˢ poder, força e glória; ³⁸ nas tuas mãos ele pôs a humanidade, os animais selvagens e as aves do céu. Onde quer que vivam, ele fez de ti o governante deles todos.ᵗ Tu és a cabeça de ouro.

³⁹ "Depois de ti surgirá um outro reino, inferior ao teu. Em seguida surgirá um terceiro reino, reino de bronze, que governará toda a terra. ⁴⁰ Finalmente, haverá um quarto reino, forte como o ferro, pois o ferro quebra e destrói tudo; e assim como o ferro despedaça tudo, também ele destruirá e quebrará todos os outros.ᵘ ⁴¹ Como viste, os pés e os dedos eram em parte de barro e em parte de ferro. Isso quer dizer que esse será um reino dividido, mas ainda assim terá um pouco da força do ferro, embora tenhas visto ferro misturado com barro. ⁴² Assim como os dedos eram em parte de ferro e em parte de barro, também esse reino será em parte forte e em parte frágil. ⁴³ E, como viste, o ferro estava misturado com o barro. Isso significa que se farão alianças políticas por meio de casamentos, mas a união decorrente dessas alianças não se firmará, assim como o ferro não se mistura com o barro.

⁴⁴ "Na época desses reis, o Deus dos céus estabelecerá um reino que jamais será destruído e que nunca será dominado por nenhum outro povo. Destruiráᵛ todos os reinosʷ daqueles reis e os exterminará, mas esse reino durará para sempre.ˣ ⁴⁵ Esse é o significado da visão da pedraʸ que se soltou de uma montanha, sem auxílio de mãos,ᶻ pedra que esmigalhou o ferro, o bronze, o barro, a prata e o ouro.

"O Deus poderoso mostrou ao rei o que acontecerá no futuro. O sonho é verdadeiro, e a interpretação é fiel".

⁴⁶ Então o rei Nabucodonosor caiu prostradoᵃ diante de Daniel, prestou-lhe honra e ordenou que lhe fosse apresentada uma ofertaᵇ de cereal e incenso. ⁴⁷ O rei disse a Daniel: "Não há dúvida de que o seu Deus é o Deus dos deuses,ᶜ o Senhor dos reisᵈ e aquele que revela os mistérios,ᵉ pois você conseguiu revelar esse mistério".

⁴⁸ Assim o rei pôs Daniel num alto cargo e o cobriu de presentes. Ele o designou governante de toda a província da Babilônia e o encarregou de todos os sábios da província.ᶠ ⁴⁹ Além disso, a pedido de Daniel, o rei nomeou Sadraque, Mesaque e Abede-Nego administradores da província da Babilônia,ᵍ

enquanto o próprio Daniel permanecia na corte do rei.

A Imagem de Ouro de Nabucodonosor

3 O rei Nabucodonosor fez uma imagem[h] de ouro de vinte e sete metros de altura e dois metros e setenta centímetros de largura[1], e a ergueu na planície de Dura, na província da Babilônia. ² Depois convocou os sátrapas, os prefeitos, os governadores, os conselheiros, os tesoureiros, os juízes, os magistrados e todas as autoridades provinciais,[i] para assistirem à dedicação da imagem que mandara erguer. ³ Assim todos eles — sátrapas, prefeitos, governadores, conselheiros, tesoureiros, juízes, magistrados e todas as autoridades provinciais — se reuniram para a dedicação da imagem que o rei Nabucodonosor mandara erguer, e ficaram em pé diante dela.

⁴ Então o arauto proclamou em alta voz: "Esta é a ordem que é dada a vocês, ó homens de todas as nações, povos e línguas:[j] ⁵ Quando ouvirem o som da trombeta, do pífaro, da cítara, da harpa, do saltério, da flauta dupla[2] e de toda espécie de música, prostrem-se em terra e adorem a imagem de ouro que o rei Nabucodonosor ergueu.[k] ⁶ Quem não se prostrar em terra e não adorá-la será imediatamente atirado numa fornalha em chamas".[l]

⁷ Por isso, logo que ouviram o som da trombeta, do pífaro, da cítara, da harpa, do saltério e de toda espécie de música, os homens de todas as nações, povos e línguas prostraram-se em terra e adoraram a imagem de ouro que o rei Nabucodonosor mandara erguer.[m]

⁸ Nesse momento alguns astrólogos[n] se aproximaram e denunciaram os judeus, ⁹ dizendo ao rei Nabucodonosor: "Ó rei, vive para sempre![o] ¹⁰ Tu emitiste um decreto,[p] ó rei, ordenando que todo aquele que ouvisse o som da trombeta, do pífaro, da cítara, da harpa, do saltério, da flauta dupla e de toda espécie de música se prostrasse em terra e adorasse a imagem de ouro,[q] ¹¹ e que todo aquele que não se prostrasse em terra e não a adorasse seria atirado numa fornalha em chamas. ¹² Mas há alguns judeus que nomeaste para administrar a província da Babilônia, Sadraque, Mesaque e Abede-Nego,[r] que não te dão ouvidos,[s] ó rei. Não prestam culto aos teus deuses nem adoram a imagem de ouro que mandaste erguer".[t]

¹³ Furioso,[u] Nabucodonosor mandou chamar Sadraque, Mesaque e Abede-Nego. E assim que eles foram conduzidos à presença do rei, ¹⁴ Nabucodonosor lhes disse: "É verdade, Sadraque, Mesaque e Abede-Nego, que vocês não prestam culto aos meus deuses[v] nem adoram a imagem[w] de ouro que mandei erguer? ¹⁵ Pois agora, quando vocês ouvirem o som da trombeta, do pífaro, da cítara, da harpa, do saltério, da flauta dupla e de toda espécie de música, se vocês se dispuserem a prostrar-se em terra e a adorar a imagem que eu fiz, será melhor para vocês. Mas, se não a adorarem, serão imediatamente atirados numa fornalha em chamas. E que deus[x] poderá livrá-los[y] das minhas mãos?"

¹⁶ Sadraque, Mesaque e Abede-Nego[z] responderam ao rei: "Ó Nabucodonosor, não precisamos defender-nos diante de ti. ¹⁷ Se formos atirados na fornalha em chamas, o Deus a quem prestamos culto pode livrar-nos,[a] e ele nos livrará[b] das tuas mãos, ó rei. ¹⁸ Mas, se ele não nos livrar, saiba, ó rei, que não prestaremos culto aos teus deuses nem adoraremos a imagem de ouro que mandaste erguer".[c]

¹⁹ Nabucodonosor ficou tão furioso com Sadraque, Mesaque e Abede-Nego, que o seu semblante mudou. Deu ordens para que a fornalha fosse aquecida sete[d] vezes mais que de costume ²⁰ e ordenou que alguns dos soldados mais fortes do seu exército amarrassem Sadraque, Mesaque

---

¹ **3.1** Aramaico: *60 côvados de altura e 6 côvados de largura*. O côvado era uma medida linear de cerca de 45 centímetros.

² **3.5** Ou *todos os instrumentos tocando juntos*; também nos versículos 10 e 15.

e Abede-Nego e os atirassem na fornalha em chamas. ²¹ E os três homens, vestidos com seus mantos, calções, turbantes e outras roupas, foram amarrados e atirados na fornalha extraordinariamente quente. ²² A ordem do rei era urgente e a fornalha estava tão quente que as chamas mataram os soldados que levaram Sadraque, Mesaque e Abede-Nego,ᵉ ²³ e estes caíram amarrados dentro da fornalha em chamas.

²⁴ Mas logo depois o rei Nabucodonosor, alarmado, levantou-se e perguntou aos seus conselheiros: "Não foram três os homens amarrados que nós atiramos no fogo?"

Eles responderam: "Sim, ó rei."

²⁵ E o rei exclamou: "Olhem! Estou vendo quatro homens, desamarrados e ilesos, andando pelo fogo, e o quarto se parece com um filho dos deuses".

²⁶ Então Nabucodonosor aproximou-se da entrada da fornalha em chamas e gritou: "Sadraque, Mesaque e Abede-Nego, servos do Deus Altíssimo,ᶠ saiam! Venham aqui!"

E Sadraque, Mesaque e Abede-Nego saíram do fogo. ²⁷ Os sátrapas, os prefeitos, os governadores e os conselheiros do reiᵍ se ajuntaram em torno delesʰ e comprovaram que o fogoⁱ não tinha ferido o corpo deles. Nem um só fio de cabelo tinha sido chamuscado, os seus mantos não estavam queimados, e não havia cheiro de fogo neles.

²⁸ Disse então Nabucodonosor: "Louvado seja o Deus de Sadraque, Mesaque e Abede-Nego, que enviou o seu anjoʲ e livrou os seus servos! Eles confiaram nele,ᵏ desafiaram a ordem do rei, preferindo abrir mão de sua vida a prestar culto e adorar a outro deus que não fosse o seu próprio Deus.ˡ ²⁹ Por isso eu decretoᵐ que todo homem de qualquer povo, nação e língua que disser alguma coisa contra¹ o Deus de Sadraque, Mesaque e Abede-Nego seja despedaçado e sua casa seja transformada em montes de entulho,ⁿ pois nenhum outro deus é capaz de livrarᵒ alguém dessa maneira".

³⁰ Então o rei promoveu Sadraque, Mesaque e Abede-Nego na província da Babilônia.ᵖ

Outro Sonho de Nabucodonosor

4 O rei Nabucodonosor,

aos homens de todos os povos, nações e línguas,ᑫ que vivem no mundo inteiro:

Paz e prosperidade!ʳ

² Tenho a satisfação de falar a vocês a respeito dos sinaisˢ e das maravilhas que o Deus Altíssimoᵗ realizou em meu favor.

³ Como são grandes os seus sinais!
como são poderosas as suas maravilhas!ᵘ
O seu reino é um reino eterno;
o seu domínio duraᵛ
de geração em geração.

⁴ Eu, Nabucodonosor, estava satisfeitoʷ e próspero em casa, no meu palácio. ⁵ Tive um sonhoˣ que me deixou alarmado. Estando eu deitado em minha cama, os pensamentos e visões que passaram pela minha menteʸ deixaram-me aterrorizado. ⁶ Por isso decretei que todos os sábios da Babilônia fossem trazidos à minha presença para interpretarem o sonho para mim.ᶻ ⁷ Quando os magos,ᵃ os encantadores, os astrólogos e os adivinhosᵇ vieram, contei-lhes o sonho, mas eles não puderam interpretá-lo.ᶜ ⁸ Por fim veio Daniel à minha presença e eu lhe contei o sonho. Ele é chamado Beltessazar,ᵈ em homenagem ao nome do meu deus; e o espírito dos santos deusesᵉ está nele.

⁹ Eu disse: Beltessazar, chefeᶠ dos magos, sei que o espírito dos santos deusesᵍ está em você, e que nenhum mistério é difícil demais para você. Vou contar o meu sonho; interprete-o para mim. ¹⁰ Estas são as visões que tive quando estava deitado em minha cama:ʰ olhei, e diante de mim estava uma árvore muito altaⁱ no meio

---

¹ **3.29** Ou *blasfemar*

da terra. ¹¹ A árvore cresceu tanto que a sua copa encostou no céu; era visível até os confins da terra. ¹² Tinha belas folhas, muitos frutos, e nela havia alimento para todos. Debaixo dela os animais do campo achavam abrigo, e as aves do céu viviam em seus galhos;ʲ todas as criaturas se alimentavam daquela árvore.

¹³ Nas visões que tive deitado em minha cama,ᵏ olhei e vi diante de mim uma sentinela, um anjo¹ que descia do céu;ˡ ¹⁴ ele gritou em alta voz: "Derrubem a árvore e cortem os seus galhos; arranquem as suas folhas e espalhem os seus frutos. Fujam os animais de debaixo dela e as aves dos seus galhos.ᵐ ¹⁵ Mas deixem o toco e as suas raízes, presos com ferro e bronze; fique ele no chão, em meio à relva do campo.

"Ele será molhado com o orvalho do céu e com os animais comerá a grama da terra. ¹⁶ A mente humana lhe será tirada, e ele será como um animal, até que se passem sete tempos².ⁿ

¹⁷ "A decisão é anunciada por sentinelas, os anjos declaram o veredicto, para que todos os que vivem saibam que o Altíssimoᵒ dominaᵖ sobre os reinos dos homens e os dá a quem quer, e põe no poder o mais simplesᵠ dos homens".

¹⁸ Esse é o sonho que eu, o rei Nabucodonosor, tive. Agora, Beltessazar, diga-me o significado do sonho, pois nenhum dos sábios do meu reino consegue interpretá-lo para mim,ʳ exceto você,ˢ pois o espírito dos santos deuses está em você.ᵗ

Daniel Interpreta o Sonho

¹⁹ Então Daniel, também chamado Beltessazar, ficou estarrecido por algum *tempo*, e os seus pensamentos o deixaram aterrorizado.ᵘ Então o rei disse: "Beltessazar, não deixe que o sonho ou a sua interpretação o assuste".

¹ **4.13** Aramaico: *santo*; também nos versículos 17 e 23.
² **4.16** Ou *anos*; também nos versículos 23, 25 e 32.

Beltessazar respondeu: "Meu senhor, quem dera o sonho só se aplicasse aos teus inimigos e o seu significado somente aos teus adversários! ²⁰ A árvore que viste, que cresceu e ficou enorme, cuja copa encostava no céu, visível em toda a terra, ²¹ com belas folhas e muitos frutos, na qual havia alimento para todos, abrigo para os animais do campo, e morada para as aves do céu nos seus galhos — ²² essa árvore, ó rei, és tu!ᵛ Tu te tornaste grande e poderoso, pois a tua grandeza cresceu até alcançar o céu, e o teu domínio se estende até os confins da terra.ʷ

²³ "E tu, ó rei, viste também uma sentinela, o anjoˣ que descia do céu e dizia: 'Derrubem a árvore e destruam-na, mas deixem o toco e as suas raízes, presos com ferro e bronze; fique ele no chão, em meio à relva do campo. Ele será molhado com o orvalho do céu e viverá com os animais selvagens, até que se passem sete tempos'.ʸ

²⁴ "Esta é a interpretação, ó rei, e este é o decretoᶻ que o Altíssimo emitiu contra o rei, meu senhor: ²⁵ Tu serás expulso do meio dos homens e viverás com os animais selvagens; comerás capim como os bois e te molharás com o orvalho do céu. Passarão sete tempos até que admitas que o Altíssimoᵃ domina sobre os reinos dos homens e os dá a quem quer.ᵇ ²⁶ A ordem para deixar o toco da árvore com as raízesᶜ significa que o teu reino te será devolvido quando reconheceres que os Céus dominam.ᵈ ²⁷ Portanto, ó rei, aceita o meu conselho: Renuncia a teus pecados e à tua maldade, pratica a justiça e tem compaixão dos necessitados.ᵉ Talvez, então, continues a viver em paz".ᶠ

O Cumprimento do Sonho

²⁸ Tudo isso aconteceuᵍ com o rei Nabucodonosor. ²⁹ Doze meses depois, quando o rei estava andando no terraço do palácio real da Babilônia, ³⁰ disse: "Acaso não é esta a grande Babilônia que

eu construí como capital do meu reino¹, com o meu enorme poder e para a glória da minha majestade?"ʰ ³¹ As palavras ainda estavam nos seus lábios quando veio do céu uma voz que disse: "É isto que está decretado quanto a você, rei Nabucodonosor: Sua autoridade real foi tirada. ³² Você será expulso do meio dos homens, viverá com os animais selvagens e comerá capim como os bois. Passarão sete tempos até que admita que o Altíssimo domina sobre os reinos dos homens e os dá a quem quer".

³³ A sentença sobre Nabucodonosor cumpriu-se imediatamente. Ele foi expulso do meio dos homens e passou a comer capim como os bois. Seu corpo molhou-se com o orvalho do céu, até que os seus cabelos e pelos cresceram como as penas da águia, e as suas unhas como as garras das aves.ⁱ

³⁴ "Ao fim daquele período, eu, Nabucodonosor, levantei os olhos ao céu, e percebi que o meu entendimento tinha voltado. Então louvei o Altíssimo; honrei e glorifiquei aquele que vive para sempre.ʲ

"O seu domínio é um domínio eterno;
  o seu reino dura de geração em geração.ᵏ
³⁵ Todos os povos da terra
  são como nada diante dele.ˡ
Ele age como lhe agradaᵐ
  com os exércitos² dos céus
  e com os habitantes da terra.
Ninguém é capaz de resistir à sua mão
  ou dizer-lhe: 'O que fizeste?'ⁿ

³⁶ "Naquele momento voltou-me o entendimento, e eu recuperei a honra, a majestade e a glória do meu reino.ᵒ Meus conselheiros e os nobres me procuraram, meu trono me foi restaurado, e minha grandeza veio a ser ainda maior. ³⁷ Agora eu, Nabucodonosor, louvo, exalto e glorifico o Rei dos céus, porque tudo o que ele faz é certo, e todos os seus caminhos são justos.ᵖ E ele tem poder para humilhar aqueles que vivem com arrogância".ᵠ

O Banquete de Belsazar: A Escrita na Parede

5 Certa vez o rei Belsazar deu um grande banqueteʳ para mil dos seus nobres, e com eles bebeu muito vinho. ² Enquanto Belsazar bebia vinho, deu ordens para trazerem as taças de ouroˢ e de prata que o seu predecessor, Nabucodonosor, tinha tomado do templo de Jerusalém, para que o rei e os seus nobres, as suas mulheres e as suas concubinas bebessem nessas taças.ᵗ ³ Então trouxeram as taças de ouro que tinham sido tomadas do templo de Deus em Jerusalém, e o rei e os seus nobres, as suas mulheres e as suas concubinas beberam nas taças. ⁴ Enquanto bebiam o vinho, louvavam os deuses de ouro, de prata, de bronze, de ferro, de madeira e de pedra.ᵘ

⁵ Mas, de repente apareceram dedos de mão humana que começaram a escrever no reboco da parede, na parte mais iluminada do palácio real. O rei observou a mão enquanto ela escrevia. ⁶ Seu rosto ficou pálido, e ele ficou tão assustadoᵛ que os seus joelhos batiam um no outro e as suas pernas vacilaram.ʷ

⁷ Aos gritos, o rei mandou chamar os encantadores, os astrólogos e os adivinhosˣ e disse a esses sábiosʸ da Babilônia: "Aquele que ler essa inscrição e interpretá-la, revelando-me o seu significado, vestirá um manto vermelho, terá uma corrente de ouro no pescoçoᶻ e será o terceiro em importância no governo do reino".ᵃ

⁸ Todos os sábios do rei vieram, mas não conseguiram ler a inscrição nem dizer ao rei o seu significado.ᵇ ⁹ Diante disso o rei Belsazar ficou ainda mais aterrorizadoᶜ e o seu rosto, mais pálido. Seus nobres estavam alarmados.

¹⁰ Tendo a rainha³ ouvido os gritos do rei e dos seus nobres, entrou na sala do banquete

---

¹ **4.30** Ou *para ser minha residência real*
² **4.35** Ou *anjos*
³ **5.10** Ou *rainha-mãe*

e disse: "Ó rei, vive para sempre!ᵈ Não fiques assustado nem tão pálido! ¹¹ Existe um homem em teu reino que possui o espírito dos santos deuses.ᵉ Na época do teu predecessor verificou-se que ele era um iluminado e tinha inteligência e sabedoriaᶠ como a dos deuses. O rei Nabucodonosor, teu predecessor — sim, o teu predecessor — o nomeou chefe dos magos, dos encantadores, dos astrólogos e dos adivinhos.ᵍ ¹² Verificou-se que esse homem, Daniel, a quem o rei dera o nome de Beltessazar,ʰ tinha inteligência extraordinária e também a capacidade de interpretar sonhos e resolver enigmas e mistérios.ⁱ Manda chamar Daniel, e ele te dará o significado da escrita".

¹³ Assim Daniel foi levado à presença do rei, que lhe disse: "Você é Daniel, um dos exilados que meu pai, o rei, trouxe de Judá?ʲ ¹⁴ Soube que o espírito dos deuses está em você e que você é um iluminado com inteligência e sabedoria fora do comum. ¹⁵ Trouxeram os sábios e os encantadores à minha presença para lerem essa inscrição e me dizerem o seu significado, porém eles não o conseguiram. ¹⁶ Mas eu soube que você é capaz de dar interpretações e de resolver mistérios. Se você puder ler essa inscrição e dizer-me o que significa, você será vestido com um manto vermelho e terá uma corrente de ouro no pescoço, e será o terceiro em importância no governo do reino".

¹⁷ Então Daniel respondeu ao rei: "Podes guardar os teus presentes para ti mesmo e dar as tuas recompensas a algum outro.ᵏ No entanto, lerei a inscrição para o rei e te direi o seu significado.

¹⁸ "Ó rei, foi a Nabucodonosor, teu predecessor, que o Deus Altíssimo deu soberania, grandeza, glória e majestade.ˡ ¹⁹ Devido à alta posição que Deus lhe concedeu, homens de todas as nações, povos e línguas tremiam diante dele e o temiam. A quem o rei queria matar, matava;ᵐ a quem queria poupar, poupava; a quem queria promover, promovia; e a quem queria humilhar, humilhava. ²⁰ No entanto, quando o seu coração se tornou arrogante e endurecido por causa do orgulho,ⁿ ele foi deposto de seu trono real e despojadoᵒ da sua glória.ᵖ ²¹ Foi expulso do meio dos homens e sua mente ficou como a de um animal; passou a viver com os jumentos selvagens e a comer capim como os bois; e o seu corpo se molhava com o orvalho do céu, até reconhecer que o Deus Altíssimo dominaᑫ sobre os reinos dos homens e põe no poder quem ele quer.ʳ

²² "Mas tu, Belsazar, seu sucessor, não te humilhaste,ˢ embora soubesses de tudo isso. ²³ Ao contrário, te exaltaste acimaᵗ do¹ Senhor dos céus. Mandaste trazer as taças do templo do Senhor para que nelas bebessem tu, os teus nobres, as tuas mulheres e as tuas concubinas. Louvaste os deuses de prata, de ouro, de bronze, de ferro, de madeira e de pedra, que não podem ver nem ouvir nem entender.ᵘ Mas não glorificaste o Deus que sustenta em suas mãos a tua vidaᵛ e todos os teus caminhos.ʷ ²⁴ Por isso ele enviou a mão que escreveu as palavras da inscrição.

²⁵ "Esta é a inscrição que foi feita:

MENE, MENE, TEQUEL, PARSIM².

²⁶ "E este é o significado dessas palavras:

*Mene*³: Deus contou os diasˣ
do teu reinado
e determinou o seu fim.ʸ
²⁷ *Tequel*⁴: Foste pesado na balança
e achado em falta.ᶻ
²⁸ *Peres*⁵: Teu reino foi dividido
e entregue aos medosᵃ e persas".ᵇ

²⁹ Então, por ordem de Belsazar, vestiram Daniel com um manto vermelho, puseram-lhe uma corrente de ouro no pescoço, e o

---

¹ 5.23 Ou *te levantaste contra o*
² 5.25 Aramaico: *UPARSIM*; isto é, *E PARSIM*.
³ 5.26 *Mene* pode significar *contado* ou *mina* (uma unidade monetária).
⁴ 5.27 *Tequel* pode significar *pesado* ou *siclo*.
⁵ 5.28 *Peres* (o singular de *Parsim*) pode significar *dividido* ou *Pérsia* ou *meia mina* ou *meio siclo*.

proclamaram o terceiro em importância no governo do reino.

³⁰ Naquela mesma noite Belsazar,ᶜ rei dos babilônios¹, foi morto,ᵈ ³¹ e Dario,ᵉ o medo, apoderou-se do reino, com a idade de sessenta e dois anos.

Daniel na Cova dos Leões

6 Darioᶠ achou por bem nomear cento e vinte sátrapasᵍ para governar todo o reino, ² e designou três supervisores sobre eles, um dos quais era Daniel.ʰ Os sátrapas tinham que prestar contasⁱ a eles para que o rei não sofresse nenhuma perda. ³ Ora, Daniel se destacou tanto entre os supervisores e os sátrapas por suas grandes qualidades, que o rei planejava tê-lo à frente do governo de todo o império.ʲ ⁴ Diante disso, os supervisores e os sátrapas procuraram motivos para acusar Daniel em sua administração governamental, mas nada conseguiram. Não puderam achar nele falta alguma, pois ele era fiel; não era desonesto nem negligente. ⁵ Finalmente esses homens disseram: "Jamais encontraremos algum motivo para acusar esse Daniel, a menos que seja algo relacionado com a lei do Deus dele".ᵏ

⁶ E assim os supervisores e os sátrapas, de comum acordo, foram falar com o rei: "Ó rei Dario, viva para sempre!ˡ ⁷ Todos os supervisores reais, os prefeitos,ᵐ os sátrapas, os conselheiros e os governadores concordaram em que o rei deve emitir um decreto ordenando que todo aquele que orar a qualquer deus ou a qualquer homem nos próximos trinta dias, exceto a ti, ó rei, seja atirado na cova dos leões.ⁿ ⁸ Agora, ó rei, emite o decreto e assina-o para que não seja alterado, conforme a lei dos medos e dos persas, que não pode ser revogada".ᵒ ⁹ E o rei Dario assinou o decreto.

¹⁰ Quando Daniel soube que o decreto tinha sido publicado, foi para casa, para o seu quarto, no andar de cima, cujas janelas davam para Jerusalémᵖ e ali fez o que costumava fazer: três vezes por dia ele se ajoelhavaᑫ e orava, agradecendo ao seu Deus.ʳ ¹¹ Então aqueles homens foram investigar e encontraram Daniel orando, pedindo ajuda a Deus. ¹² E foram logo falar com o rei acerca do decreto real: "Tu não publicaste um decreto ordenando que nestes trinta dias todo aquele que fizer algum pedido a qualquer deus ou a qualquer homem, exceto a ti, ó rei, será lançado na cova dos leões?"

O rei respondeu: "O decreto está em vigor, conforme a lei dos medos e dos persas, que não pode ser revogada".ˢ

¹³ Então disseram ao rei: "Daniel, um dos exilados de Judá,ᵗ não te dá ouvidos,ᵘ ó rei, nem ao decreto que assinaste. Ele continua orando três vezes por dia". ¹⁴ Quando o rei ouviu isso, ficou muito contrariadoᵛ e decidiu salvar Daniel. Até o pôr do sol, fez o possível para livrá-lo.

¹⁵ Mas os homens lhe disseram: "Lembra-te, ó rei, de que, segundo a lei dos medos e dos persas, nenhum decreto ou edito do rei pode ser modificado".ʷ

¹⁶ Então o rei deu ordens, e eles trouxeram Daniel e o jogaram na cova dos leões.ˣ O rei, porém, disse a Daniel: "Que o seu Deus, a quem você serve continuamente, o livre!"ʸ

¹⁷ Taparam a cova com uma pedra, e o rei a selouᶻ com o seu anel-selo e com os anéis dos seus nobres, para que a decisão sobre Daniel não se modificasse. ¹⁸ Tendo voltado ao palácio, o rei passou a noite sem comerᵃ e não aceitou nenhum divertimento em sua presença. Além disso, não conseguiu dormir.ᵇ

¹⁹ Logo ao alvorecer, o rei se levantou e correu para a cova dos leões. ²⁰ Quando ia se aproximando da cova, chamou Daniel com voz que revelava aflição: "Daniel, servo do Deus vivo, será que o seu Deus, a quem você serve continuamente, pôde livrá-lo dos leões?"ᶜ

²¹ Daniel respondeu: "Ó rei, viva para sempre!ᵈ ²² O meu Deus enviou o seu anjo,ᵉ que fechou a boca dos leões.ᶠ Eles não me fizeram mal algum, pois fui considerado

---

¹ 5.30 Aramaico: *caldeus*.

inocente à vista de Deus.[g] Também contra ti não cometi mal algum, ó rei".

²³ O rei muito se alegrou e ordenou que tirassem Daniel da cova. Quando o tiraram da cova, viram que não havia nele nenhum ferimento,[h] pois ele tinha confiado[i] no seu Deus.

²⁴ E, por ordem do rei, os homens que tinham acusado Daniel foram atirados na cova dos leões,[j] junto com as suas mulheres e os seus filhos.[k] E, antes de chegarem ao fundo, os leões os atacaram e despedaçaram todos os seus ossos.[l]

²⁵ Então o rei Dario escreveu aos homens de todas as nações, povos e línguas de toda a terra:

"Paz e prosperidade!"[m]

²⁶ "Estou editando um decreto para que em todos os domínios do império os homens temam e reverenciem o Deus de Daniel.[n]

"Pois ele é o Deus vivo
e permanece para sempre;
o seu reino não será destruído;
o seu domínio jamais acabará.[o]

²⁷ Ele livra e salva;
faz sinais e maravilhas[p]
nos céus e na terra.
Ele livrou Daniel
do poder dos leões".[q]

²⁸ Assim Daniel prosperou durante os reinados de Dario e de Ciro,[1],[r] o Persa.

O Sonho de Daniel: Os Quatro Animais

7 No primeiro ano de Belsazar,[s] rei da Babilônia, Daniel teve um sonho, e certas visões passaram por sua mente,[t] estando ele deitado em sua cama. Ele escreveu[u] o seguinte resumo do seu sonho.

² "Em minha visão à noite, eu vi os quatro ventos do céu[v] agitando o grande mar. ³ Quatro grandes animais,[w] diferentes uns dos outros, subiram do mar.

⁴ "O primeiro parecia um leão[x] e tinha asas de águia.[y] Eu o observei e, em certo momento, as suas asas foram arrancadas, e ele foi erguido do chão, firmou-se sobre dois pés como um homem e recebeu coração de homem.

⁵ "A seguir, vi um segundo animal, que tinha a aparência de um urso. Ele foi erguido por um dos seus lados, e na boca, entre os dentes, tinha três costelas. Foi-lhe dito: 'Levante-se e coma quanta carne puder!'[z]

⁶ "Depois disso, vi um outro animal, que se parecia com um leopardo.[a] Nas costas tinha quatro asas, como as de uma ave. Esse animal tinha quatro cabeças e recebeu autoridade para governar.

⁷ "Em minha visão à noite, vi ainda um quarto animal, aterrorizante, assustador e muito poderoso. Tinha grandes dentes de ferro,[b] com os quais despedaçava e devorava suas vítimas e pisoteava tudo o que sobrava. Era diferente de todos os animais anteriores e tinha dez chifres.[c]

⁸ "Enquanto eu considerava os chifres, vi outro chifre, pequeno,[d] que surgiu entre eles; e três dos primeiros chifres foram arrancados para dar lugar a ele. Esse chifre possuía olhos como os olhos de um homem[e] e uma boca que falava com arrogância.[f]

⁹ "Enquanto eu olhava,

"tronos foram colocados,
e um ancião se assentou.
Sua veste era branca como a neve;
o cabelo era branco como a lã.[g]
Seu trono era envolto em fogo,
e as rodas do trono[h]
estavam em chamas.
¹⁰ De diante dele,[j]
saía um rio de fogo.[i]
Milhares de milhares o serviam;
milhões e milhões estavam diante dele.
O tribunal iniciou o julgamento,
e os livros[k] foram abertos.

¹¹ "Continuei a observar por causa das palavras arrogantes que o chifre falava.

---

[1] **6.28** Ou *Dario, isto é, o reinado de Ciro,*

Fiquei olhando até que o animal foi morto, e o seu corpo foi destruído e atirado no fogo.[l] [12] Dos outros animais foi retirada a autoridade, mas eles tiveram permissão para viver por um período de tempo.

[13] "Em minha visão à noite, vi alguém semelhante a um filho de homem,[m] vindo com as nuvens dos céus.[n] Ele se aproximou do ancião e foi conduzido à sua presença. [14] Ele recebeu autoridade,[o] glória e o reino; todos os povos, nações e homens de todas as línguas o adoraram.[p] Seu domínio é um domínio eterno que não acabará, e seu reino jamais será destruído.[q]

A Interpretação do Sonho

[15] "Eu, Daniel, fiquei agitado em meu espírito, e as visões que passaram pela minha mente me aterrorizaram.[r] [16] Então me aproximei de um dos que ali estavam e lhe perguntei o significado de tudo o que eu tinha visto.

"Ele me respondeu, dando-me esta interpretação:[s] [17] 'Os quatro grandes animais são quatro reinos que se levantarão na terra. [18] Mas os santos do Altíssimo receberão o reino e o possuirão para sempre; sim, para todo o sempre'.[t]

[19] "Então eu quis saber o significado do quarto animal, diferente de todos os outros e o mais aterrorizante, com seus dentes de ferro e garras de bronze, o animal que despedaçava e devorava suas vítimas, e pisoteava tudo o que sobrava. [20] Também quis saber sobre os dez chifres da sua cabeça e sobre o outro chifre que surgiu para ocupar o lugar dos três chifres que caíram, o chifre que tinha olhos e uma boca que falava com arrogância. [21] Enquanto eu observava, esse chifre guerreava contra os santos e os derrotava,[u] [22] até que o ancião veio e pronunciou a sentença a favor dos santos do Altíssimo; chegou a hora de eles tomarem posse do reino.

[23] "Ele me deu a seguinte explicação: 'O quarto animal é um quarto reino que aparecerá na terra. Será diferente de todos os outros reinos e devorará a terra inteira, despedaçando-a e pisoteando-a.[v] [24] Os dez chifres[w] são dez reis que sairão desse reino. Depois deles um outro rei se levantará, e será diferente dos primeiros reis. [25] Ele falará contra o Altíssimo,[x] oprimirá os seus santos e tentará mudar os tempos[1][y] e as leis. Os santos serão entregues nas mãos dele por um tempo, tempos[2] e meio tempo.[z]

[26] " 'Mas o tribunal o julgará, e o seu poder lhe será tirado e totalmente destruído, para sempre. [27] Então a soberania, o poder e a grandeza dos reinos que há debaixo de todo o céu serão entregues nas mãos dos santos, o povo do Altíssimo. O reino dele será um reino eterno,[a] e todos os governantes[b] o adorarão e lhe obedecerão'.

[28] "Esse é o fim da visão. Eu, Daniel, fiquei aterrorizado[c] por causa dos meus pensamentos e meu rosto empalideceu, mas guardei essas coisas comigo".

A Visão de Daniel: O Carneiro e o Bode

8 No terceiro ano do reinado do rei Belsazar, eu, Daniel, tive outra visão, a segunda. [2] Na minha visão eu me vi na cidadela de Susã,[d] na província de Elão;[e] na visão eu estava junto do canal de Ulai. [3] Olhei para cima[f] e, diante de mim, junto ao canal, estava um carneiro; seus dois chifres eram compridos, um mais que o outro, mas o mais comprido cresceu depois do outro. [4] Observei o carneiro enquanto ele avançava para o oeste, para o norte e para o sul. Nenhum animal conseguia resistir-lhe, e ninguém podia livrar-se do seu poder. Ele fazia o que bem[g] desejava e foi ficando cada vez maior.

[5] Enquanto eu considerava isso, de repente um bode, com um chifre enorme entre os olhos, veio do oeste, percorrendo toda a extensão da terra sem encostar no chão. [6] Ele veio na direção do carneiro de dois chifres que eu tinha visto ao lado do

---

[1] 7.25 Ou *o calendário*; ou ainda *as festas religiosas*
[2] 7.25 Ou *dois tempos*

canal, e avançou contra ele com grande fúria. ⁷ Eu o vi atacar furiosamente o carneiro, atingi-lo e quebrar os seus dois chifres. O carneiro não teve forças para resistir a ele; o bode o derrubou no chão e o pisoteou,ʰ e ninguém foi capaz de livrar o carneiro do seu poder. ⁸ O bode tornou-se muito grande, mas no auge da sua força o seu grande chifre foi quebrado,ⁱ e em seu lugar cresceram quatro chifres enormes, na direção dos quatro ventos da terra.ʲ

⁹ De um deles saiu um pequeno chifre, que logo cresceu em poder na direção do sul, do leste e da Terra Magnífica.ᵏ ¹⁰ Cresceu até alcançarˡ o exército dos céus, e atirou na terraᵐ parte do exército das estrelas e as pisoteou.ⁿ ¹¹ Tanto cresceu que chegou a desafiar o príncipe do exército;ᵒ suprimiu o sacrifício diárioᵖ oferecido ao príncipe, e o local do santuário foi destruído.ᵠ ¹² Por causa da rebelião, o exército dos santos e o sacrifício diário foram dados ao chifre. Ele tinha êxito em tudo o que fazia, e a verdade foi lançada por terra.

¹³ Então ouvi dois anjosⁱ ʳ conversando, e um deles perguntou ao outro: "Quanto tempo durarão os acontecimentos anunciados por esta visão?ˢ Até quando será suprimido o sacrifício diário e a rebelião devastadora prevalecerá? Até quando o santuário e o exército ficarão entregues ao poder do chifre e serão pisoteados?"ᵗ ¹⁴ Ele me disse: "Isso tudo levará duas mil e trezentas tardes e manhãs; então o santuário será reconsagrado²".ᵘ

A Interpretação da Visão

¹⁵ Enquanto eu, Daniel, observava a visãoᵛ e tentava entendê-la, diante de mim apareceu um ser que parecia homem.ʷ ¹⁶ E ouvi a voz de um homem que vinha do Ulai: "Gabriel,ˣ dê a esse homem o significado da visão".

¹⁷ Quando ele se aproximou de mim, fiquei aterrorizado e caí prostrado.ʸ Ele me disse: "Filho do homem, saiba que a visão refere-se aos tempos do fim".ᶻ

¹⁸ Enquanto ele falava comigo, eu, com o rosto em terra,ᵃ perdi os sentidos. Então ele tocou em mim e me pôs em pé.ᵇ

¹⁹ E disse: "Vou contar a você o que acontecerá depois, no tempo da ira, pois a visão se refere ao tempo do fim.ᶜ ²⁰ O carneiro de dois chifres que você viu representa os reis da Média e da Pérsia. ²¹ O bode peludo é o rei da Grécia,ᵈ e o grande chifre entre os seus olhos é o primeiro rei.ᵉ ²² Os quatro chifres que tomaram o lugar do chifre que foi quebrado são quatro reis. Seus reinos surgirão da nação daquele rei, mas não terão o mesmo poder.

²³ "No final do reinado deles, quando a rebelião dos ímpios tiver chegado ao máximo, surgirá um rei de duro semblante, mestre em astúcias. ²⁴ Ele se tornará muito forte, mas não pelo seu próprio poder. Provocará devastações terríveis e será bem-sucedido em tudo o que fizer. Destruirá os homens poderosos e o povo santo.ᶠ ²⁵ Com o intuito de prosperar, ele enganará a muitos e se considerará superior aos outros. Destruirá muitos que nele confiam³ e se insurgirá contra o Príncipe dos príncipes.ᵍ Apesar disso, ele será destruído, mas não pelo poder dos homens.ʰ

²⁶ "A visão das tardes e das manhãs que você recebeu é verdadeira;ⁱ sele⁴ ʲ porém a visão, pois refere-se ao futuro distante".ᵏ

²⁷ Eu, Daniel, fiquei exausto e doente por vários dias. Depois levantei-me e voltei a cuidar dos negóciosˡ do rei. Fiquei assustadoᵐ com a visão; estava além da compreensão humana.

A Oração de Daniel

9 Dario, filho de Xerxes⁵, da linhagem dos medos, foi constituído governante do reino babilônio⁶. ² No primeiro ano do

---

¹ 8.13 Hebraico: *santos*.
² 8.14 Ou *purificado*
³ 8.25 Ou *que vivem em paz*
⁴ 8.26 Ou *guarde em segredo*
⁵ 9.1 Hebraico: *Assuero*, variante do nome persa *Xerxes*.
⁶ 9.1 Hebraico: *caldeu*.

seu reinado,ⁿ eu, Daniel, compreendi pelas Escrituras, conforme a palavra do Senhor dada ao profeta Jeremias, que a desolação de Jerusalém iria durar setenta anos.º ³ Por isso me voltei para o Senhor Deus com orações e súplicas, em jejum, em pano de saco e coberto de cinza.ᵖ

⁴ Orei ao Senhor, o meu Deus, e confessei:

Ó Senhor, Deus grande e temível,ᵠ que manténs a tua aliança de amorʳ com todos aqueles que te amam e obedecem aos teus mandamentos, ⁵ nós temos cometido pecado e somos culpados.ˢ Temos sido ímpios e rebeldes, e nos afastamosᵗ dos teus mandamentos e das tuas leis.ᵘ ⁶ Não demos ouvido aos teus servos, os profetas,ᵛ que falaram em teu nome aos nossos reis, aos nossos líderes e aos nossos antepassados, e a todo o teu povo.

⁷ Senhor, tu és justo, e hoje estamos envergonhados.ʷ Sim, nós, o povo de Judá, de Jerusalém e de todo o Israel, tanto os que estão perto como os que estão distantes, em todas as terras pelas quais nos espalhasteˣ por causa de nossa infidelidade para contigo.ʸ ⁸ Ó Senhor, nós e nossos reis, nossos líderes e nossos antepassados estamos envergonhados por termos pecado contra ti. ⁹ O Senhor nosso Deus é misericordioso e perdoador,ᶻ apesar de termos sido rebeldes;ᵃ ¹⁰ não te demos ouvidos, Senhor nosso Deus, nem obedecemos às leis que nos deste por meio dos teus servos, os profetas.ᵇ ¹¹ Todo o Israel transgrediu a tua lei e se desviou, recusando-se a te ouvir. Por isso as maldições e as pragas escritas na Lei de Moisés, servo de Deus, têm sido derramadas sobre nós, porque pecamos contra ti.ᶜ ¹² Cumpriste a palavraᵈ proferida contra nós e contra os nossos governantes, trazendo-nos grande desgraça. Debaixo de todo o céu jamais se fez algo como o que foi feito a Jerusalém.ᵉ ¹³ Conforme está escrito na Lei de Moisés, toda essa desgraça nos atingiu, e ainda assim não temos buscado o favor do Senhor, o nosso Deus, afastando-nos de nossas maldades e obedecendo à tua verdade.ᶠ ¹⁴ O Senhor não hesitou em trazer desgraçaᵍ sobre nós, pois o Senhor, o nosso Deus, é justo em tudo o que faz; ainda assim nós não lhe temos dado atenção.ʰ

¹⁵ Ó Senhor nosso Deus, que tiraste o teu povo do Egito com mão poderosaⁱ e que fizeste para ti um nomeʲ que permanece até hoje, nós temos cometido pecado e somos culpados. ¹⁶ Agora, Senhor, conforme todos os teus feitos justos,ᵏ afasta de Jerusalém,ˡ da tua cidade, do teu santo monte,ᵐ a tua ira e a tua indignação. Os nossos pecados e as iniquidades de nossos antepassados fizeram de Jerusalém e do teu povo objeto de zombariaⁿ para todos os que nos rodeiam.

¹⁷ Ouve, nosso Deus, as orações e as súplicas do teu servo. Por amor de ti, Senhor, olha com bondade paraʲ o teu santuário abandonado. ¹⁸ Inclina os teus ouvidos, ó Deus, e ouve; abre os teus olhos e vêᵖ a desolação da cidade que leva o teu nome.ᵠ Não te fazemos pedidos por sermos justos, mas por causa da tua grande misericórdia. ¹⁹ Senhor, ouve! Senhor, perdoa!ʳ Senhor, vê e age! Por amor de ti, meu Deus, não te demores, pois a tua cidade e o teu povo levam o teu nome.

As Setenta Semanas

²⁰ Enquanto eu estava falando e orando, confessando o meu pecado e o pecado de Israel, meu povo, e trazendo o meu pedido ao Senhor, o meu Deus, em favor do seu santo monteˢ — ²¹ enquanto eu ainda estava em oração, Gabriel,ᵗ o homem que eu tinha visto na visão anterior, veio voando rapidamente para onde eu estava, à hora do sacrifício da tarde.ᵘ ²² Ele me instruiu e me disse: "Daniel, agora vim para dar a você percepção e entendimento. ²³ Assim que

---

¹ 9.17 Hebraico: *faze resplandecer o teu rosto sobre.*

você começou a orar, houve uma resposta, que eu trouxe a você porque você é muito amado.ᵛ Por isso, preste atenção à mensagem para entender a visão:ʷ

²⁴ "Setenta semanas estão decretadas para o seu povo e sua santa cidade a fim de acabar com¹ a transgressão, dar fim ao pecado, expiarˣ as culpas, trazer justiça eterna,ʸ cumprir a visão e a profecia, e ungir o santíssimo².

²⁵ "Saiba e entenda que, a partir da promulgação do decreto que manda restaurarᶻ e reconstruir Jerusalém até que o Ungido,ᵃ o príncipe, venha, haverá sete semanas, e sessenta e duas semanas. Ela será reconstruída com ruas e muros³, mas em tempos difíceis. ²⁶ Depois das sessenta e duas semanas, o Ungido será morto,ᵇ e já não haverá lugar para ele. A cidade e o Lugar Santo serão destruídos pelo povo do governante que virá. O fim virá como uma inundação:ᶜ guerras continuarão até o fim, e desolações foram decretadas. ²⁷ Com muitos ele fará uma aliança que durará uma semana. No meio da semana ele dará fim ao sacrifício e à oferta. E numa ala do templo será colocado o sacrilégio terrível, até que chegue sobre ele⁴ o fim que lhe está decretado".ᵈ

A Visão do Homem Vestido de Linho

10 No terceiro ano de Ciro,ᵉ rei da Pérsia, Daniel, chamado Beltessazar,ᶠ recebeu uma revelação. A mensagem era verdadeiraᵍ e falava de uma grande guerra⁵. Na visão que teve, ele entendeu a mensagem.

² Naquela ocasião eu, Daniel, passei três semanas chorando.ʰ ³ Não comi nada saboroso; carne e vinho nem provei; e não usei nenhuma essência aromática, até se passarem as três semanas.

⁴ No vigésimo quarto dia do primeiro mês, *estava eu em pé* junto à margem de um grande rio, o Tigre.ⁱ ⁵ Olhei para cima, e diante de mim estava um homem vestido de linho,ʲ com um cinto de ouro puríssimoᵏ na cintura. ⁶ Seu corpo era como berilo, o rosto como relâmpago,ˡ os olhos como tochas acesas,ᵐ os braços e pernas como o reflexo do bronze polido,ⁿ e a sua voz era como o som de uma multidão.

⁷ Somente eu, Daniel, tive a visão; os que me acompanhavam nada viram,ᵒ mas foram tomados de tanto pavor que fugiram e se esconderam. ⁸ Assim fiquei sozinho,ᵖ olhando para aquela grande visão; fiquei sem forças,ᵠ muito pálido, e quase desfaleci.ʳ ⁹ Então eu o ouvi falando e, ao ouvi-lo, caí prostrado com o rosto em terra,ˢ e perdi os sentidos.

¹⁰ Em seguida, a mão de alguém tocou em mimᵗ e me pôs sobre as minhas mãos e os meus joelhos vacilantes.ᵘ ¹¹ E ele disse: "Daniel, você é muito amado.ᵛ Preste bem atenção ao que vou falar; levante-se,ʷ pois eu fui enviado a você". Quando ele me disse isso, pus-me em pé, tremendo.

¹² E ele prosseguiu: "Não tenha medo, Daniel. Desde o primeiro dia em que você decidiu buscar entendimento e humilhar-seˣ diante do seu Deus, suas palavras foram ouvidas, e eu vim em resposta a elas.ʸ ¹³ Mas o príncipe do reino da Pérsia me resistiu durante vinte e um dias. Então Miguel,ᶻ um dos príncipes supremos, veio em minha ajuda, pois eu fui impedido de continuar ali com os reis da Pérsia. ¹⁴ Agora vim explicarᵃ a você o que acontecerá ao seu povo no futuro, pois a visão se refere a uma época futura".ᵇ

¹⁵ Quando ele me disse isso, prostrei-me com o rosto em terra, sem conseguir falar.ᶜ ¹⁶ Então um ser que parecia homem⁶ tocou nos meus lábios, e eu abri a minha boca e comecei a falar.ᵈ Eu disse àquele que estava em pé diante de mim: Estou angustiadoᵉ por causa da visão, meu senhor, e quase desfaleço.

---

¹ 9.24 Ou *para restringir*
² 9.24 Ou *o Lugar Santíssimo*
³ 9.25 Ou *trincheiras*
⁴ 9.27 Ou *sobre isso*
⁵ 10.1 Ou *falava de tempos difíceis*
⁶ 10.16 Conforme a maioria dos manuscritos do Texto Massorético. Os manuscritos do mar Morto e a Septuaginta dizem *algo que se parecia com a mão de um homem*

17 Como posso eu, teu servo, conversar contigo, meu senhor? Minhas forças se foram, e mal posso respirar.*f*

18 O ser que parecia homem tocou em mim*g* outra vez e me deu forças. 19 Ele disse: "Não tenha medo, você, que é muito amado. Que a paz*h* seja com você! Seja forte! Seja forte!"*i*

Ditas essas palavras, senti-me fortalecido e disse: Fala, meu senhor, visto que me deste forças.*j*

20 Então ele me disse: "Você sabe por que vim? Tenho que voltar para lutar contra o príncipe da Pérsia e, logo que eu for, chegará o príncipe da Grécia;*k* 21 mas antes revelarei a você o que está escrito no Livro da Verdade.*l* E nessa luta ninguém me ajuda contra eles, senão Miguel,*m* o príncipe de vocês;

11 e, no primeiro ano de Dario,*n* rei dos medos, ajudei-o e dei-lhe apoio.

Os Reis do Sul e os Reis do Norte

2 "Agora, pois, vou anunciar a você a verdade:*o* Outros três reis aparecerão na Pérsia, e depois virá um quarto rei, que será bem mais rico do que os anteriores. Depois de conquistar o poder com sua riqueza, instigará todos contra o reino da Grécia.*p* 3 Então surgirá um rei guerreiro, que governará com grande poder e fará o que quiser.*q* 4 Logo depois de estabelecido[1], o seu império se desfará e será repartido entre os quatro ventos do céu.*r* Não passará para os seus descendentes, e o império não será poderoso como antes, pois será desarraigado e entregue a outros.

5 "O rei do sul se tornará forte, mas um dos seus príncipes se tornará ainda mais forte que ele e governará o seu próprio reino com grande poder. 6 Depois de alguns anos, eles se tornarão aliados. A filha do rei do sul fará um tratado com o rei do norte, mas ela não manterá o seu poder, tampouco ele conservará o dele[2]. Naqueles dias ela será entregue à morte, com sua escolta real e com seu pai[3] e com aquele que a apoiou.

7 "Alguém da linhagem dela se levantará para tomar-lhe o lugar. Ele atacará as forças do rei do norte*s* e invadirá a sua fortaleza; lutará contra elas e será vitorioso. 8 Também tomará os deuses deles,*t* as suas imagens de metal e os seus utensílios valiosos de prata e de ouro, e os levará para o Egito.*u* Por alguns anos ele deixará o rei do norte em paz. 9 Então o rei do norte invadirá as terras do rei do sul, mas terá que se retirar para a sua própria terra. 10 Seus filhos se prepararão para a guerra e reunirão um grande exército, que avançará como uma inundação*v* irresistível e levará os combates até a fortaleza do rei do sul.

11 "Em face disso, o rei do sul marchará furioso para combater o rei do norte, que o enfrentará com um enorme exército, mas, apesar disso, será derrotado.*w* 12 Quando o exército for vencido, o rei do sul se encherá de orgulho e matará milhares, mas o seu triunfo será breve. 13 Pois o rei do norte reunirá outro exército, maior que o primeiro; depois de alguns anos voltará a atacá-lo com um exército enorme e bem equipado.

14 "Naquela época muitos se rebelarão contra o rei do sul. E os homens violentos do povo a que você pertence se revoltarão para cumprir esta visão, mas não terão sucesso. 15 Então o rei do norte virá, construirá rampas de cerco*x* e conquistará uma cidade fortificada. As forças do sul serão incapazes de resistir; mesmo as suas melhores tropas não terão forças para resistir. 16 O invasor fará o que bem entender;*y* ninguém conseguirá detê-lo.*z* Ele se instalará na Terra Magnífica e terá poder para destruí-la.*a* 17 Virá com o poder de todo o seu reino e fará uma aliança com o rei do sul. Ele lhe dará uma filha em casamento a fim de derrubar o reino, mas o seu plano[4] não

---

[1] **11.4** Ou *No auge do seu poder.*
[2] **11.6** Ou *se casará com o rei do norte para garantir um tratado, mas ele não manterá o seu poder e sua descendência não subsistirá*
[3] **11.6** Ou *filho*; com base na Vulgata e na Versão Siríaca.
[4] **11.17** Ou *mas ela*

terá sucesso^b e em nada o ajudará. ¹⁸ Então ele voltará a atenção para as regiões costeiras^c e se apossará de muitas delas, mas um comandante reagirá com arrogância à arrogância dele e lhe dará fim.^d ¹⁹ Depois disso ele se dirigirá para as fortalezas de sua própria terra, mas tropeçará e cairá,^e para nunca mais aparecer.^f

²⁰ "Seu sucessor enviará um cobrador de impostos para manter o esplendor real.^g Contudo, em poucos anos ele será destruído, sem necessidade de ira nem de combate.

²¹ "Ele será sucedido por um ser desprezível,^h a quem não tinha sido dada a honra da realeza.^i Este invadirá o reino quando o povo se sentir seguro e se apoderará do reino por meio de intrigas. ²² Então um exército avassalador será arrasado diante dele; tanto o exército como um príncipe da aliança serão destruídos.^j ²³ Depois de feito o acordo, ele agirá traiçoeiramente^k e com apenas um pequeno grupo chegará ao poder. ²⁴ Quando as províncias mais ricas se sentirem seguras, ele as invadirá e realizará o que nem seus pais nem seus antepassados conseguiram: distribuirá despojos, saques e riquezas entre seus seguidores.^l Ele tramará a tomada de fortalezas, mas só por algum tempo.

²⁵ "Com um grande exército juntará suas forças e sua coragem contra o rei do sul. O rei do sul guerreará mobilizando um exército grande e poderoso, mas não conseguirá resistir por causa dos golpes tramados contra ele. ²⁶ Mesmo os que estiverem sendo alimentados pelo rei tentarão destruí-lo; seu exército será arrasado, e muitos cairão em combate. ²⁷ Os dois reis, com seu coração inclinado para o mal,^m sentarão à mesma mesa e mentirão^n um para o outro, mas sem resultado, pois o fim só virá no tempo determinado.^o ²⁸ O rei do norte voltará para a sua terra com grande riqueza, mas o seu coração estará voltado contra a santa aliança. Ele empreenderá ação contra ela e depois voltará para a sua terra.

²⁹ "No tempo determinado ele invadirá de novo o sul, mas desta vez o resultado será diferente do anterior. ³⁰ Navios das regiões da costa^p ocidental¹ se oporão a ele, e ele perderá o ânimo. Então despejará sua fúria contra a santa aliança e, voltando, tratará com bondade aqueles que abandonarem a santa aliança.

³¹ "Suas forças armadas se levantarão para profanar a fortaleza e o templo, acabarão com o sacrifício diário e colocarão no templo o sacrilégio terrível.^q ³² Com lisonjas corromperá aqueles que tiverem violado a aliança, mas o povo que conhece o seu Deus resistirá^r com firmeza.

³³ "Aqueles que são sábios instruirão^s a muitos, mas por certo período cairão à espada e serão queimados, capturados e saqueados.^t ³⁴ Quando caírem, receberão uma pequena ajuda, e muitos que não são sinceros^u se juntarão a eles. ³⁵ Alguns dos sábios tropeçarão para que sejam refinados,^v purificados e alvejados até a época do fim, pois isso só acontecerá no tempo determinado.

O Rei Arrogante

³⁶ "O rei fará o que bem entender. Ele se exaltará e se engrandecerá acima de todos os deuses e dirá coisas jamais ouvidas^w contra o Deus dos deuses.^x Ele terá sucesso até que o tempo da ira^y se complete, pois o que foi decidido irá acontecer. ³⁷ Ele não terá consideração pelos deuses dos seus antepassados nem pelo deus preferido das mulheres, nem por deus algum, mas se exaltará acima deles todos. ³⁸ Em seu lugar adorará um deus das fortalezas; um deus desconhecido de seus antepassados ele honrará com ouro e prata, com pedras preciosas e presentes caros. ³⁹ Atacará as fortalezas mais poderosas com a ajuda de um deus estrangeiro e dará grande honra àqueles que o reconhecerem. Ele os fará governantes sobre muitos e distribuirá a terra, mas a um preço elevado².

⁴⁰ "No tempo do fim o rei do sul^z se envolverá em combate, e o rei do norte o

---

¹ **11.30** Hebraico: *navios de Quitim.*
² **11.39** Ou *terra como recompensa*

atacaráᵃ com carros e cavaleiros e uma grande frota de navios. Ele invadirá muitos países e avançará por eles como uma inundação.ᵇ ⁴¹ Também invadirá a Terra Magnífica. Muitos países cairão, mas Edom,ᶜ Moabeᵈ e os líderes de Amom ficarão livres da sua mão. ⁴² Ele estenderá o seu poder sobre muitos países; o Egito não escapará. ⁴³ pois esse rei terá o controle dos tesouros de ouro e de prata e de todas as riquezas do Egito;ᵉ os líbiosᶠ e os núbios a ele se submeterão. ⁴⁴ Mas informações provenientes do leste e do norte o deixarão alarmado, e irado partirá para destruir e aniquilar muito povo. ⁴⁵ Armará suas tendas reais entre os mares, no¹ belo e santo monte. No entanto, ele chegará ao seu fim, e ninguém o socorrerá.

Os Tempos do Fim

12 "Naquela ocasião Miguel,ᵍ o grande príncipe que protege o seu povo, se levantará. Haverá um tempo de angústiaʰ como nunca houve desde o início das nações até então. Mas naquela ocasião o seu povo, todo aquele cujo nome está escrito no livro,ⁱ será liberto.ʲ ² Multidões que dormem no pó da terra acordarão: uns para a vida eterna, outros para a vergonha, para o desprezo eterno.ᵏ ³ Aqueles que são sábios²ˡ reluzirãoᵐ como o fulgor do céu, e aqueles que conduzem muitos à justiça serão como as estrelas, para todo o sempre.ⁿ ⁴ Mas você, Daniel, feche com um seloᵒ as palavras do livro até o tempo do fim.ᵖ Muitos irão por todo lado em busca de maior conhecimento".

⁵ Então eu, Daniel, olhei, e diante de mim estavam dois outros anjos, um na margem de cá do rio e outro na margem de lá.ᵠ ⁶ Um deles disse ao homem vestido de linho,ʳ que estava acima das águas do rio: "Quanto tempo decorrerá antes que se cumpram essas coisas extraordinárias?"ˢ

⁷ O homem vestido de linho, que estava acima das águas do rio, ergueu para o céu a mão direita e a mão esquerda, e eu o ouvi jurar por aquele que vive para sempre,ᵗ dizendo: "Haverá um tempo, tempos³ e meio tempo.ᵘ Quando o poder do povo santoᵛ for finalmente quebrado, todas essas coisas se cumprirão".ʷ

⁸ Eu ouvi, mas não compreendi. Por isso perguntei: "Meu senhor, qual será o resultado disso tudo?"

⁹ Ele respondeu: "Siga o seu caminho, Daniel, pois as palavras estão seladas e lacradas até o tempo do fim.ˣ ¹⁰ Muitos serão purificados, alvejados e refinados,ʸ mas os ímpios continuarão ímpios.ᶻ Nenhum dos ímpios levará isto em consideração, mas os sábios sim.ᵃ

¹¹ "Depois de abolido o sacrifício diário e colocado o sacrilégio terrível,ᵇ haverá mil e duzentos e noventa dias. ¹² Feliz aquele que esperarᶜ e alcançar o fim dos mil trezentos e trinta e cinco dias.ᵈ

¹³ "Quanto a você, siga o seu caminho até o fim. Você descansaráᵉ e, então, no final dos dias, você se levantará para receber a herança que lhe cabe".ᶠ

---

¹ **11.45** Ou *entre o mar e o*
² **12.3** Ou *que dão sabedoria*
³ **12.7** Ou *dois tempos*

PREGAÇÃO, ORAÇÃO CORPORATIVA E DISCIPULADO

Cultivando a oração por toda a igreja

> *Daniel voltou para casa, contou o problema aos seus amigos Hananias, Misael e Azarias, e lhes pediu que rogassem ao Deus dos céus que tivesse misericórdia acerca desse mistério, para que ele e seus amigos não fossem executados com os outros sábios da Babilônia. Então o mistério foi revelado a Daniel de noite, numa visão. Daniel louvou o Deus dos céus e disse:*
> *"Louvado seja o nome de Deus*
>   *para todo o sempre;*
> *a sabedoria e o poder a ele pertencem."*
>
> Daniel 2.17-20

Daniel foi um homem de fé e virtude heroicas, mas quando esteve diante de um problema não tentou acabar com ele sozinho. Em vez disso, reuniu um grupo de amigos que pensava de maneira semelhante à dele e "pediu que rogassem ao Deus dos céus que tivesse misericórdia acerca desse mistério". Em outras palavras, com profunda percepção de suas próprias necessidades, Daniel convocou a comunidade de fé para um tempo de oração.

O mesmo vale para nós hoje. Como líderes, a nossa tarefa é cultivar o ambiente em que a oração possa aflorar. Jim Cymbala escreve: "Quando deixamos de orar, isso se deve principalmente ao fato de não reconhecermos que precisamos de Deus. Os avivamentos são resultados não só de uma mensagem avivadora, mas de uma insatisfação entre os líderes cristãos. Os avivamentos não ocorrerão até que cheguemos ao nosso limite.". Depois que chegamos ao nosso limite, há dezenas de maneiras de ajudar a oração florescer em toda a igreja. Espera-se que esta seção acenda em você o fogo pela oração e desperte a sua criatividade à medida que você encontrar novas maneiras de liderar a igreja em uma renovada temporada de oração e confiança em Deus.

PREGAÇÃO, ORAÇÃO CORPORATIVA E DISCIPULADO

Despertando a igreja para a oração comunitária
Jim Cymbala

Certa vez, no meu ministério, percebi que o maior problema com a minha igreja era a falta de oração na minha própria vida. Então clamei a Deus: "Seja como for, por favor, transforma-me. Prefiro morrer a ter um ministério infrutífero, feito de clichês.". Com essa oração, Deus começou a transformar a minha igreja. Estes são cinco princípios para despertar toda a igreja à oração:

1. Reconheça a necessidade de Deus
Deixar de orar deve-se principalmente ao fato de não reconhecermos que precisamos de Deus. Os avivamentos são resultados não só de uma mensagem avivadora, mas da insatisfação entre os líderes cristãos. Os avivamentos não ocorrerão até que cheguemos ao nosso limite.

Para mim, aconteceu quando percebi que, apesar da nossa exatidão doutrinária, a nossa comunidade não se coadunava com o modelo que nos é apresentado na Palavra. Eu lia: "A mão do Senhor estava com eles, e muitos creram e se converteram ao Senhor" (Atos 11.21). Depois pensava: *a nossa doutrina é autêntica, o povo é sincero; então, o que está errado? É o nosso coração? Talvez tenhamos de jogar tudo fora, recomeçar do zero e perguntar: "Deus, o que tu queres que eu faça nesta igreja?"*.

Quando Barnabé foi à Antioquia, ele viu "a graça de Deus" (Atos 11.23). Eu anseio por uma igreja em que as pessoas sejam tocadas não pela sabedoria do meu sermão ou pela grandeza dos edifícios da igreja, mas pela graça de Deus.

A boa notícia é que quando um ministro tem esse espírito de busca, o anseio por Deus é contagioso. A atitude do líder é transferida para as pessoas. Antes de começar a ensinar, precisamos reconhecer a nossa própria necessidade e clamar a Deus. Ele é a fonte da qual fluem os mananciais.

2. Cultive a motivação correta
A pregação continua sendo um dos principais meios de inspirar as pessoas a orar. É possível, porém, que, pregando assim, as pessoas saiam sentindo-se mais derrotadas e desencorajadas do que quando chegaram. Em vez disso, desafie os ouvintes e forneça-lhes a confiança necessária para que se aproximem da graça de Deus; ajude-os a enfrentar a realidade. A pregação pode se tornar um farol para ajudar as pessoas a descobrir o que Deus deseja que elas sejam.

É fundamental que você desafie a indiferença e a falta de oração das pessoas expressando bondade, não irritação. Conheço um pastor que tem um desejo ardente em ver a igreja ser tudo o que ela deve ser. Contudo, quanto mais ouço suas pregações, mais sinto que ele está irritado com os membros, bravo com o que eles não estão fazendo. D. L. Moody acertou em cheio quando disse: "Se não for por amor, não vale a pena.". Mas, se as palavras são *ditas com amor, muitos sentirão* a necessidade da oração.

Cultivando a oração por toda a igreja

3. Fale das promessas

Se um pregador diz às pessoas o que elas devem fazer — "orar mais" —, mas não fala das promessas de Deus, essa pregação é legalista. Desejo que os meus ouvintes saibam que todos podemos nos humilhar e nos achegar ao trono da graça, no qual encontraremos força para orar e encontraremos graça e misericórdia que nos ajudarão em tempos de necessidade.

As pessoas são revigoradas pelas promessas redentoras de Cristo. Deus não chama ninguém para fazer qualquer coisa sem prometer a graça para fazê-la, e a graça de Deus flui por meio de suas promessas. A nova aliança é caracterizada por promessas do que Deus fará: "Limparei os seus pecados; colocarei a minha lei nos seus corações; colocarei o meu Espírito neles" (ver Jeremias). Promessas como essa nos aproximam de Deus. Elas nos inspiram a confiar nele.

Reflita sobre a seguinte promessa da Palavra de Deus em Isaías 64.4: "Desde os tempos antigos ninguém ouviu, nenhum ouvido percebeu, e olho nenhum viu outro Deus, além de ti, que trabalha para aqueles que nele esperam.". Precisamos esperar em Deus. Depois de entregarmos a ele um problema e ainda assim não saber o que fazer, precisamos gastar tempo com ele. Quando o fazemos, descobrimos que ele age em favor dos que esperam nele. Tal promessa nos motiva de maneira positiva.

4. Ofereça oportunidades de responder

Mesmo pregações entusiastas não alcançarão seu propósito caso você não ofereça às pessoas oportunidade de reagir. A diferença entre uma aula e um sermão é que o sermão convida o ouvinte a uma resposta. Isso é de fato importante quando se conduz as pessoas a Deus em oração. O sermão não é pedra fundamental, mas uma flecha que aponta para o Cristo vivo.

Como as pessoas reagem varia conforme a igreja. Mas líderes espirituais precisam lutar contra a tentação de querer tudo rigorosamente em ordem, dentro do tempo estabelecido. Procure maneiras de oferecer às pessoas uma chance de responder, orar, arrepender-se, fazer perguntas e aguardar. A mera apresentação da verdade não provocará mudança em ninguém. Precisamos oferecer oportunidades para que as pessoas se aproximem "do trono da graça com toda a confiança" (Hebreus 4.16).

5. Esteja aberto para o inesperado

Deus é um Deus majestoso e frequentemente faz coisas inesperadas. À medida que vemos a nossa necessidade e começamos a clamar a Deus em oração, nunca sabemos o que poderá acontecer. Nunca deixe o medo do inesperado fazer você institucionalizar a indiferença. Deus não esgotou seu amor e poder. À medida que oramos e clamamos a ele, e convidamos outros a fazer o mesmo, ele se estabelecerá no nosso meio. Se clamarmos a ele, ele cumprirá o que prometeu.

PREGAÇÃO, ORAÇÃO CORPORATIVA E DISCIPULADO

Orações pastorais de poder
Gordon MacDonald

A oração pastoral durante o culto pode ser um modo eficaz de conduzir as pessoas à presença de Deus. Infelizmente, muitos pastores e ministros de culto dão pouca atenção ao preparo das orações pastorais. Estas são algumas coisas que aprendi sobre a oração pastoral que faz diferença.

Reconheça a importância

Eu tinha pouca ou quase nenhuma percepção de que a minha oração significasse mais do que uma rápida pausa na liturgia do culto. Era o momento para deixar o coral descer e se assentar, ou para os diáconos se prepararem para recolher a oferta.

Até que, certo dia, em visita à Inglaterra, estava perambulando entre as estantes de uma biblioteca teológica. Instintivamente, peguei uma autobiografia do século XIX. O livro conta a história de um pároco desconhecido, mas o que me chamou a atenção foi o recorte de um jornal que alguém tinha colado no livro. Era o obituário do pároco. Estava escrito o seguinte: "O pároco foi homem de oração. Ele amava orar pelos membros de sua igreja. As pessoas vinham de toda parte para ouvi-lo orar por elas. Enquanto ouviam, consolavam-se e aprendiam a orar com seu exemplo.". Levei um choque. "As pessoas vinham de toda parte para ouvi-lo orar" — não para ouvi-lo pregar! Perguntei-me: *Quem jamais viria a nossa igreja para me ouvir orar? Será que eu estava desperdiçando um imenso privilégio pastoral?*

Aquela experiência na biblioteca foi decisiva para minha vida como pastor. Decidi que faria de tudo para impactar a minha igreja pela oração pública tanto quanto pela pregação. Não para *impressionar* as pessoas, mas para *impactá*-las.

Seja intencional

Estas são algumas das minhas novas metas sobre oração pastoral:

- Eu "tomarei posse" dessa coisa chamada oração pastoral e escolherei um momento no meio do culto para orar pelas pessoas e pelo mundo em que vivemos.
- Eu vou orar usando linguagem coloquial, evitando linguagem religiosa arcaica, e vou adotar o vocabulário que uma criança possa entender.
- As minhas orações incluirão ação de graças, exaltação à fidelidade e ao caráter de Deus, atenção às necessidades humanas e aos problemas mundiais.
- Eu dedicarei tempo, um dia antes, para preparar as minhas orações a fim de que tenham conteúdo.
- Por último, vou orar na esperança de que alguém na comunidade aprenda a orar ouvindo a minha oração.

As pessoas podem não reconhecer nem expressar, mas elas desejam que orem por elas. Hoje vejo com mais clareza a necessidade de orações premeditadas e apaixonadas.

Cultivando a oração por toda a igreja

Desenvolva uma estrutura
Veja como eu comecei a estruturar muitas das minhas orações pastorais:

- *Começo a oração com um tributo ao próprio Deus.* Uso palavras para lembrar as pessoas de algum aspecto do caráter e da fidelidade de Deus — algo que ele fez na vida de Israel, da Igreja Primitiva, ou nos dias de Jesus.
- *Em seguida, a minha oração passa para uma expressão de arrependimento.* "Somos teus filhos, Senhor, mas reconhecemos que, como ovelhas, temos a tendência de vaguear." Esse é um momento para que toda a igreja reconheça sua própria fragilidade e se lembre de que aqueles que confessam seus pecados serão perdoados. "Pai, neste momento, suplicamos por um novo começo. Ajuda-nos a não repetir os nossos pecados." Todos precisamos de um novo começo todo domingo, e esse será o momento para celebrar.
- *Eu intercedo pela minha igreja.* "Senhor, somos pessoas com necessidades. Alguns de nós estamos fracos; alguns, amedrontados; outros estão solitários e ainda outros perderam a coragem." A intercessão é um momento de oração para as pessoas perceberem que o pastor está a par da realidade que elas vivem. Não é o momento para orar pelos programas da igreja, pelas ofertas, ou por algum projeto novo de construção. É o momento de lembrar que a igreja passa a vida em um mundo muito mais amplo no qual há ruído, intimidação, distração, dificuldade, desafio e, às vezes, pura maldade.
- *As minhas orações refletem acontecimentos mundiais.* De que outra maneira as pessoas vão aprender a orar por presidentes e primeiros-ministros, ditadores e opressores? Como as pessoas saberão como orar por tragédias e desastres que acontecem semana após semana? Elas precisam ouvir seu pastor clamar contra a injustiça, aprender a ter empatia pelo pobre e pelos que sofrem, e lembrar-se da igreja perseguida. Se alguém frequenta a igreja semana após semana e nunca ouve uma oração pelos problemas que afetam o mundo todo, como saber que a igreja se importa com o restante do mundo?

Planeje criteriosamente
Muitas vezes, a oração é empregada simplesmente como transição entre um momento e outro da liturgia. Mas, quando Salomão dedicou o templo, boa parte de sua liderança pública se deu por meio da oração pastoral. Ele se ajoelhou e disse: "Senhor [...], não há outro Deus como tu [...]. Cumpriste a tua promessa [...], que ouças a oração que o teu servo fizer voltado para este lugar [...]. Quando [...] derrotado por um inimigo [...], ouve dos céus [...]. Ensina [...] o caminho certo [...]. Quando pecarem [...] [p]erdoa o teu povo.".

Esta oração não é superficial. Ela inclui todos os que estão presentes. Em comparação, pastores contemporâneos e ministros de louvor, muitas vezes, oram com palavras bem-intencionadas, mas empregam palavras que carecem de profundidade e poder, e deixam de entrar na alma dos ouvintes — o idoso que está perdendo controle de sua vida e que espera ouvir palavras de afirmação; o pecador que busca esperança; o viciado que deseja libertação, e a pessoa feliz que deseja agradecer.

A oração pode ser intencional, refletida e poderosa. Que possamos dar às nossas orações a força e a profundidade que Deus e o nosso povo merecem.

PREGAÇÃO, ORAÇÃO CORPORATIVA E DISCIPULADO

Exemplo de oração pastoral
M. Craig Barnes

Veja a seguir um exemplo de oração pastoral refletida, ampla e voltada à adoração, que conecta o caráter de Deus às necessidades da igreja e do mundo. Use esta oração como modelo para escrever a sua própria oração.

"Bom Pastor, somos como ovelhas, facilmente amedrontadas. Temos a necessidade de saber que tu estás ao nosso lado, guiando-nos por caminhos planos; mas os nossos olhos não conseguem desviar-se do nosso corpo frágil, da nossa família abatida e do nosso sonho frustrado. Mas hoje temos fé suficiente para crer, pelo menos, somos tuas ovelhas. Por isso, clamamos a ti, pedindo que restaure nossa alma.

"Encontre hoje no teu santuário todos os que estão passando pelo vale escuro do sofrimento. Oramos pela família Souza, que recentemente entregou seu pai, Joaquim, nas tuas mãos. Consola-os em sua tristeza, leva-os às águas tranquilas de paz e renove sua convicção na alegria de habitar na casa do Senhor para sempre.

"Que teu Espírito unja todos os que estão doentes, especialmente aqueles que estão no hospital hoje: [*mencione os membros da igreja pelo nome*]. Cura aquele que está machucado; purifica o que está enfermo com a abundância da tua bondade e misericórdia que nos acompanham todos os dias da nossa vida.

"Quando levantamos os nossos olhos para além das nossas necessidades e preocupações, vemos um mundo contaminado pela enfermidade do racismo, da pobreza e da violência. Ousamos lembrar-te, Senhor, de que este é o teu mundo; então, não demores em trazer o Reino a este mundo. Proteja os nossos missionários, estadistas, soldados e todos os que trabalham na presença dos inimigos deste mundo. Ao saber que tu estás com eles e a seu favor, eles não terão medo, mas continuarão servindo na missão de trazer todas as pessoas à mesa que tu nos preparaste — uma mesa que tem lugar para todos.

"Abençoa os nossos pais jovens, que diariamente enfrentam as enormes necessidades dos filhos pequenos. Abençoa aqueles que voltam ao trabalho e às escolas onde o teu nome não é honrado. Abençoa todos os que estão sob a liderança de pessoas difíceis. Abençoa-os de forma tão intensa que o teu cálice transborde com tua bondade e misericórdia para o mundo. Amém."

Orações pastorais inadequadas
M. Craig Barnes

Algumas orações pastorais podem ser usadas de maneira inadequada durante o culto. Eis algumas orações pastorais comuns que os pastores usam para promover seus próprios interesses, não os de Deus.

Cultivando a oração por toda a igreja

Orações de contrabando
Se o pastor não deixou bastante claro um argumento no sermão, ele pode ser tentado a aproveitar a oração para reforçar ainda mais a ideia. Frases como "Ensina-nos a..." provavelmente não reflitam o que está no coração das pessoas. Precisamos aprender a deixar a pregação para o sermão.

Orações de teologia sistemática
Alguns de nós somos particularmente ruins nisso. Não conseguimos dar uma bênção sem explicar a doutrina da Trindade. Certamente, há lugar no culto para ajudar as pessoas a entender teologia, mas a oração certamente não é o lugar ideal.

Oração partidária
Toda comunidade enfrenta questões sobre as quais há diferentes opiniões. Os pastores também têm sua opinião, mas a oração não é o momento de fazer *lobby* em favor da aprovação do plano de construção. Durante a guerra civil, quando Abraham Lincoln ouviu de um de seus defensores: "Deus está do nosso lado", ele o advertiu dizendo que seria melhor orar que nós estivéssemos do lado de Deus. É para isso que serve a oração — dizer a Deus que queremos o que ele quer, pedir que ele seja gracioso em resposta à nossa busca.

Orações sinceras
Algumas das melhores orações estão em Salmos. Às vezes os salmistas entravam nos átrios de Deus com alegria e ação de graças. Outras vezes abriam caminho por meio da ira e do lamento. Alguns até dizem a verdade da raiva que sentem por Deus tê-los abandonado. Mas a tentação que sofremos é maquiar as nossas orações e não confrontar Deus com as queixas que realmente temos. Deus, no entanto, pode muito bem ver a nossa ira. Se a igreja está incomodada pela morte de uma criança, o pastor pode dizer a Deus o que todos estão sentindo.

Orações interessantes
O importante em uma oração não é chamar a atenção para si mesmo; antes, a oração serve para conduzir as pessoas à comunhão com Deus. Assim, não me impressiono tanto quando alguém diz "Que oração bonita o senhor fez hoje". Às vezes, a minha oração soa bem, porque quero mostrar às pessoas o meu esforço. Mas a igreja precisa que eu lhes mostre o próprio Deus. Isso pode ser atingido de modo mais eficaz com uma oração simples do que com uma oração enfeitada.

Orações "úteis"
As pessoas têm consciência de que têm necessidades, mas nem sempre estão atentas para a dimensão dessas necessidades. Por exemplo, alguns podem achar que precisam de Deus para encontrar um novo relacionamento na vida, quando, na verdade, precisam primeiro encontrar Deus na solidão. A oração do pastor deve ajudar as pessoas a expressar uma verdade dura de que elas temem expressar por si mesmas. Já que eu amo os membros da

PREGAÇÃO, ORAÇÃO CORPORATIVA E DISCIPULADO

minha igreja, é tentador pedir a Deus que lhes dê o que elas precisam. Mas a oração não é um modo de se abastecer de favores divinos; ela expõe a nossa alma a Deus.

Como aprofundar reuniões de oração coletivas
Leadership Journal

Reuniões de oração coletivas podem acontecer em diversos contextos — em reuniões de pequenos grupos, de equipes de liderança, de equipe de funcionários, ou até com toda a igreja — e podem ser breves ou longas. Mas toda reunião de oração coletiva tem pelo menos uma coisa em comum: Elas envolvem orar com pelo menos "dois ou três" que Jesus menciona em Mateus 18.20. Estes são seis modos de criar um ambiente que proporcione reuniões de oração coletivas vibrantes e autênticas:

1. Desenvolva uma visão

A nossa cultura individualista nos priva de uma visão de oração coletiva — devoção particular é vista como ideal. Mas as Escrituras ensinam que a igreja orava unida. O grande livro de oração da Bíblia, Salmos, foi escrito principalmente para uso na congregação de Israel. Mesmo a oração individual de um homem como Esdras teve o efeito de levar todo o povo a orar junto (Esdras 10.1). A jovem igreja de Jerusalém "se reunia sempre em oração" e, quando ameaçada por perseguição, "levantou a voz a Deus" para que ele lhe mostrasse seu poder contra os inimigos (Atos 1.14; 4.24-31). Foi durante uma reunião de oração da igreja que nasceu o movimento missionário em Antioquia (Atos 13.1-3). Quando Paulo insistiu em que as igrejas orassem por ele, ordenou que as igrejas orassem coletivamente, não só individualmente. Jesus também nos ensinou a orar de forma coletiva. A linguagem de Mateus 6 é essencialmente: "*Vocês*, orem assim: 'Pai nosso' ", e " 'dá-nos hoje o nosso pão de cada dia' ". Ele pretendia que orássemos em comunidade.

Pessoas que consideram a necessidade a oração coletiva às vezes perguntam: "O que é mais importante: a oração individual ou a coletiva?". A resposta certa é: "De que perna você mais precisa para andar, a direita ou a esquerda?".

2. Comece com louvor e adoração

Muitas reuniões de oração nas igrejas são enfadonhas. Um hino fúnebre, um estudo bíblico desconexo e trinta minutos relacionados às necessidades da comunidade que fazem as pessoas sentirem que o mundo todo está sofrendo de hérnia de disco e problemas financeiros. Reuniões de oração eficazes vão além de orações como "Abençoe fulano", "Esteja com sicrana" para conduzir as pessoas à presença de Deus.

Jesus ensinou os discípulos a começar com adoração — "Santificado seja o teu nome". Seja em pequenos grupos, equipes de liderança, ou grandes reuniões que envolvem toda a igreja, programe reuniões de oração que comecem com adoração e concentre-se em levar as pessoas à comunhão com Deus. Lembre as pessoas de que se orarmos para buscar a face

Cultivando a oração por toda a igreja

de Deus, reconheceremos sua mão. Mas, se ficarmos procurando a mão de Deus, podemos não encontrar sua face.

Comece todas as reuniões de oração (ou qualquer oração de uma reunião) com a Bíblia aberta, declarações ponderadas sobre o caráter de Deus e cânticos de louvor espontâneos. Segure todos os pedidos até que tenha dedicado tempo suficiente para a adoração e esteja unido ao coração e à mente de Deus, bem como aos propósitos do Reino.

3. Orem em conjunto

Algumas reuniões de oração são mais parecidas com uma fila de crianças em um *shopping* esperando para falar com o Papai Noel. Estamos ocupando o mesmo lugar, mas não estamos juntos. Já orei inúmeras vezes com adultos e me senti apenas aguardando minha vez, assim como todos os demais, para dizer a Deus o que tinha de dizer, sem refletir muito sobre o que outros oravam.

Mas uma boa oração coletiva é como uma boa conversa. A ideia é ouvir verdadeiramente a oração da outra pessoa, e deixar que ela penetre a nossa mente e coração antes de prosseguirmos para as nossas preocupações particulares. Por exemplo, alguém poderá orar pela saúde de um membro da família. Enquanto reflete sobre essa oração, você poderá acrescentar seu 'amém', em concordância, verbal ou silenciosa, envolvendo-se assim de forma mais profunda com o problema. Às vezes quando você faz isso, poderá sentir-se tocado a acrescentar à sua própria oração um detalhe à oração que acaba de ouvir. Outros poderão fazer o mesmo, desenvolvendo a oração como um todo a partir da oração original.

4. Encoraje as pessoas a serem breves

De início, insista para que as pessoas façam orações breves. Longas e eloquentes orações por aqueles considerados "experientes" em geral sufocam a participação dos que não se sentem capazes de orar em grupo. Cada participante deve fazer orações breves, talvez diversas vezes durante a reunião de oração, deixando assim espaço para que todos concordem e desenvolvam as orações dos outros.

5. Faça um plano

A boa oração coletiva em grupo grande exige planejamento, pelo menos tanto quanto é necessário para o preparo de um culto de adoração. Muitas reuniões de oração fracassam justamente nessa questão. Frequentemente assumimos que uma reunião de oração deve simplesmente "fluir" espontaneamente pelo Espírito, como se planejar fosse impedir esse fluir. Isso é o que Thomas Howard chama de "o mito da espontaneidade". O "experiente" domina, e toda a ênfase da reunião cai por água abaixo.

Assim como em outras áreas da vida, tira-se pouco proveito de uma espontaneidade relaxada. Pergunte a Mozart ou a Einstein se pura espontaneidade teve alguma coisa a ver com suas realizações, e eles dirão que trabalho árduo, sim; disciplina, sim; mas espontaneidade, não. Talvez seus *insights* tenham surgido num momento em que experimentavam a espontaneidade, mas isso se desenvolveu depois de anos de esforço e preparo.

Por esse motivo, as reuniões de oração com toda a igreja devem ser consideradas importantes encontros de adoração, talvez ocorrendo mensalmente, não semanalmente.

PREGAÇÃO, ORAÇÃO CORPORATIVA E DISCIPULADO

6. Abra caminho

Para que a igreja se torne uma igreja de oração, o pastor deve ser a pessoa que ora mais visível da igreja. Essa liderança não pode ser delegada a outros. O pastor deve anunciar à igreja a hora e o lugar em que começará a oração, convidar todos a que participem e começar a orar com quem Deus enviar. (Sem reclamação sobre a pequena frequência, apenas regozijo por aqueles que vieram!). E persista nisso até a vinda do Reino. Literalmente.

Formas de orar durante os cultos
Bonnie & Trevor McMaken

Quando o povo de Deus eleva as orações aos céus, coisas maravilhosas acontecem (Atos 2.42; 4.31). Deus deu ao Corpo de Cristo uma variedade de orações para ser utilizada no culto público. Cada tipo de oração é singular em sua estrutura e propósito e, quando empregada com discernimento vindo do Espírito, cada uma delas pode nos atrair para mais próximo de Deus e nos levar a amar o mundo pelo qual ele morreu. Com base nas Escrituras e na história da Igreja, esta é uma lista de orações que podem enriquecer o culto da igreja:

Orações de invocação

Esse tipo de oração é comumente chamada de "convite à adoração". Uma oração de invocação significa simplesmente invocar a presença do Senhor. Como igreja, estamos dizendo: "Vem, Senhor Jesus. Nós te invocamos para que toques nossos corações e estejas entre nós.". Basicamente, trata-se de uma oração que nos humilha e nos permite deixar nosso ego para que nos entreguemos ao serviço do Senhor e ao plano *dele*.

Exemplo do *Livro de Oração Comum*:

> Deus Todo-poderoso, a ti os nossos corações estão abertos, os nossos desejos são conhecidos, e de ti nenhum segredo é ocultado: Purifica os pensamentos dos nossos corações pela inspiração do teu Espírito Santo, a fim de que possamos te amar de modo íntegro, e exaltar dignamente o teu santo nome; por meio de Cristo nosso Senhor. Amém.

Orações históricas

Algumas tradições eclesiásticas incorporam orações que já passaram pelo teste do tempo e ainda falam às necessidades das pessoas hoje. Por exemplo, o *Livro de Oração Comum*, usado pelos anglicanos em todo o mundo, contém orações semanais introdutórias (também chamadas de coleta) e outras orações escritas, elaboradas com esmero, para diversas ocasiões.

Exemplo do *Livro de Oração Comum*:

> Bendito Senhor, que fez que toda a sagrada Escritura fosse escrita para a nossa edificação: Permita-nos ouvir, ler, marcar, aprender e digerir interiormente a Escritura, para que possamos abraçar e apegar a bendita esperança da vida eterna, que tu nos deste por meio de Jesus Cristo, o Salvador, que vive e reina contigo, e o Espírito Santo, único Deus, para sempre e sempre. Amém.

Cultivando a oração por toda a igreja

Oração de confissão

A confissão é um elemento essencial da vida cristã, um ato em que participamos tanto individualmente quanto coletivamente. Ao confessar os nossos pecados uns aos outros (Tiago 5.16), somos lembrados de que Deus é fiel e justo para nos perdoar e nos limpar de toda maldade (1João 1.9).

Exemplo: Um modo de incorporar a oração de confissão na sua igreja é prover um tempo de silêncio para a confissão pessoal ao Senhor. Você pode terminar esse momento com uma oração coletiva de confissão, como esta:

> Deus Todo-poderoso, tu nos amas, mas nós não temos te amado. Tu nos chamas, mas não temos dado ouvidos. Nós nos distanciamos de vizinhos com necessidades, envolvidos em nossas próprias preocupações. Fechamos os olhos para o mal, para o preconceito e para a avareza. Deus de graça, ajuda-nos a reconhecer o nosso pecado, para que, ao dispensares tu a tua graça sobre nós, possamos arrepender-nos, voltar-nos para ti e receber o teu perdão; por meio de Jesus Cristo nosso Redentor. Amém.

Oração de cura

A oração de cura é um tipo específico de oração de intercessão. A Bíblia nos ensina a orar uns pelos outros para que sejamos curados (Tiago 5.16), quer essa cura esteja na mente, no corpo, nas emoções ou no espírito. A oração de cura consiste simplesmente em suplicar para que o poder sobrenatural de Deus se manifeste a nós num dado momento. Frequentemente envolve a imposição de mãos (Marcos 16.17,18; Atos 28.8) e a unção com óleo (Tiago 5.14).

Exemplo: Depois de breve ensino sobre a oração de cura e o propósito da unção, convide pessoas após o sermão ou a ceia do Senhor para que venham à frente para receber oração. Escolha músicas que ressaltem o ministério de Jesus de curar as nossas fraquezas. Tenha ministros de oração preparados para fazer breves orações de bênçãos enquanto ungem as pessoas. Não deixe de estabelecer onde os ministros de oração ficarão e como você orientará as pessoas a que se dirijam ao lugar de oração.

Orações responsivas

Esse tipo de oração litúrgica envolve um diálogo entre Deus, o dirigente de oração e a igreja. Cada parte pode ser breve ou longa conforme necessário, mas o líder deve sempre indicar à comunidade quando chega a parte dela.

Exemplo: Durante a oração de intercessão, o líder faz uma breve oração pela vida da igreja, pela comunidade e pelo mundo. Cada intercessão termina quando o líder diz: "Senhor, em tua misericórdia", e a igreja responde: "Ouve a nossa oração."

Orações em uníssono

Orar juntos em voz audível é um modo eficaz de a igreja orar junta em uma só voz. Uma oração comum para ser dita em uníssono é a Oração do Pai-Nosso (Mateus 6.9-13; Lucas 11.2-4). O povo de Deus desde a época dos israelitas também utilizava o livro de Salmos para orar de modo audível. Esse foi o livro de oração que Jesus usou e conhecia muito bem,

PREGAÇÃO, ORAÇÃO CORPORATIVA E DISCIPULADO

e dele tirou as palavras que estavam em seus lábios até mesmo quando estava na cruz. Algumas igrejas leem os salmos de modo responsivo: metade da congregação lê os versículos pares e a outra metade lê os versículos ímpares.

Oração silenciosa

A oração não consiste apenas nas palavras que pronunciamos. Também envolve as palavras que o Senhor fala a nós. Ficar em silêncio diante do Senhor nos dá a oportunidade de nos desligar das distrações e nos sintonizar à voz de Deus. O silêncio também pode ser uma resposta à consciência da majestade de Deus (Sofonias 1.7). O silêncio também é uma resposta apropriada a situações tão significativas ou emotivas diante das quais não sabemos que palavras usar — simplesmente permitimos que o Espírito interceda por nós com gemidos inexprimíveis (Romanos 8.26,27).

Orações finais (ou bênçãos)

A bênção é uma breve oração de súplica pela bênção ou favor de Deus sobre um indivíduo ou comunidade. Normalmente é feita no final do culto antes de as pessoas serem despedidas e enviadas para viver em amor e serviço. Como Paulo faz no final de várias de suas cartas (1Coríntios 1.3; Gálatas 6.18; e Efésios 3.14-20), a bênção geralmente é proferida por alguém que tenha o ministério da paternidade ou maternidade espiritual da igreja. A pessoa que impetra a bênção geralmente levanta a mão sobre os filhos espirituais enquanto ora.

Exemplo: A bênção mais comum está registrada em Números 6.24-26:

O Senhor te abençoe e te guarde;
O Senhor faça resplandecer o seu rosto sobre ti e tenha conceda graça;
O Senhor volte para ti o seu rosto e te dê paz.

Como cultivar a oração durante a semana
Leadership Journal

Para desenvolver a prática da oração individual e coletiva, todos nós precisamos de oportunidades para aprender uns com os outros. Imagine se a sua igreja fosse um lugar em que se pudesse ver após o culto grupos de pessoas orando umas pelas outras? Ou em que se orassem umas pelas outras por telefone? Ou em que as pessoas enviassem pedidos de oração por *e-mail*? Se cada pessoa da sua igreja orar uma por outra, será formado um corpo unido, e a sua igreja será uma igreja de oração no sentido completo do termo. Estes são seis modos específicos de cultivar uma cultura de oração de intercessão com ou por outra pessoa durante a semana.

1. Recrute parceiros de oração

Duas pessoas que se comprometam a orar juntas, ou uma pela outra, também se tornarão espiritualmente responsáveis uma pela outra.

Cultivando a oração por toda a igreja

2. Recrute intercessores

Esses indivíduos oram diariamente pelas necessidades da igreja assim como incessantemente durante todo o culto. Lembre-se da importante vitória de Josué em Refidim, em Êxodo 17: Josué e seu exército receberam o crédito pela batalha, mas a real fonte de vitória foi Moisés que intercedia por eles. Como Moisés, alguns cristãos hoje têm o dom da intercessão. Os líderes da igreja precisam encontrar um modo de recrutar e mobilizar intercessores que orem pela saúde da igreja. Quando os líderes estão na linha de frente da batalha espiritual, precisam ter outros que intercedam por eles.

3. Organize vigílias de oração

Peça para as pessoas, num período de 24 horas, a que se dediquem a um momento de oração. "Vigília" sugere um tempo de vigilância ou alerta, uma guarda. Durante séculos, as pessoas faziam vigília à véspera de uma festa religiosa. Eis algumas dicas para o planejamento e o preparo de pessoas para uma vigília de oração:

- *Passe uma lista de inscrição com períodos de uma hora.* Caso necessário, peça a pessoas específicas se podem inscrever-se em horários que ainda não tenham sido ocupados e deixar os horários mais concorridos para outros.
- *Prepare o templo ou a sala de oração deixando recursos de apoio de oração sobre uma mesa.* Junto com uma folha de presença, você pode deixar uma breve instrução principalmente para aqueles que vêm pela primeira vez. Um globo terrestre e cartas de missionários encorajam orações pelo mundo. Inclua também a lista de pedidos de oração da igreja.
- *Prepare os participantes.* Se as pessoas estão em dúvida sobre o que vão fazer durante uma hora inteira, você pode dar a seguinte sugestão:
  - Traga Bíblia, hinário, lista telefônica dos membros da igreja e a lista de pedidos de oração da igreja.
  - Seja espontâneo. Converse com Deus como faz quando conversa com o seu melhor amigo.
  - Coloque-se na posição mais confortável possível.
  - Comece orando em voz alta, embora não muito alto para não atrapalhar os demais.
  - Não pense que você tem de falar todo o tempo. Converse como o Senhor, depois fique em silêncio e ouça.

Um esboço da sua vigília de oração pode incluir as seguintes maneiras de se envolver em oração: preparação, confissão, louvor e ação de graças, súplica pessoal, intercessão pelos *outros, orações pela igreja e seus* líderes, orações pela nação e por todas as nações da terra.

4. Encoraje a prática da oração e do jejum

A prática do jejum é novidade e desconcertante para muitas pessoas hoje. Os líderes da igreja podem oferecer uma visão geral sobre o jejum de acordo com a Bíblia e uma lista

PREGAÇÃO, ORAÇÃO CORPORATIVA E DISCIPULADO

de maneiras pelas quais os cristãos jejuaram e oraram juntos em toda a história da Igreja. O jejum de alimento durante 24 horas é apenas uma maneira. (Atenção: pessoas com desordem alimentar nunca devem ser encorajadas a jejuar). Por exemplo, em toda a história da Igreja, muitas outras formas de jejum foram usadas, incluindo a abstenção de carne ou doces. Na África, é comum a prática do "jejum de Daniel", que consiste em alimentar-se apenas de frutas e verduras. Os cristãos ortodoxos orientais jejuam com frequência em comunidade. Eles se abstêm do consumo de carne, peixe, ovos, produtos lácteos, óleo e álcool. Outros podem desejar fazer o jejum do uso de mídias, ir ao *shopping* ou usar telefones celulares. Todas essas opções podem criar espaço para oração do mesmo modo que o jejum de alimento. O importante é entrar num breve período de tempo em que a comunidade como um todo está concentrada em buscar junta a vontade de Deus.

Ao final do jejum, os líderes devem pensar em maneiras de reunir toda a igreja de novo. A maioria das igrejas termina o jejum com algum tipo de culto público de oração e adoração. Alguns testemunhos sobre o impacto do jejum podem ser postados *on-line*, usando-se a mídia para beneficiar-se das redes sociais. Esses testemunhos ajudarão os participantes a refletir sobre suas próprias experiências e encorajarão outros membros da igreja a participar em ocasiões futuras.

5. Comece uma corrente de oração

A fim de manter a comunidade atenta às necessidades atuais da igreja, crie um boletim semanal de oração ou escreva um *e-mail* a ser enviado a todos que estão comprometidos com a oração. Você também poderá usar mensagens de texto para enviar pedidos de oração às pessoas.

6. Separe um tempo determinado para oração

A Bíblia frequentemente menciona momentos específicos do dia dedicados à oração. Por exemplo, em Salmos é mencionada a oração da manhã (Salmos 5.3), da noite (Salmos 63.5,6), da manhã e da tarde (Salmos 55.17), ou mesmo "sete vezes por dia" (Salmos 119.164). Daniel orava três vezes ao dia. Atos fala dos discípulos orando nas horas terceira, sexta e nona, ou às 9 horas, ao meio-dia e às 3 horas da tarde, respectivamente.

A prática de horários fixos de oração simplesmente dá continuidade à essa antiga disciplina de separar tempo específico durante o dia para reunir (juntos ou espalhados pela cidade) as pessoas com o propósito de ler a mesma passagem das Escrituras e orar as mesmas orações. Normalmente, os períodos fixos de oração são breves — entre cinco a dez minutos —, mas permitem que todos interrompam suas atividades diárias para estar unidos no Senhor.

O envolvimento de ministros de oração durante o culto
Kelly Brady

O apóstolo Paulo insistiu em que Timóteo tornasse a intercessão um elemento central de seu ministério (1Timóteo 2.1). Interceder significa suplicar em oração em favor de outras

Cultivando a oração por toda a igreja

pessoas para que Deus lhes atenda às necessidades. Um dos momentos e lugares mais eficazes para interceder por outros pode acontecer durante o culto da igreja. Estes passos o ajudarão a capacitar e utilizar ministros de oração para os cultos públicos:

Desperte a urgência
É importante anunciar que os ministros de oração estarão à disposição durante o final de cada culto. Também é importante fazer um aviso verbal convidando as pessoas à frente se desejarem uma oração. Mas a disposição das pessoas em responder a esse tipo de aviso frequentemente depende do sentimento de urgência do pregador. Para que as pessoas venham à frente para receber uma oração, o sermão precisa despertar essa urgência. As pessoas precisam entender que ir à frente para orar é uma resposta adequada à palavra que acabaram de ouvir das Escrituras; por isso devem ser levadas a responder.

Arranje tempo
Na maioria das igrejas o ministério de oração é uma opção à disposição dos que frequentam o culto para *depois* do encerramento do culto. Mas, para fazer um uso mais eficaz dos ministros de oração, precisamos levar as pessoas a receber oração *durante* o culto. Essa atitude deixa uma mensagem clara e convincente: receber oração de ministros preparados durante o culto é vital para crescer em Cristo.

Crie espaço
Poucas igrejas têm espaço físico suficiente na parte da frente do local onde se reúnem para convidar as pessoas a orar, por isso você terá de ser criativo e criar espaço para as pessoas se reunirem com outros em oração. Por exemplo, no nosso culto, tiramos várias fileiras de cadeiras nos dias em que oferecemos o ministério de oração. Não se esqueça de dar atenção especial às necessidades dos portadores de deficiência física. Elimine o maior número possível de obstáculos para que eles também possam participar.

Treine e capacite
Muitas pessoas são atraídas por esse tipo de ministério, mas poucas se sentem adequadamente preparadas. Estas são algumas instruções úteis para as pessoas que pretendem servir como ministros de oração.

- *Trabalhem em pares.* O ministério de oração é mais bem desenvolvido quando feito em pares. Um ministro de oração pode orar enquanto o outro permanece aberto à direção do Espírito Santo. As Escrituras ensinam que o Espírito Santo intercede por nós; portanto, estar atento à direção dele na oração fortalece ainda mais o nosso esforço de orar.
- *Adore enquanto espera.* Enquanto os ministros de oração aguardam as pessoas pelas quais vão orar, é fácil sentir que todos estão olhando para eles. Lembre os ministros de oração de que a melhor maneira de evitar um sentimento estranho é permanecer em atitude de adoração enquanto aguardam a oportunidade de orar pelos outros. Isso ajuda o ministro de oração a relaxar e a permanecer totalmente presente.

PREGAÇÃO, ORAÇÃO CORPORATIVA E DISCIPULADO

- *Comece com a apresentação pessoal.* Quando alguém vem à frente para oração, o ministro de oração deve começar dizendo seu nome e perguntando o nome da pessoa. Se o ministro de oração se esquecer do nome de alguém, pode simplesmente dizer: "Fala para mim novamente o seu nome". Orar por alguém pelo nome é o meio mais eficaz de ministrar.
- *Pergunte como a pessoa quer que ore por ela.* Depois de compartilhar a necessidade de oração, se o ministro de oração não tiver certeza completa de como orar pela pessoa, pode fazer uma simples pergunta: "Como você quer que eu ore por essa situação?"
- *Ore com as Escrituras.* O ministério de oração durante o culto não é o momento para resolver problemas nem para dar conselhos; é o momento de orar. Prepare os ministros de oração a concentrar-se em uma única coisa: conduzir as pessoas ao trono da graça de Deus. É muito importante e eficaz preparar os ministros de oração para que orem citando trechos da Palavra de Deus. Se ajudar, escreva algumas passagens das Escrituras em cartões de 7 x 12 cm. Não há nada errado em se preparar antecipadamente para orar.
- *Seja discreto com o toque físico.* Lembre-se de que nem todas as pessoas se sentem à vontade com o toque físico. O toque físico é importante no ministério, mas também é importante a discrição durante a oração, como colocar a mão sobre os ombros. Se os ministros de oração não têm certeza se a pessoa se sentirá à vontade, podem perguntar: "Posso colocar a mão sobre os seus ombros enquanto oro?".

Introdução a OSEIAS

PANO DE FUNDO
O livro de Oseias apresenta uma história de amor com um espinho: um marido fiel, uma esposa adúltera. Essas descrições aplicam-se respectivamente a Oseias e Gômer, mas também a Deus e Israel. Oseias recebeu ordem de "[tomar] uma mulher adúltera e filhos da infidelidade" (1.2), e seu casamento tornou-se símbolo do amor de Deus por seu povo adúltero.

O nome Oseias, tal como os nomes Josué e Jesus, significa "salvação". Acredita-se que o próprio Oseias tenha sido seu autor. Ele é o primeiro dos 12 livros conhecidos como Profetas Menores, e "menor" refere-se ao tamanho de seus textos.

MENSAGEM
Oseias, tal como muitos outros profetas, convoca a nação ao arrependimento. Os nomes dos filhos de Oseias refletem as mensagens de Deus ao seu povo: Jezreel (1.4) significa "Deus espalha"; Lo-Ruama (1.6) significa "não amada" e Lo-Ami significa "não meu povo" (1.9). O julgamento vem. Israel quebrou a aliança com Deus; então este espalha seu povo desviado. Mas mesmo assim há esperança, tal como expresso no capítulo 1: " 'Vocês não são meu povo', eles serão chamados 'filhos do Deus vivo'. O povo de Judá e o povo de Israel serão reunidos, e eles designarão para si um só líder, e se levantarão da terra, pois será grande o dia de Jezreel" (1.10,11).

ÉPOCA
O ministério do profeta Oseias durou cerca de quatro décadas, aproximadamente entre 755 e 710 a.C. Ele profetizou em Israel, o Reino do Norte, no tempo de Amós, contemporâneo de Isaías e Miqueias em Judá.

ESBOÇO
I. Gômer, símbolo de Israel
  A. A família de Oseias 1.1-11
  B. Deus julga Israel 2.1-13
  C. Israel é redimido 2.14-23; 3.4,5
  D. Gômer é redimida 3.1-3

II. Julgamento e misericórdia
  A. Israel será castigado ..... 4.1—7.16
  B. Colhendo o castigo ..... 8.1—9.9
  C. A apostasia de Israel ..... 9.10—11.7
  D. A misericórdia de Deus triunfa ..... 11.8—14.9

1 ¹Palavra do Senhor que veio a Oseias, filho de Beeri, durante os reinados de Uzias, Jotão, Acaz e Ezequias, reis de Judá,ᵃ e de Jeroboão,ᵇ filho de Joás, rei de Israel.ᶜ

A Mulher e os Filhos de Oseias

² Quando o Senhor começou a falar por meio de Oseias, disse-lhe: "Vá, tome uma mulher adúlteraᵈ e filhos da infidelidade, porque a nação é culpada do mais vergonhoso adultérioᵉ por afastar-se do Senhor". ³ Por isso ele se casou com Gômer, filha de Diblaim; ela engravidou e lhe deu um filho.

⁴ Então o Senhor disse a Oseias: "Dê-lhe o nome de Jezreel,ᶠ porque logo castigarei a dinastia de Jeú por causa do massacre ocorrido em Jezreel, e darei fim ao reino de Israel. ⁵ Naquele dia, quebrarei o arco de Israel no vale de Jezreel".ᵍ

⁶ Gômerʰ engravidou novamente e deu à luz uma filha. Então o Senhor disse a Oseias: "Dê-lhe o nome de Lo-Ruama¹, pois não mais mostrarei amor para com a nação de Israel,ⁱ não ao ponto de perdoá-la. ⁷ Contudo, tratarei com amor a nação de Judá; e eu lhe concederei vitória, não pelo arco,ʲ pela espada ou por combate, nem por cavalos e cavaleiros, mas pelo Senhor, o seu Deus".ᵏ

⁸ Depois de desmamar Lo-Ruama, Gômer teve outro filho. ⁹ Então o Senhor disse: "Dê-lhe o nome de Lo-Ami², pois vocês não são meu povo, e eu não sou seu Deus.

¹⁰ "Contudo os israelitas ainda serão como a areia da praia, que não se pode medir nem contar.ˡ No lugar onde se dizia a eles: 'Vocês não são meu povo', eles serão chamados 'filhos do Deus vivo'.ᵐ ¹¹ O povo de Judá e o povo de Israel serão reunidos,ⁿ e eles designarão para si um só líderᵒ e se levantarão da terra,ᵖ pois será grande o dia de Jezreel.

2 "Chamem a seus irmãos 'meu povo', e a suas irmãs 'minhas amadas'.ᵠ

---
¹ 1.6 *Lo-Ruama* significa *não amada*.
² 1.9 *Lo-Ami* significa *não meu povo*.

Castigo e Restauração de Israel

² "Repreendam sua mãe,ʳ
  repreendam-na,
pois ela não é minha mulher,
  e eu não sou seu marido.
Que ela retire do rosto o sinal de adúlteraˢ
  e do meio dos seios a infidelidade.
³ Do contrário, eu a deixarei nua
  como no dia em que nasceu;ᵗ
farei dela um deserto,ᵘ
  uma terra ressequida,
  e a matarei de sede.
⁴ Não tratarei com amor os seus filhos,ᵛ
  porque são filhos de adultério.
⁵ A mãe deles foi infiel,
  engravidou deles
  e está coberta de vergonha.
Pois ela disse:
  'Irei atrás dos meus amantes,ʷ
  que me dão comida, água,
  lã, linho, azeite e bebida'.ˣ
⁶ Por isso bloquearei o seu caminho
  com espinheiros;
eu a cercarei de tal modo
  que ela não poderá encontrar
  o seu caminho.ʸ
⁷ Ela correrá atrás dos seus amantes,
  mas não os alcançará;
procurará por eles,
  mas não os encontrará.ᶻ
Então ela dirá:
  'Voltarei a estar com o meu marido
  como no início,ᵃ
pois eu estava bem melhorᵇ
  do que agora'.
⁸ Ela não reconheceuᶜ que fui eu
  quem lhe deu o trigo,
  o vinho e o azeite,
quem a cobriu de ouro e de prata,
  que depois usaram para Baal.ᵈ

⁹ "Por isso levarei o meu trigoᵉ
  quando ele amadurecer,
e o meu vinhoᶠ quando ficar pronto.
Arrancarei dela minha lã e meu linho,
  que serviam para cobrir a sua nudez.

¹⁰ Pois agora vou expor a sua lascívia
    diante dos olhos dos seus amantes;
ninguém a livrará das minhas mãos.ᵍ
¹¹ Acabareiʰ com a sua alegria:
    suas festas anuais,
    suas luas novas,
    seus dias de sábado
e todas as suas festas fixas.ⁱ
¹² Arruinarei suas videirasʲ
    e suas figueiras,
que, segundo ela, foram pagamento
    recebido de seus amantes;
farei delas um matagal,ᵏ
    e os animais selvagens as devorarão.ˡ
¹³ Eu a castigarei pelos dias
    em que queimou incenso
    aos baalins;ᵐ
ela se enfeitou com anéis e joiasⁿ
    e foi atrás dos seus amantes,ᵒ
mas de mim, ela se esqueceu",ᵖ
declara o Senhor.

¹⁴ "Portanto, agora vou atraí-la;
vou levá-la para o deserto
    e falar-lhe com carinho.
¹⁵ Ali devolverei a ela as suas vinhas
e farei do vale de Acor¹ᑫ
    uma porta de esperança.
Ali ela me responderáʳ
    como nos dias de sua infância,ˢ
    como no dia em que saiu do Egito.ᵗ

¹⁶ "Naquele dia", declara o Senhor,
    "você me chamará 'meu marido';
não me chamará mais 'meu senhor²'.
¹⁷ Tirarei dos seus lábiosᵘ
    os nomes dos baalins;
seus nomes não serão mais invocados.ᵛ
¹⁸ Naquele dia, em favor deles farei
    um acordo
com os animais do campo,
    com as aves do céu
e com os animais
    que rastejam pelo chão.ʷ

¹ **2.15** *Acor* significa *problemas*.
² **2.16** Hebraico: *Baal*.

Arco, espada e guerra,
    eu os aboliereiˣ da terra,
para que todos possam viver em paz.ʸ
¹⁹ Eu me casareiᶻ com você para sempre;
eu me casarei com você
    com justiça e retidão,ᵃ
com amor e compaixão.
²⁰ Eu me casarei com você
    com fidelidade,
e você reconheceráᵇ o Senhor.

²¹ "Naquele dia, eu responderei",
    declara o Senhor.
"Respondereiᶜ aos céus,
    e eles responderão à terra;
²² e a terra responderá ao cereal,
    ao vinho e ao azeite,ᵈ
e eles responderão a Jezreel³.
²³ Eu a plantareiᵉ para mim mesmo
    na terra;
tratarei com amorᶠ
    aquela que chamei Não amada⁴.
Direi àquele chamado
    Não meu povo⁵: Você é meu povo;ᵍ
e ele dirá: 'Tu és o meu Deus'."ʰ

A Reconciliação de Oseias com sua Mulher

3 O Senhor me disse: "Vá, trate novamente com amor sua mulher, apesar de ela ser amada por outro e ser adúltera.ⁱ Ame-a como o Senhor ama os israelitas, apesar de eles se voltarem para outros deuses e de amarem os bolos sagrados de uvas passas".ʲ

² Por isso eu a comprei por cento e oitenta gramas⁶ de prata e um barril e meio⁷ de cevada. ³ E eu lhe disse: Você viverá comigo⁸ por muitos dias; não será mais prostituta nem pertencerá a nenhum outro homem, e eu viverei com⁹ você.

³ **2.22** *Jezreel* significa *Deus planta*.
⁴ **2.23** Hebraico: *Lo-Ruama*.
⁵ **2.23** Hebraico: *Lo-Ami*.
⁶ **3.2** Hebraico: *15 siclos*. Um siclo equivalia a 12 gramas.
⁷ **3.2** Hebraico: *1 hômer e meio*. O hômer era uma medida de capacidade para secos. As estimativas variam entre 200 e 400 litros.
⁸ **3.3** Ou *esperará por mim*
⁹ **3.3** Ou *eu esperarei por*

⁴ Pois os israelitas viverão muitos dias sem rei e sem líder,ᵏ sem sacrifício¹ e sem colunas sagradas, sem colete sacerdotal e sem ídolos de família.ᵐ ⁵ Depois disso os israelitas voltarão e buscarão o Senhor, o seu Deus, e Davi, seu rei.ⁿ Virão tremendo atrás do Senhor e das suas bênçãos, nos últimos dias.º

A Acusação contra Israel

4 Israelitas, ouçam a palavra
  do Senhor,
porque o Senhor tem uma acusação
  contra vocês que vivem nesta terra:
"A fidelidade e o amor
  desapareceram desta terra,
como também o conhecimentoᵖ de Deus.
² Só se veem maldição, mentiraᑫ
  e assassinatos,ʳ
rouboˢ e mais roubo,
  adultério e mais adultério;
ultrapassam todos os limites!
E o derramamento de sangue
  é constante.
³ Por isso a terra pranteia¹,ᵗ
  e todos os seus habitantes
    desfalecem;ᵘ
os animais do campo, as aves do céu
  e os peixes do mar estão morrendo.ᵛ

⁴ "Mas que ninguém discuta,
  que ninguém faça acusação,
pois sou eu quem acusa os sacerdotes.ʷ
⁵ Vocês tropeçamˣ dia e noite,
  e os profetas tropeçam com vocês.
Por isso destruirei sua mãe.ʸ
⁶ Meu povo foi destruído
  por falta de conhecimento.ᶻ

"Uma vez que vocês rejeitaram
  o conhecimento,
eu também os rejeito
  como meus sacerdotes;
uma vez que vocês ignoraram
  a leiᵃ do seu Deus,
eu também ignorarei seus filhos.

⁷ Quanto mais aumentaram
  os sacerdotes,
mais eles pecaram contra mim;
trocaram a Glóriᵇ deles²
  por algo vergonhoso.ᶜ
⁸ Eles se alimentam
  dos pecados do meu povo
e têm prazer em sua iniquidade.ᵈ
⁹ Portanto, castigarei tanto o povo
  quanto os sacerdotesᵉ
por causa dos seus caminhos,
e lhes retribuirei seus atos.ᶠ

¹⁰ "Eles comerão,
  mas não terão o suficiente;ᵍ
eles se prostituirão,
  mas não aumentarão a prole,
porque abandonaramʰ o Senhor
para se entregarem
¹¹ à prostituição,ⁱ
  ao vinho velho e ao novo,
prejudicando o discernimentoʲ
  do meu povo.
¹² Eles pedem conselhos
  a um ídolo de madeira,ᵏ
e de um pedaço de pau¹
  recebem resposta.
Um espírito de prostituição
  os leva a desviar-se;ᵐ
eles são infiéis ao seu Deus.
¹³ Sacrificam no alto dos montes
  e queimam incenso nas colinas,
debaixo de um carvalho,ⁿ
  de um estoraque³
  ou de um terebinto⁴,
  onde a sombra é agradável.º
Por isso as suas filhas se prostituemᵖ
  e as suas noras adulteram.ᑫ

¹⁴ "Não castigarei suas filhas
  por se prostituírem,

---

² **4.7** Conforme a Versão Siríaca e uma antiga tradição dos escribas hebreus. O Texto Massorético diz *trocarei a minha glória*.
³ **4.13** Ou *benjoim*, um arbusto ornamental, de origem asiática, da família das estiracáceas.
⁴ **4.13** Árvore que, com incisão, produz goma aromática.

¹ **4.3** Ou *está seca*

3.4
ᵏOs 13.11
¹Dn 11.31; Os 2.11
ᵐJz 17.5-6; Zc 10.2
3.5
ⁿEz 34.23-24
ºJr 50.4-5
4.1
ᵖJr 7.28
4.2
ᑫOs 7.3; 10.4
ʳOs 6.9
ˢOs 7.1
4.3
ᵗJr 4.28
ᵘIs 33.9
ᵛJr 4.25; So 1.3
4.4
ʷDt 17.12; Ez 3.26
4.5
ˣEz 14.7
ʸOs 2.2
4.6
ᶻOs 2.13; Ml 2.7-8
ᵃOs 8.1,12
4.7
ᵇHc 2.16
ᶜOs 10.1,6; 13.6
4.8
ᵈIs 56.11; Mq 3.11
4.9
ᵉIs 24.2
ᶠJr 5.31; Os 8.13; 9.9,15
4.10
ᵍLv 26.26; Mq 6.14
ʰOs 7.14; 9.17
4.11
ⁱOs 5.4
ʲPv 20.1
4.12
ᵏJr 2.27
¹Hc 2.19
ᵐIs 44.20
4.13
ⁿIs 1.29
ºJr 3.6; Os 11.2
ᵖJr 2.20; Am 7.17
ᑫOs 2.13

nem suas noras
  por adulterarem,
porque os próprios homens
  se associam a meretrizes^r
e participam dos sacrifícios oferecidos
  pelas prostitutas cultuais —
um povo sem entendimento
  precipita-se à ruína!

15 "Embora você adultere, ó Israel,
  que Judá não se torne culpada!

"Deixem de ir a Gilgal;^{s}
  não subam a Bete-Áven^1.
E não digam:
  'Juro pelo nome do S{\sc enhor}!'
16 Os israelitas são rebeldes
  como bezerra^t indomável.
Como pode o S{\sc enhor} apascentá-los
  como cordeiros na campina?
17 Efraim aliou-se a ídolos;
  deixem-no só!
18 Mesmo quando acaba a bebida,
  eles continuam em sua prostituição;
seus governantes amam profundamente
  os caminhos vergonhosos.
19 Um redemoinho^u os varrerá para
  longe,
e os seus altares lhes trarão
  vergonha.^{v}

Julgamento contra Israel

5 "Ouçam isto, sacerdotes!
  Atenção, israelitas!
Escute, ó família real!
  Esta sentença é contra vocês:
Vocês têm sido
  uma armadilha^w em Mispá,
uma rede estendida
  sobre o monte Tabor.
2 Os rebeldes estão
  envolvidos em matança.^{x}
Eu disciplinarei todos eles.^{y}
3 Conheço Efraim;
  Israel não pode se esconder de mim.

---

^{1} **4.15** *Bete-Áven* significa *casa da impiedade* (um nome para *Betel*, que significa *casa de Deus*).

Efraim, agora você se lançou
  à prostituição;
Israel se corrompeu.^{z}

4 "Suas ações não lhes permitem
  voltar para o seu Deus.
Um espírito de prostituição^a
  está no coração deles;
não reconhecem^b o S{\sc enhor}.
5 A arrogância de Israel
  Testifica^c contra eles;
Israel e Efraim tropeçam
  em seu pecado;
Judá também tropeça com eles.
6 Quando eles forem buscar o S{\sc enhor}d
  com todos os seus rebanhos
  e com todo o seu gado,
  não o encontrarão;
ele se afastou^e deles.
7 Traíram^f o S{\sc enhor};
  geraram filhos ilegítimos.^{g}
Agora suas festas de lua nova
  os devorarão,^{h} tanto a eles
  como as suas plantações.

8 "Toquem a trombeta em Gibeá^i
  e a corneta em Ramá.^{j}
Deem o grito de guerra em Bete-Áven;^{k}
  esteja na vanguarda, ó Benjamim.
9 Efraim será arrasado
  no dia do castigo.^{l}
Entre as tribos de Israel,
  eu proclamo o que acontecerá.^{m}
10 Os líderes de Judá são como os que
  mudam os marcos dos limites.^{n}
Derramarei sobre eles a minha ira^o
  como uma inundação.
11 Efraim está oprimido,
  esmagado pelo juízo,
porque decidiu ir atrás de ídolos.^{p}
12 Sou como uma traça^q para Efraim,
  como podridão para o povo de Judá.

13 "Quando Efraim viu a sua
  enfermidade
  e Judá os seus tumores,
Efraim se voltou para a Assíria^r

e mandou buscar a ajuda^s do
  grande rei.
Mas ele não tem condições
  de curar^t vocês,
nem pode sarar os seus tumores.^{u}
¹⁴ Pois serei como um leão^v para Efraim
  e como um leão grande para Judá.
Eu os despedaçarei e irei embora;
eu os levarei
  sem que ninguém possa livrá-los.^{w}
¹⁵ Então voltarei ao meu lugar
  até que eles admitam sua culpa.
Eles buscarão a minha face;^{x}
em sua necessidade^y
  eles me buscarão^z ansiosamente".

Israel Obstinado

6 "Venham, voltemos para o Senhor.
Ele nos despedaçou,^{a}
  mas nos trará cura;
ele nos feriu,
  mas sarará nossas feridas.^{b}
² Depois de dois dias
  ele nos dará vida novamente;^{c}
ao terceiro dia, ele nos restaurará,
  para que vivamos em sua presença.
³ Conheçamos o Senhor;
  esforcemo-nos por conhecê-lo.
Tão certo como nasce o sol,
  ele aparecerá;
virá para nós como as chuvas de
  inverno,^{d}
como as chuvas de primavera
  que regam a terra."^{e}

⁴ "Que posso fazer com você, Efraim?^{f}
  Que posso fazer com você, Judá?
Seu amor é como a neblina da manhã,
como o primeiro orvalho
  que logo evapora.^{g}
⁵ Por isso eu os despedacei
  por meio dos meus profetas,
eu os matei com as palavras
  da minha boca;^{h}
os meus juízos reluziram
  como relâmpagos sobre vocês.^{i}
⁶ Pois desejo misericórdia
  e não sacrifícios;^{j}

conhecimento^k de Deus
  em vez de holocaustos^l.
⁷ Na cidade de Adão²,
eles quebraram a aliança^l
  e me foram infiéis.^{m}
⁸ Gileade é uma cidade de ímpios,
  maculada de sangue.
⁹ Assim como os assaltantes
  ficam de emboscada
  à espera de um homem,
assim fazem também
  os bandos de sacerdotes;
eles assassinam na estrada de Siquém
  e cometem outros crimes
    vergonhosos.^{n}
¹⁰ Vi uma coisa terrível^o na terra de Israel.
Ali Efraim se prostitui,
  e Israel está contaminado.^{p}

¹¹ "Também para você, Judá,
  foi determinada uma colheita^q
para quando eu trouxer de volta
  o meu povo.

7 "Quando eu tento curar Israel,
  o mal de Efraim fica exposto
  e os crimes de Samaria são
    revelados.^{r}
Pois praticam o engano,^{s}
ladrões entram nas casas,^{t}
bandidos roubam nas ruas;
² mas eles não percebem que
  eu me lembro^u de todas
  as suas más obras.
Seus pecados os envolvem;^{v}
  eu os vejo constantemente.

³ "Eles alegram o rei
  com as suas impiedades,
os líderes, com as suas mentiras.^{w}
⁴ São todos adúlteros,^{x}
  queimando como um forno
cujo fogo o padeiro não precisa atiçar,
  desde quando sova a massa
até quando a faz crescer.

---

¹ 6.6 Isto é, sacrifícios totalmente queimados.
² 6.7 Ou *Como em Adão*; ou ainda *Como homens*

⁵ No dia da festa de nosso rei
  os líderes são inflamados
  pelo vinho,ʸ
  e o rei dá as mãos aos zombadores.
⁶ Quando se aproximam
  com suas intrigas,
  seus corações ardem como um
   forno.ᶻ
A fúria deles arde lentamente
  a noite toda;
pela manhã queima
  como chama abrasadora.
⁷ Todos eles se esquentam
  como um forno
  e devoram os seus governantes.
Todos os seus reis caem,
  e ninguém clama a mim.ᵃ

⁸ "Efraim mistura-seᵇ com as nações;
  Efraim é um bolo que não foi virado.
⁹ Estrangeiros sugam sua força,ᶜ
  mas ele não o percebe.
Seu cabelo vai ficando grisalho,¹
  mas ele nem repara nisso.
¹⁰ A arrogância de Israel
  testifica contra ele,ᵈ
mas, apesar de tudo isso,
  ele não se volta para o Senhor,
  para o seu Deus,
e não o busca.ᵉ

¹¹ "Efraim é como uma pombaᶠ
  facilmente enganada
  e sem entendimento;
ora apela para o Egito,
  ora volta-se para a Assíria.ᵍ
¹² Quando se forem,
  atirarei sobre eles a minha rede;ʰ
eu os farei descer como as aves dos céus.
Quando os ouvir em sua reunião,
  eu os apanharei.
¹³ Aiⁱ deles,
  porque se afastaramʲ de mim!
Destruição venha sobre eles,
  porque se rebelaram contra mim!

Eu desejo redimi-los, mas eles
  falam mentiras a meu respeito.ᵏ
¹⁴ Eles não clamam a mim
  do fundo do coraçãoˡ
  quando gemem orando em suas
   camas.
Ajuntam-se² por causa do trigo
  e do vinho,ᵐ
mas se afastam de mim.ⁿ
¹⁵ Eu os ensinei e os fortaleci,
  mas eles tramam o malᵒ contra mim.
¹⁶ Eles não se voltam para o Altíssimo;
  são como um arco defeituoso.ᵖ
Seus líderes serão mortos à espada
  por causa de suas palavras
   insolentes.
E por isso serão ridicularizadosᵠ
  no Egito.ʳ

O Castigo de Israel

8 "Coloquem a trombeta
  em seus lábios!
Ele vem ameaçador como uma águiaˢ
  sobre o templo do Senhor,
porquanto quebraram a minha aliança
  e se rebelaram contra a minha Lei.ᵗ
² Israel clama a mim:
  'Ó nosso Deus, nós te
   reconhecemos!'
³ Mas Israel rejeitou o que é bom;
  um inimigo o perseguirá.
⁴ Eles instituíram reis
  sem o meu consentimento;
escolheram líderes
  sem a minha aprovação.ᵘ
Com prata e ouro
  fizeram ídolosᵛ para si,
para a sua própria destruição.
⁵ Lance fora o seu ídolo
  em forma de bezerro, ó Samaria!ʷ
A minha ira se acende contra eles.
Até quando serão incapazes
  de pureza?ˣ

² **7.14** Conforme a maioria dos manuscritos do Texto Massorético. Alguns manuscritos do Texto Massorético e a Septuaginta dizem *Eles se cortam*.

¹ **7.9** Hebraico: *A cinza espalha-se pelo seu cabelo.*

⁶ Este bezerro procede de Israel!
　　Um escultor o fez.
Ele não é Deus.
Será partido em pedaços
　　o bezerro de Samaria.

⁷ "Eles semeiam vento
　　e colhem tempestade.ʸ
Talo sem espiga;
　　que não produz farinha.
Ainda que produzisse trigo,
　　estrangeiros o devorariam.ᶻ
⁸ Israel é devorado;ᵃ
agora está entre as nações
　　como algo sem valor;ᵇ
⁹ foi para a Assíria.
O jumento selvagem mantém-se livre,
　　mas Efraim vendeu-se
　　para os seus amantes.
¹⁰ Embora tenham se vendido
　　às nações,
　　agora os ajuntarei,ᶜ
e logo começarão a definharᵈ
　　sob a opressão do poderoso rei.

¹¹ "Embora Efraim tenha construído
　　muitos altares para ofertas pelo
　　pecado,
eles se tornaram altares para o pecado.ᵉ
¹² Eu lhes escrevi
　　todos os ensinos da minha Lei,
mas eles os consideraram algo
　　estranho.
¹³ Eles oferecem sacrifícios
　　e comem a carne,ᶠ
mas o Senhor não se agrada deles.
Doravante, ele se lembraráᵍ
　　da impiedade deles
e castigará os seus pecados;ʰ
　　eles voltarão para o Egito.ⁱ
¹⁴ Israel esqueceuʲ o seu Criador
　　e construiu palácios;
Judá fortificou muitas cidades.
Mas sobre as suas cidades
　　enviarei fogo
que consumirá suas fortalezas."ᵏ

O Castigo de Israel

9 Não se regozije, ó Israel;
　　não se alegreˡ
　　como as outras nações.
Pois você se prostituiu,ᵐ
　　abandonando o seu Deus;
você ama o salário da prostituição
　　em cada eira de trigo.
² Os produtos da eira e do lagar
　　não alimentarão o povo;
o vinho novoⁿ lhes faltará.
³ Eles não permanecerãoᵒ
　　na terra do Senhor;
Efraim voltará para o Egito,ᵖ
　　e na Assíriaᑫ comerá comida impura.
⁴ Eles não derramarão ofertas de vinho
　　para o Senhor,
nem os seus sacrifícios lhe agradarão.ʳ
Tais sacrifícios serão para eles
　　como o pão dos pranteadores,
　　que torna impuroˢ quem o come.
Essa comida será para eles mesmos;
　　não entrará no templo do Senhor.
⁵ O que farão vocêsᵗ
　　no dia de suas festas fixas,ᵘ
nos dias de festa do Senhor?
⁶ Vejam! Fogem da destruição,
　　mas o Egito os ajuntará,
　　e Mênfisᵛ os sepultará.
Os seus tesouros de prata
　　as urtigas vão herdar;
os cardosʷ cobrirão totalmente
　　as suas tendas.
⁷ Os dias de castigoˣ vêm,
　　os dias de punição estão chegando.
Que Israel o saiba.
Por serem tantos os pecados,ʸ
　　e tão grande a hostilidade de vocês,
o profeta é considerado um tolo,ᶻ
　　e o homem inspirado, um louco
　　violento.
⁸ O profeta, junto ao meu Deus,
　　é a sentinela que vigia Efraim;¹

---

¹ 9.8 Ou *O profeta é a sentinela que vigia Efraim, o povo do meu Deus;*

8.7
ʸPv 22.8;
Is 66.15;
Os 10.12-13;
Na 1.3
ᶻOs 2.9
8.8
ᵃJr 51.34
ᵇJr 22.28
8.10
ᶜEz 16.37;
22.20
ᵈJr 42.2
8.11
ᵉOs 10.1;
12.11
8.13
ᶠJr 7.21
ᵍOs 7.2
ʰOs 4.9
ⁱOs 9.3,6
8.14
ʲDt 32.18;
Os 2.13
ᵏJr 17.27
9.1
ˡIs 22.12-13
ᵐOs 10.5
9.2
ⁿOs 2.9
9.3
ᵒLv 25.23
ᵖOs 8.13
ᑫEz 4.13;
Os 7.11
9.4
ʳJr 6.20;
Os 8.13
ˢAg 2.13-14
9.5
ᵗIs 10.3;
Jr 5.31
ᵘOs 2.11
9.6
ᵛIs 19.13
ʷIs 5.6;
Os 10.8
9.7
ˣIs 34.8;
Jr 10.15;
Mq 7.4
ʸJr 16.18
ᶻIs 44.25;
Lm 2.14;
Ez 14.9-10

contudo, laçosᵃ o aguardam
em todas as suas veredas,
e a hostilidade, no templo do seu Deus.
⁹ Eles mergulharam na corrupção,
como nos dias de Gibeá.ᵇ
Deus se lembraráᶜ de sua iniquidade
e os castigará por seus pecados.
¹⁰ "Quando encontrei Israel,
foi como encontrar uvas no deserto;
quando vi os antepassados de vocês,
foi como ver
os primeiros frutos de uma figueira.
Mas, quando eles vieram a Baal-Peor,ᵈ
consagraram-se
àquele ídolo vergonhosoᵉ
e se tornaram tão repugnantes
quanto aquilo que amaram.
¹¹ A glória de Efraim
lhe fugirá como pássaro;ᶠ
nenhum nascimento, nenhuma
gravidez,
nenhuma concepção.ᵍ
¹² Mesmo que criem filhos,
porei de luto cada um deles.
Aiʰ deles quando eu me afastar!ⁱ
¹³ Vi Efraim,
plantado num lugar agradável,ʲ
como Tiro.
Mas Efraim entregará
seus filhos ao matador."
¹⁴ Ó Senhor, que darás a eles?
Dá-lhes ventres que abortem
e seios ressecados.ᵏ
¹⁵ "Toda a sua impiedade
começou em Gilgal;ˡ
de fato, ali os odiei.
Por causa dos seus pecadosᵐ
eu os expulsarei da minha terra.
Não os amarei mais;
todos os seus líderes são rebeldes.ⁿ
¹⁶ Efraimᵒ está ferido,
sua raiz está seca,
eles não produzem frutos.ᵖ
Mesmo que criem filhos,
eu matareiᵠ sua prole querida."

¹⁷ Meu Deus os rejeitará
porque não lhe deram ouvidos;ʳ
serão peregrinos entre as nações.ˢ

10 Israel era como videira viçosa;ᵗ
cobria-se de frutos.
Quanto mais produzia,
mais altaresᵘ construía;
Quanto mais sua terra prosperava,
mais enfeitava
suas colunas sagradas.ᵛ
² O coração deles é enganoso,ʷ
e agora devem carregar sua culpa.ˣ
O Senhor demolirá os seus altaresʸ
e destruirá suas colunas sagradas.ᶻ
³ Então eles dirão:
"Não temos nenhum rei porque
não reverenciamos o Senhor.
Mas, mesmo que tivéssemos um rei,
o que ele poderia fazer por nós?"
⁴ Eles fazem muitas promessas,
fazem juramentosᵃ e acordosᵇ falsos;
por isso brotam as demandas
como ervas venenosas
num campo arado.
⁵ O povo que mora em Samaria
teme pelo ídolo em forma de bezerro
de Bete-Áven¹.ᶜ
Seu povo pranteará por ele,
como também
os seus sacerdotes idólatras,ᵈ
que se regozijavam
por seu esplendor;
porque foi tirado deles
e levado para o exílio.ᵉ
⁶ Sim, até ele será levado para a
Assíriaᶠ
como tributo para o grande rei.ᵍ
Efraim sofrerá humilhação;ʰ
e Israel será envergonhado
por causa do seu ídolo de
madeira.
⁷ Samaria e seu rei serão arrastadosⁱ
como um graveto nas águas.

¹ **10.5** *Bete-Áven* significa *casa da impiedade* (referência a *Betel*, que significa *casa de Deus*).

⁸ Os altares da impiedade¹,ʲ
  que foram os pecados de Israel,
  serão destruídos.
Espinhosᵏ e ervas daninhas crescerão
  e cobrirão os seus altares.ˡ
Então eles dirão aos montes:
  "Cubram-nos!",
e às colinas: "Caiam sobre nós!"ᵐ

⁹ "Desde os dias de Gibeá,ⁿ
  você pecou, ó Israel,
e permaneceu assim.
Acaso a guerra não os alcançou
  em Gibeáᵒ por causa
  dos malfeitores?
¹⁰ Quando eu quiser, eu os castigarei;
  nações serão reunidas contra eles
  para prendê-los
por causa do seu duplo pecado.
¹¹ Efraim era bezerra treinada,
  gostava muito de trilhar;
por isso colocarei
  o jugo sobre o seu belo pescoço.
Conduzirei Efraim,
Judá terá que arar,
e Jacó fará sulcos no solo.
¹² Semeiem a retidãoᵖ para si,
  colham o fruto da lealdade
e façam sulcos no seu solo não arado;ᑫ
pois é hora de buscarʳ o Senhor,
  até que ele venha
  e faça chover justiçaˢ sobre vocês.
¹³ Mas vocês plantaram a impiedade,
  colheram o malᵗ
  e comeram o fruto do engano.
Visto que vocês têm confiado
  na sua própria força
  e nos seus muitos guerreiros,ᵘ
¹⁴ o fragor da batalha se levantará
  contra vocês,
de maneira que todas as suas fortalezas
  serão devastadas,ᵛ
como Salmã devastou Bete-Arbel
  no dia da batalha,

quando mães foram pisadas
  e estraçalhadas
junto com seus filhos.ʷ
¹⁵ Assim acontecerá com você, ó Betel,
  porque a sua impiedade é grande.
Quando amanhecer aquele dia,
  o rei de Israel
  será completamente destruído.ˣ

O Amor de Deus por Israel

11 "Quando Israel era menino,
  eu o amei,
  e do Egito chamei o meu filho.ʸ
² Mas, quanto mais eu o chamava²,
  mais eles se afastavam de mim³.
Eles ofereceram sacrifícios aos baalinsᶻ
e queimaram incenso
  para os ídolos esculpidos.ᵃ
³ Mas fui eu quem ensinou
  Efraim a andar,
  tomando-o nos braços;ᵇ
mas eles não perceberam
  que fui eu quem os curou.ᶜ
⁴ Eu os conduzi
  com laços de bondade humana
  e de amor;ᵈ
tirei do seu pescoço o jugoᵉ
e me inclinei para alimentá-los.ᶠ

⁵ "Acaso não voltarão ao Egitoᵍ
  e a Assíriaʰ não os dominará
porque eles se recusam a arrepender-se?
⁶ A espadaⁱ reluzirá em suas cidades,
  destruirá as trancas de suas portas
  e dará fim aos seus planos.
⁷ O meu povo está decidido
  a desviar-se de mim.ʲ
Embora sejam conclamados
  a servir ao Altíssimo,
de modo algum o exaltam.

⁸ "Como posso desistir de você,
  Efraim?ᵏ

---

² **11.2** Conforme alguns manuscritos da Septuaginta. O Texto Massorético diz *eles chamavam*.
³ **11.2** Conforme a Septuaginta. O Texto Massorético diz *afastavam deles*.

---

¹ **10.8** Hebraico: *Áven*, uma referência a *Bete-Áven* (referência depreciativa a *Betel*).

10.8
ʲ1Rs 12.28-30; Os 4.13
ᵏOs 9.6
ˡv. 2; Is 32.13
ᵐLc 23.30*; Ap 6.16
10.9
ⁿOs 5.8
10.10
ᵒEz 5.13; Os 4.9
10.12
ᵖPv 11.18
ᑫJr 4.3
ʳOs 12.6
ˢIs 45.8
10.13
ᵗJó 4.8; Os 7.3; 11.12; Gl 6.7-8
ᵘSl 33.16
10.14
ᵛIs 17.3
ʷOs 13.16
10.15
ˣv. 7
11.1
ʸEx 4.22; Os 12.9,13; 13.4; Mt 2.15*
11.2
ᶻOs 2.13
ᵃ2Rs 17.15; Is 65.7; Jr 18.15
11.3
ᵇDt 1.31; Os 7.15
ᶜJr 30.17
11.4
ᵈJr 31.2-3
ᵉLv 26.13
ᶠEx 16.32; Sl 78.25
11.5
ᵍOs 7.16
ʰOs 10.6
11.6
ⁱOs 13.16
11.7
ʲJr 3.6-7; 8.5
11.8
ᵏOs 6.4

Como posso entregá-lo
  nas mãos de outros, Israel?
Como posso tratá-lo como tratei Admá?
Como posso fazer com você
  o que fiz com Zeboim?*l*
O meu coração está enternecido,
  despertou-se toda a minha compaixão.
⁹ Não executarei a minha ira
  impetuosa,*m*
  não tornarei a destruir*n* Efraim.
Pois sou Deus e não homem,*o*
  o Santo no meio de vocês.
Não virei com ira.
¹⁰ Eles seguirão o Senhor;
  ele rugirá como leão.
Quando ele rugir,
  os seus filhos virão tremendo
desde o ocidente.*p*
¹¹ Virão voando do Egito como aves,
  da Assíria*q* como pombas.
Eu os estabelecerei em seus lares";*r*
  palavra do Senhor.

O Pecado de Israel

¹² Efraim me cercou de mentiras,*s*
  a casa de Israel, de enganos,
e Judá é rebelde contra Deus,
  a saber, contra o Santo fiel.

12 Efraim alimenta-se de vento;*t*
  corre atrás do vento oriental o dia
    inteiro
  e multiplica mentiras e violência.
Faz tratados com a Assíria
  e manda azeite para o Egito.*u*
² O Senhor tem uma acusação*v*
  contra Judá,
e vai castigar Jacó¹
  de acordo com os seus caminhos;
de acordo com suas ações*w*
  lhe retribuirá.
³ No ventre da mãe segurou
  o calcanhar de seu irmão;*x*
  como homem lutou*y* com Deus.

⁴ Ele lutou com o anjo e saiu vencedor;
  chorou e implorou o seu favor.
Em Betel*z* teve encontro com Deus,
  que ali conversou com ele.
⁵ Sim, o próprio Senhor,
  o Deus dos Exércitos!
Senhor é o nome*a*
  pelo qual ficou famoso.
⁶ Portanto, volte para o seu Deus,
  e pratique a lealdade e a justiça;*b*
  confie sempre*c* no seu Deus.

⁷ Como os descendentes de Canaã,
  comerciantes que usam
    balança desonesta*d*
  e gostam muito de extorquir,
⁸ Efraim orgulha-se e exclama:
  "Como fiquei rico e abastado!*e*
Em todos os trabalhos que realizei
  não encontrarão em mim
nenhum crime ou pecado".

⁹ "Mas eu sou o Senhor, o seu Deus,
  desde a terra do Egito;*f*
farei vocês voltarem a morar em tendas,*g*
  como no dia de suas festas fixas.
¹⁰ Eu mesmo falava aos profetas,
  dava-lhes muitas visões
  e por meio deles*i* falava em parábolas." *h*

¹¹ Como Gileade é ímpia!*j*
  Seu povo não vale nada!
Eles sacrificam bois em Gilgal,*k*
mas os seus altares
  são como montes de pedras
    num campo arado*l*.
¹² Jacó fugiu para a terra de Arã;*m*
Israel trabalhou para obter uma mulher;
  por ela cuidou de ovelhas.*n*
¹³ O Senhor usou um profeta
  para tirar Israel do Egito
e por meio de um profeta cuidou dele.*o*
¹⁴ Efraim amargamente
  o provocou à ira;
seu Senhor fará cair sobre ele
  a culpa do sangue que derramou*p*
e lhe devolverá o seu desprezo.*q*

---

¹ **12.2** *Jacó* significa *ele segura o calcanhar* (figuradamente, *ele engana*).

A Ira do Senhor contra Israel

13 Quando Efraim falava,
os homens tremiam;*r*
ele era exaltado*s* em Israel.
Mas tornou-se culpado
da adoração a Baal*t*
e começou a morrer.
² Agora eles pecam cada vez mais;
com sua prata*u*
fazem ídolos de metal para si,
imagens modeladas
com muita inteligência,
todas elas obras de artesãos.
Dizem desse povo:
"Eles oferecem sacrifício humano
e beijam¹ os ídolos
feitos em forma de bezerro".*v*
³ Por isso serão como
a neblina da manhã,
como o orvalho que bem cedo evapora,*w*
como palha*x* que num redemoinho
vai-se de uma eira,*y*
como a fumaça*z* que sai pela
chaminé.

⁴ "Mas eu sou o Senhor, o seu Deus,
desde a terra do Egito.*a*
Vocês não reconhecerão
nenhum outro Deus além de mim,*b*
nenhum outro Salvador.*c*
⁵ Eu cuidei de vocês no deserto,
naquela terra de calor ardente.
⁶ Quando eu os alimentava,
ficavam satisfeitos;
quando ficavam satisfeitos,
eles se orgulhavam,
e então me esqueciam.*d*
⁷ Por isso virei sobre eles como leão,
como leopardo, ficarei à espreita
junto ao caminho.
⁸ Como uma ursa
de quem roubaram os filhotes,*e*
eu os atacarei e os rasgarei.
Como leão eu os devorarei;
um animal selvagem os despedaçará.*f*

⁹ "Você foi destruído, ó Israel,
porque está contra mim,*g*
contra o seu ajudador.*h*
¹⁰ E agora? Onde está o seu rei*i*
que havia de salvá-lo
em todas as suas cidades?
E os oficiais que você pediu, dizendo:
'Dá-me um rei e líderes'?*j*
¹¹ Dei a você um rei na minha ira,
e o tirei*k* na minha indignação.
¹² A culpa de Efraim foi anotada;
seus pecados são mantidos em registro.*l*
¹³ Chegam-lhe dores como as da mulher
em trabalho de parto,*m*
mas é uma criança insensata;
quando chega a hora,
não sai do ventre*n* que a abrigou.

¹⁴ "Eu os redimirei
do poder da sepultura²;*o*
eu os resgatarei da morte.
Onde estão, ó morte, as suas pragas?
Onde está, ó sepultura,
a sua destruição?*p*

"Não terei compaixão alguma,
¹⁵ embora Efraim floresça*q*
entre os seus irmãos.
Um vento oriental*r* virá
da parte do Senhor,
soprando desde o deserto;
sua fonte falhará,
e seu poço secará.*s*
Todos os seus tesouros
serão saqueados*t* dos seus depósitos.
¹⁶ O povo de Samaria
carregará sua culpa,*u*
porque se rebelou*v*
contra o seu Deus.
Eles serão mortos à espada;*w*
seus pequeninos serão pisados*x*
e despedaçados,
suas mulheres grávidas*y*
terão rasgados os seus ventres."

---

¹ **13.2** Ou *"Homens que sacrificam beijam*

² **13.14** Hebraico: *Sheol*. Essa palavra também pode ser traduzida por profundezas, pó ou morte.

13.1
r Jz 12.1
s Jz 8.1
t Os 11.2

13.2
u Is 46.6; Jr 10.4
v Is 44.17-20

13.3
w Os 6.4
x Is 17.13
y Dn 2.35
z Sl 68.2

13.4
a Os 12.9
b Ex 20.3
c Is 43.11; 45.21-22

13.6
d Dt 32.12-15; Os 2.13

13.8
e 2Sm 17.8
f Sl 50.22

13.9
g Jr 2.17-19
h Dt 33.29

13.10
i 2Rs 17.4
j 1Sm 8.6; Os 8.4

13.11
k 1Rs 14.10; Os 10.7

13.12
l Dt 32.34

13.13
m Is 13.8; Mq 4.9-10
n Is 66.9

13.14
o Sl 49.15; Ez 37.12-13
p 1Co 15.55*

13.15
q Os 10.1
r Ez 19.12
s Jr 51.36
t Jr 20.5

13.16
u Os 10.2
v Os 7.14
w Os 11.6
x 2Rs 8.12; Os 10.14
y 2Rs 15.16; Is 13.16

As Bênçãos do Arrependimento

14 Volte, ó Israel,
para o Senhor, o seu Deus.
Seus pecados causaram sua queda!*z*

² Preparem o que vão dizer
e voltem para o Senhor.
Peçam-lhe:
"Perdoa todos os nossos pecados
e, por misericórdia, recebe-nos,*a*
para que te ofereçamos
o fruto dos nossos lábios.¹*b*

³ A Assíria não nos pode salvar;
não montaremos cavalos de guerra.*c*
Nunca mais diremos: 'Nossos deuses'*d*
àquilo que as nossas próprias mãos fizeram',
porque tu amas o órfão".*e*

⁴ "Eu curarei*f* a infidelidade deles
e os amarei de todo o meu coração,*g*
pois a minha ira desviou-se deles.
⁵ Serei como orvalho para Israel;
ele florescerá como o lírio.*h*
Como o cedro do Líbano*i*
aprofundará suas raízes;*j*
⁶ seus brotos crescerão.
Seu esplendor será como o da oliveira,*k*
sua fragrância
como a do cedro do Líbano.*l*
⁷ Os que habitavam à sua sombra*m*
voltarão.
Reviverão como o trigo.
Florescerão como a videira,
e a fama de Israel
será como a do vinho*n* do Líbano.*o*
⁸ O que Efraim ainda tem
com ídolos?*p*
Sou eu que lhe respondo
e dele cuidarei.
Sou como um pinheiro verde;
o fruto que você produz
de mim procede."

⁹ Quem é sábio?*q*
Aquele que considerar essas coisas.
Quem tem discernimento?
Aquele que as compreender.*r*
Os caminhos do Senhor são justos;*s*
os justos andam*t* neles,
mas os rebeldes neles tropeçam.

---

¹ **14.2** Ou *ofereçamos nossos lábios como sacrifícios de novilhos.*

14

Os frutos do arrependimento

¹ Volta, ó Israel,
para o SENHOR, o teu Deus;
seus pecados causam sua queda!
² Preparem o que vão dizer
e voltem para o SENHOR.
Peçam-lhe:
"Perdoa todos os nossos pecados
e, por misericórdia, recebe-nos,
para que te ofereçamos
o fruto dos nossos lábios.
³ A Assíria não nos pode salvar;
não montaremos cavalos de guerra.
Nunca mais diremos: 'Nossos deuses'
àquilo que as nossas próprias mãos
fizeram,
porque tu amas o órfão."

⁴ Eu sararei a infidelidade deles
e os amarei de todo o meu coração,
pois a minha ira desviou-se deles.
⁵ Serei como o orvalho para Israel;
ele florescerá como o lírio,
como o cedro do Líbano,
aprofundará suas raízes.

⁶ seus brotos crescerão;
seu esplendor será como o da oliveira,
sua fragrância,
como a do cedro do Líbano.
⁷ Os que habitavam à sua sombra
voltarão.
Reviverão como o trigo,
florescerão como a videira,
e a fama de Israel
será como a do vinho do Líbano.

⁸ O que Efraim ainda tem
com ídolos?
Sou eu que lhe respondo
e cuida dele.
Sou como um cipreste verde;
o fruto que você produz
de mim procede."

⁹ Quem é sábio?
Aquele que considera essas coisas.
Quem tem discernimento?
Aquele que as compreende.
Os caminhos do SENHOR são justos;
os justos andam neles,
mas os rebeldes neles tropeçam.

Introdução a JOEL

PANO DE FUNDO

A lista de bênçãos e maldições registrada em Deuteronômio inclui a seguinte maldição para a desobediência: "Enxames de gafanhotos se apoderarão de todas as suas árvores e das plantações da sua terra" (28.42). Joel menciona essa praga em Judá como um sinal do "dia do S‌ENHOR" (2.1).

A forma hebraica do nome Joel significa "Javé é Deus". Seu nome é mencionado na primeira sentença, mas depois não há nenhuma outra apresentação, a não ser o nome de seu pai, Petuel, que significa "persuadido por Deus". As frequentes referências a Sião e ao templo indicam que Joel pode ter vivido nas proximidades de Jerusalém enquanto ministrava como profeta em Judá.

MENSAGEM

Joel profetiza a ameaça de julgamento (o dia do S‌ENHOR) e a promessa de subsequente restauração. Os anciãos (1.2), os bêbados (1.5), os agricultores e produtores de vinho (1.11) e os que ministram perante o altar (1.13) são exortados ao arrependimento antes que venha o dia do S‌ENHOR: "Rasguem o coração, e não as vestes. Voltem-se para o S‌ENHOR, o seu Deus, pois ele é misericordioso e compassivo, muito paciente e cheio de amor; arrepende-se e não envia a desgraça" (2.13).

ÉPOCA

Ainda que nenhum período específico de tempo seja mencionado no livro de Joel, alguns estudiosos pensam que foi escrito depois de 722 a.C., depois da destruição de Samaria. Outros pensam em 835 a.C., fazendo de Joel contemporâneo de Elias. As nações estrangeiras que Joel menciona (Fenícia, Filístia, Egito, Edom) eram mais importantes no século IX que no século VI a.C. Ademais, a mensagem de Joel se parece mais com a dos primeiros profetas como Oseias, Amós e Miqueias que com a dos pós-exílicos como Ageu e Zacarias.

ESBOÇO

I. Julgamento
   A. Seca e gafanhotos   1.1-12
   B. Lamento e arrependimento   1.13-20
   C. Soe o alarme   2.1-11
   D. Esperança de perdão   2.12-17

II. Misericórdia
   A. Restauração   2.18-27
   B. A dádiva do Espírito Santo   2.28-32

III. Resgate   3.1-21

1 A palavra do S²²² que veio*ᵃ* a Joel,*ᵇ* filho de Petuel.

A Praga dos Gafanhotos

2 "Ouçam isto,*ᶜ* anciãos[1];
  escutem, todos os habitantes do país.*ᵈ*
Já aconteceu algo assim nos seus dias?
  Ou nos dias dos seus antepassados?*ᵉ*
3 Contem aos seus filhos*ᶠ*
  o que aconteceu,
e eles aos seus netos,
  e os seus netos, à geração seguinte.
4 O que o gafanhoto cortador deixou,
  o gafanhoto peregrino comeu;
o que o gafanhoto peregrino deixou,
  o gafanhoto devastador comeu;
o que o gafanhoto devastador deixou,
  o gafanhoto devorador comeu.*ᵍ*

5 "Acordem, bêbados, e chorem!
Lamentem-se todos vocês,
  bebedores de vinho;*ʰ*
gritem por causa do vinho novo,
  pois ele foi tirado dos seus lábios.
6 Uma nação, poderosa e inumerável,*ⁱ*
  invadiu a minha terra,
seus dentes são dentes*ʲ* de leão,
  suas presas são de leoa.
7 Arrasou*ᵏ* as minhas videiras
  e arruinou as minhas figueiras.*ˡ*
Arrancou-lhes a casca e derrubou-as,
  deixando brancos os seus galhos.

8 "Pranteiem como uma virgem
  em vestes de luto*ᵐ*
que se lamenta pelo noivo[2]
  da sua mocidade.
9 As ofertas de cereal*ⁿ*
  e as ofertas derramadas
foram eliminadas
  do templo do S²²².
Os sacerdotes,
  que ministram diante do S²²²,
estão de luto.

10 Os campos estão arruinados,
  a terra está seca[3];*ᵒ*
o trigo está destruído,
  o vinho*ᵖ* novo acabou,
o azeite está em falta.
11 Desesperem-se, agricultores,*ᑫ*
  chorem, produtores de vinho;
fiquem aflitos pelo trigo e pela cevada,
  porque a colheita foi destruída.*ʳ*
12 A vinha está seca,
  e a figueira murchou;
a romãzeira, a palmeira, a macieira
  e todas as árvores do campo secaram.*ˢ*
Secou-se, mais ainda,
  a alegria dos homens".

Chamado ao Arrependimento

13 Ponham vestes de luto,*ᵗ* ó sacerdotes,
  e pranteiem;
chorem alto,
  vocês que ministram*ᵘ* perante o altar.
Venham,
  passem a noite vestidos de luto,
vocês que ministram
  perante o meu Deus;
pois as ofertas de cereal
  e as ofertas*ᵛ* derramadas
foram suprimidas
  do templo do seu Deus.
14 Decretem um jejum santo;*ʷ*
  convoquem uma assembleia sagrada.
Reúnam as autoridades
  e todos os habitantes do país
no templo do S²²², o seu Deus,
  e clamem*ˣ* ao S²²².

15 Ah! Aquele*ʸ* dia!
Sim, o dia do S²²²*ᶻ* está próximo;
  como destruição poderosa
da parte do Todo-poderoso,
  ele virá.

16 Não é verdade que a comida
  foi eliminada*ᵃ*
diante dos nossos próprios olhos,

---

[1] 1.2 Ou *autoridades do povo*
[2] 1.8 Ou *uma jovem em vestes de luto que se lamenta pelo marido*
[3] 1.10 Ou *a terra chora*

1.1
*ᵃ*Jr 1.2
*ᵇ*At 2.16
1.2
*ᶜ*Os 5.1
*ᵈ*Os 4.1
*ᵉ*Jl 2.2
1.3
*ᶠ*Ex 10.2
Sl 78.4
1.4
*ᵍ*Dt 28.39
Na 3.15
1.5
*ʰ*Jl 3.3
1.6
*ⁱ*Jl 2.2,11,25
*ʲ*Ap 9.8
1.7
*ᵏ*Is 5.6
*ˡ*Am 4.9
1.8
*ᵐ*v. 13;
Is 22.12;
Am 8.10
1.9
*ⁿ*Os 9.4;
Jl 2.14,17
1.10
*ᵒ*Is 24.4
*ᵖ*Os 9.2
1.11
*ᑫ*Jr 14.3,4;
Am 5.16
*ʳ*Is 17.11
1.12
*ˢ*Ag 2.19
1.13
*ᵗ*Jr 4.8
*ᵘ*Jl 2.17
*ᵛ*v. 9
1.14
*ʷ*2Cr 20.3
*ˣ*Jo 3.8
1.15
*ʸ*Jr 30.7
*ᶻ*Is 13.6,9;
Jl 2.1,11,31
1.16
*ᵃ*Is 3.7

e que a alegria e a satisfação
foram suprimidas
   do templo do nosso Deus?[b]
¹⁷ As sementes estão murchas
   debaixo dos torrões de terra.[c]
Os celeiros estão em ruínas,
   os depósitos de cereal foram
      derrubados,
pois a colheita se perdeu.
¹⁸ Como muge o gado!
As manadas andam agitadas
   porque não têm pasto;
até os rebanhos de ovelhas
   estão sendo castigados.

¹⁹ A ti, Senhor, eu clamo,[d]
   pois o fogo[e] devorou as pastagens[f]
e as chamas consumiram
   todas as árvores do campo.
²⁰ Até os animais do campo clamam a
   ti,[g]
   pois os canais de água se secaram[h]
e o fogo devorou as pastagens.

O Dia do Senhor se Aproxima

2 Toquem a trombeta[i] em Sião;[j]
   deem o alarme no meu santo monte.
Tremam todos os habitantes do país,
   pois o dia do Senhor[k] está
      chegando.
Está próximo![l]
² É dia de trevas[m] e de escuridão,[n]
   dia de nuvens e negridão.
Assim como a luz da aurora
   se estende pelos montes,
um grande e poderoso exército[o]
   se aproxima,
como nunca antes se viu[p]
   nem jamais se verá nas gerações
      futuras.

³ Diante deles o fogo devora,
   atrás deles arde uma chama.
Diante deles a terra
   é como o jardim do Éden,[q]
atrás deles, um deserto arrasado;[r]
   nada lhes escapa.

⁴ Eles têm a aparência de cavalos;[s]
   como cavalaria, atacam galopando.
⁵ Com um barulho semelhante ao de
      carros[t]
   saltam sobre os cumes dos montes
como um fogo crepitante[u]
   que consome o restolho,
como um exército poderoso
   em posição de combate.

⁶ Diante deles
   povos se contorcem angustiados;[v]
todos os rostos ficam pálidos[w] de medo.
⁷ Eles atacam como guerreiros;
   escalam muralhas como soldados.
Todos marcham em linha,
   sem desviar-se[x] do curso.
⁸ Não empurram uns aos outros;
   cada um marcha sempre em frente.
Avançam por entre os dardos[1]
   sem desfazer a formação.
⁹ Lançam-se sobre a cidade;
   correm ao longo da muralha.
Sobem nas casas;
   como ladrões entram pelas
      janelas.[y]

¹⁰ Diante deles a terra treme,[z]
   os céus estremecem,
o sol e a lua escurecem[a]
   e as estrelas param de brilhar.[b]
¹¹ O Senhor[c] levanta a sua voz
   à frente do seu exército.
Como é grande o seu exército!
Como são poderosos
   os que obedecem à sua ordem!
Como é grande o dia do Senhor![d]
   Como será terrível!
Quem poderá suportá-lo?[e]

Chamado ao Arrependimento

¹² "Agora, porém", declara o Senhor,
   "voltem-se[f] para mim
de todo o coração,
com jejum, lamento e pranto."

---

[1] 2.8 Ou *pela passagem de água*

¹³ Rasguem o coraçãoᵍ e não as vestes.ʰ
Voltem-se para o Senhor,
　o seu Deus,
pois ele é misericordioso e compassivo,
muito paciente e cheio de amor;ⁱ
　arrepende-se e não envia a desgraça.ʲ
¹⁴ Talvez ele volte atrás,ᵏ arrependa-se,
　e ao passar deixe uma bênção.ˡ
Assim vocês poderão fazer
　ofertas de cereal
e ofertas derramadasᵐ
　para o Senhor, o seu Deus.

¹⁵ Toquem a trombetaⁿ em Sião,
　decretem jejum santo,ᵒ
convoquem uma assembleia sagrada.ᵖ
¹⁶ Reúnam o povo,
　Consagremᑫ a assembleia;
　ajuntem os anciãos,
reúnam as crianças,
　mesmo as que mamam no peito.
Até os recém-casadosʳ
devem deixar os seus aposentos.
¹⁷ Que os sacerdotes,
　que ministram perante o Senhor,
chorem entre o pórtico do templo
　e o altar,ˢ orando:
"Poupa o teu povo, Senhor.
Não faças da tua herança
　objeto de zombariaᵗ
　e de chacota entre as nações.
Por que se haveria de dizer
　pelos povos,
'Onde está o Deus deles?'ᵘ "

A Resposta do Senhor

¹⁸ Então o Senhor mostrou zeloᵛ
　por sua terra
e teve piedade do seu povo.

¹⁹ O Senhor respondeu¹ ao seu povo:
"Estou enviando para vocês trigo,
　vinho novo e azeite,ʷ
o bastante para satisfazê-los plenamente;

nunca mais farei de vocês
　objeto de zombariaˣ para as nações.

²⁰ "Levarei o invasorʸ que vem do norte
　para longe de vocês,
empurrando-o
　para uma terra seca e estéril,
a vanguarda para o mar oriental²²
　e a retaguarda para o mar ocidental³.
E a sua podridãoᵃ subirá;
　o seu mau cheiro se espalhará".

Ele tem feito coisas grandiosas!
²¹ Não tenha medo,ᵇ ó terra;
　regozije-se e alegre-se.
O Senhor tem feito coisas grandiosas!ᶜ
²² Não tenham medo, animais do campo,
　pois as pastagens estão ficando verdes.ᵈ
As árvores estão dando os seus frutos;
　a figueira e a videira
estão carregadas.ᵉ
²³ Ó povo de Sião, alegre-se
　e regozije-seᶠ no Senhor,
　o seu Deus,
pois ele dá a vocês as chuvas de outono,ᵍ
　conforme a sua justiça⁴.
Ele envia a vocês muitas chuvas,
　as de outono e as de primavera,
　como antes fazia.
²⁴ As eiras ficarão cheias de trigo;
　os tonéis transbordarãoʰ
de vinhoⁱ novo e de azeite,
²⁵ "Vou compensá-los
　pelos anos de colheitas
que os gafanhotos destruíram:
　o gafanhoto peregrino,
　o gafanhoto devastador,
　o gafanhoto devorador
　e o gafanhoto cortador,
o meu grande exército
que enviei contra vocês.
²⁶ Vocês comerão até ficarem satisfeitos,ʲ
　e louvarãoᵏ o nome do Senhor,
　o seu Deus,

---

¹ **2.18,19** Ou *o Senhor mostrará zelo ... e terá piedade ... 19O Senhor responderá*
² **2.20** Isto é, *o mar Morto*.
³ **2.20** Isto é, *o Mediterrâneo*.
⁴ **2.23** Ou *no tempo certo*

que fez maravilhas em favor de vocês;
nunca mais o meu povo será
    humilhado.
²⁷ Então vocês saberão
    que eu estou no meio de Israel.
Eu sou o Senhor, o seu Deus,
    e não há nenhum outro;
nunca mais o meu povo será
    humilhado.

O Dia do Senhor

²⁸ "E, depois disso,
    derramarei do meu Espírito
    sobre todos os povos.
Os seus filhos e as suas filhas
    profetizarão,
os velhos terão sonhos,
os jovens terão visões.
²⁹ Até sobre os servos e as servas
    derramarei do meu Espírito
    naqueles dias.
³⁰ Mostrarei maravilhas no céu e na
    terra:
    sangue, fogo e nuvens de fumaça.
³¹ O sol se tornará em trevas,
    e a lua em sangue,
antes que venha o grande e temível
    dia do Senhor.
³² E todo aquele que invocar
    o nome do Senhor será salvo,
pois, conforme prometeu o Senhor,
no monte Sião e em Jerusalém
    haverá livramento
    para os sobreviventes,
para aqueles a quem o Senhor chamar.

O Julgamento das Nações

3 "Sim, naqueles dias e naquele tempo,
quando eu restaurar a sorte
    de Judá e de Jerusalém,
² reunirei todos os povos
    e os farei descer ao vale de Josafá¹.
Ali os julgarei
    por causa da minha herança

---

¹ 3.2 *Josafá* significa *o Senhor julga*; também no versículo 12.

— Israel, o meu povo —,
    pois o espalharam entre as nações
    e repartiram entre si a minha terra.
³ Lançaram sortes sobre o meu povo
    e deram meninos
    em troca de prostitutas;
venderam meninas por vinho,
    para se embriagarem.

⁴ "O que vocês têm contra mim,
    Tiro, Sidom,
e todas as regiões da Filístia?
Vocês estão me retribuindo
    algo que eu fiz a vocês?
Se estão querendo vingar-se de mim,
    ágil e veloz
    me vingarei do que vocês têm feito.
⁵ Pois roubaram a minha prata
    e o meu ouro
e levaram para os seus templos
    os meus tesouros mais valiosos.
⁶ Vocês venderam o povo de Judá
    e o de Jerusalém aos gregos,
mandando-os para longe
    da sua terra natal.

⁷ "Vou tirá-los dos lugares
    para onde os venderam
e sobre vocês farei recair o que fizeram:
⁸ venderei os filhos e as filhas de vocês
    ao povo de Judá,
e eles os venderão
    à distante nação dos sabeus".
Assim disse o Senhor.

⁹ Proclamem isto entre as nações:
Preparem-se para a guerra!
Despertem os guerreiros!
Todos os homens de guerra
    aproximem-se e ataquem.
¹⁰ Forjem os seus arados,
    fazendo deles espadas;
e de suas foices façam lanças.
Diga o fraco: "Sou um guerreiro!"
¹¹ Venham depressa,
    vocês, nações vizinhas,
    e reúnam-se ali.

Faze descer os teus guerreiros,*l*
ó S*enhor*!

12 "Despertem, nações;
avancem para o vale de Josafá,
pois ali me assentarei
para julgar*m* todas as nações
vizinhas.
13 Lancem a foice,
pois a colheita*n* está madura.
Venham, pisem com força as uvas,
pois o lagar*o* está cheio
e os tonéis transbordam,
tão grande é a maldade dessas
nações!"

14 Multidões, multidões
no vale da Decisão!
Pois o dia do S*enhor**p* está próximo,
no vale da Decisão.
15 O sol e a lua escurecerão,
e as estrelas já não brilharão.
16 O S*enhor* rugirá de Sião,
e de Jerusalém*q* levantará
a sua voz;
a terra e o céu tremerão.*r*
Mas o S*enhor* será um refúgio
para o seu povo,
uma fortaleza*s* para Israel.

Bênçãos para o Povo de Deus

17 "Então vocês saberão
que eu sou o S*enhor*, o seu Deus,*t*
que habito em Sião,*u* o meu santo
monte.
Jerusalém será santa;
e estrangeiros jamais a conquistarão.

18 "Naquele dia, os montes
gotejarão vinho novo;
das colinas manará leite;*v*
todos os ribeiros de Judá
terão água corrente."*w*
Uma fonte fluirá do templo*x* do S*enhor*
e regará o vale das Acácias.*y*
19 Mas o Egito ficará desolado,
Edom será um deserto arrasado,
por causa da violência*z*
feita ao povo de Judá,
em cuja terra derramaram
sangue inocente.
20 Judá será habitada para sempre*a*
e Jerusalém por todas as gerações.
21 Sua culpa de sangue,
ainda não perdoada,
eu a perdoarei."*b*

O S*enhor* habita em Sião!

3.11
*l*Is 13.3
3.12
*m*Is 2.4
3.13
*n*Os 6.11;
Mt 13.39;
Ap 14.15-19
*o*Ap 14.20
3.14
*p*Is 34.2-8;
Jl 1.15
3.16
*q*Am 1.2
*r*Ez 38.19
*s*Jr 16.19
3.17
*t*Jl 2.27
*u*Is 4.3
3.18
*v*Ex 3.8
*w*Is 30.25;
35.6
*x*Ap 22.1,2
*y*Ez 47.1;
Am 9.13
3.19
*z*Ob 1.10
3.20
*a*Am 9.15
3.21
*b*Ez 36.25

Introdução a AMÓS

PANO DE FUNDO
Uma falsa impressão de segurança, complacência e otimismo dominava o Reino do Norte, Israel, no tempo de Amós. Muitas pessoas tinham um estilo de vida luxuoso, mesmo à custa dos pobres (4.1; 5.11,12; 8.4-6). A idolatria e a corrupção (5.10,12,13; 6.12) eram abundantes. Amós é enviado com uma mensagem: o julgamento de Deus sobre os pecados do povo iria acontecer.

Acredita-se que Amós tenha sido o autor desse livro. Seu nome significa "carga" ou "carregador de carga". Sua cidade natal era a pequena cidade rural de Tecoa (1.1), em Judá, quase 20 quilômetros ao sul de Jerusalém. Como ele era do Reino do Sul e se opôs às práticas populares em Israel, era impopular no Reino do Norte (7.10-13).

MENSAGEM
Israel e Judá estavam em paz e experimentavam crescimento econômico e sucesso político. A mensagem de Amós, endereçada primariamente ao Reino do Norte, revela desenvolvimentos perturbadores. A imoralidade e a injustiça eram crescentes. Amós faz soar o clarim por uma vida justa e reta; Deus irá julgar Israel porque eles "[v]endem [...] por um par de sandálias o pobre" (2.6). A força da nação de Israel e a fraqueza de possíveis potências como a Assíria, a Babilônia e o Egito dão a Israel uma falsa sensação de segurança; eles ignoram a advertência profética de Amós quanto à destruição e o exílio (3.11; 4.2; 7.11) e caem diante dos assírios em 722 a.C.

ÉPOCA
A expressão "Nesse tempo, Uzias era rei de Judá" e a menção ao terremoto (1.1; v. tb. Zacarias 14.5) situam o ministério de Amós entre 767 e 753 a.C., durante os reinados de Uzias (767-739 a.C.) e Jeroboão II, rei de Israel (782-753 a.C.). Amós profetizou dois anos antes do terremoto.

ESBOÇO
I. Os julgamentos de Deus
  A. Outras nações .... 1.1—2.5
  B. Israel 2.6-16
II. Deus acusa Israel
  A. Deus repreende a rebeldia de Israel .... 3.1—4.13
  B. A autoindulgência de Israel .... 5.1—6.14
III. Símbolos do futuro de Israel
  A. Os gafanhotos e o prumo 7.1-17
  B. A cesta de frutos de verão 8.1-10
  C. Fome da palavra de Deus 8.11-14
  D. Os pilares do templo 9.1-10
  E. A restauração de Israel 9.11-15

1 Palavras que Amós, criador de ovelhas em Tecoa,ᵃ recebeu em visões, a respeito de Israel, dois anos antes do terremoto.ᵇ Nesse tempo, Uziasᶜ era rei de Judá e Jeroboão,ᵈ filho de Jeoás, era rei de Israel.ᵉ

2 Ele disse:

"O Senhor rugeᶠ de Sião
  e trovejaᵍ de Jerusalém;
secam-se¹ as pastagens dos pastores,
  e murchaⁱ o topo do Carmelo".ʰ

Julgamento dos Povos Vizinhos de Israel

3 Assim diz o Senhor:

"Por três transgressões de Damasco,ʲ
  e ainda mais por quatro,
não anularei o castigo.ᵏ
  Porque trilhou Gileade
  com trilhos de ferro
    pontudos,
4 porei fogoˡ na casa de Hazael,
  e as chamas consumirão
  as fortalezasᵐ de Ben-Hadade.ⁿ
5 Derrubarei a portaᵒ de Damasco;
  destruirei o rei que está
  no vale² de Áven³
  e aquele que segura o cetro
    em Bete-Éden⁴.
O povo da Síria
  irá para o exílio em Quir",ᵖ
diz o Senhor.

6 Assim diz o Senhor:

"Por três transgressões de Gaza,ᑫ
  e ainda mais por quatro,
não anularei o castigo.
  Porque levou cativas
    comunidades inteiras
  e as vendeu a Edom,ʳ
7 porei fogo nos muros de Gaza,
  e as chamas consumirão
  as suas fortalezas.
8 Destruirei o rei⁵ de Asdode⁵
  e aquele que segura o cetro em
    Ascalom.
Erguerei a minha mãoᵗ contra Ecrom,
  até que morra o último dos filisteus",ᵘ
diz o Senhor, o Soberano.ᵛ

9 Assim diz o Senhor:

"Por três transgressões de Tiro,ʷ
  e ainda mais por quatro,
não anularei o castigo.
  Porque vendeu comunidades inteiras
  de cativos a Edom,
  desprezando irmãos,
10 porei fogo nos muros de Tiro,
  e as chamas consumirão
  as suas fortalezas".ˣ

11 Assim diz o Senhor:

"Por três transgressões de Edom,ʸ
  e ainda mais por quatro,
não anularei o castigo.
  Porque com a espada
    perseguiu seu irmão
  e reprimiu toda a compaixão,⁶
  mutilando-o furiosamenteᶻ
  e perpetuando para sempre a sua ira,
12 porei fogo em Temã,ᵃ
  e as chamas consumirão
  as fortalezas de Bozra".

13 Assim diz o Senhor:

"Por três transgressões de Amom,ᵇ
  e ainda mais por quatro,
não anularei o castigo.
  Porque rasgou ao meio
    as grávidasᶜ de Gileade
  a fim de ampliar as suas fronteiras,
14 porei fogo nos muros de Rabá,ᵈ
  e as chamas consumirão
  as suas fortalezas
em meio a gritos de guerraᵉ
  no dia do combate,

---

¹ 1.2 Ou *pranteiam*
² 1.5 Ou *os habitantes do vale*
³ 1.5 *Áven* significa *iniquidade*.
⁴ 1.5 *Bete-Éden* significa *casa do prazer*.
⁵ 1.8 Ou *os habitantes*
⁶ 1.11 Ou *e destruiu os seus aliados*,

em meio a ventos violentos
  num dia de tempestade.
¹⁵ O seu rei irá para o exílio,
  ele e toda a sua corte",
diz o Senhor.

2 Assim diz o Senhor:

"Por três transgressões de Moabe,
  e ainda mais por quatro,
não anularei o castigo.
Porque ele queimou até reduzir a cinzas¹
  os ossos do rei de Edom,
² porei fogo em Moabe,
  e as chamas consumirão
  as fortalezas de Queriote².
Moabe perecerá em grande tumulto,
  em meio a gritos de guerra
  e ao toque da trombeta.
³ Destruirei o seu governante³ᶠ
  e com ele matarei todas as
    autoridades",ᵍ
diz o Senhor.

⁴ Assim diz o Senhor:

"Por três transgressões de Judá,ʰ
  e ainda mais por quatro,
não anularei o castigo.
Porque rejeitou a leiⁱ do Senhor
  e não obedeceu aos seus decretos,ʲ
  porque se deixou enganarᵏ
    por deuses falsos,ˡ
deuses que⁴ os seus
    antepassados seguiram,ᵐ
⁵ porei fogo em Judá,
  e as chamas consumirão
  as fortalezas de Jerusalém".ⁿ

O Julgamento de Israel

⁶ Assim diz o Senhor:

"Por três transgressões de Israel,
  e ainda mais por quatro,
não anularei o castigo.

---

¹ **2.1** Hebraico: *cal*.
² **2.2** Ou *de suas cidades*
³ **2.3** Hebraico: *juiz*.
⁴ **2.4** Ou *por mentiras, mentiras que*

Vendem por prata o justo,
  e por um par de sandáliasᵒ o pobre.
⁷ Pisam a cabeça dos necessitados
  como pisam o pó da terra,
e negam justiça ao oprimido.
Pai e filho possuem a mesma mulher
  e assim profanam o meu santo nome.ᵖ
⁸ Inclinam-se diante de qualquer altar
  com roupas tomadas como penhor.ᵠ
No templo do seu deus
  bebem vinhoʳ recebido como multa.

⁹ "Fui eu que destruí os amorreusˢ
  diante deles,
embora fossem altos como o cedro
  e fortes como o carvalho.
Eu destruí os seus frutos em cima
  e as suas raízesᵗ embaixo.
¹⁰ "Eu mesmo tirei vocês do Egito,ᵘ
  e os conduzi por quarenta anos
    no desertoᵛ
para dar a vocês a terra dos amorreus.ʷ
¹¹ Também escolhi alguns de seus filhos
  para serem profetasˣ
e alguns de seus jovens
  para serem naziréus.ʸ
Não é verdade, povo de Israel?",
  declara o Senhor.
¹² "Mas vocês fizeram os naziréus
  beber vinho
e ordenaram aos profetas
  que não profetizassem.ᶻ

¹³ "Agora, então, eu os amassarei
  como uma carroça amassa a terra
quando carregada de trigo.
¹⁴ O ágil não escapará,
  o forteᵃ não reunirá as suas forças,
e o guerreiro não salvará a sua vida.ᵇ
¹⁵ O arqueiroᶜ não manterá a sua posição,
  o que corre não se livrará,
e o cavaleiro não salvará a própria vida.
¹⁶ Até mesmo os guerreiros
  mais corajososᵈ
fugirão nus naquele dia",
  declara o Senhor.

Testemunhas Convocadas para Acusar Israel

3 Ouçam esta palavra que o Senhor falou contra vocês, ó israelitas; contra toda esta família que tirei do Egito:[e]

² "Escolhi[f] apenas vocês
  de todas as famílias da terra;
por isso eu os castigarei
  por todas as suas maldades".[g]

³ Duas pessoas andarão juntas
  se não estiverem de acordo?[1]
⁴ O leão ruge na floresta
  se não apanhou presa alguma?[h]
O leão novo ruge em sua toca
  se nada caçou?
⁵ Cai o pássaro numa armadilha
  que não foi armada?
Será que a armadilha se desarma
  se nada foi apanhado?
⁶ Quando a trombeta toca na cidade,
  o povo não treme?
Ocorre alguma desgraça na cidade
  sem que o Senhor a tenha mandado?[i]

⁷ Certamente o Senhor, o Soberano,
  não faz coisa alguma
sem revelar o seu plano[j]
  aos seus servos, os profetas.[k]

⁸ O leão rugiu,
  quem não temerá?
O Senhor, o Soberano, falou,
  quem não profetizará?[l]

⁹ Proclamem nos palácios de Asdode[2]
  e do Egito:
"Reúnam-se nos montes de Samaria[m]
  para verem o grande tumulto que há ali,
  e a opressão no meio do seu povo".

¹⁰ "Eles não sabem agir com retidão",[n]
  declara o Senhor,
"eles, que acumulam em seus palácios[p]
  o que roubaram e saquearam".[o]

¹¹ Portanto, assim diz o Senhor,
  o Soberano:

"Um inimigo cercará o país.
  Ele derrubará as suas fortalezas
  e saqueará os seus palácios".[q]

¹² Assim diz o Senhor:

"Assim como o pastor livra a ovelha,
  arrancando da boca do leão[r]
  só dois ossos da perna
  ou um pedaço da orelha,
assim serão arrancados
  os israelitas de Samaria,
com a ponta de uma cama
  e um pedaço de sofá[3].[s]

¹³ "Ouçam isto e testemunhem[t] contra a descendência de Jacó", declara o Senhor, o Soberano, o Deus dos Exércitos.

¹⁴ "No dia em que eu castigar Israel
  por causa dos seus pecados,
destruirei os altares de Betel;[u]
as pontas do altar serão cortadas
  e cairão no chão.
¹⁵ Derrubarei a casa de inverno[v]
  junto com a casa de verão;[w]
as casas enfeitadas de marfim[x]
  serão destruídas,
  e as mansões desaparecerão",
  declara o Senhor.

Israel Manteve-se Rebelde

4 Ouçam esta palavra, vocês,
  vacas de Basã[y] que estão
  no monte de Samaria,[z]
vocês que oprimem os pobres
  e esmagam os necessitados
  e dizem aos senhores deles:
"Tragam bebidas e vamos beber!"[a]

² O Senhor, o Soberano,
  jurou pela sua santidade:

---

¹ 3.3 Ou *tiverem combinado*
² 3.9 A Septuaginta diz *da Assíria*.
³ 3.12 Ou *uma capa de sofá*; ou ainda *uma almofada de Damasco*

3.1 ᵉAm 2.10
3.2 ᶠDt 7.6; Lc 12.47 ᵍJr 14.10
3.4 ʰSl 104.21; Os 5.14
3.6 ⁱIs 14.24-27; 45.7
3.7 ʲGn 18.17; Dn 9.22; Jo 15.15; Ap 10.7 ᵏJr 23.22
3.8 ˡJr 20.9; Jn 1.1-3; 3.1-20 At 4.20
3.9 ᵐAm 4.1; 6.1
3.10 ⁿJr 4.22; Am 5.7; 6.12 ᵒHc 2.8 ᵖSo 1.9
3.11 ᵠAm 2.5; 6.14
3.12 ʳ1Sm 17.34 ˢAm 6.4
3.13 ᵗEz 2.7
3.14 ᵘAm 5.5-6
3.15 ᵛJr 36.22 ʷJz 3.20 ˣ1Rs 22.39
4.1 ʸSl 22.12; Ez 39.18 ᶻAm 3.9 ᵃAm 2.8; 5.11; 8.6

"Certamente chegará o tempo
   em que vocês serão levados[b] com ganchos,
e os últimos de vocês com anzóis.
³ Cada um de vocês sairá
   pelas brechas do muro,[c]
e serão atirados
   na direção do Harmom[1]",
declara o Senhor.

⁴ "Vão a Betel e ponham-se a pecar;
   vão a Gilgal[d] e pequem ainda mais.
Ofereçam os seus sacrifícios cada manhã,[e]
   os seus dízimos[f] no terceiro dia[2].[g]
⁵ Queimem pão fermentado[h]
   como oferta de gratidão
e proclamem em toda parte
   suas ofertas voluntárias;[i]
anunciem-nas, israelitas,
   pois é isso que vocês gostam de fazer",
declara o Senhor, o Soberano.

⁶ "Fui eu mesmo que dei a vocês
   estômagos vazios[3] em cada cidade
e falta de alimentos em todo lugar,
e mesmo assim vocês
   não se voltaram para mim",
declara o Senhor.[j]

⁷ "Também fui eu que retive a chuva
   quando ainda faltavam
   três meses para a colheita.
Mandei chuva a uma cidade,
   mas não a outra.[k]
Uma plantação teve chuva;
   outra não teve e secou.
⁸ Gente de duas ou três cidades
   ia cambaleando de uma cidade a outra
em busca de água,[l] sem matar a sede,
e mesmo assim
   vocês não se voltaram[m] para mim",
declara o Senhor.[n]

⁹ "Muitas vezes
   castiguei os seus jardins e as suas vinhas,
castiguei-os com pragas e ferrugem.[o]
Gafanhotos devoraram
   as suas figueiras e as suas oliveiras,[p]
e mesmo assim
   vocês não se voltaram[q] para mim",
declara o Senhor.

¹⁰ "Enviei pragas[r] contra vocês
   como fiz com o Egito.
Matei os seus jovens à espada,
   deixei que capturassem os seus cavalos.
Enchi os seus narizes
   com o mau cheiro dos mortos
   em seus acampamentos,
e mesmo assim
   vocês não se voltaram para mim",
declara o Senhor.[s]

¹¹ "Destruí algumas de suas cidades,
   como destruí[4] Sodoma e Gomorra.[t]
Ficaram como um tição tirado do fogo,
e mesmo assim
   vocês não se voltaram para mim",
declara o Senhor.

¹² "Por isso, ainda o castigarei, ó Israel,
e, porque eu farei isto com você,
prepare-se para encontrar-se
   com o seu Deus, ó Israel."

¹³ Aquele que forma os montes,[u]
   cria o vento
e revela os seus pensamentos[v] ao homem,
aquele que transforma
   a alvorada em trevas,
   e pisa as montanhas da terra;[w]
Senhor, Deus dos Exércitos,
   é o seu nome.[x]

---

[1] 4.3 Ou *atirados, ó montanha de opressão*
[2] 4.4 Ou *a cada três anos*
[3] 4.6 Hebraico: *dentes limpos*.
[4] 4.11 Hebraico: *como Deus destruiu*.

Lamento pelo Castigo do Povo

5 Ouça esta palavra, ó nação de Israel, este lamento^y acerca de vocês:

² "Caída para nunca mais se levantar,
 está a virgem^z Israel.
Abandonada em sua própria terra,
 não há quem a levante".^{a}

³ Assim diz o Soberano, o Senhor:

"A cidade que mandar mil
 para o exército ficará com cem;
e a que mandar cem ficará com dez".^{b}

⁴ Assim diz o Senhor à nação de Israel:

"Busquem-me e terão vida;^{c}
⁵ não busquem Betel,
 não vão a Gilgal,^{d}
não façam peregrinação a Berseba.^{e}
Pois Gilgal¹ certamente irá para o exílio,
 e Betel² será reduzida a nada".^{f}
⁶ Busquem^g o Senhor e terão vida,^{h}
 do contrário,
ele irromperá como um fogo^i
 entre os descendentes de José,
 e devastará a cidade de Betel,^{j}
e não haverá ninguém ali
 para apagá-lo.

⁷ Vocês estão transformando
 o direito em amargura^k
e atirando a justiça ao chão,
⁸ (aquele que fez as Plêiades e o Órion;^{l}
que faz da escuridão, alvorada;^{m}
 e do dia, noite escura;^{n}
que chama as águas do mar
 e as espalha sobre a face da terra;
Senhor é o seu nome.^{o}
⁹ Ele traz repentina destruição
 sobre a fortaleza,
e a destruição vem
 sobre a cidade fortificada).^{p}

¹⁰ vocês odeiam aquele que defende
 a justiça no tribunal³^q
e detestam aquele que fala a verdade.^{r}

¹¹ Vocês oprimem o pobre^s
 e o forçam a entregar o trigo.
Por isso, embora vocês
 tenham construído
 mansões de pedra,^{t}
 nelas não morarão;
embora tenham plantado
 vinhas verdejantes,
 não beberão do seu vinho.^{u}
¹² Pois eu sei quantas são
 as suas transgressões
e quão grandes são os seus pecados.

Vocês oprimem o justo,
 recebem suborno
e impedem que se faça justiça ao pobre
 nos tribunais.^{v}
¹³ Por isso o prudente se cala
 em tais situações,
pois é tempo de desgraças.

¹⁴ Busquem o bem, não o mal,
 para que tenham vida.
Então o Senhor,
 o Deus dos Exércitos,
estará com vocês,
 conforme vocês afirmam.
¹⁵ Odeiem o mal,^{w} amem o bem;
 estabeleçam a justiça nos tribunais.
Talvez o Senhor,
 o Deus dos Exércitos,
tenha misericórdia^x
 do remanescente^y de José.

¹⁶ Portanto, assim diz o Senhor, o Deus dos Exércitos, o Soberano:

"Haverá lamentação^z em todas as praças
 e gritos de angústia em todas as ruas.
Os lavradores^a serão convocados
 para chorar
e os pranteadores para se lamentar.

---

¹ **5.5** *Gilgal* no hebraico assemelha-se à expressão aqui traduzida por *irá para o exílio*.
² **5.5** Hebraico: *Áven*; referência a *Bete-Áven* (casa da iniquidade), nome depreciativo de *Betel*, que significa *casa de Deus*.
³ **5.10** Hebraico: *na porta*.

¹⁷ Haverá lamentos em todas as vinhas,
  pois passarei no meio de vocês",ᵇ
diz o Senhor.ᶜ

O Dia do Senhor

¹⁸ Ai de vocês que anseiam
  pelo dia do Senhor!ᵈ
O que pensam vocês
  do dia do Senhor?
Será dia de trevas,ᵉ não de luz.ᶠ
¹⁹ Será como se um homem
  fugisse de um leão
  e encontrasse um urso;
como alguém que entrasse em sua casa
  e, encostando a mão na parede,
  fosse picado por uma serpente.ᵍ
²⁰ O dia do Senhor será de trevas
  e não de luz.
Uma escuridão total,
  sem um raio de claridade.ʰ

²¹ "Eu odeio e desprezo
  as suas festas religiosas;ⁱ
não suporto as suas assembleiasʲ solenes.
²² Mesmo que vocês
  me tragam holocaustos¹
  e ofertas de cereal,
  isso não me agradará.
Mesmo que me tragam
  as melhores ofertas de comunhão²,
não darei a menor atenção a elas.ᵏˡ
²³ Afastem de mim
  o som das suas canções
  e a música das suas liras.ᵐ
²⁴ Em vez disso, corra a retidão
  como um rio,
  a justiçaⁿ como um ribeiro perene!"ᵒ

²⁵ "Foi a mim que vocês trouxeram
  Sacrifíciosᵖ e ofertas
durante os quarenta anosᵠ no deserto,
  ó nação de Israel?
²⁶ Não! Vocês carregaram
  o seu rei Sicute,

e Quium, imagens dos deuses astrais,
  que fizeram para vocês mesmos.³
²⁷ Por isso eu os mandarei para o exílio,
  para além de Damasco",
diz o Senhor;
  Deus dos Exércitos é o seu nome.ʳ

A Destruição de Israel

6 Ai de vocêsˢ
  que vivem tranquilos em Sião
e que se sentem seguros
  no monte de Samaria;
vocês, homens notáveis
  da primeira entre as nações,
aos quais o povo de Israel recorre!ᵗ
² Vão a Calnéᵘ e olhem para ela;
  depois prossigam até a grande
    Hamateᵛ
e, em seguida, desçam até Gate,ʷ
  na Filístia.
São elas melhoresˣ
  do que os seus dois reinos?
O território delas
  é maior do que o de vocês?
³ Vocês acham que estão afastando
  o dia mau,
mas na verdade estão atraindo
  o reinado do terror.ʸ
⁴ Vocês se deitam em camas de marfim
  e se espreguiçam em seus sofás.
Comem os melhores cordeiros
  e os novilhos mais gordos.ᶻ
⁵ Dedilham suas lirasᵃ como Davi
  e improvisam em instrumentos
    musicais.ᵇ
⁶ Vocês bebem vinhoᶜ em grandes taças
  e se ungem com os mais finos óleos,
mas não se entristecemᵈ
  com a ruína de José.
⁷ Por isso vocês estarão
  entre os primeiros a ir para o exílio;
cessarão os banquetes
  dos que vivem no ócio.

---

³ **5.26** Ou *ergueram seu rei Sicute e seus ídolos Quium, seus deuses astrais.* A Septuaginta diz *levantaram o santuário de Moloque e a estrela do seu deus Renfã, ídolos que fizeram para adorar!*

¹ **5.22** Isto é, sacrifícios totalmente queimados.
² **5.22** Ou *de paz*

Condenação do Orgulho de Israel

⁸ O Senhor, o Soberano, jurou por si mesmo!ᵉ Assim declara o Senhor, o Deus dos Exércitos:

"Eu detestoᶠ o orgulho de Jacóᵍ
e odeio os seus palácios;
entregareiʰ a cidade
e tudo o que nela existe".ⁱ

⁹ Se dez homensʲ forem deixados numa casa, também eles morrerão. ¹⁰ E, se um parente que tiver que queimar os corposᵏ vier para tirá-los da casa e perguntar a alguém que ainda estiver escondido ali: "Há mais alguém com você?", e a resposta for: "Não", ele dirá: "Calado!ˡ Não devemos sequer mencionar o nome do Senhor".

¹¹ Pois o Senhor deu a ordem,
e ele despedaçará a casa grandeᵐ
e fará em pedacinhosⁿ a casa pequena.

¹² Acaso correm os cavalos
sobre os rochedos?
Poderá alguém ará-los com bois?
Mas vocês transformaram
o direito em veneno,ᵒ
e o fruto da justiça em amargura;ᵖ
¹³ vocês que se regozijam pela conquista de Lo-Debar¹ e dizem:
"Acaso não conquistamos Carnaim²
com a nossa própria força?"ᑫ

¹⁴ Palavra do Senhor,
o Deus dos Exércitos:

"Farei vir uma naçãoʳ contra você,
ó nação de Israel,
e ela a oprimirá desde Lebo-Hamateˢ
até o vale da Arabá".ᵗ

As Três Visões de Amós

7 Foi isto que o Senhor, o Soberano, me mostrou:ᵘ ele estava preparando enxames de gafanhotosᵛ depois da colheita do rei, justo quando brotava a segunda safra. ² Depois que eles devoraram todas as plantas dos campos,ʷ eu clamei: "Senhor Soberano, perdoa! Como Jacó poderá sobreviver?ˣ Ele é tão pequeno!"ʸ

³ Então o Senhor arrependeu-seᶻ e declarou:ᵃ "Isso não acontecerá".

⁴ O Soberano, o Senhor, mostrou-me também que, para o julgamento, estava chamando o fogo,ᵇ o qual secou o grande abismo e devorouᶜ a terra. ⁵ Então eu clamei: "Soberano Senhor, eu te imploro que pares! Como Jacó poderá sobreviver? Ele é tão pequeno!"ᵈ

⁶ Então o Senhor arrependeu-seᵉ e declarou: "Isso também não acontecerá".

⁷ Ele me mostrou ainda isto: o Senhor, com um prumo na mão, estava junto a um muro construído no rigor do prumo. ⁸ E o Senhor me perguntou: "O que você está vendo,ᶠ Amós?"ᵍ

"Um prumo",ʰ respondi.

Então disse o Senhor: "Veja! Estou pondo um prumo no meio de Israel, o meu povo; não vou poupá-lo mais.ⁱ

⁹ "Os altares idólatras de Isaque
serão destruídos,
e os santuáriosʲ de Israel
ficarão em ruínas;
com a espada me levantarei
contra a dinastia de Jeroboão".ᵏ

O Confronto entre Amós e Amazias

¹⁰ Então o sacerdote de Betel,ˡ Amazias, enviou esta mensagem a Jeroboão,ᵐ rei de Israel: "Amós está tramando uma conspiraçãoⁿ contra ti no centro de Israel. A nação não suportará as suas palavras.ᵒ ¹¹ Amós está dizendo o seguinte:

'Jeroboão morrerá à espada,
e certamente Israel irá para o exílio, para longe da sua terra natal'".

¹² Depois Amazias disse a Amós: "Vá embora, vidente! Vá profetizarᵖ em Judá; vá ganhar lá o seu pão. ¹³ Não profetize mais em Betel, porque este é o santuário do rei e o templo do reino".ᑫ

---

¹ **6.13** *Lo-Debar* significa *nada*.
² **6.13** *Carnaim* significa *chifres*. Chifre simboliza força.

¹⁴ Amós respondeu a Amazias: "Eu não sou profeta' nem pertenço a nenhum grupo de profetas,¹ apenas cuido do gado e faço colheita de figos silvestres. ¹⁵ Mas o Senhor me tirou do serviço junto ao rebanhoˢ e me disse: 'Vá, profetize a Israel,ᵗ o meu povo'. ¹⁶ Agora ouça, então, a palavra do Senhor. Você diz:

" 'Não profetize contraᵘ Israel,
e pare de pregar
contra a descendência de Isaque'.

¹⁷ "Mas o Senhor lhe diz:

" 'Sua mulher se tornará
uma prostitutaᵛ na cidade,
e os seus filhos e as suas filhas
morrerão à espada.
Suas terras serão loteadas,
e você mesmo morrerá numa terra
pagã².
E Israel certamente irá para o exílio,
para longe da sua terra natal' ".ʷ

A Visão de um Cesto de Frutas Maduras

8 O Senhor, o Soberano, me mostrou um cesto de frutas maduras. ² "O que você está vendo,ˣ Amós?",ʸ ele perguntou.

Um cesto de frutas maduras, respondi.

Então o Senhor me disse: "Chegou o fim de Israel, o meu povo; não mais o pouparei".ᶻ

³ "Naquele dia", declara o Senhor, o Soberano, "as canções no templo se tornarão lamentos.³ᵃ Muitos, muitos serão os corpos, atirados por todos os lados! Silêncio!"ᵇ

⁴ Ouçam, vocês que pisam os pobresᶜ
e arruínam os necessitados da terra,ᵈ
⁵ dizendo:
"Quando acabará a lua nova
para que vendamos o cereal?
E, quando terminará o sábado,
para que comercializemos o trigo,
diminuindo a medida,
aumentando o preço⁴,
enganando com balanças desonestasᵉ e
⁶ comprando o pobre com prata
e o necessitado por um par de
sandálias,
vendendo até palha com o trigo?"ᶠ

⁷ O Senhor jurou contra o orgulho de Jacó:ᵍ "Jamais esquecereiʰ coisa alguma do que eles fizeram.

⁸ "Acaso não tremeráⁱ
a terra por causa disso,
e não chorarão
todos os que nela vivem?
Toda esta terra
se levantará como o Nilo;
será agitada e depois afundará
como o ribeiro do Egito.ʲ

⁹ "Naquele dia", declara o Senhor, o Soberano:

"Farei o sol se pôr ao meio-dia
e em plena luz do diaᵏ escurecerei a terra.
¹⁰ Transformarei as suas festas em
velório
e todos os seus cânticos em
lamentação.
Farei que todos vocês
vistam roupas de lutoˡ
e rapem a cabeça.
Farei daquele dia
um dia de luto por um filho único,ᵐ
e o fim dele, como um dia de
amargura.ⁿ

¹¹ "Estão chegando os dias",
declara o Senhor, o Soberano,
"em que enviarei fome a toda esta terra;
não fome de comida nem sede de
água,
mas fome e sede de ouvir
as palavras do Senhor.ᵒ
¹² Os homens vaguearão
de um mar a outro,

---

¹ **7.14** Hebraico: *nem filho de profeta*.
² **7.17** Hebraico: *impura*.
³ **8.3** Ou *"os cantores do templo se lamentarão*.
⁴ **8.5** Hebraico: *diminuindo o efa, aumentando o siclo*.

do Norte ao Oriente,
   buscando a palavra do Senhor,
mas não a encontrarão."

¹³ "Naquele dia, as jovens belas
   e os rapazes fortes
desmaiarão de sede.ᵍ
¹⁴ Aqueles que juram
   pela vergonha¹ de Samaria,
e os que dizem:
   'Juro pelo nome do seu deus, ó Dã'ʳ
ou 'Juro pelo nome
   do deus² de Berseba,'ˢ
   cairão, para nunca mais se levantar!'"ᵗ

Israel Será Destruído

9 Vi o Senhor junto ao altar, e ele disse:

"Bata no topo das colunas
   para que tremam os umbrais.
Faça que elas caiam
   Sobreᵘ todos os presentes;
e os que sobrarem matarei à espada.
   Ninguém fugirá, ninguém escapará.
² Ainda que escavem
   até às profundezas³,ᵛ
   dali a minha mão irá tirá-los.
Se subirem até os céus,ʷ
   de lá os farei descer.ˣ
³ Mesmo que se escondam
   no topo do Carmelo,ʸ
   lá os caçarei e os prenderei.ᶻ
Ainda que se escondam de mim
   no fundo do mar,
   ali ordenarei à serpente que os
      morda.ᵃ
⁴ Mesmo que sejam levados ao exílio
   por seus inimigos,
   ali ordenarei que a espadaᵇ os mate.
Vou vigiá-los para lhes fazer
   o malᶜ e não o bem".ᵈᵉ

⁵ Quanto ao Senhor,
   o Senhor dos Exércitos,
ele toca na terra, e ela se derrete,ᶠ
   e todos os que nela vivem pranteiam;
ele ergue toda a terra como o Nilo,
   e depois a afunda
   como o ribeiro do Egito.ᵍ
⁶ Ele constrói suas câmaras altas⁴,
   e firma a abóbada sobre a terra;
ele reúne as águas do mar e as espalha
   sobre a superfície da terra.
Senhor é o seu nome.ʰ

⁷ "Vocês, israelitas, não são para mim
   melhores do que os etíopes⁵",ⁱ
declara o Senhor.
"Eu tirei Israel do Egito,
   os filisteus de Caftor⁶ʲ
e os arameus de Quir.ᵏ

⁸ "Sem dúvida, os olhos
   do Senhor, o Soberano,
   se voltam para este reino
      pecaminoso.
Eu o varrerei da superfície da terra,
   mas não destruirei totalmente
   a descendência de Jacó",
declara o Senhor.ˡ
⁹ "Pois darei a ordem
   e sacudirei a nação de Israel
   entre todas as nações,
tal como o trigoᵐ
é abanado numa peneira,ⁿ
   e nem um grão cai na terra.
¹⁰ Todos os pecadores
   que há no meio do meu povo
   morrerão à espada,
todos os que dizem:
   'A desgraça não nos atingirá
   nem nos encontrará.'ᵒ

A Restauração de Israel

¹¹ "Naquele dia, levantarei
   a tenda caída de Davi.
Consertarei o que estiver quebrado,
   e restaurarei as suas ruínas.

---

¹ **8.14** Ou *por Asima*; ou ainda *pelo ídolo*
² **8.14** Ou *poder*
³ **9.2** Hebraico: *Sheol*. Essa palavra também pode ser traduzida por sepultura, pó ou morte.
⁴ **9.6** Ou *a sua escadaria até os céus*
⁵ **9.7** Hebraico: *cuxitas*.
⁶ **9.7** Isto é, Creta.

Eu a reerguerei,
    para que seja como era no passado,ᵖ
¹² para que o meu povo conquiste
    o remanescente de Edomᑫ
    e todas as nações que me pertencem",ʳ
declara o Senhor,¹
    que realizará essas coisas.ˢ

¹³ "Dias virão", declara o Senhor,
    "em que a ceifa continuará
    até o tempo de arar,ᵗ
e o pisar das uvas
    até o tempo de semear.
Vinho novo gotejará dos montes
    e fluirá de todas as colinas."ᵘ

¹⁴ Trarei de volta Israel,
    o meu povo exilado,²
    eles reconstruirão as cidades em ruínasᵛ
    e nelas viverão.
Plantarão vinhas
    e beberão do seu vinho;
cultivarão pomares
    e comerão do seu fruto.ʷ
¹⁵ Plantareiˣ Israel em sua própria terra,
    para nunca mais ser desarraigado
da terra que lhe dei",
    diz o Senhor, o seu Deus.ʸ

---

¹ **9.12** A Septuaginta diz *para que o remanescente e todas as nações que levam o meu nome busquem o* Senhor.

² **9.14** Ou *Restaurarei a sorte de Israel, o meu povo,*

Lá a reerguerei,
para que seja como era no passado,
¹² para que o meu povo conquiste
o remanescente de Edom
e todas as nações que me pertencem",
declara o SENHOR,
que realizará essas coisas.

¹³ "Dias virão", declara o SENHOR,
"em que a ceifa continuará
até o tempo de arar,
e o pisar das uvas
até o tempo de semear.
Vinho novo gotejará dos montes
e fluirá de todas as colinas."

¹⁴ "Trarei de volta Israel,
o meu povo exilado;
eles reconstruirão as cidades em ruínas,
e nelas viverão.
Plantarão vinhas
e beberão do seu vinho;
cultivarão pomares
e comerão do seu fruto."

¹⁵ "Plantarei Israel em sua própria terra,
para nunca mais ser desarraigado
da terra que lhe dei",
diz o SENHOR, o seu Deus.

9.12 A Septuaginta diz *para que o remanescente e todas as nações que levam o meu nome busquem o SENHOR*.

9.14 Ou *Restaurarei a sorte de Israel, o meu povo*.

EVANGELISMO E JUSTIÇA SOCIAL

Ministérios de justiça e compaixão

> "Eu odeio e desprezo
> as suas festas religiosas;
> não suporto as suas assembleias solenes.
> Mesmo que vocês
> me tragam holocaustos
> e ofertas de cereal,
> isso não me agradará.
> Mesmo que me tragam
> as melhores ofertas de comunhão,
> não darei a menor atenção a elas.
> Afastem de mim
> o som das suas canções
> e a música das suas liras.
> Em vez disso, corra a retidão
> como um rio,
> a justiça como um ribeiro perene!"
>
> Amós 5.21-24

Em Amós 5, o Deus vivo declara sua posição com paixão e clareza: ele detesta a adoração que está desvinculada da justiça. Deus despreza atividades religiosas sem compaixão pelos pobres e oprimidos. Através da obra completa de Jesus Cristo, e nela, a igreja se tornou a comunidade na qual a justiça pode "correr como um rio". Justiça social não é algo que está de moda. No dizer de Paul Metzger, "a justiça flui do coração e do caráter de Deus".

O que é necessário para que a sua igreja se torne um rio da justiça de Deus na sua comunidade e em todo o mundo? Como a sua igreja poderia alcançar grupos como imigrantes, presos, vítimas de tráfico sexual e sem-teto? Esta seção pretende apresentar maneiras práticas de integrar a justiça na estrutura da sua igreja. Que a justiça "corra como um rio", fortalecida pelo Espírito de Deus!

EVANGELISMO E JUSTIÇA SOCIAL

Quatro verdades sobre a justiça na Bíblia
Paul Louis Metzger

A justiça é o assunto do momento. Mas como os cristãos podem promover a justiça verdadeira, segundo os princípios bíblicos? Eis quatro verdades que podem ajudar:

1. A justiça bíblica nos faz integrais
A justiça bíblica diz respeito a tornar inteiros tanto os indivíduos, as comunidades quanto o cosmos. Essa justiça está no centro da verdadeira religião, pois, de acordo com Tiago, "A religião que Deus, o nosso Pai, aceita como pura e imaculada é esta: cuidar dos órfãos e das viúvas em suas dificuldades e não se deixar corromper pelo mundo" (Tiago 1.27). A justiça flui do coração e do caráter de Deus. Por ser completamente verdadeiro e bom, Deus deseja fazer que o objeto do seu amor seja integral. Foi essa a motivação de Deus ao julgar o pecado e a injustiça no Antigo e no Novo Testamentos.

2. A justiça bíblica flui da nossa dependência de Cristo
Uma das maiores injustiças à qual sucumbimos como indivíduos é a autojustificação — crer que não precisamos de Jesus, pois somos justos, bons e retos mesmo sem ele. Somente quando perdemos a esperança em nós mesmos e nos apegamos a Jesus podemos participar em sua obra de restaurar vidas, restaurar a Igreja e o mundo pelo Espírito do Senhor.

3. A justiça bíblica envolve transformação individual e comunitária
À medida que experimentamos a integridade que Jesus oferece, somos chamados a levar sua justiça ao mundo. Sentimos o próprio coração de Deus quanto a esse tema na epístola de Tiago: ele viu líderes eclesiásticos que favoreciam os ricos e desprezavam os menos afortunados (Tiago 2.1-13). Tiago exorta a que se derrubem as barreiras, pois Deus quer renovar seu povo, tornando-o integral.

O mesmo problema acontece ainda hoje, principalmente por causa da tendência em alguns círculos cristãos de desprezar a justiça social e ressaltar a moralidade pessoal. Mas ambas, a transformação individual e a comunitária, são parte da restauração da comunidade. A moralidade e a imoralidade são gestadas no coração humano (Tiago 3.10-18), mas a justiça está centralizada no coração de Deus. Com corações transformados poderemos estender a justiça de Deus aos pobres, aos órfãos e viúvas, sem demonstrar parcialidade.

4. A justiça bíblica vai para além dos muros da igreja
Como poderemos ser sal e luz se praticamos a justiça entre os nossos, mas não a estendemos aos que não pertencem à comunidade de fé? Se por um lado a igreja é uma manifestação visível do Reino de Deus, por outro ela não é o Reino em sua inteireza. Deus está envolvido em tornar íntegras todas as partes da criação.

Nos Evangelhos e também em Atos vemos cristãos ministrando aos pobres e marginalizados, e até mesmo desafiando estruturas sociais que lhes eram opressivas (Mateus 9.35-

Ministérios de justiça e compaixão

38; Atos 3—4; 5.12-16). Hoje temos ainda mais oportunidades para realizar esse mesmo cuidado na nossa sociedade.

O tipo de religião que a Bíblia defende está enraizado na justiça que flui do coração de Deus e que quer trazer todas as coisas à totalidade de Deus. Como justificados pela fé no Deus de toda a justiça, devemos experimentar a plenitude que ele traz e estendê-la a todos os cidadãos de seu Reino.

Pregação e ensino sobre temas de justiça social
Mark Labberton

É difícil buscar a justiça. Para buscar a justiça é necessário ver, se envolver e desafiar principados e potestades de muitos tipos. Lutar com seriedade contra os males da injustiça exige que a vida espiritual — aliada à fé, à esperança e ao amor — cresça. Buscar a justiça também tem a ver com um comprometimento com a oração, que é a resiliência espiritual necessária para um envolvimento sustentado, com a sabedoria e com o discernimento, que se exige para ser "sábios em relação ao que é bom, e sem malícia em relação ao que é mau". Este tipo de maturidade não é comum em muitas igrejas — estas têm se saído melhor em cultivar consumidores cristãos com gosto musical apurado do que em nutrir discípulos preparados para a batalha.

Consequentemente, ver a justiça como moda temporária é uma possibilidade real. Mas, se o despertar para a justiça emerge de uma reforma teológica e espiritual central para a paixão de Deus, não apenas de um programa da igreja, então o que está acontecendo pode ser um sinal de mudança profunda e permanente. Eis algumas maneiras pelas quais pastores e líderes podem centralizar o significativo chamado para a justiça.

Tome cuidado com distorções e com uma visão de curto alcance
Se, como esperamos e oramos, os pastores se convencerem da legitimidade bíblica e da urgência de se envolver com a justiça, então eles necessitarão estabelecer uma base teológica para essa visão. Quanto maior for a ação da igreja no mundo, mais necessária será uma sabedoria teológica e espiritual igualmente profunda que apoie essa mesma ação.

Resista ao pensamento do tipo *ou isto ou aquilo*
Algumas pessoas pensam que enfatizar a justiça significa que podemos deixar de lado o ministério da pregação, como se ministérios de justiça promovessem atos de fé sobre palavras sem fim. "Que o Evangelho seja *visto*, não pregado", dizem. Mas esse pensamento exclusivista pode estabelecer uma divisão nova e perigosa na qual a centralidade de Jesus Cristo e a verdade do ensino bíblico sejam colocadas contra a prática. Essa atitude seria um desastre para a fé e para a justiça.

Combine ouvir e praticar a verdade
O lugar da justiça como a revelação do caráter de Deus em toda a Bíblia precisa ser ensinado do púlpito. O essencial é que o pregador baseie a ação da congregação em uma

compreensão teológica crescente de que Deus é justo, busca a justiça e está reordenando o poder para a vida como um todo.

Para ajudar as pessoas a crescer rumo a uma compreensão mais sofisticada da profundidade e da realidade do mal, das forças contrárias que tentam destruir a vida é necessário um conhecimento ainda maior do Deus que é o único que pode fazer novas todas as coisas. É por isso que no ministério de Jesus o ato de *ouvir* a verdade nunca está separado do ato de *praticar* a verdade. Ouvir e fazer não são inimigos. Não devem ser rivais. São parceiros indispensáveis.

Enfatize a prioridade da justiça

Se o tema é novidade para uma igreja, é preciso empreender todos os esforços para deixar claro que não se trata de uma nova mania do pregador, e que o engajamento da justiça na comunidade ou ao redor do mundo não é algo passageiro. Trata-se na verdade de um chamado à comunhão com os sofrimentos de Cristo — para a alegria que nos foi apresentada.

Pregue a justiça continuamente

Você não precisa pregar uma série de sermões sobre a justiça. O que você pode fazer é apresentar todas as questões de justiça e injustiça sempre que as encontrar nos textos bíblicos. Em pouco tempo essa atitude mostrará como a justiça permeia o testemunho bíblico e inibirá a nossa tendência de usar textos como prova que possam trivializar o tema.

Ainda que o tempo atual torne o tema da justiça uma necessidade maior no mundo, somente com o conhecimento do interesse de Deus pela justiça é que o nosso envolvimento com a justiça será suficientemente firme de modo que não se torne um peso. À medida que nos aprofundamos no conhecimento e confiança na Palavra de Deus, centrada na vida, morte e ressurreição de Jesus, é que somos enviados ao mundo que, mais do que nunca, precisa de sal e luz.

Envolvendo-se pessoalmente com ministérios de justiça social
Eugene Cho

Como um pastor pode se envolver pessoalmente em ministérios de justiça social? Como implantador de igreja e fundador de um ministério sem fins lucrativos que tem como objetivo minimizar as condições da pobreza, aprendi algumas lições importantes nesse difícil caminho. Pude identificar quatro princípios que equilibram o compromisso de pastorear e de combater a injustiça.

Compartilhe a visão o quanto antes

Minha esposa e eu implantamos a Igreja Quest em Seattle — uma igreja urbana e multicultural que procura ser uma comunidade engajada na missão. Desde o princípio, articulamos a importância da justiça e da compaixão na nossa igreja. Em vez de apresentá-las de forma periféricas em relação ao Evangelho, nós as tornamos os elementos na para nossa teologia

Ministérios de justiça e compaixão

e eclesiologia. Focalizei a cultura da igreja ao redor de quatro temas: a alma humana, a comunidade, justiça e compaixão, e presença global. Esses temas são repetidos tanto nas grandes celebrações como também nas menores e no púlpito.

Libere os outros líderes e observe-os servindo

Por conta da intencionalidade da nossa visão, as pessoas começaram a responder. Vários membros da igreja iniciaram ministérios importantes entre os pobres e marginalizados. Um casal desenvolveu uma paixão especial pelos karens, povo perseguido da Birmânia (Mianmar). Eles trabalharam em parceria com uma organização local sem fins lucrativos, e a partir daí ajudamos a implantar uma igreja na região de Seattle para refugiados da Birmânia. Outros membros da igreja começaram a passar as noites de sexta-feira andando pela cidade e ajudando prostitutas, ou acolhendo famílias de refugiados em suas casas, ou ainda trabalhando em escolas municipais cuja maioria dos estudantes vive na pobreza.

Minha responsabilidade como pastor da Igreja Quest tem sido liderar e inspirar as pessoas para que tenham compaixão e justiça, mas Deus tem usado pessoas como essas para que eu também seja inspirado. Como pastores temos a tendência de priorizar a pregação e o ensino, ou de canalizar a nossa energia em programas dentro das quatro paredes da igreja. Mas ver homens e mulheres da minha igreja vivenciando suas convicções me deu coragem para fazer algo mais. Eles se tornaram parte significativa do que me inspirou de fato a fazer algo a respeito da pobreza, não apenas a falar a respeito.

Descubra você mesmo quais são as primeiras necessidades

Eu sempre fui consciente das desigualdades no mundo. De fato, sei de cor muitas delas:

- Aproximadamente 2,7 bilhões de pessoas vivem com menos de 2 dólares por dia.
- Aproximadamente 9,2 milhões de crianças com até 5 anos de idade morrem por ano (25 mil por dia), a maioria delas de doenças que podem ser evitadas.
- 2,5 bilhões de pessoas não têm acesso a condições sanitárias adequadas, e cerca de 900 milhões não têm acesso à água limpa.

Mas o que nos impactou de verdade foi visitar lugares onde há pobreza e ver essa situação com os nossos próprios olhos. Não foi apenas ver a realidade avassaladora da pobreza extrema, como também a esperança e a coragem das pessoas para sair dela. Vimos organizações realizando trabalhamos maravilhosos, e as pessoas nos impeliram a que nos envolvêssemos ainda mais.

Inspirados com o exemplo das pessoas da nossa igreja e tocados pelo que vimos no exterior, tomamos a decisão de doar de forma sacrificial para combater a pobreza extrema global. Mas não queremos parar aí — queremos também convidar família, amigos e o resto do mundo para doar "um dia de salário". Esse foi o início do movimento One Day's Wages [Um dia de salário] — um movimento de pessoas, histórias e atitudes para diminuir a pobreza global extrema.

EVANGELISMO E JUSTIÇA SOCIAL

Comunique a visão repetidamente

Mesmo com a igreja ativamente envolvida em assuntos relacionados à justiça e à compaixão, não percebi quão importante seria para mim comunicar repetidamente a visão por meio do movimento One Day´s Wages. Compartilhei o meu coração e visão referente a esse projeto com toda a liderança no início do processo e respondi a suas perguntas, mas um dos meus piores erros foi não continuar esse diálogo à medida que o projeto avançava. Ao mesmo tempo que fazia o melhor para honrar as minhas tarefas como pastor, eu também estava ampliando o meu tempo, energia e emoções tentando fazer o projeto decolar. Isso evidentemente afetou a minha capacidade de pastorear. Mas, em vez de eu informar à liderança e à igreja que se tratava apenas da fase de implantação e foco do projeto, o meu silêncio fez que muitos se perguntassem se o meu coração ainda estava com a igreja. Esse deveria ter sido um sinal para que eu reafirmasse à igreja o meu amor por eles e a minha alegria em servi-los como um de seus pastores. Eu também deveria ter pedido sua compreensão e graça. Mas, levando em conta a clara devoção da Igreja Quest por questões de justiça e compaixão, simplesmente assumi que eles entenderiam o que eu estava fazendo e me apoiariam. Eu estava errado.

Finalmente tive de desacelerar para fazer o que deveria ter feito desde o início. Investi tempo para entrar em contato com a minha equipe e com os os membros da igreja que haviam me enviado *e-mails* nos quais expressavam suas preocupações. Por fim, falei a toda a igreja no acampamento anual, ocasião em que alistei as questões e preocupações que recebera no ano anterior, compartilhei meus pensamentos e respondi a dúvidas da maneira mais honesta e pastoral possível. Também pedi que me perdoassem, compreendessem e orassem por mim.

Gastar energia e tempo em causas fora da igreja, mesmo que tenham a ver com os valores da igreja, pode causar tensões. Fiquei grato pela resposta da igreja. A graça foi estendida, recebida e compartilhada. O diálogo do mais profundo da alma encontrou espaço, e a cura foi encontrada.

Uma vez que os pastores devem liderar dando exemplo, é preciso tomar cuidado quanto à forma de se envolver com os demais projetos. Gastar energia e tempo em causas fora da igreja, mesmo que tenham a ver com os valores da igreja, pode causar tensões. A comunicação clara é a melhor forma de evitar problemas, e também se torna outro meio de inspirar a igreja a praticar a justiça, a amar a misericórdia e a andar humildemente com Deus.

Unindo justiça social e evangelização
Leadership Journal

Atender a necessidades físicas é uma função crucial da igreja, mas o serviço em si raramente leva a uma transformação espiritual profunda e duradoura. Integrar ação social e evangelização é essencial para alcançar a pessoa por inteiro, física e espiritualmente. Eis a seguir alguns princípios bíblicos de como os líderes podem ajudar a igreja a combinar projetos de serviço e de evangelização para ministrar aos quebrantados e perdidos.

Ministérios de justiça e compaixão

Obedeça à Grande Comissão e ao Grande Mandamento

Muitas igrejas ultrapassam as quatro paredes de uma destas duas maneiras: algumas focam nas necessidades espirituais, ajudando as pessoas a descobrir um relacionamento com Deus através da evangelização. Outras tendem a enfatizar as necessidades sociais e emocionais providenciando serviço e defendendo a justiça.

Não podemos separar a Grande Comissão de fazer discípulos (Mateus 28.18-20) do Grande Mandamento (Mateus 22.37-40) de amar o próximo como a nós mesmos. O serviço que é destinado a produzir mudança real e permanente constrói pontes para as igrejas, e em última análise, para o Senhor.

Se, por um lado, a evangelização é o elemento central para estabelecer o ritmo do que o Reino é, por outro não é o único. Quanto mais as pessoas afirmarem que são justificadas em Cristo, mais trabalharão pela justiça social. E, quanto mais trabalharmos por justiça social e nos voltarmos para as pessoas como resultado dos frutos da nossa salvação, mais o nosso testemunho se tornará crível para o mundo.

Em outras palavras, você não pode proclamar o Evangelho sem palavras. Mas não é suficiente oferecer o Evangelho verbalmente. A nossa proclamação tem de ser acompanhada por expressões visíveis do poder transformador dessa mensagem.

Eis alguns exemplos de como as igrejas estão alcançando as pessoas do ponto de vista físico, emocional e espiritual:

- Igrejas que oferecem programas de esportes fazem devocionais com os times infantis e usam o estilo de evangelização relacional nos campeonatos adultos.
- Em distribuição de alimentos, algumas igrejas pedem permissão para orar por todas as pessoas atendidas, ou convidam as pessoas para que assistam reuniões semanais de culto e estudos bíblicos (evidentemente nada disso é pré-requisito para se receber comida ou compaixão).
- No trabalho com os sem-teto, as igrejas providenciam refeições quentes, cobertores, roupas, barracas *e* oração. Algumas vezes é algo tão simples como: "Fulano, como podemos orar por você durante esta semana?", e depois se oferecer: "Podemos orar por você agora?".
- Em um ministério a favor da vida, as igrejas podem ser sensíveis a sentimentos de vergonha, desespero e medo. A oração sempre é parte dessa equação. As igrejas também podem fazer a ponte entre as mulheres e aulas de educação de filhos, centros de cuidado diário, aconselhamento financeiro e serviços sociais.

Mais uma vez, a ideia principal é evitar fazer ou uma coisa ou outra — *ou* valorizar a evangelização *ou* a justiça social nos seus programas de alcançar os perdidos. Encontre maneiras criativas e culturalmente sensíveis de fazer ambos. Se negligenciar uma dimensão — alimentar os famintos, mas não oferecer o Pão da vida; ou compartilhar o Evangelho, mas não cuidar da necessidade de um sem-teto —, você terá fracassado em tratar as pessoas como Cristo as tratou.

EVANGELISMO E JUSTIÇA SOCIAL

Lembre-se da sua missão única

Jesus não poderia ter sido mais claro: " 'Assim brilhe a luz de vocês diante dos homens' " (Mateus 5.16). Servimos aos feridos, aos presos, aos sem-teto, aos desempregados, aos dependentes e a outros porque todos fomos feitos à imagem de Deus. Todos importam para Deus; logo, são importantes para nós. Um dos efeitos de servir a outros é quebrar a resistência dos corações mais duros e resistentes ao Evangelho. A integração entre evangelização e serviço deve ser essencial para a nossa identidade. É algo que flui de quem somos de forma orgânica e holística. Quando adotamos essa perspectiva, proclamamos o Evangelho com mais credibilidade e somos recebidos mais abertamente por uma sociedade cética.

Seja intencional a respeito de projetos de serviço

Enquanto a igreja se torna mais socialmente consciente, devemos criar oportunidades para que os cristãos sirvam a outros. Não podemos simplesmente presumir que "um ato aleatório de bondade" resultará em um ministério significativo. Mas, quando nos aproximamos de cada esforço com expectativa, crendo que somos cooperadores de Deus para mudar circunstâncias *e* transformar vidas, coisas maravilhosas acontecem. Ser intencional começa com orações simples a Deus para que nos mostre oportunidades nas quais podemos mergulhar investindo mais de nós mesmos na vida dos que um dia eram pessoas estranhas sem rosto e sem nome.

Faça projetos adequados

Se a evangelização através do serviço reflete a graça, o sacrifício e o amor incondicional de Cristo, então os nossos métodos devem ser adequados ao contexto e às necessidades dos que vão receber ajuda. Precisamos identificar as necessidades imediatas daqueles a quem servimos; é importante ter um cuidado especial a suas necessidades físicas se queremos oferecer-lhes um serviço eficaz.

Faça projetos relevantes

O mundo ferido que está bem do lado de fora das portas da igreja pode aceitar a nossa ajuda, mas talvez resista a nossa mensagem porque o ceticismo, a dor ou o orgulho podem ter levantado barreiras. Portanto, assim como o serviço que prestamos é dirigido a necessidades específicas, a mensagem que veiculamos e o propósito que nos motiva precisam ser relevantes.

J. I. Packer advertiu: "Nossa tarefa é apresentar a fé cristã vestida de termos modernos, não propagar um pensamento moderno trajado de vocábulos cristãos". Uma evangelização relevante não significa comprometer os nossos valores ou fazer *marketing* da nossa mensagem. Significa que encontramos caminhos para comunicar com clareza as boas-novas com palavras adequadas, ações compassivas, atitudes que imitam a Cristo e criatividade *persistente*. Também exige de nós o coração quebrantado e mãos à obra. Precisamos estar abertos para que os nossos compromissos sejam divinamente interrompidos.

Ministérios de justiça e compaixão

Planejando projetos sociais por meio de pequenos grupos
Keri Wyatt Kent

Antes do nascer do sol em uma manhã de sábado alguns poucos vizinhos se reuniram na entrada da minha casa trazendo dúzias de ovos, litros de suco de laranja, frutas, pães e queijo. Nós iríamos a um abrigo de mulheres na cidade, para preparar e servir o café da manhã para as trinta e poucas residentes. Fizemos isso por mais de dois anos. Foi um longo caminho para que o nosso pequeno grupo se comprometesse com uma causa, compartilhasse uma aventura e começasse a viver a compaixão e o amor bíblicos que estávamos estudando.

Servir a quem precisa é parte do que significa ser cristão. Se fizer o trabalho do jeito certo, realizar este serviço com seu grupo pequeno pode ser uma experiência que transforma vidas. Eis algumas sugestões para estender misericórdia, amor e justiça aos outros como um grupo.

Tenha a oração como base
Henry Blackaby observou que oração é observar onde Deus está atuando e juntar-se a ele nessa tarefa. Esse é precisamente o tipo de oração atenta que precisa preceder qualquer projeto de um grupo pequeno. Onde há uma necessidade? Qual é a paixão que move os integrantes do grupo? Há necessidades no bairro onde vocês moram? Ore com o grupo e peça a Deus que os oriente. Procurem escutar um ao outro enquanto ouvem a Deus.

Comece devagar
Dê ao grupo tempo para processar a ideia de se envolver em um projeto e certifique-se de que todos participem e entendam o que estão fazendo. Pesquise possibilidades na sua igreja ou em alguma entidade local de ajuda humanitária. Visitar as instalações de quem já faz algum tipo de serviço dessa natureza pode ser uma boa maneira para começar.

Designe uma pessoa de contato
Enquanto oram a respeito de onde servir, talvez observem que algumas pessoas no grupo têm muita paixão com respeito a uma necessidade em particular. Peça a uma delas para ser o organizador do projeto. No nosso grupo essa pessoa confirma com o administrador do abrigo sobre a nossa visita, coordena os participantes e o que cada um levará, além de organizar o transporte.

Sejam humildes
O grupo deve esperar não apenas servir, mas aprender. Faça que se lembrem de que devem estar abertos a observar como ajudar outros pode ser bom para eles mesmos. Cada pessoa com quem vocês se encontram é importante para Deus, e cada uma delas tem algo a ensinar, se você tiver abertura e humildade. Tratem a todos com respeito. Vejam o valor das pessoas a quem estão servindo — e esperem que Deus fale a vocês por meio delas.

EVANGELISMO E JUSTIÇA SOCIAL

Entenda o propósito
Servir aos outros, seja através de um projeto temporário ou em algum envolvimento permanente não é uma maneira de ganhar pontos com Deus. Trata-se antes de uma maneira de nos abrir diante de Deus e permitir que Deus nos forme. Ao imitar a Cristo, que veio para servir, nos tornamos mais semelhantes a ele. Fale a respeito dessas ideias com o seu grupo. Talvez você opte por estudar alguns dos incontáveis textos da Bíblia que falam a respeito dos pobres (Isaías 58 e Mateus 25.31-46 são excelentes pontos de partida).

Seja flexível
Nós servimos em uma área muito pobre da cidade. Alguns membros do grupo que eram de áreas nobres simplesmente não queriam ir. Tudo bem. Os membros do grupo sabem que sempre serão bem-vindos a participar de um projeto, mas não os forçamos. Algumas vezes, procuro outras maneiras de incluí-los, como pedir-lhes que doem alimentos. Peça aos membros do grupo que sugiram projetos pelos quais eles tenham paixão — você verá a participação deles crescer.

Convide outros
Descobri que os não cristãos frequentemente estão mais abertos a participar de algum projeto do que a visitar a igreja ou um grupo pequeno. Convidar não membros do grupo a que participem de algum culto no projeto pode ser um passo para convidá-los a que participem do grupo propriamente.

Separe tempo para avaliação
Peça aos membros do grupo que falem a respeito do que estão aprendendo com o serviço que estão prestando. Eles sentem culpa, ou gratidão por terem uma situação socioeconômica melhor? Permita que eles processem os próprios sentimentos e reações. Em seguida, aprofunde o tema. Por exemplo: De que maneira a situação privilegiada do grupo os mantém isolados? Em que medida os pobres precisam confiar mais em Deus do que os que têm uma posição privilegiada? Permita que o grupo lute com os sentimentos e discuta abertamente os temas que surgirem.

Os projetos sociais, especialmente os que estão em andamento, ajudarão a fortalecer os vínculos do seu grupo, e isso os levará a crescer na fé. Talvez seja esse o próximo passo que o grupo precisa tomar.

Alcançando os imigrantes e refugiados
Matt Soerens

As pessoas podem imigrar por uma série de razões — muitos fogem da pobreza e buscam *oportunidades econômicas*; outros buscam refúgio da guerra ou da perseguição; outros ainda querem se reunir com familiares que os precederam na imigração. Cristãos — e igrejas

Ministérios de justiça e compaixão

— podem obedecer ao mandamento de Cristo de "fazer discípulos de todas as nações" sem precisar deixar a comunidade onde vivem.

A Bíblia é clara a respeito da nossa resposta à imigração: " 'Quando um estrangeiro viver na terra de vocês, não o maltratem. O estrangeiro residente que viver com vocês será tratado como o natural da terra. Amem-no como a si mesmos, pois vocês foram estrangeiros no Egito. Eu sou o Senhor, o Deus de vocês.'" (Levítico 19.33,34). Os imigrantes são mencionados repetidamente nas Escrituras bem como órfãos e viúvas como indivíduos particularmente vulneráveis, a quem Deus ama e a quem ordena que seu povo ame e proteja (Salmos 146.9; Deuteronômio 10.18,19; Zacarias 7.10; Jeremias 7.6). No Novo Testamento, somos repetidamente chamados à hospitalidade (1Timóteo 5.10; Romanos 12.13) — literalmente, amar os *estrangeiros* — com a sugestão de que, ao recebê-los, podemos receber anjos disfarçados (Hebreus 13.2) ou até mesmo o próprio Jesus (Mateus 25.35-45).

Com esses mandamentos bíblicos tão claros e tantas vezes repetidos, por que as igrejas são em geral tão lentas para receber os imigrantes e ministrar-lhes justiça? Em vez de ver a chegada de imigrantes não cristãos como oportunidade de compartilhar o Evangelho com os que ainda não conhecem Jesus, alguns veem isso como ameaça à fé. Outros ficam felizes por receber imigrantes, desde que tenham sua estada legalizada, mas têm pouca simpatia pelos que não têm documentos. Todavia, a chamada bíblica para receber os imigrantes não está condicionada a situação legal, religião, cultura ou ao impacto que poderão ter na nossa economia.

Podemos ajudar a discipular os membros da igreja na busca de uma resposta bíblica fiel referente à chegada de imigrantes, o que pode exigir que desprezemos algumas concepções populares equivocadas a respeito. Eis alguns passos úteis:

Ore pelos imigrantes e refugiados

A oração talvez seja o nosso recurso mais poderoso na ajuda a imigrantes e refugiados. A oração é o primeiro ponto de outras formas também possíveis: orar, escutar, educar, defender, servir e evangelizar — ações que encorajam as igrejas a se envolver na questão dos imigrantes.

Atenda a necessidades básicas

Uma vez convencidos do nosso chamado para ministrar, as igrejas podem ajudar tratando de algumas necessidades físicas e emocionais básicas de muitos refugiados imigrantes recém-chegados: aulas de idiomas, serviços legais, assistência para encontrar moradia e emprego, adaptação cultural, aconselhamento em traumas, orientação educativa, transportes públicos e sistema de saúde.

Ofereça amizade

Uma das maiores necessidades é simplesmente a amizade. Para quem deixou para trás muitos de seus familiares e amigos, encontrar uma boa companhia — mesmo se a comunicação for afetada por diferenças linguísticas — pode ser uma grande dádiva. Algumas possibilidades de iniciar amizades desse tipo são:

- Ofereça ajuda para um imigrante aprender a falar o idioma local enquanto ele ensina você a falar a língua nativa dele, criando, assim, um relacionamento de reciprocidade.

EVANGELISMO E JUSTIÇA SOCIAL

- Convide alguém para uma refeição, ou simplesmente faça-lhe uma visita em casa; para imigrantes de muitas culturas é algo apreciável quando alguém simplesmente faz uma visita, sem a necessidade de agendamento prévio.
- Procure oportunidades para ajudar no sentido de providenciar orientação para tarefas do dia a dia que podem ser muito complicadas para quem não sabe falar a língua local, tais como entender o boletim escolar de um filho, usar transporte público ou marcar uma consulta médica.

Torne-se um defensor

Uma maneira de alcançar imigrantes é assumir a posição de defendê-los em políticas públicas que sejam coerentes com valores bíblicos de justiça, compaixão e hospitalidade. Em uma situação na qual apenas cidadãos podem votar, as vozes dos imigrantes são frequentemente ignoradas pelos políticos eleitos. Os cidadãos podem se posicionar do lado dos imigrantes: " 'Erga a voz em favor dos que não podem defender-se, seja o defensor de todos os desamparados' " (Provérbios 31.8).

Compartilhe o Evangelho

À medida que você se depara com situações tangíveis e defende imigrantes vulneráveis, demonstrando-lhes o amor de Cristo de maneira prática, a apresentação da mensagem do Evangelho que oferece um relacionamento salvífico com Jesus se torna mais aceitável.

Evidentemente muitos imigrantes chegam com uma fé cristã vibrante para compartilhar e inspiram nova vida em igrejas e denominações que precisam de revitalização. No entanto, muitos chegam com uma fé nominal, e alguns são provenientes de grupos inteiramente não alcançados. A chegada deles apresenta uma oportunidade incrível, divinamente orquestrada para que igreja no país hospedeiro compartilhe a esperança do Evangelho. Deus está em ação no movimento dos povos que cruzam fronteiras, e ele nos convida a que nos juntemos a ele.

Alcançando os sem-teto
David Collins

Um dos aspectos mais desafiadores do ministério ocorre toda vez que alguém bate à porta da sua igreja buscando ajuda porque vive nas ruas. De acordo com a National Coalition to End Homelessness [Coalisão nacional para o fim dos sem-teto], há cerca de 650 mil pessoas desabrigadas por noite nos Estados Unidos. A comunidade de fé é com frequência o primeiro lugar para onde elas vão quando precisam de ajuda. A situação dos sem-teto não é um problema apenas urbano. De pequenas comunidades rurais a cidades grandes, os sem-teto estão em toda parte. As pessoas desabrigadas em áreas urbanas comumente vivem nas ruas, debaixo de pontes ou em becos. A população rural desabrigada geralmente vive debaixo de pontes ou acampa em áreas fora

Ministérios de justiça e compaixão

da cidade. Qualquer que seja o lugar onde você encontre os sem-teto, nas ruas ou no escritório da igreja, eis os fatos básicos que você precisa saber para se envolver com eles com compaixão e sabedoria.

Entenda as causas dos desabrigados

Pessoas desabrigadas geralmente citam uma ou mais das cinco causas a seguir para sua situação:

1. *Salários baixos*. Muitos sem-teto trabalham, e quase todos eles ganham salários muito baixos. O que ganham simplesmente não lhes permite ter uma moradia.
2. *Falta de moradias baratas*. Muitos sem-teto não conseguem encontrar casas de baixo custo que possam comprar. Conjuntos habitacionais para pessoas de baixa renda nem sempre são fáceis de encontrar, e não há apoio financeiro governamental para construção.
3. *Despesas médicas de emergência*. A grande maioria dos sem-teto não têm convênios médicos. Por isso uma doença ou problemas de saúde imediatamente comprometem sua renda e economias, levando-os a não ter onde morar.
4. *Saída de alguma instituição*. Pessoas que ficam muito tempo presas, ou em clínicas psiquiátricas, ou internadas em hospitais estão despreparadas e mal equipadas, por isso têm dificuldade para encontrar e manter uma moradia. Serviços de apoio para pessoas nessa situação são escassos.
5. *Violência doméstica*. Desafortunadamente esta é uma das principais causas que levam pessoas a viver sem teto — mulheres e crianças deixam o próprio lar por questão de segurança.

Lembre-se da complexidade da situação dos sem-teto

Quando se trata dos sem-teto, somos tentados a dar atenção a questões morais dessas pessoas. Evidentemente problemas pessoais podem contribuir para alguém cair em uma situação dessas, mas via de regra as questões morais não são as causas primárias. A situação dos sem-teto é um fenômeno complexo, e isso pode estar relacionado a muitas causas que, por sua vez, podem exigir muitas soluções. Além disso, as pessoas têm suas próprias histórias para a situação em que estão. Não há resposta pronta para cada caso. Tenha uma mente aberta e ouça com compaixão. Lembre-se de que em muitos casos a situação de se estar sem teto é temporária; não permanente.

Os sem-teto são seres humanos em necessidade amados por Deus — mesmo que algumas pessoas já os tenham julgado e declarado indignos de assistência. As boas-novas de Jesus nos desafiam a tratar a todos com dignidade e compaixão.

Discirna as necessidades da pessoa

Ouça cuidadosamente. Se você ainda não sabe do que a pessoa precisa, não tenha medo de perguntar: "Como posso lhe ajudar hoje?". Talvez você não possa ajudá-la, mas pode encaminhá-la a alguém ou a algum lugar que saiba cuidar do problema.

EVANGELISMO E JUSTIÇA SOCIAL

Faça mais perguntas
Infelizmente muitas pessoas inventam histórias para tirar algo de você. Fazer perguntas detalhadas ajudará a discernir se a história que eles contam é verdadeira. Com as informações recebidas, é possível ajudar a determinar do que a pessoa precisa. Por exemplo: esteja à vontade para perguntar: "Onde mais você buscou ajuda?", "Em que etapa você está no momento?", "Você tem emprego?".

Seja um defensor — não apenas um banco
Dinheiro pode ser útil e pode resolver problemas temporariamente. Apoio financeiro direto certamente será bem recebido, mas frequentemente leva a mais complicações. O que a pessoa fará quando a igreja não puder mais dar apoio financeiro? Pagar um quarto de hotel ou de uma pensão por alguns dias não é uma solução definitiva. Os ministérios eclesiásticos têm limitações de orçamento e de paciência. Ajudar por muito tempo pode levar a dependência e a ressentimentos. Encaminhar as pessoas ajudadas a uma organização adequada pode ajudá-las mais no longo prazo. Isso também faz que a pessoa desabrigada assuma a responsabilidade que tem pela situação em que está. Pesquise e encaminhe a pessoa a uma organização adequada. Chame a agência, e deixe-os saber que você é um pastor ou líder eclesiástico que busca ajuda em favor de alguém. Peça detalhes específicos (nome, tempo, data), para que o sem-teto possa ir à agência.

Desenvolva uma política eclesiástica
Se você ajuda uma pessoa, outras virão. As notícias correm. Estabeleça orientações referentes a como e a quando ajudar.

Estabeleça conexões com outras igrejas e organizações
A situação dos desabrigados é bastante complexa para uma única igreja lidar. Não tente inventar o que já foi criado por outros. Entre em contato com pessoas envolvidas, faça parcerias ou pelo menos aprenda com os erros e acertos deles. Pessoas que trabalham em conjunto podem fazer o que uma igreja sozinha não pode. Conheça as agências locais que providenciam serviços e recursos para os sem-teto. O ideal é entrar em contato com quem está organizado e verificar se você pode se unir a eles. Visite as organizações. Faça perguntas. Em particular, decida se podem trabalhar juntos.

Escolha uma coisa, e faça-a benfeita
Sua igreja não precisa atender a todas as necessidades dos sem-teto. A igreja deve fazer a seguinte pergunta: "Quais são as necessidades dos sem-teto na nossa comunidade que ainda não foram atendidas?". Lembre-se de que isso nem sempre exige muito dinheiro ou habilidades. Algumas vezes exigirá comprometimento, oração e um salto de fé.

Alcançar os presos e suas famílias
Mary Engle

Nos Estados Unidos mais de dois milhões de homens e mulheres (1 a cada 99 adultos) estão atrás das grades, a um custo de cerca de 70 bilhões de dólares por ano. Cerca de 1,7 milhões de crianças têm um ou ambos os pais encarcerados. Famílias são quebradas, bairros sofrem alterações, a segurança e a paz das nossas comunidades ficam abaladas e são postas em dúvida como resultado da criminalidade. No final das contas, 95% dos atualmente encarcerados voltarão para casa. Infelizmente três anos depois 67% deles serão presos novamente por violação de condicional ou por cometer novos crimes. Mas há esperança pelo poder transformador de Jesus Cristo. Sua igreja, fortalecida pelo Espírito Santo, pode se tornar ponte para a cura e para a restauração de famílias e comunidades, quebrando, assim, o ciclo do crime.

Eis algumas maneiras práticas pelas quais a igreja local pode fazer diferença na vida de ex-presidiários ou suas famílias.

Seja uma igreja acolhedora
Muitas prisões estão em locais bastante isolados. Como resultado, muitas pessoas nunca vão a uma prisão. Os presidiários e suas famílias podem se sentir incrivelmente sozinhos. Tome a decisão de ser uma igreja curadora e acolhedora a presidiários, ex-presidiários e suas famílias. Você pode começar construindo uma conexão com os presidiários antes que sejam soltos escrevendo-lhes cartas, visitando-lhes na prisão e orando por eles. Você também pode encorajar os familiares a frequentar a igreja e a participar de atividades internas. O simples fato de abrir as portas da igreja aos presidiários e seus familiares proporciona-lhes uma experiência poderosa da graça e aceitação de Cristo.

Dirija um ministério na prisão
A prisão é um lugar sombrio e solitário. Sua igreja pode se tornar as mãos e os pés de Jesus ao visitar uma prisão para plantar sementes de esperança, encorajamento e conforto em meio a esse grupo tão frequentemente esquecido. Você pode oferecer classes de discipulado e de estudo bíblico ou dirigir cultos que levem os presos a se tornarem seguidores de Cristo. Se sua igreja está próxima de uma prisão ou de uma cadeia, vocês podem entrar em contato com o diretor do presídio ou com o capelão da instituição e perguntar como a igreja pode se envolver. Você também pode entrar em contato com algum ministério nacional ou internacional que atue na sua região e atuar como parceiro.

Recrute membros da igreja como mentores cristãos
A mentoria funciona! De acordo com um estudo do Departamento Correcional de Minnesota, a mentoria pode reduzir em 29% o risco de reincidência. Recrute membros da igreja (de acordo com o gênero dos presidiários) que tenham maturidade na fé para ser modelos de vida cristã, que deem conselhos sábios e encorajamento aos ex-presidiários. Essa é uma maneira poderosa de demonstrar o amor incondicional de Deus.

EVANGELISMO E JUSTIÇA SOCIAL

Encontre os presidiários na porta de saída quando forem libertos

O dia da libertação dos presidiários é um tempo de celebração. É também um tempo quando eles estão mais vulneráveis. Faça um plano com os presidiários antes que sejam soltos para determinar o que acontecerá nos primeiros três minutos, três horas, três dias, três semanas, três meses — e também os primeiros três anos depois de ser soltos. Mobilize a igreja para atender a suas necessidades imediatas no momento da soltura, incluindo lugar seguro para morar, alimentação, roupas, documentos, cuidado médico, transporte e grupos de apoio. Seja coerente e fiel.

Ajude a reconciliar os presidiários com os familiares e com a comunidade

O impacto do aprisionamento é devastador em uma família. As famílias passam por aumento nos gastos, o casamento perde a naturalidade, e pode haver raiva e ressentimento em relação aos presidiários. As crianças são as que mais sofrem, pois tentam entender o que aconteceu. A igreja pode desenvolver um plano de auxílio de um ano de duração para as famílias. Pense em uma maneira de alcançar filhos e familiares de presidiários através de algum programa cristão de reinserção existente na sua localidade. Uma boa maneira de começar é dar um presente na época do Natal, mas esse ato de gentileza geralmente pode ser o início de um processo de cura do relacionamento entre pais e filhos de encarcerados e seus familiares, levando à transformação de vidas.

Prepare o coração para ministrar aos presidiários e às famílias

A igreja é o instrumento de Deus para demonstrar e compartilhar o amor e a graça dele na sua comunidade e além dela. O ministério prisional irá impactar sua igreja. Isso fará que a maturidade espiritual da igreja se expanda, bem como a capacidade de servir à comunidade. O que é necessário para participar em um ministério prisional? Exige-se que haja homens e mulheres com uma variedade de dons espirituais, talentos e o desejo de servir "a algum dos meus menores irmãos" (Mateus 25.40). Primeiro, ore pedindo por direção para a igreja, pelos voluntários, pelos encarcerados (homens e mulheres) e suas famílias. Segundo, procure treinamento com ministérios especializados nesse tipo de atividade. Terceiro, desenvolva um plano de como a sua igreja pode oferecer a aceitação, a cura e a restauração de Cristo aos que foram impactados pelo encarceramento. Finalmente, prepare-se para ser abençoado mais do que pode imaginar à medida que a igreja serve aos filhos de Deus.

Alcançar os traficantes
Dawn Herzog Jewell

A forma mais comum de escravidão humana ao redor do globo terrestre é o tráfico de pessoas que se presta a escravidão sexual. Geralmente as mulheres e as crianças são mais envolvidas e se tornam vítimas de exploração sexual comercial por pouco ou até mesmo por

Ministérios de justiça e compaixão

nenhum dinheiro. Mas há seguidores de Jesus alcançando mulheres, homens e crianças que o mundo — e algumas vezes, a própria igreja — julgavam impossíveis de serem alcançadas. Eis algumas maneiras pelas quais você pode equipar a sua igreja para se unir na luta contra esse tipo de tráfico.

Espere em oração

Quando se trata de combater as trevas do tráfico sexual, há a tentação de agir na disparada; o mal é óbvio e a necessidade é grande. No entanto, sem uma base fundamentada em oração e sem uma estratégia, um ministério eficiente e duradouro provavelmente irá fracassar depois de uma ou duas atividades. Por isso, reúna um colega ou dois e comecem a orar regularmente. Peça ao Senhor que os oriente em relação aos sexualmente explorados.

Informe-se

Definitivamente você não precisará de um diploma em Teologia para iniciar um ministério de combate a este tipo de escravidão. Mas tampouco conseguirá orientar seus futuros abolicionistas se não estiver minimamente informado a esse respeito. Primeiro, comece por aprender o escopo da questão e assim saiba como alguns cristãos já estão tratando deste problema. Dê uma olhada no meu livro *Escaping the Devil's Bedroom* [Fugindo do quarto do Diabo] para se informar mais. Verifique também ministérios *on-line* como o Exército de Salvação e outros da sua região. Pense na possibilidade de realizar um evento para despertar a o interesse sobre o tema na sua igreja. Ver um filme relacionado e ter uma noite de discussão é uma opção acessível e fácil. Depois do filme, orem em pequenos grupos e convide líderes de um ministério local para apresentar maneiras de como a igreja pode se envolver.

Decida iniciar ou colaborar

Por que gastar tempo planejando fazer o que outros cristãos já estão fazendo? Descubra que outro ministério está em atuação na região ou país e considere a possibilidade de unir forças. Talvez você descubra uma lacuna que a sua igreja pode preencher, ou chegue à conclusão de que um trabalho em cooperação é mais estratégico. Elabore uma declaração de missão juntamente com a sua equipe que apresente com clareza as áreas nas quais você sente que o Senhor convoca a sua igreja para agir.

Decida se vai dar ênfase global ou local

Os interesses da sua igreja são mais dirigidos ao âmbito local ou global? Ou a ambos? Inicie a partir dos pontos de conexão. Algumas vezes pode ser menos intimidador começar no nível internacional e gradualmente partir para o alcance local. Mas, se o ponto forte da sua igreja for local, um ministério já existente que atue em favor dos sem-teto pode facilmente levá-los a alcançar pessoas que estejam sendo exploradas na sua própria região.

Evite as tentações

Guarde-se dos inimigos da alma assegurando-se de que você terá alguém a quem prestar contas, mesmo no período de planejamento. Certifique-se de que os seus parceiros de oração estejam cientes de todos os passos que você der. Pastoreie de igual maneira os futuros

EVANGELISMO E JUSTIÇA SOCIAL

voluntários. Não se envolva se não sentir o Espírito Santo impelindo-o a dar um passo adiante.

Lide com a palavra "s"

É difícil combater o tráfico sexual sem pronunciar a palavra "s-e-x-o" na sua igreja. Se não puder usar a palavra no material de publicidade ou em avisos nos cultos, use a expressão "tráfico de seres humanos" nas reuniões maiores e depois descreva o problema em reuniões menores.

Cuide dos problemas que há na sua igreja

Não negligencie o pecado sexual que há dentro das paredes da igreja. Prepare-se para convocar homens e mulheres para uma oração de arrependimento e jejum referentes à vida sexual que têm ou quanto a atitudes de julgamento em relação a outros. Deus não pode usar com eficácia os que ainda estão enredados em pornografia, vícios sexuais, infidelidade e outros pecados do corpo. Pense na possibilidade de ter um grupo de oração e apoio para homens e mulheres.

Além disso, nem todo sobrevivente de abuso sexual está preparado para se envolver nesse ministério. Esteja preparado para indicar uma equipe adequada ao ministério de aconselhamento ou oração, ou gentilmente sugira pessoas que se envolvam indiretamente nesse ministério.

Previna doenças

A igreja está equipada de uma maneira singular por homens e mulheres maduros e espirituais que podem interferir antes que o abalo da exploração sexual aconteça. Acolher e mentorear os amigos dos seus filhos, seus colegas de escola e vizinhança pode ser uma voz positiva e um ouvido atento a crianças solitárias que venham a perder parentes ou amigos adultos saudáveis.

Outras maneiras de mudar a vida de uma criança vulnerável são o sistema de família de acolhimento e a adoção. Você pode considerar a possibilidade de encorajar sua igreja a ter vínculos com entidades públicas de auxílio na gravidez. Ao oferecer ajuda a mães adolescentes solteiras, você pode prevenir o aborto, a depressão e a exploração sexual. Você pode "adotar" essas mães e oferecer-se para fazer o chá de bebê, entregar refeições feitas em casa depois do parto e servir de apoio.

Medidas práticas para viver de modo mais justo
Bonnie McMaken

Quando os cristãos falam de "justiça social", podem se sentir vencidos pelo tamanho do problema. É fácil acreditar na mentira de que não podemos fazer diferença. Mas somos chamados a lutar contra as forças do mal neste mundo e a participar com Cristo na obra do Reino. Como líderes, temos também a humilde oportunidade de ajudar outras pessoas

Ministérios de justiça e compaixão

a navegar em como o chamado à justiça se apresenta nas vidas deles. Deus dá grandes visões a algumas pessoas e ele nos diz que podemos transportar montanhas com a nossa fé (Mateus 17.20). Mas algumas vezes o chamado a agir vem de maneiras pequenas no dia a dia que podem ressoar por todo o mundo. Veja a seguir algumas formas práticas de viver de modo mais justo no dia a dia e levar outros a seguir esse chamado.

Informe-se a respeito do seu consumo

A ignorância é feliz até que você esteja na ponta final de práticas injustas e do consumo desinformado. Muitas pessoas não têm ideia de como suas compras exercem impacto ao redor do mundo, não apenas sobre o meio ambiente, mas também em vidas humanas e comunidades. Geralmente os produtos afetados incluem café, chocolate, roupas, carros e alimentos, mas podem incluir outros bens. Procure saber a respeito das marcas da sua preferência para descobrir possíveis práticas antiéticas. Uma pesquisa simples na internet pode trazer à luz práticas negativas das companhias que você usa e confia. Por outro lado, você pode encontrar empresas que tratam os empregados e os agricultores com dignidade e respeito. Quando somos informados, estamos capacitados para sermos bons consumidores. E o mais importante, a informação também transfere poder a *outros* na medida em que fazemos compras que os beneficiam e também sua comunidade, o que é claramente um chamado bíblico.

Aja como se as suas decisões importassem

Se pensamos que as nossas ações não podem fazer diferença, seremos engolidos pela apatia e destinados a viver na base do "não é da minha conta". Mas Julie Clawson, autora de *Everyday Justice* [Justiça de todo dia] nos lembra de que "cada decisão que tomamos tem um preço, e esse preço geralmente é pago pelas pessoas cuja vida é afetada por nossas ações. Toda decisão que tomamos é uma decisão ética, o que nos força a escolher se vamos agir com base no amor ou se acabaremos negando a imagem de Deus nos outros".

Como líderes é importante que passemos essa mesma mentalidade às nossas igrejas. Nós nos tornamos parte da doença sistêmica quando admitimos a derrota, mas, quando a nossa vida importa, mesmo nas pequenas coisas, nos tornamos parte de uma história de transformação.

Comprometa-se com mudanças pequenas

Podemos impactar a vida dos indivíduos de maneiras significativas com pequenas decisões. Decida onde investir sua energia e seus recursos de modo que valham o máximo. Por exemplo, gastar alguns reais a mais para comprar um café comercializado de maneira justa pode fazer um mundo de diferença a lavradores que recebem um salário justo por seu trabalho e produção.

Dê exemplo

Algumas pessoas irão imitar as suas atitudes, quer positivas quer negativas. O que você prega do púlpito ou fala na sua declaração de missão afetará a vida dos membros da sua igreja. Da mesma forma, as escolhas simples, mas bem pensadas que você faz no consumo de comida, bebida, roupas e outros bens pode mudar a mente das pessoas, que de outra maneira não veriam a diferença que essas escolhas podem acarretar.

Transforme a sua esfera de influência

Mais ou menos dez anos atrás a nossa igreja começou a comprar café comercializado de maneira honesta para servir nos momentos de intervalo. Com o tempo desenvolvemos um ministério de parceria com o cafeicultor que colhia aquele café. Como igreja, assumimos a posição — e provavelmente fazendo algum sacrifício financeiro — de apoiar aquele cafeicultor e outros como ele. Como líder, você tem influência para fazer que ações pequenas se tornem grandes e visíveis na sua igreja ou organização. Para as pessoas impactadas, essas decisões podem fazer toda a diferença do mundo. Dessa maneira, nós não apenas fomos parceiros de lavradores, artesãos e outras pessoas envolvidas com manufatura; fomos parceiros do próprio Cristo, que, tal como disse N. T. Wright, "quer acertar as coisas no mundo".

Introdução a OBADIAS

PANO DE FUNDO

A acusação contra Edom no livro de Obadias refere-se a uma história que começou em Gênesis 25. Os edomitas eram descendentes de Esaú, irmão de Jacó. Obadias profetiza contra Edom. Porque ajudou uma nação estrangeira a invadir Jerusalém (v. 10-14), Edom será destruída e sua terra possuída pelo povo de Israel.

Obadias em hebraico significa "adorador" (ou "servo de Javé").

MENSAGEM

Moisés declarou em Números 32.23: "estejam certos de que vocês não escaparão do pecado cometido". Os pecados de Edom no decorrer dos séculos finalmente resultaram em sua destruição. Eles se recusaram a permitir que os hebreus passassem em seu território no caminho do Egito para Canaã (Números 20.14-21) e lutaram contra o rei Saul (1Samuel 14.47). Eles serviram a Israel no tempo de Davi (2Samuel 8.14), mas obtiveram liberdade no reinado de Jeorão de Judá (2Reis 8.20-22). Mais tarde os assírios e os babilônios os dominariam. Depois de se estabelecerem na região sul da terra de Canaã e tornarem-se conhecidos como idumeus, tensões ainda existiam entre eles e os judeus. Os idumeus uniram-se aos judeus na malfadada rebelião contra Roma (66-70 d.C.). Isso marcou o fim do povo idumeu como nação, cumprindo assim as palavras de Obadias (v. 10).

ÉPOCA

Os estudiosos têm muitas teorias com respeito à época de Obadias: os versículos 10-14 descrevem o envolvimento de Edom em um ataque a Jerusalém. Mas esse não é o incidente de 926 a.C. quando o rei Sisaque do Egito saqueou o templo e o palácio de Roboão (1Reis 14.25,26). Naquela época, Edom estava sob o controle de Judá.

A revolta de Edom contra Judá (2Reis 8.20-22; 2Crônicas 21.8-20) durante o tempo de Jeorão (848-841 a.C.) é outra possibilidade. Outra ainda é o ano 586 a.C., quando o exército de Nabucodonosor destruiu Judá e Jerusalém (2Reis 24—25); os edomitas foram acusados por sua participação nesse ataque (Salmos 137.7; Lamentações 4.21,22). Todavia, 848-841 a.C. encaixa-se melhor.

ESBOÇO

I. **Destruição de Edom** — 1-9
II. **As crueldades de Edom para com Israel** — 10-16
III. **O triunfo de Israel** — 17-21

O Julgamento de Edom

1 Visão de Obadias. Assim diz o Soberano, o Senhor, a respeito de Edom:[a]

Nós ouvimos uma mensagem
  do Senhor.
Um mensageiro[b] foi enviado às nações
  para dizer:
"Levantem-se! Vamos atacar[c] Edom!"

2 "Veja! Eu tornarei você pequeno
  entre as nações.
Será completamente desprezado!
3 A arrogância[d] do seu coração o tem
    enganado,
você que vive nas cavidades das rochas[1]
  e constrói sua morada no alto dos
    montes;
que diz a você mesmo: 'Quem pode me
  derrubar?'[e]
4 Ainda que você suba tão alto
    como a águia
  e faça o seu ninho[f] entre as estrelas,
dali eu o derrubarei",[g] declara o Senhor.[h]
5 "Se ladrões o atacassem,
    saqueadores no meio da noite
— como você está destruído! —
  não roubariam apenas quanto
    achassem suficiente?
Se os que colhem uvas chegassem a você,
  não deixariam para trás pelo menos
    alguns cachos?[i]
6 Entretanto, como Esaú foi saqueado!
Como foram pilhados
  os seus tesouros ocultos!
7 Empurram você para as fronteiras
    todos os seus aliados;[j]
enganam você e o sobrepujarão
  os seus melhores amigos;
aqueles que comem[k] com você
  para você armam ciladas".
E Esaú não percebe nada!

8 "Naquele dia", declara o Senhor,
  "destruirei[l] os sábios de Edom,
e os mestres dos montes de Esaú.
9 Então os seus guerreiros, ó Temã,[m]
  ficarão apavorados
e serão eliminados todos os homens
  dos montes de Esaú.
10 Por causa da violenta[n] matança
  que você fez contra o seu irmão Jacó,[o]
você será coberto de vergonha
  e eliminado para sempre.[p]
11 No dia em que você ficou por perto,
  quando estrangeiros roubaram
    os bens dele,
e estranhos entraram por suas portas
  e lançaram sortes[q] sobre Jerusalém,
você fez exatamente como eles.
12 Você não devia ter olhado
    com satisfação[r]
  o dia da desgraça de seu irmão;
nem ter se alegrado
  com a destruição[s] do povo de Judá;
não devia ter falado com arrogância
  no dia da sua aflição.[t]
13 Não devia ter entrado pelas portas
    do meu povo
  no dia da sua calamidade;[u]
nem devia ter ficado alegre
  com o sofrimento dele
    no dia da sua ruína;
nem ter roubado a riqueza dele
  no dia da sua desgraça.
14 Não devia ter esperado
    nas encruzilhadas,
para matar os que conseguiram escapar;
nem ter entregado os sobreviventes
  no dia da sua aflição.

15 "Pois o dia do Senhor está próximo[v]
  para todas as nações.
Como você fez, assim será feito[w] a você.
A maldade que você praticou
  recairá sobre você.
16 Assim como vocês beberam[x]
  do meu castigo no meu santo monte,
também todas as nações[2]
  beberão sem parar.

---

[1] **3** Ou *de Selá*

[2] **16** Muitos manuscritos do Texto Massorético dizem *todas as nações ao redor*.

1
[a] Is 63.1-6; Jr 49.7-22; Ez 25.12-14; Am 1.11,12
[b] Is 18.2
[c] Jr 6.4,5
3
[d] Is 16.6
[e] Is 14.13-15; Ap 18.7
4
[f] Ag 2.9
[g] Is 14.13
[h] Jó 20.6
5
[i] Dt 24.21
7
[j] Jr 30.14
[k] Sl 41.9
8
[l] Jó 5.12; Is 29.14
9
[m] Gn 36.11,34
10
[n] Jl 3.19
[o] Sl 137.7; Am 1.11,12; [p] Ez 35.9
11
[q] Na 3.10
12
[r] Ez 35.15
[s] Pv 17.5
[t] Mq 4.11
13
[u] Ez 35.5
15
[v] Ez 30.3
[w] Jr 50.29; Ag 2.8
16
[x] Jr 25.15; 49.12

Beberão até o fim
   e serão como se nunca
     tivessem existido.
17 Mas no monte Sião estarão os que
     escaparam;ʸ
   ele será santoᶻ
   e a descendência de Jacó
     possuirá a sua herança.
18 A descendência de Jacó será
     um fogo,
   e a de José uma chama;
   a descendência de Esaú será a palha.
     Eles a incendiarão e a consumirão.ᵃ
   Não haverá sobreviventes
     da descendência de Esaú",
   declara o Senhor.

19 Os do Neguebe se apossarão
     dos montes de Esaú,
   e os da Sefelá¹ ocuparão
     a terra dos filisteus.ᵇ
   Eles tomarão posse dos campos
     de Efraim e de Samaria,ᶜ
   e Benjamim se apossará de Gileade.
20 Os israelitas exilados se apossarão
     do território dos cananeus até Sarepta;
   os exilados de Jerusalém
     que estão em Sefaradeᵈ
   ocuparão as cidades do Neguebe.ᵉ
21 Os vencedores subirão ao² monte Sião
     para governar a montanha de Esaú.

E o reino será do Senhor.ᶠ

---

¹ **19** Pequena faixa de terra de relevo variável entre a planície costeira e as montanhas.
² **21** Ou *do*

Introdução a JONAS

PANO DE FUNDO
Chamado por Deus para profetizar a destruição de Nínive, a capital dos assírios, Jonas foge para Társis, e vai parar no ventre de um grande peixe. Mas a vontade de Deus prevalece. O profeta recalcitrante vai para Nínive e finalmente entrega a mensagem de Deus. O povo de Nínive é receptivo e se arrepende.

Esse livro tradicionalmente é atribuído a Jonas, filho de Amitai (1.1). Ele também é citado em 2Reis 14.25 como aquele que profetizou a respeito da restauração das fronteiras de Israel durante o reinado de Jeroboão II.

MENSAGEM
O livro de Jonas é a história do incrível perdão e misericórdia de Deus. Um Jonas ressentido se recusa a entregar a mensagem da destruição de Deus, sabendo que Deus é misericordioso e irá perdoar. A reputação merecida dos assírios como violentos fez que Israel os visse como um povo ímpio que era uma ameaça política, mesmo se a nação não fosse tão poderosa como no passado.

O avivamento que Jonas descreve provavelmente aconteceu durante o reinado de Ashur-Dan III (773-755 a.C.). Mas foi algo de curta duração, pois a Assíria destruiu Samaria em Israel em 722 a.C. A Assíria caiu diante dos babilônios em 612 a.C.

ÉPOCA
O ministério de Jonas ocorreu durante o reinado de Jeroboão II (782-753 a.C.), depois de Elias.

ESBOÇO
  I. Jonas desobedece — 1.1-17
 II. Jonas se arrepende — 2.1-10
III. Jonas prega — 3.1-10
IV. Jonas reclama — 4.1-11

JONAS 1.1

Chamado e Fuga de Jonas

1 A palavra do Senhor veio a Jonas,ª filho de Amitai,ᵇ com esta ordem: **2** "Vá depressa à grande cidade de Nínive^c e pregue contra ela, porque a sua maldade subiu até a minha presença".

3 Mas Jonas fugiu^d da presença do Senhor, dirigindo-se para Társis. Desceu à cidade de Jope,^{e} onde encontrou um navio que se destinava àquele porto. Depois de pagar a passagem, embarcou para Társis, para fugir do Senhor.

4 O Senhor, porém, fez soprar um forte vento sobre o mar, e caiu uma tempestade tão violenta que o barco ameaçava arrebentar-se.^{f} **5** Todos os marinheiros ficaram com medo e cada um clamava ao seu próprio deus. E atiraram as cargas ao mar para tornar o navio^g mais leve.^{1}

Enquanto isso, Jonas, que tinha descido ao porão e se deitara, dormia profundamente. **6** O capitão dirigiu-se a ele e disse: "Como você pode ficar aí dormindo? Levante-se e clame^h ao seu deus! Talvez ele tenha piedade de nós e não morramos".^{i}

7 Então os marinheiros combinaram entre si: "Vamos lançar sortes para descobrir quem é o responsável por esta desgraça^j que se abateu sobre nós". Lançaram sortes, e a sorte caiu sobre Jonas.

8 Por isso lhe perguntaram: "Diga-nos, quem é o responsável por esta calamidade? Qual é a sua profissão? De onde você vem? Qual é a sua terra? A que povo você pertence?"

9 Ele respondeu: "Eu sou hebreu, adorador do Senhor, o Deus dos céus,^{k} que fez o mar e a terra".^{l}

10 Então os homens ficaram apavorados e perguntaram: "O que foi que você fez?", pois sabiam que Jonas estava fugindo do Senhor, porque ele já lhes tinha dito.

11 Visto que o mar estava cada vez mais agitado, eles lhe perguntaram: "O que devemos fazer com você, para que o mar se acalme?"

12 Respondeu ele: "Peguem-me e joguem-me ao mar, e ele se acalmará. Pois eu sei que é por minha causa que esta violenta tempestade caiu sobre vocês".^{m}

13 Ao invés disso, os homens se esforçaram ao máximo para remar de volta à terra. Mas não conseguiram, porque o mar tinha ficado ainda mais violento.^{n} **14** Eles clamaram ao Senhor: "Senhor, nós suplicamos, não nos deixes morrer por tirarmos a vida deste homem. Não caia sobre nós a culpa de matar um inocente,^{o} porque tu, ó Senhor, fizeste o que desejavas".^{p} **15** Em seguida, pegaram Jonas e o lançaram ao mar enfurecido, e este se aquietou.^{q} **16** Tomados de grande temor^r ao Senhor, os homens lhe ofereceram um sacrifício e se comprometeram por meio de votos.

17 O Senhor fez com que um grande peixe engolisse Jonas,^{s} e ele ficou dentro do peixe três dias e três noites.

A Oração de Jonas

2 Dentro do peixe, Jonas orou ao Senhor, o seu Deus.

2 E disse:

"Em meu desespero clamei ao Senhor,^{t}
 e ele me respondeu.
Do ventre da morte^2 gritei por socorro,
 e ouviste o meu clamor.
3 Jogaste-me nas profundezas,^{u}
 no coração dos mares;
correntezas formavam um turbilhão
 ao meu redor;
todas as tuas ondas e vagas
 passaram sobre mim.^{v}
4 Eu disse: Fui expulso da tua presença;^{w}
 contudo, olharei de novo
para o teu santo templo.^{3}
5 As águas agitadas me envolveram,^{4}
 o abismo me cercou,

---

^{1} **1.5** Ou *para apaziguar o mar*

^{2} **2.2** Hebraico: *Sheol*. Essa palavra também pode ser traduzida por *sepultura*, *profundezas* ou *pó*.

^{3} **2.4** Ou *como poderei ver novamente o teu santo templo?*

^{4} **2.5** Ou *As águas estavam em minha garganta,*

1.1
ªMt 12.39-41
ᵇRs 14.25
1.2
^{c}Gn 10.11
1.3
^{d}Sl 139.7
^{e}Js 19.46; At 9.36-43
1.4
^{f}Sl 107.23-26
1.5
^{g}At 27.18,19
1.6
^{h}Jo 3.8
^{i}Sl 107.28
1.7
^{j}Js 7.10-18; 1Sm 14.42
1.9
^{k}At 17.24
^{l}Sl 146.6
1.12
^{m}2Sm 24.17
1Cr 21.17
1.13
^{n}Pv 21.30
1.14
^{o}Dt 21.8
^{p}Sl 115.3
1.15
^{q}Sl 107.29
Lc 8.24
1.16
^{r}Mq 4.41
1.17
^{s}Mt 12.40
16.4
Lc 11.30
2.2
^{t}Sl 18.6; 120.1
2.3
^{u}Sl 88.6
^{v}Sl 42.7
2.4
^{w}Sl 31.22

as algas marinhas
se enrolaram em minha cabeça.ˣ
⁶ Afundei até chegar aos fundamentos
dos montes;
à terra embaixo, cujas trancas
me aprisionaram para sempre.
Mas tu trouxeste a minha vida
de volta da sepultura,
ó Senhor meu Deus!

⁷ "Quando a minha vida já se apagava,
eu me lembrei ʸ de ti, Senhor,
e a minha oração ᶻ subiu a ti,
ao teu santo templo.ᵃ

⁸ "Aqueles que acreditam
em ídolosᵇ inúteis
desprezam a misericórdia.
⁹ Mas eu, com um cântico de gratidão,
oferecerei sacrifícioᶜ a ti.
O que eu prometiᵈ
cumprirei totalmente.
A salvaçãoᵉ vem do Senhor".

¹⁰ E o Senhor deu ordens ao peixe, e ele vomitou Jonas em terra firme.

O Arrependimento de Nínive

3 A palavra do Senhor veio a Jonasᶠ pela segunda vez com esta ordem: ² "Vá à grande cidade de Nínive e pregue contra ela a mensagem que eu lhe darei".

³ Jonas obedeceu à palavra do Senhor e foi para Nínive. Era uma cidade muito grande¹, sendo necessários três dias para percorrê-la. ⁴ Jonas entrou na cidade e a percorreu durante um dia, proclamando: "Daqui a quarenta dias Nínive será destruída". ⁵ Os ninivitas creram em Deus. Proclamaram um jejum, e todos eles, do maior ao menor, vestiram-se de pano de saco.ᵍ

⁶ Quando as notícias chegaram ao rei de Nínive, ele se levantou do trono, tirou o manto real, vestiu-se de pano de saco e sentou-se sobre cinza.ʰ ⁷ Então fez uma proclamação em Nínive:

¹ **3.3** Ou *cidade importante para Deus*

"Por decreto do rei e de seus nobres:
Não é permitido a nenhum homem ou animal, bois ou ovelhas, provar coisa alguma; não comam nem bebam!ⁱ ⁸ Cubram-se de pano de saco, homens e animais. E todos clamemʲ a Deus com todas as suas forças. Deixem os maus caminhos e a violência.ᵏ ⁹ Talvez Deus se arrependa e abandoneˡ a sua ira, e não sejamos destruídos".

¹⁰ Tendo em vista o que eles fizeram e como abandonaram os seus maus caminhos, Deus se arrependeuᵐ e não os destruiuⁿ como tinha ameaçado.ᵒ

A Ira de Jonas

4 Jonas, porém, ficou profundamente descontente com isso e enfureceu-se.ᵖ ² Ele orou ao Senhor: "Senhor, não foi isso que eu disse quando ainda estava em casa? Foi por isso que me apressei em fugir para Társis. Eu sabiaᑫ que tu és Deus misericordioso e compassivo, muito paciente, cheio de amorʳ e que prometes castigar, mas depois te arrependes.ˢ ³ Agora, Senhor, tira a minha vida,ᵗ eu imploro, porque para mim é melhor morrerᵘ do que viver".

⁴ O Senhor lhe respondeu: "Você tem alguma razão para essa fúria?"ᵛ

⁵ Jonas saiu e sentou-se num lugar a leste da cidade. Ali, construiu para si um abrigo, sentou-se à sua sombra e esperou para ver o que aconteceria com a cidade. ⁶ Então o Senhor Deus fez crescer uma planta sobre Jonas, para dar sombra à sua cabeça e livrá-lo do calor, o que deu grande alegria a Jonas. ⁷ Mas na madrugada do dia seguinte, Deus mandou uma lagarta atacar a planta e ela secou-se.ʷ ⁸ Ao nascer do sol, Deus trouxe um vento oriental muito quente, e o sol bateu na cabeça de Jonas ao ponto de ele quase desmaiar. Com isso ele desejou morrer e disse: "Para mim seria melhor morrer do que viver".

⁹ Mas Deus disse a Jonas: "Você tem alguma razão para estar tão furioso por causa da planta?"

Respondeu ele: "Sim, tenho! E estou furioso ao ponto de querer morrer".

¹⁰ Mas o SENHOR lhe disse: "Você tem pena dessa planta, embora não a tenha podado nem a tenha feito crescer. Ela nasceu numa noite e numa noite morreu. ¹¹ Contudo,ˣ Nínive tem mais de cento e vinte mil pessoas que não sabem nem distinguir a mão direita da esquerda¹, além de muitos rebanhos. Não deveria eu ter penaʸ dessa grande cidade?"

4.11
ˣJo 1.2;3.2
ʸJo 3.10

---

¹ **4.11** Ou *o certo do errado*

Introdução a MIQUEIAS

PANO DE FUNDO
Os versículos iniciais do livro de Miqueias identificam a terra natal do profeta como Moresete, provavelmente Moresete-Gate (1.14), na fronteira entre Israel e a Filístia, a cerca de 40 quilômetros ao sul de Jerusalém. Ele fala sobre situações dos dois reinos, Judá e Israel.

Miqueias tem como foco de seus pronunciamentos as injustiças da terra e os sofrimentos dos pobres nas mãos dos ricos, uma mensagem semelhante à do profeta Amós. Jeremias 26.17-19 se refere a Miqueias, pois o rei Ezequias se arrependeu ouvindo a mensagem desse profeta.

Micaías é uma forma abreviada do nome hebraico *Michayahu*, que significa "quem é como Javé?".

MENSAGEM
Deus chama Miqueias para pregar uma mensagem do horror divino pelo pecado e amor que tem pelo seu povo. Na cena de julgamento do capítulo 6, Deus julga seu povo pelo pecado, declarando-o culpado e dando-lhe castigo de destruição e exílio. Entretanto, Deus também promete perdoar os pecados deles (7.18-20), usando seu castigo como uma maneira de purificar seu povo e trazê-lo de volta a ele.

O livro de Miqueias tem também uma descrição de um tempo futuro de paz e prosperidade quando o Messias irá pastorear seu povo e governar o mundo inteiro (capítulos 4 e 5).

Deus promete resgatar um remanescente do cativeiro (2.12,13; 4.10), tal como os trouxera do Egito (6.4).

ÉPOCA
Miqueias profetizou durante os reinados de três reis de Judá: Jotão, Acaz e Ezequias (1.1). Miqueias predisse a queda de Samaria (1.6), uma indicação adicional de que seu ministério começou antes que a Assíria levasse Israel para o cativeiro em 722 a.C.

Muitas mudanças religiosas aconteceram no tempo de Ezequias (715-686 a.C.), em parte como resposta à condenação de Miqueias à idolatria desenfreada e à imoralidade na terra (Jeremias 26.18). Esses fatores indicam que Miqueias provavelmente profetizou de 735 a 710 a.C., fazendo seu ministério contemporâneo de Isaías de Judá e de Oseias de Israel.

ESBOÇO
I. Julgamento   1.1—3.12
II. Salvação
   A. Deus reina em Sião   4.1-13
   B. Um governante virá de Judá   5.1-15
III. As acusações de Deus   6.1-16
IV. O conforto de Deus
   A. Depravação nacional   7.1-6
   B. O triunfo da misericórdia   7.7-20

MIQUEIAS 1.1

1 A palavra do Senhor que veio a Miqueias de Moresete[a] durante os reinados de Jotão,[b] Acaz[c] e Ezequias, reis de Judá;[d] visão[e] que ele teve acerca de Samaria e de Jerusalém:

2 Ouçam, todos os povos;[f]
prestem atenção, ó terra[g]
    e todos os que nela habitam;
que o Senhor, o Soberano,
    do seu santo templo[i]
testemunhe[h] contra vocês.

O Julgamento de Samaria e de Jerusalém

3 Vejam! O Senhor já está saindo
    da sua habitação;[j]
ele desce e pisa os lugares altos da terra.[k]
4 Debaixo dele os montes se derretem[l]
    como cera diante do fogo,
e os vales racham ao meio,[m]
como que rasgados pelas águas
    que descem velozes encosta abaixo.
5 Tudo por causa da transgressão de Jacó,
dos pecados da nação de Israel.
Qual é a transgressão de Jacó?
    Acaso não é Samaria?[n]
Qual é o altar idólatra de Judá?
    Acaso não é Jerusalém?

6 "Por isso farei de Samaria
    um monte de entulho
    em campo aberto,
um lugar para plantação de vinhas;
atirarei as suas pedras[o] no vale
e porei a descoberto os seus alicerces.[p]
7 Todas as suas imagens[q] esculpidas
    serão despedaçadas
e todos os seus ganhos imorais
    serão consumidos pelo fogo;
destruirei todas as suas imagens.[r]
Visto que o que ela ajuntou
    foi como ganho da prostituição,[s]
como salário de prostituição
    tornará a ser usado."

O Lamento do Profeta

8 *Por causa disso chorarei*[t] *e lamentarei;*
    andarei descalço e nu.
Uivarei como um chacal e gemerei
    como um filhote de coruja.
9 Pois a ferida[u] de Samaria é
        incurável
    e chegou a Judá.[v]
O flagelo alcançou até mesmo
    a porta[w] do meu povo,
até a própria Jerusalém!
10 Não contem isso em Gate
    e não chorem.
Habitantes de Bete-Ofra[1],
    revolvam-se no pó.
11 Saiam nus[x] e cobertos de
        vergonha,
    vocês que moram em Safir[2].
Os habitantes de Zaanã[3]
    não sairão de sua cidade.
Bete-Ezel está em prantos;
    foi-lhe tirada a proteção.
12 Os que vivem em Marote[4]
    se contorcem de dor
    aguardando alívio,[y]
porque a desgraça veio
    da parte do Senhor
    até as portas de Jerusalém.
13 Habitantes de Laquis[5],[z]
    atrelem aos carros
    as parelhas de cavalos.
Vocês foram o início do pecado
    da cidade[6] de Sião,
pois as transgressões de Israel
    foram aprendidas com vocês.
14 Por isso vocês darão presentes[a]
    de despedida a Moresete-Gate.
A cidade de Aczibe[7b]
    se revelará enganosa[c]
aos reis de Israel.

---

[1] **1.10** Bete-Ofra significa casa de poeira.
[2] **1.11** Safir significa agradável.
[3] **1.11** Zaanã assemelha-se à palavra que se traduz por sairão.
[4] **1.12** Marote assemelha-se à palavra Mara, que significa amarga.
[5] **1.13** Laquis assemelha-se à palavra lareques, que se traduz por junta ou parelha.
[6] **1.13** Hebraico: *filha*.
[7] **1.14** Aczibe significa engano.

1.1
[a] Jr 26.18
[b] 1Cr 3.12
[c] 1Cr 3.13
[d] Os 1.1
[e] Is 1.1
1.2
[f] Sl 50.7
[g] Jr 6.19
[h] Gn 31.50
Dt 4.26
Is 1.2
[i] Sl 11.4
1.3
[j] Is 18.4
[k] Am 4.13
1.4
[l] Sl 46.2-6
[m] Nm 16.31; Na 1.5
1.5
[n] Am 8.14
1.6
[o] Am 5.11
[p] Ez 13.14
1.7
[q] Ez 6.6
[r] Dt 9.21
[s] Dt 23.17,18
1.8
[t] Is 15.3
1.9
[u] Jr 46.11
[v] 2Rs 18.13
[w] Is 3.26
1.11
[x] Ez 23.29
1.12
[y] Jr 14.19
1.13
[z] Js 10.3
1.14
[a] 2Rs 16.8
[b] Js 15.44
[c] Jr 15.18

¹⁵ Trarei um conquistador contra vocês
  que vivem em Maressa¹.ᵈ
A glória de Israel irá a Adulão.ᵉ
¹⁶ Rapemᶠ a cabeça em pranto
  por causa dos filhos
  nos quais vocês tanto se alegram;
fiquem calvos como a águia,
pois eles serão tirados de vocês
  e levados para o exílio.

O Castigo dos Opressores

2 Ai daqueles que planejam maldade,
  dos que tramam o mal
  em suas camas!ᵍ
Quando alvorece, eles o executam,
porque isso eles podem fazer.
² Cobiçam terrenosʰ e se apoderam deles;
  cobiçam casas e as tomam.
Fazem violênciaⁱ ao homem
  e à sua família;
a ele e aos seus herdeiros.

³ Portanto, assim diz o Senhor:

"Estou planejando contra essa gente
  uma desgraça,ʲ
da qual vocês não poderão livrar-se.
Vocês não vão mais andar com
  arrogância,ᵏ
  pois será tempo de desgraça.
⁴ Naquele dia, vocês serão
  ridicularizados;
  zombarão de vocês
  com esta triste canção:
'Estamos totalmente arruinados;ˡ
  dividida foi a propriedade do meu povo.
Ele tirou-a de mim!
  Entregou a invasores as nossas terras' ".

⁵ Portanto, vocês não estarão
  na assembleia do Senhor
para a divisão da terraᵐ por sorteio.

Advertência contra os Falsos Profetas

⁶ "Não preguem",
  dizem os seus profetas.

"Não preguem acerca dessas coisas;
  a desgraçaⁿ não nos alcançará."ᵒ
Ó descendência de Jacó,
⁷ é isto que está sendo falado:
"O Espírito do Senhor perdeu a
  paciência?
É assim que ele age?"

"As minhas palavras fazem bemᵖ
  àquele cujos caminhos são retos.ᵍ
⁸ Mas ultimamente como inimigos,
  vocês atacam o meu povo.
Além da túnica, arrancam a capa
  daqueles que passam confiantes,
  como quem volta da guerra.
⁹ Vocês tiram as mulheres do meu povo
  de seus laresʳ agradáveis.
De seus filhos vocês removem
  a minha dignidade para sempre.
¹⁰ Levantem-se, vão embora!
Pois este não é o lugarˢ de descanso,
porque ele está contaminadoᵗ
  e arruinado,
sem que haja remédio.
¹¹ Se um mentiroso e enganadorᵘ
  vier e disser:
'Eu pregarei para vocês fartura de vinho
  e de bebida fermentada',
ele será o profeta deste povo!ᵛ

Promessa de Livramento

¹² "Vou de fato ajuntar todos vocês, ó Jacó;
sim, vou reunir o remanescenteʷ de Israel.
Eu os ajuntarei
  como ovelhas num aprisco,
  como um rebanho numa pastagem;
haverá ruído de grande multidão.
¹³ Aquele que abre o caminho
  irá adianteˣ deles;
passarão pela porta e sairão.
O rei deles, o Senhor, os guiará."

Repreensão aos Líderes e aos Profetas

3 Então eu disse:

Ouçam, vocês que são chefesʸ de Jacó,
  governantes da nação de Israel.
Vocês deveriam conhecer a justiça!

---

¹ **1.15** Maressa assemelha-se à palavra que se traduz por conquistador.

² Mas odeiam o bem e amam o mal;
arrancam a pele do meu povo
  e a carne dos seus ossos.ᶻ
³ Aqueles que comem a carneᵃ
  do meu povo,
arrancam a sua pele,
  despedaçamᵇ os seus ossos
e os cortam como se fossem
  carne para a panelaᶜ
⁴ um dia clamarão ao Senhor,
  mas ele não lhesᵈ responderá.
Naquele tempo,
  ele esconderá deles o rostoᵉ
por causa do mal que eles têm feito.

⁵ Assim diz o Senhor:

"Aos profetas
  que fazem o meu povo desviar-se,ᶠ
e que, quando lhes dão o que mastigar,
  proclamam paz,
mas proclamam guerra santa
  contra quem não lhes enche a boca:
⁶ Por tudo isso a noite virá sobre vocês,
  noite sem visões;
haverá trevas, sem adivinhações.ᵍ
O sol se porá
  e o dia se escurecerá
  para os profetas.ʰ
⁷ Os videntes envergonhadosⁱ
  e os adivinhos constrangidos,ʲ
todos cobrirão o rosto
  porque não haverá resposta
  da parte de Deus".

⁸ Mas, quanto a mim,
  graças ao poder
  do Espírito do Senhor,
estou cheio de força e de justiça,
para declarar a Jacó a sua transgressão,
  e a Israel o seu pecado.ᵏ
⁹ Ouçam isto,
  vocês que são chefes
  da descendência de Jacó,
governantes da nação de Israel,
  que detestam a justiça
e pervertem tudo o que é justo;ˡ
¹⁰ que constroemᵐ Sião
  com derramamento de sangueⁿ
e Jerusalém com impiedade.ᵒ
¹¹ Seus líderes julgam sob suborno,
  seus sacerdotes ensinam visando
    lucro,
e seus profetas adivinham
  em troca de prata.ᵖ
E ainda se apoiam no Senhor,
  dizendo:
"O Senhor está no meio de nós.
  Nenhuma desgraça nos acontecerá".ᑫ
¹² Por isso, por causa de vocês,
Sião será arada como um campo,
Jerusalém se tornará
  um monte de entulho,ʳ
e a colina do templo, um matagal.

A Montanha do Senhor

4 Nos últimos dias, acontecerá que
  o monteˢ do templo do Senhor
    será estabelecido
  como o principal entre os montes
e se elevará acima das colinas.ᵗ
  E os povos a eleᵘ acorrerão.

² Muitas nações virão, dizendo:

"Venham, subamos
  ao monte do Senhor,ᵛ
  ao templo do Deus de Jacó.ʷ
Ele nos ensinará os seus caminhos,ˣ
  para que andemos nas suas veredas".
Pois a lei virá de Sião,
  a palavra do Senhor, de Jerusalém.
³ Ele julgará entre muitos povos
e resolverá contendas
  entre nações poderosas e distantes.ʸ
Das suas espadas farão arados,
  e das suas lanças, foices.ᶻ
Nenhuma nação erguerá
  a espada contra outra,
e não aprenderão mais a guerra.ᵃ
⁴ Todo homem poderá sentar-se
  debaixo da sua videira
  e debaixo da sua figueira,ᵇ
  e ninguém o incomodará,ᶜ

3.2
ᶻSl 53.4
Ez 22.27
3.3
ᵃSl 14.4
ᵇSf 3.3
ᶜEz 11.7
3.4
ᵈSl 18.41;
Is 1.15
ᵉDt 31.17
3.5
ᶠIs 3.12;9.16
3.6
ᵍIs 8.19-22
ʰIs 29.10
3.7
ⁱMq 7.16
ʲIs 44.25
3.8
ᵏIs 58.1
3.9
ˡIs 58.1,2
Is 1.23
3.10
ᵐJr 22.13
ⁿHc 2.12
ᵒEz 22.27
3.11
ᵖIs 1.23;
Jr 6.13
Os 4.8-18
ᑫJr 7.4
3.12
ʳJr 26.18
4.1
ˢZc 8.3
ᵗEz 17.22
ᵘSl 22.27;86.9
Jr 3.17
4.2
ᵛJr 31.6
ʷZc 2.11;14.16
ˣSl 25.8,9;
Is 54.13
4.3
ʸIs 11.4
Jl 3.10
ᶻIs 2.4
4.4
ᵃ1Rs 4.25
ᵇLv 26.6

pois assim falou,ᵈ
 o Senhor dos Exércitos.

⁵ Pois todas as nações andam,
 cada uma em nome dos seus deuses,ᵉ
mas nós andaremos
 em nome do Senhor, o nosso Deus,
 para todo o sempre.ᶠ

O Plano do Senhor

⁶ "Naquele dia", declara o Senhor,

"ajuntarei os que tropeçam
 e reunirei os dispersos,ᵍ
aqueles a quem afligi.ʰ
⁷ Farei dos que tropeçam
 um remanescenteⁱ
e dos dispersos, uma nação forte.
O Senhor reinará sobre eles
 no monte Sião
daquele dia em diante e para sempre.ʲ
⁸ Quanto a você, ó torre do rebanho,
 ó fortaleza¹ da cidade² de Sião,
o antigo domínio será restauradoᵏ a
 você;
a realeza voltará
 para a cidade de Jerusalém."

⁹ Agora, por que gritar tão alto?
Você não tem rei?ˡ
Seu conselheiro morreu,
 para que a dor seja tão forte para você
 como a de uma mulher
 em trabalho de parto?ᵐ
¹⁰ Contorça-se em agonia,
 ó povo da cidade de Sião,
 como a mulher em trabalho de parto,
porque agora terá que deixar
 os seus muros
 para habitar em campo aberto.
Você irá para a Babilônia,ⁿ
 e lá será libertada.
Lá o Senhor a resgataráᵒ
 da mão dos seus inimigos.
¹¹ Mas agora muitas nações
 estão reunidas contra você.

Elas dizem: "Que Sião seja profanada,
 e que isso aconteça
 diante dos nossos olhos!"ᵖ
¹² Mas elas não conhecem
 os pensamentos do Senhor;
não compreendem o planoᵠ
 daquele que as ajunta
 como feixes para a eira.

¹³ "Levante-se e debulhe,
 ó cidade de Sião,
pois eu darei a você chifres de ferro
 e cascos de bronze
para despedaçar muitas nações."ʳ

Você consagrará ao Senhor,
 ao Soberano de toda a terra,
os ganhos ilícitos
 e a riqueza delas.

5 Reúna suas tropas,
 ó cidade das tropas,³
pois há um cerco contra nós.
O líder de Israel será ferido na face,ˢ
 com uma vara.

O Governante que Virá de Belém

² "Mas tu, Belémᵗ-Efrata,ᵘ
 embora pequena
 entre os clãs⁴ de Judá,
de ti virá para mim
 aquele que será
 o governante sobre Israel.
Suas origens⁵ estão no passado distante,ᵛ
 em tempos antigos.⁶"ʷ

³ Por isso os israelitas serão
 abandonados
 até que aquela
 que está em trabalho de parto
 dê à luz.
Então o restante dos irmãos
 do governante
voltará para unir-se aos israelitas.

³ 5.1 Ou *Fortifique seus muros, ó cidade murada*.
⁴ 5.2 Ou *governantes*.
⁵ 5.2 Hebraico: *saídas*.
⁶ 5.2 Ou *desde os dias da eternidade*.

¹ 4.8 Ou *colina*.
² 4.8 Hebraico: *filha*; também nos versículos 10 e 13.

⁴ Ele se estabelecerá e os pastoreará
   na força do Senhor,
na majestade do nome do Senhor,
   o seu Deus.
E eles viverão em segurança,
pois a grandeza dele
   alcançará os confins da terra.
⁵ Ele será a sua paz.

Livramento e Destruição

Quando os assírios
   Invadirem a nossa terra
   e marcharem sobre as nossas
      fortalezas,
levantaremos contra eles sete pastores,
   até oito líderes escolhidos.
⁶ Eles pastorearão¹ a Assíria
   com a espada,
e a terra de Ninrode
   com a espada empunhada².
Eles nos livrarão quando os assírios
   invadirem a nossa terra,
   e entrarem por nossas fronteiras.

⁷ O remanescente de Jacó estará
   no meio de muitos povos
como orvalho da parte do Senhor,
   como aguaceiro sobre a relva;
não porá sua esperança no homem
   nem dependerá dos seres humanos.
⁸ O remanescente de Jacó
   estará entre as nações,
   no meio de muitos povos,
como um leão
   entre os animais da floresta,
como um leão forte
   entre os rebanhos de ovelhas,
leão que, quando ataca,
   destroça e mutila a presa,
   sem que ninguém a possa livrar.
⁹ Sua mão se levantará
   contra os seus adversários,
   e todos os seus inimigos
      serão destruídos.

¹⁰ "Naquele dia", declara o Senhor,
"matarei os seus cavalos
   e destruirei os seus carros de guerra.
¹¹ Destruirei também
   as cidades da sua terra
e arrasarei todas as suas fortalezas.
¹² Acabarei com a sua feitiçaria,
   e vocês não farão mais adivinhações.
¹³ Destruirei as suas imagens esculpidas
   e as suas colunas sagradas;
vocês não se curvarão mais
   diante da obra de suas mãos.
¹⁴ Desarraigarei do meio de vocês
   os seus postes sagrados
e derrubarei os seus ídolos³.
¹⁵ Com ira e indignação me vingarei
   das nações que não me obedeceram."

A Acusação do Senhor contra Israel

6 Ouçam o que diz o Senhor:

"Fique em pé,
   defenda a sua causa;
que as colinas ouçam
   o que você tem para dizer.
² Ouçam, ó montes,
   a acusação do Senhor;
escutem, alicerces eternos da terra.
Pois o Senhor tem uma acusação
   contra o seu povo;
ele está entrando em juízo contra Israel.

³ "Meu povo, o que fiz
   contra você?
Fui muito exigente? Responda-me.
⁴ Eu o tirei do Egito,
   e o redimi da terra da escravidão;
enviei Moisés, Arão e Miriã
   para conduzi-lo.
⁵ Meu povo, lembre-se do que Balaque,
   rei de Moabe, pediu
e do que Balaão,
   filho de Beor, respondeu.
Recorde a viagem que você fez
   desde Sitim até Gilgal,

---

¹ **5.6** Ou *esmagarão*; ou ainda *governarão*
² **5.6** Ou *Ninrode em suas portas*
³ **5.14** Ou *as suas cidades*

e reconheça
que os atos[e] do Senhor são justos."

⁶ Com que eu poderia comparecer
diante do Senhor
e curvar-me perante o Deus
exaltado?
Deveria oferecer holocaustos[1]
de bezerros de um ano?[f]
⁷ Ficaria o Senhor satisfeito
com milhares de carneiros,[g]
com dez mil ribeiros de azeite?[h]
Devo oferecer o meu filho mais velho[i]
por causa da minha transgressão,
o fruto do meu corpo
por causa do pecado[j] que eu cometi?
⁸ Ele mostrou a você, ó homem,
o que é bom
e o que o Senhor exige:
pratique a justiça,[k] ame a fidelidade
e ande humildemente[l] com o seu Deus.[m]

A Culpa e o Castigo de Israel

⁹ A voz do Senhor
está clamando à cidade;
é sensato temer o seu nome!
"Ouçam, tribo de Judá
e assembleia da cidade![2]
¹⁰ Não há,[3] na casa do ímpio,
o tesouro da impiedade
e a medida falsificada, que é maldita?[n]
¹¹ Poderia alguém ser puro
com balanças[o] desonestas
e pesos falsos?
¹² Os ricos que vivem entre vocês
são violentos;[p]
o seu povo é mentiroso[q]
e as suas línguas falam
enganosamente.[r]
¹³ Por isso, eu mesmo os farei sofrer,[s]
e os arruinarei
por causa dos seus pecados.
¹⁴ Vocês comerão,
mas não ficarão satisfeitos;[t]

continuarão de estômago vazio.
Vocês ajuntarão,
mas nada[u] preservarão,
porquanto o que guardarem,
à espada entregarei.
¹⁵ Vocês plantarão, mas não colherão;[v]
espremerão azeitonas,
mas não se ungirão com o azeite;
espremerão uvas,
mas não beberão o vinho.[w]
¹⁶ Vocês têm obedecido
aos decretos de Onri[x]
e a todas as práticas da família de
Acabe,[y]
e têm seguido as tradições[z] deles.
Por isso os entregarei à ruína,[a]
e o seu povo ao desprezo;
vocês sofrerão a zombaria[b] das nações[4]."

A Desgraça de Israel

7 Que desgraça a minha!
Sou como quem colhe frutos de verão
na respiga da vinha;
não há nenhum cacho de uvas
para provar,
nenhum figo novo que eu tanto desejo.
² Os piedosos desapareceram do país;[c]
não há um justo sequer.
Todos estão à espreita
para derramar sangue;[d]
cada um caça seu irmão com uma
armadilha.[e]
³ Com as mãos prontas para fazer o mal[f]
o governante exige presentes,
o juiz aceita suborno,
os poderosos impõem o que querem;
todos tramam em conjunto.
⁴ O melhor deles é como espinheiro,[g]
e o mais correto
é pior que uma cerca de espinhos.
Chegou o dia anunciado
pelas suas sentinelas,
o dia do castigo de Deus.
Agora reinará a confusão[h] entre eles.

---

[1] **6.6** Isto é, sacrifícios totalmente queimados.
[2] **6.9** Ou *e suas assembleias!*
[3] **6.10** Ou *Não há, ainda,*

[4] **6.16** Conforme a Septuaginta. O Texto Massorético diz zombaria devida ao meu povo.

⁵ Não confie nos vizinhos;
  nem acredite nos amigos.ⁱ
Até com aquela que o abraça
  tenha cada um cuidado com o que diz.
⁶ Pois o filho despreza o pai,
  a filha se rebela contra a mãe,ʲ
  a nora, contra a sogra;
os inimigos do homem
  são os seus próprios familiares.ᵏ

⁷ Mas, quanto a mim,
  ficarei atentoˡ ao Senhor,
esperando em Deus, o meu Salvador,
  pois o meu Deus me ouvirá.ᵐ

Israel se Levantará

⁸ Não se alegreⁿ a minha inimiga
  com a minha desgraça.
Embora eu tenha caído,
  eu me levantarei.ᵒ
Embora eu esteja morando nas trevas,
  o Senhor será a minha luz.ᵖ
⁹ Por eu ter pecado contra o Senhor,
  suportarei a sua iraq
até que ele apresente a minha defesa
  e estabeleça o meu direito.
Ele me fará sair para a luz;
  contemplarei a sua justiça.ʳ
¹⁰ Então a minha inimiga o verá
  e ficará coberta de vergonha,ˢ
ela, que me disse:
  "Onde está o Senhor, o seu Deus?"
Meus olhos verão a sua queda;ᵗ
  ela será pisadaᵘ como o barro das ruas.

¹¹ O dia da reconstrução dos seus
    murosᵛ
    chegará,
o dia em que se ampliarão
    as suas fronteiras virá.
¹² Naquele dia, virá a você gente
    desde a Assíria até o Egito,
    e desde o Egito até o Eufrates,
de mar a mar
    e de montanha a montanha.ʷ
¹³ Mas a terra será desolada
    por causa dos seus habitantes,
em consequência de suas ações.ˣ

Súplica por Misericórdia

¹⁴ Pastoreiaʸ o teu povo com o teu
    cajado,ᶻ
  o rebanho da tua herança
  que vive à parte numa floresta,
  em férteis pastagens¹.
Deixa-o pastar em Basã e em Gileade,ᵃ
  como antigamente.

¹⁵ "Como nos dias
    em que você saiu do Egito,
  ali mostrarei as minhas maravilhas."ᵇ

¹⁶ As nações verão isso
    e se envergonharão,ᶜ
  despojadas de todo o seu poder.
Porão a mão sobre a boca
    e taparão os ouvidos.
¹⁷ Lamberão o pó como a serpente,
    como animais
    que se arrastam no chão.
Sairão tremendo das suas fortalezas;
  com temorᵈ se voltarão
    para o Senhor, o nosso Deus,
  e terão medo de ti.
¹⁸ Quem é comparável a ti, ó Deus,
    que perdoas o pecadoᵉ
  e esquecesᶠ a transgressão
    do remanescenteᵍ da sua herança?ʰ
Tu, que não permaneces iradoⁱ
    para sempre,
mas tens prazer em mostrar amor.ʲ
¹⁹ De novo terás compaixão de nós;
    pisarás as nossas maldades
  e atirarás todos os nossos pecadosᵏ
    nas profundezas do mar.ˡ
²⁰ Mostrarás fidelidade a Jacó,
    e bondade a Abraão,
conforme prometeste sob juramento
    aos nossos antepassados,ᵐ
  na antiguidade.

---

¹ **7.14** Ou *no meio do Carmelo*

7.5
ⁱJr 9.4
7.6
ʲEz 22.7
ᵏMt 10.35,36
7.7
ˡSl 130.5
Is 25.9
ᵐSl 4.3
7.8
ⁿPv 24.17
ᵒSl 37.24
Am 9.11
ᵖIs 9.2
7.9
qLm 3.39,40
ʳIs 46.13
7.10
ˢSl 35.26
Is 51.23
ᵗZc 10.5
7.11
ᵛIs 54.11
7.12
ʷIs 19.23-25
7.13
ˣIs 3.10,11
7.14
ʸMq 5.4
ᶻSl 23.4
ᵃJr 50.19
7.15
ᵇEx 3.20
Sl 78.12
7.16
ᶜIs 26.11
7.17
ᵈIs 25.3; 49.23; 59.19
7.18
ᵉIs 43.25
Jr 50.20
ᶠSl 103.8-13
ᵍMq 2.12
ʰEx 34.9
ⁱSl 103.9
ʲJr 32.41
7.19
ᵏIs 43.25
ˡJr 31.34
7.20
ᵐDt 7.8
Lc 1.72

Introdução a NAUM

PANO DE FUNDO

Depois do avivamento inspirado pelo ministério de Jonas em Nínive, a Assíria logo voltou a seus caminhos de violência, destruindo Samaria em 722 a.C. durante o reinado de Sargom II. A Assíria então voltou seu olhar para Judá, e Senaqueribe atacou Jerusalém em 701 a.C. Foi apenas voltando-se para Deus que o rei Ezequias foi capaz de salvar a cidade (2Reis 18—19; 2Crônicas 32), mesmo que a Assíria tivesse levado algumas pessoas para o exílio. Sob o reinado de Esar-Hadom (681-669 a.C.), Judá se tornou um vassalo da Assíria. Os primeiros anos do reinado de Assurbanípal (669-633 a.C.) marcam o ponto culminante do poder assírio, demonstrado pela tomada de Tebas.

Acredita-se que o profeta Naum tenha sido o autor do livro, mas a única informação bíblica a respeito dele aparece em 1.1, em que há menção de Elcós, sua cidade natal. O nome hebraico *Naum* significa "conforto, consolação".

MENSAGEM

Tal como o profeta Obadias, que teve foco em outra nação, a mensagem de Naum tem foco em uma nação estrangeira — a Assíria. Enquanto a mensagem do profeta pode parecer dura, ela conforta o povo de Judá ao proclamar que Deus destruirá os cruéis assírios que conquistaram o Reino do Norte, Israel, e provocaram grande temor em Judá. A Assíria estava no auge de sua influência no tempo da profecia de Naum. A cidade de Nínive tinha fortificações que lhe permitiram suportar um cerco de vinte anos. Ainda que no tempo de Naum parecesse difícil de visualizar o cumprimento da sua profecia (1.8; 3.15-17), ela viria a se cumprir menos de cinquenta anos depois. O rio Tigre transbordou, as inundações destruíram parte da imensa muralha, e os babilônios invadiram através das brechas do muro, saqueando a cidade e incendiando-a.

ÉPOCA

Naum escreveu antes de 612 a.C. A vívida descrição da queda de Tebas (3.8-10) indica que Naum escreveu pouco depois desse evento (por volta de 664 a.C.). A ausência de menções à restauração de Tebas indica que Naum escreveu entre sua queda e sua restauração em 654 a.C.

Naum proclama a queda de Nínive como um evento futuro. Como o capítulo 1 não menciona os reis no tempo dos quais Naum profetizou, a data entre 663 e 654 a.C. situa seu ministério durante o reinado de Manassés de Judá.

ESBOÇO

I. A ira de Deus
  A. *O poder do julgamento de Deus* 1.1-6
  B. Uma advertência à Nínive 1.7-15

II. O julgamento de Nínive
  A. O cerco da cidade 2.1-13
  B. Deus está contra Nínive 3.1-19

NAUM 1.1

1 Advertência[a] contra Nínive.[b] Livro da visão de Naum, de Elcós.

A Ira do Senhor contra Nínive

² O Senhor é Deus zeloso[c] e vingador!
O Senhor é vingador![d]
   Seu furor é terrível!
O Senhor executa vingança
   contra os seus adversários
e manifesta o seu furor
   contra os seus inimigos.
³ O Senhor é muito paciente,[e]
   mas o seu poder é imenso;
o Senhor não deixará impune[f] o culpado.
O seu caminho está no vendaval
   e na tempestade,
e as nuvens[g] são a poeira de seus pés.
⁴ Ele repreende o mar e o faz secar,
   faz que todos os rios se sequem.
Basã e o Carmelo[h] se desvanecem
   e as flores do Líbano murcham.
⁵ Quando ele se aproxima,
   os montes tremem[i]
   e as colinas se derretem.[j]
A terra se agita na sua presença,
   o mundo e todos os que nele vivem.
⁶ Quem pode resistir à sua indignação?
Quem pode suportar[k]
   o despertar de sua ira?
O seu furor se derrama como fogo,[l]
   e as rochas se despedaçam[m] diante dele.
⁷ O Senhor é bom,[n]
   um refúgio em tempos de angústia.
Ele protege[o] os que nele confiam,
⁸ mas com uma enchente devastadora
   dará fim a Nínive;
expulsará os seus inimigos
   para a escuridão.
⁹ O Senhor acabará com tudo
   o que vocês planejarem contra ele[1];
a tribulação não precisará vir
   uma segunda vez.
¹⁰ Embora estejam entrelaçados
   como espinhos[p]
e encharcados de bebida como bêbados,

serão consumidos
   como a palha[q] mais seca.
¹¹ Foi de você, ó Nínive,
   que saiu aquele que trama
      perversidades,
que planeja o mal contra o Senhor.
¹² Assim diz o Senhor:
"Apesar de serem fortes
   e numerosos,
serão ceifados[r] e destruídos;
mas você, Judá,
   embora eu a tenha afligido,
não a afligirei mais.[s]
¹³ Agora vou quebrar o jugo[t]
   do seu pescoço
e arrancar as suas algemas".
¹⁴ O Senhor decreta o seguinte
   a seu respeito, ó rei de Nínive:
"Você não terá descendentes
   que perpetuem o seu nome.[u]
Destruirei as imagens[v] esculpidas
   e os ídolos de metal
   do templo dos seus deuses.
Prepararei o seu túmulo,[w]
   porque você é desprezível".
¹⁵ Vejam sobre os montes
   os pés do que anuncia boas notícias[x]
   e proclama a paz![y]
Celebre as suas festas,[z] ó Judá,
   e cumpra os seus votos.
Nunca mais o perverso a invadirá;[a]
   ele será completamente destruído.

A Queda de Nínive

2 O destruidor[b] avança contra você,
   Nínive!
Guarde a fortaleza!
   Vigie a estrada!
Prepare a resistência!
   Reúna todas as suas forças!
² O Senhor restaurará[c]
   o esplendor[d] de Jacó;
restaurará o esplendor de Israel,
   embora os saqueadores
      tenham devastado e destruído
      as suas videiras.

---

¹ **1.9** Ou *O que vocês planejam contra o Senhor?*

1.1
[a]Is13.1;19.1;
Jr23.33,34
[b]Jo1.2;
Na2.8
Sf2.13
1.2
[c]Ex20.5
[d]Dt32.41;
Sl94.1
1.3
[e]Ne9.17
[f]Ex34.7
[g]Sl104.3
1.4
[h]Is33.9
1.5
[i]Ex19.18
[j]Mq1.4
1.6
[k]Ml3.2
[l]Jr10.10
[m]1Rs19.11
1.7
[n]Jr33.11
[o]Sl1.6
1.10
[p]2Sm23.6
[q]Is5.24;
Ml4.1
1.12
[r]Is10.34
[s]Is54.6-8;
Lm3.31,32
1.13
[t]Is9.4
1.14
[u]Is14.22
[v]Mq5.13
[w]Ez32.22,23
1.15
[x]Is40.9;
Rm10.15
[y]Is52.7
[z]Lv23.2-4
[a]Is52.1
2.1
[b]Jr51.20
2.2
[c]Ez37.23
[d]Is60.15

³ Os escudos e os uniformes
   dos soldados inimigos são
      vermelhos.ᵉ
Os seus carros de guerra reluzem
   quando se alinham para a batalha;
agitam-se as lanças de pinho.¹
⁴ Os carrosᶠ de guerra
   percorrem loucamente as ruas
e se cruzam velozmente
   pelos quarteirões.
Parecem tochas de fogo
   e se arremessam como relâmpagos.
⁵ As suas tropas de elite são convocadas,
   mas elas vêm tropeçandoᵍ;
correm para a muralha da cidade
   para formar a linha de proteção.
⁶ As comportas dos canaisʰ são abertas,
   e o palácio desaba.
⁷ Está decretado:
A cidade irá para o exílio;
   será deportada.
As jovens tomadas como escravas
   batem no peito;ʲ
seu gemer é como o arrularⁱ das pombas.
⁸ Nínive é como um açude antigo
   cujas águas estão vazando.
"Parem, parem", eles gritam,
   mas ninguém sequer olha para trás.
⁹ Saqueiem a prata! Saqueiem o ouro!
Sua riqueza não tem fim;
   está repleta de objetos de valor!
¹⁰ Ah! Devastação! Destruição!
      Desolação!
Os corações se derretem,
   os joelhos vacilam,
todos os corpos tremem
   e o rosto de todos empalidece!ᵏ
¹¹ Onde está agora a tocaˡ dos leões?
O lugar em que alimentavam
   seus filhotes,
para onde iam o leão, a leoa
   e os leõezinhos, sem nada temer?
¹² Onde está o leão que caçavaᵐ
   o bastante para os seus filhotes,

estrangulava animais
   para as suas leoas
e enchia as suas covas de presas
   e as suas tocas de vítimas?
¹³ "Estou contraⁿ você",
   declara o Senhor dos Exércitos;
"queimarei no fogo
   os seus carros de guerra,ᵒ
e a espada matará os seus leões.
Eliminarei da terra a sua caça,
   e a voz dos seus mensageiros
      jamais será ouvida."

Lamentação por Nínive

3 Ai da cidade sanguinária,ᵖ
   repleta de fraudes e cheia de roubos,
sempre fazendo as suas vítimas!
² Ah, o estalo dos chicotes,
   o barulho das rodas,
   o galope dos cavalos
   e o sacudir dos carros de guerra!
³ Cavaleiros atacando,
   espadas reluzentes e lanças cintilantes!
Muitos mortos,
   montanhas de cadáveres,ᵠ
corpos sem conta,
   gente tropeçando por cima deles!
⁴ Tudo por causa do desejo desenfreado
   de uma prostituta sedutora,
mestra de feitiçariasʳ
   que escravizou nações
   com a sua prostituiçãoˢ
e povos com a sua feitiçaria.
⁵ "Eu estou contraᵗ você",
   declara o Senhor dos Exércitos;
"vou levantar o seu vestidoᵘ
   até a altura do seu rosto.
Mostrarei às nações a sua nudezᵛ
   e aos reinos, as suas vergonhas.
⁶ Eu jogarei imundícieʷ sobre você,
   e a tratarei com desprezo;ˣ
farei de você um exemplo.ʸ
⁷ Todos os que a virem fugirão, dizendo:
'Nínive ᶻ está arrasada!
   Quem a lamentará?'ᵃ
Onde encontrarei quem a console?"ᵇ

---

¹ **2.3** A Septuaginta e a Versão Siríaca dizem *os cavaleiros correm de um lado para outro.*

⁸ Acaso você é melhor do que*c* Tebas¹*d*,
  situada junto ao Nilo,*e*
  rodeada de águas?
O rio era a sua defesa;
  as águas, o seu muro.
⁹ A Etiópia²*f* e o Egito
  eram a sua força ilimitada;
Fute*g* e a Líbia*h*
  estavam entre os seus aliados.
¹⁰ Apesar disso, ela foi deportada,*i*
  levada para o exílio.
Em todas as esquinas
  as suas crianças foram massacradas.*j*
Lançaram sortes para decidir
  o destino dos seus nobres;
todos os poderosos foram acorrentados.
¹¹ Você também ficará embriagada;*k*
  irá esconder-se,*l*
  tentando proteger-se do inimigo.
¹² Todas as suas fortalezas
  são como figueiras
  carregadas de figos maduros;
basta sacudi-las,
  e os figos*m* caem em bocas vorazes.
¹³ Olhe bem para as suas tropas:
  não passam de mulheres!*n*
As suas portas*o* estão escancaradas
  para os seus inimigos;
  o fogo devorou as suas trancas.*p*
¹⁴ Reserve água para o tempo do cerco!*q*
  Reforce as suas fortalezas!*r*
Entre no barro, pise a argamassa,
  prepare a forma para os tijolos!
¹⁵ Mesmo assim o fogo consumirá você;
  a espada a eliminará,
e, como gafanhotos devastadores,
  a devorará!
Multiplique-se como
  gafanhotos devastadores,
multiplique-se como
  gafanhotos peregrinos!*s*
¹⁶ Você multiplicou os seus
  comerciantes,
  tornando-os mais numerosos
  que as estrelas do céu;
mas como gafanhotos devastadores,
  eles devoram o país
  e depois voam para longe.
¹⁷ Os seus guardas
  são como gafanhotos peregrinos;*t*
os seus oficiais,
  como enxames de gafanhotos
  que se ajuntam sobre os muros
  em dias frios;
mas, quando o sol aparece, eles voam,
  ninguém sabe para onde.
¹⁸ Ó rei da Assíria,
  os seus pastores³ dormem;*u*
  os seus nobres adormecem.*v*
O seu povo está espalhado*w* pelos
  montes
  e não há ninguém para
  reuni-lo.
¹⁹ Não há cura para a sua chaga;*x*
  a sua ferida é mortal.
Quem ouve notícias a seu respeito
  bate palmas*y* pela sua queda,
pois, quem não sofreu por
  sua crueldade sem limites?

---

¹ 3.8 Hebraico: *No Amon.*
² 3.9 Hebraico: *Cuxe.*
³ 3.18 Ou *governantes*

3.8
c Am 6.2
d Jr 46.25
e Is 19.6-9
3.9
f 2Cr 12.3
g Ez 27.10
h Ez 30.5
3.10
i Is 20.4
j Is 13.16
Os 13.16
3.11
k Is 49.26
l Is 2.10
3.12
m Is 28.4
3.13
n Is 19.16;
Jr 50.37
o Na 2.6
p Is 45.2
3.14
q 2Cr 32.4
r Na 2.1
3.15
s Jl 1.4
3.17
t Jr 51.27
3.18
u Sl 76.5,6
v Is 56.10
w 1Rs 22.17
3.19
x Jr 30.13
Mq 1.9
y Jó 27.23;
Lm 2.15;
Sf 2.15

Introdução a HABACUQUE

PANO DE FUNDO
Os babilônios substituíram os assírios como a nação dominante na região. O poder da Babilônia começou a crescer no reinado de Nabopolassar (626-605 a.C.), que destruiu Nínive, a capital da Assíria, em 612 a.C. Habacuque deve ter vivido para testemunhar a queda de Jerusalém diante da Babilônia em 586 a.C.

As únicas referências bíblicas ao profeta Habacuque estão em seu livro (1.1; 3.1). O nome hebraico significa "abraço".

MENSAGEM
O formato do livro de Habacuque difere dos demais livros proféticos no sentido em que consiste em um diálogo entre Deus e o profeta, não uma proclamação do profeta à nação. As perguntas do livro de Habacuque têm sido feitas por muitos no decorrer dos séculos. Como pode Deus, que é tão puro, olhar para o mal ou permitir que o mal continue? Quando Habacuque faz essa pergunta a Deus, o próprio Deus declara que irá punir Israel por intermédio dos babilônios. Em vez de satisfazer o desejo de Habacuque por justiça, essa resposta apenas o intensifica. Mesmo assim, Deus exorta Habacuque para que tenha fé nos atos divinos mesmo que o profeta não os entenda, pois "o justo viverá por sua fidelidade" (2.4).

ÉPOCA
Com base na lista de pecados em 1.2-4, alguns estudiosos sugeriram que Habacuque profetizara durante o reinado de Manassés (686-642 a.C.) ou de Amon (642-640 a.C.). Todavia, uma data durante qualquer desses reinados parece improvável, porque os assírios continuaram a controlar a Babilônia quando aqueles reis governaram. Uma data durante o reinado de Jeoaquim (609-597 a.C.) parece mais provável, pois a liderança deste rei fez que a nação se afastasse das reformas de Josias, refletindo os comportamentos alistados em 1.2-4. Uma data provável para o livro é por volta de 607 a.C., fazendo o ministério de Habacuque contemporâneo ao de Jeremias.

ESBOÇO
I. As perguntas de Habacuque
  A. Por que o mal e a injustiça existem?   1.1-11
  B. Como Deus pode dar poder ao ímpio?   1.12-17
  C. Habacuque espera as respostas de Deus   2.1-20
II. A oração de Habacuque
  A. Esperança nas obras poderosas de Deus   3.1-15
  B. A declaração de fé de Habacuque   3.16-19

1 Advertência revelada[a] ao profeta Habacuque.

A Primeira Queixa de Habacuque

² Até quando, Senhor,
   clamarei por socorro,
   sem que tu ouças?[b]
Até quando gritarei a ti: "Violência!"
   sem que tragas salvação?[c]
³ Por que me fazes ver a injustiça,
   e contemplar[d] a maldade?
A destruição e a violência[e]
   estão diante de mim;
há luta[f] e conflito por todo lado.
⁴ Por isso a lei[g] se enfraquece,
   e a justiça nunca prevalece.
Os ímpios prejudicam os justos,
   e assim a justiça é pervertida.[h]

A Resposta do Senhor

⁵ "Olhem as nações e contemplem-nas,
   fiquem atônitos e pasmem;[i]
pois nos seus dias farei algo
   em que não creriam
   se a vocês fosse contado.[j]
⁶ Estou trazendo os babilônios[1],[k]
nação cruel e impetuosa,
   que marcha por toda a extensão da terra
   para apoderar-se de moradias
   que não lhe pertencem.[l]
⁷ É uma nação apavorante e temível,[m]
   que cria a sua própria justiça
   e promove a sua própria honra.
⁸ Seus cavalos são mais velozes[n]
   que os leopardos,
   mais ferozes[2] que
   os lobos no crepúsculo.
Sua cavalaria vem de longe.
Seus cavalos vêm a galope;
vêm voando como ave de rapina
   que mergulha para devorar;
⁹ todos vêm prontos para a violência.
Suas hordas avançam
   como o vento do deserto,
e fazem tantos prisioneiros[o]
   como a areia da praia.
¹⁰ Menosprezam os reis
   e zombam dos governantes.[p]
Riem de todas as cidades fortificadas,
pois constroem rampas de terra
   e por elas as conquistam.
¹¹ Depois passam como o vento[q]
   e prosseguem;
homens carregados de culpa
   que têm por deus[r] a sua própria força."

A Segunda Queixa de Habacuque

¹² Senhor,
   tu não és desde a eternidade?
Meu Deus, meu Santo,[s]
   tu não morrerás[3].
Senhor, tu designaste[t] essa nação
   para executar juízo;
ó Rocha, determinaste que ela
   aplicasse castigo.
¹³ Teus olhos são tão puros
   que não suportam ver o mal;
   não podes tolerar a maldade.[u]
Então, por que toleras os perversos?
Por que ficas calado
   enquanto os ímpios devoram
   os que são mais justos que eles?
¹⁴ Tornaste os homens
   como peixes do mar,
como animais[4],
   que não são governados por
   ninguém.
¹⁵ O inimigo puxa todos
   com anzóis;[v]
apanha-os em sua rede[w]
   e nela os arrasta;
então alegra-se e exulta.
¹⁶ E por essa razão
   ele oferece sacrifício à sua rede
   e queima incenso[x] em sua honra;
pois, graças à sua rede,
   vive em grande conforto
   e desfruta iguarias.

---

¹ **1.6** Hebraico: *caldeus.*
² **1.8** Ou *ligeiros*
³ **1.12** O Texto Massorético diz *nós não morreremos.*
⁴ **1.14** Ou *peixes, criaturas do mar*

¹⁷ Mas continuará ele
esvaziando a sua rede,
destruindo sem misericórdia^y as
nações?

2 Ficarei no meu posto de sentinela^z
e tomarei posição sobre a
muralha;^a
aguardarei para ver o que o Senhor
me dirá^b
e que resposta terei à minha queixa.^c

A Resposta do Senhor

² Então o Senhor me respondeu:

"Escreva^d claramente a visão
em tábuas,
para que se leia facilmente¹.
³ Pois a visão aguarda
um tempo designado;
ela fala do fim^e e não falhará².
Ainda que demore, espere-a;^f
porque ela³ certamente virá
e não se atrasará.^g

⁴ "Escreva: O ímpio está envaidecido;
seus desejos não são bons;
mas o justo viverá
por sua fidelidade⁴,^h

⁵ De fato, a riqueza^i é ilusória⁵,
e o ímpio é arrogante e não descansa;
ele é voraz como a sepultura⁶
e como a morte.
Nunca se satisfaz;^j
apanha para si todas as nações
e ajunta para si todos os povos.

⁶ "Todos estes povos um dia rirão^k dele
com canções de zombaria e dirão:

" 'Ai daquele que amontoa bens
roubados
e enriquece mediante extorsão!^l
Até quando isto continuará assim?'
⁷ Não se levantarão
de repente os seus credores?
Não se despertarão os que o fazem
tremer?
Agora você se tornará vítima deles.^m
⁸ Porque você saqueou muitas nações,
todos os povos que restaram
o saquearão.^n
Pois você derramou muito sangue^o
e cometeu violência contra terras,
cidades e seus habitantes.

⁹ "Ai daquele que obtém lucros injustos^p
para a sua casa,
para pôr seu ninho no alto
e escapar das garras do mal!
¹⁰ Você tramou a ruína^q de muitos povos,
envergonhando a sua própria casa
e pecando contra a sua própria vida.
¹¹ Pois as pedras^s clamarão da parede,
e as vigas responderão do
madeiramento
contra você.

¹² "Ai daquele que edifica uma cidade
com sangue^t
e a estabelece com crime!
¹³ Acaso não vem
do Senhor dos Exércitos
que o trabalho dos povos
seja só para satisfazer o fogo,^u
e que as nações se afadiguem em vão?^v
¹⁴ Mas a terra se encherá do
conhecimento
da glória^w do Senhor,
como as águas enchem o mar.^x

¹⁵ "Ai daquele que dá bebida
ao seu próximo,
misturando-a com o seu furor⁷,
até que ele fique bêbado,
para lhe contemplar a nudez.

---

¹ **2.2** Ou *para que todo que a ler, corra*
² **2.3** Ou *e se cumprirá*
³ **2.3** Ou *Embora ele demore, espere por ele; porque ele*
⁴ **2.4** Várias versões dizem *sua fé*, com possível base na Septuaginta.
⁵ **2.5** Conforme um dos manuscritos do mar Morto. O Texto Massorético diz *o vinho é traiçoeiro*.
⁶ **2.5** Hebraico: *Sheol*. Essa palavra também pode ser traduzida por *profundezas*, *pó* ou *morte*.
⁷ **2.15** Ou *veneno*

¹⁶ Beba bastante vergonha,ʸ
   em vez de glória!
Sim! Beba, você também, e exponha-se!¹ᶻ
A taçaᵃ da mão direita do Senhor
   é dada a você;
muita vergonha² cobrirá a sua glória.
¹⁷ A violênciaᵇ que você cometeu
   contra o Líbano o alcançará,
e você ficará apavoradoᶜ
   com a matança, que você fez,
   de animais.
Pois você derramou muito sangueᵈ
e cometeu violência contra terras,
   cidades e seus habitantes.

¹⁸ "De que vale uma imagem feitaᵉ
   por um escultor?
Ou um ídolo de metal
   que ensina mentiras?
Pois aquele que o faz
   confia em sua própria criação,
   fazendo ídolos incapazes de falar.ᶠ
¹⁹ Ai daquele que diz à madeira:
   'Desperte!'
Ou à pedra sem vida: 'Acorde!'ᵍ
Poderá o ídolo dar orientação?
Está coberto de ouro e prata,ʰ
   mas não respira.
²⁰ O Senhor, porém,
   está em seu santo templo;ⁱ
diante dele fique em silêncioʲ
   toda a terra".

A Oração de Habacuque

3 Oração do profeta Habacuque.
   Uma confissão.

² Senhor, ouvi falarᵏ da tua fama;
   Tremoˡ diante dos teus atos, Senhor.
Realizaᵐ de novo, em nossa época,
   as mesmas obras,
faze-as conhecidas em nosso tempo;
   em tua ira, lembra-te da
   misericórdia.ⁿ

³ Deus veio de Temã,
   o Santo veio do monte Parã.
                              *Pausa*³
Sua glória cobriu os céus,
   e seu louvor encheu a terra.º
⁴ Seu esplendor era como a luz do sol;
raios lampejavam de sua mão,
   onde se escondia o seu poder.
⁵ Pragas iam adiante dele;
   doenças terríveis seguiam os seus
      passos.
⁶ Ele parou, e a terra tremeu;
   olhou, e fez estremecer as nações.
Montes antigos se desmancharam;ᵖ
   colinas antiquíssimas se desfizeram.
Os caminhos dele são eternos.
⁷ Vi a aflição das tendas de Cuchã;
   Tremiamʳ as cortinas das tendas de
      Midiã.ᑫ

⁸ Era com os riosˢ que estavas irado,
   Senhor?
Era contra os riachos o teu furor?
Foi contra o mar
   que a tua fúria transbordou
quando cavalgaste com os teus cavalos
   e com os teus carrosᵗ vitoriosos?
⁹ Preparaste o teu arco;
   pediste muitas flechas.ᵘ
                              Pausa

Fendeste a terra com rios;
¹⁰ os montes te viram e se contorceram.
Torrentes de água
   desceram com violência;
o abismo estrondou,ᵛ
   erguendo as suas ondas.ʷ
¹¹ O sol e a lua pararamˣ em suas
   moradas,
diante do reflexo
   de tuas flechas voadoras,ʸ
diante do lampejo
   de tua lança reluzente.
¹² Com ira andaste a passos largos
   por toda a terra

---

¹ **2.16** Os manuscritos do mar Morto, a Vulgata e a Versão Siríaca dizem *e cambaleie*.
² **2.16** Ou *muito vômito*
³ **3.3** Hebraico: *Selá*; também nos versículos 9 e 13.

e com indignação
   pisoteaste[z] as nações.
¹³ Saíste para salvar[a] o teu povo,
   para libertar o teu ungido.
Esmagaste[b] o líder da nação ímpia,
   tu o desnudaste da cabeça aos pés.
                                    Pausa

¹⁴ Com as suas próprias flechas
   lhe atravessaste a cabeça,
quando os seus guerreiros saíram
   como um furacão para nos espalhar
   com maldoso prazer,[c]
como se estivessem prestes a devorar
   o necessitado[d] em seu esconderijo.
¹⁵ Pisaste o mar com teus cavalos,
   agitando as grandes águas.[e]

¹⁶ Ouvi isso, e o meu íntimo estremeceu,
   meus lábios tremeram;
os meus ossos desfaleceram;
   minhas pernas vacilavam.

Tranquilo, esperarei o dia da
   desgraça,
   que virá sobre o povo que nos
   ataca.
¹⁷ Mesmo não florescendo a figueira
e não havendo uvas nas videiras,
mesmo falhando a safra de azeitonas
   e não havendo produção de alimento[f]
   nas lavouras,
nem ovelhas no curral,[g]
nem bois nos estábulos,
¹⁸ ainda assim eu exultarei no Senhor[h]
e me alegrarei
   no Deus da minha salvação.
¹⁹ O Senhor, o Soberano, é a minha
   força;[i]
ele faz os meus pés como os do cervo;
faz-me andar em lugares altos.[j]

Para o mestre de música. Para os meus instrumentos de cordas.

HABACUQUE 3.19

e com indignação
pisoteaste as nações.

com maldoso prazer,

nem ovelhas no curral,

força;

Introdução a SOFONIAS

PANO DE FUNDO

O primeiro versículo do livro de Sofonias atribui o livro ao profeta e apresenta sua ancestralidade até a quarta geração. O trisavô de Sofonias foi o rei Ezequias de Judá, o que faz dele o único profeta com ancestralidade real.

O nome hebraico para Sofonias significa "Javé esconde" ou "Javé escondeu". Nascido durante o reinado do perverso rei Manassés, o jovem Sofonias pode ter sido ocultado dele.

MENSAGEM

Durante os reinados de Manassés e Amom, o povo de Judá adorou outros deuses e profanou os lugares santos de Deus. Sofonias falou a respeito do vindouro dia do SENHOR (1.7,14), quando a ira de Deus viria sobre Judá (1.3—2.3; 3.1-7) e sobre todas as nações da terra (2.14,15). Depois disso, Deus se regozijaria com o remanescente purificado que iria retornar à terra (3.9-20).

Sob a liderança do rei Josias, a nação se voltaria para Deus; parece que Judá ouviu a mensagem de Sofonias. Entretanto, o arrependimento deles foi de curta duração, pois o povo esqueceu a mensagem do profeta e experimentou a realidade do julgamento a respeito do qual ele falou quando Jerusalém caiu diante da Babilônia em 586 a.C.

ÉPOCA

Sofonias profetizou durante o reinado de Josias (640-609 a.C.), provavelmente antes da grande reforma conduzida por aquele rei no ano 621 a.C. Sofonias foi contemporâneo de Jeremias.

ESBOÇO

I. Dia de julgamento
   A. Julgamento sobre a terra   1.1-3
   B. Julgamento das nações   1.4—3.7

II. Dia de esperança
   A. Todas as nações adorarão a Deus   3.8-13
   B. Deus reina   3.14-20

SOFONIAS 1.1

1 Palavra do SENHOR que veio a Sofonias, filho de Cuchi, neto de Gedalias, bisneto de Amarias e trineto de Ezequias, durante o reinado de Josias,ᵃ filho de Amom, rei de Judá:

A Destruição Vindoura

2 "Destruirei¹ todas as coisas
  na face da terra";ᵇ
palavra do SENHOR.
3 "Destruirei tanto os homens
  quanto os animais;
destruirei as aves do céuᶜ
  e os peixes do mar
e os que causam tropeço
  junto com os ímpios².
Farei isso quando eu ceifar o homem
  da face da terra",ᵈ
declara o SENHOR.

O Castigo de Judá

4 "Estenderei a mãoᵉ contra Judá
  e contra todos
  os habitantes de Jerusalém.
Eliminarei deste lugar
  o remanescente de Baal,ᶠ
os nomes dos ministros idólatras
  e dos sacerdotes,ᵍ
5 aqueles que no alto dos terraços
  adoram o exército de estrelas
e aqueles que se prostram jurando pelo
  SENHOR
  e também por Moloque;ʰ
6 aqueles que se desviam
  e deixam de seguirⁱ o SENHOR,
não o buscamʲ nem o consultam.ᵏ
7 Calem-seˡ diante do Soberano, o
  SENHOR,
pois o dia do SENHORᵐ está próximo.
O SENHOR preparou um sacrifício;ⁿ
  consagrou seus convidados.
8 No dia do sacrifício do SENHOR
  Castigareiᵒ os líderes e os filhos do
    reiᵖ
e todos os que estão vestidos
  com roupas estrangeiras.
9 Naquele dia, castigarei
  todos os que evitam pisar
  a soleira dos ídolos³
e que enchem o templo de seus deuses⁴
  com violência e engano.ᵠ

10 "Naquele dia", declara o SENHOR,
"haverá gritos perto da porta dos
  Peixes",
lamentos no novo distrito
  e estrondos nas colinas.
11 Lamentem-se,ˢ vocês que moram
  na cidade baixa⁵;
todos os seus comerciantes
  serão completamente destruídos,
todos os que negociam com prata
  serão arruinados.ᵗ
12 Nessa época vasculharei Jerusalém
  com lamparinas
e castigarei os complacentes,ᵘ
  que são como vinho envelhecido
deixado com os seus resíduos,ᵛ
que pensam: 'O SENHOR nada fará,'ʷ
  nem bem nem mal'.
13 A riqueza deles será saqueada,ˣ
  suas casas serão demolidas.
Embora construam novas casas,
  nelas não morarão;
plantarão vinhas,
  mas o vinhoʸ não beberão.

O Grande Dia do SENHOR

14 "O grande dia do SENHORᶻ
  está próximo;ᵃ
está próximo e logo vem.
Ouçam! O dia do SENHOR será amargo;
  até os guerreiros gritarão.
15 Aquele dia será um dia de ira,
dia de aflição e angústia,
dia de sofrimento e ruína,
dia de trevas e escuridão,
dia de nuvens e negridão,ᵇ
16 dia de toques de trombeta
  e gritosᶜ de guerra

---

³ **1.9** Ver 1Sm 5.5.
⁴ **1.9** Ou *de seu senhor*
⁵ **1.11** Ou *moram no lugar onde se faz argamassa*

¹ **1.2** Ou *Tornarei a destruir*
² **1.3** Ou *os ímpios terão apenas montões de destroços*

contra as cidades fortificadas
   e contra as torres^d elevadas.
^{17} Trarei aflição aos homens;
andarão como se fossem cegos,^{e}
   porque pecaram contra o Senhor.
O sangue deles será derramado^f
   como poeira,
e suas entranhas como lixo.^{g}
^{18} Nem a sua prata nem o seu ouro
   poderão livrá-los
   no dia da ira^h do Senhor.
No fogo do seu zelo
   o mundo inteiro será consumido,^{i}
pois ele dará fim repentino
   a todos os que vivem na terra."^{j}

2 Reúna-se^k e ajunte-se,
   nação sem pudor,^{l}
^{2} antes que chegue o tempo
   determinado
e aquele dia passe como a palha,^{m}
antes que venha sobre vocês
   a ira^n impetuosa do Senhor,
antes que o dia da ira do Senhor
   os alcance.
^{3} Busquem^o o Senhor,
   todos vocês, os humildes da terra,
   vocês que fazem o que ele ordena.
Busquem a justiça,
   busquem a humildade;^{p}
talvez vocês tenham abrigo^q
   no dia da ira do Senhor.

O Castigo da Filístia

^{4} Gaza^r será abandonada,
   e Ascalom ficará arruinada.
Ao meio-dia Asdode será banida,
   e Ecrom será desarraigada.
^{5} Ai de vocês que vivem junto ao mar,
   nação dos queretitas;^{s}
a palavra do Senhor está contra você,^{t}
   ó Canaã, terra dos filisteus.

"Eu a destruirei,
   e não sobrará ninguém."^{u}

^{6} Essa terra junto ao mar,
   onde habitam os queretitas,
será morada de pastores
   e curral^v de ovelhas.
^{7} Pertencerá ao remanescente
   da tribo de Judá.
Ali encontrarão pastagem;
   e, ao entardecer, eles se deitarão
   nas casas de Ascalom.
O Senhor, o seu Deus, cuidará deles,
   e lhes restaurará a sorte.^{1,w}

O Castigo de Moabe e de Amom

^{8} "Ouvi os insultos^x de Moabe
   e as zombarias dos amonitas,
que insultaram^y o meu povo
   e fizeram ameaças
   contra o seu território.
^{9} Por isso, juro pela minha vida",
   declara o Senhor dos Exércitos,
   o Deus de Israel,
"Moabe^z se tornará como Sodoma^a
   e os amonitas^b como Gomorra:
um lugar tomado por ervas daninhas
   e poços de sal,
uma desolação perpétua.
O remanescente do meu povo
   os saqueará;^{c}
os sobreviventes da minha nação
   herdarão a terra^d deles."

^{10} É isso que eles receberão
   como recompensa pelo seu orgulho,^{e}
por insultarem^f e ridicularizarem
   o povo do Senhor dos Exércitos.
^{11} O Senhor será terrível^g contra eles
   quando destruir todos os deuses^h da
   terra.
As nações de todo o mundo o^i adorarão,
   cada uma em sua própria terra.

O Castigo da Etiópia

^{12} "Vocês também, ó etíopes,^{2,j}
   serão mortos pela minha espada."^{k}

O Castigo da Assíria

^{13} Ele estenderá a mão contra o norte
   e destruirá a Assíria,

---

^{1} 2.7 Ou *trará de volta seus cativos*
^{2} Hebraico: *cuxitas*

deixando Nínive[l] totalmente em ruínas,
tão seca como o deserto.[m]
¹⁴ No meio dela se deitarão rebanhos
e todo tipo de animais selvagens.
Até a coruja-do-deserto[n] e o mocho
se empoleirarão no topo
de suas colunas.
Seus gritos ecoarão pelas janelas.
Haverá entulho nas entradas,
e as vigas de cedro ficarão expostas.
¹⁵ Essa é a cidade que exultava,[o]
vivendo despreocupada,[p]
e dizia para si mesma:
"Eu, e mais ninguém!"[q]
Que ruínas sobraram!
Uma toca de animais selvagens!
Todos os que passam por ela zombam[r]
e sacodem os punhos.

O Futuro de Jerusalém

3 Ai da cidade rebelde,[s]
impura e opressora![t]
² Não ouve[u] ninguém,
e não aceita correção.[v]
Não confia no Senhor,
não se aproxima[w] do seu Deus.
³ No meio dela os seus líderes
são leões que rugem.
Seus juízes são lobos vespertinos[x]
que nada deixam
para a manhã seguinte.
⁴ Seus profetas são irresponsáveis,
são homens traiçoeiros.[y]
Seus sacerdotes profanam o santuário
e fazem violência à lei.[z]
⁵ No meio dela está o Senhor,
que é justo e jamais comete injustiça.[a]
A cada manhã ele ministra a sua justiça,
e a cada novo dia ele não falha,
mas o injusto não se envergonha
da sua injustiça.
⁶ "Eliminei nações;
suas fortificações estão devastadas.
Deixei desertas as suas ruas.
Suas cidades estão destruídas;[b]
ninguém foi deixado; ninguém!

⁷ Eu disse à cidade:
Com certeza você me temerá
e aceitará correção!
Pois, então, a sua habitação
não seria eliminada,
nem cairiam sobre ela
todos os meus castigos.
Mas eles ainda estavam ávidos
por fazer todo tipo de maldade.[c]
⁸ Por isso, esperem[d] por mim",
declara o Senhor,
"no dia em que eu me levantar
para testemunhar.
Decidi ajuntar as nações,[e]
reunir os reinos
e derramar a minha ira sobre eles,
toda a minha impetuosa
indignação.
O mundo inteiro será consumido[f]
pelo fogo da minha zelosa ira.

⁹ "Então purificarei os lábios dos povos,
para que todos eles invoquem[g]
o nome do Senhor
e o sirvam[h] de comum acordo.
¹⁰ Desde além dos rios da Etiópia[i]
os meus adoradores,
o meu povo disperso,
me trarão ofertas.[j]
¹¹ Naquele dia,
vocês não serão envergonhados[k]
pelos seus atos de rebelião,
porque retirarei desta cidade
os que se regozijam em seu orgulho.
Nunca mais vocês serão altivos
no meu santo monte.
¹² Mas deixarei no meio da cidade
os mansos[l] e humildes,
que se refugiarão[m] no nome do Senhor.
¹³ O remanescente[n] de Israel
não cometerá injustiças;[o]
eles não mentirão,[p]
nem se achará engano
em suas bocas.
Eles se alimentarão e descansarão,[q]
sem que ninguém os amedronte."[r]

2.13
[l] Na 1.1
[m] Mq 5.6
2.14
[n] Is 14.23
2.15
[o] Is 32.9
[p] Is 47.8
[q] Ez 28.2
[r] Na 3.19
3.1
[s] Jr 6.6
[t] Ez 23.30
3.2
[u] Jr 22.21
[v] Jr 7.28
[w] Sl 73.28
Jr 5.3
3.3
[x] Ez 22.27
3.4
[y] Jr 9.4
[z] Ez 22.26
3.5
[a] Dt 32.4
3.6
[b] Lv 26.31
3.7
[c] Os 9.9
3.8
[d] Sl 27.14
[e] Jl 3.2
[f] Sf 1.18
3.9
[g] Sf 2.11
[h] Is 19.18
3.10
[i] Sl 68.31
[j] Is 60.7
3.11
[k] Jl 2.26,27
3.12
[l] Is 14.32
[m] Na 1.7
3.13
[n] Is 10.21
Mq 4.7
[o] Sl 119.3
[p] Ap 14.5
[q] Ez 34.15
Sf 2.7
[r] Ez 34.25-28

14 Cante, ó cidade¹ de Sião;
       exulte, ó Israel!
Alegre-se, regozije-se de todo o coração,
       ó cidade de Jerusalém!
15 O Senhor anulou a sentença
       contra você,
ele fez retroceder os seus inimigos.
O Senhor, o Rei de Israel,
       está em seu meio;
nunca mais você temerá perigo algum.
16 Naquele dia, dirão a Jerusalém:
"Não tema, ó Sião;
       não deixe suas mãos enfraquecerem.
17 O Senhor, o seu Deus,
       está em seu meio,
       poderoso para salvar.
Ele se regozijará em você;
       com o seu amor a renovará²,
ele se regozijará em você
       com brados de alegria".

18 "Eu ajuntarei os que choram
       pelas festas fixas,
os que se afastaram de vocês,
       para que isso não mais
       pese como vergonha para vocês.
19 Nessa época, agirei
       contra todos os que oprimiram
              vocês;
salvarei os aleijados
       e ajuntarei os dispersos.
Darei a eles louvor e honra
       em todas as terras
       onde foram envergonhados.
20 Naquele tempo, eu ajuntarei vocês;
       naquele tempo, os trarei para casa.
Eu darei a vocês honra e louvor
       entre todos os povos da terra,
quando eu restaurar a sua sorte³
       diante dos seus próprios olhos",
diz o Senhor.

---

¹ **3.14** Hebraico: *filha*.
² **3.17** Ou *a tranquilizará*
³ **3.20** Ou *eu os trouxer de volta*

Introdução a AGEU

PANO DE FUNDO

O rei Ciro baixou um decreto permitindo que os judeus voltassem da Babilônia (que naquela época estava nas mãos da Pérsia) e reconstruíssem Jerusalém. O governador dos judeus é Zorobabel, um descendente de Davi, mencionado na genealogia de Jesus (Mateus 1.12). No princípio, os exilados retornados estão dispostos a cumprir sua tarefa. Todavia, o entusiasmo deles diminui e, dezesseis anos depois, no reinado de Dario, o templo ainda não estava reconstruído, mas as casas deles, sim (cf. 1.4).

Ageu é um dos judeus que voltaram para Jerusalém sob a liderança de Zorobabel. Ageu devia estar com cerca de 75 anos por ocasião de seu ministério em 520 a.C. e tinha lembrança do primeiro templo (2.3). Ele teve um ministério breve, profetizando por cerca de dois anos. O nome Ageu significa "festivo".

MENSAGEM

Deus, por intermédio de Ageu, desafia o povo a estabelecer as prioridades certas e a completar a obra do templo. Esse desafio é acompanhado de promessas: Deus irá recompensar a obediência do povo com bênçãos que ultrapassariam a glória de Israel antes do exílio (2.6-9,18-23). Ageu termina com uma palavra a respeito de Zorobabel, que supervisionou a conclusão da obra do templo: ele é o anel de selar ou uma garantia que o Messias viria da linhagem de Davi.

ÉPOCA

Com base nas informações do texto, que ligam as profecias ao reinado de Dario, o Grande, a pregação de Ageu ocorreu em quatro dias nos últimos quatro meses de 520 a.C. O profeta Zacarias foi contemporâneo de Ageu e iniciou seu ministério entre a segunda e a terceira mensagens de Ageu. O templo, chamado algumas vezes de templo de Zorobabel, foi terminado em 516 a.C.

ESBOÇO

I. O apelo de Ageu — 1.1-11
II. Dois templos contrastados
   A. Inicia-se a obra — 1.12-15
   B. A grandeza do último templo — 2.1-9
III. Repreensão e encorajamento — 2.10-19
IV. Promessa a Zorobabel — 2.20-23

A Ordem para a Reconstrução do Templo

1 No primeiro dia do sexto mês do segundo ano do reinado de Dario,[a] a palavra do Senhor veio por meio do profeta Ageu[b] ao governador de Judá, Zorobabel,[c] filho de Sealtiel, e ao sumo sacerdote[d] Josué,[e] filho de Jeozadaque,[f] dizendo:

2 "Assim diz o Senhor dos Exércitos: Este povo afirma: 'Ainda não chegou o tempo de reconstruir a casa do Senhor' ".

3 Por isso, a palavra do Senhor veio novamente por meio do profeta Ageu:[g] **4** "Acaso é tempo de vocês morarem em casas de fino acabamento,[h] enquanto a minha casa continua destruída?"[i]

5 Agora, assim diz o Senhor dos Exércitos: "Vejam aonde os seus caminhos os levaram.[j] **6** Vocês têm plantado muito, e colhido pouco.[k] Vocês comem, mas não se fartam. Bebem, mas não se satisfazem. Vestem-se, mas não se aquecem. Aquele que recebe salário,[l] recebe-o para colocá-lo numa bolsa furada".

7 Assim diz o Senhor dos Exércitos: "Vejam aonde os seus caminhos os levaram! **8** Subam o monte para trazer madeira. Construam o templo,[1] para que eu me alegre e nele seja glorificado",[m] diz o Senhor. **9** "Vocês esperavam muito, mas, eis que veio pouco. E o que vocês trouxeram para casa eu dissipei com um sopro. E por que o fiz?", pergunta o Senhor dos Exércitos. "Por causa do meu templo, que ainda está destruído[n] enquanto cada um de vocês se ocupa com a sua própria casa. **10** Por isso, por causa de vocês, o céu reteve o orvalho e a terra deixou de dar o seu fruto.[o] **11** Nos campos e nos montes provoquei uma seca[p] que atingiu o trigo, o vinho, o azeite e tudo mais que a terra produz, e também os homens e o gado. O trabalho das mãos de vocês foi prejudicado".[q]

12 Zorobabel,[r] filho de Sealtiel, o sumo sacerdote Josué, filho de Jeozadaque, e todo o restante[s] do povo obedeceram[t] à voz do Senhor, o seu Deus, por causa das palavras do profeta Ageu, a quem o Senhor, o seu Deus, enviara. E o povo temeu[u] o Senhor.

13 Então Ageu, o mensageiro do Senhor, trouxe esta mensagem do Senhor para o povo: "Eu estou com[v] vocês", declara o Senhor. **14** Assim o Senhor encorajou o governador de Judá, Zorobabel,[w] filho de Sealtiel, o sumo sacerdote Josué, filho de Jeozadaque, e todo o restante[x] do povo, e eles começaram a trabalhar no templo do Senhor dos Exércitos, o seu Deus, **15** no vigésimo quarto dia do sexto mês[y] do segundo ano do reinado de Dario.

O Esplendor do Novo Templo

2 No vigésimo primeiro dia do sétimo mês, veio a palavra do Senhor por meio do profeta Ageu: **2** "Pergunte o seguinte ao governador de Judá, Zorobabel, filho de Sealtiel, ao sumo sacerdote Josué, filho de Jeozadaque, e ao restante do povo: **3** Quem de vocês viu este templo[z] em seu primeiro esplendor? Comparado a ele, não é como nada[a] o que vocês veem agora?

4 "Coragem, Zorobabel", declara o Senhor. "Coragem,[b] sumo sacerdote Josué, filho de Jeozadaque. Coragem! Ao trabalho, ó povo da terra!", declara o Senhor. "Porque eu estou com[c] vocês", declara o Senhor dos Exércitos. **5** "Esta é a aliança que fiz com vocês quando vocês saíram do Egito:[d] Meu espírito[e] está entre vocês. Não tenham medo".

6 Assim diz o Senhor dos Exércitos: "Dentro de pouco tempo[f] farei tremer o céu, a terra, o mar e o continente.[g] **7** Farei tremer todas as nações, as quais trarão para cá os seus tesouros,[2] e encherei este templo[h] de glória", diz o Senhor dos Exércitos. **8** "Tanto a prata quanto o ouro me pertencem", declara o Senhor dos Exércitos. **9** "A glória[i] deste novo templo será maior do que

---

[1] **1.8** Hebraico: *a casa*; também nos versículos 9 e 14, e em 2.3, 7, 9 e 15.

[2] **2.7** A Vulgata e algumas outras traduções dizem *e o desejado de todas as nações virá*.

a do antigo", diz o Senhor dos Exércitos. "E neste lugar estabelecerei a paz", declara o Senhor dos Exércitos.

Promessa de Bênçãos

¹⁰ No vigésimo quarto dia do nono mês, no segundo ano do reinado de Dario, a palavra do Senhor veio ao profeta Ageu:

¹¹ Assim diz o Senhor dos Exércitos: "Faça aos sacerdotes a seguinte pergunta sobre a Lei: ¹² Se alguém levar carne consagrada na borda de suas vestes e com elas tocar num pão, ou em algo cozido, ou em vinho, ou em azeite ou em qualquer comida, isso ficará consagrado?" Os sacerdotes responderam: "Não".

¹³ Em seguida, perguntou Ageu: "Se alguém ficar impuro por tocar num cadáver e depois tocar em alguma dessas coisas, ela ficará impura?"

"Sim", responderam os sacerdotes, "ficará impura."

¹⁴ Ageu transmitiu esta resposta do Senhor: "É o que acontece com este povo e com esta nação. Tudo o que fazem e tudo o que me oferecem é impuro.

¹⁵ "Agora prestem atenção; de hoje em diante¹ reconsiderem. Em que condições vocês viviam antes que se colocasse pedra sobre pedra no templo do Senhor? ¹⁶ Quando alguém chegava a um monte de trigo procurando vinte medidas, havia apenas dez. Quando alguém ia ao depósito de vinho para tirar cinquenta medidas, só encontrava vinte. ¹⁷ Eu destruí todo o trabalho das mãos de vocês, com mofo, ferrugem e granizo, mas vocês não se voltaram para mim", declara o Senhor. ¹⁸ "A partir de hoje, vigésimo quarto dia do nono mês, atentem para o dia em que os fundamentos do templo do Senhor foram lançados. Reconsiderem: ¹⁹ ainda há alguma semente no celeiro? Até hoje a videira, a figueira, a romeira e a oliveira não têm dado fruto. Mas, de hoje em diante, abençoarei vocês."

As Promessas para Zorobabel

²⁰ A palavra do Senhor veio a Ageu pela segunda vez, no vigésimo quarto dia do nono mês: ²¹ "Diga a Zorobabel, governador de Judá, que eu farei tremer o céu e a terra. ²² Derrubarei tronos e destruirei o poder dos reinos estrangeiros. Virarei os carros e os seus condutores; os cavalos e os seus cavaleiros cairão, cada um pela espada do seu companheiro.

²³ "Naquele dia", declara o Senhor dos Exércitos, "eu o tomarei, meu servo Zorobabel, filho de Sealtiel", declara o Senhor, "e farei de você um anel de selar, porque o tenho escolhido", declara o Senhor dos Exércitos.

---

¹ **2.15** Ou *desde os dias passados*

Introdução a ZACARIAS

PANO DE FUNDO

Profetas como Isaías, Jeremias e Ezequiel profetizaram sobre um remanescente que retornaria a sua terra depois do exílio. Os judeus que voltaram da Babilônia para Jerusalém poderiam ter esperado a promessa ser cumprida imediatamente. Mas, em vez disso, eles ainda viviam sob governo estrangeiro e enfrentavam dificuldades econômicas. Desencorajados, pararam de reconstruir o templo. Os profetas Ageu e Zacarias falaram sobre essa situação, desafiando o povo a completar o templo e adorar seu Deus.

À semelhança de Ezequiel e Jeremias, Zacarias, filho de Berequias e neto de Ido (1.1, 7), é um sacerdote. O nome Zacarias significa "Javé se lembra" ou "Javé lembrou". Nascido na Babilônia, Zacarias se muda para Jerusalém quando Ido volta como parte do grupo de retornados liderados por Zorobabel e pelo sumo sacerdote Josué (Neemias 12.4). Quando inicia seu ministério em 520 a.C. (1.1), Zacarias é um jovem (2.4). Ele é mencionado no livro histórico de Esdras (5.1; 6.14). De acordo com Mateus 23.35, Zacarias foi assassinado.

MENSAGEM

Zacarias é considerado o livro mais messiânico do Antigo Testamento — e um dos mais difíceis de entender. Relatando visões — algumas apocalípticas —, proclamando mensagens e apresentando "pesos", ele leva o povo ao arrependimento, o encoraja a reconstruir o templo, vislumbra o Messias que virá (seu triunfo, bem como sua rejeição), e descreve como Deus derrotará as nações e purificará seu povo por intermédio do Messias. A cena de coroação (6.9-15) do sacerdote Josué é vista como uma passagem messiânica.

ÉPOCA

Parte do ministério de Zacarias pode ser localizada por datas dadas em relação ao reinado de Dario: novembro de 520 a.C. (1.1), fevereiro de 519 a.C. (1.7) e dezembro de 518 a.C. (7.1) (v. tb. a introdução ao livro de Ageu). Alguns estudiosos estimam o fim do ministério de Zacarias em 510 a.C., mas os capítulos 9-14 podem ter sido escritos posteriormente. Zacarias provavelmente ministrou por mais tempo que seu contemporâneo Ageu.

ESBOÇO

I. As visões de Zacarias
   A. Introdução — 1.1-6
   B. Sequência de oito visões — 1.7—6.8
   C. Coroação de Josué — 6.9-15
II. As mensagens de Zacarias — 7.1—8.23
III. Julgamento e redenção — 9.1—14.21

Chamado ao Arrependimento

1 No oitavo mês do segundo ano do reinado de Dario,ª a palavra do Senhor veio ao profeta Zacarias,ᵇ filho de Berequiasᶜ e neto de Ido:ᵈ

² "O Senhor muito se irouᵉ contra os seus antepassados. ³ Por isso, diga ao povo: Assim diz o Senhor dos Exércitos: Voltem para mim, e eu me voltarei para vocês",ᶠ diz o Senhor dos Exércitos. ⁴ "Não sejam como os seus antepassadosᵍ aos quais os antigos profetas proclamaram: 'Assim diz o Senhor dos Exércitos: Deixem os seus caminhosʰ e as suas más obras'. Mas eles não me ouviram nem me deram atenção",ⁱ declara o Senhor. ⁵ "Onde estão agora os seus antepassados? E os profetas, acaso vivem eles para sempre? ⁶ Mas as minhas palavras e os meus decretos, que ordenei aos meus servos, os profetas, alcançaram os seus antepassados e os levaram a converter-se e a dizer: 'O Senhor dos Exércitos fez conosco o que os nossos caminhos e práticas mereciam,ʲ conforme prometeu' ".

A Visão dos Cavalos

⁷ No vigésimo quarto dia do décimo primeiro mês, o mês de sebate,¹ no segundo ano do reinado de Dario, a palavra do Senhor veio ao profeta Zacarias, filho de Berequias e neto de Ido. ⁸ Durante a noite tive uma visão; apareceu na minha frente um homem montado num cavalo vermelho.ᵏ Ele estava parado entre as murtas num desfiladeiro. Atrás dele havia cavalos vermelhos, marrons e brancos.ˡ

⁹ Então perguntei: Quem são estes, meu senhor? O anjoᵐ que estava falando comigo respondeu: "Eu mostrarei a você quem são".

¹⁰ O homem que estava entre as murtas explicou: "São aqueles que o Senhor enviou por toda a terra".ⁿ

¹¹ E eles relataram ao anjo do Senhor que estava entre as murtas: "Percorremos toda a terra e a encontramos em paz e tranquila".ᵒ

¹² Então o anjo do Senhor respondeu: "Senhor dos Exércitos, até quando deixarás de ter misericórdia de Jerusalém e das cidades de Judá, com as quais estás indignado há setenta anos?"ᵖ

¹³ Então o Senhor respondeu palavras boas e confortadoras ao anjo que falava comigo.ᑫ

¹⁴ E o anjo me disse: "Proclame: Assim diz o Senhor dos Exércitos: 'Eu tenho sido muito zelosoʳ com Jerusalém e Sião, ¹⁵ mas estou muito irado contra as nações que se sentem seguras.ˢ Porque eu estava apenas um pouco irado com meu povo, mas elas aumentaram a dor que ele sofria!'ᵗ

¹⁶ "Por isso, assim diz o Senhor: 'Estou me voltandoᵘ para Jerusalém com misericórdia, e ali o meu templo será reconstruído. A corda de medirᵛ será esticada sobre Jerusalém', declara o Senhor dos Exércitos.

¹⁷ "Diga mais: Assim diz o Senhor dos Exércitos: 'As minhas cidades transbordarão de prosperidade novamente, e o Senhor tornará a consolarʷ Sião e a escolherˣ Jerusalém' ".ʸ

Quatro Chifres e Quatro Artesãos

¹⁸ Depois eu olhei para o alto e vi quatro chifres. ¹⁹ Então perguntei ao anjo que falava comigo: O que é isso?

Ele me respondeu: "São os chifresᶻ que dispersaram Judá, Israel e Jerusalém".

²⁰ Depois o Senhor mostrou-me quatro artesãos. ²¹ Eu perguntei: O que eles vêm fazer?

Ele respondeu: "Ali estão os chifres que dispersaram Judá ao ponto de ninguém conseguir sequer levantar a cabeça, mas os artesãos vieram aterrorizar e quebrar esses chifresª das nações que se levantaram contra o povoᵇ de Judá para dispersá-lo".

O Homem com a Corda de Medir

2 Olhei, em seguida, e vi um homem segurando uma corda de medir. ² Eu lhe perguntei: Aonde você vai?

---

¹ **1.7** Aproximadamente janeiro/fevereiro.

1.1
ªEd 4.24; 6.15
ᵇEd 5.1
ᶜMt 23.35; Lc 11.51
ᵈv. 7; Ne 12.4
1.2
ᵉ2Cr 36.16
1.3
ᶠMl 3.7; Tg 4.8
1.4
ᵍ2Cr 36.15
ʰSl 106.6
ⁱ2Cr 24.19; Sl 78.8; Jr 6.17
1.6
ʲJr 12.14-17; Lm 2.17
1.8
ᵏAp 6.4
ˡZc 6.2-7
1.9
ᵐZc 4.1,4-5
1.10
ⁿZc 6.5-8
1.11
ᵒIs 14.7
1.12
ᵖDn 9.2
1.13
ᑫZc 4.1
1.14
ʳJl 2.18; Zc 8.2
1.15
ˢJr 48.11
ᵗSl 123.3-4; Am 1.11
1.16
ᵘZc 8.3
ᵛZc 2.1-2
1.17
ʷIs 51.3
ˣIs 14.1
ʸZc 2.12
1.19
ᶻAm 6.13
1.21
ªSl 75.4
ᵇSl 75.10

Ele me respondeu: "Vou medir Jerusalém para saber o seu comprimento e a sua largura".*c*

³ Então o anjo que falava comigo retirou-se, e outro anjo foi ao seu encontro ⁴ e lhe disse: "Corra e diga àquele jovem: Jerusalém será habitada como uma cidade sem muros*d* por causa dos seus muitos*e* habitantes e rebanhos. ⁵ E eu mesmo serei para ela um muro*f* de fogo ao seu redor, declara o Senhor, e dentro dela serei a sua glória".*g*

⁶ "Atenção! Atenção! Fujam da terra do norte", declara o Senhor, "porque eu os espalhei aos quatro ventos da terra",*h* diz o Senhor.

⁷ "Atenção, ó Sião! Escapem, vocês que vivem na cidade*i* da Babilônia!*i* ⁸ Porque assim diz o Senhor dos Exércitos: 'Ele me enviou para buscar a sua glória entre as nações que saquearam vocês, porque todo o que tocar em vocês, toca na menina dos olhos dele'.*j* ⁹ Certamente levantarei a minha mão contra as nações de forma que serão um espólio para os seus servos.*k* Então vocês saberão que foi o Senhor dos Exércitos que me enviou.*l*

¹⁰ "Cante e alegre-se, ó cidade de Sião!*m* Porque venho*n* fazer de você a minha habitação",*o* declara o Senhor. ¹¹ "Muitas nações se unirão ao Senhor naquele dia e se tornarão meu povo. Então você será a minha habitação e reconhecerá que o Senhor dos Exércitos me enviou a você. ¹² O Senhor herdará*p* Judá como sua propriedade na terra santa e escolherá*q* de novo Jerusalém. ¹³ Aquietem-se*r* todos perante o Senhor, porque ele se levantou de sua santa habitação".

Vestes Limpas para o Sumo Sacerdote

3 Depois disso ele me mostrou o sumo sacerdote Josué*s* diante do anjo do Senhor, e Satanás,*t* à sua direita, para acusá-lo. ² O anjo do Senhor disse a Satanás: "O Senhor o repreenda,*u* Satanás! O Senhor que escolheu*v* Jerusalém o repreenda! Este homem não parece um tição tirado do fogo?"*w*

³ Ora, Josué, vestido de roupas impuras, estava em pé diante do anjo. ⁴ O anjo disse aos que estavam diante dele: "Tirem as roupas impuras dele".

Depois disse a Josué: "Veja, eu tirei de você o seu pecado*x* e coloquei vestes nobres*y* sobre você".

⁵ Disse também: "Coloquem um turbante limpo*z* em sua cabeça". Colocaram o turbante nele e o vestiram, enquanto o anjo do Senhor observava.

⁶ O anjo do Senhor exortou Josué, dizendo: ⁷ "Assim diz o Senhor dos Exércitos: 'Se você andar nos meus caminhos e obedecer aos meus preceitos, você governará a minha casa*a* e também estará encarregado das minhas cortes, e eu darei a você um lugar entre estes que estão aqui.

⁸ " 'Ouçam bem, sumo sacerdote Josué e seus companheiros sentados diante de você, homens que simbolizam*b* coisas que virão: Trarei o meu servo, o Renovo.*c* ⁹ Vejam a pedra que coloquei na frente de Josué! Ela tem sete pares de olhos²,*d* e eu gravarei nela uma inscrição', declara o Senhor dos Exércitos, 'e removerei o pecado*e* desta terra num único dia.

¹⁰ " 'Naquele dia', declara o Senhor dos Exércitos, 'cada um de vocês convidará seu próximo para assentar-se debaixo da sua videira e debaixo da sua figueira' ".*f*

O Candelabro de Ouro e as Duas Oliveiras

4 Depois o anjo que falava comigo tornou a despertar-me,*g* como se desperta alguém do sono,*h* ² e me perguntou: "O que você está vendo?"*i*

Respondi: Vejo um candelabro de ouro maciço,*j* com um recipiente para azeite na parte superior e sete lâmpadas*k* e sete canos para as lâmpadas. ³ Há também duas oliveiras*l* junto ao recipiente, uma à direita e outra à esquerda.

---

¹ **2.7** Hebraico: *filha*; também no versículo 10.

² **3.9** Ou *7 faces*

⁴ Perguntei ao anjo que falava comigo: O que significa isso, meu senhor?
⁵ Ele disse: "Você não sabe?"
Não, meu senhor, respondi.ᵐ

Oráculo sobre Zorobabel e o Templo

⁶ "Esta é a palavra do S‍ENHOR para Zorobabel:ⁿ 'Não por força nem por violência, mas pelo meu Espírito',ᵒ diz o S‍ENHOR dos Exércitos.

⁷ "Quem você pensa que é, ó montanha majestosa? Diante de Zorobabel você se tornará uma planície.ᵖ Ele colocará a pedra principalᑫ aos gritos de 'Deus abençoe! Deus abençoe!' "

⁸ Então o S‍ENHOR me falou: ⁹ "As mãos de Zorobabel colocaram os fundamentosʳ deste templo; suas mãos também o terminarão.ˢ Assim saberão que o S‍ENHOR dos Exércitos meᵗ enviou a vocês.

¹⁰ "Pois aqueles que desprezaram o dia das pequenas coisasᵘ terão grande alegria ao verem a pedra principal nas mãos de Zorobabel."

Explicação da Visão do Candelabro

Então ele me disse: "Estas sete lâmpadas são os olhosᵛ do S‍ENHOR, que sondam toda a terra".

¹¹ A seguir perguntei ao anjo: O que significam estas duas oliveirasʷ à direita e à esquerda do candelabro?

¹² E perguntei também: O que significam estes dois ramos de oliveira ao lado dos dois tubos de ouro que derramam azeite dourado?

¹³ Ele disse: "Você não sabe?"
Não, meu senhor, respondi.

¹⁴ Então ele me disse: "São os dois homens que foram ungidosˣ para servir¹ ao Soberano de toda a terra!"

A Visão do Pergaminho que Voava

5 Levantei novamente os olhos, e vi diante de mim um pergaminho que voava.ʸ

² O anjo me perguntou: "O que você está vendo?"

Respondi: Vejo um pergaminho voando, com nove metros de comprimento por quatro e meio de largura².

³ Então ele me disse: "Nele está escrita a maldiçãoᶻ que está sendo derramada sobre toda a terra, porque tanto o ladrãoᵃ como o que jura falsamenteᵇ serão expulsos, conforme essa maldição. ⁴ Assim declara o S‍ENHOR dos Exércitos: 'Eu lancei essa maldição para que ela entre na casa do ladrão e na casa do que jura falsamente pelo meu nome. Ela ficará em sua casa e destruirá tanto as vigas como os tijolos!' "ᶜ

A Mulher Dentro de Um Cesto

⁵ Em seguida, o anjo que falava comigo se adiantou e me disse: "Olhe e veja o que vem surgindo".

⁶ Perguntei o que era aquilo, e ele me respondeu: "É uma vasilha³". E disse mais: "Aí está o pecado⁴ de todo o povo desta terra".

⁷ Então a tampa de chumbo foi retirada, e dentro da vasilha estava sentada uma mulher! ⁸ Ele disse: "Esta é a Perversidade", e a empurrou para dentro da vasilha e a fechou de novo com a tampa de chumbo.ᵈ

⁹ De novo ergui os olhos e vi chegarem à minha frente duas mulheres com asas como de cegonha;ᵉ o vento impeliu suas asas, e elas ergueram a vasilha entre o céu e a terra.

¹⁰ Perguntei ao anjo: Para onde estão levando a vasilha?

¹¹ Ele respondeu: "Para a Babilônia⁵,ᶠ onde vão construir um santuárioᵍ para ela. Quando ficar pronto, a vasilha será colocada lá, em seu pedestal".ʰ

Quatro Carruagens

6 Olhei novamente e vi diante de mim quatro carruagensⁱ que vinham saindo do meio de duas montanhas de bronze.

---
¹ **4.14** Ou *os dois que trazem óleo e servem*
² **5.2** Hebraico: *20 côvados de comprimento e 10 côvados de largura*. O côvado era uma medida linear de cerca de 45 centímetros.
³ **5.6** Hebraico: *1 efa*.
⁴ **5.6** Ou *aparência*
⁵ **5.11** Hebraico: *Sinear*.

² À primeira estavam atrelados cavalos vermelhos; à segunda, cavalos pretos;ʲ ³ à terceira, cavalos brancos;ᵏ e à quarta, cavalos malhados. Todos eram vigorosos. ⁴ Perguntei ao anjo que falava comigo: Que representam estes cavalos atrelados, meu senhor?

⁵ O anjo me respondeu: "Estes são os quatro espíritos¹¹ dos céus, que acabam de sair da presença do Soberano de toda a terra. ⁶ A carruagem puxada pelos cavalos pretos vai em direção à terra do norte, a que tem cavalos brancos vai em direção ao ocidente², e a que tem cavalos malhados vai para a terra do sul".

⁷ Os vigorosos cavalos avançavam, impacientes por percorrer a terra.ᵐ E o anjo lhes disse: "Percorram toda a terra!" E eles foram.

⁸ Então ele me chamou e disse: "Veja, os que foram para a terra do norte deram repousoⁿ ao meu Espírito³ naquela terra".

A Coroa de Josué

⁹ E o Senhor me ordenou: ¹⁰ "Tome prata e ouro dos exilados Heldai, Tobias e Jedaías, que chegaram da Babilônia.ᵒ No mesmo dia, vá à casa de Josias, filho de Sofonias. ¹¹ Pegue a prata e o ouro, faça uma coroa,ᵖ e coloque-a na cabeça do sumo sacerdote Josué,ᵍ filho de Jeozadaque.ʳ ¹² Diga-lhe que assim diz o Senhor dos Exércitos: Aqui está o homem cujo nome é Renovo,ˢ e ele sairá do seu lugar e construirá o templo do Senhor.ᵗ ¹³ Ele construirá o templo do Senhor, será revestido de majestade e se assentará em seu trono para governar. Ele será sacerdoteᵘ no trono. E haverá harmonia entre os dois. ¹⁴ A coroa será para Heldai⁴, Tobias, Jedaías e Hem⁵, filho de Sofonias, como um memorial no templo do Senhor. ¹⁵ Gente de longe virá ajudar a construir o templo do Senhor.ᵛ Então vocês saberão que o Senhor dos Exércitos me enviou a vocês.ʷ Isso só acontecerá se obedecerem fielmenteˣ à voz do Senhor, o seu Deus".

Justiça e Misericórdia ao invés de Jejuns

7 No quarto ano do reinado do rei Dario, a palavra do Senhor veio a Zacarias, no quarto dia do nono mês, o mês de quisleu⁶.ʸ ² Foi quando o povo de Betel enviou Sarezer e Regém-Meleque com seus homens, para suplicaremᶻ ao Senhor, ³ perguntando aos sacerdotes do templo do Senhor dos Exércitos e aos profetas: "Devemos lamentarᵃ e jejuar no quintoᵇ mês, como já estamos fazendo há tantos anos?"

⁴ Então o Senhor dos Exércitos me falou: ⁵ "Pergunte a todo o povo e aos sacerdotes: Quando vocês jejuaramᶜ no quinto e no sétimo meses durante os últimos setenta anos, foi de fato para mim que jejuaram? ⁶ E, quando comiam e bebiam, não era para vocês mesmos que o faziam? ⁷ Não são essas as palavras do Senhor proclamadas pelos antigos profetasᵈ quando Jerusalém e as cidades ao seu redor estavam em pazᵉ e prosperavam, e o Neguebe e a Sefelá⁷ᶠ eram habitados?"

⁸ E a palavra do Senhor veio novamente a Zacarias: ⁹ "Assim diz o Senhor dos Exércitos: Administrem a verdadeira justiça,ᵍ mostrem misericórdia e compaixão uns para com os outros. ¹⁰ Não oprimam a viúva e o órfão, nem o estrangeiroʰ e o necessitado. Nem tramem maldades uns contra os outros".ⁱ

¹¹ Mas eles se recusaram a dar atenção; teimosamente viraram as costas e taparam os ouvidos.ʲ ¹² Endureceramᵏ o coração e não ouviram a Lei e as palavras que o Senhor dos Exércitos tinha falado, pelo seu Espírito, por meio dos antigos profetas.ˡ Por isso o Senhor dos Exércitos irou-se muito.ᵐ

---

¹ 6.5 Ou *ventos*
² 6.6 Hebraico: *vai atrás deles.*
³ 6.8 Ou *espírito*
⁴ 6.14 Conforme a Versão Siríaca. O Texto Massorético diz *Helém.*
⁵ 6.14 Ou *o bondoso*
⁶ 7.1 Aproximadamente novembro/dezembro.
⁷ 7.7 Pequena faixa de terra de relevo variável entre a planície costeira e as montanhas.

¹³ "Quando eu os chamei, não me deram ouvidos;ⁿ por isso, quando eles me chamarem, também não os ouvirei",ᵒ diz o SENHOR dos Exércitos.ᵖ ¹⁴ "Eu os espalheiᑫ com um vendavalʳ entre as nações que eles nem conhecem. A terra que deixaram para trás ficou tão destruída que ninguém podia atravessá-la. Foi assim que transformaram a terra aprazível em ruínas."ˢ

A Bênção do Senhor para Jerusalém

8 Mais uma vez veio a mim a palavra do SENHOR dos Exércitos. ² Assim diz o SENHOR dos Exércitos: "Tenho muito ciúme de Sião; estou me consumindo de ciúmes por ela".

³ Assim diz o SENHOR: "Estou voltandoᵗ para Sião e habitarei em Jerusalém.ᵘ Então Jerusalém será chamada Cidade da Verdade, e o monte do SENHOR dos Exércitos será chamado monte Sagrado".

⁴ Assim diz o SENHOR dos Exércitos: "Homens e mulheres de idade avançada voltarão a sentar-se nas praças de Jerusalém,ᵛ cada um com sua bengala, por causa da idade. ⁵ As ruas da cidade ficarão cheias de meninos e meninas brincando.ʷ

⁶ "Mesmo que isso pareça impossível para o remanescente deste povo naquela época,ˣ será impossível para mim?",ʸ declara o SENHOR dos Exércitos.

⁷ Assim diz o SENHOR dos Exércitos: "Salvarei meu povo dos países do oriente e do ocidente.ᶻ ⁸ Eu os trarei de voltaᵃ para que habitem em Jerusalém; serão meu povoᵇ e eu serei o Deus deles, com fidelidade e justiça".

⁹ Assim diz o SENHOR dos Exércitos: "Vocês que estão ouvindo hoje estas palavras já proferidas pelos profetasᶜ quando foram lançados os alicerces do templo do SENHOR dos Exércitos, fortaleçam as mãosᵈ para que o templo seja construído. ¹⁰ Pois antes daquele tempo não havia saláriosᵉ para os homens nem para os animais. Ninguém podia tratar dos seus negócios com segurança por causa de seus adversários, porque eu tinha posto cada um contra o seu próximo. ¹¹ Mas agora não mais tratarei com o remanescente deste povo como fiz no passado",ᶠ declara o SENHOR dos Exércitos.

¹² "Haverá uma rica semeadura, a videira dará o seu fruto,ᵍ a terra produzirá suas colheitasʰ e o céu derramará o orvalho.ⁱ E darei todas essas coisas como uma herançaʲ ao remanescente deste povo. ¹³ Assim como vocês foram uma maldiçãoᵏ para as nações, ó Judá e Israel, também os salvarei e vocês serão uma bênção.ˡ Não tenham medo, antes, sejam fortes."

¹⁴ Assim diz o SENHOR dos Exércitos: "Assim como eu havia decidido castigarᵐ vocês sem compaixão quando os seus antepassados me enfureceram", diz o SENHOR dos Exércitos, ¹⁵ "também agora decidi fazer de novo o bemⁿ a Jerusalém e a Judá. Não tenham medo! ¹⁶ Eis o que devem fazer: Falem somente a verdadeᵒ uns com os outros e julguem retamente em seus tribunais;ᵖ ¹⁷ não planejem no íntimo o malᑫ contra o seu próximo e não queiram jurar com falsidade.ʳ Porque eu odeio todas essas coisas", declara o SENHOR.

¹⁸ Mais uma vez veio a mim a palavra do SENHOR dos Exércitos. ¹⁹ Assim diz o SENHOR dos Exércitos:

"Os jejuns do quartoˢ mês, bem como os do quinto,ᵗ do sétimoᵘ e do décimoᵛ mês serão ocasiões alegresʷ e cheias de júbilo, festas felizes para o povo de Judá. Por isso amem a verdadeˣ e a paz."

²⁰ Assim diz o SENHOR dos Exércitos: "Povos e habitantes de muitas cidades ainda virão, ²¹ e os habitantes de uma cidade irão a outra e dirão: 'Vamos logo suplicar o favorʸ do SENHOR e buscar o SENHOR dos Exércitos. Eu mesmo já estou indo.' ²² E muitos povos e nações poderosas virão buscar o SENHOR dos Exércitos em Jerusalém e suplicar o seu favor".ᶻ

²³ Assim diz o SENHOR dos Exércitos: "Naqueles dias, dez homens de todas as

línguas e nações agarrarão firmemente a barra das vestes de um judeu e dirão: 'Nós vamos com você porque ouvimos dizer que Deus está com o seu povo'".ᵃ

Julgamento dos Inimigos de Israel

9 A advertência do Senhor é contra a terra de Hadraque
e cairá sobre Damasco,ᵇ
porque os olhos do Senhor estão sobre toda a humanidade
e sobre todas as tribos de Israel
² e também sobre Hamateᶜ que faz fronteira com Damasco
e sobre Tiroᵈ e Sidom, embora sejam muito sábias.
³ Tiro construiu para si uma fortaleza;
acumulou prata como pó,
e ouro como lama das ruas.ᵉ
⁴ Mas o Senhor se apossará dela
e lançará no mar suas riquezas,
e ela será consumida pelo fogo.ᶠ
⁵ Ao ver isso Ascalom ficará com medo;
Gaza também se contorcerá de agonia,
assim como Ecrom,
porque a sua esperança fracassou.
Gaza perderá o seu rei,
e Ascalom ficará deserta.
⁶ Um povo bastardo ocupará Asdode,
e assim eu acabarei
com o orgulho dos filisteus.
⁷ Tirarei o sangue de suas bocas
e a comida proibida
entre os seus dentes.
Aquele que restar pertencerá
ao nosso Deus
e se tornará chefe em Judá,
e Ecrom será como os jebuseus.
⁸ Defenderei a minha casa
contra os invasores.
Nunca mais um opressor
passará por cima do meu povo,
porque agora eu vejo isso
com os meus próprios olhos.ᵍ

A Vinda do Rei de Sião

⁹ Alegre-se muito, cidade¹ de Sião!
Exulte, Jerusalém!
Eis que o seu rei² vem a você,
justo e vitorioso,ʰ
humilde e montado num jumento,
um jumentinho, cria de jumenta.ⁱ
¹⁰ Ele destruirá
os carros de guerra de Efraim
e os cavalos de Jerusalém,
e os arcos de batalha serão quebrados.ʲ
Ele proclamará paz às nações
e dominará de um mar a outro
e do Eufrates³ até os confins da terra⁴.ᵏ
¹¹ Quanto a você, por causa do sangue
da minha aliançaˡ com você,
libertarei os seus prisioneirosᵐ
de um poço sem água.
¹² Voltem à sua fortaleza,ⁿ
ó prisioneiros da esperança;
pois hoje mesmo anuncio que restaurarei
tudo em dobro para vocês.
¹³ Quando eu curvar Judá
como se curva um arco
e usar Efraimᵒ como flecha,
levantarei os filhos de Sião
contra os filhos da Gréciaᵖ
e farei Sião semelhante
à espada de um guerreiro.ᑫ

O Aparecimento do Senhor

¹⁴ Então o Senhor aparecerá sobre eles;ʳ
sua flecha brilhará como o relâmpago.ˢ
O Soberano, o Senhor,
tocará a trombeta
e marchará em meio às tempestadesᵗ do sul;
¹⁵ o Senhor dos Exércitos os protegerá.ᵘ
Eles pisotearão e destruirão
as pedras das atiradeiras.

---

¹ 9.9 Hebraico: *filha*.
² 9.9 Ou *Rei*
³ 9.10 Hebraico: *do Rio*.
⁴ 9.10 Ou *da nação*

Eles beberão o sangue do inimigo
  como se fosse vinho;
estarão cheios como a bacia
  usada para aspergir¹ água
    nos cantos^v do altar.
¹⁶ Naquele dia, o Senhor, o seu Deus,
  os salvará como rebanho do seu povo
e como joias de uma coroa^w
  brilharão em sua terra.
¹⁷ Ah! Como serão belos!
  Como serão formosos!
O trigo dará vigor aos rapazes,
  e o vinho novo às moças.

O Cuidado do Senhor por Judá

10 Peça ao Senhor
  chuva de primavera,
pois é o Senhor quem faz o trovão,
  quem envia a chuva aos homens
  e lhes dá as plantas do campo.
² Porque os ídolos^x falam mentiras,
os adivinhadores têm falsas visões
  e contam sonhos enganadores;
o consolo que trazem é vão.
Por isso o povo vagueia como ovelhas
  aflitas pela falta de um pastor.^y
³ "Contra os pastores
  acende-se a minha ira,
e contra os líderes^z eu agirei."
Porque o Senhor dos Exércitos
  cuidará de seu rebanho, o povo de
    Judá,
ele fará dele o seu vigoroso cavalo
  de guerra.
⁴ Dele virão a pedra fundamental
  e a estaca da tenda,^a
o arco da batalha^b e os governantes.
⁵ Juntos serão² como guerreiros
  que pisam a lama das ruas
    na batalha.^c
Lutarão e derrubarão os cavaleiros^d
  porque o Senhor estará com eles.

⁶ "Assim, eu fortalecerei a tribo de Judá
  e salvarei a casa de José.

Eu os restaurarei
  porque tenho compaixão deles.^e
Eles serão como se
  eu nunca os tivesse rejeitado,
porque eu sou o Senhor, o Deus deles
  e lhes responderei.^f
⁷ Efraim será como um homem
    poderoso;
seu coração se alegrará
  como se fosse com vinho,^g
seus filhos o verão e se alegrarão;
  seus corações exultarão no Senhor.
⁸ Assobiarei^h para eles e os ajuntarei,
  pois eu já os resgatei.
Serão numerosos^i como antes.
⁹ Embora eu os espalhe por entre
  os povos de terras distantes,
  eles se lembrarão de mim.^j
Criarão seus filhos e voltarão.
¹⁰ Eu os farei retornar do Egito
  e os ajuntarei de volta da Assíria.^k
Eu os levarei para as terras de Gileade^l
  e do Líbano,
e mesmo assim não haverá espaço^m
  suficiente para eles.
¹¹ Vencerei o mar da aflição,
  ferirei o mar revoltoso,
e as profundezas do Nilo se secarão.^n
O orgulho da Assíria^o será abatido
  e o poder do Egito^p será derrubado.
¹² Eu os fortalecerei no Senhor,
  e em meu nome marcharão",^q
diz o Senhor.

11 Abra as suas portas, ó Líbano,^r
  para que o fogo devore os seus cedros.
² Agonize, ó pinheiro,
  porque o cedro caiu
e as majestosas árvores
  foram devastadas.
Agonizem, carvalhos de Basã,
  pois a floresta densa^s
  está sendo derrubada.
³ Ouçam o gemido dos pastores;
os seus formosos pastos
  foram devastados.

---

¹ **9.15** Ou *aspergir, como*
² **10.4,5** Ou *governará, todos eles juntos.* 5*Eles serão*

9.15
^e Ex 27.2
9.16
^w Is 62.3;
Jr 31.11
10.2
^x Ez 21.21
^y Ez 34.5;
Os 3.4;
Mt 9.36
10.3
^z Jr 25.34
10.4
^a Is 22.23
^b Zc 9.10
10.5
^c 2Sm 22.43
^d Am 2.15;
Ag 2.22
10.6
^e Zc 8.7-8
^f Zc 13.9
10.7
^g Zc 9.15
10.8
^h Is 5.26
^i Jr 33.22;
Ez 36.11
10.9
^j Ez 6.9
10.10
^k Is 11.11
^l Jr 50.19
^m Is 49.19
10.11
^n Is 19.5-7;
51.10
^o So 2.13
^p Ez 30.13
10.12
^q Mq 4.5
11.1
^r Ez 31.3
11.2
^s Is 32.19

Ouçam o rugido dos leões;
pois a rica floresta do Jordão
foi destruída.*t*

Dois Pastores

⁴ Assim diz o Senhor, o meu Deus: "Pastoreie o rebanho destinado à matança, ⁵ porque os seus compradores o matam e ninguém os castiga. Aqueles que o vendem dizem: 'Bendito seja o Senhor, estou rico!' Nem os próprios pastores poupam o rebanho."*u* ⁶ Por isso, não pouparei mais os habitantes desta terra", diz o Senhor. "Entregarei cada um ao seu próximo*v* e ao seu rei. Eles acabarão com a terra e eu não livrarei ninguém das suas mãos".*w*

⁷ Eu me tornei pastor do rebanho destinado à matança, os oprimidos do rebanho. Então peguei duas varas e chamei a uma Favor e a outra União, e com elas pastoreei o rebanho. ⁸ Em um só mês eu me livrei dos três pastores. Porque eu me cansei deles e o rebanho me detestava. ⁹ Então eu disse: Não serei o pastor de vocês. Morram as que estão morrendo, pereçam as que estão perecendo.*x* E as que sobrarem comam a carne umas das outras.

¹⁰ Então peguei a vara chamada Favor*y* e a quebrei, cancelando*z* a aliança que tinha feito com todas as nações. ¹¹ Foi cancelada naquele dia, e assim os aflitos do rebanho que estavam me olhando entenderam que essa palavra era do Senhor.

¹² Eu lhes disse: Se acharem melhor assim, paguem-me; se não, não me paguem. Então eles me pagaram trinta moedas de prata.*a*

¹³ E o Senhor me disse: "Lance isto ao oleiro", o ótimo preço pelo qual me avaliaram! Por isso tomei as trinta moedas de prata e as atirei no templo do Senhor, para o oleiro.*b*

¹⁴ Depois disso, quebrei minha segunda vara, chamada União, rompendo a relação de irmãos entre Judá e Israel.

¹⁵ Então o Senhor me disse: "Pegue novamente os utensílios de um pastor insensato. ¹⁶ Porque levantarei nesta terra um pastor que não se preocupará com as ovelhas perdidas, nem procurará a que está solta, nem curará as machucadas, nem alimentará as sadias, mas comerá a carne das ovelhas mais gordas, arrancando as suas patas.

¹⁷ "Ai do pastor imprestável,*c*
que abandona o rebanho!
Que a espada fira o seu braço*d*
e fure o seu olho direito!
Que o seu braço seque completamente,
e fique totalmente cego*e*
o seu olho direito!"

A Destruição dos Inimigos de Jerusalém

12 Esta é a palavra do Senhor para Israel; palavra do Senhor que estende o céu,*f* assenta o alicerce da terra*g* e forma o espírito do homem*h* dentro dele:

² "Farei de Jerusalém uma taça*i* que embriague todos os povos ao seu redor, todos os que estarão no cerco*j* contra Judá*k* e Jerusalém. ³ Naquele dia, quando todas as nações*l* da terra estiverem reunidas para atacá-la, farei de Jerusalém uma pedra pesada*m* para todas as nações. Todos os que tentarem levantá-la se machucarão*n* muito. ⁴ Naquele dia, porei em pânico todos os cavalos e deixarei loucos os seus cavaleiros", diz o Senhor. "Protegerei o povo de Judá, mas cegarei todos os cavalos das nações.*o* ⁵ Então os líderes de Judá pensarão: 'Os habitantes de Jerusalém são fortes porque o Senhor dos Exércitos é o seu Deus!'

⁶ "Naquele dia, farei que os líderes de Judá sejam semelhantes a um braseiro*p* no meio de um monte de lenha, como uma tocha incandescente entre gravetos. Eles consumirão*q* à direita e à esquerda todos os povos ao redor, mas Jerusalém permanecerá intacta em seu lugar.

⁷ "O Senhor salvará primeiro as tendas de Judá, para que a honra da família de Davi e dos habitantes de Jerusalém não seja superior à de Judá.*r* ⁸ Naquele dia, o Senhor protegerá*s* os que vivem em Jerusalém e assim o mais fraco deles será como Davi, e a

família de Davi será como Deus, como o anjo do Senhor que vai adiante deles.

Arrependimento dos Habitantes de Jerusalém

⁹ "Naquele dia, procurarei destruir todas as nações que atacarem Jerusalém. ¹⁰ E derramarei sobre a família de Davi e sobre os habitantes de Jerusalém um espírito¹ de ação de graças e de súplicas. Olharão para mim, aquele a quem traspassaram, e chorarão por ele como quem chora a perda de um filho único e se lamentarão amargamente por ele como quem lamenta a perda do filho mais velho. ¹¹ Naquele dia, muitos chorarão em Jerusalém, como os que choraram em Hadade-Rimom no vale de Megido. ¹² Todo o país chorará, separadamente cada família com suas mulheres chorará: a família de Davi com suas mulheres, a família de Natã com suas mulheres, ¹³ a família de Levi com suas mulheres, a família de Simei com suas mulheres, ¹⁴ e todas as demais famílias com suas mulheres.

A Eliminação dos Profetas

13 "Naquele dia, uma fonte jorrará para os descendentes de Davi e para os habitantes de Jerusalém, para purificá-los do pecado e da impureza.

² "Naquele dia, eliminarei da terra de Israel os nomes dos ídolos, e nunca mais serão lembrados", diz o Senhor dos Exércitos. "Removerei da terra tanto os profetas como o espírito imundo. ³ E, se alguém ainda profetizar, seu próprio pai e sua mãe lhe dirão: 'Você deve morrer porque disse mentiras em nome do Senhor'. Quando ele profetizar, os seus próprios pais o esfaquearão.

⁴ "Naquele dia, todo profeta se envergonhará de sua visão profética. Não usará o manto de profeta, feito de pele, para enganar. ⁵ Ele dirá: 'Eu não sou profeta. Sou um homem do campo; a terra tem sido o meu sustento desde a minha mocidade².' ⁶ Se alguém lhe perguntar: 'Que feridas são estas no seu corpo?³', ele responderá: 'Fui ferido na casa de meus amigos'.

O Pastor Ferido e as Ovelhas Dispersas

⁷ "Levante-se, ó espada,
contra o meu pastor,
contra o meu companheiro!",
declara o Senhor dos Exércitos.
"Fira o pastor,
e as ovelhas se dispersarão,
e voltarei minha mão
para os pequeninos.
⁸ Na terra toda, dois terços
serão ceifados e morrerão;
todavia a terça parte permanecerá",
diz o Senhor.
⁹ "Colocarei essa terça parte no fogo
e a refinarei como prata
e a purificarei como ouro.
Ela invocará o meu nome,
e eu lhe responderei.
É o meu povo, direi;
e ela dirá: 'O Senhor é o meu Deus.'"

A Vinda do Reino do Senhor

14 Vejam, o dia do Senhor virá, quando no meio de vocês os seus bens serão divididos.

² Reunirei todos os povos para lutarem contra Jerusalém; a cidade será conquistada, as casas saqueadas e as mulheres violentadas. Metade da população será levada para o exílio, mas o restante do povo não será tirado da cidade.

³ Depois o Senhor sairá para a guerra contra aquelas nações, como ele faz em dia de batalha. ⁴ Naquele dia, os seus pés estarão sobre o monte das Oliveiras, a leste de Jerusalém, e o monte se dividirá ao meio, de leste a oeste, por um grande vale; metade do monte será removido para o norte, e a outra metade para o sul. ⁵ Vocês fugirão pelo meu vale entre os montes, pois ele se estenderá até Azel. Fugirão como fugiram

---

¹ **12.10** Ou *o Espírito*
² **13.5** Ou *um homem vendeu-me em minha mocidade*
³ **13.6** Ou *em suas mãos?*

do terremoto¹ˣ nos dias de Uzias, rei de Judá. Então o Senhor, o meu Deus, viráʸ com todos os seus santos.ᶻ

⁶ Naquele dia, não haverá calor nem frio.ᵃ ⁷ Será um dia único,ᵇ um dia que o Senhor conhece, no qual não haverá separação entre dia e noite,ᶜ porque, mesmo depois de anoitecer, haverá claridade.ᵈ

⁸ Naquele dia, águas correntesᵉ fluirão de Jerusalém, metade delas para o mar do leste²ᶠ e metade para o mar do oeste³. Isso acontecerá tanto no verão como no inverno.

⁹ O Senhor será rei de toda a terra.ᵍ Naquele dia, haverá um só Senhor e o seu nome será o único nome.ʰ

¹⁰ A terra toda, desde Gebaⁱ até Rimom, ao sul de Jerusalém, será semelhante à Arabá. Mas Jerusalém será restabelecidaʲ e permanecerá em seu lugar,ᵏ desde a porta de Benjamim até o lugar da primeira porta, até a porta da Esquina, e desde a torre de Hananeel até os tanques de prensar uvas do rei. ¹¹ Será habitada; nunca mais será destruída. Jerusalém estará segura.ˡ

¹² Esta é a praga com a qual o Senhor castigará todas as nações que lutarem contra Jerusalém: sua carne apodrecerá enquanto estiverem ainda em pé, seus olhos apodrecerão em suas órbitas e sua língua apodrecerá em sua boca.ᵐ ¹³ Naquele dia, grande confusão causada pelo Senhor dominará essas nações. Cada um atacará o que estiver ao seu lado.ⁿ ¹⁴ Também Judáᵒ lutará em Jerusalém. A riqueza de todas as nações vizinhas será recolhida,ᵖ grandes quantidades de ouro, prata e roupas. ¹⁵ A mesma pragaᑫ cairá sobre cavalos e mulas, camelos e burros, sobre todos os animais daquelas nações.

¹⁶ Então, os sobreviventes de todas as nações que atacaram Jerusalém subirão ano após ano para adorar o rei, o Senhor dos Exércitos, para celebrar a festa das cabanas⁴.ʳ ¹⁷ Se algum dentre os povos da terra não subir a Jerusalém para adorar o Rei, o Senhor dos Exércitos, não virá para ele a chuva.ˢ ¹⁸ Se os egípcios não subirem para participar, o Senhor mandará sobre eles a praga com a qual afligirá as nações que se recusarem a subir para celebrar a festa das cabanas.ᵗ ¹⁹ Sim, essa será a punição do Egito e de todas as nações que não subirem para celebrar a festa das cabanas.

²⁰ Naquele dia, estará inscrito nas sinetas penduradas nos cavalos: "Separado para o Senhor". Os caldeirõesᵘ do templo do Senhor serão tão sagradosᵛ quanto as bacias diante do altar. ²¹ Cada panela de Jerusalém e de Judá será separadaʷ para o Senhor dos Exércitos, e todos os que vierem sacrificar pegarão panelas e cozinharão nelas. E, a partir daquele dia,ˣ nunca mais haverá comerciantes⁵ʸ no templo do Senhor dos Exércitos.ᶻ

14.5
ˣAm 1.1
ʸIs 29.6; 66.15-16
ᶻMt 16.27; 25.31

14.6
ᵃIs 13.10; Jr 4.23

14.7
ᵇJr 30.7
ᶜAp 21.23-25; 22.5
ᵈIs 30.26

14.8
ᵉEz 47.1-12; Jo 7.38; Ap 22.1-2
ᶠJl 2.20

14.9
ᵍDt 6.4; Is 45.24; Ap 11.15
ʰEf 4.5-6

14.10
ⁱ1Rs 15.22
ʲJr 30.18; Am 9.11
ᵏZc 12.6

14.11
ˡEz 34.25-28

14.12
ᵐLv 26.16; Dt 28.22

14.13
ⁿZc 11.6

14.14
ᵒZc 12.2
ᵖIs 23.18

14.15
ᑫv. 12

14.16
ʳIs 60.6-9

14.17
ˢJr 14.4; Am 4.7

14.18
ᵗv. 12

14.20
ᵘEz 46.20
ᵛZc 9.15

14.21
ʷRm 14.6-7; 1Co 10.31
ˣNe 8.10
ʸZc 9.8
ᶻEz 44.9

---

¹ **14.5** Ou *Meu vale dos montes será fechado e se estenderá até Azel. Ele será fechado desse modo por causa do terremoto*

² **14.8** Isto é, o mar Morto.

³ **14.8** Isto é, o Mediterrâneo.

⁴ **14.16** Ou *dos tabernáculos*; hebraico: *sucote*; também nos versículos 18 e 19.

⁵ **14.21** Hebraico: *cananeus*.

Introdução a MALAQUIAS

PANO DE FUNDO

Malaquias é o último dos profetas do Antigo Testamento; o nome não é mencionado em nenhum outro lugar da Bíblia. De acordo com uma tradição judaica, Malaquias era um levita que era parte da "Grande Sinagoga", que coletou e preservou o Antigo Testamento. O nome Malaquias significa "meu mensageiro".

No tempo de Malaquias, o povo estava desencorajado por causa de sacerdotes corruptos e tinha uma atitude complacente a respeito do seu relacionamento com Deus. Malaquias escreve para condenar seu comportamento.

MENSAGEM

O livro começa com uma forte declaração do amor de Deus por seu povo. Continua com Deus pedindo aos sacerdotes que lhe deem a devida honra — nos sacrifícios e no ensino. Deus então repreende seu povo por sua infidelidade de uns para com os outros, particularmente em termos de divórcio, casamento com idólatras e violência. Depois de uma advertência de julgamento, que é como um interlúdio — o "fogo do ourives" (3.2) —, a profecia se volta para questões do povo roubando a Deus por não entregar os dízimos no "depósito do templo". Serve-se a Deus em vão? Não. Deus irá punir o ímpio e recompensar o justo. Malaquias termina com uma promessa de Elias como precursor do Senhor que virá.

ÉPOCA

O ministério de Malaquias foi cerca de um século depois de outros profetas pós-exílicos (Ageu e Zacarias). O uso de uma palavra persa para governador (*pechah*) em 1.8 mostra que Malaquias foi escrito quando a Pérsia controlava Judá (539-333 a.C.), possivelmente quando Neemias voltou temporariamente à Pérsia; essa mesma palavra aparece em Neemias 5.14 e em Ageu. Quatro séculos de silêncio se passam entre o tempo de Malaquias e os eventos registrados no Novo Testamento.

ESBOÇO

I. O amor de Deus por seu povo	1.1-5
II. Os pecados dos sacerdotes	1.6—2.9
III. Os pecados do povo	2.10-17
IV. O mensageiro que virá	3.1-5
V. Dízimos e serviço	3.6-18
VI. O dia do Senhor	4.1-6

MALAQUIAS 1.1

1 Uma advertência[a]: a palavra[b] do Senhor contra Israel, por meio de Malaquias[1].

O Amor de Deus por Israel

2 "Eu sempre os amei[c]", diz o Senhor.

"Mas vocês perguntam: 'De que maneira nos amaste?'

"Não era Esaú irmão de Jacó?[d]", declara o Senhor. "Todavia eu amei Jacó, **3** mas rejeitei Esaú. Transformei suas montanhas em terra devastada[e] e as terras de sua herança em morada de chacais do deserto.[f]"

4 Embora Edom afirme: "Fomos esmagados, mas reconstruiremos[g] as ruínas", assim diz o Senhor dos Exércitos:

"Podem construir, mas eu demolirei. Eles serão chamados Terra Perversa, povo contra quem o Senhor[h] está irado para sempre. **5** Vocês verão isso com os seus próprios olhos e exclamarão: 'Grande[i] é o Senhor, até mesmo além das fronteiras de Israel!'[2]"

A Rejeição dos Sacrifícios Impuros

6 "O filho honra seu pai, e o servo, o seu senhor. Se eu sou pai, onde está a honra que me é devida? Se eu sou senhor, onde está o temor que me devem?", pergunta o Senhor dos Exércitos[j] a vocês, sacerdotes. "São vocês que desprezam[k] o meu nome!

"Mas vocês perguntam: 'De que maneira temos desprezado o teu nome?'

7 "Trazendo comida impura[m] ao meu altar!

"E mesmo assim ainda perguntam: 'De que maneira te desonramos?'

"Ao dizerem que a mesa do Senhor é desprezível.

8 "Na hora de trazerem animais cegos para sacrificar, vocês não veem mal algum. Na hora de trazerem animais aleijados e doentes[n] como oferta, também não veem mal algum. Tentem oferecê-los de presente ao governador! Será que ele se agradará de vocês? Será que os atenderá?", pergunta o Senhor dos Exércitos.[o]

9 "E agora, sacerdotes, tentem apaziguar Deus para que tenha compaixão de nós! Será que com esse tipo de oferta[p] ele os atenderá?", pergunta o Senhor dos Exércitos.

10 "Ah, se um de vocês fechasse as portas do templo! Assim ao menos não acenderiam o fogo do meu altar inutilmente. Não tenho prazer[q] em vocês", diz o Senhor dos Exércitos,[o] "e não aceitarei as suas ofertas.[r] **11** Pois, do oriente ao ocidente, grande é o meu nome entre as nações. Em toda parte incenso[s] é queimado e ofertas puras são trazidas ao meu nome, porque grande é o meu nome[3] entre as nações", diz o Senhor dos Exércitos.

12 "Mas vocês o profanam ao dizerem que a mesa do Senhor é imunda e que a sua comida é desprezível.[t] **13** E ainda dizem: 'Que canseira![u]' e riem dela com desprezo", diz o Senhor dos Exércitos.

"Quando vocês trazem animais roubados, aleijados e doentes e os oferecem em sacrifício, deveria eu aceitá-los de suas mãos?", pergunta o Senhor.

14 "Maldito seja o enganador que, tendo no rebanho um macho sem defeito, promete oferecê-lo e depois sacrifica para mim um animal defeituoso[v]", diz o Senhor dos Exércitos; "pois eu sou um grande rei,[w] e o meu nome é[4] temido entre as nações."

A Repreensão aos Sacerdotes

2 "E agora esta advertência é para vocês, ó sacerdotes.[x] **2** Se vocês não derem ouvidos e não se dispuserem a honrar o meu nome", diz o Senhor dos Exércitos, "lançarei maldição[y] sobre vocês e até amaldiçoarei as suas bênçãos. Aliás, já as amaldiçoei, porque vocês não me honram de coração.

3 "Por causa de vocês eu destruirei[5] a sua descendência[6]; esfregarei na cara de vocês os excrementos dos animais[z] oferecidos

---

[1] 1.1 *Malaquias* significa *meu mensageiro*.
[2] 1.5 Ou *Grande é o Senhor sobre o território de Israel!*
[3] 1.11 Ou *grande será ... incenso será queimado e ofertas puras serão trazidas ... meu nome será grande ...*
[4] 1.14 Ou *deve ser*
[5] 2.3 Hebraico: *repreenderei*.
[6] 2.3 Ou *o seu trigo*

1.1
[a] Na 1.11
[b] 1Pe 4.11
1.2
[c] Dt 4.37
[d] Rm 9.13
1.3
[e] Is 34.10
[f] Ez 35.3-9
1.4
[g] Is 9.10
[h] Ez 25.12-14
1.5
[i] Sl 35.27; Mq 5.4
[j] Am 1.11,12
1.6
[k] Is 1.2
[l] Jó 5.15
1.7
[m] v. 12; Lv 21.6
1.8
[n] Lv 22.22; Dt 15.21
[o] Is 43.23
1.9
[p] Lv 23.33-44
1.10
[q] Os 5.6
[r] Is 1.11-14; Jr 14.12
1.11
[s] Is 60.6,7; Ap 8.3
1.12
[t] v. 7
1.13
[u] Is 43.22-24
1.14
[v] Lv 22.18-21
[w] 1Tm 6.15
2.1
[x] v. 7
2.2
[y] Dt 28.20
2.3
[z] Ex 29.14

em sacrifício em suas festas e lançarei vocês fora, com os excrementos.*a* **4** Então vocês saberão que fui eu que fiz a vocês esta advertência para que a minha aliança com Levi*b* fosse mantida", diz o Senhor dos Exércitos.

5 "A minha aliança com ele foi uma aliança*c* de vida e de paz,*d* que na verdade lhe dei para que me temesse. Ele me temeu e tremeu diante do meu nome. **6** A verdadeira lei*e* estava em sua boca e nenhuma falsidade achou-se em seus lábios. Ele andou comigo em paz e retidão e desviou muitos do pecado.*f*

7 "Porque os lábios do sacerdote*g* devem guardar o conhecimento,*h* e da sua boca todos esperam a instrução na Lei, porque ele é o mensageiro*i* do Senhor dos Exércitos. **8** Mas vocês se desviaram do caminho e pelo seu ensino causaram a queda*j* de muita gente; vocês quebraram a aliança de Levi", diz o Senhor dos Exércitos.

9 "Por isso eu fiz que fossem desprezados*k* e humilhados diante de todo o povo, porque vocês não seguem os meus caminhos, mas são parciais quando ensinam*l* a Lei."

A Infidelidade de Judá

10 Não temos todos o mesmo Pai?² *l* Não fomos todos criados pelo mesmo Deus? Por que será, então, que quebramos a aliança*m* dos nossos antepassados sendo infiéis uns com os outros?

11 Judá tem sido infiel. Uma coisa repugnante foi cometida em Israel e em Jerusalém; Judá desonrou o santuário que o Senhor ama; homens casaram-se*n* com mulheres que adoram deuses estrangeiros.*o*

12 Que o Senhor lance fora*p* das tendas de Jacó o homem que faz isso, seja ele quem for,³ mesmo que esteja trazendo ofertas*q* ao Senhor dos Exércitos.

13 Há outra coisa que vocês fazem: Enchem de lágrimas o altar do Senhor; choram e gemem porque ele já não dá atenção*r* às suas ofertas nem as aceita com prazer. **14** E vocês ainda perguntam: "Por quê?" É porque o Senhor é testemunha entre você e a mulher da sua mocidade,*s* pois você não cumpriu a sua promessa de fidelidade, embora ela fosse a sua companheira, a mulher do seu acordo matrimonial.

15 Não foi o Senhor que os fez um só?*t* Em corpo e em espírito eles lhe pertencem. E por que um só? Porque ele desejava uma descendência consagrada.⁴ "Portanto, tenham cuidado: Ninguém seja infiel à mulher da sua mocidade.

16 "Eu odeio o divórcio"*v*, diz o Senhor, o Deus de Israel, "e também odeio homem que se cobre de violência⁵ como se cobre de roupas", diz o Senhor dos Exércitos.

Por isso, tenham bom senso; não sejam infiéis.

O Dia do Julgamento

17 Vocês têm cansado*w* o Senhor com as suas palavras.

"Como o temos cansado?", vocês ainda perguntam. Quando dizem: "Todos os que fazem o mal são bons aos olhos do Senhor, e ele se agrada deles" e também quando perguntam: "Onde está o Deus da justiça?"

3 "Vejam, eu enviarei o meu mensageiro, que preparará o caminho diante de mim.*x* E então, de repente, o Senhor que vocês buscam virá para o seu templo; o mensageiro da aliança, aquele que vocês desejam, virá", diz o Senhor dos Exércitos.

2 Mas quem suportará o dia da sua vinda?*y* Quem ficará em pé quando ele aparecer? Porque ele será como o fogo do ourives*z* e como o sabão do lavandeiro. **3** Ele se assentará como um refinador e purificador de prata;*a* purificará*b* os levitas e os refinará como ouro e prata. Assim trarão ao

---

¹ 2.9 Ou *aplicam*
² 2.10 Ou *pai*
³ 2.12 Ou *Que o Senhor corte das tendas de Jacó qualquer pessoa que dê testemunho em favor do homem que faz isso,*
⁴ 2.15 Ou *Mas aquele que é nosso pai não fez isso, não enquanto a vida esteve nele. E o que ele buscava? Uma descendência de Deus.*
⁵ 2.16 Ou *cobre sua mulher de violência*

Senhor ofertas com justiça. ⁴ Então as ofertas de Judá e de Jerusalém serão agradáveis ao Senhor, como nos dias passados, como nos tempos antigos.

⁵ "Eu virei a vocês trazendo juízo. Sem demora testemunharei contra os feiticeiros, contra os adúlteros, contra os que juram falsamente e contra aqueles que exploram os trabalhadores em seus salários, que oprimem os órfãos e as viúvas e privam os estrangeiros dos seus direitos e não têm respeito por mim", diz o Senhor dos Exércitos.

Roubando a Deus

⁶ "De fato, eu, o Senhor, não mudo. Por isso vocês, descendentes de Jacó, não foram destruídos. ⁷ Desde o tempo dos seus antepassados vocês se desviaram dos meus decretos e não lhes obedeceram. Voltem para mim e eu voltarei para vocês", diz o Senhor dos Exércitos.

"Mas vocês perguntam: 'Como voltaremos?'

⁸ "Pode um homem roubar de Deus? Contudo vocês estão me roubando. E ainda perguntam: 'Como é que te roubamos?' Nos dízimos e nas ofertas. ⁹ Vocês estão debaixo de grande maldição porque estão me roubando; a nação toda está me roubando. ¹⁰ Tragam o dízimo todo ao depósito do templo, para que haja alimento em minha casa. Ponham-me à prova", diz o Senhor dos Exércitos, "e vejam se não vou abrir as comportas dos céus e derramar sobre vocês tantas bênçãos que nem terão onde guardá-las. ¹¹ Impedirei que pragas devorem suas colheitas, e as videiras nos campos não perderão o seu fruto", diz o Senhor dos Exércitos. ¹² "Então todas as nações os chamarão felizes, porque a terra de vocês será maravilhosa", diz o Senhor dos Exércitos.

¹³ "Vocês têm dito palavras duras contra mim", diz o Senhor. "Ainda assim perguntam: 'O que temos falado contra ti?'

¹⁴ "Vocês dizem: 'É inútil servir a Deus. O que ganhamos quando obedecemos aos seus preceitos e ficamos nos lamentando diante do Senhor dos Exércitos? ¹⁵ Por isso, agora consideramos felizes os arrogantes, pois tanto prosperam os que praticam o mal como escapam ilesos os que desafiam Deus!' "

¹⁶ Depois, aqueles que temiam o Senhor conversaram uns com os outros, e o Senhor os ouviu com atenção. Foi escrito um livro como memorial na sua presença acerca dos que temiam o Senhor e honravam o seu nome.

¹⁷ "No dia em que eu agir", diz o Senhor dos Exércitos, "eles serão o meu tesouro pessoal. Eu terei compaixão deles como um pai tem compaixão do filho que lhe obedece. ¹⁸ Então vocês verão novamente a diferença entre o justo e o ímpio, entre os que servem a Deus e os que não o servem.

O Dia do Senhor

4 "Pois certamente vem o dia, ardente como uma fornalha. Todos os arrogantes e todos os malfeitores serão como palha, e aquele dia, que está chegando, ateará fogo neles", diz o Senhor dos Exércitos. "Não sobrará raiz ou galho algum. ² Mas, para vocês que reverenciam o meu nome, o sol da justiça se levantará trazendo cura em suas asas. E vocês sairão e saltarão como bezerros soltos do curral. ³ Depois esmagarão os ímpios, que serão como pó sob as solas dos seus pés, no dia em que eu agir", diz o Senhor dos Exércitos.

⁴ "Lembrem-se da Lei do meu servo Moisés, dos decretos e das ordenanças que lhe dei em Horebe para todo o povo de Israel.

⁵ "Vejam, eu enviarei a vocês o profeta Elias antes do grande e temível dia do Senhor. ⁶ Ele fará com que os corações dos pais se voltem para seus filhos, e os corações dos filhos para seus pais; do contrário, eu virei e castigarei a terra com maldição."

---

¹ 3.17 Ou *"No dia em que eu fizer deles o meu tesouro pessoal"*, diz o Senhor dos Exércitos.

NOVO TESTAMENTO

PREGAÇÃO, ORAÇÃO CORPORATIVA E DISCIPULADO

Construindo uma cultura de discipulado

> *Andando à beira do mar da Galileia, Jesus viu dois irmãos: Simão, chamado Pedro, e seu irmão André. Eles estavam lançando redes ao mar, pois eram pescadores. E disse Jesus: "Sigam-me, e eu os farei pescadores de homens". No mesmo instante eles deixaram as suas redes e o seguiram.*
>
> *Indo adiante, viu outros dois irmãos: Tiago, filho de Zebedeu, e João, seu irmão. Eles estavam num barco com seu pai, Zebedeu, preparando as suas redes. Jesus os chamou, e eles, deixando imediatamente seu pai e o barco, o seguiram.*
>
> Mateus 4.18-22

Dallas Willard é um grande entusiasta do discipulado. Ele observa que "A palavra 'discípulo' ocorre 269 vezes no Novo Testamento; a palavra 'cristão' ocorre apenas três vezes.". No entanto, não se interessa apenas com estatística. Willard também defende com entusiasmo que "o grande desafio que o mundo enfrenta hoje, diante de todas as profundas necessidades, é se os cristãos se tornarão discípulos... de Jesus Cristo.".

Baseado em passagens como Mateus 4.18-22, é evidente que Jesus não chamou para si meros admiradores; ele chamou discípulos — verdadeiros discípulos que se tornam o que Willard chama de "estudantes, aprendizes e praticantes" de Jesus e seus ensinamentos. Gordon MacDonald chama a isso chamado pastoral para produzir "pessoas autênticas" na igreja. Isso obviamente demanda tempo — muito tempo. Mas, em certo sentido, a liderança de uma igreja concentra-se em tirar os empecilhos para que as pessoas ouçam e respondam afirmativamente à simples, porém radical, mensagem: "Venham, sigam-me".

PREGAÇÃO, ORAÇÃO CORPORATIVA E DISCIPULADO

Aspectos básicos do discipulado
Dallas Willard

A palavra "discípulo" ocorre 269 vezes no Novo Testamento; a palavra 'cristão' ocorre apenas três vezes. O Novo Testamento é um livro sobre discípulos, escrito por discípulos e destinado aos discípulos de Jesus Cristo. O grande desafio que o mundo enfrenta hoje, diante de todas as profundas necessidades, é se os cristãos se tornarão discípulos — estudantes, aprendizes, praticantes — de Jesus Cristo, dispostos a aprender continuamente com ele como viver a vida do Reino de Deus em todas as dimensões da existência humana. Eis algumas questões-chave sobre os aspectos básicos do discipulado ou da "formação espiritual".

O que é discipulado/formação espiritual?
Formação espiritual [ou discipulado] trata da formação de caráter. Assim como uma formação educacional, cada pessoa recebe formação espiritual. Formação espiritual na tradição cristã responde a uma pergunta humana específica: *Em que tipo de pessoa eu vou me tornar?* Tal resposta consiste em um processo de se estabelecer o caráter de Cristo em uma pessoa. É como assumir o caráter de Cristo no decorrer do processo de discipulado sob a direção do Espírito Santo e da Palavra de Deus.

Como normalmente se mede o discipulado?
Na verdade, há três evangelhos ouvidos na sociedade hoje. Um consiste no perdão de pecados. Outro diz respeito a ser fiel à igreja local: se você zelar por sua igreja, ela cuidará de você. Alguns desses aspectos podem realmente ser considerados discipulado, mas na verdade trata-se de *como se tornar igrejeiro*. O terceiro evangelho tem um caráter social — Jesus é a favor da libertação, e nós devemos nos dedicar a isso. Todos esses aspectos contêm importantes elementos de verdade. Não é possível desprezar nenhum deles. Mas torná-los o aspecto central e definir o discipulado a partir deles significa privar o discipulado de sua relação com a transformação do caráter. Infelizmente, o que às vezes acontece em todo tipo de instituição cristã não é formar pessoas com o caráter de Cristo; antes, é ensinar a conformidade exterior. Você não terá problema se não refletir o caráter de Cristo, mas certamente terá dificuldade se desobedecer a regras. A formação de caráter não se limita à mudança de comportamento.

Muitas igrejas medem coisas erradas. Elas medem frequência e contribuição, mas deveriam atentar para aspectos mais fundamentais como ira, desrespeito, honestidade e o grau pelo qual as pessoas são controladas por seus desejos. Esses elementos podem ser medidos, mas não tão facilmente quanto as ofertas.

Qual é a diferença entre discipulado e moralismo?
Jesus ensinou o discipulado, mas muitas vezes seus ensinamentos são confundidos com *moralismo (por exemplo, dar a outra face)*. Não há muita instrução sobre como fazer isso, portanto simplesmente supomos que não conseguiremos fazer o que Jesus instruiu. Por

Construindo uma cultura de discipulado

exemplo, tempos atrás eu estava em Belfast, lugar onde seria possível que o inimigo vivesse do outro lado da rua e pudesse matar seu filho. Eu falava para pastores e líderes de igreja sobre os ensinamentos de Jesus a respeito de amar os nossos inimigos. Um senhor afável se levantou e disse: "Falar aqui sobre amar o inimigo significa algo específico. Não tenho certeza de que somos capazes de cumpri-lo.". Eu perguntei: "Alguma igreja aqui está ensinando o povo a amar os inimigos?". Houve silêncio. Nenhuma estava. Esta é a pergunta que todos nós devemos fazer: *Você conhece alguma igreja que realmente esteja ensinando a amar o inimigo e como abençoar os que nos amaldiçoam?* Esse é um conteúdo extremamente radical, porque toca no cerne do comportamento.

O que precisamos é de mais exemplos de pessoas que realmente tenham um caráter semelhante a Cristo. Isaías levantou o problema das pessoas cujos lábios estão "próximos de mim", mas cujos corações estão "endurecidos"; Jesus também falou sobre isso. A formação espiritual consiste em desenvolver um coração unido a Deus — quer você viva em um apart-hotel de luxo quer nas ruas. A missão da igreja é promover essa formação. Não se trata de perfeição. Trata-se de aprender a fazer as coisas que Jesus fez e fazê-las como fruto de um coração que foi transformado por ele.

Uma visão para o discipulado
Gordon MacDonald

Toda igreja deve compartilhar um alvo comum — fazer discípulos de Jesus. Mas como é um verdadeiro discípulo? Qual é o nosso alvo quando nos esforçamos para cultivar o discipulado na igreja? Descobri doze qualidades centrais comuns nos discípulos de Jesus.

O discípulo se dedica totalmente a Jesus

Para mim, devoção sugere algo deliberado, até mesmo calculado. Não existe dedicação sem emoção, contudo não é definida por ela. Devoção inclui a determinação de se organizar a vida em torno de Jesus: na qualidade de caráter, no chamado para conhecer a Deus tal como Jesus o conhece, e na graça singular e no perdão dos pecados. Acredito que cristãos transformados renovam a intenção de ser regularmente fiéis à influência de Jesus — não por insegurança, mas porque não querem perder a "vantagem" de um compromisso proativo.

O discípulo tem uma visão de mundo fundamentada na Bíblia

O discípulo se esforça para conhecer bem a Bíblia — tanto seu conteúdo quanto seus mandamentos e orientações. Parece haver uma preocupação universal sobre o analfabetismo bíblico. Pode-se colocar a culpa na falta de tempo, na tecnologia, nas diversas traduções, no enfraquecimento da escola bíblica dominical, ou em qualquer outra coisa, mas uma coisa é certa: tudo indica que estamos perdendo o conhecimento prático da literatura sagrada. Achamos que não há problema em terceirizar o conhecimento da Bíblia a pregadores, autores e instrutores. Seguidores de Cristo transformados compreendem que não podem simplesmente viver dos monólogos do seu pregador preferido. Eles precisam — como descreve o salmista — esconder a palavra de Deus no próprio coração para que ela se torne lâmpada para os passos e luz para o caminho (Salmos 119.105).

O discípulo busca intencionalmente a direção de Deus
A carta de Paulo aos filipenses está repleta de termos militares como "obediência e responsabilidade" (Filipenses 2.12, *A Mensagem*). Como os soldados se preparam para a batalha, também os cristãos, Paulo diz, devem "exercitar-se" no papel de enfrentar um mundo moralmente perigoso.

Nenhum seguidor transformado de Cristo ficará satisfeito com a apatia espiritual. Antes, seguidores transformados de Jesus esperam enfrentar uma batalha. Haverá escolhas, oportunidades, oposições. E eles se preparam com persistência para enfrentar qualquer situação — o que às vezes é chamado de domínio próprio. Significa viver com intenção e comprometimento, desenvolvendo hábitos de vida em sintonia com Jesus e substituindo os que não estão de acordo.

O discípulo adora Deus em atitude de contínuo arrependimento
Como em todos demais relacionamentos pessoais, há um compasso apropriado de rotinas para manter o relacionamento com Deus. A adoração reflete bem isso. Como Isaías, um discípulo de Jesus adquire o senso de sua real dimensão e a necessidade de reconhecer suas formas singulares de quebrantamento. Em outras palavras, ele não vê dificuldade em arrepender-se dos pecados, diante de Deus e dos demais. Num ato de adoração como esse, somos lembrados dos propósitos e interesses de Deus.

Nossa diversidade de temperamentos leva cada um de nós a adorar de formas diferentes. O problema não é se a adoração é barulhenta e espontânea ou mais formal e criteriosamente preparada. O importante para o cristão transformado é evadir-se do lugar da adoração, sabendo que ele está em paz com Jesus. Não entretido, mas cheio de força e vigor.

O discípulo constrói relacionamentos humanos sadios e recíprocos
Um cristão em processo de transformação é fiel aos amigos, afável, atencioso e age como um servo do cônjuge, além de paciente e carinhoso com os filhos. Pessoas assim são prontas a reconhecer quando erram, a perdoar quando são ofendidas e a ajudar os que estão em dificuldade. Talvez tudo se resuma simplesmente no seguinte: Essa pessoa é alguém com a qual os outros se alegram, porque por onde for ela leva a "plenitude de Cristo" aos outros.

O discípulo se envolve com o mundo como um todo
A tentação da vida da igreja moderna é envolver a pessoa nos programas da igreja e consequentemente afastá-la de seus contatos de influência na sociedade. Um cristão transformado procura resistir a esse tipo de atração gravitacional. Procurará amizades com pessoas que estão em outros momentos da caminhada espiritual e contribuem para a comunidade como um todo, principalmente aqueles que promovem igualdade e alívio aos que sofrem. Em suma, o líder transformado não se deixará ser absorvido pela institucionalização religiosa.

Construindo uma cultura de discipulado

O discípulo tem consciência de um chamado pessoal
Os discípulos de Jesus acreditam que lhes foi dada uma missão. Isso se aplica não somente a pastores e missionários, mas a todos nós. Parte da transformação espiritual parece incluir a crescente sensibilidade a um "chamado", um algo "mais" que precisa ser realizado no nome de Jesus.

Aliado a essa sensibilidade vem um conjunto de competências singulares, frequentemente chamadas de dons espirituais. É muito agradável ver um novo seguidor de Cristo se despertar para uma força concedida pela plenitude do Espírito Santo. E, depois, como um broto de rosa exposto ao sol, o cristão transformado começa a florescer. O Espírito de Deus unge um indivíduo com poder e visão inesperados; e você chegará a ouvir alguém dizer: "Eu fui feito para isso!".

O discípulo é compassivo e generoso
O modelo é o impressionante Barnabé. Encontramos Barnabé pela primeira vez como melhor exemplo de generosidade da Igreja. Nós o vemos assumindo riscos quando acolhe Saulo de Tarso no círculo de cristãos em Jerusalém. É Barnabé quem observa uma igreja que anseia por alçar voos mais altos (Antioquia) em busca de novos estilos da vida comunitária — ele evita impedi-los; na verdade, ele os parabeniza. Barnabé mentoreia Saulo durante a primeira viagem missionária deste, contudo abre mão de sua liderança quando Paulo está maduro o suficiente para prosseguir seu próprio caminho. O mundo precisa de mais discípulos com espírito de generosidade, encorajamento e compaixão de Barnabé.

O discípulo percebe que sofrimento faz parte da fidelidade
"Mostrarei a ele quanto deve sofrer pelo meu nome", Deus diz a respeito de Saulo de Tarso. "[...] considerem motivo de grande alegria [quando você sofrer]", Tiago escreve. O sofrimento é causado por diversos fatores — até mesmo pelos nossos erros mais grosseiros. Mas, seja qual for a causa, um cristão transformado não se queixa, não fica com pena de si mesmo, não fica amargurado. Antes, ouve, confia e oferece a experiência que adquiriu a outros para benefício deles.

O discípulo está pronto para expressar sua fé
Seguidores de Cristo transformados buscam ansiosamente — e até oram por isso — oportunidades de expressar sua devoção a Cristo e oferecer aos outros um novo modo de vida.

O discípulo transborda de gratidão
A atitude humana padrão é receber algo e tomá-lo para si, como se tivéssemos o direito e merecêssemos a generosidade dos outros. Mas, de vez em quando, surge um discípulo que literalmente passa o dia procurando coisas pelas quais ser grato. A cada expressão de gratidão, esse discípulo afirma valores por aquilo que alguém (ou o próprio Deus) fez. Esse indivíduo raro acredita que nenhuma transição humana está completa até que seja totalmente valorada.

PREGAÇÃO, ORAÇÃO CORPORATIVA E DISCIPULADO

O discípulo é um entusiasta pela reconciliação

Os discípulos unem as pessoas. Cristãos transformados são poderosamente motivados à ação ao perceber a existência de muros de inimizade entre pessoas única e exclusivamente criadas e amadas por Deus.

É por causa desses discípulos que somos capazes de ver Jesus habitando em seus seguidores. Nós os vemos atentos àqueles que os outros ignoram. Nós o vemos levantando os que caíram, ajudando a pessoa considerada sem importância a se reerguer. São um exemplo incrível para as pessoas aproveitadoras e arrogantes que vivem todos os dias criando divisão e humilhando os outros! O seguidor transformado de Cristo conhece sua tendência humana natural, por isso procura o poder de Deus para substituí-la por outra tendência: amor redentor e restaurador.

Modelo de discipulado segundo Jesus
Gordon MacDonald

Fazer discípulos deveria ser a prioridade máxima de todo líder espiritual. O discipulado é a arte perdida da identificação e mentoria de pessoas potencialmente comprometidas; isto é, pessoas cujas vidas se pautam em torno de Jesus. A maior parte do tempo do ministério público de Jesus foi dedicada a um número pequeno de homens e mulheres que, sob sua mentoria, foram formados em pessoas comprometidas e que deram início a um movimento que perdura até os dias de hoje. Não há a menor dúvida: a mentoria retrata a melhor parte do ministério de Jesus, seu ambiente predileto. Os doze discípulos que Jesus escolheu eram muito diferentes em personalidade, origem e expectativas. Poucos de nós ousariam juntar todos esses homens em uma sala, muito menos esperar algum compromisso deles.

Então, como Jesus conseguiu mudá-los? Jesus usou três métodos que eram comuns entre os rabinos judeus de sua época: imitação, informação e avaliação.

1. *Imitação*: Os discípulos desejavam ser cópias autênticas de seus rabinos. O que ele pensava? Como falava? Como comia? Acreditavam que o rabino era a encarnação da Torá, e que eles, por sua vez, desejavam que os outros vissem neles o exemplo do rabino. Paulo afirma: "Quero conhecer Cristo [... até] em sua morte" (Filipenses 3.10). *Conhecer* era *ser semelhante* a alguém.

2. *Informação*: Frequentemente, os rabinos ensinavam fora do templo, nas ruas, no campo, no mercado, à beira de um lago. Todas as coisas do cotidiano se tornavam ilustração do ensino dos rabinos; praticamente tudo era ensinado por meio de histórias ou parábolas destinadas a reforçar uma ideia e desafiar a mente do discípulo. Os rabinos não tinham problema de deixar no ar as conclusões. Até Jesus contava histórias sem uma aplicação óbvia, como se dissesse: "Agora vocês descubram o que significa!"

3. *Avaliação*: Os rabinos davam tempo para avaliar. Pense no ministério de Jesus: a tempestade, a multiplicação dos pães para 5 mil pessoas, a traição no jardim — todos tempos *de provação*. Até podemos ouvir Jesus perguntar: "Onde está a sua fé?", quando a tempestade se acalma. "Deem-lhes vocês algo para comer", ele desafia, apontando para a multidão.

Construindo uma cultura de discipulado

"Vocês todos me abandonarão", ele prediz. Também havia repreensões: "Para trás de mim, Satanás". E perguntas: "O que vocês estavam discutindo enquanto [eu não estava]?". E tarefas: "[e ele] os enviou a pregar o Reino de Deus [...]".

Quando o rabino decidia que o contrato já tinha terminado, ele dispensava o discípulo. Como fez Jesus: "Já não os chamo servos [...], eu os tenho chamado amigos [...]"; "[...] é para o bem de vocês que eu vou"; "[vocês farão] coisas ainda maiores do que estas [...]"; "Amem-se uns aos outros como eu os amei [...]"; "Vão pelo mundo e preguem [...]".

Depois de dizer essas coisas, Jesus deixou os discípulos. Seus ensinamentos inflamavam-lhes a mente; o espírito do Mestre agora habitava o coração dos discípulos. Eles estavam finalmente a caminho de se tornar pessoas comprometidas. Jesus foi um incrível produtor de pessoas comprometidas.

Como podemos seguir o exemplo de Jesus? Há três modos:

1. Conheça e faça "o que importa"

O nosso objetivo é simplesmente atrair uma multidão, ou criar pessoas comprometidas que abraçarão a causa de Jesus? Criar pessoas comprometidas pode não atrair instantaneamente multidões, mas lança o fundamento para um ministério sólido e duradouro. Isso é algo que não pode ser delegado a outro; precisa ser enfrentado pelo chefe da organização. O desenvolvimento contínuo de pessoas comprometidas está entre os investimentos mais sérios da igreja, e os pastores são os responsáveis por perseguirem esse objetivo.

2. Siga a estratégia de imitação, informação e avaliação de Jesus

Realmente, isso exige tempo. O pastor principal poderá ter de dizer ao conselho da igreja: "Eu vou investir 20% do meu tempo em 12-15 pessoas cada ano, e vocês terão de me apoiar quando a comunidade começar a perguntar por que eu não estou presente em muitas atividades da igreja.". Essa estratégia pode exigir tempo e estar em lugares longe das dependências da igreja, distante da comunidade como um todo. A casa do pastor poderá ser um bom lugar para começar. O local de trabalho dos futuros discípulos é outro. Qualquer lugar em que se possa ensinar, ilustrar e testar o crescimento será apropriado.

3. Eleve o nível do discipulado

Os rabinos não são necessariamente camaradas agradáveis. Estão constantemente desafiando os discípulos. Não hesitam em se abrir pessoalmente; sabem como tocar nas questões pessoais dos discípulos; sabem como tirar o melhor das pessoas. Cultivar pessoas comprometidas é assunto sério. Paulo reflete esse acordo rabínico quando diz a Timóteo: "E as palavras que me ouviu dizer [...] confie-[as] a homens fiéis [...] capazes de ensiná-las a outros". Faça isso servindo você mesmo de exemplo, diz Paulo, "na palavra (o que e como você diz as coisas), no procedimento (como você vive), no amor (sua qualidade de relacionamentos), na fé (como você confia em Deus), e na pureza (suas escolhas morais)". Isso tudo está relacionado ao método rabínico. "Ordena, repreende, exorta"? — também é método rabínico. A tarefa de Timóteo era criar pessoas comprometidas.

Faça discípulos de Jesus, não de você mesmo. As pessoas comprometidas que seguem um rabino não pertencem a este. Os discípulos não devem ser possuídos, controlados

PREGAÇÃO, ORAÇÃO CORPORATIVA E DISCIPULADO

nem manipulados. Eles pertencem a Jesus, e Jesus está livre para guiá-los a uma vida e liderança na igreja, mas também além dela. O grande tesouro da igreja — as pessoas comprometidas — deve ser compartilhado, exportado e enviado.

Quando Jesus orou antes de ser preso no jardim, ele orou por "a todos os que lhe deste". Ouça o que ele diz: "Eu revelei teu nome [...] eu lhes transmiti as palavras que me deste [...] que os protejas [...]. Santifica-os [...] eu os enviei [...]". Jesus não orou pelas multidões a quem ele pregara, mas pelos discípulos que ele havia preparado.

Pequenos grupos que promovem discipulado
John Ortberg

Eu não gostaria de dedicar a minha vida a nenhuma igreja que não leve a sério o discipulado — a transformação de seres humanos. Deus decidiu, por suas próprias e boas razões, que as pessoas não são transformadas fora da comunidade. Somente na comunidade que descobrimos quem realmente somos e o quanto ainda carecemos de transformação.

É por isso que eu sou irrevogavelmente comprometido com pequenos grupos. Entretanto, a experiência nos mostra que simplesmente fazer parte de um pequeno grupo não resulta automaticamente em crescimento espiritual. Há certas práticas que precisam estar presentes, disciplinas espirituais que precisam ser praticadas, a fim de facilitar a obra transformadora de Cristo em nós. A presença das seguintes cinco práticas ajuda a facilitar o discipulado autêntico no contexto de pequenos grupos.

1. Confissão: retire as máscaras

Todos nós usamos máscaras; nós nos escondemos uns dos outros — faz parte da nossa natureza decaída. É por isso que uma das práticas de formação mais eficazes em um pequeno grupo é a confissão. Confissão é a revelação apropriada de quebrantamento, tentação, pecado e vitória com finalidade de cura, perdão e crescimento espiritual. Sem confissão, somos uma comunidade que se esconde da verdade.

Em toda a história da Igreja, sempre que Deus realizou uma obra importante, a confissão esteve presente. Na igreja, a confissão precisa ser livremente oferecida — nunca manipulada. Um pequeno grupo realmente comprometido com transformação deve prosseguir para um nível ainda mais profundo de confissão — tirando as máscaras para revelar os nossos sentimentos e medos mais profundos, os pecados contra os quais lutamos e as áreas em que não estamos crescendo.

Para que haja real transformação, os pequenos grupos precisam partir da realidade. Ao retirar as máscaras por meio da disciplina da confissão, reconhecemos a realidade de quem somos e nos abrimos para a obra transformadora de Deus.

2. Aplicação: olhe no espelho

O texto de Tiago 1.23,24 diz: "Aquele que ouve a palavra, mas não a põe em prática, é semelhante a um homem que olha a sua face num espelho e, depois de olhar para si mesmo, sai

Construindo uma cultura de discipulado

e logo esquece a sua aparência". Um pequeno grupo é um lugar em que as pessoas podem olhar para o espelho, descobrir quem são e perguntar: "Como aplico a Palavra de Deus à minha vida como ela realmente é?".

Como professor sempre fico impressionado com a habilidade das pessoas de ouvir um sermão, acenar com a cabeça e, depois, fazer exatamente o contrário do que ouviram. A repetição frequente disso mostra quanto as pessoas carecem de uma aplicação atenta, paciente e esmerada das Escrituras em sua vida diária.

Há uma necessidade desesperada para que pequenos grupos sirvam de escola da vida. Imagine que alguém tenha problemas com ira. O líder de um pequeno grupo pode perguntar: "Que tipo de situações o deixa irado, e como você reage?". O líder poderá compartilhar algumas alternativas de padrões pecaminosos de ira. Na semana seguinte, o líder poderá perguntar: "Como você reagiu diante da ira?". Se a pessoa entendeu, elas celebram a vitória. Caso contrário, o líder pode examinar o que aconteceu e encorajar a pessoa a tentar algo diferente da próxima vez. Se esse tipo de aplicação não acontece em pequenos grupos, provavelmente não acontecerá em nenhum outro lugar, e as pessoas não serão transformadas.

3. Responsabilidade: preste contas

Nenhum de nós se tornará espontaneamente amoroso, alegre, paciente, simpático, um elemento de transformação no mundo. Tudo isso exige intenção e esforço. Mas a tendência natural do coração humano é ser levado pela correnteza. Se alguém passou por real transformação, normalmente foi porque alguém se interessou o suficiente para dizer: "Eu desejo que você viva conforme Deus quer e quero ajudá-lo a levar isso a sério".

Precisamos tomar algumas decisões-chave na nossa jornada pela transformação. Temos de nos perguntar: *Qual é o meu compromisso com respeito a oração, Escrituras, uso do dinheiro, evangelização, serviço e verdade?* Para manter esses compromissos, é preciso fazer parte de uma comunidade de prestação de contas que sirva de referência para revelar quanto estamos prosseguindo no alcance dos nossos objetivos ou nos desviando deles.

Durante as revoluções espirituais do século XVIII na Inglaterra, o movimento wesleyano prosperou por causa dos pequenos grupos. Ao serem criados, esses grupos tinham como objetivo levar as pessoas a ter responsabilidade quanto ao compromisso de seguir a Cristo. Elas se reuniam em pequenos rebanhos para perguntar umas às outras como estavam progredindo na obediência a Cristo. A história observa, no entanto, que no decorrer dos anos a ênfase dos grupos mudou da prestação de contas para um vago "compartilhamento" e foi aí que a força do avivamento se enfraqueceu até finalmente os grupos se extinguirem.

4. Direção: siga o mapa

Muito frequentemente, quando temos decisões importantes que afetam a formação da vida, nós as tomamos sozinhos. O pequeno grupo pretende ser o lugar em que encontramos direção e no qual ajudamos uns aos outros a aprender como ouvir Deus. Na Igreja Primitiva, o Espírito guiava os cristãos como uma comunidade. Em Atos 13, por exemplo, a igreja jejuava, orava e ouvia a voz de Deus. Em resposta à direção do Espírito, eles enviaram Saulo e Barnabé para o ministério externo.

PREGAÇÃO, ORAÇÃO CORPORATIVA E DISCIPULADO

Os pequenos grupos devem ser ambientes em que as pessoas se reúnem para ouvir Deus através da oração e do compartilhar. Toda reunião de pequenos grupos deve incluir a pergunta: "Alguém está enfrentando alguma decisão importante esta semana?". Porque na comunidade o grupo deve buscar ouvir a voz do Espírito em favor da pessoa que está enfrentando a decisão.

5. Encorajamento: acolham uns aos outros

Todos nós precisamos saber que as pessoas estão comprometidas conosco e nos amam. Isso não acontece quando estamos sozinhos e não acontece em um grupo grande. Só acontece por meio de comunidades menores. Atualmente os pequenos grupos têm o privilégio de amar e aceitar as pessoas pelas quais Cristo entregou sua vida. Nesses grupos podemos suprir o amor e o encorajamento de que as pessoas necessitam para continuar a crescer e a ser transformadas.

Muito tempo atrás, decidi que eu gostaria de conversar com alguém sobre as tentações que havia enfrentado e as falhas que me conduziram a elas. Eu queria praticar a disciplina da confissão. Então, pedi ao meu amigo Rick se podíamos nos encontrar. Naquela época, eu já o conhecia por cerca de dez anos. Quando sentamos para conversar, eu lhe contei tudo que podia ser dito a meu respeito — todos os podres e tudo de que me envergonhava.

Quando terminei a minha confissão, eu mal conseguia olhar para ele. Quando finalmente olhei, Rick olhou nos meus olhos e disse: "John, eu nunca o amei tanto quanto amo neste instante.". Essas palavras foram muito poderosas. Ter alguém que sabia tudo sobre mim e que ainda me amava foi realmente vivificador. Esse tipo de amor é o que realmente precisamos encontrar nos pequenos grupos para que vidas sejam transformadas.

Pregação que promove discipulado
Bill Hybels

No decorrer dos anos, preguei sobre alguns "assuntos difíceis", mas um assunto sempre está no topo da lista dos temas difíceis de abordar — como se tornar totalmente dedicado a Cristo. Há cinco princípios que me orientam quando prego sobre compromisso incondicional e completo.

1. Defina compromisso total

O primeiro passo é desenvolver uma compreensão clara sobre compromisso total. Diversas passagens bíblicas definem para mim compromisso total e norteiam a minha pregação sobre o assunto. Por exemplo, em 1Coríntios 15.31 Paulo diz: "Todos os dias enfrento a morte [...]". Nunca me encontrei com um seguidor de Cristo totalmente dedicado que não tivesse de morrer diariamente para uma multidão de coisas que, de outro modo, dominaria a pessoa: ambição pessoal, prazeres mundanos, aplausos das pessoas, ganância. A cultura moderna sustenta implacavelmente que você "pode ter tudo que quiser," mas esse *slogan* é oposto à mente e ao ensino de Cristo. Para mim, é difícil estar diante de uma

Construindo uma cultura de discipulado

comunidade urbana e de boa situação financeira e dizer às pessoas que elas precisam morrer ou abandonar suas práticas — mas é justamente isso que significa compromisso total.

A Bíblia nos ensina (Mateus 5.23,24) que o verdadeiro discipulado leva a sério a necessidade de nos reconciliar com os nossos irmãos antes de nos dirigirmos a Deus. Precisamos tornar a integridade relacional uma prioridade e buscar efetivamente a reconciliação sempre que surgir um problema. Esse deve ser um pré-requisito ao ministério.

Um pregador precisa definir e redefinir continuamente o que realmente significa ser completamente dedicado a Cristo. Se não se trata simplesmente de ir ao culto, dar uma oferta e voltar para casa, então o que significa?

2. Seja um modelo de compromisso total

O passo seguinte da pregação sobre compromisso total é mais difícil: vivê-lo nós mesmos. É evidente que não conseguimos conduzir uma comunidade a um compromisso total a não ser que estejamos procurando servir nós mesmos de modelo. Uma das minhas maiores frustrações é não ser capaz de administrar a minha vida de modo que esteja totalmente comprometido. Mas, se eu estou disposto a ouvir a verdade sobre mim mesmo, o Espírito apontará áreas de descuido e inconsistência.

Além de servir de modelo de compromisso total, precisamos de outros líderes da comunidade que sejam seguidores totalmente comprometidos a sustentar o padrão. Recentemente, olhei em torno da mesa da nossa reunião de presbíteros e pensei: *Todo presbítero desta igreja está comprometido com Jesus Cristo e arriscaria sua vida por ele.* Isso significa que, quando prego sobre compromisso total, eles são os primeiros a me cumprimentar, dizendo: "Nunca se satisfaça com menos. Estamos 100% juntos.". Seria muito difícil para mim desafiar as pessoas a um discipulado mais profundo se os presbíteros e outros líderes-chave não concordassem.

O que nos encoraja é que, quanto mais dedicados se tornarem o pastor e os líderes leigos, mais inteiramente comprometida será a comunidade. Portanto, o crescimento na igreja inspira os líderes a um maior compromisso, desencadeando assim um ciclo contínuo de crescimento. O discipulado total contagia e entusiasma.

3. Pregue sobre compromisso total

Estes são alguns modos de pregar sobre compromisso total partindo de perspectivas criativas:

- *Escolha séries que levem naturalmente a um chamado ao compromisso.* De certo modo, todo sermão que eu prego define algum aspecto do compromisso. Mesmo assim, acredito que o chamado à devoção é mais bem apresentado abertamente, e algumas séries de mensagens nem sempre servem a esse propósito naturalmente como outras. Quando planejo a pregação, monitoro as séries que estou escolhendo para verificar se não estão sendo manipuladas para ser uma mensagem sobre compromisso total do cristão.
- *Apresente o serviço comprometido como uma resposta alegre.* Precisamos ter certeza de que o nosso povo entenda que discipulado é um modo de agradecer a Deus, não

PREGAÇÃO, ORAÇÃO CORPORATIVA E DISCIPULADO

um meio de obter mérito. Às vezes, no meio de um apelo ao compromisso, paro e digo: "Se você estiver fora da família de Deus, por favor, entenda que discipulado é uma resposta à maravilhosa graça de Deus. Não é uma tentativa de melhorar a sua posição diante de Deus. Paulo diz que você pode entregar o seu corpo como sacrifício, mas você não se salvará por meio do discipulado. Compromisso é um meio de expressar gratidão, não de conquistar sua entrada no céu.".

- *Ilustre alternativas de um compromisso sincero.* Quando estou procurando desafiar a pessoa secularizada a ser um seguidor fiel de Jesus Cristo, observo que esgotar o cenário oposto é bastante eficaz.
- *Para os que estão satisfeitos, ofereça ajuda posterior.* Às vezes as pessoas dizem: "Estou contente com quem eu sou. Não estou faminto ou sedento por nada. Não tenho grandes problemas e estou bem.". Para os que se autoenganam, não há nada mais que dizer. Não adianta tentar convencê-los de suas necessidades; no entanto, você pode oferecer ajuda, publicamente ou em particular, para quando finalmente perceberem que precisam de Cristo.

4. Espere pacientemente pelo compromisso total

Tornar-se totalmente dedicado é um processo. Todo cristão deveria, em última instância, negar a si mesmo e comprometer-se totalmente com Cristo; entretanto, não é possível que todos os cristãos façam isso no mesmo ritmo. Algumas pessoas, por seu temperamento, são tímidas e metódicas. Outras são o oposto.

Por causa dessas diferenças de personalidade, nunca diga: "Tome uma decisão até o próximo domingo.". Ultimatos e prazos talvez não funcionem da mesma maneira para os diversos temperamentos. Prefira dizer: "Hoje você ouviu o ensinamento das Escrituras. Não seja apenas ouvinte, mas praticante. Quanto a mim e à minha casa, estamos decididos a fazer isso (qualquer que seja o tema pregado). Você também tem decisões para tomar. Que o Espírito Santo tenha liberdade de auxiliá-lo a fazer as escolhas certas.". Esteja pronto para sofrer oposições.

5. Persevere em compromisso total

Um fato doloroso da vida pastoral é que pregar um cristianismo exigente desperta rejeição por parte daqueles que tentam fazer qualquer coisa para convencer-nos de diminuir o padrão. "Você está sendo muito rigoroso. Não está sendo realista. Não estamos preparados para isso ainda. O que dizer sobre: 'Deus o ama como você é'?" Sem o apoio dos presbíteros, às vezes a resistência será muito intensa.

O que me ajudou a vencer a insegurança de pregar o Evangelho genuíno e radical de Cristo foi perceber que viver uma vida autêntica e radical para Deus é o único caminho para a satisfação. Nunca me arrependi das minhas tentativas de me render a Deus. Por outro lado, paguei caro pelas vezes em que fui obstinado, carnal, rebelde ou tímido.

Isso me ajuda quando chego ao ponto da mensagem em que faço apelo às pessoas por um compromisso total a Cristo. É fácil sentir-me inseguro quando percebo que estou desafiando um homem a deixar seu alto salário, ou a uma mulher a deixar o relacionamento do qual ela depende, ou um adolescente a ser rejeitado por seu grupo social.

Construindo uma cultura de discipulado

O maligno obscurece a minha mente e me faz pensar que eu não deveria exigir tamanho sacrifício das pessoas.

Então eu me lembro de que é por meio do compromisso total que encontramos bênção, paz, entusiasmo e a aventura que devemos aproveitar. É na busca de discipulado radical que experimentamos constante companheirismo e aprovação de Deus. Ao me lembrar disso, sinto o desejo de gritar do topo de uma montanha: "A melhor coisa que você pode fazer é dobrar os joelhos agora mesmo e dizer 'Senhor, aqui estou, totalmente à disposição. Eu me entrego totalmente a ti.' ".

Compromisso radical com Jesus Cristo é um desafio difícil, mas ele nos conduz a uma vida em toda sua plenitude. Depois de reconhecer a verdade desse fato, precisamos fazer uma única pergunta a nós mesmos: Hesitaremos em alertar as pessoas ao que lhes servirá melhor e dedicar a Deus toda glória, ou seremos servos fiéis que proclamarão a verdade poderosa e transformadora de vida?

Disciplinas espirituais coletivas e discipulado
Mindy Caliguire

As disciplinas espirituais são cruciais para qualquer programa de igreja de formação de discípulos. Mas as disciplinas espirituais não se destinam apenas a indivíduos, elas podem e devem ser praticadas em comunidade. Os líderes de igreja podem ajudar suas comunidades a descobrir a dimensão coletiva das disciplinas.

Seja claro
A prática de disciplinas espirituais coletivas começa com uma definição bastante clara. Uma disciplina espiritual (coletiva ou individual) consiste em tudo que eu faça de modo intencional e que contribua para eu ter consciência de Deus e estar aberto à contínua ação dele na minha vida. É importante que seja intencional. Apesar de o sofrimento e as dificuldades, por exemplo, serem meios de nos tornar mais abertos a Deus, não são disciplinas a serem praticadas. A nossa parte é apresentar-nos intencionalmente; a parte de Deus é entrar e moldar quem somos. A disciplina espiritual é uma decisão intencional de encontrar tempo e espaço para a obra contínua de Deus na minha vida.

Concentre-se primeiro em você mesmo
Não se preocupe em ter a estratégia correta com as disciplinas espirituais na igreja até que você sinta que a sua própria alma está no lugar certo. Levante cada pedra, atravesse toda fenda; faça tudo que esteja ao seu alcance para garantir que a sua própria alma esteja saudável — não perfeita, mas saudável. Os pastores geralmente já estão sobrecarregados. A última coisa de que precisam é outra lista de coisas para fazer acontecer. Portanto, os pastores devem primeiro encontrar o lugar saudável dentro de si mesmos para que depois Deus os conduza ao passo seguinte quanto à igreja.

# PREGAÇÃO, ORAÇÃO CORPORATIVA E DISCIPULADO

Projete uma visão

Práticas espirituais são frequentemente consideradas algo tão particular e individual que parecem não ter nada a ver com os momentos em que a igreja está reunida. Mas os discípulos de Jesus podem se apresentar intencionalmente a Deus tanto em contextos interpessoais quanto em grupos maiores. A igreja pode contribuir consideravelmente no preparo das pessoas para a prática dessas disciplinas.

Para os iniciantes, sugiro o acróstico VIM: Visão, Intenção e Meios. Dallas Willard diz que esse processo em três partes é necessário em todo tipo de transformação. Ele usa o exemplo do aprendizado de uma língua estrangeira. Nos EUA, a maioria das pessoas não domina outra língua porque isso não lhes traria muita vantagem. Mas, em muitas outras partes do mundo, as pessoas sabem o quanto é importante aprender inglês. Elas têm uma visão tão clara das vantagens do aprendizado de outra língua para a vida que, apesar de poucos recursos, encontram uma forma de aprender inglês e várias outras línguas.

Assim também acontece com qualquer tipo de mudança. É preciso ter uma *visão* do resultado, uma *intenção* para perseguir, e um *meio* de alcançá-lo. A comunidade pode alcançar cada um desses níveis. Com visão, os líderes de igreja podem oferecer às pessoas um retrato claro do Reino, o tipo de vida para o qual estão sendo convidadas à medida que buscam as disciplinas espirituais coletivas. Muito frequentemente a ênfase recai sobre a salvação das pessoas, mas, depois disso, a mente das pessoas perde o rumo. É a hora de dar-lhes uma visão: pessoas redimidas iniciaram uma jornada com Cristo que continuará para o resto da vida.

Com relação aos meios, os líderes da igreja podem ajudar as pessoas a incorporar disciplinas espirituais em seu vocabulário. Por exemplo, quando você tem centenas de pessoas em uma sala, pode promover uma experiência de reflexão — talvez um momento de silêncio. Isso não garante que essas pessoas decidirão repetir a experiência em suas próprias residências. Mas, enquanto elas estão reunidas, você pode facilitar essa experiência, e talvez isso se repita.

O culto de domingo pode não ser o momento mais apropriado para gastar vinte minutos explicando como praticar a solitude. Mas os líderes podem criar ambientes semelhantes ao de um retiro em que as pessoas são instruídas sobre uma prática espiritual particular, encorajadas a tentá-la, e depois voltar a falar sobre ela. Nós seguimos esse formato num curso de três horas no sábado de manhã.

Crie situações

A adoração é uma das principais disciplinas coletivas, e a ceia do Senhor é uma importante parte do nosso culto. Há também momentos para ensino comunitário. Durante o culto e o ensino comunitários, Deus diz certas coisas a uma comunidade que moldam quem as pessoas são como indivíduos. Scot McKnight e outros dizem que, apesar de Deus se importar conosco como indivíduos, ele não está tão preocupado com as pessoas quanto com *um povo*. Deus nos vê na nossa identidade coletiva muito mais do que estamos dispostos a admitir.

Pastores e líderes podem ajudar a estabelecer as expectativas em torno dessas disciplinas coletivas. Eles podem encorajar os membros da comunidade a fazer perguntas do tipo: *Como aprendo a abrir a alma para Deus? Deus, onde estás neste momento? O que*

Construindo uma cultura de discipulado

estás dizendo para mim? O que estás dizendo para nós? Essas perguntas são diferentes de: *Eu gosto do estilo de música?* Trata-se de uma abordagem completamente diferente.

O jejum é outra forma de disciplina coletiva encontrada na Bíblia (mas com frequência bastante ausente na igreja moderna). Tempos de oração e jejum coletivos são um modo de a comunidade dizer: "A sacralidade deste tempo é tão importante que estamos deixando tudo para nos unir em súplica pela ação de Deus.". Há um sentimento coletivo de desespero. Uma comunidade apenas passa um tempo de jejum se espera que Deus fale. Não se trata de reunir força de vontade para se abster de comer; trata-se de se abrir para descobrir a vontade de Deus.

Evite perigos

Quando a igreja se envolve com disciplinas espirituais coletivas, há dois perigos. Primeiro, corre-se o risco de criar uma estrutura mecânica para as pessoas que reduzirá a importância da vida pessoal com Deus em favor da *necessidade de fazer isso, aquilo e aquilo outro*. As pessoas percebem um tom de juízo nas mensagens que ouvem sobre disciplinas espirituais. As pessoas, em geral, precipitam-se a criar regras e buscar a perfeição. É exatamente isso que o inimigo deseja. Por esse motivo, quando os líderes de igreja discutem as disciplinas comunitárias, eles precisam exagerar o aspecto de a pessoa ser cheia da graça.

Segundo, as disciplinas espirituais podem se tornar desconectadas dos demais aspectos da vida. As disciplinas espirituais não podem deixar que as pessoas caiam no narcisismo e na evasão da realidade. Essas disciplinas tratam de como seguir a carreira que está traçada para nós, envolvendo-nos com o que finalmente é real e entrando nas batalhas que são mais verdadeiras.

Disciplina eclesiástica e discipulado
Ken Sande

Disciplinar o membro da igreja em público é proveitoso para igreja e bom para a pessoa disciplinada. A disciplina eclesiástica tem um papel importante no cultivo de uma cultura de disciplina. Eis alguns princípios-chave para líderes.

Compreenda a natureza

A palavra "disciplina" descreve dois aspectos da vida da igreja.

Primeiro, há o aspecto *formativo da disciplina*. É a ideia de levar as pessoas à maturidade em Cristo assim como o técnico de um time de futebol disciplina seu time por meio de treinos diários. A formação inclui encorajamento, prática, instruções e mostrar-lhes o que é bom e correto. Isso é o que a igreja faz por meio de seus ministérios.

Segundo, há o aspecto *corretivo da disciplina*. Isso acontece quando alguém se desvia do caminho. Quando um jogador não está prestando atenção ou quando é orgulhoso e provocador, o treinador manda que o jogador corra em volta do campo. Na igreja, quando um irmão se desvia do caminho, usamos a disciplina corretiva para restaurá-lo e redimi-lo a fim de trazê-lo de volta ao caminho certo.

PREGAÇÃO, ORAÇÃO CORPORATIVA E DISCIPULADO

Compreenda o propósito

Líderes precisam compreender os três motivos da disciplina:

1. A disciplina pretende resgatar alguém que caiu em pecado. A disciplina deve ser considerada um processo restaurador, não punitivo. Infelizmente, a maioria das igrejas não adota a disciplina formal até que as ofensas sejam tão prejudiciais, os relacionamentos tão destruídos e padrões prejudiciais estejam tão arraigados que as chances de restaurar alguém sejam mínimas.

2. A disciplina é adotada para proteger o restante do Corpo. O diácono de uma igreja estava envolvido em conduta imoral. Nada era feito, e as pessoas faziam pouco caso porque não queriam julgar. Não demorou para que outra pessoa estivesse envolvida, até que o próprio pastor foi envolvido no pecado. Pecado é como câncer. Muitas igrejas são como alguém que espera demais até se submeter à cirurgia enquanto o câncer continua se espalhando.

3. A disciplina visa proteger a honra do nome de Deus. Quando a igreja sabe do pecado e não faz nada, as pessoas não só zombam da igreja como também de Deus.

Compreenda o processo

A cultura secular está nitidamente entrando na Igreja. Isso envolve desde um colapso no respeito pela autoridade, passa pela aceitação do individualismo até a atitude de falar que ninguém deve me dizer o que fazer. Até os princípios democráticos do país entraram na igreja, a ponto de as pessoas acharem que tudo tem de ser feito democraticamente.

Por isso, alguns creem que o tema da disciplina deve ser tratado diante de toda a comunidade, mas tenho visto que isso raramente resulta em verdadeira restauração. A maioria das congregações é formada de pessoas dos mais variados níveis de maturidade: alguns são indivíduos de coração bondoso que não gostam de ver ninguém disciplinado; outros são legalistas e rígidos. Reunir pessoas imaturas para votar não é a melhor fórmula para atingir restauração, compreensão e redenção.

Por outro lado, tanto a disciplina formativa quanto a corretiva frequentemente são mais bem empregadas no nível pessoal do relacionamento. Pequenos grupos podem evitar problemas antes que se perca o controle, e relacionamentos construídos sobre a base do amor e do respeito podem ajudar um irmão a remediar uma situação sem demora.

Esteja consciente dos perigos

A maioria das igrejas não prepara as pessoas para enfrentar a disciplina até que seja atingida pela crise, mas a preparação corresponde a 99% da batalha. Os pregadores não conseguem ensinar essas coisas em um sermão. Devem ensinar as bênçãos e o significado da disciplina muito antes de uma crise.

É também crucial obter anuência prévia. Esse é um termo jurídico e corresponde ao único mecanismo de defesa confiável contra ser processado. Anuência prévia significa que as pessoas na igreja sabem de antemão o que a Bíblia diz a respeito da disciplina, sabem exatamente o que envolve o processo e concordam em se submeter ao processo (às vezes, na forma de um compromisso de membresia). Se os líderes não prepararem intencionalmente

Construindo uma cultura de discipulado

sua congregação para a disciplina, eles minarão a eficácia da disciplina e ficarão vulneráveis. Com devido preparo, os líderes podem proceder com a disciplina sem temer processos judiciais.

Reconheça a necessidade duradoura

Igrejas que permitem falta de compromisso por muito tempo erram tanto biblicamente quanto legalmente. Os pregadores devem desafiar as pessoas a um compromisso formal de membresia. Antigamente, não era possível ir de uma igreja a outra sem uma carta de transferência. Isso era feito para se preservar a prestação de contas e a disciplina.

Isso é como se permitir que todas as crianças da vizinhança brinquem no seu quintal. Se elas quebrarem alguma coisa, você terá dificuldades de agir, porque não são seus filhos e você está limitado ao que pode fazer para disciplina-las. As igrejas hoje basicamente deixam as pessoas entrar e se divertir na igreja ano após ano; mas, quando há um problema sério, a habilidade de tratar do problema é muito limitada.

Deve haver um compromisso claro com a membresia, mas as igrejas de uma comunidade precisam trabalhar juntas para desencorajar o troca-troca de igreja. Em algumas comunidades, as igrejas começaram a assinar um contrato de cooperação afirmando que não deixariam que seus membros ficassem pulando de igreja em igreja em busca de novas sensações, causando os mesmos problemas por onde passassem.

Introdução a MATEUS

PANO DE FUNDO

O evangelho de Mateus estabelece uma ponte entre o Antigo e o Novo Testamentos, ligando as profecias sobre o Messias que viria ao seu cumprimento, Jesus Cristo. É o primeiro dos três Evangelhos sinópticos (junto com Marcos e Lucas), assim chamados por conta de suas similaridades.

Mateus, cujo nome significa "dom do Senhor", era também conhecido como Levi (Marcos 2.14; Lucas 5.27). Era filho de Alfeu (Marcos 2.14) e trabalhava como coletor de impostos para o Império Romano em Cafarnaum — uma profissão impopular entre o povo de Israel. Mesmo assim, Jesus chamou Mateus para segui-lo. Mateus abandonou sua profissão, tornando-se um dos Doze que Jesus escolheu. Depois dos Evangelhos, Mateus é mencionado apenas uma vez, em Atos 1.13.

MENSAGEM

Mateus cita repetidamente o Antigo Testamento para mostrar que Jesus é aquele a respeito de quem os antigos escritores falaram. Já em suas primeiras linhas, em uma genealogia que começa com Abraão, percebe-se que Mateus escreveu a uma audiência judaica para apresentar uma evidência forte da realeza de Jesus: "chegou a vocês o Reino de Deus" (12.28). A genealogia de Jesus, seu batismo, suas mensagens, seus milagres, sua morte e ressurreição apontam para a conclusão de que ele é o Messias prometido. Mateus inclui uma versão estendida do Sermão do Monte (5.1—7.29) — boa parte explicando o Reino de Deus — e seu ensinamento sobre o fim dos tempos (24.1—25.46). O evangelho termina com um mandamento e um desafio para ir ao mundo e fazer discípulos; o evangelho não é apenas para judeus, mas para todas as pessoas. Mas esse mandamento não é a última palavra. "E eu estarei sempre com vocês, até o fim dos tempos" (28.20).

ÉPOCA

Mateus escreveu seu evangelho entre 58 e 68 d.C. A expressão "até o dia de hoje" (27.8; 28.15) indica um período substancial de tempo entre os eventos no livro e a época em que foram escritos. O Discurso Apocalíptico (24.1—25.46) predisse a destruição de Jerusalém no ano 70.

ESBOÇO

I. A chegada do Rei
- A. Nascimento e primeiros anos — 1.1—3.12
- B. Batismo e tentação — 3.13—4.11

II. A proclamação do Rei
- A. Convocando os discípulos — 4.12-25
- B. O Sermão do Monte — 5.1—7.29
- C. Curas, ensinos e milagres — 8.1—16.12

III. A rejeição ao Rei
- A. Preparando os discípulos — 16.13-28
- B. A transfiguração — 17.1-13
- C. Curas, ensinos e milagres — 17.14—20.34

IV. A crucificação do Rei
- A. A última semana — 21.1—26.16
- B. A ceia do Senhor — 26.17-56
- C. Jesus é julgado — 26.57—27.26
- D. Crucificação e sepultamento — 27.27-66

V. A ressurreição do Rei — 28.1-20

A Genealogia de Jesus
(Lc 3.23-38)

1 Registro da genealogia de Jesus Cristo, filho de Davi,[a] filho de Abraão:[b]

2 Abraão gerou Isaque;[c]
Isaque gerou Jacó;[d]
Jacó gerou Judá e seus irmãos;[e]
3 Judá gerou Perez e Zerá,
cuja mãe foi Tamar;[f]
Perez gerou Esrom;
Esrom gerou Arão;
4 Arão gerou Aminadabe;
Aminadabe gerou Naassom;
Naassom gerou Salmom;
5 Salmom gerou Boaz,
cuja mãe foi Raabe;
Boaz gerou Obede,
cuja mãe foi Rute;
Obede gerou Jessé;
6 e Jessé gerou o rei Davi.[g]

Davi gerou Salomão,
cuja mãe tinha sido
mulher de Urias;[h]
7 Salomão gerou Roboão;
Roboão gerou Abias;
Abias gerou Asa;
8 Asa gerou Josafá;
Josafá gerou Jorão;
Jorão gerou Uzias;
9 Uzias gerou Jotão;
Jotão gerou Acaz;
Acaz gerou Ezequias;
10 Ezequias gerou Manassés;[i]
Manassés gerou Amom;
Amom gerou Josias;
11 e Josias gerou Jeconias[1]
e seus irmãos
no tempo do exílio
na Babilônia.[j]

12 Depois do exílio na Babilônia:
Jeconias gerou Salatiel;[k]
Salatiel gerou Zorobabel;[l]
13 *Zorobabel gerou Abiúde;*
Abiúde gerou Eliaquim;
Eliaquim gerou Azor;
14 Azor gerou Sadoque;
Sadoque gerou Aquim;
Aquim gerou Eliúde;
15 Eliúde gerou Eleazar;
Eleazar gerou Matã;
Matã gerou Jacó;
16 e Jacó gerou José,
marido de Maria,[m]
da qual nasceu Jesus,
que é chamado Cristo.[n]

17 Assim, ao todo houve catorze gerações de Abraão a Davi, catorze de Davi até o exílio na Babilônia, e catorze do exílio até o Cristo[2].

O Nascimento de Jesus Cristo
(Lc 2.1-7)

18 Foi assim o nascimento de Jesus Cristo: Maria, sua mãe, estava prometida em casamento a José, mas, antes que se unissem, achou-se grávida pelo Espírito Santo.[o] **19** Por ser José, seu marido, um homem justo, e não querendo expô-la à desonra pública, pretendia anular o casamento secretamente.[p] **20** Mas, depois de ter pensado nisso, apareceu-lhe um anjo do Senhor em sonho e disse: "José, filho de Davi, não tema receber Maria como sua esposa, pois o que nela foi gerado procede do Espírito Santo. **21** Ela dará à luz um filho, e você deverá dar-lhe o nome de Jesus[3],[q] porque ele salvará o seu povo dos seus pecados".[r]

22 Tudo isso aconteceu para que se cumprisse o que o Senhor dissera pelo profeta: **23** "A virgem ficará grávida e dará à luz um filho, e o chamarão Emanuel"[4],[s] que significa "Deus conosco".

24 Ao acordar, José fez o que o anjo do Senhor lhe tinha ordenado e recebeu Maria

---

[1] **1.11** Isto é, Joaquim; também no versículo 12.

[2] **1.17** Ou *Messias*. Tanto *Cristo* (grego) como *Messias* (hebraico) significam *Ungido*; também em todo o livro de Mateus.

[3] **1.21** *Jesus* é a forma grega de *Josué*, que significa *o Senhor salva*.

[4] **1.23** Is 7.14

1.1
[a] Sm 7.12-16; Is 9.6, 7; 11.1; Jr 23.5, 6; Mt 9.27; Lc 1.32, 69; Rm 1.3; Ap 22.16
[b] Gn 22. 18; Gl 3.16

1.2
[c] Gn 21.3, 12
[d] Gn 25. 26
[e] Gn 29.35

1.3
[f] Gn 38. 27–30

1.6
[g] Sm 16.1; 17.12
[h] Sm 12.24

1.10
[i] Rs 20.21

1.11
[j] 2Rs 24.14–16; Jr 27.20; Dn 1.1, 2

1.12
[k] 1Cr 3.17
[l] 1Cr 3.19; Ed 3.2

1.16
[m] Lc 1.27
[n] Mt 27.17

1.18
[o] Lc 1.35

1.19
[p] Dt 24.1

1.21
[q] Lc 1.31
[r] Lc 2.11; At 5.31; 13.23,28

1.23
[s] Is 7.14; 8.8, 10

como sua esposa. ²⁵ Mas não teve relações com ela enquanto ela não deu à luz um filho. E ele lhe pôs o nome de Jesus.ᵗ

A Visita dos Magos

2 Depois que Jesus nasceu em Belém da Judeia,ᵘ nos dias do rei Herodes,ᵛ magos vindos do oriente chegaram a Jerusalém ² e perguntaram: "Onde está o recém-nascido rei dos judeus? ʷ Vimos a sua estrelaˣ no oriente¹ e viemos adorá-lo".

³ Quando o rei Herodes ouviu isso, ficou perturbado, e com ele toda Jerusalém. ⁴ Tendo reunido todos os chefes dos sacerdotes do povo e os mestres da lei, perguntou-lhes onde deveria nascer o Cristo. ⁵ E eles responderam: "Em Belém da Judeia;ʸ pois assim escreveu o profeta:

⁶ " 'Mas tu, Belém,
  da terra de Judá,
de forma alguma és a menor
  em meio às principais cidades
    de Judá;
pois de ti virá o líder
  que, como pastor, conduzirá
Israel, o meu povo'² ".ᶻ

⁷ Então Herodes chamou os magos secretamente e informou-se com eles a respeito do tempo exato em que a estrela tinha aparecido. ⁸ Enviou-os a Belém e disse: "Vão informar-se com exatidão sobre o menino. Logo que o encontrarem, avisem-me, para que eu também vá adorá-lo".

⁹ Depois de ouvirem o rei, eles seguiram o seu caminho, e a estrela que tinham visto no oriente foi adiante deles, até que finalmente parou sobre o lugar onde estava o menino. ¹⁰ Quando tornaram a ver a estrela, encheram-se de júbilo. ¹¹ Ao entrarem na casa, viram o menino com Maria, sua mãe, e, prostrando-se, o adoraram.ᵃ Então abriram os seus tesouros e lhe deram presentes: ouro, incenso e mirra. ᵇ ¹² E, tendo sido advertidosᶜ em sonhoᵈ para não voltarem a Herodes, retornaram a sua terra por outro caminho.

A Fuga para o Egito

¹³ Depois que partiram, um anjoᵉ do Senhor apareceu a José em sonho e lhe disse:ᶠ "Levante-se, tome o menino e sua mãe, e fuja para o Egito. Fique lá até que eu diga a você, pois Herodes vai procurar o menino para matá-lo".

¹⁴ Então ele se levantou, tomou o menino e sua mãe durante a noite e partiu para o Egito, ¹⁵ onde ficou até a morte de Herodes. E assim se cumpriu o que o Senhor tinha dito pelo profeta: "Do Egito chamei o meu filho"³.ᵍ

¹⁶ Quando Herodes percebeu que havia sido enganado pelos magos, ficou furioso e ordenou que matassem todos os meninos de dois anos para baixo, em Belém e nas proximidades, de acordo com a informação que havia obtido dos magos. ¹⁷ Então se cumpriu o que fora dito pelo profeta Jeremias:

¹⁸ "Ouviu-se uma voz em Ramá,
  choro e grande lamentação;
é Raquel que chora por seus filhos
  e recusa ser consolada,
porque já não existem"⁴.ʰ

A Volta para Israel

¹⁹ Depois que Herodes morreu, um anjo do Senhor apareceu em sonho a José,ⁱ no Egito, ²⁰ e disse: "Levante-se, tome o menino e sua mãe e vá para a terra de Israel, pois estão mortos os que procuravam tirar a vida do menino".

²¹ Ele se levantou, tomou o menino e sua mãe e foi para a terra de Israel. ²² Mas, ao ouvir que Arquelau estava reinando na Judeia em lugar de seu pai Herodes, teve medo de ir para lá. Tendo sido avisado em sonho,ʲ retirou-se para a região da Galileiaᵏ

---

¹ **2.2** Ou *estrela quando se levantava*; também no versículo 9.
² **2.6** Mq 5.2
³ **2.15** Os 11.1
⁴ **2.18** Jr 31.15

²³ e foi viver numa cidade chamada Nazaré.ˡ Assim cumpriu-se ᵐ o que fora dito pelos profetas: "Ele será chamado Nazareno".¹,ⁿ

João Batista Prepara o Caminho
(Mc 1.2–8; Lc 3.1–18)

3 Naqueles dias, surgiu João Batista,º pregando no deserto da Judeia. ² Ele dizia: "Arrependam-se, pois o Reino dos céus está próximo".ᵖ ³ Este é aquele que foi anunciado pelo profeta Isaías:

"Voz do que clama no deserto:
 'Preparem² o caminho
  para o Senhor,
 façam veredas retas
  para ele' "³.ᵍ

⁴ As roupas de João eram feitas de pelos de camelo, e ele usava um cinto de couro na cintura.ʳ O seu alimento era gafanhotos e mel silvestre.ˢ ⁵ A ele vinha gente de Jerusalém, de toda a Judeia e de toda a região ao redor do Jordão. ⁶ Confessando os seus pecados, eram batizados por ele no rio Jordão.

⁷ Quando viu que muitos fariseus e saduceus vinham para onde ele estava batizando, disse-lhes: "Raça de víboras!ᵗ Quem deu a vocês a ideia de fugir da ira que se aproxima?ᵘ ⁸ Deem fruto que mostre o arrependimento! ⁹ Não pensem que vocês podem dizer a si mesmos: 'Abraão é nosso pai'. Pois eu digo que destas pedras Deus pode fazer surgir filhos a Abraão. ¹⁰ O machado já está posto à raiz das árvores, e toda árvore que não der bom fruto será cortada e lançada ao fogo.ʷ

¹¹ "Eu os batizo com⁴ água para arrependimento. Mas depois de mim vem alguém mais poderoso do que eu, tanto que não sou digno nem de levar as suas sandálias. Ele os batizará com o Espírito Santoˣ e com fogo.ʸ

¹ **2.23** Provável referência a textos como Is 11.1, no hebraico.
² **3.3** Ou *que clama: 'No deserto preparem*
³ **3.3** Is 40.3
⁴ **3.11** Ou *em*

¹² Ele traz a pá em sua mão e limpará sua eira, juntando seu trigo no celeiro, mas queimará a palha com fogo que nunca se apaga".ᶻ

O Batismo de Jesus
(Mc 1.9–11; Lc 3.21,22)

¹³ Então Jesus veio da Galileia ao Jordão para ser batizado por João.ᵃ ¹⁴ João, porém, tentou impedi-lo, dizendo: "Eu preciso ser batizado por ti, e tu vens a mim?"

¹⁵ Respondeu Jesus: "Deixe assim por enquanto; convém que assim façamos, para cumprir toda a justiça". E João concordou.

¹⁶ Assim que Jesus foi batizado, saiu da água. Naquele momento, o céu se abriu, e ele viu o Espírito de Deusᵇ descendo como pomba e pousando sobre ele. ¹⁷ Então uma voz dos céus disse:ᶜ "Este é o meu Filho amado,ᵈ de quem me agrado".ᵉ

A Tentação de Jesus
(Mc 1.12,13; Lc 4.1–13)

4 Então Jesus foi levado pelo Espírito ao deserto, para ser tentado pelo Diabo. ² Depois de jejuar quarenta dias e quarenta noites,ᶠ teve fome. ³ O tentador aproximou-se dele e disse:ᵍ "Se és o Filho de Deus,ʰ manda que estas pedras se transformem em pães".

⁴ Jesus respondeu: "Está escrito: 'Nem só de pão viverá o homem, mas de toda palavra que procede da boca de Deus'⁵".ⁱ

⁵ Então o Diabo o levou à cidade santa,ʲ colocou-o na parte mais alta do templo e lhe disse: ⁶ "Se és o Filho de Deus, joga-te daqui para baixo. Pois está escrito:

" 'Ele dará ordens a seus anjos a seu
  respeito,
 e com as mãos eles o segurarão,
 para que você não tropece
  em alguma pedra' "⁶.ᵏ

⁷ Jesus lhe respondeu: "Também está escrito: 'Não ponha à prova o Senhor, o seu Deus'⁷".ˡ

⁵ **4.4** Dt 8.3
⁶ **4.6** Sl 91.11,12
⁷ **4.7** Dt 6.16

2.23
ˡ Lc 1.26; Jo 1.45, 46
ᵐ Mt 1.22
ⁿ Mc 1.24

3.1
º Lc 1.13, 57–66; 3.2–19

3.2
ᵖ Dn 2.44; Mt 4.17; 6.10; Lc 11.20; 21.31; Jo 3.3, 5; At 1.3, 6

3.3
ᵍ Is 40.3; Ml 3.1; Lc 1.76; Jo 1.23

3.4
ʳ 2Rs 1.8
ˢ Lv 11.22

3.7
ᵗ Mt 12.34; 23.33
ᵘ Rm 1.18; 1Ts 1.10

3.8
ᵛ At 26.20

3.10
ʷ Mt 7.19; Lc 13.6–9; Jo 15.2, 6

3.11
ˣ Mc 1.8
ʸ Is 4.4; At 2.3, 4

3.12
ᶻ Mt 13.30

3.13
ᵃ Mc 1.4

3.16
ᵇ Is 11.2; 42.1

3.17
ᶜ Mt 17.5; Jo 12.28
ᵈ Sl 2.7; 2Pe 1.17, 18
ᵉ Is 42.1; Mt 12.18; 17.5; Mc 1.11; 9.7; Lc 9.35

4.2
ᶠ Ex 43.28; 1Rs 19.8

4.3
ᵍ 1Ts 3.5
ʰ Mt 3.17; Jo 5.25; At 9.20

4.4
ⁱ Dt 8.3

4.5
ʲ Ne 11.1; Dn 9.24; Mt 27.53

4.6
ᵏ Sl 91.11, 12

4.7
ˡ Dt 6.16

8 Depois, o Diabo o levou a um monte muito alto e mostrou-lhe todos os reinos do mundo e o seu esplendor. 9 E disse-lhe: "Tudo isto te darei se te prostrares e me adorares".

10 Jesus lhe disse: "Retire-se, Satanás!^m Pois está escrito: 'Adore o Senhor, o seu Deus, e só a ele preste culto'[1]".^n

11 Então o Diabo o deixou, e anjos vieram e o serviram.^o

Jesus Começa a Pregar
(Mc 1.14,15; Lc 4.14,15)

12 Quando Jesus ouviu que João tinha sido preso,^p voltou para a Galileia.^q 13 Saindo de Nazaré, foi viver em Cafarnaum,^r que ficava junto ao mar, na região de Zebulom e Naftali, 14 para cumprir o que fora dito pelo profeta Isaías:

15 "Terra de Zebulom
   e terra de Naftali,
  caminho do mar,
   além do Jordão,
  Galileia dos gentios[2]
16 o povo que vivia nas trevas
   viu uma grande luz;
  sobre os que viviam
   na terra da sombra da morte
  raiou uma luz"[3].^s

17 Daí em diante Jesus começou a pregar: "Arrependam-se, pois o Reino dos céus está próximo".^t

Jesus Chama os Primeiros Discípulos
(Mc 1.16-20; Lc 5.1-11; Jo 1.35-42)

18 Andando à beira do mar da Galileia,^u Jesus viu dois irmãos: Simão, chamado Pedro,^v e seu irmão André. Eles estavam lançando redes ao mar, pois eram pescadores. 19 E disse Jesus:^w "Sigam-me, e eu os farei pescadores de homens". 20 No mesmo instante eles deixaram as suas redes e o seguiram.

[1] 4.10 Dt 6.13
[2] 4.15 Isto é, os que não são judeus.
[3] 4.15,16 Is 9.1,2

21 Indo adiante, viu outros dois irmãos: Tiago, filho de Zebedeu, e João, seu irmão.^x Eles estavam num barco com seu pai, Zebedeu, preparando as suas redes. Jesus os chamou, 22 e eles, deixando imediatamente seu pai e o barco, o seguiram.

Jesus Ensina o Povo e Cura os Doentes

23 Jesus foi por toda a Galileia,^y ensinando nas sinagogas deles,^z pregando as boas-novas^a do Reino^b e curando todas as enfermidades e doenças entre o povo.^c 24 Notícias sobre ele se espalharam por toda a Síria,^d e o povo lhe trouxe todos os que sofriam de vários males e tormentos: endemoninhados,^e loucos[4] e paralíticos;^g e ele os curou. 25 Grandes multidões o seguiam,^h vindas da Galileia, Decápolis, Jerusalém, Judeia e da região do outro lado do Jordão.

As Bem-aventuranças
(Lc 6.20-23)

5 Vendo as multidões, Jesus subiu ao monte e se assentou. Seus discípulos aproximaram-se dele, 2 e ele começou a ensiná-los, dizendo:

3 "Bem-aventurados[5]
   os pobres em espírito,
  pois deles é o Reino dos céus.^i
4 Bem-aventurados
   os que choram,
  pois serão consolados.^j
5 Bem-aventurados os humildes,
   pois eles receberão a terra por herança.^k
6 Bem-aventurados os que têm fome e
   sede de justiça,
  pois serão satisfeitos.^l
7 Bem-aventurados
   os misericordiosos,
  pois obterão misericórdia.
8 Bem-aventurados
   os puros de coração,^m
  pois verão a Deus.^n

[4] 4.24 Grego: *lunáticos*.
[5] 5.3 Isto é, como são felizes; também nos versículos 4 a 11.

⁹ Bem-aventurados
  os pacificadores,
  pois serão chamados
  filhos de Deus.º
¹⁰ Bem-aventurados
  os perseguidos
  por causa da justiça,ᵖ
  pois deles é o Reino dos céus.

¹¹ "Bem-aventurados serão vocês quando, por minha causa, os insultarem,ᵠ os perseguirem e levantarem todo tipo de calúnia contra vocês. ¹² Alegrem-se e regozijem-se,ʳ porque grande é a sua recompensa nos céus, pois da mesma forma perseguiram os profetas que viveram antes de vocês.ˢ

O Sal da Terra e a Luz do Mundo

¹³ "Vocês são o sal da terra. Mas, se o sal perder o seu sabor, como restaurá-lo? Não servirá para nada, exceto para ser jogado fora e pisado pelos homens.ᵗ

¹⁴ "Vocês são a luz do mundo.ᵘ Não se pode esconder uma cidade construída sobre um monte. ¹⁵ E, também, ninguém acende uma candeia e a coloca debaixo de uma vasilha. Ao contrário, coloca-a no lugar apropriado, e assim ilumina a todos os que estão na casa.ᵛ ¹⁶ Assim brilhe a luz de vocês diante dos homens, para que vejam as suas boas obras e glorifiquemʷ ao Pai de vocês, que está nos céus.

Jesus Cumpre a Lei

¹⁷ "Não pensem que vim abolir a Lei ou os Profetas; não vim abolir, mas cumprir.ˣ ¹⁸ Digo a verdade: Enquanto existirem céus e terra, de forma alguma desaparecerá da Lei a menor letra ou o menor traço, até que tudo se cumpra.ʸ ¹⁹ Todo aquele que desobedecer a um desses mandamentos,ᶻ ainda que dos menores, e ensinar os outros a fazerem o mesmo, será chamado menor no Reino dos céus; mas todo aquele que praticar e ensinar estes mandamentos será chamado grande no Reino dos céus.

²⁰ Pois eu digo que, se a justiça de vocês não for muito superior à dos fariseus e mestres da lei, de modo nenhum entrarão no Reino dos céus.

O Homicídio

²¹ "Vocês ouviram o que foi dito aos seus antepassados: 'Não matarás'¹,ᵃ e 'quem matar estará sujeito a julgamento'. ²² Mas eu digo a vocês que qualquer que se irar contra seu irmão² estará sujeito a julgamento.ᵇ Também, qualquer que disser a seu irmão: 'Racá³', será levado ao tribunal.ᶜ E qualquer que disser: 'Louco!', corre o risco de ir para o fogo do inferno.ᵈ

²³ "Portanto, se você estiver apresentando sua oferta diante do altar e ali se lembrar de que seu irmão tem algo contra você, ²⁴ deixe sua oferta ali, diante do altar, e vá primeiro reconciliar-se com seu irmão; depois volte e apresente sua oferta.

²⁵ "Entre em acordo depressa com seu adversário que pretende levá-lo ao tribunal. Faça isso enquanto ainda estiver com ele a caminho, pois, caso contrário, ele poderá entregá-lo ao juiz, e o juiz ao guarda, e você poderá ser jogado na prisão. ²⁶ Eu garanto que você não sairá de lá enquanto não pagar o último centavo⁴.

O Adultério

²⁷ "Vocês ouviram o que foi dito: 'Não adulterarás'⁵.ᵉ ²⁸ Mas eu digo: Qualquer que olhar para uma mulher e desejá-la, já cometeu adultério com ela no seu coração.ᶠ ²⁹ Se o seu olho direito o fizer pecar,ᵍ arranque-o e lance-o fora. É melhor perder uma parte do seu corpo do que ser todo ele lançado no inferno. ³⁰ E, se a sua mão direita o fizer pecar, corte-a e lance-a fora. É melhor perder uma parte do seu corpo do que ir todo ele para o inferno.

---

¹ 5.21 Êx 20.13; Dt 5.17
² 5.22 Alguns manuscritos acrescentam *sem motivo*.
³ 5.22 Termo aramaico de desprezo, equivalente a tolo.
⁴ 5.26 Grego: *quadrante*.
⁵ 5.27 Êx 20.14; Dt 5.18

O Divórcio

³¹ "Foi dito: 'Aquele que se divorciar de sua mulher deverá dar-lhe certidão de divórcio'.¹,ʰ ³² Mas eu digo que todo aquele que se divorciar de sua mulher, exceto por imoralidade sexual², faz que ela se torne adúltera, e quem se casar com a mulher divorciada estará cometendo adultério.ⁱ

Os Juramentos

³³ "Vocês também ouviram o que foi dito aos seus antepassados: 'Não jure falsamente³,ʲ mas cumpra os juramentos que você fez diante do Senhor'.ᵏ ³⁴ Mas eu digo: Não jurem de forma alguma:ˡ nem pelos céus, porque é o trono de Deus;ᵐ ³⁵ nem pela terra, porque é o estrado de seus pés; nem por Jerusalém, porque é a cidade do grande Rei.ⁿ ³⁶ E não jure pela sua cabeça, pois você não pode tornar branco ou preto nem um fio de cabelo. ³⁷ Seja o seu 'sim', 'sim', e o seu 'não', 'não';ᵒ o que passar disso vem do Maligno.ᵖ

A Vingança
(Lc 6.29,30)

³⁸ "Vocês ouviram o que foi dito: 'Olho por olho e dente por dente'⁴,ᵠ ³⁹ Mas eu digo: Não resistam ao perverso. Se alguém o ferir na face direita, ofereça-lhe também a outra.ʳ ⁴⁰ E, se alguém quiser processá-lo e tirar de você a túnica, deixe que leve também a capa. ⁴¹ Se alguém o forçar a caminhar com ele uma milha⁵, vá com ele duas. ⁴² Dê a quem pede, e não volte as costas àquele que deseja pedir algo emprestado.ˢ

O Amor aos Inimigos
(Lc 6.27,28,32-36)

⁴³ "Vocês ouviram o que foi dito: 'Ame o seu próximo⁶ ᵗe odeie o seu inimigo'.ᵘ ⁴⁴ Mas eu digo: Amem os seus inimigos⁷ e orem por aqueles que os perseguem,ᵛ ⁴⁵ para que vocês venham a ser filhosʷ de seu Pai que está nos céus. Porque ele faz raiar o seu sol sobre maus e bons e derrama chuva sobre justos e injustos.ˣ ⁴⁶ Se vocês amarem aqueles que os amam, que recompensa vocês receberão?ʸ Até os publicanos⁸ fazem isso! ⁴⁷ E, se saudarem apenas os seus irmãos, o que estarão fazendo de mais? Até os pagãos fazem isso! ⁴⁸ Portanto, sejam perfeitos como perfeito é o Pai celestial de vocês.ᶻ

A Ajuda aos Necessitados

6 "Tenham o cuidado de não praticar suas 'obras de justiça' diante dos outros para serem vistos por eles.ᵃ Se fizerem isso, vocês não terão nenhuma recompensa do Pai celestial.

² "Portanto, quando você der esmola, não anuncie isso com trombetas, como fazem os hipócritas nas sinagogas e nas ruas, a fim de serem honrados pelos outros. Eu garanto que eles já receberam sua plena recompensa. ³ Mas, quando você der esmola, que a sua mão esquerda não saiba o que está fazendo a direita, ⁴ de forma que você preste a sua ajuda em segredo. E seu Pai, que vê o que é feito em segredo, o recompensará.ᵇ

A Oração
(Lc 11.1-4)

⁵ "E, quando vocês orarem, não sejam como os hipócritas. Eles gostam de ficar orando em péᶜ nas sinagogas e nas esquinas, a fim de serem vistos pelos outros. Eu asseguro que eles já receberam sua plena recompensa. ⁶ Mas, quando você orar, vá para seu quarto, feche a porta e ore a seu Pai,ᵈ que está em secreto. Então seu Pai, que vê em secreto, o recompensará. ⁷ E, quando orarem, não fiquem sempre repetindo a

---

5.31 ʰ Dt 24.1-4
5.32 ⁱ Lc 16.18
5.33 ʲ Lv 19.12; Nm 30.2; Dt 23.21; Mt 23.16-22
5.34 ˡ Tg 5.12; ᵐ Is 66.1; Mt 23.22
5.35 ⁿ Sl 48.2
5.37 ᵒ Tg 5.12; ᵖ Mt 6.13; 13.19, 38; Jo 17.15; 2Ts 3.3; 1Jo 2.13, 14; 3.12; 5.18, 19
5.38 ᵠ Êx 21.24; Lv 24.20; Dt 19.21
5.39 ʳ Lc 6.29; Rm 12.17, 19; 1Co 6.7; 1Pe 3.9
5.42 ˢ Dt 15.8; Lc 6.30
5.43 ᵗ Lv 19.18; ᵘ Dt 23.6
5.44 ᵛ Lc 6.27, 28; 23.34; At 7.60; Rm 12.14; 1Co 4.12; 1Pe 2.23
5.45 ʷ v.9; ˣ Jó 25.3
5.46 ʸ Lc 6.32
5.48 ᶻ Lv 19.2; 1Pe 1.16
6.1 ᵃ Mt 23.5
6.4 ᵇ v. 6, 18; Cl 3.23, 24
6.5 ᶜ Mc 11.25; Lc 18.10-14
6.6 ᵈ 2Rs 4.33

---

¹ 5.31 Dt 24.1
² 5.32 Grego: *porneia*; termo genérico que se refere a práticas sexuais ilícitas.
³ 5.33 Lv 19.12; Nm 30.2
⁴ 5.38 Êx 21.24; Lv 24.20; Dt 19.21
⁵ 5.41 A milha romana tinha cerca de 1.500 metros.
⁶ 5.43 Lv 19.18
⁷ 5.44 Alguns manuscritos acrescentam *abençoem os que os amaldiçoam, façam o bem aos que os odeiam*
⁸ 5.46 Os publicanos eram coletores de impostos, malvistos pelo povo; também em 9.10, 11; 10.3; 11.19; 18.17; 21.31 e 32.

mesma coisa,[e] como fazem os pagãos. Eles pensam que por muito falarem serão ouvidos.[f] [8] Não sejam iguais a eles, porque o seu Pai sabe do que vocês precisam,[g] antes mesmo de o pedirem. [9] Vocês, orem assim:

"Pai nosso, que estás nos céus!
  Santificado seja o teu nome.
[10] Venha o teu Reino;[h]
  seja feita a tua vontade,[i]
assim na terra como no céu.
[11] Dá-nos hoje o nosso
  pão de cada dia.[j]
[12] Perdoa as nossas dívidas,
  assim como perdoamos
  aos nossos devedores.[k]
[13] E não nos deixes cair
  em[1] tentação,[l]
mas livra-nos do mal²,[m]
  porque teu é o Reino, o poder e a
  glória para sempre. Amém³.

[14] Pois, se perdoarem as ofensas uns dos outros, o Pai celestial também perdoará vocês.[n] [15] Mas, se não perdoarem uns aos outros, o Pai celestial não perdoará as ofensas de vocês.[o]

O Jejum

[16] "Quando jejuarem, não mostrem uma aparência triste [p] como os hipócritas, pois eles mudam a aparência do rosto a fim de que os outros vejam que eles estão jejuando. Eu digo verdadeiramente que eles já receberam sua plena recompensa. [17] Ao jejuar, arrume o cabelo[4] e lave o rosto, [18] para que não pareça aos outros que você está jejuando, mas apenas a seu Pai, que vê em secreto. E seu Pai, que vê em secreto, o recompensará.[q]

Os Tesouros no Céu

[19] "Não acumulem para vocês tesouros na terra,[r] onde a traça e a ferrugem destroem[s] e onde os ladrões arrombam e furtam. [20] Mas acumulem para vocês tesouros nos céus,[t] onde a traça e a ferrugem não destroem e onde os ladrões não arrombam nem furtam.[u] [21] Pois onde estiver o seu tesouro, aí também estará o seu coração.[v]

[22] "Os olhos são a candeia do corpo. Se os seus olhos forem bons, todo o seu corpo será cheio de luz. [23] Mas, se os seus olhos forem maus, todo o seu corpo será cheio de trevas. Portanto, se a luz que está dentro de você são trevas, que tremendas trevas são!

[24] "Ninguém pode servir a dois senhores; pois odiará um e amará o outro, ou se dedicará a um e desprezará o outro. Vocês não podem servir a Deus e ao Dinheiro⁵.[w]

As Preocupações da Vida
(Lc 12.22-31)

[25] "Portanto eu digo: Não se preocupem[x] com sua própria vida, quanto ao que comer ou beber; nem com seu próprio corpo, quanto ao que vestir. Não é a vida mais importante que a comida, e o corpo mais importante que a roupa? [26] Observem as aves do céu: não semeiam nem colhem nem armazenam em celeiros; contudo, o Pai celestial as alimenta.[y] Não têm vocês muito mais valor do que elas?[z] [27] Quem de vocês, por mais que se preocupe, pode acrescentar uma hora que seja à sua vida?[6a]

[28] "Por que vocês se preocupam com roupas? Vejam como crescem os lírios do campo. Eles não trabalham nem tecem. [29] Contudo, eu digo que nem Salomão, em todo o seu esplendor,[b] vestiu-se como um deles. [30] Se Deus veste assim a erva do campo, que hoje existe e amanhã é lançada ao fogo, não vestirá muito mais a vocês, homens de pequena fé?[c] [31] Portanto, não se preocupem, dizendo: 'Que vamos comer?' ou 'Que vamos beber?' ou 'Que vamos vestir?' [32] Pois os pagãos é que correm atrás dessas coisas; mas o Pai celestial sabe que

---

¹ **6.13** Grego: *E não nos induzas à*.
² **6.13** Ou *do Maligno*.
³ **6.13** Alguns manuscritos não trazem *porque teu é o Reino, o poder e a glória para sempre. Amém*.
⁴ **6.17** Grego: *unja a cabeça*.
⁵ **6.24** Grego: *Mamom*.
⁶ **6.27** Ou *um único côvado à sua altura?* O côvado era uma medida linear de cerca de 45 centímetros.

vocês precisam delas.ᵈ ³³ Busquem, pois, em primeiro lugar o Reino de Deus e a sua justiça, e todas essas coisas serão acrescentadas a vocês.ᵉ ³⁴ Portanto, não se preocupem com o amanhã, pois o amanhã trará as suas próprias preocupações. Basta a cada dia o seu próprio mal.

O Julgamento ao Próximo
(Lc 6.37-42)

7 "Não julguem, para que vocês não sejam julgados.ᶠ ² Pois da mesma forma que julgarem, vocês serão julgados; e a medida que usarem, também será usada para medir vocês.ᵍ

³ "Por que você repara no cisco que está no olho do seu irmão e não se dá conta da viga que está em seu próprio olho? ⁴ Como você pode dizer ao seu irmão: 'Deixe-me tirar o cisco do seu olho', quando há uma viga no seu? ⁵ Hipócrita, tire primeiro a viga do seu olho, e então você verá claramente para tirar o cisco do olho do seu irmão.

⁶ "Não deem o que é sagrado aos cães, nem atirem suas pérolas aos porcos; caso contrário, estes as pisarão e, aqueles, voltando-se contra vocês, os despedaçarão.

A Persistência na Oração
(Lc 11.9-13)

⁷ "Peçam, e será dado;ʰ busquem, e encontrarão; batam, e a porta será aberta. ⁸ Pois todo o que pede recebe; o que busca encontra;ⁱ e àquele que bate, a porta será aberta.

⁹ "Qual de vocês, se seu filho pedir pão, lhe dará uma pedra? ¹⁰ Ou, se pedir peixe, lhe dará uma cobra? ¹¹ Se vocês, apesar de serem maus, sabem dar boas coisas aos seus filhos, quanto mais o Pai de vocês, que está nos céus, dará coisas boas aos que lhe pedirem! ¹² Assim, em tudo, façam aos outros o que vocês querem que eles façam a vocês;ʲ pois esta é a Lei e os Profetas.ᵏ

A Porta Estreita e a Porta Larga

¹³ "Entrem pela porta estreita,ˡ pois larga é a porta e amplo o caminho que leva à perdição, e são muitos os que entram por ela. ¹⁴ Como é estreita a porta, e apertado o caminho que leva à vida! São poucos os que a encontram.

A Árvore e seu Fruto
(Lc 6.43-45)

¹⁵ "Cuidado com os falsos profetas.ᵐ Eles vêm a vocês vestidos de peles de ovelhas, mas por dentro são lobos devoradores.ⁿ ¹⁶ Vocês os reconhecerão por seus frutos.ᵒ Pode alguém colher uvas de um espinheiro ou figos de ervas daninhas? ᵖ ¹⁷ Semelhantemente, toda árvore boa dá frutos bons, mas a árvore ruim dá frutos ruins. ¹⁸ A árvore boa não pode dar frutos ruins, nem a árvore ruim pode dar frutos bons. ¹⁹ Toda árvore que não produz bons frutos é cortada e lançada ao fogo.ᵠ ²⁰ Assim, pelos seus frutos vocês os reconhecerão!

²¹ "Nem todo aquele que me diz: 'Senhor, Senhor', ʳ entrará no Reino dos céus, mas apenas aquele que faz a vontade de meu Pai que está nos céus.ˢ ²² Muitos me dirão naquele dia:ᵗ 'Senhor, Senhor, não profetizamos em teu nome? Em teu nome não expulsamos demônios e não realizamos muitos milagres?' ᵘ ²³ Então eu lhes direi claramente: Nunca os conheci. Afastem-se de mim vocês que praticam o mal!ᵛ

O Prudente e o Insensato
(Lc 6.46-49)

²⁴ "Portanto, quem ouve estas minhas palavras e as pratica ʷ é como um homem prudente que construiu a sua casa sobre a rocha. ²⁵ Caiu a chuva, transbordaram os rios, sopraram os ventos e deram contra aquela casa, e ela não caiu, porque tinha seus alicerces na rocha. ²⁶ Mas quem ouve estas minhas palavras e não as pratica é como um insensato que construiu a sua casa sobre a areia. ²⁷ Caiu a chuva, transbordaram os rios, sopraram os ventos e deram contra aquela casa, e ela caiu. E foi grande a sua queda".

²⁸ Quando Jesus acabou de dizer essas coisas,ˣ as multidões estavam maravilhadas

com o seu ensino,ʸ ²⁹ porque ele as ensinava como quem tem autoridade, e não como os mestres da lei.

A Cura de um Leproso
(Mc 1.40-45; Lc 5.12-16)

8 Quando ele desceu do monte, grandes multidões o seguiram. ² Um leproso¹, ᶻ aproximando-se, adorou-o de joelhos e disse: ᵃ "Senhor, se quiseres, podes purificar-me!"

³ Jesus estendeu a mão, tocou nele e disse: "Quero. Seja purificado!" Imediatamente ele foi purificado da lepra. ⁴ Em seguida Jesus lhe disse: "Olhe, não conte isso a ninguém.ᵇ Mas vá mostrar-se ao sacerdote e apresente a oferta que Moisés ordenou, ᶜ para que sirva de testemunho".

Um Centurião Demonstra Fé
(Lc 7.1-10)

⁵ Entrando Jesus em Cafarnaum, dirigiu-se a ele um centurião, pedindo-lhe ajuda. ⁶ E disse: "Senhor, meu servo está em casa, paralítico, em terrível sofrimento".

⁷ Jesus lhe disse: "Eu irei curá-lo".

⁸ Respondeu o centurião: "Senhor, não mereço receber-te debaixo do meu teto. Mas dize apenas uma palavra, e o meu servo será curado. ᵈ⁹ Pois eu também sou homem sujeito à autoridade e com soldados sob o meu comando. Digo a um: Vá, e ele vai; e a outro: Venha, e ele vem. Digo a meu servo: Faça isto, e ele faz".

¹⁰ Ao ouvir isso, Jesus admirou-se e disse aos que o seguiam: "Digo a vocês a verdade: Não encontrei em Israel ninguém com tamanha fé.ᵉ ¹¹ Eu digo que muitos virão do oriente e do ocidente ᶠ e se sentarão à mesa com Abraão, Isaque e Jacó no Reino dos céus.ᵍ ¹² Mas os súditos do Reinoʰ serão lançados para fora, nas trevas, onde haverá choro e ranger de dentes".ⁱ

¹³ Então Jesus disse ao centurião: "Vá! Como você creu, assim acontecerá!" ʲ Na mesma hora o seu servo foi curado.

---

¹ **8.2** O termo grego não se refere somente à lepra, mas também a diversas doenças da pele.

O Poder de Jesus sobre os Demônios e as Doenças
(Mc 1.29-34; Lc 4.38-41)

¹⁴ Entrando Jesus na casa de Pedro, viu a sogra deste de cama, com febre. ¹⁵ Tomando-a pela mão, a febre a deixou, e ela se levantou e começou a servi-lo.

¹⁶ Ao anoitecer foram trazidos a ele muitos endemoninhados, e ele expulsou os espíritos com uma palavra e curou todos os doentes. ᵏ ¹⁷ E assim se cumpriu ˡ o que fora dito pelo profeta Isaías:

"Ele tomou sobre si as nossas
    enfermidades
e sobre si levou as nossas doenças"².ᵐ

Quão Difícil é Seguir Jesus!
(Lc 9.57-62)

¹⁸ Quando Jesus viu a multidão ao seu redor, deu ordens para que atravessassem para o outro lado do mar. ⁿ ¹⁹ Então, um mestre da lei aproximou-se e disse: "Mestre, eu te seguirei por onde quer que fores".

²⁰ Jesus respondeu: "As raposas têm suas tocas e as aves do céu têm seus ninhos, mas o Filho do homem ᵒ não tem onde repousar a cabeça".

²¹ Outro discípulo lhe disse: "Senhor, deixa-me ir primeiro sepultar meu pai".

²² Mas Jesus lhe disse: "Siga-me, ᵖ e deixe que os mortos sepultem os seus próprios mortos".

Jesus Acalma a Tempestade
(Mc 4.35-41; Lc 8.22-25)

²³ Entrando ele no barco, seus discípulos o seguiram. ²⁴ De repente, uma violenta tempestade abateu-se sobre o mar, de forma que as ondas inundavam o barco. Jesus, porém, dormia. ²⁵ Os discípulos foram acordá-lo, clamando: "Senhor, salva-nos! Vamos morrer!"

²⁶ Ele perguntou: "Por que vocês estão com tanto medo, homens de pequena fé?" ᵠ Então ele se levantou e repreendeu os ventos e o mar, e fez-se completa bonança. ʳ

---

² **8.17** Is 53.4

7.28
ʸ Mt 13.54;
Mc 1.22;
6.2; Lc 4.32;
Jo 7.46
8.2
ᶻ Lc 5.12
ᵃ Mt 9.18;
15.25; 18.26;
20.20
8.4
ᵇ Mt 9.30;
Mc 5.43;
7.36; 8.30
ᶜ Lv 14.2-32
8.8
ᵈ Sl 107.20
8.10
ᵉ Mt 15.28
8.11
ᶠ Sl 107.3;
Is 49.12;
59.19;
Ml 1.11
ᵍ Lc 13.29
8.12
ʰ Mt 13.38
ⁱ Mt 13.42, 50; 22.13; 24.51; 25.30; Lc 13.28
8.13
ʲ Mt 9.22
8.16
ᵏ Mt 4.23, 24
8.17
ˡ Mt 1.22
ᵐ Is 53.4
8.18
ⁿ Mc 4.35
8.20
ᵒ Dn 7.13;
Mt 12.8,
32, 40;
16.13, 27, 28;
17.19;
19.28;
Mc 2.10;
8.31
8.22
ᵖ Mt 4.19
8.26
ᵠ Mt 6.30
ʳ Sl 65.7;
89.9; 107.29

²⁷ Os homens ficaram perplexos e perguntaram: "Quem é este que até os ventos e o mar lhe obedecem?"

A Cura de Dois Endemoninhados
(Mc 5.1-20; Lc 8.26-39)

²⁸ Quando ele chegou ao outro lado, à região dos gadarenos¹, foram ao seu encontro dois endemoninhados, ˢ que vinham dos sepulcros. Eles eram tão violentos que ninguém podia passar por aquele caminho. ²⁹ Então eles gritaram: "Que queres conosco, Filho de Deus? ᵗ Vieste aqui para nos atormentar antes do devido tempo?" ᵘ ³⁰ A certa distância deles estava pastando uma grande manada de porcos. ³¹ Os demônios imploravam a Jesus: "Se nos expulsas, manda-nos entrar naquela manada de porcos". ³² Ele lhes disse: "Vão!" Eles saíram e entraram nos porcos, e toda a manada atirou-se precipício abaixo, em direção ao mar, e morreu afogada. ³³ Os que cuidavam dos porcos fugiram, foram à cidade e contaram tudo, inclusive o que acontecera aos endemoninhados. ³⁴ Toda a cidade saiu ao encontro de Jesus, e, quando o viram, suplicaram-lhe que saísse do território deles. ᵛ

Jesus Cura um Paralítico
(Mc 2.1-12; Lc 5.17-26)

9 Entrando Jesus num barco, atravessou o mar e foi para a sua cidade. ʷ ² Alguns homens trouxeram-lhe um paralítico, ˣ deitado em sua maca. Vendo a fé que eles tinham, ʸ Jesus disse ao paralítico: "Tenha bom ânimo, ᶻ filho; os seus pecados estão perdoados". ᵃ

³ Diante disso, alguns mestres da lei disseram a si mesmos: "Este homem está blasfemando!" ᵇ

⁴ Conhecendo Jesus seus pensamentos,ᶜ disse-lhes: "Por que vocês pensam maldosamente em seu coração? ⁵ Que é mais fácil dizer: 'Os seus pecados estão perdoados', ou: 'Levante-se e ande'? ⁶ Mas para que vocês saibam que o Filho do homem ᵈ tem na terra autoridade para perdoar pecados" — disse ao paralítico: "Levante-se, pegue a sua maca e vá para casa". ⁷ Ele se levantou e foi. ⁸ Vendo isso, a multidão ficou cheia de temor e glorificou a Deus,ᵉ que dera tal autoridade aos homens.

O Chamado de Mateus
(Mc 2.13-17; Lc 5.27-32)

⁹ Saindo, Jesus viu um homem chamado Mateus, sentado na coletoria, e disse-lhe: "Siga-me". Mateus levantou-se e o seguiu.

¹⁰ Estando Jesus em casa², foram comer com ele e seus discípulos muitos publicanos e pecadores. ¹¹ Vendo isso, os fariseus perguntaram aos discípulos dele: "Por que o mestre de vocês come com publicanos e pecadores?" ᶠ

¹² Ouvindo isso, Jesus disse: "Não são os que têm saúde que precisam de médico, mas sim os doentes. ¹³ Vão aprender o que significa isto: 'Desejo misericórdia, não sacrifícios'³. ᵍ Pois eu não vim chamar justos, mas pecadores". ʰ

Jesus é Interrogado acerca do Jejum
(Mc 2.18-22; Lc 5.33-39)

¹⁴ Então os discípulos de João vieram perguntar-lhe: "Por que nós e os fariseus jejuamos, ⁱ mas os teus discípulos não?"

¹⁵ Jesus respondeu: "Como podem os convidados do noivo ficar de luto enquanto o noivo está com eles? ʲ Virão dias quando o noivo lhes será tirado; então jejuarão. ᵏ

¹⁶ "Ninguém põe remendo de pano novo em roupa velha, pois o remendo forçará a roupa, tornando pior o rasgo. ¹⁷ Nem se põe vinho novo em vasilha de couro velha; se o fizer, a vasilha rebentará, o vinho se derramará e a vasilha se estragará. Ao contrário, põe-se vinho novo em vasilha de couro nova; e ambos se conservam".

O Poder de Jesus sobre a Doença e a Morte
(Mc 5.21-43; Lc 8.40-56)

¹⁸ Falava ele ainda quando um dos dirigentes da sinagoga chegou, ajoelhou-se

---

¹ **8.28** Alguns manuscritos trazem *gergesenos*; outros dizem *gerasenos*.
² **9.10** Ou *na casa de Mateus*; veja Lc 5.29.
³ **9.13** Os 6.6

diante dele e disse: ¹"Minha filha acaba de morrer. Vem e impõe a tua mão sobre ela,ᵐ e ela viverá". ¹⁹ Jesus levantou-se e foi com ele, e também os seus discípulos.

²⁰ Nisso uma mulher que havia doze anos vinha sofrendo de hemorragia, chegou por trás dele e tocou na borda do seu manto, ⁿ ²¹ pois dizia a si mesma: "Se eu tão somente tocar em seu manto, ficarei curada".

²² Voltando-se, Jesus a viu e disse: "Ânimo, filha, a sua fé a curou!"ᵒ E desde aquele instante a mulher ficou curada. ᵖ

²³ Quando ele chegou à casa do dirigente da sinagoga e viu os flautistas e a multidão agitada, ᵠ ²⁴ disse: "Saiam! A menina não está morta, ʳ mas dorme". ˢ Todos começaram a rir dele. ²⁵ Depois que a multidão se afastou, ele entrou e tomou a menina pela mão, e ela se levantou. ²⁶ A notícia deste acontecimento espalhou-se por toda aquela região. ᵗ

A Cura de Dois Cegos e de Um Mudo

²⁷ Saindo Jesus dali, dois cegos o seguiram, clamando: "Filho de Davi, tem misericórdia de nós!" ᵘ

²⁸ Entrando ele em casa, os cegos se aproximaram, e ele lhes perguntou: "Vocês creem que eu sou capaz de fazer isso?"

Eles responderam: "Sim, Senhor!"

²⁹ E ele, tocando nos olhos deles, disse: "Que seja feito segundo a fé que vocês têm!"ᵛ ³⁰ E a visão deles foi restaurada. Então Jesus os advertiu severamente: "Cuidem para que ninguém saiba disso". ʷ ³¹ Eles, porém, saíram e espalharam a notícia por toda aquela região. ˣ

³² Enquanto eles se retiravam, foi levado a Jesus um homem endemoninhado ʸ que não podia falar. ᶻ ³³ Quando o demônio foi expulso, o mudo começou a falar. A multidão ficou admirada e disse: "Nunca se viu nada parecido em Israel!" ᵃ

³⁴ Mas os fariseus diziam: "É pelo príncipe dos demônios que ele expulsa demônios". ᵇ

¹ **9.22** Ou *a salvou!*

Poucos São os Trabalhadores

³⁵ Jesus ia passando por todas as cidades e povoados, ensinando nas sinagogas, pregando as boas-novas do Reino e curando todas as enfermidades e doenças.ᶜ ³⁶ Ao ver as multidões, teve compaixão delas, ᵈ porque estavam aflitas e desamparadas, como ovelhas sem pastor. ᵉ ³⁷ Então disse aos seus discípulos: "A colheita é grande, ᶠ mas os trabalhadores são poucos. ᵍ ³⁸ Peçam, pois, ao Senhor da colheita que envie trabalhadores para a sua colheita".

Jesus Envia os Doze
(Mc 5.7-13; Lc 9.1-6)

10 Chamando seus doze discípulos, deu-lhes autoridade para expulsar espíritos imundos² ʰ e curar todas as doenças e enfermidades.

² Estes são os nomes dos doze apóstolos: primeiro, Simão, chamado Pedro, e André, seu irmão; Tiago, filho de Zebedeu, e João, seu irmão; ³ Filipe e Bartolomeu; Tomé e Mateus, o publicano; Tiago, filho de Alfeu, e Tadeu; ⁴ Simão, o zelote, e Judas Iscariotes, que o traiu. ⁱ

⁵ Jesus enviou os doze com as seguintes instruções: "Não se dirijam aos gentios³, nem entrem em cidade alguma dos samaritanos. ʲ ⁶ Antes, dirijam-se às ovelhas perdidas de Israel. ᵏ ⁷ Por onde forem, preguem esta mensagem: O Reino dos céus está próximo. ˡ ⁸ Curem os enfermos, ressuscitem os mortos, purifiquem os leprosos⁴, expulsem os demônios. Vocês receberam de graça; deem também de graça. ⁹ Não levem nem ouro, nem prata, nem cobre em seus cintos; ᵐ ¹⁰ não levem nenhum saco de viagem, nem túnica extra, nem sandálias, nem bordão; pois o trabalhador é digno do seu sustento. ⁿ

¹¹ "Na cidade ou povoado em que entrarem, procurem alguém digno de recebê-los,

² **10.1** Ou *malignos*

³ **10.5** Isto é, os que não são judeus; também no versículo 18.

⁴ **10.8** O termo grego não se refere somente à lepra, mas também a diversas doenças da pele.

e fiquem em sua casa até partirem. ¹² Ao entrarem na casa, saúdem-na. ⁰ ¹³ Se a casa for digna, que a paz de vocês repouse sobre ela; se não for, que a paz retorne para vocês. ¹⁴ Se alguém não os receber nem ouvir suas palavras, sacudam a poeira dos pés ᵖ quando saírem daquela casa ou cidade. ¹⁵ Eu digo a verdade: No dia do juízo ʳ haverá menor rigor para Sodoma ᑫ e Gomorra do que para aquela cidade.ˢ ¹⁶ Eu os estou enviando como ovelhas no meio de lobos. ᵗ Portanto, sejam astutos como as serpentes e sem malícia como as pombas.ᵘ

¹⁷ "Tenham cuidado, pois os homens os entregarão aos tribunais ᵛ e os açoitarão nas sinagogas deles. ʷ ¹⁸ Por minha causa vocês serão levados à presença de governadores e reis ˣ como testemunhas a eles e aos gentios. ¹⁹ Mas, quando os prenderem, não se preocupem quanto ao que dizer, ou como dizê-lo. ʸ Naquela hora, será dado o que dizer, ²⁰ pois não serão vocês que estarão falando, mas o Espírito do Pai de vocês falará por intermédio de vocês. ᶻ

²¹ "O irmão entregará à morte o seu irmão, e o pai, o seu filho; filhos se rebelarão contra seus pais e os matarão. ᵃ ²² Todos odiarão vocês por minha causa, mas aquele que perseverar até o fim será salvo. ᵇ ²³ Quando forem perseguidos num lugar, fujam para outro. Eu garanto que vocês não terão percorrido todas as cidades de Israel antes que venha o Filho do homem.

²⁴ "O discípulo não está acima do seu mestre, nem o servo acima do seu senhor. ᶜ ²⁵ Basta ao discípulo ser como o seu mestre, e ao servo, como o seu senhor. Se o dono da casa foi chamado Belzebu, ᵈ quanto mais os membros da sua família!

²⁶ "Portanto, não tenham medo deles. Não há nada escondido que não venha a ser revelado, nem oculto que não venha a se tornar conhecido. ᵉ ²⁷ O que eu digo a vocês na escuridão, falem à luz do dia; o que é sussurrado em seus ouvidos, proclamem dos telhados. ²⁸ Não tenham medo dos que matam o corpo, mas não podem matar a alma. Antes, tenham medo daquele ᶠ que pode destruir tanto a alma como o corpo no inferno. ²⁹ Não se vendem dois pardais por uma moedinha¹? Contudo, nenhum deles cai no chão sem o consentimento do Pai de vocês. ³⁰ Até os cabelos da cabeça de vocês estão todos contados. ᵍ ³¹ Portanto, não tenham medo; vocês valem mais do que muitos pardais! ʰ

³² "Quem, pois, me confessar diante dos homens, ⁱ eu também o confessarei diante do meu Pai que está nos céus. ³³ Mas aquele que me negar diante dos homens, eu também o negarei diante do meu Pai que está nos céus. ʲ

³⁴ "Não pensem que vim trazer paz à terra; não vim trazer paz, mas espada. ³⁵ Pois eu vim para fazer que

" 'o homem fique contra seu pai,
    a filha contra sua mãe,
    a nora contra sua sogra; ᵏ
³⁶ os inimigos do homem serão os da
    sua própria família'².ˡ

³⁷ "Quem ama seu pai ou sua mãe mais do que a mim não é digno de mim; quem ama seu filho ou sua filha mais do que a mim não é digno de mim; ᵐ ³⁸ e quem não toma a sua cruz e não me segue, não é digno de mim. ⁿ ³⁹ Quem acha a sua vida a perderá, e quem perde a sua vida por minha causa a encontrará.ᵒ

⁴⁰ "Quem recebe vocês, recebe a mim; ᵖ e quem me recebe, recebe aquele que me enviou. ᑫ ⁴¹ Quem recebe um profeta, porque ele é profeta, receberá a recompensa de profeta, e quem recebe um justo, porque ele é justo, receberá a recompensa de justo. ⁴² E, se alguém der mesmo que seja apenas um copo de água fria a um destes pequeninos, porque ele é meu discípulo, eu asseguro que não perderá a sua recompensa". ʳ

¹ **10.29** Grego: *um asse*.
² **10.35,36** Mq 7.6

Jesus e João Batista
(Lc 7.18-35)

11 Quando acabou de instruir seus doze discípulos, ⁵ Jesus saiu para ensinar e pregar nas cidades da Galileia¹.

² João, ao ouvir na prisão ᵗ o que Cristo estava fazendo, enviou seus discípulos para lhe perguntarem: ³ "És tu aquele que haveria de vir ᵘ ou devemos esperar algum outro?"

⁴ Jesus respondeu: "Voltem e anunciem a João o que vocês estão ouvindo e vendo: ⁵ os cegos veem, os aleijados andam, os leprosos² são purificados, os surdos ouvem, os mortos são ressuscitados, e as boas-novas são pregadas aos pobres; ᵛ ⁶ e feliz é aquele que não se escandaliza por minha causa". ʷ

⁷ Enquanto saíam os discípulos de João, ˣJesus começou a falar à multidão a respeito de João: "O que vocês foram ver no deserto? Um caniço agitado pelo vento? ⁸ Ou, o que foram ver? Um homem vestido de roupas finas? Ora, os que usam roupas finas estão nos palácios reais. ⁹ Afinal, o que foram ver? Um profeta? ʸ Sim, eu digo a vocês, e mais que profeta. ¹⁰ Este é aquele a respeito de quem está escrito:

" 'Enviarei o meu mensageiro
    à tua frente;
ele preparará o teu caminho diante de ti'³.ᶻ

¹¹ Digo a verdade a vocês: Do meio dos nascidos de mulher não surgiu ninguém maior do que João Batista; todavia, o menor no Reino dos céus é maior do que ele. ¹² Desde os dias de João Batista até agora, o Reino dos céus é tomado à força, e os que usam de força se apoderam dele. ¹³ Pois todos os Profetas e a Lei profetizaram até João. ¹⁴ E se vocês quiserem aceitar, este é o Elias que havia de vir. ᵃ ¹⁵ Aquele que tem ouvidos, ouça! ᵇ

¹⁶ "A que posso comparar esta geração? São como crianças que ficam sentadas nas praças e gritam umas às outras:

¹⁷ " 'Nós tocamos flauta,
    mas vocês não dançaram;
cantamos um lamento,
    mas vocês não
    se entristeceram'.

¹⁸ Pois veio João, que jejua ᶜ e não bebe vinho⁴, ᵈ e dizem: 'Ele tem demônio'. ¹⁹ Veio o Filho do homem comendo e bebendo, e dizem: 'Aí está um comilão e beberrão, amigo de publicanos e pecadores'. ᵉ Mas a sabedoria é comprovada pelas obras que a acompanham".

Ai das Cidades que Não se Arrependem
(Lc 10.13-15)

²⁰ Então Jesus começou a denunciar as cidades em que havia sido realizada a maioria dos seus milagres, porque não se arrependeram. ²¹ "Ai de você, Corazim! Ai de você, Betsaida! ᶠ Porque se os milagres que foram realizados entre vocês tivessem sido realizados em Tiro e Sidom, ᵍ há muito tempo elas se teriam arrependido, vestindo roupas de saco e cobrindo-se de cinzas. ʰ ²² Mas eu afirmo que no dia do juízo haverá menor rigor para Tiro e Sidom do que para vocês. ⁱ ²³ E você, Cafarnaum, ʲ será elevada até ao céu? Não, você descerá até o Hades⁵! ᵏ Se os milagres que em você foram realizados tivessem sido realizados em Sodoma, ela teria permanecido até hoje. ²⁴ Mas eu afirmo que no dia do juízo haverá menor rigor para Sodoma do que para você". ˡ

Repouso para os Cansados
(Lc 10.21,22)

²⁵ Naquela ocasião, Jesus disse: "Eu te louvo, Pai,ᵐ Senhor dos céus e da terra,

---

¹ 11.1 Grego: *cidades deles.*

² 11.5 O termo grego não se refere somente à lepra, mas também a diversas doenças da pele.

³ 11.10 Ml 3.1

⁴ 11.18 Grego: *não comendo, nem bebendo.*

⁵ 11.23 Essa palavra pode ser traduzida por inferno, sepulcro, morte ou profundezas.

porque escondeste estas coisas dos sábios e cultos, e as revelaste aos pequeninos. ⁿ ²⁶ Sim, Pai, pois assim foi do teu agrado.

²⁷ "Todas as coisas me foram entregues ᵒ por meu Pai. ᵖ Ninguém conhece o Filho a não ser o Pai, e ninguém conhece o Pai a não ser o Filho e aqueles a quem o Filho o quiser revelar.ᑫ

²⁸ "Venham a mim, ʳ todos os que estão cansados e sobrecarregados, e eu darei descanso a vocês. . ²⁹ Tomem sobre o meu jugo e aprendam de mim,ˢ pois sou manso e humilde de coração, e vocês encontrarão descanso para as suas almas. ᵗ ³⁰ Pois o meu jugo é suave e o meu fardo é leve". ᵘ

O Senhor do Sábado
(Mc 2.23-3.6; Lc 6.1-11)

12 Naquela ocasião, Jesus passou pelas lavouras de cereal no sábado. Seus discípulos estavam com fome e começaram a colher espigas para comê-las. ᵛ ² Os fariseus, vendo aquilo, lhe disseram: "Olha, os teus discípulos estão fazendo o que não é permitido no sábado". ʷ

³ Ele respondeu: "Vocês não leram o que fez Davi quando ele e seus companheiros estavam com fome? ˣ ⁴ Ele entrou na casa de Deus e, junto com os seus companheiros, comeu os pães da Presença, o que não lhes era permitido fazer, mas apenas aos sacerdotes. ʸ ⁵ Ou vocês não leram na Lei que, no sábado, os sacerdotes no templo profanam esse dia e,ᶻ contudo, ficam sem culpa? ᵃ ⁶ Eu digo a vocês que aqui está o que é maior do que o templo. ⁷ Se vocês soubessem o que significam estas palavras: 'Desejo misericórdia, não sacrifícios',¹ ᵇ não teriam condenado inocentes. ⁸ Pois o Filho do homem ᶜ é Senhor do sábado".

⁹ Saindo daquele lugar, dirigiu-se à sinagoga deles, ¹⁰ e estava ali um homem com uma das mãos atrofiada. Procurando um motivo para acusar Jesus, eles lhe perguntaram: "É permitido curar no sábado?" ᵈ

¹ **12.7** Os 6.6

¹¹ Ele lhes respondeu: "Qual de vocês, se tiver uma ovelha e ela cair num buraco no sábado, não irá pegá-la e tirá-la de lá? ᵉ ¹² Quanto mais vale um homem do que uma ovelha! ᶠ Portanto, é permitido fazer o bem no sábado".

¹³ Então ele disse ao homem: "Estenda a mão". Ele a estendeu, e ela foi restaurada, e ficou boa como a outra. ¹⁴ Então os fariseus saíram e começaram a conspirar sobre como poderiam matar Jesus. ᵍ

O Servo Escolhido de Deus

¹⁵ Sabendo disso, Jesus retirou-se daquele lugar. Muitos o seguiram, e ele curou todos os doentes que havia entre eles, ʰ ¹⁶ advertindo-os que não dissessem quem ele era. ⁱ ¹⁷ Isso aconteceu para se cumprir o que fora dito por meio do profeta Isaías:

¹⁸ "Eis o meu servo,
    a quem escolhi,
o meu amado,
    em quem tenho prazer. ʲ
Porei sobre ele o meu Espírito,
    e ele anunciará justiça
    às nações.
¹⁹ Não discutirá nem gritará;
    ninguém ouvirá sua voz
    nas ruas.
²⁰ Não quebrará o caniço rachado,
    não apagará o pavio fumegante,
até que leve à vitória a justiça.
²¹ Em seu nome as nações
    porão sua esperança"².ᵏ

A Acusação contra Jesus
(Mc 3.20-30; Lc 11.14-23)

²² Depois disso, levaram-lhe um endemoninhado que era cego e mudo, e Jesus o curou, de modo que ele pôde falar e ver. ˡ ²³ Todo o povo ficou atônito e disse: "Não será este o Filho de Davi?" ᵐ

²⁴ Mas, quando os fariseus ouviram isso, disseram: "É somente por Belzebu, ⁿ o príncipe dos demônios, que ele expulsa demônios". ᵒ

² **12.18-21** Is 42.1-4

25 Jesus, conhecendo os seus pensamentos, ᵖ disse-lhes: "Todo reino dividido contra si mesmo será arruinado, e toda cidade ou casa dividida contra si mesma não subsistirá. **26** Se Satanás expulsa Satanás, ᵍ está dividido contra si mesmo. Como, então, subsistirá seu reino? **27** E, se eu expulso demônios por Belzebu, por quem os expulsam os filhos¹ de vocês? ʳ Por isso, eles mesmos serão juízes sobre vocês. **28** Mas, se é pelo Espírito de Deus que eu expulso demônios, então chegou a vocês o Reino de Deus.

29 "Ou, como alguém pode entrar na casa do homem forte e levar dali seus bens, sem antes amarrá-lo? Só então poderá roubar a casa dele.

30 "Aquele que não está comigo está contra mim; e aquele que comigo não ajunta espalha. ˢ **31** Por esse motivo eu digo a vocês: Todo pecado e blasfêmia serão perdoados aos homens, mas a blasfêmia contra o Espírito não será perdoada. ᵗ **32** Todo aquele que disser uma palavra contra o Filho do homem será perdoado, mas quem falar contra o Espírito Santo não será perdoado, nem nesta era ᵘ nem na que há de vir. ᵛ

33 "Considerem: Uma árvore boa dá fruto bom, e uma árvore ruim dá fruto ruim, pois uma árvore é conhecida por seu fruto. ʷ **34** Raça de víboras, ˣ como podem vocês, que são maus, dizer coisas boas? Pois a boca fala do que está cheio o coração. ʸ **35** O homem bom do seu bom tesouro tira coisas boas, e o homem mau do seu mau tesouro tira coisas más. **36** Mas eu digo que, no dia do juízo, os homens haverão de dar conta de toda palavra inútil que tiverem falado. **37** Pois por suas palavras vocês serão absolvidos, e por suas palavras serão condenados".

O Sinal de Jonas
(Lc 11.29-32)

38 Então alguns dos fariseus e mestres da lei lhe disseram: "Mestre, queremos ver um *sinal milagroso feito por ti*". ᶻ

39 Ele respondeu: "Uma geração perversa e adúltera pede um sinal milagroso! Mas nenhum sinal será dado, exceto o sinal do profeta Jonas. ᵃ **40** Pois assim como Jonas esteve três dias e três noites no ventre de um grande peixe, ᵇ assim o Filho do homem ᶜ ficará três dias e três noites no coração da terra. ᵈ **41** Os homens de Nínive ᵉ se levantarão no juízo com esta geração e a condenarão; pois eles se arrependeram com a pregação de Jonas, e agora está aqui o que é maior do que Jonas. ᶠ **42** A rainha do Sul se levantará no juízo com esta geração e a condenará, pois ela veio ᵍ dos confins da terra para ouvir a sabedoria de Salomão, e agora está aqui o que é maior do que Salomão.

43 "Quando um espírito imundo² sai de um homem, passa por lugares áridos procurando descanso. Como não o encontra, **44** diz: 'Voltarei para a casa de onde saí'. Chegando, encontra a casa desocupada, varrida e em ordem. **45** Então vai e traz consigo outros sete espíritos piores do que ele, e, entrando, passam a viver ali. E o estado final daquele homem torna-se pior do que o primeiro. ʰ Assim acontecerá a esta geração perversa".

A Mãe e os Irmãos de Jesus
(Mc 3.31-35; Lc 8.19-21)

46 Falava ainda Jesus à multidão quando sua mãe ⁱ e seus irmãos ʲ chegaram do lado de fora, querendo falar com ele. **47** Alguém lhe disse: "Tua mãe e teus irmãos estão lá fora e querem falar contigo"³.

48 "Quem é minha mãe, e quem são meus irmãos?", perguntou ele. **49** E, estendendo a mão para os discípulos, disse: "Aqui estão minha mãe e meus irmãos! **50** Pois quem faz a vontade de meu Pai que está nos céus, ᵏ este é meu irmão, minha irmã e minha mãe".

A Parábola do Semeador
(Mc 4.1-20; Lc 8.1-15)

13 Naquele mesmo dia, Jesus saiu de casa ˡ e assentou-se à beira-mar. **2** Reuniu-se ao seu redor uma multidão tão grande que,

---

¹ **12.27** Ou *discípulos*
² **12.43** Ou *maligno*
³ **12.47** Alguns manuscritos não trazem o versículo 47.

por isso, ele entrou num barco e assentou-se. ᵐ Ao povo reunido na praia ³ Jesus falou muitas coisas por parábolas, dizendo: "O semeador saiu a semear. ⁴ Enquanto lançava a semente, parte dela caiu à beira do caminho, e as aves vieram e a comeram. ⁵ Parte dela caiu em terreno pedregoso, onde não havia muita terra, e logo brotou, porque a terra não era profunda. ⁶ Mas, quando saiu o sol, as plantas se queimaram e secaram, porque não tinham raiz. ⁷ Outra parte caiu no meio dos espinhos, que cresceram e sufocaram as plantas. ⁸ Outra ainda caiu em boa terra, deu boa colheita, a cem, ⁿ sessenta e trinta por um. ⁹ Aquele que tem ouvidos para ouvir, ouça!" ᵒ

¹⁰ Os discípulos aproximaram-se dele e perguntaram: "Por que falas ao povo por parábolas?"

¹¹ Ele respondeu: "A vocês foi dado o conhecimento dos mistérios do Reino dos céus, ᵖ mas a eles não. ¹² A quem tem será dado, e este terá em grande quantidade. De quem não tem, até o que tem lhe será tirado. ᵠ ¹³ Por essa razão eu lhes falo por parábolas:

" 'Porque vendo, eles não veem
    e, ouvindo, não ouvem
    nem entendem'¹. ʳ

¹⁴ Neles se cumpre a profecia de Isaías:

" 'Ainda que estejam sempre ouvindo,
    vocês nunca entenderão;
ainda que estejam sempre vendo,
    jamais perceberão.
¹⁵ Pois o coração deste povo
    se tornou insensível;
de má vontade
    ouviram com os seus ouvidos,
    e fecharam os seus olhos.
Se assim não fosse,
    poderiam ver com os olhos,
    ouvir com os ouvidos,
entender com o coração
    e converter-se,
e eu os curaria'². ˢ

¹⁶ Mas felizes são os olhos de vocês, porque veem; e os ouvidos de vocês, porque ouvem. ᵗ ¹⁷ Pois eu digo a verdade: Muitos profetas e justos desejaram ver o que vocês estão vendo, ᵘ mas não viram, e ouvir o que vocês estão ouvindo, mas não ouviram.

¹⁸ "Portanto, ouçam o que significa a parábola do semeador: ¹⁹ Quando alguém ouve a mensagem do Reino ᵛ e não a entende, o Maligno ʷ vem e arranca o que foi semeado em seu coração. Esse é o caso da semente que caiu à beira do caminho. ²⁰ Quanto à semente que caiu em terreno pedregoso, esse é o caso daquele que ouve a palavra e logo a recebe com alegria. ²¹ Todavia, visto que não tem raiz em si mesmo, permanece pouco tempo. Quando surge alguma tribulação ou perseguição por causa da palavra, logo a abandona. ˣ ²² Quanto à semente que caiu no meio dos espinhos, esse é o caso daquele que ouve a palavra, mas a preocupação desta vida e o engano das riquezas a sufocam, ʸ tornando-a infrutífera. ²³ E quanto à semente que caiu em boa terra, esse é o caso daquele que ouve a palavra e a entende, e dá uma colheita de cem, sessenta e trinta por um". ᶻ

A Parábola do Joio

²⁴ Jesus lhes contou outra parábola, dizendo: "O Reino dos céus é como ᵃ um homem que semeou boa semente em seu campo. ²⁵ Mas enquanto todos dormiam, veio o seu inimigo e semeou o joio³ no meio do trigo e se foi. ²⁶ Quando o trigo brotou e formou espigas, o joio também apareceu.

²⁷ "Os servos do dono do campo dirigiram-se a ele e disseram: 'O senhor não semeou boa semente em seu campo? Então, de onde veio o joio?'

²⁸ " 'Um inimigo fez isso', respondeu ele.

"Os servos lhe perguntaram: 'O senhor quer que o tiremos?'

---

¹ **13.13** Alguns manuscritos trazem *Para que vendo, eles não vejam e, ouvindo, não ouçam nem entendam*.
² **13.14,15** Is 6.9,10
³ **13.25** Grego: *cizânia*, erva daninha parecida com o trigo; também no restante do capítulo.

²⁹ "Ele respondeu: 'Não, porque, ao tirar o joio, vocês poderiam arrancar com ele o trigo. ³⁰ Deixem que cresçam juntos até a colheita. Então direi aos encarregados da colheita: Juntem primeiro o joio e amarrem-no em feixes para ser queimado; depois juntem o trigo e guardem-no no meu celeiro' ". ᵇ

As Parábolas do Grão de Mostarda e do Fermento
(Mc 4.30-34; Lc 13.18-21)

³¹ E contou-lhes outra parábola: "O Reino dos céus é como ᶜ um grão de mostarda ᵈ que um homem plantou em seu campo. ³² Embora seja a menor entre todas as sementes, quando cresce, torna-se uma das maiores plantas e atinge a altura de uma árvore, de modo que as aves do céu vêm fazer os seus ninhos em seus ramos". ᵉ

³³ E contou-lhes ainda outra parábola: "O Reino dos céus é como ᶠ o fermento que uma mulher tomou e misturou com uma grande quantidade¹ de farinha, ᵍ e toda a massa ficou fermentada". ʰ

³⁴ Jesus falou todas estas coisas à multidão por parábolas. ⁱ Nada lhes dizia sem usar alguma parábola, ³⁵ cumprindo-se, assim, o que fora dito pelo profeta:

"Abrirei minha boca
  em parábolas,
proclamarei coisas ocultas
  desde a criação do mundo"². ʲ

A Explicação da Parábola do Joio

³⁶ Então ele deixou a multidão e foi para casa. Seus discípulos aproximaram-se dele e pediram: "Explica-nos a parábola ᵏ do joio no campo".

³⁷ Ele respondeu: "Aquele que semeou a boa semente é o Filho do homem. ˡ ³⁸ O campo é o mundo, e a boa semente são os filhos do Reino. O joio são os filhos do Maligno, ᵐ ³⁹ e o inimigo que o semeia é o Diabo. A colheita ⁿ é o fim desta era, ᵒ e os encarregados da colheita são anjos. ᵖ

⁴⁰ "Assim como o joio é colhido e queimado no fogo, assim também acontecerá no fim desta era. ⁴¹ O Filho do homem ᵠ enviará os seus anjos, ʳ e eles tirarão do seu Reino tudo o que faz cair no pecado e todos os que praticam o mal. ⁴² Eles os lançarão na fornalha ardente, onde haverá choro e ranger de dentes. ˢ ⁴³ Então os justos brilharão como o sol ᵗ no Reino de seu Pai. Aquele que tem ouvidos, ouça. ᵘ

As Parábolas do Tesouro Escondido e da Pérola de Grande Valor

⁴⁴ "O Reino dos céus é como ᵛ um tesouro escondido num campo. Certo homem, tendo-o encontrado, escondeu-o de novo e, então, cheio de alegria, foi, vendeu tudo o que tinha e comprou aquele campo. ʷ

⁴⁵ "O Reino dos céus também é como ˣ um negociante que procura pérolas preciosas. ⁴⁶ Encontrando uma pérola de grande valor, foi, vendeu tudo o que tinha e a comprou.

A Parábola da Rede

⁴⁷ "O Reino dos céus é ainda como ʸ uma rede que é lançada ao mar e apanha toda sorte de peixes. ᶻ ⁴⁸ Quando está cheia, os pescadores a puxam para a praia. Então assentam-se e juntam os peixes bons em cestos, mas jogam fora os ruins. ⁴⁹ Assim acontecerá no fim desta era. Os anjos virão, separarão os perversos dos justos ᵃ ⁵⁰ e lançarão aqueles na fornalha ardente, onde haverá choro e ranger de dentes". ᵇ

⁵¹ Então perguntou Jesus: "Vocês entenderam todas essas coisas?"

"Sim", responderam eles.

⁵² Ele lhes disse: "Por isso, todo mestre da lei instruído quanto ao Reino dos céus é como o dono de uma casa que tira do seu tesouro coisas novas e coisas velhas".

Um Profeta sem Honra
(Mc 6.1-6)

⁵³ Quando acabou de contar essas parábolas, ᶜ Jesus saiu dali. ⁵⁴ Chegando à

---

¹ **13.33** Grego: *3 satos*. O sato era uma medida de capacidade para secos. As estimativas variam entre 7 e 13 litros.

² **13.35** Sl 78.2

13.30
ᵇ Mt 3.12

13.31
ᶜ v. 24
ᵈ Mt 17.20; Lc 17.6

13.32
ᵉ Sl 104.12; Ed 17.23; 31.6; Dn 4.12

13.33
ᶠ v. 24
ᵍ Gn 18.6
ʰ Gl 5.9

13.34
ⁱ Mc 4.33; Jo 16.25

13.35
ʲ Sl 78.2; Rm 16.25, 26; 1Co 2.7; Ef 3.9; Cl 1.26

13.36
ᵏ Mt 15.15

13.37
ˡ Mt 8.20

13.38
ᵐ Jo 8.44, 45; 1Jo 3.10

13.39
ⁿ Jl 3.13
ᵒ Mt 24.3; 28.20
ᵖ Ap 14.15

13.41
ᵠ Mt 8.20
ʳ Mt 24.31

13.42
ˢ v. 50
Mt 8.12

13.43
ᵗ Dn 12.3
ᵘ Mt 11.15

13.44
ᵛ v. 24
ʷ Is 55.1; Fp 3.7, 8

13.45
ˣ v. 24

13.47
ʸ v. 24
ᶻ Mt 22.10

13.49
ᵃ Mt 25.32

13.50
ᵇ Mt 8.12

13.53
ᶜ Mt 7.28

sua cidade, começou a ensinar o povo na sinagoga. *d* Todos ficaram admirados *e* e perguntavam: "De onde lhe vêm esta sabedoria e estes poderes milagrosos? ⁵⁵ Não é este o filho do carpinteiro? *f* O nome de sua mãe não é Maria, *g* e não são seus irmãos Tiago, José, Simão e Judas? ⁵⁶ Não estão conosco todas as suas irmãs? De onde, pois, ele obteve todas essas coisas?" ⁵⁷ E ficavam escandalizados por causa dele. *h*

Mas Jesus lhes disse: "Só em sua própria terra e em sua própria casa é que um profeta não tem honra". *i*

⁵⁸ E não realizou muitos milagres ali, por causa da incredulidade deles.

João Batista é Decapitado
(Mc 6.14-29)

14 Por aquele tempo Herodes, *j* o tetrarca*¹*, ouviu os relatos a respeito de Jesus *k* ² e disse aos que o serviam: "Este é João Batista; *l* ele ressuscitou dos mortos! Por isso estão operando nele poderes milagrosos".

³ Pois Herodes havia prendido e amarrado João, colocando-o na prisão por causa de Herodias, *m* mulher de Filipe, *n* seu irmão, ⁴ porquanto João lhe dizia: "Não te é permitido viver com ela". *o* ⁵ Herodes queria matá-lo, mas tinha medo do povo, porque este o considerava profeta. *p*

⁶ No aniversário de Herodes, a filha de Herodias dançou diante de todos e agradou tanto a Herodes ⁷ que ele prometeu sob juramento dar-lhe o que ela pedisse. ⁸ Influenciada por sua mãe, ela disse: "Dá-me aqui, num prato, a cabeça de João Batista". ⁹ O rei ficou aflito, mas, por causa do juramento e dos convidados, ordenou que lhe fosse dado o que ela pedia ¹⁰ e mandou decapitar João na prisão. *q* ¹¹ Sua cabeça foi levada num prato e entregue à jovem, que a levou à sua mãe. ¹² Os discípulos de João vieram, levaram o seu corpo e o sepultaram. *r* Depois foram contar isso a Jesus.

---

¹ **14.1** Um tetrarca era o governador da quarta parte de uma região.

A Primeira Multiplicação dos Pães
(Mc 6.30-44; Lc 9.10-17; Jo 6.1-15)

¹³ Ouvindo o que havia ocorrido, Jesus retirou-se de barco, em particular, para um lugar deserto. As multidões, ao ouvirem falar disso, saíram das cidades e o seguiram a pé. ¹⁴ Quando Jesus saiu do barco e viu tão grande multidão, teve compaixão deles *s* e curou os seus doentes. *t*

¹⁵ Ao cair da tarde, os discípulos aproximaram-se dele e disseram: "Este é um lugar deserto, e já está ficando tarde. Manda embora a multidão para que possam ir aos povoados comprar comida".

¹⁶ Respondeu Jesus: "Eles não precisam ir. Deem-lhes vocês algo para comer".

¹⁷ Eles lhe disseram: "Tudo o que temos aqui são cinco pães *u* e dois peixes".

¹⁸ "Tragam-nos aqui para mim", disse ele. ¹⁹ E ordenou que a multidão se assentasse na grama. Tomando os cinco pães e os dois peixes e, olhando para o céu, deu graças e partiu os pães. *v* Em seguida, deu-os aos discípulos, e estes à multidão. ²⁰ Todos comeram e ficaram satisfeitos, e os discípulos recolheram doze cestos cheios de pedaços que sobraram. ²¹ Os que comeram foram cerca de cinco mil homens, sem contar mulheres e crianças.

Jesus Anda sobre as Águas
(Mc 6.45-56; Jo 6.16-24)

²² Logo em seguida, Jesus insistiu com os discípulos para que entrassem no barco e fossem adiante dele para o outro lado, enquanto ele despedia a multidão. ²³ Tendo despedido a multidão, subiu sozinho a um monte para orar. *w* Ao anoitecer, ele estava ali sozinho, ²⁴ mas o barco já estava a considerável distância*²* da terra, fustigado pelas ondas, porque o vento soprava contra ele.

²⁵ Alta madrugada*³*, Jesus dirigiu-se a eles, andando sobre o mar. ²⁶ Quando o

---

² **14.24** Grego: *a muitos estádios*.
³ **14.25** Grego: *quarta vigília da noite* (entre 3 e 6 horas da manhã).

viram andando sobre o mar, ficaram aterrorizados e disseram: "É um fantasma!" ˣ E gritaram de medo.

²⁷ Mas Jesus imediatamente lhes disse: "Coragem! ʸ Sou eu. Não tenham medo!" ᶻ

²⁸ "Senhor", disse Pedro, "se és tu, manda-me ir ao teu encontro por sobre as águas".

²⁹ "Venha", respondeu ele.

Então Pedro saiu do barco, andou sobre as águas e foi na direção de Jesus. ³⁰ Mas, quando reparou no vento, ficou com medo e, começando a afundar, gritou: "Senhor, salva-me!"

³¹ Imediatamente Jesus estendeu a mão e o segurou. E disse: "Homem de pequena fé, ᵃ por que você duvidou?"

³² Quando entraram no barco, o vento cessou. ³³ Então os que estavam no barco o adoraram, dizendo: "Verdadeiramente tu és o Filho de Deus". ᵇ

³⁴ Depois de atravessarem o mar, chegaram a Genesaré. ³⁵ Quando os homens daquele lugar reconheceram Jesus, espalharam a notícia em toda aquela região e lhe trouxeram os seus doentes. ³⁶ Suplicavam-lhe que apenas pudessem tocar na borda do seu manto; ᶜ e todos os que nele tocaram foram curados.

Jesus e a Tradição Judaica
(Mc 7.1-23)

15 Então alguns fariseus e mestres da lei, vindos de Jerusalém, foram a Jesus e perguntaram: ² "Por que os seus discípulos transgridem a tradição dos líderes religiosos? Pois não lavam as mãos antes de comer!" ᵈ

³ Respondeu Jesus: "E por que vocês transgridem o mandamento de Deus por causa da tradição de vocês? ⁴ Pois Deus disse: 'Honra teu pai e tua mãe'¹ ᵉ e 'Quem amaldiçoar seu pai ou sua mãe terá que ser executado'². ᶠ ⁵ Mas vocês afirmam que, se alguém disser ao pai ou à mãe: 'Qualquer ajuda que eu poderia dar já dediquei a Deus como oferta', ⁶ não está mais obrigado a sustentar³ seu pai. Assim, por causa da sua tradição, vocês anulam a palavra de Deus. ⁷ Hipócritas! Bem profetizou Isaías acerca de vocês, dizendo:

⁸ " 'Este povo me honra
com os lábios,
mas o seu coração está longe de mim.
⁹ Em vão me adoram;
seus ensinamentos
não passam de regras
ensinadas por homens'⁴". ᵍ ʰ

¹⁰ Jesus chamou para junto de si a multidão e disse: "Ouçam e entendam. ¹¹ O que entra pela boca não torna o homem impuro; ⁱ mas o que sai de sua boca, isto o torna impuro". ʲ

¹² Então os discípulos se aproximaram dele e perguntaram: "Sabes que os fariseus ficaram ofendidos quando ouviram isso?"

¹³ Ele respondeu: "Toda planta que meu Pai celestial não plantou ᵏ será arrancada pelas raízes. ¹⁴ Deixem-nos; eles são guias cegos⁵. ˡ Se um cego conduzir outro cego, ambos cairão num buraco". ᵐ

¹⁵ Então Pedro pediu-lhe: "Explica-nos a parábola". ⁿ

¹⁶ "Será que vocês ainda não conseguem entender?", ᵒ perguntou Jesus. ¹⁷ "Não percebem que o que entra pela boca vai para o estômago e mais tarde é expelido? ¹⁸ Mas as coisas que saem da boca vêm do coração, ᵖ e são essas que tornam o homem impuro. ¹⁹ Pois do coração saem os maus pensamentos, os homicídios, os adultérios, as imoralidades sexuais, os roubos, os falsos testemunhos e as calúnias. ᵠ ²⁰ Essas coisas tornam o homem impuro; ʳ mas o comer sem lavar as mãos não o torna impuro."

Uma Mulher Cananeia Demonstra Fé
(Mc 7.24-30)

²¹ Saindo daquele lugar, Jesus retirou-se para a região de Tiro e de Sidom. ˢ ²² Uma

---
¹ **15.4** Êx 20.12; Dt 5.16
² **15.4** Êx 21.17; Lv 20.9
³ **15.6** Ou *a honrar*.
⁴ **15.8,9** Is 29.13
⁵ **15.14** Alguns manuscritos dizem *são cegos, guias de cegos*.

mulher cananeia, natural dali, veio a ele, gritando: "Senhor, Filho de Davi, ᵗ tem misericórdia de mim! Minha filha está endemoninhada e está sofrendo muito". ᵘ

²³ Mas Jesus não lhe respondeu palavra. Então seus discípulos se aproximaram dele e pediram: "Manda-a embora, pois vem gritando atrás de nós".

²⁴ Ele respondeu: "Eu fui enviado apenas às ovelhas perdidas de Israel". ᵛ

²⁵ A mulher veio, adorou-o de joelhos e disse: ʷ "Senhor, ajuda-me!"

²⁶ Ele respondeu: "Não é certo tirar o pão dos filhos e lançá-lo aos cachorrinhos".

²⁷ Disse ela, porém: "Sim, Senhor, mas até os cachorrinhos comem das migalhas que caem da mesa dos seus donos".

²⁸ Jesus respondeu: "Mulher, grande é a sua fé! ˣ Seja conforme você deseja". E, naquele mesmo instante, a sua filha foi curada.

A Segunda Multiplicação dos Pães
(Mc 8.1-10)

²⁹ Jesus saiu dali e foi para a beira do mar da Galileia. Depois subiu a um monte e se assentou. ³⁰ Uma grande multidão dirigiu-se a ele, levando-lhe os aleijados, os cegos, os mancos, os mudos e muitos outros, e os colocaram aos seus pés; e ele os curou. ʸ ³¹ O povo ficou admirado quando viu os mudos falando, os mancos curados, os aleijados andando e os cegos vendo. E louvaram o Deus de Israel. ᶻ

³² Jesus chamou os seus discípulos e disse: "Tenho compaixão desta multidão; ᵃ já faz três dias que eles estão comigo e nada têm para comer. Não quero mandá-los embora com fome, porque podem desfalecer no caminho".

³³ Os seus discípulos responderam: "Onde poderíamos encontrar, neste lugar deserto, pão suficiente para alimentar tanta gente?"

³⁴ "Quantos pães vocês têm?", perguntou Jesus.

"Sete", responderam eles, "e alguns peixinhos."

³⁵ Ele ordenou à multidão que se assentasse no chão. ³⁶ Depois de tomar os sete pães e os peixes e dar graças, partiu-os ᵇ e os entregou aos discípulos, e os discípulos à multidão. ³⁷ Todos comeram até se fartar. E ajuntaram sete cestos cheios de pedaços que sobraram. ᶜ ³⁸ Os que comeram foram quatro mil homens, sem contar mulheres e crianças. ³⁹ E, havendo despedido a multidão, Jesus entrou no barco e foi para a região de Magadã.

Os Fariseus e os Saduceus Pedem um Sinal
(Mc 8.11-13)

16 Os fariseus e os saduceus ᵈ aproximaram-se de Jesus e o puseram à prova, pedindo-lhe que lhes mostrasse um sinal do céu. ᵉ

² Ele respondeu: "Quando a tarde vem, vocês dizem: 'Vai fazer bom tempo, porque o céu está vermelho', ³ e de manhã: 'Hoje haverá tempestade, porque o céu está vermelho e nublado'. Vocês sabem interpretar o aspecto do céu, mas não sabem interpretar os sinais dos tempos!¹ ᶠ ⁴ Uma geração perversa e adúltera pede um sinal milagroso, mas nenhum sinal será dado a você, a não ser o sinal de Jonas". ᵍ Então Jesus os deixou e retirou-se.

O Fermento dos Fariseus e dos Saduceus
(Mc 8.14-21)

⁵ Indo os discípulos para o outro lado do mar, esqueceram-se de levar pão. ⁶ Disse-lhes Jesus: "Estejam atentos e tenham cuidado com o fermento dos fariseus e dos saduceus". ʰ

⁷ E eles discutiam entre si, dizendo: "É porque não trouxemos pão".

⁸ Percebendo a discussão, Jesus lhes perguntou: "Homens de pequena fé, ⁱ por que vocês estão discutindo entre si sobre não terem pão? ⁹ Ainda não compreendem? Não se lembram dos cinco pães para os cinco mil e de quantos cestos vocês recolheram? ʲ

¹ 16.2,3 Alguns manuscritos antigos não trazem os versículos 2 e 3.

10 Nem dos sete pães para os quatro mil e de quantos cestos recolheram? *k* **11** Como é que vocês não entendem que não era de pão que eu estava lhes falando? Tomem cuidado com o fermento dos fariseus e dos saduceus". **12** Então entenderam que não estava lhes dizendo que tomassem cuidado com o fermento de pão, mas com o ensino dos fariseus e dos saduceus. *l*

A Confissão de Pedro
(Mc 8.27-30; Lc 9.18-21)

13 Chegando Jesus à região de Cesareia de Filipe, perguntou aos seus discípulos: "Quem os outros dizem que o Filho do homem é?"

14 Eles responderam: "Alguns dizem que é João Batista; *m* outros, Elias; e, ainda outros, Jeremias ou um dos profetas". *n*

15 "E vocês?", perguntou ele. "Quem vocês dizem que eu sou?"

16 Simão Pedro respondeu: "Tu és o Cristo, o Filho do Deus vivo". *o*

17 Respondeu Jesus: "Feliz é você, Simão, filho de Jonas! Porque isto não foi revelado a você por carne ou sangue, *p* mas por meu Pai que está nos céus. **18** E eu digo que você é Pedro, *q* e sobre esta pedra edificarei a minha igreja, *r* e as portas do Hades[1] não poderão vencê-la[2]. **19** Eu darei a você as chaves do Reino dos céus; *s* o que você ligar na terra terá sido ligado nos céus, e o que você desligar na terra terá sido desligado[3] nos céus". *t* **20** Então advertiu a seus discípulos que não contassem a ninguém *u* que ele era o Cristo.

Jesus Prediz sua Morte e Ressurreição
(Mc 8.31—9.1; Lc 9.22-27)

21 Desde aquele momento Jesus começou a explicar aos seus discípulos que era necessário que ele fosse para Jerusalém e sofresse muitas coisas *v* nas mãos dos líderes religiosos, dos chefes dos sacerdotes e dos mestres da lei, e fosse morto e ressuscitasse no terceiro dia. *w x*

22 Então Pedro, chamando-o à parte, começou a repreendê-lo, dizendo: "Nunca, Senhor! Isso nunca te acontecerá!"

23 Jesus virou-se e disse a Pedro: "Para trás de mim, Satanás! *y* Você é uma pedra de tropeço para mim, e não pensa nas coisas de Deus, mas nas dos homens".

24 Então Jesus disse aos seus discípulos: "Se alguém quiser acompanhar-me, negue-se a si mesmo, tome a sua cruz e siga-me. *z* **25** Pois quem quiser salvar a sua vida[4], a perderá, mas quem perder a sua vida por minha causa, a encontrará. *a* **26** Pois, que adiantará ao homem ganhar o mundo inteiro e perder a sua alma? Ou, o que o homem poderá dar em troca de sua alma? **27** Pois o Filho do homem *b* virá *c* na glória de seu Pai, com os seus anjos, e então recompensará a cada um de acordo com o que tenha feito. *d* **28** Garanto a vocês que alguns dos que aqui se acham não experimentarão a morte antes de verem o Filho do homem vindo em seu Reino".

A Transfiguração
(Mc 9.2-13; Lc 9.28-36)

17 Seis dias depois, Jesus tomou consigo Pedro, Tiago e João, irmão de Tiago, e os levou, em particular, a um alto monte. **2** Ali ele foi transfigurado diante deles. Sua face brilhou como o sol, e suas roupas se tornaram brancas como a luz. **3** Naquele mesmo momento, apareceram diante deles Moisés e Elias, conversando com Jesus.

4 Então Pedro disse a Jesus: "Senhor, é bom estarmos aqui. Se quiseres, farei três tendas: uma para ti, uma para Moisés e outra para Elias".

5 Enquanto ele ainda estava falando, uma nuvem resplandecente os envolveu, e dela saiu uma voz, que dizia: "Este é o meu Filho amado de quem me agrado. *e* Ouçam-no!" *f*

---

[1] **16.18** Essa palavra pode ser traduzida por inferno, sepulcro, morte ou profundezas.
[2] **16.18** Ou não se mostrarão mais fortes do que ela
[3] **16.19** Ou será ligado ... será desligado
[4] **16.25** Ou alma

⁶ Ouvindo isso, os discípulos prostraram-se com o rosto em terra e ficaram aterrorizados. ⁷ Mas Jesus se aproximou, tocou neles e disse: "Levantem-se! Não tenham medo!" ᵍ ⁸ E erguendo eles os olhos, não viram mais ninguém a não ser Jesus.

⁹ Enquanto desciam do monte, Jesus lhes ordenou: "Não contem a ninguém ʰ o que vocês viram, até que o Filho do homem ⁱ tenha sido ressuscitado dos mortos". ʲ

¹⁰ Os discípulos lhe perguntaram: "Então, por que os mestres da lei dizem que é necessário que Elias venha primeiro?"

¹¹ Jesus respondeu: "De fato, Elias vem e restaurará todas as coisas. ᵏ ¹² Mas eu digo a vocês: Elias já veio, ˡ e eles não o reconheceram, mas fizeram com ele tudo o que quiseram. ᵐ Da mesma forma o Filho do homem será maltratado por eles". ⁿ ¹³ Então os discípulos entenderam que era de João Batista que ele tinha falado.

A Cura de um Menino Endemoninhado
(Mc 9.14-32; Lc 9.37-45)

¹⁴ Quando chegaram onde estava a multidão, um homem aproximou-se de Jesus, ajoelhou-se diante dele e disse: ¹⁵ "Senhor, tem misericórdia do meu filho. Ele tem ataques¹ ᵒ e está sofrendo muito. Muitas vezes cai no fogo ou na água. ¹⁶ Eu o trouxe aos teus discípulos, mas eles não puderam curá-lo."

¹⁷ Respondeu Jesus: "Ó geração incrédula e perversa, até quando estarei com vocês? Até quando terei que suportá-los? Tragam-me o menino". ¹⁸ Jesus repreendeu o demônio; este saiu do menino que, daquele momento em diante, ficou curado.

¹⁹ Então os discípulos aproximaram-se de Jesus em particular e perguntaram: "Por que não conseguimos expulsá-lo?"

²⁰ Ele respondeu: "Porque a fé que vocês têm é pequena. Eu asseguro que, se vocês tiverem fé ᵖ do tamanho de um grão de mostarda, ᵍ poderão dizer a este monte: 'Vá daqui para lá', e ele irá. ʳ Nada será impossível para vocês. ²¹ Mas esta espécie só sai pela oração e pelo jejum".²

²² Reunindo-se eles na Galileia, Jesus lhes disse: "O Filho do homem ˢ será entregue nas mãos dos homens. ²³ Eles o matarão,ᵗ e no terceiro dia ᵘ ele ressuscitará". ᵛ E os discípulos ficaram cheios de tristeza.

O Imposto do Templo

²⁴ Quando Jesus e seus discípulos chegaram a Cafarnaum, os coletores do imposto de duas dracmas³ ʷvieram a Pedro e perguntaram: "O mestre de vocês não paga o imposto do templo⁴?"

²⁵ "Sim, paga", respondeu ele.

Quando Pedro entrou na casa, Jesus foi o primeiro a falar, perguntando-lhe: "O que você acha, Simão? De quem os reis da terra cobram tributos e impostos: ˣ de seus próprios filhos ou dos outros?"

²⁶ "Dos outros", respondeu Pedro.

Disse-lhe Jesus: "Então os filhos estão isentos. ²⁷ Mas para não escandalizá-los, ʸ vá ao mar e jogue o anzol. Tire o primeiro peixe que você pegar, abra-lhe a boca, e você encontrará uma moeda de quatro dracmas⁵. Pegue-a e entregue-a a eles, para pagar o meu imposto e o seu".

O Maior no Reino dos Céus
(Mc 9.33-37,42-46; Lc 9.46-48)

18 Naquele momento, os discípulos chegaram a Jesus e perguntaram: "Quem é o maior no Reino dos céus?"

² Chamando uma criança, colocou-a no meio deles, ³ e disse: "Eu asseguro que, a não ser que vocês se convertam e se tornem como crianças, ᶻ jamais entrarão no Reino dos céus. ᵃ ⁴ Portanto, quem se faz humilde como esta criança, este é o maior no Reino dos céus. ᵇ

---

¹ **17.15** Grego: *Ele é lunático.*
² **17.21** Vários manuscritos não trazem o versículo 21.
³ **17.24** A dracma era uma moeda de prata equivalente à diária de um trabalhador braçal; também no versículo 27.
⁴ **17.24** Grego: *paga as duas dracmas.*
⁵ **17.27** Grego: *1 estáter.*

⁵ "Quem recebe uma destas crianças em meu nome, está me recebendo. ⁶ Mas, se alguém fizer cair no pecado um destes pequeninos que creem em mim, melhor lhe seria amarrar uma pedra de moinho no pescoço e se afogar nas profundezas do mar.

⁷ "Ai do mundo, por causa das coisas que fazem cair no pecado! É inevitável que tais coisas aconteçam, mas ai daquele por meio de quem elas acontecem! ⁸ Se a sua mão ou o seu pé o fizerem tropeçar, corte-os e jogue-os fora. É melhor entrar na vida mutilado ou aleijado do que, tendo as duas mãos ou os dois pés, ser lançado no fogo eterno. ⁹ E, se o seu olho o fizer tropeçar, arranque-o e jogue-o fora. É melhor entrar na vida com um só olho do que, tendo os dois olhos, ser lançado no fogo do inferno.

A Parábola da Ovelha Perdida
(Lc 15.3-7)

¹⁰ "Cuidado para não desprezarem um só destes pequeninos! Pois eu digo que os anjos deles nos céus estão sempre vendo a face de meu Pai celeste. ¹¹ O Filho do homem veio para salvar o que se havia perdido.¹

¹² "O que acham vocês? Se alguém possui cem ovelhas, e uma delas se perde, não deixará as noventa e nove nos montes, indo procurar a que se perdeu? ¹³ E, se conseguir encontrá-la, garanto que ele ficará mais contente com aquela ovelha do que com as noventa e nove que não se perderam. ¹⁴ Da mesma forma, o Pai de vocês, que está nos céus, não quer que nenhum destes pequeninos se perca.

Como Tratar a Ofensa de um Irmão

¹⁵ "Se o seu irmão pecar contra você², vá e, a sós com ele, mostre-lhe o erro. Se ele o ouvir, você ganhou seu irmão. ¹⁶ Mas, se ele não o ouvir, leve consigo mais um ou dois outros, de modo que 'qualquer acusação seja confirmada pelo depoimento de duas ou três testemunhas'³. ¹⁷ Se ele se recusar a ouvi-los, conte à igreja; e, se ele se recusar a ouvir também a igreja, trate-o como pagão ou publicano.

¹⁸ "Digo a verdade: Tudo o que vocês ligarem na terra terá sido ligado no céu, e tudo o que vocês desligarem na terra terá sido desligado⁴ no céu.

¹⁹ "Também digo que, se dois de vocês concordarem na terra em qualquer assunto sobre o qual pedirem, isso será feito a vocês por meu Pai que está nos céus. ²⁰ Pois onde se reunirem dois ou três em meu nome, ali eu estou no meio deles".

A Parábola do Servo Impiedoso

²¹ Então Pedro aproximou-se de Jesus e perguntou: "Senhor, quantas vezes deverei perdoar a meu irmão quando ele pecar contra mim? Até sete vezes?"

²² Jesus respondeu: "Eu digo a você: Não até sete, mas até setenta vezes sete⁵.

²³ "Por isso, o Reino dos céus é como um rei que desejava acertar contas com seus servos. ²⁴ Quando começou o acerto, foi trazido à sua presença um que lhe devia uma enorme quantidade de prata⁶. ²⁵ Como não tinha condições de pagar, o senhor ordenou que ele, sua mulher, seus filhos e tudo o que ele possuía fossem vendidos para pagar a dívida.

²⁶ "O servo prostrou-se diante dele e lhe implorou: 'Tem paciência comigo, e eu te pagarei tudo'. ²⁷ O senhor daquele servo teve compaixão dele, cancelou a dívida e o deixou ir.

²⁸ "Mas, quando aquele servo saiu, encontrou um de seus conservos, que lhe devia cem denários⁷. Agarrou-o e começou a sufocá-lo, dizendo: 'Pague-me o que me deve!'

²⁹ "Então o seu conservo caiu de joelhos e implorou-lhe: 'Tenha paciência comigo, e eu pagarei a você'.

---

⁴ **18.18** Ou *será ligado ... será desligado*
⁵ **18.22** Ou *77*
⁶ **18.24** Grego: *10.000 talentos*. O talento equivalia a 35 quilos.
⁷ **18.28** O denário era uma moeda de prata equivalente à diária de um trabalhador braçal.

¹ **18.11** Vários manuscritos não trazem o versículo 11.
² **18.15** Alguns manuscritos não trazem *contra você*.
³ **18.16** Dt 19.15

30 "Mas ele não quis. Antes, saiu e mandou lançá-lo na prisão, até que pagasse a dívida. 31 Quando os outros servos, companheiros dele, viram o que havia acontecido, ficaram muito tristes e foram contar ao seu senhor tudo o que havia acontecido.

32 "Então o senhor chamou o servo e disse: 'Servo mau, cancelei toda a sua dívida porque você me implorou. 33 Você não devia ter tido misericórdia do seu conservo como eu tive de você?' 34 Irado, seu senhor entregou-o aos torturadores, até que pagasse tudo o que devia.

35 "Assim também fará meu Pai celestial a vocês se cada um de vocês não perdoar de coração a seu irmão". *y*

A Questão do Divórcio
(Mc 10.1-12)

19 Quando acabou de dizer essas coisas, *z* Jesus saiu da Galileia e foi para a região da Judeia, no outro lado do Jordão. 2 Grandes multidões o seguiam, e ele as curou ali.*a*

3 Alguns fariseus aproximaram-se dele para pô-lo à prova. E perguntaram-lhe: "É permitido ao homem divorciar-se de sua mulher *b* por qualquer motivo?"

4 Ele respondeu: "Vocês não leram que, no princípio, o Criador 'os fez homem e mulher'¹ *c* 5 e disse: 'Por essa razão, o homem deixará pai e mãe e se unirá à sua mulher, e os dois se tornarão uma só carne'²? *d* 6 Assim, eles já não são dois, mas sim uma só carne. Portanto, o que Deus uniu, ninguém separe".

7 Perguntaram eles: "Então, por que Moisés mandou dar uma certidão de divórcio à mulher e mandá-la embora?" *e*

8 Jesus respondeu: "Moisés permitiu que vocês se divorciassem de suas mulheres por causa da dureza de coração de vocês. Mas não foi assim desde o princípio. 9 Eu digo que todo aquele que se divorciar de sua mulher, exceto por imoralidade sexual³, e se casar com outra mulher, estará cometendo adultério". *f*

10 Os discípulos lhe disseram: "Se esta é a situação entre o homem e sua mulher, é melhor não casar".

11 Jesus respondeu: "Nem todos têm condições de aceitar esta palavra; somente aqueles a quem isso é dado. *g* 12 Alguns são eunucos porque nasceram assim; outros foram feitos assim pelos homens; outros ainda se fizeram eunucos⁴ por causa do Reino dos céus. Quem puder aceitar isso, aceite".

Jesus e as Crianças
(Mc 10.13-16; Lc 18.15-17)

13 Depois trouxeram crianças a Jesus, para que lhes impusesse as mãos *h* e orasse por elas. Mas os discípulos os repreendiam.

14 Então disse Jesus: "Deixem vir a mim as crianças e não as impeçam; pois o Reino dos céus pertence *i* aos que são semelhantes a elas". *j* 15 Depois de lhes impor as mãos, partiu dali.

O Jovem Rico
(Mc 10.17-31; Lc 18.18-30)

16 Eis que alguém se aproximou de Jesus e lhe perguntou: "Mestre, que farei de bom para ter a vida eterna *k*?" *l*

17 Respondeu-lhe Jesus: "Por que você me pergunta sobre o que é bom? Há somente um que é bom. Se você quer entrar na vida, obedeça aos mandamentos". *m*

18 "Quais?", perguntou ele.

Jesus respondeu: " 'Não matarás, não adulterarás, *n* não furtarás, não darás falso testemunho, 19 honra teu pai e tua mãe'⁵ *o* e 'Amarás o teu próximo como a ti mesmo'⁶". *p*

20 Disse-lhe o jovem: "A tudo isso tenho obedecido. O que me falta ainda?"

---

¹ 19.4 Gn 1.27
² 19.5 Gn 2.24
³ 19.9 Grego: *porneia*; termo genérico que se refere a práticas sexuais ilícitas.
⁴ 19.12 Ou *renunciaram ao casamento*
⁵ 19.19 Êx 20.12-16; Dt 5.16-20
⁶ 19.19 Lv 19.18

²¹ Jesus respondeu: "Se você quer ser perfeito, ᵠ vá, venda os seus bens e dê o dinheiro aos pobres, ʳ e você terá um tesouro nos céus. ˢ Depois, venha e siga-me".

²² Ouvindo isso, o jovem afastou-se triste, porque tinha muitas riquezas.

²³ Então Jesus disse aos discípulos: "Digo a verdade: Dificilmente um rico ᵗ entrará no Reino dos céus. ²⁴ E digo ainda: É mais fácil passar um camelo pelo fundo de uma agulha do que um rico entrar no Reino de Deus".

²⁵ Ao ouvirem isso, os discípulos ficaram perplexos e perguntaram: "Neste caso, quem pode ser salvo?"

²⁶ Jesus olhou para eles e respondeu: "Para o homem é impossível, mas para Deus todas as coisas são possíveis".ᵘ

²⁷ Então Pedro lhe respondeu: "Nós deixamos tudo para seguir-te!ᵛ Que será de nós?"

²⁸ Jesus lhes disse: "Digo a vocês a verdade: Por ocasião da regeneração de todas as coisas, quando o Filho do homem se assentar em seu trono glorioso,ʷ vocês que me seguiram também se assentarão em doze tronos, para julgar as doze tribos de Israel. ˣ ²⁹ E todos os que tiverem deixado casas, irmãos, irmãs, pai, mãe¹, filhos ou campos, por minha causa, receberão cem vezes mais e herdarão a vida eterna. ʸ ³⁰ Contudo, muitos primeiros serão últimos, e muitos últimos serão primeiros.ᶻ

A Parábola dos Trabalhadores na Vinha

20 "Pois o Reino dos céus é como ᵃ um proprietário que saiu de manhã cedo para contratar trabalhadores para a sua vinha. ᵇ ² Ele combinou pagar-lhes um denário² pelo dia e mandou-os para a sua vinha.

³ "Por volta das nove horas da manhã³, ele saiu e viu outros que estavam desocupados na praça, ⁴ e lhes disse: 'Vão também trabalhar na vinha, e eu pagarei a vocês o que for justo'. ⁵ E eles foram.

"Saindo outra vez, por volta do meio-dia e das três horas da tarde⁴, fez a mesma coisa. ⁶ Saindo por volta das cinco horas da tarde⁵, encontrou ainda outros que estavam desocupados e lhes perguntou: 'Por que vocês estiveram aqui desocupados o dia todo?' ⁷ 'Porque ninguém nos contratou', responderam eles.

"Ele lhes disse: 'Vão vocês também trabalhar na vinha'.

⁸ "Ao cair da tarde, ᶜ o dono da vinha disse a seu administrador: 'Chame os trabalhadores e pague-lhes o salário, começando com os últimos contratados e terminando nos primeiros'.

⁹ "Vieram os trabalhadores contratados por volta das cinco horas da tarde, e cada um recebeu um denário. ¹⁰ Quando vieram os que tinham sido contratados primeiro, esperavam receber mais. Mas cada um deles também recebeu um denário. ¹¹ Quando o receberam, começaram a se queixar do proprietário da vinha, ᵈ ¹² dizendo-lhe: 'Estes homens contratados por último trabalharam apenas uma hora, e o senhor os igualou a nós, que suportamos o peso do trabalho e o calor do dia'.ᵉ

¹³ "Mas ele respondeu a um deles: 'Amigo,ᶠ não estou sendo injusto com você. Você não concordou em trabalhar por um denário? ¹⁴ Receba o que é seu e vá. Eu quero dar ao que foi contratado por último o mesmo que dei a você. ¹⁵ Não tenho o direito de fazer o que quero com o meu dinheiro? Ou você está com inveja porque sou generoso?'ᵍ

¹⁶ "Assim, os últimos serão primeiros, e os primeiros serão últimos"⁶.ʰ

---

¹ 19.29 Alguns manuscritos acrescentam *ou mulher*.
² 20.2 O denário era uma moeda de prata equivalente à diária de um trabalhador braçal; também nos versículos 9, 10 e 13.
³ 20.3 Grego: *da hora terceira*.
⁴ 20.5 Grego: *da hora sexta e da hora nona*.
⁵ 20.6 Grego: *da décima primeira hora*; também no versículo 9.
⁶ 20.16 Alguns manuscritos acrescentam *Porque muitos são chamados, mas poucos escolhidos*.

Jesus Prediz Novamente sua Morte e Ressurreição
(Mc 10.32-34; Lc 18.31-34)

17 Enquanto estava subindo para Jerusalém, Jesus chamou em particular os doze discípulos e lhes disse: **18** "Estamos subindo para Jerusalém,ⁱ e o Filho do homemʲ será entregue aos chefes dos sacerdotes e aos mestres da lei.ᵏ Eles o condenarão à morte **19** e o entregarão aos gentios¹ para que zombem dele, o açoitemˡ e o crucifiquem.ᵐ No terceiro diaⁿ ele ressuscitará!"ᵒ

O Pedido de uma Mãe
(Mc 10.35-45)

20 Então, aproximou-se de Jesus a mãe dos filhos de Zebedeu com seus filhos e,ᵖ prostrando-se,ᵠ fez-lhe um pedido.

21 "O que você quer?", perguntou ele.

Ela respondeu: "Declara que no teu Reino estes meus dois filhos se assentarão um à tua direita e o outro à tua esquerda".ʳ

22 Disse-lhes Jesus: "Vocês não sabem o que estão pedindo. Podem vocês beber o cálice ˢ que eu vou beber?"

"Podemos", responderam eles.

23 Jesus lhes disse: "Certamente vocês beberão do meu cálice; ᵗ mas o assentar-se à minha direita ou à minha esquerda não cabe a mim conceder. Esses lugares pertencem àqueles para quem foram preparados por meu Pai".

24 Quando os outros dez ouviram isso, ficaram indignados ᵘ com os dois irmãos. **25** Jesus os chamou e disse: "Vocês sabem que os governantes das nações as dominam, e as pessoas importantes exercem poder sobre elas. **26** Não será assim entre vocês. Ao contrário, quem quiser tornar-se importante entre vocês deverá ser servo,ᵛ **27** e quem quiser ser o primeiro deverá ser escravo; **28** como o Filho do homem,ʷ que não veio para ser servido,ˣ mas para servir e dar a sua vida em resgate ʸ por muitos".

Dois Cegos Recuperam a Visão
(Mc 10.46-52; Lc 18.35-43)

29 Ao saírem de Jericó, uma grande multidão seguiu Jesus. **30** Dois cegos estavam sentados à beira do caminho e, quando ouviram falar que Jesus estava passando, puseram-se a gritar: "Senhor, Filho de Davi,ᶻ tem misericórdia de nós!"

31 A multidão os repreendeu para que ficassem quietos, mas eles gritavam ainda mais: "Senhor, Filho de Davi, tem misericórdia de nós!"

32 Jesus, parando, chamou-os e perguntou-lhes: "O que vocês querem que eu faça?"

33 Responderam eles: "Senhor, queremos que se abram os nossos olhos".

34 Jesus teve compaixão deles e tocou nos olhos deles. Imediatamente eles recuperaram a visão e o seguiram.

A Entrada Triunfal
(Mc 11.1-11; Lc 19.28-40; Jo 12.12-19)

21 Quando se aproximaram de Jerusalém e chegaram a Betfagé, ao monte das Oliveiras,ᵃ Jesus enviou dois discípulos, **2** dizendo-lhes: "Vão ao povoado que está adiante de vocês; logo encontrarão uma jumenta amarrada, com um jumentinho ao lado. Desamarrem-nos e tragam-nos para mim. **3** Se alguém perguntar algo, digam-lhe que o Senhor precisa deles e logo os enviará de volta".

4 Isso aconteceu para que se cumprisse o que fora dito pelo profeta:

5 "Digam à cidade² de Sião:
'Eis que o seu rei vem a você,
humilde e montado num jumento,
num jumentinho,
cria de jumenta'³ ".ᵇ

6 Os discípulos foram e fizeram o que Jesus tinha ordenado. **7** Trouxeram a jumenta e o jumentinho, colocaram sobre eles os seus mantos, e sobre estes Jesus montou. **8** Uma grande multidão estendeu seus mantos pelo caminho,ᶜ outros cortavam ramos de árvores e os espalhavam pelo caminho. **9** A multidão que ia adiante dele e os que o seguiam gritavam:

---

¹ **20.19** Isto é, os que não são judeus.
² **21.5** Grego: *filha*.
³ **21.5** Zc 9.9

"Hosana[1] ao Filho de Davi!"[d]
"Bendito é o que vem em nome do Senhor!"[2][e]
"Hosana nas alturas!"[f]

10 Quando Jesus entrou em Jerusalém, toda a cidade ficou agitada e perguntava: "Quem é este?"

11 A multidão respondia: "Este é Jesus, o profeta[g] de Nazaré da Galileia".

Jesus Purifica o Templo
(Mc 11.15-19; Lc 19.45-48)

12 Jesus entrou no templo e expulsou todos os que ali estavam comprando[h] e vendendo. Derrubou as mesas dos cambistas[i] e as cadeiras dos que vendiam pombas,[j] **13** e lhes disse: "Está escrito: 'A minha casa será chamada casa de oração'[3];[k] mas vocês estão fazendo dela um 'covil de ladrões'[4]".[l]

14 Os cegos e os mancos aproximaram-se dele no templo, e ele os curou.[m] **15** Mas, quando os chefes dos sacerdotes e os mestres da lei viram as coisas maravilhosas que Jesus fazia e as crianças gritando no templo: "Hosana ao Filho de Davi",[n] ficaram indignados,[o] **16** e lhe perguntaram: "Não estás ouvindo o que estas crianças estão dizendo?"

Respondeu Jesus: "Sim, vocês nunca leram:

" 'Dos lábios das crianças e dos recém-nascidos
suscitaste louvor'[5]"?[p]

17 E, deixando-os, saiu da cidade para Betânia,[q] onde passou a noite.

A Figueira Seca
(Mc 11.20-25)

18 De manhã cedo, quando voltava para a cidade, Jesus teve fome. **19** Vendo uma figueira à beira do caminho, aproximou-se dela, mas nada encontrou, a não ser folhas. Então lhe disse: "Nunca mais dê frutos!" Imediatamente a árvore secou.[r]

20 Ao verem isso, os discípulos ficaram espantados e perguntaram: "Como a figueira secou tão depressa?"

21 Jesus respondeu: "Eu asseguro que, se vocês tiverem fé e não duvidarem,[s] poderão fazer não somente o que foi feito à figueira, mas também dizer a este monte: 'Levante-se e atire-se no mar', e assim será feito. **22** E tudo o que pedirem em oração, se crerem, vocês receberão".[t]

A Autoridade de Jesus é Questionada
(Mc 11.27-33; Lc 20.1-8)

23 Jesus entrou no templo e, enquanto ensinava, aproximaram-se dele os chefes dos sacerdotes e os líderes religiosos do povo e perguntaram: "Com que autoridade[u] estás fazendo estas coisas? E quem te deu tal autoridade?"

24 Respondeu Jesus: "Eu também farei uma pergunta. Se vocês me responderem, eu direi com que autoridade estou fazendo estas coisas. **25** De onde era o batismo de João? Do céu ou dos homens?"

Eles discutiam entre si, dizendo: "Se dissermos: Do céu, ele perguntará: 'Então por que vocês não creram nele?' **26** Mas, se dissermos: Dos homens — temos medo do povo, pois todos consideram João um profeta.[v]

27 Eles responderam a Jesus: "Não sabemos".

E ele lhes disse: "Tampouco direi com que autoridade estou fazendo estas coisas.

A Parábola dos Dois Filhos

28 "O que acham? Havia um homem que tinha dois filhos. Chegando ao primeiro, disse: 'Filho, vá trabalhar hoje na vinha.'[w]

29 "E este respondeu: 'Não quero!' Mas depois mudou de ideia e foi.

30 "O pai chegou ao outro filho e disse a mesma coisa. Ele respondeu: 'Sim, senhor!' Mas não foi.

31 "Qual dos dois fez a vontade do pai?"

"O primeiro", responderam eles.

---

[1] **21.9** Expressão hebraica que significa *"Salve!"*, e que se tornou uma exclamação de louvor; também no versículo 15.
[2] **21.9** Sl 118.26
[3] **21.13** Is 56.7
[4] **21.13** Jr 7.11
[5] **21.16** Sl 8.2

Jesus lhes disse: "Digo a verdade: Os publicanos ˣ e as prostitutas ʸ estão entrando antes de vocês no Reino de Deus. ³² Porque João veio para mostrar o caminho da justiça,ᶻ e vocês não creram nele, mas os publicanos ᵃ e as prostitutasᵇ creram. E, mesmo depois de verem isso, vocês não se arrependeramᶜ nem creram nele.

A Parábola dos Lavradores
(Mc 12.1-12; Lc 20.9-19)

³³ "Ouçam outra parábola: Havia um proprietário de terras que plantou ᵈ uma vinha. Colocou uma cerca ao redor dela, cavou um tanque para prensar as uvas e construiu uma torre. ᵉ Depois arrendou a vinha a alguns lavradores e foi fazer uma viagem. ᶠ ³⁴ Aproximando-se a época da colheita, enviou seus servos aos lavradores, ᵍ para receber os frutos que lhe pertenciam.

³⁵ "Os lavradores agarraram seus servos; a um espancaram, a outro mataram e apedrejaram o terceiro.ʰ ³⁶ Então enviou-lhes outros servos em maior número, ⁱ e os lavradores os trataram da mesma forma. ³⁷ Por último, enviou-lhes seu filho, dizendo: 'A meu filho respeitarão'.

³⁸ "Mas, quando os lavradores viram o filho, disseram uns aos outros: 'Este é o herdeiro. ʲ Venham, vamos matá-lo ᵏ e tomar a sua herança'.ˡ ³⁹ Assim eles o agarraram, lançaram-no para fora da vinha e o mataram.

⁴⁰ "Portanto, quando vier o dono da vinha, o que fará àqueles lavradores?"

⁴¹ Responderam eles: "Matará de modo horrível esses perversos ᵐ e arrendará a vinha a outros lavradores, ⁿ que lhe deem a sua parte no tempo da colheita".

⁴² Jesus lhes disse: "Vocês nunca leram isto nas Escrituras?

" 'A pedra que os construtores
    rejeitaram
        tornou-se a pedra angular;
    isso vem do Senhor,
    e é algo maravilhoso
        para nós'¹.ᵒ

¹ **21.42** Sl 118.22,23.

⁴³ "Portanto, eu digo que o Reino de Deus será tirado de vocês ᵖ e será dado a um povo que dê os frutos do Reino. ⁴⁴ Aquele que cair sobre esta pedra será despedaçado, e aquele sobre quem ela cair será reduzido a pó".² ᵠ

⁴⁵ Quando os chefes dos sacerdotes e os fariseus ouviram as parábolas de Jesus, compreenderam que ele falava a respeito deles. ⁴⁶ E procuravam um meio de prendê-lo; mas tinham medo das multidões, pois elas o consideravam profeta.ʳ

A Parábola do Banquete de Casamento
(Lc 14.15-24)

22 Jesus lhes falou novamente por parábolas, dizendo: ² "O Reino dos céus é como ˢ um rei que preparou um banquete de casamento para seu filho. ³ Enviou seus servos ᵗ aos que tinham sido convidados para o banquete, dizendo-lhes que viessem; mas eles não quiseram vir.

⁴ "De novo enviou outros servos ᵘ e disse: 'Digam aos que foram convidados que preparei meu banquete: meus bois e meus novilhos gordos foram abatidos, e tudo está preparado. Venham para o banquete de casamento!'

⁵ "Mas eles não lhes deram atenção e saíram, um para o seu campo, outro para os seus negócios. ⁶ Os restantes, agarrando os servos, maltrataram-nos e os mataram. ⁷ O rei ficou irado e, enviando o seu exército, destruiu aqueles assassinos ᵛ e queimou a cidade deles.

⁸ "Então disse a seus servos: 'O banquete de casamento está pronto, mas os meus convidados não eram dignos. ⁹ Vão às esquinas ʷ e convidem para o banquete todos os que vocês encontrarem'. ¹⁰ Então os servos saíram para as ruas e reuniram todas as pessoas que puderam encontrar, gente boa e gente má, ˣ e a sala do banquete de casamento ficou cheia de convidados.

¹¹ "Mas, quando o rei entrou para ver os convidados, notou ali um homem que não

² **21.44** Muitos manuscritos não trazem o versículo 44.

estava usando veste nupcial. ¹² E lhe perguntou: 'Amigo,ʸ como você entrou aqui sem veste nupcial?' O homem emudeceu.

¹³ "Então o rei disse aos que serviam: 'Amarrem-lhe as mãos e os pés, e lancem-no para fora, nas trevas; ali haverá choro e ranger de dentes'.ᶻ

¹⁴ "Pois muitos são chamados, mas poucos são escolhidos".ᵃ

O Pagamento de Imposto a César
(Mc 12.13-17; Lc 20.20-26)

¹⁵ Então os fariseus saíram e começaram a planejar um meio de enredá-lo em suas próprias palavras. ¹⁶ Enviaram-lhe seus discípulos junto com os herodianos,ᵇ que lhe disseram: "Mestre, sabemos que és íntegro e que ensinas o caminho de Deus conforme a verdade. Tu não te deixas influenciar por ninguém, porque não te prendes à aparência dos homens. ¹⁷ Dize-nos, pois: Qual é a tua opinião? É certo pagar imposto ᶜ a César ou não?"

¹⁸ Mas Jesus, percebendo a má intenção deles, perguntou: "Hipócritas! Por que vocês estão me pondo à prova? ¹⁹ Mostrem-me a moeda usada para pagar o imposto". Eles lhe mostraram um denário¹, ²⁰ e ele lhes perguntou: "De quem é esta imagem e esta inscrição?"

²¹ "De César", responderam eles.

E ele lhes disse: "Então, deem² a César o que é de César ᵈ e a Deus o que é de Deus".

²² Ao ouvirem isso, eles ficaram admirados; e, deixando-o, retiraram-se.ᵉ

A Realidade da Ressurreição
(Mc 12.18-27; Lc 20.27-40)

²³ Naquele mesmo dia, os saduceus,ᶠ que dizem que não há ressurreição, ᵍ aproximaram-se dele com a seguinte questão: ²⁴ "Mestre, Moisés disse que, se um homem morrer sem deixar filhos, seu irmão deverá casar-se com a viúva e dar-lhe descendência.ʰ ²⁵ Entre nós havia sete irmãos. O primeiro casou-se e morreu. Como não teve filhos, deixou a mulher para seu irmão. ²⁶ A mesma coisa aconteceu com o segundo, com o terceiro, até o sétimo. ²⁷ Finalmente, depois de todos, morreu a mulher. ²⁸ Pois bem, na ressurreição, de qual dos sete ela será esposa, visto que todos foram casados com ela?"

²⁹ Jesus respondeu: "Vocês estão enganados porque não conhecem as Escrituras ⁱ nem o poder de Deus! ³⁰ Na ressurreição, as pessoas não se casam nem são dadas em casamento;ʲ mas são como os anjos no céu. ³¹ E quanto à ressurreição dos mortos, vocês não leram o que Deus disse: ³² 'Eu sou o Deus de Abraão, o Deus de Isaque e o Deus de Jacó'³? ᵏ Ele não é Deus de mortos, mas de vivos!"

³³ Ouvindo isso, a multidão ficou admirada com o seu ensino.ˡ

O Maior Mandamento
(Mc 12.28-34)

³⁴ Ao ouvirem dizer que Jesus havia deixado os saduceus sem resposta,ᵐ os fariseus se reuniram. ³⁵ Um deles, perito na lei, ⁿ o pôs à prova com esta pergunta: ³⁶ "Mestre, qual é o maior mandamento da Lei?"

³⁷ Respondeu Jesus: " 'Ame o Senhor, o seu Deus de todo o seu coração, de toda a sua alma e de todo o seu entendimento'⁴. ᵒ ³⁸ Este é o primeiro e maior mandamento. ³⁹ E o segundo é semelhante a ele: 'Ame o seu próximo como a si mesmo'⁵.ᵖ ⁴⁰ Destes dois mandamentos dependem toda a Lei e os Profetas".ᑫ

O Cristo é Senhor de Davi
(Mc 12.35-37; Lc 20.41-44)

⁴¹ Estando os fariseus reunidos, Jesus lhes perguntou: ⁴² "O que vocês pensam a respeito do Cristo? De quem ele é filho?"

"É filho de Davi",ʳ responderam eles.

---

¹ **22.19** *O denário era uma moeda de prata equivalente à diária de um trabalhador braçal.*
² **22.21** *Ou devolvam*
³ **22.32** Êx 3.6
⁴ **22.37** Dt 6.5
⁵ **22.39** Lv 19.18

⁴³ Ele lhes disse: "Então, como é que Davi, falando pelo Espírito, o chama 'Senhor'? Pois ele afirma:

⁴⁴ " 'O Senhor disse
ao meu Senhor:
Senta-te à minha direita,
até que eu ponha
os teus inimigos
debaixo de teus pés' ".ˢ

⁴⁵ Se, pois, Davi o chama 'Senhor', como pode ser ele seu filho?" ⁴⁶ Ninguém conseguia responder-lhe uma palavra; e daquele dia em diante, ninguém jamais se atreveu a lhe fazer perguntas.ᵗ

Jesus Condena a Hipocrisia dos Fariseus e dos Mestres da Lei

23 Então, Jesus disse à multidão e aos seus discípulos: ² "Os mestres da lei ᵘ e os fariseus se assentam na cadeira de Moisés. ³ Obedeçam-lhes e façam tudo o que eles dizem a vocês. Mas não façam o que eles fazem, pois não praticam o que pregam. ⁴ Eles atam fardos pesados e os colocam sobre os ombros dos homens, mas eles mesmos não estão dispostos a levantar um só dedo para movê-los.ᵛ

⁵ "Tudo o que fazem é para serem vistos pelos homens.ʷ Eles fazem seus filactérios² ˣ bem largos e as franjas de suas vestes bem longas; ʸ ⁶ gostam do lugar de honra nos banquetes e dos assentos mais importantes nas sinagogas,ᶻ ⁷ de serem saudados nas praças e de serem chamados mestres³.ᵃ

⁸ "Mas vocês não devem ser chamados mestres; um só é o Mestre de vocês, e todos vocês são irmãos. ⁹ A ninguém na terra chamem 'pai',ᵇ porque vocês só têm um Pai, aquele que está nos céus. ¹⁰ Tampouco vocês devem ser chamados 'chefes', porquanto vocês têm um só Chefe, o Cristo. ¹¹ O maior entre vocês deverá ser servo. ᶜ ¹² Pois todo aquele que a si mesmo se exaltar será humilhado, e todo aquele que a si mesmo se humilhar será exaltado.ᵈ

¹³ "Ai de vocês, mestres da lei e fariseus, hipócritas!ᵉ Vocês fecham o Reino dos céus diante dos homens! Vocês mesmos não entram, nem deixam entrar aqueles que gostariam de fazê-lo.ᶠ

¹⁴ "Ai de vocês, mestres da lei e fariseus, hipócritas! Vocês devoram as casas das viúvas e, para disfarçar, fazem longas orações. Por isso serão castigados mais severamente.ᵃ

¹⁵ "Ai de vocês, mestres da lei e fariseus, hipócritas, porque percorrem terra e mar para fazer um convertido e,ᵍ quando conseguem, vocês o tornam duas vezes mais filho do inferno do que vocês.ʰ

¹⁶ "Ai de vocês, guias cegos!,ⁱ pois dizem: 'Se alguém jurar pelo santuário, isto nada significa; mas, se alguém jurar pelo ouro do santuário, está obrigado por seu juramento'. ʲ ¹⁷ Cegos insensatos! Que é mais importante: o ouro ou o santuário que santifica o ouro? ᵏ ¹⁸ Vocês também dizem: 'Se alguém jurar pelo altar, isto nada significa; mas, se alguém jurar pela oferta que está sobre ele, está obrigado por seu juramento'. ¹⁹ Cegos! Que é mais importante: a oferta, ou o altar que santifica a oferta? ˡ ²⁰ Portanto, aquele que jurar pelo altar jura por ele e por tudo o que está sobre ele. ²¹ E o que jurar pelo santuário jura por ele e por aquele que nele habita.ᵐ ²² E aquele que jurar pelos céus jura pelo trono de Deus e por aquele que nele se assenta.ⁿ

²³ "Ai de vocês, mestres da lei e fariseus, hipócritas! Vocês dão o dízimoᵒ da hortelã, do endro e do cominho, mas têm negligenciado os preceitos mais importantes da lei: a justiça, a misericórdia e a fidelidade. ᵖ Vocês devem praticar estas coisas, sem omitir aquelas. ²⁴ Guias cegos!ᵠ Vocês coam um mosquito e engolem um camelo.

---

¹ **22.44** Sl 110.1
² **23.5** Isto é, tefilins, pequenas caixas que continham textos bíblicos, presas na testa e nos braços.
³ **23.7** Isto é, rabis.

ᵃ **23.14** Vários manuscritos não trazem o versículo 14.

25 "Ai de vocês, mestres da lei e fariseus, hipócritas! Vocês limpam o exterior do copo e do prato,ʳ mas por dentro eles estão cheios de ganância e cobiça.ˢ 26 Fariseu cego! Limpe primeiro o interior do copo e do prato, para que o exterior também fique limpo.

27 "Ai de vocês, mestres da lei e fariseus, hipócritas! Vocês são como sepulcros caiados:ᵗ bonitos por fora, mas por dentro estão cheios de ossos e de todo tipo de imundície. 28 Assim são vocês: por fora parecem justos ao povo, mas por dentro estão cheios de hipocrisia e maldade.

29 "Ai de vocês, mestres da lei e fariseus, hipócritas! Vocês edificam os túmulos dos profetas ᵘ e adornam os monumentos dos justos. 30 E dizem: 'Se tivéssemos vivido no tempo dos nossos antepassados, não teríamos tomado parte com eles no derramamento do sangue dos profetas'. 31 Assim, testemunham contra vocês mesmos que são descendentes dos que assassinaram os profetas.ᵛ 32 Acabem, pois, de encher a medidaʷ do pecado dos seus antepassados!

33 "Serpentes! Raça de víboras!ˣ Como vocês escaparão da condenação ao inferno? ʸ 34 Por isso, eu estou enviando profetas, sábios e mestres. A uns vocês matarão e crucificarão;ᶻ a outros açoitarão nas sinagogas ᵃ de vocês e perseguirão de cidade em cidade.ᵇ 35 E, assim, sobre vocês recairá todo o sangue justo derramado na terra, desde o sangue do justo Abel,ᶜ até o sangue de Zacarias, filho de Baraquias,ᵈ a quem vocês assassinaram entre o santuário e o altar.ᵉ 36 Eu asseguro que tudo isso sobrevirá a esta geração.ᶠ

37 "Jerusalém, Jerusalém, você, que mata os profetas e apedreja os que são enviados a vocês! ᵍ Quantas vezes eu quis reunir os seus filhos, como a galinha reúne os seus pintinhos debaixo das suas asas, mas vocês não quiseram. 38 Eis que a casa de vocês ficará deserta. ʰ 39 Pois eu digo que vocês não me verão mais, até que digam: 'Bendito é o que vem em nome do Senhor'¹".ⁱ

¹ 23.39 Sl 118.26

O Sinal do Fim dos Tempos
(Mc 13.1-31; Lc 21.5-37)

1 Jesus saiu do templo e, enquanto caminhava, seus discípulos aproximaram-se dele para lhe mostrar as construções do templo. 2 "Vocês estão vendo tudo isto?", perguntou ele. "Eu garanto que não ficará aqui pedra sobre pedra;ʲ serão todas derrubadas".

3 Tendo Jesus se assentado no monte das Oliveiras,ᵏ os discípulos dirigiram-se a ele em particular e disseram: "Dize-nos, quando acontecerão essas coisas? E qual será o sinal da tua vinda e do fim dos tempos?"

4 Jesus respondeu: "Cuidado, que ninguém os engane. 5 Pois muitos virão em meu nome, dizendo: 'Eu sou o Cristo!' e enganarão a muitos.ˡ 6 Vocês ouvirão falar de guerras e rumores de guerras, mas não tenham medo. É necessário que tais coisas aconteçam, mas ainda não é o fim. 7 Nação se levantará contra nação, e reino contra reino.ᵐ Haverá fomes ⁿ e terremotos em vários lugares. 8 Tudo isso será o início das dores.

9 "Então eles os entregarão para serem perseguidosᵒ e condenados à morte, ᵖ e vocês serão odiados por todas as nações por minha causa. 10 Naquele tempo, muitos ficarão escandalizados, trairão e odiarão uns aos outros, 11 e numerosos falsos profetas ᑫ surgirão e enganarão a muitos. 12 Devido ao aumento da maldade, o amor de muitos esfriará, 13 mas aquele que perseverar até o fim será salvo. ʳ 14 E este evangelho do Reino ˢ será pregado em todo o mundoᵗ como testemunho a todas as nações, e então virá o fim.

15 "Assim, quando vocês virem 'o sacrilégio terrível'²,ᵛ do qual falou o profeta Daniel, no Lugar Santo ᵘ — quem lê, entenda — 16 então, os que estiverem na Judeia fujam para os montes. 17 Quem estiver no telhado de sua casa ʷ não desça para tirar dela coisa alguma. 18 Quem estiver no campo não volte para pegar seu manto. 19 Como serão terríveis aqueles dias para as grávidas e para

² 24.15 Dn 9.27; 11.31; 12.11

23.25
ʳ Mc 7.4
ˢ Lc 11.39

23.27
ᵗ Lc 11.44; At 23.3

23.29
ᵘ Lc 11.47, 48

23.31
ᵛ At 7.51-52

23.32
ʷ 1Ts 2.16

22.33
ˣ Mt 3.7; 12.34
ʸ Mt 5.22

22.34
ᶻ 2Cr 36.15, 16; Lc 11.49
ᵃ Mt 10.17
ᵇ Mt 10.23

23.35
ᶜ Gn 4.8; Hb 11.4
ᵈ Zc 1.1
ᵉ 2Cr 24.21

23.36
ᶠ Mt 10.23; 24.34

22.37
ᵍ 2Cr 24.21; Mt 5.12

22.38
ʰ 1Rs 9.7, 8; Jr 22.5

22.39
ⁱ Sl 118.26; Mt 21.9

24.2
ʲ Lc 19.44

24.3
ᵏ Mt 21.1

24.5
ˡ v. 11, 23, 24; Jo 2.18

24.7
ᵐ Is 19.2
ⁿ At 11.28

24.9
ᵒ Mt 10.17
ᵖ Jo 16.2

24.11
ᑫ Mt 7.15

24.13
ʳ Mt 10.22

24.14
ˢ Mt 4.23
ᵗ Rm 10.18; Cl 1.6, 23; Lc 2.1; 4.5; At 11.28; 17.6; Ap 3.10; 16.14

24.15
ᵛ At 6.13
ʷ Dn 9.27; 11.31; 12.11

22.17
ˣ 1Sm 9.25; Mt 10.27; Lc 12.3; At 10.9

as que estiverem amamentando! 20 Orem para que a fuga de vocês não aconteça no inverno nem no sábado. 21 Porque haverá então grande tribulação, como nunca houve desde o princípio do mundo até agora, nem jamais haverá. 22 Se aqueles dias não fossem abreviados, ninguém sobreviveria¹; mas, por causa dos eleitos, aqueles dias serão abreviados. 23 Se, então, alguém disser: 'Vejam, aqui está o Cristo!' ou: 'Ali está ele!', não acreditem. 24 Pois aparecerão falsos cristos e falsos profetas que realizarão grandes sinais e maravilhas para, se possível, enganar até os eleitos. 25 Vejam que eu os avisei antecipadamente.

26 "Assim, se alguém disser: 'Ele está lá, no deserto!', não saiam; ou: 'Ali está ele, dentro da casa!', não acreditem. 27 Porque assim como o relâmpago sai do Oriente e se mostra no Ocidente, assim será a vinda do Filho do homem. 28 Onde houver um cadáver, aí se ajuntarão os abutres.

29 "Imediatamente após a tribulação daqueles dias

" 'o sol escurecerá,
    e a lua não dará a sua luz;
as estrelas cairão do céu,
    e os poderes celestes
        serão abalados'²

30 "Então aparecerá no céu o sinal do Filho do homem, e todas as nações da terra se lamentarão e verão o Filho do homem vindo nas nuvens do céu com poder e grande glória. 31 E ele enviará os seus anjos com grande som de trombeta, e estes reunirão os seus eleitos dos quatro ventos, de uma a outra extremidade dos céus.

32 "Aprendam a lição da figueira: quando seus ramos se renovam e suas folhas começam a brotar, vocês sabem que o verão está próximo. 33 Assim também, quando virem todas estas coisas, saibam que ele está próximo, às portas. 34 Eu asseguro a vocês que não passará esta geração até que todas estas coisas aconteçam. 35 Os céus e a terra passarão, mas as minhas palavras jamais passarão.

O Dia e a Hora São Desconhecidos
(Mc 13.32-37)

36 "Quanto ao dia e à hora ninguém sabe, nem os anjos dos céus, nem o Filho³, senão somente o Pai. 37 Como foi nos dias de Noé, assim também será na vinda do Filho do homem. 38 Pois nos dias anteriores ao Dilúvio, o povo vivia comendo e bebendo, casando-se e dando-se em casamento, até o dia em que Noé entrou na arca; 39 e eles nada perceberam, até que veio o Dilúvio e os levou a todos. Assim acontecerá na vinda do Filho do homem. 40 Dois homens estarão no campo: um será levado e o outro deixado. 41 Duas mulheres estarão trabalhando num moinho: uma será levada e a outra deixada.

42 "Portanto, vigiem, porque vocês não sabem em que dia virá o seu Senhor. 43 Mas entendam isto: se o dono da casa soubesse a que hora da noite o ladrão viria, ele ficaria de guarda e não deixaria que a sua casa fosse arrombada. 44 Assim, vocês também precisam estar preparados, porque o Filho do homem virá numa hora em que vocês menos esperam.

45 "Quem é, pois, o servo fiel e sensato, a quem seu senhor encarrega dos demais servos de sua casa para lhes dar alimento no tempo devido? 46 Feliz o servo que seu senhor encontrar fazendo assim quando voltar. 47 Garanto que ele o encarregará de todos os seus bens. 48 Mas suponham que esse servo seja mau e diga a si mesmo: 'Meu senhor está demorando', 49 e então comece a bater em seus conservos e a comer e a beber com os beberrões. 50 O senhor daquele servo virá num dia em que ele não o espera e numa hora que não sabe. 51 Ele o

---

¹ 24.22 Ou *seria salvo*
² 24.29 Is 13.10; 34.4
³ 24.36 Alguns manuscritos não trazem *nem o Filho*.

punirá severamente[l] e lhe dará lugar com os hipócritas, onde haverá choro e ranger de dentes.[y]

A Parábola das Dez Virgens

25 "O Reino dos céus será,[z] pois, semelhante a dez virgens que pegaram suas candeias[a] e saíram para encontrar-se com o noivo.[b] ² Cinco delas eram insensatas, e cinco eram prudentes.[c] ³ As insensatas pegaram suas candeias, mas não levaram óleo. ⁴ As prudentes, porém, levaram óleo em vasilhas, junto com suas candeias. ⁵ O noivo demorou a chegar, e todas ficaram com sono e adormeceram.[d]

⁶ "À meia-noite, ouviu-se um grito: 'O noivo se aproxima! Saiam para encontrá-lo!'

⁷ "Então todas as virgens acordaram e prepararam suas candeias. ⁸ As insensatas disseram às prudentes: 'Deem-nos um pouco do seu óleo, pois as nossas candeias estão se apagando'.[e]

⁹ "Elas responderam: 'Não, pois pode ser que não haja o suficiente para nós e para vocês. Vão comprar óleo para vocês'.

¹⁰ "E saindo elas para comprar o óleo, chegou o noivo. As virgens que estavam preparadas entraram com ele para o banquete nupcial.[f] E a porta foi fechada.

¹¹ "Mais tarde vieram também as outras e disseram: 'Senhor! Senhor! Abra a porta para nós!'

¹² "Mas ele respondeu: 'A verdade é que não as conheço!'

¹³ "Portanto, vigiem, porque vocês não sabem o dia nem a hora!'[g]

A Parábola dos Talentos

¹⁴ "E também será como um homem que, ao sair de viagem,[h] chamou seus servos e confiou-lhes os seus bens. ¹⁵ A um deu cinco talentos², a outro dois, e a outro um; a cada um de acordo com a sua capacidade.[i] Em seguida partiu de viagem.

¹⁶ O que havia recebido cinco talentos saiu imediatamente, aplicou-os, e ganhou mais cinco. ¹⁷ Também o que tinha dois talentos ganhou mais dois. ¹⁸ Mas o que tinha recebido um talento saiu, cavou um buraco no chão e escondeu o dinheiro do seu senhor.

¹⁹ "Depois de muito tempo o senhor daqueles servos voltou e acertou contas com eles.[j] ²⁰ O que tinha recebido cinco talentos trouxe os outros cinco e disse: 'O senhor me confiou cinco talentos; veja, eu ganhei mais cinco'.

²¹ "O senhor respondeu: 'Muito bem, servo bom e fiel! Você foi fiel no pouco, eu o porei sobre o muito.[k] Venha e participe da alegria do seu senhor!'

²² "Veio também o que tinha recebido dois talentos e disse: 'O senhor me confiou dois talentos; veja, eu ganhei mais dois'.

²³ "O senhor respondeu: 'Muito bem, servo bom e fiel! Você foi fiel no pouco, eu o porei sobre o muito.[l] Venha e participe da alegria do seu senhor!'

²⁴ "Por fim, veio o que tinha recebido um talento e disse: 'Eu sabia que o senhor é um homem severo, que colhe onde não plantou e junta onde não semeou. ²⁵ Por isso, tive medo, saí e escondi o seu talento no chão. Veja, aqui está o que pertence ao senhor'.

²⁶ "O senhor respondeu: 'Servo mau e negligente! Você sabia que eu colho onde não plantei e junto onde não semeei? ²⁷ Então você devia ter confiado o meu dinheiro aos banqueiros, para que, quando eu voltasse, o recebesse de volta com juros.

²⁸ " 'Tirem o talento dele e entreguem-no ao que tem dez. ²⁹ Pois a quem tem, mais será dado, e terá em grande quantidade. Mas a quem não tem, até o que tem lhe será tirado.[m] ³⁰ E lancem fora o servo inútil, nas trevas, onde haverá choro e ranger de dentes'.[n]

O Julgamento das Nações

³¹ "Quando o Filho do homem vier[o] em sua glória, com todos os anjos, ele se assentará em seu trono[p] na glória celestial. ³² Todas

---

¹ *24.51* Grego: *cortará ao meio*.
² *25.15* Um talento equivalia a 35 quilos; também no restante do capítulo.

as nações serão reunidas diante dele, e ele separará*q* umas das outras como o pastor separa as ovelhas dos bodes.*r* ³³ E colocará as ovelhas à sua direita e os bodes à sua esquerda.

³⁴ "Então o Rei dirá aos que estiverem à sua direita: 'Venham, benditos de meu Pai! Recebam como herança o Reino*s* que foi preparado para vocês desde a criação do mundo.*t* ³⁵ Pois eu tive fome, e vocês me deram de comer; tive sede, e vocês me deram de beber; fui estrangeiro, e vocês me acolheram;*u* ³⁶ necessitei de roupas, e vocês me vestiram;*v* estive enfermo, e vocês cuidaram de mim;*w* estive preso, e vocês me visitaram'.*x*

³⁷ "Então os justos lhe responderão: 'Senhor, quando te vimos com fome e te demos de comer, ou com sede e te demos de beber? ³⁸ Quando te vimos como estrangeiro e te acolhemos, ou necessitado de roupas e te vestimos? ³⁹ Quando te vimos enfermo ou preso e fomos te visitar?'

⁴⁰ "O Rei responderá: 'Digo a verdade: O que vocês fizeram a algum dos meus menores irmãos, a mim o fizeram'.*y*

⁴¹ "Então ele dirá aos que estiverem à sua esquerda: 'Malditos, apartem-se de mim*z* para o fogo eterno, *a* preparado para o Diabo e os seus anjos.*b* ⁴² Pois eu tive fome, e vocês não me deram de comer; tive sede, e nada me deram para beber; ⁴³ fui estrangeiro, e vocês não me acolheram; necessitei de roupas, e vocês não me vestiram; estive enfermo e preso, e vocês não me visitaram'.

⁴⁴ "Eles também responderão: 'Senhor, quando te vimos com fome ou com sede ou estrangeiro ou necessitado de roupas ou enfermo ou preso, e não te ajudamos?'

⁴⁵ "Ele responderá: 'Digo a verdade: O que vocês deixaram de fazer a alguns destes mais pequeninos, também a mim deixaram de fazê-lo'.*c*

⁴⁶ "E estes irão para o castigo eterno, mas os justos para a vida eterna".*d e*

A Conspiração contra Jesus

26 Quando acabou de dizer essas coisas,*f* Jesus disse aos seus discípulos: ² "Como vocês sabem, estamos a dois dias da Páscoa,*g* e o Filho do homem será entregue para ser crucificado".

³ Naquela ocasião, os chefes dos sacerdotes e os líderes religiosos do povo se reuniram *h* no palácio do sumo sacerdote, cujo nome era Caifás,*i* ⁴ e juntos planejaram prender Jesus à traição e matá-lo.*j* ⁵ Mas diziam: "Não durante a festa, para que não haja tumulto *k* entre o povo".

Jesus é Ungido em Betânia
(Mc 14.3-9; Jo 12.1-8)

⁶ Estando Jesus em Betânia, *l* na casa de Simão, o leproso, ⁷ aproximou-se dele uma mulher com um frasco de alabastro contendo um perfume muito caro. Ela o derramou sobre a cabeça de Jesus quando ele se encontrava reclinado à mesa.

⁸ Os discípulos, ao verem isso, ficaram indignados e perguntaram: "Por que este desperdício? ⁹ Este perfume poderia ser vendido por alto preço, e o dinheiro dado aos pobres".

¹⁰ Percebendo isso, Jesus lhes disse: "Por que vocês estão perturbando essa mulher? Ela praticou uma boa ação para comigo. ¹¹ Pois os pobres vocês sempre terão consigo,*m* mas a mim vocês nem sempre terão. ¹² Quando derramou este perfume sobre o meu corpo, ela o fez a fim de me preparar para o sepultamento.*n* ¹³ Eu asseguro que em qualquer lugar do mundo inteiro onde este evangelho for anunciado, também o que ela fez será contado, em sua memória".

A Conspiração

¹⁴ Então, um dos Doze, chamado Judas Iscariotes,*o* dirigiu-se aos chefes dos sacerdotes ¹⁵ e lhes perguntou: "O que me darão se eu o entregar a vocês?" E fixaram-lhe o preço: trinta moedas de prata.*p* ¹⁶ Desse momento em diante Judas passou a procurar uma oportunidade para entregá-lo.

A Ceia do Senhor
(Mc 14.12-26; Lc 22.7-23; Jo 13.18-30)

17 No primeiro dia da Festa dos Pães sem Fermento,^{q} os discípulos dirigiram-se a Jesus e lhe perguntaram: "Onde queres que preparemos a refeição da Páscoa?"

18 Ele respondeu dizendo que entrassem na cidade, procurassem um certo homem e lhe dissessem: "O Mestre diz: O meu tempo^r está próximo. Vou celebrar a Páscoa com meus discípulos em sua casa". **19** Os discípulos fizeram como Jesus os havia instruído e prepararam a Páscoa.

20 Ao anoitecer, Jesus estava reclinado à mesa com os Doze. **21** E, enquanto estavam comendo, ele disse: "Digo que certamente um de vocês me trairá".^{s}

22 Eles ficaram muito tristes e começaram a dizer-lhe, um após outro: "Com certeza não sou eu, Senhor!"

23 Afirmou Jesus: "Aquele que comeu comigo do mesmo prato há de me trair".^{t} **24** O Filho do homem vai, como está escrito a seu respeito.^{u} Mas ai daquele que trai o Filho do homem! Melhor lhe seria não haver nascido".

25 Então, Judas, que haveria de traí-lo, disse: "Com certeza não sou eu, Mestre¹!"^{v}

Jesus afirmou: "Sim, é você"²

26 Enquanto comiam, Jesus tomou o pão, deu graças, partiu-o^w e o deu aos seus discípulos, dizendo: "Tomem e comam; isto é o meu corpo".

27 Em seguida tomou o cálice, deu graças e o ofereceu aos discípulos, dizendo: "Bebam dele todos vocês. **28** Isto é o meu sangue da aliança³,^{x} que é derramado em favor de muitos, para perdão de pecados.^{y} **29** Eu digo que, de agora em diante, não beberei deste fruto da videira até aquele dia em que beberei o vinho novo com vocês ^{z} no Reino de meu Pai".

30 Depois de terem cantado um hino, saíram para o monte das Oliveiras.^{a}

---
¹ **26.25** Isto é, Rabi; também no versículo 49.
² **26.25** Ou "*Você mesmo o disse!*"
³ **26.28** Outros manuscritos trazem *da nova aliança*.

Jesus Prediz que Pedro o Negará
(Mc 14.27-31; Lc 22.31-34; Jo 13.36-38)

31 Então Jesus lhes disse: "Ainda esta noite todos vocês me abandonarão.^{b} Pois está escrito:

" 'Ferirei o pastor,
   e as ovelhas do rebanho
      serão dispersas'⁴.^{c}

32 Mas, depois de ressuscitar, irei adiante de vocês para a Galileia".^{d}

33 Pedro respondeu: "Ainda que todos te abandonem, eu nunca te abandonarei!"

34 Respondeu Jesus: "Asseguro que ainda esta noite, antes que o galo cante, três vezes você me negará".^{e}

35 Mas Pedro declarou: "Mesmo que seja preciso que eu morra contigo,^{f} nunca te negarei". E todos os outros discípulos disseram o mesmo.

Jesus no Getsêmani
(Mc 14.32-42; Lc 22.39-46)

36 Então Jesus foi com seus discípulos para um lugar chamado Getsêmani e lhes disse: "Sentem-se aqui enquanto vou ali orar". **37** Levando consigo Pedro e os dois filhos de Zebedeu,^{g} começou a entristecer-se e a angustiar-se. **38** Disse-lhes então: "A minha alma está profundamente triste,^{h} numa tristeza mortal. Fiquem aqui e vigiem comigo".^{i}

39 Indo um pouco mais adiante, prostrou-se com o rosto em terra e orou: "Meu Pai, se for possível, afasta de mim este cálice;^{j} contudo, não seja como eu quero, mas sim como tu queres".^{k}

40 Depois, voltou aos seus discípulos e os encontrou dormindo. "Vocês não puderam vigiar comigo^l nem por uma hora?", perguntou ele a Pedro. **41** "Vigiem e orem para que não caiam em tentação.^{m} O espírito está pronto, mas a carne é fraca."

42 E retirou-se outra vez para orar: "Meu Pai, se não for possível afastar de

---
⁴ **26.31** Zc 13.7

26.17
^{q} Ex 12.18-20

26.18
^{r} Jo 7.6, 8, 30; 12.23; 13.1; 17.1

26.21
^{s} Lc 22.21-23; Jo 13.21

26.23
^{t} Sl 41.9; Jo 13.18

26.24
^{u} Is 53; Dn 9.26; Mc 9.12; Lc 24.25-27, 46; At 17.2, 3; 26.22, 23

26.25
^{v} Mt 23.7

26.26
^{w} Mt 14.19; 1Co 10.16

26.28
^{x} Ex 24.6-8; Hb 9.20
^{y} Mt 20.28; Mk 1.4

26.29
^{z} At 10.41

26.30
^{a} Mt 21.1; Mc 14.26

26.31
^{b} Mt 11.6
^{c} Zc 13.7; Jo 16.32

26.32
^{d} Mt 28.7, 10, 16

26.34
^{e} v. 75; Jo 13.38

26.35
^{f} Jo 13.37

26.37
^{g} Mt 4.21

26.38
^{h} Jo 12.27
^{i} v. 40, 41

26.39
^{j} Mt 20.22
^{k} v. 42; Sl 40.6-8; Is 50.5; Jo 5.30; 6.38

26.40
^{l} v. 38

26.41
^{m} Mt 6.13

mim este cálice sem que eu o beba, faça-se a tua vontade".

⁴³ Quando voltou, de novo os encontrou dormindo, porque seus olhos estavam pesados. ⁴⁴ Então os deixou novamente e orou pela terceira vez, dizendo as mesmas palavras.

⁴⁵ Depois voltou aos discípulos e lhes disse: "Vocês ainda dormem e descansam? Chegou a hora!ⁿ Eis que o Filho do homem está sendo entregue nas mãos de pecadores. ⁴⁶ Levantem-se e vamos! Aí vem aquele que me trai!"

Jesus é Preso
(Mc 14.43-50; Lc 22.47-53; Jo 18.1-11)

⁴⁷ Enquanto ele ainda falava, chegou Judas, um dos Doze. Com ele estava uma grande multidão armada de espadas e varas, enviada pelos chefes dos sacerdotes e líderes religiosos do povo. ⁴⁸ O traidor havia combinado um sinal com eles, dizendo-lhes: "Aquele a quem eu saudar com um beijo, é ele; prendam-no". ⁴⁹ Dirigindo-se imediatamente a Jesus, Judas disse: "Salve, Mestre!",ᵒ e o beijou.

⁵⁰ Jesus perguntou: "Amigo,ᵖ o que o traz?"¹

Então os homens se aproximaram, agarraram Jesus e o prenderam. ⁵¹ Um dos que estavam com Jesus, estendendo a mão, puxou a espada ᵠ e feriu o servo do sumo sacerdote, decepando-lhe a orelha.ʳ

⁵² Disse-lhe Jesus: "Guarde a espada! Pois todos os que empunham a espada, pela espada morrerão.ˢ ⁵³ Você acha que eu não posso pedir a meu Pai, e ele não colocaria imediatamente à minha disposição mais de doze legiões de anjos? ᵗ ⁵⁴ Como então se cumpririamᵘ as Escrituras que dizem que as coisas deveriam acontecer desta forma?"

⁵⁵ Naquela hora, Jesus disse à multidão: "Estou eu chefiando alguma rebelião, para que vocês venham prender-me com espadas e varas? Todos os dias eu estive ensinando no templo,ᵛ e vocês não me prenderam! ⁵⁶ Mas tudo isso aconteceu para que se cumprissem as Escrituras dos profetas".ʷ Então todos os discípulos o abandonaram e fugiram.

Jesus diante do Sinédrio

⁵⁷ Os que prenderam Jesus o levaram a Caifás,ˣ o sumo sacerdote, em cuja casa se haviam reunido os mestres da lei e os líderes religiosos.ʸ ⁵⁸ E Pedro o seguiu de longe até o pátio do sumo sacerdote, entrou e sentou-se com os guardas,ᶻ para ver o que aconteceria.

⁵⁹ Os chefes dos sacerdotes e todo o Sinédrio² ᵃ estavam procurando um depoimento falso contra Jesus, para que pudessem condená-lo à morte. ⁶⁰ Mas nada encontraram, embora se apresentassem muitas falsas testemunhas.ᵇ

Finalmente se apresentaram duas ᶜ ⁶¹ que declararam: "Este homem disse: 'Sou capaz de destruir o santuário de Deus e reconstruí-lo em três dias' ".ᵈ

⁶² Então o sumo sacerdote levantou-se e disse a Jesus: "Você não vai responder à acusação que estes fazem?" ⁶³ Mas Jesus permaneceu em silêncio.ᵉ

O sumo sacerdote lhe disse: "Exijo que você jureᶠ pelo Deus vivo:ᵍ se você é o Cristo, o Filho de Deus, diga-nos".

⁶⁴ "Tu mesmo o disseste"³, respondeu Jesus. "Mas eu digo a todos vós: Chegará o dia em que vereis o Filho do homem assentado à direita do Poderosoʰ e vindo sobre as nuvens do céu."ⁱ

⁶⁵ Foi quando o sumo sacerdote rasgou as próprias vestes ʲ e disse: "Blasfemou! Por que precisamos de mais testemunhas? Vocês acabaram de ouvir a blasfêmia. ⁶⁶ O que acham?"

"É réu de morte!",ᵏ responderam eles.

⁶⁷ Então alguns lhe cuspiram no rosto e lhe deram murros.ˡ Outros lhe davam tapas ⁶⁸ e diziam: "Profetize-nos, Cristo. Quem foi que bateu em você?" ᵐ

---

¹ **26.50** Ou *"Amigo, para que você veio?"*

² **26.59** Conselho dos principais líderes do povo judeu.

³ **26.64** Ou *"É como disseste"*

Pedro Nega Jesus
(Mc 14.66-72; Lc 22.54-62; Jo 18.15-18,25-27)

⁶⁹ Pedro estava sentado no pátio, e uma criada, aproximando-se dele, disse: "Você também estava com Jesus, o galileu".

⁷⁰ Mas ele o negou diante de todos, dizendo: "Não sei do que você está falando".

⁷¹ Depois, saiu em direção à porta, onde outra criada o viu e disse aos que estavam ali: "Este homem estava com Jesus, o Nazareno".

⁷² E ele, jurando, o negou outra vez: "Não conheço esse homem!"

⁷³ Pouco tempo depois, os que estavam por ali chegaram a Pedro e disseram: "Certamente você é um deles! O seu modo de falar o denuncia".

⁷⁴ Aí ele começou a lançar maldições e a jurar: "Não conheço esse homem!"

Imediatamente um galo cantou. ⁷⁵ Então Pedro se lembrou da palavra que Jesus tinha dito: "Antes que o galo cante, você me negará três vezes".ⁿ E, saindo dali, chorou amargamente.

O Suicídio de Judas

27 De manhã cedo, todos os chefes dos sacerdotes e líderes religiosos do povo tomaram a decisão de condenar Jesus à morte.ᵒ ² E, amarrando-o, levaram-no e o entregaramᵖ a Pilatos, o governador.ᵠ

³ Quando Judas, que o havia traído,ʳ viu que Jesus fora condenado, foi tomado de remorso e devolveu aos chefes dos sacerdotes e aos líderes religiosos as trinta moedas de prata.ˢ ⁴ E disse: "Pequei, pois traí sangue inocente". E eles retrucaram: "Que nos importa? A responsabilidade é sua".ᵗ

⁵ Então Judas jogou o dinheiro dentro do templo e,ᵘ saindo, foi e enforcou-se.ᵛ

⁶ Os chefes dos sacerdotes ajuntaram as moedas e disseram: "É contra a lei colocar este dinheiro no tesouro, visto que é preço de sangue". ⁷ Então decidiram usar aquele dinheiro para comprar o campo do Oleiro, para cemitério de estrangeiros. ⁸ Por isso ele se chama campo de Sangue ʷ até o dia de hoje. ⁹ Então se cumpriu o que fora dito pelo profeta Jeremias:ˣ "Tomaram as trinta moedas de prata, preço em que foi avaliado pelo povo de Israel, ¹⁰ e as usaram para comprar o campo do Oleiro, como o Senhor me havia ordenado"¹.ʸ

Jesus diante de Pilatos

¹¹ Jesus foi posto diante do governador, e este lhe perguntou: "Você é o rei dos judeus?" ᶻ

Respondeu-lhe Jesus: "Tu o dizes"².

¹² Acusado pelos chefes dos sacerdotes e pelos líderes religiosos, ele nada respondeu.ᵃ ¹³ Então Pilatos lhe perguntou: "Você não ouve a acusação que eles estão fazendo contra você?" ᵇ ¹⁴ Mas Jesus não lhe respondeu nenhuma palavra,ᶜ de modo que o governador ficou muito impressionado.

¹⁵ Por ocasião da festa era costume do governador soltar um prisioneiro ᵈ escolhido pela multidão. ¹⁶ Eles tinham, naquela ocasião, um prisioneiro muito conhecido, chamado Barrabás. ¹⁷ Pilatos perguntou à multidão que ali se havia reunido: "Qual destes vocês querem que solte: Barrabás ou Jesus, chamado Cristo?" ᵉ ¹⁸ Porque sabia que o haviam entregado por inveja.

¹⁹ Estando Pilatos sentado no tribunal, ᶠ sua mulher lhe enviou esta mensagem: "Não se envolva com este inocente,ᵍ porque hoje, em sonho, sofri muito por causa dele".ʰ

²⁰ Mas os chefes dos sacerdotes e os líderes religiosos convenceram a multidão a que pedisse Barrabás e mandasse executar Jesus.ⁱ

²¹ Então perguntou o governador: "Qual dos dois vocês querem que eu solte?"

Responderam eles: "Barrabás!"

²² Perguntou Pilatos: "Que farei então com Jesus, chamado Cristo?"ʲ

Todos responderam: "Crucifica-o!"

²³ "Por quê? Que crime ele cometeu?", perguntou Pilatos.

---

¹ **27.10** Veja Zc 11.12,13; Jr 19.1-13; 32.6-9.
² **27.11** Ou *"Sim, é como dizes"*

Mas eles gritavam ainda mais: "Crucifica-o!"

24 Quando Pilatos percebeu que não estava obtendo nenhum resultado, mas, ao contrário, estava se iniciando um tumulto, ᵏ mandou trazer água, lavou as mãos ˡ diante da multidão e disse: "Estou inocente do sangue deste homem;ᵐ a responsabilidade é de vocês".ⁿ

25 Todo o povo respondeu: "Que o sangue dele caia sobre nós e sobre nossos filhos!" ᵒ

26 Então Pilatos soltou-lhes Barrabás, mandou açoitar Jesus ᵖ e o entregou para ser crucificado.

Os Soldados Zombam de Jesus
(Mc 15.16-20)

27 Então, os soldados do governador levaram Jesus ao Pretório¹ ᵠ e reuniram toda a tropa ao seu redor. 28 Tiraram-lhe as vestes e puseram nele um manto vermelho; ʳ 29 fizeram uma coroa de espinhos e a colocaram em sua cabeça. Puseram uma vara em sua mão direita e, ajoelhando-se diante dele, zombavam: "Salve, rei dos judeus!" ˢ 30 Cuspiram nele e, tirando-lhe a vara, batiam-lhe com ela na cabeça. ᵗ 31 Depois de terem zombado dele, tiraram-lhe o manto e vestiram-lhe suas próprias roupas. Então o levaram para crucificá-lo.ᵘ

A Crucificação
(Mc 15.21-32; Lc 23.26-43; Jo 19.16-27)

32 Ao saírem,ᵛ encontraram um homem de Cirene, ʷ chamado Simão, e o forçaram a carregar a cruz. ˣ 33 Chegaram a um lugar chamado Gólgota, que quer dizer lugar da Caveira, ʸ 34 e lhe deram para beber vinho misturado com fel;ᶻ mas ele, depois de prová-lo, recusou-se a beber. 35 Depois de o crucificarem, dividiram as roupas dele, tirando sortes². ᵃ 36 E, sentando-se, vigiavam-no ali.ᵇ 37 Por cima de sua cabeça, colocaram por escrito a acusação feita contra ele: ESTE É JESUS, O REI DOS JUDEUS. 38 Dois ladrões foram crucificados com ele, ᶜ um à sua direita e outro à sua esquerda. 39 Os que passavam lançavam-lhe insultos, balançando a cabeça ᵈ 40 e dizendo: "Você que destrói o templo e o reedifica em três dias, ᵉ salve-se!ᶠ Desça da cruz se é Filho de Deus!"ᵍ

41 Da mesma forma, os chefes dos sacerdotes, os mestres da lei e os líderes religiosos zombavam dele, 42 dizendo: "Salvou os outros, mas não é capaz de salvar a si mesmo! E é o rei de Israel!ʰ Desça agora da cruz, e creremos nele. ⁱ 43 Ele confiou em Deus. Que Deus o ʲ salve agora se dele tem compaixão, pois disse: 'Sou o Filho de Deus!' " 44 Igualmente o insultavam os ladrões que haviam sido crucificados com ele.

A Morte de Jesus
(Mc 15.33-41; Lc 23.44-49; Jo 19.28-30)

45 E houve trevas sobre toda a terra, do meio-dia às três horas da tarde³. ᵏ 46 Por volta das três horas da tarde, Jesus bradou em alta voz: "Eloí, Eloí,⁴ lamá sabactâni?", que significa "Meu Deus! Meu Deus! Por que me abandonaste?"⁵ ˡ

47 Quando alguns dos que estavam ali ouviram isso, disseram: "Ele está chamando Elias".

48 Imediatamente, um deles correu em busca de uma esponja, embebeu-a em vinagre, ᵐ colocou-a na ponta de uma vara e deu-a a Jesus para beber. 49 Mas os outros disseram: "Deixem-no. Vejamos se Elias vem salvá-lo".

50 Depois de ter bradado novamente em alta voz, Jesus entregou o espírito.ⁿ

51 Naquele momento, o véu do santuário ᵒ rasgou-se em duas partes, de alto a baixo. A terra tremeu, e as rochas se partiram. ᵖ

---

¹ **27.27** Residência oficial do governador romano.
² **27.35** Alguns manuscritos dizem *sortes, para que se cumprisse a palavra falada pelo profeta: "Dividiram as minhas roupas entre si, e tiraram sortes pelas minhas vestes"* (Sl 22.18).
³ **27.45** Grego: *da hora sexta até a hora nona.*
⁴ **27.46** Alguns manuscritos dizem *"Eli, Eli,*
⁵ **27.46** Sl 22.1

52 Os sepulcros se abriram, e os corpos de muitos santos que tinham morrido foram ressuscitados.

53 E, saindo dos sepulcros, depois da ressurreição de Jesus, entraram na cidade santa ᵍ e apareceram a muitos.

54 Quando o centurião e os que com ele vigiavam ʳ Jesus viram o terremoto e tudo o que havia acontecido, ficaram aterrorizados e exclamaram: "Verdadeiramente este era o Filho¹ de Deus!" ˢ

55 Muitas mulheres estavam ali, observando de longe. Elas haviam seguido Jesus desde a Galileia, para o servir.ᵗ **56** Entre elas estavam Maria Madalena; Maria, mãe de Tiago e de José; e a mãe dos filhos de Zebedeu.ᵘ

O Sepultamento de Jesus
(Mc 15.42-47; Lc 23.50-56; Jo 19.38-42)

57 Ao cair da tarde chegou um homem rico, de Arimateia, chamado José, que se tornara discípulo de Jesus. **58** Dirigindo-se a Pilatos, pediu o corpo de Jesus, e Pilatos ordenou que lhe fosse entregue. **59** José tomou o corpo, envolveu-o num lençol limpo de linho **60** e o colocou num sepulcro novo, ᵛ que ele havia mandado cavar na rocha. E, fazendo rolar uma grande pedra sobre a entrada do sepulcro, retirou-se. **61** Maria Madalena e a outra Maria estavam assentadas ali, em frente do sepulcro.

A Guarda do Sepulcro

62 No dia seguinte, isto é, no sábado,² os chefes dos sacerdotes e os fariseus dirigiram-se a Pilatos **63** e disseram: "Senhor, lembramos que, enquanto ainda estava vivo, aquele impostor disse: 'Depois de três dias ressuscitarei'. ʷ **64** Ordena, pois, que o sepulcro dele seja guardado até o terceiro dia, para que não venham seus discípulos e, roubando o corpo, digam ao povo que ele ressuscitou dentre os mortos. Este último engano será pior do que o primeiro".

¹ **27.54** Ou *era filho*
² **27.62** Ou *No dia seguinte ao da Preparação,*

65 "Levem um destacamento"³, ˣ respondeu Pilatos. "Podem ir, e mantenham o sepulcro em segurança como acharem melhor". **66** Eles foram e armaram um esquema de segurança no sepulcro; e além de deixarem um destacamento montando guarda,ᵃ lacraramʸ a pedra.ᶻ

A Ressurreição
(Mc 16.1-8; Lc 24.1-12; Jo 20.1-9)

28 Depois do sábado, tendo começado o primeiro dia da semana, Maria Madalena e a outra Maria ᵇ foram ver o sepulcro.

2 E eis que sobreveio um grande terremoto,ᶜ pois um anjo ᵈ do Senhor desceu dos céus e, chegando ao sepulcro, rolou a pedra da entrada e assentou-se sobre ela. **3** Sua aparência era como um relâmpago, e suas vestes eram brancas como a neve.ᵉ **4** Os guardas tremeram de medo e ficaram como mortos.

5 O anjo disse às mulheres: "Não tenham medo!ᶠ Sei que vocês estão procurando Jesus, que foi crucificado. **6** Ele não está aqui; ressuscitou, como tinha dito. ᵍ Venham ver o lugar onde ele jazia. **7** Vão depressa e digam aos discípulos dele: Ele ressuscitou dentre os mortos e está indo adiante de vocês para a Galileia. ʰ Lá vocês o verão. Notem que eu já os avisei".

8 As mulheres saíram depressa do sepulcro, amedrontadas e cheias de alegria, e foram correndo anunciá-lo aos discípulos de Jesus. **9** De repente, Jesus as encontrou e disse:ⁱ "Salve!" Elas se aproximaram dele, abraçaram-lhe os pés e o adoraram. **10** Então Jesus lhes disse: "Não tenham medo. Vão dizer a meus irmãos ʲ que se dirijam para a Galileia; lá eles me verão".

O Relato dos Guardas

11 Enquanto as mulheres estavam a caminho, alguns dos guardas ᵏ dirigiram-se à cidade e contaram aos chefes dos sacerdotes tudo o que havia acontecido. **12** Quando os chefes dos sacerdotes se reuniram com

³ **27.65** Ou *"Vocês têm um destacamento!"*

27.53
ᵍ Mt 4.5

27.54
ʳ v. 36
ˢ Mt 4.3; 17.5

27.55
ᵗ Lc 8.2, 3

27.56
ᵘ Mc 15.47; Lc 24.10; Jo 19.25

27.60
ᵛ Mt 27.66; 28.2; Mc 16.4

27.63
ʷ Mt 16.21

27.65
ˣ v. 66; Mt 28.11

27.66
ʸ Dn 6.17
ᶻ v. 60; Mt 28.2
ᵃ Mt 28.11

28.1
ᵇ Mt 27.56

28.2
ᶜ Mt 27.51
ᵈ Jo 20.12

28.3
ᵉ Dn 10.6; Mc 9.3; Jo 20.12

28.5
ᶠ v. 10; Mt 14.27

28.6
ᵍ Mt 16.21

28.7
ʰ v. 10, 16; Mt 26.32

28.9
ⁱ Jo 20.14-18

28.10
ʲ Jo 20.17; Rm 8.29; Hb 2.11-13, 17

28.11
ᵏ Mt 27.65,66

28.14
l Mt 27.2

28.16
m v. 7, 10;
Mt 26.32

28.18
n Dn 7.13, 14;
Lc 10.22;
Jo 3.35;
17.2;
1Co 15.27;
Ef 1.20-22;
Fp 2.9, 10

28.19
o Mc 16.15, 16;
Lc 24.47;
At 1.8; 14.21
p At 2.38;
8.16;
Rm 6.3, 4

28.20
q At 2.42
r Mt 18.20;
At 18.10
s Mt 13.39

os líderes religiosos, elaboraram um plano. Deram aos soldados grande soma de dinheiro, ¹³ dizendo-lhes: "Vocês devem declarar o seguinte: Os discípulos dele vieram durante a noite e furtaram o corpo, enquanto estávamos dormindo. ¹⁴ Se isso chegar aos ouvidos do governador,*l* nós lhe daremos explicações e livraremos vocês de qualquer problema". ¹⁵ Assim, os soldados receberam o dinheiro e fizeram como tinham sido instruídos. E esta versão se divulgou entre os judeus até o dia de hoje.

A Grande Comissão

¹⁶ Os onze discípulos foram para a Galileia, para o monte que Jesus lhes indicara.*m* ¹⁷ Quando o viram, o adoraram; mas alguns duvidaram. ¹⁸ Então, Jesus aproximou-se deles e disse: "Foi-me dada toda a autoridade nos céus e na terra.*n* ¹⁹ Portanto, vão e façam discípulos de todas as nações,*o* batizando-os em¹ nome do Pai e do Filho e do Espírito Santo,*p* ²⁰ ensinando-os *q* a obedecer a tudo o que eu ordenei a vocês. E eu estarei sempre com vocês,*r* até o fim dos tempos".*s*

---

¹ **28.19** Veja At 8.16; 19.5; Rm 6.3; 1 Co 1.13; 10.2 e Gl 3.27.

LIDERANÇA ESPIRITUAL

 **Administrando conflitos**

> *Quando os outros dez ouviram isso, ficaram indignados com os dois irmãos. Jesus os chamou e disse: "Vocês sabem que os governantes das nações as dominam, e as pessoas importantes exercem poder sobre elas. Não será assim entre vocês. Ao contrário, quem quiser tornar-se importante entre vocês deverá ser servo, e quem quiser ser o primeiro deverá ser escravo; como o Filho do homem, que não veio para ser servido, mas para servir e dar a sua vida em resgate por muitos."*
>
> Mateus 20.24-28

Os conflitos na igreja parecem mostrar sua cara horrenda nos momentos mais inoportunos. O texto de Mateus 20 registra uma discussão dos discípulos bem em meio à terceira instrução de Jesus sobre como ele deveria morrer na cruz. Esse conflito ameaçou desmantelar o grupo de discípulos de Jesus justamente no momento em que deveriam se unir. Inicialmente, os conflitos são assim: feios e incômodos.

Mas, nessa passagem, Jesus não foge do conflito; ele se envolve nele. Ele até mesmo aproveita a oportunidade para ensinar algo sobre comunidade e serviço autênticos. Como os discípulos, podemos lidar com o conflito de maneira indignada ou talvez simplesmente o ignorando. Mas há também maneiras positivas de lidar com os conflitos. Quando olhamos para Jesus e seguimos os princípios bíblicos, os conflitos podem levar ao crescimento pessoal e ao fortalecimento da união. Nas palavras de John Ortberg, "o conflito pode até ser considerado uma dádiva".

LIDERANÇA ESPIRITUAL

A dádiva dos conflitos
John Ortberg

Oposição é uma realidade inevitável na vida pastoral. Não só oposição espiritual — "[...] a nossa luta não é contra seres humanos". Não só oposição intelectual de ateus eloquentes. Estou me referindo ao fogo amigo: a pessoa que escreve um *e-mail* questionando a ortodoxia ou capacidade teológica do líder; o crítico bem-intencionado que questiona por que determinado líder não entra tanto em contato com os membros; ou a pessoa superdinâmica nas atividades da igreja que questiona quando o pastor porá em ordem suas prioridades. Há temperamentos radicalmente diferentes quando se trata de reagir à oposição. Há aqui dois deles.

1. Alguns líderes surgem diante da oposição
Alguns líderes não se intimidam com a oposição; pelo contrário, tiram partido dela para desabrochar. A oposição os desperta. Dá a eles energia. Ela os convoca à luta. Faz que mobilizem seus pensamentos e força. Já se observou que alguns em certa medida *dependem* de oposição para que se sintam plenamente ativos. Aparentemente, o estadista britânico Winston Churchill se entediava com o consenso. A crítica — de seu próprio partido, da oposição ou dos inimigos de seu país — o despertava como a alguém que tomou um café expresso duplo. Quando Hitler surgiu no cenário político, Churchill encontrou o adversário que estava esperando durante toda sua vida. Sua melhor atuação foi a ousada luta contra um adversário verdadeiramente mau.

2. Alguns líderes lutam por apaziguamento
Neville Chamberlain, por exemplo, ficou historicamente conhecido pela associação à palavra "apaziguamento". "Paz em nossa época", disse em Munique. Segundo Neville, se pudesse entregar território suficiente a Hitler, o conflito poderia ser evitado e todos ficariam felizes. Como líder, onde você se situa no espectro Churchill/Chamberlain? Eu arrisco dizer que a maioria dos pastores tende mais para o lado do apaziguamento.

Não tenho conhecimento se há alguma vantagem espiritual de um temperamento sobre o outro. Um amigo meu foi presbítero em uma igreja que contratou um pastor que agia como um pequeno tirano egocêntrico contumaz. Por outro lado, conheço um pastor que enfrentou durante anos oposição maliciosa, imprudente e mal-intencionada de um dos principais líderes voluntários da igreja. Em todo tempo, ele procurou o apaziguamento (embora não o admita nem para si mesmo). Isso lhe custou eficácia, forças, alegria e respeito próprio.

Eu já abandonei a ideia de que há em alguma parte uma igreja sem oposição. Mas descobri algo diferente — um respeito pela dádiva da oposição. Quando ela ocorre, aprendo algo sobre as minhas motivações. Testo a minha coragem. A minha verdadeira humildade (ou falta dela) é revelada. Manifestam-se alguns pontos cegos que do contrário causariam *algum dano*. Ganho a oportunidade de me fortalecer. Frequentemente, descubro que *eu* mesmo faço oposição a mais pessoas do que imaginaria.

Administrando conflitos

Jesus é a força maior do que qualquer oposição — a força que chama seus adversários de raça de víboras; a força que também consegue perdoar adversários porque "não sabem o que estão fazendo". Diante de qualquer oposição, a graça se manifesta.

Os princípios inegociáveis dos conflitos
Bill Hybels

Na igreja Willow Creek, aprendemos muito sobre relacionamentos e aprendemos muito sobre como lidar com conflitos. Descobrimos os seguintes princípios inegociáveis que norteiam o modo com o qual encaramos os conflitos.

Espere conflitos
Aprenda a esperar discordâncias — discordâncias graves. *Unidade* não é o termo que deve ser usado para descrever relacionamentos. O conceito popular de unidade é representado por uma terra de fantasias em que as discórdias nunca surgem e opiniões contrárias nunca são manifestas com veemência. Em vez de unidade, empregue o termo *comunidade*.

Busque reconciliação
A marca da comunidade — unidade bíblica e verdadeira — não é a ausência do conflito. É, antes, a presença de um espírito reconciliador. Posso ter uma reunião de liderança em que houve luta de foices com alguém; mas, uma vez que temos um compromisso de viver em comunidade, ainda podemos sair dando um tapinha nas costas do irmão e dizer "Fico contente que ainda somos irmãos.". Sabemos que ninguém vai abandonar o barco por causa de um conflito. A comunidade é maior do que esses conflitos. Mas desenvolver o senso de comunidade, verdadeira unidade bíblica, não acontece naturalmente, precisa ser intencional.

Permaneça fiel às Escrituras
Nunca admita infidelidade à Bíblia, a mudança a quaisquer dos ensinamentos de Cristo. Os líderes devem insistir em praticar os ensinamentos de Cristo. Defenda não só a infalibilidade e a autoridade das Escrituras, mas também a importância incontestável de aplicar o ensino bíblico ao cotidiano de maneira prática.

Mantenha-se firme à visão
No conselho, conte com a presença de líderes leigos e funcionários que tenham a visão básica da igreja.

Comprometa-se com a disciplina verbal
Diante de um confronto, a disciplina verbal frequentemente é abandonada. É comum que as pessoas digam *sempre* e *nunca* sem pensar. Exageram a verdade ou se descuidam dos fatos. O volume da conversa aumenta. Depois não sabem porque não conseguem chegar a uma solução.

LIDERANÇA ESPIRITUAL

Trate do conflito diretamente

Quando um líder é desrespeitado — não *se*, mas *quando* —, esse líder tem a responsabilidade bíblica de seguir o caminho nobre da solução de conflitos. Isso significa procurar diretamente a pessoa com quem o líder tem conflito em vez de montar uma tropa de choque para emboscar a pessoa mais tarde. Esperar que as pessoas briguem e ensiná-las como fazê-lo só criará mais conflito, mas boa parte disso permanece na superfície. Os conflitos mais profundos envenenam o solo e, por fim, contaminam a todos. É muito melhor ter conflitos na comunidade do que uma máscara de unidade.

Faça reuniões regulares de avaliação

Se um líder sente alguma tensão com alguém, ele deve sentar com a pessoa e dizer: "Quero apenas esclarecer algumas coisas. Está tudo bem entre nós?". O líder deve agendar uma vez por mês uma reunião de avaliação com a equipe de funcionários e, além disso, ter *feedback* frequente dos que trabalham nos ministérios. Quanto mais interativa for a comunidade, mais os líderes serão capazes de prevenir conflitos graves, porque fazem que as pessoas conversem antes de o conflito se infiltrar.

Ignore os pequenos problemas

Certa vez, um senhor me disse: "Quando você nada no oceano, você pode ser atacado por tubarões e peixinhos. Mas não se preocupe com os peixinhos.". Alguns dos dardos que atingem os líderes de uma comunidade cristã são problemas de peixe pequeno. Se alguém me criticar por deixar tocar bateria na igreja, não vou me preocupar muito. Algum dia nos encontraremos nas bodas do Cordeiro e diremos: "Aquela questão era uma bobagem. Coisa de peixinhos.".

Repare as críticas

Nos meus primeiros anos de ministério, eu rebatia as pessoas que me escreviam dizendo que eu tinha lhes ofendido ou ferido seus sentimentos. Depois de muitos anos fazendo isso, pensei comigo: *E se eu simplesmente disser: "Obrigado por me escrever e expressar o seu sentimento. Desculpe-me. Não quis ofendê-lo. Por favor, perdoe-me.".* Logo depois de adotar esse modo de agir, comecei a receber cartas que diziam: "Obrigado por sua carta. Você não sabe o quanto isso foi importante para mim.". Muitas pessoas só desejam saber se o pastor é uma pessoa confiável. Ele consegue se compadecer diante da dor? Ele se importa tanto com relacionamentos quanto com o conteúdo do sermão que prega? As pessoas já sabem que os líderes cometem erros. O que desejam saber é se temos ou não integridade suficiente para reconhecê-los.

Responda com vulnerabilidade

Lidar bem com um conflito é essencialmente uma questão de maturidade; levar uma igreja a viver como comunidade, à verdadeira unidade bíblica, depende do líder. Por causa de *como fui criado*, a maneira com que eu lido com o conflito é ranger os dentes e dizer "Não vou deixar que isso me atinja". Crio coragem, ganho força, tiro da cabeça e prossigo adiante.

Administrando conflitos

O problema é que cada vez que eu fazia isso, minha pele ficava mais grossa, o coração mais endurecido, os sentimentos mais profundos do que a consciência. Tornava-me um passo mais distante das pessoas ao meu redor.

Com a ajuda da minha esposa, de conselheiros cristãos e outros amigos de confiança, estou aprendendo um jeito mais construtivo de negociar conflitos. Estou aprendendo a reconhecer às pessoas envolvidas que o que elas disseram ou fizeram me ofendeu e, aos poucos, estou aprendendo a sentir a dor lá dentro. À medida que avanço em reconhecer a dor provocada pelo conflito, também me torno mais ciente da dor que o conflito provocou aos outros. Isso me levou a tratar da resolução de conflitos de modo mais brando, tanto para o meu bem quanto para o dos demais.

Para muitas pessoas, esse tipo de vulnerabilidade nos relacionamentos não acontece naturalmente. Mas eu acredito que é um elemento necessário da nossa obediência a Cristo.

Seis importantes habilidades de comunicação
Herb Miller

Alguns conflitos são inevitáveis — talvez até desejáveis. Mas as seis habilidades de comunicação a seguir ajudam os líderes de igreja a minimizar os conflitos *desnecessários*.

1. Líderes expressam claramente suas ideias e objetivos

Embora poucos líderes se destaquem em todas as formas de comunicação — por exemplo, conversação, discurso público e escrita —, todo líder deve ser capaz de expressar claramente suas ideias. A comunicação ineficaz expressa-se de três maneiras principais:

- *Muita comunicação e pouco foco.* Aqueles que não se comunicam bem se assemelham mais a um jornal inteiro do que a um artigo focado em um único assunto.
- *Comunicação difusa que causa confusão.* Comunicadores eficazes vão além de simplesmente focar em um único assunto; eles são claros, precisos e específicos sobre o assunto comunicado.
- *Informação insuficiente que causa paranoia ou equívocos.* Quando os membros de uma comunidade são repetidamente mal informados sobre assuntos decisivos, sua imaginação inventa e espalha informação para preencher a lacuna.

2. Líderes demonstram interesse e preocupação genuínos para com as pessoas

O cuidado não é característica só da personalidade extrovertida, mas representa verdadeira compaixão. Só o cuidado, sem outras qualidades de liderança, não produz um líder eficaz. Mas os líderes de igreja que não possuem atitudes de cuidado serão, em algum momento, desprezados por um número cada vez maior de pessoas a ponto de seu potencial de liderança ser obscurecido. Uma das maneiras de os líderes de igreja expressarem cuidado pelas pessoas é estar totalmente presentes na conversa com as pessoas mesmo quando estão emaranhados em inúmeras responsabilidades. Líderes religiosos eficazes conseguem fazer duas coisas ao mesmo tempo — cuidar dos objetivos organizacionais e cuidar das pessoas.

3. Líderes entendem as pessoas e suas formas de reação

Líderes eficazes conseguem enxergar as coisas a partir da perspectiva do outro. Certo pastor escreveu em seu diário de oração: "A sensibilidade aos sentimentos é tão importante quanto o QI. Pare de tentar ser bem-sucedido e comece a se esforçar em relacionar-se". Sensibilidade inclui reconhecer condutas manipuladoras dos outros. Líderes sensíveis também são capazes de avaliar pessoas e relacionamentos com alto grau de acerto.

4. Líderes buscam informação antes de julgar

Líderes eficazes expressam uma atitude de "Por que não?" e dão atenção às pessoas que sugerem novas ideias. Eles agem supondo que uma nova ideia é sempre bem-vinda — a não ser que conversas subsequentes indiquem o contrário. Aqueles que não possuem qualidades de ouvir de modo receptivo produzem três consequências negativas:

- Em vez de sentir que o líder gosta delas e aprecia suas sugestões, as pessoas se sentem pessoalmente rejeitadas.
- As pessoas deixam de sugerir novas ideias ao líder, isolando-o, consequentemente, de uma importante fonte de ideias para a inovação organizacional.
- O líder acaba se desconectando do que as pessoas na comunidade pensam sobre os ministérios que exercem.

Nas conversas, os líderes eficazes exercem dois papéis: fazem perguntas e ouvem. Isso leva as pessoas a apreciar o líder, respeitá-lo e desejar trazer-lhe informações. Quanto mais o líder ouvir, mais as pessoas se sentirão seguras. Quanto mais perguntas o líder fizer, mais as pessoas perceberão que o líder está realmente interessado.

5. Líderes expressam interesse de forma sensível

Pessoas insensíveis deixam de distinguir entre franqueza e aspereza. Em geral, pessoas francas conquistaram o direito de expressar uma preocupação porque já estabeleceram um relacionamento longo, positivo e confiável. Um amigo é alguém que pode se abrir com você sem romper o relacionamento.

6. Líderes ajudam as pessoas a lidar com diferenças de opinião

Líderes conduzem as pessoas em direções que elas normalmente não tomariam. Algumas pessoas preferem a segurança do território medíocre, porém familiar. Ser um líder, portanto, significa experimentar algum conflito. Entretanto, a administração eficaz de conflitos vai além da habilidade de tolerar a crítica pessoal. Administradores de conflito avaliam continuamente as circunstâncias, trabalham além dos limites de sua estrutura organizacional e mantêm a comunicação com pessoas de opiniões divergentes.

Maneiras não saudáveis de lidar com os conflitos
Ronald S. Kraybill

O primeiro e mais importante princípio sobre como tratar de conflitos é encorajá-lo. Trata-se de um paradoxo, mas, se você deseja ter menos conflitos na sua comunidade, procure ter mais conflitos. Por outro lado, não lidar com conflitos frequentemente provoca mais conflitos. As pessoas que temem os conflitos normalmente reagem de uma das seguintes cinco maneiras.

1. Espiritualizam o conflito
Um pastor me chamou para conversar no término de um fim de semana intenso para resolver uma contenda que já se arrastava por um bom tempo. "No fim, reconheço que toda essa ênfase em conversar abertamente sobre os problemas e discuti-los não é tão ruim assim", comentou. "Mas eu realmente não acredito que vai nos ajudar muito. O que essa igreja precisa não é diálogo; precisamos simplesmente dobrar os joelhos e orar, confessar os nossos pecados e acertar o coração com Deus. Isso resolverá todos os nossos conflitos!".

2. Negam os conflitos
Uma contenda paralisou, durante meses, os presbíteros de uma igreja. Eles deixaram de se comunicar uns com os outros e passaram a conversar com outros membros da igreja sobre suas frustrações. Quando convocamos uma reunião para os presbíteros se expressarem diretamente, o membro mais conhecido por seu isolamento emburrado começou com a negação: "Não pretendo falar muito. Já entreguei tudo isso a Deus. Não tenho problema com ninguém aqui, e não entendo por que todo mundo continua alvoroçado e reclamando.".

3. Minimizam o conflito
"Por que essas pessoas não conseguem ser um pouco mais maduras?", lamentou o presidente de uma igreja sobre uma recente discórdia entre seus membros. "As pessoas estão passando fome no mundo e estamos rodeados de almas perdidas; enquanto isso, estamos sentados aqui e nos dilaceramos uns aos outros sobre detalhes ridículos. Por que vamos perder tempo com essas questões mesquinhas?"

4. Triangulam
Exacerbar cada conflito da igreja é um processo que psicólogos chamam de *triangular*. A pessoa A está aborrecida com a pessoa B. Hábitos saudáveis de comunicação fazem que A se comunique diretamente com B sobre o problema. A alternativa comum e normalmente não construtiva é A evitar B e, em vez disso, segredar seu aborrecimento e frustração a uma terceira pessoa, C. A triangulação é muito comum em igrejas paralisadas por conflitos.

5. Sentem culpa
"Sinto-me um fracasso como pastor quando vejo desarmonia na igreja", revelou-me um pastor arrasado. "Talvez eu não esteja exercendo corretamente a liderança."

LIDERANÇA ESPIRITUAL

Aqueles que adotam esses modos não saudáveis de lidar com o conflito partilham a suposição de que o conflito é em si negativo e destrutivo. O que eles não entendem é que sua suposição sobre conflitos evoca o pior das pessoas. Cada uma dessas posturas interrompe a comunicação e, na verdade, exalta os sentimentos de desespero, divergência e ira.

A questão não é se discordamos, mas como discordamos. Jesus prevê que haverá conflito entre os irmãos, como se percebe em Mateus 18.15-20, por isso esboça procedimentos simples e práticos para resolvê-los. Paulo se aborrece com os conflitos e trata do tema em 1Coríntios 6.1-6, não porque eles existam, mas porque as partes envolvidas recorriam a tribunais seculares para resolvê-los. "Acaso não há entre vocês alguém suficientemente sábio para julgar uma causa entre irmãos?", pergunta. O modelo de Paulo para a igreja, um corpo com diversos membros, é um modelo de conflito. A mão e o pé perceberão a escalada de uma montanha de maneira muito diferente! Diversidade significa conversar, desafiar, ouvir e acolher discórdias, e levar a sério nossas diferenças.

Durante toda a história da Igreja, os conflitos provam ser a arena de revelação. Mais do que qualquer outro momento, Deus fala aos seres humanos quando eles se confrontam em discórdias. Veja Atos 15 — houve enorme conflito, contudo esse foi o contexto em que Deus revelou assombrosas novas intenções sobre a abrangência da salvação. Pense nos nossos credos eclesiásticos: praticamente tudo que chamamos de ortodoxia tem a forma atual somente por causa de conflitos.

Entretanto, nem todo conflito leva à revelação; o potencial para a ofensa, para o sofrimento e para o caos é substancial. Mas é bom começar olhando para o aspecto positivo do conflito, não o lado obscuro. Se entendermos corretamente as Escrituras, a história da Igreja e a experiência humana, não precisamos dizer: "Ah não, isso outra vez!". Podemos ter a coragem de dizer de modo realista: "Bem, o que Deus está querendo nos dizer desta vez?".

Lidando com situações de conflito na igreja
Ken Sande, Rene Schlaepfer & Jim Van Yperen

Toda igreja tem conflito, embora ninguém realmente goste. Eis alguns princípios que produzem liderança saudável em meio a conflitos:

Encare o conflito como oportunidade

O conflito é, na verdade, uma oportunidade. A carta de 1Coríntios é uma extensa carta de resolução de conflitos. No final do capítulo 10, Paulo resume, dizendo algo parecido: "qualquer coisa que fizerem, façam tudo para a glória de Deus, não para o seu próprio interesse, mas para o dos outros. Sigam o meu exemplo.". Paulo diz para encararmos o conflito como Deus o vê. Em todo conflito Deus nos oferece uma oportunidade de exaltá-lo. Ele deseja que os cristãos se conduzam de modo tão diferente a ponto de as pessoas perceberem e se impressionarem. O conflito é uma oportunidade de crescer à semelhança de Cristo. Os líderes não saem à procura de conflitos, mas, quando surgem, eles os abraçam; diminuem o passo e dizem: "Senhor, se não ganharmos nada com esta situação, pelo menos purifique-me.".

Administrando conflitos

Concentre-se no Evangelho
Pergunte-se constantemente: "Eu continuo fiel à mensagem?". Satanás tenta destruir a igreja desviando os líderes da mensagem do Evangelho para outros assuntos: política, questões controvertidas e qualquer coisa que envolva o conflito. A mensagem é o Evangelho da graça. Veja o que Paulo faz. Sempre que há um conflito, ele o associa ao Evangelho.

Esteja disposto a confrontar ídolos
A maioria esmagadora dos conflitos na igreja acontece quando bons desejos são elevados a exigências devoradoras, as quais a Bíblia chama de "ídolos". Eu vejo isso acontecendo sempre que ouço a frase *Tudo que eu quero é...* "Tudo que eu quero é alcançar os perdidos" ou "Tudo que eu quero é um culto abençoado". Nesses casos, as pessoas elevam um bom desejo a uma posição de ídolo dominador. É aí que os líderes precisam ajudar cada um a fazer as perguntas de raio X: "Com o que você está preocupado? O que você tanto deseja a ponto de querer machucar os outros para alcançar?" Os líderes podem ajudar-se mutuamente quando bons desejos se tornam falsos deuses.

Construa a cultura do *feedback*
Uma cultura eclesiástica em que as pessoas são encorajadas a oferecer *feedback* e avaliações permite que seus membros se amem apesar de não serem unânimes. A crítica pode se manifestar de maneiras diferentes que não sejam discussões. Líderes sábios encorajam a análise crítica por meio de avaliações semanais dos cultos, incluindo o sermão. Eles se reúnem com toda a comunidade, quando os membros fazem perguntas por escrito e os líderes respondem. Numa atmosfera criativa, as pessoas podem até entrar um pouco em choque, mas isso é bom. Certa vez, alguém disse: "Se você deseja evitar conflitos destrutivos, encoraje discordâncias respeitosas.". Esse conselho é sábio. Como uma válvula de escape, os líderes precisam aprender a lidar com as diferenças antes de elas se tornarem destrutivas.

Continue liderando a igreja
Esta é a questão principal — o papel da liderança. Primeiro, os líderes ouvem o que Deus está dizendo à igreja — não apenas a si mesmos, mas também por meio da sabedoria dos outros, por meio da Palavra, por meio do Espírito Santo e por meio da afirmação de outros cristãos. Em seguida, os líderes descrevem o que Deus está dizendo e convidam as pessoas a reagir.

Esta última parte é a que mais causa problema para o líder. Há uma linha tênue entre convidar pessoas para uma jornada e coagi-las. Dizer: "Acreditamos que Deus está nos conduzindo. Eu sei que será difícil para alguns de vocês. Na verdade, alguns não gostarão. Você deseja caminhar conosco à medida que experimentamos a vontade de Deus aqui? Você deseja dar um passo de fé?" — isso é liderança. O que *não* é liderança é dizer: "Vejam, é assim que vai acontecer. Se você tiver algum problema, pode se retirar.". Deus está mais interessado nas nossas atitudes na resolução de diferenças em algumas dessas questões do que nas posições que assumimos.

LIDERANÇA ESPIRITUAL

Disfunções causadoras de conflitos na equipe
Nancy Ortberg

No livro *The Five Dysfunctions of a Team* [As cinco disfunções de uma equipe], o líder empresarial Patrick Lenconi identifica cinco "maus hábitos" ou disfunções que causam conflitos, os quais geralmente impedem as equipes ministeriais de fortalecer as relações comunitárias.

1. Ausência de confiança
Confiança é a base para todas as demais coisas que acontecem em uma equipe. Apesar de haver inúmeros fatores que contribuem para o fortalecimento da confiança, Lenconi incentiva as equipes a que baseiem sua confiança na vulnerabilidade. Quando os líderes reconhecem suas limitações, eles convidam outros a participar na liderança e a preencher algumas lacunas. Ninguém consegue fazer tudo, e esse tipo de vulnerabilidade permite que todos os membros de uma equipe contribuam de modo significativo. A liderança baseada em vulnerabilidade convida outros a iniciar, inovar e se sentir parte do ministério dando contribuições significativas. Desse modo, a força é gerada através do grupo, não somente por meio de um líder dinâmico principal. Nossas igrejas estão sedentas por esse tipo de liderança.

Outro aspecto importante que a vulnerabilidade gera é colocar equipes em um lugar em que Cristo seja profundamente formado nos membros. Funcionários da igreja e os principais voluntários devem ser as pessoas mais transformadas à semelhança de Cristo. Equipes ministeriais devem ser ambientes de profundo companheirismo, nos quais haja encorajamento, desafio, oração e franqueza. Isso só acontece quando há níveis profundos de confiança.

2. Medo de conflito
Les e Leslie Parrott, psicólogos cristãos que trabalham principalmente na área matrimonial, insistem em que o conflito "é o único caminho para a intimidade". Esse surpreendente argumento tem imensas implicações tanto para as equipes quanto para o relacionamento matrimonial. Quando as equipes não se envolvem em discussão saudável, apaixonada e livre em torno das questões principais, começam a injetar mais política na organização e tomam decisões medíocres que produzirão resultados igualmente medíocres. Conflitos consistem basicamente em energia; por isso, quando não são tratados diretamente, são desviados para outras áreas. Conflitos não arejados são tratados no estacionamento ou ficam escondidos numa sala fechada. Eles se tornam "complacência maliciosa" e produzem uma harmonia artificial, não um senso profundo de comunidade. Embora não sejam agradáveis, os conflitos são um companheiro necessário das equipes. Equipes sábias não os evitarão; insistirão em tratá-los.

3. Incapacidade de assumir compromissos
Equipes saudáveis sabem quando é hora de assumir um compromisso, e assim o fazem. Não há decisões perfeitas, mas há boas e importantes decisões. Ao fim de um bom período

Administrando conflitos

de discussão, chega o momento de tomar uma decisão e fincar a bandeira. Uma vez que houve tempo adequado, investigação, discussão e contribuições de diversas pessoas a fim de se tomar uma decisão, as grandes equipes assumem um compromisso baseado no que se manifesta como a melhor decisão possível. Em seguida, passa-se à execução coerente com base nessa decisão, em vez de continuar a discussão, a crítica ou a sabotagem da decisão original. Gastar tempo e esforço antes de decidir permite que a equipe libere o máximo de sua energia na execução da decisão. A liderança essencialmente diz respeito às promessas que fazemos e às que cumprimos.

4. Fuga de responsabilidade

Exigir prestação de contas das pessoas exige esforço e normalmente não é algo agradável. Na verdade, eu me preocupo com líderes que gostam demais disso. Mas exigir prestação de contas é necessário. Não existe comunidade nem liderança sem responsabilidade dos indivíduos. Importantes equipes chegam a ponto de pedir que os membros prestem contas uns aos outros. Quando os compromissos do grupo deixam de ser cumpridos, não devem ser tratados em conversas particulares e individuais sobre o fracasso, mas sim em discussões em grupo sobre prestação de contas. Equipes fazem isso para poder lutar pela causa sobre a qual têm profundo interesse e para estar envolvidas em ajudar cada indivíduo a aprender e crescer.

5. Desprezo pelos resultados

Grandes líderes realizam autópsias em resultados pequenos. Eles são constantes aprendizes que escutam Deus da melhor maneira possível e procuram incansavelmente melhorar as coisas e ser mais eficazes. Eles são entusiastas por resultados, porque os resultados afetam as pessoas. Às vezes os resultados *são* justamente as pessoas. Mesmo nas igrejas, é possível desviar a atenção das pessoas e se concentrar nas coisas erradas. Os membros de uma equipe precisam ser transformados. O trabalho que os líderes realizam deve resultar no derramamento da graça de Deus sobre este mundo lindo, mas ferido.

"Como poderíamos ter feito diferente? O que aprendemos disso para futuras decisões? Foi possível amadurecer o ministério e há talvez um jeito novo e melhor de realizá-lo?" Essas são perguntas que as equipes fazem com o objetivo de construir grandes ministérios que influenciem profundamente as pessoas para Cristo.

Bons líderes veem claramente quais disfunções são capazes de descarrilar uma equipe, por isso se esforçam no sentido de superá-las. Exige coragem e perseverança, mas vale a pena. Isso cria uma cultura eclesiástica em que as equipes se tornam o ambiente a que as pessoas podem vir e fazer o que sabem de melhor com as pessoas com as quais gostam de estar. Que visão maravilhosa do Reino!

LIDERANÇA ESPIRITUAL

Como confrontar uma pessoa
Daniel Brown

Um dos grandes desafios da liderança é aprender a confrontar. Os líderes estão na posição de "[...] adverti[r] e ensina[r] a cada um com toda a sabedoria, para que apresentemos todo homem perfeito em Cristo" (Colossenses 1.28). Por mais que os líderes queiram, não podem limitar essa tarefa ao púlpito, porque seus sermões não tratarão das atitudes, condutas e escolhas de cada indivíduo. Apesar de a confrontação nunca ser fácil, eis alguns princípios que podem ajudar os líderes nessa difícil, porém essencial, tarefa:

Evite fugir
Frequentemente um líder pensará: *Se eu simplesmente ignorar o problema, ele vai passar*. Contudo, a maioria dos problemas que exigem confrontação é contagiosa: se ignorados, os problemas se tornarão piores. Então, por que líderes os evitam? Porque confrontá-los pode causar mal-entendidos, despertar conflitos e afastar pessoas. Outra razão é a possibilidade de ser mal compreendido. Ninguém quer ser conhecido como um intrometido cheio de si. As pessoas que resistem a mudanças conseguem facilmente fazer o líder parecer o vilão. Mas a confrontação amável ajuda as pessoas a crescer em Cristo, e, em última instância, lhes poupa muito sofrimento.

Concentre-se na prevenção
Líderes sábios tratam dos problemas antes de que eles se transformem em crise. Condutas e atitudes "menores", deixadas de lado, podem desviar — e muito — as pessoas do caminho; normalmente revelam um problema mais profundo que piora à medida que o tempo passa.

Peça permissão
Normalmente peço permissão antes de compartilhar algumas impressões com alguém. Por exemplo, eu perguntaria: "Você deseja receber tudo que Jesus quer lhe dar?" ou "Você gostaria de saber o que eu vejo na sua vida?". Perguntas desse tipo preparam o ambiente para que a pessoa possa receber um conselho ou uma exortação, uma vez que já concordou em ouvi-lo. Quando preciso compartilhar várias ideias, repito periodicamente: "Tudo bem se eu lhe disser isto?".

Baseie-se no potencial das pessoas
Se os líderes só disserem em que as pessoas estão errando, elas ficarão desencorajadas e deixarão de ouvi-los. Líderes precisam mostrar em que as pessoas estão acertando — pelo menos mostrar como são criaturas singulares e amadas por Deus.

Se um líder corrige alguém e, ao mesmo tempo, diz algo verdadeiro e positivo sobre o indivíduo, este ficará animado com o que o líder percebeu e poderá aceitar a dor de ser corrigido. Mas, quando o líder não consegue pensar em algo positivo para dizer sobre as pessoas, não deve nem tentar corrigir o indivíduo.

Instile esperança

Se os líderes têm uma clara compreensão sobre o futuro glorioso que Jesus Cristo preparou para as pessoas, eles terão menos dificuldade de confrontá-las para o proveito espiritual delas. O Senhor sempre nos corrige e nos dá esperança. Como afirma Jeremias 29.11, Deus tem um plano para as pessoas, o de dar-lhes esperança e um futuro. Deus tem em mente um destino particular para cada pessoa, e o único jeito de chegar a esse lugar é apegar-se àquilo que se chama esperança. Líderes sábios não deixam as pessoas apenas com a correção; sempre as deixarão com esperança.

Envolva a verdade na misericórdia

Uma das maiores transformações pessoais no meu ministério começou vários anos atrás quando encontrei um provérbio bíblico que diz: "Que o amor e a fidelidade jamais o abandonem" (Provérbios 3.3). Percebi que tinha invertido a ordem, colocando a fidelidade na frente do amor. Apesar de eu querer que as minhas confrontações fossem úteis e proveitosas, acabei machucando pessoas mais do que ajudando. O líder é chamado para corrigir alguém não por aborrecimento pelo fato de a pessoa ter se desviado do caminho, mas porque enxerga as boas coisas que acontecerão se essa pessoa voltar para o caminho certo.

Como lidar com as críticas
Fred Smith

Na liderança, sempre estaremos suscetíveis à crítica, porque um líder nunca será capaz de agradar a todos. Veja a seguir sete maneiras de os líderes lidarem de modo eficaz com as críticas.

1. Preveja a crítica específica

Alguns líderes apresentam um programa diante de um grupo sem o devido planejamento e esperam que seja aprovado. Eles podem até conseguir a aprovação, mas muito provavelmente serão criticados. As pessoas não gostam de ser surpreendidas: as surpresas dão a impressão de uma agenda manipulada. Em vez disso, todo líder competente conhece quem são os "líderes pensantes" de um grupo e geralmente conversa com eles antecipadamente em busca de apoio ou para ouvir deles as críticas antes da reunião. Não é sensato ir para uma reunião sem ter uma ideia de como será a votação.

2. Admita que a crítica tenha lógica

É sempre bom aceitar a sinceridade da crítica de alguém. Segundo o ponto de vista da pessoa, a crítica é totalmente lógica. O importante é entender o ponto de vista das pessoas. Por isso, para lidar com a crítica das pessoas, os líderes precisam conhecer as convicções, suposições, experiências, posições teológicas e principalmente as posturas do ego mais profundas do indivíduo.

LIDERANÇA ESPIRITUAL

3. Não dê ouvidos a todas as críticas
Se um cavalo de corrida der muita atenção às moscas, ele as tornará muito importantes. Para algumas pessoas, o único gosto de sucesso vem de uma mordida que dão em alguém que julgam ser melhor do que elas mesmas. Os líderes precisam saber filtrar as críticas que recebem. Muito frequentemente, os líderes deixam que uma só pessoa de destaque o impeça de reconhecer o potencial de cem pessoas que lhe apoiam. É possível deixar um resfriado virar câncer.

4. Transforme a crítica construtiva parte da cultura da sua igreja
Já que a crítica é inevitável, vale a pena torná-la parte da cultura da igreja. Toda organização bem dirigida precisa ter uma cultura estabelecida, declarada, compreendida e aceita. Isso não aumentará o volume de críticas; pelo contrário, possibilitará canalizar as críticas existentes para que cumpram um objetivo proveitoso. Para que isso aconteça, as pessoas precisam ouvir do líder que a crítica tem seu valor — repetidamente e de diversas maneiras. Se os líderes aceitam as críticas construtivas como parte de sua cultura, a quantidade de críticas não aumentará; pelo contrário, isso possibilitará canalizar as críticas existentes para que cumpram um objetivo proveitoso.

5. Não transforme uma crítica em uma disputa pessoal
É muito comum que os líderes transformem as críticas em uma disputa pessoal, ao passo que, se as deixassem de lado, acabariam desaparecendo por carecer de sentido. Líderes sábios aprendem a perder uma batalha para ganhar a guerra.

6. Reconheça o erro
Líderes bem-sucedidos avaliam cada crítica como uma oportunidade para rever suas posições. Apesar de as Escrituras serem infalíveis, nós que lideramos não somos.

7. Nunca se vingue
É difícil manter a objetividade em relação às críticas — às vezes, elas são como agulha numa fábrica de bexigas. Mesmo assim, os líderes precisam assumir uma postura firme sem espírito de vingança. É altamente importante personificar a tolerância e evitar toda forma de retaliação. " 'Minha é a vingança [...]', diz o Senhor". Isso significa, por exemplo, que os líderes não podem usar o púlpito ou a oração pública para rebater às críticas.

Um dos meios mais apropriados de lidar com críticas é a oração eficaz. Um querido amigo estava sendo emocionalmente crucificado pelas críticas. Aquelas pessoas tinham se beneficiado pessoalmente da presença dele e lhe deviam gratidão, não crítica, mas, ainda assim, brigaram cruelmente com ele. Quando ele morreu, encontrei uma lista de oração em sua Bíblia. No topo da lista estavam registradas estas singelas, porém profundas palavras: "Orar por aqueles que estão mentindo a meu respeito.".

Administrando conflitos

Disciplinas espirituais para lidar com os conflitos
Mark Buchanan

Desde a existência do primeiro discípulo, a igreja experimenta intenso conflito. A casa de Deus com frequência é mais parecida com um bazar para caçadores de confusão e destruidores de vidas. A igreja está cheia de brigas de galo. Como os líderes podem tornar as brigas em disputas proveitosas? Como seguidores de Cristo, os líderes devem cultivar quatro disciplinas que lhes ajudem a lidar com os conflitos.

1. Um espírito quebrantado

Qualquer que seja a batalha, por mais nobre que seja sua causa, pode rapidamente se transformar em mesquinhez e ódio. Nem os líderes estão isentos disso. Os conflitos me deixam irritadiço e ansioso. Posso até oferecer a outra face, mas normalmente rangendo os dentes. Posso transformar um machucado em hemorragia. Tenho muitas vezes agido com covardia aqui e agressividade ali.

O único antídoto para os líderes é abrir-se genuinamente ao sofrimento. Paulo nos diz que amargura, rancor, ira, rixa, difamação — toda forma de indelicadeza para com o próximo — ofendem o Espírito Santo. Essas coisas quebram o coração de Deus. Todo líder deve deixar que seu coração se despedace também diante de tais situações. Ser um ministro da reconciliação começa quando um líder sofre com aquele que sofre.

2. Um espírito de celebração

Os líderes também precisam ter alegria, principalmente diante de conflitos. Paulo diz aos Filipenses, logo depois de instruí-los a ajudar duas mulheres da igreja a resolver um conflito, "Alegrem-se sempre no Senhor. Novamente direi: Alegrem-se!" (Filipenses 4.4). A alegria é parte integral do ministério de reconciliação, mas esse conselho pode parecer frívolo. Pense o quanto é perturbador quando, em meio a discussões acaloradas e tensas, alguém conta uma piada. A alegria não tem o poder de trivializar a gravidade da situação?

Possivelmente a situação *seja* trivial. Talvez as pessoas que estejam tendo conflito tenham transformado um pequeno desentendimento em uma rixa envolvendo toda a igreja, elevaram as mágoas a ressentimentos, e as magnificaram a uma guerra de feudos. Quer sejam triviais quer não, quase sempre os conflitos na igreja procedem de um fracasso em viver pela fé e não pelo que se vê. Quando tiramos os olhos de Jesus, somos emaranhados em pecado e distração; consequentemente, logo nos desanimamos. Por isso, alegrar-se no Senhor é uma forma de terapia da realidade. Ela nos sacode *para fora das preocupações* com "os nossos sofrimentos leves e momentâneos" e nos lembra da "glória eterna que pesa mais do que todos eles" que aguarda os que confiam em Deus (2Coríntios 4.17).

Provérbios 17.22 nos lembra de que "O coração bem-disposto é remédio eficiente [...]". A alegria é restauradora. Ela nos dá o vigor e a saúde de que precisamos para combater o bom combate e encerrar a briga de galo.

3. Um espírito de firmeza

Quando Jesus começou sua jornada em direção à cruz — sua imensa batalha pessoal e cósmica —, ele "partiu resolutamente em direção a Jerusalém" (Lucas 9. 51). O conflito também faz isso — essa firme resolução e obstinação. Um líder em meio a conflitos não pode ser ultrassensível.

Contudo, em meio ao conflito, os líderes podem ter a tendência de recuar e evitá-lo a todo custo. Já fiz isso muitas vezes até aprender uma lição dolorosa: só piora. Combatentes, deixados à mercê, raramente chegam a uma solução pacificadora. Por isso, os líderes precisam aprender a ser resolutos. Os resultados são, quase sempre, surpreendentes. No início, as pessoas poderão empacar, mas, no fundo, anseiam por um líder que se recusa a medir palavras e hesitar.

4. Um espírito de humildade

Os líderes raramente se envolvem em algum conflito sem que alguém lhes mostre suas fraquezas. Em vez de negá-las, que é o que a maioria dos líderes gosta de fazer, líderes humildes as reconhecem. Não há nada melhor que um período de conflito para purificar e aperfeiçoar o líder, para podar os galhos selvagens e remover os ramos secos.

Eu vejo essa qualidade no apóstolo Paulo. Talvez a igreja que mais causou sofrimento a Paulo foi a de Corinto. Seus membros atacaram a integridade, a competência e até a aparência de Paulo. A seus olhos, Paulo não parecia adequado, não falava bem, nem conversava direito. As duas cartas de Paulo dirigidas a eles, principalmente a primeira, estão repletas de defesa de si mesmo e de seu ministério. No entanto, é uma defesa curiosa. Ela é cruciforme. Paulo não apronta um berreiro nem parte para o confronto. Em vez de combater as acusações, ele reconhece a maioria delas. Sim, ele não era eloquente. Era fisicamente frágil. Não era sábio conforme os padrões humanos. Sim, ele parecia fajuto diante daqueles "superapóstolos" autoconfiantes (2Coríntios 11.5). Ele pregava em meio à fraqueza. Ele ministrava quebrantado. Não tinha nada de que se orgulhar, exceto a cruz.

Não se tratava de uma manobra maliciosa. Era real, e o efeito geral visava desarmar seus adversários. É difícil continuar atacando o alvo quando este se recusa a contra-atacar. Salomão nos diz: "A resposta calma desvia a fúria" (Provérbios 15.1). Essa brandura é fruto de humildade.

Introdução a MARCOS

PANO DE FUNDO

O evangelho de Marcos foi escrito a uma audiência gentia para explicar que Jesus era o Filho de Deus. A Igreja Primitiva atestava que Marcos o escrevera. Considerando que os leitores de Marcos provavelmente conheciam pouco da teologia do Antigo Testamento ou das tradições judaicas, ele enfatizou tópicos diferentes dos de Mateus, omitindo a genealogia de Jesus, o cumprimento de profecias do Antigo Testamento e referências à lei e a certos costumes dos judeus.

Depois da ressurreição de Jesus, Marcos (também chamado de João Marcos ou João) foi companheiro de Pedro e Paulo. Pedro foi a fonte primária das informações de Marcos sobre a vida de Jesus. Em sua primeira epístola, Pedro se refere a ele como "meu filho" (1Pedro 5.13).

Marcos acompanhou Barnabé e Paulo em sua primeira viagem missionária (Atos 13.5). Marcos logo desistiu da viagem, o que fez que surgisse uma discussão entre Paulo e Barnabé, por ocasião da segunda viagem. Mais tarde, Marcos e Paulo se reconciliaram (2Timóteo 4.11).

MENSAGEM

O evangelho de Marcos é o menor dos quatro. Não tem uma narrativa da natividade, e seu relato da ressurreição é pequenino. Ainda que Marcos frequentemente se refira a Jesus como Mestre, o texto dá mais atenção a seus milagres que aos discursos ou às parábolas. Marcos ressalta 18 milagres, demonstrando o poder, a autoridade e a compaixão de Jesus. Ainda que o evangelho inicie com a declaração de que Jesus é "o Filho de Deus", e o mesmo testemunho seja dado por um centurião na crucificação, no evangelho de Marcos Jesus sempre diz às pessoas que guardem segredo sobre seus milagres transformadores de vida.

Marcos apresenta Jesus como o Servo Sofredor cuja morte é o ato definitivo de seu serviço. Em sua morte a cortina do templo "rasgou-se em duas partes" (15.38), proporcionando livre acesso a Deus por meio da obra expiatória de Cristo.

ÉPOCA

O evangelho de Marcos parece ser o relato mais antigo da vida e do ministério de Jesus. A destruição do templo é mencionada apenas profeticamente (13.2); então deve ser datado antes do ano 70, quando a profecia foi cumprida pelos romanos. A data provável de sua redação é entre os anos 55 e 65. A tradição diz que foi escrito em Roma, o último lar de Pedro e Paulo.

ESBOÇO

I. O servo é anunciado	1.1-8
II. O servo ministra	
A. Batismo e tentação	1.9-13
B. Chamando os discípulos	1.14-20
C. Curas, ensinos e milagres	1.21—9.1
D. A transfiguração	9.2-13
E. Curas, ensinos e milagres	9.14—10.52
III. O servo se submete	
A. A última semana	11.1—12.44
B. Sinais do fim dos tempos	13.1-37
C. Unção e traição	14.1-52
D. Jesus é julgado	14.53—15.15
E. Crucificação e sepultamento	15.16-47
IV. O servo se levanta novamente	16.1-20

João Batista Prepara o Caminho
(Mt 3.1-12; Lc 3.1-18)

1 Princípio do evangelho de Jesus Cristo, o Filho de Deus.[1][a]

² Conforme está escrito no profeta Isaías:

"Enviarei à tua frente
  o meu mensageiro;
ele preparará
  o teu caminho"[2][b]

³ "voz do que clama no deserto:
'Preparem[3] o caminho
  para o Senhor,
façam veredas retas
  para ele' "[4][c]

⁴ Assim surgiu João,[d] batizando no deserto e pregando um batismo de arrependimento[e] para o perdão dos pecados.[f] ⁵ A ele vinha toda a região da Judeia e todo o povo de Jerusalém. Confessando os seus pecados, eram batizados por ele no rio Jordão. ⁶ João vestia roupas feitas de pelos de camelo, usava um cinto de couro e comia gafanhotos[g] e mel silvestre. ⁷ E esta era a sua mensagem: "Depois de mim vem alguém mais poderoso do que eu, tanto que não sou digno nem de curvar-me e desamarrar as correias das suas sandálias.[h] ⁸ Eu os batizo com[5] água, mas ele os batizará com o Espírito Santo".[i]

O Batismo e a Tentação de Jesus
(Mt 3.13-4.11; Lc 3.21,22; 4.1-13)

⁹ Naquela ocasião, Jesus veio de Nazaré[j] da Galileia e foi batizado por João no Jordão. ¹⁰ Assim que saiu da água, Jesus viu o céu se abrindo e o Espírito descendo como pomba[k] sobre ele. ¹¹ Então veio dos céus uma voz: "Tu és o meu Filho[l] amado; de ti me agrado". ¹² Logo após, o Espírito o impeliu para o deserto. ¹³ Ali esteve quarenta dias, sendo tentado por Satanás.[m] Estava com os animais selvagens, e os anjos o serviam.

Jesus Chama os Primeiros Discípulos
(Mt 4.12-22; Lc 4.14,15; 5.1-11; Jo 1.35-42)

¹⁴ Depois que João foi preso, Jesus foi para a Galileia,[n] proclamando as boas-novas de Deus.[o] ¹⁵ "O tempo é chegado",[p] dizia ele. "O Reino de Deus está próximo. Arrependam-se e creiam nas boas-novas!"[q] ¹⁶ Andando à beira do mar da Galileia, Jesus viu Simão e seu irmão André lançando redes ao mar, pois eram pescadores. ¹⁷ E disse Jesus: "Sigam-me, e eu os farei pescadores de homens". ¹⁸ No mesmo instante eles deixaram as suas redes e o seguiram. ¹⁹ Indo um pouco mais adiante, viu num barco Tiago, filho de Zebedeu, e João, seu irmão, preparando as suas redes. ²⁰ Logo os chamou, e eles o seguiram, deixando seu pai, Zebedeu, com os empregados no barco.

Jesus Expulsa um Espírito Imundo
(Lc 4.31-37)

²¹ Eles foram para Cafarnaum e, logo que chegou o sábado, Jesus entrou na sinagoga e começou a ensinar.[r] ²² Todos ficavam maravilhados com o seu ensino, porque lhes ensinava como alguém que tem autoridade e não como os mestres da lei.[s] ²³ Justo naquele momento, na sinagoga, um homem possesso de um espírito imundo gritou: ²⁴ "O que queres conosco,[t] Jesus de Nazaré?[u] Vieste para nos destruir? Sei quem tu és: o Santo de Deus!"[v] ²⁵ "Cale-se e saia dele!",[w] repreendeu-o Jesus. ²⁶ O espírito imundo sacudiu o homem violentamente e saiu dele gritando.[x] ²⁷ Todos ficaram tão admirados[y] que perguntavam uns aos outros: "O que é isto? Um novo ensino — e com autoridade! Até aos espíritos imundos ele dá ordens, e eles lhe obedecem!" ²⁸ As notícias a seu respeito se espalharam rapidamente por toda a região[z] da Galileia.

---

[1] **1.1** Alguns manuscritos não trazem *o Filho de Deus*.
[2] **1.2** Ml 3.1
[3] **1.3** Ou *que clama: 'No deserto preparem*
[4] **1.2,3** Is 40.3
[5] **1.8** Ou *em*

O Poder de Jesus sobre os Demônios e as Doenças
(Mt 8.14-17; Lc 4.38-41)

²⁹ Logo que saíram da sinagoga,ᵃ foram com Tiago e João à casa de Simão e André. ³⁰ A sogra de Simão estava de cama, com febre, e falaram a respeito dela a Jesus. ³¹ Então ele se aproximou dela, tomou-a pela mão e ajudou-a a levantar-se.ᵇ A febre a deixou, e ela começou a servi-los.

³² Ao anoitecer, depois do pôr do sol, o povo levou a Jesus todos os doentes e os endemoninhados.ᶜ ³³ Toda a cidade se reuniu à porta da casa, ³⁴ e Jesus curou muitos que sofriam de várias doenças.ᵈ Também expulsou muitos demônios; não permitia, porém, que estes falassem, porque sabiam quem ele era.ᵉ

Jesus Ora num Lugar Deserto
(Lc 4.42-44)

³⁵ De madrugada, quando ainda estava escuro, Jesus levantou-se, saiu de casa e foi para um lugar deserto, onde ficou orando.ᶠ ³⁶ Simão e seus companheiros foram procurá-lo ³⁷ e, ao encontrá-lo, disseram: "Todos estão te procurando!"

³⁸ Jesus respondeu: "Vamos para outro lugar, para os povoados vizinhos, para que também lá eu pregue. Foi para isso que eu vim".ᵍ ³⁹ Então ele percorreu toda a Galileia, pregando nas sinagogasʰ e expulsando os demônios.ⁱ

A Cura de um Leproso
(Mt 8.1-4; Lc 5.12-16)

⁴⁰ Um leproso¹ aproximou-se dele e suplicou-lhe de joelhos:ʲ "Se quiseres, podes purificar-me!"

⁴¹ Cheio de compaixão, Jesus estendeu a mão, tocou nele e disse: "Quero. Seja purificado!" ⁴² Imediatamente a lepra o deixou, e ele foi purificado.

⁴³ Em seguida Jesus o despediu, com uma severa advertência: ⁴⁴ "Olhe, não conte isso a ninguém.ᵏ Mas vá mostrar-se ao sacerdoteˡ e ofereça pela sua purificaçãoᵐ os sacrifícios que Moisés ordenou, para que sirva de testemunho". ⁴⁵ Ele, porém, saiu e começou a tornar público o fato, espalhando a notícia. Por isso Jesus não podia mais entrar publicamente em nenhuma cidade, mas ficava fora, em lugares solitários.ⁿ Todavia, assim mesmo vinha a ele gente de todas as partes.ᵒ

Jesus Cura um Paralítico
(Mt 9.1-8; Lc 5.17-26)

2 Poucos dias depois, tendo Jesus entrado novamente em Cafarnaum, o povo ouviu falar que ele estava em casa. ² Então muita genteᵖ se reuniu ali, de forma que não havia lugar nem junto à porta; e ele lhes pregava a palavra. ³ Vieram alguns homens, trazendo-lhe um paralítico,ᵍ carregado por quatro deles. ⁴ Não podendo levá-lo até Jesus, por causa da multidão, removeram parte da cobertura do lugar onde Jesus estava e, pela abertura no teto, baixaram a maca em que estava deitado o paralítico. ⁵ Vendo a fé que eles tinham, Jesus disse ao paralítico: "Filho, os seus pecados estão perdoados".ʳ

⁶ Estavam sentados ali alguns mestres da lei, raciocinando em seu íntimo: ⁷ "Por que esse homem fala assim? Está blasfemando! Quem pode perdoar pecados, a não ser somente Deus?"ˢ

⁸ Jesus percebeu logo em seu espírito que era isso que eles estavam pensando e lhes disse: "Por que vocês estão remoendo essas coisas em seu coração? ⁹ Que é mais fácil dizer ao paralítico: Os seus pecados estão perdoados, ou: Levante-se, pegue a sua maca e ande? ¹⁰ Mas, para que vocês saibam que o Filho do homemᵗ tem na terra autoridade para perdoar pecados" — disse ao paralítico — ¹¹ "eu digo a você: Levante-se, pegue a sua maca e vá para casa". ¹² Ele se levantou, pegou a maca e saiu à vista de todos, que, atônitos, glorificaram a Deus,ᵘ dizendo: "Nunca vimos nada igual!"ᵛ

---

¹ **1.40** O termo grego não se refere somente à lepra, mas também a diversas doenças da pele.

1.29
ᵃv. 21,23

1.31
ᵇLc 7.14

1.32
ᶜMt 4.24

1.34
ᵈMt 4.23
ᵉMc 3.12;
At 16.17,18

1.35
ᶠLc 3.21

1.38
ᵍIs 61.1

1.39
ʰMt 4.23
ⁱMt 4.24

1.40
ʲMc 10.17

1.44
ᵏMt 8.4
ˡLv 13.49
ᵐLv 14.1-32

1.45
ⁿLc 5.15,16
ᵒMc 2.13;
Lc 5.17;
Jo 6.2

2.2
ᵖv. 13;
Mc 1.45

2.3
ᵍMt 4.24

2.5
ʳLc 7.48

2.7
ˢIs 43.25

2.10
ᵗMt 8.20

2.12
ᵘMt 9.8
ᵛMt 9.33

O Chamado de Levi
(Mt 9.9-13; Lc 5.27-32)

13 Jesus saiu outra vez para beira-mar. Uma grande multidão aproximou-se,^w e ele começou a ensiná-los. **14** Passando por ali, viu Levi, filho de Alfeu, sentado na coletoria, e disse-lhe: "Siga-me".^x Levi levantou-se e o seguiu.

15 Durante uma refeição na casa de Levi, muitos publicanos¹ e pecadores estavam comendo com Jesus e seus discípulos, pois havia muitos que o seguiam. **16** Quando os mestres da lei que eram fariseus^y o viram comendo com pecadores e publicanos, perguntaram aos discípulos de Jesus: "Por que ele come com publicanos e pecadores?"^z

17 Ouvindo isso, Jesus lhes disse: "Não são os que têm saúde que precisam de médico, mas sim os doentes. Eu não vim para chamar justos, mas pecadores".^a

Jesus é Interrogado acerca do Jejum
(Mt 9.14-17; Lc 5.33-39)

18 Os discípulos de João e os fariseus estavam jejuando.^b Algumas pessoas vieram a Jesus e lhe perguntaram: "Por que os discípulos de João e os dos fariseus jejuam, mas os teus não?"

19 Jesus respondeu: "Como podem os convidados do noivo jejuar enquanto este está com eles? Não podem, enquanto o têm consigo. **20** Mas virão dias quando o noivo lhes será tirado;^c e nesse tempo jejuarão.

21 "Ninguém põe remendo de pano novo em roupa velha, pois o remendo forçará a roupa, tornando pior o rasgo. **22** E ninguém põe vinho novo em vasilha de couro velha; se o fizer, o vinho rebentará a vasilha, e tanto o vinho quanto a vasilha se estragarão. Ao contrário, põe-se vinho novo em vasilha de couro nova".

---
¹ **2.15** Os publicanos eram coletores de impostos, malvistos pelo povo; também no versículo 16.

O Senhor do Sábado
(Mt 12.1-14; Lc 6.1-11)

23 Certo sábado Jesus estava passando pelas lavouras de cereal. Enquanto caminhavam, seus discípulos começaram a colher espigas.^d **24** Os fariseus lhe perguntaram: "Olha, por que eles estão fazendo o que não é permitido no sábado?"^e

25 Ele respondeu: "Vocês nunca leram o que fez Davi quando ele e seus companheiros estavam necessitados e com fome? **26** Nos dias do sumo sacerdote Abiatar,^f Davi entrou na casa de Deus e comeu os pães da Presença, que apenas aos sacerdotes era permitido comer,^g e os deu também aos seus companheiros".^h

27 E então lhes disse: "O sábado foi feito por causa do homem,^i e não o homem por causa do sábado.^j **28** Assim, pois, o Filho do homem^k é Senhor até mesmo do sábado".

3 Noutra ocasião ele entrou na sinagoga,^l e estava ali um homem com uma das mãos atrofiada. **2** Alguns deles estavam procurando um motivo para acusar Jesus; por isso observavam-no atentamente,^m para ver se ele iria curá-lo no sábado.^n **3** Jesus disse ao homem da mão atrofiada: "Levante-se e venha para o meio".

4 Depois Jesus lhes perguntou: "O que é permitido fazer no sábado: o bem ou o mal, salvar a vida ou matar?" Mas eles permaneceram em silêncio.

5 Irado, olhou para os que estavam à sua volta e, profundamente entristecido por causa do coração endurecido deles, disse ao homem: "Estenda a mão". Ele a estendeu, e ela foi restaurada. **6** Então os fariseus saíram e começaram a conspirar com os herodianos^o contra Jesus, sobre como poderiam matá-lo.^p

Jesus é Procurado por uma Multidão

7 Jesus retirou-se com os seus discípulos para o mar, e uma grande multidão vinda da Galileia o seguia.^q **8** Quando ouviram a respeito de tudo o que ele estava fazendo, muitas pessoas procedentes da Judeia, de

Jerusalém, da Idumeia, das regiões do outro lado do Jordão e dos arredores de Tiro e de Sidom[r] foram atrás dele. ⁹ Por causa da multidão, ele disse aos discípulos que lhe preparassem um pequeno barco, para evitar que o comprimissem. ¹⁰ Pois ele havia curado a muitos,[s] de modo que os que sofriam de doenças ficavam se empurrando para conseguir tocar nele.[t] ¹¹ Sempre que os espíritos imundos o viam, prostravam-se diante dele e gritavam: "Tu és o Filho de Deus".[u] ¹² Mas ele lhes dava ordens severas para que não dissessem quem ele era.[v]

A Escolha dos Doze Apóstolos
(Lc 6.12-16)

¹³ Jesus subiu a um monte e chamou a si aqueles que ele quis, os quais vieram para junto dele.[w] ¹⁴ Escolheu doze, designando-os apóstolos¹,[x] para que estivessem com ele, os enviasse a pregar ¹⁵ e tivessem autoridade para expulsar demônios.[y] ¹⁶ Estes são os doze que ele escolheu: Simão, a quem deu o nome de Pedro;[z] ¹⁷ Tiago, filho de Zebedeu, e João, seu irmão, aos quais deu o nome de Boanerges, que significa "filhos do trovão"; ¹⁸ André; Filipe; Bartolomeu; Mateus; Tomé; Tiago, filho de Alfeu; Tadeu; Simão, o zelote; ¹⁹ e Judas Iscariotes, que o traiu.

A Acusação contra Jesus
(Mt 12.22-32; Lc 11.14-23)

²⁰ Então Jesus entrou numa casa, e novamente reuniu-se ali uma multidão,[a] de modo que ele e os seus discípulos não conseguiam nem comer.[b] ²¹ Quando seus familiares ouviram falar disso, saíram para trazê-lo à força, pois diziam: "Ele está fora de si".[c] ²² E os mestres da lei que haviam descido de Jerusalém[d] diziam: "Ele está com Belzebu![e] Pelo príncipe dos demônios é que ele expulsa demônios".[f] ²³ Então Jesus os chamou e lhes falou por parábolas:[g] "Como pode Satanás[h] expulsar Satanás? ²⁴ Se um reino estiver dividido contra si mesmo, não poderá subsistir. ²⁵ Se uma casa estiver dividida contra si mesma, também não poderá subsistir. ²⁶ E, se Satanás se opuser a si mesmo e estiver dividido, não poderá subsistir; chegou o seu fim. ²⁷ De fato, ninguém pode entrar na casa do homem forte e levar dali os seus bens, sem que antes o amarre. Só então poderá roubar a casa dele.[i] ²⁸ Eu asseguro que todos os pecados e blasfêmias dos homens lhes serão perdoados, ²⁹ mas quem blasfemar contra o Espírito Santo nunca terá perdão: é culpado de pecado eterno".[j]

³⁰ Jesus falou isso porque eles estavam dizendo: "Ele está com um espírito imundo".

A Mãe e os Irmãos de Jesus
(Mt 12.46-50; Lc 8.19-21)

³¹ Então chegaram a mãe e os irmãos de Jesus.[k] Ficando do lado de fora, mandaram alguém chamá-lo. ³² Havia muita gente assentada ao seu redor; e lhe disseram: "Tua mãe e teus irmãos estão lá fora e te procuram".

³³ "Quem é minha mãe, e quem são meus irmãos?", perguntou ele.

³⁴ Então olhou para os que estavam assentados ao seu redor e disse: "Aqui estão minha mãe e meus irmãos! ³⁵ Quem faz a vontade de Deus, este é meu irmão, minha irmã e minha mãe".

A Parábola do Semeador
(Mt 13.1-23; Lc 8.1-15)

4 Novamente Jesus começou a ensinar à beira-mar.[l] Reuniu-se ao seu redor uma multidão tão grande que ele teve que entrar num barco e assentar-se nele. O barco estava no mar, enquanto todo o povo ficava na beira da praia. ² Ele lhes ensinava muitas coisas por parábolas,[m] dizendo em seu ensino: ³ "Ouçam! O semeador saiu a semear. ⁴ Enquanto lançava a semente,[n] parte dela caiu à beira do caminho, e as aves vieram e a comeram. ⁵ Parte dela caiu em terreno pedregoso, onde não havia muita terra; e logo brotou, porque a terra não era profunda.

---

¹ 3.14 Alguns manuscritos não trazem *designando-os apóstolos*.

⁶ Mas, quando saiu o sol, as plantas se queimaram e secaram, porque não tinham raiz. ⁷ Outra parte caiu no meio de espinhos, que cresceram e sufocaram as plantas, de forma que ela não deu fruto. ⁸ Outra ainda caiu em boa terra, germinou, cresceu e deu boa colheita, a trinta, sessenta e até cem por um".ᵒ

⁹ E acrescentou: "Aquele que tem ouvidos para ouvir, ouça!"ᵖ

¹⁰ Quando ele ficou sozinho, os Doze e os outros que estavam ao seu redor lhe fizeram perguntas acerca das parábolas. ¹¹ Ele lhes disse: "A vocês foi dado o mistério do Reino de Deus,ᑫ mas aos que estão foraʳ tudo é dito por parábolas, ¹² a fim de que,

" 'ainda que vejam,
  não percebam;
ainda que ouçam,
  não entendam;
de outro modo,
  poderiam converter-se
  e ser perdoados!' "ˢ

¹³ Então Jesus lhes perguntou: "Vocês não entendem esta parábola? Como, então, compreenderão todas as outras? ¹⁴ O semeador semeia a palavra.ᵗ ¹⁵ Algumas pessoas são como a semente à beira do caminho, onde a palavra é semeada. Logo que a ouvem, Satanásᵘ vem e retira a palavra nelas semeada. ¹⁶ Outras, como a semente lançada em terreno pedregoso, ouvem a palavra e logo a recebem com alegria. ¹⁷ Todavia, visto que não têm raiz em si mesmas, permanecem por pouco tempo. Quando surge alguma tribulação ou perseguição por causa da palavra, logo a abandonam. ¹⁸ Outras ainda, como a semente lançada em meio aos espinhos, ouvem a palavra; ¹⁹ mas, quando chegam as preocupações desta vida, o engano das riquezasᵛ e os anseios por outras coisas sufocam a palavra, tornando-a infrutífera. ²⁰ Outras pessoas são como a semente lançada em boa terra: ouvem a palavra, aceitam-na e dão uma colheita de trinta, sessenta e até cem por um".

A Candeia
(Lc 8.16-18)

²¹ Ele lhes disse: "Quem traz uma candeia para ser colocada debaixo de uma vasilha ou de uma cama? Acaso não a coloca num lugar apropriado?ʷ ²² Porque não há nada oculto, senão para ser revelado, e nada escondido, senão para ser trazido à luz.ˣ ²³ Se alguém tem ouvidos para ouvir, ouça!ʸ

²⁴ "Considerem atentamente o que vocês estão ouvindo", continuou ele. "Com a medida com que medirem, vocês serão medidos; e ainda mais acrescentarão para vocês.ᶻ ²⁵ A quem tiver, mais lhe será dado; de quem não tiver, até o que tem lhe será tirado".ᵃ

A Parábola da Semente

²⁶ Ele prosseguiu dizendo: "O Reino de Deus é semelhante a um homemᵇ que lança a semente sobre a terra. ²⁷ Noite e dia, estando ele dormindo ou acordado, a semente germina e cresce, embora ele não saiba como. ²⁸ A terra por si própria produz o grão: primeiro o talo, depois a espiga e, então, o grão cheio na espiga. ²⁹ Logo que o grão fica maduro, o homem lhe passa a foice, porque chegou a colheita".ᶜ

A Parábola do Grão de Mostarda
(Mt 13.31-35; Lc 13.18-21)

³⁰ Novamente ele disse: "Com que compararemos o Reino de Deus?ᵈ Que parábola usaremos para descrevê-lo? ³¹ É como um grão de mostarda, que é a menor semente que se planta na terra. ³² No entanto, uma vez plantado, cresce e se torna uma das maiores plantas, com ramos tão grandes que as aves do céu podem abrigar-se à sua sombra".

³³ Com muitas parábolas semelhantes Jesus lhes anunciava a palavra, tanto quanto podiam receber.ᵉ ³⁴ Não lhes dizia nada sem usar alguma parábola.ᶠ Quando, po-

---
¹ 4.12 Is 6.9,10

rém, estava a sós com os seus discípulos, explicava-lhes tudo.

Jesus Acalma a Tempestade
(Mt 8.23-27; Lc 8.22-25)

³⁵ Naquele dia, ao anoitecer, disse ele aos seus discípulos: "Vamos para o outro lado". ³⁶ Deixando a multidão, eles o levaram no barco,ᵍ assim como estava. Outros barcos também o acompanhavam. ³⁷ Levantou-se um forte vendaval, e as ondas se lançavam sobre o barco, de forma que este ia se enchendo de água. ³⁸ Jesus estava na popa, dormindo com a cabeça sobre um travesseiro. Os discípulos o acordaram e clamaram: "Mestre, não te importas que morramos?"

³⁹ Ele se levantou, repreendeu o vento e disse ao mar: "Aquiete-se! Acalme-se!" O vento se aquietou, e fez-se completa bonança.

⁴⁰ Então perguntou aos seus discípulos: "Por que vocês estão com tanto medo? Ainda não têm fé?"ʰ

⁴¹ Eles estavam apavorados e perguntavam uns aos outros: "Quem é este que até o vento e o mar lhe obedecem?"

A Cura de um Endemoninhado
(Mt 8.28-34; Lc 8.26-39)

5 Eles atravessaram o mar e foram para a região dos gerasenos¹. ² Quando Jesus desembarcou,ⁱ um homem com um espírito imundoʲ veio dos sepulcros ao seu encontro. ³ Esse homem vivia nos sepulcros, e ninguém conseguia prendê-lo, nem mesmo com correntes; ⁴ pois muitas vezes lhe haviam sido acorrentados pés e mãos, mas ele arrebentara as correntes e quebrara os ferros de seus pés. Ninguém era suficientemente forte para dominá-lo. ⁵ Noite e dia ele andava gritando e cortando-se com pedras entre os sepulcros e nas colinas.

⁶ Quando ele viu Jesus de longe, correu e prostrou-se diante dele ⁷ e gritou em alta voz: "Que queres comigo,ᵏ Jesus, Filho do Deus Altíssimo?ˡ Rogo-te por Deus que não me atormentes!" ⁸ Pois Jesus lhe tinha dito: "Saia deste homem, espírito imundo!"

⁹ Então Jesus lhe perguntou: "Qual é o seu nome?"

"Meu nome é Legião",ᵐ respondeu ele, "porque somos muitos". ¹⁰ E implorava a Jesus, com insistência, que não os mandasse sair daquela região.

¹¹ Uma grande manada de porcos estava pastando numa colina próxima. ¹² Os demônios imploraram a Jesus: "Manda-nos para os porcos, para que entremos neles". ¹³ Ele lhes deu permissão, e os espíritos imundos saíram e entraram nos porcos. A manada de cerca de dois mil porcos atirou-se precipício abaixo, em direção ao mar, e nele se afogou.

¹⁴ Os que cuidavam dos porcos fugiram e contaram esses fatos na cidade e nos campos, e o povo foi ver o que havia acontecido. ¹⁵ Quando se aproximaram de Jesus, viram ali o homem que fora possesso da legiãoⁿ de demônios,ᵒ assentado, vestido e em perfeito juízo; e ficaram com medo. ¹⁶ Os que estavam presentes contaram ao povo o que acontecera ao endemoninhado e falaram também sobre os porcos. ¹⁷ Então o povo começou a suplicar a Jesus que saísse do território deles.

¹⁸ Quando Jesus estava entrando no barco, o homem que estivera endemoninhado suplicava-lhe que o deixasse ir com ele. ¹⁹ Jesus não o permitiu, mas disse: "Vá para casa, para a sua família e anuncie-lhesᵖ quanto o Senhor fez por você e como teve misericórdia de você". ²⁰ Então, aquele homem se foi e começou a anunciar em Decápolisᑫ o quanto Jesus tinha feito por ele. Todos ficavam admirados.

O Poder de Jesus sobre a Doença e a Morte
(Mt 9.18-26; Lc 8.40-56)

²¹ Tendo Jesus voltado de barcoʳ para a outra margem, uma grande multidão se reuniu ao seu redor, enquanto ele estava à beira do mar.ˢ ²² Então chegou ali um dos

---

¹ **5.1** Alguns manuscritos trazem *gadarenos*; outros dizem *gergesenos*.

dirigentes[t] da sinagoga, chamado Jairo. Vendo Jesus, prostrou-se aos seus pés ²³ e lhe implorou insistentemente: "Minha filhinha está morrendo! Vem, por favor, e impõe as mãos sobre ela,[u] para que seja curada e que viva". ²⁴ Jesus foi com ele.

Uma grande multidão o seguia e o comprimia. ²⁵ E estava ali certa mulher que havia doze anos vinha sofrendo de hemorragia.[v] ²⁶ Ela padecera muito sob o cuidado de vários médicos e gastara tudo o que tinha, mas, em vez de melhorar, piorava. ²⁷ Quando ouviu falar de Jesus, chegou por trás dele, no meio da multidão, e tocou em seu manto, ²⁸ porque pensava: "Se eu tão somente tocar em seu manto,[w] ficarei curada". ²⁹ Imediatamente cessou sua hemorragia e ela sentiu em seu corpo que estava livre do seu sofrimento.[x]

³⁰ No mesmo instante, Jesus percebeu que dele havia saído poder,[y] virou-se para a multidão e perguntou: "Quem tocou em meu manto?"

³¹ Responderam os seus discípulos: "Vês a multidão aglomerada ao teu redor e ainda perguntas: 'Quem tocou em mim?'"

³² Mas Jesus continuou olhando ao seu redor para ver quem tinha feito aquilo. ³³ Então a mulher, sabendo o que lhe tinha acontecido, aproximou-se, prostrou-se aos seus pés e, tremendo de medo, contou-lhe toda a verdade. ³⁴ Então ele lhe disse: "Filha, a sua fé a curou![1z] Vá em paz[a] e fique livre do seu sofrimento".

³⁵ Enquanto Jesus ainda estava falando, chegaram algumas pessoas da casa de Jairo, o dirigente da sinagoga.[b] "Sua filha morreu", disseram eles. "Não precisa mais incomodar o mestre!"

³⁶ Não fazendo caso do que eles disseram, Jesus disse ao dirigente da sinagoga: "Não tenha medo; tão somente creia".

³⁷ E não deixou ninguém o seguir, senão Pedro, Tiago e João, irmão de Tiago.[c]

³⁸ Quando chegaram à casa do dirigente da sinagoga,[d] Jesus viu um alvoroço, com gente chorando e se lamentando em alta voz. ³⁹ Então entrou e lhes disse: "Por que todo este alvoroço e lamento? A criança não está morta, mas dorme".[e] ⁴⁰ Mas todos começaram a rir de Jesus. Ele, porém, ordenou que eles saíssem, tomou consigo o pai e a mãe da criança e os discípulos que estavam com ele e entrou onde se encontrava a criança. ⁴¹ Tomou-a pela mão[f] e lhe disse: "Talita cumi!", que significa "menina, eu ordeno a você, levante-se!".[g] ⁴² Imediatamente a menina, que tinha doze anos de idade, levantou-se e começou a andar. Isso os deixou atônitos. ⁴³ Ele deu ordens expressas para que não dissessem nada a ninguém[h] e mandou que dessem a ela alguma coisa para comer.

Um Profeta sem Honra
(Mt 13.53-58)

6 Jesus saiu dali e foi para a sua cidade,[i] acompanhado dos seus discípulos. ² Quando chegou o sábado,[j] começou a ensinar na sinagoga,[k] e muitos dos que o ouviam ficavam admirados.[l]

"De onde lhe vêm estas coisas?", perguntavam eles. "Que sabedoria é esta que lhe foi dada? E estes milagres que ele faz? ³ Não é este o carpinteiro, filho de Maria e irmão de Tiago, José, Judas e Simão?[m] Não estão aqui conosco as suas irmãs?" E ficavam escandalizados por causa dele.[n]

⁴ Jesus lhes disse: "Só em sua própria terra, no meio de seus parentes e em sua própria casa, é que um profeta não tem honra".[o] ⁵ E não pôde fazer ali nenhum milagre, exceto impor as mãos sobre[p] alguns doentes e curá-los. ⁶ E ficou admirado com a incredulidade deles.

Jesus Envia os Doze
(Mt 10.1,5-14; Lc 9.1-6)

Então Jesus passou a percorrer os povoados, ensinando.[q] ⁷ Chamando os Doze para junto de si,[r] enviou-os de dois em dois[s] e deu-lhes autoridade sobre os espíritos imundos.[t]

---

[1] **5.34** Ou *a salvou!*

8 Estas foram as suas instruções: "Não levem nada pelo caminho, a não ser um bordão. Não levem pão, nem saco de viagem, nem dinheiro em seus cintos; **9** calcem sandálias, mas não levem túnica extra; **10** sempre que entrarem numa casa, fiquem ali até partirem; **11** e, se algum povoado não os receber nem os ouvir, sacudam a poeira dos seus pés[u] quando saírem de lá, como testemunho contra eles".

12 Eles saíram e pregaram ao povo que se arrependesse.[v] **13** Expulsavam muitos demônios e ungiam muitos doentes com óleo[w] e os curavam.

João Batista é Decapitado
(Mt 14.1-12)

14 O rei Herodes ouviu falar dessas coisas, pois o nome de Jesus havia se tornado bem conhecido. Algumas pessoas estavam dizendo[1]: "João Batista[x] ressuscitou dos mortos! Por isso estão operando nele poderes milagrosos".

15 Outros diziam: "Ele é Elias".[y]

E ainda outros afirmavam: "Ele é um profeta,[z] como um dos antigos profetas".[a]

16 Mas, quando Herodes ouviu essas coisas, disse: "João, o homem a quem decapitei, ressuscitou dos mortos!"

17 Pois o próprio Herodes tinha dado ordens para que prendessem João, o amarrassem e o colocassem na prisão,[b] por causa de Herodias, mulher de Filipe, seu irmão, com a qual se casara. **18** Porquanto João dizia a Herodes: "Não te é permitido viver com a mulher do teu irmão".[c] **19** Assim, Herodias o odiava e queria matá-lo. Mas não podia fazê-lo, **20** porque Herodes temia João e o protegia, sabendo que ele era um homem justo e santo;[d] e, quando o ouvia, ficava perplexo[2]. Mesmo assim gostava de ouvi-lo.

21 Finalmente Herodias teve uma ocasião oportuna. No seu aniversário, Herodes ofereceu um banquete[e] aos seus líderes mais importantes, aos comandantes militares e às principais personalidades da Galileia.[f] **22** Quando a filha de Herodias entrou e dançou, agradou a Herodes e aos convidados.

O rei disse à jovem: "Peça-me qualquer coisa que você quiser, e eu darei". **23** E prometeu-lhe sob juramento: "Seja o que for que me pedir, eu darei, até a metade do meu reino".[g]

24 Ela saiu e disse à sua mãe: "Que pedirei?"

"A cabeça de João Batista", respondeu ela.

25 Imediatamente a jovem apressou-se em apresentar-se ao rei com o pedido: "Desejo que me dês agora mesmo a cabeça de João Batista num prato".

26 O rei ficou aflito, mas, por causa do seu juramento e dos convidados, não quis negar o pedido à jovem. **27** Enviou, pois, imediatamente um carrasco com ordens para trazer a cabeça de João. O homem foi, decapitou João na prisão **28** e trouxe sua cabeça num prato. Ele a entregou à jovem, e esta a deu à sua mãe. **29** Tendo ouvido isso, os discípulos de João vieram, levaram o seu corpo e o colocaram num túmulo.

A Primeira Multiplicação dos Pães
(Mt 14.13-21; Lc 9.10-17; Jo 6.1-15)

30 Os apóstolos[h] reuniram-se a Jesus e lhe relataram tudo o que tinham feito e ensinado.[i] **31** Havia muita gente indo e vindo, ao ponto de eles não terem tempo para comer.[j] Jesus lhes disse: "Venham comigo para um lugar deserto e descansem um pouco".

32 Então eles se afastaram num barco[k] para um lugar deserto. **33** Mas muitos dos que os viram retirar-se, tendo-os reconhecido, correram a pé de todas as cidades e chegaram lá antes deles. **34** Quando Jesus saiu do barco e viu uma grande multidão, teve compaixão deles, porque eram como ovelhas sem pastor.[l] Então começou a ensinar-lhes muitas coisas.

---

[1] **6.14** Muitos manuscritos dizem *E ele dizia*.
[2] **6.20** Alguns manuscritos antigos dizem *fazia muitas coisas*.

³⁵ Já era tarde e, por isso, os seus discípulos aproximaram-se dele e disseram: "Este é um lugar deserto, e já é tarde. ³⁶ Manda embora o povo para que possa ir aos campos e povoados vizinhos comprar algo para comer".

³⁷ Ele, porém, respondeu: "Deem-lhes vocês algo para comer".ᵐ

Eles lhe disseram: "Isto exigiria duzentos denários¹! Devemos gastar tanto dinheiro em pão e dar-lhes de comer?"

³⁸ Perguntou ele: "Quantos pães vocês têm? Verifiquem".

Quando ficaram sabendo, disseram: "Cinco pães e dois peixes".ⁿ

³⁹ Então Jesus ordenou que fizessem todo o povo assentar-se em grupos na grama verde. ⁴⁰ Assim, eles se assentaram em grupos de cem e de cinquenta. ⁴¹ Tomando os cinco pães e os dois peixes e, olhando para o céu, deu graças e partiu os pães.ᵒ Em seguida, entregou-os aos seus discípulos para que os servissem ao povo. E também dividiu os dois peixes entre todos eles. ⁴² Todos comeram e ficaram satisfeitos, ⁴³ e os discípulos recolheram doze cestos cheios de pedaços de pão e de peixe. ⁴⁴ Os que comeram foram cinco mil homens.

Jesus Anda sobre as Águas
(Mt 14.22-36; Jo 6.16-24)

⁴⁵ Logo em seguida, Jesus insistiu com os discípulos para que entrassem no barcoᵖ e fossem adiante dele para Betsaida,ᑫ enquanto ele despedia a multidão. ⁴⁶ Tendo-a despedido, subiu a um monte para orar.ʳ

⁴⁷ Ao anoitecer, o barco estava no meio do mar, e Jesus se achava sozinho em terra. ⁴⁸ Ele viu os discípulos remando com dificuldade, porque o vento soprava contra eles. Alta madrugada², Jesus dirigiu-se a eles, andando sobre o mar; e estava já a ponto de passar por eles. ⁴⁹ Quando o viram andando sobre o mar, pensaram que fosse um fantasma.ˢ Então gritaram, ⁵⁰ pois todos o tinham visto e ficaram aterrorizados.

Mas Jesus imediatamente lhes disse: "Coragem! Sou eu! Não tenham medo!"ᵗ ⁵¹ Então subiu no barcoᵘ para junto deles, e o vento se acalmou;ᵛ e eles ficaram atônitos, ⁵² pois não tinham entendido o milagre dos pães. O coração deles estava endurecido.ʷ

⁵³ Depois de atravessarem o mar, chegaram a Genesaré e ali amarraram o barco.ˣ ⁵⁴ Logo que desembarcaram, o povo reconheceu Jesus. ⁵⁵ Eles percorriam toda aquela região e levavam os doentes em macas para onde ouviam que ele estava. ⁵⁶ E aonde quer que ele fosse, povoados, cidades ou campos, levavam os doentes para as praças. Suplicavam-lhe que pudessem pelo menos tocar na borda do seu manto;ʸ e todos os que nele tocavam eram curados.

Jesus e a Tradição Judaica
(Mt 15.1-20)

7 Os fariseus e alguns dos mestres da lei, vindos de Jerusalém, reuniram-se a Jesus e ² viram alguns dos seus discípulos comerem com as mãos impuras,ᶻ isto é, por lavar. ³ (Os fariseus e todos os judeus não comem sem lavar as mãos cerimonialmente, apegando-se, assim, à tradição dos líderes religiosos.ᵃ ⁴ Quando chegam da rua, não comem sem antes se lavarem. E observam muitas outras tradições, tais como o lavar de copos, jarros e vasilhas de metal³.)ᵇ

⁵ Então os fariseus e os mestres da lei perguntaram a Jesus: "Por que os seus discípulos não vivem de acordo com a tradição dos líderes religiosos,ᶜ em vez de comerem o alimento com as mãos impuras?"

⁶ Ele respondeu: "Bem profetizou Isaías acerca de vocês, hipócritas; como está escrito:

---

¹ **6.37** O denário era uma moeda de prata equivalente à diária de um trabalhador braçal.

² **6.48** Grego: *Por volta da quarta vigília da noite* (entre 3 e 6 horas da manhã).

³ **7.4** Alguns manuscritos antigos dizem *vasos, vasilhas de metal e almofadas da sala de jantar* (onde se reclinavam para comer).

6.37
ᵐ 2Rs 4.42-44
6.38
ⁿ Mt 15.34; Mc 8.5
6.41
ᵒ Mt 14.19
6.45
ᵖ v. 32
ᑫ Mt 11.21
6.46
ʳ Lc 3.21
6.49
ˢ Lc 24.37
6.50
ᵗ Mt 14.27
6.51
ᵘ v.32
ᵛ Mc 4.39
6.52
ʷ Mc 8.17-21
6.53
ˣ Jo 6.24,25
6.56
ʸ Mt 9.20
7.2
ᶻ At 10.14, 28;11.8; Rm 14.14
7.3
ᵃ v. 5,8,9, 13; Lc 11.38
7.4
ᵇ Mt 23.25; Lc 11.39
7.5
ᶜ v. 3; Gl 1.14; Cl 2.8

" 'Este povo me honra
    com os lábios,
mas o seu coração está longe de mim.
⁷ Em vão me adoram;
    seus ensinamentos
    não passam de regras
    ensinadas por homens'¹.ᵈ

⁸ Vocês negligenciam os mandamentos de Deus e se apegam às tradições dos homens".ᵉ

⁹ E disse-lhes: "Vocês estão sempre encontrando uma boa maneira de pôr de lado os mandamentos de Deus, a fim de obedecerem² às suas tradições!ᶠ ¹⁰ Pois Moisés disse: 'Honra teu pai e tua mãe'ᵍ³ e 'Quem amaldiçoar seu pai ou sua mãe terá que ser executado'ʰ⁴. ¹¹ Mas vocês afirmamⁱ que, se alguém disser a seu pai ou a sua mãe: 'Qualquer ajuda que vocês poderiam receber de mim é Corbã', isto é, uma oferta dedicada a Deus, ¹² vocês o desobrigam de qualquer dever para com seu pai ou sua mãe. ¹³ Assim vocês anulam a palavra de Deus,ʲ por meio da tradiçãoᵏ que vocês mesmos transmitiram. E fazem muitas coisas como essa".

¹⁴ Jesus chamou novamente a multidão para junto de si e disse: "Ouçam-me todos e entendam isto: ¹⁵ Não há nada fora do homem que, nele entrando, possa torná-lo impuro. Ao contrário, o que sai do homem é que o torna impuro. ¹⁶ Se alguém tem ouvidos para ouvir, ouça!⁵"

¹⁷ Depois de deixar a multidão e entrar em casa, os discípulos lhe pediramˡ explicação da parábola. ¹⁸ "Será que vocês também não conseguem entender?", perguntou-lhes Jesus. "Não percebem que nada que entre no homem pode torná-lo impuro? ¹⁹ Porque não entra em seu coração, mas em seu estômago, sendo depois eliminado." Ao dizer isso, Jesus declarou purosᵐ todos os alimentosⁿ.

²⁰ E continuou: "O que sai do homem é que o torna impuro. ²¹ Pois do interior do coração dos homens vêm os maus pensamentos, as imoralidades sexuais, os roubos, os homicídios, os adultérios, ²² as cobiças, as maldades, o engano, a devassidão, a inveja, a calúnia, a arrogância e a insensatez.ᵒ ²³ Todos esses males vêm de dentro e tornam o homem impuro".

Uma Mulher Siro-fenícia Demonstra Fé
(Mt 15.21-28)

²⁴ Jesus saiu daquele lugar e foi para os arredores de Tiroᵖ e de Sidom⁶. Entrou numa casa e não queria que ninguém o soubesse; contudo, não conseguiu manter em segredo a sua presença. ²⁵ De fato, logo que ouviu falar dele, certa mulher, cuja filha estava com um espírito imundo,ᵠ veio e lançou-se aos seus pés. ²⁶ A mulher era grega, siro-fenícia de origem, e rogava a Jesus que expulsasse de sua filha o demônio.

²⁷ Ele lhe disse: "Deixe que primeiro os filhos comam até se fartar; pois não é correto tirar o pão dos filhos e lançá-lo aos cachorrinhos".

²⁸ Ela respondeu: "Sim, Senhor, mas até os cachorrinhos, debaixo da mesa, comem das migalhas das crianças".

²⁹ Então ele lhe disse: "Por causa desta resposta, você pode ir; o demônio já saiu da sua filha".

³⁰ Ela foi para casa e encontrou sua filha deitada na cama, e o demônio já a deixara.

A Cura de um Surdo e Gago

³¹ A seguir Jesus saiu dos arredores de Tiroʳ e atravessou Sidom, até o mar da Galileiaˢ e a região de Decápolis.ᵗ ³² Ali algumas pessoas lhe trouxeram um homem que era surdo e mal podia falar,ᵘ suplicando que lhe impusesseᵛ as mãos.

³³ Depois de levá-lo à parte, longe da multidão, Jesus colocou os dedos nos ouvidos dele. Em seguida, cuspiuʷ e tocou na

---

¹ **7.6,7** Is 29.13
² **7.9** Alguns manuscritos trazem *estabelecerem*.
³ **7.10** Êx 20.12; Dt 5.16
⁴ **7.10** Êx 21.17; Lv 20.9
⁵ **7.16** Alguns manuscritos não trazem o versículo 16.
⁶ **7.24** Vários manuscritos não trazem *e de Sidom*.

língua do homem. ³⁴ Então voltou os olhos para o céu[x] e, com um profundo suspiro,[y] disse-lhe: "Efatá!", que significa "abra-se!" ³⁵ Com isso, os ouvidos do homem se abriram, sua língua ficou livre e ele começou a falar corretamente.[z]

³⁶ Jesus ordenou-lhes que não o contassem a ninguém.[a] Contudo, quanto mais ele os proibia, mais eles falavam. ³⁷ O povo ficava simplesmente maravilhado e dizia: "Ele faz tudo muito bem. Faz até o surdo ouvir e o mudo falar".

A Segunda Multiplicação dos Pães
(Mt 15.29-39)

8 Naqueles dias, outra vez reuniu-se uma grande multidão. Visto que não tinham nada para comer, Jesus chamou os seus discípulos e disse-lhes: ² "Tenho compaixão desta multidão;[b] já faz três dias que eles estão comigo e nada têm para comer. ³ Se eu os mandar para casa com fome, vão desfalecer no caminho, porque alguns deles vieram de longe".

⁴ Os seus discípulos responderam: "Onde, neste lugar deserto, poderia alguém conseguir pão suficiente para alimentá-los?"

⁵ "Quantos pães vocês têm?", perguntou Jesus.

"Sete", responderam eles.

⁶ Ele ordenou à multidão que se assentasse no chão. Depois de tomar os sete pães e dar graças, partiu-os e os entregou aos seus discípulos, para que os servissem à multidão; e eles o fizeram. ⁷ Tinham também alguns peixes pequenos; ele deu graças igualmente por eles e disse aos discípulos que os distribuíssem.[c] ⁸ O povo comeu até se fartar. E ajuntaram sete cestos cheios de pedaços que sobraram.[d] ⁹ Cerca de quatro mil homens estavam presentes. E, tendo-os despedido, ¹⁰ entrou no barco com seus discípulos e foi para a região de Dalmanuta.

Os Fariseus Pedem um Sinal
(Mt 16.1-4)

¹¹ Os fariseus vieram e começaram a interrogar Jesus. Para pô-lo à prova, pediram-lhe um sinal do céu.[e] ¹² Ele suspirou profundamente[f] e disse: "Por que esta geração pede um sinal milagroso? Eu afirmo que nenhum sinal será dado a vocês". ¹³ Então afastou-se deles, voltou para o barco e foi para o outro lado.

O Fermento dos Fariseus e de Herodes
(Mt 16.5-12)

¹⁴ Os discípulos haviam se esquecido de levar pão, a não ser um pão que tinham consigo no barco. ¹⁵ Advertiu-os Jesus: "Estejam atentos e tenham cuidado com o fermento[g] dos fariseus[h] e com o fermento de Herodes".[i]

¹⁶ E eles discutiam entre si, dizendo: "É porque não temos pão".

¹⁷ Percebendo a discussão, Jesus lhes perguntou: "Por que vocês estão discutindo sobre não terem pão? Ainda não compreendem nem percebem? O coração de vocês está endurecido?[j] ¹⁸ Vocês têm olhos, mas não veem? Têm ouvidos, mas não ouvem? Não se lembram? ¹⁹ Quando eu parti os cinco pães para os cinco mil, quantos cestos cheios de pedaços vocês recolheram?"

"Doze",[k] responderam eles.

²⁰ "E, quando eu parti os sete pães para os quatro mil, quantos cestos cheios de pedaços vocês recolheram?"

"Sete",[l] responderam eles.

²¹ Ele lhes disse: "Vocês ainda não entendem?"[m]

A Cura de um Cego em Betsaida

²² Eles foram para Betsaida,[n] e algumas pessoas trouxeram um cego[o] a Jesus, suplicando-lhe que tocasse nele. ²³ Ele tomou o cego pela mão e o levou para fora do povoado. Depois de cuspir[p] nos olhos do homem e impor-lhe as mãos,[q] Jesus perguntou: "Você está vendo alguma coisa?"

²⁴ Ele levantou os olhos e disse: "Vejo pessoas; elas parecem árvores andando".

²⁵ Mais uma vez, Jesus colocou as mãos sobre os olhos do homem. Então seus olhos foram abertos, e sua vista lhe foi restaurada,

e ele via tudo claramente. ²⁶ Jesus mandou-o para casa, dizendo: "Não entre no povoado¹!"

A Confissão de Pedro
(Mt 16.13-20; Lc 9.18-21)

²⁷ Jesus e os seus discípulos dirigiram-se para os povoados nas proximidades de Cesareia de Filipe. No caminho, ele lhes perguntou: "Quem o povo diz que eu sou?"

²⁸ Eles responderam: "Alguns dizem que és João Batista;ʳ outros, Eliasˢ; e, ainda outros, um dos profetas".

²⁹ "E vocês?", perguntou ele. "Quem vocês dizem que eu sou?"

Pedro respondeu: "Tu és o Cristo²".ᵗ

³⁰ Jesus os advertiu que não falassem a ninguém a seu respeito.ᵘ

Jesus Prediz sua Morte e Ressurreição
(Mt 16.21-28; Lc 9.22-27)

³¹ Então ele começou a ensinar-lhes que era necessário que o Filho do homemᵛ sofresse muitas coisasʷ e fosse rejeitado pelos líderes religiosos, pelos chefes dos sacerdotes e pelos mestres da lei,ˣ fosse morto e três dias depoisᶻ ressuscitasse.ᵃ ³² Ele falou claramenteᵇ a esse respeito. Então Pedro, chamando-o à parte, começou a repreendê-lo.

³³ Jesus, porém, voltou-se, olhou para os seus discípulos e repreendeu Pedro, dizendo: "Para trás de mim, Satanás!ᶜ Você não pensa nas coisas de Deus, mas nas dos homens".

³⁴ Então ele chamou a multidão e os discípulos e disse: "Se alguém quiser acompanhar-me, negue-se a si mesmo, tome a sua cruz e siga-me.ᵈ ³⁵ Pois quem quiser salvar a sua vida³ a perderá; mas quem perder a sua vida por minha causa e pelo evangelho a salvará.ᵉ ³⁶ Pois, que adianta ao homem ganhar o mundo inteiro e perder a sua alma? ³⁷ Ou, o que o homem poderia dar em troca de sua alma? ³⁸ Se alguém se envergonhar de mim e das minhas palavras nesta geração adúltera e pecadora, o Filho do homemᶠ se envergonhará deleᵍ quando vierʰ na glória de seu Pai com os santos anjos".

9 E lhes disse: "Garanto que alguns dos que aqui estão de modo nenhum experimentarão a morte, antes de verem o Reino de Deus vindoⁱ com poder".ʲ

A Transfiguração
(Mt 17.1-13; Lc 9.28-36)

² Seis dias depois, Jesus tomou consigo Pedro, Tiago e Joãoᵏ e os levou a um alto monte, onde ficaram a sós. Ali ele foi transfigurado diante deles. ³ Suas roupas se tornaram brancas, de um branco resplandecente,ˡ como nenhum lavandeiro no mundo seria capaz de branqueá-las. ⁴ E apareceram diante deles Elias e Moisés, os quais conversavam com Jesus.

⁵ Então Pedro disse a Jesus: "Mestreᵐ⁴, é bom estarmos aqui. Façamos três tendas: uma para ti, uma para Moisés e uma para Elias". ⁶ Ele não sabia o que dizer, pois estavam apavorados.

⁷ A seguir apareceu uma nuvem e os envolveu, e dela saiu uma voz,ⁿ que disse: "Este é o meu Filho amado. Ouçam-no!"ᵒ

⁸ Repentinamente, quando olharam ao redor, não viram mais ninguém, a não ser Jesus.

⁹ Enquanto desciam do monte, Jesus lhes ordenou que não contassem a ninguémᵖ o que tinham visto, até que o Filho do homemᵠ tivesse ressuscitado dos mortos. ¹⁰ Eles guardaram o assunto apenas entre si, discutindo o que significaria "ressuscitar dos mortos".

¹¹ E lhe perguntaram: "Por que os mestres da lei dizem que é necessário que Elias venha primeiro?"

---

¹ **8.26** Vários manuscritos acrescentam *nem conte nada a ninguém no povoado.*

² **8.29** Ou *Messias.* Tanto *Cristo* (grego) como *Messias* (hebraico) significam *Ungido;* também em todo o livro de Marcos.

³ **8.35** Ou *alma*

⁴ **9.5** Isto é, Rabi; também em 10.51; 11.21 e 14.45.

¹² Jesus respondeu: "De fato, Elias vem primeiro e restaura todas as coisas. Então, por que está escrito que é necessário que o Filho do homem^r sofra muito^s e seja rejeitado^t com desprezo? ¹³ Mas eu digo a vocês: Elias já veio,^{u} e fizeram com ele tudo o que quiseram, como está escrito a seu respeito".

A Cura de um Menino Endemoninhado
(Mt 17.14-23; Lc 9.37-45)

¹⁴ Quando chegaram onde estavam os outros discípulos, viram uma grande multidão ao redor deles e os mestres da lei discutindo com eles. ¹⁵ Logo que todo o povo viu Jesus, ficou muito surpreso e correu para saudá-lo.

¹⁶ Perguntou Jesus: "O que vocês estão discutindo?"

¹⁷ Um homem, no meio da multidão, respondeu: "Mestre, eu te trouxe o meu filho, que está com um espírito que o impede de falar. ¹⁸ Onde quer que o apanhe, joga-o no chão. Ele espuma pela boca, range os dentes e fica rígido. Pedi aos teus discípulos que expulsassem o espírito, mas eles não conseguiram".

¹⁹ Respondeu Jesus: "Ó geração incrédula, até quando estarei com vocês? Até quando terei que suportá-los? Tragam-me o menino".

²⁰ Então, eles o trouxeram. Quando o espírito viu Jesus, imediatamente causou uma convulsão no menino. Este caiu no chão e começou a rolar, espumando pela boca.^{v}

²¹ Jesus perguntou ao pai do menino: "Há quanto tempo ele está assim?"

"Desde a infância", respondeu ele. ²² "Muitas vezes esse espírito o tem lançado no fogo e na água para matá-lo. Mas, se podes fazer alguma coisa, tem compaixão de nós e ajuda-nos".

²³ "Se podes?", disse Jesus. "Tudo é possível àquele que crê."^{w}

²⁴ Imediatamente o pai do menino exclamou: "Creio, ajuda-me a vencer a minha incredulidade!"

²⁵ Quando Jesus viu que uma multidão^x estava se ajuntando, repreendeu o espírito imundo, dizendo: "Espírito mudo e surdo, eu ordeno que o deixe e nunca mais entre nele".

²⁶ O espírito gritou, agitou-o violentamente e saiu. O menino ficou como morto, ao ponto de muitos dizerem: "Ele morreu". ²⁷ Mas Jesus tomou-o pela mão e o levantou, e ele ficou em pé.

²⁸ Depois de Jesus ter entrado em casa, seus discípulos lhe perguntaram em particular:^{y} "Por que não conseguimos expulsá-lo?"

²⁹ Ele respondeu: "Essa espécie só sai pela oração e pelo jejum¹".

³⁰ Eles saíram daquele lugar e atravessaram a Galileia. Jesus não queria que ninguém soubesse onde eles estavam, ³¹ porque estava ensinando os seus discípulos. E lhes dizia: "O Filho do homem^z está para ser entregue nas mãos dos homens. Eles o matarão,^{a} e três dias depois^b ele ressuscitará".^{c} ³² Mas eles não entendiam o que ele queria dizer^d e tinham receio de perguntar-lhe.

Quem é o Maior?
(Mt 18.1-5; Lc 9.46-48)

³³ E chegaram a Cafarnaum.^{e} Quando ele estava em casa,^{f} perguntou-lhes: "O que vocês estavam discutindo no caminho?" ³⁴ Mas eles guardaram silêncio, porque no caminho haviam discutido sobre quem era o maior.^{g}

³⁵ Assentando-se, Jesus chamou os Doze e disse: "Se alguém quiser ser o primeiro, será o último, e servo de todos".^{h}

³⁶ E, tomando uma criança,^{i} colocou-a no meio deles. Pegando-a nos braços, disse-lhes: ³⁷ "Quem recebe uma destas crianças em meu nome, está me recebendo; e quem me recebe, não está apenas me recebendo, mas também àquele que me enviou".^{j}

Quem Não é contra Nós é por Nós
(Lc 9.49,50)

³⁸ "Mestre", disse João, "vimos um homem expulsando demônios em teu nome e

---

¹ **9.29** Alguns manuscritos não trazem *e pelo jejum*.

procuramos impedi-lo, porque ele não era um dos nossos."ᵏ

39 "Não o impeçam", disse Jesus. "Ninguém que faça um milagre em meu nome, pode falar mal de mim logo em seguida, **40** pois quem não é contra nós está a nosso favor.ˡ **41** Eu digo a verdade: Quem der um copo de água a vocês em meu nome, por vocês pertencerem a Cristo, de modo nenhum perderá a sua recompensa.ᵐ

A Indução ao Pecado
(Mt 18.6-9)

42 "Se alguém fizer tropeçar um destes pequeninos que creem em mim,ⁿ seria melhor que fosse lançado no mar com uma grande pedra amarrada no pescoço.ᵒ **43** Se a sua mão o fizer tropeçar,ᵖ corte-a. É melhor entrar na vida mutilado do que, tendo as duas mãos, ir para o inferno,ᵍ onde o fogo nunca se apaga, **44** onde o seu verme não morre, e o fogo não se apaga.ʳ¹ **45** E, se o seu pé o fizer tropeçar,ˢ corte-o. É melhor entrar na vida aleijado do que, tendo os dois pés, ser lançado no inferno, **46** onde o seu verme não morre, e o fogo não se apaga.¹² **47** E, se o seu olho o fizer tropeçar,ᵘ arranque-o. É melhor entrar no Reino de Deus com um só olho do que, tendo os dois olhos, ser lançado no inferno,ᵛ **48** onde

" 'o seu verme não morre,
e o fogo não se apaga'³.ʷ

49 Cada um será salgadoˣ com fogo.

50 "O sal é bom, mas, se deixar de ser salgado, como restaurar o seu sabor?ʸ Tenham sal em vocês mesmosᶻ e vivam em paz uns com os outros."ᵃ

A Questão do Divórcio
(Mt 19.1-12)

10 Então Jesus saiu dali e foi para a região da Judeia e para o outro lado do Jor-

dão.ᵇ Novamente uma multidão veio a ele e, segundo o seu costume, ele a ensinava.ᶜ

2 Alguns fariseusᵈ aproximaram-se dele para pô-lo à prova, perguntando: "É permitido ao homem divorciar-se de sua mulher?"

3 "O que Moisés ordenou a vocês?", perguntou ele.

4 Eles disseram: "Moisés permitiu que o homem lhe desse uma certidão de divórcio e a mandasse embora".⁴·ᵉ

5 Respondeu Jesus: "Moisés escreveu essa lei por causa da durezaᶠ de coração de vocês. **6** Mas no princípio da criação Deus 'os fez homem e mulher'⁵·ᵍ **7** 'Por esta razão, o homem deixará pai e mãe e se unirá à sua mulher⁶, **8** e os dois se tornarão uma só carne'.ʰ⁷ Assim, eles já não são dois, mas sim uma só carne. **9** Portanto, o que Deus uniu, ninguém o separe".

10 Quando estava em casa novamente, os discípulos interrogaram Jesus sobre o mesmo assunto. **11** Ele respondeu: "Todo aquele que se divorciar de sua mulher e se casar com outra mulher, estará cometendo adultério contra ela.ⁱ **12** E, se ela se divorciar de seu marido e se casar com outro homem, estará cometendo adultério".ʲ

Jesus e as Crianças
(Mt 19.13-15; Lc 18.15-17)

13 Alguns traziam crianças a Jesus para que ele tocasse nelas, mas os discípulos os repreendiam. **14** Quando Jesus viu isso, ficou indignado e lhes disse: "Deixem vir a mim as crianças, não as impeçam; pois o Reino de Deus pertence aos que são semelhantes a elas.ᵏ **15** Digo a verdade: Quem não receber o Reino de Deus como uma criança, nunca entrará nele".ˡ **16** Em seguida, tomou as crianças nos braços,ᵐ impôs-lhes as mãos e as abençoou.

---

¹ **9.44** Os manuscritos mais antigos não trazem o versículo 44.

² **9.46** Os manuscritos mais antigos não trazem o versículo 46.

³ **9.48** Is 66.24

⁴ **10.4** Dt 24.1-3

⁵ **10.6** Gn 1.27

⁶ **10.7** Alguns manuscritos antigos não trazem *e se unirá à sua mulher*.

⁷ **10.8** Gn 2.24

O Jovem Rico
(Mt 19.16-30; Lc 18.18-30)

¹⁷ Quando Jesus ia saindo, um homem correu em sua direção e se pôs de joelhos" diante dele e lhe perguntou: "Bom mestre, que farei para herdar a vida eterna?"ᵒ

¹⁸ Respondeu-lhe Jesus: "Por que você me chama bom? Ninguém é bom, a não ser um, que é Deus. ¹⁹ Você conhece os mandamentos: 'Não matarás, não adulterarás, não furtarás, não darás falso testemunho, não enganarás ninguém, honra teu pai e tua mãe'¹".ᵖ

²⁰ E ele declarou: "Mestre, a tudo isso tenho obedecido desde a minha adolescência."

²¹ Jesus olhou para ele e o amou. "Falta uma coisa para você", disse ele. "Vá, venda tudo o que você possui e dê o dinheiro aos pobres,ᑫ e você terá um tesouro no céu.ʳ Depois, venha e siga-me."ˢ

²² Diante disso ele ficou abatido e afastou-se triste, porque tinha muitas riquezas.

²³ Jesus olhou ao redor e disse aos seus discípulos: "Como é difícil aos ricosᵗ entrar no Reino de Deus!"

²⁴ Os discípulos ficaram admirados com essas palavras. Mas Jesus repetiu: "Filhos, como é difícil² entrar no Reino de Deus!ᵘ ²⁵ É mais fácil passar um camelo pelo fundo de uma agulha do que um rico entrar no Reino de Deus."ᵛ

²⁶ Os discípulos ficaram perplexos e perguntavam uns aos outros: "Neste caso, quem pode ser salvo?"

²⁷ Jesus olhou para eles e respondeu: "Para o homem é impossível, mas para Deus não; todas as coisas são possíveis para Deus."ʷ

²⁸ Então Pedro começou a dizer-lhe: "Nós deixamos tudo para seguir-te."ˣ

²⁹ Respondeu Jesus: "Digo a verdade: Ninguém que tenha deixado casa, irmãos, irmãs, mãe, pai, filhos, ou campos, por causa de mim e do evangelho, ³⁰ deixará de receber cem vezes mais,ʸ já no tempo presente, casas, irmãos, irmãs, mães, filhos e campos, e com eles perseguição; e, na era futura,ᶻ a vida eterna.ᵃ ³¹ Contudo, muitos primeiros serão últimos, e os últimos serão primeiros."ᵇ

Jesus Prediz Novamente sua Morte e Ressurreição
(Mt 20.17-19; Lc 18.31-34)

³² Eles estavam subindo para Jerusalém, e Jesus ia à frente. Os discípulos estavam admirados, enquanto os que o seguiam estavam com medo. Novamente ele chamou à parte os Dozeᶜ e lhes disse o que haveria de lhe acontecer: ³³ "Estamos subindo para Jerusalémᵈ e o Filho do homemᵉ será entregue aos chefes dos sacerdotes e aos mestres da lei.ᶠ Eles o condenarão à morte e o entregarão aos gentios³, ³⁴ que zombarão dele, cuspirão nele, o açoitarãoᵍ e o matarão.ʰ Três dias depoisⁱ ele ressuscitará".ʲ

O Pedido de Tiago e João
(Mt 20.20-28)

³⁵ Nisso Tiago e João, filhos de Zebedeu, aproximaram-se dele e disseram: "Mestre, queremos que nos faças o que vamos te pedir."

³⁶ "O que vocês querem que eu faça?", perguntou ele.

³⁷ Eles responderam: "Permite que, na tua glória,ᵏ nos assentemos um à tua direita e o outro à tua esquerda."

³⁸ Disse-lhes Jesus: "Vocês não sabem o que estão pedindo.ˡ Podem vocês beber o cáliceᵐ que eu estou bebendo ou ser batizados com o batismo com que estou sendo batizado?"ⁿ

³⁹ "Podemos", responderam eles.

Jesus lhes disse: "Vocês beberão o cálice que estou bebendo e serão batizados com o batismo com que estou sendo batizado;ᵒ ⁴⁰ mas o assentar-se à minha direita ou à minha esquerda não cabe a mim conceder. Esses lugares pertencem àqueles para quem foram preparados".

---

¹ **10.19** Êx 20.12-16; Dt 5.16-20
² **10.24** Outros manuscritos dizem *é difícil para aqueles que confiam nas riquezas*.
³ **10.33** Isto é, os que não são judeus.

⁴¹ Quando os outros dez ouviram essas coisas, ficaram indignados com Tiago e João. ⁴² Jesus os chamou e disse: "Vocês sabem que aqueles que são considerados governantes das nações as dominam, e as pessoas importantes exercem poder sobre elas. ⁴³ Não será assim do meio de vocês. Ao contrário, quem quiser tornar-se importante no meio de vocês deverá ser servo;ᵖ ⁴⁴ e quem quiser ser o primeiro deverá ser escravo de todos. ⁴⁵ Pois nem mesmo o Filho do homem veio para ser servido, mas para servirᵍ e dar a sua vida em resgate por muitos".ʳ

O Cego Bartimeu Recupera a Visão
(Mt 20.29-34; Lc 18.35-43)

⁴⁶ Então chegaram a Jericó. Quando Jesus e seus discípulos, juntamente com uma grande multidão, estavam saindo da cidade, o filho de Timeu, Bartimeu, que era cego, estava sentado à beira do caminho pedindo esmolas. ⁴⁷ Quando ouviu que era Jesus de Nazaré,ˢ começou a gritar: "Jesus, Filho de Davi,ᵗ tem misericórdia de mim!"

⁴⁸ Muitos o repreendiam para que ficasse quieto, mas ele gritava ainda mais: "Filho de Davi, tem misericórdia de mim!"

⁴⁹ Jesus parou e disse: "Chamem-no".

E chamaram o cego: "Ânimo! Levante-se! Ele o está chamando". ⁵⁰ Lançando sua capa para o lado, de um salto pôs-se em pé e dirigiu-se a Jesus.

⁵¹ "O que você quer que eu faça?", perguntou-lhe Jesus.

O cego respondeu: "Mestre,ᵘ eu quero ver!"

⁵² "Vá", disse Jesus, "a sua fé o curou".ᵛ Imediatamente ele recuperou a visão e seguiuʷ Jesus pelo caminho.

A Entrada Triunfal
(Mt 21.1-11; Lc 19.28-40; Jo 12.12-19)

11 Quando se aproximaram de Jerusalém e chegaram a Betfagé e Betânia,ˣ perto do monte das Oliveiras,ʸ Jesus enviou dois de seus discípulos, ² dizendo-lhes: "Vão ao povoado que está adiante de vocês; logo que entrarem, encontrarão um jumentinho amarrado, no qual ninguém jamais montou.ᶻ Desamarrem-no e tragam-no aqui. ³ Se alguém perguntar: 'Por que vocês estão fazendo isso?', digam-lhe: O Senhor precisa dele e logo o devolverá".

⁴ Eles foram e encontraram um jumentinho na rua, amarrado a um portão.ᵃ Enquanto o desamarravam, ⁵ alguns dos que ali estavam lhes perguntaram: "O que vocês estão fazendo, desamarrando esse jumentinho?" ⁶ Os discípulos responderam como Jesus lhes tinha dito, e eles os deixaram ir. ⁷ Trouxeram o jumentinho a Jesus, puseram sobre ele os seus mantos; e Jesus montou. ⁸ Muitos estenderam seus mantos pelo caminho, outros espalharam ramos que haviam cortado nos campos. ⁹ Os que iam adiante dele e os que o seguiam gritavam:

> "Hosana!"[1]
> "Bendito é o que vem
>   em nome do Senhor!"[2]ᵇ
> ¹⁰ "Bendito é o Reino vindouro de nosso
>   pai Davi!"
> "Hosana nas alturas!"ᶜ

¹¹ Jesus entrou em Jerusalém e dirigiu-se ao templo. Observou tudo à sua volta e, como já era tarde, foi para Betânia com os Doze.ᵈ

Jesus Purifica o Templo
(Mt 21.12-17; Lc 19.45-48)

¹² No dia seguinte, quando estavam saindo de Betânia, Jesus teve fome. ¹³ Vendo a distância uma figueira com folhas, foi ver se encontraria nela algum fruto. Aproximando-se dela, nada encontrou, a não ser folhas, porque não era tempo de figos.ᵉ ¹⁴ Então lhe disse: "Ninguém mais coma de seu fruto". E os seus discípulos ouviram-no dizer isso.

---

[1] 11.9 Expressão hebraica que significa *"Salve!"*, e que se tornou uma exclamação de louvor; também no versículo 10.

[2] 11.9 Sl 118.25,26

¹⁵ Chegando a Jerusalém, Jesus entrou no templo e ali começou a expulsar os que estavam comprando e vendendo. Derrubou as mesas dos cambistas e as cadeiras dos que vendiam pombas ¹⁶ e não permitia que ninguém carregasse mercadorias pelo templo. ¹⁷ E ele os ensinava, dizendo: "Não está escrito:

" 'A minha casa será chamada
casa de oração
para todos os povos'¹"?ᶠ

Mas vocês fizeram dela um 'covil de ladrões'²".ᵍ

¹⁸ Os chefes dos sacerdotes e os mestres da lei ouviram essas palavras e começaram a procurar uma forma de matá-lo, pois o temiam,ʰ visto que toda a multidão estava maravilhada com o seu ensino.ⁱ

¹⁹ Ao cair da tarde, eles³ saíram da cidade.ʲ

A Figueira Seca
(Mt 21.18-22)

²⁰ De manhã, ao passarem, viram a figueira seca desde as raízes. ²¹ Pedro, lembrando-se, disse a Jesus: "Mestre!ᵏ Vê! A figueira que amaldiçoaste secou!"

²² Respondeu Jesus: "Tenham fé⁴ em Deus. ²³ Eu asseguro que, se alguém disser a este monte: 'Levante-se e atire-se no mar', e não duvidar em seu coração, mas crer que acontecerá o que diz, assim lhe será feito.ˡ ²⁴ Portanto, eu digo: Tudo o que vocês pedirem em oração, creiam que já o receberam, e assim sucederá.ᵐ ²⁵ E, quando estiverem orando, se tiverem alguma coisa contra alguém, perdoem-no, para que também o Pai celestial perdoe os seus pecados. ²⁶ Mas, se vocês não perdoarem, também o seu Pai que está nos céus não perdoará os seus pecados⁵".ⁿ

A Autoridade de Jesus é Questionada
(Mt 21.23-27; Lc 20.1-8)

²⁷ Chegaram novamente a Jerusalém e, quando Jesus estava passando pelo templo, aproximaram-se dele os chefes dos sacerdotes, os mestres da lei e os líderes religiosos e lhe perguntaram: ²⁸ "Com que autoridade estás fazendo estas coisas? Quem te deu autoridade para fazê-las?"

²⁹ Respondeu Jesus: "Eu farei uma pergunta. Respondam-me, e eu direi com que autoridade estou fazendo estas coisas. ³⁰ O batismo de João era do céu ou dos homens? Digam-me!"

³¹ Eles discutiam entre si, dizendo: "Se dissermos: Dos céus, ele perguntará: 'Então por que vocês não creram nele?' ³² Mas, se dissermos: Dos homens..." Eles temiam o povo, pois todos realmente consideravam João um profeta.ᵒ

³³ Eles responderam a Jesus: "Não sabemos".

Disse então Jesus: "Tampouco direi com que autoridade estou fazendo estas coisas".

A Parábola dos Lavradores
(Mt 21.33-46; Lc 20.9-19)

12 Então Jesus começou a lhes falar por parábolas: "Certo homem plantou uma vinha,ᵖ colocou uma cerca ao redor dela, cavou um tanque para prensar as uvas e construiu uma torre. Depois arrendou a vinha a alguns lavradores e foi fazer uma viagem. ² Na época da colheita, enviou um servo aos lavradores, para receber deles parte do fruto da vinha. ³ Mas eles o agarraram, o espancaram e o mandaram embora de mãos vazias. ⁴ Então enviou-lhes outro servo; e eles lhe bateram na cabeça e o humilharam. ⁵ E enviou ainda outro, o qual mataram. Enviou muitos outros; em alguns bateram, a outros mataram.

⁶ "Faltava-lhe ainda um para enviar: seu filho amado. Por fim o enviou,ᑫ dizendo: 'A meu filho respeitarão'.

---

¹ **11.17** Is 56.7
² **11.17** Jr 7.11
³ **11.19** Vários manuscritos dizem *ele saiu*.
⁴ **11.22** Vários manuscritos dizem *Se vocês tiverem fé*.
⁵ **11.26** Muitos manuscritos antigos não trazem o versículo 26.

11.17
ᶠIs 56.7
ᵍJr 7.11

11.18
ʰMt 21.46; Mc 12.12; Lc 20.19
ⁱMt 7.28

11.19
ʲLc 21.37

11.21
ᵏMt 23.7

11.23
ˡMt 21.21

11.24
ᵐMt 7.7

11.25
ⁿMt 6.14

11.32
ᵒMt 11.9

12.1
ᵖIs 5.1-7

12.6
ᑫHb 1.1-3

⁷ "Mas os lavradores disseram uns aos outros: 'Este é o herdeiro. Venham, vamos matá-lo, e a herança será nossa'. ⁸ Assim eles o agarraram, o mataram e o lançaram para fora da vinha.

⁹ "O que fará então o dono da vinha? Virá e matará aqueles lavradores e dará a vinha a outros. ¹⁰ Vocês nunca leram esta passagem das Escrituras?

" 'A pedra que os construtores
  rejeitaram
tornou-se a pedra angular;ʳ
¹¹ isso vem do Senhor
e é algo maravilhoso
  para nós'¹"ˢ

¹² Então começaram a procurar um meio de prendê-lo, pois perceberam que era contra eles que ele havia contado aquela parábola. Mas tinham medo da multidão;ᵗ por isso o deixaram e foram embora."

O Pagamento de Imposto a César
(Mt 22.15-22; Lc 20.20-26)

¹³ Mais tarde enviaram a Jesus alguns dos fariseus e herodianosᵛ para oʷ apanharem em alguma coisa que ele dissesse. ¹⁴ Estes se aproximaram dele e disseram: "Mestre, sabemos que és íntegro e que não te deixas influenciar por ninguém, porque não te prendes à aparência dos homens, mas ensinas o caminho de Deus conforme a verdade. É certo pagar imposto a César ou não? ¹⁵ Devemos pagar ou não?"

Mas Jesus, percebendo a hipocrisia deles, perguntou: "Por que vocês estão me pondo à prova? Tragam-me um denário² para que eu o veja". ¹⁶ Eles lhe trouxeram a moeda, e ele lhes perguntou: "De quem é esta imagem e esta inscrição?"

"De César", responderam eles.

¹⁷ Então Jesus lhes disse: "Deem³ a César o que é de César e a Deus o que é de Deus".ˣ

E ficaram admirados com ele.

---

¹ **12.10,11** Sl 118.22,23
² **12.15** O denário era uma moeda de prata equivalente à diária de um trabalhador braçal.
³ **12.17** Ou *Devolvam*

A Realidade da Ressurreição
(Mt 22.23-33; Lc 20.27-40)

¹⁸ Depois os saduceus,ʸ que dizem que não há ressurreição,ᶻ aproximaram-se dele com a seguinte questão: ¹⁹ "Mestre, Moisés nos deixou escrito que, se um homem morrer e deixar mulher sem filhos, seu irmão deverá casar-se com a viúva e ter filhos para seu irmão.ᵃ ²⁰ Havia sete irmãos. O primeiro casou-se e morreu sem deixar filhos. ²¹ O segundo casou-se com a viúva, mas também morreu sem deixar filhos. O mesmo aconteceu com o terceiro. ²² Nenhum dos sete deixou filhos. Finalmente, morreu também a mulher. ²³ Na ressurreição,⁴ de quem ela será esposa, visto que os sete foram casados com ela?"

²⁴ Jesus respondeu: "Vocês estão enganados!, pois não conhecem as Escriturasᵇ nem o poder de Deus! ²⁵ Quando os mortos ressuscitam, não se casam nem são dados em casamento, mas são como os anjos nos céus.ᶜ ²⁶ Quanto à ressurreição dos mortos, vocês não leram no livro de Moisés, no relato da sarça, como Deus lhe disse: 'Eu sou o Deus de Abraão, o Deus de Isaque e o Deus de Jacó'⁵?ᵈ ²⁷ Ele não é Deus de mortos, mas de vivos. Vocês estão muito enganados!"

O Maior Mandamento
(Mt 22.34-40)

²⁸ Um dos mestres da leiᵉ aproximou-se e os ouviu discutindo. Notando que Jesus lhes dera uma boa resposta, perguntou-lhe: "De todos os mandamentos, qual é o mais importante?"

²⁹ Respondeu Jesus: "O mais importante é este: 'Ouça, ó Israel, o Senhor, o nosso Deus, o Senhor é o único Senhor. ³⁰ Ame o Senhor, o seu Deus, de todo o seu coração, de toda a sua alma, de todo o seu entendimento e de todas as suas forças'⁶.ᶠ ³¹ O segundo é este: 'Ame o seu próximo como a

---

⁴ **12.23** Alguns manuscritos acrescentam *quando ressuscitarem*.
⁵ **12.26** Êx 3.6
⁶ **12.30** Dt 6.4,5

si mesmo'¹ᵍ. Não existe mandamento maior do que estes".

³² "Muito bem, mestre", disse o homem. "Estás certo ao dizeres que Deus é único e que não existe outro além dele.ʰ ³³ Amá-lo de todo o coração, de todo o entendimento e de todas as forças, e amar ao próximo como a si mesmo é mais importante do que todos os sacrifícios¹ e ofertas".

³⁴ Vendo que ele tinha respondido sabiamente, Jesus lhe disse: "Você não está longe do Reino de Deus".ʲ Daí por diante ninguém mais ousava lhe fazer perguntas.ᵏ

O Cristo é Senhor de Davi
(Mt 22.41-46; Lc 20.41-44)

³⁵ Ensinando no templo,ˡ Jesus perguntou: "Como os mestres da lei dizem que o Cristo é filho de Davi?ᵐ ³⁶ O próprio Davi, falando pelo Espírito Santo,ⁿ disse:

" 'O Senhor disse
ao meu Senhor:
Senta-te à minha direita
até que eu ponha
os teus inimigos
debaixo de teus pés'².ᵒ

³⁷ "O próprio Davi o chama 'Senhor'. Como pode, então, ser ele seu filho?"

E a grande multidãoᵖ o ouvia com prazer.

³⁸ Ao ensinar, Jesus dizia: "Cuidado com os mestres da lei. Eles fazem questão de andar com roupas especiais, de receber saudações nas praças ³⁹ e de ocupar os lugares mais importantes nas sinagogas e os lugares de honra nos banquetes.ᵠ ⁴⁰ Eles devoram as casas das viúvas, e, para disfarçar, fazem longas orações. Esses receberão condenação mais severa!"

A Oferta da Viúva
(Lc 21.1-4)

⁴¹ Jesus sentou-se em frente do lugar onde eram colocadasʳ as contribuições e observava a multidão colocando o dinheiro nas caixas de ofertas. Muitos ricos lançavam ali grandes quantias. ⁴² Então, uma viúva pobre chegou-se e colocou duas pequeninas moedas de cobre, de muito pouco valor³.

⁴³ Chamando a si os seus discípulos, Jesus declarou: "Afirmo que esta viúva pobre colocou na caixa de ofertas mais do que todos os outros. ⁴⁴ Todos deram do que lhes sobrava; mas ela, da sua pobreza, deu tudo o que possuía para viver".ˢ

O Sinal do Fim dos Tempos
(Mt 24.1-35; Lc 21.5-37)

13 Quando ele estava saindo do templo, um de seus discípulos lhe disse: "Olha, Mestre! Que pedras enormes! Que construções magníficas!"

² "Você está vendo todas estas grandes construções?", perguntou Jesus. "Aqui não ficará pedra sobre pedra; serão todas derrubadas".ᵗ

³ Tendo Jesus se assentado no monte das Oliveiras,ᵘ de frente para o templo, Pedro, Tiago, Joãoᵛ e André lhe perguntaram em particular: ⁴ "Dize-nos, quando acontecerão essas coisas? E qual será o sinal de que tudo isso está prestes a cumprir-se?"

⁵ Jesus lhes disse: "Cuidado, que ninguém os engane.ʷ ⁶ Muitos virão em meu nome, dizendo: 'Sou eu!' e enganarão a muitos. ⁷ Quando ouvirem falar de guerras e rumores de guerras, não tenham medo. É necessário que tais coisas aconteçam, mas ainda não é o fim. ⁸ Nação se levantará contra nação, e reino contra reino. Haverá terremotos em vários lugares e também fomes. Essas coisas são o início das dores.

⁹ "Fiquem atentos, pois vocês serão entregues aos tribunais e serão açoitados nas sinagogas.ˣ Por minha causa vocês serão levados à presença de governadores e reis, como testemunho a eles. ¹⁰ E é necessário que antes o evangelho seja pregado a todas as nações. ¹¹ Sempre que forem presos e levados a julgamento, não fiquem preocupados com o que

---

¹ **12.31** Lv 19.18
² **12.36** Sl 110.1
³ **12.42** Grego: *2 leptos*, que valiam 1 quadrante.

vão dizer. Digam tão somente o que for dado a vocês naquela hora, pois não serão vocês que estarão falando, mas o Espírito Santo.[y]

¹² "O irmão trairá seu próprio irmão, entregando-o à morte,[z] e o mesmo fará o pai a seu filho. Filhos se rebelarão contra seus pais e os matarão. ¹³ Todos odiarão vocês por minha causa;[a] mas aquele que perseverar até o fim será salvo.[b]

¹⁴ "Quando vocês virem 'o sacrilégio terrível'[c1] no lugar onde não deve estar — quem lê, entenda — então, os que estiverem na Judeia fujam para os montes. ¹⁵ Quem estiver no telhado de sua casa não desça nem entre em casa para tirar dela coisa alguma. ¹⁶ Quem estiver no campo não volte para pegar seu manto. ¹⁷ Como serão terríveis aqueles dias para as grávidas e para as que estiverem amamentando![d] ¹⁸ Orem para que essas coisas não aconteçam no inverno. ¹⁹ Porque aqueles serão dias de tribulação como nunca houve desde que Deus criou o mundo[e] até agora, nem jamais haverá.[f] ²⁰ Se o Senhor não tivesse abreviado tais dias, ninguém sobreviveria². Mas, por causa dos eleitos por ele escolhidos, ele os abreviou. ²¹ Se, então, alguém disser: 'Vejam, aqui está o Cristo!' ou: 'Vejam, ali está ele!', não acreditem.[g] ²² Pois aparecerão falsos cristos e falsos profetas[h] que realizarão sinais e maravilhas[i] para, se possível, enganar os eleitos. ²³ Por isso, fiquem atentos;[j] avisei-os de tudo antecipadamente.

²⁴ "Mas, naqueles dias, após aquela tribulação,

" 'o sol escurecerá
 e a lua não dará a sua luz;
²⁵ as estrelas cairão do céu
 e os poderes celestes
 serão abalados'³.[k]

²⁶ "Então verão o Filho do homem vindo nas nuvens[l] com grande poder e glória. ²⁷ E ele enviará os seus anjos e reunirá os seus eleitos dos quatro ventos, dos confins da terra até os confins do céu.[m]

²⁸ "Aprendam a lição da figueira: Quando seus ramos se renovam e suas folhas começam a brotar, vocês sabem que o verão está próximo. ²⁹ Assim também, quando virem estas coisas acontecendo, saibam que ele está próximo, às portas. ³⁰ Eu asseguro a vocês que não passará esta geração[n] até que todas estas coisas aconteçam.[o] ³¹ Os céus e a terra passarão, mas as minhas palavras jamais passarão.[p]

O Dia e a Hora São Desconhecidos
(Mt 24.36-51)

³² "Quanto ao dia e à hora ninguém sabe, nem os anjos no céu, nem o Filho, senão somente o Pai.[q] ³³ Fiquem atentos! Vigiem![r]⁴ Vocês não sabem quando virá esse tempo. ³⁴ É como um homem que sai de viagem. Ele deixa sua casa, encarrega de tarefas cada um dos seus servos[s] e ordena ao porteiro que vigie. ³⁵ Portanto, vigiem, porque vocês não sabem quando o dono da casa voltará: se à tarde, à meia-noite, ao cantar do galo ou ao amanhecer. ³⁶ Se ele vier de repente, que não os encontre dormindo! ³⁷ O que digo a vocês, digo a todos: Vigiem!"[t]

Jesus é Ungido em Betânia
(Mt 26.6-13; Jo 12.1-8)

14 Faltavam apenas dois dias para a Páscoa[u] e para a festa dos pães sem fermento. Os chefes dos sacerdotes e os mestres da lei estavam procurando um meio de flagrar Jesus em algum erro⁵ e matá-lo.[v] ² Mas diziam: "Não durante a festa, para que não haja tumulto no meio do povo".

³ Estando Jesus em Betânia,[w] reclinado à mesa na casa de um homem conhecido como Simão, o leproso, aproximou-se dele certa mulher com um frasco de alabastro contendo um perfume muito caro, feito de

---

¹ **13.14** Dn 9.27; 11.31; 12.11
² **13.20** Ou *seria salvo*
³ **13.24,25** Is 13.10; 34.4
⁴ **13.33** Alguns manuscritos acrescentam *e orem!*
⁵ **14.1** Ou *prender Jesus por meio de engano*

nardo puro. Ela quebrou o frasco e derramou o perfume sobre a cabeça de Jesus.ˣ

⁴ Alguns dos presentes começaram a dizer uns aos outros, indignados: "Por que este desperdício de perfume? ⁵ Ele poderia ser vendido por trezentos denários¹, e o dinheiro ser dado aos pobres". E eles a repreendiam severamente.

⁶ "Deixem-na em paz", disse Jesus. "Por que a estão perturbando? Ela praticou uma boa ação para comigo. ⁷ Pois os pobres vocês sempre terão com vocês e poderão ajudá-los sempre que o desejarem.ʸ Mas a mim vocês nem sempre terão. ⁸ Ela fez o que pôde. Derramou o perfume em meu corpo antecipadamente, preparando-o para o sepultamento.ᶻ ⁹ Eu asseguro que onde quer que o evangelho for anunciado, em todo o mundo,ᵃ também o que ela fez será contado em sua memória."

¹⁰ Então Judas Iscariotes, um dos Doze,ᵇ dirigiu-se aos chefes dos sacerdotes a fim de lhesᶜ entregar Jesus. ¹¹ A proposta muito os alegrou, e lhe prometeram dinheiro. Assim, ele procurava uma oportunidade para entregá-lo.

A Ceia do Senhor
(Mt 26.17-30; Lc 22.7-23; Jo 13.18-30)

¹² No primeiro dia da festa dos pães sem fermento, quando se costumava sacrificar o cordeiroᵈ pascal, os discípulos de Jesus lhe perguntaram: "Aonde queres que vamos e te preparemos a refeição da Páscoa?"

¹³ Então ele enviou dois de seus discípulos, dizendo-lhes: "Entrem na cidade, e um homem carregando um pote de água virá ao encontro de vocês. Sigam-no ¹⁴ e digam ao dono da casa em que ele entrar: O Mestre pergunta: Onde é o meu salão de hóspedes, no qual poderei comer a Páscoa com meus discípulos? ¹⁵ Ele mostrará uma ampla sala no andar superior,ᵉ mobiliada e pronta. Façam ali os preparativos para nós".

¹⁶ Os discípulos se retiraram, entraram na cidade e encontraram tudo como Jesus lhes tinha dito. E prepararam a Páscoa.

¹⁷ Ao anoitecer, Jesus chegou com os Doze. ¹⁸ Quando estavam comendo, reclinados à mesa, Jesus disse: "Digo que certamente um de vocês me trairá, alguém que está comendo comigo".

¹⁹ Eles ficaram tristes e, um por um, lhe disseram: "Com certeza não sou eu!"

²⁰ Afirmou Jesus: "É um dos Doze, alguém que come comigoᶠ do mesmo prato. ²¹ O Filho do homemᵍ vai, como está escrito a seu respeito. Mas ai daquele que trai o Filho do homem! Melhor lhe seria não haver nascido".

²² Enquanto comiam, Jesus tomou o pão, deu graças, partiu-o,ʰ e o deu aos discípulos, dizendo: "Tomem; isto é o meu corpo".

²³ Em seguida tomou o cálice, deu graças, ofereceu-o aos discípulos, e todos beberam.ⁱ

²⁴ E disse-lhes: "Isto é o meu sangue da aliança,ʲ² que é derramado em favor de muitos. ²⁵ Eu afirmo que não beberei outra vez do fruto da videira, até aquele dia em que beberei o vinho novo no Reino de Deus".ᵏ

²⁶ Depois de terem cantado um hino, saíram para o monte das Oliveiras.ˡ

Jesus Prediz que Pedro o Negará
(Mt 26.31-35; Lc 22.31-34; Jo 13.36-38)

²⁷ Disse-lhes Jesus: "Vocês todos me abandonarão. Pois está escrito:

" 'Ferirei o pastor,
    e as ovelhas serão dispersas'³.ᵐ

²⁸ Mas, depois de ressuscitar, irei adiante de vocês para a Galileia".ⁿ

²⁹ Pedro declarou: "Ainda que todos te abandonem, eu não te abandonarei!"

³⁰ Respondeu Jesus: "Asseguro que ainda hoje, esta noite, antes que duas vezes⁴ cante o galo, três vezesᵒ você me negará".

---

¹ 14.5 O denário era uma moeda de prata equivalente à diária de um trabalhador braçal.
² 14.24 Alguns manuscritos trazem *da nova aliança*.
³ 14.27 Zc 13.7
⁴ 14.30 Alguns manuscritos não trazem *duas vezes*.

³¹ Mas Pedro insistia ainda mais: "Mesmo que seja preciso que eu morra contigo,ᵖ nunca te negarei". E todos os outros disseram o mesmo.

Jesus no Getsêmani
(Mt 26.36-46; Lc 22.39-46)

³² Então foram para um lugar chamado Getsêmani, e Jesus disse aos seus discípulos: "Sentem-se aqui enquanto vou orar". ³³ Levou consigo Pedro, Tiago e João,ᑫ e começou a ficar aflito e angustiado. ³⁴ E disse-lhes: "A minha alma está profundamente triste, numa tristeza mortal.ʳ Fiquem aqui e vigiem".

³⁵ Indo um pouco mais adiante, prostrou-se e orava para que, se possível, fosse afastadaˢ dele aquela hora. ³⁶ E dizia: "*Aba*¹, Pai,ᵗ tudo te é possível. Afasta de mim este cálice;ᵘ contudo, não seja o que eu quero, mas sim o que tu queres".ᵛ

³⁷ Então, voltou aos seus discípulos e os encontrou dormindo. "Simão", disse ele a Pedro, "você está dormindo? Não pôde vigiar nem por uma hora? ³⁸ Vigiem e orem para que não caiam em tentação.ʷ O espírito está pronto, mas a carne é fraca".ˣ

³⁹ Mais uma vez ele se afastou e orou, repetindo as mesmas palavras. ⁴⁰ Quando voltou, de novo os encontrou dormindo, porque seus olhos estavam pesados. Eles não sabiam o que lhe dizer.

⁴¹ Voltando pela terceira vez, ele lhes disse: "Vocês ainda dormem e descansam? Basta! Chegou a hora!ʸ Eis que o Filho do homem está sendo entregue nas mãos dos pecadores. ⁴² Levantem-se e vamos! Aí vem aquele que me trai!"

Jesus é Preso
(Mt 26.47-56; Lc 22.47-53; Jo 18.1-11)

⁴³ Enquanto ele ainda falava, apareceu Judas,ᶻ um dos Doze. Com ele estava uma multidão armada de espadas e varas, enviada pelos chefes dos sacerdotes, mestres da lei e líderes religiosos.

⁴⁴ O traidor havia combinado um sinal com eles: "Aquele a quem eu saudar com um beijo, é ele: prendam-no e levem-no em segurança". ⁴⁵ Dirigindo-se imediatamente a Jesus, Judas disse: "Mestre!",ᵃ e o beijou. ⁴⁶ Os homens agarraram Jesus e o prenderam. ⁴⁷ Então, um dos que estavam por perto puxou a espada e feriu o servo do sumo sacerdote, decepando-lhe a orelha.

⁴⁸ Disse Jesus: "Estou eu chefiando alguma rebelião, para que vocês venham me prender com espadas e varas? ⁴⁹ Todos os dias eu estive com vocês, ensinando no templo,ᵇ e vocês não me prenderam. Mas as Escrituras precisam ser cumpridas".ᶜ ⁵⁰ Então todos o abandonaram e fugiram.ᵈ

⁵¹ Um jovem, vestindo apenas um lençol de linho, estava seguindo Jesus. Quando tentaram prendê-lo, ⁵² ele fugiu nu, deixando o lençol para trás.

Jesus diante do Sinédrio

⁵³ Levaram Jesus ao sumo sacerdote; e então reuniram-se todos os chefes dos sacerdotes, os líderes religiosos e os mestres da lei. ⁵⁴ Pedro o seguiu de longe até o pátio do sumo sacerdote.ᵉ Sentando-se ali com os guardas, esquentava-se junto ao fogo.ᶠ

⁵⁵ Os chefes dos sacerdotes e todo o Sinédrioᵍ² estavam procurando depoimentos contra Jesus, para que pudessem condená-lo à morte, mas não encontravam nenhum. ⁵⁶ Muitos testemunharam falsamente contra ele, mas as declarações deles não eram coerentes.

⁵⁷ Então levantaram-se alguns e declararam falsamente contra ele: ⁵⁸ "Nós o ouvimos dizer: 'Destruirei este templo feito por mãos humanas e em três dias construirei outro,ʰ não feito por mãos de homens'". ⁵⁹ Mas, nem mesmo assim, o depoimento deles era coerente.

⁶⁰ Depois o sumo sacerdote levantou-se diante deles e perguntou a Jesus: "Você não vai responder à acusação que estes fazem

---

¹ **14.36** Termo aramaico para *Pai*.

² **14.55** Conselho dos principais líderes do povo judeu.

sobre você?" ⁶¹ Mas Jesus permaneceu em silêncio e nada respondeu.ⁱ

Outra vez o sumo sacerdote lhe perguntou: "Você é o Cristo, o Filho do Deus Bendito?"ʲ

⁶² "Sou", disse Jesus. "E vereis o Filho do homem assentado à direita do Poderoso vindo com as nuvens do céu."ᵏ

⁶³ O sumo sacerdote, rasgando as próprias vestes,ˡ perguntou: "Por que precisamos de mais testemunhas? ⁶⁴ Vocês ouviram a blasfêmia. Que acham?"

Todos o julgaram digno de morte.ᵐ ⁶⁵ Então alguns começaram a cuspir nele; vendaram-lhe os olhos e, dando-lhe murros, diziam: "Profetize!" E os guardas o levaram, dando-lheⁿ tapas.

Pedro Nega Jesus
(Mt 26.69-75; Lc 22.54-62; Jo 18.15-18,25-27)

⁶⁶ Estando Pedro embaixo, no pátio,ᵒ uma das criadas do sumo sacerdote passou por ali. ⁶⁷ Vendo Pedro a aquecer-se, olhou bem para eleᵖ e disse:

"Você também estava com Jesus, o Nazareno".ᵠ

⁶⁸ Contudo ele o negou, dizendo: "Não o conheço, nem sei do que você está falando".ʳ E saiu para o alpendre¹.

⁶⁹ Quando a criada o viu lá, disse novamente aos que estavam por perto: "Esse aí é um deles". ⁷⁰ De novo ele negou.ˢ

Pouco tempo depois, os que estavam sentados ali perto disseram a Pedro: "Certamente você é um deles. Você é galileu!"ᵗ

⁷¹ Ele começou a se amaldiçoar e a jurar: "Não conheço o homem de quem vocês estão falando!"ᵘ

⁷² E logo o galo cantou pela segunda vez². Então Pedro se lembrou da palavra que Jesus lhe tinha dito: "Antes que duas vezes³ cante o galo, você me negará três vezes".ᵛ E pôs-se a chorar.

¹ **14.68** Muitos manuscritos acrescentam *e o galo cantou.*
² **14.72** Alguns manuscritos não trazem *pela segunda vez.*
³ **14.72** Alguns manuscritos não trazem *duas vezes.*

Jesus diante de Pilatos

15 De manhã bem cedo, os chefes dos sacerdotes com os líderes religiosos, os mestres da leiʷ e todo o Sinédrio⁴ chegaram a uma decisão. Amarrando Jesus, levaram-no e o entregaram a Pilatos.ʸ

² "Você é o rei dos judeus?"ᶻ, perguntou Pilatos.

"Tu o dizes"⁵, respondeu Jesus.

³ Os chefes dos sacerdotes o acusavam de muitas coisas. ⁴ Então Pilatos lhe perguntou novamente: "Você não vai responder? Veja de quantas coisas o estão acusando".

⁵ Mas Jesus não respondeu nada,ᵃ e Pilatos ficou impressionado.

⁶ Por ocasião da festa, era costume soltar um prisioneiro que o povo pedisse. ⁷ Um homem chamado Barrabás estava na prisão com os rebeldes que haviam cometido assassinato durante uma rebelião. ⁸ A multidão chegou e pediu a Pilatos que lhe fizesse o que costumava fazer.

⁹ "Vocês querem que eu solte o rei dos judeus?",ᵇ perguntou Pilatos, ¹⁰ sabendo que fora por inveja que os chefes dos sacerdotes lhe haviam entregado Jesus. ¹¹ Mas os chefes dos sacerdotes incitaram a multidão a pedir que Pilatos, ao contrário, soltasse Barrabás.ᶜ

¹² "Então, que farei com aquele a quem vocês chamam rei dos judeus?", perguntou-lhes Pilatos.

¹³ "Crucifica-o!", gritaram eles.

¹⁴ "Por quê? Que crime ele cometeu?", perguntou Pilatos.

Mas eles gritavam ainda mais: "Crucifica-o!"

¹⁵ Desejando agradar a multidão, Pilatos soltou-lhes Barrabás, mandou açoitar Jesusᵈ e o entregou para ser crucificado.

⁴ **15.1** Conselho dos principais líderes do povo judeu; também no versículo 43.
⁵ **15.2** Ou *"Sim, é como dizes"*

14.61
ⁱIs 53.7;
Mt 27.12,14;
Mc 15.5;
Lc 23.9;
Jo 19.9
ʲMt 16.16;
Jo 4.25,26

14.62
ᵏAp 1.7

14.63
ˡLv 10.6;
21.10;
Nm 14.6;
At 14.14

14.64
ᵐLv 24.16

14.65
ⁿMt 16.21

14.66
ᵒv.54

14.67
ᵖv.54
ᵠMc 1.24

14.68
ʳv.54 30,72

14.70
ˢv.30,68, 72
ᵗAt 2.7

14.71
ᵘv.30,72

14.72
ᵛv. 30,68

15.1
ʷMt 27.1;
Lc 22.66
ˣMt 5.22
ʸMt 27.2

15.2
ᶻv. 9,12,18, 26;Mt 2.2

15.5
ᵃMc 14.61

15.9
ᵇv. 2

15.11
ᶜAt 3.14

15.15
ᵈIs 53.6

Os Soldados Zombam de Jesus
(Mt 27.27-31)

16 Os soldados levaram Jesus para dentro do palácio,ᵉ isto é, ao Pretório,¹ e reuniram toda a tropa. **17** Vestiram-no com um manto de púrpura, depois fizeram uma coroa de espinhos e a colocaram nele. **18** E começaram a saudá-lo: "Salve, rei dos judeus!"ᶠ **19** Batiam-lhe na cabeça com uma vara e cuspiam nele. Ajoelhavam-se e lhe prestavam adoração. **20** Depois de terem zombado dele, tiraram-lhe o manto de púrpura e vestiram-lhe suas próprias roupas. Então o levaram para fora,ᵍ a fim de crucificá-lo.

A Crucificação
(Mt 27.32-44; Lc 23.26-43; Jo 19.16-27)

21 Certo homem de Cirene,ʰ chamado Simão, pai de Alexandre e de Rufo,ⁱ passava por ali, chegando do campo. Eles o forçaram a carregar a cruz.ʲ **22** Levaram Jesus ao lugar chamado Gólgota, que quer dizer lugar da Caveira. **23** Então deram-lhe vinho misturado com mirra,ᵏ mas ele não o bebeu. **24** E o crucificaram. Dividindo as roupas dele, tiraram sortesˡ para saber com o que cada um iria ficar.

25 Eram nove horas da manhã² quando o crucificaram. **26** E assim estava escrito na acusação contra ele: O REI DOS JUDEUS.ᵐ **27** Com ele crucificaram dois ladrões, um à sua direita e outro à sua esquerda, **28** e cumpriu-se a Escritura que diz: "Ele foi contado entre os transgressores"³. **29** Os que passavam lançavam-lhe insultos, balançando a cabeçaⁿ e dizendo: "Ora, você que destrói o templo e o reedifica em três dias,ᵒ **30** desça da cruz e salve-se a si mesmo!"

31 Da mesma forma, os chefes dos sacerdotes e os mestres da lei zombavam deleᵖ entre si, dizendo: "Salvou os outros, mas não é capaz de salvar a si mesmo! **32** O Cristo,ᑫ o Rei de Israelʳ... Desça da cruz, para que o vejamos e creiamos!" Os que foram crucificados com ele também o insultavam.

A Morte de Jesus
(Mt 27.45-56; Lc 23.44-49; Jo 19.28-30)

33 E houve trevas sobre toda a terra, do meio-dia às três horas da tarde⁴·ˢ **34** Por volta das três horas da tarde, Jesus bradou em alta voz: "Eloí, Eloí, lamá sabactâni?", que significa "Meu Deus! Meu Deus! Por que me abandonaste?"⁵ᵗ

35 Quando alguns dos que estavam presentes ouviram isso, disseram: "Ouçam! Ele está chamando Elias".

36 Um deles correu, embebeu uma esponja em vinagre,ᵘ colocou-a na ponta de uma vara e deu-a a Jesus para beber. E disse: "Deixem-no. Vejamos se Elias vem tirá-lo daí".

37 Mas Jesus, com um alto brado, expirou.ᵛ

38 E o véu do santuário rasgou-se em duas partes, de alto a baixo.ʷ **39** Quando o centuriãoˣ que estava em frente de Jesus ouviu o seu brado e⁶ viu como ele morreu, disse: "Realmente este homem era o Filho de Deus!"ʸ

40 Algumas mulheres estavam observando de longe.ᶻ No meio delas estavam Maria Madalena, Saloméᵃ e Maria, mãe de Tiago, o mais jovem, e de José. **41** Na Galileia elas tinham seguido e servido a Jesus. Muitas outras mulheres que tinham subido com ele para Jerusalém também estavam ali.ᵇ

O Sepultamento de Jesus
(Mt 27.57-61; Lc 23.50-56; Jo 19.38-42)

42 Era o Dia da Preparação, isto é, a véspera do sábado,ᶜ **43** José de Arimateia, membro de destaque do Sinédrio,ᵈ que também esperava o Reino de Deus,ᵉ dirigiu-se corajosamente a Pilatos e pediu o corpo de Jesus. **44** Pilatos ficou surpreso ao ouvir que ele já tinha morrido. Chamando o centurião,ᶠ perguntou-lhe

---

¹ **15.16** Residência oficial do governador romano.
² **15.25** Grego: *Era a hora terceira.*
³ **15.28** Is 53.12
⁴ **15.33** Grego: *da hora sexta até a hora nona.*
⁵ **15.34** Sl 22.1
⁶ **15.39** Alguns manuscritos não trazem *ouviu o seu brado e*.

se Jesus já tinha morrido. ⁴⁵ Sendo informado pelo centurião, entregou o corpo a José. ⁴⁶ Então José comprou um lençol de linho, baixou o corpo da cruz, envolveu-o no lençol e o colocou num sepulcro cavado na rocha. Depois, fez rolar uma pedra sobre a entrada do sepulcro.ᵍ ⁴⁷ Maria Madalena e Maria, mãe de José,ʰ viram onde ele fora colocado.

A Ressurreição
(Mt 28.1-10; Lc 24.1-12; Jo 20.1-9)

16 Quando terminou o sábado, Maria Madalena, Salomé e Maria, mãe de Tiago, compraram especiariasⁱ aromáticas para ungir o corpo de Jesus. ² No primeiro dia da semana, bem cedo, ao nascer do sol, elas se dirigiram ao sepulcro, ³ perguntando umas às outras: "Quem removerá para nós a pedra da entrada do sepulcro?"ʲ

⁴ Mas, quando foram verificar, viram que a pedra, que era muito grande, havia sido removida. ⁵ Entrando no sepulcro, viram um jovem vestido de roupas brancasᵏ assentado à direita e ficaram amedrontadas.

⁶ "Não tenham medo", disse ele. "Vocês estão procurando Jesus, o Nazareno,ˡ que foi crucificado. Ele ressuscitou! Não está aqui. Vejam o lugar onde o haviam posto. ⁷ Vão e digam aos discípulos dele e a Pedro: Ele está indo adiante de vocês para a Galileia. Lá vocês o verão,ᵐ como ele disse."ⁿ

⁸ Tremendo e assustadas, as mulheres saíram e fugiram do sepulcro. E não disseram nada a ninguém, porque estavam amedrontadas.

⁹ ¹Quando Jesus ressuscitou, na madrugada do primeiro dia da semana, apareceu primeiramente a Maria Madalena,ᵒ de quem havia expulsado sete demônios. ¹⁰ Ela foi e contou aos que com ele tinham estado; eles estavam lamentando e chorando. ¹¹ Quando ouviram que Jesus estava vivo e fora visto por ela, não creram.ᵖ

¹² Depois Jesus apareceu noutra forma a dois deles, estando eles a caminho do campo.ᵠ ¹³ Eles voltaram e relataram isso aos outros; mas também nestes eles não creram.

¹⁴ Mais tarde Jesus apareceu aos Onze enquanto eles comiam; censurou-lhes a incredulidade e a dureza de coração, porque não acreditaram nos que o tinham visto depois de ressurreto.ʳ

¹⁵ E disse-lhes: "Vão pelo mundo todo e preguem o evangelho a todas as pessoas.ˢ ¹⁶ Quem crer e for batizado será salvo, mas quem não crer será condenado.ᵗ ¹⁷ Estes sinais acompanharão os que crerem: em meu nome expulsarão demônios;ᵘ falarão novas línguas;ᵛ ¹⁸ pegarão em serpentes;ʷ e, se beberem algum veneno mortal, não lhes fará mal nenhum; imporão as mãosˣ sobre os doentes, e estes ficarão curados".

¹⁹ Depois de lhes ter falado, o Senhor Jesus foi elevado aos céusʸ e assentou-se à direita de Deus.ᶻ ²⁰ Então, os discípulos saíram e pregaram por toda parte; e o Senhor cooperava com eles, confirmando-lhes a palavra com os sinais que a acompanhavam.

ⁱ 16.9 Alguns manuscritos antigos não trazem os versículos 9-20; outros manuscritos do evangelho de Marcos, apresentam finais diferentes.

PASTOREANDO EM SITUAÇÕES ESPECÍFICAS

 ## Pastoreio e batalha espiritual

> *"Cale-se e saia dele!", repreendeu-o Jesus. O espírito imundo sacudiu o homem violentamente e saiu dele gritando.*
>
> *Todos ficaram tão admirados que perguntavam uns aos outros: "O que é isto? Um novo ensino – e com autoridade! Até aos espíritos imundos ele dá ordens, e eles lhe obedecem!"*
>
> Marcos 1.25-27

Esta passagem deixa claro que Jesus passou por uma luta espiritual no início de seu ministério. Na verdade, ele encontrou Satanás até mesmo *antes* de começar seu ministério público (veja Mateus 4). Na agitação inicial do ministério, é fácil para muitos líderes de igreja fingir que a batalha espiritual não existe ou que dificilmente afetará as pessoas que lideramos. Mas o homem endemoninhado nesse relato dos Evangelhos nos mostra algo diferente. Ele não só foi profundamente afetado por forças demoníacas, como também sua vida foi radicalmente transformada — para melhor — por meio do toque de Cristo.

Como Jesus, podemos esperar encontrar pessoas que estão lutando contra forças demoníacas. Como Corpo de Cristo na terra, a comunidade cristã é chamada para oferecer a transformação de Cristo aos que estão presos por demônios. Mas há uma razão pela qual se chama batalha espiritual. Estamos em uma batalha: uma batalha que Cristo vencerá.

PASTOREANDO EM SITUAÇÕES ESPECÍFICAS

Duas barreiras para entender a batalha espiritual
Steven D. Mathewson

Alguns dos textos mais difíceis das narrativas dos Evangelhos são aqueles em que Jesus confronta Satanás e os demônios. Em recente mensagem sobre Lucas 8.22-56, mostrei como Lucas organizou os relatos para ressaltar o poder de Jesus sobre a natureza, sobre os demônios, sobre as enfermidades e sobre a morte. Adivinhe qual o poder de Jesus que mais confundiu os meus leitores? Podemos concordar com o fato de Jesus ter poder sobre a natureza, sobre as enfermidades e sobre a morte. Mas os norte-americanos não sabem exatamente o que fazer com um relato em que Jesus demonstra seu poder sobre uma legião de demônios, expulsando-os do homem que vivia entre os túmulos, e envia aquela legião para uma manada de porcos que se precipitam no mar da Galileia.

A cosmovisão naturalista da nossa cultura
Dois fatores estão por trás desse problema. O primeiro é a tendência naturalista da nossa cultura na qual as forças demoníacas e sobrenaturais têm pouca ou nenhuma influência. Naturalmente, vampiros e bruxas estão presentes nos contos populares. Da mesma forma, forças sobrenaturais do bem e do mal ocupam o cenário de muitos filmes e jogos eletrônicos. Apesar disso, as discussões sobre o mal na nossa sociedade — quer sobre tiroteio em escolas, assassinatos em série ou assédio — raramente envolvem as causas demoníacas. Os especialistas da mídia relacionam esses atos abomináveis a uma infância traumática ou a uma exposição excessiva à violência da televisão. Os profissionais de saúde mental diagnosticam a causa como desilusão ou alteração no estado de consciência resultante de drogas alucinógenas, ou como doença mental resultante de "transtorno de dissociação de identidade" — menos a consequência de influência ou controle de um espírito mal.

Diferentes visões culturais sobre batalha espiritual
Um segundo fator que torna a proclamação desses textos um desafio é a natureza da batalha espiritual na América do Norte em contraposição ao modo com que a batalha espiritual se manifesta em países mergulhados em práticas de ocultismo. O modo sutil como o Maligno age na América do Norte leva alguns a achar que batalha espiritual não ocorre de verdade no mesmo nível que em outros lugares. Não reconhecer a sutileza de Satanás pode nos cegar para a batalha espiritual. Como Haddon Robinson certa vez declarou em um sermão sobre tentação em Gênesis 3.1-6: "Quando Satanás se aproxima de nós, ele nunca chega arrastando as correntes com as quais nos prenderá" ("A Case Study in Temptation" [Um estudo de caso sobre a tentação], em *Biblical Sermons*).

Uma igreja que servi anteriormente como pastor tem um relacionamento fraterno com uma maravilhosa igreja evangélica do sul do Haiti. Nas visitas ao Haiti, víamos por toda parte no vilarejo objetos de feitiçaria, e, às vezes, à noite, deitados e acordados ficávamos ouvindo *o batuque dos tambores das cerimônias de magia*. Todos nós tínhamos um senso mais palpável de trevas espirituais do que jamais sentimos em nossa comunidade.

Pastoreio e batalha espiritual

Era comum um dos membros da equipe de nossa igreja americana observar: "Uau, eles realmente estão em meio de uma batalha espiritual aqui! Agora eu sei o que realmente significa batalha espiritual.".

O fato é, nós enfrentamos batalha espiritual na América do Norte de forma tão intensa quanto no Haiti. A diferença está em como ela se manifesta. Em todo lugar que já morei, tenho notado como o Maligno tenta enfraquecer a obra de Deus na minha vida e na vida de outros através da implacável enxurrada de propaganda que nos seduz à ganância. Então, a batalha não é menos intensa do que em uma cultura em que a estratégia de Satanás é usar rituais e sacrifícios de feitiçaria. Mas toda sua sutileza nos engana a ponto de não percebermos quando ela ocorre. Uma deficiência de compreensão da batalha espiritual influencia como ouvimos os Evangelhos e descrevemos os conflitos com Satanás e os demônios. Esses conflitos parecem estranhos e irrelevantes para a nossa vida no século XXI. Contudo, isso não significa que não deveríamos estar atentos à existência da batalha espiritual e em como lidar com sua realidade de forma bíblica.

Estratégias bíblicas para lidar com a batalha espiritual
Steven D. Mathewson

Qual deve ser a atitude do cristão com respeito à batalha espiritual? Estas são algumas estratégias de como procurar textos nos Evangelhos nos quais Jesus resiste à tentação de Satanás e subjuga as forças demoníacas que atormentam seu povo:

Desenvolva uma teologia de batalha espiritual

Os leitores das Escrituras precisam de uma estrutura teológica que os ajude a processar a mensagem que um texto particular do Evangelho está comunicando. Isso é particularmente importante quando se trata de textos em que Jesus expulsa demônios e instrui os Doze a fazer o mesmo. Essa breve teologia, que desenvolvi para discutir e pregar sobre textos que tratam de temas relacionados a Satanás e aos demônios, contém oito afirmações:

1) A batalha espiritual representa a luta do cristão contra tudo que se levanta contra o conhecimento de Deus (Efésios 6.10-12; 2Coríntios 10.3-5).

2) Três formas de mal influenciam a luta contra o nosso compromisso de conhecer e amar a Deus: o mundo, a carne e o Diabo. O mundo é o ambiente social doentio em que vivemos, incluindo pressão de grupo, valores imorais, assim por diante. A carne refere-se a nossa tendência interior de pensar e fazer o mal. O Diabo é um ser espiritual inteligente e poderoso que lidera um exército de outros espíritos maus poderosos (Efésios 2.1-3; 1João 2.15-17; 3.7-10).

3) Deus é maior que Satanás. Por meio da morte de Jesus na cruz, ele triunfou sobre Satanás e seus demônios. Satanás e suas forças são inimigos derrotados. Apesar de Satanás poder causar graves danos, principalmente por meio de decepção, acusação e tentação, Deus limita o poder de Satanás (Jó 1.6-12; 2.1-7; Efésios 1.19-23; Colossenses 2.13-15; 1João 4.4).

4) As principais armas que Deus nos dá para acessar seu poder na batalha espiritual são verdade, justiça, Evangelho da paz, fé, salvação (quem somos em Cristo), e as Escrituras. A oração deve acompanhar o uso desses recursos. A oração é o cerne da batalha espiritual, e toda oração é uma "oração no Espírito" (Efésios 6.10-20).

5) Os cristãos devem evitar toda forma de contato com demônios, incluindo astrologia, horóscopos, filmes sobre demônios, músicas demoníacas, jogos eletrônicos e *video games* demoníacos, feitiços, sessões espíritas e material da Nova Era (Deuteronômio 18.9-20; Atos 19.18-20).

6) Satanás não tem absolutamente nenhuma autoridade legítima sobre um cristão. Quando cremos no Senhor Jesus Cristo, todos os pecados são perdoados, e todos os votos, promessas e alianças rituais são quebrados. Os demônios não têm autoridade sobre um cristão e não possuem nenhum direito de invadir um cristão por causa do pecado nem de se apegar à alma de um cristão (Colossenses 1.13,14; 2.9-15). Entretanto, ele pode exercer alguma forma de controle sobre o cristão, por causa de seu pecado (Efésios 4.27), e aparentemente um espírito mau pode ter poder sobre a tendência do cristão para o pecado (Mateus 16.22,23; Atos 5.3).

7) A principal forma de o cristão lidar com o pecado pessoal é por meio das disciplinas espirituais, não da libertação de demônios de cobiça, ganância, mentira etc. (Filipenses 2.12,13; 1Timóteo 4.7).

8) Os cristãos não são chamados para confrontar espíritos territoriais orando contra eles, advertindo-os, expulsando-os ou amarrando-os. Embora devamos certamente pedir para que Deus impeça e destrua as ações de espíritos territoriais da nossa região ou vizinhança, não precisamos identificar nomes de demônios, sua hierarquia, seu ponto de força ou "estatuto" (isto é, uma linha ou corrente que supostamente conecta lugares com importantes fontes de poder mágico e espiritual) a fim de que as nossas orações sejam eficazes. O nosso papel em destruir fortalezas territoriais é orar fervorosamente e confiar no poder do nosso Deus para confrontar esses seres malignos conforme sua vontade (Veja a abordagem de Daniel em Daniel 10.1-21 e a abordagem de Paulo em Atos 13 e 19).

Em um sermão sobre o texto Lucas 4.31-44, intitulado "Jesus e as forças das trevas", comecei admitindo que os demônios, no dia a dia, não estão ao alcance do meu radar. Não fico perturbado por seres espirituais malignos. Tenho dificuldades suficientes com as minhas próprias tendências ao pecado e com o pecado das pessoas ao meu redor. Ira, amargura, cobiça, desonestidade, maledicência, desrespeito e ganância — essas são algumas coisas que causam escravidão e derrota, correto? Precisamos também nos preocupar com as forças do mal? Em seguida, conduzi os meus ouvintes através desse relato para ajudá-los a encontrar a ideia principal: *A boa-nova do Reino é digna de ser proclamada e crida, porque Jesus tem poder e autoridade total sobre as forças das trevas.*

Nesse momento, fiz algumas perguntas: Então, o que isso significa para nós hoje? Nós lutamos contra as forças das trevas? Caso afirmativo, como Jesus nos ajuda a vencê-las? Essas perguntas formaram um esboço de uma teologia da batalha espiritual. Nesse esboço, defendi que os seguidores de Cristo vencem as forças espirituais do mal que nos assediam resistindo-as com os recursos oferecidos pelo Evangelho — não por meio de

Pastoreio e batalha espiritual

confrontações de poder e magia. Três ideias-chave surgem quando olhamos para toda a amplitude das Escrituras:

1. *Nossa luta contra o mal vem, em parte, de forças espirituais do mal.*
   - Enfrentamos o mundo, a carne e o Diabo (Efésios 2.1-3).
   - O ensino falso procede de demônios (1Timóteo 4.1).
   - Há demônios por trás dos conflitos humanos (Efésios 6.12).

2. *Essa luta é mais sutil no Ocidente do que em outras partes do mundo (Efésios 6.12).*
   - Há países e culturas em que a percepção demoníaca é mais palpável por causa da feitiçaria.
   - Em outros, no entanto, a principal estratégia de Satanás é o materialismo ou o secularismo ainda que haja elementos demoníacos na cultura popular.

3. *Nossa abordagem é usar os recursos oferecidos pelo Evangelho (Efésios 6.13-18).*
   - Resistimos ao Maligno pregando o Evangelho a nós mesmos e aos outros e usando, ou firmando-nos em, os recursos oferecidos na Palavra (evite o ocultismo).
   - Não há indicação de que o exorcismo ou a oração contra espíritos territoriais seja o modo correto de agir.

Encerro o sermão com as seguintes palavras:

> Foi um dia e tanto na vida de Jesus. Quanto mais leio Lucas 4.31-44, mais o aprecio. Não há nada, absolutamente nada, que seja mais poderoso ou tenha mais autoridade do que Cristo! Colossenses 2.15 completa o quadro: "e, tendo despojado os poderes e as autoridades, fez deles um espetáculo público, triunfando sobre eles na cruz".
>
> Esteja atento às forças espirituais do mal. Mas não tenha medo! O apóstolo João escreveu: "[...] aquele que está em vocês é maior do que aquele que está no mundo" (1João 4.4). De quem ele está falando? Talvez do Espírito que habita em nós. Mas provavelmente de Jesus Cristo em você, a esperança de glória. Afinal, Cristo habita em nós por meio de seu Espírito, o Espírito de Cristo. O texto de Lucas 4.31-44 diz que maior é o que está entre vocês do que as forças das trevas que estão no mundo. É por isso que a boa notícia do Reino é digna de ser proclamada!

Decida se o texto é descritivo ou prescritivo

Talvez um dos maiores desafios dos textos em que Jesus luta contra Satanás e forças do mal é distinguir entre o que é descritivo e prescritivo. Em outras palavras, as ações e respostas *de Jesus* de uma passagem particular são singulares a seu papel de Messias e Filho de Deus? São essas ações ou respostas singulares àquela situação específica? Ou essas ações e respostas servem de exemplos para seus seguidores quando enfrentarem o Maligno?

Os seguidores de Jesus não têm autoridade para reproduzir atos de Jesus que procedem claramente de seu poder como Messias e Filho de Deus. Por exemplo, as Escrituras não nos dão nenhum sinal de que devamos dar ordem aos ventos e mares e esperar que

PASTOREANDO EM SITUAÇÕES ESPECÍFICAS

eles nos obedeçam como obedeceram a Jesus (Lucas 8.22-25). Somente Deus tem esse poder, e ele não parece delegá-lo a seres humanos (veja Salmos 107.23-31). Contudo, as Escrituras citam algumas ações claras de Jesus como exemplos a ser seguidos — principalmente aqueles que põem os interesses dos outros acima dos nossos interesses e que nos ensinam a suportar o sofrimento fazendo o bem (Filipenses 2.3-11; 1Pedro 2.20,21). Diante disso, como entender o envio de Jesus dos Doze, quando ele lhes dá "poder e autoridade para expulsar todos os demônios" (Lucas 9.1)? Esse texto respalda a função de mandato a todos os seguidores de Jesus em todos os tempos?

Eu pedi a três especialistas em Bíblia que pregam vastamente nos Evangelhos para definir critérios que devem ser usados para distinguir entre os aspectos descritivo e prescritivo do encontro de Jesus com Satanás e as forças demoníacas. As discussões com esses especialistas resultaram na elaboração das quatro seguintes perspectivas, que me ajudaram com diversos textos bíblicos em que Jesus é confrontado pelo Maligno e pelos poderes das trevas.

1. *Parta da perspectiva cristológica antes de seguir para os exemplos*

Os pastores, com frequência, pregam a história da tentação de Jesus relatada em Mateus 4.1-11 e Lucas 4.1-13 como modelo a ser usados pelos cristãos diante das tentações. Sem querer negar a validade dessa prática, Grant Osborne sugere que iniciemos com a cristologia. Osborne é um renomado estudioso do Novo Testamento que prega frequentemente e que gastou no decorrer dos anos tempo considerável no estudo dos Evangelhos. Seu comentário sobre Mateus (*Matthew*, Zondervan Exegetical Commentary on the New Testament) demonstra isso.

Em seu comentário sobre a passagem de Mateus 4.1-11, Osborne nos lembra de que essa tentação de Jesus representa "o acontecimento final que anuncia o ministério messiânico de Jesus". Ao passar por esse teste, Jesus "prova que ele é o verdadeiro Filho de Deus, iniciando, então, o ministério em um tom de triunfo". Osborne conclui: "Não há nenhum sinal no contexto de que Mateus estivesse pensando em seus seguidores; esse relato, de início ao fim, é cristológico". O que precisamos comunicar, então, é que Jesus é digno de ser seguido e nele podemos confiar, porque é fidedigno. Ele é capaz de vencer as tentações de Satanás. Qualquer exemplo que alguém queira extrair da experiência de Jesus deve ser secundário em relação ao foco cristológico do relato.

2. *Procure padrões ou elementos comuns* versus *elementos que ocorrem apenas uma vez*

Depois de destacado o aspecto cristológico, contudo, é legítimo olhar para Jesus como exemplo, assim como fez o próprio Paulo em Filipenses 2.3-11 e Pedro, em 1Pedro 2.20,21. Mas como determinar quais aspectos ou detalhes os cristãos devem reproduzir e quais detalhes são singulares a uma situação particular? A conversa que tive com Gerry Breshears, professor de Teologia Sistemática do Western Seminary em Portland, Oregon, Estados Unidos, abriu caminho para dar alguns passos decisivos. Ele me indicou a discussão geral dos princípios hermenêuticos da *Igreja vintage*, livro que escreveu com Mark Driscoll. Os seguintes princípios podem nos ajudar a percorrer tanto o que a Bíblia prescreve quanto o que ela descreve:

Pastoreio e batalha espiritual

- A tudo o que a Bíblia prescreve nós obedecemos. Fazemos o que nos é ordenado ser e fazer, não fazemos o que ela nos proíbe fazer.
- Tudo que é descrito na Bíblia procuramos seguir o mais próximo possível. Procuramos princípios a partir do que a Bíblia descreve e os utilizamos como guias para as nossas decisões (Atos 15.15-21; 1Coríntios 10.6-11).
- Sobre os temas que a Bíblia permanece em silêncio, isso não significa que Deus se esqueceu de dizer algo. Ele ficou intencionalmente em silêncio para permitir que as diferenças das nossas circunstâncias e culturas sejam consideradas e para que sigamos a sabedoria e o Espírito dentro dos limites da prescrição.

Sem negar a ênfase cristológica do texto de Mateus 4.1-11, Breshears observou que o modo pelo qual Jesus empregou as Escrituras está em harmonia com o padrão que vemos em toda a Escritura. Na verdade, a primeira citação de Jesus de Deuteronômio 8.3 estabelece esse padrão: " 'Nem só de pão viverá o homem, mas de toda palavra que procede da boca de Deus' " (Mateus 4.4). O texto de Salmos 119.11 reforça esse padrão quando diz: "Guardei no coração a tua palavra para não pecar contra ti". Não é de se surpreender que encontramos esse padrão em Efésios 6.10-20, talvez o texto bíblico clássico sobre batalha espiritual. Nesse texto, encontramos os recursos que os cristãos têm à disposição para se envolver na batalha espiritual incluindo tanto a "verdade" (v. 14) quanto "a palavra de Deus" (v. 17).

Breshears declara: "Jesus é um exemplo para nós? Sim, ele vive como perfeito ser humano controlado pelo Espírito. Ele não vive na sua vida como Deus.". Naturalmente que Breshears afirma que Jesus é Deus-homem, aquele que é completamente Deus e completamente humano. Mas ele deseja nos lembrar de que, quando Jesus se encarnou, ele, "embora sendo Deus, não considerou que o ser igual a Deus era algo a que devia apegar-se" (Filipenses 2.6). Antes, Jesus se absteve de usar independentemente seu poder como Deus. O que vemos nos Evangelhos é que Jesus só empregou esse poder quando o Espírito o orientou a fazê-lo. É interessante que Mateus e Lucas enfatizam o papel do Espírito na vida de Jesus já no início dos relatos de sua tentação (Mateus 4.1; Lucas 4.1). Então, quando encontramos padrões do encontro de Jesus com Satanás e as forças do mal, e quando encontramos esses padrões em outras partes das Escrituras, podemos usá-los legitimamente como exemplos.

3. Reconheça que Jesus concedeu autoridade espiritual a um amplo círculo de amigos

Agora voltamos para a tarefa mais desafiadora: examinar os textos sobre exorcismo. No relato dos Evangelhos, Jesus frequentemente expulsa demônios de pessoas. Ele também "prescreve" o exorcismo como tarefa que seus seguidores devem fazer (Mateus 10.5-8; Marcos 3.14,15; 6.7-13; Lucas 9.1,49,50; 10.17). Mas isso se limita aos Doze? Ou é uma prescrição que se aplica a todos os novos convertidos?

Para me ajudar a entender essa questão, procurei Craig Blomberg, ilustre professor de Novo Testamento do *Denver Seminary*. Ele é um notável estudioso do Novo Testamento cujos escritos incluem um comentário do evangelho de Mateus e uma obra sobre interpretação da Bíblia de sua autoria e de seus colegas William W. Klein e Robert L. Hubbard, Jr. Em nossa conversa, Blomberg chamou a atenção para o fato de que, apesar de Jesus conceder aos Doze poder e autoridade para expulsar demônios, "não são apenas os Doze que têm esse tipo de poder. Nos Evangelhos, os 72 receberam o mesmo poder. Portanto, defendo que qualquer discípulo pode potencialmente exorcizar demônios". Blomberg acrescenta, contudo, um importante requisito: "Jesus expulsava diretamente os demônios, mas seus seguidores devem fazê-lo em nome de Jesus assim como tantas outras coisas que eram feitas na Igreja Primitiva — tendo o nome de Jesus como representação de poder e autoridade."

Mas até que ponto nos aproximamos do modo empregado por Jesus em expulsar demônios? Novamente, voltamos à segunda perspectiva para distinguir entre padrões ou elementos comuns e aqueles elementos que ocorrem uma única vez. Tanto Blomberg quanto Breshears fizeram essa observação. Em uma das nossas conversas, Breshears mostrou-me o texto de Marcos 5.1-20, o relato em que Jesus restaura um endemoninhado na região dos gerasenos. Uma vez que Jesus perguntou o nome do demônio em Marcos 5.9, algumas pessoas enfatizam a necessidade de fazer a mesma coisa quando confrontam um endemoninhado. Entretanto, Breshears diz: "Por que essa foi a única vez que Jesus fez isso nos Evangelhos? Devemos procurar pelo que é comum a todos os relatos. Se uma ação ocorre apenas uma vez, é possível repeti-la, mas sua prática não é uma exigência. Não vemos nenhuma menção nas Epístolas, particularmente em Efésios 6.10-20, da necessidade de conhecer o nome do demônio".

Veja que o fato de Jesus conceder autoridade para expulsar demônios a um círculo abrangente de seguidores não significa que o exorcismo é o meio principal ou mesmo comum de se envolver na batalha espiritual quando trabalhamos com pessoas que sucumbiram ao mundo, à carne e ao Diabo. Uma leitura atenta de todo o Novo Testamento não respaldará essa visão; por isso, não queremos dar a impressão de defendê-la quando tratamos desse assunto. Mas também não queremos dar a impressão de que o exorcismo foi restrito ao ministério terreno de Jesus.

Outra questão-chave que permeia os relatos de exorcismo dos Evangelhos está relacionada ao que é comumente chamado de possessão demoníaca. A próxima seção trata diretamente dessa questão.

4. Observe o que os autores dos Evangelhos quiseram dizer com "endemoninhado"

Em sua obra *The Three Crucial Questions* [As três perguntas cruciais], Clinton Arnold sugere que o termo grego *daimonizomai* é mais bem expresso por "endemoninhado" ou "atormentado por demônio". Sua sugestão apoia-se na observação de que no texto grego não há termos que denotem propriedade ou possessão. A ideia de possessão foi provavelmente introduzida nas traduções modernas por causa de traduções do latim que utilizaram o "o termo *possessio* para descrever uma pessoa profundamente perturbada por um espírito demoníaco". O problema é que o termo derivado no português, *possessão*, carrega a ideia de posse e controle. Embora possa ser o caso de muitos não cristãos, as Escrituras são claras em que "a questão da posse é firmada uma vez por todas quando a pessoa se rende a Cristo" (Romanos 5.1; Colossenses 1.13). Isso faz surgir a questão se um cristão pode ou não ser possesso por um demônio. Apesar de afirmar que o cristão não pode ser possuído ou controlado por um demônio, Arnold indaga se os cristãos podem estar sob forte influência de um espírito demoníaco. "É possível ao cristão entregar

Pastoreio e batalha espiritual

o controle de seu corpo a um espírito demoníaco da mesma maneira que se entrega ao poder do pecado?". Apesar de o corpo do cristão ser o templo do Espírito Santo (1Coríntios 6.19), não significa que um demônio não possa ocupar o mesmo espaço que o Espírito de Deus. Se o mal pode "reinar" no corpo do cristão (Romanos 6.12,13), se o cristão "der lugar" ao Diabo (Efésios 4.27) e se o povo de Deus sob a antiga aliança permitia que o templo fosse lugar de habitação de outros deuses e deusas, não é possível que um demônio invada um cristão e exerça relativo controle quando lhe for dada a oportunidade pelo próprio cristão?

Os cristãos precisam desenvolver uma teologia de batalha espiritual e chegar a suas próprias convicções sobre o grau de influência que um demônio pode exercer sobre um cristão. No entanto, podemos contribuir para essa discussão ao argumentar que as expressões "endemoninhado" ou "atormentado por um demônio" possam captar melhor a ideia dos autores dos Evangelhos do que "possesso por demônio".

Para aqueles que precisam defender a ideia de demônios e demonização a pessoas que têm uma visão mais naturalista, Grant Osborne sugere usar o critério de plausibilidade, frequentemente empregado nos estudos sobre o "Jesus histórico". Em essência, esse critério procura encontrar o cenário mais plausível para explicar a maior parte dos dados com o menor grau de dificuldade. No caso de um homem que vivia sem roupa, em meio aos túmulos, e que brada a identidade de Jesus quando o encontra, sendo capaz de romper as correntes que prendiam suas mãos e pés (Lucas 8.26-29), a demonização é mais plausível do que a insanidade. Apesar de a insanidade poder explicar alguns detalhes, não explica a força sobre-humana.

Dê ênfase à derrota final de Satanás

Uma última estratégia para tratar de textos sobre o encontro de Jesus com Satanás e as forças do mal é ressaltar a sobreposição das eras — o fato de o Reino de Deus e a derrota de Satanás ter chegado "já, mas ainda não". Como afirma Clinton Arnold, precisamos ajudar as pessoas a reconhecer que "vivemos numa época em que a era presente do mal se sobrepõe à era futura". Com a vinda do Reino e a morte sacrificial do rei Jesus, Satanás e suas forças são inimigos derrotados. Esse é o "já" do Reino. A vinda do Reino foi sinalizada em parte com os atos de Jesus de expulsar demônios (Mateus 12.28; Lucas 11.20). Mas há uma dimensão "ainda não". Apesar de Satanás e suas forças estarem derrotadas, eles continuarão lutando no mundo, cegando a mente dos descrentes (2Coríntios 4.4) e tentando devorar os cristãos (1Pedro 5.8). É um exagero afirmar, como Hal Lindsay, que "Satanás está vivo e ativo no planeta Terra." Mas podemos, ao menos, reconhecer que Satanás, apesar de derrotado, está *bem* ativo no planeta Terra — ele está ativo agora até quando for finalmente posto em seu devido lugar por Deus.

Enfatizar o aspecto do "já, mas ainda não" da derrota de Satanás encorajará as pessoas a ser vigilantes, mas não intimidadas. Vemos Jesus como exemplo e ensinamento tanto para a vigilância (resistir ao pecado) quanto para a confiança (resistir ao medo) em seu encontro com Satanás e as forças demoníacas. Não devemos fazer nada menos do que isso. Darrell Bock, um notável estudioso dos Evangelhos, faz observações em seu comentário sobre Lucas a respeito de dois extremos:

Algumas pessoas veem demônio atrás de todo arbusto, enquanto nossa cultura, iluminada, muitas vezes comete o erro oposto de desprezar esse tipo de tema como reflexo de uma visão de mundo primitiva. Ambas as abordagens representam uma vitória em favor das trevas. Nunca se guerreia contra algo que não se acredita estar presente. Por outro lado, ficar demasiadamente preocupado com as forças demoníacas pode gerar um tipo de fixação que não reflete equilíbrio espiritual e pode afastar a responsabilidade espiritual.

Os cristãos fiéis servem a Cristo com eficácia quando não fogem dos textos do evangelho em que Jesus confronta Satanás e as forças das trevas. Devemos nos esforçar para entender verdadeiramente esses textos e comunicar bem sua verdade e ensino. As pessoas precisam ouvir as histórias e os ensinamentos de Jesus que afirmam que "aquele que está em vocês é maior do que aquele que está no mundo" (1João 4.4).

Três perspectivas sobre batalha espiritual
Steven D. Mathewson

Apesar do risco de simplificação demasiada, apresento três modos principais de abordar a guerra espiritual àqueles que desejam levar o tema a sério. Na década de 1990, proponentes dessa visão produziram uma enxurrada de literatura popular expondo suas opiniões e criticando outras perspectivas. Na minha opinião, o melhor tratamento geral para pastores que procuram desenvolver ou reforçar sua teologia de batalha espiritual é abordado em *Three Crucial Questions about Spiritual Warfare* [Três questões cruciais sobre batalha espiritual], de Clinton E. Arnold. Em síntese, estas são as três principais perspectivas:

A abordagem de confronto de poderes
Em um lado do panorama, a compreensão do confronto de poderes defende uma abordagem direta no tratamento de forças demoníacas, até mesmo a ponto de mapear, orar contra, prender e desapossar os espíritos territoriais. Os principais proponentes dessa visão são C. Peter Wagner, editor de *Breaking Strongholds* [Destruindo fortalezas] (1993), e Charles H. Kraft, autor de *Defeating Dark Angels* [Derrotando anjos das trevas] (1992).

A abordagem do confronto do Evangelho
No outro extremo, encontra-se a visão conhecida por confronto do Evangelho. Esta visão encoraja os fiéis a se envolver em batalha espiritual por meio do arrependimento, da fé e da obediência. Ela toma Efésios 6.10-20 como texto-chave de estratégia e fonte de recurso a ser usado pelos cristãos. Os principais proponentes que articularam essa perspectiva são John MacArthur, *How to Meet the Enemy* [Como confrontar o inimigo] (1992), e David Powlison, *Power Encounters: Reclaiming Spiritual Warfare* [Encontro de poderes: resgatando a batalha espiritual] (1995).

A abordagem do confronto da verdade
Uma terceira abordagem, chamada de confronto da verdade, difere significativamente da abordagem do confronto de poderes. É quase idêntica à do confronto do Evangelho, exceto

Pastoreio e batalha espiritual

que os proponentes do confronto da verdade defendem que os fiéis podem ficar "endemoninhados". Os principais proponentes do confronto da verdade são Clinton E. Arnold, autor de *Three Crucial Questions about Spiritual Warfare* [Três questões cruciais sobre batalha espiritual], e Timothy M. Warner, *Spiritual Warfare: Victory over the Powers of This Dark World* [Batalha espiritual: vitória sobre os poderes deste mundo tenebroso].

Princípios fundamentais da batalha espiritual
John Ortberg

Os autores bíblicos viveram num mundo em que a realidade espiritual era certa; nós vivemos em um mundo em que essa crença é enfraquecida a cada dia. Eis quatro princípios bíblicos fundamentais que precisamos reconhecer ao trata de questões relacionadas à batalha espiritual:

Reconheça a realidade do mal

Pelo fato de vivermos numa cultura essencialmente terapêutica, o mal é um conceito que está desaparecendo gradativamente. Mas, de vez em quando, somos chocados por um holocausto, um genocídio ou um ataque terrorista; então nos lembramos por que precisamos reconhecer sua existência. A Bíblia nos lembra de que lutamos contra o "mal nas regiões celestiais".

O mal existe; é real. Uma das principais marcas do mal é que ele busca convencer suas vítimas de que ele existe, mas "está bem longe de nós". Uma das piores características do tratamento dado em algumas obras de ficção cristã sobre batalha espiritual é que nos encorajam a querer pensar que "nós" somos bons e "eles" são maus. Não acredito que a ministração desse tema possa ter a urgência que se exige sem que se reconheça a existência do mal, tanto externa quanto internamente. Podemos perceber que há um crescimento desmedido no compromisso da igreja para com a justiça, mas a luta pela justiça não pode ser levada adiante puramente por meios humanos.

Alguns teólogos sugeriram que, quando Paulo diz que a nossa luta "não é contra seres humanos, mas contra os poderes e autoridades, contra os dominadores deste mundo", esses poderes podem bem incluir sistemas econômicos e sistemas políticos que persistem implacavelmente resistentes à retidão e à justiça. Tentativas de "fazer justiça" sempre fracassarão a não ser que nos lembremos de que o inimigo absoluto da humanidade não é só a pobreza, o analfabetismo ou a falta de saúde básica; ele é muito pior que isso e tão capaz de atacar pessoas sadias, versadas e ricas como qualquer outra.

Isso não significa que precisemos dar mais atenção aos demônios. Não devemos dar ao Diabo atenção demais nem atenção de menos. Em algumas histórias, o número de cenas que expõem o mocinho e o vilão é igual, mas na Bíblia não. Há dezenas de referências a Deus nas Escrituras para cada vez que aparece a figura de Satanás. A Bíblia claramente declara que o Diabo não se compara de modo algum a Deus. Ele é uma criatura, não o Criador. Se é que ele pode ser comparado a um ser divino, seu correlato seria o arcanjo Miguel.

PASTOREANDO EM SITUAÇÕES ESPECÍFICAS

Compreenda o processo de livramento espiritual

As fronteiras entre saúde espiritual, emocional e física são sobrepostas e obscuras. Às vezes Deus traz livramento a um ser humano por meio de um único ato dramático, mas nem sempre acontece assim.

Alguns cristãos são levados a pensar que seus problemas podem ter solução imediata, descartando a necessidade de um árduo e difícil esforço interior de sua parte. Se penso que o meu problema é provocado por uma força externa, posso cair na ilusão de que não preciso me esforçar por meio da disciplina pessoal e com a ajuda de Deus para cultivar novos hábitos.

A tentativa de se eximir da responsabilidade humana colocando a culpa no mal sobrenatural é tão antiga quanto o jardim do Éden: " 'A serpente me enganou, e eu comi' ". A batalha espiritual é expressa de um modo que enaltece a vulnerabilidade humana, mas não diminui a responsabilidade humana.

O relacionamento entre batalha espiritual e saúde emocional torna-se particularmente importante na área do cuidado pastoral. Uma das primeiras responsabilidades de um bom clínico é avaliar e diagnosticar. Um dos dons que o Espírito deu à Igreja é o "discernimento de espíritos" — a capacidade de distinguir entre o Espírito de Deus e outros espíritos.

Reconheça a necessidade constante de livramento

Mesmo que a Oração do Senhor seja conhecida dos cristãos, raramente damos importância a algumas de suas partes; por exemplo, o que Jesus realmente quis dizer quando afirmou " 'Livra-nos do mal' "? O estudioso do Novo Testamento, Dale Bruner observa que Jesus emprega um verbo quase violento traduzido por "livra". O verbo significa arrancar; é o que a mão faz quando agarra um objeto ameaçador. A ideia é que o Diabo está constantemente nos seduzindo a profundezas, armadilhas de destruição moral; portanto, ser capaz de nos livrar disso está muito além da força de vontade meramente humana. Somente Deus pode nos livrar.

Uma coisa é certa: Jesus compara o livramento do mal com as seguintes palavras: "Não nos deixes cair em tentação". O primeiro passo para o livramento envolve amar e conhecer a Deus. Em outras palavras, a nossa segurança está não em conhecer melhor o Inimigo, mas em conhecer melhor o Pai.

Encontre satisfação em Cristo

Apesar de toda a seriedade do assunto da batalha espiritual, há uma estranha corrente de alegria que percorre todos os importantes escritos sobre o tema. Thomas More disse que o Diabo, "aquele espírito arrogante", não suporta ser zombado. Lutero escreveu que a melhor maneira de expulsar demônio, caso ele não se renda às Escrituras, é escarnecer e zombar dele, pois ele não suporta ser alvo de escárnio. Talvez seja a inversão de uma das mais importantes observações do Israel antigo: a alegria do Senhor é a nossa força.

Nós que estamos na liderança de igreja ouvimos com lamentável frequência que um *companheiro*, ou *companheira*, de ministério se afundou no lamaçal da imoralidade. Um mentor meu certa vez observou que, quando isso acontece, como regra geral a pessoa

Pastoreio e batalha espiritual

vivia sem um profundo sentimento de satisfação da alma por um período longo e isso a fez sentir-se vulnerável. Eu lhe perguntei com que frequência alguém que realmente vive com um profundo senso de satisfação da alma em Deus cai no lamaçal de imoralidade. "Nunca", disse. É a alma insatisfeita que faz o pecado parecer bonito. Pastores e líderes de igreja que confiam em Deus para ser feliz encontram suficiente amparo em suas promessas e não precisam procurar satisfação em outro lugar.

Envolvendo o Espírito e a batalha espiritual no culto
Dave Gibbons

Minha igreja passou por uma transição significativa pela qual começou a dar mais ênfase à oração e ao poder do Espírito à medida que se envolvia com a batalha espiritual. Como resultado, a igreja atualmente presencia curas e libertação regulares nas celebrações semanais. Eis alguns modos de conduzir a sua igreja a uma transição semelhante:

Reconheça a sua relutância em lidar com a batalha espiritual
Muitos pastores e líderes de igreja veem como há abuso de práticas e dons espirituais de algumas igrejas e ministérios na mídia, por isso procuram evitá-los. Além disso, há uma compreensão teológica de que alguns dons e sinais não acontecem mais nos dias de hoje. Apesar de afirmarmos que cremos em milagres, não sabemos exatamente como eles se enquadram na vida prática da igreja.

Mas, na minha igreja, em que o ministério permanecia a mesma coisa toda semana — preparação de sermão, desenvolvimento de liderança, programa detalhada dos cultos, execução de estratégias —, o mistério do relacionamento com Deus parecia ter se perdido. Precisei vencer a minha resistência à realidade da batalha espiritual.

Identifique o papel do Espírito Santo
Praticamente todo cristão reconhece algum tipo de luta espiritual e ação sobrenatural. A questão é como se envolver com isso. A minha tradição me ensinou a orar contra o mal e a buscar a direção de Deus — principalmente por meio da Palavra de Deus. Isso é crucial, mas há outro elemento importante: o poder do Espírito Santo. Geralmente, não nos sentimos à vontade com o papel do Espírito e não somos preparados para ouvi-lo. A nossa tendência é discutir o tema do sobrenatural e reservar a função do Espírito Santo ao estudo acadêmico.

Para mim, estar aberto ao papel do Espírito Santo foi um processo longo e lento. A mudança crucial ocorreu quando a minha família e eu deixamos a Califórnia e fomos morar por um ano em Bangkok, na Tailândia. Lá é comum acreditar nos espíritos; e uma vez que na Tailândia a maioria dos edifícios possui um espaço reservado para os espíritos no lado de fora, ficamos naturalmente mais atentos à realidade espiritual. Coisas estranhas começaram acontecer com a minha família e com a equipe ministerial de Bangkok. Por exemplo, as pessoas começaram a ter sonhos e visões. Nós nunca tínhamos tido experiências

PASTOREANDO EM SITUAÇÕES ESPECÍFICAS

com o mundo espiritual daquela maneira. A oração passou a fazer parte realmente ativa do nosso ministério, e começamos a acreditar mais e a depender mais do poder do Espírito. Novos líderes começaram a surgir e davam maior ênfase ao Espírito e à oração. As pessoas começaram a vir à igreja simplesmente para ser treinadas na oração. Houve uma mudança no ambiente — que podia ser sentida. Uma nova igreja estava surgindo. Em vez de ser dirigida por programas, havia um fluir dinâmico nos nossos cultos, sede de conhecer a Deus, ouvir sua Palavra e encontrá-lo no âmbito sobrenatural.

Transforme a celebração

Pergunte aos membros da igreja: "Nós realmente cremos que o Espírito Santo está vivo, é real, e age nos dias de hoje? Se cremos, qual é a implicação disso no nosso encontro aos domingos? Como podemos demonstrar que cremos que o Espírito Santo consola, cura, guia e fala conosco?". No meu caso, concluímos que significava dar tempo para o Espírito agir — dar oportunidade para que as pessoas tivessem experiência com ele, não só por meio de um sermão, mas dispondo uma sala à qual as pessoas pudessem se dirigir com a finalidade de ter encontros espontâneos e agradáveis com Deus.

Programe mais tempo de oração e encontro com Deus. No início, pode haver uma queda na frequência da igreja, mas, no longo prazo, é isso que deve caracterizar a igreja: uma espera sem pressa, expectante, sobrenatural e paciente pelo agir de Deus. Comece convidando as pessoas para ir à frente a fim de que você ore por suas necessidades. Normalmente oferecemos oportunidade para orações individuais numa sala ao lado, mas você pode tornar essa ocasião em um momento em que todos poderão dar sua própria resposta. A primeira vez que fizemos isso na igreja, muitas pessoas vieram à frente, e até hoje as pessoas não querem deixar o culto. Muitos demoram ali e mergulham na presença de Deus.

Prepare-se para enfrentar desafios

Depois de estar mais aberto para a realidade do mundo espiritual, você não verá apenas curas e milagres. Outros desafios surgirão. Mas você precisa dar tempo para que as pessoas aprendam, inclusive para cometer erros. Precisamos ajudar as pessoas a discernir entre o que é de Deus e o que não é.

Ponha em prática a batalha espiritual

Se você deseja levar a sua comunidade a se engajar mais profundamente no que se refere à batalha espiritual, estes são alguns passos práticos a tomar:

- *Comece com a oração!* Comece com a sua jornada pessoal, porque precisa ser uma realidade para você mesmo. Se desejar, convide um casal de amigos de confiança para caminhar com você. Tenha cautela; do contrário, você poderá espantar as pessoas.
- *Respeite a história e a visão da instituição.* Se a igreja não estiver realmente aberta à prática da obra do Espírito Santo, e você tem certeza de que não é a pessoa certa para romper essa barreira com a graça de Deus, talvez seja melhor você deixar pacificamente a igreja. Se decidir permanecer, seja generoso, paciente, compreensivo; espere ouvir críticas e ter uma queda na frequência. Mas respeite e honre a igreja local e o que eles acreditam ser a vocação deles naquele lugar.

Pastoreio e batalha espiritual

- *Preste atenção na linguagem que usa.* Às vezes a linguagem usada no ministério causa mais temor e incômodo do que necessário. Recomendo usar termos que façam sentido para o seu pessoal. Em vez de dizer "profecia" diga, "Deus pode dar a você discernimento". Ou simplesmente explique de maneira clara o que você quer dizer.
- *Seja humilde.* Reconheça que você não domina tudo que diz respeito a batalha espiritual. Esteja pronto para dizer aos outros que você também está aprendendo, assim como eles.
- *Crie ambientes seguros para as pessoas.* Crie "laboratórios" para que as pessoas se envolvam com o Espírito Santo e decidam se desejam ou não participar. Por exemplo, você pode oferecer treinamentos especiais de oração sobre cura, demonização e profecia antes de torná-los parte dos cultos regulares.
- *Estude a Palavra de Deus.* Não deixe de se empenhar na continuação de um estudo profundo das Escrituras. Essa é a principal maneira de Deus falar conosco. Por exemplo, percorrer o livro de Atos é uma forma muito eficaz para entender melhor o papel do Espírito Santo hoje.

Vivemos numa época maravilhosa da História, com uma sensibilidade espiritual que ganha cada vez mais força na América do Norte, na Ásia, na América do Sul e em outras partes. Que Deus desperte em nós o desejo de participar da obra que ele está realizando.

Introdução a LUCAS

PANO DE FUNDO

Lucas, o escritor do evangelho, era um médico e um gentio a escrever no Novo Testamento. Lucas traduz muitas palavras aramaicas para seus equivalentes gregos e explica costumes judaicos e detalhes geográficos para tornar Jesus mais compreensível à sua audiência grega. Ele também foi um fiel companheiro de viagens de Paulo, o qual se referiu a ele como "o médico amado" (Colossenses 4.14).

Lucas não foi testemunha ocular dos eventos da vida de Jesus. Mas, sendo um historiador cuidadoso, ele consultou testemunhas oculares para registrar seu evangelho. Atos dos Apóstolos, também escrito por Lucas, é uma continuação do relato do evangelho. Ambos são endereçados a Teófilo, cujo nome significa "quem ama a Deus".

MENSAGEM

Um habilidoso contador de histórias, Lucas escreveu o mais completo relato da ancestralidade, nascimento, vida, morte e ressurreição de Jesus. Seu registro genealógico retrocede até Adão, enfatizando a conexão de Jesus com toda a raça humana. Lucas se refere a Jesus como o Filho do homem, título usado pelo profeta Ezequiel. Apenas o evangelho de Lucas contém a narrativa do nascimento de João, além da de Jesus.

A leitura de Isaías 61.1,2 (v. Lucas 4.18,19) assinala o cumprimento daquela profecia por Jesus e o início de seu ministério público. Lucas apresenta Jesus como alguém interessado nas necessidades físicas e espirituais dos pobres, dos entristecidos, dos perdidos e dos doentes; como médico, Lucas inclui detalhes dos milagres de cura de Jesus. Muitas de suas narrativas apresentam mulheres, e as necessidades delas são apresentadas de maneira simpática. Lucas enfatiza a dependência da oração de Jesus e da obra do Espírito Santo. O texto que começou com o anúncio alegre do nascimento de Jesus termina com os discípulos adorando "com grande alegria" (24.52), aguardando o Pentecoste.

ÉPOCA

O evangelho de Lucas foi escrito provavelmente no início dos anos 60 da era cristã. Tendo estado com Paulo quando ele foi preso em Roma (2Timóteo 4.11), Lucas pode ter viajado para a terra de Israel para reunir informações de testemunhas oculares do ministério de Jesus.

ESBOÇO

I. A chegada do Filho do homem	1.1—2.52
II. O ministério do Filho do homem	
A. O ministério de João Batista	3.1-20
B. Batismo, genealogia e tentação	3.21—4.13
C. Curas, ensinos, milagres	4.14—19.27
III. A rejeição do Filho do homem	
A. A última semana	19.28—22.6
B. A Última Ceia e o monte das Oliveiras	22.7-53
C. O julgamento de Jesus	22.54—23.25
D. Crucificação e sepultamento	23.26-56
IV. A glorificação do Filho do homem	
A. As mulheres visitam o túmulo	24.1-12
B. O caminho de Emaús	24.13-35
C. Aparição aos discípulos	24.36-49
D. A ascensão	24.50-53

Introdução

1 Muitos já se dedicaram a elaborar um relato dos fatos que se cumpriram¹ entre nós, ² conforme nos foram transmitidos por aqueles que desde o início ᵃ foram testemunhas oculares ᵇ e servos da palavra.ᶜ ³ Eu mesmo investiguei tudo cuidadosamente, desde o começo, e decidi escrever-te um relato ordenado,ᵈ ó excelentíssimo ᵉ Teófilo,ᶠ ⁴ para que tenhas a certeza das coisas que te foram ensinadas.ᵍ

O Nascimento de João Batista é Predito

⁵ No tempo de Herodes, rei da Judeia,ʰ havia um sacerdote chamado Zacarias, que pertencia ao grupo sacerdotal de Abias;ⁱ Isabel, sua mulher, também era descendente de Arão. ⁶ Ambos eram justos aos olhos de Deus, obedecendo de modo irrepreensível a todos os mandamentos e preceitos do Senhor.ʲ ⁷ Mas eles não tinham filhos, porque Isabel era estéril; e ambos eram de idade avançada.

⁸ Certa vez, estando de serviço o seu grupo, Zacarias estava servindo como sacerdote diante de Deus.ᵏ ⁹ Ele foi escolhido por sorteio, de acordo com o costume do sacerdócio, para entrar no santuário do Senhor e oferecer incenso.ˡ ¹⁰ Chegando a hora de oferecer incenso, o povo todo estava orando do lado de fora.ᵐ

¹¹ Então um anjo ⁿ do Senhor apareceu a Zacarias, à direita do altar do incenso.ᵒ ¹² Quando Zacarias o viu, perturbou-se e foi dominado pelo medo. ᵖ ¹³ Mas o anjo lhe disse: "Não tenha medo, ᵠ Zacarias; sua oração foi ouvida. Isabel, sua mulher, dará a você um filho, e você lhe dará o nome de João. ʳ ¹⁴ Ele será motivo de prazer e de alegria para você, e muitos se alegrarão por causa do nascimento dele, ˢ ¹⁵ pois será grande aos olhos do Senhor. Ele nunca tomará vinho nem bebida fermentada, ᵗ e será cheio do Espírito Santo desde antes do seu nascimento². ᵘ ¹⁶ Fará retornar muitos dentre o povo de Israel ao Senhor, o seu Deus. ¹⁷ E irá adiante do Senhor, ᵛ no espírito e no poder de Elias, ʷ para fazer voltar o coração dos pais a seus filhos ˣ e os desobedientes à sabedoria dos justos, para deixar um povo preparado para o Senhor".

¹⁸ Zacarias perguntou ao anjo: "Como posso ter certeza disso? Sou velho, e minha mulher é de idade avançada".ʸ

¹⁹ O anjo respondeu: "Sou Gabriel,ᶻ o que está sempre na presença de Deus. Fui enviado para transmitir a você estas boas-novas. ²⁰ Agora você ficará mudo. Não poderá falar ᵃ até o dia em que isso acontecer, porque não acreditou em minhas palavras, que se cumprirão no tempo oportuno".

²¹ Enquanto isso, o povo esperava por Zacarias, estranhando sua demora no santuário. ²² Quando saiu, não conseguia falar nada; o povo percebeu então que ele tivera uma visão no santuário. Zacarias fazia sinais ᵇ para eles, mas permanecia mudo.

²³ Quando se completou seu período de serviço, ele voltou para casa. ²⁴ Depois disso, Isabel, sua mulher, engravidou e durante cinco meses não saiu de casa. ²⁵ E ela dizia: "Isto é obra do Senhor! Agora ele olhou para mim favoravelmente, para desfazer a minha humilhação ᶜ perante o povo".

O Nascimento de Jesus é Predito

²⁶ No sexto mês Deus enviou o anjo Gabriel ᵈ a Nazaré, ᵉ cidade da Galileia, ²⁷ a uma virgem prometida em casamento a certo homem chamado José, ᶠ descendente de Davi. O nome da virgem era Maria. ²⁸ O anjo, aproximando-se dela, disse: "Alegre-se, agraciada! O Senhor está com você!"

²⁹ Maria ficou perturbada com essas palavras, pensando no que poderia significar esta saudação. ³⁰ Mas o anjo lhe disse:

"Não tenha medo, ᵍ Maria;
    você foi agraciada por Deus!
³¹ Você ficará grávida
    e dará à luz um filho,
e lhe porá o nome de Jesus. ʰ

---

¹ **1.1** Ou *que foram aceitos com convicção*
² **1.15** Ou *desde o ventre de sua mãe*

³² Ele será grande
e será chamado
Filho do Altíssimo.ⁱ
O Senhor Deus lhe dará
o trono de seu pai Davi,
³³ e ele reinará para sempre sobre o
povo de Jacó;
seu Reino ʲ jamais terá fim". ᵏ

³⁴ Perguntou Maria ao anjo: "Como acontecerá isso se sou virgem?"

³⁵ O anjo respondeu: "O Espírito Santo virá sobre você, ˡ e o poder do Altíssimo ᵐ a cobrirá com a sua sombra. Assim, aquele ⁿ que há de nascer será chamado Santo, Filho de Deus.¹ ᵒ ³⁶ Também Isabel, sua parenta, terá um filho na velhice; aquela que diziam ser estéril já está em seu sexto mês de gestação. ³⁷ Pois nada é impossível para Deus". ᵖ

³⁸ Respondeu Maria: "Sou serva do Senhor; que aconteça comigo conforme a tua palavra". Então o anjo a deixou.

Maria Visita Isabel

³⁹ Naqueles dias, Maria preparou-se e foi depressa para uma cidade da região montanhosa da Judeia, ᵠ ⁴⁰ onde entrou na casa de Zacarias e saudou Isabel. ⁴¹ Quando Isabel ouviu a saudação de Maria, o bebê agitou-se em seu ventre, e Isabel ficou cheia do Espírito Santo. ⁴² Em alta voz exclamou:

"Bendita é você
entre as mulheres, ʳ
e bendito é o filho
que você dará à luz!

⁴³ Mas por que sou tão agraciada, ao ponto de me visitar a mãe do meu Senhor? ⁴⁴ Logo que a sua saudação chegou aos meus ouvidos, o bebê que está em meu ventre agitou-se de alegria. ⁴⁵ Feliz é aquela que creu que se cumprirá aquilo que o Senhor lhe disse!"

¹ **1.35** Ou *Assim, o santo que há de nascer será chamado Filho de Deus.*

O Cântico de Maria

⁴⁶ Então disse Maria:

"Minha alma engrandece
ao Senhor, ˢ
⁴⁷ e o meu espírito se alegra
em Deus,
meu Salvador, ᵗ
⁴⁸ pois atentou
para a humildade
da sua serva. ᵘ
De agora em diante,
todas as gerações
me chamarão
bem-aventurada, ᵛ
⁴⁹ pois o Poderoso fez
grandes coisas em meu favor; ʷ
santo é o seu nome. ˣ
⁵⁰ A sua misericórdia estende-se aos que o temem,
de geração em geração. ʸ
⁵¹ Ele realizou poderosos feitos com seu braço; ᶻ
dispersou os que são soberbos
no mais íntimo do coração.
⁵² Derrubou governantes
dos seus tronos,
mas exaltou os humildes.
⁵³ Encheu de coisas boas
os famintos, ᵃ
mas despediu de mãos vazias os ricos.
⁵⁴ Ajudou a seu servo Israel,
lembrando-se
da sua misericórdia ᵇ
⁵⁵ para com Abraão
e seus descendentes ᶜ
para sempre,
como dissera
aos nossos antepassados".

⁵⁶ Maria ficou com Isabel cerca de três meses e depois voltou para casa.

O Nascimento de João Batista

⁵⁷ Ao se completar o tempo de Isabel dar à luz, ela teve um filho. ⁵⁸ Seus vizinhos e parentes ouviram falar da grande misericórdia

que o Senhor lhe havia demonstrado e se alegraram com ela.

59 No oitavo dia foram circuncidar ᵈ o menino e queriam dar-lhe o nome do pai, Zacarias; **60** mas sua mãe tomou a palavra e disse: "Não! Ele será chamado João." ᵉ

61 Disseram-lhe: "Você não tem nenhum parente com esse nome".

62 Então fizeram sinais ᶠ ao pai do menino, para saber como queria que a criança se chamasse. **63** Ele pediu uma tabuinha e, para admiração de todos, escreveu: "O nome dele é João". ᵍ **64** Imediatamente sua boca se abriu, sua língua se soltou e ele começou a falar, ʰ louvando a Deus. **65** Todos os vizinhos ficaram cheios de temor, e por toda a região montanhosa da Judeia ⁱ se falava sobre essas coisas. **66** Todos os que ouviam falar disso se perguntavam: "O que vai ser este menino?" Pois a mão do Senhor estava com ele. ʲ

O Cântico de Zacarias

67 Seu pai, Zacarias, foi cheio do Espírito Santo e profetizou: ᵏ

68 "Louvado seja o Senhor,
    o Deus de Israel, ˡ
porque visitou e redimiu
    o seu povo. ᵐ
69 Ele promoveu
    poderosa salvação¹ ⁿ para nós,
na linhagem do seu servo Davi, ᵒ
70 (como falara pelos seus santos
    profetas,
    na antiguidade), ᵖ
71 salvando-nos
    dos nossos inimigos
e da mão de todos
    os que nos odeiam,
72 para mostrar sua misericórdia aos
    nossos antepassados ᵠ
    e lembrar sua santa aliança, ʳ
73 o juramento que fez
    ao nosso pai Abraão: ˢ
74 resgatar-nos da mão
    dos nossos inimigos
para o servirmos sem medo, ᵗ
75 em santidade e justiça, ᵘ
    diante dele
todos os nossos dias.
76 E você, menino, será chamado profeta
   ᵛ do Altíssimo, ʷ
pois irá adiante do Senhor,
para lhe preparar o caminho, ˣ
77 para dar ao seu povo
    o conhecimento da salvação,
mediante o perdão
    dos seus pecados, ʸ
78 por causa
    das ternas misericórdias
    de nosso Deus,
pelas quais do alto
    nos visitará
o sol nascente, ᶻ
79 para brilhar sobre aqueles
    que estão vivendo nas trevas
    e na sombra da morte, ᵃ
e guiar nossos pés
    no caminho da paz".

80 E o menino crescia e se fortalecia em espírito; ᵇ e viveu no deserto, até aparecer publicamente a Israel.

O Nascimento de Jesus
(Mt 1.18-25)

2 Naqueles dias, César Augusto ᶜ publicou um decreto ordenando o recenseamento de todo o império romano. ᵈ **2** Este foi o primeiro recenseamento feito quando Quirino era governador da Síria. ᵉ **3** E todos iam para a sua cidade natal, a fim de alistar-se.

4 Assim, José também foi da cidade de Nazaré da Galileia para a Judeia, para Belém, ᶠ cidade de Davi, porque pertencia à casa e à linhagem de Davi. **5** Ele foi a fim de alistar-se, com Maria, que lhe estava prometida em casamento e esperava um filho.

6 Enquanto estavam lá, chegou o tempo de nascer o bebê, **7** e ela deu à luz o seu primogênito. Envolveu-o em panos e o colocou

---

¹ **1.69** Grego: *Ele erigiu um chifre de salvação.*

numa manjedoura, porque não havia lugar para eles na hospedaria.

Os Pastores e os Anjos

8 Havia pastores que estavam nos campos próximos e durante a noite tomavam conta dos seus rebanhos. **9** E aconteceu que um anjo *g* do Senhor apareceu-lhes e a glória do Senhor resplandeceu ao redor deles; e ficaram aterrorizados. **10** Mas o anjo lhes disse: "Não tenham medo. *h* Estou trazendo boas-novas de grande alegria para vocês, que são para todo o povo: **11** Hoje, na cidade de Davi, nasceu o Salvador, *i* que é Cristo[1], *j* o Senhor. **12** Isto servirá de sinal *k* para vocês: encontrarão o bebê envolto em panos e deitado numa manjedoura".

13 De repente, uma grande multidão do exército celestial apareceu com o anjo, louvando a Deus e dizendo:

14 "Glória a Deus nas alturas,
e paz *l* na terra aos homens
aos quais ele concede
o seu favor".

15 Quando os anjos os deixaram e foram para os céus, os pastores disseram uns aos outros: "Vamos a Belém, e vejamos isso que aconteceu, e que o Senhor nos deu a conhecer".

16 Então correram para lá e encontraram Maria e José e o bebê deitado na manjedoura. **17** Depois de o verem, contaram a todos o que lhes fora dito a respeito daquele menino, **18** e todos os que ouviram o que os pastores diziam ficaram admirados. **19** Maria, porém, guardava todas essas coisas e sobre elas refletia em seu coração. *m* **20** Os pastores voltaram glorificando e louvando a Deus *n* por tudo o que tinham visto e ouvido, como lhes fora dito.

Jesus é Apresentado no Templo

21 Completando-se os oito dias para a circuncisão do menino, *o* foi-lhe posto o nome de Jesus, o qual lhe tinha sido dado pelo anjo antes de ele nascer. *p*

22 Completando-se o tempo da purificação deles, de acordo com a Lei de Moisés, *q* José e Maria o levaram a Jerusalém para apresentá-lo ao Senhor **23** (como está escrito na Lei do Senhor: "Todo primogênito do sexo masculino será consagrado ao Senhor")[2] *r* **24** e para oferecer um sacrifício, de acordo com o que diz a Lei do Senhor: "duas rolinhas ou dois pombinhos"[3]. *s*

25 Havia em Jerusalém um homem chamado Simeão, que era justo e piedoso, *t* e que esperava a consolação de Israel, *u* e o Espírito Santo estava sobre ele. **26** Fora-lhe revelado pelo Espírito Santo que ele não morreria antes de ver o Cristo do Senhor. **27** Movido pelo Espírito, ele foi ao templo. Quando os pais trouxeram o menino Jesus para lhe fazerem o que requeria o costume da Lei, *v* **28** Simeão o tomou nos braços e louvou a Deus, dizendo:

29 "Ó Soberano, como prometeste, *w*
agora podes despedir em paz *x*
o teu servo.
30 Pois os meus olhos já viram
a tua salvação, *y*
31 que preparaste
à vista de todos os povos:
32 luz para revelação
aos gentios[4]
e para a glória de Israel, *z* teu povo".

33 O pai e a mãe do menino estavam admirados com o que fora dito a respeito dele. **34** E Simeão os abençoou e disse a Maria, mãe de Jesus: *a* "Este menino está destinado a causar a queda *b* e o soerguimento de muitos em Israel, e a ser um sinal de contradição, **35** de modo que o pensamento de muitos corações será revelado. Quanto a você, uma espada atravessará a sua alma".

---

[1] **2.11** Ou *Messias*. Tanto *Cristo* (grego) como *Messias* (hebraico) significam *Ungido*; também em todo o livro de Lucas.
[2] **2.23** Êx 13.2,12
[3] **2.24** Lv 12.8
[4] **2.32** Isto é, os que não são judeus.

36 Estava ali a profetisa Ana, filha de Fanuel, da tribo de Aser. Era muito idosa; tinha vivido com seu marido sete anos depois de se casar **37** e então permanecera viúva até a idade de oitenta e quatro anos¹. Nunca deixava o templo: adorava a Deus jejuando e orando dia e noite. **38** Tendo chegado ali naquele exato momento, deu graças a Deus e falava a respeito do menino a todos os que esperavam a redenção de Jerusalém.

39 Depois de terem feito tudo o que era exigido pela Lei do Senhor, voltaram para a sua própria cidade, Nazaré, na Galileia. **40** O menino crescia e se fortalecia, enchendo-se de sabedoria; e a graça de Deus estava sobre ele.

O Menino Jesus no Templo

41 Todos os anos seus pais iam a Jerusalém para a festa da Páscoa. **42** Quando ele completou doze anos de idade, eles subiram à festa, conforme o costume. **43** Terminada a festa, voltando seus pais para casa, o menino Jesus ficou em Jerusalém, sem que eles percebessem. **44** Pensando que ele estava entre os companheiros de viagem, caminharam o dia todo. Então começaram a procurá-lo entre seus parentes e conhecidos. **45** Não o encontrando, voltaram a Jerusalém para procurá-lo. **46** Depois de três dias o encontraram no templo, sentado entre os mestres, ouvindo-os e fazendo-lhes perguntas. **47** Todos os que o ouviam ficavam maravilhados com o seu entendimento e com as suas respostas. **48** Quando seus pais o viram, ficaram perplexos. Sua mãe lhe disse: "Filho, por que você nos fez isto? Seu pai e eu estávamos aflitos, à sua procura".

49 Ele perguntou: "Por que vocês estavam me procurando? Não sabiam que eu devia estar na casa de meu Pai?" **50** Mas eles não compreenderam o que lhes dizia.

51 Então foi com eles para Nazaré e era-lhes obediente. Sua mãe, porém, guardava todas essas coisas em seu coração. **52** Jesus ia crescendo em sabedoria, estatura e graça diante de Deus e dos homens.

João Batista Prepara o Caminho
(Mt 3.1-12; Mc 1.2-8)

3 No décimo quinto ano do reinado de Tibério César, quando Pôncio Pilatos era governador da Judeia; Herodes, tetrarca² da Galileia; seu irmão Filipe, tetrarca da Itureia e Traconites; e Lisânias, tetrarca de Abilene; **2** Anás e Caifás exerciam o sumo sacerdócio. Foi nesse ano que veio a palavra do Senhor a João, filho de Zacarias, no deserto. **3** Ele percorreu toda a região próxima ao Jordão, pregando um batismo de arrependimento para o perdão dos pecados. **4** Como está escrito no livro das palavras de Isaías, o profeta:

"Voz do que clama no deserto:
'Preparem³ o caminho
para o Senhor,
façam veredas retas
para ele.
5 Todo vale será aterrado
e todas as montanhas
e colinas, niveladas.
As estradas tortuosas
serão endireitadas
e os caminhos acidentados, aplanados.
6 E toda a humanidade⁴
verá a salvação de Deus'"⁵.

7 João dizia às multidões que saíam para serem batizadas por ele: "Raça de víboras! Quem deu a vocês a ideia de fugir da ira que se aproxima? **8** Deem frutos que mostrem o arrependimento. E não comecem a dizer a si mesmos: 'Abraão é nosso pai'. Pois eu digo que destas pedras Deus pode fazer surgir filhos a Abraão. **9** O machado já está posto à raiz das árvores, e toda árvore que não der bom fruto será cortada e lançada ao fogo".

---

² **3.1** Um tetrarca era o governador da quarta parte de uma região; também no versículo 19.
³ **3.4** Ou *daquele que clama:* 'No deserto preparem
⁴ **3.6** Grego: *carne*.
⁵ **3.6** Is 40.3-5

---

¹ **2.37** Ou *viúva por oitenta e quatro anos*

3.10
ᶜ v. 12, 14;
At 2.37;
16.30

3.11
ᵈ Is 58.7

3.12
ᵉ Lc 7.29

3.13
ᶠ Lc 19.8

3.14
ᵍ Ex 23.11;
Lv 19.11

3.15
ʰ Mt 3.1
ⁱ Jo 1.19, 20;
At 13.25

3.16
ʲ v. 3;
Mc 1.4
ᵏ Jo 1.26, 33;
At 1.5;
11.16; 19.4

3.17
ˡ Is 30.24
ᵐ Mt 13.30;
25.41

3.19
ⁿ v. 1

3.20
ᵒ Mt 14.3, 4;
Mc 6.17-18

3.21
ᵖ Mt 14.23;
Mc 1.35;
6.46;
Lc 5.16;
6.12; 9.18,
28;
11.1

3.22
ᵠ Is 42.1;
Jo 1.32, 33;
At 10.38
ʳ Mt 3.17
ˢ Mt 3.17

3.23
ᵗ Mt 4.17;
At 1.1
ᵘ Lc 1.27

3.27
ᵛ Mt 1.12

3.31
ʷ 2Sm 5.14;
1Cr 3.5

3.33
ˣ Rt 4.18-22;
1Cr 2.10-12

3.34
ʸ Gn 11.24, 26

¹⁰ "O que devemos fazer então?", ᶜ perguntavam as multidões.

¹¹ João respondia: "Quem tem duas túnicas dê uma a quem não tem nenhuma; e quem tem comida faça o mesmo". ᵈ

¹² Alguns publicanos¹ também vieram para serem batizados. ᵉ Eles perguntaram: "Mestre, o que devemos fazer?"

¹³ Ele respondeu: "Não cobrem nada além do que foi estipulado".ᶠ

¹⁴ Então alguns soldados lhe perguntaram: "E nós, o que devemos fazer?"

Ele respondeu: "Não pratiquem extorsão nem acusem ninguém falsamente;ᵍ contentem-se com o seu salário".

¹⁵ O povo estava em grande expectativa, questionando em seu coração se acaso João ʰ não seria o Cristo. ⁱ ¹⁶ João respondeu a todos: "Eu os batizo com² água. ʲ Mas virá alguém mais poderoso do que eu, tanto que não sou digno nem de desamarrar as correias das suas sandálias. Ele os batizará com o Espírito Santo e com fogo. ᵏ ¹⁷ Ele traz a pá ˡ em sua mão, a fim de limpar sua eira e juntar o trigo em seu celeiro; mas queimará a palha com fogo que nunca se apaga". ᵐ ¹⁸ E com muitas outras palavras João exortava o povo e lhe pregava as boas-novas.

¹⁹ Todavia, quando João repreendeu Herodes, ⁿ o tetrarca, por causa de Herodias, mulher do próprio irmão de Herodes, e por todas as outras coisas más que ele tinha feito, ²⁰ Herodes acrescentou a todas elas a de colocar João na prisão. ᵒ

O Batismo e a Genealogia de Jesus
(Mt 3.13-17; Mt 1.1-17; Mc 1.9-11)

²¹ Quando todo o povo estava sendo batizado, também Jesus o foi. E, enquanto ele estava orando, ᵖ o céu se abriu ²² e o Espírito Santo desceu sobre ele ᵠ em forma corpórea, como pomba. Então veio do céu uma voz: "Tu és o meu Filho ʳ amado; em ti me agrado". ˢ

²³ Jesus tinha cerca de trinta anos de idade quando começou seu ministério. ᵗ Ele era considerado filho de José, ᵘ

filho de Eli, ²⁴ filho de Matate,
filho de Levi, filho de Melqui,
filho de Janai, filho de José,
²⁵ filho de Matatias,
filho de Amós,
filho de Naum, filho de Esli,
filho de Nagai,
²⁶ filho de Máate,
filho de Matatias,
filho de Semei,
filho de Joseque, filho de Jodá,
²⁷ filho de Joanã, filho de Ressa,
filho de Zorobabel, ᵛ
filho de Salatiel,
filho de Neri,
²⁸ filho de Melqui,
filho de Adi, filho de Cosã,
filho de Elmadã, filho de Er,
²⁹ filho de Josué, filho de Eliézer,
filho de Jorim, filho de Matate,
filho de Levi,
³⁰ filho de Simeão,
filho de Judá, filho de José,
filho de Jonã,
filho de Eliaquim,
³¹ filho de Meleá, filho de Mená,
filho de Matatá, filho de Natã, ʷ
filho de Davi, ³² filho de Jessé,
filho de Obede, filho de Boaz,
filho de Salmom³,
filho de Naassom,
³³ filho de Aminadabe,
filho de Ram⁴,
filho de Esrom, filho de Perez, ˣ
filho de Judá, ³⁴ filho de Jacó,
filho de Isaque,
filho de Abraão,
filho de Terá, filho de Naor, ʸ

---

¹ **3.12** Os publicanos eram coletores de impostos, malvistos pelo povo; também em 5.27, 29, 30; 7.29, 34; 15.1; 18.10, 11, 13 e 19.2.

² **3.16** Ou *em*

³ **3.32** Alguns manuscritos dizem *Salá*.

⁴ **3.33** Alguns manuscritos dizem *Aminadabe, filho de Admim, filho de Arni, filho de Esrom*. Outros manuscritos trazem variações maiores.

35 filho de Serugue,
filho de Ragaú,
filho de Faleque, filho de Éber,
filho de Salá, 36 filho de Cainã,
filho de Arfaxade, ᶻ filho de Sem,
filho de Noé, filho de Lameque, ᵃ
37 filho de Matusalém,
filho de Enoque,
filho de Jarede,
filho de Maalaleel,
filho de Cainã, 38 filho de Enos,
filho de Sete, filho de Adão,
filho de Deus.ᵇ

A Tentação de Jesus
(Mt 4.1-11; Mc 1.12,13)

4 Jesus, cheio do Espírito Santo, ᶜ voltou do Jordão ᵈ e foi levado pelo Espírito ᵉ ao deserto, ² onde, durante quarenta dias, ᶠ foi tentado pelo Diabo. Não comeu nada durante esses dias e, ao fim deles, teve fome.

³ O Diabo lhe disse: "Se és o Filho de Deus, manda esta pedra transformar-se em pão".

⁴ Jesus respondeu: "Está escrito: 'Nem só de pão viverá o homem'¹". ᵍ

⁵ O Diabo o levou a um lugar alto e mostrou-lhe num relance todos os reinos do mundo. ʰ ⁶ E lhe disse: "Eu te darei toda a autoridade sobre eles e todo o seu esplendor, porque me foram dados ⁱ e posso dá-los a quem eu quiser. ⁷ Então, se me adorares, tudo será teu".

⁸ Jesus respondeu: "Está escrito: 'Adore o Senhor, o seu Deus, e só a ele preste culto'²". ʲ

⁹ O Diabo o levou a Jerusalém, colocou-o na parte mais alta do templo e lhe disse: "Se és o Filho de Deus, joga-te daqui para baixo. ¹⁰ Pois está escrito:

" 'Ele dará ordens a seus anjos a seu respeito,
para o guardarem;
¹¹ com as mãos eles o segurarão,
para que você não tropece
em alguma pedra'³". ᵏ

¹ **4.4** Dt 8.3
² **4.8** Dt 6.13
³ **4.10,11** Sl 91.11,12

¹² Jesus respondeu: "Dito está: 'Não ponha à prova o Senhor, o seu Deus'⁴". ˡ

¹³ Tendo terminado todas essas tentações, ᵐ o Diabo o ⁿ deixou até ocasião oportuna.

Jesus é Rejeitado em Nazaré

¹⁴ Jesus voltou para a Galileia ᵒ no poder do Espírito, e por toda aquela região se espalhou a sua fama. ᵖ ¹⁵ Ensinava nas sinagogas,ᵍ e todos o elogiavam.

¹⁶ Ele foi a Nazaré, ʳ onde havia sido criado e no dia de sábado entrou na sinagoga, ˢ como era seu costume. E levantou-se para ler. ¹⁷ Foi-lhe entregue o livro do profeta Isaías. Abriu-o e encontrou o lugar onde está escrito:

¹⁸ "O Espírito do Senhor
está sobre mim, ᵗ
porque ele me ungiu
para pregar boas-novas
aos pobres.
Ele me enviou
para proclamar liberdade
aos presos
e recuperação da vista
aos cegos,
para libertar os oprimidos
¹⁹ e proclamar o ano da graça
do Senhor"⁵. ᵘ

²⁰ Então ele fechou o livro, devolveu-o ao assistente e assentou-se. ᵛ Na sinagoga todos tinham os olhos fitos nele; ²¹ e ele começou a dizer-lhes: "Hoje se cumpriu a Escritura que vocês acabaram de ouvir".

²² Todos falavam bem dele e estavam admirados com as palavras de graça que saíam de seus lábios. Mas perguntavam: ʷ "Não é este o filho de José?"

²³ Jesus lhes disse: "É claro que vocês me citarão este provérbio: 'Médico, cura-te a ti mesmo! Faze aqui em tua terra ˣ o que ouvimos que fizeste em Cafarnaum' ". ʸ

⁴ **4.12** Dt 6.16
⁵ **4.18,19** Is 58.6; 61.1,2

3.36
ᶻ Gn 11.12
ᵃ Gn 5.28-32

3.38
ᵇ Gn 5.1, 2, 6-9

4.1
ᶜ v. 14, 18
ᵈ Lc 3.3, 21
ᵉ Lc 2.27

4.2
ᶠ Ex 34.28; 1Rs 19.8

4.4
ᵍ Dt 8.3

4.5
ʰ Mt 24.14

4.6
ⁱ Jo 12.31; 14.30; 1Jo 5.19

4.8
ʲ Dt 6.13

4.11
ᵏ Sl 91.11, 12

4.12
ˡ Dt 6.16

4.13
ᵐ Hb 4.15
ⁿ Jo 14.30

4.14
ᵒ Mt 4.12
ᵖ Mt 9.26

4.15
ᵍ Mt 4.23

4.16
ʳ Mt 2.23
ˢ Mt 13.54

4.18
ᵗ Jo 3.34

4.19
ᵘ Is 61.1, 2; Lv 25.10

4.20
ᵛ v. 17; Mt 26.55

4.22
ʷ Mt 13.54‑55; Jo 6.42; 7.15

4.23
ˣ v. 16
ʸ Mc 1.21-28; 2.1-12

24 Continuou ele: "Digo a verdade: Nenhum profeta é aceito em sua terra. *z* **25** Asseguro a vocês que havia muitas viúvas em Israel no tempo de Elias, quando o céu foi fechado por três anos e meio e houve uma grande fome em toda a terra. *a* **26** Contudo, Elias não foi enviado a nenhuma delas, senão a uma viúva de Sarepta, na região de Sidom. *b* **27** Também havia muitos leprosos[1] em Israel no tempo de Eliseu, o profeta; todavia, nenhum deles foi purificado — somente Naamã, o sírio". *c*

28 Todos os que estavam na sinagoga ficaram furiosos quando ouviram isso. **29** Levantaram-se, expulsaram-no da cidade *d* e o levaram até o topo da colina sobre a qual fora construída a cidade, a fim de atirá-lo precipício abaixo. **30** Mas Jesus passou por entre eles e retirou-se. *e*

Jesus Expulsa um Espírito Imundo
(Mc 1.21-28)

31 Então ele desceu a Cafarnaum, *f* cidade da Galileia, e, no sábado, começou a ensinar o povo. **32** Todos ficavam maravilhados com o seu ensino, *g* porque falava com autoridade. *h*

33 Na sinagoga havia um homem possesso de um demônio, de um espírito imundo[2]. Ele gritou com toda a força: **34** "Ah!, que queres conosco, *i* Jesus de Nazaré? *j* Vieste para nos destruir? Sei quem tu és: *k* o Santo de Deus!" *l*

35 Jesus o repreendeu, *m* e disse: "Cale-se e saia dele!" Então o demônio jogou o homem no chão diante de todos e saiu dele sem o ferir.

36 Todos ficaram admirados *n* e diziam uns aos outros: "Que palavra é esta? Até aos espíritos imundos ele dá ordens com autoridade *o* e poder, e eles saem!" **37** E a sua fama se espalhava por toda a região circunvizinha. *p*

O Poder de Jesus sobre os Demônios e as Doenças
(Mt 8.14-17; Mc 1.29-34)

38 Jesus saiu da sinagoga e foi à casa de Simão. A sogra de Simão estava com febre alta, e pediram a Jesus que fizesse algo por ela. **39** Estando ele em pé junto dela, inclinou-se e repreendeu *q* a febre, que a deixou. Ela se levantou imediatamente e passou a servi-los.

40 Ao pôr do sol, o povo trouxe a Jesus todos os que tinham vários tipos de doenças; e ele os curou,*s* impondo as mãos sobre cada um deles. *r* **41** Além disso, de muitas pessoas saíam demônios gritando: "Tu és o Filho de Deus!" *t* Ele, porém, os repreendia *u* e não permitia que falassem, *v* porque sabiam que ele era o Cristo.

42 Ao romper do dia, Jesus foi para um lugar solitário. As multidões o procuravam e, quando chegaram até onde ele estava, insistiram que não as deixasse. **43** Mas ele disse: "É necessário que eu pregue as boas-novas do Reino de Deus *w* noutras cidades também, porque para isso fui enviado". **44** E continuava pregando nas sinagogas da Judeia[3]. *x*

Jesus Chama os Primeiros Discípulos
(Mt 4.18-22; Mc 1.16-20; Jo 1.35-42)

5 Certo dia Jesus estava perto do lago de Genesaré[4], e uma multidão o comprimia de todos os lados para ouvir a palavra de Deus. *y* **2** Viu à beira do lago dois barcos, deixados ali pelos pescadores, que estavam lavando as suas redes. **3** Entrou num dos barcos, o que pertencia a Simão, e pediu-lhe que o afastasse um pouco da praia. Então sentou-se e do barco ensinava o povo. *z*

4 Tendo acabado de falar, disse a Simão: "Vá para onde as águas são mais fundas", e a todos: "Lancem as redes para a pesca". *a*

5 Simão respondeu: "Mestre,*b* esforçamo-nos a noite inteira e não pegamos nada. *c* Mas, porque és tu quem está dizendo isto, vou lançar as redes".

---

[1] **4.27** O termo grego não se refere somente à lepra, mas também a diversas doenças da pele.

[2] **4.33** Ou *maligno*; também em todo o livro de Lucas.

[3] **4.44** Alguns manuscritos dizem *Galileia*.

[4] **5.1** Isto é, o mar da Galileia.

⁶ Quando o fizeram, pegaram tal quantidade de peixes que as redes começaram a rasgar-se. ᵈ ⁷ Então fizeram sinais a seus companheiros no outro barco, para que viessem ajudá-los; e eles vieram e encheram ambos os barcos, ao ponto de começarem a afundar.

⁸ Quando Simão Pedro viu isso, prostrou-se aos pés de Jesus e disse: "Afasta-te de mim, Senhor, porque sou um homem pecador!" ᵉ ⁹ Pois ele e todos os seus companheiros estavam perplexos com a pesca que haviam feito, ¹⁰ como também Tiago e João, os filhos de Zebedeu, sócios de Simão.

Jesus disse a Simão: "Não tenha medo; ᶠ de agora em diante você será pescador de homens". ¹¹ Eles então arrastaram seus barcos para a praia, deixaram tudo e o seguiram. ᵍ

A Cura de um Leproso
(Mt 8.1-4; Mc 1.40-45)

¹² Estando Jesus numa das cidades, passou um homem coberto de lepra¹. ʰ Quando viu Jesus, prostrou-se com o rosto em terra e rogou-lhe: "Se quiseres, podes purificar-me".

¹³ Jesus estendeu a mão e tocou nele, dizendo: "Quero. Seja purificado!" E imediatamente a lepra o deixou.

¹⁴ Então Jesus lhe ordenou: "Não conte isso a ninguém; ⁱ mas vá mostrar-se ao sacerdote e ofereça pela sua purificação os sacrifícios que Moisés ordenou, ʲ para que sirva de testemunho".

¹⁵ Todavia, as notícias a respeito dele se espalhavam ainda mais, ᵏ de forma que multidões vinham para ouvi-lo e para serem curadas de suas doenças. ¹⁶ Mas Jesus retirava-se para lugares solitários e orava. ˡ

Jesus Cura um Paralítico
(Mt 9.1-8; Mc 2.1-12)

¹⁷ Certo dia, quando ele ensinava, estavam sentados ali fariseus e mestres da lei, ᵐ procedentes de todos os povoados da Galileia, da Judeia e de Jerusalém. E o poder do Senhor estava com ele para curar os doentes. ⁿ ¹⁸ Vieram alguns homens trazendo um paralítico numa maca e tentaram fazê-lo entrar na casa, para colocá-lo diante de Jesus. ¹⁹ Não conseguindo fazer isso, por causa da multidão, subiram ao terraço e o baixaram em sua maca, através de uma abertura, até o meio da multidão, bem em frente de Jesus.

²⁰ Vendo a fé que eles tinham, Jesus disse: "Homem, os seus pecados estão perdoados". ᵒ

²¹ Os fariseus e os mestres da lei começaram a pensar: "Quem é esse que blasfema? Quem pode perdoar pecados, a não ser somente Deus?" ᵖ

²² Jesus, sabendo o que eles estavam pensando, perguntou: "Por que vocês estão pensando assim? ²³ Que é mais fácil dizer: 'Os seus pecados estão perdoados', ou: 'Levante-se e ande'? ²⁴ Mas para que vocês saibam que o Filho do homem ᵠ tem na terra autoridade para perdoar pecados" — disse ao paralítico — "eu digo a você: Levante-se, pegue a sua maca e vá para casa". ²⁵ Imediatamente ele se levantou na frente deles, pegou a maca em que estivera deitado e foi para casa louvando a Deus. ²⁶ Todos ficaram atônitos e glorificavam a Deus ʳ e, cheios de temor, diziam: "Hoje vimos coisas extraordinárias!"

O Chamado de Levi
(Mt 9.9-13; Mc 2.13-17)

²⁷ Depois disso, Jesus saiu e viu um publicano chamado Levi, sentado na coletoria, e disse-lhe: "Siga-me". ˢ ²⁸ Levi levantou-se, deixou tudo e o seguiu. ᵗ

²⁹ Então Levi ofereceu um grande banquete a Jesus em sua casa. Havia muita gente comendo com eles: publicanos ᵘ e outras pessoas. ³⁰ Mas os fariseus e aqueles mestres da lei que eram da mesma facção ᵛ queixaram-se aos discípulos de Jesus: "Por que vocês comem e bebem com publicanos e pecadores?" ʷ

---

¹ **5.12** O termo grego não se refere somente à lepra, mas também a diversas doenças da pele.

³¹ Jesus lhes respondeu: "Não são os que têm saúde que precisam de médico, mas sim os doentes. ³² Eu não vim chamar justos, mas pecadores ao arrependimento". ˣ

Jesus é Interrogado acerca do Jejum
(Mt 9.14-17; Mc 2.18-22)

³³ E eles lhe disseram: "Os discípulos de João ʸ jejuam e oram frequentemente, bem como os discípulos dos fariseus; mas os teus vivem comendo e bebendo".

³⁴ Jesus respondeu: "Podem vocês fazer os convidados do noivo ᶻ jejuar enquanto o noivo está com eles? ³⁵ Mas virão dias quando o noivo lhes será tirado; ᵃ naqueles dias jejuarão".

³⁶ Então lhes contou esta parábola: "Ninguém tira um remendo de roupa nova e o costura em roupa velha; se o fizer, estragará a roupa nova, além do que o remendo da nova não se ajustará à velha. ³⁷ E ninguém põe vinho novo em vasilha de couro velha; se o fizer, o vinho novo rebentará a vasilha, se derramará, e a vasilha se estragará. ³⁸ Ao contrário, vinho novo deve ser posto em vasilha de couro nova. ³⁹ E ninguém, depois de beber o vinho velho, prefere o novo, pois diz: 'O vinho velho é melhor!' "

O Senhor do Sábado
(Mt 12.1-14; Mc 2.23-3.6)

6 Certo sábado, enquanto Jesus passava pelas lavouras de cereal, seus discípulos começaram a colher e a debulhar espigas com as mãos, comendo os grãos. ᵇ ² Alguns fariseus perguntaram: "Por que vocês estão fazendo o que não é permitido no sábado?" ᶜ

³ Jesus lhes respondeu: "Vocês nunca leram o que fez Davi quando ele e seus companheiros estavam com fome? ᵈ ⁴ Ele entrou na casa de Deus e, tomando os pães da Presença, comeu o que apenas aos sacerdotes era permitido comer ᵉ e os deu também aos seus companheiros. ⁵ E então lhes disse: "O Filho do homem ᶠ é Senhor do sábado".

⁶ Noutro sábado, ᵍ ele entrou na sinagoga e começou a ensinar; estava ali um homem cuja mão direita era atrofiada. ⁷ Os fariseus e os mestres da lei estavam procurando um motivo para acusar Jesus; por isso o observavam atentamente, ʰ para ver se ele iria curá-lo no sábado. ⁱ ⁸ Mas Jesus sabia o que eles estavam pensando ʲ e disse ao homem da mão atrofiada: "Levante-se e venha para o meio". Ele se levantou e foi.

⁹ Jesus lhes disse: "Eu pergunto: O que é permitido fazer no sábado: o bem ou o mal, salvar a vida ou destruí-la?"

¹⁰ Então, olhou para todos os que estavam à sua volta e disse ao homem: "Estenda a mão". Ele a estendeu, e ela foi restaurada. ¹¹ Mas eles ficaram furiosos ᵏ e começaram discutir entre si o que poderiam fazer contra Jesus.

A Escolha dos Doze Apóstolos
(Mc 3.13-19)

¹² Num daqueles dias, Jesus saiu para o monte a fim de orar, e passou a noite orando a Deus. ˡ ¹³ Ao amanhecer, chamou seus discípulos e escolheu doze deles, a quem também designou apóstolos: ᵐ ¹⁴ Simão, a quem deu o nome de Pedro; seu irmão André; Tiago; João; Filipe; Bartolomeu; ¹⁵ Mateus; ⁿ Tomé; Tiago, filho de Alfeu; Simão, chamado zelote; ¹⁶ Judas, filho de Tiago; e Judas Iscariotes, que veio a ser o traidor.

Bênçãos e Ais

¹⁷ Jesus desceu com eles e parou num lugar plano. Estavam ali muitos dos seus discípulos e uma imensa multidão procedente de toda a Judeia, de Jerusalém e do litoral de Tiro e de Sidom, ᵒ ¹⁸ que vieram para ouvi-lo e serem curados de suas doenças. Os que eram perturbados por espíritos imundos ficaram curados, ¹⁹ e todos procuravam tocar nele, ᵖ porque dele saía poder que curava todos. ᑫ

²⁰ Olhando para os seus discípulos, ele disse:

"Bem-aventurados vocês
os pobres,

pois a vocês pertence
o Reino de Deus.

²¹ Bem-aventurados vocês
que agora têm fome,
pois serão satisfeitos.
Bem-aventurados vocês
que agora choram,
pois haverão de rir.
²² Bem-aventurados serão vocês
quando os odiarem,
expulsarem e insultarem,
e eliminarem o nome de vocês, como
sendo mau,
por causa do Filho do homem.

²³ "Regozijem-se nesse dia e saltem de alegria, porque grande é a sua recompensa no céu. Pois assim os antepassados deles trataram os profetas.

²⁴ "Mas ai de vocês os ricos,
pois já receberam
sua consolação.
²⁵ Ai de vocês
que agora têm fartura,
porque passarão fome.
Ai de vocês que agora riem,
pois haverão de se lamentar
e chorar.
²⁶ Ai de vocês
quando todos
falarem bem de vocês,
pois assim
os antepassados deles
trataram os falsos profetas.

O Amor aos Inimigos
(Mt 5.38-48)

²⁷ "Mas eu digo a vocês que estão me ouvindo: Amem os seus inimigos, façam o bem aos que os odeiam, ²⁸ abençoem os que os amaldiçoam, orem por aqueles que os maltratam. ²⁹ Se alguém bater em você numa face, ofereça-lhe também a outra. Se alguém tirar de você a capa, não o impeça de tirar a túnica. ³⁰ Dê a todo aquele que pedir, e se alguém tirar o que pertence a você, não lhe exija que o devolva. ³¹ Como vocês querem que os outros lhes façam, façam também vocês a eles.

³² "Que mérito vocês terão se amarem aos que os amam? Até os pecadores amam aos que os amam. ³³ E que mérito terão se fizerem o bem àqueles que são bons para com vocês? Até os pecadores agem assim. ³⁴ E que mérito terão se emprestarem a pessoas de quem esperam devolução? Até os pecadores emprestam a pecadores, esperando receber devolução integral. ³⁵ Amem, porém, os seus inimigos, façam-lhes o bem e emprestem a eles, sem esperar receber nada de volta. Então, a recompensa que terão será grande e vocês serão filhos do Altíssimo, porque ele é bondoso para com os ingratos e maus. ³⁶ Sejam misericordiosos, assim como o Pai de vocês é misericordioso.

O Julgamento ao Próximo
(Mt 7.1-6)

³⁷ "Não julguem e vocês não serão julgados. Não condenem e não serão condenados. Perdoem e serão perdoados. ³⁸ Deem e será dado a vocês: uma boa medida, calcada, sacudida e transbordante será dada a vocês. Pois a medida que usarem também será usada para medir vocês". ³⁹ Jesus fez também a seguinte comparação: "Pode um cego guiar outro cego? Não cairão os dois no buraco? ⁴⁰ O discípulo não está acima do seu mestre, mas todo aquele que for bem preparado será como o seu mestre.

⁴¹ "Por que você repara no cisco que está no olho do seu irmão e não se dá conta da viga que está em seu próprio olho? ⁴² Como você pode dizer ao seu irmão: 'Irmão, deixe-me tirar o cisco do seu olho', se você mesmo não consegue ver a viga que está em seu próprio olho? Hipócrita, tire primeiro a viga do seu olho e então você verá claramente para tirar o cisco do olho do seu irmão.

A Árvore e seu Fruto
(Mt 7.15-20)

⁴³ "Nenhuma árvore boa dá fruto ruim, nenhuma árvore ruim dá fruto bom. ⁴⁴ Toda árvore é reconhecida por seus frutos. ᵛ Ninguém colhe figos de espinheiros, nem uvas de ervas daninhas. ⁴⁵ O homem bom tira coisas boas do bom tesouro que está em seu coração, e o homem mau tira coisas más do mal que está em seu coração, porque a sua boca fala do que está cheio o coração. ʷ

O Prudente e o Insensato
(Mt 7.24-29)

⁴⁶ "Por que vocês me chamam 'Senhor, Senhor' ˣ e não fazem o que eu digo? ʸ ⁴⁷ Eu mostrarei com quem se compara aquele que vem a mim, ouve as minhas palavras e as pratica. ᶻ ⁴⁸ É como um homem que, ao construir uma casa, cavou fundo e colocou os alicerces na rocha. Quando veio a inundação, a torrente deu contra aquela casa, mas não a conseguiu abalar, porque estava bem construída. ⁴⁹ Mas aquele que ouve as minhas palavras e não as pratica é como um homem que construiu uma casa sobre o chão, sem alicerces. No momento em que a torrente deu contra aquela casa, ela caiu, e a sua destruição foi completa".

Um Centurião Demonstra Fé
(Mt 8.5-13)

7 Tendo terminado de dizer tudo ᵃ isso ao povo, Jesus entrou em Cafarnaum. ² Ali estava o servo de um centurião, doente e quase à morte, a quem seu senhor estimava muito. ³ Ele ouviu falar de Jesus e enviou-lhe alguns líderes religiosos dos judeus, pedindo-lhe que fosse curar o seu servo. ⁴ Chegando-se a Jesus, suplicaram-lhe com insistência: "Este homem merece que lhe faças isso, ⁵ porque ama a nossa nação e construiu a nossa sinagoga". ⁶ Jesus foi com eles.

Já estava perto da casa quando o centurião mandou amigos dizerem a Jesus: "Senhor, não te incomodes, pois não mereço receber-te debaixo do meu teto. ⁷ Por isso, nem me considerei digno de ir ao teu encontro. Mas dize uma palavra, e o meu servo será curado. ᵇ ⁸ Pois eu também sou homem sujeito a autoridade e com soldados sob o meu comando. Digo a um: Vá, e ele vai; e a outro: Venha, e ele vem. Digo a meu servo: Faça isto, e ele faz".

⁹ Ao ouvir isso, Jesus admirou-se dele e, voltando-se para a multidão que o seguia, disse: "Eu digo que nem em Israel encontrei tamanha fé". ¹⁰ Então os homens que haviam sido enviados voltaram para casa e encontraram o servo restabelecido.

Jesus Ressuscita o Filho de uma Viúva

¹¹ Logo depois, Jesus foi a uma cidade chamada Naim, e com ele iam os seus discípulos e uma grande multidão. ¹² Ao se aproximar da porta da cidade, estava saindo o enterro do filho único de uma viúva; e uma grande multidão da cidade estava com ela. ¹³ Ao vê-la, o Senhor ᶜ se compadeceu dela e disse: "Não chore".

¹⁴ Depois, aproximou-se e tocou no caixão, e os que o carregavam pararam. Jesus disse: "Jovem, eu digo, levante-se!" ᵈ ¹⁵ O jovem¹ sentou-se e começou a conversar, e Jesus o entregou à sua mãe.

¹⁶ Todos ficaram cheios de temor ᵉ e louvavam a Deus. ᶠ "Um grande profeta ᵍ se levantou dentre nós", diziam eles. "Deus interveio em favor do seu povo". ʰ ¹⁷ Essas notícias sobre Jesus espalharam-se por toda a Judeia e regiões circunvizinhas. ⁱ

Jesus e João Batista
(Mt 11.1-19)

¹⁸ Os discípulos ᵏ de João ʲ contaram-lhe todas essas coisas. Chamando dois deles, ¹⁹ enviou-os ao Senhor para perguntarem: "És tu aquele que haveria de vir ou devemos esperar algum outro?"

²⁰ Dirigindo-se a Jesus, aqueles homens disseram: "João Batista nos enviou

---

¹ **7.15** Grego: *O morto*.

para te perguntarmos: 'És tu aquele que haveria de vir ou devemos esperar algum outro?' " ²¹ Naquele momento Jesus curou muitos que tinham males, doenças graves¹ e espíritos malignos, e concedeu visão a muitos que eram cegos. ²² Então ele respondeu aos mensageiros: "Voltem e anunciem a João o que vocês viram e ouviram: os cegos veem, os aleijados andam, os leprosos¹ são purificados, os surdos ouvem, os mortos são ressuscitados e as boas-novas são pregadas aos pobres;ᵐ ²³ e feliz é aquele que não se escandaliza por minha causa".

²⁴ Depois que os mensageiros de João foram embora, Jesus começou a falar à multidão a respeito de João: "O que vocês foram ver no deserto? Um caniço agitado pelo vento? ²⁵ Ou, o que foram ver? Um homem vestido de roupas finas? Ora, os que vestem roupas esplêndidas e se entregam ao luxo estão nos palácios. ²⁶ Afinal, o que foram ver? Um profeta? ⁿ Sim, eu digo a vocês, e mais que profeta. ²⁷ Este é aquele a respeito de quem está escrito:

" 'Enviarei o meu mensageiro
   à tua frente;
ele preparará o teu caminho diante
   de ti'². ᵒ

²⁸ Eu digo que entre os que nasceram de mulher não há ninguém maior do que João; todavia, o menor no Reino de Deus ᵖ é maior do que ele".

²⁹ Todo o povo, até os publicanos, ouvindo as palavras de Jesus, reconheceram que o caminho de Deus era justo, sendo batizados por João. ᵠ ³⁰ Mas os fariseus e os peritos na lei ʳ rejeitaram o propósito de Deus para eles, não sendo batizados por João.

³¹ "A que posso, pois, comparar os homens desta geração?", prosseguiu Jesus. "Com que se parecem? ³² São como crianças que ficam sentadas na praça e gritam umas às outras:

" 'Nós tocamos flauta,
   mas vocês não dançaram;
cantamos um lamento,
   mas vocês não choraram'.

³³ Pois veio João Batista, que jejua e não bebe³ vinho, ˢ e vocês dizem: 'Ele tem demônio'. ³⁴ Veio o Filho do homem, comendo e bebendo, e vocês dizem: 'Aí está um comilão e beberrão, amigo de publicanos e pecadores'. ᵗ ³⁵ Mas a sabedoria é comprovada por todos os seus discípulos⁴".

Jesus é Ungido por uma Pecadora

³⁶ Convidado por um dos fariseus para jantar, Jesus foi à casa dele e reclinou-se à mesa. ³⁷ Ao saber que Jesus estava comendo na casa do fariseu, certa mulher daquela cidade, uma pecadora, trouxe um frasco de alabastro com perfume ³⁸ e se colocou atrás de Jesus, a seus pés. Chorando, começou a molhar-lhe os pés com suas lágrimas. Depois os enxugou com seus cabelos, beijou-os e os ungiu com o perfume.

³⁹ Ao ver isso, o fariseu que o havia convidado disse a si mesmo: "Se este homem fosse profeta, ᵘ saberia quem nele está tocando e que tipo de mulher ela é: uma pecadora".

⁴⁰ Então lhe disse Jesus: "Simão, tenho algo a dizer a você".

"Dize, Mestre", disse ele.

⁴¹ "Dois homens deviam a certo credor. Um lhe devia quinhentos denários⁵ e o outro, cinquenta. ⁴² Nenhum dos dois tinha com que lhe pagar, por isso perdoou a dívida a ambos. Qual deles o amará mais?"

⁴³ Simão respondeu: "Suponho que aquele a quem foi perdoada a dívida maior".

"Você julgou bem", disse Jesus.

---

¹ 7.22 O termo grego não se refere somente à lepra, mas também a diversas doenças da pele.
² 7.27 Ml 3.1
³ 7.33 Grego: *não comendo, nem bebendo.*
⁴ 7.35 Grego: *filhos.*
⁵ 7.41 O denário era uma moeda de prata equivalente à diária de um trabalhador braçal.

7.21
ˡ Mt 4.23

7.22
ᵐ Is 29.18, 19; 35.5, 6; 61.1, 2; Lc 4.18

7.26
ⁿ Mt 11.9

7.27
ᵒ Ml 3.1; Mt 11.10; Mc 1.2

7.28
ᵖ Mt 3.2

7.29
ᵠ Mt 21.32; Mc 1.5; Lc 3.12

7.30
ʳ Mt 22.35

7.33
ˢ Lc 1.15

7.34
ᵗ Lc 5.29, 30; 15.1, 2

7.39
ᵘ v. 16; Mt 21.11

⁴⁴ Em seguida, virou-se para a mulher e disse a Simão: "Vê esta mulher? Entrei em sua casa, mas você não me deu água para lavar os pés; ela, porém, molhou os meus pés com suas lágrimas e os enxugou com seus cabelos. ⁴⁵ Você não me saudou com um beijo, mas esta mulher, desde que entrei aqui, não parou de beijar os meus pés. ⁴⁶ Você não ungiu a minha cabeça com óleo, mas ela derramou perfume nos meus pés. ⁴⁷ Portanto, eu digo, os muitos pecados dela lhe foram perdoados; pois ela amou muito. Mas aquele a quem pouco foi perdoado, pouco ama".

⁴⁸ Então Jesus disse a ela: "Seus pecados estão perdoados".

⁴⁹ Os outros convidados começaram a perguntar: "Quem é este que até perdoa pecados?"

⁵⁰ Jesus disse à mulher: "Sua fé a salvou; vá em paz".

A Parábola do Semeador
(Mt 13.1-23; Mc 4.1-20)

8 Depois disso Jesus ia passando pelas cidades e povoados proclamando as boas-novas do Reino de Deus. Os Doze estavam com ele, ² e também algumas mulheres que haviam sido curadas de espíritos malignos e doenças: Maria, chamada Madalena, de quem haviam saído sete demônios; ³ Joana, mulher de Cuza, administrador da casa de Herodes; Susana e muitas outras. Essas mulheres ajudavam a sustentá-los com os seus bens.

⁴ Reunindo-se uma grande multidão e vindo a Jesus gente de várias cidades, ele contou esta parábola: ⁵ "O semeador saiu a semear. Enquanto lançava a semente, parte dela caiu à beira do caminho; foi pisada, e as aves do céu a comeram. ⁶ Parte dela caiu sobre pedras e, quando germinou, as plantas secaram, porque não havia umidade. ⁷ Outra parte caiu entre espinhos, que cresceram com ela e sufocaram as plantas. ⁸ Outra ainda caiu em boa terra. Cresceu e deu boa colheita, a cem por um".

Tendo dito isso, exclamou: "Aquele que tem ouvidos para ouvir, ouça!"

⁹ Seus discípulos perguntaram-lhe o que significava aquela parábola. ¹⁰ Ele disse: "A vocês foi dado o conhecimento dos mistérios do Reino de Deus, mas aos outros falo por parábolas, para que

"'vendo, não vejam;
e ouvindo, não entendam'¹.

¹¹ "Este é o significado da parábola: A semente é a palavra de Deus. ¹² As que caíram à beira do caminho são os que ouvem, e então vem o Diabo e tira a palavra do seu coração, para que não creiam e não sejam salvos. ¹³ As que caíram sobre as pedras são os que recebem a palavra com alegria quando a ouvem, mas não têm raiz. Creem durante algum tempo, mas desistem na hora da provação. ¹⁴ As que caíram entre espinhos são os que ouvem, mas, ao seguirem seu caminho, são sufocados pelas preocupações, pelas riquezas e pelos prazeres desta vida, e não amadurecem. ¹⁵ Mas as que caíram em boa terra são os que, com coração bom e generoso, ouvem a palavra, a retêm e dão fruto, com perseverança.

A Candeia
(Mc 4.21-25)

¹⁶ "Ninguém acende uma candeia e a esconde num jarro ou a coloca debaixo de uma cama. Ao contrário, coloca-a num lugar apropriado, de modo que os que entram possam ver a luz. ¹⁷ Porque não há nada oculto que não venha a ser revelado e nada escondido que não venha a ser conhecido e trazido à luz. ¹⁸ Portanto, considerem atentamente como vocês estão ouvindo. A quem tiver, mais lhe será dado; de quem não tiver, até o que pensa que tem lhe será tirado".

A Mãe e os Irmãos de Jesus
(Mt 12.46-50; Mc 3.31-35)

¹⁹ A mãe e os irmãos de Jesus foram vê-lo, mas não conseguiam aproximar-se

¹ 8.10 Is 6.9

dele, por causa da multidão. ²⁰ Alguém lhe disse: "Tua mãe e teus irmãos ⁿ estão lá fora e querem ver-te."

²¹ Ele lhe respondeu: "Minha mãe e meus irmãos são aqueles que ouvem a palavra de Deus e a praticam". ᵒ

Jesus Acalma a Tempestade
(Mt 8.23-27; Mc 4.35-41)

²² Certo dia Jesus disse aos seus discípulos: "Vamos para o outro lado do lago". Eles entraram num barco e partiram. ²³ Enquanto navegavam, ele adormeceu. Abateu-se sobre o lago um forte vendaval, de modo que o barco estava sendo inundado, e eles corriam grande perigo. ²⁴ Os discípulos foram acordá-lo, clamando: "Mestre, Mestre,ᵖ vamos morrer!"

Ele se levantou e repreendeu ᵍ o vento e a violência das águas; tudo se acalmou e ficou tranquilo. ʳ ²⁵ "Onde está a sua fé?", perguntou ele aos seus discípulos.

Amedrontados e admirados, eles perguntaram uns aos outros: "Quem é este que até aos ventos e às águas dá ordens, e eles lhe obedecem?"

A Cura de um Endemoninhado
(Mt 8.28-34; Mc 5.1-20)

²⁶ Navegaram para a região dos gerasenosˡ, que fica do outro lado do lago, frente à Galileia. ²⁷ Quando Jesus pisou em terra, foi ao encontro dele um endemoninhado daquela cidade. Fazia muito tempo que aquele homem não usava roupas, nem vivia em casa alguma, mas nos sepulcros. ²⁸ Quando viu Jesus, gritou, prostrou-se aos seus pés e disse em alta voz: "Que queres comigo, ˢ Jesus, Filho do Deus Altíssimo? ᵗ Rogo-te que não me atormentes!" ²⁹ Pois Jesus havia ordenado que o espírito imundo saísse daquele homem. Muitas vezes ele tinha se apoderado dele. Mesmo com os pés e as mãos acorrentados e entregue aos cuidados de guardas, quebrava as correntes e era levado pelo demônio a lugares solitários.

³⁰ Jesus lhe perguntou: "Qual é o seu nome?"

"Legião", respondeu ele; porque muitos demônios haviam entrado nele. ³¹ E imploravam-lhe que não os mandasse para o Abismo. ᵘ

³² Uma grande manada de porcos estava pastando naquela colina. Os demônios imploraram a Jesus que lhes permitisse entrar neles, e Jesus lhes deu permissão. ³³ Saindo do homem, os demônios entraram nos porcos, e toda a manada atirou-se precipício abaixo em direção ao lago ᵛ e se afogou.

³⁴ Vendo o que acontecera, os que cuidavam dos porcos fugiram e contaram esses fatos na cidade e nos campos, ³⁵ e o povo foi ver o que havia acontecido. Quando se aproximaram de Jesus, viram que o homem de quem haviam saído os demônios estava assentado aos pés de Jesus, ʷ vestido e em perfeito juízo, e ficaram com medo. ³⁶ Os que o tinham visto contaram ao povo como o endemoninhado ˣ fora curado. ³⁷ Então, todo o povo da região dos gerasenos suplicou a Jesus que se retirasse, ʸ porque estavam dominados pelo medo. Ele entrou no barco e regressou.

³⁸ O homem de quem haviam saído os demônios suplicava-lhe que o deixasse ir com ele; mas Jesus o mandou embora, dizendo: ³⁹ "Volte para casa e conte o quanto Deus fez a você". Assim, o homem se foi e anunciou na cidade inteira o quanto Jesus tinha feito por ele.

O Poder de Jesus sobre a Doença e a Morte
(Mt 9.18-26; Mc 5.21-43)

⁴⁰ Quando Jesus voltou, uma multidão o recebeu com alegria, pois todos o esperavam. ⁴¹ Então um homem chamado Jairo, dirigente da sinagoga, ᶻ veio e prostrou-se aos pés de Jesus, implorando-lhe que fosse à sua casa ⁴² porque sua única filha, de cerca de doze anos, estava à morte.

ˡ 8.26 Alguns manuscritos trazem *gadarenos*; outros manuscritos dizem *gergesenos*; também no versículo 37.

8.20
ⁿ Jo 7.5
8.21
ᵒ Lc 6.47; 11.28; Jo 14.21
8.24
ᵖ Lc 5.5
ᵍ Lc 4.35, 39, 41
ʳ Sl 107.29; Jn 1.15
8.28
ˢ Mt 8.29
ᵗ Mc 5.7
8.31
ᵘ Ap 9.1, 2, 11; 11.7; 17.8; 20.1, 3
8.33
ᵛ v. 22, 23
8.35
ʷ Lc 10.39
8.36
ˣ Mt 4.24
8.37
ʸ At 16.38
8.41
ᶻ v. 49; Mc 5.22

Estando Jesus a caminho, a multidão o comprimia. ⁴³ E estava ali certa mulher que havia doze anos vinha sofrendo de hemorragia ᵃ e gastara tudo o que tinha com os médicos¹; mas ninguém pudera curá-la. ⁴⁴ Ela chegou por trás dele, tocou na borda de seu manto, ᵇ e imediatamente cessou sua hemorragia.

⁴⁵ "Quem tocou em mim?", perguntou Jesus.

Como todos negassem, Pedro disse: "Mestre, ᶜ a multidão se aglomera e te comprime".

⁴⁶ Mas Jesus disse: "Alguém tocou em mim; ᵈ eu sei que de mim saiu poder". ᵉ

⁴⁷ Então a mulher, vendo que não conseguiria passar despercebida, veio tremendo e prostrou-se aos seus pés. Na presença de todo o povo contou por que tinha tocado nele e como fora instantaneamente curada. ⁴⁸ Então ele lhe disse: "Filha, a sua fé a curou²!ᶠ Vá em paz". ᵍ

⁴⁹ Enquanto Jesus ainda estava falando, chegou alguém da casa de Jairo, o dirigente da sinagoga, ʰ e disse: "Sua filha morreu. Não incomode mais o Mestre".

⁵⁰ Ouvindo isso, Jesus disse a Jairo: "Não tenha medo; tão somente creia, e ela será curada".

⁵¹ Quando chegou à casa de Jairo, não deixou ninguém entrar com ele, exceto Pedro, João, Tiago ⁱ e o pai e a mãe da criança. ⁵² Enquanto isso, todo o povo estava se lamentando e chorando ʲ por ela. "Não chorem", disse Jesus. "Ela não está morta, mas dorme." ᵏ

⁵³ Todos começaram a rir dele, pois sabiam que ela estava morta. ˡ ⁵⁴ Mas ele a tomou pela mão e disse: "Menina, levante-se!" ⁵⁵ O espírito dela voltou, e ela se levantou *imediatamente*. Então Jesus lhes ordenou que dessem de comer a ela. ⁵⁶ Os pais dela ficaram maravilhados, mas ele lhes ordenou que não contassem a ninguém o que tinha acontecido. ᵐ

Jesus Envia os Doze
(Mt 10.5-14; Mc 5.7-13)

9 Reunindo os Doze, Jesus deu-lhes poder e autoridade para expulsar todos os demônios ⁿ e curar doenças ᵒ ² e os enviou a pregar o Reino de Deus ᵖ e a curar os enfermos. ³ E disse-lhes: "Não levem nada pelo caminho: nem bordão, nem saco de viagem, nem pão, nem dinheiro, nem túnica extra. ᵠ ⁴ Na casa em que vocês entrarem, fiquem ali até partirem. ⁵ Se não os receberem, sacudam a poeira dos seus pés quando saírem daquela cidade, como testemunho contra eles". ʳ ⁶ Então, eles saíram e foram pelos povoados, pregando o evangelho e fazendo curas por toda parte.

⁷ Herodes, ˢ o tetrarca³, ouviu falar de tudo o que estava acontecendo e ficou perplexo, porque algumas pessoas estavam dizendo que João ᵗ tinha ressuscitado dos mortos; ᵘ ⁸ outros, que Elias tinha aparecido; ᵛ e ainda outros, que um dos profetas do passado tinha voltado à vida. ʷ ⁹ Mas Herodes disse: "João, eu decapitei! Quem, pois, é este de quem ouço essas coisas?" E procurava vê-lo. ˣ

A Primeira Multiplicação dos Pães
(Mt 14.13-21; Mc 6.30-44; Jo 6.1-15)

¹⁰ Ao voltarem, os apóstolos ʸ relataram a Jesus o que tinham feito. Então ele os tomou, e retiraram-se para uma cidade chamada Betsaida; ᶻ ¹¹ mas as multidões ficaram sabendo, e o seguiram. Ele as acolheu e falava-lhes acerca do Reino de Deus ᵃ e curava os que precisavam de cura.

¹² Ao fim da tarde os Doze aproximaram-se dele e disseram: "Manda embora a multidão para que eles possam ir aos campos vizinhos e aos povoados, e encontrem comida e pousada, porque aqui estamos em lugar deserto".

---

¹ **8.43** Alguns manuscritos não trazem *gastara tudo o que tinha com os médicos*.

² **8.48** Ou *a salvou*

³ **9.7** Um tetrarca era o governador da quarta parte de uma região.

¹³ Ele, porém, respondeu: "Deem-lhes vocês algo para comer".

Eles disseram: "Temos apenas cinco pães e dois peixes — a menos que compremos alimento para toda esta multidão". ¹⁴ (E estavam ali cerca de cinco mil homens.)

Mas ele disse aos seus discípulos: "Façam-nos sentar-se em grupos de cinquenta". ¹⁵ Os discípulos assim fizeram, e todos se assentaram. ¹⁶ Tomando os cinco pães e os dois peixes e, olhando para o céu, deu graças e os partiu. ᵇ Em seguida, entregou-os aos discípulos para que os servissem ao povo. ¹⁷ Todos comeram e ficaram satisfeitos, e os discípulos recolheram doze cestos cheios de pedaços que sobraram.

A Confissão de Pedro
(Mt 16.13-20; Mc 8.27-30)

¹⁸ Certa vez Jesus estava orando ᶜ em particular, e com ele estavam os seus discípulos; então lhes perguntou: "Quem as multidões dizem que eu sou?"

¹⁹ Eles responderam: "Alguns dizem que és João Batista;ᵈ outros, Elias; e, ainda outros, que és um dos profetas do passado que ressuscitou". ᵉ

²⁰ "E vocês, o que dizem?", perguntou. "Quem vocês dizem que eu sou?"

Pedro respondeu: "O Cristo de Deus". ᶠ

²¹ Jesus os advertiu severamente que não contassem isso a ninguém. ᵍ ²² E disse: "É necessário que o Filho do homem ʰ sofra muitas coisas ⁱ e seja rejeitado pelos líderes religiosos, pelos chefes dos sacerdotes e pelos mestres da lei, ʲ seja morto ᵏ e ressuscite ᵐ no terceiro dia". ˡ

²³ Jesus dizia a todos: "Se alguém quiser acompanhar-me, negue-se a si mesmo, tome diariamente a sua cruz e siga-me. ⁿ ²⁴ Pois quem quiser salvar a sua vida¹ a perderá; mas quem perder a sua vida por minha causa, este a salvará. ᵒ ²⁵ Pois que adianta ao homem ganhar o mundo inteiro e perder-se ou destruir a si mesmo? ²⁶ Se alguém se envergonhar de mim e das minhas palavras, o Filho do homem se envergonhará dele ᵖ quando vier em sua glória e na glória do Pai e dos santos anjos. ᑫ ²⁷ Garanto a vocês que alguns que aqui se acham de modo nenhum experimentarão a morte antes de verem o Reino de Deus".

A Transfiguração
(Mt 17.1-13; Mc 9.2-13)

²⁸ Aproximadamente oito dias depois de dizer essas coisas, Jesus tomou a Pedro, João e Tiago ʳ e subiu a um monte para orar. ˢ ²⁹ Enquanto orava, a aparência de seu rosto se transformou, e suas roupas ficaram alvas e resplandecentes como o brilho de um relâmpago. ³⁰ Surgiram dois homens que começaram a conversar com Jesus. Eram Moisés e Elias. ³¹ Apareceram em glorioso esplendor e falavam sobre a partida de Jesus, ᵗ que estava para se cumprir em Jerusalém.

³² Pedro e os seus companheiros estavam dominados pelo sono; ᵘ acordando subitamente, viram a glória de Jesus e os dois homens que estavam com ele. ³³ Quando estes iam se retirando, Pedro disse a Jesus: "Mestre, ᵛ é bom estarmos aqui. Façamos três tendas: uma para ti, uma para Moisés e uma para Elias". (Ele não sabia o que estava dizendo.)

³⁴ Enquanto ele estava falando, uma nuvem apareceu e os envolveu, e eles ficaram com medo ao entrarem na nuvem. ³⁵ Dela saiu uma voz que dizia: "Este é o meu Filho, o Escolhido²; ʷ ouçam-no!" ˣ ³⁶ Tendo-se ouvido a voz, Jesus ficou só. Os discípulos guardaram isto somente para si; naqueles dias, não contaram a ninguém o que tinham visto. ʸ

A Cura de um Menino Endemoninhado
(Mt 17.14-23; Mc 9.14-32)

³⁷ No dia seguinte, quando desceram do monte, uma grande multidão veio ao

---

¹ **9.24** Ou *alma*

² **9.35** Vários manuscritos dizem *o Amado*.

encontro dele. ³⁸ Um homem da multidão bradou: "Mestre, rogo-te que dês atenção ao meu filho, pois é o único que tenho. ³⁹ Um espírito o domina; de repente ele grita, lança-o em convulsões e o faz espumar; quase nunca o abandona e o está destruindo. ⁴⁰ Roguei aos teus discípulos que o expulsassem, mas eles não conseguiram".

⁴¹ Respondeu Jesus: "Ó geração incrédula e perversa, ᶻ até quando estarei com vocês e terei que suportá-los? Traga-me aqui o seu filho".

⁴² Quando o menino vinha vindo, o demônio o lançou por terra, em convulsão. Mas Jesus repreendeu o espírito imundo, curou o menino e o entregou de volta a seu pai. ⁴³ E todos ficaram atônitos ante a grandeza de Deus.

Estando todos maravilhados com tudo o que Jesus fazia, ele disse aos seus discípulos: ⁴⁴ "Ouçam atentamente o que vou dizer: O Filho do homem será traído e entregue nas mãos dos homens". ᵃ ⁴⁵ Mas eles não entendiam o que isso significava; era-lhes encoberto, para que não o entendessem. ᵇ E tinham receio de perguntar-lhe a respeito dessa palavra.

Quem Será o Maior?
(Mt 18.1-5; Mc 9.33-41)

⁴⁶ Começou uma discussão entre os discípulos acerca de qual deles seria o maior. ᶜ ⁴⁷ Jesus, conhecendo os seus pensamentos, ᵈ tomou uma criança e a colocou em pé, a seu lado. ⁴⁸ Então lhes disse: "Quem recebe esta criança em meu nome está me recebendo; e quem me recebe está recebendo aquele que me enviou. ᵉ Pois aquele que entre vocês for o menor, este será o maior". ᶠ

⁴⁹ Disse João: "Mestre, ᵍ vimos um homem expulsando demônios em teu nome e procuramos impedi-lo, porque ele não era um dos nossos".

⁵⁰ "Não o impeçam", disse Jesus, "pois quem não é contra vocês, é a favor de vocês". ʰ

A Oposição Samaritana

⁵¹ Aproximando-se o tempo em que seria elevado aos céus, ⁱ Jesus partiu resolutamente em direção a Jerusalém. ʲ ⁵² E enviou mensageiros à sua frente. Indo estes, entraram num povoado samaritano ᵏ para lhe fazer os preparativos; ⁵³ mas o povo dali não o recebeu porque se notava que ele se dirigia para Jerusalém. ⁵⁴ Ao verem isso, os discípulos Tiago e João ˡ perguntaram: "Senhor, queres que façamos cair fogo do céu para destruí-los?"¹ ᵐ ⁵⁵ Mas Jesus, voltando-se, os repreendeu, dizendo: "Vocês não sabem de que espécie de espírito vocês são, pois o Filho do homem não veio para destruir a vida dos homens, mas para salvá-los"²; ⁵⁶ e foram para outro povoado.

Quão Difícil é Seguir Jesus!
(Mt 8.19-22)

⁵⁷ Quando andavam pelo caminho, ⁿ um homem lhe disse: "Eu te seguirei por onde quer que fores".

⁵⁸ Jesus respondeu: "As raposas têm suas tocas e as aves do céu têm seus ninhos, mas o Filho do homem ᵒ não tem onde repousar a cabeça".

⁵⁹ A outro disse: "Siga-me". ᵖ

Mas o homem respondeu: "Senhor, deixa-me ir primeiro sepultar meu pai".

⁶⁰ Jesus lhe disse: "Deixe que os mortos sepultem os seus próprios mortos; você, porém, vá e proclame o Reino de Deus". ᑫ

⁶¹ Ainda outro disse: "Vou seguir-te, Senhor, mas deixa-me primeiro voltar e despedir-me da minha família". ʳ

⁶² Jesus respondeu: "Ninguém que põe a mão no arado e olha para trás é apto para o Reino de Deus".

Jesus Envia Setenta e Dois Discípulos

10 Depois disso o Senhor ˢ designou outros setenta e dois³ ᵗ e os enviou dois

---

¹ 9.54 Alguns manuscritos dizem *destruí-los, como fez Elias?*
² 9.55 Muitos manuscritos não trazem esta sentença.
³ 10.1 Alguns manuscritos dizem *70*; também no versículo 17.

a dois, ᵘ adiante dele, a todas as cidades e lugares para onde ele estava prestes a ir. ᵛ ² E lhes disse: "A colheita é grande, mas os trabalhadores são poucos. Portanto, peçam ao Senhor da colheita que mande trabalhadores para a sua colheita. ʷ ³ Vão! Eu os estou enviando como cordeiros entre lobos. ˣ ⁴ Não levem bolsa, nem saco de viagem, nem sandálias; e não saúdem ninguém pelo caminho.

⁵ "Quando entrarem numa casa, digam primeiro: Paz a esta casa. ⁶ Se houver ali um homem de paz, a paz de vocês repousará sobre ele; se não, ela voltará para vocês. ⁷ Fiquem naquela casa e comam e bebam o que derem a vocês, pois o trabalhador merece o seu salário. ʸ Não fiquem mudando de casa em casa.

⁸ "Quando entrarem numa cidade e forem bem recebidos, comam o que for posto diante de vocês. ᶻ ⁹ Curem os doentes que ali houver e digam-lhes: O Reino de Deus ᵃ está próximo de vocês. ¹⁰ Mas, quando entrarem numa cidade e não forem bem recebidos, saiam por suas ruas e digam: ¹¹ Até o pó da sua cidade, que se apegou aos nossos pés, sacudimos contra vocês. ᵇ Fiquem certos disto: o Reino de Deus está próximo. ᶜ ¹² Eu digo: Naquele dia, haverá mais tolerância para Sodoma ᵈ do que para aquela cidade. ᵉ

¹³ "Ai de você, ᶠ Corazim! Ai de você, Betsaida! Porque se os milagres que foram realizados entre vocês o fossem em Tiro e Sidom, há muito tempo elas teriam se arrependido, vestindo roupas de saco ᵍ e cobrindo-se de cinzas. ¹⁴ Mas no juízo haverá menor rigor para Tiro e Sidom do que para vocês. ¹⁵ E você, Cafarnaum: ʰ será elevada até ao céu? Não; você descerá até o Hades¹!

¹⁶ "Aquele que dá ouvidos a vocês está me dando ouvidos; aquele que os rejeita está me rejeitando; mas aquele que me rejeita está rejeitando aquele que me enviou". ⁱ

¹ **10.15** Essa palavra pode ser traduzida por inferno, sepulcro, morte ou profundezas.

¹⁷ Os setenta e dois ʲ voltaram alegres e disseram: "Senhor, até os demônios se submetem a nós, em teu nome". ᵏ ¹⁸ Ele respondeu: "Eu vi Satanás ˡ caindo do céu como relâmpago. ᵐ ¹⁹ Eu dei a vocês autoridade para pisarem sobre cobras ⁿ e escorpiões, e sobre todo o poder do inimigo; nada lhes fará dano. ²⁰ Contudo, alegrem-se, não porque os espíritos se submetem a vocês, mas porque seus nomes estão escritos nos céus". ᵒ

²¹ Naquela hora, Jesus, exultando no Espírito Santo, disse: "Eu te louvo, Pai, Senhor do céu e da terra, porque escondeste estas coisas dos sábios e cultos e as revelaste aos pequeninos. ᵖ Sim, Pai, pois assim foi do teu agrado.

²² "Todas as coisas me foram entregues por meu Pai. ᑫ Ninguém sabe quem é o Filho, a não ser o Pai; e ninguém sabe quem é o Pai, a não ser o Filho e aqueles a quem o Filho o quiser revelar". ʳ

²³ Então ele se voltou para os seus discípulos e lhes disse em particular: "Felizes são os olhos que veem o que vocês veem. ²⁴ Pois eu digo que muitos profetas e reis desejaram ver o que vocês estão vendo, mas não viram; e ouvir o que vocês estão ouvindo, mas não ouviram". ˢ

A Parábola do Bom Samaritano

²⁵ Certa ocasião, um perito na lei levantou-se para pôr Jesus à prova e lhe perguntou: "Mestre, o que preciso fazer para herdar a vida eterna?" ᵗ

²⁶ "O que está escrito na Lei?", respondeu Jesus. "Como você a lê?"

²⁷ Ele respondeu: " 'Ame o Senhor, o seu Deus, de todo o seu coração, de toda a sua alma, de todas as suas forças e de todo o seu entendimento'² ᵘ e 'Ame o seu próximo como a si mesmo'³". ᵛ

²⁸ Disse Jesus: "Você respondeu corretamente. Faça isso e viverá". ʷ

² **10.27** Dt 6.5
³ **10.27** Lv 19.18

10.1
ᵘ Mc 6.7
ᵛ Mt 10.1

10.2
ʷ Mt 9.37, 38; Jo 4.35

10.3
ˣ Mt 10.16

10.7
ʸ Mt 10.10; 1Co 9.14; 1Tm 5.18

10.8
ᶻ 1Co 10.27

10.9
ᵃ Mt 3.2; 10.7

10.11
ᵇ Mt 10.14; Mc 6.11
ᶜ v. 9

10.12
ᵈ Mt 10.15
ᵉ Mt 11.24

10.13
ᶠ Lc 6.24-26
ᵍ Ap 11.3

10.15
ʰ Mt 4.13

10.16
ⁱ Mt 10.40; Jo 13.20

10.17
ʲ v. 1
ᵏ Mc 16.17

10.18
ˡ Mt 4.10
ᵐ Is 14.12; Ap 9.1; 12.8, 9

10.19
ⁿ Mc 16.18; At 28.3-5

10.20
ᵒ Ex 32.32; Sl 69.28; Dn 12.1; Fp 4.3; Hb 12.23; Ap 13.8; 20.12; 21.27

10.21
ᵖ 1Co 1.26-29

10.22
ᑫ Mt 28.13
ʳ Jo 1.18

10.24
ˢ 1Pe 1.10-12

10.25
ᵗ Mt 19.16; Lc 18.18

10.27
ᵘ Dt 6.5
ᵛ Lv 19.18; Mt 5.43

10.28
ʷ Lv 18.5; Rm 7.10

²⁹ Mas ele, querendo justificar-se, ˣ perguntou a Jesus: "E quem é o meu próximo?"

³⁰ Em resposta, disse Jesus: "Um homem descia de Jerusalém para Jericó, quando caiu nas mãos de assaltantes. Estes lhe tiraram as roupas, espancaram-no e se foram, deixando-o quase morto. ³¹ Aconteceu estar descendo pela mesma estrada um sacerdote. Quando viu o homem, passou pelo outro lado. ʸ ³² E assim também um levita; quando chegou ao lugar e o viu, passou pelo outro lado. ³³ Mas um samaritano, ᶻ estando de viagem, chegou onde se encontrava o homem e, quando o viu, teve piedade dele. ³⁴ Aproximou-se, enfaixou-lhe as feridas, derramando nelas vinho e óleo. Depois colocou-o sobre o seu próprio animal, levou-o para uma hospedaria e cuidou dele. ³⁵ No dia seguinte, deu dois denários¹ ao hospedeiro e lhe disse: 'Cuide dele. Quando eu voltar, pagarei todas as despesas que você tiver'.

³⁶ "Qual destes três você acha que foi o próximo do homem que caiu nas mãos dos assaltantes?"

³⁷ "Aquele que teve misericórdia dele", respondeu o perito na lei.

Jesus lhe disse: "Vá e faça o mesmo".

Na Casa de Marta e de Maria

³⁸ Caminhando Jesus e os seus discípulos, chegaram a um povoado onde certa mulher chamada Marta ᵃ o recebeu em sua casa. ³⁹ Maria, ᵇ sua irmã, ficou sentada aos pés do Senhor, ᶜ ouvindo a sua palavra. ⁴⁰ Marta, porém, estava ocupada com muito serviço. E, aproximando-se dele, perguntou: "Senhor, não te importas ᵈ que minha irmã tenha me deixado sozinha com o serviço? Dize-lhe que me ajude!"

⁴¹ Respondeu o Senhor: "Marta! Marta! Você está preocupada ᵉ e inquieta com muitas coisas; ⁴² todavia apenas uma é necessária.² ᶠ Maria escolheu a boa parte, e esta não lhe será tirada".

O Ensino de Jesus acerca da Oração
(Mt 6.5-15; 7.7-12)

11 Certo dia Jesus estava orando ᵍ em determinado lugar. Tendo terminado, um dos seus discípulos lhe disse: "Senhor, ʰ ensina-nos a orar, como João ensinou aos discípulos dele".

² Ele lhes disse: "Quando vocês orarem, digam:

" Pai!³
    Santificado seja o teu nome.
Venha o teu Reino.⁴ ⁱ
³ Dá-nos cada dia o nosso pão
    cotidiano.
⁴ Perdoa-nos os nossos pecados,
pois também perdoamos
    a todos os que nos devem. ʲ
E não nos deixes cair
    em⁵ tentação⁶". ᵏ

⁵ Então lhes disse: "Suponham que um de vocês tenha um amigo e que recorra a ele à meia-noite e diga: 'Amigo, empreste-me três pães, ⁶ porque um amigo meu chegou de viagem, e não tenho nada para lhe oferecer'.

⁷ "E o que estiver dentro responda: 'Não me incomode. A porta já está fechada, e eu e meus filhos já estamos deitados. Não posso me levantar e dar a você o que me pede'. ⁸ Eu digo: Embora ele não se levante para dar-lhe o pão por ser seu amigo, por causa da importunação se levantará e lhe dará tudo o que precisar. ˡ

⁹ "Por isso digo: Peçam, e será dado; ᵐ busquem, e encontrarão; batam, e a porta será aberta. ¹⁰ Pois todo o que pede, recebe;

---

³ **11.2** Muitos manuscritos dizem *Pai nosso, que estás no céu.*

⁴ **11.2** Muitos manuscritos dizem *Reino. Seja feita a tua vontade assim na terra como no céu.*

⁵ **11.4** Grego: *E não nos induzas à.*

⁶ **11.4** Muitos manuscritos dizem *tentação, mas livra-nos do Maligno.*

---

¹ **10.35** O denário era uma moeda de prata equivalente à diária de um trabalhador braçal.

² **10.42** Alguns manuscritos dizem *todavia, poucas coisas são necessárias.*

o que busca, encontra; e àquele que bate, a porta será aberta.

¹¹ "Qual pai, do meio de vocês, se o filho pedir um¹ peixe, em lugar disso lhe dará uma cobra? ¹² Ou, se pedir um ovo, lhe dará um escorpião? ¹³ Se vocês, apesar de serem maus, sabem dar boas coisas aos seus filhos, quanto mais o Pai que está nos céus dará o Espírito Santo a quem o pedir!"

A Acusação contra Jesus
(Mt 12.22-32; Mc 3.20-30)

¹⁴ Jesus estava expulsando um demônio que era mudo. Quando o demônio saiu, o mudo falou, e a multidão ficou admirada. ⁿ ¹⁵ Mas alguns deles disseram: "É por Belzebu, ᵒ o príncipe dos demônios, que ele expulsa demônios". ᵖ ¹⁶ Outros o punham à prova, pedindo-lhe um sinal do céu.ᑫ

¹⁷ Jesus, conhecendo os seus pensamentos, ʳ disse-lhes: "Todo reino dividido contra si mesmo será arruinado, e uma casa dividida contra si mesma cairá. ¹⁸ Se Satanás ˢ está dividido contra si mesmo, como o seu reino pode subsistir? Digo isso porque vocês estão dizendo que expulso demônios por Belzebu. ¹⁹ Se eu expulso demônios por Belzebu, por quem os expulsam os filhos² de vocês? Por isso, eles mesmos estarão como juízes sobre vocês. ²⁰ Mas, se é pelo dedo de Deus ᵗ que eu expulso demônios, então chegou a vocês o Reino de Deus. ᵘ

²¹ "Quando um homem forte, bem armado, guarda sua casa, seus bens estão seguros. ²² Mas, quando alguém mais forte o ataca e o vence, tira-lhe a armadura em que confiava e divide os despojos.

²³ "Aquele que não está comigo é contra mim, e aquele que comigo não ajunta espalha. ᵛ

²⁴ "Quando um espírito imundo sai de um homem, passa por lugares áridos procurando descanso e, não o encontrando, diz: 'Voltarei para a casa de onde saí.'

²⁵ Quando chega, encontra a casa varrida e em ordem. ²⁶ Então vai e traz outros sete espíritos piores do que ele, e entrando passam a viver ali. E o estado final daquele homem torna-se pior do que o primeiro". ʷ

²⁷ Enquanto Jesus dizia estas coisas, uma mulher da multidão exclamou: "Feliz é a mulher que te deu à luz e te amamentou". ˣ

²⁸ Ele respondeu: "Antes, felizes são aqueles que ouvem a palavra de Deus ʸ e lhe obedecem".ᶻ

O Sinal de Jonas
(Mt 12.38-42)

²⁹ Aumentando a multidão, Jesus começou a dizer: "Esta é uma geração perversa. Ela pede um sinal milagroso, ᵃ mas nenhum sinal lhe será dado, exceto o sinal de Jonas. ᵇ ³⁰ Pois, assim como Jonas foi um sinal para os ninivitas, o Filho do homem também o será para esta geração. ³¹ A rainha do Sul se levantará no juízo com os homens desta geração e os condenará, pois ela veio dos confins da terra para ouvir a sabedoria de Salomão ᶜ e agora está aqui quem é maior do que Salomão. ³² Os homens de Nínive se levantarão no juízo com esta geração e a condenarão; pois eles se arrependeram com a pregação de Jonas, ᵈ e agora está aqui quem é maior do que Jonas.

A Candeia do Corpo

³³ "Ninguém acende uma candeia e a coloca em lugar onde fique escondida ou debaixo de uma vasilha. Ao contrário, coloca-a no lugar apropriado, para que os que entram possam ver a luz. ᵉ ³⁴ Os olhos são a candeia do corpo. Quando os seus olhos forem bons, igualmente todo o seu corpo estará cheio de luz. Mas, quando forem maus, igualmente o seu corpo estará cheio de trevas. ³⁵ Portanto, cuidado para que a luz que está em seu interior não sejam trevas. ³⁶ Logo, se todo o seu corpo estiver cheio de luz, e nenhuma parte dele estiver em trevas, estará completamente iluminado, como quando a luz de uma candeia brilha sobre você".

---

¹ **11.11** Muitos manuscritos acrescentam *pão, lhe dará uma pedra, ou se pedir um*
² **11.19** Ou *discípulos*

11.14
ⁿ Mt 9.32, 33
11.15
ᵒ Mc 3.22
ᵖ Mt 9.34
11.16
ᑫ Mt 12.38
11.17
ʳ Mt 9.4
11.18
ˢ Mt 4.10
11.20
ᵗ Ex 8.19
ᵘ 3.2
11.23
ᵛ Mt 12.30; Mc 9.40; Lc 9.50
11.26
ʷ 2Pe 2.20
11.27
ˣ Lc 23.29
11.28
ʸ Hb 4.12
ᶻ Pv 8.32; Lc 6.47; 8.21; Jo 14.21
11.29
ᵃ v. 16; Mt 12.38
ᵇ Jn 1.17; Mt 16.4
11.31
ᶜ 1Rs 10.1; 2Cr 9.1
11.32
ᵈ Jn 3.5
11.33
ᵉ Mt 5.15; Mc 4.21; Lc 8.16

Jesus Condena a Hipocrisia dos Fariseus e dos Peritos na Lei

37 Tendo terminado de falar, um fariseu o convidou para comer com ele. Então Jesus foi e reclinou-se à mesa;[f] **38** mas o fariseu, notando que Jesus não se lavara cerimonialmente antes da refeição,[g] ficou surpreso.

39 Então o Senhor[h] lhe disse: "Vocês, fariseus, limpam o exterior do copo e do prato, mas interiormente estão cheios de ganância e de maldade.[i] **40** Insensatos![j] Quem fez o exterior não fez também o interior? **41** Mas deem o que está dentro do prato[1] como esmola[k] e verão que tudo ficará limpo em vocês.[l]

42 "Ai de vocês, fariseus, porque dão a Deus o dízimo[m] da hortelã, da arruda e de toda a sorte de hortaliças, mas desprezam a justiça e o amor de Deus![n] Vocês deviam praticar estas coisas, sem deixar de fazer aquelas.[o]

43 "Ai de vocês, fariseus, porque amam os lugares de honra nas sinagogas e as saudações em público![p]

44 "Ai de vocês, porque são como túmulos que não são vistos,[q] por sobre os quais os homens andam sem o saber!"

45 Um dos peritos na lei[r] lhe respondeu: "Mestre, quando dizes essas coisas, insultas também a nós".

46 "Quanto a vocês, peritos na lei", disse Jesus, "ai de vocês também!, porque sobrecarregam os homens com fardos que dificilmente eles podem carregar, e vocês mesmos não levantam nem um dedo para ajudá-los.[s]

47 "Ai de vocês, porque edificam os túmulos dos profetas, sendo que foram os seus próprios antepassados que os mataram. **48** Assim vocês dão testemunho de que aprovam o que os seus antepassados fizeram. Eles mataram os profetas, e vocês lhes edificam os túmulos.[t] **49** Por isso, Deus disse em sua sabedoria:[u] 'Eu mandarei a vocês profetas e apóstolos, dos quais eles matarão alguns, e a outros perseguirão'.[v] **50** Pelo que, esta geração será considerada responsável pelo sangue de todos os profetas, derramado desde o princípio do mundo: **51** desde o sangue de Abel[w] até o sangue de Zacarias,[x] que foi morto entre o altar e o santuário. Sim, eu digo a vocês, esta geração será considerada responsável por tudo isso.[y]

52 "Ai de vocês, peritos na lei, porque se apoderaram da chave do conhecimento. Vocês mesmos não entraram e impediram os que estavam prestes a entrar!"[z]

53 Quando Jesus saiu dali, os fariseus e os mestres da lei começaram a opor-se fortemente a ele e a interrogá-lo com muitas perguntas, **54** esperando apanhá-lo em algo que dissesse.[a]

Advertências e Motivações

12 Nesse meio tempo, tendo-se juntado uma multidão de milhares de pessoas, ao ponto de atropelarem umas às outras, Jesus começou a falar primeiramente aos seus discípulos, dizendo: "Tenham cuidado com o fermento dos fariseus, que é a hipocrisia.[b] **2** Não há nada escondido que não venha a ser descoberto, ou oculto que não venha a ser conhecido.[c] **3** O que vocês disserem nas trevas será ouvido à luz do dia, e o que vocês sussurraram aos ouvidos dentro de casa, será proclamado dos telhados.

4 "Eu digo a vocês, meus amigos:[d] Não tenham medo dos que matam o corpo e depois nada mais podem fazer. **5** Mas eu mostrarei a quem vocês devem temer: temam àquele que, depois de matar o corpo, tem poder para lançar no inferno. Sim, eu digo a vocês, a esse vocês devem temer.[e] **6** Não se vendem cinco pardais por duas moedinhas[2]? Contudo, nenhum deles é esquecido por Deus. **7** Até os cabelos da cabeça de vocês estão todos contados.[f] Não tenham medo; vocês valem mais do que muitos pardais![g]

---

[1] **11.41** Ou *o que vocês têm*

[2] **12.6** Grego: *dois asses*.

8 "Eu digo a vocês: Quem me confessar diante dos homens, também o Filho do homem o confessará diante dos anjos de Deus. ʰ 9 Mas aquele que me negar diante dos homens será negado ⁱ diante dos anjos de Deus. 10 Todo aquele que disser uma palavra contra o Filho do homem ʲ será perdoado, mas quem blasfemar contra o Espírito Santo não será perdoado. ᵏ

11 "Quando vocês forem levados às sinagogas e diante dos governantes e das autoridades, não se preocupem com a forma pela qual se defenderão, ou com o que dirão, ˡ 12 pois naquela hora o Espírito Santo ensinará o que deverão dizer". ᵐ

A Parábola do Rico Insensato

13 Alguém da multidão lhe disse: "Mestre, dize a meu irmão que divida a herança comigo".

14 Respondeu Jesus: "Homem, quem me designou juiz ou árbitro entre vocês?" 15 Então lhes disse: "Cuidado! Fiquem de sobreaviso contra todo tipo de ganância; a vida de um homem não consiste na quantidade dos seus bens". ⁿ

16 Então lhes contou esta parábola: "A terra de certo homem rico produziu muito. 17 Ele pensou consigo mesmo: 'O que vou fazer? Não tenho onde armazenar minha colheita'.

18 "Então disse: 'Já sei o que vou fazer. Vou derrubar os meus celeiros e construir outros maiores, e ali guardarei toda a minha safra e todos os meus bens. 19 E direi a mim mesmo: Você tem grande quantidade de bens, armazenados para muitos anos. Descanse, coma, beba e alegre-se'.

20 "Contudo, Deus lhe disse: 'Insensato!ᵒ Esta mesma noite a sua vida será exigida. ᵖ Então, quem ficará com o que você preparou?' ᵠ

21 "Assim acontece com quem guarda para si riquezas, mas não é rico para com Deus". ʳ

As Preocupações da Vida
(Mt 6.25-34)

22 Dirigindo-se aos seus discípulos, Jesus acrescentou: "Portanto eu digo a vocês: Não se preocupem com sua própria vida, quanto ao que comer; nem com seu próprio corpo, quanto ao que vestir. 23 A vida é mais importante do que a comida, e o corpo, mais do que as roupas. 24 Observem os corvos: não semeiam nem colhem, não têm armazéns nem celeiros; contudo, Deus os alimenta. ˢ E vocês têm muito mais valor do que as aves! 25 Quem de vocês, por mais que se preocupe, pode acrescentar uma hora que seja à sua vida?¹ 26 Visto que vocês não podem sequer fazer uma coisa tão pequena, por que se preocupar com o restante?

27 "Observem como crescem os lírios. Eles não trabalham nem tecem. Contudo, eu digo a vocês que nem Salomão, em todo o seu esplendor, ᵗ vestiu-se como um deles. 28 Se Deus veste assim a erva do campo, que hoje existe e amanhã é lançada ao fogo, quanto mais vestirá vocês, homens de pequena fé! ᵘ 29 Não busquem ansiosamente o que comer ou beber; não se preocupem com isso. 30 Pois o mundo pagão é que corre atrás dessas coisas; mas o Pai ᵛ sabe que vocês precisam delas.ʷ 31 Busquem, pois, o Reino de Deus, e essas coisas serão acrescentadas a vocês. ʸ

32 "Não tenham medo, ᶻ pequeno rebanho, pois foi do agrado do Pai dar o Reino a vocês. ᵃ 33 Vendam o que têm e deem esmolas. ᵇ Façam para vocês bolsas que não se gastem com o tempo, um tesouro nos céus ᶜ que não se acabe, onde ladrão algum chega perto e nenhuma traça destrói. ᵈ 34 Pois, onde estiver o seu tesouro, ali também estará o seu coração. ᵉ

Prontidão para o Serviço

35 "Estejam prontos para servir e conservem acesas as suas candeias, 36 como aqueles

---

¹ 12.25 Ou *um único côvado à sua altura?* O côvado era uma medida linear de cerca de 45 centímetros.

12.8
ʰ Lc 15.10
12.9
ⁱ Mc 8.38;
2Tm 2.12
12.10
ʲ Mt 8.20
ᵏ Mt 12.31, 32;
Mc 3.28-29;
1Jo 5.16
12.11
ˡ Mt 10.17, 19;
Mc 13.11;
Lc 21.12, 14
12.12
ᵐ Ex 4.12;
Mt 10.20;
Mc 13.11;
Lc 21.15
12.15
ⁿ Jó 20.20;
31.24;
Sl 62.10
12.20
ᵒ Jr 17.11;
Lc 11.40
ᵖ Jó 27.8
ᵠ Sl 39.6;
49.10
12.21
ʳ v. 33
12.24
ˢ Jó 38.41;
Sl 147.9
12.27
ᵗ 1Rs 10.4-7
12.28
ᵘ Mt 6.30
12.30
ᵛ Lc 6.36
ʷ Mt 6.8
12.31
ʸ Mt 3.2
ᶻ Mt 19.29
12.32
ᵃ Mt 14.27
ᵇ Mt 25.34
12.33
ᶜ Mt 19.21;
At 2.45
ᵈ Mt 6.20
ᵉ Tg 5.2
12.34
ᶠ Mt 6.21

que esperam seu senhor voltar de um banquete de casamento; para que, quando ele chegar e bater, possam abrir-lhe a porta imediatamente. ³⁷ Felizes os servos cujo senhor os encontrar vigiando, quando voltar. ᶠ Eu afirmo que ele se vestirá para servir, fará que se reclinem à mesa, e virá servi-los. ᵍ ³⁸ Mesmo que ele chegue de noite ou de madrugada¹, felizes os servos que o senhor encontrar preparados. ³⁹ Entendam, porém, isto: se o dono da casa soubesse a que hora viria o ladrão, ʰ não permitiria que a sua casa fosse arrombada. ⁴⁰ Estejam também vocês preparados, ⁱ porque o Filho do homem virá numa hora em que não o esperam".

⁴¹ Pedro perguntou: "Senhor, estás contando esta parábola para nós ou para todos?"

⁴² O Senhor ʲ respondeu: "Quem é, pois, o administrador fiel e sensato, a quem seu senhor encarrega dos seus servos, para lhes dar sua porção de alimento no tempo devido? ⁴³ Feliz o servo a quem o seu senhor encontrar fazendo assim quando voltar. ⁴⁴ Garanto que ele o encarregará de todos os seus bens. ⁴⁵ Mas suponham que esse servo diga a si mesmo: 'Meu senhor se demora a voltar', e então comece a bater nos servos e nas servas, a comer, a beber e a embriagar-se. ⁴⁶ O senhor daquele servo virá num dia em que ele não o espera e numa hora que não sabe ᵏ e o punirá severamente² e lhe dará um lugar com os infiéis.

⁴⁷ "Aquele servo que conhece a vontade de seu senhor e não prepara o que ele deseja, nem o realiza, receberá muitos açoites. ˡ ⁴⁸ Mas aquele que não a conhece e pratica coisas merecedoras de castigo, receberá poucos açoites.ᵐ A quem muito foi dado, muito será exigido; e a quem muito foi confiado, muito mais será pedido.

Jesus Não Traz Paz, mas Divisão

⁴⁹ "Vim trazer fogo à terra, e como gostaria que já estivesse aceso! ⁵⁰ Mas tenho que passar por um batismo, ⁿ e como estou angustiado até que ele se realize! ᵒ ⁵¹ Vocês pensam que vim trazer paz à terra? Não, eu digo a vocês. Ao contrário, vim trazer divisão! ⁵² De agora em diante haverá cinco numa família divididos uns contra os outros: três contra dois e dois contra três. ⁵³ Estarão divididos pai contra filho e filho contra pai, mãe contra filha e filha contra mãe, sogra contra nora e nora contra sogra". ᵖ

Os Sinais dos Tempos

⁵⁴ Dizia ele à multidão: "Quando vocês veem uma nuvem se levantando no ocidente, logo dizem: 'Vai chover', e assim acontece. ᵠ ⁵⁵ E quando sopra o vento sul, vocês dizem: 'Vai fazer calor', e assim ocorre. ⁵⁶ Hipócritas! Vocês sabem interpretar o aspecto da terra e do céu. Como não sabem interpretar o tempo presente? ʳ

⁵⁷ "Por que vocês não julgam por si mesmos o que é justo? ⁵⁸ Quando algum de vocês estiver indo com seu adversário para o magistrado, faça tudo para se reconciliar com ele no caminho; para que ele não o arraste ao juiz, o juiz o entregue ao oficial de justiça, e o oficial de justiça o jogue na prisão. ˢ ⁵⁹ Eu digo que você não sairá de lá enquanto não pagar o último centavo³". ᵗ

Arrependimento ou Morte

13 Naquela ocasião, alguns dos que estavam presentes contaram a Jesus que Pilatos ᵘ misturara o sangue de alguns galileus com os sacrifícios deles. ² Jesus respondeu: "Vocês pensam que esses galileus eram mais pecadores que todos os outros, por terem sofrido dessa maneira? ᵛ ³ Eu digo que não! Mas, se não se arrependerem, todos vocês também perecerão. ⁴ Ou vocês pensam que aqueles dezoito que morreram, quando caiu sobre eles a torre de Siloé, ʷ eram mais culpados do que todos os outros habitantes de Jerusalém? ⁵ Eu digo que não! Mas se não se arrependerem, ˣ todos vocês também perecerão".

---

¹ **12.38** Grego: *na segunda ou na terceira vigília da noite*. Isto é, entre 9 horas da noite e 3 horas da manhã.
² **12.46** Grego: *cortará ao meio*.
³ **12.59** Grego: *lepto*.

⁶ Então contou esta parábola: "Um homem tinha uma figueira plantada em sua vinha. Foi procurar fruto nela, e não achou nenhum. ⁷ Por isso disse ao que cuidava da vinha: 'Já faz três anos que venho procurar fruto nesta figueira e não acho. Corte-a! Por que deixá-la inutilizar a terra?'

⁸ "Respondeu o homem: 'Senhor, deixe-a por mais um ano, e eu cavarei ao redor dela e a adubarei. ⁹ Se der fruto no ano que vem, muito bem! Se não, corte-a' ".

Uma Mulher Curada no Sábado

¹⁰ Certo sábado Jesus estava ensinando numa das sinagogas, ¹¹ e ali estava uma mulher que tinha um espírito que a mantinha doente havia dezoito anos. Ela andava encurvada e de forma alguma podia endireitar-se. ¹² Ao vê-la, Jesus chamou-a à frente e lhe disse: "Mulher, você está livre da sua doença". ¹³ Então lhe impôs as mãos; e imediatamente ela se endireitou e passou a louvar a Deus.

¹⁴ Indignado porque Jesus havia curado no sábado, o dirigente da sinagoga disse ao povo: "Há seis dias em que se deve trabalhar. Venham para ser curados nesses dias, e não no sábado".

¹⁵ O Senhor lhe respondeu: "Hipócritas! Cada um de vocês não desamarra no sábado o seu boi ou jumento do estábulo e o leva dali para dar-lhe água? ¹⁶ Então, esta mulher, uma filha de Abraão a quem Satanás mantinha presa por dezoito longos anos, não deveria no dia de sábado ser libertada daquilo que a prendia?"

¹⁷ Tendo dito isso, todos os seus oponentes ficaram envergonhados, mas o povo se alegrava com todas as maravilhas que ele estava fazendo.

As Parábolas do Grão de Mostarda e do Fermento
(Mt 13.31-35; Mc 4.30-34)

¹⁸ Então Jesus perguntou: "Com que se parece o Reino de Deus? Com que o compararei? ¹⁹ É como um grão de mostarda que um homem semeou em sua horta. Ele cresceu e se tornou uma árvore, e as aves do céu fizeram ninhos em seus ramos".

²⁰ Mais uma vez ele perguntou: "Com que compararei o Reino de Deus? ²¹ É como o fermento que uma mulher misturou com uma grande quantidade de farinha, e toda a massa ficou fermentada".

A Porta Estreita

²² Depois Jesus foi pelas cidades e povoados e ensinava, prosseguindo em direção a Jerusalém. ²³ Alguém lhe perguntou: "Senhor, serão poucos os salvos?"

Ele lhes disse: ²⁴ "Esforcem-se para entrar pela porta estreita, porque eu digo a vocês que muitos tentarão entrar e não conseguirão. ²⁵ Quando o dono da casa se levantar e fechar a porta, vocês ficarão do lado de fora, batendo e pedindo: 'Senhor, abre-nos a porta'.

"Ele, porém, responderá: 'Não os conheço, nem sei de onde são vocês'.

²⁶ "Então vocês dirão: 'Comemos e bebemos contigo, e ensinaste em nossas ruas'.

²⁷ "Mas ele responderá: 'Não os conheço, nem sei de onde são vocês. Afastem-se de mim, todos vocês, que praticam o mal!'

²⁸ "Ali haverá choro e ranger de dentes, quando vocês virem Abraão, Isaque e Jacó e todos os profetas no Reino de Deus, mas vocês excluídos. ²⁹ Pessoas virão do oriente e do ocidente, do norte e do sul, e ocuparão os seus lugares à mesa no Reino de Deus. ³⁰ De fato, há últimos que serão primeiros e primeiros que serão últimos".

O Lamento Profético sobre Jerusalém
(Mt 23.37-39)

³¹ Naquela mesma hora, alguns fariseus aproximaram-se de Jesus e lhe disseram: "Saia e vá embora daqui, pois Herodes quer matá-lo".

³² Ele respondeu: "Vão dizer àquela raposa: Expulsarei demônios e curarei o povo

---

¹ 13.21 Grego: 3 *satos*. O sato era uma medida de capacidade para secos. As estimativas variam entre 7 e 13 litros.

hoje e amanhã e no terceiro dia estarei pronto. ˣ ³³ Mas preciso prosseguir hoje, amanhã e depois de amanhã, pois certamente nenhum profeta ʸ deve morrer fora de Jerusalém!

³⁴ "Jerusalém, Jerusalém, você, que mata os profetas e apedreja os que são enviados a você! Quantas vezes eu quis reunir os seus filhos, como a galinha reúne os seus pintinhos debaixo das suas asas, ᶻ mas vocês não quiseram! ³⁵ Eis que a casa de vocês ficará deserta. ᵃ Eu digo que vocês não me verão mais até que digam: 'Bendito o que vem em nome do Senhor'¹".ᵇ

Jesus na Casa de um Fariseu

14 Certo sábado, entrando Jesus para comer na casa de um fariseu importante, ᶜ observavam-no atentamente. ᵈ ² À frente dele estava um homem doente, com o corpo inchado². ³ Jesus perguntou aos fariseus e aos peritos na lei: ᵉ "É permitido ou não curar no sábado?" ᶠ ⁴ Mas eles ficaram em silêncio. Assim, tomando o homem pela mão, Jesus o curou e o mandou embora.

⁵ Então ele lhes perguntou: "Se um de vocês tiver um filho³ ou um boi, e este cair num poço no dia de sábado, não irá tirá-lo imediatamente?" ᵍ ⁶ E eles nada puderam responder.

⁷ Quando notou como os convidados escolhiam os lugares de honra à mesa,ʰ Jesus lhes contou esta parábola: ⁸ "Quando alguém o convidar para um banquete de casamento, não ocupe o lugar de honra, pois pode ser que tenha sido convidado alguém de maior honra do que você. ⁹ Se for assim, aquele que convidou os dois virá e dirá: 'Dê o lugar a este'. Então, humilhado, você precisará ocupar o lugar menos importante. ¹⁰ Mas quando você for convidado, ocupe o lugar menos importante, de forma que, quando vier aquele que o convidou, diga:

---

¹ **13.35** Sl 118.26
² **14.2** Grego: *que sofria de hidropisia*.
³ **14.5** Alguns manuscritos dizem *um jumento*.

'Amigo, passe para um lugar mais importante'. Então você será honrado na presença de todos os convidados. ¹¹ Pois todo o que se exalta será humilhado, e o que se humilha será exaltado". ⁱ

¹² Então Jesus disse ao que o tinha convidado: "Quando você der um banquete ou jantar, não convide seus amigos, irmãos ou parentes, nem seus vizinhos ricos; se o fizer, eles poderão também, por sua vez, convidá-lo, e assim você será recompensado. ¹³ Mas, quando der um banquete, convide os pobres, os aleijados, os mancos e os cegos. ʲ ¹⁴ Feliz será você, porque estes não têm como retribuir. A sua recompensa virá na ressurreição dos justos".ᵏ

A Parábola do Grande Banquete
(Mt 22.1-14)

¹⁵ Ao ouvir isso, um dos que estavam à mesa com Jesus, disse-lhe: "Feliz será aquele que comer no banquete ˡ do Reino de Deus".ᵐ

¹⁶ Jesus respondeu: "Certo homem estava preparando um grande banquete e convidou muitas pessoas. ¹⁷ Na hora de começar, enviou seu servo para dizer aos que haviam sido convidados: 'Venham, pois tudo já está pronto'.

¹⁸ "Mas eles começaram, um por um, a apresentar desculpas. O primeiro disse: 'Acabei de comprar uma propriedade e preciso ir vê-la. Por favor, desculpe-me'.

¹⁹ "Outro disse: 'Acabei de comprar cinco juntas de bois e estou indo experimentá-las. Por favor, desculpe-me'.

²⁰ "Ainda outro disse: 'Acabo de me casar, por isso não posso ir'.

²¹ "O servo voltou e relatou isso ao seu senhor. Então o dono da casa irou-se e ordenou ao seu servo: 'Vá rapidamente para as ruas e os becos da cidade e traga os pobres, os aleijados, os cegos e os mancos'. ⁿ

²² "Disse o servo: 'O que o senhor ordenou foi feito, e ainda há lugar'.

²³ "Então o senhor disse ao servo: 'Vá pelos caminhos e valados e obrigue-os a entrar,

para que a minha casa fique cheia. ²⁴ Eu digo a vocês: Nenhum daqueles que foram convidados provará do meu banquete' ".ᵒ

O Preço do Discipulado

²⁵ Uma grande multidão ia acompanhando Jesus; este, voltando-se para ela, disse: ²⁶ "Se alguém vem a mim e ama seu pai, sua mãe, sua mulher, seus filhos, seus irmãos e irmãs e até sua própria vida mais do que a mim, não pode ser meu discípulo. ᵖ ²⁷ E aquele que não carrega sua cruz e não me segue não pode ser meu discípulo. ᑫ

²⁸ "Qual de vocês, se quiser construir uma torre, primeiro não se assenta e calcula o preço, para ver se tem dinheiro suficiente para completá-la? ²⁹ Pois, se lançar o alicerce e não for capaz de terminá-la, todos os que a virem rirão dele, ³⁰ dizendo: 'Este homem começou a construir e não foi capaz de terminar'.

³¹ "Ou, qual é o rei que, pretendendo sair à guerra contra outro rei, primeiro não se assenta e pensa se com dez mil homens é capaz de enfrentar aquele que vem contra ele com vinte mil? ³² Se não for capaz, enviará uma delegação, enquanto o outro ainda está longe, e pedirá um acordo de paz. ³³ Da mesma forma, qualquer de vocês que não renunciar a tudo o que possui não pode ser meu discípulo.ʳ

³⁴ "O sal é bom, mas se ele perder o sabor, como restaurá-lo? ˢ ³⁵ Não serve nem para o solo nem para adubo; é jogado fora.ᵗ

"Aquele que tem ouvidos para ouvir, ouça".ᵘ

A Parábola da Ovelha Perdida
(Mt 18.12-14)

15 Todos os publicanosᵛ e pecadores estavam se reunindo para ouvi-lo. ² Mas os fariseus e os mestres da lei o criticavam: "Este homem recebe pecadores e come com eles".ʷ

³ Então Jesus lhes contou esta parábola: ˣ ⁴ "Qual de vocês que, possuindo cem ovelhas, e perdendo uma, não deixa as noventa e nove no campo e vai atrás da ovelha perdida, até encontrá-la? ʸ ⁵ E quando a encontra, coloca-a alegremente nos ombros ⁶ e vai para casa. Ao chegar, reúne seus amigos e vizinhos e diz: 'Alegrem-se comigo, pois encontrei minha ovelha perdida'. ᶻ ⁷ Eu digo que, da mesma forma, haverá mais alegria no céu por um pecador que se arrepende do que por noventa e nove justos que não precisam arrepender-se. ᵃ

A Parábola da Moeda Perdida

⁸ "Ou, qual é a mulher que, possuindo dez dracmas¹ e, perdendo uma delas, não acende uma candeia, varre a casa e procura atentamente, até encontrá-la? ⁹ E quando a encontra, reúne suas amigas e vizinhas e diz: 'Alegrem-se comigo, pois encontrei minha moeda perdida'. ᵇ ¹⁰ Eu digo que, da mesma forma, há alegria na presença dos anjos de Deus por um pecador que se arrepende".ᶜ

A Parábola do Filho Perdido

¹¹ Jesus continuou: "Um homem tinha dois filhos. ᵈ ¹² O mais novo disse ao seu pai: 'Pai, quero a minha parte da herança'.ᵉ Assim, ele repartiu sua propriedade ᶠ entre eles.

¹³ "Não muito tempo depois, o filho mais novo reuniu tudo o que tinha e foi para uma região distante; e lá desperdiçou os seus bens ᵍ vivendo irresponsavelmente. ¹⁴ Depois de ter gasto tudo, houve uma grande fome em toda aquela região, e ele começou a passar necessidade. ¹⁵ Por isso foi empregar-se com um dos cidadãos daquela região, que o mandou para o seu campo a fim de cuidar de porcos. ʰ ¹⁶ Ele desejava encher o estômago com as vagens de alfarrobeira que os porcos comiam, mas ninguém lhe dava nada.

¹⁷ "Caindo em si, ele disse: 'Quantos empregados de meu pai têm comida de sobra, e eu aqui, morrendo de fome! ¹⁸ Eu me porei a caminho e voltarei para meu pai e lhe direi:

¹ **15.8** A dracma era uma moeda de prata equivalente à diária de um trabalhador braçal.

Pai, pequei ᶦ contra o céu e contra ti. ¹⁹ Não sou mais digno de ser chamado teu filho; trata-me como um dos teus empregados'. ²⁰ A seguir, levantou-se e foi para seu pai.

"Estando ainda longe, seu pai o viu e, cheio de compaixão, correu para seu filho, e o abraçou e beijou. ʲ

²¹ "O filho lhe disse: 'Pai, pequei contra o céu e contra ti. ᵏ Não sou mais digno de ser chamado teu filho¹'.

²² "Mas o pai disse aos seus servos: 'Depressa! Tragam a melhor roupa ˡ e vistam nele. Coloquem um anel em seu dedo ᵐ e calçados em seus pés. ²³ Tragam o novilho gordo e matem-no. Vamos fazer uma festa e alegrar-nos. ²⁴ Pois este meu filho estava morto e voltou à vida; ⁿ estava perdido e foi achado'. E começaram a festejar o seu regresso. ᵒ

²⁵ "Enquanto isso, o filho mais velho estava no campo. Quando se aproximou da casa, ouviu a música e a dança. ²⁶ Então chamou um dos servos e perguntou-lhe o que estava acontecendo. ²⁷ Este lhe respondeu: 'Seu irmão voltou, e seu pai matou o novilho gordo, porque o recebeu de volta são e salvo'.

²⁸ "O filho mais velho encheu-se de ira ᵖ e não quis entrar. Então seu pai saiu e insistiu com ele. ²⁹ Mas ele respondeu ao seu pai: 'Olha! todos esses anos tenho trabalhado como um escravo ao teu serviço e nunca desobedeci às tuas ordens. Mas tu nunca me deste nem um cabrito para eu festejar com os meus amigos. ³⁰ Mas quando volta para casa esse teu filho, que esbanjou os teus bens ᑫ com as prostitutas, ʳ matas o novilho gordo para ele!'

³¹ "Disse o pai: 'Meu filho, você está sempre comigo, e tudo o que tenho é seu. ³² Mas nós tínhamos que celebrar a volta deste seu irmão e alegrar-nos, porque ele estava morto e voltou à vida, estava perdido e foi achado' ". ˢ

¹ **15.21** Alguns manuscritos acrescentam *Trata-me como um dos teus empregados.*

A Parábola do Administrador Astuto

16 Jesus disse aos seus discípulos: "O administrador de um homem rico foi acusado de estar desperdiçando os seus bens. ᵗ ² Então ele o chamou e lhe perguntou: 'Que é isso que estou ouvindo a seu respeito? Preste contas da sua administração, porque você não pode continuar sendo o administrador'.

³ "O administrador disse a si mesmo: 'Meu senhor está me despedindo. Que farei? Para cavar não tenho força e tenho vergonha de mendigar... ⁴ Já sei o que vou fazer para que, quando perder o meu emprego aqui, as pessoas me recebam em suas casas'.

⁵ "Então chamou cada um dos devedores do seu senhor. Perguntou ao primeiro: 'Quanto você deve ao meu senhor?' ⁶ 'Cem potes² de azeite', respondeu ele.

"O administrador lhe disse: 'Tome a sua conta, sente-se depressa e escreva cinquenta'.

⁷ "A seguir ele perguntou ao segundo: 'E você, quanto deve?' 'Cem tonéis³ de trigo', respondeu ele.

"Ele lhe disse: 'Tome a sua conta e escreva oitenta'.

⁸ "O senhor elogiou o administrador desonesto, porque agiu astutamente. Pois os filhos deste mundo ᵘ são mais astutos ᵛ no trato uns com os outros do que os filhos da luz. ʷ ⁹ Por isso, eu digo: Usem a riqueza deste mundo ˣ ímpio para ganhar amigos, de forma que, quando ela acabar, estes os recebam nas moradas eternas. ʸ

¹⁰ "Quem é fiel no pouco, também é fiel no muito,ᶻ e quem é desonesto no pouco, também é desonesto no muito. ¹¹ Assim, se vocês não forem dignos de confiança em lidar com as riquezas deste mundo ímpio, ᵃ quem confiará as verdadeiras riquezas a vocês? ¹² E se vocês não forem dignos de confiança em relação ao

² **16.6** Grego: *100 batos*. O bato era uma medida de capacidade. As estimativas variam entre 20 e 40 litros.
³ **16.7** Grego: *100 coros*. O coro era uma medida de capacidade. As estimativas variam entre 200 e 400 litros.

que é dos outros, quem lhes dará o que é de vocês?

¹³ "Nenhum servo pode servir a dois senhores; pois odiará um e amará outro, ou se dedicará a um e desprezará outro. Vocês não podem servir a Deus e ao Dinheiro!". ᵇ

¹⁴ Os fariseus, que amavam o dinheiro, ᶜ ouviam tudo isso e zombavam de Jesus. ᵈ ¹⁵ Ele lhes disse: "Vocês são os que se justificam a si mesmos ᵉ aos olhos dos homens, mas Deus conhece o coração de vocês. ᶠ Aquilo que tem muito valor entre os homens é detestável aos olhos de Deus.

Outros Ensinamentos

¹⁶ "A Lei e os Profetas profetizaram até João. ᵍ Desse tempo em diante estão sendo pregadas ʰ as boas-novas do Reino de Deus, e todos tentam forçar sua entrada nele. ¹⁷ É mais fácil os céus e a terra desaparecerem do que cair da Lei o menor traço. ⁱ

¹⁸ "Quem se divorciar de sua mulher e se casar com outra mulher estará cometendo adultério, e o homem que se casar com uma mulher divorciada estará cometendo adultério. ʲ

O Rico e Lázaro

¹⁹ "Havia um homem rico que se vestia de púrpura e de linho fino e vivia no luxo todos os dias. ᵏ ²⁰ Diante do seu portão fora deixado um mendigo ˡ chamado Lázaro, coberto de chagas; ²¹ este ansiava comer o que caía da mesa do rico. ᵐ Até os cães vinham lamber suas feridas.

²² "Chegou o dia em que o mendigo morreu, e os anjos o levaram para junto de Abraão. O rico também morreu e foi sepultado. ²³ No Hades², onde estava sendo atormentado, ele olhou para cima e viu Abraão de longe, com Lázaro ao seu lado. ²⁴ Então, chamou-o: 'Pai Abraão, ⁿ tem misericórdia de mim e manda que Lázaro molhe a ponta do dedo na água e refres-

¹ 16.13 Grego: *Mamom*.
² 16.23 Essa palavra pode ser traduzida por inferno, sepulcro, morte ou profundezas.

que a minha língua, porque estou sofrendo muito neste fogo'. ᵒ

²⁵ "Mas Abraão respondeu: 'Filho, lembre-se de que durante a sua vida você recebeu coisas boas, enquanto que Lázaro recebeu coisas más. ᵖ Agora, porém, ele está sendo consolado aqui e você está em sofrimento. ᵠ ²⁶ E além disso, entre vocês e nós há um grande abismo, de forma que os que desejam passar do nosso lado para o seu, ou do seu lado para o nosso, não conseguem'.

²⁷ "Ele respondeu: 'Então eu te suplico, pai: manda Lázaro ir à casa de meu pai, ²⁸ pois tenho cinco irmãos. Deixa que ele os avise, ʳ a fim de que eles não venham também para este lugar de tormento'.

²⁹ "Abraão respondeu: 'Eles têm Moisés ˢ e os Profetas; ᵗ que os ouçam'.

³⁰ " 'Não, pai Abraão, ᵘ disse ele, 'mas se alguém dentre os mortos fosse até eles, eles se arrependeriam.'

³¹ "Abraão respondeu: 'Se não ouvem a Moisés e aos Profetas, tampouco se deixarão convencer, ainda que ressuscite alguém dentre os mortos' ".

O Pecado, a Fé e o Dever

17 Jesus disse aos seus discípulos: "É inevitável que aconteçam coisas que levem o povo a tropeçar, ᵛ mas ai da pessoa por meio de quem elas acontecem. ʷ ² Seria melhor que ela fosse lançada no mar com uma pedra de moinho amarrada no pescoço, do que levar um desses pequeninos ˣ a pecar. ʸ ³ Tomem cuidado.

"Se o seu irmão pecar, repreenda-o ᶻ e, se ele se arrepender, perdoe-lhe. ᵃ ⁴ Se pecar contra você sete vezes no dia, e sete vezes voltar a você e disser: 'Estou arrependido', perdoe-lhe". ᵇ

⁵ Os apóstolos ᶜ disseram ao Senhor: ᵈ "Aumenta a nossa fé!"

⁶ Ele respondeu: "Se vocês tiverem fé do tamanho de uma semente de mostarda, ᵉ poderão dizer a esta amoreira: 'Arranque-se e plante-se no mar', e ela obedecerá. ᶠ

7 "Qual de vocês que, tendo um servo que esteja arando ou cuidando das ovelhas, lhe dirá, quando ele chegar do campo: 'Venha agora e sente-se para comer'? 8 Ao contrário, não dirá: 'Prepare o meu jantar, apronte-se e sirva-me ᵍ enquanto como e bebo; depois disso você pode comer e beber'? 9 Será que ele agradecerá ao servo por ter feito o que lhe foi ordenado? 10 Assim também vocês, quando tiverem feito tudo o que for ordenado, devem dizer: 'Somos servos inúteis; apenas cumprimos o nosso dever' ". ʰ

Dez Leprosos São Curados

11 A caminho de Jerusalém, ⁱ Jesus passou pela divisa entre Samaria e Galileia. ʲ 12 Ao entrar num povoado, dez leprosos¹ ᵏ dirigiram-se a ele. Ficaram a certa distância ˡ 13 e gritaram em alta voz: "Jesus, Mestre, ᵐ tem piedade de nós!"

14 Ao vê-los, ele disse: "Vão mostrar-se aos sacerdotes". ⁿ Enquanto eles iam, foram purificados.

15 Um deles, quando viu que estava curado, voltou, louvando a Deus ᵒ em alta voz. 16 Prostrou-se aos pés de Jesus e lhe agradeceu. Este era samaritano. ᵖ

17 Jesus perguntou: "Não foram purificados todos os dez? Onde estão os outros nove? 18 Não se achou nenhum que voltasse e desse louvor a Deus, a não ser este estrangeiro?" 19 Então ele lhe disse: "Levante-se e vá; a sua fé o salvou²". ᵠ

A Vinda do Reino de Deus

20 Certa vez, tendo sido interrogado pelos fariseus sobre quando viria o Reino de Deus, ʳ Jesus respondeu: "O Reino de Deus não vem de modo visível, 21 nem se dirá: 'Aqui está ele', ou 'Lá está', ˢ porque o Reino de Deus está no meio de³ vocês".

22 Depois disse aos seus discípulos: "Chegará o tempo em que vocês desejarão ver um dos dias do Filho do homem, ᵗ mas não verão.ᵘ 23 Dirão a vocês: 'Lá está ele!' ou 'Aqui está!' Não se apressem em segui-los. ᵛ 24 Pois o Filho do homem no seu dia⁴ será como o relâmpago ʷ cujo brilho vai de uma extremidade à outra do céu. 25 Mas antes é necessário que ele sofra muito ˣ e seja rejeitado ʸ por esta geração.ᶻ

26 "Assim como foi nos dias de Noé, ᵃ também será nos dias do Filho do homem. 27 O povo vivia comendo, bebendo, casando-se e sendo dado em casamento, até o dia em que Noé entrou na arca. Então veio o Dilúvio e os destruiu a todos.

28 "Aconteceu a mesma coisa nos dias de Ló. ᵇ O povo estava comendo e bebendo, comprando e vendendo, plantando e construindo. 29 Mas, no dia em que Ló saiu de Sodoma, choveu fogo e enxofre do céu e os destruiu a todos.

30 "Acontecerá exatamente assim no dia em que o Filho do homem for revelado. ᶜ 31 Naquele dia, quem estiver no telhado de sua casa, não deve descer para apanhar os seus bens dentro de casa. Semelhantemente, quem estiver no campo, não deve voltar atrás por coisa alguma. ᵈ 32 Lembrem-se da mulher de Ló! ᵉ 33 Quem tentar conservar a sua vida a perderá, e quem perder a sua vida a preservará. ᶠ 34 Eu digo a vocês: Naquela noite, duas pessoas estarão numa cama; uma será tirada e a outra deixada. 35 Duas mulheres estarão moendo trigo juntas; uma será tirada e a outra deixada. 36 Duas pessoas estarão no campo; uma será tirada e a outra deixada⁵. ᵍ

37 "Onde, Senhor?", perguntaram eles.

Ele respondeu: "Onde houver um cadáver, ali se ajuntarão os abutres". ʰ

A Parábola da Viúva Persistente

18 Então Jesus contou aos seus discípulos uma parábola, para mostrar-lhes que eles deviam orar sempre e nunca desanimar. ⁱ

---

¹ **17.12** O termo grego não se refere somente à lepra, mas também a diversas doenças da pele.
² **17.19** Ou *o curou*
³ **17.21** Ou *dentro de*
⁴ **17.24** Alguns manuscritos não trazem *no seu dia*.
⁵ **17.36** Muitos manuscritos não trazem este versículo.

² Ele disse: "Em certa cidade havia um juiz que não temia a Deus nem se importava com os homens. ³ E havia naquela cidade uma viúva que se dirigia continuamente a ele, suplicando-lhe: 'Faze-me justiça ʲ contra o meu adversário'.

⁴ "Por algum tempo ele se recusou. Mas finalmente disse a si mesmo: 'Embora eu não tema a Deus e nem me importe com os homens, ⁵ esta viúva está me aborrecendo; vou fazer-lhe justiça para que ela não venha mais me importunar' ". ᵏ

⁶ E o Senhor ˡ continuou: "Ouçam o que diz o juiz injusto. ⁷ Acaso Deus não fará justiça aos seus escolhidos, que clamam ᵐ a ele dia e noite? Continuará fazendo-os esperar? ⁸ Eu digo a vocês: Ele lhes fará justiça e depressa. Contudo, quando o Filho do homem ⁿ vier, ᵒ encontrará fé na terra?"

A Parábola do Fariseu e do Publicano

⁹ A alguns que confiavam em sua própria justiça ᵖ e desprezavam os outros, ᵠ Jesus contou esta parábola: ¹⁰ "Dois homens subiram ao templo para orar; ʳ um era fariseu e o outro, publicano. ¹¹ O fariseu, em pé, ˢ orava no íntimo: 'Deus, eu te agradeço porque não sou como os outros homens: ladrões, corruptos, adúlteros; nem mesmo como este publicano. ¹² Jejuo ᵗ duas vezes por semana e dou o dízimo ᵘ de tudo quanto ganho'.

¹³ "Mas o publicano ficou a distância. Ele nem ousava olhar para o céu, mas batendo no peito, ᵛ dizia: 'Deus, tem misericórdia de mim, que sou pecador'. ʷ

¹⁴ "Eu digo que este homem, e não o outro, foi para casa justificado diante de Deus. Pois quem se exalta será humilhado, e quem se humilha será exaltado". ˣ

Jesus e as Crianças
(Mt 19.13-15; Mc 10.13-16)

¹⁵ O povo também estava trazendo criancinhas para que Jesus tocasse nelas. Ao verem isso, os discípulos repreendiam aqueles que as tinham trazido. ¹⁶ Mas Jesus chamou a si as crianças e disse: "Deixem vir a mim as crianças e não as impeçam; pois o Reino de Deus pertence aos que são semelhantes a elas. ¹⁷ Digo a verdade: Quem não receber o Reino de Deus como uma criança, ʸ nunca entrará nele".

Jesus e o Homem Rico
(Mt 19.16-30; Mc 10.17-31)

¹⁸ Certo homem importante lhe perguntou: "Bom Mestre, que farei para herdar a vida eterna?" ᶻ

¹⁹ "Por que você me chama bom?", respondeu Jesus. "Não há ninguém que seja bom, a não ser somente Deus. ²⁰ Você conhece os mandamentos: 'Não adulterarás, não matarás, não furtarás, não darás falso testemunho, honra teu pai e tua mãe'¹". ᵃ

²¹ "A tudo isso tenho obedecido desde a adolescência", disse ele.

²² Ao ouvir isso, disse-lhe Jesus: "Falta ainda uma coisa. Venda tudo o que você possui e dê o dinheiro aos pobres, ᵇ e você terá um tesouro nos céus. ᶜ Depois venha e siga-me".

²³ Ouvindo isso, ele ficou triste, porque era muito rico. ²⁴ Vendo-o entristecido, Jesus disse: "Como é difícil aos ricos entrar no Reino de Deus! ᵈ ²⁵ De fato, é mais fácil passar um camelo pelo fundo de uma agulha do que um rico entrar no Reino de Deus".

²⁶ Os que ouviram isso perguntaram: "Então, quem pode ser salvo?"

²⁷ Jesus respondeu: "O que é impossível para os homens é possível para Deus". ᵉ

²⁸ Pedro lhe disse: "Nós deixamos tudo o que tínhamos para seguir-te!" ᶠ

²⁹ Respondeu Jesus: "Digo a verdade: Ninguém que tenha deixado casa, mulher, irmãos, pai ou filhos por causa do Reino de Deus ³⁰ deixará de receber, na presente era, muitas vezes mais e, na era futura,ᵍ a vida eterna". ʰ

Jesus Prediz Novamente sua Morte e Ressurreição
(Mt 20.17-19; Mc 10.32-34)

³¹ Jesus chamou à parte os Doze e lhes disse: "Estamos subindo para Jerusalém, ⁱ e tudo o que está escrito pelos profetas ʲ acerca do

---

¹ **18.20** Êx 20.12-16; Dt 5.16-20

18.3
ʲ Is 1.17

18.5
ᵏ Lc 11.8

18.6
ˡ Lc 7.13

18.7
ᵐ Êx 22.23; Sl 88.1; Ap 6.10

18.8
ⁿ Mt 8.20
ᵒ Mt 16.27

18.9
ᵖ Lc 16.15
ᵠ Is 65.5

18.10
ʳ At 3.1

18.11
ˢ Mt 6.5; Mc 11.25

18.12
ᵗ Is 58.3; Mt 9.14
ᵘ Ml 3.8; Lc 11.42

18.13
ᵛ Is 66.2; Jr 31.19; Lc 23.48
ʷ Lc 5.32; 1Tm 1.15

18.14
ˣ Mt 23.12; Lc 14.11

18.17
ʸ Mt 11.25; 18.3

18.18
ᶻ Lc 10.25

18.20
ᵃ Êx 20.12-16; Dt 5.16-20; Rm 13.9

18.22
ᵇ At 2.45
ᶜ Mt 6.20

18.24
ᵈ Pv 11.28

18.27
ᵉ Mt 19.26

18.28
ᶠ Mt 4.19

18.30
ᵍ Mt 12.32
ʰ Mt 25.46

18.31
ⁱ Lc 9.51
ʲ Sl 22; Is 53

Filho do homem ᵏ se cumprirá. ³² Ele será entregue aos gentios ᶦ que zombarão dele, ᶦ o insultarão, cuspirão nele, o açoitarão ᵐ e o matarão. ⁿ ³³ No terceiro dia ᵒ ele ressuscitará". ᵖ

³⁴ Os discípulos não entenderam nada dessas coisas. O significado dessas palavras lhes estava oculto, e eles não sabiam do que ele estava falando. ᑫ

Um Mendigo Cego Recupera a Visão
(Mt 20.29-34; Mc 10.46-52)

³⁵ Ao aproximar-se Jesus de Jericó, ʳ um homem cego estava sentado à beira do caminho, pedindo esmola. ³⁶ Quando ouviu a multidão passando, ele perguntou o que estava acontecendo. ³⁷ Disseram-lhe: "Jesus de Nazaré está passando". ˢ

³⁸ Então ele se pôs a gritar: "Jesus, filho de Davi, ᵗ tem misericórdia ᵘ de mim!"

³⁹ Os que iam adiante o repreendiam para que ficasse quieto, mas ele gritava ainda mais: "Filho de Davi, tem misericórdia de mim!" ᵛ

⁴⁰ Jesus parou e ordenou que o homem lhe fosse trazido. Quando ele chegou perto, Jesus perguntou-lhe: ⁴¹ "O que você quer que eu faça?"

"Senhor, eu quero ver", respondeu ele.

⁴² Jesus lhe disse: "Recupere a visão! A sua fé o curou²". ʷ ⁴³ Imediatamente ele recuperou a visão e seguia Jesus glorificando a Deus. Quando todo o povo viu isso, deu louvores a Deus. ˣ

Zaqueu, o Publicano

19 Jesus entrou em Jericó ʸ e atravessava a cidade. ² Havia ali um homem rico chamado Zaqueu, chefe dos publicanos. ³ Ele queria ver quem era Jesus, mas, sendo de pequena estatura, não o conseguia, por causa da multidão. ⁴ Assim, correu adiante e subiu numa figueira ᶻ brava para vê-lo, pois Jesus ia passar por ali. ᵃ

⁵ Quando Jesus chegou àquele lugar, olhou para cima e lhe disse: "Zaqueu, desça depressa. Quero ficar em sua casa hoje". ⁶ Então ele desceu rapidamente e o recebeu com alegria.

⁷ Todo o povo viu isso e começou a se queixar: "Ele se hospedou na casa de um pecador". ᵇ

⁸ Mas Zaqueu levantou-se e disse ao Senhor: ᶜ "Olha, Senhor! Estou dando a metade dos meus bens aos pobres; e se de alguém extorqui alguma coisa, ᵈ devolverei quatro vezes mais". ᵉ

⁹ Jesus lhe disse: "Hoje houve salvação nesta casa! Porque este homem também é filho de Abraão. ᶠ ¹⁰ Pois o Filho do homem veio buscar e salvar o que estava perdido". ᵍ

A Parábola das Dez Minas

¹¹ Estando eles a ouvi-lo, Jesus passou a contar-lhes uma parábola, porque estava perto de Jerusalém e o povo pensava que o Reino de Deus ʰ ia se manifestar de imediato. ᶦ ¹² Ele disse: "Um homem de nobre nascimento foi para uma terra distante para ser coroado rei e depois voltar. ¹³ Então, chamou dez dos seus servos ʲ e lhes deu dez minas³. Disse ele: 'Façam esse dinheiro render até a minha volta'.

¹⁴ "Mas os seus súditos o odiavam e por isso enviaram uma delegação para lhe dizer: 'Não queremos que este homem seja nosso rei'.

¹⁵ "Contudo, ele foi feito rei e voltou. Então mandou chamar os servos a quem dera o dinheiro, a fim de saber quanto tinham lucrado.

¹⁶ "O primeiro veio e disse: 'Senhor, a tua mina rendeu outras dez'.

¹⁷ " 'Muito bem, meu bom servo!', ᵏ respondeu o seu senhor. 'Por ter sido confiável no pouco, governe sobre dez cidades.'

¹⁸ "O segundo veio e disse: 'Senhor, a tua mina rendeu cinco vezes mais'.

---

¹ **18.32** Isto é, os que não são judeus.
² **18.42** Ou *o salvou*
³ **19.13** Isto é, cerca de 1/2 quilo de prata, ou seja, o salário de 3 meses de um trabalhador braçal.

¹⁹ "O seu senhor respondeu: 'Também você, encarregue-se de cinco cidades'. ˡ

²⁰ "Então veio outro servo e disse: 'Senhor, aqui está a tua mina; eu a conservei guardada num pedaço de pano. ²¹ Tive medo, porque és um homem severo. Tiras o que não puseste e colhes o que não semeaste'. ᵐ

²² "O seu senhor respondeu: 'Eu o julgarei pelas suas próprias palavras, ⁿ servo mau! Você sabia que sou homem severo, que tiro o que não pus e colho o que não semeei. ᵒ ²³ Então, por que não confiou o meu dinheiro ao banco? Assim, quando eu voltasse o receberia com os juros'.

²⁴ "E disse aos que estavam ali: 'Tomem dele a sua mina e deem-na ao que tem dez'.

²⁵ " 'Senhor', disseram, 'ele já tem dez!'

²⁶ "Ele respondeu: 'Eu digo a vocês que a quem tem, mais será dado, mas a quem não tem, até o que tiver lhe será tirado. ᵖ ²⁷ E aqueles inimigos meus, que não queriam que eu reinasse sobre eles, tragam-nos aqui e matem-nos na minha frente!' "

A Entrada Triunfal
(Mt 21.1-11; Mc 11.1-11; Jo 12.12-19)

²⁸ Depois de dizer isso, Jesus foi adiante, subindo para Jerusalém. ᑫ ²⁹ Ao aproximar-se de Betfagé e de Betânia, ʳ no monte chamado das Oliveiras, ˢ enviou dois dos seus discípulos, dizendo-lhes: ³⁰ "Vão ao povoado que está adiante e, ao entrarem, encontrarão um jumentinho amarrado, no qual ninguém jamais montou. Desamarrem-no e tragam-no aqui. ³¹ Se alguém perguntar: 'Por que o estão desamarrando?' digam-lhe: O Senhor precisa dele".

³² Os que tinham sido enviados foram e encontraram o animal exatamente como ele lhes tinha dito. ᵗ ³³ Quando estavam desamarrando o jumentinho, os seus donos lhes perguntaram: "Por que vocês estão desamarrando o jumentinho?"

³⁴ Eles responderam: "O Senhor precisa dele".

³⁵ Levaram-no a Jesus, lançaram seus mantos sobre o jumentinho e fizeram que Jesus montasse nele. ³⁶ Enquanto ele prosseguia, o povo estendia os seus mantos ᵘ pelo caminho. ³⁷ Quando ele já estava perto da descida do monte das Oliveiras, ᵛ toda a multidão dos discípulos começou a louvar a Deus alegremente e em alta voz, por todos os milagres que tinham visto. Exclamavam:

³⁸ "Bendito é o rei que vem
em nome do Senhor!"¹ ʷ
"Paz no céu
e glória nas alturas!" ˣ

³⁹ Alguns dos fariseus que estavam no meio da multidão disseram a Jesus: "Mestre, repreende os teus discípulos!" ʸ

⁴⁰ "Eu digo a vocês", respondeu ele; "se eles se calarem, as pedras clamarão." ᶻ

Lamento sobre Jerusalém

⁴¹ Quando se aproximou e viu a cidade, Jesus chorou sobre ela ᵃ ⁴² e disse: "Se você compreendesse neste dia, sim, você também, o que traz a paz! Mas agora isso está oculto aos seus olhos. ⁴³ Virão dias em que os seus inimigos construirão trincheiras contra você, a rodearão e a cercarão de todos os lados. ᵇ ⁴⁴ Também a lançarão por terra, você e os seus filhos. ᶜ Não deixarão pedra sobre pedra, ᵈ porque você não reconheceu a oportunidade que Deus concedeu". ᵉ

Jesus Purifica o Templo
(Mt 21.12-17; Mc 11.15-19)

⁴⁵ Então ele entrou no templo e começou a expulsar os que estavam vendendo. ⁴⁶ Disse-lhes: "Está escrito: 'A minha casa será casa de oração'², ᶠ mas vocês fizeram dela 'um covil de ladrões'³". ᵍ

⁴⁷ Todos os dias ele ensinava no templo. ʰ Mas os chefes dos sacerdotes, os mestres da lei e os líderes do povo procuravam matá-lo. ⁱ ⁴⁸ Todavia, não conseguiam encontrar uma forma de fazê-lo, porque todo o povo estava fascinado pelas suas palavras.

¹ 19.38 Sl 118.26
² 19.46 Is 56.7
³ 19.46 Jr 7.11

A Autoridade de Jesus é Questionada
(Mt 21.23-27; Mc 11.27-33)

20 Certo dia, quando Jesus estava ensinando o povo no templo ʲ e pregando as boas-novas, ᵏ chegaram-se a ele os chefes dos sacerdotes, os mestres da lei e os líderes religiosos, ² e lhe perguntaram: "Com que autoridade estás fazendo estas coisas? Quem te deu esta autoridade?" ˡ

³ Ele respondeu: "Eu também farei uma pergunta; digam-me: ⁴ O batismo de João ᵐ era do céu, ou dos homens?"

⁵ Eles discutiam entre si, dizendo: "Se dissermos: Do céu, ele perguntará: 'Então por que vocês não creram nele?' ⁶ Mas se dissermos: Dos homens, todo o povo ⁿ nos apedrejará, porque convencidos estão de que João era um profeta". ᵒ

⁷ Por isso responderam: "Não sabemos de onde era".

⁸ Disse então Jesus: "Tampouco direi com que autoridade estou fazendo estas coisas".

A Parábola dos Lavradores
(Mt 21.33-46; Mc 12.1-12)

⁹ Então Jesus passou a contar ao povo esta parábola: "Certo homem plantou uma vinha, ᵖ arrendou-a a alguns lavradores e ausentou-se por longo tempo. ᵠ ¹⁰ Na época da colheita, ele enviou um servo aos lavradores, para que lhe entregassem parte do fruto da vinha. Mas os lavradores o espancaram e o mandaram embora de mãos vazias. ¹¹ Ele mandou outro servo, mas a esse também espancaram e o trataram de maneira humilhante, mandando-o embora de mãos vazias. ¹² Enviou ainda um terceiro, e eles o feriram e o expulsaram da vinha.

¹³ "Então o proprietário da vinha disse: 'Que farei? Mandarei meu filho amado; ʳ quem sabe o respeitarão.'

¹⁴ "Mas quando os lavradores o viram, combinaram uns com os outros dizendo: 'Este é o herdeiro. Vamos matá-lo, e a herança será nossa.' ¹⁵ Assim, lançaram-no fora da vinha e o mataram.

"O que lhes fará então o dono da vinha? ¹⁶ Virá, matará aqueles lavradores ˢ e dará a vinha a outros".

Quando o povo ouviu isso, disse: "Que isso nunca aconteça!"

¹⁷ Jesus olhou fixamente para eles e perguntou: "Então, qual é o significado do que está escrito?

'A pedra que os construtores rejeitaram
tornou-se a pedra angular.'[1] ᵗ

¹⁸ Todo o que cair sobre esta pedra será despedaçado, e aquele sobre quem ela cair será reduzido a pó". ᵘ

¹⁹ Os mestres da lei e os chefes dos sacerdotes procuravam uma forma de prendê-lo ᵛ imediatamente, pois perceberam que era contra eles que ele havia contado essa parábola. Todavia tinham medo do povo. ʷ

O Pagamento de Imposto a César
(Mt 22.15-22; Mc 12.13-17)

²⁰ Pondo-se a vigiá-lo, eles mandaram espiões que se fingiam justos para apanhar Jesus em alguma coisa que ele dissesse, ˣ de forma que o pudessem entregar ao poder e à autoridade do governador. ʸ

²¹ Assim, os espiões lhe perguntaram: "Mestre, sabemos que falas e ensinas o que é correto, e que não mostras parcialidade, mas ensinas o caminho de Deus conforme a verdade. ᶻ ²² É certo pagar imposto a César ou não?"

²³ Ele percebeu a astúcia deles e lhes disse: ²⁴ "Mostrem-me um denário[2]. De quem é a imagem e a inscrição que há nele?"

²⁵ "De César", responderam eles.

Ele lhes disse: "Portanto, deem[3] a César o que é de César, ᵃ e a Deus o que é de Deus".

²⁶ E não conseguiram apanhá-lo em nenhuma palavra diante do povo. Admirados com a sua resposta, ficaram em silêncio.

---

[1] **20.17** Sl 118.22
[2] **20.24** O denário era uma moeda de prata equivalente à diária de um trabalhador braçal.
[3] **20.25** Ou *devolvam*

A Realidade da Ressurreição
(Mt 22.23-33; Mc 12.18-27)

27 Alguns dos saduceus, *b* que dizem que não há ressurreição, *c* aproximaram-se de Jesus com a seguinte questão: **28** "Mestre", disseram eles, "Moisés nos deixou escrito que, se o irmão de um homem morrer e deixar a mulher sem filhos, este deverá casar-se com a viúva e ter filhos para seu irmão. *d* **29** Havia sete irmãos. O primeiro casou-se e morreu sem deixar filhos. **30** O segundo **31** e o terceiro e depois também os outros casaram-se com ela; e morreram os sete sucessivamente, sem deixar filhos. **32** Finalmente morreu também a mulher. **33** Na ressurreição, de quem ela será esposa, visto que os sete foram casados com ela?"

34 Jesus respondeu: "Os filhos desta era casam-se e são dados em casamento, **35** mas os que forem considerados dignos de tomar parte na era *e* que há de vir e na ressurreição dos mortos não se casarão nem serão dados em casamento, **36** e não podem mais morrer, pois são como os anjos. São filhos de Deus, *f* visto que são filhos da ressurreição. **37** E que os mortos ressuscitam, já Moisés mostrou, no relato da sarça, quando ao Senhor ele chama 'Deus de Abraão, Deus de Isaque e Deus de Jacó'.[1] *g* **38** Ele não é Deus de mortos, mas de vivos, pois para ele todos vivem".

39 Alguns dos mestres da lei disseram: "Respondeste bem, Mestre!" **40** E ninguém mais ousava fazer-lhe perguntas. *h*

O Cristo é Senhor de Davi
(Mt 22.41-46; Mc 12.35-37)

41 Então Jesus lhes perguntou: "Como dizem que o Cristo é Filho de Davi? *i* **42** "O próprio Davi afirma no Livro de Salmos:

" 'O Senhor disse
  ao meu Senhor:
Senta-te à minha direita
43 até que eu ponha
  os teus inimigos
  como estrado
  para os teus pés'.[2] *j*

44 Portanto Davi o chama 'Senhor'. Então, como é que ele pode ser seu filho?"

45 Estando todo o povo a ouvi-lo, Jesus disse aos seus discípulos: **46** "Cuidado com os mestres da lei. Eles fazem questão de andar com roupas especiais e gostam muito de receber saudações nas praças e de ocupar os lugares mais importantes nas sinagogas e os lugares de honra nos banquetes. *k* **47** Eles devoram as casas das viúvas, e, para disfarçar, fazem longas orações. Esses homens serão punidos com maior rigor!"

A Oferta da Viúva
(Mc 12.41-44)

21 Jesus olhou e viu os ricos colocando suas contribuições nas caixas de ofertas. **2** Viu também uma viúva pobre colocar duas pequeninas moedas de cobre.[3] **3** E disse: "Afirmo que esta viúva pobre colocou mais do que todos os outros. **4** Todos esses deram do que lhes sobrava; mas ela, da sua pobreza, deu tudo o que possuía para viver". *m*

O Sinal do Fim dos Tempos
(Mt 24.1-35; Mc 13.1-31)

5 Alguns dos seus discípulos estavam comentando como o templo era adornado com lindas pedras e dádivas dedicadas a Deus. Mas Jesus disse: **6** "Disso que vocês estão vendo, dias virão em que não ficará pedra sobre pedra;*n* serão todas derrubadas".

7 "Mestre", perguntaram eles, "quando acontecerão essas coisas? E qual será o sinal de que elas estão prestes a acontecer?"

8 Ele respondeu: "Cuidado para não serem enganados. Pois muitos virão em meu nome, dizendo: 'Sou eu!' e 'O tempo está próximo'. Não os sigam. *o* **9** Quando ouvirem falar de guerras e rebeliões, não tenham medo. É necessário que primeiro aconteçam

---

[1] 20.37 Êx 3.6
[2] 20.42,43 Sl 110.1
[3] 21.2 Grego: *2 leptos*.

20.27
b At 4.1
c At 23.8; 1Co 15.12
20.28
d Dt 25.5
20.35
e Mt 12.32
20.36
f Jo 1.12; 1Jo 3.1-2
20.37
g Êx 3.6
20.40
h Mt 22.46; Mc 12.34
20.41
i Mt 1.1
20.43
j Sl 110.1; Mt 22.44
20.46
k Lc 11.43
21.1
l Mt 27.6; Jo 8.20
21.4
m 2Co 8.12
21.6
n Lc 19.44
21.8
o Lc 17.23

essas coisas, mas o fim não virá imediatamente".

¹⁰ Então lhes disse: "Nação se levantará contra nação e reino contra reino. ᵖ ¹¹ Haverá grandes terremotos, fomes e pestes em vários lugares e acontecimentos terríveis e grandes sinais provenientes do céu. ᵠ

¹² "Mas, antes de tudo isso, prenderão e perseguirão vocês. Então eles os entregarão às sinagogas e prisões, e vocês serão levados à presença de reis e governadores, tudo por causa do meu nome. ¹³ Será para vocês uma oportunidade de dar testemunho. ʳ ¹⁴ Mas convençam-se de uma vez de que não devem preocupar-se com o que dirão para se defender. ˢ ¹⁵ Pois eu lhes darei ᵗ palavras e sabedoria a que nenhum dos seus adversários será capaz de resistir ou contradizer. ¹⁶ Vocês serão traídos até por pais, irmãos, parentes e amigos, ᵘ e eles entregarão alguns de vocês à morte. ¹⁷ Todos odiarão vocês por causa do meu nome. ᵛ ¹⁸ Contudo, nenhum fio de cabelo da cabeça de vocês se perderá. ʷ ¹⁹ É perseverando que vocês obterão a vida. ˣ

²⁰ "Quando virem Jerusalém rodeada de exércitos, ʸ vocês saberão que a sua devastação está próxima. ²¹ Então os que estiverem na Judeia fujam para os montes, os que estiverem na cidade saiam, e os que estiverem no campo não entrem na cidade. ᶻ ²² Pois esses são os dias da vingança, ᵃ em cumprimento ᵇ de tudo o que foi escrito. ²³ Como serão terríveis aqueles dias para as grávidas e para as que estiverem amamentando! Haverá grande aflição na terra e ira contra este povo. ²⁴ Cairão pela espada e serão levados como prisioneiros para todas as nações. Jerusalém será pisada ᶜ pelos gentios¹, até que os tempos deles se cumpram.

²⁵ "Haverá sinais no sol, na lua e nas estrelas. Na terra, as nações estarão em angústia e perplexidade com o bramido e a agitação do mar. ᵈ ²⁶ Os homens desmaiarão de terror, apreensivos com o que estará sobrevindo ao mundo; e os poderes celestes serão abalados. ᵉ ²⁷ Então se verá o Filho do homem ᶠ vindo numa nuvem com poder e grande glória. ᵍ ²⁸ Quando começarem a acontecer estas coisas, levantem-se e ergam a cabeça, porque estará próxima a redenção de vocês". ʰ

²⁹ Ele lhes contou esta parábola: "Observem a figueira e todas as árvores. ³⁰ Quando elas brotam, vocês mesmos percebem e sabem que o verão está próximo. ³¹ Assim também, quando virem estas coisas acontecendo, saibam que o Reino de Deus ⁱ está próximo.

³² "Eu asseguro a vocês que não passará esta geração ʲ até que todas essas coisas aconteçam. ³³ Os céus e a terra passarão, mas as minhas palavras jamais passarão. ᵏ

³⁴ "Tenham cuidado, para não sobrecarregar o coração de vocês de libertinagem, bebedeira e ansiedades da vida, ˡ e aquele dia venha sobre vocês inesperadamente. ᵐ ³⁵ Porque ele virá sobre todos os que vivem na face de toda a terra. ³⁶ Estejam sempre atentos e orem ⁿ para que vocês possam escapar de tudo o que está para acontecer e estar em pé diante do Filho do homem".

³⁷ Jesus passava o dia ensinando no templo; ᵒ e, ao entardecer, saía ᵖ para passar a noite no monte chamado das Oliveiras. ᵠ ³⁸ Todo o povo ia de manhã cedo ouvi-lo no templo. ʳ

A Conspiração

22 Estava se aproximando a festa dos pães sem fermento, chamada Páscoa, ˢ ² e os chefes dos sacerdotes e os mestres da lei estavam procurando um meio de matar Jesus, ᵗ mas tinham medo do povo. ³ Então Satanás ᵘ entrou em Judas, chamado Iscariotes, ᵛ um dos Doze. ⁴ Judas dirigiu-se aos chefes dos sacerdotes e aos oficiais da guarda do templo ʷ e tratou com eles como lhes poderia entregar Jesus. ⁵ A proposta muito os alegrou, e lhe prometeram dinheiro. ˣ ⁶ Ele consentiu e ficou esperando

---

¹ **21.24** Isto é, os que não são judeus.

uma oportunidade para lhes entregar Jesus quando a multidão não estivesse presente.

A Ceia do Senhor
(Mt 26.17-35; Mc 14.12-31; Jo 13.18-30,36-38)

⁷ Finalmente, chegou o dia dos pães sem fermento, no qual devia ser sacrificado o cordeiro pascal. ʸ ⁸ Jesus enviou Pedro e João, ᶻ dizendo: "Vão preparar a refeição da Páscoa".

⁹ "Onde queres que a preparemos?", perguntaram eles.

¹⁰ Ele respondeu: "Ao entrarem na cidade, vocês encontrarão um homem carregando um pote de água. Sigam-no até a casa em que ele entrar ¹¹ e digam ao dono da casa: O Mestre pergunta: Onde é o salão de hóspedes no qual poderei comer a Páscoa com os meus discípulos? ¹² Ele lhes mostrará uma ampla sala no andar superior, toda mobiliada. Façam ali os preparativos".

¹³ Eles saíram e encontraram tudo como Jesus lhes tinha dito. ᵃ Então, prepararam a Páscoa. ¹⁴ Quando chegou a hora, Jesus e os seus apóstolos ᵇ reclinaram-se à mesa. ᶜ ¹⁵ E disse-lhes: "Desejei ansiosamente comer esta Páscoa com vocês antes de sofrer. ᵈ ¹⁶ Pois eu digo: Não comerei dela novamente até que se cumpra no Reino de Deus". ᵉ

¹⁷ Recebendo um cálice, ele deu graças e disse: "Tomem isto e partilhem uns com os outros. ¹⁸ Pois eu digo que não beberei outra vez do fruto da videira até que venha o Reino de Deus".

¹⁹ Tomando o pão, deu graças, partiu-o ᶠ e o deu aos discípulos, dizendo: "Isto é o meu corpo dado em favor de vocês; façam isto em memória de mim".

²⁰ Da mesma forma, depois da ceia, tomou o cálice, dizendo: "Este cálice é a nova aliança ᵍ no meu sangue, derramado em favor de vocês.

²¹ "Mas eis que a mão daquele que vai me trair está com a minha sobre a mesa. ʰ ²² O Filho do homem ⁱ vai, como foi determinado; ʲ mas ai daquele que o trair!" ²³ Eles começaram a perguntar uns aos outros qual deles iria fazer aquilo.

²⁴ Surgiu também uma discussão entre eles, acerca de qual deles era considerado o maior. ᵏ ²⁵ Jesus lhes disse: "Os reis das nações dominam sobre elas; e os que exercem autoridade sobre elas são chamados benfeitores. ²⁶ Mas vocês não serão assim. Ao contrário, o maior entre vocês deverá ser como o mais jovem, ˡ e aquele que governa, como o que serve. ᵐ ²⁷ Pois quem é maior: o que está à mesa, ou o que serve? Não é o que está à mesa? Mas eu estou entre vocês como quem serve. ⁿ ²⁸ Vocês são os que têm permanecido ao meu lado durante as minhas provações. ²⁹ E eu designo a vocês um Reino, ᵒ assim como meu Pai o designou a mim, ³⁰ para que vocês possam comer e beber à minha mesa no meu Reino ᵖ e sentar-se em tronos, julgando as doze tribos de Israel. ᵠ

³¹ "Simão, Simão, Satanás pediu ʳ vocês para peneirá-los como trigo. ˢ ³² Mas eu orei por você, ᵗ para que a sua fé não desfaleça. E, quando você se converter, fortaleça os seus irmãos". ᵘ

³³ Mas ele respondeu: "Estou pronto para ir contigo para a prisão e para a morte". ᵛ

³⁴ Respondeu Jesus: "Eu digo, Pedro, que antes que o galo cante hoje, três vezes você negará que me conhece".

³⁵ Então Jesus lhes perguntou: "Quando eu os enviei sem bolsa, saco de viagem ou sandálias, ʷ faltou alguma coisa?"

"Nada", responderam eles.

³⁶ Ele lhes disse: "Mas agora, se vocês têm bolsa, levem-na, e também o saco de viagem; e, se não têm espada, vendam a sua capa e comprem uma. ³⁷ Está escrito: 'E ele foi contado com os transgressores'¹; ˣ e eu digo que isso precisa cumprir-se em mim. Sim, o que está escrito a meu respeito está para se cumprir".

³⁸ Os discípulos disseram: "Vê, Senhor, aqui estão duas espadas". "É o suficiente!", respondeu ele.

---

¹ 22.37 Is 53.12

Jesus Ora no Monte das Oliveiras
(Mt 26.36-46; Mc 14.32-42)

39 Como de costume, [y] Jesus foi para o monte das Oliveiras, [z] e os seus discípulos o seguiram. **40** Chegando ao lugar, ele lhes disse: "Orem para que vocês não caiam em tentação". [a] **41** Ele se afastou deles a uma pequena distância[1], ajoelhou-se [b] e começou a orar: **42** "Pai, se queres, afasta de mim este cálice; [c] contudo, não seja feita a minha vontade, mas a tua". [d] **43** Apareceu-lhe então um anjo do céu que o fortalecia. [e] **44** Estando angustiado, ele orou ainda mais intensamente; e o seu suor era como gotas de sangue que caíam no chão.[2]

45 Quando se levantou da oração e voltou aos discípulos, encontrou-os dormindo, dominados pela tristeza. **46** "Por que estão dormindo?", perguntou-lhes. "Levantem-se e orem para que vocês não caiam em tentação!" [f]

Jesus é Preso
(Mt 26.47-56; Mc 14.43-50; Jo 18.1-11)

47 Enquanto ele ainda falava, apareceu uma multidão conduzida por Judas, um dos Doze. Este se aproximou de Jesus para saudá-lo com um beijo. **48** Mas Jesus lhe perguntou: "Judas, com um beijo você está traindo o Filho do homem?".

49 Ao verem o que ia acontecer, os que estavam com Jesus lhe disseram: "Senhor, atacaremos com espadas?" [g] **50** E um deles feriu o servo do sumo sacerdote, decepando-lhe a orelha direita.

51 Jesus, porém, respondeu: "Basta!" E tocando na orelha do homem, ele o curou.

52 Então Jesus disse aos chefes dos sacerdotes, aos oficiais da guarda [h] do templo e aos líderes religiosos que tinham vindo procurá-lo: "Estou eu chefiando alguma rebelião, para que vocês tenham vindo com espadas e varas? **53** Todos os dias eu estive com vocês no templo [i] e vocês não levantaram a mão contra mim. Mas esta é a hora de vocês [j] — quando as trevas reinam". [k]

Pedro Nega Jesus
(Mt 26.69-75; Mc 14.66-72; Jo 18.15-18, 25-27)

54 Então, prendendo-o, levaram-no para a casa do sumo sacerdote. [l] Pedro os seguia a distância. [m] **55** Mas, quando acenderam um fogo no meio do pátio e se sentaram ao redor dele, Pedro sentou-se com eles. **56** Uma criada o viu sentado ali à luz do fogo. Olhou fixamente para ele e disse: "Este homem estava com ele".

57 Mas ele negou: "Mulher, não o conheço".

58 Pouco depois, um homem o viu e disse: "Você também é um deles".

"Homem, não sou!", respondeu Pedro.

59 Cerca de uma hora mais tarde, outro afirmou: "Certamente este homem estava com ele, pois é galileu". [n]

60 Pedro respondeu: "Homem, não sei do que você está falando!" Falava ele ainda, quando o galo cantou. **61** O Senhor [o] voltou-se e olhou diretamente para Pedro. Então Pedro se lembrou da palavra que o Senhor lhe tinha dito: "Antes que o galo cante hoje, você me negará três vezes". [p] **62** Saindo dali, chorou amargamente.

Os Soldados Zombam de Jesus

63 Os homens que estavam detendo Jesus começaram a zombar dele e a bater nele. **64** Cobriam seus olhos e perguntavam: "Profetize! Quem foi que bateu em você?" **65** E lhe dirigiam muitas outras palavras de insulto. [q]

Jesus perante Pilatos e Herodes

66 Ao amanhecer, reuniu-se o Sinédrio[3], [r] tanto os chefes dos sacerdotes quanto os mestres da lei, e Jesus foi levado perante eles. [s] **67** "Se você é o Cristo, diga-nos", disseram eles.

Jesus respondeu: "Se eu vos disser, não crereis em mim **68** e, se eu vos perguntar,

---

[1] **22.41** Grego: *a um tiro de pedra*.

[2] **22.44** Alguns manuscritos não trazem os versículos 43 e 44.

[3] **22.66** Conselho dos principais líderes do povo judeu.

não me respondereis. 　**69** Mas de agora em diante o Filho do homem estará assentado à direita do Deus todo-poderoso". ᵘ

70 Perguntaram-lhe todos: "Então, você é o Filho de Deus?" ᵛ

"Vós estais dizendo que eu sou", ʷ respondeu ele.

71 Eles disseram: "Por que precisamos de mais testemunhas? Acabamos de ouvir dos próprios lábios dele".

23 Então toda a assembleia levantou-se e o levou a Pilatos. ˣ **2** E começaram a acusá-lo, dizendo: "Encontramos este homem subvertendo a nossa nação. ʸ Ele proíbe o pagamento de imposto a César ᶻ e se declara ele próprio o Cristo, um rei". ᵃ

3 Pilatos perguntou a Jesus: "Você é o rei dos judeus?"

"Tu o dizes"¹, respondeu Jesus.

4 Então Pilatos disse aos chefes dos sacerdotes e à multidão: "Não encontro motivo para acusar este homem". ᵇ

5 Mas eles insistiam: "Ele está subvertendo o povo em toda a Judeia com os seus ensinamentos. Começou na Galileia ᶜ e chegou até aqui".

6 Ouvindo isso, Pilatos perguntou se Jesus era galileu. ᵈ **7** Quando ficou sabendo que ele era da jurisdição de Herodes, enviou-o a Herodes, ᵉ que também estava em Jerusalém naqueles dias.

8 Quando Herodes viu Jesus, ficou muito alegre, porque havia muito tempo queria vê-lo. ᶠ Pelo que ouvira falar dele, esperava vê-lo realizar algum milagre. **9** Interrogou-o com muitas perguntas, mas Jesus não lhe deu resposta. ᵍ **10** Os chefes dos sacerdotes e os mestres da lei estavam ali, acusando-o com veemência. **11** Então Herodes e os seus soldados ridicularizaram-no e zombaram dele. Vestindo-o com um manto esplêndido, ʰ mandaram-no de volta a Pilatos. **12** Herodes e Pilatos, que até ali eram inimigos, *naquele dia tornaram-se amigos*. ⁱ

13 Pilatos reuniu os chefes dos sacerdotes, as autoridades e o povo, **14** dizendo-lhes: "Vocês me trouxeram este homem como alguém que estava incitando o povo à rebelião. Eu o examinei na presença de vocês e não achei nenhuma base para as acusações que fazem contra ele. ʲ **15** Nem Herodes, pois ele o mandou de volta para nós. Como podem ver, ele nada fez que mereça a morte. **16** Portanto, eu o castigarei ᵏ e depois o soltarei". **17** Ele era obrigado a soltar-lhes um preso durante a festa.²

18 A uma só voz eles gritaram: "Acaba com ele! Solta-nos Barrabás!" ˡ **19** (Barrabás havia sido lançado na prisão por causa de uma insurreição na cidade e por assassinato.)

20 Desejando soltar a Jesus, Pilatos dirigiu-se a eles novamente. **21** Mas eles continuaram gritando: "Crucifica-o! Crucifica-o!"

22 Pela terceira vez ele lhes falou: "Por quê? Que crime este homem cometeu? Não encontrei nele nada digno de morte. Vou mandar castigá-lo e depois o soltarei". ᵐ

23 Eles, porém, pediam insistentemente, com fortes gritos, que ele fosse crucificado; e a gritaria prevaleceu. **24** Então Pilatos decidiu fazer a vontade deles. **25** Libertou o homem que havia sido lançado na prisão por insurreição e assassinato, aquele que eles haviam pedido, e entregou Jesus à vontade deles.

A Crucificação
(Mt 27.32-44; Mc 15.21-32; Jo 19.16-27)

26 Enquanto o levavam, agarraram Simão de Cirene, ⁿ que estava chegando do campo, e lhe colocaram a cruz às costas, fazendo-o carregá-la atrás de Jesus. ᵒ **27** Um grande número de pessoas o seguia, inclusive mulheres que lamentavam e choravam ᵖ por ele. **28** Jesus voltou-se e disse-lhes: "Filhas de Jerusalém, não chorem por mim; chorem por vocês mesmas e por seus filhos! ᑫ **29** Pois chegará a hora em que vocês dirão: 'Felizes as estéreis, os ventres que nunca geraram e os seios que nunca amamentaram!' ʳ

---

¹ **23.3** Ou *"Sim, é como dizes"*

² **23.17** Muitos manuscritos não trazem este versículo.

30 " 'Então dirão às montanhas:
"Caiam sobre nós!"
e às colinas: "Cubram-nos!" '¹ ˢ

31 Pois, se fazem isto com a árvore verde, o que acontecerá quando ela estiver seca?" ᵗ

32 Dois outros homens, ambos criminosos, também foram levados com ele, para serem executados. ᵘ 33 Quando chegaram ao lugar chamado Caveira, ali o crucificaram com os criminosos, um à sua direita e o outro à sua esquerda. 34 Jesus disse: "Pai, ᵛ perdoa-lhes, pois não sabem o que estão fazendo".² ʷ Então eles dividiram as roupas dele, tirando sortes. ˣ

35 O povo ficou observando, e as autoridades o ridicularizavam. ʸ "Salvou os outros", diziam; "salve-se a si mesmo, se é o Cristo de Deus, o Escolhido." ᶻ

36 Os soldados, aproximando-se, também zombavam dele. ᵃ Oferecendo-lhe vinagre, ᵇ 37 diziam: "Se você é o rei dos judeus, ᶜ salve-se a si mesmo".

38 Havia uma inscrição acima dele, que dizia: ESTE É O REI DOS JUDEUS. ᵈ

39 Um dos criminosos que ali estavam dependurados lançava-lhe insultos: "Você não é o Cristo? Salve-se a si mesmo e a nós!" ᵉ

40 Mas o outro criminoso o repreendeu, dizendo: "Você não teme a Deus, nem estando sob a mesma sentença? 41 Nós estamos sendo punidos com justiça, porque estamos recebendo o que os nossos atos merecem. Mas este homem não cometeu nenhum mal". ᶠ

42 Então ele disse: "Jesus, lembra-te de mim quando entrares no teu Reino³". ᵍ

43 Jesus lhe respondeu: "Eu garanto: Hoje você estará comigo no paraíso". ʰ

¹ 23.30 Os 10.8
² 23.34 Alguns manuscritos não trazem esta sentença.
³ 23.42 Muitos manuscritos dizem *quando vieres no teu poder real.*

A Morte de Jesus
(Mt 27.45-56; Mc 15.33-41; Jo 19.28-30)

44 Já era quase meio-dia, e trevas cobriram toda a terra até as três horas da tarde⁴; ⁱ 45 o sol deixara de brilhar. E o véu do santuário ʲ rasgou-se ao meio. ᵏ 46 Jesus bradou em alta voz: ˡ "Pai, nas tuas mãos entrego o meu espírito". ᵐ Tendo dito isso, expirou. ⁿ

47 O centurião, vendo o que havia acontecido, louvou a Deus, ᵒ dizendo: "Certamente este homem era justo". 48 E todo o povo que se havia juntado para presenciar o que estava acontecendo, ao ver isso, começou a bater no peito ᵖ e a afastar-se. 49 Mas todos os que o conheciam, inclusive as mulheres que o haviam seguido desde a Galileia, ᑫ ficaram de longe, ʳ observando essas coisas.

O Sepultamento de Jesus
(Mt 27.57-61; Mc 15.42-47; Jo 19.38-42)

50 Havia um homem chamado José, membro do Conselho, homem bom e justo, 51 que não tinha consentido na decisão e no procedimento dos outros. Ele era da cidade de Arimateia, na Judeia, e esperava o Reino de Deus. ˢ 52 Dirigindo-se a Pilatos, pediu o corpo de Jesus. 53 Então, desceu-o, envolveu-o num lençol de linho e o colocou num sepulcro cavado na rocha, no qual ninguém ainda fora colocado. 54 Era o Dia da Preparação, ᵗ e estava para começar o sábado.

55 As mulheres que haviam acompanhado Jesus desde a Galileia, ᵘ seguiram José e viram o sepulcro e como o corpo de Jesus fora colocado nele. 56 Em seguida, foram para casa e prepararam perfumes ᵛ e especiarias aromáticas. E descansaram no sábado, em obediência ao mandamento. ʷ

A Ressurreição
(Mt 28.1-10; Mc 16.1-8; Jo 20.1-9)

24 No primeiro dia da semana, de manhã bem cedo, as mulheres levaram ao sepulcro as especiarias aromáticas que haviam preparado. ˣ 2 Encontraram removida

⁴ 23.44 Grego: *quase a hora sexta, ... até a hora nona.*

a pedra do sepulcro, ³ mas, quando entraram, não encontraram o corpo do Senhor Jesus. ʸ ⁴ Ficaram perplexas, sem saber o que fazer. De repente, dois homens com roupas que brilhavam como a luz do sol ᶻ colocaram-se ao lado delas. ⁵ Amedrontadas, as mulheres baixaram o rosto para o chão, e os homens lhes disseram: "Por que vocês estão procurando entre os mortos aquele que vive? ⁶ Ele não está aqui! Ressuscitou! Lembrem-se do que ele disse, quando ainda estava com vocês na Galileia: ᵃ ⁷ 'É necessário que o Filho do homem ᵇ seja entregue nas mãos de homens pecadores, seja crucificado e ressuscite no terceiro dia' ". ᶜ ⁸ Então se lembraram das palavras de Jesus. ᵈ

⁹ Quando voltaram do sepulcro, elas contaram todas estas coisas aos Onze e a todos os outros. ¹⁰ As que contaram estas coisas aos apóstolos ᶠ foram Maria Madalena, Joana e Maria, mãe de Tiago, e as outras que estavam com elas. ᵉ ¹¹ Mas eles não acreditaram ᵍ nas mulheres; as palavras delas lhes pareciam loucura. ¹² Pedro, todavia, levantou-se e correu ao sepulcro. Abaixando-se, viu as faixas de linho ʰ e mais nada; afastou-se, ⁱ e voltou admirado com o que acontecera.

No Caminho de Emaús

¹³ Naquele mesmo dia, dois deles estavam indo para um povoado chamado Emaús, a onze quilômetros¹ de Jerusalém. ʲ ¹⁴ No caminho, conversavam a respeito de tudo o que havia acontecido. ¹⁵ Enquanto conversavam e discutiam, o próprio Jesus se aproximou e começou a caminhar com eles; ᵏ ¹⁶ mas os olhos deles foram impedidos de reconhecê-lo. ˡ

¹⁷ Ele lhes perguntou: "Sobre o que vocês estão discutindo enquanto caminham?"

Eles pararam, com os rostos entristecidos. ¹⁸ Um deles, chamado Cleopas, ᵐ perguntou-lhe: "Você é o único visitante em Jerusalém que não sabe das coisas que ali aconteceram nestes dias?"

¹⁹ "Que coisas?", perguntou ele.

"O que aconteceu com Jesus de Nazaré", ⁿ responderam eles. "Ele era um profeta, ᵒ poderoso em palavras e em obras diante de Deus e de todo o povo. ²⁰ Os chefes dos sacerdotes e as nossas autoridades ᵖ o entregaram para ser condenado à morte e o crucificaram; ²¹ e nós esperávamos que era ele que ia trazer a redenção a Israel. ᵠ E hoje é o terceiro dia ʳ desde que tudo isso aconteceu. ²² Algumas das mulheres entre nós nos deram um susto hoje. ˢ Foram de manhã bem cedo ao sepulcro ²³ e não acharam o corpo dele. Voltaram e nos contaram ter tido uma visão de anjos, que disseram que ele está vivo. ²⁴ Alguns dos nossos companheiros foram ao sepulcro e encontraram tudo exatamente como as mulheres tinham dito, mas não o viram." ᵗ

²⁵ Ele lhes disse: "Como vocês custam a entender e como demoram a crer em tudo o que os profetas falaram! ²⁶ Não devia o Cristo sofrer estas coisas, para entrar na sua glória?" ᵘ ²⁷ E, começando por Moisés ᵛ e todos os profetas, ʷ explicou-lhes o que constava a respeito dele em todas as Escrituras. ˣ

²⁸ Ao se aproximarem do povoado para o qual estavam indo, Jesus fez como quem ia mais adiante. ²⁹ Mas eles insistiram muito com ele: "Fique conosco, pois a noite já vem; o dia já está quase findando". Então, ele entrou para ficar com eles.

³⁰ Quando estava à mesa com eles, tomou o pão, deu graças, partiu-o ʸ e o deu a eles. ³¹ Então os olhos deles foram abertos e o reconheceram, ᶻ e ele desapareceu da vista deles. ³² Perguntaram-se um ao outro: "Não estava queimando o nosso coração ᵃ enquanto ele nos falava no caminho e nos expunha as Escrituras?" ᵇ

³³ Levantaram-se e voltaram imediatamente para Jerusalém. Ali encontraram os Onze e os que estavam com eles reunidos,

---

¹ 24.13 Grego: 60 estádios. Um estádio equivalia a 185 metros.

³⁴ que diziam: "É verdade! O Senhor ressuscitou e apareceu a Simão!" ᶜ ³⁵ Então os dois contaram o que tinha acontecido no caminho e como Jesus fora reconhecido por eles quando partia o pão. ᵈ

Jesus Aparece aos Discípulos
(Jo 20.19-23)

³⁶ Enquanto falavam sobre isso, o próprio Jesus apresentou-se entre eles e lhes disse: "Paz seja com vocês!" ᵉ

³⁷ Eles ficaram assustados e com medo, pensando que estavam vendo um espírito. ᶠ ³⁸ Ele lhes disse: "Por que vocês estão perturbados e por que se levantam dúvidas no coração de vocês? ³⁹ Vejam as minhas mãos e os meus pés. Sou eu mesmo! Toquem-me e vejam; ᵍ um espírito não tem carne nem ossos, como vocês estão vendo que eu tenho".

⁴⁰ Tendo dito isso, mostrou-lhes as mãos e os pés. ⁴¹ E por não crerem ainda, tão cheios estavam de alegria e de espanto, ele lhes perguntou: "Vocês têm aqui algo para comer?" ⁴² Deram-lhe um pedaço de peixe assado, ⁴³ e ele o comeu na presença deles. ʰ

⁴⁴ E disse-lhes: "Foi isso que eu falei enquanto ainda estava com vocês: ⁱ Era necessário que se cumprisse ʲ tudo o que a meu respeito está escrito na Lei de Moisés, ᵏ nos Profetas e nos Salmos". ˡ

⁴⁵ Então lhes abriu o entendimento, para que pudessem compreender as Escrituras. ⁴⁶ E lhes disse: "Está escrito que o Cristo haveria de sofrer e ressuscitar dos mortos no terceiro dia, ⁴⁷ e que em seu nome ᵐ seria pregado o arrependimento para perdão de pecados a todas as nações, ⁿ começando por Jerusalém. ⁴⁸ Vocês são testemunhas ᵒ destas coisas. ⁴⁹ Eu envio a vocês a promessa ᵖ de meu Pai; mas fiquem na cidade até serem revestidos do poder do alto".

A Ascensão

⁵⁰ Tendo-os levado até as proximidades de Betânia, ᵠ Jesus ergueu as mãos e os abençoou. ⁵¹ Estando ainda a abençoá-los, ele os deixou e foi elevado ao céu. ʳ ⁵² Então eles o adoraram e voltaram para Jerusalém com grande alegria. ⁵³ E permaneciam constantemente no templo, ˢ louvando a Deus.

LIDERANÇA ESPIRITUAL

Formando e liderando equipes

> *Ao amanhecer, chamou seus discípulos e escolheu doze deles, a quem também designou apóstolos.*
>
> Lucas 6.13

Jesus nunca chamou indivíduos apenas para segui-lo; ele sempre enfatizou formar, desenvolver, preparar e enviar um grupo de pessoas que juntas transformariam o mundo. Em Lucas 6.12, Jesus passa toda a noite orando por aquele primeiro grupo — os doze discípulos. De acordo com Marcos 3.14, Jesus formou aquele grupo "[...] para que estivessem com ele, os enviasse a pregar". Em Lucas 10.1, Jesus aumentou o grupo para incluir um total de setenta e duas pessoas. Como líder, Jesus sempre pensava sobre a formação de um grupo e o desenvolvimento da comunidade.

Seguindo o exemplo do nosso mestre, o trabalho em equipe também é crucial para a liderança. Como escreve Karen Miller: "As equipes são o coração da edificação de igrejas [...] O Novo Testamento deixa claro que a igreja se constrói por meio do trabalho em equipe". A formação de uma equipe não é mera estratégia; quando feita com entusiasmo e atenção, pode tornar-se o ponto alto do seu ministério e de toda a sua vida.

LIDERANÇA ESPIRITUAL

Seis tarefas-chave para líderes de equipe
Karen Miller

As equipes são o coração da edificação de igrejas. Susan Mallory define equipe como "um grupo de pessoas com dons, habilidades e potenciais diversos e complementares, que estão comprometidas entre si com um propósito comum no sentido de alcançar a missão do grupo e de prestar contas mutuamente". O Novo Testamento deixa claro que a igreja se constrói por meio do trabalho de equipe. Em 1Coríntios 12, lemos que "muitos membros [...] formam um só corpo".

Estas são seis tarefas estratégicas que uma equipe de liderança precisa realizar para edificar, nutrir e liderar seu grupo.

1. Dirija as reuniões de liderança
Em Romanos 12.8 lemos que aqueles que têm o dom de liderança devem exercer esse dom "com zelo". Isso certamente se aplica a como os líderes devem tomar a iniciativa de liderar as reuniões de equipe. Se o líder não dirige a reunião, nada é resolvido. Em primeiro lugar, líderes de equipe precisam preparar a pauta da reunião (embora muito provavelmente tenham a colaboração dos demais participantes). Em segundo lugar, os líderes de equipe podem valorizar a contribuição de todos para garantir que as reuniões comecem e terminem no horário. Em terceiro, é tarefa do líder manter o foco da reunião. Isso também inclui fazer a reunião progredir, fazer intervalo e retomar a reunião quando se torna muito tensa ou travada. Líderes de equipe precisam ficar atentos às conversas paralelas e chamar as pessoas de volta à conversa em grupo. Em quarto, algumas vezes o líder poderá pedir a alguém que lidere a reunião, principalmente se for uma pessoa responsável por alguma área do ministério. No entanto, em última instância, a direção das reuniões é algo que os líderes nunca devem delegar a outras pessoas.

2. Convide outros participantes a que compartilhem uma visão atraente
Toda equipe de igreja atua segundo a visão geral para essa igreja. As equipes existem para cumprir a visão geral. Assim, a primeira função de um líder de equipe deve ser articular a visão geral e depois manter a equipe constantemente em sintonia com essa visão. O modo de os líderes ajudarem a equipe a fazer isso é perguntando: "Como a nossa equipe está colaborando para que essa visão se torne realidade?". A tarefa do líder envolve moldar essa visão dentro da visão da equipe. E isso se faz tanto por meio do *entusiasmo* como da *espontaneidade* (pedindo o conselho e a colaboração dos membros da equipe).

3. Promova a clareza e a prestação de contas
Tudo que diz respeito à equipe — objetivos, valores, plano de ação — permanecerá nebuloso até que o líder o esclareça. Essa não é uma tarefa para ser delegada a outro membro do grupo. É fácil o líder supor que todos os participantes sabem com clareza os objetivos, mas é fundamental expressar até mesmo aquilo que parece óbvio para que toda a equipe entenda bem o que está acontecendo. Áreas específicas que exigem clareza são as seguintes: expectativas

sobre participação e horário das reuniões, orientações sobre uso de telefone/computador durante a reunião, procedimentos para tratar de conflitos e discórdias, abertura para que as pessoas sonhem com novas ideias (em vez de sufocar ou criticar a criatividade) e necessidade de executar até o fim os passos da ação. O líder precisa deixar claro para o grupo esses valores e expectativas e cobrar responsabilidade dos demais membros.

4. Concentre-se nas metas do grupo

Os líderes devem traçar metas comuns para a equipe e depois pedir que os membros ajudem a concluí-las e estabelecê-las segundo as prioridades. Desse modo, o estabelecimento de metas não é algo completamente aleatório nem imposto pelo líder. Em seu livro *Batalhas sem vencedores*, o líder empresarial Patrick Lencioni argumenta que muitos departamentos de uma organização, separados dentro de seus próprios nichos, acabam trabalhando contra os demais. A chave para eliminar o isolamento é ter líderes que forneçam a todos os membros da equipe uma compreensão clara do que têm em comum. Em outras palavras, os líderes precisam desenvolver "metas temáticas", que Lencioni define como "um único, temporário [normalmente, de duração de seis a nove meses] e qualitativo *grito de guerra* compartilhado por todos os membros da equipe".

De acordo com Lencioni, os líderes devem trabalhar ao longo dos seguintes passos ao conduzir o processo de metas temáticas:

- Peça para que cada membro do grupo escreva uma resposta à seguinte pergunta: "Se pudermos alcançar uma única meta nos próximos "x" meses, qual será?".
- Dê tempo para cada membro compartilhar e debater suas ideias. O objetivo é reunir os grupos, mas, mais do que qualquer outra coisa, é fornecer à liderança do grupo clareza sobre onde devem ser investidos tempo, energia e recursos.
- Depois de discutir as opções, escolha uma meta como tema para os seis a nove meses seguintes.
- À medida que os líderes avançam com essa única meta temática comum, os membros da equipe talvez precisem abandonar temporariamente os objetivos de seus respectivos departamentos para o bem da organização como um todo.

5. Recrute membros da equipe

É muito importante ter as pessoas certas na equipe. Aqui estão alguns passos práticos para o que o líder empresarial Jim Collins chama de colocar "as pessoas certas nos assentos certos do ônibus."

- *Ore pelos membros da sua equipe.* Jesus passou toda a noite em oração antes de formar sua equipe, os discípulos. Não se precipite em recrutar. Não se apresse e certifique-se de que sua decisão seja pautada em oração.
- *Determine as necessidades.* Antes de começar a recrutar pessoas para a equipe, defina os papéis necessários. Escreva uma descrição do cargo ministerial para que os membros da equipe tenham a mesma compreensão sobre suas funções. Este passo também inclui determinar e comunicar o período ministerial. Isso possibilita a ambos

LIDERANÇA ESPIRITUAL

os lados tempo para avaliar e também para finalizar o processo com tranquilidade (caso necessário).
- *Procure o conselho de outras pessoas.* Pergunte a outros líderes de destaque ou membros do grupo sobre quem eles acham que se enquadraria nas funções em aberto.
- *Recrute pessoas com base nos dons.* Determine quais dons cada função exige. Pergunte aos membros da equipe quais dons eles têm. Caso eles não saibam, encoraje-os a fazer um inventário pessoal de dons espirituais.
- *Convide pessoas para fazer parte da equipe.* Diga algo assim: "Eu estou entusiasmado sobre a visão do ministério de (_____). Um elemento-chave dessa visão é ter alguém com os dons de (_____). Eu tenho pedido a Deus que nos envie alguém e eu acho que você se enquadra bem nisso. Poderia orar a respeito e considerar fazer parte da nossa equipe ministerial?".

6. Valorize os membros da equipe

Todas as pessoas — funcionários e voluntários — precisam se sentir amadas e valorizadas. Estes são alguns modos práticos de valorizar os membros da equipe:

- Celebrem juntos com uma confraternização, principalmente depois de alcançar ou conseguir avançar significativamente uma meta temática.
- Encoraje os membros da equipe, fazendo-lhes elogios por qualidades específicas ou contribuições ao grupo.
- Informe-os de acontecimentos e decisões futuras. Em outras palavras, deixe que sejam os primeiros a saber sobre novos desafios na vida da igreja.
- Reconheça as conquistas, surpreendendo-os com um vale-presente.
- Gaste tempo adicional ouvindo suas preocupações e lembre-se de orar por eles.

Quatro compromissos de líderes de equipe eficazes
Don Cousins

Líderes eficazes estão comprometidos com quatro princípios que ajudam a formar, unir e motivar equipes no cumprimento de sua missão. Estes princípios aplicam-se principalmente a grupos de funcionários, mas a maioria também se aplica a equipes de voluntários bem lideradas.

1. Compromisso de serviço aos outros

Jesus disse que "[...] o maior deverá ser [...] como o que serve" e, em seguida, deu exemplo de um líder servo. Em termos simples, o líder servo está mais comprometido com a capacidade de frutificar e a realização — ou seja, o êxito — de sua equipe do que com o seu próprio sucesso. Ele sabe que, se seus colaboradores derem frutos e se provocarem um impacto significativo, eles ficarão entusiasmados.

Ken Blanchard, autor de *O gerente minuto*, descreve esse tipo de compromisso com os membros da equipe como uma pirâmide de cabeça para baixo. A maioria das estruturas organizacionais se assemelha a uma pirâmide, com o CEO no topo da pirâmide, diversos níveis de gerentes intermediários nos níveis em que a pirâmide se alarga, e trabalhadores e o povo em geral na base. Blanchard, porém, inverte a pirâmide, colocando o líder embaixo. O líder serve as pessoas que estão acima dele, as quais, por sua vez, servem as que estão acima delas até que o povo seja servido. Com esse modelo, todos são beneficiados.

2. Compromisso para comunicar expectativas

O especialista em gestão Peter Drucker observou que um dos principais problemas das empresas hoje é que os funcionários geralmente entendem sua tarefa principal de maneira diferente de como os patrões a veem. Se o funcionário acha que deve fazer determinado trabalho e seu chefe acha que ele deve fazer outro, não há como evitar conflito e desavenças. Portanto, desde o início, os líderes precisam garantir que as expectativas estejam bastante claras. Isso pode ser feito de duas maneiras:

- *Descrição do emprego.* Uma boa descrição do emprego normalmente lista de quatro a seis responsabilidades principais. Se forem muito abrangentes, como "supervisionar o ministério jovem", acabará funcionando mais como o título da posição do que a descrição do trabalho. Até mesmo os voluntários podem ser beneficiados se tiverem uma descrição de suas funções.
- *Uma lista mensal de prioridades.* O número de intervenções necessárias durante o processo dependerá da experiência e da competência do funcionário. Se as pessoas expressam as expectativas mutuamente, conseguem evitar muitos problemas.

Naturalmente, esse tipo de comunicação precisa ocorrer em ambiente seguro e protegido. O líder cria esse ambiente por meio de sua atitude e de seu modo de falar.

3. Compromisso de personalizar a liderança

Todo pai sabe que não é possível tratar os filhos do mesmo modo. De igual maneira, funcionários diferentes exigem tipos diferentes de liderança. Dar aos indivíduos o tipo de direcionamento de que precisam é um dos aspectos mais importantes da administração pastoral. Um dos melhores modelos de liderança individualizada é a de Ken Blanchard no livro *Liderança e o gerente minuto*. Baseado no que Blanchard chama de "liderança situacional", há quatro níveis ou estágios de envolvimento de liderança:

- *Direção.* Neste estágio inicial, o trabalho do líder é oferecer instruções detalhadas e basicamente liderar o ministério por meio do membro da equipe.
- *Coaching.* Um líder precisa instruir os funcionários cuja confiança e competência estão em processo de amadurecimento. Os *coaches* estão envolvidos o suficiente para saber exatamente o que está acontecendo em cada passo. As palavras-chave para os *coaches* neste estágio são afirmação e redirecionamento. Eles estão prontos para elogiar e corrigir sempre que necessário.

- *Apoio*. Neste estágio, o membro da equipe estabelece seu próprio plano de trabalho. Ele vai às reuniões com a relação de suas próprias prioridades e diz: "Isto é o que eu estou fazendo". O papel do líder é oferecer apoio emocional, encorajamento, afirmação e todo tipo necessário de correção e conselho.
- *Delegação*. Neste estágio final, em geral o líder passa a responsabilidade do ministério ao membro da equipe. Os relatórios continuam, mas tornam-se menos frequentes.

Compromisso de oferecer *feedback* sincero

Membros de equipe de funcionários ou de voluntários nunca devem ser levados a perguntar: "O que o meu supervisor/líder pensa sobre o meu trabalho? Eu sou útil aqui? Eu faço alguma diferença?". É por isso que os líderes precisam oferecer avaliações sinceras e precisas sobre as pessoas que lideram.

Se o *feedback* não for correto — adulador ou obviamente alheio à realidade —, as pessoas perdem respeito por ele. Em outras palavras, se eu elogio um trabalho malfeito, os funcionários perderão respeito pela minha opinião. De igual modo, se o *feedback* for injusto — se eu torcer os fatos ou interpretar mal o desempenho de alguém —, a pessoa naturalmente perderá a confiança. Se os líderes se preocupam o suficiente em oferecer *feedback* sincero, preciso e oportuno, os membros da equipe não terão de ficar adivinhando como estão agindo. Se estão exercendo bem suas funções, elas podem ficar contentes e trabalhar com confiança. Mas, se o trabalho que estão realizando precisa melhorar, serão capazes de determinar o motivo e fazer os ajustes necessários.

Perguntas que devem ser feitas sobre potenciais integrantes de equipes
Michael Cheshire

Excelentes equipes são construídas; equipes ruins simplesmente se formam, sem nenhuma intencionalidade nem planejamento. Como líder de equipe, para formar uma boa equipe, é preciso ser intencional quanto ao processo de seleção. Aqui estão três perguntas a serem exploradas antes de escolher alguém para fazer parte de uma equipe ministerial.

1. Como a pessoa reage ao fracasso?

Detesto fracasso. Detesto fracasso na minha vida pessoal e detesto no trabalho de equipe. Mas abomino quando os fracassos têm um reflexo negativo na igreja. Erros discretos são uma coisa — o tipo de erro que só reflete na vida da pessoa envolvida. Mas, sejamos sinceros, em um verdadeiro ambiente de equipe, o fracasso raramente acontece no vácuo. Alcançamos êxito e fracasso ao mesmo tempo: no esporte, na vida e no ministério.

Se desejo formar uma equipe bem-sucedida, preciso permitir que líderes-chave fracassem — sem os socorrer. É difícil fazer isso. Quando vejo algo dando errado, sou impelido a me intrometer e impedi-lo antes que cause impacto negativo. Mas, agindo assim, os membros da minha equipe não aprenderão lições preciosas. Eu também não terei a oportunidade de ver como reagirão quando presenciarem as consequências de seu fracasso.

Um tempo atrás, meu quadro jovem de funcionários não estava respondendo com agilidade os *e-mails* e as ligações que chegavam à igreja. Apesar das minhas insistentes lembranças, a equipe continuava sem reação. Resultado: todo domingo eu tinha conversas embaraçosas com novos membros que se sentiam desvalorizados porque ninguém retornava a ligação. Isso era particularmente irritante porque o lema da nossa igreja dizia: "Você é importante para Deus... Você é importante para nós".

Finalmente, tive de tomar uma decisão difícil. Precisei deixá-los enfrentar o fracasso, mesmo sabendo que ao fazer isso poderia ofender pessoas e diminuir a frequência da igreja, como realmente aconteceu. Foi incrivelmente frustrante. Muitas famílias ficaram ofendidas, uma delas inclusive saiu da igreja. Mostrei a todos os funcionários o *e-mail* da família que estava saindo da igreja, como se sentiram e porque estavam procurando uma igreja que se importava com eles.

No momento da dor, minha equipe de funcionários sentiu na pele o fracasso, assim cada um deles tomou a decisão de nunca mais ser o responsável por deixar a peteca cair. No entanto, um funcionário pareceu não se importar nenhum pouco. Sua reação foi: "Bem, se essa família vai se ofender com esse tipo de coisa, não nos interessa gente assim". Esse funcionário não está mais conosco. Tive de dispensá-lo porque sua reação demonstrou uma indiferença perturbadora para com pessoas a quem a nossa equipe fora chamada para servir. Nós lidamos com pessoas, e isso significa que *todas* são importantes para nós. Se eu não deixasse a minha equipe falhar, ela não teria aprendido uma importante lição, e eu não teria percebido quem estava realmente comprometido com a missão.

2. Eles podem se ofender?

Nos meus anos de ministério, tenho visto que há uma diferença marcante entre um verdadeiro membro de equipe e o que eu chamo de alguém que "trabalha por dinheiro". Você pode ofender um membro da equipe. Os que "trabalham por dinheiro" se amedrontam, pois só estão preocupados em manter a posição, o emprego ou o dinheiro. Mas isso não acontece com os verdadeiros membros da equipe. Quando, como líder, você precisa corrigi-los, percebe em seus olhos e linguagem corporal que estão muito constrangidos. Não se trata apenas de perder a posição que ocupam; eles detestam decepcionar o grupo.

Há pouco tempo, um jovem muito competente da nossa equipe de liderança cometeu um erro que nos custou milhares de dólares. Fui ao seu escritório e me sentei na cadeira de frente para ele. Olhei para ele e vi lágrimas em seus olhos. Levantei-me, peguei em sua mão, aproximei-me dele e lhe dei um forte abraço. Ele sabia que tinha torrado dinheiro que nós não tínhamos, mas ele tinha forte senso de trabalho em equipe. Estava abatido pelo erro e não se esquivava da responsabilidade. Ao deixar o escritório, eu disse simplesmente: "Tenha mais cuidado". Foi isso. Quando você tem um integrante da equipe com real consciência do trabalho em equipe, você sabe que o sofrimento do fracasso já é consequência suficiente. Tudo de que as pessoas desse tipo precisam quando cometem um erro é amor e perdão.

LIDERANÇA ESPIRITUAL

3. Eles me enfrentarão?
Quando você introduz entusiasmo, ímpeto e visão ao trabalho ministerial, haverá momentos de choque entre os membros da equipe. Isso é inevitável, inclusive é saudável. Na verdade, nunca confio plenamente em alguém até que eu tenha uma discórdia com a pessoa. Somente assim ambas as partes percebem quanto cada um está comprometido no relacionamento.

A vida é muito curta para você ter ao seu redor pessoas extremamente sensíveis. Isso não significa que temos permissão para ser rudes ou insultar as pessoas, mas precisamos ser capazes de nos expressar mesmo em meio a arroubos e emoções. Ponho a mão no fogo pelos meus amigos, mas não pisarei em ovos por eles. Espero que os membros da minha equipe me tratem do mesmo modo.

No ministério há muitas situações em que temos de tratar de pessoas emocionalmente inconstantes. Se um membro da equipe é capaz de discordar de mim veementemente, mas sem maldade, então há boas chances de que ele tenha o que se exige de alguém que seja firme e ao mesmo tempo amoroso com os membros da igreja. Muitas vezes, assumo o papel do contra e discordo de uma ideia para ver se a minha equipe me enfrentará. Posso dizer com orgulho que eles têm se aprimorado nisso.

Nunca gostei muito desse aspecto na formação de uma equipe. Às vezes, eu queria simplesmente que a equipe concordasse comigo e fizesse o que lhe era dito. Tive de admitir que a minha insegurança me levou a atrair somente pessoas condescendentes, não líderes de alto calibre. Precisei desenvolver maior segurança em Cristo para poder lidar com resistências. Começo a perceber que a verdadeira grandeza tem menos a ver com *para onde* vou e *o que* estou realizando e mais com *quem* me acompanha na jornada. Hoje estou rodeado de líderes que são capazes de fazer muito mais do que eu poderia, e eu fico muito satisfeito de poder fazer parte do desenvolvimento deles. O único perdedor é o meu orgulho.

Essas são as três perguntas que faço para avaliar se uma pessoa é de fato parte da equipe. Tenho certeza de que há outras perguntas e cada líder precisa desenvolver sua própria lista de perguntas. Um mentor meu tinha um quadro em seu escritório que continha a famosa inscrição: "Teamwork makes the dream work", um jogo de palavras que pode ser traduzido por: "O trabalho em equipe torna o sonho possível". Debaixo da frase ele fixou a seguinte nota: "... Isto é, se você conseguir sobreviver ao pesadelo de formar uma verdadeira equipe!". A formação de equipe não é para os fracos. Mas, se você tiver entusiasmo e paciência, esse pode ser um dos pontos altos do seu ministério e da sua vida.

Quatro maneiras de fortalecer o trabalho em equipe
Charles R. Swindoll

Pastores e outros membros da equipe muitas vezes veem as coisas de maneira muito diferente dos líderes voluntários. Isso quer dizer que pode haver conflitos, uma

Formando e liderando equipes

vez que os pastores e os líderes leigos encaram situações de perspectivas diferentes. Por exemplo, os pastores vivem na "cultura da igreja". Eles lutam, refletem, oram e conversam sobre as questões com a mentalidade de uma estufa. Os membros da equipe, por outro lado, vivem e trabalham no "mundo real" e lidam com as questões da igreja de modo secundário.

Pessoas com perspectivas diferentes são muito parecidas com dois navios transitando numa noite nebulosa em sentidos contrários, sem conseguir enxergar um ao outro. Se não fosse por algumas luzes piscando, o ronco dos motores e o som ensurdecedor do apito, seria como se eles estivessem sozinhos. Sempre haverá risco de colisão.

Jesus e seu grupo de discípulos muitas vezes tiveram uma compreensão diferente sobre as coisas. Mas Jesus estava profundamente comprometido com os discípulos. Como Marcos 3.14 afirma: "Escolheu doze, designando-os apóstolos, para que estivessem com ele, os enviasse a pregar [...]". Antes de serem enviados a pregar, os discípulos deveriam gastar tempo com ele. Em outras palavras, precisavam se conhecer. Eles viajavam juntos, passavam a noite juntos, comiam juntos, descansavam juntos, resolviam os problemas juntos e refletiam juntos sobre a vida e a missão que tinham.

Formar um espírito de equipe como Jesus fez não é fácil. Mas estes são quatro modos comprovados de como pastores e líderes de igreja (membros de uma diretoria ou outro grupo de trabalho) podem desenvolver um senso mais profundo de comunidade:

1. Reúna o grupo no intervalo das reuniões oficiais

Marque horário para gastar tempo juntos entre as reuniões oficiais, seja individualmente ou em grupo. Isso pode ser na casa do pastor ou na de um dos membros do grupo em uma noite (com os cônjuges) ou para um almoço. Talvez você opte por um café da manhã ou almoço com membros-chave da equipe para tratar de alguma questão importante. Mas às vezes a reunião informal pode ser apenas uma confraternização. Planeje esse tempo com antecedência; do contrário, não ocorrerá.

2. Programe um retiro

Faça um retiro da liderança pelo menos uma ou duas vezes por ano. Estas são ótimas ocasiões para conhecer mais a fundo a vida uns dos outros assim como avaliar o ministério. Partilhem uma refeição juntos, divirtam-se juntos e gastem tempo em oração. Vocês voltarão mais unidos e mais sintonizados. No mínimo, comece a fazer isso uma vez por ano. É muito importante que todos os membros participem desses retiros.

3. Transforme atitudes em ações

Se você ama a sua esposa, será definitivamente importante expressar isso. Você pode gostar dos seus filhos, mas um abraço caloroso comunica que você o aceita. Pastores e membros do conselho precisam dizer um ao outro o quanto são gratos por sua dedicação, esforço e compromisso. Recados escritos são bastante apreciados. Um aperto de mão sincero e firme e um olhar nos olhos são muito encorajadores. Uma ligação telefônica também é outro modo de demonstrar de maneira concreta seu amor e apreço.

LIDERANÇA ESPIRITUAL

4. Apoie cada membro da equipe

Todos temos inimigos suficientes. Todos lutamos contra pensamentos de autodesprezo. É por isso que os membros da liderança da igreja precisam assumir o compromisso de apoiar uns aos outros, principalmente na ausência do outro. Se você tiver pontos de discórdia (e certamente terá), esforce-se para resolvê-los frente a frente, respeitosa e confidencialmente. Não subestime nem expresse discordância com outro membro da equipe na ausência dele. Quando estiverem juntos na reunião, lide com o conflito, reconheça as discordâncias e trate das questões. Do contrário, apoiem-se mutuamente.

Os princípios do trabalho em equipe segundo Billy Graham
Harold Myra & Marshall Shelley

Billy Graham não foi somente um grande evangelista; também foi um excelente líder de uma equipe ministerial complexa. Billy Graham baseava constantemente sua liderança nos seguintes princípios de formação e manutenção de um trabalho em equipe:

Dê atenção à química

Bill Hybels chegou a dizer certa vez que, depois de muitos anos de experiência, havia se "convertido à doutrina da química". Concluiu que personalidade e temperamento representam um dos principais fatores na formação de uma excelente equipe. Foi justamente essa química altamente positiva entre Billy e seus colaboradores mais próximos que tornou possível as décadas de eficácia no ministério. Cliff Barrows, um dos membros que permaneceu mais tempo na equipe, disse que Billy sempre dava prioridade à química do grupo em detrimento de seu sucesso pessoal. Barrows disse "Ele era amigo da equipe. Ele falava da equipe e das atividades da equipe como 'nossas', não como 'minhas' ".

A combinação da química precisa incluir lealdade, confiança, respeito e espírito de corpo baseados em objetivos comuns. Diante da oportunidade de escolher membros da equipe, é importante dar ouvidos à própria intuição e aos melhores conselheiros. Proporcionar a união de companheiros de equipe enobrece qualquer empreendimento ou ministério. Por outro lado, a química errada pode destruir o melhor planejamento.

Encare e reconheça as fraquezas

Alguém disse a respeito de Billy Graham: "Ele é exageradamente consciente de sua humanidade — tem falhas e é o primeiro a reconhecê-las". Billy não tentava esconder o que não podia. Sua vulnerabilidade e estilo de trabalho lado a lado tornavam sua equipe bastante ciente tanto de seu potencial quanto de suas fraquezas.

Em comparação, muitos líderes causam medo em vez de amor. Certa dose de medo razoável é necessária — devemos temer as consequências de atuação indolente ou inexpressiva. Mas, apesar de o medo ser um estimulante eficaz, é a autenticidade e o amor que formam e catalisam equipes que perduram. Um líder que não reconhece as fraquezas

Formando e liderando equipes

não precisa de companheiros de equipe. Um líder que não demonstra vulnerabilidade não oferecerá nenhuma oportunidade para que os membros da equipe contribuam de modo significativo.

Livros sobre liderança orientam líderes a enfrentar os fatos, e o primeiro fato que os líderes devem aceitar é que têm fraquezas. Depois de identificar essas fraquezas, o líder poderá perguntar: "Como posso dividir os papéis principais para que todos os membros da equipe maximizem seu potencial?" Quando os líderes não percebem as fraquezas e não se adaptam, o fracasso é inevitável.

Injete bom humor na equipe

Um biógrafo incluiu um capítulo inteiro sobre o humor na equipe de Graham intitulado "Rindo até o céu". Esse capítulo descreve brincadeiras feitas entre eles, e a aceitação bem-humorada de Billy das brincadeiras feitas a seu respeito — e, às vezes, sua reciprocidade. Apesar de ser extremamente sério e consciente da implicação eterna de sua missão, a equipe tinha espaço para rir e se divertir juntos. Billy conseguia rir de si, mesmo quando errava sua fala diante das câmaras e dos holofotes. O livro de Provérbios resume bem: "O coração bem-disposto é remédio eficiente [...]".

Compartilhe uma grande meta

Grandes desafios animam e unem as equipes. No mundo do esporte, o tempo de preparação para o campeonato nacional ou para a Copa do Mundo tem um efeito impressionante nos itens concentração, energia e determinação. Todo jogador está motivado a alcançar o objetivo e fará o que for possível para conquistá-lo. Em muitos casos, preferências pessoais e oportunidades de glória pessoal devem ser colocadas de lado diante da pressão pela vitória. Sentido de urgência, direcionamento, prestação de contas do grupo e respeito são mesclados à medida que cada membro está determinado a buscar a maior eficácia possível.

Mas tudo isso começa com o líder. Há algumas décadas alguém afirmou: "Um indivíduo com propósito ardente reúne outros em torno de si que o ajudarão a alcançá-lo". O líder empresarial Jim Collins escreve: "Há uma relação simbiótica entre grandes instituições e grandes [líderes] [...]. O [líder] é transformado pela dedicação a um propósito maior do que o mero sucesso pessoal, e, ao fazê-lo, a [equipe] atinge maior grandeza". Essa verdade certamente personificou Billy Graham, cujo propósito ardente era autêntico e evidente a todos os membros de sua equipe. Os resultados falavam por si mesmos.

Confie na equipe

A equipe de Graham permaneceu firme porque Billy nutriu e deu a cada membro ampla oportunidade de exercer importante responsabilidade. Billy confiava em Deus e nos membros de sua equipe. Como diz Cliff Barrows:

> "Ele buscava a vontade de Deus; dependia de Deus, era motivado por seu amor a Deus e às pessoas. Ele era modesto, mas sentia segurança no lugar em que Deus o colocara. Era ungido por Deus, mas tinha consideração por outras pessoas. Ele não era autoritário. Sabia que na multidão de conselheiros há segurança. Suas decisões baseavam-se em

LIDERANÇA ESPIRITUAL

concordância mútua, não em imposição ditatorial. Ele refletia e se apoiava no conselho daqueles em quem confiava. Nunca humilhava nem repreendia. Confiava nas pessoas e respeitava suas sugestões.".

Espere mudanças!

É preciso, no entanto, fazer uma ressalva. Billy foi notavelmente feliz em formar, desenvolver e capacitar uma equipe básica. Depois de formada, ele exerceu a liderança que lhes possibilitou trabalhar juntos por quase toda a vida. Contudo, isso não significa que outras pessoas importantes da equipe maior tenham permanecido na organização. No decorrer de décadas, várias mudanças de funcionários — algumas dolorosas — tiveram de ser feitas.

Precisamos aceitar o fato de que forças enérgicas e complexas tornam as mudanças inevitáveis. Tratar de maneira eficaz e compassiva com mudanças dolorosas exige um foco contínuo sobre a visão e o objetivo, e coerência com os princípios que norteiam a liderança.

Homens e mulheres como companheiros de equipe
Sarah Sumner

A despeito da visão que se tem do papel da mulher no ministério, a maioria dos cristãos concorda em que é plano de Deus que homens e mulheres o sirvam juntos em algum nível. Aqui estão alguns modos práticos de como homens e mulheres podem servir juntos na mesma equipe.

Promova respeito pelos homens

É difícil as pessoas florescerem quando são desrespeitadas, principalmente pelos membros do grupo. Infelizmente, é fácil que homens e mulheres se desrespeitem mutuamente — muitas vezes sem nenhum tipo de esforço. Pense num exemplo concreto de como as mulheres podem involuntariamente demonstrar desrespeito pelos homens. Em seu livro *You Just Don't Understand: Women and Men in Conversation*, Deborah Tannen diz que as mulheres normalmente falam simultaneamente umas com as outras. Então, na perspectiva da mulher, não há necessariamente nenhum desrespeito em interromper um homem no meio da frase. Embora ele considere que a mulher simplesmente o tolheu — que é obviamente desrespeitoso —, para a mulher ela apenas ficou entusiasmada e passou por cima da fala dele, o que para as mulheres é perfeitamente aceitável, até uma forma de afirmação. Nem toda mulher concorda em passar por cima da fala de alguém. Mas mesmo aquelas que concordam entendem que não interrompem como um ato intencional de desrespeito. A ofensa, na maioria dos casos, passa despercebida. Mas eis a questão — o desrespeito tem como característica a falta de atenção aos outros. Para as mulheres, o respeito começa quando elas notam as necessidades e perspectivas singulares dos homens.

Promova o respeito pelas mulheres

Os homens também podem demonstrar falta de respeito às mulheres — para a realidade de muitas igrejas, o desrespeito é grave. Por exemplo, recentemente, pedi a um grupo de pastores que mencionasse as mulheres das Escrituras a quem eles procuravam imitar. Eles riram de mim. Mas, se as mulheres nas Escrituras, incluindo a mulher sobre a qual Jesus disse que deve ser lembrada por ungi-lo, não forem lembradas como exemplos a ser seguidos, então como as mulheres da atualidade podem ser respeitadas como modelo a ser imitado na igreja? Como se pode levar as mulheres a sério hoje quando elas falam?

Apresento quatro sugestões de como líderes homens podem respeitar e honrar os membros femininos da equipe:

1. *Dê às mulheres da liderança o benefício da dúvida*. Confie em que elas fazem parte do grupo de acordo com a declaração de propósito da igreja e que Deus as chamou para ser membros da equipe ministerial.

2. *Treine as mulheres da equipe*. Invista nas colaboradoras ou nas mulheres da equipe ministerial de liderança oferecendo oportunidades para que desenvolvam seu potencial.

3. *Busque a colaboração das mulheres*. Leve a sério sua contribuição sem ficar na defensiva nem a desdenhar.

4. *Dê crédito às mulheres*. Reconheça pública e particularmente as mulheres da equipe por suas ideias e contribuições.

Elimine o orgulho e a presunção

A humildade é essencial para equipes com membros de ambos os sexos, porque o orgulho é destrutivo. O orgulho nos leva a presumir e prejulgar um ao outro. Muitos homens e mulheres sentem-se ofendidos uns pelos outros por causa de presunção injusta. Por exemplo, um homem presume que uma mulher está contra ele — quando na verdade ela está tentando ajudá-lo. Ou, por exemplo, uma mulher presume que um homem a está evitando — quando na realidade está ocupado com alguma atividade. Infelizmente, a verdade não aparece porque as pessoas não se humilham o suficiente para gastar tempo e esclarecer os problemas como esses que causam conflito em grupo.

A presunção pode destruir a unidade da igreja. Ela leva as pessoas a atribuir motivações maliciosas um ao outro. Via de regra, o resultado é estereotipação. Estereotipar significa generalizar — isto é, concluir que todas as pessoas são como uma específica. Não é incomum, por exemplo, uma mulher estereotipar todos os homens como opressivos, baseada em sua experiência negativa no passado. Da mesma forma, não é incomum um homem estereotipar as mulheres como fracas e emocionalmente imaturas.

A humildade é o antídoto à presunção e à atitude defensiva que a estimula.

Busque amizades apropriadas

Muitos líderes cristãos são ensinados a não fazer amizades com o sexo oposto. Mas é notável como Jesus era amigo de Maria e Marta. Ele gastou tempo com elas sem levar a amizade para o âmbito sexual. Quantos pastores tem maturidade espiritual para ser amigos de mulheres e convidar mulheres líderes para que se sentem à mesa das decisões a seu lado?

Certamente, tanto os homens como as mulheres precisam ter limites apropriados. Mas, se eles conseguirem estabelecer amizades sinceras no Senhor, podem tornar-se aliados na luta contra o pecado.

LIDERANÇA ESPIRITUAL

Em 1João 4.18 lemos que "[...] o perfeito amor expulsa o medo". Se homens e mulheres escolherem assumir uma atitude de verdadeiro amor, não se sentirão ameaçados pelo outro. Amar significa que homens e mulheres acreditam uns nos outros. Significa que os homens torcem pelas mulheres e colaboram para que elas propaguem o Reino em todo seu potencial. De igual modo, significa que as mulheres confiam e respeitam os homens em vez de perder a esperança neles.

Como dirigir uma reunião de equipe
John Sommerville

Alguns pastores acham as reuniões do grupo de colaboradores ou funcionários uma perda de tempo. Outros admitem que essas reuniões são um fardo ou até mesmo que lhes causam pavor. Mas uma reunião de colaboradores criteriosamente planejada e bem presidida melhorará a eficácia do ministério em praticamente todas as igrejas. Aqui estão algumas maneiras de ter reuniões de colaboradores mais eficazes.

Defina o propósito da reunião

Muitas igrejas lutam contra os "nichos ministeriais" — ministérios descoordenados que funcionam dentro da igreja, mas que estão desconectados um em relação ao outro. Reunir o grupo de colaboradores facilita a comunicação e a coordenação entre os ministérios e forma um espírito de equipe. Reunir todos permite a cada líder de ministério discutir os desafios, as oportunidades e os benefícios a partir da sabedoria coletiva de toda a equipe. Sem reuniões regulares, o conjunto tende a se fragmentar. A coordenação e o trabalho em equipe tornam-se mais difíceis.

Prepare uma pauta

Sempre comece com uma oração. Ore pelos assuntos ministeriais e eventos da igreja que estão para acontecer, assim como por necessidades individuais do grupo e da igreja. A oração também pode acontecer em outros momentos da agenda, especialmente quando você precisar de sabedoria em alguma área específica.

Os itens específicos da pauta variam, mas é importante incluir os seguintes tópicos em uma reunião regular:

- *Rever itens da agenda*. Aqui podem ser incluídas coisas como dar seguimento aos visitantes de primeira vez, discutir os avisos que deverão ser colocados no boletim e anunciados nos cultos, planejar o calendário, avaliar os cultos do fim de semana anterior.
- *Assuntos administrativos prioritários*. Pode-se incluir discussão geral a respeito de questões sobre as quais a equipe deve estar informada, novas iniciativas ministeriais e assuntos pendentes de outras reuniões.
- *Novos assuntos administrativos*. Muitas vezes, durante as reuniões, surgem questões que precisam ser discutidas. Se o tempo permitir, esses assuntos podem ser

Formando e liderando equipes

discutidos imediatamente, colocados sobre a mesa, ou deixados para algum membro da equipe fazer um estudo.
- *Relatório de membros da equipe.* O relatório é uma oportunidade para que o ministério informe sobre suas ações, apresente novas ideias, ou acrescente algo que pode ser do interesse de todo o grupo. Pode tomar apenas alguns minutos ou ser gasto mais tempo, dependendo do tempo disponível.

Estabeleça algumas regras básicas

Estabelecer antecipadamente regras básicas ajuda a garantir que as reuniões transcorram com tranquilidade. Estas são algumas regras básicas a ser consideradas:

- *Estabeleça lugar e horário regulares.* A disciplina de reunir-se em certo horário, mesmo se a reunião for breve, estabelece um padrão que produzirá benefícios duradouros. A maioria dos membros de uma equipe prefere reuniões no início da semana. Conte com a presença de todos — deixar que os membros da equipe faltem às reuniões à vontade poderá arruinar a eficácia das reuniões.
- *Comece e termine a reunião no horário.* Começar reuniões atrasadas é um desrespeito aos que se esforçaram para chegar no horário, além de ser improdutivo gastar os dez primeiros minutos da reunião esperando ou arrebanhando pessoas. A disciplina de terminar no horário mantém a reunião dinâmica e permite que as pessoas planejem o restante das atividades do dia.
- *Tenha uma pauta e prenda-se a ela.* A maioria das reuniões fracassa quando não se reflete suficientemente a respeito do assunto que é discutido pelo grupo. Ponha os assuntos prioritários no topo da pauta, não no fim.
- *Prepare-se.* Aqueles que tiverem alguma incumbência devem vir preparados. Se isso não for respeitado, os participantes começam a achar que a preparação é opcional.
- *Tenha um líder fixo.* Ter uma liderança constante contribui para a eficácia da reunião.
- *Tome decisões.* As reuniões perdem sua utilidade se os participantes descobrem que o processo, não as ações, é a atividade principal.
- *Mantenha o foco.* Prossiga rapidamente pela pauta, mas com sensibilidade à dinâmica relacional. Desenvolva um espírito de equipe em torno da tarefa do ministério.
- *Seja realista.* As pessoas geralmente têm energia para um ou dois assuntos importantes para cada reunião. Deve-se evitar a tentação de acrescentar itens demais à pauta além dos assuntos habituais.
- *Separe tempo para reflexão ponderada e desenvolvimento de relacionamentos.* De vez em quando, é preciso gastar tempo de *brainstorming*, planejar e ter experiências que visem ao desenvolvimento da comunidade, das perspectivas e das habilidades. Uma igreja pode ter seis retiros anuais de liderança. Isso pode incluir um dia para planejamento com a diretoria da igreja, um retiro de famílias e quatro dias de planejamento e experiências de desenvolvimento da equipe.
- *Preserve a confidencialidade.* Quando se discutem assuntos delicados, particularmente relacionados às pessoas da igreja, é importante que a conversa não extrapole

a sala. Quando surge um assunto delicado, geralmente é prudente deixar o assunto sobre a mesa para mais tarde e tratá-lo apenas com as pessoas diretamente envolvidas no assunto.
- *Sejam unidos*. Às vezes é impossível concordar plenamente, mas é importante que, uma vez tomada a decisão, a equipe não manifeste suas discordâncias fora da reunião.

Como demitir um membro da equipe
Paul Borthwick

Em raras ocasiões, liderar uma equipe de colaboradores envolve a difícil decisão de demitir um membro da equipe. Nesses casos, a decisão mais fácil é não causar grandes mudanças; no entanto, a decisão mais correta é buscar o que for preciso para possibilitar o crescimento do discipulado e a missão para toda a igreja. Antes de demitir alguém, ore e pondere atentamente sobre as seguintes opções:

A pessoa precisa ser substituída?
A pessoa realmente não tem capacidade de ocupar a posição? A igreja já se desenvolveu além do potencial da pessoa (ou vice-versa)? A ineficácia dessa pessoa está impedindo o progresso do ministério? Quanto dano está sendo causado?

Quem está querendo que a pessoa seja substituída?
Todo tipo de problema pode ocorrer quando a questão de demitir alguém se torna um ponto de tensão entre duas pessoas. O conselho dos presbíteros, os diáconos e os recursos humanos são fundamentais para evitar que o líder se envolva numa batalha de conflito pessoal.

Qual é o motivo para a demissão?
Quando outras pessoas da igreja perguntam: "O que houve com o fulano?", como você responderá? As opções são:
- *Relacionamento*. A personalidade da pessoa é fundamentalmente incompatível à posição que ocupava.
- *Moral*. Dependendo da natureza e extensão da ofensa, a conduta sexual, má administração de recursos financeiros e o estilo de vida pecaminoso podem ser o motivo de uma demissão sumária.
- *Teológica*. Às vezes é preciso estabelecer os limites. Mesmo diante de diferenças teológicas, devemos indagar se a pessoa está provocando ou se simplesmente desconhece o assunto.
- *Incapacidade*. Se as expectativas do trabalho são claras e realistas, se a pessoa deu do melhor que pôde e, mesmo assim, não conseguiu realizar um bom trabalho, a melhor saída é a demissão.

Deve-se dar uma segunda chance à pessoa?

Antes de alguém ser dispensado, a igreja precisa considerar a reconciliação e a cura. No caso de uma questão moral limítrofe, a igreja deve oferecer um aconselhamento restaurador (desde que a pessoa não esteja abertamente rebelde nem negando totalmente o erro)? Um afastamento temporário permitiria à pessoa buscar ajuda para depois retornar a sua posição? Se a pessoa não tinha clareza sobre as expectativas do trabalho, às vezes esclarecer as responsabilidades do cargo pode ser uma solução. Em algum momento, você terá de informar à pessoa que, se ela não demonstrar mudança significativa nos seis meses seguintes, ela será demitida. Liste questões específicas e identifique maneiras de resolvê-las. Explique que haverá reuniões regulares para avaliar o trabalho da pessoa no decorrer do tempo.

O que acontece quando você já teve de lidar com questões difíceis, tentando equilibrar graça e verdade, mas mesmo assim não há outra coisa a fazer senão afastar a pessoa do ministério? Quando você precisar demitir um membro da equipe, estes oito princípios podem ser seguidos:

Faça isso pessoalmente
O líder que está cuidando do assunto deve dar a notícia imediata e diretamente. Um encontro pessoal oferece espaço para manifestar tristeza, ira e outras emoções que acompanham essa notícia. Também oferece oportunidade para tirar dúvidas.

Faça isso com brandura
Não há necessidade de escrever um relatório de doze páginas sobre as deficiências da pessoa. Gaste um tempo refletindo sobre a dor de ser demitido. Procure sentir a confusão ("Pensei que estava fazendo o que Deus queria; como poderia acontecer isso?") que o indivíduo talvez sinta.

Atue sem mágoa ou malícia
Quem demite um funcionário precisa estar sob o controle do Espírito. Explosão emocional ou ataques ao caráter da pessoa não contribuem para o objetivo de crescimento e possível cura do indivíduo.

Encerre as responsabilidades rapidamente
Um processo prolongado de demissão abre portas para o indivíduo tentar reverter a demissão, justificar-se pelo trabalho malfeito e perder a objetividade. A pressão pode levar você a repensar a decisão de demitir a pessoa.

Seja coerente
Se um presbítero diz que um pastor foi demitido por motivos morais enquanto outro cita a ineficácia da pregação, é porque a semente da fofoca foi semeada. Os líderes precisam estar unidos na demissão e nas razões que os levaram a demitir o funcionário.

LIDERANÇA ESPIRITUAL

Seja perspicaz
As pessoas não precisam saber todos os motivos que levaram alguém a ser demitido. Os detalhes de uma falha moral podem apenas encorajar desejos distorcidos por escândalos e maledicência. Escolha criteriosamente as palavras. Fique atento ao ministério futuro da pessoa.

Preveja problemas
A maioria das demissões provoca reações. Igrejas se dividem porque pastores são admirados por um grupo e desprezados por outro. Os líderes devem refletir sobre como conter o dano. Procure ter uma "ação preventiva" contra conflitos e maledicência ligando para líderes estratégicos (principalmente os que estão sob o ministério da pessoa demitida) e explique os motivos que levaram à demissão.

Ofereça recomendações sinceras e justas
Seja sincero, o mais útil e generoso possível quando for preciso oferecer referências futuras de quem foi demitido. Outras organizações podem estar procurando outras qualidades e habilidades — uma pessoa que não deu certo em uma igreja pode ser bem-sucedida em outra.

Introdução a JOÃO

PANO DE FUNDO

O autor do evangelho de João repetidamente se refere a ele mesmo como o discípulo "a quem Jesus amava" (v. 13.23; 21.20). Acredita-se que esse discípulo tenha sido João, um dos três pescadores que formavam o círculo mais íntimo de relacionamento com Jesus. João e seu irmão Tiago, filhos de Zebedeu e Salomé, eram chamados por Jesus de "filhos do trovão" (Marcos 3.17), dado o seu temperamento furioso. Tendo sido um ardoroso seguidor de João Batista, João estava entre os primeiros discípulos de Jesus. Ao morrer, Jesus confiou sua mãe aos cuidados de João. João desempenhou papel importante na Igreja Primitiva, tal como evidenciado em Atos dos Apóstolos, na redação de suas epístolas e no livro de Apocalipse.

MENSAGEM

Parece que João endereçou seu evangelho a uma audiência ampla, ao mesmo tempo judaica e gentia. Enquanto os três primeiros Evangelhos focam em eventos na vida de Jesus, João enfatiza o significado por trás desses eventos. O evangelho de João é mais teologicamente argumentativo que biográfico. Os eventos, milagres e títulos empregados no quarto evangelho demonstram que Jesus é Deus. Antes de Jesus assumir a carne, ele "estava com Deus" e "era Deus" desde "o princípio" (1.1,2). João não relata as parábolas de Jesus, apresenta seus encontros: um milagre em uma festa de casamento, a visita noturna de Nicodemos, a conversa com a mulher samaritana e a ressurreição de Lázaro. João mostra Jesus usando discursos metafóricos: "Eu sou o pão da vida" (6.35); "Eu sou a luz do mundo" (8.12); "Eu sou o bom pastor" (10.11). Os discursos de Jesus para seus discípulos e sua oração por eles têm edificado e fortalecido a Igreja de Cristo no decorrer dos séculos. Perto do fim de seu texto, João revela seu propósito, ao escrever: "Mas estes foram escritos para que vocês creiam que Jesus é o Cristo, o Filho de Deus e, crendo, tenham vida em seu nome" (20.31).

ÉPOCA

O período provável para a redação desse evangelho é entre os anos 60 e 90 do século I. Foi escrito depois dos Sinópticos, mas antes das três epístolas joaninas e do Apocalipse. João foi uma das últimas testemunhas oculares vivas do ministério terreno de Jesus. A tradição diz que seu evangelho foi escrito em Éfeso.

ESBOÇO

I. A vinda do Filho de Deus
  A. Prólogo 1.1-18
  B. Início do ministério .... 1.19—2.25

II. O ministério do Filho de Deus
  A. Um fariseu e uma mulher samaritana ... 3.1—4.42
  B. Curas, ensinos, milagres .... 4.43—10.42
  C. A ressurreição de Lázaro 11.1-57

III. A morte salvadora do Filho de Deus
  A. A última semana 12.1-50
  B. A Última Ceia .... 13.1—17.26
  C. Prisão e julgamento de Jesus ..... 18.1—19.16
  D. Crucificação e sepultamento 19.17-42

IV. A ressurreição do Filho de Deus
  A. Jesus está vivo 20.1-31
  B. Café da manhã na praia 21.1-25

A Palavra Tornou-se Carne

1 No princípio era aquele que é a Palavra[1].[a] Ele estava com Deus[b] e era Deus.[c] **2** Ele estava com Deus no princípio.[d]

3 Todas as coisas foram feitas por intermédio dele; sem ele, nada do que existe teria sido feito.[e] **4** Nele estava a vida,[f] e esta era a luz dos homens.[g] **5** A luz brilha nas trevas, e as trevas não a derrotaram.[h][2]

6 Surgiu um homem enviado por Deus, chamado João.[i] **7** Ele veio como testemunha, para testificar[j] acerca da luz, a fim de que por meio dele todos os homens cressem.[k] **8** Ele próprio não era a luz, mas veio como testemunha da luz. **9** Estava chegando ao mundo a verdadeira luz,[l] que ilumina todos os homens.[m][3]

10 Aquele que é a Palavra estava no mundo, e o mundo foi feito por intermédio dele,[n] mas o mundo não o reconheceu. **11** Veio para o que era seu, mas os seus não o receberam. **12** Contudo, aos que o receberam, aos que creram[o] em seu nome,[p] deu-lhes o direito de se tornarem filhos de Deus,[q] **13** os quais não nasceram por descendência natural[4], nem pela vontade da carne nem pela vontade de algum homem, mas nasceram de Deus.[r]

14 Aquele que é a Palavra tornou-se carne[s] e viveu entre nós. Vimos a sua glória, glória como do Unigênito[5] vindo do Pai, cheio de graça e de verdade.[t]

15 João dá testemunho dele.[u] Ele exclama: "Este é aquele de quem eu falei: aquele que vem depois de mim é superior a mim, porque já existia antes de mim".[v] **16** Todos recebemos da sua plenitude,[w] graça sobre[6] graça. **17** Pois a Lei foi dada por intermédio de Moisés;[x] a graça e a verdade vieram por intermédio de Jesus Cristo.[y] **18** Ninguém jamais viu a Deus,[z] mas o Deus[7] Unigênito,[a] que está junto do Pai, o tornou conhecido.

João Batista Nega Ser Ele o Cristo

19 Este foi o testemunho de João, quando os judeus[b] de Jerusalém enviaram sacerdotes e levitas para lhe perguntarem quem ele era. **20** Ele confessou e não negou; declarou abertamente: "Não sou o Cristo[8]".[c]

21 Perguntaram-lhe: "E então, quem é você? É Elias?"[d]

Ele disse: "Não sou".

"É o Profeta?"[e]

Ele respondeu: "Não".

22 Finalmente perguntaram: "Quem é você? Dê-nos uma resposta, para que a levemos àqueles que nos enviaram. Que diz você acerca de si próprio?"

23 João respondeu com as palavras do profeta Isaías: "Eu sou a voz do que clama no deserto:[9] 'Façam um caminho reto para o Senhor' ".[10][g]

24 Alguns fariseus que tinham sido enviados **25** interrogaram-no: "Então, por que você batiza, se não é o Cristo, nem Elias, nem o Profeta?"

26 Respondeu João: "Eu batizo com[11] água, mas entre vocês está alguém que vocês não conhecem. **27** Ele é aquele que vem depois de mim,[h] e não sou digno de desamarrar as correias de suas sandálias".

28 Tudo isso aconteceu em Betânia, do outro lado do Jordão,[i] onde João estava batizando.

Jesus, o Cordeiro de Deus

29 No dia seguinte, João viu Jesus aproximando-se e disse: "Vejam! É o Cordeiro de Deus,[j] que tira o pecado do mundo! **30** Este é aquele a quem eu me referi, quando disse: Vem depois de mim um homem que é

---

[1] **1.1** Ou *o Verbo*. Grego: *Logos*.

[2] **1.5** Ou *trevas, mas as trevas não a compreenderam*.

[3] **1.9** Ou *Esta era a luz verdadeira que ilumina todo homem que vem ao mundo*.

[4] **1.13** Grego: *de sangues*.

[5] **1.14** Ou *Único*; também no versículo 18.

[6] **1.16** Ou *em lugar de*

[7] **1.18** Vários manuscritos dizem *o Filho*.

[8] **1.20** Ou *Messias*. Tanto *Cristo* (grego) como *Messias* (hebraico) significam *Ungido*; também em todo o livro de João.

[9] **1.23** Ou *que clama: 'No deserto façam*

[10] **1.23** Is 40.3

[11] **1.26** Ou *em*; também nos versículos 31 e 33.

superior a mim, porque já existia antes de mim.ᵏ ³¹ Eu mesmo não o conhecia, mas por isso é que vim batizando com água: para que ele viesse a ser revelado a Israel".

³² Então João deu o seguinte testemunho: "Eu vi o Espírito descer dos céus como pomba e permanecer sobre ele.ˡ ³³ Eu não o teria reconhecido se aquele que me enviou para batizar com águaᵐ não me tivesse dito: 'Aquele sobre quem você vir o Espírito descer e permanecer, esse é o que batiza com o Espírito Santo'.ⁿ ³⁴ Eu vi e testifico que este é o Filho de Deus".ᵒ

Os Primeiros Discípulos de Jesus
(Mt 4.18-22; Mc 1.16-20; Lc 5.1-11)

³⁵ No dia seguinte, Joãoᵖ estava ali novamente com dois dos seus discípulos. ³⁶ Quando viu Jesus passando, disse: "Vejam! É o Cordeiro de Deus!"ᵍ

³⁷ Ouvindo-o dizer isso, os dois discípulos seguiram Jesus. ³⁸ Voltando-se e vendo Jesus que os dois o seguiam, perguntou-lhes: "O que vocês querem?"

Eles disseram: "Rabi"ʳ (que significa "Mestre"), "onde estás hospedado?"

³⁹ Respondeu ele: "Venham e verão".

Então foram, por volta das quatro horas da tarde¹, viram onde ele estava hospedado e passaram com ele aquele dia.

⁴⁰ André, irmão de Simão Pedro, era um dos dois que tinham ouvido o que João dissera e que haviam seguido Jesus. ⁴¹ O primeiro que ele encontrou foi Simão, seu irmão, e lhe disse: "Achamos o Messias" (isto é, o Cristo).ˢ ⁴² E o levou a Jesus.

Jesus olhou para ele e disse: "Você é Simão, filho de João. Será chamadoᵗ Cefas" (que traduzido é "Pedro²").ᵘ

Jesus Chama Filipe e Natanael

⁴³ No dia seguinte, Jesus decidiu partir para a Galileia. Quando encontrou Filipe,ᵛ disse-lhe: "Siga-me".ʷ

⁴⁴ Filipe, como André e Pedro, era da cidade de Betsaida.ˣ ⁴⁵ Filipe encontrou Natanaelʸ e lhe disse: "Achamos aquele sobre quem Moisés escreveu na Leiᶻ e a respeito de quem os profetas também escreveram:ᵃ Jesus de Nazaré,ᵇ filho de José".ᶜ

⁴⁶ Perguntou Natanael: "Nazaré? Pode vir alguma coisa boa de lá?"ᵈ

Disse Filipe: "Venha e veja".

⁴⁷ Ao ver Natanael se aproximando, disse Jesus: "Aí está um verdadeiro israelita,ᵉ em quem não há falsidade".ᶠ

⁴⁸ Perguntou Natanael: "De onde me conheces?"

Jesus respondeu: "Eu o vi quando você ainda estava debaixo da figueira, antes de Filipe o chamar".

⁴⁹ Então Natanael declarou: "Mestre³,ᵍ tu és o Filho de Deus,ʰ tu és o Rei de Israel!"ⁱ

⁵⁰ Jesus disse: "Você crê porque eu disse que o vi debaixo da figueira.⁴ Você verá coisas maiores do que essa!" ⁵¹ E então acrescentou: "Digo a verdade: Vocês verão o céu abertoʲ e os anjos de Deus subindo e descendoᵏ sobre o Filho do homem".ˡ

Jesus Transforma Água em Vinho

2 No terceiro dia houve um casamento em Caná da Galileia.ᵐ A mãeⁿ de Jesus estava ali; ² Jesus e seus discípulos também haviam sido convidados para o casamento. ³ Tendo acabado o vinho, a mãe de Jesus lhe disse: "Eles não têm mais vinho".

⁴ Respondeu Jesus: "Que temos nós em comum,ᵖ mulher?ᵒ A minha hora ainda não chegou".ᵠ

⁵ Sua mãe disse aos serviçais: "Façam tudo o que ele mandar".ʳ

⁶ Ali perto havia seis potes de pedra, do tipo usado pelos judeus para as purificações cerimoniais;ˢ em cada pote cabiam entre oitenta e cento e vinte litros⁵.

---

³ **1.49** Isto é, Rabi; também em 3.2, 26; 4.31; 6.25; 9.2 e 11.8.

⁴ **1.50** Ou *Você crê... figueira?*

⁵ **2.6** Grego: *2 ou 3 metretas*. A metreta era uma medida de capacidade de cerca de 40 litros.

---

¹ **1.39** Grego: *hora décima*.

² **1.42** Tanto *Cefas* (aramaico) como *Pedro* (grego) significam *pedra*.

⁷ Disse Jesus aos serviçais: "Encham os potes com água". E os encheram até a borda.

⁸ Então lhes disse: "Agora, levem um pouco ao encarregado da festa".

Eles assim fizeram, ⁹ e o encarregado da festa provou a água que fora transformada em vinho,ᵗ sem saber de onde este viera, embora o soubessem os serviçais que haviam tirado a água. Então chamou o noivo ¹⁰ e disse: "Todos servem primeiro o melhor vinho e, depois que os convidados já beberam bastante, o vinho inferior é servido; mas você guardou o melhor até agora".

¹¹ Este sinal milagroso,ᵘ em Caná da Galileia, foi o primeiro que Jesus realizou. Revelou assim a sua glória,ᵛ e os seus discípulos creram nele.ʷ

Jesus Purifica o Templo

¹² Depois disso ele desceu a Cafarnaumˣ com sua mãe, seus irmãosʸ e seus discípulos. Ali ficaram durante alguns dias.

¹³ Quando já estava chegando a Páscoa judaica,ᶻ Jesus subiu a Jerusalém.ᵃ ¹⁴ No pátio do templo viu alguns vendendo bois, ovelhas e pombas, e outros assentados diante de mesas, trocando dinheiro. ¹⁵ Então ele fez um chicote de cordas e expulsou todos do templo, bem como as ovelhas e os bois; espalhou as moedas dos cambistas e virou as suas mesas. ¹⁶ Aos que vendiam pombas disse: "Tirem estas coisas daqui! Parem de fazer da casa de meu Paiᵇ um mercado!"

¹⁷ Seus discípulos lembraram-se que está escrito: "O zelo pela tua casa me consumirá"¹.ᶜ

¹⁸ Então os judeus lhe perguntaram: "Que sinal milagroso o senhor pode mostrar-nos como prova da sua autoridade para fazer tudo isso?"ᵈ

¹⁹ Jesus lhes respondeu: "Destruam este templo, e eu o levantarei em três dias".ᵉ

²⁰ Os judeus responderam: "Este templo levou quarenta e seis anos para ser edificado, e o senhor vai levantá-lo em três dias?"

¹ **2.17** Sl 69.9

²¹ Mas o templo do qual ele falava era o seu corpo.ᶠ ²² Depois que ressuscitou dos mortos, os seus discípulos lembraram-se do que ele tinha dito.ᵍ Então creram na Escritura e na palavra que Jesus dissera.

²³ Enquanto estava em Jerusalém, na festa da Páscoa,ʰ muitos viram os sinais milagrosos que ele estava realizando e creram em seu nome². ²⁴ Mas Jesus não se confiava a eles, pois conhecia a todos. ²⁵ Não precisava que ninguém lhe desse testemunho a respeito do homem, pois ele bem sabia o que havia no homem.ⁱ

O Encontro de Jesus com Nicodemos

3 Havia um fariseu chamado Nicodemos,ʲ uma autoridade entre os judeus.ᵏ ² Ele veio a Jesus, à noite, e disse: "Mestre, sabemos que ensinas da parte de Deus, pois ninguém pode realizar os sinais milagrososˡ que estás fazendo, se Deus não estiver com ele".ᵐ

³ Em resposta, Jesus declarou: "Digo a verdade: Ninguém pode ver o Reino de Deus, se não nascer de novo³".

⁴ Perguntou Nicodemos: "Como alguém pode nascer, sendo velho? É claro que não pode entrar pela segunda vez no ventre de sua mãe e renascer!"ⁿ

⁵ Respondeu Jesus: "Digo a verdade: Ninguém pode entrar no Reino de Deus se não nascer da água e do Espírito.º ⁶ O que nasce da carne é carne, mas o que nasce do Espírito é espírito.ᵖ ⁷ Não se surpreenda pelo fato de eu ter dito: É necessário que vocês nasçam de novo. ⁸ O vento⁴ sopra onde quer. Você o escuta, mas não pode dizer de onde vem nem para onde vai. Assim acontece com todos os nascidos do Espírito".

⁹ Perguntou Nicodemos: "Como pode ser isso?"ᑫ

¹⁰ Disse Jesus: "Você é mestre em Israelʳ e não entende essas coisas? ¹¹ Asseguro que nós

² **2.23** Ou *creram nele*.

³ **3.3** Ou *nascer de cima*; também no versículo 7.

⁴ **3.8** Traduz o mesmo termo grego para designar *espírito*.

2.9 ᵗJo 4.46
2.11 ᵘv. 23; Jo 3.2; 4.48; 6.2, 14,26, 30; 12.37; 20.30 ᵛJo 1.14 ʷEx 14.31
2.12 ˣMt 4.13 ʸMt 12.46
2.13 ᶻJo 11.55 ᵃDt 16.1-6; Lc 2.41
2.16 ᵇLc 2.49
2.17 ᶜSl 69.9
2.18 ᵈMt 12.38
2.19 ᵉMt 26.61; 27.40; Mc 14.58; 15.29
2.21 ᶠ1Co 6.19
2.22 ᵍLc 24.5-8; Jo 12.16; 14.26
2.23 ʰv. 13
2.25 ⁱMt 9.4; Jo 6.61,64; 13.11
3.1 ʲJo 7.50; 19.39 ᵏLc 23.13
3.2 ˡJo 9.16,33 ᵐAt 2.22; 10.38
3.3 ⁿJo 1.13; 1Pe 1.23
3.5 ºTt 3.5
3.6 ᵖJo 1.13; 1Co 15.50
3.9 ᑫJo 6.52,60
3.10 ʳLc 2.46

falamos do que conhecemos[s] e testemunhamos do que vimos, mas mesmo assim vocês não aceitam o nosso testemunho.[t] **12** Eu falei de coisas terrenas e vocês não creram; como crerão se falar de coisas celestiais? **13** Ninguém jamais subiu ao céu,[u] a não ser aquele que veio do céu:[v] o Filho do homem.[1] **14** Da mesma forma como Moisés levantou a serpente no deserto,[w] assim também é necessário que o Filho do homem seja levantado,[x] **15** para que todo o que nele crer[y] tenha a vida eterna.

16 "Porque Deus tanto amou[z] o mundo que deu o seu Filho Unigênito[2], para que todo o que nele crer não pereça, mas tenha a vida eterna.[a] **17** Pois Deus enviou o seu Filho ao mundo,[b] não para condenar o mundo, mas para que este fosse salvo por meio dele.[c] **18** Quem nele crê não é condenado,[d] mas quem não crê já está condenado, por não crer no nome do Filho Unigênito de Deus.[e] **19** Este é o julgamento: a luz[f] veio ao mundo, mas os homens amaram as trevas, e não a luz, porque as suas obras eram más. **20** Quem pratica o mal odeia a luz e não se aproxima da luz, temendo que as suas obras sejam manifestas.[g] **21** Mas quem pratica a verdade vem para a luz, para que se veja claramente que as suas obras são realizadas por intermédio de Deus".[3]

O Testemunho de João Batista acerca de Jesus

22 Depois disso Jesus foi com os seus discípulos para a terra da Judeia, onde passou algum tempo com eles e batizava.[h] **23** João também estava batizando em Enom, perto de Salim, porque havia ali muitas águas, e o povo vinha para ser batizado. **24** (Isto se deu antes de João ser preso.)[i] **25** Surgiu uma discussão entre alguns discípulos de João e um certo judeu[4] a respeito da purificação cerimonial.[j] **26** Eles se dirigiram a João e lhe disseram: "Mestre,[k] aquele homem que estava contigo no outro lado do Jordão, do qual testemunhaste,[l] está batizando, e todos estão se dirigindo a ele".

27 A isso João respondeu: "Uma pessoa só pode receber o que lhe é dado dos céus. **28** Vocês mesmos são testemunhas de que eu disse: Eu não sou o Cristo, mas sou aquele que foi enviado adiante dele.[m] **29** A noiva pertence ao noivo.[n] O amigo que presta serviço ao noivo e que o atende e o ouve enche-se de alegria quando ouve a voz do noivo. Esta é a minha alegria, que agora se completa.[o] **30** É necessário que ele cresça e que eu diminua.

31 "Aquele que vem do alto[p] está acima de todos; aquele que é da terra pertence à terra e fala como quem é da terra.[q] Aquele que vem dos céus está acima de todos. **32** Ele testifica o que tem visto e ouvido,[r] mas ninguém aceita o seu testemunho.[s] **33** Aquele que o aceita confirma que Deus é verdadeiro. **34** Pois aquele que Deus enviou[t] fala as palavras de Deus, porque ele dá o Espírito[u] sem limitações. **35** O Pai ama o Filho e entregou tudo em suas mãos.[v] **36** Quem crê no Filho tem a vida eterna;[w] já quem rejeita o Filho não verá a vida, mas a ira de Deus permanece sobre ele".[5]

Jesus Conversa com uma Samaritana

4 Os fariseus ouviram falar que Jesus[6] estava fazendo e batizando mais discípulos do que João,[x] **2** embora não fosse Jesus quem batizasse, mas os seus discípulos. **3** Quando o Senhor ficou sabendo disso, saiu da Judeia[y] e voltou uma vez mais à Galileia.

4 Era-lhe necessário passar por Samaria. **5** Assim, chegou a uma cidade de Samaria, chamada Sicar, perto das terras que Jacó dera a seu filho José.[z] **6** Havia ali o poço de Jacó. Jesus, cansado da viagem, sentou-se à beira do poço. Isto se deu por volta do meio-dia.[7]

---

[1] **3.13** Alguns manuscritos acrescentam *que está no céu.*
[2] **3.16** Ou *Único*; também no versículo 18.
[3] **3.21** Alguns intérpretes encerram a citação no fim do versículo 15.
[4] **3.25** Alguns manuscritos dizem *e certos judeus.*
[5] **3.36** Alguns intérpretes encerram a citação no fim do versículo 30.
[6] **4.1** Muitos manuscritos dizem *o Senhor.*
[7] **4.6** Grego: *da hora sexta.*

⁷ Nisso veio uma mulher samaritana tirar água. Disse-lhe Jesus: "Dê-me um pouco de água". ⁸ (Os seus discípulos tinham ido à cidade[a] comprar comida.)

⁹ A mulher samaritana lhe perguntou: "Como o senhor, sendo judeu, pede a mim, uma samaritana,[b] água para beber?" (Pois os judeus não se dão bem com os samaritanos.[1])

¹⁰ Jesus lhe respondeu: "Se você conhecesse o dom de Deus e quem está pedindo água, você lhe teria pedido e dele receberia água viva".[c]

¹¹ Disse a mulher: "O senhor não tem com que tirar água, e o poço é fundo. Onde pode conseguir essa água viva? ¹² Acaso o senhor é maior do que o nosso pai Jacó, que nos deu o poço,[d] do qual ele mesmo bebeu, bem como seus filhos e seu gado?"

¹³ Jesus respondeu: "Quem beber desta água terá sede outra vez, ¹⁴ mas quem beber da água que eu lhe der nunca mais terá sede.[e] Ao contrário, a água que eu lhe der se tornará nele uma fonte de água[f] a jorrar para a vida eterna".[g]

¹⁵ A mulher lhe disse: "Senhor, dê-me dessa água, para que eu não tenha mais sede,[h] nem precise voltar aqui para tirar água".

¹⁶ Ele lhe disse: "Vá, chame o seu marido e volte".

¹⁷ "Não tenho marido", respondeu ela.

Disse-lhe Jesus: "Você falou corretamente, dizendo que não tem marido. ¹⁸ O fato é que você já teve cinco; e o homem com quem agora vive não é seu marido. O que você acabou de dizer é verdade".

¹⁹ Disse a mulher: "Senhor, vejo que é profeta.[i] ²⁰ Nossos antepassados adoraram neste monte,[j] mas vocês, judeus, dizem que Jerusalém é o lugar onde se deve adorar".[k]

²¹ Jesus declarou: "Creia em mim, mulher: está próxima a hora[l] em que vocês não adorarão o Pai nem neste monte, nem em Jerusalém.[m] ²² Vocês, samaritanos, adoram o que não conhecem;[n] nós adoramos o que conhecemos, pois a salvação vem dos judeus.[o] ²³ No entanto, está chegando a hora,[p] e de fato já chegou, em que os verdadeiros adoradores adorarão o Pai em espírito[q] e em verdade. São estes os adoradores que o Pai procura. ²⁴ Deus é espírito,[r] e é necessário que os seus adoradores o adorem em espírito e em verdade".

²⁵ Disse a mulher: "Eu sei que o Messias (chamado Cristo)[s] está para vir. Quando ele vier, explicará tudo para nós".

²⁶ Então Jesus declarou: "Eu sou o Messias! Eu, que estou falando com você".[t]

Os Discípulos Voltam da Cidade

²⁷ Naquele momento, os seus discípulos voltaram[u] e ficaram surpresos ao encontrá-lo conversando com uma mulher. Mas ninguém perguntou: "Que queres saber?" ou: "Por que estás conversando com ela?"

²⁸ Então, deixando o seu cântaro, a mulher voltou à cidade e disse ao povo: ²⁹ "Venham ver um homem que me disse tudo o que tenho feito.[v] Será que ele não é o Cristo?"[w] ³⁰ Então saíram da cidade e foram para onde ele estava.

³¹ Enquanto isso, os discípulos insistiam com ele: "Mestre,[x] come alguma coisa".

³² Mas ele lhes disse: "Tenho algo para comer[y] que vocês não conhecem".

³³ Então os seus discípulos disseram uns aos outros: "Será que alguém lhe trouxe comida?"

³⁴ Disse Jesus: "A minha comida é fazer a vontade[z] daquele que me enviou e concluir a sua obra.[a] ³⁵ Vocês não dizem: 'Daqui a quatro meses haverá a colheita'? Eu digo a vocês: Abram os olhos e vejam os campos! Eles estão maduros para a colheita.[b] ³⁶ Aquele que colhe já recebe o seu salário e colhe[c] fruto para a vida eterna,[d] de forma que se alegram juntos o que semeia e o que colhe. ³⁷ Assim é verdadeiro o dito: 'Um semeia, e outro colhe'.[e] ³⁸ Eu os enviei para colherem o que vocês não cultivaram. Outros realizaram o trabalho árduo, e vocês vieram a usufruir do trabalho deles".

[1] **4.9** Ou *não usam pratos que os samaritanos usaram.*

Muitos Samaritanos Creem

39 Muitos samaritanos daquela cidade*f* creram nele por causa do seguinte testemunho dado pela mulher: "Ele me disse tudo o que tenho feito".*g* **40** Assim, quando se aproximaram dele, os samaritanos insistiram em que ficasse com eles, e ele ficou dois dias. **41** E, por causa da sua palavra, muitos outros creram.

42 E disseram à mulher: "Agora cremos não somente por causa do que você disse, pois nós mesmos o ouvimos e sabemos que este é realmente o Salvador do mundo".*h*

Jesus Cura o Filho de um Oficial

43 Depois daqueles dois dias,*i* ele partiu para a Galileia. **44** (O próprio Jesus tinha afirmado que nenhum profeta tem honra em sua própria terra.)*j* **45** Quando chegou à Galileia, os galileus deram-lhe boas-vindas. Eles tinham visto tudo o que ele fizera em Jerusalém, por ocasião da festa da Páscoa,*k* pois também haviam estado lá.

46 Mais uma vez ele visitou Caná da Galileia, onde tinha transformado água em vinho*l*. E havia ali um oficial do rei, cujo filho estava doente em Cafarnaum. **47** Quando ele ouviu falar que Jesus tinha chegado à Galileia, vindo da Judeia,*m* procurou-o e suplicou-lhe que fosse curar seu filho, que estava à beira da morte.

48 Disse-lhe Jesus: "Se vocês não virem sinais e maravilhas,*n* nunca crerão".

49 O oficial do rei disse: "Senhor, vem, antes que o meu filho morra!"

50 Jesus respondeu: "Pode ir. O seu filho continuará vivo". O homem confiou na palavra de Jesus e partiu. **51** Estando ele ainda a caminho, seus servos vieram ao seu encontro com notícias de que o menino estava vivo. **52** Quando perguntou a que horas o seu filho tinha melhorado, eles lhe disseram: "A febre o deixou ontem, à uma hora da tarde¹". **53** Então o pai constatou que aquela fora exatamente a hora em que Jesus lhe dissera: "O seu filho continuará vivo". Assim, creram ele e todos os de sua casa.*o*

54 Esse foi o segundo sinal milagroso*p* que Jesus realizou depois que veio da Judeia para a Galileia.

A Cura Junto ao Tanque de Betesda

5 Algum tempo depois, Jesus subiu a Jerusalém para uma festa dos judeus. **2** Há em Jerusalém, perto da porta das Ovelhas,*q* um tanque que, em aramaico²,*r* é chamado Betesda³, tendo cinco entradas em volta. **3** Ali costumava ficar grande número de pessoas doentes e inválidas: cegos, mancos e paralíticos. Eles esperavam um movimento nas águas.⁴ **4** De vez em quando descia um anjo do Senhor e agitava as águas. O primeiro que entrasse no tanque, depois de agitadas as águas, era curado de qualquer doença que tivesse. **5** Um dos que estavam ali era paralítico fazia trinta e oito anos. **6** Quando o viu deitado e soube que ele vivia naquele estado durante tanto tempo, Jesus lhe perguntou: "Você quer ser curado?"

7 Disse o paralítico: "Senhor, não tenho ninguém que me ajude a entrar no tanque quando a água é agitada. Enquanto estou tentando entrar, outro chega antes de mim".

8 Então Jesus lhe disse: "Levante-se! Pegue a sua maca e ande".*s* **9** Imediatamente o homem ficou curado, pegou a maca e começou a andar.

Isso aconteceu num sábado,*t* **10** e, por essa razão, os judeus*u* disseram ao homem que havia sido curado: "Hoje é sábado, não é permitido a você carregar a maca".*v*

11 Mas ele respondeu: "O homem que me curou me disse: 'Pegue a sua maca e ande' ".

12 Então lhe perguntaram: "Quem é esse homem que mandou você pegar a maca e andar?"

---

² 5.2 Grego: *em hebraico*; também em 19.13, 17, 20 e 20.16.

³ 5.2 Alguns manuscritos dizem *Betzata*; outros trazem *Betsaida*.

⁴ 5.3 A maioria dos manuscritos mais antigos não trazem essa frase e todo o versículo 4.

---

¹ 4.52 Grego: *à hora sétima*.

¹³ O homem que fora curado não tinha ideia de quem era ele, pois Jesus havia desaparecido no meio da multidão.

¹⁴ Mais tarde Jesus o encontrou no templo e lhe disse: "Olhe, você está curado. Não volte a pecar,ʷ para que algo pior não aconteça a você". ¹⁵ O homem foi contar aos judeusˣ que fora Jesus quem o tinha curado.

Vida por meio do Filho

¹⁶ Então os judeus passaram a perseguir Jesus, porque ele estava fazendo essas coisas no sábado. ¹⁷ Disse-lhes Jesus: "Meu Pai continua trabalhandoʸ até hoje, e eu também estou trabalhando". ¹⁸ Por essa razão, os judeus mais ainda queriam matá-lo,ᶻ pois não somente estava violando o sábado, mas também estava dizendo que Deus era seu próprio Pai, igualando-se a Deus.ᵃ

¹⁹ Jesus lhes deu esta resposta: "Eu digo verdadeiramente que o Filho não pode fazer nada de si mesmo;ᵇ só pode fazer o que vê o Pai fazer, porque o que o Pai faz o Filho também faz. ²⁰ Pois o Pai ama ao Filhoᶜ e lhe mostra tudo o que faz. Sim, para admiração de vocês, ele lhe mostrará obras ainda maiores do que estas.ᵈ ²¹ Pois, da mesma forma que o Pai ressuscita os mortos e lhes dá vida,ᵉ o Filho também dá vidaᶠ a quem ele quer. ²² Além disso, o Pai a ninguém julga, mas confiou todo julgamento ao Filho,ᵍ ²³ para que todos honrem o Filho como honram o Pai. Aquele que não honra o Filho, também não honra o Pai que o enviou.ʰ

²⁴ "Eu asseguro: Quem ouve a minha palavra e crê naquele que me enviou tem a vida eterna e não será condenado,ⁱ mas já passou da morte para a vida.ʲ ²⁵ Eu afirmo que está chegando a hora, e já chegou,ᵏ em que os mortos ouvirãoˡ a voz do Filho de Deus, e aqueles que a ouvirem viverão. ²⁶ Pois, da mesma forma como o Pai tem vida em si mesmo, ele concedeu ao Filho ter vida em si mesmo. ²⁷ E deu-lhe autoridade para julgar,ᵐ porque é o Filho do homem.

²⁸ "Não fiquem admirados com isto, pois está chegando a horaⁿ em que todos os que estiverem nos túmulos ouvirão a sua voz ²⁹ e sairão; os que fizeram o bem ressuscitarão para a vida, e os que fizeram o mal ressuscitarão para serem condenados.ᵒ ³⁰ Por mim mesmo, nada posso fazer;ᵖ eu julgo apenas conforme ouço, e o meu julgamento é justo,ᵠ pois não procuro agradar a mim mesmo, mas àquele que me enviou.ʳ

Testemunhos acerca de Jesus

³¹ "Se testifico acerca de mim mesmo, o meu testemunho não é válido.ˢ¹ ³² Há outro que testemunha em meu favor,ᵗ e sei que o seu testemunho a meu respeito é válido.

³³ "Vocês enviaram representantes a João, e ele testemunhouᵘ da verdade. ³⁴ Não que eu busque testemunho humano,ᵛ mas menciono isso para que vocês sejam salvos. ³⁵ João era uma candeia que queimava e irradiava luz,ʷ e durante certo tempo vocês quiseram alegrar-se com a sua luz.

³⁶ "Eu tenho um testemunho maior que o de João;ˣ a própria obra que o Pai me deu para concluir, e que estou realizando,ʸ testemunha que o Pai me enviou. ³⁷ E o Pai que me enviou,ᶻ ele mesmo testemunhou a meu respeito.ᵃ Vocês nunca ouviram a sua voz, nem viram a sua forma,ᵇ ³⁸ nem a sua palavra habita em vocês,ᶜ pois não creem naquele que ele enviou.ᵈ ³⁹ Vocês estudam cuidadosamente² as Escrituras,ᵉ porque pensam que nelas vocês têm a vida eterna. E são as Escrituras que testemunham a meu respeito;ᶠ ⁴⁰ contudo, vocês não querem vir a mim para terem vida.

⁴¹ "Eu não aceito glória dos homens,ᵍ ⁴² mas conheço vocês. Sei que vocês não têm o amor de Deus. ⁴³ Eu vim em nome de meu Pai, e vocês não me aceitaram; mas, se outro vier em seu próprio nome, vocês o aceitarão. ⁴⁴ Como vocês podem crer, se aceitam glória

---

¹ 5.31 Os judeus exigiam mais de um testemunho para condenar ou justificar uma declaração.
² 5.39 Ou *Estudem cuidadosamente*

uns dos outros, mas não procuram a glória que vem do Deus¹ único?ʰ

⁴⁵ "Contudo, não pensem que eu os acusarei perante o Pai. Quem os acusa é Moisés,ⁱ em quem estão as suas esperanças.ʲ ⁴⁶ Se vocês cressem em Moisés, creriam em mim, pois ele escreveu a meu respeito.ᵏ ⁴⁷ Visto, porém, que não creem no que ele escreveu, como crerão no que eu digo?"ˡ

A Primeira Multiplicação dos Pães
(Mt 14.13-21; Mc 6.30-44; Lc 9.10-17)

6 Algum tempo depois, Jesus partiu para a outra margem do mar da Galileia (ou seja, do mar de Tiberíades), ² e grande multidão continuava a segui-lo, porque vira os sinais milagrososᵐ que ele tinha realizado nos doentes. ³ Então Jesus subiu ao monteⁿ e sentou-se com os seus discípulos. ⁴ Estava próxima a festa judaica da Páscoa.ᵒ

⁵ Levantando os olhos e vendo uma grande multidão que se aproximava, Jesus disse a Filipe:ᵖ "Onde compraremos pão para esse povo comer?" ⁶ Fez essa pergunta apenas para pô-lo à prova, pois já tinha em mente o que ia fazer.

⁷ Filipe lhe respondeu: "Duzentos denários² não comprariam pão suficiente para que cada um recebesse um pedaço!"

⁸ Outro discípulo, André, irmão de Simão Pedro,ᵠ tomou a palavra: ⁹ "Aqui está um rapaz com cinco pães de cevada e dois peixinhos, mas o que é isto para tanta gente?"ʳ

¹⁰ Disse Jesus: "Mandem o povo assentar-se". Havia muita grama naquele lugar, e todos se assentaram. Eram cerca de cinco mil homens. ¹¹ Então Jesus tomou os pães, deu graçasˢ e os repartiu entre os que estavam assentados, tanto quanto queriam; e fez o mesmo com os peixes.

¹² Depois que todos receberam o suficiente para comer, disse aos seus discípulos: "Ajuntem os pedaços que sobraram. Que nada seja desperdiçado". ¹³ Então eles os ajuntaram e encheram doze cestos com os pedaços dos cinco pães de cevada deixados por aqueles que tinham comido.

¹⁴ Depois de ver o sinal milagrosoᵗ que Jesus tinha realizado, o povo começou a dizer: "Sem dúvida este é o Profeta que devia vir ao mundo".ᵘ ¹⁵ Sabendo Jesus que pretendiam proclamá-lo reiᵛ à força, retirou-se novamente sozinho para o monte.ʷ

Jesus Anda sobre as Águas
(Mt 14.22-36; Mc 6.45-56)

¹⁶ Ao anoitecer seus discípulos desceram para o mar, ¹⁷ entraram num barco e começaram a travessia para Cafarnaum. Já estava escuro, e Jesus ainda não tinha ido até onde eles estavam. ¹⁸ Soprava um vento forte, e as águas estavam agitadas. ¹⁹ Depois de terem remado cerca de cinco ou seis quilômetros³, viram Jesus aproximando-se do barco, andando sobre o mar,ˣ e ficaram aterrorizados. ²⁰ Mas ele lhes disse: "Sou eu! Não tenham medo!"ʸ ²¹ Então resolveram recebê-lo no barco, e logo chegaram à praia para a qual se dirigiam.

²² No dia seguinte, a multidão que tinha ficado no outro lado do marᶻ percebeu que apenas um barco estivera ali, e que Jesus não havia entrado nele com os seus discípulos, mas que eles tinham partido sozinhos.ᵃ ²³ Então alguns barcos de Tiberíadesᵇ aproximaram-se do lugar onde o povo tinha comido o pão após o Senhor ter dado graças.ᶜ ²⁴ Quando a multidão percebeu que nem Jesus nem os discípulos estavam ali, entrou nos barcos e foi para Cafarnaum em busca de Jesus.

Jesus, o Pão da Vida

²⁵ Quando o encontraram do outro lado do mar, perguntaram-lhe: "Mestre,ᵈ quando chegaste aqui?"

²⁶ Jesus respondeu: "A verdade é que vocês estão me procurando,ᵉ não porque

---

¹ 5.44 Alguns manuscritos antigos não trazem *Deus*.
² 6.7 O denário era uma moeda de prata equivalente à diária de um trabalhador braçal.
³ 6.19 Grego: *25 ou 30 estádios*. Um estádio equivalia a 185 metros.

viram os sinais milagrosos,^f mas porque comeram os pães e ficaram satisfeitos. **27** Não trabalhem pela comida que se estraga, mas pela comida que permanece^g para a vida eterna,^h a qual o Filho do homem^i dará a vocês. Deus, o Pai, nele colocou o seu selo^j de aprovação".

28 Então perguntaram-lhe: "O que precisamos fazer para realizar as obras que Deus requer?"

29 Jesus respondeu: "A obra de Deus é esta: crer^k naquele que ele enviou".^l

30 Então perguntaram-lhe: "Que sinal milagroso^m mostrarás para que o vejamos e creiamos em ti?^n Que farás? **31** Os nossos antepassados comeram o maná^o no deserto; como está escrito: 'Ele lhes deu a comer pão dos céus'¹".^p

32 Declarou-lhes Jesus: "Digo a verdade: Não foi Moisés quem deu a vocês pão do céu, mas é meu Pai quem dá a vocês o verdadeiro pão do céu. **33** Pois o pão de Deus é aquele que desceu do céu^q e dá vida ao mundo".

34 Disseram eles: "Senhor, dá-nos sempre desse pão!"^r

35 Então Jesus declarou: "Eu sou o pão da vida.^s Aquele que vem a mim nunca terá fome; aquele que crê em mim nunca terá sede.^t **36** Mas, como eu disse, vocês me viram, mas ainda não creem. **37** Todo aquele que o Pai me der^u virá a mim, e quem vier a mim eu jamais rejeitarei. **38** Pois desci dos céus, não para fazer a minha vontade, mas para fazer a vontade daquele que me enviou.^v **39** E esta é a vontade daquele que me enviou: que eu não perca nenhum dos que ele me deu,^w mas os ressuscite no último dia.^x **40** Porque a vontade de meu Pai é que todo aquele que olhar para o Filho e nele crer tenha a vida eterna,^y e eu o ressuscitarei no último dia".

41 Com isso os judeus começaram a criticar Jesus, porque dissera: "Eu sou o pão *que desceu do céu*". **42** E diziam: "Este não é Jesus, o filho de José?^z Não conhecemos seu pai e sua mãe?^a Como ele pode dizer: 'Desci do céu'?"^b

43 Respondeu Jesus: "Parem de me criticar. **44** Ninguém pode vir a mim se o Pai, que me enviou, não o atrair;^c e eu o ressuscitarei no último dia. **45** Está escrito nos Profetas: 'Todos serão ensinados por Deus'².^d Todos os que ouvem o Pai e dele aprendem vêm a mim. **46** Ninguém viu o Pai, a não ser aquele que vem de Deus;^e somente ele viu o Pai. **47** Asseguro a vocês que aquele que crê tem a vida eterna. **48** Eu sou o pão da vida.^f **49** Os seus antepassados comeram o maná no deserto, mas morreram.^g **50** Todavia, aqui está o pão que desce do céu,^h para que não morra quem dele comer. **51** Eu sou o pão vivo que desceu do céu. Se alguém comer deste pão, viverá para sempre. Este pão é a minha carne, que eu darei pela vida do mundo".^i

52 Então os judeus começaram a discutir exaltadamente entre si:^j "Como pode este homem nos oferecer a sua carne para comermos?"

53 Jesus lhes disse: "Eu digo a verdade: Se vocês não comerem a carne do Filho do homem^k e não beberem o seu sangue, não terão vida em si mesmos. **54** Todo aquele que come a minha carne e bebe o meu sangue tem a vida eterna, e eu o ressuscitarei no último dia.^l **55** Pois a minha carne é verdadeira comida e o meu sangue é verdadeira bebida. **56** Todo aquele que come a minha carne e bebe o meu sangue permanece em mim e eu nele.^m **57** Da mesma forma como o Pai que vive me enviou^n e eu vivo por causa do Pai, assim aquele que se alimenta de mim viverá por minha causa. **58** Este é o pão que desceu dos céus. Os antepassados de vocês comeram o maná e morreram, mas aquele que se alimenta deste pão viverá para sempre".^o **59** Ele disse isso quando ensinava na sinagoga de Cafarnaum.

---

¹ **6.31** Êx 16.4; Ne 9.15; Sl 78.24,25

² **6.45** Is 54.13

Muitos Discípulos Abandonam Jesus

60 Ao ouvirem isso, muitos dos seus discípulos*p* disseram: "Dura é essa palavra. Quem pode suportá-la?"

61 Sabendo em seu íntimo que os seus discípulos estavam se queixando do que ouviram, Jesus lhes disse: "Isso os escandaliza?*q* **62** Que acontecerá se vocês virem o Filho do homem subir para onde estava antes?*r* **63** O Espírito dá vida;*s* a carne não produz nada que se aproveite. As palavras que eu disse são espírito e vida. **64** Contudo, há alguns de vocês que não creem". Pois Jesus sabia*t* desde o princípio quais deles não criam e quem o iria trair. **65** E prosseguiu: "É por isso que eu disse a vocês que ninguém pode vir a mim, a não ser que isto lhe seja dado pelo Pai".*u*

66 Daquela hora em diante, muitos dos seus discípulos*v* voltaram atrás e deixaram de segui-lo.

67 Jesus perguntou aos Doze:*w* "Vocês também não querem ir?"

68 Simão Pedro lhe respondeu:*x* "Senhor, para quem iremos? Tu tens as palavras de vida eterna. **69** Nós cremos e sabemos que és o Santo de Deus".*y*

70 Então Jesus respondeu: "Não fui eu que os*z* escolhi, os Doze? Todavia, um de vocês é um diabo!" *a*⁷¹ (Ele se referia a Judas, filho de Simão Iscariotes, que, embora fosse um dos Doze, mais tarde haveria de traí-lo.)

Jesus Vai à Festa das Cabanas

7 Depois disso Jesus percorreu a Galileia, mantendo-se deliberadamente longe da Judeia, porque ali os judeus*b* procuravam tirar-lhe a vida.*c* **2** Mas, ao se aproximar a festa judaica das cabanas¹,*d* **3** os irmãos de Jesus*e* lhe disseram: "Você deve sair daqui e ir para a Judeia, para que os seus discípulos *possam* ver as obras que você faz. **4** Ninguém que deseja ser reconhecido publicamente age em segredo. Visto que você está fazendo estas coisas, mostre-se ao mundo". **5** Pois nem os seus irmãos criam nele.*f*

6 Então Jesus lhes disse: "Para mim ainda não chegou o tempo certo;*g* para vocês qualquer tempo é certo. **7** O mundo não pode odiá-los, mas a mim odeia*h* porque dou testemunho de que o que ele faz é mau.*i* **8** Vão vocês à festa; eu ainda² não subirei a esta festa, porque para mim ainda não chegou o tempo apropriado".*j* **9** Tendo dito isso, permaneceu na Galileia.

10 Contudo, depois que os seus irmãos subiram para a festa, ele também subiu, não abertamente, mas em segredo. **11** Na festa os judeus o estavam esperando*k* e perguntavam: "Onde está aquele homem?"

12 Entre a multidão havia muitos boatos a respeito dele. Alguns diziam: "É um bom homem".

Outros respondiam: "Não, ele está enganando o povo".*l* **13** Mas ninguém falava dele em público, por medo dos judeus.*m*

Jesus Ensina na Festa

14 Quando a festa estava na metade, Jesus subiu ao templo e começou a ensinar.*n* **15** Os judeus*o* ficaram admirados e perguntaram: "Como foi que este homem adquiriu tanta instrução,*p* sem ter estudado?"*q*

16 Jesus respondeu: "O meu ensino não é de mim mesmo. Vem daquele que me enviou.*r* **17** Se alguém decidir fazer a vontade de Deus, descobrirá*s* se o meu ensino vem de Deus ou se falo por mim mesmo. **18** Aquele que fala por si mesmo busca a sua própria glória,*t* mas aquele que busca a glória de quem o enviou, este é verdadeiro; não há nada de falso a seu respeito. **19** Moisés não deu a Lei*u* a vocês? No entanto, nenhum de vocês lhe obedece. Por que vocês procuram matar-me?"*v*

20 "Você está endemoninhado",*w* respondeu a multidão. "Quem está procurando matá-lo?"

21 Jesus lhes disse: "Fiz um milagre³, e vocês todos estão admirados. **22** No entanto,

---

¹ **7.2** Ou *dos tabernáculos*

² **7.8** Vários manuscritos não trazem *ainda*.

³ **7.21** Grego: *uma obra*.

porque Moisés deu a vocês a circuncisão˟ (embora, na verdade, ela não tenha vindo de Moisés, mas dos patriarcas),ʸ vocês circuncidam no sábado. ²³ Ora, se um menino pode ser circuncidado no sábado para que a Lei de Moisés não seja quebrada, por que vocês ficam cheios de ira contra mim por ter curado completamente um homem no sábado? ²⁴ Não julguem apenas pela aparência, mas façam julgamentos justos".ᶻ

É Jesus o Cristo?

²⁵ Então alguns habitantes de Jerusalém começaram a perguntar: "Não é este o homem que estão procurando matar? ²⁶ Aqui está ele, falando publicamente, e não lhe dizem uma palavra. Será que as autoridadesᵃ chegaram à conclusão de que ele é realmente o Cristo? ²⁷ Mas nós sabemos de onde éᵇ este homem; quando o Cristo vier, ninguém saberá de onde ele é".

²⁸ Enquanto ensinava no pátio do templo,ᶜ Jesus exclamou: "Sim, vocês me conhecem e sabem de onde sou.ᵈ Eu não estou aqui por mim mesmo, mas aquele que me enviou é verdadeiro.ᵉ Vocês não o conhecem, ²⁹ mas eu o conheçoᶠ porque venho da parte dele, e ele me enviou".

³⁰ Então tentaram prendê-lo, mas ninguém lhe pôs as mãos,ᵍ porque a sua hora ainda não havia chegado. ³¹ Assim mesmo, muitos no meio da multidão creram neleʰ e diziam: "Quando o Cristo vier, fará mais sinais milagrososⁱ do que este homem fez?"

³² Os fariseus ouviram a multidão falando essas coisas a respeito dele. Então os chefes dos sacerdotes e os fariseus enviaram guardas do templo para o prenderem. ³³ Disse-lhes Jesus: "Estou com vocês apenas por pouco tempoʲ e logo irei para aquele que me enviou.ᵏ ³⁴ Vocês procurarão por mim, mas não me encontrarão; vocês não podem ir ao lugar onde eu estarei".ˡ

³⁵ Os judeus disseram uns aos outros: "Aonde pretende ir este homem, que não o possamos encontrar? Para onde vive o nosso povo, espalhadoᵐ entre os gregos,ⁿ a fim de ensiná-lo? ³⁶ O que ele quis dizer quando falou: 'Vocês procurarão por mim, mas não me encontrarão' e 'vocês não podem ir ao lugar onde eu estarei'?"

³⁷ No último e mais importante dia da festa,ᵒ Jesus levantou-se e disse em alta voz: "Se alguém tem sede, venha a mim e beba.ᵖ ³⁸ Quem crer em mim, como diz a Escritura,ᵠ do seu interiorʳ fluirão rios de água viva".ˢ ³⁹ Ele estava se referindo ao Espírito,ᵗ que mais tarde receberiamᵘ os que nele cressem. Até então o Espírito ainda não tinha sido dado, pois Jesus ainda não fora glorificado.ᵛ

⁴⁰ Ouvindo as suas palavras, alguns no meio do povo disseram: "Certamente este homem é o Profeta".ʷ

⁴¹ Outros disseram: "Ele é o Cristo".

Ainda outros perguntaram: "Como pode o Cristo vir da Galileia?ˣ ⁴² A Escritura não diz que o Cristo virá da descendência¹ de Davi,ʸ da cidade de Belém,ᶻ onde viveu Davi?" ⁴³ Assim o povo ficou divididoᵃ por causa de Jesus. ⁴⁴ Alguns queriam prendê-lo, mas ninguém lhe pôs as mãos.ᵇ

A Incredulidade dos Líderes Judeus

⁴⁵ Finalmente, os guardas do templo voltaram aos chefes dos sacerdotes e aos fariseus, os quais lhes perguntaram: "Por que vocês não o trouxeram?"

⁴⁶ "Ninguém jamais falou da maneira como esse homem fala",ᶜ declararam os guardas.

⁴⁷ "Será que vocês também foram enganados?",ᵈ perguntaram os fariseus. ⁴⁸ "Por acaso alguém das autoridades ou dos fariseus creu nele?ᵉ ⁴⁹ Não! Mas essa ralé que nada entende da lei é maldita."

⁵⁰ Nicodemos,ᶠ um deles, que antes tinha procurado Jesus, perguntou-lhes: ⁵¹ "A nossa lei condena alguém, sem primeiro ouvi-lo para saber o que ele está fazendo?"

¹ **7.42** Grego: *semente*.

⁵² Eles responderam: "Você também é da Galileia? Verifique, e descobrirá que da Galileia não surge profeta¹".ᵍ

⁵³ ² Então cada um foi para a sua casa.

8 Jesus, porém, foi para o monte das Oliveiras.ʰ ² Ao amanhecer ele apareceu novamente no templo, onde todo o povo se reuniu ao seu redor, e ele se assentou para ensiná-lo.ⁱ ³ Os mestres da lei e os fariseus trouxeram-lhe uma mulher surpreendida em adultério. Fizeram-na ficar em pé diante de todos ⁴ e disseram a Jesus: "Mestre, esta mulher foi surpreendida em ato de adultério. ⁵ Na Lei, Moisés nos ordena apedrejar tais mulheres.ʲ E o senhor, que diz?" ⁶ Eles estavam usando essa pergunta como armadilha,ᵏ a fim de terem uma base para acusá-lo.ˡ

Mas Jesus inclinou-se e começou a escrever no chão com o dedo. ⁷ Visto que continuavam a interrogá-lo, ele se levantou e lhes disse: "Se algum de vocês estiver sem pecado, seja o primeiro a atirar pedraᵐ nela".ⁿ ⁸ Inclinou-se novamente e continuou escrevendo no chão.

⁹ Os que o ouviram foram saindo, um de cada vez, começando pelos mais velhos. Jesus ficou só, com a mulher em pé diante dele. ¹⁰ Então Jesus pôs-se em pé e perguntou-lhe: "Mulher, onde estão eles? Ninguém a condenou?"

¹¹ "Ninguém, Senhor", disse ela.

Declarou Jesus: "Eu também não a condeno.ᵒ Agora vá e abandone sua vida de pecado".ᵖ

A Validade do Testemunho de Jesus

¹² Falando novamente ao povo, Jesus disse: "Eu souᵠ a luz do mundo.ʳ Quem me segue, nunca andará em trevas, mas terá a luz da vida".ˢ

¹³ Os fariseus lhe disseram: "Você está testemunhando a respeito de si próprio. O seu testemunho não é válido!"ᵗ

¹⁴ Respondeu Jesus: "Ainda que eu mesmo testemunhe em meu favor, o meu testemunho é válido, pois sei de onde vim e para onde vou.ᵘ Mas vocês não sabem de onde vimᵛ nem para onde vou. ¹⁵ Vocês julgam por padrões humanos;ʷ eu não julgo ninguém.ˣ ¹⁶ Mesmo que eu julgue, as minhas decisões são verdadeiras, porque não estou sozinho. Eu estou com o Pai, que me enviou.ʸ ¹⁷ Na Lei de vocês está escrito que o testemunho de dois homens é válido.ᶻ³ ¹⁸ Eu testemunho acerca de mim mesmo; a minha outra testemunha é o Pai, que me enviou".ᵃ

¹⁹ Então perguntaram-lhe: "Onde está o seu pai?"

Respondeu Jesus: "Vocês não conhecem nem a mim nem a meu Pai.ᵇ Se me conhecessem, também conheceriam a meu Pai".ᶜ ²⁰ Ele proferiu essas palavras enquanto ensinavaᵈ no templo, perto do lugar onde se colocavam as ofertasᵉ⁴. No entanto, ninguém o prendeu, porque a sua hora ainda não havia chegado.ᶠ

²¹ Mais uma vez, Jesus lhes disse: "Eu vou embora, e vocês procurarão por mim, e morrerãoᵍ em seus pecados. Para onde vou, vocês não podem ir".ʰ

²² Isso levou os judeus a perguntarem: "Será que ele irá matar-se? Será por isso que ele diz: 'Para onde vou, vocês não podem ir'?"

²³ Mas ele continuou: "Vocês são daqui de baixo; eu sou lá de cima. Vocês são deste mundo; eu não sou deste mundo.ⁱ ²⁴ Eu disse que vocês morrerão em seus pecados. Se vocês não crerem que Eu Sou⁵,ʲ de fato morrerão em seus pecados".

²⁵ "Quem é você?", perguntaram eles.

"Exatamente o que tenho dito o tempo todo", respondeu Jesus. ²⁶ "Tenho muitas coisas para dizer e julgar a respeito de vocês.

---

¹ **7.52** Dois manuscritos dizem *o Profeta*.
² **7.53** Muitos manuscritos não trazem João 7.53-8.11; outros manuscritos deslocam o texto.
³ **8.17** Dt 17.6; 19.15
⁴ **8.20** Grego: *gazofilácio*.
⁵ **8.24** Uma referência ao nome de Deus; também nos versículos 28 e 58.

Pois aquele que me enviou merece confiança,^k e digo ao mundo aquilo que dele ouvi."^l

^27 Eles não entenderam que lhes estava falando a respeito do Pai. ^28 Então Jesus disse: "Quando vocês levantarem o Filho do homem,^m saberão que Eu Sou, e que nada faço de mim mesmo, mas falo exatamente o que o Pai me ensinou. ^29 Aquele que me enviou está comigo; ele não me deixou sozinho,^n pois sempre faço o que lhe agrada".^o ^30 Tendo dito essas coisas, muitos creram nele.^p

Os Filhos de Abraão e os Filhos do Diabo

^31 Disse Jesus aos judeus que haviam crido nele: "Se vocês permanecerem firmes na minha palavra,^q verdadeiramente serão meus discípulos. ^32 E conhecerão a verdade, e a verdade os libertará".^r

^33 Eles lhe responderam: "Somos descendentes[1] de Abraão^s e nunca fomos escravos de ninguém. Como você pode dizer que seremos livres?"

^34 Jesus respondeu: "Digo a vocês a verdade: Todo aquele que vive pecando é escravo do pecado.^t ^35 O escravo não tem lugar permanente na família, mas o filho pertence a ela para sempre.^u ^36 Portanto, se o Filho os libertar, vocês de fato serão livres. ^37 Eu sei que vocês são descendentes de Abraão. Contudo, estão procurando matar-me,^v porque em vocês não há lugar para a minha palavra. ^38 Eu estou dizendo o que vi na presença do Pai,^w e vocês fazem o que ouviram do pai de vocês"[2].

^39 "Abraão é o nosso pai", responderam eles.

Disse Jesus: "Se vocês fossem filhos de Abraão,^x fariam[3] as obras que Abraão fez. ^40 Mas vocês estão procurando matar-me, sendo que eu falei a vocês a verdade que ouvi de Deus;^y Abraão não agiu assim. ^41 Vocês estão fazendo as obras do pai de vocês".^z

Protestaram eles: "Nós não somos filhos ilegítimos[4]. O único Pai que temos é Deus".^a

^42 Disse-lhes Jesus: "Se Deus fosse o Pai de vocês, vocês me amariam,^b pois eu vim de Deus^c e agora estou aqui. Eu não vim por mim mesmo,^d mas ele me enviou.^e ^43 Por que a minha linguagem não é clara para vocês? Porque são incapazes de ouvir o que eu digo.

^44 "Vocês pertencem ao pai de vocês, o Diabo,^f e querem realizar o desejo dele.^g Ele foi homicida desde o princípio e não se apegou à verdade, pois não há verdade nele. Quando mente, fala a sua própria língua, pois é mentiroso e pai da mentira.^h ^45 No entanto, vocês não creem em mim, porque digo a verdade!^i ^46 Qual de vocês pode me acusar de algum pecado? Se estou falando a verdade, porque vocês não creem em mim? ^47 Aquele que pertence a Deus ouve o que Deus diz.^j Vocês não o ouvem porque não pertencem a Deus".

As Declarações de Jesus acerca de si mesmo

^48 Os judeus lhe responderam: "Não estamos certos em dizer que você é samaritano^k e está endemoninhado?"^l

^49 Disse Jesus: "Não estou endemoninhado! Ao contrário, honro o meu Pai, e vocês me desonram. ^50 Não estou buscando glória para mim mesmo;^m mas há quem a busque e julgue. ^51 Asseguro que, se alguém obedecer à minha palavra, jamais verá a morte".^n

^52 Diante disso, os judeus exclamaram: "Agora sabemos que você está endemoninhado! Abraão morreu, bem como os profetas, mas você diz que, se alguém obedecer à sua palavra, nunca experimentará a morte. ^53 Você é maior do que o nosso pai Abraão?^o Ele morreu, bem como os profetas. Quem você pensa que é?"

^54 Respondeu Jesus: "Se glorifico a mim mesmo,^p a minha glória nada significa. Meu Pai, que vocês dizem ser o seu Deus, é

---

[1] **8.33** Grego: *semente*; também no versículo 37.

[2] **8.38** Ou *Pai. Portanto, façam o que vocês ouviram do Pai*

[3] **8.39** Alguns manuscritos dizem *Se vocês são filhos de Abraão, então façam.*

[4] **8.41** Grego: *não nascemos de porneia*, termo genérico que se refere a práticas sexuais ilícitas.

quem me glorifica.*q* ⁵⁵ Vocês não o conhecem,*r* mas eu o conheço.*s* Se eu dissesse que não o conheço, seria mentiroso como vocês, mas eu de fato o conheço e obedeço à sua palavra.*t* ⁵⁶ Abraão, pai de vocês,*u* regozijou-se porque veria o meu dia; ele o viu*v* e alegrou-se".

⁵⁷ Disseram-lhe os judeus: "Você ainda não tem cinquenta anos, e viu Abraão?"

⁵⁸ Respondeu Jesus: "Eu afirmo que antes de Abraão nascer,*w* Eu Sou!" *x*⁵⁹ Então eles apanharam pedras para apedrejá-lo,*y* mas Jesus escondeu-se*z* e saiu do templo.

Jesus Cura um Cego de Nascença

9 Ao passar, Jesus viu um cego de nascença. ² Seus discípulos lhe perguntaram: "Mestre,*a* quem pecou:*b* este homem*c* ou seus pais,*d* para que ele nascesse cego?"

³ Disse Jesus: "Nem ele nem seus pais pecaram, mas isto aconteceu para que a obra de Deus se manifestasse na vida dele.*e* ⁴ Enquanto é dia,*f* precisamos realizar a obra daquele que me enviou. A noite se aproxima, quando ninguém pode trabalhar. ⁵ Enquanto estou no mundo, sou a luz do mundo".*g*

⁶ Tendo dito isso, cuspiu no chão,*h* misturou terra com saliva e aplicou-a aos olhos do homem. ⁷ Então disse-lhe: "Vá lavar-se no tanque de Siloé"*i* (que significa "enviado"). O homem foi, lavou-se e voltou vendo.*j*

⁸ Seus vizinhos e os que anteriormente o tinham visto mendigando perguntaram: "Não é este o mesmo homem que costumava ficar sentado, mendigando?"*k* ⁹ Alguns afirmavam que era ele.

Outros diziam: "Não, apenas se parece com ele".

Mas ele próprio insistia: "Sou eu mesmo".

¹⁰ "Então, como foram abertos os seus olhos?", interrogaram-no eles.

¹¹ Ele respondeu: "O homem chamado Jesus misturou terra com saliva, colocou-a nos meus olhos e me disse que fosse lavar-me em Siloé. Fui, lavei-me, e agora vejo".*l*

¹² Eles lhe perguntaram: "Onde está esse homem?"

"Não sei", disse ele.

Os Fariseus Investigam a Cura

¹³ Levaram aos fariseus o homem que fora cego. ¹⁴ Era sábado*m* o dia em que Jesus havia misturado terra com saliva e aberto os olhos daquele homem. ¹⁵ Então os fariseus também lhe perguntaram como ele recuperara a vista.*n* O homem respondeu: "Ele colocou uma mistura de terra e saliva em meus olhos, eu me lavei e agora vejo".

¹⁶ Alguns dos fariseus disseram: "Esse homem não é de Deus, pois não guarda o sábado".*o*

Mas outros perguntavam: "Como pode um pecador fazer tais sinais milagrosos?" E houve divisão entre eles.*p*

¹⁷ Tornaram, pois, a perguntar ao cego: "Que diz você a respeito dele? Foram os seus olhos que ele abriu".

O homem respondeu: "Ele é um profeta".*q*

¹⁸ Os judeus*r* não acreditaram que ele fora cego e havia sido curado enquanto não mandaram buscar os seus pais. ¹⁹ Então perguntaram: "É este o seu filho, o qual vocês dizem que nasceu cego? Como ele pode ver agora?"

²⁰ Responderam os pais: "Sabemos que ele é nosso filho e que nasceu cego. ²¹ Mas não sabemos como ele pode ver agora ou quem lhe abriu os olhos. Perguntem a ele. Idade ele tem; falará por si mesmo". ²² Seus pais disseram isso porque tinham medo dos judeus,*s* pois estes já haviam decidido que, se alguém confessasse que Jesus era o Cristo, seria expulso*t* da sinagoga.*u* ²³ Foi por isso que seus pais disseram: "Idade ele tem; perguntem a ele".*v*

²⁴ Pela segunda vez, chamaram o homem que fora cego e lhe disseram: "Para a glória de Deus,*w* diga a verdade. Sabemos que esse homem é pecador".*x*

²⁵ Ele respondeu: "Não sei se ele é pecador ou não. Uma coisa sei: eu era cego e agora vejo!"

²⁶ Então lhe perguntaram: "O que fez ele a você? Como abriu os seus olhos?"

²⁷ Ele respondeu: "Eu já disse,ʸ e vocês não me deram ouvidos. Por que querem ouvir outra vez? Acaso vocês também querem ser discípulos dele?"

²⁸ Então, eles o insultaram e disseram: "Discípulo dele é você! Nós somos discípulos de Moisés!ᶻ ²⁹ Sabemos que Deus falou a Moisés, mas, quanto a esse, nem sabemos de onde ele vem".ᵃ

³⁰ O homem respondeu: "Ora, isso é extraordinário! Vocês não sabem de onde ele vem, contudo ele me abriu os olhos. ³¹ Sabemos que Deus não ouve pecadores, mas ouve o homem que o teme e pratica a sua vontade.ᵇ

³² "Ninguém jamais ouviu que os olhos de um cego de nascença tivessem sido abertos. ³³ Se esse homem não fosse de Deus,ᶜ não poderia fazer coisa alguma".

³⁴ Diante disso, eles responderam: "Você nasceu cheio de pecado;ᵈ como tem a ousadia de nos ensinar?" E o expulsaram.ᵉ

A Cegueira Espiritual

³⁵ Jesus ouviu que o haviam expulsado e, ao encontrá-lo, disse: "Você crê no Filho do homem?"

³⁶ Perguntou o homem: "Quem é ele, Senhor, para que eu nele creia?"ᶠ

³⁷ Disse Jesus: "Você já o tem visto. É aquele que está falando com você".ᵍ

³⁸ Então o homem disse: "Senhor, eu creio". E o adorou.ʰ

³⁹ Disse Jesus: "Eu vim a este mundoʲ para julgamento,ⁱ a fim de que os cegos vejamᵏ e os que veem se tornem cegos".ˡ

⁴⁰ Alguns fariseus que estavam com ele ouviram-no dizer isso e perguntaram: "Acaso nós também somos cegos?"ᵐ

⁴¹ Disse Jesus: "Se vocês fossem cegos, não seriam culpados de pecado; mas agora que *dizem* que podem ver, a culpa de vocês permanece".ⁿ

O Pastor e o seu Rebanho

10 "Eu asseguro a vocês que aquele que não entra no aprisco das ovelhas pela porta, mas sobe por outro lugar, é ladrão e assaltante. ² Aquele que entra pela porta é o pastor das ovelhas.ᵒ ³ O porteiro abre-lhe a porta, e as ovelhas ouvem a sua voz.ᵖ Ele chama as suas ovelhas pelo nome e as leva para fora. ⁴ Depois de conduzir para fora todas as suas ovelhas, vai adiante delas, e estas o seguem, porque conhecem a sua voz. ⁵ Mas nunca seguirão um estranho; na verdade, fugirão dele, porque não reconhecem a voz de estranhos". ⁶ Jesus usou essa comparação,ᑫ mas eles não compreenderam o que lhes estava falando.

⁷ Então Jesus afirmou de novo: "Digo a verdade: Eu sou a porta das ovelhas. ⁸ Todos os que vieram antes de mimʳ eram ladrões e assaltantes, mas as ovelhas não os ouviram. ⁹ Eu sou a porta; quem entra por mim será salvo. Entrará e sairá, e encontrará pastagem¹. ¹⁰ O ladrão vem apenas para roubar, matar e destruir; eu vim para que tenham vida e a tenham plenamente.

¹¹ "Eu sou o bom pastor.ˢ O bom pastor dá a sua vida pelas ovelhas.ᵗ ¹² O assalariado não é o pastor a quem as ovelhas pertencem. Assim, quando vê que o lobo vem, abandona as ovelhas e foge.ᵘ Então o lobo ataca o rebanho e o dispersa. ¹³ Ele foge porque é assalariado e não se importa com as ovelhas.

¹⁴ "Eu sou o bom pastor;ᵛ conheço as minhas ovelhas,ʷ e elas me conhecem, ¹⁵ assim como o Pai me conhece e eu conheço o Paiˣ; e dou a minha vida pelas ovelhas. ¹⁶ Tenho outras ovelhasʸ que não são deste aprisco. É necessário que eu as conduza também. Elas ouvirão a minha voz, e haverá um só rebanhoᶻ e um só pastor.ᵃ ¹⁷ Por isso é que meu Pai me ama, porque eu dou a minha vidaᵇ para retomá-la. ¹⁸ Ninguém a tira de mim, mas eu a dou por minha espontânea vontade.ᶜ Tenho autoridade para

---

¹ 10.9 Ou *ficará em segurança*

dá-la e para retomá-la. Esta ordem recebi de meu Pai".*d*

19 Diante dessas palavras, os judeus ficaram outra vez divididos.*e* **20** Muitos deles diziam: "Ele está endemoninhado*f* e enlouqueceu.*g* Por que ouvi-lo?"

21 Mas outros diziam: "Essas palavras não são de um endemoninhado.*h* Pode um demônio abrir os olhos dos cegos?"*i*

A Incredulidade dos Judeus

22 Celebrava-se a festa da Dedicação, em Jerusalém. Era inverno, **23** e Jesus estava no templo, caminhando pelo Pórtico de Salomão.*j* **24** Os judeus*k* reuniram-se ao redor dele e perguntaram: "Até quando nos deixará em suspense? Se é você o Cristo, diga-nos abertamente".*l*

25 Jesus respondeu: "Eu já disse,*m* mas vocês não creem. As obras que eu realizo em nome de meu Pai falam por mim,*n* **26** mas vocês não creem, porque não são minhas ovelhas.*o* **27** As minhas ovelhas ouvem a minha voz; eu as conheço,*p* e elas me seguem.*q* **28** Eu lhes dou a vida eterna, e elas jamais perecerão; ninguém as poderá arrancar da minha mão.*r* **29** Meu Pai, que as deu para mim,*s* é maior do que todos;¹ ninguém as pode arrancar da mão de meu Pai. **30** Eu e o Pai somos um".*u*

31 Novamente os judeus pegaram pedras para apedrejá-lo,*v* **32** mas Jesus lhes disse: "Eu mostrei muitas boas obras da parte do Pai. Por qual delas vocês querem me apedrejar?"

33 Responderam os judeus: "Não vamos apedrejá-lo por nenhuma boa obra, mas pela blasfêmia, porque você é um simples homem e se apresenta como Deus".*w*

34 Jesus lhes respondeu: "Não está escrito na Lei*x* de vocês: 'Eu disse: Vocês são deuses'²?*y* **35** Se ele chamou 'deuses' àqueles a quem veio a palavra de Deus (e a Escritura não pode ser anulada), **36** que dizer a respeito daquele a quem*z* o Pai santificou*a* e enviou ao mundo?*b* Então, por que vocês me acusam de blasfêmia porque eu disse: Sou Filho de Deus?*c* **37** Se eu não realizo as obras do meu Pai,*d* não creiam em mim. **38** Mas, se as realizo, mesmo que não creiam em mim, creiam nas obras, para que possam saber e entender que o Pai está em mim, e eu no Pai".*e* **39** Outra vez tentaram prendê-lo,*f* mas ele se livrou das mãos deles.*g*

40 Então Jesus atravessou novamente o Jordão*h* e foi para o lugar onde João batizava nos primeiros dias do seu ministério. Ali ficou, **41** e muita gente foi até onde ele estava, dizendo: "Embora João nunca tenha realizado um sinal milagroso,*i* tudo o que ele disse a respeito deste homem era verdade".*j* **42** E ali muitos creram em Jesus.*k*

A Morte de Lázaro

11 Havia um homem chamado Lázaro. Ele era de Betânia,*l* do povoado de Maria e de sua irmã Marta.*m* E aconteceu que Lázaro ficou doente. **2** Maria, sua irmã, era a mesma que derramara perfume sobre o Senhor e lhe enxugara os pés com os cabelos.*n* **3** Então as irmãs de Lázaro mandaram dizer a Jesus: "Senhor, aquele a quem amas*o* está doente".

4 Ao ouvir isso, Jesus disse: "Essa doença não acabará em morte; é para a glória de Deus,*p* para que o Filho de Deus seja glorificado por meio dela". **5** Jesus amava Marta, a irmã dela e Lázaro. **6** No entanto, quando ouviu falar que Lázaro estava doente, ficou mais dois dias onde estava.

7 Depois disse aos seus discípulos: "Vamos voltar para a Judeia".*q*

8 Estes disseram: "Mestre,*r* há pouco os judeus tentaram apedrejar-te,*s* e assim mesmo vais voltar para lá?"

9 Jesus respondeu: "O dia não tem doze horas? Quem anda de dia não tropeça, pois vê a luz deste mundo.*t* **10** Quando anda de noite, tropeça, pois nele não há luz".

---

¹ **10.29** Muitos manuscritos antigos dizem O que meu Pai me deu é maior do que tudo.
² **10.34** Sl 82.6

11 Depois de dizer isso, prosseguiu dizendo-lhes: "Nosso amigo[u] Lázaro adormeceu,[v] mas vou até lá para acordá-lo". **12** Seus discípulos responderam: "Senhor, se ele dorme, vai melhorar". **13** Jesus tinha falado de sua morte, mas os seus discípulos pensaram que ele estava falando simplesmente do sono.[w] **14** Então lhes disse claramente: "Lázaro morreu, **15** e para o bem de vocês estou contente por não ter estado lá, para que vocês creiam. Mas vamos até ele". **16** Então Tomé,[x] chamado Dídimo[1], disse aos outros discípulos: "Vamos também para morrermos com ele".

Jesus Conforta as Irmãs de Lázaro

17 Ao chegar, Jesus verificou que Lázaro já estava no sepulcro havia quatro dias.[y] **18** Betânia[z] distava cerca de três quilômetros[2] de Jerusalém, **19** e muitos judeus tinham ido visitar Marta e Maria para confortá-las pela perda do irmão.[a] **20** Quando Marta ouviu que Jesus estava chegando, foi encontrá-lo, mas Maria ficou em casa.[b] **21** Disse Marta a Jesus: "Senhor, se estivesses aqui meu irmão não teria morrido.[c] **22** Mas sei que, mesmo agora, Deus te dará tudo o que pedires".[d] **23** Disse-lhe Jesus: "O seu irmão vai ressuscitar". **24** Marta respondeu: "Eu sei que ele vai ressuscitar na ressurreição,[e] no último dia". **25** Disse-lhe Jesus: "Eu sou a ressurreição e a vida.[f] Aquele que crê em mim, ainda que morra, viverá; **26** e quem vive e crê em mim, não morrerá eternamente. Você crê nisso?" **27** Ela lhe respondeu: "Sim, Senhor, eu tenho crido que tu és o Cristo,[g] o Filho de Deus[h] que devia vir ao mundo".[i] **28** E depois de dizer isso, foi para casa e, chamando à parte Maria, disse-lhe: "O Mestre[j] está aqui e está chamando você". **29** Ao ouvir isso, Maria levantou-se depressa e foi ao encontro dele. **30** Jesus ainda não tinha entrado no povoado, mas estava no lugar onde Marta o encontrara.[k] **31** Quando notaram que ela se levantou depressa e saiu, os judeus, que a estavam confortando[l] em casa, seguiram-na, supondo que ela ia ao sepulcro, para ali chorar. **32** Chegando ao lugar onde Jesus estava e vendo-o, Maria prostrou-se aos seus pés e disse: "Senhor, se estivesses aqui meu irmão não teria morrido".[m] **33** Ao ver chorando Maria e os judeus que a acompanhavam, Jesus agitou-se[n] no espírito e perturbou-se.[o] **34** "Onde o colocaram?", perguntou ele. "Vem e vê, Senhor", responderam eles. **35** Jesus chorou.[p] **36** Então os judeus disseram: "Vejam como ele o amava!"[q] **37** Mas alguns deles disseram: "Ele, que abriu os olhos do cego,[r] não poderia ter impedido que este homem morresse?"[s]

Jesus Ressuscita Lázaro

38 Jesus, outra vez profundamente comovido,[t] foi até o sepulcro. Era uma gruta com uma pedra colocada à entrada.[u] **39** "Tirem a pedra", disse ele. Disse Marta, irmã do morto: "Senhor, ele já cheira mal, pois já faz quatro dias".[v] **40** Disse-lhe Jesus: "Não falei que, se você cresse,[w] veria a glória de Deus?"[x] **41** Então tiraram a pedra. Jesus olhou para cima[y] e disse: "Pai,[z] eu te agradeço porque me ouviste. **42** Eu sei que sempre me ouves, mas disse isso por causa do povo que está aqui,[a] para que creia que tu me enviaste".[b] **43** Depois de dizer isso, Jesus bradou em alta voz: "Lázaro, venha para fora!"[c] **44** O morto saiu, com as mãos e os pés envolvidos em faixas de linho[d] e o rosto envolto num pano.[e]

Disse-lhes Jesus: "Tirem as faixas dele e deixem-no ir".

---

[1] **11.16** Tanto *Tomé* (aramaico) como *Dídimo* (grego) significam *gêmeo*.

[2] **11.18** Grego: *15 estádios*. Um estádio equivalia a 185 metros.

A Conspiração para Matar Jesus

⁴⁵ Muitos dos judeus que tinham vindo visitar Maria,ᶠ vendo o que Jesus fizera,ᵍ creram nele.ʰ ⁴⁶ Mas alguns deles foram contar aos fariseus o que Jesus tinha feito. ⁴⁷ Então os chefes dos sacerdotes e os fariseusⁱ convocaram uma reuniãoʲ do Sinédrio¹.ᵏ

"O que estamos fazendo?", perguntaram eles. "Aí está esse homem realizando muitos sinais milagrosos.ˡ ⁴⁸ Se o deixarmos, todos crerão nele, e então os romanos virão e tirarão tanto o nosso lugar² como a nossa nação."

⁴⁹ Então um deles, chamado Caifás,ᵐ que naquele ano era o sumo sacerdote,ⁿ tomou a palavra e disse: "Nada sabeis! ⁵⁰ Não percebeis que vos é melhor que morra um homem pelo povo, e que não pereça toda a nação".ᵒ

⁵¹ Ele não disse isso de si mesmo, mas, sendo o sumo sacerdote naquele ano, profetizou que Jesus morreria pela nação judaica, ⁵² e não somente por aquela nação, mas também pelos filhos de Deus que estão espalhados, para reuni-los num povo.ᵖ ⁵³ E daquele dia em diante, resolveram tirar-lhe a vida.ᑫ

⁵⁴ Por essa razão, Jesus não andava mais publicamente entre os judeus.ʳ Em vez disso, retirou-se para uma região próxima do deserto, para um povoado chamado Efraim, onde ficou com os seus discípulos.

⁵⁵ Ao se aproximar a Páscoa judaica,ˢ muitos foram daquela região para Jerusalém a fim de participarem das purificações cerimoniaisᵗ antes da Páscoa. ⁵⁶ Continuavam procurando Jesusᵘ e, no templo, perguntavam uns aos outros: "O que vocês acham? Será que ele virá à festa?" ⁵⁷ Mas os chefes dos sacerdotes e os fariseus tinham ordenado que, se alguém soubesse onde Jesus estava, o denunciasse, para que o pudessem prender.

---

¹ **11.47** Conselho dos principais líderes do povo judeu.
² **11.48** Ou *templo*

Jesus é Ungido em Betânia
(Mt 26.6-13; Mc 14.3-9)

12 Seis dias antes da Páscoaᵛ Jesus chegou a Betânia,ʷ onde vivia Lázaro, a quem ressuscitara dos mortos. ² Ali prepararam um jantar para Jesus. Marta servia,ˣ enquanto Lázaro estava à mesa com ele. ³ Então Maria pegou um frasco³ de nardo puro, que era um perfume caro,ʸ derramou-o sobre os pés de Jesus e os enxugou com os seus cabelos.ᶻ E a casa encheu-se com a fragrância do perfume.

⁴ Mas um dos seus discípulos, Judas Iscariotes, que mais tarde iria traí-lo,ᵃ fez uma objeção: ⁵ "Por que este perfume não foi vendido, e o dinheiro dado aos pobres? Seriam trezentos denários⁴". ⁶ Ele não falou isso por se interessar pelos pobres, mas porque era ladrão; sendo responsável pela bolsa de dinheiro,ᵇ costumava tirar o que nela era colocado.

⁷ Respondeu Jesus: "Deixe-a em paz; que o guarde para o dia do meu sepultamento.ᶜ ⁸ Pois os pobres vocês sempre terão consigo,ᵈ mas a mim vocês nem sempre terão".

⁹ Enquanto isso, uma grande multidão de judeus, ao descobrir que Jesus estava ali, veio, não apenas por causa de Jesus, mas também para ver Lázaro, a quem ele ressuscitara dos mortos.ᵉ ¹⁰ Assim, os chefes dos sacerdotes fizeram planos para matar também Lázaro, ¹¹ pois por causa deleᶠ muitos estavam se afastando dos judeus e crendo em Jesus.ᵍ

A Entrada Triunfal
(Mt 21.1-11; Mc 11.1-11; Lc 19.28-40)

¹² No dia seguinte, a grande multidão que tinha vindo para a festa ouviu falar que Jesus estava chegando a Jerusalém. ¹³ Pegaram ramos de palmeiras e saíram ao seu encontro, gritando:

---

³ **12.3** Grego: *1 litra*. A litra era uma medida de capacidade de cerca de um terço de litro.
⁴ **12.5** O denário era uma moeda de prata equivalente à diária de um trabalhador braçal.

"Hosana![1]"
"Bendito é o que vem
em nome do Senhor!"[2][h]
"Bendito é o Rei de Israel!"[i]

14 Jesus conseguiu um jumentinho e montou nele, como está escrito:

15 "Não tenha medo,
ó cidade[3] de Sião;
eis que o seu rei vem,
montado num jumentinho"[4][j].

16 A princípio seus discípulos não entenderam isso.[k] Só depois que Jesus foi glorificado,[l] eles se lembraram de que essas coisas estavam escritas a respeito dele e lhe foram feitas.

17 A multidão que estava com ele,[m] quando mandara Lázaro sair do sepulcro e o ressuscitara dos mortos, continuou a espalhar o fato. 18 Muitas pessoas, por terem ouvido falar que ele realizara tal sinal milagroso,[n] foram ao seu encontro. 19 E assim os fariseus disseram uns aos outros: "Não conseguimos nada. Olhem como o mundo todo vai atrás dele!"[o]

Jesus Prediz sua Morte

20 Entre os que tinham ido adorar a Deus na festa da Páscoa, estavam alguns gregos.[p] 21 Eles se aproximaram de Filipe, que era de Betsaida[q] da Galileia, com um pedido: "Senhor, queremos ver Jesus". 22 Filipe foi dizê-lo a André, e os dois juntos o disseram a Jesus.

23 Jesus respondeu: "Chegou a hora de ser glorificado o Filho do homem.[r] 24 Digo verdadeiramente que, se o grão de trigo não cair na terra e não morrer,[s] continuará ele só. Mas, se morrer, dará muito fruto. 25 Aquele que ama a sua vida a perderá; ao passo que aquele que odeia a sua vida neste mundo a conservará[t] para a vida eterna. 26 Quem me serve precisa seguir-me; e, onde estou, o meu servo também estará.[u] Aquele que me serve, meu Pai o honrará.

27 "Agora meu coração está perturbado,[v] e o que direi? Pai,[w] salva-me desta hora?[x] Não; eu vim exatamente para isto, para esta hora. 28 Pai, glorifica o teu nome!"

Então veio uma voz dos céus:[y] "Eu já o glorifiquei e o glorificarei novamente". 29 A multidão que ali estava e a ouviu disse que tinha trovejado; outros disseram que um anjo lhe tinha falado.

30 Jesus disse: "Esta voz veio por causa de vocês[z] e não por minha causa. 31 Chegou a hora de ser julgado este mundo;[a] agora será expulso o príncipe deste mundo.[b] 32 Mas eu, quando for levantado da terra,[c] atrairei todos a mim".[d] 33 Ele disse isso para indicar o tipo de morte que haveria de sofrer.[e]

34 A multidão falou: "A Lei nos ensina que o Cristo permanecerá para sempre;[f] como podes dizer: 'O Filho do homem[g] precisa ser levantado'?[h] Quem é esse 'Filho do homem'?"

35 Disse-lhes então Jesus: "Por mais um pouco de tempo a luz estará entre vocês.[i] Andem enquanto vocês têm a luz,[j] para que as trevas não os surpreendam,[k] pois aquele que anda nas trevas não sabe para onde está indo. 36 Creiam na luz enquanto vocês a têm, para que se tornem filhos da luz".[l] Terminando de falar, Jesus saiu e ocultou-se deles.[m]

A Incredulidade dos Judeus

37 Mesmo depois que Jesus fez todos aqueles sinais milagrosos,[n] não creram nele. 38 Isso aconteceu para se cumprir a palavra do profeta Isaías, que disse:

"Senhor, quem creu
em nossa mensagem,
e a quem foi revelado[o]
o braço do Senhor?"[5]

12.13 [h]Sl 118.25,26 [i]Jo1.49
12.15 [j]Zc 9.9
12.16 [k]Mc 9.32 [l]Jo 2.22; 7.39; 14.26
12.17 [m]Jo 11.42
12.18 [n]v. 11
12.19 [o]Jo 11.47,48
12.20 [p]Jo 7.35; At 11.20
12.21 [q]Mt 11.21; Jo 1.44
12.23 [r]Jo 13.32; 17.1
12.24 [s]1Co 15.36
12.25 [t]Mt 10.39; Mc 8.35; Lc 14.26
12.26 [u]Jo 14.3; 17.4; 2Co 5.8; 1Ts 4.17
12.27 [v]Mt 26.38,39; Jo 11.33,38; 13.21 [w]Mt 11.25 [x]v. 23
12.28 [y]Mt 3.17
12.30 [z]Jo 11.42
12.31 [a]Jo 16.11 [b]Jo 14.30; 16.11; 2Co 4.4; Ef 2.2; 1Jo 4.4
12.32 [c]v. 34; Jo 3.14; 8.28 [d]Jo 6.44
12.33 [e]Jo 18.32
12.34 [f]Sl 110.4 Is 9.7; Ez 37.25; Dn 7.14 [g]Mt 8.20 [h]Jo 3.14
12.35 [i]v. 46 [j]Ef 5.8 [k]1Jo 2.11
12.36 [l]Lc 16.8 [m]Jo 8.59
12.37 [n]Jo 2.11
12.38 [o]Is 53.1 Rm 10.16

[1] **12.13** Expressão hebraica que significa *"Salve!"*, e que se tornou exclamação de louvor.
[2] **12.13** Sl 118.25,26
[3] ***12.15*** Grego: *filha*.
[4] **12.15** Zc 9.9
[5] **12.38** Is 53.1

39 Por esta razão eles não podiam crer, porque, como disse Isaías noutro lugar:

40 "Cegou os seus olhos
e endureceu-lhes o coração,
para que não vejam
com os olhos
nem entendam com o coração,
nem se convertam,
e eu os cure".[1],p

41 Isaías disse isso porque viu a glória de Jesus[q] e falou sobre ele.[r]

42 Ainda assim, muitos líderes dos judeus creram nele.[s] Mas, por causa dos fariseus,[t] não confessavam a sua fé, com medo de serem expulsos da sinagoga;[u] **43** pois preferiam a aprovação[2] dos homens do que a aprovação de Deus.[v]

44 Então Jesus disse em alta voz: "Quem crê em mim, não crê apenas em mim, mas naquele que me enviou.[w] **45** Quem me vê, vê aquele que me enviou.[x] **46** Eu vim ao mundo como luz,[y] para que todo aquele que crê em mim não permaneça nas trevas.

47 "Se alguém ouve as minhas palavras e não lhes obedece, eu não o julgo. Pois não vim para julgar o mundo, mas para salvá-lo.[z] **48** Há um juiz para quem me rejeita e não aceita as minhas palavras; a própria palavra que proferi o condenará[a] no último dia. **49** Pois não falei por mim mesmo, mas o Pai que me enviou me ordenou[b] o que dizer e o que falar. **50** Sei que o seu mandamento é a vida eterna. Portanto, o que eu digo é exatamente o que o Pai me mandou dizer".

Jesus Lava os Pés dos Discípulos

13 Um pouco antes da festa da Páscoa,[c] sabendo Jesus que havia chegado o tempo[d] em que deixaria este mundo e iria para o Pai,[e] tendo amado os seus que estavam no mundo, amou-os até o fim.[3]

---

[1] **12.40** Is 6.10
[2] **12.43** Grego: *glória*.
[3] **13.1** Ou *mostrou-lhes então que os amava perfeitamente*.

2 Estava sendo servido o jantar, e o Diabo já havia induzido Judas Iscariotes, filho de Simão, a trair Jesus. **3** Jesus sabia que o Pai havia colocado todas as coisas debaixo do seu poder,[f] e que viera de Deus[g] e estava voltando para Deus; **4** assim, levantou-se da mesa, tirou sua capa e colocou uma toalha em volta da cintura. **5** Depois disso, derramou água numa bacia e começou a lavar os pés dos seus discípulos,[h] enxugando-os com a toalha que estava em sua cintura.

6 Chegou-se a Simão Pedro, que lhe disse: "Senhor, vais lavar os meus pés?"

7 Respondeu Jesus: "Você não compreende agora o que estou fazendo a você; mais tarde, porém, entenderá".[i]

8 Disse Pedro: "Não; nunca lavarás os meus pés!".

Jesus respondeu: "Se eu não os lavar, você não terá parte comigo".

9 Respondeu Simão Pedro: "Então, Senhor, não apenas os meus pés, mas também as minhas mãos e a minha cabeça!"

10 Respondeu Jesus: "Quem já se banhou precisa apenas lavar os pés; todo o seu corpo está limpo. Vocês estão limpos,[j] mas nem todos". **11** Pois ele sabia quem iria traí-lo e, por isso, disse que nem todos estavam limpos.

12 Quando terminou de lavar-lhes os pés, Jesus tornou a vestir sua capa e voltou ao seu lugar. Então lhes perguntou: "Vocês entendem o que fiz a vocês? **13** Vocês me chamam 'Mestre'[k] e 'Senhor',[l] e com razão, pois eu o sou. **14** Pois bem, se eu, sendo Senhor e Mestre de vocês, lavei os seus pés, vocês também devem lavar os pés uns dos outros.[m] **15** Eu dei o exemplo, para que vocês façam como lhes fiz.[n] **16** Digo verdadeiramente que nenhum escravo é maior do que o seu senhor,[o] como também nenhum mensageiro[4] é maior do que aquele que o enviou. **17** Agora que vocês sabem estas coisas, felizes serão se as praticarem.[p]

---

[4] **13.16** Grego: *apóstolo*.

Jesus Prediz que Será Traído
(Mt 26.17-30; Mc 14.12-26; Lc 22.7-23)

18 "Não estou me referindo a todos vocês;*q* conheço os que escolhi.*r* Mas isto acontece para que se cumpra a Escritura: 'Aquele que partilhava do meu pão*s* voltou-se*t* contra mim'¹."*u*

19 "Estou dizendo antes que aconteça, a fim de que, quando acontecer, vocês creiam*v* que Eu Sou²."*w* **20** Eu garanto: Quem receber aquele que eu enviar estará me recebendo; e quem me recebe recebe aquele que me enviou".*x*

21 Depois de dizer isso, Jesus perturbou-se em espírito*y* e declarou: "Digo que certamente um de vocês me trairá".*z*

22 Seus discípulos olharam uns para os outros, sem saber a quem ele se referia. **23** Um deles, o discípulo a quem Jesus amava,*a* estava reclinado ao lado dele. **24** Simão Pedro fez sinais para esse discípulo, como a dizer: "Pergunte-lhe a quem ele está se referindo".

25 Inclinando-se esse discípulo para Jesus, perguntou-lhe: "Senhor, quem é?"*b*

26 Respondeu Jesus: "Aquele a quem eu der este pedaço de pão molhado no prato". Então, molhando o pedaço de pão, deu-o a Judas Iscariotes, filho de Simão. **27** Tão logo Judas comeu o pão, Satanás entrou nele.*c* "O que você está para fazer, faça depressa", disse-lhe Jesus. **28** Mas ninguém à mesa entendeu por que Jesus lhe disse isso. **29** Visto que Judas era o encarregado do dinheiro,*d* alguns pensaram que Jesus estava lhe dizendo que comprasse o necessário para a festa, ou que desse algo aos pobres. **30** Assim que comeu o pão, Judas saiu. E era noite.*e*

Jesus Prediz que Pedro o Negará
(Mt 26.31-35; Mc 14.27-31; Lc 22.31-34)

31 Depois que Judas saiu, Jesus disse: "Agora o Filho do homem é glorificado,*f* e Deus é glorificado nele.*g* **32** Se Deus é glorificado nele,*h*³ Deus também glorificará o Filho nele mesmo, e o glorificará em breve.

33 "Meus filhinhos, vou estar com vocês apenas mais um pouco. Vocês procurarão por mim e, como eu disse aos judeus, agora digo a vocês: Para onde eu vou, vocês não podem ir.*i*

34 "Um novo mandamento*j* dou a vocês: Amem-se uns aos outros.*k* Como eu os amei, vocês devem amar-se uns aos outros.*l* **35** Com isso todos saberão que vocês são meus discípulos, se vocês se amarem uns aos outros".*m*

36 Simão Pedro lhe perguntou: "Senhor, para onde vais?"

Jesus respondeu: "Para onde vou, vocês não podem seguir-me agora,*n* mas me seguirão mais tarde".*o*

37 Pedro perguntou: "Senhor, por que não posso seguir-te agora? Darei a minha vida por ti!"

38 Então Jesus respondeu: "Você dará a vida por mim? Asseguro que, antes que o galo cante, você me negará três vezes!"*p*

Jesus Fortalece os seus Discípulos

14 "Não se perturbe o coração de vocês.*q* Creiam em Deus;⁴ creiam também em mim. **2** Na casa de meu Pai há muitos aposentos; se não fosse assim, eu teria dito a vocês. Vou preparar lugar para vocês."*r*⁵ **3** E, quando eu for e preparar lugar, voltarei e os levarei para mim, para que vocês estejam onde eu estiver.*s* **4** Vocês conhecem o caminho para onde vou".

Jesus, o Caminho para o Pai

5 Disse-lhe Tomé:*t* "Senhor, não sabemos para onde vais; como então podemos saber o caminho?"

6 Respondeu Jesus: "Eu sou o caminho,*u* a verdade e a vida.*v* Ninguém vem ao Pai,

---

¹ **13.18** Grego: *levantou o calcanhar contra mim*. Sl 41.9
² **13.19** Uma referência ao nome de Deus.
³ **13.32** Vários manuscritos não trazem *Se Deus é glorificado nele*.
⁴ **14.1** Ou *Vocês creem em Deus*;
⁵ **14.2** Ou *não teria eu dito a vocês que vou preparar lugar para vocês?*

a não ser por mim. ⁷ Se vocês realmente me conhecessem, conheceriam¹ também o meu Pai.ʷ Já agora vocês o conhecem e o têm visto".

⁸ Disse Filipe: "Senhor, mostra-nos o Pai, e isso nos basta".

⁹ Jesus respondeu: "Você não me conhece, Filipe, mesmo depois de eu ter estado com vocês durante tanto tempo? Quem me vê, vê o Pai.ˣ Como você pode dizer: 'Mostra-nos o Pai'? ¹⁰ Você não crê que eu estou no Pai e que o Pai está em mim?ʸ As palavras que eu digo não são apenas minhas.ᶻ Ao contrário, o Pai, que vive em mim, está realizando a sua obra. ¹¹ Creiam em mim quando digo que estou no Pai e que o Pai está em mim; ou pelo menos creiam por causa das mesmas obras.ᵃ ¹² Digo a verdade: Aquele que crêᵇ em mim fará também as obras que tenho realizado.ᶜ Fará coisas ainda maiores do que estas, porque eu estou indo para o Pai. ¹³ E eu farei o que vocês pediremᵈ em meu nome, para que o Pai seja glorificado no Filho. ¹⁴ O que vocês pedirem em meu nome, eu farei.

Jesus Promete o Espírito Santo

¹⁵ "Se vocês me amam, obedecerão aos meus mandamentos.ᵉ ¹⁶ E eu pedirei ao Pai, e ele dará a vocês outro Conselheiroᶠ para estar com vocês para sempre, ¹⁷ o Espírito da verdade.ᵍ O mundo não pode recebê-lo,ʰ porque não o vê nem o conhece. Mas vocês o conhecem, pois ele vive com vocês e estará² em vocês. ¹⁸ Não os deixarei órfãos; voltarei para vocês.ⁱ ¹⁹ Dentro de pouco tempo o mundo não me verá mais; vocês, porém, me verão.ʲ Porque eu vivo, vocês também viverão.ᵏ ²⁰ Naquele dia, compreenderão que estou em meu Pai,ˡ vocês em mim, e eu em vocês. ²¹ Quem tem os meus mandamentos e lhes obedece, esse é o que me ama.ᵐ Aquele que me ama será amado por meu Pai,ⁿ e eu também o amarei e me revelarei a ele".

²² Disse então Judasᵒ (não o Iscariotes): "Senhor, mas por que te revelarás a nós e não ao mundo?"ᵖ

²³ Respondeu Jesus: "Se alguém me ama, obedecerá à minha palavra.ᵠ Meu Pai o amará, nós viremos a ele e faremos morada nele.ʳ ²⁴ Aquele que não me ama não obedece às minhas palavras. Estas palavras que vocês estão ouvindo não são minhas; são de meu Pai que me enviou.ˢ

²⁵ "Tudo isso tenho dito enquanto ainda estou com vocês. ²⁶ Mas o Conselheiro,ᵗ o Espírito Santo, que o Pai enviará em meu nome,ᵘ ensinará a vocês todas as coisasᵛ e fará vocês lembrarem tudo o que eu disse.ʷ ²⁷ Deixo a paz a vocês; a minha paz dou a vocês.ˣ Não a dou como o mundo a dá. Não se perturbe o seu coração, nem tenham medo.

²⁸ "Vocês me ouviram dizer: Vou, mas volto para vocês.ʸ Se vocês me amassem, ficariam contentes porque vou para o Pai,ᶻ pois o Pai é maior do que eu.ᵃ ²⁹ Isso eu digo agora, antes que aconteça, para que, quando acontecer, vocês creiam.ᵇ ³⁰ Já não falarei muito, pois o príncipe deste mundoᶜ está vindo. Ele não tem nenhum direito sobre mim. ³¹ Todavia é preciso que o mundo saiba que eu amo o Pai e que faço o que meu Pai me ordenou.ᵈ Levantem-se, vamo-nos daqui!

A Videira e os Ramos

15 "Eu sou a videira verdadeira,ᵉ e meu Pai é o agricultor. ² Todo ramo que, estando em mim, não dá fruto, ele corta; e todo que dá fruto ele poda³, para que dê mais fruto ainda. ³ Vocês já estão limpos, pela palavra que tenho falado.ᶠ ⁴ Permaneçam em mim, e eu permanecerei em vocês.ᵍ Nenhum ramo pode dar fruto por si mesmo se não permanecer na videira. Vocês também não podem dar fruto se não permanecerem em mim.

⁵ "Eu sou a videira; vocês são os ramos. Se alguém permanecer em mim e eu nele,

---

¹ **14.7** Alguns manuscritos dizem *me têm conhecido, conhecerão*

² **14.17** Alguns manuscritos dizem *está*.

³ **15.2** O termo grego traduzido como *poda* também significa *limpa*.

esse dará muito fruto;ʰ pois sem mim vocês não podem fazer coisa alguma. **6** Se alguém não permanecer em mim, será como o ramo que é jogado fora e seca. Tais ramos são apanhados, lançados ao fogo e queimados.ⁱ **7** Se vocês permanecerem em mim, e as minhas palavras permanecerem em vocês, pedirão o que quiserem, e será concedido.ʲ **8** Meu Pai é glorificadoᵏ pelo fato de vocês darem muito fruto; e assim serão meus discípulos.ˡ

9 "Como o Pai me amou,ᵐ assim eu os amei; permaneçam no meu amor. **10** Se vocês obedecerem aos meus mandamentos,ⁿ permanecerão no meu amor, assim como tenho obedecido aos mandamentos de meu Pai e em seu amor permaneço. **11** Tenho dito estas palavras para que a minha alegria esteja em vocês e a alegria de vocês seja completa.º **12** O meu mandamento é este: Amem-se uns aos outros como eu os amei.ᵖ **13** Ninguém tem maior amor do que aquele que dá a sua vida pelos seus amigos.ᵠ **14** Vocês serão meus amigos,ʳ se fizerem o que eu ordeno.ˢ **15** Já não os chamo servos, porque o servo não sabe o que o seu senhor faz. Em vez disso, eu os tenho chamado amigos, porque tudo o que ouvi de meu Pai eu tornei conhecido a vocês.ᵗ **16** Vocês não me escolheram, mas eu os escolhiᵘ para irem e darem fruto, fruto que permaneça, a fim de que o Pai conceda a vocês o que pedirem em meu nome. **17** Este é o meu mandamento: Amem-se uns aos outros.ᵛ

O Mundo Odeia os Discípulos

18 "Se o mundo os odeia,ʷ tenham em mente que antes me odiou. **19** Se vocês pertencessem ao mundo, ele os amaria como se fossem dele. Todavia, vocês não são do mundo, mas eu os escolhi,ˣ tirando-os do mundo; por isso o mundo os odeia.ʸ **20** Lembrem-se das palavras que eu disse: Nenhum escravo é maior do que o seu senhor.²¹ Se me perseguiram, também perseguirão vocês.ᵃ Se obedeceram à minha palavra, também obedecerão à de vocês. **21** Tratarão assim vocês por causa do meu nome,ᵇ pois não conhecem aquele que me enviou.ᶜ **22** Se eu não tivesse vindo e falado a vocês, não seriam culpados de pecado. Agora, contudo, eles não têm desculpa para o seu pecado.ᵈ **23** Aquele que me odeia, também odeia o meu Pai. **24** Se eu não tivesse realizado no meio deles obras que ninguém mais fez,ᵉ eles não seriam culpados de pecado. Mas agora eles as viram e odiaram a mim e a meu Pai. **25** Mas isto aconteceu para se cumprir o que está escrito na Lei deles: 'Odiaram-me sem razão'².ᶠ

26 "Quando vier o Conselheiro,ᵍ que eu enviarei a vocês da parte do Pai,ʰ o Espírito da verdadeⁱ que provém do Pai, ele testemunhará a meu respeito.ʲ **27** E vocês também testemunharão,ᵏ pois estão comigo desde o princípio.ˡ

16 "Eu tenho dito tudo issoᵐ para que vocês não venham a tropeçar.ⁿ **2** Vocês serão expulsos das sinagogas;º de fato, virá o tempo quando quem os matar pensará que está prestando culto a Deus.ᵖ **3** Farão essas coisas porque não conheceram nem o Pai, nem a mim.ᵠ **4** Estou dizendo isto para que, quando chegar a hora, lembrem-seʳ de que eu os avisei. Não disse isso a vocês no princípio, porque eu estava com vocês.

A Obra do Espírito Santo

5 "Agora que vou para aquele que me enviou,ˢ nenhum de vocês me pergunta: 'Para onde vais?'ᵗ **6** Porque falei estas coisas, o coração de vocês encheu-se de tristeza. **7** Mas eu afirmo que é para o bem de vocês que eu vou. Se eu não for, o Conselheiroᵘ não virá para vocês; mas, se eu for, eu o enviarei.ᵛ **8** Quando ele vier, convencerá o mundo do pecado,ʷ da justiça e do juízo. **9** Do pecado, porque os homens não creem em mim; **10** da justiça,ˣ porque vou para o Pai, e vocês

---

¹ **15.20** Jo 13.16   ² **15.25** Sl 35.19; 69.4

não me verão mais; ¹¹ e do juízo, porque o príncipe deste mundoʸ já está condenado.

¹² "Tenho ainda muito que dizer, mas vocês não o podem suportar agora.ᶻ ¹³ Mas, quando o Espírito da verdadeᵃ vier, ele os guiará a toda a verdade.ᵇ Não falará de si mesmo; falará apenas o que ouvir, e anunciará a vocês o que está por vir. ¹⁴ Ele me glorificará, porque receberá do que é meu e o tornará conhecido a vocês. ¹⁵ Tudo o que pertence ao Pai é meu.ᶜ Por isso eu disse que o Espírito receberá do que é meu e o tornará conhecido a vocês.

¹⁶ "Mais um poucoᵈ e já não me verão; um pouco mais, e me verão de novo".ᵉ

A Tristeza dos Discípulos Será Transformada em Alegria

¹⁷ Alguns dos seus discípulos disseram uns aos outros: "O que ele quer dizer com isso: 'Mais um pouco e não me verão'; e 'um pouco mais e me verão de novo',ᶠ e 'porque vou para o Pai'?".ᵍ ¹⁸ E perguntavam: "Que quer dizer 'um pouco mais'? Não entendemos o que ele está dizendo".

¹⁹ Jesus percebeu que desejavam interrogá-lo a respeito disso, pelo que lhes disse: "Vocês estão perguntando uns aos outros o que eu quis dizer quando falei: Mais um pouco e não me verão; um pouco mais e me verão de novo? ²⁰ Digo que certamente vocês chorarão e se lamentarão,ʰ mas o mundo se alegrará. Vocês se entristecerão, mas a tristeza de vocês se transformará em alegria.ⁱ ²¹ A mulher que está dando à luz sente dores,ʲ porque chegou a sua hora; mas, quando o bebê nasce, ela esquece a angústia, por causa da alegria de ter vindo ao mundo. ²² Assim acontece com vocês: agora é hora de tristezaᵏ para vocês, mas eu os verei outra vez,ˡ e vocês se alegrarão, e ninguém tirará essa alegria de vocês. ²³ Naquele dia, vocês não me perguntarão mais nada. Eu asseguro que meu Pai dará a vocês tudo o que pedirem em meu nome.ᵐ ²⁴ Até agora vocês não pediram nada em meu nome. Peçam e receberão, para que a alegria de vocês seja completa.ⁿ

²⁵ "Embora eu tenha falado por meio de figuras,ᵒ vem a horaᵖ em que não usarei mais esse tipo de linguagem, mas falarei abertamente a respeito de meu Pai. ²⁶ Nesse dia, vocês pedirão em meu nome.ᵠ Não digo que pedirei ao Pai em favor de vocês, ²⁷ pois o próprio Pai os ama, porquanto vocês me amaramʳ e creram que eu vim de Deus. ²⁸ Eu vim do Pai e entrei no mundo; agora deixo o mundo e volto para o Pai".ˢ

²⁹ Então os discípulos de Jesus disseram: "Agora estás falando claramente, e não por figuras.ᵗ ³⁰ Agora podemos perceber que sabes todas as coisas e nem precisas que te façam perguntas. Por isso cremos que vieste de Deus".

³¹ Respondeu Jesus: "Agora vocês creem? ³² Aproxima-se a hora,ᵘ e já chegou, quando vocês serão espalhadosᵛ cada um para a sua casa. Vocês me deixarão sozinho. Mas eu não estou sozinho, pois meu Pai está comigo.ʷ

³³ "Eu disse essas coisas para que em mim vocês tenham paz.ˣ Neste mundo vocês terão aflições;ʸ contudo, tenham ânimo! Eu venci o mundo".ᶻ

Jesus Ora por si mesmo

17 Depois de dizer isso, Jesus olhou para o céuᵃ e orou:

"Pai, chegou a hora. Glorifica o teu Filho, para que o teu Filho te glorifique.ᵇ ² Pois lhe deste autoridade sobre toda a humanidade¹, para que conceda a vida eterna a todos os que lhe deste.ᶜ ³ Esta é a vida eterna: que te conheçam, o único Deus verdadeiro, e a Jesus Cristo, a quem enviaste.ᵈ ⁴ Eu te glorifiqueiᵉ na terra, completando a obra que me deste para fazer.ᶠ ⁵ E agora, Pai, glorifica-me junto a ti, com a glória que eu tinha contigoᵍ antes que o mundo existisse.ʰ

Jesus Ora por seus Discípulos

⁶ "Eu reveleiⁱ teu nome àqueles que do mundo me deste.ʲ Eles eram teus; tu os

---

¹ **17.2** Grego: *carne*.

deste a mim, e eles têm obedecido à tua palavra. ⁷ Agora eles sabem que tudo o que me deste vem de ti. ⁸ Pois eu lhes transmiti as palavras que me deste,ᵏ e eles as aceitaram. Eles reconheceram de fato que vim de tiˡ e creram que me enviaste.ᵐ ⁹ Eu rogo por eles.ⁿ Não estou rogando pelo mundo, mas por aqueles que me deste, pois são teus. ¹⁰ Tudo o que tenho é teu, e tudo o que tens é meu.ᵒ E eu tenho sido glorificado por meio deles. ¹¹ Não ficarei mais no mundo, mas eles ainda estão no mundo,ᵖ e eu vou para ti.ᑫ Pai santo, protege-os em teu nome, o nome que me deste, para que sejam um,ʳ assim como somos um.ˢ ¹² Enquanto estava com eles, eu os protegi e os guardei no nome que me deste. Nenhum deles se perdeu,ᵗ a não ser aquele que estava destinado à perdição,ᵘ¹ para que se cumprisse a Escritura. ¹³ "Agora vou para ti, mas digo estas coisas enquanto ainda estou no mundo, para que eles tenham a plenitude da minha alegria.ᵛ ¹⁴ Dei-lhes a tua palavra, e o mundo os odiou,ʷ pois eles não são do mundo, como eu também não sou.ˣ ¹⁵ Não rogo que os tires do mundo, mas que os protejas do Maligno.ʸ ¹⁶ Eles não são do mundo, como eu também não sou.ᶻ ¹⁷ Santifica-os na verdade; a tua palavra é verdade.ᵃ ¹⁸ Assim como me enviaste ao mundo,ᵇ eu os enviei ao mundo.ᶜ ¹⁹ Em favor deles eu me santifico, para que também eles sejam santificados pela verdade.

Jesus Ora por Todos os Crentes

²⁰ "Minha oração não é apenas por eles. Rogo também por aqueles que crerão em mim, por meio da mensagem deles, ²¹ para que todos sejam um, Pai, como tu estás em mim e eu em ti.ᵈ Que eles também estejam em nós, para que o mundo creia que tu me enviaste.ᵉ ²² Dei-lhes a glória que me deste, para que eles sejam um, assim como nós somos um."ᶠ ²³ eu neles e tu em mim. Que eles sejam levados à plena unidade, para que o mundo saiba que tu me enviaste,ᵍ e os amasteʰ como igualmente me amaste.

²⁴ "Pai, quero que os que me deste estejam comigo onde eu estouⁱ e vejam a minha glória,ʲ a glória que me deste porque me amaste antes da criação do mundo.ᵏ ²⁵ "Pai justo, embora o mundo não te conheça,ˡ eu te conheço, e estes sabem que me enviaste.ᵐ ²⁶ Eu os fiz conhecer o teu nomeⁿ e continuarei a fazê-lo, a fim de que o amor que tens por mim esteja neles,ᵒ e eu neles esteja".

Jesus é Preso
(Mt 26.47-56; Mc 14.43-50; Lc 22.47-53)

18 Tendo terminado de orar, Jesus saiu com os seus discípulos e atravessou o vale do Cedrom.ᵖ Do outro lado havia um olival,ᑫ onde entrou com eles.ʳ

² Ora, Judas, o traidor, conhecia aquele lugar, porque Jesus muitas vezes se reunira ali com os seus discípulos.ˢ ³ Então Judas foi para o olival, levando consigoᵗ um destacamento de soldados e alguns guardas enviados pelos chefes dos sacerdotes e fariseus,ᵘ levando tochas, lanternas e armas.

⁴ Jesus, sabendo tudo o que lhe ia acontecer,ᵛ saiu e lhes perguntou: "A quem vocês estão procurando?"ʷ

⁵ "A Jesus de Nazaré", responderam eles. "Sou eu", disse Jesus.

(E Judas, o traidor, estava com eles.) ⁶ Quando Jesus disse: "Sou eu", eles recuaram e caíram por terra.

⁷ Novamente lhes perguntou: "A quem procuram?"ˣ

E eles disseram: "A Jesus de Nazaré".

⁸ Respondeu Jesus: "Já disse a vocês que sou eu. Se vocês estão me procurando, deixem ir embora estes homens".

⁹ Isso aconteceu para que se cumprissem as palavras que ele dissera: "Não perdi nenhum dos que me deste"² ʸ

---

¹ **17.12** Grego: *a não ser o filho da perdição.*   ² **18.9** Jo 6.39

¹⁰ Simão Pedro, que trazia uma espada, tirou-a e feriu o servo do sumo sacerdote, decepando-lhe a orelha direita. (O nome daquele servo era Malco.)

¹¹ Jesus, porém, ordenou a Pedro: "Guarde a espada! Acaso não haverei de beber o cálice que o Pai me deu?"ᶻ

Jesus é Levado a Anás

¹² Assim, o destacamento de soldados com o seu comandante e os guardas dos judeusᵃ prenderam Jesus. Amarraram-no ¹³ e o levaram primeiramente a Anás, que era sogro de Caifás,ᵇ o sumo sacerdote naquele ano. ¹⁴ Caifás era quem tinha dito aos judeus que seria bom que um homem morresse pelo povo.ᶜ

Pedro Nega Jesus
(Mt 26.69,70; Mc 14.66-68; Lc 22.54-57)

¹⁵ Simão Pedro e outro discípulo estavam seguindo Jesus. Por ser conhecido do sumo sacerdote, este discípulo entrou com Jesus no pátio da casa do sumo sacerdote,ᵈ ¹⁶ mas Pedro teve que ficar esperando do lado de foraᵉ da porta. O outro discípulo, que era conhecido do sumo sacerdote, voltou, falou com a moça encarregada da porta e fez Pedro entrar.

¹⁷ Ela então perguntou a Pedro: "Você não é um dos discípulos desse homem?"

Ele respondeu: "Não sou".ᶠ

¹⁸ Fazia frio; os servos e os guardas estavam ao redor de uma fogueiraᵍ que haviam feito para se aquecerem. Pedro também estava em pé com eles, aquecendo-se.ʰ

O Sumo Sacerdote Interroga Jesus

¹⁹ Enquanto isso, o sumo sacerdote interrogou Jesus acerca dos seus discípulos e dos seus ensinamentos.

²⁰ Respondeu-lhe Jesus: "Eu falei abertamente ao mundo; sempre ensinei nas sinagogasⁱ e no templo,ʲ onde todos os judeus se reúnem. Nada disse em segredo.ᵏ ²¹ Por que me interrogas? Pergunta aos que me ouviram. Certamente eles sabem o que eu disse".

²² Quando Jesus disse isso, um dos guardasˡ que estava perto bateu-lhe no rosto.ᵐ "Isso é jeito de responder ao sumo sacerdote?", perguntou ele.

²³ Respondeu Jesus: "Se eu disse algo de mal, denuncie o mal. Mas, se falei a verdade, por que me bateu?"ⁿ ²⁴ Então, Anás enviou¹ Jesus, de mãos amarradas, a Caifás,ᵒ o sumo sacerdote.

Pedro Nega Jesus Mais Duas Vezes
(Mt 26.71-75; Mc 14.69-72; Lc 22.58-62)

²⁵ Enquanto Simão Pedro estava se aquecendo,ᵖ perguntaram-lhe: "Você não é um dos discípulos dele?"

Ele negou, dizendo: "Não sou".ᑫ

²⁶ Um dos servos do sumo sacerdote, parente do homem cuja orelha Pedro cortara,ʳ insistiu: "Eu não o vi com ele no olival?"ˢ

²⁷ Mais uma vez Pedro negou, e no mesmo instante um galo cantou.ᵗ

Jesus diante de Pilatos

²⁸ Em seguida, os judeus levaram Jesus da casa de Caifás para o Pretório². "Já estava amanhecendo e, para evitar contaminação cerimonial, os judeus não entraram no Pretório;ᵛ pois queriam participar da Páscoa.ʷ ²⁹ Então Pilatos saiu para falar com eles e perguntou: "Que acusação vocês têm contra este homem?"

³⁰ Responderam eles: "Se ele não fosse criminoso, não o teríamos entregado a ti".

³¹ Pilatos disse: "Levem-no e julguem-no conforme a lei de vocês".

"Mas nós não temos o direito de executar ninguém", protestaram os judeus. ³² Isso aconteceu para que se cumprissem as palavras que Jesus tinha dito, indicando a espécie de morteˣ que ele estava para sofrer.

³³ Pilatos então voltou para o Pretório,ʸ chamou Jesus e lhe perguntou: "Você é o rei dos judeus?"ᶻ

---

¹ **18.24** Ou *Ora, Anás havia enviado*

² **18.28** Residência oficial do governador romano; também no versículo 33.

³⁴ Perguntou-lhe Jesus: "Essa pergunta é tua, ou outros te falaram a meu respeito?"

³⁵ Respondeu Pilatos: "Acaso sou judeu? Foram o seu povo e os chefes dos sacerdotes que o entregaram a mim. Que foi que você fez?"

³⁶ Disse Jesus: "O meu Reino*ᵃ* não é deste mundo. Se fosse, os meus servos lutariam para impedir que os judeus*ᵇ* me prendessem. Mas agora o meu Reino não é daqui".*ᶜ*

³⁷ "Então, você é rei!", disse Pilatos.

Jesus respondeu: "Tu dizes que sou rei. De fato, por esta razão nasci e para isto vim ao mundo: para testemunhar da verdade.*ᵈ* Todos os que são da verdade me ouvem".*ᵉ*

³⁸ "Que é a verdade?", perguntou Pilatos. Ele disse isso e saiu novamente para onde estavam os judeus, e disse: "Não acho nele motivo algum de acusação.*ᶠ* ³⁹ Contudo, segundo o costume de vocês, devo libertar um prisioneiro por ocasião da Páscoa. Querem que eu solte 'o rei dos judeus'?"

⁴⁰ Eles, em resposta, gritaram: "Não, ele não! Queremos Barrabás!" Ora, Barrabás era um bandido.*ᵍ*

Jesus é Condenado à Crucificação

19 Então Pilatos mandou açoitar Jesus.*ʰ* ² Os soldados teceram uma coroa de espinhos e a puseram na cabeça dele. Vestiram-no com uma capa de púrpura, ³ e, chegando-se a ele, diziam: "Salve, rei dos judeus!"*ⁱ* E batiam-lhe no rosto.*ʲ*

⁴ Mais uma vez, Pilatos saiu e disse aos judeus: "Vejam, eu o estou trazendo a vocês,*ᵏ* para que saibam que não acho nele motivo algum de acusação".*ˡ* ⁵ Quando Jesus veio para fora, usando a coroa de espinhos e a capa de púrpura,*ᵐ* disse-lhes Pilatos: "Eis o homem!"

⁶ Ao vê-lo, os chefes dos sacerdotes e os guardas gritaram: "Crucifica-o! Crucifica-o!"

Mas Pilatos respondeu: "Levem-no vocês e crucifiquem-no." Quanto a mim, não encontro base para acusá-lo".*ᵒ*

⁷ Os judeus insistiram: "Temos uma lei e, de acordo com essa lei, ele deve morrer,*ᵖ* porque se declarou Filho de Deus".*ᑫ*

⁸ Ao ouvir isso, Pilatos ficou ainda mais amedrontado ⁹ e voltou para dentro do palácio.*ʳ* Então perguntou a Jesus: "De onde você vem?", mas Jesus não lhe deu resposta.*ˢ* ¹⁰ "Você se nega a falar comigo?", disse Pilatos. "Não sabe que eu tenho autoridade para libertá-lo e para crucificá-lo?"

¹¹ Jesus respondeu: "Não terias nenhuma autoridade sobre mim se esta não te fosse dada de cima.*ᵗ* Por isso, aquele que me entregou a ti*ᵘ* é culpado de um pecado maior".

¹² Daí em diante Pilatos procurou libertar Jesus, mas os judeus gritavam: "Se deixares esse homem livre, não és amigo de César. Quem se diz rei*ᵛ* opõe-se a César".

¹³ Ao ouvir isso, Pilatos trouxe Jesus para fora e sentou-se na cadeira de juiz,*ʷ* num lugar conhecido como Pavimento de Pedra (que em aramaico*ˣ* é Gábata). ¹⁴ Era o Dia da Preparação*ʸ* na semana da Páscoa, por volta das seis horas da manhã.*¹,ᶻ*

"Eis o rei de vocês",*ᵃ* disse Pilatos aos judeus.

¹⁵ Mas eles gritaram: "Mata! Mata! Crucifica-o!"

"Devo crucificar o rei de vocês?", perguntou Pilatos.

"Não temos rei, senão César", responderam os chefes dos sacerdotes.

¹⁶ Finalmente Pilatos o entregou a eles para ser crucificado.*ᵇ*

A Crucificação
(Mt 27.32-44; Mc 15.21-32; Lc 23.26-43)

Então os soldados encarregaram-se de Jesus. ¹⁷ Levando a sua própria cruz,*ᶜ* ele saiu para o lugar chamado Caveira*ᵈ* (que em aramaico*ᵉ* é chamado Gólgota). ¹⁸ Ali o crucificaram, e com ele dois outros,*ᶠ* um de cada lado de Jesus.

¹⁹ Pilatos mandou preparar uma placa e pregá-la na cruz, com a seguinte inscrição: JESUS NAZARENO,*ᵍ* O REI DOS

---

¹ **19.14** Conforme o sistema oficial romano.

JUDEUS.[h] [20] Muitos dos judeus leram a placa, pois o lugar em que Jesus foi crucificado ficava próximo da cidade,[i] e a placa estava escrita em aramaico, latim e grego. [21] Os chefes dos sacerdotes dos judeus protestaram junto a Pilatos: "Não escrevas 'O Rei dos Judeus', mas sim que esse homem se dizia rei dos judeus".[j]

[22] Pilatos respondeu: "O que escrevi, escrevi".

[23] Tendo crucificado Jesus, os soldados tomaram as roupas dele e as dividiram em quatro partes, uma para cada um deles, restando a túnica. Esta, porém, era sem costura, tecida numa única peça, de alto a baixo. [24] "Não a rasguemos", disseram uns aos outros. "Vamos decidir por sorteio quem ficará com ela."

Isso aconteceu para que se cumprisse a Escritura[k] que diz:

"Dividiram as minhas roupas entre si,
e tiraram sortes
     pelas minhas vestes"[1].[l]

Foi o que os soldados fizeram.

[25] Perto da cruz [m]de Jesus estavam sua mãe,[n] a irmã dela, Maria, mulher de Clopas, e Maria Madalena.[o] [26] Quando Jesus viu sua mãe[p] ali, e, perto dela, o discípulo a quem ele amava,[q] disse à sua mãe: "Aí está o seu filho", [27] e ao discípulo: "Aí está a sua mãe". Daquela hora em diante, o discípulo a recebeu em sua família.

A Morte de Jesus
(Mt 27.45-56; Mc 15.33-41; Lc 23.44-49)

[28] Mais tarde, sabendo então que tudo estava concluído,[r] para que a Escritura se cumprisse,[s] Jesus disse: "Tenho sede". [29] Estava ali uma vasilha cheia de vinagre.[t] Então embeberam uma *esponja* nela, colocaram a esponja na ponta de um caniço de hissopo e a ergueram até os lábios de Jesus. [30] Tendo-o provado, Jesus disse: "Está consumado!"[u] Com isso, curvou a cabeça e entregou o espírito.

[1] **19.24** Sl 22.18

[31] Era o Dia da Preparação[v] e o dia seguinte seria um sábado especialmente sagrado. Como não queriam que os corpos permanecessem na cruz[w] durante o sábado, os judeus pediram a Pilatos que mandasse quebrar as pernas dos crucificados e retirar os corpos. [32] Vieram, então, os soldados e quebraram as pernas do primeiro homem que fora crucificado com Jesus e, em seguida, as do outro.[x] [33] Mas, quando chegaram a Jesus, constatando que já estava morto, não lhe quebraram as pernas. [34] Em vez disso, um dos soldados perfurou[y] o lado de Jesus com uma lança, e logo saiu sangue e água.[z] [35] Aquele que o viu,[a] disso deu testemunho, e o seu testemunho é verdadeiro.[b] Ele sabe que está dizendo a verdade, e dela testemunha para que vocês também creiam. [36] Estas coisas aconteceram para que se cumprisse a Escritura:[c] "Nenhum dos seus ossos será quebrado"[2],[d] [37] e, como diz a Escritura noutro lugar: "Olharão para aquele que traspassaram"[3].[e]

O Sepultamento de Jesus
(Mt 27.57-61; Mc 15.42-47; Lc 23.50-56)

[38] Depois disso José de Arimateia pediu a Pilatos o corpo de Jesus. José era discípulo de Jesus, mas o era secretamente, porque tinha medo dos judeus. Com a permissão de Pilatos, veio e levou embora o corpo. [39] Ele estava acompanhado de Nicodemos,[f] aquele que antes tinha visitado Jesus à noite. Nicodemos levou cerca de trinta e quatro quilos[4] de uma mistura de mirra e aloés. [40] Tomando o corpo de Jesus, os dois o envolveram em faixas de linho,[g] com as especiarias, de acordo com os costumes judaicos[h] de sepultamento. [41] No lugar onde Jesus foi crucificado havia um jardim; e no jardim, um sepulcro novo, onde ninguém jamais fora colocado. [42] Por ser o Dia da Preparação dos judeus,[i] e visto que o sepulcro ficava perto,[j] colocaram Jesus ali.

[2] **19.36** Êx 12.46; Nm 9.12; Sl 34.20
[3] **19.37** Zc 12.10
[4] **19.39** Grego: *100 litras*. A litra era uma medida de capacidade de cerca de um terço de litro.

A Ressurreição
(Mt 28.1-10; Mc 16.1-8; Lc 24.1-12)

20 No primeiro dia da semana, bem cedo, estando ainda escuro, Maria Madalena[k] chegou ao sepulcro e viu que a pedra da entrada tinha sido removida.[l] ² Então correu ao encontro de Simão Pedro e do outro discípulo, aquele a quem Jesus amava,[m] e disse: "Tiraram o Senhor do sepulcro, e não sabemos onde o colocaram!"[n]

³ Pedro e o outro discípulo saíram e foram para o sepulcro.[o] ⁴ Os dois corriam, mas o outro discípulo foi mais rápido que Pedro e chegou primeiro ao sepulcro. ⁵ Ele se curvou e olhou para dentro,[p] viu as faixas de linho[q] ali, mas não entrou. ⁶ A seguir, Simão Pedro, que vinha atrás dele, chegou, entrou no sepulcro e viu as faixas de linho, ⁷ bem como o lenço que estivera sobre a cabeça de Jesus.[r] Ele estava dobrado à parte, separado das faixas de linho. ⁸ Depois o outro discípulo, que chegara primeiro ao sepulcro,[s] também entrou. Ele viu e creu. ⁹ (Eles ainda não haviam compreendido que, conforme a Escritura,[t] era necessário que Jesus ressuscitasse dos mortos.)[u]

Jesus Aparece a Maria Madalena

¹⁰ Os discípulos voltaram para casa. ¹¹ Maria, porém, ficou à entrada do sepulcro, chorando. Enquanto chorava, curvou-se para olhar dentro do sepulcro[v] ¹² e viu dois anjos vestidos de branco,[w] sentados onde estivera o corpo de Jesus, um à cabeceira e o outro aos pés.

¹³ Eles lhe perguntaram: "Mulher, por que você está chorando?"[x]

"Levaram embora o meu Senhor", respondeu ela, "e não sei onde o puseram".[y] ¹⁴ Nisso ela se voltou e viu Jesus ali, em pé,[z] mas não o reconheceu.[a]

¹⁵ Disse ele: "Mulher, por que está chorando?[b] Quem você está procurando?"

Pensando que fosse o jardineiro, ela disse: "Se o senhor o levou embora, diga-me onde o colocou, e eu o levarei".

¹⁶ Jesus lhe disse: "Maria!"

Então, voltando-se para ele, Maria exclamou em aramaico:[c] "Rabôni!"[d] (que significa "Mestre!").

¹⁷ Jesus disse: "Não me segure, pois ainda não voltei para o Pai. Vá, porém, a meus irmãos[e] e diga-lhes: Estou voltando para meu Pai[f] e Pai de vocês, para meu Deus e Deus de vocês."

¹⁸ Maria Madalena[g] foi e anunciou aos discípulos:[h] "Eu vi o Senhor!" E contou o que ele lhe dissera.

Jesus Aparece aos Discípulos
(Lc 24.36-49)

¹⁹ Ao cair da tarde daquele primeiro dia da semana, estando os discípulos reunidos a portas trancadas, por medo dos judeus,[i] Jesus entrou, pôs-se no meio deles e disse: "Paz[j] seja com vocês!"[k] ²⁰ Tendo dito isso, mostrou-lhes as mãos e o lado.[l] Os discípulos alegraram-se[m] quando viram o Senhor.

²¹ Novamente Jesus disse: "Paz seja com vocês![n] Assim como o Pai me enviou,[o] eu os envio".[p] ²² E com isso, soprou sobre eles e disse: "Recebam o Espírito Santo.[q] ²³ Se perdoarem os pecados de alguém, estarão perdoados; se não os perdoarem, não estarão perdoados".[r]

Jesus Aparece a Tomé

²⁴ Tomé,[s] chamado Dídimo, um dos Doze, não estava com os discípulos quando Jesus apareceu. ²⁵ Os outros discípulos lhe disseram: "Vimos o Senhor!" Mas ele lhes disse: "Se eu não vir as marcas dos pregos nas suas mãos, não colocar o meu dedo onde estavam os pregos e não puser a minha mão no seu lado,[t] não crerei".[u]

²⁶ Uma semana mais tarde, os seus discípulos estavam outra vez ali, e Tomé com eles. Apesar de estarem trancadas as portas, Jesus entrou, pôs-se no meio deles e disse: "Paz[v] seja com vocês!"[w] ²⁷ E Jesus disse a Tomé: "Coloque o seu dedo aqui; veja as minhas mãos. Estenda a mão e coloque-a no meu lado. Pare de duvidar e creia".[x]

²⁸ Disse-lhe Tomé: "Senhor meu e Deus meu!"

²⁹ Então Jesus lhe disse: "Porque me viu, você creu?ʸ Felizes os que não viram e creram".ᶻ

³⁰ Jesus realizou na presença dos seus discípulos muitos outros sinais milagrosos,ᵃ que não estão registrados neste livro.ᵇ ³¹ Mas estes foram escritos para que vocês creiamᶜ¹ que Jesus é o Cristo, o Filho de Deusᵈ e, crendo, tenham vida em seu nome.ᵉ

Jesus e a Pesca Maravilhosa

21 Depois disso Jesus apareceu novamente aos seus discípulos,ᶠ à margem do mar de Tiberíades.ᵍ² Foi assim: ² Estavam juntos Simão Pedro; Tomé,ʰ chamado Dídimo; Natanael,ⁱ de Caná da Galileia;ʲ os filhos de Zebedeu;ᵏ e dois outros discípulos. ³ "Vou pescar", disse-lhes Simão Pedro. E eles disseram: "Nós vamos com você". Eles foram e entraram no barco, mas naquela noite não pegaram nada.ˡ

⁴ Ao amanhecer, Jesus estava na praia, mas os discípulos não o reconheceram.ᵐ

⁵ Ele lhes perguntou: "Filhos, vocês têm algo para comer?"

Eles responderam que não.

⁶ Ele disse: "Lancem a rede do lado direito do barco e vocês encontrarão". Eles a lançaram e não conseguiam recolher a rede, tal era a quantidade de peixes.ⁿ

⁷ O discípulo a quem Jesus amavaᵒ disse a Pedro: "É o Senhor!" Simão Pedro, ouvindo-o dizer isso, vestiu a capa, pois a havia tirado, e lançou-se ao mar. ⁸ Os outros discípulos vieram no barco, arrastando a rede cheia de peixes, pois estavam apenas a cerca de noventa metros³ da praia. ⁹ Quando desembarcaram, viram ali uma fogueira,ᵖ peixe sobre brasasᵠ e um pouco de pão.

¹⁰ Disse-lhes Jesus: "Tragam alguns dos peixes que acabaram de pescar".

¹¹ Simão Pedro entrou no barco e arrastou a rede para a praia. Ela estava cheia: tinha cento e cinquenta e três grandes peixes. Embora houvesse tantos peixes, a rede não se rompeu. ¹² Jesus lhes disse: "Venham comer".⁴ Nenhum dos discípulos tinha coragem de lhe perguntar: "Quem és tu?" Sabiam que era o Senhor. ¹³ Jesus aproximou-se, tomou o pão e o deu a eles, fazendo o mesmo com o peixe.ʳ ¹⁴ Esta foi a terceira vez que Jesus apareceu aos seus discípulos,ˢ depois que ressuscitou dos mortos.

Jesus Restaura Pedro

¹⁵ Depois de comerem, Jesus perguntou a Simão Pedro: "Simão, filho de João, você me ama mais do que estes?"

Disse ele: "Sim, Senhor, tu sabes que te amo".ᵗ

Disse Jesus: "Cuide dos meus cordeiros".ᵘ

¹⁶ Novamente Jesus disse: "Simão, filho de João, você me ama?"

Ele respondeu: "Sim, Senhor, tu sabes que te amo".

Disse Jesus: "Pastoreie as minhas ovelhas".ᵛ

¹⁷ Pela terceira vez, ele lhe disse: "Simão, filho de João, você me ama?"

Pedro ficou magoado por Jesus lhe ter perguntado pela terceira vez "Você me ama?"ʷ e lhe disse: "Senhor, tu sabes todas as coisasˣ e sabes que te amo".

Disse-lhe Jesus: "Cuide das minhas ovelhas.ʸ ¹⁸ Digo a verdade: Quando você era mais jovem, vestia-se e ia para onde queria; mas, quando for velho, estenderá as mãos e outra pessoa o vestirá e o levará para onde você não deseja ir". ¹⁹ Jesus disse isso para indicar o tipo de morteᶻ com a qual Pedro iria glorificar a Deus.ᵃ E então lhe disse: "Siga-me!"

²⁰ Pedro voltou-se e viu que o discípulo a quem Jesus amavaᵇ os seguia. (Este era o que estivera ao lado de Jesus durante a ceia e perguntara: "Senhor, quem te irá trair?")ᶜ

---

¹ **20.31** Alguns manuscritos dizem *continuem a crer*.
² **21.1** Isto é, o mar da Galileia.
³ **21.8** Grego: *200 côvados*. O côvado era uma medida linear de cerca de 45 centímetros.
⁴ **21.12** Grego: "*Tomem o desjejum*".

²¹ Quando Pedro o viu, perguntou: "Senhor, e quanto a ele?"

²² Respondeu Jesus: "Se eu quiser que ele permaneça vivo até que eu volte,ᵈ o que importa? Quanto a você, siga-me!".ᵉ ²³ Foi por isso que se espalhou entre os irmãosᶠ o rumor de que aquele discípulo não iria morrer. Mas Jesus não disse que ele não iria morrer; apenas disse: "Se eu quiser que ele permaneça vivo até que eu volte, o que importa?"

²⁴ Este é o discípulo que dá testemunho dessas coisasᵍ e que as registrou. Sabemos que o seu testemunho é verdadeiro.ʰ ²⁵ Jesus fez também muitas outras coisas.ⁱ Se cada uma delas fosse escrita, penso que nem mesmo no mundo inteiro haveria espaço suficiente para os livros que seriam escritos.

21.22
ᵈMt 16.27;
1Co 4.5;
Ap 2.25
ᵉv. 19
21.23
ᶠAt 1.16
21.24
ᵍJo 15.27
ʰJo 19.35
21.25
ⁱJo 20.30

PASTOREANDO EM SITUAÇÕES ESPECÍFICAS

 ## Pastoreando famílias com casos de deficiência

> *Ao passar, Jesus viu um cego de nascença. Seus discípulos lhe perguntaram: "Mestre, quem pecou: este homem ou seus pais, para que ele nascesse cego?"*
>
> *Disse Jesus: "Nem ele nem seus pais pecaram, mas isto aconteceu para que a obra de Deus se manifestasse na vida dele".*
>
> João 9.1-3

Em João 9.2, os discípulos revelam o que pensam sobre pessoas portadoras de deficiência quando perguntam: " 'Mestre, quem pecou: este homem ou seus pais, para que ele nascesse cego?' ". Como observa Amy Julia Becker, os discípulos nem prestam atenção ao cego que estava bem na frente deles; eles simplesmente veem um problema, um enigma teológico que Jesus teria de resolver. Em nítido contraste com os discípulos, Jesus trata aquele homem com dignidade. Ele o toca. Permite que o homem participe de sua própria cura. Resultado, o homem torna-se testemunha eficaz de Cristo.

Jesus espera que a Igreja siga o exemplo que ele nos deu quando tivermos de ministrar às pessoas com deficiência. Pessoas com deficiência não são problemas a serem resolvidos, tampouco são pessoas que precisam apenas do nosso amor e compaixão. Como o homem que Jesus encontra em João 9, elas também podem se tornar discípulos sinceros de Jesus, os quais foram abençoados com dons espirituais para dedicar ao Corpo de Cristo. Pastorear indivíduos portadores de deficiência e sua respectiva família exige esforço e um compromisso de longo prazo, mas é um ministério digno do nosso tempo e esforço. Podemos até concluir que eles nos abençoam mais do que nós a eles.

PASTOREANDO EM SITUAÇÕES ESPECÍFICAS

Princípios bíblicos do ministério aos portadores de deficiência
Stephanie O. Hubach

Líderes de igreja precisam comunicar uma sólida teologia centrada no Evangelho sobre a deficiência física. Mas como deve se caracterizar uma teologia centrada no Evangelho sobre a deficiência?

A deficiência está enraizada em um paradigma bíblico

Para poder compreender a questão da deficiência de uma perspectiva bíblica, precisamos enxergá-la no contexto abrangente das Escrituras, incluindo os principais temas: criação, queda, redenção e consumação de todas as coisas. Na criação, tudo que Deus criou era bom. Mas a queda da humanidade provocou a desarmonia de tudo que Deus criara. A queda permeia todos os aspectos da nossa humanidade: espiritual, psicológico, emocional, físico e intelectual. Nenhuma dimensão da nossa humanidade ou da criação permanece intocada (Romanos 8.19-23). Mas Deus, em sua misericórdia, iniciou sua obra de redenção até a revelação posterior da vinda de Cristo e de seu Reino. A vinda do Reino de Cristo representa a antecipação da redenção de Deus em "tempo real" que começa a reverter os efeitos da queda em todas as áreas da vida. Em termos mais claros, o Reino de Deus é o reinado de Deus. Como tal, Jesus veio:

- Para restaurar o reinado de Deus *dentro de nós* por meio de sua morte sacrificial e ressurreição triunfal.
- Para restaurar o reinado de Deus *através de nós* à medida que seu poder restaurador flui através de seu povo redimido por todas as áreas da vida e da criação.
- Para restaurar o reinado de Deus *para nós*, à medida que seu poder restaurador flui através de seu povo com o objetivo de trazer alívio do sofrimento humano no nível pessoal.

De acordo com Jesus, o Reino de Deus já está aqui, mas também não está em sua plenitude até a consumação de todas as coisas no final dos tempos. Isso significa que vivemos num período de tensão — do que parece (e é) uma "tarefa inacabada". Na consumação, Jesus trará um novo céu e uma nova terra. Naquele momento, todo o povo redimido de Deus será totalmente parecido com Cristo, em um relacionamento perpétuo com ele, vivendo em um novo corpo no ambiente da nova criação.

A deficiência é uma expressão da condição humana

A deficiência — como todas as demais formas de debilidade e obstáculo na vida humana — é simplesmente uma parte *normal* da vida em um mundo *anormal*. O próprio mundo não é como deveria ser originalmente — e a deficiência é um reflexo da "ruptura" da ordem criada em sua origem. Ela pode ser entendida como a *forma mais visível* da debilidade e *do* obstáculo *comuns* à experiência humana.

Pastoreando famílias com casos de deficiência

A deficiência reflete repercussões de um mundo caído

As repercussões da vida em um *mundo anormal* são tais que tanto a função das coisas criadas quanto a ordem social são afetadas. Por exemplo, na ordem criada originalmente, a morte era uma experiência não natural. Enfermidade, doença e deficiência são expressões semelhantes de ruptura. Sempre que ocorre a deficiência significa que uma parte funcional do corpo da pessoa não está funcionando como se esperava. Isso é chamado "disfunção" — uma forma de ruptura que gera níveis práticos de obstáculos — às vezes obstáculos *extremos*. De acordo com Jesus, *não* é consequência de pecado pessoal (João 9). Trata-se simplesmente de uma expressão dos desafios funcionais de se viver em um mundo caído.

Além disso, a deficiência tem uma dimensão social: as atitudes das pessoas podem agravar a deficiência do indivíduo (geralmente *muito* mais) além do que a própria disfunção. Essas atitudes são resultado de se viver com pessoas cujo coração foi radicalmente afetado pela queda — coração inclinado à autoproteção, autopromoção e autoconfiança — em vez de ser orientado pelo reinado de Deus.

A deficiência demonstra os propósitos redentores de Deus

Em João 9.2,3, os discípulos perguntam a Jesus sobre o cego de nascença: " 'Mestre, quem pecou, este homem ou seus pais, para que ele nascesse cego?' ". Jesus os repreende levemente invertendo a questão. " 'Nem ele nem seus pais pecaram' ", disse Jesus, " 'mas isto aconteceu para que a obra de Deus se manifestasse na vida dele' ". A glória de Deus é o objetivo absoluto de toda vida humana — incluindo, e talvez de forma singular, as pessoas afetadas por uma deficiência. Lembre-se de que a vinda do Reino de Cristo significa a vinda do reinado de Deus, trazendo seu poder restaurador sobre nós, através de nós e para nós.

Pessoas portadoras de deficiência que confessam o nome de Cristo, assim como todo o povo de Deus, são aquelas por meio das quais o poder restaurador de Deus flui na vida de outros e na criação, restaurando a bondade, a verdade e a beleza de Deus a todas as dimensões da vida. E, como qualquer outra pessoa, os portadores de deficiência carecem da expressão prática do amor no Corpo de Cristo para lidar com os desafios e dificuldades que existem tanto no nível funcional quanto no social.

A deficiência exige da igreja uma resposta centrada no Evangelho

Qual é a implicação de a igreja viver de acordo com uma teologia para a deficiência que esteja centrada no Evangelho?

- *O Evangelho por meio de palavras está ao alcance de todos*. Quando a igreja vive de acordo com uma teologia da deficiência, o Evangelho é pregado de maneira que o surdo possa ouvir, o cego possa ver e o intelectualmente débil possa entender. Se todas as pessoas têm necessidade do Salvador, então a igreja deve, propositadamente, adaptar seu modo comum de pregação para alcançar todas as pessoas de todos os modos necessários a fim de compartilhar as boas-novas.
- *O Evangelho por meio de ações está ao alcance de todos*. A igreja torna-se consciente e sensível aos desafios implacáveis enfrentados por indivíduos e famílias atingidos

por uma deficiência. E esses mesmos indivíduos e famílias experimentarão de forma autêntica as manifestações do poder restaurador de Deus na própria vida de maneira tangível. Nada autentica mais o testemunho do Evangelho ao mundo do que o Evangelho por meio de ações, que, por sua vez, validam a pregação do Evangelho por meio de palavras.

- *Portadores de deficiência são tratados como indispensáveis ao Corpo de Cristo.* É difícil ler as passagens paulinas sobre o Corpo de Cristo (veja Romanos 12, 1Coríntios 12 e Efésios 4) através das lentes da deficiência sem atentar para o maravilhoso chamado de valorizar e acolher pessoas com deficiência na comunidade dos fiéis. Em outras palavras, cada membro faz parte do Corpo. Cada membro tem seus próprios dons. Cada membro recebe a graça. Cada membro foi planejado por Deus conforme seus propósitos. Cada membro tem valor, e as partes consideradas mais fracas são, na verdade, aquelas sem as quais não podemos viver. Cada parte cumpre um papel no crescimento e na edificação do Corpo de Cristo em amor.

Quando o Corpo de Cristo deixa de valorizar os portadores de deficiência, deixa de incorporar seus dons e deixa de amar famílias e indivíduos afetados pela deficiência — o Corpo deixa de se parecer com Jesus. O próprio Corpo de Cristo é, ironicamente, deficiente. Na perspectiva humana, incluir pessoas com deficiência no Corpo de Cristo pode parecer criar dificuldades, quando, na verdade, Deus diz que elas não só trazem bênçãos como também melhoram o funcionamento do Corpo de Cristo com vistas ao propósito de crescer e edificar a si mesmo em amor "na medida em que cada parte realiza a sua função."

Como apoiar uma família atingida por invalidez
Stephanie O. Hubach

A deficiência pode ser impiedosa. Para quem convive com a "rotina diária da deficiência", nesta vida nunca se chega "ao fim". Como pastores, sabemos bem o que é atender a necessidades em situações de crise. Sabemos como fazer visitas a hospitais e ajudar a distribuir refeições. E sabemos que essas necessidades terminarão depois que o indivíduo se recuperar da cirurgia, a enfermidade passar ou o câncer for curado. De algum modo — mesmo que seja através da morte — a situação se resolve. Por outro lado, é a natureza permanente da deficiência — sua implacabilidade — que a torna diferente. Diante das infindáveis preocupações, em seguida, apresento alguns modos de oferecer suporte aos atingidos por deficiência.

Reconheça que a deficiência é um assunto familiar
O choque da deficiência afeta não só o portador da deficiência, mas também os membros da família nuclear e estendida. Pais, cônjuges, irmãos, filhos e avós podem ser afetados.

Considere a grande variedade de ajustes à vida familiar
Os ajustes à vida familiar para acomodar as necessidades relacionadas à deficiência podem variar desde as mais práticas (por exemplo, a necessidade de uma rampa) até as mais complexas (por exemplo, a necessidade de assistência comportamental ou cuidado médico intensivo). Áreas da vida que podem ser impactadas incluem as finanças da família, tarefas domésticas, transporte, questões médicas, acessibilidade na moradia, treinamento vocacional ou de reabilitação, programas de intervenção preventiva e muitas outras. Quando um bebê nasce com alguma deficiência, sua chegada desencadeará um conjunto muito diferente de desafios em comparação a um adulto que é acometido por uma deficiência num período avançado da vida.

Peça à família que compartilhe as necessidades com você
O modo mais simples e respeitoso de avaliar as necessidades de uma família é encontrar-se com os familiares e perguntar a eles sobre a situação. Não pense que você já sabe. Gaste tempo ouvindo-os para que possam sentir-se amados e compreendidos. Não ajuda oferecer apoio entusiasta e bem-intencionado se não for o que a família realmente deseja ou precisa. Se uma família estiver tão sobrecarregada pelas circunstâncias a ponto de não conseguir expressar seus desejos, então trabalhe pacientemente com eles para sugerir uma lista possível das necessidades mais imediatas e práticas. Depois de listar as necessidades, converse novamente com a família sobre as observações feitas a fim de confirmá-las; em seguida, procure tratar dessas necessidades. Tenha em mente que os relacionamentos que refletem o caráter de Cristo nunca operam a partir de uma posição de poder, mas de uma postura de respeito e serviço.

Aprenda a ver como o outro vê
Aprender a enxergar o mundo através das lentes daqueles que você está servindo é parte importante da identificação com as pessoas, uma habilidade que Jesus demonstrou no relacionamento interpessoal. Essa atitude também poderá ajudar você a ter ideias criativas e práticas de como encarar os desafios. Uma das maneiras de se identificar com a implacabilidade da deficiência na vida de uma família é pensar sobre as necessidades da sua própria família em todas as áreas da vida, e depois aumentá-las a um grau muito maior. Todos nós experimentamos desafios na vida, mas a deficiência geralmente traz desafios muito *maiores*: *maiores* desafios financeiros, *maiores* desafios educacionais, *maiores* desafios de relacionamento, e *maiores* desafios de transporte.

O efeito acumulativo de tantas demandas crescentes pode resultar em um nível muito elevado de estresse no sistema familiar. Fique atento ao fato de que cada membro da família experimentará os fatores de estresse de maneira diferente. Faça perguntas a si mesmo como:

- *Como eu me sentiria se de repente meu cônjuge ficasse inválido?*
- *Como o meu papel de cuidador de um membro da minha família poderia mudar o nosso relacionamento?*

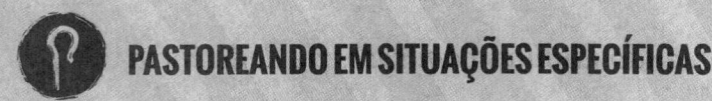

- *Como seria crescer com um irmão ou irmã com deficiência mental ou problemas sérios de comportamento?*
- *O meu casamento resistiria se eu tivesse um filho com deficiência que exigisse frequente hospitalização ou cuidado médico intensivo?*
- *Como eu reagiria se me sentisse invisível para os outros?*

Trate cada membro da família de forma integral

A Bíblia ensina que os seres humanos possuem uma integração entre corpo, mente e espírito. Suas ações de cuidado como pastor devem esforçar-se para tratar a pessoa de modo integral. Por exemplo, se você tratar das necessidades materiais de um membro da família, mas deixar de criar oportunidade para que ela adore ou conheça melhor a Deus por meio das dificuldades pelas quais passa, você tratou do corpo, mas não do espírito. Eis alguns modos de oferecer apoio às necessidades de cada indivíduo (pais, cônjuges, irmãos, filhos, a pessoa com deficiência) de uma família afetada pela deficiência que procura integrar corpo, mente e espírito:

- *Ofereça ajuda às necessidades práticas e materiais do corpo.* Para o portador de deficiência, isso pode envolver atenção relacionada ao cuidado pessoal. Para o cuidador, isso pode incluir a necessidade de descanso e repouso.
- *Ofereça ajuda às necessidades da mente.* Isso inclui oferecer informação, planejamento e compreensão.
- *Ofereça ajuda às necessidades mais significativas do coração humano — o relacionamento com Deus e com os outros.* Não se esqueça de que a nossa necessidade mais profunda é a necessidade do próprio Deus. No seu empenho de ajudar pessoas portadoras de deficiência e os membros da família, procure relacionamentos que reflitam o caráter de Deus e mostre às pessoas o Pai celestial sendo "as mãos e os pés de Jesus" na vida de cada uma delas.

Como apoiar a vida desde a concepção até a morte natural
Joan & Jerry Borton

Abraçar a santidade da vida humana é muito mais do que simplesmente ser contra o aborto — significa estar presente em todas as fases da vida "por amor à vida do meu próximo". Pessoas portadoras de deficiência certamente precisam de proteção desde o útero até a eutanásia. Mas elas também precisam de apoio respeitoso e ajuda prática por toda a vida a fim de participar plenamente da sociedade. Não é suficiente simplesmente estabelecer o direito de alguém nascer (mesmo um bebê com deficiência) e evitar que percam a vida de forma não natural se deixamos de amá-los e apoiá-los quando a vida se torna complexa e complicada como resultado da deficiência (quer a limitação seja desde o nascimento quer mais tarde na vida).

Pastoreando famílias com casos de deficiência

Por muito tempo a igreja não deu atenção àqueles que estão à margem da vida — aqueles que precisam de assistência diária, transporte, questões de saúde — achando que essas necessidades são unicamente responsabilidade dos serviços sociais. Apesar de ninguém ser capaz de atender às necessidades de todos a todo tempo, os líderes da igreja precisam entender que temos *continuamente* a tarefa de levar as cargas uns dos outros (incluindo a dos portadores de deficiência e de quem tem enfermidade crônica) e, assim, cumprir o amor de Cristo (veja Gálatas 6.2). Ministrar aos portadores de deficiência é uma maratona, não uma corrida de curta distância. Eis alguns modos práticos de defender a vida de pessoas com deficiência desde a concepção até a morte natural.

Ofereça refeições regulares
Isso pode ocorrer uma vez por semana ou uma vez por mês ou, quem sabe, você poderá ajudar o portador de deficiência deixando comida pronta no *freezer*.

Ajude com o transporte
Consultas médicas ou fisioterapia muitas vezes exigem dos membros da família ter de ir a vários lugares ao mesmo tempo. Você poderá oferecer ajuda a fim de aliviar os transtornos com transporte. Ou, então, poderá acompanhar a pessoa em consultas médicas ou terapêuticas para ajudar a entender as orientações dos profissionais.

Faça uma limpeza na cadeira de rodas ou lave o automóvel
Coisas simples como limpeza podem fazer grande diferença a uma família em situação extremamente desafiadora.

Inclua os irmãos não deficientes nos seus programas familiares
Uma viagem à praia ou um passeio a um parque de diversões possibilita um repouso acolhedor das restrições impostas pela deficiência a uma família. Você ajudará a produzir lembranças felizes aos irmãos não deficientes assim como para a sua própria família.

Ofereça ajuda para as atividades rotineiras
Aprenda a rotina de um portador de deficiência e se ofereça para estar com a pessoa uma tarde ou noite. Ou acompanhe-a a uma atividade de sua preferência, inclusive ir à igreja caso precisem de ajuda.

Visite pessoas de uma casa ou entidade de apoio
Mesmo que o portador de deficiência tenha familiares que o visitem regularmente, as longas horas e os dias passados ali podem causar solidão e depressão para alguns residentes. O efeito de uma breve visita para aliviar e alegrar o dia de um portador de deficiência pode ter efeito duradouro.

Ofereça ajuda na manutenção externa da casa
Ofereça-se para lavar o quintal, aguar plantas, limpar vidros e calhas, entre outros, da casa de famílias afetadas pela deficiência.

PASTOREANDO EM SITUAÇÕES ESPECÍFICAS

Estar presente "por amor à vida do meu próximo" pode ser demonstrado por inumeráveis práticas de lealdade. Basta enxergar o portador de deficiência como uma pessoa, perguntando-lhe em que você poderá ajudar e depois decidir tomar a iniciativa e atender a essas necessidades.

Preparando a igreja para acolher pessoas portadoras de deficiência
Stephanie O. Hubach

O que é necessário para que a sua igreja acolha bem os portadores de deficiência? A frase "Não basta vaga de estacionamento e rampas de acesso" é uma verdade. Apesar de as vagas de estacionamento reservadas para portadores de deficiência e instalações acessíveis serem excelentes iniciativas, uma igreja que sabe acolher os portadores de deficiência fará muito mais do que isso. Ser uma congregação acolhedora faz parte do ministério da hospitalidade bíblica. A hospitalidade envolve avaliar honestamente as causas que frequentemente impedem os deficientes e suas famílias de participar das atividades da igreja, a fim de eliminar essas barreiras e tornar o acolhimento genuíno uma realidade.

A deficiência pode ser vista através de duas dimensões: os aspectos *funcionais* e os aspectos *sociais*. Os aspectos funcionais da deficiência estão associados à diminuição de funções físicas — partes do corpo do indivíduo que não funcionam como deveriam. Os aspectos sociais da deficiência estão relacionados as nossas atitudes para com pessoas portadoras de deficiência (que podem ser mais prejudiciais do que as próprias limitações físicas). Tudo o que impede a participação na vida da igreja pode ser avaliado pela análise da acessibilidade de acordo com estas duas categorias: os aspectos funcionais e os sociais.

Reconheça os efeitos dos aspectos sociais da deficiência

Muitas pessoas lutam contra o "fator medo" quando estão diante do desafio de relacionar-se com pessoas portadoras de deficiência. Em geral, isso tem mais a ver com a nossa própria insegurança sobre o que dizer ou como reagir a alguém que vemos diferente de nós mesmos. Em outras palavras, nossas ansiedades ressaltam *nossas* necessidades, não as necessidades das pessoas portadoras de deficiência. A falta de contato com portadores de deficiência pode agravar essa tendência. Quando damos mais ênfase as nossas próprias inseguranças, descobrimos modos de nos distanciar da outra pessoa. Quando damos ênfase em como amar o próximo incondicionalmente — assim como Deus nos amou —, decidimos nos aproximar das pessoas.

Há diversos modos práticos de tornar você e sua igreja mais acolhedores aos portadores de deficiência.

- *Enfoque a imagem de Deus no nosso interior*. Lembre-se de que todas as pessoas refletem a bondade, a verdade e a beleza de Deus como alguém criado conforme

Pastoreando famílias com casos de deficiência

sua imagem. Quando nos identificamos uns com os outros como semelhantes, enfocamos os pontos mais fundamentais da nossa semelhança, não nossas diferenças.

- *Forneça informação significativa.* É muito importante entender o tipo de deficiência. Por exemplo, "o que é autismo?"; "Como isso afeta o modo de o indivíduo perceber o mundo e se relacionar com os outros?"; "Como posso me aproximar de alguém com autismo de maneira abençoadora?". Instrua a igreja sobre os vários aspectos práticos das condições de deficiência que alguns de seus membros enfrentam. Ofereça um meio natural para que esse tipo de informação chegue às pessoas.
- *Enfoque a pessoa, não o rótulo.* Lembre-se de que pessoas que portam o mesmo tipo de deficiência ainda assim são indivíduos singulares. Apesar de compartilharem certos aspectos de uma determinada deficiência, duas pessoas com síndrome de Down, por exemplo, não são iguais. Duas pessoas com paralisia cerebral não são a mesma. Procure conhecer a *pessoa,* assim os seus temores começarão a diminuir.
- *Cuidado com o pecado da indiferença.* A indiferença implica: "Nós sabemos, mas não nos importamos". A indiferença é uma questão do coração. Corações apáticos precisam ser desafiados pelas verdades do Evangelho. Desafie sua comunidade a aprender sobre as realidades que os outros enfrentam ao viver com a deficiência, buscando sempre a graça amorosa de Deus para amolecer o coração de cada pessoa.

Reconheça os efeitos dos aspectos funcionais da deficiência

Faça um "diagnóstico de acessibilidade" das instalações da igreja pedindo aos portadores de deficiência e suas famílias sugestões para tornar o culto, as atividades e os eventos, bem como os relacionamentos mais acessíveis aos outros. Quando for avaliar cada uma dessas áreas, reflita sobre os seguintes tipos de categorias funcionais: deficiência sensorial (visual e auditiva), deficiência física (mobilidade), deficiência intelectual (aprendizado e relacionamento interpessoal), deficiência neurológica (sistema nervoso central) e deficiência psicológica (transtornos psicóticos). Lembre-se: só porque você não enxerga a deficiência não significa que ela não exista.

Estes são alguns modos de lidar com os aspectos funcionais da deficiência:

- *Ofereça acesso ao culto.* No culto, identifique quais são os obstáculos de acesso aos portadores de deficiência. Que tipo de acomodação básica você pode oferecer? Que elementos ou alternativas você pode oferecer que sejam visíveis até mesmo aos visitantes pela primeira vez? Talvez você queira oferecer material impresso com letra ampliada ou equipamento auditivo. Talvez a pessoa que se distraia facilmente com a música alta aprecie um lugar mais tranquilo. Um ambiente alternativo para crianças portadoras de deficiência pode permitir aos pais cultuar mais tranquilos. Quem sabe necessita de espaço entre os bancos para cadeiras de roda.
- *Ofereça acesso para as programações e atividades.* Não deixe de levar em conta a acessibilidade quando planejar eventos e programas da igreja. Um cadeirante conseguirá entrar no refeitório da igreja? Há sanitários para cadeirantes? Que oportunidades existem para que eles façam uso de seus dons no Corpo de Cristo? Uma criança com deficiência intelectual poderá participar das aulas ou programações do grupo de jovens?

PASTOREANDO EM SITUAÇÕES ESPECÍFICAS

Ofereça treinamento prático à sua equipe de educação cristã para que eles possam ensinar com segurança a adultos e crianças com necessidades especiais no ambiente de aula. Pense em formar uma equipe orientada para ações práticas dentro da igreja que esteja sempre pronta para ajudar a manter a acessibilidade como prioridade na sua igreja e para ajudar com soluções práticas às diversas necessidades relacionadas à deficiência conforme surgirem.

- *Ofereça acesso aos relacionamentos.* Proporcione caminhos de fácil acesso para a amizade e comunhão. Se a igreja tem pequenos grupos, pense em como os portadores de deficiência podem participar. São tratadas questões de transporte para aqueles que não podem dirigir? Como os membros da igreja se relacionam com os demais membros durante a semana? Certifique-se de que a sua equipe ministerial esteja atenta às necessidades práticas das famílias afetadas pela deficiência. Apoie essas famílias de maneiras práticas, atendendo às necessidades do corpo, da mente e do espírito.

Ao tratar de questões de acessibilidade tanto social quanto funcional, a igreja pode decididamente se aproximar de pessoas que portam deficiência e de suas famílias. O resultado será uma igreja não só acolhedora, mas também um lugar em que há um verdadeiro sentimento de pertencer a uma comunidade verdadeira.

Como compartilhar o Evangelho por meio de palavras
Dawn Clark

A palavra "acessibilidade" normalmente nos faz pensar em coisas como rampas de acesso, elevador e tornar as instalações acessíveis a cadeirantes. Por mais importantes que sejam, a igreja muitas vezes se esquece de que deve tornar a própria mensagem do Evangelho acessível a pessoas com deficiência. Muitas crianças com deficiência auditiva nasceram de pais com audição normal. Essas crianças participam de aulas da escola dominical e cultos com pouca ou nenhuma habilidade de compreender a mensagem do Evangelho. Quando chegam à adolescência, muitos deixarão de ter interesse na igreja ou em um Deus que aparentemente os exclui. Não é de surpreender que apenas 2% da população de surdos professa a fé evangélica. Eis alguns modos de tornar a mensagem do Evangelho mais acessível a portadores de deficiência:

Leve em consideração todas as formas de deficiência

- *Para os surdos,* use intérpretes de libras durante o culto e estudos bíblicos em pequenos grupos.
- *Para portadores de deficiência auditiva,* disponibilize fones de ouvido com som amplificado.
- *Para os portadores de deficiência visual,* ofereça material impresso em letra gigante. Para crianças, prepare cópias em letra grande ou em Braille das lições e das atividades didáticas.

Pastoreando famílias com casos de deficiência

- *Para quem tem autismo,* utilize imagens, narrativas sociais e tecnologia.
- *Para os portadores de deficiência intelectual,* simplifique a mensagem e harmonize o ensino com o estilo de aprendizado deles.

Elimine os obstáculos de acessibilidade

Talvez um dos principais obstáculos aos que têm deficiência intelectual é acreditar que não têm capacidade de demonstrar sua fé porque não têm a capacidade intelectual de compreender plenamente a mensagem do Evangelho. Entretanto, dr. Jim Pierson, líder de um ministério nacional para deficientes nos Estados Unidos, diz que 89% das pessoas com deficiência intelectual são capazes de compreender a mensagem do Evangelho pelo menos no nível de uma criança de terceiro ano do ensino fundamental. Uma pergunta boa a ser feita é: "Eles conseguem dizer 'sim' para o que eles entendem?". Lembre-se de que não é necessário um sim verbal. A maioria de estudantes não verbais compreendem muito mais do que conseguem expressar. Como Joni Erickson Tada certa vez observou: "a fé não é uma função do intelecto." Se realmente abraçamos o ensinamento bíblico de que a fé é uma dádiva, então Deus é capaz de conceder essa dádiva a qualquer um que ele escolher. É nossa responsabilidade tornar a mensagem do Evangelho o mais claro possível para o maior número de pessoas.

Conheça os princípios-chave para ensinar pessoas portadoras de deficiência

Neemias 8.7,8 diz: "Os levitas [...] [l]eram o Livro da Lei de Deus, interpretando-o e explicando-o, a fim de que o povo entendesse o que estava sendo lido". Lembre-se dos seguintes princípios-chave para ensinar um grupo diversificado de alunos com deficiências intelectuais e de desenvolvimento:

- *Alunos acostumados com raciocínio concreto têm dificuldade com conceitos abstratos e simbolismos.* Eles podem não entender como Jesus entra literalmente no coração de uma pessoa.
- *Alunos de raciocínio visual aprendem vendo, não ouvindo.* Use imagens, vídeos e recursos eletrônicos com aplicativos de Bíblia. Crie imagens para ensinar versículos bíblicos. Há diversos programas de computador que unem imagens e palavras para uma comunicação eficaz.
- *Alunos cinestésicos aprendem fazendo.* Junte o movimento com a música. Isso os ajudará a lembrar da mensagem.
- *Ensine usando uma abordagem temática.* Cânticos, expressões artísticas, versículos bíblicos e outras atividades devem estar todos relacionados ao tema principal da lição.
- *Ensine em pequenos blocos.* Muitos portadores de deficiência têm memória limitada. Cada lição bíblica deve comunicar uma verdade bíblica. Alterne as atividades a cada cinco ou dez minutos para mantê-los envolvidos.
- *Mantenha sempre o mesmo formato para dar organização e coerência ao conjunto.* Isso ajuda os estudantes a saber o que esperar. Uma agenda visual também poderá ajudá-los a acompanhar a rotina. Um formato simples de estrutura pode incluir música, versículos da Bíblia, história bíblica, grupo pequeno e lanche. Saber o que vai

acontecer em seguida ajudará a reduzir a ansiedade, o que é especialmente importante para autistas.

Torne acessível a participação nas ordenanças e na membresia da igreja

Batizar-se, participar da ceia e ser membro da igreja devem ser oportunidades dadas a pessoas que portam deficiência da mesma forma que são a todas as demais pessoas. Simplifique o processo de ingresso para quem tem deficiência intelectual e ofereça-lhes oportunidade para que compartilhem sua fé. Procure filmar a declaração de fé dos portadores de deficiência e depois a compartilhe com toda a igreja. Uma vez que é muito comum que as pessoas com deficiência sejam alérgicas a alguns alimentos, ofereça elementos alternativos da ceia para que a ceia do Senhor esteja ao alcance de todos. Stan Guthrie nos lembra de que "quando pessoas com deficiência são reconhecidas como participantes, não como 'carentes', todos nos beneficiamos".

Como compartilhar o Evangelho por meio de ações
Dawn Clark

O ministério com portadores de deficiência é um ministério de misericórdia que supre as necessidades por meio de ações práticas. A misericórdia nos ajuda a enxergar as necessidades dos outros, a ter compaixão das pessoas e a fazer algo para suprir suas necessidades. Nossa ajuda deve ser oferecida em atitude de respeito e humildade, uma vez que ninguém gosta de se sentir um projeto. É importante fazer isso de maneira que possibilite à pessoa deficiente e sua família depender de Cristo, não de outro ser humano.

A principal responsabilidade da igreja é ajudar as famílias afetadas pela deficiência em sua própria congregação. Contudo, não devemos parar por aí. Jesus nos ordenou a amar o próximo como a nós mesmos, e isso significa responder às necessidades dos portadores de deficiências na comunidade da igreja e além dela.

Reconheça os três níveis de como atender a necessidades

Tim Keller, em seu livro *Ministries of Mercy* [Ministérios de misericórdia], identifica três diferentes níveis do ministério da ação: *alívio, desenvolvimento e reforma*. As pessoas podem estar envolvidas em todos esses níveis, mas normalmente a igreja se envolve com o alívio, ao passo que as organizações filantrópicas e assistenciais são geralmente formadas para lidar com as necessidades e preocupações das últimas duas categorias.

1. *Alívio*. Consiste em ajudar diretamente a atender a necessidades físicas, sociais e materiais de indivíduos portadores de deficiência e geralmente são realizadas em curto prazo.

2. *Desenvolvimento*. Leva em conta as necessidades de educação, trabalho e moradia, e oferece assistência de longo prazo.

3. *Reforma*. Procura transformar as estruturas e condições na sociedade que tendem a marginalizar e discriminar pessoas portadoras de deficiências.

Pastoreando famílias com casos de deficiência

Eis alguns modos pelos quais a igreja pode enfocar o ministério de alívio, que é o primeiro nível, para atender a necessidades de pessoas que portam deficiência.

Dê oportunidade a alguém para que tire folga
Provavelmente a principal necessidade das famílias afetadas pela deficiência é poder tirar folga. O cuidado envolve uma rotina de 24 horas, 7 dias por semana. Por isso, oferecer oportunidades para que alguém tire folga pode ter um impacto positivo nos relacionamentos familiares. As igrejas podem organizar programas durante o dia ou à noite nos quais as famílias tenham como deixar as crianças por algumas horas. Os voluntários podem ser treinados para ir à casa de uma família a fim de dar a oportunidade ao responsável pelo cuidado do deficiente para sair ou se ocupar com alguma atividade em casa sem interrupção. Outro modo de dar uma folga à família é oferecer ajuda financeira para enviar o portador de deficiência a um acampamento cristão voltado para esse público.

Assistência financeira
A deficiência causa sobrecarga financeira devido aos custos adicionais com terapias, medicação e aparelhos. Uma vez que é preciso que alguém esteja em casa para cuidar do deficiente, poucas famílias podem contar com duas fontes de renda. Alguns especialistas calculam que o índice de divórcio entre as famílias afetadas por deficiência é de 80%. De acordo com o *United States Census Bureau* [Órgão do censo dos Estados Unidos], os portadores de deficiência têm dois terços do poder aquisitivo de pessoas não deficientes. Para atender a essas necessidades financeiras, a igreja pode ser tanto reativa quanto proativa. Ser reativa significa atender às necessidades das famílias à medida que surgem, o que pode ser feito por meio de um fundo de beneficência. As igrejas também podem ser proativas oferecendo vale-compras às famílias no início do ano letivo para aquisição de material escolar e no Natal para que tenham à disposição um recurso extra.

Ofereça ajuda prática
Dependendo da deficiência que enfrentam, as famílias talvez necessitem de ajuda com a manutenção da casa, com as compras do supermercado, com limpeza ou com refeições. Organize grupos que ofereçam assistência prática.

Ofereça ajuda a questões psicológicas
Viver com a deficiência é um desafio implacável. Indivíduos com deficiências muitas vezes se sentem isolados, o que pode levar à depressão e, como consequência, afetar negativamente os relacionamentos familiares. Procure envolver as famílias dos portadores de deficiência em pequenos grupos na igreja. Talvez você possa começar um grupo de apoio aos pais. Procure oferecer oportunidades para que os irmãos compartilhem suas histórias e preocupações. Além disso, você pode oferecer aconselhamento a famílias ou recursos financeiros para que recebam aconselhamento.

Seja um defensor dessa causa
Os membros da família às vezes se sentem solitários à medida que percorrem o sistema para obter assistência de escola, governo e entidades assistenciais. Ore por eles. Ofereça-se

PASTOREANDO EM SITUAÇÕES ESPECÍFICAS

para acompanhá-los às reuniões de preenchimento de vaga para servir de apoio moral. Monte uma lista de recursos disponíveis na comunidade e grupos profissionais que advogam essa causa.

Ofereça ajuda com transporte
Muitos adultos que portam alguma deficiência não podem dirigir, por isso têm um forte desejo de ser independentes. Pense em como ter alguém que lhes ofereça carona para um evento. Se houver recursos disponíveis, adquirir um veículo com acesso à cadeira de rodas poderá permitir aos cadeirantes continuar participando das programações da igreja.

Atender a necessidades financeiras, práticas e emocionais de famílias afetadas pela deficiência é um ato de misericórdia. É uma forma de comunicar o Evangelho por meio de ações, não apenas com palavras.

Apoiando os dons de pessoas portadoras de deficiência
Joan & Jerry Borton

"Uma dessas coisas não é a mesma que a outra; uma dessas coisas não faz parte [...]" Este refrão de um cântico popular do programa *Vila Sésamo* era muito usado com jogos de correspondência e de memória para ensinar as crianças. Infelizmente, esse cântico reflete a maneira pela qual muitos de nós enxergamos pessoas portadoras de deficiência. Em geral, somos rápidos demais para constatar a deficiência que torna algumas pessoas "diferentes" e, por isso, achamos que não podem fazer parte do "nosso grupo".

Reconheça que as diferenças promovem vitalidade ao Corpo de Cristo
Embora sejam reais as diferenças entre nós, 1Coríntios 12 nos lembra de que as diferenças promovem vitalidade ao Corpo de Cristo: cada parte (visível ou não) coopera com a outra conforme a vontade de Deus em um só Corpo em Cristo. As igrejas frequentemente agem com a suposição de que pessoas que portam deficiência têm dons que são menos visíveis e que estão na igreja para ser servidas, em vez de usar seus dons para servir os outros. Mas o apóstolo Paulo faz uma declaração ousada ao descrever que os membros mais fracos e menos destacados do corpo são "indispensáveis". Já foi dito que "não poder usar o próprio dom é a mesma coisa que ser um visitante para sempre na casa de Deus!".

Em Salmos 139 o salmista observa que todas as pessoas são tecidas no ventre da mãe. O verbo "tecer" implica tanto intencionalidade quanto criatividade. Deus criou intencionalmente cada indivíduo com todos os elementos necessários para cumprir sua vontade e seu propósito. Podemos ver a criatividade de Deus no modo com o qual cada indivíduo recebe dons, habilidades e relacionamentos variados, porém específicos, a fim de exercitá-*los para a glória de Deus* e a edificação de outros (Romanos 12.4-8).

Pastoreando famílias com casos de deficiência

Ofereça oportunidades para que os portadores de deficiência usem seus dons

As pessoas atingidas por deficiência — principalmente aquelas cuja deficiência afeta a cognição, a comunicação ou as emoções — podem não ter a oportunidade de exercer seus dons no contexto do Corpo de Cristo. Em caso afirmativo, é possível supor que seus dons se enquadrem em uma destas três categorias: alimentação, limpeza e ornamentação (em ocasiões especiais ou cuidar das plantas e do jardim da igreja). Dentro da igreja local propriamente dita, isso pode se aplicar à preparação de material para as atividades infantis, distribuir o boletim, organizar as salas depois de cada programação. Mas, nas passagens que tratam de dons espirituais, não há nenhuma indicação de que o dom esteja associado a QI, mobilidade, cognição, fala ou atividade comportamental.

Observe como alguns dons listados em Romanos 12 e 1Coríntios 12 podem se expressar quando exercidos por pessoas portadoras de deficiência.

- Um jovem com síndrome de Down entra na sala de reuniões do conselho da igreja e contorna a mesa perguntando a cada presbítero: "Você ama Jesus?". Apesar de essa cena poder ser divertida, talvez esse jovem estivesse exercendo o dom de profecia ao falar a verdade sobre as palavras de Jesus de João 21.
- Alguém com limitação cognitiva que cumprimenta todas as pessoas que entram na igreja com um sorriso acolhedor e um aperto de mão entusiasmado refletem o dom espiritual da hospitalidade.
- Uma mulher com deficiência de desenvolvimento que responde dizendo "Obrigado, Jesus" depois de ver uma situação potencialmente perigosa ser evitada com segurança transpira o dom espiritual da fé. Enquanto alguns elogiam suas próprias habilidades, ela confia naquele que realmente é responsável por nos proteger a cada minuto do dia.

Procure ver além da deficiência

Procure conhecer a pessoa por trás da deficiência. Observe como elas gostam de usar o tempo. Pense nos pontos fortes que você e outros observam. Crie oportunidades para um portador de deficiência tentar se envolver em vários tipos de ministério junto com outros que têm dons na mesma área. Esteja disposto a ser um mentor para desenvolver as habilidades necessárias (social, comportamental ou física) que permitam aos portadores de deficiência exercer seus dons. O Corpo de Cristo não está completo até que todas as pessoas (incluindo as afetadas pela deficiência) sejam acolhidas, honradas e festejadas.

Alcançar pessoas portadoras de deficiência na comunidade
Dawn Clark

De acordo com as Nações Unidas, 10% da população do mundo tem alguma deficiência. O Censo 2010 do IBGE apontou que 23,9% da população brasileira declara ter algum tipo de deficiência. Jeff McNair, autor de *The Church and Disability* [A igreja e a deficiência], estima que o alto índice de pessoas com deficiência ainda não se faz representar na vida das igrejas.

Pondere as suas motivações para alcançar os portadores de deficiência

Jesus usa a parábola do grande banquete em Lucas 14.21 para demonstrar que seu Reino é para todos — mesmo para o pobre e para o deficiente, aqueles que a sociedade frequentemente marginaliza. O senhor da parábola diz ao servo: " 'Vá rapidamente para as ruas e os becos da cidade e traga os pobres, os aleijados, os cegos e os mancos' ". Os verbos nesses versículos são bem ativos: "Vá" e "traga". Nos dias de Jesus, os pobres e doentes não eram convidados para os banquetes, e o senhor sabia que seria preciso convencê-los para que acreditassem que o convite era realmente para eles. Hoje muitas pessoas que portam deficiência não se sentem acolhidas pela igreja. Os edifícios não são facilmente acessíveis. Medo e ignorância fazem que muitas igrejas não os acolham. Como alcançar esse grupo não alcançado hoje em dia?

Adote um modelo baseado em eventos para alcançá-los

Nossos esforços em propagar o Evangelho geralmente seguem duas principais abordagens: foco no evento ou foco nos relacionamentos. Os eventos são geralmente programados para reunir grupos de pessoas em torno de alguma atividade que lhes interesse. Os eventos de evangelização devem ser meios de reunir pessoas com o objetivo de formar relacionamentos centrados no Evangelho. Exemplos de atividades evangelísticas para pessoas portadoras de deficiência são:

- Uma série de palestras para a comunidade com um especialista em deficiência.
- Passeio a termas naturais.
- Danças de salão.
- Noites de folga.
- Competição de pesca entre pais e filhos.

Uma vez que os eventos de propagação do Evangelho são de curta duração, sua eficácia depende do acompanhamento que se dá posteriormente. Não deixe de planejar uma estrutura para que você possa entrar em contato com quem participar do evento.

Adote um modo de evangelizar

Os relacionamentos são geralmente o meio mais eficaz de levar o Evangelho a pessoas portadoras de deficiência e de oferecer um modo eficaz de comunicar o Evangelho tanto em palavras como em ações. As pessoas precisam saber que você se importa com elas antes de elas se interessarem pelo que você tem a dizer. A igreja College Church, na cidade de Wheaton, Illinois, usa um "ciclo de evangelização" para explicar a abordagem relacional de compartilhar o Evangelho. Esse modelo consiste nos seguintes passos:

Orar: prepare o coração para ministrar a pessoas portadoras de deficiência

Ore para que o coração das pessoas da sua igreja esteja aberto para acolher pessoas portadoras de deficiência e para que sejam vencidas as barreiras de atitudes. Ore para que Deus abra seus olhos para enxergar oportunidades que facilitem os relacionamentos *com portadores de deficiência* e para inundar seu coração de amor por famílias afetadas pela deficiência. Prepare seu coração para estudar passagens bíblicas sobre deficiência e ler livros de autores cristãos sobre o tema. Aprenda o nível básico da linguagem de libras. Participe de cursos de formação para ministério com deficientes a fim de que você se sinta mais à vontade para ministrar a pessoas com deficiência.

Servir: envolva-se com pessoas portadoras de deficiência
Envolva-se com grupos de *portadores de deficiência* da comunidade local para encontrar-se com esse público. Faça parte do grupo de voluntários das Paraolimpíadas, das organizações que promovem recreação para especiais, da programação do Dia Internacional da Síndrome de Down, do Dia Mundial da Conscientização do Autismo, e outras organizações semelhantes. É mais fácil convidar pessoas para visitar a igreja depois de ter estabelecido um relacionamento com elas e de ter demonstrado interesse por suas atividades. Depois de estabelecer um relacionamento, procure meios práticos de servir famílias com as quais você se encontrar nesses eventos. Convide-as para ir a sua casa. Muitas famílias que têm um filho portador de deficiência raramente são convidadas para ir a casa de alguém. Pense em atividades que os seus filhos possam realizar com a criança portadora de deficiência ou seus irmãos.

Estudar: discipule pessoas portadoras de deficiência
Isso pode incluir qualquer uma das seguintes oportunidades de estudo e discipulado:

- Comece um grupo de apoio para pais e estude um livro sobre deficiência que tenha uma perspectiva cristã.
- Inicie um grupo de apoio aos irmãos e aprenda a ouvir suas preocupações.
- Inicie um grupo pequeno de estudo bíblico com pessoas que tenham deficiência intelectual.
- Convide pais e cuidadores para um estudo bíblico ou reunião de pequeno grupo, e providencie alguém para ficar com a criança portadora de deficiência.

Crescer: pessoas portadoras de deficiência são capazes de compartilhar o Evangelho.
Ofereça meios para que pessoas portadoras de deficiência usem seus dons na igreja e expressem sua fé. Você também pode pensar na possibilidade de elas participarem de uma viagem missionária de curta duração.

À medida que pessoas portadoras de deficiência e suas famílias passarem a ter fé em Cristo, elas falarão a outras pessoas da comunidade de deficientes sobre a esperança, a fé e o amor que experimentaram na sua igreja.

Ajudando pessoas portadoras de deficiência a passar pela dor
Tom Hoffman

Morte, luto, enfermidade, perda e deficiência abalam-nos completamente. Essas experiências estão entre os sofrimentos de um mundo caído que fazem toda a criação gemer.

PASTOREANDO EM SITUAÇÕES ESPECÍFICAS

Pela graça, precisamos aprender a viver com elas, em vez de sucumbir a dois equívocos não bíblicos: primeiro, deixar que as feridas nos definam; segundo, subestimar o sofrimento aceitando cura superficial. A seguir, apresentamos algumas convicções bíblicas importantes para orientar você à medida que ajuda pessoas portadoras de deficiência e os membros de sua família a processar a realidade do sofrimento.

A pessoa não se define pela deficiência que tem

O apóstolo Paulo teve um espinho na carne que lhe causava dor e que, para ele, o atrapalhava no ministério. Quando ele orou pedindo que Deus o livrasse daquilo, o Senhor disse que a graça dele era suficiente, que seu poder se aperfeiçoava na fraqueza (2Coríntios 12.8-10). Com essa resposta, Paulo pôde enfrentar fraquezas, insultos, privação, perseguição e calamidades — mesmo sem haver mudança em sua condição. Ele não era fatalista. Não negava a existência do espinho nem o tornava em uma virtude. Não se deixava definir como vítima "afligida por um espinho". Tampouco fundou o "Ministério de cura do espinheiro". Simplesmente continuou cumprindo sua missão de apóstolo, que era sua verdadeira identidade.

A deficiência é uma ferida real

Por outro lado, os líderes de igreja precisam também evitar o extremo oposto: tratar os efeitos da vida de um mundo caído como se fossem superficiais. O profeta Jeremias disse isso a respeito dos falsos profetas de sua época: "Eles tratam da ferida do meu povo como se não fosse grave. 'Paz, paz', dizem, quando não há paz alguma" (Jeremias 6.14). No contexto de Jeremias, os falsos profetas davam de ombro aos pecados das pessoas e ao consequente juízo de Deus, dizendo: "Tudo vai dar certo". Eles colocavam curativo sobre uma ferida mortal e despediam o paciente. Essa não é a solução para a culpa do pecado, a qual somente o sangue de Cristo pode expiar.

Não podemos afirmar de modo superficial: "Deus resolverá". Precisamos realmente acreditar que Deus está realizando algo ao permitir a existência do sofrimento. Em última instância, de algum modo inescrutável, Deus permite a continuação do sofrimento para que possa demonstrar sua própria glória. Precisamos comunicar isso e viver de acordo com o que cremos. No fim, não foram as palavras de Deus a Paulo que descreviam a suficiência de sua graça que fizeram diferença; foi a própria graça, a manifestação tangível do favor imerecido de Deus. De modo semelhante, quando desprezamos as ramificações de viver com o corpo danificado em um mundo quebrado, somos culpados do mesmo comportamento dos falsos profetas.

As feridas da deficiência podem ser tratadas

Nossa incapacidade de curar como Cristo pode nos fazer sentir inúteis. Talvez tenhamos mais familiaridade com esboços de três pontos, diagramas organizacionais ou discussão sobre as dúvidas durante o intervalo do cafezinho. Mesmo assim, podemos ministrar aos portadores de deficiência e àqueles que os amam lembrando-nos das seguintes singelas *práticas do amor e cuidado cristão*:

Pastoreando famílias com casos de deficiência

- *Fale menos.* Pregação e discipulado envolvem explicar, convencer, exortar e repreender, mas o portador de deficiência e sua família não precisam de alguém para lhes dizer ou contar coisas. Talvez sejam discípulos maduros que simplesmente têm necessidades físicas profundas e reais. À medida que ministramos a pessoas que sofrem com suas deficiências, precisamos estar dispostos a ouvir mais do que falar. Quando nos fazem perguntas difíceis sobre o amor ou a soberania de Deus, precisamos admitir que não temos todas as respostas.
- *Fazer mais.* O ministério com portadores de deficiência frequentemente se fundamenta em ações concretas. Pessoas portadoras de deficiência precisam de inúmeras idas a médicos e terapeutas. Tetraplégicos precisam de alguém para colocar a comida na boca; precisam de ajuda para tomar banho e para as necessidades fisiológicas. O deficiente mental ou afetado emocionalmente talvez precise de monitoramento ou reafirmação contínua. Precisamos conhecer e atender a essas necessidades de maneira tangível. Nossas palavras podem ser sinceras, mas elas não mudarão as circunstâncias nem dispersarão necessidades prementes.
- *Não desista.* Quando ministramos a pessoas enfermas ou que passam por situações de perda e dor, podemos perceber progresso ou, pelo menos, alguma mudança. As pessoas geralmente encontram cura ou glória. Mas o ministério com pessoas portadoras de deficiência pode ser inflexível. Crianças com condições graves podem chegar a viver mais que seus pais, mas o ministério precisa continuar. Pode ser mais fácil deixar uma refeição pronta na casa de alguém do que se comprometer a dedicar um tempo não especificado para ajudar a pessoa; mas, para ministrar de fato, precisamos oferecer o que é mais necessário, pelo tempo que for necessário. Todas as pessoas envolvidas em ministrar a pessoas com deficiência precisam se lembrar de Gálatas 6.9: "E não nos cansemos de fazer o bem, pois no tempo próprio colheremos, se não desanimarmos".
- *Disponha-se.* Às vezes, a necessidade é de companheirismo ou de uma presença humana carinhosa. Precisamos visitar as pessoas quando a situação é grave a fim de manifestar verbalmente esperança e consolo, mas não devemos parar por aí. Até mesmo os amigos de Jó — todos eles consoladores miseráveis — assentaram-se com Jó durante sete dias e sete noites sem dizer uma palavra.
- *Aponte para Jesus.* Finalmente, nunca devemos perder de vista o fato de que, como todos os demais, o portador de deficiência também precisa de Jesus. A aflição não é um processo de pagamento de dívida que nos isenta de sofrer a culpa do pecado. Enquanto ministramos a necessidades físicas e emocionais, precisamos também comunicar com ternura e compaixão a necessidade que todos nós temos do sangue de Cristo para a nossa purificação e cura.

Nossa bondade abnegada não curará as feridas das pessoas; Deus mesmo as curará. Mas podemos ser instrumentos de sua graça e bondade, consolando aqueles que se sentem privados e solitários em seu sofrimento ou sem esperança diante de um futuro incerto e desalentador. Como líderes de igreja, podemos orar para que Deus manifeste sua graça a pessoas com deficiência, ofereça salvação da culpa do pecado, e dê a eles força para suportar as feridas e o sofrimento da vida nesse mundo caído.

Introdução a ATOS DOS APÓSTOLOS

PANO DE FUNDO
O livro de Atos dos Apóstolos detalha como os discípulos cumpriram a Grande Comissão (Mateus 28.18-20). O título "Atos", que em grego é *Praxeis*, é usado na literatura grega para relatos de grandes feitos de homens notáveis. Neste caso, o destaque é, em notáveis específicos, Pedro e Paulo — e o Espírito Santo.

Lucas, médico e historiador, é reconhecidamente o autor de Atos e do evangelho que leva seu nome. Ambos os documentos são endereçados a um gentio, Teófilo. Lucas faz menção aos seus procedimentos investigativos cuidadosos (Lucas 1.1-4). É provável que ele teve oportunidade de entrevistar os apóstolos Pedro e João em Jerusalém para as informações utilizadas nos capítulos 1-12. Como companheiro próximo do Apóstolo Paulo, Lucas foi testemunha ocular de muitos dos eventos registrados nos capítulos 13-28.

MENSAGEM
Este livro narrativo conta a agitada história da Igreja Primitiva. A vinda do Espírito Santo em Pentecostes, o cumprimento da "promessa de meu Pai" (cf. 1.4), que dá aos apóstolos o poder para levar adiante a Grande Comissão. No capítulo 2, Pedro prega um comovente sermão evangelístico, apenas uma das muitas proclamações públicas do Evangelho — e esta pregação é reproduzida por Lucas. Não há nada secreto a respeito da fé. Mas o livro é mais que discursos; e uma história de ação de um testemunho fiel em face de perseguição, enquanto os apóstolos e os cristãos pelo poder do Espírito compartilhavam a mensagem espiritualmente libertadora da salvação em Cristo.

Um ponto alto desta narrativa é a conversão do fariseu Saulo, que se tornou o grande apóstolo Paulo. Lucas relata as jornadas missionárias de Paulo, seus julgamentos, seu apelo para Cesar e sua passagem por Roma. Mesmo lá, em prisão domiciliar, ele pregou "o Reino de Deus [...] abertamente e sem impedimento algum" (28.31).

ÉPOCA
Considerando que Atos dos Apóstolos termina com Paulo aguardando julgamento em Roma, Lucas provavelmente o escreveu por volta do ano 62, antes do resultado daquele julgamento.

ESBOÇO
I. A Igreja Primitiva
- A. O nascimento da Igreja — 1.1—2.47
- B. Milagres e testemunhos — 3.1—6.7
- C. A perseguição dissemina a mensagem — 6.8—8.40
- D. A conversão de Saulo — 9.1-31
- E. A Igreja cresce — 9.32—12.25

II. O ministério de Paulo
- A. A primeira viagem missionária — 13.1—14.28
- B. O concílio em Jerusalém — 15.1-35
- C. A segunda viagem missionária — 15.36—18.22
- D. A terceira viagem missionária — 18.23—21.17
- E. O julgamento de Paulo — 21.18—26.32
- F. Viagem a Roma — 27.1—28.31

A Ascensão de Jesus

1 Em meu livro anterior,ª Teófilo, escrevi a respeito de tudo o que Jesus começou a fazer e a ensinar,ᵇ ² até o dia em que foi elevado aos céus,ᶜ depois de ter dado instruçõesᵈ por meio do Espírito Santo aos apóstolosᵉ que havia escolhido.ᶠ ³ Depois do seu sofrimento, Jesus apresentou-se a elesᵍ e deu-lhes muitas provas indiscutíveis de que estava vivo. Apareceu-lhes por um período de quarenta dias falando-lhes acerca do Reino de Deus. ⁴ Certa ocasião, enquanto comia com eles, deu-lhes esta ordem: "Não saiam de Jerusalém, mas esperem pela promessa de meu Pai, da qual falei a vocês.ʰ ⁵ Pois João batizou com¹ água, mas dentro de poucos dias vocês serão batizados com o Espírito Santo".

⁶ Então os que estavam reunidos lhe perguntaram: "Senhor, é neste tempo que vais restaurar o reino a Israel?"

⁷ Ele lhes respondeu: "Não compete a vocês saber os tempos ou as datas que o Pai estabeleceuⁱ pela sua própria autoridade.ʲ ⁸ Mas receberão poder quando o Espírito Santo descer sobre vocês,ᵏ e serão minhas testemunhasˡ em Jerusalém, em toda a Judeia e Samaria,ᵐ e até os confins da terra".ⁿ

⁹ Tendo dito isso, foi elevadoᵒ às alturas enquanto eles olhavam, e uma nuvem o encobriu da vista deles. ¹⁰ E eles ficaram com os olhos fixos no céu enquanto ele subia. De repente surgiram diante deles dois homens vestidos de branco,ᵖ ¹¹ que lhes disseram: "Galileus,ᵍ por que vocês estão olhando para o céu? Este mesmo Jesus, que dentre vocês foi elevado aos céus, voltaráʳ da mesma forma como o viram subir".

A Escolha de Matias

¹² Então eles voltaram para Jerusalém,ˢ vindo do monte chamado das Oliveiras,ᵗ que fica perto da cidade, cerca de um quilômetro². ¹³ Quando chegaram, subiram ao aposentoᵘ onde estavam hospedados. Achavam-se presentes Pedro, João, Tiago e André; Filipe, Tomé, Bartolomeu e Mateus; Tiago, filho de Alfeu, Simão, o zelote, e Judas, filho de Tiago.ᵛ ¹⁴ Todos eles se reuniam sempre em oração,ʷ com as mulheres,ˣ inclusive Maria, a mãe de Jesus, e com os irmãos dele.ʸ

¹⁵ Naqueles dias Pedro levantou-se entre os irmãos, um grupo de cerca de cento e vinte pessoas, ¹⁶ e disse: "Irmãos, era necessário que se cumprisseᶻ a Escritura que o Espírito Santo predisse por boca de Davi, a respeito de Judas,ª que serviu de guia aos que prenderam Jesus. ¹⁷ Ele foi contado como um dos nossosᵇ e teve participação neste ministério".ᶜ

¹⁸ (Com a recompensaᵈ que recebeu pelo seu pecado, Judas comprou um campo.ᵉ Ali caiu de cabeça, seu corpo partiu-se ao meio, e as suas vísceras se derramaram. ¹⁹ Todos em Jerusalém ficaram sabendo disso, de modo que, na língua deles, esse campo passou a chamar-se Aceldama, isto é, Campo de Sangue.)

²⁰ "Porque", prosseguiu Pedro, "está escrito no Livro de Salmos:

" 'Fique deserto o seu lugar,
e não haja ninguém
que nele habite'³;ᶠ

e ainda:

" 'Que outro ocupe o seu lugar'⁴⁵.ᵍ

²¹ Portanto, é necessário que escolhamos um dos homens que estiveram conosco durante todo o tempo em que o Senhor Jesus viveu entre nós, ²² desde o batismoʰ de João até o dia em que Jesus foi elevado dentre nós às alturas. É preciso que um deles seja conosco testemunhaⁱ de sua ressurreição."

²³ Então indicaram dois nomes: José, chamado Barsabás, também conhecido como Justo, e Matias. ²⁴ Depois oraram:ʲ

---

¹ *1.5* Ou *em*
² *1.12* Grego: *à distância da caminhada de um sábado.*
³ *1.20* Sl 69.25
⁴ *1.20* Grego: *episcopado.* Palavra que descreve a função pastoral.
⁵ *1.20* Sl 109.8

"Senhor, tu conheces o coração de todos.*ᵏ* Mostra-nos qual destes dois tens escolhido ²⁵ para assumir este ministério apostólico que Judas abandonou, indo para o lugar que lhe era devido". ²⁶ Então tiraram sortes, e a sorte caiu sobre Matias; assim, ele foi acrescentado aos onze apóstolos.*ˡ*

A Vinda do Espírito Santo no Dia de Pentecoste

2 Chegando o dia de Pentecoste,*ᵐ* estavam todos reunidos*ⁿ* num só lugar. ² De repente veio do céu um som, como de um vento muito forte, e encheu toda a casa na qual estavam assentados.*ᵒ* ³ E viram o que parecia línguas*ᵖ* de fogo, que se separaram e pousaram sobre cada um deles. ⁴ Todos ficaram cheios do Espírito Santo e começaram a falar noutras línguas, conforme o Espírito os capacitava.

⁵ Havia em Jerusalém judeus, devotos a Deus,*ᑫ* vindos de todas as nações do mundo. ⁶ Ouvindo-se o som, ajuntou-se uma multidão que ficou perplexa, pois cada um os ouvia falar em sua própria língua. ⁷ Atônitos e maravilhados,*ʳ* eles perguntavam: "Acaso não são galileus todos estes homens que estão falando? ⁸ Então, como os ouvimos, cada um de nós, em nossa própria língua materna?*ˢ* ⁹ Partos, medos e elamitas; habitantes da Mesopotâmia, Judeia e Capadócia,*ᵗ* do Ponto*ᵘ* e da província da Ásia,*ᵛ* ¹⁰ Frígia*ʷ* e Panfília,*ˣ* Egito e das partes da Líbia próximas a Cirene;*ʸ* visitantes vindos de Roma, ¹¹ tanto judeus como convertidos ao judaísmo; cretenses e árabes. Nós os ouvimos declarar as maravilhas de Deus em nossa própria língua!" ¹² Atônitos e perplexos, todos perguntavam uns aos outros: "Que significa isto?"

¹³ Alguns outros, todavia, zombavam e diziam: "Eles beberam vinho demais".*ᶻ*

A Pregação de Pedro

¹⁴ Então Pedro levantou-se com os Onze e, em alta voz, dirigiu-se à multidão: "Homens da Judeia e todos os que vivem em Jerusalém, deixem-me explicar isto! Ouçam com atenção: ¹⁵ estes homens não estão bêbados, como vocês supõem. Ainda são nove horas da manhã!*ᵃ¹* ¹⁶ Ao contrário, isto é o que foi predito pelo profeta Joel:

¹⁷ " 'Nos últimos dias, diz Deus,
derramarei do meu Espírito sobre
todos os povos.*ᵇ*
Os seus filhos e as suas filhas
profetizarão,*ᶜ*
os jovens terão visões,
os velhos terão sonhos.
¹⁸ Sobre os meus servos
e as minhas servas²
derramarei do meu Espírito naqueles dias,
e eles profetizarão.*ᵈ*
¹⁹ Mostrarei maravilhas
em cima, no céu,
e sinais em baixo, na terra:
sangue, fogo
e nuvens de fumaça.
²⁰ O sol se tornará em trevas
e a lua em sangue,*ᵉ*
antes que venha o grande
e glorioso dia do Senhor.
²¹ E todo aquele que invocar
o nome do Senhor
será salvo!'³*ᶠ*

²² "Israelitas, ouçam estas palavras: Jesus de Nazaré foi aprovado por Deus diante de vocês por meio de milagres, maravilhas e sinais*ᵍ* que Deus fez entre vocês por intermédio dele,*ʰ* como vocês mesmos sabem. ²³ Este homem foi entregue por propósito determinado e pré-conhecimento*ⁱ* de Deus; e vocês, com a ajuda de homens perversos⁴, o mataram, pregando-o na cruz.*ʲ* ²⁴ Mas Deus o ressuscitou dos mortos,*ᵏ* rompendo os laços da morte, porque

---

¹ **2.15** Grego: *Esta é ainda a terceira hora do dia!*
² **2.18** Ou *Até sobre os meus escravos e as minhas escravas*
³ **2.17-21** Jl 2.28-32
⁴ **2.23** Ou *daqueles que não possuem a lei*; (isto é, os gentios).

era impossível que a morte o retivesse.ˡ
²⁵ A respeito dele, disse Davi:

" 'Eu sempre via o Senhor diante de
    mim.
Porque ele está
    à minha direita,
não serei abalado.
²⁶ Por isso o meu coração
    está alegre
e a minha língua exulta;
o meu corpo também repousará
    em esperança,
²⁷ porque tu não me abandonarás no
    sepulcro,¹
nem permitirás que
    o teu Santo
    sofra decomposição.'ᵐ
²⁸ Tu me fizeste conhecer
    os caminhos da vida
e me encherás de alegria
    na tua presença'.²

²⁹ "Irmãos, posso dizer com franqueza que o patriarcaⁿ Davi morreu e foi sepultado,ᵒ e o seu túmulo está entre nósᵖ até o dia de hoje. ³⁰ Mas ele era profeta e sabia que Deus lhe prometera sob juramento que poria um dos seus descendentes no trono.ᑫ ³¹ Prevendo isso, falou da ressurreição do Cristo,³ que não foi abandonado no sepulcro e cujo corpo não sofreu decomposição.ʳ ³² Deus ressuscitou este Jesus,ˢ e todos nós somos testemunhasᵗ desse fato. ³³ Exaltadoᵘ à direita de Deus,ᵛ ele recebeu do Paiʷ o Espírito Santoˣ prometido e derramouʸ o que vocês agora veem e ouvem. ³⁴ Pois Davi não subiu aos céus, mas ele mesmo declarou:

" 'O Senhor disse
    ao meu Senhor:
Senta-te à minha direita
³⁵ até que eu ponha
    os teus inimigos
    como estrado
    para os teus pés'.⁴·ᶻ

³⁶ "Portanto, que todo o Israel fique certo disto: Este Jesus, a quem vocês crucificaram, Deus o fez Senhor e Cristo".ᵃ
³⁷ Quando ouviram isso, ficaram aflitos em seu coração e perguntaram a Pedro e aos outros apóstolos: "Irmãos, que faremos?"ᵇ
³⁸ Pedro respondeu: "Arrependam-se, e cada um de vocês seja batizadoᶜ em nome de Jesus Cristo para perdão dos seus pecados,ᵈ e receberão o dom do Espírito Santo. ³⁹ Pois a promessa é para vocês, para os seus filhosᵉ e para todos os que estão longe,ᶠ para todos quantos o Senhor, o nosso Deus, chamar".
⁴⁰ Com muitas outras palavras os advertia e insistia com eles: "Salvem-se desta geração corrompida!"ᵍ ⁴¹ Os que aceitaram a mensagem foram batizados, e naquele dia houve um acréscimo de cerca de três mil pessoas.

A Comunhão dos Cristãos

⁴² Eles se dedicavam ao ensino dos apóstolos e à comunhão, ao partir do pão e às orações.ʰ ⁴³ Todos estavam cheios de temor, e muitas maravilhas e sinais eram feitos pelos apóstolos.ⁱ ⁴⁴ Os que criam mantinham-se unidos e tinham tudo em comum.ʲ ⁴⁵ Vendendo suas propriedades e bens, distribuíam a cada um conforme a sua necessidade.ᵏ ⁴⁶ Todos os dias, continuavam a reunir-se no pátio do templo.ˡ Partiam o pãoᵐ em casa e juntos participavam das refeições, com alegria e sinceridade de coração, ⁴⁷ louvando a Deus e tendo a simpatia de todo o povo.ⁿ E o Senhor lhes acrescentavaᵒ diariamente os que iam sendo salvos.

A Cura de um Mendigo Aleijado

3 Certo dia Pedro e Joãoᵖ estavam subindo ao temploᑫ na hora da oração, às três

---
¹ **2.27** Grego: *Hades*; também no versículo 31. Esta palavra também pode ser traduzida por *inferno, morte* ou *profundezas*.
² **2.25-28** Sl 16.8-11
³ **2.31** Ou *Messias*. Tanto *Cristo* (grego) como *Messias* (hebraico) significam *Ungido*; também em todo o livro de Atos.
⁴ **2.34,35** Sl 110.1

horas da tarde.[r1] ² Estava sendo levado para a porta do templo[t] chamada Formosa um aleijado de nascença,[s] que ali era colocado todos os dias para pedir esmolas[u] aos que entravam no templo. ³ Vendo que Pedro e João iam entrar no pátio do templo, pediu-lhes esmola. ⁴ Pedro e João olharam bem para ele e, então, Pedro disse: "Olhe para nós!" ⁵ O homem olhou para eles com atenção, esperando receber deles alguma coisa.

⁶ Disse Pedro: "Não tenho prata nem ouro, mas o que tenho, isto lhe dou. Em nome de Jesus Cristo, o Nazareno,[v] ande". ⁷ Segurando-o pela mão direita, ajudou-o a levantar-se, e imediatamente os pés e os tornozelos do homem ficaram firmes. ⁸ E de um salto[w] pôs-se em pé e começou a andar. Depois entrou com eles no pátio do templo, andando, saltando e louvando a Deus. ⁹ Quando todo o povo[x] o viu andando e louvando a Deus, ¹⁰ reconheceu que era ele o mesmo homem que costumava mendigar sentado à porta do templo chamada Formosa.[y] Todos ficaram perplexos e muito admirados com o que lhe tinha acontecido.

A Pregação de Pedro no Templo

¹¹ Apegando-se o mendigo a Pedro e João,[z] todo o povo ficou maravilhado e correu até eles, ao lugar chamado Pórtico de Salomão.[a] ¹² Vendo isso, Pedro lhes disse: "Israelitas, por que isto os surpreende? Por que vocês estão olhando para nós, como se tivéssemos feito este homem andar por nosso próprio poder ou piedade? ¹³ O Deus de Abraão, de Isaque e de Jacó, o Deus dos nossos antepassados,[b] glorificou seu servo Jesus, a quem vocês entregaram para ser morto e negaram perante Pilatos,[c] embora ele tivesse decidido soltá-lo.[d] ¹⁴ Vocês negaram publicamente o Santo[e] e Justo[f] e pediram que fosse libertado um assassino.[g] ¹⁵ Vocês mataram o autor da vida, mas Deus o ressuscitou dos mortos.[h] E nós somos testemunhas disso. ¹⁶ Pela fé no nome de Jesus, o Nome curou este homem que vocês veem e conhecem. A fé que vem por meio dele lhe deu esta saúde perfeita, como todos podem ver.

¹⁷ "Agora, irmãos, eu sei que vocês agiram por ignorância,[i] bem como os seus líderes.[j] ¹⁸ Mas foi assim que Deus cumpriu o que tinha predito[k] por todos os profetas,[l] dizendo que o seu Cristo haveria de sofrer.[m] ¹⁹ Arrependam-se, pois, e voltem-se para Deus, para que os seus pecados sejam cancelados,[n] ²⁰ para que venham tempos de descanso da parte do Senhor, e ele mande o Cristo, o qual lhes foi designado, Jesus. ²¹ É necessário que ele permaneça no céu[o] até que chegue o tempo em que Deus restaurará todas as coisas,[p] como falou há muito tempo, por meio dos seus santos profetas.[q] ²² Pois disse Moisés: 'O Senhor Deus levantará dentre seus irmãos um profeta como eu; ouçam-no em tudo o que ele disser.[r] ²³ Quem não ouvir esse profeta, será eliminado do meio do seu povo'.[s2]

²⁴ "De fato, todos os profetas,[t] de Samuel em diante, um por um, falaram e predisseram estes dias. ²⁵ E vocês são herdeiros[u] dos profetas e da aliança[v] que Deus fez com os seus antepassados. Ele disse a Abraão: 'Por meio da sua descendência todos os povos da terra serão abençoados'.[w3] ²⁶ Tendo Deus ressuscitado[x] o seu Servo⁴, enviou-o primeiramente[1y] a vocês, para abençoá-los, convertendo cada um de vocês das suas maldades".

Pedro e João perante o Sinédrio

4 Enquanto Pedro e João falavam ao povo, chegaram os sacerdotes, o capitão da guarda[z] do templo e os saduceus.[a] ² Eles estavam muito perturbados porque os apóstolos estavam ensinando o povo e proclamando em Jesus a ressurreição dos mortos.[b] ³ Agarraram Pedro e João e, como já estava anoitecendo, os colocaram na prisão[c] até o dia seguinte. ⁴ Mas muitos dos que tinham

---

¹ **3.1** Grego: *à hora nona*.
² **3.23** Dt 18.15,18,19
³ **3.25** Gn 12.3; 22.18; 26.4 e 28.14
⁴ **3.26** Is 52.13

ouvido a mensagem creram, chegando[d] o número dos homens que creram a perto de cinco mil.

⁵ No dia seguinte, as autoridades,[e] os líderes religiosos e os mestres da lei reuniram-se em Jerusalém. ⁶ Estavam ali Anás, o sumo sacerdote, bem como Caifás,[f] João, Alexandre e todos os que eram da família do sumo sacerdote. ⁷ Mandaram trazer Pedro e João diante deles e começaram a interrogá-los: "Com que poder ou em nome de quem vocês fizeram isso?"

⁸ Então Pedro, cheio do Espírito Santo, disse-lhes: "Autoridades e líderes do povo![g] ⁹ Visto que hoje somos chamados para prestar contas de um ato de bondade em favor de um aleijado,[h] sendo interrogados acerca de como ele foi curado, ¹⁰ saibam os senhores e todo o povo de Israel que por meio do nome de Jesus Cristo, o Nazareno, a quem os senhores crucificaram, mas a quem Deus ressuscitou dos mortos,[i] este homem está aí curado diante dos senhores. ¹¹ Este Jesus é

" 'a pedra que vocês,
    construtores,
    rejeitaram,
e que se tornou
    a pedra angular' ".[1],[j]

¹² Não há salvação em nenhum outro, pois, debaixo do céu não há nenhum outro nome dado aos homens pelo qual devamos ser salvos".[k]

¹³ Vendo a coragem de Pedro e de João[l] e percebendo que eram homens comuns[m] e sem instrução, ficaram admirados e reconheceram que eles haviam estado com Jesus. ¹⁴ E, como podiam ver ali com eles o homem que fora curado, nada podiam dizer contra eles. ¹⁵ Assim, ordenaram que se retirassem do Sinédrio[n],[2] e começaram a discutir, ¹⁶ perguntando: "Que faremos com esses homens?[o] Todos os que moram em Jerusalém sabem que eles realizaram um milagre notório[p] que não podemos negar. ¹⁷ Todavia, para impedir que isso se espalhe ainda mais no meio do povo, precisamos adverti-los de que não falem com mais ninguém sobre esse nome".

¹⁸ Então, chamando-os novamente, ordenaram-lhes que não falassem nem ensinassem em nome de Jesus.[q] ¹⁹ Mas Pedro e João responderam: "Julguem os senhores mesmos se é justo aos olhos de Deus obedecer aos senhores e não a Deus.[r] ²⁰ Pois não podemos deixar de falar do que vimos e ouvimos".

²¹ Depois de mais ameaças, eles os deixaram ir. Não tinham como castigá-los, porque todo o povo[s] estava louvando a Deus[t] pelo que acontecera, ²² pois o homem que fora curado milagrosamente tinha mais de quarenta anos de idade.

A Oração dos Primeiros Cristãos

²³ Quando foram soltos, Pedro e João voltaram para os seus companheiros e contaram tudo o que os chefes dos sacerdotes e os líderes religiosos lhes tinham dito. ²⁴ Ouvindo isso, levantaram juntos a voz a Deus, dizendo: "Ó Soberano, tu fizeste os céus, a terra, o mar e tudo o que neles há! ²⁵ Tu falaste pelo Espírito Santo por boca do teu servo, nosso pai Davi:[u]

" 'Por que se enfurecem
    as nações,
e os povos conspiram em vão?
²⁶ Os reis da terra se levantam,
    e os governantes se reúnem
contra o Senhor
    e contra o seu Ungido' ".[3],[v]

²⁷ De fato, Herodes[w] e Pôncio Pilatos[x] reuniram-se com os gentios[4] e com o povo de Israel nesta cidade, para conspirar contra o teu santo servo Jesus,[y] a quem ungiste. ²⁸ Fizeram o que o teu poder e a tua

---

[1] **4.11** Sl 118.22
[2] **4.15** *Conselho dos principais líderes do povo judeu*; também em todo o livro de Atos.
[3] **4.25,26** Sl 2.1,2
[4] **4.27** Isto é, os que não são judeus; também em todo o livro de Atos.

vontade haviam decidido de antemão que acontecesse.ᶻ ²⁹ Agora, Senhor, considera as ameaças deles e capacita os teus servos para anunciarem a tua palavra corajosamente.ᵃ ³⁰ Estende a tua mão para curar e realizar sinais e maravilhasᵇ por meio do nome do teu santo servo Jesus".ᶜ

³¹ Depois de orarem, tremeuᵈ o lugar em que estavam reunidos; todos ficaram cheios do Espírito Santo e anunciavam corajosamenteᵉ a palavra de Deus.

Os Discípulos Repartem seus Bens

³² Da multidão dos que creram, uma era a mente e um o coração. Ninguém considerava unicamente sua coisa alguma que possuísse, mas compartilhavam tudo o que tinham.ᶠ ³³ Com grande poder os apóstolos continuavam a testemunharᵍ da ressurreiçãoʰ do Senhor Jesus, e grandiosa graça estava sobre todos eles. ³⁴ Não havia pessoas necessitadas entre eles, pois os que possuíam terras ou casas as vendiam,ⁱ traziam o dinheiro da venda ³⁵ e o colocavam aos pés dos apóstolos,ʲ que o distribuíam segundo a necessidade de cada um.ᵏ

³⁶ José, um levita de Chipre a quem os apóstolos deram o nome de Barnabé,ˡ que significa "encorajador¹", ³⁷ vendeu um campo que possuía, trouxe o dinheiro e o colocou aos pés dos apóstolos.ᵐ

Ananias e Safira

5 Um homem chamado Ananias, com Safira, sua mulher, também vendeu uma propriedade. ² Ele reteve parte do dinheiro para si, sabendo disso também sua mulher; e o restante levou e colocou aos pés dos apóstolos.ⁿ

³ Então perguntou Pedro: "Ananias, como você permitiu que Satanásᵒ enchesse o seu coração,ᵖ a ponto de você mentir ao Espírito Santoq e guardar para você uma parte do dinheiro que recebeu pela propriedade? ⁴ Ela não pertencia a você? E, depois de vendida, o dinheiro não estava em seu poder? O que o levou a pensar em fazer tal coisa? Você não mentiu aos homens, mas sim a Deus".

⁵ Ouvindo isso, Ananias caiu morto.ʳ Grande temorˢ apoderou-se de todos os que ouviram o que tinha acontecido. ⁶ Então os moços vieram, envolveram seu corpo,ᵗ levaram-no para fora e o sepultaram.

⁷ Cerca de três horas mais tarde, entrou sua mulher, sem saber o que havia acontecido. ⁸ Pedro lhe perguntou: "Diga-me, foi esse o preço que vocês conseguiram pela propriedade?"

Respondeu ela: "Sim, foi esse mesmo".ᵘ

⁹ Pedro lhe disse: "Por que vocês entraram em acordo para tentar o Espírito do Senhor?ᵛ Veja! Estão à porta os pés dos que sepultaram seu marido, e eles a levarão também".

¹⁰ Naquele mesmo instante, ela caiu morta aos pés dele.ʷ Então os moços entraram e, encontrando-a morta, levaram-na e a sepultaram ao lado de seu marido. ¹¹ E grande temorˣ apoderou-se de toda a igreja e de todos os que ouviram falar desses acontecimentos.

Os Apóstolos Curam Muitos Doentes

¹² Os apóstolos realizavam muitos sinais e maravilhasʸ no meio do povo. Todos os que creram costumavam reunir-seᶻ no Pórtico de Salomão.ᵃ ¹³ Dos demais, ninguém ousava juntar-se a eles, embora o povoᵇ os tivesse em alto conceito. ¹⁴ Em número cada vez maior, homens e mulheres criam no Senhor e lhes eram acrescentados, ¹⁵ de modo que o povo também levava os doentes às ruas e os colocava em camas e macas, para que pelo menos a sombra de Pedro se projetasse sobre alguns, enquanto ele passava.ᶜ ¹⁶ Afluíam também multidões das cidades próximas a Jerusalém, trazendo seus doentes e os que eram atormentados por espíritos imundos²; e todos eram curados.ᵈ

---

¹ **4.36** Ou *consolador*. Grego: *filho da consolação*.

² **5.16** Ou *malignos*

Os Apóstolos São Perseguidos

17 Então o sumo sacerdote e todos os seus companheiros, membros do partido[e] dos saduceus,[f] ficaram cheios de inveja. **18** Por isso, mandaram prender os apóstolos, colocando-os numa prisão pública.[g] **19** Mas durante a noite um anjo[h] do Senhor abriu as portas do cárcere,[i] levou-os para fora e **20** disse: "Dirijam-se ao templo e relatem ao povo toda a mensagem desta Vida".[j]

21 Ao amanhecer, eles entraram no pátio do templo, como haviam sido instruídos, e começaram a ensinar o povo.

Quando chegaram o sumo sacerdote e os seus companheiros,[k] convocaram o Sinédrio[l] — toda a assembleia dos líderes religiosos de Israel — e mandaram buscar os apóstolos na prisão. **22** Todavia, ao chegarem à prisão, os guardas não os encontraram ali. Então, voltaram e relataram: **23** "Encontramos a prisão trancada com toda a segurança, com os guardas diante das portas; mas, quando as abrimos não havia ninguém". **24** Diante desse relato, o capitão da guarda do templo e os chefes dos sacerdotes[m] ficaram perplexos, imaginando o que teria acontecido.

25 Nesse momento chegou alguém e disse: "Os homens que os senhores puseram na prisão estão no pátio do templo, ensinando o povo".[n] **26** Então, indo para lá com os guardas, o capitão trouxe os apóstolos, mas sem o uso de força, pois temiam que o povo os apedrejasse.

27 Tendo levado os apóstolos, apresentaram-nos ao Sinédrio[o] para serem interrogados pelo sumo sacerdote, **28** que lhes disse: "Demos ordens expressas a vocês para que não ensinassem neste nome.[p] Todavia, vocês encheram Jerusalém com sua doutrina e nos querem tornar culpados do sangue desse homem".[q]

29 Pedro e os outros apóstolos responderam: "É preciso obedecer antes a Deus do que aos homens! **30** O Deus dos nossos antepassados[s] ressuscitou Jesus,[t] a quem os senhores mataram, suspendendo-o num madeiro.[u] **31** Deus o exaltou, elevando-o à sua direita[v] como Príncipe e Salvador,[w] para dar a Israel[x] arrependimento e perdão de pecados. **32** Nós somos testemunhas destas coisas,[y] bem como o Espírito Santo,[z] que Deus concedeu aos que lhe obedecem".

33 Ouvindo isso, eles ficaram furiosos[a] e queriam matá-los. **34** Mas um fariseu chamado Gamaliel,[b] mestre da lei,[c] respeitado por todo o povo, levantou-se no Sinédrio e pediu que os homens fossem retirados por um momento. **35** Então lhes disse: "Israelitas, considerem cuidadosamente o que pretendem fazer a esses homens. **36** Há algum tempo, apareceu Teudas, reivindicando ser alguém, e cerca de quatrocentos homens se juntaram a ele. Ele foi morto, todos os seus seguidores se dispersaram e acabaram em nada. **37** Depois dele, nos dias do recenseamento,[d] apareceu Judas, o galileu, que liderou um grupo em rebelião. Ele também foi morto, e todos os seus seguidores foram dispersos. **38** Portanto, neste caso eu os aconselho: deixem esses homens em paz e soltem-nos. Se o propósito ou atividade deles for de origem humana, fracassará;[e] **39** se proceder de Deus, vocês não serão capazes de impedi-los, pois se acharão lutando contra Deus".[f]

40 Eles foram convencidos pelo discurso de Gamaliel. Chamaram os apóstolos e mandaram açoitá-los.[g] Depois, ordenaram-lhes que não falassem no nome de Jesus e os deixaram sair em liberdade.

41 Os apóstolos saíram do Sinédrio, alegres[h] por terem sido considerados dignos de serem humilhados por causa do Nome.[i] **42** Todos os dias, no templo[j] e de casa em casa, não deixavam de ensinar e proclamar que Jesus é o Cristo.

A Escolha dos Sete

6 Naqueles dias, crescendo[k] o número de discípulos, os judeus de fala grega[l] entre eles queixaram-se dos judeus de fala hebraica¹, porque suas viúvas™ estavam sendo esquecidas na distribuição diária de alimento." ² Por isso os Doze reuniram todos os discípulos e disseram: "Não é certo negligenciarmos o ministério da palavra de Deus, a fim de servir às mesas. ³ Irmãos,° escolham entre vocês sete homens de bom testemunho, cheios do Espírito e de sabedoria. Passaremos a eles essa tarefa ⁴ e nos dedicaremos à oraçãoᵖ e ao ministério da palavra".

⁵ Tal proposta agradou a todos. Então escolheram Estêvão,ᵠ homem cheio de fé e do Espírito Santo,ʳ além de Filipe,ˢ Prócoro, Nicanor, Timom, Pármenas e Nicolau, um convertido ao judaísmo, proveniente de Antioquia. ⁶ Apresentaram esses homens aos apóstolos, os quais oraramᵗ e lhes impuseram as mãos.ᵘ

⁷ Assim, a palavra de Deus se espalhava.ᵛ Crescia rapidamente o número de discípulos em Jerusalém; também um grande número de sacerdotes obedecia à fé.

A Prisão de Estêvão

⁸ Estêvão, homem cheio da graça e do poder de Deus, realizava grandes maravilhas e sinaisʷ no meio do povo. ⁹ Contudo, levantou-se oposição dos membros da chamada sinagoga dos Libertos, dos judeus de Cireneˣ e de Alexandria, bem como das províncias da Cilíciaʸ e da Ásia.ᶻ Esses homens começaram a discutir com Estêvão, ¹⁰ mas não podiam resistir à sabedoria e ao Espírito com que ele falava.ᵃ

¹¹ Então subornaramᵇ alguns homens para dizerem: "Ouvimos Estêvão falar palavras blasfemas contra Moisés e contra Deus".ᶜ

¹² Com isso agitaram o povo, os líderes religiosos e os mestres da lei. E, prendendo Estêvão, levaram-no ao Sinédrio.ᵈ ¹³ Ali apresentaram falsas testemunhas, que diziam: "Este homem não para de falar contra este lugar santoᵉ e contra a Lei. ¹⁴ Pois o ouvimos dizer que esse Jesus, o Nazareno,

¹ **6.1** Ou *aramaica*

destruirá este lugar e mudará os costumes que Moisés nos deixou".ᶠ

¹⁵ Olhando para ele, todos os que estavam sentados no Sinédrioᵍ viram que o seu rosto parecia o rosto de um anjo.

O Discurso de Estêvão no Sinédrio

7 Então o sumo sacerdote perguntou a Estêvão: "São verdadeiras estas acusações?"

² A isso ele respondeu: "Irmãos e pais,ʰ ouçam-me! O Deus gloriosoⁱ apareceu a Abraão, nosso pai, estando ele ainda na Mesopotâmia, antes de morar em Harã,ʲ e lhe disse: ³ 'Saia da sua terra e do meio dos seus parentes e vá para a terra que eu lhe mostrarei'².ᵏ

⁴ "Então ele saiu da terra dos caldeus e se estabeleceu em Harã. Depois da morte de seu pai, Deus o trouxe a esta terra, onde vocês agora vivem.ˡ ⁵ Deus não lhe deu nenhuma herança aqui, nem mesmo o espaço de um pé. Mas lhe prometeu que ele e, depois dele, seus descendentes, possuiriam a terra,ᵐ embora, naquele tempo, Abraão não tivesse filhos. ⁶ Deus lhe falou desta forma: 'Seus descendentes serão peregrinos numa terra estrangeira, e serão escravizados e maltratados por quatrocentos anos.ⁿ ⁷ Mas eu castigarei a nação a quem servirão como escravos, e depois sairão dali e me adorarão neste lugar'³. ⁸ E deu a Abraão a aliança da circuncisão.ᵖ Por isso, Abraão gerou Isaque e o circuncidou oito dias depois do seu nascimento.ᵠ Mais tarde, Isaque gerou Jacó,ʳ e este os doze patriarcas.ˢ

⁹ "Os patriarcas, tendo inveja de José,ᵗ venderam-no como escravo para o Egito.ᵘ Mas Deus estava com ele ᵛ¹⁰ e o libertou de todas as suas tribulações, dando a José favor e sabedoria diante do faraó, rei do Egito; este o tornou governador do Egito e de todo o seu palácio.ʷ

¹¹ "Depois houve fome em todo o Egito e em Canaã, trazendo grande sofrimento,

² **7.3** Gn 12.1
³ **7.6,7** Gn 15.13,14

e os nossos antepassados não encontravam alimento. **12** Ouvindo que havia trigo no Egito, Jacó enviou nossos antepassados em sua primeira viagem. **13** Na segunda viagem deles, José fez-se reconhecer por seus irmãos, e o faraó pôde conhecer a família de José. **14** Depois disso, José mandou buscar seu pai, Jacó, e toda a sua família, que eram setenta e cinco pessoas. **15** Então Jacó desceu ao Egito, onde faleceram ele e os nossos antepassados. **16** Seus corpos foram levados de volta a Siquém e colocados no túmulo que Abraão havia comprado ali dos filhos de Hamor, por certa quantia.

17 "Ao se aproximar o tempo em que Deus cumpriria sua promessa a Abraão, aumentou muito o número do nosso povo no Egito. **18** Então outro rei, que nada sabia a respeito de José, passou a governar o Egito. **19** Ele agiu traiçoeiramente para com o nosso povo e oprimiu os nossos antepassados, obrigando-os a abandonar os seus recém-nascidos, para que não sobrevivessem.

20 "Naquele tempo nasceu Moisés, que era um menino extraordinário¹. Por três meses ele foi criado na casa de seu pai. **21** Quando foi abandonado, a filha do faraó o tomou e o criou como seu próprio filho. **22** Moisés foi educado em toda a sabedoria dos egípcios e veio a ser poderoso em palavras e obras.

23 "Ao completar quarenta anos, Moisés decidiu visitar seus irmãos israelitas. **24** Ao ver um deles sendo maltratado por um egípcio, saiu em defesa do oprimido e o vingou, matando o egípcio. **25** Ele pensava que seus irmãos compreenderiam que Deus o estava usando para salvá-los, mas eles não o compreenderam. **26** No dia seguinte, Moisés dirigiu-se a dois israelitas que estavam brigando, e tentou reconciliá-los, dizendo: 'Homens, vocês são irmãos; por que ferem um ao outro?'

27 "Mas o homem que maltratava o outro empurrou Moisés e disse: 'Quem o nomeou líder e juiz sobre nós? **28** Quer matar-me como matou o egípcio ontem?'² **29** Ouvindo isso, Moisés fugiu para Midiã, onde ficou morando como estrangeiro e teve dois filhos.

30 "Passados quarenta anos, apareceu a Moisés um anjo nas labaredas de uma sarça em chamas no deserto, perto do monte Sinai. **31** Vendo aquilo, ficou atônito. E, aproximando-se para observar, ouviu a voz do Senhor: **32** 'Eu sou o Deus dos seus antepassados, o Deus de Abraão, o Deus de Isaque e o Deus de Jacó'³. Moisés, tremendo de medo, não ousava olhar.

33 "Então o Senhor lhe disse: 'Tire as sandálias dos pés, porque o lugar em que você está é terra santa.' **34** De fato tenho visto a opressão sobre o meu povo no Egito. Ouvi seus gemidos e desci para livrá-lo. Venha agora, e eu o enviarei de volta ao Egito'⁴.

35 "Este é o mesmo Moisés que tinham rejeitado com estas palavras: 'Quem o nomeou líder e juiz?' Ele foi enviado pelo próprio Deus para ser líder e libertador deles, por meio do anjo que lhe tinha aparecido na sarça. **36** Ele os tirou de lá, fazendo maravilhas e sinais no Egito, no mar Vermelho e no deserto durante quarenta anos.

37 "Este é aquele Moisés que disse aos israelitas: 'Deus levantará dentre seus irmãos um profeta como eu'⁵. **38** Ele estava na congregação, no deserto, com o anjo que lhe falava no monte Sinai e com os nossos antepassados, e recebeu palavras vivas, para transmiti-las a nós.

39 "Mas nossos antepassados se recusaram a obedecer-lhe; ao contrário, rejeitaram-no e em seu coração voltaram para o Egito. **40** Disseram a Arão: 'Faça para nós deuses que nos conduzam, pois a esse Moisés que nos tirou do Egito, não sabemos o que lhe aconteceu!'⁶ **41** Naquela ocasião fizeram um ídolo em forma de bezerro.

---

¹ **7.20** Grego: *era bonito aos olhos de Deus*.
² **7.27,28** Êx 2.14
³ **7.32** Êx 3.6
⁴ **7.33,34** Êx 3.5,7,8,10
⁵ **7.37** Dt 18.15
⁶ **7.40** Êx 32.1

Trouxeram-lhe sacrifícios e fizeram uma celebração em honra ao que suas mãos tinham feito.ᶻ ⁴² Mas Deus afastou-seᵃ deles e os entregou à adoração dos astros,ᵇ conforme o que foi escrito no livro dos profetas:

" 'Foi a mim
que vocês apresentaram
sacrifícios e ofertas
durante os quarenta anos no deserto,
ó nação de Israel?
⁴³ Em vez disso, levantaram
o santuário de Moloque
e a estrela do seu deus Renfã,
ídolos que vocês fizeram
para adorar!
Portanto, eu os enviarei
para o exílio,ᶜ
para além da Babilônia'¹.

⁴⁴ "No deserto os nossos antepassados tinham o tabernáculo da aliança,ᵈ que fora feito segundo a ordem de Deus a Moisés, de acordo com o modelo que ele tinha visto.ᵉ ⁴⁵ Tendo recebido o tabernáculo, nossos antepassados o levaram, sob a liderança de Josué, quando tomaram a terra das nações que Deus expulsou de diante deles.ᶠ Esse tabernáculo permaneceu nesta terra até a época de Davi, ⁴⁶ que encontrou graça diante de Deus e pediu que ele lhe permitisse providenciar uma habitação para o Deus de Jacó²,ᵍ ⁴⁷ Mas foi Salomão quem lhe construiu a casa.

⁴⁸ "Todavia, o Altíssimo não habita em casas feitas por homens.ʰ Como diz o profeta:

⁴⁹ " 'O céu é o meu trono;
a terra,
o estrado dos meus pés.ⁱ
Que espécie de casa
vocês me edificarão?
diz o Senhor,
ou, onde seria
meu lugar de descanso?

⁵⁰ Não foram as minhas mãos que fizeram todas estas coisas?'ʲ³

⁵¹ "Povo rebelde, obstinadoᵏ⁴ de coraçãoˡ e de ouvidos! Vocês são iguais aos seus antepassados: sempre resistem ao Espírito Santo! ⁵² Qual dos profetas os seus antepassados não perseguiram?ᵐ Eles mataram aqueles que prediziam a vinda do Justo, de quem agora vocês se tornaram traidores e assassinosⁿ — ⁵³ vocês, que receberam a Lei por intermédio de anjos,ᵒ mas não lhe obedeceram".

O Apedrejamento de Estêvão

⁵⁴ Ouvindo isso, ficaram furiososᵖ e rangeram os dentes contra ele. ⁵⁵ Mas Estêvão, cheio do Espírito Santo, levantou os olhos para o céu e viu a glória de Deus, e Jesus em pé, à direita de Deus,ᵠ ⁵⁶ e disse: "Vejo os céus abertosʳ e o Filho do homemˢ em pé, à direita de Deus".

⁵⁷ Mas eles taparam os ouvidos e, dando fortes gritos, lançaram-se todos juntos contra ele, ⁵⁸ arrastaram-no para fora da cidadeᵗ e começaram a apedrejá-lo.ᵘ As testemunhas deixaram seus mantosᵛ aos pés de um jovem chamado Saulo.ʷ

⁵⁹ Enquanto apedrejavam Estêvão, este orava: "Senhor Jesus, recebe o meu espírito".ˣ ⁶⁰ Então caiu de joelhosʸ e bradou: "Senhor, não os consideres culpados deste pecado".ᶻ E, tendo dito isso, adormeceu.

8 E Sauloᵃ estava ali, consentindo na morte de Estêvão.

A Perseguição e a Dispersão da Igreja

Naquela ocasião desencadeou-se grande perseguição contra a igreja em Jerusalém. Todos, exceto os apóstolos, foram dispersosᵇ pelas regiões da Judeia e de Samaria.ᶜ ² Alguns homens piedosos sepultaram Estêvão e fizeram por causa dele grande lamentação. ³ Saulo,ᵈ por sua vez, devastava a igreja.ᵉ Indo de casa em casa, arrastava homens e mulheres e os lançava na prisão.

---

¹ **7.42,43** Am 5.25-27, segundo a antiga versão grega.
² **7.46** Alguns manuscritos dizem para a casa de Jacó.
³ **7.49,50** Is 66.1,2
⁴ **7.51** Grego: *incircunciso*.

Filipe em Samaria

4 Os que haviam sido dispersos᷾ pregavam a palavra por onde quer que fossem.ᵍ **5** Indo Filipeʰ para uma cidade de Samaria, ali lhes anunciava o Cristo. **6** Quando a multidão ouviu Filipe e viu os sinais milagrosos que ele realizava, deu unânime atenção ao que ele dizia. **7** Os espíritos imundosⁱ saíam de muitos,ʲ dando gritos, e muitos paralíticos e mancos foram curados.ʲ **8** Assim, houve grande alegria naquela cidade.

Simão, o Mago

9 Um homem chamado Simão vinha praticando feitiçariaᵏ durante algum tempo naquela cidade, impressionando todo o povo de Samaria. Ele se dizia muito importante,ˡ **10** e todo o povo, do mais simples ao mais rico, dava-lhe atenção e exclamava: "Este homem é o poder divino conhecido como Grande Poder".ᵐ **11** Eles o seguiam, pois ele os havia iludido com sua mágica durante muito tempo. **12** No entanto, quando Filipe lhes pregou as boas-novas do Reino de Deusⁿ e do nome de Jesus Cristo, creram nele e foram batizados,ᵒ tanto homens como mulheres. **13** O próprio Simão também creu e foi batizado, e seguia Filipe por toda parte, observando maravilhado os grandes sinais e milagresᵖ que eram realizados.

14 Os apóstolos em Jerusalém, ouvindo que Samariaᑫ havia aceitado a palavra de Deus, enviaram para lá Pedro e João.ʳ **15** Estes, ao chegarem, oraram para que eles recebessem o Espírito Santo,ˢ **16** pois o Espírito ainda não havia descido sobre nenhum deles;ᵗ tinham apenas sido batizados em nome do Senhor Jesus.ᵘ **17** Então Pedro e João lhes impuseram as mãos,ᵛ e eles receberam o Espírito Santo.

18 Vendo Simão que o Espírito era dado com a imposição das mãos dos apóstolos, ofereceu-lhes dinheiro **19** e disse: "Deem-me também este poder, para que a pessoa sobre quem eu puser as mãos receba o Espírito Santo".

20 Pedro respondeu: "Pereça com você o seu dinheiro! Você pensa que pode comprar o dom de Deus com dinheiro?ʷ **21** Você não tem parte nem direitoˣ algum neste ministério, porque o seu coração não é reto diante de Deus. **22** Arrependa-se dessa maldade e ore ao Senhor. Talvez ele perdoe tal pensamento do seu coração, **23** pois vejo que você está cheio de amargura e preso pelo pecado".

24 Simão, porém, respondeu: "Orem vocês ao Senhor por mim,ʸ para que não me aconteça nada do que vocês disseram".

25 Tendo testemunhado e proclamado a palavra do Senhor, Pedro e João voltaram a Jerusalém, pregando o evangelho em muitos povoados samaritanos.ᶻ

Filipe e o Etíope

26 Um anjoᵃ do Senhor disse a Filipe: "Vá para o sul, para a estrada deserta que desce de Jerusalém a Gaza". **27** Ele se levantou e partiu. No caminho encontrou um eunucoᶜ etíope,ᵇ um oficial importante, encarregado de todos os tesouros de Candace, rainha dos etíopes. Esse homem viera a Jerusalém para adorarᵈ a Deus e, **28** de volta para casa, sentado em sua carruagem, lia o livro do profeta Isaías. **29** E o Espírito disseᵉ a Filipe: "Aproxime-se dessa carruagem e acompanhe-a".

30 Então Filipe correu para a carruagem, ouviu o homem lendo o profeta Isaías e lhe perguntou: "O senhor entende o que está lendo?"

31 Ele respondeu: "Como posso entender se alguém não me explicar?" Assim, convidou Filipe para subir e sentar-se ao seu lado.

32 O eunuco estava lendo esta passagem da Escritura:

"Ele foi levado como ovelha para o
    matadouro,
e, como cordeiro mudo
    diante do tosquiador,
ele não abriu a sua boca.

ˡ **8.7** Ou *malignos*

ATOS DOS APÓSTOLOS 9.20

33 Em sua humilhação
foi privado de justiça.
Quem pode falar
dos seus descendentes?
Pois a sua vida foi tirada
da terra".[1] [f]

34 O eunuco perguntou a Filipe: "Diga-me, por favor: de quem o profeta está falando? De si próprio ou de outro?" **35** Então Filipe, começando[g] com aquela passagem da Escritura,[h] anunciou-lhe as boas-novas de Jesus.

36 Prosseguindo pela estrada, chegaram a um lugar onde havia água. O eunuco disse: "Olhe, aqui há água. Que me impede de ser batizado?"[i] **37** Disse Filipe: "Você pode, se crê de todo o coração". O eunuco respondeu: "Creio que Jesus Cristo é o Filho de Deus".[2] **38** Assim, deu ordem para parar a carruagem. Então Filipe e o eunuco desceram à água, e Filipe o batizou. **39** Quando saíram da água, o Espírito do Senhor arrebatou[j] Filipe repentinamente. O eunuco não o viu mais e, cheio de alegria, seguiu o seu caminho. **40** Filipe, porém, apareceu em Azoto e, indo para Cesareia,[l] pregava o evangelho em todas as cidades[k] pelas quais passava.

A Conversão de Saulo

9 Enquanto isso, Saulo ainda respirava ameaças de morte contra os discípulos[m] do Senhor. Dirigindo-se ao sumo sacerdote, **2** pediu-lhe cartas para as sinagogas de Damasco, de maneira que, caso encontrasse ali homens ou mulheres que pertencessem ao Caminho,[n] pudesse levá-los presos para Jerusalém. **3** Em sua viagem, quando se aproximava de Damasco, de repente brilhou ao seu redor[o] uma luz vinda do céu. **4** Ele caiu por terra e ouviu uma voz que lhe dizia: "Saulo, Saulo, por que você me persegue?"

---

[1] 8.32,33 Is 53.7,8
[2] 8.37 Muitos manuscritos antigos não trazem o versículo 37.

5 Saulo perguntou: "Quem és tu, Senhor?" Ele respondeu: "Eu sou Jesus, a quem você persegue. **6** Levante-se, entre na cidade; alguém dirá o que você deve fazer".[p]

7 Os homens que viajavam com Saulo pararam emudecidos; ouviam a voz,[q] mas não viam ninguém.[r] **8** Saulo levantou-se do chão e, abrindo os olhos, não conseguia ver nada. E os homens o levaram pela mão até Damasco. **9** Por três dias ele esteve cego, não comeu nem bebeu.

10 Em Damasco havia um discípulo chamado Ananias. O Senhor o chamou numa visão:[s] "Ananias!"

"Eis-me aqui, Senhor", respondeu ele.

11 O Senhor lhe disse: "Vá à casa de Judas, na rua chamada Direita, e pergunte por um homem de Tarso[t] chamado Saulo. Ele está orando; **12** numa visão viu um homem chamado Ananias chegar e impor-lhe as mãos[u] para que voltasse a ver".

13 Respondeu Ananias: "Senhor, tenho ouvido muita coisa a respeito desse homem e de todo o mal que ele tem feito aos teus santos[v] em Jerusalém.[w] **14** Ele chegou aqui com autorização dos chefes dos sacerdotes[x] para prender todos os que invocam o teu nome".

15 Mas o Senhor disse a Ananias: "Vá! Este homem é meu instrumento[y] escolhido para levar o meu nome perante os gentios[z] e seus reis,[a] e perante o povo de Israel. **16** Mostrarei a ele quanto deve sofrer pelo meu nome".[b]

17 Então Ananias foi, entrou na casa, pôs as mãos[c] sobre Saulo e disse: "Irmão Saulo, o Senhor Jesus, que apareceu no caminho por onde você vinha, enviou-me para que você volte a ver e seja cheio do Espírito Santo". **18** Imediatamente, algo como escamas caiu dos olhos de Saulo e ele passou a ver novamente. Levantando-se, foi batizado **19** e, depois de comer, recuperou as forças.

Saulo em Damasco e em Jerusalém

Saulo passou vários dias com os discípulos[d] em Damasco.[e] **20** Logo começou a pregar nas sinagogas[f] que Jesus é o Filho de Deus.⁹ ²¹ Todos os que o ouviam ficavam perplexos e perguntavam: "Não é ele o homem que procurava destruir em Jerusalém aqueles que invocam este nome?ʰ E não veio para cá justamente para levá-los presos aos chefes dos sacerdotes?"ⁱ ²² Todavia, Saulo se fortalecia cada vez mais e confundia os judeus que viviam em Damasco, demonstrando que Jesus é o Cristo.ʲ

²³ Decorridos muitos dias, os judeus decidiram de comum acordo matá-lo, ²⁴ mas Saulo ficou sabendo do plano deles.ᵏ Dia e noite eles vigiavam as portas da cidade a fim de matá-lo. ²⁵ Mas os seus discípulos o levaram de noite e o fizeram descer num cesto, através de uma abertura na muralha.ˡ

²⁶ Quando chegou a Jerusalém,ᵐ tentou reunir-se aos discípulos, mas todos estavam com medo dele, não acreditando que fosse realmente um discípulo. ²⁷ Então Barnabéⁿ o levou aos apóstolos e lhes contou como, no caminho, Saulo vira o Senhor, que lhe falara,ᵒ e como em Damasco ele havia pregado corajosamente em nome de Jesus.ᵖ ²⁸ Assim, Saulo ficou com eles e andava com liberdade em Jerusalém, pregando corajosamente em nome do Senhor. ²⁹ Falava e discutia com os judeus de fala grega,ᑫ mas estes tentavam matá-lo.ʳ ³⁰ Sabendo disso,ˢ os irmãos o levaram para Cesareiaᵗ e o enviaram para Tarso.ᵘ

³¹ A igreja passava por um período de paz em toda a Judeia, Galileia e Samaria.ᵛ Ela se edificava e, encorajada pelo Espírito Santo, crescia em número, vivendo no temor do Senhor.

Eneias e Dorcas

³² Viajando por toda parte, Pedro foi visitar os santosʷ que viviam em Lida. ³³ Ali encontrou um paralítico chamado Eneias, que estava acamado fazia oito anos. ³⁴ Disse-lhe Pedro: "Eneias, Jesus Cristo vai curá-lo!ˣ Levante-se e arrume a sua cama". Ele se levantou imediatamente. ³⁵ Todos os que viviam em Lida e Saronaʸ o viram e se converteram ao Senhor.ᶻ

³⁶ Em Jopeᵃ havia uma discípula chamada Tabita, que em grego é Dorcas¹, que se dedicava a praticar boas obrasᵇ e dar esmolas. ³⁷ Naqueles dias ela ficou doente e morreu, e seu corpo foi lavado e colocado num quarto do andar superior.ᶜ ³⁸ Lida ficava perto de Jope, e, quando os discípulosᵈ ouviram falar que Pedro estava em Lida, mandaram-lhe dois homens dizer-lhe: "Não se demore em vir até nós".

³⁹ Pedro foi com eles e, quando chegou, foi levado para o quarto do andar superior. Todas as viúvasᵉ o rodearam, chorando e mostrando-lhe os vestidos e outras roupas que Dorcas tinha feito quando ainda estava com elas.

⁴⁰ Pedro mandou que todos saíssem do quarto;ᶠ depois, ajoelhou-seᵍ e orou. Voltando-se para a mulher morta, disse: "Tabita, levante-se". Ela abriu os olhos e, vendo Pedro, sentou-se. ⁴¹ Tomando-a pela mão, ajudou-a a pôr-se em pé. Então, chamando os santos e as viúvas, apresentou-a viva. ⁴² Este fato se tornou conhecido em toda a cidade de Jope, e muitos creram no Senhor. ⁴³ Pedro ficou em Jope durante algum tempo, com um curtidor de couro chamado Simão.ʰ

O Centurião Cornélio

10 Havia em Cesareiaⁱ um homem chamado Cornélio, centurião do regimento conhecido como Italiano. ² Ele e toda a sua família eram religiosos e tementesʲ² a Deus; dava muitas esmolas ao povo e orava continuamente a Deus. ³ Certo dia, por volta das três horas da tarde³,ᵏ ele teve uma visão.ˡ Viu claramente um anjoᵐ de Deus que se aproximava dele e dizia: "Cornélio!"

⁴ Atemorizado, Cornélio olhou para ele e perguntou: "Que é, Senhor?"

O anjo respondeu: "Suas orações e esmolas subiram como oferta memorialⁿ diante

---

¹ **9.36** Tanto *Tabita* (aramaico) como *Dorcas* (grego) significam *gazela*.

² **10.2** Isto é, simpatizantes do judaísmo.

³ **10.3** Grego: *da hora nona*; também no versículo 30.

de Deus.º ⁵ Agora, mande alguns homens a Jope^p para trazerem um certo Simão, também conhecido como Pedro, ⁶ que está hospedado na casa de Simão, o curtidor de couro,^{q} que fica perto do mar".

⁷ Depois que o anjo que lhe falou se foi, Cornélio chamou dois dos seus servos e um soldado religioso dentre os seus auxiliares ⁸ e, contando-lhes tudo o que tinha acontecido, enviou-os a Jope.^{r}

A Visão de Pedro

⁹ No dia seguinte, por volta do meio-dia^1, enquanto eles viajavam e se aproximavam da cidade, Pedro subiu ao terraço^s para orar. ¹⁰ Tendo fome, queria comer; enquanto a refeição estava sendo preparada, caiu em êxtase.^{t} ¹¹ Viu o céu aberto e algo semelhante a um grande lençol que descia à terra, preso pelas quatro pontas, ¹² contendo toda espécie de quadrúpedes, bem como de répteis da terra e aves do céu. ¹³ Então uma voz lhe disse: "Levante-se, Pedro; mate e coma".

¹⁴ Mas Pedro respondeu: "De modo nenhum, Senhor!^{u} Jamais comi algo impuro ou imundo!"^{v}

¹⁵ A voz lhe falou segunda vez: "Não chame impuro ao que Deus purificou".^{w}

¹⁶ Isso aconteceu três vezes, e em seguida o lençol foi recolhido ao céu.

¹⁷ Enquanto Pedro estava refletindo no significado da visão, os homens enviados por Cornélio^x descobriram onde era a casa de Simão e chegaram à porta. ¹⁸ Chamando, perguntaram se ali estava hospedado Simão, conhecido como Pedro.

¹⁹ Enquanto Pedro ainda estava pensando na visão, o Espírito lhe disse:^{y} "Simão, três homens estão procurando por você. ²⁰ Portanto, levante-se e desça. Não hesite em ir com eles, pois eu os enviei".^{z}

²¹ Pedro desceu e disse aos homens: "Eu sou quem vocês estão procurando. Por que motivo vieram?"

²² Os homens responderam: "Viemos da parte do centurião Cornélio. Ele é um homem justo e temente^{a2} a Deus, respeitado por todo o povo judeu. Um santo anjo lhe disse que o chamasse à sua casa, para que ele ouça o que você tem para dizer".^{b} ²³ Pedro os convidou a entrar e os hospedou.

Pedro na Casa de Cornélio

No dia seguinte Pedro partiu com eles, e alguns dos irmãos^c de Jope o acompanharam.^{d} ²⁴ No outro dia chegaram a Cesareia.^{e} Cornélio os esperava com seus parentes e amigos mais íntimos que tinha convidado. ²⁵ Quando Pedro ia entrando na casa, Cornélio dirigiu-se a ele e prostrou-se aos seus pés, adorando-o. ²⁶ Mas Pedro o fez levantar-se, dizendo: "Levante-se, eu sou homem como você".^{f}

²⁷ Conversando com ele, Pedro entrou e encontrou ali reunidas muitas pessoas ²⁸ e lhes disse: "Vocês sabem muito bem que é contra a nossa lei um judeu associar-se a um gentio ou mesmo visitá-lo.^{g} Mas Deus me mostrou que eu não deveria chamar impuro ou imundo^h a homem nenhum. ²⁹ Por isso, quando fui procurado, vim sem qualquer objeção. Posso perguntar por que vocês me mandaram buscar?"

³⁰ Cornélio respondeu: "Há quatro dias eu estava em minha casa orando a esta hora, às três horas da tarde. De repente, apresentou-se diante de mim um homem com roupas resplandecentes ³¹ que disse: 'Cornélio, Deus ouviu sua oração e lembrou-se de suas esmolas. ³² Mande buscar em Jope a Simão, chamado Pedro. Ele está hospedado na casa de Simão, o curtidor de couro, que mora perto do mar'. ³³ Assim, mandei buscar-te imediatamente, e foi bom que tenhas vindo. Agora estamos todos aqui na presença de Deus, para ouvir tudo que o Senhor te mandou dizer-nos".

³⁴ Então Pedro começou a falar: "Agora percebo verdadeiramente que Deus não

---

^{1} **10.9** Grego: *da hora sexta*. ^{2} **10.22** Isto é, simpatizante do judaísmo.

trata as pessoas com parcialidade,ⁱ ³⁵ mas de todas as nações aceita todo aquele que o teme e faz o que é justo.ʲ ³⁶ Vocês conhecem a mensagem enviada por Deus ao povo de Israel, que fala das boas-novasᵏ de pazˡ por meio de Jesus Cristo, Senhor de todos.ᵐ ³⁷ Sabem o que aconteceu em toda a Judeia, começando na Galileia, depois do batismo que João pregou, ³⁸ como Deus ungiuⁿ Jesus de Nazaré com o Espírito Santo e poder, e como ele andou por toda parte fazendo o bem e curandoᵒ todos os oprimidos pelo Diabo, porque Deus estava com ele.ᵖ

³⁹ "Nós somos testemunhasᑫ de tudo o que ele fez na terra dos judeus e em Jerusalém, onde o mataram, suspendendo-o num madeiro.ʳ ⁴⁰ Deus, porém, o ressuscitouˢ no terceiro dia e fez que ele fosse visto, ⁴¹ não por todo o povo,ᵗ mas por testemunhas que designara de antemão, por nós que comemosᵘ e bebemos com ele depois que ressuscitou dos mortos. ⁴² Ele nos mandou pregar ao povoᵛ e testemunhar que foi a ele que Deus constituiu juiz de vivos e de mortos.ʷ ⁴³ Todos os profetas dão testemunho dele,ˣ de que todoʸ o que nele crê recebe o perdão dos pecados mediante o seu nome".

⁴⁴ Enquanto Pedro ainda estava falando estas palavras, o Espírito Santo desceuᶻ sobre todos os que ouviam a mensagem. ⁴⁵ Os judeus convertidos que vieram com Pedroᵃ ficaram admirados de que o dom do Espírito Santo fosse derramadoᵇ até sobre os gentios,ᶜ ⁴⁶ pois os ouviam falando em línguasᵈ¹ e exaltando a Deus.

A seguir Pedro disse: ⁴⁷ "Pode alguém negar a água,ᵉ impedindo que estes sejam batizados? Eles receberam o Espírito Santo como nós!"ᶠ ⁴⁸ Então ordenou que fossem batizados em nome de Jesus Cristo.ᵍ Depois pediram a Pedro que ficasse com eles alguns dias.

Pedro Explica-se perante a Igreja

11 Os apóstolos e os irmãosʰ de toda a Judeia ouviram falar que os gentios também haviam recebido a palavra de Deus. ² Assim, quando Pedro subiu a Jerusalém, os que eram do partido dos circuncisosⁱ o criticavam, dizendo: ³ "Você entrou na casa de homens incircuncisos e comeu com eles".ʲ

⁴ Pedro, então, começou a explicar-lhes exatamente como tudo havia acontecido: ⁵ "Eu estava na cidade de Jope, orando; caindo em êxtase, tive uma visão.ᵏ Vi algo parecido com um grande lençol sendo baixado do céu, preso pelas quatro pontas, e que vinha até o lugar onde eu estava. ⁶ Olhei para dentro dele e notei que havia ali quadrúpedes da terra, animais selvagens, répteis e aves do céu. ⁷ Então ouvi uma voz que me dizia: 'Levante-se, Pedro; mate e coma'.

⁸ "Eu respondi: De modo nenhum, Senhor! Nunca entrou em minha boca algo impuro ou imundo.

⁹ "A voz falou do céu segunda vez: 'Não chame impuro ao que Deus purificou'.ˡ ¹⁰ Isso aconteceu três vezes, e então tudo foi recolhido ao céu.

¹¹ "Na mesma hora chegaram à casa em que eu estava hospedado três homens que me haviam sido enviados de Cesareia. ¹² O Espírito me disseᵐ que não hesitasse em ir com eles.ⁿ Estes seis irmãos também foram comigo, e entramos na casa de um certo homem. ¹³ Ele nos contou como um anjo lhe tinha aparecido em sua casa e dissera: 'Mande buscar, em Jope, Simão, chamado Pedro. ¹⁴ Ele trará uma mensagem por meio da qual serão salvos você e todos os da sua casa'.ᵒ

¹⁵ "Quando comecei a falar, o Espírito Santo desceuᵖ sobre eles como sobre nós no princípio.ᑫ ¹⁶ Então me lembrei do que o Senhor tinha dito: 'João batizou com² água, mas vocês serão batizados com o Espírito Santo'.ʳ ¹⁷ Se, pois, Deus lhes deu o mesmo dom que nos tinha dadoˢ quando cremos no Senhor Jesus Cristo, quem era eu para pensar em opor-me a Deus?"

---

¹ **10.46** Ou *em outros idiomas*   ² **11.16** Ou *em*

¹⁸ Ouvindo isso, não apresentaram mais objeções e louvaram a Deus, dizendo: "Então, Deus concedeu arrependimento para a vida' até mesmo aos gentios!"

A Igreja em Antioquia

¹⁹ Os que tinham sido dispersos por causa da perseguição desencadeada com a morte de Estêvão" chegaram até a Fenícia, Chipre e Antioquia,ᵛ anunciando a mensagem apenas aos judeus. ²⁰ Alguns deles, todavia, cipriotasʷ e cireneus,ˣ foram a Antioquia e começaram a falar também aos gregos, contando-lhes as boas-novas a respeito do Senhor Jesus. ²¹ A mão do Senhor estava com eles,ʸ e muitos creram e se converteram ao Senhor.ᶻ

²² Notícias desse fato chegaram aos ouvidos da igreja em Jerusalém, e eles enviaram Barnabéᵃ a Antioquia. ²³ Este, ali chegando e vendo a graça de Deus,ᵇ ficou alegre e os animou a permanecer fiéis ao Senhor, de todo o coração.ᶜ ²⁴ Ele era um homem bom, cheio do Espírito Santo e de fé; e muitas pessoas foram acrescentadas ao Senhor.ᵈ

²⁵ Então Barnabé foi a Tarsoᵉ procurar Saulo ²⁶ e, quando o encontrou, levou-o para Antioquia. Assim, durante um ano inteiro Barnabé e Saulo se reuniram com a igreja e ensinaram a muitos. Em Antioquia, os discípulosᶠ foram pela primeira vezᵍ chamados cristãos.

²⁷ Naqueles dias alguns profetasʰ desceram de Jerusalém para Antioquia. ²⁸ Um deles, Ágabo,ⁱ levantou-se e pelo Espírito predisse que uma grande fome sobreviria a todo o mundo romano,ʲ o que aconteceu durante o reinado de Cláudio.ᵏ ²⁹ Os discípulos,ˡ cada um segundo as suas possibilidades, decidiram providenciar ajudaᵐ para os irmãosⁿ que viviam na Judeia. ³⁰ E o fizeram, enviando suas ofertas aos presbíterosᵒ pelas mãos de Barnabé e Saulo.ᵖ

Pedro é Milagrosamente Libertado da Prisão

12 Nessa ocasião, o rei Herodes prendeu alguns que pertenciam à igreja, com a intenção de maltratá-los, ² e mandou matar à espada Tiago, irmão de João.ᵠ ³ Vendo que isso agradava aos judeus,ʳ prosseguiu, prendendo também Pedro durante a festa dos pães sem fermento.ˢ ⁴ Tendo-o prendido, lançou-o no cárcere, entregando-o para ser guardado por quatro escoltas de quatro soldados cada uma. Herodes pretendia submetê-lo a julgamento público depois da Páscoa.

⁵ Pedro, então, ficou detido na prisão, mas a igreja orava intensamente a Deus por ele.ᵗ

⁶ Na noite anterior ao dia em que Herodes iria submetê-lo a julgamento, Pedro estava dormindo entre dois soldados, preso com duas algemas,ᵘ e sentinelas montavam guarda à entrada do cárcere. ⁷ Repentinamente apareceu um anjoᵛ do Senhor, e uma luz brilhou na cela. Ele tocou no lado de Pedro e o acordou. "Depressa, levante-se!", disse ele. Então as algemas caíram dos punhos de Pedro.ʷ

⁸ O anjo lhe disse: "Vista-se e calce as sandálias". E Pedro assim fez. Disse-lhe ainda o anjo: "Ponha a capa e siga-me". ⁹ E, saindo, Pedro o seguiu, não sabendo que era real o que se fazia por meio do anjo; tudo lhe parecia uma visão.ˣ ¹⁰ Passaram a primeira e a segunda guarda, e chegaram ao portão de ferro que dava para a cidade. Este se abriu por si mesmo para eles,ʸ e passaram. Tendo saído, caminharam ao longo de uma rua e, de repente, o anjo o deixou.

¹¹ Então Pedro caiu em siᶻ e disse: "Agora sei, sem nenhuma dúvida, que o Senhor enviou o seu anjo e me libertouᵃ das mãos de Herodes e de tudo o que o povo judeu esperava".

¹² Percebendo isso, ele se dirigiu à casa de Maria, mãe de João, também chamado Marcos,ᵇ onde muita gente se havia reunido e estava orando.ᶜ ¹³ Pedro bateu à porta do alpendre, e uma serva chamada Rode veio atender.ᵈ ¹⁴ Ao reconhecer a voz de Pedro, tomada de alegria,ᵉ ela correu de volta, sem abrir a porta, e exclamou: "Pedro está à porta!"

¹⁵ Eles porém lhe disseram: "Você está fora de si!" Insistindo ela em afirmar que era Pedro, disseram-lhe: "Deve ser o anjo dele".ᶠ

¹⁶ Mas Pedro continuou batendo e, quando abriram a porta e o viram, ficaram perplexos. ¹⁷ Mas ele, fazendo-lhes sinalᵍ para que se calassem, descreveu como o Senhor o havia tirado da prisão e disse: "Contem isso a Tiagoʰ e aos irmãos"ⁱ. Então saiu e foi para outro lugar.

¹⁸ De manhã, não foi pequeno o alvoroço entre os soldados quanto ao que tinha acontecido a Pedro. ¹⁹ Fazendo uma busca completa e não o encontrando, Herodes fez uma investigação entre os guardas e ordenou que fossem executados.ʲ

A Morte de Herodes

Depois Herodes foi da Judeia para Cesareiaᵏ e permaneceu ali durante algum tempo. ²⁰ Ele estava cheio de ira contra o povo de Tiro e Sidom;ˡ contudo, eles haviam se reunido e procuravam ter uma audiência com ele. Tendo conseguido o apoio de Blasto, homem de confiança¹ do rei, pediram paz, porque dependiam das terras do rei para obter alimento.ᵐ

²¹ No dia marcado, Herodes, vestindo seus trajes reais, sentou-se em seu trono e fez um discurso ao povo. ²² Eles começaram a gritar: "É voz de deus, e não de homem". ²³ Visto que Herodes não glorificou a Deus, imediatamente um anjo do Senhor o feriu;ⁿ e ele morreu comido por vermes.

²⁴ Entretanto, a palavra de Deus continuava a crescer e a espalhar-se.ᵒ

²⁵ Tendo terminado sua missão,ᵠ Barnabéᵖ e Saulo voltaram de Jerusalém, levando consigo João, também chamado Marcos.ʳ

A Missão de Barnabé e Saulo

13 Na igreja de Antioquiaˢ havia profetasᵗ e mestres: Barnabé,ᵘ Simeão, chamado Níger, Lúcio de Cirene, Manaém, que fora criado com Herodes,ᵛ o tetrarca², e Saulo.

---

¹ *12.20* Grego: *camareiro*.
² *13.1* Um tetrarca era o governador da quarta parte de uma região.

² Enquanto adoravam o Senhor e jejuavam, disseʷ o Espírito Santo: "Separem-me Barnabé e Saulo para a obraˣ a que os tenho chamado".ʸ ³ Assim, depois de jejuar e orar, impuseram-lhes as mãosᶻ e os enviaram.ᵃ

Em Chipre

⁴ Enviados pelo Espírito Santoᵇ, desceram a Selêucia e dali navegaram para Chipre.ᶜ ⁵ Chegando em Salamina, proclamaram a palavra de Deus nas sinagogasᵈ judaicas. Joãoᵉ estava com eles como auxiliar.

⁶ Viajaram por toda a ilha, até que chegaram a Pafos. Ali encontraram um judeu, chamado Barjesus, que praticava magiaᶠ e era falso profeta.ᵍ ⁷ Ele era assessor do procônsulʰ Sérgio Paulo. O procônsul, sendo homem culto, mandou chamar Barnabé e Saulo, porque queria ouvir a palavra de Deus. ⁸ Mas Elimas, o mágicoⁱ (esse é o significado do seu nome), opôs-se a eles e tentava desviar da féᵏ o procônsul.ʲ

⁹ Então Saulo, também chamado Paulo, cheio do Espírito Santo,ˡ olhou firmemente para Elimas e disse: ¹⁰ "Filho do Diaboᵐ e inimigo de tudo o que é justo! Você está cheio de toda espécie de engano e maldade. Quando é que vai parar de perverter os retos caminhos do Senhor?ⁿ ¹¹ Saiba agora que a mão do Senhor está contra você,ᵒ e você ficará cego e incapaz de ver a luz do sol durante algum tempo".

Imediatamente vieram sobre ele névoa e escuridão, e ele, tateando, procurava quem o guiasse pela mão. ¹² O procônsul,ᵖ vendo o que havia acontecido, creu, profundamente impressionado com o ensino do Senhor.

Em Antioquia da Pisídia

¹³ De Pafos,ᵠ Paulo e seus companheiros navegaram para Perge, na Panfília. Joãoʳ os deixou ali e voltou para Jerusalém. ¹⁴ De Perge prosseguiram até Antioquia da Pisídia.ˢ No sábado,ᵗ entraram na sinagogaᵘ e se assentaram. ¹⁵ Depois da leitura da Lei e dos Profetas, os chefes da sinagoga lhes mandaram dizer: "Irmãos, se vocês têm

uma mensagem de encorajamento para o povo, falem".

¹⁶ Pondo-se em pé, Paulo fez sinal com a mão*ʷ* e disse: "Israelitas e gentios tementes¹ a Deus, ouçam-me! ¹⁷ O Deus do povo de Israel escolheu nossos antepassados e exaltou o povo durante a sua permanência no Egito; com grande poder os fez sair daquele país*ˣ* ¹⁸ e os aturou²*ʸ* no deserto*ᶻ* durante cerca de quarenta anos. ¹⁹ Ele destruiu sete nações em Canaã*ᵃ* e deu a terra delas como herança ao seu povo.*ᵇ* ²⁰ Tudo isso levou cerca de quatrocentos e cinquenta anos.

"Depois disso, ele lhes deu juízes*ᶜ* até o tempo do profeta Samuel.*ᵈ* ²¹ Então o povo pediu um rei,*ᵉ* e Deus lhes deu Saul,*ᶠ* filho de Quis, da tribo de Benjamim,*ᵍ* que reinou quarenta anos. ²² Depois de rejeitar Saul,*ʰ* levantou-lhes Davi como rei,*ⁱ* sobre quem testemunhou: 'Encontrei Davi, filho de Jessé, homem segundo o meu coração;*ʲ* ele fará tudo o que for da minha vontade'³.

²³ "Da descendência*ᵏ* desse homem Deus trouxe a Israel o Salvador*ˡ* Jesus,*ᵐ* como prometera.*ⁿ* ²⁴ Antes da vinda de Jesus, João pregou um batismo de arrependimento para todo o povo de Israel.*ᵒ* ²⁵ Quando estava completando sua carreira,*ᵖ* João disse: 'Quem vocês pensam que eu sou? Não sou quem vocês pensam.*ᑫ* Mas eis que vem depois de mim aquele cujas sandálias não sou digno nem de desamarrar'.*ʳ*

²⁶ "Irmãos, filhos de Abraão, e gentios tementes a Deus, a nós foi enviada esta mensagem de salvação.*ˢ* ²⁷ O povo de Jerusalém e seus governantes não reconheceram Jesus,*ᵗ* mas, ao condená-lo, cumpriram as palavras dos profetas,*ᵘ* que são lidas todos os sábados. ²⁸ Mesmo não achando motivo legal para uma sentença de morte, pediram a Pilatos que o mandasse executar.*ᵛ* ²⁹ Tendo cumprido tudo o que estava escrito a respeito dele,*ʷ* tiraram-no do madeiro*ˣ* e o colocaram num sepulcro.*ʸ* ³⁰ Mas Deus o ressuscitou dos mortos,*ᶻ* ³¹ e, por muitos dias, foi visto por aqueles que tinham ido com ele da Galileia para Jerusalém.*ᵃ* Estes agora são testemunhas*ᵇ* de Jesus para o povo.

³² "Nós lhes anunciamos as boas-novas:*ᶜ* o que Deus prometeu a nossos antepassados*ᵈ* ³³ ele cumpriu para nós, seus filhos, ressuscitando Jesus, como está escrito em Salmos 2:

" 'Tu és meu filho;
eu hoje te gerei'⁴*ᵉ*.

³⁴ O fato de que Deus o ressuscitou dos mortos, para que nunca entrasse em decomposição, é declarado nestas palavras:

" 'Eu dou a vocês as santas
e fiéis bênçãos prometidas
a Davi'⁵*ᶠ*.

³⁵ Assim ele diz noutra passagem:

" 'Não permitirás
que o teu Santo
sofra decomposição'⁶*ᵍ*.

³⁶ "Tendo, pois, Davi servido ao propósito de Deus em sua geração, adormeceu, foi sepultado com os seus antepassados*ʰ* e seu corpo se decompôs. ³⁷ Mas aquele a quem Deus ressuscitou não sofreu decomposição.

³⁸ "Portanto, meus irmãos, quero que saibam que mediante Jesus é proclamado o perdão dos pecados a vocês.*ⁱ* ³⁹ Por meio dele, todo aquele que crê é justificado de todas as coisas das quais não podiam ser justificados pela Lei de Moisés.*ʲ* ⁴⁰ Cuidem para que não aconteça o que disseram os profetas:

⁴¹ " 'Olhem, escarnecedores,
admirem-se e pereçam;
pois nos dias de vocês

---

¹ **13.16** Isto é, simpatizantes do judaísmo; também no versículo 26.
² **13.18** Alguns manuscritos dizem *e cuidou deles*.
³ **13.22** 1Sm 13.14
⁴ **13.33** Sl 2.7
⁵ **13.34** Is 55.3
⁶ **13.35** Sl 16.10

farei algo em que vocês jamais
  creriam
se a vocês fosse contado!'ᵏ¹"

⁴² Quando Paulo e Barnabé estavam saindo da sinagoga,ˡ o povo os convidou a falar mais a respeito dessas coisas no sábado seguinte. ⁴³ Despedida a congregação, muitos dos judeus e estrangeiros piedosos convertidos ao judaísmo seguiram Paulo e Barnabé. Estes conversavam com eles, recomendando-lhes que continuassem na graça de Deus.ᵐ

⁴⁴ No sábado seguinte, quase toda a cidade se reuniu para ouvir a palavra do Senhor. ⁴⁵ Quando os judeus viram a multidão, ficaram cheios de inveja e, blasfemando,ⁿ contradiziam o que Paulo estava dizendo.ᵒ

⁴⁶ Então Paulo e Barnabé lhes responderam corajosamente: "Era necessário anunciar primeiroᵖ a vocês a palavra de Deus; uma vez que a rejeitam e não se julgam dignos da vida eterna, agora nos voltamos para os gentios.ᵠ ⁴⁷ Pois assim o Senhor nos ordenou:

" 'Eu fiz de você luz para os gentios,ʳ
para que você leve a salvação
  até aos confins da terra'ˢ²".

⁴⁸ Ouvindo isso, os gentios alegraram-se e bendisseram a palavra do Senhor; e creram todos os que haviam sido designados para a vida eterna.

⁴⁹ A palavra do Senhor se espalhava por toda a região. ⁵⁰ Mas os judeus incitaram as mulheres religiosas de elevada posição e os principais da cidade. E, provocando perseguição contra Paulo e Barnabé, os expulsaram do seu território.ᵗ ⁵¹ Estes sacudiram o pó dos seus pésᵘ em protesto contra eles e foram para Icônio.ᵛ ⁵² Os discípulos continuavam cheios de alegria e do Espírito Santo.

¹ **13.41** Hc 1.5
² **13.47** Is 49.6

Em Icônio

14 Em Icônio,ʷ Paulo e Barnabé, como de costume, foram à sinagoga judaica. Ali falaram de tal modo que veio a crer grande multidão de judeus e gentios. ² Mas os judeus que se tinham recusado a crer incitaram os gentios e irritaram-lhes o ânimo contra os irmãos. ³ Paulo e Barnabé passaram bastante tempo ali, falando corajosamenteˣ do Senhor, que confirmava a mensagem de sua graça realizando sinais e maravilhasʸ pelas mãos deles. ⁴ O povo da cidade ficou dividido: alguns estavam a favor dos judeus, outros a favor dos apóstolos.ᶻ ⁵ Formou-se uma conspiração de gentios e judeus, com os seus líderes, para maltratá-los e apedrejá-los.ᵃ ⁶ Quando eles souberam disso, fugiramᵇ para as cidades licaônicas de Listra e Derbe, e seus arredores, ⁷ onde continuaram a pregarᶜ as boas-novas.ᵈ

Em Listra e em Derbe

⁸ Em Listra havia um homem paralítico dos pés, aleijado desde o nascimento,ᵉ que vivia ali sentado e nunca tinha andado. ⁹ Ele ouvira Paulo falar. Quando Paulo olhou diretamente para ele e viu que o homem tinha fé para ser curado,ᶠ ¹⁰ disse em alta voz: "Levante-se! Fique em pé!" Com isso, o homem deu um salto e começou a andar.ᵍ

¹¹ Ao ver o que Paulo fizera, a multidão começou a gritar em língua licaônica: "Os deuses desceram até nós em forma humana!"ʰ ¹² A Barnabé chamavam Zeus e a Paulo chamavam Hermes, porque era ele quem trazia a palavra. ¹³ O sacerdote de Zeus, cujo templo ficava diante da cidade, trouxe bois e coroas de flores à porta da cidade, porque ele e a multidão queriam oferecer-lhes sacrifícios.

¹⁴ Ouvindo isso, os apóstolos Barnabé e Paulo rasgaram as roupasⁱ e correram para o meio da multidão, gritando: ¹⁵ "Homens, por que vocês estão fazendo isso? Nós também somos humanosʲ como vocês. Estamos trazendo boas-novasᵏ para vocês,

dizendo que se afastem dessas coisas vãs¹ e se voltem para o Deus vivo,ᵐ que fez o céu, a terra,ⁿ o mar e tudo o que neles há.ᵒ ¹⁶ No passado ele permitiuᵖ que todas as nações seguissem os seus próprios caminhos.ᵠ ¹⁷ Contudo, Deus não ficou sem testemunho:ʳ mostrou sua bondade, dando-lhes chuva do céu e colheitas no tempo certo,ˢ concedendo-lhes sustento com fartura e um coração cheio de alegria". ¹⁸ Apesar dessas palavras, eles tiveram dificuldade para impedir que a multidão lhes oferecesse sacrifícios.

¹⁹ Então alguns judeusᵗ chegaram de Antioquia e de Icônioᵘ e mudaram o ânimo das multidões. Apedrejaram Pauloᵛ e o arrastaram para fora da cidade, pensando que estivesse morto. ²⁰ Mas, quando os discípulosʷ se ajuntaram em volta de Paulo, ele se levantou e voltou à cidade. No dia seguinte, ele e Barnabé partiram para Derbe.

O Retorno para Antioquia da Síria

²¹ Eles pregaram as boas-novas naquela cidade e fizeram muitos discípulos. Então voltaram para Listra, Icônioˣ e Antioquia, ²² fortalecendo os discípulos e encorajando-os a permanecer na fé,ʸ dizendo: "É necessário que passemos por muitas tribulaçõesᶻ para entrarmos no Reino de Deus". ²³ Paulo e Barnabé designaram-lhes¹ presbíterosᵃ em cada igreja; tendo orado e jejuado,ᵇ eles os encomendaram ao Senhor,ᶜ em quem haviam confiado. ²⁴ Passando pela Pisídia, chegaram à Panfília ²⁵ e, tendo pregado a palavra em Perge, desceram para Atália.

²⁶ De Atália navegaram de volta a Antioquia,ᵈ onde tinham sido recomendados à graça de Deusᵉ para a missão que agora haviam completado.ᶠ ²⁷ Chegando ali, reuniram a igreja e relataram tudo o que Deus tinha feito por meio delesᵍ e como abrira a portaʰ da fé aos gentios. ²⁸ E ficaram ali muito tempo com os discípulos.

¹ **14.23** Ou *ordenaram-lhes*; ou ainda *elegeram*

O Concílio de Jerusalém

15 Alguns homensⁱ desceram da Judeia para Antioquia e passaram a ensinar aos irmãos: "Se vocês não forem circuncidadosʲ conforme o costume ensinado por Moisés,ᵏ não poderão ser salvos". ² Isso levou Paulo e Barnabé a uma grande contenda e discussão com eles. Assim, Paulo e Barnabé foram designados, com outros, para irem a Jerusalémˡ tratar dessa questão com os apóstolos e com os presbíteros.ᵐ ³ A igreja os enviou e, ao passarem pela Fenícia e por Samaria, contaram como os gentios tinham se convertido;ⁿ essas notícias alegravam muito a todos os irmãos. ⁴ Chegando a Jerusalém, foram bem recebidos pela igreja, pelos apóstolos e pelos presbíteros, a quem relataram tudo o que Deus tinha feito por meio deles.ᵒ

⁵ Então se levantaram alguns do partido religioso dos fariseus que haviam crido e disseram: "É necessário circuncidá-los e exigir deles que obedeçam à Lei de Moisés".

⁶ Os apóstolos e os presbíteros se reuniram para considerar essa questão. ⁷ Depois de muita discussão, Pedro levantou-se e dirigiu-se a eles: "Irmãos, vocês sabem que há muito tempo Deus me escolheu dentre vocês para que os gentios ouvissem de meus lábios a mensagem do evangelho e cressem. ⁸ Deus, que conhece os corações,ᵖ demonstrou que os aceitou, dando-lhes o Espírito Santo,ᵠ como antes nos tinha concedido. ⁹ Ele não fez distinção alguma entre nós e eles,ʳ visto que purificou os seus corações pela fé.ˢ ¹⁰ Então, por que agora vocês estão querendo tentar a Deus, pondo sobre os discípulos um jugoᵗ que nem nós nem nossos antepassados conseguimos suportar? ¹¹ De modo nenhum! Cremos que somos salvos pela graçaᵘ de nosso Senhor Jesus, assim como eles também".

¹² Toda a assembleia ficou em silêncio, enquanto ouvia Barnabé e Paulo falando de todos os sinais e maravilhasᵛ que, por meio deles,ʷ Deus fizera entre os gentios.

¹³ Quando terminaram de falar, Tiago[x] tomou a palavra e disse: "Irmãos, ouçam-me. ¹⁴ Simão nos expôs como Deus, no princípio, voltou-se para os gentios a fim de reunir dentre as nações um povo para o seu nome. ¹⁵ Concordam com isso as palavras dos profetas, conforme está escrito:

¹⁶ " 'Depois disso voltarei
e reconstruirei
a tenda caída de Davi.
Reedificarei as suas ruínas,
e a restaurarei,
¹⁷ para que o restante
dos homens
busque o Senhor,
e todos os gentios
sobre os quais
tem sido invocado
o meu nome,
diz o Senhor,
que faz estas coisas'[y],¹
¹⁸ conhecidas desde os tempos antigos.²

¹⁹ "Portanto, julgo que não devemos pôr dificuldades aos gentios que estão se convertendo a Deus. ²⁰ Ao contrário, devemos escrever a eles, dizendo-lhes que se abstenham de comida contaminada pelos ídolos,[z] da imoralidade sexual,[a] da carne de animais estrangulados e do sangue.[b] ²¹ Pois, desde os tempos antigos, Moisés é pregado em todas as cidades, sendo lido nas sinagogas todos os sábados".[c]

A Carta do Concílio aos Cristãos Gentios

²² Então os apóstolos e os presbíteros, com toda a igreja, decidiram escolher alguns dentre eles e enviá-los a Antioquia com Paulo e Barnabé. Escolheram Judas, chamado Barsabás, e Silas,[d] dois líderes entre os irmãos. ²³ Com eles enviaram a seguinte carta:

" Os irmãos apóstolos e presbíteros,³

aos cristãos gentios que estão em Antioquia,[e] na Síria e na Cilícia.[f]

Saudações.[g]

²⁴ "Soubemos que alguns saíram de nosso meio, sem nossa autorização, e os perturbaram, transtornando a mente de vocês com o que disseram.[h] ²⁵ Assim, concordamos todos em escolher alguns homens e enviá-los a vocês com nossos amados irmãos Paulo e Barnabé, ²⁶ homens que têm arriscado a vida[i] pelo nome de nosso Senhor Jesus Cristo. ²⁷ Portanto, estamos enviando Judas e Silas para confirmarem verbalmente o que estamos escrevendo. ²⁸ Pareceu bem ao Espírito Santo[j] e a nós não impor a vocês nada além das seguintes exigências necessárias: ²⁹ Que se abstenham de comida sacrificada aos ídolos, do sangue, da carne de animais estrangulados e da imoralidade sexual.[k] Vocês farão bem em evitar essas coisas.

"Que tudo lhes vá bem".

³⁰ Uma vez despedidos, os homens desceram para Antioquia, onde reuniram a igreja e entregaram a carta. ³¹ Os irmãos a leram e se alegraram com a sua animadora mensagem. ³² Judas e Silas, que eram profetas, encorajaram e fortaleceram os irmãos com muitas palavras. ³³ Tendo passado algum tempo ali, foram despedidos pelos irmãos com a bênção da paz[l] para voltarem aos que os tinham enviado, ³⁴ mas Silas decidiu ficar.⁴ ³⁵ Paulo e Barnabé permaneceram em Antioquia, onde, com muitos outros, ensinavam e pregavam[m] a palavra do Senhor.

O Desentendimento entre Paulo e Barnabé

³⁶ Algum tempo depois, Paulo disse a Barnabé: "Voltemos para visitar os irmãos em todas as cidades[n] onde pregamos a

---

¹ **15.16,17** Am 9.11,12
² **15.18** Alguns manuscritos dizem *Conhecida do Senhor desde os tempos antigos é a sua obra.*
³ **15.23** Vários manuscritos dizem *Os apóstolos, os presbíteros e os irmãos.*
⁴ **15.34** Muitos manuscritos antigos não trazem o versículo 34.

15.13
[x]At 12.17
15.17
[y]Am 9.11, 12
15.20
[z]1Co 8.7-13; 10.14-28; Ap 2.14, 20
[a]1Co 10.7, 8
[b]v. 29; Gn 9.4; Lv 3.17; Dt 12.16, 23
15.21
[c]At 13.15; 2Co 3.14, 15
15.22
[d]v. 27, 32, 40
15.23
[e]v. 1
[f]v. 41
[g]At 23.25, 26; Tg 1.1
15.24
[h]v. 1; Gl 1.7, 5.10
15.26
[i]At 9.23-25; 14.19
15.28
[j]At 5.32
15.29
[k]v. 20; At 21.25
15.33
[l]Mc 5.34; At 16.36; 1Co 16.11
15.35
[m]At 8.4
15.36
[n]At 13.4, 13, 14, 51; 14.1, 6, 24, 25

palavra do Senhor, para ver como estão indo". ³⁷ Barnabé queria levar João, também chamado Marcos.ᵒ ³⁸ Mas Paulo não achava prudente levá-lo, pois ele, abandonando-osᵖ na Panfília, não permanecera com eles no trabalho. ³⁹ Tiveram um desentendimento tão sério que se separaram. Barnabé, levando consigo Marcos, navegou para Chipre, ⁴⁰ mas Paulo escolheu Silasᑫ e partiu, encomendado pelos irmãos à graça do Senhor.ʳ ⁴¹ Passou, então, pela Síriaˢ e pela Cilícia,ᵗ fortalecendo as igrejas.ᵘ

Timóteo Acompanha Paulo e Silas

16 Chegou a Derbe e depois a Listra,ᵛ onde vivia um discípulo chamado Timóteo.ʷ Sua mãe era uma judia convertida e seu pai era grego. ² Os irmãosˣ de Listra e Icônioʸ davam bom testemunho dele. ³ Paulo, querendo levá-lo na viagem, circuncidou-o por causa dos judeus que viviam naquela região, pois todos sabiam que seu pai era grego.ᶻ ⁴ Nas cidades por onde passavam, transmitiam as decisões tomadas pelos apóstolos e presbíterosᵃ em Jerusalém,ᵇ para que fossem obedecidas.ᶜ ⁵ Assim as igrejas eram fortalecidasᵈ na fé e cresciam em número cada dia.

A Visão de Paulo em Trôade

⁶ Paulo e seus companheiros viajaram pela região da Frígiaᵉ e da Galácia,ᶠ tendo sido impedidos pelo Espírito Santo de pregar a palavra na província da Ásia.ᵍ ⁷ Quando chegaram à fronteira da Mísia, tentaram entrar na Bitínia, mas o Espírito de Jesusʰ os impediu. ⁸ Então, contornaram a Mísia e desceram a Trôade.ⁱ ⁹ Durante a noite Paulo teve uma visão,ʲ na qual um homem da Macedônia estava em pé e lhe suplicava: "Passe à Macedôniaᵏ e ajude-nos". ¹⁰ Depois que Paulo teve essa visão, preparamo-nosˡ imediatamente para partir para a Macedônia, concluindo que Deus nos tinha chamado para lhes pregar o evangelho.ᵐ

A Conversão de Lídia em Filipos

¹¹ Partindo de Trôade,ⁿ navegamos diretamente para Samotrácia e, no dia seguinte, para Neápolis. ¹² Dali partimos para Filipos,ᵒ na Macedônia,ᵖ que é colônia romana e a principal cidade daquele distrito. Ali ficamos vários dias.

¹³ No sábadoᑫ saímos da cidade e fomos para a beira do rio, onde esperávamos encontrar um lugar de oração. Sentamo-nos e começamos a conversar com as mulheres que haviam se reunido ali. ¹⁴ Uma das que ouviam era uma mulher temente a Deus chamada Lídia, vendedora de tecido de púrpura, da cidade de Tiatira.ʳ O Senhor abriu seu coraçãoˢ para atender à mensagem de Paulo. ¹⁵ Tendo sido batizada, bem como os de sua casa,ᵗ ela nos convidou, dizendo: "Se os senhores me consideram uma crente no Senhor, venham ficar em minha casa". E nos convenceu.

Paulo e Silas na Prisão

¹⁶ Certo dia, indo nós para o lugar de oração,ᵘ encontramos uma escrava que tinha um espíritoᵛ pelo qual predizia o futuro. Ela ganhava muito dinheiro para os seus senhores com adivinhações. ¹⁷ Essa moça seguia Paulo e a nós, gritando: "Estes homens são servos do Deus Altíssimoʷ e anunciam o caminho da salvação". ¹⁸ Ela continuou fazendo isso por muitos dias. Finalmente, Paulo ficou indignado, voltou-se e disse ao espírito: "Em nome de Jesus Cristo eu ordeno que saia dela!" No mesmo instante o espírito a deixou.ˣ

¹⁹ Percebendo que a sua esperança de lucroʸ tinha se acabado, os donos da escrava agarraram Paulo e Silasᶻ e os arrastaramᵃ para a praça principal, diante das autoridades. ²⁰ E, levando-os aos magistrados, disseram: "Estes homens são judeus e estão perturbandoᵇ a nossa cidade, ²¹ propagando costumes que a nós, romanos,ᶜ não é permitido aceitar nem praticar".ᵈ

²² A multidão ajuntou-se contra Paulo e Silas, e os magistrados ordenaram que se lhes tirassem as roupas e fossem açoitados.ᵉ ²³ Depois de serem severamente açoitados, foram lançados na prisão. O carcereiroᶠ recebeu instrução para vigiá-los com

cuidado. ²⁴ Tendo recebido tais ordens, ele os lançou no cárcere interior e lhes prendeu os pés no tronco.ᵍ

²⁵ Por volta da meia-noite, Paulo e Silas estavam orando e cantando hinosʰ a Deus; os outros presos os ouviam. ²⁶ De repente, houve um terremoto tão violento que os alicerces da prisão foram abalados.ⁱ Imediatamente todas as portas se abriram,ʲ e as correntes de todos se soltaram.ᵏ ²⁷ O carcereiro acordou e, vendo abertas as portas da prisão, desembainhou sua espada para se matar, porque pensava que os presos tivessem fugido.ˡ ²⁸ Mas Paulo gritou: "Não faça isso! Estamos todos aqui!"

²⁹ O carcereiro pediu luz, entrou correndo e, trêmulo, prostrou-se diante de Paulo e Silas. ³⁰ Então levou-os para fora e perguntou: "Senhores, que devo fazer para ser salvo?"ᵐ

³¹ Eles responderam: "Creia no Senhor Jesus, e serão salvos, você e os de sua casa".ⁿ ³² E pregaram a palavra de Deus, a ele e a todos os de sua casa. ³³ Naquela mesma hora da noiteᵒ o carcereiro lavou as feridas deles; em seguida, ele e todos os seus foram batizados. ³⁴ Então os levou para a sua casa, serviu-lhes uma refeição e com todos os de sua casa alegrou-seᵖ muito por haver crido em Deus.

³⁵ Quando amanheceu, os magistrados mandaram os seus soldados ao carcereiro com esta ordem: "Solte estes homens". ³⁶ O carcereiroᑫ disse a Paulo: "Os magistrados deram ordens para que você e Silas sejam libertados. Agora podem sair. Vão em paz".ʳ

³⁷ Mas Paulo disse aos soldados: "Sendo nós cidadãos romanos,ˢ eles nos açoitaram publicamente sem processo formal e nos lançaram na prisão. E agora querem livrar-se de nós secretamente? Não! Venham eles mesmos e nos libertem".

³⁸ Os soldados relataram isso aos magistrados, os quais, ouvindo que Paulo e Silas eram romanos, ficaram atemorizados.ᵗ ³⁹ Vieram para se desculpar diante deles e, conduzindo-os para fora da prisão, pediram-lhes que saíssem da cidade.ᵘ ⁴⁰ Depois de saírem da prisão, Paulo e Silas foram à casa de Lídia,ᵛ onde se encontraram com os irmãosʷ e os encorajaram. E então partiram.

Em Tessalônica

17 Tendo passado por Anfípolis e Apolônia, chegaram a Tessalônica,ˣ onde havia uma sinagoga judaica. ² Segundo o seu costume, Paulo foi à sinagogaʸ e por três sábadosᶻ discutiu com eles com base nas Escrituras,ᵃ ³ explicando e provando que o Cristo deveria sofrerᵇ e ressuscitar dentre os mortos.ᶜ E dizia: "Este Jesus que proclamo é o Cristo",ᵈ ⁴ Alguns dos judeus foram persuadidos e se uniram a Paulo e Silas,ᵉ bem como muitos gregos tementes¹ a Deus e não poucas mulheres de alta posição.

⁵ Mas os judeus ficaram com inveja. Reuniram alguns homens perversos dentre os desocupados e, com a multidão, iniciaram um tumulto na cidade.ᶠ Invadiram a casa de Jasom,ᵍ em busca de Paulo e Silas, a fim de trazê-los para o meio da multidão². ⁶ Contudo, não os achando, arrastaramʰ Jasom e alguns outros irmãos para diante dos oficiais da cidade, gritando: "Esses homens, que têm causado alvoroço por todo o mundo,ⁱ agora chegaram aqui,ʲ ⁷ e Jasom os recebeu em sua casa. Todos eles estão agindo contra os decretos de César, dizendo que existe um outro rei, chamado Jesus".ᵏ ⁸ Ouvindo isso, a multidão e os oficiais da cidade ficaram agitados. ⁹ Então receberam de Jasomˡ e dos outros a fiança estipulada e os soltaram.

Em Bereia

¹⁰ Logo que anoiteceu, os irmãos enviaram Paulo e Silas para Bereia.ᵐ Chegando ali, eles foram à sinagoga judaica. ¹¹ Os bereanos eram mais nobres do que os tessalonicenses,ⁿ pois receberam a mensagem com grande interesse, examinando todos os dias as Escrituras,ᵒ para ver se tudo era

---

¹ 17.4 Isto é, simpatizantes do judaísmo.
² 17.5 Ou *da assembleia do povo*

assim mesmo. ¹² E creram muitos dentre os judeus e também um bom número de mulheres gregas de elevada posição e não poucos homens gregos.

¹³ Quando os judeus de Tessalônica ficaram sabendo que Paulo estava pregando a palavra de Deus em Bereia, dirigiram-se também para lá, agitando e alvoroçando as multidões. ¹⁴ Imediatamente os irmãos enviaram Paulo para o litoral, mas Silas*ᵖ* e Timóteo*ᵍ* permaneceram em Bereia. ¹⁵ Os homens que foram com Paulo o levaram até Atenas,*ʳ* partindo depois com instruções para que Silas e Timóteo se juntassem a ele, tão logo fosse possível.*ˢ*

Em Atenas

¹⁶ Enquanto esperava por eles em Atenas, Paulo ficou profundamente indignado ao ver que a cidade estava cheia de ídolos. ¹⁷ Por isso, discutia na sinagoga*ᵗ* com judeus e com gregos tementes a Deus, bem como na praça principal, todos os dias, com aqueles que por ali se encontravam. ¹⁸ Alguns filósofos epicureus e estoicos começaram a discutir com ele. Alguns perguntavam: "O que está tentando dizer esse tagarela?" Outros diziam: "Parece que ele está anunciando deuses estrangeiros", pois Paulo estava pregando as boas-novas a respeito de Jesus e da ressurreição.*ᵘ* ¹⁹ Então o levaram a uma reunião do Areópago,*ᵛ* onde lhe perguntaram: "Podemos saber que novo ensino*ʷ* é esse que você está anunciando? ²⁰ Você está nos apresentando algumas ideias estranhas, e queremos saber o que elas significam". ²¹ Todos os atenienses e estrangeiros que ali viviam não se preocupavam com outra coisa senão falar ou ouvir as últimas novidades.

²² Então Paulo levantou-se na reunião do Areópago e disse: "Atenienses! Vejo que em todos os aspectos vocês são muito religiosos, ²³ pois, andando pela cidade, observei cuidadosamente seus objetos de culto e encontrei até um altar com esta inscrição: AO DEUS DESCONHECIDO. Ora, o que vocês adoram, apesar de não conhecerem,*ˣ* eu lhes anuncio.

²⁴ "O Deus que fez o mundo e tudo o que nele há*ʸ* é o Senhor dos céus e da terra*ᶻ* e não habita em santuários feitos por mãos humanas.*ᵃ* ²⁵ Ele não é servido por mãos de homens, como se necessitasse de algo, porque ele mesmo dá a todos a vida, o fôlego e as demais coisas.*ᵇ* ²⁶ De um só fez ele todos os povos, para que povoassem toda a terra, tendo determinado os tempos anteriormente estabelecidos e os lugares exatos em que deveriam habitar.*ᶜ* ²⁷ Deus fez isso para que os homens o buscassem e talvez, tateando, pudessem encontrá-lo, embora não esteja longe de cada um de nós.*ᵈ* ²⁸ 'Pois nele vivemos, nos movemos e existimos',*ᵉ* como disseram alguns dos poetas de vocês: 'Também somos descendência dele'.

²⁹ "Assim, visto que somos descendência de Deus, não devemos pensar que a Divindade é semelhante a uma escultura de ouro, prata ou pedra, feita pela arte e imaginação do homem.*ᶠ* ³⁰ No passado Deus não levou em conta*ᵍ* essa ignorância,*ʰ* mas agora ordena que todos, em todo lugar, se arrependam.*ⁱ* ³¹ Pois estabeleceu um dia em que há de julgar*ʲ* o mundo com justiça,*ᵏ* por meio do homem que designou.*ˡ* E deu provas disso a todos, ressuscitando-o dentre os mortos".*ᵐ*

³² Quando ouviram sobre a ressurreição dos mortos,*ⁿ* alguns deles zombaram, e outros disseram: "A esse respeito nós o ouviremos outra vez". ³³ Com isso, Paulo retirou-se do meio deles. ³⁴ Alguns homens juntaram-se a ele e creram. Entre eles estava Dionísio, membro do Areópago,*ᵒ* e também uma mulher chamada Dâmaris, e outros com eles.

Em Corinto

18 Depois disso Paulo saiu de Atenas*ᵖ* e foi para Corinto.*ᵍ* ² Ali, encontrou um judeu chamado Áquila, natural do Ponto, que havia chegado recentemente da Itália com Priscila,*ʳ* sua mulher, pois Cláudio*ˢ* havia ordenado que todos os judeus saíssem de Roma. Paulo foi vê-los ³ e, uma vez que tinham a mesma profissão, ficou morando e trabalhando com eles,ᵗ pois eram fabricantes de tendas. ⁴ Todos os sábadosᵘ ele debatia na sinagoga e convencia judeus e gregos.

⁵ Depois que Silasᵛ e Timóteoʷ chegaram da Macedônia,ˣ Paulo se dedicou exclusivamente à pregação, testemunhando aos judeus que Jesus era o Cristo.ʸ ⁶ Opondo-se eles e lançando maldições,ᶻ Paulo sacudiu a roupa e lhes disse: "Caia sobre a cabeçaᵃ de vocês o seu próprio sangue! Estou livre da minha responsabilidade.ᵇ De agora em diante irei para os gentios".ᶜ

⁷ Então Paulo saiu da sinagoga e foi para a casa de Tício Justo, que era temente¹ a Deusᵈ e que morava ao lado da sinagoga. ⁸ Crispo,ᵉ chefe da sinagoga,ᶠ creu no Senhor, ele e toda a sua casa;ᵍ e, dos coríntios que o ouviam, muitos criam e eram batizados.

⁹ Certa noite o Senhor falou a Paulo em visão: "Não tenha medo, continue falando e não fique calado, ¹⁰ pois estou com você,ʰ e ninguém vai lhe fazer mal ou feri-lo, porque tenho muita gente nesta cidade". ¹¹ Assim, Paulo ficou ali durante um ano e meio, ensinando-lhes a palavra de Deus.

¹² Sendo Gálio procônsul da Acaia,ⁱ os judeus fizeram em conjunto um levante contra Paulo e o levaram ao tribunal, fazendo a seguinte acusação: ¹³ "Este homem está persuadindo o povo a adorar a Deus de maneira contrária à lei".

¹⁴ Quando Paulo ia começar a falar, Gálio disse aos judeus: "Se vocês, judeus, estivessem apresentando queixa de algum delito ou crime grave, seria razoável que eu os ouvisse. ¹⁵ Mas, visto que se trata de uma questão de palavras e nomes de sua própria lei,ʲ resolvam o problema vocês mesmos. Não serei juiz dessas coisas". ¹⁶ E mandou expulsá-los do tribunal. ¹⁷ Então todos se voltaram contra Sóstenes,ᵏ o chefe da sinagoga, e o espancaram diante do tribunal. Mas Gálio não demonstrou *nenhuma preocupação com isso*.

¹ **18.7** Isto é, simpatizante do judaísmo.

Priscila, Áquila e Apolo

¹⁸ Paulo permaneceu em Corinto por algum tempo. Depois despediu-se dos irmãosˡ e navegou para a Síria, acompanhado de Priscila e Áquila. Antes de embarcar, rapou a cabeça em Cencreia,ᵐ devido a um voto que havia feito.ⁿ ¹⁹ Chegaram a Éfeso,ᵒ onde Paulo deixou Priscila e Áquila. Ele, porém, entrando na sinagoga, começou a debater com os judeus. ²⁰ Pedindo eles que ficasse mais tempo, não cedeu. ²¹ Mas, ao partir, prometeu: "Voltarei, se for da vontade de Deus".ᵖ Então, embarcando, partiu de Éfeso. ²² Ao chegar a Cesareia,ᵠ subiu até a igreja para saudá-la e depois desceu para Antioquia.ʳ

²³ Depois de passar algum tempo em Antioquia, Paulo partiu dali e viajou por toda a região da Galáciaˢ e da Frígia, fortalecendo todos os discípulos.ᵗ

²⁴ Enquanto isso, um judeu chamado Apolo,ᵘ natural de Alexandria, chegou a Éfeso. Ele era homem culto² e tinha grande conhecimento das Escrituras. ²⁵ Fora instruído no caminho do Senhor e com grande fervor³ᵛ falava e ensinava com exatidão acerca de Jesus, embora conhecesse apenas o batismo de João.ʷ ²⁶ Logo começou a falar corajosamente na sinagoga. Quando Priscila e Áquila o ouviram, convidaram-no para ir à sua casa e lhe explicaram com mais exatidão o caminho de Deus.

²⁷ Querendo ele ir para a Acaia,ˣ os irmãosʸ o encorajaram e escreveram aos discípulos que o recebessem. Ao chegar, ele auxiliou muito os que pela graça haviam crido, ²⁸ pois refutava vigorosamente os judeus em debate público, provando pelas Escriturasᶻ que Jesus é o Cristo.ᵃ

Paulo em Éfeso

19 Enquanto Apolo estava em Corinto,ᵇ Paulo, atravessando as regiões altas, chegou a Éfeso.ᶜ Ali encontrou alguns

² **18.24** Ou *eloquente*
³ **18.25** Ou *com fervor no Espírito*

discípulos ² e lhes perguntou: "Vocês receberam o Espírito Santo quando¹ creram?"

Eles responderam: "Não, nem sequer ouvimos que existe o Espírito Santo".

³ "Então, que batismo vocês receberam?", perguntou Paulo.

"O batismo de João", responderam eles.

⁴ Disse Paulo: "O batismo de João foi um batismo de arrependimento. Ele dizia ao povo que cresse naquele que viria depois dele, isto é, em Jesus". ᵈ ⁵ Ouvindo isso, eles foram batizados no nome do Senhor Jesus. ⁶ Quando Paulo lhes impôs as mãos,ᵉ veio sobre elesᶠ o Espírito Santo, e começaram a falar em línguasᵍ ² e a profetizar. ⁷ Eram ao todo uns doze homens.

⁸ Paulo entrou na sinagogaʰ e ali falou com liberdade durante três meses, argumentando convincentemente acerca do Reino de Deus.ⁱ ⁹ Mas alguns delesʲ se endureceram e se recusaram a crer, e começaram a falar mal do Caminhoᵏ diante da multidão. Paulo, então, afastou-se deles. Tomando consigo os discípulos,ˡ passou a ensinar diariamente na escola de Tirano. ¹⁰ Isso continuou por dois anos,ᵐ de forma que todos os judeus e os gregos que viviam na província da Ásiaⁿ ouviram a palavra do Senhor.

¹¹ Deus fazia milagresᵒ extraordinários por meio de Paulo, ¹² de modo que até lenços e aventais que Paulo usava eram levados e colocados sobre os enfermos. Estes eram curadosᵖ de suas doenças, e os espíritos malignos saíam deles.

¹³ Alguns judeus que andavam expulsando espíritosᵠ malignos tentaram invocar o nome do Senhor Jesusʳ sobre os endemoninhados, dizendo: "Em nome de Jesus, a quem Paulo prega, eu ordeno que saiam!" ¹⁴ Os que estavam fazendo isso eram os sete filhos de Ceva, um dos chefes dos sacerdotes dos judeus. ¹⁵ Um dia, o espírito maligno lhes respondeu: "Jesus, eu conheço, Paulo, eu sei quem é; mas vocês, quem são?" ¹⁶ Então o endemoninhado saltou sobre eles e os dominou, espancando-os com tamanha violência que eles fugiram da casa nus e feridos.

¹⁷ Quando isso se tornou conhecido de todos os judeus e gregos que viviam em Éfeso,ˢ todos eles foram tomados de temor;ᵗ e o nome do Senhor Jesus era engrandecido. ¹⁸ Muitos dos que creram vinham, e confessavam, e declaravam abertamente suas más obras. ¹⁹ Grande número dos que tinham praticado ocultismo reuniram seus livros e os queimaram publicamente. Calculado o valor total, este chegou a cinquenta mil dracmas³. ²⁰ Dessa maneira a palavra do Senhor muito se difundia e se fortalecia.ᵘ

²¹ Depois dessas coisas, Paulo decidiu no espírito ir a Jerusalém,ᵛ passando pela Macedôniaʷ e pela Acaia.ˣ Ele dizia: "Depois de haver estado ali, é necessário também que eu vá visitar Roma".ʸ ²² Então enviou à Macedônia dois dos seus auxiliares,ᶻ Timóteoᵃ e Erasto,ᵇ e permaneceu mais um pouco na província da Ásia.ᶜ

O Tumulto em Éfeso

²³ Naquele tempo houve um grande tumulto por causa do Caminho.ᵈ ²⁴ Um ourives chamado Demétrio, que fazia miniaturas de prata do templo de Ártemis e que dava muito lucro aos artífices, ²⁵ reuniu-os com os trabalhadores dessa profissão e disse: "Senhores, vocês sabem que temos uma boa fonte de lucro nesta atividadeᵉ ²⁶ e estão vendo e ouvindo como este indivíduo, Paulo, está convencendo e desviando grande número de pessoas aqui em Éfesoᶠ e em quase toda a província da Ásia. Diz ele que deuses feitos por mãos humanas não são deuses.ᵍ ²⁷ Não somente há o perigo de nossa profissão perder sua reputação, mas também de o templo da grande deusa Ártemis cair em descrédito e de a própria deusa, adorada em toda a província da Ásia e em todo o mundo, ser destituída de sua majestade divina".

---

¹ 19.2 Ou *depois que*
² 19.6 Ou *em outros idiomas*
³ 19.19 A dracma era uma moeda de prata equivalente à diária de um trabalhador braçal.

²⁸ Ao ouvirem isso, eles ficaram furiosos e começaram a gritar: "Grande é a Ártemis dos efésios!"ʰ ²⁹ Em pouco tempo a cidade toda estava em tumulto. O povo foi às pressas para o teatro, arrastando os companheiros de viagem de Paulo, os macedôniosᵏ Gaioⁱ e Aristarco.ʲ ³⁰ Paulo queria apresentar-se à multidão, mas os discípulos não o permitiram. ³¹ Alguns amigos de Paulo dentre as autoridades da província chegaram a mandar-lhe um recado, pedindo-lhe que não se arriscasse a ir ao teatro.

³² A assembleia estava em confusão: uns gritavam uma coisa, outros gritavam outra.ˡ A maior parte do povo nem sabia por que estava ali. ³³ Alguns da multidão julgaram que Alexandre era a causa do tumulto, quando os judeus o empurraram para a frente. Ele fez sinalᵐ pedindo silêncio, com a intenção de fazer sua defesa diante do povo. ³⁴ Mas, quando ficaram sabendo que ele era judeu, todos gritaram a uma só voz durante cerca de duas horas: "Grande é a Ártemis dos efésios!"

³⁵ O escrivão da cidade acalmou a multidão e disse: "Efésios,ⁿ quem não sabe que a cidade de Éfeso é a guardiã do templo da grande Ártemis e da sua imagem que caiu do céu? ³⁶ Portanto, visto que estes fatos são inegáveis, acalmem-se e não façam nada precipitadamente. ³⁷ Vocês trouxeram estes homens aqui, embora eles não tenham roubado templosᵒ nem blasfemado contra a nossa deusa. ³⁸ Se Demétrio e seus companheiros de profissão têm alguma queixa contra alguém, os tribunais estão abertos, e há procônsules.ᵖ Eles que apresentem suas queixas ali. ³⁹ Se há mais alguma coisa que vocês desejam apresentar, isso será decidido em assembleia, conforme a lei. ⁴⁰ Da maneira como está, corremos o perigo de sermos acusados de perturbar a ordem pública por causa dos acontecimentos de hoje. Nesse caso, não seríamos capazes de justificar este *tumulto, visto que não há razão para tal*". ⁴¹ E, tendo dito isso, encerrou a assembleia.

Paulo Viaja pela Macedônia e pela Grécia

20 Cessado o tumulto, Paulo mandou chamar os discípulosᵠ e, depois de encorajá-los, despediu-se e partiu para a Macedônia.ʳ ² Viajou por aquela região, encorajando os irmãos com muitas palavras e, por fim, chegou à Grécia, ³ onde ficou três meses. Quando estava a ponto de embarcar para a Síria, os judeus fizeram uma conspiração contra ele;ˢ por isso decidiu voltar pela Macedônia,ᵗ ⁴ sendo acompanhado por Sópatro, filho de Pirro, de Bereia; Aristarcoᵘ e Secundo, de Tessalônica;ᵛ Gaio,ʷ de Derbe; e Timóteo,ˣ além de Tíquicoʸ e Trófimo,ᶻ da província da Ásia. ⁵ Esses homens foram adiante e nos esperaramᵃ em Trôade.ᵇ ⁶ Navegamos de Filipos,ᶜ após a festa dos pães sem fermento, e cinco dias depois nos reunimos com os outros em Trôade,ᵈ onde ficamos sete dias.

A Ressurreição de Êutico em Trôade

⁷ No primeiro dia da semanaᵉ reunimo-nos para partir o pão, e Paulo falou ao povo. Pretendendo partir no dia seguinte, continuou falando até a meia-noite. ⁸ Havia muitas candeias no piso superiorᶠ onde estávamos reunidos. ⁹ Um jovem chamado Êutico, que estava sentado numa janela, adormeceu profundamente durante o longo discurso de Paulo. Vencido pelo sono, caiu do terceiro andar. Quando o levantaram, estava morto. ¹⁰ Paulo desceu, inclinou-se sobre o rapazᵍ e o abraçou, dizendo: "Não fiquem alarmados! Ele está vivo!"ʰ ¹¹ Então subiu novamente, partiu o pãoⁱ e comeu. Depois, continuou a falar até o amanhecer e foi embora. ¹² Levaram vivo o jovem, o que muito os consolou.

Paulo Despede-se dos Presbíteros de Éfeso

¹³ Quanto a nós, fomos até o navio e embarcamos para Assôs, onde iríamos receber Paulo a bordo. Assim ele tinha determinado, tendo preferido ir a pé. ¹⁴ Quando nos encontrou em Assôs, nós o recebemos a bordo e prosseguimos até Mitilene. ¹⁵ No dia

seguinte navegamos dali e chegamos defronte de Quio; no outro dia atravessamos para Samos e, um dia depois, chegamos a Mileto.ʲ **16** Paulo tinha decidido não aportar em Éfeso,ᵏ para não se demorar na província da Ásia, pois estava com pressa de chegar a Jerusalém,ˡ se possível antes do dia de Pentecoste.ᵐ

17 De Mileto, Paulo mandou chamar os presbíterosⁿ da igreja de Éfeso. **18** Quando chegaram, ele lhes disse: "Vocês sabem como vivi todo o tempo em que estive com vocês,ᵒ desde o primeiro dia em que cheguei à província da Ásia, **19** Servi ao Senhor com toda a humildade e com lágrimas, sendo severamente provado pelas conspirações dos judeus.ᵖ **20** Vocês sabem que não deixei de pregar a vocês nadaᑫ que fosse proveitoso, mas ensinei tudo publicamente e de casa em casa. **21** Testifiquei, tanto a judeusʳ como a gregos, que eles precisam converter-se a Deus com arrependimentoˢ e fé em nosso Senhor Jesus.ᵗ

22 "Agora, compelido pelo Espírito, estou indo para Jerusalém,ᵘ sem saber o que me acontecerá ali. **23** Só sei que, em todas as cidades, o Espírito Santo me avisaᵛ que prisões e sofrimentos me esperam.ʷ **24** Todavia, não me importo, nem considero a minha vida de valor algum para mim mesmo,ˣ se tão somente puder terminar a corrida e completar o ministérioʸ que o Senhor Jesus me confiou,ᶻ de testemunhar do evangelho da graça de Deus.

25 "Agora sei que nenhum de vocês, entre os quais passei pregando o Reino, verá novamenteᵃ a minha face. **26** Portanto, eu declaro hoje que estou inocente do sangue de todos.ᵇ **27** Pois não deixei de proclamar a vocês toda a vontade de Deus.ᶜ **28** Cuidem de vocês mesmos e de todo o rebanho sobre o qual o Espírito Santo os designou como bispos,ᵈ¹ para pastorearem a igreja de Deus², que ele comprou com o seu próprio sangue. **29** Sei que, depois da minha partida, lobos ferozesᵉ penetrarão no meio de vocês e não pouparão o rebanho.ᶠ **30** E dentre vocês mesmos se levantarão homens que torcerão a verdade, a fim de atrair os discípulos.ᵍ **31** Por isso, vigiem! Lembrem-se de que durante três anosʰ jamais cessei de advertir cada um de vocês disso, noite e dia, com lágrimas.ⁱ

32 "Agora, eu os entrego a Deusʲ e à palavra da sua graça, que pode edificá-los e dar-lhes herançaᵏ entre todos os que são santificados.ˡ **33** Não cobicei a prata, nem o ouro, nem as roupasᵐ de ninguém. **34** Vocês mesmos sabem que estas minhas mãos supriram minhas necessidades e as de meus companheiros.ⁿ **35** Em tudo o que fiz, mostrei a vocês que mediante trabalho árduo devemos ajudar os fracos, lembrando as palavras do próprio Senhor Jesus, que disse: 'Há maior felicidade em dar do que em receber' ".

36 Tendo dito isso, ajoelhou-se com todos eles e orou.ᵒ **37** Todos choraram muito e, abraçando-o, o beijavam.ᵖ **38** O que mais os entristeceu foi a declaração de que nunca maisᑫ veriam a sua face. Então o acompanharam até o navio.

A Caminho de Jerusalém

21 Depois de nosʳ separarmos deles, embarcamos e navegamos diretamente para Cós. No dia seguinte fomos para Rodes e dali até Pátara. **2** Encontrando um navio que ia fazer a travessia para a Fenícia,ˢ embarcamos nele e partimos. **3** Depois de avistarmos Chipre e seguirmos rumo sul, navegamos para a Síria. Desembarcamos em Tiro, onde o nosso navio deveria deixar sua carga. **4** Encontrando os discípulosᵗ dali, ficamos com eles sete dias. Eles, pelo Espírito,ᵘ recomendavam a Paulo que não fosse a Jerusalém. **5** Mas, quando terminou o nosso tempo ali, partimos e continuamos nossa viagem. Todos os discípulos, com suas mulheres e filhos, nos acompanharam até fora da cidade e ali na praia nos ajoelhamos e oramos.ᵛ **6** Depois de nos despedirmos, embarcamos, e eles voltaram para casa.

---

¹ **20.28** Grego: *epíscopos*. Designa a pessoa que exerce função pastoral.
² **20.28** Muitos manuscritos trazem *igreja do Senhor*.

⁷ Demos prosseguimento à nossa viagem partindo de Tiro^w e aportamos em Ptolemaida, onde saudamos os irmãos^x e passamos um dia com eles. ⁸ Partindo no dia seguinte, chegamos a Cesareia^y e ficamos na casa de Filipe,^z o evangelista,^a um dos sete. ⁹ Ele tinha quatro filhas virgens, que profetizavam.^b

¹⁰ Depois de passarmos ali vários dias, desceu da Judeia um profeta chamado Ágabo.^c ¹¹ Vindo ao nosso encontro, tomou o cinto de Paulo e, amarrando as suas próprias mãos e pés, disse: "Assim diz o Espírito Santo: 'Desta maneira os judeus amarrarão^d o dono deste cinto em Jerusalém e o entregarão aos gentios' ".^e

¹² Quando ouvimos isso, nós e o povo dali rogamos a Paulo que não subisse para Jerusalém. ¹³ Então Paulo respondeu: "Por que vocês estão chorando e partindo o meu coração? Estou pronto não apenas para ser amarrado, mas também para morrer^f em Jerusalém pelo nome do Senhor Jesus".^g ¹⁴ Como não pudemos dissuadi-lo, desistimos e dissemos: "Seja feita a vontade do Senhor".

¹⁵ Depois disso, preparamo-nos e subimos para Jerusalém. ¹⁶ Alguns dos discípulos de Cesareia^h nos acompanharam e nos levaram à casa de Mnasom, onde devíamos ficar. Ele era natural de Chipre^i e um dos primeiros discípulos.

A Chegada de Paulo a Jerusalém

¹⁷ Quando chegamos a Jerusalém, os irmãos nos receberam com alegria.^j ¹⁸ No dia seguinte Paulo foi conosco encontrar-se com Tiago,^k e todos os presbíteros^l estavam presentes. ¹⁹ Paulo os saudou e relatou minuciosamente o que Deus havia feito entre os gentios^m por meio do seu ministério.^n

²⁰ Ouvindo isso, eles louvaram a Deus e disseram a Paulo: "Veja, irmão, quantos milhares de judeus creram, e todos eles são zelosos^o da lei.^p ²¹ Eles foram informados de que *você ensina todos os judeus* que vivem entre os gentios a se afastarem de Moisés,^q dizendo-lhes que não circuncidem seus filhos^r nem vivam de acordo com os nossos costumes.^s ²² Que faremos? Certamente eles saberão que você chegou; ²³ portanto, faça o que dizemos. Estão conosco quatro homens que fizeram um voto.^t ²⁴ Participe com esses homens dos rituais de purificação^u e pague as despesas deles, para que rapem a cabeça.^v Assim, todos saberão que não é verdade o que falam de você, mas que você continua vivendo em obediência à lei. ²⁵ Quanto aos gentios convertidos, já lhes escrevemos a nossa decisão de que eles devem abster-se de comida sacrificada aos ídolos, do sangue, da carne de animais estrangulados e da imoralidade sexual".^w

²⁶ No dia seguinte Paulo tomou aqueles homens e purificou-se com eles. Depois foi ao templo para declarar o prazo do cumprimento dos dias da purificação e da oferta que seria feita individualmente em favor deles.^x

A Prisão de Paulo

²⁷ Quando já estavam para terminar os sete dias, alguns judeus da província da Ásia, vendo Paulo no templo, agitaram toda a multidão e o agarraram,^y ²⁸ gritando: "Israelitas, ajudem-nos! Este é o homem que ensina a todos em toda parte contra o nosso povo, contra a nossa lei e contra este lugar. Além disso, ele fez entrar gregos no templo e profanou este santo lugar".^z ²⁹ Anteriormente eles haviam visto o efésio^b Trófimo^a na cidade com Paulo e julgaram que Paulo o tinha introduzido no templo.

³⁰ Toda a cidade ficou alvoroçada, e juntou-se uma multidão. Agarrando Paulo,^c arrastaram-no^d para fora do templo, e imediatamente as portas foram fechadas. ³¹ Tentando eles matá-lo, chegaram notícias ao comandante das tropas romanas de que toda a cidade de Jerusalém estava em tumulto. ³² Ele reuniu imediatamente alguns oficiais e soldados e com eles correu para o meio da multidão. Quando viram o

comandante e os seus soldados, pararam de espancar Paulo.ᵉ

³³ O comandante chegou, prendeu-o e ordenou que ele fosse amarradoᶠ com duasᵍ correntes.ʰ Então perguntou quem era ele e o que tinha feito. ³⁴ Alguns da multidão gritavam uma coisa,ⁱ outros gritavam outra; não conseguindo saber ao certo o que havia acontecido, por causa do tumulto, o comandante ordenou que Paulo fosse levado para a fortaleza.ʲ ³⁵ Quando chegou às escadas,ᵏ a violência do povo era tão grande que ele precisou ser carregado pelos soldados. ³⁶ A multidão que o seguia continuava gritando: "Acaba com ele!"ˡ

O Discurso de Paulo

³⁷ Quando os soldados estavam para introduzir Paulo na fortaleza,ᵐ ele perguntou ao comandante: "Posso dizer-te algo?"

"Você fala grego?", perguntou ele. ³⁸ "Não é você o egípcio que iniciou uma revolta e há algum tempoᵒ levou quatro mil assassinos para o deserto?"ⁿ

³⁹ Paulo respondeu: "Sou judeu, cidadão de Tarso,ᵖ cidade importante da Cilícia.ᵠ Permite-me falar ao povo".

⁴⁰ Tendo recebido permissão do comandante, Paulo levantou-se na escadaria e fez sinalʳ à multidão. Quando todos fizeram silêncio, dirigiu-se a eles em aramaico*ˢ¹*:

22

"Irmãos e pais,ᵗ ouçam agora a minha defesa".

² Quando ouviram que lhes falava em aramaico,ᵘ ficaram em absoluto silêncio.

Então Paulo disse: ³ "Sou judeu,ᵛ nascido em Tarsoʷ da Cilícia, mas criado nesta cidade. Fui instruído rigorosamente porˣ Gamalielʸ na lei de nossos antepassados,ᶻ sendo tão zelosoᵃ por Deus quanto qualquer de vocês hoje. ⁴ Perseguiᵇ os seguidores deste Caminho até a morte, prendendo tanto homens como mulheres e lançando-os na prisão,ᶜ ⁵ como o podem testemunhar o sumo sacerdote e todo o Sinédrio;ᵈ deles cheguei a obter cartas para seus irmãosᵉ em Damascoᶠ e fui até lá, a fim de trazer essas pessoas a Jerusalém como prisioneiras, para serem punidas.

⁶ "Por volta do meio-dia, eu me aproximava de Damasco, quando de repente uma forte luz vinda do céu brilhou ao meu redor.ᵍ ⁷ Caí por terra e ouvi uma voz que me dizia: 'Saulo, Saulo, por que você está me perseguindo?' ⁸ Então perguntei: Quem és tu, Senhor? E ele respondeu: 'Eu sou Jesus, o Nazareno, a quem você persegue'. ⁹ Os que me acompanhavam viram a luz,ʰ mas não entenderam a vozⁱ daquele que falava comigo.

¹⁰ "Assim perguntei: Que devo fazer, Senhor? Disse o Senhor: 'Levante-se, entre em Damasco, onde lhe será dito o que você deve fazer'.ʲ ¹¹ Os que estavam comigo me levaram pela mão até Damasco, porque o resplendor da luz me deixara cego.ᵏ

¹² "Um homem chamado Ananias, fiel seguidor da lei e muito respeitado por todos os judeus que ali viviam,ᵐ ¹³ veio ver-meˡ e, pondo-se junto a mim, disse: 'Irmão Saulo, recupere a visão'. Naquele mesmo instante pude vê-lo.

¹⁴ "Então ele disse: 'O Deus dos nossos antepassadosⁿ o escolheu para conhecer a sua vontade, verᵒ o Justoᵖ e ouvir as palavras de sua boca. ¹⁵ Você será testemunhaᵠ dele a todos os homens, daquilo que viu e ouviu. ¹⁶ E, agora, que está esperando? Levante-se, seja batizadoʳ e lave os seus pecados,ˢ invocando o nome dele'.ᵗ

¹⁷ "Quando voltei a Jerusalém,ᵘ estando eu a orar no templo, caí em êxtaseᵛ e ¹⁸ vi o Senhor, que me dizia: 'Depressa! Saia de Jerusalém imediatamente, pois não aceitarão seu testemunho a meu respeito'.

¹⁹ "Eu respondi: Senhor, estes homens sabem que eu ia de uma sinagoga a outra, a fim de prenderʷ e açoitarˣ os que creem em ti. ²⁰ E, quando foi derramado o sangue de tua testemunhaᶻ Estêvão, eu estava lá, dando minha aprovação e cuidando das roupas dos que o matavam.ʸ

---

¹ **21.40** Ou *hebraico*; também em 22.2 e 26.14.

² **22.20** Ou *teu mártir*

²¹ "Então o Senhor me disse: 'Vá, eu o enviarei para longe, aos gentios' ".ᶻ

Paulo, Cidadão Romano

²² A multidão ouvia Paulo até que ele disse isso. Então todos levantaram a voz e gritaram: "Tira esse homem da face da terra!ᵃ Ele não merece viver!"ᵇ ²³ Estando eles gritando, tirando suas capasᶜ e lançando poeira para o ar,ᵈ ²⁴ o comandante ordenou que Paulo fosse levadoᶠ à fortalezaᵉ e fosse açoitado e interrogado, para saber por que o povo gritava daquela forma contra ele. ²⁵ Enquanto o amarravam a fim de açoitá-lo, Paulo disse ao centurião que ali estava: "Vocês têm o direito de açoitar um cidadão romano sem que ele tenha sido condenado?"ᵍ

²⁶ Ao ouvir isso, o centurião foi prevenir o comandante: "Que vais fazer? Este homem é cidadão romano".

²⁷ O comandante dirigiu-se a Paulo e perguntou: "Diga-me, você é cidadão romano?"

Ele respondeu: "Sim, sou".

²⁸ Então o comandante disse: "Eu precisei pagar um elevado preço por minha cidadania". Respondeu Paulo: "Eu a tenho por direito de nascimento".

²⁹ Os que iam interrogá-lo retiraram-se imediatamente. O próprio comandante ficou alarmado, ao saber que havia prendido um cidadão romano.ʰ

Paulo Diante do Sinédrio

³⁰ No dia seguinte, visto que o comandante queria descobrir exatamente por que Paulo estava sendo acusado pelos judeus,ⁱ libertou-oʲ e ordenou que se reunissem os chefes dos sacerdotes e todo o Sinédrio.ᵏ Então, trazendo Paulo, apresentou-o a eles.

23 Paulo, fixando os olhos no Sinédrio,ˡ disse: "Meus irmãos,ᵐ tenho cumprido meu dever para com Deus com toda a boa consciência,ⁿ até o dia de hoje". ² Diante disso o sumo sacerdote Ananiasᵒ deu ordens aos que estavam perto de Paulo para que lhe batessem na boca.ᵖ ³ Então Paulo lhe disse: "Deus te ferirá, parede branqueada!ᵠ Estás aí sentado para me julgar conforme a lei, mas contra a lei me mandas ferir?"ʳ

⁴ Os que estavam perto de Paulo disseram: "Você ousa insultar o sumo sacerdote de Deus?"

⁵ Paulo respondeu: "Irmãos, eu não sabia que ele era o sumo sacerdote, pois está escrito: 'Não fale mal de uma autoridade do seu povo'ˢ¹".

⁶ Então Paulo, sabendo que alguns deles eram saduceus e os outros fariseus, bradou no Sinédrio: "Irmãos,ᵗ sou fariseu,ᵘ filho de fariseu. Estou sendo julgado por causa da minha esperança na ressurreição dos mortos!"ᵛ ⁷ Dizendo isso, surgiu uma violenta discussão entre os fariseus e os saduceus, e a assembleia ficou dividida. ⁸ (Os saduceus dizem que não há ressurreiçãoʷ nem anjos nem espíritos, mas os fariseus admitem todas essas coisas.)

⁹ Houve um grande alvoroço, e alguns dos mestres da lei que eram fariseusˣ se levantaram e começaram a discutir intensamente, dizendo: "Não encontramos nada de errado neste homem.ʸ Quem sabe se algum espírito ou anjo falou com ele?"ᶻ ¹⁰ A discussão tornou-se tão violenta que o comandante teve medo que Paulo fosse despedaçado por eles. Então ordenou que as tropas descessem e o retirassem à força do meio deles, levando-o para a fortaleza.ᵃ

¹¹ Na noite seguinte o Senhor, pondo-se ao lado dele, disse: "Coragem!ᵇ Assim como você testemunhou a meu respeito em Jerusalém, deverá testemunhar também em Roma".ᶜ

A Conspiração para Matar Paulo

¹² Na manhã seguinte os judeus tramaram uma conspiração e juraram solenemente que não comeriam nem beberiam enquanto não matassem Paulo.ᵈ ¹³ Mais de quarenta homens estavam envolvidos nessa

---

¹ 23.5 Êx 22.28

conspiração. **14** E, dirigindo-se aos chefes dos sacerdotes e aos líderes dos judeus, disseram: "Juramos solenemente, sob maldição, que não comeremos nada enquanto não matarmos Paulo.*e* **15** Agora, portanto, vocês e o Sinédrio*f* peçam ao comandante que o faça comparecer diante de vocês com o pretexto de obter informações mais exatas sobre o seu caso. Estaremos prontos para matá-lo antes que ele chegue aqui".

16 Entretanto, o sobrinho de Paulo, filho de sua irmã, teve conhecimento dessa conspiração, foi à fortaleza*g* e contou tudo a Paulo, **17** que, chamando um dos centuriões, disse: "Leve este rapaz ao comandante; ele tem algo para lhe dizer". **18** Assim ele o levou ao comandante.

Então disse o centurião: "Paulo, o prisioneiro,*h* chamou-me, pediu-me que te trouxesse este rapaz, pois ele tem algo para te falar".

19 O comandante tomou o rapaz pela mão, levou-o à parte e perguntou: "O que você tem para me dizer?"

20 Ele respondeu: "Os judeus planejaram pedir-te que apresentes Paulo ao Sinédrio*i* amanhã, sob pretexto de buscar informações mais exatas a respeito dele.*j* **21** Não te deixes convencer, pois mais de quarenta*k* deles estão preparando uma emboscada contra Paulo. Eles juraram solenemente não comer nem beber enquanto não o matarem.*l* Estão preparados agora, esperando que prometas atender-lhes o pedido".

22 O comandante despediu o rapaz e recomendou-lhe: "Não diga a ninguém que você me contou isso".

Paulo é Transferido para Cesareia

23 Então ele chamou dois de seus centuriões e ordenou-lhes: "Preparem um destacamento de duzentos soldados, setenta cavaleiros e duzentos lanceiros a fim de irem para Cesareia*m* esta noite,*n* às nove horas*1*. **24** Providenciem montarias para Paulo e levem-no em segurança ao governador Félix".*o*

---

1 **23.23** Grego: *à hora terceira*.

25 O comandante escreveu uma carta nestes termos:

26 "Cláudio Lísias,

ao Excelentíssimo*p* Governador Félix,

Saudações.*q*

27 "Este homem foi preso pelos judeus, que estavam prestes a matá-lo*r* quando eu, chegando com minhas tropas, o resgatei,*s* pois soube que ele é cidadão romano.*t* **28** Querendo saber por que o estavam acusando, levei-o ao Sinédrio*u* deles. **29** Descobri que ele estava sendo acusado em questões acerca da lei deles,*v* mas não havia contra ele*w* nenhuma acusação que merecesse morte ou prisão. **30** Quando fui informado*x* de que estava sendo preparada uma cilada*y* contra ele, enviei-o imediatamente a Vossa Excelência. Também ordenei que os seus acusadores*z* apresentassem a Vossa Excelência aquilo que têm contra ele".

31 Os soldados, cumprindo o seu dever, levaram Paulo durante a noite e chegaram a Antipátride. **32** No dia seguinte deixaram a cavalaria*a* prosseguir com ele e voltaram para a fortaleza.*b* **33** Quando a cavalaria*c* chegou a Cesareia,*d* deu a carta ao governador*e* e lhe entregou Paulo. **34** O governador leu a carta e perguntou de que província era ele. Informado de que era da Cilícia,*f* **35** disse: "Ouvirei seu caso quando os seus acusadores*g* chegarem aqui". Então ordenou que Paulo fosse mantido sob custódia*h* no palácio*2* de Herodes.

O Julgamento de Paulo perante Félix

24 Cinco dias depois, o sumo sacerdote Ananias*i* desceu a Cesareia com alguns dos líderes dos judeus e um advogado chamado Tértulo, os quais apresentaram ao governador*k* suas acusações*j* contra Paulo.

---

2 **23.35** Isto é, o Pretório, residência oficial do governador romano.

2 Quando Paulo foi chamado, Tértulo apresentou sua causa a Félix: "Temos desfrutado de um longo período de paz durante o teu governo, e o teu providente cuidado resultou em reformas nesta nação. **3** Em tudo e em toda parte, excelentíssimo[l] Félix, reconhecemos estes benefícios com profunda gratidão. **4** Todavia, a fim de não tomar-te mais tempo, peço-te o favor de ouvir-nos apenas por um pouco. **5** Verificamos que este homem é um perturbador, que promove tumultos[m] entre os judeus[n] pelo mundo todo. Ele é o principal cabeça da seita[o] dos nazarenos[p] **6** e tentou até mesmo profanar o templo;[q] então o prendemos e quisemos julgá-lo segundo a nossa lei. **7** Mas o comandante Lísias interveio e com muita força o arrebatou de nossas mãos e ordenou que os seus acusadores se apresentassem.[¹] **8** Se tu mesmo o interrogares, poderás verificar a verdade a respeito de todas estas acusações que estamos fazendo contra ele."

9 Os judeus confirmaram a acusação,[r] garantindo que as afirmações eram verdadeiras.

10 Quando o governador[s] lhe deu sinal para que falasse, Paulo declarou: "Sei que há muitos anos tens sido juiz nesta nação; por isso, de bom grado faço minha defesa. **11** Facilmente poderás verificar que há menos de doze dias[t] subi a Jerusalém para adorar a Deus. **12** Meus acusadores não me encontraram discutindo com ninguém no templo,[u] nem incitando uma multidão[v] nas sinagogas ou em qualquer outro lugar da cidade. **13** Tampouco podem provar-te as acusações que agora estão levantando contra mim.[w] **14** Confesso-te, porém, que adoro o Deus dos nossos antepassados[x] como seguidor do Caminho,[y] a que chamam seita.[z] Creio em tudo o que concorda com a Lei e no que está escrito nos Profetas[a] **15** e tenho em Deus a mesma esperança desses homens: de que haverá ressurreição[b] tanto de justos como de injustos.[c] **16** Por isso procuro sempre conservar minha consciência limpa[d] diante de Deus e dos homens.

17 "Depois de estar ausente por vários anos, vim a Jerusalém para trazer esmolas ao meu povo[e] e apresentar ofertas. **18** Enquanto fazia isso, já cerimonialmente puro,[f] encontraram-me no templo, sem envolver-me em nenhum ajuntamento ou tumulto.[g] **19** Mas há alguns judeus da província da Ásia que deveriam estar aqui diante de ti e apresentar acusações, se é que têm algo contra mim.[h] **20** Ou os que aqui se acham deveriam declarar que crime encontraram em mim quando fui levado perante o Sinédrio, **21** a não ser que tenha sido este: quando me apresentei a eles, bradei: Por causa da ressurreição dos mortos estou sendo julgado hoje[i] diante de vocês".

22 Então Félix, que tinha bom conhecimento do Caminho, adiou a causa e disse: "Quando chegar o comandante Lísias, decidirei o caso de vocês". **23** E ordenou ao centurião que mantivesse Paulo sob custódia,[j] mas que lhe desse certa liberdade[k] e permitisse que os seus amigos o servissem.[l]

24 Vários dias depois, Félix veio com Drusila, sua mulher, que era judia, mandou chamar Paulo e o ouviu falar sobre a fé em Cristo Jesus.[m] **25** Quando Paulo se pôs a discorrer acerca da justiça, do domínio próprio[n] e do juízo[o] vindouro, Félix teve medo e disse: "Basta, por enquanto! Pode sair. Quando achar conveniente, mandarei chamá-lo de novo". **26** Ao mesmo tempo esperava que Paulo lhe oferecesse algum dinheiro, pelo que mandava buscá-lo frequentemente e conversava com ele.

27 Passados dois anos, Félix foi sucedido por Pórcio Festo;[p] todavia, porque desejava manter a simpatia dos judeus,[q] Félix deixou Paulo na prisão.[r]

O Julgamento perante Festo

25 Três dias depois de chegar à província, Festo subiu de Cesareia[s] para

---

[¹] 24.7 Muitos manuscritos antigos não trazem *e quisemos julgá-lo segundo a nossa lei* e todo o versículo 7.

Jerusalém, ² onde os chefes dos sacerdotes e os judeus mais importantes compareceram diante dele, apresentando as acusações contra Paulo.ᵗ ³ Pediram a Festo o favor de transferir Paulo para Jerusalém, contra os interesses do próprio Paulo, pois estavam preparando uma emboscada para matá-lo no caminho. ⁴ Festo respondeu: "Paulo está preso" em Cesareia, e eu mesmo vou para lá em breve. ⁵ Desçam comigo alguns dos seus líderes e apresentem ali as acusações que têm contra esse homem, se realmente ele fez algo de errado".

⁶ Tendo passado com eles de oito a dez dias, desceu para Cesareia e, no dia seguinte, convocou o tribunalᵛ e ordenou que Paulo fosse trazido perante ele. ⁷ Quando Paulo apareceu, os judeus que tinham chegado de Jerusalém se aglomeraram ao seu redor, fazendo contra ele muitas e graves acusaçõesʷ que não podiam provar.ˣ

⁸ Então Paulo fez sua defesa: "Nada fiz de errado contra a lei dos judeus, contra o temploʸ ou contra César".

⁹ Festo, querendo prestar um favorᶻ aos judeus, perguntou a Paulo: "Você está disposto a ir a Jerusalém e ali ser julgado diante de mim, acerca destas acusações?"ᵃ

¹⁰ Paulo respondeu: "Estou agora diante do tribunal de César, onde devo ser julgado. Não fiz nenhum mal aos judeus, como bem sabes. ¹¹ Se, de fato, sou culpado de ter feito algo que mereça pena de morte, não me recuso a morrer. Mas, se as acusações feitas contra mim por estes judeus não são verdadeiras, ninguém tem o direito de me entregar a eles. Apelo para César!"ᵇ

¹² Depois de ter consultado seus conselheiros, Festo declarou: "Você apelou para César, para César irá!"

Festo Consulta o Rei Agripa

¹³ Alguns dias depois, o rei Agripa e Berenice chegaram a Cesareiaᶜ para saudar Festo. ¹⁴ Visto que estavam passando muitos dias ali, Festo explicou o caso de Paulo ao rei: "Há aqui um homem que Félix deixou preso.ᵈ ¹⁵ Quando fui a Jerusalém, os chefes dos sacerdotes e os líderes dos judeus fizeram acusações contra ele,ᵉ pedindo que fosse condenado.

¹⁶ "Eu lhes disse que não é costume romano condenar ninguém antes que ele se defronte pessoalmente com seus acusadores e tenha a oportunidade de se defender das acusaçõesᶠ que lhe fazem. ¹⁷ Vindo eles comigo para cá, não retardei o caso; convoquei o tribunal no dia seguinte e ordenei que o homem fosse apresentado.ᵍ ¹⁸ Quando os seus acusadores se levantaram para falar, não o acusaram de nenhum dos crimes que eu esperava. ¹⁹ Ao contrário, tinham alguns pontos de divergênciaʰ com ele acerca de sua própria religiãoⁱ e de um certo Jesus, já morto, o qual Paulo insiste que está vivo. ²⁰ Fiquei sem saber como investigar tais assuntos; por isso perguntei-lhe se ele estaria disposto a ir a Jerusalém e ser julgado ali acerca dessas acusações.ʲ ²¹ Apelando Paulo para que fosse guardado até a decisão do Imperador, ordenei que ficasse sob custódia até que eu pudesse enviá-lo a César".ᵏ

²² Então Agripa disse a Festo: "Eu também gostaria de ouvir esse homem".

Ele respondeu: "Amanhã o ouvirás".ˡ

Paulo perante Agripa

²³ No dia seguinte, Agripa e Bereniceᵐ vieram com grande pompa e entraram na sala de audiências com os altos oficiais e os homens importantes da cidade. Por ordem de Festo, Paulo foi trazido. ²⁴ Então Festo disse: "Ó rei Agripa e todos os senhores aqui presentes conosco, vejam este homem! Toda a comunidade judaicaⁿ me fez petições a respeito dele em Jerusalém e aqui em Cesareia, gritando que ele não deveria maisᵒ viver. ²⁵ Mas verifiquei que ele nada fez que mereça pena de morte;ᵖ todavia, porque apelou para o Imperador,ᵠ decidi enviá-lo a Roma. ²⁶ No entanto, não tenho

nada definido a respeito dele para escrever a Sua Majestade. Por isso, eu o trouxe diante dos senhores, e especialmente diante de ti, rei Agripa, de forma que, feita esta investigação, eu tenha algo para escrever. **27** Pois não me parece razoável enviar um preso sem especificar as acusações contra ele".

26 Então Agripa disse a Paulo: "Você tem permissão para falar em sua defesa".[r]

A seguir, Paulo fez sinal com a mão e começou a sua defesa: **2** "Rei Agripa, considero-me feliz por poder estar hoje em tua presença, para fazer a minha defesa contra todas as acusações dos judeus, **3** e especialmente porque estás bem familiarizado com todos os costumes[s] e controvérsias deles.[t] Portanto, peço que me ouças pacientemente.

4 "Todos os judeus sabem como tenho vivido desde pequeno,[u] tanto em minha terra natal como em Jerusalém. **5** Eles me conhecem há muito tempo[v] e podem testemunhar, se quiserem, que, como fariseu,[w] vivi de acordo com a seita mais severa da nossa religião. **6** Agora, estou sendo julgado por causa da minha esperança[x] no que Deus prometeu aos nossos antepassados.[y] **7** Esta é a promessa que as nossas doze tribos[z] esperam que se cumpra, cultuando a Deus com fervor, dia e noite.[a] É por causa desta esperança, ó rei, que estou sendo acusado[b] pelos judeus. **8** Por que os senhores acham impossível que Deus ressuscite os mortos?[c]

9 "Eu também estava convencido[d] de que deveria fazer todo o possível para me opor[e] ao nome de Jesus, o Nazareno.[f] **10** E foi exatamente isso que fiz em Jerusalém. Com autorização dos chefes dos sacerdotes lancei muitos santos[g] na prisão[h] e, quando eles eram condenados à morte, eu dava o meu voto contra eles.[i] **11** Muitas vezes ia de uma sinagoga para outra a fim de castigá-los[j] e tentava forçá-los a blasfemar. Em minha *fúria contra eles*, cheguei a ir a cidades estrangeiras para persegui-los.

12 "Numa dessas viagens eu estava indo para Damasco, com autorização e permissão dos chefes dos sacerdotes. **13** Por volta do meio-dia, ó rei, estando eu a caminho, vi uma luz do céu, mais resplandecente que o sol, brilhando ao meu redor e ao redor dos que iam comigo. **14** Todos caímos por terra. Então ouvi uma voz[k] que me dizia em aramaico: 'Saulo, Saulo, por que você está me perseguindo? Resistir ao aguilhão só lhe trará dor!'

15 "Então perguntei: Quem és tu, Senhor?

"Respondeu o Senhor: 'Sou Jesus, a quem você está perseguindo. **16** Agora, levante-se, fique em pé.[l] Eu apareci para constituí-lo servo e testemunha do que você viu a meu respeito e do que lhe mostrarei.[m] **17** Eu o livrarei[n] do seu próprio povo e dos gentios,[o] aos quais eu o envio **18** para abrir-lhes os olhos[p] e convertê-los das trevas para a luz,[q] e do poder de Satanás para Deus, a fim de que recebam o perdão dos pecados[r] e herança entre os que são santificados pela fé em mim'.[s]

19 "Assim, rei Agripa, não fui desobediente à visão celestial. **20** Preguei em primeiro lugar aos que estavam em Damasco,[t] depois aos que estavam em Jerusalém[u] e em toda a Judeia, e também aos gentios,[v] dizendo que se arrependessem e se voltassem para Deus, praticando obras[x] que mostrassem o seu arrependimento.[w] **21** Por isso os judeus me prenderam[y] no pátio do templo e tentaram matar-me.[z] **22** Mas tenho contado com a ajuda de Deus até o dia de hoje, e, por este motivo, estou aqui e dou testemunho tanto a gente simples como a gente importante. Não estou dizendo nada além do que os profetas e Moisés disseram que haveria de acontecer:[a] **23** que o Cristo[b] haveria de sofrer e, sendo o primeiro a ressuscitar dentre os mortos, proclamaria luz para o seu próprio povo e para os gentios".[c]

24 A esta altura Festo interrompeu a defesa de Paulo e disse em alta voz: "Você está louco,^d Paulo! As muitas letras^e o estão levando à loucura!"

²⁵ Respondeu Paulo: "Não estou louco, excelentíssimo^f Festo. O que estou dizendo é verdadeiro e de bom senso. ²⁶ O rei está familiarizado com essas coisas,^g e lhe posso falar abertamente. Estou certo de que nada disso escapou do seu conhecimento, pois nada se passou num lugar qualquer. ²⁷ Rei Agripa, crês nos profetas? Eu sei que sim".

²⁸ Então Agripa disse a Paulo: "Você acha que em tão pouco tempo pode convencer-me a tornar-me cristão?"^h1

²⁹ Paulo respondeu: "Em pouco ou em muito tempo, peço a Deus que não apenas tu, mas todos os que hoje me ouvem se tornem como eu, porém sem estas algemas".^i

³⁰ O rei se levantou, e com ele o governador e Berenice,^j como também os que estavam assentados com eles. ³¹ Saindo do salão, comentavam entre si: "Este homem não fez nada que mereça morte ou prisão".^k

³² Agripa disse a Festo: "Ele poderia ser posto em liberdade,^l se não tivesse apelado para César".^m

A Viagem de Paulo para Roma

27 Quando ficou decidido que navegaríamos^n para a Itália,^o Paulo e alguns outros presos foram entregues a um centurião chamado Júlio, que pertencia ao Regimento Imperial.^p ² Embarcamos num navio de Adramítio, que estava de partida para alguns lugares da província da Ásia,^q e saímos ao mar, estando conosco Aristarco,^r um macedônio^s de Tessalônica.^t

³ No dia seguinte, ancoramos em Sidom;^u e Júlio, num gesto de bondade para com Paulo,^v permitiu-lhe que fosse ao encontro dos seus amigos, para que estes suprissem as suas necessidades.^w ⁴ Quando partimos de lá, passamos ao norte de Chipre, porque os ventos nos eram contrários.^x ⁵ Tendo atravessado o mar aberto ao longo da Cilícia^y e da Panfília,

---

¹ **26.28** Ou *Por pouco você me convence a tornar-me cristão*.

ancoramos em Mirra, na Lícia. ⁶ Ali, o centurião encontrou um navio alexandrino^z que estava de partida para a Itália^a e nele nos fez embarcar. ⁷ Navegamos vagarosamente por muitos dias e tivemos dificuldade para chegar a Cnido. Não sendo possível prosseguir em nossa rota,^b devido aos ventos contrários, navegamos ao sul de Creta,^c defronte de Salmona. ⁸ Costeamos a ilha com dificuldade e chegamos a um lugar chamado Bons Portos, perto da cidade de Laseia.

⁹ Tínhamos perdido muito tempo, e agora a navegação se tornara perigosa, pois já havia passado o Jejum^d². Por isso Paulo os advertiu: ¹⁰ "Senhores, vejo que a nossa viagem será desastrosa e acarretará grande prejuízo para o navio, para a carga e também para a nossa vida".^e ¹¹ Mas o centurião, em vez de ouvir o que Paulo falava, seguiu o conselho do piloto e do dono do navio. ¹² Visto que o porto não era próprio para passar o inverno, a maioria decidiu que deveríamos continuar navegando, com a esperança de alcançar Fenice e ali passar o inverno. Este era um porto de Creta, que dava para sudoeste e noroeste.

A Tempestade

¹³ Começando a soprar suavemente o vento sul, eles pensaram que haviam obtido o que desejavam; por isso levantaram âncoras e foram navegando ao longo da costa de Creta. ¹⁴ Pouco tempo depois, desencadeou-se da ilha um vento muito forte,^f chamado Nordeste. ¹⁵ O navio foi arrastado pela tempestade, sem poder resistir ao vento; assim, cessamos as manobras e ficamos à deriva. ¹⁶ Passando ao sul de uma pequena ilha chamada Clauda, foi com dificuldade que conseguimos recolher o barco salva-vidas. ¹⁷ Levantando-o, lançaram mão de todos os meios para reforçar o navio com cordas; e, temendo que ele encalhasse nos bancos de areia^g de Sirte, baixaram as velas e deixaram o navio à deriva. ¹⁸ No dia

---

² **27.9** Isto é, o Dia da Expiação (*Yom Kippur*).

seguinte, sendo violentamente castigados pela tempestade, começaram a lançar fora a carga.ʰ ¹⁹ No terceiro dia, lançaram fora, com as próprias mãos, a armação do navio. ²⁰ Não aparecendo nem sol nem estrelas por muitos dias e continuando a abater-se sobre nós grande tempestade, finalmente perdemos toda a esperança de salvação.

²¹ Visto que os homens tinham passado muito tempo sem comer, Paulo levantou-se diante deles e disse: "Os senhores deviam ter aceitado o meu conselhoⁱ de não partir de Creta,ʲ pois assim teriam evitado este dano e prejuízo. ²² Mas agora recomendo que tenham coragem,ᵏ pois nenhum de vocês perderá a vida; apenas o navio será destruído. ²³ Pois ontem à noite apareceu-meⁿ um anjoˡ do Deus a quem pertençoᵐ e a quem adoro, dizendo-me: ²⁴ 'Paulo, não tenha medo. É preciso que você compareça perante César;ᵒ Deus, por sua graça, deu-lhe a vida de todos os que estão navegando com você.ᵖ ²⁵ Assim, tenham ânimo,ᵠ senhores! Creio em Deus que acontecerá conforme me foi dito.ʳ ²⁶ Devemos ser arrastadosˢ para alguma ilha".ᵗ

O Naufrágio

²⁷ Na décima quarta noite, ainda estávamos sendo levados de um lado para outro no mar Adriático¹, quando, por volta da meia-noite, os marinheiros imaginaram que estávamos próximos da terra. ²⁸ Lançando a sonda, verificaram que a profundidade era de trinta e sete metros²; pouco tempo depois, lançaram novamente a sonda e encontraram vinte e sete metros³. ²⁹ Temendo que fôssemos jogados contra as pedras, lançaram quatro âncoras da popa e faziam preces para que amanhecesse o dia. ³⁰ Tentando escapar do navio, os marinheiros baixaram o barco salva-vidasᵘ ao mar, a pretexto de lançar âncoras da proa. ³¹ Então Paulo disse ao centurião e aos soldados: "Se estes homens não ficarem no navio, vocês não poderão salvar-se".ᵛ ³² Com isso os soldados cortaram as cordas que prendiam o barco salva-vidas e o deixaram cair.

³³ Pouco antes do amanhecer, Paulo insistia que todos se alimentassem, dizendo: "Hoje faz catorze dias que vocês têm estado em vigília constante, sem nada comer. ³⁴ Agora eu os aconselho a comer algo, pois só assim poderão sobreviver. Nenhum de vocês perderá um fio de cabeloʷ sequer". ³⁵ Tendo dito isso, tomou pão e deu graças a Deus diante de todos. Então o partiuˣ e começou a comer. ³⁶ Todos se reanimaramʸ e também comeram algo. ³⁷ Estavam a bordo duzentas e setenta e seis pessoas. ³⁸ Depois de terem comido até ficarem satisfeitos, aliviaram o peso do navio, atirando todo o trigo ao mar.ᶻ

³⁹ Quando amanheceu não reconheceram a terra, mas viram uma enseada com uma praia,ᵃ para onde decidiram conduzir o navio, se fosse possível. ⁴⁰ Cortando as âncoras,ᵇ deixaram-nas no mar, desatando ao mesmo tempo as cordas que prendiam os lemes. Então, alçando a vela da proa ao vento, dirigiram-se para a praia. ⁴¹ Mas o navio encalhou num banco de areia, onde tocou o fundo. A proa encravou-se e ficou imóvel, e a popa foi quebrada pela violência das ondas.ᶜ

⁴² Os soldados resolveram matar os presos para impedir que algum deles fugisse, jogando-se ao mar. ⁴³ Mas o centurião queria poupar a vida de Pauloᵈ e os impediu de executar o plano. Então ordenou aos que sabiam nadar que se lançassem primeiro ao mar em direção à terra. ⁴⁴ Os outros teriam que salvar-se em tábuas ou em pedaços do navio. Dessa forma, todos chegaram a salvoᵉ em terra.

Paulo na Ilha de Malta

28 Uma vez em terra, descobrimosᶠ que a ilhaᵍ se chamava Malta. ² Os habitantes

---

¹ **27.27** O nome *Adriático* referia-se a uma área que se estendia até o extremo sul da Itália.
² **27.28** Grego: *20 braças*.
³ **27.28** Grego: *15 braças*.

da ilha mostraram extraordinária bondade para conosco. Fizeram uma fogueira e receberam bem a todos nós, pois estava chovendo e fazia frio. ³ Paulo ajuntou um monte de gravetos; quando os colocava no fogo, uma víbora, fugindo do calor, prendeu-se à sua mão. ⁴ Quando os habitantes da ilha viram a cobra agarrada na mão*ʰ* de Paulo, disseram uns aos outros: "Certamente este homem é assassino, pois, tendo escapado do mar, a Justiça não lhe permite viver".*ⁱ* ⁵ Mas Paulo, sacudindo a cobra no fogo, não sofreu mal nenhum.*ʲ* ⁶ Eles, porém, esperavam que ele começasse a inchar ou que caísse morto de repente, mas, tendo esperado muito tempo e vendo que nada de estranho lhe sucedia, mudaram de ideia e passaram a dizer que ele era um deus.*ᵏ*

⁷ Próximo dali havia uma propriedade pertencente a Públio, o homem principal da ilha. Ele nos convidou a ficar em sua casa e, por três dias, bondosamente nos recebeu e nos hospedou. ⁸ Seu pai estava doente, acamado, sofrendo de febre e disenteria. Paulo entrou para vê-lo e, depois de orar,*ˡ* impôs-lhe as mãos e o curou.*ᵐ* ⁹ Tendo acontecido isso, os outros doentes da ilha vieram e foram curados. ¹⁰ Eles nos prestaram muitas honras e, quando estávamos para embarcar, forneceram-nos os suprimentos de que necessitávamos.

A Chegada a Roma

¹¹ Passados três meses, embarcamos num navio*ⁿ* que tinha passado o inverno na ilha; era um navio alexandrino, que tinha por emblema os deuses gêmeos Cástor e Pólux. ¹² Aportando em Siracusa, ficamos ali três dias. ¹³ Dali partimos e chegamos a Régio. No dia seguinte, soprando o vento sul, prosseguimos, chegando a Potéoli no segundo dia. ¹⁴ Ali encontramos alguns irmãos*ᵒ* que nos convidaram a passar uma semana com eles. E depois fomos para Roma. ¹⁵ Os irmãos*ᵖ* dali tinham ouvido falar que estávamos chegando e vieram até a praça de Ápio e às Três Vendas para nos encontrar. Vendo-os, Paulo deu graças a Deus e sentiu-se encorajado. ¹⁶ Quando chegamos a Roma, Paulo recebeu permissão para morar por conta própria, sob a custódia*ᵍ* de um soldado.

A Pregação de Paulo em Roma

¹⁷ Três dias depois, ele convocou os líderes dos judeus.*ʳ* Quando estes se reuniram, Paulo lhes disse: "Meus irmãos,*ˢ* embora eu não tenha feito nada contra o nosso povo*ᵗ* nem contra os costumes dos nossos antepassados,*ᵘ* fui preso em Jerusalém e entregue aos romanos. ¹⁸ Eles me interrogaram*ᵛ* e queriam me soltar,*ʷ* porque eu não era culpado de crime algum que merecesse pena de morte.*ˣ* ¹⁹ Todavia, tendo os judeus feito objeção, fui obrigado a apelar para César,*ʸ* não, porém, por ter alguma acusação contra o meu próprio povo. ²⁰ Por essa razão pedi para vê-los e conversar com vocês. Por causa da esperança de Israel*ᶻ* é que estou preso com estas algemas".*ᵃ*

²¹ Eles responderam: "Não recebemos nenhuma carta da Judeia a seu respeito, e nenhum dos irmãos*ᵇ* que vieram de lá relatou ou disse qualquer coisa de mal contra você. ²² Todavia, queremos ouvir de sua parte o que você pensa, pois sabemos que por todo lugar há gente falando contra esta seita".*ᶜ*

²³ Assim combinaram encontrar-se com Paulo em dia determinado, indo em grupo ainda mais numeroso ao lugar onde ele estava. Desde a manhã até a tarde ele lhes deu explicações e lhes testemunhou do Reino de Deus,*ᵈ* procurando convencê-los a respeito de Jesus,*ᵉ* com base na Lei de Moisés e nos Profetas.*ᶠ* ²⁴ Alguns foram convencidos pelo que ele dizia, mas outros não creram.*ᵍ* ²⁵ Discordaram entre si mesmos e começaram a ir embora, depois de Paulo ter feito esta declaração final: "Bem que o Espírito Santo falou aos seus antepassados, por meio do profeta Isaías:

²⁶ " 'Vá a este povo e diga:
Ainda que estejam sempre ouvindo,
   vocês nunca entenderão;
ainda que estejam sempre vendo,
   jamais perceberão.
²⁷ Pois o coração deste povo
   se tornou insensível;ʰ
de má vontade
   ouviram com os ouvidos
   e fecharam os olhos.
Se assim não fosse,
   poderiam ver com os olhos,
   ouvir com os ouvidos,
   entender com o coração
e converter-se,
   e eu os curaria' ¹

²⁸ "Portanto, quero que saibam que esta salvaçãoʲ de Deus é enviada aos gentios;ᵏ eles a ouvirão!" ²⁹ Depois que ele disse isto, os judeus se retiraram, discutindo intensamente entre si.²

³⁰ Por dois anos inteiros Paulo permaneceu na casa que havia alugado e recebia a todos os que iam vê-lo. ³¹ Pregava o Reino de Deusˡ e ensinava a respeito do Senhor Jesus Cristo, abertamente, sem impedimento algum.

28.27
ʰSl 119.70
ⁱIs 6.9, 10
28.28
ʲLc 2.30
ᵏAt 13.46
28.31
ˡv. 23;
Mt 4.23

---

¹ 28.26,27 Is 6.9,10
² 28.29 Muitos manuscritos antigos não trazem o versículo 29.

EVANGELISMO E JUSTIÇA SOCIAL

O papel do pastor na evangelização

"Mas receberão poder quando o Espírito Santo descer sobre vocês, e serão minhas testemunhas em Jerusalém, em toda a Judeia e Samaria, e até os confins da terra."

Atos 1.8

Em Atos 1.8 Jesus descreveu uma parte importante da nossa tarefa: sermos testemunhas dele no mundo. Ele também nos deu uma indicação a respeito de como ser suas testemunhas: começando onde estamos. "Comece em sua 'Jerusalém' — a comunidade local onde está sua igreja", disse ele. Como pastor ou líder espiritual você não pode ser a única testemunha a todos na sua Jerusalém, mas será um catalisador de modo que cada pessoa na sua igreja cumpra seu papel como testemunha de Cristo.

Infelizmente em muitos lugares ao redor do mundo ser testemunha de Jesus está ficando cada vez mais difícil. Tim Keller faz a seguinte pergunta: "Como alcançar pessoas que pensam que a igreja é o problema, não a resposta? Um número cada vez maior de pessoas diz que são espirituais, mas não religiosas". Como se tornar uma igreja que seja uma testemunha fiel? De acordo com Atos 1.8, tudo começa com líderes que estejam radicalmente abertos ao poder do Espírito Santo. E, cheios do poder do Espírito, Deus os capacita a pregar, liderar e equipar outros para a obra de evangelização.

EVANGELISMO E JUSTIÇA SOCIAL

Como levar a igreja da adoração à missão
Samuel Escobar

A missão cristã não é simplesmente um empreendimento humano. É Deus por intermédio de seu Espírito que impulsiona o avanço evangelístico da Igreja ao redor do mundo. Deus toma a iniciativa, e os discípulos se unem a ele em obediência alegre. Esse padrão é visto em todas as páginas da Bíblia (Mateus 28.18-20; Lucas 24.45-52; João 20.19,20; Isaías 6.1-8; Atos 2.41-47; 2Coríntios 5.11-21). Partindo das Escrituras e dos últimos vinte séculos de história em mente, podemos apresentar alguns princípios que nos guiarão neste caminho.

A missão flui da adoração

A mensagem do Evangelho que os missionários de Jesus anunciam não é uma invenção humana; tampouco é apenas a criação de algum gênio religioso. Primeiro e antes de tudo é a Palavra de Deus que vem à humanidade. A Palavra de Deus se torna carne e revela seu propósito para a humanidade que ele criou e quer salvar. A existência de Israel como nação e como uma realidade histórica de âmbito mundial está intrinsecamente unida ao propósito de Deus de abençoar todas as famílias da terra. O Deus que chamou Abraão é aquele que antes de tudo estabeleceu ordem a partir do caos, criou os seres humanos, estabeleceu uma aliança com eles e os chamou para a liberdade e para a obra criativa de completar o que está faltando no mundo: "Pois ele falou, e tudo se fez; ele ordenou, e tudo surgiu" (Salmos 33.9).

Deus chamou Abraão e a partir dessa família patriarcal formou um povo, mas a Bíblia não apresenta Deus como uma simples divindade tribal que serve aos interesses de apenas um povo. Mesmo no meio da mais difícil das aventuras históricas, o ensino bíblico nos lembra de que o propósito universal de Deus e o escopo universal de seu amor estão sempre presentes.

O livro de Salmos e os livros dos Profetas apresentam um comentário dos eventos históricos do mundo e de Israel enquanto se preparam para a vinda do Messias. A revelação de Deus culmina quando ele se apresenta como humano na pessoa de Jesus Cristo — Emanuel, Deus conosco. A adoração é a resposta reverente e alegre à verdade da Palavra de Deus.

Quando o povo de Deus se encontra com Deus, quando sua Palavra é exposta com poder e quando respondemos com "Amém" em forma de hinos, orações, silêncio ou explosões de alegria, é aí que, de maneira mais natural, queremos compartilhar as boas-novas com os outros.

A missão flui quando damos toda a glória a Deus

Quando nascida em uma atmosfera de culto, a missão cristã mais que qualquer outra coisa busca glorificar a Deus. O Novo Testamento nos mostra o que acontece quando os missionários são tentados a se beneficiar da devoção religiosa do povo. Tome como exemplo o caso de Pedro, quando um centurião, cheio de alegria por uma fé recentemente encontrada

O papel do pastor na evangelização

e entusiasmo religioso, se lança aos pés do apóstolo "adorando-o". Pedro imediatamente responde: "Levante-se, eu sou homem como você" (Atos 10.25,26). Quando Paulo e Barnabé estavam em Listra, a multidão entusiasmada queria oferecer sacrifícios a eles, mas os apóstolos responderam com uma certa fúria e clamaram: "Homens, por que vocês estão fazendo isso? Nós também somos humanos como vocês" (Atos 14.14,15). Essa reação rápida reflete o zelo pela glória de Deus que identifica o verdadeiro cristão. Esse zelo nasce, expressa-se e cresce em meio à verdadeira adoração.

O perigo de uma obra missionária que não nasce da adoração é que facilmente se torna uma atividade puramente humana — para a glória dos homens, para vender metodologias, livros e filmes, para fornecer material a quem trabalha com estatística. A missão deixa de ser um trabalho que inunda o povo de Deus de alegria, maravilhamento, expectativa e esperança. Há muitos projetos de evangelização e missões em operação no mundo que são pouco mais que atividades de negócios, executadas com frieza profissional e capazes de reduzir a obra a técnicas tão precisas que a ausência do Espírito Santo não é sequer notada.

A missão só pode ser purificada se houver vigilância espiritual constante, na qual o missionário se torna vulnerável e vive no meio daqueles a quem serve, compartilhando sua condição humana o máximo que puder. Há séculos tem havido missionários que têm conseguido superar a tentação imperialista de depender do poder humano, mas não do poder da cruz.

A missão que flui da adoração tem resultados permanentes

Paulo escreve em termos inequívocos a respeito daqueles que ainda não creram no Evangelho: "O deus desta era cegou o entendimento dos descrentes, para que não vejam a luz do evangelho da glória de Cristo, que é a imagem de Deus" (2Coríntios 4.4). Portanto, evangelizar é comunicar essa mensagem no poder do Espírito Santo, confiando em que Deus trabalhará com poder para salvar. Em outras palavras, é algo muito diferente de vender enciclopédias ou de convencer as pessoas a que se tornem sócias de um clube. É por isso que a missão só pode ser realizada em uma atmosfera de adoração profunda.

A evangelização realizada no contexto da igreja local — na qual pessoas interessadas no Evangelho nos veem como seres humanos iguais a elas, que encarnam a nova vida no meio das próprias batalhas diárias — tem um efeito mais forte e não cai em decepção e superficialidade. É exatamente por isso que a evangelização flui da adoração, na qual o povo de Deus, tal como o salmista, responde a Deus com a vida como um todo. Com isso, conclui-se que é preciso uma pregação mais honesta e maior confiança no poder e nos recursos de Deus que nos próprios recursos humanos.

Apenas a fé em Deus e a certeza de seu chamado sustentam o missionário no decurso dos difíceis tempos de adaptação cultural e ao longo da tarefa maior de caminhar como discípulo de Cristo em outra cultura. Atualmente há igrejas cristãs em praticamente cada canto do mundo. É interessante que, se observarmos as origens dos que perseveraram e conservaram seu chamado missionário vivo, sempre encontraremos pioneiros que se aculturaram e plantaram as sementes do Evangelho. Eles eram homens e mulheres cheios de uma visão clara da santidade de Deus, cuja santidade fluía de um ato contínuo de adoração — de culto. O estilo de vida e de serviço desses homens e mulheres teve modelo no exemplo de Jesus Cristo. Eles eram missionários que seguiram os passos do Senhor a quem adoravam.

Três verdades sobre evangelismo pessoal
Lon Allison

A evangelização pessoal é algo amedrontador para muitos na igreja. Eis aqui três verdades que podem ajudar sua igreja a compartilhar a fé de maneira mais confiante.

Deus é o primeiro a tomar a iniciativa de ir ao encontro das pessoas

Poucos anos atrás a minha esposa perguntou: "Querido, você viu o Erik?". Eu disse: "Não. Ele não está com você?". Ela verificou no quarto e no porão da casa, mas o nosso filho de 3 anos não estava em lugar nenhum. Saímos pelas ruas da vizinhança gritando "Erik! Erik!", mas nem uma resposta. Então a minha esposa ligou para o 190, enquanto peguei o carro para dar uma volta a sua procura. Quando voltei de mãos vazias, vi um carro de polícia estacionado na frente da nossa casa. A minha mulher estava sorrindo. "Já o encontramos", disse.

O nosso menininho, vestido de azul escuro, se enfiara em um canto da sala de visitas e dormia tranquilamente enquanto o procurávamos. Naqueles breves minutos comecei a pensar no que Deus faz 24 horas por dia: ele está sempre procurando os que se perderam. Fico feliz porque certa vez presenciei 5 mil pessoas aceitarem a Cristo, mas, como disse um amigo, "toda evangelização em massa é evangelização um a um na multidão". Os anjos no céu se rejubilam toda vez que Deus encontra uma alma perdida, porque Deus é o verdadeiro evangelista.

Deus nos inclui em seu trabalho

Nem mesmo Billy Graham poderia convencer alguém de cegueira espiritual, e nós também não podemos. Mas podemos orar. Assim como os grandes evangelistas pavimentaram o caminho pelo qual passamos, nós também podemos orar com fervor pelas pessoas perdidas.

Também podemos estar em sintonia com o tempo de Deus. Não é errado que você busque as pessoas que conhece. Isso acontece porque agimos de acordo com o mandato divino. O alvo de todo cristão maduro é estar no lugar em que seja capaz de ouvir Deus dar o sinal. Quando pedimos a ele: "Senhor, permita-me compartilhar de ti com alguém", ele nos ouve. Certo sábado, estava em um hotel quando percebi que tinha me esquecido de algumas anotações no carro e precisaria delas para preparar um sermão. O manobrista que pegou meu carro queria conversar a respeito de Deus. Eu não podia dizer a ele que estava muito ocupado porque tinha que escrever uma mensagem evangelística e por isso não poderia conversar com ele. Então conversamos. E terminamos orando, pedindo para que Melvin, que fora criado em um lar cristão e que se desviara de Deus, pudesse conseguir uma folga no trabalho para ouvir Billy Graham naquela noite.

O papel do pastor na evangelização

Deus é responsável pelos resultados

Ao descrever como chegou a Cristo, C. S. Lewis diz: "Deus se aproximou de mim". Em outra ocasião, ele disse "Eu fui arrastado pelo vão da porta". Lewis sabia *quando* o último passo rumo à conversão fora dado, mas não *como* esse passo havia sido dado. Mais tarde escreveu: "Meu irmão e eu fomos ao zoológico. Quando saímos, eu não acreditava que Jesus era o Filho de Deus. Mas, quando voltamos, eu já acreditava". Crer é tarefa de Deus. A evangelização funciona porque Deus é quem toma a iniciativa de nos buscar, e ele nos inclui na oração e nos encontros. Quando nos pede que evangelizemos, ele se une a nós. E depois diz: "Observem".

Lições de evangelização com Paulo
Haddon Robinson

Em 1Coríntios 9.26,27 o apóstolo Paulo escreve: "Sendo assim, não corro como quem corre sem alvo e não luto como quem esmurra o ar. Mas esmurro o meu corpo e faço dele meu escravo, para que, depois de ter pregado aos outros, eu mesmo não venha a ser reprovado". O que capacitou Paulo a ter impacto em seu tempo, um tempo no qual havia tanta oposição ao Evangelho como atualmente? Você pode dizer que ele era impelido e controlado pelo Espírito Santo. Sim, Paulo tinha um chamado da parte de Deus, dado a ele depois de ser derrubado na estrada de Damasco. Mesmo assim, havia algo no espírito de Paulo que sabia o que é necessário para fazer diferença no mundo. Eis algumas lições que podemos aprender dele.

Paulo imitou os atletas de seu tempo

Podemos ver alguns traços do espírito de Paulo em 1Coríntios 9. A imagem nessa passagem refere-se aos jogos gregos. Os atletas que disputavam esses jogos se submetiam a treinamento rigoroso por pelo menos nove meses. Paulo admirava os jogos e os atletas. O que ele mais admirava era sua dedicação. Eles deixavam tudo de lado para competir pelo prêmio — uma coroa de louro na fronte.

Esse era o sentimento com que Paulo encarava o ministério. Ele não é como um empresário com sobrepeso correndo ao redor do prédio da escola tentando perder um pouco de peso. Não. Ele é como um maratonista — seu rosto está corado, seu corpo se esforça enquanto ele corre para cruzar a linha de chegada e ganhar o prêmio.

Paulo sentiu-se impelido a pregar

Paulo tinha de pregar o Evangelho. Tratava-se de um comissionamento. Deus o convocou para alcançar o mundo grego, e Paulo se viu obrigado a desempenhar essa tarefa. Da mesma forma, se você tem um chamado da parte de Deus, parte desse chamado é tornar Cristo conhecido dos que ainda não o conhecem. Isto é comissionamento.

EVANGELISMO E JUSTIÇA SOCIAL

Também se trata de uma obrigação, porque o Evangelho traz em si a demanda de ser proclamado. Pense em um cientista que descobriu a cura para a aids. Imagine o que aconteceria se essa pessoa se recusasse a compartilhar a cura com os outros. Tal atitude seria um pecado contra a ciência e contra a humanidade. De igual maneira, saber que seus pecados foram perdoados — todas as acusações contra você foram retiradas por causa da cruz — e não compartilhar essa verdade com os outros é um pecado contra Deus e contra as pessoas.

Paulo era um entusiasta pelo Evangelho

A força de qualquer causa depende das pessoas que se comprometem com ela. Admiradores obstinados fazem toda diferença, e Paulo era um defensor obstinado do Evangelho. O problema dos obstinados é que praticamente sempre passam por cima das pessoas. Por isso Paulo diz que estava desejoso não apenas de desistir de seus direitos, mas também de se tornar um escravo de qualquer modo de pensar, para que dessa maneira alguns pudessem ser salvos. Paulo não mudou a mensagem. Estivesse ele em Jerusalém, Antioquia ou Filipos, ele pregava a mensagem de Jesus Cristo. Mas Paulo também sabia que as pessoas são moldadas pela cultura, pela formação educacional, por valores familiares e religiosos. Por isso, ele se adaptava ao modo de pensar das pessoas com o objetivo de que elas pudessem ouvir o Evangelho. Com exceção de pecar, ele faria qualquer coisa para ganhar uma pessoa para Cristo.

Vencendo as desculpas para não compartilhar a fé
Mark Mittelberg

Não é difícil ouvir desculpas que as pessoas usam para evitar falar das boas-novas de Jesus Cristo às pessoas. Eis como respondo a dez objeções comuns:

1. "Não tenho amigos não cristãos."
Jesus era amigo de pecadores. Precisamos correr o risco de seguir seu exemplo.

2. "A evangelização não é a minha praia."
Jesus entregou a Grande Comissão à Igreja como um todo. Todos temos uma parte vital a cumprir nesse processo usando abordagens que se adequem a nossa personalidade exclusiva.

3. "Não tenho tempo agora."
Mescle a evangelização com algo que você já esteja fazendo e convide amigos que não são de nenhuma igreja a se unir a você. Pense na diferença que um almoço fez na vida de Zaqueu!

4. "Tenho medo do que os meus amigos vão pensar de mim."
Procure ser sensível o bastante para falar com as pessoas de forma que elas não se ofendam sem necessidade. Se você agir de maneira respeitosa, elas provavelmente serão receptivas.

5. "Vou me limitar a viver a fé diante dos meus amigos; eles entenderão tudo."
Pode soar convincente, mas essa atitude não é nem bíblica nem eficiente. Parafraseando Romanos 10.14, *eles não vão perceber a menos que você fale.*

6. "Não sei como iniciar uma conversa."
Ore por sabedoria e coragem para aproveitar oportunidades que surgem em um momento específico para transformar assuntos comuns, como beber um copo de água (ver Jesus em João 4), em conversas espirituais.

7. "Eu não saberia o que dizer depois que a conversa começasse."
Tudo bem, porque o melhor a fazer no início é ouvir. Uma vez iniciada a conversa, você encontrará experiências para explorar, questões para discutir e histórias para contar — e o Espírito Santo o guiará!

8. "Eu não sei muita coisa."
A melhor maneira de crescer nessa área é simplesmente mergulhar de cabeça e dizer o que sabe. Talvez você possa esperar para responder a uma pergunta difícil até que tenha tempo de pesquisar a resposta.

9. "Na tradição da minha igreja nós não falamos sobre fé pessoal."
Os seus amigos precisam entender que a mensagem do Evangelho é "poder de Deus para a salvação". Esforce-se para comunicá-lo de formas que sejam adequadas a você e a eles — talvez escrevendo cartas, enviando livros ou direcionando as pessoas para que leiam bons artigos *online*. Dê pequenos passos, e tudo se tornará mais natural.

10. "A minha igreja tem mais a ver com ensino e adoração que com evangelização."
Não dê desculpas para sua negligência em uma área porque sua igreja tem competência em outra. Por amor aos perdidos, que são importantes para Deus, façamos todo o possível para alcançá-los, pessoalmente e através da igreja.

Pregação relevante aos descrentes
Bill Hybels

Hoje em dia as pessoas não cristãs que visitam uma igreja podem achar a mensagem cristã completamente estranha, por isso os pregadores não alcançam o objetivo. Os assuntos que escolhemos, a maneira de apresentarmos as Escrituras, as ilustrações que usamos e os apelos que fazemos — tudo precisa contribuir para o alvo de apresentar Cristo com relevância aos não cristãos. Eis alguns desses princípios.

Desenvolva a sensibilidade

Se vamos pregar com integridade a homens e mulheres do âmbito secular, precisamos trabalhar em duas áreas essenciais antes de subir ao púlpito:

1. *Entenda sua maneira de pensar.* Para muitos pastores isso é um desafio. Alguns nunca tiveram um amigo íntimo não cristão. Mas não saber como os não cristãos pensam mina as nossas tentativas em alcançá-los. Não podemos vencer se não sabemos como eles pensam, e não podemos saber como eles pensam se nunca entramos no mundo a que pertencem.
2. *Goste deles de verdade.* Se não gostamos das pessoas, isso será perceptível na nossa pregação. O que ajuda muitos pastores a gostar de verdade dos não cristãos é o dom de evangelização. Nem todo pastor alega ser esse um dom, mas já vi muitos desenvolverem uma compaixão sincera pelos não cristãos ao focalizar nas necessidades deles.

Escolha assuntos e temas que interessem aos não cristãos

Pessoas que não são da igreja são consumidoras por excelência. Você pode não gostar do que vou dizer, mas, a cada sermão que pregamos, elas estão se perguntando: *Esse assunto realmente me interessa?* Se elas não estiverem interessadas, não fará diferença nenhuma se pregamos bem ou não; elas simplesmente se desconectarão. Você pode ser absolutamente profético com os não cristãos. Mas para fazer isso com qualquer grupo precisamos pregar de uma maneira que eles entendam. Você pode ser completamente bíblico em todos os sentidos, mas, para alcançar os não cristãos, todos os assuntos precisam começar do ponto em que eles estão e depois trazê-los a uma compreensão cristã mais plena.

Explique a sabedoria da Bíblia

Os não cristãos não dão à Bíblia uma fração da importância que nós cristãos damos a ela. Se simplesmente citamos a Bíblia e dizemos "A Bíblia diz isso; obedeçam", não fará o menor sentido para eles. Por isso, todas as vezes em que prego tento demonstrar a confiabilidade das Escrituras e levar o meu ouvinte a respeitá-la. Faço isso explicando a sabedoria de Deus implícita em sua Palavra escrita.

Muitos não cristãos descrevem os cristãos como pessoas que acreditam em dilúvios, anjos e milagres estranhos. Meu objetivo é explicar de maneira razoavelmente inteligente alguns temas que tenham a ver com a vida deles. Desejo que, ao voltar para casa depois de participar de uma reunião nossa, as pessoas digam: "Talvez haja alguma coisa na Bíblia e na vida cristã que valha a pena".

Use ilustrações atuais

Descobri que as pessoas sem-igreja pensam que a maioria dos cristãos, e especialmente os pastores, vivem fora da realidade. É por isso que cerca de 70% das minhas ilustrações são extraídas de eventos contemporâneos. Quando posso usar uma ilustração contemporânea, ganho credibilidade e consigo incluir os ouvintes não cristãos pondo-os em pé de igualdade com o restante do público. É poderoso quando as pessoas sentem que alguém está no seu mundo e que vive no mundo real como elas.

Dê aos não cristãos liberdade e tempo

Hoje em dia, quando as pessoas vão à igreja pensam que tudo será igual: orar mais, amar mais, servir mais, doar mais. É fácil para os pastores não abrigar esse tipo de entendimento propositadamente. Mas, quando se refere aos não cristãos, somos nós que determinamos o alvo principal: queremos que eles aceitem o senhorio de Jesus Cristo. Sugiro aqui dois princípios-chave para que o não cristão assuma um compromisso com Cristo:

1. *Dê-lhes liberdade de escolha.* Fiquei surpreso quando aprendi que podemos desafiar as pessoas sem-igreja tanto quanto faria com qualquer outra pessoa — desde que lhes conceda liberdade absoluta de escolha. Antes de deixar as pessoas saírem, dê-lhes liberdade para que façam suas escolhas.
2. *Dê-lhes tempo para tomar uma decisão.* Quando faço o apelo aos não cristãos de hoje para que assumam um compromisso com Cristo, tento persuadi-los a respeito de algo que alterará radicalmente em sua vida. Eles têm uma necessidade espiritual — foi isso que os levou à igreja —, mas precisam de tempo para considerar as implicações do que ouviram. Entretanto, há um momento para bater o martelo. Algumas vezes — não sempre — as pessoas precisam ser desafiadas. Quando faço isso, sempre abro exceção para as pessoas que ainda não chegaram a esse ponto.

Tentar alcançar os não cristãos não é fácil, e não está ficando mais fácil. Mas o que faz que eu continue pregando são os momentos em que, depois de muitos meses, eu alcanço o meu objetivo. Para um pregador, uma alegria como essa faz valer a pena qualquer desafio.

Pregação evangelística em contexto urbano

Tim Keller

Para o pregador urbano, pregar aos domingos é importante por dois motivos: a partir daí se tem uma ideia básica do que significa ser um cristão que vive na cidade — sua definição, por que a cidade é importante, e por que ser cristão na cidade é importante. Mas a pregação também é uma espécie de exemplo para as pessoas: o pregador está *sendo* um cristão urbano. Pregar nesse ambiente é uma maneira de mostrar que o pregador está processando e assimilando o ambiente urbano. Eis aqui algumas maneiras de ministrar em áreas urbanas.

Preste atenção à "desconexão" dos ouvintes

Em qualquer contexto, urbano ou não, os cristãos nominais e os não cristãos precisam ter condição de dizer "Posso ver a mim mesmo sendo um cristão tal como aquela pessoa". Se você está pregando, e o seu público está aprendendo a verdade, mas nunca poderia imaginar ser como você — responder ao mundo como você, pensar como você e sentir como você —, isso não é bom.

Se a pregação é realmente confusa ou ofensiva para os não cristãos, então se trata de uma pregação sectária. Se a pregação é confusa ou ofensiva porque os pregadores não são cuidadosos a respeito de como se expressam, não demonstram ser solidários ao que uma pessoa sente quanto ainda não crê na mensagem.

Alguns pregadores com tendência liberal gostam de falar a respeito das dúvidas contra as quais lutam para fazer que os que têm dúvidas se sintam à vontade. Não acredito que isso realmente os ajude muito. Por outro lado, pregadores com uma tendência mais conservadora pregam como se a dúvida fosse a pior coisa do mundo — "Quem em sã consciência seria capaz de duvidar?" e "Como você ousa duvidar?" são premissas.

Cuidado com as atitudes

Há uma maneira de expressar as verdades da fé com amor e segurança, mas ainda assim de uma maneira que demonstra que você respeita as dúvidas das pessoas e que sabe o que é ter dúvidas. O versículo 22 de Judas diz: "Tenham compaixão daqueles que duvidam".

Se assumir essa atitude ao pregar, você se tornará alguém ao qual os não cristãos poderão ir. Mesmo que não creiam no que você crê, você terá muitos não cristãos que voltarão para casa — algumas vezes desafiados, outras vezes sem concordar — quase sempre intrigados, provocados e edificados.

É possível pregar de uma maneira que inclua cristãos e não cristãos; desse modo você também contará com um público de não cristãos que ouvirá o que você tem a dizer e pensará a respeito. Essa se torna uma maneira de falar à cidade como um todo, não apenas para sua "tribo".

Você também pode pregar a verdade de maneira errada. Há uma maneira de dizer: "Se você rejeitar a verdade, você estará perdido, e esse estado de perdição vai durar por toda a eternidade". Alguns pregadores dizem crer que são pecadores salvos pela graça, mas não agem como tal. Agem como pessoas que creem que Deus se agrada deles porque sua doutrina é correta, vivem como se espera e são de fato submissos a Jesus. Essa atitude se faz sentir em tudo que dizem.

A verdade é a verdade, e em geral a verdade é difícil de ser ouvida por não cristãos, mas fará toda diferença se as pessoas sentirem que você demonstra empatia e compaixão, ou não, se você se importa com elas de verdade, ou não, e se realmente as ama, ou não.

Fale de Jesus como a satisfação das necessidades humanas

Por fim, você atrairá pessoas se disser que sua história de vida só terá um final feliz em Jesus Cristo. Dessa maneira você as estará afirmando como pessoas. A busca pela sabedoria e a busca pelo poder fazem parte, mas não são o essencial. Vá em busca das pessoas; procure saber quais são suas esperanças mais profundas. Depois de ter confrontado a idolatria que as move, mostre que, em Cristo, suas esperanças mais profundas serão cumpridas. Em algum momento você será capaz de dizer: "Se você deseja ter um sentido de identidade, amor, liberdade — ou seja lá o que caracterizar a sua narrativa cultural — é em Cristo que você terá esse desejo satisfeito da maneira mais verdadeira e completa".

O papel do pastor na evangelização

Se você realmente conhece seu público-alvo, sempre haverá alguma parte do ensino de Jesus que ressoará para elas: por exemplo, Jesus como o noivo, ou como libertador. Dependerá da cultura em que vocês estão inseridos, mas algum aspecto do que Jesus faz será incrivelmente atrativo nesse sentido. Você precisa descobrir o que é, e reforçar esse tema o quanto puder.

Fazendo o apelo evangelísticos com clareza
Greg Laurie

Creio firmemente em apelos evangelísticos — especialmente hoje, quando muitas igrejas atraem os interessados e sem-igreja. Creio que os apelos podem e devem ser feitos, e feitos de modo adequado. A pregação evangelística é desafiadora porque precisa permanecer relativamente simples. A tentação é a de ser culto, mas é melhor manter uma mensagem evangelística direta e clara. Para tanto, é preciso considerar que o apelo evangelístico depende de um conteúdo que seja fácil de entender, linguagem objetiva e instruções explícitas. Eis o que tenho aprendido ao convidar publicamente não cristãos a tomar uma decisão por Cristo.

Apresente um conteúdo fácil de entender

Um sermão evangelístico deve incluir alguns elementos — com destaque à mensagem da cruz. Uma vez perguntei a Billy Graham em que a pregação dele mudou em 40 anos. Mal terminei a pergunta, e ele deu uma resposta contundente: "Eu prego mais a respeito da cruz e do sangue. É aí que está o poder".

Com exceção de pregar um Evangelho aguado, o pior pecado é fazer de um apelo evangelístico algo confuso ou excessivamente abrangente. Há quatro elementos do Evangelho que devemos incluir em todos os apelos:

1. Queremos que nossos ouvintes entendam claramente sua situação diante de Deus.
2. Explicamos o que Cristo pode fazer pela humanidade.
3. Explicamos que os ouvintes precisam se arrepender se quiserem experimentar a vida com Deus.
4. Apresentamos a possibilidade de escolher receber Cristo na vida.

Use linguagem objetiva

Atualmente muitos líderes eclesiásticos sabem que precisam ser cuidadosos com o uso de um linguajar cristão, mas só isso não basta; é preciso ser claro. Os não cristãos hoje em dia estão menos acostumados com a igreja e mais afastados do cristianismo do que imaginamos. O uso de um jargão cristão repele os sem-igreja; jamais os atrairá. Não estou dizendo que devemos evitar a terminologia bíblica como "arrependimento" e "justificação". Precisamos simplesmente expor com precisão o que queremos dizer quando nos expressamos.

EVANGELISMO E JUSTIÇA SOCIAL

Já ouvi sermões evangelísticos que fracassaram por titubear no momento de convidar o ouvinte ao apelo final. Os não cristãos precisam de orientações claras e diretas. A cena de levantar uma das mãos ou caminhar pelo corredor já é assustadora o bastante; pior ainda será se somarmos a isso um apelo confuso.

Primeiro, as pessoas precisam saber o que você quer que elas façam. Geralmente digo assim: "Daqui a pouco vou pedir a você que faça isto e isto, se você quiser assumir um compromisso pessoal com Cristo".

Segundo, os ouvintes precisam saber porque peço a eles que fiquem de pé ou que assumam um compromisso público. Geralmente explico: "Jesus disse que se você o confessar diante dos homens, ele o confessará diante do Pai que está no céu. Mas, se você o negar, ele o negará. Portanto, você precisa assumir uma posição por Cristo publicamente.".

Se as pessoas rejeitarem o convite, paciência. Mas precisamos ter certeza de que nesse caso estão rejeitando Cristo, não um convite incompreensível e malfeito.

Seja gentil ao persuadir

A conversão é um momento terno e misterioso. Nós pregamos com a intenção de persuadir as pessoas a aceitar Cristo, mas apenas o Espírito dá vida e produz a conversão. Quando faço o convite, geralmente me lembro do versículo que diz "[...] e creram todos os que haviam sido designados para a vida eterna" (Atos 13.48). Portanto, para fazer apelos eficazes basta simplesmente deixar o caminho livre para o Espírito.

Mesmo assim devemos dar a pessoas indecisas uma chance de decidir. A persuasão é legítima. É o ímpeto de que muitos precisam para sair do reino das trevas em direção ao reino da luz. Algumas vezes chego a dizer: "Compreenda que esta é uma decisão eterna. Jesus disse: 'Ou você está comigo ou é contra mim'. Neste momento final, se você quiser vir, venha". O nosso objetivo é que as pessoas entendam as implicações do que estão fazendo. Elas precisam saber as consequências de rejeitar Cristo.

A manipulação é um perigo; não somos vendedores tentando fechar um negócio. Se uma pessoa pode ser manipulada para tomar uma decisão por Cristo, ela também pode ser manipulada para tomar uma decisão contrária. Além disso, os não cristãos do mundo das comunicações e da perspicácia que frequentam a igreja não se permitem manipular. A manipulação só vai fazer que todos fiquem desconfortáveis.

Creio firmemente no papel do pastor-evangelista. A necessidade é grande hoje, considerando a facilidade que temos para atrair pessoas interessadas. Mas atrair tais pessoas envolve a responsabilidade de dar a elas oportunidade de escolher a vida eterna. Para muitas, só é preciso fazer o convite.

Despertando mentes fechadas para Cristo
Ed Dobson

Em uma cultura comprometida com o relativismo e hostil à noção da verdade absoluta, o Evangelho pode ser uma ofensa, não importa quão positiva seja a nossa apresentação.

No entanto, é possível ganhar ouvintes para verdade do Evangelho mesmo em uma cultura relativista. Como tenho dirigido cultos abertos aos interessados e sem-igreja, reuni vários princípios para alcançar céticos com a verdade.

Explique o motivo

O espírito de individualismo, não de comunidade, domina nossa cultura, dando ao relativismo um forte apelo. "Você crê no que quiser, e eu creio no que eu quero", é o espírito desta época. No entanto, esse individualismo universal e difundido tem um lado positivo. As pessoas desejam aquilo que melhora seu estilo de vida, então poderemos alcançar se demonstrarmos que os valores que ensinamos são verdades benéficas para todos. Precisamos mostrar ao cético moderno a sabedoria prática dos princípios bíblicos, especialmente os princípios que têm aparência de rigidez e intolerância.

Apele para a curiosidade a respeito da Bíblia

Ao mesmo tempo que rejeitam a noção de valores absolutos, as pessoas do mundo secular têm curiosidade para saber o que a Bíblia diz. E, se elas vêm à igreja, então podemos presumir que têm no mínimo algum interesse nos ensinos bíblicos, caso contrário não viriam à igreja.

Saiba o que é essencial e o que não é

Ganharemos a atenção dos ouvintes em um público secular quando não confundirmos o que é essencial com o que não é. Isso afeta não apenas como evangelizamos, mas o que pregamos e ensinamos e como o fazemos. O que as pessoas acreditam a respeito de Cristo e a respeito da natureza da salvação é muito mais importante do que o que acreditam a respeito da ordenação de mulheres. Você perderá o respeito dos não cristãos se tratar os dois assuntos com o mesmo nível de autoridade.

É útil distinguir entre três tipos de verdade: verdades *absolutas* são essenciais à fé, são verdades que nunca mudam; *convicções* são crenças a respeito das quais os cristãos ortodoxos podem diferir; e *preferências* são tradições ou costumes, como gostos musicais, que podem ser compatíveis com a Bíblia, mas não se baseiam na Bíblia, e podem mudar de acordo com a cultura e com o passar do tempo. Algumas pessoas naturalmente poderão divergir a respeito da categoria a que cada assunto pertence, mas muitas questões parecem cair em uma ou outra categoria.

Não evite os temas difíceis

Quando você quer ganhar ouvintes do público secular, é tentador diluir o que as Escrituras consideram essenciais simplesmente evitando-as. Temos medo de que as pessoas parem de prestar atenção no sermão. Mas não precisamos abrir mão de mensagens diretas e bíblicas por amenidades ou modismos. As pessoas têm uma fome e sede espiritual que apenas a pregação *bíblica* fiel poderá satisfazer.

Estabeleça a autoridade

Como estabelecer autoridade com um grupo que cresceu questionando a autoridade? Descobri que as pessoas verão você como alguém confiável se fizer o seguinte:

EVANGELISMO E JUSTIÇA SOCIAL

- *Permita que as pessoas falem.* Os ouvintes aceitarão a mensagem de um pregador se virem que isso faz diferença na vida de alguém e não se trata de algo apenas para divulgar a religião.
- *Pratique o que você prega.* As Escrituras dizem que podemos silenciar a insensatez dos ignorantes pelo nosso bom comportamento. Isso quer dizer ir a lugares aonde Cristo iria e gastar tempo com as pessoas que ele gastaria.
- *Aceite as pessoas como são.* Quando a igreja exige que as pessoas primeiro corrijam a própria vida, se vistam e ajam de determinada maneira, para depois ser amadas, então perdemos o respeito da nossa cultura. Lembre a sua congregação de que Jesus demonstrou compaixão a um maníaco que vivia sem roupa entre os túmulos. Cristo cuidou dele exatamente como estava. Logo, qualquer estilo de vestimenta deve ser aceito no nosso meio.
- *Fale no mesmo nível das pessoas.* Todos estamos debaixo do julgamento de Deus, e todos precisamos desesperadamente de sua graça. Deixar que as pessoas saibam que não falamos de um nível superior ao delas e que não falamos de uma posição moral confortável as ajudará a ouvir o que temos a dizer.
- *Não finja fazer o papel de Deus.* É irônico, mas não ter todas as respostas ajuda as pessoas a confiar melhor nas respostas que você tem.

Acabe com os estereótipos

As pessoas na nossa cultura têm muitas percepções erradas a respeito dos cristãos. Quando acabamos com os estereótipos negativos, e o fazemos de maneira bem-humorada, talvez até mesmo satirizando os pontos fracos reais dos cristãos, adquirimos credibilidade.

Alcançar não cristãos convictos é um grande desafio, que requer criatividade e dedicação. Algumas vezes os resultados demoram a aparecer; outras vezes temos de suportar muita compreensão errada e hostilidade. Mas algumas vezes os resultados são notáveis.

Alcançando os jovens adultos da igreja
T. V. Thomas

Os líderes cristãos em geral não têm sido preparados adequadamente para alcançar os jovens adultos da atualidade. Todavia, como essa questão demográfica é o rosto do futuro da igreja, é vital entrar em contato com eles de maneira atraente. Eis algumas sugestões que você pode implementar:

Encare a realidade

Os líderes cristãos não estão sendo preparados para lidar com a mudança cultural por que passa a juventude. Nessa cultura, alguns poucos anos são uma eternidade. Nos últimos anos, a tecnologia (especialmente nos *sites* de redes sociais) redefiniu todo o sentido

O papel do pastor na evangelização

de comunidade. Participar de um evento em uma igreja era algo natural, mas agora é muito diferente se considerarmos a perspectiva do tipo de comunidade que eles estão experimentando.

Vá aos espaços e lugares em que eles estão

Todos com certeza podemos fazer mais para nos engajar com as mídias sociais. Precisamos estar nos espaços onde eles estão se conectando. E como os jovens adultos de hoje são mais relutantes para ir a eventos eclesiásticos, quando você tiver um evento, será necessário impactá-los e atender às necessidades reais que têm. Tome a iniciativa de estar no território deles. No modelo antigo, eles é que vinham até nós. Agora, em vez disso, você vai até eles. Mas isso não quer dizer estar *online* o tempo todo. Vá ao *campus* universitário onde estudam, almoce no refeitório deles, vá aonde os jovens passam a vida.

Envolva-se com uma nova forma de apologética

No passado a apologética consistia basicamente em dizer: "Ouçam bem, estamos aqui para defender o Evangelho. Temos as nossas razões pelas quais vocês devem nos ouvir.". Isso não funciona mais. Você precisa ajudar os jovens a descobrir o Evangelho em um estudo bíblico relacional. Em vez de adotar uma apologética histórica — o problema do mal, a existência de Deus e temas parecidos —, você fará de tudo para que se sintam à vontade e os levará a descobrir a verdade pouco a pouco. Em vez de persuadi-los apenas com a lógica, permita que façam descobertas e enxerguem por si mesmos; assim os ajudará a que tudo isso passe a fazer sentido para eles.

Use histórias para alcançar os que cresceram na igreja

Como alcançar jovens adultos que cresceram na igreja, ouviram o Evangelho e depois se desviaram? Comece contando-lhes a sua própria história. Talvez eles digam: "Não me fale nada sobre cristianismo". Mas não se importarão se você lhes contar a sua história, porque ela é só sua. Só pelo fato de que eles se afastaram da fé não quer dizer que não a admirem. Eles apenas não sabem como ela se enquadra no esquema de vida deles. Quando eles virem que você se sente à vontade e se alegra por viver a fé, eles responderão.

Procure equilibrar o serviço e a evangelização

Ações de serviço devem ser o seu contexto, o ambiente no qual você é capaz de falar à vida dos jovens. Os jovens se importam com muitas coisas — tudo, da pobreza ao cuidado com idosos, o cuidado com o meio ambiente, o problema da AIDS. Participe de atos de serviço com eles e depois faça perguntas relacionadas aos princípios subjacentes ao serviço. Você pode perguntar: "Por que estamos servindo?". Talvez respondam: "Para apoiar a dignidade das pessoas". Em seguida, pode perguntar qual é a base desses valores. Quem é sua fonte? Em vez de começar com o pecado, podemos explorar outras abordagens.

EVANGELISMO E JUSTIÇA SOCIAL

Comunicando o Evangelho com clareza
Tim Keller

Como alcançar pessoas que pensam que a igreja é o problema, não a resposta? Um número cada vez maior de pessoas diz que são espirituais, mas não religiosas. As pessoas hoje têm uma espiritualidade marcada pela ausência de verdade e autoridade, mas pela presença do sobrenatural. Trata-se de uma tendência que nasce da atual rejeição à religião. É por isso que os líderes eclesiásticos devem ser bastante claros quanto a fazer eco à poderosa crítica que o próprio Jesus fez da religião e demonstrar visivelmente a diferença entre religião e Evangelho. Duas questões podem ajudar esses líderes a pensar a respeito do núcleo da mensagem que difundem:

1. Nós comunicamos a diferença entre religião e evangelho?
Jesus condenou a autojustificação por meio do comportamento moral, alegando em determinado momento que a religião é mais perigosa espiritualmente que a imoralidade explícita. Tanto a religião tradicional quanto a nova espiritualidade são formas de autossalvação. O caminho religioso de sermos o salvador de nós mesmos leva-nos a quebrar as leis de Deus. Para ambos os casos, a solução é o Evangelho.

O Evangelho nos mostra um Deus muito mais santo que qualquer moralista conservador pode imaginar, pois ele nunca estará satisfeito com a nossa atuação moral. Mas o Evangelho também nos mostra um Deus muito mais amoroso que qualquer relativista liberal pode conjecturar, pois seu Filho suportou todo o peso da justiça eterna. Seu amor por nós lhe custou muito caro.

Falando em termos práticos, isso significa que devemos ser extremamente cuidadosos em distinguir entre a virtude moral genérica e a humildade, confiança e amor únicos que fluem do Evangelho. Sem o Evangelho, podemos *dominar* o coração humano, mas não podemos *mudá*-lo. O Evangelho exige arrependimento, não autojustificação; o Evangelho convoca-nos para a verdadeira virtude que cria uma atitude de aceitação do pobre, dos excluídos e dos oponentes que nem a religião nem a secularização podem produzir.

2. Nossos atos demonstram a diferença entre religião e Evangelho?
Jesus condenou a religião que serve de pretexto para a opressão (Mateus 5.47). Somente quando os cristãos servem ao pobre sem condescendência, apenas quando são firmes, e ao mesmo tempo abertos a seus oponentes, é que o mundo entenderá a diferença entre religião e Evangelho.

Elevar o comportamento moral antes de exaltar a Cristo é religião. A religião sempre tem sido algo de fora para dentro: "Se eu me comportar externamente desta ou daquela maneira, então terei o amor e as bênçãos de Deus". Mas o Evangelho é de dentro para fora: "Se eu conhecer a bênção e a graça de Deus no meu interior, então poderei me comportar desta ou daquela maneira".

De todas as pessoas, nós precisamos entender e concordar com a rejeição da religião, *pois Jesus mesmo nos advertiu a ter cautela quanto a ela*, e não confundir o chamado para a virtude moral com as boas-novas da salvação de Deus por meio de Cristo.

Introdução a ROMANOS

PANO DE FUNDO
No primeiro século, Roma era a maior cidade do mundo ocidental. Quando Paulo escreveu esta carta, ele ainda não tinha visitado a igreja de lá. A igreja em Roma pode muito bem ter sido iniciada por "visitantes" que foram a Jerusalém no Pentecostes e se converteram em resposta ao discurso de Pedro (Atos 2.10). Já muito cedo a epístola aos Romanos foi atribuída a Paulo. Ele a ditou ao seu escriba, Tércio, que no fim escreveu sua própria saudação.

MENSAGEM
Romanos é a maior epístola de Paulo, que apresenta um tratado sistemático que explica teologicamente a mensagem de salvação do Evangelho como uma dádiva de salvação da parte de Deus providenciada por intermédio de Jesus Cristo, recebida pela fé somente. Escrevendo para uma capital obcecada pelo poder, Paulo enfatiza o poder de Deus para salvar. Nos capítulos 1-11 Paulo apresenta a história da humanidade, falando do pecado de judeus e gentios igualmente, a justiça de Deus, e o amor e perdão de Deus. Paulo descreve a liberdade disponível apenas em Cristo. Apresenta uma história resumida de Israel, demonstrando a justiça e o poder salvador de Deus. Nos capítulos 12-16 Paulo mostra como a fé do cristão pode ser aplicada ao mundo. Ter fé em Cristo é mais que conhecimento teológico, é algo que tem a ver com a vida na plenitude de Cristo em nossa vida diária.

ÉPOCA
Paulo escreveu a epístola aos Romanos no ano 57, por ocasião de sua terceira viagem missionária, o que é mais provável que quando ele estava em Corinto (Atos 20.2-3).

ESBOÇO
I. Introdução	1.1-17
II. Necessidade de justiça	1.18—3.20
III. O dom da justiça	3.21—5.21
IV. Defesa da graça	6.1—7.25
V. O ministério do Espírito	8.1-39
VI. Os propósitos de Deus na história de Israel	9.1—11.36
VII. A conduta cristã	12.1—15.29
VIII. Mensagens e saudações	15.30—16.27

1 Paulo, servo¹ de Cristo Jesus, chamado para ser apóstolo,ª separadoᵇ para o evangelho de Deus,ᶜ ² o qual foi prometido por ele de antemão por meio dos seus profetas nas Escrituras Sagradas,ᵈ ³ acerca de seu Filho, que, como homem,ᵉ era descendente de Davi, ⁴ e que mediante o Espírito² de santidade foi declarado Filho de Deus com poder, pela sua ressurreição dentre os mortos: Jesus Cristo, nosso Senhor. ⁵ Por meio dele e por causa do seu nome, recebemos graça e apostolado para chamar dentre todas as naçõesᶠ um povo para a obediência que vem pela fé.ᵍ ⁶ E vocês também estão entre os chamados para pertencerem a Jesus Cristo.ʰ

⁷ A todos os que em Roma são amados de Deusⁱ e chamados para serem santos:

A vocês, graça e paz da parte de Deus nosso Pai e do Senhor Jesus Cristo.ʲ

Paulo Anseia Visitar a Igreja em Roma

⁸ Antes de tudo, sou grato a meu Deus, mediante Jesus Cristo, por todos vocês,ᵏ porque em todo o mundoˡ está sendo anunciada a fé que vocês têm. ⁹ Deus, a quem sirvoᵐ de todo o coração pregando o evangelho de seu Filho, é minha testemunhaⁿ de como sempre me lembro de vocês ¹⁰ em minhas orações; e peço que agora, finalmente, pela vontade de Deus, me seja aberto o caminho para que eu possa visitá-los.ᵒ

¹¹ Anseio vê-los,ᵖ a fim de compartilhar com vocês algum dom espiritual, para fortalecê-los, ¹² isto é, para que eu e vocês sejamos mutuamente encorajados pela fé. ¹³ Quero que vocês saibam, irmãos, que muitas vezes planejei visitá-los, mas fui impedido até agora.ᑫ Meu propósito é colher algum fruto entre vocês, assim como tenho colhido entre os demais gentios³.

¹⁴ Sou devedorʳ tanto a gregos como a bárbaros⁴, tanto a sábios como a ignorantes. ¹⁵ Por isso estou disposto a pregar o evangelho também a vocês que estão em Roma.ˢ

¹⁶ Não me envergonho do evangelho,ᵗ porque é o poder de Deusᵘ para a salvação de todo aquele que crê: primeiro do judeu,ᵛ depois do grego.ʷ ¹⁷ Porque no evangelho é revelada a justiça de Deus,ˣ uma justiça que do princípio ao fim é pela fé⁵, como está escrito: "O justo viverá pela fé"⁶.ʸ

A Ira de Deus contra a Humanidade

¹⁸ Portanto, a ira de Deusᶻ é revelada dos céus contra toda impiedade e injustiça dos homens que suprimem a verdade pela injustiça, ¹⁹ pois o que de Deus se pode conhecer é manifesto entre eles, porque Deus lhes manifestou.ª ²⁰ Pois desde a criação do mundo os atributos invisíveis de Deus, seu eterno poder e sua natureza divina, têm sido vistos claramente, sendo compreendidos por meio das coisas criadas,ᵇ de forma que tais homens são indesculpáveis; ²¹ porque, tendo conhecido a Deus, não o glorificaram como Deus, nem lhe renderam graças, mas os seus pensamentos tornaram-se fúteis e o coração insensato deles obscureceu-se.ᶜ ²² Dizendo-se sábios, tornaram-se loucosᵈ ²³ e trocaram a glória do Deus imortal por imagensᵉ feitas segundo a semelhança do homem mortal, bem como de pássaros, quadrúpedes e répteis.

²⁴ Por isso Deus os entregouᶠ à impureza sexual, segundo os desejos pecaminosos do seu coração, para a degradação do seu corpo entre si.ᵍ ²⁵ Trocaram a verdade de Deus pela mentira,ʰ e adoraram e serviram a coisas e seres criados,ⁱ em lugar do Criador, que é bendito para sempre.ʲ Amém.

²⁶ Por causa disso Deus os entregouᵏ a paixões vergonhosas.ˡ Até suas mulheres trocaram suas relações sexuais naturais por

---

¹ **1.1** Isto é, escravo.
² **1.4** Ou *que quanto a seu espírito*
³ **1.13** Isto é, os que não são judeus; também em todo o livro de Romanos.
⁴ **1.14** Isto é, aqueles que não possuíam cultura grega.
⁵ **1.17** Ou *é de fé em fé*; ou ainda *de fé para fé*
⁶ **1.17** Hc 2.4

outras, contrárias à natureza.*ᵐ* ²⁷ Da mesma forma, os homens também abandonaram as relações naturais com as mulheres e se inflamaram de paixão uns pelos outros. Começaram a cometer atos indecentes, homens com homens, e receberam em si mesmos o castigo merecido pela sua perversão.*ⁿ*

²⁸ Além do mais, visto que desprezaram o conhecimento de Deus, ele os entregou*ᵒ* a uma disposição mental reprovável, para praticarem o que não deviam. ²⁹ Tornaram-se cheios de toda sorte de injustiça, maldade, ganância e depravação. Estão cheios de inveja, homicídio, rivalidades, engano e malícia. São bisbilhoteiros,*ᵖ* ³⁰ caluniadores, inimigos de Deus, insolentes, arrogantes e presunçosos; inventam maneiras de praticar o mal; desobedecem a seus pais;*q* ³¹ são insensatos, desleais, sem amor*ʳ* pela família, implacáveis. ³² Embora conheçam o justo decreto de Deus, de que as pessoas que praticam tais coisas merecem a morte,*s* não somente continuam a praticá-las, mas também aprovam*ᵗ* aqueles que as praticam.

O Justo Juízo de Deus

2 Portanto, você, que julga os outros é indesculpável;*ᵘ* pois está condenando você mesmo naquilo em que julga, visto que você, que julga, pratica as mesmas coisas.*ᵛ* ² Sabemos que o juízo de Deus contra os que praticam tais coisas é conforme a verdade. ³ Assim, quando você, um simples homem, os julga, mas pratica as mesmas coisas, pensa que escapará do juízo de Deus? ⁴ Ou será que você despreza as riquezas*ʷ* da sua bondade,*ˣ* tolerância*ʸ* e paciência,*ᶻ* não reconhecendo que a bondade de Deus o leva ao arrependimento?*ᵃ*

⁵ Contudo, por causa da sua teimosia e do *seu coração obstinado*, você está acumulando ira contra você mesmo, para o dia da ira de Deus, quando se revelará o seu justo julgamento.*ᵇ* ⁶ Deus "retribuirá a cada um conforme o seu procedimento".¹·*c* ⁷ Ele dará vida eterna aos que, persistindo em fazer o bem, buscam glória, honra*ᵈ* e imortalidade.*ᵉ* ⁸ Mas haverá ira e indignação para os que são egoístas, que rejeitam a verdade e seguem a injustiça.*f* ⁹ Haverá tribulação e angústia para todo ser humano que pratica o mal: primeiro para o judeu, depois para o grego;*ᵍ* ¹⁰ mas glória, honra e paz para todo o que pratica o bem: primeiro para o judeu, depois para o grego.*ʰ* ¹¹ Pois em Deus não há parcialidade.*ⁱ*

¹² Todo aquele que pecar sem a Lei, sem a Lei também perecerá, e todo aquele que pecar sob a Lei,*ʲ* pela Lei será julgado. ¹³ Porque não são os que ouvem a Lei que são justos aos olhos de Deus; mas os que obedecem*ᵏ* à Lei, estes serão declarados justos. ¹⁴ (De fato, quando os gentios, que não têm a Lei, praticam naturalmente o que ela ordena,*ˡ* tornam-se lei para si mesmos, embora não possuam a Lei; ¹⁵ pois mostram que as exigências da Lei estão gravadas em seu coração. Disso dão testemunho também a sua consciência e os pensamentos deles, ora acusando-os, ora defendendo-os.) ¹⁶ Isso tudo se verá no dia em que Deus julgar os segredos dos homens,*ᵐ* mediante Jesus Cristo,*ⁿ* conforme o declara o meu evangelho.*ᵒ*

Os Judeus e a Lei

¹⁷ Ora, você leva o nome de judeu, apoia-se na Lei e orgulha-se de Deus.*ᵖ* ¹⁸ Você conhece a vontade de Deus e aprova o que é superior, porque é instruído pela Lei. ¹⁹ Você está convencido de que é guia de cegos, luz para os que estão em trevas, ²⁰ instrutor de insensatos, mestre de crianças, porque tem na Lei a expressão do conhecimento e da verdade. ²¹ E então? Você, que ensina os outros, não ensina a você mesmo? Você, que prega contra o furto, furta?*q* ²² Você, que diz que não se deve adulterar, adultera? Você, que detesta ídolos, rouba-lhes os templos?*ʳ* ²³ Você, que se orgulha da Lei,*s* desonra a Deus, desobedecendo à Lei? ²⁴ Pois, como está escrito: "O nome de Deus é blasfemado entre os gentios por causa de vocês".²·*t*

---

¹ **2.6** Sl 62.12; Pv 24.12

² **2.24** Is 52.5; Ez 36.22

²⁵ A circuncisão tem valor se você obedece à Lei; mas, se você desobedece à Lei, a sua circuncisão já se tornou incircuncisão. ²⁶ Se aqueles que não são circuncidados obedecem aos preceitos da Lei, não serão eles considerados circuncidados? ²⁷ Aquele que não é circuncidado fisicamente, mas obedece à Lei, condenará você que, tendo a Lei escrita e a circuncisão, é transgressor da Lei.

²⁸ Não é judeu quem o é apenas exteriormente, nem é circuncisão a que é meramente exterior e física. ²⁹ Não! Judeu é quem o é interiormente, e circuncisão é a operada no coração, pelo Espírito, e não pela Lei escrita. Para estes o louvor não provém dos homens, mas de Deus.

3 Que vantagem há então em ser judeu, ou que utilidade há na circuncisão? ² Muita, em todos os sentidos! Principalmente porque aos judeus foram confiadas as palavras de Deus.

³ Que importa se alguns deles foram infiéis? A sua infidelidade anulará a fidelidade de Deus? ⁴ De maneira nenhuma! Seja Deus verdadeiro, e todo homem mentiroso. Como está escrito:

"Para que
   sejas justificado
   nas tuas palavras
   e prevaleças quando fores julgado"¹.

⁵ Mas, se a nossa injustiça ressalta de maneira ainda mais clara a justiça de Deus, que diremos? Que Deus é injusto por aplicar a sua ira? (Estou usando um argumento humano.) ⁶ Claro que não! Se fosse assim, como Deus iria julgar o mundo? ⁷ Alguém pode alegar ainda: "Se a minha mentira ressalta a veracidade de Deus, aumentando assim a sua glória, por que sou condenado como pecador?" ⁸ Por que não dizer como alguns caluniosamente afirmam que dizemos: "Façamos o mal, para que nos venha o bem"? A condenação dos tais é merecida.

Ninguém é Justo

⁹ Que concluiremos então? Estamos em posição de vantagem²? Não! Já demonstramos que tanto judeus quanto gentios estão debaixo do pecado. ¹⁰ Como está escrito:

"Não há nenhum justo,
   nem um sequer;
¹¹ não há ninguém que entenda,
   ninguém que busque a Deus.
¹² Todos se desviaram,
   tornaram-se juntamente inúteis;
não há ninguém
   que faça o bem,
não há nem um sequer"³.
¹³ "Sua garganta
   é um túmulo aberto;
com a língua enganam"⁴.
"Veneno de víbora
   está em seus lábios"⁵.
¹⁴ "Sua boca está cheia
   de maldição e amargura"⁶.
¹⁵ "Seus pés são ágeis
   para derramar sangue;
¹⁶ ruína e desgraça marcam
   os seus caminhos,
¹⁷ e não conhecem
   o caminho da paz"⁷.
¹⁸ "Aos seus olhos é inútil
   temer a Deus"⁸.

¹⁹ Sabemos que tudo o que a Lei diz, o diz àqueles que estão debaixo dela, para que toda boca se cale e o mundo todo esteja sob o juízo de Deus. ²⁰ Portanto, ninguém será declarado justo diante dele baseando-se na obediência à Lei, pois é mediante a Lei que nos tornamos plenamente conscientes do pecado.

A Justiça por meio da Fé

²¹ Mas agora se manifestou uma justiça que provém de Deus, independente da

---
¹ 3.4 Sl 51.4
² 3.9 Ou *desvantagem*
³ 3.10-12 Sl 14.1-3; Sl 53.1-3; Ec 7.20
⁴ 3.13 Sl 5.9
⁵ 3.13 Sl 140.3
⁶ 3.14 Sl 10.7
⁷ 3.15-17 Is 59.7,8
⁸ 3.18 Sl 36.1

Lei, da qual testemunham a Lei e os Profetas,ᶻ ²² justiça de Deus mediante a féᵃ em Jesus Cristo para todos os que creem. Não há distinção,ᵇ ²³ pois todos pecaram e estão destituídos da glória de Deus, ²⁴ sendo justificados gratuitamente por sua graça,ᶜ por meio da redençãoᵈ que há em Cristo Jesus. ²⁵ Deus o ofereceu como sacrifício para propiciação¹ᵉ mediante a fé, pelo seu sangue,ᶠ demonstrando a sua justiça. Em sua tolerância, havia deixado impunesᵍ os pecados anteriormente cometidos; ²⁶ mas, no presente, demonstrou a sua justiça, a fim de ser justo e justificador daquele que tem fé em Jesus.

²⁷ Onde está, então, o motivo de vangloria?ʰ É excluído. Baseado em que princípio? No da obediência à Lei? Não, mas no princípio da fé. ²⁸ Pois sustentamos que o homem é justificado pela fé, independente da obediência à Lei.ⁱ ²⁹ Deus é Deus apenas dos judeus? Ele não é também o Deus dos gentios?ʲ Sim, dos gentios também, ³⁰ visto que existe um só Deus, que pela féᵏ justificará os circuncisos e os incircuncisos. ³¹ Anulamos então a Lei pela fé? De maneira nenhuma! Ao contrário, confirmamos a Lei.

Abraão Foi Justificado pela Fé

4 Portanto, que diremos do nosso antepassado Abraão? ² Se de fato Abraão foi justificado pelas obras, ele tem do que se gloriar, mas não diante de Deus.ˡ ³ Que diz a Escritura? "Abraão creu em Deus, e isso lhe foi creditado como justiça."²ᵐ

⁴ Ora, o salário do homem que trabalha não é considerado como favor,ⁿ mas como dívida. ⁵ Todavia, àquele que não trabalha, mas confia em Deus, que justifica o ímpio, sua fé lhe é creditada como justiça. ⁶ Davi diz a mesma coisa, quando fala da felicidade do homem a quem Deus credita justiça independente de obras:

⁷ "Como são felizes aqueles
que têm suas transgressões
perdoadas,
cujos pecados são apagados!
⁸ Como é feliz aquele
a quem o Senhor não atribui
culpa!"³ᵒ

⁹ Destina-se essa felicidade apenas aos circuncisos ou também aos incircuncisos?ᵖ Já dissemos que, no caso de Abraão, a fé lhe foi creditada como justiça.ᑫ ¹⁰ Sob quais circunstâncias? Antes ou depois de ter sido circuncidado? Não foi depois, mas antes! ¹¹ Assim ele recebeu a circuncisão como sinal, como selo da justiça que ele tinha pela fé, quando ainda não fora circuncidado.ʳ Portanto, ele é o paiˢ de todos os que creem,ᵗ sem terem sido circuncidados, a fim de que a justiça fosse creditada também a eles; ¹² e é igualmente o pai dos circuncisos que não somente são circuncisos, mas também andam nos passos da fé que teve nosso pai Abraão antes de passar pela circuncisão.

¹³ Não foi mediante a Lei que Abraão e a sua descendência receberam a promessaᵘ de que ele seria herdeiro do mundo,ᵛ mas mediante a justiça que vem da fé. ¹⁴ Pois, se os que vivem pela Lei são herdeiros, a fé não tem valor, e a promessa é inútil;ʷ ¹⁵ porque a Lei produz a ira.ˣ E onde não há Lei, não há transgressão.ʸ

¹⁶ Portanto, a promessa vem pela fé, para que seja de acordo com a graçaᶻ e seja assim garantidaᵃ a toda a descendência de Abraão; não apenas aos que estão sob o regime da Lei, mas também aos que têm a fé que Abraão teve. Ele é o pai de todos nós. ¹⁷ Como está escrito: "Eu o constituí pai de muitas nações"⁴·ᵇ Ele é nosso pai aos olhos de Deus, em quem creu, o Deus que dá vidaᶜ aos mortos e chama à existênciaᵈ coisas que não existem,ᵉ como se existissem.

¹⁸ Abraão, contra toda esperança, em esperança creu, tornando-se assim pai de

---

¹ 3.25 Ou *como sacrifício que desviava a sua ira, removendo o pecado*
² 4.3 Gn 15.6
³ 4.7,8 Sl 32.1,2
⁴ 4.17 Gn 17.5

muitas nações,ᶠ como foi dito a seu respeito: "Assim será a sua descendência".¹·ᵍ ¹⁹ Sem se enfraquecer na fé, reconheceu que o seu corpo já estava sem vitalidade,ʰ pois já contava cerca de cem anos de idade,ⁱ e que também o ventre de Sara já estava sem vigor.ʲ ²⁰ Mesmo assim não duvidou nem foi incrédulo em relação à promessa de Deus, mas foi fortalecido em sua fé e deu glória a Deus,ᵏ ²¹ estando plenamente convencido de que ele era poderoso para cumprir o que havia prometido.ˡ ²² Em consequência, "isso lhe foi creditado como justiça".²·ᵐ ²³ As palavras "lhe foi creditado" não foram escritas apenas para ele, ²⁴ mas também para nós,ⁿ a quem Deus creditará justiça, a nós, que cremos naqueleᵒ que ressuscitou dos mortosᵖ a Jesus, nosso Senhor. ²⁵ Ele foi entregue à morte por nossos pecadosᵠ e ressuscitado para nossa justificação.

Paz e Alegria

5 Tendo sido, pois, justificados pela fé,ʳ temos³ paz com Deus, por nosso Senhor Jesus Cristo, ² por meio de quem obtivemos acessoˢ pela fé a esta graça na qual agora estamos firmes;ᵗ e nos gloriamos⁴ na esperançaᵘ da glória de Deus. ³ Não só isso, mas também nos gloriamos nas tribulações,ᵛ porque sabemos que a tribulação produz perseverança;ʷ ⁴ a perseverança, um caráter aprovado; e o caráter aprovado, esperança. ⁵ E a esperançaˣ não nos decepciona, porque Deus derramou seu amor em nossos corações, por meio do Espírito Santoʸ que ele nos concedeu.

⁶ De fato, no devido tempo,ᶻ quando ainda éramos fracos, Cristo morreu pelos ímpios.ᵃ ⁷ Dificilmente haverá alguém que morra por um justo, embora pelo homem bom talvez alguém tenha coragem de morrer. ⁸ Mas Deus demonstra seu amor por nós: Cristo morreu em nosso favorᵇ quando ainda éramos pecadores.

⁹ Como agora fomos justificados por seu sangue,ᶜ muito mais ainda, por meio dele, seremos salvos da ira de Deus!ᵈ ¹⁰ Se quando éramos inimigos de Deusᵉ fomos reconciliadosᶠ com ele mediante a morte de seu Filho, quanto mais agora, tendo sido reconciliados, seremos salvos por sua vida!ᵍ ¹¹ Não apenas isso, mas também nos gloriamos em Deus, por meio de nosso Senhor Jesus Cristo, mediante quem recebemos agora a reconciliação.

Morte em Adão, Vida em Cristo

¹² Portanto, da mesma forma como o pecado entrou no mundo por um homem,ʰ e pelo pecado a morte,ⁱ assim também a morte veio a todos os homens, porque todos pecaram; ¹³ pois antes de ser dada a Lei, o pecado já estava no mundo. Mas o pecado não é levado em conta quando não existe lei.ʲ ¹⁴ Todavia, a morte reinou desde o tempo de Adão até o de Moisés, mesmo sobre aqueles que não cometeram pecado semelhante à transgressão de Adão, o qual era um tipo daquele que haveria de vir.ᵏ

¹⁵ Entretanto, não há comparação entre a dádiva e a transgressão. De fato, muitos morreram por causa da transgressão de um só homem,ˡ mas a graça de Deus, isto é, a dádiva pela graça de um só, Jesus Cristo,ᵐ transbordou ainda mais para muitos. ¹⁶ Não se pode comparar a dádiva de Deus com a consequência do pecado de um só homem: por um pecado veio o julgamento que trouxe condenação, mas a dádiva decorreu de muitas transgressões e trouxe justificação. ¹⁷ Se pela transgressão de um só a morteⁿ reinou por meio dele, muito mais aqueles que recebem de Deus a imensa provisão da graça e a dádiva da justiça reinarão em vida por meio de um único homem, Jesus Cristo.

¹⁸ Consequentemente, assim como uma só transgressão resultou na condenação de todos os homens,ᵒ assim também um só ato de justiça resultou na justificaçãoᵖ que

---

¹ **4.18** Gn 15.5
² **4.22** Gn 15.6
³ **5.1** Ou *tenhamos*
⁴ **5.2** Ou *gloriemo-nos*; também no versículo 3.

4.18
ᵛ v. 17
ᵍ Gn 15.5
4.19
ʰ Hb 11.11, 12
ⁱ Gn 17.17
ʲ Gn 18.11
4.20
ᵏ Mt 9.8
4.21
ˡ Gn 18.14; Hb 11.19
4.22
ᵐ v. 3
4.24
ⁿ Rm 15.4; 1Co 9.10; 10.11
ᵒ Rm 10.9
ᵖ At 2.24
4.25
ᵠ Is 53.5,6; Rm 5.6,8
5.1
ʳ Rm 3.28
5.2
ˢ Ef 2.18
ᵗ 1Co 15.1
ᵘ Hb 3.6
5.3
ᵛ Mt 5.12
ʷ Tg 1.2,3
5.5
ˣ Fp 1.20
ʸ At 2.33
5.6
ᶻ Gl 4.4
ᵃ Rm 4.25
5.8
ᵇ Jo 15.13; 1Pe 3.18
5.9
ᶜ Rm 3.25
ᵈ Rm 1.18
5.10
ᵉ Rm 11.28; Cl 1.21
ᶠ 2Co 5.18, 19; Cl 1.20, 22
ᵍ Rm 8.34
5.12
ʰ v. 15,16, 17; 1Co 15.21,22
ⁱ Gn 2.17; 3.19, Rm 6.23
5.13
ʲ Rm 4.15
5.14
ᵏ 1Co 15.22, 45
5.15
ˡ v. 12,18, 19
ᵐ At 15.11
5.17
ⁿ v. 12
5.18
ᵒ v. 12
ᵖ Rm 4.25

traz vida a todos os homens. ¹⁹ Logo, assim como por meio da desobediência de um só homem^q muitos foram feitos pecadores, assim também por meio da obediência^r de um único homem muitos serão feitos justos.

²⁰ A Lei foi introduzida para que a transgressão fosse ressaltada.^s Mas onde aumentou o pecado transbordou a graça,^t ²¹ a fim de que, assim como o pecado reinou na morte,^u também a graça reine pela justiça para conceder vida eterna, mediante Jesus Cristo, nosso Senhor.

Mortos para o Pecado, Vivos em Cristo

6 Que diremos então? Continuaremos pecando para que a graça aumente?^v ² De maneira nenhuma! Nós, os que morremos para o pecado,^w como podemos continuar vivendo nele? ³ Ou vocês não sabem que todos nós, que fomos batizados^x em Cristo Jesus, fomos batizados em sua morte? ⁴ Portanto, fomos sepultados com ele na morte por meio do batismo, a fim de que, assim como Cristo foi ressuscitado dos mortos^y mediante a glória do Pai, também nós vivamos uma vida nova.^z

⁵ Se dessa forma fomos unidos a ele na semelhança da sua morte, certamente o seremos também na semelhança da sua ressurreição.^a ⁶ Pois sabemos que o nosso velho homem¹^b foi crucificado com ele,^c para que o corpo do pecado^d seja destruído², e não mais sejamos escravos do pecado; ⁷ pois quem morreu foi justificado do pecado.

⁸ Ora, se morremos com Cristo, cremos que também com ele viveremos. ⁹ Pois sabemos que, tendo sido ressuscitado dos mortos,^e Cristo não pode morrer outra vez: a morte não tem mais domínio sobre ele.^f ¹⁰ Porque, morrendo, ele morreu para *o pecado uma vez por todas*;^g mas, vivendo, vive para Deus.

¹¹ Da mesma forma, considerem-se mortos para o pecado,^h mas vivos para Deus em Cristo Jesus. ¹² Portanto, não permitam que o pecado continue dominando o corpo mortal de vocês, fazendo que obedeçam aos seus desejos. ¹³ Não ofereçam os membros do corpo de vocês ao pecado, como instrumentos de injustiça;^i antes ofereçam-se a Deus como quem voltou da morte para a vida; e ofereçam os membros do corpo de vocês a ele, como instrumentos de justiça.^j ¹⁴ Pois o pecado não os dominará, porque vocês não estão debaixo da Lei,^k mas debaixo da graça.^l

Escravos da Justiça

¹⁵ E então? Vamos pecar porque não estamos debaixo da Lei, mas debaixo da graça? De maneira nenhuma! ¹⁶ Não sabem que, quando vocês se oferecem a alguém para lhe obedecer como escravos, tornam-se escravos daquele a quem obedecem: escravos do pecado^m que leva à morte,^n ou da obediência que leva à justiça? ¹⁷ Mas, graças a Deus,^o porque, embora vocês tenham sido escravos do pecado, passaram a obedecer de coração à forma de ensino^p que lhes foi transmitida. ¹⁸ Vocês foram libertados do pecado^q e tornaram-se escravos da justiça.

¹⁹ Falo isso em termos humanos,^r por causa das suas limitações humanas³. Assim como vocês ofereceram os membros do seu corpo em escravidão à impureza e à maldade que leva à maldade, ofereçam-nos agora em escravidão à justiça^s que leva à santidade. ²⁰ Quando vocês eram escravos do pecado,^t estavam livres da justiça. ²¹ Que fruto colheram então das coisas das quais agora vocês se envergonham? O fim delas é a morte.^u ²² Mas agora que vocês foram libertados do pecado^v e se tornaram escravos de Deus^w o fruto que colhem leva à santidade, e o seu fim é a vida eterna. ²³ Pois o salário do pecado é a morte,^x mas o dom gratuito de Deus é a vida eterna^y em⁴ Cristo Jesus, nosso Senhor.

¹ **6.6** Isto é, a nossa velha vida em Adão.
² **6.6** Ou *seja deixado sem poder*
³ **6.19** Grego: *por causa da fraqueza da sua carne.*
⁴ **6.23** Ou *por meio de*

A Ilustração do Casamento

7 Meus irmãos,[z] falo a vocês como a pessoas que conhecem a lei. Acaso vocês não sabem que a lei tem autoridade sobre alguém apenas enquanto ele vive? **2** Por exemplo, pela lei a mulher casada está ligada a seu marido enquanto ele estiver vivo; mas, se o marido morrer, ela estará livre da lei do casamento.[a] **3** Por isso, se ela se casar com outro homem enquanto seu marido ainda estiver vivo, será considerada adúltera. Mas, se o marido morrer, ela estará livre daquela lei e, mesmo que venha a se casar com outro homem, não será adúltera.

4 Assim, meus irmãos, vocês também morreram para a Lei,[b] por meio do corpo de Cristo,[c] para pertencerem a outro, àquele que ressuscitou dos mortos, a fim de que venhamos a dar fruto para Deus. **5** Pois quando éramos controlados pela carne,[1] as paixões pecaminosas despertadas pela Lei[d] atuavam em nosso corpo,[e] de forma que dávamos fruto para a morte. **6** Mas agora, morrendo para aquilo que antes nos prendia, fomos libertados da Lei, para que sirvamos conforme o novo modo do Espírito, e não segundo a velha forma da Lei escrita.[f]

A Luta contra o Pecado

7 Que diremos então? A Lei é pecado? De maneira nenhuma! De fato, eu não saberia o que é pecado, a não ser por meio da Lei.[g] Pois, na realidade, eu não saberia o que é cobiça, se a Lei não dissesse: "Não cobiçarás"[2].[h] **8** Mas o pecado, aproveitando a oportunidade dada pelo mandamento,[i] produziu em mim todo tipo de desejo cobiçoso. Pois, sem a Lei, o pecado está morto.[j] **9** Antes eu vivia sem a Lei, mas, quando o mandamento veio, o pecado reviveu, e eu morri. **10** Descobri que o próprio mandamento, destinado a produzir vida,[k] na verdade produziu morte. **11** Pois o pecado, aproveitando a oportunidade dada pelo mandamento,[l] enganou-me e por meio do mandamento me matou.

12 De fato a Lei é santa, e o mandamento é santo, justo e bom.[m] **13** E então, o que é bom se tornou em morte para mim? De maneira nenhuma! Mas, para que o pecado se mostrasse como pecado, ele produziu morte em mim por meio do que era bom, de modo que por meio do mandamento ele se mostrasse extremamente pecaminoso.

14 Sabemos que a Lei é espiritual; eu, contudo, não o sou,[n] pois fui vendido[o] como escravo ao pecado. **15** Não entendo o que faço. Pois não faço o que desejo, mas o que odeio.[p] **16** E, se faço o que não desejo, admito que a Lei é boa.[q] **17** Nesse caso, não sou mais eu quem o faz, mas o pecado que habita em mim.[r] **18** Sei que nada de bom habita em mim, isto é, em minha carne.[s] Porque tenho o desejo de fazer o que é bom, mas não consigo realizá-lo. **19** Pois o que faço não é o bem que desejo, mas o mal que não quero fazer esse eu continuo fazendo.[t] **20** Ora, se faço o que não quero, já não sou eu quem o faz, mas o pecado que habita em mim.[u]

21 Assim, encontro esta lei que atua em mim:[v] Quando quero fazer o bem, o mal está junto de mim. **22** No íntimo do meu ser[w] tenho prazer na Lei de Deus;[x] **23** mas vejo outra lei atuando nos membros do meu corpo, guerreando[y] contra a lei da minha mente, tornando-me prisioneiro da lei do pecado que atua em meus membros. **24** Miserável homem que eu sou! Quem me libertará do corpo sujeito a esta morte?[z] **25** Graças a Deus por Jesus Cristo, nosso Senhor! De modo que, com a mente, eu próprio sou escravo da Lei de Deus; mas, com a carne, da lei do pecado.

A Vida pelo Espírito

8 Portanto, agora já não há condenação[a] para os que estão em Cristo Jesus[3], **2** porque

---

[1] 7.5 Ou *pela natureza pecaminosa*; também nos versículos 18 e 25.
[2] 7.7 Êx 20.17; Dt 5.21
[3] 8.1 Alguns manuscritos dizem *Jesus, que não vivem segundo a carne, mas segundo o Espírito*.

por meio de Cristo Jesus[b] a lei do Espírito[c] de vida me libertou[d] da lei do pecado[e] e da morte. ³ Porque, aquilo que a Lei fora incapaz[f] de fazer por estar enfraquecida pela carne[1], Deus o fez, enviando seu próprio Filho, à semelhança do homem pecador,[g] como oferta pelo pecado[2],[h] E assim condenou o pecado na carne, ⁴ a fim de que as justas exigências da Lei fossem plenamente satisfeitas em nós, que não vivemos segundo a carne, mas segundo o Espírito.[i]

⁵ Quem vive segundo a carne tem a mente voltada para o que a carne deseja;[j] mas quem vive de acordo com o Espírito tem a mente voltada para o que o Espírito deseja.[k] ⁶ A mentalidade da carne é morte, mas a mentalidade do Espírito é vida[l] e paz; ⁷ a mentalidade da carne é inimiga de Deus[m] porque não se submete à Lei de Deus, nem pode fazê-lo. ⁸ Quem é dominado pela carne não pode agradar a Deus.

⁹ Entretanto, vocês não estão sob o domínio da carne, mas do Espírito, se de fato o Espírito de Deus habita em vocês.[n] E, se alguém não tem o Espírito de Cristo,[o] não pertence a Cristo. ¹⁰ Mas, se Cristo está em vocês,[p] o corpo está morto por causa do pecado, mas o espírito está vivo[3] por causa da justiça. ¹¹ E, se o Espírito daquele que ressuscitou Jesus dentre os mortos[q] habita em vocês, aquele que ressuscitou a Cristo dentre os mortos também dará vida a seus corpos[r] mortais, por meio do seu Espírito, que habita em vocês.

¹² Portanto, irmãos, estamos em dívida, não para com a carne, para vivermos sujeitos a ela. ¹³ Pois, se vocês viverem de acordo com a carne, morrerão; mas, se pelo Espírito fizerem morrer os atos do corpo, viverão,[s] ¹⁴ porque todos os que são guiados pelo Espírito de Deus[t] são filhos de Deus.[u] ¹⁵ Pois vocês não receberam um espírito que os escravize para novamente temerem,[v] mas receberam o Espírito que os torna filhos por adoção, por meio do qual clamamos: "Abá[4], Pai".[w] ¹⁶ O próprio Espírito testemunha ao nosso espírito[x] que somos filhos de Deus. ¹⁷ Se somos filhos, então somos herdeiros;[y] herdeiros de Deus e co-herdeiros com Cristo, se de fato participamos dos seus sofrimentos, para que também participemos da sua glória.[z]

A Glória Futura

¹⁸ Considero que os nossos sofrimentos atuais não podem ser comparados com a glória que em nós será revelada.[a] ¹⁹ A natureza criada aguarda, com grande expectativa, que os filhos de Deus sejam revelados. ²⁰ Pois ela foi submetida à inutilidade, não pela sua própria escolha, mas por causa da vontade daquele que a sujeitou,[b] na esperança ²¹ de que[5] a própria natureza criada será libertada da escravidão da decadência[c] em que se encontra, recebendo a gloriosa liberdade dos filhos de Deus.

²² Sabemos que toda a natureza criada geme até agora,[d] como em dores de parto. ²³ E não só isso, mas nós mesmos, que temos os primeiros frutos do Espírito,[e] gememos interiormente,[f] esperando ansiosamente[g] nossa adoção como filhos, a redenção do nosso corpo. ²⁴ Pois nessa esperança fomos salvos.[h] Mas esperança que se vê não é esperança. Quem espera por aquilo que está vendo? ²⁵ Mas, se esperamos o que ainda não vemos, aguardamo-lo pacientemente.

²⁶ Da mesma forma o Espírito nos ajuda em nossa fraqueza, pois não sabemos como orar, mas o próprio Espírito intercede por nós[i] com gemidos inexprimíveis. ²⁷ E aquele que sonda os corações[j] conhece a intenção do Espírito, porque o Espírito intercede pelos santos de acordo com a vontade de Deus.

---

¹ **8.3** Ou *pela natureza pecaminosa*; também nos versículos 4, 5, 8, 9, 12 e 13.
² **8.3** Ou *homem pecador, pelo pecado*
³ **8.10** Ou *o Espírito é vida*
⁴ **8.15** Termo aramaico para *Pai*.
⁵ **8.20,21** Ou *a sujeitou em esperança. 21Pois*

Mais que Vencedores

28 Sabemos que Deus age em todas as coisas para o bem daqueles que o amam,[1] dos que foram chamados[k] de acordo com o seu propósito. **29** Pois aqueles que de antemão conheceu,[l] também os predestinou[m] para serem conformes à imagem de seu Filho,[n] a fim de que ele seja o primogênito entre muitos irmãos. **30** E aos que predestinou,[o] também chamou; aos que chamou, também justificou;[p] aos que justificou, também glorificou.[q]

31 Que diremos, pois, diante dessas coisas?[r] Se Deus é por nós, quem será contra nós?[s] **32** Aquele que não poupou seu próprio Filho,[t] mas o entregou por todos nós, como não nos dará com ele, e de graça, todas as coisas? **33** Quem fará alguma acusação[u] contra os escolhidos de Deus? É Deus quem os justifica. **34** Quem os condenará? Foi Cristo Jesus que morreu;[v] e mais, que ressuscitou e está à direita de Deus,[w] e também intercede por nós.[x] **35** Quem nos separará do amor de Cristo? Será tribulação, ou angústia, ou perseguição, ou fome, ou nudez, ou perigo, ou espada?[y] **36** Como está escrito:

"Por amor de ti enfrentamos
 a morte todos os dias;
 somos considerados
  como ovelhas
  destinadas ao matadouro".[2,z]

37 Mas em todas estas coisas somos mais que vencedores,[a] por meio daquele que nos amou.[b] **38** Pois estou convencido de que nem morte nem vida, nem anjos nem demônios,[3] nem o presente nem o futuro, nem quaisquer poderes,[c] **39** nem altura nem profundidade, nem qualquer outra coisa na criação será capaz de nos separar do amor de Deus[d] que está em Cristo Jesus, nosso Senhor.

A Soberania de Deus

9 Digo a verdade em Cristo, não minto;[e] minha consciência o confirma[f] no Espírito Santo: **2** tenho grande tristeza e constante angústia em meu coração. **3** Pois eu até desejaria ser[g] amaldiçoado[h] e separado de Cristo por amor de meus irmãos, os de minha raça,[i,4] o povo de Israel. Deles é a adoção de filhos;[j] deles são a glória divina, as alianças,[k] a concessão da Lei,[l] a adoração no templo[m] e as promessas.[n] **5** Deles são os patriarcas, e a partir deles se traça a linhagem humana de Cristo,[o] que é Deus acima de todos,[p] bendito para sempre![4,q] Amém.

6 Não pensemos que a palavra de Deus falhou. Pois nem todos os descendentes de Israel são Israel.[r] **7** Nem por serem descendentes de Abraão passaram todos a ser filhos de Abraão. Ao contrário: "Por meio de Isaque a sua descendência será considerada".[5,s] **8** Noutras palavras, não são os filhos naturais[6] que são filhos de Deus,[t] mas os filhos da promessa é que são considerados descendência de Abraão. **9** Pois foi assim que a promessa foi feita: "No tempo devido virei novamente, e Sara terá um filho".[7,u]

10 E esse não foi o único caso; também os filhos de Rebeca tiveram um mesmo pai, nosso pai Isaque.[v] **11** Todavia, antes que os gêmeos nascessem ou fizessem qualquer coisa boa ou má — a fim de que o propósito de Deus[w] conforme a eleição permanecesse, **12** não por obras, mas por aquele que chama —, foi dito a ela: "O mais velho servirá ao mais novo".[8,x] **13** Como está escrito: "Amei Jacó, mas rejeitei Esaú".[9,y]

---

[1] **8.28** Alguns manuscritos dizem *Sabemos que todas as coisas contribuem juntamente para o bem dos que amam a Deus*; outros trazem *Sabemos que em todas as coisas Deus coopera juntamente com aqueles que o amam, para trazer à existência o que é bom, com os que foram*.
[2] **8.36** Sl 44.22
[3] **8.38** Ou *autoridades celestiais*
[4] **9.5** Ou *Cristo, que é sobre tudo. Seja Deus louvado para sempre!*
[5] **9.7** Gn 21.12
[6] **9.8** Grego: *da carne*
[7] **9.9** Gn 18.10,14
[8] **9.12** Gn 25.23
[9] **9.13** Ml 1.2,3

8.28
[k] 1Co 1.9;
2Tm 1.9
8.29
[l] Rm 11.2
[m] Ef 1.5,11
[n] 1Co 15.49;
2Co 3.18;
Fp 3.21;
1Jo 3.2
8.30
[o] Ef 1.5,11
[p] 1Co 6.11
[q] Rm 9.23
8.31
[r] Rm 4.1
[s] Sl 118.6
8.32
[t] Jo 3.16;
Rm 4.25;5.8
8.33
[u] Is 50.8,9
8.34
[v] Rm 5.6-8
[w] Mc 16.19
[x] Hb 7.25;
9.24; 1Jo 2.1
8.35
[y] 1Co 4.11
8.36
[z] Sl 44.22;
2Co 4.11
8.37
[a] 1Co 15.57
[b] Gl 2.20;
Ap 1.5; 3.9
8.38
[c] Ef 1.21;
1Pe 3.22
8.39
[d] Rm 5.8
9.1
[e] 2Co 11.10;
Gl 1.20;
1Tm 2.7
[f] Rm 1.9
9.3
[g] Ex 32.32
[h] 1Co 12.3;
16.22
[i] Rm 11.14
9.4
[j] Ex 4.22
[k] Gn 17.2;
At 3.25;
Ef 2.12
[l] Sl 147.19
[m] Hb 9.1
[n] At 13.32
9.5
[o] Mt 1.1-16
[p] Jo 1.1
[q] Rm 1.25
9.6
[r] Rm 2.28,29;
Gl 6.16
9.7
[s] Gn 21.12;
Hb 11.18
9.8
[t] Rm 8.14
9.9
[u] Gn 18.10,14
9.10
[v] Gn 25.21
9.11
[w] Rm 8.28
9.12
[x] Gn 25.23
9.13
[y] Ml 1.2,3

14 E então, que diremos? Acaso Deus é injusto? De maneira nenhuma!ᶻ **15** Pois ele diz a Moisés:

"Terei misericórdia de quem
       eu quiser ter misericórdia
e terei compaixão de quem
       eu quiser ter compaixão".¹,ᵃ

16 Portanto, isso não depende do desejo ou do esforço humano, mas da misericórdia de Deus.ᵇ **17** Pois a Escritura diz ao faraó: "Eu o levantei exatamente com este propósito: mostrar em você o meu poder e para que o meu nome seja proclamado em toda a terra".²,ᶜ **18** Portanto, Deus tem misericórdia de quem ele quer e endurece a quem ele quer.ᵈ

19 Mas algum de vocês me dirá:ᵉ "Então, por que Deus ainda nos culpa? Pois quem resiste à sua vontade?"ᶠ **20** Mas quem é você, ó homem, para questionar a Deus? "Acaso aquilo que é formado pode dizer ao que o formou:ᵍ 'Por que me fizeste assim?'"³,ʰ **21** O oleiro não tem direito de fazer do mesmo barro um vaso para fins nobres e outro para uso desonroso?ⁱ

22 E se Deus, querendo mostrar a sua ira e tornar conhecido o seu poder, suportou com grande paciênciaʲ os vasos de sua ira, preparados⁴ para a destruição? **23** Que dizer, se ele fez isso para tornar conhecidas as riquezas de sua glóriaᵏ aos vasos de sua misericórdia, que preparou de antemão para glória,ˡ **24** ou seja, a nós, a quem também chamou,ᵐ não apenas dentre os judeus, mas também dentre os gentios?ⁿ **25** Como ele diz em Oseias:

"Chamarei 'meu povo'
       a quem não é meu povo;
e chamarei 'minha amada'
       a quem não é minha amada",⁵,ᵒ

26 e: "Acontecerá que, no mesmo
       lugar em que se lhes declarou:
       'Vocês não são meu povo',
eles serão chamados
       'filhos do Deus vivo' ".⁶,ᵖ

27 Isaías exclama com relação a Israel:

"Embora o número
       dos israelitas
seja como a areia do mar,ᑫ
       apenas o remanescente
       será salvo.ʳ
28 Pois o Senhor executará
       na terra a sua sentença,
rápida e definitivamente".⁷,ˢ

29 Como anteriormente disse Isaías:

"Se o Senhor dos Exércitosᵗ
       não nos tivesse deixado
       descendentes,
já estaríamos como Sodoma,
       e semelhantes a Gomorra".⁸,ᵘ

A Incredulidade de Israel

30 Que diremos, então? Os gentios, que não buscavam justiça, a obtiveram, uma justiça que vem da fé;ᵛ **31** mas Israel, que buscava uma lei que trouxesse justiça,ʷ não a alcançou.ˣ **32** Por que não? Porque não a buscava pela fé, mas como se fosse por obras. Eles tropeçaram na "pedra de tropeço",ʸ **33** Como está escrito:

"Eis que ponho em Sião
       uma pedra de tropeço
       e uma rocha que faz cair;
e aquele que nela confia
       jamais será envergonhado".⁹,ᶻ

10 Irmãos, o desejo do meu coração e a minha oração a Deus pelos israelitas é que eles sejam salvos. **2** Posso testemunhar

---

¹ **9.15** Êx 33.19
² **9.17** Êx 9.16
³ **9.20** Is 29.16; 45.9
⁴ **9.22** Ou *prontos*
⁵ **9.25** Os 2.23
⁶ **9.26** Os 1.10
⁷ **9.27,28** Is 10.22,23
⁸ **9.29** Is 1.9
⁹ **9.33** Is 8.14; 28.16

que eles têm zelo[a] por Deus, mas o seu zelo não se baseia no conhecimento. ³ Porquanto, ignorando a justiça que vem de Deus e procurando estabelecer a sua própria, não se submeteram à justiça[b] de Deus. ⁴ Porque o fim da Lei[c] é Cristo, para a justificação[1] de todo o que crê.[d]

⁵ Moisés descreve desta forma a justiça que vem da Lei: "O homem que fizer estas coisas viverá por meio delas"[2].[e] ⁶ Mas a justiça que vem da fé[f] diz: "Não diga em seu coração: 'Quem subirá aos céus?'[3g] (isto é, para fazer Cristo descer) ⁷ ou 'Quem descerá ao abismo?'[4]" (isto é, para fazer Cristo subir dentre os mortos). ⁸ Mas o que ela diz? "A palavra está perto de você; está em sua boca e em seu coração"[5],[h] isto é, a palavra da fé que estamos proclamando: ⁹ Se você confessar[i] com a sua boca que Jesus é Senhor e crer em seu coração que Deus o ressuscitou dentre os mortos,[j] será salvo. ¹⁰ Pois com o coração se crê para justiça, e com a boca se confessa para salvação. ¹¹ Como diz a Escritura: "Todo o que nele confia jamais será envergonhado"[6].[k] ¹² Não há diferença entre judeus e gentios,[l] pois o mesmo Senhor é Senhor de todos[m] e abençoa ricamente todos os que o invocam, ¹³ porque "todo aquele que invocar o nome do Senhor"[n] será salvo"[7].[o]

¹⁴ Como, pois, invocarão aquele em quem não creram? E como crerão naquele de quem não ouviram falar? E como ouvirão, se não houver quem pregue? ¹⁵ E como pregarão, se não forem enviados? Como está escrito: "Como são belos os pés dos que anunciam boas-novas!"[8p]

¹⁶ No entanto, nem todos os israelitas aceitaram as boas-novas. Pois Isaías diz:

---

[1] **10.4** Grego: *justiça*.
[2] **10.5** Lv 18.5
[3] **10.6** Dt 30.12
[4] **10.7** Dt 30.13
[5] **10.8** Dt 30.14
[6] **10.11** Is 28.16
[7] **10.13** Jl 2.32
[8] **10.15** Is 52.7

"Senhor, quem creu em nossa mensagem?"[9q] ¹⁷ Consequentemente, a fé vem por se ouvir a mensagem,[r] e a mensagem é ouvida mediante a palavra de Cristo.[s] ¹⁸ Mas eu pergunto: Eles não a ouviram? Claro que sim:

"A sua voz ressoou
  por toda a terra,
e as suas palavras
  até os confins do mundo"[10].[t]

¹⁹ Novamente pergunto: Será que Israel não entendeu? Em primeiro lugar, Moisés disse:

"Farei que tenham ciúmes[u]
  de quem não é meu povo;
eu os provocarei à ira
  por meio de um povo
sem entendimento"[11].[v]

²⁰ E Isaías diz ousadamente:

"Fui achado por aqueles que não me
  procuravam;
revelei-me àqueles que não
  perguntavam por mim"[12].[w]

²¹ Mas, a respeito de Israel, ele diz:

"O tempo todo
  estendi as mãos a um povo[x]
desobediente e rebelde"[13].

O Remanescente de Israel

11 Pergunto, pois: Acaso Deus rejeitou o seu povo? De maneira nenhuma![y] Eu mesmo sou israelita, descendente de Abraão,[z] da tribo de Benjamim.[a] ² Deus não rejeitou o seu povo, o qual de antemão conheceu.[b] Ou vocês não sabem como Elias clamou a Deus contra Israel, conforme diz a Escritura? ³ "Senhor, mataram os teus profetas e derrubaram os teus altares; sou o

---

[9] **10.16** Is 53.1
[10] **10.18** Sl 19.4
[11] **10.19** Dt 32.21
[12] **10.20** Is 65.1
[13] **10.21** Is 65.2

único que sobrou, e agora estão procurando matar-me."[1c] 4 E qual foi a resposta divina? "Reservei para mim sete mil homens que não dobraram os joelhos diante de Baal."[2d] 5 Assim, hoje também há um remanescente[e] escolhido pela graça. 6 E, se é pela graça, já não é mais pelas obras;[f] se fosse, a graça já não seria graça.[3]

7 Que dizer então? Israel não conseguiu aquilo que tanto buscava,[g] mas os eleitos o obtiveram. Os demais foram endurecidos,[h] 8 como está escrito:

"Deus lhes deu um espírito
 de atordoamento,
olhos para não ver
e ouvidos para não ouvir,[i]
até o dia de hoje"[4][j]

9 E Davi diz:

"Que a mesa deles
 se transforme
em laço e armadilha,
pedra de tropeço e retribuição para eles.
10 Escureçam-se os seus olhos,
 para que não consigam ver,
e suas costas fiquem encurvadas
 para sempre"[5][k]

Os Ramos Enxertados

11 Novamente pergunto: Acaso tropeçaram para que ficassem caídos? De maneira nenhuma![l] Ao contrário, por causa da transgressão deles, veio salvação para os gentios,[m] para provocar ciúme em Israel.[n] 12 Mas, se a transgressão deles significa riqueza para o mundo e o seu fracasso riqueza para os gentios,[o] quanto mais significará a sua plenitude!

13 Estou falando a vocês, gentios. Visto que sou apóstolo para os gentios,[p] exalto o meu ministério, 14 na esperança de que de alguma forma possa provocar ciúme[q] em meu próprio povo e salvar[r] alguns deles. 15 Pois, se a rejeição deles é a reconciliação[s] do mundo, o que será a sua aceitação, senão vida dentre os mortos?[t] 16 Se é santa a parte da massa que é oferecida como primeiros frutos,[u] toda a massa também o é; se a raiz é santa, os ramos também o serão.

17 Se alguns ramos foram cortados,[v] e você, sendo oliveira brava, foi enxertado entre os outros[w] e agora participa da seiva que vem da raiz da oliveira cultivada, 18 não se glorie contra esses ramos. Se o fizer, saiba que não é você quem sustenta a raiz, mas a raiz a você.[x] 19 Então você dirá: "Os ramos foram cortados, para que eu fosse enxertado". 20 Está certo. Eles, porém, foram cortados devido à incredulidade, e você permanece pela fé.[y] Não se orgulhe,[z] mas tema.[a] 21 Pois, se Deus não poupou os ramos naturais, também não poupará você.

22 Portanto, considere a bondade[b] e a severidade de Deus: severidade para com aqueles que caíram, mas bondade para com você, desde que permaneça[c] na bondade dele. De outra forma, você também será cortado.[d] 23 E quanto a eles, se não continuarem na incredulidade, serão enxertados, pois Deus é capaz de enxertá-los outra vez.[e] 24 Afinal de contas, se você foi cortado de uma oliveira brava por natureza e, de maneira antinatural, foi enxertado numa oliveira cultivada, quanto mais serão enxertados os ramos naturais em sua própria oliveira?

Todo o Israel Será Salvo

25 Irmãos, não quero que ignorem[f] este mistério,[g] para que não se tornem presunçosos;[h] Israel experimentou um endurecimento[i] em parte, até que chegue a plenitude dos gentios.[j] 26 E assim todo o Israel será salvo, como está escrito:

"Virá de Sião o redentor
 que desviará de Jacó
 a impiedade.

---

[1] 11.3 1Rs 19.10,14
[2] 11.4 1Rs 19.18
[3] 11.6 Alguns manuscritos dizem *Mas, se é por obras, já não é mais a graça; se assim fosse, as obras já não seriam obras.*
[4] 11.8 Dt 29.4; Is 29.10
[5] 11.9,10 Sl 69.22,23

²⁷ E esta é¹ a minha aliança
  com eles
quando eu remover
  os seus pecados"².ᵏ

²⁸ Quanto ao evangelho, eles são inimigos^l por causa de vocês; mas, quanto à eleição, são amados por causa dos patriarcas,ᵐ ²⁹ pois os dons e o chamadoⁿ de Deus são irrevogáveis.ᵒ ³⁰ Assim como vocês, que antes eram desobedientesᵖ a Deus mas agora receberam misericórdia, graças à desobediência deles, ³¹ assim também agora eles se tornaram desobedientes, a fim de que também recebam agora³ misericórdia, graças à misericórdia de Deus para com vocês. ³² Pois Deus sujeitou todos à desobediência,^q para exercer misericórdia para com todos.

Hino de Louvor a Deus

³³ Ó profundidade da riquezaʳ
  da sabedoria
  e do conhecimento⁴ de Deus!ˢ
Quão insondáveis são
  os seus juízos
e inescrutáveis
  os seus caminhos!ᵗ
³⁴ "Quem conheceu a mente
  do Senhor?
Ou quem foi seu conselheiro?"⁵ᵘ
³⁵ "Quem primeiro lhe deu,
  para que ele o recompense?"⁶ᵛ
³⁶ Pois dele, por ele e para ele são todas
  as coisas.ʷ
A ele seja a glória
  para sempre! Amém.ˣ

Sacrifícios Vivos

12 Portanto, irmãos, rogoʸ pelas misericórdias de Deus que se ofereçam em sacrifício vivo,ᶻ santo e agradável a Deus; este é o culto racional⁷ de vocês. ² Não se amoldemᵃ ao padrão deste mundo,ᵇ mas transformem-se pela renovação da sua mente,ᶜ para que sejam capazes de experimentar e comprovar a boa, agradável e perfeita vontade de Deus.ᵈ

³ Por isso, pela graça que me foi dadaᵉ digo a todos vocês: Ninguém tenha de si mesmo um conceito mais elevado do que deve ter; mas, ao contrário, tenha um conceito equilibrado, de acordo com a medida da fé que Deus lhe concedeu. ⁴ Assim como cada um de nós tem um corpo com muitos membros e esses membros não exercem todos a mesma função,ᶠ ⁵ assim também em Cristo nós, que somos muitos, formamos um corpo,ᵍ e cada membro está ligado a todos os outros. ⁶ Temos diferentes dons,ʰ de acordo com a graça que nos foi dada. Se alguém tem o dom de profetizar⁸, use-o na proporção da⁹ sua fé.ⁱ ⁷ Se o seu dom é servir, sirva; se é ensinar, ensine;ʲ ⁸ se é dar ânimo, que assim faça;ᵏ se é contribuir, que contribua generosamente;ˡ se é exercer liderança, que a exerça com zelo; se é mostrar misericórdia, que o faça com alegria.

O Amor

⁹ O amor deve ser sincero.ᵐ Odeiem o que é mau; apeguem-se ao que é bom. ¹⁰ Dediquem-se uns aos outros com amor fraternal.ⁿ Prefiram dar honra aos outros mais do que a vocês.ᵒ ¹¹ Nunca falte a vocês o zelo, sejam fervorososᵖ no espírito, sirvam ao Senhor. ¹² Alegrem-se na esperança,^q sejam pacientes na tribulação,ʳ perseverem na oração. ¹³ Compartilhem o que vocês têm com os santos em suas necessidades. Pratiquem a hospitalidade.ˢ

¹⁴ Abençoem aqueles que os perseguem;ᵗ abençoem-nos, não os amaldiçoem. ¹⁵ Alegrem-se com os que se alegram; chorem com os que choram.ᵘ ¹⁶ Tenham uma mesma

---

¹ **11.27** Ou *será*
² **11.26,27** Is 59.20,21; 27.9; Jr 31.33,34
³ **11.31** Alguns manuscritos não trazem *agora*.
⁴ **11.33** Ou *da riqueza, da sabedoria e do conhecimento*
⁵ **11.34** Is 40.13
⁶ **11.35** Jó 41.11
⁷ **12.1** Ou *espiritual*
⁸ **12.6** Isto é, falar por inspiração de Deus.
⁹ **12.6** Ou *de acordo com a*

atitude uns para com os outros.ᵛ Não sejam orgulhosos, mas estejam dispostos a associar-se a pessoas de posição inferior¹. Não sejam sábios aos seus próprios olhos.ʷ

¹⁷ Não retribuam a ninguém mal por mal.ˣ Procurem fazer o que é correto aos olhos de todos.ʸ ¹⁸ Façam todo o possível para viver em paz com todos.ᶻ ¹⁹ Amados, nunca procurem vingar-se,ᵃ mas deixem com Deus a ira, pois está escrito: "Minha é a vingança; eu retribuirei"²,ᵇ diz o Senhor. ²⁰ Ao contrário:

"Se o seu inimigo tiver fome, dê-lhe de comer;
se tiver sede, dê-lhe de beber.
Fazendo isso, você amontoará brasas vivas sobre a cabeça dele"³.ᶜ

²¹ Não se deixem vencer pelo mal, mas vençam o mal com o bem.

Submissão às Autoridades

13 Todos devem sujeitar-se às autoridades governamentais,ᵈ pois não há autoridade que não venha de Deus; as autoridades que existem foram por ele estabelecidas.ᵉ ² Portanto, aquele que se rebela contra a autoridade está se opondo contra o que Deus instituiu, e aqueles que assim procedem trazem condenação sobre si mesmos. ³ Pois os governantes não devem ser temidos, a não ser por aqueles que praticam o mal. Você quer viver livre do medo da autoridade? Pratique o bem, e ela o enaltecerá.ᶠ ⁴ Pois é serva de Deus para o seu bem. Mas, se você praticar o mal, tenha medo, pois ela não porta a espada sem motivo. É serva de Deus, agente da justiça para punir quem pratica o mal.ᵍ ⁵ Portanto, é necessário que sejamos submissos às autoridades, não apenas por causa da possibilidade de uma punição, mas também por questão de consciência.

⁶ É por isso também que vocês pagam imposto, pois as autoridades estão a serviço de Deus, sempre dedicadas a esse trabalho. ⁷ Deem a cada um o que lhe é devido: se imposto, imposto;ʰ se tributo, tributo; se temor, temor; se honra, honra.

O Amor ao Próximo e o Fim dos Tempos

⁸ Não devam nada a ninguém, a não ser o amor de uns pelos outros, pois aquele que ama seu próximo tem cumprido a Lei.ⁱ ⁹ Pois estes mandamentos: "Não adulterarás", "Não matarás", "Não furtarás", "Não cobiçarás"⁴ʲ e qualquer outro mandamento, todos se resumem neste preceito: "Ame o seu próximo como a si mesmo"⁵,ᵏ ¹⁰ O amor não pratica o mal contra o próximo. Portanto, o amor é o cumprimento da Lei.ˡ

¹¹ Façam isso, compreendendo o tempo em que vivemos. Chegou a horaᵐ de vocês despertarem do sono,ⁿ porque agora a nossa salvação está mais próxima do que quando cremos. ¹² A noite está quase acabando; o dia logo vem.ᵒ Portanto, deixemos de lado as obras das trevasᵖ e revistamo-nos da armaduraᵠ da luz. ¹³ Comportemo-nos com decência, como quem age à luz do dia, não em orgias e bebedeiras, não em imoralidade sexual e depravação, não em desavença e inveja.ʳ ¹⁴ Ao contrário, revistam-se do Senhor Jesus Cristoˢ e não fiquem premeditando como satisfazer os desejos da carne⁶.

Os Fracos e os Fortes

14 Aceitem o que é fracoᵗ na fé sem discutir assuntos controvertidos. ² Um crê que pode comer de tudo; já outro, cuja fé é fraca, come apenas alimentos vegetais. ³ Aquele que come de tudo não deve desprezarᵘ o que não come, e aquele que não come de tudo não deve condenarᵛ aquele que come, pois Deus o aceitou. ⁴ Quem é você para julgar o servoʷ alheio? É para o seu senhor que ele está em pé ou cai.

---

¹ **12.16** Ou *mas adotem um comportamento humilde*
² **12.19** Dt 32.35
³ **12.20** Pv 25.21,22
⁴ **13.9** Êx 20.13-15,17; Dt 5.17-19,21
⁵ **13.9** Lv 19.18
⁶ **13.14** Ou *da natureza pecaminosa*

E ficará em pé, pois o Senhor é capaz de o sustentar.

⁵ Há quem considere um dia mais sagrado que outro¹;ˣ há quem considere iguais todos os dias. Cada um deve estar plenamente convicto em sua própria mente. ⁶ Aquele que considera um dia especial para o Senhor assim o faz. Aquele que come carne para o Senhor come, pois dá graças a Deus;ʸ e aquele que se abstém para o Senhor se abstém, e dá graças a Deus. ⁷ Pois nenhum de nós vive apenas para si,ᶻ e nenhum de nós morre apenas para si. ⁸ Se vivemos, vivemos para o Senhor; e, se morremos, morremos para o Senhor. Assim, quer vivamos, quer morramos, pertencemos ao Senhor.ᵃ

⁹ Por esta razão Cristo morreu e voltou a viver,ᵇ para ser Senhor de vivos e de mortos.ᶜ ¹⁰ Portanto, você, por que julga seu irmão? E por que despreza seu irmão? Pois todos compareceremos diante do tribunal de Deus.ᵈ ¹¹ Porque está escrito:

" 'Por mim mesmo jurei',
    diz o Senhor,
'diante de mim
    todo joelho se dobrará
e toda língua confessará
    que sou Deus' "².ᵉ

¹² Assim, cada um de nós prestará contas de si mesmo a Deus.ᶠ

¹³ Portanto, deixemos de julgarᵍ uns aos outros. Em vez disso, façamos o propósito de não pôr pedra de tropeço ou obstáculo no caminho do irmão. ¹⁴ Como alguém que está no Senhor Jesus, tenho plena convicção de que nenhum alimento³ é por si mesmo impuro,ʰ a não ser para quem assim o considere; para ele é impuro.ⁱ ¹⁵ Se o seu irmão se entristece devido ao que você come, você já não está agindo por amor.ʲ Por causa da sua comida, não destrua seu irmão, por quem Cristo morreu.ᵏ ¹⁶ Aquilo que é bom para vocês não se torne objeto de maledicência.ˡ ¹⁷ Pois o Reino de Deus não é comida nem bebida,ᵐ mas justiça, paz e alegria no Espírito Santo;ⁿ ¹⁸ aquele que assim serve a Cristo é agradável a Deus e aprovado pelos homens.ᵒ

¹⁹ Por isso, esforcemo-nos em promover tudo quanto conduz à pazᵖ e à edificaçãoᵠ mútua. ²⁰ Não destrua a obra de Deus por causa da comida.ʳ Todo alimento é puro, mas é errado comer qualquer coisa que faça os outros tropeçarem.ˢ ²¹ É melhor não comer carne nem beber vinho, nem fazer qualquer outra coisa que leve seu irmão a cair⁴.ᵗ

²² Assim, seja qual for o seu modo de crer a respeito destas coisas, que isso permaneça entre você e Deus. Feliz é o homem que não se condenaᵘ naquilo que aprova. ²³ Mas aquele que tem dúvidaᵛ é condenado se comer, porque não come com fé; e tudo o que não provém da fé é pecado.

15 Nós, que somos fortes, devemos suportar as fraquezas dos fracos,ʷ e não agradar a nós mesmos. ² Cada um de nós deve agradar ao seu próximo para o bem dele,ˣ a fim de edificá-lo.ʸ ³ Pois também Cristo não agradou a si próprio,ᶻ mas, como está escrito: "Os insultos daqueles que te insultam caíram sobre mim"⁵.ᵃ ⁴ Pois tudo o que foi escrito no passado foi escrito para nos ensinar,ᵇ de forma que, por meio da perseverança e do bom ânimo procedentes das Escrituras, mantenhamos a nossa esperança.

⁵ O Deus que concede perseverança e ânimo dê a vocês um espírito de unidade,ᶜ segundo Cristo Jesus, ⁶ para que com um só coração e uma só voz vocês glorifiquem ao Deus e Paiᵈ de nosso Senhor Jesus Cristo.

⁷ Portanto, aceitem-se uns aos outros,ᵉ da mesma forma com que Cristo os aceitou, a fim de que vocês glorifiquem a Deus.

---

¹ **14.5** Grego: *Há quem faça distinção entre um dia e outro.*

² **14.11** Is 45.23

³ **14.14** Ou *de que nada*

⁴ **14.21** Vários manuscritos acrescentam *ou a escandalizar-se, ou a enfraquecer-se.*

⁵ **15.3** Sl 69.9

14.5
ˣGl 4.10
14.6
ʸMt 14.19; 1Co 10.30, 31; 1Tm 4.3,4
14.7
ᶻ2Co 5.15; Gl 2.20
14.8
ᵃFp 1.20
14.9
ᵇAp 1.18
ᶜ2Co 5.15
14.10
ᵈ2Co 5.10
14.11
ᵉIs 45.23; Fp 2.10,11
14.12
ᶠMt 12.36; 1Pe 4.5
14.13
ᵍMt 7.1
14.14
ʰAt 10.15
ⁱ1Co 8.7
14.15
ʲEf 5.2
ᵏ1Co 8.11
14.16
ˡ1Co 10.30
14.17
ᵐ1Co 8.8
ⁿRm 15.13
14.18
ᵒ2Co 8.21
14.19
ᵖSl 34.14; Rm 12.18; Hb 12.14
ᵠRm 15.2; 2Co 12.19
14.20
ʳv. 15
ˢ1Co 8.9-12
14.21
ᵗ1Co 8.13
14.22
ᵘ1Jo 3.21
14.23
ᵛv. 5
15.1
ʷRm 14.1; Gl 6.1,2; 1Ts 5.14
15.2
ˣ1Co 10.33
ʸRm 14.19
15.3
ᶻ2Co 8.9
ᵃSl 69.9
15.4
ᵇRm 4.23,24
15.5
ᶜRm 12.16; 1Co 1.10
15.6
ᵈAp 1.6
15.7
ᵉRm 14.1

⁸ Pois eu digo a vocês que Cristo se tornou servo dos que são da circuncisão,ᶠ por amor à verdade de Deus, para confirmar as promessasᵍ feitas aos patriarcas, ⁹ a fim de que os gentiosʰ glorifiquem a Deusⁱ por sua misericórdia, como está escrito:

"Por isso, eu te louvarei
   entre os gentios;
Cantarei louvores ao teu nome"¹·ʲ

¹⁰ E também diz:

"Cantem de alegria, ó gentios,
   com o povo dele"²·ᵏ

¹¹ E mais:

"Louvem o Senhor,
   todos vocês, gentios;
cantem louvores a ele
   todos os povos"³·ˡ

¹² E Isaías também diz:

"Brotará a raiz de Jessé,ᵐ
aquele que se levantará
   para reinar sobre os gentios;
estes porão nele
   a sua esperança"⁴·ⁿ

¹³ Que o Deus da esperança os encha de toda alegria e paz,ᵒ por sua confiança nele, para que vocês transbordem de esperança, pelo poder do Espírito Santo.ᵖ

Paulo, Ministro dos Gentios

¹⁴ Meus irmãos, eu mesmo estou convencido de que vocês estão cheios de bondadeᑫ e plenamenteʳ instruídos, sendo capazes de aconselhar-se uns aos outros. ¹⁵ A respeito de alguns assuntos, eu escrevi a vocês com toda a franqueza, principalmente para fazê-los lembrar-se novamente deles, por causa da graça que Deus me deu,ˢ ¹⁶ de ser um ministro de Cristo Jesus para os gentios,ᵗ com o dever sacerdotal de proclamar o evangelho de Deus,ᵘ para que os gentios se tornem uma oferta aceitávelᵛ a Deus, santificados pelo Espírito Santo.

¹⁷ Portanto, eu me glorio em Cristo Jesus,ʷ em meu serviço a Deus.ˣ ¹⁸ Não me atrevo a falar de nada, exceto daquilo que Cristo realizou por meu intermédio em palavra e em ação, a fim de levar os gentiosʸ a obedecerem a Deus,ᶻ ¹⁹ pelo poder de sinais e maravilhasᵃ e por meio do poder do Espírito de Deus.ᵇ Assim, desde Jerusalémᶜ e arredores até o Ilírico⁵, proclamei plenamente o evangelho de Cristo. ²⁰ Sempre fiz questão de pregar o evangelho onde Cristo ainda não era conhecido, de forma que não estivesse edificando sobre alicerce de outro.ᵈ ²¹ Mas antes, como está escrito:

"Hão de vê-lo aqueles que
   não tinham ouvido falar dele,
e o entenderão aqueles
   que não o haviam escutado"⁶·ᵉ

²² É por isso que muitas vezes fui impedido de chegar até vocês.ᶠ

Paulo Planeja Visitar a Igreja em Roma

²³ Mas agora, não havendo nestas regiões nenhum lugar em que precise trabalhar e visto que há muitos anos anseio vê-los,ᵍ ²⁴ planejo fazê-lo quando for à Espanha.ʰ Espero visitá-los de passagem e dar a vocês a oportunidade de me ajudarem em minha viagem para lá, depois de ter desfrutado um pouco da companhia de vocês. ²⁵ Agora, porém, estou de partida para Jerusalém,ⁱ a serviço dos santos.ʲ ²⁶ Pois a Macedôniaᵏ e a Acaiaˡ tiveram a alegria de contribuir para os pobres que estão entre os santos de Jerusalém. ²⁷ Tiveram prazer nisso e de fato são devedores aos santos de Jerusalém. Pois, se os gentios participaram das bênçãos espirituais dos judeus, devem também servir aos judeus com seus bens materiais.ᵐ ²⁸ Assim,

---

¹ **15.9** 2Sm 22.50; Sl 18.49
² **15.10** Dt 32.43
³ **15.11** Sl 117.1
⁴ **15.12** Is 11.10
⁵ **15.19** Região da costa leste do mar Adriático.
⁶ **15.21** Is 52.15

depois de completar essa tarefa e de ter a certeza de que eles receberam esse fruto, irei à Espanha e visitarei vocês de passagem. ²⁹ Sei que, quando for visitá-los,ⁿ irei na plenitude da bênção de Cristo.

³⁰ Recomendo, irmãos, por nosso Senhor Jesus Cristo e pelo amor do Espírito,ᵒ que se unam a mim em minha luta, orando a Deus em meu favor.ᵖ ³¹ Orem para que eu esteja livreᑫ dos descrentes da Judeia e que o meu serviço em Jerusalém seja aceitável aos santos, ³² de forma que, pela vontade de Deus,ʳ eu os visiteˢ com alegria e com vocês desfrute de um período de refrigério.ᵗ ³³ O Deus da pazᵘ seja com todos vocês. Amém.

Saudações Pessoais

16 Recomendoᵛ a vocês nossa irmã Febe, serva¹ da igreja em Cencreia.ʷ ² Peço que a recebam no Senhor,ˣ de maneira digna dos santos, e lhe prestem a ajuda de que venha a necessitar; pois tem sido de grande auxílio para muita gente, inclusive para mim.

³ Saúdem Priscila² e Áquila,ʸ meus colaboradores em Cristo Jesus.ᶻ ⁴ Arriscaram a vida por mim. Sou grato a eles; não apenas eu, mas todas as igrejas dos gentios.

⁵ Saúdem também a igreja que se reúne na casa deles.ᵃ

Saúdem meu amado irmão Epêneto, que foi o primeiro convertidoᵇ a Cristo na província da Ásia.

⁶ Saúdem Maria, que trabalhou arduamente por vocês.

⁷ Saúdem Andrônico e Júnias, meus parentesᶜ que estiveram na prisão comigo. São notáveis entre os apóstolos, e estavam em Cristo antes de mim.

⁸ Saúdem Amplíato, meu amado irmão no Senhor.

⁹ Saúdem Urbano, nosso cooperador em Cristo,ᵈ e meu amado irmão Estáquis.

¹⁰ Saúdem Apeles, aprovado em Cristo. Saúdem os que pertencem à casa de Aristóbulo.

¹¹ Saúdem Herodião, meu parente.ᵉ
Saúdem os da casa de Narciso, que estão no Senhor.

¹² Saúdem Trifena e Trifosa, mulheres que trabalham arduamente no Senhor.
Saúdem a amada Pérside, outra que trabalhou arduamente no Senhor.

¹³ Saúdem Rufo, eleito no Senhor, e sua mãe, que tem sido mãe também para mim.

¹⁴ Saúdem Asíncrito, Flegonte, Hermes, Pátrobas, Hermas e os irmãos que estão com eles.

¹⁵ Saúdem Filólogo, Júlia, Nereu e sua irmã, e também Olimpas e todos os santosᶠ que estão com eles.ᵍ

¹⁶ Saúdem uns aos outros com beijo santo.ʰ

Todas as igrejas de Cristo enviam saudações.

¹⁷ Recomendo, irmãos, que tomem cuidado com aqueles que causam divisões e põem obstáculos ao ensino que vocês têm recebido.ⁱ Afastem-se deles.ʲ ¹⁸ Pois essas pessoas não estão servindo a Cristo, nosso Senhor, mas a seus próprios apetites.ᵏ Mediante palavras suaves e bajulação, enganamˡ o coração dos ingênuos. ¹⁹ Todos têm ouvidoᵐ falar da obediência de vocês, por isso estou muito alegre; mas quero que sejam sábios em relação ao que é bom, e sem malícia em relação ao que é mau.ⁿ

²⁰ Em breve o Deus da pazᵒ esmagaráᵖ Satanás debaixo dos pés de vocês.

A graça de nosso Senhor Jesus seja com vocês.ᑫ

²¹ Timóteo,ʳ meu cooperador, envia saudações, bem como Lúcio,ˢ Jasomᵗ e Sosípatro, meus parentes.ᵘ

²² Eu, Tércio, que redigi esta carta, saúdo vocês no Senhor.

²³ Gaio, cuja hospitalidade eu e toda a igreja desfrutamos, envia-lhes saudações. Erasto,ᵛ administrador da cidade, e nosso irmão Quarto enviam saudações. ²⁴ Que

---

¹ **16.1** Ou *diaconisa*
² **16.3** Grego: *Prisca*, variante de *Priscila*.

a graça de nosso Senhor Jesus Cristo seja com vocês todos. Amém.¹

25 Ora, àquele que tem poder para confirmá-los pelo meu evangelho e pela proclamação de Jesus Cristo, de acordo com a revelação do mistério oculto nos tempos passados, **26** mas agora revelado e dado a conhecer pelas Escrituras proféticas por ordem do Deus eterno, para que todas as nações venham a crer nele e a obedecer-lhe; **27** sim, ao único Deus sábio seja dada glória para todo o sempre, por meio de Jesus Cristo. Amém.

---

¹ **16.24** Muitos manuscritos não trazem o versículo 24.

PASTOREANDO EM SITUAÇÕES ESPECÍFICAS

 ## Pastoreando dependentes químicos e seus familiares

> *Sabemos que a Lei é espiritual; eu, contudo, não o sou, pois fui vendido como escravo ao pecado. Não entendo o que faço. Pois não faço o que desejo, mas o que odeio. E, se faço o que não desejo, admito que a Lei é boa. Nesse caso, não sou mais eu quem o faz, mas o pecado que habita em mim. Sei que nada de bom habita em mim, isto é, em minha carne. Porque tenho o desejo de fazer o que é bom, mas não consigo realizá-lo. Pois o que faço não é o bem que desejo, mas o mal que não quero fazer esse eu continuo fazendo. Ora, se faço o que não quero, já não sou eu quem o faz, mas o pecado que habita em mim.*
>
> Romanos 7.14-20

Se você nunca teve de lutar contra um vício nem acompanhou de perto algum dependente, pode ser difícil demonstrar empatia diante da complexidade da questão. O dependente se sente incapaz de interromper o comportamento destrutivo que o acompanha; mas, ao mesmo tempo, o comportamento dá ao dependente um senso de controle, que por sua vez perpetua o ciclo vicioso. É justamente dessa questão que Paulo trata em Romanos 7. Essa escravidão ao pecado geralmente controla o dependente com autodepreciação e confusão.

O Evangelho traz esperança àqueles que lutam contra o vício e a quem os ama, mas raramente é resultado exclusivo dos esforços dos dependentes. É algo que acontece na comunidade cristã e por meio dela. Acompanhar de perto um dependente significa amá-lo com uma franqueza aguda e ajudá-lo a encontrar a dose certa de apoio e desafio. Os dependentes também precisam de líderes que possam ajudar a criar um contexto para a cura — um ambiente dominado pela graça e pela verdade. Com a ajuda de Deus, a sua igreja pode ajudar aqueles cujas vidas são marcadas pela "lei do pecado e da morte" a experimentar "a lei da nova vida em Cristo Jesus".

PASTOREANDO EM SITUAÇÕES ESPECÍFICAS

Abraçando a dependência química e o ministério da recuperação
Mark Buchanan

Certa vez meu amigo Jim Cymbala me perguntou:

> "Mark, você sabe qual é o pecado número um da igreja nos Estados Unidos? Não é a praga da pornografia da internet que destrói nossos homens. Não é o fato de o índice de divórcio na igreja ser praticamente o mesmo da sociedade em geral. O principal pecado da igreja hoje é que os pastores e líderes não estão de joelhos clamando a Deus: 'Traz-nos os dependentes químicos, traz-nos as prostitutas, traz-nos os desamparados, traz-nos os traficantes, traz-nos os doentes de AIDS, traz-nos as pessoas que ninguém mais quer, aquelas que somente tu podes curar, e permite que as amemos no teu nome até que elas sejam restauradas'."

Não tive o que responder. Fiquei desarmado. Nunca, se quer uma vez, eu tinha pedido a Deus para trazer esse tipo de gente à minha igreja. Fui para casa arrependido. Comecei a clamar por aqueles "que ninguém mais queria". Então Deus trouxe esse tipo de pessoa. Descobri porque ninguém as queria: elas são atrapalhadas, sujas e custam muito. Elas falam palavrões na sua frente, mentem para você, roubam de você. E o pior: elas nos permitem amá-las, e muitas vezes partem o nosso coração. Isto é o que aprendi sobre pastorear aqueles que ninguém mais quer.

Pessoas confusas fazem você cair na realidade

Quando você começa a alcançar pessoas com problemas graves, logo percebe que está lidando com uma magnitude de pecado contra a qual chavões e clichês não têm nenhuma força. Você precisará dar nome ao pecado por pior que seja e ministrar ousadamente a cura sem rodeios. Recentemente, um dependente de *crack* concordou em passar um ano em tratamento intensivo de recuperação, porque eu sabia que ele estava blefando comigo e eu o havia confrontado. Três dias depois ele estava no centro de recuperação e no momento em que escrevo este artigo faz três meses e ainda tem nove pela frente. Qualquer coisa que estivesse aquém da pura realidade seria insuficiente para lidar com essa situação.

Pessoas confusas deixam você desesperado

Antes de eu pedir a Deus que me enviasse aquelas pessoas que ninguém mais queria, muitos dos que eu aconselhava lutavam contra pecados que, em geral, tinham consequências sociais insignificantes. Eram pessoas que estouravam facilmente, ou se envolviam frequentemente em fofocas, ou gastavam dinheiro demais. Problemas, sem dúvida. Pecados reais. Mas elas tinham condições de lidar sozinhas relativamente bem com qualquer um, ou todos, desses pecados.

Ministrar nessas circunstâncias é como estar em um barco quando o vento sopra. Você luta contra o vento, mas fica tranquilo por saber que Jesus está perto; no final das contas, *você consegue se virar sozinho*, porque acaba se respaldando nas suas habilidades náuticas básicas para atravessar essa situação.

Pastoreando dependentes químicos e seus familiares

Mas não é assim que funciona com os profissionais do sexo e dependentes de *crack*. Com eles, o ministério desafia você a sair do barco e a andar sobre as águas. Você está diante do desconhecido, não há nenhuma receita pronta, e, a não ser que Jesus esteja com você, pronto para agarrar na sua mão quando estiver caindo, você afundará — e rápido.

Às vezes eu gostaria que as coisas voltassem ao normal. Mas, se ministério e confusão são inseparáveis, eu ficarei com ambos.

Compreendendo a dependência química e recuperação
Entrevista à BuildingChurchLeaders.com

Raramente se resolve — ou mesmo controla — a dependência de droga ou álcool na primeira tentativa. Essa situação cria um dilema para o cuidado pastoral: Como desenvolver o cuidado diante de um processo de longo prazo? Aqui está uma coletânea de conselhos de quatro experientes pastores sobre a melhor maneira de compreender e ajudar na recuperação.

Não espere por cura instantânea

Muitos líderes de igreja encaram a dependência química apenas como problema espiritual e procuram resolvê-la dessa perspectiva. A dependência, contudo, envolve uma variedade de fatores. Deus pode e realmente cura algumas pessoas de modo imediato, tirando delas o desejo de consumir droga ou álcool, mas a vasta maioria de dependentes químicos em recuperação não é curada em um único ato; elas precisam viver pela fé um dia de cada vez. Consequentemente, os pastores precisam evitar o equívoco de que a dependência é "curável". Na verdade, a dependência é crônica e progressiva. Não existem ex-dependentes; podemos dizer que há somente dependentes em recuperação.

Também precisamos lutar contra a crença equivocada segundo a qual quando o cristão reconhece ter algum tipo de dependência química é porque lhe faltou fé na eficácia da redenção e justificação. A implicação é que, quando alguém se declara dependente, como se defende em muitos programas de doze passos, ele está demonstrando falta de fé na obra do Espírito Santo e no poder da Palavra de Deus. A dependência envolve não só fatores espirituais, mas também biológicos, psicológicos e sociais. Vencer a dependência exige que todas essas quatro áreas sejam atendidas.

Seja defensor dos dependentes

Você pode começar mostrando aos indivíduos da sua igreja que sofrem com a dependência *que eles podem contar com você*. Deixe-os saber que, apesar de não concordar com os comportamentos pecaminosos que alimentam a dependência que têm, você apoia a recuperação e os ajudará a encontrar um modo para que isso aconteça.

A melhor coisa que os líderes das igrejas podem fazer é conhecer os Alcoólatras Anônimos, Narcóticos Anônimos e outras entidades de recuperação, e incentivar os dependentes a frequentar esses encontros. Os participantes desses programas já contaram todas as mentiras possíveis e enganaram todos que puderam. Eles não serão ludibriados. Um alerta: não recomende o que você não conhece! Encaminhe os dependentes a programas que você conheça e a pessoas em quem confia.

Até onde eu saiba, a dependência química é a única área em que as pessoas dizem: "Preciso encontrar um grupo cristão". Em comparação, as pessoas não procuram um grupo cristão de "sobreviventes do câncer". A experiência me mostra que Deus pode usar verdade, experiência e sabedoria — mesmo que não sejam expressos em termos cristãos. Se alguém disser, "Poder Superior", por exemplo, posso traduzir a expressão fácil e rapidamente por Jesus Cristo. Em geral, não me limito a indicar apenas grupos cristãos de apoio — apesar de preferi-los aos demais.

Mesmo que você nunca aceite todos os princípios basilares das organizações como AA e NA, você pode aceitar e apoiar o trabalho de recuperação promovido por eles. Recomendo que os pastores participem de pelo menos uma dúzia de encontros dos AA, NA e Celebrando a Recuperação. Certamente, haverá linguagem e histórias grosseiras; além disso, você ouvirá teologia absurda, mas siga em frente. Ouça as histórias de homens e mulheres cujas vidas foram transformadas. Renove-se por meio da franqueza desses encontros.

No livro, *Dying for a Drink* [Morrendo por um trago], Dr. Anderson Spickard diz que viu um número grande de pessoas crer em Jesus Cristo por causa do AA, mas nunca viu ninguém *perder* a fé por causa desse programa.

Ofereça apoio de longo prazo

Os AA dizem que o período mais comum de recaída é entre nove e catorze meses depois de deixar o vício. As pessoas recaem porque começam a enfrentar todos os problemas e estresses dos quais fugiram quando se entregaram à bebida. Esses momentos, e outros quando o peso da responsabilidade aumenta, são especialmente importantes para que os líderes de igreja encorajem o dependente em recuperação, assim como para garantir que o dependente continue participando de grupos de apoio.

Oração, conversa e encorajamento são ações importantes que você deve tomar para ministrar aos dependentes. Também é importante desenvolver paciência e encorajar à perseverança — alguns programas de recuperação não funcionam, então você terá de procurar outras opções.

Trabalhar com dependentes exige extrema paciência. Esteja preparado para se surpreender e se irritar, passar por picos e vales. Lembre-se de orar, de levar a sério a admoestação e de revestir-se de toda a armadura de Deus. Ministrar aos dependentes forçará você a combater uma desordem mortal contra fatores espirituais, psicológicos e sociais. Aqueles que trabalham com programas formais precisam de líderes de igreja na batalha, mas esteja preparado.

Seja realista, mas esperançoso

Há uma antiga anedota sobre o tratamento de dependentes que diz: "Como você sabe quando um dependente químico está mentindo?". Resposta: "Quando seus lábios estiverem se mexendo!". Lamentavelmente, os dependentes mentem apesar de suas melhores intenções. Esse é um sintoma repugnante e desastroso do transtorno que enfrentam.

Pastoreando dependentes químicos e seus familiares

O líder da igreja que decide trabalhar com dependentes precisa ter isso bem resolvido. Não é questão pessoal — é o reflexo da dependência. Apesar da necessidade de ter cautela com tudo que o dependente ativo diz, o pastor também precisa reconhecer o grito de socorro do dependente químico. Os dependentes não precisam ser condenados. Eles já se condenam de maneiras que os não dependentes nem sequer podem imaginar.

Os líderes devem reconhecer que não são os únicos canais de ajuda para um dependente. Há recursos inestimáveis à disposição de dependentes por meio de programas de recuperação, principalmente os que se baseiam na espiritualidade. Tanto pastores como líderes podem exercer um forte impacto ao acompanhar programas de recuperação, talvez até mesmo iniciando um grupo de apoio como o Celebrando a Recuperação em sua igreja ou disponibilizando salas da igreja para sediar grupos de apoio de qualidade com base na espiritualidade. Além disso, os pastores devem buscar orientação para si mesmos e para os outros sobre sintomas, riscos e ajuda disponível aos dependentes.

Ofereça suporte à família do dependente

Uma das maiores mentiras que os dependentes contam a si mesmos é que eles não estão causando mal a ninguém. Na realidade, pais, cônjuges, filhos, irmãos e outras pessoas são emocional, física e espiritualmente afetadas pelo vício daqueles que amam, de maneira quase incalculável. A preocupação maior deve ser com os filhos de dependentes, muitos dos quais crescem e também se tornam dependentes, apesar de dizerem repetidamente que nunca serão como seus pais. Filhos Adultos de Alcoólatras é um grupo de apoio reconhecido que auxilia adultos que lutam contra o constante trauma de terem sido criados em uma família disfuncional. Esses adultos frequentemente demandam aconselhamento e apoio especializados.

Se o dependente for uma criança, os pais quase sempre vão se perguntar: *Onde foi que erramos?* É importante que eles saibam — e creiam — que não foram eles que causaram a dependência, que não conseguirão controlá-la e que não poderão curá-la. É importante também que os cônjuges não se responsabilizem mutuamente pelo vício do filho e que não ignorem os demais filhos em casa, o que poderá facilmente criar ressentimento. A dependência pode dividir famílias, especialmente quando alguns membros vivem negando a existência do problema. Os líderes de igrejas realizam um ministério significativo quando encorajam os membros da família e não permitem que se sintam um cristão de segunda categoria.

Criando na igreja uma cultura de recuperação
John Burke

Para que a igreja tenha influência restauradora, precisamos entender como derrotar a escravidão da dependência. Simplesmente dizer às pessoas que seu comportamento é imoral ou errado não os tornará livres — na realidade, isso poderá exacerbar o problema, uma vez que frequentemente o constrangimento alimenta ainda mais a dependência. Eis alguns modos de cultivar uma cultura na igreja que facilite a restauração e o crescimento:

PASTOREANDO EM SITUAÇÕES ESPECÍFICAS

Fundamente-se na graça

Fale às pessoas repetidamente para "virem com estão". O caminho da restauração começa na criação de uma cultura da graça — aceitar as pessoas "como são" e mostrar seu valor intrínseco, mesmo antes de elas crerem ou "estarem limpas". Mostre às pessoas que Deus já as valorizou — pagou o preço da vida de seu Filho. Quando você cria uma cultura que prioriza a graça, as pessoas vão começar a convidar seus amigos, assim como a mulher samaritana que se encontrou com Jesus à beira do poço e correu para chamar os amigos. O que as pessoas dirão a respeito da sua igreja? Ela é um lugar que as pessoas procurarão para serem recuperadas? Ou as pessoas precisam primeiro "se recuperar" para depois frequentá-la?

Evite pensar "nós" *versus* "eles"

Uma das coisas que inibe a graça e a possibilidade de ela libertar as pessoas é a mentalidade "nós *versus* eles" que muitos frequentadores de igreja inconscientemente projetam. Se pensarmos que os dependentes são "aquelas pessoas", ao contrário de nós que não precisamos da ajuda de Deus tão desesperadamente, vamos ser muito parecidos com o fariseu que agradeceu a Deus por não ser como "este publicano" (Lucas 18.11-14). Mas Jesus disse: " 'Não são os que têm saúde que precisam de médico, mas sim os doentes' " (Mateus 9.12).

Os fundadores do programa de doze passos constataram acertadamente que o âmago da enfermidade humana é a dependência ao próprio eu. Todos nós temos a tendência de querer nos colocar no lugar de Deus e tentar fazer que a vida, as pessoas e o próprio Deus façam a nossa vontade. Por isso, reconhecer que carecemos desesperadamente da ajuda de Deus ajudará não só a Igreja a libertar os cativos dos sintomas exteriores da dependência como também ajudará a libertar muitos fariseus da pérfida dependência do eu.

Dê ênfase à permanência em Cristo

Então, como nos tornamos tudo aquilo que Deus desejou? Como os pastores podem ajudar as pessoas a encontrar liberdade? Há muitas excelentes atividades, mas como Jesus disse a Marta, que estava ocupada preparando muitas coisas boas: "[...] apenas uma [coisa] é necessária [...]" (Lucas 10.38-42). O que é essa "uma coisa"? Jesus nos diz que Maria o ouvia. A maneira de amarmos a Deus é ouvindo e sendo receptivo a cada momento, em constante harmonia com ele.

Jesus sabia que nossa dependência do eu empurra Deus para a periferia. Por isso, Jesus disse: " 'Eu sou a videira; vocês são os ramos. Se alguém permanecer em mim e eu nele, esse dará muito fruto; pois sem mim vocês não podem fazer coisa alguma' " (João 15.5). Mantenha-se conectado; o fruto virá como consequência!

É assim que as pessoas mudam — vivendo cada momento no Espírito, ouvindo-o e respondendo ao Espírito de Deus. Como disse Paulo, ande (cada momento) pelo Espírito e assim você não fará as obras malignas da carne. Você verá o amor, a alegria e a paz crescerem naturalmente. Jesus reitera isso repetidamente. Tudo que você precisa fazer é manter-se conectado com o Espírito, e Deus fará por nós o que nós mesmos não conseguimos fazer por nós mesmos.

Pastoreando dependentes químicos e seus familiares

Curiosamente, essa prática de momento a momento e o contato constante com Deus, estar disposto a fazer unicamente sua vontade, é o princípio basilar dos doze passos. Na verdade, Bill W., que criou os doze passos, reconheceu que eles vieram diretamente do pastor da Calvary Church, Dr. Sam Shoemaker, que levou Bill W. a Cristo por meio de um pequeno grupo. Na minha igreja, já vi muitas pessoas em recuperação crerem em Cristo. Somos testemunhas da obra de Deus na vida dessas pessoas; a única coisa que fizemos foi mostrar-lhes que o Deus que cura deseja que elas o conheçam pessoalmente por meio de Jesus.

Promova a franqueza sempre

Permanecer em Cristo a cada momento começa com relacionamentos autênticos e repletos da graça, que reconhecem francamente as lutas, os fracassos e o pecado. Tiago nos diz que Deus usa esse tipo de cultura para nos curar (Tiago 5.16). Como líderes, precisamos promover uma franqueza implacável para que se torne a norma. Esse tipo de transparência somente acontece quando a graça é o fundamento sobre o qual se baseia todo tipo de interação comunitária. Se eu não acreditar que você "está comigo" e não vir a obra-prima de Deus em mim, aguardando ser revelada, não serei rigorosamente franco. Assim como o modo convencional da natureza humana é estar desconectado de Deus, a nossa natureza pecaminosa nos faz esconder e fingir diante das pessoas também. É por isso que João nos diz para que andemos juntos na luz sem negar o pecado.

Na minha igreja adotamos o lema: "Proibida a entrada de pessoas perfeitas[1]". Este é um modo de constantemente ajustar nossa cultura a fim de admitir que todos temos de vencer lutas, dependências e padrões egoístas de pecados. Quando nos confessamos regularmente uns aos outros e oramos uns pelos outros, encorajando a conexão e a resposta constante com o Espírito Santo, Deus nos cura.

Pratique novas disciplinas espirituais

O crescimento começa com relacionamentos baseados em confissão e graça. Mas nós também precisamos de práticas ou disciplinas intencionais que nos ajudem a permanecer conectados e receptivos ao Espírito de Deus naqueles momentos em que nossas reações automáticas e habituais ameaçam nos dominar. Na maior parte do tempo vivemos no piloto automático. Quando não conseguimos mais nos controlar, porque automaticamente cobiçamos, gastamos demais, temos inveja, julgamos ou bebemos demais — tudo isso é hábito. Estamos treinados a responder automaticamente a certos estímulos de modos específicos. Quer estejamos escravizados ao álcool quer a algum espírito crítico, ficamos presos a hábitos e padrões de conduta que se tornam reações automáticas aos quais não temos forças para resistir.

Precisamos de práticas intencionais para reprogramar nossas reações físicas habituais à velha natureza. A cobiça provoca uma reação física que cria um desejo de ação, mas nossos instintos ou desejos físicos não precisam controlar mais nosso espírito. A prática de prender o primeiro pensamento concupiscente e conversar com Deus sobre como ele vê aquela

---

[1] Esse também é o título do livro de John Burke, publicado por Editora Vida. [N. do R.]

pessoa e o que realmente nos satisfará permite ao Espírito renovar a nossa mente. Quando a língua é treinada a rebater os sentimentos de ofensa ou ira, palavras maldosas fluem naturalmente. Entretanto, a prática de deixar a ofensa ou a ira motivar a conexão com o Espírito, aliada a um compromisso de não falar com a pessoa antes de falar com Deus, nos ajuda a controlar a língua para que seja obediente ao Espírito.

As comunidades restauradoras têm práticas intencionais das quais muitas igrejas poderiam se beneficiar, como o compromisso de confessar perante o grupo, fazer um inventário moral constante, corrigir todos os relacionamentos quebrados, orar diariamente para que somente a vontade de Deus seja feita. Algumas práticas intencionais funcionam como muletas que servem de apoio à cura por um tempo. Depois de algum tempo, a cobiça ou o alcoolismo deixarão de dominar a pessoa, por isso, talvez não precise da mesma prática intencional. Outras práticas como estudo regular ou meditação nas Escrituras, oração e solitude oferecem força constante para nos ajudar a permanecer conectados ao Espírito de Deus, resistindo às mentiras que ameaçam nos desviar.

Confrontando os alcoólatras
Kevin Miller & James D. Berkley

O apóstolo Paulo disse a um jovem pastor chamado Tito para tratar o assunto dos problemas da bebida na Igreja Primitiva (Tito 2.3). A necessidade não mudou muito. O National Institutes of Health estima que 17,6 milhões de pessoas nos Estados Unidos — cerca de um em cada 12 adultos — abusam de álcool ou são dependentes do álcool.[2] De acordo com a Organização Mundial da Saúde, o consumo de álcool é responsável pela morte de 2,5 milhões de pessoas por ano no mundo. É muito provável que alguém com quem você converse na igreja nesta semana tenha problemas com o consumo de álcool. Mas isso geralmente permanece oculto. Eis alguns modos de confrontar esse problema:

Identifique o problema

A maioria das pessoas que tem problema com bebida não o admite. Eles dizem, "Eu não bebo antes das 17 horas. Não fico caído na sarjeta. Não moro dentro de um carro. Então, qual é o problema?". Mas estes são alguns indicativos de um problema subjacente:

- A pessoa tem uma vida toda enrolada e você pergunta: "Por que as coisas não se encaixam?".
- A pessoa tem dificuldade de seguir orientação. Quando você oferece alguma orientação, ela aceita, mas não consegue dar continuidade.
- A pessoa consome álcool constantemente para diminuir a ansiedade ou o estresse. O consumo de álcool passa do prazer para a medicação.

[2] No Brasil, segundo os dados do Levantamento Nacional de Álcool e Drogas, da Universidade Federal de São Paulo, 16% dos adultos consomem álcool de forma nociva. [N. do T.]

Pastoreando dependentes químicos e seus familiares

- Os familiares do alcoólatra dizem: "Ele não se lembra das coisas. Eu digo, 'Você não se lembra de que conversamos sobre isso?', e ele não lembra." Esse já pode ser um sinal do consumo abusivo de álcool.
- A pessoa cresceu numa família de alcoólatras. As pesquisas mostram que o alcoolismo vem de família. Alguém que teve pais alcoólatras tem muito maior risco de desenvolver o problema.

Fale sobre o assunto

O alcoolismo é um assunto difícil de tratar. Você poderá tomar os seguintes passos para explorar o assunto:

- Pergunte sobre o contexto familiar da pessoa: "Seu pai ou mãe, avô ou avó bebiam muito?".
- Pergunte sobre as rotinas de vida: quantas horas trabalha por dia, com que frequência ora, qual a quantidade de bebida que consumiu nos últimos sete dias. Saiba que pessoas com problema de alcoolismo tendem a reconhecer um número menor que a realidade.
- Se você já conquistou a confiança da pessoa, poderá perguntar: "Você já pensou que há uma ligação direta entre o que você está enfrentando e o seu hábito de beber?". A pessoa provavelmente dirá que não. Então, você poderá perguntar: "Você se vê como um consumidor normal de bebida?". Um consumidor normal de bebida nunca pensa nisso. Se a pessoa já pensou no assunto, então você poderá tranquilizá-la desafiando-a a fazer um teste durante 30 dias: não consumir mais do que uma dose de bebida por dia.
- Se quiser ser mais direto, pergunte: "Você já tentou parar de beber?". Ou: "Quando bebe, você para ou tem vontade de tomar mais?". Um dos sintomas do alcoolismo é a perda de controle, ou seja, não ser capaz de parar de beber uma vez que haja começado.

Prepare-se para intervir

A maioria das pessoas com problema de bebida não é capaz de parar de beber sozinha. Elas têm uma doença crônica e progressiva; portanto, precisam de constante conselho e apoio da comunidade — talvez até de medicação. Precisam definitivamente de cuidados médicos quando estiverem em processo de abstinência.

Mas uma das maneiras mais bem-sucedidas — e também problemáticas — de motivar um alcoólatra a procurar ajuda é por meio de confrontação ou intervenção dirigida. Na intervenção, um pequeno número de pessoas próximas do dependente (cônjuge, filhos, patrão, médico, amigo pessoal) confrontam o dependente de modo amoroso, porém firme, com evidências específicas e inegáveis de como o abuso da substância tem causado dano a outros.

Quando a intervenção é feita corretamente, uma ruptura é provocada na autodefesa do dependente e, por um momento, ele reconhece o dano causado por sua dependência.

PASTOREANDO EM SITUAÇÕES ESPECÍFICAS

Nesse momento crucial, a ideia é fazer que o dependente aceite entrar imediatamente num programa de recuperação residente ou ambulatorial por 30 dias, ou se comprometa a frequentar durante 90 dias um grupo dos Alcoólatras Anônimos, ou outra reunião de grupo de apoio pelo maior tempo possível. Uma dessas três opções — internação, atendimento ambulatorial ou uma grande dose de reuniões de grupo, em ordem decrescente de eficácia — é o que se espera de uma intervenção.

Uma confrontação dirigida não é algo que deve ser feito de modo casual ou sem o devido preparo. Se for inadequada, o dependente poderá ser prejudicado e, como se sabe, é comum um dependente irritado ameaçar ou ser violento contra os interventores. Portanto, durante a intervenção, é obrigatória a ajuda profissional adequada. Conselheiros qualificados podem frequentemente ser encontrados por meio de um conselho local de drogas e álcool ou por meio dos Alcoólatras Anônimos e dos Narcóticos Anônimos.

O doutor Anderson Spickard, autor de *Dying for a Drink* [Morrendo por um trago], sugere quarto passos preparatórios para a intervenção:

1. *Oração intercessória.* As pessoas não conseguem restaurar um dependente, mas Deus pode. Orações de rendição e intercessão são cruciais.
2. *Educação.* As pessoas envolvidas precisam ter conhecimento sobre abuso de substâncias. A falta de informação e a ignorância elevam as chances de uma intervenção malsucedida.
3. *Grupo de apoio.* A Al-Anon é um exemplo de grupo de apoio para familiares de dependentes de substâncias químicas.
4. *O fim do consentimento.* A família e os demais capacitadores precisam deixar o dependente experimentar as consequências de sua dependência. Spickard diz: "Enquanto ele puder beber *e* ter uma vida relativamente normal, ele continuará bebendo. Mas se, de repente, ele se vê tendo de pagar suas próprias multas, limpar sua sujeira quando passar mal, dar suas próprias explicações ao chefe, lidar com falência e, caso necessário, cumprir pena de prisão, ele começará a entender uma importante mensagem.".

Conduza a intervenção

Na intervenção, cada membro fala com amor e calma ao dependente sobre os resultados específicos e documentados de sua conduta: uma festa arruinada, uma criança humilhada diante dos amigos, o carro batido, credores que exigem pagamento, ou de alguma vez em que quebrou algum móvel da casa. Entre os participantes-chave podem estar também o pastor, o chefe ou o médico do dependente. Essas pessoas tornam o problema notório.

É preciso fazer um ensaio. Revisar a situação permite que as pessoas emocionalmente envolvidas expressem ira ou mágoa e tratem do tema antes da intervenção propriamente. Também permite estabelecer um roteiro objetivo dentro do tempo estabelecido. Tenha em mente que uma intervenção precisa ser bem planejada.

Recomenda-se fazer a reserva em um local de tratamento por um dia ou dois. Deve-se programar a ausência no emprego. É preciso antecipar e cuidar para que se elimine qualquer obstáculo que leve ao abandono imediato do tratamento. A ideia é aproveitar ao máximo o momento de vulnerabilidade.

Pastoreando dependentes químicos e seus familiares

A maioria dos envolvidos na intervenção concordará com a avaliação, mas nem sempre isso acontece. Mary McMahon, especialista em intervenção de dependentes químicos e de álcool diz:

"Isso não significa que a intervenção fracassou. As intervenções nunca fracassam, porque os membros da família e os amigos recebem ajuda, e, quanto antes receberem ajuda, mais cedo o dependente familiar também a receberá. O processo planta uma semente da recuperação na mente do dependente. Isso ensina os membros da família sobre a doença da dependência, como podem ajudar o dependente e como podem conseguir apoio".

Ajudando os pais de um dependente
John Vawter

O abuso de álcool e drogas entre os jovens é muito mais desastroso do que a maioria de nós admite. De acordo com pesquisas do Barna Group, entre jovens e adolescentes que frequentam uma igreja, 22% dizem que já consumiram álcool ou droga. Contudo, muitos dos pais representados nessa estatística não procuram ajuda para o problema que a família enfrenta. O estigma da dependência ainda é muito forte na igreja.

Ofereça conselho e encorajamento aos pais

Quando um jovem da sua igreja tiver problema de dependência, em algum momento, procure expressar as seguintes verdades fundamentais aos pais:

- *Não tente resolver o problema sozinho.* Encoraje-os a procurar imediatamente um conselheiro em dependência. A dependência é um problema sério, e a reincidência é algo normal. Consultar especialistas é a melhor maneira de seguir em diante. Comece fazendo uma avaliação profissional e depois procure um lugar de tratamento. Os centros cristãos de tratamento são preferíveis, mas não uma exigência. A maioria dos centros se fundamenta nos mesmos princípios basilares.
- *Não espere uma solução rápida.* Mesmo depois de encontrar um centro de tratamento, oriente os pais a não esperar resultados imediatos. A recuperação da dependência é trabalho árduo, e Deus muitas vezes decide agir por meio do processo de abstinência em vez de oferecer cura dramática e rápida. Seja franco com os pais dizendo-lhes que poderão experimentar muitos dos sentimentos a seguir:
    — *Frustração.* Talvez você não consiga controlar o problema.
    — *Ira.* Por causa da sua incapacidade de controlar a situação.
    — *Desgaste.* O problema parece nunca ter fim.
    — *Desilusão.* Você poderá se sentir abandonado por Deus e incapaz de orar.
    — *Tristeza.* Sentir que sua família está se desintegrando.
    — *Medo.* As consequências sobre o filho que você ama são terríveis.
- *Procure ajuda, mas tome cuidado com quem você compartilha o seu problema.* Toda essa situação provoca uma tensão incrível na família. Alguns estudiosos sugerem

PASTOREANDO EM SITUAÇÕES ESPECÍFICAS

que a dependência provoca mais estresse na família do que qualquer outra situação. Com isso em mente, é importante que os pais recebam o apoio de que precisam. Eles não devem sentir que precisam compartilhar suas lutas com todas as pessoas. Na verdade, devem compartilhá-las apenas com amigos próximos que mantenham segredo. O importante é saber que precisarão de alguém para conversar.

- *Não se culpe ou um ao outro.* É importante lembrar os pais de que o fato de o filho ter experimentado droga ou bebida alcóolica não significa que eles tenham errado no papel de pais. Esse é um dos principais obstáculos que os pais precisam superar, e é preciso que se converse sobre o tema. Quando os adultos recordam a própria adolescência, lembram de que seus atos ilícitos e imbecis não foram resultados de atitudes de seus pais. Muito provavelmente, foram reflexos de sua própria estupidez e pecado.
- *Não autorize o seu filho.* Uma vez que a dependência está ligada ao pecado e à tolice, os pais devem evitar dar demasiada autorização ao filho. O jovem precisa lidar com as consequências de sua decisão de beber ou usar drogas. Quando autorizamos a dependência protegendo o filho da punição de seus atos, negamos a ele o privilégio de enfrentar as consequências. Encoraje os pais a adotar as seguintes diretrizes para não autorizar o filho dependente.
  — Insista e reforce a ideia de que seu lar e sua propriedade é área livre de drogas.
  — Estabeleça princípios de amor. Se o filho continuar usando droga, reconheça sua insatisfação, mas ofereça também ajuda sempre que ele pedir.
  — Aceite que a batalha contra as drogas e o álcool é do filho, não sua.
  — Aceite que você não é capaz de consertar seu filho, mas você pode amá-lo.
  — Ceder significa sujeitar-se ao modo como as coisas são e depender de Deus.
- *Procure apoio para você mesmo.* Somente pais saudáveis podem ajudar filhos não saudáveis. O "cuidado de si mesmo" é necessário e importante. O cuidado de si mesmo é comparável a outro passo importante — cuidar de outros filhos da família e gastar tempo e atenção de que precisam.
- *Fortaleça o seu relacionamento matrimonial.* Lembre os pais de que a dependência do filho pode agravar as diferenças de opinião sobre disciplina. Ambos os pais precisam ser firmes e unidos. Isso pode aumentar ainda mais os níveis de frustração. Encoraje-os a encontrar modos saudáveis de aliviar essa pressão. Finalmente, a dor da dependência pode levar marido e mulher a atacar um ao outro, como se o outro fosse o adversário. Por todos esses motivos, talvez eles precisem de aconselhamento matrimonial.

Incentive os pais a se relacionar com outros pais que passam pelas mesmas lutas

Uma das melhores ajudas para pais que lutam contra a dependência de um filho é encontrada no contato com outros pais que conhecem as mesmas batalhas. Os líderes de igreja realizam um ministério significativo quando convocam o Corpo de Cristo a apoiar uns aos outros desse modo. Mas os líderes podem fazer mais do que simplesmente prover conexões.

Os pastores podem tratar da dependência no púlpito. Podem dar oportunidade para que as pessoas que estão se recuperando da dependência deem testemunho. É muito raro encontrar uma igreja que reconheça as lutas singulares por que passam os filhos.

Apesar de chamar a atenção para o campo de batalha da dependência, os líderes de igrejas — e pastores, em particular — também podem reconhecer suas limitações. Poucos deles estão preparados a oferecer aconselhamento em casos de envolvimento com drogas. Tratar do tema da recuperação é uma especialidade muito específica. Os líderes em geral precisam concentrar-se em liderança, visão, discipulado, ensino e pregação, e não tentar se tornar peritos em um campo do conhecimento tão especializado.

Enfrente as suas próprias lutas familiares contra a dependência

Quando a minha família tomou conhecimento da dependência do meu filho, eu tive vontade de pedir demissão do pastorado. O conselho da igreja reagiu da seguinte forma: "Nós nem cogitamos aceitar a sua demissão. Queremos um pastor que entenda as realidades da vida". Sempre serei grato por essa perspectiva e manifestação de apoio.

Naturalmente, precisamos ter consciência das palavras de Paulo sobre as qualificações dos líderes cristãos, mas precisamos também dar a Deus a chance de agir. Muitos conselhos responsabilizam os pastores nos momentos em que mais precisam de ajuda; eles se esquecem de que foi o filho quem tomou as decisões erradas, não o pastor. Tantos os pastores como a família precisam de forte amparo quando estão diante de desafios de um filho que consome drogas. É uma oportunidade especial para a igreja estender a mão e ministrar a seu líder.

Ame o dependente, mas confie em Deus

Como quem já passou por isso sabe, os pais dos dependentes têm necessidades profundas, mas essas necessidades não devem fazer que abandonem seu relacionamento com Deus. Na verdade, o sofrimento por meio da dependência de um filho pode levar os pais a ter de percorrer uma jornada árdua de crescimento na fé à medida que confiam a vida do próprio filho a Deus. Afinal, Deus é que ama esse filho mais do que qualquer pessoa — incluindo seus pais— e Deus é o único que pode trazer paz a uma situação naturalmente complexa.

Ministrando aos dependentes em sexo
Mark Brouwer

Como podemos ajudar alguém que está lidando com dependência em sexo ou com o pecado de compulsão sexual? Pelo fato de os problemas sexuais estarem revestidos de um senso de humilhação, muitas pessoas lutam contra isso em secreto. Procurar ajuda já implica um ato de coragem e queremos honrar essa coragem oferecendo conselho compassivo e sábio. Eis algumas questões que devem ser consideradas:

PASTOREANDO EM SITUAÇÕES ESPECÍFICAS

Não espere ouvir "a história toda" no primeiro contato

Uma vez que a dependência por sexo ou o pecado sexual está rodeado de humilhação, e uma vez que os dependentes têm medo de ser descobertos, leve em conta que a verdade dos fatos se manifestará lentamente, em partes. É muito comum que os dependentes em sexo contem apenas uma parte da história quando confrontados. Depois, à medida que criam mais coragem, aceitam contar mais detalhes. Apesar de ser frustrante e afetar a confiança dos relacionamentos, entenda que esse padrão de comportamento é comum. Tenha paciência para alcançar a verdade dos fatos, fazendo perguntas esclarecedoras sempre que a pessoa se expressar com linguagem vaga.

Ajude o dependente a criar um ambiente livre de armadilhas sexuais

Pelo mesmo motivo que um alcoólatra não deve passar tempo em um bar, os dependentes em sexo precisam monitorar as pessoas e as imagens a seu redor, a fim de evitar tudo aquilo que desencadeie pensamentos e fantasias sexuais. Alguns canais de TV devem ser bloqueados; aplicativos de segurança que filtrem páginas não recomendadas ou que criem um sistema de controle devem ser instalados nos computadores. O dependente em sexo em fase de recuperação deverá evitar assistir a determinados filmes ou passar por certas regiões da cidade, por praias e outros lugares. Além disso, é preciso descartar todos os meios de acesso a relacionamentos sexuais — como conta secreta de *e-mails*, números de telefone e perfis de redes sociais. Quando o dependente estiver fortalecido e seguro do que precisa, será preciso dar os passos necessários para fugir dessas tentações, porque em algum momento futuro, a pessoa terá uma fase de fraqueza e vulnerabilidade.

Ajude o dependente a encontrar um grupo seguro de pessoas que enfrentam as mesmas lutas

Esta estratégia é a mais frequentemente recomendada para a recuperação, e com razão. É fundamental que dependentes de sexo em fase de recuperação estejam envolvidos num grupo com outras pessoas que entendam suas lutas e estejam dispostas a apoiá-los na recuperação. Há uma variedade de grupos de apoio acessíveis a pessoas que lutam contra o vício do sexo. É mais proveitoso que os dependentes participem de grupos que compreendam e foquem o pecado sexual em particular. A dependência sexual é diferente de todas as demais dependências. Esse problema carrega sua própria marca de vergonha, por isso é frequentemente mal compreendido não só pela população em geral, como também por outros dependentes. Dependentes de sexo em fase de recuperação precisam de um ambiente em que possam ser honestos e no qual outros possam ser honestos com eles.

Reconheça que para o dependente de sexo, ter um "companheiro a quem prestar conta" não é suficiente. Pessoas em recuperação precisarão de várias outras pessoas para ajudá-las nessa jornada. Ao fazer parte de um grupo, dependentes em recuperação se tornam expostos a diversos desafios e soluções, sucessos e fracassos, ideias e *insights*. Eles precisam prestar contas a um grupo e a um programa de mudança de vida, não apenas a uma única pessoa que pode não estar por perto quando eles mais precisem.

Pastoreando dependentes químicos e seus familiares

Reconheça que a recuperação exige cura interior

Os dependentes e seus familiares em geral ficam perplexos por não entender por que não conseguiram manter sua resolução de abandonar comportamentos destrutivos. Os vícios são mais fortes do que meros hábitos, pois estes podem ser formados e mudados sempre que houver vontade para que isso ocorra.

Para os dependentes, o sexo assume um papel potente, muito além de criar uma nova vida ou expressar amor a outra pessoa. Torna-se um modo de lidar com tristeza ou estresse, sentir-se forte ou aprovado, ou simplesmente um subterfúgio. A maioria dos dependentes de sexo descobriu logo cedo na vida que o sexo era a "solução" para lutas e dores. Muitas vezes os dependentes experimentavam os mesmos sentimentos de vergonha, perda e estresse quando se tornaram adultos, e de repente se veem em busca das mesmas soluções. A não ser que o dependente aprenda a lidar com os sentimentos e as feridas do passado de maneira saudável, ele continuará a lutar contra a dependência.

Se o dependente for casado, a recuperação não deve focar no relacionamento conjugal

A dependência em sexo ou o pecado sexual é particularmente destrutivo para o casamento. Quebra o compromisso de fidelidade sexual e causa tremendo sofrimento e alienação. O costume de fingir quase sempre é acompanhado de alguma forma de desonestidade — e geralmente uma enorme cadeia de mentiras; por isso, a confiança é quebrada e precisa ser reconquistada.

Muitos dependentes temem perder seu relacionamento; por isso, boa parte da "recuperação" é tomada por preocupações de como conquistar novamente a aceitação do cônjuge. Isso demonstra a falta de compromisso que os dependentes têm com seu próprio bem-estar. Eles precisam primeiro buscar a própria cura, independentemente do que essa cura representará para o matrimônio. Os dependentes precisam se comprometer a tratar da própria recuperação, e não se ater apenas a como o cônjuge reagirá.

Procure ajuda também para o cônjuge do dependente

Muitos cônjuges de dependentes de sexo lutam com sentimentos de responsabilidade pelo pecado do companheiro. Frequentemente influenciados pela racionalização do dependente de transferir a culpa, os cônjuges começam a pensar que, se fossem mais atraentes ou mais sexualmente disponíveis, seu cônjuge não teria esse problema. Não é verdade! As necessidades que levam à compulsão sexual são muito mais profundas do que os impulsos sexuais biológicos, e nenhuma quantidade ou variedade de experiências sexuais os preencheria.

Os cônjuges de dependentes precisam encontrar relacionamentos seguros (de preferência um grupo seguro) em que possam compartilhar suas lutas e ser ouvidos. Precisam de oportunidade para uma conversa e apoio em que possam compartilhar sua ira e dor. Os cônjuges também precisam de apoio para tomar decisões sobre como apoiar a recuperação do dependente, e como tratar de seu relacionamento conjugal e familiar caso o comportamento do dependente não mude. Entenda que os cônjuges precisam de tanta ajuda quanto os dependentes.

Iniciando um ministério de recuperação na igreja
Mark Brouwer

Os líderes de igreja têm dificuldade de encontrar meios de ajudar aqueles que lutam contra alguma forma de vício. Quais são algumas questões que a igreja precisa ter em mente caso deseje iniciar um ministério de recuperação? Estas são algumas das perguntas essenciais a serem consideradas à medida que sua igreja procura estabelecer um ministério de recuperação.

A igreja transmite uma mensagem compatível com o ministério de recuperação?

O ministério de recuperação pode ter diversas formas, mas todas elas precisam estar fundamentadas em um valor central: a transformação espiritual envolve um processo complexo que inclui altos e baixos. Algumas igrejas dão ênfase ao poder de Deus para pôr em ação uma mudança milagrosa de vida a ponto de promover a abordagem da "mudança instantânea". Essa abordagem de vida cristã deixa pouco espaço para os fracassos e recaídas pelos quais muitas pessoas em recuperação passam. Se a ênfase do ensino da igreja for sempre a vitória, sem dar espaço à ideia do esforço, as pessoas que lutam contra a dependência vão abandonar a igreja ou mentir, porque a experiência de vida delas não se coaduna com o ideal da igreja.

A igreja já está fazendo o que pode para ajudar as pessoas a lidar com o vício?

Por que começar um ministério especializado para dependentes se os ministérios já existentes que poderiam estar lidando com as necessidades da dependência não estão cumprido seus objetivos? De modo mais específico, toda igreja pode tomar os seguintes passos práticos para apoiar as pessoas que lutam contra a dependência:

- Capacite os provedores de cuidado pastoral com treinamento básico sobre dependência e apoio à recuperação.
- Forneça uma lista atualizada de grupos de recuperação, centros de treinamento e conselheiros especializados em recuperação de dependentes.
- Inclua referências à dependência e recuperação nos seus sermões e estudos bíblicos semanais.
- Promova eventos periódicos e convide palestrantes para tratar de assuntos relacionados à recuperação.

Pastoreando dependentes químicos e seus familiares

Se ações desse tipo já estão sendo tomadas, talvez haja uma falta de compromisso no enfrentamento da dependência e da recuperação. Se a equipe pastoral e o núcleo básico da liderança não estiverem tomando passos concretos para apoiar o ministério de recuperação, não adiantará nada começar um novo ministério para atender a essas necessidades.

Como o ministério de recuperação se relacionará com grupos locais de doze passos?

A maioria das pessoas que se apresenta como alguém "em recuperação" o faz por participar de algum grupo de doze passos. Esses grupos têm seus próprios procedimentos, encontros e valores, de acordo com os Doze Passos e as Doze Tradições elaborados originalmente pelo fundador dos Alcoólatras Anônimos. Isso levanta diversas questões que precisarão ser tratadas:

- *Apesar de os doze passos serem compatíveis com o ensino cristão, eles não são especificamente cristãos.* Em vez de se referir a Cristo, eles se referem a um "Deus, na forma como o concebemos". As igrejas precisam decidir se utilizarão os doze passos conforme está escrito, ou usarão uma expressão diferente dos princípios de recuperação escritos em linguagem especificamente cristã.
- *Grupos de doze passos enfatizam direção de grupo em vez de controle ou domínio de um único líder.* Os processos e as tradições do programa são prioritários, e o papel do líder não é "governar". As decisões são tomadas pelo grupo. Portanto, se a igreja designa um líder com autoridade de dirigir as atividades do grupo e de tomar as decisões sem a participação do grupo, certamente haverá reações contrárias. As igrejas precisam comunicar exatamente como a liderança funcionará no ministério de recuperação.
- *Grupos de recuperação em doze passos desencorajam a "conversa cruzada", que inclui reagir ao que alguém compartilha.* Nos estudos bíblicos e pequenos grupos da igreja, esse tipo de interação é comum, até mesmo esperada. Mas, nos círculos de recuperação, as pessoas são convidadas a compartilhar o que estão sentindo e experimentando, sem ninguém avaliar ou tentar dar algum conselho. Isso pode criar uma situação desconfortável para os cristãos quando algo "impróprio" é compartilhado, ou alguém expressa uma luta real, e os outros não podem oferecer conselho ou contribuir de modo que ajude a pessoa que esteja com problema.

O que esperar de líderes do ministério de recuperação?

O ministério de recuperação envolve questões sensíveis, uma vez que as pessoas envolvidas estão enfrentando feridas profundas e, às vezes, estão em profunda crise. Isso exige muita sabedoria e graça das pessoas responsáveis pelo ministério.

Os líderes também precisam contar com a credibilidade dos participantes do programa. Pessoas que enfrentam problemas com dependência frequentemente se sentem mal compreendidas por aqueles que nunca tiveram esses problemas; por isso, elas podem não ter

PASTOREANDO EM SITUAÇÕES ESPECÍFICAS

confiança naqueles que nunca passaram pelo processo de recuperação. O conselho sábio da recuperação, passado ao longo dos anos por grupos de recuperação, é que as únicas pessoas qualificadas para dirigir grupos de recuperação são aquelas que já passaram por um programa de recuperação. Além disso, muitas vezes se estabelece que os líderes precisam estar por pelo menos um ano em abstinência antes de dirigir um programa.

Quão abrangente será a sua definição de dependência e recuperação?

A uma última questão sobre a qual a igreja precisa refletir é a abrangência da dependência que quer alcançar. O ministério de recuperação procurará atender às necessidades de vários grupos de recuperação? Esses grupos se enquadram em várias categorias: pessoas em recuperação de dependência química, como álcool e narcóticos; pessoas que lutam contra "processos" ou dependências sem substâncias química, como alimento, jogo e sexo; cônjuges e familiares dos dependentes; os que têm dificuldade de deixar para trás feridas passadas (incluem diversas formas de abuso na infância); e os que lutam contra hábitos destrutivos dos quais não conseguem se livrar. As pessoas nessas diversas categorias têm necessidades diferentes, e o ministério de recuperação precisará decidir em que nível poderá atender a essas necessidades.

À medida que você considera como iniciar o seu ministério de recuperação na igreja, use essas perguntas como orientação. Será necessário muito tempo e esforço para tratar de cada uma das questões, mas no fim você terá uma base muito mais sólida e uma estratégia muito mais eficaz para seu ministério de recuperação.

Introdução a 1CORÍNTIOS

PANO DE FUNDO
A cidade de Corinto era um grande porto e a capital da Acaia, na Grécia. Dois terços da população da cidade eram escravos. Corinto tinha muitos templos, o mais famoso deles o de Afrodite, deusa do amor; por causa das prostitutas do templo, a cidade era identificada com sua imoralidade. A cidade tinha também uma comunidade judaica, fato evidenciado pelos restos arqueológicos de uma sinagoga. O autor de 1Coríntios é mencionado nos dois primeiros versículos: "Paulo, chamado para ser apóstolo de Cristo Jesus pela vontade de Deus, e o irmão Sóstenes, à igreja de Deus que está em Corinto [...]". Paulo é também citado como autor em 16.21.

MENSAGEM
Paulo sente responsabilidade pela igreja coríntia, pois ele ajudou a implantá-la por ocasião de sua segunda viagem missionária (Atos 18.1-17). Quando Paulo escreve a epístola, a igreja está lutando contra a desunião, a imoralidade e uma dificuldade geral de viver como cristãos piedosos em uma cultura secular. Paulo os encoraja à unidade em e através de Cristo. Ele confronta o pecado na igreja e comenta a respeito da conveniência do casamento. Ele defende a liberdade em Cristo, vivida responsavelmente por amor à comunidade mais ampla. Ao se aproximar do fim do texto de admoestação, Paulo apresenta um ensino crítico a respeito da celebração da Ceia do Senhor, e a Igreja como um Corpo com muitos membros ou partes, cada qual com sua função específica. É parte deste ensino o sempre citado capítulo sobre a virtude do amor, ou caridade (13.1-13). Outra passagem memorável leva à esperança o leitor e à ressurreição e ao Cristo ressuscitado: "Mas graças a Deus, que nos dá a vitória por meio de nosso Senhor Jesus Cristo" (15.57).

ÉPOCA
A primeira carta de Paulo aos cristãos em Corinto foi escrita em Éfeso (16.8), por volta do ano 55.

ESBOÇO
I. Necessidade de unidade
    A. Introdução — 1.1-9
    B. A sabedoria de Deus é melhor — 1.10—2.16
    C. Apelo à unidade na igreja — 3.1—4.21

II. O pecado que separa
    A. Pecados sexuais — 5.1-13
    B. Processos entre os cristãos — 6.1-8
    C. Outros pecados sexuais — 6.9-20

III. Instruções para a vida
    A. Casamento — 7.1-40
    B. Liberdade cristã — 8.1—10.33
    C. O culto público — 11.1-34
    D. Dons espirituais — 12.1—14.40
    E. A ressurreição dos mortos — 15.1-58

IV. Saudações e instruções — 16.1-24

1CORÍNTIOS 1.1

1 Paulo, chamado para ser apóstolo[a] de Cristo Jesus pela vontade de Deus,[b] e o irmão Sóstenes,[c]

2 à igreja de Deus que está em Corinto,[d] aos santificados em Cristo Jesus e chamados[e] para serem santos, com todos os que, em toda parte, invocam o nome de nosso Senhor Jesus Cristo, Senhor deles e nosso:

3 A vocês, graça e paz da parte de Deus, nosso Pai, e do Senhor Jesus Cristo.[f]

A Gratidão de Paulo

4 Sempre dou graças a meu Deus por vocês,[g] por causa da graça que dele receberam em Cristo Jesus. **5** Pois nele vocês foram enriquecidos[h] em tudo, isto é, em toda palavra e em todo conhecimento,[i] **6** porque o testemunho[j] de Cristo foi confirmado entre vocês, **7** de modo que não falta a vocês nenhum dom espiritual, enquanto vocês esperam que o nosso Senhor Jesus Cristo seja revelado.[k] **8** Ele os manterá firmes até o fim, de modo que vocês serão irrepreensíveis[l] no dia de nosso Senhor Jesus Cristo. **9** Fiel[m] é Deus, o qual os chamou à comunhão com seu Filho Jesus Cristo, nosso Senhor.[m]

As Divisões na Igreja

10 Irmãos, em nome de nosso Senhor Jesus Cristo suplico a todos vocês que concordem uns com os outros no que falam, para que não haja divisões entre vocês; antes, que todos estejam unidos num só pensamento e num só parecer. **11** Meus irmãos, fui informado por alguns da casa de Cloe de que há divisões entre vocês. **12** Com isso quero dizer que algum de vocês afirma: "Eu sou de Paulo";[o] ou "Eu sou de Apolo";[p] ou "Eu sou de Pedro!";[q] ou ainda "Eu sou de Cristo".

13 Acaso Cristo está dividido? Foi Paulo crucificado em favor de vocês? Foram vocês batizados em nome de Paulo?[r] **14** Dou graças a Deus por não ter batizado nenhum de vocês, exceto Crispo[s] e Gaio;[t] **15** de modo que ninguém pode dizer que foi batizado em meu nome. **16** (Batizei também os da casa de Estéfanas;[u] além desses, não me lembro se batizei alguém mais.) **17** Pois Cristo não me enviou para batizar,[v] mas para pregar o evangelho, não porém com palavras de sabedoria humana,[w] para que a cruz de Cristo não seja esvaziada.

Cristo, Sabedoria e Poder de Deus

18 Pois a mensagem da cruz é loucura para os que estão perecendo,[x] mas para nós, que estamos sendo salvos, é o poder de Deus.[y] **19** Pois está escrito:

"Destruirei a sabedoria
    dos sábios
e rejeitarei a inteligência
    dos inteligentes"[2].[z]

20 Onde está o sábio?[a] Onde está o erudito? Onde está o questionador desta era? Acaso não tornou Deus louca[b] a sabedoria deste mundo? **21** Visto que, na sabedoria de Deus, o mundo não o conheceu por meio da sabedoria humana, agradou a Deus salvar aqueles que creem por meio da loucura da pregação. **22** Os judeus pedem sinais milagrosos,[c] e os gregos procuram sabedoria; **23** nós, porém, pregamos Cristo crucificado, o qual, de fato, é escândalo[d] para os judeus e loucura[e] para os gentios[3], **24** mas para os que foram chamados,[f] tanto judeus como gregos, Cristo é o poder de Deus e a sabedoria de Deus.[g] **25** Porque a loucura[h] de Deus é mais sábia que a sabedoria humana, e a fraqueza[i] de Deus é mais forte que a força do homem.

26 Irmãos, pensem no que vocês eram quando foram chamados. Poucos eram sábios segundo os padrões humanos[4]; poucos eram poderosos; poucos eram de nobre nascimento. **27** Mas Deus escolheu[j] o que para o mundo é loucura[k] para envergonhar

---

[1] **1.12** Grego: *Cefas*; também em 3.22, 9.5 e 15.5.
[2] **1.19** Is 29.14
[3] **1.23** Isto é, os que não são judeus.
[4] **1.26** Grego: *a carne*.

os sábios e escolheu o que para o mundo é fraqueza para envergonhar o que é forte. ²⁸ Ele escolheu o que para o mundo é insignificante, desprezado e o que nada é,ˡ para reduzir a nada o que é, ²⁹ a fim de que ninguém se vanglorie diante dele.ᵐ ³⁰ É, porém, por iniciativa dele que vocês estão em Cristo Jesus, o qual se tornou sabedoria de Deus para nós, isto é, justiça,ⁿ santidade e redenção,ᵒ ³¹ para que, como está escrito: "Quem se gloriar, glorie-se no Senhor"¹.ᵖ

2 Eu mesmo, irmãos, quando estive entre vocês, não fui com discurso eloquente nem com muita sabedoriaᑫ para lhes proclamar o mistério de Deus². ² Pois decidi nada saber entre vocês, a não ser Jesus Cristo, e este crucificado.ʳ ³ E foi com fraqueza,ˢ temor e com muito tremor que estive entre vocês. ⁴ Minha mensagem e minha pregação não consistiram em palavras persuasivas de sabedoria, mas em demonstração do poder do Espírito,ᵗ ⁵ para que a fé que vocês têm não se baseasse na sabedoria humana, mas no poder de Deus.ᵘ

A Sabedoria Procedente do Espírito

⁶ Entretanto, falamos de sabedoria entre os que já têm maturidade,ᵛ mas não da sabedoria desta eraʷ ou dos poderosos desta era, que estão sendo reduzidos a nada. ⁷ Ao contrário, falamos da sabedoria de Deus, do mistério que estava oculto, o qual Deus preordenou, antes do princípio das eras, para a nossa glória. ⁸ Nenhum dos poderosos desta era o entendeu, pois, se o tivessem entendido, não teriam crucificado o Senhor da glória.ˣ ⁹ Todavia, como está escrito:

"Olho nenhum viu,
ouvido nenhum ouviu,
mente nenhuma imaginou
o que Deus preparou
para aqueles que o amam"³;ʸ

¹⁰ mas Deus o revelouᶻ a nós por meio do Espírito.ᵃ

O Espírito sonda todas as coisas, até mesmo as coisas mais profundas de Deus. ¹¹ Pois quem conhece os pensamentos do homem,ᵇ a não ser o espírito do homemᶜ que nele está? Da mesma forma, ninguém conhece os pensamentos de Deus, a não ser o Espírito de Deus. ¹² Nós, porém, não recebemos o espíritoᵈ do mundo,ᵉ mas o Espírito procedente de Deus, para que entendamos as coisas que Deus nos tem dado gratuitamente. ¹³ Delas também falamos, não com palavras ensinadas pela sabedoria humana,ᶠ mas com palavras ensinadas pelo Espírito, interpretando verdades espirituais para os que são espirituais⁴. ¹⁴ Quem não tem o Espírito não aceita as coisas que vêm do Espírito de Deus, pois lhe são loucura;ᵍ e não é capaz de entendê-las, porque elas são discernidas espiritualmente. ¹⁵ Mas quem é espiritual discerne todas as coisas, e ele mesmo por ninguém é discernido; pois

¹⁶ "quem conheceu a mente
do Senhor
para que possa instruí-lo?"⁵ʰ

Nós, porém, temos a mente de Cristo.ⁱ

As Divisões na Igreja

3 Irmãos, não pude falar a vocês como a espirituais,ʲ mas como a carnais,ᵏ como a criançasˡ em Cristo. ² Dei a vocês leite, e não alimento sólido,ᵐ pois vocês não estavam em condições de recebê-lo.ⁿ De fato, vocês ainda não estão em condições, ³ porque ainda são carnais. Porque, visto que há inveja e divisãoᵒ entre vocês, não estão sendo carnais e agindo como mundanos? ⁴ Pois, quando alguém diz: "Eu sou de Paulo" e outro: "Eu sou de Apolo",ᵖ não estão sendo mundanos?

⁵ Afinal de contas, quem é Apolo? Quem é Paulo? Apenas servos por meio dos quais

---

¹ **1.31** Jr 9.24
² **2.1** Vários manuscritos dizem *o testemunho de Deus*.
³ **2.9** Is 64.4
⁴ **2.13** Ou *comparando realidades espirituais com realidades espirituais*
⁵ **2.16** Is 40.13

vocês vieram a crer, conforme o ministério que o Senhor atribuiu a cada um. ⁶ Eu plantei,ᵍ Apolo regou, mas Deus é quem fez crescer; ⁷ de modo que nem o que planta nem o que rega são alguma coisa, mas unicamente Deus, que efetua o crescimento. ⁸ O que planta e o que rega têm um só propósito, e cada um será recompensado de acordo com o seu próprio trabalho.ʳ ⁹ Pois nós somos cooperadores de Deus;ˢ vocês são lavoura de Deusᵗ e edifício de Deus.ᵘ

¹⁰ Conforme a graça de Deus que me foi concedida,ᵛ eu, como sábio construtor, lancei o alicerce,ʷ e outro está construindo sobre ele. Contudo, veja cada um como constrói. ¹¹ Porque ninguém pode colocar outro alicerce além do que já está posto, que é Jesus Cristo.ˣ ¹² Se alguém constrói sobre esse alicerce usando ouro, prata, pedras preciosas, madeira, feno ou palha, ¹³ sua obra será mostrada,ʸ porque o Diaᶻ a trará à luz; pois será revelada pelo fogo, que provará a qualidade da obra de cada um. ¹⁴ Se o que alguém construiu permanecer, esse receberá recompensa. ¹⁵ Se o que alguém construiu se queimar, esse sofrerá prejuízo; contudo, será salvo como alguém que escapa através do fogo.ᵃ

¹⁶ Vocês não sabem que são santuárioᵇ de Deus e que o Espírito de Deus habita em vocês? ¹⁷ Se alguém destruir o santuário de Deus, Deus o destruirá; pois o santuário de Deus, que são vocês, é sagrado.

¹⁸ Não se enganem. Se algum de vocês pensa que é sábioᶜ segundo os padrões desta era, deve tornar-se "louco"ᵈ para que se torne sábio. ¹⁹ Porque a sabedoria deste mundo é loucura aos olhos de Deus. Pois está escrito: "Ele apanha os sábios na astúcia deles";ᵉ ²⁰ e também: "O Senhor conhece os pensamentos dos sábios e sabe como são fúteis"².ᶠ ²¹ Portanto, ninguém se glorie em homens;ᵍ porque todas as coisas são de vocês,ʰ ²² seja Paulo, seja Apolo, seja Pedro,ⁱ sejam o mundo, a vida, a morte, o presente ou o futuro;ʲ tudo é de vocês, ²³ e vocês são de Cristo,ᵏ e Cristo de Deus.

Apóstolos de Cristo

4 Portanto, que todos nos considerem servos de Cristo e encarregadosˡ dos mistériosᵐ de Deus. ² O que se requer desses encarregados é que sejam fiéis. ³ Pouco me importa ser julgado por vocês ou por qualquer tribunal humano; de fato, nem eu julgo a mim mesmo. ⁴ Embora em nada minha consciência me acuse, nem por isso justifico a mim mesmo;ⁿ o Senhor é quem me julga. ⁵ Portanto, não julguem nadaᵒ antes da hora devida; esperem até que o Senhor venha. Ele trará à luz o que está oculto nas trevas e manifestará as intenções dos corações. Nessa ocasião, cada um receberá de Deusᵖ a sua aprovação.

⁶ Irmãos, apliquei essas coisas a mim e a Apolo por amor a vocês, para que aprendam de nós o que significa: "Não ultrapassem o que está escrito".ᵠ Assim, ninguém se orgulhe a favor de um homem em detrimento de outro.ʳ ⁷ Pois quem torna você diferente de qualquer outra pessoa? O que você tem que não tenha recebido?ˢ E, se o recebeu, por que se orgulha, como se assim não fosse?

⁸ Vocês já têm tudo o que querem! Já se tornaram ricos!ᵗ Chegaram a ser reis — e sem nós! Como eu gostaria que vocês realmente fossem reis, para que nós também reinássemos com vocês! ⁹ Porque me parece que Deus nos pôs a nós, os apóstolos, em último lugar, como condenados à morte.ᵘ Viemos a ser um espetáculoᵛ para o mundo, tanto diante de anjos como de homens. ¹⁰ Nós somos loucos por causa de Cristo,ʷ mas vocês são sensatos em Cristo!ˣ Nós somos fracos, mas vocês são fortes!ʸ Vocês são respeitados, mas nós somos desprezados! ¹¹ Até agora estamos passando fome, sede e necessidade de roupas, estamos sendo tratados brutalmente, não temos

---

¹ **3.19** Jó 5.13
² **3.20** Sl 94.11

residência certa^z e ¹² trabalhamos arduamente com nossas próprias mãos.^{a} Quando somos amaldiçoados, abençoamos;^{b} quando perseguidos, suportamos; ¹³ quando caluniados, respondemos amavelmente. Até agora nos tornamos a escória da terra, o lixo do mundo.^{c}

¹⁴ Não estou tentando envergonhá-los ao escrever estas coisas, mas procuro adverti-los, como a meus filhos amados.^{d} ¹⁵ Embora possam ter dez mil tutores em Cristo, vocês não têm muitos pais, pois em Cristo Jesus eu mesmo os gerei por meio do evangelho.^{e} ¹⁶ Portanto, suplico-lhes que sejam meus imitadores.^{f} ¹⁷ Por essa razão estou enviando a vocês Timóteo, meu filho^g amado e fiel no Senhor, o qual lhes trará à lembrança a minha maneira de viver em Cristo Jesus, de acordo com o que eu ensino por toda parte, em todas as igrejas.^{h}

¹⁸ Alguns de vocês se tornaram arrogantes, como se eu não fosse mais visitá-los. ¹⁹ Mas irei muito em breve,^{i} se o Senhor permitir;^{j} então saberei não apenas o que estão falando esses arrogantes, mas que poder eles têm. ²⁰ Pois o Reino de Deus não consiste em palavras, mas em poder. ²¹ Que é que vocês querem? Devo ir a vocês com vara,^{k} ou com amor e espírito de mansidão?

Imoralidade na Igreja!

5 Por toda parte se ouve que há imoralidade entre vocês, imoralidade que não ocorre nem entre os pagãos, a ponto de um de vocês possuir a mulher de seu pai.^{l} ² E vocês estão orgulhosos! Não deviam, porém, estar cheios de tristeza^m e expulsar da comunhão aquele que fez isso? ³ Apesar de eu não estar presente fisicamente, estou com vocês em espírito.^{n} E já condenei aquele que fez isso, como se estivesse presente. ⁴ Quando vocês estiverem reunidos em nome de nosso Senhor Jesus,^{o} estando eu com vocês em espírito, estando presente também o poder de nosso Senhor Jesus Cristo, ⁵ entreguem esse homem^p a Satanás, para que o corpo^1 seja destruído, e seu espírito seja salvo no dia do Senhor.

⁶ O orgulho de vocês não é bom.^{q} Vocês não sabem que um pouco de fermento^r faz toda a massa ficar fermentada?^{s} ⁷ Livrem-se do fermento velho, para que sejam massa nova e sem fermento, como realmente são. Pois Cristo, nosso Cordeiro pascal, foi sacrificado.^{t} ⁸ Por isso, celebremos a festa, não com o fermento velho nem com o fermento da maldade e da perversidade, mas com os pães sem fermento,^{u} os pães da sinceridade e da verdade.

⁹ Já disse por carta que vocês não devem associar-se^v com pessoas imorais. ¹⁰ Com isso não me refiro aos imorais deste mundo^w nem aos avarentos, aos ladrões ou aos idólatras. Se assim fosse, vocês precisariam sair deste mundo. ¹¹ Mas agora estou escrevendo que não devem associar-se com qualquer que, dizendo-se irmão, seja imoral, avarento, idólatra,^{x} caluniador, alcoólatra ou ladrão. Com tais pessoas vocês nem devem comer.

¹² Pois como haveria eu de julgar os de fora^y da igreja? Não devem vocês julgar os que estão dentro?^{z} ¹³ Deus julgará os de fora. "Expulsem esse perverso do meio de vocês."^{a}

6 Se algum de vocês tem queixa contra outro irmão, como ousa apresentar a causa para ser julgada pelos ímpios, em vez de levá-la aos santos?^{b} ² Vocês não sabem que os santos hão de julgar o mundo?^{c} Se vocês hão de julgar o mundo, acaso não são capazes de julgar as causas de menor importância? ³ Vocês não sabem que haveremos de julgar os anjos? Quanto mais as coisas desta vida! ⁴ Portanto, se vocês têm questões relativas às coisas desta vida, designem para juízes os que são da igreja, mesmo que sejam os menos importantes.^{c} ⁵ Digo isso para envergonhá-los.^{d} Acaso não há entre vocês alguém suficientemente sábio para julgar uma causa entre irmãos?^{e} ⁶ Mas, em

---

^{1} **5.5** Grego: *a carne*.

vez disso, um irmão vai ao tribunal contra outro irmão, e isso diante de descrentes!ᶠ

⁷ O fato de haver litígios entre vocês já significa uma completa derrota. Por que não preferem sofrer a injustiça? Por que não preferem sofrer o prejuízo?ᵍ ⁸ Em vez disso vocês mesmos causam injustiças e prejuízos, e isso contra irmãos!ʰ

⁹ Vocês não sabem que os perversos não herdarão o Reino de Deus.ⁱ Não se deixem enganar:ʲ nem imorais, nem idólatras, nem adúlteros, nem homossexuais passivos ou ativosᵉ, ¹⁰ nem ladrões, nem avarentos, nem alcoólatras, nem caluniadores, nem trapaceiros herdarão o Reino de Deus. ¹¹ Assim foram alguns de vocês.ᵏ Mas vocês foram lavados,ˡ foram santificados,ᵐ foram justificados no nome do Senhor Jesus Cristo e no Espírito de nosso Deus.

O Perigo da Imoralidade

¹² "Tudo me é permitido", mas nem tudo convém.ⁿ "Tudo me é permitido", mas eu não deixarei que nada me domine. ¹³ "Os alimentos foram feitos para o estômago e o estômago para os alimentos", mas Deus destruirá ambos.ᵒ O corpo, porém, não é para a imoralidade, mas para o Senhor, e o Senhor para o corpo. ¹⁴ Por seu poder, Deus ressuscitou o Senhor e também nos ressuscitará.ᵖ ¹⁵ Vocês não sabem que os seus corpos são membros de Cristo? Tomarei eu os membros de Cristoᵠ e os unirei a uma prostituta? De maneira nenhuma! ¹⁶ Vocês não sabem que aquele que se une a uma prostituta é um corpo com ela? Pois como está escrito: "Os dois serão uma só carne"¹.ʳ ¹⁷ Mas aquele que se une ao Senhor é um espírito com ele.ˢ

¹⁸ Fujam da imoralidade sexual.ᵗ Todos os outros pecados que alguém comete, fora do corpo os comete; mas quem peca sexualmente, peca contra o seu próprio corpo.ᵘ ¹⁹ Acaso não sabem que o corpo de vocês é santuárioᵛ do Espírito Santo que habita em vocês, que lhes foi dado por Deus, e que vocês não são de vocês mesmos?ʷ ²⁰ Vocês foram comprados por alto preço.ˣ Portanto, glorifiquem a Deus com o seu próprio corpo.

Acerca do Casamento

7 Quanto aos assuntos sobre os quais vocês escreveram, é bom que o homem não toque em mulher,²ʸ ² mas, por causa da imoralidade, cada um deve ter sua esposa e cada mulher o seu próprio marido. ³ O marido deve cumprir os seus deveres conjugais para com a sua mulher,ᶻ e da mesma forma a mulher para com o seu marido. ⁴ A mulher não tem autoridade sobre o seu próprio corpo, mas sim o marido. Da mesma forma, o marido não tem autoridade sobre o seu próprio corpo, mas sim a mulher. ⁵ Não se recusem um ao outro, exceto por mútuo consentimento e durante certo tempo,ᵃ para se dedicarem à oração. Depois, unam-se de novo, para que Satanásᵇ não os tenteᶜ por não terem domínio próprio. ⁶ Digo isso como concessão, e não como mandamento.ᵈ ⁷ Gostaria que todos os homens fossem como eu;ᵉ mas cada um tem o seu próprio dom da parte de Deus; um de um modo, outro de outro.ᶠ

⁸ Digo, porém, aos solteiros e às viúvas: É bom que permaneçam como eu.ᵍ ⁹ Mas, se não conseguem controlar-se, devem casar-se,ʰ pois é melhor casar-se do que ficar ardendo de desejo.

¹⁰ Aos casados dou este mandamento, não eu, mas o Senhor: Que a esposa não se separe do seu marido.ⁱ ¹¹ Mas, se o fizer, que permaneça sem se casar ou, então, reconcilie-se com o seu marido. E o marido não se divorcie da sua mulher.

¹² Aos outros, eu mesmo digo isto, não o Senhor:ʲ Se um irmão tem mulher descrente e ela se dispõe a viver com ele, não se divorcie dela. ¹³ E, se uma mulher tem marido

---

¹ **6.9** Ou *nem efeminados*. O termo grego refere-se a homens que se submetem a todo tipo de depravação sexual com outros homens.

6.16 Gn 2.24

² **7.1** Ou *é bom que o homem se abstenha de ter relações sexuais com qualquer mulher*,

---

6.6 ᶠ2Co 6.14,15
6.7 ᵍMt 5.39,40
6.8 ʰ1Ts 4.6
6.9 ⁱGl 5.21; ʲ1Co 15.33; Tg 1.16
6.11 ᵏEf 2.2; ˡAt 22.16; ᵐ1Co 1.2
6.12 ⁿ1Co 10.23
6.13 ᵒCl 2.22
6.14 ᵖRm 6.5; Ef 1.19,20
6.15 ᵠRm 12.5
6.16 ʳGn 2.24; Mt 19.5; Ef 5.31
6.17 ˢJo 17.21-23; Gl 2.20
6.18 ᵗ2Co 12.21; 1Ts 4.3,4; Hb 13.4 ᵘRm 6.12
6.19 ᵛJo 2.21; ʷRm 14.7,8
6.20 ˣAt 20.28; 1Co 7.23; 1Pe 1.18,19; Ap 5.9
7.1 ʸv. 8,26
7.3 ᶻEx 21.10; 1Pe 3.7
7.5 ᵃEx 19.15; 1Sm 21.4,5 ᵇMt 4.10 ᶜ1Ts 3.5
7.6 ᵈ2Co 8.8
7.7 ᵉv. 8; 1Co 9.5 ᶠMt 19.11,12; Rm 12.6; 1Co 12.4,11
7.8 ᵍv. 1,26
7.9 ʰ1Tm 5.14
7.10 ⁱMl 2.14-16; Mt 5.32; 19.3-9; Mc 10.11; Lc 16.18
7.12 ʲv. 6,10; 2Co 11.7

descrente e ele se dispõe a viver com ela, não se divorcie dele. ¹⁴ Pois o marido descrente é santificado por meio da mulher, e a mulher descrente é santificada por meio do marido. Se assim não fosse, seus filhos seriam impuros, mas agora são santos.ᵏ

¹⁵ Todavia, se o descrente separar-se, que se separe. Em tais casos, o irmão ou a irmã não fica debaixo de servidão; Deus nos chamou para vivermos em paz.ˡ ¹⁶ Você, mulher, como sabe se salvaráᵐ seu marido?ⁿ Ou você, marido, como sabe se salvará sua mulher?

¹⁷ Entretanto, cada um continue vivendo na condição que o Senhor lhe designou e de acordo com o chamado de Deus.ᵒ Esta é a minha ordem para todas as igrejas.ᵖ ¹⁸ Foi alguém chamado quando já era circuncidado? Não desfaça a sua circuncisão. Foi alguém chamado sendo incircunciso? Não se circuncide.ᑫ ¹⁹ A circuncisão não significa nada, e a incircuncisão também nadaʳ é; o que importa é obedecer aos mandamentos de Deus. ²⁰ Cada um deve permanecer na condição em que foi chamado por Deus.ˢ ²¹ Foi você chamado sendo escravo? Não se incomode com isso. Mas, se você puder conseguir a liberdade, consiga-a. ²² Pois aquele que, sendo escravo, foi chamado pelo Senhor, é liberto e pertence ao Senhor;ᵗ semelhantemente, aquele que era livre quando foi chamado é escravo de Cristo.ᵘ ²³ Vocês foram comprados por alto preço;ᵛ não se tornem escravos de homens. ²⁴ Irmãos, cada um deve permanecer diante de Deus na condição em que foi chamado.ʷ

²⁵ Quanto às pessoas virgens, não tenho mandamento do Senhor,ˣ mas dou meu parecer como alguém que, pela misericórdia de Deus,ʸ é digno de confiança. ²⁶ Por causa dos problemas atuais, penso que é melhor o homem permanecer como está.ᶻ ²⁷ Você está casado? Não procure separar-se. Está solteiro? Não procure esposa. ²⁸ Mas, se vier a casar-se, não comete pecado; e, se uma virgem se casar, também não comete pecado. Mas aqueles que se casarem enfrentarão muitas dificuldades na vida¹, e eu gostaria de poupá-los disso.

²⁹ O que quero dizer é que o tempo é curto.ᵃ De agora em diante, aqueles que têm esposa, vivam como se não tivessem; ³⁰ aqueles que choram, como se não chorassem; os que estão felizes, como se não estivessem; os que compram algo, como se nada possuíssem; ³¹ os que usam as coisas do mundo, como se não as usassem; porque a forma presente deste mundo está passando.ᵇ

³² Gostaria de vê-los livres de preocupações. O homem que não é casado preocupa-se com as coisas do Senhor,ᶜ em como agradar ao Senhor. ³³ Mas o homem casado preocupa-se com as coisas deste mundo, em como agradar sua mulher, ³⁴ e está dividido. Tanto a mulher não casada como a virgem preocupam-se com as coisas do Senhor, para serem santas no corpo e no espírito.ᵈ Mas a casada preocupa-se com as coisas deste mundo, em como agradar seu marido. ³⁵ Estou dizendo isso para o próprio bem de vocês; não para lhes impor restrições, mas para que possam viver de maneira correta, em plenaᵉ consagração ao Senhor.

³⁶ Se alguém acha que está agindo de forma indevida diante da virgem de quem está noivo, que ela está passando da idade, achando que deve se casar, faça como achar melhor. Com isso não peca.ᶠ Casem-se. ³⁷ Contudo, o homem que decidiu firmemente em seu coração que não se sente obrigado, mas tem controle sobre sua própria vontade e decidiu não se casar com a virgem — este também faz bem.ᵍ ³⁸ Assim, aquele que se casa com a virgem faz bem, mas aquele que não se casa faz melhor.²

---

¹ **7.28** Grego: *carne*.
² **7.36-38** Ou 36*Se alguém acha que não está tratando sua filha como é devido e que ela está numa idade madura, pelo que ele se sente obrigado a casá-la, faça como achar melhor. Com isso não peca. Deve permitir que se case. 37Contudo, o que se mantém firme no seu propósito e não é dominado por seus impulsos, mas*

39 A mulher está ligada a seu marido enquanto ele viver.ʰ Mas, se o seu marido morrer, ela estará livre para se casar com quem quiser, contanto que ele pertença ao Senhor.ⁱ **40** Em meu parecer,ʲ ela será mais feliz se permanecer como está; e penso que também tenho o Espírito de Deus.

A Comida Sacrificada aos Ídolos

8 Com respeito aos alimentos sacrificados aos ídolos,ᵏ sabemos que todos temos conhecimento.¹¹ O conhecimento traz orgulho, mas o amor edifica. **2** Quem pensa conhecer alguma coisa,ᵐ ainda não conhece como deveria.ⁿ **3** Mas quem ama a Deus, este é conhecido por Deus.ᵒ

4 Portanto, em relação ao alimento sacrificado aos ídolos,ᵖ sabemos que o ídolo não significa nada no mundoᵠ e que só existe um Deus.ʳ **5** Pois, mesmo que haja os chamados deuses,ˢ quer no céu, quer na terra (como de fato há muitos "deuses" e muitos "senhores"), **6** para nós, porém, há um único Deus, o Pai,ᵗ de quem vêm todas as coisasᵘ e para quem vivemos; e um só Senhor,ᵛ Jesus Cristo, por meio de quem vieram todas as coisasʷ e por meio de quem vivemos.

7 Contudo, nem todos têm esse conhecimento. Alguns, ainda habituados com os ídolos, comem esse alimento como se fosse um sacrifício idólatra; como a consciência deles é fraca,ˣ fica contaminada. **8** A comida, porém, não nos torna aceitáveis diante de Deus;ʸ não seremos piores se não comermos, nem melhores se comermos.

9 Contudo, tenham cuidado para que o exercício da liberdade de vocês não se torne uma pedra de tropeçoᶻ para os fracos.ᵃ **10** Pois, se alguém que tem a consciência fraca vir você que tem esse conhecimento comer num templo de ídolos, não será induzido a comer do que foi sacrificado a ídolos? **11** Assim, esse irmão fraco, por quem Cristo morreu, é destruídoᵇ por causa do conhecimento que você tem. **12** Quando você peca contra seus irmãosᶜ dessa maneira, ferindo a consciência fraca deles, peca contra Cristo. **13** Portanto, se aquilo que eu como leva o meu irmão a pecar, nunca mais comerei carne, para não fazer meu irmão tropeçar.ᵈ

Os Direitos de um Apóstolo

9 Não sou livre? Não sou apóstolo?ᵉ Não vi Jesus, nosso Senhor?ᶠ Não são vocês resultado do meu trabalho no Senhor?ᵍ **2** Ainda que eu não seja apóstolo para outros, certamente o sou para vocês! Pois vocês são o seloʰ do meu apostolado no Senhor.

3 Essa é minha defesa diante daqueles que me julgam. **4** Não temos nós o direito de comer e beber?ⁱ **5** Não temos nós o direito de levar conosco uma esposa crenteʲ como fazem os outros apóstolos, os irmãos do Senhorᵏ e Pedro? **6** Ou será que só eu e Barnabéˡ não temos direito de receber sustento sem trabalhar?

7 Quem serve como soldado à própria custa? Quem planta uma vinhaᵐ e não come do seu fruto? Quem apascenta um rebanho e não bebe do seu leite? **8** Não digo isso do ponto de vista meramente humano; a Lei não diz a mesma coisa? **9** Pois está escrito na Lei de Moisés: "Não amordace o boi enquanto ele estiver debulhando o cereal"².ⁿ Por acaso é com bois que Deus está preocupado?ᵒ **10** Não é certamente por nossa causa que ele o diz? Sim, isso foi escrito em nosso favor.ᵖ Porque "o lavrador quando ara e o debulhador quando debulha, devem fazê-lo na esperança de participar da colheita".ᵠ **11** Se entre vocês semeamos coisas espirituais, seria demais colhermos de vocês coisas materiais?ʳ **12** Se outros têm direito de ser sustentados por vocês, não o temos nós ainda mais?

---

domina sua própria vontade, e resolveu manter solteira sua filha, este também faz bem. 38De modo que aquele que dá sua filha em casamento faz bem, mas o que não a dá em casamento faz melhor.

¹ 8.1 Ou *ídolos*, *"todos temos conhecimento"*, *conforme vocês dizem.*

² 9.9 Dt 25.4

7.39
ʰ Rm 7.2,3
ⁱ 2Co 6.14

7.40
ʲ v. 25

8.1
ᵏ At 15.20
ˡ Rm 15.14

8.2
ᵐ 1Co 3.18
ⁿ 1Co 13.8,9, 12; 1Tm 6.4

8.3
ᵒ Rm 8.29; Gl 4.9

8.4
ᵖ v. 1,7,10
ᵠ 1Co 10.19
ʳ Dt 6.4; Ef 4.6

8.5
ˢ 2Ts 2.4

8.6
ᵗ Ml 2.10
ᵘ Rm 11.36
ᵛ Ef 4.5
ʷ Jo 1.3

8.7
ˣ Rm 14.14; 1Co 10.28

8.8
ʸ Rm 14.17

8.9
ᶻ Gl 5.13
ᵃ Rm 14.1

8.11
ᵇ Rm 14.15,20

8.12
ᶜ Mt 18.6

8.13
ᵈ Rm 14.21

9.1
ᵉ 2Co 12.12
ᶠ 1Co 15.8
ᵍ 1Co 3.6; 4.15

9.2
ʰ 2Co 3.2,3

9.4
ⁱ 1Ts 2.6

9.5
ʲ 1Co 7.7,8
ᵏ Mt 12.46

9.6
ˡ At 4.36

9.7
ᵐ Dt 20.6; Pv 27.18

9.9
ⁿ Dt 25.4; 1Tm 5.18
ᵒ Dt 22.1-4

9.10
ᵖ Rm 4.23,24
ᵠ 2Tm 2.6

9.11
ʳ Rm 15.27

Mas nós nunca usamos desse direito. Ao contrário, suportamos tudo para não pôr obstáculo algum ao evangelho de Cristo. **13** Vocês não sabem que aqueles que trabalham no templo alimentam-se das coisas do templo, e que os que servem diante do altar participam do que é oferecido no altar? **14** Da mesma forma, o Senhor ordenou àqueles que pregam o evangelho que vivam do evangelho.

15 Mas eu não tenho usado de nenhum desses direitos. Não estou escrevendo na esperança de que vocês façam isso por mim. Prefiro morrer a permitir que alguém me prive deste meu orgulho. **16** Contudo, quando prego o evangelho, não posso me orgulhar, pois me é imposta a necessidade de pregar. Ai de mim se não pregar o evangelho! **17** Porque, se prego de livre vontade, tenho recompensa; contudo, como prego por obrigação, estou simplesmente cumprindo uma incumbência a mim confiada. **18** Qual é, pois, a minha recompensa? Apenas esta: que, pregando o evangelho, eu o apresente gratuitamente, não usando, assim, dos meus direitos ao pregá-lo.

19 Porque, embora seja livre de todos, fiz-me escravo de todos, para ganhar o maior número possível de pessoas. **20** Tornei-me judeu para os judeus, a fim de ganhar os judeus. Para os que estão debaixo da Lei, tornei-me como se estivesse sujeito à Lei (embora eu mesmo não esteja debaixo da Lei), a fim de ganhar os que estão debaixo da Lei. **21** Para os que estão sem lei, tornei-me como sem lei (embora não esteja livre da lei de Deus, e sim sob a lei de Cristo), a fim de ganhar os que não têm a Lei. **22** Para com os fracos tornei-me fraco, para ganhar os fracos. Tornei-me tudo para com todos, para de alguma forma salvar alguns. **23** Faço tudo isso por causa do evangelho, para ser coparticipante dele.

24 Vocês não sabem que, de todos os que correm no estádio, apenas um ganha o prêmio? Corram de tal modo que alcancem o prêmio. **25** Todos os que competem nos jogos se submetem a um treinamento rigoroso, para obter uma coroa que logo perece; mas nós o fazemos para ganhar uma coroa que dura para sempre. **26** Sendo assim, não corro como quem corre sem alvo e não luto como quem esmurra o ar. **27** Mas esmurro o meu corpo e faço dele meu escravo, para que, depois de ter pregado aos outros, eu mesmo não venha a ser reprovado.

Exemplos da História de Israel

10 Porque não quero, irmãos, que vocês ignorem o fato de que todos os nossos antepassados estiveram sob a nuvem e todos passaram pelo mar. **2** Em Moisés, todos eles foram batizados na nuvem e no mar. **3** Todos comeram do mesmo alimento espiritual **4** e beberam da mesma bebida espiritual; pois bebiam da rocha espiritual que os acompanhava, e essa rocha era Cristo. **5** Contudo, Deus não se agradou da maioria deles; por isso os seus corpos ficaram espalhados no deserto.

6 Essas coisas ocorreram como exemplos¹ para nós, para que não cobicemos coisas más, como eles fizeram. **7** Não sejam idólatras, como alguns deles foram, conforme está escrito: "O povo se assentou para comer e beber, e levantou-se para se entregar à farra"². **8** Não pratiquemos imoralidade, como alguns deles fizeram e num só dia morreram vinte e três mil. **9** Não devemos pôr o Senhor à prova, como alguns deles fizeram e foram mortos por serpentes. **10** E não se queixem, como alguns deles se queixaram e foram mortos pelo anjo destruidor.

11 Essas coisas aconteceram a eles como exemplos e foram escritas como advertência para nós, sobre quem tem chegado o fim dos tempos. **12** Assim, aquele que julga estar firme, cuide-se para que não caia! **13** Não sobreveio a vocês tentação que não

¹ **10.6** Ou *como tipos*; também no versículo 11.
² **10.7** Êx 32.6

fosse comum aos homens. E Deus é fiel;[z] ele não permitirá que vocês sejam tentados além do que podem suportar.[a] Mas, quando forem tentados, ele mesmo providenciará um escape, para que o possam suportar.

As Festas Idólatras e a Ceia do Senhor

[14] Por isso, meus amados irmãos, fujam da idolatria. [15] Estou falando a pessoas sensatas; julguem vocês mesmos o que estou dizendo. [16] Não é verdade que o cálice da bênção que abençoamos é a participação no sangue de Cristo e que o pão que partimos é a participação no corpo de Cristo?[b] [17] Como há somente um pão, nós, que somos muitos, somos um só corpo,[c] pois todos participamos de um único pão.

[18] Considerem o povo de Israel: os que comem dos sacrifícios[d] não participam do altar? [19] Portanto, que estou querendo dizer? Será que o sacrifício oferecido a um ídolo é alguma coisa? Ou o ídolo é alguma coisa?[e] [20] Não! Quero dizer que o que os pagãos sacrificam é oferecido aos demônios[f] e não a Deus, e não quero que vocês tenham comunhão com os demônios. [21] Vocês não podem beber do cálice do Senhor e do cálice dos demônios; não podem participar da mesa do Senhor e da mesa dos demônios.[g] [22] Porventura provocaremos o ciúme do Senhor?[h] Somos mais fortes do que ele?[i]

A Liberdade do Cristão

[23] "Tudo é permitido", mas nem tudo convém.[j] "Tudo é permitido", mas nem tudo edifica. [24] Ninguém deve buscar o seu próprio bem, mas sim o dos outros.[k]

[25] Comam de tudo o que se vende no mercado, sem fazer perguntas por causa da consciência,[l] [26] pois "do Senhor é a terra e tudo o que nela existe".[1,m]

[27] Se algum descrente o convidar para uma refeição e você quiser ir, coma de tudo o que for apresentado,[n] sem nada perguntar por causa da consciência. [28] Mas, se alguém disser: *"Isto foi oferecido em sacrifício"*, não coma, tanto por causa da pessoa que o comentou, como da consciência,[o] [29] isto é, da consciência do outro, não da sua própria. Pois por que minha liberdade[p] deve ser julgada pela consciência dos outros? [30] Se participo da refeição com ação de graças, por que sou condenado por algo pelo qual dou graças a Deus?[q]

[31] Assim, quer vocês comam, quer bebam, quer façam qualquer outra coisa, façam tudo para a glória de Deus.[r] [32] Não se tornem motivo de tropeço,[s] nem para judeus, nem para gregos, nem para a igreja de Deus.[t] [33] Também eu procuro agradar a todos, de todas as formas.[u] Porque não estou procurando o meu próprio bem, mas o bem de muitos, para que sejam salvos.[v]

11 Tornem-se meus imitadores,[w] como eu o sou de Cristo.

Instruções sobre a Adoração

[2] Eu os elogio[x] por se lembrarem de mim em tudo[y] e por se apegarem às tradições exatamente como eu as transmiti a vocês.[z]

[3] Quero, porém, que entendam que o cabeça de todo homem é Cristo,[a] o cabeça da mulher é o homem[b] e o cabeça de Cristo é Deus.[c] [4] Todo homem que ora ou profetiza com a cabeça coberta desonra a sua cabeça; [5] e toda mulher que ora ou profetiza[d] com a cabeça descoberta desonra a sua cabeça; pois é como se a tivesse rapada.[e] [6] Se a mulher não cobre a cabeça, deve também cortar o cabelo; se, porém, é vergonhoso para a mulher ter o cabelo cortado ou rapado, ela deve cobrir a cabeça. [7] O homem não deve cobrir a cabeça, visto que ele é imagem[f] e glória de Deus; mas a mulher é glória do homem. [8] Pois o homem não se originou da mulher, mas a mulher do homem;[g] [9] além disso, o homem não foi criado por causa da mulher, mas a mulher por causa do homem.[h] [10] Por essa razão e por causa dos anjos, a mulher deve ter sobre a cabeça um sinal de autoridade.

---
[1] **10.26** Sl 24.1

10.13
[z] 1Co 1.9
[a] 2Pe 2.9
10.16
[b] Mt 26.26-28
10.17
[c] Rm 12.5;
1Co 12.27
10.18
[d] Lv 7.6,14,15
10.19
[e] 1Co 8.4
10.20
[f] Dt 32.17;
Sl 106.37;
Ap 9.20
10.21
[g] 2Co 6.15,16
10.22
[h] Dt 32.16,21
[i] Ec 6.10;
Is 45.9
10.23
[j] 1Co 6.12
10.24
[k] v. 33;
Rm 15.1,2;
1Co 13.5;
Fp 2.4,21
10.25
[l] At 10.15;
1Co 8.7
10.26
[m] Sl 24.1
10.27
[n] Lc 10.7
10.28
[o] 1Co 8.7,10-12
10.29
[p] Rm 14.16;
1Co 9.1,19
10.30
[q] Rm 14.6
10.31
[r] Cl 3.17;
1Pe 4.11
10.32
[s] At 24.16
[t] At 20.28
10.33
[u] Rm 15.2;
1Cm 9.22
[v] Rm 11.14
11.1
[w] 1Co 4.16
11.2
[x] v. 17,22
[y] 1Co 4.17
[z] 1Co 15.2,3;
2Ts 2.15
11.3
[a] Ef 1.22
[b] Gn 3.16;
Ef 5.23
[c] 1Co 3.23
11.5
[d] At 21.9
[e] Dt 21.12
11.7
[f] Gn 1.26;
Tg 3.9
11.8
[g] Gn 2.21-23;
1Tm 2.13
11.9
[h] Gn 2.18

¹¹ No Senhor, todavia, a mulher não é independente do homem nem o homem independente da mulher. ¹² Pois, assim como a mulher proveio do homem, também o homem nasce da mulher. Mas tudo provém de Deus.ⁱ ¹³ Julguem entre vocês mesmos: é apropriado a uma mulher orar a Deus com a cabeça descoberta? ¹⁴ A própria natureza das coisas não ensina a vocês que é uma desonra para o homem ter cabelo comprido ¹⁵ e que o cabelo comprido é uma glória para a mulher? Pois o cabelo comprido foi-lhe dado como manto. ¹⁶ Mas, se alguém quiser fazer polêmica a esse respeito, nós não temos esse costume nem as igrejas de Deus.ʲ

A Ceia do Senhor

¹⁷ Entretanto, nisto que vou dizer não os elogio,ᵏ pois as reuniões de vocês mais fazem mal do que bem. ¹⁸ Em primeiro lugar, ouço que, quando vocês se reúnem como igreja, há divisõesˡ entre vocês, e até certo ponto eu o creio. ¹⁹ Pois é necessário que haja divergências entre vocês, para que sejam conhecidos quais entre vocês são aprovados.ᵐ ²⁰ Quando vocês se reúnem, não é para comer a ceia do Senhor, ²¹ porque cada um come sua própria ceia sem esperar pelos outros.ⁿ Assim, enquanto um fica com fome, outro se embriaga. ²² Será que vocês não têm casa onde comer e beber? Ou desprezam a igreja de Deusᵒ e humilham os que nada têm?ᵖ Que direi? Eu os elogiarei por isso?ᵠ Certamente que não!

²³ Pois recebi do Senhorʳ o que também entreguei a vocês:ˢ Que o Senhor Jesus, na noite em que foi traído, tomou o pão ²⁴ e, tendo dado graças, partiu-o e disse: "Isto é o meu corpo, que é dado em favor de vocês; façam isto em memória de mim". ²⁵ Da mesma forma, depois da ceia ele tomou o cálice e disse: "Este cálice é a nova aliançaᵗ no meu sangue;ᵘ façam isto sempre que o beberem em memória de mim". ²⁶ Porque, sempre que comerem deste pão e beberem deste cálice, vocês anunciam a morte do Senhor até que ele venha.

²⁷ Portanto, todo aquele que comer o pão ou beber o cálice do Senhor indignamente será culpado de pecar contra o corpo e o sangue do Senhor.ᵛ ²⁸ Examine-se cada um a si mesmoʷ e então coma do pão e beba do cálice. ²⁹ Pois quem come e bebe sem discernir o corpo do Senhor come e bebe para sua própria condenação. ³⁰ Por isso há entre vocês muitos fracos e doentes, e vários já dormiram. ³¹ Mas, se nós tivéssemos o cuidado de examinar a nós mesmos,ˣ não receberíamos juízo. ³² Quando, porém, somos julgados pelo Senhor, estamos sendo disciplinadosʸ para que não sejamos condenados com o mundo.

³³ Portanto, meus irmãos, quando vocês se reunirem para comer, esperem uns pelos outros. ³⁴ Se alguém estiver com fome,ᶻ coma em casa,ᵃ para que, quando vocês se reunirem, isso não resulte em condenação.

Quanto ao mais,ᵇ quando eu for darei instruções a vocês

Os Dons Espirituais

12 Irmãos, quanto aos dons espirituais¹,ᶜ não quero que vocês sejam ignorantes. ² Vocês sabem que, quando eram pagãos,ᵈ de uma forma ou de outra eram fortemente atraídos e levados para os ídolos mudos.ᵉ ³ Por isso, eu afirmo que ninguém que fala pelo Espírito de Deus diz: "Jesus seja amaldiçoado",ᶠ e ninguém pode dizer: "Jesus é Senhor",ᵍ a não ser pelo Espírito Santo.ʰ

⁴ Há diferentes tipos de dons, mas o Espírito é o mesmo.ⁱ ⁵ Há diferentes tipos de ministérios, mas o Senhor é o mesmo. ⁶ Há diferentes formas de atuação, mas é o mesmo Deusʲ quem efetua tudo em todos. ⁷ A cada um, porém, é dada a manifestação do Espírito, visando ao bem comum.ᵏ ⁸ Pelo Espírito, a um é dada a palavra de sabedoria;ˡ a outro, pelo mesmo Espírito, a palavra de conhecimento;ᵐ ⁹ a outro, fé,ⁿ pelo mesmo Espírito; a outro, dons de curar,ᵒ pelo único Espírito; ¹⁰ a outro, poder

---

¹ **12.1** Ou *às pessoas espirituais*

para operar milagres;ᵖ a outro, profecia; a outro, discernimento de espíritos;ᵍ a outro, variedade de línguas;ʳ e ainda a outro, interpretação de línguas. ¹¹ Todas essas coisas, porém, são realizadas pelo mesmo e único Espírito,ˢ e ele as distribui individualmente, a cada um, como quer.

Diversidade na Unidade

¹² Ora, assim como o corpo é uma unidade, embora tenha muitos membros, e todos os membros, mesmo sendo muitos, formam um só corpo,ᵗ assim também com respeito a Cristo.ᵘ ¹³ Pois em um só corpo todos nós fomos batizados em¹ um único Espírito:ᵛ quer judeus, quer gregos, quer escravos, quer livres.ʷ E a todos nós foi dado beber de um único Espírito.ˣ

¹⁴ O corpo não é feito de um só membro, mas de muitos. ¹⁵ Se o pé disser: "Porque não sou mão, não pertenço ao corpo", nem por isso deixa de fazer parte do corpo. ¹⁶ E se o ouvido disser: "Porque não sou olho, não pertenço ao corpo", nem por isso deixa de fazer parte do corpo. ¹⁷ Se todo o corpo fosse olho, onde estaria a audição? Se todo o corpo fosse ouvido, onde estaria o olfato? ¹⁸ De fato, Deus dispôsʸ cada um dos membros no corpo, segundo a sua vontade.ᶻ ¹⁹ Se todos fossem um só membro, onde estaria o corpo? ²⁰ Assim, há muitos membros, mas um só corpo.ᵃ

²¹ O olho não pode dizer à mão: "Não preciso de você!" Nem a cabeça pode dizer aos pés: "Não preciso de vocês!" ²² Ao contrário, os membros do corpo que parecem mais fracos são indispensáveis, ²³ e os membros que pensamos serem menos honrosos, tratamos com especial honra. E os membros que em nós são indecorosos são tratados com decoro especial, ²⁴ enquanto os que em nós são decorosos não precisam ser tratados de maneira especial. Mas Deus estruturou o corpo dando maior honra aos membros que dela tinham falta,

²⁵ a fim de que não haja divisão no corpo, mas, sim, que todos os membros tenham igual cuidado uns pelos outros. ²⁶ Quando um membro sofre, todos os outros sofrem com ele; quando um membro é honrado, todos os outros se alegram com ele.

²⁷ Ora, vocês são o corpo de Cristo,ᵇ e cada um de vocês, individualmente, é membro desse corpo.ᶜ ²⁸ Assim, na igreja,ᵈ Deus estabeleceu primeiramente apóstolos;ᵉ em segundo lugar, profetas; em terceiro lugar, mestres; depois os que realizam milagres, os que têm dons de curar,ᶠ os que têm dom de prestar ajuda, os que têm dons de administraçãoᵍ e os que falam diversas línguas.ʰ ²⁹ São todos apóstolos? São todos profetas? São todos mestres? Têm todos o dom de realizar milagres? ³⁰ Têm todos o dons de curar? Falam todos em línguas?ⁱ Todos interpretam? ³¹ Entretanto, busquem² com dedicaçãoʲ os melhores dons.

O Amor

Passo agora a mostrar a vocês um caminho ainda mais excelente.

13 Ainda que eu fale as línguasᵏ dos homens e dos anjos, se não tiver amor, serei como o sino que ressoa ou como o prato que retine. ² Ainda que eu tenha o dom de profecia, saiba todos os mistériosˡ e todo o conhecimento e tenha uma féᵐ capaz de mover montanhas,ⁿ se não tiver amor, nada serei. ³ Ainda que eu dê aos pobres tudo o que possuoᵒ e entregue o meu corpo para ser queimado³,ᵖ se não tiver amor, nada disso me valerá.

⁴ O amor é paciente,ᵍ o amor é bondoso. Não inveja, não se vangloria, não se orgulha. ⁵ Não maltrata, não procura seus interesses,ʳ não se ira facilmente, não guarda rancor. ⁶ O amor não se alegra com a injustiça,ˢ mas se alegra com a verdade.ᵗ ⁷ Tudo sofre, tudo crê, tudo espera, tudo suporta.

---

¹ **12.13** Ou *com*; ou ainda *por*
² **12.31** Ou *Entretanto, vocês estão buscando*
³ **13.3** Alguns manuscritos dizem *corpo para que eu tenha de que me gloriar*.

⁸ O amor nunca perece; mas as profecias*ᵘ* desaparecerão, as línguas*ᵛ* cessarão, o conhecimento passará. ⁹ Pois em parte conhecemos*ʷ* e em parte profetizamos; ¹⁰ quando, porém, vier o que é perfeito,*ˣ* o que é imperfeito desaparecerá. ¹¹ Quando eu era menino, falava como menino, pensava como menino e raciocinava como menino. Quando me tornei homem, deixei para trás as coisas de menino. ¹² Agora, pois, vemos apenas um reflexo obscuro, como em espelho; mas, então, veremos face a face.*ʸ* Agora conheço em parte; então, conhecerei plenamente, da mesma forma com que sou plenamente conhecido.*ᶻ*

¹³ Assim, permanecem agora estes três: a fé, a esperança e o amor.*ᵃ* O maior deles, porém, é o amor.*ᵇ*

Os Dons de Profecia e de Línguas

14 Sigam o caminho do amor*ᶜ* e busquem*ᶜ* com dedicação*ᵈ* os dons espirituais,*ᵉ* principalmente o dom de profecia. ² Pois quem fala em uma língua¹*ᶠ* não fala aos homens, mas a Deus. De fato, ninguém o entende; em espírito fala mistérios.*ᵍ* ³ Mas quem profetiza o faz para edificação,*ʰ* encorajamento e consolação dos homens. ⁴ Quem fala em língua*ⁱ* a si mesmo se edifica, mas quem profetiza*ʲ* edifica a igreja. ⁵ Gostaria que todos vocês falassem em línguas, mas prefiro que profetizem.*ᵏ* Quem profetiza é maior do que aquele que fala em línguas, a não ser que as interprete, para que a igreja seja edificada.

⁶ Agora, irmãos, se eu for visitá-los e falar em línguas, em que serei útil a vocês, a não ser que leve alguma revelação,*ˡ* ou conhecimento, ou profecia, ou doutrina?*ᵐ* ⁷ Até no caso de coisas inanimadas que produzem sons, tais como a flauta ou a cítara, como alguém reconhecerá o que está sendo tocado, se os sons não forem distintos? ⁸ Além disso, se a trombeta não emitir um som claro, quem se preparará para a batalha?*ⁿ* ⁹ Assim acontece com vocês. Se não proferirem palavras compreensíveis com a língua, como alguém saberá o que está sendo dito? Vocês estarão simplesmente falando ao ar. ¹⁰ Sem dúvida, há diversos idiomas no mundo; todavia, nenhum deles é sem sentido. ¹¹ Portanto, se eu não entender o significado do que alguém está falando, serei estrangeiro para quem fala e ele será estrangeiro para mim. ¹² Assim acontece com vocês. Visto que estão ansiosos por terem dons espirituais², procurem crescer naqueles que trazem a edificação para a igreja.

¹³ Por isso, quem fala em uma língua, ore para que a possa interpretar. ¹⁴ Pois, se oro em uma língua, meu espírito ora, mas a minha mente fica infrutífera. ¹⁵ Então, que farei? Orarei com o espírito, mas também orarei com o entendimento; cantarei*ᵒ* com o espírito, mas também cantarei com o entendimento. ¹⁶ Se você estiver louvando a Deus em espírito, como poderá aquele que está entre os não instruídos dizer o "Amém"*ᵖ* à sua ação de graças,*ᑫ* visto que não sabe o que você está dizendo? ¹⁷ Pode ser que você esteja dando graças muito bem, mas o outro não é edificado.

¹⁸ Dou graças a Deus por falar em línguas mais do que todos vocês. ¹⁹ Todavia, na igreja prefiro falar cinco palavras compreensíveis para instruir os outros a falar dez mil palavras em uma língua.

²⁰ Irmãos, deixem de pensar como crianças.*ʳ* Com respeito ao mal, sejam crianças;*ˢ* mas, quanto ao modo de pensar, sejam adultos. ²¹ Pois está escrito na Lei:*ᵗ*

> "Por meio de homens
>   de outras línguas
> e por meio de lábios
>   de estrangeiros
> falarei a este povo,
> mas, mesmo assim,
>   eles não me ouvirão"³,*ᵘ*
> diz o Senhor.

---

¹ **14.2** Ou *outro idioma*; também em todo o capítulo 14.
² **14.12** Grego: *serem zelosos dos espíritos*.
³ **14.21** Is 28.11,12

22 Portanto, as línguas são um sinal para os descrentes, e não para os que creem; a profecia,ᵛ porém, é para os que creem, não para os descrentes. **23** Assim, se toda a igreja se reunir e falar em línguas e alguns não instruídos ou descrentes entrarem, não dirão que vocês estão loucos?ʷ **24** Mas, se entrar algum descrente ou não instruído quando todos estiverem profetizando, ele por todos será convencido de que é pecador e por todos será julgado, **25** e os segredos do seu coração serão expostos. Assim, ele se prostrará, rosto em terra, e adorará a Deus, exclamando: "Deus realmente está entre vocês!"ˣ

Ordem no Culto

26 Portanto, que diremos, irmãos? Quando vocês se reúnem, cada um de vocêsʸ tem um salmo,ᶻ ou uma palavra de instrução,ᵃ uma revelação, uma palavra em uma língua ou uma interpretação. Tudo seja feito para a edificaçãoᵇ da igreja. **27** Se, porém, alguém falar em língua, devem falar dois, no máximo três, e alguém deve interpretar. **28** Se não houver intérprete, fique calado na igreja, falando consigo mesmo e com Deus.

29 Tratando-se de profetas, falem dois ou três, e os outros julguem cuidadosamente o que foi dito.ᶜ **30** Se vier uma revelação a alguém que está sentado, cale-se o primeiro. **31** Pois vocês todos podem profetizar, cada um por sua vez, de forma que todos sejam instruídos e encorajados. **32** O espírito dos profetas está sujeito aos profetas.ᵈ **33** Pois Deus não é Deus de desordem,ᵉ mas de paz.

Como em todas as congregações dos santos,ᶠ **34** permaneçam as mulheres em silêncio nas igrejas, pois não lhes é permitido falar; antes permaneçam em submissão,ᵍ como diz a Lei.ʰ **35** Se quiserem aprender alguma coisa, que perguntem a seus maridos em casa; pois é vergonhoso uma mulher falar na igreja.

36 Acaso a palavra de Deus originou-se entre vocês? São vocês o único povo que ela alcançou? **37** Se alguém pensa que é profetaⁱ ou espiritual, reconheça que o que estou escrevendo a vocês é mandamento do Senhor.ʲ **38** Se ignorar isso, ele mesmo será ignorado.¹

39 Portanto, meus irmãos, busquem com dedicaçãoᵏ o profetizar e não proíbam o falar em línguas. **40** Mas tudo deve ser feito com decência e ordem.ˡ

A Ressurreição de Cristo

15 Irmãos, quero lembrá-los do evangelhoᵐ que preguei a vocês, o qual vocês receberam e no qual estão firmes. **2** Por meio deste evangelho vocês são salvos,ⁿ desde que se apeguem firmementeᵒ à palavra que preguei; caso contrário, vocês têm crido em vão.

3 Pois o que primeiramente² lhes transmitiᵠ foi o que recebi:ᵖ que Cristo morreu pelos nossos pecados,ʳ segundo as Escrituras,ˢ **4** foi sepultado e ressuscitouᵗ no terceiro dia,ᵘ segundo as Escrituras,ᵛ **5** e apareceu a Pedroʷ e depois aos Doze.ˣ **6** Depois disso apareceu a mais de quinhentos irmãos de uma só vez, a maioria dos quais ainda vive, embora alguns já tenham adormecido. **7** Depois apareceu a Tiago e, então, a todos os apóstolos;ʸ **8** depois destes apareceu também a mim,ᶻ como a um que nasceu fora de tempo.

9 Pois sou o menor dos apóstolosᵃ e nem sequer mereçoᵇ ser chamado apóstolo, porque persegui a igreja de Deus. **10** Mas, pela graça de Deus, sou o que sou, e sua graça para comigoᶜ não foi inútil; antes, trabalhei mais do que todos eles;ᵈ contudo, não eu, mas a graça de Deus comigo.ᵉ **11** Portanto, quer tenha sido eu, quer tenham sido eles, é isso que pregamos, e é nisso que vocês creram.

A Ressurreição dentre os Mortos

12 Ora, se está sendo pregado que Cristo ressuscitou dentre os mortos, como alguns de vocês estão dizendo que não existe ressurreição dos mortos?ᶠ **13** Se não há ressurreição

---

¹ **14.38** Alguns manuscritos dizem *Se ele ignora isso, deixe-o ignorar.*

² **15.3** Ou *em primeira mão*

dos mortos, nem Cristo ressuscitou; ¹⁴ e, se Cristo não ressuscitou,ᵍ é inútil a nossa pregação, como também é inútil a fé que vocês têm. ¹⁵ Mais que isso, seremos considerados falsas testemunhas de Deus, pois contra ele testemunhamos que ressuscitou a Cristo dentre os mortos.ʰ Mas, se de fato os mortos não ressuscitam, ele também não ressuscitou a Cristo. ¹⁶ Pois, se os mortos não ressuscitam, nem mesmo Cristo ressuscitou. ¹⁷ E, se Cristo não ressuscitou, inútil é a fé que vocês têm, e ainda estão em seus pecados.ⁱ ¹⁸ Neste caso, também os que dormiram em Cristo estão perdidos. ¹⁹ Se é somente para esta vida que temos esperança em Cristo, somos, de todos os homens, os mais dignos de compaixão.ʲ

²⁰ Mas de fato Cristo ressuscitou dentre os mortos,ᵏ sendo ele as primícias¹ entre aqueles que dormiram.ᵐ ²¹ Visto que a morte veio por meio de um só homem,ⁿ também a ressurreição dos mortos veio por meio de um só homem. ²² Pois, da mesma forma que em Adão todos morrem, em Cristo todos serão vivificados.ᵒ ²³ Mas cada um por sua vez: Cristo, o primeiro;ᵖ depois, quando ele vier,ᵠ os que lhe pertencem. ²⁴ Então virá o fim, quando ele entregar o Reinoʳ a Deus, o Pai, depois de ter destruído todo domínio, toda autoridade e todo poder.ˢ ²⁵ Pois é necessário que ele reine até que todos os seus inimigos sejam postos debaixo de seus pés.ᵗ ²⁶ O último inimigo a ser destruído é a morte.ᵘ ²⁷ Porque ele "tudo sujeitou debaixo de seus pés"².ᵛ Ora, quando se diz que "tudo" lhe foi sujeito, fica claro que isso não inclui o próprio Deus, que tudo submeteu a Cristo.ʷ ²⁸ Quando, porém, tudo lhe estiver sujeito, então o próprio Filho se sujeitará àquele que todas as coisas lhe sujeitou,ˣ a fim de que Deus seja tudo em todos.ʸ

²⁹ Se não há ressurreição, que farão aqueles que se batizam pelos mortos? Se absolutamente os mortos não ressuscitam, por que se batizam por eles? ³⁰ Também nós, por que estamos nos expondo a perigos o tempo todo?ᶻ ³¹ Todos os dias enfrento a morte,ᵃ irmãos; isso digo pelo orgulho que tenho de vocês em Cristo Jesus, nosso Senhor. ³² Se foi por meras razões humanas que lutei com ferasᵇ em Éfeso,ᶜ que ganhei com isso? Se os mortos não ressuscitam,

"comamos e bebamos,
porque amanhã morreremos"³.ᵈ

³³ Não se deixem enganar: "As más companhias corrompem os bons costumes". ³⁴ Como justos, recuperem o bom senso e parem de pecar; pois alguns há que não têm conhecimento de Deus; digo isso para vergonha de vocês.

O Corpo da Ressurreição

³⁵ Mas alguém pode perguntar:ᵉ "Como ressuscitam os mortos? Com que espécie de corpo virão?"ᶠ ³⁶ Insensato!ᵍ O que você semeia não nasce a não ser que morra.ʰ ³⁷ Quando você semeia, não semeia o corpo que virá a ser, mas apenas uma simples semente, como de trigo ou de alguma outra coisa. ³⁸ Mas Deus lhe dá um corpo, como determinou, e a cada espécie de semente dá seu corpoʲ apropriado. ³⁹ Nem toda carne é a mesma: os homens têm uma espécie de carne, os animais têm outra, as aves outra, e os peixes outra. ⁴⁰ Há corpos celestes e há também corpos terrestres; mas o esplendor dos corpos celestes é um e o dos corpos terrestres é outro. ⁴¹ Um é o esplendor do sol, outro o da lua, e outro o das estrelas; e as estrelas diferem em esplendor umas das outras.

⁴² Assim seráʲ com a ressurreição dos mortos. O corpo que é semeado é perecível e ressuscita imperecível; ⁴³ é semeado em desonra e ressuscita em glória;ᵏ é semeado em fraqueza e ressuscita em poder; ⁴⁴ é semeado um corpo natural e ressuscita um corpo espiritual.ˡ

---

¹ **15.20** Isto é, os primeiros frutos.
² **15.27** Sl 8.6
³ **15.32** Is 22.13

Se há corpo natural, há também corpo espiritual. **45** Assim está escrito: "O primeiro homem, Adão, tornou-se um ser vivente"¹;ᵐ o último Adão,ⁿ espírito vivificante.ᵒ **46** Não foi o espiritual que veio antes, mas o natural; depois dele, o espiritual. **47** O primeiro homem era do pó da terra;ᵖ o segundo homem, dos céus.ᑫ **48** Os que são da terra são semelhantes ao homem terreno; os que são dos céus, ao homem celestial.ʳ **49** Assim como tivemos a imagem do homem terreno,ˢ teremos² também a imagem do homem celestial.ᵗ

50 Irmãos, eu declaro a vocês que carne e sangueᵘ não podem herdar o Reino de Deus nem o que é perecível pode herdar o imperecível. **51** Eis que eu digo um mistério:ᵛ Nem todos dormiremos, mas todos seremos transformados,ʷ **52** num momento, num abrir e fechar de olhos, ao som da última trombeta. Pois a trombeta soará,ˣ os mortosʸ ressuscitarão incorruptíveis e nós seremos transformados. **53** Pois é necessário que aquilo que é corruptível se revista de incorruptibilidade,ᶻ e aquilo que é mortal se revista de imortalidade. **54** Quando, porém, o que é corruptível se revestir de incorruptibilidade e o que é mortal de imortalidade, então se cumprirá a palavra que está escrita: "A morte foi destruída pela vitória"³.ª

55 "Onde está, ó morte,
    a sua vitória?
Onde está, ó morte,
    o seu aguilhão?"⁴ᵇ

56 O aguilhão da morte é o pecado,ᶜ e a força do pecado é a Lei.ᵈ **57** Mas graças a Deus,ᵉ que nos dá a vitória por meio de nosso Senhor Jesus Cristo.ᶠ

58 Portanto, meus amados irmãos, mantenham-se firmes, e que nada os abale. Sejam sempre dedicados à obra do Senhor,ᵍ pois vocês sabem que, no Senhor, o trabalho de vocês não será inútil.

A Coleta para o Povo de Deus

16 Quanto à coletaʰ para o povo de Deus,ⁱ façam como ordenei às igrejas da Galácia.ʲ **2** No primeiro dia da semana,ᵏ cada um de vocês separe uma quantia, de acordo com a sua renda, reservando-a para que não seja preciso fazer coletasˡ quando eu chegar. **3** Então, quando eu chegar, entregarei cartas de recomendação aos homens que vocês aprovaremᵐ e os mandarei para Jerusalém com a oferta de vocês. **4** Se me parecer conveniente ir também, eles me acompanharão.

Pedidos Pessoais

5 Depois de passar pela Macedôniaᵒ irei visitá-los,ⁿ já que passarei por lá. **6** Talvez eu permaneça com vocês durante algum tempo ou até mesmo passe o inverno com vocês, para que me ajudem na viagem,ᵖ aonde quer que eu vá. **7** Desta vez não quero apenas vê-los e fazer uma visita de passagem; espero ficar algum tempo com vocês, se o Senhor permitir.ᑫ **8** Mas permanecerei em Éfesoʳ até o Pentecoste,ˢ **9** porque se abriu para mimᵗ uma porta ampla e promissora; e há muitos adversários.

10 Se Timóteoᵘ for, tomem providências para que ele não tenha nada que temer enquanto estiver com vocês, pois ele trabalha na obra do Senhor,ᵛ assim como eu. **11** Portanto, ninguém o despreze.ʷ Ajudem-no a prosseguir viagem em paz,ˣ para que ele possa voltar a mim. Eu o estou esperando com os irmãos.

12 Quanto ao irmão Apolo,ʸ insisti para que fosse com os irmãos visitar vocês. Ele não quis de modo nenhum ir agora, mas irá quando tiver boa oportunidade.

13 Estejam vigilantes, mantenham-se firmesᶻ na fé, sejam homens de coragem, sejam fortes.ª **14** Façam tudo com amor.ᵇ

15 Vocês sabem que os da casa de Estéfanasᶜ foram o primeiro frutoᵈ da Acaiaᵉ e que eles têm se dedicado ao serviço dos santos.

---

¹ **15.45** Gn 2.7
² **15.49** Alguns manuscritos dizem *tenhamos*.
³ **15.54** Is 25.8
⁴ **15.55** Os 13.14

Recomendo, irmãos, ¹⁶ que se submetam a pessoas como eles e a todos os que cooperam e trabalham conosco. ¹⁷ Alegrei-me com a vinda de Estéfanas, Fortunato e Acaico, porque eles supriram o que estava faltando da parte de vocês. ¹⁸ Eles trouxeram alívio ao meu espírito, e ao de vocês também. Valorizem homens como eles.

Saudações Finais

¹⁹ As igrejas da província da Ásia enviam saudações. Áquila e Priscila¹ os saúdam afetuosamente no Senhor, e também a igreja que se reúne na casa deles. ²⁰ Todos os irmãos daqui enviam saudações. Saúdem uns aos outros com beijo santo.

²¹ Eu, Paulo, escrevi esta saudação de próprio punho.

²² Se alguém não ama o Senhor, seja amaldiçoado. Vem, Senhor²!

²³ A graça do Senhor Jesus seja com vocês.

²⁴ Recebam o amor que tenho por todos vocês em Cristo Jesus. Amém.³

---

² **16.22** Em aramaico a expressão *Vem, Senhor* é *Maranatha*.

¹ **16.19** Grego: *Prisca*, variante de *Priscila*.

³ **16.24** Alguns manuscritos não trazem *Amém*.

PASTOREANDO EM SITUAÇÕES ESPECÍFICAS

Pastoreio e questões de sexualidade

> *Vocês não sabem que os perversos não herdarão o Reino de Deus? Não se deixem enganar: nem imorais, nem idólatras, nem adúlteros, nem homossexuais passivos ou ativos, nem ladrões, nem avarentos, nem alcoólatras, nem caluniadores, nem trapaceiros herdarão o Reino de Deus. Assim foram alguns de vocês. Mas vocês foram lavados, foram santificados, foram justificados no nome do Senhor Jesus Cristo e no Espírito de nosso Deus.*
>
> 1Coríntios 6.9-11

Questões relacionadas ao sexo estão fora de controle na nossa cultura — e nas nossas igrejas também. Além do assunto sensível da pornografia, há uma imensidão de outras questões com as quais, como pastores e líderes, precisamos lidar: disfunções sexuais, sexo pré-nupcial e homossexualidade. Problemas sexuais estão arraigados de forma profunda em nós causando confusão na nossa identidade e humanidade. Stanton L. Jones nos lembra de que "somos mais do que corpos, mas *somos* corpos".

Como podemos começar a tratar desses problemas profundos sem a esperança do Evangelho? A palavra do apóstolo Paulo aos coríntios nessa passagem nos diz que há esperança e redenção para aqueles que lutam contra questões sexuais. Mas não promete que seja fácil nem que haja uma "solução imediata". Isso exige dos líderes sabedoria para ajudar pessoas ao longo da jornada espiritual da confissão, da prestação de conta e da graça diária; o objetivo final é que andem na esperança de que Jesus pode redimir o nosso corpo e todo o nosso ser.

PASTOREANDO EM SITUAÇÕES ESPECÍFICAS

Princípios bíblicos-chave sobre sexualidade
Stanton L. Jones

As igrejas evangélicas hoje precisam ter uma compreensão profundamente bíblica sobre a sexualidade. Infelizmente, muitos líderes de igreja com frequência evitam o assunto em troca de mensagens mais cautelosas, que geralmente se concentram no aspecto simplista do tipo "é só dizer não". Consequentemente, as perspectivas não bíblicas sobre sexualidade tiram vantagem dos fracassos e seduzem os nossos jovens. Aqui estão sete aspectos positivos, verdadeiros e bíblicos sobre sexualidade que a igreja pode e deve ensinar.

1. Somos corpóreos

"Então o SENHOR Deus formou o homem do pó da terra e soprou em suas narinas o fôlego de vida, e o homem se tornou um ser vivente" (Gênesis 2.7). Ser humano significa ser uma criatura física e biológica. Os cristãos veem toda a existência física, desde o esplendor do cosmos até as particularidades do corpo humano, como a boa criação de um Deus benevolente.

O benefício da corporificação também está fundamentado nas doutrinas da encarnação e da ressurreição. Se Deus pode se tornar totalmente humano, a existência corporal não deve ser intrinsecamente má ou incompatível com o mais alto grau de bom. Semelhantemente, também podemos apreciar o nosso estado corporal porque o estado final da humanidade redimida será desfrutado em corpos ressurretos e perfeitos. Somos mais do que corpos, mas *somos* corpos.

2. Somos seres sexuados

"Criou Deus o homem à sua imagem, à imagem de Deus o criou; homem e mulher os criou" (Gênesis 1.27). "E Deus viu tudo o que havia feito, e tudo havia ficado muito bom. Passaram-se a tarde e a manhã; esse foi o sexto dia" (Gênesis 1.31). Não somos seres físicos meramente genéricos, mas seres sexuados e de gênero específico. Alguns outros relatos da criação retratam as mulheres como formas inferiores dos homens. Em comparação, Gênesis declara que o propósito divino foi a criação de pessoas com gênero, ambos os sexos correspondendo à "imagem de Deus", e a humanidade coletivamente, macho e fêmea, é declarada "muito boa".

As Escrituras também exaltam os prazeres físicos da união sexual (Provérbios 5) e associa o erotismo explicitamente à intimidade e amor romântico (Cântico dos Cânticos). O apóstolo Paulo admoesta que os casais satisfaçam as necessidades sexuais um do outro, de forma notavelmente igualitária (1Coríntios 7.1-6). Mas precisamos ter cautela. O próprio Senhor Jesus é exemplo de um ser plenamente sexuado como homem, mas sem união sexual matrimonial.

3. Somos relacionais

Em Gênesis, o Criador julga que o primeiro homem estava incompleto, ainda que vivesse em um ambiente perfeito com um trabalho perfeito e em um relacionamento perfeito

Pastoreio e questões de sexualidade

com o Deus trino (portanto, intrinsecamente relacional). Deus declarou: " 'Não é bom que o homem esteja só' " (Gênesis 2.18), e em seguida criou uma companheira perfeita para o homem. O homem reconhece como a mulher o completa de forma ideal, e Deus declara que por causa dessa realidade "o homem deixará pai e mãe e se unirá à sua mulher, e eles se tornarão uma só carne" (2.24). O amor romântico, então, se torna um modo significativo de experimentarmos essa realidade relacional. Quer solteiros quer casados, somos formados para nos relacionar. Nenhum de nós é autossuficiente; não podemos escapar da necessidade de um relacionamento com "o outro".

4. Somos feitos conforme a imagem de Deus

As culturas ao redor do Israel antigo usavam as narrativas da criação para afirmar que o rei fazia parte de uma família divina, mas seus súditos não. No entanto, Gênesis estabelece a linhagem divina e real de toda a humanidade. Somos realeza! Ser formados à imagem de Deus também significa que somos morais, racionais, relacionais e capazes de exercer domínio. E, se todos os seres humanos são feitos conforme a imagem de Deus, assim também são os nossos descendentes.

A sexualidade parece estar explicitamente associada ao exercício e à representação da imagem de Deus. A expressão mais clara dessa verdade está em Gênesis 5.1,2, texto notavelmente inclusivo de ambos os sexos e de toda a raça humana. A imagem de Deus não pode ser reduzida à simples procriação, mas o ato da procriação humana faz parte, de algum modo, do que significa ser imagem e semelhança de Deus.

5. Somos caídos e corrompidos

Há outro elemento na história bíblica sobre nossa sexualidade. A humanidade está caída e em rebeldia contra Deus. Normalmente pensamos no pecado como atos voluntários de desobediência, mas o pecado também se manifesta no modo em que todo aspecto do nosso ser está maculado pela queda, degradação e escravidão. A nossa liberdade está confinada a nossa própria "dependência" de coisas que estão aquém da plenitude e bondade que Deus deseja para nós. Essa escravidão aponta não só para nossa rebeldia contra Deus, como também para uma força maligna fora de nós.

Os anseios sexuais que temos estão fundados na nossa própria capacidade de união, amor e prazer, mas ela sempre estará manchada pelo egoísmo, pela sensualidade (apetites físicos dissociados de seus propósitos transcendentes), e pelo desejo de dominar. É por isso que experimentamos um profundo senso de conflito na nossa sexualidade. Conhecemos a beleza, o potencial e o bem da nossa natureza sexual, mas nunca experimentamos esse bem de forma pura e límpida.

6. Encontramos a realidade objetiva quando fazemos sexo

As pessoas hoje frequentemente acreditam que a relação sexual adquire sentido a partir do que nós trazemos para a relação. O sexo, conforme pensamos, significa o que quisermos pensar a respeito. Biblicamente, porém, há algo mais envolvido no sexo do que aparenta — mais do que simplesmente o que achamos que significa. Biblicamente, a relação sexual cria a união em uma só carne. O relato da criação, o ensino de Cristo sobre o divórcio, e passagens essenciais como 1Coríntios 6 e 7 nos ensinam que Deus criou a relação sexual para criar e sustentar uma união permanente em uma só carne de homem e mulher unidos em matrimônio.

O fato de que a relação sexual une em uma só carne é um desafio profundo ao nosso individualismo. Também aprendemos do apóstolo Paulo que a união matrimonial testifica algo maior do que ela mesma (veja Efésios 5.32). Todos os cristãos participam de um corpo místico, que é, na verdade, o Corpo de Cristo (veja 1Coríntios 12); a consumação da História não é a redenção de um bando de indivíduos, mas a união entre o noivo e sua noiva (coletivo singular).

7. Somos vidas em construção

Quem realmente somos? Os dois grandes competidores que disputam por nossa lealdade na sexualidade — o naturalismo evolucionário e a formação da identidade pós-moderna — têm suas próprias respostas. O naturalismo resume *tudo em descoberta* — somos simplesmente o que somos — e o que descobrimos é que não somos quase nada e isso não importa grande coisa. A formação da identidade pós-moderna entende que tudo se resume em *formação progressiva* — somos aquilo que construímos através da afirmação crua da ilimitada vontade humana.

A visão cristã da pessoalidade nos leva a uma direção radicalmente diferente: o verdadeiro indivíduo é tanto revelado quanto formado. Podemos conhecer a nossa sexualidade porque ela tem sentidos e implicações atribuídos por Deus que existem independentemente do que pensemos que significam esses atos. Nós formamos a nós mesmos — a nossa identidade central — à medida que respondemos a essas realidades objetivas e buscamos (ou falhamos em buscar) as virtudes a elas associadas. Obediência e desobediência nos marcam e formam.

A correta autoformação ocorre quando o eu está subordinado a Deus, que nos transforma à medida que obedecemos a sua vontade revelada e permanecemos no relacionamento com o Salvador que habita em nós e nos molda. Um indivíduo que é revelado e formado pelo processo jubiloso, doloroso, contrito e íntimo de celebrar o dom da sexualidade dado por Deus, que morre para a natureza pecaminosa e que vive em rigorosa obediência a Deus é o indivíduo mais verdadeiro e real.

A resposta da igreja à homossexualidade
Joe Dallas

Quando Jesus disse " 'Vocês são a luz do mundo' " (Mateus 5.14), ele não estava apenas fazendo uma sugestão; ele estava dando uma tarefa. A luz ilumina, oferece clareza sobre *o fato em si*, sobre as opções disponíveis e a melhor alternativa. Considerando o desafio de Jesus de ser sal e luz, como a igreja é chamada para reagir a pessoas que são diferentes

Pastoreio e questões de sexualidade

de nós em questões essenciais como "estilo de vida", principalmente a comunidade de *gays* e lésbicas?

Devemos nos arrepender da *nossa* imoralidade

Sansão foi uma figura poderosa e impositiva. Lembre-se, contudo, que sua força não dependia apenas de sua força muscular, mas da obediência aos votos feitos a Deus. Então, enquanto seus votos permaneciam intactos, ele continuava forte. Quando os votos foram transgredidos, sua força também foi comprometida.

A obediência condescendente gera força danificada, quer a transigência esteja em um indivíduo, quer numa igreja ou na Igreja como um todo. Sinais de uma transigência moral generalizada têm distorcido a mensagem da Igreja por décadas. Se os escândalos que temos visto em meio à liderança evangélica nas últimas duas décadas são uma indicação do que está acontecendo na comunidade cristã como um todo, então onde está nossa autoridade moral para falar aos homossexuais?

Jesus nos disse claramente que retirássemos a viga do nosso próprio olho antes de nos preocupar com o cisco no olho do outro (Mateus 7.3-5). Isso não só evita a hipocrisia, mas também fortalece a credibilidade. Para esse fim, a igreja precisa reconhecer suas próprias fraquezas morais, fazer algo para remediar seus erros e, em seguida, com humildade tratar da imoralidade presente na nossa cultura.

Devemos comunicar ousadamente a Palavra de Deus

A igreja tem um mandato de esclarecer ao mundo as verdades e os propósitos de seu Criador, independente da reação do mundo. Apesar de se desejar muito a popularidade, ninguém vai encontrar nas Escrituras uma ordenança para ser bem quisto (pelo contrário, lembro-me da advertência de Jesus em Lucas 6.26: " 'Ai de vocês, quando todos falarem bem de vocês' "). Pelo contrário, a definição da nossa responsabilidade consiste em expressar o coração e a mente de Deus, quer essa expressão seja confortadora quer controversa. Isso exige que a igreja ofereça *respostas* precisas, expressas com a *atitude* correta e acompanhadas de *ações* adequadas.

O Corpo de Cristo é chamado a representar fiel e claramente seus pensamentos e sentimentos, e em nenhuma área da vida moderna essa tarefa é mais problemática e controversa do que na área da sexualidade humana em geral e da homossexualidade em particular. Portanto, as *respostas* precisas, expressas com a *atitude* correta, seguidas de *ações* adequadas são cruciais.

Quando Deus fala sobre um assunto específico (2Timóteo 3.16), a nossa principal responsabilidade é conhecer primeiro o que ele disse, e depois, com o melhor das nossas habilidades, conformar nossas convicções e condutas a essa verdade revelada. No que respeita a isto, há cinco aspectos que se destacam à medida que consideramos o que Deus disse sobre homossexualidade em seus escritos inspirados:

- Somos seres *criados* (Gênesis 2.7; Apocalipse 4.11).
- Nosso Criador tem *intenções específicas* a respeito da nossa conduta, que estão expressas no Antigo e no Novo Testamentos.

PASTOREANDO EM SITUAÇÕES ESPECÍFICAS

- Essas intenções se estendem aos nossos relacionamentos em geral e aos nossos *relacionamentos sexuais* em particular.
- O comportamento sexual que se afasta da intenção criada é considerado pelo Criador grave o suficiente para permitir *reprovação pública* (Mateus 14.3,4) e *disciplina eclesiástica* (1Coríntios 5), e é considerado danoso de maneiras *peculiares* e *graves* (1Coríntios 6.18).
- O comportamento homossexual é *proibido* nos dois testamentos (Levítico 18.22 e 20.13; Romanos 1.26,27; 1Coríntios 6.9; 1Timóteo 1.10) e é considerado como um dos muitos comportamentos sexuais que se distanciam da intenção criada de Deus. Contudo, apesar de o pecado ser proibido, Deus pode e realmente redime aqueles que desejam abandoná-lo e voltar-se para Deus, como vemos em 1Coríntios 6.9-11.

Devemos demonstrar amor para com *gays* e lésbicas

A correta *atitude* também é crucial; sabemos, porém, que a verdade sem amor faz um bom fariseu, mas um péssimo discípulo. Sustentar a visão de que a homossexualidade é pecado sem demonstrar amor ao homossexual é semelhante a empregar a lei sem a graça. Muitos cristãos, tanto líderes quanto leigos, falam a respeito de homossexuais com muito desprezo e dureza; já não se percebe a mesma atitude quando falam de outros pecados. É muito verdadeira a acusação moderna de que condenamos esse pecado sexual em particular enquanto fechamos os olhos para outros. Devemos reconhecer e abandonar esse duplo padrão.

A atitude correta em relação à homossexualidade é aquela que reconhece a pessoa homossexual com a mesma dignidade dos heterossexuais, que encara a homossexualidade nem como inferior nem superior aos demais pecados sexuais, que procura viver harmoniosamente como pessoas homossexuais sem transigência, que ama e respeita os homossexuais, e, sobretudo, que deseja que sejam redimidos, santificados e vivam de modo pleno dentro da vontade de Deus. Quando tais atitudes permeiam a nossa fala, então as nossas palavras de condenação com respeito ao pecado entre pessoas de mesmo sexo terão muito mais peso e credibilidade.

Devemos demonstrar amor pelos homossexuais

Finalmente, como o bom samaritano, procuramos servir sempre que possível ao nosso próximo homossexual com *ações* adequadas. Como as demais pessoas da igreja (incluindo a nós mesmos), estendemos o convite aos homossexuais para que creiam em Cristo; nós os conduzimos a uma vida santificada quando aceitam ao convite. Dispomo-nos a ministrar a homossexuais arrependidos e a respeitar em amor aqueles que preferem manter sua sexualidade — apesar de discordar deles. Da mesma forma, oferecemos apoio sábio e compassivo aos familiares atingidos pela homossexualidade. Essas ações, resultantes de respostas precisas expressas com a atitude correta, formam o fundamento *para uma resposta com* base na pessoa de Cristo para um dos maiores desafios que a igreja enfrenta hoje.

Pastoreio e questões de sexualidade

Como pastorear pessoas que lutam contra a atração por pessoas do mesmo sexo
Sam Allberry

Muitos que lutam contra a atração por pessoas do mesmo sexo acham muito difícil tratar do assunto. Talvez seja o medo de que, ao abordar o assunto, o problema se torne mais real, como se o próprio ato de verbalizar esses desejos involuntários lhes desse nome e vida própria. Muitos ficam preocupados de como outros cristãos vão reagir, temem a rejeição dos amigos ou temem decepcionar as pessoas da igreja que mais admiram. Muitos sentem duplo constrangimento: não só de ter pensamentos e desejos pecaminosos, como também, ao contrário dos sentimentos heterossexuais, por esses desejos não serem aqueles que deveríamos ter. Estes são alguns princípios para se ter em mente à medida que você procura oferecer um cuidado pastoral individualizado a pessoas que lutam contra a atração por pessoas do mesmo sexo:

Agradeça àqueles que têm coragem de se abrir
Na grande maioria dos casos, será algo muito difícil e doloroso admitir. Agradeça a franqueza da pessoa que se abriu.

Ouça atentamente seus problemas
Antes de tentar oferecer conselho pastoral, gaste tempo ouvindo a pessoa falar sobre suas experiências e lutas contra a atração pelo mesmo sexo. Isso pode variar imensamente de pessoa para pessoa. Se já conhecemos alguém que luta contra esse problema, é tentador achar que já sabemos como funciona e o que precisa ser dito, mas, na verdade, pode haver questões muito diferentes para cada pessoa. Suas fraquezas, inseguranças, tentações, esperanças e temores podem não ser o que você imagina. Como em qualquer questão pastoral complexa, é importante entender uma pessoa antes de começar a ajudá-la.

Não converse com a pessoa apenas sobre esse tema
É importante fazer o acompanhamento pastoral posterior. A pessoa precisa que você lhe pergunte de tempos em tempos como vão as coisas. Mas não deixe que esse seja o único assunto da sua conversa com ela; do contrário, você estará dizendo involuntariamente que "isto é o que ela é", que a pessoa é definida por sua sexualidade. De todo modo, certamente há outras questões da vida cristã de que precisarão conversar. A sexualidade poderá não ser a principal luta que a pessoa enfrenta. Você também poderá causar profundo impacto sobre pessoas que lutam contra a atração pelo mesmo sexo por meio da pregação e do ensino. Esses são alguns modos práticos pelos quais você poderá alcançar as pessoas lidando com o tema da atração pelo mesmo sexo no púlpito.

PASTOREANDO EM SITUAÇÕES ESPECÍFICAS

Torne a sexualidade um assunto fácil de tratar

A homossexualidade é uma questão pessoal assim como a política. É uma questão da igreja, não só do mundo em geral. Falar sobre o tema apenas no contexto do posicionamento da sociedade sobre a homossexualidade serve para reforçar a ideia de que ter qualquer tipo de tentação sexual é contrário à vida cristã. Mostre que você e outros líderes da igreja não ficarão chocados, decepcionados nem surpreendidos pelo fato de algum cristão lutar contra a atração pelo mesmo sexo. Quando surge o problema na vida da igreja, não deixe de encorajar aqueles que lutam contra isso de se sentirem capazes de compartilhar suas lutas com a liderança. Convide-os para conversar com você. Mostre que eles não precisam sofrer em silêncio; que eles não estão sozinhos; que há outros que estão dispostos a ouvir e ajudar.

Respeite a opção de viver solteiro

Alguns cristãos que enfrentam atração pelo mesmo sexo são capazes de continuar a vida e desfrutar de uma relação matrimonial feliz e saudável com alguém do sexo oposto. Tanto pode ser alguém que lutou contra a atração pelo mesmo sexo e que encontrou profundo companheirismo com alguém do sexo oposto, como alguém cuja atração sexual mudou. Mas, para muitos outros, a ideia de casamento não é realista; por isso, o chamado deles é viver solteiros. Temos que tomar muito cuidado para não denegrir a vida de solteiro. Ser solteiro é dom em si mesmo (1Coríntios 7.7). Não se limita apenas à ausência do casamento. Pelo contrário, tem suas próprias oportunidades de serviço. Os solteiros têm grande capacidade de fazer amizades e desenvolver ministérios que não são acessíveis aos casados. Jesus foi o indivíduo mais completo e integral que já viveu; contudo, ele nunca se casou. Por mais que celebremos e encorajemos o casamento, não podemos idolatrá-lo.

Encoraje a clareza e também a compaixão

Os membros das igrejas precisam ser claros sobre o que a Bíblia ensina a respeito de ética sexual. Também precisam ser sensíveis aos problemas enfrentados pelos que lutam contra a atração pelo mesmo sexo. Certo grau de empatia ajuda muito a fim de ser um bom apoio e de saber o que ser evitado. Você pode entrevistar um cristão que luta contra isso para descobrir que tipo de problemas suscita, o que ajuda e o que atrapalha. Leia e recomende bons testemunhos ou livros sobre o assunto.

Cultive um verdadeiro espírito de comunidade

A Igreja é a família de Deus (Efésios 2.19). Devemos tratar uns aos outros como membros da família. Para aqueles cujo discipulado exija que abandonem certos relacionamentos, Jesus promete uma vida em comunidade radicalmente mais plena (Marcos 10.29,30). Aqueles que se esforçam para servir ao Senhor sendo solteiros não devem sentir-se fadados a uma vida de solidão insuportável. A igreja precisa oferecer uma perspectiva diferente e mais convincente a um mundo em observação — uma em que a pessoa que luta contra a *atração pelo mesmo sexto* encontre um nível de apoio e aceitação que não é encontrado em nenhum outro lugar.

Pastoreio e questões de sexualidade

Como ajudar pais de homossexuais
Joe Dallas

O efeito que a homossexualidade tem sobre a família dependerá em grande parte da visão de mundo da família. Se suas convicções estiverem fundadas sobre princípios judaico-cristãos, muito provavelmente a homossexualidade se chocará com esses princípios, provocando desafios a todos os envolvidos. Como você oferece apoio pastoral a alguém cujo membro da família se declara *gay*?

Ajude os pais a lidar com emoções comuns

Você pode encorajar as pessoas ao dizer algo assim:

"É comum ter emoções muito intensas. Primeiro, você chora, não só pela convicção sexual de seu filho, mas também pela tragédia do pecado e a consequente natureza pecaminosa que atinge todos nós. Você se aflige por algo que esperava que nunca atingisse seus familiares, mas que de repente entra na família a ponto de mudar muita coisa e deixar muitas perguntas sem resposta.".

Às vezes a negação acompanha a aflição. Você pode pensar: *Ele não pode ser realmente gay. Certamente está confuso.* E você pode estar certo. Mas, geralmente — aliás, muito frequentemente —, quando alguém se declara homossexual, ele o faz baseado nos fatos, não em estado de confusão temporária. A angústia dos pais pode incluir profunda ira, seja contra o membro da família, por ter preferido abraçar a homossexualidade, ou contra a sociedade por aprovar isso, ou mesmo contra Deus por permitir que isso aconteça. Ou, então, você poderá ter um profundo sentimento de tristeza, a depressão que é a consequência de amar genuinamente sem, contudo, ser capaz de proteger seu familiar dos efeitos e da força do pecado.

Ajude os pais a enfrentar o desafio

Você pode ajudar esses pais feridos e confusos a enfrentar o desafio perguntando: "E agora, o que fazer?". É preciso esclarecer algumas coisas e compreender os limites. Quando o filho for menor de idade, você desejará ajudar os pais a esclarecer que, apesar de eles não poderem dizer ao filho o que pensar ou o que sentir, podem e devem manter autoridade sobre as ações do filho (assim como fariam com qualquer filho que estivesse lutando em percorrer o mundo da sexualidade). Os pais ainda podem estabelecer que seu filho continue abstinente, evite pornografia e lhes reserve o direito de decidir com que indivíduos ou grupos eles se associarão. Quando os pais estiverem lidando com um filho adulto, eles *podem ter de lidar com situações* que nunca imaginavam: o convite para uma cerimônia de casamento com pessoa do mesmo sexo, um pedido de permissão para trazer o companheiro para casa em datas especiais, ou uma sugestão para que eles leiam literatura a favor da homossexualidade que os ajude a se "informar" melhor. Qualquer uma dessas situações pode ocorrer, e precisarão de uma resposta.

PASTOREANDO EM SITUAÇÕES ESPECÍFICAS

Ajude os pais a sustentar duas orientações cruciais

Para ajudar os pais a definir quais serão os limites e regras, peço para que eles levem em consideração dois princípios norteadores: *consciência* e *conforto*.

O *princípio da consciência*, extraído de Romanos 14.23, significa que, se uma pessoa considera algo errado, mesmo que não haja uma proibição clara na Bíblia, então, para essa pessoa "aquela coisa" não é uma questão de opção. Com isso, os pais podem reconhecer que as Escrituras não proíbem seu filho de trazer o companheiro para jantar em casa, mas em sua consciência eles sentem que seria uma concessão que poderia dar uma impressão errada. Ou, ao contrário, os pais sentem que o filho conhece o posicionamento deles e que não deve tirar conclusões errôneas pelo fato de eles permitirem a vinda do companheiro em casa. Portanto, esta se torna uma questão de permitir que a consciência da pessoa determine os limites, sejam quais forem, que devam ser estabelecidos.

O *princípio do confortável* leva em consideração o que uma das pessoas pensa ser genuinamente confortável *versus* o que pode ser demais para ela, em um dado momento ou indefinidamente. Baseado em Romanos 12.18 ("Façam todo o possível para viver em paz com todos"), esse princípio estabelece que mesmo que algo não viole a *consciência* de alguém, pode ser que a pessoa se sinta muito *desconfortável* com a situação. Alguns pais, por exemplo, deixam de aceitar convites para ocasiões sociais com seu filho e seu companheiro, porque percebem que se poriam em uma situação embaraçosa, tensa e improdutiva; simplesmente ficam muito incomodados com a perspectiva de se socializarem com seu familiar *gay* e o companheiro do mesmo sexo.

Ajude os pais a permanecer envolvidos no relacionamento

É importante ressaltar isto aos pais que estão nessa situação: permaneçam envolvidos no relacionamento. Não abandone seu filho porque você discorda de seu "estilo de vida". Por exemplo, eu vi isso no trabalho com uma colega cuja filha se tornou uma ativista lésbica. Minha amiga é cristã e trabalha em um ministério que ajuda pessoas que desejam viver fielmente as Escrituras diante dos conflitos de atração por pessoa do mesmo sexo. Em outras palavras, as duas trabalham tempo integral para grupos sociopolíticos adversários (e, às vezes, mutuamente hostis).

Obviamente, elas tinham muito para discutir, mas precisavam levar em conta muitas outras coisas além de suas diferenças. Elas tinham uma história — anos de vida amorosa em família, momentos difíceis que enfrentaram juntas, interesses comuns que ainda compartilhavam. Então, decidiram com muita sabedoria desfrutar da companhia uma da outra apesar de suas diferenças. Elas decidiram não passar todo o tempo juntas discutindo as mesmas questões pró-*gay*/anti-*gay*. Minha amiga preferiu continuar envolvida no relacionamento. Ao fazê-lo, essa mãe cristã aprendeu a *aceitar*, ainda que não conseguisse *aprovar*.

Ajude os pais a confiar em Deus

Em última instância, numa situação dessas, a capacidade dos pais de confiar em Deus será severamente testada. Lembre esses pais feridos de que, seja qual for a situação em que estejam,

Pastoreio e questões de sexualidade

eles podem afirmar, assim como Paulo, em quem eles creem, e estão persuadidos de que ele é poderoso para guardar o compromisso que fizeram com Deus (2Timóteo 1.12). Lembre-os de que uma vez que dedicaram o membro de sua família nas mãos de Deus, eles podem ter confiança de que Deus tem os meios e as influências de trazer o filho a abraçar plenamente a verdade. Além disso, Deus também promete dar-lhes a força e a paz de que precisam até que chegue o dia glorioso de união com Cristo.

Os pais ainda sofrerão e terão de esperar, mas por fim também poderão aceitar. Eles são capazes de aceitar porque, estando mais próximos de Deus como nunca, sua fé e paciência terão sido fortalecidas. Eles aprenderão a gozar da companhia do filho homossexual sem nunca aprovar a homossexualidade, e, ao fazê-lo, sua confiança crescerá a ponto de eles, tendo dedicado a pessoa amada a Deus, poderem afirmar com toda a confiança: "Eu sei em quem tenho crido e estou bem certo de que ele é poderoso para guardar o que lhe confiei — a pessoa que amo e que Deus ama ainda mais — até aquele dia".

Pastoreando vítimas de abuso sexual
Julie Woodley

Se você faz parte de uma comunidade típica, com base em pesquisas recentes, pode assumir que quase um terço das mulheres da sua igreja e um de cada oito homens já sofreram algum tipo de abuso sexual antes dos 18 anos de idade. Abuso sexual deixa feridas dolorosas, mas essas feridas frequentemente estão enterradas muito abaixo da superfície. Como você pastoreia pessoas feridas por abuso sexual? Aqui vamos supor que a vítima é mulher, mas muitos homens também lutam contra feridas de abuso sexual do passado.

Entenda como o abuso sexual afeta tanto o corpo quanto a alma

Uma vez que o abuso sexual envolve profunda traição e grave violação de confiança básica, também afeta todas as áreas da vida de uma vítima. Muitas das convicções da vítima estavam ainda sendo formadas quando ocorreu o abuso sexual. Isso significa que toda decisão que a vítima enfrenta na vida e toda convicção que ela forma a respeito de si mesma foi e continua sendo feita através do filtro da autoproteção — a não ser que Cristo intervenha com seu poder restaurador.

Até o presente, muitas vítimas lutam contra questões básicas que os outros consideram óbvio — "Terei segurança novamente?", "Como causei isso?", "Alguém me amará pelo que eu sou por dentro?", "A minha mãe sabia disso?", "Será que mereço viver?", "Devo cometer suicídio?", "Será que eu poderia ter evitado?", "Essas reminiscências acabarão algum dia?", "A dor passará?", "Por que ninguém nunca me protegeu?", "Por que não pude crescer sem *ser abusada?*".

Antes de você querer dar as "respostas" a uma vítima de abuso sexual, deixe o peso e a dor dessas perguntas serem compreendidas. Como o doutor Dan Allender observou: "Todo contato sexual inapropriado é *danoso* e *distorce a alma*" (grifo nosso). Eis alguns princípios norteadores:

PASTOREANDO EM SITUAÇÕES ESPECÍFICAS

Acredite e ouça a história das pessoas

O assunto do abuso sexual é muito difícil e doloroso de conversar porque está encoberto de medo, negação, disfunção familiar e vergonha. Para a maioria das vítimas de abuso (e para a média das pessoas na igreja), a pessoa se sente "extremamente suja". As vítimas frequentemente sentem que elas mesmas são sujas. Além disso, a dor do abuso sexual é uma ferida interna e particular. Pelo fato de ser uma ferida invisível e imensurável, raramente os outros reconhecem seu impacto. Apesar de muitas pessoas poderem recorrer à igreja para obter ajuda diante da dor da perda de um membro da família ou quando enfrentam uma enfermidade, poucas vítimas de abuso sexual se sentem seguras o suficiente para pedir oração e apoio quando estão lutando contra as reminiscências assombrosas do abuso sexual.

É por isso que uma das coisas mais eficazes que você pode fazer como pastor é oferecer um lugar seguro para que a vítima compartilhe sua história. Muitas vítimas foram especificamente intimidadas a *não* dizer nada a ninguém — ou pior, foram ameaçadas a manter o caso em segredo. Uma enorme parte de seu papel como pastor ou líder de igreja envolve o simples ato de estar presente, ouvir a história da vítima sem julgamento ou tentar consertar a pessoa, e com suas palavras e postura corporal expressar a seguinte mensagem: "Eu acredito em sua história. O que aconteceu com você é horrivelmente errado e não foi culpa sua". Quando você admite que o problema existe (do púlpito ou no gabinete pastoral), você permite que a luz restauradora de Deus brilhe sobre um segredo tenebroso.

Facilite o processo de perdão

Para muitas vítimas de abuso sexual, só em ouvir a palavra "perdão" as faz reagir: "Tá brincando? Você sabe o quanto o perpetrador me machucou?". Você pode ajudar vítimas de abuso a lidar com esse processo lembrando-as destas importantes verdades sobre o perdão:

- *O perdão não significa aprovar os maus atos do indivíduo.* A vítima não precisa dizer: "Tudo bem, não foi tão grave assim" quando lá dentro ela está gritando de dor. O pecado é grave; custou muito a Deus. O perdão cancela a dívida do passado — não encoraja o pecador a continuar repetindo os pecados.
- *O perdão não é a mesma coisa que a reconciliação.* A reconciliação exige que o ofensor reconheça de algum modo o que fez.
- *O perdão não é um processo fácil e rápido.* A vítima necessitará de bastante tempo para processar a dor e não se apressar pelo encorajamento de membros da igreja bem-intencionados que dizem que ela deve "perdoar logo".
- *O perdão significa que você não consegue "perdoar e esquecer" completamente.* Se queimarmos a mão no fogão, obviamente vamos nos lembrar disso e decidir não pôr a mão no fogão novamente. É muito bom ser capaz de lembrar. O mesmo acontece com o abuso sexual na infância: a vítima decide esquecer-se e viver livre daquilo, ainda que se proteja de abusos futuros.

Pastoreio e questões de sexualidade

Ponha a vítima em contato com grupos de apoio cristãos

Oferecer grupos de apoio na sua igreja pode ser essencial para aqueles que sofrem de abuso sexual. Um bom grupo de apoio fornece aos participantes relacionamentos significativos dentro do próprio grupo, onde podem experimentar o amor de Deus e a graça incondicional de outros que atravessaram os mesmos caminhos.

Por exemplo, alguns programas[1] para grupos pequenos fornecem o contexto necessário à restauração baseado nos seguintes elementos fundamentais:

- *A confidencialidade é essencial ao ambiente seguro.* Lembre os participantes do grupo de que suas histórias permanecerão entre o facilitador e os demais participantes.
- *Os membros do grupo devem se sentir bem-vindos.* O líder do grupo se reúne antecipadamente com cada participante do grupo para ajudá-lo a sentir-se bem-vindo e amparado.
- *Encaminhe os membros a profissionais.* Cada participante deve ter um terapeuta individual com quem possa processar a dor do abuso.

Espere um longo caminho de restauração

Uma vez que o abuso sexual na infância afeta profundamente a pessoa numa idade tão tenra, muitas vezes deixa diversas camadas de ferida, traição, rejeição, desconfiança, disfunção sexual e assim por diante. Essas feridas não serão curadas rapidamente. Como pastor ou líder de igreja, seja paciente com aqueles que lutam contra essas feridas. Esteja disposto a caminhar com delas, oferecendo encorajamento e amor durante um longo tempo.

---

[1] No Brasil há grupos e ministérios que desenvolvem atividades semelhantes, por exemplo, Ministério Rever (www.ministeriorever.com.br) que inclui grupos de apoio a vítimas de abuso sexual (GAV), e o programa descrito por Débora Kornfield no livro *Vítima, sobrevivente, vencedor! Apoio prático no caminho da cura* (Curitiba: Editora Esperança, 2012). [N. do T.]

Introdução a 2CORÍNTIOS

PANO DE FUNDO

Paulo é reconhecidamente o autor de 1 e 2Coríntios e sem dúvida escreveu uma ou duas outras cartas a eles que não chegaram aos nossos dias. Paulo escreve esta carta em antecipação de sua terceira visita à igreja em Corinto (12.14; 13.1). Ele escreve porque sua segunda visita não foi muito boa (2.1), mas sua saudação e as palavras de encorajamento do capítulo 1 indicam que de alguma forma ele está reconciliado com a comunidade. Por causa da influência de falsos mestres sobre os cristãos em Corinto, Paulo percebe que precisa defender seu ministério contra os que questionam sua autoridade como apóstolo (ver também a introdução a 1Coríntios).

MENSAGEM

No início desta carta tão pessoal, Paulo descreve o conforto que o cristão pode acessar em tempos de crise. Ele usa imagens fortes para descrever a vida de um cristão: somos "o aroma de Cristo" (2.15); somos uma "carta de Cristo [...] escrita não com tinta, mas com o Espírito do Deus vivo" (3.3). Em nossos "vasos de barro" temos os tesouros da luz de Deus (4.7). Em Cristo toda criatura é "nova criação" (5.17). Somos "embaixadores de Cristo" (5.20). A despeito de suas dificuldades, Paulo escreve com alegria. Ele elogia a igreja em Corinto pela generosidade para com os outros e os encoraja a continuar a apoiar financeiramente os necessitados. Paulo lembra seus leitores de que a autoridade dele vem em última instância de Deus, respondendo diretamente à oposição que sofria, que queria miná-lo. Ele exorta os coríntios cristãos a que permaneçam fiéis ao Evangelho e ao Salvador em quem creram e que evitem os que são oposição a Cristo. O formato da bênção final de Paulo é distintamente trinitariano.

ÉPOCA

A epístola de 2Coríntios foi escrita no fim ano 56, enquanto Paulo estava na Macedônia (2.13; 7.5).

ESBOÇO

I. O ministério apostólico de Paulo
  A. Confortem-se uns aos outros — 1.1-11
  B. Paulo explica e instrui — 1.12—2.17
  C. O caráter do ministério de Paulo — 3.1—7.16
II. A oferta para a igreja macedônia — 8.1—9.15
III. A autoridade de Paulo
  A. Paulo contra os falsos mestres — 10.1—11.33
  B. Visões e revelações de Paulo — 12.1-10
  C. O desejo de Paulo em relação ao seu povo — 12.11-21
  D. Os planos de Paulo para visitar os coríntios — 13.1-14

1 Paulo, apóstolo de Cristo Jesus pela vontade de Deus,ᵃ e o irmão Timóteo,

à igreja de Deusᵇ que está em Corinto, com todos os santos de toda a Acaia:ᶜ

² A vocês, graça e paz da parte de Deus nosso Pai e do Senhor Jesus Cristo.ᵈ

Deus é o Nosso Consolador

³ Bendito seja o Deus e Pai de nosso Senhor Jesus Cristo,ᵉ Pai das misericórdias e Deus de toda consolação, ⁴ que nos consolaᶠ em todas as nossas tribulações, para que, com a consolação que recebemos de Deus¹, possamos consolar os que estão passando por tribulações. ⁵ Pois assim como os sofrimentos de Cristo transbordam sobre nós,ᵍ também por meio de Cristo transborda a nossa consolação. ⁶ Se somos atribulados, é para consolação e salvaçãoʰ de vocês; se somos consolados, é para consolação de vocês, a qual dá paciência para suportarem os mesmos sofrimentos que nós estamos padecendo. ⁷ E a nossa esperança em relação a vocês está firme, porque sabemos que, da mesma forma que vocês participam dos nossos sofrimentos,ⁱ participam também da nossa consolação.

⁸ Irmãos, não queremos que vocês desconheçam as tribulações que sofremosʲ na província da Ásia, as quais foram muito além da nossa capacidade de suportar, a ponto de perdermos a esperança da própria vida. ⁹ De fato, já tínhamos sobre nós a sentença de morte, para que não confiássemos em nós mesmos, mas em Deus,ᵏ que ressuscita os mortos. ¹⁰ Ele nos livrou e continuará nos livrando de tal perigo de morte.ˡ Nele temos depositado a nossa esperança de que continuará a livrar-nos, ¹¹ enquanto vocês nos ajudam com as suas orações.ᵐ Assim muitos darão graçasⁿ por nossa causa², pelo favor a nós concedido em resposta às orações de muitos.

Paulo Muda seus Planos

¹² Este é o nosso orgulho: A nossa consciênciaᵒ dá testemunho de que nos temos conduzido no mundo, especialmente em nosso relacionamento com vocês, com santidade e sinceridadeᵖ provenientes de Deus, não de acordo com a sabedoria do mundo,ᑫ mas de acordo com a graça de Deus. ¹³ Pois nada escrevemos que vocês não sejam capazes de ler ou entender. E espero que, ¹⁴ assim como vocês nos entenderam em parte, venham a entender plenamente que podem orgulhar-se de nós, assim como nos orgulharemos de vocês no dia do Senhor Jesus.ʳ

¹⁵ Confiando nisso e para que vocês fossem duplamente beneficiados,ᵗ eu planejava primeiro visitá-losˢ ¹⁶ em minha idaᵘ à Macedônia e voltar a vocês vindo de lá, para que me ajudassem em minha viagem para a Judeia. ¹⁷ Quando planejei isso, será que o fiz levianamente? Ou será que faço meus planos de modo mundano³,ᵛ dizendo ao mesmo tempo "sim" e "não"?

¹⁸ Todavia, como Deus é fiel,ʷ nossa mensagem a vocês não é "sim" e "não", ¹⁹ pois o Filho de Deus, Jesus Cristo, pregado entre vocês por mim e também por Silvano⁴ e Timóteo, não foi "sim" e "não", mas nele sempreˣ houve "sim"; ²⁰ pois quantas forem as promessasʸ feitas por Deus, tantas têm em Cristo o "sim". Por isso, por meio dele, o "Amém"ᶻ é pronunciado por nós para a glória de Deus. ²¹ Ora, é Deus que faz que nós e vocês permaneçamos firmes em Cristo. Ele nos ungiu,ᵃ ²² nos selou como sua propriedade e pôs o seu Espírito em nossos corações como garantia do que está por vir.ᵇ

²³ Invoco a Deus como testemunhaᶜ de que foi a fim de poupá-losᵈ que não voltei a Corinto. ²⁴ Não que tenhamos domínioᵉ sobre a sua fé, mas cooperamos com vocês para que tenham alegria, pois é pela fé que vocês permanecem firmes.ᶠ

---

¹ **1.4** Grego: *com a consolação com que fomos consolados*.

² **1.11** Muitos manuscritos dizem *por causa de vocês*.

³ **1.17** Grego: *segundo a carne*.

⁴ **1.19** Ou *Silas*, variante de *Silvano*.

1.1
ᵃ1Co 1.1; Ef 1.1; Cl 1.1; 2Tm 1.1
ᵇ1Co 10.32
ᶜAt 18.12

1.2
ᵈRm 1.7

1.3
ᵉEf 1.3; 1Pe 1.3

1.4
ᶠ2Co 7.6,7,13

1.5
ᵍ2Co 4.10; Cl 1.24

1.6
ʰ2Co 4.15

1.7
ⁱRm 8.17

1.8
ʲ1Co 15.32

1.9
ᵏJr 17.5,7

1.10
ˡRm 15.31

1.11
ᵐRm 15.30; Fp 1.19
ⁿ2Co 4.15

1.12
ᵒAt 23.1
ᵖ2Co 2.17
ᑫ1Co 2.1,4,13

1.14
ʳ1Co 1.8

1.15
ˢ1Co 4.19
ᵗRm 1.11,13; 15.29

1.16
ᵘ1Co 16.5-7

1.17
ᵛ2Co 10.2,3

1.18
ʷ1Co 1.9

1.19
ˣHb 13.8

1.20
ʸRm 15.8
ᶻ1Co 14.16

1.21
ᵃ1Jo 2.20,27

1.22
ᵇ2Co 5.5

1.23
ᶜRm 1.9; Gl 1.20
ᵈ1Co 4.21; 2Co 2.1,3; 13.2,10

1.24
ᵉ1Pe 5.3
ᶠRm 11.20; 1Co 15.1

2 Por isso resolvi não fazer outra visita que causasse tristeza a vocês.ᵍ ² Pois, se os entristeço,ʰ quem me alegrará senão vocês, a quem tenho entristecido? ³ Escrevi como escreviⁱ para que, quando eu for, não seja entristecidoʲ por aqueles que deveriam alegrar-me. Estava confianteᵏ em que todos vocês compartilhariam da minha alegria. ⁴ Pois eu escreviˡ com grande aflição e angústia de coração, e com muitas lágrimas, não para entristecê-los, mas para que soubessem como é profundo o meu amor por vocês.

Perdão para o Pecador

⁵ Se um de vocês tem causado tristeza,ᵐ não a tem causado apenas a mim, mas também, em parte, para eu não ser demasiadamente severo com todos vocês. ⁶ A puniçãoⁿ que foi imposta pela maioria é suficiente. ⁷ Agora, ao contrário, vocês devem perdoar-lhe e consolá-lo,ᵒ para que ele não seja dominado por excessiva tristeza. ⁸ Portanto, eu recomendo que reafirmem o amor que têm por ele. ⁹ Eu escrevi com o propósito de saber se vocês seriam aprovados, isto é, se seriam obedientes em tudo.ᵖ ¹⁰ Se vocês perdoam a alguém, eu também perdoo; e aquilo que perdoei, se é que havia alguma coisa para perdoar, perdoei na presença de Cristo, por amor a vocês, ¹¹ a fim de que Satanásᑫ não tivesse vantagem sobre nós; pois não ignoramos as suas intenções.ʳ

Ministros da Nova Aliança

¹² Quando cheguei a Trôadeˢ para pregar o evangelho de Cristoᵗ e vi que o Senhor me havia aberto uma porta,ᵘ ¹³ ainda assim, não tive sossego em meu espírito,ᵛ porque não encontrei ali meu irmão Tito.ʷ Por isso, despedi-me deles e fui para a Macedônia.

¹⁴ Mas graças a Deus,ˣ que sempre nos conduz vitoriosamente em Cristo e por nosso intermédio exala em todo lugar a fragrânciaʸ do seu conhecimento; ¹⁵ porque para Deus somos o aroma de Cristo entre os que estão sendo salvos e os que estão perecendo.ᶻ ¹⁶ Para estes somos cheiro de morte;ᵃ para aqueles, fragrância de vida. Mas quem está capacitado para tanto?ᵇ ¹⁷ Ao contrário de muitos, não negociamos a palavra de Deus visando a algum lucro;ᶜ antes, em Cristo falamos diante de Deus com sinceridade,ᵈ como homens enviados por Deus.ᵉ

3 Será que com isso estamos começando a nos recomendar a nós mesmosᶠ novamente? Será que precisamos, como alguns, de cartas de recomendaçãoᵍ para vocês ou da parte de vocês? ² Vocês mesmos são a nossa carta, escrita em nosso coração, conhecida e lida por todos.ʰ ³ Vocês demonstram que são uma carta de Cristo, resultado do nosso ministério, escrita não com tinta, mas com o Espírito do Deus vivo; não em tábuas de pedra,ⁱ mas em tábuas de corações humanos.ʲ

⁴ Tal é a confiançaᵏ que temos diante de Deus, por meio de Cristo. ⁵ Não que possamos reivindicar qualquer coisa com base em nossos próprios méritos, mas a nossa capacidade vem de Deus.ˡ ⁶ Ele nos capacitou para sermos ministros de uma nova aliança,ᵐ não da letra, mas do Espírito; pois a letra mata, mas o Espírito vivifica.ⁿ

A Glória da Nova Aliança

⁷ O ministério que trouxe a morte foi gravado com letras em pedras; mas esse ministério veio com tal glória que os israelitas não podiam fixar os olhos na face de Moisés, por causa do resplendorᵒ do seu rosto, ainda que desvanecente. ⁸ Não será o ministério do Espírito ainda muito mais glorioso? ⁹ Se era glorioso o ministério que trouxe condenação,ᵖ quanto mais glorioso será o ministério que produz justificação!ᑫ ¹⁰ Pois o que outrora foi glorioso, agora não tem glória, em comparação com a glória insuperável. ¹¹ E, se o que estava se desvanecendo se manifestou com glória, quanto maior será a glória do que permanece!

¹² Portanto, visto que temos tal esperança, mostramos muita confiança.ʳ ¹³ Não somos como Moisés, que colocava

um véu sobre a face para que os israelitas não contemplassem o resplendor que se desvanecia. ¹⁴ Na verdade a mente deles se fechou, pois até hoje o mesmo véu permanece quando é lida a antiga aliança. Não foi retirado, porque é somente em Cristo que ele é removido. ¹⁵ De fato, até o dia de hoje, quando Moisés é lido, um véu cobre os seus corações. ¹⁶ Mas, quando alguém se converte ao Senhor, o véu é retirado. ¹⁷ Ora, o Senhor é o Espírito e onde está o Espírito do Senhor ali há liberdade. ¹⁸ E todos nós, que com a face descoberta contemplamos¹ᵃ a glória do Senhor, segundo a sua imagem estamos sendo transformados com glória cada vez maior, a qual vem do Senhor, que é o Espírito.

Tesouros em Vasos de Barro

4 Portanto, visto que temos este ministério pela misericórdia que nos foi dada, não desanimamos. ² Antes, renunciamos aos procedimentos secretos e vergonhosos; não usamos de engano nem torcemos a palavra de Deus. Ao contrário, mediante a clara exposição da verdade, recomendamo-nos à consciência de todos, diante de Deus. ³ Mas, se o nosso evangelho está encoberto, para os que estão perecendo é que está encoberto. ⁴ O deus desta era cegou o entendimento dos descrentes, para que não vejam a luz do evangelho da glória de Cristo, que é a imagem de Deus. ⁵ Mas não pregamos a nós mesmos, mas a Jesus Cristo, o Senhor, e a nós como escravos de vocês, por causa de Jesus. ⁶ Pois Deus, que disse: "Das trevas resplandeça a luz"², ele mesmo brilhou em nossos corações, para iluminação do conhecimento da glória de Deus na face de Cristo.

⁷ Mas temos esse tesouro em vasos de barro, para mostrar que o poder que a tudo excede provém de Deus, e não de nós. ⁸ De todos os lados somos pressionados, mas não desanimados; ficamos perplexos, mas não desesperados; ⁹ somos perseguidos, mas não abandonados; abatidos, mas não destruídos. ¹⁰ Trazemos sempre em nosso corpo o morrer de Jesus, para que a vida de Jesus também seja revelada em nosso corpo. ¹¹ Pois nós, que estamos vivos, somos sempre entregues à morte por amor a Jesus, para que a sua vida também se manifeste em nosso corpo mortal. ¹² De modo que em nós atua a morte; mas em vocês, a vida.

¹³ Está escrito: "Cri, por isso falei"³. Com esse mesmo espírito de fé nós também cremos e, por isso, falamos, ¹⁴ porque sabemos que aquele que ressuscitou o Senhor Jesus dentre os mortos, também nos ressuscitará com Jesus e nos apresentará com vocês. ¹⁵ Tudo isso é para o bem de vocês, para que a graça, que está alcançando um número cada vez maior de pessoas, faça que transbordem as ações de graças para a glória de Deus.

¹⁶ Por isso não desanimamos. Embora exteriormente estejamos a desgastar-nos, interiormente estamos sendo renovados dia após dia, ¹⁷ pois os nossos sofrimentos leves e momentâneos estão produzindo para nós uma glória eterna que pesa mais do que todos eles. ¹⁸ Assim, fixamos os olhos, não naquilo que se vê, mas no que não se vê, pois o que se vê é transitório, mas o que não se vê é eterno.

Nossa Habitação Celestial

5 Sabemos que, se for destruída a temporária habitação terrena em que vivemos, temos da parte de Deus um edifício, uma casa eterna nos céus, não construída por mãos humanas. ² Enquanto isso, gememos, desejando ser revestidos da nossa habitação celestial, ³ porque, estando vestidos, não seremos encontrados nus. ⁴ Pois, enquanto estamos nesta casa, gememos e nos angustiamos, porque não queremos ser despidos, mas revestidos da nossa habitação

---

¹ **3.18** Ou *refletimos*
² **4.6** Gn 1.3
³ **4.13** Sl 116.10

celestial,[l] para que aquilo que é mortal seja absorvido pela vida. **5** Foi Deus que nos preparou para esse propósito, dando-nos o Espírito como garantia do que está por vir.[m]

6 Portanto, temos sempre confiança e sabemos que, enquanto estamos no corpo, estamos longe do Senhor. **7** Porque vivemos por fé, e não pelo que vemos.[n] **8** Temos, pois, confiança e preferimos estar ausentes do corpo e habitar com o Senhor.[o] **9** Por isso, temos o propósito de lhe agradar,[p] quer estejamos no corpo, quer o deixemos. **10** Pois todos nós devemos comparecer perante o tribunal de Cristo, para que cada um receba de acordo com as obras praticadas[q] por meio do corpo, quer sejam boas quer sejam más.

O Ministério da Reconciliação

11 Uma vez que conhecemos o temor ao Senhor,[r] procuramos persuadir os homens. O que somos está manifesto diante de Deus e esperamos que esteja manifesto também diante da consciência[s] de vocês. **12** Não estamos tentando novamente recomendar-nos a vocês,[t] porém estamos dando a oportunidade de exultarem em nós,[u] para que tenham o que responder aos que se vangloriam das aparências e não do que está no coração. **13** Se enlouquecemos,[v] é por amor a Deus; se conservamos o juízo, é por amor a vocês. **14** Pois o amor de Cristo nos constrange, porque estamos convencidos de que um morreu por todos; logo, todos morreram.[w] **15** E ele morreu por todos para que aqueles que vivem já não vivam mais para si mesmos,[x] mas para aquele que por eles morreu e ressuscitou.

16 De modo que, de agora em diante, a ninguém mais consideramos do ponto de vista humano[1],[y] Ainda que antes tenhamos considerado Cristo dessa forma, agora já não o consideramos assim. **17** Portanto, se alguém está em Cristo, é nova criação.[z] As coisas antigas já passaram; eis que surgiram coisas novas![2a] **18** Tudo isso provém de Deus, que nos reconciliou consigo mesmo por meio de Cristo[b] e nos deu o ministério da reconciliação, **19** ou seja, que Deus em Cristo estava reconciliando consigo o mundo, não levando em conta os pecados dos homens,[c] e nos confiou a mensagem da reconciliação. **20** Portanto, somos embaixadores de Cristo,[d] como se Deus estivesse fazendo o seu apelo por nosso intermédio. Por amor a Cristo suplicamos: Reconciliem-se com Deus. **21** Deus tornou pecado[3] por nós aquele que não tinha pecado,[e] para que nele nos tornássemos justiça de Deus.[f]

6 Como cooperadores de Deus,[g] insistimos com vocês para não receberem em vão a graça de Deus. **2** Pois ele diz:

"Eu o ouvi no tempo favorável
e o socorri no dia da salvação"[4].[h]

Digo que agora é o tempo favorável, agora é o dia da salvação!

Os Sofrimentos de Paulo

3 Não damos motivo de escândalo a ninguém,[i] em circunstância alguma, para que o nosso ministério não caia em descrédito. **4** Ao contrário, como servos de Deus, recomendamo-nos de todas as formas: em muita perseverança; em sofrimentos, privações e tristezas; **5** em açoites, prisões[j] e tumultos; em trabalhos árduos, noites sem dormir e jejuns;[k] **6** em pureza, conhecimento, paciência e bondade; no Espírito Santo[l] e no amor sincero; **7** na palavra da verdade[m] e no poder de Deus; com as armas da justiça,[n] quer de ataque quer de defesa[5]; **8** por honra e por desonra;[o] por difamação e por boa fama; tidos por enganadores,[p] sendo verdadeiros; **9** como desconhecidos, apesar de bem conhecidos; como se estivéssemos morrendo,[q] mas eis que vivemos;[r] espancados, mas não mortos; **10** entristecidos, mas sempre alegres;[s] pobres, mas enriquecendo muitos outros;[t] nada tendo, mas possuindo tudo.[u]

---

[1] **5.16** Grego: *segundo a carne*.
[2] **5.17** Vários manuscritos dizem *eis que tudo se fez novo!*
[3] **5.21** Ou *uma oferta pelo pecado*
[4] **6.2** Is 49.8
[5] **6.7** Grego: *à direita e à esquerda*.

11 Falamos abertamente a vocês, coríntios, e abrimos todo o nosso coração!ᵛ **12** Não estamos limitando nosso afeto, mas vocês estão limitando o afeto que têm por nós. **13** Numa justa compensação, falo como a meus filhos,ʷ abram também o coração para nós!

O Problema da Associação com os Descrentes

14 Não se ponham em jugo desigualˣ com descrentes. Pois o que têm em comum a justiça e a maldade? Ou que comunhão pode ter a luz com as trevas?ʸ **15** Que harmonia entre Cristo e Belial? Que há de comum entre o crenteᶻ e o descrente? **16** Que acordo há entre o temploᵃ de Deus e os ídolos? Pois somos santuário do Deus vivo. Como disse Deus:

"Habitarei com eles
  e entre eles andarei;
serei o seu Deus,
  e eles serão o meu povo"¹·ᵇ

17 Portanto,
  "saiam do meio delesᶜ
e separem-se",
  diz o Senhor.
"Não toquem
  em coisas impuras,
e eu os receberei"²ᵈ

18 "e serei o seu Pai,
  e vocês serão meus filhos
  e minhas filhas",ᵉ
diz o Senhor todo-poderoso³.

7 Amados, visto que temos essas promessas,ᶠ purifiquemo-nos de tudo o que contamina o corpo⁴ e o espírito, aperfeiçoando a santidade no temor de Deus.

A Alegria de Paulo

2 Concedam-nos lugar no coraçãoᵍ de vocês. A ninguém prejudicamos, a ninguém causamos dano, a ninguém exploramos. **3** Não digo isso para condená-los; já disse que vocês estão em nosso coraçãoʰ para juntos morrermos ou vivermos. **4** Tenho grande confiança em vocês, e de vocês tenho muito orgulho. Sinto-me bastante encorajado; minha alegria transborda em todas as tribulações.ⁱ

5 Pois, quando chegamos à Macedônia,ʲ não tivemos nenhum descanso, mas fomos atribulados de toda forma:ᵏ conflitos externos, temores internos.ˡ **6** Deus, porém, que consola os abatidos,ᵐ consolou-nos com a chegada de Tito,ⁿ **7** e não apenas com a vinda dele, mas também com a consolação que vocês lhe deram. Ele nos falou da saudade, da tristeza e da preocupação de vocês por mim, de modo que a minha alegria se tornou ainda maior.

8 Mesmo que a minha cartaᵒ tenha causado tristeza a vocês, não me arrependo. É verdade que a princípio me arrependi, pois percebi que a minha carta os entristeceu, ainda que por pouco tempo. **9** Agora, porém, me alegro, não porque vocês foram entristecidos, mas porque a tristeza os levou ao arrependimento. Pois vocês se entristeceram como Deus desejava e de forma alguma foram prejudicados por nossa causa. **10** A tristeza segundo Deus não produz remorso, mas sim um arrependimento que leva à salvação,ᵖ e a tristeza segundo o mundo produz morte. **11** Vejam o que esta tristeza segundo Deus produziu em vocês: que dedicação, que desculpas, que indignação, que temor, que saudade, que preocupação,ᑫ que desejo de ver a justiça feita! Em tudo vocês se mostraram inocentes a esse respeito. **12** Assim, se escrevi,ʳ não foi por causa daquele que cometeu o erroˢ nem daquele que foi prejudicado, mas para que diante de Deus vocês pudessem ver por vocês mesmos como são dedicados a nós. **13** Por isso tudo fomos revigorados.

Além de encorajados, ficamos mais contentes ainda ao ver como Titoᵗ estava alegre, porque seu espírito recebeu refrigério de

---

¹ **6.16** Lv 26.12; Jr 32.38; Ez 37.27
² **6.17** Is 52.11; Ez 20.34,41
³ **6.18** 2 Sm 7.8,14
⁴ **7.1** Grego: *a carne.*

todos vocês. ¹⁴ Eu lhe tinha dito que estava orgulhoso de vocês,ᵘ e vocês não me decepcionaram. Da mesma forma que era verdade tudo o que dissemos, o orgulho que temos de vocês diante de Titoᵛ também mostrou-se verdadeiro. ¹⁵ E a afeição dele por vocês fica maior ainda, quando lembra que todos vocês foram obedientes,ʷ recebendo-o com temor e tremor.ˣ ¹⁶ Alegro-me por poder ter plena confiança em vocês.ʸ

Incentivo à Contribuição

8 Agora, irmãos, queremos que vocês tomem conhecimento da graça que Deus concedeu às igrejas da Macedônia.ᶻ ² No meio da mais severa tribulação, a grande alegria e a extrema pobreza deles transbordaram em rica generosidade. ³ Pois dou testemunho de que eles deram tudo quanto podiamᵃ e até além do que podiam. Por iniciativa própria ⁴ eles nos suplicaram insistentemente o privilégio de participar da assistênciaᵇ aos santos.ᶜ ⁵ E não somente fizeram o que esperávamos, mas entregaram-se primeiramente a si mesmos ao Senhor e, depois, a nós, pela vontade de Deus. ⁶ Assim, recomendamosᵈ a Titoᵉ que, assim como ele já havia começado, também completasseᶠ esse ato de graça da parte de vocês. ⁷ Todavia, assim como vocês se destacam em tudo:ᵍ na fé, na palavra, no conhecimento,ʰ na dedicação completa e no amor que vocês têm por nós,ⁱ destaquem-se também neste privilégio de contribuir.

⁸ Não estou dando uma ordem,ʲ mas quero verificar a sinceridade do amor de vocês, comparando-o com a dedicação dos outros. ⁹ Pois vocês conhecem a graça de nosso Senhor Jesus Cristoʲ que, sendo rico, se fez pobreᵏ por amor de vocês, para que por meio de sua pobreza vocês se tornassem ricos.

¹⁰ Este é meu conselho:ˡ convém que vocês contribuam, já que desde o ano passado vocês foram os primeiros, não somente a contribuir, mas também a propor esse plano.ᵐ ¹¹ Agora, completem a obra, para que a forte disposiçãoⁿ de realizá-la seja igualada pelo zelo em concluí-la, de acordo com os bens que vocês possuem. ¹² Porque, se há prontidão, a contribuição é aceitável de acordo com aquilo que alguém tem,ᵒ e não de acordo com o que não tem.

¹³ Nosso desejo não é que outros sejam aliviados enquanto vocês são sobrecarregados, mas que haja igualdade. ¹⁴ No presente momento, a fartura de vocês suprirá a necessidade deles,ᵖ para que, por sua vez, a fartura deles supra a necessidade de vocês. Então haverá igualdade, ¹⁵ como está escrito: "Quem tinha recolhido muito não teve demais, e não faltou a quem tinha recolhido pouco"².ᑫ

A Coleta para os Crentes da Judeia

¹⁶ Agradeço a Deusʳ ter ele posto no coraçãoˢ de Titoᵗ o mesmo cuidado que tenho por vocês, ¹⁷ pois Tito não apenas aceitou o nosso pedido, mas está indo até vocês, com muito entusiasmo e por iniciativa própria.ᵘ ¹⁸ Com ele estamos enviando o irmãoᵛ que é recomendado por todas as igrejasʷ por seu serviço no evangelho.ˣ ¹⁹ Não só por isso, mas ele também foi escolhido pelas igrejas para nos acompanharʸ quando formos ministrar esta doação, o que fazemos para honrar o próprio Senhor e mostrar a nossa disposição.ᶻ ²⁰ Queremos evitar que alguém nos critique quanto ao nosso modo de administrar essa generosa oferta, ²¹ pois estamos tendo o cuidado de fazer o que é correto, não apenas aos olhos do Senhor, mas também aos olhos dos homens.ᵃ

²² Além disso, estamos enviando com eles o nosso irmão que muitas vezes e de muitas maneiras já nos provou que é muito dedicado, e agora ainda mais, por causa da grande confiança que ele tem em vocês. ²³ Quanto a Tito, ele é meu companheiroᵇ

---

¹ **8.7** Alguns manuscritos dizem *e em nosso amor por vocês*.

² **8.15** Êx 16.18

e cooperador^c entre vocês; quanto a nossos irmãos,^d eles são representantes das igrejas e uma honra para Cristo. **24** Portanto, diante das demais igrejas, demonstrem a esses irmãos a prova do amor que vocês têm e a razão do orgulho que temos de vocês.^e

9 Não tenho necessidade^f de escrever a respeito dessa assistência aos santos.^g **2** Reconheço a sua disposição em ajudar e já mostrei aos macedônios o orgulho^h que tenho de vocês, dizendo-lhes que, desde o ano passado,^i vocês da Acaia^j estavam prontos a contribuir; e a dedicação de vocês motivou a muitos. **3** Contudo, estou enviando os irmãos para que o orgulho que temos de vocês a esse respeito não seja em vão, mas que vocês estejam preparados, como eu disse que estariam,^k **4** a fim de que, se alguns macedônios^l forem comigo e os encontrarem despreparados, nós, para não mencionar vocês, não fiquemos envergonhados por tanta confiança que tivemos. **5** Assim, achei necessário recomendar que os irmãos os visitem antes e concluam os preparativos para a contribuição que vocês prometeram. Então ela estará pronta como oferta generosa,^m e não como algo dado com avareza.^n

Semeando com Generosidade

6 Lembrem-se: aquele que semeia pouco também colherá pouco, e aquele que semeia com fartura também colherá fartamente.^o **7** Cada um dê^1,p conforme determinou em seu coração, não com pesar ou por obrigação,^q pois Deus ama quem dá com alegria.^r **8** E Deus é poderoso^s para fazer que toda a graça lhes seja acrescentada, para que em todas as coisas, em todo o tempo, tendo tudo o que é necessário,^t vocês transbordem em toda boa obra. **9** Como está escrito:

"Distribuiu, deu os seus bens aos necessitados;
a sua justiça dura para sempre"^2,u

10 Aquele que supre a semente ao que semeia e o pão ao que come^v também lhes suprirá e multiplicará a semente e fará crescer os frutos da sua justiça.^w **11** Vocês serão enriquecidos^x de todas as formas, para que possam ser generosos em qualquer ocasião e, por nosso intermédio, a sua generosidade resulte em ação de graças a Deus.^y

12 O serviço ministerial que vocês estão realizando não está apenas suprindo as necessidades^z do povo de Deus, mas também transbordando em muitas expressões de gratidão a Deus.^a **13** Por meio dessa prova de serviço ministerial,^b outros louvarão a Deus^c pela obediência que acompanha a confissão que vocês fazem do evangelho de Cristo^d e pela generosidade de vocês em compartilhar seus bens com eles e com todos os outros. **14** E nas orações que fazem por vocês, eles estarão cheios de amor por vocês, por causa da insuperável graça que Deus tem dado a vocês. **15** Graças a Deus^e por seu dom indescritível!^f

Paulo Defende o seu Ministério

10 Eu, Paulo,^h pela mansidão e pela bondade^g de Cristo, apelo para vocês; eu, que sou "humilde" quando estou face a face com vocês, mas "audaz" quando ausente! **2** Rogo a vocês que, quando estiver presente, não me obriguem a agir com audácia,^i tal como penso que ousarei fazer, para com alguns que acham que procedemos segundo os padrões humanos^3. **3** Pois, embora vivamos como homens^4, não lutamos segundo os padrões humanos. **4** As armas com as quais lutamos^j não são humanas^5; ao contrário, são poderosas^k em Deus para destruir fortalezas.^l **5** Destruímos argumentos e toda pretensão que se levanta contra o conhecimento de Deus^m e levamos cativo todo pensamento, para torná-lo obediente^n a Cristo. **6** E estaremos prontos para punir

---

^1 **9.7** Grego: *semeie*.
^2 **9.9** Sl 112.9
^3 **10.2** Grego: *segundo a carne*; também no versículo 3.
^4 **10.3** Grego: *na carne*.
^5 **10.4** Grego: *carnais*.

8.23
^c Fp 2.25
^d v. 18,22

8.24
^e 2Co 7.4,14; 9.2

9.1
^f 1Ts 4.9
^g 2Co 8.4

9.2
^h 2Co 7.4,14
^i 2Co 8.10
^j At 18.12

9.3
^k 1Co 16.2

9.4
^l Rm 15.26

9.5
^m Fp 4.17
^n 2Co 12.17,18

9.6
^o Pv 11.24,25; 22.9; Gl 6.7,9

9.7
^p Ex 25.2; 2Co 8.12
^q Dt 15.10
^r Rm 12.8

9.8
^s Ef 3.20
^t Fp 4.19

9.9
^u Sl 112.9

9.10
^v Is 55.10
^w Os 10.12

9.11
^x 1Co 1.5
^y 2Co 1.11

9.12
^z 2Co 8.14
^a 2Co 1.11

9.13
^b 2Co 8.4
^c Mt 9.8
^d 2Co 2.12

9.15
^e 2Co 2.14
^f Rm 5.15,16

10.1
^g Mt 11.29
^h Gl 5.2

10.2
^i 1Co 4.21; 2Co 13.2,10

10.4
^j 2Co 6.7
^k 1Co 2.5
^l Jr 1.10; 2Co 13.10

10.5
^m Is 2.11,12; 1Co 1.19
^n 2Co 9.13

todo ato de desobediência, uma vez estando completa a obediência de vocês.°

7 Vocês observam apenas a aparência das coisas.¹ᵖ Se alguém está convencido de que pertence a Cristo,ᵠ deveria considerar novamente consigo mesmo que, assim como ele,ʳ nós também pertencemos a Cristo. 8 Pois mesmo que eu tenha me orgulhado um pouco mais da autoridade que o Senhor nos deu, não me envergonho disso, pois essa autoridade é para edificá-los, e não para destruí-los.ˢ 9 Não quero que pareça que estou tentando amedrontá-los com as minhas cartas. 10 Pois alguns dizem: "As cartas dele são duras e fortes, mas ele pessoalmente não impressiona,ᵗ e a sua palavra é desprezível".ᵘ 11 Saibam tais pessoas que aquilo que somos em cartas, quando estamos ausentes, seremos em atos, quando estivermos presentes.

12 Não temos a pretensão de nos igualar ou de nos comparar com alguns que se recomendam a si mesmos.ᵛ Quando eles se medem e se comparam consigo mesmos, agem sem entendimento. 13 Nós, porém, não nos gloriaremos além do limite adequado, mas limitaremos nosso orgulho à esfera de ação que Deus nos confiou,ʷ a qual alcança vocês inclusive. 14 Não estamos indo longe demais em nosso orgulho, como seria se não tivéssemos chegado até vocês, pois chegamos a vocêsˣ com o evangelho de Cristo.ʸ 15 Da mesma forma, não vamos além de nossos limites, gloriando-nos de trabalhos que outros fizeram.²ᶻ Nossa esperança é que, à medida que for crescendo a féᵃ que vocês têm, nossa atuação entre vocês aumente ainda mais, 16 para que possamos pregar o evangelho nas regiões que estão além de vocês,ᵇ sem nos vangloriarmos de trabalho já realizado em território de outro. 17 Contudo, "quem se gloriar glorie-se no Senhor",³ᶜ 18 pois não é aprovado quem a si mesmo se recomenda,ᵈ mas aquele a quem o Senhor recomenda.ᵉ

A Preocupação de Paulo com a Fidelidade dos Coríntios

11 Espero que vocês suportemᶠ um pouco da minha insensatez.ᵍ Sim, por favor, sejam pacientes comigo.⁴ 2 O zelo que tenho por vocês é um zelo que vem de Deus. Eu os prometi a um único marido,ʰ Cristo, querendo apresentá-los a eleⁱ como uma virgem pura. 3 O que receio, e quero evitar, é que assim como a serpente enganou Eva com astúcia,ʲ a mente de vocês seja corrompida e se desvie da sua sincera e pura devoção a Cristo. 4 Pois, se alguém tem pregado a vocês um Jesus que não é aquele que pregamos,ᵏ ou se vocês acolhem um espírito diferenteˡ do que acolheram ou um evangelhoᵐ diferente do que aceitaram, vocês o toleram com facilidade. 5 Todavia, não me julgo nem um pouco inferior a esses "superapóstolos".ⁿ 6 Eu posso não ser um orador eloquente;ᵒ contudo tenho conhecimento.ᵖ De fato, já manifestamos isso a vocês em todo tipo de situação.

7 Será que cometi algum pecadoᵠ ao humilhar-me a fim de elevá-los, pregando a vocês gratuitamente o evangelho de Deus?ʳ 8 Despojei outras igrejas, recebendo delas sustento,ˢ a fim de servi-los. 9 Quando estive entre vocês e passei por alguma necessidade, não fui um peso para ninguém; pois os irmãos, quando vieram da Macedônia, supriram aquilo de que eu necessitava. Fiz tudo para não ser pesado a vocêsᵗ e continuarei a agir assim. 10 Tão certo como a verdade de Cristo está em mim,ᵘ ninguém na região da Acaiaᵛ poderá privar-me deste orgulho.ʷ 11 Por quê? Por que não amo vocês? Deus sabe que os amo!ˣ 12 E continuarei fazendo o que faço, a fim de não dar

---

¹ **10.7** Ou *Observem os acontecimentos evidentes.*

² **10.13-15** Ou *Nós, porém, não nos gloriaremos a respeito das coisas que não podem ser medidas, mas sim segundo o padrão de medida que o Deus de medida atribuiu a nós, a qual também se refere a vocês. 14... 15 Tampouco nos gloriamos no que não se pode medir quanto ao trabalho feito por outros.*

³ **10.17** Jr 9.24

⁴ **11.1** Ou *De fato, já estão suportando.*

oportunidade àqueles que desejam encontrar ocasião de serem considerados iguais a nós nas coisas de que se orgulham.

¹³ Pois tais homens são falsos apóstolos,ʸ obreiros enganosos,ᶻ fingindo-se apóstolos de Cristo.ᵃ ¹⁴ Isso não é de admirar, pois o próprio Satanás se disfarça de anjo de luz. ¹⁵ Portanto, não é surpresa que os seus servos finjam ser servos da justiça. O fim deles será o que as suas ações merecem.ᵇ

Paulo Orgulha-se dos seus Sofrimentos

¹⁶ Faço questão de repetir: Ninguém me considere insensato.ᶜ Mas, se vocês assim me consideram, recebam-me como receberiam um insensato, a fim de que eu me orgulhe um pouco. ¹⁷ Ao ostentar esse orgulho, não estou falando segundo o Senhor,ᵈ mas como insensato. ¹⁸ Visto que muitos estão se vangloriando de modo bem humano¹, eu também me orgulharei.ᵉ ¹⁹ Vocês, por serem tão sábios,ᶠ suportam de boa vontade os insensatos! ²⁰ De fato, vocês suportam até quem os escravizaᵍ ou os explora, ou quem se exalta ou lhes fere a face. ²¹ Para minha vergonha, admito que fomos fracosʰ demais para isso!

Naquilo em que todos os outros se atrevem a gloriar-se — falo como insensato — eu também me atrevo.ⁱ ²² São eles hebreus? Eu também.ʲ São israelitas? Eu também.ᵏ São descendentes de Abraão? Eu também. ²³ São eles servos de Cristo? — estou fora de mim para falar desta forma — eu ainda mais: trabalhei muito mais,ˡ fui encarcerado mais vezes,ᵐ fui açoitado mais severamente e exposto à morte repetidas vezes. ²⁴ Cinco vezes recebi dos judeus trinta e nove açoites.ⁿ ²⁵ Três vezes fui golpeado com varas,ᵒ uma vez apedrejado,ᵖ três vezes sofri naufrágio, passei uma noite e um dia exposto à fúria do mar. ²⁶ Estive continuamente viajando de uma parte a outra, enfrentei perigos nos rios, perigos de assaltantes, perigos dos meus compatriotas,ᵠ perigos dos gentios²; perigos na cidade,ʳ perigos no deserto, perigos no mar e perigos dos falsos irmãos.ˢ ²⁷ Trabalhei arduamente; muitas vezes fiquei sem dormir, passei fome e sede, e muitas vezes fiquei em jejum;ᵗ suportei frio e nudez. ²⁸ Além disso, enfrento diariamente uma pressão interior, a saber, a minha preocupação com todas as igrejas. ²⁹ Quem está fraco, que eu não me sinta fraco? Quem não se escandaliza, que eu não me queime por dentro?

³⁰ Se devo orgulhar-me, que seja nas coisas que mostram a minha fraqueza.ᵘ ³¹ O Deus e Pai do Senhor Jesus, que é bendito para sempre,ᵛ sabe que não estou mentindo. ³² Em Damasco, o governador nomeado pelo rei Aretas mandou que se vigiasse a cidade para me prender.ʷ ³³ Mas de uma janela na muralha fui baixado numa cesta e escapei das mãos dele.ˣ

A Visão de Paulo

12 É necessário que eu continue a gloriar-meʸ com isso. Ainda que eu não ganhe nada com isso³, passarei às visões e revelaçõesᶻ do Senhor. ² Conheço um homem em Cristo que há catorze anos foi arrebatadoᵃ ao terceiro céu.ᵇ Se foi no corpo ou fora do corpo, não sei; Deus o sabe. ³ E sei que esse homem — se no corpo ou fora do corpo, não sei, mas Deus o sabe — ᶜ⁴ foi arrebatado ao paraísoᵈ e ouviu coisas indizíveis, coisas que ao homem não é permitido falar. ⁵ Nesse homem me gloriarei, mas não em mim mesmo, a não ser em minhas fraquezas. ⁶ Mesmo que eu preferisse gloriar-me não seria insensato,ᵉ porque estaria falando a verdade. Evito fazer isso para que ninguém pense a meu respeito mais do que em mim vê ou de mim ouve.

⁷ Para impedir que eu me exaltasse por causa da grandeza dessas revelações, foi-me dado um espinho na carne,ᶠ um mensageiro de Satanás, para me atormentar.

---

¹ **11.18** Grego: *segundo a carne*.
² **11.26** Isto é, *os que não são judeus*.
³ **12.1** Vários manuscritos dizem *Embora não me seja vantajoso gloriar-me*.

⁸ Três vezes roguei ao Senhor que o tirasse de mim.ᵍ ⁹ Mas ele me disse: "Minha graça é suficiente a você, pois o meu poderʰ se aperfeiçoa na fraqueza". Portanto, eu me gloriarei ainda mais alegremente em minhas fraquezas, para que o poder de Cristo repouse em mim. ¹⁰ Por isso, por amor de Cristo, regozijo-me nas fraquezas, nos insultos, nas necessidades,ⁱ nas perseguições,ʲ nas angústias. Pois, quando sou fraco, é que sou forte.ᵏ

A Preocupação de Paulo com os Coríntios

¹¹ Fui insensato,ˡ mas vocês me obrigaram a isso. Eu devia ser recomendado por vocês, pois em nada sou inferior aos "superapóstolos",ᵐ embora eu nada seja.ⁿ ¹² As marcas de um apóstolo — sinais, maravilhas e milagres —ᵒ foram demonstradas entre vocês, com grande perseverança. ¹³ Em que vocês foram inferiores às outras igrejas, exceto no fato de eu nunca ter sido um peso para vocês?ᵖ Perdoem-me essa ofensa!ᵠ

¹⁴ Agora, estou pronto para visitá-los pela terceira vezʳ e não serei um peso, porque o que desejo não são os seus bens, mas vocês mesmos. Além disso, os filhos não devem ajuntar riquezas para os pais,ˢ mas os pais para os filhos.ᵗ ¹⁵ Assim, de boa vontade, por amor de vocês, gastarei tudo o que tenho e também me desgastarei pessoalmente.ᵘ Visto que os amo tanto, devo ser menos amado? ¹⁶ Seja como for, não tenho sido um peso para vocês.ᵛ No entanto, como sou astuto, eu os prendi com astúcia. ¹⁷ Porventura eu os explorei por meio de alguém que enviei a vocês? ¹⁸ Recomendeiʷ a Tito que os visitasse, acompanhado de outro irmão.ˣ Por acaso Tito os explorou? Não agimos nós no mesmo espírito e não seguimos os mesmos passos?

¹⁹ Vocês pensam que durante todo este tempo estamos nos defendendo perante vocês? Falamos diante de Deusʸ como alguém que está em Cristo, e tudo o que fazemos, amados irmãos, é para fortalecê-los.ᶻ ²⁰ Pois temo que, ao visitá-los,ᵃ não os encontre como eu esperava, e que vocês não me encontrem como esperavam.ᵇ Temo que haja entre vocês brigas,ᶜ invejas, manifestações de ira, divisões,ᵈ calúnias, intrigas,ᵉ arrogância e desordem.ᶠ ²¹ Receio que, ao visitá-los outra vez, o meu Deus me humilhe diante de vocês e eu lamenteᵍ por causa de muitos que pecaram anteriormenteʰ e não se arrependeram da impureza, da imoralidade sexual e da libertinagem que praticaram.

Advertências Finais

13 Esta será minha terceira visita a vocês.ⁱ "Toda questão precisa ser confirmada pelo depoimento de duas ou três testemunhas"¹,ʲ ² Já os adverti quando estive com vocês pela segunda vez. Agora, estando ausente, escrevo aos que antes pecaramˡ e aos demais: quando voltar, não os pouparei,ᵏ ³ visto que vocês estão exigindo uma prova de que Cristo fala por meu intermédio.ᵐ Ele não é fraco ao tratar com vocês, mas poderoso entre vocês. ⁴ Pois, na verdade, foi crucificado em fraqueza,ⁿ mas vive pelo poder de Deus.ᵒ Da mesma forma, somos fracosᵖ nele, mas, pelo poder de Deus, viveremos com ele para servir vocês.

⁵ Examinem-seᵠ para ver se vocês estão na fé; provem a vocês mesmos.ʳ Não percebem que Cristo Jesus está em vocês?ˢ A não ser que tenham sido² reprovados! ⁶ E espero que saibam que nós não fomos reprovados. ⁷ Agora, oramos a Deus para que vocês não pratiquem mal algum. Não para que os outros vejam que temos sido aprovados, mas para que vocês façam o que é certo, embora pareça que tenhamos falhado. ⁸ Pois nada podemos contra a verdade, mas somente em favor da verdade. ⁹ Ficamos alegres sempre que estamos fracos e vocês estão fortes; nossa oração é que vocês sejam aperfeiçoados.ᵗ ¹⁰ Por isso escrevo estas

¹ **13.1** Dt 19.15
² **13.5** Ou *que se considerem*

2CORÍNTIOS 13.11

coisas estando ausente, para que, quando eu for, não precise ser rigoroso no uso da autoridade que o Senhor me deu para edificá-los, e não para destruí-los.ᵘ

Saudações Finais

¹¹ Sem mais, irmãos,ᵛ despeço-me de vocês! Procurem aperfeiçoar-se, exortem-se mutuamente¹, tenham um só pensamento, vivam em paz.ʷ E o Deus de amor e pazˣ estará com vocês.

¹² Saúdem uns aos outros com beijo santo.ʸ ¹³ Todos os santos enviam saudações.ᶻ

¹⁴ A graça do Senhor Jesus Cristo,ᵃ o amor de Deusᵇ e a comunhão do Espírito Santoᶜ sejam com todos vocês.

13.10 ᵘ2Co 10.8
13.11 ᵛ1Ts 4.1; 2Ts 3.1 ʷMc 9.50 ˣRm 15.33; Ef 6.23
13.12 ʸRm 16.16
13.13 ᶻFp 4.22
13.14 ᵃRm 16.20; 2Co 8.9 ᵇRm 5.5; Jd 21 ᶜFp 2.1

¹ **13.11** Ou *aceitem minha exortação*

Introdução a GÁLATAS

PANO DE FUNDO

A Galácia era um território na parte central da Ásia Menor que se tornou província romana em 25 a. C. Os gálatas eram um povo migratório celta que se mudou da Gália (França) para a Ásia Menor no terceiro século a. C. Seu território incluía as cidades do sul como Antioquia da Psídia, Icônio, Listra e Derbe, nas quais Paulo e Barnabé estabeleceram igrejas na primeira viagem missionária (Atos 13.13-14.23). A epístola aos Gálatas é endereçada aos que assumiram compromisso com Cristo, mas caíram nos velhos hábitos e práticas — especialmente o legalismo. Não há dúvida de que Paulo tenha escrito esta carta. "Ouçam bem o que eu, Paulo, lhes digo" (5.2; ver também 1.1).

MENSAGEM

A epístola aos Gálatas dá peso à controvérsia da justificação pela fé contra o Evangelho de obras. Muitos crentes judeus precisavam ajudar a determinar como a nova fé que abraçaram se relacionava com as práticas da antiga fé. Paulo gasta a primeira parte de Gálatas defendendo o Evangelho da graça que os cristãos há pouco haviam aceitado, e defendendo sua autoridade daqueles que tentavam esvaziá-la. Nos capítulos 3-4 Paulo sistematicamente esboça o Evangelho da graça. O último capítulo explica a liberdade encontrada em Cristo e o Evangelho da graça. Paulo encoraja os novos crentes a que "vivam no Espírito" e a evitar atender aos desejos da carne (5.16).

ÉPOCA

Há duas teorias para a data desta carta. A primeira defende que Paulo a escreveu entre 53 e 56, ou na Macedônia ou em Éfeso, para cidades ao norte das que visitara enquanto viajava com Barnabé. Paulo pode ter visitado aquela parte da Galácia em sua segunda viagem missionária. A segunda teoria argumenta que Paulo escreveu em Antioquia da Síria, por volta do ano 49, para as igrejas que ele e Barnabé fundaram na Galácia do sul. Se a teoria da Galácia do sul for a correta, Gálatas é um dos primeiros textos do cânon do Novo Testamento, logo antes do concílio em Jerusalém (Atos 15.1-21).

ESBOÇO

I. Paulo defende seu ministério
A. Saudações — 1.1-5
B. A autoridade de Paulo — 1.6—2.10
C. Conflito com Pedro — 2.11-21

II. Paulo defende o Evangelho da graça
A. Justificados pela fé — 3.1-29
B. Alianças contrastantes — 4.1-31

III. Liberdade em Cristo
A. Libertos em Cristo — 5.1-12
B. O uso correto da liberdade — 5.13-26
C. Colhemos o que semeamos — 6.1-10
D. Advertências finais e bênção — 6.11-18

GÁLATAS 1.1

1 Paulo, apóstolo enviado, não da parte de homens nem por meio de pessoa alguma, mas por Jesus Cristo[a] e por Deus Pai, que o ressuscitou dos mortos,[b] **2** e todos os irmãos que estão comigo,[c]

às igrejas da Galácia:[d]

3 A vocês, graça e paz da parte de Deus nosso Pai e do Senhor Jesus Cristo,[e] **4** que se entregou a si mesmo por nossos pecados[f] a fim de nos resgatar desta presente era perversa, segundo a vontade de nosso Deus e Pai,[g] **5** a quem seja a glória para todo o sempre. Amém.[h]

Não Há Outro Evangelho

6 Admiro-me de que vocês estejam abandonando tão rapidamente aquele que os chamou[i] pela graça de Cristo, para seguirem outro evangelho[j] **7** que, na realidade, não é o evangelho. O que ocorre é que algumas pessoas os estão perturbando,[k] querendo perverter o evangelho de Cristo. **8** Mas, ainda que nós ou um anjo dos céus pregue um evangelho diferente daquele que pregamos a vocês,[l] que seja amaldiçoado![m] **9** Como já dissemos, agora repito: Se alguém anuncia a vocês um evangelho diferente daquele que já receberam,[n] que seja amaldiçoado!

10 Acaso busco eu agora a aprovação dos homens ou a de Deus? Ou estou tentando agradar a homens?[o] Se eu ainda estivesse procurando agradar a homens, não seria servo de Cristo.

Paulo, Chamado por Deus

11 Irmãos,[p] quero que saibam que o evangelho por mim anunciado não é de origem humana. **12** Não o recebi de pessoa alguma[q] nem me foi ele ensinado; ao contrário, eu o recebi de Jesus Cristo por revelação.[r]

13 Vocês ouviram qual foi o meu procedimento no judaísmo,[s] como perseguia com violência a igreja de Deus, procurando destruí-la.[t] **14** No judaísmo, eu superava a maioria dos judeus da minha idade, e era extremamente zeloso das tradições dos meus antepassados.[u] **15** Mas Deus me separou desde o ventre materno[v] e me chamou[w] por sua graça. Quando lhe agradou **16** revelar o seu Filho em mim para que eu o anunciasse entre os gentios[1],[x] não consultei pessoa alguma[2],[y] **17** Tampouco subi a Jerusalém para ver os que já eram apóstolos antes de mim, mas de imediato parti para a Arábia e voltei outra vez a Damasco.

18 Depois de três anos,[z] subi a Jerusalém[a] para conhecer Pedro[3] pessoalmente e estive com ele quinze dias. **19** Não vi nenhum dos outros apóstolos, a não ser Tiago,[b] irmão do Senhor. **20** Quanto ao que escrevo a vocês, afirmo diante de Deus que não minto.[c] **21** A seguir, fui para as regiões da Síria e da Cilícia.[d] **22** Eu não era pessoalmente conhecido pelas igrejas da Judeia[e] que estão em Cristo. **23** Apenas ouviam dizer: "Aquele que antes nos perseguia, agora está anunciando a fé[f] que outrora procurava destruir". **24** E glorificavam a Deus[g] por minha causa.

Paulo é Aceito pelos Apóstolos

2 Catorze anos depois, subi novamente a Jerusalém,[h] dessa vez com Barnabé, levando também Tito comigo. **2** Fui para lá por causa de uma revelação e expus diante deles o evangelho que prego entre os gentios,[i] fazendo-o, porém, em particular aos que pareciam mais influentes, para não correr ou ter corrido[j] inutilmente. **3** Mas nem mesmo Tito,[k] que estava comigo, foi obrigado a circuncidar-se, apesar de ser grego.[l] **4** Essa questão foi levantada porque alguns falsos irmãos[m] infiltraram-se em nosso meio para espionar[n] a liberdade[o] que temos em Cristo Jesus e nos reduzir à escravidão. **5** Não nos submetemos a eles nem por um instante, para que a verdade do evangelho[p] permanecesse com vocês.

[1] **1.16** Isto é, os que não são judeus; também em todo o livro de Gálatas.
[2] **1.16** Grego: *carne e sangue*.
[3] **1.18** Grego: *Cefas*.

1.1
[a] At 9.15
[b] At 2.24
1.2
[c] Fp 4.21
[d] At 16.6;
1.3
[e] Ro 1.7
1.4
[f] Mt 20.28;
Rm 4.25;
Gl 2.20
[g] Fp 4.20
1.5
[h] Rm 11.36
1.6
[i] Gl 5.8
[j] 2Co 11.4
1.7
[k] At 15.24;
Gl 5.10
1.8
[l] 2Co 11.4
[m] Rm 9.3
1.9
[n] Rm 16.17
1.10
[o] Rm 2.29;
1Ts 2.4
1.11
[p] 1Co 15.1
1.12
[q] v.1
[r] v. 16
1.13
[s] At 26.4,5
[t] At 8.3
1.14
[u] Mt 15.2
1.15
[v] Is 49.1,5;
Jr 1.5
[w] At 9.15
1.16
[x] Gl 2.9
[y] Mt 16.17
1.18
[z] At 9.22,23
[a] At 9.26,27
1.19
[b] Mt 13.55
1.20
[c] Rm 9.1
1.21
[d] At 6.9
1.22
[e] 1Ts 2.14
1.23
[f] At 6.7
1.24
[g] Mt 9.8
2.1
[h] At 15.2
2.2
[i] At 15.4,12
[j] 1Co 9.24;
Fp 2.16
2.3
[k] 2Co 2.13
[l] At 16.3;
1Co 9.21
2.4
[m] 2Co 11.26
[n] Jd 4
[o] At 15.1;
Gl 5.1,13
2.5
[p] v.14

⁶ Quanto aos que pareciam influentes*q* — o que eram então não faz diferença para mim; Deus não julga pela aparência*r* — tais homens influentes não me acrescentaram nada. ⁷ Ao contrário, reconheceram que a mim havia sido confiada a pregação do evangelho*s* aos incircuncisos¹*t*; assim como a Pedro,*u* aos circuncisos². ⁸ Pois Deus, que operou por meio de Pedro como apóstolo*v* aos circuncisos, também operou por meu intermédio para com os gentios. ⁹ Reconhecendo a graça que me fora concedida, Tiago, Pedro³*w* e João, tidos como colunas,*x* estenderam a mão direita a mim e a Barnabé*y* em sinal de comunhão*z*. Eles concordaram em que devíamos nos dirigir aos gentios e eles aos circuncisos. ¹⁰ Somente pediram que nos lembrássemos dos pobres,*a* o que me esforcei por fazer.

Paulo Repreende a Pedro

¹¹ Quando, porém, Pedro*b* veio a Antioquia,*c* enfrentei-o face a face, por sua atitude condenável. ¹² Pois, antes de chegarem alguns da parte de Tiago, ele comia com os gentios.*d* Quando, porém, eles chegaram, afastou-se e separou-se dos gentios, temendo os que eram da circuncisão.*e* ¹³ Os demais judeus também se uniram a ele nessa hipocrisia, de modo que até Barnabé*f* se deixou levar.

¹⁴ Quando vi que não estavam andando de acordo com a verdade do evangelho,*g* declarei a Pedro,*h* diante de todos: "Você é judeu, mas vive como gentio e não como judeu.*i* Portanto, como pode obrigar gentios a viverem como judeus?"

¹⁵ "Nós, judeus de nascimento*j* e não gentios pecadores,*k* ¹⁶ sabemos que ninguém é justificado pela prática da Lei, mas *mediante a fé em Jesus Cristo*. Assim, nós também cremos em Cristo Jesus*l* para sermos justificados pela fé em Cristo, e não pela prática da Lei, porque pela prática da Lei ninguém será justificado.

¹⁷ "Se, porém, procurando ser justificados em Cristo descobrimos que nós mesmos somos pecadores,*m* será Cristo então ministro do pecado? De modo algum!*n* ¹⁸ Se reconstruo o que destruí, provo que sou transgressor. ¹⁹ Pois, por meio da Lei*o* eu morri para a Lei, a fim de viver para Deus.*p* ²⁰ Fui crucificado com Cristo.*q* Assim, já não sou eu quem vive, mas Cristo vive em mim.*r* A vida que agora vivo no corpo⁴, vivo-a pela fé no filho de Deus,*s* que me amou*t* e se entregou por mim.*u* ²¹ Não anulo a graça de Deus; pois, se a justiça vem pela Lei,*v* Cristo morreu inutilmente!"

Fé ou Obediência à Lei?

3 Ó gálatas insensatos! Quem os enfeitiçou?*w* Não foi diante dos seus olhos que Jesus Cristo foi exposto como crucificado?*x* ² Gostaria de saber apenas uma coisa: foi pela prática da Lei que vocês receberam o Espírito, ou pela fé naquilo que ouviram?*y* ³ Será que vocês são tão insensatos que, tendo começado pelo Espírito, querem agora se aperfeiçoar pelo esforço próprio⁵? ⁴ Será que foi inútil sofrerem tantas coisas? Se é que foi inútil! ⁵ Aquele que dá o seu Espírito e opera milagres*z* entre vocês realiza essas coisas pela prática da Lei ou pela fé com a qual receberam a palavra?

⁶ Considerem o exemplo de Abraão: "Ele creu em Deus, e isso lhe foi creditado como justiça"⁶.*a* ⁷ Estejam certos, portanto, de que os que são da fé*b* é que são filhos de Abraão. ⁸ Prevendo a Escritura que Deus justificaria os gentios pela fé, anunciou primeiro as boas-novas a Abraão: "Por meio de você todas as nações serão abençoadas"⁷.*c* ⁹ Assim, os que são da fé*d* são abençoados com Abraão, homem de fé.

---

¹ **2.7** Ou *aos gentios*
² **2.7** Ou *aos judeus*; também nos versículos 8 e 9.
³ **2.9** Grego: *Cefas*; também nos versículos 11 e 14.
⁴ **2.20** Grego: *na carne*.
⁵ **3.3** Grego: *pela carne*.
⁶ **3.6** Gn 15.6
⁷ **3.8** Gn 12.3; 18.18; 22.18

¹⁰ Já os que se apoiam na prática da Lei estão debaixo de maldição, pois está escrito: "Maldito todo aquele que não persiste em praticar todas as coisas escritas no livro da Lei"³.ᵉ **¹¹** É evidente que diante de Deus ninguém é justificado pela Lei, pois "o justo viverá pela fé"².ᶠ **¹²** A Lei não é baseada na fé; ao contrário, "quem praticar estas coisas por elas viverá"³.ᵍ **¹³** Cristo nos redimiu da maldição da Leiʰ quando se tornou maldição em nosso lugar, pois está escrito: "Maldito todo aquele que for pendurado num madeiro"⁴.ⁱ **¹⁴** Isso para que em Cristo Jesusʲ a bênção de Abraão chegasse também aos gentios, para que recebêssemos a promessa do Espíritoᵏ mediante a fé.

A Lei e a Promessa

¹⁵ Irmãos, humanamente falando, ninguém pode anular um testamento⁵ depois de ratificado nem acrescentar-lhe algo. **¹⁶** Assim também as promessas foram feitas a Abraão e ao seu descendente.ˡ A Escritura não diz: "E aos seus descendentes", como se falasse de muitos, mas: "Ao seu descendente⁶", dando a entender que se trata de um só, isto é, Cristo. **¹⁷** Quero dizer isto: A Lei, que veio quatrocentos e trinta anosᵐ depois, não anula a aliança previamente estabelecida por Deus, de modo que venha a invalidar a promessa. **¹⁸** Pois, se a herança depende da Lei, já não depende de promessa.ⁿ Deus, porém, concedeu-a gratuitamente a Abraão mediante promessa.

¹⁹ Qual era então o propósito da Lei? Foi acrescentada por causa das transgressões,ᵒ até que viesse o Descendenteᵖ a quem se referia a promessa, e foi promulgada por meio de anjos,ᵠ pela mão de um mediador.ʳ **²⁰** Contudo, o mediadorˢ representa mais de um; Deus, porém, é um.

²¹ Então, a Lei opõe-se às promessas de Deus? De maneira nenhuma!ᵗ Pois, se tivesse sido dada uma lei que pudesse conceder vida, certamente a justiça viria da lei.ᵘ **²²** Mas a Escritura encerrou tudo debaixo do pecado,ᵛ a fim de que a promessa, que é pela fé em Jesus Cristo, fosse dada aos que creem.

²³ Antes que viesse essa fé, estávamos sob a custódiaʷ da Lei, nela encerrados, até que a fé que haveria de vir fosse revelada. **²⁴** Assim, a Lei foi o nosso tutor até Cristo,ˣ para que fôssemos justificados pela fé.ʸ **²⁵** Agora, porém, tendo chegado a fé, já não estamos mais sob o controle do tutor.

Os Filhos de Deus

²⁶ Todos vocês são filhos de Deusᶻ mediante a fé em Cristo Jesus, **²⁷** pois os que em Cristoᵃ foram batizados, de Cristo se revestiram.ᵇ **²⁸** Não há judeu nem grego, escravo nem livre,ᶜ homem nem mulher; pois todos são um em Cristo Jesus.ᵈ **²⁹** E, se vocês são de Cristo,ᵉ são descendência de Abraão e herdeiros segundo a promessa.ᶠ

4 Digo porém que, enquanto o herdeiro é menor de idade, em nada difere de um escravo, embora seja dono de tudo. **²** No entanto, ele está sujeito a guardiões e administradores até o tempo determinado por seu pai. **³** Assim também nós, quando éramos menores, estávamos escravizadosᵍ aos princípios elementares do mundo.ʰ **⁴** Mas, quando chegou a plenitude do tempo,ⁱ Deus enviou seu Filho, nascido de mulher,ʲ nascido debaixo da Lei,ᵏ **⁵** a fim de redimir os que estavam sob a Lei, para que recebêssemos a adoção de filhos.ˡ **⁶** E, porque vocês são filhos, Deus enviou o Espírito de seu Filho ao coraçãoᵐ de vocês, e ele clama: "Abá⁷, Pai."ⁿ **⁷** Assim, você já não é mais escravo, mas filho; e, por ser filho, Deus também o tornou herdeiro.ᵒ

---

¹ **3.10** Dt 27.26
² **3.11** Hc 2.4
³ **3.12** Lv 18.5
⁴ **3.13** Dt 21.23
⁵ **3.15** Ou *uma aliança*. Veja o versículo 17.
⁶ **3.16** Grego: *semente*; também nos versículos 19 e 29. Gn 12.7; 13.15; 24.7
⁷ **4.6** Termo aramaico para *Pai*.

A Preocupação de Paulo com os Gálatas

⁸ Antes, quando vocês não conheciam a Deus,ᵖ eram escravos daqueles que, por natureza, não são deuses.ᵠ ⁹ Mas agora, conhecendo a Deus, ou melhor, sendo por ele conhecidos,ʳ como é que estão voltando àqueles mesmos princípios elementares, fracos e sem poder? Querem ser escravizadosˢ por eles outra vez?ᵗ ¹⁰ Vocês estão observando dias especiais, meses, ocasiões específicas e anos!ᵘ ¹¹ Temo que os meus esforços por vocês tenham sido inúteis.ᵛ

¹² Eu suplico, irmãos,ʷ que se tornem como eu, pois eu me tornei como vocês. Em nada vocês me ofenderam; ¹³ como sabem, foi por causa de uma doençaˣ que preguei o evangelho pela primeira vez a vocês. ¹⁴ Embora a minha doença tenha sido uma provação, vocês não me trataram com desprezo ou desdém; ao contrário, receberam-me como se eu fosse um anjo de Deus, como o próprio Cristo Jesus.ʸ ¹⁵ Que aconteceu com a alegria de vocês? Tenho certeza de que, se fosse possível, vocês teriam arrancado os próprios olhos para dá-los a mim. ¹⁶ Tornei-me inimigo de vocês por dizer a verdade?ᶻ

¹⁷ Os que fazem tanto esforço para agradá-los não agem bem, mas querem isolá-los a fim de que vocês também mostrem zelo por eles. ¹⁸ É bom sempre ser zeloso pelo bem, e não apenas quando estou presente.ᵃ ¹⁹ Meus filhos,ᵇ novamente estou sofrendo dores de parto por sua causa, até que Cristo seja formado em vocês.ᶜ ²⁰ Eu gostaria de estar com vocês agora e mudar o meu tom de voz, pois estou perplexo quanto a vocês.

Sara e Hagar

²¹ Digam-me vocês, os que querem estar *debaixo da Lei:* Acaso vocês não ouvem a Lei? ²² Pois está escrito que Abraão teve dois filhos, um da escravaᵈ e outro da livre.ᵉ ²³ O filho da escrava nasceu de modo natural,ᶠ mas o filho da livre nasceu mediante promessa.ᵍ ²⁴ Isso é usado aqui como ilustração¹; estas mulheres representam duas alianças. Uma aliança procede do monte Sinai e gera filhos para a escravidão: esta é Hagar. ²⁵ Hagar representa o monte Sinai, na Arábia, e corresponde à atual cidade de Jerusalém, que está escravizada com os seus filhos. ²⁶ Mas a Jerusalém do altoʰ é livre e é a nossa mãe. ²⁷ Pois está escrito:

"Regozije-se, ó estéril,
   você que nunca teve um filho;
grite de alegria,
   você que nunca esteve
   em trabalho de parto;
porque mais são os filhos
   da mulher abandonada
do que os daquela
   que tem marido"².ⁱ

²⁸ Vocês, irmãos, são filhos da promessa, como Isaque. ²⁹ Naquele tempo, o filho nascido de modo naturalʲ perseguiu o filho nascido segundo o Espírito.ᵏ O mesmo acontece agora. ³⁰ Mas o que diz a Escritura? "Mande embora a escrava e o seu filho, porque o filho da escrava jamais será herdeiro com o filho da livre"³.ˡ ³¹ Portanto, irmãos, não somos filhos da escrava, mas da livre.

A Liberdade em Cristo

5 Foi para a liberdade que Cristo nos libertou.ᵐ Portanto, permaneçam firmesⁿ e não se deixem submeter novamente a um jugo de escravidão.ᵒ

² Ouçam bem o que eu, Paulo, tenho a dizer: Caso se deixem circuncidar,ᵖ Cristo de nada lhes servirá. ³ De novo declaro a todo homem que se deixa circuncidar que ele está obrigado a cumprir toda a Lei.ᵠ ⁴ Vocês, que procuram ser justificados pela Lei, separaram-se de Cristo; caíram da graça.ʳ ⁵ Pois é mediante o Espírito que nós aguardamos pela fé a justiça, que é a nossa

---

¹ **4.24** Grego: *alegoria*.
² **4.27** Is 54.1
³ **4.30** Gn 21.10

esperança.ˢ ⁶ Porque em Cristo Jesus nem circuncisão nem incircuncisão têm efeito algum,ᵗ mas sim a fé que atua pelo amor.ᵘ

⁷ Vocês corriam bem.ᵛ Quem os impediuʷ de continuar obedecendo à verdade? ⁸ Tal persuasão não provém daquele que os chama.ˣ ⁹ "Um pouco de fermento leveda toda a massa."ʸ ¹⁰ Estou convencidoᶻ no Senhor de que vocês não pensarão de nenhum outro modo.ᵃ Aquele que os perturba,ᵇ seja quem for, sofrerá a condenação. ¹¹ Irmãos, se ainda estou pregando a circuncisão, por que continuo sendo perseguido?ᶜ Nesse caso, o escândaloᵈ da cruz foi removido. ¹² Quanto a esses que os perturbam,ᵉ quem dera que se castrassem!

¹³ Irmãos, vocês foram chamados para a liberdade. Mas não usem a liberdade para dar ocasião à vontade da carne¹,ᶠ ao contrário, sirvam uns aos outros mediante o amor.ᵍ ¹⁴ Toda a Lei se resume num só mandamento: "Ame o seu próximo como a si mesmo".²,ʰ ¹⁵ Mas, se vocês se mordem e se devoram uns aos outros, cuidado para não se destruírem mutuamente.

Vida pelo Espírito

¹⁶ Por isso digo: Vivam pelo Espírito,ⁱ e de modo nenhum satisfarão os desejos da carne.ʲ ¹⁷ Pois a carne deseja o que é contrário ao Espírito; o Espírito, o que é contrário à carne.ᵏ Eles estão em conflito um com o outro, de modo que vocês não fazem o que desejam³,ˡ ¹⁸ Mas, se vocês são guiados pelo Espírito, não estão debaixo da Lei.ᵐ

¹⁹ Ora, as obras da carne são manifestas: imoralidade sexual,ⁿ impureza e libertinagem; ²⁰ idolatria e feitiçaria; ódio, discórdia, ciúmes, ira, egoísmo, dissensões, facções ²¹ e inveja; embriaguez, orgias e coisas semelhantes.ᵒ Eu os advirto, como antes já os adverti: Aqueles que praticam essas coisas não herdarão o Reino de Deus.

²² Mas o frutoᵖ do Espírito é amor,ᵠ alegria, paz, paciência, amabilidade, bondade, fidelidade, ²³ mansidão e domínio próprio.ʳ Contra essas coisas não há lei. ²⁴ Os que pertencem a Cristo Jesus crucificaram a carne,ˢ com as suas paixões e os seus desejos.ᵗ ²⁵ Se vivemos pelo Espírito, andemos também pelo Espírito. ²⁶ Não sejamos presunçosos,ᵘ provocando uns aos outros e tendo inveja uns dos outros.

Façamos o Bem a Todos

6 Irmãos, se alguém for surpreendido em algum pecado, vocês, que são espirituais,ᵛ deverão restaurá-lo com mansidão. Cuide-se, porém, cada um para que também não seja tentado. ² Levem os fardos pesados uns dos outros e, assim, cumpram⁴ a lei de Cristo.ʷ ³ Se alguém se considera alguma coisa,ˣ não sendo nada, engana-se a si mesmo. ⁴ Cada um examine os próprios atos, e então poderá orgulhar-se de si mesmo, sem se comparar com ninguém, ⁵ pois cada um deverá levar a própria carga.

⁶ O que está sendo instruído na palavra partilhe todas as coisas boas com aquele que o instrui.ʸ

⁷ Não se deixem enganar:ᶻ de Deus não se zomba. Pois o que o homem semear isso também colherá.ᵃ ⁸ Quem semeia para a sua carne da carne colherá destruição;ᵇ mas quem semeia para o Espírito do Espírito colherá a vida eterna.ᶜ ⁹ E não nos cansemos de fazer o bem,ᵈ pois no tempo próprio colheremos, se não desanimarmos.ᵉ ¹⁰ Portanto, enquanto temos oportunidade, façamos o bemᶠ a todos, especialmente aos da famíliaᵍ da fé.

A Nova Criação Substitui a Circuncisão

¹¹ Vejam com que letras grandes estou escrevendo de próprio punho!ʰ

---

¹ **5.13** Ou *da natureza pecaminosa*; também 5.16, 17, 19, 24 e 6.8.

² **5.14** Lv 19.18.

³ **5.17** Ou *o bem que desejam*; ou ainda *não podem fazer o que desejam*

⁴ **6.2** Vários manuscritos dizem *cumprirão*.

12 Os que desejam causar boa impressão exteriormente[1], tentando obrigá-los a se circuncidarem,[i] agem desse modo apenas para não serem perseguidos[j] por causa da cruz de Cristo. **13** Nem mesmo os que são circuncidados cumprem a Lei;[k] querem, no entanto, que vocês sejam circuncidados a fim de se gloriarem no corpo[2] de vocês.[l] **14** Quanto a mim, que eu jamais me glorie, a não ser na cruz de nosso Senhor Jesus Cristo, por meio da qual[3] o mundo foi crucificado para mim, e eu para o mundo.[m] **15** De nada vale ser circuncidado ou não.[n] O que importa é ser uma nova criação.[o] **16** Paz e misericórdia estejam sobre todos os que andam conforme essa regra e também sobre o Israel de Deus.

17 Sem mais, que ninguém me perturbe, pois trago em meu corpo as marcas[p] de Jesus.

18 Irmãos, que a graça de nosso Senhor Jesus Cristo[q] seja com o espírito[r] de vocês. Amém.

---

[1] **6.12** Grego: *na carne.*
[2] **6.13** Grego: *na carne.*
[3] **6.14** Ou *de quem*

GÁLATAS 6

¹² Os que desejam causar boa impressão exteriormente', tentando obrigá-los a se circuncidarem, agem desse modo apenas para não serem perseguidos por causa da cruz de Cristo. ¹³ Nem mesmo os que são circuncidados cumprem a Lei; querem, no entanto, que vocês sejam circuncidados a fim de se gloriarem no corpo° de vocês. ¹⁴ Quanto a mim, que eu jamais me glorie, a não ser na cruz de nosso Senhor Jesus Cristo, por meio da qual o mundo foi crucificado para mim,

e eu para o mundo. ¹⁵ De nada vale ser circuncidado ou não.° O que importa é ser uma nova criação." ¹⁶ Paz e misericórdia sejam sobre todos os que andam conforme essa regra e também sobre o Israel de Deus.

¹⁷ Sem mais, que ninguém me perturbe, pois trago em meu corpo as marcas de Jesus.

¹⁸ Irmãos, que a graça de nosso Senhor Jesus Cristo seja com o espírito° de vocês. Amém.

6.12 Gregos na carne.
º 6.13 Gregos na carne.
° 6.14 Ou de vocês

Introdução a EFÉSIOS

PANO DE FUNDO

Éfeso, cidade portuária, era uma das cinco maiores cidades do Império Romano. O Apóstolo Paulo a visitou no fim de sua segunda viagem missionária (Atos 18.19-21). Durante sua terceira viagem, Paulo permanecem em Éfeso por três anos (Atos 19.1-41). Ao voltar para Jerusalém no fim de sua terceira viagem, Paulo parou em Éfeso para se despedir dos presbíteros da igreja, e ele sabia que aquele seria o último encontro com eles (Atos 20.17-38). Ele envia sua carta aos santos "em Éfeso" bem como aos "fiéis em Cristo Jesus", possivelmente indicando uma audiência maior (1.1). Paulo se identifica como autor de Efésios em 1.1, 3.1 e indiretamente no decorrer da epístola.

MENSAGEM

Esta carta paulina não trata de nenhuma heresia, problema da igreja ou algo parecido. Paulo simplesmente quer encorajar as igrejas naquela região (oeste da Turquia atual). Paulo apresenta conselhos práticos, mas repetidamente usa a expressão "regiões celestiais" (1.3,20; 2.6; 3.10; 6.12). Seu tema dominante é o relacionamento entre o Jesus exaltado em seu reino celestial e o Corpo de Cristo — sua Igreja na terra. A plenitude do Espírito está disponível para a igreja unida com Jesus como sua cabeça. Paulo encoraja os cristãos a usar a armadura de Deus – proteção contra as armadilhas do maligno.

ÉPOCA

Efésios muito provavelmente foi escrita no início da primeira vez que Paulo foi preso em Roma (60-62). Ele menciona seu aprisionamento em 3.1: "Por essa razão oro eu, Paulo, em favor de vocês, gentios." (ver também 4.1).

ESBOÇO

I. O cristão em Cristo	
A obra da Trindade nos cristãos	1.1-14
A oração de Paulo	1.15-23
Vivificados em Cristo	2.1-22
II. O ministério de Paulo	3.1-21
III. O cristão no Corpo	4.1-32
IV. O cristão no mundo	
A. Filhos da luz	5.1-20
B. Conselhos para relacionamentos	5.21—6.9
C. Usar a armadura de Deus	6.10-18
V. Saudações finais	6.19-24

EFÉSIOS 1.1

1 Paulo, apóstolo[a] de Cristo Jesus pela vontade de Deus,[b]

aos santos e fiéis[1c] em Cristo Jesus que estão em Éfeso[2]:

² A vocês, graça e paz da parte de Deus nosso Pai e do Senhor Jesus Cristo.[d]

As Bênçãos Espirituais em Cristo

³ Bendito seja o Deus e Pai de nosso Senhor Jesus Cristo,[e] que nos abençoou com todas as bênçãos[f] espirituais nas regiões celestiais em Cristo. ⁴ Porque Deus nos escolheu nele antes da criação do mundo, para sermos santos e irrepreensíveis[g] em sua presença. ⁵ Em amor[h] nos predestinou[3i] para sermos adotados como filhos, por meio de Jesus Cristo, conforme o bom propósito[j] da sua vontade, ⁶ para o louvor da sua gloriosa graça, a qual nos deu gratuitamente no Amado.[k]

⁷ Nele temos a redenção[l] por meio de seu sangue, o perdão dos pecados, de acordo com as riquezas da graça de Deus, ⁸ a qual ele derramou sobre nós com toda a sabedoria e entendimento. ⁹ E nos[4] revelou o mistério[m] da sua vontade, de acordo com o seu bom propósito que ele estabeleceu em Cristo, ¹⁰ isto é, de fazer convergir em Cristo[o] todas as coisas, celestiais ou terrenas, na dispensação da plenitude[n] dos tempos. ¹¹ Nele fomos também escolhidos[5], tendo sido predestinados conforme o plano daquele que faz todas as coisas segundo o propósito[p] da sua vontade, ¹² a fim de que nós, os que primeiro esperamos em Cristo, sejamos para o louvor da sua glória.[q]

¹³ Quando vocês ouviram e creram na palavra da verdade,[r] o evangelho que os salvou, vocês foram selados[s] em Cristo com o Espírito Santo da promessa, ¹⁴ que é a garantia da nossa herança[t] até a redenção daqueles que pertencem a Deus, para o louvor da sua glória.

Ação de Graças e Oração

¹⁵ Por essa razão, desde que ouvi falar da fé que vocês têm no Senhor Jesus e do amor que demonstram para com todos os santos,[u] ¹⁶ não deixo de dar graças por vocês,[v] mencionando-os em minhas orações. ¹⁷ Peço que o Deus de nosso Senhor Jesus Cristo, o glorioso Pai,[w] dê a vocês espírito[6] de sabedoria[x] e de revelação, no pleno conhecimento dele. ¹⁸ Oro também para que os olhos do coração de vocês sejam iluminados,[y] a fim de que vocês conheçam a esperança para a qual ele os chamou, as riquezas da gloriosa herança dele nos santos ¹⁹ e a incomparável grandeza do seu poder para conosco, os que cremos, conforme a atuação da sua poderosa força.[a] ²⁰ Esse poder[z] ele exerceu em Cristo, ressuscitando-o dos mortos[b] e fazendo-o assentar-se à sua direita, nas regiões celestiais, ²¹ muito acima de todo governo e autoridade, poder e domínio, e de todo nome[c] que se possa mencionar, não apenas nesta era, mas também na que há de vir. ²² Deus colocou todas as coisas debaixo de seus pés[d] e o designou cabeça[e] de todas as coisas para a igreja, ²³ que é o seu corpo, a plenitude daquele que enche todas as coisas, em toda e qualquer circunstância.

A Nova Vida em Cristo

2 Vocês estavam mortos em suas transgressões e pecados,[f] ² nos quais costumavam viver,[g] quando seguiam a presente ordem[7] deste mundo e o príncipe do poder do ar,[h] o espírito que agora está atuando nos que vivem na desobediência.[i] ³ Anteriormente, todos nós também vivíamos entre eles, satisfazendo as vontades da nossa carne[8],[j] seguindo os seus desejos e pensamentos.

---

¹ **1.1** Ou *crentes*
² **1.1** Alguns manuscritos mais antigos não trazem *que estão em Éfeso*.
³ **1.4,5** Ou *presença no amor. 5Ele nos predestinou*
⁴ **1.8,9** Ou *nós. Com toda a sabedoria e entendimento* ⁹*nos*
⁵ **1.11** Alguns manuscritos dizem *feitos herdeiros*.
⁶ **1.17** Ou *o Espírito*
⁷ **2.2** Grego: *era*.
⁸ **2.3** Ou *natureza pecaminosa*

1.1
[a]1Co 1.1
[b]2Co 1.1
[c]Cl 1.2
1.2
[d]Rm 1.7
1.3
[e]2Co 1.3
[f]Ef 2.6; 3.10;6.12
1.4
[g]Ef 5.27; Cl 1.22
[h]Ef 4.2,15,16
1.5
[i]Rm 8.29,30
[j]1Co 1.21
1.6
[k]Mt 3.17
1.7
[l]Rm 3.24
1.9
[m]Rm 16.25
1.10
[n]Gl 4.4
[o]Cl 1.20
1.11
[p]Ef 3.11; Hb 6.17
1.12
[q]v. 6,14
1.13
[r]Cl 1.5
[s]Ef 4.30
1.14
[t]At 20.32
1.15
[u]Cl 1.4
1.16
[v]Rm 1.8
1.17
[w]Jo 20.17
[x]Cl 1.9
1.18
[y]At 26.18; 2Co 4.6
1.19
[z]Cl 1.29
[a]Ef 6.10
1.20
[b]At 2.24
1.21
[c]Fp 2.9,10
1.22
[d]Mt 28.18
[e]Ef 4.15; 5.23
2.1
[f]v. 5; Cl 2.13
2.2
[g]Cl 3.7
[h]Jo 12.31; Ef 6.12
[i]Ef 5.6
2.3
[j]Gl 5.16

Como os outros, éramos por natureza merecedores da ira. ⁴ Todavia, Deus, que é rico em misericórdia, pelo grande amor com que nos amou, ⁵ deu-nos vida com Cristo quando ainda estávamos mortos em transgressões^k — pela graça vocês são salvos.^l ⁶ Deus nos ressuscitou com Cristo e com ele nos fez assentar^m nas regiões^n celestiais em Cristo Jesus, ⁷ para mostrar, nas eras que hão de vir, a incomparável riqueza de sua graça, demonstrada em sua bondade^o para conosco em Cristo Jesus. ⁸ Pois vocês são salvos^p pela graça, por meio da fé, e isto não vem de vocês, é dom de Deus; ⁹ não por obras,^q para que ninguém se glorie.^r ¹⁰ Porque somos criação de Deus realizada^s em Cristo Jesus para fazermos boas obras,^t as quais Deus preparou antes para nós as praticarmos.

A Nova Humanidade em Cristo

¹¹ Portanto, lembrem-se de que anteriormente vocês eram gentios^1 por nascimento² e chamados incircuncisão pelos que se chamam circuncisão, feita no corpo³ por mãos humanas,^u e que, ¹² naquela época, vocês estavam sem Cristo, separados da comunidade de Israel, sendo estrangeiros quanto às alianças da promessa,^v sem esperança^w e sem Deus no mundo. ¹³ Mas agora, em Cristo Jesus, vocês, que antes estavam longe, foram aproximados^x mediante o sangue de Cristo.^y

¹⁴ Pois ele é a nossa paz, o qual de ambos fez um^z e destruiu a barreira, o muro de inimizade, ¹⁵ anulando em seu corpo^a a Lei dos mandamentos expressa em ordenanças.^b O objetivo dele era criar em si mesmo, dos dois, um^c novo homem, fazendo a paz, ¹⁶ e reconciliar com Deus os dois em um corpo, por meio da cruz,^d pela qual ele destruiu a inimizade. ¹⁷ Ele veio e anunciou paz a vocês que estavam longe e paz aos que estavam perto,^e ¹⁸ pois por meio dele tanto nós como vocês temos acesso^f ao Pai,^g por um só Espírito.^h

¹⁹ Portanto, vocês já não são estrangeiros nem forasteiros,^i mas concidadãos^j dos santos e membros da família^k de Deus, ²⁰ edificados sobre o fundamento^l dos apóstolos e dos profetas, tendo Jesus Cristo como pedra angular,^m ²¹ no qual todo o edifício é ajustado e cresce para tornar-se um santuário^n santo no Senhor. ²² Nele vocês também estão sendo edificados juntos, para se tornarem morada de Deus por seu Espírito.

O Apóstolo dos Gentios

3 Por essa razão oro, eu, Paulo, prisioneiro^o de Cristo Jesus, em favor de vocês, gentios.

² Certamente vocês ouviram falar da responsabilidade imposta a mim^p em favor de vocês pela graça de Deus, ³ isto é, o mistério^q que me foi dado a conhecer por revelação,^r como já lhes escrevi em poucas palavras. ⁴ Ao lerem isso vocês poderão entender a minha compreensão^s do mistério de Cristo. ⁵ Esse mistério não foi dado a conhecer aos homens doutras gerações, mas agora foi revelado pelo Espírito aos santos apóstolos e profetas^t de Deus, ⁶ significando que, mediante o evangelho, os gentios são co-herdeiros^u com Israel, membros do mesmo corpo,^v e co-participantes da promessa em Cristo Jesus. ⁷ Deste evangelho^w tornei-me ministro pelo dom da graça de Deus, a mim concedida pela operação de seu poder.^x

⁸ Embora eu seja o menor dos menores de todos os santos,^y foi-me concedida esta graça de anunciar aos gentios as insondáveis riquezas de Cristo ⁹ e esclarecer a todos a administração deste mistério^z que, durante as épocas passadas, foi mantido oculto em Deus, que criou todas as coisas. ¹⁰ A intenção dessa graça era que agora, mediante a igreja, a multiforme sabedoria de Deus^a se tornasse conhecida^b dos poderes e autoridades^c nas regiões celestiais^4, ¹¹ de acordo com

---

¹ **2.11** Isto é, os que não são judeus; também em 3.1, 6, 8 e 4.17.
² **2.11** Grego: *gentios na carne*.
³ **2.11** Grego: *carne*; também no versículo 15.

⁴ **3.10** Ou *no mundo espiritual*

o eterno plano que ele realizou em Cristo Jesus, nosso Senhor, ¹²por intermédio de quem temos livre acesso a Deus[d] em confiança,[e] pela fé nele. ¹³Portanto, peço a vocês que não desanimem por causa das minhas tribulações em seu favor, pois elas são uma glória para vocês.

A Oração de Paulo pelos Santos

¹⁴Por essa razão, ajoelho-me[f] diante do Pai, ¹⁵do qual recebe o nome toda a família[1] nos céus e na terra. ¹⁶Oro para que, com as suas gloriosas riquezas, ele os fortaleça no íntimo do seu ser com poder,[g] por meio do seu Espírito,[h] ¹⁷para que Cristo habite no coração[i] de vocês mediante a fé; e oro para que, estando arraigados[j] e alicerçados em amor, ¹⁸vocês possam, juntamente com todos os santos, compreender a largura, o comprimento, a altura e a profundidade,[k] ¹⁹e conhecer o amor de Cristo que excede todo conhecimento, para que vocês sejam cheios[l] de toda a plenitude de Deus.[m]

²⁰Àquele que é capaz[n] de fazer infinitamente mais do que tudo o que pedimos ou pensamos, de acordo com o seu poder que atua em nós, ²¹a ele seja a glória na igreja e em Cristo Jesus, por todas as gerações, para todo o sempre! Amém![o]

A Unidade do Corpo de Cristo

4 Como prisioneiro[p] no Senhor, rogo-lhes que vivam de maneira digna[q] da vocação que receberam. ²Sejam completamente humildes e dóceis, e sejam pacientes, suportando uns aos outros[r] com amor.[s] ³Façam todo o esforço para conservar a unidade[t] do Espírito pelo vínculo da paz. ⁴Há um só corpo e um só Espírito,[u] assim como a esperança para a qual vocês foram chamados é uma só; ⁵há um só Senhor, uma só fé, um só batismo, ⁶um só Deus e Pai de todos, que é sobre todos, por meio de todos e em todos.[v]

---

[1] **3.15** Ou *do qual se deriva toda a paternidade*

⁷E a cada um de nós[w] foi concedida a graça,[x] conforme a medida repartida por Cristo. ⁸Por isso é que foi dito:

"Quando ele subiu em triunfo às alturas,
 levou cativos muitos prisioneiros,[y]
e deu dons aos homens"[2].[z]

⁹(Que significa "ele subiu", senão que também havia descido às profundezas da terra[3]? ¹⁰Aquele que desceu é o mesmo que subiu acima de todos os céus, a fim de encher todas as coisas.) ¹¹E ele designou alguns para apóstolos,[a] outros para profetas, outros para evangelistas,[b] e outros para pastores e mestres, ¹²com o fim de preparar os santos para a obra do ministério, para que o corpo de Cristo[c] seja edificado, ¹³até que todos alcancemos a unidade[d] da fé e do conhecimento do Filho de Deus, e cheguemos à maturidade,[e] atingindo a medida da plenitude de Cristo. ¹⁴O propósito é que não sejamos mais como crianças,[f] levados de um lado para outro pelas ondas,[g] nem jogados para cá e para lá por todo vento de doutrina e pela astúcia e esperteza de homens que induzem ao erro.[h] ¹⁵Antes, seguindo a verdade em amor, cresçamos em tudo naquele que é a cabeça,[i] Cristo. ¹⁶Dele todo o corpo, ajustado e unido pelo auxílio de todas as juntas, cresce[j] e edifica-se a si mesmo em amor, na medida em que cada parte realiza a sua função.

O Procedimento dos Filhos da Luz

¹⁷Assim, eu digo a vocês, e no Senhor insisto, que não vivam mais como os gentios, que vivem na inutilidade dos seus pensamentos.[k] ¹⁸Eles estão obscurecidos no entendimento[l] e separados da vida de Deus[m] por causa da ignorância em que estão, devido ao endurecimento do seu coração.[n] ¹⁹Tendo perdido toda sensibilidade,[o] eles se entregaram[p] à depravação,[q] cometendo com avidez toda espécie de impureza.

---

[2] **4.8** Sl 68.18
[3] **4.9** Ou *regiões mais baixas, à terra*

²⁰ Todavia, não foi isso que vocês aprenderam de Cristo. ²¹ De fato, vocês ouviram falar dele, e nele foram ensinados de acordo com a verdade que está em Jesus. ²² Quanto à antiga maneira de viver, vocês foram ensinados a despir-se[r] do velho homem[1],[s] que se corrompe por desejos enganosos, ²³ a serem renovados no modo de pensar[t] e ²⁴ a revestir-se do novo homem,[u] criado para ser semelhante a Deus em justiça e em santidade[v] provenientes da verdade.

²⁵ Portanto, cada um de vocês deve abandonar a mentira e falar a verdade[w] ao seu próximo, pois todos somos membros de um mesmo corpo.[x] ²⁶ "Quando vocês ficarem irados, não pequem"[2]. Apaziguem a sua ira antes que o sol se ponha ²⁷ e não deem lugar ao Diabo. ²⁸ O que furtava não furte mais; antes trabalhe,[y] fazendo algo de útil com as mãos,[z] para que tenha o que repartir com quem estiver em necessidade.[a]

²⁹ Nenhuma palavra torpe saia da boca[b] de vocês, mas apenas a que for útil para edificar os outros, conforme a necessidade, para que conceda graça aos que a ouvem. ³⁰ Não entristeçam o Espírito Santo de Deus,[c] com o qual vocês foram selados para o dia da redenção.[d] ³¹ Livrem-se de toda amargura, indignação e ira, gritaria e calúnia, bem como de toda maldade.[e] ³² Sejam bondosos e compassivos uns para com os outros, perdoando-se mutuamente, assim como Deus os[f] perdoou em Cristo.

5 Portanto, sejam imitadores de Deus,[g] como filhos amados, ² e vivam em amor, como também Cristo nos amou e se entregou por nós[h] como oferta e sacrifício de aroma agradável a Deus.[i]

³ Entre vocês não deve haver nem sequer menção de *imoralidade sexual* como também de nenhuma espécie de impureza e de cobiça;[j] pois essas coisas não são próprias para os santos. ⁴ Não haja obscenidade, nem conversas tolas, nem gracejos imorais, que são inconvenientes, mas, ao invés disso, ações de graças.[k] ⁵ Porque vocês podem estar certos disto: nenhum imoral, ou impuro, ou ganancioso, que é idólatra,[l] tem herança no Reino de Cristo e de Deus[3].[m] ⁶ Ninguém os engane com palavras tolas, pois é por causa dessas coisas que a ira[n] de Deus vem sobre os que vivem na desobediência. ⁷ Portanto, não participem com eles dessas coisas.

⁸ Porque outrora[o] vocês eram trevas, mas agora são luz no Senhor. Vivam como filhos da luz,[p] ⁹ pois o fruto[q] da luz[4] consiste em toda bondade, justiça e verdade; ¹⁰ e aprendam a discernir o que é agradável ao Senhor. ¹¹ Não participem das obras infrutíferas das trevas; antes, exponham-nas à luz. ¹² Porque aquilo que eles fazem em oculto, até mencionar é vergonhoso. ¹³ Mas, tudo o que é exposto pela luz[r] torna-se visível, pois a luz torna visíveis todas as coisas. ¹⁴ Por isso é que foi dito:

"Desperta, ó tu que dormes,[s]
 levanta-te dentre os mortos[t]
e Cristo resplandecerá
 sobre ti".[u]

Vida em Comunidade

¹⁵ Tenham cuidado com a maneira como vocês vivem; que não seja como insensatos, mas como sábios, ¹⁶ aproveitando ao máximo cada oportunidade,[v] porque os dias são maus.[w] ¹⁷ Portanto, não sejam insensatos, mas procurem compreender qual é[x] a vontade do Senhor. ¹⁸ Não se embriaguem com vinho,[y] que leva à libertinagem, mas deixem-se encher pelo Espírito,[z] ¹⁹ falando entre vocês com salmos, hinos e cânticos espirituais,[a] cantando e louvando de coração ao Senhor, ²⁰ dando graças[b] constantemente a Deus Pai por todas as coisas, em nome de nosso Senhor Jesus Cristo.

---

[1] 4.22 Isto é, da velha vida dos não regenerados.
[2] 4.26 Sl 4.4
[3] 5.5 Ou *Cristo e Deus*
[4] 5.9 Alguns manuscritos dizem *o fruto do Espírito*.

EFÉSIOS 5.21

21 Sujeitem-se uns aos outros,ᶜ por temor a Cristo.

Deveres Conjugais

22 Mulheres, sujeite-se cada uma a seu marido,ᵈ como ao Senhor,ᵉ 23 pois o marido é o cabeça da mulher, como também Cristo é o cabeça da igreja,ᶠ que é o seu corpo, do qual ele é o Salvador. 24 Assim como a igreja está sujeita a Cristo, também as mulheres estejam em tudo sujeitas a seus maridos.

25 Maridos, ame cada um a sua mulher,ᵍ assim como Cristo amou a igreja e entregou-se por ela;ʰ 26 para santificá-la, tendo-a purificado pelo lavarⁱ da água mediante a palavra, 27 e para apresentá-la a si mesmo como igreja gloriosa, sem mancha nem ruga ou coisa semelhante, mas santa e inculpável.ʲ 28 Da mesma forma, os maridos devem amar cada um a sua mulherᵏ como a seu próprio corpo. Quem ama sua mulher, ama a si mesmo. 29 Além do mais, ninguém jamais odiou o seu próprio corpo¹, antes o alimenta e dele cuida, como também Cristo faz com a igreja, 30 pois somos membros do seu corpo.ˡ 31 "Por essa razão, o homem deixará pai e mãe e se unirá à sua mulher, e os dois se tornarão uma só carne."²ᵐ 32 Este é um mistério profundo; refiro-me, porém, a Cristo e à igreja. 33 Portanto, cada um de vocês também ame a sua mulherⁿ como a você mesmo, e a mulher trate o marido com todo o respeito.

Deveres de Pais e Filhos

6 Filhos, obedeçam a seus pais no Senhor, pois isso é justo.ᵒ 2 "Honra teu pai e tua mãe" – este é o primeiro mandamento com promessa – 3 "para que tudo te corra bem e tenhas longa vida sobre a terra"³·ᵖ

4 Pais, não irritem seus filhos;ᵠ antes criem-nos segundo a instrução e o conselho do Senhor.ʳ

¹ 5.29 Grego: *carne.*
² 5.31 Gn 2.24
³ 6.3 Dt 5.16

Deveres de Escravos e Senhores

5 Escravos, obedeçam a seus senhores terrenos com respeitoˢ e temor, com sinceridade de coração,ᵗ como a Cristo.ᵘ 6 Obedeçam-lhes, não apenas para agradá-los quando eles os observam, mas como escravos de Cristo, fazendo de coração a vontade de Deus. 7 Sirvam aos seus senhores de boa vontade, como servindo ao Senhor, e não aos homens,ᵛ 8 porque vocês sabem que o Senhor recompensará cada um pelo bem que praticar,ʷ seja escravo, seja livre.

9 Vocês, senhores, tratem seus escravos da mesma forma. Não os ameacem, uma vez que vocês sabem que o Senhor deles e de vocêsˣ está nos céus, e ele não faz diferença entre as pessoas.

A Armadura de Deus

10 Finalmente, fortaleçam-se no Senhorʸ e no seu forte poder.ᶻ 11 Vistam toda a armadura de Deus,ᵃ para poderem ficar firmes contra as ciladas do Diabo, 12 pois a nossa luta não é contra seres humanos⁴, mas contra os poderesᶜ e autoridades,ᵇ contra os dominadores deste mundo de trevas, contra as forças espirituais do mal nas regiões celestiais⁵·ᵈ 13 Por isso, vistam toda a armadura de Deus, para que possam resistir no dia mau e permanecer inabaláveis, depois de terem feito tudo. 14 Assim, mantenham-se firmes, cingindo-se com o cinto da verdade,ᵉ vestindo a couraça da justiçaᶠ 15 e tendo os pés calçados com a prontidão do evangelho da paz.ᵍ 16 Além disso, usem o escudo da fé,ʰ com o qual vocês poderão apagar todas as setas inflamadas do Maligno. 17 Usem o capacete da salvaçãoⁱ e a espada do Espírito, que é a palavra de Deus.ʲ 18 Orem no Espírito em todas as ocasiões,ᵏ com toda oração e súplica;ˡ tendo isso em mente, estejam atentos e perseverem na oração por todos os santos.

19 Orem também por mim,ᵐ para que, quando eu falar, seja-me dada a mensagem

⁴ 6.12 Grego: *contra carne e sangue.*
⁵ 6.12 Ou *no mundo espiritual*

a fim de que, destemidamente,[n] torne conhecido o mistério do evangelho, ²⁰ pelo qual sou embaixador[o] preso em correntes.[p] Orem para que, permanecendo nele, eu fale com coragem, como me cumpre fazer.

Saudações Finais

²¹ Tíquico,[q] o irmão amado e fiel servo do Senhor, informará tudo a vocês, para que também saibam qual é a minha situação e o que estou fazendo. ²² Enviei-o a vocês por essa mesma razão, para que saibam como estamos[r] e para que ele os encoraje.

²³ Paz[s] seja com os irmãos e amor com fé da parte de Deus Pai e do Senhor Jesus Cristo. ²⁴ A graça seja com todos os que amam a nosso Senhor Jesus Cristo com amor incorruptível.

6.19 [n]At 4.29; 2Co 3.12
6.20 [o]2Co 5.20 [p]At 21.33
6.21 [q]At 20.4
6.22 [r]Cl 4.7-9
6.23 [s]Gl 6.16; 1Pe 5.14

a fim de que, destemidamente," torne conhecido o mistério do evangelho, [20] pelo qual sou embaixador, preso em correntes.ʲ Orem para que, permanecendo nele, eu fale com coragem, como me cumpre fazer.

Saudações Finais

[21] Tíquico,ᵏ o irmão amado e fiel servo do Senhor, informará tudo a vocês, para que também saibam qual é a minha situação e o que estou fazendo. [22] Enviei-o a vocês por essa mesma razão, para que saibam como estamos, e para que ele os encoraje.

[23] Paz, seja com os irmãos e amor com fé da parte de Deus Pai e do Senhor Jesus Cristo. [24] A graça seja com todos os que amam a nosso Senhor Jesus Cristo com amor incorruptível.

PASTOREANDO EM SITUAÇÕES ESPECÍFICAS

Pastoreando casais e solteiros

> *"Por essa razão, o homem deixará pai e mãe e se unirá à sua mulher, e os dois se tornarão uma só carne." Este é um mistério profundo; refiro-me, porém, a Cristo e à igreja.*
>
> Efésios 5.31-32

O casamento é um mistério, Paulo nos diz. Assim também é, muitas vezes, o ministério de casais. Como podemos fortalecer e solidificar casamentos quando muitos casais estão em diferentes estágios, enfrentando desafios particulares? Casamentos sólidos não acontecem espontaneamente. Como advertem Les e Leslie Parrott: "O amor por si só dificilmente é suficientemente sólido para sustentar o casal quando seu relacionamento matrimonial é confrontado por coisas ruins". Apesar de ser misterioso, o ministério com casais é vital para o fortalecimento geral e a vitalidade da igreja; casamentos saudáveis significam uma igreja saudável. Os líderes de igreja podem fazer grande diferença em ajudar casais a ver seu relacionamento como uma linda metáfora de Cristo e a Igreja — misterioso, sim, mas também santo.

Naturalmente, a igreja estaria negligenciando muitas pessoas se não ministrasse também a adultos não casados. Os cristãos "solteiros" não são apenas aqueles que estão esperando encontrar um companheiro ou companheira. Os solteiros são chamados para uma vida plena de frutos e fidelidade. Nesta seção vamos explorar também como os líderes podem incluir, apoiar e desafiar adultos solteiros a seguir Cristo, servir a igreja e abençoar o mundo.

PASTOREANDO EM SITUAÇÕES ESPECÍFICAS

Visão bíblica para o casamento

Rick Warren

O ministério de casais de uma igreja precisa partir de uma visão bíblica do matrimônio. Mas como você define a visão bíblica sobre o matrimônio? O que você deve instruir aos casais da igreja? Rick Warren resume os princípios centrais que os líderes de igreja devem ensinar e seguir com respeito ao relacionamento conjugal.

Marido e mulher foram ambos planejados para agradar a Deus

Que diferença imediata faria no seu relacionamento conjugal se você entendesse profundamente que o seu cônjuge foi criado para agradar a Deus? Ou se o seu cônjuge entendesse profundamente que você foi planejado para agradar a Deus? Certa vez um homem perguntou a Jesus: "Qual é o mandamento mais importante?" Jesus respondeu: "Eu poderia resumir toda a Bíblia em duas ordenanças: ame a Deus e ame os outros" (cf. Mateus 22.36-39). Isso inclui o seu cônjuge.

A vida se resume a relacionamentos, não realizações. Em primeiro lugar, trata-se de cultivar um relacionamento com Deus que dure para sempre — isso é adoração. Você também adora a Deus quando ama e se sacrifica por seu cônjuge (v. Romanos 12). Toda vez que agrada a Deus, você o está adorando, e a Bíblia ensina que amar o seu cônjuge — o companheiro ou companheira que Deus lhe deu para a vida toda — agrada a Deus.

Marido e mulher foram formados para fazer parte da família de Deus

Deus fez uma promessa incrível sobre a união de apenas duas pessoas: " 'Pois onde se reunirem dois ou três em meu nome, ali eu estou no meio deles' " (Mateus 18.20). Se tanto você quanto o seu cônjuge creem em Jesus, Deus já está presente no seu casamento para transformá-los em uma unidade familiar com um propósito! Isso não é incrível? Mas Jesus quer que amemos pessoas reais — não imaginárias; então, o seu relacionamento conjugal é um laboratório para aprender a amar como Jesus ama.

Dentro do casamento, Deus criou uma oportunidade para que desenvolvamos verdadeira intimidade e autenticidade com outro ser humano. Deus deseja que você e o seu cônjuge ultrapassem a mera superficialidade que, infelizmente, é tão comum em muitos casamentos. Um relacionamento profundo exige compartilhamento genuíno, franco e íntimo, por meio do qual você e o seu cônjuge possam ser sinceros sobre si mesmos e sobre o que está acontecendo na sua vida. Isso acontece quando ambos se abrem com o outro e compartilham dores, revelam sentimentos, confessam falhas, mostram dúvidas, reconhecem temores, admitem fraquezas e pedem ajuda um do outro e oram juntos.

Marido e mulher foram ambos criados para se tornar como Cristo

O casamento é um laboratório para desenvolver o amor de Deus em nós. Ele usa o seu cônjuge para desenvolver valores, atitudes, princípios morais e caráter em você. Uma vez que você entende isso, muito do que acontece no seu casamento começará a fazer mais sentido.

Pastoreando casais e solteiros

Quando você começa a se perguntar por que está acontecendo tal coisa, a resposta é: para que você se torne mais parecido com Jesus!

Na verdade, a Bíblia ensina que Deus desenvolve certas qualidades na nossa vida pondo-nos em situações difíceis para manifestar essas qualidades. Em outras palavras, para Deus ensinar a você o verdadeiro amor, ele o colocará perto de pessoas muito chatas. Para Deus ensinar a você a alegria verdadeira, permitirá que você passe por momentos de profunda tristeza. Para aprender a ter paz interior e paciência, ele deixará que você passe por turbilhões e situações estressantes a fim de testar a sua paciência e ensiná-lo a confiar nele.

No livro *Casamento sagrado*, Gary Thomas defende que o casamento não foi feito para torná-lo feliz; foi feito para santificá-lo. Quem melhor do que a pessoa que vive com você sete dias por semana para Deus usar para moldá-lo? Quando vêm as dificuldades, é preciso entender que você está sendo moldado! Deus está usando cada um de vocês para moldar a outra pessoa mais e mais conforme a imagem de Jesus.

Marido e mulher foram ambos destinados a servir a Deus

A Bíblia diz, "Ele criou cada um de nós por meio de Cristo Jesus, e a ele nos unimos nessa obra grandiosa, a boa obra que ele deseja que executemos e que faremos bem em realizar" (Efésios 2.10, *A Mensagem*). Servimos a Deus quando servimos os outros, e servimos a Deus servindo o nosso cônjuge. Deus nos molda para o serviço por meio de diversos métodos, incluindo nossos dons espirituais, paixões, habilidades, personalidade e experiências.

Na verdade, Deus usa as dificuldades do seu casamento para torná-lo um servo eficiente para os outros. Quem melhor poderá ajudar os pais de uma criança com síndrome de Down do que outros pais de filhos com síndrome de Down? Quem melhor poderá ajudar alguém a se recuperar do sofrimento da dependência, de um fracasso financeiro ou do abandono de um filho do que casais que passaram por situações semelhantes e desenvolveram uma perspectiva espiritual para casos semelhantes? Será que a parte do seu relacionamento conjugal que você mais lamenta ou se ressente — aquilo que você gostaria de ocultar ou esquecer — é justamente aquilo por meio do qual Deus deseja usá-lo para ministrar e encorajar outros que passam pelas mesmas dificuldades? Deus não usa apenas nossos pontos fortes; ele usa nossas fraquezas e até mesmo nossos fracassos!

Marido e mulher foram ambos feitos para uma missão

O seu casamento envolve não apenas serviço, mas também envolve missão. Seu ministério destina-se a outros cristãos, mas sua missão a não cristãos — deixar Deus usar o seu relacionamento conjugal como meio de falar às pessoas do amor de Deus. Isso pode tomar diversas formas, desde ser uma testemunha na sua vizinhança até fazer uma viagem missionária a outro país. O fato é, se você deseja receber a bênção de Deus no seu matrimônio, então precisa importar-se com o que Deus mais deseja. Ele quer reencontrar seus filhos perdidos. Ele deseja que todos o conheçam e saibam de seus propósitos para a vida de

PASTOREANDO EM SITUAÇÕES ESPECÍFICAS

cada um. Se você quiser ver como Deus se importa com as pessoas ao seu redor, olhe para a cruz. Com braços estendidos, Jesus diz: "Eu os amo este tanto!".

O relacionamento conjugal é um processo para vida toda destinado a ensiná-lo a ver que as necessidades da outra pessoa são mais importantes do que as suas. É uma transição difícil porque não é natural. Pensar assim exige uma mudança intencional que só pode ser feita por meio do poder de Deus na sua vida. À medida que você e seu cônjuge passam por essa mudança, seu casamento terá cada vez mais um propósito — focado nas necessidades dos outros e mantendo o equilíbrio entre adoração, comunhão, discipulado, serviço e missão.

A recompensa é muito maior do que você imagina. O plano de Deus para você e seu cônjuge — para o seu casamento — é muito mais amplo e profundo do que os sonhos mais ambiciosos e malucos que tenha. Que o nosso Pai celeste o ajude a ter essa visão à medida que a persegue.

Fortalecendo casamentos imperfeitos
Gary Thomas

Se você for casado, sei uma coisa a seu respeito: você é casado com alguém imperfeito. E esta é a realidade espiritual que se conclui dessa dura realidade: ainda que o nosso companheiro nos decepcione e machuque, a Bíblia nos chama a respeitar e estimar o cônjuge imperfeito. Como líderes de igreja, aqui estão sete maneiras de viver essa verdade e ensinar marido e mulher a amar-se mutuamente:

Aceite a realidade das relações humanas

O apóstolo Tiago apresenta a condição humana tão clara e sucintamente como ninguém mais: "Todos tropeçamos de muitas maneiras" (Tiago 3.2). Tiago está dizendo que, se você se divorciasse do seu cônjuge, entrevistasse duzentos candidatos a "substituição", submetesse-os a uma bateria de exames psicológicos, pedisse aos amigos próximos para acompanhá-lo de perto, gastasse três anos namorando os candidatos mais compatíveis, depois passasse outros quarenta dias orando e jejuando para decidir qual deles escolher, *ainda assim* você acabaria com um cônjuge que o decepcionaria, machucaria e causaria frustração e tropeços de *muitas maneiras*. Essa é a realidade dos relacionamentos humanos. Nosso cônjuge é humano; portanto, tropeça — não apenas uma ou duas vezes, mas muitas vezes.

Depois que eu aceito o fato de que o meu cônjuge cometerá erros com frequência, o meu princípio de avaliação muda drasticamente. Quando aceito a verdade bíblica de que todo cônjuge tropeça de muitas maneiras, e o meu cônjuge tiver um dia ruim, saberei que ele está agindo *normalmente*. Isso significa que, em vez de ficar pensando nas decepções passageiras, posso ser grato pelos atos positivos de amor. Ao aceitar as coisas negativas como inevitáveis, sou capaz de agradecer e exibir as evidências positivas da graça de Deus.

Pastoreando casais e solteiros

Aceite a realidade do casamento humano

Por causa da realidade do pecado, todo relacionamento conjugal passa por momentos difíceis. Não nos casamos com deuses ou deusas! Casamos com pessoas das quais a Bíblia fala que tropeçarão de muitas maneiras. Como um casamento assim poderá ser fácil? Depois que aceito que o casamento é inerentemente difícil, não terei mais ressentimento quando passar por dificuldades no meu relacionamento conjugal.

Decepção e falta de respeito são frequentemente provocados por expectativas não realistas. Não é justo comparar o seu relacionamento conjugal àquilo que só vê em filmes ou lê em ficção — esse tipo de casamento não é real. E mesmo que você encontre um casal na igreja aparentemente ideal, você nunca vai saber o que realmente acontece quando eles estão longe do público.

Aceite a realidade de seu próprio pecado

Todos nós temos a tendência de minimizar as próprias falhas e superestimar as falhas do outro. Às vezes precisamos de um exemplo extremo para nos mostrar quão obscuro é realmente o nosso coração. Jesus foi muito claro a respeito disso: " 'Por que você repara no cisco que está no olho do seu irmão e não se dá conta da viga que está em seu próprio olho?' " (Lucas 6.41). Apesar de termos a tendência de classificar a gravidade de certos pecados, na glória da bondade de Deus, *toda* marca de pecado — uma atitude errada, um espírito orgulhoso ou uma cobiça carnal — é desprezível e ofensiva. Vejo mulheres que abusam de alimento menosprezando maridos que lutam contra pornografia. Vejo maridos arrogantes e dominadores menosprezando esposas que veem muita televisão. Ambos parecem muito cegos cada um às próprias falhas.

Não somos chamados para julgar o nosso cônjuge — nunca. Somos chamados para *amá-lo*. Não somos chamados para contar seus defeitos de um jeito farisaico do tipo "Sou mais santo que você". Somos chamados para *encorajá-los*. Não somos chamados para acusá-los de quanto necessitam da glória de Deus. Somos chamados para *honrá-los e respeitá-los*.

Aprendemos a estimar o nosso cônjuge imperfeito tendo contato com a realidade de nosso próprio pecado, aceitando humildemente o perdão de Deus e honestamente percebendo que nunca teremos de perdoar a alguém mais do que Deus já nos perdoou.

Aceite o chamado para as coisas dignas

Considero Filipenses 4.8 tão próprio para o relacionamento conjugal como o é para a vida: "[...] tudo o que for verdadeiro, tudo o que for nobre, tudo o que for correto, tudo o que for puro, tudo o que for amável, tudo o que for de boa fama, se houver algo de excelente ou digno de louvor pensem nessas coisas".

Ficar obcecado pelos defeitos do nosso cônjuge não os eliminará. Na verdade, piora a situação. O conselheiro cristão Leslie Vernick alerta: "Pensar regularmente mal de seu marido *aumenta* a sua insatisfação com ele e com o casamento". Você precisa lutar contra a tendência humana natural de ficar obcecado pelos defeitos do seu cônjuge. Quando você reconhece os aspectos positivos do seu cônjuge, não significa que subestima suas muitas fraquezas. Significa simplesmente optar por fazer as escolhas espirituais diárias de olhar para as qualidades pelas quais você é grato.

Aceite o chamado bíblico ao respeito
Se você crê em Jesus, a Bíblia o chama a respeitar o seu marido (Efésios 5.33) ou a sua esposa (1Pedro 3.7). A Bíblia não diz que as esposas devem respeitar maridos *perfeitos*, ou mesmo maridos *consagrados*. Não diz que os maridos devem respeitar esposas *aprazíveis* e *amorosas*. Não há qualificadores, porque o respeito bíblico, de certo modo, é resultado da posição, não da pessoa. Imagine se seu filho ou filha virasse para você um dia e dissesse: "Mãe, você está tendo uma atitude ruim o dia todo. Acho que você não merece o meu respeito neste momento, por isso não vou mais prestar atenção no que você diz". Mesmo que você reconheça que *esteve* se comportando mal, não aceitaria essa atitude, correto? Da mesma forma, o cônjuge, *porque é cônjuge*, ainda merece nosso respeito. Você pode discordar da opinião do seu marido, pode discordar de como a sua esposa lida com os problemas, mas, de acordo com a Bíblia, a simples posição em que está obriga você a dispensar-lhe o devido respeito.

Prepare o seu coração por meio da oração
Uma coisa é eu saber que devo respeitar a minha esposa, mas outra completamente diferente é pôr isso em prática. Será que consigo treinar novamente meu coração? Sou capaz de preparar espiritualmente a mente para aceitá-la como é? Nesse sentido, a oração é uma ferramenta muito prática. Exercite a prática de oração positiva por seu cônjuge. Procure cinco ou seis coisas que ele ou ela faz muito bem — ou mesmo uma ou duas! — e bombardeie Deus com ação de graças por essas qualidades. Acrescente às orações comentários ou mesmo bilhetes de agradecimento pessoal pelo que ele, ou ela, é.

As orações de gratidão por nosso cônjuge literalmente moldam a alma. Elas ordenam de forma eficaz as afeições que sentimos. Use abundantemente essa poderosa ferramenta. Precisamos dar tempo ao tempo — um período de gratidão não amolecerá completamente um coração duro feito pedra. Mas, depois de repetida várias vezes, a gratidão se torna aliada firme e persistente da afeição.

Peça que Deus transforme você
Resista à tentação de criticar o seu cônjuge com exercício espiritual saudável: assim que você se lembrar de uma fraqueza dele — no mesmo instante em que as qualidades negativas vierem à mente —, comece a pedir a Deus para ajudar *você* com as suas próprias fraquezas. É isso mesmo — por mais estranho que seja, resista à tentação de julgar o seu cônjuge orando para que Deus mude *você*. Ore respaldado com duas listas: as qualidades do seu cônjuge e os seus próprios defeitos. Esse exercício ajudará você a manter um equilíbrio espiritual saudável, permanecendo consciente das suas próprias fraquezas e estando sensível às qualidades do seu cônjuge.

Quatro práticas comuns dos casamentos bem-sucedidos
Les & Leslie Parrott

A maioria dos noivos gasta a maior parte do tempo preparando-se para a cerimônia de casamento em vez de se preparar para a vida de casado. Mas a cerimônia de casamento não é o ápice da relação amorosa; é apenas o início. Para florescer, todo casamento precisa concentrar-se em quatro qualidades essenciais.

1. Casais saudáveis enfatizam a comunicação aberta
Eles dão importância à comunicação aberta, mesmo quando estão cansados, machucados ou zangados. Todos entramos no casamento confiantes de que a nossa união não só sobreviverá, mas, sobretudo, florescerá. Contudo, nenhum casal consegue proteger completamente seu amor das circunstâncias da vida que conspiram para enfraquecê-lo. Além do mais, o amor por si só raramente se demonstra sólido o suficiente para sustentar o casal quando seu relacionamento é confrontado por coisas ruins. Por isso, o primeiro passo é manter o canal de comunicação aberto.

2. Casais saudáveis têm um compromisso firme
Eles reafirmam seu compromisso por meio de palavras e ações, mesmo quando os sentimentos acalorados do amor romântico parecem ter ficado na memória de um passado distante. O amor não exige nada, mas como é difícil dar tudo! Somos tomados por uma intensa rotina, por palavras que desejávamos não ter falado, por nossa tendência inata de buscar o nosso próprio bem, não o do nosso cônjuge. Podemos declarar o nosso amor eterno de forma dramática na cerimônia de casamento, mas isso é só o começo; mera declaração de intenções. Agir com base nessa declaração exige compromisso resoluto.

3. Casais saudáveis se perdoam com frequência
Eles reconhecem voluntariamente seus erros, pedem e oferecem perdão sem demora. A dura realidade sobre a vida é que nem tudo vai melhorar. Muitas coisas realmente melhoram por causa do casamento, mas outras, na verdade, se tornam mais difíceis. O perdão mantém o casamento saudável.

4. Casais saudáveis demonstram sincera empatia
Cada um se põe no lugar do outro para entender as lutas e os desafios que o companheiro enfrenta. Isso envolve ser capaz de abandonar a própria perspectiva para poder se relacionar e ter empatia *desinteressadamente*.

Nenhum casamento pode se manter sadio quando o amor não é renovado e fortalecido por esses quatro componentes essenciais. Casais que tomam seu amor como alicerce sobre o qual constroem um relacionamento pleno desfrutarão de grande recompensa.

PASTOREANDO EM SITUAÇÕES ESPECÍFICAS

Como pregar sobre casamento, divórcio e celibato
Mark Mitchell

Casamento, divórcio e celibato são alguns dos assuntos mais difíceis, mas ao mesmo tempo gratificantes de se tratar na pregação e no ensino. Eu geralmente prego séries com base em um livro da Bíblia, e esses assuntos reaparecem frequentemente. Outras vezes, eu decido tratar especificamente alguns desses assuntos em uma série temática de pregação. De qualquer modo, essas mensagens geralmente chamam mais atenção e interesse do que outras. Aqui estão dez orientações que aprendi a respeito de pregar sobre casamento, divórcio e celibato.

1. Não evite o assunto
Pregar sobre casamento, divórcio e celibato pode fazer você sentir que está entrando em campo minado. Além de despertar controvérsias, não gostamos de ofender as pessoas. Mas essas são questões imensamente significativas para a vida das pessoas, e a Palavra de Deus tem muito a dizer sobre o assunto. Se evitarmos pregar sobre essas questões, deixaremos de cumprir o nosso chamado para pregar todo o conselho de Deus.

2. Não faça concessões nem se desculpe
A Palavra de Deus contém algumas afirmações muito incisivas sobre casamento, divórcio e celibato. Não devemos ousar fazer concessões à Palavra, e não precisamos nos desculpar por ela. Por exemplo, quando se trata de casamento, podemos lembrar as pessoas de que o casamento foi criado por Deus. Foi ideia dele! Portanto, é lógico que devemos dar ouvidos ao que a Palavra diz a respeito dessas áreas.

3. Compreenda a cultura
Como pregadores, não devemos esconder a cabeça na areia. Devemos examinar a cultura em que vivemos e informar como alguém que conhece o que as pessoas pensam sobre tais assuntos e porque isso faz sentido para eles. Por exemplo, muitos solteiros adultos vivem juntos antes de se casar por causa do peso financeiro de manter duas casas. Podemos não concordar com essa decisão, mas pelo menos devemos reconhecer a realidade do dilema que enfrentam.

4. Demonstre compaixão e empatia
É comum haver nessas áreas muita dor, ferida e humilhação tanto na família de origem do indivíduo quanto em sua atual família. Parte da dor é resultado de seu próprio pecado; outra parte vem do pecado de outros. Se você deseja que as pessoas deem ouvidos a algumas das questões mais desafiadoras que Deus tem a dizer sobre casamento, divórcio e celibato, é essencial demonstrar compaixão e se identificar com situação.

Pastoreando casais e solteiros

5. Seja franco a respeito das suas próprias lutas

Uma das maneiras de você mostrar que entende o sofrimento e a humilhação dos membros da igreja é compartilhar as suas próprias lutas e seus fracassos. Naturalmente, você deve ter discernimento — o púlpito não é um confessionário —, mas há espaço para a dose certa de transparência e vulnerabilidade.

6. Não traia a confiança

Se você deseja compartilhar qualquer coisa sobre a sua própria família ou outra pessoa que conhece, certifique-se de que elas saibam o que você pretende dizer e o permitem compartilhar. Sejam familiares sejam amigos, nunca traia a confiança de alguém quando utilizar exemplos e ilustrações.

7. Admita situações peculiares

Um dos maiores desafios na pregação desses assuntos é que há muitas situações exclusivas para as quais não há respostas simples. Por exemplo, a Bíblia deixa claro que as únicas duas razões legítimas para o divórcio são casos de infidelidade ou abandono. Mas, o que dizer sobre o abuso físico? Essa seria uma forma de abandono? Embora não seja possível tratar de cada uma dessas situações, você deve pelo menos admitir que elas existem e tentar oferecer às pessoas uma estrutura ponderada para as decisões difíceis que precisem tomar.

8. Indique às pessoas outras fontes

Uma vez que é impossível tratar de todas as situações, você deverá indicar aos seus ouvintes outras fontes de recursos que podem ajudá-los, como terapeutas, mentores, livros e conferências que tratem de determinadas questões.

9. Não exalte a vida de casado ou a vida de solteiro

Alguns líderes gostam de exaltar a vida de casado, enquanto outros enaltecem a vida de solteiro. O fato é que ambos são chamados legítimos e ambos têm seus próprios desafios. Apesar de o matrimônio parecer a norma entre as pessoas, nunca devemos nos esquecer de que tanto Jesus quanto Paulo foram solteiros.

10. Ensine que ninguém está distante da graça de Deus

Você pregará a pessoas que tiveram casamentos fracassados. Você pregará a adultos solteiros que estão envolvidos em relacionamentos impróprios. Você pregará a pessoas que carregam todo tipo de feridas, pecados e anseios na vida relacional e sexual. Todas elas o ouvirão, porque de alguma maneira Deus está trabalhando na vida delas. Você precisa proclamar-lhes a graça de Deus por meio da obra de Jesus na cruz. E deve oferecer-lhes esperança tanto para o perdão quanto para a transformação (1Coríntios 6.9-11).

PASTOREANDO EM SITUAÇÕES ESPECÍFICAS

Princípios para desenvolver um ministério sólido de casais
Greg & Priscilla Hunt

Todos concordam em que a igreja tem papel fundamental no apoio a casamentos saudáveis, mas como isso se dá? Significa criar um sistema de pequenos grupos para integrar casais com outros casais? Significa criar um ministério de aconselhamento para quem enfrenta dificuldades em seus relacionamentos? É suficiente promover ocasionalmente eventos sobre casamento ou destacar o casamento como tema anual? Cada uma dessas ideias fornece uma contribuição positiva para a preocupação com casamentos saudáveis. Ainda assim, a verdade é que nenhuma delas, por si só, tem o poder de produzir os resultados que um ministério de casais deve produzir. Um ministério de casais eficaz deve lutar contra a maré do divórcio e ajudar casais a construir relacionamentos mais saudáveis e mais satisfatórios para a vida toda. Considere as seguintes características de um ministério de casais para a sua igreja.

Ministérios de casais sólidos são proativos
Intervenções terapêuticas não são suficientes. A melhor maneira de promover relacionamentos saudáveis é começar trabalhando com casais desde a juventude, guiando, apoiando e preparando-os desde o início. Além disso, sem deixar de ignorar problemas potenciais, um eficiente ministério de casais procura primeiro ajudar os casais a construir seus relacionamentos sobre os pontos fortes e a acrescentar novas qualidades ao repertório do relacionamento. Hoje há diversos recursos altamente respeitados que visam contribuir para o enriquecimento do relacionamento conjugal.[1]

Ministérios de casais sólidos têm uma ênfase holística
O verdadeiro potencial de um ministério está em sua habilidade de criar uma estratégia integrada, uma em que todas as partes se integram de forma sinérgica. Jantares, retiros, cultos, oficinas, estudos bíblicos, grupos de apoio ao casamento, programas de mentoria, aconselhamento pré-nupcial e matrimonial, apoio em cerimônias de casamento, recuperação pós-divórcio e apoio a casais em segundas núpcias, ministérios para noivos ou recém-casados — todos esses e outros programas podem ter abrangência holística para encaixar as diversas peças do quebra-cabeça do ministério de casais.

Ministérios de casais sólidos estão ativos o ano todo
Para que o ministério de casais tenha impulso, precisa ter um plano de ação sustentável. Uma coisa deve levar a outra e tudo deve ser direcionado para o desenvolvimento de uma cultura de incentivo ao casamento. Institutos de pesquisa como George Barna e Gallup

---

[1] Alguns ministérios disponíveis são: Ministério Oikos (http://clickfamilia.org.br/), dirigido por Gilson e Elisabete Bifano, que oferece cursos, treinamentos, encontros e palestras para todos os públicos. Sérgio e Magali Leoto dirigem o ministério XXX, que tem como objetivo fortalecer famílias. [N. do R.]

Pastoreando casais e solteiros

mostram que não há diferença nos índices de divórcio entre cristãos e a população geral como um todo. Uma igreja com um ministério de casais eficaz deve notar uma tendência diferente na cultura de sua comunidade. Para alcançar isso, ministérios de casais devem estar ativos continuamente.

Ministérios de casais sólidos estão voltados para grupos de apoio

A força de grupos de casais de apoio tem demonstrado sua eficácia em muitas áreas da vida contemporânea. Para o ministério de casais, isso significa reunir casais em grupos com um programa intencional de aprendizado, apoio e encorajamento. Grupos como *Casados para sempre*, desenvolvido pela MMI Brasil (www.mmibrasil.com.br) é um bom exemplo dessa estratégia. Outra estratégia de grande valor é a *mentoria*. Casais saudáveis e experientes que desejam influenciar casais se unem a outros casais que precisam de orientação. Isso resulta numa espécie de discipulado sobre casamento.

Ministérios de casais sólidos estão voltados para o casal

Não basta reunir casais numa sala e tomar nota das recomendações de um "especialista". Apesar de não haver nada intrinsecamente errado com essa abordagem, ela não é tão eficaz em longo prazo quanto a estratégia de educação para o casamento que facilite o diálogo do casal. A organização MMI Brasil tem excelentes recursos que promovem o diálogo entre o casal e oferece treinamento para casais de líderes que se encaixa perfeitamente na abordagem voltada para o enriquecimento do relacionamento conjugal. Os programas da Universidade da Família também são conhecidos pelo grau de envolvimento dos casais no desenvolvimento de habilidades relacionais.

Ministérios de casais sólidos estão voltados para a comunidade

O ministério de casais de uma igreja pode servir de ponte para a comunidade. Tudo que um ministério de casais faz pode ser alavancado por seu potencial evangelístico. Uma visão "missional" — isto é, uma comunidade evangélica voltada para fora que promova a expansão do Reino — deve prevalecer. É muito importante ver o próprio ministério no contexto maior de todos as pessoas da comunidade com o objetivo de servir aos interesses de casais e famílias em geral. Um ministério de casais saudável busca recursos e parcerias onde quer que sejam encontrados.

Ministérios de casais sólidos amadurecem biblicamente

A visão da Bíblia sobre casais saudáveis não significa duas pessoas se olhando romanticamente, e sim duas pessoas com os olhos fixos para fora, que compartilham um senso de propósito relacionado aos propósitos de Deus. O ministério de casais deve apoiar o desenvolvimento de *casais e famílias com visão missional*. Nesse sentido, o ministério de casais da igreja trabalha em harmonia com outros ministérios da igreja, existindo, portanto, oportunidades missionais e ministeriais em que os casais possam atuar juntos.

PASTOREANDO EM SITUAÇÕES ESPECÍFICAS

Ministérios de casais sólidos desenvolvem líderes

Um ministério de casais, no fim das contas, nunca é mais forte do que os próprios casais que os lidera. Um ministério de casais crescente e cada vez mais eficaz manterá um modo de constante descoberta, desenvolvimento e preparação de líderes. Um dos benefícios secundários do desenvolvimento de líderes é que os próprios líderes se tornam mais intencionais sobre a saúde e sobre o crescimento de seu próprio casamento. Casais que de outra forma poderiam não perceber a necessidade de participar da formação de casais descobrem que é recompensador exercer impacto positivo em outros casais.

Sábias são as igrejas que reconhecem a importância do ministério de casais. Mais sábias ainda são aquelas que pensam estrategicamente à medida que entrelaçam o ministério de casais com a vida da igreja. Essas igrejas pertencem a um movimento que está transformando a cultura pós-moderna e honrando a Deus ao equipar casais com amor saudável, satisfatório e duradouro.

Como desenvolver um ministério de casais sólido
Greg & Priscilla Hunt

Quer a igreja seja pequena quer grande, seja ela urbana, seja de bairro ou seja rural, os elementos básicos para desenvolver um ministério de casais eficaz permanecem os mesmos. Eis algumas das perguntas que devem ser respondidas enquanto se pensa na organização desse ministério:

Quem será o líder?

Os ministérios de casais podem surgir de cima para baixo, ou de baixo para cima; isto é, podem começar por iniciativa do núcleo central da liderança da igreja, ou podem começar por iniciativa de alguém que participa da igreja. Para começar, basta ter uma pessoa ou casal que se preocupe com casais. Talvez você seja o pastor titular da igreja ou uma pessoa da equipe. Talvez você seja um membro que deseja defender essa causa. Talvez você seja parte de um casal ou grupo de casais que compartilham um senso coletivo de chamado. A igreja será sábia se encorajar a iniciativa de seus membros, são igualmente sábios os líderes que identificam, desenvolvem e capacitam líderes potenciais nessa área.

Qualquer que seja a forma como o ministério de casais da sua comunidade comece e quem quer que assuma o papel de líder, é importante que o ministério tenha o apoio de um pastor e outro líder de influência. O apoio e a defesa de um líder influente são essenciais para a conscientização, para encorajar o envolvimento, para integrar o ministério de casais aos demais ministérios da igreja e para mobilizar esforços.

Qual é a sua visão?

Todo ministério de casais "aspira" a algo. Tem como objetivo um determinado futuro para os casais da congregação e de fora dela. Além disso, convida-nos a uma criatividade firma-

Pastoreando casais e solteiros

da na oração. Um líder, ou grupo de líderes, do ministério de casais deve perguntar: "O que acreditamos que Deus quer fazer na vida dos casais como resultado do ministério de casais da igreja? Podemos definir em uma palavra um cenário desse futuro tão desejado que seja clara, concisa e convincente?"

A quem você irá servir?

É essencial ter clareza com respeito ao público-alvo do ministério. O ministério será dirigido apenas para os casais da sua igreja, ou procurará atingir casais fora da igreja? O ministério focará um subgrupo de casais — noivos, recém-casados, casados pela segunda vez, casais com filhos, casais na fase do ninho vazio —, ou você desenvolverá um ministério com a maior abrangência de influência possível?

Não hesite em focar um subgrupo especial, no qual a necessidade e/ou oportunidade seja maior, mas nunca se esqueça de que para que haja casamentos saudáveis é necessário um aprendizado de longo prazo, que dura a vida toda. Incentive e apoie casais a continuar crescendo "enquanto os dois estiverem vivos".

O que você fará?

Não há praticamente limites para iniciativas relacionadas ao ministério de casais. Jantares, retiros, série de sermões, escola dominical, oficinas, estudos bíblicos, grupos de apoio ao casamento, programas de mentoria, aconselhamento pré-nupcial e matrimonial, apoio em cerimônias de casamento, recuperação pós-divórcio e apoio a casais em segundas núpcias, ministérios para noivos ou recém-casados são apenas algumas ideias.

Em vez de se sobrecarregar com todas as possibilidades, pense estrategicamente e com possibilidade de expansão. Que tipo de atividade tem potencial para fazer diferença por maior tempo? O que é possível fazer dentro das suas atuais capacidades? Faça uma lista de tudo que a sua igreja está fazendo atualmente, por mais modesto que seja, com o objetivo de promover casamentos saudáveis. Comece onde você está e introduza novas atividades na medida do possível.

Procure manter o equilíbrio à medida que desenvolve o seu ministério, mantendo a perspectiva de um tripé. Quer o ministério de casais seja novo quer bem consolidado, seja pequeno ou grande, as seguintes três dimensões ministeriais merecem atenção:

1. *Estudo sobre relacionamentos.* Ofereça ensino e experiências de capacitação para casais.
2. *Grupos de apoio.* Desenvolva comunidades de aprendizado de casais que apoiem e encorajem uns aos outros no desenvolvimento do relacionamento.
3. *Cuidado de casais.* Personalize o seu apoio aos casais, oferecendo-lhes cuidado pastoral, mentoria e/ou encaminhamento a profissionais qualificados.

Pense numa perspectiva holística, criando uma estratégia integrada e contínua na qual *todas as partes cooperam de forma sinérgica*.

Como começar?

O desenvolvimento de um ministério de casais eficaz demanda tempo, mas, com paciência e dedicação contínuas, pode ser realizado. Qualquer passo na direção certa honra a Deus e

PASTOREANDO EM SITUAÇÕES ESPECÍFICAS

tem impacto positivo nos casamentos dentro da esfera de influência da igreja. Eis algumas maneiras de começar:

1. Obtenha apoio total do pastor e outros líderes-chave cujo apoio é essencial para o êxito do ministério.
2. Promova um evento para dar o pontapé inicial: jantar, palestra ou retiro para casais.
3. Use esse evento como oportunidade para pescar líderes em potencial para o ministério de casais.
4. Forme uma equipe para o ministério de casais e elaborem juntos as estratégias. Certifique-se de avaliar as necessidades, os recursos e os programas em vigor e em voga na igreja e na comunidade. Reconheça e monte o programa a partir do que já existe e desenvolva novas iniciativas.
5. Desenvolva os seus recursos: pessoas, treinamento, materiais, espaço físico, recursos financeiros e assim por diante.
6. Continue recrutando e treinando líderes. Acrescente outras frentes de trabalho quando possível.

Nessa fase, as variáveis são muito numerosas para ser esboçadas aqui. Uma equipe pode direcionar o ministério em qualquer uma das diversas direções, dependendo de seu contexto particular. O essencial é manter uma postura proativa, holística, contínua, orientada para grupos, centrada em casais, missional e com ênfase no desenvolvimento de líderes.

A base do aconselhamento pré-nupcial
Ron Edmondson

O aconselhamento pré-nupcial é como medicação preventiva — o objetivo é prevenir problemas antes que ocorram. Reconhecemos o valor desse tipo de treinamento em outras áreas. Por exemplo, antes de meus filhos tirarem carteira de habilitação, eles tiveram quarenta horas de prática de direção. Infelizmente, a maioria dos casamentos começa com menos do que quatro horas de prática. É fácil prever que os problemas ocorrerão quando os casais começam o casamento sem o devido preparo. Eis algumas das principais motivações para se iniciar um programa de aconselhamento pré-nupcial na sua igreja:

Aconselhamento pré-nupcial ajuda casais a compreender o mistério do casamento

Efésios 5 descreve o casamento como um "mistério"; como duas pessoas tão diferentes podem se tornar "uma só carne" é um mistério que somente Deus é capaz de resolver plenamente. Nosso papel como líderes de igreja deve ser ajudar os casais a compreender as complicações e os princípios básicos desse mistério, assim como a descobrir potenciais

Pastoreando casais e solteiros

conflitos entre os parceiros, para que o casamento comece bem e, conforme se espera, mantenha-se sólido o suficiente para durar a vida toda.

Aconselhamento pré-nupcial prepara casais em conflitos inesperados

Apesar de o namoro ser parte importante da construção de um relacionamento, muitas vezes deixa de revelar um quadro real de como cada indivíduo realmente se comportará no casamento. Depois que termina a "diversão" do namoro e chega a "realidade" do casamento, geralmente surgem conflitos inesperados.

É muito mais fácil tratar desses conflitos por meio do ensino, antes de surgirem, do que através do aconselhamento depois que eles já começaram a corroer o casamento. Quando a maioria dos casais procura o aconselhamento de um pastor, os problemas conjugais já assumiram uma profundidade maior e não são facilmente solucionados. Nesse ponto, a tolerância da sociedade ao divórcio normalmente é mais influente do que os ensinamentos da igreja ou mesmo os melhores conselhos matrimoniais. Em outras palavras, investimos na relação matrimonial antes do casamento com esperança de que teremos de aconselhar menos casais depois de casados. (Felizmente, o aconselhamento pré-nupcial também é muito mais agradável do que o aconselhamento conjugal).

O principal objetivo do aconselhamento pré-nupcial, portanto, é ajudar os casais a identificar alguns desses potenciais conflitos para que os casais não se surpreendam quando ocorrerem. É muito mais fácil tratar de diferenças conhecidas quando elas ocorrem do que tratar de diferenças desconhecidas e inesperadas.

Aconselhamento pré-nupcial prepara o casal para ajudar outros casais

O conhecimento que a igreja oferece a um casal os ajudará em seu casamento, mas também possibilitará que seu relacionamento conjugal sirva de exemplo a outros casais. Muitos dos casais nos quais investimos no aconselhamento pré-nupcial se tornaram instrutores sobre casamento, investindo em outros jovens casais antes e depois do casamento. Nossa oração é que um legado de casamentos saudáveis comece a se desenvolver.

O preparo para o casamento deve se tornar parte vital do papel dos líderes de igreja na edificação do Reino. Uma vez que o casamento é ideia de Deus e boa parte do que somos como cristãos, a igreja tem a real responsabilidade de ajudar a reverter a tendência do rompimento do casamento. Em outras palavras, o aconselhamento pré-nupcial deve ser designado para ajudar os casais a começar bem para que o relacionamento conjugal funcione e Deus, no fim, receba a glória que lhe é devida.

Um plano para o aconselhamento pré-nupcial
Mark Mitchell

O casamento é um momento inesquecível na vida de um casal, mas eu acredito que o que acontece antes do casamento é muito mais importante. Antes do casamento, tenho

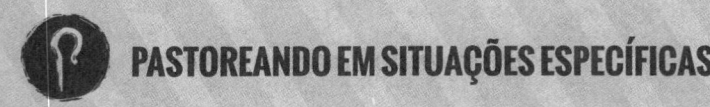

oportunidade de conversar com os noivos como em nenhum outro momento de suas vidas. É importante ajudar os casais, tanto quanto possível, a que se preparem para a vida conjugal. Veja a seguir dez elementos fundamentais para estabelecer uma estratégica e prática para o aconselhamento pré-nupcial.

1. Reflita sobre suas políticas

Os líderes da sua igreja devem se reunir e procurar responder às seguintes perguntas: Precisamos oferecer aconselhamento pré-nupcial a casais que receberão a bênção matrimonial dos nossos pastores? Quantos encontros serão necessários? Quem conduzirá os encontros? Quanto tempo antes do casamento devem começar os encontros? Nós realizaremos casamentos sob quaisquer circunstâncias (casais que já estão vivendo juntos, ou que estão sob jugo desigual)? Será cobrado algum valor para esses encontros?

2. Faça uma triagem inicial

Depois de responder a essas perguntas, registre por escrito as políticas e os procedimentos avaliados no estágio anterior e publique-os na sua página de internet para que os casais interessados possam examiná-los antes do primeiro encontro. Isso os ajudará a saber onde estão pisando e a discutir se de fato querem assumir o compromisso exigido.

3. Faça um plano

Não comece apressadamente os encontros sem antes refletir sobre o que você deseja alcançar e como o fará. Sempre há possibilidades de você mudar de ideia no decorrer do processo, mas sem um plano você não chegará a lugar nenhum. Sempre digo aos casais no primeiro encontro que estou aberto para encontrar-me individualmente com cada um deles, mediante solicitação.

4. Prepare seu material

Há diversos recursos disponíveis para aconselhamento pré-nupcial. Durante muitos anos usei um material de avaliação desenvolvido para preparação e crescimento no casamento que até hoje tem sido muito útil. Gosto também do manual *A Handbook for Engaged Couples* [Manual para noivos], de Alice e Robert Fryling,[2] porque permite a casais tratar de questões fundamentais antes de cada encontro e vir preparados para discutir com você o que estão aprendendo ou com que estão tendo dificuldades.

5. Abranja os assuntos principais

Há diversos assuntos que precisam ser abrangidos durante o acompanhamento do casal: expectativas, temas relacionados a origem familiar, comunicação, solução de conflitos, questões de personalidade, relacionamentos com a família estendida, dinheiro, sexo, criação de

---

[2] Em português, podem ser lidos recursos como **Encontre a pessoa certa para você**, de H. Norman Wright (Editora Vida, 2011); **Jovem apaixonado**, de Ted Cunninghan (Editora Vida, 2013); *Antes de dizer sim*, de Jaime Kemp (Mundo Cristão, 2004); *Antes de casar*, de Leonora Ciribelli (Ultimato, 2014) dentre outras obras apropriadas para o aconselhamento pré-nupcial. [N. do E.]

Pastoreando casais e solteiros

filhos, compatibilidade espiritual, funções de cada um e atividades de lazer. Também há passagens bíblicas essenciais que devem ser lidas em conjunto como Gênesis 1—3, Cântico dos Cânticos, Marcos 10.1-12; 1Coríntios 7.1-16; Efésios 5.21-33 e 1Pedro 3.1-7.

6. Desenvolva relacionamentos duradouros

Esse processo não se resume a transmitir conteúdo; o relacionamento que você estabelece com os noivos é tão importante quanto a informação que você comunica. Procure gastar tempo com o casal fora de seu gabinete. Minha esposa e eu procuramos convidar para jantar cada casal de quem realizo a cerimônia de casamento. Sempre peço para que eles venham prontos para fazer qualquer pergunta que desejam sobre o nosso casamento.

7. Utilize o Corpo de Cristo

Sempre que possível, incluo minha esposa nos encontros de aconselhamento pré-nupcial. É muito importante ter a perspectiva de uma mulher. Isso também oferece ao casal um exemplo de transparência e compromisso no casamento. Além disso, muitas igrejas têm programas de aconselhamento pré-nupcial que incluem leigos treinados, o que também pode ser uma ótima forma de ampliar o seu tempo com cada casal. Encorajo bastante os casais que aconselho a que participem de uma conferência de um fim de semana, como a que promove o ministério *Family Life Today* [Vida familiar hoje].[3]

8. Planeje a cerimônia

Enquanto você se reúne com os noivos para que se preparem para a vida de casados, em algum momento você terá de tratar da cerimônia. Leve a um dos encontros um esboço básico da cerimônia, mostre-lhes passo a passo como funciona, depois encoraje-os a refletir sobre que elementos eles gostariam de acrescentar ou eliminar para torná-lo mais pessoal.

9. Reúna-se outra vez depois do casamento

Programe-se para se reunir com o casal pelo menos uma vez nos primeiros seis meses de casados. Depois de alguns meses de casamento, os assuntos que foram discutidos na teoria antes do casamento se tornam urgentemente relevantes!

10. Conecte-os à igreja

Minha esposa e eu casamos quando estávamos na faculdade. Infelizmente, o aconselhamento pré-nupcial que tivemos foi extremamente deficitário; por isso, trouxemos para o relacionamento muita bagagem. Mas depois nos conectamos a um pequeno grupo de recém-casados, dirigido por um casal mais experiente que nos parecia estar casados por uma eternidade (cinco anos). Aquele grupo foi a nossa salvação. Depois de terminar o aconselhamento dos noivos, instrua-os sobre os passos que devem dar a fim de se conectarem na comunidade durante o primeiro ano de casamento.

---

[3] No Brasil, a MMI Brasil disponibiliza o curso pré-nupcial *One, tornando dois em um*, com nove encontros semanais. O material envolve treinamento que possibilita ministração por líderes leigos. [N. do E.]

PASTOREANDO EM SITUAÇÕES ESPECÍFICAS

Eu não só gosto de realizar aconselhamento pré-nupcial como também acredito que seja uma das práticas mais significativas que realizei nos últimos trinta anos de ministério pastoral. Apesar de não estar à prova de erros, sei que pode oferecer um fundamento sólido para que os casais edifiquem seu relacionamento nos anos que seguirão.

Exercícios adicionais para aconselhamento pré-nupcial
Donald L. Bubna

Aqui estão cinco diferentes exercícios que acrescentam algum foco, criatividade e eficácia aos seus encontros de aconselhamento pré-nupcial:

1. Peça aos noivos que parafraseiem Efésios 5.21-33

Peça a cada um para escrever uma paráfrase do texto, encorajando-os a ampliar, expandir e personalizar a passagem tanto quanto possível sem distorcer seu significado conforme a compreendem. No encontro seguinte, peça que leiam o que escreveram. Essa tarefa permitirá que eles tratem dos princípios básicos das Escrituras sobre casamento. Também oferecerá um ponto de partida para uma discussão animada sobre submissão mútua e o papel do marido e da mulher.

2. Peça aos noivos que descrevam em breves palavras o que desejam transmitir com sua cerimônia de casamento

A cerimônia do casamento representa uma declaração pública das convicções dos casais sobre casamento. Forçar o casal a definir seus objetivos para o culto, em linguagem direta, os ajudará a compreender o que desejam para a cerimônia. Mais importante do que isso, ouvir seus objetivos para o casamento é um modo de identificar motivações e atitudes que talvez precisem ser trabalhadas com ambos antes do casamento.

3. Peça aos noivos que escrevam seus próprios votos

Lembre os noivos de que os votos expressam o núcleo do casamento — um compromisso ou aliança duradoura. Dê-lhes alguns exemplos de votos, depois deixe que cada um escreva seu próprio voto como promessas para a vida toda feitas um para o outro diante de Deus, dos familiares e dos amigos. Em seguida, revise o rascunho e discuta com eles as implicações desses compromissos.

4. Peça aos noivos que entrevistem seus respectivos pais

Se possível, peça que eles marquem um encontro com os pais para que façam uma avaliação: "O que foi que tornou o casamento de vocês sólido?". Quando os pais são divorciados, os noivos poderão perguntar, "O que podemos aprender com a experiência de vocês para nos ajudar a construir um casamento sólido?". De qualquer modo, o encontro para tratar

Pastoreando casais e solteiros

desse assunto pode ser uma excelente oportunidade para discutir valores e relacionamentos entre as famílias.

5. Peça aos noivos que visualizem onde gostariam de estar em cinco anos

Muitos noivos estão tão felizes com o outro naquele momento, que talvez não percebam que estão caminhando em direções diferentes. Esse exercício ajuda ambos a identificar seus objetivos individuais. Se há uma diferença muito grande entre eles, é possível que surjam problemas mais adiante. Por exemplo, em cinco anos ela desejará ter três filhos, e ele desejará ter poupado dinheiro suficiente para dar entrada na compra de uma casa. Ou talvez ela pense em terminar a faculdade, e ele deseja ser o vendedor número um da empresa. Talvez ele não tenha certeza sobre suas metas, e ela tenha ideias mais claras sobre quanto deseja ganhar e que tipo de bairro gostaria de morar em cinco anos. Apesar de nenhum desses objetivos ser incompatível, podem criar tensões com as quais o casal terá de lidar.

Como lidar com a celebração de casamento para casais não cristãos
Douglas G. Scott

Quando noivos de fora da igreja pedem que eu faça sua cerimônia de casamento, pressuponho quatro fatos:

1. *Deus está me dando uma oportunidade.* Tenho a oportunidade de discutir a natureza e a qualidade do casamento cristão com eles.
2. *Essa pode ser a primeira vez que eles recorrem à ajuda da Igreja.* A minha resposta influenciará seu modo de ver a igreja: fria e indiferente, ou acolhedora aos de fora.
3. *Eles demonstram desejo por coisas espirituais.* Algum traço de consciência espiritual os levou a querer casar na igreja.
4. *Talvez eles tenham tido uma experiência negativa em alguma outra igreja pela qual passaram.* Talvez estejam sem amparo espiritual, por isso procuraram a minha igreja.

Com base nesses pressupostos, concordo em, pelo menos, me encontrar com todos os casais de noivos que me pedem para realizar seu casamento. O que eu faço é o seguinte:

Agendo uma conversa inicial por telefone
Procuro fazer uma triagem inicial por telefone, quando explico claramente o que devem esperar de mim. Identifico onde ambos moram, a idade e se tiveram alguma experiência religiosa anterior. Pergunto se algum deles já foi casado, se algum deles é batizado e se procuraram outro religioso para fazer o casamento sem obter uma resposta positiva.

# PASTOREANDO EM SITUAÇÕES ESPECÍFICAS

Em seguida, explico que terei prazer em me reunir com eles, mas que isso não garante que vou realizar o casamento. Insisto para que ambos estejam presentes na entrevista e que nenhum outro membro da família esteja junto. Explico que o propósito da entrevista é determinar se podemos tratar com seriedade sobre o significado de casar na igreja e que no fim da entrevista saberei se posso aceitar ou não realizar o casamento. Finalmente, combino um horário conveniente a todos no meu gabinete.

Não marco entrevista se a mãe de um deles, por exemplo, é quem me procura. Quando a mãe de um dos noivos liga, eu simplesmente explico que terei prazer em discutir a possibilidade quando a filha ou o filho me ligar, mas que eles devem assumir a responsabilidade para marcar a entrevista.

Faço a entrevista

Os noivos que não são membros de nenhuma igreja normalmente vêm para a primeira entrevista nervosos ou com um aberto desdém diante da situação, que eles consideram um mal necessário. Por isso procuro deixá-los o mais a vontade possível.

Na minha conversa inicial, explico que não pretendo determinar se os noivos devem se casar, mas simplesmente determinar se o casamento deve ou não ser realizado na igreja. De acordo com as leis civis, o casamento é um pouco mais do que um acordo contratual, com duas testemunhas civilmente capazes, que pode ser dissolvido com o processo de divórcio. Uma vez que a visão da igreja sobre casamento é muito diferente, pergunto: "Vocês querem simplesmente se casar, ou querem se comprometer com as responsabilidades do casamento cristão?". Quase sempre os casais me perguntam o que quero dizer com isso. Geralmente, prossigo com uma série de perguntas e respostas que pretende tratar do desenvolvimento espiritual de cada um e o impacto desse desenvolvimento sobre sua vida em comum. Eis algumas perguntas que costumo fazer:

- Para vocês, em que o casamento cristão difere de outros casamentos?
- O que Deus espera de um casal que começa a vida juntos na igreja? Vocês já discutiram suas responsabilidades mútuas como casal cristão?
- Como vocês definem seu relacionamento com Deus? Que papel Deus exerce na vida diária de cada um de vocês?
- Vocês oram ou cultuam a Deus juntos? Por quê?

Faço uma distinção entre ser cristão e ser altruísta, filantrópico ou misericordioso. Procuro uma definição clara do conceito que têm sobre a ação de Deus em sua vida e sua resposta a essa ação.

Marco outro encontro para dar seguimento

Depois do contato inicial, os noivos ou reconhecem sua necessidade de fé e anseiam buscá-la, ou reconhecem que têm um compromisso alheio à fé cristã e admitem que não têm nenhuma intenção de se filiar à igreja após a cerimônia. Se eles expressam interesse na fé, tenho a oportunidade de oferecer-lhes alguma direção espiritual. Caso contrário, em vez

Pastoreando casais e solteiros

de tornar a decisão por eles, apresento aos noivos o ensino da igreja e peço que tomem a decisão. A maioria dos casais expressa sua falta de conhecimento que a cerimônia envolvia tudo isso. Frequentemente, dizem que prefeririam casar apenas no civil a fazer promessas que não pretendem cumprir. Quando um casal de noivos de fora da igreja resolve buscar um relacionamento de fé, eu inicio o aconselhamento. Caso contrário, asseguro-lhes que serão bem-vindos no futuro, caso tenham interesse na fé cristã.

Valores essenciais do ministério para adultos solteiros
Adam Stadtmiller

Depois de seis anos servindo como pastor de 30 e poucos anos, desenvolvi alguns dos seguintes valores essenciais para ministrar a adultos solteiros.

Os solteiros não gostam de participar de um "ministério de solteiros"

Exceto pelo raro indivíduo que tem o dom do celibato, ninguém que participa de um ministério de solteiros gostaria de estar ali. Sim, os solteiros gostam da companhia do grupo e são gratos por sua existência, mas o objetivo final nunca é um envolvimento de longo prazo. Eles sempre pretendem sair do grupo o quanto antes. Isso por si só é uma falha estrutural significativa no tipo de ministério "só para solteiros". Mesmo no meu contexto demográfico diversificado, 50% da membresia de solteiros muda a cada seis meses. Devido a essa dinâmica, como um ministério centrado nos solteiros pode criar uma comunidade duradoura quando não passa de uma porta giratória de pessoas?

O compromisso do solteiro com o grupo está diretamente relacionado à capacidade do grupo de atender à principal necessidade sentida, o que em si é um ardil: Se o grupo não consegue atender a essa necessidade — o desejo de encontrar um companheiro de vida —, a pessoa acabará indo para outro lugar procurar o que deseja; se o grupo consegue ajudar a pessoa a encontrar seu companheiro, mesmo assim o grupo perde essa pessoa como membro da comunidade de solteiros. Para o ministério de solteiros ter êxito, é necessário ter pessoas comprometidas com um objetivo que esteja além das limitações de suas próprias necessidades.

As necessidades dos solteiros em geral *não* são mais bem tratadas em um contexto exclusivista

Os grupos de solteiros foram originalmente separados pela suposição de que eles têm necessidades especiais (solidão, apoio, responsabilidade, assim por diante) que são mais bem tratadas em um contexto separado. Embora seja certo que os solteiros tenham necessidades peculiares, não há nenhuma delas que a igreja não possa tratar em meio a outros grupos, desde que a igreja tenha a missão de integrar os solteiros na totalidade da vida da igreja. Grupos pequenos diversificados, equipes de trabalho, missão e discipulado são

PASTOREANDO EM SITUAÇÕES ESPECÍFICAS

alguns exemplos em que a vida dos solteiros pode interagir com o restante do corpo da igreja, beneficiando desse modo a todos.

Ministérios que se concentram principalmente nas necessidades dos solteiros não funcionam

Separar os solteiros em um ministério destinado a atender primordialmente as necessidades dos solteiros geralmente cria um grupo de recuperação. Veja como funciona. O líder do ministério, desejando atender às necessidades dos solteiros, faz um levantamento dos temas mais importantes para adultos solteiros. A maioria dos estudos se concentra nesses assuntos (solidão, finanças, namoro, ser uma pessoa completa — são apenas alguns dos assuntos bem batidos). Esse modelo centrado no problema pode fazer sentido, mas gera um grupo no qual ninguém quer ficar por muito tempo. Os líderes definem as necessidades erradas e se desviam do que é mais importante: assuntos relacionados diretamente ao aspecto central do discipulado (fé, esperança, amor e serviço) e a vida como um todo do corpo da igreja.

Quando o ministério de solteiros se torna um grupo de recuperação, acaba criando uma proposta involuntária de ajudar as pessoas a se recuperarem de seu estado de solteiros. Copiar a natureza dos grupos de recuperação atrairá principalmente pessoas que tenham esse tipo de necessidade.

Ministérios de solteiros exclusivistas podem facilmente se tornar emocionalmente contaminados

A sustentação emocional do ministério de solteiros é, há muito tempo, um problema para muitas igrejas. Não importa quem você seja, ou quão estável esteja emocionalmente, coisas como batalhas pela guarda dos filhos e audiência para divórcio são propícios para torná-lo emocionalmente vulnerável por um tempo. As pessoas que passam por um trauma emocional conversam e agem de um jeito que não fariam normalmente. Isso, unido à pequena porcentagem de solteiros com habilidades ou com deficiências sociais limitadas, geralmente forma a gota d'água para tornar o grupo não convidativo.

Apesar de a igreja ser um lugar seguro para pessoas com necessidades de restauração depois de uma situação difícil, ela precisa de um número maior de indivíduos que sejam emocionalmente firmes para manter o equilíbrio emocional. Grupos saudáveis atraem pessoas saudáveis, ao passo que grupos disfuncionais atraem mais disfunções. Assim, quando um solteiro equilibrado e saudável entra no grupo no qual mais de um terço dos membros está se recuperando de feridas emocionais recentes, essa pessoa tende a deixar o grupo.

Quando um grupo nasce com pessoas emocionalmente feridas, ele se torna alvo predileto de predadores. Os lobos caçam os que são vulneráveis. Isso aumenta a sensação de "presa fácil" em muitos grupos de solteiros, que é um subproduto da separação completa dos solteiros. Os líderes de igreja frequentemente reagem a esse ambiente de insegurança nos relacionamentos da única forma que sabem: policiando-os. Imprimem as regras do grupo para todos terem acesso e falam repetidamente sobre a criação de um ambiente seguro, usando regras de namoro, ou proibindo completamente o namoro no grupo.

Pastoreando casais e solteiros

Ministérios de solteiros precisam entrosar os solteiros na igreja

Os líderes de igreja precisam renovar seu compromisso com os solteiros. Precisamos criar ministérios que se desenvolvam com eles, ministérios que os respeitem como cidadãos iguais, ministérios dos quais não se afastem depois de encontrar um esposo ou esposa, ministérios que os acolham no corpo dos fiéis em vez de relegá-los a um grupo estigmatizado destinado ao fracasso. O essencial não é tanto o modelo específico escolhido pelos líderes da igreja, mas a intenção de ter o propósito de entrosar os solteiros na vida da igreja como um todo em vez de separá-los.

Maneiras práticas de incluir adultos solteiros
Susan Maycinik Nikaido

Sermões, anúncios e até mesmo o modo em que as classes de escola dominical e pequenos grupos estão estruturados podem comunicar que os solteiros não fazem parte das atividades centrais da igreja. A boa notícia é que o modo mais significativo de mudar isso não exige um programa ou um orçamento específico. No entanto, pode exigir mudança de perspectiva. Estas são algumas maneiras práticas de cultivar sensibilidade ao ponto de vista dos solteiros.

Ouça e faça perguntas

Certo pastor começou a aprender sobre a vida de solteiro hoje quando lhe pediram para pregar um sermão sobre viver como solteiro. Para se preparar, ele passou um tempo perguntando a solteiros conhecidos seus: "Como você se sente como solteiro em um mundo em que a maioria é casada? Como eu poderia descrever isso para os outros?". Depois disso, concluiu: "Eu precisei aprender a ouvir com uma sensibilidade que não era normal para mim". Outro pastor encoraja pastores a reunir dez ou doze solteiros e a perguntá-los diretamente: "Como eu posso alcançar vocês pela pregação? O que a igreja está fazendo para ajudá-los e o que poderia fazer melhor?". Fazendo isso, os solteiros perceberão que você se importa com eles, e eles sentem que pertencem à igreja, porque alguém se importou de ouvi-los. À medida que você ouve e faz perguntas, certifique-se de procurar pessoas de diferentes idades que sejam solteiras por diversas razões (os solteiros não estão todos em uma única categoria!).

Seja cuidadoso em como se expressa

Uma simples mudança nas palavras pode gerar imensa gratidão dos membros solteiros. Se a aplicação de seu sermão trata de relacionamentos íntimos, refira-se a "colegas e amigos" assim como "cônjuges e filhos". Quando falar e pregar sobre as famílias da igreja, diga "famílias e indivíduos" em vez de apenas "famílias". Em vez de falar de "retiro de famílias", anuncie o "retiro de toda a igreja". Mostre aos adultos não casados que você sabe que eles

PASTOREANDO EM SITUAÇÕES ESPECÍFICAS

estão ali. Muitas declarações que visam encorajar as famílias comunicam implicitamente que a vida de solteiro tem menos valor — ou talvez até que os solteiros sejam invisíveis.

Certifique-se de que as suas declarações são bíblicas

A Bíblia enaltece o casamento, mas ela também dá igual (ou possivelmente maior) importância à vida de solteiro. Considere o ensino de Paulo sobre casamento em 1Coríntios 7, que está longe de exaltar o casamento como ideal. A melhor coisa que Paulo diz sobre casamento é: "Se você resolver se casar, você não comete pecado!". Toda a congregação — solteiros, casais e pais de futuros adultos solteiros — precisam ouvir que, de acordo com as Escrituras, permanecer solteiro é também um chamado nobre e santo de Deus. Em alguns casos, pode até ser preferível. Exige coragem promover essa visão contracultural, ainda que rigorosamente bíblica. Jesus e Paulo foram adultos solteiros, assim como muitos outros líderes da Bíblia. As Escrituras mostram e ensinam que o casamento é opcional, não inevitável.

Selecione temas próprios para todos

A maioria dos solteiros espera ouvir de vez em quando um sermão voltado para as famílias. Mas uma série de cinco semanas ou três meses sobre questões relacionadas a casamento e família transmite aos solteiros a seguinte mensagem: "Os seus problemas não são tão importantes, e talvez essa igreja não seja para você". Se casamentos e famílias precisam de atenção especial, considere oferecer aulas de escola dominical ou palestras de fim de semana, ou, ainda, pregar mais amplamente sobre assuntos relacionados como amor e perdão.

Orientações pastorais para adultos solteiros
Mark Mitchell

Como você oferece direção espiritual de modo que os adultos solteiros possam buscar os propósitos de Deus para a vida de solteiro? Aqui estão alguns princípios bíblicos que você pode compartilhar com adultos solteiros no exercício da sua liderança pastoral.

Encare a vida de solteiro como um dom e um chamado

Em 1Coríntios 7.7 Paulo diz: "Gostaria que todos os homens fossem como eu; mas cada um tem o seu próprio dom da parte de Deus; um de um modo, outro de outro". Um dom é algo que Deus nos concede por sua graça. No versículo 17 o escritor diz que a condição de solteiro é um "chamado", lembrando-nos de que o nosso estado civil não se deve principalmente a nós e a nossas escolhas — deve-se, sim, a Deus. Ele é quem nos chama.

Já ouvi pastores algumas vezes sugerirem que, se não é difícil para você se manter solteiro, então provavelmente significa que você tem esse dom e chamado. Há certo sentido nisso, mas muitos somos chamados a coisas que não são fáceis para nós. A maioria das pessoas casadas sente que foi chamada para vida de casado, mas poucos casais dirão que o casamento é fácil.

Pastoreando casais e solteiros

Algumas pessoas poderão ser chamadas para ser solteiras a vida toda, mas a maioria é chamada a permanecer solteira por um período, e até mesmo por uma temporada longa. Se você está solteiro hoje, é porque foi chamado para ser solteiro neste momento. Você foi chamado para ter uma vida de solteiro do modo mais firme e condizente com o Evangelho quanto possível. Aceite essa situação com a fé de que é exatamente o que Deus determinou para você agora, mas entenda que essa situação pode mudar. Se você tem o dom de ser solteiro por enquanto, então viva o momento com excelência. Não viva como se estivesse em estado de espera. Proponha-se a viver para Cristo com toda dedicação e todo propósito. Você tem tempo e energia que do contrário não teria. Use o tempo e empregue-o a um ministério positivo, construtivo e de longo prazo. Alguma hora Deus perguntará: "O que você fez com aquele tempo que eu lhe dei?".

Cultive relacionamentos profundos e marcados pelo afeto

Considere o relacionamento entre quatro adultos solteiros: Maria, Marta, Lázaro e Jesus. Maria, Marta e Lázaro eram irmãos que viviam juntos, e seu lar era um local de descanso agradável e frequente aonde Jesus ia a fim de tirar as sandálias, colocar os pés para cima e descansar. Era seu lar longe de casa, enquanto estava em viagem. Quando Jesus descobriu que Lázaro estava doente, alguns conhecidos vieram avisá-lo, dizendo: "Aquele a quem amas está doente".

Jesus não era apenas um amigo próximo de Lázaro; ele também se dedicou de forma abnegada à luta de Marta e Maria. Quando Lázaro morreu, encontramos Jesus ao lado dessas mulheres com laços de amor *ágape* uns pelos outros chorando diante do túmulo. Imagine essas pessoas, abraçadas, em oração, chorando e enxugando as lágrimas umas das outras implicadas pela forte união do amor *ágape*. Quatro solteiros unidos pelo amor *ágape*. Eles tinham profundo carinho e solidariedade no relacionamento que se assemelha — e talvez fosse muito além — ao relacionamento de muitos casais.

Se você estiver solteiro, cultive relacionamentos com pessoas que intercederão por você; que o corrigirão quando você se desviar; que o ampararão quando você sofrer com as crueldades da vida; que o apoiarão quando você assumir grandes responsabilidades; que ouvirão suas dúvidas, temores, perguntas e preocupações; que celebrarão com você quando houver motivo para festa. Não é bom que ninguém esteja só. Abra-se para outros relacionamentos marcados pelo afeto.

Mantenha a pureza sexual

O relacionamento de Jesus com Maria, Marta e Lázaro envolvia o amor *fileo* e *ágape*. Mas não envolvia o amor *eros*. Todos tinham uma vida casta. Parte do chamado como solteiro é a castidade. A castidade é um compromisso de ter sexo somente no contexto do casamento.

A melhor maneira de compreender a castidade é no contexto do chamado de Jesus de tomar diariamente a cruz e segui-lo. Os casados também precisam tomar cada um sua cruz. Como comunidade, precisamos ajudar uns aos outros a carregar a cruz. Lauren Winner escreve: "Como a maioria das disciplinas espirituais, a castidade é praticada com mais facilidade no contexto da comunidade do que sozinho. Não basta que os cristãos sejam castos individualmente; a igreja precisa ser uma comunidade que age em direção à castidade, uma comunidade cuja estrutura e ritmo faz a castidade parecer mais plausível e atingível".

Assim como com os Alcoólatras Anônimos, devemos criar um espaço onde "a mudança radical de conduta faça sentido, porque sustenta relacionamentos que estão organizados em torno da visão de vidas transformadas". Os solteiros devem sentir-se parte de uma comunidade em que a castidade faz sentido.

Seja cauteloso, mas esteja aberto para o casamento

Se estiver decepcionado, infeliz e frustrado com a sua situação atual, você estará vulnerável a um casamento insensato e infeliz. O casamento nunca teve a pretensão de curar todos os males. Manter-se solteiro é melhor do que um casamento ruim. Não se coloque na posição em que você considere casar-se com um não cristão.

Seja cauteloso quanto a casar-se, mas esteja também aberto a arriscar-se e desejar mudança. Deus frequentemente nos envia a aventuras arriscadas de fé em que estamos completamente fora da nossa zona de conforto. Estar contente e tomar iniciativa não são atitudes mutuamente excludentes. Observe como Rute tomou a iniciativa e encontrou Boaz no eirado. Boaz, que sabia que ela era mulher de respeito, se dispôs a assumir suas responsabilidades e sair de sua comodidade para se casar com ela. Se você for solteiro e deseja se casar, não fique parado achando que isso seja fé. Eu encorajo especialmente os homens a sair da passividade, dar o primeiro passo, procurar mulheres cristãs e tratá-las com afeto e respeito.

Procure mentores cristãos que sejam solteiros

Muitas pessoas dizem que John Stott foi um dos principais pensadores, estadistas, autores cristãos e professor de Bíblia do século XX. Em 2005, a revista *Time* o chamou de "uma das 100 pessoas mais influentes do planeta hoje". Quando morreu em 2011, muitas pessoas não sabiam que Stott nunca tinha se casado, apesar de quase ter se casado em duas ocasiões. Se você perguntasse como ele conseguiu realizar tanto, o autor diria que, com a responsabilidade de uma família, jamais poderia ter escrito, viajado e ministrado daquele jeito. A Igreja de Jesus Cristo precisa de mais homens e mulheres como John Stott!

A fecundidade de Stott como solteiro é expressa na seguinte citação do livro de Andrew Farmer, *The Rich Single Life* [A magnífica vida de solteiro]:

> "Se você é cristão, não despreze a condição para a qual foi chamado. Desfrute da condição de solteiro enquanto você tiver o dom. Quer Deus ordene a possibilidade do casamento para você quer não, viva o presente com fé e espere pelo futuro, porque há muito a ser feito. Quem melhor para fazer isso do que você?".

Introdução a FILIPENSES

PANO DE FUNDO
Filipos estava localizada na Macedônia (norte da Grécia). Felipe II da Macedônia (o pai de Alexandre o Grande) mudou o nome da cidade em homenagem a ele mesmo. Paulo, Silas e Timóteo visitaram-na durante a segunda viagem missionária (Atos 16.12-40). Eles se encontraram com Lídia e com outras pessoas que adoravam a Deus nas proximidades de um rio (a cidade não tinha homens judeus o suficiente para ter uma sinagoga). Em Filipos eles expulsaram o demônio de uma jovem escrava, foram presos, um terremoto os libertou, e eles viram a conversão do carcereiro e sua família. A autoria de Paulo é confirmada no primeiro versículo: "Paulo e Timóteo, servos de Cristo Jesus, a todos os santos em Cristo Jesus que estão em Filipos, juntamente com os bispos e diáconos".

MENSAGEM
Ironicamente, ainda que tenha sido escrita durante um aprisionamento de Paulo, a epístola aos Filipenses é conhecida como "carta da alegria", porque repetidamente se refere à alegria ou regozijo. Paulo dá graças pela generosidade dos cristãos filipenses que o ajudaram financeiramente em vários momentos de necessidade e dá detalhes de sua situação atual. Ele está preocupado pelo fato de a obra de Cristo estar sendo prejudicada pela falta de unidade demonstrada na igreja de Filipos. Paulo quer que os crentes filipenses imitem a humildade de Cristo. Humilhando-se, os cristãos não apenas encontrarão unidade em suas fileiras, mas também a alegria plena que é encontrada apenas em Cristo.

ÉPOCA
Paulo provavelmente escreveu a epístola aos Filipenses no ano 62, enquanto estava preso em Roma.

ESBOÇO

I. A preocupação de Paulo com os cristãos	1.1-30
II. A alegria de servir	
A. Disposição para servir e a humildade	2.1-4
B. A atitude de Cristo	2.5-18
C. Os cooperadores de Paulo	2.19-30
III. Olhando para a frente	3.1-21
IV. Regozijar-se no Senhor	4.1-9
V. A generosidade dos filipenses	4.10-23

FILIPENSES 1.1

1 Paulo e Timóteo, servos[1a] de Cristo Jesus, a todos os santos[b] em Cristo Jesus que estão em Filipos,[c] com os bispos[2d] e diáconos:[e]

² A vocês, graça e paz da parte de Deus nosso Pai e do Senhor Jesus Cristo.[f]

Ação de Graças e Oração

³ Agradeço a meu Deus toda vez que me lembro de vocês.[g] ⁴ Em todas as minhas orações em favor de vocês, sempre oro[h] com alegria ⁵ por causa da cooperação[i] que vocês têm dado ao evangelho desde o primeiro dia[j] até agora. ⁶ Estou convencido de que aquele que começou boa obra em vocês, vai completá-la até o dia de Cristo Jesus.[k]

⁷ É justo[l] que eu assim me sinta a respeito de todos vocês, uma vez que os tenho em meu coração,[m] pois, quer nas correntes[n] que me prendem, quer defendendo[o] e confirmando o evangelho, todos vocês participam comigo da graça de Deus. ⁸ Deus é minha testemunha[p] de como tenho saudade de todos vocês, com a profunda afeição de Cristo Jesus.

⁹ Esta é a minha oração: Que o amor[q] de vocês aumente cada vez mais em conhecimento e em toda a percepção, ¹⁰ para discernirem o que é melhor, a fim de serem puros e irrepreensíveis até o dia de Cristo,[r] ¹¹ cheios do fruto da justiça,[s] fruto que vem por meio de Jesus Cristo, para glória e louvor de Deus.

Os Sofrimentos de Paulo Contribuem para a Expansão do Evangelho

¹² Quero que saibam, irmãos, que aquilo que me aconteceu tem, ao contrário, servido para o progresso do evangelho. ¹³ Como resultado, tornou-se evidente a toda a guarda do palácio[3] e a todos os demais que estou na prisão[t] por causa de Cristo. ¹⁴ E os irmãos, em sua maioria, motivados no Senhor pela minha prisão,[u] estão anunciando a palavra[4] com maior determinação e destemor.

¹⁵ É verdade que alguns pregam Cristo por inveja e rivalidade, mas outros o fazem de boa vontade. ¹⁶ Estes o fazem por amor, sabendo que aqui me encontro para a defesa do evangelho.[v] ¹⁷ Aqueles pregam Cristo por ambição[w] egoísta, sem sinceridade, pensando que me podem causar sofrimento enquanto estou preso.[5x] ¹⁸ Mas que importa? O importante é que de qualquer forma, seja por motivos falsos ou verdadeiros, Cristo está sendo pregado, e por isso me alegro.

De fato, continuarei a alegrar-me, ¹⁹ pois sei que o que me aconteceu resultará em minha libertação[6], graças às orações[y] de vocês e ao auxílio do Espírito de Jesus Cristo.[z] ²⁰ Aguardo ansiosamente[a] e espero que em nada serei envergonhado. Ao contrário, com toda a determinação[b] de sempre, também agora Cristo será engrandecido em meu corpo,[c] quer pela vida, quer pela morte;[d] ²¹ porque para mim o viver é Cristo[e] e o morrer é lucro. ²² Caso continue vivendo no corpo[7], terei fruto do meu trabalho. E já não sei o que escolher! ²³ Estou pressionado dos dois lados: desejo partir[f] e estar com Cristo,[g] o que é muito melhor; ²⁴ contudo, é mais necessário, por causa de vocês, que eu permaneça no corpo. ²⁵ Convencido disso, sei que vou permanecer e continuar com todos vocês, para o seu progresso e alegria na fé, ²⁶ a fim de que, pela minha presença, outra vez a exultação de vocês em Cristo Jesus transborde por minha causa.

²⁷ Não importa o que aconteça, exerçam a sua cidadania de maneira digna[h] do evangelho de Cristo, para que assim, quer eu vá

1.1
ᵃAt 16.1; 2Co 1.1
ᵇAt 9.13
ᶜAt 16.12
ᵈ1Tm 3.1
ᵉ1Tm 3.8
1.2
ᶠRm 1.7
1.3
ᵍRm 1.8
1.4
ʰRm 1.10
1.5
ⁱAt 2.42; Fp 4.15
ʲAt 16.12-40
1.6
ᵏv. 10; 1Co 1.8
1.7
ˡ2Pe 1.13
ᵐ2Co 7.3
ⁿv. 13,14,17; At 22.33
ᵒv. 16
1.8
ᵖRm 1.9
1.9
ᑫ1Ts 3.12
1.10
ʳv. 6; 1Co 1.8
1.11
ˢTg 3.18
1.13
ᵗv. 7,14,17
1.14
ᵘv. 7,13,17
1.16
ᵛv. 7,12
1.17
ʷFp 2.3
ˣv. 7,13,14
1.19
ʸ2Co 1.11
ᶻAt 16.7
1.20
ᵃRm 8.19
ᵇv. 14
ᶜ1Co 6.20
ᵈRm 14.8
1.21
ᵉGl 2.20
1.23
ᶠ2Tm 4.6
ᵍJo 12.26; 2Co 5.8
1.27
ʰEf 4.1

---

¹ 1.1 Isto é, escravos.
² 1.1 Grego: *epíscopos*. Palavra que descreve a pessoa que exerce função pastoral.
³ 1.13 Ou *a todo o palácio*. Isto é, o Pretório, residência oficial do governador romano.
⁴ 1.14 Alguns manuscritos dizem *a palavra de Deus*.
⁵ 1.16,17 Alguns manuscritos apresentam os versículos 16 e 17 em ordem inversa.
⁶ 1.19 Ou *salvação*
⁷ 1.22 Grego: *na carne*; também no versículo 24.

e os veja, quer apenas ouça a seu respeito em minha ausência, fique eu sabendo que vocês permanecem firmes[i] num só espírito, lutando[j] unânimes pela fé evangélica, ²⁸ sem de forma alguma deixar-se intimidar por aqueles que se opõem a vocês. Para eles isso é sinal de destruição, mas para vocês, de salvação, e isso da parte de Deus; ²⁹ pois a vocês[k] foi dado o privilégio de não apenas crer em Cristo, mas também de sofrer[l] por ele, ³⁰ já que estão passando pelo mesmo combate[m] que me viram[n] enfrentar e agora ouvem[o] que ainda enfrento.

A Humildade Cristã

2 Se por estarmos em Cristo nós temos alguma motivação, alguma exortação de amor, alguma comunhão no Espírito,[p] alguma profunda afeição e compaixão,[q] ² completem[r] a minha alegria, tendo o mesmo modo de pensar,[s] o mesmo amor, um só[t] espírito e uma só atitude. ³ Nada façam por ambição egoísta ou por vaidade,[u] mas humildemente considerem os outros superiores a vocês mesmos.[v] ⁴ Cada um cuide, não somente dos seus interesses, mas também dos interesses dos outros.

⁵ Seja a atitude de vocês a mesma de Cristo Jesus,[w]

⁶ que, embora sendo Deus[1],[x]
  não considerou
  que o ser igual a Deus[y]
  era algo a que devia apegar-se;
⁷ mas esvaziou-se a si mesmo,
  vindo a ser servo[2],[z]
  tornando-se semelhante[a]
  aos homens.
⁸ E, sendo encontrado
  em forma[3] humana,
  humilhou-se a si mesmo
  e foi obediente até a morte,[b]
  e morte de cruz!

⁹ Por isso Deus o[c] exaltou
  à mais alta posição
  e lhe deu o nome que está acima de todo nome,[d]
¹⁰ para que ao nome de Jesus
  se dobre[e] todo joelho,
  nos céus, na terra[f]
  e debaixo da terra,
¹¹ e toda língua confesse que Jesus Cristo é o Senhor,[g]
  para a glória de Deus Pai.

Brilhando como Estrelas

¹² Assim, meus amados, como sempre vocês obedeceram, não apenas na minha presença, porém muito mais agora na minha ausência, ponham em ação a salvação de vocês com temor e tremor,[h] ¹³ pois é Deus quem efetua em vocês[i] tanto o querer quanto o realizar, de acordo com a boa vontade dele.

¹⁴ Façam tudo sem queixas[j] nem discussões, ¹⁵ para que venham a tornar-se puros e irrepreensíveis, filhos de Deus[k] inculpáveis no meio de uma geração corrompida e depravada,[l] na qual vocês brilham como estrelas no universo, ¹⁶ retendo firmemente a palavra[4] da vida. Assim, no dia de Cristo, eu me orgulharei de não ter corrido nem me esforçado inutilmente.[m] ¹⁷ Contudo, mesmo que eu esteja sendo derramado como oferta[n] de bebida[5] sobre o serviço[o] que provém da fé que vocês têm, o sacrifício que oferecem a Deus, estou alegre e me regozijo com todos vocês. ¹⁸ Estejam vocês também alegres, e regozijem-se comigo.

Timóteo e Epafrodito

¹⁹ Espero no Senhor Jesus enviar Timóteo brevemente,[p] para que eu também me sinta animado quando receber notícias de vocês. ²⁰ Não tenho ninguém que, como ele,[q] tenha interesse sincero pelo bem-estar de vocês, ²¹ pois todos buscam os seus

---

[1] **2.6** Ou *existindo na forma de Deus*
[2] **2.7** Ou *assumindo a forma de escravo*
[3] **2.8** Ou *figura*
[4] **2.16** Ou *firmando-se na palavra*
[5] **2.17** Veja Nm 28.7.

próprios interesses[r] e não os de Jesus Cristo. ²² Mas vocês sabem que Timóteo foi aprovado porque serviu comigo no trabalho do evangelho como um filho ao lado de seu pai.[s] ²³ Portanto, é ele quem espero enviar, tão logo me[t] certifique da minha situação, ²⁴ confiando[u] no Senhor que em breve também poderei ir.

²⁵ Contudo, penso que será necessário enviar de volta a vocês Epafrodito, meu irmão, cooperador[v] e companheiro de lutas,[w] mensageiro que vocês enviaram para atender às minhas necessidades.[x] ²⁶ Pois ele tem saudade de todos vocês[y] e está angustiado porque ficaram sabendo que ele esteve doente. ²⁷ De fato, ficou doente e quase morreu. Mas Deus teve misericórdia dele, e não somente dele, mas também de mim, para que eu não tivesse tristeza sobre tristeza. ²⁸ Por isso, logo o enviarei, para que, quando o virem novamente, fiquem alegres e eu tenha menos tristeza. ²⁹ E peço que vocês o recebam no Senhor com grande alegria e honrem homens como este,[z] ³⁰ porque ele quase morreu por amor à causa de Cristo, arriscando a vida para suprir a ajuda que vocês não me [a] podiam dar.

Plena Confiança em Cristo

3 Finalmente, meus irmãos, alegrem-se no Senhor! Escrever de novo as mesmas coisas não é cansativo para mim e é uma segurança para vocês.

² Cuidado com os "cães",[b] cuidado com esses que praticam o mal, cuidado com a falsa circuncisão[1]! ³ Pois nós é que somos a circuncisão,[c] nós que adoramos pelo Espírito de Deus, que nos gloriamos em Cristo Jesus e não temos confiança alguma na carne, ⁴ embora eu mesmo tivesse razões para ter tal confiança.

Se alguém pensa que tem razões para confiar na carne, eu ainda mais: ⁵ circuncidado[d] no oitavo dia de vida, pertencente ao povo de Israel,[e] à tribo de Benjamim,[f] verdadeiro hebreu; quanto à Lei, fariseu;[g] ⁶ quanto ao zelo, perseguidor da igreja;[h] quanto à justiça[i] que há na Lei, irrepreensível.

⁷ Mas o que para mim era lucro passei a considerar como perda,[j] por causa de Cristo. ⁸ Mais do que isso, considero tudo como perda, comparado com a suprema grandeza do conhecimento[k] de Cristo Jesus, meu Senhor, por quem perdi todas as coisas. Eu as considero como esterco para poder ganhar Cristo[l] ⁹ e ser encontrado nele, não tendo a minha própria justiça que procede da Lei,[l] mas a que vem mediante a fé em Cristo, a justiça que procede de Deus e se baseia na fé.[m] ¹⁰ Quero conhecer Cristo, o poder da sua ressurreição e a participação em seus sofrimentos,[n] tornando-me como ele em sua morte[o] ¹¹ para, de alguma forma, alcançar a ressurreição[p] dentre os mortos.

Prosseguindo para o Alvo

¹² Não que eu já tenha obtido tudo isso ou tenha sido aperfeiçoado,[q] mas prossigo para alcançá-lo,[r] pois para isso também fui alcançado[s] por Cristo Jesus. ¹³ Irmãos, não penso que eu mesmo já o tenha alcançado, mas uma coisa faço: esquecendo-me das coisas que ficaram para trás e avançando para as que estão adiante, ¹⁴ prossigo[u] para o alvo, a fim de ganhar o prêmio do chamado[v] celestial de Deus em Cristo Jesus.

¹⁵ Todos nós que alcançamos a maturidade[w] devemos ver as coisas[x] dessa forma, e, se em algum aspecto, vocês pensam de modo diferente, isso também Deus esclarecerá. ¹⁶ Tão somente vivamos de acordo com o que já alcançamos.

¹⁷ Irmãos, sigam unidos o meu exemplo[y] e observem os que vivem de acordo com o padrão que apresentamos a vocês. ¹⁸ Pois, como já disse repetidas vezes, e agora repito com lágrimas,[z] há muitos que vivem como inimigos da cruz de Cristo.[a] ¹⁹ O destino deles é a perdição, o seu deus é o estômago,[b] e eles têm orgulho do que é vergonhoso;[c] só pensam nas coisas[d] terrenas. ²⁰ A nossa cidadania,[e] porém, está nos céus,[f] de onde

---

[1] **3.2** Grego: *mutilação*.

esperamos ansiosamente o Salvador, o Senhor Jesus Cristo.ᵍ ²¹ Pelo poderʰ que o capacita a colocar todas as coisas debaixo do seu domínio, ele transformará os nossos corposⁱ humilhados,ⁱ tornando-os semelhantes ao seu corpo glorioso.ʲ

4 Portanto, meus irmãos, a quem amo e de quem tenho saudade,ᵏ vocês que são a minha alegria e a minha coroa, permaneçam assim firmesˡ no Senhor, ó amados!

Exortações

² O que eu rogo a Evódia e também a Síntique é que vivam em harmoniaᵐ no Senhor. ³ Sim, e peço a você, leal companheiro de jugo¹, que as ajude; pois lutaram ao meu lado na causa do evangelho, com Clemente e meus demais cooperadores. Os seus nomes estão no livro da vida.

⁴ Alegrem-se sempre no Senhor. Novamente direi: Alegrem-se!ⁿ ⁵ Seja a amabilidade de vocês conhecida por todos. Pertoᵒ está o Senhor. ⁶ Não andem ansiosos por coisa alguma,ᵖ mas em tudo, pela oração e súplicas, e com ação de graças, apresentem seus pedidos a Deus.ᵠ ⁷ E a paz de Deus,ʳ que excede todo o entendimento, guardará o coração e a mente de vocês em Cristo Jesus.

⁸ Finalmente, irmãos, tudo o que for verdadeiro, tudo o que for nobre, tudo o que for correto, tudo o que for puro, tudo o que for amável, tudo o que for de boa fama, se houver algo de excelente ou digno de louvor, pensem nessas coisas. ⁹ Ponham em práticaˢ tudo o que vocês aprenderam, receberam, ouviram e viram em mim. E o Deus da pazᵗ estará com vocês.

Agradecimentos pelas Ofertas

¹⁰ Alegro-me grandemente no Senhor, porque finalmente vocês renovaram o seu interesse por mim.ᵘ De fato, vocês já se interessavam, mas não tinham oportunidade para demonstrá-lo. ¹¹ Não estou dizendo isso porque esteja necessitado, pois aprendi a adaptar-meᵛ a toda e qualquer circunstância. ¹² Sei o que é passar necessidade e sei o que é ter fartura. Aprendi o segredo de viver contente em toda e qualquer situação, seja bem alimentado, seja com fome,ʷ tendo muito, ou passando necessidade.ˣ ¹³ Tudo posso naquele que me fortalece.ʸ

¹⁴ Apesar disso, vocês fizeram bem em participarᶻ de minhas tribulações. ¹⁵ Como vocês sabem, filipenses, nos seus primeiros diasᵃ no evangelho, quando parti da Macedônia, nenhuma igreja partilhou comigo no que se refere a dar e receber, exceto vocês;ᵇ ¹⁶ pois, estando eu em Tessalônica,ᶜ vocês me mandaram ajuda, não apenas uma vez, mas duas, quando tive necessidade.ᵈ ¹⁷ Não que eu esteja procurando ofertas, mas o que pode ser creditado na contaᵉ de vocês. ¹⁸ Recebi tudo, e o que tenho é mais que suficiente. Estou amplamente suprido, agora que recebi de Epafroditoᶠ os donativos que vocês enviaram. São uma oferta de aromaᵍ suave, um sacrifício aceitável e agradável a Deus. ¹⁹ O meu Deus suprirá todas as necessidadesʰ de vocês, de acordo com as suas gloriosas riquezasⁱ em Cristo Jesus. ²⁰ A nosso Deus e Paiʲ seja a glória para todo o sempre. Amém.ᵏ

Saudações Finais

²¹ Saúdem a todos os santos em Cristo Jesus. Os irmãos que estão comigoˡ enviam saudações. ²² Todos os santosᵐ enviam saudações, especialmente os que estão no palácio de César.

²³ A graça do Senhor Jesus Cristoⁿ seja com o espírito de vocês. Amém.²

---

¹ **4.3** Ou *leal Sízigo*

² **4.23** Alguns manuscritos não trazem *Amém*.

Introdução a COLOSSENSES

PANO DE FUNDO

Colossos era uma pequena cidade distante cerca de 160 quilômetros a leste de Éfeso. Tinha uma população judaica grande, e a igreja foi implantado por Epafras (1.7), um homem a quem Paulo levara a Cristo. Tal como sua carta à igreja em Roma, Paulo escreveu à igreja em Colossos sem tê-la visitado. As informações pessoais da epístola e sua similaridade com Efésios e Filemom apontam para autoria paulina (1.1,23; 4.18). Alguns estudiosos têm duvidado da autoria de Paulo, argumentando que o vocabulário é diferente do que ele usou em outras epístolas, e que estava discutindo uma heresia que não existia no primeiro século da era cristã. Não obstante, esses desafios são facilmente respondidos pelo amplo uso vocabular de Paulo; também há evidência de que no tempo de Paulo a heresia já estava se formando, em estágios preliminares.

MENSAGEM

Uma heresia perigosa ameaça a igreja em Colossos. Paulo usa a verdade de Cristo para confrontar o falso ensinamento e indica que os crentes precisam de Cristo, e de Cristo somente. Paulo lembra os crentes da plenitude encontrada apenas em Cristo, que existia antes da fundação do mundo. O capítulo 1 inclui um maravilhoso hino a Cristo, mostrando seu papel como criador, redentor e sustentador de todas as coisas. Tal como em muitas de suas cartas, Paulo vai das questões teológicas para as exortações práticas mostrando como os cristãos devem se conduzir nas circunstâncias diárias. Ele pede orações por seu ministério e termina com um tocante "Lembrem-se das minhas algemas. A graça seja com vocês".

ÉPOCA

Colossenses foi provavelmente escrita no ano 60, ou no 61, durante a primeira prisão de Paulo em Roma. Tíquico e Onésimo (o escravo convertido a respeito de quem Paulo escreve a Filemom) entregaram a carta aos cristãos daquela igreja.

ESBOÇO

I. A supremacia de Cristo
  A. Graças pela fé dos colossenses 1.1-12
  B. O que Cristo fez 1.13-29
II. Permanecendo fortes em Cristo
  A. Andar nele 2.1-15
  B. Evitar o legalismo 2.16-23
  C. A vida cristã .... 3.1—4.6
III. Mensagens pessoais 4.7-18

COLOSSENSES 1.1

1 Paulo, apóstolo[a] de Cristo Jesus pela vontade de Deus,[b] e o irmão Timóteo, ² aos santos e fiéis[1] irmãos em Cristo que estão em Colossos:

A vocês, graça[c] e paz da parte de Deus nosso Pai[d] e do Senhor Jesus Cristo[2].

Ação de Graças

³ Sempre agradecemos a Deus,[e] o Pai de nosso Senhor Jesus Cristo, quando oramos por vocês, ⁴ pois temos ouvido falar da fé que vocês têm em Cristo Jesus e do amor[f] que têm por todos os santos,[g] ⁵ por causa da esperança[h] que está reservada a vocês nos céus,[i] a respeito da qual ouviram por meio da palavra da verdade, o evangelho ⁶ que chegou até vocês. Por todo o mundo[j] este evangelho vai frutificando[k] e crescendo, como também ocorre entre vocês, desde o dia em que o ouviram e entenderam a graça de Deus em toda a sua verdade. ⁷ Vocês o aprenderam de Epafras,[l] nosso amado cooperador, fiel ministro[m] de Cristo para conosco[3], ⁸ que também nos falou do amor que vocês têm no Espírito.[n]

⁹ Por essa razão, desde o dia em que o[o] ouvimos, não deixamos de orar por vocês e de pedir que sejam cheios do pleno conhecimento da vontade[p] de Deus, com toda a sabedoria e entendimento espiritual.[q] ¹⁰ E isso para que vocês vivam de maneira digna[r] do Senhor e em tudo possam agradá-lo, frutificando em toda boa obra, crescendo no conhecimento de Deus e ¹¹ sendo fortalecidos com todo o poder,[s] de acordo com a força da sua glória, para que tenham toda a perseverança e paciência[t] com alegria. ¹² dando graças ao Pai,[u] que nos[4] tornou dignos de participar da herança[v] dos santos no reino da luz. ¹³ Pois ele nos resgatou do domínio das trevas[w] e nos transportou para o Reino[x] do seu Filho amado,[y] ¹⁴ em quem temos a redenção[5],[z] a saber, o perdão dos pecados.[a]

A Supremacia de Cristo

¹⁵ Ele é a imagem[b]
   do Deus[c] invisível,
o primogênito
   sobre toda a criação,
¹⁶ pois nele foram criadas[d]
   todas as coisas
nos céus e na terra,
   as visíveis e as invisíveis,
sejam tronos sejam soberanias,
   poderes ou autoridades;[e]
todas as coisas foram criadas por ele e
   para ele.[f]
¹⁷ Ele é antes de todas as coisas,[g]
   e nele tudo subsiste.
¹⁸ Ele é a cabeça[h] do corpo,
   que é a igreja;
é o princípio e o primogênito
   dentre os mortos,[i]
para que em tudo tenha a supremacia.
¹⁹ Pois foi do agrado[j] de Deus
   que nele habitasse toda a plenitude[6k]
²⁰ e por meio dele reconciliasse[l] consigo
   todas as coisas,
tanto as que estão na terra
   quanto as que estão nos céus,[m]
estabelecendo a paz
   pelo seu sangue[n] derramado na cruz.

²¹ Antes vocês estavam separados de Deus e, na mente[p] de vocês, eram inimigos[o] por causa do mau[7] procedimento de vocês. ²² Mas agora ele os reconciliou pelo corpo[q] físico de Cristo[8], mediante a morte, para apresentá-los diante dele santos, inculpáveis e livres de qualquer acusação,[r] ²³ desde que continuem alicerçados[s] e firmes na fé, sem se afastarem da esperança[t] do evange-

---

[1] **1.2** Ou *crentes*
[2] **1.2** Vários manuscritos não trazem *e do Senhor Jesus Cristo*.
[3] **1.7** Vários manuscritos dizem *para com vocês*.
[4] **1.12** Alguns manuscritos dizem *os*.
[5] **1.14** Alguns manuscritos dizem *redenção por meio do seu sangue*.
[6] **1.19** Ou *Pois toda a plenitude agradou-se em habitar nele*.
[7] **1.21** Ou *conforme demonstrado pelo mau*
[8] **1.22** Grego: *corpo da sua carne*.

lho, que vocês ouviram e que tem sido proclamado a todos os que estão debaixo do céu.ᵘ Esse é o evangelho do qual eu, Paulo, me tornei ministro.ᵛ

O Trabalho de Paulo pela Igreja

²⁴ Agora me alegro em meus sofrimentos por vocês e completo no meu corpo¹ o que resta das aflições ʷ de Cristo, em favor do seu corpo, que é a igreja. ²⁵ Dela me tornei ministroˣ de acordo com a responsabilidade, por Deus a mimʸ atribuída, de apresentar a vocês plenamente a palavra de Deus, ²⁶ o mistérioᶻ que esteve oculto durante épocas e gerações, mas que agora foi manifestado a seus santos. ²⁷ A ele quis Deus dar a conhecerᵃ entre os gentios² a gloriosa riqueza deste mistério, que é Cristo em vocês, a esperança da glória.

²⁸ Nós o proclamamos, advertindoᵇ e ensinando a cada um com toda a sabedoria,ᶜ para que apresentemos todo homem perfeitoᵈ em Cristo. ²⁹ Para isso eu me esforço,ᵉ lutandoᶠ conforme a sua força, que atua poderosamente em mim.ᵍ

2 Quero que vocês saibam quanto estou lutandoʰ por vocês, pelos que estão em Laodiceiaⁱ e por todos os que ainda não me conhecem pessoalmente. ² Esforço-me para que eles sejam fortalecidos em seu coração,ʲ estejam unidos em amor e alcancem toda a riqueza do pleno entendimento, a fim de conhecerem plenamente o mistério de Deus, a saber, Cristo. ³ Nele estão escondidos todos os tesouros da sabedoria e do conhecimento.ᵏ ⁴ Eu digo isso para que ninguém os engane com argumentosˡ que só parecem convincentes. ⁵ Porque, embora esteja fisicamente longe de vocês, em espíritoᵐ estou presente e me alegro em ver como estão vivendo em ordemⁿ e como está firmeᵒ a fé que vocês têm em Cristo.

Livres do Legalismo por meio de Cristo

⁶ Portanto, assim como vocês receberam Cristo Jesus, o Senhor,ᵖ continuem a viver nele, ⁷ enraizadosᵍ e edificados nele, firmados na fé, como foram ensinados, transbordando de gratidão.

⁸ Tenham cuidado para que ninguém os escravize a filosofiasʳ vãs e enganosas, que se fundamentam nas tradições humanas e nos princípios elementares deste mundo,ˢ e não em Cristo.

⁹ Pois em Cristo habita corporalmente toda a plenitude da divindade, ¹⁰ e, por estarem nele, que é o Cabeçaᵗ de todo poder e autoridade, vocês receberam a plenitude. ¹¹ Nele também vocês foram circuncidados,ᵘ não com uma circuncisão feita por mãos humanas, mas com a circuncisão feita por Cristo, que é o despojar do corpo da carne³.ᵛ ¹² Isso aconteceu quando vocês foram sepultados com ele no batismo e com eleʷ foram ressuscitados mediante a fé no poder de Deus que o ressuscitou dentre os mortos.ˣ

¹³ Quando vocês estavam mortos em pecadosʸ e na incircuncisão da sua carne⁴, Deus os⁵ vivificou com Cristo. Ele nos perdoou todas as transgressões ¹⁴ e cancelou a escrita de dívida, que consistia em ordenançasᶻ e que nos era contrária. Ele a removeu, pregando-a na cruz,ᵃ ¹⁵ e, tendo despojado os poderes e as autoridades,ᵇ fez deles um espetáculo público, triunfando sobre elesᶜ na cruz.

¹⁶ Portanto, não permitam que ninguém osᵈ julgue pelo que vocês comem ou bebem,ᵉ ou com relação a alguma festividade religiosaᶠ ou à celebração das luas novasᵍ ou dos dias de sábado.ʰ ¹⁷ Essas coisas são sombras do que haveria de vir;ⁱ a realidade, porém, encontra-se em Cristo⁶. ¹⁸ Não

---

¹ **1.24** Grego: *na minha carne*.
² **1.27** Isto é, os que não são judeus.
³ **2.11** Isto é, da velha vida dos não regenerados.
⁴ **2.13** Ou *da sua natureza pecaminosa*; também no versículo 23.
⁵ **2.13** Alguns manuscritos dizem *nos*.
⁶ **2.17** Grego: *o corpo, porém, é de Cristo*.

permitam que ninguém que tenha prazer numa falsa humildade^j e na adoração de anjos os impeça de alcançar o prêmio.^k Tal pessoa conta detalhadamente suas visões, e sua mente carnal a torna orgulhosa. **19** Trata-se de alguém que não está unido à Cabeça,^l a partir da qual todo o corpo, sustentado e unido por seus ligamentos e juntas, efetua o crescimento^m dado por Deus.

20 Já que vocês morreram com Cristo para os princípios elementares deste mundo,^n por que, como se ainda pertencessem a ele, vocês se submetem a regras:^o **21** "Não manuseie!", "Não prove!", "Não toque!"? **22** Todas essas coisas estão destinadas a perecer^p pelo uso, pois se baseiam em mandamentos e ensinos^q humanos. **23** Essas regras têm, de fato, aparência de sabedoria, com sua pretensa religiosidade, falsa humildade e severidade com o corpo, mas não têm valor algum para refrear os impulsos da carne.

Instruções para um Viver Santo

3 Portanto, já que vocês ressuscitaram com Cristo, procurem as coisas que são do alto, onde Cristo está assentado à direita de Deus. **2** Mantenham o pensamento nas coisas do alto, e não nas coisas terrenas.^r **3** Pois vocês morreram,^s e agora a sua vida está escondida com Cristo em Deus. **4** Quando Cristo, que é a sua¹ vida, for manifestado,^t então vocês também serão manifestados com ele em glória.^u

5 Assim, façam morrer tudo o que pertence à natureza terrena de vocês: imoralidade sexual, impureza, paixão, desejos maus e a ganância,^v que é idolatria.^w **6** É por causa dessas coisas que vem a ira de Deus^x sobre os que vivem na desobediência², **7** as quais vocês praticaram no passado, quando costumavam viver^y nelas. **8** Mas, agora, abandonem^z todas estas coisas: ira, indignação, maldade, maledicência^a e linguagem indecente no falar.^b **9** Não mintam uns aos outros,^c visto que vocês já se despiram do velho homem³ com suas práticas **10** e se revestiram do novo, o qual está sendo renovado^d em conhecimento, à imagem do seu Criador.^e **11** Nessa nova vida já não há diferença entre grego e judeu,^f circunciso e incircunciso,^g bárbaro⁴ e cita⁵, escravo e livre,^h mas Cristo é tudo^i e está em todos.

12 Portanto, como povo escolhido de Deus, santo e amado, revistam-se de profunda compaixão, bondade, humildade,^j mansidão e paciência.^k **13** Suportem-se uns aos outros^l e perdoem as queixas que tiverem uns contra os outros. Perdoem como o Senhor lhes^m perdoou. **14** Acima de tudo, porém, revistam-se do amor,^n que é o elo perfeito.^o

15 Que a paz de Cristo^p seja o juiz em seu coração, visto que vocês foram chamados para viver em paz, como membros de um só corpo. E sejam agradecidos. **16** Habite ricamente em vocês a palavra de Cristo;^q ensinem e aconselhem-se uns aos outros com toda a sabedoria^r e cantem salmos, hinos e cânticos espirituais com gratidão a Deus^s em seu coração. **17** Tudo o que fizerem,^t seja em palavra seja em ação, façam-no em nome do Senhor Jesus, dando por meio dele graças^u a Deus Pai.

Responsabilidade Social

18 Mulheres, sujeite-se cada uma a seu marido,^v como convém a quem está no Senhor.

19 Maridos, ame cada um a sua mulher e não a tratem com amargura.

20 Filhos, obedeçam a seus pais em tudo, pois isso agrada ao Senhor.

21 Pais, não irritem seus filhos, para que eles não desanimem.

22 Escravos, obedeçam em tudo a seus senhores terrenos, não somente para agradá-los quando eles estão observando, mas com sinceridade de coração, pelo fato de

---

¹ 3.4 Alguns manuscritos dizem *nossa*.
² 3.6 Alguns manuscritos antigos não trazem *sobre os que vivem na desobediência*.
³ 3.9 Isto é, da velha vida dos não regenerados.
⁴ 3.11 Isto é, aquele que não possuía cultura grega.
⁵ 3.11 Isto é, habitante da região ao norte do mar Negro, que não fazia parte do Império Romano.

vocês temerem o Senhor. ²³ Tudo o que fizerem, façam de todo o coração, como para o Senhor, e não para os homens, ²⁴ sabendo que receberão do Senhor a recompensa^w da herança. É a Cristo, o Senhor, que vocês estão servindo. ²⁵ Quem cometer injustiça receberá de volta injustiça, e não haverá exceção^x para ninguém.

4 Senhores, deem aos seus escravos o que é justo e direito, sabendo que vocês também têm um Senhor nos céus.

Outras Instruções

² Dediquem-se à oração,^y estejam alerta e sejam agradecidos. ³ Ao mesmo tempo, orem também por nós, para que Deus abra uma porta^z para a nossa mensagem, a fim de que possamos proclamar o mistério de Cristo, pelo qual estou preso.^a ⁴ Orem para que eu possa manifestá-lo abertamente, como me cumpre fazê-lo. ⁵ Sejam sábios^b no procedimento para com os de fora;^c aproveitem ao máximo todas as oportunidades.^d ⁶ O seu falar seja sempre agradável^e e temperado com sal,^f para que saibam como responder a cada um.^g

Saudações Finais

⁷ Tíquico^h informará vocês de todas as coisas a meu respeito. Ele é um irmão amado, ministro fiel e cooperador^i no serviço do Senhor. ⁸ Eu o envio a vocês precisamente com o propósito de que saibam de tudo o que se passa conosco¹, e para que ele lhes fortaleça o coração.^j ⁹ Ele irá com Onésimo,^k fiel e amado irmão, que é um de vocês. Eles irão contar tudo o que está acontecendo aqui.

¹⁰ Aristarco,^l meu companheiro de prisão, envia saudações, bem como Marcos, primo de Barnabé.^m Vocês receberam instruções a respeito de Marcos, e, se ele for visitá-los, recebam-no. ¹¹ Jesus, chamado Justo, também envia saudações. Esses são os únicos da circuncisão que são meus cooperadores em favor do Reino de Deus. Eles têm sido uma fonte de ânimo para mim. ¹² Epafras,^n que é um de vocês e servo² de Cristo Jesus, envia saudações. Ele está sempre batalhando por vocês^o em oração, para que, como pessoas maduras^p e plenamente convictas, continuem firmes em toda a vontade de Deus. ¹³ Dele dou testemunho de que se esforça muito por vocês e pelos que estão em Laodiceia^q e em Hierápolis. ¹⁴ Lucas,^r o médico amado, e Demas^s enviam saudações. ¹⁵ Saúdem os irmãos de Laodiceia, bem como Ninfa e a igreja que se reúne em sua casa.^t

¹⁶ Depois que esta carta for lida entre vocês, façam que também seja lida^u na igreja dos laodicenses e que vocês igualmente leiam a carta de Laodiceia.

¹⁷ Digam a Arquipo:^v "Cuide em cumprir o ministério que você recebeu no Senhor".^w

¹⁸ Eu, Paulo, escrevo esta saudação de próprio punho.^x Lembrem-se^y das minhas algemas. A graça seja com vocês.^z

---

¹ **4.8** Alguns manuscritos dizem *de que ele saiba de tudo o que se passa com vocês*.

² **4.12** Isto é, escravo.

EVANGELISMO E JUSTIÇA SOCIAL

O papel da Igreja na evangelização

> *Sabemos, irmãos, amados de Deus, que ele os escolheu porque o nosso evangelho não chegou a vocês somente em palavra, mas também em poder, no Espírito Santo e em plena convicção. Vocês sabem como procedemos entre vocês, em seu favor. De fato, vocês se tornaram nossos imitadores e do Senhor, pois, apesar de muito sofrimento, receberam a palavra com alegria que vem do Espírito Santo. Assim, tornaram-se modelo para todos os crentes que estão na Macedônia e na Acaia. Porque, partindo de vocês, propagou-se a mensagem do Senhor na Macedônia e na Acaia. Não somente isso, mas também por toda parte tornou-se conhecida a fé que vocês têm em Deus. O resultado é que não temos necessidade de dizer mais nada sobre isso [...].*
>
> 1Tessalonicenses 1.4-8

Aquela antiga igreja na cidade de Tessalônica apresenta um modelo que serve de padrão para todas as igrejas:

Escolhidos por Deus → Transformados pelo Espírito Santo → Chamados a compartilhar o Evangelho

Paulo recomendou essa igreja ao dizer: "Porque, partindo de vocês, propagou-se a mensagem do Senhor na Macedônia e na Acaia. Não somente isso, mas também por toda parte tornou-se conhecida a fé que vocês têm em Deus".

Se cada igreja pudesse receber o mesmo elogio! Infelizmente as igrejas perdem facilmente o ardor evangelístico. Como o líder cingalês Ajith Fernando diz: "Muitos dos bilhões de pessoas no mundo que não conhecem a Cristo não virão a nós para conversar conosco. Nós precisamos tomar a iniciativa de ir até eles... Não podemos esperar que as pessoas venham a nós; devemos ir com urgência até elas". Somos chamados a imitar os primeiros cristãos da Tessalônica. Nas palavras de Fernando: "Precisamos procurar maneiras de contactá-las e usar toda nossa criatividade e determinação para comunicar o Evangelho".

Desenvolvendo paixão pela evangelização em toda a igreja
Mark Buchanan

A "síndrome do telhado" ocorre sempre que a igreja se preocupa mais com a própria sobrevivência e conforto do que com compartilhar o Evangelho com os perdidos. Eis como identificar e depois superar a síndrome do telhado.

Identifique a síndrome do telhado

Extraí a expressão "síndrome do telhado" de Marcos 2. Jesus está falando em uma casa, e alguns homens levam um paralítico àquele lugar. Eles querem levar o amigo até Jesus. Mas uma multidão bloqueia a porta, criando uma barricada. Não há como passar por esse caminho e chegar até Jesus. Então os homens vão para a parte externa superior daquela casa. Eles abrem o telhado e descem o amigo através da abertura. Jesus, vendo a fé que eles têm (estes são *alguns* homens!), perdoa o paralítico e o cura. E, claro, surge uma controvérsia entre os religiosos.

A síndrome do telhado ocorre quando estamos tão envolvidos com a pregação de Jesus que viramos as costas às necessidades dos que estão do lado de fora do prédio. Nós nos tornamos barreiras em vez de portas de entrada. Preocupamo-nos mais em manter as coisas intactas que em restaurar vidas destroçadas. Ficamos mais aborrecidos quando algo quebra que alegres quando os feridos são reconstruídos. Se a igreja se reduz à pregação de Jesus, a consequência é não se dar conta de que vê muito pouco do perdão e da cura de Jesus. Temos tanto medo de aborrecer os religiosos (ou os donos da casa) em nosso meio que paramos de correr risco para levar as pessoas a Jesus.

Supere a síndrome do telhado

Comecei a superar a minha síndrome do telhado quando percebi que toda a minha igreja poderia perecer da noite para o dia, e a comunidade não notaria a diferença. Duvido que eles fossem se importar. Então comecei a minha própria revolução. Em palavras e atos (lenta e lentamente), estou mudando. Em palavras e atos (pouco a pouco), a minha igreja também está mudando.

Eis uma forma de começar a arrepender-se de ser uma barricada e treinar para ser um grupo de quebradores de telhados. Comece fazendo duas perguntas à sua comunidade local:

1. Quais são as necessidades *deles*, e como podemos atendê-las?
2. O que eles já estão fazendo bem e pelo qual podemos celebrar e agradecer?

A primeira pergunta, a respeito de entender as necessidades da comunidade, levou-nos a descobrir dois grupos ocultos à plena luz do dia dentro da nossa comunidade: famílias de baixa renda (muitas delas de mães solteiras) e as Primeiras Nações (expressão usada no Canadá para designar "nativos" ou "índios").

A segunda pergunta, a respeito do que a comunidade já está fazendo bem e pelo qual podemos celebrar e agradecer, levou-nos a dois grupos: à RPMC (Real Polícia Montada

O papel da igreja na evangelização

Canadense) e aos professores. Dois grupos que, embora modestamente remunerados, entregam-se geralmente assumindo situações de risco. Mesmo assim, raramente são alvos do nosso agradecimento e chegam a ser considerados culpados de muita coisa. Nós decidimos ser gratos a eles.

Estamos descobrindo que, quanto mais genuinamente você se importa com as pessoas da sua comunidade, menos você se orgulhará e mais você abençoará e servirá. Tudo isso tem a ver com disposição para quebrar algumas telhas do telhado.

Um novo compromisso de evangelização proativa
Ajith Fernando

Ouço evangélicos falando muito a respeito da justiça e dos valores do Reino, mas não proclamando o Evangelho aos que são de outros credos e ganhando-os para Cristo. Evidentemente se alguém lhes perguntar a respeito do cristianismo, eles explicarão o Evangelho e algumas pessoas se converterão a Cristo através do testemunho deles. Mas essa é uma estratégia terrivelmente inadequada. Muitos dos bilhões de pessoas do mundo que não conhecem a Cristo não virão a nós e não nos perguntarão nada. Precisamos tomar a iniciativa de ir a eles.

Há uma necessidade imperiosa por um compromisso renovado com a evangelização proativa. Não podemos esperar que as pessoas venham a nós — devemos ir com urgência até elas. Precisamos procurar maneiras de contactá-las e usar toda nossa criatividade e determinação para comunicar o Evangelho.

Precisamos voltar à Grande Comissão

A Grande Comissão não tem sentido se os que a obedecem não estão dispostos a obedecer ao Grande Mandamento de amar a Deus e ao próximo. Precisamos continuar a desafiar as pessoas com a responsabilidade dupla de viver o Evangelho na sociedade e levar o Evangelho aos não alcançados. Eis algumas maneiras de preparar-se para esse desafio:

- *Evite a linguagem de prioridade*. A evangelização tem prioridade sobre a preocupação social? Sempre tenho sido relutante em usar a linguagem da prioridade. Essa conversa é originária do desejo ocidental de ter tudo cuidadosamente alinhado em progressão lógica (por exemplo, Deus, família e ministério).
- *Seja obediente a Deus*. Se ele está no controle da nossa vida, ele nos guiará de tal maneira que daremos à vontade dele o lugar adequado em nós. Mas Satanás também está ativo, e ele não gosta de ver o aumento da população celestial. Portanto, fará de tudo para impedir que os cristãos façam discípulos indo às nações, batizando e ensinando os mandamentos do Senhor (Mateus 28.19,20). Muitos evangélicos têm caído na armadilha de Satanás de sustentar os valores do Reino, mas desvalorizar o chamado de Deus em buscar os perdidos de forma proativa e proclamar-lhes o Evangelho.

EVANGELISMO E JUSTIÇA SOCIAL

- *Seja holístico sem perder a mensagem da salvação.* Parte do cristianismo holístico certamente é a declaração de Cristo que qualquer bem terreno não tem valor se a pessoa perde a própria alma. A inflexibilidade da perdição apresenta-nos a urgência da evangelização.

Reconheça a realidade global da evangelização

Algumas pessoas acertadamente dirão que em virtude de um chamado ou de circunstâncias em algumas partes do mundo, nem sempre os cristãos podem pregar. Em vez de pregar, são chamados a realizar trabalho social por motivos de regulamentações governamentais. Algumas partes do Corpo de Cristo podem ser chamadas a realizar outras tarefas que não proclamar o Evangelho da salvação eterna, ainda que possam verbalmente advogar outros aspectos da agenda do Reino, tais como valores de honestidade, justiça e retidão. De fato, todo cristão precisa se comprometer com o Evangelho como um todo, buscando ser testemunha pessoal com sua vida e palavra. Para tanto, organizações cristãs de serviço social precisam garantir que seus representantes não estão envolvidos apenas com serviço social, mas também com Cristo como Senhor de suas vidas. Desse modo, mesmo que o testemunho verbal não faça parte das tarefas que executam, eles precisam estar comprometidos pessoalmente com essa mensagem.

Cristãos comuns devem praticar a evangelização

Grande parte do testemunho da Igreja feito por meio do engajamento social e da defesa dos direitos humanos será feita por pessoas leigas que atuam nas estruturas da sociedade e vivem sua fé. A igreja local e as organizações cristãs devem ensinar aos leigos uma abordagem verdadeiramente bíblica que os motive e guie em seu trabalho. Além disso, os pastores devem orar pelos leigos que servem na sociedade, aconselhá-los, confortá-los e encorajá-los.

As realidades práticas determinam que nem todos os segmentos da igreja se envolverão em todas as formas de evangelização proativa e em todas as formas de envolvimento social. As organizações paraeclesiásticas se especializarão ao mesmo tempo em que continuarão comprometidas com a missão integral da Igreja. As igrejas locais cumprirão uma parte dos muitos aspectos da missão da Igreja. Mas, somadas, essas atuações do Corpo de Cristo se engajarão na missão integral da Igreja. A Igreja toda precisa levar o Evangelho todo ao mundo todo.

A tendência entre alguns evangélicos de subestimar a proclamação verbal — inclusive persuadindo as pessoas de receber a salvação de Cristo — exige um chamado renovado aos evangélicos que enfatize a urgência da evangelização proativa.

Seis marcas de uma igreja evangelística
Eric Reed

Como os cristãos comuns podem se dedicar à evangelização? A seguir, menciono seis princípios e ações que representam igrejas cujo foco está na evangelização:

O papel da igreja na evangelização

1. A salvação dos perdidos é a principal prioridade do ministério da Igreja
A evangelização — ou seja, compartilhar o Evangelho com o propósito de levar as pessoas à conversão em Jesus — deve ter como base um objetivo claramente declarado. Tempo, energia e recursos devem ser usados para que esse alvo seja alcançado.

2. O pastor é quem lidera os esforços evangelísticos
Muitos pastores não creem ser bons evangelistas, e exemplos como os de Bill Hybels ou de Francis Chan colaboram para essa percepção. Mas a questão não é quantas pessoas o pastor leva a Cristo a cada semana; antes, a questão é quanto os pastores se esforçam. De igual modo, o pastor regularmente convoca os cristãos a compartilhar sua fé no ambiente onde vivem. Ele também encoraja seus líderes a que verifiquem se seus ministérios têm como foco o alcance evangelístico, e como podem ser mais evangelísticos. Uma igreja será tão evangelizadora quanto seu pastor.

3. Evangelistas são identificados e liberados para trabalhar
Em cada igreja há um pequeno percentual que sente compaixão dos que não têm fé. Essas pessoas expressam a urgência de alcançar os perdidos, animam a comunidade dos cristãos e demonstram que pessoas comuns podem compartilhar a fé. Em geral, procuram diminuir o fator medo dos que estão no início dessa prática. Além disso, organizam programas e demonstram a toda a igreja que a evangelização não é tarefa apenas do pastor.

4. Todo cristão deve compartilhar sua fé
Se, por um lado, os pastores podem sentir aversão a "mais um programa" de testemunho, por outro o fato é que muitos cristãos não irão articular a fé a não ser que aprendam a fazê-lo. Toda testemunha precisa de um plano de testemunho — seja ele preparado na própria igreja ou pré-fabricado, seja de testemunho pessoal ou apologético cuidadosamente elaborado. Nem todos memorizarão e recitarão uma apresentação longa, mas algo do que eles aprenderem vai permanecer, e esse tanto eles compartilharão com os outros.

5. A igreja sabe a importância de compartilhar a fé
Os cultos de batismo deixam a comunidade entusiasmada, principalmente quando se dá destaque às pessoas da igreja que tiveram um papel decisivo em levar os batizandos a Cristo. Eles veem que Deus usa pessoas comuns para trazer os outros à fé. Pelo menos, haverá mais probabilidades de levar seus amigos à igreja em que estes poderão ouvir o Evangelho.

6. A evangelização e a oração andam de mãos dadas
Todos os pastores que entrevistamos lideram suas igrejas em oração — oram regularmente e citam nomes — pela salvação dos parentes e amigos dos membros da igreja. Todas as igrejas sem exceção reconheceram que Deus responde a essas orações.

EVANGELISMO E JUSTIÇA SOCIAL

Nove princípios de evangelização para as igrejas
Jerry Cline, Mark Mittelberg e Mike Slaughter

A tendência natural de muitas igrejas não é a evangelização. As razões para isso são muitas: uma cultura cada vez mais hostil à mensagem de Cristo, medo de rejeição ou o foco nas nossas próprias necessidades. Desse modo, como mudar a atitude das pessoas de "Eu devo evangelizar" para "Eu quero evangelizar"?

1. Comece com seu próprio coração
Diga aos outros:

"Eu quero ser uma pessoa que valoriza os perdidos e os alcança para Cristo, mais do que tenho feito até agora. Também desejo que a igreja faça isso e vou orar nesse sentido. Em Hebreus 10, lemos que devemos incentivar uns aos outros ao amor e às boas obras. Vamos juntos assumir o compromisso de cumprir o propósito que Cristo deu à igreja.".

2. Encontre líderes que pensem de modo semelhante
Reúna uma equipe que esteja de acordo que sua vida e ministério tenham o seguinte compromisso: instilar valores evangelísticos em mais e mais pessoas ao seu redor. Você então atrairá a sua igreja outros líderes que pensem de modo semelhante e repelirá os que não pensam assim. Igrejas contagiantes colocam a obra de evangelização nas mãos de seus membros. Se treinarmos pessoas que comuniquem a fé com naturalidade, veremos pessoas virem a Cristo.

3. Saia do barco
Fé é correr riscos antes de ver resultados. Não foi Pedro que fracassou quando saiu do barco e começou a afundar. Foram os onze que esperaram para ver o que aconteceria a Pedro.

Algumas vezes tentamos assumir o papel do Espírito Santo, mas o problema maior é esperar que o Espírito Santo faça o trabalho por nós. Uma versão popular da evangelização diz: "Basta viver como cristão de modo coerente que as pessoas verão e virão a Cristo". Mas essa abordagem não é bíblica e não funciona. Em Romanos 10.14, Paulo diz que devemos ir e propagar a mensagem. Temos de iniciar conversar e interagir com as pessoas, confiando em que o Espírito Santo trabalhará à medida que falarmos da mensagem às pessoas.

4. Repense o que significa "evangelização"
Os cristãos podem ser prejudicados por ideias tradicionais a respeito do que seja a evangelização. Um pastor pensa: *Ter cultos de avivamento de vez em quando. Mas eu experimentei fazer e não deu certo.* A média dos cristãos pensa: *Sair por aí batendo na porta da casa dos outros. Não sei se consigo fazer isso.*

Queremos alcançar pessoas perdidas, mas fazê-lo não parece ser natural. No entanto, a evangelização assume muitas formas. No Novo Testamento vemos o estilo confrontacional de Pedro, ao passo que Paulo tem uma abordagem mais intelectual. O cego de João 9 desenvolveu a perspectiva de testemunho, e a mulher no poço reagiu fazendo um convite.

Por isso tenhamos liberdade de encontrar abordagens que se encaixem com a personalidade que Deus deu a cada um de nós. Portanto, quando dissermos "Alcançar os perdidos é a nossa prioridade", o povo vai perceber que isso não necessariamente quer dizer que eles terão de sair batendo de porta em porta. Mas pode significar que eles poderão jogar tênis com as pessoas que querem alcançar. Quando você ajuda as pessoas a descobrir uma abordagem evangelística que se encaixa com a personalidade que Deus deu a elas, muitos vão se dispor para trabalhar.

5. Prove que a evangelização é prioritária

Algumas vezes as igrejas não querem tentar novas estratégias. Se evangelizamos do mesmo modo há vinte anos e as pessoas não querem receber Cristo, por que insistimos em bater com a cabeça na parede?

Em outras ocasiões, a igreja ensina a Palavra, mas não prioriza alcançar os perdidos. Os cristãos são atraídos por aquilo de que necessitam. Se você é pastor de 500 pessoas e todas querem saber o que você fará por elas, a tendência natural será dar atenção apenas para a vida interna da igreja. Os líderes precisam tomar a decisão de nadar contra a correnteza para não gastar toda sua energia com as questões internas da igreja.

6. Tenha equilíbrio

Deus concedeu a líderes e igrejas a oportunidade de que se especializem em vários ministérios, mas Jesus estabeleceu o propósito da Igreja na Grande Comissão, que evidentemente inclui ensino, edificação e adoração, mas, se uma igreja diz que será apenas da área do ensino, mas não uma igreja evangelizadora, estará indo contra a declaração de propósito que Jesus nos deu.

É necessário muito esforço para levar uma igreja aos não alcançados pelo Evangelho — é necessário um engajamento radical. Há implicações orçamentárias e de calendário. Os líderes precisam "declarar guerra" contra uma perspectiva empresarial e devem levar as igrejas a se transformar de lugares agradáveis e amigáveis em comunidades que verdadeiramente alcancem os perdidos.

7. Enfatize relacionamentos

Paulo disse em 1Coríntios 9.22,23: "Para com os fracos tornei-me fraco, para ganhar os fracos. Tornei-me tudo para com todos, para de alguma forma salvar alguns. Faço tudo isso por causa do Evangelho, para ser coparticipante dele". Precisamos conhecer as pessoas que estamos tentando alcançar, e precisamos discernir a maneira mais eficiente de ajudá-*los a ver que Cristo é real e que a Bíblia é verdadeira*. Como podemos ajudá-los a assumir um compromisso com Cristo? As pessoas atualmente estão muito distantes de crer no que cremos. Precisamos construir relacionamentos com as pessoas e conquistar sua confiança e respeito. Fazemos isso quando ensinamos todo o plano de Deus sem comprometer seu conteúdo, desafiando, em intervalos regulares, as pessoas a que recebam a Cristo e compreendendo que conversões acontecem em conversas e diálogos fora dos cultos.

EVANGELISMO E JUSTIÇA SOCIAL

8. Diga a verdade a respeito de Deus
Dizem que se você quer atrair pessoas à igreja deve dizer o que elas querem ouvir. Mas o oposto disso é que é a verdade. As pessoas procuram líderes que têm a coragem de lhes dizer a verdade. Ser sensível a pessoas interessadas no Evangelho significa falar a linguagem delas no momento de comunicar a mensagem, mas com a profundidade e a autoridade necessárias.

9. Plante, regue e espere
A sua responsabilidade é lançar a semente. Queremos ver resultados, mas precisamos lembrar-nos da parábola do semeador. Há algo a ser dito em alguns momentos nos quais não acontece muita coisa. Devemos fazer o possível para que as pessoas passem de um estágio a outro, de ponta a ponta, de -10 para +10. Isso não quer dizer fazer a igreja atingir determinado tamanho; nossa tarefa não terá sido cumprida até que todas as pessoas da comunidade tenham vindo a Cristo.

Construindo uma cultura evangelística na igreja
Calvin C. Ratz

Pouco depois de ser recebido como pastor titular, perguntei a minha igreja de cerca de 600 membros quantos deles haviam se convertido a Cristo nos dois anos anteriores. Eu queria entusiasmar as pessoas a respeito do que Deus estava fazendo. Apenas seis levantaram a mão. Evidentemente todo o crescimento tinha sido por transferências recebidas. Isso fez que eu estabelecesse um foco no meu ministério: eu teria de fazer a igreja mover-se de sua orgulhosa história ao estágio no qual a evangelização pudesse acontecer. Desde então, descobri as frustrações e as alegrias de ajudar uma igreja bem estabelecida a abraçar sua missão. Olhando para trás, eis alguns dos passos que descobri para os que querem criar um ambiente no qual a evangelização floresce.

Estabeleça a visão da igreja
Se a igreja espera sair da letargia, precisa saber por que existe e o que Deus espera que ela faça. Isso quer dizer ir além de saber que evangelizar é a intenção de Deus para todas as igrejas. Algumas igrejas são chamadas para ser hospitais espirituais; outras para ser lugares estratégicos de ação social; outras, centros de ensino. Algumas outras estão na linha de frente. Faça duas perguntas: primeiro, que direção deve tomar a sua igreja? Segundo, como poderemos alcançar melhor a comunidade com o Evangelho?

Entusiasme a igreja com a visão
As pessoas precisam sentir convicção pessoal quanto à evangelização. Precisam querer *crescer e tocar a comunidade*. Veja a seguir uma lista com uma variedade de meios que a nossa igreja usou para encorajar seus membros a cumprir a visão que Deus nos deu.

O papel da igreja na evangelização

- *O púlpito*: Descobrimos que pregar no púlpito a respeito da evangelização mudou o foco da visão do secular para o espiritual.
- *Conversas*: Para ser eficientes, precisamos desenvolver maneiras de apresentar a visão da igreja em conversas com as pessoas e a resumir os sonhos que queremos alcançar.
- *Socialização da visão*: Em muitas reuniões, lidamos com a questão: "O que nos permitirá evangelizar a nossa comunidade?". Em seguida, separamos tempo para que todos expressem livremente suas ideias, seus temores e preocupações.
- *Líderes persuasivos*: É importante alcançar as pessoas que percebemos ser os líderes de opinião na igreja. A influência deles pode ser percebida em reuniões administrativas; no entanto, é notada mais provavelmente em cafés depois do culto ou em conversas no estacionamento. Alimentar o entusiasmo desses líderes influentes é a chave.
- *Testemunhos*: Também demos oportunidade a muitas pessoas para que compartilhassem o que nossa igreja significava para elas e como estavam orando para que a igreja alcançasse a comunidade. Descobrimos que Deus fala à igreja por meio do testemunho dos irmãos.
- *Temas e ênfases*: Um tema bem apresentado pode mobilizar as pessoas à visão. Quando o tema está materializado visivelmente — em *banners*, boletins, cartazes, a página da igreja na internet —, isso faz que o povo seja lembrado da paixão da igreja.

Dê nova forma aos ministérios

Posicionar a igreja para um estilo de vida marcado pela evangelização vai além de implementar um programa ou contratar funcionários. Em última análise, tem a ver com uma mudança de coração no âmbito da igreja como um todo. É por isso que muitos programas, líderes e membros da igreja serão desafiados a se sacrificar ou a se adaptar. Ainda que nem sempre seja fácil, é algo que sempre vale a pena.

Criando um ambiente acolhedor na igreja

Leadership Journal

É bom pensar a respeito dos visitantes da igreja em duas categorias principais. Primeiro, há *os de dentro*, isto é, pessoas que entendem a subcultura tradicional da igreja. Eles sabem o que esperar antes que passem pela porta de entrada da igreja. Segundo, há *os de fora*. Estes não têm ideia nenhuma do que acontece em um culto. Muitos não sabem quais são as crenças básicas da fé cristã. É comum que esse último grupo se sinta ansioso quando visita *pela primeira vez* uma igreja. É o medo do desconhecido.

Algumas igrejas recebem visitantes de ambos os grupos regularmente, o que faz surgir alguns problemas em potencial: A igreja deve arriscar a sujeitar os de fora ao desconforto para fazer que os visitantes de dentro se sintam bem recebidos? Ou seria melhor fazer todo o possível para reduzir a ansiedade dos visitantes de fora, mesmo que os de dentro se sintam desprezados?

EVANGELISMO E JUSTIÇA SOCIAL

Em vez de focar na recepção comum dispensada aos visitantes — crachás, formulários com endereços, um aperto de mão firme dos recepcionistas —, deveríamos nos esforçar em alcançar dois pontos importantes: cordialidade e conexão.

Crie um ambiente cordial

Quando você vai à casa de alguém pela primeira vez, em 15 segundos é capaz de perceber se a sala de visitas tem uma atmosfera de receptividade ou de frieza. Na igreja acontece o mesmo. Eis algumas ideias que podem ser desenvolvidas para tornar o ambiente mais familiar:

- *Recepcionistas*. Treine os recepcionistas em como fazer que as pessoas se sintam confortáveis e à vontade. É importante que os recepcionistas não constranjam, ignorem ou intimidem os visitantes.
- *O prédio*. Esta é uma área em que as igrejas menores podem ser bastante eficientes, pois os prédios de muitas igrejas grandes geralmente apresentam uma atmosfera corporativa demais. Procure pessoas competentes em decoração de interiores e peça que sugiram maneiras de tornar a igreja mais receptiva com ornamentações, plantas, *banners* e coisas semelhantes.
- *Oração*. A maneira pela qual as pessoas oram comunica como elas se relacionam com Deus. Quando as orações congregacionais são simples, básicas e conversacionais, Deus não parecerá tão distante aos visitantes.

Gere "conexão" na igreja

Se você já esteve em um estádio de futebol cheio de pessoas ansiosas esperando que o jogo comece, sem dúvida já experimentou que há algo "a mais" no ar. Sua igreja também pode criar essa sensação se você mantiver três coisas em mente:

- *A importância da criatividade*. Você quer ver pessoas andando pela igreja com uma sensação de expectativa e se perguntando: "O que vai ser diferente esta semana?".
- *A primeira impressão*. Os primeiros 15 minutos de um culto são extremamente importantes, pois ajudam bastante a começar de maneira forte, geralmente com música, e depois se pode variar o nível de intensidade passando para cada parte do culto.
- *O escopo do culto*. É melhor fazer poucas coisas com excelência que fazer muitas coisas de maneira pobre. Uma canção com acompanhamento ao piano pode ser mais eficaz que uma banda inteira que não tenha ensaiado.

A cordialidade e a conexão falarão muito a respeito de quem é a igreja e o próprio Deus. Você deseja que os visitantes de primeira vez saiam do culto não apenas com a mensagem expressa de que Deus se importa com eles, mas também com a mensagem não expressa de que você e a sua igreja também se importam? Se você não conseguir isso da primeira vez, pode ser que não tenha outra oportunidade.

O papel da igreja na evangelização

Alimente relacionamentos no estágio da pré-conversão

Os sem-igreja precisam de um estágio prévio à conversão que seja seguro e geralmente longo, no qual a confiança em você seja construída, a autoridade das Escrituras seja bem estabelecida e os relacionamentos sejam bem cimentados. É importante honrar essa fase.

A maior diferença entre uma igreja bem-sucedida na evangelização e outra que não é está na paciência que uma igreja tem durante a fase de pré-conversão. Veja a seguir alguns passos úteis para encaminhar os que estão nessa fase:

- *Fomente os relacionamentos*. Uma igreja fracassará se tentar assimilar os sem-igreja de hoje apenas com eventos e programas. O que funciona realmente são os relacionamentos — amigos que trazem amigos e que são capazes de incluí-los na vida da igreja.
- *Crie um lugar seguro*. Os sem-igreja voltarão a uma igreja que transmita segurança. Podemos fazer várias coisas para tornar nossa igreja acolhedora de modo que as pessoas percebam que se trata de um lugar seguro.
- *Seja claro*. Quando perguntamos aos sem-igreja porque eles não vão à igreja, a reclamação número um é que não entendem o que está acontecendo ou o que os pregadores dizem. Tente não fazer pressuposições a respeito do que os visitantes vão entender e empenhe-se em falar a língua dos que não têm nenhuma experiência com a igreja.
- *Não se surpreenda com problemas*. Pessoas sem-igreja pressupõem que as igrejas não querem pessoas com problemas. Elas pensam que os que vão à igreja são perfeitos — ou hipócritas o bastante para agir como se fossem. Quando você não se espantar com os pecados deles, provavelmente voltarão para saber mais a respeito da igreja e da vida com Deus.

Preparando a igreja para a evangelização através da amizade
Jorge Osorio

Como as pessoas vão a Cristo e à igreja? Quantas pessoas vêm sozinhas sem antes receber um convite? É tempo de despertar a igreja quanto a um novo paradigma para a evangelização: evangelização pela amizade. Um estudo demonstrou que entre 75% e 90% das pessoas receberam Jesus Cristo pela influência de um parente ou amigo. Amizades genuínas são pontes naturais através das quais o Evangelho encontra espaço.

A palavra grega *oikos* significa *casa* ou *lar*. Nem sempre se refere à construção, mas às pessoas que vivem em torno dela e da igreja. Também inclui os que não conhecem Jesus Cristo e se enquadram em uma das seguintes categorias: família, amigos, vizinhos e associados (pessoas com as quais você trabalha, estuda, ou os que você vê no ônibus — aqueles com quem você tem algum tipo de contato).

Há dois mil anos a igreja tem tentado dizer ao mundo que aceite a mensagem que pregamos. O mundo agora nos diz: "Igreja, viva a sua mensagem". Apresentamos a seguir sete

EVANGELISMO E JUSTIÇA SOCIAL

passos para uma evangelização por amizade que pode nos ajudar a mostrar e a anunciar a mensagem de Cristo a nossos vizinhos.

1. Conheça sua cidade
Para planejar a evangelização você precisa conhecer melhor a cidade onde vive. Por exemplo, o que as pessoas estão fazendo na hora dos cultos e reuniões na sua igreja? Aprenda a respeito das pessoas da sua região, as autoridades públicas, o que as pessoas fazem para divertir-se, a história da região e seus problemas: alcoolismo, drogas etc.

2. Identifique a família estendida
Identifique os grupos sob sua influência, aquelas pessoas que vivem razoavelmente próximas de você e da igreja: família, amigos ou aqueles com quem você tem algum tipo de relacionamento, direto ou indireto. Comece plantando sementes de fé nessas pessoas. Todo cristão tem o potencial de alcançar seu *oikos* — esse é o resultado natural da evangelização por amizade.

3. Desenvolva um perfil pessoal
Crie um banco de dados. Quanto mais informação você tiver a respeito dos outros, mais amplo será o perfil da sua família estendida. Você precisa cultivar relacionamentos. O processo levará tempo, mas as amizades começarão a crescer.

4. Ore regularmente por sua família estendida
A evangelização começa quando, antes de falar de Deus às pessoas, você fala com Deus a respeito delas. Esse é o privilégio da intercessão. Muitas pessoas serão objeto de oração pela primeira vez devido a suas orações. Você deve interceder com regularidade e de maneira específica, usando o exemplo de Paulo em Colossenses 4.2-6 e Efésios 6.18,19.

5. Tenha um foco
Falando francamente, você nem sempre terá tempo para dedicar a todos da sua família estendida. Você pode orar por todos eles, mas deverá focar-se e concentrar-se naqueles que estão mais perto de você. Seja sensível à direção do Espírito. Lembre-se de como o Espírito Santo conduziu Filipe em Samaria a uma pessoa específica, um etíope. Ele se tornou provavelmente o primeiro cristão africano porque Filipe foi obediente à orientação do Espírito (Atos 8.26-40).

6. Desenvolva um plano para fazer discípulos
Este é o passo mais importante, porque cada pessoa é diferente. Você precisará traçar uma estratégia para cada pessoa, dependendo do que cada uma delas mais precisa. Você deve *fazer um esforço intencional e inteligente* para alcançar cada pessoa. Eis alguns elementos de um plano de evangelização:

O papel da igreja na evangelização

- *Cuidar e amar*: Considerando que a amizade em si é frágil e que a alma das pessoas é o que importa, todo planejamento deve ser feito com amor e cuidado. Neste ponto, devemos permitir que o amor de Deus nos encha e flua entre os membros da família estendida, derramando seu amor sobre eles de maneiras intangíveis, mas muito práticas.
- *Basear-se em um relacionamento crescente*: Dê prioridade à amizade. Seja transparente, de modo que se possam ver suas virtudes, fraquezas, frustrações e vitórias. As pessoas querem ver honestidade, não perfeição. Por fim, crie espaço no relacionamento. Não sufoque as pessoas, mas mantenha limites apropriados no relacionamento (ver Provérbios 25.17), permitindo que eles queiram mais.
- *Envolver outros membros da igreja*: A evangelização por amizade é trabalho de equipe, e isso significa envolver outros membros da igreja. Se a família estendida tem filhos, convide outra família com filhos para jantar juntos; eles terão assunto em comum para conversar a respeito. Se a pessoa gosta de futebol, apresente-a a outra pessoa que também seja fã de futebol. Se a pessoa precisa de um desafio mais intelectual, convide um líder da igreja para vir e compartilhar.

7. Desenvolva a maneira de você testemunhar

Mesmo que saibamos que anunciamos a mais gloriosa verdade que existe, muitas vezes sentimos timidez e ansiedade quando começamos a compartilhar a fé cristã, o que faz que a nossa confiança se desvaneça e por fim não comuniquemos o Evangelho muito bem. Você precisa se aprimorar na maneira de dar o seu testemunho, aprendendo a compartilhar a sua fé.

A evangelização por amizade não é um programa nem uma despesa; trata-se de um estilo de vida e investimento. É também a responsabilidade de todo cristão. Nunca será um processo automático, mas sempre um processo em andamento. Somos os únicos que têm influência sobre a nossa família, os nossos amigos e vizinhos. A evangelização por amizade precisa ser uma alta prioridade para a igreja. É nosso papel ativar esse potencial adormecido e muitas vezes estagnado!

Evangelizando em bairros de classe média alta
Calvin C. Miller

Bairros de classe média alta: A Sião dos que a edificaram e, portanto, a têm pronta.

Poderá a urgência da cruz se tornar real para os que definem o inferno como algo banal e o céu como a região "boa" da cidade?

Saia do "gueto cristão"

Alcançar os sem-igreja pode ser feito de muitas maneiras, mas em geral se enquadra em duas categorias. A primeira é a *evangelização pelo confronto*. A razão pela qual tememos

EVANGELISMO E JUSTIÇA SOCIAL

a abordagem "confrontacional" é porque a pessoa confrontada algumas vezes reage com outra confrontação. Ficamos intimidados pelo tratamento rude que podemos receber. A intimidação é tão forte que muitos pastores têm desistido da ideia de encontros evangelísticos diretos na vizinhança onde moram.

Talvez por causa do medo muitos cristãos criaram seu próprio gueto na sociedade atual. Eles têm um idioma próprio — com clichês bem compreendidos pelos que participam dos cultos nos novos templos que circundam as cidades cada vez mais crescentes. Em geral as pessoas que falam um linguajar estranho são temidas. Para os que não são da igreja tudo isso faz que os cristãos pareçam pessoas que vivem em outro mundo. Dessa forma, o medo é recíproco.

Desenvolva uma abordagem relacional

A segunda categoria de alcance é mais *relacional* que confrontacional. Embora possam ser muito parecidas, as pessoas que vivem em bairros de classe média alta são muito diferentes entre si, por isso respondem a diferentes métodos de evangelização.

O método relacional, que constrói pontes, também enfatiza o ato de buscar, mas substitui o confronto pela amizade. Essa abordagem gentil diz que precisamos unir as necessidades espirituais das classes médias altas com suas necessidades sociológicas, cuja ênfase recai primeiramente na sociologia. Em outras palavras, precisamos nos socializar antes de evangelizar.

Há duas formas pelas quais a igreja em bairros de classe média alta pode ministrar à comunidade por meio da abordagem relacional:

- *Cuidado comunitário*. Demonstrar preocupação comunitária é importante, mesmo em bairros de classe média alta. Não importa que programações a igreja possa oferecer, a comunidade precisa ver gradualmente, durante meses ou anos, que a igreja se importa. Isso tem a ver com relações públicas, ou, para usar uma linguagem bíblica, "deixar sua luz brilhar".
- *Foco na família*. Mesmo que o casamento dos moradores de bairros de classe média alta seja equilibrado e os filhos bem ajustados, todos os casais querem que sua própria família seja melhor a cada dia. Eles estão em busca de maneiras de ajudar a manter a unidade familiar.

O Evangelho fala a pessoas que anseiam para que a família seja unida. Muito do que a igreja oferece é recebido com interesse sincero por indivíduos que acreditam que a família ainda é uma boa ideia em um mundo no qual os lares estão sendo fragmentados. Isso significa ter foco na nossa própria família em primeiro lugar e praticar a hospitalidade, não apenas com membros antigos da igreja, mas também com os novos.

É necessário ter paciência para esperar que as famílias sem-igreja se interessem pela mensagem que a igreja anuncia. Algumas vezes isso pode estar diretamente relacionado com tempos de grande necessidade, quando muitas pessoas consideram a possibilidade de se voltar para Deus. Se o pastor conseguir fazer que a disponibilidade da igreja se torne conhecida através da divulgação ou da reputação que a igreja tem, quando chegarem os tempos de necessidade, as famílias que antes não tinham muito interesse de repente passarão a tê-lo e necessitarão ajuda. Adotar essa postura não significa desenvolver uma espera letárgica, mas uma esperara proativa de ajudar os que estão sem esperança.

Seja motivado pelo amor

O amor é o combustível da nossa evangelização. Se não amarem a Cristo, os pastores não terão desejo de testemunhar. Sem amar as pessoas, nenhum de nós permaneceria muito tempo neste ministério. Mas o amor pastoral, sempre que ocorrer, pode impelir a mais rigorosa possibilidade de ação. O amor alcança o ferido e dá passos corajosos sem outros interesses. O amor pode realizar coisas incríveis simplesmente porque é vazio de interesse próprio. Nós nos tornamos semelhantes a Cristo quando a nossa motivação é de amor puro. O ágape funciona — mesmo nos bairros de classe média alta.

Seis formas de fazer uma igreja rural crescer
Stephen McMullin

Antes de considerar como fazer uma igreja rural crescer, é importante entender três valores principais de muitas igrejas rurais:

Igrejas rurais valorizam tradições

Algumas tradições são benéficas, ao passo que outras impedem o ministério da igreja, mas em uma igreja rural quase tudo é considerado sagrado. As tradições ditam tudo em uma igreja rural, desde onde uma família se senta até quem toca o sino da igreja ou onde as pessoas estacionam o automóvel. Tais tradições não são frívolas; são vitais em uma congregação rural. Pode ser que tenhamos a difícil tarefa de acabar com algumas dessas tradições, mas é bom entender que para algumas pessoas na congregação isso será a mesma coisa que sepultar um parente próximo.

Igrejas rurais valorizam a história

Muitas das igrejas rurais têm medo de olhar para o futuro, mas se lembram de um passado glorioso. Em geral a maioria dessas igrejas têm uma grande história. Invista tempo para conhecer o passado da sua igreja e entender melhor como ela se tornou o que é hoje.

Igrejas rurais valorizam o momento da Escola Bíblica

O pastor que está acostumado com atividades de educação cristã durante a Escola Bíblica rapidamente perceberá outra situação em muitas igrejas rurais. Numa igreja bem pequena, a Escola Bíblica geralmente abarca maior público do que os cultos, pois é uma espécie de

EVANGELISMO E JUSTIÇA SOCIAL

culto sem pastor no qual a vida da igreja se resolve. A importância da Escola Bíblica na condução da vida da igreja diminui quando envolvemos, de maneira consciente, a congregação na tomada de decisões que ela compreende totalmente.

1. Esqueça o curto prazo
Em uma congregação de 40 pessoas, ter quatro mortes em um ano significa um declínio de 10%. Estatísticas assim podem ser desencorajadoras. Mas, depois de estar na igreja por muitos anos, você será capaz de ver um crescimento numérico real.

2. Estabeleça alvos razoáveis
É fácil chegar a uma igreja de 30 membros e dizer: "Quero que esta igreja dobre de tamanho em cinco anos". Mas crescer pode implicar a mudança de algumas das tradições da igreja. Podemos começar com melhorias nas instalações do templo. Talvez seja preciso tornar os escritórios da igreja mais funcionais. Tudo isso toma tempo, e, enquanto isso, há funerais e sermões. Resultado: o chamado evangelístico não é executado. Os pastores de igrejas rurais se desencorajam depois de dois anos sem resultados e se mudam para outra igreja — exatamente na hora em que começariam a ter um impacto mais duradouro. Seria melhor estabelecer alvos razoáveis que levem em conta o que não se pode prever.

3. Estabeleça áreas como alvos a alcançar
Igrejas pequenas não têm recursos para cobrir todas as bases do ministério, então é importante concentrar-se nas áreas de maior necessidade. A alternativa oposta a ter um ministério focado é ter um ministério menor fragmentado em várias direções. No fim, você não alcançará ninguém e deixará todo mundo exausto no processo.

4. Ajude os membros a pensar como os visitantes
Esta estratégia é crucial para evitar que uma igreja morra. Caminhe pela igreja na manhã de domingo e pergunte-se: "Se eu viesse aqui pela primeira vez, o que me faria querer voltar, ou não?". O que prende sua atenção? Que atitudes você percebe? A igreja é limpa? As pessoas encaram você ao entrar? O piano está afinado? A comunidade aprende muito a respeito de uma igreja observando seu templo. Um ambiente atraente, que atenda às necessidades da comunidade em geral e da igreja local, encorajará os visitantes entrar e permanecer.

5. Desenvolva um ministério positivo
Você não ganhará nada criticando o *status quo* na igreja. Em vez disso, tente alcançar as pessoas focando em como as coisas vão ser melhores depois que algumas mudanças forem feitas. Você pode conseguir uma atmosfera muito mais positiva buscando estabelecer uma visão para o que pode ser realizado, não por criticar o que ainda não foi feito.

Você não vai ensinar a igreja a ser agradecida a não ser que seja genuinamente grato por eles. Não conseguirá liderar ninguém se tiver uma atitude negativa em relação à igreja. Mas, uma vez que esteja comprometido com os desafios que Deus apresentou à igreja, você poderá compartilhar o mesmo entusiasmo com os demais.

6. Amplie o perfil da igreja
Um fator com frequência desprezado é a placa da igreja — ou a falta de uma. Os membros de igrejas rurais podem pensar que todo mundo conhece a igreja, mas isso é uma ilusão. Não posso imaginar ir a uma loja que não divulgue nenhuma indicação de sua natureza. Da mesma forma, espanto-me ao ver o grande número de igrejas que não têm sequer uma placa com seu nome e o nome de sua denominação — isso sem mencionar os horários dos cultos e o nome do pastor. Duvido que os visitantes queiram participar de uma igreja sem nome. Uma simples placa na frente da igreja pode fazer que as pessoas se sintam aguardadas — além de desejadas e bem-vindas.

Quatro maneiras de apresentar o Evangelho aos sem-igreja
James Emery White

Um dos membros da nossa igreja é um professor de piano muito requisitado. Depois de convidar alunos e pais para visitar a igreja, e com pouco sucesso, ele decidiu levar a igreja a eles. Ele propôs um seminário para pais oferecido por líderes da igreja no salão de festas de um condomínio residencial. A reunião seria em uma sexta-feira à noite e incluía sobremesa e café. Além disso, o pianista convidou várias famílias para patrocinar o evento e pagar pelas mesas. Tantas pessoas compareceram ao evento que o salão ficou lotado e algumas pessoas tiveram de voltar. Nas semanas seguintes algumas famílias visitaram nossa igreja, o que não teria acontecido se não tivesse havido esse evento de conexão.

Com oração, criatividade e iniciativa sua igreja pode descobrir maneiras de apresentar o Evangelho aos sem-igreja. Apresentamos a seguir quatro maneiras eficientes de compartilhar o Evangelho:

1. Crie eventos pré-evangelização
No evento de sexta-feira no salão de festas, fizemos uma apresentação simples sobre criação de filhos, fundamentada em princípios bíblicos. A apresentação foi fácil e girou em torno da pessoa de Cristo e a diferença que ele faz no relacionamento conjugal e na família. Oferecemos fitas e convites da igreja, fizemos contatos e depois voltamos para casa. Agora estamos trabalhando com grupos de famílias na região e oferecendo seminários sobre educação de filhos como eventos pré-evangelísticos. Você pode tentar algo semelhante — ou encontrar o formato ideal para descobrir do que a comunidade necessita e mostrar às *pessoas o que sua igreja pode oferecer.*

2. Use a internet para treinar e alcançar pessoas
Um dos melhores usos da internet é treinar os membros para compartilhar a fé. Transformamos nosso treinamento de evangelização, que antes era dado em aulas nas dependências

da igreja, em um treinamento pela internet com 16 semanas de duração chamado "Zona de Impacto". O anúncio é simples: "Dê-nos seu endereço eletrônico. Em seguida, nas próximas 16 semanas você receberá semanalmente no seu *e-mail* uma página de treinamento". Isso faz que as pessoas pensem em evangelização todas as semanas; trata-se de algo objetivo e de fácil assimilação, além de ser conveniente com os horários de cada um. E funciona. Usamos a internet também para evangelizar. O nosso *site* foi projetado para ajudar os interessados a se sentir à vontade, de modo que poderão vir e ver como é a igreja.

4. Permita que os sem-igreja façam perguntas

As pessoas hoje em dia têm um grande desejo de conversar a respeito do que estão aprendendo. Nosso primeiro "Diálogo noturno" foi um experimento: um culto no meio de semana, após o período de adoração, durante o qual as pessoas eram convidadas a fazer perguntas a respeito da fé cristã e de crescimento espiritual. Recebemos perguntas sobre todo tipo de assunto. Hoje o Diálogo noturno está entre nossos cultos mais frequentados. Também incorporamos tempos de diálogo nos cultos de fim de semana, e grupos pequenos para interessados são montados no formato de questões abertas. Os líderes são treinados a tratar das questões apresentadas na primeira noite para que as reuniões tenham base bíblica, mas que também sejam altamente personalizadas.

5. Ofereça experiências de passagem aos novos cristãos

Como qualquer igreja, temos lutado quanto a como discipular os novos cristãos. O maior avanço que experimentamos tem sido o uso de grandes eventos de passagem que oferecem uma introdução básica quanto ao que queremos que os novos cristãos saibam. Apresentamos as necessidades básicas na vida de um novo cristão, tais como a certeza de saber que é cristão; a importância do batismo; como ler a Bíblia, fazer exercícios devocionais, adorar e compartilhar a fé.

Alcançando pessoas de outras religiões

Ravi Zacharias

Existem nos Estados Unidos hoje mais de 1.500 grupos religiosos, e mais de 600 deles não são cristãos. Uma pesquisa do Instituto Gallup indica que 10% da população dos EUA alega ter uma crença religiosa diferente do cristianismo e do judaísmo, totalizando talvez 17,5 milhões de adultos. Existem grandes chances de você já ter encontrado alguém que tenha uma cosmovisão inteiramente diferente da sua. Como você pode compartilhar o Evangelho com aqueles que parecem tão diferentes?

Perceba as oportunidades

Muitos anos atrás em Beirute eu ia de carro até Sidom com um libanês chamado Samuel. Durante a conversa, Samuel me disse: "Você nunca vai saber quão furioso eu fiquei no dia *em que* 50 mil soldados sírios vieram para este país". Ele descreveu a dor da guerra civil entre as várias facções:

O papel da igreja na evangelização

Nosso lindo país ficou dividido. Beirute estava em ruínas. Eu pedia a Deus que trouxesse a paz. Eu vi 50 mil sírios ocupando nossa terra e sabia que eles não iam querer sair. Derramei lágrimas de ira. *Senhor, o que estás fazendo?* Então foi como se Deus tivesse me dito: "Todos estes anos você vem reclamando que a Síria fechou as portas e não permite que missionários entrem. Todos estes anos, todos os dias. Eu respondi enviando 50 mil sírios a você. E você ainda está reclamando". A mudança na minha perspectiva foi avassaladora. Se, no decorrer da História, Deus mudou povos de um lugar para outro para que escutassem a mensagem de salvação, por que imaginei que ele tivesse parado de fazer isso?

Atualmente na América do Norte, possivelmente mais que em qualquer outra época ou lugar, temos acesso a praticamente todas as culturas, até mesmo às oficialmente fechadas ou resistentes ao Evangelho: sauditas, iranianos, japoneses, franceses, chineses. Deus está providenciando uma maneira de alcançar pessoas que jamais alcançaríamos em sua própria terra.

Respeite o desejo de ser respeitado

Muitas pessoas que deixam seu próprio país desenvolvem uma forte ligação com sua cultura antiga — pelo menos, por um tempo. Admiram coisas como tradição, respeito, relacionamentos, família. É por isso que muitos de gerações mais antigas que vêm aos Estados Unidos agora se perguntam se fizeram a coisa certa. Eles veem os filhos crescendo em uma cultura sem referências e, consequentemente, veem seus valores ameaçados.

Essa realidade cria oportunidades. Muitas dessas pessoas têm um grande respeito pela unidade familiar e admiram os que têm respeito pela vida e por Deus, mesmo que não compartilhem a mesma religião. Muitos deles escolhem enviar os filhos para escolas cristãs. Mesmo que não aceitem a mensagem cristã, querem os benefícios dessa mensagem: decência, boas maneiras, respeito.

O lar cristão é uma das realidades mais poderosas para se alcançar as pessoas hoje. Em muitos casos, convidar um hindu, um muçulmano ou budista para sua casa imediatamente dará a você um nível de respeito aos olhos deles. A amizade e o amor falam mais alto que palavras, especialmente se você agir como amigo quando eles enfrentarem dificuldades. É difícil para o não cristão acreditar que a vida cristã é real até que ele a veja sendo vivida.

Use os feriados

Uma vez que muitas religiões mundiais estão organizadas ao redor de ocasiões festivas, faça uso das ocasiões festivas que os cristãos observam. Amigos de outras culturas dificilmente recusarão um convite para observar nossas celebrações — na igreja, na comunidade ou na sua casa. "Gostaríamos de ter vocês conosco para celebrar o Dia de Ação de Graças". Ou: "A nossa família vai à igreja na Páscoa e depois temos um grande jantar de Páscoa. Queremos que vocês participem conosco".

O simples fato de compartilhar suas prioridades — as coisas que você celebra — é uma grande maneira de comunicar sua fé. Muitos muçulmanos veem o cristianismo como

EVANGELISMO E JUSTIÇA SOCIAL

uma subcultura cerebral, não como uma cultura de verdade. Ficam intrigados quando veem o cristianismo interligado com a vida.

Mencione o nome deles em oração

Um dos elementos mais atraentes do cristianismo é que Deus é pessoal. Para um budista, um hindu ou um muçulmano a ideia de que Deus tem um grande plano para a vida de um indivíduo é um conceito novo. Pode ser que o nome deles nunca tenha sido mencionado diante de Deus.

Um casal hindu que me ouviu pregar convidou a minha esposa e a mim para ir até a casa deles, e nossa amizade perdurou por vários anos. No ano passado eles se tornaram seguidores de Jesus. O marido me disse: "Você honrou o meu lar com a sua presença na primeira vez em que veio. E eu senti que fluía uma bênção em você e na sua esposa".

O que nós fizemos? Simplesmente oferecemos amizade, e naquela primeira visita disse: "Você se importa que eu ore por sua casa?". Eles viram isso como uma bênção.

Quando você se oferece para orar, essa pode ser uma surpresa para eles. Mas muitos hindus, muçulmanos e budistas não querem perder a possibilidade de uma bênção. Eles dirão: "Ore, por favor". Uma oração simples pedindo a Deus que se revele naquele lugar e que seu amor e sabedoria residam ali é algo poderoso. Pessoas de outras crenças talvez não entendam o conceito de um relacionamento pessoal com Deus. Eles vão desejar saber onde você aprendeu essas palavras.

Os cristãos podem interceder a Deus em favor de seus amigos. Uma bênção sincera como essa impressiona um oriental, e eles vão pensar sobre o assunto por muito tempo, mesmo depois de você ir embora.

Introdução a 1TESSALONICENSES

PANO DE FUNDO
Tessalônica era um dos centros comerciais mais ricos do Império Romano, devido a sua posição na Via Egnatia, a principal estrada que ia de Roma às regiões no leste do império. Era a maior cidade e a capital da Macedônia. Tinha também grande população judaica. Muitos gentios que estavam desencantados com o paganismo grego foram atraídos à fé judaica. Como parte de seu ministério apostólico, Paulo toma para si o cuidado dessas pessoas. Ele ministrou extensivamente aos gentios que vieram da idolatria (1.9), trabalhando "noite e dia" (2.9) durante seu tempo em Tessalônica. Enquanto estava lá, Paulo recebeu duas ofertas dos cristãos filipenses, enviadas para ajudá-lo com suas despesas. Os detalhes pessoais dados nesta carta combinam com os dados em Atos dos Apóstolos, dando base para autoria paulina citada em 1.1, juntamente com Silas e Timóteo. Paulo, Silas e Timóteo visitaram Tessalônica na segunda viagem missionária de Paulo, antes de escreverem esta epístola.

MENSAGEM
Depois que Paulo, Silas e Timóteo foram expulsos de Tessalônica (Atos 17.9-10), Paulo ficou preocupado com o progresso da fé dos cristãos. Nesta carta, ele observa que sua visita anterior "não foi inútil" (2.1) e lhes dá palavras de encorajamento e edificação, além de ajudar a jovem igreja a amadurecer e a se desenvolver. Ele recomenda aos cristãos tessalonicenses que permaneçam firmes, exorta-os a darem o melhor de si e a que "Orem continuamente" (5.17) — e os consola a respeito dos seus queridos que já tinham morrido. A segunda vinda de Cristo aparece em toda a epístola como um tema, e terá lugar mais destacado em 2Tessalonicenses.

ÉPOCA
Paulo escreveu esta epístola no ano 51. Depois que Paulo se encontrou com Timóteo em Atenas (3.1), ele o enviou à Tessalônica. Paulo, agora em Corinto (Atos 18.1-5) escreveu esta epístola em resposta ao bom relatório que Timóteo lhe dera com respeito à igreja em Tessalônica.

ESBOÇO
I. Paulo elogia a fé dos tessalonicenses
   A. Saudações — 1.1
   B. Uma oração pelo crescimento deles — 1.2-10
II. Relacionamento de Paulo com os tessalonicenses — 2.1-20
III. Paulo elogia o bom relatório a respeito deles — 3.1-13
IV. Vigilância quanto à vinda do Senhor
   A. *Viver para o Senhor* — 4.1-8
   B. Amem-se uns aos outros — 4.9-12
   C. Confortem-se uns aos outros — 4.13-18
   D. Estejam preparados — 5.1-11
   E. Honra e obediência — 5.12-22
V. Oração final e saudações — 5.23-28

1 TESSALONICENSES 1.1

1 Paulo, Silvano[1] e Timóteo,[a]
à igreja dos tessalonicenses,[b] em Deus Pai e no Senhor Jesus Cristo:

A vocês, graça e paz[c] da parte de Deus e de nosso Senhor Jesus Cristo[2].

Ação de Graças pela Fé e pelo Exemplo dos Tessalonicenses

2 Sempre damos graças a Deus por todos vocês,[d] mencionando-os em nossas orações. **3** Lembramos continuamente, diante de nosso Deus e Pai, o que vocês têm demonstrado: o trabalho que resulta da fé,[e] o esforço motivado pelo amor e a perseverança proveniente da esperança em nosso Senhor Jesus Cristo. **4** Sabemos, irmãos, amados de Deus, que ele os escolheu **5** porque o nosso evangelho[f] não chegou a vocês somente em palavra, mas também em poder, no Espírito Santo e em plena convicção. Vocês sabem como procedemos entre vocês, em seu favor. **6** De fato, vocês se tornaram nossos imitadores[g] e do Senhor, pois, apesar de muito sofrimento,[h] receberam a palavra com alegria que vem do Espírito Santo.[i] **7** Assim, tornaram-se modelo para todos os crentes que estão na Macedônia e na Acaia. **8** Porque, partindo de vocês, propagou-se a mensagem do Senhor na Macedônia e na Acaia. Não somente isso, mas também por toda parte[j] tornou-se conhecida a fé que vocês têm em Deus. O resultado é que não temos necessidade de dizer mais nada sobre isso, **9** pois eles mesmos relatam de que maneira vocês nos receberam e como se voltaram para Deus, deixando os ídolos[k] a fim de servir ao Deus vivo e verdadeiro **10** e esperar dos céus seu Filho, a quem ressuscitou dos mortos:[l] Jesus, que nos livra da ira[m] que há de vir.

O Ministério de Paulo em Tessalônica

2 Irmãos, vocês mesmos sabem que a visita que fizemos a vocês[n] não foi inútil. **2** Apesar de termos sido maltratados[o] e insultados em Filipos, como vocês sabem, com a ajuda de nosso Deus tivemos coragem de anunciar o evangelho de Deus a vocês em meio a muita luta. **3** Pois nossa exortação não tem origem no erro nem em motivos[p] impuros, nem temos intenção de enganá-los; **4** ao contrário, como homens aprovados por Deus para nos confiar o evangelho,[q] não falamos para agradar pessoas,[r] mas a Deus, que prova o nosso coração. **5** Vocês bem sabem que a nossa palavra nunca foi de bajulação nem de pretexto para ganância;[s] Deus é testemunha.[t] **6** Nem buscamos reconhecimento humano, quer de vocês quer de outros.

7 Embora, como apóstolos[u] de Cristo, pudéssemos ter sido um peso, fomos bondosos quando estávamos entre vocês, como uma mãe[3] que cuida dos próprios filhos.[v] **8** Sentindo, assim, tanta afeição, decidimos dar a vocês não somente o evangelho de Deus, mas também a nossa própria vida,[w] porque vocês se tornaram muito amados por nós. **9** Irmãos, certamente vocês se lembram do nosso trabalho esgotante e da nossa fadiga; trabalhamos[x] noite e dia para não sermos pesados a ninguém,[y] enquanto pregávamos o evangelho de Deus a vocês.

10 Tanto vocês como Deus são testemunhas[z] de como nos portamos de maneira santa,[a] justa e irrepreensível entre vocês, os que creem. **11** Pois vocês sabem que tratamos cada um como um pai trata seus filhos,[b] **12** exortando, consolando e dando testemunho, para que vocês vivam de maneira digna[c] de Deus, que os chamou para o seu Reino e glória.

13 Também agradecemos a Deus sem cessar[d] o fato de que, ao receberem de nossa parte a palavra de Deus,[e] vocês a aceitaram, não como palavra de homens, mas conforme ela verdadeiramente é, como palavra de Deus, que atua com eficácia em vocês, os que creem. **14** Porque vocês, irmãos, tornaram-se

---

[1] **1.1** Ou *Silas*, variante de *Silvano*.

[2] **1.1** Vários manuscritos não trazem *da parte de Deus e de nosso Senhor Jesus Cristo*.

[3] **2.7** Grego: *ama*.

1.1
[a] At 16.1; 2Ts 1.1
[b] At 1.7
[c] V. Rm 1.7

1.2
[d] Rm 1.8

1.3
[e] 2Ts 1.11

1.5
[f] 2Ts 2.14

1.6
[g] 1Co 4.16
[h] At 17.5-10
[i] At 13.52

1.8
[j] Rm 1.8; 10.18

1.9
[k] 1Co 12.2; Gl 4.8

1.10
[l] At 2.24
[m] Rm 5.9

2.1
[n] 1Ts 1.5,9

2.2
[o] At 16.22; Fp 1.30

2.3
[p] 2Co 2.17

2.4
[q] Gl 2.
[r] Gl 1.10

2.5
[s] At 20.33
[t] Rm 1.9

2.7
[u] 1Co 9.1,2
[v] v.11

2.8
[w] 2Co 12.15; 1Jo 3.16

2.9
[x] At 18.3
[y] 2Ts 3.8

2.10
[z] 1Ts 1.5
[a] 2Co 1.12

2.11
[b] v. 7; 1Co 4.14

2.12
[c] Ef 4.1

2.13
[d] 1Ts 1.2
[e] Hb 4.12

imitadores das igrejas de Deus em Cristo Jesus que estão na Judeia.^f Vocês sofreram da parte dos seus próprios conterrâneos^g as mesmas coisas que aquelas igrejas sofreram da parte dos judeus, **15** que mataram o Senhor Jesus^h e os profetas,^i e também nos perseguiram. Eles desagradam a Deus e são hostis a todos, **16** esforçando-se para nos impedir que falemos aos gentios^1,^j e estes sejam salvos. Dessa forma, continuam acumulando^k seus pecados. Sobre eles, finalmente^2, veio a ira^3.

Paulo Deseja Rever os Tessalonicenses

17 Nós, porém, irmãos, privados da companhia de vocês por breve tempo, em pessoa, mas não no coração,^l esforçamo-nos ainda mais para vê-los pessoalmente,^m pela saudade que temos de vocês. **18** Quisemos visitá-los. Eu mesmo, Paulo, o quis, e não apenas uma vez, mas duas; Satanás,^n porém, nos impediu.^o **19** Pois quem é a nossa esperança, alegria ou coroa^p em que nos gloriamos^q perante o Senhor Jesus na sua vinda?^r Não são vocês? **20** De fato, vocês são a nossa glória^s e a nossa alegria.

3 Por isso, quando não pudemos mais suportar,^t achamos por bem permanecer sozinhos em Atenas^u **2** e, assim, enviamos Timóteo, nosso irmão e cooperador de Deus^4 no evangelho de Cristo, para fortalecê-los e dar a vocês ânimo na fé, **3** para que ninguém seja abalado por essas tribulações. Vocês sabem muito bem que fomos designados^v para isso. **4** Quando estávamos com vocês, já dizíamos que seríamos perseguidos, o que realmente aconteceu, como vocês sabem.^w **5** Por essa razão, não suportando mais,^x enviei Timóteo para saber a respeito da fé que vocês têm, a fim de que o tentador^y não os seduzisse, tornando inútil^z o nosso esforço.

---

^1 **2.16** Isto é, os que não são judeus.
^2 **2.16** Ou *plenamente*
^3 **2.16** Alguns manuscritos acrescentam *de Deus*.
^4 **3.2** Alguns manuscritos não trazem *de Deus*; outros manuscritos dizem *ministro de Deus*.

As Boas Notícias Trazidas por Timóteo

6 Agora, porém, Timóteo acaba de chegar da parte de vocês,^a dando-nos boas notícias a respeito da fé e do amor^b que vocês têm. Ele nos falou que vocês sempre guardam boas recordações de nós, desejando ver-nos, assim como nós queremos vê-los. **7** Por isso, irmãos, em toda a nossa necessidade e tribulação ficamos animados quando soubemos da sua fé; **8** pois agora vivemos, visto que vocês estão firmes^c no Senhor. **9** Como podemos ser suficientemente gratos a Deus por vocês,^d por toda a alegria que temos diante dele por causa de vocês? **10** Noite e dia insistimos em orar^e para que possamos vê-los pessoalmente^f e suprir o que falta à sua fé.

11 Que o próprio Deus, nosso Pai, e nosso Senhor Jesus preparem o nosso caminho até vocês. **12** Que o Senhor faça crescer e transbordar o amor que vocês têm uns para com os outros^g e para com todos, a exemplo do nosso amor por vocês. **13** Que ele fortaleça o coração de vocês para serem irrepreensíveis^h em santidade diante de nosso Deus e Pai, na vinda^i de nosso Senhor Jesus com todos os seus santos.

Vivendo para Agradar a Deus

4 Quanto ao mais, irmãos,^j já os instruímos acerca de como viver a fim de agradar a Deus^k e, de fato, assim vocês estão procedendo. Agora pedimos e exortamos a vocês no Senhor Jesus que cresçam nisso cada vez mais. **2** Pois conhecem os mandamentos que demos a vocês pela autoridade do Senhor Jesus.

3 A vontade de Deus é que vocês sejam santificados: abstenham-se da imoralidade sexual.^l **4** Cada um saiba controlar o seu próprio corpo^5,^m de maneira santa e honrosa, **5** não dominado pela paixão de desejos desenfreados^n, como os pagãos^o que desconhecem a Deus. **6** Neste assunto,

---

^5 **4.4** Grego: *vaso*. Ou *aprenda como conseguir esposa*; ou ainda *aprenda a viver com sua própria mulher*

ninguém prejudique seu irmão nem dele se aproveite.ᵖ O Senhor castigará todas essas práticas,ᵠ como já dissemos e asseguramos. ⁷ Porque Deus não nos chamou para a impureza, mas para a santidade.ʳ ⁸ Portanto, aquele que rejeita estas coisas não está rejeitando o homem, mas a Deus, que lhes dá o seu Espírito Santo.ˢ

⁹ Quanto ao amor fraternal,ᵗ não precisamos escrever,ᵘ pois vocês mesmos já foram ensinados por Deus a se amarem uns aos outros.ᵛ ¹⁰ E, de fato, vocês amam todos os irmãos em toda a Macedônia.ʷ Contudo, irmãos, insistimos com vocês que cada vez mais assim procedam.ˣ

¹¹ Esforcem-se para ter uma vida tranquila, cuidar dos seus próprios negócios e trabalhar com as próprias mãos,ʸ como nós os instruímos; ¹² a fim de que andem decentemente aos olhos dos que são de foraᶻ e não dependam de ninguém.

A Vinda do Senhor

¹³ Irmãos, não queremos que vocês sejam ignorantes quanto aos que dormem, para que não se entristeçam como os outros que não têm esperança.ᵃ ¹⁴ Se cremos que Jesus morreu e ressurgiu, cremos também que Deus trará, mediante Jesus e com ele, aqueles que nele dormiram.ᵇ ¹⁵ Dizemos a vocês, pela palavra do Senhor, que nós, os que estivermos vivos, os que ficarmos até a vinda do Senhor, certamente não precederemos os que dormem.ᶜ ¹⁶ Pois, dada a ordem, com a voz do arcanjo e o ressoar da trombeta de Deus,ᵈ o próprio Senhor descerá dos céus, e os mortos em Cristo ressuscitarão primeiro.ᵉ ¹⁷ Depois nós, os que estivermos vivos,ᶠ seremos arrebatados com eles nas nuvens,ᵍ para o encontro com o Senhorʰ nos ares. E assim estaremos com o Senhor para sempre. ¹⁸ Consolem-se uns aos outros com essas palavras.

5 Irmãos, quanto aos tempos e épocas,ⁱ não precisamos escreverʲ ² pois vocês mesmos sabem perfeitamente que o dia do Senhorᵏ virá como ladrão à noite.ˡ ³ Quando disserem: "Paz e segurança", a destruição virá sobre eles de repente, como as dores de parto à mulher grávida; e de modo nenhum escaparão.

⁴ Mas vocês, irmãos, não estão nas trevas,ᵐ para que esse dia os surpreenda como ladrão. ⁵ Vocês todos são filhos da luz, filhos do dia. Não somos da noite nem das trevas. ⁶ Portanto, não durmamos como os demais,ⁿ mas estejamos atentos e sejamos sóbrios; ⁷ pois os que dormem, dormem de noite, e os que se embriagam, embriagam-se de noite.ᵒ ⁸ Nós, porém, que somos do dia, sejamos sóbrios, vestindo a couraçaᵖ da fé e do amor e o capaceteᵠ da esperança da salvação.ʳ ⁹ Porque Deus não nos destinou para a ira, mas para recebermos a salvação por meio de nosso Senhor Jesus Cristo.ˢ ¹⁰ Ele morreu por nós para que, quer estejamos acordados quer dormindo, vivamos unidos a ele.ᵗ ¹¹ Por isso, exortem-se e edifiquem-se uns aos outros, como de fato vocês estão fazendo.

Instruções Finais

¹² Agora pedimos a vocês, irmãos, que tenham consideração para com os que se esforçam no trabalho entre vocês, que os lideram no Senhorᵘ e os aconselham. ¹³ Tenham-nos na mais alta estima, com amor, por causa do trabalho deles. Vivam em paz uns com os outros.ᵛ ¹⁴ Exortamos vocês, irmãos, a que advirtam os ociosos¹ʷ, confortem os desanimados, auxiliem os fracos,ˣ sejam pacientes para com todos. ¹⁵ Tenham cuidado para que ninguém retribua o mal com o mal,ʸ mas sejam sempre bondosos uns para com os outrosᶻ e para com todos.

¹⁶ Alegrem-se sempre.ᵃ ¹⁷ Orem continuamente. ¹⁸ Deem graças em todas as circunstâncias, pois esta é a vontade de Deus para vocês em Cristo Jesus.

---

¹ **5.14** Ou *insubordinados*

5.19
ᵇEf 4.30

5.20
ᶜ1Co 14.1-40

5.21
ᵈ1Co 14.29;
1Jo 4.1

5.23
ᵉRm 15.33

5.24
ᶠ1Co 1.9

5.25
ᵍEf 6.19

5.26
ʰRm 16.16

5.27
ⁱCl 4.16

5.28
ʲRm 16.20

¹⁹ Não apaguem o Espírito.ᵇ ²⁰ Não tratem com desprezo as profecias,ᶜ ²¹ mas ponham à provaᵈ todas as coisas e fiquem com o que é bom. ²² Afastem-se de toda forma de mal.

²³ Que o próprio Deus da pazᵉ os santifique inteiramente. Que todo o espírito, a alma e o corpo de vocês sejam preservados irrepreensíveis na vinda de nosso Senhor Jesus Cristo. ²⁴ Aquele que os chama é fielᶠ e fará isso.

²⁵ Irmãos, orem por nós.ᵍ ²⁶ Saúdem todos os irmãos com beijo santo.ʰ ²⁷ Diante do Senhor, encarrego vocês de lerem esta carta a todos os irmãos.ⁱ

²⁸ A graça de nosso Senhor Jesus Cristo seja com vocês.ʲ

Introdução a 2TESSALONICENSES

PANO DE FUNDO
Paulo, Silas e Timóteo estabeleceram a igreja em Tessalônica, mas tiveram de sair de lá por causa da perseguição (Atos 17.1-10; ver também a introdução a 1Tessalonicenses). O portador da primeira carta de Paulo à igreja em Tessalônica pode ter levado a Paulo uma atualização dos novos desenvolvimentos na igreja, o que motivou uma resposta de Paulo. As alegações de autoria do apóstolo (1.1; 3.17) são baseadas pelo vocabulário, estilo e conteúdo doutrinário, que são congruentes com seus outros textos.

MENSAGEM
Paulo escreve 2Tessalonicenses para corrigir uma interpretação equivocada quanto à vinda de Cristo. Enfrentado perseguição e pensando que o julgamento de Deus já tinha começado, os cristãos eram presas fáceis para falsos ensinamentos. Como resultado, muitos dos cristãos pararam de trabalhar e estavam simplesmente esperando o Senhor aparecer subitamente. Paulo os admoesta para que não sejam preguiçosos e que "nunca se cansem de fazer o bem" (3.13). Tal como em outras epístolas, ele dá alta prioridade à oração — tanto as dele pelos cristãos como a dos cristãos por ele.

ÉPOCA
A epístola de 1Tessalonicenses foi escrita no ano 51, e 2Tessalonicenses provavelmente foi escrita alguns meses depois, enquanto Paulo permanecia em Corinto com Silas e Timóteo.

ESBOÇO
I. Ação de graças e oração	1.1-12
II. O homem do pecado	2.1-12
III. Permaneçam firmes na fé	2.13-17
IV. Um pedido de oração	3.1-5
V. Advertências contra a preguiça	3.6-15
VI. Uma bênção	3.16-18

2TESSALONICENSES 1.1

1 Paulo, Silvano[1] e Timóteo,[a] à igreja dos tessalonicenses, em Deus nosso Pai e no Senhor Jesus Cristo:

² A vocês, graça e paz da parte de Deus Pai e do Senhor Jesus Cristo.[b]

Ação de Graças e Oração

³ Irmãos, devemos sempre dar graças a Deus por vocês; e isso é justo, porque a fé que vocês têm cresce cada vez mais, e muito aumenta[c] o amor de todos vocês uns pelos outros. ⁴ Por esta causa nós nos gloriamos[d] em vocês entre as igrejas de Deus pela perseverança e fé[e] demonstrada por vocês em todas as perseguições e tribulações que estão suportando. ⁵ Elas dão prova do justo juízo de Deus e mostram o seu desejo de que vocês sejam considerados dignos do seu Reino, pelo qual vocês também estão sofrendo.[f]

⁶ É justo[g] da parte de Deus retribuir com tribulação aos que lhes causam tribulação,[h] ⁷ e dar alívio a vocês, que estão sendo atribulados, e a nós também. Isso acontecerá quando o Senhor Jesus for revelado lá dos céus, com os seus anjos poderosos,[i] em meio a chamas flamejantes. ⁸ Ele punirá os que não conhecem a Deus[j] e os que não obedecem ao evangelho de nosso Senhor Jesus.[k] ⁹ Eles sofrerão a pena de destruição eterna,[l] a separação da presença do Senhor e da majestade do seu poder.[m] ¹⁰ Isso acontecerá no dia[n] em que ele vier para ser glorificado[o] em seus santos e admirado em todos os que creram, inclusive vocês que creram em nosso testemunho.[p]

¹¹ Conscientes disso, oramos constantemente por vocês, para que o nosso Deus os faça dignos[q] da vocação e, com poder, cumpra todo bom propósito e toda obra que procede da fé.[r] ¹² Assim o nome de nosso Senhor Jesus será glorificado em vocês,[s] e vocês nele, segundo a graça de nosso Deus e do Senhor Jesus[2] Cristo.

O Homem do Pecado

2 Irmãos, quanto à vinda de nosso Senhor Jesus Cristo e à nossa reunião com ele,[t] rogamos a vocês ² que não se deixem abalar nem alarmar tão facilmente, quer por profecia[3], quer por palavra, quer por carta[u] supostamente vinda de nós, como se o dia do Senhor[v] já tivesse chegado. ³ Não deixem que ninguém os[w] engane de modo algum. Antes daquele dia virá a apostasia e, então, será revelado[x] o homem do pecado[4], o filho da perdição. ⁴ Este se opõe e se exalta acima de tudo o que se chama Deus[y] ou é objeto de adoração, chegando até a assentar-se no santuário de Deus, proclamando que ele mesmo é Deus.[z]

⁵ Não se lembram de que, quando eu ainda estava com vocês, costumava falar essas coisas? ⁶ E agora vocês sabem o que o está detendo, para que ele seja revelado no seu devido tempo. ⁷ A verdade é que o mistério da iniquidade já está em ação, restando apenas que seja afastado aquele que agora o detém. ⁸ Então será revelado o perverso, a quem o Senhor Jesus matará com o sopro de sua boca[a] e destruirá pela manifestação de sua vinda. ⁹ A vinda desse perverso é segundo a ação de Satanás, com todo o poder, com sinais[b] e com maravilhas enganadoras.[c] ¹⁰ Ele fará uso de todas as formas de engano da injustiça para os que estão perecendo, porquanto rejeitaram o amor à verdade que os poderia salvar. ¹¹ Por essa razão Deus lhes[d] envia um poder sedutor, a fim de que creiam na mentira ¹² e sejam condenados todos os que não creram na verdade, mas tiveram prazer na injustiça.[e]

Exortação à Perseverança

¹³ Mas nós devemos sempre dar graças a Deus por vocês, irmãos amados pelo Senhor, porque desde o princípio Deus os

---

[1] **1.1** Ou *Silas*, variante de *Silvano*.
[2] **1.12** Ou *Deus e Senhor, Jesus*
[3] **2.2** Grego: *espírito*.
[4] **2.3** Vários manuscritos dizem *da iniquidade*.

1.1
[a] At 16.1; 1Ts 1.1
1.2
[b] Rm 1.7
1.3
[c] 1Ts 3.12
1.4
[d] 2Co 7.14
[e] 1Ts 1.3
[f] 1Ts 2.14
1.5
[g] Fp 1.28
1.6
[h] Cl 3.25; Ap 6.10
1.7
[i] 1Ts 4.16; Jd 14
1.8
[j] Gl 4.8
[k] Rm 2.8
1.9
[l] Fp 3.19; 2Pe 3.7
[m] 2Ts 2.8
1.10
[n] 1Co 3.13
[o] Jo 17.10
[p] 1Co 1.6
1.11
[q] v. 5
[r] 1Ts 1.3
1.12
[s] Fp 2.9-11
2.1
[t] Mc 13.27; 1Ts 4.15-17
2.2
[u] 2Ts 3.17
[v] 1Co 1.8
2.3
[w] Ef 5.6-8
[x] Dn 7.25; 8.25; 11.36; Ap 13.5,6
2.4
[y] 1Co 8.5
[z] Is 14.13,14; Ez 28.2
2.8
[a] Is 11.4; Ap 19.15
2.9
[b] Mt 24.24; Jo 4.48
2.10
[c] 1Co 1.18
2.11
[d] Rm 1.28
2.12
[e] Rm 1.32

escolheu¹ᶠ para serem salvosᵍ mediante a obra santificadora do Espíritoʰ e a fé na verdade. ¹⁴ Ele os chamou para isso por meio de nosso evangelho, a fim de tomarem posse da glória de nosso Senhor Jesus Cristo. ¹⁵ Portanto, irmãos, permaneçam firmesⁱ e apeguem-se às tradições que foram ensinadas a vocês,ʲ quer de viva voz, quer por carta nossa.

¹⁶ Que o próprio Senhor Jesus Cristo e Deus nosso Pai, que nosᵏ amou e nos deu eterna consolação e boa esperança pela graça, ¹⁷ deem ânimoˡ ao coração de vocês e os fortaleçamᵐ para fazerem sempre o bem, tanto em atos como em palavras.

Um Pedido de Oração

3 Finalmente, irmãos,ⁿ orem por nós,ᵒ para que a palavra do Senhorᵖ se propague rapidamente e receba a honra merecida, como aconteceu entre vocês. ² Orem também para que sejamos libertos dos homens perversos e maus,ᑫ pois a fé não é de todos. ³ Mas o Senhor é fiel;ʳ ele os fortalecerá e os guardará do Maligno.ˢ ⁴ Confiamosᵗ no Senhor que vocês estão fazendo e continuarão a fazer as coisas que ordenamos. ⁵ O Senhor conduza o coraçãoᵘ de vocês ao amor de Deus e à perseverança de Cristo.

Uma Advertência contra a Ociosidade

⁶ Irmãos, em nome do nosso Senhor Jesus Cristoᵛ nós ordenamos que se afastemʷ de todo irmão que vive ociosamente²ˣ e não conforme a tradição que vocês receberam de nós.ʸ ⁷ Pois vocês mesmos sabem como devem seguir o nosso exemplo,ᶻ por que não vivemos ociosamente quando estivemos entre vocês, ⁸ nem comemos coisa alguma à custa de ninguém. Ao contrário, trabalhamosᵃ arduamente e com fadiga, dia e noite, para não sermos pesados a nenhum de vocês, ⁹ não porque não tivéssemos tal direito,ᵇ mas para que nos tornássemos um modelo para ser imitadoᶜ por vocês. ¹⁰ Quando ainda estávamos com vocês,ᵈ nós ordenamos isto: Se alguém não quiser trabalhar,ᵉ também não coma.

¹¹ Pois ouvimos que alguns de vocês estão ociosos; não trabalham, mas andam se intrometendo na vida alheia.ᶠ ¹² A tais pessoas ordenamos e exortamos no Senhor Jesus Cristoᵍ que trabalhem tranquilamente e comamʰ o seu próprio pão. ¹³ Quanto a vocês, irmãos, nunca se cansem de fazer o bem.ⁱ

¹⁴ Se alguém desobedecer ao que dizemos nesta carta, marquem-no e não se associem com ele,ʲ para que se sinta envergonhado; ¹⁵ contudo, não o considerem como inimigo, mas chamem a atenção dele como irmão.ᵏ

Saudações Finais

¹⁶ O próprio Senhor da pazˡ dê a vocês a paz em todo o tempo e de todas as formas. O Senhor seja com todos vocês.ᵐ

¹⁷ Eu, Paulo, escrevo esta saudação de próprio punho,ⁿ a qual é um sinal em todas as minhas cartas. É dessa forma que escrevo.

¹⁸ A graça de nosso Senhor Jesus Cristo seja com todos vocês.ᵒ

---

¹ **2.13** Vários manuscritos dizem *porque Deus os escolheu como seus primeiros frutos.*

² **3.6** Ou *desregradamente*; também nos versículos 7 e 11.

Introdução a 1 TIMÓTEO

PANO DE FUNDO
O apóstolo Paulo é reconhecido como o autor das Epístolas Pastorais — 1 e 2Timóteo e Tito. Timóteo e Tito exerceram supervisão pastoral em suas respectivas igrejas. Os eventos mencionados nas Epístolas Pastorais aconteceram depois dos mencionados no livro de Atos. Paulo menciona Timóteo em suas cartas mais que qualquer outra pessoa. Parece que Timóteo se tornou cristão no ministério de Paulo na cidade de Listra, que fica na atual Turquia (Atos 16.1-3) durante a segunda viagem missionária. Paulo se refere a Timóteo como filho em várias epístolas (1Coríntios 4.27; 2Timóteo 1.2). Timóteo foi ordenado ao ministério (1Timóteo 4.14; 2Timóteo 1.6) e trabalhou como assistente de Paulo em várias cidades, incluindo durante sua prisão domiciliar em Roma.

MENSAGEM
Esta primeira de duas epístolas a Timóteo é como uma lista de conselhos de um apóstolo maduro e sábio para um discípulo mais jovem. Paulo o instrui a ser vigilante quanto aos falsos mestres e daqueles que só querem lucro. Ele lembra a Timóteo de não deixar que sua juventude o atrapalhe em sua missão e que ele se conduza como portador da verdade do Evangelho. Timóteo, ministrando em Éfeso, tem que lidar com vários desafios: denunciar falsas doutrinas, estabelecer parâmetros para o culto público e recrutar bons líderes. Em todas as coisas, Paulo lembra a Timóteo de que deve colocar as virtudes de Deus em primeiro lugar: justiça, piedade, fé, amor, perseverança e gentileza.

ÉPOCA
Depois que Paulo foi liberto de sua prisão em Roma (Atos 28.30) ele provavelmente escreveu 1Timóteo em Filipos na Macedônia no ano 62 ou 63, enquanto Timóteo ministrava em Éfeso.

ESBOÇO
I. Instruções para a liderança
    A. Saudações   1.1-2
    B. Advertências a respeito de falsos mestres   1.3-20
    C. Instruções para o culto   2.1-15
    D. Padrões para os líderes   3.1-16

II. Conselhos para o ministério
    A. Mais advertências quanto aos falsos mestres   4.1-16
    B. Ajudando vários grupos na igreja   5.1—6.5
    C. Vivendo uma vida piedosa   6.6-10

III. Instruções finais   6.11-21

1 Paulo, apóstolo de Cristo Jesus, por ordem de Deus,ª nosso Salvador, e de Cristo Jesus, a nossa esperança,*b*

² a Timóteo,*c* meu verdadeiro filho*d* na fé:

Graça, misericórdia e paz da parte de Deus Pai e de Cristo Jesus, o nosso Senhor.

Advertências contra Falsos Mestres da Lei

³ Partindo eu para a Macedônia, roguei que você permanecesse em Éfeso*e* para ordenar a certas pessoas que não mais ensinem doutrinas*f* falsas ⁴ e que deixem de dar atenção a mitos*g* e genealogias intermináveis, que causam controvérsias*h* em vez de promoverem a obra de Deus, que é pela fé. ⁵ O objetivo desta instrução é o amor que procede de um coração puro*i* de uma boa consciência e de uma fé sincera.*j* ⁶ Alguns se desviaram dessas coisas, voltando-se para discussões inúteis, ⁷ querendo ser mestres da lei, quando não compreendem nem o que dizem nem as coisas acerca das quais fazem afirmações tão categóricas.

⁸ Sabemos que a Lei é boa,*k* se alguém a usa de maneira adequada. ⁹ Também sabemos que ela não é feita para os justos, mas para os transgressores e insubordinados,*l* para os ímpios e pecadores, para os profanos e irreverentes, para os que matam pai e mãe, para os homicidas, ¹⁰ para os que praticam imoralidade sexual e os homossexuais, para os sequestradores, para os mentirosos e os que juram falsamente; e para todo aquele que se opõe à sã doutrina.*m* ¹¹ Esta sã doutrina se vê no glorioso evangelho que me foi confiado,*n* o evangelho do Deus bendito.

A Graça de Deus Concedida a Paulo

¹² Dou graças a Cristo Jesus, nosso Senhor, que me deu forças*o* e me considerou fiel, designando-me para o ministério, ¹³ a mim que anteriormente fui blasfemo, perseguidor*p* e insolente; mas alcancei misericórdia, porque o fiz por ignorância e na minha incredulidade;*q* ¹⁴ contudo, a graça de nosso Senhor transbordou sobre mim,*r* com a fé e o amor que estão em Cristo Jesus.*s*

¹⁵ Esta afirmação*t* é fiel e digna de toda aceitação: Cristo Jesus veio ao mundo para salvar os pecadores, dos quais eu sou o pior. ¹⁶ Mas por isso mesmo alcancei misericórdia,*u* para que em mim, o pior dos pecadores, Cristo Jesus demonstrasse toda a grandeza da sua paciência, usando-me como exemplo para aqueles que nele haveriam de crer para a vida eterna. ¹⁷ Ao Rei eterno,*v* o Deus único, imortal e invisível,*w* sejam honra e glória para todo o sempre. Amém.*x*

¹⁸ Timóteo, meu filho, dou a você esta instrução, segundo as profecias já proferidas a seu respeito,*y* para que, seguindo-as, você combata o bom combate,*z* ¹⁹ mantendo a fé e a boa consciência que alguns rejeitaram e, por isso, naufragaram na fé.*a* ²⁰ Entre eles estão Himeneu*b* e Alexandre,*c* os quais entreguei a Satanás,*d* para que aprendam a não blasfemar.

Instruções acerca da Adoração

2 Antes de tudo, recomendo que se façam súplicas, orações, intercessões e ações de graças por todos os homens; ² pelos reis e por todos os que exercem autoridade,*e* para que tenhamos uma vida tranquila e pacífica, com toda a piedade e dignidade. ³ Isso é bom e agradável perante Deus, nosso Salvador, ⁴ que deseja*f* que todos os homens*g* sejam salvos e cheguem ao conhecimento da verdade.*h*

⁵ Pois há um só Deus*i*
e um só mediador*j*
entre Deus e os homens:
o homem Cristo Jesus,
⁶ o qual se entregou a si mesmo
como resgate por todos.
Esse foi o testemunho*k* dado
em seu próprio tempo.*l*

⁷ Para isso fui designado pregador e apóstolo (Digo a verdade, não minto.), mestre*m* da verdadeira fé aos gentios¹.*n*

---

¹ **2.7** Isto é, os que não são judeus.

1.1
ª Tt 1.3
b Cl 1.27

1.2
c At 16.1
d 2Tm 1.2; Tt 1.4

1.3
e At 18.19
f Gl 1.6,7

1.4
g 1Tm 4.7; Tt 1.14
h 1Tm 6.4

1.5
i 2Tm 2.22
j 2Tm 1.5

1.8
k Rm 7.12

1.9
l Gl 3.19

1.10
m 2Tm 4.3; Tt 1.9

1.11
n Gl 2.7

1.12
o Fp 4.13

1.13
p At 8.3
q At 26.9

1.14
r Rm 5.20
s 2Tm 1.13

1.15
t 1Tm 3.1; 2Tm 2.11; Tt 3.8

1.16
u v 13

1.17
v Ap 15.3
w Cl 1.15
x Rm 11.36

1.18
y 1Tm 4.14
z 2Tm 2.3

1.19
a 1Tm 6.21

1.20
b 2Tm 2.17
c 2Tm 4.14
d 1Co 5.5

2.2
e Ez 6.10; Rm 13.1

2.4
f Ez 18.23, 32
g Tt 2.11
h 2Ti 2.25

2.5
i Rm 3.29,30
j Gl 3.20

2.6
k 1Co 1.6
l 1Tm 6.15

2.7
m 2Tm 1.11
n At 9.15; Ef 3.7,8

⁸ Quero, pois, que os homens orem em todo lugar, levantando mãos santas,ᵒ sem ira e sem discussões.

⁹ Da mesma forma, quero que as mulheres se vistam modestamente, com decência e discrição, não se adornando com tranças e com ouro, nem com pérolas ou com roupas caras,ᵖ ¹⁰ mas com boas obras, como convém a mulheres que declaram adorar a Deus.

¹¹ A mulher deve aprender em silêncio, com toda a sujeição.ᵠ ¹² Não permito que a mulher ensine nem que tenha autoridade sobre o homem. Esteja, porém, em silêncio. ¹³ Porque primeiro foi formado Adão e depois Eva. ¹⁴ E Adão não foi enganado, mas sim a mulher que, tendo sido enganada, se tornou transgressora. ¹⁵ ˢEntretanto, a mulher¹ será salva² dando à luz filhos — se permanecer na fé, no amorʳ e na santidade, com bom senso.

Bispos e Diáconos

3 Esta afirmaçãoᵘ é digna de confiança: Se alguém deseja ser bispo³,ᵛ deseja uma nobre função. ² É necessário, pois, que o bispo seja irrepreensível,ʷ marido de uma só mulher, moderado, sensato, respeitável, hospitaleiroˣ e apto para ensinar;ʸ ³ não deve ser apegado ao vinho nem violento, mas sim amável, pacíficoᶻ e não apegado ao dinheiro.ᵃ ⁴ Ele deve governar bem sua própria família, tendo os filhos sujeitos a ele, com toda a dignidade.ᵇ ⁵ Pois, se alguém não sabe governar sua própria família, como poderá cuidar da igreja de Deus?ᶜ ⁶ Não pode ser recém-convertido, para que não se ensoberbeçaᵈ e caia na mesma condenação em que caiu o Diabo. ⁷ Também deve ter boa reputação perante os de fora, para que não caia em descrédito nem na cilada do Diabo.ᵉ

⁸ Os diáconosᶠ igualmente devem ser dignos, homens de palavra, não amigos de muito vinhoᵍ nem de lucros desonestos. ⁹ Devem apegar-se ao mistério da fé com a consciência limpa.ʰ ¹⁰ Devem ser primeiramente experimentados; depois, se não houver nada contra eles, que atuem como diáconos.

¹¹ As mulheres⁴ igualmente sejam dignas, não caluniadoras,ⁱ mas sóbrias e confiáveis em tudo.

¹² O diácono deve ser marido de uma só mulher e governar bem seus filhos e sua própria casa.ʲ ¹³ Os que servirem bem alcançarão uma excelente posição e grande determinação na fé em Cristo Jesus.

¹⁴ Escrevo estas coisas, embora espere ir vê-lo em breve; ¹⁵ mas, se eu demorar, saiba como as pessoas devem comportar-se na casa de Deus, que é a igrejaᵏ do Deus vivo, coluna e fundamento da verdade. ¹⁶ Não há dúvida de que é grande o mistérioˡ da piedade:

Deus⁵ foi manifestado
  em corpo⁶,ᵐ
justificado no Espírito,
visto pelos anjos,
pregado entre as nações,ⁿ
crido no mundo,
recebido na glória.ᵒ

Instruções a Timóteo

4 O Espíritoᵖ diz claramente que nos últimos temposᵠ alguns abandonarão a fé e seguirão espíritos enganadoresʳ e doutrinas de demônios. ² Tais ensinamentos vêm de homens hipócritas e mentirosos, que têm a consciência cauterizada³ e proíbem o casamentoᵗ e o consumo de alimentosᵘ que Deus criouᵛ para serem recebidos com ação de graçasʷ pelos que creem e conhecem a verdade. ⁴ Pois tudo o que Deus criou é bom,ˣ e nada deve ser rejeitado, se for rece-

---

¹ **2.15** Grego: *ela*.
² **2.15** Ou *restaurada*
³ **3.1** Grego: *epíscopo*. Palavra que descreve a pessoa que exerce função pastoral; também no versículo 2.
⁴ **3.11** Ou *As esposas dos diáconos*; ou ainda *As diaconisas*
⁵ **3.16** Muitos manuscritos dizem *Aquele que*.
⁶ **3.16** Grego: *na carne*.

bido com ação de graças, **5** pois é santificado pela palavra de Deus e pela oração.

6 Se você transmitir essas instruções aos irmãos, será um bom ministro de Cristo Jesus, nutrido com as verdades da fé[y] e da boa doutrina que tem seguido. **7** Rejeite, porém, as fábulas[z] profanas e tolas[1] e exercite-se na piedade. **8** O exercício físico é de pouco proveito; a piedade, porém, para tudo[a] é proveitosa, porque tem promessa da vida presente[b] e da futura.

9 Esta é uma afirmação fiel[c] e digna de plena aceitação. **10** Se trabalhamos e lutamos é porque temos depositado a nossa esperança no Deus vivo, o Salvador de todos os homens, especialmente dos que creem.

11 Ordene e ensine essas coisas.[d] **12** Ninguém o despreze pelo fato de você ser jovem, mas seja um exemplo[e] para os fiéis na palavra, no procedimento, no amor, na fé[f] e na pureza. **13** Até a minha chegada, dedique-se à leitura pública da Escritura, à exortação e ao ensino. **14** Não negligencie o dom que foi dado a você por mensagem profética[g] com imposição de mãos dos presbíteros.[h]

15 Seja diligente nessas coisas; dedique-se inteiramente a elas, para que todos vejam o seu progresso. **16** Atente bem para a sua própria vida e para a doutrina, perseverando nesses deveres, pois, agindo assim, você salvará tanto você mesmo quanto aos que o ouvem.

Conselhos acerca de Viúvas, Líderes e Escravos

5 Não repreenda asperamente[j] o homem idoso,[i] mas exorte-o como se ele fosse seu pai; trate os jovens[k] como a irmãos; **2** as mulheres idosas, como a mães; e as moças, como a irmãs, com toda a pureza.

3 Trate adequadamente as viúvas que são realmente necessitadas.[l] **4** Mas, se uma viúva tem filhos ou netos, que estes aprendam primeiramente a pôr a sua religião em prática, cuidando de sua própria família e retribuindo o bem recebido de seus pais e avós,[m] pois isso agrada a Deus.[n] **5** A viúva realmente necessitada[o] e desamparada põe sua esperança em Deus[p] e persiste dia e noite em oração[q] e em súplica. **6** Mas a que vive para os prazeres, ainda que esteja viva,[r] está morta. **7** Dê-lhes estas ordens,[s] para que sejam irrepreensíveis. **8** Se alguém não cuida de seus parentes, e especialmente dos de sua própria família, negou[t] a fé e é pior que um descrente.

9 Nenhuma mulher deve ser inscrita na lista de viúvas, a não ser que tenha mais de sessenta anos de idade, tenha sido fiel a seu marido[2] **10** e seja bem conhecida por suas boas obras,[u] tais como criar filhos, ser hospitaleira, lavar os pés[v] dos santos, socorrer os atribulados[w] e dedicar-se a todo tipo de boa obra.

11 Não inclua nessa lista as viúvas mais jovens, pois, quando os seus desejos sensuais superam a sua dedicação a Cristo, querem se casar. **12** Assim elas trazem condenação sobre si, por haverem rompido seu primeiro compromisso. **13** Além disso, aprendem a ficar ociosas, andando de casa em casa; e não se tornam apenas ociosas, mas também fofoqueiras e indiscretas,[x] falando coisas que não devem. **14** Portanto, aconselho que as viúvas mais jovens se casem,[y] tenham filhos, administrem suas casas e não deem ao inimigo nenhum motivo para maledicência.[z] **15** Algumas, na verdade, já se desviaram, para seguir a Satanás.[a]

16 Se alguma mulher crente tem viúvas em sua família, deve ajudá-las. Não seja a igreja sobrecarregada com elas, a fim de que as viúvas realmente necessitadas[b] sejam auxiliadas.

17 Os presbíteros[c] que lideram bem a igreja são dignos de dupla honra[3],[d] especialmente aqueles cujo trabalho é a pregação e o ensino, **18** pois a Escritura diz: "Não amordace o boi enquanto está debulhando

---

[1] **4.7** Grego: fábulas profanas e de velhas.

[2] **5.9** Ou tenha tido apenas um marido

[3] **5.17** Ou duplos honorários

o cereal"¹,ᵉ e "o trabalhador merece o seu salário"².ᶠ ¹⁹ Não aceite acusação contra um presbítero,ᵍ se não for apoiada por duas ou três testemunhas.ʰ ²⁰ Os que pecarem deverão ser repreendidosⁱ em público, para que os demais também temam.ʲ

²¹ Eu o exorto solenemente, diante de Deus, de Cristo Jesusᵏ e dos anjos eleitos, a que procure observar essas instruções sem parcialidade; e não faça nada por favoritismo.

²² Não se precipite em impor as mãosˡ sobre ninguém e não participe dos pecados dos outros.ᵐ Conserve-se puro.

²³ Não continue a beber somente água; tome também um pouco de vinho,ⁿ por causa do seu estômago e das suas frequentes enfermidades.

²⁴ Os pecados de alguns são evidentes, mesmo antes de serem submetidos a julgamento, ao passo que os pecados de outros se manifestam posteriormente. ²⁵ Da mesma forma, as boas obras são evidentes, e as que não o são não podem permanecer ocultas.

6 Todos os que estão sob o jugo da escravidão devem considerar seus senhores dignos de todo o respeito,ᵒ para que o nome de Deus e o nosso ensino não sejam blasfemados.ᵖ ² Os que têm senhores crentes não devem ter por eles menos respeito, pelo fato de serem irmãos;ᑫ ao contrário, devem servi-los ainda melhor, porque os que se beneficiam do seu serviço são fiéis e amados. Ensine e recomende essas coisas.ʳ

O Amor ao Dinheiro

³ Se alguém ensina falsas doutrinasˢ e não concorda com a sã doutrinaᵗ de nosso Senhor Jesus Cristo e com o ensino que é segundo a piedade, ⁴ é orgulhoso e nada entende. Esse tal mostra um interesse doentio por controvérsias e contendas acerca de palavras,ᵘ que resultam em inveja, brigas, difamações, suspeitas malignas ⁵ e atritos constantes entre aqueles que têm a mente corrompida e que são privados da verdade,ᵛ os quais pensam que a piedade é fonte de lucro.

⁶ De fato, a piedade com contentamentoʷ é grande fonte de lucro,ˣ ⁷ pois nada trouxemos para este mundo e dele nada podemos levar;ʸ ⁸ por isso, tendo o que comer e com que vestir-nos, estejamos com isso satisfeitos.ᶻ ⁹ Os que querem ficar ricosᵃ caem em tentação, em armadilhasᵇ e em muitos desejos descontrolados e nocivos, que levam os homens a mergulharem na ruína e na destruição, ¹⁰ pois o amor ao dinheiroᶜ é a raiz de todos os males. Algumas pessoas, por cobiçarem o dinheiro, desviaram-se da féᵈ e se atormentaram com muitos sofrimentos.

Recomendação de Paulo a Timóteo

¹¹ Você, porém, homem de Deus,ᵉ fuja de tudo isso e busque a justiça, a piedade, a fé, o amor,ᶠ a perseverança e a mansidão. ¹² Combata o bom combateᵍ da fé. Tome posse daʰ vida eterna, para a qual você foi chamado e fez a boa confissão na presença de muitas testemunhas. ¹³ Diante de Deus, que a tudo dá vida, e de Cristo Jesus, que diante de Pôncio Pilatosⁱ fez a boa confissão, eu recomendo:ʲ ¹⁴ Guarde este mandamento imaculado e irrepreensível, até a manifestação de nosso Senhor Jesus Cristo, ¹⁵ a qual Deus fará se cumprir no devido tempo.

Ele é o benditoᵏ e único Soberano,ˡ
o Rei dos reis
  e Senhor dos senhores,ᵐ
¹⁶ o único que é imortalⁿ
  e habita em luz inacessível,
a quem ninguém viu
  nem pode ver.ᵒ
A ele sejam honra e poder para sempre. Amém.

¹⁷ Ordene aos que são ricos no presente mundo que não sejam arrogantes, nem ponham sua esperança na incerteza da riqueza,ᵖ mas em Deus,ᑫ que de tudo nos provê ricamente, para a nossa satisfação.ʳ

¹ **5.18** Dt 25.4
² **5.18** Lc 10.7

1TIMÓTEO 6.18

¹⁸ Ordene-lhes que pratiquem o bem, sejam ricos em boas obras,ˢ generosos e prontos a repartir.ᵗ ¹⁹ Dessa forma, eles acumularão um tesouro para si mesmos,ᵘ um firme fundamento para a era que há de vir, e assim alcançarão a verdadeira vida.

²⁰ Timóteo, guarde o que foi confiadoᵛ a você. Evite as conversas inúteis e profanasʷ e as ideias contraditórias do que é falsamente chamado conhecimento; ²¹ professando-o, alguns desviaram-se da fé.ˣ

A graça seja com vocês.¹ ʸ

6.18
ˢ1Tm 5.10
ᵗRm 12.8,13
6.19
ᵘMt 6.20
6.20
ᵛ2Tm 1.12,14
ʷ2Tm 2.16
6.21
ˣ2Tm 2.18
ʸCl

---

¹ **6.21** Vários manuscritos dizem *você*. Vários manuscritos acrescentam *Amém*.

A VIDA ESPIRITUAL DO LÍDER

O caráter dos líderes

> Esta afirmação é digna de confiança: Se alguém deseja ser bispo, deseja uma nobre função. É necessário, pois, que o bispo seja irrepreensível, marido de uma só mulher, moderado, sensato, respeitável, hospitaleiro e apto para ensinar; não deve ser apegado ao vinho nem violento, mas sim amável, pacífico e não apegado ao dinheiro.
>
> 1Timóteo 3.1-3

Líderes "dotados" podem realizar muito na igreja, mas, no longo prazo, talento sem integridade provoca caos e até destruição. Warren Wiersbe defende: "Ignorar o caráter implica abandonar o fundamento do ministério. Ninguém consegue ter êxito ministrando e mascarando ao mesmo tempo — pelo menos não por muito tempo. Grande reputação nunca substituirá o caráter.".

A Bíblia sempre fundamenta a liderança no caráter. Em 1Timóteo 3 lemos que os líderes de igreja devem ser "irrepreensíveis". Naturalmente, isso não significa que atingimos a perfeição moral ou espiritual. Nós somos e sempre seremos "uma obra em andamento". Mas, como líderes, não devemos ter falhas descaradas e impenitentes de caráter a ponto de minar o nosso desempenho de liderança. Como Gordon MacDonald diz, os líderes espirituais estão sempre trabalhando na ponte abaixo do nível da água, escorando as estruturas do caráter que nem sempre estão visíveis, mas que, alguma hora, se manifestarão. Esta seção oferece modos práticos de pedir ajuda a Deus e aos outros para examinar o que está abaixo do nível da superfície da sua vida e liderança.

A VIDA ESPIRITUAL DO LÍDER

A formação do caráter
Gordon MacDonald

Em seu livro *The Great Bridge* [A grande ponte], David McCullough conta uma belíssima história sobre a construção da Ponte do Brooklyn, em Nova York, a qual arqueia o East River e une os bairros de Manhattan e Brooklyn. Em junho de 1872, o engenheiro-chefe do projeto escreveu:

> Para o público em geral que imagina que nenhum trabalho foi feito na torre de Nova York, porque não se vê nenhum sinal da obra acima do nível da água, devo ressaltar simplesmente que a quantidade de alvenaria e concreto colocada nessa fundação no último inverno, *debaixo d'água*, equivale a toda a alvenaria da torre do Brooklyn visível hoje acima do nível da água. (grifo meu)

Esteja disposto a fazer o trabalho que só Deus vê

A Ponte do Brooklyn ainda é hoje uma das principais vias de transporte da cidade de Nova York, porque 135 anos atrás o engenheiro-chefe e sua equipe de trabalho fizeram a mais ousada e perseverante obra que ninguém conseguia ver: os fundamentos da torre abaixo do nível da água. Essa é mais uma ilustração de um princípio perene de liderança: a *obra feita abaixo do nível da água (na alma do líder)* determina se aquele líder passará no teste do tempo e do desafio. Essa obra é chamada adoração, devoção e disciplina espiritual. É feita em segredo, onde ninguém além de Deus vê.

Construa primeiro o alicerce

Hoje há enorme ênfase sobre temas de liderança como visão, estratégia organizacional e a "percepção do público-alvo" em relação à mensagem que se prega. Tudo isso é muito bom (lições que gostaria de ter aprendido quando eu era mais jovem). Mas, se tudo isso só lida com o que está acima do nível da água, então, muito provavelmente vamos testemunhar um tipo de colapso de liderança nos próximos anos. Líderes abençoados com excelentes habilidades naturais e carisma podem estar vulneráveis ao colapso em seu caráter, em seus relacionamentos-chave ou no centro de suas convicções porque nunca aprenderam que não podem (ou não devem de nenhuma maneira) construir *acima* do nível da água até que tenham preparado uma fundação razoável *abaixo* desse nível. Uma releitura da vida de Moisés é o melhor exemplo disso. Esse homem passou 80 anos sendo preparado para a parte mais visível de sua obra.

O teste do líder é a sustentabilidade

Tenho a seguinte convicção: os líderes são testados menos pelo que realizam antes dos 45 *anos de idade* e mais pelo que acontece depois disso. Chamo isso de sustentabilidade! O segredo está em *durar* e se fortalecer, ser mais sábio e mais focado com o decorrer dos anos.

O caráter dos líderes

O pacto de caráter segundo Billy Graham
Harold Myra & Marshall Shelley

Durante quase seis décadas de ministério evangelístico, Billy Graham manteve uma bem merecida reputação por seu genuíno caráter. Mas Graham seria o primeiro a atribuir aos colegas de equipe a ajuda que tinha para viver com integridade. Em 1948, quando seu ministério começava se deslanchar, Graham e a equipe se reuniram em Modesto, no estado da Califórnia, para discutir as tentações que frequentemente arruínam ministros e ministérios. O resultado foi: "O compromisso mútuo de fazer tudo que estiver ao nosso alcance para sustentar os padrões bíblicos de absoluta integridade e pureza dos evangelistas". Esse documento, que se tornou conhecido como "Manifesto de Modesto", tratou de quatro tentações comuns que enfrentam os líderes cristãos:

1. Desvio de dinheiro
Billy Graham e sua equipe testemunharam outros ministérios se arruinarem por causa da má administração dos recursos financeiros. Diante disso, adotaram mecanismos rígidos que pudessem, como eles mesmos disseram, "amarrá-los" à lisura e integridade financeira. Anos mais tarde, Graham declarou o seguinte: "Em Modesto, determinamos fazer tudo que estivesse ao nosso alcance para evitar abuso econômico e minimizar as ofertas, e fazer o possível para depender dos recursos levantados antecipadamente pelos comitês locais.".

2. Imoralidade sexual
Graham e sua equipe tinham conhecimento sobre outros líderes que tinham cometido imoralidade durante viagens, quando estavam distantes de suas famílias. "Nós nos empenhamos mutuamente para evitar qualquer situação que tenha sequer aparência de concessão ou suspeita." Para Graham, significava não "viajar, encontrar ou tomar uma refeição sozinho com uma mulher, exceto a própria esposa."

Esse compromisso realmente funcionou. Billy e sua equipe evitavam todo sinal de problema. Durante as viagens, a equipe estava junta e ocupava quartos próximos nos hotéis. Não viajar desacompanhados diminuía as tentações. Além disso, todo membro da equipe se comprometia a não estar sozinho com uma mulher que não fosse a própria esposa.

3. Difamação de outros ministérios
A equipe de Graham notava frequentemente como outros ministérios tentavam iludir, até mesmo criticar abertamente, as igrejas locais. Graham dizia: "Estávamos convencidos, porém, que isso não era apenas contraproducente, mas também errado do ponto de vista bíblico.". Em vez disso, eles colaboravam com qualquer pessoa ou ministério que quisesse tomar parte na evangelização. Esse relacionamento com as igrejas locais se tornou uma estratégia distinta da equipe de Graham. Eles não faziam cruzada numa comunidade a não ser que líderes de igrejas locais os convidassem e concordassem em

participar de suas reuniões. Em troca, a equipe de Graham concordava em encaminhar as pessoas que aceitassem o apelo durante as reuniões às igrejas locais para que se desse seguimento à nova vida cristã.

4. Superestimação das realizações

A credibilidade é um produto precioso. Havia uma tendência entre alguns evangelistas de exagerar o sucesso obtido ou superestimar o número de participantes muito além do real. Infelizmente, quando um líder exagera em uma área, as pessoas desconfiam se, em outras áreas, ele também está maquiando a verdade. Em Modesto, a equipe de Graham resolveu evitar qualquer aparência de engrossar os números. As pessoas que atendiam ao apelo no final da pregação eram chamadas de "inquiridoras", em vez de convertidas. Afinal, ninguém sabe o que realmente acontece dentro do coração do indivíduo, por isso a equipe de Graham resolveu não registrar com arrogância os resultados espirituais. Como consequência desse compromisso de honestidade e precisão, a integridade se tornou parte do DNA da organização.

5. Prestar contas continuamente

Billy Graham e sua equipe mantinham-se deliberada e firmemente responsáveis por seu próprio caráter. Cada um da equipe prestava contas a Deus, ao cônjuge, um ao outro, às comissões locais e à liderança espiritual da comunidade. Para elevar o fator de responsabilidade, Graham também formou um conselho, deu-lhe autoridade e aceitou sua supervisão.

Pastores saudáveis, igrejas saudáveis
Rick Warren

Em igrejas sadias, o crescimento ocorre naturalmente. Crescimento de igreja, para muitas pessoas, significa automaticamente crescimento numérico, mas esse é apenas um tipo de crescimento que Deus espera de sua igreja. Desenvolver uma igreja sadia depende do caráter pessoal do líder. É possível um pastor não saudável liderar uma igreja *em crescimento*, mas é necessário um pastor saudável para liderar uma igreja *saudável*. Você não pode conduzir as pessoas para além de onde você mesmo está na sua saúde espiritual. Estas são algumas características que, para mim, indicam que o pastor é saudável:

Pastores saudáveis buscam autenticidade

Líderes saudáveis têm consciência de sua fraqueza e a admitem publicamente. Estou convencido de que o nosso maior serviço aos outros procede das nossas fraquezas, não das nossas forças. Você poderá impressionar as pessoas a certa distância, mas só poderá influenciá-las de perto. E, se você realmente deseja influenciar pessoas, é melhor que seja autêntico mesmo sobre suas fraquezas.

O caráter dos líderes

Pastores saudáveis permanecem humildes
Ligada à autenticidade está a humildade. Não é de surpreender que as palavras humor e humildade venham da mesma raiz. Humildade não significa negar seu potencial; significa ser autêntico sobre as fraquezas. Eu criei uma equipe que me faz parecer eficiente porque eles compensam as minhas fraquezas. Faço aquilo em que sou competente, e não faço o que não tenho competência para fazer.

Pastores saudáveis buscam integridade
Integridade é a chave. Há coerência entre o que você afirma ser importante na sua vida e o que você realmente faz?

Pastores saudáveis continuam aprendendo
Leio praticamente um livro por dia. Em geral, leio logo cedo e tarde da noite. Aprendi a extrair as ideias do livro rapidamente, passar por cima com rapidez. Nem todos os capítulos de um livro são importantes. Além disso, folheio revistas em todo lugar a que vou. No momento em que o pastor para de aprender, a igreja para de crescer. Talvez você tenha de abrir mão de algumas coisas a fim de ler e aprender constantemente (a televisão é uma opção fácil).

Pastores saudáveis mantêm o equilíbrio
Assim como a igreja precisa de equilíbrio, o pastor também. "Bendito são os equilibrados, porque eles vão sobreviver aos demais." Muitos pastores florescem — e logo desaparecem. Embora a maioria de nós reconheça que o equilíbrio é importante para a vida pessoal, normalmente precisamos passar por uma crise para prestarmos atenção. Quando comecei a igreja de Saddleback, eu estava em desequilíbrio. No final do primeiro ano fiquei esgotado; durante todo o ano seguinte tive depressão. Eu não orava: "Deus, desenvolva uma grande igreja.". Orava: "Deus, ajuda-me a aguentar mais uma semana".

Mas é bom enfrentar perdas logo de início. As lições que aprendi naquele segundo ano de depressão me impediram de desaparecer para sempre. Eu estabeleci limites. Você precisa saber quem é, quem você está tentando agradar, e que contribuição Deus deseja que você dê.

Pastores saudáveis tiram tempo para se reabastecer
Outra habilidade prática que mantém os líderes sadios é aprender a se reabastecer — física, emocional e espiritualmente. Para reabastecer-me, faço três coisas: 1) Tenho um lazer diariamente — faço algo divertido; 2) Tenho um retiro semanalmente — um dia de folga por semana; 3) Fujo anualmente — um período de férias sem ligar para o escritório. A fadiga diminui a sensibilidade — é por isso que o reabastecimento é mais importante do que fazer parte de um grupo de prestação de contas. Creio que se valoriza demais o princípio da prestação de contas. Mas ele só funciona se você quiser. Se eu realmente não quero que você saiba a verdade, você não saberá a verdade.

A VIDA ESPIRITUAL DO LÍDER

Pastores saudáveis dão prioridade à família

A saúde da sua família não precisa ser afetada negativamente por seu ministério. A geração anterior dizia: "Se você puser Deus em primeiro lugar, ele cuidará dos seus filhos". É verdade, mas *não* é a mesma coisa que pôr a igreja em primeiro lugar. Eu tento demonstrar de maneira prática que a minha família é mais importante do que a igreja deixando, por exemplo, de pregar num culto de sábado para levar a minha filha a uma atividade importante da escola.

Pastores saudáveis se rendem diariamente

Aprendi a renunciar-me a Cristo a cada domingo. Isso me faz receber o dom de Deus de forma generosa, assim o meu fator de estresse diminui consideravelmente, porque a minha identidade não depende disso. Tenho visto pastores em fim de ministério com medo de deixar o ministério mesmo depois de terem perdido a eficácia. O mesmo acontece com atletas profissionais que jogam duas temporadas além do tempo de parar. Somente quando você não precisa ficar é que você pode ficar.

Vencendo as tentações

Juan Sanchez

O ministério não isenta ninguém de tentações. Vitórias sobre as tentações só ocorrem quando dependemos de Cristo, que obedeceu totalmente. A seguir apresento uma breve estrutura teológica de como Jesus enfrentava e vencia as tentações.

Jesus estava cheio do Espírito Santo

Quando o tentador veio a Jesus em Mateus 4 e disse: " 'Se és o Filho de Deus, manda que estas pedras se transformem em pães' ", ele basicamente disse a Jesus, "Tu tens poder divino para transformar essas pedras em pães. Vai em frente. Satisfaça tua fome". Jesus respondeu: " 'Nem só de pão viverá o homem, mas de toda palavra que procede da boca de Deus' ". Jesus não resistiu à tentação simplesmente reivindicando seus poderes divinos. Jesus, cheio do Espírito Santo, enfrentou a tentação em humanidade. Isso nos dá a esperança, o conhecimento e a compreensão que, com um novo coração cheio do Espírito de Deus, nós também podemos enfrentar o inimigo e triunfar sobre a tentação.

Jesus era inteiramente Deus e inteiramente homem

Jesus não se despiu dos atributos divinos enquanto estava na terra. Na verdade, a Bíblia nos ajuda a ver que ele tinha acesso a todos os atributos de Deus. Mas era a vontade do Pai que Jesus não utilizasse alguns atributos em determinadas ocasiões. A vontade do Pai era *que* Jesus sofresse tentação e vivesse em obediência como ser humano — e depois recebesse o castigo do pecado como homem para poder salvar a humanidade.

O caráter dos líderes

Jesus sabia que a obediência era melhor do que o alimento

Jesus disse a Satanás: "Obedecer é melhor do que qualquer alimento". Jesus se submete à vontade do Pai a fim de salvar a humanidade. E ele persevera. Ele começa aos poucos esmagando a serpente até a derrota final na cruz. A boa notícia do Evangelho é que Jesus, o Filho amado, obedeceu ao Pai, para que você e eu, que somos desobedientes, não fôssemos rejeitados, mas unidos ao Pai. Consequentemente, podemos habitar em sua presença e receber dele o necessário para a vida.

Jesus cumpre a vontade de Deus

A boa notícia é que Jesus Cristo é obediente, e ele obedeceu em nosso favor. O que isso significa é que por meio de Jesus temos um novo coração; temos o Espírito de Deus e somos capacitados a obedecer. Quando desobedecemos, podemos arrepender-nos e receber o perdão de Deus. Jesus obedeceu ao Pai e depois recebeu o castigo pela desobediência para que nós pudéssemos ter esperança de vida eterna.

Como você luta contra o pecado e a tentação? Aprenda com a obediência de Jesus e creia nas promessas de Deus. Volte à Palavra de Deus e creia no que Deus disse: Somente ele satisfaz. Com fé em Cristo e o poder do Espírito habitando em você, você é capaz de lutar contra a tentação de Satanás e cumprir a vontade de Deus para você.

Como manter sua integridade sexual
Gordon MacDonald & Richard Exley

As histórias de pastores que cometem pecado sexual transcendem toda teologia e eclesiologia. Uma cultura dominante de sensualidade (incluindo o anonimato da pornografia na internet) e o desprezo pela prestação de contas contribuem para que alguns pastores lutem contra todo tipo de tentação sexual. Estas são três áreas principais na busca por uma vida de pureza e integridade na área sexual:

Reconheça sua vulnerabilidade

Diante de determinadas circunstâncias, até mesmo os mais fortes são capazes de cometer pecados inimagináveis. Quanto mais cedo percebermos a gravidade do fato, mais rápido começaremos a tratar de vencer as tentações. O primeiro passo é reconhecer a nossa propensão ao pecado. O apóstolo Paulo nos adverte do perigo da confiança excessiva: "Assim, aquele que julga estar firme, cuide-se para que não caia!" (1Coríntios 10.12). A confiança *excessiva pode* nos preparar para o fracasso moral. Os dois meios mais comuns de autoconfiança são a ingenuidade espiritual e o gosto por aventuras.

Líderes espiritualmente ingênuos são alheios à própria humanidade. Para eles, cair em pecado sexual é inconcebível. Quando estão diante da inevitável tentação, são pegos de surpresa. Pastores que gostam de correr riscos, por outro lado, são aventureiros. Eles reconhecem a possibilidade de fracasso moral, mas acreditam que darão conta de vencê-lo. Aqueles que gostam de correr riscos superestimam sua capacidade de decisão moral. Ambos os tipos de líderes têm o mesmo defeito — excessiva confiança.

A tarefa pastoral — comparativa a muitos outros empregos — não possui um sistema adequado de prestação de contas. De certo modo, enviamos homens e mulheres para realizar um trabalho não muito diferente do envio de um soldado para guerra — e a armadura do ministério é muitas vezes inadequada. Nós não olhamos para a escuridão do coração humano; deixamos de acreditar que até mesmo os melhores e mais respeitáveis líderes podem — do dia para a noite — ceder às tentações às quais achavam que não tinham poder sobre eles.

Preste atenção nos sinais de alerta

Cair em pecado sexual raramente ocorre repentinamente. Antes, representa a culminação de uma série de pequenas tentações. Em seu livro *As For Me and My House* [Quanto a mim e à minha casa], Walter Wangerin Jr. escreve: "Quando surge um desejo em nós, temos uma escolha [...] podemos negar sua existência, uma vez que, para existir, esse desejo precisa da nossa cumplicidade [...] ou podemos ceder a ele, refletir sobre ele, torná-lo maior por meio de fantasias — alimentá-lo!".

Eis alguns possíveis alertas de que a tentação sexual está avançando na nossa vida:

- Uma fascinação crescente por uma pessoa em particular.
- Um elevado sentimento de ansiedade quando se aproxima um encontro.
- Um crescente desejo de contar algum segredo à pessoa, principalmente sobre suas frustrações e decepções no casamento.
- Um crescente senso de responsabilidade pela felicidade e bem-estar da pessoa.
- Distanciamento emocional do cônjuge.

Observe o caso do rei Davi, que preferiu propositadamente ignorar os sinais de alerta contra a tentação. Como muitos que chegam à posição de liderança, Davi, na posição de rei, provavelmente passou gradualmente a desrespeitar as regras que todos deveriam cumprir. As responsabilidades e pressões da liderança muitas vezes mexem com a cabeça do líder. Os líderes aos poucos se convencem de que há privilégios e liberdades que lhe deveriam ser garantidos (se não, conquistados), porque eles são "muito importantes para essa organização e sua obra".

Esse tipo atitude começa a corroer a vigilância da alma e seduz o líder a deixar de lado regras e limites morais ("talvez, só desta vez"). A habilidade da mente da pessoa de começar a se autojustificar é impressionante; é assustadora. Para combater isso, no instante em que surgir um alerta, precisamos agir com urgência implacável.

Defina antecipadamente algumas precauções

À medida que a rotina pastoral se intensifica, com maiores demandas e expectativas, aumentam os fracassos morais dos líderes; será cada vez mais comum ouvir notícias de bons líderes que caíram em pecado sexual.

As seguintes precauções (quando definidas *antes do momento da tentação*) nos ajudarão a lutar contra a maré:

1. *Pare de evitar o assunto das tentações morais.* Fale sobre as tentações da mesma forma como um comandante fala sobre os perigos da batalha que se aproxima. O oficial não ignora o fato de que *qualquer* um poderá ser vítima de uma bala; todos são prevenidos.
2. *Exija que os líderes cristãos façam parte de um grupo de amigos que estabeleça compromissos de conduta.* Alguns exemplos são: ter o cuidado de não sair para um jantar casual com alguém do sexo oposto, nunca viajar com algum colega do sexo oposto, não desenvolver relacionamentos particulares na equipe a não ser que três ou mais pessoas estejam envolvidas.
3. *Oferecer mentoria de casais para pastores e cônjuges.* Esses mentores podem manter um olhar atento sobre a família e a vida conjugal, e se envolver caso acreditem que os sistemas de relacionamentos saudáveis estão sendo ameaçados.
4. *Sejam mais francos sobre os efeitos de altos riscos no ministério.* A igreja é muito competente em ensinar sobre formação de visão, evangelização, administração e liderança. Mas fracassa terrivelmente quando se trata de ajudar homens e mulheres a desenvolver a resistência interior necessária para fortalecer esses esforços.

Procure ajuda

A liderança é uma atividade solitária. Apesar da verdade dessa afirmação, a solidão pode ser uma falha do líder. Parte do trabalho do líder é criar tempo adequado para atender às prioridades conjugais/familiares e desfrutar das amizades de pessoas do mesmo sexo. É também tarefa do líder saber quando estão sobrecarregados e quando estão vulneráveis às tentações. Nessa altura, eles devem fazer tudo que estiver ao alcance para procurar ajuda. Há poucas coisas mais importantes do que cuidar de seu próprio caráter.

A promessa e o perigo da ambição

Dave Harvey

Em comparação com outras tentações comuns que os pastores enfrentam, quase ninguém fala sobre ambição. O assunto é raramente mencionado nos livros de administração. Mas todo pastor, em algum momento, precisa tratar do tema. Vamos olhar para as possibilidades e os perigos da ambição pastoral.

Reconheça o valor da ambição

Sem ambição, nada acontece. As igrejas não são plantadas; os perdidos não são alcançados; a igreja não causa impacto. E, se é assim, os negócios não são iniciados; os problemas sociais são ignorados; a investigação não acontece. Sem ambição, as pessoas ficam loucas. Se você subestimar a ambição, acabará tirando das pessoas o desejo e a vontade de fazer algo grandioso na vida delas.

A VIDA ESPIRITUAL DO LÍDER

A má ambição, no entanto, é destrutiva. Por isso acredito que muito do que Deus está fazendo na nossa vida envolve filtrar e redimensionar as nossas ambições. Às vezes, as ambições que temos são grandiosas demais para os nossos dons, e precisamos reduzi-las à realidade. Mas, outras vezes, nós nos conformamos com ambições muito tímidas, porque tememos o fracasso — em última instância, temos medo de decepcionar Deus. Ambições corretas são boas porque estão sintonizadas com Deus para seus propósitos.

Esteja firme na graça de Deus

O que me impressiona nos líderes com ambições espirituais é que elas não se fundamentam em uma opinião; estão firmadas no Evangelho. Em outras palavras, esses líderes reconhecem que no Evangelho eles receberão toda a aprovação que jamais necessitarão. Eles se firmam na retidão de Cristo; foram adotados como filhos e filhas de Deus; receberam bênçãos espirituais abundantes — tudo isso por meio do Evangelho.

Como consequência da cruz e da ressurreição, nós fomos aceitos. Temos toda a aprovação de que precisamos agora mesmo. Cristo viveu uma vida perfeita, em perfeita conformidade com a lei de Deus em todas as coisas, o qual nos conferiu, ou "imputou", crédito como que numa conta bancária. Portanto, não vivemos a vida em busca da aprovação de Deus, esperando que algum dia finalmente ouçamos o elogio "muito bem". Antes, obedecemos e agimos porque já recebemos a aprovação de Deus.

Deixe Deus redimir a sua ambição

Se nos compararmos com outras pessoas, podemos substituir o sonho de usar a nossa vida para a glória de Deus. É nessa hora que surgem as ambições egoístas. As ambições espirituais buscam Deus; as ambições egoístas buscam a comparação vantajosa em relação a outras pessoas. Em outras palavras, elas não dizem respeito a Deus; e, sim, até que ponto somos melhores que os outros. Na conversão, a obra regeneradora do Espírito de Deus é tão eficaz que põe em nós um novo coração. Deus insere em nós um impulso para usar a nossa vida para a glória de Deus. Ela acende a afeição por Deus. Nossa ambição anseia por amplificar a glória de Deus e viver para essa glória.

Evite a armadilha da comparação

No ministério, ambição espiritual e ambição pessoal estão frequentemente mescladas. Você poderá ouvir um jovem dizer: "Eu quero pregar como o fulano". Nós podemos responder com entusiasmo à primeira parte da frase: "Eu quero pregar". Podemos mostrar entusiasmo por Deus ter dado àquele jovem o desejo de proclamar a Palavra de Deus e articular a sã doutrina com clareza para que as pessoas sejam edificadas. Mas nós também podemos ajudar as pessoas a compreender que, seja como for, tudo que elas fizerem no ministério deve ser distinto. Todos temos os nossos próprios dons e capacidades, e Deus deve ser glorificado acima de tudo em nós e através de nós, se procuramos crescer de acordo com o que somos em vez de só tentar imitar outras pessoas. A comparação é a porta de entrada para a ambição egoísta. Ela nos leva à competição e diferenciação, até que a competição e a ambição egoísta comecem a impulsionar tudo que o líder faz na vida.

O caráter dos líderes

Acolha a humildade *e* a ambição

Há uma má compreensão sobre humildade que leva algumas pessoas a achar que não é possível buscar humildade e ambição ao mesmo tempo. Somos tentados a pensar que precisamos deixar a ambição de lado para sermos humildes. Os cristãos podem se tornar tão modestos que não chegam a aspirar muitas coisas. A humildade é como um parapeito à ambição. Ela mantém a ambição no caminho certo e em direção à glória de Deus.

A ambição que agrada a Deus está centrada em Deus. É o desejo de fazer grandes coisas por Deus, porque ele é digno de grandes coisas. Baseia-se na confiança de que, mesmo que não alcancemos os nossos objetivos, os propósitos de Deus não serão frustrados, porque estamos firmados em sua graça redentora. Esse é o tipo de ambição que Deus pode usar para fazer diferença no mundo.

O pecado da grandeza
John Ortberg

A maioria dos líderes ministeriais se sente ocupada, sobrecarregada, esgotada e frequentemente não valorizada. Acredito que por trás de boa parte da fadiga e demasiada atividade no ministério pastoral existe uma considerável dose de um pecado sutil: grandeza. Esse pecado envolve dizer sim quando eu deveria dizer não. Frequentemente envolve preocupar-me com o meu trabalho e deixar de concentrar-se inteiramente nas pessoas ou em Deus. Isso porque não se pensa apenas no Reino, mas na minha carreira ou na reputação que estou construindo.

Atualmente, a grandeza é considerada aceitável — quando não abraçada como virtude. De acordo com o antigo mito grego, o jovem Narciso se impressionava tanto consigo mesmo que ele se apaixonou por seu próprio reflexo no espelho d'água de um lago. Narciso morreu ainda contemplando seu reflexo na água. Para os gregos, Narciso representava um alerta contra o excesso de grandeza.

Os líderes de igreja são mais propensos a dissimular a grandeza. Como não lhe damos o nome devido, somos tentados a pensar que a superamos quando, na verdade, apenas a varremos para debaixo do tapete. Entretanto, ela reaparece na forma de ressentimento ou frustração, ou por meio de um vago sentimento de fracasso e vergonha.

Uma pergunta que todo líder deve fazer a si mesmo é a seguinte: "O meu envolvimento no ministério contribui para que Cristo seja formado em mim?".

O ministério autêntico nunca funcionará ao avesso de uma vida de crescente alegria, amor e bondade. O ministério nunca pode estar separado da formação espiritual. Essa verdade central ajuda a identificar a grandeza no nosso trabalho: se o ministério for cumprido da maneira certa, isso nos ajudará a formar Cristo em nós. O nosso envolvimento no ministério precisa ser visto à luz de um estilo geral de vida destinado a promover transformação.

As quatro práticas espirituais seguintes podem nos ajudar a detectar e evitar o sutil pecado da grandeza:

A VIDA ESPIRITUAL DO LÍDER

1. Faça parte de uma comunidade autêntica
Certa vez, depois de um período atribulado de viagens, encontros e palestras, fiquei exausto. Nessa época, tinha um importante compromisso semanal com um amigo também envolvido no ministério. Naquele encontro com meu amigo, quando tentava ganhar a simpatia dele reclamando da minha agenda de trabalho, fui surpreendido por sua pergunta: "Por que você quer viver dessa maneira?". A única resposta sincera que poderia ter dado era que eu estava dominado pela grandeza. Temia que, se eu dissesse não às oportunidades, elas deixariam de aparecer; e, se as oportunidades deixassem de surgir, eu seria menos importante; e, se eu fosse menos importante, isso seria desastroso para mim.

Entretanto, algo positivo surgiu daquela franca conversa: um pequeno "grupo de formação da agenda pessoal" com o pacto de não assumir nenhum compromisso sem discuti-lo um com o outro e com a família. Significou dar ao outro a permissão para falar não só sobre agendas, mas também sobre a motivação por trás de cada compromisso.

2. Envolva-se no "ministério das coisas mundanas"
Jesus nos chama para o ministério. Mas, como podemos impedir que o ministério se transforme em mais uma competição para saber quem é o maior — por exemplo: "Quem é o ministro mais importante?". Dietrich Bonhoeffer, em seu livro, *Vida em comunhão*, observa como todas as pessoas de uma comunidade tendem a querer definir superioridade espiritual. A tentação sempre envolve o antigo argumento: "Surgiu uma discussão entre eles...".

Então, Jesus toma uma criança nos braços e basicamente diz: "Este é o ministério de vocês. Dediquem-se àqueles que não lhe darão *status* nem poder de influência. Simplesmente ajude as pessoas, pois, se não ajudarem as pessoas como esta criança, toda a vida se tornará uma competição imbecil para ver quem é o maior.". Na igreja, essa proposta nada estratégica do "ministério das coisas mundanas" significa deixar-se interromper por tarefas não inclusas na agenda. Precisamos estar dispostos a orar com as pessoas que sofrem, as quais não poderemos curar e que não têm como contribuir para o nosso sucesso. Às vezes, nas reuniões, precisamos permanecer em silêncio, mesmo quando temos uma ideia que possa impressionar alguém.

O ministério das coisas mundanas derruba a grandeza. Bonhoeffer escreve que qualquer pessoa que não tiver tempo para o ministério da "ajuda ativa" provavelmente está levando a própria carreira demasiadamente a sério.

3. Aprenda a suportar os outros
O ministério de suportar os outros vai além de simplesmente tolerar as pessoas difíceis. Significa aprender a ouvir Deus falando por meio delas. Isso significa que somos chamados para livrar as pessoas das prisões mentais às quais frequentemente as relacionamos. Suportar alguém que critica (justa ou injustamente, amorosa ou maliciosamente) o nosso modo de ensinar. Suportar a pessoa mais difícil de todas, alguém em quem vemos as lutas que assolam o nosso interior.

Suportar as pessoas não significa necessariamente que serão os melhores amigos um do outro, mas significa aprender a desejar o melhor para uma pessoa, abrindo mão do nosso direito de devolver o ferimento e experimentar a igualdade perante a cruz.

4. Lembre-se do jeito de Jesus

Lutar contra o pecado sutil da grandeza significa aprender de Jesus como realizar o ministério de um modo que nos aproxima dele. Não havia em Jesus nenhuma grandeza — essa é uma das razões pelas quais as pessoas tiveram dificuldades de reconhecê-lo.

A mais antiga heresia cristológica — o docetismo — surgiu porque as pessoas não conseguiam assimilar a ideia de que Deus pudesse se sujeitar à vulnerabilidade e ao sofrimento. João diz que é o espírito do anticristo que nega que Jesus veio *kata sarx* — "em carne". Jesus não era super-homem. Os açoites provocaram sangramento real, os espinhos furaram carne de verdade, os cravos provocaram dores excruciantes, e a cruz resultou em morte real. Através de tudo isso, ele suportou, perdoou e amou as pessoas até o fim. O grande santo humor de Deus sobre o complexo de messias é este: todo ser humano que já viveu sofre disso, exceto um. E ele *foi* o Messias.

Ministério e comportamentos compulsivos
Sally Morgenthaler

O ministério realizado de forma doentia pode levar a padrões destrutivos de vida, principalmente por meio de vícios ocultos e escapistas. Estas são algumas zonas de perigo que levam os líderes de igreja a comportamentos compulsivos, e alguns modos de escolher um caminho melhor e mais saudável para uma liderança com base na igreja.

Cuidado com a construção da imagem própria

Milhares de pastores servem em congregações cuja retórica, apesar de dizerem o contrário, espera que seus líderes mantenham (pelo menos à vista do público) casamentos quase perfeitos, famílias quase perfeitas e vidas quase perfeitas. Muitos pastores também pintam uma imagem fantasiosa sobre si mesmos. Esse tipo de pessoa modela cuidadosamente ícones de liderança, em vez de se apresentar em sua individualidade multifacetada, concedida por Deus. Esse tipo de líder se expõe ao fracasso. Chegará o momento em que a intensidade do estresse na congregação, ou simplesmente o desgaste das coisas mundanas gastarão o verniz do que realmente existe.

Construir a imagem própria é um jogo perigoso. Em seu centro há uma compulsão. Sistemas familiares compulsivos são desenvolvidos pela imagem, desde a prática de manter coisas em segredo (a regra de "não contar") e mostrar a todo custo uma boa aparência à comunidade, até viver uma identidade dupla. Se os pastores entram no ministério *vindos de famílias com esse tipo de comportamento* ou tendo desenvolvido tendências à compulsão, um sistema congregacional que exija que eles mantenham uma imagem impecável terá o efeito de um fósforo num barril de pólvora. Quanto mais impossivelmente perfeita for a imagem pastoral, maior será a necessidade de se envolver em um comportamento tabu.

A VIDA ESPIRITUAL DO LÍDER

Cuidado com o sentimento de reconhecimento

O desejo por reconhecimento é o sentimento de que merecemos um tratamento privilegiado em razão da nossa posição ou classe social. Geralmente, não imaginamos que os pastores sintam um forte desejo por reconhecimento. Eles são vistos como doadores, não receptores. Uma grande porcentagem de pastores entra no ministério porque deseja dar às pessoas o que Deus quer que elas tenham, contudo, seu desejo se distorce quando os pastores medem o sucesso e o valor pessoais principalmente por meio da admiração e estima que recebem em troca. Para a congregação, esse tipo de líder intima: "Eu me esforçarei a ponto da exaustão emocional e física; eu vou exaurir a minha família e a mim mesmo; serei tudo aquilo que vocês esperam que eu seja, se vocês me derem em troca *status*, a estima e a recompensa financeira".

O desejo por reconhecimento é uma atitude secreta que, ao ser expressa, aparece da seguinte forma: "Dei os melhores dias da minha vida para esta congregação. Não tenho tempo para a família, muito menos para mim mesmo. Os meus filhos estão crescendo sem mim. Estou envolvido na igreja mais de 70 horas por semana, e ainda ganho 25% menos do que a média da congregação. Se há alguém que deve cuidar de mim, este alguém sou eu.".

A essa altura, qualquer comportamento compulsivo terá a aparência de algo que realmente impressiona. Depois de fazer muito pela congregação, os pastores que se preocupam em agradar as pessoas cedem ao sentimento de que eles mais do que merecem uma pequena porção do prazer que estão concedendo paralelamente. É só uma questão de tempo.

Evite o perigo das comparações com as megaigrejas

Por mais de duas décadas, a igreja empresarial de múltiplas programações tem transformado a expectativa das pessoas. Hoje os frequentadores das igrejas esperam um culto dominical que atenda a suas experiências estéticas da cultura dominante. Contudo, isso não se restringe ao culto. É algo que se estende à qualidade do cuidado das crianças, dos programas infantis e de adolescentes, bem como do ensino aos adultos. O ministério que se baseia em uma relação de consumo para suprir as necessidades das pessoas tem redefinido o que a igreja é e faz. O conceito de líder de igreja também mudou. A lógica da igreja empresarial diz que os pastores devem ser visionários, empreendedores e inovadores, além de guias espirituais. Espera-se que eles também sejam pregadores extraordinários e que sua capacidade de animar o auditório esteja de acordo com os melhores padrões culturais.

Na verdade, poucos pastores estão preparados para esse tipo de liderança; eles não servem para megaigrejas. Muitos pastores se consideram deslocados no mundo do ministério empresarial. Tragicamente, alguns dos chamados pastores deslocados se entregam a alguma compulsão para fugir do que entendem ser uma proposta fracassada. Em vez de confrontar estereótipos de liderança que há muito tempo merecem crítica, em vez de focar em seu potencial e se tornar aquilo que Deus os criou para ser, eles cedem às exigências.

Evite outras zonas de perigo

Estas são algumas outras dinâmicas ministeriais que também podem funcionar como catalisadoras de condutas compulsivas:

- Relacionamentos familiares e conjugais consumidos por problemas ministeriais, que impedem a essência da intimidade e o desenvolvimento relacional.
- Atitudes simplistas e legalistas dentro de comunidades religiosas que impedem os pastores de buscar ajuda e preparo profissional para tratar seus problemas de compulsão.
- Narcisismo pastoral: quando um pastor acredita que é o centro do Universo, a prestação de contas é um conceito estranho. Insensível a falhas e abertamente hostil a investigação e correções, esse tipo de líder está mais propenso a cair nas armadilhas do desejo por reconhecimento.

Escolha um caminho mais seguro que cure a alma

Você pode não ser capaz de escolher sua família de origem, mas você pode decidir procurar ajuda para o legado emocional negativo que ainda opera na sua vida. Você pode não ser capaz de impedir alguns membros da igreja de colocar você num pedestal, mas pode começar a se posicionar num novo padrão de sinceridade: sejam quais forem as expectativas que os outros têm de você, recuse-se a ser algo que não é.

Você pode ser o tipo de líder que gosta de agradar as pessoas, ignorando os limites saudáveis e consequentemente se esgotar. Contudo, você pode decidir definir a sua identidade pela graça de Deus e pelos dons que Deus tem lhe concedido — não o que os outros desejam.

Finalmente, você pode decidir redefinir o sucesso segundo o padrão de Jesus: desenvolver todos os talentos e mecanismos inatos que Deus lhe deu ao potencial máximo. Aprenda com outros ministérios, mas saiba que você será mais eficaz — consequentemente, mais saudável — se pastorear de forma encarnacional, ou seja, aprofundando-se no seu próprio contexto e permitindo que a sua liderança exclusiva floresça no contexto singular da sua comunidade.

Você poderá precisar de aconselhamento profissional e/ou mentoria para fazer as escolhas certas. Talvez tenha de explorar o que em seu passado, ministério ou outra dinâmica de estilo de vida possa levá-lo a um comportamento destrutivo. Sobretudo, você precisa adquirir ferramentas indispensáveis para viver de um modo mais saudável. Pode acontecer de que os seus padrões compulsivos sejam tão graves a ponto de você ter de deixar completamente o ministério pastoral? Sim.

Seja qual for sua situação, o fato é que você é estimado por seu Criador, Redentor e Sustentador. Você é amado além do que consegue imaginar. A carga emocional que carrega como pastor e/ou a compulsão que o aprisiona neste exato instante pode, na realidade, ser a oportunidade para que experimente o amor de Deus de forma mais tangível do que jamais conheceu.

A prática da confissão
Max Lucado

De acordo com Tiago 5.16, todo cristão precisa praticar a confissão — até mesmo os líderes de igreja. A confissão periódica, baseada no Evangelho da graça de Cristo, pode manter o caráter do líder crescendo na direção certa.

Reconheça a necessidade da confissão

Confissão: a palavra evoca muitas figuras, nem todas muito positivas. Em última instância, contudo, a confissão significa a dependência radical da graça, a proclamação da nossa confiança na bondade de Deus. "O que fiz estava errado", confessamos, "mas a tua graça é maior que o meu pecado, por isso eu o confesso." Se nossa compreensão da graça é insatisfatória, nossa confissão também o será: relutante, hesitante, cercada de desculpas e restrições, cheia do medo de castigo. Mas a graça imensa cria a confissão sincera.

Talvez a oração de confissão mais conhecida seja do rei Davi, apesar de ter demorado muito para fazê-la. Essa personagem do Antigo Testamento passou um período da vida tomando decisões estúpidas, idiotas e ímpias — incluindo o adultério, a mentira e a trama para o assassinato do marido de sua amante. Sim, o homem segundo o coração de Deus deixou o próprio coração se endurecer. Ele ocultou seu erro e pagou caro por isso. Posteriormente, ele o descreve assim: "Enquanto eu mantinha escondidos os meus pecados, o meu corpo definhava de tanto gemer. Pois dia e noite a tua mão pesava sobre mim; minhas forças foram-se esgotando como em tempo de seca" (Salmos 32.3,4).

Ele sabia que esse pecado oculto não tinha nada de oculto. Finalmente ele ora, "SENHOR [...] todo meu corpo está doente, não há saúde nos meus ossos por causa do meu pecado. As minhas culpas me afogam [...] Minhas feridas cheiram mal e supuram por causa da minha insensatez. Estou encurvado e muitíssimo abatido [...]" (Salmos 38.1-6).

O fato é: esconda um desvio de conduta e aguarde sofrimento. Pecado não confessado é como a lâmina de uma faca fincada na alma. É impossível escapar à miséria que ele provoca. O que revelaria um Raio X do seu interior? Vergonha sobre o relacionamento conjugal que não está indo bem, o vício que você não consegue abandonar, a tentação a que você não resistiu, ou a coragem que você não tem? A culpa encontra-se abaixo da superfície, supurando e irritando. Às vezes, ela está tão profundamente impregnada que você nem sabe a causa. A cura? Confissão. Os pastores precisam confessar tanto quanto os reis. "Sonda-me, ó Deus, e conhece o meu coração; prova-me, e conhece as minhas inquietações. Vê se em minha conduta algo te ofende, e dirige-me pelo caminho eterno" (Salmos 139.23,24). À medida que Deus o conscientiza das suas falhas, aceite o que ele diz e peça desculpas. Deixe-o aplicar graça nas suas feridas.

Davi orou, "Tem misericórdia de mim, ó Deus, por teu amor; por tua grande compaixão apaga as minhas transgressões. Lava-me de toda a minha culpa e purifica-me do meu pecado [...] Contra ti, só contra ti, pequei e fiz o que tu reprovas" (Salmos 51.1-4). Davi levantou a bandeira branca. Cessou o combate. Cessou a discussão com o céu. Ele se purificou com Deus.

Envolva-se no processo de confissão

Certa vez na minha vida, eu não embelezei nem subestimei os meus atos; apenas confessei o meu pecado, e os presbíteros da minha igreja proclamaram o perdão sobre mim. Um *querido* santo de cabelos grisalhos, do outro lado da mesa, estendeu o braço e colocou a mão nos meus ombros e disse algo assim: "O que você fez está errado. Mas o que você está

O caráter dos líderes

fazendo hoje está certo. O amor de Deus é grande o suficiente para cobrir o seu pecado. Confie em sua graça.". Foi assim. Nada de controvérsia. Nada de confusão. Apenas cura.

Depois de conversar com os presbíteros, falei com a igreja. Na reunião durante a semana, confessei a minha conduta pecaminosa. Eu pedi desculpas por minha duplicidade e pedi oração da congregação. O que seguiu foi um tempo revigorador de confissão em que outras pessoas fizeram o mesmo. A igreja foi fortalecida, não enfraquecida, por causa da minha franqueza — e da deles.

Desfrute o benefício da confissão

Jesus é franco a respeito da vida para a qual fomos chamados. Não há nenhuma garantia de que somente por pertencermos a ele estaremos incólumes. Não há garantia de que a confissão não nos afete negativamente. Mas os benefícios de criar uma comunidade transparente e sincera são infinitos. A confissão comunitária une os cristãos de maneira profunda. A confissão sincera não só aprofunda a nossa saúde espiritual, como também a saúde da igreja que dirigimos. Ela é capaz de mudar o DNA de toda a igreja.

Dietrich Bonhoeffer disse: "O homem que confessa os seus pecados na presença de um irmão sabe que ele não está mais só; ele experimenta a presença de Deus na realidade da outra pessoa.". Não é justamente este o nosso chamado como líderes de igreja?

Inculque na sua igreja a importância da confissão. Evite alimentar a ideia de que a comunhão é formada de pessoas cheias de perfeições (você mesmo não se enquadrará entre elas). Antes, mostre por meio do seu exemplo uma igreja em que os membros e líderes igualmente confessam seus pecados e mostram humildade, em que o preço da admissão é simplesmente a admissão da culpa. A cura acontece numa igreja que tem essa prática. A graça manifesta-se numa igreja como essa. Os confessores encontram a liberdade que os negadores não encontram. E os pastores que confessam conduzem igrejas cheias de liberdade.

"Se confessarmos os nossos pecados, ele é fiel e justo para perdoar os nossos pecados e nos purificar de toda injustiça" (1João 1.9). Quão aprazível é a certeza dessas palavras: "Ele nos purificará." Nada de: "poderá", "poderia", "desejaria" ou "tem sido conhecido por". Ele o purificará. Então, confesse. Depois, deixe que a água pura da graça flua sobre os seus erros.

Introdução a 2TIMÓTEO

PANO DE FUNDO

A epístola de 2Timóteo foi escrita no fim da vida de Paulo. Percebendo que logo seria executado por sua fé em Cristo (4.6-8), ele escreve para Timóteo, seu filho na fé, seu protegido e amigo chegado. Na conclusão de Atos, Paulo estava em prisão domiciliar, podia receber visitas sem problemas e tinha esperança de ser solto. Ele continuou seu ministério com outras viagens, mas agora está novamente em Roma, numa prisão úmida. Ele escreve ao seu amigo em Éfeso para amarrar algumas pontas soltas e também para pedir que, quando Timóteo o visite, ele lhe traga uma capa e alguns manuscritos especiais (4.13). Atos 16.1 diz que o pai de Timóteo era grego e sua mãe judia. Em 2Timóteo aprendemos que sua mãe, chamada Eunice, juntamente com a avó, Loide, o criaram conhecendo as Escrituras Hebraicas (1.5; 3.15), o que fortaleceu sua fé cristã.

MENSAGEM

As palavras de Paulo são cheias de encorajamento e instrução, a despeito da solidão dos dias que viriam. Ele diz a Timóteo de suas contínuas orações e seu amor por ele, e lhe lembra de sua herança piedosa, para que ele permaneça firme na fé, pois somente os que perseveram nas coisas de Deus serão recompensados. Há também uma advertência contra os que atacariam Timóteo por seus ensinos, homens com "coceira nos ouvidos" (4.3) que abandonaram a verdade da palavra de Deus para seguir falsas doutrinas. Se alguém já teve um exemplo para seguir, esse alguém foi Timóteo, pois Paulo permaneceu fiel até o fim, a despeito de saber que morreria pelo que cria.

ÉPOCA

Paulo escreveu a segunda epístola a Timóteo no ano 67, durante sua segunda prisão, desta feita, pelo imperador romano Nero. Paulo espera que Timóteo chegue antes do inverno (4.21). Timóteo recebeu a carta enviada por Paulo provavelmente por intermédio de Tíquico, em Éfeso (4.12).

ESBOÇO

I. Saudações e conselhos — 1.1-18
II. Perseverança em tempos difíceis
   A. Suporte todas as coisas — 2.1-18
   B. O fundamento é seguro — 2.19-26
   C. Tempos perigosos virão — 3.1-9
III. Um obreiro aprovado
   A. Confie nas Escrituras — 3.10-17
   B. Pregue a palavra — 4.1-8
IV. Palavras finais — 4.9-22

2 TIMÓTEO 1.1

1 Paulo, apóstolo de Cristo Jesus pela vontade de Deus,ᵃ segundo a promessa da vida que está em Cristo Jesus,ᵇ

² a Timóteo,ᶜ meu amado filho:ᵈ

Graça, misericórdia e paz da parte de Deus Pai e de Cristo Jesus, nosso Senhor.

Um Incentivo à Fidelidade

³ Dou graças a Deus,ᵉ a quem sirvo com a consciência limpa, como o serviram os meus antepassados, ao lembrar-me constantemente de você, noite e dia, em minhas orações.ᶠ ⁴ Lembro-me das suas lágrimasᵍ e desejo muito vê-lo,ʰ para que a minha alegria seja completa. ⁵ Recordo-me da sua féⁱ não fingida, que primeiro habitou em sua avó Loide e em sua mãe, Eunice,ʲ e estou convencido de que também habita em você. ⁶ Por essa razão, torno a lembrá-lo de que mantenha viva a chama do dom de Deus que está em você mediante a imposição das minhas mãos.ᵏ ⁷ Pois Deus não nos deu espírito¹ de covardia,ˡ mas de poder, de amor e de equilíbrio.

⁸ Portanto, não se envergonheᵐ de testemunhar do Senhor, nem de mim, que sou prisioneiroⁿ dele, mas suporte comigo os meus sofrimentos pelo evangelho,ᵒ segundo o poder de Deus, ⁹ que nos salvou e nos chamouᵖ com uma santa vocação, não em virtude das nossas obras, mas por causa da sua própria determinação e graça. Essa graça nos foi dada em Cristo Jesus desde os tempos eternos, ¹⁰ sendo agora reveladaᑫ pela manifestação de nosso Salvador, Cristo Jesus. Ele tornou inoperante a morteʳ e trouxe à luz a vida e a imortalidade por meio do evangelho. ¹¹ Desse evangelho fui constituído pregador, apóstolo e mestre.ˢ ¹² Por essa causa também sofro, mas não me envergonho, porque sei em quem tenho crido e estou bem certo de que ele é poderoso para guardarᵗ o que lhe confiei até aquele dia.ᵘ

¹³ Retenha,ᵛ com fé e amor em Cristo Jesus,ʷ o modelo da sã doutrina que você ouviu de mim. ¹⁴ Quanto ao que lhe foi confiado, guarde-o por meio do Espírito Santo que habita em nós.ˣ

¹⁵ Você sabe que todos os da província da Ásia meʸ abandonaram, inclusive Fígelo e Hermógenes.

¹⁶ O Senhor conceda misericórdia à casa de Onesíforo,ᶻ porque muitas vezes ele me reanimou e não se envergonhou por eu estar preso; ¹⁷ ao contrário, quando chegou a Roma, procurou-me diligentemente até me encontrar. ¹⁸ Conceda-lhe o Senhor que, naquele dia, encontre misericórdia da parte do Senhor! Você sabe muito bem quantos serviços ele meᵃ prestou em Éfeso.

2 Portanto, você, meu filho, fortifique-seᵇ na graça que há em Cristo Jesus. ² E as palavras que me ouviu dizerᶜ na presença de muitas testemunhas,ᵈ confie-as a homens fiéis que sejam também capazes de ensiná-las a outros. ³ Suporte comigo os meus sofrimentos, como bom soldadoᵉ de Cristo Jesus. ⁴ Nenhum soldado se deixa envolver pelos negócios da vida civil, já que deseja agradar àquele que o alistou. ⁵ Semelhantemente, nenhum atleta é coroadoᶠ como vencedor, se não competir de acordo com as regras. ⁶ O lavrador que trabalha arduamente deve ser o primeiro a participar dos frutos da colheita. ⁷ Reflita no que estou dizendo, pois o Senhor dará a você entendimento em tudo.

⁸ Lembre-se de Jesus Cristo, ressuscitado dos mortos,ᵍ descendente de Davi,ʰ conforme o meu evangelho,ⁱ ⁹ pelo qual sofroʲ e até estou preso como criminoso; contudo a palavra de Deus não está presa. ¹⁰ Por isso, tudoᵏ suporto por causa dos eleitos, para que também eles alcancem a salvação que está em Cristo Jesus, com glóriaˡ eterna.

¹¹ Esta palavra é digna de confiança:

Se morrermos com ele,
  com eleᵐ também viveremos;

---

¹ **1.7** Ou *o Espírito que Deus nos deu não é*

¹² se perseveramos,
  com eleⁿ também reinaremos.
Se o negamos,
  ele também nos^o negará;
¹³ se somos infiéis,
  ele permanece fiel,^p
pois não pode negar-se
  a si mesmo.

O Obreiro Aprovado por Deus

¹⁴ Continue a lembrar essas coisas a todos, advertindo-os solenemente diante de Deus, para que não se envolvam em discussões acerca de palavras;^q isso não traz proveito e serve apenas para perverter os ouvintes. ¹⁵ Procure apresentar-se a Deus aprovado, como obreiro que não tem do que se envergonhar e que maneja corretamente a palavra da verdade.^r ¹⁶ Evite as conversas^s inúteis e profanas, pois os que se dão a isso prosseguem cada vez mais para a impiedade. ¹⁷ O ensino deles alastra-se como câncer¹; entre eles estão Himeneu^t e Fileto. ¹⁸ Estes se desviaram da verdade, dizendo que a ressurreição já aconteceu, e assim a alguns pervertem a fé.^u ¹⁹ Entretanto, o firme fundamento de Deus permanece inabalável^v e selado com esta inscrição: "O Senhor conhece quem lhe pertence"^{2w} e "afaste-se da iniquidade todo aquele que confessa o nome do Senhor".^x

²⁰ Numa grande casa há vasos não apenas de ouro e prata, mas também de madeira e barro; alguns para fins honrosos, outros para fins desonrosos.^y ²¹ Se alguém se purificar dessas coisas, será vaso para honra, santificado, útil para o Senhor e preparado para toda boa obra.^z

²² Fuja dos desejos malignos da juventude e siga a justiça, a fé, o amor^a e a paz, com aqueles que, de coração puro,^b invocam o Senhor. ²³ Evite as controvérsias tolas e inúteis, pois você sabe que acabam em brigas. ²⁴ Ao servo do Senhor não convém brigar mas, sim, ser amável para com todos, apto para ensinar, paciente.^c ²⁵ Deve corrigir com mansidão os que se lhe opõem, na esperança de que Deus lhes conceda o arrependimento, levando-os ao conhecimento da verdade,^d ²⁶ para que assim voltem à sobriedade e escapem da armadilha do Diabo,^e que os aprisionou para fazerem a sua vontade.

A Impiedade dos Últimos Dias

3 Saiba disto: nos últimos dias^f sobrevirão tempos terríveis. ² Os homens serão egoístas, avarentos,^g presunçosos, arrogantes,^h blasfemos, desobedientes aos pais,ⁱ ingratos, ímpios, ³ sem amor pela família, irreconciliáveis, caluniadores, sem domínio próprio, cruéis, inimigos do bem, ⁴ traidores, precipitados, soberbos,^j mais amantes dos prazeres do que amigos de Deus, ⁵ tendo aparência de piedade, mas negando o seu poder. Afaste-se desses também.

⁶ São esses os que se introduzem^k pelas casas e conquistam mulheres instáveis³ sobrecarregadas de pecados, as quais se deixam levar por toda espécie de desejos. ⁷ Elas estão sempre aprendendo, mas jamais conseguem chegar ao conhecimento da verdade. ⁸ Como Janes e Jambres se opuseram a Moisés,^l esses também resistem^m à verdade. A menteⁿ deles é depravada; são reprovados na fé. ⁹ Não irão longe, porém; como no caso daqueles,^o a sua insensatez se tornará evidente a todos.

A Recomendação de Paulo a Timóteo

¹⁰ Mas você tem seguido de perto o meu ensino,^p a minha conduta, o meu propósito, a minha fé, a minha paciência, o meu amor, a minha perseverança, ¹¹ as perseguições e os sofrimentos que enfrentei, coisas que me aconteceram em Antioquia,^q Icônio e Listra. Quanta perseguição suportei!^r Mas, de todas essas coisas^s o Senhor me livrou! ¹² De fato, todos os que desejam viver pie-

---

¹ **2.17** Grego: *gangrena*.
² **2.19** Nm 16.5
³ **3.6** Grego: *mulherezinhas*.

dosamente em Cristo Jesus serão perseguidos.*t* ¹³ Contudo, os perversos e impostores irão de mal a pior,*u* enganando e sendo enganados.

¹⁴ Quanto a você, porém, permaneça nas coisas que aprendeu e das quais tem convicção, pois você sabe de quem o aprendeu.*v* ¹⁵ Porque desde criança*w* você conhece as Sagradas Letras,*x* que são capazes de torná-lo sábio*y* para a salvação mediante a fé em Cristo Jesus. ¹⁶ Toda a Escritura é inspirada por Deus*z* e útil para o ensino,*a* para a repreensão, para a correção e para a instrução na justiça, ¹⁷ para que o homem de Deus*b* seja apto e plenamente preparado para toda boa obra.*c*

4 Na presença de Deus e de Cristo Jesus, que há de julgar os vivos e os mortos*d* por sua manifestação e por seu Reino, eu o exorto solenemente:*e* ² Pregue*f* a palavra,*g* esteja preparado a tempo e fora de tempo, repreenda,*h* corrija, exorte com toda a paciência e doutrina. ³ Pois virá o tempo em que não suportarão a sã doutrina;*i* ao contrário, sentindo coceira nos ouvidos, juntarão mestres para si mesmos, segundo os seus próprios desejos. ⁴ Eles se recusarão a dar ouvidos à verdade, voltando-se para os mitos.*j* ⁵ Você, porém, seja moderado em tudo, suporte os sofrimentos,*k* faça a obra de um evangelista,*l* cumpra plenamente o seu ministério.

⁶ Eu já estou sendo derramado como oferta*m* de bebida¹. Está próximo o tempo da minha partida.*n* ⁷ Combati o bom combate,*o* terminei a corrida,*p* guardei a fé. ⁸ Agora me*q* está reservada a coroa da justiça, que o Senhor, justo Juiz, me dará naquele dia;*r* e não somente a mim, mas também a todos os que amam a sua vinda.

Recomendações Finais

⁹ Procure vir logo ao meu encontro, ¹⁰ pois Demas,*s* amando este mundo,*t* abandonou-me e foi para Tessalônica. Crescente foi para a Galácia*u* e Tito para a Dalmácia. ¹¹ Só Lucas*v* está comigo.*w* Traga Marcos*x* com você, porque ele me é útil para o ministério. ¹² Enviei Tíquico*y* a Éfeso. ¹³ Quando você vier, traga a capa que deixei na casa de Carpo, em Trôade, e os meus livros, especialmente os pergaminhos.

¹⁴ Alexandre,*z* o ferreiro², causou-me muitos males. O Senhor lhe dará a retribuição pelo que fez.*a* ¹⁵ Previna-se contra ele, porque se opôs fortemente às nossas palavras.

¹⁶ Na minha primeira defesa, ninguém apareceu para me apoiar; todos me abandonaram. Que isso não lhes seja cobrado.*b* ¹⁷ Mas o Senhor permaneceu ao meu lado*c* e me deu forças, para que por mim a mensagem fosse plenamente proclamada e todos os gentios³ a ouvissem.*d* E eu fui libertado da boca do leão. ¹⁸ O Senhor me livrará de toda obra*e* maligna e me levará a salvo para o seu Reino celestial. A ele seja a glória para todo o sempre. Amém.*f*

Saudações Finais

¹⁹ Saudações a Priscila⁴ e Áquila,*g* e à casa de Onesíforo. ²⁰ Erasto*h* permaneceu em Corinto, mas deixei Trófimo*i* doente em Mileto. ²¹ Procure vir antes do inverno.*j* Êubulo, Prudente, Lino, Cláudia e todos os irmãos enviam saudações.

²² O Senhor seja com o seu espírito.*k* A graça seja com vocês.*l*

---

¹ **4.6** Veja Nm 28.7.
² **4.14** Grego: *latoeiro*. Isto é, um artífice em bronze.
³ **4.17** Isto é, os que não são judeus.
⁴ **4.19** Grego: *Prisca*, variante de *Priscila*.

Introdução a TITO

PANO DE FUNDO
Tito foi um grego que Paulo levou a Jerusalém (Gálatas 2.1-3). Ali tornou-se exemplo da missão de Paulo de levar a mensagem do Evangelho aos gentios. Tito provavelmente viajou com Paulo na terceira viagem missionária mais tarde; Paulo o enviou a Corinto, confiando-lhe a entrega da mensagem que hoje conhecemos como 2Coríntios (ver 2Coríntios 7.6—8.23). Paulo e Tito ministraram juntos em Creta, onde Paulo o deixou para organizar a igreja (Tito 1.5). A tradição diz que Tito tornou-se bispo em Creta. Na epístola, Paulo lhe pede que passe com ele o inverno seguinte em Creta. Tito estava com Paulo quando ele foi preso pela segunda vez. A pedido de Paulo, Tito foi para a Dalmácia (2Timóteo 4.10). Em diferentes épocas, Paulo se referiu a Tito como seu "irmão" (2Coríntios 2.13), "companheiro e cooperador" (2Coríntios 8.23) e seu "filho" (Tito 1.4).

MENSAGEM
Paulo começa com uma declaração doutrinal antes de detalhar a missão de Tito de organizar a igreja cretense e indicar líderes. Paulo apresenta as características dos líderes qualificados, em contraste marcante com as características dos falsos mestres. Ele enfatiza a importância de ensinar a sã doutrina. Seu texto apresenta um código de conduta para Tito e seus seguidores, enfatizando boas obras e comportamento honrado entre os vários grupos que formam a igreja, juntamente com um comportamento sadio no mundo.

ÉPOCA
Paulo escreveu sua carta a Tito por volta do ano 63 em sua viagem a Roma. Ele enviou a carta com seus amigos Zenas e Apolo, que ele sabia que viajariam para Creta (3.13). Os planos de Paulo eram passar o inverno na cidade de Nicópolis, que ficava no oeste da Grécia, e pediu a Tito que fosse onde ele estava assim que alguém (ou Artemas ou Tíquico) chegasse em Creta para substituí-lo (3.12).

ESBOÇO
I. Instruções para a liderança da igreja
   A. Saudações   1.1-4
   B. Qualificações para os líderes da igreja   1.5-16
II. Instruções para a vida da igreja   2.1-15
III. Instruções para a vida na sociedade
   A. Obedecer às autoridades   3.1-8
   B. Evitar discussões sem sentido   3.9-11
IV. Instruções finais   3.12-15

TITO 1.1

1 Paulo, servo[1] de Deus[a] e apóstolo de Jesus Cristo para levar os eleitos de Deus à fé e ao conhecimento da verdade[b] que conduz à piedade; **2** fé e conhecimento que se fundamentam na esperança da vida eterna,[c] a qual o Deus que não mente prometeu antes dos tempos[d] eternos. **3** No devido tempo,[e] ele trouxe à luz[f] a sua palavra, por meio da pregação a mim[g] confiada por ordem de Deus, nosso Salvador,[h]

4 a Tito,[i] meu verdadeiro filho em nossa fé comum:

Graça e paz[2] da parte de Deus Pai e de Cristo Jesus, nosso Salvador.

A Tarefa de Tito em Creta

5 A razão de tê-lo deixado em Creta[j] foi para que você pusesse em ordem o que ainda faltava e constituísse[3] presbíteros[k] em cada cidade, como eu o instruí. **6** É preciso que o presbítero seja irrepreensível,[l] marido de uma só mulher e tenha filhos crentes que não sejam acusados de libertinagem ou de insubmissão. **7** Por ser encarregado da obra de Deus,[m] é necessário que o bispo[4][n] seja irrepreensível: não orgulhoso, não briguento, não apegado ao vinho, não violento, nem ávido por lucro[o] desonesto. **8** Ao contrário, é preciso que ele seja hospitaleiro,[p] amigo do bem,[q] sensato, justo, consagrado, tenha domínio próprio **9** e apegue-se firmemente[r] à mensagem fiel, da maneira pela qual foi ensinada, para que seja capaz de encorajar outros pela sã doutrina[s] e de refutar os que se opõem a ela.

10 Pois há muitos insubordinados, que não passam de faladores[t] e enganadores, especialmente os do grupo da circuncisão.[u] **11** É necessário que eles sejam silenciados, pois estão arruinando famílias[v] inteiras, ensinando coisas que não devem, e tudo por ganância. **12** Um dos seus próprios profetas[w] chegou a dizer: "Cretenses,[x] sempre mentirosos, feras malignas, glutões preguiçosos". **13** Tal testemunho é verdadeiro. Portanto, repreenda[y]-os severamente, para que sejam sadios na fé[z] **14** e não deem atenção a lendas[a] judaicas nem a mandamentos[b] de homens que rejeitam a verdade. **15** Para os puros, todas as coisas são puras; mas, para os impuros e descrentes, nada é puro.[c] De fato, tanto a mente como a consciência deles estão corrompidas. **16** Eles afirmam que conhecem a Deus, mas por seus atos o negam;[d] são detestáveis, desobedientes e desqualificados para qualquer boa obra.

Instruções para Vários Grupos

2 Você, porém, fale o que está de acordo com a sã doutrina.[e] **2** Ensine os homens mais velhos a serem moderados, dignos de respeito, sensatos e sadios na fé,[f] no amor e na perseverança.

3 Semelhantemente, ensine as mulheres mais velhas a serem reverentes na sua maneira de viver, a não serem caluniadoras nem escravizadas a muito vinho,[g] mas a serem capazes de ensinar o que é bom. **4** Assim, poderão orientar as mulheres mais jovens a amarem seus maridos e seus filhos, **5** a serem prudentes e puras, a estarem ocupadas em casa, e a serem bondosas e sujeitas a seus maridos,[h] a fim de que a palavra de Deus[i] não seja difamada.

6 Da mesma maneira, encoraje os jovens[j] a serem prudentes. **7** Em tudo seja você mesmo um exemplo[k] para eles, fazendo boas obras. Em seu ensino, mostre integridade e seriedade; **8** use linguagem sadia, contra a qual nada se possa dizer, para que aqueles que se opõem a você fiquem envergonhados por não poderem falar mal de nós.[l]

9 Ensine os escravos a se submeterem em tudo[m] a seus senhores, a procurarem agradá-los, a não serem respondões e **10** a não roubá-los, mas a mostrarem que são

---

[1] **1.1** Isto é, escravo.
[2] **1.4** Muitos manuscritos dizem *Graça, misericórdia e paz.*
[3] **1.5** Ou *ordenasse*
[4] **1.7** Grego: *epíscopo.* Palavra que descreve a pessoa que exerce função pastoral.

1.1
[a] Rm 1.1
[b] 1Tm 2.4

1.2
[c] 2Tm 1.1
[d] 2Tm 1.9

1.3
[e] 1Tm 2.6
[f] 2Tm 1.10
[g] 1Tm 1.11
[h] Lc 1.47

1.4
[i] 2Co 2.13

1.5
[j] At 27.7
[k] At 11.30

1.6
[l] 1Tm 3.2

1.7
[m] 1Co 4.1
[n] 1Tm 3.1
[o] 1Tm 3.3,8

1.8
[p] 1Tm 3.2
[q] 2Tm 3.3

1.9
[r] 1Tm 1.19
[s] 1Tm 1.10

1.10
[t] 1Tm 1.6
[u] 11.2

1.11
[v] 2Tm 3.6

1.12
[w] At 17.28
[x] At 2.11

1.13
[y] 2Co 13.10
[z] Tm 2.2

1.14
[a] 1Tm 1.4
[b] Cl 2.22

1.15
[c] Rm 14.14,23

1.16
[d] 1Jo 2.4

2.1
[e] 1Tm 1.10

2.2
[f] Tt 1.13

2.3
[g] 1Tm 3.8

2.5
[h] Ef 5.22
[i] 1Tm 6.1

2.6
[j] 1Tm 5.1

2.7
[k] 1Tm 4.12

2.8
[l] 1Pe 2.12

2.9
[m] Ef 6.5

inteiramente dignos de confiança, para que assim tornem atraente,[n] em tudo, o ensino de Deus, nosso Salvador.

¹¹ Porque a graça de Deus se manifestou salvadora a todos os homens.[o] ¹² Ela nos ensina a renunciar à impiedade e às paixões[p] mundanas e a viver de maneira sensata, justa e piedosa[q] nesta era presente, ¹³ enquanto aguardamos a bendita esperança: a gloriosa manifestação de nosso grande Deus e Salvador, Jesus Cristo.[r] ¹⁴ Ele se entregou por nós a fim de nos remir de toda a maldade e purificar para si mesmo um povo particularmente seu,[s] dedicado à prática de boas[t] obras.

¹⁵ É isso que você deve ensinar, exortando-os e repreendendo-os com toda a autoridade.[u] Ninguém o despreze.

A Conduta Cristã

3 Lembre a todos que se sujeitem aos governantes e às autoridades, sejam obedientes, estejam sempre prontos a fazer tudo o que é bom,[v] ² não caluniem ninguém,[w] sejam pacíficos, amáveis e mostrem sempre verdadeira mansidão para com todos os homens.

³ Houve tempo em que nós também éramos insensatos e desobedientes, vivíamos enganados e escravizados por toda espécie de paixões e prazeres. Vivíamos na maldade e na inveja, sendo detestáveis e odiando uns aos outros. ⁴ Mas, quando, da parte de Deus, nosso Salvador, se manifestaram a bondade[x] e o amor pelos homens,[y] ⁵ não por causa de atos de justiça por nós praticados,[z] mas devido à sua misericórdia, ele nos salvou pelo lavar regenerador e renovador[a] do Espírito Santo, ⁶ que ele derramou sobre nós[b] generosamente, por meio de Jesus Cristo, nosso Salvador. ⁷ Ele o fez a fim de que, justificados por sua graça,[c] nos tornemos seus herdeiros,[d] tendo a esperança[e] da vida eterna.[f] ⁸ Fiel é esta palavra,[g] e quero que você afirme categoricamente essas coisas, para que os que creem em Deus se empenhem na prática de boas obras.[h] Tais coisas são excelentes e úteis aos homens.

⁹ Evite, porém, controvérsias tolas, genealogias, discussões e contendas[i] a respeito da Lei, porque essas coisas são inúteis e sem valor. ¹⁰ Quanto àquele que provoca divisões, advirta-o uma primeira e uma segunda vez. Depois disso, rejeite-o.[j] ¹¹ Você sabe que tal pessoa se perverteu e está em pecado; por si mesma está condenada.

Observações Finais

¹² Quando eu enviar Ártemas ou Tíquico[k] até você, faça o possível para vir ao meu encontro em Nicópolis, pois decidi passar o inverno ali.[l] ¹³ Providencie tudo o que for necessário para a viagem de Zenas, o jurista, e de Apolo,[m] de modo que nada lhes falte. ¹⁴ Quanto aos nossos, que aprendam a dedicar-se à prática de boas obras,[n] a fim de que supram as necessidades diárias e não sejam improdutivos.

¹⁵ Todos os que estão comigo enviam saudações. Saudações àqueles que nos amam na fé.[o]

A graça seja com todos vocês.[p]

Introdução a FILEMOM

PANO DE FUNDO
Esta carta é dirigida às preocupações pessoais de dois cristãos, Filemom e Onésimo. Filemom vivia em Colossos e era um dos convertidos de Paulo (Colossenses 4.9). Onésimo, cujo nome significa "útil", era um escravo da casa de Filemom. Depois de roubar de seu mestre, Onésimo fugiu para Roma. Pela lei romana, Filemom poderia castiga-lo com pena de morte se ele fosse capturado. Em algum momento Onésimo encontrou Paulo em Roma e tornou-se um cristão.

MENSAGEM
Paulo, que se refere a si mesmo como "prisioneiro de Cristo Jesus" (1, 9), está enviando Onésimo de volta para a casa de Filemom e lhe faz um apelo que ele receba Onésimo da mesma maneira que receberia a ele, Paulo, não como um escravo, mas como um irmão de fé em Cristo (15-17). Paulo assegura a Filemom que pagará todos os prejuízos ou dívidas que porventura Onésimo tenha para com seu mestre. Paulo não apenas pede a Filemom que aja com o amor de Cristo, mas ele também está confiante que o amor vencerá: "Escrevo certo de que você me obedecerá, sabendo que fará ainda mais do que lhe peço." (v. 21).

ÉPOCA
Paulo escreveu sua epístola a Filemom por ocasião de sua prisão domiciliar em Roma, no ano 60 ou 61.

ESBOÇO
I. Saudação — 1-3
II. Uma oração por Filemom — 4-7
III. Recomendações quanto a Onésimo — 8-21
IV. Saudações finais — 22-25

¹ Paulo, prisioneiro[a] de Cristo Jesus, e o irmão[b] Timóteo,

a você, Filemom, nosso amado cooperador,[c] ² à irmã Áfia, a Arquipo,[d] nosso companheiro[e] de lutas, e à igreja que se reúne com você em sua casa:[f]

³ A vocês, graça e paz da parte de Deus nosso Pai e do Senhor Jesus Cristo.

Ação de Graças e Intercessão

⁴ Sempre dou graças a meu Deus,[g] lembrando-me de você nas minhas orações, ⁵ porque ouço falar da sua fé no Senhor Jesus e do seu amor por todos os santos.[h] ⁶ Oro para que a comunhão que procede da sua fé seja eficaz no pleno conhecimento de todo o bem que temos em Cristo. ⁷ Seu amor me tem dado grande alegria e consolação,[i] porque você, irmão, tem reanimado[j] o coração dos santos.

A Intercessão de Paulo em favor de Onésimo

⁸ Por isso, mesmo tendo em Cristo plena liberdade para mandar que você cumpra o seu dever, ⁹ prefiro fazer um apelo com base no amor. Eu, Paulo, já velho, e agora também prisioneiro[k] de Cristo Jesus, ¹⁰ apelo em favor de meu filho[l] Onésimo[1] [m], que gerei enquanto estava preso. ¹¹ Ele antes era inútil para você, mas agora é útil, tanto para você quanto para mim.

¹² Mando-o de volta a você, como se fosse o meu próprio coração. ¹³ Gostaria de mantê-lo comigo para que me ajudasse em seu lugar enquanto estou preso por causa do evangelho. ¹⁴ Mas não quis fazer nada sem a sua permissão, para que qualquer favor que você fizer seja espontâneo, e não forçado.[n] ¹⁵ Talvez ele tenha sido separado de você por algum tempo, para que você o tivesse de volta para sempre, ¹⁶ não mais como escravo, mas muito além de escravo, como irmão amado.[o] Para mim ele é um irmão muito amado, e ainda mais para você, tanto como pessoa quanto como cristão[2].

¹⁷ Assim, se você me considera companheiro[p] na fé, receba-o como se estivesse recebendo a mim. ¹⁸ Se ele o prejudicou em algo ou deve alguma coisa a você, ponha na minha conta. ¹⁹ Eu, Paulo, escrevo de próprio punho: Eu pagarei — para não dizer que você me deve a própria vida. ²⁰ Sim, irmão, eu gostaria de receber de você algum benefício por estarmos no Senhor. Reanime[q] o meu coração em Cristo! ²¹ Escrevo[r] certo de que você me obedecerá, sabendo que fará ainda mais do lhe que peço.

²² Além disso, prepare-me um aposento, porque, graças às suas orações,[t] espero poder ser[s] restituído a vocês.

²³ Epafras,[u] meu companheiro de prisão por causa de Cristo Jesus, envia saudações, ²⁴ assim como também Marcos,[v] Aristarco,[w] Demas[x] e Lucas, meus cooperadores.

²⁵ A graça do Senhor Jesus Cristo seja com o espírito[y] de todos vocês.

1
[a]v. 9.23
Ef 3.1
[b]2Co 1.1
[c]Fp 2.25

2
[d]Cl 4.17
[e]Fp 2.25
[f]Rm 16.5

4
[g]Rm 1.8

5
[h]Fp 1.15
Cl 1.4

7
[i]2Co 7.4,13
[j]v.20

9
[k]v.1.23

10
[l]1Co 4.15
[m]Cl 4.9

14
[n]2Co 9.7
1Pe 5.2

16
[o]Mt 23.8
1Tm 6.2

17
[p]2Co 8.23

20
[q]v.7

21
[r]2Co 2.3

22
[s]Fp 1.25; 2.24
[t]2Co 1.11

23
[u]Cl 1.7

24
[v]At 12.12
[w]At 19.29
[x]Cl 4.14

25
[y]2Tm 4.22

---

¹ 10 *Onésimo* significa *útil*.
² 16 Grego: *tanto na carne quanto no Senhor*.

Introdução a HEBREUS

PANO DE FUNDO

Os seguidores de Cristo no primeiro século com frequência estavam sujeitos a sofrer perseguição da parte de seus próprios patrícios. A carta aos Hebreus é uma mensagem de encorajamento para ajudar judeus crentes em Cristo que sofriam por sua fé recentemente descoberta. A autoria de Hebreus não é conhecida como a de outros livros do Novo Testamento. Igrejas ocidentais e orientais debatem se Paulo, Barnabé, Lucas, Apolo ou Clemente foram seus autores. Ainda que a epístola não traga a saudação usual de Paulo, os cristãos no quarto século até por volta de 1800 criam que tenha sido ele o autor.

MENSAGEM

Para encorajar crentes que não sabiam se o cristianismo é digno da dor da perseguição, o autor discute a superioridade de Cristo em relação aos profetas, anjos, Moisés e sumo sacerdotes. Para o escritor, Cristo é simplesmente o caminho "tão superior" (1.4). Ele está acima de todos e merece a adoração dos cristãos. Ele é o cumprimento pleno da antiga aliança e o fundador da nova. Hebreus traz uma "galeria da fama" do Antigo Testamento, elogiando homens e mulheres que caminharam com Deus e perseveraram em sua fé, algumas vezes sofrendo perseguição e morte. A despeito de suas lutas, os crentes são chamados e equipados em Cristo para a cada dia se tornarem mais como ele. Cristo apenas — "mediador de uma nova aliança"! (12.24) – é suficiente para a salvação.

ÉPOCA

Como a Epístola aos hebreus não menciona a destruição de Jerusalém, que ocorreu no ano 70, ela foi provavelmente escrita entre nos anos 64 e 68.

ESBOÇO

I. A nova aliança em Cristo
Cristo é o Filho de Deus 1.1-3
Cristo é superior aos anjos 1.4-14
Cristo veio como humano 2.1-18
Cristo é superior a Moisés .... 3.1—4.13
Cristo é o grande Sumo Sacerdote .... 4.14—5.14

II. As duas alianças
Aliança com Abraão 6.1-20
Cristo é como Melquisedeque 7.1-28
Contraste das alianças 8.1-13
A antiga aliança é cumprida em Cristo ... 9.1—10.18
Privilégios da nova aliança 10.19-39

III. A fé em ambas as alianças
Fé na antiga aliança 11.1-40
Fé na nova aliança 12.1-29

IV. Conselhos práticos 13.1-17

V. Palavras finais 13.18-25

O Filho é Superior aos Anjos

1 Há muito tempo Deus falou[a] muitas vezes e de várias maneiras[c] aos nossos antepassados por meio dos profetas,[b] **2** mas nestes últimos dias falou-nos por meio do Filho, a quem constituiu herdeiro[d] de todas as coisas e por meio de quem[e] fez o universo. **3** O Filho é o resplendor da glória de Deus[f] e a expressão exata do seu ser, sustentando todas as coisas[g] por sua palavra poderosa. Depois de ter realizado a purificação dos pecados,[h] ele se assentou à direita da Majestade nas alturas,[i] **4** tornando-se tão superior aos anjos quanto o nome que herdou é superior ao deles.[j]

5 Pois a qual dos anjos Deus alguma vez disse:

"Tu és meu Filho;
  eu hoje te gerei"[1]?[k]

E outra vez:

"Eu serei seu Pai,
  e ele será meu Filho"[2]?[l]

6 E ainda, quando Deus introduz o Primogênito no mundo,[m] diz:

"Todos os anjos de Deus
  o adorem"[3].[n]

7 Quanto aos anjos, ele diz:

"Ele faz dos seus anjos ventos,
  e dos seus servos,
clarões reluzentes"[4].[o]

8 Mas a respeito do Filho, diz:

"O teu trono, ó Deus,
  subsiste para todo o sempre;
cetro de equidade
  é o cetro do teu Reino.
9 Amas a justiça
  e odeias a iniquidade;
por isso Deus, o teu Deus,
escolheu-te dentre
  os teus companheiros,[p]
ungindo-te com óleo[q] de alegria"[5].

10 E também diz:

"No princípio, Senhor,
  firmaste os fundamentos
  da terra,
e os céus são obras
  das tuas mãos.
11 Eles perecerão,
  mas tu permanecerás;
envelhecerão como vestimentas.[r]
12 Tu os enrolarás como um manto,
como roupas
  eles serão trocados.
Mas tu permaneces o mesmo,[s]
e os teus dias jamais terão fim"[6].[t]

13 A qual dos anjos Deus alguma vez disse:

"Senta-te à minha direita,
até que eu faça
  dos teus inimigos
um estrado[u] para os teus pés"[7]?[v]

14 Os anjos não são, todos eles, espíritos[w] ministradores enviados para servir aqueles que hão de herdar a salvação?[x]

O Perigo da Negligência

2 Por isso é preciso que prestemos maior atenção ao que temos ouvido, para que jamais nos desviemos. **2** Porque, se a mensagem transmitida[y] por anjos[z] provou a sua firmeza e toda transgressão e desobediência recebeu a devida punição,[a] **3** como escaparemos, se negligenciarmos tão grande salvação?[b] Essa salvação, primeiramente anunciada pelo Senhor,[c] foi-nos confirmada pelos que a ouviram.[d] **4** Deus também deu testemunho dela por meio de sinais,

---

[1] **1.5** Sl 2.7
[2] **1.5** 2Sm 7.14; 1Cr 17.13
[3] **1.6** Dt 32.43 (segundo a Septuaginta e os manuscritos do mar Morto).
[4] **1.7** Sl 104.4
[5] **1.8,9** Sl 45.6,7
[6] **1.10-12** Sl 102.25-27
[7] **1.13** Sl 110.1

1.1
[a] Jo 9.29; Hb 2.2,3
[b] At 2.30
[c] Nm 12.6,8
1.2
[d] Sl 2.8
[e] Jo 1.3
1.3
[f] Jo 1.14
[g] Cl 1.17
[h] Hb 7.27
[i] Mc 16.19
1.4
[j] Ef 1.21; Fp 2.9,10
1.5
[k] Sl 2.7
[l] 2Sm 7.14
1.6
[m] Hb 10.5
[n] Dt 32.43 (LXX and DSS); Sl 97.7
1.7
[o] Sl 104.4
1.9
[p] Fp 2.9
[q] Is 61.1,3
1.11
[r] Is 34.4
1.12
[s] Hb 13.8
[t] Sl 102.25-27
1.13
[u] Js 10.24; Hb 10.13
[v] Sl 110.1
1.14
[w] Sl 103.20
[x] Hb 5.9
2.2
[y] Hb 1.1
[z] Dt 33.2; At 7.53
[a] Hb 10.28
2.3
[b] Hb 10.29
[c] Hb 1.2
[d] Lc 1.2

maravilhas, diversos milagres[e] e dons do Espírito Santo[f] distribuídos de acordo com a sua vontade.[g]

Jesus é Feito Semelhante a seus Irmãos

⁵ Não foi a anjos que ele sujeitou o mundo que há de vir, a respeito do qual estamos falando, ⁶ mas alguém em certo lugar testemunhou, dizendo:

"Que é o homem, para que
  com ele te importes?
E o filho do homem,
  para que com ele te preocupes?[h]
⁷ Tu o fizeste um[1] pouco menor
  do que os anjos
e o coroaste de glória e de honra;
⁸ tudo sujeitaste debaixo
  dos seus pés"[2].[i]

Ao lhe sujeitar todas as coisas, nada deixou que não lhe estivesse sujeito. Agora, porém, ainda não vemos que todas as coisas lhe estejam sujeitas. ⁹ Vemos, todavia, aquele que por um pouco foi feito menor do que os anjos, Jesus, coroado de honra[j] e de glória por ter sofrido a morte,[k] para que, pela graça de Deus, em favor de todos, experimentasse a morte.[l]

¹⁰ Ao levar muitos filhos à glória, convinha que Deus, por causa de quem e por meio de quem tudo existe,[m] tornasse perfeito, mediante o sofrimento,[n] o autor da salvação deles. ¹¹ Ora, tanto o que santifica quanto os que são santificados[o] provêm de um só. Por isso Jesus não se envergonha de chamá-los irmãos.[p] ¹² Ele diz:

"Proclamarei o teu nome
  a meus irmãos;
na assembleia te louvarei"[3].[q]

¹³ E também:

"Nele porei
  a minha confiança"[4].[r]

Novamente ele diz:

"Aqui estou eu com os filhos
  que Deus me deu"[5].[s]

¹⁴ Portanto, visto que os filhos são pessoas de carne e sangue, ele também participou dessa condição humana,[t] para que, por sua morte, derrotasse[u] aquele que tem o poder da morte, isto é, o Diabo,[v] ¹⁵ e libertasse aqueles que durante toda a vida estiveram escravizados pelo medo[w] da morte. ¹⁶ Pois é claro que não é a anjos que ele ajuda, mas aos descendentes de Abraão. ¹⁷ Por essa razão era necessário que ele se tornasse semelhante a seus irmãos[x] em todos os aspectos, para se tornar sumo sacerdote[z] misericordioso[y] e fiel com relação a Deus[a] e fazer propiciação[6] pelos pecados do povo. ¹⁸ Porque, tendo em vista o que ele mesmo sofreu quando tentado, ele é capaz de socorrer aqueles que também estão sendo tentados.[b]

Jesus é Superior a Moisés

3 Portanto, santos irmãos,[c] participantes do chamado celestial, fixem os seus pensamentos em Jesus, apóstolo e sumo sacerdote[d] que confessamos.[e] ² Ele foi fiel àquele que o havia constituído, assim como Moisés foi fiel em toda a casa de Deus.[f] ³ Jesus foi considerado digno de maior glória do que Moisés, da mesma forma que o construtor de uma casa tem mais honra do que a própria casa. ⁴ Pois toda casa é construída por alguém, mas Deus é o edificador de tudo. ⁵ Moisés foi fiel como servo[g] em toda a casa de Deus,[h] dando testemunho do que haveria de ser dito no futuro, ⁶ mas Cristo é fiel como Filho[i] sobre a casa de Deus; e essa casa[j] somos nós, se é que nos apegamos[k] firmemente[7] à confiança e à esperança[l] da qual nos gloriamos.

---

[1] **2.7** Ou *por um*
[2] **2.6-8** Sl 8.4-6
[3] **2.12** Sl 22.22
[4] **2.13** Is 8.17
[5] **2.13** Is 8.18
[6] **2.17** Ou *desviar a ira de Deus dos pecados e removê-los*
[7] **3.6** Muitos manuscritos trazem *firmemente até o fim*.

Advertência contra a Incredulidade

⁷ Assim, como diz o Espírito Santo:ᵐ

"Hoje, se vocês ouvirem
   a sua voz,
⁸ não endureçam o coração,
   como na rebelião,
durante o tempo da provação no
   deserto,
⁹ onde os seus antepassados
   me tentaram,
   pondo-me à prova,
apesar de, durante quarenta anos,
   terem visto o que eu fiz.ⁿ
¹⁰ Por isso fiquei irado
   contra aquela geração
e disse: O seu coração
   está sempre se desviando,
e eles não reconheceram
   os meus caminhos.
¹¹ Assim jurei na minha ira:
   Jamais entrarão
   no meu descanso"ᵒ¹·ᵖ

¹² Cuidado, irmãos, para que nenhum de vocês tenha coração perverso e incrédulo, que se afaste do Deus vivo. ¹³ Ao contrário, encorajem-se uns aos outros todos os dias,ᑫ durante o tempo que se chama "hoje", de modo que nenhum de vocês seja endurecido pelo enganoʳ do pecado, ¹⁴ pois passamos a ser participantes de Cristo, desde que, de fato, nos apeguemosˢ até o fim à confiança que tivemos no princípio. ¹⁵ Por isso é que se diz:

"Se hoje vocês ouvirem
   a sua voz,
não endureçam o coração,
   como na rebelião"²·ᵗ

¹⁶ Quem foram os que ouviram e se rebelaram? Não foram todos os que Moisés tirou do Egito?ᵘ ¹⁷ Contra quem Deus esteve irado durante quarenta anos? Não foi contra aqueles que pecaram, cujos corpos caíram no deserto?ᵛ ¹⁸ E a quem jurou que nunca haveriam de entrar no seu descanso?ʷ Não foi àqueles que foram desobedientes?ˣ³ ¹⁹ Vemos, assim, que por causa da incredulidadeʸ não puderam entrar.

Um Descanso Sabático para o Povo de Deus

4 Visto que nos foi deixada a promessa de entrarmos no descanso de Deus, que nenhum de vocês pense que falhou⁴·ᶻ ² Pois as boas-novas foram pregadas também a nós, tanto quanto a eles; mas a mensagem que eles ouviram de nada lhes valeu, pois não foi acompanhada de fé por aqueles que a ouviram⁵·ᵃ ³ Pois nós, os que cremos, é que entramos naquele descanso, conforme Deus disse:

"Assim jurei na minha ira:
Jamais entrarão
   no meu descanso"⁶·ᵇ

embora as suas obras estivessem concluídas desde a criação do mundo. ⁴ Pois em certo lugar ele falou sobre o sétimo dia, nestas palavras: "No sétimo dia Deus descansou de toda obra que realizara"⁷·ᶜ ⁵ E de novo, na passagem citada há pouco, diz: "Jamais entrarão no meu descanso".ᵈ

⁶ Portanto, restam entrar alguns naquele descanso, e aqueles a quem anteriormente as boas-novas foram pregadas não entraram, por causa da desobediência.ᵉ ⁷ Por isso Deus estabelece outra vez um determinado dia, chamando-o "hoje", ao declarar muito tempo depois, por meio de Davi, de acordo com o que fora dito antes:

"Se hoje vocês ouvirem
   a sua voz,
não endureçam o coração"ᶠ

---

¹ 3.7-11 Sl 95.7-11
² 3.15 Sl 95.7,8; também em 4.7.
³ 3.18 Ou *que não creram?*
⁴ 4.1 Ou *que a promessa falhou*
⁵ 4.2 Muitos manuscritos dizem *pois não compartilharam a fé daqueles que obedeceram.*
⁶ 4.3 Sl 95.11; também no versículo 5.
⁷ 4.4 Gn 2.2

3.7
ᵐHb 9.8
3.9
ⁿAt 7.36
3.11
ᵒHb 4.3,5
ᵖSl 95.7-11
3.13
ᑫHb 10.24,25
ʳEf 4.22
3.14
ˢv. 6
3.15
ᵗv. 7,8; Sl 95.7,8
3.16
ᵘNm 14.2
3.17
ᵛNm 14.29; Sl 106.26
3.18
ʷNm 14.20-23
ˣHb 4.6
3.19
ʸJo 3.36
4.1
ᶻHb 12.15
4.2
ᵃ1Ts 2.13
4.3
ᵇSl 95.11; Hb 3.11
4.4
ᶜGn 2.2,3; Ex 20.11
4.5
ᵈSl 95.11
4.6
ᵉHb 3.18
4.7
ᶠSl 95.7,8; Hb 3.7,8,15

⁸ Porque, se Josué lhes tivesse dado descanso,ᵍ Deus não teria falado ʰ posteriormente a respeito de outro dia. ⁹ Assim, ainda resta um descanso sabático para o povo de Deus; ¹⁰ pois todo aquele que entra no descanso de Deus também descansa das suas obras, como Deus descansou das suas.ⁱ ¹¹ Portanto, esforcemo-nos por entrar nesse descanso, para que ninguém venha a cair, seguindo aquele exemplo de desobediência.ʲ

¹² Pois a palavra de Deusᵏ é viva e eficaz,ˡ e mais afiada que qualquer espada de dois gumes;ᵐ ela penetra até o ponto de dividir alma e espírito, juntas e medulas, e julga os pensamentos e as intenções do coração.ⁿ ¹³ Nada, em toda a criação, está oculto aos olhos de Deus.º Tudo está descoberto e exposto diante dos olhos daquele a quem havemos de prestar contas.

Jesus, o Grande Sumo Sacerdote

¹⁴ Portanto, visto que temos um grande sumo sacerdote que adentrou os céus,ᵖ Jesus, o Filho de Deus, apeguemo-nos com toda a firmeza à fé que professamos,ᵠ ¹⁵ pois não temos um sumo sacerdote que não possa compadecer-se das nossas fraquezas, mas sim alguém que, como nós,ʳ passou por todo tipo de tentação, porém, sem pecado.ˢ ¹⁶ Assim, aproximemo-nos do trono da graça com toda a confiança, a fim de recebermos misericórdia e encontrarmos graça que nos ajude no momento da necessidade.

5 Todo sumo sacerdote é escolhido dentre os homens e designado para representá-los em questões relacionadas com Deus e apresentar ofertas e sacrifícios ᵗ pelos pecados.ᵘ ² Ele é capaz de se compadecer dos que não têm conhecimento e se desviam,ᵛ visto que ele próprio está sujeito à fraqueza.ʷ ³ Por isso ele precisa oferecer sacrifícios por seus próprios pecados, bem como pelos pecados do povo.ˣ

⁴ Ninguém toma essa honra para si mesmo, mas deve ser chamado por Deus, como de fato o foi Arão.ʸ ⁵ Da mesma forma, Cristo não tomou para si a glória ᶻ de se tornar sumo sacerdote, mas Deus lhe disse:ᵃ

"Tu és meu Filho;
  eu hoje te gerei".¹·ᵇ

⁶ E diz noutro lugar:

"Tu és sacerdote para sempre,
  segundo a ordem
  de Melquisedeque".²·ᶜ

⁷ Durante os seus dias de vida na terra, Jesus ofereceu orações e súplicas, em alta voz e com lágrimas,ᵈ àquele que o podia salvar da morte, sendo ouvido por causa da sua reverente submissão.ᵉ ⁸ Embora sendo Filho, ele aprendeu a obedecer por meio daquilo que sofreu;ᶠ ⁹ e, uma vez aperfeiçoado,ᵍ tornou-se a fonte da salvação eterna para todos os que lhe obedecem, ¹⁰ sendo designado por Deus sumo sacerdote,ʰ segundo a ordem de Melquisedeque.ⁱ

Advertência contra a Apostasia

¹¹ Quanto a isso, temos muito que dizer, coisas difíceis de explicar, porque vocês se tornaram lentos para aprender. ¹² Embora a esta altura já devessem ser mestres, precisam de alguém que ensine a vocês novamente os princípios elementares ʲ da palavra de Deus. Estão precisando de leite, e não de alimento sólido!ᵏ ¹³ Quem se alimenta de leite ainda é criança ˡ e não tem experiência no ensino da justiça. ¹⁴ Mas o alimento sólido é para os adultos,ᵐ os quais, pelo exercício constante, tornaram-se aptos para discernir tanto o bem quanto o mal.ⁿ

6 Portanto, deixemosº os ensinos elementaresᵖ a respeito de Cristo e avancemos para a maturidade, sem lançar novamente o fundamento do arrependimento de atos que conduzem à morte,³·ᵠ da fé em Deus, ² da instrução a respeito de batismos,ʳ da

---

¹ **5.5** Sl 2.7
² **5.6** Sl 110.4
³ **6.1** Ou *de ritos inúteis*

imposição de mãos,ˢ da ressurreição dos mortosᵗ e do juízo eterno. ³ Assim faremos, se Deus o permitir.ᵘ

⁴ Ora, para aqueles que uma vez foram iluminados,ᵛ provaram o dom celestial,ʷ tornaram-se participantes do Espírito Santo,ˣ ⁵ experimentaram a bondade da palavra de Deus e os poderes da era que há de vir, ⁶ mas caíram, é impossível que sejam reconduzidos ao arrependimento;ʸ¹ pois para si mesmos² estão crucificando de novo o Filho de Deus, sujeitando-o à desonra pública.

⁷ Pois a terra, que absorve a chuva que cai frequentemente e dá colheita proveitosa àqueles que a cultivam, recebe a bênção de Deus. ⁸ Mas a terra que produz espinhos e ervas daninhas, é inútil e logo será amaldiçoada.ᶻ Seu fim é ser queimada.

⁹ Amados, mesmo falando dessa forma,ᵃ estamos convictos de coisas melhores em relação a vocês, coisas próprias da salvação. ¹⁰ Deus não é injusto; ele não se esquecerá do trabalho de vocês e do amor que demonstraram por ele, pois ajudaram os santos e continuam a ajudá-los.ᵇ ¹¹ Queremos que cada um de vocês mostre essa mesma prontidão até o fim, para que tenham a plena certeza da esperança,ᶜ ¹² de modo que vocês não se tornem negligentes, mas imitemᵈ aqueles que, por meio da fé e da paciência,ᵉ recebem a herança prometida.ᶠ

A Certeza da Promessa de Deus

¹³ Quando Deus fez a sua promessa a Abraão, por não haver ninguém superior por quem jurar, jurou por si mesmo,ᵍ ¹⁴ dizendo: "Esteja certo de que o abençoarei e farei numerosos os seus descendentes"³.ʰ ¹⁵ E foi assim que, depois de esperar pacientemente, Abraão alcançou a promessa.ⁱ

¹⁶ Os homens juram por alguém superior a si mesmos, e o juramento confirma o que foi dito, pondo fim a toda discussão.ʲ ¹⁷ Querendo mostrar de forma bem clara a natureza imutávelᵏ do seu propósito para com os herdeiros da promessa,ˡ Deus o confirmou com juramento, ¹⁸ para que, por meio de duas coisas imutáveis nas quais é impossível que Deus minta,ᵐ sejamos firmemente encorajados, nós, que nos refugiamos nele para tomar posse da esperançaⁿ a nós proposta. ¹⁹ Temos essa esperança como âncora da alma, firme e segura, a qual adentra o santuário interior, por trás do véu,ᵒ ²⁰ onde Jesus, que nos precedeu, entrou em nosso lugar,ᵖ tornando-se sumo sacerdoteᵠ para sempre, segundo a ordem de Melquisedeque.ʳ

O Sacerdote Melquisedeque

7 Esse Melquisedeque, rei de Salém e sacerdote do Deus Altíssimo,ˢ encontrou-se com Abraão quando este voltava, depois de derrotar os reis, e o abençoou;ᵗ ² e Abraão lhe deu o dízimo de tudo.⁴ Em primeiro lugar, seu nome significa "rei de justiça"; depois, "rei de Salém", que quer dizer "rei de paz". ³ Sem pai, sem mãe, sem genealogia,ᵘ sem princípio de dias nem fim de vida, feito semelhante ao Filho de Deus,ᵛ ele permanece sacerdote para sempre.

⁴ Considerem a grandeza desse homem: até mesmo o patriarcaʷ Abraão lhe deu o dízimo dos despojos!ˣ ⁵ A Lei requer dos sacerdotes entre os descendentes de Levi que recebam o dízimo do povo,ʸ isto é, dos seus irmãos, embora estes sejam descendentes de Abraão. ⁶ Este homem, porém, que não pertencia à linhagem de Levi, recebeu os dízimos de Abraão e abençoouᶻ aquele que tinha as promessas.ᵃ ⁷ Sem dúvida alguma, o inferior é abençoado pelo superior. ⁸ No primeiro caso, quem recebe o dízimo são homens mortais; no outro caso, é aquele de quem se declara que vive.ᵇ ⁹ Pode-se até dizer que Levi, que recebe os dízimos, entregou-os por meio de Abraão, ¹⁰ pois, quando

---

¹ 6.6 Ou *ao arrependimento enquanto estão crucificando de novo;*
² 6.6 Ou *para o seu próprio mal*
³ 6.14 Gn 22.17
⁴ 7.2 Gn 14.17-20

Melquisedeque se encontrou com Abraão, Levi ainda não havia sido gerado¹.

Jesus é Semelhante a Melquisedeque

¹¹ Se fosse possível alcançar a perfeição por meio do sacerdócio levítico (visto que em sua vigência o povo recebeu a Lei)ᶜ, por que haveria ainda necessidade de se levantar outro sacerdote,ᵈ segundo a ordem de Melquisedequeᵉ e não de Arão? ¹² Certo é que, quando há mudança de sacerdócio, é necessário que haja mudança de lei. ¹³ Ora, aquele de quem se dizem essas coisas pertencia a outra tribo,ᶠ da qual ninguém jamais havia servido diante do altar,ᵍ ¹⁴ pois é bem conhecido que o nosso Senhor descende de Judá,ʰ tribo da qual Moisés nada fala quanto a sacerdócio. ¹⁵ O que acabamos de dizer fica ainda mais claro quando aparece outro sacerdote semelhante a Melquisedeque, ¹⁶ alguém que se tornou sacerdote, não por regras relativas à linhagem, mas segundo o poder de uma vida indestrutível. ¹⁷ Porquanto sobre ele é afirmado:

"Tu és sacerdote para sempre,
   segundo a ordem
      de Melquisedeque"². ⁱ

¹⁸ A ordenança anterior é revogada, porque era fraca e inútil,ʲ ¹⁹ (pois a Lei não havia aperfeiçoado coisa alguma),ᵏ sendo introduzida uma esperança superior, pela qual nos aproximamos de Deus.ˡ

²⁰ E isso não aconteceu sem juramento! Outros se tornaram sacerdotes sem qualquer juramento, ²¹ mas ele se tornou sacerdote com juramento, quando Deus lhe disse:

"O Senhor jurou
   e não se arrependerá:ᵐ
'Tu és sacerdote
   para sempre' ".ⁿ

²² Jesus tornou-se, por isso mesmo, a garantia de uma aliança superior.ᵒ

²³ Ora, daqueles sacerdotes tem havido muitos, porque a morte os impede de continuar em seu ofício; ²⁴ mas, visto que vive para sempre, Jesus tem um sacerdócio permanente.ᵖ ²⁵ Portanto, ele é capaz de salvar definitivamente³ aqueles que, por meio dele, se aproximam de Deus,ᑫ pois vive sempre para interceder por eles.ʳ

²⁶ É de um sumo sacerdote como esse que precisávamos: santo, inculpável, puro, separado dos pecadores,ˢ exaltado acima dos céus.ᵗ ²⁷ Ao contrário dos outros sumos sacerdotes, ele não tem necessidade de oferecer sacrifíciosᵘ dia após dia, primeiro por seus próprios pecadosᵛ e, depois, pelos pecados do povo. E ele o fez uma vez por todasʷ quando a si mesmo se ofereceu.ˣ ²⁸ Pois a Lei constitui sumos sacerdotes a homens que têm fraquezas;ʸ mas o juramento, que veio depois da Lei, constitui o Filhoᶻ perfeitoᵃ para sempre.⁴

O Sumo Sacerdote de uma Nova Aliança

8 O mais importante do que estamos tratando é que temos um sumo sacerdoteᵇ como esse, o qual se assentou à direita do trono da Majestade nos céus ² e serve no santuário, no verdadeiro tabernáculoᶜ que o Senhor erigiu, e não o homem.

³ Todo sumo sacerdote é constituído para apresentar ofertas e sacrifícios;ᵈ por isso, era necessário que também este tivesse algo a oferecer.ᵉ ⁴ Se ele estivesse na terra, nem seria sumo sacerdote, visto que já existem aqueles que apresentam as ofertas prescritas pela Lei.ᶠ ⁵ Eles servem num santuário que é cópiaᵍ e sombraʰ daquele que está nos céus, já que Moisés foi avisadoⁱ quando estava para construir o tabernáculo: "Tenha o cuidado de fazer tudo segundo o modelo que lhe foi mostrado no monte"⁵·ʲ. ⁶ Agora, porém, o ministério que Jesus recebeu é superior ao deles, assim como também a aliançaᵏ

---

¹ **7.10** Ou *estava no corpo do seu antepassado*
² **7.17** Sl 110.4; também no versículo 21.
³ **7.25** Ou *eternamente*
⁴ **7.28** Ou *constitui para sempre o Filho, que foi aperfeiçoado.*
⁵ **8.5** Êx 25.40

da qual ele é mediador¹ é superior à antiga, sendo baseada em promessas superiores.

⁷ Pois, se aquela primeira aliança fosse perfeita, não seria necessário procurar lugar para outra.ᵐ ⁸ Deus, porém, achou o povo em falta e disse:

"Estão chegando os dias, declara o Senhor,
quando farei uma nova aliançaⁿ
com a comunidade de Israel
e com a comunidade de Judá.
⁹ Não será como a aliança
que fiz com os seus antepassados,ᵒ
quando os tomei pela mão
para tirá-los do Egito;
visto que eles
não permaneceram fiéis
à minha aliança,
eu me afastei deles",
diz o Senhor.
¹⁰ "Esta é a aliança que farei
com a comunidade de Israel
depois daqueles dias",
declara o Senhor.
"Porei minhas leis
em sua mente
e as escreverei
em seu coração.ᵖ
Serei o seu Deus,
e eles serão o meu povo.ᵠ
¹¹ Ninguém mais ensinará
o seu próximo
nem o seu irmão, dizendo:
'Conheça o Senhor',
porque todos eles
me conhecerão,ʳ
desde o menor até o maior.
¹² Porque eu lhes perdoarei
a maldade
e não me lembrarei mais
dos seus pecados"¹,ᵗ

¹³ Chamando "nova" essa aliança, ele tornou antiquadaᵘ a primeira; e o que se torna antiquado e envelhecido está a ponto de desaparecer.

A Adoração no Tabernáculo Terreno

9 Ora, a primeira aliança tinha regras para a adoração e também um santuárioᵛ terreno. ² Foi levantado um tabernáculo;ʷ na parte da frente, chamada Lugar Santo, estavam o candelabro,ˣ a mesaʸ e os pães da Presença.ᶻ ³ Por trás do segundo véu havia a parte chamada Lugar Santíssimo²,ᵃ ⁴ onde se encontravam o altar de ouro para o incensoᵇ e a arca da aliança, totalmente revestida de ouro.ᶜ Nessa arca estavam o vaso de ouro contendo o maná,ᵈ a vara de Arão que floresceuᵉ e as tábuas da aliança. ⁵ Acima da arca estavam os querubins da Glória,ᶠ que com sua sombra cobriam a tampa da arca³. A respeito dessas coisas não cabe agora falar detalhadamente.

⁶ Estando tudo assim preparado, os sacerdotes entravam regularmenteᵍ no Lugar Santo do tabernáculo, para exercer o seu ministério. ⁷ No entanto, somente o sumo sacerdote entravaʰ no Lugar Santíssimo, apenas uma vez por ano,ⁱ e nunca sem apresentar o sangue do sacrifício, que ele oferecia por si mesmoʲ e pelos pecados que o povo havia cometido por ignorância. ⁸ Dessa forma,ˡ o Espírito Santo estava mostrandoᵏ que ainda não havia sido manifestado o caminho para o Lugar Santíssimo enquanto permanecia o primeiro tabernáculo. ⁹ Isso é uma ilustração para os nossos dias, indicando que as ofertas e os sacrifícios oferecidosᵐ não podiam dar ao adorador uma consciência perfeitamente limpa. ¹⁰ Eram apenas prescrições que tratavam de comidaⁿ e bebidaᵒ e de várias cerimônias de purificação com água; essas ordenanças exterioresᵖ foram impostas até o tempo da nova ordem.

O Sangue de Cristo

¹¹ Quando Cristo veio como sumo sacerdoteᵠ dos benefícios agora presentes⁴,ʳ

² **9.3** Grego: *Santo dos Santos*.
³ **9.5** Isto é, o propiciatório.
⁴ **9.11** Muitos manuscritos dizem *que estavam por vir*.

¹ **8.8-12** Jr 31.31-34

ele adentrou o maior e mais perfeito tabernáculo,ˢ não feito pelo homem, isto é, não pertencente a esta criação. ¹² Não por meio de sangue de bodes e novilhos,ᵗ mas pelo seu próprio sangue, ele entrou no Lugar Santíssimo¹,ᵘ de uma vez por todas,ᵛ e obteve eterna redenção. ¹³ Ora, se o sangue de bodes e touros e as cinzas de uma novilhaʷ espalhadas sobre os que estão cerimonialmente impuros os santificam, de forma que se tornam exteriormente puros, ¹⁴ quanto mais o sangue de Cristo, que pelo Espírito eternoˣ se ofereceu de forma imaculada a Deus, purificará a nossa consciênciaʸ de atos que levam à morte²,ᶻ para que sirvamos ao Deus vivo!

¹⁵ Por essa razão, Cristo é o mediadorᵃ de uma nova aliança para que os que são chamados recebam a promessa da herança eterna, visto que ele morreu como resgate pelas transgressões cometidas sob a primeira aliança.ᵇ

¹⁶ No caso de um testamento³, é necessário que se comprove a morte daquele que o fez; ¹⁷ pois um testamento só é validado no caso de morte, uma vez que nunca vigora enquanto está vivo quem o fez. ¹⁸ Por isso, nem a primeira aliança foi sancionada sem sangue.ᶜ ¹⁹ Quando Moisés terminou de proclamar todos os mandamentos da Lei a todo o povo, levou sangue de novilhos e de bodes, e também água, lã vermelha e ramos de hissopo, e aspergiu o próprio livro e todo o povo,ᵈ dizendo: ²⁰ "Este é o sangue da aliança que Deus ordenou que vocês obedeçam"⁴,ᵉ ²¹ Da mesma forma, aspergiu com o sangue o tabernáculo e todos os utensílios das suas cerimônias. ²² De fato, segundo a Lei, quase todas as coisas são purificadas com sangue,ᶠ e sem derramamento de sangue não há perdão.ᵍ

²³ Portanto, era necessário que as cópiasʰ das coisas que estão nos céus fossem purificadas com esses sacrifícios, mas as próprias coisas celestiais com sacrifícios superiores. ²⁴ Pois Cristo não entrou em santuário feito por homens, uma simples representação do verdadeiro;ⁱ ele entrou nos céus, para agora se apresentar diante de Deus em nosso favor; ²⁵ não, porém, para se oferecer repetidas vezes, à semelhança do sumo sacerdote que entra no Lugar Santíssimo⁵ʲ todos os anos, com sangue alheio.ᵏ ²⁶ Se assim fosse, Cristo precisaria sofrer muitas vezes, desde o começo do mundo.ˡ Mas agora ele apareceu uma vez por todasᵐ no fim dos tempos, para aniquilar o pecado mediante o sacrifício de si mesmo. ²⁷ Da mesma forma, como o homem está destinado a morrer uma só vezⁿ e depois disso enfrentar o juízo,ᵒ ²⁸ assim também Cristo foi oferecido em sacrifício uma única vez, para tirar os pecados de muitos; e aparecerá segunda vez,ᵖ não para tirar o pecado,ᵠ mas para trazer salvação aos que o aguardam.ʳ

O Sacrifício de Cristo é Definitivo

10 A Lei traz apenas uma sombraˢ dos benefíciosᵗ que hão de vir, e não a sua realidade.ᵘ Por isso ela nunca consegue, mediante os mesmos sacrifícios repetidos ano após ano, aperfeiçoarᵛ os que se aproximam para adorar. ² Se pudesse fazê-lo, não deixariam de ser oferecidos? Pois os adoradores, tendo sido purificados uma vez por todas, não mais se sentiriam culpados de seus pecados. ³ Contudo, esses sacrifícios são uma recordação anual dos pecados,ʷ ⁴ pois é impossível que o sangue de touros e bodesˣ tire pecados.

⁵ Por isso, quando Cristo veio ao mundo,ʸ disse:

"Sacrifício e oferta
  não quiseste,

---

¹ **9.12** Várias traduções dizem *Santuário*.
² **9.14** Ou *de ritos inúteis*
³ **9.16,17** O termo grego traduzido por *testamento* é traduzido por *aliança* nos outros versículos do capítulo.
⁴ **9.20** Êx 24.8
⁵ **9.25** Várias traduções dizem *Santuário*.

mas um corpo me preparaste;*z*
⁶ de holocaustos e ofertas
pelo pecado
não te agradaste.
⁷ Então eu disse:
Aqui estou,
no livro está escrito
a meu respeito;*a*
vim para fazer a tua vontade, ó Deus"*¹.b*

⁸ Primeiro ele disse: "Sacrifícios, ofertas, holocaustos e ofertas pelo pecado não quiseste nem deles te agradaste"*c* (os quais eram feitos conforme a Lei). ⁹ Então acrescentou: "Aqui estou; vim para fazer a tua vontade".*d* Ele cancela o primeiro para estabelecer o segundo. ¹⁰ Pelo cumprimento dessa vontade fomos santificados,*e* por meio do sacrifício do corpo*f* de Jesus Cristo, oferecido uma vez por todas.*g*

¹¹ Dia após dia, todo sacerdote apresenta-se e exerce os seus deveres religiosos; repetidamente oferece os mesmos sacrifícios,*h* que nunca podem remover os pecados.*i* ¹² Mas, quando esse sacerdote acabou de oferecer, para sempre, um único sacrifício pelos pecados, assentou-se à direita de Deus.*j* ¹³ Daí em diante, ele está esperando até que os seus inimigos sejam como estrado dos seus pés;*j* ¹⁴ porque, por meio de um único sacrifício, ele aperfeiçoou*k* para sempre os que estão sendo santificados.

¹⁵ O Espírito Santo também nos testifica*l* a esse respeito. Primeiro ele diz:

¹⁶ "Esta é a aliança que farei com eles,
depois daqueles dias,
diz o Senhor.
Porei as minhas leis
em seu coração
e as escreverei
em sua mente"*²,m*

¹⁷ e acrescenta:

"Dos seus pecados
e iniquidades
não me lembrarei mais"*³.n*

¹⁸ Onde esses pecados foram perdoados, não há mais necessidade de sacrifício por eles.

Um Apelo à Perseverança

¹⁹ Portanto, irmãos, temos plena confiança para entrar no Lugar Santíssimo*⁴* pelo sangue de Jesus, ²⁰ por um novo e vivo caminho*p* que ele nos abriu por meio do véu,*q* isto é, do seu corpo. ²¹ Temos, pois, um grande sacerdote*r* sobre a casa de Deus. ²² Assim, aproximemo-nos de Deus*s* com um coração sincero e com plena convicção de fé, tendo os corações aspergidos para nos purificar de uma consciência culpada*t* e os nossos corpos lavados com água pura. ²³ Apeguemo-nos com firmeza à esperança*u* que professamos, pois aquele que prometeu é fiel.*v* ²⁴ E consideremos uns aos outros para nos incentivarmos ao amor e às boas obras. ²⁵ Não deixemos de reunir-nos como igreja,*w* segundo o costume de alguns, mas procuremos encorajar-nos uns aos outros,*x* ainda mais quando vocês veem que se aproxima o Dia.

²⁶ Se continuarmos a pecar*y* deliberadamente depois que recebemos o conhecimento da verdade, já não resta sacrifício pelos pecados, ²⁷ mas tão somente uma terrível expectativa de juízo e de fogo intenso*z* que consumirá os inimigos de Deus. ²⁸ Quem rejeitava a Lei de Moisés morria sem misericórdia pelo depoimento de duas ou três testemunhas.*a* ²⁹ Quão mais severo castigo, julgam vocês, merece aquele que pisou aos pés o Filho de Deus,*b* profanou o sangue da aliança*c* pelo qual ele foi santificado e insultou o Espírito*d* da graça?*e* ³⁰ Pois conhecemos aquele que disse: "A mim

---

¹ **10.5-7** Sl 40.6-8 (segundo a Septuaginta).
² **10.16** Jr 31.33
³ **10.17** Jr 31.34
⁴ **10.19** Várias traduções dizem *Santuário*.

10.5
f 1Pe 2.24
10.7
g Jr 36.2
h Sl 40.6-8
10.8
i v. 5,6;
Mc 12.33
10.9
j v. 7
10.10
k Jo 17.19
l Hb 2.14;
1Pe 2.24
m Hb 7.27
10.11
n Hb 5.1
o v.1,4
10.13
p Hb 1.13
10.14
q v.1
10.15
r Hb 3.7
10.16
s Jr 31.33;
Hb 8.10
10.17
t Hb 8.12
10.19
u Ef 2.18;
Hb 9.8,12,25
10.20
v Hb 9.8
w Hb 9.3
10.21
x Hb 2.17
10.22
y Hb 7.19
z Ez 36.25;
Hb 9.14
10.23
a Hb 3.6
b 1Co 1.9
10.25
c At 2.42
d Hb 3.13
10.26
e Nm 15.30;
2Pe 2.20
10.27
f Is 26.11;
2Ts 1.7;
Hb 9.27
10.28
g Dt 17.6,7;
Hb 2.2
10.29
h Hb 6.6
i Mt 26.28
j Ef 4.30;
Hb 6.4
k Hb 2.3

pertence a vingança; eu retribuirei"¹ᶠ; e outra vez: "O Senhor julgará o seu povo"².ᵍ ³¹ Terrível coisa é cair nas mãos do Deus vivo!ʰ

³² Lembrem-se dos primeiros dias, depois que vocês foram iluminados,ⁱ quando suportaram muita luta e muito sofrimento.ʲ ³³ Algumas vezes vocês foram expostos a insultos e tribulações;ᵏ em outras ocasiões fizeram-se solidários com os que assim foram tratados.ˡ ³⁴ Vocês se compadeceram dos que estavam na prisãoᵐ e aceitaram alegremente o confisco dos seus próprios bens,ⁿ pois sabiam que possuíam bens superiores e permanentes.

³⁵ Por isso, não abram mão da confiança que vocês têm; ela será ricamente recompensada. ³⁶ Vocês precisam perseverar,ᵒ de modo que, quando tiverem feito a vontade de Deus, recebam o que ele prometeu; ³⁷ pois em breve, muito em breve

"Aquele que vemᵖ virá
    e não demorará.ᑫ
³⁸ Mas o meu justo³
    viverá pela fé.ʳ
E, se retroceder,
    não me agradarei dele"⁴.

³⁹ Nós, porém, não somos dos que retrocedem e são destruídos, mas dos que creem e são salvos.⁵

Exemplos de Fé

11 Ora, a fé é a certeza daquilo que esperamos e a prova das coisas que não vemos.ˢ ² Pois foi por meio dela que os antigos receberam bom testemunho.ᵗ

³ Pela fé entendemos que o universo foi formado pela palavra de Deus,ᵘ de modo que aquilo que se vê não foi feito do que é visível.

⁴ Pela fé Abel ofereceu a Deus um sacrifício superior ao de Caim. Pela fé ele foi reconhecido como justo, quando Deus aprovou as suas ofertas.ᵛ Embora esteja morto, por meio da fé ainda fala.ʷ

⁵ Pela fé Enoque foi arrebatado, de modo que não experimentou a morte; "e já não foi encontrado, porque Deus o havia arrebatado"⁶,ˣ pois antes de ser arrebatado recebeu testemunho de que tinha agradado a Deus. ⁶ Sem fé é impossível agradar a Deus, pois quem dele se aproximaʸ precisa crer que ele existe e que recompensa aqueles que o buscam.

⁷ Pela fé Noé, quando avisado a respeito de coisas que ainda não se viam, movido por santo temor, construiu uma arcaᶻ para salvar sua família.ᵃ Por meio da fé ele condenou o mundo e tornou-se herdeiro da justiça que é segundo a fé.

⁸ Pela fé Abraão, quando chamado, obedeceu e dirigiu-se a um lugarᶜ que mais tarde receberia como herança,ᵇ embora não soubesse para onde estava indo. ⁹ Pela fé peregrinou na terra prometidaᵈ como se estivesse em terra estranha; viveu em tendas,ᵉ bem como Isaque e Jacó, co-herdeiros da mesma promessa.ᶠ ¹⁰ Pois ele esperava a cidadeᵍ que tem alicerces,ʰ cujo arquiteto e edificador é Deus.

¹¹ Pela fé Abraão — e também a própria Sara, apesar de estérilⁱ e avançada em idadeʲ — recebeu poder para gerar um filho,⁷ porque considerou fiel aquele que lhe havia feito a promessa. ¹² Assim, daquele homem já sem vitalidadeᵏ originaram-se descendentes tão numerosos como as estrelas do céu e tão incontáveis como a areia da praia do mar.ˡ

¹³ Todos esses viveram pela fé e morreram sem receber o que tinha sido prometido;ᵐ viram-no de longe e de longe o saudaram,ⁿ reconhecendo que eram estrangeiros e pere-

---

¹ **10.30** Dt 32.35.
² **10.30** Dt 32.36; Sl 135.14
³ **10.38** Vários manuscritos não trazem *meu*.
⁴ **10.37,38** Hc 2.3,4 (segundo a Septuaginta).
⁵ **10.39** Grego: *retrocedem para a perdição, mas dos que creem para a preservação da vida.*

⁶ **11.5** Gn 5.24
⁷ **11.11** Ou *Pela fé, Sara também, que era de idade avançada, pôde ter filhos,*

grinos na terra.º ¹⁴ Os que assim falam mostram que estão buscando uma pátria. ¹⁵ Se estivessem pensando naquela de onde saíram, teriam oportunidade de voltar.ᵖ ¹⁶ Em vez disso, esperavam eles uma pátria melhor, isto é, a pátria celestial.ᑫ Por essa razão Deus não se envergonhaʳ de ser chamado o Deusˢ deles e lhes preparou uma cidade.ᵗ

¹⁷ Pela fé Abraão, quando Deus o pôs à prova, ofereceu Isaque como sacrifício.ᵘ Aquele que havia recebido as promessas estava a ponto de sacrificar o seu único filho, ¹⁸ embora Deus lhe tivesse dito: "Por meio de Isaque a sua descendência¹ será considerada"²,ᵛ ¹⁹ Abraão levou em conta que Deus pode ressuscitar os mortosʷ e, figuradamente, recebeu Isaque de volta dentre os mortos.

²⁰ Pela fé Isaque abençoou Jacó e Esaú com respeito ao futuro deles.ˣ

²¹ Pela fé Jacó, à beira da morte, abençoou cada um dos filhos de Joséʸ e adorou a Deus, apoiado na extremidade do seu bordão.

²² Pela fé José, no fim da vida, fez menção ao êxodo dos israelitas do Egito e deu instruções acerca dos seus próprios ossos.ᶻ

²³ Pela fé Moisés, recém-nascido,ª foi escondido durante três meses por seus pais, pois estes viram que ele não era uma criança comum e não temeram o decreto do rei.ᵇ

²⁴ Pela fé Moisés, já adulto, recusou ser chamado filho da filha do faraó,ᶜ ²⁵ preferindo ser maltratadoᵈ com o povo de Deus a desfrutar os prazeres do pecado durante algum tempo. ²⁶ Por amor de Cristo, considerou sua desonraᵉ uma riqueza maior do que os tesouros do Egito, porque contemplava a sua recompensa.ᶠ ²⁷ Pela fé saiu do Egito,ᵍ não temendo a ira do rei, e perseverou, porque via aquele que é invisível. ²⁸ Pela fé celebrou a Páscoa e fez a aspersão do sangue, para que o destruidor não tocasse nos filhos mais velhos dos israelitas.ʰ

²⁹ Pela fé o povo atravessou o mar Vermelho como em terra seca; mas, quando os egípcios tentaram fazê-lo, morreram afogados.ⁱ

³⁰ Pela fé caíram os muros de Jericó, depois de serem rodeados durante sete dias.ʲ

³¹ Pela fé a prostituta Raabe, por ter acolhido os espiões, não foi morta com os que haviam sido desobedientes³,ᵏ

³² Que mais direi? Não tenho tempo para falar de Gideão, Baraque,ˡ Sansão, Jefté, Davi,ᵐ Samuelⁿ e os profetas, ³³ os quais pela fé conquistaram reinos,º praticaram a justiça, alcançaram o cumprimento de promessas, fecharam a boca de leões,ᵖ ³⁴ apagaram o poder do fogo e escaparam do fio da espada; da fraqueza tiraram força,ᑫ tornaram-se poderosos na batalha e puseram em fuga exércitos estrangeiros.ʳ ³⁵ Houve mulheres que, pela ressurreição, tiveram de volta os seus mortos.ˢ Uns foram torturados e recusaram ser libertados, para poderem alcançar uma ressurreição superior; ³⁶ outros enfrentaram zombaria e açoites;ᵗ outros ainda foram acorrentados e colocados na prisão,ᵘ ³⁷ apedrejados,ᵛ serrados ao meio, postos à prova⁴, mortos ao fio da espada.ʷ Andaram errantes, vestidos de pele de ovelhas e de cabras,ˣ necessitados, afligidos e maltratados. ³⁸ O mundo não era digno deles. Vagaram pelos desertos e montes, pelas cavernasʸ e grutas.

³⁹ Todos esses receberam bom testemunhoᶻ por meio da fé; no entanto, nenhum deles recebeu o que havia sido prometido.ª ⁴⁰ Deus havia planejado algo melhor para nós, para que conosco fossem eles aperfeiçoados.

Deus Disciplina os seus Filhos

12 Portanto, também nós, uma vez que estamos rodeados por tão grande nuvem de testemunhas, livremo-nos de tudo o que nos atrapalha e do pecado que nos envolve e corramosᵇ com perseverançaᶜ a corrida que nos é proposta, ² tendo os olhos fitos em

---

¹ **11.18** Grego: *semente*.
² **11.18** Gn 21.12
³ **11.31** Ou *incrédulos*
⁴ **11.37** Alguns manuscritos não trazem *postos à prova*.

Jesus, autor e consumador da nossa fé. Ele, pela alegria que lhe fora proposta, suportou a cruz,^d desprezando a vergonha,^e e assentou-se à direita do trono de Deus. ³ Pensem bem naquele que suportou tal oposição dos pecadores contra si mesmo, para que vocês não se cansem^f nem desanimem.

⁴ Na luta contra o pecado, vocês ainda não resistiram até o ponto de derramar o próprio sangue.^g ⁵ Vocês se esqueceram da palavra de ânimo que ele dirige a vocês como a filhos:

"Meu filho, não despreze
 a disciplina do Senhor
nem se magoe
 com a sua repreensão,
⁶ pois o Senhor disciplina
 a quem ama,^h
e castiga todo aquele
 a quem aceita como filho".¹,^i

⁷ Suportem as dificuldades, recebendo-as como disciplina; Deus os trata como filhos.^j Ora, qual o filho que não é disciplinado por seu pai? ⁸ Se vocês não são disciplinados, e a disciplina é para todos os filhos,^k então vocês não são filhos legítimos, mas sim ilegítimos. ⁹ Além disso, tínhamos pais humanos que nos disciplinavam e nós os respeitávamos. Quanto mais devemos submeter-nos ao Pai dos espíritos,^l para assim vivermos!^m ¹⁰ Nossos pais nos disciplinavam por curto período, segundo lhes parecia melhor; mas Deus nos disciplina para o nosso bem, para que participemos da sua santidade.^n ¹¹ Nenhuma disciplina parece ser motivo de alegria no momento, mas sim de tristeza. Mais tarde, porém, produz fruto de justiça e paz^o para aqueles que por ela foram exercitados.

¹² Portanto, fortaleçam as mãos enfraquecidas e os joelhos vacilantes.^p ¹³ "Façam caminhos retos para os seus pés",²,^q para que o manco não se desvie; antes, seja curado.^r

Advertência contra a Rejeição de Deus

¹⁴ Esforcem-se para viver em paz com todos^s e para serem santos;^t sem santidade ninguém verá o Senhor.^u ¹⁵ Cuidem que ninguém se exclua da graça de Deus;^v que nenhuma raiz de amargura³ brote e cause perturbação, contaminando muitos; ¹⁶ que não haja nenhum imoral ou profano, como Esaú, que por uma única refeição vendeu os seus direitos de herança como filho mais velho.^w ¹⁷ Como vocês sabem, posteriormente, quando quis herdar a bênção, foi rejeitado; e não teve como alterar a sua decisão, embora buscasse a bênção com lágrimas.^x

¹⁸ Vocês não chegaram ao monte que se podia tocar, e que estava em chamas, nem às trevas, à escuridão, nem à tempestade,^y ¹⁹ ao soar da trombeta^z e ao som de palavras tais que os ouvintes rogaram que nada mais lhes fosse dito;^a ²⁰ pois não podiam suportar o que lhes estava sendo ordenado: "Até um animal, se tocar no monte, deve ser apedrejado".⁴,^b ²¹ O espetáculo era tão terrível que até Moisés disse: "Estou apavorado e trêmulo!"⁵

²² Mas vocês chegaram ao monte Sião, à Jerusalém celestial,^c à cidade^d do Deus vivo. Chegaram aos milhares de milhares de anjos em alegre reunião, ²³ à igreja dos primogênitos, cujos nomes estão escritos nos céus.^e Vocês chegaram a Deus, juiz de todos os homens,^f aos espíritos dos justos aperfeiçoados,^g ²⁴ a Jesus, mediador de uma nova aliança, e ao sangue aspergido, que fala melhor do que o sangue de Abel.^h

²⁵ Cuidado! Não rejeitem aquele que fala. Se os que se recusaram a ouvir aquele que os advertia^i na terra não escaparam, quanto mais nós, se nos desviarmos daquele que nos adverte dos céus?^j ²⁶ Aquele cuja voz outrora abalou a terra,^k agora promete: "Ainda uma vez abalarei não apenas a terra, mas também

---

³ **12.15** Isto é, raiz venenosa.
⁴ **12.18-20** Êx 19.12,13
⁵ **12.21** Dt 9.19

¹ **12.5,6** Pv 3.11,12
² **12.13** Pv 4.26

o céu".¹ ²⁷ As palavras "ainda uma vez" indicam a remoção do que pode ser abalado,ᵐ isto é, coisas criadas, de forma que permaneça o que não pode ser abalado.

²⁸ Portanto, já que estamos recebendo um Reino inabalável,ⁿ sejamos agradecidos e, assim, adoremos a Deus de modo aceitável, com reverência e temor,ᵒ ²⁹ pois o nosso "Deus é fogo consumidor!"² ᵖ

Exortações Finais

13 Seja constante o amor fraternal.ᵠ ² Não se esqueçam da hospitalidade;ʳ foi praticando-a que, sem o saber,ˢ alguns acolheram anjos. ³ Lembrem-se dos que estão na prisão,ᵗ como se aprisionados com eles; dos que estão sendo maltratados, como se vocês mesmos estivessem sendo maltratados.

⁴ O casamento deve ser honrado por todos; o leito conjugal, conservado puro; pois Deus julgará os imorais e os adúlteros.ᵘ ⁵ Conservem-se livres do amor ao dinheiro e contentem-se com o que vocês têm,ᵛ porque Deus mesmo disse:

"Nunca o deixarei,
  nunca o abandonarei"³.ʷ

⁶ Podemos, pois, dizer com confiança:

"O Senhor é o meu ajudador,
  não temerei.
O que me podem fazer
  os homens?"⁴

⁷ Lembrem-se dos seus líderes,ˣ que transmitiram a palavra de Deus a vocês. Observem bem o resultado da vida que tiveram e imitem ʸ a sua fé. ⁸ Jesus Cristo é o mesmo, ontem, hoje e para sempre.ᶻ

⁹ Não se deixem levar pelos diversos ensinos estranhos.ᵃ É bom que o nosso coração seja fortalecido ᵇ pela graça, e não por alimentos cerimoniais,ᶜ os quais não têm valor para aqueles que os comem. ¹⁰ Nós temos um altar do qual não têm direito de comerᵈ os que ministram no tabernáculo.

¹¹ O sumo sacerdote leva sangue de animais até o Lugar Santíssimo como oferta pelo pecado, mas os corpos dos animais são queimados fora do acampamento.ᵉ ¹² Assim, Jesus também sofreu fora das portas da cidade,ᶠ para santificar o povo por meio do seu próprio sangue. ¹³ Portanto, saiamos até ele, fora do acampamento, suportando a desonra que ele suportou.ᵍ ¹⁴ Pois não temos aqui nenhuma cidade permanente, mas buscamos a que há de vir.ʰ

¹⁵ Por meio de Jesus, portanto, ofereçamos continuamente a Deus um sacrifícioⁱ de louvor, que é fruto de lábiosʲ que confessam o seu nome. ¹⁶ Não se esqueçam de fazer o bem e de repartir com os outrosᵏ o que vocês têm, pois de tais sacrifíciosˡ Deus se agrada.

¹⁷ Obedeçam aos seus líderes e submetam-se à autoridade deles. Eles cuidam de vocêsᵐ como quem deve prestar contas. Obedeçam-lhes, para que o trabalho deles seja uma alegria, não um peso, pois isso não seria proveitoso para vocês.

¹⁸ Orem por nós.ⁿ Estamos certos de que temos consciência limpaᵒ e desejamos viver de maneira honrosa em tudo. ¹⁹ Particularmente, recomendo que orem para que eu lhes seja restituído em breve.ᵖ

²⁰ O Deus da paz,ᵠ que pelo sangue da aliança eternaʳ trouxe de volta dentre os mortosˢ o nosso Senhor Jesus, o grande Pastor das ovelhas,ᵗ ²¹ os aperfeiçoe em todo o bem para fazerem a vontade dele e opere em nósᵘ o que lhe é agradável,ᵛ mediante Jesus Cristo, a quem seja a glória para todo o sempre. Amém.ʷ

²² Irmãos, peço que suportem a minha palavra de exortação; na verdade o que eu escrevi é pouco.ˣ

²³ Quero que saibam que o nosso irmão Timóteoʸ foi posto em liberdade. Se ele chegar logo, irei vê-los com ele.

²⁴ Saúdem a todos os seus líderesᶻ e a todos os santos. Os da Itáliaᵃ enviam saudações.

²⁵ A graça seja com todos vocês.ᵇ

---

¹ **12.26** Ag 2.6
² **12.29** Dt 4.24
³ **13.5** Dt 31.6
⁴ **13.6** Sl 118.6

Introdução a TIAGO

O Apóstolo João recordou brevemente do relacionamento entre Jesus e seus irmãos: "Pois nem os seus irmãos criam nele" (João 7.5). Mas depois da morte e ressurreição de Jesus, uma mudança aconteceu: Tiago e Judas se tornaram cristãos. Tiago tornou-se um bispo da igreja em Jerusalém (veja Gálatas 2.9), e acredita-se que tenha sido ele o autor da epístola que leva seu nome, tal como identificado em Tiago 1.1. A epístola tem sido chamada de "Provérbios do Novo Testamento", por causa de seu estilo sucinto e ensino pragmático. Não tem o tom pessoal das cartas de Paulo. A epístola discute aspectos práticos da conduta cristã, nem tanto questões doutrinárias.

MENSAGEM

Tiago informa seus leitores de ascendência judaica a respeito da fé em relação a provações, tentações, testes, a verdade da palavra de Deus, o uso da palavra falada, sabedoria, afastamento do mundo e submissão a Deus. A carta faz eco a temas encontrados no relato extensivo do Sermão da Montanha. Para a vida espiritual se desenvolver, a fé precisa ser operante. Não basta dizer que se tem fé ou intelectualmente alegar que se tem fé; a fé precisa ser expressa todo dia em palavras e obras. A fé sem obras é morta, e uma fé morta é pior que não ter fé nenhuma.

ÉPOCA

A Epístola de Tiago foi provavelmente um dos primeiros textos escritos do Novo Testamento. Alguns estudiosos propuseram uma data entre os anos 46 e 60; Tiago, de acordo com o historiador judeu Josefo, foi martirizado no ano 62.

ESBOÇO

I. Encorajamento para os cristãos
   A. Saudações — 1.1
   B. Alegria nas provações — 1.2-27

II. Conselhos para os cristãos
   A. Evitar distinções de classe — 2.1-13
   B. O relacionamento entre fé e obras — 2.14-26
   C. Controlar a língua — 3.1-12
   D. Sabedoria que vem do céu — 3.13-18
   E. Resistir ao Diabo — 4.1-17
   F. Problemas com a riqueza — 5.1-6
   G. Paciência e oração — 5.7-20

TIAGO 1.1

1 Tiago,[a] servo[1] de Deus[b] e do Senhor Jesus Cristo,

às doze tribos[c] dispersas[d] entre as nações:

Saudações.

Provas e Tentações

2 Meus irmãos, considerem motivo de grande alegria o fato de passarem por diversas provações,[e] **3** pois vocês sabem que a prova da sua fé produz perseverança. **4** E a perseverança deve ter ação completa, a fim de que vocês sejam maduros e íntegros, sem que falte a vocês coisa alguma. **5** Se algum de vocês tem falta de sabedoria, peça-a a Deus,[f] que a todos dá livremente, de boa vontade; e lhe[g] será concedida. **6** Peça-a, porém, com fé, sem duvidar,[h] pois aquele que duvida é semelhante à onda do mar, levada e agitada pelo vento. **7** Não pense tal pessoa que receberá coisa alguma do Senhor, **8** pois tem mente dividida[i] e é instável em tudo o que faz.

9 O irmão de condição humilde deve orgulhar-se quando estiver em elevada posição. **10** E o rico deve orgulhar-se caso passe a viver em condição humilde, porque o rico passará como a flor do campo.[j] **11** Pois o sol se levanta, traz o calor e seca[k] a planta; cai então a sua flor, e a sua beleza é destruída.[l] Da mesma forma o rico murchará em meio aos seus afazeres.

12 Feliz é o homem que persevera na provação, porque depois de aprovado receberá a coroa da vida,[m] que Deus prometeu aos que o[n] amam.

13 Quando alguém for tentado, jamais deverá dizer: "Estou sendo tentado por Deus". Pois Deus não pode ser tentado pelo mal e a ninguém tenta. **14** Cada um, porém, é tentado pelo próprio mau desejo, sendo por este arrastado e seduzido. **15** Então esse desejo, tendo concebido, dá à luz o pecado,[o] e o pecado, após ser consumado, gera a morte.[p]

16 Meus amados irmãos,[r] não se deixem enganar.[q] **17** Toda boa dádiva e todo dom perfeito vêm do alto,[s] descendo do Pai das luzes, que não muda[t] como sombras inconstantes. **18** Por sua decisão ele nos gerou[u] pela palavra da verdade, a fim de sermos como os primeiros frutos[v] de tudo o que ele criou.

Praticando a Palavra

19 Meus amados irmãos, tenham isto em mente: Sejam todos prontos para ouvir, tardios para falar[w] e tardios para irar-se, **20** pois a ira do homem não produz a justiça de Deus. **21** Portanto, livrem-se[x] de toda impureza moral e da maldade que prevalece e aceitem humildemente a palavra implantada em vocês,[y] a qual é poderosa para salvá-los.

22 Sejam praticantes da palavra, e não apenas ouvintes, enganando vocês mesmos. **23** Aquele que ouve a palavra, mas não a põe em prática, é semelhante a um homem que olha a sua face num espelho **24** e, depois de olhar para si mesmo, sai e logo esquece a sua aparência. **25** Mas o homem que observa atentamente a lei perfeita, que traz a liberdade,[z] e persevera na prática dessa lei, não esquecendo o que ouviu mas praticando-o, será feliz naquilo que fizer.[a]

26 Se alguém se considera religioso, mas não refreia a sua língua,[b] engana-se a si mesmo. Sua religião não tem valor algum! **27** A religião que Deus, o nosso Pai, aceita como pura e imaculada é esta: cuidar[c] dos órfãos e das viúvas[d] em suas dificuldades e não se deixar corromper pelo mundo.[e]

Proibida a Acepção de Pessoas

2 Meus irmãos, como crentes em nosso glorioso[f] Senhor Jesus Cristo, não façam diferença[g] entre as pessoas, tratando-as com parcialidade. **2** Suponham que, na reunião de vocês, entre um homem com anel de ouro e roupas finas e também entre um pobre com roupas velhas e sujas. **3** Se vocês derem atenção especial ao homem que está

---

[1] **1.1** Isto é, escravo.

1.1
[a] At 15.13
[1] Tt 1.1
[c] At 26.7
[d] Dt 32.26; Jo 7.35; 1Pe 1.1

1.2
[e] Mt 5.12; 1Pe 1.6

1.5
[f] 1Rs 3.9,10; Pv 2.3-6
[g] Mt 7.7

1.6
[h] Mc 11.24

1.8
[i] Tg 4.8

1.10
[j] 1Co 7.31; 1Pe 1.24

1.11
[k] Sl 102.4,11
[l] Is 40.6,8

1.12
[m] 1Co 9.25
[n] Tg 2.5

1.15
[o] Jó 15.35; Sl 7.14
[p] Rm 6.23

1.16
[q] 1Co 6.9
[r] v. 19

1.17
[s] Jo 3.27
[t] Nm 23.19; Ml 3.6

1.18
[u] Jo 1.13
[v] Ef 1.12; Ap 14.4

1.19
[w] Pv 10.19

1.21
[x] Ef 4.22
[y] Ef 1.13

1.25
[z] Tg 2.12
[a] Jo 13.17

1.26
[b] Sl 34.13; 1Pe 3.10

1.27
[c] Mt 25.36
[d] Is 1.17,23
[e] Rm 12.2

2.1
[f] 1Co 2.8
[g] Lv 19.15

vestido com roupas finas e disserem: "Aqui está um lugar apropriado para o senhor", mas disserem ao pobre: "Você, fique em pé ali", ou: "Sente-se no chão, junto ao estrado onde ponho os meus pés", ⁴ não estarão fazendo discriminação, fazendo julgamentos^h com critérios errados?

⁵ Ouçam, meus amados irmãos:^i Não escolheu Deus os que são pobres aos olhos do mundo^j para serem ricos em fé^k e herdarem o Reino que ele prometeu aos que o amam?^l ⁶ Mas vocês têm desprezado^m o pobre. Não são os ricos que oprimem vocês? Não são eles os que os arrastam para os tribunais?^n ⁷ Não são eles que difamam o bom nome que sobre vocês foi invocado?

⁸ Se vocês de fato obedecerem à lei do Reino encontrada na Escritura que diz: "Ame o seu próximo como a si mesmo",¹,^o estarão agindo corretamente. ⁹ Mas, se tratarem os outros com parcialidade,^p estarão cometendo pecado e serão condenados pela Lei como transgressores.^q ¹⁰ Pois quem obedece a toda a Lei, mas tropeça em apenas um ponto, torna-se culpado de quebrá-la inteiramente.^r ¹¹ Pois aquele que disse: "Não adulterarás",²^s também disse: "Não matarás",³,^t Se você não comete adultério mas comete assassinato, torna-se transgressor da Lei.

¹² Falem e ajam como quem vai ser julgado pela lei da liberdade;^u ¹³ porque será exercido juízo sem misericórdia sobre quem não foi misericordioso.^v A misericórdia triunfa sobre o juízo!

Fé e Obras

¹⁴ De que adianta, meus irmãos, alguém dizer que tem fé, se não tem obras?^w Acaso a fé pode salvá-lo? ¹⁵ Se um irmão ou irmã estiver necessitando de roupas e do alimento de cada dia^x ¹⁶ e um de vocês lhe disser: "Vá em paz, aqueça-se e alimente-se até satisfazer-se", sem porém lhe dar nada, de que adianta isso?^y ¹⁷ Assim também a fé, por si só, se não for acompanhada de obras, está morta.

¹⁸ Mas alguém dirá: "Você tem fé; eu tenho obras".

Mostre-me a sua fé sem obras,^z e eu mostrarei a minha fé pelas obras.^a ¹⁹ Você crê que existe um só Deus?^b Muito bem! Até mesmo os demônios creem^c — e tremem!

²⁰ Insensato! Quer certificar-se de que a fé sem obras é inútil?⁴,^d ²¹ Não foi Abraão, nosso antepassado, justificado por obras, quando ofereceu seu filho Isaque sobre o altar?^e ²² Você pode ver que tanto a fé como as obras estavam atuando juntas,^f e a fé foi aperfeiçoada pelas obras.^g ²³ Cumpriu-se assim a Escritura que diz: "Abraão creu em Deus, e isso lhe foi creditado como justiça"⁵,^h e ele foi chamado amigo de Deus.^i ²⁴ Vejam que uma pessoa é justificada por obras, e não apenas pela fé.

²⁵ Caso semelhante é o de Raabe, a prostituta: não foi ela justificada pelas obras, quando acolheu os espias e os fez sair por outro caminho?^j ²⁶ Assim como o corpo sem espírito está morto, também a fé sem obras está morta.^k

O Domínio sobre a Língua

3 Meus irmãos, não sejam muitos de vocês mestres, pois vocês sabem que nós, os que ensinamos, seremos julgados com maior rigor. ² Todos tropeçamos^l de muitas maneiras. Se alguém não tropeça no falar,^m tal homem é perfeito,^n sendo também capaz de dominar^o todo o seu corpo.

³ Quando colocamos freios na boca dos cavalos para que eles nos obedeçam, podemos controlar o animal^p todo. ⁴ Tomem também como exemplo os navios; embora sejam tão grandes e impelidos por fortes ventos, são dirigidos por um leme muito pequeno, conforme a vontade do piloto.

---

¹ **2.8** Lv 19.18
² **2.11** Êx 20.14; Dt 5.18
³ **2.11** Êx 20.13; Dt 5.17
⁴ **2.20** Vários manuscritos antigos dizem *morta*.
⁵ **2.23** Gn 15.6

⁵ Semelhantemente, a língua é um pequeno órgão do corpo, mas se vangloria*ᵍ* de grandes coisas. Vejam como um grande bosque é incendiado por uma simples fagulha. ⁶ Assim também, a língua é um fogo; é um mundo de iniquidade. Colocada entre os membros do nosso corpo, contamina a pessoa por inteiro,*ˢ* incendeia todo o curso de sua vida, sendo ela mesma incendiada pelo inferno.

⁷ Toda espécie de animais, aves, répteis e criaturas do mar doma-se e tem sido domada pela espécie humana; ⁸ a língua, porém, ninguém consegue domar. É um mal incontrolável, cheio de veneno mortífero.*ᵗ*

⁹ Com a língua bendizemos o Senhor e Pai e com ela amaldiçoamos os homens, feitos à semelhança*ᵘ* de Deus. ¹⁰ Da mesma boca procedem bênção e maldição. Meus irmãos, não pode ser assim! ¹¹ Acaso podem sair água doce e água amarga da mesma fonte? ¹² Meus irmãos, pode uma figueira produzir azeitonas ou uma videira figos?*ᵛ* Da mesma forma, uma fonte de água salgada não pode produzir água doce.

Os Dois Tipos de Sabedoria

¹³ Quem é sábio e tem entendimento entre vocês? Que o demonstre*ʷ* por seu bom procedimento, mediante obras praticadas com a humildade que provém da sabedoria. ¹⁴ Contudo, se vocês abrigam no coração inveja amarga e ambição egoísta,*ˣ* não se gloriem disso nem neguem a verdade.*ʸ* ¹⁵ Esse tipo de "sabedoria" não vem dos céus,*ᶻ* mas é terrena; não é espiritual, mas é demoníaca.*ᵃ* ¹⁶ Pois onde há inveja e ambição egoísta, aí há confusão e toda espécie de males.

¹⁷ Mas a sabedoria que vem do alto*ᵇ* é antes de tudo pura; depois, pacífica, amável, compreensiva, cheia de misericórdia*ᶜ* e de bons frutos, imparcial e sincera.*ᵈ* ¹⁸ O fruto da justiça*ᵉ* semeia-se em paz para¹ os pacificadores.

¹ **3.18** Ou *pelos pacificadores*

A Submissão a Deus

4 De onde vêm as guerras e contendas*ᶠ* que há entre vocês? Não vêm das paixões que guerreiam*ᵍ* dentro de vocês²? ² Vocês cobiçam coisas, mas não as têm; matam e invejam, mas não conseguem obter o que desejam. Vocês vivem a lutar e a fazer guerras. Não têm, porque não pedem. ³ Quando pedem, não recebem,*ʰ* pois pedem por motivos errados,*ⁱ* para gastar em seus prazeres.

⁴ Adúlteros, vocês não sabem que a amizade com o mundo*ʲ* é inimizade com Deus?*ᵏ* Quem quer ser amigo do mundo faz-se inimigo de Deus.*ˡ* ⁵ Ou vocês acham que é sem razão que a Escritura diz que o Espírito que ele fez habitar em nós tem fortes ciúmes?³ ⁶ Mas ele nos concede graça maior. Por isso diz a Escritura:

"Deus se opõe aos orgulhosos,
mas concede graça
aos humildes"⁴.*ᵐ*

⁷ Portanto, submetam-se a Deus. Resistam ao Diabo,*ⁿ* e ele fugirá de vocês. ⁸ Aproximem-se de Deus, e ele se aproximará de vocês!*ᵒ* Pecadores, limpem as mãos,*ᵖ* e vocês, que têm a mente dividida,*ᵠ* purifiquem o coração. ⁹ Entristeçam-se, lamentem-se e chorem. Troquem o riso por lamento e a alegria por tristeza.*ʳ* ¹⁰ Humilhem-se diante do Senhor, e ele os exaltará.

¹¹ Irmãos, não falem mal uns dos outros.*ˢ* Quem fala contra o seu irmão ou julga o seu irmão*ᵗ* fala contra a Lei e a julga. Quando você julga a Lei, não a está cumprindo,*ᵘ* mas está agindo como juiz. ¹² Há apenas um Legislador e Juiz, aquele que pode salvar e destruir.*ᵛ* Mas quem é você para julgar o seu próximo?*ʷ*

² **4.1** Grego: *nos seus membros*.
³ **4.5** Ou *que Deus tem fortes ciúmes pelo espírito que ele fez habitar em nós?*; ou ainda *que o Espírito que ele fez habitar em nós nos ama zelosamente?*
⁴ **4.6** Pv 3.34 (segundo a Septuaginta).

A Incerteza dos Planos Humanos

¹³ Ouçam agora, vocês que dizem: "Hoje ou amanhã iremos para esta ou aquela cidade, passaremos um ano ali, faremos negócios e ganharemos dinheiro".ˣ ¹⁴ Vocês nem sabem o que acontecerá amanhã! Que é a sua vida? Vocês são como a neblina que aparece por um pouco de tempo e depois se dissipa.ʸ ¹⁵ Em vez disso, deveriam dizer: "Se o Senhor quiser,ᶻ viveremos e faremos isto ou aquilo". ¹⁶ Agora, porém, vocês se vangloriam das suas pretensões. Toda vanglória como essa é maligna.ᵃ ¹⁷ Portanto, pensem nisto: Quem sabe que deve fazer o bem e não o faz comete pecado.ᵇ

Advertência aos Ricos Opressores

5 Ouçam agora vocês, ricos!ᶜ Chorem e lamentem-se, tendo em vista a desgraça que virá sobre vocês. ² A riqueza de vocês apodreceu, e as traças corroeram as suas roupas.ᵈ ³ O ouro e a prata de vocês enferrujaram, e a ferrugem deles testemunhará contra vocês e como fogo devorará a sua carne. Vocês acumularam bens nestes últimos dias.ᵉ ⁴ Vejam, o salário dos trabalhadoresᶠ que ceifaram os seus campos, e que vocês retiveram com fraude, está clamando contra vocês. O lamentoᵍ dos ceifeiros chegou aos ouvidos do Senhor dos Exércitos.ʰ ⁵ Vocês viveram luxuosamente na terra, desfrutando prazeres, e fartaram-seⁱ de comida em dia de abate¹.ʲ ⁶ Vocês têm condenado e matado o justo,ᵏ sem que ele ofereça resistência.

Paciência nos Sofrimentos

⁷ Portanto, irmãos, sejam pacientes até a vinda do Senhor. Vejam como o agricultor aguarda que a terra produza a preciosa colheita e como espera com paciência até virem as chuvasˡ do outono e da primavera. ⁸ Sejam também pacientes e fortaleçam o seu coração, pois a vinda do Senhor está próxima.ᵐ ⁹ Irmãos,ⁿ não se queixem uns dos outros, para que não sejam julgados. O Juizᵒ já está às portas!ᵖ

¹⁰ Irmãos, tenham os profetasᵠ que falaram em nome do Senhor como exemplo de paciência diante do sofrimento. ¹¹ Como vocês sabem, nós consideramos felizesʳ aqueles que mostraram perseverança.ˢ Vocês ouviram falar sobre a perseverança de Jó e viram o fim que o Senhor lhe proporcionou.ᵗ O Senhor é cheio de compaixão e misericórdia.ᵘ

¹² Sobretudo, meus irmãos, não jurem, nem pelo céu, nem pela terra, nem por qualquer outra coisa. Seja o sim de vocês, sim, e o não, não, para que não caiam em condenação.ᵛ

A Oração da Fé

¹³ Entre vocês há alguém que está sofrendo? Que ele ore.ʷ Há alguém que se sente feliz? Que ele cante louvores.ˣ ¹⁴ Entre vocês há alguém que está doente? Que ele mande chamar os presbíteros da igreja, para que estes orem sobre ele e o unjam com óleo,ʸ em nome do Senhor. ¹⁵ A oração feita com fé curará o doente; o Senhor o levantará. E, se houver cometido pecados, ele será perdoado. ¹⁶ Portanto, confessem os seus pecadosᶻ uns aos outros e orem uns pelos outros para serem curados.ᵃ A oração de um justo é poderosa e eficaz.ᵇ

¹⁷ Elias era humano como nós.ᶜ Ele orou fervorosamente para que não chovesse, e não choveu sobre a terra durante três anos e meio.ᵈ ¹⁸ Orou outra vez, e os céus enviaram chuva, e a terra produziu os seus frutos.ᵉ

¹⁹ Meus irmãos, se algum de vocês se desviar da verdadeᶠ e alguém o trouxer de volta,ᵍ ²⁰ lembrem-se disto: Quem converte um pecador do erro do seu caminho salva-ráʰ a vida dessa pessoa e fará que muitíssimos pecadosⁱ sejam perdoados².

---

¹ 5.5 Ou *como em dia de festa*

² 5.20 Grego: *cobrirá muitos pecados*.

Introdução a 1 PEDRO

PANO DE FUNDO

Pedro, um dos discípulos de Jesus, estava presente quando Jesus disse, "Neste mundo vocês terão aflições; contudo, tenham ânimo! Eu venci o mundo" (João 16.33). Escrevendo para cristãos gentios espalhados pela Ásia Menor, que viviam entre não cristãos que lhes faziam oposição, Pedro os encoraja à perseverança, sabendo que a fé em Cristo dá esperança aos que creem. Pedro sabe que a perseguição é temporária e demonstrará a genuinidade da fé que eles professam. Sua autoria é confirmada no primeiro versículo: "Pedro, apóstolo de Jesus Cristo". Ele diz que escreve da Babilônia, que muitos acreditam ser um símbolo de Roma. Em 5.12 Pedro menciona a ajuda de um escriba chamado Silvano.

MENSAGEM

Pedro encoraja seus leitores a se regozijarem na salvação que obtiveram por intermédio da graça de Deus. O "leite espiritual puro" da palavra (2.2) auxilia no crescimento espiritual. Pedro exorta seus leitores em assuntos práticos — viver honestamente entre os não cristãos, submeter-se às autoridades governamentais, amar os irmãos, viver pacificamente no lar. Ele dá orientações para um viver fiel diante da perseguição. Ele exorta os mais velhos a que sejam líderes da comunidade e os jovens a que se submetam aos seus presbíteros — e todos servindo com humildade. As últimas observações incluem lembretes clássicos:

"Lancem sobre ele toda a sua ansiedade, porque ele tem cuidado de vocês. Estejam alertas e vigiem. O Diabo, o inimigo de vocês, anda ao redor como leão, rugindo e procurando a quem possa devorar. Resistam-lhe, permanecendo firmes na fé [...] [E] O Deus de toda a graça, que os chamou para a sua glória eterna em Cristo Jesus, depois de terem sofrido por pouco tempo, os restaurará, os confirmará, os fortalecerá e os porá sobre firmes alicerces." (5.7-10).

ÉPOCA

Pedro escreveu esta carta muito provavelmente estando em Roma, entre os anos 60 e 64. Antigas fontes não bíblicas diziam que Pedro foi crucificado por Nero (que governou entre 54 e 68) provavelmente entre os anos 64 e 66.

ESBOÇO

I. Glória pela graça de Deus
  A. Saudações — 1.1-2
  B. A promessa da salvação — 1.3-12
  C. Viver para Cristo — 1.13—2.3
  D. Cristo, a pedra viva — 2.4-10
II. Seguir o exemplo de Cristo
  Exemplo de submissão às autoridades — 2.11-25
  Exemplo de submissão no casamento — 3.1-7
  Exemplo de amor — 3.8-22
  Exemplo de sofrimento — 4.1-19
III. Conforto em tempos de perseguição — 5.1-11
IV. Saudações finais de Pedro — 5.12-14

1 PEDRO 1.1

1 Pedro, apóstolo de Jesus Cristo,ᵃ

aos eleitos de Deus,ᵇ peregrinos dispersos no Ponto, na Galácia, na Capadócia, na província da Ásia e na Bitínia,ᶜ ² escolhidos de acordo com o pré-conhecimentoᵈ de Deus Pai, pela obra santificadora do Espírito,ᵉ para a obediência a Jesus Cristo e a aspersão do seu sangue:ᶠ

Graça e paz lhes sejam multiplicadas.

Louvor a Deus por uma Esperança Viva

³ Bendito seja o Deus e Pai de nosso Senhor Jesus Cristo!ᵍ Conforme a sua grande misericórdia,ʰ ele nos regenerou para uma esperança viva, por meio da ressurreição de Jesus Cristo dentre os mortos,ⁱ ⁴ para uma herança que jamais poderá perecer, macular-se ou perder o seu valor. Herança guardada nos céus para vocêsʲ ⁵ que, mediante a fé, são protegidos pelo poder de Deusᵏ até chegar a salvação prestes a ser revelada no último tempo. ⁶ Nisso vocês exultam,ˡ ainda que agora, por um pouco de tempo,ᵐ devam ser entristecidos por todo tipo de provação.ⁿ ⁷ Assim acontece para que fique comprovado que a fé que vocês têm, muito mais valiosa do que o ouro que perece, mesmo que refinado pelo fogo,ᵒ é genuínaᵖ e resultará em louvor, glória e honra, quando Jesus Cristo for revelado.ᵠ ⁸ Mesmo não o tendo visto, vocês o amam; e, apesar de não o verem agora, creem neleʳ e exultam com alegria indizível e gloriosa, ⁹ pois vocês estão alcançando o alvo da sua fé, a salvação das suas almas.ˢ

¹⁰ Foi a respeito dessa salvação que os profetas que falaramᵗ da graça destinada a vocês investigaram e examinaramᵘ ¹¹ procurando saber o tempo e as circunstâncias para os quais apontava o Espírito de Cristo que neles estava, quando predisse a vocês os sofrimentos de Cristoᵛ e as glórias que se seguiriam àqueles sofrimentos. ¹² A eles foi revelado que estavam ministrando, não para si próprios, mas para vocês, quando falaram das coisas que agora lhesʷ são anunciadas por meio daqueles que pregaram o evangelho pelo Espírito Santo enviado dos céus; coisas que até os anjos anseiam observar.

Exortação à Santidade

¹³ Portanto, estejam com a mente preparada, prontos para agir; estejam alertas e ponham toda a esperança na graça que será dada a vocês quando Jesus Cristo for revelado. ¹⁴ Como filhos obedientes, não se deixem amoldarˣ pelos maus desejos de outrora, quando viviam na ignorância.ʸ ¹⁵ Mas, assim como é santo aquele que os chamou, sejam santos vocês também em tudo o que fizerem,ᶻ ¹⁶ pois está escrito: "Sejam santos, porque eu sou santo".¹ᵃ

¹⁷ Uma vez que vocês chamam Pai àquele que julga imparcialmenteᵇ as obras de cada um, portem-se com temorᶜ durante a jornada terrena de vocês. ¹⁸ Pois vocês sabem que não foi por meio de coisas perecíveis como prata ou ouro que vocês foram redimidosᵈ da sua maneira vazia de viver, transmitida por seus antepassados, ¹⁹ mas pelo precioso sangue de Cristo, como de um cordeiroᵉ sem mancha e sem defeito,ᶠ ²⁰ conhecido² antes da criação do mundo,ᵍ revelado nestes últimos temposʰ em favor de vocês. ²¹ Por meio dele vocês creem em Deus,ⁱ que o ressuscitou dentre os mortos e o glorificou, de modo que a fé e a esperança de vocês estão em Deus.

²² Agora que vocês purificaramʲ a sua vida pela obediência à verdade, visando ao amor fraternal e sincero, amem sinceramente uns aos outros e de todo o coração.ᵏ ²³ Vocês foram regenerados,ˡ não de uma semente perecível, mas imperecível, por meio da palavra de Deus,ᵐ viva e permanente. ²⁴ Pois

"toda a humanidade³
é como a relva

---

¹ **1.16** Lv 11.44,45; 19.2; 20.7
² **1.20** Ou *escolhido*
³ **1.24** Grego: *carne*.

e toda a sua glória
    como a flor da relva;
a relva murcha e cai a sua flor,
²⁵ mas a palavra do Senhor
    permanece para sempre"¹.ⁿ

Essa é a palavra que foi anunciada a vocês.

2 Portanto, livrem-seᵒ de toda maldade e de todo engano, hipocrisia, inveja e toda espécie de maledicência.ᵖ ² Como crianças recém-nascidas, desejem de coração o leite espiritual puro,ᵠ para que por meio dele cresçamʳ para a salvação, ³ agora que provaram que o Senhor é bom.ˢ

A Pedra Viva e o Povo Escolhido

⁴ À medida que se aproximam dele, a pedra vivaᵗ — rejeitada pelos homens, mas escolhida por Deus e preciosa para ele —, ⁵ vocês também estão sendo utilizados como pedras vivas na edificaçãoᵘ de uma casa espiritualᵛ para serem sacerdócio santo,ʷ oferecendo sacrifícios espirituais aceitáveis a Deus, por meio de Jesus Cristo.ˣ ⁶ Pois assim é dito na Escritura:

"Eis que ponho em Sião
    uma pedra angular,ʸ
    escolhida e preciosa,
e aquele que nela confia
    jamais será envergonhado"².ᶻ

⁷ Portanto, para vocês, os que creem, esta pedra é preciosa; mas, para os que não creem,ᵃ

"a pedra que os construtores rejeitaram
    tornou-se a pedra angular"³ᵇ

⁸ e

"pedra de tropeço
    e rocha que faz cair".⁴,ᶜ

Os que não creem tropeçam, porque desobedecem à mensagem; para o que também foram destinados.ᵈ

⁹ Vocês, porém, são geração eleita,ᵉ sacerdócio real, nação santa,ᶠ povo exclusivo de Deus, para anunciar as grandezas daquele que os chamou das trevas para a sua maravilhosa luz.ᵍ ¹⁰ Antes vocês nem sequer eram povo, mas agora são povo de Deus;ʰ não haviam recebido misericórdia, mas agora a receberam.

Deveres Sociais dos Cristãos

¹¹ Amados, insisto em que, como estrangeiros e peregrinos no mundo, vocês se abstenham dos desejos carnaisⁱ que guerreiam contra a alma.ʲ ¹² Vivam entre os pagãos de maneira exemplar para que, mesmo que eles os acusem de praticar o mal, observem as boas obrasᵏ que vocês praticam e glorifiquem a Deusˡ no dia da intervenção dele⁵.

¹³ Por causa do Senhor, sujeitem-se a toda autoridadeᵐ constituída entre os homens; seja ao rei, como autoridade suprema, ¹⁴ seja aos governantes, como por ele enviados para punir os que praticam o malⁿ e honrar os que praticam o bem.ᵒ ¹⁵ Pois é da vontade de Deusᵖ que, praticando o bem, vocês silenciem a ignorância dos insensatos.ᵠ ¹⁶ Vivam como pessoas livres,ʳ mas não usem a liberdade como desculpa para fazer o mal; vivam como servos⁶ de Deus.ˢ ¹⁷ Tratem a todos com o devido respeito: amem os irmãos,ᵗ temam a Deus e honrem o rei.ᵘ

¹⁸ Escravos, sujeitem-se a seus senhores com todo o respeito,ᵛ não apenas aos bons e amáveis,ʷ mas também aos maus. ¹⁹ Porque é louvável que, por motivo de sua consciência para com Deus,ˣ alguém suporte aflições sofrendo injustamente. ²⁰ Pois que vantagem há em suportar açoites recebidos por terem cometido o mal? Mas, se vocês suportam o sofrimento por terem feito o

---

¹ **1.24,25** Is 40.6-8
² **2.6** Is 28.16
³ **2.7** Sl 118.22
⁴ **2.8** Is 8.14
⁵ **2.12** Grego: *visitação*.
⁶ **2.16** Isto é, escravos.

bem, isso é louvável diante de Deus.^y 21 Para isso^z vocês foram chamados, pois também Cristo sofreu no lugar de vocês, deixando exemplo,^a para que sigam os seus passos.

22 "Ele não cometeu
pecado algum,
e nenhum engano
foi encontrado em sua boca."^b,1

23 Quando insultado, não revidava; quando sofria, não fazia ameaças,^c mas entregava-se^d àquele que julga com justiça. 24 Ele mesmo levou em seu corpo os nossos pecados^e sobre o madeiro, a fim de que morrêssemos para os pecados^f e vivêssemos para a justiça; por suas feridas vocês foram curados.^g 25 Pois vocês eram como ovelhas desgarradas,^h mas agora se converteram ao Pastor^i e Bispo de suas almas.

Deveres Conjugais

3 Do mesmo modo, mulheres, sujeite-se^j cada uma a seu marido,^k a fim de que, se ele não obedece à palavra, seja ganho^l sem palavras, pelo procedimento de sua mulher, 2 observando a conduta honesta e respeitosa de vocês. 3 A beleza de vocês não deve estar nos enfeites exteriores, como cabelos trançados e joias de ouro ou roupas finas.^m 4 Ao contrário, esteja no ser interior^2,^n que não pereça, beleza demonstrada num espírito dócil e tranquilo, o que é de grande valor para Deus. 5 Pois era assim que também costumavam adornar-se as santas mulheres do passado, cuja esperança estava em Deus.^o Elas se sujeitavam cada uma a seu marido, 6 como Sara, que obedecia a Abraão e o chamava senhor.^p Dela vocês serão filhas, se praticarem o bem e não derem lugar ao medo.

7 Do mesmo modo vocês, maridos,^q sejam sábios no convívio com suas mulheres e tratem-nas com honra, como parte mais frágil e co-herdeiras do dom da graça da vida, de forma que não sejam interrompidas as suas orações.

Sofrendo por Fazer o Bem

8 Quanto ao mais, tenham todos o mesmo modo de pensar, sejam compassivos, amem-se fraternalmente,^r sejam misericordiosos e humildes.^s 9 Não retribuam mal com mal,^t nem insulto com insulto;^u ao contrário, bendigam; pois para isso^v vocês foram chamados, para receberem bênção^w por herança. 10 Pois

"quem quiser amar a vida
e ver dias felizes
guarde a sua língua do mal
e os seus lábios da falsidade.
11 Afaste-se do mal e faça o bem;
busque a paz com perseverança.
12 Porque os olhos do Senhor
estão sobre os justos
e os seus ouvidos
estão atentos à sua oração,
mas o rosto do Senhor
volta-se contra
os que praticam o mal".^3,^x

13 Quem há de maltratá-los, se vocês forem zelosos na prática do bem?^y 14 Todavia, mesmo que venham a sofrer porque praticam a justiça, vocês serão felizes.^z "Não temam aquilo que eles temem^4, não fiquem amedrontados."^5a 15 Antes, santifiquem Cristo como Senhor em seu coração. Estejam sempre preparados para responder^b a qualquer pessoa que pedir a razão da esperança que há em vocês. 16 Contudo, façam isso com mansidão e respeito, conservando boa consciência,^c de forma que os que falam maldosamente contra o bom procedimento de vocês, porque estão em Cristo, fiquem envergonhados de suas calúnias.^d 17 É melhor sofrer por fazer o bem,^f se for da vontade de Deus,^e do que por fazer

2.20
^y 1Pe 3.17
2.21
^z At 14.22
^a Mt 16.24
2.22
^b Is 53.9
2.23
^c Is 53.7
^d Lc 23.46
2.24
^e Hb 9.28
^f Rm 6.2
^g Is 53.5; Hb 12.13; Tg 5.16
2.25
^h Is 53.6
^i Jo 10.11
3.1
^j 1Pe 2.18
^k Ef 5.22
^l Co 7.16; 9.19
3.3
^m Is 3.18-23; 1Tm 2.9
3.4
^n Rm 7.22
3.5
^o 1Tm 5.5
3.6
^p Gn 18.12
3.7
^q Ef 5.25-33
3.8
^r Rm 12.10
^s 1Pe 5.5
3.9
^t Rm 12.17
^u 1Pe 2.23
^v 1Pe 2.21
^w Hb 6.14
3.12
^x Sl 34.12-16
3.13
^y Pv 16.7
3.14
^z 1Pe 2.19, 20;4.15,16
^a Is 8.12,13
3.15
^b Cl 4.6
3.16
^c Hb 13.18
^d 1Pe2.12,15
3.17
^e 1Pe 2.15
^f 1Pe 2.20

---

1 **2.22** Is 53.9
2 ^a **3.4** Grego: *no homem oculto do coração.*
3 ^b **3.10-12** Sl 34.12-16
4 **3.14** Ou *"Não temam as ameaças deles*
5 ^d **3.14** Is 8.12

o mal. ¹⁸ Pois também Cristo sofreu pelos pecados⁸ uma vez por todas, o justo pelos injustos, para conduzir-nos a Deus. Ele foi morto no corpo¹,ʰ mas vivificado pelo Espírito²,ⁱ ¹⁹ no qual também foi e pregou aos espíritos em prisãoʲ ²⁰ que há muito tempo desobedeceram, quando Deus esperava pacientemente nos dias de Noé, enquanto a arca era construída.ᵏ Nela apenas algumas pessoas, a saber, oito, foram salvasˡ por meio da água, ²¹ e isso é representado pelo batismo que agora também salva vocêsᵐ — não a remoção da sujeira do corpo, mas o compromisso de³ uma boa consciência diante de Deus — por meio da ressurreição de Jesus Cristo,ⁿ ²² que subiu aos céus e está à direita de Deusᵒ; a ele estão sujeitosᵖ anjos, autoridades e poderes.

Vivendo para Deus

4 Portanto, uma vez que Cristo sofreu corporalmente⁴, armem-se também do mesmo pensamento, pois aquele que sofreu em seu corpo⁵ rompeu com o pecado, ² para que, no tempo que lhe resta, não viva mais para satisfazer os maus desejos humanos,ᵠ mas sim para fazer a vontade de Deus. ³ No passadoʳ vocês já gastaram tempo suficiente fazendo o que agrada aos pagãos. Naquele tempo vocês viviam em libertinagem, na sensualidade, nas bebedeiras, orgias e farras, e na idolatria repugnante. ⁴ Eles acham estranho que vocês não se lancem com eles na mesma torrente de imoralidade e por isso os insultam.ˢ ⁵ Contudo, eles terão que prestar contas àquele que está pronto para julgar os vivos e os mortos.ᵗ ⁶ Por isso mesmo o evangelho foi pregado também a mortos,ᵘ para que eles, mesmo julgados no corpo segundo os homens, vivam pelo Espírito segundo Deus.

⁷ O fim de todas as coisas está próximo.ᵛ Portanto, sejam criteriosos e estejam alertas; dediquem-se à oração. ⁸ Sobretudo, amem-se sinceramenteʷ uns aos outros, porque o amor perdoa muitíssimos pecados.ˣ ⁹ Sejam mutuamente hospitaleiros, sem reclamação.ʸ ¹⁰ Cada um exerça o dom que recebeu para servir os outros,ᶻ administrando fielmenteᵃ a graça de Deus em suas múltiplas formas. ¹¹ Se alguém fala, faça-o como quem transmite a palavra de Deus. Se alguém serve, faça-o com a força que Deus provê,ᵇ de forma que em todas as coisas Deus seja glorificadoᶜ mediante Jesus Cristo, a quem sejam a glória e o poder para todo o sempre. Amém.

Sofrendo por ser Cristão

¹² Amados, não se surpreendam com o fogo que surge entre vocês para prová-los,ᵈ como se algo estranho estivesse acontecendo. ¹³ Mas alegrem-se à medida que participam dos sofrimentos de Cristo, para que também, quando a sua glória for revelada,ᵉ vocês exultem com grande alegria. ¹⁴ Se vocês são insultados por causa do nome de Cristo, felizes são vocês,ᶠ pois o Espírito da glória, o Espírito de Deus, repousa sobre vocês. ¹⁵ Se algum de vocês sofre, que não seja como assassino, ladrão, criminoso, ou como quem se intromete em negócios alheios. ¹⁶ Contudo, se sofre como cristão, não se envergonhe, mas glorifique a Deus por meio desse nome.ᵍ ¹⁷ Pois chegou a hora de começar o julgamento pela casa de Deus;ʰ e, se começa primeiro conosco, qual será o fim daqueles que não obedecem ao evangelho de Deus?ⁱ ¹⁸ E,

"se ao justo é difícil ser salvo,
que será do ímpio e pecador?"⁶ʲ

¹⁹ Por isso mesmo, aqueles que sofrem de acordo com a vontade de Deus devem confiar sua vida ao seu fiel Criador e praticar o bem.

---

¹ ᵉ**3.18** Grego: *carne*; também no versículo 21.
² ʲ**3.18** Ou *no espírito*; também em 4.6.
³ **3.21** Ou *a indagação de*; ou ainda *a súplica por*; ou ainda *o resultado de*
⁴ **4.1** Grego: *na carne*; também em 4.6.
⁵ **4.1** Grego: *em sua carne*.
⁶ **4.18** Pv 11.31

Aos Presbíteros e aos Jovens

5 Portanto, apelo para os presbíteros que há entre vocês e o faço na qualidade de presbítero[k] como eles e testemunha[l] dos sofrimentos de Cristo como alguém que participará da glória a ser revelada:[m] **2** pastoreiem o rebanho de Deus[n] que está aos seus cuidados. Olhem por ele, não por obrigação, mas de livre vontade, como Deus quer. Não façam isso por ganância,[o] mas com o desejo de servir. **3** Não ajam como dominadores[p] dos que foram confiados a vocês, mas como exemplos[q] para o rebanho. **4** Quando se manifestar o Supremo Pastor, vocês receberão a imperecível coroa da glória.[r]

5 Da mesma forma, jovens, sujeitem-se[s] aos mais velhos[1]. Sejam todos humildes[2] uns para com os outros, porque

"Deus se opõe aos orgulhosos,
mas concede graça
aos humildes"[3].[t]

6 Portanto, humilhem-se debaixo da poderosa mão de Deus, para que ele os exalte no tempo devido.[u] **7** Lancem sobre ele[v] toda a sua ansiedade, porque ele tem cuidado de vocês.[w]

8 Estejam alertas e vigiem. O Diabo, o inimigo de vocês, anda ao redor[x] como leão, rugindo e procurando a quem possa devorar. **9** Resistam-lhe,[y] permanecendo firmes na fé,[z] sabendo que os irmãos que vocês têm em todo o mundo estão passando pelos mesmos sofrimentos.[a]

10 O Deus de toda a graça, que os chamou para a sua glória eterna[b] em Cristo Jesus, depois de terem sofrido por pouco tempo, os restaurará, os confirmará, os fortalecerá[c] e os porá sobre firmes alicerces. **11** A ele seja o poder para todo o sempre. Amém.[d]

Saudações Finais

12 Com a ajuda de Silvano[4],[e] a quem considero irmão fiel, eu escrevi resumidamente,[f] encorajando-os e testemunhando que esta é a verdadeira graça de Deus. Mantenham-se firmes na graça de Deus.

13 Aquela que está em Babilônia[5], também eleita, envia saudações, e também Marcos, meu filho.[g] **14** Saúdem uns aos outros com beijo de santo amor.[h] Paz[i] a todos vocês que estão em Cristo.

5.1
[k]At 11.30
[l]Lc 24.48
[m]1Pe 1.57;
Ap 1.9

5.2
[n]Jn 21.16
[o]1Tm 3.3

5.3
[p]Ez 34.4
[q]Fp 3.17

5.4
[r]1Co 9.25

5.5
[s]Ef 5.21
[t]Pv 3.34;
Tg 4.6

5.6
[u]Tg 4.10

5.7
[v]Sl 37.5;
Mt 6.25
[w]Hb 13.5

5.8
[x]Jó 1.7

5.9
[y]Tg 4.7
[z]Cl 2.5
[a]At 14.22

5.10
[b]2Co 4.17
[c]2Ts 2.17

5.11
[d]Rm 11.36

5.12
[e]2Co 1.19
[f]Hb 13.22

5.13
[g]At 2.12

5.14
[h]Rm 16.16
[i]Ef 6.23

---

[1] 5.5 Ou *aos presbíteros*
[2] 5.5 Grego: *Vistam todos o avental da humildade.*
[3] 5.5 Pv 3.34
[4] 5.12 Ou *Silas*, variante de *Silvano*.
[5] 5.13 Muito provavelmente Roma.

LIDERANÇA ESPIRITUAL

Gerenciando e motivando voluntários

> À medida que se aproximam dele, a pedra viva — rejeitada pelos homens, mas escolhida por Deus e preciosa para ele —, vocês também estão sendo utilizados como pedras vivas na edificação de uma casa espiritual para serem sacerdócio santo, oferecendo sacrifícios espirituais aceitáveis a Deus, por meio de Jesus Cristo.
>
> 1Pedro 2.4-5

De acordo com 1Pedro 2, os voluntários da igreja são como "pedras vivas" que estão sendo utilizadas "na edificação de uma casa espiritual para serem sacerdócio santo". Reformadores como Lutero e Calvino chamaram a isso "o sacerdócio de todos os santos". Essa doutrina radical implica que cada cristão tem o mesmo acesso a Deus, a mesma presença de Cristo e poder do Espírito Santo e o mesmo chamado para servir a Deus.

Baseado nessa doutrina, este é o sinal garantido de uma liderança eclesiástica eficaz: tratar bem os seus voluntários. Eles são motivados a servir. Eles encontraram algo em que se enquadram. E eles estão florescendo em seu próprio sentido de ministério e missão. Nutrir seus voluntários (as "pedras vivas") significa dedicar tempo e energia para ajudar outros a se despertar como servos de Deus. Vale a pena? Observe o que Bruce Larson escreve: "O chamado do líder cristão consiste justamente em ajudar o leigo a servir. Esse é um empreendimento ousado. É arriscado. Mas a alternativa é a morte espiritual. Líderes bem-sucedidos assumem riscos.".

LIDERANÇA ESPIRITUAL

A base bíblica para o ministério voluntário
Bruce Larson

Quando estudei sobre o tema "ministério", encontrei mais modelos do que imaginava. Veja os seguintes exemplos bíblicos de ministério:

- *O testemunho de uma criada:* Uma criada falou de modo simples porém direto a seu senhor, Naamã. "Há um lugar onde Deus atua em que você poderá ser curado."
- *Elias discipulou Eliseu:* "Venha comigo. Eu não vou continuar por muito tempo. Aprenda o que eu sei. Faça o que eu faço.".
- *Maria e Marta tinham um ministério de retiro:* Jesus podia ir à casa delas, tirar as sandálias, tomar uma sopa com pães ázimos e desfrutar da companhia delas e de seu irmão, Lázaro.
- *Dois leigos ousaram preparar um pregador talentoso:* Priscila e Áquila eram ousados o suficiente para assumir a preparação de Apolo, dizendo: "Você entende de teologia? Cremos que podemos ajudar você a aperfeiçoar o seu ministério.".

Todos esses exemplos bíblicos de ministério têm pelo menos uma coisa em comum: mostram que foram os leigos que realizaram — e podem realizar — cada um desses serviços. Mas, se nenhum desses ministérios exige preparo profissional, por que não há mais leigos dispostos a servir? Há duas razões principais:

1. Os leigos se sentem despreparados
Muitas pessoas acham que somente aqueles que têm muita sabedoria, conhecimento e habilidades podem curar, abençoar e libertar as pessoas. Os leigos pensam: *Quem sou eu? Não sou uma Madre Tereza, muito menos um apóstolo Paulo!* Eles podem achar que estão sendo humildes, mas, na verdade, esse é um modo de fugir da responsabilidade. Dizer "eu sou apenas um leigo; não sou digno" é uma forma de se esquivar. Quem é digno? Deus simplesmente diz: "Faça!".

2. Os leigos temem o fracasso
O leigo poderá pensar: *O que acontece se eu oro com alguém e não há um resultado visível?* Tenho certeza de que isso aconteceu com frequência no período do Novo Testamento, mas somente os milagres são registrados. Certa vez, ouvi um líder cristão, muito conhecido por seu ministério de cura, dizer: "Ninguém jamais experimentou tantas orações por cura não respondidas como eu". Nem sempre encontramos respostas imediatas a nossas orações.

Então, como é que os leigos que se sentem despreparados se envolvem no ministério? Eles começam acreditando que ministério não significa ter todas as respostas. Todos ministramos a partir da fraqueza. Como o apóstolo Paulo descobriu, o poder de Deus se aperfeiçoa na nossa fraqueza (2Coríntios 12.9).

Gerenciando e motivando voluntários

Panorama da motivação de voluntários
Paul Robbins & Harold Myra

Sempre há na igreja os assassinos da motivação: balde de água fria despejado sobre boas ideias nas reuniões de ministério, reuniões de conselhos cansativas e demoradas, sobrecarga em "pessoas bem-dispostas" que veem que os outros estão muito acomodados. Como uma igreja poderá cultivar a motivação? Com base na conversa com pastores e outros líderes de igreja, recomendo alguns princípios e estratégias para motivar voluntários.

Faça que eles se sintam parte da visão
Líderes compartilham sua visão com outras pessoas. Procuram conhecer os interesses delas e encontrar pontos em comum, depois delegam responsabilidades para que se sintam parte da visão da igreja. Ao estabelecer alvos realistas, os líderes ajudam os voluntários a reconhecer quando foram bem-sucedidos. Os líderes também fazem uma avaliação periódica de como os voluntários estão se sentindo.

Coloque-os nos lugares certos
Os líderes encorajam as pessoas a servir em posições das quais gostam e para as quais tenham habilidades. Fazem com frequência uma avaliação de dons espirituais para ajudar a determinar o lugar do voluntário e aproveitam sua disponibilidade, dando-lhes inicialmente responsabilidades de curto prazo. Depois que o voluntário encontra seu lugar de atuação, os líderes os ajudam a desenvolver seus dons.

Reconheça o empenho deles
Os líderes não perdem tempo para reconhecer o empenho de um voluntário. Em geral, fazem isso escrevendo uma carta pessoal de reconhecimento, dando-lhe a oportunidade de um testemunho semanal no culto de domingo e oferecendo-lhe uma confraternização ou um jantar. O bom líder esforça-se para conhecer pessoalmente seus voluntários.

Motive, não manipule
Motivação significa dar a alguém a liberdade de decidir; manipular ocorre sempre que é tolhida a liberdade de escolha. Os líderes oferecem aos voluntários várias opções de serviço. Eles alimentam oportunidades de crescimento e amadurecem os dons espirituais dos voluntários. São pragmáticos, otimistas e entusiastas quando se trata de voluntários. Os líderes trabalham com alegria — se as pessoas percebem que o líder trabalha com prazer, elas irão *querer* ser voluntárias.

Ampliando a base de voluntários da igreja
Bill Hybels

Chamo a base de voluntariado da igreja de o "fator Y". Essa frase está baseada em uma equação simples: X + Y = Z, na qual Z representa o fruto do ministério de uma igreja, X representa os funcionários assalariados, e Y representa a base de voluntários da igreja.

Quando uma igreja ou organização aumenta o "fator Y", todos saem ganhando. Mais do que isso — Deus é glorificado. Ele é honrado como o arquiteto do plano e o que impulsiona toda a obra. Eis algumas tarefas fundamentais para que os líderes ampliem sua base de voluntários:

Assuma a responsabilidade

Líderes de igreja precisam se envolver pessoalmente. Precisam basear-se na Palavra de Deus e burilar o voluntário até que todos compreendam que se trata de uma ação do Reino realmente importante e bíblica. Os líderes precisam ter esse foco durante todo o tempo necessário para alcançar o alvo. Somente depois é que poderão dar uma confraternização e agradecer a todos os voluntários. Deus concede a alguns o dom de liderança para que uma igreja caminhe cada vez mais próxima ao objetivo de ser a igreja que Deus deseja. Como muitas outras importantes iniciativas ao longo dos anos, aumentar o fator Y exige exercício redobrado do pastor titular. Não se trata de algo que ele pode delegar a outra pessoa.

Introduza em outros a alegria de servir

Às vezes os líderes sentem culpa de pedir às pessoas para que ajudem na igreja. Mas a igreja é feita de vendedores de automóveis, corretores de valores, banqueiros e também de pedreiros, professores e encanadores — e, apesar de os melhores deles estarem fazendo o que podem para glorificar a Deus em seu trabalho, poucos deles encontram verdadeira satisfação em sua atividade profissional. Os líderes têm o grande privilégio de convidar pessoas assim para o que pode ser o único envolvimento de suas vidas em algo que possa proporcionar-lhes o sentimento de que são instrumentos nas mãos do Todo-poderoso, além também de lhes dar a sensação de que o Deus Criador as usou para tocar espiritualmente a vida de outros.

Construa uma visão positiva

Se eu tivesse trabalhando como diretor do ministério infantil, compartilharia da seguinte maneira o ministério com "Fábio". Primeiro, eu o convidaria para tomar um café e ter a oportunidade de nos conhecer melhor. Aí eu diria:

> Fábio, os 90 minutos que gasto com as crianças nesse ministério todo fim de semana são os melhores 90 minutos da minha semana. Quando ensino uma criança cuja família não é da igreja a orar; quando falo a uma criança de pais separados sobre quanto Deus a ama; quando pego algumas crianças com medo e lhes digo que elas não precisam ficar com medo porque Deus é seu amigo — bom, não há nada igual.

Gerenciando e motivando voluntários

Depois, escolho cuidadosamente cada palavra do próximo passo:

> "Fábio, nós precisamos de mais ajudantes no ministério infantil. Não sei se isso é algo que interessa a você. Mas será que gostaria nos fazer uma visita para conhecer esse ministério e ver o que Deus está fazendo ali?".

Compartilhar com um voluntário sobre a minha própria experiência semanal ajuda a projetar uma visão positiva do ministério infantil. Pedir ao Fábio que visite o ministério pelo menos uma vez diminui o receio de que ele possa estar sendo "laçado" permanentemente para algo antes de poder refletir sobre o que envolve o trabalho. Convidá-lo a que me acompanhe na visita ao ministério infantil lhe dará segurança de que ele não será colocado sozinho numa sala cheia de crianças que exigem atenção. Isso não é coerção — apenas uma maneira eficaz de compartilhar a visão e fazer um convite direto.

Redirecione, retorne ao foco e dê nova atribuição

O que acontece quando alguém se prontifica a colaborar em um ministério específico, mas, como você já sabe, não se enquadra naquela área? O que fazer? Redirecione. Faça perguntas e ofereça ajuda. É possível que você consiga envolver essa pessoa em outro ministério em que ela poderá se desenvolver.

Muitas vezes a primeira área para a qual alguém se voluntaria não é a opção que melhor se compatibiliza com seus dons e paixões naturais. Na verdade, é muito provável que a pessoa nem sequer conheça seus dons e paixões naturais. Os líderes podem ajudar os voluntários a descobrir para onde Deus os está chamando a servir; contudo, às vezes, esse processo leva um ano ou mais. Talvez sejam necessárias muitas reorientações. "Você acha isso mais adequado? Você se sente mais útil ou eficaz nessa área? Você sente cada vez mais a satisfação de Deus?"

Espera-se que a cada novo voluntário disposto a servir mais um seguidor de Cristo esteja descobrindo o entusiasmo de servir e mais uma necessidade espiritual esteja sendo suprida.

Voluntários com mentalidade cristocêntrica
Sue Mallory

A palavra "voluntário" nem sempre retrata bem o que a Bíblia quer dizer por ministério ou serviço. Eu me tornei *voluntário* da Cruz Vermelha ou da Associação de Pais e Mestres; eu *sirvo* na minha igreja. Não importa como designamos as pessoas que servem na igreja (voluntários ou ministros), os princípios a seguir garantirão que todos tenham uma mentalidade genuinamente cristocêntrica.

Mude a percepção sobre serviço

Para reorientar a mentalidade de uma igreja, é preciso começar com uma avaliação de como a igreja trata as pessoas que servem ali. Muitas vezes uma clara indicação disso é o que o líder ouve por acaso. Por exemplo, afirmações como estas indicam uma mentalidade não bíblica da gestão de voluntários:

LIDERANÇA ESPIRITUAL

- "Não dá para depender dos voluntários."
- "Envolver voluntários diminuirá o nosso nível de qualidade."
- "O que se deve esperar? Ela é *só* uma voluntária."

Encontre as pessoas certas para as tarefas certas

Por um lado, a mentalidade de gestão de voluntários avalia as necessidades da igreja e procura pessoas dispostas a assumir uma responsabilidade sem levar muito em conta os dons, talentos ou interesses dos indivíduos. Por outro lado, em um ministério com mentalidade cristocêntrica todo esforço é feito para descobrir os dons e os chamados singulares da pessoa, e depois encorajar cada uma delas a servir na área em que Deus a capacitou.

Por exemplo, se alguém se sente impelido a ajudar os sem-teto, um líder pode auxiliar a pessoa a entrar em contato com uma organização comunitária. Durante os cultos, aquele líder pode então comissionar esse voluntário a ser um ministro na comunidade. Os líderes devem resistir à tentação de encaixar voluntários somente em posições abertas no sistema normal da igreja.

Um ministério com mentalidade cristocêntrica que mobiliza os leigos significa ter "a pessoa certa no lugar certo pelas motivações certas". Quando isso acontece, as pessoas querem ser bem-sucedidas tanto quanto os pastores precisam que elas sejam. Isso torna a motivação e a eficácia muito mais fáceis.

Confie em que os leigos farão o trabalho

Outra questão é a confiança: A igreja realmente confia nos leigos para suprir as necessidades do ministério? Quando as pessoas estão inseridas no ministério certo, elas "se dedicam a seus compromissos". Isso pode ser subestimado quando um líder de igreja delega uma responsabilidade apenas para tomá-la de volta se não for cumprida como ele espera.

Exija que as pessoas prestem contas

Confiar nas pessoas também implica permitir que elas falhem. A prestação de contas geralmente é aprendida quando se experimenta o impacto de "o que eu não fiz". Pense na seguinte situação. João era responsável por manter a despensa da igreja estocada. Logo depois de assumir essa responsabilidade, ele teve de viajar momentaneamente, não avisou ninguém nem providenciou para que alguém estocasse a despensa. Ao retornar de viagem, ele chegou à igreja justamente quando pessoas famintas que dependiam daquela comida como única refeição do dia estavam sendo despedidas com as mãos vazias. João ficou assustado; ele imaginava que alguém cobriria sua ausência. Falei com João depois e vi como ele ficou surpreso de que ninguém assumira seu lugar. Então, reafirmei um dos nossos valores de que "cada membro é um ministro" e lembrei-lhe de que ele era o ministro responsável pela despensa da igreja. Ao sair, ele disse: "Eu entendo, e pode contar comigo daqui em diante".

Preencha a necessidade ou deixe passar

Sempre haverá situações em que os dons e as paixões naturais das pessoas não preencherão algumas necessidades. O que fazer então? Um líder basicamente tem duas opções.

Gerenciando e motivando voluntários

Primeiro, as pessoas podem servir fora de sua área de interesse ou dom principal. Quando isso acontece é importante lembrar-se de que as pessoas servem na igreja motivadas por sua fidelidade a Deus, não por obrigação. Servir a Cristo sempre será fruto de uma combinação de fidelidade a Cristo e mordomia dos dons individuais. O objetivo, entretanto, é amadurecer o ministério com base nos dons, ministério esse no qual as pessoas servem motivadas por seus dons e paixão.

Segundo, outras vezes, é necessário deixar o ministério morrer. Há momentos em que os líderes da igreja precisam dizer um ao outro: "Estamos dispostos a encerrar esse ministério? Estamos dispostos a manter o ministério sem ter pessoas que assumam a responsabilidade?". As pessoas tendem a assumir a responsabilidade quando lhes é dada a permissão para criar modos de realizar a missão, especialmente se sabem que sem elas o ministério não será realizado.

Pessoas certas nos lugares certos pelos motivos certos demonstram à igreja, aos vizinhos e ao mundo que Cristo vive em cada um e por meio de cada um. Um ministério baseado nos dons é em última instância o cumprimento da Grande Comissão: O povo de Deus cumprindo o discipulado de formas que proclamam que o Salvador transforma vidas.

Como iniciar um ministério com voluntários
Bruce Larson

Todo pastor que eu conheço reconhece o sacerdócio de todos os santos e prega que todo cristão é chamado ministro. Mas a maioria também admite que há uma imensa lacuna entre o nível real de envolvimento dos leigos no ministério e o nível desejado. Se quisermos preencher a lacuna do ministério leigo — a lacuna entre o que é e o que deveria ser —, os líderes de igreja terão de assumir alguns riscos e seus membros também. Há alguns passos práticos que os líderes de igreja podem dar para ajudar os leigos a se envolver eficazmente no ministério. Os detalhes podem variar conforme a igreja, mas há quatro princípios gerais:

Líderes precisam descer do pedestal

Se os leigos forem se envolver no ministério, terão de ver seus líderes em situações de ministério — tanto em dar quanto em receber. A inclinação natural de um líder é "fazer aos outros", mas desencorajar as pessoas de "fazer para mim", para não se sentirem em dívida com ninguém. Os líderes devem aprender a resistir ao desejo de parecer completamente competente e seguro em todos os momentos. Às vezes, o desejo de parecer autossuficiente vem do próprio líder, mas, outras vezes, os outros querem que o líder corresponda a essa expectativa.

Em todos os *Evangelhos*, Jesus encontrou modos de usar suas próprias necessidades para abençoar as pessoas. A Zaqueu, ele disse algo como: "Você pode abrir sua casa e servir uma refeição para treze homens? Nós estamos com fome.". Zaqueu mal via a hora de receber todos, e sua vida foi transformada por meio daquela refeição. À mulher desprezada naquele poço, Jesus disse algo assim: "Você pode me dar de beber? Eu não tenho uma vasilha.".

LIDERANÇA ESPIRITUAL

Líderes encorajam as pessoas a que relatem suas histórias de fé
Permita que as pessoas contem o que Deus está fazendo em suas vidas. Certa vez, dirigi um retiro em que os presbíteros contaram histórias impressionantes. Um deles contou como duas de suas filhas morreram em diferentes acidentes de automóveis, um dos quais causado por um motorista embriagado. Ele e a esposa superaram as perdas, e o grande milagre é que eles não tinham mágoas. Quando ele terminou de contar a história, muitos que a ouviam estavam em lágrimas.

Outro contou como havia enfrentado o divórcio. Ele havia se casado novamente e estava feliz, mas falou sobre a dor do divórcio: "Não consigo superar a dor. Ela está sempre presente.". Todos os presentes tiveram a oportunidade de compartilhar sua história — "Esta é a minha situação... quando Deus me encontrou... onde estou agora... quando sinto dor... para onde Deus está me dirigindo". Esse modelo mostra às pessoas que o ministério começa na fraqueza, não na força. Esse fato nos tranquiliza a ministrar um ao outro com um medo menor de insuficiência.

Limite as qualificações essenciais
Apesar de não ser necessário um processo detalhado de triagem para recrutamento de líderes voluntários, eis três perguntas cruciais que as pessoas precisam responder afirmativamente antes de se qualificar para ministrar no poder do Espírito Santo:

1. "Você tem um relacionamento com Jesus Cristo?" A igreja está cheia de pessoas que acreditam em Jesus, mas nunca tiveram um encontro pessoal com ele. A questão-chave não é se a pessoa acredita ou não se Jesus morreu na cruz; o Diabo também crê nisso. A pergunta que Jesus fez aos discípulos foi: "Vocês me amam?".
2. "Você está disposto a amar essa família de cristãos?" Isso é semelhante a outra pergunta que Jesus fez aos discípulos: "Vocês amarão uns aos outros do mesmo modo com que eu amei vocês?".
3. "Você testemunhará o nome de Jesus ao mundo?" Se a pessoa estiver desejosa de ser representante de Deus em todo lugar e a todas as pessoas, Deus confiará a ela o ministério.

Encoraje as pessoas a assumir riscos
Jesus enviou seus discípulos — não apenas os Doze, mas também 72 discípulos — aparentemente de modo prematuro. "Eu os envio como ovelhas entre lobos", ele disse. Ele os orientou a curar os enfermos, expulsar espíritos maus e pregar o Reino de Deus. Ele os enviou de dois em dois. Sozinhos, eles teriam muito medo; eles não assumiriam o risco. Jesus nos mostra que um passo fundamental na preparação de pessoas para o ministério é encorajá-las a assumir riscos, a ir a lugares onde poderão fracassar a não ser que Deus intervenha. Ajudar os leigos a ministrar é justamente o chamado do líder da igreja. Essa é uma tarefa ousada. É arriscada. Mas o oposto é a morte espiritual. Líderes bem-sucedidos assumem riscos.

Gerenciando e motivando voluntários

Focando nas necessidades dos voluntários
Ted Harro

Você sabe o que os voluntários da sua igreja esperam dos líderes? Aqui está o que eles estão pensando, mesmo que não expressem de modo audível:

"Mostre-me um propósito claro e cativante."

Na minha experiência, a necessidade de sentido é o que mais impulsiona as pessoas a se voluntariar aos ministérios da igreja. Líderes que oferecem aos voluntários um propósito claro e cativante para o serviço no Reino de Deus criam voluntários satisfeitos que conhecem perfeitamente o propósito de seu ministério. Eles conseguem verbalizar não apenas a razão da existência de seu grupo, mas também porque essa causa é importante. Eles se entregarão de modo abnegado e ainda lhe agradecerão por isso.

Segundo Andy Stanley, os voluntários querem respostas a três importantes perguntas:

1. Qual é o problema?
2. Qual é a solução?
3. Por que nós é que devemos resolvê-lo agora?

Responda claramente essas perguntas e verá como as pessoas se voluntariarão para todo tipo de trabalho.

"Estou aqui para o que der e vier."

Este princípio pode parecer contraditório, mas, quando o líder deixa passar a oportunidade, seus voluntários ficam perdidos. De um lado, os voluntários estão ocupados com múltiplas prioridades. De outro, desejam desesperadamente receber ajuda no direcionamento e na realização do ministério. Simplesmente aprovar verba ou cumprir os planos feitos pela equipe não desperta motivação duradoura. Permitir que outros empreguem os próprios talentos os transforma de colaboradores comuns e casuais em apoiadores apaixonados. Portanto, os líderes podem pedir a eles sem constrangimento o melhor de seu tempo e talentos para fortalecer o ministério.

"Não desperdice o meu tempo."

Lembre-se: os voluntários querem colaborar. Eles encaram seu trabalho não remunerado como ótima oportunidade para desenvolver sentido e propósito na vida. Por isso, analisam todas as reuniões, todos os e-mails e telefonemas para saber se acrescentarão algo significativo. Caso contrário, eles se afastarão e usarão o tempo de que dispõem em outra atividade.

Os voluntários têm um faro sensível a projetos com escassez desesperada de recursos. Não há nada mais previsível ao enfraquecimento de projetos do que a falha em suprir

1885

regularmente o número de projetos ministeriais. Portanto, o líder sábio mantém tanto uma lista "de coisas a interromper" como a de "coisas a fazer". Do contrário, simplesmente deixará os voluntários confusos e frustrados.

"Pare de manipular."
Todo jogador de futebol sabe o quanto é irritante jogar com um companheiro fominha. Mesmo sem dizer nada, esse tipo de jogador está comunicando que ele não confia em passar a bola a você. Consequentemente, você fica desmotivado e só quer ir para o banco. Com que frequência os líderes realmente confiam a seus voluntários as partes mais importantes do ministério?

Formando uma comunidade para os voluntários
Nancy Beach

Voluntários e funcionários remunerados compartilham algumas das mesmas necessidades — principalmente a necessidade de fazer parte de uma comunidade cristã autêntica. Estas são três formas de os líderes nutrirem voluntários por meio de um senso de comunidade:

Fale sobre a importância da comunidade
Muitas vezes os líderes pensam que uma vez que as pessoas não são remuneradas elas são consequentemente motivadas de um modo diferente dos funcionários remunerados ou que tenham de ser lideradas de maneira diferente. Mas, na maioria dos casos, a equipe remunerada também não está trabalhando pelo dinheiro. Em vez disso, ela é motivada por alguém que a lidera em favor de uma causa. Isso significa que a visão sobre o que o líder está tentando fazer e suas motivações têm de estar bem claras tanto para os voluntários quanto para o quadro de funcionários.

O êxito, a perseverança e a permanência por um bom tempo dos voluntários e dos funcionários com você se deve ao preenchimento de outra necessidade — isto é, o senso de viver em comunidade. É muito importante que voluntários e funcionários sintam que alguém os conhece, tenha contato com eles fora da igreja e se importa com suas lutas pessoais, sua família, saúde etc. Líderes bem-sucedidos procuram suprir intencionalmente essa necessidade legítima de comunidade.

Importe-se com a pessoa toda
Infelizmente, os voluntários sentem-se facilmente usados no trabalho da igreja. Talvez sintam que os líderes da igreja se importam com apenas uma coisa — se eles compareceram e realizaram o trabalho. Portanto, uma boa liderança significa tratar os voluntários como *pessoas por inteiro*. Isso quer dizer, por exemplo, reconhecer que voluntários passarão por fases — talvez devido a questões familiares ou desafios do trabalho —, quando terão de fazer

Gerenciando e motivando voluntários

uma pausa, ou não conseguirão contribuir tanto em termos de tempo com os compromissos da igreja. Se os líderes adotam uma visão de liderança de longo prazo, estão sensíveis a essas fases, quando a maré está baixa e quando está alta. Mas líderes com visão de curto prazo simplesmente animam as pessoas a fazer algo nobre que exija muito tempo. Contudo, será que essas pessoas continuarão como voluntárias dois ou três anos mais tarde?

Promova o fortalecimento do senso de comunidade

Os líderes podem promover o fortalecimento da comunidade mesmo quando as pessoas não têm muito tempo para estar juntas. Talvez elas pudessem chegar 15 ou 20 minutos mais cedo ou ficar um pouco mais depois, reunindo-se em grupos para fazer uma pergunta simples: "Qual foi para você o ponto alto da semana passada e qual foi o aspecto negativo?", "Como podemos orar por você especificamente nesta semana?". Perguntas como essas extraem algo importante sobre a vida da pessoa que permite que as pessoas se conheçam melhor. Os voluntários anseiam por isso porque Deus nos formou para viver em comunidade. Sempre que os voluntários saem de uma reunião sentindo-se mais conhecidos, dedicarão um pouco mais de tempo.

Encontrando o lugar certo para os voluntários
Leith Anderson

A motivação exige do líder que capacite os voluntários para que usem seus dons e também que os encoraje ao longo do caminho. Estes são quatro princípios para ajudar os líderes de igreja a encontrar o lugar certo para os voluntários:

1. Use gratidão em vez de culpa

A culpa é o elemento "motivador" mais eficaz na igreja. É rápido e eficaz, mas é acompanhado de um alto preço: o ressentimento. Pessoas motivadas por culpa desenvolvem uma hostilidade subconsciente contra o líder e contra a instituição. É muito melhor motivar apelando para a gratidão — gratidão a Deus por tudo que ele fez. Quando um líder tem dificuldade para formar a equipe ministerial, em vez de recorrer à culpa, é melhor dizer: "Esta é uma grande oportunidade que Deus me dá para agradecer a você, para compartilhar suas bênçãos aos outros". Pode ser que recorrer à gratidão não gere resultados imediatos, mas no longo prazo é muito mais saudável.

2. Elimine a insatisfação das pessoas

A maravilha da igreja é que sempre haverá um suprimento razoável de insatisfação. Alguns membros podem estar insatisfeitos pelo que sentem ser a perda de identidade numa sociedade que os trata cada vez mais como números. Outros podem estar insatisfeitos com a estrutura física. Os líderes podem aproveitar essa insatisfação e canalizá-la para melhorar a igreja. Pois, para os membros insatisfeitos, a motivação já existe; os líderes precisam apenas saber como canalizá-la para a edificação do Corpo.

3. Retribua os voluntários com mais do que eles investem
O principal fator para manter a motivação dos voluntários é o sentimento de que eles estão recebendo mais por sua dedicação do que estão dando. A retribuição pode ocorrer de diversas formas: crescimento pessoal, satisfação em servir a Deus, fazer parte de uma importante organização, camaradagem com outros membros. Quando os voluntários recebem esse tipo de "salário", um líder pode exigir muito deles, pois eles estão recebendo bastante.

4. Priorize os dons espirituais quando posicionar voluntários
É muito comum os líderes cometerem o erro de usar pessoas para atender às necessidades da igreja sem pensar em seus dons individuais. Priorizar as necessidades institucionais em detrimento da capacitação pessoal é desrespeitoso e destrói a motivação. Um jeito melhor é gastar tempo procurando encaixar habilidades e personalidades com oportunidades de serviço. Eu recomendo que o líder veja com outros líderes da igreja os nomes dos voluntários, tenha uma entrevista com eles e elabore uma descrição detalhada da função que ocuparão. Apesar de isso tomar tempo, esses passos ajudam a determinar se uma posição específica é apropriada para o voluntário. No final das contas, esse procedimento protege o voluntário e o ministério contra uma combinação prejudicial.

Cinco princípios para a formação de voluntários
Terry C. Muck

Como você treina voluntários? De acordo com uma pesquisa do *Leadership Journal*, as igrejas que têm um processo de treinamento eficaz geralmente compartilham as cinco recomendações seguintes. Essas recomendações não resolverão problemas de treinamento do dia para a noite, mas poderão despertar a sua reflexão e fazer você trilhar no caminho certo.

1. Reconheça que o treinamento exige muito esforço
Igrejas que têm programas de treinamento para seus voluntários não dissimulam as exigências: muito tempo, bastante esforço e paciência. É preciso tempo para que os líderes comuniquem uma visão que seja realmente parte integral deles. Não há atalhos quando o assunto é a implantação em outra pessoa da mensagem segundo a qual é chegada a hora de cumprir a obra do Reino. No fim, as pessoas não são atraídas por um sistema, mas por um mestre que personifica uma causa e está disposto a sacrificar seu interesse próprio.

2. Entenda a resistência ao treinamento
Muitas pessoas resistem ao treinamento porque o esforço exigido parece demasiado ou porque pensam que tudo de que os voluntários precisam é bom senso, maturidade e

Gerenciando e motivando voluntários

experiências de vida. Naturalmente, desistir não é a resposta certa para a resistência ao treinamento. O líder pode chegar à raiz da resistência fazendo quatro perguntas aos que estão sendo treinados para o trabalho voluntário:

- "Por que você está disposto a servir à igreja dessa maneira?" A resposta demonstrará a pureza de motivação daquele que está sendo treinado.
- "Que melhoria faria na última responsabilidade que você teve na igreja?" Essa resposta mostrará a criatividade.
- "O que você mais gostou no último cargo que ocupou na igreja?" As razões são mais importantes do que as respostas.
- "Descreva a melhor pessoa que trabalhou por você ou com você." Isso mostra a habilidade de entender e se relacionar com as pessoas.

3. Entenda os sentimentos de inferioridade das pessoas

Douglas Johnson, em *The Care and Feeding of Volunteers*, observa: "É comum que os voluntários se sintam incapazes de lidar com determinadas situações na igreja. Mesmo que sejam professores experientes, executivos ou técnicos no mundo profissional, eles sabem que na igreja as coisas funcionam de modo diferente.". Para lidar com essa relutância, os líderes da igreja podem oferecer aos voluntários treinamento interno e, dessa forma, encaminhar as pessoas para assumir cargos de responsabilidade. Às vezes, o melhor treinamento envolve simplesmente exercer o ministério. Os leigos precisam simplesmente de coragem e confiança de que são capazes de cumprir o trabalho.

4. Programas de treinamento sob medida

Programas eficazes de treinamento nem sempre são iguais. Mas há um elemento inegociável em qualquer programa eficaz de treinamento: precisam ser pensados sob medida para atender às necessidades de cada igreja. Pouquíssimos materiais de treinamento se enquadram a toda e qualquer situação. Cada igreja local deve adaptar o material a suas necessidades — ou desenvolver seu próprio estilo de treinamento de liderança. Programas "enlatados" poupam tempo, mas raramente atendem às necessidades exclusivas de cada comunidade.

Eis três maneiras de os líderes criarem treinamentos sob medida a seu contexto particular:

- *Eles conhecem o propósito final antes de começar.* Não dizem aos que estão iniciando o treinamento que eles se tornarão chefes de departamentos. Antes, fazem uma triagem criteriosa dos participantes e procuram prever em que área cada um se encaixará melhor. Nem todo treinamento de voluntário é um treinamento de liderança.
- *Eles estabelecem o momento certo do treinamento.* Não há nada mais destrutivo do que reunir um grupo de voluntários, treiná-los e encorajá-los para depois não ter como aproveitá-los.
- *Eles encontram o ritmo certo.* Não se prendem a prazos rígidos de encerramento, mas fazem uma transição natural dos cursos de treinamento para o treinamento prático

em sua área de trabalho. Estão dispostos a ir mais devagar com o objetivo de aprofundar em algum interesse particular. A pressa no treinamento gera ansiedade.

5. Desafie os voluntários

Desafiar os voluntários leva ao aumento do número de voluntários, não à diminuição. Os líderes se esforçam para garantir que as pessoas vejam suas tarefas como parte de um ministério mais abrangente da igreja e fazem isso moldando uma visão para o cargo do voluntário. Há uma grande diferença entre ser um talhador de pedras e um construtor de catedrais, mas trata-se apenas de uma questão de visão e perspectiva. Os líderes de igreja são chamados para incutir essa visão maior nos voluntários. Uma vez que a visão foi articulada, os líderes devem continuar a desafiar os voluntários. Eles devem esboçar o que é esperado de cada voluntário, e depois responsabilizá-lo por cumprir a tarefa. Isso faz que os voluntários vejam suas tarefas como algo importante.

Iniciando um novo ministério dirigido por voluntários
Don Cousins

As melhores igrejas e denominações incentivam o início de novos ministérios, principalmente ministérios iniciados por voluntários. Como um *iceberg*, porém, boa parte do trabalho importante para o início de novos ministérios está abaixo da superfície e acontece antes mesmo do início do trabalho. Estes são alguns modos básicos de lançar os fundamentos de um novo ministério.

Comece com os seus líderes

Apesar de a necessidade ser a semente para o plantio de uma ideia de ministério, somente a necessidade não é base suficiente para a edificação de um ministério. Ministério começa com liderança. Em geral, nas igrejas há três opções diante de uma necessidade: o pastor assume o programa, a equipe contratada assume o ministério, ou pessoas bem-intencionadas, porém não necessariamente as mais bem qualificadas, são recrutadas para assumir a liderança do ministério. A alternativa melhor é gastar o tempo necessário para encontrar os voluntários certos. Vale a pena aguardar para encontrar a pessoa certa e desenvolver bem o ministério. É muito mais difícil desfazer e refazer um programa fraco do que desenvolver um programa com qualidade desde o início.

Foque em um único propósito

Depois de o líder encontrar um voluntário-chave para liderar, o passo seguinte é reunir cinco ou seis indivíduos para refletir e discutir sobre o ministério. Esse grupo de trabalho *em geral está formado* por um líder ministerial, várias outras pessoas com uma paixão natural e dons que correspondam a esse ministério, e um ou dois membros da equipe de

Gerenciando e motivando voluntários

funcionários ou conselho. Uma combinação de pessoas é ideal, embora cada uma deva ser competente para analisar e desenvolver estratégias. A primeira tarefa é determinar o propósito principal do ministério. A eficiência do ministério aumenta se cada programa ou reunião tiver apenas um único propósito. Ter um único foco também beneficia os cooperadores uma vez que os ajuda a mensurar sua eficácia.

Determine uma filosofia de ministério

A segunda tarefa desse grupo de trabalho é estabelecer uma filosofia de ministério. Antes de os líderes desenvolverem uma estratégia de trabalho para realizar uma única tarefa, é preciso perguntar: "O que conhecemos sobre o público-alvo? Como podemos cumprir de modo eficaz esse ministério?". Demanda tempo para formular uma filosofia de ministério, e isso nunca ocorrerá enquanto os líderes não sentarem e tratarem das questões certas: Quem são as pessoas a quem queremos alcançar? O que as motiva? O que as afasta? O que funciona? O que não funciona? Fazer essas perguntas permite traçar uma visão clara do público-alvo e entender como ministrar a ele com mais eficácia.

Estabeleça uma estratégia

Determinar a filosofia de ministério frequentemente resulta em uma longa lista de ideias e conceitos. Estes precisam ser sintetizados em um planejamento estratégico, incluindo o estabelecimento de prioridades, baseando-se na seguinte pergunta: "Onde conseguiremos provocar maior impacto com nosso investimento inicial?".

Dispensando um voluntário
Leadership Journal

Para o bem-estar da igreja, às vezes é necessário afastar voluntários de seus cargos. Contudo, pedir a um voluntário para que se afaste pode ser penoso, principalmente se a longa dedicação do voluntário o transformou em um artigo permanente da igreja. Como os pastores conseguirão tirar alguém de uma posição-chave ou que tenha sido ocupada durante muito tempo sem prejudicar o voluntário nem sabotar seu próprio ministério? Os próximos passos podem servir de diretriz para quando for preciso afastar um voluntário ineficaz (ou, talvez até destrutivo), mas que está arraigado à posição que ocupa.

Não ignore a situação

O que fazer com o líder talentoso de louvor que se ressente quando você lhe dá alguma orientação? E com o antigo voluntário que não mantém em dia a contabilidade e às vezes comete erros? E com o fervoroso líder do ministério de oração que distancia as pessoas com suas ideias radicais sobre política? Há também o medo — frequentemente legítimo — de que, ao afastar alguém de um ministério, essa pessoa e sua família causem conflito na igreja. É bem provável que o líder pense: "Estou aqui mais para ministrar do que para administrar" e continue evitando o confronto.

Mesmo assim, líderes que zelam por seu ministério devem priorizar as necessidades da igreja acima das necessidades de qualquer indivíduo, o bem-estar longevo do ministério acima das necessidades imediatas de qualquer pessoa envolvida. Eles não podem simplesmente ignorar a situação e esperar que melhore. Se um líder tiver de tomar uma decisão difícil, é melhor agir rapidamente, mas não de modo tão abrupto que provoque uma crise. Se o pastor aguardar muito tempo para afastar o voluntário ineficaz, porém enraizado em seu posto, o ônus continuará aumentando até que seja muito alto a ponto de o pastor ser tentado a deixá-lo para o pastor seguinte tratar.

Identifique a causa do fracasso

Quando confrontado com situações em que se exige encerrar a participação de pessoas, é importante perguntar: "Há motivos não declarados para essa pessoa não conseguir se desenvolver nesse cargo?". Pode ser uma questão de competência, uma atitude negativa, esgotamento, divergência de visões, ou um conflito de personalidade entre os membros do conselho. Quem sabe se trate de questões profundas de caráter que o voluntário se recusa a admitir e tratar? Essas questões secretas precisam ser identificadas antes de prosseguir.

Esclareça questões sobre o cargo e faça uma avaliação

Se a situação pode ser remediada, o passo seguinte é esclarecer questões sobre o cargo e oferecer uma avaliação. A maioria dos voluntários nunca recebe uma descrição das expectativas ou diretrizes de seu cargo, mas é sempre mais fácil lidar com os problemas quando há diretrizes por escrito. As descrições dos cargos e uma revisão anual eliminam a aparência de conduta arbitrária e fornecem uma base objetiva de avaliação. Quando se faz uma avaliação anual, os problemas podem ser identificados antes de se tornarem graves.

Inclua outros no conselho

Líderes precisam de "saldo na conta" — uma reserva da confiança das pessoas — quando estão lidando com uma mudança importante de pessoal. Primeiro, os líderes não devem tomar nenhuma decisão importante sozinhos; devem encontrar meios de formar um grupo de apoio. Mesmo que tenham influência para tomar a decisão sobre alguém da equipe, antes de pedir a um voluntário para que se afaste, os líderes devem convocar outros para lhes acompanhar em todo o processo. Segundo, logo em seguida ao afastamento, é importante fazer contato com as pessoas diretamente afetadas por essa decisão (por exemplo, se a pessoa trabalha no ministério infantil da igreja, o líder deve ligar para todas as pessoas envolvidas com aquele voluntário). Mesmo que as pessoas discordem da decisão, pelo menos elas não serão surpreendidas. O líder deve *fornecer o maior número de informações possível e ser franco sobre a informação que ele não pode passar adiante.*

Concentre-se na missão e na visão da igreja

Uma declaração da missão fornece um padrão objetivo contra o qual os líderes podem medir a direção de um ministério particular. Se a declaração da missão tem como objetivo alcançar o não cristão ou estar atento aos interessados, mas o programa musical atual se prende a hinos tradicionais, há motivo suficiente para fazer uma mudança. Uma visão partilhada une as pessoas. Edifícios, programas, personalidade, comunidades acolhedoras — nada disso une as pessoas. Entretanto, uma visão partilhada do futuro une. Quando isso está em foco, os líderes podem discordar, podem se enfrentar e até dispensar um colaborador popular, mas ineficaz; no entanto, a liderança manterá a cordialidade porque todos partilham a mesma visão de como deve ser a igreja.

Ame e honre o voluntário

Se, depois de avaliar a situação, um líder ainda sente que é necessário substituir a pessoa, então é hora de agir. Nesse momento, é hora de o líder demonstrar amor e respeito suficientes para confrontar a pessoa de maneira franca — com clareza, honestidade e amor. O voluntário é uma pessoa profundamente amada por Cristo que precisa de afirmação e de um novo lugar no Corpo de Cristo. Um líder atencioso procurará manter o relacionamento por meio de telefonemas e mensagens de encorajamento, dando à pessoa espaço, tempo e oportunidade de vir à igreja para adoração e renovação. Muitos líderes já viram retornar à igreja diversas pessoas que haviam saído indignadas.

Ame o homem e o voluntário

Introdução a 2PEDRO

PANO DE FUNDO

Pedro escreveu esta carta em resposta aos falsos mestres que havia em seu tempo. Tal como 1Pedro, esta epístola não é endereçada a uma igreja em particular. Sua autoria tem sido questionada, sendo que uma das razões para tal está na diferença de vocabulário grego entre 1Pedro e 2Pedro. Mas Pedro ditou a primeira carta a um escriba (1Pedro 5.12), enquanto a segunda carta não menciona nenhum. Há também discussão pelo fato de 2Pedro e Judas (um texto posterior) serem muito semelhantes em conteúdo. Entretanto, em 1.16-18 o autor alega ter estado presente na transfiguração — evento testemunhado apenas pelos discípulos Pedro, Tiago e João.

MENSAGEM

Pedro encoraja seus leitores a que acrescentem as seguintes características de caráter a sua fé: virtude, conhecimento, domínio próprio, perseverança, piedade e fraternidade (1.5-7) – uma lista não muito diferente da do fruto do Espírito (Gálatas 5.22-23). Como os leitores da epístola de Pedro viviam em um tempo de muitas heresias, ele usou palavras duras para os que ensinam falsas doutrinas e para os que aceitaram estes ensinos. Em uma discussão sobre os últimos dias, Pedro assevera que Cristo voltará. Os cristãos devem estar preparados para sua vinda, esforçando-se para "serem encontrados por ele em paz, imaculados e inculpáveis" (3.14).

ÉPOCA

O livro de 2Pedro foi escrito depois de 1Pedro, pouco antes de seu martírio, que ocorreu entre os anos 64 e 66.

ESBOÇO

I. Certeza da fé
  A. Saudações — 1.1-2
  B. Características a serem acrescentadas à fé — 1.3-11
  C. Testemunhas oculares da majestade de Jesus — 1.12-21
II. Cuidado com os falsos mestres — 2.1-22
III. O Dia do Senhor
  A. Zombadores nos últimos dias — 3.1-10
  B. Novo céu e nova terra — 3.11-18

1

¹Simão Pedro, servo¹ᵃ e apóstolo de Jesus Cristo,ᵇ

àqueles que, mediante a justiçaᶜ de nosso Deus e Salvador Jesus Cristo,ᵈ receberam conosco uma fé igualmente valiosa:

² Graça e paz lhes sejam multiplicadas, pelo pleno conhecimento de Deus e de Jesus, o nosso Senhor.ᵉ

A Certeza de nossa Vocação e Eleição

³ Seu divino poderᶠ nos deu tudo de que necessitamos para a vida e para a piedade, por meio do pleno conhecimento daquele que nosᵍ chamou para a sua própria glória e virtude. ⁴ Dessa maneira, ele nos deu as suas grandiosas e preciosas promessas,ʰ para que por elas vocês se tornassem participantes da naturezaⁱ divina e fugissem da corrupção que há no mundo, causada pela cobiça.ʲ

⁵ Por isso mesmo, empenhem-se para acrescentar à sua fé a virtude; à virtude o conhecimento;ᵏ ⁶ ao conhecimento o domínio próprio;ˡ ao domínio próprio a perseverança; à perseverança a piedade;ᵐ ⁷ à piedade a fraternidade; e à fraternidade o amor.ⁿ ⁸ Porque, se essas qualidades existirem e estiverem crescendo em sua vida, elas impedirão que vocês, no pleno conhecimento de nosso Senhor Jesus Cristo, sejam inoperantes e improdutivos.ᵒ ⁹ Todavia, se alguém não as tem, está cego,ᵖ só vê o que está perto, esquecendo-se da purificação dos seus antigos pecados.ᵠ

¹⁰ Portanto, irmãos, empenhem-se ainda mais para consolidar o chamado e a eleição de vocês, pois, se agirem dessa forma, jamais tropeçarãoʳ ¹¹ e assim vocês estarão ricamente providos quando entrarem no Reino eterno de nosso Senhor e Salvador Jesus Cristo.

A Glória de Cristo e a Firmeza das Escrituras

¹² Por isso, sempre terei o cuidado de lembrá-los destas coisas,ˢ se bem que vocês já as sabem e estão solidamente firmados na verdade que receberam. ¹³ Considero importante, enquanto estiver no tabernáculo deste corpo,ᵗ despertar a memória de vocês, ¹⁴ porque sei que em breve deixareiᵘ este tabernáculo, como o nosso Senhor Jesus Cristo já meᵛ revelou. ¹⁵ Eu me empenharei para que, também depois da minha partida,ʷ vocês sejam sempre capazes de lembrar-se destas coisas.

¹⁶ De fato, não seguimos fábulas engenhosamente inventadas, quando falamos a vocês a respeito do poder e da vinda de nosso Senhor Jesus Cristo; ao contrário, nós fomos testemunhas oculares da sua majestade.ˣ ¹⁷ Ele recebeu honra e glória da parte de Deus Pai, quando da suprema glória lhe foi dirigida a voz que disse: "Este é o meu filho amado, de quem me agrado"².ʸ ¹⁸ Nós mesmos ouvimos essa voz vinda dos céus, quando estávamos com ele no monteᶻ santo.

¹⁹ Assim, temos ainda mais firme a palavra dos profetas, e vocês farão bem se a ela prestarem atenção, como a uma candeiaᵃ que brilha em lugar escuro, até que o dia clareie e a estrela da alvaᵇ nasça no coração de vocês. ²⁰ Antes de mais nada, saibam que nenhuma profecia da Escritura provém de interpretação pessoal, ²¹ pois jamais a profecia teve origem na vontade humana, mas homens³ falaram da parte de Deus,ᶜ impelidos pelo Espírito Santo.ᵈ

Os Falsos Mestres e a sua Destruição

2

No passado surgiram falsos profetasᵉ no meio do povo, como também surgirão entre vocêsᶠ falsos mestres. Estes introduzirão secretamente heresias destruidoras, chegando a negar o Soberanoᵍ que osʰ resgatou, trazendo sobre si mesmos repentina

---

¹ 1.1 Isto é, escravo.
² 1.17 Mt 17.5; Mc 9.7; Lc 9.35
³ 1.21 Muitos manuscritos dizem *homens santos*.

1.1
ᵃRm 1.1
ᵇ1Pe 1.1
ᶜRm 3.21-26
ᵈTt 2.13

1.2
ᵉFp 3.8

1.3
ᶠ1Pe 1.5
ᵍ1Ts 2.12

1.4
ʰ2Co 7.1
Ef 4.24;
Hb 12.10;
1Jo 3.2
ⁱ2Pe 2.18-20

1.5
ʲCl 2.3

1.6
ˡAt 24.25
ᵐv. 3

1.7
ⁿ1Ts 3.12

1.8
ᵒJo 15.2;
Tt 3.14

1.9
ᵖ1Jo 2.11
ᵠEf 5.26

1.10
ʳ2Pe 3.17

1.12
ˢFp 3.1;
1Jo 2.21

1.13
ᵗ2Co 5.1,4

1.14
ᵘ2Tm 4.6
ᵛJo 21.18,19

1.15
ʷLc 9.31

1.16
ˣMt 17.1-8

1.17
ʸMt 3.17

1.18
ᶻMt 17.6

1.19
ᵃSl 119.115
ᵇAp 22.16

1.21
ᶜ2Tm 3.16
ᵈ2Sm 23.2;
At 1.16;
1Pe 1.11

2.1
ᵉDt 13.1-3
ᶠ1Tm 4.1
ᵍJd 4
ʰ1Co 6.20

destruição. ² Muitos seguirão os caminhos vergonhosos desses homens e, por causa deles, será difamado o caminho da verdade. ³ Em sua cobiça, tais mestres os^i explorarão com histórias que inventaram. Há muito tempo a sua condenação paira sobre eles, e a sua destruição não tarda.

⁴ Pois Deus não poupou os anjos que pecaram, mas os lançou no inferno¹, prendendo-os em abismos tenebrosos² a fim de serem reservados para o juízo.^j ⁵ Ele não poupou o mundo^k antigo quando trouxe o Dilúvio sobre aquele povo ímpio, mas preservou Noé, pregador da justiça, e mais sete pessoas.^l ⁶ Também condenou as cidades de Sodoma e Gomorra, reduzindo-as a cinzas,^m tornando-as exemplo^n do que acontecerá aos ímpios; ⁷ mas livrou Ló,^o homem justo, que se afligia com o procedimento libertino dos que não tinham princípios morais^p ⁸ (pois, vivendo entre eles, todos os dias aquele justo se atormentava em sua alma justa por causa das maldades que via e ouvia). ⁹ Vemos, portanto, que o Senhor sabe livrar os piedosos da provação^q e manter em castigo os ímpios para o dia do juízo³, ¹⁰ especialmente os que seguem os desejos^r impuros da carne⁴ e desprezam a autoridade.

Insolentes e arrogantes, tais homens não têm medo de difamar os seres^s celestiais; ¹¹ contudo, nem os anjos, embora sendo maiores em força e poder, fazem acusações injuriosas contra aqueles seres na presença do Senhor.^t ¹² Mas eles difamam o que desconhecem e são como criaturas irracionais, guiadas pelo instinto, nascidas para serem capturadas e destruídas; serão corrompidos^u pela sua própria corrupção! ¹³ Eles receberão retribuição pela injustiça que causaram. Consideram prazer entregar-se à devassidão em plena luz do dia.^v São nódoas e manchas, regalando-se em seus prazeres⁵, quando participam das festas de vocês.^w ¹⁴ Tendo os olhos cheios de adultério, nunca param de pecar, iludem^x os instáveis e têm o coração exercitado na ganância.^y Malditos!^z ¹⁵ Eles abandonaram o caminho reto e se desviaram, seguindo o caminho de Balaão,^a filho de Beor⁶, que amou o salário da injustiça, ¹⁶ mas em sua transgressão foi repreendido por uma jumenta, um animal mudo, que falou com voz humana e refreou a insensatez^b do profeta.

¹⁷ Esses homens são fontes sem água^c e névoas impelidas pela tempestade. A escuridão das trevas lhes^d está reservada, ¹⁸ pois eles, com palavras^e de vaidosa arrogância e provocando os desejos libertinos da carne, seduzem os que estão quase conseguindo fugir daqueles que vivem no erro. ¹⁹ Prometendo-lhes liberdade, eles mesmos são escravos da corrupção, pois o homem é escravo daquilo que o^f domina. ²⁰ Se, tendo escapado das contaminações do mundo por meio do conhecimento^g de nosso Senhor e Salvador Jesus Cristo, encontram-se novamente nelas enredados e por elas dominados, estão em pior estado do que no princípio.^h ²¹ Teria sido melhor que não tivessem conhecido o caminho da justiça, do que, depois de o terem conhecido, voltarem as costas para o santo mandamento que lhes^i foi transmitido. ²² Confirma-se neles que é verdadeiro o provérbio: "O cão volta ao seu vômito"⁷j e ainda: "A porca lavada volta a revolver-se na lama".

O Dia do Senhor

3 Amados, esta é agora a segunda carta que escrevo a vocês. Em ambas quero despertar com estas lembranças^k a sua mente sincera para que vocês se recordem

---

¹ **2.4** Grego: *tártaro*.
² **2.4** Alguns manuscritos dizem *em cadeias de escuridão*.
³ **2.9** Ou *ímpios para punição até o dia do juízo*
⁴ **2.10** Ou *da natureza pecaminosa*; também no versículo 18.
⁵ **2.13** Alguns manuscritos dizem *nas suas festas de fraternidade*.
⁶ **2.15** Vários manuscritos dizem *Bosor*.
⁷ **2.22** Pv 26.11

² das palavras proferidas no passado pelos santos profetas e do mandamento de nosso Senhor e Salvador que os apóstolos ensinaram a vocês.

³ Antes de tudo saibam que, nos últimos dias,ˡ surgirão escarnecedores zombando e seguindo suas próprias paixões.ᵐ ⁴ Eles dirão: "O que houve com a promessaⁿ da sua vinda? Desde que os antepassados morreram, tudo continua como desde o princípio da criação".ᵒ ⁵ Mas eles deliberadamente se esquecem de que há muito tempo, pela palavraᵖ de Deus, existem céus e terra, esta formada da água e pela água.ᵠ ⁶ E pela água o mundo daquele tempo foi submerso e destruído.ʳ ⁷ Pela mesma palavra os céus e a terra que agora existem estão reservados para o fogo,ˢ guardados para o dia do juízo e para a destruição dos ímpios.

⁸ Não se esqueçam disto, amados: para o Senhor um dia é como mil anos, e mil anos como um dia.ᵗ ⁹ O Senhor não demora em cumprir a sua promessa,ᵘ como julgam alguns. Ao contrário, ele é pacienteᵛ com vocês¹, não querendo que ninguém pereça, mas que todos cheguem ao arrependimento.ʷ

¹⁰ O dia do Senhor, porém, virá como ladrão.ˣ Os céus desaparecerão com um grande estrondo, os elementos serão desfeitos pelo calor, e a terra, e tudo o que nela há, será desnudada².ʸ

¹¹ Visto que tudo será assim desfeito, que tipo de pessoas é necessário que vocês sejam? Vivam de maneira santa e piedosa, ¹² esperandoᶻ o dia de Deus e apressando a sua vinda³ᵃ. Naquele dia os céus serão desfeitos pelo fogo, e os elementos se derreterão pelo calor.ᵇ ¹³ Todavia, de acordo com a sua promessa, esperamos novos céus e nova terra,ᶜ onde habita a justiça.

¹⁴ Portanto, amados, enquanto esperam estas coisas, empenhem-se para serem encontrados por ele em paz, imaculados e inculpáveis.ᵈ ¹⁵ Tenham em mente que a paciênciaᵉ de nosso Senhor significa salvação,ᶠ como também o nosso amado irmão Paulo escreveu a vocês, com a sabedoria que Deus lheᵍ deu. ¹⁶ Ele escreve da mesma forma em todas as suas cartas, falando nelas destes assuntos. Suas cartas contêm algumas coisas difíceis de entender, as quais os ignorantes e instáveisʰ torcem, como também o fazem com as demais Escrituras,ⁱ para a própria destruição deles.

¹⁷ Portanto, amados, sabendo disso, guardem-seʲ para que não sejam levados pelo erroᵏ dos que não têm princípios morais, nem percam a sua firmezaˡ e caiam. ¹⁸ Cresçam, porém, na graça e no conhecimento de nosso Senhor e Salvador Jesus Cristo.ᵐ A ele seja a glória, agora e para sempre! Amém.

---

¹ **3.9** Alguns manuscritos dizem *por causa de vocês*.
² **3.10** Alguns manuscritos antigos dizem *será queimada*.
³ **3.12** Ou *aguardando com ansiedade a vinda do dia de Deus*

3.3
ˡ 1Tm 4.1
ᵐ 2Pe 2.10; Jd 18
3.4
ⁿ Is 5.19; Ez 12.22; Mt 24.48
ᵒ Mc 10.6
3.5
ᵖ Gn 1.6,9; Hb 11.3
ᵠ Sl 24.2
3.6
ʳ Gn 7.21,22
3.7
ˢ v. 10,12; 2Ts 1.7
3.8
ᵗ Sl 90.4
3.9
ᵘ Hc 2.3; Hb 10.37
ᵛ Rm 2.4
ʷ 1Tm 2.4
3.10
ˣ Lc 12.39; 1Ts 5.2
ʸ Mt 24.35; Ap 21.1
3.12
ᶻ 1Co 1.7
ᵃ Sl 50.3
ᵇ v. 10
3.13
ᶜ Is 65.17; 66.22; Ap 21.1
3.14
ᵈ 1Ts 3.13
3.15
ᵉ Rm 2.4
ᶠ v. 9
ᵍ Ef 3.3
3.16
ʰ 2Pe 2.14
ⁱ v. 2
3.17
ʲ 1Co 10.12
ᵏ 2Pe 2.18
ˡ Ap 2.5
3.18
ᵐ 2Pe 1.11

Introdução a 1 JOÃO

PANO DE FUNDO
Em 1João, tal como muitas outras cartas no Novo Testamento, trata da questão dos falsos mestres. A heresia é a raiz da negação do Evangelho de Jesus Cristo. Ainda que a carta não revele seu autor, pais da Igreja, latinos e gregos, identificaram o autor como sendo o Apóstolo João, o filho de Zebedeu e autor do evangelho do mesmo nome. A carta não tem nenhuma saudação; é muito provável que João tenha escrito esta carta estando em Éfeso, tendo como destinatárias as sete igrejas na Ásia Menor.

MENSAGEM
O Apóstolo João é conhecido como "o apóstolo do amor" por causa da ênfase sobre o amor em seus textos. João demonstra seu amor pelos destinatários tratando-os como "filhinhos" (2.1,28; 3.7,18; 4.4; 5.21) e "amados" (3.2,21; 4.1,7,11). Logo no primeiro versículo João dá testemunho da divindade e da corporeidade de Jesus, "o que ouvimos, o que vimos com os nossos olhos, o que contemplamos e as nossas mãos apalparam". Ele usa a imagem da luz para descrever a Deus (1.5) e como admoestação para que os cristãos andem e estejam "na luz" (1.7; 2.9). A preocupação de João pela igreja também faz que ele use palavras ásperas em relação aos falsos mestres (anticristos, 2.18-27) que estarão ameaçando a comunidade. Ele apela à pureza moral e exorta os leitores a que amem como "filhos de Deus" (3.10; 5.2). João enfatiza a necessidade de estar em Cristo, que é o incentivo da comunhão do cristão com Deus e com os outros.

ÉPOCA
A data provável de composição desta carta é entre os anos 85 e 95. Parece que João escreveu esta carta depois de seu evangelho, mas antes da perseguição que ocorreu no fim do reinado do Imperador Domiciano (81-96).

ESBOÇO
I. **Andar na luz**
   A. Saudações — 1.1-4
   B. Confessar os pecados — 1.5—2.2
   C. Obedecer à palavra de Deus — 2.3-17
   D. Acautelar-se quanto aos falsos mestres — 2.18-19
   E. Estar em Cristo — 2.20-29
II. **Andar em Amor**
   A. Amar a Deus — 3.1-10
   B. Amar ao próximo — 3.11-24
IV. **Andar na verdade** — 4.1-21
V. **Andar em confiança** — 5.1-21

A Palavra da Vida

1 O que era desde o princípio,ᵃ o que ouvimos, o que vimos com os nossos olhos,ᵇ o que contemplamos e as nossas mãos apalparamᶜ — isto proclamamos a respeito da Palavra da vida. ² A vida se manifestou;ᵈ nós a vimos e dela testemunhamos, e proclamamos a vocês a vida eterna, que estava com o Pai e nos foi manifestada. ³ Proclamamos o que vimos e ouvimos para que vocês também tenham comunhão conosco. Nossa comunhão é com o Pai e com seu Filho Jesus Cristo.ᵉ ⁴ Escrevemos estas coisasᶠ para que a nossa alegria¹ seja completa.ᵍ

Andar na Luz

⁵ Esta é a mensagem que dele ouvimosʰ e transmitimos a vocês: Deus é luz; nele não há treva alguma. ⁶ Se afirmarmos que temos comunhão com ele, mas andamos nas trevas,ⁱ mentimos e não praticamos a verdade.ʲ ⁷ Se, porém, andarmos na luz, como ele está na luz, temos comunhão uns com os outros, e o sangue de Jesus, seu Filho, nos purifica de todo² pecado.ᵏ

⁸ Se afirmarmos que estamos sem pecado,ˡ enganamos a nós mesmos, e a verdade não está em nós.ᵐ ⁹ Se confessarmos os nossos pecados, ele é fiel e justo para perdoar os nossos pecadosⁿ e nos purificar de toda injustiça. ¹⁰ Se afirmarmos que não temos cometido pecado, fazemos de Deus um mentiroso,ᵒ e a sua palavra não está em nós.ᵖ

2 Meus filhinhos,ᵠ escrevo a vocês estas coisas para que vocês não pequem. Se, porém, alguém pecar, temos um intercessorʳ junto ao Pai, Jesus Cristo, o Justo. ² Ele é a propiciação pelos nossos pecados,ˢ e não somente pelos nossos, mas também pelos³ pecados de todo o mundo.

³ Sabemos que o conhecemos, se obedecemos aos seus mandamentos.ᵗ ⁴ Aquele que diz: "Eu o conheço", mas não obedece aos seus mandamentos, é mentiroso, e a verdade não está nele.ᵘ ⁵ Mas, se alguém obedece à sua palavra,ᵛ neleʷ verdadeiramente o amor de Deus⁴ está aperfeiçoado. Desta forma sabemos que estamos nele: ⁶ aquele que afirma que permanece nele deve andar como ele andou.ˣ

⁷ Amados, não escrevo a vocês um mandamento novo, mas um mandamento antigo, que vocês têm desde o princípio:ʸ a mensagem que ouviram. ⁸ No entanto, o que escrevo é um mandamento novo,ᶻ o qual é verdadeiro nele e em vocês, pois as trevas estão se dissipandoᵃ e já brilhaᶜ a verdadeira luz.ᵇ

⁹ Quem afirma estar na luz mas odeia seu irmão, continua nas trevas. ¹⁰ Quem ama seu irmão permanece na luz,ᵈ e nele⁵ não há causa de tropeço. ¹¹ Mas quem odeia seu irmão está nas trevas e anda nas trevas; não sabe para onde vai, porque as trevas oᵉ cegaram.

¹² Filhinhos, eu escrevo a vocês
porque os seus pecados
foram perdoados,
graças ao nome de Jesus.
¹³ Pais, eu escrevo a vocês
porque conhecem
aquele que é desde o princípio.
Jovens, eu escrevo a vocês
porque venceram o Maligno.ᶠ
¹⁴ Filhinhos⁶, eu escrevi a vocês
porque conhecem o Pai.
Pais, eu escrevi a vocês
porque conhecem
aquele que é desde o princípio.
Jovens, eu escrevi a vocês,
porque são fortes,ᵍ
e em vocês a Palavra de Deus
permanece,ʰ
e vocês venceram o Maligno.ⁱ

---

¹ **1.4** Vários manuscritos dizem *a alegria de vocês.*
² **1.7** Ou *de cada.*
³ **2.2** Ou *Ele é o sacrifício que desvia a ira de Deus, tirando os nossos pecados, e não somente os nossos mas também os*
⁴ **2.5** Ou *o amor a Deus*
⁵ **2.10** Ou *nela*
⁶ **2.14** Grego: *Crianças*; também no versículo 18.

Não se Deve Amar o Mundo

15 Não amem o mundo nem o que nele^j há. Se alguém ama o mundo, o amor do Pai^l não está nele.^{k} **16** Pois tudo o que há no mundo — a cobiça da carne^{2,l} a cobiça dos olhos^m e a ostentação dos bens — não provém do Pai, mas do mundo. **17** O mundo e a sua cobiça passam,^{n} mas aquele que faz a vontade de Deus permanece para sempre.

Advertência contra os Anticristos

18 Filhinhos, esta é a última hora e, assim como vocês ouviram que o anticristo está vindo,^{o} já agora muitos anticristos têm surgido.^{p} Por isso sabemos que esta é a última hora. **19** Eles saíram do nosso meio,^{q} mas na realidade não eram dos nossos, pois, se fossem dos nossos, teriam permanecido conosco; o fato de terem saído mostra que nenhum deles era dos nossos.^{r} **20** Mas vocês têm uma unção^s que procede do Santo^t e todos vocês têm conhecimento³.^{u} **21** Não escrevo a vocês porque não conhecem a verdade, mas porque a^v conhecem e porque nenhuma mentira procede da verdade. **22** Quem é o mentiroso, senão aquele que nega que Jesus é o Cristo? Este é o anticristo: aquele que nega o Pai e o Filho.^{w} **23** Todo o que nega o Filho também não tem o Pai; quem confessa publicamente o Filho tem também^x o Pai. **24** Quanto a vocês, cuidem para que aquilo que ouviram desde o princípio permaneça em vocês. Se o que ouviram desde o princípio permanecer em vocês, vocês também permanecerão no Filho e no Pai.^{y} **25** E esta é a promessa que ele nos fez: a vida eterna. **26** Escrevo estas coisas a respeito daqueles que os querem enganar.^{z} **27** Quanto a vocês, a unção^a que receberam dele permanece em vocês, e não precisam que alguém os ensine; mas, como a unção dele recebi-

da, que é verdadeira e não falsa, os ensina acerca de todas as coisas, permaneçam nele como ele os ensinou.

Os Filhos de Deus

28 Filhinhos,^{b} agora permaneçam nele para que, quando ele se manifestar,^{c} tenhamos confiança^d e não sejamos envergonhados diante dele na sua vinda.^{e} **29** Se vocês sabem que ele é justo,^{f} saibam também que todo aquele que pratica a justiça é nascido dele.

3 Vejam como é grande o amor^g que o Pai nos concedeu: sermos chamados filhos de Deus,^{h} o que de fato somos! Por isso o mundo não nos conhece, porque não o^i conheceu. **2** Amados, agora somos filhos de Deus, e ainda não se manifestou o que havemos de ser, mas sabemos que, quando ele se manifestar⁴, seremos semelhantes a ele,^{j} pois o veremos como ele é.^{k} **3** Todo aquele que nele tem esta esperança purifica-se a si mesmo,^{l} assim como ele é puro.

4 Todo aquele que pratica o pecado transgride a Lei; de fato, o pecado é a transgressão da Lei.^{m} **5** Vocês sabem que ele se manifestou para tirar os nossos pecados, e nele não há pecado.^{n} **6** Todo aquele que nele permanece não está no pecado⁵.^{o} Todo aquele que está no pecado não o viu^p nem o conheceu.^{q}

7 Filhinhos,^{r} não deixem que ninguém os engane.^{s} Aquele que pratica a justiça é justo, assim como ele é justo.^{t} **8** Aquele que pratica o pecado é do Diabo,^{u} porque o Diabo vem pecando desde o princípio. Para isso o Filho de Deus se manifestou: para destruir as obras do Diabo. **9** Todo aquele que é nascido de Deus^v não pratica o pecado,^{w} porque a semente de Deus^x permanece nele; ele não pode estar no pecado⁶, porque é nascido de Deus. **10** Desta forma sabemos quem são os filhos de Deus e quem são os filhos do Diabo: quem

---

¹ **2.15** Ou *amor ao Pai*
² **2.16** Ou *da natureza pecaminosa*
³ **2.20** Muitos manuscritos dizem *e vocês conhecem todas as coisas*.
⁴ **3.2** Ou *quando isto for revelado*
⁵ **3.6** Grego: *não peca*; também no final do mesmo versículo.
⁶ **3.9** Grego: *não pode pecar*.

não pratica a justiça não procede de Deus, tampouco quem não ama[y] seu irmão.

O Amor Fraternal

11 Esta é a mensagem que vocês ouviram[z] desde o princípio: que nos amemos uns aos outros.[a] **12** Não sejamos como Caim, que pertencia ao Maligno e matou seu irmão.[b] E por que o matou? Porque suas obras eram más e as de seu irmão eram justas. **13** Meus irmãos, não se admirem se o mundo os odeia.[c] **14** Sabemos que já passamos da morte para a vida[d] porque amamos nossos irmãos. Quem não ama permanece na morte.[e] **15** Quem odeia seu irmão é assassino,[f] e vocês sabem que nenhum assassino tem a vida eterna em si mesmo.[g]

16 Nisto conhecemos o que é o amor: Jesus Cristo deu a sua vida por nós, e devemos dar a nossa vida por nossos irmãos.[h] **17** Se alguém tiver recursos materiais e, vendo seu irmão em necessidade, não se compadecer dele,[i] como pode permanecer nele[j] o amor de Deus? **18** Filhinhos,[k] não amemos de palavra nem de boca, mas em ação e em verdade.[l] **19** Assim saberemos que somos da verdade; e tranquilizaremos o nosso coração diante dele **20** quando o nosso coração nos condenar. Porque Deus é[1] maior do que o nosso coração e sabe todas as coisas.

21 Amados, se o nosso coração não nos condenar, temos confiança diante de Deus [m] **22** e recebemos dele tudo o que pedimos,[n] porque obedecemos aos seus mandamentos e fazemos o que lhe agrada.[o] **23** E este é o seu mandamento: Que creiamos[p] no nome de seu Filho Jesus Cristo e que nos amemos uns aos outros, como ele nos ordenou.[q] **24** Os que obedecem aos seus mandamentos nele[r] permanecem, e ele neles. Do seguinte modo sabemos que ele permanece em nós: pelo Espírito que nos deu.[s]

Como Discernir os Espíritos

4 Amados, não creiam em qualquer espírito, mas examinem os espíritos para ver se eles procedem de Deus, porque muitos falsos profetas têm saído pelo mundo.[t] **2** Vocês podem reconhecer o Espírito de Deus[2] deste modo: todo espírito que confessa que Jesus Cristo veio em carne[u] procede de Deus;[v] **3** mas todo espírito que não confessa Jesus não procede de Deus. Esse é o espírito do anticristo[3],[w] acerca do qual vocês ouviram que está vindo, e agora já está no mundo.

4 Filhinhos, vocês são de Deus e os venceram, porque aquele que está em vocês[x] é maior do que aquele que está no mundo.[y] **5** Eles vêm do mundo.[z] Por isso, o que falam procede do mundo, e o mundo os ouve. **6** Nós viemos de Deus, e todo aquele que conhece a Deus nos ouve; mas quem não vem de Deus não nos ouve.[a] Dessa forma reconhecemos o Espírito[4] da verdade[b] e o espírito do erro.

O Amor de Deus

7 Amados, amemos uns aos outros,[c] pois o amor procede de Deus. Aquele que ama é nascido de Deus e conhece a Deus.[d] **8** Quem não ama não conhece a Deus, porque Deus é amor.[e] **9** Foi assim que Deus manifestou o seu amor entre nós: enviou o seu Filho Unigênito[5] ao mundo, para que pudéssemos viver por meio dele.[f] **10** Nisto consiste o amor: não em que nós tenhamos amado a Deus, mas em que ele nos amou[g] e enviou seu Filho como propiciação pelos nossos pecados.[6][h] **11** Amados, visto que Deus assim nos amou,[i] nós também devemos amar uns aos outros. **12** Ninguém jamais viu a Deus;[j] se amarmos uns aos outros, Deus permanece em nós, e o seu amor está aperfeiçoado em nós.[k]

13 Sabemos que permanecemos nele, e ele em nós, porque ele nos deu do seu Espírito.[l] **14** E vimos e testemunhamos[m] que

---

[1] **3.19,20** Ou *dele,* **20** *pois se o nosso coração nos condenar, Deus é*

[2] **4.2** Ou *espírito que vem de Deus*

[3] **4.3** Ou *espírito que vem do anticristo*

[4] **4.6** Ou *espírito*

[5] **4.9** Ou *Único*

[6] **4.10** Ou *sacrifício que desvia a ira de Deus, tirando os nossos pecados.*

o Pai enviou seu Filho para ser o Salvador do mundo.ⁿ ¹⁵ Se alguém confessa publicamente que Jesus é o Filho de Deus,ᵒ Deus permanece nele, e ele em Deus. ¹⁶ Assim conhecemos o amor que Deus tem por nós e confiamos nesse amor.

Deus é amor.ᵖ Todo aquele que permanece no amor permanece em Deus, e Deus nele.ᵠ ¹⁷ Dessa forma o amor está aperfeiçoadoʳ entre nós, para que no dia do juízo tenhamos confiança, porque neste mundo somos como ele. ¹⁸ No amor não há medo; ao contrário o perfeito amor expulsa o medo,ˢ porque o medo supõe castigo. Aquele que tem medo não está aperfeiçoado no amor.

¹⁹ Nós amamos porque ele nos amouᵗ primeiro. ²⁰ Se alguém afirmar: "Eu amo a Deus", mas odiar seu irmão,ᵘ é mentiroso,ᵛ pois quem não ama seu irmão, a quem vê,ʷ não pode amar a Deus, a quem não vê.¹x ²¹ Ele nos deu este mandamento: Quem ama a Deus, ame também seu irmão.ʸ

A Fé no Filho de Deus

5 Todo aquele que crê que Jesus é o Cristoᶻ é nascido de Deus,ᵃ e todo aquele que ama o Pai ama tambémᵇ o que dele foi gerado. ² Assim sabemos que amamos os filhos de Deus: amando a Deus e obedecendo aos seus mandamentos. ³ Porque nisto consiste o amor a Deus: em obedecer aos seus mandamentos.ᶜ E os seus mandamentos não são pesados.ᵈ ⁴ O que é nascido de Deus venceᵉ o mundo; e esta é a vitória que vence o mundo: a nossa fé. ⁵ Quem é que vence o mundo? Somente aquele que crê que Jesus é o Filho de Deus.

⁶ Este é aquele que veio por meio de água e sangue, Jesus Cristo: não somente por água, mas por água e sangue.ᶠ E o Espírito é quem dá testemunho, porque o *Espírito é a verdade*.ᵍ ⁷ Há trêsʰ que dão testemunho: ⁸ o Espírito,² a água e o sangue; e os três são unânimes. ⁹ Nós aceitamos o testemunho dos homens,ⁱ mas o testemunho de Deus tem maior valor, pois é o testemunho de Deus,ʲ que ele dá acerca de seu Filho. ¹⁰ Quem crê no Filho de Deus tem em si mesmoᵏ esse testemunho. Quem não crê em Deus o faz mentiroso,ˡ porque não crê no testemunho que Deus dá acerca de seu Filho. ¹¹ E este é o testemunho: Deus nos deu a vida eterna, e essa vida está em seu Filho.ᵐ ¹² Quem tem o Filho, tem a vida; quem não tem o Filho de Deus, não tem a vida.ⁿ

Observações Finais

¹³ Escrevi estas coisas a vocês que creem no nome do Filho de Deus,ᵒ para que saibam que têm a vida eterna.ᵖ ¹⁴ Esta é a confiançaᵠ que temos ao nos aproximarmos de Deus: se pedirmos alguma coisa de acordo com a vontade de Deus, ele nosʳ ouvirá. ¹⁵ E, se sabemos que ele nos ouve em tudo o que pedimos, sabemosˢ que temos o que dele pedimos.

¹⁶ Se alguém vir seu irmão cometer pecado que não leva à morte, ore, e Deus dará vidaᵗ ao que pecou. Refiro-me àqueles cujo pecado não leva à morte. Há pecado que leva à morte;ᵘ não estou dizendo que se deva orar por este.ᵛ ¹⁷ Toda injustiça é pecado,ʷ mas há pecado que não leva à morte.ˣ

¹⁸ Sabemos que todo aquele que é nascido de Deus não está no pecado³; aquele que nasceu de Deus o protege⁴, e o Maligno não oʸ atinge. ¹⁹ Sabemos que somos de Deusᶻ e que o mundo todo está sob o poder do Maligno.ᵃ ²⁰ Sabemos também que o Filho de Deus veio e nos deu entendimento,ᵇ para que conheçamos aquele que é o Verdadeiro.ᶜ E nós estamos naquele que é o Verdadeiro, em seu Filho Jesus Cristo. Este é o verdadeiro Deus e a vida eterna.ᵈ

²¹ Filhinhos, guardem-se dos ídolos.ᵉ

---

¹ **4.20** Vários manuscritos dizem *como pode amar a Deus, a quem não vê?*

² **5.7,8** Alguns manuscritos da Vulgata dizem *testemunho no céu: o Pai, a Palavra e o Espírito Santo, e estes três são um.* ⁸ E há três que testificam na terra: o Espírito, (isto não consta em nenhum manuscrito grego anterior ao século doze).

³ **5.18** Grego: *não peca.*

⁴ **5.18** Ou *a si mesmo se protege*

Introdução a 2JOÃO

PANO DE FUNDO

Tal como 1João, 2João lida com a questão dos falsos mestres. Tendo abandonado a comunidade (1João 2.19), esses mestres agora buscam hospitalidade da parte da audiência de 2João (v.10). O autor de 2 e 3João refere-se a si mesmo apenas como "o presbítero" (v. 1). Irineu e Clemente de Alexandria, escritores cristãos do segundo século, acreditavam que o Apóstolo João escreveu as cartas. A epístola de 2João é dirigida "à senhora eleita e aos seus filhos" (v. 1), expressão que tanto pode ser metafórica como literal; de igual maneira, é possível entender "[os] filhos da sua irmã eleita" (v. 13) tanto como os sobrinhos e sobrinhas de uma mulher literal ou como os membros de outra igreja.

MENSAGEM

Nesta breve carta, João apresenta um modelo e encoraja o amor que os cristãos devem ter de uns para com os outros. Ele também demonstra grande preocupação em conhecer a verdade, e mostra a relação íntima que há entre verdade e amor. Os cristãos são chamados a amar uns aos outros, mas João os aconselha a que evitem dar hospitalidade ou apoio aos que não ensinam a verdade de "que Jesus Cristo veio em corpo" (v. 7). Negar apoio a esses mestres é um ato de amor, mostrando-lhes assim que eles estão defendendo um falso Evangelho. Paulo apresenta argumento semelhante a respeito do comportamento imoral de alguns cristãos em 1Coríntios 5.9-13.

ÉPOCA

Esta carta é provavelmente contemporânea ou talvez ligeiramente posterior a 1João, tendo sido escrita em Éfeso por volta do ano 90.

ESBOÇO

I. Saudações	1-3
II. Os mandamentos de Deus	4-6
III. Evitar os falsos mestres	7-11
IV. Conclusão	12-13

2JOÃO 1

¹ O presbítero[a] à senhora eleita[b] e aos seus filhos, a quem amo na verdade — e não apenas eu os amo, mas também todos os que conhecem a verdade —,[c] ² por causa da verdade[d] que permanece em nós[e] e estará conosco para sempre.

³ A graça, a misericórdia e a paz da parte de Deus Pai e de Jesus Cristo,[f] seu Filho, estarão conosco em verdade e em amor.

⁴ Ao encontrar alguns dos seus filhos, muito me alegrei, pois eles estão andando na verdade,[g] conforme o mandamento que recebemos do Pai. ⁵ E agora eu lhe peço, senhora — não como se estivesse escrevendo um mandamento novo, mas o que já tínhamos desde o princípio[h] — que amemos uns aos outros. ⁶ E este é o amor:[i] que andemos em obediência aos seus mandamentos. Como vocês já têm ouvido desde o princípio, o mandamento é este: Que vocês andem em amor.

⁷ De fato, muitos enganadores têm saído pelo mundo,[k] os quais não confessam que Jesus Cristo[j] veio em corpo¹. Tal é o enganador e o anticristo.[l] ⁸ Tenham cuidado, para que vocês não destruam o fruto do nosso trabalho, antes sejam recompensados plenamente.[m] ⁹ Todo aquele que não permanece no ensino de Cristo, mas vai além dele, não tem Deus; quem permanece no ensino tem o Pai e também o Filho.[n] ¹⁰ Se alguém chegar a vocês e não trouxer esse ensino, não o recebam em casa² nem o[o] saúdem. ¹¹ Pois quem o saúda torna-se participante[p] das suas obras malignas.

¹² Tenho muito que escrever a vocês, mas não é meu propósito fazê-lo com papel e tinta. Em vez disso, espero visitá-los e falar com vocês face a face,[q] para que a nossa alegria seja completa.

¹³ Os filhos da sua irmã eleita[r] enviam saudações.

1
[a] 3Jo 1
[b] Rm 16.13
[c] Jo 8.32
2
[d] 2Pe 1.12
[e] 1Jo 1.8
3
[f] Rm 1.7
4
[g] 3Jo 3,4
5
[h] 1Jo 2.7; 3.11
6
[i] 1Jo 2.5
7
[j] 1Jo 2.22; 4.2,3
[k] 1Jo 4.1
[l] 1Jo 2.18
8
[m] 1Co 3.8
9
[n] 1Jo 2.23
10
[o] Rm 16.17
11
[p] 1Tm 5.22
12
[q] 3Jo 13,14
13
[r] v.1

---

¹ **7** Grego: *carne*.
² **10** Isto é, nas reuniões da igreja realizadas em casa.

Introdução a 3JOÃO

PANO DE FUNDO

O Apóstolo João, identificado como "o presbítero" no primeiro versículo, enviou mestres itinerantes como parte de sua supervisão de igrejas não nomeadas na epístola. Estes mestres se hospedariam nas casas dos membros das igrejas.

MENSAGEM

Respondendo a uma notícia recebida sobre uma igreja, João compara e contrasta a conta de três indivíduos: Gaio, Diótrefes e Demétrio. Gaio é um humilde servo de Cristo, que ofereceu hospitalidade aos mestres enviados por João, reconhecendo-os como "irmãos" mesmo sendo eles estranhos (v. 5) A conduta deles produziu grande alegria em João e fez que ele orasse pela saúde e bem-estar de Gaio (v.2). Em contraste, Diótrefes assumiu o controle da congregação, rejeitou egoisticamente a autoridade de João e o ministério dos mestres enviados por ele. A oposição de Diótrefes a João incluía até espalhar mentiras a respeito do apóstolo e expulsar da igreja os membros que acolhiam os mestres. Em outro contraste, João elogia Demétrio, pois "todos falam bem dele, e a própria verdade testemunha a seu favor" (v. 12).

ÉPOCA

As similaridades em estilo entre 2 e 3João indicam que João provavelmente as escreveu na mesma época, provavelmente o ano 90, quando vivia em Éfeso (a mais importante cidade da região) e exercia supervisão das igrejas na Ásia Menor.

ESBOÇO

I. Saudações	1
II. Gaio	2-8
III. Diótrefes e Demétrio	9-12
IV. Conclusão	13-14

¹ O presbítero[a] ao amado Gaio, a quem amo na verdade.

² Amado, oro para que você tenha boa saúde e tudo corra bem, assim como vai bem a sua alma. ³ Muito me alegrei ao receber a visita de alguns irmãos[b] que falaram a respeito da sua fidelidade, de como você continua andando na verdade.[c] ⁴ Não tenho alegria maior do que ouvir que meus filhos[d] estão andando na verdade.

⁵ Amado, você é fiel no que está fazendo pelos irmãos, apesar de não os conhecer.[e] ⁶ Eles falaram à igreja a respeito desse seu amor. Você fará bem se os encaminhar em sua viagem de modo agradável a Deus, ⁷ pois foi por causa do Nome[f] que eles saíram, sem receber ajuda alguma dos gentios[1].[g] ⁸ É, pois, nosso dever receber com hospitalidade irmãos como esses, para que nos tornemos cooperadores em favor da verdade.

⁹ Escrevi à igreja, mas Diótrefes, que gosta muito de ser o mais importante entre eles, não nos recebe. ¹⁰ Portanto, se eu for,[h] chamarei a atenção dele para o que está fazendo com suas palavras maldosas contra nós. Não satisfeito com isso, ele se recusa a receber os irmãos,[i] impede os que desejam recebê-los e os expulsa da igreja.[j]

¹¹ Amado, não imite o que é mau, mas sim o que é bom.[k] Aquele que faz o bem é de Deus;[l] aquele que faz o mal não viu a Deus.[m] ¹² Quanto a Demétrio, todos[n] falam bem dele, e a própria verdade testemunha a seu favor. Nós também testemunhamos, e você sabe que o nosso testemunho é verdadeiro.[o]

¹³ Tenho muito que escrever, mas não desejo fazê-lo com pena e tinta. ¹⁴ Espero vê-lo em breve, e então conversaremos face a face.[p]

¹⁵ A paz seja com você. Os amigos daqui enviam saudações. Saúde os amigos daí, um por um.[q]

1
ᵃ2Jo 1

3
ᵇv. 5,10
ᶜ2Jo 4

4
ᵈ1Co 4.15; 1Jo 2.1

5
ᵉRm 12.13; Hb 13.2

7
ᶠJo 15.21
ᵍAt 20.33,35

10
ʰ2Jo 12
ⁱv. 5
ʲJo 9.22,34

11
ᵏSl 37.27
ˡJo 2.29
ᵐ1Jo 3.6,9,10

12
ⁿ1Tm 3.7
ᵒJo 21.24

14
ᵖ2Jo 12

15
ᵍJo 10.3

---

[1] 7 Isto é, dos que não são judeus.

Introdução a JUDAS

PANO DE FUNDO

A Epístola de Judas foi escrita provavelmente para as igrejas a leste da Judeia. A epístola tem algumas similaridades com 2Pedro. O autor da epístola apresenta informações sobre ele mesmo no primeiro versículo: "Judas, servo de Jesus Cristo e irmão de Tiago". Mateus 13.55 e Marcos 6.3 indicam que Jesus teve um irmão chamado Judas. Tiago, irmão de Judas, um líder da igreja de Jerusalém (Atos 15.13-21; Gálatas 2.9) escreveu a Epístola de Tiago.

MENSAGEM

A Epístola de Judas trata do tema da apostasia de maneira preventiva. Seu conselho era que eles "batalhassem pela fé uma vez por todas dadas aos santos" (v 3). Judas compara os falsos mestres a personagens do Antigo Testamento, como Caim, Balaão e Corá (ver Números 16.1-35) e profetiza que eles enfrentarão destruição. Ao apresentar seu argumento, Judas se refere a tradições extrabíblicas referentes a anjos caídos, o arcanjo Miguel e Enoque. Os que aceitam os falsos ensinos serão julgados. Esse julgamento pode ser evitado quando os crentes creem na fé e esperam a volta de Cristo. Os crentes podem ajudar os que lutam para manter sua fé e reconhecem que Deus tem poder para "impedi-los de cair e para apresentá-los diante da sua glória sem mácula e com grande alegria" (v. 24).

ÉPOCA

Mesmo que não mencione a queda de Jerusalém no ano 70, Judas provavelmente escreveu esta carta entre os anos 66 e 80.

ESBOÇO

I. Saudações	1-2
II. Advertência quanto aos traidores	3,4
III. O julgamento dos ímpios	5-16
IV. A esperança dos cristãos	17-23
V. Conclusão	24-25

¹ Judas,ª servo¹ de Jesus Cristo e irmão de Tiago,

aos que foram chamados,ᵇ amados por Deus Pai e guardados por² Jesus Cristo:ᶜ

² Misericórdia, paz e amor sejam multiplicadosᵈ a vocês.

O Pecado e o Destino dos Ímpios

³ Amados, embora estivesse muito ansioso para escrever a vocês acerca da salvação que compartilhamos,ᵉ senti que era necessário escrever insistindo que batalhassemᶠ pela fé de uma vez por todas confiada aos santos. ⁴ Pois certos homens, cuja condenação já estava sentenciada³ há muito tempo, infiltraram-se dissimuladamente no meio de vocês.ᵍ Estes são ímpios, transformam a graça de nosso Deus em libertinagem e negam Jesus Cristo, nosso único Soberano e Senhor.

⁵ Embora vocês já tenham conhecimento de tudo isso, quero lembrá-los de que o Senhor⁴ libertou um povo do Egito mas, posteriormente, destruiu os que não creram.ⁱ ⁶ E, quanto aos anjos que não conservaram suas posições de autoridade mas abandonaram sua própria morada, ele os tem guardado em trevas, presos com correntes eternas para o juízo do grande Dia.ʲ ⁷ De modo semelhante a esses, Sodoma e Gomorra e as cidades em redorᵏ se entregaram à imoralidade e a relações sexuais antinaturais⁵. Estando sob o castigo do fogo eterno, elas servem de exemplo.ˡ

⁸ Da mesma forma, esses sonhadores contaminam o próprio corpo⁶, rejeitam as autoridades e difamam os seres celestiais.ᵐ ⁹ Contudo, nem mesmo o arcanjo Miguel,ⁿ quando estava disputando com o Diabo acerca do corpo de Moisés, ousou fazer acusação injuriosa contra ele, mas disse: "O Senhor o repreenda!"ᵒ ¹⁰ Todavia, esses tais difamam tudo o que não entendem; e as coisas que entendem por instinto, como animais irracionais, nessas mesmas coisas se corrompem.ᵖ

¹¹ Ai deles! Pois seguiram o caminho de Caim;ᑫ buscando o lucro, caíram no erro de Balaão e foram destruídos na rebeliãoʳ de Corá.

¹² Esses homens são rochas submersasˢ nas festas de fraternidadeᵗ que vocês fazem, comendo com vocês de maneira desonrosa. São pastores que só cuidam de si mesmos. São nuvens sem água,ᵘ impelidas pelo vento; árvores de outono, sem frutos, duas vezes mortas, arrancadas pela raiz.ᵛ ¹³ São ondas bravias do mar, espumando seus próprios atos vergonhosos;ʸ estrelas errantes, para as quais estão reservadas para sempreᶻ as mais densas trevas.

¹⁴ Enoque,ª o sétimo a partir de Adão, profetizou acerca deles: "Vejam, o Senhor vem com milhares de milhares de seus santos,ᵇ ¹⁵ para julgarᶜ a todos e convencer todos os ímpios a respeito de todos os atos de impiedade que eles cometeram impiamente e acerca de todas as palavras insolentes que os pecadores ímpios falaram contra ele".ᵈ ¹⁶ Essas pessoas vivem se queixando, descontentes com a sua sorte, e seguem os seus próprios desejos impuros; são cheias de siᵉ e adulam os outros por interesse.

Um Chamado à Perseverança

¹⁷ Todavia, amados, lembrem-se do que foi preditoᶠ pelos apóstolos de nosso Senhor Jesus Cristo. ¹⁸ Eles diziam a vocês: "Nos últimos temposᵍ haverá zombadores que seguirão os seus próprios desejos ímpios".ʰ ¹⁹ Estes são os que causam divisões entre

---

¹ 1 Isto é, escravo.
² 1 Ou *para*; ou ainda *em*.
³ 4 Ou *homens que estavam marcados para esta condenação*.
⁴ 5 Alguns manuscritos dizem *Jesus*.
⁵ 7 Grego: *foram após outra carne*.
⁶ 8 Grego: *sua própria carne*.

⁷ 12 Ou *são manchas*.

vocês, os quais seguem a tendência da sua própria alma e não têm o Espírito.^i

20 Edifiquem-se,^j porém, amados, na santíssima fé que vocês têm, orando no Espírito Santo.^k **21** Mantenham-se no amor de Deus, enquanto esperam^l que a misericórdia de nosso Senhor Jesus Cristo os leve para a vida eterna.

22 Tenham compaixão daqueles que duvidam; **23** a outros, salvem,^m arrebatando-os do fogo; a outros, ainda, mostrem misericórdia com temor, odiando até a roupa contaminada pela carne.^n

Doxologia

24 Àquele que é poderoso^o para impedi--los de cair e para apresentá-los diante da sua glória^p sem mácula^q e com grande alegria, **25** ao único Deus,^r nosso Salvador, sejam glória, majestade, poder e autoridade, mediante Jesus Cristo, nosso Senhor, antes de todos os tempos, agora e para todo o sempre!^s Amém.^t

ricórdia com temor, odiando até a roupa contaminada pela carne.

Doxologia

²⁴ Àquele que é poderoso" para impedi-los de cair e para apresentá-los diante da sua glória sem mácula e com grande alegria, ²⁵ ao único Deus, nosso Salvador, seja glória, majestade, poder e autoridade, mediante Jesus Cristo, nosso Senhor, antes de todos os tempos, agora e para todo o sempre! Amém.

vocês, os quais seguem a tendência da sua própria alma e não têm o Espírito.
²⁰ Edifiquem-se, porém, amados, na santíssima fé que vocês têm, orando no Espírito Santo. ²¹ Mantenham-se no amor de Deus, enquanto esperam que a misericórdia de nosso Senhor Jesus Cristo os leve para a vida eterna.
²² Tenham compaixão daqueles que duvidam; ²³ a outros, salvem", arrebatando-os do fogo; a outros, ainda, mostrem mise-

EVANGELISMO E JUSTIÇA SOCIAL

Ministérios de missões globais

> *Depois disso olhei, e diante de mim estava uma grande multidão que ninguém podia contar, de todas as nações, tribos, povos e línguas, em pé, diante do trono e do Cordeiro, com vestes brancas e segurando palmas. E clamavam em alta voz:*
>
> *"A salvação pertence*
> *ao nosso Deus,*
> *que se assenta no trono,*
> *e ao Cordeiro".*
>
> Apocalipse 7.9-10

O livro de Apocalipse apresenta um vislumbre do destino final do plano redentor de Deus. E essa passagem apresenta um resumo comovente a respeito desse destino: Deus está criando uma comunidade multicultural, multilinguística, de homens e mulheres que alegremente adora ao Cordeiro de Deus. As missões globais no final das contas produzirão uma comunidade global de adoradores. Christopher Wright indica que essa missão "percorre toda a Bíblia, desde a quebra das nações em Gênesis 11 até a cura das nações em Apocalipse 21 e 22". Trata-se de uma missão tão ampla e estimulante que deveríamos parar de perguntar: "Onde Deus entra na história da minha vida?" e começar a perguntar: "Em que lugar a minha pequena vida [e minha pequena igreja] se encaixa na grande História da missão de Deus?". Esta seção o ajudará a liderar a sua igreja de modo que ela se torne cativada pela visão global de Deus pelas missões.

EVANGELISMO E JUSTIÇA SOCIAL

Compreendendo missões hoje
Christopher J. H. Wright

O mapa do cristianismo global que nossos avós conheceram virou de cabeça para baixo. No início do século XXI pelo menos 70% dos cristãos vivem no mundo não ocidental — mais apropriadamente chamado de "maioria do mundo". Há mais batistas no Congo que na Inglaterra. Há dez vezes mais membros das Assembleias de Deus na América Latina que nos Estados Unidos. As antigas periferias agora são o novo centro. Considerando que os antigos centros agora estão na periferia, quais são as verdades-chave que precisamos aprender (ou reaprender) quando abordamos as missões globais no contexto de hoje?

Reaprenda a narrativa bíblica de missões

O texto de Atos 1.8 pode dar a impressão de que a Igreja Primitiva se expandiu em ondas, de Jerusalém a Judeia, e de lá para a Samaria, e de lá para os confins da terra. Mas na verdade Atos conta uma história mais complicada. Antioquia foi onde os seguidores de Jesus foram chamados de cristãos pela primeira vez e tornou-se o centro da obra missionária voltada para o Ocidente. Paulo viu Tessalônica como o centro irradiador da mensagem na Macedônia e na Acaia. Éfeso claramente se tornou uma metrópole importante para o testemunho cristão na Ásia Menor, e Paulo estava ávido por fazer de Roma uma base para sua pretendida obra posterior rumo ao Ocidente, na Espanha. Jerusalém foi apenas um centro entre muitos. O cristianismo nunca teve um centro territorial. O nosso centro é a pessoa de Cristo, e onde ele é conhecido, há outro centro potencial de fé e testemunho.

Aceite uma abordagem de duas vias para missões

Com o crescimento da igreja multinacional, fazer missões está se tornando multidirecional. Os Estados Unidos permanecem como o maior enviador de missionários protestantes transculturais. Mas que país está em segundo lugar? Não se trata de um país ocidental, e sim a Índia.[1] Há mais missionários coreanos que britânicos, e algumas organizações missionárias evangélicas nigerianas têm mais obreiros que muitas ocidentais (ainda que trabalhando com orçamentos que são uma fração do orçamento de suas semelhantes ocidentais). Atualmente 50% de todos os missionários protestantes do mundo vêm de países não ocidentais, e a proporção cresce a cada ano. A possibilidade de você conhecer um missionário brasileiro que trabalha no norte da África é a mesma de encontrar um missionário britânico que trabalha no Brasil. De fato, a proporção de missionários indianos em

---

[1] Em *Brasil, um tímido celeiro missionário*, há a seguinte informação sobre o Brasil em 2009: "Algumas estatísticas indicam que o Brasil está em quinto lugar no número de missionários enviados para outros países, contando com protestantes e católicos. [...] O antes 'celeiro mundial de missionários' hoje apresenta números muito pequenos. Com dito acima, segundo a SEPAL, há em torno de dois mil missionários transculturais brasileiros, desses muitos estão nos EUA, a nação mais evangelizada do mundo." Disponível em: <http://www.teologiapentecostal.com/2009/02/brasil-novo-ator-economico-mas-timido.html>. Acesso em: set. 2015.

comparação como missionários ocidentais na Índia é de provavelmente 100 por 1. Fazer missões hoje é de todas as partes para todas as partes.

Portanto, outro aspecto que precisamos aprender é vencer o hábito de usar a expressão *campo missionário* para se referir a qualquer lugar do mundo menos o nosso país de origem, no meu caso o Ocidente. Expressões como *lar* e *campo missionário* ainda são usadas por muitas igrejas e agências, mas são uma representação fundamentalmente equivocada da realidade. Não apenas perpetuam uma visão padronizada do resto do mundo como se fossem sempre os receptores da força missionária ocidental, como também falham em reconhecer a maturidade das igrejas em muitas outras terras.

A fronteira missionária real não é entre "países cristãos" e "campo missionário", mas entre fé e descrença, e essa é uma fronteira que existe em todas as terras, de fato, em cada rua.

Adote um foco de missões que seja centrado em Deus

Talvez o que mais precisamos aprender, pois nos esquecemos muito facilmente, é que a missão é e sempre foi de Deus antes de ser nossa. A Bíblia inteira apresenta um Deus em atividade missional, desde a criação, que teve um propósito e estava orientada para um alvo, até o completar de sua missão cósmica na redenção do todo da criação — um novo céu e uma nova terra. A Bíblia também apresenta *a humanidade com uma missão* (governar e cuidar da terra); *Israel com uma missão* (ser o agente da bênção de Deus para todas as nações); *Jesus com uma missão* (incorporar e cumprir a missão de Israel, levando bênção às nações por carregar o nosso pecado na cruz e antecipar a nova criação em sua ressurreição); e *a igreja com uma missão* (participar com Deus na reunião das nações no cumprimento das Escrituras do Antigo Testamento).

Por detrás de tudo isso está *Deus com uma missão* (a redenção de toda a criação do naufrágio do mal humano e satânico). A missão de Deus é o que preenche a Bíblia, desde a quebra das nações em Gênesis 11 até a cura das nações em Apocalipse 21 e 22. Por conseguinte, qualquer atividade missionária para a qual sejamos chamados deve ser vista como uma participação humilde nesse grandioso movimento da missão histórica de Deus. Toda obra missionária que iniciamos ou na qual investimos vocação, dons e energias flui da missão de Deus. *Deus* está em uma missão e nós, na maravilhosa expressão de Paulo, somos "cooperadores de Deus".

Esse novo foco da missão centrado em Deus desestabiliza a nossa obsessão por estratégias de missões, agendas, alvos e grandes esquemas. Nós perguntamos: "Onde Deus se encaixa na história da minha vida?", quando a real pergunta é: "Onde a minha pequena vida se encaixa na grande História da missão de Deus?".

Pedimos a bênção de Deus para nossas estratégias de missão centradas no homem, mas o único conceito de missão no qual Deus se encaixa é aquele do qual ele é o início e o fim.

Abrace o poder da cruz

Se persistirmos em uma visão estreita e individualista da cruz como estratégia de fuga pessoal para o céu, fracassaremos em perceber sua conexão bíblica com o propósito da missão de Deus para a criação como um todo (Colossenses 1.20) e consequentemente perderemos o núcleo da cruz no conjunto da missão holística.

É vital que vejamos a cruz como elemento central de qualquer aspecto da missão holística bíblica — isto é, tudo que fazemos em nome do Jesus crucificado e ressurreto. É um erro pensar que, enquanto a evangelização deve estar centrada na cruz (como evidentemente deve ser), nosso envolvimento social tem outra base ou justificação teológica.

Por que a cruz é tão importante em todo o campo de missões? Porque em todas as formas de missão cristã, confrontamos os poderes do mal e do reino de Satanás — com todos os seus efeitos sombrios sobre a vida humana e sobre o restante da criação. Se a nossa missão é proclamar e demonstrar a realidade do Reino de Deus e de sua justiça, então estaremos em conflito direto com o reino usurpado do Maligno. Em toda obra desse tipo, confrontamos a realidade do pecado e de Satanás. E desafiamos as trevas do mundo com as boas-novas de Jesus Cristo e do Reino de Deus através dele.

Por qual autoridade podemos fazê-lo? Com base em quê ousamos desafiar as correntes de Satanás, em palavras e ações, na vida espiritual, moral, física e social das pessoas? Apenas a cruz. A cruz precisa ser tão central no engajamento social quanto na evangelização. Não há outro poder, não há nenhum outro recurso e não há outro nome através dos quais podemos oferecer o todo do Evangelho ao todo das pessoas e a todo o mundo a não ser Jesus Cristo crucificado e ressurreto.

Tornando-se um cristão global
Miriam Adeney

No que diz respeito aos líderes eclesiásticos, eis algumas ideias-chave para se tornar um cristão global e ajudar a treinar outros líderes para que também vivam como cristãos globais.

Tenha uma visão bíblica

"Do SENHOR é a terra" (Salmos 24.1); toda a Escritura faz coro a essa verdade. A preocupação de Deus com questões globais não começou quando Jesus disse "Vão pelo mundo todo [...]" ou "[...] serão minhas testemunhas". Milhares de anos antes, Abraão ouviu Deus chamar seu nome dizendo "[Eu] o abençoarei [...] e por meio de você todos os povos da terra serão abençoados'" (Gênesis 12.2,3). Os salmos de Davi ressoam: "Que Deus tenha misericórdia de nós e nos abençoe [...] para que sejam conhecidos na terra os teus caminhos, ó Deus, a tua salvação entre todas as nações" (Salmos 67.1,2).

Isaías viu o povo de Deus como uma luz para as nações (Isaías 42.6). Habacuque viu a terra cheia "do conhecimento da glória do Senhor, como as águas enchem o mar" (Habacuque 2.14). Miqueias viu que "a grandeza dele alcançará os confins da terra. Ele será a sua paz" (Miqueias 5.4,5). Jonas, Daniel, Ester, Neemias e até a pequena escrava de Naamã viram o cuidado de Deus para as nações. Por toda a Escritura se vê o interesse profundo de Deus por toda a terra. Não podemos ser cristãos saudáveis hoje se ignorarmos o mundo. Uma preocupação global não é opcional. É algo que vem do coração de Deus.

Ministérios de missões globais

Justo González diz: "Precisamos ser multiculturais, nem tanto para que os de outras culturas se sintam à vontade conosco, mas também para que nos sintamos à vontade no futuro de Deus [...] porque tal como João de Patmos [...] nós sabemos que [com pessoas] de todas as nações, tribos, povos e línguas, cantaremos [e louvaremos a Cristo] sem cessar [...] japoneses e suaílis, americanos e europeus, cheroquis e ucranianos.".

Comece onde você está

Como cristãos devemos amar o nosso próximo. E, quando a vizinhança se expande a ponto de incluir todo o globo terrestre, então somos chamados a amar de modo global. Como? Alguns dos passos mais importantes podem ser os mais simples. Eis alguns:

- *Ore quando ler o jornal, especialmente a seção de notícias mundiais.* Seja amigo dos estrangeiros que vivem na sua cidade. Desenvolva relacionamentos fortes com a sua igreja ou com os missionários denominacionais.
- *Peça aos membros empresários da igreja que falem a respeito da relação que têm com temas globais.* Vá à faculdade local e descubra se há algum grupo de "amigos dos estudantes internacionais". Faça o mesmo com a Câmara de Comércio e com empresários estrangeiros.
- *Pergunte a alunos do ensino médio e da faculdade que frequentam a igreja que questões globais estão estudando.* Ensine em uma classe de escola dominical da igreja a base bíblica da missão, traçando questões globais de Gênesis a Apocalipse.

Podemos fazer tudo isso sem sequer deixar a segurança do nosso próprio território.

À semelhança de Cristo, sofra as dores do mundo

Amar nossos vizinhos locais significa também ser vulnerável e sofrer suas dores. Quando Deus em Jesus viveu entre nós, compartilhou os nossos problemas e sentiu o que nos fere. Será que sentimos a dor daqueles que estão em outros países?

O profeta Amós repreendeu o povo de Deus porque eles não lamentaram pelas pessoas feridas: " 'Ai de vocês que vivem tranquilos em Sião, e que se sentem seguros no monte de Samaria; vocês, homens notáveis da primeira entre as nações [...] Vocês se deitam em camas de marfim e se espreguiçam em seus sofás. Comem os melhores cordeiros [...] mas não se entristecem com a ruína de José' ". (6.1-6). Em determinado sentido, esse texto se refere a um caso em particular. Mas, em sentido mais amplo, pode ser como um chamado a que despertemos. Será que lamentamos pelos feridos que estão além de nossas fronteiras?

Se temos sido cristãos complacentes, que vivem no conforto, precisamos despertar. Há um mundo grande e real lá fora. Apenas a Índia tem cerca de 200 milhões de pessoas a mais que todo o hemisfério ocidental. A população da China é maior que todo o mundo ocidental — Europa e América do Norte juntas. Não podemos ignorar indefinidamente a dor de outras pessoas sem prejuízo a nós mesmos — de grandes populações com fome, degradação ambiental ou terrorismo. Pelo menos por motivos de segurança, precisamos prestar atenção no mundo.

EVANGELISMO E JUSTIÇA SOCIAL

Mas evidentemente temos uma motivação bíblica mais profunda. A Palavra de Deus nos diz: "Se um irmão ou irmã estiver necessitando de roupas e do alimento de cada dia e um de vocês lhe disser: 'Vá em paz, aqueça-se e alimente-se até satisfazer-se', sem porém lhe dar nada, de que adianta isso? Assim também a fé, por si só, se não for acompanhada de obras, está morta" (Tiago 2.15-17).

Principais tarefas para a equipe de missões
Lee A. Dean

Um grupo de missões precisa ter algumas características essenciais, incluindo paixão pelo alcance missionário e percepção do que Deus os chama a fazer. É também importante que seus integrantes entendam o que o grupo de missões faz de fato, e como estão organizados. Considere as seguintes tarefas essenciais de uma equipe missionária:

Escolha as pessoas certas para a equipe

É comum a equipe tratar de muitos assuntos delicados, por isso seus membros devem ter um caráter humilde e uma disposição verdadeira para dialogar com amor e respeito uns pelos outros. Convicção apaixonada e amorosa para alcançar os perdidos, pensamento flexível e estratégico e fé profunda são outras qualidades essenciais que devem ter os que fazem parte da equipe de missões. Considerando que queremos desenvolver a paixão de toda a igreja por missões, deveríamos incluir pessoas que não necessariamente estão envolvidas com missões, atraindo dessa maneira mais e mais pessoas para que participem dessa área.

Uma vez no grupo, encoraje-os a desenvolver suas habilidades lendo livros e artigos sobre temas missionários, participando de conferências missionárias, participando de viagens missionárias de curto prazo, participando de mobilizações transculturais e conversando com missionários. Essas atividades fazem crescer o número de "pontos de referência" para um membro da equipe de missões que tem de tomar alguma decisão. Ver múltiplos lados de uma questão permite boas conversações e auxilia no processo de tomada de decisões.

Divulgue a visão

As equipes de missões são essenciais para ajudar a estabelecer a conexão entre a igreja e o que Deus está fazendo no mundo, bem como na própria comunidade. Em geral, são capazes de condensar a visão missiológica em uma frase que toda a igreja pode memorizar facilmente. Por exemplo, a declaração de visão relacionada à área de missões da nossa igreja — "da vizinhança às nações" — resume uma estratégia de alcance que é ao mesmo tempo global e local, e toda a igreja se sente envolvida nesse processo.

Estabeleça prioridades

As equipes de missões planejam proporcionalmente as atividades missionárias, por exemplo, entre projetos de curto prazo e longo prazo e entre missões estrangeiras e missões locais.

Ministérios de missões globais

Algumas igrejas talvez queiram focar em evangelizar pessoas, enquanto outras escolherão a tarefa de traduzir a Bíblia; outros ainda podem focar a implantação de igrejas ou trabalhar em favor da justiça social. Fazer escolhas é necessário para muitas igrejas, que não são suficientemente grandes para apoiar vários ou muitos campos de missões.

Faça o orçamento e levante fundos

Em uma estrutura ideal, a equipe de missões não deve se envolver em campanhas de levantamento de fundos, porque as missões farão parte do orçamento geral da igreja. Entretanto, há ocasiões especiais e apelos podem ser necessários para atender a situações de emergência, como em casos de desastres. Mesmo que não estejam envolvidas com levantamento de fundos, as equipes de missões provavelmente participarão no processo anual de calcular o orçamento e podem ter uma ideia quanto aos custos e resultados da atividade missionária. Isso significa que as equipes precisam ter formas específicas de avaliar o desempenho dos missionários que apoiam.

Eduque a igreja

A equipe de missões precisa fazer a conexão entre os missionários e seu trabalho com toda a igreja, incluindo crianças e jovens. Designe representantes da equipe aos líderes de ministério ou por faixa etária. Dê regularmente oportunidades nos cultos de domingo ao pastor de missões ou a integrantes da equipe de missões. Ponha notícias nos boletins e faça anúncios. Espalhe cartazes por toda a igreja.

Planeje e promova viagens de curto prazo

Evite a "mentalidade de nicho", em que as pessoas decidem fazer viagens de curto prazo por conta própria, sem coordenação. Esse tipo de viagem não é estratégico e geralmente não causa impacto na igreja como aconteceria se você tivesse um plano bem coordenado para viagens missionárias de curto prazo. Uma equipe eficaz de missões é capaz de coordenar viagens, desenvolver um manual de treinamento e unificar todas as viagens em uma grande visão e estratégia.

Sustente parcerias e missionários de carreira

A equipe de missões pode levar toda a igreja a se envolver: cada grupo pequeno, classe de escola dominical de adultos e ministério pode adotar um missionário de carreira. Essas pequenas comunidades podem apoiar e sustentar os missionários com oração e informações a seu respeito. Os membros da equipe também devem estar em contato com os missionários, enviando-lhes cartões postais e cartas pessoais, depois de receber o relatório anual do missionário, bem como em ocasiões especiais como aniversários.

Planeje eventos especiais

A chave para um evento missionário bem-sucedido está em começar cedo, reunir uma grande equipe e envolver toda a empreitada com oração. Divida o evento em alvos específicos e

EVANGELISMO E JUSTIÇA SOCIAL

estabeleça um prazo para cada alvo. A equipe de planejamento deve se reunir constantemente antes do evento, e também depois, para avaliação. Durante todo o processo os líderes devem estar alertas quanto a maneiras de fazer que os demais líderes cresçam. Tenha a certeza de sempre treinar novos líderes para assumir a fase seguinte da liderança de missões.

Comunique-se com o pastor
Sua equipe de missões providencia um vínculo vital entre a base e o campo, fazendo que os missionários pareçam pessoas de verdade para a igreja. Eles também são a principal fonte de informação da igreja a respeito dos missionários e parceiros de missões. Todas essas informações serão mais eficazes se comunicadas pelo pastor. O pastor deve ser capaz de dizer à igreja: "De fato, estamos fazendo diferença!"; ele poderá fazer isso melhor ainda se a equipe de missões informá-lo com dados a respeito dos êxitos e das dificuldades enfrentados pelos missionários.

Isso pode ser feito de diversas maneiras:

- Faça um resumo das principais informações enviadas pelos missionários e envia-as ao pastor da igreja.
- Escreva anúncios curtos, entre 200 e 300 palavras, referentes ao trabalho de um missionário, e insira-o no boletim dominical ou em uma apresentação.
- Quando acontecer algo de grande repercussão no mundo (por exemplo, um terremoto no Paquistão ou um levante político na Venezuela), procure relacionar o missionário afetado por esse tema e alerte a igreja para que ore.
- Sempre que chegar um clamor por ajuda de um dos missionários, encaminhe-o imediatamente ao pastor.

Mantenha o pastor informado de forma oportuna e relevante. Atenha-se a fatos simples que ajudem o pastor a transmitir à igreja que eles fazem parte de parcerias missionárias cujo objetivo é a mudança de vidas.

Mobilizar a igreja para obter impacto global
Paul Borthwick

Uma aldeia global, um mundo de ricos e pobres, um mundo no qual a igreja é ativa: como estabeleceremos relações entre as igrejas locais e as realidades globais? Apresentamos a seguir alguns princípios com ações relacionadas que o ajudarão a mobilizar sua igreja para um alcance global.

Adote uma visão de longo prazo
Quando mobilizamos uma igreja local para que se envolva em algo de alcance global, aprendemos do "pai das missões modernas", William Carey, que, ao ser perguntado a respeito de

seu sucesso na Índia, respondeu: "Pode ser que eu tenha que rastejar". Quando nos dedicamos a mobilizar outras pessoas para missões, estamos nos dedicando a uma longa tarefa de perseverança. Missões nunca serão a atividade mais popular nem os "programas" de melhor audiência em uma igreja. Mas podem ser as atividades que melhor imitam a pessoa de Cristo (Filipenses 2.5-11). Dedique tempo para orar no início de cada reunião de planejamento, pedindo a Deus por perseverança, paciência e graça (por aqueles que não reagem).

Estabeleça conexão entre questões globais e locais

Se alguém na sua igreja tem paixão por defender os direitos dos que ainda não nasceram, pode ser que essa pessoa também esteja interessada em missões na China. Por quê? Porque a China tem uma das mais altas taxas de aborto e de infanticídio do mundo. Essa é uma maneira de relacionar "questões locais" com as realidades do mundo. Façam uma reunião para levantar ideias sobre as questões que preocupam os membros da sua igreja. Há pessoas de outras culturas na sua região? Há praticantes de outras religiões? Comece por onde as pessoas da sua igreja vivem e aprofunde a partir desse ponto.

Busque excelência na comunicação

Geralmente as igrejas informam a respeito de missões de maneira ultrapassada. Cartões de oração são uma coisa antiga, os informativos estão fora de moda, e pessoas que gostam de tecnologia não vão dar atenção a nada disso. Para muitas pessoas a ideia de missões é algo antigo e cansativo. Eis como podemos informar sobre a igreja de Deus no mundo de hoje e sacudir a poeira:

- Fale com missionários que estão de visita para que se comuniquem com eficácia no *nosso* contexto.
- Avise os missionários despreocupados com o fator tempo que os nossos ouvintes só aguentam escutar entre 20 e 30 minutos.
- Quando você (ou seu missionário) apresentar um relatório, use bem o tempo. Conte uma história que fará que os ouvintes digam "Quero ouvir mais!".
- Faça uma pesquisa com os líderes da igreja com a seguinte pergunta: "Qual é a imagem do envolvimento global da nossa igreja e como podemos melhorá-la?"

Tente diferentes métodos para elevar o nível de conscientização

Não há "segredo" em mobilizar a igreja. Uma jornada ou caminhada de oração poderá satisfazer alguns, mas viagens missionárias de curto prazo poderão ser um catalisador para outros. Nenhuma metodologia mobilizará todas as pessoas; então, use formas diversas, tais como:

- Palestrantes e testemunhos (os melhores contadores de histórias mobilizam de maneira mais eficiente);
- Apresentações benfeitas em mídia;
- Informativos, *e-mails*, *blogs* e *websites*;

EVANGELISMO E JUSTIÇA SOCIAL

- Mapas, bandeiras e outras imagens internacionais;
- Atividades (como o jejum de 30 horas da Visão Mundial);
- Biografias e livros missionários;
- Jantares internacionais;
- *Operação Mundo*[2] e outros guias de oração global.

Analise as maneiras pelas quais você está tentando informar e envolver pessoas neste aprendizado global. Procure novas formas e descarte ferramentas comunicativas ultrapassadas e ineficientes.

Tornem-se "missionários para missões"

Não faça programas simplesmente para atrair pessoas que já se sentem motivadas em favor das missões. A grande questão é: "Como mobilizar os não envolvidos?". Trabalhadores eficientes em culturas estrangeiras vão até onde as pessoas estão. Em vez de começar uma reunião de oração por "missões", vá à reunião regular de oração e apresente pedidos de âmbito internacional. Em vez de ter dois "Domingos de Missões" por mês, peça ao pastor que toda semana ore por uma questão missionária. Peça, convide ou exija que todos os integrantes da equipe de missões se envolvam em pelo menos uma atividade da igreja que não seja de missões. Crie expectativas justas para evitar desgastes.

Alcance os líderes primeiro

Se você alcança os líderes, a influência deles alcançará os liderados. Por isso, busque influenciar os líderes da igreja com a esperança de que eles, por sua vez, afetarão toda a comunidade. Talvez isso signifique incluir no orçamento da igreja uma previsão para enviar o pastor principal da igreja a uma viagem com o objetivo de visitar missionários no campo. Pode significar a aquisição de exemplares de agendas de oração para os líderes da igreja. Pode significar um jantar especial com a presença de um preletor que fale sobre a igreja global.

Comece com compromissos pequenos

Os mobilizadores antigos eram especialistas em impressionar e paralisar as pessoas com uma culpa implícita: "Enquanto falo para vocês nesta noite, 12.000 crianças vão morrer de doenças relacionadas à fome". A geração atual tem pouca tolerância para ser pressionada. Quando nos são apresentados números grandiosos, simplesmente paramos de prestar atenção. No entanto, as pessoas estão mais dispostas a assumir compromissos menores, fáceis de administrar. Entre estes, podemos citar:

- Você pode orar por um vizinho muçulmano?
- Posso encorajá-lo a fazer diferença na vida de uma criança contribuindo com R$ 30,00 por mês?
- Você pode orar todos os dias por um país?

[2] Consulte: http://www.operationworld.org. [N. do R.]

Ministérios de missões globais

Avalie os alvos globais da sua igreja ou da sua equipe, e depois pergunte como você pode envolver a maior quantidade possível de pessoas com um compromisso realista e fácil de ser controlado.

Providencie oportunidades de envolvimento

Este aspecto tem como objetivo pontuar o clamor dos membros da igreja: "Chega de falar das necessidades; dê-nos algo para fazer!". Um envolvimento direto motiva; portanto, considere algumas opções:

- Viagens missionárias de curto prazo cuidadosamente planejadas e relacionadas a uma estratégia de longo prazo.
- Reuniões de oração e equipes de ação relacionadas a questões que estiverem sendo noticiadas.
- Receber estudantes internacionais ou alcançar imigrantes e refugiados.

Avalie seus compromissos transculturais atuais, parcerias e estratégias, e em seguida pergunte-se como levar as pessoas a que se envolvam diretamente de maneira que se alinhem com o trabalho da equipe de missões.

Encoraje o "contato estreito" com os parceiros de missões

Os contatos mais de perto ajudam a conectar as pessoas na igreja com a vida real dos missionários transculturais ao redor do mundo. Quando os que se assentam nos bancos da igreja se encontram, interagem e passam tempo informal com os missionários de todas as partes ao redor do mundo, percebem que se tratam de pessoas normais, assim como ele. Contatos desse tipo acontecem por meio de:

- Hospitalidade.
- "Adoção" (uma classe de escola dominical ou um pequeno grupo que assume interesse constante por um dos parceiros da igreja).
- Correspondência ou *e-mail*.
- Chamadas telefônicas por Skype.
- Visitas ao campo, viagens missionárias, ou mesmo um período de férias para servir.

Inclua alguns recursos (dinheiro, tempo, material humano) no orçamento da sua equipe de missões tendo em vista o alvo de pôr os membros da igreja diretamente em contato com os parceiros que servem em outros países.

Focando o impacto global da igreja
Daniel Brown

Para mudar a cultura de uma igreja, são necessários em média de 18 a 24 meses; por isso, tenha como alvo vários objetivos menores em seu caminho em direção à comunidade global.

EVANGELISMO E JUSTIÇA SOCIAL

Os passos a seguir poderão ajudá-lo a liderar a igreja a definir um foco, tornando, assim, seu impacto global mais amplo.

Estabeleça uma área específica do mundo como alvo
"Ir ao mundo" não é uma instrução para uma única congregação, mas para a Igreja de Jesus como um todo. As igrejas de fato difundem sua preocupação e impacto globais quando espalham suas energias em vários países/continentes. Envolva a congregação no processo de escolher para onde direcionar a atenção, e eles terão aumentado seu interesse no mundo.

Solicite informações de contato de pessoas e ministérios nesse país ou região
Quem tem algum contato pessoal ou se sente especificamente movido por essa parte do mundo? Quem gostaria de fazer uma apresentação do tipo *History Channel*? Há na igreja algum falante da língua desse país?

Construa relacionamentos
Tenha uma visão global a respeito de relacionamentos. Você terá uma resposta de sua igreja se apresentar a ela pastores, diretores de orfanato e líderes de ministérios. Deus nos chamou para lidar com pessoas, não necessariamente com causas. Apresente o mundo para sua igreja através pessoas que estão diretamente envolvidas em cada missão.

Visite as áreas-alvo
Faça que membros da sua igreja (incluindo você) visitem a localidade-alvo. Outras partes do mundo são como diferentes tipos de comida. Quase sempre as pessoas se apaixonarão pela região para onde você os levar. Pode-se dizer que praticamente nada se iguala à experiência de estar num contexto completamente diferente e ser usado por Deus, mesmo que seja da maneira mais simples, para tocar o mundo.

Comece pequeno e espalhe a Palavra
No início, sua equipe deve ser pequena; a tarefa deve ser simplesmente olhar ao redor, encontrar-se com pessoas e encorajá-las. Quando a equipe chegar à etapa da avaliação, definitivamente terá uma compreensão da parte do Senhor quanto a o que a igreja pode — e não pode — fazer.

Na viagem de volta para casa, encoraje cada um dos membros da equipe a que se lembrem de cinco histórias e que as compartilhem com todos quando estiverem de volta. Compartilhar informalmente relatos de viagem com as pessoas da igreja trará mais mudanças à cultura da igreja que uma dúzia de sermões.

Busque a conexão
Eu dirijo conferências para pastores e líderes em aproximadamente 30 países por ano. A maior necessidade que já observei é algo muito simples para qualquer igreja local

providenciar: líderes de ministério que almejem relacionamentos com outros líderes. De igual maneira, as igrejas ao redor do mundo amam ter contatos duradouros com igrejas-irmãs ao redor do mundo.

O papel do pastor em missões globais
Daniel Henderson

Pastores e líderes eclesiásticos são os elementos humanos mais poderosos na formação de uma igreja motivada por missões. Mesmo que haja uma equipe e uma diretoria administrativa comprometida com a estratégia de missões da igreja, o pastor tem a tarefa indispensável de liderar a igreja e alimentar o interesse de sua congregação. Eis cinco atitudes que os pastores podem adotar para promover a visão do envolvimento da igreja quanto ao alcance global:

1. Vá e veja você mesmo
O trabalho missionário pode facilmente ser reduzido a uma vaga coleção de mapas e estatísticas. A única maneira de liderar missões com paixão é experimentar vistas, sons, gostos, sabores e emoções dos países que você está tentando alcançar. Um provérbio popular diz: "O que os olhos não veem o coração não sente". O envolvimento pessoal em missões pode incluir o seguinte:

- Visita a campos missionários (e a parceiros de missões), uma vez por ano, ou uma vez a cada 18 meses, para manter a visão de missões.
- Encorajamento dos missionários no decorrer dessas viagens com uma demonstração clara de interesse pelo trabalho que executam.

As recompensas são inegáveis e geralmente indescritíveis. O seu coração sempre se sentirá movido. E os missionários e parceiros de missões serão profundamente tocados quando seu pastor separar tempo para visitá-los no campo e demonstrar interesse genuíno por seu trabalho. Missionários encorajados são sempre mais eficientes em seu ministério.

2. Convide outros a que se unam a você
A melhor maneira de acender o fogo de missões em uma igreja é envolvendo pessoas na realidade. Como pastor, você tem uma influência única, e, ao convidar outros a que participem com você, pessoas têm a vida transformada por toda a eternidade.

Sempre leve alguém com você nas suas viagens ao estrangeiro e providencie oportunidades para que eles sirvam. Houve um ano em que levei comigo nosso pastor de universitários para a Indonésia. No ano seguinte ele voltou lá com dez estudantes universitários. Em outra ocasião, levei comigo 20 membros da igreja para a Índia. Hoje um deles faz parte da diretoria de uma agência missionária na Índia. Todos eles estão ofertando mais generosamente para missões.

EVANGELISMO E JUSTIÇA SOCIAL

3. Receba os seus missionários transculturais

Creio firmemente em convidar missionários para passar tempo de qualidade na igreja a fim de poder demonstrar seu ministério e também para interagir com a igreja. Há pelo menos três razões para tal:

- *Enriquecimento pessoal.* Os missionários são os atuais heróis da fé. Ao compartilhar suas experiências, apresentam um desafio e um exemplo motivador de comprometimento.
- *Encorajamento mútuo.* Os missionários podem facilmente se sentir isolados e esquecidos. A visita deles é como um combustível espiritual e emocional tanto para o próprio missionário como para a igreja.
- *Exposição estratégica.* Quando os missionários falam, jovens e adultos igualmente são desafiados a cuidar profundamente, orar apaixonadamente e se conectar estrategicamente a missões.

4. Comunique o entusiasmo

É difícil encontrar comunicadores motivacionais. Mas os pastores têm o grande potencial de desafiar o povo e ensinar sobre a prioridade de missões porque conhecem o rebanho. Isso é especialmente verdade quando os pastores podem contar histórias de suas viagens, compartilhar experiências do tempo passado com os missionários e refletir sobre as maneiras pelas quais Deus está desafiando cada pessoa.

5. Levante novos obreiros para missões

Ao ensinar, pregar e liderar sua igreja, você continuamente está ajudando as pessoas a perceber que Deus as tem abençoado para fazer delas uma bênção para as nações (ver Salmos 67). O efeito da liderança pastoral em missões será envolver novos trabalhadores na obra missionária de curto prazo e também de longo prazo. Pessoas que fazem diferença no mundo são motivadas a dar um passo além da própria comodidade. Elas vivem por fé e alegremente se sacrificam pelas necessidades dos outros ao mesmo tempo em que compartilham o Evangelho de formas culturalmente relevantes. Pela graça de Deus, a minha liderança em missões tem sido um dos catalisadores mais eficientes para descobrir e enviar pessoas com essas características.

Missões de curto prazo: formando a equipe
Leadership Journal

Todo ano cerca de 1,6 milhões de americanos fazem as malas e embarcam em viagens missionárias de curto prazo. Essas viagens podem ter um impacto positivo nos participantes e nos anfitriões — ou podem ser um completo desastre. Em geral a diferença está

Ministérios de missões globais

na preparação. Eis alguns dos passos essenciais que você precisa ter em mente ao lançar as bases para uma viagem missionária de curto prazo:

Esclareça quais são os alvos para as missões de curto prazo

Como igreja enviadora, é fácil focar *seus* alvos para aquilo que *você* quer realizar. Mas no livro *When Helping Hurts* [Quando a ajuda machuca] os autores Steve Corbett e Brian Fikkert fazem a seguinte advertência: "As questões principais concernentes às missões de curto prazo a comunidades pobres precisam ter como foco o impacto dessas viagens nas comunidades. *Não é por nossa causa. É por causa delas!*". Elas também nos lembram de deixar de lado a nossa agenda voltada a valores ocidentais de modo que na viagem possamos focar mais em "ser" e "aprender", tanto quanto em realizar projetos. Corbett e Fikkert aconselham: "Hospedem-se nas casas dos membros das igrejas e criem tempo para conversar e interagir. Peça aos cristãos locais que compartilhem suas percepções com os membros da equipe a respeito de Deus e de como ele trabalha na vida deles".

Trabalhe com seus parceiros de missões

A primeira chave para uma viagem de curto prazo bem-sucedida é a comunicação com seu anfitrião. Você não deve simplesmente empurrar sua agenda e seus planos nas pessoas que o recebem com relação aos seus bem-intencionados esforços. Em vez disso, certifique-se de que você planejou sua viagem a partir do seguinte ponto de vista: "Estou estabelecendo uma parceria com este missionário ou com esta organização, e vamos descobrir juntos o que esta viagem tem a nos oferecer.".

Os autores de *When Helping Hurts* repetidamente enfatizam o seguinte ponto:

> "A missão de curto prazo precisa entender como se encaixa na estratégia geral para esse ministério local específico e deve tomar cuidado para não minar a efetividade desse ministério [...]. A comunidade, a igreja ou a organização que recebe a missão de curto prazo precisa ser a primeira entidade a decidir o que deve ser feito e como deve ser feito [...]. Certifique-se de que a organização hospedeira e os membros da comunidade são os que tomarão a decisão com respeito a o quê a equipe de missões de curto fará ou não".

Escolha os líderes corretos

O sucesso da sua viagem acontecerá ou não dependendo dos líderes que você selecionar. Procure as seguintes seis qualidades nos líderes de sua equipe:

1. *Um coração verdadeiro para com Deus e a demonstração de caráter cristão.* Eles precisam ser conhecidos; precisam adquirir experiência em liderança. Seu coração e caráter precisam ser reconhecidos pelas pessoas.
2. *Habilidades comprovadas de liderança.* Eles precisam ter tido experiência em situações nas quais precisaram tomar várias decisões a cada dia em favor de pessoas que dependiam deles.

EVANGELISMO E JUSTIÇA SOCIAL

3. *Desejo de crescer em suas habilidades de liderança e desenvolver seu dom espiritual de liderança.* Em uma viagem missionária, os líderes tomarão decisões para a equipe todos os dias. Os líderes não podem perder o controle do grupo ou da situação. Também precisam ter o desejo de desenvolver seus dons espirituais.
4. *Coração pelo trabalho de missões.* Devem ter uma compaixão sincera pelas necessidades enfrentadas pelos missionários.
5. *Experiência transcultural.* De preferência um líder deve ter participado de duas ou três viagens missionárias como membro de equipe antes de liderar uma viagem. Como líderes, precisam estar a par de tudo o que acontece.
6. *Disposição para sacrificar tempo e energia.* Uma viagem missionária é uma empreitada que consome tempo e energia. Algumas pessoas fazem uma viagem por ano e amam esse trabalho; outras fazem uma vez só e dizem: "Isto não é para mim".

Classifique e selecione os membros da equipe

Um projeto de curto prazo envolve um enorme investimento de tempo, energia e dinheiro. As pessoas estarão juntas em uma situação transcultural estressante. Eis como classificar e selecionar os candidatos de maneira adequada:

Processo de inscrição. Formulários de inscrição devem solicitar as seguintes informações: nome completo (tal como está no passaporte), endereço, números de telefone (comercial e residencial), endereço de *e-mail*, data de nascimento, número do passaporte, dados empregatícios, problemas de saúde, nome e número de contato em caso de emergência, experiência ministerial e informações de convênio médico. Evite complicações posteriores, cumprindo primeiramente essa tarefa. Se você não conhece a pessoa, solicite um testemunho pessoal por escrito do pastor do candidato, ou de algum membro da diretoria da igreja, líder de pequeno grupo ou professor de escola dominical.

Processo de classificação. A classificação pode ser feita com base em inscrições por escrito, referências, entrevistas pessoais e a reputação do candidato como membro de uma igreja local. Leve a sério as informações dadas pelas referências. Peça às pessoas que deem referências totalmente honestas. Esteja atento a sinais vermelhos e siga sua intuição. Membros em potencial da equipe devem ser classificados nas seguintes áreas:

- *Senso de chamado.* Por que a pessoa acredita que Deus deseja que ela faça isso?
- *Dons e habilidades que podem contribuir para a equipe e para o projeto.* Os pontos fortes da pessoa são condizentes com a obra a ser feita?
- *Atitudes.* A pessoa está disposta a ouvir, servir e realizar quaisquer exigências que lhe sejam apresentadas no processo de preparação para a viagem?
- *Relacionamentos.* Como ela se relaciona com outras pessoas? Como se relaciona com pessoas difíceis?
- *Saúde.* É uma pessoa fisicamente saudáveis? Como é sua saúde emocional?
- *Condição espiritual.* A pessoa deseja verdadeiramente andar em obediência a Cristo?
- *Questões morais.* O interessado precisa ser selecionado levando-se também em conta questões morais que podem comprometer o ministério e o testemunho de toda a equipe.

Ministérios de missões globais

- *Questões de idade*. Que idade deve ter um membro da equipe para poder viajar? Há limite máximo de idade? Lembre-se de que pessoas mais idosas precisam ser selecionadas segundo critérios que não comprometam sua saúde.
- *Tamanho da equipe*. Quantas pessoas podem ir?
- *Membresia eclesiástica*. Você vai aceitar em sua equipe pessoas de outras igrejas?

Processo de seleção. Confie em que Deus o ajudará no processo de recrutamento. Se ele o guiou para organizar uma equipe, então ele vai chamar e levantar as pessoas. Confie em Deus no processo de seleção e gaste tempo em oração. Deus prometeu responder a orações por sabedoria quando o buscarmos.

Missões de curto prazo: preparando a equipe
Leadership Journal

As mais bem-sucedidas viagens missionárias de curto prazo são aquelas que passam por planejamento e preparação. Eis algumas maneiras importantes pelas quais você pode preparar sua equipe:

Inicie cedo a preparação burocrática
Todos nós já ouvimos histórias assustadoras de problemas na última hora para obter passaportes e vistos. Prepare-se o quanto antes para o seguinte:

- *Passaportes*. A validade dos passaportes é, em média, de cinco anos. Solicite um pelo menos três meses antes de viajar. Você deve solicitá-lo em postos da Polícia Federal. Visite o site: <http://www.dpf.gov.br/>.
- *Vistos*. Para permanência de até três meses geralmente será necessário apenas um visto de turista; em outros casos, será necessário o visto de religioso, por exemplo em Cuba. A emissão de vistos de entrada em outros países é de exclusiva competência e soberania das representações consulares e diplomáticas desses países. Cada país utiliza diferentes critérios e exigências para a entrada e permanência de estrangeiros. Certifique-se na Embaixada ou no Consulado do país para onde for viajar quais são esses requisitos, dependendo do objetivo da sua viagem. Observe alguns pontos:
    — *As inscrições podem ser feitas pessoalmente ou pela internet*. Serão necessários passaporte, fotos e comprovantes de algumas vacinas, entre outros, dependendo do país.
    — *Algumas embaixadas processam a solicitação no mesmo dia; outras demoram dez ou mais dias*. Muitos agentes de viagem podem cuidar do processo de visto no seu nome, mas você terá de providenciar as informações solicitadas e as fotos.
- *Vacinas*. Procure saber que vacinas são exigidas em cada país. Visite o site da ANVISA, Agência Nacional de Vigilância Sanitária: <http://portal.anvisa.gov.br/>.
- *Políticas dos planos de saúde*. Alguns planos de saúde (convênios médicos) não cobrem assistência médica em caso de viagens ao estrangeiro. Se esse é o caso do seu

EVANGELISMO E JUSTIÇA SOCIAL

convênio, procure ampliar a cobertura do seu plano, ou adquirir cobertura do seu agente de viagens, ou, ainda, com a operadora do seu cartão de crédito (os agentes de viagem podem pôr você em contato com quem oferece esse tipo de cobertura).

Desenvolva um cronograma e um processo de preparação da equipe
Eis alguns componentes do processo de preparação da equipe:

- *Apoio em oração para a equipe.* Cada integrante da equipe precisa recrutar três intercessores, um dos quais não deve ser da própria família. As pessoas recrutadas não podem ser as que vão viajar.
- *Retiro da equipe.* A participação nesse evento de treinamento deve ser obrigatória. É um bom tempo para lançar as bases teológicas/devocionais para a equipe, apresentar os detalhes da viagem, estudar o(s) país(es) que visitarão, comunicação transcultural, as permissões e proibições em cada país, e para que haja uma boa integração do grupo, o que vai dar início à construção da identidade e da unidade da equipe.
- *Pacto da equipe.* Trata-se de um documento preparado para o retiro dos integrantes do grupo. Tem quatro partes:
  1. Uma declaração de por que a equipe existe, e que tipo de pessoas querem ser.
  2. Uma lista das características que devem identificar a equipe para que ela cumpra seu propósito.
  3. Descrição de como os membros cumprirão suas tarefas e se relacionarão uns com os outros.
  4. Declaração de como o grupo irá abordar sua tarefa e resolver conflitos.
- *Reuniões da equipe.* Há alguns grupos que começam a se planejar seis meses antes da viagem. Há também aqueles que têm duas reuniões e falam apenas a respeito da logística e como irão ao aeroporto. O certo parece estar em algum lugar entre esses extremos — três ou quatro reuniões mais o retiro da equipe. As reuniões oferecem oportunidade para transmitir informações, responder a perguntas e fazer que as pessoas orem.
- *Manual da equipe.* Todos receberão um manual, com instruções sobre adaptação transcultural, treinamento para o trabalho em equipe, espaço para anotações e esboços, e uma cópia do pacto da equipe.
- *Comissionamento da equipe.* Depois de quase tudo planejado e informado, marque um culto de domingo para comissionar a equipe. O grupo aproveitará a ocasião para explicar o que vai fazer, recitar os versículos bíblicos da equipe; o pastor pregar sobre uma vida de serviço, e todos imporão as mãos sobre a equipe para orar por eles.

Construa a unidade da equipe
Construir a unidade de uma equipe é um grande desafio. É conhecido o fato de que a coisa mais difícil sobre missões no estrangeiro é conviver com outros missionários. O mesmo acontece com viagens de curto prazo. A equipe que você formou vai precisar de muitos vínculos antes da viagem. Você pode fazer um projeto de trabalho local, reunir-se com um

Ministérios de missões globais

grupo para uma refeição, ou separar tempo para compartilhar testemunhos pessoais, uns com os outros. Quando os membros da equipe já têm um vínculo, são mais capazes de enfrentar as dificuldades no decorrer da viagem.

Aprendam a ser bons hóspedes

Uma vez que a equipe tenha chegado ao seu destino, vocês serão hóspedes de alguém. Aprendam o quanto antes como viver em outra cultura como hóspedes. Eis uma lista de "Dez maneiras de ser um bom hóspede":

1. Demonstre respeito por seu hospedeiro.
2. Peça aos hospedeiros que falem deles mesmos.
3. Seja bom observador e bom ouvinte.
4. Vista-se de modo adequado para honrar a cultura na qual você está.
5. Aja de maneira muito discreta com o sexo oposto.
6. Sempre demonstre gratidão por suas acomodações e pela comida, não importa o que seja.
7. Nunca seja temperamental.
8. Certifique-se de ter autorização antes de fotografar alguém.
9. Demonstre que tem admiração, não pena, pelo lugar onde você está.
10. Seja flexível com seu tempo.

Tenha em mente o impacto de longo prazo da viagem

Lembre-se de que o alvo da viagem de curto prazo não é providenciar uma experiência única na vida. Enquanto prepara a equipe, tenha em vista que seu alvo é de longo prazo. A viagem será um grande sucesso se um ano depois todos estiverem fazendo algo que tiverem aprendido. Alguns podem ser voluntários de uma maneira nova — talvez na periferia da cidade ou em um ministério de serviço social com crianças carentes uma vez por semana. A viagem será um sucesso se as pessoas perguntarem a Deus: "Como tu me usarás da próxima vez?".

Espere o inesperado

Lembre-se de que, uma vez no campo missionário, você pode contar com uma coisa — o inesperado. Viagens internacionais podem ser cheias de surpresas. Tenha em mente as seguintes possibilidades enquanto você treina e prepara sua equipe:

- Descubra se além do visto de entrada você precisará de uma permissão interna de viagem e tente resolver todas as questões burocráticas antecipadamente.
- Certifique-se de ter passaporte válido e, se necessário, vistos de entrada. Além disso, antes de partir, preencha a página de informações de emergência do seu passaporte.
- Leia os formulários de informações consulares (se for o caso, leia também avisos públicos e advertências de viagem) dos países que planeja visitar.

EVANGELISMO E JUSTIÇA SOCIAL

- Deixe com parentes e amigos cópias do seu itinerário e dados do seu passaporte, de modo que você possa ser contatado em caso de emergência.
- Certifique-se de que seu plano médico cobrirá todas as suas necessidades médicas de emergência enquanto está no exterior.
- Familiarize-se com as leis e os costumes locais dos países aos quais viajará.
- Não se distancie de sua bagagem em lugares públicos e nunca aceite pacotes de estranhos.
- Não seja alvo de ladrões usando joias e roupas que chamam a atenção, e não leve quantias excessivas de dinheiro nem cartões de crédito sem necessidade.

Dando um relatório à igreja

Muitas igrejas valorizam grandemente ouvir experiências de equipes missionárias e de seus integrantes. Será de grande valia se você preparar a equipe para que pense a respeito de como poderão compartilhar com a igreja o que aconteceu com eles. Veja seis formas de relatar a viagem do grupo à igreja:

1. *Relatos orais*. Os integrantes da sua equipe terão muito o que falar a respeito da viagem; prepare-os para que sejam sucintos e que contem uma parte importante da viagem.
2. *Relatos escritos*. Não podem ser longos. A igreja pode usar os relatos em um informativo de missões ou no *website*.
3. *Fotos*. Há um grande poder de comunicação na fotografia. Faça anotações a respeito das fotos que tirar. Fotos de rostos, do ministério em ação e de momentos reais da vida são mais eficientes que fotos panorâmicas do cenário. Não se esqueça de incluir fotos de todos os integrantes da equipe, dos seus hospedeiros, da igreja, dos missionários e dos habitantes dos lugares visitados.
4. *Filmagem*. Se possível, filmem todas as atividades. O grupo deverá assumir a responsabilidade pela edição do vídeo, ou ter um responsável para essa tarefa específica.
5. *Entrevistas na hora do culto*. Algumas igrejas permitem que alguém entreviste os líderes e os integrantes da equipe antes do culto, ou na aula de escola dominical, ou de qualquer reunião da igreja. Preste atenção nas pessoas que poderão dar boas entrevistas.
6. *Apresentações de missões*. Talvez você prefira providenciar uma apresentação que inclua fotos, histórias e artefatos dos países, fazendo assim uma montagem visual da viagem. Lembre-se então de incluir peças do artesanato local que poderão dar uma ideia do que sua equipe encontrou.

Introdução a APOCALIPSE

PANO DE FUNDO

O título grego original, "Apocalipse", significa "revelação", de coisas conhecidas somente por Deus. O imaginário simbólico do livro tem intenção de confortar — não confundir — seus leitores. O Apóstolo João é tido como o autor do livro, pois seu nome consta no próprio título do livro como quem recebeu a revelação. Seu nome aparece repetidamente no nos primeiros e nos últimos capítulos. Em 1.9 João revela onde estava, observando que recebeu as visões em Patmos, uma pequenina ilha grega para a qual ele foi exilado em idade avançada. Uma voz "como de trombeta" lhe diz: " 'Escreva num livro o que você vê e envie a estas sete igrejas: Éfeso, Esmirna, Pérgamo, Tiatira, Sardes, Filadélfia e Laodiceia.' " (1.10,11).

MENSAGEM

No Império Romano os cristãos experimentavam perseguição crescente sob o domínio de Domiciano. Os primeiros capítulos, que detalham as forças e fraquezas de sete igrejas na Ásia, referem-se à iminente repressão que virá sobre os cristãos que não adorassem a Cesar e "Visto que você guardou a minha palavra de exortação à perseverança, eu também o guardarei da hora da provação que está para vir sobre todo o mundo, para pôr à prova os que habitam na terra" (3.10). A partir do capítulo 4 João descreve visões do céu, onde o Cordeiro abre uma série de selos, cada um deles revelando um aspecto de perigo e destruição. A perseguição vem na forma de bestas, de falsos profetas e do "grande dragão" (12.9). A batalha final entre as forças do céu lideradas pelo Cristo ressurreto e as forças do mal termina com vitória das forças do céu. Quando Cristo voltar para reinar na terra mil anos, Satanás será amarrado e lançado no lago de fogo. O livro termina com uma visão do novo céu e da nova terra e a esperança da volta do Cristo ressuscitado.

ÉPOCA

Apocalipse foi escrito provavelmente no fim da vida de João, durante seu exílio na ilha de Patmos (entre os anos 90 e 95).

ESBOÇO

I. Saudações	1.1-8
II. Começam as visões	1.9-20
III. Mensagem às sete igrejas	2.1—3.22
IV. João tem uma visão do céu	
A. O trono glorioso de Deus	4.1-11
B. O livro com sete selos	5.1—6.17
C. Os 144.000 selados	7.1—8.1
D. O soar da trombeta	8.2—11.19
V. A batalha do Cordeiro	12.1—16.21
VI. O triunfo do Cordeiro	
A. A mulher e a besta escarlate	17.1-18
B. A queda da Babilônia	18.1—19.4
C. O cavaleiro no cavalo branco	19.5-21
D. A ressurreição dos mortos	20.1-15
VII. O reino do Cordeiro	21.1—22.5
VIII. Conclusão	22.6-21

Introdução

1 Revelação de Jesus Cristo, que Deus lhe deu para mostrar aos seus servos[1] o que em breve há de acontecer. Ele enviou o seu anjo[a] para torná-la conhecida ao seu servo João, **2** que dá testemunho de tudo o que viu, isto é, a palavra de Deus e o testemunho de Jesus Cristo.[b] **3** Feliz aquele que lê as palavras desta profecia e felizes aqueles que ouvem e guardam o que nela está escrito,[c] porque o tempo está próximo.

Saudação e Doxologia

4 João

às sete igrejas da província da Ásia:

A vocês, graça e paz da parte daquele que é, que era e que há de vir, dos sete espíritos[2d] que estão diante do seu trono **5** e de Jesus Cristo, que é a testemunha fiel,[e] o primogênito dentre os mortos e o soberano dos reis da terra.[3g]

Ele nos ama e nos libertou dos nossos pecados por meio do seu sangue, **6** e nos constituiu reino e sacerdotes[h] para servir a seu Deus e Pai. A ele sejam glória e poder para todo o sempre! Amém.[i]

7 Eis que ele vem
 com as nuvens,[j]
e todo olho o verá,
 até mesmo aqueles
 que o traspassaram;
e todos os povos da terra
 se lamentarão[k] por causa dele.
Assim será! Amém.

8 "Eu sou o Alfa e o Ômega",[l] diz o Senhor Deus, "o que é, o que era e o que há de vir, o Todo-poderoso."[m]

Alguém Semelhante a um Filho de Homem

9 Eu, João, irmão e companheiro de vocês no sofrimento,[n] no Reino e na perseverança[o] em Jesus, estava na ilha de Patmos por causa da palavra de Deus e do testemunho de Jesus. **10** No dia do Senhor achei-me no Espírito[p] e ouvi por trás de mim uma voz forte, como de trombeta,[q] **11** que dizia: "Escreva num livro[4] o que você vê e envie a estas sete igrejas:[r] Éfeso, Esmirna, Pérgamo, Tiatira, Sardes,[s] Filadélfia e Laodiceia".

12 Voltei-me para ver quem falava comigo. Voltando-me, vi sete candelabros de ouro **13** e entre os candelabros[t] alguém "semelhante a um filho de homem"[5u], com uma veste que chegava aos seus pés e um cinturão de ouro ao redor do peito.[v] **14** Sua cabeça e seus cabelos eram brancos como a lã, tão brancos quanto a neve, e seus olhos eram como chama de fogo.[w] **15** Seus pés eram como o bronze numa fornalha ardente[x] e sua voz como o som de muitas águas.[y] **16** Tinha em sua mão direita sete estrelas,[z] e da sua boca saía uma espada afiada de dois gumes.[a] Sua face era como o sol quando brilha em todo o seu fulgor.

17 Quando o vi, caí aos seus pés[b] como morto. Então ele colocou sua mão direita sobre mim e disse: "Não tenha medo. Eu sou o Primeiro e o Último.[c] **18** Sou Aquele que Vive. Estive morto,[d] mas agora estou vivo para todo o sempre![e] E tenho as chaves da morte e do Hades[6f].

19 "Escreva, pois, as coisas que você viu, tanto as presentes como as que acontecerão.[7] **20** Este é o mistério das sete estrelas que você viu em minha mão direita e dos sete candelabros:[g] as sete estrelas são os anjos das sete igrejas,[h] e os sete candelabros são as sete igrejas.[i]

Carta à Igreja de Éfeso

2 "Ao anjo da igreja em Éfeso, escreva:

"Estas são as palavras daquele que tem as sete estrelas em sua mão direita[j] e

---

[1] **1.1** Isto é, escravos; também em todo o livro de Apocalipse.
[2] **1.4** Ou *séptuplo Espírito*; também em 3.1; 4.5 e 5.6
[3] **1.5** Veja Sl 89.27.
[4] **1.11** Grego: *rolo*.
[5] **1.13** Dn 7.13
[6] **1.18** Essa palavra pode ser traduzida por *inferno*, *sepulcro*, *morte* ou *profundezas*.
[7] **1.19** Ou *você viu, as coisas presentes e as que acontecerão depois destas*.

1.1
[a] Ap 22.16
1.2
[b] 1Co 1.6; Ap 12.17
1.3
[c] Lc 11.28
1.4
[d] Ap 3.1;4;5
1.5
[e] Ap 3.14
[f] Cl 1.18
[g] Ap 17.14
1.6
[h] 1Pe 2.5
[i] Rm 11.36
1.7
[j] Dn 7.13
[k] Zc 12.10
1.8
[l] Ap 21.6
[m] Ap 4.8
1.9
[n] Fp 4.14
[o] 2Tm 2.12
1.10
[p] Ap 4.2
[q] Ap 4.1
1.11
Rv. 4,20
[r] Ap 3.1
1.12
[s] Ex 25.31-40; Zc 4.2
1.13
[t] Ez 1.26; Dn 7.13; 10.16
[u] Dn 10.5; Ap 15.6
1.14
[v] Dn 7.9; 10.6; Ap 19.12
1.15
[w] Dn 10.6
[x] Ez 43.2; Ap 14.2
1.16
[y] Ap 2.1;3.1
[z] Is 49.2; Hb 4.12; Ap 2.12.16
1.17
[a] Ez 1.28; Dn 8.17,18
[b] Is 41.4; 44.6; 48.12; Ap 22.13
1.18
[c] Rm 6.9
[d] Ap 4.9,10
[e] Ap 20.1
1.20
[f] Zc 4.2
[g] v. 4,11
[h] Mt 5.14,15
2.1
[i] Ap 1.16

anda entre os sete candelabros de ouro.^k ² Conheço as suas obras,^l o seu trabalho árduo e a sua perseverança. Sei que você não pode tolerar homens maus, que pôs à prova^m os que dizem ser apóstolos mas não são, e descobriu que eles eram impostores.^n ³ Você tem perseverado e suportado sofrimentos por causa do meu nome^o e não tem desfalecido.

⁴ "Contra você, porém, tenho isto: você abandonou o seu primeiro amor.^p ⁵ Lembre-se de onde caiu! Arrependa-se^q e pratique as obras que praticava no princípio. Se não se arrepender, virei a você e tirarei o seu candelabro^r do lugar dele. ⁶ Mas há uma coisa a seu favor: você odeia as práticas dos nicolaítas,^s como eu também as odeio.

⁷ "Aquele que tem ouvidos ouça^t o que o Espírito diz às igrejas. Ao vencedor darei o direito de comer da árvore da vida,^u que está no paraíso^v de Deus.

Carta à Igreja de Esmirna

⁸ "Ao anjo da igreja em Esmirna,^w escreva:

"Estas são as palavras daquele que é o Primeiro e o Último^x que morreu e tornou a viver.^y ⁹ Conheço as suas aflições e a sua pobreza; mas você é rico!^z Conheço a blasfêmia dos que se dizem judeus mas não são,^a sendo antes sinagoga de Satanás.^b ¹⁰ Não tenha medo do que você está prestes a sofrer. O Diabo lançará alguns de vocês na prisão para prová-los,^c e vocês sofrerão perseguição durante dez dias.^d Seja fiel até a morte,^e e eu lhe darei a coroa da vida.

¹¹ "Aquele que tem ouvidos ouça o que o Espírito diz às igrejas. O vencedor de modo algum sofrerá a segunda morte.^f

Carta à Igreja de Pérgamo

¹² "Ao anjo da igreja em Pérgamo,^g escreva:

"Estas são as palavras daquele que tem a espada afiada de dois gumes.^h ¹³ Sei onde você vive — onde está o trono de Satanás. Contudo, você permanece fiel ao meu nome e não renunciou à sua fé em mim,^i nem mesmo quando Antipas, minha fiel testemunha, foi morto nessa cidade, onde Satanás habita.^j

¹⁴ "No entanto, tenho contra você^k algumas coisas: você tem aí pessoas que se apegam aos ensinos de Balaão,^l que ensinou Balaque a armar ciladas contra os israelitas, induzindo-os a comer alimentos sacrificados a ídolos e a praticar imoralidade sexual.^m ¹⁵ De igual modo você tem também os que se apegam aos ensinos dos nicolaítas.^n ¹⁶ Portanto, arrependa-se! Se não, virei em breve até você e lutarei contra eles com a espada da minha boca.^o

¹⁷ "Aquele que tem ouvidos ouça o que o Espírito diz às igrejas. Ao vencedor darei do maná escondido.^p Também lhe darei uma pedra branca com um novo nome^q nela inscrito, conhecido apenas por aquele que o recebe.^r

Carta à Igreja de Tiatira

¹⁸ "Ao anjo da igreja em Tiatira,^s escreva:

"Estas são as palavras do Filho de Deus, cujos olhos são como chama de fogo e os pés como bronze reluzente.^t ¹⁹ Conheço as suas obras,^u o seu amor, a sua fé, o seu serviço e a sua perseverança, e sei que você está fazendo mais agora do que no princípio.

²⁰ "No entanto, contra você tenho isto: você tolera Jezabel,^v aquela mulher que se diz profetisa. Com os seus ensinos, ela induz os meus servos à imoralidade sexual e a comerem alimentos sacrificados aos ídolos. ²¹ Dei-lhe tempo^w para que se arrependesse da sua imoralidade sexual, mas ela não quer se arrepender.^x ²² Por isso, vou fazê-la adoecer e trarei grande sofrimento aos que cometem adultério^y com ela, a não ser que se arrependam das obras que ela pratica. ²³ Matarei os filhos¹ dessa mulher.

---

¹ **2.23** Ou *discípulos*

Então, todas as igrejas saberão que eu sou aquele que sonda mentes e corações,^z e retribuirei a cada um de vocês de acordo com as suas obras. ^24 Aos demais que estão em Tiatira, a vocês que não seguem a doutrina dela e não aprenderam, como eles dizem, os profundos segredos de Satanás, digo: Não porei outra carga sobre vocês;^a ^25 tão somente apeguem-se com firmeza ao que vocês têm,^b até que eu venha.

^26 "Àquele que vencer e fizer a minha vontade até o fim darei autoridade sobre as nações.^c

^27 " 'Ele as governará
com cetro de ferro^d
e as despedaçará
como a um vaso de barro.'^1^e

^28 "Eu lhe darei a mesma autoridade que recebi de meu Pai. Também lhe darei a estrela da manhã.^f ^29 Aquele que tem ouvidos ouça^g o que o Espírito diz às igrejas.

Carta à Igreja de Sardes

3 "Ao anjo da igreja em Sardes, escreva:

"Estas são as palavras daquele que tem os sete espíritos^h de Deus e as sete estrelas.^i Conheço as suas obras;^j você tem fama de estar vivo, mas está morto.^k ^2 Esteja atento! Fortaleça o que resta e que estava para morrer, pois não achei suas obras perfeitas aos olhos do meu Deus. ^3 Lembre-se, portanto, do que você recebeu e ouviu; obedeça e arrependa-se.^l Mas, se você não estiver atento, virei como um ladrão^m e você não saberá a que hora virei contra você.

^4 "No entanto, você tem aí em Sardes uns poucos que não contaminaram as suas vestes.^n Eles andarão comigo, vestidos de branco,^o pois são dignos. ^5 O vencedor será igualmente vestido de branco. Jamais apagarei o seu nome do livro da vida,^p

^1 **2.27** Sl 2.9

mas o reconhecerei diante do meu Pai^q e dos seus anjos. ^6 Aquele que tem ouvidos ouça^r o que o Espírito diz às igrejas.

Carta à Igreja de Filadélfia

^7 "Ao anjo da igreja em Filadélfia,^s escreva:

"Estas são as palavras daquele que é santo e verdadeiro,^t que tem a chave de Davi.^u O que ele abre ninguém pode fechar, e o que ele fecha ninguém pode abrir. ^8 Conheço as suas obras. Eis que coloquei diante de você uma porta aberta^v que ninguém pode fechar. Sei que você tem pouca força, mas guardou a minha palavra e não negou o meu nome.^w ^9 Veja o que farei com aqueles que são sinagoga de Satanás^x e que se dizem judeus e não são, mas são mentirosos. Farei que se prostrem aos seus pés^y e reconheçam que eu o amei.^z ^10 Visto que você guardou a minha palavra de exortação à perseverança, eu também o guardarei^a da hora da provação^b que está para vir sobre todo o mundo, para pôr à prova os que habitam na terra.^c

^11 "Venho em breve! Retenha o que você tem,^d para que ninguém tome a sua coroa.^e ^12 Farei do vencedor uma coluna^f no santuário do meu Deus, e dali ele jamais sairá. Escreverei nele o nome do meu Deus^g e o nome da cidade do meu Deus, a nova Jerusalém,^h que desce dos céus da parte de Deus; e também escreverei nele o meu novo nome. ^13 Aquele que tem ouvidos ouça o que o Espírito diz às igrejas.

Carta à Igreja de Laodiceia

^14 "Ao anjo da igreja em Laodiceia, escreva:

"Estas são as palavras do Amém, a testemunha fiel e verdadeira, o soberano da criação de Deus.^i ^15 Conheço as suas obras, sei que você não é frio nem quente. Melhor seria que você fosse frio ou quente! ^16 Assim, porque você é morno, não é frio nem quente, estou a ponto de

2.23
^z1Sm 16.7; Jr 11.20; At 1.24; Rm 8.27
2.24
^aAt 15.28
2.25
^bAp 3.11
2.26
^cSl 2.8; Ap 3.21
2.27
^dAp 12.5 ^eIs 30.14; Jr 19.11
2.28
^fAp 22.16
2.29
^gv. 7
3.1
^hAp 1.14 ^iAp 1.16 ^jAp 2.2 ^k1Tm 5.6
3.3
^lAp 2.5 ^m2Pe 3.10
3.4
^nJd 23 ^oAp 4.4; 6.11; 7.9,13,14
3.5
^pAp 20.12 ^qMt 10.32
3.6
^rAp 2.7
3.7
^sAp 1.11 ^tJo 5.20 ^uIs 22.22; Mt 16.19
3.8
^vAt 14.27 ^wAp 2.13
3.9
^xAp 2.9 ^yIs 49.23 ^zIs 43.4
3.10
^a2Pe 2.9 ^bAp 2.10 ^cAp 6.10; 17.8
3.11
^dAp 2.25 ^eAp 2.10
3.12
^fGl 2.9 ^gAp 14.1; 22.4 ^hAp 21.2,10
3.14
^iCl 1.16,18
3.15
^jRm 12.11

vomitá-lo da minha boca. ¹⁷ Você diz: 'Estou rico, adquiri riquezas e não preciso de nada'.ᵏ Não reconhece, porém, que é miserável, digno de compaixão, pobre, cego, e que está nu. ¹⁸ Dou este conselho: Compre de mim ouro refinado no fogo, e você se tornará rico; compre roupas brancas e vista-se para cobrir a sua vergonhosa nudez;ˡ e compre colírio para ungir os seus olhos e poder enxergar.

¹⁹ "Repreendo e disciplinoᵐ aqueles que eu amo. Por isso, seja diligente e arrependa-se.ⁿ ²⁰ Eis que estou à portaᵒ e bato. Se alguém ouvir a minha voz e abrir a porta,ᵖ entrareiᵠ e cearei com ele, e ele comigo.

²¹ "Ao vencedor darei o direito de sentar-se comigo em meu trono,ʳ assim como eu também venciˢ e sentei-me com meu Pai em seu trono. ²² Aquele que tem ouvidos ouçaᵗ o que o Espírito diz às igrejas".

O Trono no Céu

4 Depois dessas coisas olhei, e diante de mim estava uma porta aberta no céu. A voz que eu tinha ouvido no princípio, falando comigo como trombeta,ᵘ disse: "Suba para cá,ᵛ e mostrarei a você o que deve acontecer depois dessas coisas".ʷ ² Imediatamente me vi tomado pelo Espírito,ˣ e diante de mim estava um trono no céuʸ e nele estava assentado alguém. ³ Aquele que estava assentado era de aspecto semelhante a jaspe e sardônio. Um arco-íris,ˣ parecendo uma esmeralda, circundava o trono, ⁴ ao redor do qual estavam outros vinte e quatro tronos,ᵃ e assentados neles havia vinte e quatro anciãos. Eles estavam vestidos de brancoᵇ e na cabeça tinham coroas de ouro. ⁵ Do trono saíam relâmpagos, vozes e trovões.ᶜ *Diante dele estavam acesas sete lâmpadas de fogo,*ᵈ que são os sete espíritosᵉ de Deus. ⁶ E diante do trono havia algo parecido com um mar de vidro,ᶠ claro como cristal.

No centro, ao redor do trono, havia quatro seresᵍ viventes cobertos de olhos, tanto na frente como atrás. ⁷ O primeiro ser parecia um leão, o segundo parecia um boi, o terceiro tinha rosto como de homem, o quarto parecia uma águiaʰ em voo. ⁸ Cada um deles tinha seis asasⁱ e era cheio de olhos, tanto ao redor como por baixo das asas. Dia e noite repetem sem cessar:

"Santo, santo, santo
é o Senhor, o Deus todo-poderoso,ʲ
que era, que é e que há de vir".ᵏ

⁹ Toda vez que os seres viventes dão glória, honra e graças àquele que está assentado no tronoˡ e que vive para todo o sempre, ¹⁰ os vinte e quatro anciãosᵐ se prostram diante daqueleⁿ que está assentado no tronoᵒ e adoram aquele que vive para todo o sempre. Eles lançam as suas coroas diante do trono e dizem:

¹¹ "Tu, Senhor e Deus nosso,
és digno de receber
a glória, a honra e o poder,ᵖ
porque criaste todas as coisas,
e por tua vontade elas existem
e foram criadas".ᵠ

O Livro e o Cordeiro

5 Então vi na mão direita daquele que está assentado no tronoʳ um livro em forma de rolo, escrito de ambos os lados e seladoˢ com sete selos.ᵗ ² Vi um anjo poderoso, proclamando em alta voz: "Quem é digno de romper os selos e de abrir o livro?" ³ Mas não havia ninguém, nem no céu, nem na terra, nem debaixo da terra, que pudesse abrir o livro ou sequer olhar para ele. ⁴ Eu chorava muito, porque não havia ninguém que fosse digno de abrir o livro e de olhar para ele. ⁵ Então um dos anciãos me disse: "Não chore! Eis que o Leãoᵘ da tribo de Judá, a Raiz de Davi,ᵛ venceu para abrir o livro e os seus sete selos".

⁶ Depois vi um Cordeiro,ʷ que parecia ter estado morto, em pé, no centro do trono, cercado pelos quatro seres viventes e pelos anciãos. Ele tinha sete chifres e sete olhos,ˣ

que são os sete espíritos de Deus enviados a toda a terra. ⁷ Ele se aproximou e recebeu o livro da mão direita daquele que estava assentado no trono.ʸ ⁸ Ao recebê-lo, os quatro seres viventes e os vinte e quatro anciãos prostraram-se diante do Cordeiro. Cada um deles tinha uma harpaᶻ e taças de ouro cheias de incenso, que são as oraçõesᵃ dos santos; ⁹ e eles cantavam um cântico novo:ᵇ

"Tu és dignoᶜ de receber o livro
    e de abrir os seus selos,
pois foste morto
    e com teu sangueᵈ comprasteᵉ para Deus
gente de toda tribo, língua, povo e nação.
¹⁰ Tu os constituíste reino
    e sacerdotesᶠ
    para o nosso Deus,
e eles reinarão sobre a terra".

¹¹ Então olhei e ouvi a voz de muitos anjos, milhares de milhares e milhões de milhões.ᵍ Eles rodeavam o trono, bem como os seres viventes e os anciãos, ¹² e cantavam em alta voz:

"Digno é o Cordeiro
    que foi morto
de receber poder, riqueza, sabedoria,
    força,
    honra, glória e louvor!"ʰ

¹³ Depois ouvi todas as criaturas existentes no céu, na terra, debaixo da terraⁱ e no mar, e tudo o que neles há, que diziam:

"Àquele que está assentado
    no trono
    e ao Cordeiroʲ
sejam o louvor, a honra,
    a glória e o poder,
    para todo o sempre!"ᵏ

¹⁴ Os quatro seres viventes disseram: "Amém",ˡ e os anciãos prostraram-se e o adoraram.ᵐ

Os Selos

6 Observei quando o Cordeiroⁿ abriu o primeiro dos sete selos.ᵒ Então ouvi um dos seres viventesᵖ dizer com voz de trovão:ᑫ "Venha!" ² Olhei, e diante de mim estava um cavalo branco.ʳ Seu cavaleiro empunhava um arco, e foi-lhe dada uma coroa;ˢ ele cavalgava como vencedor determinado a vencer.ᵗ

³ Quando o Cordeiro abriu o segundo selo, ouvi o segundo ser viventeᵘ dizer: "Venha!" ⁴ Então saiu outro cavalo; e este era vermelho.ᵛ Seu cavaleiro recebeu poder para tirar a paz da terraʷ e fazer que os homens se matassem uns aos outros. E lhe foi dada uma grande espada.

⁵ Quando o Cordeiro abriu o terceiro selo, ouvi o terceiro ser viventeˣ dizer: "Venha!" Olhei, e diante de mim estava um cavalo preto.ʸ Seu cavaleiro tinha na mão uma balança. ⁶ Então ouvi o que parecia uma voz entre os quatro seres viventes,ᶻ dizendo: "Um quilo¹ de trigo por um denário² e três quilos de cevada por um denário, e não danifiqueᵃ o azeite e o vinho!"

⁷ Quando o Cordeiro abriu o quarto selo, ouvi a voz do quarto ser viventeᵇ dizer: "Venha!" ⁸ Olhei, e diante de mim estava um cavalo amarelo.ᶜ Seu cavaleiro chamava-se Morte, e o Hades³ᵈ o seguia de perto. Foi-lhes dado poder sobre um quarto da terra para matar pela espada, pela fome, por pragas e por meio dos animais selvagens da terra.ᵉ

⁹ Quando ele abriu o quinto selo, vi debaixo do altarᶠ as almas daqueles que haviam sido mortosᵍ por causa da palavra de Deus e do testemunho que deram. ¹⁰ Eles clamavam em alta voz: "Até quando,ʰ ó Soberano, santo e verdadeiro,ⁱ esperarás para julgar os habitantes da terra e vingar

---

¹ 6.6 Grego: *choinix*.
² 6.6 O denário era uma moeda de prata equivalente à diária de um trabalhador braçal.
³ 6.8 Essa palavra pode ser traduzida por *inferno, sepulcro, morte* ou *profundezas*.

o nosso sangue?"ʲ ¹¹ Então cada um deles recebeu uma veste branca,ᵏ e foi-lhes dito que esperassem um pouco mais, até que se completasseˡ o número dos seus conservos e irmãos que deveriam ser mortos como eles.

¹² Observei quando ele abriu o sexto selo. Houve um grande terremoto.ᵐ O sol ficou escuro como tecido de crina negra,ⁿ toda a lua tornou-se vermelha como sangue, ¹³ e as estrelas do céu caíram sobre a terraᵒ como figos verdes caem da figueiraᵖ quando sacudidos por um vento forte. ¹⁴ O céu se recolheu como se enrola um pergaminho, e todas as montanhas e ilhas foram removidas de seus lugares.ᑫ

¹⁵ Então os reis da terra, os príncipes, os generais, os ricos, os poderosos — todos, escravos e livres, se esconderam em cavernas e entre as rochas das montanhas.ʳ ¹⁶ Eles gritavam às montanhas e às rochas: "Caiam sobre nósˢ e escondam-nos da face daquele que está assentado no trono e da ira do Cordeiro! ¹⁷ Pois chegou o grande diaᵗ da ira deles; e quem poderá suportar?"ᵘ

Cento e Quarenta e Quatro Mil Selados

7 Depois disso vi quatro anjos em pé nos quatro cantos da terra, retendo os quatro ventos,ᵛ para impedir que qualquer vento soprasse na terra, no mar ou em qualquer árvore. ² Então vi outro anjo subindo do Oriente, tendo o selo do Deus vivo. Ele bradou em alta voz aos quatro anjos a quem havia sido dado poder para danificar a terra e o mar. ³ "Não danifiquemʷ nem a terra, nem o mar, nem as árvores até que selemos as testasˣ dos servos do nosso Deus". ⁴ Então ouvi o númeroʸ dos que foram selados: cento e quarenta e quatro mil,ᶻ de todas as tribos de Israel.

⁵ Da tribo de Judá
foram selados doze mil;
da tribo de Rúben, doze mil;
da tribo de Gade, doze mil;
⁶ da tribo de Aser, doze mil;
da tribo de Naftali, doze mil;
da tribo de Manassés, doze mil;
⁷ da tribo de Simeão, doze mil;
da tribo de Levi, doze mil;
da tribo de Issacar, doze mil;
⁸ da tribo de Zebulom, doze mil;
da tribo de José, doze mil;
da tribo de Benjamim, doze mil.

A Grande Multidão com Vestes Brancas

⁹ Depois disso olhei, e diante de mim estava uma grande multidão que ninguém podia contar, de todas as nações, tribos, povos e línguas,ᵃ em pé, diante do tronoᵇ e do Cordeiro, com vestes brancas e segurando palmas. ¹⁰ E clamavam em alta voz:

"A salvação pertence
ao nosso Deus,ᶜ
que se assenta no trono,
e ao Cordeiro".

¹¹ Todos os anjos estavam em pé ao redor do trono, dos anciãosᵈ e dos quatro seres viventes.ᵉ Eles se prostraram com o rostoᶠ em terra diante do trono e adoraram a Deus, ¹² dizendo:

"Amém!
Louvor e glória,
sabedoria, ação de graças,
honra, poder e força
sejam ao nosso Deus
para todo o sempre.
Amém!"ᵍ

¹³ Então um dos anciãos me perguntou: "Quem são estes que estão vestidos de branco e de onde vieram?"

¹⁴ Respondi: Senhor, tu o sabes. E ele disse: "Estes são os que vieram da grande tribulação, que lavaram as suas vestesʰ e as alvejaram no sangue do Cordeiro.ⁱ ¹⁵ Por isso,

eles estão diante do trono
de Deusʲ
e o servemᵏ dia e noite
em seu santuário;ˡ

e aquele que está assentado no trono
   estenderá sobre eles^m
   o seu tabernáculo.
¹⁶ Nunca mais terão fome,
   nunca mais terão sede.
Não os afligirá o sol
   nem qualquer calor abrasador,^n
¹⁷ pois o Cordeiro que está
   no centro do trono
   será o seu Pastor;^o
ele os guiará às fontes
   de água viva.
E Deus enxugará dos seus olhos^p toda
   lágrima."

O Sétimo Selo e o Incensário de Ouro

8 Quando ele abriu o sétimo selo,^q houve silêncio nos céus cerca de meia hora.

² Vi os sete anjos^r que se acham em pé diante de Deus; a eles foram dadas sete trombetas.

³ Outro anjo,^s que trazia um incensário de ouro, aproximou-se e ficou em pé junto ao altar. A ele foi dado muito incenso para oferecer com as orações de todos os santos^t sobre o altar de ouro^u diante do trono. ⁴ E da mão do anjo subiu diante de Deus^v a fumaça do incenso com as orações dos santos. ⁵ Então o anjo pegou o incensário, encheu-o com fogo do altar^x e lançou-o sobre a terra; e houve trovões, vozes, relâmpagos e um terremoto.^y

As Trombetas

⁶ Então os sete anjos, que tinham as sete trombetas,^z prepararam-se para tocá-las.

⁷ O primeiro anjo tocou a sua trombeta, e granizo e fogo^a misturado com sangue foram lançados sobre a terra. Foi queimado um terço^b da terra, um terço das árvores e toda a relva verde.^c

⁸ O segundo anjo tocou a sua trombeta, e algo como um grande monte^d em chamas foi lançado ao mar. Um terço^e do mar transformou-se em sangue,^f ⁹ morreu um terço^g das criaturas do mar e foi destruído um terço das embarcações.

¹⁰ O terceiro anjo tocou a sua trombeta, e caiu do céu^h uma grande estrela, queimando como tocha, sobre um terço dos rios e das fontes de águas;^i ¹¹ o nome da estrela é Absinto¹. Tornou-se amargo um terço^j das águas, e muitos morreram pela ação das águas que se tornaram amargas².^k

¹² O quarto anjo tocou a sua trombeta, e foi ferido um terço do sol, um terço^l da lua e um terço das estrelas, de forma que um terço deles escureceu.^m Um terço do dia ficou sem luz, e também um terço da noite.

¹³ Enquanto eu olhava, ouvi uma águia que voava pelo meio do céu^n e dizia em alta voz: "Ai, ai, ai^o dos que habitam na terra, por causa do toque das trombetas que está prestes a ser dado pelos três outros anjos!"

9 O quinto anjo tocou a sua trombeta, e vi uma estrela que havia caído do céu sobre a terra.^p À estrela foi dada a chave do poço do Abismo. ² Quando ela abriu o Abismo,^q subiu dele fumaça como a de uma gigantesca fornalha.^r O sol e o céu escureceram^s com a fumaça que saía do Abismo. ³ Da fumaça saíram gafanhotos^t que vieram sobre a terra, e lhes foi dado poder como o dos escorpiões^u da terra. ⁴ Eles receberam ordens para não causar dano^v nem à relva da terra, nem a qualquer planta ou árvore,^w mas apenas àqueles que não tinham o selo de Deus na testa.^x ⁵ Não lhes foi dado poder para matá-los, mas sim para causar-lhes tormento durante cinco meses.^y A agonia que eles sofreram era como a da picada do escorpião.^z ⁶ Naqueles dias os homens procurarão a morte, mas não a encontrarão; desejarão morrer, mas a morte fugirá deles.^a

⁷ Os gafanhotos pareciam cavalos preparados para a batalha.^b Tinham sobre a cabeça algo como coroas de ouro, e o rosto deles parecia rosto humano.^c ⁸ Os cabelos deles eram como os de mulher e os dentes como os de leão.^d ⁹ Tinham couraças como

---

¹ **8.11** Isto é, *Amargor*.

² **8.11** Ou *envenenadas*

couraças de ferro, e o som das suas asas era como o barulho de muitos cavalos e carruagens correndo para a batalha.ᵉ ¹⁰ Tinham caudas e ferrões como de escorpiões e na cauda tinham poder para causar tormento aos homens durante cinco meses.ᶠ ¹¹ Tinham um rei sobre eles, o anjo do Abismo,ᵍ cujo nome, em hebraico, é Abadom e, em grego, Apoliom¹.

¹² O primeiro ai passou; dois outros ais ainda virão.ʰ

¹³ O sexto anjo tocou a sua trombeta, e ouvi uma voz que vinha das pontas¹² do altar de ouro que está diante de Deus.ʲ ¹⁴ Ela disse ao sexto anjo que tinha a trombeta: "Solte os quatro anjos que estão amarrados junto ao grande rio Eufrates".ᵏ ¹⁵ Os quatro anjos, que estavam preparados para aquela hora, dia, mês e ano, foram soltos para matar um terço da humanidade.ˡ ¹⁶ O número dos cavaleiros que compunham os exércitos era de duzentos milhões; eu ouvi o seu número.ᵐ

¹⁷ Os cavalos e os cavaleiros que vi em minha visão tinham este aspecto: as suas couraças eram vermelhas como o fogo, azuis como o jacinto e amarelas como o enxofre. A cabeça dos cavalos parecia a cabeça de um leão, e da bocaⁿ lançavam fogo, fumaça e enxofre.ᵒ ¹⁸ Um terço da humanidade foi mortoᵖ pelas três pragas: de fogo, fumaça e enxofre,ᑫ que saíam da boca dos cavalos. ¹⁹ O poder dos cavalos estava na boca e na cauda; pois a cauda deles era como cobra; com a cabeça feriam as pessoas.

²⁰ O restante da humanidade que não morreu por essas pragas nem assim se arrependeu das obras das suas mãos;ʳ eles não pararam de adorar os demôniosˢ e os ídolos de ouro, prata, bronze, pedra e madeira, ídolos que não podem ver, nem ouvir, nem andar.ᵗ ²¹ Também não se arrependeramᵘ dos seus assassinatos, das suas feitiçarias,ᵛ da sua imoralidade sexualʷ e dos seus roubos.

---

¹ **9.11** *Abadom e Apoliom* significam *destruidor*.
² **9.13** Grego: *chifres*.

O Anjo e o Livro

10 Então vi outro anjo poderoso,ˣ que descia dos céus. Ele estava envolto numa nuvem, e havia um arco-íris acima de sua cabeça. Sua face era como o sol,ʸ e suas pernas eram como colunas de fogo.ᶻ ² Ele segurava um livrinho, que estava aberto em sua mão. Colocou o pé direito sobre o mar e o pé esquerdo sobre a terra, ³ e deu um alto brado, como o rugido de um leão. Quando ele bradou, os sete trovõesᵃ falaram. ⁴ Logo que os sete trovões falaram, eu estava prestes a escrever, mas ouvi uma voz dos céus, que disse: "Sele o que disseram os sete trovões, mas não o escreva".ᵇ

⁵ Então o anjo que eu tinha visto em pé sobre o mar e sobre a terra levantou a mão direita para o céuᶜ ⁶ e jurou por aquele que vive para todo o sempre, que criou os céus e tudo o que neles há, a terra e tudo o que nela há, e o mar e tudo o que nele há,ᵈ dizendo: "Não haverá mais demora!ᵉ ⁷ Mas, nos dias em que o sétimo anjo estiver para tocar sua trombeta, vai cumprir-se o mistérioᶠ de Deus, como ele o anunciou aos seus servos, os profetas".

⁸ Depois falou comigo mais uma vez a voz que eu tinha ouvido falar dos céus:ᵍ "Vá, pegue o livro³ aberto que está na mão do anjo que se encontra em pé sobre o mar e sobre a terra".

⁹ Assim me aproximei do anjo e lhe pedi que me desse o livrinho. Ele me disse: "Pegue-o e coma-o! Ele será amargo em seu estômago, mas em sua boca será doce como mel".ʰ ¹⁰ Peguei o livrinho da mão do anjo e o comi. Ele me pareceu doce como mel em minha boca; mas, ao comê-lo, senti que o meu estômago ficou amargo. ¹¹ Então me foi dito: "É preciso que você profetizeʲ de novo acerca de muitos povos, nações, línguas e reis".

As Duas Testemunhas

11 Deram-me um caniço semelhante a uma vara de medirʲ e me disseram:

---

³ **10.8** Grego: *rolo*.

"Vá e meça o templo de Deus e o altar, e conte os adoradores que lá estiverem. ² Exclua, porém, o pátio exterior;ᵏ não o meça, pois ele foi dado aos gentios¹.ˡ Eles pisarão a cidade santaᵐ durante quarenta e dois meses.ⁿ ³ Darei poder às minhas duas testemunhas,ᵒ e elas profetizarão durante mil duzentos e sessenta dias, vestidas de pano de saco".ᵖ ⁴ Estas são as duas oliveirasᵠ e os dois candelabros que permanecem diante do Senhor da terra.ʳ ⁵ Se alguém quiser causar-lhes dano, da boca deles sairá fogo que devorará os seus inimigos.ˢ É assim que deve morrerᵗ qualquer pessoa que quiser causar-lhes dano. ⁶ Estes homens têm poder para fechar o céu, de modo que não chova durante o tempo em que estiverem profetizando, e têm poder para transformar a água em sangueᵘ e ferir a terra com toda sorte de pragas, quantas vezes desejarem.

⁷ Quando eles tiverem terminado o seu testemunho, a bestaᵛ que vem do Abismo os atacará.ʷ E irá vencê-los e matá-los. ⁸ Os seus cadáveres ficarão expostos na rua principal da grande cidade, que figuradamente é chamada Sodomaˣ e Egito, onde também foi crucificadoʸ o seu Senhor. ⁹ Durante três dias e meio, gente de todos os povos, tribos, línguas e nações contemplarão os seus cadáveres e não permitirão que sejam sepultados.ᶻ ¹⁰ Os habitantes da terraᵃ se alegrarão por causa deles e festejarão, enviando presentesᵇ uns aos outros, pois esses dois profetas haviam atormentado os que habitam na terra.

¹¹ Mas, depois dos três dias e meio, entrou neles um sopro de vida da parte de Deus,ᶜ e eles ficaram em pé, e um grande terror tomou conta daqueles que os viram. ¹² Então eles ouviram uma forte voz dos céus, que lhes disse: "Subam para cá".ᵈ E eles subiram para os céus numa nuvem,ᵉ enquanto os seus inimigos olhavam.

¹³ Naquela mesma hora houve um forte terremoto,ᶠ e um *décimo da cidade* ruiu.

---

¹ **11.2** Isto é, os que não são judeus.

Sete mil pessoas foram mortas no terremoto; os sobreviventes ficaram aterrorizados e deram glóriaᵍ ao Deus dos céus.ʰ

¹⁴ O segundo ai passou; o terceiro ai virá em breve.ⁱ

A Sétima Trombeta

¹⁵ O sétimo anjo tocou a sua trombeta,ʲ e houve fortes vozesᵏ nos céus, que diziam:

"O reino do mundo
   se tornou de nosso Senhor
   e do seu Cristo,ˡ
e ele reinará
   para todo o sempre".ᵐ

¹⁶ Os vinte e quatro anciãosⁿ que estavam assentados em seus tronos diante de Deus prostraram-se sobre seus rostos e adoraram a Deus, ¹⁷ dizendo:

"Graças te damos,
   Senhor Deus todo-poderoso,ᵒ
que és e que eras,
porque assumiste
   o teu grande poder
   e começaste a reinar.ᵖ
¹⁸ As nações se iraram;ᵠ
   e chegou a tua ira.
Chegou o tempo de julgares
   os mortos
e de recompensares
   os teus servos, os profetas,ʳ
   os teus santos
   e os que temem o teu nome,
   tanto pequenos
   como grandes,ˢ
e de destruir
   os que destroem a terra".

¹⁹ Então foi aberto o santuárioᵗ de Deus nos céus, e ali foi vista a arca da sua aliança. Houve relâmpagos, vozes, trovões, um terremoto e um grande temporal de granizo.ᵘ

A Mulher e o Dragão

12 Apareceu no céu um sinal extraordinário: uma mulher vestida do sol, com a lua debaixo dos seus pés e uma coroa de

---

11.2
ᵏEz 40.17, 20
ˡLc 21.24
ᵐAp 21.2
ⁿDn 7.25;
Ap 13.5

11.3
ᵒAp 1.5
ᵖGn 37.34

11.4
ᵠSl 52.8;
Jr 11.16;
Zc 4.3,11
ʳZc 4.14

11.5
ˢ2Rs 1.10;
Jr 5.14
ᵗNm 16.29,35

11.6
ᵘEx 7.17,19

11.7
ᵛAp 13.1-4
ʷDn 7.21

11.8
ˣIs 1.9
ʸHb 13.12

11.9
ᶻSl 79.2,3

11.10
ᵃAp 3.10
ᵇEt 9.19,22

11.11
ᶜEz 37.5,9,10,14

11.12
ᵈAp 4.1
ᵉ2Rs 2.11;
At 1.9

11.13
ᶠAp 6.12
ᵍAp 14.7
ʰAp 16.11

11.14
ⁱAp 8.13

11.15
ʲAp 10.7
ᵏAp 16.17; 19.1
ˡAp 12.10

11.15
ᵐDn 2.44; 7.14,27

11.16
ⁿAp 4.4

11.17
ᵒAp 1.8
ᵖAp 19.6

11.18
ᵠSl 2.1
ʳAp 10.7
ˢAp 19.5

11.19
ᵗAp 15.5,8
ᵘAp 16.21

doze estrelas sobre a cabeça. ² Ela estava grávida e gritava de dor,ᵛ pois estava para dar à luz. ³ Então apareceu no céu outro sinal: um enorme dragão vermelho com sete cabeças e dez chifres,ʷ tendo sobre as cabeças sete coroas¹,ˣ ⁴ Sua cauda arrastou consigo um terçoʸ das estrelas do céu, lançando-as na terra.ᶻ O dragão pôs-se diante da mulher que estava para dar à luz, para devorar o seu filhoᵃ no momento em que nascesse. ⁵ Ela deu à luz um filho, um homem, que governará todas as nações com cetro de ferro.ᵇ Seu filho foi arrebatado para junto de Deus e de seu trono. ⁶ A mulher fugiu para o deserto, para um lugar que lhe havia sido preparado por Deus, para que ali a sustentassem durante mil duzentos e sessenta dias.ᶜ

⁷ Houve então uma guerra nos céus. Miguel e seus anjos lutaram contra o dragão,ᵈ e o dragão e os seus anjos revidaram. ⁸ Mas estes não foram suficientemente fortes, e assim perderam o seu lugar nos céus. ⁹ O grande dragão foi lançado fora. Ele é a antiga serpenteᵉ chamada Diabo ou Satanás,ᶠ que engana o mundo todo.ᵍ Ele e os seus anjos foram lançados à terra.ʰ

¹⁰ Então ouvi uma forte voz dos céus,ⁱ que dizia:

"Agora veio a salvação,
  o poder e o Reino
  do nosso Deus,
e a autoridade do seu Cristo,
pois foi lançado fora
  o acusador
  dos nossos irmãos,ʲ
que os acusa diante
  do nosso Deus, dia e noite.
¹¹ Eles o venceram
  pelo sangue do Cordeiroᵏ
  e pela palavra do testemunhoˡ
  que deram;
diante da morte,ᵐ
  não amaram a própria vida.

¹² Portanto, celebrem-no, ó céus,ⁿ
e os que neles habitam!
Mas aiᵒ da terra e do mar,ᵖ
  pois o Diabo desceu até vocês!
Ele está cheio de fúria,
  pois sabe que lhe resta
  pouco tempo".

¹³ Quando o dragãoᵠ foi lançado à terra, começou a perseguir a mulher que dera à luz o menino.ʳ ¹⁴ Foram dadas à mulher as duas asas da grande águia,ˢ para que ela pudesse voar para o lugar que lhe havia sido preparado no deserto, onde seria sustentada durante um tempo, tempos e meio tempo,ᵗ fora do alcance da serpente. ¹⁵ Então a serpente fez jorrar da sua boca água como um rio, para alcançar a mulher e arrastá-la com a correnteza. ¹⁶ A terra, porém, ajudou a mulher, abrindo a boca e engolindo o rio que o dragão fizera jorrar da sua boca. ¹⁷ O dragão irou-se contra a mulher e saiu para guerrearᵘ contra o restante da sua descendência,ᵛ os que obedecem aos mandamentosʷ de Deus e se mantêm fiéis ao testemunho de Jesus.ˣ

¹⁸ Então o dragão se pôs em péᶻ na areia do mar.

A Besta que Saiu do Mar

13 Vi uma besta que saía do mar.ʸ Tinha dez chifres e sete cabeças, com dez coroas³, uma sobre cada chifre, e em cada cabeçaᶻ um nome de blasfêmia.ᵃ ² A besta que vi era semelhante a um leopardo,ᵇ mas tinha pés como os de ursoᶜ e boca como a de leão.ᵈ O dragão deu à besta o seu poder, o seu trono e grande autoridade.ᵉ ³ Uma das cabeças da besta parecia ter sofrido um ferimento mortal, mas o ferimento mortal foi curado.ᶠ O mundo todo ficou maravilhadoᵍ e seguiu a besta. ⁴ Adoraram o dragão, que tinha dado autoridade à besta, e também adoraram a besta, dizendo: "Quem é comoʰ a besta? Quem pode guerrear contra ela?"

---

² **12.18** Alguns manuscritos dizem *E eu estava em pé*.
³ **13.1** Grego: *diademas*.

¹ **12.3** Grego: *diademas*.

⁵ À besta foi dada uma boca para falar palavras arrogantes e blasfemas*ⁱ* e lhe foi dada autoridade para agir durante quarenta e dois meses.*ʲ* ⁶ Ela abriu a boca para blasfemar contra Deus e amaldiçoar o seu nome e o seu tabernáculo, os¹ que habitam nos céus.*ᵏ* ⁷ Foi-lhe dado poder para guerrear*ˡ* contra os santos e vencê-los. Foi-lhe dada autoridade sobre toda tribo, povo, língua e nação.*ᵐ* ⁸ Todos os habitantes da terra*ⁿ* adorarão a besta, a saber, todos aqueles que não tiveram seus nomes escritos no livro da vida*ᵒ* do Cordeiro que foi morto desde a criação do mundo².*ᵖ*

⁹ Aquele que tem ouvidos ouça:*q*

¹⁰ Se alguém há de ir
para o cativeiro,
 para o cativeiro irá.
Se alguém há de ser morto³*ʳ*
 à espada,
morto à espada haverá de ser.

Aqui estão a perseverança e a fidelidade*ˢ* dos santos.*ᵗ*

A Besta que Saiu da Terra

¹¹ Então vi outra besta que saía da terra, com dois chifres como cordeiro, mas que falava como dragão. ¹² Exercia toda a autoridade*ᵘ* da primeira besta, em nome⁴ dela,*ᵛ* e fazia a terra e seus habitantes adorarem a primeira besta,*ʷ* cujo ferimento mortal havia sido curado.*ˣ* ¹³ E realizava grandes sinais,*ʸ* chegando a fazer descer fogo do céu*ᶻ* à terra, à vista dos homens. ¹⁴ Por causa dos sinais*ᵃ* que lhe foi permitido realizar em nome da primeira besta, ela enganou*ᵇ* os habitantes da terra. Ordenou-lhes que fizessem uma imagem em honra à besta que fora ferida pela espada e contudo revivera. ¹⁵ Foi-lhe dado poder para dar fôlego à imagem da primeira besta, de modo que ela podia falar e fazer que fossem mortos*ᶜ* todos os que se recusassem a adorar a imagem. ¹⁶ Também obrigou todos, pequenos e grandes,*ᵈ* ricos e pobres, livres e escravos, a receberem certa marca na mão direita ou na testa.*ᵉ* ¹⁷ para que ninguém pudesse comprar nem vender, a não ser quem tivesse a marca,*ᶠ* que é o nome da besta ou o número do seu nome.*ᵍ*

¹⁸ Aqui há sabedoria.*ʰ* Aquele que tem entendimento calcule o número da besta, pois é número de homem.*ⁱ* Seu número é seiscentos e sessenta e seis.

O Cordeiro e os Cento e Quarenta e Quatro Mil Selados

14 Então olhei, e diante de mim estava o Cordeiro,*ʲ* em pé sobre o monte Sião,*ᵏ* e com ele cento e quarenta e quatro mil*ˡ* que traziam escritos na testa o nome dele e o nome de seu Pai.*ᵐ* ² Ouvi um som dos céus como o de muitas águas*ⁿ* e de um forte trovão. Era como o de harpistas tocando seus instrumentos.*ᵒ* ³ Eles cantavam um cântico novo*ᵖ* diante do trono, dos quatro seres viventes e dos anciãos. Ninguém podia aprender o cântico, a não ser os cento e quarenta e quatro mil*q* que haviam sido comprados da terra. ⁴ Estes são os que não se contaminaram com mulheres, pois se conservaram castos⁵*ʳ* e seguem o Cordeiro por onde quer que ele vá. Foram comprados dentre os homens*ˢ* e ofertados como primícias*ᵗ* a Deus e ao Cordeiro. ⁵ Mentira nenhuma foi encontrada na boca deles;*ᵘ* são imaculados.*ᵛ*

Os Três Anjos

⁶ Então vi outro anjo, que voava pelo céu*ʷ* e tinha na mão o evangelho eterno para proclamar aos que habitam na terra,*ˣ* a toda nação, tribo, língua e povo.*ʸ* ⁷ Ele disse em alta voz: "Temam a Deus*ᶻ* e glorifiquem-no,*ᵃ* pois chegou a hora do seu juízo. Adorem aquele que fez os céus, a terra, o mar e as fontes das águas".*ᵇ*

---

¹ **13.6** Alguns manuscritos dizem *e os*.
² **13.8** Ou *escritos, desde a criação do mundo, no livro da vida do Cordeiro que foi morto*
³ **13.10** Alguns manuscritos dizem *Todo aquele que mata*.
⁴ **13.12** Ou *na presença*; também no versículo 14.
⁵ **14.4** Grego: *virgens*.

13.5
ⁱDn 7.8,11; 20,25; 11.36; 2Ts 2.4
ʲAp 11.2
13.6
ᵏAp 12.12
13.7
ˡDn 7.21; Ap 11.7
13.7
ᵐAp 5.9
13.8
ⁿAp 3.16
ᵒAp 3.5; 20.12
ᵖMt 25.34
13.9
qAp 2.7
13.10
ʳJr 15.2; 43.11
ˢHb 6.12
ᵗAp 14.12
13.12
ᵘv. 4
ᵛv. 14
ʷAp 14.9,11
ˣv. 3
13.13
ʸMt 24.24
ᶻ1Rs 18.38; Ap 20.9
13.14
ᵃ2Ts 2.9,10
ᵇAp 12.9
13.15
ᶜDn 3.3-6
13.16
ᵈAp 19.5
ᵉAp 14.9
13.17
ᶠAp 14.9
ᵍAp 14.11; 15.2
13.18
ʰAp 17.9
ⁱAp 15.2; 21.7
14.1
ʲAp 5.6
ᵏSl 2.6
ˡAp 7.4
ᵐAp 3.12
14.2
ⁿAp 1.15
ᵒAp 5.8
14.3
ᵖAp 5.9
qv. 1
14.4
ʳ2Co 11.2; Ap 3.4
ˢAp 5.9
14.4
ᵗTg 1.18
14.5
ᵘSl 32.2; Sf 3.13
ᵛEf 5.27
14.6
ʷAp 8.13
ˣAp 3.10
ʸAp 13.7
14.7
ᶻAp 15.4
ᵃAp 11.13
ᵇAp 8.10

⁸ Um segundo anjo o seguiu, dizendo: "Caiu! Caiu a grande Babilônia*c* que fez todas as nações beberem do vinho da fúria da sua prostituição!"*d*

⁹ Um terceiro anjo os seguiu, dizendo em alta voz: "Se alguém adorar a besta e a sua imagem*e* e receber a sua marca na testa ou na mão, ¹⁰ também beberá do vinho do furor de Deus*f* que foi derramado sem mistura no cálice da sua ira.*g* Será ainda atormentado com enxofre ardente na presença dos santos anjos e do Cordeiro, ¹¹ e a fumaça do tormento de tais pessoas sobe para todo o sempre.*h* Para todos os que adoram a besta e a sua imagem, e para quem recebe a marca do seu nome, não há descanso, dia e noite". ¹² Aqui está a perseverança dos santos*i* que obedecem aos mandamentos de Deus e permanecem fiéis a Jesus.

¹³ Então ouvi uma voz dos céus, dizendo: "Escreva: Felizes os mortos que morrem no Senhor*j* de agora em diante".

Diz o Espírito: "Sim, eles descansarão das suas fadigas, pois as suas obras os seguirão".

A Colheita da Terra

¹⁴ Olhei, e diante de mim estava uma nuvem branca e, assentado sobre a nuvem, alguém "semelhante a um filho de homem"¹.*k* Ele estava com uma coroa*l* de ouro na cabeça e uma foice afiada na mão. ¹⁵ Então saiu do santuário um outro anjo, que bradou em alta voz àquele que estava assentado sobre a nuvem: "Tome a sua foice*m* e faça a colheita, pois a safra*n* da terra está madura; chegou a hora de colhê-la". ¹⁶ Assim, aquele que estava assentado sobre a nuvem passou sua foice pela terra, e a terra foi ceifada.

¹⁷ Outro anjo saiu do santuário dos céus, trazendo também uma foice afiada. ¹⁸ E ainda outro anjo, que tem autoridade sobre o fogo, saiu do altar e bradou em alta voz àquele que tinha a foice afiada: "Tome sua foice afiada e ajunte os cachos de uva da videira da terra, porque as suas uvas estão maduras!" ¹⁹ O anjo passou a foice pela terra, ajuntou as uvas e as lançou no grande lagar da ira de Deus.*o* ²⁰ Elas foram pisadas no lagar,*p* fora da cidade,*q* e correu sangue do lagar, chegando ao nível dos freios dos cavalos, numa distância de cerca de trezentos quilômetros².

Os Sete Anjos e as Sete Pragas

15 Vi no céu outro sinal, grande e maravilhoso:*r* sete anjos*s* com as sete últimas pragas,*t* pois com elas se completa a ira de Deus. ² Vi algo semelhante a um mar de vidro*u* misturado com fogo, e, em pé, junto ao mar, os que tinham vencido a besta, a sua imagem*v* e o número do seu nome. Eles seguravam harpas que lhes haviam sido dadas por Deus, ³ e cantavam o cântico de Moisés,*w* servo de Deus, e o cântico do Cordeiro:

"Grandes e maravilhosas
    são as tuas obras,*x*
Senhor Deus todo-poderoso.
Justos e verdadeiros
    são os teus caminhos,*y*
ó Rei das nações.
⁴ Quem não te temerá, ó Senhor?*z*
Quem não glorificará o teu nome?
Pois tu somente és santo.
Todas as nações virão à tua presença
    e te adorarão,*a*
pois os teus atos de justiça
    se tornaram manifestos".

⁵ Depois disso olhei e vi que se abriu nos céus o santuário,*b* o tabernáculo da aliança.*c* ⁶ Saíram do santuário*d* os sete anjos com as sete pragas.*e* Eles estavam vestidos de linho puro e resplandecente e tinham cinturões de ouro ao redor do peito.*f* ⁷ E um dos quatro seres viventes*g* deu aos sete anjos sete taças de ouro cheias da ira de Deus, que vive para todo o sempre. ⁸ O santuário ficou cheio da fumaça*h* da glória de Deus e do seu poder, e ninguém podia entrar no

---

¹ **14.14** Dn 7.13
² **14.20** Grego: *1.600 estádios*. Um estádio equivalia a 185 metros.

santuário enquanto não se completassem as sete pragas dos sete anjos.

As Sete Taças da Ira de Deus

16 Então ouvi uma forte voz que vinha do santuário e dizia aos sete anjos: "Vão derramar sobre a terra as sete taças da ira de Deus".

² O primeiro anjo foi e derramou a sua taça pela terra, e abriram-se feridas malignas e dolorosas naqueles que tinham a marca da besta e adoravam a sua imagem.

³ O segundo anjo derramou a sua taça no mar, e este se transformou em sangue como de um morto, e morreu toda criatura que vivia no mar.

⁴ O terceiro anjo derramou a sua taça nos rios e nas fontes, e eles se transformaram em sangue. ⁵ Então ouvi o anjo que tem autoridade sobre as águas dizer:

"Tu és justo,
   tu, o Santo, que és e que eras,
porque julgaste estas coisas;
⁶ pois eles derramaram
      o sangue dos teus santos
      e dos teus profetas,
   e tu lhes deste sangue
      para beber,
como eles merecem".

⁷ E ouvi o altar responder:

"Sim, Senhor Deus todo-poderoso,
   verdadeiros e justos
      são os teus juízos".

⁸ O quarto anjo derramou a sua taça no sol, e foi dado poder ao sol para queimar os homens com fogo. ⁹ Estes foram queimados pelo forte calor e amaldiçoaram o nome de Deus, que tem domínio sobre estas pragas; contudo, recusaram arrepender-se e glorificá-lo.

¹⁰ O quinto anjo derramou a sua taça sobre o trono da besta, cujo reino ficou em trevas. De tanta agonia, os homens mordiam a própria língua ¹¹ e blasfemavam contra o Deus dos céus, por causa das suas dores e das suas feridas; contudo, recusaram arrepender-se das obras que haviam praticado.

¹² O sexto anjo derramou a sua taça sobre o grande rio Eufrates, e secaram-se as suas águas para que fosse preparado o caminho para os reis que vêm do Oriente. ¹³ Então vi saírem da boca do dragão, da boca da besta e da boca do falso profeta três espíritos imundos¹ semelhantes a rãs. ¹⁴ São espíritos de demônios que realizam sinais milagrosos; eles vão aos reis de todo o mundo, a fim de reuni-los para a batalha do grande dia do Deus todo-poderoso.

¹⁵ "Eis que venho como ladrão! Feliz aquele que permanece vigilante e conserva consigo as suas vestes, para que não ande nu e não seja vista a sua vergonha."

¹⁶ Então os três espíritos os reuniram no lugar que, em hebraico, é chamado Armagedom.

¹⁷ O sétimo anjo derramou a sua taça no ar, e do santuário saiu uma forte voz que vinha do trono, dizendo: "Está feito!" ¹⁸ Houve, então, relâmpagos, vozes, trovões e um forte terremoto. Nunca havia ocorrido um terremoto tão forte como esse desde que o homem existe sobre a terra. ¹⁹ A grande cidade foi dividida em três partes, e as cidades das nações se desmoronaram. Deus lembrou-se da grande Babilônia e lhe deu o cálice do vinho do furor da sua ira. ²⁰ Todas as ilhas fugiram, e as montanhas desapareceram. ²¹ Caíram sobre os homens, vindas do céu, enormes pedras de granizo, de cerca de trinta e cinco quilos² cada; eles blasfemaram contra Deus por causa do granizo, pois a praga fora terrível.

A Mulher Montada na Besta

17 Um dos sete anjos que tinham as sete taças aproximou-se e me disse: "Venha, eu mostrarei a você o julgamento da grande prostituta que está sentada sobre

---

¹ **16.13** Ou *malignos*
² **16.21** Grego: *1 talento*.

muitas águas,^{j} ² com quem os reis da terra se prostituíram; os habitantes da terra se embriagaram com o vinho da sua prostituição".^{k}

³ Então o anjo me levou no Espírito para um deserto.^{l} Ali vi uma mulher montada numa besta vermelha, que estava coberta de nomes blasfemos^m e que tinha sete cabeças e dez chifres.^{n} ⁴ A mulher estava vestida de púrpura e vermelho e adornada de ouro, pedras preciosas e pérolas.^{o} Segurava um cálice de ouro,^{p} cheio de coisas repugnantes e da impureza da sua prostituição. ⁵ Em sua testa havia esta inscrição:

MISTÉRIO:
BABILÔNIA, A GRANDE;^{q}
A MÃE DAS PROSTITUTAS
E DAS PRÁTICAS REPUGNANTES
DA TERRA.

⁶ Vi que a mulher estava embriagada com o sangue dos santos,^{r} o sangue das testemunhas¹ de Jesus.

Quando a vi, fiquei muito admirado. ⁷ Então o anjo me disse: "Por que você está admirado? Eu explicarei o mistério^s dessa mulher e da besta sobre a qual ela está montada, que tem sete cabeças e dez chifres.^{t} ⁸ A besta que você viu, era e já não é. Ela está para subir do Abismo e caminha para a perdição.^{u} Os habitantes da terra,^{v} cujos nomes não foram escritos no livro da vida^w desde a criação do mundo, ficarão admirados^x quando virem a besta, porque ela era, agora não é, e entretanto virá.

⁹ "Aqui se requer mente sábia.^{y} As sete cabeças são sete colinas sobre as quais está sentada a mulher. ¹⁰ São também sete reis. Cinco já caíram, um ainda existe, e o outro ainda não surgiu; mas, quando surgir, deverá *permanecer durante pouco tempo*. ¹¹ A besta que era, e agora não é,^{z} é o oitavo rei. É um dos sete, e caminha para a perdição.

¹² "Os dez chifres^a que você viu são dez reis que ainda não receberam reino, mas que por uma hora^b receberão, com a besta, autoridade como reis. ¹³ Eles têm um único propósito e darão seu poder e sua autoridade à besta.^{c} ¹⁴ Guerrearão^d contra o Cordeiro, mas o Cordeiro os vencerá, pois é o Senhor dos senhores e o Rei dos reis;^{e} e vencerão com ele os seus chamados, escolhidos^f e fiéis".

¹⁵ Então o anjo me disse: "As águas^g que você viu, onde está sentada a prostituta, são povos, multidões, nações e línguas.^{h} ¹⁶ A besta e os dez chifres que você viu odiarão a prostituta. Eles a levarão à ruína^i e a deixarão nua,^{j} comerão a sua carne^k e a destruirão com fogo,^{l} ¹⁷ pois Deus pôs no coração deles o desejo de realizar o propósito que ele tem, levando-os a concordar em dar à besta o poder que eles têm para reinar até que se cumpram^m as palavras de Deus. ¹⁸ A mulher que você viu é a grande cidade^n que reina sobre os reis da terra".

A Queda da Babilônia

18 Depois disso vi outro anjo^o que descia dos céus.^{p} Tinha grande autoridade, e a terra foi iluminada por seu esplendor.^{q} ² E ele bradou com voz poderosa:

"Caiu! Caiu a grande Babilônia!^{r}
Ela se tornou habitação
    de demônios
e antro de todo espírito imundo²,
antro de toda ave impura^s
    e detestável,
³ pois todas as nações beberam
    do vinho da fúria
    da sua prostituição.^{t}
Os reis da terra
    se prostituíram com ela;^{u}
à custa do seu luxo excessivo^v
    os negociantes da terra
    se enriqueceram".^{w}

⁴ Então ouvi outra voz dos céus que dizia:

"Saiam dela, vocês, povo meu,^{x}
para que vocês não participem dos seus
    pecados,

---

¹ **17.6** Ou *dos mártires*   ² **18.2** Ou *maligno*

para que as pragas
   que vão cair sobre ela
não os atinjam!
⁵ Pois os pecados da Babilônia
   acumularam-se até o céu,ʸ
e Deus se lembrouᶻ
   dos seus crimes.
⁶ Retribuam-lhe
   na mesma moeda;
paguem-lheᵃ em dobro
   pelo que fez;
misturem para ela uma porção dupla
   no seu próprio cálice.ᵇ
⁷ Façam-lhe sofrer tanto tormento
   e tanta aflição
como a glória e o luxo a que ela se
   entregou.ᶜ
Em seu coração
   ela se vangloriava:
'Estou sentada como rainha;
   não sou viúva
e jamais terei tristeza'.ᵈ
⁸ Por isso num só diaᵉ
   as suas pragas a alcançarão:
morte, tristeza e fome;
   e o fogoᶠ a consumirá,
pois poderoso é o Senhor Deus que a
   julga.

⁹ "Quando os reis da terra, que se prostituíram com elaᵍ e participaram do seu luxo, virem a fumaça do seu incêndio,ʰ chorarão e se lamentarão por ela. ¹⁰ Amedrontados por causa do tormento dela,ⁱ ficarão de longeʲ e gritarão:

" 'Ai! A grande cidade!ᵏ
   Babilônia, cidade poderosa!
Em apenas uma horaˡ
   chegou a sua condenação!'

¹¹ "Os negociantesᵐ da terra chorarão e se lamentarão por causa dela, porque ninguém maisⁿ compra a sua mercadoria: ¹² artigos como ouro, prata, pedras preciosas e pérolas; linho fino, púrpura, seda e tecido vermelho; todo tipo de madeira de cedro e peças de marfim, madeira preciosa, bronze, ferro e mármore;ᵒ ¹³ canela e outras especiarias, incenso, mirra e perfumes; vinho e azeite de oliva, farinha fina e trigo; bois e ovelhas, cavalos e carruagens, e corpos e almas de seres humanos¹.ᵖ

¹⁴ "Eles dirão: 'Foram-se as frutas que tanto lhe apeteciam! Todas as suas riquezas e todo o seu esplendor se desvaneceram; nunca mais serão recuperados'. ¹⁵ Os negociantes dessas coisas, que enriqueceram à custa dela,ᵠ ficarão de longe, amedrontados com o tormento dela, e chorarão e se lamentarão,ʳ ¹⁶ gritando:

" 'Ai! A grande cidade,
   vestida de linho fino,
de roupas de púrpura
   e vestes vermelhas,
adornada de ouro,
   pedras preciosas e pérolas!ˢ
¹⁷ Em apenas uma hora,ᵗ
   tamanha riqueza
   foi arruinada!'ᵘ

"Todos os pilotos, todos os passageiros e marinheiros dos navios e todos os que ganham a vida no marᵛ ficarão de longe. ¹⁸ Ao verem a fumaça do incêndio dela, exclamarão: 'Que outra cidade jamais se igualou a esta grande cidade?'ʷ ¹⁹ Lançarão pó sobre a cabeçaˣ e, lamentando-se e chorando, gritarão:

" 'Ai! A grande cidade!
Graças à sua riqueza,
   nela prosperaram
   todos os que tinham
   navios no mar!
Em apenas uma hora
   ela ficou em ruínas!'ʸ
²⁰ Celebrem o que se deu com ela, ó
   céus!ᶻ
Celebrem, ó santos, apóstolos
   e profetas!
Deus a julgou, retribuindo-lhe
   o que ela fez a vocês' ".ᵃ

¹ **18.13** Ou *corpos, e até almas humanas*

²¹ Então um anjo poderosoᵇ levantou uma pedra do tamanho de uma grande pedra de moinho, lançou-a ao marᶜ e disse:

"Com igual violência
  será lançada por terra
  a grande cidade
  de Babilônia,
para nunca mais
  ser encontrada.
²² Nunca mais se ouvirá em seu meioᵈ
  o som dos harpistas, dos músicos,
  dos flautistas e dos tocadores
  de trombeta.
Nunca mais se achará dentro de seus
  muros
  artífice algum, de qualquer profissão.
Nunca mais se ouvirá em seu meioᵉ
  o ruído das pedras de moinho.
²³ Nunca mais brilhará dentro de seus
  muros
  a luz da candeia.
Nunca mais se ouvirá aliᶠ
  a voz do noivo e da noiva.
Seus mercadores eram
  os grandes do mundo.ᵍ
Todas as nações
  foram seduzidas
  por suas feitiçarias.ʰ
²⁴ Nela foi encontrado sangue
  de profetas e de santos,ⁱ
  e de todos os que foram assassinados
  na terra".ʲ

Aleluia!

19 Depois disso ouvi nos céus algo semelhante à voz de uma grande multidão,ᵏ que exclamava:

"Aleluia!
A salvação,ˡ a glória e o poderᵐ
  pertencem ao nosso Deus,
² pois verdadeiros e justos
  são os seus juízos.
Ele condenou
  a grande prostituta
  que corrompia a terra
  com a sua prostituição.
Ele cobrou dela o sangue
  dos seus servos".ⁿ

³ E mais uma vez a multidão exclamou:

"Aleluia!
A fumaça que dela vem,
  sobe para todo o sempre".ᵒ

⁴ Os vinte e quatro anciãosᵖ e os quatro seres viventesᵍ prostraram-seʳ e adoraram a Deus, que estava assentado no trono, e exclamaram:

"Amém, Aleluia!"

⁵ Então veio do trono uma voz, conclamando:

"Louvem o nosso Deus,
  todos vocês, seus servos,ˢ
vocês que o temem,
  tanto pequenos como grandes!"ᵗ

⁶ Então ouvi algo semelhante ao som de uma grande multidão,ᵘ como o estrondo de muitas águas e fortes trovões, que bradava:

"Aleluia!,
  pois reina
  o Senhor, o nosso Deus,
  o Todo-poderoso.
⁷ Regozijemo-nos! Vamos alegrar-nos
  e dar-lhe glória!
Pois chegou a hora
  do casamento do Cordeiro,ᵛ
  e a sua noivaʷ já se aprontou.
⁸ Para vestir-se, foi-lhe dado
  linho fino, brilhante e puro".

O linho fino são os atos justosˣ dos santos.

⁹ E o anjo me disse:ʸ "Escreva:ᶻ Felizes os convidados para o banquete do casamento do Cordeiro!"ᵃ E acrescentou: "Estas são as palavras verdadeiras de Deus".ᵇ

¹⁰ Então caí aos seus pés para adorá-lo, mas ele me disse:ᶜ "Não faça isso! Sou servo como você e como os seus irmãos que

se mantêm fiéis ao testemunho¹ de Jesus. Adore a Deus!ᵈ O testemunho de Jesusᵉ é o espírito de profecia".

O Cavaleiro no Cavalo Branco

¹¹ Vi os céus abertos e diante de mim um cavalo branco, cujo cavaleiroᶠ se chama Fiel e Verdadeiro.ᵍ Ele julga e guerreiaʰ com justiça. ¹² Seus olhos são como chamas de fogo,ⁱ e em sua cabeça há muitas coroas²ʲ e um nome que só ele conhece, e ninguém mais.ᵏ ¹³ Está vestido com um manto tingido de sangue,ˡ e o seu nome é Palavra de Deus.ᵐ ¹⁴ Os exércitos dos céus o seguiam, vestidos de linho fino,ⁿ branco e puro, e montados em cavalos brancos. ¹⁵ De sua boca sai uma espada afiada,ᵒ com a qual feriráᵖ as nações. "Ele as governará com cetro de ferro."³ᵠ Ele pisa o lagar do vinhoʳ do furor da ira do Deus todo-poderoso. ¹⁶ Em seu manto e em sua coxa está escritoˢ este nome:

REI DOS REISᵗ
E SENHOR DOS SENHORES.

¹⁷ Vi um anjo que estava em pé no sol e que clamava em alta voz a todas as avesᵘ que voavam pelo meio do céu:ᵛ "Venham,ʷ reúnam-se para o grande banquete de Deus, ¹⁸ para comerem carne de reis, generais e poderosos, carne de cavalos e seus cavaleiros, carne de todosˣ — livres e escravos, pequenos e grandes".

¹⁹ Então vi a besta, os reis da terraʸ e os seus exércitos reunidos para guerrearem contra aquele que está montado no cavalo e contra o seu exército. ²⁰ Mas a besta foi presa, e com ela o falso profetaᶻ que havia realizado os sinais milagrosos em nome dela,ᵃ com os quais ele havia enganado os que receberam a marca da besta e adoraram a imagem dela. Os dois foram lançados vivos no lago de fogoᵇ que arde com enxofre.ᶜ ²¹ Os demais foram mortos com a espadaᵈ que saía da boca daquele que está montado no cavalo.ᵉ E todas as avesᶠ se fartaram com a carne deles.

Os Mil Anos

20 Vi descer dos céusᵍ um anjo que trazia na mão a chaveʰ do Abismo e uma grande corrente. ² Ele prendeu o dragão, a antiga serpente, que é o Diabo, Satanás,ⁱ e o acorrentou por mil anos;ʲ ³ lançou-o no Abismo, fechou-o e pôs um seloᵏ sobre ele, para assim impedi-lo de enganar as nações,ˡ até que terminassem os mil anos. Depois disso, é necessário que ele seja solto por um pouco de tempo.

⁴ Vi tronosᵐ em que se assentaram aqueles a quem havia sido dada autoridade para julgar. Vi as almas dos que foram decapitadosⁿ por causa do testemunho de Jesus e da palavra de Deus. Eles não tinham adorado a bestaᵒ nem a sua imagem, e não tinham recebido a sua marca na testa nem nas mãos.ᵖ Eles ressuscitaram e reinaram com Cristo durante mil anos. ⁵ (O restante dos mortos não voltou a viver até se completarem os mil anos.) Esta é a primeira ressurreição.ᵠ ⁶ Felizesʳ e santos os que participam da primeira ressurreição! A segunda morteˢ não tem poder sobre eles; serão sacerdotesᵗ de Deus e de Cristo e reinarão com eleᵘ durante mil anos.

A Destruição de Satanás

⁷ Quando terminaremᵛ os mil anos, Satanás será solto da sua prisão ⁸ e sairá para enganar as naçõesʷ que estão nos quatro cantos da terra, Gogue e Magogue,ˣ a fim de reuni-las para a batalha.ʸ Seu número é como a areia do mar.ᶻ ⁹ As nações marcharam por toda a superfície da terra e cercaramᵃ o acampamento dos santos, a cidade amada; mas um fogo desceu do céuᵇ e as devorou. ¹⁰ O Diabo, que as enganava,ᶜ foi lançado no lago de fogo que arde com enxofre, onde já haviam sido lançados a besta e o falso profeta. Eles serão atormentados dia e noite, para todo o sempre.ᵈ

---
¹ **19.10** Ou *que mantêm o testemunho*
² **19.12** Grego: *diademas*.
³ **19.15** Sl 2.9

Os Mortos São Julgados

11 Depois vi um grande trono^e branco e aquele que nele estava assentado. A terra e o céu fugiram da sua presença, e não se encontrou lugar para eles. **12** Vi também os mortos, grandes e pequenos, em pé diante do trono, e livros foram abertos.^f Outro livro foi aberto, o livro da vida.^g Os mortos foram julgados de acordo com o que tinham feito,^h segundo o que estava registrado nos livros. **13** O mar entregou os mortos que nele havia, e a morte e o Hades^i entregaram os mortos^j que neles havia; e cada um foi julgado de acordo com o que tinha feito. **14** Então a morte e o Hades foram lançados no lago de fogo. O lago de fogo é a segunda morte. ^k**15** Aqueles cujos nomes não foram encontrados no livro da vida^l foram lançados no lago de fogo.

A Nova Jerusalém

21 Então vi novos céus e nova terra,^m pois o primeiro céu e a primeira terra tinham passado; e o mar já não existia. **2** Vi a Cidade Santa, a nova Jerusalém, que descia dos céus, da parte de Deus,^n preparada como uma noiva adornada para o seu marido. **3** Ouvi uma forte voz que vinha do trono e dizia: "Agora o tabernáculo de Deus está com os homens, com os quais ele viverá. Eles serão os seus povos²; o próprio Deus estará com eles e será o seu Deus.^o **4** Ele enxugará dos seus olhos^p toda lágrima. Não haverá mais morte,^q nem tristeza, nem choro, nem dor,^r pois a antiga ordem já passou".

5 Aquele que estava assentado no trono^s disse: "Estou fazendo novas todas as coisas!" E acrescentou: "Escreva isto, pois estas palavras são verdadeiras e dignas de confiança".^t

6 Disse-me ainda: "Está feito.^u Eu sou o Alfa e o Ômega,^v o Princípio e o Fim. A quem tiver sede, darei de beber gratuitamente da fonte da água da vida.^w **7** O vencedor herdará tudo isto, e eu serei seu Deus, e ele será meu filho. **8** Mas os covardes, os incrédulos, os depravados, os assassinos, os que cometem imoralidade sexual, os que praticam feitiçaria, os idólatras e todos os mentirosos^x — o lugar deles será no lago de fogo que arde com enxofre. Esta é a segunda morte".^y

9 Um dos sete anjos que tinham as sete taças cheias das últimas sete pragas^z aproximou-se e me disse: "Venha, eu mostrarei a você a noiva,^a a esposa do Cordeiro". **10** Ele me levou^b no Espírito^c a um grande e alto monte e mostrou-me a Cidade Santa, Jerusalém, que descia dos céus, da parte de Deus.^d **11** Ela resplandecia com a glória de Deus, e o seu brilho era como o de uma joia muito preciosa, como jaspe, clara como cristal.^e **12** Tinha um grande e alto muro com doze portas e doze anjos junto às portas. Nas portas estavam escritos os nomes das doze tribos de Israel.^f **13** Havia três portas ao oriente, três ao norte, três ao sul e três ao ocidente. **14** O muro da cidade tinha doze fundamentos, e neles estavam os nomes dos doze apóstolos do Cordeiro.

15 O anjo que falava comigo tinha como medida uma vara^g feita de ouro, para medir a cidade, suas portas e seus muros. **16** A cidade era quadrangular, de comprimento e largura iguais. Ele mediu a cidade com a vara; tinha dois mil e duzentos quilômetros³ de comprimento; a largura e a altura eram iguais ao comprimento. **17** Ele mediu o muro, e deu sessenta e cinco metros de espessura⁴, segundo a medida humana que o anjo estava usando. **18** O muro era feito de jaspe^h e a cidade era de ouro puro, semelhante ao vidro puro.^i **19** Os fundamentos dos muros da cidade eram ornamenta-

---

¹ **20.13** Essa palavra pode ser traduzida por *inferno, sepulcro, morte* ou *profundezas*; também no versículo 14.
² **21.3** Alguns manuscritos dizem *o seu povo*.
³ **21.16** Grego: *12.000 estádios*. Um estádio equivalia a 185 metros.
⁴ **21.17** Ou *metros de altura*. Grego: *144 côvados*. O côvado era uma medida linear de cerca de 45 centímetros.

dos com toda sorte de pedras preciosas.*j* O primeiro fundamento era ornamentado com jaspe; o segundo com safira; o terceiro com calcedônia; o quarto com esmeralda; **20** o quinto com sardônio; o sexto com sárdio;*k* o sétimo com crisólito; o oitavo com berilo; o nono com topázio; o décimo com crisópraso; o décimo primeiro com jacinto; e o décimo segundo com ametista.*l* **21** As doze portas eram doze pérolas, cada porta feita de uma única pérola. A rua principal da cidade era de ouro puro, como vidro transparente.*l*

22 Não vi templo*m* algum na cidade, pois o Senhor Deus todo-poderoso*n* e o Cordeiro*o* são o seu templo. **23** A cidade não precisa de sol nem de lua para brilharem sobre ela, pois a glória de Deus a ilumina,*p* e o Cordeiro é a sua candeia. **24** As nações andarão em sua luz, e os reis da terra lhe trarão a sua glória.*q* **25** Suas portas jamais se fecharão*r* de dia, pois ali não haverá noite.*s* **26** A glória e a honra das nações lhe serão trazidas. **27** Nela jamais entrará algo impuro, nem ninguém que pratique o que é vergonhoso ou enganoso,*t* mas unicamente aqueles cujos nomes estão escritos no livro da vida do Cordeiro.

O Rio da Vida

22 Então o anjo me mostrou o rio da água da vida que, claro como cristal,*u* fluía*v* do trono de Deus e do Cordeiro, **2** no meio da rua principal da cidade. De cada lado do rio estava a árvore da vida,*w* que frutifica doze vezes por ano, uma por mês. As folhas da árvore servem para a cura das nações. **3** Já não haverá maldição nenhuma.*y* O trono de Deus e do Cordeiro estará na cidade, e os seus servos o servirão.*z* **4** Eles verão a sua face,*a* e o seu nome estará na testa deles.*b* **5** Não haverá mais noite.*c* Eles não precisarão de luz de candeia nem da luz do sol, pois o

¹ **21.20** A identificação precisa de algumas dessas pedras não é conhecida.

Senhor Deus os iluminará;*d* e eles reinarão para todo o sempre.*e*

6 O anjo me disse:*f* "Estas palavras são dignas de confiança e verdadeiras.*g* O Senhor, o Deus dos espíritos dos profetas,*h* enviou o seu anjo*i* para mostrar aos seus servos as coisas que em breve hão de acontecer².

Jesus Vem em Breve

7 "Eis que venho em breve!*j* Feliz*k* é aquele que guarda as palavras da profecia deste livro".

8 Eu, João, sou aquele que ouviu e viu estas coisas.*l* Tendo-as ouvido e visto, caí aos pés*m* do anjo que me mostrou tudo aquilo, para adorá-lo. **9** Mas ele me disse: "Não faça isso! Sou servo como você e seus irmãos, os profetas, e como os que guardam as palavras deste livro.*n* Adore a Deus!"*o*

10 Então me disse: "Não sele*p* as palavras da profecia deste livro, pois o tempo está próximo.*q* **11** Continue o injusto a praticar injustiça; continue o imundo na imundícia; continue o justo a praticar justiça; e continue o santo a santificar-se".*r*

12 "Eis que venho em breve!*s* A minha recompensa está comigo,*t* e eu retribuirei a cada um de acordo com o que fez. **13** Eu sou o Alfa e o Ômega,*u* o Primeiro e o Último,*v* o Princípio e o Fim.*w*

14 "Felizes os que lavam as suas vestes, e assim têm direito à árvore da vida*x* e podem entrar na cidade*z* pelas portas.*y* **15** Fora*a* ficam os cães,*b* os que praticam feitiçaria, os que cometem imoralidades sexuais, os assassinos, os idólatras e todos os que amam e praticam a mentira.

16 "Eu, Jesus,*c* enviei o meu anjo para dar a vocês este testemunho concernente às igrejas.*d* Eu sou a Raiz*e* e o Descendente de Davi, e a resplandecente Estrela da Manhã."*f*

² **22.6** Ou *que acontecerão rapidamente*

APOCALIPSE 22.21

f 2Pe 1.19;
Ap 2.28
22.17
g Ap 2.7
22.18
h Dt 4.2;
Pv 30.6
i Ap 15.6-16.21
22.19
j Dt 4.2
22.20
k Ap 1.2
l 1Co 16.22
22.21
m Rm 16.20

17 O Espírito*g* e a noiva dizem: "Vem!" E todo aquele que ouvir diga: "Vem!" Quem tiver sede venha; e quem quiser beba de graça da água da vida.

18 Declaro a todos os que ouvem as palavras da profecia deste livro: Se alguém lhe acrescentar algo,*h* Deus lhe acrescentará as pragas descritas neste livro.*i* **19** Se alguém tirar*j* alguma palavra deste livro de profecia, Deus tirará dele a sua parte na árvore da vida e na cidade santa, que são descritas neste livro.

20 Aquele que dá testemunho destas coisas*k* diz: "Sim, venho em breve!"

Amém. Vem, Senhor Jesus!*l*

21 A graça do Senhor Jesus seja com todos.*m* Amém.

PESOS E MEDIDAS

	UNIDADE BÍBLICA	EQUIVALENTE APROXIMADO NO SISTEMA MÉTRICO
PESO	talento (60 arráteis)	34 quilogramas
	arrátel (50 siclos)	0,6 quilograma
	siclo (2 becas)	11,5 gramas
	beca (10 geras)	5,5 gramas
	gera	0,6 grama
COMPRIMENTO	côvado	0,5 metro
	palmo	23 centímetros
	dedo	2 centímetros
VOLUME		
Medida seca	coro [gômer] (10 efas)	220 litros
	leteque (5 efas)	110 litros
	efa (10 ômeres)	22 litros
	medida (1/3 do efa)	7,3 litros
	ômer (1/10 do efa)	2 litros
	cabo (1/18 do efa)	1 litro
Medida líquida	bato (1 efa)	22 litros
	him (1/6 do bato)	4 litros
	logue (1/72 do bato)	0,3 litro

Os números foram calculados com base em um siclo equivalente a 11,5 gramas, um côvado de 50 centímetros e um efa de 22 litros.

A tabela se baseia nas melhores informações disponíveis, mas não tem a intenção de ser matematicamente precisa; ela apenas fornece quantidades e distâncias aproximadas. Os pesos e medidas variavam um pouco em diferentes tempos e lugares do mundo antigo. Há incertezas em especial quanto ao efa e o bato; descobertas futuras podem lançar mais luz à questão das unidades de medida.

GUIA DE RECURSOS PRÁTICOS

INTRODUÇÃO **1956**

EVENTOS PASTORAIS **1957**
- Funerais 1957
- Aconselhamento em tempo de crise ... 1962
- Visitas hospitalares 1968
- Casamentos 1972

EVENTOS ECLESIÁSTICOS **1977**
- Batismos 1977
- Dedicação de crianças 1980
- Confirmações 1982
- Recepção de novos membros 1984
- Cultos de dedicação e comissionamento 1986

EVENTOS FAMILIARES **1990**
- Bodas 1990
- Formaturas 1991
- Mudança para uma nova casa 1992
- Recepção de um novo membro na família 1993
- Aniversários 1994

A VIDA CRISTÃ **1996**
- O plano de Deus para a salvação 1996
- Plano de discipulado 1998

QUESTÕES DIFÍCEIS DA VIDA **2003**
- Como posso saber que Deus existe? .. 2003
- Por que Jesus é o único caminho para Deus? 2004
- Até que ponto o cristianismo é relevante no mundo de hoje? 2005
- *Deus pode mesmo perdoar tudo que eu fiz?* 2006
- Como podemos saber que Jesus ressuscitou dentre os mortos? 2007
- Mas todas as religiões não ensinam basicamente a mesma coisa? 2008
- O que é a Trindade, e como Deus pode ser três pessoas em uma? 2009
- Quem é o Espírito Santo? 2010
- O que dizer dos erros e contradições da Bíblia? 2010
- Por que eu preciso ir à igreja? 2012
- O que acontece com as pessoas após a morte? 2012
- O mundo vai acabar em breve? 2013
- Por que Deus permite que coisas ruins aconteçam a pessoas boas? 2014
- Por que é errado que duas pessoas que se amam vivam juntas sem estar casadas? 2015

AJUDANDO AS PESSOAS A LIDAR COM MUDANÇAS **2017**
- Conheça as causas comuns do estresse 2017
- Reconheça os sinais de alerta da depressão 2018
- Lembre as pessoas de que Deus está em ação 2019
- Encoraje as pessoas a aceitar a graça de Deus 2019
- Cadeias ou mudança: encoraje as pessoas a responder positivamente 2019
- Compartilhe textos bíblicos apropriados 2020

LISTA DE LIVROS RECOMENDADOS PARA AS "QUESTÕES DIFÍCEIS DA VIDA" **2022**

INTRODUÇÃO

Pastores e líderes leigos são fontes vitais de força, amor e encorajamento em suas comunidades. Oram, ensinam, tornam-se um modelo de Cristo e ficam ao lado das pessoas enquanto ministram na caminhada da vida.

O cuidado pastoral, ainda que recompensador para quem o exerce, nunca é fácil. Saber o que dizer — e o que não dizer — ao visitar um enfermo em um hospital ou uma pessoa enlutada exige sensibilidade e habilidade das quais a maioria de nós não dispõe. Mesmo ocasiões festivas como casamentos e batismos apresentam seus desafios específicos para quem os preside.

Há também as exigências do dia a dia no ministério ao próximo. Como você transmite o amor de Deus a cada um dos membros da sua igreja da maneira que ele precisa receber? Como responde aos questionamentos difíceis a respeito do que significa ser cristão no mundo de hoje sem diluir a verdade das Escrituras? Dominar habilidades pastorais práticas permitirá que você cresça de modo eficaz no ministério.

Este guia é uma fonte de recursos para situações pastorais, como celebração de casamentos e batismos, aconselhamento e consolo aos que sofrem. Há exemplos de cerimônias, um esboço do plano de salvação, referências bíblicas para ajudar a responder a perguntas difíceis e conselhos gerais de como ouvir os outros e permitir que Deus o use para ministrar às pessoas.

É nossa oração que você encontre neste guia recursos indispensáveis enquanto você serve aos outros em Cristo.

EVENTOS PASTORAIS

Seu ministério mais poderoso pode acontecer fora das paredes do templo ou fora dos limites dos cultos regulares de sua igreja. Quando você entra na vida das pessoas — quer nos momentos mais alegres ou nos de tristeza profunda —, elas podem estar mais abertas para caminhar rumo à verdade ou à maturidade espiritual. As informações nesta seção o ajudarão a ministrar às pessoas quando estão alegres, tristes ou em sofrimento.

FUNERAIS

As cerimônias de funerais são os eventos mais difíceis, públicos ou particulares, que você terá de realizar no ministério. Se, por um lado, as pessoas querem fotos de casamento para se lembrar da experiência, por outro evitam funerais e querem esquecê-los a todo custo. Ao dirigir um funeral, você tem uma oportunidade tremenda de mostrar o amor de Deus às pessoas enlutadas.

Por muitas razões, o pastor tem um papel central durante esse evento. Você é importante porque, apesar de sabermos que a morte é certa, a maioria das pessoas não faz planos para que ela chegue. Mesmo na igreja, não falamos muito a respeito da morte. As pessoas fazem piadas sobre a morte, mas poucos a contemplam, ou contemplam a dor e suas implicações. Em muitos casos as famílias precisam lidar com a perda de uma pessoa querida, planejar o funeral, planejar o sepultamento e começar a encarar as questões financeiras e legais surgidas em decorrência da morte — tudo isso em apenas alguns dias.

A família e os amigos do falecido em geral ficam paralisados pela dor e pela tristeza, então você pode se envolver em questões básicas do planejamento de um funeral, tais como escolher o caixão, escrever o obituário e encomendar arranjos de flores (ver a discussão sobre "Aconselhamento em tempo de crise").

Além das responsabilidades que assumirá na condução de um funeral, você descobrirá oportunidades para ministrar. As pessoas que vão a funerais estão sensíveis a ouvir o que você disser. Membros da família que não se veem há muito tempo provavelmente estarão juntos por ocasião de um funeral, tornando-o uma ocasião em potencial para cura familiar. Não membros da igreja vão ao funeral por causa do respeito que têm por amigos ou parentes. Considerando que indivíduos assim provavelmente nunca tenham ouvido a mensagem de Deus, os funerais se apresentam como oportunidades raras de tocar a vida delas. Talvez você seja a única pessoa presente a oferecer esperança real para a dor que sentem.

GUIA DE RECURSOS PRÁTICOS

Pontos a lembrar

A lista a seguir o ajudará ter certeza de levar em conta os elementos essenciais de um culto fúnebre.

- ✓ Ore pedindo a Deus que o use como representante do Reino nesse momento difícil.
- ✓ Certifique-se de que alguém tenha contatado os profissionais adequados. Cada vez mais doentes terminais estão escolhendo morrer em casa sob os cuidados da família ou de organizações de acolhida. Certifique-se de que os profissionais adequados tenham sido contactados — de um necrotério ou de um médico legista em caso de morte suspeita. É sempre bom ter à mão o contato da agência funerária, no caso de a família não saber a quem recorrer.
- ✓ Ore com a família e com os amigos do falecido. Dessa maneira, você começará a comunicar-lhes a presença de Deus e a ajudá-los a iniciar o processo de luto.
- ✓ Ofereça-se para acompanhar a família na hora em que eles tiverem de conversar com o agente funerário. Uma família entristecida com a perda de uma pessoa amada com certeza apreciará o fato de poder contar com você nessa ocasião difícil.
- ✓ Descubra como a família deseja participar do funeral. A família deseja franquear a palavra a todos no funeral? Ou prefere que apenas amigos e parentes expressem o sentimento familiar nesse momento?
- ✓ Determine o que as pessoas mais próximas do falecido desejam que seja dito no funeral. Esse processo pode levar tempo. Fale a respeito da vida da pessoa que morreu. Se você não o conhecia bem, adquira informações. Por quais aventuras ele passou? Quais eram algumas de suas particularidades mais admiradas? Quais são as lembranças mais agradáveis que a família tem?
- ✓ Descubra que passagens bíblicas e canções eram importantes para o falecido (ou para seus parentes mais próximos). A família deseja que todos os presentes cantem ou que haja um solista específico? Que passagens das Escrituras eram preciosas para o falecido?
- ✓ Escreva uma programação simples e clara para o funeral. Dê uma cópia a cada pessoa-chave da família para que elas deem sua aprovação.
- ✓ Mediante a aprovação da família, submeta a ordem da programação aos responsáveis pelo velório, pois eles apreciam quando são informados a respeito. Certifique-se de que foram tomadas as devidas providências quanto a sonorização e iluminação.
- ✓ Antes de um funeral, fale — antecipadamente e com tempo hábil — com as pessoas que terão alguma participação no evento mesmo. Essa é uma boa oportunidade de deixar claro o que cada um vai fazer e de responder a perguntas.

Textos bíblicos adequados

- *Salmos 9.9* (Quando estamos em crise ou tristes, o nosso desejo mais profundo é por um lugar seguro; e podemos saber que Deus é esse lugar seguro.)

Eventos pastorais

- *Salmos 23.4* (Deus é como um pastor para os que o seguem. Mesmo quando passam pela experiência da morte, não há por que ter medo, porque Deus é quem os consola.)
- *Salmos 91.1,2* (Deus, o nosso refúgio, protege seus filhos de todo o mal.)
- *Salmos 116.15* (A vida e a morte do cristão são importantes aos olhos de Deus.)
- *Jeremias 10.23* (Quem segue a Deus sabe que em tempos de incerteza e dúvida, Deus está na direção de tudo e que ele sabe o que é melhor.)
- *Lamentações 3.22,23* (Porque Deus nos ama, os problemas e a dor da vida não podem nos engolir. Assim como o sol se levanta pela manhã, de igual modo a fidelidade de Deus se renova a cada dia.)
- *Naum 1.7* (Nós precisamos desesperadamente de auxílio em tempos de crise, e Deus não deixa seu povo sem amor e cuidado.)
- *Mateus 28.20* (Jesus promete estar com seus seguidores sempre, até mesmo nos momentos de tristeza.)
- *João 14.2,3* (Jesus foi a nossa frente e preparou um lugar para nós para depois de morrermos. Todos os que seguem a Cristo algum dia estarão com ele.)
- *Romanos 8.38,39* (Nada pode nos separar do amor de Deus, demonstrado na vida e morte de seu Filho, Jesus.)
- *1Coríntios 15.20-22* (Assim como Jesus teve vitória sobre a morte, de igual maneira seus seguidores também a terão. A vitória avassaladora de Cristo nos dá esperança e perdão.)
- *1Coríntios 15.55-57* (Através de sua ressurreição, Jesus Cristo removeu a dor e o aguilhão da morte. Assim como o ferrão de uma abelha pode ser removido da nossa pele, a dor e o prejuízo da morte podem ser superados por meio de Jesus Cristo.)
- *2Coríntios 4.16* (O nosso corpo terrestre sofre decadência e se desgasta, e, ao final, morre, mas o poder renovador de Deus em nós nunca falha e nunca será interrompido.)
- *Filipenses 1.21* (Morrer em Cristo é algo positivo para os que já morreram.)
- *2Timóteo 1.9,10* (A morte e a imortalidade nos parecem obscuras porque são desconhecidas, mas por sua vida e mensagem Jesus Cristo fez o desconhecido ficar conhecido.)
- *Apocalipse 21.3,4* (A experiência do céu é superior em todos os sentidos à nossa experiência neste mundo.)

Orientações para o funeral

As circunstâncias de cada funeral são únicas. O funeral de uma criança será muito diferente do funeral de um ancião com 90 anos, assim com o funeral de um cristão praticante será completamente diferente do funeral de um não cristão. A seguir, algumas sugestões e ideias para a preparação de um funeral (ver também: "O que dizer e o que não dizer" a uma pessoa enlutada).

Comece com o fim em mente

Como você quer terminar o culto fúnebre? Se você quer apresentar esperança para os que participarem, faça com que a ordem do culto tenha esse alvo. Se você sabe que haverá muitos não cristãos, pense em como apresentar o Evangelho. Se você conhece alguns problemas de família, estruture a mensagem e a liturgia do culto fúnebre em direção à cura dos relacionamentos. Caso se trate de um funeral grande e a maior parte da sua igreja esteja presente, pense em que mensagem as pessoas da igreja precisam ouvir: eles precisam ser mais compassivos para com a família que está passando pela perda? Precisam de ajuda para processar o luto? Decida como terminar o funeral, e planeje com clareza tendo essa finalidade em mente.

Não evite as questões difíceis
Não tenha medo de falar sobre emoções com honestidade. Jeremias não conseguiu entender por que Deus permitiu que os ímpios prosperassem (Jeremias 12.1). Paulo pediu a Deus três vezes que retirasse um terrível "espinho" de sua carne (2Coríntios 12). Fale a respeito da dor e das questões difíceis que há na Bíblia. Ajude as pessoas a ver que a Palavra de Deus é mais que um livro empoeirado em uma prateleira. Tratar de questões difíceis pode abrir a porta para um futuro estudo da Palavra de Deus.

Aprenda a respeito do falecido
Se você não conhecia bem o falecido, assuma o papel de detetive particular. Marque uma reunião com familiares e amigos e comam juntos. Faça um círculo com os participantes e pergunte-lhes a respeito das lembranças que têm da pessoa que morreu. Eis algumas perguntas que você pode fazer:

- Como _____ o influenciou a ser uma pessoa melhor?
- Descreva _____ em uma palavra.
- Como foram seus últimos momentos com _____?
- Quais eram os *hobbies* de _____?
- Qual era a paixão de _____?
- Qual foi a coisa mais engraçada que _____ disse?
- O que _____ o ensinou a respeito de Deus?
- Qual era a reclamação mais frequente a respeito de _____?
- Quando você olhar para uma foto de _____ do que mais vai se lembrar?

As informações que você coletar desse encontro terão muito valor. Seu uso no funeral dará a você maior credibilidade para com as pessoas que não conhece bem. Também fará que a vida da pessoa falecida pareça mais real para você.

Inclua humor com cautela
Seja cuidadoso em como você faz uso do humor quando as pessoas estão enlutadas, mas não tenha medo dele em tais circunstâncias. Uma história engraçada da vida do falecido pode ilustrar a necessidade de alegria no todo da vida. Ao usar humor nesse contexto você poderá surpreender algumas pessoas, mas também as ajudará a caminhar no processo de luto. O humor no funeral pode ajudar a lidar com a tensão. Além disso, o seu *humor* fará você parecer mais próximo, o que pode abrir a porta para ministrações futuras. A família apreciará o humor e as memórias que ele trará.

Eventos pastorais

Dê esperança às pessoas
Você tem a oportunidade de dar esperança aos que continuam vivos. O autor de Hebreus disse: "Temos essa esperança como âncora da alma" (Hebreus 6.19). Davi declarou: "Nenhum dos que esperam em ti ficará decepcionado" (Salmos 25.3). A esperança que você tem para oferecer é Jesus Cristo. Ele viveu e morreu, mesmo que a morte não pudesse detê-lo. Ele convida as pessoas a segui-lo e a obter a vida eterna. Os funerais podem ser tempos de alegria quando as pessoas se lembram da fidelidade indestrutível de Deus. Leituras das Escrituras, hinos adequados de segurança e alegria, bem como suas próprias palavras podem comunicar essa mensagem.

Comunique o fato de que Jesus se importa
Talvez você possa compartilhar o menor versículo da Bíblia: "Jesus chorou" (João 11.35). O contexto desse capítulo é a morte de Lázaro. Ainda que Lázaro estivesse para ser ressuscitado dentre os mortos, Jesus se importou profundamente com a dor daqueles que perderam um ente querido. Todo o capítulo é um testemunho da compaixão de Jesus. Ele realmente sabe o que significa padecer e se importa. Cristo está presente através de seu Espírito ministrando aos enlutados. Comunique essa mensagem às famílias em processo de luto.

Esboço litúrgico de um culto fúnebre
Ao preparar o culto fúnebre, use um esboço como o que apresentamos a seguir, e incorpore alguns, ou todos, pensamentos previamente mostrados.
- Prelúdio musical (ao vivo ou gravado)
- Oração de abertura
- Leitura bíblica (Salmos 121 ou outro dos textos sugeridos aqui)
- Breve relato da vida do falecido
- Memórias compartilhadas por amigos ou familiares
- Música, por solista ou por todos os presentes
- Mensagem de esperança e segurança em Deus
- Oração de encerramento
- Convite aos presentes para acompanhar a família ao local do sepultamento
- Despedida

Culto no local do sepultamento
No local do sepultamento o melhor a fazer é um culto breve que ofereça esperança. Eis um esboço de culto simples que você pode usar.
- Leitura bíblica: 1Tessalonicenses 4.13-18; 1Coríntios 15.19,20,50-58
- Breve devocional, com base em 1Coríntios 15.58
- "O que faremos agora?"
- Permaneçam firmes, não permitindo que nada os abale
- Entreguem-se por inteiro à obra de Deus
- Saibam que a obra não é em vão
- Hino: "Porque ele vive" (ou outro hino que todos conheçam)

GUIA DE RECURSOS PRÁTICOS

- Encerramento — oração de esperança
- Despedida

Ideias para acompanhamento pós-funeral

Muitos funerais são eventos dramáticos e traumáticos para todos os envolvidos. O que você pode fazer depois do funeral para dar assistência aos familiares e amigos do falecido?

- Peça a voluntários da sua igreja que preparem e sirvam uma refeição aos familiares e amigos do falecido depois do funeral e do culto de sepultamento.
- Envie um cartão um mês depois da morte do ente querido e no primeiro aniversário da morte, ou peça a alguém que o faça.
- Visite os membros da família uma semana, um mês e três meses depois do funeral
- Faça um culto memorial entre os meses de dezembro e janeiro para pessoas da igreja ou da comunidade que tenham perdido alguém durante o ano. O mesmo tipo de culto poderia ser feito todos os anos no Dia de Finados, em 2 de novembro.
- Consiga bons livros sobre a morte e o luto, e dê aos enlutados. *A anatomia de uma dor* e *O problema do sofrimento*, ambos de C. S. Lewis, assim como *Onde está Deus quando chega a dor,* de Philip Yancey, são excelentes para se ter em mãos.
- Talvez alguém de sua igreja que tenha passado por experiência semelhante de perda possa passar um tempo com os recém-enlutados. Ofereça ajuda aos que parecem estar passando pelo processo de luto de maneira não saudável, convidando-os a que participem de algum grupo de apoio ou oferecendo-lhes aconselhamento pastoral.

ACONSELHAMENTO EM TEMPO DE CRISE

Que privilégio é estar ao lado de pessoas enlutadas. Nos momentos pungentes de dor, você tem oportunidades ricas de compartilhar o amor e o conforto de Deus. Nessas ocasiões raras, Deus pode alcançar pessoas que de outra maneira estariam ocupadas demais, orgulhosas demais ou desinteressadas demais para responder a seu amor. Nesses momentos de dor, em meio a confusão, desespero e solidão, as pessoas podem se voltar para Deus. Você tem o privilégio de ajudar pessoas feridas a se encontrar com Deus, o único que pode confortá-las e depois dar-lhes paz, o Deus que as ama e perdoa.

A vida é cheia de perdas

Apesar de ser comum pensar na dor e na perda apenas em relação com a morte, a vida em si é cheia de perdas que precisam ser reconhecidas e lamentadas. Assim como acontece em muitos momentos de transição da vida, as pessoas experimentam perdas e precisam usar o processo de luto para lidar com a experiência. Entre essas mudanças podem ser mencionadas a morte de uma pessoa querida, perda de emprego, perda e uma casa, perda de segurança financeira, divórcio, infertilidade, gravidez malsucedida, envelhecimento, perda *de um ideal, perda* da beleza física, perda de um membro físico (amputação), perda do melhor amigo, infidelidade, recolocação, saída dos filhos de casa ("ninho vazio"), perda do respeito próprio, perda de um sonho, perda de independência, doença ou incapacitação permanente, decisões impróprias tomadas por membros da família (ver também "Ajudando as pessoas a lidar com mudanças").

Deus sabe como você se sente

Quando as pessoas experimentam perdas, ficam tão abaladas que começam a se sentir mentalmente paralisadas, exaustas, confusas ou culpadas por algo relacionado a essas perdas. Podem estar assustadas ou chocadas com seu próprio comportamento, o que as leva a perguntar a você: "Como é que eu, cristão fiel, posso estar tão furioso ou deprimido por causa disso?". Ajude-as a ver que elas não são apenas pessoas de fé, mas também pessoas que Deus criou com uma gama de emoções humanas. Jesus sabe como elas se sentem porque ele mesmo experimentou todas as emoções humanas:

- Ele chorou com Marta e Maria quando Lázaro, irmão delas (e amigo dele) morreu (João 11.35).
- Ele ficava com raiva quando os fariseus afastavam as pessoas de Deus (Mateus 23.1-36)
- Seu coração compassivo o levou a tocar e curar pessoas e a perdoar-lhes os pecados (Mateus 9.1-8)
- Deus não está chocado nem confuso pelas emoções que acompanham a dor e a perda. Deus quer que as pessoas enlutadas levem a ele suas emoções a fim de que ele possa confortá-las e curar seu coração ferido.

O que dizer e o o que não dizer

Ao ajudar pessoas a lidar com a dor, alguns dos seus piores desconfortos podem vir do temor de dizer algo que possa feri-los. Certamente você pode ajudar e confortar os enlutados e não deseja causar-lhes mais dor. Eis alguns pontos que não devem ser ditos a quem está de luto, bem como sugestões do que dizer:

Evite minimizar a perda

- *Não diga*: "Eu sei como você se sente. Também passei por uma cirurgia.". *Melhor dizer*: "Não sei como você se sente, porque é a sua experiência, mas lamento em saber da sua dor.".
- *Não diga*: "Você pode ter outros filhos.". *Melhor dizer*: "Ninguém pode ocupar o lugar do seu filho. Cada criança é preciosa e especial.".
- *Não diga*: "Deus precisava dele mais do que você.". *Melhor dizer*: "Eu sei que você precisava desta pessoa e sentirá sua falta terrivelmente.".

Evite tentativas de fazer a pessoa se sentir bem

- *Não diga*: "Conte suas bênçãos.". *Melhor dizer*: "Sei que esse emprego era importante para você e que você se preocupa quanto ao seu futuro.".
- *Não diga*: "Isso é uma bênção disfarçada.". *Melhor dizer*: "Sinto muito que isso tenha acontecido a você.".

GUIA DE RECURSOS PRÁTICOS

- *Não diga*: "Há muita gente em situação pior que a sua.". *Melhor dizer*: "Imagino como isso seja doloroso para você e entendo que esteja tão abatido.".

Evite tentativas de apressar o processo de perda
- *Não diga*: "Você deve parar com isso agora.". *Melhor dizer*: "O luto pode ser demorado, mas no devido tempo você vai começar a se curar.".
- *Não diga*: "A vida continua.". *Melhor dizer*: "Deve ter sido um golpe terrível, e sei que vai ser difícil se ajustar a essa mudança.".
- *Não diga*: "Não adianta chorar sobre o leite derramado.". *Melhor dizer*: "Isso não aconteceu como você esperava, e posso perceber quão machucado você está.".

Evite maneiras de ignorar a dor
- *Não diga*: "Você precisa melhorar.". *Melhor dizer*: "É natural se sentir para baixo algumas vezes. Essa é uma grande perda para você.".
- *Não diga*: "Admiro a sua fé. Você é tão forte e corajoso.". *Melhor dizer*: "Você não tem quer ser forte o tempo todo; é natural que pessoas com fé lutem por suas perdas e se sintam aborrecidas com Deus.".
- *Não diga*: "Você vai sair dessa.". *Melhor dizer*: "Provavelmente você vai pensar que nunca vai ser feliz de novo. Posso ajudar de alguma maneira?".

Evite tentativas de apresentar uma reparação espiritual imediata
- *Não diga*: "Pelo menos ele está melhor agora já que está com Deus.". *Melhor dizer*: "Ainda que ele esteja com Deus, sei que você vai sentir terrivelmente a falta dele.".
- *Não diga*: "Foi a vontade de Deus.". *Melhor dizer*: "Deus está com você na sua dor e confusão. Ele prometeu que nunca o abandonará.".
- *Não diga*: "Deus nunca nos dá mais do que podemos suportar.". *Melhor dizer*: "Parece que a dor é maior que qualquer um pode aguentar. Mas Deus está aqui com você; além disso, a sua família cristã está ao seu lado.".

Observe que muitas das declarações que acabam de ser listadas não ajudam em nada, e tentam distrair a pessoa enlutada de seus sentimentos. Uma vez que precisamos "sentir para poder curar", tentar simplesmente fazer que as pessoas se sintam melhor pode ser um desserviço.

O que fazer e o que evitar

Pergunte: "Como você está?"
Demonstre interesse e amor genuínos a uma pessoa enlutada dando-lhe atenção irrestrita e sincera. Se você realmente não tiver tempo para ouvir a pessoa, então não lhe pergunte nada.

Ore com a pessoa
Ainda que seja importante orar *pelas* pessoas, é igualmente poderoso e confortador orar *com* elas.

Eventos pastorais

Ajude a encontrar ajuda
Muitos na sua igreja gostam de servir de maneiras práticas, como preparar refeições, oferecer-se para cuidar de crianças ou realizar reparos domésticos. Eles terão alegria em dar qualquer assistência de que a família ferida precise. A ajuda aproxima os que têm recursos dos que têm necessidades.

Escreva uma mensagem pessoal
Encontre um cartão adequado e escreva uma mensagem pessoal. As pessoas vão ler e reler sua mensagem com muita gratidão.

Visite e telefone
Você não precisa falar muito. Ouça com atenção, tenha um coração compassivo e um marcador de livros com uma palavra confortadora das Escrituras.

Não avalie as respostas das pessoas
Evite julgar ou avaliar como as pessoas lidam com a dor. Dê-lhes permissão de vivenciar o luto da forma que precisarem. Por causa da criação ou da personalidade, ou por várias outras razões, a experiência interna de luto pode se manifestar externamente de diferentes maneiras. Por exemplo, algumas pessoas vão chorar em público, enquanto outras não derramarão uma lágrima na frente dos outros.

Evite dar conselhos
O que é mais importante para você é estar presente e ouvir; as palavras que você diz são menos importantes. Ainda menos importantes são histórias de como outras pessoas lidaram em situações semelhantes. Simplesmente esteja ao lado delas. Se lhe pedirem conselho, então você poderá dar algum com prudência, amor e gentileza.

Esteja preparado para ajudar pessoas enlutadas a obter ajuda
As pessoas enlutadas algumas vezes podem pensar que estão enlouquecendo. Assegure-lhes que o luto é um processo difícil e doloroso; quando julgar que é adequado, esteja preparado para ajudá-las a contatar um conselheiro profissional.

Não evite as pessoas enlutadas
É comum que pessoas enlutadas passem por um período de raiva. Trata-se de uma parte esperada e difícil do processo de luto. Pessoas com raiva podem experimentar o amor incondicional de Deus quando você as ouve, respeita sua dor, encoraja a expressar sua raiva com palavras e as ajuda a levar essa raiva a Deus (ver "Versículos que podem ser úteis").

Guarde para você suas próprias histórias de perda
No cuidado pastoral a atenção deve sempre estar sobre a pessoa enlutada, não sobre você. Dê ao enlutado a dádiva de uma atenção exclusiva e um cuidado pastoral focado.

GUIA DE RECURSOS PRÁTICOS

Reconheça que você não pode resolver o problema
Ter um coração compassivo e terno pode se despedaçar quando você se encontra com pessoas em crise ou que sofrem por suas perdas, mas você não pode melhorar a situação delas dando-lhes conselhos o dizendo-lhes o que fazer. Apresente um coração humilde, disposto a servir em cada situação e evite a armadilha pastoral tão comum de falar demais.

Treine outros para que ofereçam cuidado espiritual
Além de servir na igreja, os cristãos podem ser treinados para cuidar de pessoas feridas. Enquanto ouvem, oram e compartilham a fé, eles podem se tornar pontes entre o enlutado e a cura que vem de Deus. A cura geralmente acontece através da participação em estudos bíblicos, oração, adoração e comunhão cristã. Use os pontos desta seção para formular um programa de treinamento.

Lembre-se de que as crianças também ficam enlutadas
Imagine experimentar a mesma tristeza, medo, raiva e outras emoções que adultos enlutados sentem, mas sem o vocabulário que expresse esses sentimentos. Imagine que a sua limitada exposição à vida dá a você pouca compreensão do que está lhe acontecendo, sentindo que de alguma maneira você é culpado. Muitas crianças processam perdas familiares exatamente dessa maneira; por isso, certifique-se de dar a elas atenção e cuidado espiritual, especialmente depois de uma morte na família.

Versículos que podem ser úteis
- *Salmos 116.5* (Deus cuida de quem está sofrendo.)
- *Salmos 116.15* (Deus considera a vida de cada pessoa preciosa; cuidadosamente observa a morte de cada um de seus filhos, que são chamados santos por causa de Cristo.)
- *Isaías 42.16* (Deus promete que nunca se esquecerá de seu povo.)
- *Isaías 43.1,2* (Não tenha medo; Deus cuida de você pessoalmente.)
- *Isaías 61.1-3* (Deus dará um coração pleno de alegria e felicidade aos que sofrem.)
- *Jeremias 29.11* (É intenção de Deus abençoar seu povo em todas as circunstâncias.)
- *Mateus 5.4* (O luto não é pecado; Deus abençoará e confortará os que choram.)
- *Romanos 8.35-39* (Não há dificuldade ou dor que possa nos separar do amor de Cristo.)
- *2Coríntios 1.3,4* (Deus nos conforta em todas as nossas crises para que estejamos capacitados a confortar outros.)
- *Filipenses 4.13* (Deus dá força e contentamento aos cristãos em qualquer situação.)
- *1Tessalonicenses 4.13,14* (Cristãos enlutados têm esperança porque Cristo ressuscitou dentre os mortos.)
- *2Tessalonicenses 2.16* (Cristo é a fonte de encorajamento e esperança)
- *2Timóteo 2.13* (Mesmo quando duvidamos e nos extraviamos, Deus cumpre suas promessas.)

Eventos pastorais

- *Hebreus 2.15* (Um dos propósitos de Cristo é libertar os que estão escravizados pelo medo da morte.)
- *Hebreus 12.7-11* (Em tempos difíceis, Deus não está nos castigando, mas preparando-nos.)
- *Apocalipse 21.4* (No céu Deus limpará toda lágrima dos nossos olhos, e não haverá mais morte nem pranto.)

Questões a serem consideradas

De que maneiras você já experimentou perda? Como a sua experiência com a perda pode ajudá-lo ou não a compreender a dor de outras pessoas? Que fatores contribuíram para a crise espiritual mais intensa que você já teve? Você se sentiu encorajado ou desapontado com sua própria resposta de fé? O que você aprendeu? Como essa crise moldou seu jeito de lidar no ministério de intervenção em crises? De que maneira os membros da sua igreja ministraram a você? Ser servido por outros foi para você uma experiência confortável ou incômoda? O que a sua reação indicou sobre você mesmo e sobre a compreensão que tinha a respeito de como os cristãos servem uns aos outros?

O diário do luto

Ainda que algumas pessoas gostassem de ter um simples mapa rodoviário mostrando-lhes o caminho através da dor, algo assim não existe. Muitos de nós prefeririam se mover de maneira linear e organizada da perda e confusão para a esperança e recuperação em um período previsível de tempo, mas o progresso de cada pessoa pelos estágios do luto (ver adiante) é algo exclusivo e intransferível. Depois de uma pessoa ter passado por um estágio e ter chegado ao seguinte, ele ou ela pode muito bem voltar ao estágio anterior — uma ou várias vezes. Completar o processo pode parecer inatingível. O que é importante é a direção: se há algum tipo de progresso, a pessoa está de fato se movendo rumo à recuperação. E esqueça qualquer tipo de cronograma; o luto leva o tempo de que precisar. Levando isso em consideração, eis algumas reações bastante comuns à perda:

Choque, negação, entorpecimento e descrença

Estamos falando da anestesia de Deus. Algumas pessoas podem descrever o dia em que foram demitidas ou o dia em que sua casa pegou fogo, dizendo: "Eu estava lá, mas na verdade eu não estava" ou "Foi como um sonho".

Desgaste emocional

Quando a realidade da perda se manifesta, uma pessoa pode tentar revertê-la pela raiva ou por alguma expressão dramática de dor. Esse tipo de manifestação pode ser dirigido a Deus — que parece não se importar —, a outras pessoas — por sua suposta negligência —, ou contra a própria pessoa — por perceber que fez algo errado.

Medo, busca, pânico e culpa

Quando a verdade da perda começa a se aprofundar, a pessoa enlutada pode continuar a tentar reverter o acontecido com pensamentos do tipo "E se eu tivesse (ou não tivesse)...", ou pode ficar obcecada com ideias que poderiam ter impedido a perda. Aliado a esse estágio,

GUIA DE RECURSOS PRÁTICOS

pode haver sonhos de como era a vida antes da perda ou ataques de pânico que necessitem das visitas de um médico ou de internações hospitalares.

Solidão, isolamento e depressão

Quando a natureza irreversível da perda se torna evidente, os enlutados ficam profundamente tristes, têm pouco interesse em atividades sociais e concluem que a vida nunca mais será a mesma. A tristeza avassaladora nesse estágio é na verdade o início da recuperação. Quando fica evidente aos enlutados que o que eles perderam nunca mais será recuperado, a energia até então gasta em negação e resistência pode ser redirecionada na reconstrução de suas vidas.

Reentrada, reconstrução e reconciliação

Neste estágio os enlutados compreendem plenamente que, ainda que o que foi perdido nunca possa ser recuperado, é possível viver com a perda. Eles também começam a perceber que aprenderam e cresceram com a experiência da perda. Com a esperança restaurada e a vida reafirmada, talvez desejem servir a outros que passem por perdas semelhantes.

Uma experiência da contracultura

Quando você serve a pessoas que passaram por perdas, estará no terreno da contracultura contemporânea, na qual é comum ouvir as pessoas dizerem:

"Todo mundo quer ir para o céu, mas ninguém quer morrer..."
... e você poderá falar da morte como a porta de entrada para o céu, porque Cristo derrotou o poder da morte.

"A morte é natural e é a vontade de Deus..."
... e você poderá lembrar as pessoas de que o desígnio original de Deus para Adão e Eva era que eles vivessem para sempre, mas esse plano mudou por causa do pecado original, e agora a morte é uma libertação abençoada de um mundo imperfeito.

"Eu não quero falar sobre a perda; isso só vai fazer que eles chorem..."
... e você dirá "Qual é a lembrança mais agradável que você tem da sua vida em Goiânia?", ou "Diga-me como você e o seu marido se conheceram", porque falar a respeito do lugar ou da pessoa que se perdeu valida a preciosidade das experiências passadas e alivia a pessoa enlutada do medo mais profundo que sente: que a pessoa amada seja esquecida. Lembre-se de que não são as suas perguntas que farão a pessoa chorar. São as perdas que sofreram que convidam (e podem até exigir) as lágrimas.

VISITAS HOSPITALARES

É inevitável que pessoas na sua igreja — e outras pessoas ligadas a ela — parem em um hospital algum dia. Quando isso acontecer, você poderá oferecer grande conforto às pessoas hospitalizadas, bem como a seus amigos e familiares.

Eventos pastorais

Talvez você visite um hospital para compartilhar a alegria dos pais que ganharam um recém-nascido perfeitamente saudável (para obter mais informações, leia "Recepção de um novo membro na família"). Você também pode visitar um doente que foi acometido de uma doença terminal no auge da vida. Não importa o motivo de as pessoas estarem hospitalizadas, todas elas têm personalidades diferentes, experiências espirituais diferentes e sentimentos muitos diferentes sobre estar em um hospital. Essas diferenças podem dificultar a preparação para a visita, mas a sua presença pode levar um sentido de esperança mesmo nas situações mais sombrias, enquanto você compartilha o conforto, o amor e a paz de Deus.

As orientações a seguir o ajudarão a lidar com as dificuldades dessas situações, bem como a lidar com as necessidades variadas dos pacientes.

Prepare-se

Ajuda das Escrituras

Não há maneira melhor de se preparar que estar familiarizado com a Palavra de Deus. Deus nos deu sua Palavra "para que o homem de Deus seja apto e plenamente preparado para toda boa obra" (2Timóteo 3.17), e o nosso chamado como ministros exige de nós que estejamos "plenamente preparados". Para isso, precisamos estar familiarizados com as Escrituras através da leitura e meditação, de modo que as nossas palavras e ações demonstrem familiaridade com o texto bíblico.

Ler ou recitar trechos das Escrituras em geral é apropriado nas visitas hospitalares. É útil memorizar porções bíblicas selecionadas para que as palavras venham à mente em tempo oportuno. Eis alguns versículos que você pode memorizar, ou pelo menos estar pronto para ler:

- Deuteronômio 33.27
- Jó 19.25-27
- Salmos 16.7-11; 23.1-6; 32.1-11; 33.13-22; 34.1-8; 84.1-12; 91.1-16; 103.1-22; 130.1-8; 139.1-18; 147.3
- Isaías 40.27-31; 43.1-3a; 55.6-9
- João 3.16; 11.25; 14.1-6

Lembre-se de que o processo de leitura, memorização e meditação nas Escrituras será usado pelo Espírito Santo enquanto você visita a pessoa hospitalizada. Você também pode levar um hinário ou livro de cânticos. Se você canta razoavelmente bem, então, cante, desde que o paciente se sinta confortável. Peça ao paciente que, se possível, cante com você. Cantar uma música adequada em um momento adequado pode tornar a sua visita memorável e confortadora.

Conheça o paciente

Se você não conhece bem o paciente, procure saber o máximo que conseguir a respeito dele antes da visita. Faça a si mesmo as seguintes perguntas para determinar quão bem você conhece a pessoa:

- O paciente tem família?
- A situação da família é positiva? A família dá apoio?

GUIA DE RECURSOS PRÁTICOS

- A questão financeira é preocupante?
- O paciente é tímido, falante, arrogante, humilde...?
- Em que etapa a pessoa está espiritualmente?

Quanto mais você souber, melhor será a visita, porque o conhecimento o deixará em condição de dizer o que é conveniente. Se você conhece bem algum membro da família, faça a essa pessoa algumas poucas perguntas a respeito do indivíduo que você planeja visitar. Reúna todas as informações que puder a respeito da condição médica que a levou a ser hospitalizada.

Faça a visita

Lembre-se de que cada visita que você faz é única. Cada pessoa é diferente. E o paciente pode se sentir completamente diferente no hospital do que se estivesse em casa ou na igreja. A pressão da doença, da cirurgia e das práticas hospitalares podem incentivar o melhor ou o pior das pessoas. A resposta do paciente a essa pressão pode ser uma surpresa para você. É por isso que você deve se manter flexível. Siga um padrão em que você deverá se sentir à vontade quando entrar no quarto, mas esteja preparado para mudar o rumo no decorrer da visita. Com isso em mente, eis algumas orientações que podem ajudar durante a vista:

Visite quando for oportuno

Se pensar apenas no seu próprio horário, você se frustrará com a qualidade da sua visita. Você precisa levar em conta os horários do paciente, do hospital e dos médicos. Os pacientes costumam estar mais alertas de manhã, mas visitas matinais podem entrar em conflito com as visitas de rotina dos médicos. Imediatamente antes ou depois do almoço, pode ser uma boa hora, porque não é provável que os médicos e a equipe hospitalar interrompam nesse período, mas talvez não seja uma boa hora para você. No fim da tarde, o nível de energia dos pacientes se esvai. Peça a Deus para escolher o melhor horário de visita, para o paciente e para você.

Seja animado, mas não inconveniente

Uma passagem útil vem do livro de Provérbios: "A alegria do coração transparece no rosto, mas o coração angustiado oprime o espírito" (Provérbios 15.13). Apesar de a Bíblia nos dizer que devemos ter um coração alegre, tenha em mente que o paciente pode estar sofrendo; portanto, pode se sentir deprimido. Sua tarefa é elevar o ânimo do paciente. Peça a Deus que lhe dê ânimo sincero, e que seja capaz de demonstrá-lo na medida adequada para a pessoa a quem está visitando.

Seja sincero

Algumas vezes as pessoas são excepcionalmente perceptivas, quando encaram a morte ou grandes mudanças na vida provocadas por uma doença prolongada ou por um golpe inesperado. Sua "cara de feliz" deve vir de um coração alegre, não de um sorriso forçado. Não permita que sua posição o faça cair na tentação de fingir uma piedade que você não tem ou não sente. Responda a perguntas com a percepção que o Senhor dá a você. Mas seja escrupulosamente verdadeiro. Só Deus sabe todas as respostas.

Eventos pastorais

Dê respostas compassivas
Estude as perguntas a seguir, e pense cuidadosamente como você responderá se um paciente lhe fizer algumas delas:

- "Por que isto está acontecendo comigo? Sempre me esforcei para ter uma vida justa!";
- "Você acha que Deus está me castigando por causa de...?" (seguida de uma confissão ou admissão de culpa);
- "Por que Deus permite que estas coisas aconteçam?";
- "Será que Deus vai me curar se eu...?".

Um estudo em oração permitirá que Deus o use para dar respostas adequadas (ver também "Questões difíceis da vida")

Leia ou recite textos bíblicos
A natureza da sua visita vai depender grandemente da pessoa que você está visitando. Pessoas muito doentes ou que sofrem alguma dor geralmente não aguentam visitas longas. Ler a Bíblia pode prolongar demais uma visita. Se um médico chegar para ver o paciente, provavelmente será um bom momento para encerrar a visita. Outros pacientes amam ouvir uma leitura bíblica. E é bem provável que tenham uma passagem favorita em mente. É bom perguntar, mas esteja pronto se eles pedirem a você que escolha um texto para ler lido (ver a lista de leituras bíblicas em "Ajuda das Escrituras").

Ouça com atenção
Algumas vezes as pessoas precisam falar. Dê-lhes essa oportunidade. É importante que você ouça o que vem do coração e da mente das pessoas. Pacientes faladores podem levar a visita a tomar um rumo diferente do que você pretendia, mas peça ao Espírito Santo que o oriente ao que é mais correto a fazer nessa visita. Se você ouvi-lo com atenção, isso certamente o ajudará na próxima visita.

Se o paciente permitir, ore
Muitas pessoas hospitalizadas gostam quando o visitante ora, e esperam que você o faça, ainda que ocasionalmente alguém possa levantar alguma objeção. Em todo caso, pergunte ao paciente se ele gostaria que você orasse. Se algum enfermeiro está esperando para ver o paciente, seja atencioso e educado. Tenha em mente que muitos corações foram confortados através da oração. Lembre-se de que nem Deus nem o paciente vão julgar você pelo tamanho das orações. Orações prolongadas podem ser desconfortáveis para quem está internado em um hospital. Poucas palavras ditas com sabedoria podem ser mais eficazes.

Termine bem
Finalmente, lembre-se sempre de que você foi ao hospital visando o benefício do paciente, não o seu próprio bem-estar. Não pense na visita como uma tarefa a mais da sua agenda que precisa ser cumprida. Como servo, o seu chamado é para ministrar ao paciente, não para cumprir uma tarefa. Conclua a visita com uma oração e uma despedida amigável. Os pacientes vão gostar da pergunta: "Há algo que eu possa fazer por você?". Geralmente a

resposta será "não", mas não pergunte nada a não ser que esteja preparado para atender a algum pedido.

CASAMENTOS

Há boas chances de que você receba pedidos para celebrar casamentos de todos os tipos de pessoas — das mais variadas convicções espirituais até a maior diversidade cultural e étnica. Sendo fiel aos princípios bíblicos, faça tudo que puder para desenvolver uma cerimônia que represente ou descreva as convicções espirituais do casal. Casais que não são da igreja e que desejam um "casamento cristão" precisam ser aconselhados quanto ao que isso significa.

A cerimônia vai ser do casal, mas o seu papel como celebrante não pode ser subestimado. Você será o responsável por dar o tom e criar o ambiente com uma postura acolhedora e alegre durante essa experiência intensamente pessoal. Peça a Deus que o ajude a se envolver espiritual e alegremente no significado do amor do casal.

Legalidades

Lembre-se de que as cerimônias de casamento devem seguir as exigências legais da República Federativa do Brasil. Converse com o casal a respeito de exames médicos, licenças de trabalho, o período de espera antes da cerimônia e etc. Se for o caso, certifique-se de ter as credenciais para realizar cerimônia religiosa com efeito civil, se esse for o caso.

Lista do casamento

Há muitos itens que precisam ser lembrados para uma cerimônia de casamento. Os seguintes elementos são essenciais:
- ✓ Tempo da cerimônia;
- ✓ Local da cerimônia;
- ✓ Tempo do ensaio para a cerimônia;
- ✓ Tempo e local da festa de casamento (se você for convidado);
- ✓ Nomes completos do noivo e da noiva;
- ✓ Nomes dos padrinhos do noivo e da noiva;
- ✓ Nomes (e informações de contato) de outro oficial que porventura faça parte da celebração;
- ✓ Certidão de casamento;
- ✓ Assinatura da certidão por quem de direito;
- ✓ Envio da certidão às autoridades responsáveis;
- ✓ Alianças;
- ✓ Preparo dos elementos da ceia do Senhor (se estiver inclusa);
- ✓ Vestes clericais apropriadas;
- ✓ Nome do/a chefe do cerimonial (se tiver algum/a);
- ✓ Esboço da cerimônia de casamento;
- ✓ Detalhes da recepção ao local da celebração.

Eventos pastorais

Preparando a cerimônia

Música
É importante para o casal e para os convidados que a música seja adequada para a ocasião. Aconselhe o casal, caso perceba que as canções escolhidas não sejam apropriadas. Confirme qual será a música para cada momento da cerimônia: o prelúdio, a entradas dos padrinhos, a entrada da noiva, a troca de alianças, os cumprimentos, o poslúdio e a saída do casal.

Velas
Algumas culturas acendem velas quando todos os convidados já estão sentados. Nesse caso, é preciso decidir o momento e o lugar de acendê-las. Pergunte ao casal se eles desejam acender uma vela que simbolize a unidade entre os dois. Alguns casais gostam de convidar os pais para que acendam juntos uma vela em nome da família.

Fotografias durante a cerimônia
Ao cuidar dos preparativos antes da cerimônia, converse com o casal a respeito das orientações para o fotógrafo oficial ou quanto a outros que queiram tirar fotos durante a cerimônia.

Ideias para envolver as famílias no casamento
- Pais podem falar ao casal em nome da família
- Pais podem acender uma vela em nome da família (na mesa da ceia, no altar ou em um lugar reservado para isso)
- Familiares podem executar música instrumental ou vocal
- Parentes podem recepcionar convidados ou ser padrinhos e madrinhas dos noivos
- Crianças da família podem atuar como damas de honra ou pajens.
- Menina da família pode servir de florista ou levar as alianças até o altar
- Menino da família pode levar a Bíblia até o altar
- Algum familiar dirige o carro que conduz os noivos após a recepção
- Algum familiar fotografa ou filma a cerimônia de casamento e a recepção
- Algum familiar opera o sistema audiovisual
- Algum familiar auxilia na recepção

Convidados
Os costumes relacionados ao lugar e à forma de os convidados se sentarem são mais flexíveis atualmente. Alguma pessoa pode estar encarregada desse detalhe, se necessário. Em cerimônias tradicionais, os amigos da noiva e os do noivo têm lugares certos para sentar-se. Atualmente é mais comum deixar os assentos livres.

Familiares próximos, como avós, por exemplo, ou talvez tios e tias, têm lugar reservado nos primeiros bancos ou filas. É comum que o pai da noiva a leve pelo corredor até o altar. Mas pode ser que em algumas circunstâncias esse não seja o desejo da noiva. Tenha sensibilidade às novas configurações familiares e outras situações não tradicionais de modo que todos sejam devidamente incluídos.

GUIA DE RECURSOS PRÁTICOS

A entrada dos oficiantes, padrinhos e madrinhas, bem como a dos pais, e sua posição no altar, são detalhes que também precisam ser decididos conforme cada caso.

Entrada da noiva
Via de regra a música para a entrada noiva é exclusiva. Na qualidade de oficiante, o pastor faz sinal para que os presentes se ponham de pé enquanto a noiva caminha em direção ao altar. Os presentes ficarão em pé até que o pastor dê sinal para que se sentem novamente.

Esboço básico de uma cerimônia de casamento
A cerimônia a seguir pode ser um ponto de partida para que você acrescente outras ideias, ou pode ser usada exatamente como está. Para obter mais informações, pesquise na internet "exemplos de cerimônias de casamento".

Abertura ou Palavra aos noivos
"Amigos, nos reunimos aqui hoje na presença de Deus com _____ [NOIVA] e _____ [NOIVO] para dar graças pela dádiva do casamento e compartilhar da alegria deste matrimônio. O casamento cristão é um estilo de vida dado por Deus de modo que marido e esposa concedam um ao outro companheirismo, ajuda, conforto, alegria e amor. O casamento é uma promessa de amor que resiste a todas as coisas. O casamento, portanto, não é uma brincadeira, pois de acordo com a Palavra de Deus recebemos a orientação de honrá-lo em todo o tempo."

Confirmação da intenção de casamento
[AO NOIVO] "_____, você recebe esta mulher como a sua esposa, para viver com ela a santa aliança do casamento; promete amá-la, confortá-la, honrá-la e cuidar dela, na saúde e na doença, na riqueza e na pobreza, e ser-lhe fiel todos os dias da sua vida? Em caso afirmativo, responda: 'Sim'." [ESPERE A RESPOSTA DO NOIVO]

[À NOIVA] "_____, você recebe este homem como o seu marido, para viver com ele a santa aliança do casamento; promete amá-lo, confortá-lo, honrá-lo e cuidar dele, na saúde e na doença, na riqueza e na pobreza, e ser-lhe fiel todos os dias da sua vida? Em caso afirmativo, responda: 'Sim'." [ESPERE A RESPOSTA DA NOIVA]

Confirmação dos presentes (opcional)
[OPÇÃO 1] "Quem permite que esta mulher se case com este homem?" [ESPERE A RESPOSTA]

[OPÇÃO 2] "Todos aqui apresentes que testemunham este enlace, farão o possível para ajudá-los a cumpri estes votos? Caso afirmativo, respondam: 'Sim'." [ESPERE A RESPOSTA]

Leitura bíblica
"Enquanto leio estas palavras das Escrituras, eu os convido a que meditem nelas." [ESCOLHA UMA ENTRE AS SEGUINTES]
- *Gênesis 1.26-31* (Deus criou homem e mulher, e disse que é muito bom.)
- *Provérbios 3.3-6* (Dê prioridade a Deus em todos os seus caminhos.)

Eventos pastorais

- *Marcos 10.6-9* (O casamento foi instituído por Deus, e os dois se tornarão uma só carne.)
- *Lucas 6.36-38* (Sejam misericordiosos, tal como o Pai do céu é misericordioso.)
- *1Coríntios 13.4-7,13* (O amor suporta todas as coisas.)
- *Efésios 3.14-21* (Estejam enraizados e fundamentados no amor de Cristo.)
- *1Pedro 3.1-9* (Vivam em harmonia um com o outro, não retribuindo o mal com o mal.)

Votos
[PEÇA AO NOIVO E À NOIVA QUE TOMEM A MÃO UM DO OUTRO E FIQUEM UM DE FRENTE PARA O OUTRO]

[AO NOIVO] "Repita comigo estes votos: 'Eu, _____, [O NOIVO REPETE], recebo-te, _____ [O NOIVO REPETE], como minha esposa, [O NOIVO REPETE], e prometo ser-te fiel [O NOIVO REPETE], amar-te e servir-te, [NOIVO REPETE] todos os dias da minha vida'. " [O NOIVO REPETE]

[À NOIVA] "Repita comigo estes votos: ' Eu, _____ [A NOIVA REPETE], recebo-te, _____ [A NOIVA REPETE], como meu esposo, [A NOIVA REPETE], e prometo ser-te fiel [A NOIVA REPETE] amar-te e servir-te [A NOIVA REPETE] todos os dias da minha vida'. " [A NOIVA REPETE].

Cerimônia das alianças
"Como sinal e selo do amor que têm um pelo outro e das promessas que acabam de expressar, vocês farão esta troca de alianças. As alianças, por favor."

[DÊ A ALIANÇA DA NOIVA PARA O NOIVO] "Por favor, coloque esta aliança no dedo anelar da mão esquerda de _____, e repita este voto comigo: 'Dou esta aliança a você como sinal das promessas do meu amor por você que fiz hoje'." [O NOIVO REPETE]

[DÊ A ALIANÇA DO NOIVO PARA A NOIVA] "Por favor, coloque esta aliança no dedo anelar da mão esquerda de _____, e repita este voto comigo: 'Dou esta aliança a você como sinal das promessas do meu amor por você que fiz hoje'." [A NOIVA REPETE].

Oração pelos noivos
"Deus eterno, abençoe _____ [NOIVA] e _____ [NOIVO], para que vivam o casamento de acordo com os votos que fizeram neste dia. Encha-os com o amor do teu Filho amado, de modo que o amor que eles têm um para com o outro se aprofunde e se torne mais significativo a cada dia. Que eles tenham uma vida longa e cheia de alegria. Que o lar deles seja um refúgio de bênção e paz. Por Jesus Cristo, nosso Senhor. Amém".

Bênção
[OPÇÃO 1] "A graça de nosso Senhor Jesus Cristo, o amor de Deus e a comunhão do Santo Espírito seja com vocês, agora e para sempre. Em nome de Jesus. Amém"

GUIA DE RECURSOS PRÁTICOS

[OPÇÃO 2] "O Senhor vos abençoe e vos guarde; o Senhor faça resplandecer o seu rosto sobre vós e vos conceda graça; o Senhor volte para vós o seu rosto e vos dê paz. Em nome de Jesus. Amém".

Declaração de casamento
"Vocês vieram à presença de Deus e destas testemunhas neste dia para expressar seu desejo de se tornarem marido e mulher. Pelas promessas feitas e pela troca de alianças demonstraram o amor e a devoção que têm um pelo outro. Portanto, eu os declaro marido e mulher. 'O que Deus uniu, ninguém separe' ".

Beijo tradicional
[SE APROPRIADO, VOCÊ PODE PEDIR AO MARIDO QUE BEIJE A NOIVA]: "_____ [NOIVO], pode beijar _____ [NOIVA]"

Apresentação
[OPÇÃO 1] "Tenho o prazer de apresentar a vocês o Sr. e a Sra. _____".

[OPÇÃO 2] "Tenho o prazer de apresentar a vocês _____ e _____."

Saída
No final da cerimônia, o noivo e a noiva podem cumprimentar os pais e dar-lhes uma rosa ou algum outro símbolo apropriado como sinal de amor e gratidão.

Após a saída do casal, segue-se a festa de casamento. O noivo e a noiva podem cumprimentar os convidados à porta do santuário ou na recepção. Os oficiantes também poderão sair. Se o casal desejar, ao final da cerimônia o pastor pode convidar os presentes para a recepção. Em outros casos, a recepção se restringe a pessoas que receberam o convite.

Após a cerimônia

Imediatamente após a cerimônia
Se a cerimônia foi religiosa com efeito civil, certifique-se de que a certidão de casamento tenha sido devidamente assinada por quem de direito.

De igual maneira, envie a certidão o mais rapidamente possível para as autoridades competentes.

Alguns dias depois da cerimônia
Deixe claro para as famílias que você está à disposição para ajudar no que for preciso e que poderão chamá-lo se necessário. Você pode enviar uma nota de congratulação às famílias do noivo e da noiva uma semana depois da cerimônia.

Você também pode pedir a um membro da igreja voluntário para transcrever a cerimônia em um livro e presenteá-lo aos recém-casados quando visitá-los em seu novo lar, caso seja um costume congregacional.

Notifique os recém-casados se houver um grupo de casais na sua igreja aos quais poderão se unir.

Encontre-se com o casal um mês depois da cerimônia.

EVENTOS ECLESIÁSTICOS

> *Uma das maiores alegrias do pastor é ajudar as pessoas a celebrar momentos importantes à medida que elas crescem na fé em Deus. Enquanto você participa desses eventos, maximize as oportunidades para que sejam memoráveis a todos os participantes, familiares e amigos, bem como para toda a igreja.*

BATISMOS

Em toda parte o batismo cristão envolve o contraste entre a velha vida e a nova vida em Cristo. O batismo é uma declaração pública da fé que se tem em particular. Usamos água para batizar um indivíduo e para simbolizar o vínculo espiritual com o Corpo de Cristo.

Independentemente de tradições divergentes, o propósito do batismo é sempre o mesmo: a declaração pública de "um só Senhor, uma só fé, um só batismo" (Efésios 4.5). Não importa como seja realizado, esse ato traz unidade ao Corpo de Cristo.

Avaliação pré-batismo

Caso ainda não tenha feito, você deve considerar a possibilidade de oferecer aulas de aconselhamento e preparo antes do batismo para examinar a condição dos candidatos a batismo. Ao batizar crianças pequenas (se a sua tradição segue essa prática), use esta sessão de aconselhamento para lembrar aos pais da aliança com Cristo e sua igreja da qual eles e os filhos passarão a fazer parte.

Enquanto você explica a responsabilidade dos pais em educar o filho na fé cristã até o tempo em que a criança possa dar sua própria profissão de fé (ver "Confirmações") aproveite a ocasião para convidar os pais a renovar seu próprio compromisso com Cristo. Cada ministro deve decidir o que responder se um casal não cristão pedir que seus filhos sejam batizados.

Lista preparatória para o evento

A lista a seguir em geral se aplica a todos os batismos:
- ✓ Prepare a água.
- ✓ Tome nota dos nomes completos dos batizandos.
- ✓ Faça um esboço do culto e o entregue aos batizandos.

GUIA DE RECURSOS PRÁTICOS

- ✓ Deixe claro para os batizandos qual será a participação de cada um deles.
- ✓ Prepare os batizandos para falar de sua fé e experiência cristãs.
- ✓ Lembre aos batizandos para que falem alto e claro.
- ✓ Certifique-se de que todos tenham toalhas; sempre tenha algumas de reserva.

Maneiras de envolver os membros da família e/ou discipuladores

Embora o batismo tenha foco na aliança entre Deus e o candidato, a cerimônia também pode ter testemunhas que participam do crescimento do candidato, e os familiares dos batizandos são idealmente adequados para esse papel. Mesmo em silêncio, as testemunhas podem ter uma parte no ritual sagrado.

Se o candidato tiver passado por um processo de discipulado com um membro específico da igreja, o discipulador também pode servir de testemunha em seu batismo. Pense em pedir aos familiares, ou discipulador, que fiquem de pé e se aproximem para dar apoio ao batizando. Assim como a congregação, eles não precisam dizer nada — podem apenas testemunhar com sua presença e seu apoio. Outra maneira de envolver os membros da família em um batismo é rever com eles os detalhes pendentes da cerimônia. Fale a respeito da sequência e do significado do evento para fazê-los pensar no significado do batismo deles mesmos ou para considerar a possibilidade que eles mesmos venham a ser batizados. Crianças pequenas podem descrever através de desenhos o que o batismo significa para elas. Além de possibilitar uma maneira de expressar seus pensamentos e sentimentos, essa atividade pode propiciar uma discussão relacionada ao batismo.

Textos bíblicos relacionados

- *Mateus 3.13-17* (Depois que João Batista batizou Jesus, o Espírito de Deus desceu sobre Jesus em forma de pomba. A voz de Deus confirmou que Jesus é seu Filho, que ele o ama e se agrada dele.)
- *Mateus 28.18-20* (Jesus outorgou a Grande Comissão, convocando todos os cristãos a ir ao mundo, divulgar o Evangelho e batizar os novos convertidos em nome do Pai, do Filho e do Espírito Santo.)
- *Marcos 1.4* (João Batista foi para uma região no deserto para pregar batismo de arrependimento para perdão de pecados.)
- *João 1.31* (João Batista explicou que batizou para que Cristo fosse revelado a Israel.)
- *Atos 2.38,39* (Pedro encorajou a todos a que se arrependessem e fossem batizados em nome de Jesus Cristo a fim que recebessem o dom do Espírito Santo.)
- *Atos 18.7,8* (O líder da sinagoga, toda sua casa e muitos dos coríntios que ouviram Paulo pregar creram e foram batizados.)
- *Atos 22.16* (A Paulo foi dito que fosse batizado, fosse purificado de seus pecados e invocasse o nome de Cristo)
- *Romanos 6.3,4* (Paulo explicou que o batismo cristão envolve identificar-se com a morte e a ressurreição de Cristo em um nível mais profundo. Ele considerou o batismo como símbolo de ser sepultado com Cristo e ressuscitar com ele para experimentar uma nova vida.)

Eventos eclesiásticos

- *1Coríntios 12.13* (Paulo lembrou a seus leitores que muitas partes constituem o Corpo de Cristo, mas um único Espírito batiza a todos.)
- *Gálatas 3.27* (Paulo descreveu os batizados como pessoas "revestidas" de Cristo.)
- *Efésios 4.5* (Paulo descreveu a Igreja cristã como unida por "um só Senhor, uma só fé, um só batismo".)
- *Colossenses 2.11,12* (Paulo igualou o batismo a uma circuncisão espiritual.)

Pensamentos inspiradores

Diferentemente de outras cerimônias, a do batismo tem foco no indivíduo, não no grupo. A ênfase está no fato de que Deus nos conhece pelo nome, e que a igreja nos recebe pelo nome. Logo, independentemente da denominação, a prática mais comum quanto ao batismo é manter a formalidade de citar o nome completo do batizando.

Além disso, os candidatos ao batismo vão às águas para publicamente associar seus nomes ao nome de Cristo — para mostrar que eles não têm vergonha do nome de Jesus. Ao fazê-lo, honram o nome de Cristo e oficialmente depositam sua confiança em Cristo, agora e para sempre.

Por fim, todos os três nomes de Deus — Pai, Filho, Espírito Santo — legitimam o batismo como uma cerimônia sagrada da cristandade. Com a autoridade da Trindade, o pastor batiza os candidatos e os recebe na eterna família da fé.

Cerimônia de batismo

Convite
Convide os que serão batizados para que se dirijam ao batistério. Enquanto isso, a igreja pode cantar um hino de batismo, ou uma canção que represente a mudança de vida em cada batizando.

Boas-vindas
Depois de saudar a congregação, fale mais uma vez sobre o propósito do culto: celebrar o dom da graça, a alegria do batismo e o reconhecimento público da fé dos candidatos em Cristo. Em algumas tradições, os irmãos mais maduros na fé apresentam o candidato. Em outras situações, o pastor menciona o nome do candidato à congregação.

Oração pelo candidato
Peça a Deus para receber, perdoar e encher cada candidato com o Espírito Santo por meio de Cristo. Também peça a Deus que conceda a cada candidato a força necessária para ser fiel na caminhada cristã durante toda sua vida.

Testemunho pessoal
Peça a cada candidato que fale a respeito de sua fé e experiência cristãs.

GUIA DE RECURSOS PRÁTICOS

Perguntas
Desde os primeiros dias da Igreja cristã, os votos de batismo envolvem a renúncia de todo o mal e em seguida a profissão de fé e lealdade a Cristo. Você pode fazer algumas perguntas, como as seguintes:

- Você deseja ser batizado?
- Você sincera e honestamente se arrepende dos seus pecados?
- Você crê em Deus, em Jesus Cristo e no Espírito Santo?
- Você promete, de acordo com a graça que lhe foi dada, celebrar a presença de Cristo e colaborar com a missão de Cristo no mundo?

No caso de batismo de crianças pequenas, se essa for a prática de sua igreja, dirija-se aos pais da seguinte maneira:

- Vocês desejam que seu filho seja batizado?
- Vocês prometem, pela graça de Deus, andar no caminho de Jesus Cristo, demonstrando, na medida de suas possibilidades, amor e justiça?
- Vocês prometem dar exemplo de vida cristã a esta criança, crescer com ela na fé cristã, guiá-la em uma vida de oração e oferecer a ela a nutrição da Igreja cristã?

Depois disso, você poderá fazer a seguinte pergunta à congregação:

- "A igreja se compromete a apoiar estes candidatos em oração, palavras e atos para ajudá-los a crescer no conhecimento e no amor de Deus?".

Oração
Dê graças a Deus pelos candidatos e pela presença do Espírito Santo na vida de cada batizando (você poderá orar impondo as mãos sobre cada candidato).

Batismo
"Em nome do Pai, do Filho e do Espírito Santo, eu batizo _____ [NOME COMPLETO]." (No caso de batismo infantil, dizer também o nome completo da criança.)

Louvor
Conduza a congregação a louvar a Deus com uma canção ou doxologia.

Ação de graças
Conduza a congregação a agradecer e pedir a Deus a graça de receber, valorizar, amar e acolher o novo cristão.

Bênção
Anuncie a pessoa batizada como o mais novo membro da família da fé. Dê graças a Deus e despeça a congregação; se for o caso, dê continuidade à celebração.

▶ DEDICAÇÃO DE CRIANÇAS

O nascimento de um filho é emocionante para a maioria dos pais. Muitos pais cristãos decidem dedicar publicamente seus filhos como ato de adoração a Deus.

Eventos eclesiásticos

Entrevista de dedicação
Antes da cerimônia, converse com os pais a respeito da dedicação da criança. Aproveite a oportunidade para falar a respeito do significado da dedicação de crianças e para explicar o que acontecerá durante o culto. Deixe claro aos pais o que você espera de cada um deles durante o culto de dedicação. Considere a possibilidade de pedir a eles que falem rapidamente sobre o significado pessoal de dedicar o filho. Uma boa ideia é pedir aos pais que cheguem 15 minutos antes do início do culto (pais "de primeira viagem", ainda não acostumados a cuidar de bebês, geralmente chegam atrasados). Peça-lhes também que o avisem quando chegarem a igreja. Tenha um banco, talvez bancos, mais à frente, destinado à família dos bebês que serão dedicados.

Culto de dedicação de crianças

Abertura
Para uma abertura simples, planeje música, gravada ou ao vivo, relacionada a crianças. Se você tiver na igreja um grupo musical infantil, será muito bom começar o culto com uma apresentação delas. Se for possível uma montagem em vídeo, isso também poderá ser usado como abertura do culto.

Apresentação dos pais e das crianças
Peça aos pais que venham à frente com os filhos. Chame cada um dos pais ou dos casais por nome, e chame os bebês por seus nomes completos.

Testemunho dos pais
Estando as famílias já posicionadas, peça às mães e aos pais que compartilhem o que prepararam a respeito do significado pessoal de dedicar os filhos.

Compromisso dos pais
Pergunte, "Vocês _____ [NOMES DOS PAIS] prometem na presença de Deus, dos seus amigos e familiares e desta igreja, que farão o melhor que puderem para transmitir ao seu filho os valores e ensinamentos que o levarão a um relacionamento pessoal com Jesus Cristo? Vocês prometem orar diariamente por seu filho? Vocês prometem confiar seu filho aos cuidados de Deus e oferecê-lo a Deus para seu serviço e ministério? Em caso afirmativo, digam: 'Prometemos'." [ESPERE A RESPOSTA DOS PAIS]

Compromisso da igreja
Peça à igreja que se comprometa a ajudar os pais: "Vocês, amigos e membros da _____ [NOME DA IGREJA] prometem comprometer seu tempo, recursos e orações para ajudar estes pais a educar seu(s) filho(s) de maneira tal que assuma(m) um compromisso pessoal com Jesus Cristo e cresça(m) no desejo de servir a Deus? Em caso afirmativo, digam: 'Prometemos'." [ESPERE A RESPOSTA DA IGREJA]

GUIA DE RECURSOS PRÁTICOS

Oração de dedicação
Antes de orar, convide os pais, as testemunhas, irmãos do(s) bebê(s) e outros membros da família estendida para que venham à frente.

Forme uma linha horizontal com os parentes e convidados e pegue o bebê nos braços enquanto ora por ele por nome, pelos pais por nome, e pelos demais que se reuniram para apoiar a família.

"Deus amado, estamos maravilhados diante da tua criação enquanto tomamos _____ _____ [NOME COMPLETO DO BEBÊ] em nossas mãos. Sabemos que tens planos para esta criança, e esperamos com ansiedade que esses planos se revelem enquanto _____ [PRIMEIRO NOME DO BEBÊ] cresce. Agradecemos por _____ e _____ [NOMES DOS PAIS]. Oramos para que tu os abençoes enquanto eles preparam um ambiente de amor que capacitará seu filho a se tornar tudo que tu o criaste para ser. Oramos também pelos demais familiares e amigos que reuniste ao redor desta criança e de seus pais. Oramos para que eles e esta igreja trabalhem juntos para encorajar os pais a criar este filho de modo que conheça a ti e ao teu amor. Abençoe a cada um deles, hoje, e nos dias que virão, pela influência espiritual que exercerão sobre esta criança. Em nome de Jesus. Amém."

Após a cerimônia, dê a cada família um certificado de dedicação personalizado, para comemorar a cerimônia.

Ideias para sermões
Você pode se referir aos seguintes versículos, enquanto fala a respeito da importância de educar os filhos:
- *Lucas 2.22* — "Completando-se o tempo da purificação deles, de acordo com a Lei de Moisés, José e Maria o levaram a Jerusalém para apresentá-lo ao Senhor."
- *1Samuel 1.27,28* — " 'Era este menino que eu pedia, e o Senhor concedeu-me o pedido. Por isso, agora, eu o dedico ao Senhor. Por toda a sua vida será dedicado ao Senhor'."

CONFIRMAÇÕES
A confirmação é mais que um evento; em algumas denominações e tradições, trata-se também de todo um ministério de discipulado. Seu propósito é inspirar e encorajar os jovens a seguir Jesus.

Elementos da confirmação
Qualquer um, ou todos os elementos a seguir podem ser usados para preparar crianças maiores ou adolescentes para sua confirmação e contribuir para a formação de sua fé:
- Ensino em grupos maiores, equilibrado com interação em pequenos grupos.
- Mentoria — estabelecer um vínculo entre um jovem com um membro adulto da igreja para que conversem, orem juntos e compartilhem a fé em outras atividades.

Eventos eclesiásticos

- Retiros e experiências de acampamento.
- Adoração e música.
- Serviço comunitário.
- Educação sexual.
- Ministério na congregação.

Processo de confirmação

Em muitas tradições, o propósito do programa de confirmação é apresentar aos jovens uma visão de toda a Bíblia e do ensino cristão básico que tem como objetivo levá-los a uma confissão pública de sua fé. Esse processo pode demorar meses, ou anos.

A confirmação em geral culmina com uma celebração que envolve os jovens confirmandos, suas famílias e toda a igreja. O ponto central do evento é um culto que permite que todos na igreja celebrem uma ocasião marcante na jornada dos jovens discípulos com Cristo.

O culto de confirmação

Estes são os elementos principais de um culto de confirmação:

- A confissão pública de fé de cada jovem discípulo.
- Oração pelo ministério contínuo do Espírito Santo nas vidas do jovem discípulo.
- Uma bênção para o jovem discípulo.

Apresentamos a seguir um esboço para o culto de confirmação de um grupo de jovens cristãos:

Hino com processional
Os candidatos à confirmação e seus mentores entram no templo acompanhando o pastor.

Recepção e saudação
Explique brevemente que o culto de confirmação marca o momento-chave da confirmação da fé, uma parte do programa de discipulado de jovens da igreja.

Cânticos de louvor
Cante hinos de louvor que estejam entre as canções preferidas dos jovens.

Oração de abertura
Peça a Deus que infunde firmemente na mente dos jovens cristãos tudo que aprenderam. Peça que Deus os ajude a aplicar os princípios de fé que estudaram e que continuem a aprender e a crescer na fé.

Leituras bíblicas
Os membros da igreja podem ler textos bíblicos adequados ao momento, ou então os próprios jovens confirmandos podem apresentar as Escrituras de maneira criativa.

GUIA DE RECURSOS PRÁTICOS

Sermão
A mensagem desse dia deve se dirigir aos adolescentes e atingir dois objetivos principais: (1) lembrá-los do dom da fé desenvolvido em sua vida pelo Espírito Santo; e (2) convocá-los a uma vida de discipulado comprometido. É também adequado discutir os desafios que encontrarão pela frente. Deixe com os jovens cristãos a promessa de Jesus de estar com eles a cada passo do caminho.

Rito de confirmação
Peça aos jovens que passem à frente, chamando cada um por nome. Peça aos familiares de cada um para que fiquem de pé à medida que o nome do jovem cristão é anunciado para que a congregação possa identificá-los e orar silenciosamente por toda a família. À medida que cada discípulo é chamado, ele se apresenta. Se estiver de acordo com sua tradição, ponha as mãos sobre os ombros dos alunos em confirmação e bênção enquanto lê uma passagem bíblica escolhida pelo aluno. Quando todos os alunos estiverem reunidos diante da igreja, eles podem recitar a confissão da fé histórica da Igreja, o Credo Apostólico.

Oração
Depois de concluir com uma oração, cumprimente os alunos e a igreja com a tradicional saudação de paz: "A paz do Senhor seja com todos". Convide os alunos e a igreja para que se cumprimentem mutuamente, com apertos de mão ou com abraços.

Santa Comunhão
Esse culto geralmente é encerrado com a ceia do Senhor.

Após o culto pode haver uma recepção, dando à igreja a oportunidade de saudar os jovens cristãos e compartilhar de sua alegria. A celebração pode incluir uma refeição festiva para os jovens e suas famílias.

▶ RECEPÇÃO DE NOVOS MEMBROS
Em 1Coríntios 12.27, Paulo disse: "Ora, vocês são o corpo de Cristo, e cada um de vocês, individualmente, é membro desse corpo". O seu alvo deve ser que cada membro da igreja seja uma parte ativa do Corpo. Você também deve garantir que os novos membros se sintam aceitos. Nesse processo, seu papel é fundamental para que haja comunhão entre os membros "antigos" e os "novos", e ser o instrumento de Deus para proclamar "Agora vocês são o Corpo de Cristo". Veja a seguir algumas atividades que podem ajudá-lo a envolver os novos membros na sua igreja.

Lista de tarefas dos novos membros

Conheça o processo e torne-o conhecido
Sua igreja tem um ministério bem organizado para receber os novos membros? Você pode dizer com facilidade aos visitantes como podem se tornar membros? Trabalhe com

Eventos eclesiásticos

a equipe de liderança para garantir que o processo de entrada dos novos membros esteja claro para todos.

Honre os novos membros
Use todos os meios apropriados para identificar os novos membros da igreja. Contrate um fotógrafo para tirar fotos dos novos membros e publique-as em lugares de destaque. Inclua trechos biográficos dos novos membros nas publicações da igreja. Faça uma cerimônia de recepção dos novos membros como a apresentada nesta seção. E torne esse momento uma ocasião especial, celebrando verdadeiramente a vida que Deus acrescentou à igreja.

Peça a membros mais antigos que "adotem" os novos membros
Para garantir que os novos membros sejam integrados na igreja, faça que famílias da liderança "adotem" os novos membros por um ano. Isso ajudará a igreja a alimentar espiritualmente os novos membros. Escolha "pais" adotivos que compartilhem os dons e interesses dos novos membros que forem adotados.

Faça contato telefônico
As agendas apertadas de hoje impedem os líderes de visitar todos os membros das igrejas. Por isso, certifique-se de pelo menos telefonar para os novos membros entre três e seis meses depois que terem sido recebidos à comunhão, para determinar como estão se adaptando à igreja.

Cerimônia de recepção dos novos membros

Introdução
Chame os novos membros à frente e apresente-os à igreja. Se possível, fale um pouco a respeito de cada um deles.

Acolhida
[DIRIGIDA AOS NOVOS MEMBROS] "Como líder desta comunidade, quero dar-lhes as boas-vindas a esta igreja. A igreja não é um prédio, mas é a reunião do povo de Deus. 'Assim como cada um de nós tem um corpo com muitos membros e esses membros não exercem todos a mesma função, assim também em Cristo nós, que somos muitos, formamos um Corpo, e cada membro está ligado a todos os outros' (Romanos 12.4,5). Portanto, nós os recebemos como parte do Corpo de Cristo que se reúne neste lugar."

Compromisso
"Há dois tipos de compromisso neste relacionamento. Para vocês, o compromisso é de apoiar esta igreja através da fidelidade na participação, no serviço aos ministérios da igreja e no apoio financeiro à igreja à medida que Deus os abençoa. O outro compromisso é da igreja para com vocês. Nós nos comprometemos a apoiá-los completamente através de relacionamentos cristãos, encorajamento rumo ao crescimento espiritual, oração e qualquer

outro tipo de apoio para atender a necessidades especiais. Se vocês desejam se comprometer com este relacionamento, por favor digam: 'Eu desejo'." [ESPERAR A RESPOSTA]

[PALAVRA À IGREJA] "Agora, para a igreja, se vocês estão dispostos a se comprometer com este relacionamento, por favor digam: 'Estamos dispostos'." [ESPERAR A RESPOSTA].

"Aceitemos a seguinte mensagem da Palavra de Deus enquanto acolhemos estes novos membros: 'Portanto, como povo escolhido de Deus, santo e amado, revistam-se de profunda compaixão, bondade, humildade, mansidão e paciência. Suportem-se uns aos outros e perdoem as queixas que tiverem uns contra os outros. Perdoem como o Senhor lhes perdoou. Acima de tudo, porém, revistam-se do amor, que é o elo perfeito (Colossenses 3.12-14).'"

Oração

"'Por essa razão, ajoelho-me diante do Pai, do qual recebe o nome toda a família nos céus e na terra. Oro para que, com as suas gloriosas riquezas, ele os fortaleça no íntimo do seu ser com poder, por meio do seu Espírito, para que Cristo habite no coração de vocês mediante a fé; e oro para que, estando arraigados e alicerçados em amor, vocês possam, juntamente com todos os santos, compreender a largura, o comprimento, a altura e a profundidade, e conhecer o amor de Cristo que excede todo conhecimento, para que vocês sejam cheios de toda a plenitude de Deus.

"'Àquele que é capaz de fazer infinitamente mais do que tudo o que pedimos ou pensamos, de acordo com o seu poder que atua em nós, a ele seja a glória na igreja e em Cristo Jesus, por todas as gerações, para todo o sempre! Amém!'" (Efésios 3.14-21)

CULTOS DE DEDICAÇÃO E COMISSIONAMENTO

Dedicar e comissionar publicamente pessoas que servem em diferentes áreas de ministério da igreja é uma maneira importante de demonstrar apreço e apoio a servos fiéis. Apresentaremos a seguir alguns modelos de culto voltados para áreas específicas do ministério, mas você pode mesclar e combinar elementos de cada um para criar cultos específicos a cada área do ministério cristão.

Dedicação dos professores

Prepare-se para dedicar e comissionar professores alistando antecipadamente a ajuda de muitos alunos e pais.

Preparação

Entreviste alunos a respeito do papel que os professores desempenharam em seu crescimento espiritual. Até mesmo crianças da pré-escola podem contar detalhes maravilhosos. Certifique-se de registrar nomes e idades das pessoas que entrevistar. Selecione alguns poucos comentários para publicar no boletim da igreja. Faça filmagens ou fotografe professores e alunos interagindo. Crie uma apresentação durante a chamada à adoração. Acrescente um acompanhamento musical com músicas de agradecimento ou uma gravação de grupos musicais da igreja.

Durante o culto

No momento de oração, peça aos professores que passem à frente enquanto você os apresenta por nome e posição. Faça que nesta hora um ou mais dos alunos, ou pais de alunos, se posicionem ao redor dos professores para orar especificamente por seu ministério na área que está exercendo em particular. Direcione a oração, usando Esdras 7.6-10, que explica o motivo de Esdras ter sido um grande mestre:

- Ore para que os professores sejam versados na Palavra de Deus.
- Ore para que a mão do Senhor esteja sobre eles.
- Ore para que eles encontrem tempo e motivação para se dedicar ao estudo.
- Ore para que eles tenham força para observar as leis do Senhor, de modo que possam ensinar a riqueza de suas próprias experiências.
- Conclua o tempo de oração convocando a todos os membros da igreja a assumir um pacto com Deus de orar por um professor em particular durante todo o ano.

Lembranças de estima e consideração

Dê aos professores algo que expresse a estima e a consideração que a igreja tem por seu ministério. Você pode dar-lhes um broche especial, um livro que seja útil para a vida do professor ou uma ferramenta de pesquisa bíblica; uma seleção de músicas inspirativas ou uma compilação de textos devocionais escritos especialmente para mestres e professores.

Palavras de motivação e conclusão

"Ensinar é um dom, uma habilidade e forma de arte. Um bom professor ensina com o coração, com a alma, com a mente e com toda sua força, como extensão de seu amor a Deus. A maior parte do ministério terreno de Jesus foi dedicada ao ensino, e suas últimas palavras aos discípulos foram para comissioná-los a levar adiante um ministério de ensino (Mateus 28.18-20). Os que estão sendo comissionados hoje também estão cumprindo esse mandato. Estes, por sua vez, influenciarão outros para que façam o mesmo. Dessa forma, a nossa fé prossegue sob o cuidado dos professores e mestres que ensinam sob a liderança do Espírito Santo."

Estima pelos voluntários

Os voluntários servem em diferentes áreas da igreja. Por exemplo, podem servir no berçário e no maternal da igreja, como professores de crianças, líderes, presbíteros ou diáconos, professores de escola dominical, recepcionistas, porteiros, atendentes em estacionamentos, membros de equipes de música, equipes de limpeza e técnicos de som. A liturgia a seguir pode ser adaptada na dedicação e manifestação de estima a todos os voluntários.

Culto de dedicação de voluntários

Abertura

Inicie o culto de uma maneira que seja adequada a sua comunidade. Tenha músicas apropriadas, orações e avisos.

GUIA DE RECURSOS PRÁTICOS

Músicas
Escolha hinos e cânticos que falem de serviço, ajuda ao próximo, ensino ou manifestação de ajuda aos necessitados.

Música especial
Selecione uma música popular ou um hino que fale de servir aos outros no ministério. Procure um solista, um grupo musical pequeno ou um coro que possa cantá-la.

Sermão
Utilize uma ou mais das seguintes passagens bíblicas:

- *1Coríntios 12.1-27* (Os cristãos receberam dons para a edificação da igreja).
- *Filipenses 1.3-6* (Paulo expressou a alegria que tinha em sua parceria espiritual com outros cristãos e sua confiança na orientação contínua de Deus).
- *Hebreus 10.23,24* (Os cristãos devem encorajar uns aos outros).

No decorrer da sua mensagem conte histórias de como os voluntários tocaram a vida de diferentes pessoas na igreja. Encoraje os voluntários a que continuem firmes no ministério que Deus lhes concedeu.

Reconhecimento dos voluntários
Peça aos voluntários a ser dedicados que fiquem de pé em seus lugares, ou peça a eles que venham à frente. Diga: "Estas pessoas se apresentaram como voluntárias para servir a vocês no ministério da igreja. Hoje nós as dedicamos ao serviço de Deus enquanto ministram em nosso meio.".

Encerramento
Encerre com oração, agradecendo a Deus pelos voluntários da sua igreja, dedicando-os ao serviço divino, e pedindo a Deus que os honre, e a suas famílias, pelo serviço prestado a ele.

Maneiras de afirmar e agradecer aos voluntários
Tente algumas das ideias aqui apresentadas para demonstrar aos seus voluntários e líderes de ministério que os estima e aprecia o ministério que exercem:

- A cada semana agradeça a um grupo diferente de voluntários, citando seus nomes e áreas de atuação no programa litúrgico da igreja.
- Envie um cartão de agradecimento com uma nota pessoal.
- No momento de avisos, mencione os nomes de vários voluntários e as necessidades de cada um em sua função.
- A cada mês envie uma lembrança surpresa a um dos voluntários.
- Dê biscoitos caseiros aos voluntários.
- Convide voluntários e seus familiares para almoçar fora ou para jantar na sua casa.
- Visite os voluntários periodicamente no decorrer do ano.
- Faça pães caseiros e dê a cada um dos voluntários um "pão de amor" com uma mensagem de gratidão.

Eventos eclesiásticos

- Dê a seus voluntários um dia de folga de suas atividades ministeriais regulares.
- Peça a crianças, jovens e adultos que escrevam notas de agradecimento aos voluntários, e depois leia as notas a toda a igreja.
- Faça um "Mural dos Voluntários", usando fotos e relatos curtos a respeito de diferentes voluntários ou de como eles ministram ao povo. Coloque o mural na entrada do templo.
- Envie uma carta individual de afirmação aos voluntários quando eles iniciarem uma nova temporada de ministério.
- Coloque bebidas (sucos, chás, água, café, leite), biscoitos ou frutas em lugares apropriados para os voluntários.
- Planeje uma refeição uma vez por mês, ou cada quatro meses, como sinal de estima por seus voluntários e famílias. As refeições podem ser simples como um lanche ou piquenique, ou sofisticadas como um banquete.
- Coloque semanalmente o perfil de um voluntário, de sua família e ministério no boletim da igreja.
- Realize um culto especial de agradecimento a Deus pelos voluntários.
- Leve os voluntários a um congresso local ou regional.
- Telefone aos voluntários durante a semana para agradecer-lhes por sua fidelidade.

EVENTOS FAMILIARES

Os líderes cristãos ocupam lugar especial e único no coração das pessoas de sua comunidade. Você pode ser solicitado a participar ou a conduzir momentos e celebrações familiares pessoais, importantes e maravilhosos. Apresentamos a seguir algumas ideias que o ajudarão em tais ocasiões.

BODAS

Quando um casal completa um aniversário especial de 25, 40, 50 ou mais anos de casamento, é completamente conveniente que familiares e amigos honrem esse duradouro compromisso. É comum que os filhos jovens adultos do casal o convidem para ser o representante de Deus em um jantar, em uma festa ou em uma reunião doméstica que celebre o aniversário de casamento do casal.

Ao aceitar o convite, certifique-se de perguntar o que a família espera que você faça na reunião. Eles querem que você simplesmente participe? Querem que você faça uma oração? Ou gostariam que você honrasse a Deus e ao casal acrescentando uma palavra espiritual à ocasião? Tendo a informação, escolha uma das ideias a seguir para honrar o casal.

O que você pode fazer
- Se a celebração não for uma surpresa e se for algo aberto a toda a igreja, faça anúncios públicos nos boletins, nos *folders* ou em outros meios internos de informação da igreja.
- Honre o casal durante o culto. Isso pode ser feito simplesmente pedindo ao casal que se coloque de pé, anunciando o aniversário de bodas e orar por eles.
- Peça às pessoas da igreja que enviem cartões ou façam um cartão único expressando os votos de todos.

O que você pode dizer
Se lhe pedirem para falar algo, pense no seguinte: "Um aniversário de casamento é uma celebração de companheirismo e amor. Estamos aqui para celebrar os [NÚMERO DE ANOS] ____ anos em que _____ [NOME DO MARIDO] e _____ [NOME DA ESPOSA] estão juntos. O compromisso de casamento não tem sido algo muito forte em algumas culturas, e o tempo da união de vocês é um testemunho do compromisso desse vínculo, de um para com o outro e para com Deus. Alegro-me com _____ [NOME DO MARIDO] e com _____ [NOME DA ESPOSA] por esta data e desejo o melhor de Deus para vocês nos anos que virão.".

Eventos familiares

Orando pelo casal
Eis aqui uma sugestão de como pode ser sua oração se a família pedir que você ore a Deus em favor do casal. Se for apropriado, imponha as mãos sobre o casal ou peça aos familiares mais próximos que juntamente com você abracem o casal.

"Deus, nos reunimos hoje para honrar _____ [NOME DO MARIDO] e _____ [NOME DA ESPOSA] que se unem a amigos e familiares para celebrar _____ [NÚMERO] anos de casamento. Sabemos que o compromisso do casamento é algo do coração do teu coração — tu deste teu único Filho como o noivo, e nos escolheste, a Igreja, como tua noiva. Que linda figura de amor, compromisso, aceitação e sacrifício isso nos dá. Agradecemos-te pelos anos de amor e compromisso que _____ [NOME DO MARIDO] e _____ [NOME DA ESPOSA] têm compartilhado um com o outro. Agradecemos-te pelas vidas que eles têm influenciado [SE FOR O CASO], o filho [OU FILHOS] que eles criaram [OU ESTÃO CRIANDO] e o serviço deles a ti. Oramos para que tu continues a abençoá-los com a tua paz, a tua graça e a tua fidelidade. Agradecemos-te pela demonstração da tua fidelidade na vida do casal durante todos estes anos. Em nome de Jesus. Amém."

FORMATURAS
A formatura — de pré-escolar, de ensino fundamental, ensino médio, faculdade, doutorado, pós-doutorado, ou qualquer título entre esses extremos — é um momento importante para os formandos e suas famílias. Sua igreja pode acrescentar um elemento espiritual a esses momentos, enquanto os formandos e todas as pessoas próximas a eles refletem sobre o passado e aguardam o futuro.

Uma formatura pode ser uma grande oportunidade de dar um presente. Uma possibilidade é presentear os formandos com uma placa ou com um certificado com moldura em nome da igreja. Outro bom presente é dar uma Bíblia especial conforme a idade dos graduandos. Há muitas maneiras de honrar os graduandos da sua igreja. Apresentamos algumas possibilidades.

Reconhecimento no culto
Você reconhecer os formandos da igreja em um culto especial.

Introdução
Chame todos os formandos à frente, apresente-os um a um, mencionando a escola na qual cada um deles está se formando.

Mensagem de encorajamento
Transmita uma mensagem de encorajamento de um ou dois minutos. Pense em alguma das passagens a seguir para a base da sua mensagem:
- "O Senhor firma os passos de um homem, quando a conduta deste o agrada; ainda que tropece, não cairá, pois o Senhor o toma pela mão." (Salmos 37.23,24);
- "Consagre ao Senhor tudo o que você faz, e os seus planos serão bem-sucedidos." (Provérbios 16.3);

GUIA DE RECURSOS PRÁTICOS

- "Quando os dias forem bons, aproveite-os bem; mas, quando forem ruins, considere: Deus fez tanto um quanto o outro, para evitar que o homem descubra alguma coisa sobre o seu futuro." (Eclesiastes 7.14);
- " 'Porque sou eu que conheço os planos que tenho para vocês', diz o Senhor, 'planos de fazê-los prosperar e não de causar dano, planos de dar a vocês esperança e um futuro' ". (Jeremias 29.11);
- "Sabemos que Deus age em todas as coisas para o bem daqueles que o amam, dos que foram chamados de acordo com o seu propósito." (Romanos 8.28).

Entrega do presente
Se a igreja vai presentear os formandos, faça isso logo após a mensagem.

Oração
Faça uma oração de bênção para os formandos:
- Ore para que Deus os guarde na próxima fase da vida deles;
- Peça a Deus que os guie enquanto contemplam o futuro;
- Peça a Deus que prepare o coração de cada um para o ministério que Deus lhes reserva de adoração e ministração a outros;
- Por fim, peça a Deus que acalme os pais nervosos ou preocupados. Ore para que Deus ajude-os a estar emocionalmente equilibrados.

Celebração especial
Como alternativa, você pode honrar os formandos e suas famílias com um almoço ou com um café antes do culto de domingo. Prepare tudo com antecedência para evitar conflitos de datas com as cerimônias de graduação e as festas e comemorações individuais dos formandos. Você pode agendar essa celebração para depois das cerimônias de formatura e antes que os formandos entrem de férias ou voltem para casa.

MUDANÇA PARA UMA NOVA CASA

Textos bíblicos sugeridos
- Josué 24.14,15 (O lar cristão é um lugar para servir e honrar a Deus.)
- Mateus 7.24-27 (A base de um lar cristão é o ensino de Jesus Cristo.)

Perguntas que você pode fazer
- Como você descobriu esta casa [ou quais são os seus planos para esta casa]?
- O que você procurava em uma casa?
- O que significa para você ter a bênção de Deus na sua casa?

Eventos familiares

Cerimônia de dedicação de uma nova casa

"Amado Deus, estamos nesta nova casa de _____ [FAMÍLIA OU INDIVÍDUO]. Eles perceberam a orientação do Senhor ao [COMPRAR, ALUGAR OU CONSTRUIR] esta propriedade, onde desejam ter um lar. Agradecemos por todos os caminhos que os trouxeram até aqui. Pedimos agora que a tua presença amorosa seja real em todos os momentos que passarão aqui: alegrias e tristezas, tempos bons e maus, sucessos e fracassos. Use este presente de uma nova casa para criar um ambiente de paz. Capacite _____ [NOME DA FAMÍLIA] para oferecer seu lar como lugar de hospitalidade. Por todos que ainda não experimentaram teu amor e perdão, seja este lar um ponto de parada na jornada em direção a ti. Em nome de Jesus. Amém."

Oriente a família a ter um lembrete dessa dedicação em um lugar visível. Por exemplo, eles podem plantar uma árvore, pendurar uma placa ou quadro na porta de entrada, ou colocar uma Bíblia da família em um local de destaque.

RECEPÇÃO DE UM NOVO MEMBRO NA FAMÍLIA

Recebendo um bebê em casa

Os seguintes recursos podem ser usados para a chegada de um bebê por nascimento ou adoção.

Textos bíblicos sobre crianças

- *Deuteronômio 6.4-9* (Os pais são responsáveis por ensinar seus filhos com dedicação.)
- *Salmos 127.3* (Os filhos são herança do SENHOR.)
- *Marcos 10.13-16* (Jesus recebe as crianças.)
- *1Coríntios 7.14* (Os filhos de pais cristãos são abençoados por Deus.)
- *Gálatas 4.4-7* (Para adoções: todos somos filhos adotados por Deus.)

Perguntas à família

- Pergunte como os pais escolheram o nome do bebê.
- Pergunte quais são os sonhos e esperanças dos pais para a criança.
- Diga aos irmãos que a eles foi dada uma tarefa especial, de ser o irmão da criança.
- Pergunte: "Como você(s) vai(vão) amar e aceitar esta criança em sua vida?". Certifique-se de afirmar o valor dos irmãos e da dádiva que a nova criança é na vida deles.

Oração de bênção pelo bebê

"Ó Deus Criador, doador da vida, maravilhados diante do milagre do nascimento, recebemos esta criancinha. Sabemos que tu criaste o(a) pequeno(a) _____ [NOME] com uma personalidade única e o(a) tem abençoado com dons e habilidades especiais. Sabemos também que sua vida passará por experiências que ajudarão a moldar seu futuro. Queremos muito ver os planos do Senhor cumpridos na vida desta criança. Tu deste a _____ e a _____ [PAIS] a responsabilidade sagrada de cuidar desta criança.

GUIA DE RECURSOS PRÁTICOS

Abençoa-os para que criem um ambiente de amor que fará que esta criança se torne o que a criaste para ser. Conceda-lhes sabedoria e coragem na educação desta criança. Faça expandir o amor no coração de _____ [IRMÃO(S)] para incluir _____ [BEBÊ] em sua vida. Cerque cada membro desta família com teu amor protetor. Em nome de Jesus. Amém."

Recebendo um novo membro da família acrescentado pelo casamento

Textos bíblicos a respeito da família
- Rute 1—4 (Deus abençoa agregados e outros familiares.)
- Mateus 22.36-39 (O amor é o maior mandamento.)
- 1Coríntios 13 (Os cristãos devem amar verdadeiramente suas famílias.)

Perguntas à família
- Pergunte como a nova pessoa veio a ser parte da família.
- Se um novo cônjuge está se unindo com a família estendida, pergunte a respeito do casamento e dos familiares dessa nova pessoa.
- Se houver crianças, discuta como elas poderão ser integradas e se sentir conectadas.

Tempo de acolhida e aceitação
"É com grande alegria que esta família recebe a você, _____ [NOME DA PESSOA] como sua parte integrante. Como me foi solicitado, vamos fazer uma oração de bênção e de acolhida por sua vida: 'Deus de amor, é com o coração repleto de alegria que venho à tua presença com esta família. Em consequência da união conjugal com _____ [NOME DOS CÔNJUGES], _____ [NOME DA PESSOA] é agora parte desta família. É desejo desse novo casal que o relacionamento desta nova família cresça além das formalidades legais e que se baseie no amor. Que as vidas deste casal aqui reunido se unam de tal forma que tenham um futuro cheio de esperança, coragem, amor, perdão e graça da tua parte. Agradecemos-te porque, pelo que Cristo fez por nós, todos somos uma família. Em nome de Jesus. Amém.' "

Talvez os familiares queiram trocar presentes para expressar aceitação e amor mútuos.

ANIVERSÁRIOS

Em uma celebração de aniversário, um grupo honra uma pessoa. Uma festa de aniversário é uma maneira maravilhosa de dizer a alguém: "Você é especial. Sua contribuição a nossa família ou grupo faz que nossa vida seja melhor". Uma mensagem desse tipo é particularmente importante para pessoas que em geral não são consideradas líderes. Não é comum que ouçam palavras de agradecimento por contribuírem para a família ou grupo a que pertencem.

Celebrem!
Se você for convidado a participar de uma festa de aniversário, eis algumas maneiras de honrar o aniversariante:

Eventos familiares

- Peça a pais, irmãos ou amigos presentes que digam como a vida deles é melhor por causa do aniversariante. Encoraje-os a contar histórias sobre como a pessoa que está fazendo aniversário as ajudou, encorajou ou se importou por elas.
- Pergunte à pessoa que está aniversariando qual foi a melhor coisa que lhe aconteceu no último ano. Pergunte a respeito de suas esperanças para o ano vindouro.

Ore

Peça ao grupo que ore com você. "Deus amado, todos estamos agradecidos por teres permitido que _____ [NOME DO ANIVERSARIANTE] seja parte da nossa vida, e hoje celebramos seu aniversário. Não há nada em nós que tu não possas ver. Não há nada no futuro de _____ [NOME DO ANIVERSARIANTE] que tu não o(a) prepares para enfrentar. Pedimos que tu abençoes esta vida hoje pelo serviço que tem realizado para tua glória. Derrama a tua bênção sobre sua vida para que cresça continuamente neste ano. Em nome de Jesus. Amém."

A VIDA CRISTÃ

Uma das experiências mais compensadoras que os cristãos têm é a oportunidade de dizer aos outros sobre como iniciar um relacionamento pessoal com Jesus Cristo, o Filho de Deus. A primeira parte desta seção, "O plano de Deus para a salvação", é destinada a ser apresentada às pessoas com quem você está compartilhando a fé. Você pode usá-la para orientá-las à medida que ouve seus questionamentos e lhes apresenta textos bíblicos em direção a um compromisso de fé com Jesus. A segunda parte da seção, "Plano de discipulado", apresenta ideias para ajudar os novos cristãos a crescer na fé.

O PLANO DE DEUS PARA A SALVAÇÃO

Deus promete perdão e vida eterna a qualquer um que pedir. Jesus Cristo, por sua morte na cruz e por sua ressurreição três dias depois, já pagou o preço do nosso pecado.

Nosso relacionamento com Deus

Por causa do pecado, os homens se separaram de Deus

Ainda que pensemos de nós mesmos que somos bons, nós nos enganamos se dissermos que não temos pecado (Romanos 3.23; 1João 1.8-10). Felizmente Jesus veio ajudar os que pecaram (Marcos 2.17). O que você diria a alguém que está visivelmente doente, mas que se recusa a ir ao médico? Como é que alguém decide pecar, mas se recusa a buscar perdão?

O caminho de volta para Deus é por intermédio de Jesus Cristo, o Filho de Deus

Um relacionamento pessoal com Jesus Cristo é o único caminho de volta para Deus (João 14.16). O perdão e a salvação não podem ser conquistados; antes, são dádivas oferecidas a todos (Tito 2.11), fazendo uma ponte entre os homens e Deus. Alguma vez você ganhou algo que não merecia? E isso o deixou surpreso? Sentiu-se constrangido? Alegre? Por que Deus daria de presente algo tão maravilhoso?

Para sermos perdoados, precisamos admitir que estamos no caminho errado

Precisamos pedir a Deus que perdoe os nossos pecados e escolher voltar para o caminho de Deus (Atos 20.21).

A vida cristã

- Você tem medo de ter feito algo tão terrível que Deus não o perdoaria? (ver também "Deus pode mesmo perdoar tudo que eu fiz?").
- Aconteceu algo importante na sua vida que o fez mudar de rumo?
- Como essa nova perspectiva o afeta agora?

Jesus morreu na cruz para tornar possível a salvação

A morte e a ressurreição de Jesus providenciaram o único caminho para restaurar nosso relacionamento com Deus (ver também "Por que Jesus é o único caminho para Deus?"). Para receber a salvação e a vida eterna, precisamos confiar no sacrifício de Jesus pelos nossos pecados e confessá-lo como Senhor (João 3.16; Romanos 10.9).

- Você já confiou alguma vez plenamente em alguém? Explique.
- Como seria conhecer alguém que o amou a ponto de morrer por você?

A salvação por intermédio de Jesus restaura o nosso relacionamento com Deus

Quando pedimos a Jesus para ser nosso Salvador pessoal, ele nos dá o Espírito Santo. O Espírito Santo vive no interior de quem crê, dá ao homem poder para viver a vida com Cristo (Romanos 8.2,6) e dá a ele força para suportar provações e tentações (ver também "Quem é o Espírito Santo?").

- Como seria ter um relacionamento pessoal com Deus?
- Como seria ter a ajuda de Deus a cada dia?

Deus fez tudo que foi preciso para nos providenciar a salvação

Para receber a vida eterna, tudo que temos a fazer é aceitar pela fé o que Deus já fez por nós por meio de Jesus (Efésios 2.8,9).

- O que o impede de assumir um compromisso pela fé com Jesus agora mesmo?
- Você gostaria de receber a salvação que Deus oferece agora mesmo?

Respostas bíblicas a perguntas comuns

- "Como posso saber que Deus quer eu aceite a oferta de salvação que ele me oferece?" (Lucas 15.3-7)
- "A salvação de fato faz parte do plano de Deus para a minha vida?" (1Tessalonicenses 5.9)
- "O que significa nascer de novo espiritualmente?" (João 3.1-7)
- "Como posso saber que Deus vai me perdoar mesmo?" (Salmos 103.2-4; 1João 1.9)
- "Como posso pedir a Deus que me perdoe?" (Salmos 51)
- "O que Deus espera de mim depois que eu aceitar o dom da salvação?" (Salmos 15; Efésios 4.1-3)
- "Eu preciso primeiro acertar a minha vida e parar de pecar antes de receber a salvação?" (Romanos 5.8)

Passagens bíblicas adicionais a respeito de Deus e de seus dons

- Salvação (Atos 10.43; 16.31; Tito 3.5-7; Hebreus 5.7-9)

GUIA DE RECURSOS PRÁTICOS

- Compromisso incondicional com Cristo (Lucas 9.57-62)
- Fé em Cristo (João 6.28,29; 10.38; 12.44; 14.11)
- Arrependimento (Atos 2.38; 3.19; 17.30; 2Pedro 3.9)
- Batismo (Mateus 3.16; Atos 2.38; Romanos 6.4; Colossenses 2.11,12)
- Perdão (Atos 10.43; 13.38; Efésios 1.7)
- Espírito Santo (João 14.26; 16.13; Atos 2.38,39; 11.15,16; Romanos 5.5)
- Vida eterna (João 3.15,16,36; 5.24; 6.40; Romanos 6.23; 1Timóteo 1.16)

PLANO DE DISCIPULADO

Os discípulos são os aprendizes ou os seguidores de uma causa ou mestre. Para ser um dos discípulos de Jesus a primeira coisa a fazer é confiar nele para a salvação e nos esforçar para ser mais como ele a cada dia.

Jesus estabeleceu o exemplo

Em seu breve ministério público Jesus enfatizou a essencial tarefa de fazer discípulos. Jesus chamou os discípulos para um compromisso mais profundo com ele quando os convidou a servir no ministério a seu lado e quando os enviou em duplas. Ele desejou que seus discípulos se unissem a ele, um desejo refletido em suas palavras: " 'Permaneçam em mim, e eu permanecerei em vocês' " (João 15.4).

Fica claro em textos como Romanos 8.29, 2Coríntios 3.18 e Filipenses 1.6 que Jesus se compromete com a formação espiritual de seus seguidores. Ele transformou multidões curiosas e egoístas em discípulos comprometidos e dedicados, e continua fazendo o mesmo hoje através de seus seguidores que sabem a importância de fazer discípulos.

Um passo mais perto de Cristo

Jesus deu a seus seguidores a ordem de fazer discípulos. Ele quer usar os discípulos de hoje para ajudar outros a se tornarem seguidores de Cristo que lhe sejam completamente dedicados. Essa declaração está claramente afirmada na Grande Comissão (Mateus 28.19,20).

Como fazer discípulos

Para levar a sério o discipulado, estude os modos de discipulado que geralmente ocorrem em uma igreja. Verifique a que ponto você deve adaptar um ou mais modelos conforme o contexto da sua igreja. Tendo em vista que muito provavelmente não seja responsabilidade sua discipular todas as pessoas, certifique-se de que cada novo cristão tem contato com crentes maduros para alcançar os alvos descritos em Efésios 4.12: "com o fim de preparar os santos para a obra do ministério [...]". Portanto, desenvolva a visão em sua igreja de alcançar os perdidos e fortalecer os cristãos na fé.

A vida cristã

Métodos de discipulado

Pequenos grupos

Jesus escolheu Doze para que andassem com ele. Seus discípulos aprenderam não apenas seus ensinos como também quem ele era. Eles também se conheciam muito bem. Jesus selecionou três deles, Pedro, Tiago e João, para ter maior intimidade com ele e para receber instruções especiais. Jesus se abriu de forma mais intensa a esse "círculo íntimo" e ensinou-lhe o que significava segui-lo. O que Jesus realizou através desses dois tipos de pequenos grupos — o grupo maior dos Doze e o grupo íntimo dos três — acontece hoje através de pequenos grupos vinculados a uma igreja-mãe. Trata-se de uma estratégia comprovada de se fazer discípulos.

Em um pequeno grupo, algo especial acontece que geralmente não ocorre em outro lugar. Um grupo pequeno de indivíduos que cuidam uns dos outros oferece um ambiente seguro no qual os integrantes do grupo podem focar na Palavra, fazer perguntas, compartilhar alegrias e lutas, conhecer e ser conhecidos, amar e servir uns aos outros. Trata-se de um lugar no qual os cristãos podem por "[...] em ação a salvação [...] com temor e tremor" (Filipenses 2.12). Seja em grupo de apoio na comunidade seja um grupo de homens, um grupo de mulheres, ou ainda uma classe de escola dominical, todos na igreja devem ter um ponto de contato com o Corpo através de um pequeno grupo.

Um a um

Geralmente quando Deus nos usa para levar uma pessoa a Cristo, ele nos usa para ajudar o novo cristão a se estabelecer em sua fé. Isso acontece melhor em um relacionamento um a um no qual um cristão maduro ajuda um novo cristão a crescer espiritualmente. O relacionamento entre Paulo e Onésimo, o escravo fugitivo que se converteu por intermédio do ministério de Paulo, é um bom exemplo desse tipo de relacionamento (ver Filemom). Em um discipulado estilo um a um, a chave é construir uma base forte na vida do novo cristão ao ter foco nos aspectos básicos da fé (ver "Sete elementos essenciais do discipulado"). Memorizar versículos da Bíblia e orar uns pelos outros é também de grande importância.

Mentoria

Mentores cristãos são pessoas experientes que desejam investir experiência e valores nas gerações sucessivas de cristãos. Os relacionamentos bíblicos a seguir ilustram muito bem os alvos da mentoria: Moisés e Josué, Elias e Eliseu, Noemi e Rute, Paulo e Timóteo. Compartilhar as ideias essenciais da fé é uma maneira apropriada de iniciar um relacionamento de mentoria. Isso pode ser conseguido pela memorização de versículos-chave na Bíblia, pela oração e por outras atividades importantes, como compartilhar a fé e participar de estudos bíblicos.

Mentoria coparticipativa

Em um relacionamento de mentoria coparticipativa, um mentoreia o outro. Essas pessoas se identificam com o apóstolo Paulo, que não se considerava como se já houvesse atingido o grau perfeito, mas que sentia a urgência de persistir na fé (ver Filipenses 3.12-14). O relacionamento de Paulo e Barnabé ilustra bem a mentoria coparticipativa. Em alguns

GUIA DE RECURSOS PRÁTICOS

momentos, o Senhor usou Barnabé para incentivar Paulo; em outros, usou Paulo para encorajar Barnabé. Esse tipo de relacionamento a dois proporciona crescimento, apoio e prestação de contas a todos os envolvidos. Trata-se de uma amizade baseada na confiança e de um compartilhar aberto por meio do qual o melhor de cada pessoa é desenvolvido e ambos são responsáveis um pelo outro (Provérbios 27.17).

Sete elementos essenciais do discipulado

É importante garantir que todos na sua igreja estejam firmemente estabelecidos no que é básico (ver também "Confirmações").O padrão bíblico para estabelecer as pessoas na fé é o discipulado. Apresentamos a seguir sete elementos essenciais que podem ajudar a enriquecer os relacionamentos com cristãos novatos e os que ainda não foram discipulados na sua igreja:

1. Salvação e segurança

Ao iniciar o relacionamento com um discípulo, aproveite a oportunidade para confirmar o compromisso de fé e a compreensão da salvação que ele tem de modo que o discípulo possa dizer sem hesitação: "Sei que tenho a vida eterna". Os versículos a seguir enfatizam que a salvação não é conquistada nem merecida, mas é um presente da parte de Deus, que enviou seu Filho por amor incondicional por nós (ver também "O plano de Deus para a salvação").

- *João 3.16* (Deus nos amou tanto que enviou seu Filho.)
- *João 5.24* (Não seremos condenados.)
- *João 10.27-29* (Ninguém pode nos tirar de Deus.)
- *Atos 4.10-12* (A nossa salvação é encontrada apenas em Jesus.)
- *Romanos 3.23,24; 6.23* (Todos merecemos a morte por causa dos nossos pecados, mas fomos redimidos pela graça de Deus)
- *Romanos 5.8* (Jesus morreu por nós quando ainda éramos pecadores.)
- *Romanos 8.35-39* (Nada pode nos separar do amor de Deus.)
- *1João 1.9* (Se confessamos os nossos pecados, somos perdoados.)
- *1 João 5.13* (A Palavra de Deus nos assegura que temos vida eterna).

2. Vida nova em Cristo

No momento da salvação nos tornamos "nova criação". Como diz o texto de 2Coríntios 5.17, "[A]s coisas antigas já passaram; eis que surgiram coisas novas". Deus continua agindo em nós por intermédio do Espírito Santo que habita em nós, para nos fazer mais e mais semelhantes a Jesus. Os versículos a seguir ajudarão os discípulos a entender o que Deus fez e está fazendo, e como deseja que seus filhos vivam a cada dia:

- *Mateus 22.37-39* (Devemos amar a Deus e aos outros.)
- *João 10.10* (Jesus veio ao mundo para que tenhamos vida plena.)
- *Romanos 8.29* (Deus está trabalhando em nós, para nos fazer semelhantes a Cristo.)
- *2Coríntios 5.17* (Somos nova criação em Cristo.)
- *Gálatas 5.22,23* (Como cristãos guiados pelo Espírito, produzimos frutos espirituais.)
- *Efésios 2.8,9* (Somos salvos pela graça de Deus, não por nossas obras.)
- *1João 2.6* (Devemos andar como Jesus andou.)

A vida cristã

3. A Bíblia

A Bíblia é a revelação de Deus à humanidade e nos ensina sobre quem Deus é e sobre quem somos. Pela Bíblia somos chamados a estar em relacionamento com Deus. A Palavra de Deus é de imensa importância para os cristãos, pois nos ensina, repreende, corrige e mostra como viver uma vida santa. Logo devemos estudá-la e memorizá-la, assim como indicam os versículos a seguir:

- *Deuteronômio 6.6-9* (Os mandamentos de Deus devem permear a nossa vida.);
- *Salmos 1.2,3* (Florescemos quando temos prazer na Palavra de Deus.);
- *Salmos 119.9* (Obedecer à Palavra de Deus nos guarda de pecar.);
- *Romanos 1.16* (A Palavra de Deus revela seu plano de salvação.);
- *2Timóteo 2.15* (A Palavra de Deus deve ser utilizada de maneira correta.);
- *2Timóteo 3.16,17* (A Palavra de Deus nos prepara para a vida em todos os sentidos.);
- *Hebreus 4.12* (A Palavra de Deus julga os nossos pensamentos e as nossas atitudes.);
- *Tiago 1.22* (Devemos não apenas ouvir a Palavra de Deus, mas também obedecer a ela.);
- *2Pedro 1.21* (A Palavra de Deus é inspirada pelo Espírito Santo.).

4. Oração

Orar é simplesmente falar com Deus como faríamos com qualquer pessoa a quem amamos e em quem confiamos. A oração é essencial no nosso relacionamento com Deus. É a ele que levamos nossas esperanças e nossos temores e podemos ter certeza de que somos ouvidos, se não estivermos ocultando algum pecado no nosso coração. Os versículos a seguir nos ajudam a ver porque a oração deve ser a nossa prioridade, e como devemos orar:

- *Salmos 119.18* (Devemos orar para que Deus abra os nossos olhos para a Palavra.);
- *Salmos 139.23,24* (Devemos orar para que Deus sonde o nosso coração e nos guie.);
- *Mateus 6.5-15* (Jesus ensinou os discípulos a orar.);
- *Lucas 5.15,16* (Jesus fez da oração sua prioridade.);
- *Efésios 3.12; Hebreus 4.16* (Podemos nos aproximar de Deus com confiança.);
- *Filipenses 4.6* (Podemos levar todos os nossos pedidos e agradecimentos a Deus.);
- *1Tessalonicenses 5.17* (Devemos orar sempre.);
- *1João 5.14,15* (Se oramos de acordo com a vontade de Deus, ele nos ouve.).

5. Comunhão

A igreja é uma comunidade de pecadores salvos pela graça de Deus, chamados para caminhar juntos em ajuda mútua. Deus deseja que nos relacionemos uns com os outros, que nos alegremos e que choremos uns pelos outros, que "[...] consideremos uns aos outros para nos incentivarmos ao amor e às boas obras" (Hebreus 10.24), tal como os seguintes versículos ilustram:

- *Salmos 122.1* (Há alegria em ir à casa do Senhor.);
- *Eclesiastes 4.9,10* (Dois é melhor que um.);
- *João 13.34,35* (Amem-se uns aos outros para que o mundo possa ver a Cristo.);
- *Atos 2.42* (Aprendemos e crescemos em comunidade uns com os outros.);
- *Romanos 12.15* (Devemos nos alegrar e chorar juntos.);
- *1Coríntios 1.9* (Temos comunhão com Deus.);
- *1Coríntios 12.12-26* (Somos membros interdependentes de um corpo.);

- *Gálatas 6.2* (Levamos as cargas uns dos outros.);
- *Efésios 4.12* (Os líderes de Deus nos preparam para atos de serviço.);
- *Hebreus 10.24,25* (Deus atua em sua igreja quando nos reunimos.);
- *1João 1.3* (Temos comunhão uns com os outros.).

6. Testemunho

Uma testemunha é alguém que diz a outros o que viu ou ouviu. Jesus disse que seus doze discípulos seriam suas testemunhas. O mesmo é verdade para os discípulos de Cristo hoje. Somos suas testemunhas, e ele nos usa para compartilhar sua bondade com os desamparados, com os desesperançados, com os feridos e perdidos pelos quais morreu na cruz.

- *Mateus 4.19* (Jesus nos chama para ser "pescadores de homens".)
- *Mateus 5.16* (As nossas boas obras mostrarão Deus aos outros.)
- *Atos 1.8* (O Espírito de Deus nos fortalece para que sejamos testemunhas de Jesus.)
- *Atos 4.20* (Discípulos verdadeiros não podem deixar de compartilhar o que viram e ouviram a respeito de Cristo.)
- *2Coríntios 5.20* (Somos embaixadores do Reino de Deus.)
- *Colossenses 4.5* (Devemos aproveitar ao máximo as oportunidades com os não cristãos.)
- *1Tessalonicenses 2.8* (Compartilhamos o Evangelho e a nós mesmos.)
- *2Timóteo 2.2* (A Palavra de Deus deve ser transmitida aos outros.)
- *Filemom 6* (Devemos compartilhar a nossa fé ativamente.)
- *1Pedro 3.15* (As pessoas podem identificar a nossa fé e perguntar o motivo da nossa esperança.)

7. Serviço

Servir a Deus por servir ao próximo é algo que flui do nosso amor a Deus e gratidão a ele pelo que nos tem feito. Tal serviço flui do amor e da gratidão, não é uma servidão involuntária. Jesus tinha uma missão clara: " 'Pois nem mesmo o Filho do homem veio para ser servido, mas para servir e dar a sua vida em resgate por muitos' " (Marcos 10.45). Essa é uma missão que ele deseja que seus seguidores também levem adiante. Todos os que desejam viver para ele ouvem atentamente seu chamado de servir a outros, como os versículos a seguir testificam:

- *1Coríntios 15.58* (Devemos nos entregar por completo à obra de Deus.);
- *Gálatas 5.13* (Devemos servir uns aos outros em amor.);
- *Efésios 2.10* (Deus preparou boas obras para que as executemos.);
- *Colossenses 3.17,23* (Fazemos tudo para o Senhor e sua glória.);
- *2Tessalonicenses 3.13* (Não devemos nunca nos cansar de fazer o que é certo.);
- *Hebreus 9.14* (Somos salvos para servir o Deus vivo.);
- *Tiago 1.27* (Devemos cuidar dos órfãos e das viúvas.);
- *Tiago 2.26* (A fé sem obras é morta.);
- *Tiago 4.17* (Pecamos quando conscientemente negligenciamos a obra de Deus.);
- *1Pedro 4.10* (Devemos usar os nossos dons espirituais para servir aos outros.).

QUESTÕES DIFÍCEIS DA VIDA

A vida cristã evidentemente não está isenta de problemas. Ainda que Jesus transforme os cristãos em uma "nova criação", ele não nos prometeu uma vida fácil. Mas ele, sim, prometeu nos dar a força necessária para lidar com tudo o que enfrentarmos pelo caminho. À medida que as pessoas buscam conhecer mais a respeito de Deus, elas têm dúvidas e questionamentos. E poderão ir a você em busca de respostas.

Lembre-se de que as pessoas que o procurarem com perguntas podem estar feridas ou se sentindo culpadas por alguma coisa. De fato, estão em busca das respostas que um Deus de amor tem para dizer a elas através de você. Mesmo que esta seção não apresente todas as respostas, poderá lhe oferecer um ponto de partida para respostas refletidas e bondosas a algumas das perguntas mais frequentes que nos são feitas.

COMO POSSO SABER QUE DEUS EXISTE?

Sabemos através de vários tipos de revelação que Deus existe. Deus se revela através da criação, através da Bíblia e através de relacionamentos conosco. Alguém que pergunte: "Como posso saber que Deus existe?" provavelmente está em busca de Deus. Diga a essa pessoa para não se preocupar com as dúvidas e para confiar em que Deus se revela mais e mais das três maneiras a seguir:

Toda a natureza revela a existência de Deus

Davi escreveu em Salmos 19.1 "Os céus declaram a glória de Deus; o firmamento proclama a obra das suas mãos". Onde quer que haja um projeto, é porque deve ter havido um projetista. Os teólogos chamam a isso de "revelação geral", porque está disponível a todas as pessoas de todos os tempos e em todos os lugares. Além da fonte externa da revelação geral, que é a criação, há também uma fonte interna dessa mesma revelação, que é a consciência (Romanos 2.14,15). Deus é revelado a nós através do nosso senso de moral sobre o que é certo e errado.

A Bíblia também nos revela Deus.

Os teólogos chamam a isso de revelação "especial" ou "específica". É específica porque está disponível a pessoas específicas, em lugares específicos, em momentos específicos. Ainda que muitas pessoas não conheçam as verdades das Escrituras (mas reconhecem a beleza

GUIA DE RECURSOS PRÁTICOS

da natureza e têm à disposição sua própria consciência) a "revelação especial" de Deus está disponível a todos que leem a Bíblia.

A revelação final e definitiva de Deus a nós é através de seu Filho, Jesus Cristo, que se tornou humano tendo nascido na então terra de Israel há dois mil anos.

Conforme João 1.18, "Ninguém jamais viu a Deus, mas o Deus Unigênito, que está junto do Pai, o tornou conhecido." Deus se manifesta de maneira dinâmica aos que creem que Jesus Cristo é o Filho de Deus e confiam nele somente para nos libertar dos nossos pecados (ver também "O plano de Deus para a salvação"). Jesus veio a este mundo para revelar a pessoa e a natureza de Deus. Saber que Deus existe ao experimentar um relacionamento pessoal e por meio da comunhão com Jesus (João 14.9-11).

Leituras recomendadas
- *Será que Deus existe?* Richard Swinburne (Portugal: Gradiva, 1998).
- *Cristianismo puro e simples,* C. S. Lewis (Martins Fontes, 2005).
- *Apologética cristã para questões difíceis da vida,* William Lane Craig (Vida Nova, 2010).
- *O Deus que intervém,* Francis Schaeffer (Cultura Cristã, 2002).
- *The Reason for God: Belief in an Age of Skepticism,* Tim Keller (Riverhead, 2009)
- *Philosophical Foundations for a Christian Worldview,* J. P. Moreland and William Lane Craig (IVP Academic, 2003)

POR QUE JESUS É O ÚNICO CAMINHO PARA DEUS?

Jesus disse aos seguidores " 'Ninguém vem ao Pai, a não ser por mim' " (João 14.6). Outras figuras religiosas ensinaram que há caminhos alternativos para Deus, e a nossa cultura moderna aceita muitas teorias diferentes a respeito de se alcançar Deus (tal como muitas sociedades fizeram no passado). Desse modo, por que Jesus fez uma alegação de exclusividade?

Antes de respondermos essa pergunta, precisamos primeiro entender que estamos separados de Deus por causa do pecado. Nenhum de nós pode viver uma vida perfeita porque todos pecamos (Romanos 3.23). O pecado tem apenas um resultado: a morte (Romanos 6.23). O pecado não pode ser apagado pela boa moral, pela vida correta ou por ideais elevados.

Quando Deus veio ao mundo como ser humano, em carne, a quem chamamos Jesus, ele veio para fazer mais que ensinar ao mundo como amar e viver melhor. Ele veio também para nos salvar da culpa do nosso pecado. Uma vez que Jesus era humano, mas sem nenhum pecado, ele satisfez os requisitos estabelecidos por Deus e se tornou o sacrifício necessário para apagar a pena que o pecado de cada um de nós merecia. Ele ofereceu sua vida em troca da nossa. Somente seu sangue, o sacrifício de sua vida perfeita, foi puro o bastante para remover nossa pena de morte. Nenhuma outra pessoa ou religião poderia oferecer tal sacrifício.

Questões difíceis da vida

As últimas palavras de Jesus antes de sua morte foram " 'Está consumado' " (João 19.30). Nessa declaração ele estava proclamando não apenas o fim de sua vida terrena, como também o fim do jugo do pecado sobre todos os que viriam a crer. Jesus morreu, não porque fosse fraco ou incapaz de evitar a morte, mas para abrir para a humanidade caída um caminho de volta para Deus (2Coríntios 5.21).

Se a história de Jesus tivesse terminado com sua morte, a morte ainda nos dominaria, porque teria dominado a ele. Mas no terceiro dia Jesus conquistou a morte voltando à vida e levantando-se da sepultura, derrotando o poder do pecado de uma vez por todas (Hebreus 9.26). O pecado já não tem poder para separar dele nenhum dos filhos de Deus — e isso a partir do momento em que depositam a fé em Jesus Cristo.

Qualquer outro caminho sugerido para Deus, baseado em qualquer outra realidade que não seja o sacrifício de Jesus simplesmente não tem poder o bastante para resolver o problema do nosso pecado. Apenas a graça de Jesus pode fazê-lo.

(Ver também "Mas todas as religiões não ensinam basicamente a mesma coisa?")

Leituras recomendadas
- *Em defesa da fé*, Lee Strobel (Vida, 2002)
- *A cruz de Cristo*, John Stott, (Vida, 2008)
- *Quem é Jesus?*, Ravi Zacharias (CPAD, 2012)
- *Mais que um carpinteiro*, Josh McDowell (Hagnos, 2012)
- *Is Jesus the Only Way?*, Philip Graham Ryken (Crossway, 2012)

ATÉ QUE PONTO O CRISTIANISMO É RELEVANTE NO MUNDO DE HOJE?

À primeira vista, o cristianismo parece ser mais uma religião antiquada, tendo por base eventos sucedidos e crenças formuladas há mais de dois mil anos. No entanto, um exame mais atento revelará que o cristianismo responde a questões básicas da existência humana feitas em qualquer época.

De onde vim?
Tal como muitas religiões e muitas pesquisas científicas, o cristianismo também enfrenta a questão das origens. Mas o Criador judaico-cristão é uma pessoa viva e um pai amoroso, não apenas uma Primeira Causa ou um Big Bang (Gênesis 1.26,27).

Por que estou aqui?
Todo mundo precisa de um sentido de propósito na vida. A busca por significado leva muitas pessoas a seminários de sucesso, livros de autoajuda e ao divã de analistas. O cristianismo oferece significado, ensina que as pessoas foram criadas para amar e servir a Deus, para agradá-lo e desfrutar de um relacionamento com ele. De fato, os cristãos são abençoados com "dons espirituais" — habilidades que funcionam em harmonia com as habilidades de outros cristãos para edificar a igreja e honrar a Deus. Além disso, cada cristão tem um papel único no Reino de Deus (Romanos 12.4-6).

GUIA DE RECURSOS PRÁTICOS

Qual é o problema do mundo?
O problema do mal é tão relevante quanto os periódicos locais. Onde está havendo guerra? No Afeganistão? No Iraque? Na África Central? De tiroteios ao tráfico, o crime continua e as cadeias estão cheias. Mesmo as culturas mais esclarecidas e iluminadas não estão imunes à violência, ao engano, à corrupção. Alguns filósofos proclamam que as pessoas são basicamente boas, mas está claro que alguma coisa errada está acontecendo. Os cristãos chamam a isso de pecado. Contrariamente à crença popular, temos uma tendência inata de fazer o que é *errado*, e precisamos de um Salvador que nos livre dessa situação (Romanos 7.21-25).

Como podemos viver uns com os outros?
Deixemos as manchetes de jornal de lado e falemos sobre a nossa vida em particular. Guerras civis ao redor do globo terrestre não são muito diferentes de comportamentos pouco civilizados na nossa casa. Como as pessoas podem conviver com as pessoas, especialmente quando elas não são amáveis? Jesus nos deu um modelo de uma vida de serviço, de não retaliação, de perdão. Por meio da ação do Espírito Santo, ele nos dá o poder de que precisamos para seguir seu exemplo.

Com muita frequência os cristãos fazem sua fé parecer bolorenta, prendendo-se a costumes e a um modo de falar de gerações passadas. Mas Jesus falou a respeito de um "vinho novo" que precisa ser colocado em recipientes novos. O Evangelho é *boas-novas*. Não há dúvida de que se trata de algo bom, mas é também algo novo — e tão relevante quanto qualquer outra coisa que leiamos nas manchetes dos noticiários ou nas conversas que temos no dia a dia.

Leituras recomendadas
- *Em defesa de Cristo*, Lee Strobel (Vida, 2002)
- *Em defesa da fé*, Lee Strobel (Vida, 2002)
- *Deus é essencial*, Luis Palau (United Press, 2001)
- *Deuses falsos*, Tim Keller (Thomas Nelson, 2010)
- *Simply Jesus: A New Vision of Who He Was, What He Did, and Why He Matters*, N. T. Wright (HarperOne, 2011)

DEUS PODE MESMO PERDOAR TUDO QUE EU FIZ?

Esta pergunta geralmente tem origem em pessoas cujo coração está ferido. As pessoas sentem culpa pelo que fizeram e têm certeza de que chegaram a um ponto em que não há mais volta. O perdão é para os outros, pensam, não para elas. E depois do que fizeram, elas sentem que não merecem perdão; ninguém merece perdão. Se o merecêssemos, então não seria perdão. Seja o que for que tenhamos feito, podemos descansar sabendo que as nossas ações e atitudes erradas não nos desqualificam para a concessão do perdão. Há apenas um grupo de pessoas que pode ser perdoado: aqueles que pecam (todos evidentemente somos sócios desse clube!). Alguns pensam que seus pecados são tão chocantes que nem Deus pode lidar com eles.

Questões difíceis da vida

Todavia, uma leitura rápida das Escrituras mostrará todo tipo de más pessoas que Deus amou — e perdoou. Davi matou um homem para ficar com a esposa dele, e mesmo assim escreveu que Deus "não nos trata conforme os nossos pecados nem nos retribui conforme as nossas iniquidades [...] e como o Oriente está longe do Ocidente, assim ele afasta para longe de nós as nossas transgressões" (Salmos 103.10-12).

Antes de conhecer a Jesus, Paulo caçava os cristãos e os prendia para que fossem julgados e possivelmente executados. Mas, depois de se converter, escreveu: "[...] Cristo Jesus veio ao mundo para salvar os pecadores, dos quais eu sou o pior" (1Timóteo 1.15). Jesus perdoou aqueles que o crucificaram, e deu uma esperança nova ao ladrão na cruz (Lucas 23.34-43). Se essas pessoas puderam receber o perdão, nós também podemos.

Algumas pessoas podem estar preocupadas com o pecado imperdoável — a blasfêmia contra o Espírito Santo —, que Jesus mencionou brevemente em Mateus 12.32. O contexto dessa passagem deixa claro que Jesus estava se referindo aos líderes religiosos que rejeitaram o testemunho do Espírito Santo a respeito dele. O motivo pelo qual não podiam ser perdoados é que não iam a Jesus em busca de perdão. Não se refere a que eles eram maus demais e por isso não podiam ser perdoados; antes, pensavam que eram suficientemente bons e por isso não precisavam de perdão.

A Bíblia diz: "Se confessarmos os nossos pecados, ele é fiel e justo para perdoar os nossos pecados e nos purificar de toda injustiça" (1João 1.9). Nossos pecados não podem ser maiores que a fidelidade de Deus.

Leituras recomendadas
- *Maravilhosa graça*, Philip Yancey (Vida, 2000)
- *As doutrinas da maravilhosa graça*, Michael Horton (Cultura Cristã, 2003)

COMO PODEMOS SABER QUE JESUS RESSUSCITOU DENTRE OS MORTOS?

Grande quantidade de material histórico, literário e legal validam a ressurreição de Jesus Cristo. Portanto, por que não tentar provar a ressurreição a partir de uma perspectiva científica? O problema é que uma prova científica é obtida através da sugestão de uma hipótese, da observação do evento ou do fenômeno em um ambiente controlado e da coleta de dados que serão estudados à luz daquela hipótese. Os resultados serão considerados precisos se, quando a experiência for repetida, os mesmos resultados forem obtidos. No caso da ressurreição, esse método de prova científica não é válido, porque a ressurreição não é um evento que se repete.

A ressurreição é um evento que pode ser provado com mais eficácia de uma perspectiva histórica. Podemos estudar a história da ressurreição pelos relatos registrados na Bíblia. Ainda que algumas pessoas ataquem a acuracidade histórica da Bíblia, as descobertas arqueológicas continuam a validá-la. Vários fatos oriundos dos relatos bíblicos sobre a ressurreição, se considerados em conjunto, proporcionam uma defesa sólida da ressurreição de Jesus Cristo.

GUIA DE RECURSOS PRÁTICOS

- *Fato 1* — O selo romano foi rompido. Mateus registra que o túmulo de Jesus estava selado (Mateus 27.66). Quem ousaria romper esse selo, quando a pena para tal ato seria a morte?
- *Fato 2* — A grande pedra que fechava o túmulo foi removida (João 20.1). Quem moveria uma pedra grande como aquela sem a permissão dos soldados romanos que vigiavam o local?
- *Fato 3* — O túmulo estava vazio. Os seguidores de Jesus não poderiam alegar a ressurreição se o túmulo não estivesse vazio ou se o corpo fosse encontrado (Mateus 28.11-15).
- *Fato 4* — A mortalha fora deixada no lugar (Lucas 24.12). Jesus não estava lá, mas a mortalha com a qual o envolveram estava.
- *Fato 5* — Muitas testemunhas oculares viram Jesus vivo — cerca de 500 pessoas, uma verdadeira multidão (1Coríntios 15.6).

Depois de considerar todos esses fatos, podemos razoavelmente concluir que Jesus realmente ressuscitou dentre os mortos pela vontade de Deus e pelo poder miraculoso do Espírito Santo, tal como relata a Bíblia.

Leituras recomendadas
- *Em defesa de Cristo*, Lee Strobel (Vida, 2001)
- *Mais que um carpinteiro*, Josh McDowell & Sean McDowell (Hagnos, 2012)
- *The Jesus Inquest: The Case for and Against the Resurrection of the Christ*, Charles Foster (Thomas Nelson, 2010)
- *The Case for Easter: Journalist Investigates the Evidence for the Resurrection*, Lee Strobel (Zondervan, 2004)
- *The Case for the Resurrection of Jesus*, Gary R. Habermas and Michael Licona (Kregel, 2004)

MAS TODAS AS RELIGIÕES NÃO ENSINAM BASICAMENTE A MESMA COISA?

Em uma única palavra, não. Muitas religiões têm elementos em comum, como a crença em seres divinos, regras para a vida, crença na vida após a morte e heróis do passado. É tentador pensar que todas as religiões são essencialmente a mesma, que apenas os nomes são diferentes. Mas isso simplesmente não é verdade. Basicamente muitas religiões ensinam que, se tiverem boa vontade, as pessoas vão ganhar a entrada para o céu. O cristianismo não ensina isso.

O cristianismo é definido por uma ideia exatamente oposta — que não podemos ser bons o bastante para alcançar o céu. Todas as regras e todos os rituais do mundo não podem nos tornar justos. Precisamos de um milagre de Deus. Precisamos de sua graça. Precisamos de Jesus. E isso nos leva ao ponto principal da diferença entre o cristianismo e as outras religiões: Jesus.

Questões difíceis da vida

Muitas pessoas pensam que o cristianismo tem a ver com seguir os ensinos de Jesus do mesmo modo como, digamos, o confucionismo tem a ver com seguir os ensinos éticos de Confúcio. Mas o cristianismo é muito mais que isso. As pessoas pensam que os cristãos são inspirados pelas histórias bíblicas de Jesus e de outros heróis da fé, tal como os muçulmanos se inspiram em Maomé e os hindus celebram seus deuses e deusas. Mas o cristianismo é muito mais que isso.

O cristianismo está enraizado no evento histórico de Jesus — Deus assumindo a forma humana, morrendo para nos salvar e ressuscitando dentre os mortos. Essa não é apenas uma história inspirativa. Tais eventos realmente aconteceram, e somos seus beneficiários. Temos um relacionamento com Deus, não apenas porque comungamos com o Espírito de Jesus, mas porque seu sangue comprou o nosso perdão. Tentamos seguir seus ensinamentos, não para pagar a o preço da nossa passagem para o outro mundo, mas para agradecer a ele por nos ter resgatado. Jesus é o centro da história humana e convida os pecadores para conhecê-lo.

Leituras recomendadas
- *O universo ao lado,* James W. Sire (United Press, 2001)
- *O império das seitas,* Walter Martin (Betânia, 1992)
- *Religiões:* guia ilustrado Zahar, Philip Wilkinson (Zahar, 2011)
- *A God of Many Understandings? The Gospel and Theology of Religions*, Todd Miles (B&H Academic, 2010)
- *So What's the Difference? How World Faiths Compare to Christianity*, Fritz Ridenour (Gospel Light, 2001)
- *Compact Guide To World Religions*, ed. Dean Halverson (Bethany House, 1996)
- *The Gospel in a Pluralist Society*, Lesslie Newbigin (Eerdmans, 1989)

O QUE É A TRINDADE, E COMO DEUS PODE SER TRÊS PESSOAS EM UMA?

A doutrina da Trindade é um mistério que não podemos entender completamente. Deus é um ser revelado na Bíblia em três pessoas: o Pai, o Filho e o Espírito Santo. A palavra "trindade" não é encontrada na Bíblia — a palavra significa simplesmente "três". Alguns estudiosos preferem o termo "triunidade", que reflete de maneira mais acurada a natureza de Deus. A unidade e a unicidade de Deus, e a diversidade ou pluralidade de pessoas na divindade são indicadas na Bíblia.

Se dermos ênfase excessiva à unidade de Deus, podemos perder a individualidade do Filho e do Espírito Santo. Da mesma forma, se dermos ênfase excessiva à diversidade de Deus, podemos crer que há três deuses distintos.

Na Bíblia, a doutrina da Trindade nos é revelada gradualmente. Vemos como Deus é na pessoa de Jesus Cristo através da instrumentalidade do Espírito Santo. O conceito de Trindade é visto em Mateus 28.19, e as três pessoas da divindade são reveladas no batismo de Jesus (Mateus 3.13-17; Marcos 1.9-11; Lucas 3.21,22).

GUIA DE RECURSOS PRÁTICOS

Leituras recomendadas
- *Teologia histórica: uma introdução à história do pensamento cristão*, Alister McGrath (Cultura Cristã, 2007)
- *Teologia sistemática, histórica e filosófica*, Alister McGrath (Shedd Publicações, 2005)
- *What Is the Trinity?*, David F. Wells (P&R, 2012)
- *The Deep Things of God: How the Trinity Changes Everything*, Fred Sanders (Crossway, 2010)
- *Life In the Trinity: An Introduction to Theology with the Help of the Church Fathers*, Donald Fairbairn (IVP Academic, 2009)
- *Making Sense of the Trinity*, Millard Erickson (Baker, 2000)

QUEM É O ESPÍRITO SANTO?

O Espírito Santo é a Terceira Pessoa da Trindade. Há numerosas referências ao Espírito Santo na Bíblia. O Espírito Santo é igual e eterno juntamente com Deus Pai e com Deus Filho em cada atributo divino. Cada um deles trabalha de modo diferente e desempenha um papel diferente com respeito à obra divina da salvação.

Ainda que muitos se refiram ao Espírito Santo como se fosse uma fonte, ele é na verdade uma pessoa. O Espírito Santo possui todos os atributos divinos de Deus — atributos tais como onipresença (Salmos 139.7), onisciência (1Coríntios 2.10,11), onipotência (Gênesis 1.2) e eternidade (Hebreus 9.14). O Espírito Santo é chamado de Deus (Atos 5.3,4) e atua em favor da Trindade ao cumprir a vontade do Pai e do Filho (João 14.26; 15.26).

O Espírito Santo capacita os indivíduos, tornando possível um relacionamento constante nosso com Deus, concedendo-nos vitória na vida cristã, revelando-nos mais e mais dos atributos de Deus à medida que nos aproximamos do Pai e atuando em nós, e através de nós, para fazer de nós as pessoas que Deus nos criou para ser.

Leituras recomendadas
- *Batismo e plenitude do Espírito Santo*, John Stott (Vida Nova, 1993)
- *Paulo, o Espírito e o povo de Deus*, Gordon Fee (United Press, 1997)
- *Who Is The Holy Spirit?*, R. C. Sproul (Reformation Trust, 2012)
- *Spirit Rising: Tapping into the Power of the Holy Spirit*, Jim Cymbala (Zondervan, 2012)
- *Classic Sermons on the Holy Spirit*, ed. Warren W. Wiersbe (Kregel, 1996)

O QUE DIZER DOS ERROS E CONTRADIÇÕES DA BÍBLIA?

Divinamente inspirada, a Bíblia está repleta de registros de eventos, nomes, lugares e datas que continuamente são comprovados pelo estudo arqueológico. Mesmo assim, alguns argumentam que as Escrituras contêm erros e contradições que lançam dúvidas sobre sua credibilidade. Sim, mesmo estudiosos de diferentes tradições cristãs discordam a respeito da natureza literal ou figurada de narrativas e eventos no Antigo e Novo Testamentos.

Questões difíceis da vida

Como podemos interpretar essas controvérsias? O que podemos crer a respeito das Escrituras à luz de questões relativas à sua precisão e infalibilidade?

Primeiro, precisamos pensar sobre o que a Bíblia não alega ser. A Bíblia não alega ser um registro cronológico exato das civilizações antigas. A Bíblia não foi compilada e preservada como registro para estudo científico ou como prova textual da existência de Deus. Ela não foi nem sequer escrita para nos dar uma lista exaustiva de regras da boa moral e do comportamento ético aceitável.

O que a Bíblia verdadeiramente alega ser é o conjunto da Escritura que é capaz de nos tornar "sábio para a salvação", "é inspirada por Deus e útil para o ensino, para a repreensão, para a correção e para a instrução na justiça" (cf. 2Timóteo 3.15-17). Ela foi escrita "para que vocês creiam que Jesus é o Cristo, o Filho de Deus e, crendo, tenham vida em seu nome" (João 20.31). "Pois tudo o que foi escrito no passado foi escrito para nos ensinar, de forma que, por meio da perseverança e do bom ânimo procedentes das Escrituras, mantenhamos a nossa esperança" (Romanos 15.4).

A Bíblia é um conjunto de 66 livros e cartas escritos por vários autores em um período de mais de 1.400 anos. Foi escrita em três línguas diferentes por pessoas de áreas tão diferentes, que abarcavam desde a política governamental até o mercado pesqueiro. Se, de um lado, o contexto dos escritores era tremendamente diverso, por outro a unidade divina de propósito, princípios e planos que se estende de Gênesis a Apocalipse é profundamente clara e única.

Logo, é inteiramente possível e lógico que relatos da parte de várias testemunhas humanas divirjam ligeiramente um do outro. Cartas escritas por um autor para diferentes grupos de pessoas em vários lugares e épocas podem ser únicas quanto a conselho ou ênfase. Escribas que copiam textos manualmente podem ter escrito uma palavra no plural e que primeiramente tenha sido escrita no singular. Conceitos que à primeira vista parecem contraditórios geralmente complementam um ao outro perfeitamente à luz de uma compreensão mais ampla.

Na verdade, se esses elementos não forem considerados em um documento tão complexo como é a Bíblia, uma sombra tenebrosa de dúvida se projetará sobre sua autenticidade. Em seu estado atual as Escrituras têm cumprido seu papel na vida de milhões de cristãos. A Bíblia tem sido fonte de ensino e sabedoria que tem levado homens e mulheres a conhecer Jesus Cristo, e os tem equipado para fazer sua vontade. Nenhuma suposta imprecisão ou contradição que tenha sido aventada jamais impediu que a Bíblia cumprisse seu propósito. Seus resultados permanentes são provas de sua veracidade.

Leituras recomendadas

- *Merece confiança o Novo Testamento?*, F. F. Bruce (Vida Nova, 2003)
- *Manual popular de dúvidas, enigmas e "contradições" da Bíblia*, Norman L. Geisler e Thomas A. Howe (Mundo Cristão, 1999)
- *Novas evidências que demandam um veredito,* Josh McDowell (Hagnos, 2013)
- *New International Encyclopedia of Bible Difficulties*, Gleason L. Archer, Jr. (Zondervan, 2001)
- *Hard Sayings of the Bible,* Walter C. Kaiser Jr., Peter H. Davids, F. F. Bruce, Manfred T. Brauch (IVP Academic, 1996)

GUIA DE RECURSOS PRÁTICOS

POR QUE EU PRECISO IR À IGREJA?

Precisamos da igreja porque fomos projetados como seres relacionais. O crescimento espiritual ocorre no contexto dos relacionamentos que encontraremos em uma comunidade de cristãos. Um estilo de vida cristão é mais bem exercido quando vivido em comunidade. Somente nos relacionamentos é que podemos aprender o que significa ser paciente, amoroso, generoso ou sacrificial. Mesmo os dons que Deus lhe deu só terão sentido se forem executados em relação aos outros: "Cada um exerça o dom que recebeu para servir os outros, administrando fielmente a graça de Deus em suas múltiplas formas" (1Pedro 4.10).

Deus deseja um relacionamento pessoal com seus filhos, e deseja que seus filhos experimentem esse mesmo relacionamento com outros cristãos. Ele sempre pôs nossa adoração espiritual, nosso treinamento e nossa celebração religiosa no coração da comunidade. O povo de Israel praticou sua devoção como nação. Os cristãos atuais praticam sua devoção na coletividade do corpo da igreja.

É fácil para nós pensarmos que a religião é um assunto estritamente pessoal. É verdade que Deus chama cada um de nós à jornada espiritual de maneira individual e única. Mas esse é apenas um aspecto da vida cristã. A partir do nosso compromisso individual com Cristo surgirá uma crescente necessidade de dar e receber apoio, direção e interação em uma comunidade de cristãos. O que começou como "eu" encontra sentido em "nós".

Em Mateus 18.20, Jesus proclamou: " 'Pois onde se reunirem dois ou três em meu nome, ali eu estou no meio deles' ". Deus está sempre conosco como indivíduos, mas Jesus prece estar dizendo que há também uma qualidade única de comunhão que ele compartilha conosco quando nos reunimos como sua igreja. Uma das funções mais importantes da igreja em nossa vida é nos conduzir à maturidade espiritual. O texto de Efésios 4.11-16 explica que o alvo da vida da igreja é que possamos ser edificados até que todos alcancemos a unidade da fé e cheguemos à maturidade. Pela influência da igreja nós iremos crescer "na medida em que cada parte realiza a sua função". Podemos conhecer e amar a Deus por nós mesmos, mas seremos completos nele quando estivermos conectados à vida de sua igreja.

Leituras recomendadas
- *A igreja irresistível*, Wayne Cordeiro (Vida, 2012)
- *Eles gostam de Jesus, mas não da igreja*, Dan Kimball (Vida, 2011)
- *Igreja contagiante*, Mark Mittelberg (Vida, 2011)
- *Fundamentos da teologia da igreja*, Carlos Caldas (Mundo Cristão, 2007)
- *Os sem-igreja*, Nelson Bomilcar (Mundo Cristão, 2012)
- *Why Men Hate Going to Church*, David Murrow (Thomas Nelson, 2011)
- *Church: Why Bother? My Personal Pilgrimage*, Philip Yancey (Zondervan, 2001)
- *The Church*, Edmund P. Clowney (IVP Academic, 1995)

O QUE ACONTECE COM AS PESSOAS APÓS A MORTE?

A Bíblia ensina que, quando uma pessoa morre, o espírito é separado do corpo. Isso marca o fim da vida no reino físico. Mas, quando Jesus Cristo veio à terra, declarou: " 'e quem vive e crê em mim, não morrerá eternamente' " (João 11.26). Para os que creem em Jesus, a morte tem um sentido inteiramente diferente.

O Novo Testamento nos afirma que, quando morrermos, nosso espírito cristão voltará para Cristo imediatamente: "Temos, pois, confiança e preferimos estar ausentes do corpo e habitar com o Senhor" (2Coríntios 5.8). Paulo declarou: "Estou pressionado dos dois lados: desejo partir e estar com Cristo, o que é muito melhor" (Filipenses 1.23).

Na segunda vinda de Jesus, o nosso corpo físico ressuscitará para a imortalidade (1Tessalonicenses 4.13-18) e se reunirá ao nosso espírito. Em 1Coríntios 15.51,52, lemos: "Eis que eu digo um mistério: Nem todos dormiremos, mas todos seremos transformados, num momento, num abrir e fechar de olhos, ao som da última trombeta. Pois a trombeta soará, os mortos ressuscitarão incorruptíveis e nós seremos transformados".

Leituras recomendadas
- *O grande abismo*, C. S. Lewis (Vida, 2006)
- *Surpreendido pela esperança*, N. T. Wright (Ultimato, 2009)
- *Heaven*, Randy Alcorn (Tyndale House, 2004)
- *Death and the Life After*, Billy Graham (Thomas Nelson, 1994)

O MUNDO VAI ACABAR EM BREVE?

Parece que desde o princípio do mundo houve quem se perguntasse quando ele acabaria. Milhares de homens e mulheres tentaram predizer quando seria o "último dia", mas no dia seguinte a uma data prevista, o Sol se levantou para provar que estavam errados. Os cristãos em particular têm estado interessados em discernir quando ocorrerá o fim dos tempos porque acreditam que isso de alguma maneira coincidirá com a segunda vinda de Jesus.

Os seguidores de Jesus nos primeiros dias da igreja estavam convencidos de que ele voltaria em pouco tempo. As cartas do Novo Testamento têm inúmeras referências a essa esperança e expectativa. Desde aquela época, cada geração tem seus próprios motivos para crer que será a geração que testemunhará a segunda vinda de Jesus.

Muitos baseiam sua pesquisa sobre o fim dos tempos no livro de Apocalipse e nos livros proféticos do Antigo Testamento, como Ezequiel e Daniel. Jesus também tratou desse tema nos Evangelhos. Talvez seu discurso mais detalhado a respeito seja o registrado em Mateus 24, no qual o escritor descreveu sinais de advertência como guerras e rumores de guerras, fomes e terremotos em vários lugares, perseguição de cristãos e o aparecimento de falsos profetas e falsos Cristos.

Jesus admoestou seus seguidores a que fossem vigilantes e que estivessem preparados para o fim do mundo. Ele explicou: " 'Quanto ao dia e à hora ninguém sabe, nem os anjos dos céus, nem o Filho, senão somente o Pai' " (Mateus 24.36). Não sabemos quando o mundo acabará. Pode ser em breve, pode ser que não. O importante é que vivamos como se esperássemos pelo fim hoje.

GUIA DE RECURSOS PRÁTICOS

Leituras recomendadas
- *Manual de escatologia,* J. Dwight Pentecost (Vida, 1998)
- *Escatologia: a polêmica em torno do milênio,* Millard Erickson (Vida Nova, 2010)
- *A Bíblia e o futuro,* Anthony Hoekema (Cultura Cristã, 1989)
- *The End: A Complete Overview of Bible Prophecy and the End of Days,* Mark Hitchcock (Tyndale House, 2012)
- *Every Prophecy of the Bible,* John F. Walvoord (David C. Cook, 2011)
- *The Vision of His Glory,* Ann Graham Lotz (Thomas Nelson, 2009)
- *A Basic Guide to Eschatology: Making Sense of the Millennium,* Millard Erickson (Baker, 1998)

POR QUE DEUS PERMITE QUE COISAS RUINS ACONTEÇAM A PESSOAS BOAS?

"Sabemos que toda a natureza criada geme até agora, como em dores de parto" (Romanos 8.22). A dor e o sofrimento provenientes das transições e incertezas da vida frequentemente deixam as pessoas confusas, com raiva ou em estado de luto (ver também "Aconselhamento em tempo de crise" e "Ajudando as pessoas a lidar com mudanças"). Tempos nos quais a dor parece não ter fim só fazem aumentar o nosso sentimento de desesperança. Em vez de perguntar por que Deus permite que soframos, seria melhor perguntarmos se a dor é necessária e se ela tem algum propósito.

A dor é necessária?

Se você já passou noites sem dormir e dias de agonia por causa de uma dor sem fim, você está dramaticamente consciente da seguinte realidade: nós não fomos feitos para isso! "A vida não devia ser assim", reclamamos. Enquanto estavam no Éden, nossos ancestrais experimentaram uma vida livre de dor, insegurança e ansiedade. O sofrimento entrou no mundo por causa do pecado. Enfrentar um mundo caído exige grande coragem e crença na vida além da existência terrestre. A dor e as emoções negativas podem desviar a nossa atenção para Deus e para as coisas eternas. Ao final de um diálogo com Deus a respeito do sofrimento, Jó declarou: "Meus ouvidos já tinham ouvido a teu respeito, mas agora os meus olhos te viram" (Jó 42.5). A morte é necessária do lado de fora do Éden. Sem a morte, estaríamos condenados a viver para sempre em um mundo cheio de sofrimento.

A dor tem algum propósito?

Uma pergunta decorrente desta poderia ser "Deus é bom de verdade?". Paulo em Romanos 8 liga os gemidos e os sofrimentos da criação ao nascimento, não à morte. Talvez aí esteja uma chave para a compreensão do propósito da dor. Pense a respeito das dores físicas que uma mãe experimenta durante o trabalho de parto. É uma dor intensa e muito forte, mas que passa no momento em que um bebê saudável é colocado nos braços da mãe. A dor que sentimos, tal qual a dor do parto, existe para o que vem depois da dor. Como em geral nos

Questões difíceis da vida

esquecemos de que Deus sabe o que isso significa, não é fácil confiar nele em meio ao sofrimento. Nada poderia ser mais sem sentido que uma dor sem propósito.

No grande esquema das coisas, há um propósito último para o sofrimento e a dor? Sim, através da agonia da nossa alma, nós experimentamos a Deus e por fim compreendemos que esta vida cheia de dor é curta em comparação com a vida sem dor na eternidade com Deus. A dor revela os desejos do nosso coração e demonstra se nosso coração está preparado para a eternidade.

Leituras recomendadas
- *Onde está Deus quando chega a dor?*, Philip Yancey (Vida, 2005)
- *O problema do sofrimento*, C. S. Lewis (Vida, 2006)
- *O enigma do mal*, John Wenham (Vida Nova, 1989)
- *Eu vi as tuas lágrimas:* amparo e consolo no sofrimento, Vera Cristina Weissheimer (Sinodal, 2009)
- *When God Doesn't Make Sense*, James C. Dobson (Tyndale Momentum, 2012)
- *How Long, O Lord? Reflections on Suffering and Evil*, D. A. Carson (Baker Academic, 2006)
- *Why? Trusting God When You Don't Understand,* Ann Graham Lotz (Thomas Nelson, 2005)

POR QUE É ERRADO QUE DUAS PESSOAS QUE SE AMAM VIVAM JUNTAS SEM ESTAR CASADAS?

A Bíblia descreve o casamento como um relacionamento de compromisso entre um homem e uma mulher que é sancionado e abençoado por Deus (Malaquias 2.15; Mateus 19.4-6). Deus instituiu o casamento entre duas pessoas (monogâmico), entre um homem e uma mulher (heterossexual). Jesus acrescentou que deve ser permanente (Marcos 10.7-9).

A instituição divina do casamento sugere uma aliança entre o homem, a mulher e Deus. O relacionamento marital é mais importante que qualquer outro relacionamento, exceto o nosso relacionamento com Deus. O modelo para o casamento deve ser o mesmo de Deus com seu povo, a Igreja. Jesus é o noivo, e a Igreja é a noiva. O contexto único do casamento como um compromisso é também o lugar que Deus designou para a expressão da união sexual. Em 1Coríntios 6.15-18 Paulo citou Gênesis 2.24 para ilustrar a pecaminosidade de todas as relações sexuais fora do casamento. Além da pecaminosidade explícita, o pecado sexual é pecado contra o próprio corpo. Isso faz do pecado sexual algo singularmente destrutivo — uma razão clara para seguir o plano de Deus quanto ao sexo.

Embora as pessoas que vivam juntas não reflitam o compromisso que Deus instituiu e ordenou, nunca é tarde demais para que um casal corrija o passado. Deus perdoa o pecado. Deus tem tudo a ver com o perdão. Ele quer ter um relacionamento conosco, e nenhuma situação ou pecado é grande demais que ele não possa perdoar. Se queremos seu perdão, devemos parar de cometer o ato pecaminoso (1João 3.6) e pedir perdão a Deus. Ele será fiel para nos perdoar (1João 1.9).

GUIA DE RECURSOS PRÁTICOS

Leituras recomendadas
- *Casei-me com você*, Walter Trobisch (Loyola, 1974)
- *Eu amo você: namoro, noivado, casamento e sexo*, Jaime Kemp (Vencedores por Cristo, 2000)
- *Jovem apaixonado*, Ted Cunningham (Vida, 2013)
- *Limites no namoro*, Henry Cloud & John Townsend (Vida, 2002)
- *Encontre a pessoa certa para você*, H. Norman Wright (Vida, 2011)
- *And The Bride Wore White: Seven Secrets to Sexual Purity*, Dannah Gresh (Moody Publishers, 2004)
- *Passion and Purity: Learning to Bring Your Love Life under Christ's Control*, Elisabeth Elliot (Revell, 2002)

AJUDANDO AS PESSOAS A LIDAR COM MUDANÇAS

Mudança é algo constante na vida: nós nos apaixonamos e nos casamos. Os filhos nascem. Envelhecemos. Os nossos filhos crescem e saem de casa. Pessoas que conhecemos e amamos morrem. Mudamos de emprego, e até de carreira. Mesmo que a mudança seja esperada, em geral não ficamos à vontade quando acontece. Mudanças criam ansiedade porque o ambiente físico, social, emocional e espiritual com o qual estávamos acostumados sofrem alterações.

Algumas mudanças, tais como gravidez e aposentadoria, em geral nos deixam felizes e são muito bem recebidas. Mas, na verdade, toda mudança provoca um desgaste. Isso acontece porque toda mudança envolve perdas. Por exemplo, se alguém está de mudança para outro bairro onde a vida será mais agradável, o antigo estilo de vida ficará para trás. As pessoas sentem um desejo instintivo de se apegar ao antigo mesmo quando estão se ajustando ao novo. Abraçar a mudança é um sinal de personalidade saudável e bem ajustada. Todavia, mesmo pessoas saudáveis e bem ajustadas podem precisar de ajuda e orientação para lidar com algumas mudanças. Eis algumas orientações que você poderá seguir ao ministrar a pessoas que enfrentam o desafio da mudança (se a mudança for acompanhada por sofrimento, ver também "Aconselhamento em tempo de crise").

CONHEÇA AS CAUSAS COMUNS DO ESTRESSE

Pesquisadores da Escola de Medicina da Universidade de Washington desenvolveram a seguinte escala para classificar acontecimentos estressantes. Quanto maior o resultado obtido em um ano, maior a probabilidade de que a pessoa desenvolva uma enfermidade séria em um futuro próximo.

Evento	Valor
Morte de cônjuge	100
Divórcio	73
Separação conjugal	65
Condenação à prisão	63
Morte de parente próximo	63
Ferimento ou doença pessoal	53
Casamento	50

GUIA DE RECURSOS PRÁTICOS

Evento	Valor
Demissão do emprego	47
Reconciliação conjugal	45
Aposentadoria	45
Mudança no quadro de saúde de um familiar	44
Gravidez	40
Dificuldades sexuais	39
Novos membros no grupo familiar	39
Ajustes no emprego	39
Mudanças na situação financeira	38
Morte de um amigo íntimo	37
Mudança de carreira	36
Aumento dos conflitos conjugais	36
Hipoteca ou empréstimo de mais de US$ 10mil	31
Protesto de empréstimo ou hipoteca	30
Mudança de responsabilidades no trabalho	29
Saída dos filhos de casa	29
Problemas com os sogros	29
Grande conquista pessoal	28
Cônjuge começa a trabalhar ou para de trabalhar	26
Começar ou terminar a faculdade	26
Mudanças nas condições de vida	25
Problemas com o chefe	23
Mudança de horário e condições de trabalho	15
Mudança em hábitos alimentares	15
Férias	13
Festividades de Natal	12
Pequenas violações da lei	12

T. H. HOLMES e R. H. RAHE, "The Social Readjustment Social Scale" [Escala de reajuste social], *Journal of Psychosomatic Research* 2 [Revista de Pesquisa psicossomática 2], 1967.

RECONHEÇA OS SINAIS DE ALERTA DA DEPRESSÃO

Nem toda mudança produz depressão. No entanto, muitas mudanças em um período de doze meses podem provocar depressão severa. O reconhecimento dos sinais de alerta da depressão pode ajudar o pastor a ministrar de maneira mais eficaz aos que enfrentam mudanças na vida. Entre tais sinais podem ser citados:

- Dormir mais ou menos que o normal;
- Comer mais ou menos que o normal;
- Sentir-se cansado, agitado ou sentir raiva com facilidade;

Ajudando as pessoas a lidar com mudanças

- Dificuldades de concentração e para tomar decisões;
- Hipersensibilidade emocional, choro em excesso;
- Abuso de álcool e drogas;
- Perda de interesse em atividades antes prazerosas;
- Autonegligência;
- Sentimento de impotência e desânimo;
- Atitude de isolamento.

LEMBRE AS PESSOAS DE QUE DEUS ESTÁ EM AÇÃO

Mesmo quando a nossa vida parece fora de controle, Deus está executando seu plano em nós. "Ele realiza maravilhas insondáveis, milagres que não se pode contar" (Jó 5.9). Quando as mudanças não são bem recebidas, essas palavras nos lembram de que devemos estar abertos e alertas aos variados e inesperados caminhos que Deus usa para nos ajudar e agir em nosso favor.

A história de um único sobrevivente em um naufrágio nos ensina uma útil lição espiritual. No século XVII, uma embarcação que cruzava o Pacífico foi partida ao meio por um poderoso tufão. O único sobrevivente conseguiu chegar a uma ilhota desabitada. Foi capaz de fazê-lo agarrando-se desesperadamente a um dos mastros do navio. Depois de muitas dificuldades e considerável esforço, conseguiu fazer uma cabana rústica na qual guardava tudo que chegava à praia e que vinha do navio que afundara. Todos os dias ele orava a Deus por libertação, e continuamente vigiava o horizonte do oceano para ver se avistava algum navio que pudesse passar por ali. Um dia, depois de voltar de uma busca por alimento, ficou horrorizado ao descobrir que sua cabana estava em chamas. Ele perdeu tudo o que tinha. Crendo que as coisas não podiam ficar piores do que já estavam, o homem olhou para cima e blasfemou contra Deus. Cerca de três horas mais tarde, um navio chegou e o capitão disse: "Nós vimos o seu sinal de fumaça".

Deus nos ajuda e nos guia de maneiras incomuns e inesperadas. Não perca de vista o agir de Deus por causa de expectativas rígidas e resistência à mudança.

ENCORAJE AS PESSOAS A ACEITAR A GRAÇA DE DEUS

O apóstolo Pedro nos encorajou, dizendo: "Lancem sobre ele toda a sua ansiedade, porque ele tem cuidado de vocês" (1Pedro 5.7). Ajude as pessoas a responder às provações da vida tendo fé em Deus. Encoraje-as a que se voltem para o Deus que as ama e cuida delas.

- Em tempos de desespero, peça a Deus para dar esperança.
- Em tempos de escuridão, peça a Deus para desfazer as trevas com a luz.
- Em tempos de fraqueza e temor, peça a Deus coragem o bastante para dar o próximo passo.
- Em tempos de confusão, peça a Deus esclarecimento.
- Em tempos de tormento e dor, peça a Deus paz.

CADEIAS OU MUDANÇA: ENCORAJE AS PESSOAS A RESPONDER POSITIVAMENTE

Em vez de se sentirem limitadas ou intimidadas pelas mudanças, as pessoas podem escolher adaptar-se a mudanças e aceitá-las. Nessas ocasiões, podem crescer. Eis uma percepção útil extraída do mundo dos elefantes. Na Tailândia, quando um elefante é capturado, colocam uma tornozeleira de ferro com uma corrente pesada em volta de sua perna, e a corrente é amarrada a uma árvore. No começo, o elefante levanta e sacode a perna, tentando com todas as forças quebrar a corrente ou arrancar a árvore à qual está amarrado, mas nada acontece. O elefante fará isso dia após dia, até que finalmente desiste. Depois disso, toda vez que o poderoso animal levanta a perna e sente uma ligeira tensão, abaixa o pé em completa submissão.

É quando fica fácil controlar esse animal gigantesco. Ele é levado para trabalhar e fica preso a uma pequena estaca. Bastaria o mínimo esforço para que o animal arrancasse facilmente a estaca e corresse livre. Mas ele se sente preso porque acredita que nunca conseguirá ficar livre. A criatura está aprisionada simplesmente porque pensa que a liberdade é impossível. As pessoas não devem permitir ficar paralisadas pelas mudanças. Elas podem escolher vencer os acontecimentos, em vez de ser vencidas por eles.

COMPARTILHE TEXTOS BÍBLICOS APROPRIADOS

A Bíblia tem sido fonte de apoio, conforto e encorajamento para pessoas no decorrer do tempo. Oriente as pessoas para que leiam passagens bíblicas que sejam específicas para o momento que estão vivendo e encoraje-as a memorizar e recitar passagens que suavizem o impacto de mudanças. Apresentamos a seguir algumas passagens úteis, cada uma delas precedida por uma breve declaração no sentido de ajudar as pessoas a aplicar os textos à própria vida.

- *Ao se sentir fraco*: "pode dizer ao Senhor: 'Tu és o meu refúgio e a minha fortaleza, o meu Deus em quem confio'. [...] Ele o cobrirá com as suas penas, e sob as suas asas você encontrará refúgio; a fidelidade dele será o seu escudo protetor." (Salmos 91.2,4).
- *Ao se sentir inseguro*: "Quando eu disse: Os meus pés escorregaram, o teu amor leal, Senhor, me amparou! Quando a ansiedade já me dominava no íntimo, o teu consolo trouxe alívio à minha alma." (Salmos 94.18,19).
- *Ao se sentir vulnerável*: "O Senhor é bom, um refúgio em tempos de angústia. Ele protege os que nele confiam" (Naum 1.7).
- *Ao sentir que precisa de coragem*: " 'Porque o Senhor, o Soberano, me ajuda, não serei constrangido. Por isso eu me opus firme como uma dura rocha e sei que não ficarei decepcionado.'" (Isaías 50.7).
- *Ao se sentir ansioso*: " 'Não se perturbe o coração de vocês. Creiam em Deus, creiam também em mim (Jesus).' " (João 14.1).

Ajudando as pessoas a lidar com mudanças

- *Ao se sentir com medo*: "Deus é o nosso refúgio e a nossa fortaleza, auxílio sempre presente na adversidade. Por isso não temeremos, ainda que a terra trema e os montes afundem no coração do mar." (Salmos 46.1,2).
- *Ao sentir necessidade de segurança*: " 'Porque sou eu que conheço os planos que tenho para vocês', diz o Senhor, 'planos de fazê-los prosperar e não de causar dano, planos de dar a vocês esperança e um futuro' ". (Jeremias 29.11).
- *Para aumentar a autoconfiança e a fé*: "Tudo posso naquele que me fortalece." (Filipenses 4.13).
- *Para se lembrar do grande amor de Deus*: " 'Embora os montes sejam sacudidos e as colinas sejam removidas, ainda assim a minha fidelidade para com você não será abalada, nem será removida a minha aliança de paz', diz o Senhor, que tem compaixão de você." (Isaías 54.10).
- *Para lembrar da fidelidade de Deus em tudo nas jornadas da vida*: "Graças ao grande amor do Senhor é que não somos consumidos, pois as suas misericórdias são inesgotáveis. Renovam-se cada manhã; grande é a sua fidelidade!" (Lamentações 3.22,23).
- *Para lembrar de que devemos viver um dia de cada vez, confiando em Deus para as necessidades futuras*: " 'Portanto, não se preocupem com o amanhã, pois o amanhã trará as suas próprias preocupações. Basta a cada dia o seu próprio mal.' " (Mateus 6.34).
- *Para confiança serena em Deus*: "Não terá medo da calamidade repentina nem da ruína que atinge os ímpios, pois o Senhor será a sua segurança e o impedirá de cair em armadilha." (Provérbios 3.25,26).

LISTA DE LIVROS RECOMENDADOS PARA AS "QUESTÕES DIFÍCEIS DA VIDA"

Como posso saber que Deus existe?
- *Será que Deus existe?* Richard Swinburne (Portugal: Gradiva, 1998).
- *Cristianismo puro e simples,* C. S. Lewis (Martins Fontes, 2005).
- *Apologética cristã para questões difíceis da vida,* William Lane Craig (Vida Nova, 2010).
- *O Deus que intervém,* Francis Schaeffer (Cultura Cristã, 2002).
- *The Reason for God: Belief in an Age of Skepticism,* Tim Keller (Riverhead, 2009)
- *Philosophical Foundations for a Christian Worldview,* J. P. Moreland e William Lane Craig (IVP Academic, 2003)

Por que Jesus é o único caminho para Deus?
- *Mais que um carpinteiro,* Josh McDowell (Hagnos, 2012)
- *Em defesa da fé,* Lee Strobel (Vida, 2002)
- *A cruz de Cristo,* John Stott, (Vida, 2008)
- *Quem é Jesus?,* Ravi Zacharias (CPAD, 2012)
- *Is Jesus the Only Way?,* Philip Graham Ryken (Crossway, 2012)

Até que ponto o cristianismo é relevante no mundo de hoje?
- *Deuses falsos,* Tim Keller (Thomas Nelson, 2010)
- *Em defesa de Cristo,* Lee Strobel (Vida, 2002)
- *Em defesa da fé,* Lee Strobel (Vida, 2002)
- *Deus é essencial,* Luis Palau (United Press, 2001)
- *Simply Jesus: A New Vision of Who He Was, What He Did, and Why He Matters,* N. T. Wright (HarperOne, 2011)

Deus pode mesmo perdoar tudo que eu fiz?
- *As doutrinas da maravilhosa graça,* Michael Horton (Cultura Cristã, 2003)
- *Maravilhosa graça,* Philip Yancey (Vida, 2000)

Lista de livros recomendados para as "Questões difíceis da vida"

Mas todas as religiões não ensinam basicamente a mesma coisa?
- *O universo ao lado,* James W. Sire (United Press, 2001)
- *O império das seitas,* Walter Martin (Betânia, 1992)
- *Religiões:* guia ilustrado Zahar, Philip Wilkinson (Zahar, 2011)
- *A God of Many Understandings? The Gospel and Theology of Religions*, Todd Miles (B&H Academic, 2010)
- *So What's the Difference? How World Faiths Compare to Christianity*, Fritz Ridenour (Gospel Light, 2001)
- *Compact Guide To World Religions*, ed. Dean Halverson (Bethany House, 1996)
- *The Gospel in a Pluralist Society*, Lesslie Newbigin (Eerdmans, 1989)

Como podemos saber que Jesus ressuscitou dentre os mortos?
- *Em defesa de Cristo,* Lee Strobel (Vida, 2001)
- *Mais que um carpinteiro,* Josh McDowell & Sean McDowell (Hagnos, 2012)
- *The Jesus Inquest: The Case for and Against the Resurrection of the Christ,* Charles Foster (Thomas Nelson, 2010)
- *The Case for Easter: Journalist Investigates the Evidence for the Resurrection*, Lee Strobel (Zondervan, 2004)
- *The Case for the Resurrection of Jesus*, Gary R. Habermas e Michael Licona (Kregel, 2004)

O que é a Trindade, e como Deus pode ser três pessoas em uma?
- *Teologia histórica:* uma introdução à história do pensamento cristão, Alister McGrath (Cultura Cristã, 2007)
- *Teologia sistemática, histórica e filosófica*, Alister McGrath (Shedd Publicações, 2005)
- *What Is the Trinity?*, David F. Wells (P&R, 2012)
- *The Deep Things of God: How the Trinity Changes Everything*, Fred Sanders (Crossway, 2010)
- *Life In the Trinity: An Introduction to Theology with the Help of the Church Fathers*, Donald Fairbairn (IVP Academic, 2009)
- *Making Sense of the Trinity*, Millard Erickson (Baker, 2000)

Quem é o Espírito Santo?
- *Batismo e plenitude do Espírito Santo,* John Stott (Vida Nova, 1993)
- *Paulo, o Espírito e o povo de Deus,* Gordon Fee (United Press, 1997)
- *Who Is The Holy Spirit?,* R. C. Sproul (Reformation Trust, 2012)
- *Spirit Rising: Tapping into the Power of the Holy Spirit,* Jim Cymbala (Zondervan, 2012)
- *Classic Sermons on the Holy Spirit,* ed. Warren W. Wiersbe (Kregel, 1996)

GUIA DE RECURSOS PRÁTICOS

O que dizer dos erros e contradições da Bíblia?
- *Merece confiança o Novo Testamento?*, F. F. Bruce (Vida Nova, 2003)
- *Manual popular de dúvidas, enigmas e "contradições" da Bíblia*, Norman L. Geisler e Thomas A. Howe (Mundo Cristão, 1999)
- *Novas evidências que demandam um veredito*, Josh McDowell (Hagnos, 2013)
- *New International Encyclopedia of Bible Difficulties*, Gleason L. Archer, Jr. (Zondervan, 2001)
- *Hard Sayings of the Bible*, Walter C. Kaiser Jr., Peter H. Davids, F. F. Bruce e Manfred T. Brauch (IVP Academic, 1996)

Por que eu preciso ir à igreja?
- *A igreja irresistível*, Wayne Cordeiro (Vida, 2012)
- *Eles gostam de Jesus, mas não da igreja*, Dan Kimball (Vida, 2011)
- *Igreja contagiante*, Mark Mittelberg (Vida, 2011)
- *Fundamentos da teologia da igreja*, Carlos Caldas (Mundo Cristão, 2007)
- *Os sem-igreja*, Nelson Bomilcar (Mundo Cristão, 2012)
- *Why Men Hate Going to Church*, David Murrow (Thomas Nelson, 2011)
- *Church: Why Bother? My Personal Pilgrimage*, Philip Yancey (Zondervan, 2001)
- *The Church*, Edmund P. Clowney (IVP Academic, 1995)

O que acontece com as pessoas após a morte?
- *Surpreendido pela esperança*, N. T. Wright (Ultimato, 2009)
- *O grande abismo*, C. S. Lewis (Vida, 2006)
- *Heaven*, Randy Alcorn (Tyndale House, 2004)
- *Death and the Life After*, Billy Graham (Thomas Nelson, 1994)

O mundo vai acabar em breve?
- *Manual de escatologia*, J. Dwight Pentecost (Vida, 1998)
- *Escatologia*: a polêmica em torno do milênio, Millard Erickson (Vida Nova, 2010)
- *A Bíblia e o futuro*, Anthony Hoekema (Cultura Cristã, 1989)
- *The End: A Complete Overview of Bible Prophecy and the End of Days*, Mark Hitchcock (Tyndale House, 2012)
- *Every Prophecy of the Bible*, John F. Walvoord (David C. Cook, 2011)
- *The Vision of His Glory*, Ann Graham Lotz (Thomas Nelson, 2009)
- *A Basic Guide to Eschatology: Making Sense of the Millennium*, Millard Erickson (Baker, 1998)

Por que Deus permite que coisas ruins aconteçam a pessoas boas?
- *Onde está Deus quando chega a dor?*, Philip Yancey (Vida, 2005)
- *O problema do sofrimento*, C. S. Lewis (Vida, 2006)

Lista de livros recomendados para as "Questões difíceis da vida"

- *O enigma do mal,* John Wenham (Vida Nova, 1989)
- *Eu vi as tuas lágrimas: amparo e consolo no sofrimento,* Vera Cristina Weissheimer (Sinodal, 2009)
- *When God Doesn't Make Sense*, James C. Dobson (Tyndale Momentum, 2012)
- *How Long, O Lord? Reflections on Suffering and Evil*, D. A. Carson (Baker Academic, 2006)
- *Why? Trusting God When You Don't Understand,* Ann Graham Lotz (Thomas Nelson, 2005)

Por que é errado que duas pessoas que se amam vivam juntas sem estar casadas?

- *Casei-me com você*, Walter Trobisch (Loyola, 1974)
- *Eu amo você: namoro, noivado, casamento e sexo*, Jaime Kemp (Vencedores por Cristo, 2000)
- *Jovem apaixonado*, Ted Cunningham (Vida, 2013)
- *Limites no namoro*, Henry Cloud & John Townsend (Vida, 2002)
- *Encontre a pessoa certa para você*, H. Norman Wright (Vida, 2011)
- *And The Bride Wore White: Seven Secrets to Sexual Purity*, Dannah Gresh (Moody Publishers, 2004)
- *Passion and Purity: Learning to Bring Your Love Life under Christ's Control*, Elisabeth Elliot (Revell, 2002)

ÍNDICE DOS ENSAIOS E TÓPICOS

ROTEIRO Nº 1: LIDERANÇA ESPIRITUAL

O sublime chamado para a liderança espiritual (Êxodo 3.9-12) 59
- O sublime chamado para a liderança espiritual — *Claude Alexander* 60
- Como saber se você foi chamado para a liderança espiritual — *Gordon MacDonald* 61
- Conselhos a líderes relutantes — *Shirley A. Mullen* 63
- Liderança radicada em confiança — *Gordon MacDonald* 64
- Cinco coisas que líderes fazem — *Bill Hybels* 66
- Requisitos bíblicos para a liderança — *Darrell W. Johnson* 67
- Liderança de servo — *Greg Ogden* 69
- Como o orgulho destrói a liderança — *Connie Jakab* 70
- A tarefa de liderar a si mesmo — *Bill Hybels* 72
- O chamado à perseverança — *Eugene Peterson* 74
- A liderança e a confiança no Espírito Santo — *Francis Chan* 76
- Liderando com amor: vida e ministério de Billy Graham — *Harold Myra & Marshall Shelley* 78

Conduzindo mudanças (Números 11.1,4-6) 215
- Um processo cristocêntrico de mudanças — *Gordon MacDonald* 216
- Antes de introduzir mudanças — *Bruce Boria* 218
- Quatro passos para pavimentar o caminho em direção à mudança — *Larry Osborne* 219
- Como saber a hora de mudar — *Gordon MacDonald* 221
- Como promover mudanças numa igreja pequena — *Kathy Callahan, Gary Farley & Martin Giese* 223
- Como lidar com reclamações sobre mudanças — *Mark Wheeler* 224
- Como fazer as "grandes" mudanças — *Harold Glen Brown* 225
- Cinco verdades para conduzir mudanças no estilo da adoração — *Steve Bierly* 227

Desenvolvendo novos líderes (Deuteronômio 34.9) 273
- Descobrindo novos líderes em potencial — *Angela Yee* 274
- Traços de novos líderes potenciais — *Fred Smith* 275

Índice dos ensaios e tópicos

- Princípios para o desenvolvimento de novos líderes — *John Maxwell* 277
- Como procurar e descobrir novos líderes — *Macario de la Cruz* 279
- Como mentorear novos líderes — *Earl Palmer & Erik Johnson* 280
- Princípios-chave do desenvolvimento de liderança — *Dan Reiland* 283
- A arte de ser *coach* de novos líderes — *Chad Hall* 284
- Quatro práticas para estimular novos líderes — *Kevin Miller* 285
- Passando o bastão para novos líderes — *John Perkins* 288
- Delegando tarefas a novos líderes — *John Maxwell* 289

Orientando a igreja a contribuir (1Crônicas 29.5-9) 581
- Dez princípios bíblicos sobre contribuição — *John Stott* 582
- Por que os líderes precisam abordar o tema do dinheiro — *Dick Towner* 584
- Desfazendo mitos comuns sobre dinheiro — *Wayne Pohl* 586
- Como pregar sobre contribuição — *Haddon Robinson* 587
- Os quatro estágios da contribuição — *Jim Nicodem* 590
- Como falar sobre contribuição — *Wayne Pohl & Jay Pankratz* 591
- Como criar discípulos que contribuem generosamente — *Forrest Reinhardt* 593

Visão, valores e planejamento estratégico (Neemias 3.1,3,6) 651
- Princípios bíblicos de visão — *Steve Mathewson* 652
- Os princípios básicos da visão — *Ken Blanchard & Max DePree* 653
- Como desenvolver uma visão em equipe — *Paul Ford* 655
- Como consolidar a visão — *Andy Stanley* 657
- A Bíblia e o planejamento estratégico — *Peter Barnes & Mark Marshall* 658
- Como desenvolver um planejamento estratégico — *Stephen A. Macchia* 660
- Cinco princípios para um planejamento eficaz — *Larry Osborne* 661
- Definindo os valores centrais da igreja — *Kelly Brady* 663
- Três valores que norteiam as decisões — *Bill Hybels* 665
- Os princípios básicos para estabelecer metas — *Paul Johnson* 666
- Os riscos de se estabelecer metas — *Jack Hayford* 668
- Confiando no Espírito Santo durante o planejamento — *Bill Hybels* 669

Administrando conflitos (Mateus 20.24-28) 1423
- A dádiva dos conflitos — *John Ortberg* 1424
- Os princípios inegociáveis dos conflitos — *Bill Hybels* 1425
- Seis importantes habilidades de comunicação — *Herb Miller* 1427
- Maneiras não saudáveis de lidar com os conflitos — *Ronald S. Kraybill* 1429
- Lidando com situações de conflito na igreja —
  Ken Sande, Rene Schlaepfer & Jim Van Yperen 1430
- Disfunções causadoras de conflitos na equipe — *Nancy Ortberg* 1432
- Como confrontar uma pessoa — *Daniel Brown* 1434
- Como lidar com as críticas — *Fred Smith* 1435
- Disciplinas espirituais para lidar com os conflitos — *Mark Buchanan* 1437

Índice dos ensaios e tópicos

Formando e liderando equipes (Lucas 6.13) **1525**
- Seis tarefas-chave para líderes de equipe — *Karen Miller* 1526
- Quatro compromissos de líderes de equipe eficazes — *Don Cousins* 1528
- Perguntas que devem ser feitas sobre potenciais integrantes de equipes — *Michael Cheshire* 1530
- Quatro maneiras de fortalecer o trabalho em equipe — *Charles R. Swindoll* ... 1532
- Os princípios do trabalho em equipe segundo Billy Graham — *Harold Myra & Marshall Shelley* 1534
- Homens e mulheres como companheiros de equipe — *Sarah Sumner* 1536
- Como dirigir uma reunião de equipe — *John Sommerville* 1538
- Como demitir um membro da equipe — *Paul Borthwick* 1540

Gerenciando e motivando voluntários (1Pedro 2.4-5) **1877**
- A base bíblica para o ministério voluntário — *Bruce Larson* 1878
- Panorama da motivação de voluntários — *Paul Robbins & Harold Myra* 1879
- Ampliando a base de voluntários da igreja — *Bill Hybels* 1880
- Voluntários com mentalidade cristocêntrica — *Sue Mallory* 1881
- Como iniciar um ministério com voluntários — *Bruce Larson* 1883
- Focando nas necessidades dos voluntários — *Ted Harro* 1885
- Formando uma comunidade para os voluntários — *Nancy Beach* 1886
- Encontrando o lugar certo para os voluntários — *Leith Anderson* 1887
- Cinco princípios para a formação de voluntários — *Terry C. Muck* 1888
- Iniciando um novo ministério dirigido por voluntários — *Dan Cousins* 1890
- Dispensando um voluntário – *Leadership Journal* 1891

ROTEIRO Nº 2: PREGAÇÃO, ORAÇÃO CORPORATIVA E DISCIPULADO

Fundamentos da boa pregação (Jeremias 1.4-10) **1113**
- O sublime chamado da pregação — *Gardner Taylor* 1114
- Preparando-se para pregar — *Peter Scazzero* 1115
- Orando pelo sermão — *H. B. Charles* 1117
- A introdução do sermão — *E. K. Bailey* 1118
- Preparando o sermão: 7 passos para a preparação do sermão — *Peter Mead* ... 1120
- A conclusão do sermão — *E. K. Bailey* 1133

Cultivando a oração por toda a igreja (Daniel 2.17-20) **1241**
- Despertando a igreja para a oração comunitária — *Jim Cymbala* 1242
- Orações pastorais de poder — *Gordon MacDonald* 1244
- Exemplo de oração pastoral — *M. Craig Barnes* 1246
- Orações pastorais inadequadas — *M. Craig Barnes* 1246
- Como aprofundar reuniões de oração coletivas — *Leadership Journal* 1248

Índice dos ensaios e tópicos

- Formas de orar durante os cultos — *Bonnie & Trevor McMaken* 1250
- Como cultivar a oração durante a semana — *Leadership Journal* 1252
- O envolvimento de ministros de oração durante o culto — *Kelly Brady* 1254

Construindo uma cultura de discipulado (Mateus 4.18-22) 1363
- Aspectos básicos do discipulado — *Dallas Willard* 1364
- Uma visão para o discipulado — *Gordon MacDonald* 1365
- Modelo de discipulado segundo Jesus — *Gordon MacDonald* 1368
- Pequenos grupos que promovem discipulado — *John Ortberg* 1370
- Pregação que promove o discipulado — *Bill Hybels* 1372
- Disciplinas espirituais coletivas e discipulado — *Mindy Caliguire* 1375
- Disciplina eclesiástica e discipulado — *Ken Sande* 1377

ROTEIRO Nº 3: A VIDA ESPIRITUAL DO LÍDER

Disciplinas espirituais para líderes (1Samuel 30.6) 389
- A importância das disciplinas espirituais — *Henri Nouwen* 390
- A disciplina da solitude — *Henri Nouwen* 391
- Como passar um dia em oração — *John Ortberg* 393
- A disciplina do ritmo espiritual — *Ruth Haley Barton* 395
- A disciplina da desaceleração — *John Ortberg* 397
- A disciplina da guarda do dia de descanso (*Shabat*) — *Eugene Peterson* 398
- A disciplina do jejum — *Richard Foster* 400
- A disciplina da comunidade — *Henri Nouwen* 402

Saúde espiritual e emocional dos líderes (1Reis 19.3-6) 473
- Recuperando a esperança no ministério — *John Ortberg* 474
- Dez maneiras de rejuvenescer a alma — *Skye Jethani* 475
- Estabelecendo limites saudáveis — *Kevin Miller* 477
- Buscando profundidade espiritual e emocional — *Peter Scazzero* 478
- Guardando o coração — *Nancy Beach* 481
- Monitorando o indicador emocional — *Bill Hybels* 483
- Encarando o preço do ministério — *Jay Kessler* 485
- Por que precisamos de amizades profundas — *Erwin R. McManus* 487
- Quatro princípios para a amizade e para a prestação de contas — *Leadership Journal* 488

O caráter dos líderes (1Timóteo 3.1-3) 1823
- A formação do caráter — *Gordon MacDonald* 1824
- O pacto de caráter segundo Billy Graham — *Harold Myra & Marshall Shelley* .. 1825
- Pastores saudáveis, igrejas saudáveis — *Rick Warren* 1826

Índice dos ensaios e tópicos

- Vencendo as tentações — *Juan Sanchez* 1828
- Como manter sua integridade sexual — *Gordon MacDonald & Richard Exley* .. 1829
- A promessa e o perigo da ambição — *Dave Harvey* 1831
- O pecado da grandeza — *John Ortberg* 1833
- Ministério e comportamentos compulsivos — *Sally Morgenthaler* 1835
- A prática da confissão — *Max Lucado* 1837

ROTEIRO Nº 4: PASTOREANDO EM SITUAÇÕES ESPECÍFICAS

Os fundamentos do pastoreio (1Crônicas 11.1-3) 525
- O papel do pastor — *Gordon MacDonald* 526
- Pastoreio como presença pessoal — *Henri Nouwen* 527
- Pastoreio como cura da alma — *Eugene Peterson* 529
- Pastoreio como cuidado do rebanho — *Gordon MacDonald* 532
- Habilidade de ouvir no pastorado — *Leadership Journal* 533
- Sete aspectos essenciais em visitas hospitalares — *Bruce L. Shelley* 535
- Pastoreando membros inativos — *John Savage & Doug Self* 536
- Pastoreando pessoas profundamente feridas — *Matt Woodley* 539
- Equipando líderes leigos para o pastoreio — *Kelly Brady* 541

Pastoreando os mentalmente doentes (Jó 3.23–26) 741
- A reação da igreja à doença mental — *Amy Simpson* 742
- Como pastorear os mentalmente doentes — *Amy Simpson* 743
- Ajudando as famílias dos mentalmente doentes — *Amy Simpson* 746
- Questão espiritual, psicológica ou demoníaca? — *Archibald D. Hart* 748
- Como ministrar a alguém com TEPT (Transtorno de estresse pós-traumático) — *Gregory L. Jantz* 752
- Como pastorear alguém que sofre de transtorno alimentar — *Margaret Nagib* ... 754
- Compreendendo a "Noite escura da alma" — *Chuck DeGroat* 756
- Como conduzir alguém a um especialista — *Randy Christian* 758

Pastoreando pessoas em situações de trauma, crises e suicídio (Salmos 69.1-3) 863
- Pastoreando pessoas em situações de crise ou trauma — *Scott Floyd* 864
- A crise causada por um trauma comunitário — *Scott Floyd* 866
- A crise causada por um desastre natural — *Scott Floyd* 868
- A crise causada por suicídio: prevenção — *Jolene L. Roehlkepartain & Randy Christian* 871
- A crise causada por suicídio: cuidados posteriores — *Randy Christian* 873
- A crise causada por uma gravidez indesejada — *Nancy Kreuzer* 875
- A crise causada por violência doméstica — *Lou Reed* 877
- A crise causada por estupro — *Danny Armstrong* 879

Índice dos ensaios e tópicos

Pastoreio de casais em crise, divorciados e solteiros (Isaías 61.1-3) **1019**
- O papel do pastor na restauração de casais em crise — *Thomas Needham* 1020
- Ajudando um casal em crise — *Greg & Priscilla Hunt* 1022
- Três perguntas para casais em crise — *Ron Edmondson* 1024
- Como estabelecer um ministério do segundo casamento —
  Leadership Journal 1026
- Restauração do casamento após a infidelidade — *Louis McBurney* 1028
- Iniciando um ministério para a restauração de divorciados — *Lee A. Dean* 1030
- Ministrando a pais solteiros — *Adam Stadtmiller* 1033

Pastoreando pessoas que enfrentam sofrimento, doença e morte (Lamentações 2.10-11,13) **1147**
- Pastoreando em situação de luto — *Harold Ivan Smith* 1148
- Dirigindo a igreja que passa por luto — *Harold Ivan Smith* 1150
- As quatro tarefas de todos que sofrem luto — *Harold Ivan Smith* 1152
- Cuidado pastoral pós-aborto espontâneo ou parto de natimorto —
  James D. Berkley 1153
- Pastoreando doentes terminais — *Greg Asimakoupoulos* 1155
- Pastoreando casais inférteis — *Beth Spring* 1156
- Pastoreio mulheres pós-aborto — *Nancy Kreuzer* 1158
- Pastoreando em funerais trágicos — *Roger F. Miller* 1160

Pastoreio e batalha espiritual (Marcos 1.25-27) **1465**
- Duas barreiras para entender a batalha espiritual — *Steven D. Mathewson* 1466
- Estratégias bíblicas para lidar com a batalha espiritual —
  Steven D. Mathewson 1467
- Três perspectivas sobre batalha espiritual — *Steven D. Mathewson* 1474
- Princípios fundamentais da batalha espiritual — *John Ortberg* 1475
- Envolvendo o Espírito e a batalha espiritual no culto — *Dave Gibbons* 1477

Pastoreando famílias com casos de deficiência (João 9.1-3) **1575**
- Princípios bíblicos do ministério aos portadores de deficiência —
  Stephanie O. Hubach 1576
- Como apoiar uma família atingida por invalidez — *Stephanie O. Hubach* 1578
- Como apoiar a vida desde a concepção até a morte natural —
  Joan & Jerry Borton 1580
- Preparando a igreja para acolher pessoas portadoras de deficiência —
  Stephanie O. Hubach 1582
- Como compartilhar o Evangelho por meio de palavras — *Dawn Clark* 1584
- Como compartilhar o Evangelho por meio de ações — *Dawn Clark* 1586
- Apoiando os dons de pessoas portadoras de deficiência —
  Joan & Jerry Borton 1588

Índice dos ensaios e tópicos

- Alcançar pessoas portadoras de deficiência na comunidade — *Dawn Clark* 1589
- Ajudando pessoas portadoras de deficiência a passar pela dor — *Tom Hoffman* 1591

Pastoreando dependentes químicos e seus familiares (Romanos 7.14-20) **1671**
- Abraçando a dependência química e o ministério da recuperação — *Mark Buchanan* 1672
- Compreendendo a dependência química e recuperação — *BuildingChurchLeaders.com* 1673
- Criando na igreja uma cultura de recuperação — *John Burke* 1675
- Confrontando os alcoólatras — *Kevin Miller & James D. Berkley* 1678
- Ajudando os pais de um dependente — *John Vawter* 1681
- Ministrando aos dependentes em sexo — *Mark Brouwer* 1683
- Iniciando um ministério de recuperação na igreja — *Mark Brouwer* 1686

Pastoreio e questões de sexualidade (1Coríntios 6.9-11) **1707**
- Princípios bíblicos-chave sobre sexualidade — *Stanton L. Jones* 1708
- A resposta da igreja à homossexualidade — *Joe Dallas* 1710
- Como pastorear pessoas que lutam contra a atração por pessoas do mesmo sexo — *Sam Allberry* 1713
- Como ajudar pais de homossexuais — *Joe Dallas* 1715
- Pastoreando vítimas de abuso sexual — *Julie Woodley* 1717

Pastoreando casais e solteiros (Efésios 5.31,32) **1749**
- Visão bíblica para o casamento — *Rick Warren* 1750
- Fortalecendo casamentos imperfeitos — *Gary Thomas* 1752
- Quatro práticas comuns dos casamentos bem-sucedidos — *Les & Leslie Parrott* 1755
- Como pregar sobre casamento, divórcio e celibato — *Mark Mitchell* ... 1756
- Princípios para desenvolver um ministério sólido de casais — *Greg & Priscilla Hunt* 1758
- Como desenvolver um ministério de casais sólido — *Greg & Priscilla Hunt* 1760
- A base do aconselhamento pré-nupcial — *Ron Edmondson* 1762
- Um plano para o aconselhamento pré-nupcial — *Mark Mitchell* 1763
- Exercícios adicionais para aconselhamento pré-nupcial — *Donald L. Bubna* 1766
- Como lidar com a celebração de casamento para casais não cristãos — *Douglas G. Scott* 1767
- Valores essenciais do ministério para adultos solteiros — *Adam Stadtmiller* ... 1769
- Maneiras práticas de incluir adultos solteiros — *Susan Maycinik Nikaido* 1771
- Orientações pastorais para adultos solteiros — *Mark Mitchell* 1772

Índice dos ensaios e tópicos

ROTEIRO Nº 5: EVANGELISMO E JUSTIÇA SOCIAL

Ministérios de justiça e compaixão (Amós 5.21-24) 1289
- Quatro verdades sobre a justiça na Bíblia — *Paul Louis Metzger* 1290
- Pregação e ensino sobre temas de justiça social — *Mark Labberton* 1291
- Envolvendo-se pessoalmente com ministérios de justiça social — *Eugene Cho* 1292
- Unindo justiça social e evangelização — *Leadership Journal* 1294
- Planejando projetos sociais por meio de pequenos grupos — *Keri Wyatt Kent* 1297
- Alcançando os imigrantes e refugiados — *Matt Soerens* 1298
- Alcançando os sem-teto — *David Collins* 1300
- Alcançar os presos e suas famílias — *Mary Engle* 1303
- Alcançar os traficantes — *Dawn Herzog Jewell* 1304
- Medidas práticas para viver de modo mais justo — *Bonnie McMaken* 1306

O papel do pastor na evangelização (Atos 1.8) 1635
- Como levar a igreja da adoração à missão — *Samuel Escobar* 1636
- Três verdades sobre evangelismo pessoal — *Lon Allison* 1638
- Lições de evangelização com Paulo — *Haddon Robinson* 1639
- Vencendo as desculpas para não compartilhar a fé — *Mark Mittelberg* 1640
- Pregação relevante aos descrentes — *Bill Hybels* 1641
- Pregação evangelística em contexto urbano — *Tim Keller* 1643
- Fazendo o apelo evangelístico com clareza — *Greg Laurie* 1645
- Despertando mentes fechadas para Cristo — *Ed Dobson* 1646
- Alcançando os jovens adultos da igreja — *T. V. Thomas* 1648
- Comunicando o Evangelho com clareza — *Tim Keller* 1650

O papel da igreja na evangelização (1Tessalonicenses 1.4-8) 1787
- Desenvolvendo paixão pela evangelização em toda a igreja — *Mark Buchanan* 1788
- Um novo compromisso de evangelização proativa — *Ajith Fernando* 1789
- Seis marcas de uma igreja evangelística — *Eric Reed* 1790
- Nove princípios de evangelização para as igrejas — *Jerry Cline, Mark Mittelberg & Mike Slaughter* 1792
- Construindo uma cultura evangelística na igreja — *Calvin C. Ratz* 1794
- Criando um ambiente acolhedor na igreja — *Leadership Journal* 1795
- Preparando a igreja para a evangelização através da amizade — *Jorge Osorio* 1797
- Evangelização em bairros de classe média alta — *Calvin C. Miller* 1799
- Seis formas de fazer uma igreja rural crescer — *Stephen McMullin* 1801
- Quatro maneiras de apresentar o Evangelho aos sem-igreja — *James Emery White* 1803
- Alcançando pessoas de outras religiões — *Ravi Zacharias* 1804

Índice dos ensaios e tópicos

Ministérios de missões globais (Apocalipse 7.9-10) 1913
- Compreendendo missões hoje — *Christopher J. H. Wright* 1914
- Tornando-se um cristão global — *Miriam Adeney* 1916
- Principais tarefas para a equipe de missões — *Lee A. Dean* 1918
- Mobilizar a igreja para obter impacto global — *Paul Borthwick* 1920
- Focando o impacto global da igreja — *Daniel Brown* 1923
- O papel do pastor em missões globais — *Daniel Henderson* 1925
- Missões de curto prazo: formando a equipe — *Leadership Journal* 1926
- Missões de curto prazo: preparando a equipe — *Leadership Journal* 1929

COLABORADORES

A

Miriam ADENEY é professora na Seattle Pacific University e no Regent College, EUA. É autora de *Daughters of Islam* [Filhas do Islã].

Claude ALEXANDER é bispo e pastor titular da The Park Church em Charlotte, Carolina do Norte, EUA.

Sam ALLBERRY é pastor associado na Igreja de Santa Maria (Anglicana) em Maidenhead, Reino Unido, e autor de *Lifted: Experiencing the Resurrection Life* [Experimentando a vida ressurreta].

Lon ALLISON é professor associado e diretor executivo do Centro Billy Graham em Wheaton College, Illinois, EUA.

Leith ANDERSON é presidente da Associação Nacional de Evangelicais (EUA) e autor de *Leadership That Works* [Liderança que funciona].

Danny ARMOSTRONG foi capelão e colaborador do *Leadership Journal*.

Greg ASIMAKOUPOULOS é pastor, escritor *freelancer* e colunista de jornal. É autor de *Prayer from My Pencil* [Oração na ponta do lápis].

B

E. K. BAILEY implantou a Igreja Batista Missionária Concórdia e fundou o ministério E. K. Bailey em Dallas, Texas, EUA.

M. Crag BARNES é pastor da Igreja Presbiteriana Shadyside em Pittsburgh, EUA, editor na *The Christian Century* e autor de *Body & Soul: Reclaiming the Heidelberg Catechism* [Corpo & alma: recuperando o catecismo de Heidelberg].

Peter BARNES é pastor titular da Primeira Igreja Presbiteriana de Winston-Salem, Carolina do Norte, EUA, e autor de *The Missional Church* [A igreja missional].

Ruth Haley BARTON é fundadora do The Transforming Center e consultora de liderança. É autora de *Strenghtening the Soul of Your Leadership* [Fortalecendo a alma da sua liderança].

Nancy BEACH é vice-presidente executiva de programação e produção da Associação Willow Creek, EUA, pastora do departamento de ensino da Igreja Comunidade Willow Creek e autora de *Chamadas para liderar*.

James D. BERKLEY, ex-editor do *Leadership Journal*, é pastor da Igreja Presbiteriana Mt. Pisgah em Roslyn, Washington, EUA.

Colaboradores

Steve BIERLY é pastor da Igreja Americana Reformada em Hull, Iowa, EUA, e autor de *Help for the Small-Church Pastor* [Ajuda para o pastor de uma igreja pequena] e *Lutando com Deus*.

Ken BLANCHARD é o diretor espiritual de The Ken Blanchard Companies e coautor de *O gerente minuto*.

Paul BORTHWICK é consultor sênior no grupo Development Associates International em Colorado Springs, Colorado, EUA, e autor de *A Mind for Missions* [Uma mentalidade para missões].

Bruce BORIA é pastor titular da Igreja Betânia em Greenland, New Hampshire, EUA.

Joan & Jerry BORTON trabalham no Joni and Friends International Disability Center na região metropolitana da Filadélfia, EUA.

Kelly BRADY é pastor titular da Igreja Bíblica Glen Ellyn em Glen Ellyn, Illinois, EUA, e autor de *Pocket Theology* [Teologia de bolso].

Mark BROWER, especialista em recuperação, conferencista e pastor da Igreja Poço de Jacó em Evergreen Park, Illinois, EUA.

Harold Glen BROWN é pastor emérito da Igreja Batista Oak Hill em Somerset, Kentucky, EUA.

Daniel BROWN é o pastor fundador da Igreja Quadrangular The Coastlands, Aptos, nas proximidades de Santa Cruz, Califórnia, EUA, e diretor do ministério Commended to the World, dedicado ao mentoreamento de líderes espirituais.

Donald L. BUBNA é membro da junta diretiva do ministério Peacemaker e autor de *Building People through a Caring Sharing Fellowship* [Edificando pessoas através de uma comunidade amorosa].

Mark BUCHANAN é professor associado de Teologia Pastoral no Seminário Ambrose em Calgary, Alberta, CAN, e autor de *Your God is Too Safe* [O seu Deus é muito seguro].

John BURKE é o pastor titular da Igreja Comunidade Gateway em Austin, Texas, EUA, e autor de *Proibida a entrada de pessoas perfeitas* e *O barro e a obra prima*.

C

Mindy CALIGUIRE é fundadora do Soul Care, um ministério de formação espiritual, e diretor do ministério de transformação da Associação Willow Creek, EUA. É conferencista e autora da coleção *The Soul Care Resources* [Recursos para o cuidado da alma].

Kathy CALLAHAN-HOWELL é colaboradora frequente do *Leadership Journal*.

Dwight L. CARLSON é médico psiquiatra e autor de *Why Do Christians Shoot Their Wounded?* [Por que os cristãos deixam de lado os feridos?].

Francis CHAN é o pastor fundador da Igreja Cornerstone em Simi Valley, Califórnia, EUA, e autor de *Louco amor*.

H. B. CHARLES é pastor de ensino na Igreja Batista Metropolitana Shiloh em Jacksonville, Flórida, EUA, e autor de *It Happens after Prayer* [Isso acontece depois da oração].

Michael CHESHIRE é fundador e pastor titular da Igreja Comunidade da Jornada no Colorado, EUA, e autor de *How to Knock Over a 7-Eleven and Other Ministry Training* [Como nocautear uma 7-Eleven e treinamento ministerial adicional].

Eugene CHO é fundador e pastor titular da Igreja da Busca em Seattle, Washington, EUA, diretor executivo do Q Café, e fundador da iniciativa humanitária One Day's Wages [Um dia de salário].

Colaboradores

Randy CHRISTIAN é líder de ministério e escritor *freelancer*.
Dawn CLARK é diretor do ministério Disabilities na Igreja College em Wheaton, Illinois, EUA.
Jerry CLINE foi pastor da Igreja Menonita Evangélica Upland e colaborador do *Leadership Journal*.
Don COUSINS lidera um ministério para pastores e líderes e é autor de *Unexplainable* [Inexplicável].
Jim CYMBALA é pastor do Tabernáculo Brooklyn, EUA, e autor de *Vento renovado, fogo renovado* e *A oração que vence barreiras*.

D

Joe DALLAS lidera o ministério de aconselhamento Gênesis, um ministério sobre compulsão sexual e homossexualidade. É autor de *The Game Plan* [O plano do jogo].
Lee A. DEN é evangelista e diretor do ministério Preach The Word.
Chuck DEGROAT é cofundador e vice-presidente da Newbigin House, um centro de aconselhamento em San Francisco, EUA. É autor de *Leaving Egypt: Finding God in Wilderness Places* [Saindo do Egito: encontrando Deus no deserto].
Macario DE LA CRUZ é um renomado pastor mexicano dedicado à evangelização e ao levantamento de novos lideres em sua nação.
Max DE PREE foi diretor executivo da Herman Miller, Inc., e autor de *Liderar é uma arte*.
Ed DOBSON, pastor emérito da Igreja do Calvário em Grand Rapids, Michigan, EUA, trabalha como conselheiro editorial da *Cristianismo hoje* (EUA) e é consultor editorial do *Leadership Journal*.

E

Ron EDMONDSON é pastor titular da Igreja Batista Emanuel em Lexington, Kentucky, EUA.
Mary ENGLE é diretora regional do ministério Prison Fellowship em Grand Rapids, Michigan, EUA.
Samuel ESCOBAR é professor de Missiologia no Seminário Teológico Palmer em Wynewood, Pensilvânia, e na Faculdade de Teologia da União Evangélica Batista da Espanha, Madri. Sua obra mais proeminente é *The New Global Mission* [A nova missão global].
Richard EXLEY é pastor aposentado, autor de *Homem de valor* e fundador do ministério Richard Exley.

F

Gary FARLEY é autor, especialista em sociologia rural e estrategista de missões do Center for Rural Church Leadership.
Ajith FERNANDO é diretor de ensino do Juventude para Cristo no Sri Lanka e autor de *The Call to Joy and Pain* [Chamado, alegria e sofrimento]
Scott FLOYD é o líder do departamento de aconselhamento do Instituto Teológico B. H. Carroll em Arlington, Texas, EUA, e autor de *Crisis Counseling: A Guide for Pastors and Professionals* [Aconselhamento na crise: um guia para pastores e profissionais].

Colaboradores

Kevin Ford é o visionário e principal parceiro do TAG Consultoring e coautor de *The Leadership Triangle* [O triângulo da liderança].

Mark Foreman é professor de Filosofia e Religião na Universidade Liberty e autor de *Christianity and Bioethics: Confronting Clinical Issues* [Cristianismo e bioética: confrontando temas médicos].

Richard Foster é teólogo e fundador do Renovare, um ministério paraeclesiástico de renovação. É autor do best-seller *Celebração da disciplina* e de *Santuário da alma*.

G

Dave Gibbons é pastor da Igreja Novo Cântico em Irvine, Califórnia, EUA, e autor de *Xealots*

Martin Giese é o pastor titular da Igreja Batista da Fé em Grand Rapids, Minnesota, EUA.

H

Chad Hall, consultor e *coach* em liderança, é coautor de *Coaching for Christian Leaders* [Coaching para líderes cristãos].

Ted Harro é fundador do Noonday Ventures, consultoria de gerenciamento em Palatine, Illinois, EUA.

Archibald D. Hart é professor titular de Psicologia e deão emérito do Departamento de Psicologia Clínica do Seminário Teológico Fuller em Pasadena, Califórnia, EUA. É coautor de *Stressed or Depressed* [Estressado ou deprimido].

Dave Harvey é pastor titular da Igreja Comunidade da Aliança em Glen Mills, Pensilvânia, EUA, e autor de *Quando pecadores dizem 'Sim'*.

Jack Hayford é o diretor do King's College em Van Nuys, Califórnia, EUA, e autor de *Orar é conquistar o impossível*

Daniel Henderson é presidente da Renovação Estratégica em Denver, Colorado, EUA, e autor de *Giving Ourselves to Prayer* ("Entregando-nos à oração")

Tom Hoffman é graduado pelo Covenant Theological Seminary e sofre de distonia generalizada, mas prega, ensina e contribui para vários livros.

Stephanie O. Hubach é diretora do ministério MNA Special Needs e autora de *Same Lake Different Boat: Coming alongside People with Disablities* [Mesmo lago, barco diferente: ajudando pessoas com deficiências].

Greg & Priscilla Hunt trabalham com *coaching* nas áreas de casamento e relacionamentos, são conferencistas e instrutores. Greg é o autor de *Leading Congregations through Crisis* [Liderando igrejas através das crises].

Bill Hybels é fundador e pastor titular da Igreja Comunidade Willow Creek, EUA, presidente da Associação Willow Creek e autor de *Liderança corajosa* e *Descontentamento santo*

J

Connie Jakab é blogueira, membro do grupo de escritores Redbud Writers Guild e autora de *Culture Rebels* [Rebeldes da cultura].

Colaboradores

Gregory L. Jantz, especialista em saúde mental e autor de 26 livros, é fundador de The Center for Counseling and Health Resources, uma instituição líder na área de cuidados da saúde em Seattle, Washington, EUA.

Skye Jethani é editor-chefe do *Leadership Journal*, conferencista, consultor e pastor. É autor de *WITH: Reimagining the Way You Relate to God* [COM: Reinventando a maneira de se relacionar com Deus].

Dawn Herzog Jewell é gerente de comunicação do Media Associates International e autor de *Escaping the Devil's Bedroom* [Fugindo do quarto do Diabo].

Darrell W. Johnson é pastor titular da Primeira Igreja Batista em Vancouver, CAN, e autor de *The Glory of Preaching* [A glória da pregação].

Erik Johnson é pastor da Primeira Igreja Luterana de Washburn, Dacota do Norte, EUA.

Paul Johnson é o plantador e pastor titular da Igreja Woodridge em Medina, Minnesota, EUA.

Stanton L. Jones é o reitor do Wheaton College, Illinois, EUA, e coautor de *God's Design for Sex* [O projeto de Deus para o sexo], uma série de livros sobre educação sexual para famílias.

K

Tim Keller é apologeta cristão, autor, conferencista e pastor fundador da Igreja Presbiteriana Redentor na cidade de Nova York, EUA.

Jay Kesler, ex-presidente de Juventude para Cristo e da Universidade Taylor em Upland, Indiana, EUA. É autor de *Emotionally Healthy Teenagers* [Adolescentes emocionalmente saudáveis].

Keri Wyatt Kent, escritora *freelancer* e editora, é autora de *Rest: Living in Sabbath Simplicity* [Descanso: vivendo na simplicidade do Dia do Senhor].

Ronald S. Kraybill é assessor da paz e do desenvolvimento das Nações Unidas em Lesoto (África).

Nancy Kreuzer é líder da Sanctity of Life e coordenadora regional da campanha Silent No More na região de Chicago.

L

Mark Labberton é diretor do Seminário Fuller em Pasadena, Califórnia, EUA, e autor de *The Dangerous Act of Loving Your Neighbour* [O perigo de amar o seu próximo].

Bruce Larson foi pastor titular da Igreja Presbiteriana da Universidade em Seattle, Washington, EUA, e escreveu vários livros, incluindo *The Presence* [A presença].

Craig Brian Larson foi editor do *PreachingToday.com*, pastor da Igreja Costa Norte em Chicago, Illinois, EUA, e autor de *The Art and Crafting of Biblical Preaching* [A arte e o ofício da pregação bíblica].

Greg Laurie é pastor titular da Comunidade Colheita Cristã em Riverside, Califórnia, EUA, e da Harvest Orange County em Irvine, Califórnia, EUA. É autor premiado, evangelista e orador renomado.

Max Lucado é pastor, pregador e autor de aproximadamente 100 livros, incluindo *Seis horas de uma sexta-feira*.

Colaboradores

M

Gordon MacDonald é o chanceler do Seminário de Denver, EUA, e autor de *Ponha ordem no seu mundo interior*.

Stephen A. Macchia é o presidente fundador da Leadership Transformations Inc. e autor de *Crafting a Rule of Life: An Invitation to the Well-Ordered Way* [Moldando uma regra para a vida: convite ao caminho bem ordenado].

Mark Marshal é pastor da Igreja Batista ClearView em Franklin, Tennessee, EUA.

Sue Mallory é consultora de liderança e autora de *The Equipping Church* [Igreja que prepara].

Steven D. Mathewson, EUA, é pastor titular da Igreja Evangélica Livre Encruzilhada da Vida em Libertyville, Illinois, EUA, e autor de *Risen: 50 Reasons Why the Resurrection Changed Everything* [Ressuscitou: 50 razões pelas quais a ressurreição mudou tudo].

John Maxwell é especialista em liderança, conferencista, *coach* e fundador do EQUIP, um programa de treinamento de liderança. É autor de vários livros, incluindo *As 21 irrefutáveis leis da liderança*.

Louis McBurney é cofundador do Marble Retreat Center, no Colorado, EUA, e autor de *Real Answers about Sex* [Respostas verdadeiras quanto ao sexo].

Bonnie McMaken é líder de adoração da Igreja da Ressurreição em Wheaton, Illinois, EUA, escritora *freelancer* e editora. É também editora-assistente da *The Ministry Essentials Bible*.

Trevor McMaken é pastor e diácono da Igreja da Ressurreição em Wheaton, Illinois.

Erwin R. McManus é pastor presidente da Igreja Mosaica em Los Angeles, Califórnia, EUA, e autor de *Wide Awake* [Despertos].

Stephen McMullin é professor associado de evangelização e missão na Faculdade de Teologia Acadia em Nova Scotia, CAN.

Peter Mead é cofundador e diretor do *Cor Deo*, um programa de treinamento de mentoreamento ministerial no Reino Unido.

Paul Louis Metzger é professor de Teologia e Teologia da Cultura na Universidade Multnomah em Portland, Oregon, EUA. É também o fundador e diretor do Institute for the Theology of Culture: New Wine, New Wineskins [Instituto de Teologia da Cultura: Vinho Novo, Odres Novos] e autor de *Connecting Christ* [Conectando-se com Cristo].

Calvin C. Miller foi pastor, pregador, professor, contador de histórias e autor de vários livros, incluindo *The Singer* [O cantor] e *Into the Depths of God* [Rumo às profundezas de Deus].

Herb Miller, consultor na área de saúde e eficácia eclesiástica, é autor de *Grow One* [Cresça].

Karen Miller é coautora de *More Than You and Me* [Além de nós dois].

Kevin Miller é reitor associado da Igreja da Ressurreição em Wheaton, Illinois, EUA, já foi vice-presidente da *Christianity Today* e pregador na página PreachingToday.com.

Roger F. Miller é autor de *What Can I Say? How to Talk to People in Grief* [O que eu posso dizer? Como falar com pessoas que sofrem].

Mark Mitchell é pastor titular da Igreja Península Central em Foster City, Califórnia, EUA, e pregador na página PreachingToday.com.

Mark Mittelberg é conferencista, apologeta e criador do programa de treinamento *Cristão contagiante*.

Colaboradores

Sally MORGENTHALER, grande consultor de liderança, é autor de *Worship Evangelism* [Evangelismo pela adoração].

Terry C. MUCK já foi editor da *Christianity Today* e coautor de *Christianity Encountering World Religions* [Ponto de encontro entre o cristianismo e as religiões do mundo].

Shirley A. MULLEN é diretora do Houghton College em Nova York, EUA.

Harold MYRA já foi diretor executivo da *Christianity Today* e autor de vários livros, incluindo *The One Year Book of Encouragement* [O livro do encorajamento em um ano].

N

Margaret NAGIB é psicóloga clínica com Timberline Knolls, especialista em cura interior, tratamento de distúrbios alimentares, traumas, vícios, autoagressão e variações de humor.

Thomas NEEDHAM é líder de ministério e escritor *freelancer*.

Jim NICODEM é pastor titular da Igreja Comunidade de Cristo em Illinois, EUA.

Susan Maycinik NIKAIDO trabalhou como editora e editora-chefe da revista *Discipleship Journal* por mais de quinze anos. É autora da Bíblia de estudo *Growing Deeper with God* [Crescendo na intimidade com Deus].

Henri NOWEN, sacerdote e escritor, escreveu 40 livros na área da espiritualidade cristã. alguns de seus títulos mais populares são *A volta do filho pródigo* e *Transforma meu pranto em dança*.

O

Greg OGDEN é pastor, conferencista e autor de *Elementos essenciais do discipulado* e coautor de *Elementos essenciais da liderança*.

John ORTBERG é pastor titular da Igreja Presbiteriana de Menlo Park em Menlo Park, Califórnia, EUA, e autor de vários livros, entre eles *Sendo quem eu quero ser* e *Quem é este homem?*

Nancy ORTBERG é cofundadora da TeamWorx2, uma empresa de consultoria em administração e liderança, e autora de *Em busca de Deus*.

Larry OSBORNE é pastor titular da Igreja da Costa Norte em Vista, Califórnia, e autor de *Sticky Church*.

Jorge OSORIO é pastor da Igreja Aliança Cristã e Missionária em Cartagena, Colômbia.

P

Earl PALMER é pastor, conferencista e fundador do ministério Earl Palmer.

Jay PANKRATZ é pastor titular da Igreja Nascer do Sol em Rialto, Califórnia, EUA.

Les & Leslie PARROTT são um casal que ministra a casais. São autores de *Quando coisas ruins acontecem a bons casamentos* e *A.M.O.R.*

John PERKINS, ativista de direitos civis, fundador e presidente da Fundação John M. Perkins em Jackson, Mississippi, EUA, e fundador da Christian Community Development Association (CCDA – Associação Cristã para o Desenvolvimento da Comunidade).

Colaboradores

Eugene H. Peterson é acadêmico, escritor e professor. Autor de diversos livros, incluindo *O pastor contemplativo* e *A Mensagem: A Bíblia em linguagem contemporânea*.

Wayne Pohl é pastor e coautor de *Mastering Church Finances* [Controlando as finanças da igreja].

R

Calvin C. Ratz foi pastor e contribuinte frequente do *Leadership Journal*.

Eric Reed é editor de notícias do *Leadership Journal*.

Lou Reed é pastor e defensor contra a violência doméstica.

Dan Reiland é pastor executivo da Igreja 12Stone na Geórgia, EUA, e *coach* na área de desenvolvimento da liderança.

Forrest Reinhardt, diretor geral da Venture Beyond, é consultor nas áreas de família, igreja e ministério.

Paul D. Robbins foi presidente e editor da *Christianity Today*.

Haddon Robinson ocupa a cadeira Harold John Ockenga de Pregação no Seminário Teológico Gordon-Conwell em Massachusetts. É autor de *A arte e o ofício da pregação bíblica*.

Jolene L. Roehlkepartain é educadora de pais, escritora e conferencista nas áreas de família e crianças. É autora de *The Best of Building Assets Together* [O melhor sobre aquisições em conjunto] e de vários livros para família.

S

Ken Sande é fundador do ministério Peacemaker, presidente do Relational Wisdom 360 e autor de *The Peacemaker* [O pacificador].

Juan Sanchez é pastor de pregação da Igreja Batista High Point em Austin, Texas, EUA.

John Savage é fundador da consultoria L.E.A.D., orientador internacional e consultor de igrejas e organizações não lucrativas.

Peter Scazzero é pastor fundador da Igreja Comunidade Nova Vida no bairro do Queens em Nova York, EUA, uma igreja multiétnica e internacional. É autor de *Espiritualidade emocionalmente saudável*.

René Schlaepfer é pastor de ensino na Igreja Twin Lakes na Califórnia, EUA.

Douglas G. Scott é psicoterapeuta e trabalha como terapeuta-chefe na Shadow Mountain Academy, uma escola de recuperação coeducacional para jovens adultos em Taos, Novo México, EUA.

Doug Self é o pastor responsável pelas áreas de cuidado pastoral e discipulado da Igreja The Orchard em Carbondale, Colorado, EUA.

Bruce L. Shelley, professor de História da Igreja e Teologia Histórica no Seminário de Denver, EUA, é autor de *História do cristianismo ao alcance de todos*.

Marshall Shelley é vice-presidente da *Christianity Today*, editor do *Leadership Journal* e autor de vários livros, incluindo *Well-Inspired Dragons* [Dragões inspirados].

Amy Simpson é editora da seção "Dotados para a Liderança" da *Christianity Today* e escritora *freelancer*. É autora de *Troubled Minds: Mental Illness and the Church's Mission* [Mentes perturbadas: doença mental e a missão da igreja].

Colaboradores

Sue SKALICKY foi colaboradora da seção "Edificando os líderes da igreja" da *Christianity Today*.

Mike SLAUGHTER é pastor titular da Igreja Ginghamsburg em Tipp City, Ohio, EUA, e autor de vários livros, incluindo *Shiny Gods* [Deuses reluzentes].

Colin SMITH é pastor titular da Igreja The Orchard em Arlington Heights, Illinois, EUA.

Fred SMITH fundou e foi presidente e diretor geral da FedEx. É autor de *Learning to Lead* [Aprendendo a liderar].

Harold Ivan SMITH é professor, especialista em luto e autor de *Griefkeeping: Learning How Long Grief Lasts* [Luto contínuo: aprendendo quanto tempo demora o luto].

Matthew SOERENS é especialista em treinamento eclesiástico da World Relief. É coautor de *Welcoming the Stranger: Justice, Compassion and Truth in the Immigration Debate* [Acolhendo o forasteiro: justiça, compaixão e verdade no debate sobre a imigração].

John SOMMERVILE é pastor da Igreja da Cidade em Minneapolis, Minnesota, EUA, e é membro da diretoria da *Christianity Today*.

Beth SPRING é autora de *The Infertile Clouple* [Casal infértil] e *Euthanasia* [Eutanásia].

Adam STADTMILLER é pastor associado na Capela Calvário da Costa Norte em Carlsbad, Califórnia, EUA. É autor de *Give Your Kids the Keys* [Dê as chaves a seus filhos].

Andy STANLEY é pastor titular da Igreja Northpoint e autor de *Comunicação que transforma* e *O líder da próxima geração*.

Richard STEARNS é presidente da Visão Mundial e autor de *A grande lacuna*.

John R. W. STOTT foi conferencista, escritor, um dos principais autores do Pacto de Lausanne e autor de vários livros, incluindo *A cruz de Cristo*.

Sarah SUMNER é deã do Seminário Teológico A. W. Tozer em Redding, Califórnia, EUA, e autora de *Men and Women in the Church: Building Consensus on Christian Leadership* [Homens e mulheres na igreja: chegando a um consenso na liderança cristã].

Chuck SWINDOLL é pastor, educador e radialista, fundador de Insight for Living, que transmite um programa de rádio para mais de 2.000 estações ao redor do mundo.

T

Gardner TAYLOR foi pastor da Igreja Batista Concórdia no Brooklin, Nova York, EUA, por 42 anos antes de se aposentar em 1990. É chamado de "O deão da pregação americana".

Gary THOMAS, conferencista internacional e escritor, é autor de *A bênção de ter filhos* e *Matrimônio sagrado*.

T. V. THOMAS é diretor do Centro de Evangelização & Missão Mundial em Regina, Saskatchwan (CAN). Viaja por todo o mundo como conferencista de jovens em igrejas, faculdades, seminários, retiros e conferências.

Dick TOWNER é pastor e consultor de gerenciamento do ministério Good Sense.

V

John VAWTER, ex-presidente do Seminário Western e do Seminário de Phoenix, fundou com a esposa o ministério You're Not Alone cujo objetivo é ajudar pastores e líderes cristãos que tenham filhos com problemas de álcool e outras drogas.

Colaboradores

W

Rick WARREN é pastor titular da Igreja Saddleback em Lake Forrest, Califórnia, EUA. É autor de *Uma vida com propósitos*.

Mark WHEELER é pastor titular da Primeira Igreja Batista Central de Chicopee, Massachusetts, EUA.

James EMERY WHITE é fundador e pastor titular da Igreja Comunidade Mecklenburg em Charlotte, Carolina do Norte, EUA, e presidente do ministério Serious Time.

Dallas WILLARD, filósofo, conferencista e escritor.

Warren WIERSBE é pastor, escritor e conferencista. Entre seus muitos livros destaca-se a série de 50 livros intitulados *BE* [SER].

Matt WOODLEY é editor-gerente da página *PreachingToday.com*, autor de *The Folly of Prayer* [A loucura da oração], pastor do ministério Compaixão na Igreja da Ressurreição em Wheaton, Illinois, EUA, e editor geral da *The Ministry Essentials Bible* [Bíblia Ministerial].

Julie WOODLEY é fundadora e diretora do ministério Restoring the Heart.

Christopher J. H. WRIGHT é diretor dos ministérios internacionais da Langham Partnership International e especialista em Antigo Testamento. É autor de *O Deus que eu não entendo*.

Y

Angela YEE é pastora na área de criatividade artística na Igreja Aliança da Universidade em Davis, Califórnia, EUA, e autora de *The Christian Conference Planner* [O planejador de uma conferência cristã].

Jim Van YPEREN é fundador e diretor do ministério Metanoia e autor de *Pathways to Peace: How to Conduct Church Discipline with Grace and Truth* [Caminhos para a paz: como conduzir a disciplina eclesiástica em graça e verdade].

Z

Ravi ZACHARIAS é conferencista internacional, escritor, apologeta e autor de vários livros, incluindo *A morte da razão*.

CONCORDÂNCIA BÍBLICA ABREVIADA

ABA
Mc 14.36 E dizia: "*Aba*, Pai", tudo te é possível.
Rm 8.15 por meio do qual clamamos: "*Aba*, Pai".
Gl 4. 6 e ele clama: "*Aba*, Pai".

ABADOM
Ap 9.11 ...o anjo do Abismo, cujo nome, em hebraico, é *Abadom*.

ABALAR
Sl 125. 1 como o monte Sião, que não se pode *abalar*.
Lc 6.48 a torrente deu contra aquela casa, mas não a conseguiu *abalar*.
2Ts 2. 2 que não se deixem *abalar* nem alarmar tão facilmente

ABANDONADA
Lv 26.43 que por eles será *abandonada*.
Is 27.10 A cidade fortificada está *abandonada*.
Is 32.14 A fortaleza será *abandonada*.
Is 34.10 De geração em geração ficará *abandonada*.
Is 49.19 "Apesar de você ter sido arruinada e *abandonada*"
Is 54. 6 como se você fosse uma mulher *abandonada*.
Is 60.15 "Em vez de *abandonada* e odiada"
Is 62. 4 Não mais chamarão *abandonada*.
Is 62.12 ...cidade não *abandonada*.
Jr 26. 9 "...esta cidade ficará arrasada e *abandonada*?"
Jr 49.25 Como está *abandonada* a cidade famosa...!
Ez 12.20 e a terra ficará *abandonada*.
Ez 14.15 "e ela for *abandonada* de tal forma..."
Ez 26.19 "...quando eu fizer de você uma cidade...*abandonada*"
Am 5. 2 "*Abandonada* em sua própria terra"
Sf 2. 4 Gaza será *abandonada*.

ABANDONAR
Dt 12.19 não *abandonar* os levitas
Js 24.16 "Longe de nós *abandonar* o Senhor..."
Jz 2.19 Recusavam-se a *abandonar* suas práticas
1Cr 28. 9 se você o *abandonar*, ele o rejeitará para sempre
2Cr 11.14 chegaram até a *abandonar* as suas pastagens
Jó 18. 4 Deve-se *abandonar* a terra por sua causa?
Is 57. 8 Ao me *abandonar*, você descobriu seu leito
Jr 2.17 ao *abandonar* o Senhor, o seu Deus?
Jr 2.19 com é mau e amargo *abandonar* o Senhor
At 7.19 obrigando-os a *abandonar* os seus recém-nascidos
Ef 4.25 ...deve *abandonar* a mentira

ABATER-SE
Pv 1.27 *abater-se*...como uma tempestade
At 27.20 a *abater-se* sobre nós grande tempestade

ABATIDO
Dt 28.31 ...*abatido* diante dos seus olhos
1Sm 1.18 e seu rosto já não estava mais *abatido*
1Sm 17.32 "...ficar com o coração *abatido*..."
2Sm 13. 4 "...por que todo dia você está *abatido*?..."
2Cr 35. 1 e o cordeiro da Páscoa foi *abatido*
Jó 22.29 ...ele salvará o *abatido*
Sl 34.18 O Senhor...salva os de espírito *abatido*
Sl 38. 6 ...e muitíssimo *abatido*
Sl 57. 6 fiquei muito *abatido*
Sl 61. 2 com o coração *abatido*
Sl 109.22 o meu coração está *abatido*
Sl 142. 6 estou muito *abatido*
Is 2.11 o orgulho dos homens será *abatido*
Is 5.15 o homem será *abatido*
Ez 32.28 "Você também, ó faraó, será *abatido*..."
Zc 10.11 O orgulho da Assíria será *abatido*
Mc 10.22 ...ficou *abatido*

ABEDE-NEGO
Dn 1. 7 ...e a Azarias, *Abede-Nego*
Dn 2.49 Sadraque, Mesaque e *Abede-Nego*
Dn 3.13 mandou chamar...*Abede-Nego*
Dn 3.19 furioso com...*Abede-Nego*
Dn 3.20 amarrassem...*Abede-Nego*
Dn 3.22 levaram Sadraque, Mesaque e *Abede-Nego*
Dn 3.26 ...e *Abede-Nego*, servos do Deus Altíssimo
Dn 3.28 o Deus de...*Abede-Nego*...livrou os seus servos
Dn 3.30 o rei promoveu...*Abede-Nego* na província da Babilônia

ABEL
Gn 4. 2 Voltou a dar à luz, desta vez a *Abel*
Gn 4. 4 O Senhor aceitou com agrado *Abel* e sua oferta
Gn 4. 8 Caim atacou seu irmão *Abel* e o matou
Gn 4. 9 "Onde está seu irmão *Abel*?"
Gn 4.25 "Deus me concedeu um filho no lugar de *Abel*"
2Sm 20.18 "Peça conselho na cidade de *Abel*"
Mt 23.35 desde o sangue do justo *Abel*
Lc 11.51 desde o sangue de *Abel* até o sangue de Zacarias
Hb 11. 4 *Abel* ofereceu a Deus um sacrifício superior
Hb 12.24 que fala melhor do que o sangue de *Abel*

ABELHAS
Dt 1.44 os perseguiram como um enxame de *abelhas*
Jz 14. 8 um enxame de *abelhas* e mel
Sl 118.12 Cercaram-me como um enxame de *abelhas*
Is 7.18 ...e as *abelhas* da Assíria

ABENÇOAR
Gn 27.30 Isaque acabou de *abençoar* Jacó
Gn 48.20 "...para *abençoar* uns aos outros"
Nm 23.20 ordem para *abençoar*
Nm 24. 1 agradava ao Senhor *abençoar* Israel
Dt 27.12 "...para *abençoar* o povo..."
Dt 28.12 "O Senhor abrirá o céu...para *abençoar*"
1Sm 9.13 pois ele abençoa o sacrifício
2Sm 6.20 Voltando Davi...para *abençoar* sua família
1Cr 16.43 Davi voltou...para *abençoar* sua família
2Cr 30.27 ...levantaram-se para *abençoar* o povo
Sl 109.17 Não tinha prazer em *abençoar*...

ABERTO
Lv 14. 7 soltará a ave viva em campo *aberto*
Lv 17. 5 Os sacrifícios...em campo *aberto*
Lv 25.31 consideradas campo *aberto*
Jz 20.31 trinta homens...mortos em campo *aberto*
Jz 21.15 o Senhor tinha *aberto* uma lacuna
2Sm 10. 8 posicionaram-se em campo *aberto*
2Sm 11.23 "...saíram contra nós em campo *aberto*"
Sl 5. 9 A garganta é um túmulo *aberto*
Pv 24.27 Termine primeiro o seu trabalho a céu *aberto*
Is 63.13 Como o cavalo em campo *aberto*
Jr 5.16 Sua aljava é como um túmulo *aberto*
Jr 9.22 estirados como esterco em campo *aberto*
Jr 40. 7 que ainda estavam em campo *aberto*
Ez 29. 5 Você cairá em campo *aberto*
Ez 45. 2 ...para terreno *aberto*
Mq 1. 6 ...um monte de entulho em campo *aberto*
Mq 4.10 para habitar em campo *aberto*
Jo 1.51 "...verão o céu *aberto*"
Jo 9.14 *aberto* os olhos daquele homem
At 10.11 Viu o céu *aberto*
At 27. 5 ...atravessado o mar *aberto*
Rm 3.13 Suas gargantas são um túmulo *aberto*
2Co 2.12 o Senhor me havia *aberto* uma porta
Ap 10. 2 *aberto* em sua mão
Ap 10. 8 pegue o livro *aberto*
Ap 11.19 foi *aberto* o santuário de Deus
Ap 20.12 ...livros foram *abertos*

ABIAIL
Nm 3.35 filho de *Abiail*
1Cr 2.29 O nome da mulher de Abisur era *Abiail*
1Cr 5.14 descendentes de *Abiail*...
2Cr 11.18 A mãe de Maalate era *Abiail*
Et 2.15 ...a vez de Ester, filha de *Abiail*
Et 9.29 a rainha Ester, filha de *Abiail*

ABIATAR
1Sm 22.20 *Abiatar*, filho de Aimeleque
1Sm 22.22 Davi disse a *Abiatar*...
1Sm 30. 7 Davi disse ao sacerdote *Abiatar*
2Sm 8.17 Aimeleque, filho de *Abiatar*
2Sm 15.24 *Abiatar* também estava lá
2Sm 15.29 ...Jônatas, filho de *Abiatar*
2Sm 15.29 Zadoque e *Abiatar* levaram a arca
2Sm 17.15 ...aos sacerdotes Zadoque e *Abiatar*
2Sm 20.25 Zadoque e *Abiatar* eram sacerdotes

Concordância Bíblica Abreviada

1Rs 1. 7 com o sacerdote *Abiatar*
1Rs 1. 19 o sacerdote *Abiatar*
1Rs 1. 42 ...Jônatas, filho do sacerdote *Abiatar*
1Rs 2. 22 para o sacerdote *Abiatar*
1Rs 2. 26 Ao sacerdote *Abiatar*
1Rs 2. 27 Salomão expulsou *Abiatar*
1Rs 2. 35 ...Zadoque no lugar de *Abiatar*
1Cr 15. 11 Zadoque e *Abiatar*
1Cr 18. 16 Aimeleque, filho de *Abiatar*
1Cr 27. 34 sucedido por...*Abiatar*
Mc 2. 26 Nos dias do sumo sacerdote *Abiatar*

ABIMELEQUE
Gn 20. 2 Então *Abimeleque*, rei de Gerar
Gn 20. 3 Deus veio a *Abimeleque*
Gn 26. 11 *Abimeleque* advertiu todo o povo
Gn 26. 16 *Abimeleque* pediu a Isaque...
Jz 8. 31 a quem ele deu o nome de *Abimeleque*
Jz 9. 1 *Abimeleque*, filho de Jerubaal
2Sm 11. 21 quem matou *Abimeleque*, filho de Jerubesete?

ABISAGUE
1Rs 1. 3 ...encontraram *Abisague*, uma sunamita

ABISAI
1Sm 26. 6 *Abisai*, filho de Zeruia, irmão de Joabe
2Sm 2. 18 Estavam lá Joabe, *Abisai* e Asael
2Sm 3. 30 Joabe e seu irmão *Abisai* mataram Abner

ABISMO
Gn 1. 2 trevas cobriam a face do *abismo*
Jó 41. 32 como se fossem os cabelos brancos do *abismo*
Sl 42. 7 *Abismo* chama *abismo*
Pv 8. 27 sobre a superfície do *abismo*
Is 14. 15 irá ao fundo do *abismo*
Ez 26. 19 cobrir com as vastas águas do *abismo*
Am 7. 4 secou o grande *abismo*
Jn 2. 5 o *abismo* me cercou
Hc 3. 10 o *abismo* estrondou..
Lc 8. 31 ...que não os mandasse para o *Abismo*
Lc 16. 26 ...há um grande *abismo*
Rm 10. 7 'Quem descerá ao *abismo*?'
Ap 9. 1 a chave do poço do *Abismo*
Ap 9. 11 o anjo do *Abismo*, cujo nome, em hebraico, é Abadom
Ap 11. 7 a besta que vem do *Abismo*
Ap 20. 3 lançou-o no *Abismo*

ABIÚ
Êx 24. 1 você e Arão, Nadabe e *Abiú*
Lv 10. 1 Nadabe e *Abiú*, filhos de Arão
Nm 3. 4 Nadabe e *Abiú*, entretanto, caíram mortos...

ABNER
1Sm 14. 51 Quis, pai de Saul, e Ner, pai de *Abner*

ABOMINAÇÃO
Dt 17. 4 que se fez tal *abominação* em Israel
Jr 44. 4 ...*abominação* detestável!

ABRAÃO
Gn 17. 15 Disse também Deus a *Abraão*...
Êx 3. 6 o Deus de *Abraão*...
Lv 26. 42 minha aliança com *Abraão*
Mt 1. 1 Jesus Cristo, filho de Davi, filho de *Abraão*
Mt 3. 9 '*Abraão* é nosso pai'
Mt 8. 11 muitos...se sentarão à mesa com *Abraão*
Mt 22. 32 Eu sou o Deus de *Abraão*
Jo 8. 33 "Somos descendentes de *Abraão*"
Jo 8. 58 "...antes de *Abraão* nascer, Eu Sou!"

At 7. 8 E deu a *Abraão* a aliança da circuncisão
Rm 4. 3 "*Abraão* creu em Deus..."
Gl 3. 16 as promessas foram feitas a *Abraão*
Hb 2. 16 mas aos descendentes de *Abraão*
Tg 2. 21 Não foi *Abraão*...justificado por obras...?

ABRAÇAR
Pv 5. 20 Por que *abraçar* o seio de uma leviana
Ec 3. 5 tempo de *abraçar*...

ABREVIADA
Pv 10. 27 a vida do ímpio é *abreviada*

ABREVIADOS
Mt 24. 22 Se aqueles dias não fossem *abreviados*

ABRIGAR
Sl 84. 3 ...para *abrigar* os seus filhotes
Is 58. 7 *abrigar* o pobre desamparado...

ABRIGO
Dt 32. 38 Que eles ofereçam *abrigo* a vocês!
Rt 2. 7 sentou-se um pouco no *abrigo*
2Sm 22. 3 ...o meu *abrigo* seguro
Jó 24. 8 abraçam-se às rochas por falta de *abrigo*
Sl 31. 20 No *abrigo* da tua presença
Sl 32. 7 Tu és o meu *abrigo*
Is 4. 6 sê para eles *abrigo* contra o destruidor
Jr 16. 19 meu *abrigo* seguro...
Ez 17. 23 ...*abrigo* à sombra de seus galhos
Dn 4. 21 *abrigo* para os animais do campo
Jn 4. 5 construiu para si um *abrigo*

ABRIR
Gn 41. 56 *abrir* os locais de armazenamento
Êx 21. 33 Se alguém *abrir*...uma cisterna
Nm 16. 30 e a terra *abrir* a sua boca e os engolir
Js 10. 21 ninguém mais ousou *abrir* a boca...
2Rs 15. 16 se recusaram a *abrir* as portas da cidade
1Cr 9. 27 *abrir* as portas todas as manhãs
Jó 33. 2 Estou prestes a *abrir* a boca
Sl 39. 9 Não posso *abrir* a boca, pois...
Pv 17. 14 ...é como *abrir* brecha num dique
Is 42. 7 *abrir* os olhos aos cegos
Ez 37. 12 ...vou *abrir* os seus túmulos...
Jo 10. 21 Pode um...*abrir* os olhos dos cegos?
1Co 15. 52 num *abrir* e fechar de olhos
Ap 3. 20 Se alguém ouvir a minha voz e *abrir*...

ABSALÃO
2Sm 13. 20 *Absalão*, seu irmão, lhe perguntou...
1Rs 2. 7 quando fugi do seu irmão *Absalão*

ABSOLVER
Sl 82. 2 ...*absolver* os culpados e favorecer os ímpios
Pv 17. 15 *Absolver* o ímpio e condenar o justo

ABSTER-SE
At 21. 25 *abster-se* de comida sacrificada

ACABAR
Gn 49. 33 Ao *acabar* de dar...instruções
2Sm 11. 19 ...*acabar* de apresentar ao rei...
Ne 4. 11 vamos matá-los e *acabar*...
Is 33. 1 quando *acabar* de trair...
Lm 3. 53 ...fazer minha vida *acabar* na cova
Dn 9. 24 a fim de *acabar* com a transgressão

ACABE
1Rs 16. 30 *Acabe*, filho de Onri
1Rs 16. 32 *Acabe* ergueu um altar para Baal
2Rs 3. 1 Jorão, filho de *Acabe*
2Rs 5. 3 depois que *Acabe* morreu...
Jr 29. 22 o trate como tratou Zedequias e *Acabe*

ACAIA
At 18. 27 Querendo ele ir para a *Acaia*
Rm 15. 26 Pois a Macedônia e a *Acaia* tiveram...
1Co 16. 15 ...o primeiro fruto da *Acaia*...
2Co 1. 1 os santos de toda a *Acaia*
1Ts 1. 7 os crentes que estão...na *Acaia*

ACALME
Jn 1. 11 ...para que o mar se *acalme*?

ACAMPAMENTO
Gn 35. 21 Israel partiu...e armou *acampamento*
Lv 4. 12 fora do *acampamento*
Nm 1. 52 em seu próprio *acampamento*
Dt 2. 15 os eliminou...do *acampamento*
Js 1. 11 "Percorram o *acampamento*..."
Jz 7. 1 O *acampamento* de Midiã estava...
1Sm 4. 3 os soldados voltaram ao *acampamento*
2Sm 1. 3 "Fugi do *acampamento* israelita"
2Rs 6. 8 "Montarei o meu *acampamento*..."
Hb 13. 11 queimados fora do *acampamento*
Ap 20. 9 cercaram o *acampamento* dos santos

ACAMPAR
Nm 10. 31 sabe onde devemos *acampar*...

ACARICIADOS
Ez 23. 3 seus peitos foram *acariciados*

ACAUTELE-SE
Êx 34. 12 *Acautele-se* para não...

ACAZ
2Rs 16. 15 Então o rei *Acaz*...
1Cr 3. 13 o filho de Jotão, *Acaz*...

ACEITAR
Êx 22. 11 O dono terá que *aceitar*...
Dt 27. 25 Maldito quem *aceitar* pagamento...
1Sm 26. 19 queira ele *aceitar* uma oferta
Pv 2. 1 se você *aceitar* as minhas palavras
Mt 19. 12 Quem puder *aceitar* isso...

ACEITÁVEL
Lv 27. 11 não *aceitável* como oferta...
Pv 21. 3 ...e certo é mais *aceitável*
Is 58. 5 um dia *aceitável* ao Senhor?
Rm 15. 16 uma oferta *aceitável* a Deus
Fp 4. 18 um sacrifício *aceitável*...
Hb 12. 28 ...a Deus de modo *aceitável*

ACHAR
Gn 16. 6 ...o que *achar* melhor
Gn 41. 38 *achar* alguém como este homem
Lv 6. 3 ...se *achar* algum bem perdido
Jz 9. 33 faça com eles o que *achar* melhor
1Sm 20. 4 ...o que você *achar* necessário
1Rs 18. 5 *achar* um pouco de capim
Jó 3. 13 ...deitado em paz e *achar* repouso
Jó 9. 14 Como *achar* palavras...?
Jó 28. 12 ...se poderá *achar* a sabedoria?
Sl 55. 8 Eu me apressaria em *achar*...
Pv 20. 6 ...um homem fiel, quem poderá *achar*?
Dn 1. 10 E se ele os *achar* menos...
At 24. 25 Quando *achar* conveniente...
1Co 7. 36 faça como *achar* melhor

ACLAMAM
Is 24. 14 *aclamam* a majestade do Senhor

ACOLHER
Jr 4. 14 Até quando você vai *acolher*...?

ACOMPANHAR
2Sm 19. 26 ...para montá-lo e *acompanhar* o rei
Et 5. 14 poderá *acompanhar* o rei
2Co 8. 19 para nos *acompanhar* quando...

ACONSELHA
Sl 16. 7 Bendirei o Senhor, que me *aconselha*

ACONTECER
Gn 42. 38 Se qualquer mal lhe *acontecer*
Êx 22. 3 mas, se isso *acontecer*...

Concordância Bíblica Abreviada

Nm 16. 30 se o Senhor fizer *acontecer* algo
Dt 18. 22 ...em nome do Senhor não *acontecer*
Js 9. 24 medo do que poderia *acontecer*
2Rs 7. 2 será que isso poderia *acontecer*?
Jó 13. 13 e aconteça comigo o que *acontecer*
Is 41. 22 ...nos dizerem o que vai *acontecer*
Lm 3. 37 ...falar e fazer *acontecer*...?
Mt 26. 54 as coisas deveriam *acontecer*
Lc 1. 20 ...o dia em que isso *acontecer*
Jo 18. 4 ...o que lhe ia *acontecer*
Ap 1. 1 o que em breve há de *acontecer*

ACOR
Js 7. 24 ao vale de *Acor*
Os 2. 15 vale de *Acor* uma porta de esperança

ACORDAR
Sl 3. 5 e torno a *acordar*
Pv 6. 22 quando *acordar*, falarão com você
Mt 1. 24 Ao *acordar*, José fez o que...

ACORDEM
Sl 108. 2 *Acordem*, harpa e lira!
Is 26. 19 Vocês, que voltaram ao pó, *acordem*
Jr 51. 39 então, durmam e jamais *acordem*
Jl 1. 5 *Acordem*, bêbados, e chorem!

ACORDO
Gn 31. 44 *acordo* que sirva de testemunho
Lv 27. 8 valor de *acordo* com as...
Nm 1. 20 de *acordo* com os registros
Dt 12. 15 de *acordo* com a bênção
Js 8. 31 o construiu de *acordo*...
Jz 2. 2 não farão *acordo* com...
1Sm 23. 18 Os dois fizeram um *acordo*
Ef 1. 7 de *acordo* com as riquezas

ACORRENTADO
Jr 40. 1 *acorrentado* no meio de todos os cativos

ACREDITAR
Gn 45. 26 Não podia *acreditar* neles
2Sm 13. 33 não deve *acreditar* que todos...

ACRESCENTAR
Lv 27. 15 terá que *acrescentar*...
Ec 3. 14 nada se pode *acrescentar*
Mt 6. 27 *acrescentar* uma hora que seja
2Pe 1. 5 para *acrescentar* à sua fé a virtude
Ap 22. 18 Se alguém lhe *acrescentar* algo

ACSA
Js 15. 17 ...sua filha *Acsa* por mulher
1Cr 2. 49 A filha de Calebe chamava-se *Acsa*

ACUSADOR
Jó 31. 35 que o meu *acusador* faça...
Sl 109. 6 ...à sua direita esteja um *acusador*
Is 50. 8 Quem é meu *acusador*?
Ap 12. 10 foi lançado fora o *acusador*

ACUSAR
Is 54. 17 refutará toda língua que a *acusar*
Dn 6. 4 motivos para *acusar* Daniel
Mt 12. 10 um motivo para *acusar* Jesus

ACUSAÇÃO
Ed 4. 6 apresentaram uma *acusação*...
Os 4. 1 o Senhor tem uma *acusação*
Os 4. 4 que ninguém faça *acusação*
Mq 6. 2 ...a *acusação* do Senhor
Mt 26. 62 não vai responder à *acusação*
Mc 15. 26 estava escrito na *acusação*
Jo 18. 38 Não acho nele motivo...de *acusação*
Rm 8. 33 Quem fará alguma *acusação*
Cl 1. 22 livres de qualquer *acusação*
1Tm 5. 19 Não aceite *acusação*
Jd 9 ousou fazer *acusação*...

AcÃ
Js 7. 18 *Acã*, filho de Carmi
1Cr 1. 42 ...os filhos de Ézer: Bilã, Zaavã e *Acã*

ADIO
Is 48. 9 ...*adio* a minha ira

ADIVINHAR
Gn 44. 15 ...tem poder para *adivinhar*?

ADIVINHAÇÃO
Gn 30. 27 Por meio de *adivinhação*
Lv 19. 26 Não pratiquem *adivinhação*
2Rs 21. 6 praticou feitiçaria e *adivinhação*
Ez 13. 23 nunca mais vão praticar *adivinhação*

ADIVINHO
Is 3. 2 o *adivinho* e a autoridade
Dn 2. 27 Nenhum...*adivinho* é capaz

ADMINISTRAÇÃO
Dn 6. 4 em sua *administração* governamental
Lc 16. 2 Preste contas da sua *administração*
1Co 12. 28 os que têm dons de *administração*
Ef 3. 9 esclarecer a todos a *administração* deste mistério

ADMIRAR
2Co 11. 14 Isto não é de *admirar*...

ADMIRO-ME
Gl 1. 6 *Admiro-me* de que vocês...

ADONI-BEZEQUE
Jz 1. 6 *Adoni-Bezeque* fugiu

ADONIAS
1Rs 1. 18 ...*Adonias* se tornou rei
Ne 10. 16 *Adonias*, Bigvai, Adim

ADORAR
Dt 11. 16 a desviar-se para *adorar*...
1Sm 1. 3 para *adorar* e sacrificar ao Senhor
1Rs 12. 30 ia até Dã para *adorar* aquele bezerro
2Rs 17. 28 ...lhes ensinou a *adorar* o Senhor
Sl 102. 22 ...se reunirem para *adorar* o Senhor
Is 36. 7 Vocês devem *adorar* aqui
Jr 42 atravessam...para *adorar* o Senhor
Dn 3. 28 prestar culto e *adorar*
Zc 14. 16 para *adorar* o rei, o Senhor
Jo 4. 20 ...o lugar onde se deve *adorar*
At 18. 13 ...persuadindo o povo a *adorar*
Ap 14. 9 Se alguém *adorar* a besta e...

ADORARÃO
Dt 4. 19 *adorarão* o Senhor
Dt 28. 36 Lá vocês *adorarão* outros deuses
2Rs 17. 36 ...é quem vocês *adorarão*
Sl 22. 29 ...se banquetearão e o *adorarão*
Sl 86. 9 ...as nações...te *adorarão*, Senhor
Mt 27. 13 ...virão e *adorarão* o Senhor
Dn 7. 27 o *adorarão* e lhe obedecerão
Sf 2. 11 ...todo o mundo o *adorarão*
Jo 4. 23 os verdadeiros adoradores *adorarão*...
At 7 e me *adorarão* neste lugar
Ap 13. 8 os habitantes da terra *adorarão* a besta
Ap 15. 4 ...virão à tua presença e te *adorarão*

ADORMECER
Gn 41. 5 Tornou a *adormecer* e teve outro sonho

ADORNADO
Ct 5. 14 marfim polido *adornado* de safiras
Lc 21. 5 o templo era *adornado*...

ADORNAR
Ez 16. 16 roupas para *adornar* altares idólatras

ADORNEI-A
Ez 16. 11 *Adornei-a* com joias

ADOÇÃO
Rm 8. 23 nossa *adoção* como filhos
Rm 9. 4 Deles é a *adoção* de filhos
Gl 4. 5 para que recebêssemos a *adoção* de filhos

ADQUIRIR
Lv 25. 28 se não *adquirir* recursos...
Rt 4. 5 ...dia em que você *adquirir*...

ADULTERAR
Rm 2. 22 ...não se deve *adulterar*

ADULTÉRIO
Lv 20. 10 Se um homem cometer *adultério*...
Pv 6. 32 o homem que comete *adultério*
Jr 3. 9 cometendo *adultério* com ídolos
Os 1. 2 vergonhoso *adultério*
Mt 5. 28 ...já cometeu *adultério* com ela
Tg 2. 11 Se você não comete *adultério*...
2Pe 2. 14 os olhos cheios de *adultério*

ADVERSIDADE
Sl 91. 15 na *adversidade* estarei com ele
Pv 27. 10 quando for atingido pela *adversidade*
Is 30. 20 ...o Senhor lhe dê o pão da *adversidade*
Jr 16. 19 abrigo seguro na hora da *adversidade*

ADVERSÁRIO
Êx 23. 22 ...*adversário* dos seus adversários
Nm 10. 9 em guerra contra um *adversário*
1Sm 29. 4 senão se tornará nosso *adversário*
2Sm 2. 16 Cada soldado pegou o *adversário*
Lm 2. 4 como um *adversário*...
Mt 5. 25 Entre em acordo...com seu *adversário*
Lc 18. 3 ...justiça contra o meu *adversário*

ADVOGADO
Jó 16. 19 nas alturas está o meu *advogado*
Pv 22. 23 o Senhor será o *advogado* deles
At 24. 1 um *advogado* chamado...

ADÃO
Gn 3. 21 vestiu *Adão* e sua mulher
Os 6. 7 Na cidade de *Adão*
Lc 3. 38 filho de *Adão*, filho de Deus
Rm 5. 14 desde o tempo de *Adão*
1Co 15. 45 O primeiro homem, *Adão*
1Tm 2. 14 *Adão* não foi enganado...

ADÚLTERA
Pv 6. 26 a *adúltera* sai à caça...
Pv 30. 20 ...o caminho da *adúltera*...
Ez 16. 32 "Você, mulher *adúltera*! Prefere estranhos ao seu próprio marido!
Os 2 retire do rosto o sinal de *adúltera*
Mt 5. 32 ...faz que ela a torne *adúltera*
Rm 7. 3 ...será considerada *adúltera*

ADÚLTERO
Jó 24. 15 Os olhos do *adúltero* ficam à espera

AFASTAR
2Cr 7. 14 Se o meu povo...se *afastar*
Jó 22. 23 Se *afastar* da sua tenda a injustiça,
Jr 4. 1 Se você *afastar*...e não se desviar
Os 9. 12 Ai deles quando eu me *afastar*!
Mt 26. 42 se não for possível *afastar* de mim...

AFEIÇOADO
Ez 11. 21 cujo coração está *afeiçoado*

AFETO
2Co 6. 12 estamos limitando nosso *afeto*

AFINAL
Gn 13. 8 *afinal* somos irmãos!

AFIRMAR
Gn 42. 14 José tornou a *afirmar*
Ec 8. 17 O sábio pode até *afirmar* que entende
At 12. 15 Insistindo ela em *afirmar*...

AFLIGI
Mq 4. 6 reunirei...aqueles a quem *afligi*

AFLITO
Sl 22. 24 ...nem repudiou o sofrimento do *aflito*
Sl 25. 16 Volta-te para mim...estou só e *aflito*
Sl 116. 10 Estou muito *aflito*
Is 38. 14 Estou *aflito*, ó Senhor!
Mt 14. 9 O rei ficou *aflito*, mas...
Mc 14. 33 ...e começou a ficar *aflito*

Concordância Bíblica Abreviada

AFLIÇÃO
Dt 16. 3 Não o comam...o pão da *aflição*
1Sm 2.32 e você verá *aflição* na minha habitação
2Sm 16.12 Talvez o Senhor considere a minha *aflição*
Jó 7. 11 na *aflição* do meu espírito desabafarei
Sl 18. 6 Na minha *aflição* clamei ao Senhor
Is 48. 10 eu o provei na fornalha da *aflição*
Jr 10. 18 Trarei *aflição* sobre eles
Lc 21.23 Haverá grande *aflição* na terra
2Co 2. 4 ...eu escrevi com grande *aflição*

AFOGAR
Mt 18. 6 ...se *afogar* nas profundezas do mar

AFRONTA
Sl 119.22 Tira de mim a *afronta* e o desprezo
Sl 119.39 Livra-me da *afronta*
Jr 15. 15 Tu me conheces...Sabes que sofro *afronta*
Jr 44. 8 objeto de desprezo e *afronta*

AFROUXAR
Jó 38. 31 Pode *afrouxar* as cordas...?

AFUNDAR
Sl 69. 14 não me deixes *afundar*
Mt 14.30 e, começando a *afundar*, gritou...
Lc 5. 7 ...ao ponto de começarem a *afundar*

ÁGABO
At 11.28 Um deles, *Ágabo*, levantou-se
At 21. 10 ...da Judeia um profeta chamado *Ágabo*

AGAGUE
1Sm 15. 8 Capturou vivo *Agague*, rei dos amalequitas

AGEU
Ag 1. 3 a palavra do Senhor...por meio do profeta *Ageu*

AGITADO
Is 57. 20 os ímpios são como o mar *agitado*
Dn 7. 15 ...fiquei *agitado* em meu espírito
Jn 1. 11 o mar estava cada vez mais *agitado*,
Mt 11. 7 Um caniço *agitado* pelo vento?

AGITAR
Is 19. 16 Tremerão de medo...do *agitar* da mão do Senhor

AGONIA
Jó 33. 19 com os seus ossos em...*agonia*
Sl 42. 10 os meus ossos sofrem *agonia*
Jr 4. 31 como a *agonia* de uma mulher...
Lm 1. 21 meus inimigos sabem da minha *agonia*
Mq 4. 10 Contorça-se em *agonia*

AGRADAR
Lv 19. 15 nem procurem *agradar* os grandes
Nm 14. 8 Se o Senhor se *agradar* de nós...
Dt 21. 14 Se você já não se *agradar* dela,...
Jó 34. 9 Não dá lucro *agradar* a Deus
Mc 15. 15 Desejando *agradar* a multidão
Rm 15. 1 e não *agradar* a nós mesmos
1Co 7. 32 ...em como *agradar* ao Senhor
2Co 5. 9 temos o propósito de lhe *agradar*
Gl 1. 10 ...estou tentando *agradar* a homens?
1Ts 2. 4 não falamos para *agradar* pessoas
2Tm 2. 4 ...deseja *agradar* àquele que o alistou
Hb 11. 6 Sem fé é impossível *agradar*...

AGRADÁVEL
Gn 3. 6 ...a árvore parecia *agradável* ao paladar
Gn 8. 21 O Senhor sentiu o aroma *agradável*
Êx 29. 41 oferta de aroma *agradável*
Dt 28. 63 também lhe será *agradável*...
Sl 84. 1 é *agradável* o lugar da tua habitação
Pv 2. 10 o conhecimento será *agradável* à sua alma
Ec 11. 7 A luz é *agradável*, é bom ver o sol.
Jr 31. 26 Meu sono tinha sido *agradável*.
Os 4. 13 onde a sombra é *agradável*.
Os 9. 13 plantado num lugar *agradável*
Rm 12. 1 sacrifício vivo, santo e *agradável*
Rm 12. 2 ...*agradável* e perfeita vontade de Deus
Fp 4. 18 um sacrifício...*agradável* a Deus
Cl 4. 6 seu falar seja sempre *agradável*
1Tm 2. 3 Isso é bom e *agradável*
Hb 13. 21 opere em nós o que lhe é *agradável*

AGRADECER
Fp 1. 3 *Agradeço* a meu Deus

AGRICULTOR
Gn 9. 20 Noé, que era *agricultor*
Is 28. 24 Quando o *agricultor* ara a terra...
Jo 15. 1 ...e meu Pai é o *agricultor*
Tg 5. 7 Vejam como o *agricultor* aguarda

AGRIPA
At 25. 26 ...e especialmente diante de ti, rei *Agripa*

AGUARDAR
Sl 59. 9 por ti vou *aguardar*; tu, ó Deus

AGUILHÃO
At 26. 14 Resistir ao *aguilhão* só lhe trará dor!
1Co 15. 55 Onde está, ó morte, o seu *aguilhão*?
1Co 15. 56 O *aguilhão* da morte é o pecado

AGULHA
Mt 19. 24 ...fundo de uma *agulha*

AIA
Ne 11. 31 Micmás, *Aia*, Betel e seus povoados

AIMELEQUE
1Sm 21. 1 ...falar com o sacerdote *Aimeleque*

AINOÃ
1Sm 14. 50 Sua mulher chamava-se *Ainoã*
1Cr 3. 1 ...filho de *Ainoã* de Jezreel

AJOELHAR
2Rs 5. 18 tenho que me *ajoelhar* ali

AJUDAR
Nm 8. 26 Poderão *ajudar* seus companheiros
Nm 34. 18 *ajudar* a distribuir a terra
Jz 5. 23 não vieram *ajudar* o Senhor
1Cr 12. 22 ...soldados para *ajudar* Davi
2Cr 14. 11 não há ninguém...para *ajudar* os fracos
Is 20. 6 a quem recorremos para nos *ajudar*
Is 64. 5 *ajudar* aqueles que praticam a justiça
Jr 47. 3 ...não se voltarão para *ajudar* seus filhos
Zc 6. 15 Gente...virá *ajudar* a construir o templo
At 20. 35 devemos *ajudar* os fracos
2Co 9. 2 Reconheço a sua disposição em *ajudar*

AJUNTAR
Êx 5. 7 que tratem de *ajuntar* palha!
2Rs 22. 4 ao sumo sacerdote...mande-o *ajuntar* a prata
Is 30. 1 para *ajuntar* pecado sobre pecado
Ez 16. 37 ...vou *ajuntar* todos os seus amantes
Mq 2. 12 vou de fato *ajuntar* todos vocês
Sf 3. 8 Decidi *ajuntar* as nações...
2Co 12. 14 ...não devem *ajuntar* riquezas

AJUSTADO
Ef 2. 21 no qual todo o edifício é *ajustado*...
Ef 4. 16 *ajustado* e unido pelo auxílio de todas as juntas

ALABASTRO
Mt 26. 7 uma mulher com um frasco de *alabastro*
Lc 7. 37 ...trouxe um frasco de *alabastro*

ALARMAR
2Ts 2. 2 que não se deixem abalar nem *alarmar*...

ALCANÇAR
Gn 44. 4 e, quando os *alcançar*...
Êx 22. 6 Se um fogo se espalhar e *alcançar* os espinheiros
2Rs 5. 21 Geazi correu para *alcançar* Naamã
Sl 7. 5 persiga-me o meu inimigo até me *alcançar*
Sl 69. 27 não os deixes *alcançar* a tua justiça
Ec 11. 9 até onde a sua vista *alcançar*
Is 63. 12 para *alcançar* renome eterno
Dn 4. 22 tua grandeza cresceu até *alcançar* o céu
Fp 3. 11 para, de alguma forma, *alcançar* a ressurreição
Cl 2. 18 os impeça de *alcançar* o prêmio
Hb 7. 11 ...possível *alcançar* a perfeição
Ap 12. 15 para *alcançar* a mulher e arrastá-la

ALEGRA
Sl 16. 9 ...o meu coração se *alegra*
Sl 21. 1 O rei se *alegra* na tua força, ó Senhor!
Sl 33. 21 Nele se *alegra* o nosso coração
Pv 17. 5 quem se *alegra* com a desgraça...
Lc 1. 47 e o meu espírito se *alegra* em Deus
1Co 13. 6 O amor não se *alegra* com a injustiça

ALEGRAM
Sl 45. 8 os instrumentos...que te *alegram*
Sl 46. 4 rio cujos canais *alegram* a cidade de Deus
Sl 107.42 Os justos...se *alegram*
Is 9. 3 eles se *alegram* diante de ti
Jr 31. 4 sairá dançando com os que se *alegram*
Lm 1. 21 eles se *alegram* com o que fizeste
Os 7. 3 Eles *alegram* o rei...
Mq 1. 16 filhos nos quais...tanto se *alegram*
Jo 4. 36 de forma que se *alegram* juntos
Rm 12. 15 Alegrem-se com os que se *alegram*
1Co 12. 26 Todos os outros se *alegram* com ele

ALEGRE
Jz 19. 6 que fique esta noite, e que se *alegre*
Rt 3. 7 ficou *alegre* e foi deitar-se
1Sm 25. 36 estava *alegre* e bastante bêbado
1Rs 5. 7 ...ficou muito *alegre* quando...
1Rs 8. 66 jubilosos e de coração *alegre*
Et 10. 19 já estava *alegre* por causa do vinho
Ec 10. 19 o vinho torna a vida *alegre*
Jr 50. 11 Ainda que...esteja *alegre* e exultante
Os 9. 1 não se *alegre* como as outras nações
Ag 1. 8 para que eu me *alegre*
Lc 23. 8 ...Herodes viu Jesus, ficou muito *alegre*
At 2. 26 o meu coração está *alegre*
Fp 2. 17 estou *alegre* e me regozijo
Hb 12. 22 milhares...de anjos em *alegre* reunião

ALEGREMENTE
1Cr 15. 28 Israel acompanhou a arca... *alegremente*
Ne 12. 27 para celebrarem a dedicação *alegremente*
Lc 15. 5 coloca-a *alegremente* nos ombros
Lc 19. 37 começou a louvar a Deus *alegremente*
2Co 12. 9 eu me gloriarei ainda mais *alegremente*
Hb 10. 34 e aceitaram *alegremente* o confisco...

Concordância Bíblica Abreviada

ALEGRIA
Gn 31. 27 celebrado a sua partida com *alegria*
Lv 9. 24 gritou de *alegria* e prostrou-se
Dt 16. 15 e a sua *alegria* será completa
Dt 28. 47 não serviram com júbilo e *alegria*
Dt 32. 43 Cantem de *alegria*, ó nações
Jz 16. 25 Com o coração cheio de *alegria*
1Sm 11. 15 ...tiveram momentos de grande *alegria*
2Sm 6. 15 ao som de gritos de *alegria*
1Cr 12. 40 havia grande *alegria* em Israel
Ed 3. 12 muitos, porém, gritavam de *alegria*
Ne 8. 10 a *alegria* do Senhor os fortalecerá
Et 8. 17 havia *alegria* e júbilo entre os judeus
Jó 3. 22 aos que se enchem de *alegria*
Sl 4. 7 Encheste o meu coração de *alegria*
Sl 45. 15 Com *alegria* e exultação
Pv 8. 31 a humanidade me dava *alegria*
Ec 2. 1 Experimente a *alegria*
Jr 25. 10 ...às vozes de júbilo e de *alegria*
Lm 5. 15 Dos nossos corações fugiu a *alegria*
Mt 13. 44 "e, então, cheio de *alegria*..."
Mc 4. 16 ouvem a palavra e...a recebem com *alegria*
Lc 1. 14 motivo de prazer e de *alegria*
Jo 3. 29 Esta é a minha *alegria*,
Jd 24 sem mácula e com grande *alegria*

ALEIJADO
Lv 21. 18 que seja cego ou *aleijado*
2Sm 19. 26 Eu, teu servo, sendo *aleijado*...
Jó 29. 15 os olhos do cego e os pés do *aleijado*
Is 33. 23 e até o *aleijado* levará sua presa
Mt 18. 8 É melhor entrar na vida...*aleijado*
At 3. 2 um *aleijado* de nascença
At 14. 8 *aleijado* desde o nascimento

ALEXANDRE
Mc 15. 21 ...pai de *Alexandre* e de Rufo
1Tm 1. 20 Entre eles estão Himeneu e *Alexandre*
2Tm 4. 14 *Alexandre*...causou-me muitos males

ALEXANDRIA
At 6. 9 dos judeus de Cirene e de *Alexandria*
At 18. 24 um judeu chamado Apolo, natural de *Alexandria*

ALFA
Ap 1. 8 "Eu sou o *Alfa* e o Ômega"

ALFORJE
1Sm 17. 40 isto é, no seu *alforje* de pastor
1Sm 17. 49 Tirando uma pedra de seu *alforje*...

ALGEMAS
Jz 16. 21 Prenderam-no com *algemas* de bronze
2Cr 33. 11 colocaram-lhe um gancho no nariz e *algemas*
Jó 12. 18 Tira as *algemas* postas pelos reis
Sl 2. 3 "...lancemos de nós as suas *algemas*!"
Sl 129. 4 libertou-me das *algemas* dos ímpios
At 12. 6 preso com duas *algemas*
At 12. 7 as *algemas* caíram dos punhos de Pedro
At 28. 20 ...estou preso com estas *algemas*
Cl 4. 18 Lembrem-se das minhas *algemas*

ALHEIO
Rm 14. 4 ...para julgar o servo *alheio*?
Hb 9. 25 com sangue *alheio*

ALIANÇA
Gn 6. 18 estabelecerei a minha *aliança*
Gn 9. 17 Esse é o sinal da *aliança* que estabeleci
Êx 2. 24 e lembrou-se da *aliança* que fizera com...
Êx 16. 34 junto às tábuas da *aliança*
Lv 2. 13 o sal da *aliança* do seu Deus
Lv 16. 13 acima das tábuas da *aliança*
1Sm 20. 16 uma *aliança* com a família de Davi
2Sm 15. 24 carregavam a arca da *aliança* de Deus
Sl 132. 12 ...forem fiéis à minha *aliança*
Pv 2. 17 ...a *aliança* que fez diante de Deus
Is 61. 8 e com eles farei *aliança* eterna
Jr 11. 2 Ouça os termos desta *aliança*
Dn 11. 32 ...aqueles que tiverem violado a *aliança*
Os 6. 7 eles quebraram a *aliança*
Mt 26. 28 Isto é o meu sangue da *aliança*
Lc 1. 72 e lembrar sua santa *aliança*
At 7. 44 ...tinham o tabernáculo da *aliança*
1Co 11. 25 Este cálice é a nova *aliança* no meu sangue
2Co 3. 6 ministros de uma nova *aliança*
Gl 4. 24 essas mulheres representam duas *alianças*
Hb 7. 22 a garantia de uma *aliança* superior
Hb 13. 20 pelo sangue da *aliança* eterna...
Ap 11. 19 e ali foi vista a arca da sua *aliança*
Ap 15. 5 o tabernáculo da *aliança*.

ALICERCE
1Rs 6. 37 O *alicerce* do templo do Senhor
Is 28. 16 preciosa pedra angular para *alicerce*
Zc 12. 1 assenta o *alicerce* da terra
Lc 14. 29 Pois, se lançar o *alicerce*...
Rm 15. 20 edificando sobre *alicerce* de outro
1Co 3. 10 lancei o *alicerce*
1Co 3. 11 ninguém pode colocar outro *alicerce*

ALIMENTAR
Pv 27. 27 fartura...para *alimentar* você e sua família
Mt 15. 33 pão suficiente para *alimentar* tanta gente?

ALIMENTO
Gn 1. 29 servirão de *alimento* para vocês
Gn 6. 21 armazene todo tipo de *alimento*
Êx 23. 25 dando a vocês *alimento* e água
Lv 11 *alimento* oferecido ao Senhor;
Dt 28. 26 seus cadáveres servirão de *alimento*
1Rs 5. 9 em troca, fornecerás *alimento*
Jó 28. 5 A terra, da qual vem o *alimento*...
Jó 34. 3 a língua prova o *alimento*
Sl 145. 15 tu lhes dás o *alimento* no devido tempo
Sl 146. 7 ...dá *alimento* aos famintos
Pv 30. 8 dá-me apenas o *alimento* necessário
Is 30. 23 a terra dará *alimento* rico e farto
Dn 4. 12 ...nela havia *alimento* para todos
Ml 3. 10 ...para que haja *alimento* em minha casa
Mt 3. 4 seu *alimento* era gafanhotos e mel
Mc 7. 5 em vez de comerem o *alimento*...
At 6. 1 ...na distribuição diária de *alimento*
Rm 14. 14 nenhum *alimento* é...impuro
1Co 3. 2 Dei a vocês leite, e não *alimento* sólido
Hb 5. 12 precisando de leite, e não de *alimento* sólido
Hb 5. 14 o *alimento* sólido é para os adultos

ALMA
Dt 4. 29 ...e de toda a sua *alma*
Js 23. 14 lá no fundo do coração e da *alma*
Jz 5. 21 Avante, minh'*alma*!
1Sm 1. 10 e, com a *alma* amargurada.
1Sm 1. 15 estava derramando minha *alma*
1Cr 22. 19 consagrem o coração e a *alma*
Jó 3. 20 e vida aos de *alma* amargurada
Jó 7. 11 na amargura da minha *alma*...
Sl 19. 7 A lei do Senhor é perfeita, e revigora a *alma*
Sl 25. 1 ...elevo a minha *alma*
Pv 13. 19 O anseio satisfeito agrada a *alma*
Pv 16. 24 ...são doces para a *alma*
Is 61. 10 Regozija-se a minha *alma*...
Mt 10. 28 ...mas não podem matar a *alma*
Mt 16. 26 que adiantará ao homem...perder a sua *alma*?
Mt 26. 38 minha *alma* está profundamente triste
Lc 1. 46 "Minha *alma* engrandece ao Senhor..."
Hb 4. 12 até o ponto de dividir *alma* e espírito
Hb 6. 19 ...esperança como âncora da *alma*
3Jo 2 assim como vai bem a sua *alma*
Jd 19 seguem a tendência da sua própria *alma*

ALOÉS
Nm 24. 6 como *aloés* plantados pelo Senhor
Pv 7. 17 ...com mirra, *aloés* e canela

ALTAR
Gn 13. 18 Abrão...construiu um *altar*...ao Senhor
Gn 35. 1 Suba a Betel...e faça um *altar*
Êx 27. 1 Faça um *altar* de madeira de acácia
Êx 30. 6 Coloque o *altar* em frente do véu
Lv 1. 7 acenderão o fogo do *altar*
Lv 22. 22 animais sobre o *altar* como oferta
Nm 4. 13 Tirarão a cinza do *altar* de bronze...
Dt 27. 5 Construam ali um *altar* ao Senhor
Dt 27. 6 Façam o *altar* do Senhor
Js 8. 30 Josué construiu no monte Ebal um *altar* ao Senhor
Js 22. 29 um *altar* que não seja o *altar* do Senhor
Jz 21. 4 o povo...construiu um *altar* e...
1Rs 1. 50 Adonias...foi agarrar-se às pontas do *altar*
1Rs 18. 36 Elias colocou-se à frente do *altar*
Sl 43. 4 Então irei ao *altar* de Deus
Sl 84. 3 para abrigar os seus filhotes...perto do teu *altar*
Is 60. 7 serão aceitos como ofertas em meu *altar*
Lm 2. 7 O Senhor rejeitou o seu *altar*
Ez 43. 13 Estas são as medidas do *altar*
Am 9. 1 Vi o Senhor junto ao *altar*
Mq 1. 7 Qual é o *altar* idólatra de Judá?
Zc 9. 15 ...aspergir água nos cantos do *altar*
Zc 14. 20 quanto às bacias diante do *altar*
Ml 1. 7 Trazendo comida impura ao meu *altar*!
Ml 2. 13 Enchem de lágrimas o *altar* do Senhor
Mt 5. 24 deixe sua oferta ali, diante do *altar*
Mt 23. 18 Se alguém jurar pelo *altar*,...
Mt 23. 19 ...a oferta, ou o *altar* que santifica a oferta?
Lc 1. 11 um anjo...apareceu a Zacarias, à direita do *altar*
1Co 9. 13 os que servem diante do *altar* participam...
Hb 13. 10 Nós temos um *altar*...
Tg 2. 21 Abraão...ofereceu seu filho Isaque sobre o *altar*?
Ap 6. 9 vi debaixo do *altar*...

ALTIVO
Pv 30. 31 o galo de andar *altivo*...

ALTO
Gn 29. 7 Olhem, o sol ainda vai *alto*
Êx 14. 24 do *alto* da coluna de fogo e de nuvem
Nm 14. 40 subiram para o *alto* da região montanhosa
Nm 20. 28 Arão morreu no *alto* do monte.
Dt 1. 28 mais forte e mais *alto* do que nós
Js 15. 9 Do *alto* da montanha...
Jz 2. 2 ...chorando *alto* e amargamente
Rt 1. 9 elas começaram a chorar *alto*
Jó 2. 7 da sola dos pés ao *alto* da cabeça
Sl 59. 9 tu, ó Deus, és o meu *alto* refúgio
Pv 30. 19 ...o caminho do navio em *alto* mar
Is 57. 15 "Habito num lugar *alto* e santo..."

Concordância Bíblica Abreviada

Is 58. 1 "Grite *alto*, não se contenha!..."
Dn 2. 48 o rei pôs Daniel num *alto* cargo
Os 4. 13 Sacrificam no *alto* dos montes
Jl 1. 13 ...pranteiem; chorem *alto*
Zc 1. 18 olhei para o *alto* e vi quatro chifres
Mt 4. 8 o Diabo o levou a um monte muito *alto*
Mt 17. 1 e os levou, em particular, a um *alto* monte
Mc 15. 37 Jesus, com um *alto* brado, expirou
Mc 15. 38 o véu...rasgou-se...de *alto* a baixo.

ALTURA
1Sm 16. 7 Não considere sua aparência nem sua *altura*
2Cr 33. 14 reconstruiu e aumentou a *altura* do muro
Sl 18. 26 ...com o perverso reages à *altura*
Ez 31. 10 e como ficou orgulhoso da sua *altura*
Na 3. 5 vou levantar o seu vestido até a *altura*...
Rm 8. 39 nem *altura* nem profundidade
Hb 5. 12 Embora a esta *altura* já devessem ser mestres
Ap 21. 16 a largura e a *altura* eram iguais ao comprimento

ALTÍSSIMO
Gn 14. 18 rei de Salém e sacerdote do Deus *Altíssimo*
Nm 24. 16 daquele que...possui o conhecimento do *Altíssimo*
2Sm 22. 14 ressoou a voz do *Altíssimo*
Sl 7. 17 ao nome do...*Altíssimo* cantarei louvores
Sl 82. 6 "...todos vocês são filhos do *Altíssimo*"
Sl 91. 1 Aquele que habita no abrigo do *Altíssimo*
Is 14. 14 ...serei como o *Altíssimo*
Dn 3. 26 ...servos do Deus *Altíssimo*
Os 7. 16 não se voltam para o *Altíssimo*
Mc 5. 7 Que queres comigo...Filho do Deus *Altíssimo*?
Lc 1. 32 e será chamado Filho do *Altíssimo*
Lc 1. 35 o poder do *Altíssimo* a cobrirá...
At 7. 48 o *Altíssimo* não habita em casas

ALUMIAREM
2Cr 4. 20 para *alumiarem* diante do santuário...

ALVA
Gn 36. 40 descendentes de Esaú...Timna, *Alva*, Jetete
2Pe 1. 19 e a estrela da *alva* nasça no coração de vocês

ALVO
1Sm 20. 20 como se estivesse atirando num *alvo*
Jó 7. 20 Por que me tornaste teu *alvo*?
Lm 3. 12 e me fez *alvo* de suas flechas
Ez 16. 57 *alvo* da zombaria das filhas de Edom
1Co 9. 26 não corro como quem corre sem *alvo*
Fp 3. 14 prossigo para o *alvo*
1Pe 1. 9 estão alcançando o *alvo* da sua fé

ALVORECER
Jó 4. 20 Entre o *alvorecer* e o crepúsculo
Ct 6. 10 Quem é essa que aparece como o *alvorecer*...
Is 38. 13 Esperei pacientemente até o *alvorecer*
Dn 6. 19 Logo ao *alvorecer*...

ALVOROÇO
1Rs 1. 41 que significa...esse *alvoroço* na cidade?
Is 22. 2 cidade de tumulto e *alvoroço*?
Mc 5. 38 Jesus viu um *alvoroço*, com gente chorando.
At 12. 18 não foi pequeno o *alvoroço* entre os soldados

AMA
Gn 22. 2 Tome seu filho...a quem você *ama*
Gn 24. 59 Despediram-se...de sua *ama*
Gn 35. 8 Débora, *ama* de Rebeca
Gn 44. 20 ...e seu pai o *ama* muito
Dt 13. 6 ...ou a mulher que você *ama*
Dt 23. 5 pois o Senhor, o seu Deus, os *ama*
Jz 14. 16 Você não me *ama*!
2Cr 2. 11 O Senhor *ama* o seu povo
2Cr 22. 11 ...num quarto, junto com a sua *ama*
Sl 11. 7 o Senhor é justo, e *ama* a justiça
Sl 52. 4 Você *ama* toda palavra maldosa
Sl 59. 17 o Deus que me *ama*
Pv 3. 12 o Senhor disciplina a quem *ama*
Pv 15. 9 O Senhor...*ama* quem busca a justiça
Ct 3. 1 ...a quem o meu coração *ama*
Os 9. 1 você *ama* o salário da prostituição
Mt 10. 37 Quem *ama* seu pai ou sua mãe...
Jo 3. 35 O Pai *ama* o Filho...
Jo 12. 25 Aquele que *ama* a sua vida...
Jo 14. 21 esse é o que me *ama*
Rm 14. 23 Se alguém me *ama*...
Rm 13. 8 aquele que *ama* seu próximo...
1Co 16. 22 Se alguém não *ama* o Senhor...
Hb 12. 6 o Senhor disciplina a quem *ama*
1Jo 2. 10 Quem *ama* seu irmão permanece na luz
1Jo 2. 15 Se alguém *ama* o mundo...

AMADO
Ct 1. 13 O meu *amado* é para mim...
Ct 6. 3 Eu sou do meu *amado*, e o meu *amado*...
Dn 10. 11 Daniel, você é muito *amado*
Mt 3. 17 Este é o meu Filho *amado*
Mc 1. 11 Tu és o meu Filho *amado*
Jo 14. 21 Aquele que...será *amado* por meu Pai
1Co 4. 17 Timóteo, meu filho *amado* e fiel...
Cl 4. 14 Lucas, o médico *amado*

AMALDIÇOAR
Êx 21. 17 Quem *amaldiçoar* seu pai ou sua mãe...
Lv 24. 15 Se alguém *amaldiçoar* seu Deus...
Nm 22. 12 Você não poderá *amaldiçoar* este povo
Nm 23. 11 Eu o chamei para *amaldiçoar* meus inimigos
Sl 109. 28 ...podem *amaldiçoar*, tu, porém, me abençoas
Mt 15. 4 Quem *amaldiçoar* seu pai ou sua mãe..
Ap 13. 6 ...para blasfemar contra Deus e *amaldiçoar*

AMALEQUE
Gn 36. 12 que lhe deu um filho chamado *Amaleque*
1Sm 15. 5 Saul foi à cidade de *Amaleque*

AMALEQUITAS
Gn 14. 7 todo o território dos *amalequitas*
Êx 17. 8 Sucedeu que os *amalequitas*
Nm 13. 29 Os *amalequitas* vivem no Neguebe

AMAMENTAR
1Rs 3. 21 Ao levantar-me...para *amamentar* o meu filho
Lm 4. 3 os chacais oferecem o peito para *amamentar*

AMANHÃ
Êx 9. 5 *Amanhã* o Senhor fará o que prometeu
Nm 11. 18 Consagrem-se para *amanhã*
Js 3. 5 Santifiquem-se, pois *amanhã* o Senhor...
2Sm 11. 12 Fique aqui mais um dia; *amanhã*...
Mt 6. 30 ...é *amanhã* é lançada ao fogo
Mt 6. 34 não se preocupem com o *amanhã*
1Co 15. 32 comamos e bebamos, porque *amanhã*...

AMANTES
Ez 23. 5 se encheu de cobiça por seus *amantes*
Os 2. 5 Irei atrás dos meus *amantes*
2Tm 3. 4 mais *amantes* dos prazeres do que...

AMAR
Dt 19. 9 *Amar* o Senhor, o seu Deus
Js 23. 11 dediquem-se com zelo a *amar* o Senhor
2Cr 19. 2 ...ajudar os ímpios e *amar* aqueles que...
Sl 34. 12 ...*amar* a vida e deseja ver dias felizes?
Ec 3. 8 tempo de *amar* e tempo de odiar
Mc 12. 33 *amar* ao próximo como a si mesmo
Ef 5. 28 os maridos devem *amar*...
1Pe 3. 10 quem quiser *amar* a vida e ver dias felizes...
1Jo 4. 11 devemos *amar* uns aos outros

AMARGO
Pv 27. 7 para quem tem fome até o *amargo* é doce
Jr 2. 19 é mau e *amargo* abandonar o Senhor
Jr 4. 18 Como é *amargo* esse seu castigo!
Sf 1. 14 O dia do Senhor será *amargo*
Ap 8. 11 Tornou-se *amargo* um terço das águas
Ap 10. 9 Ele será *amargo* em seu estômago...
Ap 10. 10 senti que o meu estômago ficou *amargo*

AMARGURA
Gn 27. 34 cheio de *amargura*, implorou ao pai...
Jó 7. 11 na *amargura* da minha alma...
At 8. 23 cheio de *amargura* e preso pelo pecado
Rm 3. 14 boca está cheia de maldição e *amargura*
Cl 3. 19 ame...sua mulher e não a tratem com *amargura*
Hb 12. 15 que nenhuma raiz de *amargura*...

AMARRAR
Jz 16. 7 Se alguém me *amarrar* com sete tiras...
Jó 38. 31 Você pode *amarrar* as lindas Plêiades?
Pv 26. 8 Como *amarrar* uma pedra na atiradeira
Mt 18. 6 melhor lhe seria *amarrar* uma pedra...

AMAZIAS
2Rs 14. 1 *Amazias*, filho de Joás, rei de Judá
2Rs 15. 3 Ele fez o que o Senhor aprova, tal como o seu pai *Amazias*
1Cr 3. 12 o filho de Joás, *Amazias*

AMEAÇA
Gn 4. 7 saiba que o pecado o *ameaça* à porta
Êx 10. 7 Até quando...será uma *ameaça* para nós?
Jr 27. 13 com as quais o Senhor *ameaça* a nação...?

AMIGO
Rt 4. 1 Meu *amigo*, venha cá e sente-se
1Sm 18. 1 ...Jônatas tornou-se o seu melhor *amigo*
Jó 16. 20 O meu intercessor é meu *amigo*
Sl 41. 9 o meu melhor *amigo*, em quem eu confiava...
Pv 18. 24 existe *amigo* mais apegado que um irmão
Ec 4. 10 Se um cair, o *amigo* pode ajudá-lo
Jr 9. 5 Amigo engana *amigo*...
Mt 11. 19 *amigo* de publicanos e "pecadores"
Jo 11. 11 Nosso *amigo* Lázaro adormeceu
Tg 2. 23 ...e ele foi chamado amigo de Deus
Tg 4. 4 Quem quer ser *amigo* do mundo...

Concordância Bíblica Abreviada

AMIZADE
Jó 29. 4 a *amizade* de Deus abençoava a minha casa
Tg 4. 4 a *amizade* com o mundo é inimizade com Deus?

AMNOM
2Sm 3. 2 O seu filho mais velho era *Amnom*
1Cr 4. 20 Estes foram os filhos de Simão: *Amnom*...

AMONITA
Dt 23. 3 Nenhum *amonita* ou moabita... poderá...
1Sm 11. 1 O *amonita* Naás avançou contra a cidade
Ne 2. 10 e Tobias, o oficial *amonita*...

AMONTOA
Hc 2. 6 Ai daquele que *amontoa* bens...

AMOR
Êx 15. 13 Com o teu *amor* conduzes o povo...
Lv 26. 45 por *amor* deles eu me lembrarei da aliança
2Sm 1. 26 Sua amizade era...mais preciosa que o *amor* das...
1Cr 16. 34 o seu *amor* dura para sempre
Ne 10. 28 por *amor* à Lei de Deus
Sl 36. 5 O teu *amor*, Senhor, chega até os céus
Sl 36. 7 Como é precioso o teu *amor*, ó Deus!
Sl 63. 3 O teu *amor* é melhor do que a vida!
Sl 109. 26 Salva-me pelo teu *amor* leal!
Sl 118. 2 "O seu *amor* dura para sempre!"
Pv 7. 18 gozemos as delícias do *amor*!
Pv 10. 12 o *amor* cobre todos os pecados
Ct 2. 4 o seu estandarte sobre mim é o *amor*
Ct 2. 5 pois estou doente de *amor*
Is 16. 5 em *amor* será firmado um trono
Is 63. 17 por *amor* dos teus servos
Jr 14. 7 age por *amor* ao teu nome,ó Senhor!
Dn 9. 17 Por *amor* de ti, Senhor
Os 2. 19 com *amor* e compaixão
Sf 3. 17 com o seu *amor* a renovará
Mt 24. 12 o *amor* de muitos esfriará
Jo 15. 9 permaneçam no meu *amor*
Jo 15. 13 Ninguém tem maior *amor* do que...
Rm 5. 8 Mas Deus demonstra seu *amor* por nós
Rm 8. 35 Quem nos separará do *amor* de Cristo?
Fp 2. 30 ...por *amor* à causa de Cristo
2Tm 1. 7 mas de poder, de *amor* e de equilíbrio
Hb 13. 1 Seja constante o *amor* fraternal
1Jo 2. 15 Se alguém...o mundo, o *amor* do Pai...
Ap 2. 4 você abandonou o seu primeiro *amor*

AMORREU
Nm 21. 13 que se estende até o território *amorreu*
Ez 16. 3 seu pai era um *amorreu* e sua mãe...

AMPARA
Sl 145. 14 O Senhor *ampara* todos os que caem

AMPARO
2Sm 22. 19 o Senhor foi o meu *amparo*

AMÃ
Js 15. 26 *Amã*, Sema, Moladá

AMÉM
Dt 27. 15 Todo o povo dirá: '*Amém*!'
Ap 3. 14 Estas são as palavras do *Amém*

AMÓS
Am 8. 2 O que você está vendo, *Amós*?
Lc 3. 25 filho de Matatias, filho de *Amós*...

ANA
1Sm 1. 5 a *Ana* dava uma porção dupla
1Sm 1. 20 *Ana*...deu à luz um filho...Samuel
Lc 2. 36 Estava ali a profetisa *Ana*, filha de Fanuel

ANABE
Js 11. 21 ...e de *Anabe*, de todos os montes de Judá

ANANIAS
Ne 3. 23 Azarias, filho de Maaseias, filho de *Ananias*...
At 5. 1 Um homem chamado *Ananias*

ANCIÃO
1Sm 28. 14 Um *ancião* que veste um manto...
Dn 7. 9 tronos foram colocados, e um *ancião* se assentou
Dn 7. 13 se aproximou do *ancião* e foi conduzido...

ÂNCORA
Hb 6. 19 esta esperança como *âncora* da alma

ANDAR
Gn 6. 16 ...e faça um *andar* superior
Lv 26. 13 e os fiz *andar* de cabeça erguida
Nm 32. 13 ele os fez *andar* errantes no deserto...
Dt 19. 9 e sempre *andar* nos seus caminhos
Js 1. 7 bem-sucedido por onde quer que *andar*
1Rs 3. 14 E, se você *andar* nos meus caminhos...
1Rs 6. 6 O *andar* inferior tinha dois metros...
2Rs 4. 35 levantou-se e começou a *andar*
Jó 1. 7 De perambular pela terra e *andar* por ela
Sl 3. 3 me fazes *andar* de cabeça erguida
Pv 6. 28 Pode alguém *andar* sobre brasas...?
Hc 3. 19 faz-me *andar* in lugares altos
Zc 3. 7 Se você *andar* nos meus caminhos...
Mc 5. 42 levantou-se e começou a *andar*
Jo 5. 9 ...pegou a maca e começou a *andar*
At 14. 10 o homem deu um salto e começou a *andar*

ANDRÉ
Mt 4. 18 Simão...e seu irmão *André*
Jo 1. 40 *André*, irmão de Simão Pedro

ANEL
Jó 42. 11 ...lhe deu uma peça de prata e um *anel* de ouro
Pv 11. 22 Como *anel* de ouro em focinho de porco...
Ag 2. 23 e farei de você um *anel* de selar
Lc 15. 22 Coloquem um *anel* em seu dedo...
Tg 2. 2 ...um homem com *anel* de ouro e roupas finas

ANELO
Jó 14. 15 terás *anelo* pela criatura...

ANGULAR
Is 28. 16 uma preciosa pedra *angular*...
Jr 51. 26 ...para servir de pedra *angular*
Mt 21. 42 ...tornou-se a pedra *angular*
Ef 2. 20 tendo Jesus Cristo como pedra *angular*
1Pe 2. 6 ponho em Sião uma pedra *angular*

ANGUSTIADO
Gn 42. 21 Vimos como ele estava *angustiado*
Jz 11. 35 Estou *angustiado* e desesperado
1Sm 28. 15 Estou muito *angustiado*
1Sm 30. 6 Davi ficou profundamente *angustiado*
2Sm 13. 2 Amnom ficou *angustiado* a ponto de...
Sl 55. 17 pela manhã e ao meio-dia choro *angustiado*
Pv 15. 13 o coração *angustiado* oprime o espírito
Mc 14. 33 e começou a ficar aflito e *angustiado*
Lc 12. 50 ...estou *angustiado* até que ele se realize!

ANGÚSTIA
Gn 35. 3 ...que me ouviu no dia da minha *angústia*
Jz 2. 15 Grande *angústia* os dominava
1Sm 1. 16 ...por causa de minha grande *angústia*
1Sm 26. 24 e me livre de toda a *angústia*
2Sm 1. 9 Estou na *angústia* da morte!
2Sm 22. 7 Na minha *angústia*, clamei ao Senhor
2Sm 24. 14 É grande a minha *angústia*!
2Cr 20. 9 clamaremos a ti em nossa *angústia*
Ne 9. 37 É grande a nossa *angústia*!
Jó 15. 24 A aflição e a *angústia* o apavoram
Jó 26. 5 Os mortos estão em grande *angústia*
Sl 4. 1 Dá-me alívio da minha *angústia*
Sl 22. 1 tão longe dos meus gritos de *angústia*?
Sl 143. 11 tira-me desta *angústia*
Is 21. 3 fiquei tomado de *angústia*
Jr 4. 19 Ah, minha *angústia*, minha
Jr 6. 24 A *angústia* tomou conta de nós
Ez 27. 31 Chorarão por você com *angústia*...
Ez 30. 4 e *angústia* virá sobre a Etiópia
Dn 12. 1 Haverá um tempo de *angústia*...
Am 5. 16 e gritos de *angústia* em todas as ruas
Na 1. 7 ...um refúgio em tempos de *angústia*
Sf 1. 15 dia de aflição e *angústia*
Lc 21. 25 as nações estarão em *angústia*...
Rm 2. 9 Haverá tribulação e *angústia*
Rm 9. 2 ...e constante *angústia* em meu coração
2Co 2. 4 ...com grande aflição e *angústia*

ANIMAL
Gn 43. 16 mate um *animal* e prepare-o
Êx 29. 19 ...as mãos sobre a cabeça do *animal*
Lv 1. 2 Quando alguém trouxer um *animal*...
Nm 18. 15 seja homem, seja *animal*, será seu.
Dt 4. 17 ou a qualquer *animal* da terra
1Sm 9. 24 pegou a coxa do *animal*
1Rs 18. 5 ...não será preciso matar nenhum *animal*
Is 35. 9 nenhum *animal* feroz passará por ele
Dn 4. 16 ...ele será como um *animal*
Os 13. 8 um *animal* selvagem os despedaçará
Lc 10. 34 colocou-o sobre o seu próprio *animal*
Hb 12. 20 Até um *animal*...deve ser apedrejado
Tg 3. 3 ...podemos controlar o *animal* todo

ANIMAR-NOS
Hb 10. 25 procuremos *animar-nos* uns aos outros

ÂNIMO
Mt 9. 22 "*Ânimo*, filha, a sua fé a curou!"
Mc 10. 49 *Ânimo*! Levante-se!

ANINHARÃO
Ez 17. 23 Pássaros de todo tipo se *aninharão* nele

ANIQUILAR
Et 8. 11 ...matar e *aniquilar* qualquer força armada
Dn 11. 44 irado partirá para destruir e *aniquilar*...
Hb 9. 26 para *aniquilar* o pecado mediante...

ANJO
Gn 16. 7 O *Anjo* do Senhor encontrou Hagar...
Gn 22. 12 "Não toque no rapaz", disse o *Anjo*

Gn	22.15	...o *Anjo* do Senhor chamou do céu a Abraão
Êx	3. 2	o *Anjo* do Senhor lhe apareceu...
Êx	14.19	o *anjo* de Deus que ia à frente...
Nm	20.16	enviou um *anjo* e nos tirou do Egito.
Nm	22.22	o *Anjo* do Senhor pôs-se no caminho...
Nm	22.35	o *Anjo* do Senhor disse a Balaão...
1Sm	29. 9	como um *anjo* de Deus
2Sm	24.16	Quando o *anjo* estendeu a mão...
1Rs	19. 5	um *anjo* tocou nele e disse...
1Cr	21.15	Deus enviou um *anjo* para destruir Jerusalém
Sl	34. 7	O *anjo* do Senhor é sentinela...
Sl	35. 5	quando o *anjo* do Senhor os expulsar
Is	63. 9	e o *anjo* da sua presença os salvou
Os	12. 4	lutou com o *anjo* e saiu vencedor
Zc	12. 8	como o *anjo* do Senhor que vai adiante...
Mt	1.20	apareceu-lhe um *anjo* do Senhor
Lc	1.11	um *anjo* do Senhor apareceu a Zacarias
Lc	22.43	Apareceu-lhe então um *anjo* dos céus
Jo	5. 4	descia um *anjo* do Senhor e agitava as águas
Jo	12.29	um *anjo* lhe tinha falado
At	5.19	um *anjo* do Senhor abriu as portas...
1Co	10.10	e foram mortos pelo *anjo* destruidor
2Co	11.14	Satanás se disfarça de *anjo* de luz
Gl	1. 8	Mas ainda que nós ou um *anjo* dos céus...
Ap	2. 1	"Ao *anjo* da igreja em Éfeso, escreva...
Ap	2. 8	"Ao *anjo* da igreja em Esmirna, escreva...
Ap	2.12	"Ao *anjo* da igreja em Pérgamo, escreva...
Ap	2.18	"Ao *anjo* da igreja em Tiatira, escreva...
Ap	3. 1	"Ao *anjo* da igreja em Sardes, escreva...
Ap	3. 7	"Ao *anjo* da igreja em Filadélfia, escreva...
Ap	3.14	"Ao *anjo* da igreja em Laodiceia, escreva...
Ap	22.16	Eu, Jesus, enviei o meu *anjo* para...

ANO

Gn	8.13	primeiro mês do *ano* seiscentos e um...
Êx	34.22	encerramento da colheita, no fim do *ano*
Lv	25.10	Consagrem o quinquagésimo *ano* e...
Lv	27.24	No *ano* do Jubileu as terras serão devolvidas
Nm	29.36	um carneiro e sete cordeiros de um *ano*
Dt	15.12	no sétimo *ano* dê-lhe a liberdade
JsS.		12e naquele mesmo *ano*...
1Sm	1. 7	Isso acontecia ano após *ano*
1Rs	14.25	No quinto *ano* do reinado de Roboão...
2Rs	4.16	Por volta desta época, no *ano* que vem
Sl	65.11	Coroas o *ano* com a tua bondade
Is	6. 1	No *ano* em que o rei Uzias morreu
Jr	28.16	Este *ano* você morrerá
Ez	46.17	mantê-lo consigo até o *ano* da liberdade
Dn	10. 1	No terceiro *ano* de Ciro, rei da Pérsia...
Lc	4.19	e proclamar o *ano* da graça do Senhor
Jo	11.51	sendo o sumo sacerdote naquele *ano*...
Hb	9. 7	...Lugar Santíssimo, apenas uma vez por *ano*...
Tg	4.13	...passaremos um *ano* ali, faremos negócios...

ANSIEDADE

Sl	94.19	...a *ansiedade* já me dominava no íntimo
Ec	11.10	Afaste do coração a *ansiedade*
Jr	31.20	...com *ansiedade* o tenho em meu coração
Ez	4.16	O povo comerá com *ansiedade*
1Pe	5. 7	Lancem sobre ele toda a sua *ansiedade*

ANSIOSO

2Cr	26.20	ele mesmo ficou *ansioso* para sair
Jó	7. 2	o assalariado que espera *ansioso* pelo pagamento
Pv	12.25	O coração *ansioso* deprime o homem
Jd	3	embora estivesse muito *ansioso*...

ANTEMÃO

At	4.28	haviam decidido de *antemão* que acontecesse
At	10.41	...testemunhas que designara de *antemão*
Rm	1. 2	o qual foi prometido por ele de *antemão*
Rm	8.29	Pois aqueles que de *antemão* conheceu

ANTICRISTO

| 1Jo | 2.18 | Filhinhos,...o *anticristo* está vindo |
| 2Jo | 7 | Tal é o enganador e o *anticristo* |

ANTIGO

Nm	21.26	contra o *antigo* rei de Moabe
Jz	5.21	O rio Quisom os levou, o *antigo* rio
1Rs	16.24	nome do *antigo* proprietário da colina
Sl	89.49	Ó Senhor, onde está o teu *antigo* amor...?
Mq	4. 8	o *antigo* domínio será restaurado a você
Na	2. 8	Nínive é como um açude *antigo*...
Ag	2. 9	A glória... será maior do que a do *antigo*
2Pe	2. 5	Ele não poupou o mundo *antigo*
1Jo	2. 7	...mas um mandamento *antigo*

ANTIOQUIA

At	11.20	foram a *Antioquia* e começaram a falar...
At	13. 1	Na igreja de *Antioquia* havia profetas e mestres
Gl	2.11	Quando, porém, Pedro veio a *Antioquia*...
2Tm	3.11	coisas que me aconteceram em *Antioquia*...

ANTIPAS

| Ap | 2. 13 | nem mesmo quando *Antipas*... |

ANTIPÁTRIDE

| At | 23.31 | levaram Paulo...e chegaram a *Antipátride* |

ANULAR

Nm	30.13	O marido poderá confirmar ou *anular*...
Mt	1.19	pretendia *anular* o casamento secretamente
Gl	3.15	ninguém pode *anular* um testamento...

ANUNCIAR

Sl	92. 2	*anunciar* de manhã o teu amor leal...
Sl	118.15	vivo ficarei para *anunciar* os feitos do Senhor
Is	61. 1	Enviou-me para...*anunciar* liberdade aos cativos
Mc	5.20	aquele homem...começou a *anunciar*...
At	13.46	Era necessário *anunciar* primeiro a vocês...
Ef	3. 8	foi-me concedida esta graça de *anunciar*...
1Pe	2. 9	para *anunciar* as grandezas daquele que...

ANZOL

| 2Rs | 19.28 | porei o meu *anzol* em seu nariz |
| Mt | 17.27 | vá ao mar e jogue o *anzol*. |

AOLIABE

| Êx | 38.23 | Com ele estava *Aoliabe*, filho de Aisamaque |

APAGAR

2Sm	14. 7	querem *apagar* a última centelha
Sl	34.16	para *apagar* da terra a memória deles
Ct	8. 7	Nem muitas águas conseguem *apagar*...
Ef	6.16	poderão *apagar* todas as setas inflamadas...

APALPAR

Gn	27.12	E se meu pai me *apalpar*?
Jz	16.26	Ponha-me onde eu possa *apalpar* as colunas...
Sl	115. 7	têm mãos, mas nada podem *apalpar*

APANHAR

Dt	22. 7	Você poderá *apanhar* os filhotes...
2Rs	4.39	Um deles foi ao campo *apanhar* legumes
Et	6.10	Vá depressa *apanhar* o manto e o cavalo...
Sl	10. 9	fica à espreita para *apanhar* o necessitado
Pv	30.28	...que se pode *apanhar* com as mãos
Is	10.14	estiquei o braço para *apanhar* a riqueza

APARECER

Gn	9.14	...e nelas *aparecer* o arco-íris
Êx	10.28	Trate de não *aparecer* nunca mais
Lv	13.19	e no lugar da ferida *aparecer* um inchaço branco
Dt	13. 1	Se *aparecer* entre vocês um profeta...
Ez	37. 6	farei *aparecer* carne sobre vocês
Dn	11.19	tropeçará e cairá, para nunca mais *aparecer*
Ml	3. 2	Quem ficará em pé quando ele *aparecer*?
Lc	1.80	...até *aparecer* publicamente a Israel

APARÊNCIA

Gn	39. 6	José era atraente e de boa *aparência*
Nm	9.15	...tinha a *aparência* de fogo
Dt	28.50	nação de *aparência* feroz
1Sm	9. 2	jovem de boa *aparência*
1Sm	16. 7	Não considere sua *aparência* nem sua altura
1Sm	16.12	era ruivo, de belos olhos e boa *aparência*
Sl	49.14	A *aparência* deles se desfará na sepultura
Ct	5.15	Sua *aparência* é como o Líbano
Is	11. 3	Não julgará pela *aparência*
Is	52.14	sua *aparência* estava tão desfigurada
Lm	4. 7	sua *aparência* lembrava safiras
Ez	1. 5	Na *aparência* tinham forma de homem
Ez	1.10	Quanto à *aparência* dos seus rostos...
Ez	1.28	Tal como a *aparência* do arco-íris
Ez	40. 2	tinham a *aparência* de uma cidade
Dn	7. 5	tinha a *aparência* de um urso
Jl	2. 4	Eles têm a *aparência* de cavalos
Mt	6.16	não mostrem uma *aparência* triste.
Mt	22.16	...não te prendes à *aparência* dos homens.
Mt	28. 3	Sua *aparência* era como um relâmpago
Jo	7.24	Não julguem apenas pela *aparência*
Gl	2. 6	Deus não julga pela *aparência*
2Tm	3. 5	tendo *aparência* de piedade, mas...

Concordância Bíblica Abreviada

APASCENTAR
Gn 30. 36 e Jacó continuou a *apascentar*
1Sm 17. 15 Davi ia ao acampamento...para *apascentar*

APAVORADO
1Sm 28. 5 Quando Saul viu...ficou *apavorado*
1Cr 10. 4 seu escudeiro estava *apavorado*
Et 7. 6 Hamã ficou *apavorado* na presença do rei e da rainha
Jó 23. 15 Por isso fico *apavorado* diante dele
Jr 50. 2 Bel foi humilhado, Marduque está *apavorado*
Ez 2. 6 nem fique *apavorado* ao vê-los
Hc 2. 17 e você ficará *apavorado* com a matança,
Hb 12. 21 Estou *apavorado* e trêmulo!

APAZIGUAR
Ml 1. 9 tentem *apaziguar* Deus para que...

APEDREJAR
Êx 8. 26 ...isso não os levará a nos *apedrejar*?
Jo 10. 32 Por qual delas vocês querem me *apedrejar*?

APEGAR-SE
Is 64.7 que se anime a *apegar-se* a ti
Ez 3. 26 Farei sua língua *apegar-se* ao céu da boca
Fp 2. 6 ser igual a Deus era algo a que devia *apegar-se*
1Tm 3. 9 Devem *apegar-se* ao mistério da fé...

APELAR
Dt 15. 9 Ele poderá *apelar* para o Senhor...
At 28. 19 fui obrigado a *apelar* para César

APERFEIÇOADO
Fp 3. 12 Não que eu já tenha...sido *aperfeiçoado*
1Jo 2. 5 nele...o amor de Deus está *aperfeiçoado*
1Jo 4. 12 o seu amor está *aperfeiçoado* em nós
1Jo 4. 17 o amor está *aperfeiçoado* entre nós
1Jo 4. 18 Aquele que tem medo não está *aperfeiçoado*

APERTADO
Ez 24. 17 Mantenha *apertado* o seu turbante..
Mt 7. 14 Como é estreita a porta...*apertado* o caminho

APERTO
Jz 10. 14 Que eles os livrem na hora do *aperto*!

APLICAR
Rm 3. 5 Que Deus é injusto por *aplicar* a sua ira?

APOIAR
Êx 23. 2 não perverta a justiça para *apoiar* a maioria
2Tm 4. 16 ...ninguém apareceu para me *apoiar*

APOLO
At 18. 24 um judeu chamado *Apolo*, natural de Alexandria
1Co 1. 12 ...ou "Eu sou de *Apolo*"
1Co 3. 5 Afinal de contas, quem é *Apolo*?
1Co 16. 12 Quanto ao irmão *Apolo*...

APOSTASIA
2Ts 2. 3 Antes daquele dia virá a *apostasia* e...

APOSTOLADO
Rm 1. 5 recebemos graça e *apostolado*...
1Co 9. 2 vocês são o selo do meu *apostolado*...

APRAZÍVEL
Gn 49. 15 ...como é *aprazível* a sua terra
Jr 3. 19 e daria uma terra *aprazível* a você
Zc 7. 14 ...que transformaram a terra *aprazível* em ruínas

APRENDER
Dt 31. 13 terão que...*aprender* a temer o Senhor
Sl 119.73 dá-me entendimento para *aprender* os teus mandamentos
Ec 7. 25 Por isso dediquei-me a *aprender*...
Jr 35. 13 "Será que vocês não vão *aprender* a lição...?"
Mt 9. 13 Vão *aprender* o que significa isto...
1Co 14. 35 Se quiserem *aprender* alguma coisa...
1Tm 2.11 A mulher deve *aprender* em silêncio
Hb 5. 11 ...vocês se tornaram lentos para *aprender*
Ap 14. 3 Ninguém podia *aprender* o cântico

APRESENTAR
Nm 8. 15 ...e os *apresentar* como oferta movida
Nm 15.14 ...*apresentar* uma oferta preparada no fogo
2Rs 8. 5 a...mãe chegou para *apresentar* sua petição
1Cr 23. 30 deviam se *apresentar* todas as manhãs
At 24. 17 trazer esmolas ao meu povo e *apresentar* ofertas
1Co 6. 1 ...*apresentar* a causa para ser julgada pelos ímpios
Hb 5. 1 ...*apresentar* ofertas e sacrifícios pelos pecados
Hb 9. 24 para agora se *apresentar* diante de Deus...

APRESSA
Dt 32. 35 e o seu próprio destino se *apressa* sobre eles
Is 16. 5 se *apressa* em defender o que é justo

APRISCO
Sl 78. 70 e o tirou do *aprisco* das ovelhas
Mq 2. 12 os ajuntarei como ovelhas num *aprisco*
Jo 10. 1 aquele que não entra no *aprisco* das ovelhas...
Jo 10. 16 ...outras ovelhas que não são deste *aprisco*

APROVA
Dt 21. 9 pois fizeram o que o Senhor *aprova*
Dt 33. 11 ...e *aprova* a obra das suas mãos
1Rs 15. 11 Asa fez o que o Senhor *aprova*
Sl 1. 6 o Senhor *aprova* o caminho dos justos
Rm 14.22 ...que não se condena naquilo que *aprova*

APROVEITEM
Dt 24. 14 Não se *aproveitem* do pobre e necessitado
Cl 4. 5 *aproveitem* ao máximo todas as oportunidades

APROXIMAR
Nm 6. 11 pois pecou ao se *aproximar* de um cadáver
Nm 17. 13 Todo aquele que se *aproximar* do santuário
1Sm 30. 21 Ao se *aproximar* com seus soldados...
2Rs 5. 21 vendo-o se *aproximar*, desceu da carruagem
Is 21. 6 ...para que anuncie tudo o que se *aproximar*
Lc 7. 12 Ao se *aproximar* da porta da cidade...
At 7. 17 Ao se *aproximar* o tempo em que Deus...

AQUECER
1Rs 1. 2 ...a fim de *aquecê-lo*
Is 47. 14 Aqui não existem brasas para *aquecer* ninguém

ÁQUILA
At 18. 2 encontrou um judeu chamado *Áquila*
At 18. 18 acompanhado de Priscila e *Áquila*
Rm 16. 3 Priscila e *Áquila*, meus colaboradores

AQUIETOU
Jn 1. 15 ...e o lançaram ao mar enfurecido, e este se *aquietou*
Mc 4. 39 O vento se *aquietou*

AQUIS
1Sm 21. 10 Davi fugiu de Saul e foi procurar *Aquis*
1Rs 2. 40 Simei selou um jumento e foi até *Aquis*, em Gate

AR
Nm 21. 15 que se estendem até a cidade de *Ar*
Dt 2. 18 território de Moabe, pela região de *Ar*
2Sm 11.11 ...estão acampados ao *ar* livre
At 22. 23 tirando suas capas e lançando poeira para o *ar*
1Co 9. 26 não luto como quem esmurra o *ar*
1Co 14. 9 Vocês estarão simplesmente falando ao *ar*
Ap 16. 17 O sétimo anjo derramou a sua taça no *ar*

ARADO
Jz 14. 18 não tivessem *arado* com a minha novilha
Sl 129. 3 Passaram o *arado* em minhas costas
Os 10. 4 como ervas venenosas num campo *arado*
Os 10. 12 façam sulcos no seu solo não *arado*
Os 12. 11 como montes de pedras num campo *arado*
Lc 9. 62 Ninguém que põe a mão no *arado*...

ARAMAICO
2Rs 18. 26 fala com teus servos em *aramaico*...
Ed 4. 7 A carta foi escrita em *aramaico*...
Dn 2. 4 os astrólogos responderam em *aramaico*...
Jo 5. 2 ...um tanque que, em *aramaico*, é chamado Betesda
Jo 20. 16 Maria exclamou em *aramaico*: "Rabôni"
At 22. 2 Quando ouviram que lhes falava em *aramaico*...
At 26. 14 ouvi uma voz que me dizia em *aramaico*...

ARANHA
Jó 8. 14 ...em que se apoia é uma teia de *aranha*
Is 59. 5 Chocam ovos de cobra e tecem teias de *aranha*

ARARATE
Gn 8. 4 a arca pousou nas montanhas de *Ararate*
Is 37. 38 ...e fugiram para a terra de *Ararate*

ARBUSTO
Gn 2. 5 ainda não tinha brotado nenhum *arbusto* no campo
Gn 21. 15 ela deixou o menino debaixo de um *arbusto*
Jr 17. 6 Ele será como um *arbusto* no deserto
Jr 48. 6 Fujam!...tornem-se como um *arbusto* no deserto

ARCA
Gn 6. 14 ...fará uma *arca* de madeira de cipreste
Êx 25. 16 coloque dentro da *arca* as tábuas da aliança
Nm 3. 31 Tinham a responsabilidade de cuidar da *arca*
Dt 10. 2 escreverei nas tábuas...você as colocará na *arca*

Concordância Bíblica Abreviada

Js	3. 3	Quando virem a *arca* da aliança do Senhor
Js	3. 6	Levantem a *arca* da aliança...
Js	3. 11	Vejam, a *arca* da aliança do Soberano...
2Sm	6. 3	Puseram a *arca* de Deus num carroção novo...
2Sm	6. 7	ele morreu ali mesmo, ao lado da *arca* de Deus
1Cr	13. 12	"Como vou conseguir levar a *arca* de Deus?"
2Cr	5. 2	a *arca* da aliança do Senhor
2Cr	5. 4	os levitas pegaram a *arca*
Sl	132. 6	Soubemos que a *arca* estava em Efrata
Mt	24. 38	...até o dia em que Noé entrou na *arca*
Hb	9. 5	Acima da *arca* estavam os querubins da Glória
Ap	11. 19	e ali foi vista a *arca* da sua aliança...

ARCO

Gn	48. 22	com a minha espada e com o meu *arco*
Gn	49. 24	Mas o seu *arco* permaneceu firme
1Sm	2. 4	O *arco* dos fortes é quebrado
2Sm	1. 22	o *arco* de Jônatas nunca recuou
2Rs	13. 15	Traga um *arco* e algumas flechas
2Rs	13. 16	Pegue o *arco* em suas mãos
2Cr	18. 33	um soldado disparou seu *arco* ao acaso...
Jó	29. 20	...novo será o meu *arco* em minha mão
Jr	6. 23	Eles empunham o *arco* e a lança
Lm	2. 4	Como um inimigo, preparou o seu *arco*
Os	1. 5	Naquele dia quebrarei o *arco* de Israel
Hc	3. 9	Preparaste o teu *arco*...
Ap	6. 2	Seu cavaleiro empunhava um *arco*...

ARDENTE

Dt	33. 16	o favor daquele que apareceu na sarça *ardente*
Jó	18. 15	espalham enxofre *ardente*
Sl	21. 9	...farás deles uma fornalha *ardente*
Sl	69. 24	que o teu furor *ardente* os alcance
Sl	78. 49	quando os atingiu com a sua ira *ardente*
Ct	8. 6	Suas brasas são fogo *ardente*...
Is	30. 33	como uma torrente de enxofre *ardente*
Is	34. 9	sua terra se tornará betume *ardente*!
Jr	7. 20	A minha *ardente* ira será derramada...
Lm	2. 3	como um fogo *ardente* que consome...
Ez	36. 5	Em meu zelo *ardente* falei contra...
Ml	4. 1	...vem o dia, *ardente* como uma fornalha
Mt	13. 42	Eles os lançarão na fornalha *ardente*

AREIA

Gn	41. 49	José estocou muito trigo, como a *areia* do mar
Êx	2. 12	matou o egípcio e o escondeu na *areia*
Js	11. 4	tão numeroso como a *areia* da praia
Jz	7. 12	...não se pode contar a *areia* da praia...
2Sm	17. 11	tantos como a *areia* da praia
Sl	78. 27	bandos de aves como a *areia* da praia
Pv	27. 3	A pedra é pesada e a *areia* é um fardo
Is	48. 19	Seus descendentes seriam como a *areia*
Jr	5. 22	fiz da *areia* um limite para o mar
Jr	33. 22	...incontáveis como a *areia* das praias do mar
Mt	7. 26	com um...que construiu a sua casa sobre a *areia*
At	27. 41	o navio encalhou num banco de *areia*
Ap	12. 18	o dragão se pôs em pé na *areia* do mar
Ap	20. 8	Seu número é como a *areia* do mar

AREÓPAGO

At	17. 19	...o levaram a uma reunião do *Areópago*
At	17. 22	Paulo levantou-se na reunião do *Areópago*

ÁRIDO

Jó	38. 27	para matar a sede do deserto *árido*

ARIEL

Is	29. 1	Ai de *Ariel*!...cidade onde acampou Davi

ARIMATEIA

Mc	15. 43	José de *Arimateia*, membro...do Sinédrio
Jo	19. 38	José de *Arimateia* pediu a Pilatos o corpo de Jesus

ARISTARCO

At	27. 2	e saímos ao mar, estando conosco *Aristarco*
Cl	4. 10	*Aristarco*, meu companheiro de prisão
Fm	24	assim como também Marcos, *Aristarco*...

ARMA

1Sm	21. 8	Não trouxe minha espada nem... outra *arma*
1Cr	12. 33	...para guerrear com qualquer tipo de *arma*
2Cr	23. 10	...cada um de *arma* na mão
Ne	4. 23	cada um permanecia de *arma* na mão
Is	54. 17	nenhuma *arma* forjada contra você prevalecerá
Jr	51. 20	Você é o meu martelo, a minha *arma* de guerra
Ez	9. 2	E...cada um com uma *arma* mortal na mão

ARMADILHA

1Sm	18. 21	Eu a darei a ele, para que lhe sirva de *armadilha*
1Sm	28. 9	você está preparando uma *armadilha* contra mim
Jó	18. 9	A *armadilha* o pega pelo calcanhar
Jó	18. 10	há uma *armadilha* em seu caminho
Sl	7. 15	Quem cava um buraco...cairá nessa *armadilha* que fez
Sl	25. 15	só ele tira os meus pés da *armadilha*
Sl	31. 4	Tira-me da *armadilha* que me prepararam
Pv	6. 2	e caiu na *armadilha* das palavras...
Pv	18. 7	...seus lábios são uma *armadilha* para a sua alma
Pv	20. 25	É uma *armadilha* consagrar algo precipitadamente
Ec	9. 12	e os pássaros são pegos numa *armadilha*,...
Jr	8. 9	...ficarão amedrontados e serão pegos na *armadilha*
Jr	9. 8	mas no íntimo lhe prepara uma *armadilha*
Jr	50. 24	...uma *armadilha* para você, ó Babilônia
Jo	8. 6	estavam usando essa pergunta com *armadilha*
2Tm	2. 26	...voltem à sobriedade e escapem da *armadilha*...

ARMADURA

1Sm	17. 38	colocou-lhe uma *armadura*...
1Rs	20. 11	Quem está vestindo a sua *armadura*...
Jr	51. 3	...não arme o seu arco nem vista a sua *armadura*
Rm	13. 12	revistamo-nos da *armadura* da luz
Ef	6. 11	Vistam toda a *armadura* de Deus

ARMAGEDOM

Ap	16. 16	no lugar que...é chamado *Armagedom*

AROMA

Gn	8. 21	O Senhor sentiu o *aroma* agradável...
Êx	29. 18	é oferta de *aroma* agradável dedicada...
Lv	3. 16	oferta preparada no fogo, de *aroma*...agradável
Nm	15. 7	como *aroma* agradável ao Senhor
Sl	45. 8	Todas as tuas vestes exalam *aroma* de mirra
Ct	7. 8	o *aroma* da sua respiração como maçãs
2Co	2. 15	porque para Deus somos o *aroma* de Cristo
Ef	5. 2	oferta e sacrifício de *aroma* agradável a Deus
Fp	4. 18	São uma oferta de *aroma* suave

ARQUIPO

Cl	4. 17	Digam a *Arquipo*: "Cuide em cumprir..."
Fm	2	à irmã Áfia, a *Arquipo*, nosso companheiro...

ARQUITETO

Pv	8. 30	eu estava ao seu lado, e era o seu *arquiteto*
Hb	11. 10	cujo *arquiteto* e edificador é Deus

ARRANCAR

Jó	41. 13	Quem consegue *arrancar* sua capa externa?
Ec	3. 2	tempo de plantar e tempo de *arrancar*...
Is	45. 1	...as nações diante dele e *arrancar* a armadura
Jr	1. 10	...para *arrancar*, despedaçar, arruinar e destruir
Ez	32. 15	...arrasar o Egito e *arrancar* da terra tudo...
Na	1. 13	vou quebrar o jugo do seu pescoço e *arrancar*...
Mt	13. 29	vocês poderiam *arrancar* com ele o trigo
Jo	10. 28	ninguém as poderá *arrancar* da minha mão
Jo	10. 29	ninguém as pode *arrancar* da mão de meu Pai

ARRASTA

Jó	7. 4	A noite se *arrasta*, e eu fico me virando...
Sl	10. 9	apanha o necessitado e o *arrasta* para a sua rede
Pv	6. 13	pisca o olho, *arrasta* os pés e faz sinais com os dedos
Hc	1. 15	apanha-os em sua rede e nela os *arrasta*

ARRASTAM

Dt	32. 24	e veneno de víboras que se *arrastam* no pó
Jó	14. 19	a água desgasta...e as torrentes *arrastam* terra
Sl	69. 2	as correntezas me *arrastam*
Is	5. 29	rosnam enquanto se apoderam da presa e a *arrastam*
Mq	7. 17	como animais que se *arrastam* no chão
Tg	2. 6	Não são eles o que os *arrastam* para os tribunais?

ARRAZOADOS

Jó	32. 11	fiquei ouvindo os seus *arrazoados*...

ARREPENDER-SE

Jr	5. 3	...mais que a rocha, e recusaram *arrepender-se*
Os	11. 5	...eles se recusam a *arrepender-se*?

Concordância Bíblica Abreviada

Lc 15. 7 por noventa e nove justos que não precisam *arrepender-se*
Ap 16. 9 contudo, recusaram *arrepender-se* e glorificá-lo

ARREPENDIDO
Mt 11. 21 há muito tempo elas se teriam *arrependido*
Lc 17. 4 'Estou *arrependido*'...

ARREPENDIMENTO
Is 30. 15 "No *arrependimento* e no descanso está a salvação..."
Mt 3. 8 Deem fruto que mostre o *arrependimento*!
Mt 3. 11 "Eu os batizo com água para *arrependimento*..."
Mc 1. 4 pregando um batismo de *arrependimento*
Lc 5. 32 não vim chamar justos, mas pecadores ao *arrependimento*
Lc 24. 47 em seu nome seria pregado o *arrependimento*
At 5. 31 para dar a Israel *arrependimento* e perdão de pecados
At 11. 18 Então, Deus concedeu *arrependimento*...
At 13. 24 João pregou um batismo de *arrependimento*
At 20. 21 ...eles precisam converter-se a Deus com *arrependimento*
At 26. 20 obras que mostrassem o seu *arrependimento*
Rm 2. 4 ...a bondade de Deus o leva ao *arrependimento*?
2Co 7. 9 ...porque a tristeza os levou ao *arrependimento*
2Co 7. 10 A tristeza segundo Deus não produz...mas sim um *arrependimento*
2Tm 2. 25 na esperança de que Deus lhes conceda o *arrependimento*
Hb 6. 1 sem lançar...o fundamento do *arrependimento*
Hb 6. 6 que sejam reconduzidos ao *arrependimento*
2Pe 3. 9 mas que todos cheguem ao *arrependimento*

ARROGANTE
2Rs 19. 22 contra quem ergueu o seu olhar *arrogante*?
2Cr 25. 19 e agora estás *arrogante* e orgulhoso
Sl 36. 11 Não permitas que o *arrogante* me pisoteie
Pv 21. 24 O vaidoso e *arrogante* chama-se zombador
Is 2. 11 Os olhos do *arrogante* serão humilhados...
Is 33. 19 Você não tornará a ver aquele povo *arrogante*
Jr 50. 31 "Veja, estou contra você, ó *arrogante*"
Dn 5. 20 quando o seu coração se tornou *arrogante*...
Hc 2. 5 o ímpio é *arrogante* e não descansa

ARROGÂNCIA
1Sm 2. 3 nem saia de sua boca tal *arrogância*
1Sm 15. 23 ...a *arrogância* como o mal da idolatria
Ne 9. 10 sabias com quanta *arrogância* os egípcios os tratavam
Jó 15. 26 afrontando-o com *arrogância*
Jó 35. 12 ele não responde, por causa da *arrogância* dos ímpios
Jó 36. 9 ele lhes dirá...que pecaram com *arrogância*
Sl 10. 2 Em sua *arrogância* o ímpio persegue o pobre
Sl 17. 10 fecham o coração...e com a boca falam com *arrogância*.
Sl 31. 18 ...com *arrogância* e desprezo humilham os justos
Sl 73. 8 ...em sua *arrogância* ameaçam com opressão
Pv 8. 13 odeio o orgulho e a *arrogância*
Pv 21. 29 O ímpio mostra no rosto a sua *arrogância*
Is 2. 17 A *arrogância* dos homens será abatida
Is 13. 11 Darei fim à *arrogância* dos altivos
Jr 48. 30 Conheço bem a sua *arrogância*
Jr 50. 32 A *arrogância* tropeçará e cairá
Ez 7. 10 A condenação irrompeu... a *arrogância* floresceu!
Dn 7. 8 ...e uma boca que falava com *arrogância*
Dn 11. 18 um comandante reagirá com arrogância à *arrogância*...
Os 5. 5 A *arrogância* de Israel testifica contra eles
Ob 3 A *arrogância* do seu coração o tem enganado
Mq 2. 3 não vão mais andar com *arrogância*
2Co 12. 20 Temo que haja entre vocês...intrigas, *arrogância*,
2Pe 2. 18 com palavras de vaidosa *arrogância*

ARRUINAR
2Sm 20. 19 Por que queres *arruinar* a herança do Senhor?
2Sm 20. 20 Longe de mim *arruinar* e destruir esta cidade!
Jr 1. 10 hoje dou a você autoridade sobre nações...*arruinar* e destruir

ARSENAL
Ct 4. 4 ...é como a torre de Davi, construída como *arsenal*
Is 39. 2 mostrou-lhes... todo o seu *arsenal*
Jr 50. 25 O Senhor abriu o seu *arsenal*

ARTÍFICE
Ct 7. 1 As curvas das suas coxas são...obra das mãos de um *artífice*
Ap 18. 22 Nunca mais se achará dentro de seus muros *artífice* algum,

ASA
1Rs 15. 8 ...E o seu filho *Asa* foi o seu sucessor
1Rs 15. 9 ...*Asa* tornou-se rei de Judá
2Cr 14. 2 *Asa* fez o que o Senhor, o seu Deus, aprova

ASAEL
2Sm 2. 18 ...E *Asael*, que corria como uma gazela em terreno plano
2Sm 2. 20 "É você, *Asael*? "Sou eu", respondeu ele
Ed 10. 15 Somente Jônatas, filho de *Asael*...

ASAFE
2Rs 18. 18 ...e o arquivista real Joá, filho de *Asafe*
1Cr 15. 19 Os músicos Hemã, *Asafe* e Etã deviam tocar...
2Cr 35. 15 Os músicos, descendentes de *Asafe*...
Ne 2. 8 E também uma carta para *Asafe*, guarda da floresta do rei

ASCALOM
2Sm 1. 20 Não conte isso...não o proclame nas ruas de *Ascalom*
Jr 25. 20 todos os reis dos filisteus: de *Ascalom*, Gaza, Ecrom...
Sf 2. 4 Gaza será abandonada, e *Ascalom* ficará arruinada
Sf 2. 7 eles se deitarão nas casas de *Ascalom*
Zc 9. 5 Ao ver isso *Ascalom* ficará com medo

ASER
Gn 35. 26 Estes foram seus filhos com Zilpa... Gade e *Aser*
Gn 49. 20 A mesa de *Aser* será farta
Js 19. 24 Na quinta vez, a sorte saiu para *Aser*, clã por clã
Jz 1. 31 Nem *Aser* expulsou os que viviam em...
1Cr 12. 36 da tribo de *Aser*, 40.000 soldados experientes...
Ez 48. 2 *Aser* terá uma porção...
Lc 2. 36 Estava ali a profetisa Ana...da tribo de *Aser*
Ap 7. 6 da tribo de *Aser*, doze mil,...

ASPECTO
Mt 16. 3 Vocês sabem interpretar o *aspecto* do céu,
Fp 3. 15 ...em algum *aspecto*, vocês pensam de modo diferente
Ap 4. 3 Aquele que estava assentado era de *aspecto* semelhante...

ASPERAMENTE
Gn 42. 7 José reconheceu os seus irmãos...e lhes falou *asperamente*
1Sm 20. 10 "Quem irá contar-me, se seu pai lhe responder *asperamente*?"
2Sm 19. 43 os homens de Judá falaram ainda mais *asperamente*
1Rs 12. 13 E o rei lhes respondeu *asperamente*..
1Tm 5. 1 Não repreenda *asperamente* o homem idoso

ASSALARIADO
Jó 7. 1 Seus dias não são como os de um *assalariado*?
Jó 7. 2 ...como o *assalariado* que espera ansioso pelo pagamento
Jo 10. 12 O *assalariado* não é o pastor a quem as ovelhas pertencem
Jo 10. 13 Ele foge porque é *assalariado*...

ASSALTANTE
Pv 6. 11 a sua pobreza o surpreenderá como um *assaltante*
Pv 23. 28 Como o *assaltante*, ela fica de tocaia
Pv 24. 34 mas a pobreza lhe sobrevirá como um *assaltante*

ASSAR
Gn 19. 3 ...preparar-lhes uma refeição e *assar* pão sem fermento
1Sm 2. 15 Dê um pedaço desta carne para o sacerdote *assar*
1Cr 9. 31 ...tinha a responsabilidade de *assar* os pães para as ofertas
1Cr 23. 29 Estavam encarregados...de *assar* o pão...

ASSE
Lv 24. 5 Apanhe da melhor farinha e *asse* doze pães
Ez 4. 15 "Está bem"..."deixarei que você *asse* o seu pão..."

ASSEMBLEIA
Gn 49. 6 ...não entre no conselho deles, nem participe da sua *assembleia*
Lv 16. 17 por sua família e por toda a *assembleia* de Israel.
Nm 10. 7 Para reunir a *assembleia*, faça soar as cornetas
Nm 16. 3 por que vocês se colocam acima da *assembleia* do Senhor?
Dt 23. 1 ...não poderá entrar na *assembleia* do Senhor
2Rs 10. 20 Convoquem uma *assembleia* em honra a Baal...
1Cr 13. 4 Toda a *assembleia* concordou
1Cr 29. 1 Então o rei Davi disse a toda a *assembleia*...
Ne 8. 2 Esdras trouxe a Lei diante da *assembleia*
Sl 89. 7 Na *assembleia* dos santos Deus é temível
Sl 107. 32 Que o exaltem na *assembleia* do povo
Jl 1. 14 convoquem uma *assembleia* sagrada
Mq 2. 5 vocês não estarão na *assembleia* do Senhor...

Concordância Bíblica Abreviada

Mq	6. 9	Ouçam, tribo de Judá e *assembleia* da cidade!
Lc	23. 1	Então toda a *assembleia* levantou-se e o levou a Pilatos
At	15. 12	Toda a *assembleia* ficou em silêncio
At	19. 32	A *assembleia* estava em confusão
At	19. 39	Se há mais alguma coisa...será decidido em *assembleia*
At	23. 7	e a *assembleia* ficou dividida

ASSENTADO

1Rs	22. 19	Vi o Senhor *assentado* em seu trono
Sl	47. 8	Deus está *assentado* em seu santo trono
Is	6. 1	No ano em que o rei Uzias morreu, eu vi o Senhor *assentado*...
Mt	24. 3	Tendo Jesus se *assentado* no monte das Oliveiras...
Mt	26. 64	o dia em que vereis o Filho do homem *assentado*...
Mc	16. 5	viram um jovem...de roupas brancas *assentado* à direita
Cl	3. 1	...onde Cristo está *assentado* à direita de Deus
Ap	4. 3	Aquele que estava *assentado* era de aspecto semelhante...
Ap	4. 10	diante daquele que está *assentado* no trono
Ap	5. 13	Àquele que está *assentado* no trono e ao Cordeiro...
Ap	14. 14	*assentado* sobre a nuvem, alguém...
Ap	21. 5	Aquele que está *assentado* no trono disse...

ASSENTAR

Pv	23. 1	Quando você se *assentar* para uma refeição
Jr	16. 8	para se *assentar* com eles a fim de comer e beber
Mt	19. 28	quando o Filho do homem se *assentar* em seu trono glorioso
Ef	2. 6	...e com ele nos fez *assentar* nas regiões celestiais

ASSOBIA

Is	5. 26	e *assobia* para um povo dos confins da terra

ASSOCIAR-SE

At	10. 28	é contra a nossa lei um judeu *associar-se* a um gentio
Rm	12. 16	estejam dispostos a *associar-se* a pessoas de posição inferior
1Co	5. 11	não devem *associar-se* com qualquer que...

ASSOLANDO

1Sm	6. 5	ratos que estão *assolando* o país
1Cr	21. 12	com o anjo do Senhor *assolando*...

ASSOMBRO

Is	63. 5	...não havia ninguém para ajudar-me; mostrei *assombro*

ASSUSTAR

Ez	30. 9	enviarei mensageiros...para *assustar* o povo da Etiópia

ASSÍRIA

Sl	83. 8	Até a *Assíria* aliou-se a eles...
Is	7. 17	O Senhor trará o rei da *Assíria* sobre você
Is	7. 18	O Senhor assobiará para chamar...as abelhas da *Assíria*
Is	8. 4	Os bens de Samaria serão levados pelo rei da *Assíria*
Zc	10. 11	o orgulho da *Assíria* será abatido

ASSÍRIO

2Rs	17. 6	O rei *assírio* conquistou Samaria...
2Rs	18. 11	O rei *assírio* deportou os israelitas para a Assíria
Is	37. 36	O anjo do Senhor saiu e matou...no acampamento *assírio*

ASTAROTE

Jz	2. 13	Abandonaram o Senhor e prestaram culto a Baal e a *Astarote*
Jz	10. 6	Serviram aos baalins, às imagens de *Astarote*
1Sm	7. 3	livrem-se...das imagens de *Astarote*
1Sm	31. 10	Expuseram as armas de Saul no templo de *Astarote*
1Rs	11. 5	Ele seguiu *Astarote*, a deusa dos sidônios
2Rs	23. 13	profanou os altares...construído para *Astarote*

ASTUTO

Gn	3. 1	Ora, a serpente...o mais *astuto* de todos os animais
1Sm	23. 22	Dizem que ele é muito *astuto*
2Sm	13. 3	...tinha um amigo muito *astuto* chamado Jonadabe
2Sm	22 27	ao puro te revelas puro, mas ao perverso te revelas *astuto*
2Co	12. 16	como sou *astuto*, eu os prendi com astúcia

ASTÚCIA

Êx	1. 10	Temos que agir com *astúcia*
Jó	5. 13	Apanha os sábios na *astúcia* deles,
Sl	83. 3	Com *astúcia* conspiram contra o teu povo
Lc	20. 23	Ele percebeu a *astúcia* deles e lhes disse...
1Co	3. 19	"Ele apanha os sábios na *astúcia* deles"
2Co	11. 3	assim como a serpente enganou Eva com *astúcia*...
2Co	12. 16	...eu os prendi com *astúcia*

ATACAR

Gn	32. 8	...e *atacar* um dos grupos, o outro poderá escapar
Êx	8. 21	enviarei enxames de moscas para *atacar* você...
Nm	13. 31	"Não podemos *atacar* aquele povo; é mais forte do que nós."
Js	8. 3	se prepararam para *atacar* a cidade de Ai
Jz	1. 1	"Quem de nós será o primeiro a *atacar* os cananeus?"
1Sm	23. 2	"Devo *atacar* esses filisteus?"
1Rs	20. 12	"Preparem-se para *atacar* a cidade"
1Cr	11. 6	"O primeiro que *atacar* os jebuseus se tornará..."
1Cr	14. 13	Os filisteus voltaram a *atacar* o vale
2Cr	20. 12	...para enfrentar esse exército...que vem nos *atacar*
Ne	4. 8	...planejaram *atacar* Jerusalém e causar confusão
Sl	18. 29	Com o teu auxílio posso *atacar* uma tropa
Is	36. 10	pensa que vim *atacar* e destruir esta nação sem o Senhor?
Is	54. 15	Se alguém a *atacar*, não será por minha
Jr	49. 14	Reúnam-se para *atacar* Edom!
Jr	51. 12	Ergam o sinal para *atacar* as muralhas da Babilônia!
Dn	8. 7	Eu o vi *atacar* furiosamente o carneiro

ATALIA

2Rs	8. 26	O nome de sua mãe era *Atalia*, neta de Onri.
2Rs	11. 3	...ele ficou escondido...enquanto *Atalia* governava o país
2Cr	23.21	A cidade acalmou-se depois que *Atalia* foi morta à espada

ATEMORIZADO

At	10. 4	*Atemorizado*, Cornélio olhou para ele e perguntou...

ATENAS

At	17. 15	Os homens que foram com Paulo o levaram até *Atenas*
At	17. 16	Enquanto esperava por eles em *Atenas*, Paulo...
At	18. 1	Depois disso Paulo saiu de *Atenas* e foi para Corinto
1Ts	3. 1	achamos por bem permanecer sozinhos em *Atenas*

ATENDER

Êx	9. 12	...e ele se recusou a *atender* Moisés e Arão
Dt	3. 26	o Senhor irou-se contra mim e não quis me *atender*
1Rs	2. 17	...pois ele não deixará de *atender* você
Et	5. 8	e se lhe agrada *atender* e conceder o meu pedido...
At	12. 13	Pedro bateu...e uma serva chamada Rode veio *atender*
At	16. 14	...abriu seu coração para *atender* à mensagem de Paulo
Fp	2. 25	mensageiro que...para *atender* às minhas necessidades

ATENTO

Jó	24. 23	...*atento* os vigia nos caminhos que seguem
Jó	39. 1	Você está *atento* quando a corça tem o seu filhote?
Sl	119.117	sempre estarei *atento* aos teus decretos
Mq	7. 7	Mas, quanto a mim, ficarei *atento* ao Senhor
Ap	3. 2	Esteja *atento*!...não achei suas obras perfeitas
Ap	3. 3	Mas, se você não estiver *atento*, virei como um ladrão

ATINGIR

2Cr	20. 9	Se alguma desgraça nos *atingir*... colocaremos em tua presença
Jó	36. 32	enche as mãos de relâmpagos... determina o alvo que deverão *atingir*
Sl	139. 6	Tal conhecimento...é tão elevado que não o posso *atingir*
Pv	1. 27	quando a desgraça os *atingir* como um vendaval...
Ez	17. 10	Não secará totalmente quando o vento oriental a *atingir*

ATIRAR

Gn	49. 24	...os seus braços continuaram fortes, ágeis para *atirar*
Nm	35. 20	empurrar uma pessoa...ou *atirar* alguma coisa
Jz	20. 16	soldados...hábeis, e cada um deles podia *atirar* com a funda
1Sm	20. 36	"Vá correndo buscar as flechas que eu *atirar*"
1Cr	12. 2	utilizavam arco e flecha, e a funda para *atirar* pedras
Jr	9. 3	A língua deles é como um arco pronto para *atirar*
Ez	5. 16	Quando eu *atirar* em você minhas flechas mortais
Jo	8. 7	Se algum de vocês estiver sem pecado, seja o primeiro a *atirar* pedra nela

ATORDOAMENTO

Rm	11. 8	Deus lhes deu um espírito de *atordoamento*

ATORMENTAR

Mt	8. 29	Vieste aqui para nos *atormentar* antes...tempo?
2Co	12. 7	...um mensageiro de Satanás, para me *atormentar*

ATRAIR

Pv	23. 31	Não se deixe *atrair* pelo vinho quando está vermelho
Jo	6. 44	Ninguém pode vir a mim, se o Pai... não o *atrair*

ATRAVESSAR
Gn 32. 23 Depois de havê-los feito *atravessar* o ribeiro...
Nm 20. 17 Deixa-nos *atravessar* a tua terra
Nm 20. 19 Queremos apenas *atravessar* a pé, e nada mais
Dt 3. 25 Deixa-me *atravessar*, eu te suplico
Dt 11. 31 Vocês estão a ponto de *atravessar* o Jordão
Js 1. 2 você e todo este povo preparem-se para *atravessar* o rio Jordão
Js 3. 1 ...acamparam antes de *atravessar* o rio
Jz 11. 17 'Deixa-nos *atravessar* a tua terra'
1Sm 14. 8 Venha, vamos *atravessar* na direção dos soldados
2Sm 19. 15 foram...ao encontro do rei, para ajudá-lo a *atravessar* o Jordão
Jó 41. 2 Consegue...*atravessar* seu queixo com um gancho?
Is 43. 2 Quando você *atravessar* as águas...
Ez 47. 5 ...era um rio que eu não conseguia *atravessar*

ATRIBUI
Rm 4. 8 "...é feliz aquele a quem o Senhor não *atribui* culpa!"

ATRIBUIU
1Co 3. 5 conforme o ministério que o Senhor *atribuiu* a cada um

ATRIBULADOS
2Co 1. 6 Se somos *atribulados*, é para consolação
2Co 7. 5 ...mas fomos *atribulados* de toda forma
2Ts 1. 7 e dar alívio a vocês, que estão sendo *atribulados*

ÁTRIOS
Sl 65. 4 para que vivam nos teus *átrios*!
Sl 92. 13 florescerão nos *átrios* do nosso Deus
Sl 96. 8 entrem nos seus *átrios* trazendo ofertas

AUMENTAR
Gn 26. 13 O homem enriqueceu, e a sua riqueza continuou a *aumentar*
Lv 25. 16 Quando os anos forem muitos... deverão *aumentar* o preço
Dt 19. 8 Se o Senhor, o seu Deus, *aumentar* o seu território...
1Cr 22. 14 você...poderá *aumentar* a quantidade desse material
2Cr 28. 13 querem *aumentar*...o nosso pecado e a nossa culpa?
Pv 11. 24 Há quem dê generosamente, e vê *aumentar* suas riquezas
Jr 30. 19 Eu os farei *aumentar* e eles não diminuirão

AURORA
Jl 2. 2 Assim como a luz da *aurora* se estende pelos montes

AUSENTE
At 24. 17 Depois de estar *ausente* por vários anos...
2Co 10. 1 sou "humilde"...com vocês, mas "audaz" quando *ausente*!
2Co 13. 10 Por isso escrevo estas coisas estando *ausente*

AUTOR
Êx 15. 11 Quem entre os deuses é semelhante a ti...*autor* de maravilhas?
At 3. 15 Vocês mataram o *autor* da vida
Hb 2. 10 tornasse perfeito...o *autor* da salvação deles
Hb 12. 2 os olhos fitos em Jesus, *autor* e consumador da nossa fé

AUTORIDADE
Êx 7. 1 Dou a você a minha *autoridade* perante o faraó
Nm 27. 20 Dê-lhe parte da sua *autoridade* para...
Jz 10. 4 Eles tinham *autoridade* sobre trinta cidades
Ed 7. 24 vocês não têm *autoridade* para exigir impostos
Ne 3. 7 localidades que estavam sob a *autoridade* do govenador
Et 10. 2 a quem o rei dera *autoridade*...
Pv 16. 10 Os lábios do rei falam com grande *autoridade*
Ec 10. 4 Se a ira de uma *autoridade* se levantar contra você,...
Mt 7. 29 ele as ensinava como quem tem *autoridade*
Mt 8. 9 também sou homem sujeito à *autoridade*
Mt 28. 18 Foi-me dada toda a *autoridade* nos céus e na terra
Mc 1. 27 O que é isto? Um novo ensino — e com *autoridade*!
Mc 3. 15 e tivessem *autoridade* para expulsar demônios
Lc 4. 32 Todos ficavam maravilhados...porque falava com *autoridade*
Jo 5. 27 E deu-lhe *autoridade* para julgar,
Jo 10. 18 Tenho *autoridade* para dá-la e para retomá-la
Jo 19. 10 tenho *autoridade* para libertá-lo e para crucificá-lo?
Rm 13. 1 Todos devem sujeitar-se às *autoridades* governamentais,
Rm 13. 2 aquele que se rebela contra a *autoridade*...
Rm 13. 3 quer viver livre do medo da *autoridade*?
1Co 7. 4 A mulher não tem *autoridade* sobre o seu próprio corpo
2Co 13. 10 ...não precise ser rigoroso no uso da *autoridade*
Ef 1. 21 muito acima de todo governo e *autoridade*
Cl 2. 10 ...que é o Cabeça de todo poder e *autoridade*
Tt 2. 15 exortando-os e repreendendo-os com toda a *autoridade*
Hb 13. 17 Obedeçam aos seus líderes e submetam-se à *autoridade* deles
1Pe 2. 13 Por causa do Senhor, sujeitem-se a toda *autoridade*
Ap 2. 26 "...e fizer a minha vontade...darei *autoridade* sobre as nações
Ap 2. 28 lhe darei a mesma *autoridade* que recebi de meu Pai
Ap 20. 4 Vi...a quem havia sido dada *autoridade* para julgar

AUXÍLIO
Gn 4. 1 "Com o *auxílio* do Senhor tive um filho homem"
Êx 2. 17 Moisés...veio em *auxílio* delas e deu água ao rebanho
Rt 1. 6 Noemi soube...que o Senhor viera em *auxílio* do seu povo
Sl 18. 29 Com o teu *auxílio* posso atacar uma tropa
Sl 20. 2 Do santuário te envie *auxílio* e de Sião te dê apoio
Sl 30. 10 Senhor, sê tu o meu *auxílio*
Sl 33. 20 Nossa esperança está no Senhor; ele é o nosso *auxílio*
Sl 146. 5 é feliz aquele cujo *auxílio* é o Deus de Jacó
Is 38. 14 Estou aflito, ó Senhor! Vem em meu *auxílio*!
Jr 15. 15 vem em meu *auxílio* e vinga-me
Ef 4. 16 ...ajustado e unido pelo *auxílio* de todas as juntas
Fp 1. 19 ...graças às orações...e ao *auxílio* do Espírito de Jesus

AVARENTO
Pv 15. 27 O *avarento* põe sua família em apuros
1Co 5. 11 não devem associar-se com...o *avarento*

AVAREZA
2Co 9. 5 ...estará pronta como oferta..., e não como algo dado com *avareza*

AVE
Lv 14. 52 Ele purificará a casa com o sangue da *ave*
Dt 4. 17 ou a qualquer animal da terra, a qualquer *ave* que voa no céu
Dt 14. 11 Vocês poderão comer qualquer *ave* pura
Jó 28. 7 Nenhuma *ave* de rapina conhece aquele caminho oculto
Pv 6. 5 Livre-se...como a *ave* do laço que a pode prender
Pv 27. 8 Como a *ave* que vagueia longe do ninho...
Ec 10. 20 uma *ave* do céu poderá levar as suas palavras
Is 46. 11 Do oriente convoco uma *ave* de rapina
Dn 7. 6 Nas costas tinha quatro asas, como as de uma *ave*
Hc 1. 8 ...voando como *ave* de rapina que mergulha para devorar

AVERMELHADA
Lv 13. 19 no lugar da ferida...uma mancha *avermelhada*

AVESTRUZ
Jó 39. 13 A *avestruz* bate as asas alegremente

AVISADO
Mt 2. 22 *avisado* em sonho, retirou-se para a região da Galiléia
Hb 8. 5 Moisés foi *avisado* quando estava para construir o tabernáculo
Hb 11. 7 Pela fé Noé...*avisado* a respeito de coisas que ainda não se viam

AVISAR
1Sm 20. 2 Meu pai não fará coisa alguma sem antes me *avisar*

AZEITE
Êx 25. 6 *azeite* para iluminação
Êx 29. 2 faça pães e bolos amassados com *azeite*
Nm 28. 5 juntamente com...um litro de *azeite* de olivas batidas
Dt 33. 24 e banhe os seus pés no *azeite*!
Jz 9. 9 Deveria eu renunciar ao meu *azeite*...?
1Rs 17. 14 A farinha...não se acabará e o *azeite*...não se secará
2Rs 4. 7 Vá, venda o *azeite* e pague suas dívidas
1Cr 27. 28 Joás estava encarregado do fornecimento de *azeite*
Ed 7. 22 dez barris de *azeite* de oliva, e sal à vontade
Pv 5. 3 sua voz é mais suave que o *azeite*,
Pv 21. 17 quem se apega ao vinho e ao *azeite* jamais será rico
Jr 41. 8 Não nos mate! Temos trigo e cevada, *azeite* e mel...
Os 2. 22 e a terra responderá ao cereal, ao vinho e ao *azeite*
Jl 2. 19 Estou enviando para vocês trigo, vinho novo e *azeite*
Mq 6. 15 espremerão azeitonas, mas não se ungirão com o *azeite*
Ap 6. 6 ...não danifique o *azeite* e o vinho!

BAAL
Jz 2. 13 Abandonaram o Senhor e prestaram culto a *Baal*
1Rs 16. 31 e passou a prestar culto a *Baal* e a adorá-lo

Concordância Bíblica Abreviada

2Rs	3. 2	pois derrubou a coluna sagrada de *Baal*
Jr	3. 24	Desde a nossa juventude, *Baal*, o deus da vergonha
Os	13. 1	Mas tornou-se culpado da adoração a *Baal*...
Sf	1. 4	Eliminarei deste lugar o remanescente de *Baal*
Rm	11. 4	...sete mil homens que não dobraram os joelhos diante de *Baal*

BAAL-BERITE
Jz	8. 33	Ergueram *Baal-Berite* como seu deus, e não se lembraram...
Jz	9. 4	...de prata tiradas do templo de *Baal-Berite*.

BAAL-PEOR
Nm	25. 3	Assim Israel se juntou à adoração a *Baal-Peor*
Dt	4. 3	...o que o Senhor fez em *Baal-Peor*.
Sl	106. 28	Sujeitaram-se ao jugo de *Baal-Peor*...
Os	9. 10	vieram a *Baal-Peor*, consagraram-se àquele ídolo vergonhoso

BAAL-ZEBUBE
2Rs	1. 2	enviou mensageiros para consultar *Baal-Zebube*, deus de Ecrom

BABEL
Gn	11. 9	Por isso foi chamada *Babel*, porque ali o Senhor...

BABILÔNIA
2Rs	20. 14	De uma terra distante. Vieram da *Babilônia*
2Rs	20. 18	...e eles se tornarão eunucos no palácio do rei da *Babilônia*
1Cr	9. 1	...o povo de Judá foi levado prisioneiro para a *Babilônia*
2Cr	36. 6	Nabucodonosor, rei da *Babilônia*, atacou-o...
2Cr	36. 7	Levou também para a *Babilônia* objetos do
Ed	1. 11	...quando os exilados vieram da *Babilônia* para Jerusalém
Ed	2. 1	Nabucodonosor, rei da *Babilônia*
Sl	87. 4	Entre os que me reconhecem incluirei Raabe e *Babilônia*
Sl	137. 1	Junto aos rios da *Babilônia*... sentamos e choramos
Sl	137. 8	Ó cidade de *Babilônia*, destinada à destruição
Is	13. 19	*Babilônia*, a jia dos reinos, o esplendor do orgulho...
Is	14. 22	"Eliminarei da *Babilônia*...seu nome e os seus sobreviventes..."
Jr	20. 4	Entregarei...o povo de Judá nas mãos do rei da *Babilônia*
Jr	20. 5	Levarão tudo como despojo para a *Babilônia*
Ez	11. 24	O Espírito...levou-me aos...exilados na *Babilônia*
Ez	32. 11	A espada do rei da *Babilônia* virá contra você
Dn	4. 30	Acaso não é esta a grande *Babilônia* que eu construí...?
Zc	2. 7	Escapem, vocês que vivem na cidade da *Babilônia*
Mt	1. 17	catorze de Davi até o exílio na *Babilônia*...
1Pe	5. 13	Aquela que está em *Babilônia*...envia saudações
Ap	14. 8	...Caiu a grande *Babilônia*...!

BAGAGEM
Gn	42. 28	Está aqui em minha *bagagem*
1Sm	10. 22	Sim, ele está escondido no meio da *bagagem*
Jr	46. 19	Arrumem a *bagagem* para o exílio
Ez	12. 5	faça um buraco no muro e passe a sua *bagagem*...
Ez	12. 12	O príncipe deles porá a sua *bagagem* nos ombros

BAINHA
2Sm	20. 8	Joabe...tinha um cinto com um punhal na *bainha*
1Cr	21. 27	...ordenou ao anjo que pusesse a espada na *bainha*
Jr	47. 6	...Volte à sua *bainha*, acalme-se e repouse
Ez	21. 5	tirei a espada da *bainha* e não tornarei a guardá-la
Ez	21. 30	Volte a espada à sua *bainha*

BAIXO
Gn	13. 17	Percorra esta terra de alto a *baixo*, de um lado a outro
Dt	28. 13	Se obedecerem...estarão sempre por cima, nunca por *baixo*
1Rs	17. 23	Elias levou o menino para *baixo*
Is	51. 6	Ergam os olhos para os céus, olhem para *baixo*...
Mt	4. 6	Se és o Filho de Deus, joga-te daqui para *baixo*
Mt	27. 51	o véu do santuário rasgou-se...de alto a *baixo*.
At	2. 19	maravilhas em cima, no céu, e sinais em *baixo*, na terra

BALANÇA
Jó	6. 2	...pesar a minha aflição e pôr na *balança* a minha desgraça!
Jó	31. 6	Deus me pese em *balança* justa
Jó	39. 23	A aljava *balança* ao seu lado...
Jó	40. 17	Sua cauda *balança* como o cedro
Sl	62. 9	pesados na *balança*, juntos não chegam ao peso de um sopro
Jr	32. 10	Assinei e selei a escritura, e pesei a prata na *balança*
Ez	5. 1	tome uma *balança* de pesos e reparta o cabelo
Dn	5. 27	Foste pesado na *balança* e achado em falta
Os	12. 7	comerciantes que usam *balança* desonesta
Ap	6. 5	Seu cavaleiro tinha na mão uma *balança*

BALAQUE
Nm	22. 2	*Balaque*, filho de Zipor, viu tudo o que..
Nm	23. 30	*Balaque* fez o que Balaão disse

BALAÃO
Nm	22. 5	enviou mensageiros para chamar *Balaão*
Nm	24. 25	*Balaão* se levantou e voltou para casa
Dt	23. 4	além disso convocaram *Balaão*, filho de Beor
Dt	23. 5	o Senhor...não atendeu *Balaão*
Js	13. 22	os israelitas mataram à espada *Balaão*
2Pe	2. 15	e se desviaram, seguindo o caminho de *Balaão*
Jd	11	buscando o lucro caíram no erro de *Balaão*
Ap	2. 14	pessoas que se apegam aos ensinos de *Balaão*

BANCO
Ct	3. 10	Seu *banco* foi estofado em púrpura
Lc	19. 23	por que não confiou o meu dinheiro ao *banco*?
At	27. 41	o navio encalhou num *banco* de areia

BANDEIRA
Êx	17. 15	"o Senhor é minha *bandeira*"
Nm	1. 52	cada um em seu...acampamento e junto à sua *bandeira*
Is	11. 10	que será como uma *bandeira* para os povos
Is	11. 12	Ele erguerá uma *bandeira* para as nações
Ez	27. 7	servindo de *bandeira*

BANIDO
2Sm	14. 14	cria meios para que o *banido* não permaneça afastado
Jó	18. 18	É lançado da luz para as trevas; é *banido* do mundo
Jó	20. 8	para nunca mais ser...*banido* como uma visão noturna

BANQUEIROS
Mt	25. 27	devia ter confiado o meu dinheiro aos *banqueiros*

BANQUETE
Gn	26. 30	Então Isaque ofereceu-lhes um *banquete*
Dt	33. 19	farão um *banquete* com a riqueza dos mares
1Sm	25. 36	Nabal...estava dando um *banquete* em casa
2Rs	6. 23	o rei preparou-lhes um grande *banquete*
Et	1. 3	...no terceiro ano do seu reinado, deu um *banquete*
Jó	1. 13	os filhos...de Jó estavam num *banquete*
Sl	23. 5	Preparas um *banquete* para mim
Ec	10. 19	O *banquete* é feito para divertir
Jr	51. 39	prepararei um *banquete* para eles
Mt	22. 9	Vão às esquinas e convidem para o *banquete*...
Mc	6. 21	Herodes ofereceu um *banquete* aos seus líderes
Lc	5. 29	Levi ofereceu um grande *banquete* a Jesus
Ap	19. 9	...para o *banquete* do casamento do Cordeiro!
Ap	19. 17	reúnam-se para o grande *banquete* de Deus

BARAQUE
Jz	4. 6	Débora mandou chamar *Baraque*, filho de Abinoão
Hb	11. 32	tempo para falar de Gideão, *Baraque*, Sansão...

BARBA
Lv	19. 27	Não cortem o cabelo...nem aparem as pontas da *barba*
1Sm	1. 11	e o seu cabelo e a sua *barba* nunca serão cortados
1Sm	21. 13	...e deixando escorrer saliva pela *barba*
2Sm	20. 9	...pegando Amasa pela *barba* com a mão direita
1Cr	19. 4	rapou-lhes a *barba*, cortou metade de suas roupas até as nádegas
Ed	9. 3	arranquei os cabelos da cabeça e da *barba*
Jr	41. 5	oitenta homens que haviam rapado a *barba*
Jr	48. 37	Toda cabeça foi rapada e toda *barba* foi cortada

BARCO
Is	2. 16	para todo navio mercante e todo *barco* de luxo
Mt	4. 22	...deixando imediatamente seu pai e o *barco*, o seguiram
Mt	8. 23	Entrando ele no *barco*, seus discípulos o seguiram
Mt	13. 2	...ele entrou num *barco* e assentou-se
Mt	14. 13	Jesus retirou-se de *barco*...para um lugar deserto
Mc	4. 47	Ao anoitecer, o *barco* estava no meio do mar
Lc	5. 3	sentou-se, e do *barco* ensinava o povo
Lc	8. 22	entraram num *barco* e partiram
Jo	6. 19	viram Jesus aproximando-se do *barco*
Jo	6. 22	a multidão...percebeu que apenas um *barco* estivera ali
At	27. 32	...cortaram as cordas que prendiam o *barco*

Concordância Bíblica Abreviada

BARJESUS
At 13. 6 Ali encontraram um judeu, chamado *Barjesus*

BARNABÉ
At 4. 36 ...*Barnabé*, que significa "encorajador"
At 14. 12 A *Barnabé* chamavam Zeus e a Paulo chamavam Hermes...
1Co 9. 6 só eu e *Barnabé* não temos o direito...sem trabalhar?

BARRABÁS
Mt 27. 16 um prisioneiro muito conhecido, chamado *Barrabás*
Mc 15. 7 Um homem chamado *Barrabás* estava na prisão
Mc 15. 15 Pilatos soltou-lhes *Barrabás*...
Jo 18. 40 ...*Barrabás* era um bandido

BARRO
Êx 1. 14 ...a árdua tarefa de preparar o *barro* e fazer tijolos
Lv 14. 42 Depois...rebocarão a casa com *barro* novo.
1Rs 7. 46 ...que o rei os mandou fundir, em moldes de *barro*
Jó 10.9 Lembra-te de que me moldaste como o *barro*
Jó 33. 6 eu também fui feito do *barro*
Jó 38. 14 A terra toma forma como o *barro* sob o sinete
Sl 22. 15 Meu vigor secou-se como um caco de *barro*
Is 30. 14 Ele o fará em pedaços como um vaso de *barro*
Is 41. 25 Pisa em governantes...como o oleiro amassa o *barro*
Jr 18. 4 Mas o vaso de *barro* que ele estava formando...
Jr 19. 1 "Vá comprar um vaso de *barro* de um oleiro..."
Dn 2. 33 ...em parte de ferro e em parte de *barro*
Mq 7. 10 ela será pisada como o *barro* das ruas
Na 3. 14 Entre no *barro*...prepare a forma para os tijolos!
Rm 9. 21 de fazer do mesmo *barro* um vaso para fins nobres...?
2Co 4. 7 Mas temos esse tesouro em vasos de *barro*
2Tm 2. 20 Numa grande casa há vasos de... madeira e *barro*
Ap 2. 27 as governará...e as despedaçará como a um vaso de *barro*

BARSABÁS
At 1. 23 José, chamado *Barsabás*...
At 15. 22 Escolheram Judas, chamado *Barsabás*...

BARTIMEU
Mc 10. 46 estavam saindo da cidade, o filho de Timeu, *Bartimeu*,

BARTOLOMEU
Mt 10. 3 Filipe e *Bartolomeu*;
At 1. 13 Achavam-se presentes...*Bartolomeu* e Mateus

BARULHO
Êx 32. 17 "Há *barulho* de guerra no acampamento"
1Rs 1. 40 ...o chão tremia com o *barulho*
1Rs 18. 41 ...já ouço o *barulho* de chuva pesada
Ed 3. 13 o povo fazia enorme *barulho*
Sl 55. 3 diante do *barulho* do inimigo
Jr 50. 42 o seu *barulho* é como o bramido do mar
Ez 26. 10 Seus muros tremerão com o *barulho*
Jl 2. 5 Com um *barulho* semelhante ao de carros...
Ap 9. 9 o som das suas asas era como o *barulho* de muitos cavalos

BARUQUE
Ne 3. 20 Depois dele *Baruque*, filho de Zabai
Jr 45. 2 "Assim diz o Senhor...a você, *Baruque*...

BARZILAI
2Sm 17. 27 ...e o gileadita *Barzilai*, de Rogelim
2Sm 19. 32 *Barzilai* era bastante idoso; tinha oitenta anos.
1Rs 2. 7 seja bondoso com os filhos de *Barzilai*

BASTA
Gn 45. 28 "*Basta*! Meu filho José ainda está vivo
1Cr 21. 15 "Pare! Já *basta*!"
Ne 4. 3 *Basta* que uma raposa suba lá
Is 7. 13 Não *basta* abusarem da paciência dos homens?
Ez 17. 3 penas longas e vasta plumagem...
Mt 6. 34 *Basta* a cada dia o seu próprio mal
Mc 14. 41 *Basta*! Chegou a hora!
Jo 14. 8 "Senhor, mostra-nos o Pai, e isso nos *basta*"
At 24. 25 "*Basta*, por enquanto! Pode sair..."

BASTAM
Jó 15. 11 Não *bastam* para você as consolações divinas...
Pv 29. 19 Meras palavras não *bastam* para corrigir o escravo
Ez 44. 6 Já *bastam* suas práticas repugnantes...

BASTARDO
Zc 9. 6 Um povo *bastardo* ocupará Asdode

BASÃ
Nm 21. 33 Depois voltaram e subiram pelo caminho de *Basã*
Dt 3. 3 ...entregou em nossas mãos Ogue, rei de *Basã*
2Rs 10. 33 junto à garganta do Arnom, até *Basã*
1Cr 5. 12 Joel foi o primeiro chefe de clã em *Basã*
Sl 22. 12 ...sim, rodeiam-me os poderosos de *Basã*
Sl 68. 15 Os montes de *Basã* são majestosos
Sl 68. 22 "Eu os trarei de *Basã*", diz o Senhor
Ez 27. 6 Dos carvalhos de *Basã* fizeram os seus remos
Ez 39. 18 ...todos eles animais gordos de *Basã*
Am 4. 1 Ouçam esta palavra, vocês, vacas de *Basã*
Mq 7. 14 Deixa-o pastar em *Basã* e em Gileade
Na 1. 4 *Basã* e o Carmelo se desvanecem
Zc 11. 2 Agonizem, carvalhos de *Basã*

BATALHA
Nm 27. 21 seguirão suas instruções quando saírem para a *batalha*
Nm 31. 4 Enviem à *batalha* mil homens de cada tribo de Israel
Dt 2. 32 Seom saiu à *batalha* contra nós em Jaza...
Dt 20. 2 Quando chegar a hora da *batalha*...
Js 8. 14 saíram para enfrentar Israel no campo de *batalha*
Jz 2. 15 Sempre que os israelitas saíam para a *batalha*...
Jz 20. 39 "Nós os derrotamos como na primeira *batalha*"
1Sm 4. 16 Acabei de chegar da linha de *batalha*
1Sm 26. 10 ...ele irá para a *batalha* e perecerá
1Rs 20. 14 "E quem começará a *batalha*?"
1Cr 5. 20 Durante a *batalha* clamaram a Deus
1Cr 11. 11 matou trezentos homens numa mesma *batalha*
2Cr 20. 17 Vocês não precisarão lutar nessa *batalha*
2Cr 35. 23 Na *batalha*, flecheiros atingiram o rei Josias

Sl 18. 34 Ele treina as minhas mãos para a *batalha*
Sl 140. 7 tu me proteges a cabeça no dia da *batalha*
Pv 21. 31 Prepara-se o cavalo para o dia da *batalha*
Is 9. 3 ...quando dividem os bens tomados na *batalha*
Jr 6. 4 Preparem-se para enfrentá-la na *batalha*!
Jr 8. 6 ...um cavalo que se lança com ímpeto na *batalha*
Os 10. 14 o fragor da *batalha* se levantará contra vocês
1Co 14. 8 quem se preparará para a *batalha*?
Hb 11. 34 tornaram-se poderosos na *batalha*
Ap 9. 7 Os gafanhotos pareciam...preparados para a *batalha*
Ap 16. 14 a fim de reuni-los para a *batalha*

BATE-SEBA
2Sm 11. 3 É *Bate-Seba*, filha de Eliã e mulher de Urias
1Rs 1. 11 Natã perguntou então a *Bate-Seba*, mãe de Salomão
1Rs 1. 16 *Bate-Seba* ajoelhou-se e prostrou-se
1Cr 3. 5 ...filhos que ele teve com *Bate-Seba*, filha de Amiel

BATER
2Sm 22. 15 atirou flechas...e os fez *bater* em retirada
Sl 44. 10 fizeste-nos *bater* em retirada
Mt 24. 49 comece a *bater* em seus conservos...
Lc 6. 29 Se alguém *bater* em você numa face, ofereça-lhe...a outra.

BATISMO
Mt 21. 25 De onde era o *batismo* de João?
Mc 1. 4 pregando um *batismo* de arrependimento
Mc 11. 30 O *batismo* de João era dos céus ou dos homens?
Lc 12. 50 tenho que passar por um *batismo*
At 18. 25 embora conhecesse apenas o *batismo* de João
At 19. 3 que *batismo* vocês receberam?
Rm 6. 4 fomos sepultados...na morte por meio do *batismo*
Ef 4. 5 há um só Senhor, uma só fé, um só *batismo*
1Pe 3. 21 e isso é representado pelo *batismo* que...

BATIZAR
1Co 1. 17 Cristo não me enviou para *batizar*, mas...

BEBER
Gn 21. 19 encheu de água a vasilha e deu de *beber* ao menino
Gn 24. 14 incline o seu cântaro e dê-me de *beber*
Êx 7. 18 os egípcios não suportarão *beber* das suas águas
Êx 15. 23 não puderam *beber* das águas...eram amargas
Êx 17. 2 "Dê-nos água para *beber*"
Êx 17. 6 Bata na rocha, e dela sairá água para...*beber*
Lv 10. 9 não devem *beber* vinho nem outra bebida fermentada.
Am 4. 1 "Tragam bebidas e vamos *beber*!"
Mt 6. 31 'Que vamos comer?' ou 'Que vamos *beber*?'
Mt 25. 42 tive sede, e nada me deram para *beber*
Lc 12. 29 Não busquem ansiosamente o que comer ou *beber*
Jo 4. 7 ...pede a mim, uma samaritana, água para *beber*?
Jo 4. 14 quem *beber* da água que eu lhe der...
Rm 12. 20 ...se tiver sede, dê-lhe de *beber*

Concordância Bíblica Abreviada

1Co 9. 4 Não temos nós o direito de comer e *beber*?
1Co 10. 21 não podem *beber* do cálice do Senhor e...
1Co 11. 22 não têm casa onde comer e *beber*?
1Tm 5. 23 Não continue a *beber* somente água...
Ap 21. 6 A quem tiver sede, darei de *beber*... da água da vida

BEBERRÕES
Mt 24. 49 comece...a comer e a beber com os *beberrões*

BEBIDA
Lv 10. 9 não devem beber vinho nem outra *bebida* fermentada.
Pv 20. 1 a *bebida* fermentada provoca brigas
Is 56. 12 Bebamos nossa dose de *bebida* fermentada
Na 1. 10 encharcados de *bebida* como bêbados
Hc 2. 15 Ai daquele que dá *bebida* ao seu próximo
Jo 6. 55 ...e o meu sangue é verdadeira *bebida*
Rm 14. 17 o Reino de Deus não é comida nem *bebida*
1Co 10. 4 e beberam da mesma *bebida* espiritual
Fp 2. 17 ...sendo derramado como oferta de *bebida*
Hb 9. 10 prescrições que tratavam de comida e *bebida*

BEER
Nm 21. 16 De lá prosseguiram até *Beer*
Jz 9. 21 Depois Jotão fugiu para *Beer*

BEIJAR
Gn 31. 28 sequer me deixou *beijar* meus netos...
Lc 7. 45 esta mulher...não parou de *beijar* os meus pés

BEIJO
Gn 27. 26 "Venha cá, meu filho, dê-me um *beijo*"
2Sm 14. 33 ...o rei saudou-o com um *beijo*
1Rs 19. 20 ...um *beijo* de despedida em meu pai e minha mãe
Pv 24. 26 A resposta sincera é como *beijo* nos lábios
Mt 26. 48 a quem eu saudar com um *beijo*, é ele
Lc 7. 45 Você não me saudou com um *beijo*,
Rm 16. 16 Saúdem uns aos outros com *beijo* santo

BELIAL
2Co 6. 15 Que harmonia entre Cristo e *Belial*? Que há de comum entre o crente e o descrente?

BELÉM
Jz 17. 7 Um jovem levita de *Belém* de Judá
Jz 17. 9 Sou levita, de *Belém* de Judá
Rt 1. 1 Um homem de *Belém* de Judá
Rt 1. 19 Prosseguiram, pois, as duas até *Belém*
1Sm 16. 1 Encha um chifre com óleo e vá a *Belém*
1Sm 17. 58 Sou filho de teu servo Jessé, de *Belém*
Mt 2. 1 Depois que Jesus nasceu em *Belém* da Judeia
Mt 2. 6 Mas tu, *Belém*, da terra de Judá...
Lc 2. 15 Vamos a *Belém*, e vejamos isso que aconteceu
Jo 7. 42 ...da descendência de Davi, da cidade de *Belém*

BEM-AMI
Gn 19. 38 e deu-lhe o nome de *Ben-Ami*...

BENDIZEMOS
Tg 3. 9 Com a língua *bendizemos* o Senhor e Pai...

BERSEBA
Gn 21. 14 ficou vagando pelo deserto de *Berseba*
1Sm 3. 20 Todo o Israel, desde Dã até *Berseba*
2Sm 24. 7 Por último, foram até *Berseba*, no Neguebe

BETESDA
Jo 5. 2 ...em aramaico, é chamado *Betesda*, tendo cinco entradas em volta.

BETUME
Gn 14. 10 o vale de Sidim era cheio de poços de *betume*
Êx 2. 3 pegou um cesto feito de junco e o vedou com piche e *betume*
Is 34. 9 sua terra se tornará *betume* ardente!

BEZERRA
Os 4. 16 Os israelitas são rebeldes como *bezerra* indomável
Os 10. 11 Efraim era *bezerra* treinada...

BIGORNA
Is 41. 7 ...com o martelo incentiva o que bate na *bigorna*.

BILA
Gn 29. 29 Labão deu a Raquel sua serva *Bila*

BILDADE
Jó 8. 1 Então *Bildade*, de Suá, respondeu...

BISPO
1Tm 3. 1 Se alguém deseja ser *bispo*,
1Tm 3. 2 ...que o *bispo* seja irrepreensível
1Pe 2. 25 ...ao Pastor e *Bispo* de suas almas

BITÍNIA
At 16. 7 tentaram entrar na *Bitínia*, mas o Espírito...os impediu.
1Pe 1. 1 peregrinos dispersos...na província da Ásia e na *Bitínia*

BLASFEMO
1Tm 1. 13 a mim que anteriormente fui *blasfemo*...

BLASFÊMIA
Mt 12. 31 Todo pecado e *blasfêmia* serão perdoados
Mt 26. 65 Vocês acabaram de ouvir a *blasfêmia*
Mc 14. 64 Vocês ouviram a *blasfêmia*
Jo 10. 33 ...mas pela *blasfêmia*
Jo 10. 36 por que vocês me acusam de *blasfêmia*...?
Ap 2. 9 Conheço a *blasfêmia* dos que se dizem judeus
Ap 13. 1 em cada cabeça um nome de *blasfêmia*

BOANERGES
Mc 3. 17 aos quais deu o nome de *Boanerges*, que significa "filhos do trovão";

BOLSA
Gn 42. 35 estava a sua *bolsa* cheia de prata
Dt 25. 13 Não tenham na *bolsa* dois padrões para o mesmo peso
Pv 1. 14 Levou uma *bolsa* cheia de prata
Pv 16. 11 todos os pesos da *bolsa* são feitos por ele
Ct 1. 13 ...como uma pequenina *bolsa* de mirra
Ag 1. 6 ...recebe-o para colocá-lo numa *bolsa* furada
Lc 10. 4 Não levem *bolsa* nem saco de viagem nem sandálias
Lc 22. 35 Quando eu os enviei sem *bolsa*...

BONDADE
Gn 24. 27 ...não retirou sua *bondade* e sua fidelidade do meu senhor
Gn 32. 10 não sou digno de toda a *bondade* e lealdade
Gn 39. 21 o Senhor estava com ele e o tratou com *bondade*
Êx 33. 19 farei passar toda a minha *bondade*
Dt 5. 10 mas trato com *bondade* até mil gerações...
2Sm 7. 29 por tua *bondade*, abençoa a família de teu servo
2Sm 15. 20 Que o Senhor o trate com *bondade* e fidelidade!
2Rs 25. 28 Ele o tratou com *bondade*
Sl 116. 12 Como posso retribuir ao Senhor toda a sua *bondade*...?
Pv 14. 31 tratar com *bondade* o necessitado é honrar a Deus.
Is 63. 15 Retiveste a tua *bondade* e a tua compaixão
Os 11. 4 Eu os conduzi com laços de *bondade* humana
Rm 2. 4 será que você despreza as riquezas da sua *bondade*...?
Rm 15. 14 vocês estão cheios de *bondade*
2Co 6. 6 em pureza, conhecimento, paciência e *Bondade*;
Gl 5. 22 o fruto do Espírito é amor, alegria... *bondade*...?
Ef 5. 9 o fruto da luz consiste em toda *bondade*...
Ef 2. 7 demonstrada em sua *bondade* para conosco
Hb 6. 5 experimentaram a *bondade* da palavra de Deus

BOSQUE
1Sm 14. 25 O exército inteiro entrou num *bosque*,
2Rs 2. 24 duas ursas saíram do *bosque* e...
Ct 6. 11 Desci ao *bosque* das nogueiras...
Tg 3. 5 um grande *bosque* é incendiado por uma simples fagulha

BRADO
Nm 23. 21 o *brado* de...
Js 6. 10 ...o *brado* de guerra
Sl 60. 8 ...meu *brado* de vitória!
Is 42. 13 com forte *brado* e seu grito de guerra, triunfará
Mc 15. 37 Jesus, com um alto *brado*, expirou
Ap 10. 3 e deu um alto *brado*, como o rugido de um leão

BRAMAM
Is 17. 12 Ah! O bramido das numerosas nações; *bramam*

BRANCO
Êx 16. 31 Era *branco* como semente de coentro
Lv 13. 13 Visto que tudo tenha ficado *branco*, ela está pura.
Et 1. 6 O jardim possuía forrações em *branco* e azul
Et 8. 15 ...usando vestes reais em azul e *branco*
Ap 20. 12 e viu dois anjos vestidos de *branco*
Ap 3. 4 ...andarão comigo, vestidos de *branco*
Ap 20. 11 Depois vi um grande trono *branco*

BRANQUEADA
At 23. 3 ...disse: "Deus te ferirá, parede *branqueada*!..."

BRASA
2Sm 22. 13 Do brilho da sua presença flamejavam carvões em *brasa*.
Is 6. 6 ...voou até mim trazendo uma *brasa* viva

BRILHANTE
Lv 14. 56 e de inchaço, erupção ou mancha *brilhante*
Ct 6. 10 bela como a Lua, *brilhante* como o Sol
Is 30. 26 a luz do sol será sete vezes mais *brilhante*
Ez 1. 27 e uma luz *brilhante* o cercava
Ap 19. 8 Para vestir-se, foi-lhe dado linho fino, *brilhante* e puro

Concordância Bíblica Abreviada

BUSCAR
Êx 2. 16 foram *buscar* água para encher os bebedouros
Rt 2. 12 ...sob cujas asas você veio *buscar* refúgio!
Pv 25. 27 ...nem é honroso *buscar* a própria honra
Is 27. 5 ...que venham *buscar* refúgio em mim
Os 5. 6 Quando eles forem *buscar* o Senhor...
Lc 19. 10 o Filho do homem veio *buscar* e salvar...
At 7. 14 José mandou *buscar* seu pai, Jacó...
At 23. 20 sob pretexto de *buscar* informações
1Co 10. 24 Ninguém deve *buscar* o seu próprio bem

CADEIRA
1Sm 4. 18 Eli caiu da *cadeira* para trás, ao lado do portão
1Sm 20. 18 Vão sentir sua falta...sua *cadeira* estará vazia
Mt 23. 2 ...se assentam na *cadeira* de Moisés
Jo 19. 13 ...e sentou-se na *cadeira* de juiz

CADES
Nm 20. 1 ...chegou ao deserto de Zim e ficou em *Cades*
Dt 1. 46 ...ficaram em *Cades*...
Jz 11. 17 Israel permaneceu em *Cades*
Sl 29. 8 o Senhor faz tremer o deserto de *Cades*

CADÁVER
Lv 11. 39 ...quem tocar no seu *cadáver* ficará impuro
1Rs 13. 28 ...foi e encontrou o *cadáver* caído no caminho
2Rs 13. 21 ...o *cadáver* encostou nos ossos de Eliseu
Ez 44. 25 ...por aproximar-se do *cadáver* de alguém
Mt 24. 28 Onde houver um *cadáver*, aí se ajuntarão os abutres

CAIFÁS
Mt 26. 57 Os que prenderam Jesus o levaram a *Caifás*
Lc 3. 2 Anás e *Caifás* exerciam o sumo sacerdócio
Jo 18. 24 Anás enviou Jesus, de mãos amarradas, a *Caifás*
At 4. 6 Estavam ali Anás...bem como *Caifás*

CAIM
Gn 4. 1 ...Eva...engravidou e deu à luz *Caim*
Hb 11. 4 Abel ofereceu...sacrifício superior ao de *Caim*
1Jo 3. 12 Não sejamos como *Caim*...
Jd 11 Ai deles!...seguiram o caminho de *Caim*

CAIR
Mt 18. 6 fizer *cair no pecado* um destes pequeninos

CALCULAR
Jó 36. 26 ...Não há como *calcular* os anos da sua existência

CALEBE
Nm 13. 6 da tribo de Judá, *Calebe*, filho de Jefoné
Dt 1. 36 exceto *Calebe*, filho de Jefoné
Js 14. 14 Hebrom pertence aos descendentes de *Calebe*
1Cr 2. 18 *Calebe*, filho de Hezrom...
1Cr 2. 50 *Calebe* teve também...outros descendentes

CALUNIADOR
Pv 18. 8 As palavras do *caluniador* são como petiscos deliciosos
Pv 26. 20 ...sem o *caluniador* morre a contenda
Jr 9. 4 ...e cada amigo um *caluniador*

CALVA
Lv 13. 42 ...uma ferida avermelhada na parte *calva*...

CAMINHO
Gn 3. 24 guardando o *caminho* para a árvore da vida
Gn 18. 5 e prossigam pelo *caminho*
Nm 22. 31 e ele viu o Anjo do Senhor parado no *caminho*
Dt 10. 11 Conduza o povo em seu *caminho*
Dt 31. 29 ...se corromperão e se afastarão do *caminho*
Js 23. 14 estou prestes a ir pelo *caminho* de toda a terra
1Sm 12. 23 Também ensinarei a vocês o *caminho*

CAMPINA
Os 4. 16 ...apascentá-los como cordeiros na *campina*?

CANDACE
At 8. 27 os tesouros de *Candace*, rainha dos etíopes

CANSAR
Jr 2. 24 não precisam se *cansar*, porque logo...

CANTO
Êx 32. 18 Respondeu Moisés: "Não é *canto* de vitória...!"
1Rs 7. 34 ...se projetavam do carrinho, um em cada *canto*
1Rs 7. 39 Pôs o tanque no lado sul, no *canto* sudeste do templo.
2Cr 4. 10 no *canto* sudeste do templo.
2Cr 26. 9 ...à porta do Vale e no *canto* do muro.
2Cr 29. 27 Então Ezequias...começou também o *canto*
Sl 59. 17 Ó minha força, *canto* louvores a ti; tu és, ó Deus
Sl 63. 7 Porque és a minha ajuda, *canto* de alegria
Pv 21. 9 Melhor é viver num *canto* sob o telhado...
Is 54. 1 "*Cante*, ó estéril...irrompa em *canto*..."
Is 55. 12 ... Vocês sairão em júbilo... irromperão em *canto* diante de vocês
Ez 46. 21 ...Ele então me levou...e me fez passar por seus quatro *cantos*.

CANTOR
Ez 33. 32 ...não é nada mais que um *cantor*

CANÁ
Js 16. 8 seguia rumo oeste até o ribeiro de *Caná*
Jo 2. 1 houve um casamento em *Caná* da Galileia
Jo 4. 46 Mais uma vez ele visitou *Caná* da Galileia

CANÇÃO
Êx 15. 2 O Senhor é a minha força e a minha *canção*
Nm 21. 17 Então Israel cantou esta *canção*...
Dt 31. 19 Agora escrevam para vocês esta *canção*
Sl 42. 8 de noite esteja comigo a sua *canção*
Ec 7. 5 ...de um sábio do que a *canção* dos tolos
Is 49. 13 irrompam em *canção*, ó montes!

CAPA
Rt 3. 9 Estenda a sua *capa* sobre a sua serva
1Rs 11. 29 estava usando uma *capa* nova
1Rs 18. 46 e ele, prendendo a *capa* com o cinto
Is 59. 17 envolveu-se no zelo como numa *capa*
Mq 2. 8 Além da túnica, arrancam a *capa*...
Mt 5. 40 deixe que leve também a *capa*
Mc 10. 50 Lançando sua *capa* para o lado
Lc 6. 29 Se alguém tirar de você a *capa*, não o impeça...
Jo 13. 4 tirou sua *capa* e colocou uma toalha...
Jo 13. 12 tornou a vestir sua *capa* e voltou ao seu lugar
At 12. 8 Ponha a *capa* e siga-me
2Tm 4. 13 Quando você vier, traga a *capa* que deixei...

CAPACETE
1Sm 17. 5 usava um *capacete* de bronze
1Sm 17. 38 ...pôs um *capacete* de bronze na cabeça
Sl 108. 8 Efraim é o meu *capacete*
Is 59. 17 pôs na cabeça o *capacete* da salvação
Jr 46. 4 Tomem posição e coloquem o *capacete*!
Ef 6. 17 Usem o *capacete* da salvação...
1Ts 5. 8 ...e o *capacete* da esperança da salvação

CAPACIDADE
Êx 31. 3 dando-lhe destreza...e plena *capacidade* artística
Dt 8. 17 A minha *capacidade* e a força das minhas mãos...
1Rs 7. 26 Sua *capacidade* era de quarenta mil litros
Jó 12. 3 tenho a mesma *capacidade* de pensar...
Mt 25. 15 de acordo com a sua *capacidade*
2Co 1. 8 além da nossa *capacidade* de suportar
2Co 3. 5 a nossa *capacidade* vem de Deus

CARA
Ml 2. 3 esfregarei na *cara* de vocês os excrementos

CARDOS
Os 9. 6 os *cardos* cobrirão totalmente as suas tendas

CARMELO
1Sm 15. 12 Saul foi para o *Carmelo*, onde ergueu...
1Rs 18. 19 ...para encontrar-se comigo no monte *Carmelo*
Ct 7. 5 Sua cabeça eleva-se como o monte *Carmelo*
Is 35. 2 como também o resplendor do *Carmelo* e de Sarom
Jr 50. 19 e ele pastará no *Carmelo* e em Basã

CARNAL
Cl 2. 18 e sua mente *carnal* a torna orgulhosa

CARNE
Gn 2. 21 tirou-lhe uma das costelas, fechando...com *carne*
Gn 2. 23 osso dos meus ossos e carne da minha *carne*!
Jó 2. 5 Estende a tua mão e fere a sua *carne*
Jó 6. 12 Acaso a minha *carne* é de bronze?
Sl 78. 27 Fez chover *carne* sobre eles como pó
Is 9. 20 Cada um comerá a *carne* do seu próprio irmão
Mt 16. 17 não foi revelado a você por *carne* ou sangue
Mt 19. 5 ...os dois se tornarão uma só *carne*
Mt 26. 41 O espírito está pronto, mas a *carne* é fraca
Lc 24. 39 um espírito não tem *carne* nem ossos
At 15. 29 Que se abstenham...do sangue, da *carne*
Rm 8. 4 não vivemos segundo a *carne*
Rm 8. 6 A mentalidade da *carne* é morte

CARNEIRO
Gn 15. 9 ...uma novilha, uma cabra e um *carneiro*
Gn 22. 13 ...ergueu os olhos e viu um *carneiro*

2061

Lv	9. 18	Matou o boi e o *carneiro* como sacrifício	
Nm	5. 8	juntamente com o *carneiro* com o qual...	
Js	6. 4	uma trombeta de chifre de *carneiro* à frente	
Dn	8. 7	Eu o vi atacar furiosamente o *carneiro*	

CARPINTEIRO
Is	44. 13	O *carpinteiro* mede a madeira com uma linha
Mt	13. 55	Não é este o filho do *carpinteiro*?

CARREGAR
Êx	25. 27	as varas usadas para *carregar* a mesa
Lv	11. 28	Quem *carregar* o cadáver de algum...
Nm	7. 9	deveriam *carregar* nos ombros os objetos sagrados
Mt	27. 32	e o forçaram a *carregar* a cruz
Lc	11. 46	com fardos que dificilmente eles podem *carregar*
Jo	5. 10	...não é permitido a você *carregar* a maca

CARREIRA
Ed	6. 4	com três *carreiras* de pedras grandes
At	13. 25	Quando estava completando sua *carreira*

CARRO
Jz	4. 15	os seus *carros* de guerra...
1Rs	18. 45	...e Acabe partiu de *carro* para Jezreel
2Rs	10. 16	E o levou em seu *carro*...
2Cr	35. 24	Eles o tiraram do seu *carro*

CARTA
2Rs	5. 5	Vá. Eu darei uma *carta* que você
2Cr	2. 11	respondeu por *carta* a Salomão
Ed	4. 8	escreveram uma *carta* contra Jerusalém
T	15. 30	onde reuniram a igreja e entregaram a *carta*
Rm	16. 22	Eu, Tércio, que redigi esta *carta*
1Co	5. 9	Já disse por *carta* que vocês...
2Co	3. 2	Vocês mesmos são a nossa *carta*
Cl	4. 16	Depois que esta *carta* for lida entre vocês

CARVALHO
Gn	12. 6	até o lugar do *carvalho* de Moré
Jz	9. 6	reuniram-se ao lado do *Carvalho*
Is	44. 14	talvez apanhe um cipreste, ou ainda um *carvalho*
Am	2. 9	altos como o cedro e fortes como o *carvalho*

CASA
Gn	12. 1	Saia da sua terra...da *casa* de seu pai
Êx	2. 21	concordou também em morar na *casa*
Lv	25. 33	porque as *casas* das cidades dos levitas
Lv	27. 14	"Se um homem consagrar a sua *casa* ao Senhor..."
Nm	24. 11	Agora, fuja para a sua *casa*!
Nm	24. 25	Balaão se levantou e voltou para *casa*
Sl	112. 3	Grande riqueza há em sua *casa*
Sl	135. 2	nos pátios da *casa* de nosso Deus
Pv	3. 33	A maldição do Senhor está sobre a *casa* dos ímpios
Jr	16. 5	Não entre numa *casa* onde há luto
Mt	10. 12	Ao entrarem na *casa*, saúdem-na.
Mt	12. 44	Voltarei para a *casa* de onde saí
Lc	6. 4	Ele entrou na *casa* de Deus
Jo	14. 2	Na *casa* de meu Pai há muitos aposentos
At	7. 49	Que espécie de *casa* vocês me edificarão?
Hb	3. 4	toda *casa* é construída por alguém... de tudo.

CASAMENTO
Gn	29. 26	...entregar em *casamento* a filha mais nova
Mt	22. 2	...um banquete de *casamento* para seu filho
Mt	22. 8	banquete de *casamento* está pronto...
Mt	24. 38	casando-se e dando-se em *casamento*
Jo	2. 1	...um *casamento* em Caná da Galileia
Rm	7. 2	ela estará livre da lei do *casamento*
1Tm	4. 3	e proíbem o *casamento*...
Hb	13. 4	O *casamento* deve ser honrado por todos
Ap	19. 7	Pois chegou a hora do *casamento*...
Ap	19. 9	para o banquete do *casamento* do Cordeiro!

CASAR
Gn	28. 6	dera-lhe a ordem de não se *casar*...
Lv	22. 12	Se a filha de um sacerdote se *casar*
Nm	30. 6	se ela se *casar* depois de fazer um voto...
Mt	5. 32	e quem se *casar* com a mulher divorciada...
Mt	19. 10	Se esta é a situação...é melhor não *casar*
Lc	2. 36	...com seu marido sete anos depois de se *casar*
Lc	14. 20	Acabo de me *casar*, por isso não posso ir
1Co	7. 28	e, se uma virgem se *casar*...

CASO
Êx	1. 10	no *caso* de guerra, aliem-se aos nossos inimigos
At	23. 15	informações mais exatas sobre o seu *caso*
Rm	9. 10	E esse não foi o único *caso*
2Tm	3. 9	como no *caso* daqueles, a sua insensatez...
Hb	9. 17	um testamento só é validado no *caso* de morte

CASTIGAR
Jó	37. 13	ora para *castigar* os homens
Pv	13. 24	Quem se nega a *castigar* seu filho não o ama
Pv	17. 26	Não é bom *castigar* o inocente
Jr	2. 30	De nada adiantou *castigar* o seu povo
Am	3. 14	No dia em que eu *castigar* Israel...
Jn	4. 2	...prometes *castigar* mas depois te arrependes.

CASTIGO
Gn	4. 13	Meu *castigo* é maior do que posso suportar
Êx	20. 5	*castigo* os filhos pelos pecados de seus pais
Lv	26. 41	e eles aceitarem o *castigo* do seu pecado
2Sm	7. 14	eu o punirei com vara sobre mim
2Sm	24. 17	Que o teu *castigo* caia sobre mim
Sl	28. 3	Não me dês o *castigo* reservado para o ímpio
Mt	25. 46	estes irão para o *castigo* eterno
Hb	10. 29	Quão mais severo *castigo*, julgam vocês...
2Pe	2. 9	manter em *castigo* os ímpios para o dia do juízo
Jd	7	Estando sob o *castigo* do fogo eterno

CATIVEIRO
Jr	13. 17	o rebanho do Senhor foi levado para o *cativeiro*
Lm	2. 14	não expuseram o seu pecado para evitar o seu *cativeiro*
Ez	29. 14	Eu os trarei de volta do *cativeiro*
Ez	30. 17	e a população das cidades irá para o *cativeiro*
Ap	13. 10	alguém há de ir para o *cativeiro*

CATIVO
2Co	10. 5	levamos *cativo* todo pensamento

CAUDA
Êx	4. 4	Estenda a mão e pegue-a pela *cauda*
At	27. 16	uma pequena ilha chamada *Clauda*
Ap	9. 10	na *cauda* tinham poder para causar tormento
Ap	9. 19	O poder dos cavalos estava na boca e na *cauda*
Ap	12. 4	Sua *cauda* arrastou consigo um terço das estrelas

CAUSA
Jó	5. 8	apresentaria a ele a minha *causa*
Sl	35. 23	Defende a minha *causa*, meu Deus e Senhor
Pv	25. 9	Procure resolver sua *causa* diretamente
Mt	10. 22	Todos odiarão vocês por minha *causa*

CAUTELOSO
Pv	12. 26	O homem honesto é *cauteloso*
Pv	14. 16	O sábio é *cauteloso* e evita o mal

CAVALEIRO
Gn	49. 17	...e faz cair de costas o seu *cavaleiro*
Êx	15. 1	Lançou ao mar o cavalo e o seu *cavaleiro*!
Ap	6. 2	Seu *cavaleiro* empunhava um arco
Ap	19. 11	...cujo *cavaleiro* se chama Fiel e Verdadeiro

CAVALGAR
Dt	32. 13	Ele o fez *cavalgar* nos lugares altos

CAVALO
Gn	49. 17	morde o calcanhar do *cavalo*
Êx	15. 1	Lançou ao mar o *cavalo* e o seu cavaleiro!
1Rs	10. 29	um *cavalo* por um quilo e oitocentos gramas
1Rs	20. 20	escapou a *cavalo* com alguns de seus cavaleiros
1Rs	20. 25	cavalo por *cavalo* e carro por carro
Ap	6. 2	diante de mim estava um *cavalo* branco
Ap	19. 21	da boca daquele que está montado no *cavalo*

CAVAR
Dt	23. 13	tenham algo com que *cavar*
2Cr	16. 14	...no túmulo que ele havia mandado *cavar*
Mt	27. 60	que ele havia mandado *cavar* na rocha
Lc	16. 3	Para *cavar* não tenho força

CAVEIRA
Mt	27. 33	...Gólgota, que quer dizer lugar da *Caveira*
Jo	19. 17	ele saiu para o lugar chamado *Caveira*

CAVERNA
Gn	19. 30	...ficaram morando numa *caverna*
Gn	23. 9	a fim de que ele me ceda a *caverna* de Macpela
Js	10. 22	Abram a entrada da *caverna* e tragam-me...
Jz	15. 8	Depois desceu e ficou numa *caverna*
1Sm	22. 1	e foi para a *caverna* de Adulão
2Sm	17. 9	...escondido numa *caverna*
1Rs	19. 9	Ali entrou numa *caverna* e passou a noite
1Cr	11. 15	...na rocha que há perto da *caverna* de Adulão

CAÇA
Gn	27. 7	Traga-me alguma *caça*...
1Sm	26. 20	como alguém que sai à *caça*...
Jó	38. 39	É você que *caça* a presa para a leoa...
Pv	12. 27	O preguiçoso não aproveita a sua *caça*
Mq	7. 2	cada um *caça* seu irmão com uma armadilha
Na	2. 13	Eliminarei da terra a sua *caça*

Concordância Bíblica Abreviada

CAÇADOR
- Gn 25. 27 Esaú tornou-se *caçador* habilidoso
- Sl 91. 3 o livrará do laço do *caçador* e do veneno mortal
- Sl 124. 7 Como um pássaro...da armadilha do *caçador*
- Pv 6. 5 Livre-se como a gazela se livra do *caçador*

CAÇAR
- Gn 27.3...vá ao campo *caçar* alguma coisa para mim
- Lv 17. 13 ...ou estrangeiro residente que *caçar* um animal

CEAREI
- Ap 3. 20 ...entrarei e *cearei* com ele, e ele comigo

CEBOLAS
- Nm 11. 5 nos lembramos dos peixes...das *cebolas*...

CEDO
- Êx 2. 18 Por que voltaram tão *cedo* hoje?
- Êx 16. 7 e amanhã *cedo* verão a glória do SENHOR
- Js 3. 1 De manhã bem *cedo*...
- Jz 6. 38 Gideão levantou-se bem *cedo*
- Rt 2. 7 Ela chegou *cedo* e está em pé até agora
- 1Sm 9. 19 Amanhã *cedo* eu contarei a você tudo
- 2Sm 15. 2 se levantava *cedo* e ficava junto ao caminho
- 2Cr 29. 20 *Cedo*, na manhã seguinte...
- Sl 127. 2 Será inútil levantar *cedo* e dormir tarde
- Mc 16. 2 No primeiro dia da semana, bem *cedo*...
- Lc 21. 38 o povo ia de manhã *cedo* ouvi-lo no templo
- Lc 24. 22 Foram de manhã bem *cedo* ao sepulcro

CEDRO
- Lv 14. 4 um pedaço de madeira de *cedro*
- 2Sm 5. 11 trouxe toras de *cedro* e também carpinteiros
- 1Rs 4. 33 desde o *cedro* do Líbano até o hissopo
- 2Rs 14. 9 enviou uma mensagem ao *cedro* do Líbano
- 1Cr 17. 1 Aqui estou eu, morando num palácio de *cedro*
- Jó 40. 17 Sua cauda balança como o *cedro*
- Sl 92. 12 Os justos florescerão...crescerão como o *cedro*
- Is 41. 19 Porei no deserto o *cedro*, a acácia...
- Os 14. 5 Como o *cedro* do Líbano aprofundará suas raízes
- Am 2. 9 embora fossem altos como o *cedro*
- Zc 11. 2 ...porque o *cedro* caiu
- Ap 18. 12 todo tipo de madeira de *cedro*...

CEFAS
- Jo 1. 42 ...Simão, filho de João. Será chamado *Cefas*

CEGAR
- Êx 21. 26 ...o seu escravo ou sua escrava no olho e o *cegar*...
- Nm 16. 14 pensa que pode *cegar* os olhos destes homens?

CEGO
- Êx 4. 11 Quem lhe concede vista ou o torna *cego*?
- Lv 19. 14 nem ponham pedra de tropeço à frente do *cego*
- 1Rs 14. 4 tinha ficado *cego* por causa da idade
- Jó 29. 15 Eu era os olhos do *cego* e os pés do aleijado
- Ec 10. 10 o machado está *cego*...
- Is 42. 19 Quem é *cego* senão o meu servo...?
- Mt 12. 22 um endemoninhado que era *cego* e mudo
- Mt 15. 14 Se um *cego* conduzir outro *cego*...
- Mt 23. 26 Fariseu *cego*!
- Mc 8. 22 algumas pessoas trouxeram um *cego* a Jesus
- Jo 9. 1 Jesus viu um *cego* de nascença
- Jo 11. 37 Ele, que abriu os olhos do *cego*
- At 9. 9 Por três dias ele esteve *cego*...
- 2Pe 1. 9 Todavia, se alguém não as tem, está *cego*
- Ap 3. 17 ...pobre, *cego*, e que está nu

CEGONHA
- Jó 39. 13 ...das asas e da plumagem da *cegonha*?
- Sl 104. 17 nos pinheiros a *cegonha* tem o seu lar
- Jr 8. 7 Até a *cegonha* no céu conhece as estações
- Zc 5. 9 ...duas mulheres com asas como de *cegonha*

CEGUEIRA
- Gn 19. 11 Depois feriram de *cegueira* os homens...
- Dt 28. 28 O SENHOR os afligirá com loucura, *cegueira*...
- 2Rs 6. 18 Fere estes homens de *cegueira*

CEIA
- Lc 22. 20 depois da *ceia*, tomou o cálice...
- 1Co 11. 20 ...não é para comer a *ceia* do Senhor

CEIFA
- Pv 10. 5 mas aquele que dorme durante a *ceifa*
- Am 9. 13 ...a *ceifa* continuará até o tempo de arar

CEIFAR
- Dt 23. 25 nunca usem foice para *ceifar* o trigo...
- Sf 1. 3 ...quando eu *ceifar* o homem da face da terra

CEIFEIRO
- Sl 129. 7 que não enche as mãos do *ceifeiro*...
- Is 17. 5 Será como quando um *ceifeiro* junta o trigo
- Jr 50. 16 Eliminem da Babilônia o semeador e o *ceifeiro*

CEIFEIROS
- Rt 2. 3 começou a recolher espigas atrás dos *ceifeiros*
- Rt 2. 4 Boaz chegou de Belém e saudou os *ceifeiros*
- Tg 5. 4 O lamento dos *ceifeiros* chegou aos ouvidos

CELEBRAR
- Êx 10. 9 vamos *celebrar* uma festa ao SENHOR
- Nm 9. 2 Os israelitas devem *celebrar* a Páscoa
- Jz 11. 40 para *celebrar* a memória da filha de Jefté
- 2Cr 30. 2 decidiram *celebrar* a Páscoa
- Zc 14. 16 ...para *celebrar* a festa das cabanas
- Mt 26. 18 Vou *celebrar* a Páscoa com meus discípulos
- Lc 15. 32 tínhamos que *celebrar* a volta deste seu irmão

CELEIRO
- Pv 14. 4 Onde não há bois o *celeiro* fica vazio
- Ag 2. 19 ainda há alguma semente no *celeiro*?
- Mt 3. 12 juntando seu trigo no *celeiro*...
- Lc 3. 17 e juntar o trigo em seu *celeiro*

CELESTE
- Is 34. 4 todo o exército *celeste* cairá como folhas...
- Mt 18. 10 ...estão sempre vendo a face de meu Pai *celeste*

CELESTIAL
- Is 40. 26 que põe em marcha...seu exército *celestial*
- Mt 5. 48 sejam perfeitos como perfeito é o Pai *celestial*
- Mt 25. 31 "ele se assentará em seu trono na glória *celestial*"
- Lc 2. 13 uma grande multidão do exército *celestial*
- At 26. 19 não fui desobediente à visão *celestial*
- 1Co 15. 48 os que são dos céus, ao homem *celestial*
- 2Co 5. 2 ...revestidos da nossa habitação *celestial*
- Fp 3. 14 a fim de ganhar o prêmio...*celestial*
- Hb 3. 1 participantes do chamado *celestial*
- Hb 11. 16 esperavam eles uma...a pátria *celestial*
- Hb 12. 22 chegaram ao monte Sião, à Jerusalém *celestial*

CENCREIA
- At 18. 18 rapou a cabeça em *Cencreia*
- Rm 16. 1 ...irmã Febe, serva da igreja em *Cencreia*

CENSO
- 2Sm 24. 1 levando-o a fazer um *censo* de Israel
- Is 51. 7 Não temam a *censura* de homens
- Jr 20. 8 a palavra do SENHOR trouxe-me insulto e *censura*

CENTAVO
- Mt 5. 26 ...enquanto não pagar o último *centavo*

CENTURIÃO
- Mt 8. 5 dirigiu-se a ele um *centurião*...
- Mc 15. 45 Sendo informado pelo *centurião*...
- Lc 7. 2 Ali estava o servo de um *centurião*
- Lc 23. 47 O *centurião*...louvou a Deus
- At 10. 1 ...chamado Cornélio, *centurião* do regimento

CERA
- Sl 22. 14 Meu coração se tornou como *cera*
- Sl 68. 2 como a *cera* se derrete na presença do fogo...
- Sl 97. 5 Os montes se derretem como *cera*
- Mq 1. 4 os montes se derretem como *cera* diante do fogo

CEREAL
- Gn 27. 28 ...com muito *cereal* e muito vinho
- Gn 27. 37 a ele supri de *cereal* e de vinho.
- Êx 29. 41 Ofereça...uma oferta de *cereal*
- Lv 2. 8 Traga ao Senhor a oferta de *cereal*
- Mt 12. 1 Jesus passou pelas lavouras de *cereal*
- 1Co 9. 9 ...enquanto ele estiver debulhando o *cereal*

CERTAMENTE
- Gn 2. 17 *certamente* você morrerá
- Êx 13. 19 Deus *certamente* virá em auxílio de vocês
- Jr 15. 11 Eu *certamente* o fortaleci para o bem
- Ez 33. 16 fez o que é justo e certo; *certamente* viverá
- Mt 20. 23 *Certamente* vocês beberão do meu cálice
- Mt 26. 21 *certamente* um de vocês me trairá
- Mc 14. 70 *Certamente* você é um deles
- 1Ts 4. 15 *certamente* não precederemos os que dormem

CERTEZA
- Gn 44. 28 Com *certeza* foi despedaçado.
- Êx 2. 14 Com *certeza* tudo já foi descoberto!
- Lv 5. 19 com *certeza* tornou-se culpado perante o Senhor
- Dt 31. 18 com *certeza* esconderei deles o meu rosto
- 1Sm 15. 32 "Com *certeza* já passou a amargura da morte"
- Sl 27. 13 Apesar disso, esta *certeza* eu tenho
- Sl 140. 13 Com *certeza* os justos darão graças...

Concordância Bíblica Abreviada

Mt 26. 22 Com *certeza* não sou eu, Senhor!
Mt 26. 25 Com *certeza* não sou eu, Mestre
Lc 1. 4 ...*certeza* das coisas que te foram ensinadas
Lc 1. 18 Como posso ter *certeza* disso?
Hb 11. 1 Ora, a fé é a *certeza* daquilo que esperamos

CERTO
Nm 13. 30 É *certo* que venceremos!
Dt 9. 3 Esteja, hoje, *certo* de que o Senhor
Jó 20. 20 *Certo* é que a sua cobiça não lhe trará descanso
Sl 1. 3 Dá fruto no tempo *certo*...
Os 6. 3 Tão *certo* como nasce o sol, ele aparecerá
Mt 15. 26 Não é *certo* tirar o pão dos filhos
Mc 12. 14 É *certo* pagar imposto a César ou não?
Lc 7. 41 Dois homens deviam a *certo* credor

CERVO
Pv 7. 22 ...ou como o *cervo* que vai cair no laço
Ct 2. 9 ...como uma gazela, como um *cervo* novo
Is 35. 6 os coxos saltarão como o *cervo*
Hc 3. 19 ele faz os meus pés como os do *cervo*

CESAREIA
Mt 16. 13 Chegando Jesus à região de *Cesareia* de Filipe
At 8. 40 ...indo para *Cesareia*, pregava o evangelho
At 10. 1 Havia em *Cesareia* um homem chamado Cornélio

CESSAR
Jó 30. 17 minhas dores me corroem sem *cessar*
Sl 35. 15 Eles me agrediram sem *cessar*
Pv 21. 26 ...enquanto o justo reparte sem *cessar*
Is 16. 10 fiz *cessar* os gritos de alegria
Jr 14. 17 derramem lágrimas,noite e dia sem *cessar*
1Ts 2. 13 agradecemos a Deus sem *cessar*
Ap 4. 8 Dia e noite repetem sem *cessar*...

CESTO
Êx 2. 3 pegou um *cesto* feito de junco e o vedou
Am 8. 2 Um *cesto* de frutas maduras, respondi...
At 9. 25 o levaram...e o fizeram descer num *cesto*

CETRO
Gn 49. 10 O *cetro* não se apartará de Judá
Nm 24. 17 ...um *cetro* se levantará de Israel
Et 5. 2 estendeu-lhe o *cetro* de ouro que tinha na mão
Sl 45. 6 *cetro* de justiça é o *cetro* do teu reino
Sl 125. 3 O *cetro* dos ímpios não prevalecerá
Is 30. 31 ...com seu *cetro* a ferirá
Hb 1. 8 *cetro* de equidade é o *cetro* do teu Reino
Ap 2. 27 ...com *cetro* de ferro e as despedaçará...
Ap 12. 5 governará todas as nações com *cetro* de ferro

CEVADA
Nm 5. 15 um jarro de farinha de *cevada*
Dt 8. 8 terra de trigo e *cevada*, videiras e figueiras...
Rt 1. 22 ...no início da colheita de *cevada*
Jo 6. 9 ...com cinco pães de *cevada* e dois peixinhos
Ap 6. 6 ...e três quilos de *cevada* por um denário

CHAGA
Na 3. 19 Não há cura para a sua *chaga*

CHAMA
Êx 3. 2 o Anjo...lhe apareceu numa *chama* de fogo
Js 5. 9 até hoje o lugar se *chama* Gilgal
Jz 13. 20 o Anjo do Senhor subiu na *chama*
Ez 20. 47 A *chama* abrasadora não será apagada
Os 7. 6 pela manhã queima como *chama* abrasadora
Ob 18 A...de Jacó será um fogo, e a de José, uma *chama*
Mt 22. 45 Davi o chama 'Senhor',
Mt 27. 8 se *chama* campo de Sangue
Mc 10. 18 Por que você me *chama* bom?
Ap 2. 18 ...olhos são como *chama* de fogo

CHAMAR
Gn 12. 18 ...faraó mandou *chamar* Abrão
Gn 24. 57 Vamos *chamar* a jovem...
Êx 2. 7 quer que eu vá *chamar* uma mulher...?
Êx 2. 8 a moça foi *chamar* a mãe do menino
Nm 22. 5 enviou mensageiros para *chamar* Balaão
Jz 12. 1 ...sem nos *chamar* para irmos juntos?
2Rs 4. 36 ...e o mandou *chamar* a sunamita
Jr 16. 16 agora mandarei *chamar* muitos pescadores
Jl 2. 32 para aqueles a quem o Senhor *chamar*
Mt 9. 13 eu não vim *chamar* justos, mas pecadores
Jo 1. 48 ...antes de Filipe o *chamar*
At 2. 39 para todos quantos o Senhor...*chamar*
At 24. 24 mandou *chamar* Paulo
Rm 1. 5 para *chamar* dentre todas as nações...
Tg 5. 14 Que ele mande *chamar* os presbíteros...

CHAVE
Jz 3. 25 pegaram a *chave* e a abriram
Is 22. 22 ...a *chave* do reino de Davi
Lc 11. 52 se apoderaram da *chave* do conhecimento
Ap 3. 7 ...que é santo e verdadeiro, que tem a *chave*
Ap 9. 1 À estrela foi dada a *chave* do poço do Abismo
Ap 20. 1 um anjo que trazia...a *chave* do Abismo

CHEFE
Gn 40. 2 o *chefe* dos copeiros e o *chefe* dos padeiros
Êx 16. 22 Cada *chefe* de família recolha...
Nm 16. 13 ...ainda quer se fazer *chefe* sobre nós?
Jz 10. 18 será *chefe* dos que vivem em Gileade
Pv 6. 7 Ela não tem nem *chefe*, nem supervisor
Dn 1. 7 O *chefe* dos oficiais deu-lhes novos nomes
Mt 23. 10 vocês têm um só Chefe, o Cristo
Lc 19. 2 ...chamado Zaqueu, *chefe* dos publicanos
At 18. 8 Crispo, *chefe* da sinagoga

CHEGADO
Gn 45. 16 os irmãos de José haviam *chegado*
Sl 55. 13 ...meu companheiro, meu amigo
Mc 1. 15 "O tempo é *chegado*"
Jo 7. 30 a sua hora ainda não havia *chegado*
2Ts 2. 2 como se o dia do Senhor já tivesse *chegado*

CHEGAR
Gn 19. 22 nada poderei fazer enquanto você não *chegar*
Êx 32. 34 quando *chegar* a hora de puni-los...
1Sm 4. 16 Acabei de *chegar* da linha de batalha
1Sm 9. 11 subirem a colina para *chegar* à cidade
Mt 25. 5 O noivo demorou a *chegar*
Jo 11. 17 Ao *chegar*, Jesus verificou que Lázaro...
Jo 16. 4 quando *chegar* a hora,
Rm 15. 22 muitas vezes fui impedido de *chegar* até vocês
1Co 16. 3 quando eu *chegar*, entregarei cartas de recomendação
2Tm 3. 7 jamais conseguem *chegar* ao conhecimento da verdade
Hb 13. 23 Se ele *chegar* logo, irei vê-los com ele

CHEIO
Gn 14. 10 o vale de Sidim era *cheio* de poços
Pv 14. 17 o homem *cheio* de astúcias é odiado
Mt 6. 22 todo o seu corpo será *cheio* de luz
Mt 12. 34 a boca fala do que está *cheio* o coração
Lc 4. 1 Jesus, *cheio* do Espírito Santo...
At 4. 8 Pedro, *cheio* do Espírito Santo...
At 8. 23 vejo que você está *cheio* de amargura
Tg 3. 8 ...*cheio* de veneno mortífero
Ap 4. 8 tinha seis asas e era *cheio* de olhos
Ap 15. 8 O santuário ficou *cheio* da fumaça...
Ap 17. 4 um cálice de ouro, *cheio* de coisas repugnantes

CHEIRAR
Êx 16. 20 criou bicho e começou a *cheirar* mal

CHEIRO
Gn 27. 27 sentiu o *cheiro* de suas roupas
Jó 39. 25 De longe sente *cheiro* de combate
Is 19. 6 Os canais terão mau *cheiro*
Is 34. 3 seus cadáveres exalarão mau *cheiro*
2Co 2. 16 Para estes somos *cheiro* de morte

CHIBOLETE
Jz 12. 6 "Então diga: *Chibolete*..."

CHIFRE
1Sm 16. 13 ...apanhou o *chifre* cheio de óleo e o ungiu
Dn 7. 8 ...vi outro *chifre*, pequeno, que surgiu entre eles
Ap 13. 1 Tinha dez *chifres* e sete cabeças...

CHIPRE
Is 23. 1 De *Chipre* veio a você essa mensagem
Jr 2. 10 Atravessem o mar até o litoral de *Chipre*
Ez 27. 6 procedente das costas de *Chipre*...
At 4. 36 José, um levita de *Chipre*

CHORAR
Gn 21. 16 Sentada ali perto, começou a *chorar*
Nm 14. 1 comunidade começou a *chorar* em alta voz
Sl 6. 6 De tanto *chorar* inundo de noite a minha cama
Lc 6. 25 haverão de se lamentar e *chorar*
Jo 11. 31 supondo que ela ia ao sepulcro, para ali *chorar*

CHORO
Gn 21. 17 Deus ouviu o *choro* do menino
Sl 6. 9 o Senhor ouviu o meu *choro*
Sl 30. 5 o *choro* pode persistir uma noite...
Lm 1. 16 É por isso que eu *choro*
Mt 8. 12 onde haverá *choro* e ranger de dentes
Ap 21. 4 Não haverá mais morte...nem *choro*

CHOVER
Gn 2. 5 ...ainda não tinha feito *chover* sobre a terra
Êx 9. 23 o Senhor fez *chover* granizo...
Jó 38. 26 para fazer *chover* na terra
Sl 78. 24 fez *chover* maná para que o povo comesse
Is 45. 8 Vocês, céus elevados, façam *chover* justiça

Concordância Bíblica Abreviada

Os 10. 12 até que ele venha e faça *chover* justiça...
Lc 12. 54 ...'Vai *chover*', e assim acontece

CHUVA
Gn 7. 12 a *chuva* caiu sobre a terra
Êx 9. 34 Quando o faraó viu que a *chuva*...
Lv 26. 4 eu mandarei a vocês *chuva* na estação certa
Dt 32. 2 como *chuva* branda sobre o pasto novo
Zc 14. 17 ...não virá para ele a *chuva*.
Mt 7. 25 Caiu a *chuva*, transbordaram os rios...
At 14. 17 mostrou sua bondade, dando-lhes *chuva* do céu
Hb 6. 7 ...absorve a *chuva* que cai frequentemente
Tg 5. 18 Orou outra vez, e os céus enviaram *chuva*

CIDADE
Gn 4. 17 Caim fundou uma *cidade*...
Nm 35. 28 ...permanecer em sua *cidade* de refúgio
Sl 60. 9 Quem me levará à *cidade* fortificada?
Mt 2. 23 e foi viver numa *cidade* chamada Nazaré
Mt 5. 14 ...esconder uma *cidade* construída
Mc 1. 33 Toda a *cidade* se reuniu à porta da casa
Mc 6. 1 Jesus saiu dali e foi para a sua *cidade*
Ap 21. 2 Vi a *Cidade* Santa, a nova Jerusalém
Ap 21. 23 A *cidade* não precisa de sol nem de lua

CIDADÃO
At 21. 39 Sou judeu, *cidadão* de Tarso
At 22. 26 Este homem é *cidadão* romano

CILADA
1Sm 22. 13 se rebelasse contra mim e me armasse *cilada*
At 23. 30 ...estava sendo preparada uma *cilada* contra ele
1Tm 3. 7 não caia em descrédito nem na *cilada* do Diabo

CILÍCIA
At 6. 9 bem como das províncias da *Cilícia* e da Ásia.
Gl 1. 21 ...fui para as regiões da Síria e da *Cilícia*

CINGINDO-SE
Ef 6. 14 *cingindo-se* com o cinto da verdade

CINTO
Lv 8. 7 colocou-lhe o *cinto* e o manto
2Sm 20. 8 tinha um *cinto* com um punhal na bainha
1Rs 18. 46 prendendo a capa com o *cinto*
Jr 13. 2 Comprei um *cinto* e o pus em volta da cintura
Mt 3. 4 ele usava um *cinto* de couro na cintura
At 21. 11 ...tomou o *cinto* de Paulo
Ef 6. 14 cingindo-se com o *cinto* da verdade

CINZA
Gn 18. 27 eu que não passo de pó e *cinza*
Jó 13. 12 ...são provérbios de *cinza*
Sl 147. 16 ...espalha a geada como *cinza*
Jr 6. 26 ponha vestes de lamento e revolva-se em *cinza*
Lm 4. 5 estão prostrados sobre montes de *cinza*
Dn 9. 3 ...pano de saco e coberto de *cinza*
Jn 3. 6 vestiu-se de pano de saco e sentou-se sobre *cinza*

CIRCUNCIDAR
Êx 12. 48 *circuncidar* todos os do sexo masculino
Lc 1. 59 foram *circuncidar* o menino...
Gl 5. 2 Caso se deixem *circuncidar*...

CIRCUNCISÃO
At 7. 8 deu a Abraão a aliança da *circuncisão*
Rm 2. 25 A *circuncisão* tem valor se você obedece à Lei
1Co 7. 18 Não desfaça a sua *circuncisão*
1Co 7. 19 A *circuncisão* não significa nada
Gl 2. 12 temendo os que eram da *circuncisão*
Gl 5. 11 se ainda estou pregando a *circuncisão*...
Fp 3. 2 cuidado com a falsa *circuncisão*!
Fp 3. 3 somos a *circuncisão*...
Cl 4. 11 Esses são os únicos da *circuncisão*
Tt 1. 10 especialmente os do grupo da *circuncisão*

CIRENE
Mt 27. 32 ...um homem de *Cirene*, chamado Simão
Lc 23. 26 agarraram Simão de *Cirene*

CIRENEUS
At 11. 20 Alguns deles, todavia, cipriotas e *cireneus*

CIRO
2Cr 36. 22 ...reinado de *Ciro*, rei da Pérsia
Ed 1. 7 o rei *Ciro* mandou tirar os utensílios...
Dn 1. 21 ...até o primeiro ano do rei *Ciro*

CISCO
Jó 41. 28 as pedras das fundas são como *cisco*
Mt 7. 3 repara no *cisco*...no olho do seu irmão
Lc 6. 42 deixe-me tirar o *cisco* do seu olho

CISTERNA
Jr 38. 6 pegaram Jeremias e o jogaram na *cisterna*

CIÊNCIA
Dn 1. 17 ...todos os aspectos da cultura e da *ciência*

CIÚME
Nm 5. 25 a oferta de cereal pelo *ciúme*
Sl 79. 5 Arderá o teu *ciúme* como o fogo?
Pv 6. 34 o *ciúme* desperta a fúria do marido
Ct 8. 6 ...o *ciúme* é tão inflexível quanto a sepultura
Is 11. 13 O *ciúme* de Efraim desaparecerá
Ez 8. 3 o ídolo que provoca o *ciúme* de Deus
Zc 8. 2 Tenho muito *ciúme* de Sião
Rm 11. 11 para provocar *ciúme* em Israel
Rm 11. 14 possa provocar *ciúme*...
1Co 10. 22 ...provocaremos o *ciúme* do Senhor?

CLAMAR
Êx 22. 27 Quando ele *clamar* a mim...
Dt 24. 15 ele poderá *clamar* ao Senhor...
1Sm 7. 8 Não pares de *clamar* por nós...
Sl 56. 9 quando eu *clamar* por socorro
Sl 102. 2 quando eu *clamar*, responde-me depressa!
Pv 2. 3 se *clamar* por entendimento...
Is 30. 19 quando você *clamar* por socorro!
Jr 11. 11 Ainda que venham a *clamar* a mim
Ez 9. 1 ...o ouvi *clamar* em alta voz

CLAMOR
Gn 30. 6 Ouviu o meu *clamor* e deu-me um filho
Jó 27. 9 Ouvirá Deus o seu *clamor* quando vier...
Sl 142. 6 Dá atenção ao meu *clamor*
Is 15. 8 Com efeito, seu *clamor* espalha-se...
Jr 14. 12 Ainda que jejuem, não escutarei o *clamor* deles
Lm 3. 56 Tu ouviste o meu *clamor*
Jn 2. 2 gritei por socorro, e ouviste o meu *clamor*

CLEMENTE
Fp 4. 3 com *Clemente* e meus demais cooperadores

CLEOPAS
Lc 24. 18 Um deles, chamado *Cleopas*...

CO-HERDEIROS
Rm 8. 17 herdeiros de Deus e *co-herdeiros* com Cristo,
Ef 3. 6 os gentios são *co-herdeiros* com Israel
Hb 11. 9 ...*co-herdeiros* da mesma promessa

CO-PARTICIPANTES
Ef 3. 6 *co-participantes* da promessa em Cristo Jesus

COBERTO
Êx 19. 18 O monte Sinai estava *coberto* de fumaça
Jz 6. 39 ficar seca a lã e o chão *coberto* de orvalho
Dn 9. 3 ...em pano de saco e *coberto* de cinza
Ob 10 você será *coberto* de vergonha...
Hc 2. 19 *coberto* de ouro e prata, mas não respira
Lc 16. 20 um mendigo chamado Lázaro, *coberto* de chagas

COBIÇA
Jó 20. 20 a sua *cobiça* não lhe trará descanso
Jó 31. 1 ...de não olhar com cobiça para as moças
Sl 10. 3 se gaba de sua própria *cobiça* e
Is 57. 17 Por causa da sua *cobiça* perversa fiquei...
Ez 23. 49 Vocês sofrerão o castigo de sua *cobiça*
Mt 23. 25 por dentro...cheios de ganância e *cobiça*
Rm 7 eu não saberia o que é *cobiça*...
Ef 5. 3 nenhuma espécie de impureza e de *cobiça*
2Pe 2. 3 Em sua *cobiça*, tais mestres...
1Jo 2. 16 ...a *cobiça* da carne , a *cobiça* dos olhos
1Jo 2. 17 O mundo e a sua *cobiça* passam

COBIÇAR
2Rs 5. 26 ...nem de *cobiçar* olivais, vinhas, ovelhas...

COBRA
Jó 20. 14 será como veneno de *cobra* em seu interior
Sl 58. 4 como a *cobra* que se faz de surda
Sl 91. 13 Você pisará o leão e a *cobra*
Ec 10. 11 a *cobra* morder antes de ser encantada
Is 11. 8 ...brincará perto do esconderijo da *cobra*
Ez 18. 8 não emprestar visando a algum lucro nem *cobra* juros
Mt 7. 10 ...se pedir peixe, lhe dará uma *cobra*?
At 28. 4 viram a *cobra* agarrada na mão de Paulo,

COBRADOR
Dn 11. 20 enviará um *cobrador* de impostos...

COBRE
Êx 29. 13 toda a gordura que *cobre* as vísceras
Dt 8. 9 ...poderão extrair *cobre* das colinas
Jó 26. 9 *cobre* a face da lua cheia...
Jó 28. 2 do minério se funde o *cobre*
Sl 147. 8 Ele *cobre* o céu de nuvens
Pv 10. 12 o amor *cobre* todos os pecados
Is 60. 2 A escuridão *cobre* a terra...
Jr 51. 51 a vergonha *cobre* o nosso rosto
Ml 2. 16 ...odeio homem que se *cobre* de violência
Mc 12. 42 colocou duas pequeninas moedas de *cobre*
1Co 11. 6 Se a mulher não *cobre* a cabeça...
2Co 3. 15 um véu *cobre* os seus corações

COBRIR
- Êx 26. 7 faça uma tenda para *cobrir* o tabernáculo
- Lv 13. 12 ...doença se alastrar e *cobrir* toda a pele
- 1Rs 7. 18 para *cobrir* os capitéis no alto das colunas
- 1Rs 19. 13 puxou a capa para *cobrir* o rosto
- Sl 104. 9 ...jamais tornarão a *cobrir* a terra
- Os 2. 9 ...que serviam para *cobrir* a sua nudez
- 1Co 11. 6 ela deve *cobrir* a cabeça
- 1Co 11. 7 O homem não deve *cobrir* a cabeça
- Ap 3. 18 vista-se para *cobrir* a sua vergonhosa nudez

COCEIRA
- 2Tm 4. 3 sentindo *coceira* nos ouvidos

CODORNIZES
- Êx 16. 13 apareceram *codornizes* que cobriram...
- Nm 11. 31 um vento...que trouxe *codornizes* do mar
- Nm 11. 32 o povo saiu e recolheu *codornizes*
- Sl 105. 40 Pediram, e ele enviou *codornizes*

COLETA
- 1Co 16. 1 Quanto à *coleta* para o povo de Deus...

COLETORIA
- Mt 9. 9 ...homem chamado Mateus, sentado na *coletoria*

COLHEITA
- Gn 45. 6 ...não haverá cultivo nem *colheita*
- Êx 23. 16 Celebrem a festa da *colheita*...
- Lv 19. 25 ...a sua *colheita* aumentará
- Nm 18. 12 ...como primeiros frutos da *colheita*
- Jó 5. 5 Os famintos devoram a sua *colheita*
- Sl 67. 6 Que a terra dê a sua *colheita*
- Mt 13. 8 caiu em boa terra, deu boa *colheita*
- Mt 13. 39 A *colheita* é o fim desta era
- Mc 4. 29 ...passa a foice, porque chegou a *colheita*
- Mt 9. 37 A *colheita* é grande, mas os trabalhadores...
- Mt 9. 38 Peçam, pois, ao Senhor da *colheita*
- Lc 8. 14 Cresceu e deu boa *colheita*
- Jo 4. 35 Daqui a quatro meses haverá a *colheita*...
- 1Co 9. 10 ...na esperança de participar da *colheita*
- 2Tm 2. 6 o primeiro a participar dos frutos da *colheita*
- Ap 14. 15 Tome a sua foice e faça a *colheita*

COLHER
- Dt 24. 20 não voltem para *colher* o que ficar...
- Jz 15. 5 o cereal que iam *colher*...
- Rt 2. 8 não vá *colher* noutra lavoura..
- Ct 2. 2 para descansar e *colher* lírios
- Mt 7. 16 Pode alguém *colher* uvas de um espinheiro...
- Mc 2. 23 ...discípulos começaram a *colher* espigas
- Rm 1. 13 Meu propósito é *colher* algum fruto...

COLOCAR
- Nm 5. 18 ...de *colocar* a mulher perante o Senhor
- 1Rs 6. 19 para ali *colocar* a arca da aliança...
- Mt 27. 6 contra a lei *colocar* este dinheiro no tesouro
- Jo 20. 25 ...não *colocar* o meu dedo onde estavam os pregos
- 1Co 3. 11 ninguém pode *colocar* outro alicerce
- Fp 4. 13 o capacita a *colocar* todas as coisas...

COLUNA
- Gn 19. 26 ...se transformou numa *coluna* de sal
- 1Tm 3. 15 igreja do Deus vivo, *coluna* e...da verdade
- Ap 3. 12 ...uma *coluna* no santuário do meu Deus

COMBATE
- 2Cr 14. 8 ...valentes homens de *combate*
- Jó 38. 23 ...para os dias de guerra e de *combate*?
- Fp 1. 30 estão passando pelo mesmo *combate*...
- 1Tm 1. 18 ...seguindo-as, você combata o bom *combate*
- 1Tm 6. 12 Combata o bom *combate* da fé
- 2Tm 4. 7 Combati o bom *combate*...

COMBATER
- Js 10. 25 inimigos que vocês tiverem que *combater*
- Jz 11. 6 para que possamos *combater* os amonitas
- 1Sm 8. 20 ...para *combater* em nossas batalhas
- Jr 21. 4 estão usando para *combater* o rei da Babilônia
- Dn 11. 11 marchará furioso para *combater* o rei...

COMECE
- Dt 2. 31 *Comece* a ocupação, tome posse da terra...
- 1Cr 22. 16 Agora *comece* o trabalho...
- Ez 21. 6 *comece* a gemer, filho do homem!
- Mt 24. 49 *comece* a bater em seus conservos...
- Lc 12. 45 *comece* a bater nos servos e nas servas

COMER
- Gn 2. 17 porque no dia em que dela *comer*
- Êx 2. 20 Convidem-no para *comer* conosco
- 1Sm 14. 28 Maldito seja todo o que *comer* hoje!
- 2Sm 9. 13 passou a *comer* sempre à mesa do rei
- 1Rs 13. 15 Venha à minha casa *comer* alguma coisa
- 2Rs 6. 28 Vamos *comer* o seu filho hoje
- Ed 2. 63 ...os proibiu de *comer* alimentos sagrados
- Ne 9. 17 precisamos de trigo para *comer*...
- Mt 12. 4 ...quanto ao que *comer* não devia
- Mt 14. 16 Deem-lhes vocês algo para *comer*
- Mt 25. 42 tive fome, e...não me deram de *comer*
- Jo 4. 32 Tenho algo para *comer* que vocês não conhecem
- Jo 6. 5 ...compraremos pão para esse povo *comer*?
- Jo 6. 12 todos receberam o suficiente para *comer*
- At 19. 20 depois de *comer*, recuperou as forças
- At 27. 21 ...tinham passado muito tempo sem *comer*
- At 27. 35 partiu e começou a *comer*
- Rm 14. 2 Um crê que pode *comer* de tudo
- 1Co 5. 11 Com tais pessoas vocês nem devem *comer*
- 1Co 10. 7 O povo se assentou para *comer* e beber
- 1Co 11. 20 ...não é para *comer* a ceia do Senhor
- 1Tm 6. 8 tendo o que *comer* e com que vestir-nos
- Ap 2. 7 o direito de *comer* da árvore da vida

COMETER
- Gn 39.9 Como poderia... *cometer* algo tão perverso...?
- Lv 5. 15 Quando alguém *cometer* um erro...
- Rm 1. 27 Começaram a *cometer* atos indecentes
- Cl 3. 25 ...*cometer* injustiça receberá de volta injustiça

COMIDA
- Gn 24. 33 Depois lhe trouxeram *comida*
- Gn 43. 34 Lhes serviram da *comida* da mesa de José
- Êx 21. 28 a sua carne não poderá ser *comida*
- Dt 32. 15 tornou-se pesado e farto de *comida*
- Jó 20. 14 ...a sua *comida* azedará no estômago
- Ec 9. 7 vá, coma com prazer a sua *comida*
- Am 8. 11 não fome de *comida* nem sede de água
- Mt 6. 25 é a vida mais importante que a *comida*
- Lc 15. 17 ...empregados de meu pai têm *comida* de sobra
- Jo 6. 55 ...é verdadeira *comida* e o meu sangue...
- At 21. 25 abster-se de *comida* sacrificada...
- Rm 14. 17 não é *comida* nem bebida...
- Tg 5. 5 fartaram-se de *comida* em dia de abate

COMILÃO
- Mt 11. 19 Aí está um *comilão* e beberrão

COMOVEM
- Lm 1. 12 Vocês não se *comovem*...

COMPADECER
- Hb 5. 2 é capaz de se *compadecer* dos que...
- 1Jo 3. 17 vendo seu irmão...não se *compadecer* dele

COMPAIXÃO
- Êx 33. 19 ...e terei *compaixão* de quem eu quiser
- Dt 32. 36 defenderá o seu povo e terá *compaixão*...
- Ne 9. 27 na tua grande *compaixão* deste-lhes libertadores
- Sl 25. 6 Lembra-te, Senhor, da tua *compaixão*
- Sl 77. 9 Em sua ira refreou sua *compaixão*?
- Is 30. 18 se levantará para mostrar-lhes *compaixão*
- Zc 7. 9 mostrem misericórdia e *compaixão*
- Mt 9. 36 Ao ver as multidões, teve *compaixão* delas
- Mc 1. 41 Cheio de *compaixão*, Jesus estendeu a mão
- Mc 8. 2 Tenho *compaixão* desta multidão
- Lc 15. 20 seu pai o viu e, cheio de *compaixão*...
- Fp 2. 1 ...alguma profunda afeição e *compaixão*
- Cl 3. 12 revistam-se de profunda *compaixão*
- Tg 5. 11 O Senhor é cheio de *compaixão* e misericórdia
- Jd 22 Tenham *compaixão* daqueles que duvidam

COMPANHEIRO
- Jó 30. 29 irmão dos chacais, *companheiro* das corujas
- Pv 27. 17 ...o homem afia o seu *companheiro*
- Ag 2. 22 cada um pela espada do seu *companheiro*
- 2Co 8. 23 ele é meu *companheiro* e cooperador...
- Fp 2. 25 meu irmão, cooperador e *companheiro*...
- Fm 2 a Arquipo, nosso *companheiro* de lutas
- Ap 1. 9 ...irmão e *companheiro* de vocês no sofrimento

COMPANHIA
- Jz 9. 37 e uma *companhia* está vindo
- Sl 88. 18 as trevas são a minha única *companhia*
- Ec 4. 9 É melhor ter *companhia* do que estar sozinho
- Jr 48. 27 encontrado em *companhia* de ladrões
- Ez 26. 20 para fazer *companhia* aos antigos
- Rm 15. 24 desfrutado um pouco da *companhia* de vocês
- 1Ts 2. 17 privados da *companhia* de vocês...

COMPARAR
- Is 40. 25 Com quem vocês vão me *comparar*?
- Mt 11. 16 A que posso *comparar* esta geração?
- Rm 5. 16 Não se pode *comparar* a dádiva de Deus

Concordância Bíblica Abreviada

2Co 10. 12 ...ou de nos *comparar* com alguns que...
Gl 6. 4 ...sem se *comparar* com ninguém

COMPARECER
Js 20. 6 até *comparecer* a julgamento perante...
Et 5. 12 me convidou para *comparecer* amanhã
Mq 6. 6 *comparecer* diante do Senhor e curvar-me
At 23. 15 que o faça *comparecer* diante de vocês
2Co 5. 10 ...*comparecer* perante o tribunal de Cristo

COMPASSIVO
2Cr 30. 9 o seu Deus, é bondoso e *compassivo*
Jl 2. 13 ele é misericordioso e *compassivo*
Jn 4. 2 ...tu és Deus misericordioso e *compassivo*

COMPATRIOTA
Jr 34. 9 ...poderia escravizar um *compatriota* judeu
Ez 18. 18 roubou seu *compatriota* e fez o que era...

COMPETIR
Êx 25. 2 aquele cujo coração o *compelir* a dar

COMPLACENTES
Sf 1. 12 ...e castigarei os *complacentes*

COMPLETAMENTE
Gn 8. 14 a terra estava *completamente* seca
2Sm 22. 39 Esmaguei-os *completamente*
Os 10. 15 ...Israel será *completamente* destruído
Jo 7. 23 ...curado *completamente* um homem
Ef 4. 2 *completamente* humildes e dóceis

COMPLETAR
Lv 25. 30 antes de se *completar* um ano
Et 2. 12 *completar* doze meses de tratamento
Lt 1. 57 ...*completar* o tempo de Isabel dar à luz
At 20. 24 terminar a corrida e *completar* o ministério...
Rm 15. 28 depois de *completar* essa tarefa

COMPRAR
Gn 41. 57 ...ao Egito para *comprar* trigo de José
Lv 22. 11 ...se um sacerdote *comprar* um escravo
2Sm 24. 21 *comprar* sua eira e edificar nela um altar
Jr 13. 1 Vá *comprar* um cinto de linho
Mt 14. 15 ir aos povoados *comprar* comida
Lc 14. 18 Acabei de *comprar* uma propriedade
At 8. 20 pensa que pode *comprar* o dom...

COMPREENDER
Jó 26. 14 *compreender* o trovão do seu poder?
Sl 119.125 ...*compreender* os teus testemunhos
Pv 1. 6 ...*compreender* provérbios e parábolas
Ec 11. 5 não pode *compreender* as obras de Deus
Jr 9. 12 ...bastante sábio para *compreender* isso?
Lc 24. 45 ...pudessem *compreender* as Escrituras
Ef 3. 18 *compreender* a largura, o comprimento...
Ef 5. 17 *compreender* qual é a vontade do Senhor

COMPRIMENTO
Ef 3. 18 o *comprimento*, a altura e a profundidade
Ap 21. 16 de *comprimento* e largura iguais

COMUM
Lv 8. 26 apanhou um pão *comum*
Jo 2. 4 Que temos nós em *comum*, mulher?
At .44 ...unidos e tinham tudo em *comum*

At 9. 23 decidiram de *comum* acordo matá-lo
1Co 12. 7 ...visando ao bem *comum*
2Co 6. 14 ...têm em *comum* a justiça e a maldade?
Tt 1. 4 ...verdadeiro filho em nossa fé *comum*
Hb 11. 23 ele não era uma criança *comum*

COMUNHÃO
Êx 20. 24 ...e as suas ofertas de *comunhão*
Lv 3. 3 Desse sacrifício de *comunhão*...
At 2. 42 ...ao ensino dos apóstolos e à *comunhão*
1Co 1. 9 o qual os chamou à *comunhão*
1Co 10. 20 tenham *comunhão* com os demônios
2Co 6. 14 que *comunhão* pode ter a luz com as trevas?
2Co 13. 14 o amor de Deus e a *comunhão* do...
Gl 2. 9 em sinal de *comunhão*
Fp 2. 1 alguma *comunhão* no Espírito
Fm 6 para que a *comunhão* que procede...
1Jo 1. 3 Nossa *comunhão* é com o Pai
1Jo 1. 6 que temos *comunhão* com ele
1Jo 1. 7 temos *comunhão* uns com os outros

COMUNIDADE
At 25. 24 Toda a *comunidade* judaica
Ef 2. 12 separados da *comunidade* de Israel
Hb 8. 8 nova aliança com a *comunidade* de Israel

CONCEBEU
Nm 11. 12 ...acaso fui eu quem o *concebeu*?
Sl 51. 5 desde que me *concebeu* minha mãe
Ct 3. 4 para o quarto daquela que me *concebeu*

CONCEDER
2Rs 5. 7 capaz de *conceder* vida ou morte?
Et 5. 8 ...agrada atender e *conceder* o meu pedido
Mt 20. 23 ...esquerda não cabe a mim *conceder*
Rm 5. 21 pela justiça para *conceder* vida eterna
Gl 3. 21 uma lei que pudesse *conceder* vida

CONCEITO
At 5. 13 o povo os tivesse em alto *conceito*
Rm 12. 3 tenha de si mesmo um *conceito*

CONCIDADÃO
Dt 15. 12 seu *compatriota* hebreu...

CONCLUIR
Dn 1. 13 de acordo com o que você *concluir*
Jo 4. 34 ...que me enviou e *concluir* a sua obra
Jo 5. 36 que o Pai me deu para *concluir*

CONCLUSÃO
Ec 7. 29 cheguei a esta *conclusão*
Ec 12. 13 ...se ouviu tudo, aqui está a *conclusão*
Jo 7. 26 ...à *conclusão* de que ele é realmente o Cristo?

CONCORDAR
Gn 30. 31 ...se você *concordar* com o seguinte...

CONDENADO
Jó 32. 3 ...mesmo assim o tinham *condenado*
Sl 34. 22 ...que nele se refugia será *condenado*
Jr 26. 11 ...homem deve ser *condenado* à morte
Mt 27. 3 Judas...viu que Jesus fora *condenado*
Mc 16. 16 mas quem não crer será *condenado*
Lc 24. 20 o entregaram para ser *condenado* à morte
Jo 3. 18 Quem nele crê não é *condenado*
Jo 5. 24 tem a vida eterna e não será *condenado*
At 22. 25 ...sem que ele tenha sido *condenado*?
Rm 5. 7 por que sou *condenado* como pecador?
1Co 10. 30 sou *condenado* por algo pelo qual...
Tg 5. 6 Vocês têm *condenado* e matado o justo

CONDENAR
Dt 19. 15 não é suficiente para *condenar* alguém
Jó 34. 17 ...*condenar* aquele que é justo e poderoso?
Pv 17. 15 Absolver o ímpio e *condenar* o justo...
Is 50. 9 Quem irá me *condenar*?
Mt 27. 1 ...a decisão de *condenar* Jesus à morte
Jo 3. 17 não para *condenar* o mundo...
Rm 14. 3 não deve *condenar* aquele que come...
1Jo 3. 20 quando o nosso coração nos *condenar*
1Jo 3. 21 se o nosso coração não nos *condenar*

CONDENAÇÃO
Jó 31. 28 pecados merecedores de *condenação*
Ez 30. 9 ...se apoderará deles no dia da *condenação*
Mt 23. 33 ...escaparão da *condenação* ao inferno?
Mc 12. 40 ...receberão *condenação* mais severa!
Rm 3. 8 A *condenação* dos tais é merecida
Rm 8. 1 agora já não há *condenação* para os que...
1Co 11. 29 come e bebe para...*condenação*
Gl 5. 10 seja quem for, sofrerá a *condenação*
1Tm 3. 6 ...mesma *condenação* em que caiu o Diabo
Tg 5. 12 para que não caiam em *condenação*
2Pe 2. 3 ...a sua *condenação* paira sobre eles

CONDENÁVEL
Gl 2. 11 ...por sua atitude *condenável*

CONDUTOR
1Rs 22. 34 o rei disse ao *condutor* do seu carro...

CONDUZIR
Nm 11. 17 ...responsabilidade de *conduzir* o povo
2Sm 19. 11 vocês seriam os últimos a *conduzir* o rei...
Mt 15. 14 ...*conduzir* outro cego, ambos cairão num buraco
Jo 10. 4 ...*conduzir* para fora todas as suas ovelhas
At 27. 39 para onde decidiram *conduzir* o navio

CONFIADO
Sl 26. 1 *confiado* no Senhor, sem vacilar
Jr 13. 20 ...o rebanho que foi *confiado* a você...?
Os 10. 13 ...*confiado* na sua própria força
Mt 25. 27 *confiado* o meu dinheiro aos banqueiros
Lc 12. 48 ...muito foi *confiado*, muito mais será pedido
At 14. 23 ...ao Senhor, em quem haviam *confiado*
1Tm 1. 11 no glorioso evangelho que me foi *confiado*
1Tm 6. 20 Timóteo, guarde o que foi *confiado* a você
2Tm 1. 14 Quanto ao que lhe foi *confiado*...

CONFIANÇA
Êx 14. 31 pôs nele a sua *confiança*...
Js 14. 7 lhe dei um relatório digno de *confiança*
2Rs 18. 19 Em que você baseia sua *confiança*?
Ne 4. 23 os meus homens de *confiança* e os guardas...
Jó 4. 6 Sua vida piedosa não inspira *confiança* a você?
Sl 71. 5 em ti está a minha *confiança*...
Pv 11. 13 quem merece *confiança* guarda o segredo
Is 8. 2 como testemunhas de *confiança*

Concordância Bíblica Abreviada

Jr 17. 7 ...o homem cuja *confiança* está no Senhor
At 12. 20 ...homem de *confiança* do rei
Rm 15. 13 ...por sua *confiança* nele
2Co 5. 6 temos sempre *confiança* e sabemos que...
Ef 3. 12 temos livre acesso a Deus em *confiança*...
1Tm 3. 1 ...afirmação é digna de *confiança*
Hb 2. 13 Nele porei a minha *confiança*
1Jo 2. 28 ...*confiança* e não sejamos envergonhados
Ap 21. 5 ...verdadeiras e dignas de *confiança*

CONFIAR
2Rs 18. 30 convencê-los a *confiar* no Senhor
Is 2. 22 Parem de *confiar* no homem...
Is 48. 2 ...e dizem *confiar* no Deus de Israel
Jr 28. 15 ...persuadiu esta nação a *confiar* em mentiras
Fp 3. 4 ...para *confiar* na carne, eu ainda mais
1Pe 4. 19 *confiar* sua vida ao seu fiel Criador

CONFINS
Mt 12. 42 ela veio dos *confins* da terra
Mc 13. 27 dos *confins* da terra até os *confins* do céu

CONFIRMAR
Nm 5. 31 Se a suspeita se *confirmar* ou não
Nm 30. 13 O marido poderá *confirmar* ou anular...
Sl 105. 19 ...palavra do Senhor *confirmar* o que dissera
Rm 15. 8 *confirmar* as promessas feitas aos patriarcas

CONFISSÃO
2Co 9. 13 obediência que acompanha a *confissão*
1Tm 6. 12 fez a boa *confissão* na presença...

CONFORME
Mt 15. 28 Seja *conforme* você deseja
Mc 1. 2 *Conforme* está escrito no profeta...
Lc 1. 38 aconteça comigo *conforme* a tua palavra

CONFORTO
Jó 36. 16 para o *conforto* da mesa farta
Hc 1. 16 ...em grande *conforto* e desfruta iguarias

CONFUNDAMOS
Gn 11. 7 desçamos e *confundamos* a língua...

CONFUSÃO
Dt 7. 23 lançando-as em grande *confusão*
Js 10. 10 O Senhor os lançou em *confusão*
Ne 4. 8 ...atacar Jerusalém e causar *confusão*
Mq 7. 4 Agora reinará a *confusão* entre eles
At 19. 32 A assembleia estava em *confusão*
Tg 3. 16 ...aí há *confusão* e toda espécie de males

CONGREGAÇÃO
Sl 68. 26 Bendigam a Deus na grande *congregação*!
Sl 111. 1 na reunião da *congregação* dos justos
At 7. 38 Ele estava na *congregação*

CONHECER
Gn 24. 29 ...apressado à fonte para *conhecer* o homem
Jó 21. 14 ...queremos *conhecer* os teus caminhos
Pv 14. 33 entre os tolos ela se deixa *conhecer*
Mq 3. 1 Vocês deveriam *conhecer* a justiça!
Lc 2. 15 e que o Senhor nos deu a *conhecer*
Jo 17. 26 Eu os fiz *conhecer* o teu nome
At 7. 13 o faraó pôde *conhecer* a família de José
Rm 16. 26 revelado e dado a *conhecer* pelas Escrituras

1Co 8. 2 Quem pensa *conhecer* alguma coisa...
Gl 1. 18 subi a Jerusalém para *conhecer* Pedro
Ef 3. 5 ...não foi dado a *conhecer* aos homens
Fp 3. 10 Quero *conhecer* Cristo...

CONHECIDO
1Rs 18. 36 ...fique *conhecido* que tu és Deus
Sl 76. 1 Em Judá Deus é *conhecido*
Is 46. 10 Desde o início faço *conhecido* o fim
Mt 10. 26 nem oculto que não venha a se tornar *conhecido*
Mc 14. 3 um homem *conhecido* como Simão
Lc 12. 2 ...oculto que não venha a ser *conhecido*
Jo 16. 14 ...e o tornará *conhecido* a vocês
At 1. 23 também *conhecido* como Justo...
1Co 8. 3 quem ama a Deus, este é *conhecido*
2Pe 2. 21 ...tivessem *conhecido* o caminho da justiça

CONHECIMENTO
Lc 1. 77 ...ao seu povo do *conhecimento* da salvação
At 18. 24 ...e tinha grande *conhecimento* das Escrituras
At 26. 26 nada disso escapou do seu *conhecimento*
Rm 1. 28 desprezaram o *conhecimento* de Deus
1Co 8. 1 em toda palavra e em todo *conhecimento*
1Co 15. 34 ...há que não têm *conhecimento* de Deus
2Co 4. 6 para iluminação do *conhecimento*
Ef 1. 17 no pleno *conhecimento* dele.
Cl 1. 9 pleno *conhecimento* da vontade de Deus
Cl 1. 10 crescendo no *conhecimento* de Deus
1Tm 2. 4 ...e cheguem ao *conhecimento* da verdade
2Tm 2. 25 levando-os ao *conhecimento* da verdade
Tt 1. 1 fé e *conhecimento*...
2Pe 3. 18 Cresçam...na graça e no *conhecimento*

CONSAGRAR
1Cr 23. 13 para *consagrar* as coisas santíssimas
Jó 11. 13 ...*consagrar* o coração e estender as mãos...
Pv 20. 25 uma armadilha *consagrar* algo precipitadamente
Ez 46. 20 levá-las ao pátio externo e *consagrar* o povo

CONSCIÊNCIA
Lv 4. 13 ainda que não tenha *consciência* disso
Jó 27. 6 a minha *consciência* não me repreenderá
At 24. 16 conservar minha *consciência* limpa
Rm 9. 1 minha *consciência* o confirma...
1Co 4. 4 em nada minha *consciência* me acuse
Hb 13. 18 certos de que temos *consciência* limpa
1Pe 2. 19 ...de sua *consciência* para com Deus
1Pe 3. 16 conservando boa *consciência*
1Pe 3. 21 boa *consciência* diante de Deus

CONSELHEIRO
Gn 26. 26 ...Abimele que, de Gerar, com Auzate, seu *conselheiro*
2Sm 15. 12 ...Aitofel, da cidade de Gilo, *conselheiro* de Davi.
1Rs 4. 5 sacerdote e *conselheiro* pessoal do rei
2Rs 3. 11 Um *conselheiro* do rei de Israel respondeu: "Eliseu, filho de Safate, está aqui..."

2Rs 25. 8 ...Nebuzaradã, comandante da guarda imperial, *conselheiro* do rei da Babilônia
1Cr 26. 14 Então lançaram sortes para seu filho Zacarias, sábio *conselheiro*.
1Cr 27. 32 Jônatas, tio de Davi, era *conselheiro*;
1Cr 27. 33 Aitofel era *conselheiro* do rei.
2Cr 25. 16 "Por acaso nós o nomeamos *conselheiro* do rei?..."
Is 3. 3 o capitão e o nobre,o *conselheiro*, o conhecedor,
Is 9. 6 E ele será chamado Maravilhoso *Conselheiro*
Is 40. 13 ...Espírito do Senhor, ou o instruiu como seu *conselheiro*?
Is 41. 28 nenhum *conselheiro* que dê resposta quando pergunto.
Mq 4. 9 Seu *conselheiro* morreu, para que a dor seja tão forte para você...?
Jo 14. 16 E eu pedirei ao Pai, e ele dará a vocês outro *Conselheiro*...
Jo 14. 26 Mas o *Conselheiro*, o Espírito Santo, que o Pai enviará...
Jo 15. 26 "Quando vier o *Conselheiro*, que eu enviarei a vocês...
Jo 16. 7 Se eu não for, o *Conselheiro* não virá para vocês
Rm 11. 34 "...Ou quem foi seu *conselheiro*?"

CONSELHO
Gn 49. 6 Que eu não entre no *conselho* deles
Êx 18. 19 Agora ouça o meu *conselho*
Êx 18. 24 Moisés aceitou o *conselho* do sogro
Nm 31. 16 seguiram o *conselho* de Balaão
Jó 12. 13 a ele pertencem o *conselho*...
Sl 73. 24 Tu me diriges com o teu *conselho*
Pv 1. 30 não quiseram aceitar o meu *conselho*
Is 11. 2 o Espírito que traz *conselho* e poder
Jr 49. 7 ...o *conselho* desapareceu dos prudentes?
Dn 4. 27 Portanto, ó rei, aceita o meu *conselho*
Lc 23. 50 ...membro do *Conselho*, homem bom e justo
Ef 6. 4 ...criem-nos segundo...o *conselho* do Senhor

CONSENTIMENTO
Gn 34. 15 Daremos nosso *consentimento* a vocês
Jr 44. 19 sem o *consentimento* de nossos maridos...?
Os 8. 4 instituíram reis sem o meu *consentimento*
Mt 10. 29 ...cai no chão sem o *consentimento* do Pai
1Co 7. 5 exceto por mútuo *consentimento*...

CONSERTAR
Ez 13. 5 não foram *consertar* as brechas do muro

CONSERVAR
Lc 17. 33 Quem tentar *conservar* a sua vida a perderá
At 24. 16 *conservar* minha consciência limpa diante de Deus
Ef 4. 3 ...para *conservar* a unidade do Espírito...

CONSERVO
Mt 18. 29 o seu *conservo* caiu de joelhos e implorou-lhe
Mt 18. 33 ter tido misericórdia do seu *conservo*...

CONSIDERAR
Gn 43. 9 podes me *considerar* responsável por ele
Et 8. 5 e se ele *considerar* justo...
Ez 18. 28 Por *considerar* todas as ofensas que cometeu
At 15. 6 se reuniram para *considerar* essa questão
Fp 3. 7 passei a *considerar* como perda...

Concordância Bíblica Abreviada

CONSOLADOR
Jó 29.25 eu era como um *consolador* dos que choram

CONSOLAR
Is 61. 2 para *consolar* todos os que andam tristes
Zc 1.17 o Senhor tornará a *consolar* Sião

CONSOLAÇÃO
Jó 16. 5 a *consolação* dos meus lábios daria alívio para vocês
Jr 16. 7 ...dará de beber do cálice da *consolação*
Lc 2.25 ...e que esperava a *consolação* de Israel
2Co 1. 3 ...e Deus de toda *consolação*
2Ts 2.16 ...e nos deu eterna *consolação* e boa esperança
Fm 7 Seu amor me tem dado grande alegria e *consolação*

CONSPIRAR
Sl 119.23 ...se reúnam para *conspirar* contra mim
Mt 12.14 saíram e começaram a *conspirar*...
At 4.27 para *conspirar* contra o teu santo servo Jesus

CONSTANTE
Jó 1. 5 Essa era a prática *constante* de Jó
Pv 28.14 Feliz o homem *constante* no temor do Senhor!
Ez 30.16 ...estará em *constante* aflição
Os 4. 2 E o derramamento de sangue é *constante*
At 27.33 ...têm estado em vigília *constante*
Rm 9. 2 tenho grande tristeza e *constante* angústia
Hb 13. 1 Seja *constante* o amor fraternal

CONSTRANGE
2Co 5.14 Pois o amor de Cristo nos *constrange*

CONSTRUTOR
Sl 127. 1 Se não for o Senhor o *construtor* da casa
1Co 3.10 como sábio *construtor*, lancei o alicerce

CONSULTAR
1Rs 22. 7 mais nenhum profeta...a quem possamos *consultar*?
2Cr 34.21 Vão *consultar* o Senhor por mim
Et 1.13 era costume o rei *consultar* especialistas
Ez 14. 7 for a um profeta para me *consultar*
Ez 20. 1 ...líderes de Israel vieram *consultar* o Senhor

CONSUMI
Jó 31.39 *consumi* os seus produtos sem nada pagar

CONSUMIR
1Sm 2.33 para *consumir* os seus olhos com lágrimas
Ez 21.28 Uma espada...polida para *consumir*

CONTA
Dt 9.27 Não leves em *conta* a obstinação deste povo
1Sm 17.34 Teu servo toma *conta* das ovelhas de seu pai
Pv 29. 7 Os justos levam em *conta* os direitos dos pobres
Is 21. 4 o temor toma *conta* de mim
Jr 6.24 A angústia tomou *conta* de nós...
Ez 34.12 também tomarei *conta* de minhas ovelhas
Dn 2. 4 *Conta* o sonho aos teus servos
Mt 7. 3 e não se dá *conta* da viga...em seu próprio olho?
Mt 12.36 os homens haverão de dar *conta*...
At 17.30 Deus não levou em *conta* essa ignorância
Rm 5.13 o pecado não é levado em *conta* quando...
Hb 11.19 Abraão levou em *conta* que Deus pode ressuscitar
Ap 11.11 grande terror tomou *conta* daqueles que os viram

CONTAMINAR
Lv 15.31 para que não morram por *contaminar*...
Ez 22. 3 por derramar sangue...e por se *contaminar*

CONTAR
Gn 9.22 viu a nudez do pai e foi *contar* aos dois irmãos
Gn 13.16 Se for possível *contar* o pó da terra...
Êx 10. 2 ...possa *contar* a seus filhos e netos
1Sm 4.14 O homem correu para *contar* tudo a Eli
Mt 13.53 Quando acabou de *contar* essas parábolas...
Mt 14.12 Depois foram *contar* isso a Jesus
Jo 5.15 O homem foi *contar* aos judeus
Ap 7. 9 uma grande multidão que ninguém podia *contar*

CONTEMPLAR
Gn 33.10 ver a tua face é como *contemplar* a face de Deus
Sl 27. 4 para *contemplar* a bondade do Senhor
Is 33.15 ...e fecha os olhos para não *contemplar* o mal
Lm 2. 4 tudo o que era agradável *contemplar*
Hc 2.15 ...fique bêbado, para lhe *contemplar* a nudez

CONTENDA
Jz 12. 2 envolvidos numa grande *contenda*
Pv 17.14 resolva a questão antes que surja a *contenda*
Pv 26.20 sem o caluniador morre a *contenda*
Jr 15.10 sou um homem em luta e em *contenda*
At 15. 2 levou Paulo e Barnabé a uma grande *contenda*

CONTENDE
Is 45. 9 Ai daquele que *contende* com seu Criador

CONTENTAMENTO
Jó 36.11 terão *contentamento* nos anos que lhes restam
Is 51. 3 Alegria e *contentamento* serão achados nela
1Tm 6. 6 a piedade com *contentamento* é grande fonte de lucro

CONTENTE
1Sm 19. 5 tu mesmo viste tudo e ficaste *contente*
Mt 18.13 garanto que ele ficará mais *contente*
Jo 11.15 e para o bem de vocês estou *contente*
Fp 4.12 Aprendi o segredo de viver *contente*

CONTER
Ec 3. 5 tempo de abraçar e tempo de se *conter*
Is 64.12 E depois disso tudo, Senhor, ainda irás te *conter*?
Ez 35.13 e falou contra mim sem se *conter*

CONTINUAMENTE
Êx 30. 8 queimado incenso *continuamente* perante o Senhor
Lv 6.13 Mantenha-se o fogo *continuamente* aceso no altar
Dt 11.12 os olhos do Senhor...estão *continuamente* sobre ela
Dn 6.16 seu Deus, a quem você serve *continuamente*, o livre!
At 10. 2 e orava *continuamente* a Deus
1Ts 5.17 Orem *continuamente*
Hb 13.15 ofereçamos *continuamente* a Deus um sacrifício

CONTRA
Êx 20.16 ...falso testemunho *contra* o teu próximo.
Dt 1.41 Pecamos *contra* o Senhor
Jó 11. 5 ...se *contra* você abrisse os lábios
Ml 3.13 têm dito palavras duras *contra* mim
Mc 3. 6 começaram a conspirar...*contra* Jesus
Lc 15.21 Pai, pequei *contra* o céu e *contra* ti
Jo 18.29 Que acusação vocês têm *contra* este homem?
At 5.39 ...pois se acharão lutando *contra* Deus
At 23.29 mas não havia *contra* ele nenhuma acusação
Rm 1.18 a ira de Deus é revelada...*contra* toda impiedade
Rm 8.31 Se Deus é por nós, quem será *contra* nós?
Rm 8.33 ...alguma acusação *contra* os escolhidos de Deus?
1Co 6. 1 algum de vocês tem queixa *contra* outro irmão
1Co 6.18 quem peca sexualmente...*contra* o seu próprio corpo
2Co 13. 8 nada podemos *contra* a verdade...
Gl 5.23 *Contra* essas coisas não há lei
Ef 6.11 ...ficar firmes *contra* as ciladas do Diabo
1Pe 3.12 o rosto do Senhor volta-se *contra* os que praticam o mal
Ap 13. 6 abriu a boca para blasfemar *contra* Deus

CONTRADIZER
Lc 21.15 ...adversários será capaz de resistir ou *contradizer*

CONTRIBUIR
Rm 12. 8 se é *contribuir*, que contribua generosamente
Rm 15.26 ...tiveram a alegria de *contribuir* para os pobres
2Co 9. 2 ...estavam prontos a *contribuir*

CONTRITO
Sl 51.17 um coração quebrantado e *contrito*...
Is 57.15 mas habito também com o *contrito* e...
Is 66. 2 A este eu estimo: ao humilde e *contrito* de espírito

CONTROLAR
1Ts 4. 4 Cada um saiba *controlar* o seu próprio corpo

CONVENCER
Dt 13. 8 não se deixe *convencer* nem ouça o que ele diz
Lc 16.31 ...tampouco se deixarão *convencer*
At 23.21 Não te deixes *convencer*...
Jd 15 para julgar a todos e *convencer* todos os ímpios

CONVERGIR
Ef 1.10 de fazer *convergir* em Cristo todas as coisas

CONVERSAR
Gn 34.20 dirigiram-se à porta da cidade para *conversar*
1Sm 17.29 Será que não posso nem mesmo *conversar*?
Jó 18. 2 Proceda com sensatez, e depois poderemos *conversar*
Pv 23. 9 Não vale a pena *conversar* com o tolo
Lc 7.15 sentou-se e começou a *conversar*
At 16.13 Sentamo-nos e começamos a *conversar*
At 28.20 pedi para vê-los e *conversar* com vocês

CONVERTER
Lc 22.32 quando você se *converter*, fortaleça os seus irmãos

2069

Concordância Bíblica Abreviada

CONVICÇÃO
Rm 14. 14 plena *convicção* de que nenhum alimento...
1Ts 1. 5 ...no Espírito Santo e em plena *convicção*
2Tm 3. 14 nas coisas que aprendeu e das quais tem *convicção*
Hb 10. 22 aproximemo-nos de Deus...com plena *convicção* de fé

CONVIDADO
Et 1. 8 cada *convidado* tinha permissão de beber
Lc 7. 39 o fariseu que o havia *convidado* disse a si mesmo...
At 10. 24 seus...amigos mais íntimos que tinha *convidado*

CONVIDAR
Lc 14. 8 ...o *convidar* para um banquete de casamento
1Co 10. 27 Se algum descrente o *convidar* para uma refeição...

COOPERADOR
Rm 16. 9 Saúdem...nosso *cooperador* em Cristo
Rm 16. 21 Timóteo, meu *cooperador*, envia saudações
Fp 2. 25 ...meu irmão, *cooperador* e companheiro de lutas
Cl 1. 7 ...Epafras, nosso amado *cooperador*
Fm 1 a você, Filemom, nosso amado *cooperador*

COOPERAÇÃO
Fp 1. 5 ...da *cooperação* que vocês têm dado ao evangelho

COPEIRO
Gn 40. 1 o *copeiro* e o padeiro do rei do Egito...
Ne 1. 11 Nessa época, eu era o *copeiro* do rei.

COPO
Pv 23. 31 ...quando cintila no *copo* e escorre suavemente!
Ez 23. 32 Você beberá do *copo* de sua irmã...
Mt 23. 26 Limpe primeiro o interior do *copo* e do prato
Mc 9. 41 der um *copo* de água a vocês em meu nome

CORAZIM
Mt 11. 21 "Ai de você, *Corazim*!..."

CORAÇÃO
Gn 6. 6 ...e isso cortou-lhe o *coração*
Gn 8. 21 seu *coração* é inteiramente inclinado para o mal
Êx 7. 3 Eu, porém, farei o *coração* do faraó resistir
Lv 26. 41 se o seu *coração* obstinado se humilhar...
Nm 32. 11 não me seguiram de *coração* íntegro
Dt 1. 36 pois seguiu o Senhor de todo o *coração*
Js 11. 20 o próprio Senhor...lhes endureceu o *coração*
1Sm 2. 1 Meu *coração* exulta no Senhor
2Sm 18. 14 e com eles traspassou o *coração* de Absalão
Jó 10. 13 Mas algo escondeste em teu *coração*
Jó 22. 22 ...e ponha no *coração* as suas palavra
Sl 4. 7 Encheste o meu *coração* de alegria
Sl 64. 6 A mente e o *coração* de cada um deles o escondem!
Sl 143. 4 o meu *coração* está em pânico
Pv 16. 1 Ao homem pertencem os planos do *coração*...
Jr 11. 20 ...justo juiz que provas o *coração* e a mente
Mt 5. 8 Bem-aventurados os puros de *coração*
Mt 5. 28 ...cometeu adultério com ela no seu *coração*

Mt 22. 37 Ame o Senhor...de todo o seu *coração*
Mc 6. 52 O *coração* deles estava endurecido
Jo 14. 1 Não se perturbe o *coração* de vocês
At 2. 26 o meu *coração* está alegre e a minha língua exulta
Rm 10. 10 com o *coração* se crê para justiça
Cl 3. 23 Tudo o que fizerem, façam de todo o *coração*
Hb 3. 15 não endureçam o *coração*, como na rebelião
1Jo 3. 21 Amados, se o nosso *coração* não nos condenar

CORBÃ
Mc 7. 11 ...que vocês poderiam receber de mim é *Corbã*

CORDA
Js 2. 15 os ajudou a descer pela janela com *corda*
Jó 30. 11 que Deus afrouxou a *corda* do meu arco
Sl 45. 8 nos palácios...ressoam os instrumentos de *corda*
Jr 31. 39 A *corda* de medir será estendida...
Ez 40. 3 tendo em sua mão uma *corda* de linho

CORDEIRO
Gn 22. 7 Onde está o *cordeiro* para o holocausto?
Is 53. 7 como um *cordeiro* foi levado para o matadouro
Jo 1. 36 Vejam! É o *Cordeiro* de Deus!
1Co 5. 7 Cristo, nosso *Cordeiro* pascal, foi sacrificado
Ap 5. 12 Digno é o *Cordeiro* que foi morto...
Ap 22. 1 ...fluía do trono de Deus e do *Cordeiro*

CORDÉIS
Ez 27. 24 ...com *cordéis* retorcidos e de nós firmes

CORINTO
At 18. 1 Paulo saiu de Atenas e foi para *Corinto*
1Co 1. 2 à igreja de Deus que está em *Corinto*
2Co 1. 23 foi a fim de poupá-los que não voltei a *Corinto*
2Tm 4. 20 Erasto permaneceu em *Corinto*

CORNÉLIO
At 10. 1 Havia em Cesareia um homem chamado *Cornélio*

COROA
Lv 8. 9 isto é, a *coroa* sagrada, na frente do turbante
2Sm 1. 10 Peguei a *coroa* e o bracelete dele...
Et 2. 17 colocou nela uma *coroa* real e tornou-a rainha
Mt 27. 29 fizeram uma *coroa* de espinhos
1Co 9. 25 para ganhar uma *coroa* que dura para sempre
Fp 4. 1 vocês que são a minha alegria e a minha *coroa*
1Ts 2. 19 quem é a nossa esperança, alegria ou *coroa*
2Tm 4. 8 Agora me está reservada a *coroa* da justiça
Tg 1. 12 depois de aprovado receberá a *coroa* da vida
Ap 2. 10 Seja fiel até a morte, e eu lhe darei a *coroa* da vida
Ap 3. 11 para que ninguém tome a sua *coroa*
Ap 12. 1 uma *coroa* de doze estrelas sobre a cabeça
Ap 14. 14 Ele estava com uma *coroa* de ouro na cabeça

COROAR
Jz 9. 6 junto à coluna...para *coroar* Abimeleque rei

CORPO
Gn 25. 25 todo o seu *corpo* era como um manto de pêlos
1Sm 31. 10 penduraram seu *corpo* no muro de Bete-Seã
1Rs 13. 29 O profeta apanhou o *corpo* do homem de Deus
Mt 5. 29 É melhor perder uma parte do seu *corpo*
Mt 6. 22 Os olhos são a candeia do *corpo*
Mt 6. 23 todo o seu *corpo* será cheio de trevas
Mt 10. 28 Não tenham medo dos que matam o *corpo*
Mt 14. 12 levaram o seu *corpo* e o sepultaram
Mt 28. 13 ...vieram durante a noite e furtaram o *corpo*
Mc 14. 22 Tomem; isto é o meu *corpo*
Mc 15. 43 dirigiu-se...a Pilatos e pediu o *corpo* de Jesus
Lc 24. 23 e não acharam o *corpo* dele
Jo 2. 21 o templo do qual ele falava era o seu *corpo*
Rm 7. 23 vejo outra lei atuando nos membros do meu *corpo*
Rm 7. 24 Quem me libertará do *corpo* sujeito a esta morte?
Rm 8. 10 o *corpo* está morto por causa do pecado
1Co 5. 5 entreguem...a Satanás, para que o *corpo* seja destruído
1Co 11. 29 come e bebe sem discernir o *corpo* do Senhor
1Co 12. 13 em um só *corpo* todos nós fomos batizados
1Co 12. 14 O *corpo* não é feito de um só membro
1Co 12. 20 há muitos membros, mas um só *corpo*
2Jo 7 ...não confessam que Jesus Cristo veio em *corpo*

CORPORALMENTE
Cl 2. 9 em Cristo habita *corporalmente* toda a plenitude
1Pe 4. 1 uma vez que Cristo sofreu *corporalmente*

CORPÓREA
Lc 3. 22 ...desceu sobre ele em forma *corpórea*

CORREIA
Gn 14. 23 ...um cordão ou uma *correia* de sandália
Is 5. 27 nenhum desamarra a *correia* das sandálias

CORRENTE
Gn 41. 42 colocou uma *corrente* de ouro em seu pescoço
Lv 14. 6 ...no sangue da ave morta em água *corrente*
Is 66. 12 como uma *corrente* avassaladora
Ap 20. 1 na mão a chave do Abismo e uma grande *corrente*

CORRER
2Sm 18. 19 Deixa-me *correr* e levar ao rei a notícia...
2Sm 22. 34 me faz *correr* veloz como a gazela
2Rs 4. 6 Então o azeite parou de *correr*
Gl 2. 2 para não *correr* ou ter corrido inutilmente

CORREÇÃO
Jó 36. 10 Ele os fará ouvir a *correção*...
Pv 29. 15 A vara da *correção* dá sabedoria
Jr 2. 30 eles não aceitaram a *correção*
Sf 3. 2 Não ouve ninguém, e não aceita *correção*
2Tm 3. 16 ...a *correção* e para a instrução na justiça

CORRIGIR
2Tm 2. 25 *corrigir* com mansidão os que se lhe opõem

CORROMPER
Pv 28. 10 o que não se deixa *corromper* terá boa recompensa
Tg 1. 27 ...e não se deixar *corromper* pelo mundo

CORRUPTO
Jó 15. 16 quanto menos o homem, que é impuro e *corrupto*
Sl 94. 20 Poderá um trono *corrupto* estar em aliança contigo?

CORRUPTÍVEL
1Co 15. 53 ...que é *corruptível* se revista de incorruptibilidade

CORRUPÇÃO
Is 1. 4 Raça de malfeitores, filhos dados à *corrupção*!
Os 9. 9 Eles mergulharam na *corrupção*
2Pe 2. 12 serão corrompidos pela sua própria *corrupção*!
2Pe 2. 19 eles mesmos são escravos da *corrupção*

CORTAR
Pv 26. 6 Como *cortar* o próprio pé ou beber veneno
Ez 14. 13 para *cortar* o seu sustento...
1Co 11. 6 deve também *cortar* o cabelo

CORTE
Gn 12. 15 os homens da *corte* do faraó a elogiaram
Êx 29. 17 *Corte* o cordeiro em pedaços
Sl 12. 3 ...o Senhor *corte* todos os lábios bajuladores

CORTINA
Nm 4. 26 e com as *cortinas* externas do pátio
Is 25. 7 ...a *cortina* que cobre todas as nações

CORVO
Gn 8. 7 Noé soltou um *corvo*, mas este ficou dando voltas
Lv 11. 15 qualquer espécie de *corvo*
Ct 5. 11 são negros como o *corvo*
Is 34. 11 o corujão e o *corvo* farão nela os seus ninhos

COSTELA
Gn 2. 22 Com a *costela* que havia tirado do homem

COSTUME
Mt 27. 15 era *costume* do governador soltar...
Lc 1. 9 de acordo com o *costume* do sacerdócio
At 17. 2 Segundo o seu *costume*, Paulo foi à sinagoga
1Co 11. 16 nós não temos esse *costume*

COURAÇA
1Sm 17. 5 ...uma *couraça* de escamas de bronze
Is 59. 17 Usou a justiça como *couraça*
Ef 6. 14 vestindo a *couraça* da justiça
1Ts 5. 8 vestindo a *couraça* da fé e do amor

COVA
Is 38. 18 Aqueles que descem à *cova* não podem...
Jr 18. 20 eles cavaram uma *cova* para mim
Lm 3. 53 Procuraram fazer minha vida acabar na *cova*
Ez 32. 24 Carregam sua vergonha com os que descem à *cova*
Dn 6. 7 ...seja atirado na *cova* dos leões
Dn 6. 16 trouxeram Daniel e o jogaram na *cova* dos leões

COVIL
Sl 44. 19 fizeste de nós um *covil* de chacais
Jr 7. 11 tornou-se para vocês um *covil* de ladrões?
Mt 21. 13 ...estão fazendo dela um '*covil* de ladrões'

COXA
Gn 24. 2 Ponha a mão debaixo da minha *coxa*
Êx 28. 42 calções de linho que vão da cintura até a *coxa*
Jz 3. 21 apanhou a espada de sua *coxa* direita
1Sm 9. 24 O cozinheiro pegou a *coxa* do animal
Ez 24. 4 os melhores pedaços da *coxa* e da espádua

COXO
Pv 26. 7 Como pendem inúteis as pernas do *coxo*

CREDOR
Dt 15. 2 todo *credor* cancelará o empréstimo que fez...
2Rs 4. 1 um *credor* que está querendo levar meus dois filhos...
Lc 7. 41 Dois homens deviam a certo *credor*

CRENTE
At 16. 15 ...me consideram uma *crente* no Senhor
1Co 9. 5 direito de levar conosco uma esposa *crente*
2Co 6. 15 Que há de comum entre o *crente* e o descrente?
1Tm 5. 16 alguma mulher *crente* tem viúvas em sua família

CRER
Nm 14. 11 Até quando se recusará a *crer* em mim...?
Mc 11. 23 mas *crer* que acontecerá o que diz...
Mc 16. 16 Quem *crer* e for batizado será salvo
Jo 3. 15 ...o que nele *crer* tenha a vida eterna
Jo 7. 38 Quem *crer* em mim, como diz a Escritura
At 14. 1 ...de tal modo que veio a *crer* grande multidão
Rm 10. 9 que Jesus é Senhor e *crer* em seu coração
1Co 3. 5 servos por meio dos quais vocês vieram a *crer*
Fp 1. 29 o privilégio de não apenas *crer* em Cristo
1Tm 1. 16 que nele haveriam de *crer* para a vida eterna
Hb 6. 11 quem dele se aproxima precisa *crer*...

CRESCER
Êx 23. 11 os pobres do povo poderão...*crescer*
Jó 8. 11 Poderá o papiro *crescer* senão no pântano?
Jó 12. 23 faz *crescer* as nações, e as dispersa
Sl 147. 8 e faz *crescer* a relva nas colinas
At 12. 24 a palavra de Deus continuava a *crescer* e a espalhar-se
1Co 3. 6 Apolo regou, mas Deus é quem fez *crescer*
2Co 9. 10 a semente e fará *crescer* os frutos da sua justiça
1Ts 3. 12 Que o Senhor faça *crescer* e transbordar o amor

CRESCIMENTO
1Co 3. 5 mas unicamente Deus, que efetua o *crescimento*
Cl 2. 19 ...efetua o *crescimento* dado por Deus

CRETA
At 27. 12 Este era um porto de *Creta*...
At 27. 21 aceitado o meu conselho de não partir de *Creta*
Tt 1. 5 A razão de tê-lo deixado em *Creta* foi...

CRIADA
Mt 26. 69 Pedro...e uma *criada*, aproximando-se dele
Mc 14. 69 Quando a *criada* o viu lá, disse novamente...
Lc 22. 56 Uma *criada* o viu sentado ali à luz do fogo
Rm 8. 21 de que a própria natureza *criada* será libertada
Rm 8. 22 Sabemos que toda a natureza *criada* geme

CRIADO
Gn 9. 6 porque à imagem de Deus foi o homem *criado*
Ez 28. 13 tudo foi preparado no dia em que você foi *criado*
Ez 28. 15 era inculpável...desde o dia em que foi *criado*
Lc 4. 16 Ele foi a Nazaré, onde havia sido *criado*
At 7. 20 Por três meses ele foi *criado* na casa de seu pai
1Co 11. 9 o homem não foi *criado* por causa da mulher
Ef 4. 24 *criado* para ser semelhante a Deus em justiça

CRIADOR
Gn 14. 22 o Deus Altíssimo, *Criador* dos céus e da terra
Ec 12. 1 Lembre-se do seu *Criador* nos dias da sua juventude
Jó 35. 10 Onde está Deus, o meu *Criador*
Sl 95. 6 ...e ajoelhemos diante do Senhor, o nosso *Criador*
Os 8. 14 Israel esqueceu o seu *Criador* e construiu palácios
Am 1. 1 Palavras que Amós, *criador* de ovelhas em Tecoa
1Pe 4. 19 devem confiar sua vida ao seu fiel *Criador*

CRIANCINHA
Is 11. 8 A *criancinha* brincará perto do esconderijo da cobra

CRIANÇA
Mt 18. 2 Chamando uma *criança*, colocou-a no meio deles
Mt 18. 4 quem se faz humilde como esta *criança*
Mc 5. 39 A *criança* não está morta, mas dorme
Lc 9. 47 Jesus...tomou uma *criança* e a colocou em pé
Lc 9. 48 Quem recebe esta *criança* em meu nome...
2Tm 3. 15 desde *criança* você conhece as Sagradas Letras
Hb 5. 13 Quem se alimenta de leite ainda é *criança*
Hb 11. 23 viram que ele não era uma *criança* comum

CRIAR
Jz 13. 12 ...Manoá perguntou, "como devemos *criar* o menino?..."
Is 65. 18 regozijem-se para sempre no que vou *criar*
Ef 2. 15 O objetivo dele era *criar* em si mesmo...
1Tm 5. 10 tais como *criar* filhos, ser hospitaleira...

CRIATURA
Gn 6. 17 destruir debaixo do céu toda *criatura* que tem fôlego
Jó 12. 10 Em sua mão está a vida de cada *criatura*
Ap 16. 3 ...e morreu toda *criatura* que vivia no mar

CRIAÇÃO
Gn 2. 3 ...descansou de toda a obra que realizara na *criação*
Mt 13. 35 proclamarei coisas ocultas desde a *criação* do mundo

Concordância Bíblica Abreviada

Mt 25. 34 ...que foi preparado para vocês desde a *criação* do mundo
Mc 10. 6 no princípio da *criação* Deus 'os fez homem e mulher'
Rm 8. 39 nem qualquer outra coisa na *criação* será capaz...
2Co 5. 17 se alguém está em Cristo, é nova *criação*
Gl 6. 15 O que importa é ser uma nova *criação*
Ef 1. 4 Deus nos escolheu nele antes da *criação* do mundo
Cl 1. 15 ...o primogênito sobre toda a *criação*
Hb 4. 13 Nada, em toda a *criação*, está oculto aos olhos de Deus
1Pe 1. 20 conhecido antes da *criação* do mundo
2Pe 3. 4 tudo continua como desde o princípio da *criação*
Ap 3. 14 ...o soberano da *criação* de Deus

CRIME
2Sm 19. 19 ...não leve em conta o meu *crime*
Mt 27. 23 "Por quê? Que *crime* ele cometeu?"
At 24. 20 deveriam declarar que *crime* encontraram em mim
At 28. 18 eu não era culpado de *crime* algum

CRIMINOSO
Jo 18. 30 Se ele não fosse *criminoso*...
2Tm 2. 9 pelo qual sofro e até estou preso como *criminoso*

CRISTO
Mt 16. 16 "Tu és o *Cristo*, o Filho do Deus vivo"
Mt 16. 20 ...não contassem a ninguém que ele era o *Cristo*
Mt 22. 42 O que vocês pensam a respeito do *Cristo*?
Mt 24. 23 'Vejam, aqui está o *Cristo*!'
Mt 27. 22 "Que farei então com Jesus, chamado *Cristo*?"
Mc 15. 32 O *Cristo*, o Rei de Israel...
Lc 2. 11 ...nasceu o Salvador, que é *Cristo*
Lc 2. 26 ele não morreria antes de ver o *Cristo* do Senhor
Lc 22. 67 "Se você é o *Cristo*, diga-nos"
Jo 11. 27 eu tenho crido que tu és o *Cristo*
At 2. 31 Prevendo isso, falou da ressurreição do *Cristo*
At 3. 6 Em nome de Jesus *Cristo*, o Nazareno, ande
At 24. 24 ...e o ouviu falar sobre a fé em *Cristo* Jesus
At 26. 23 que o *Cristo* haveria de sofrer
Rm 8. 1 ...condenação para os que estão em *Cristo* Jesus
Rm 8. 17 herdeiros de Deus e co-herdeiros com *Cristo*
Rm 8. 34 Foi *Cristo* Jesus que morreu
Rm 8. 35 Quem nos separará do amor de *Cristo*?
Rm 16. 24 Que a graça de nosso Senhor Jesus *Cristo*...
1Co 1. 2 aos santificados em *Cristo* Jesus
1Co 1. 6 o testemunho de *Cristo* foi confirmado entre vocês
1Co 1. 9 ...os chamou à comunhão com seu Filho Jesus *Cristo*
2Co 2. 15 para Deus somos o aroma de *Cristo*
Gl 1. 12 ...eu o recebi de Jesus *Cristo* por revelação
Gl 5. 1 Foi para a liberdade que *Cristo* nos libertou
Ef 2. 6 Deus nos ressuscitou com *Cristo*
Ef 3. 1 prisioneiro de *Cristo* Jesus por amor de vocês
Fp 3. 7 a considerar como perda, por causa de *Cristo*
Ap 20. 4 ...e reinaram com *Cristo* durante mil anos

CRISTÃO
At 26. 28 ...pode convencer-me a tornar-me *cristão*?
Fm 16 muito amado,...tanto como pessoa quanto como *cristão*
1Pe 4. 16 se sofre como *cristão*, não se envergonhe

CRUCIFICADO
Mt 26. 2 o Filho do homem será entregue para ser *crucificado*
Mt 28. 5 ...vocês estão procurando Jesus, que foi *crucificado*
Jo 19. 16 Pilatos o entregou...para ser *crucificado*
1Co 1. 13 Foi Paulo *crucificado* em favor de vocês?
1Co 1. 23 nós, porém, pregamos Cristo *crucificado*
2Co 13. 4 Pois, na verdade, foi *crucificado* em fraqueza
Gl 2. 20 Fui *crucificado* com Cristo.
Ap 11. 8 onde também foi *crucificado* o seu Senhor

CRUCIFICAR
Jo 19. 15 "Devo *crucificar* o rei de vocês?"

CRUEL
Êx 1. 13 e os sujeitaram a *cruel* escravidão
Dt 28. 33 sofrerão opressão *cruel* todos os seus dias
Pv 11. 17 o homem *cruel* causa a seu próprio mal
Pv 27. 4 O rancor é *cruel* e a fúria é destruidora
Hc 1. 6 ...os babilônios nação *cruel* e impetuosa

CRUZ
Mt 10. 38 e quem não toma a sua *cruz*...
Mt 27. 40 "...Desça da *cruz*, se é Filho de Deus!"
Mc 8. 34 ...negue-se a si mesmo, tome a sua *cruz* e siga-me
Mc 15. 30 desça da *cruz* e salve-se a si mesmo!
Jo 19. 17 Levando a sua própria *cruz*, ele saiu...
1Co 1. 17 para que a *cruz* de Cristo não seja esvaziada
1Co 1. 18 a mensagem da *cruz* é loucura
Fp 2. 8 e foi obediente até a morte, e morte de *cruz*!
Fp 3. 18 ...que vivem como inimigos da *cruz* de Cristo
Cl 2. 15 ...triunfando sobre eles na *cruz*
Hb 12. 2 pela alegria que lhe fora proposta, suportou a *cruz*

CRUZAR
Pv 24. 33 *cruzar* os braços e descansar mais um pouco

CRÊ
Mc 9. 23 Tudo é possível àquele que *crê*
Jo 3. 18 Quem nele *crê* não é condenado
Jo 3. 36 Quem *crê* no Filho tem a vida eterna
At 8. 37 "Você pode, se *crê* de todo o coração"
Rm 1. 16 ...para a salvação de todo aquele que *crê*
Rm 10. 10 com o coração se *crê* para justiça
1Co 13. 7 Tudo sofre, tudo *crê*, tudo espera, tudo suporta
Tg 2. 19 Você *crê* que existe um só Deus?

CUIDADO
Gn 24. 6 "*Cuidado*!", disse Abraão
Mt 7. 15 *Cuidado* com os falsos profetas
Lc 21. 8 *Cuidado* para não serem enganados
At 16. 23 ...recebeu instrução para vigiá-los com *cuidado*
Rm 16. 17 Recomendo, irmãos, que tomem *cuidado*
1Pe 5. 7 ...porque ele tem *cuidado* de vocês

CUIDAR
Gn 2. 15 colocou o homem... para *cuidar* dele e cultivá-lo
Tg 1. 27 ...*cuidar* dos órfãos e das viúvas

CULPA
Gn 44. 16 Deus trouxe à luz a *culpa* dos teus servos
1Sm 25. 24 Meu senhor, a *culpa* é toda minha
Jó 20. 27 Os céus revelarão a sua *culpa*
Sl 32. 2 é feliz aquele a quem o Senhor não atribui *culpa*
Jo 9. 41 ...a *culpa* de vocês permanece
Rm 9. 19 por que Deus ainda nos *culpa*?

CULPADO
Mc 3. 29 ...nunca terá perdão: é *culpado* de pecado eterno
Jo 19. 11 ...me entregou a ti é *culpado* de um pecado maior
At 28. 18 eu não era *culpado* de crime algum
1Co 11. 27 que comer o pão ou beber...será *culpado*
Tg 2. 10 torna-se *culpado* de quebrá-la inteiramente

CULTO
Êx 3. 12 prestarão *culto* a Deus neste monte
Êx 7. 16 Deixe ir o meu povo, para prestar-me *culto*
Dt 4. 19 e prestem *culto* àquilo que o Senhor
Js 23. 7 Não lhes prestem *culto* nem se inclinem perante eles
2Rs 21. 21 ...prestou *culto* aos ídolos
Is 19. 21 A ele prestarão *culto* com sacrifícios e ofertas
Mt 4. 10 'Adore o Senhor...e só a ele preste *culto*'
At 13. 7 O procônsul, sendo homem *culto*...
At 17. 23 observei cuidadosamente seus objetos de *culto* e encontrei...
Rm 12. 1 este é o *culto* racional de vocês

CULTURA
Dn 1. 17 ...todos os aspectos da *cultura* e da ciência

CUMPRIMENTO
Rm 13. 10 Portanto, o amor é o *cumprimento* da Lei
Hb 11. 33 alcançaram o *cumprimento* de promessas...

CUMPRIR
Gn 34. 19 não demorou em *cumprir* o que pediram
Nm 15. 22 e deixarem de *cumprir* todos esses mandamentos
Dt 4. 1 as leis que estou ensinando vocês a *cumprir*
Ec 5. 5 ...não fazer voto do que fazer e não *cumprir*
Ez 4. 8 enquanto não *cumprir* os dias da sua aflição
Mt 3. 15 convém que assim façamos, para *cumprir* toda a justiça
Mt 4. 14 o que *cumprir* o que fora dito pelo profeta Isaías
Rm 4. 21 ele era poderoso para *cumprir* o que havia prometido
1Co 7. 3 O marido deve *cumprir* os seus deveres conjugais
Gl 5. 3 está obrigado a *cumprir* toda a Lei
Cl 4. 17 em *cumprir* o ministério que você recebeu no Senhor
1Tm 6. 15 ...Deus fará se *cumprir* no seu devido tempo
2Pe 3. 9 O Senhor não demora em *cumprir* a sua promessa

CURA
Sl 103. 3 ele que...*cura* todas as suas doenças
Is 58. 8 a sua luz irromperá...e prontamente surgirá a sua *cura*

Jr 8.15 esperávamos um tempo de *cura*, mas há somente terror
Os 6. 1 Ele nos despedaçou, mas nos trará *cura*
Na 3.19 Não há *cura* para a sua chaga; a sua ferida...
Ml 4. 2 ...se levantará trazendo *cura* em suas asas
Lc 9.11 e curava os que precisavam de *cura*
Ap 22. 2 As folhas da árvore servem para a *cura* das nações

CURAR
Ec 3. 3 tempo de matar e tempo de *curar*
Mt 10. 1 deu-lhes autoridade...*curar* todas as doenças
Lc 5.17 o poder do Senhor estava com ele para *curar*
Lc 7. 3 pedindo-lhe que fosse *curar* o seu servo
Lc 9. 2 os enviou a pregar...e a *curar* os enfermos
Lc 14. 3 "É permitido ou não *curar* no sábado?
At 4.30 Estende a tua mão para *curar* e realizar sinais
1Co 12.30 Têm todos o dom de *curar*?

CURSO
Jr 8. 6 Cada um se desvia e segue seu próprio *curso*
Jl 2. 7 ...marcham em linha, sem desviar-se do *curso*
Tg 3. 6 incendeia todo o *curso* de sua vida

CURVAR
Zc 9.13 Quando eu *curvar* Judá como se curva um arco...

CUSTA
Gn 31. 1 ...e juntou toda a sua riqueza à *custa* do nosso pai
Sl 38.16 Não permitas que...se divirtam à minha *custa*
Ap 18. 3 à *custa* do seu luxo excessivo...

CÁLICE
Mt 20.22 Podem vocês beber o *cálice* que eu vou...?
Mt 26.39 se for possível, afasta de mim este *cálice*
Mc 10.39 beberão o *cálice* que estou bebendo
Mc 14.23 Em seguida tomou o *cálice*, deu graças
Lc 22.20 depois da ceia, tomou o *cálice*
Lc 22.42 "Pai, se queres, afasta de mim este *cálice*..."
1Co 11.26 ...comerem deste pão e beberem deste *cálice*
1Co 11.28 Examine-se...então coma do pão e beba do *cálice*
Ap 16.19 lhe deu o *cálice* do vinho do furor da sua ira
Ap 18. 6 ...uma porção dupla no seu próprio *cálice*

CÁRCERE
At 5.19 um anjo do Senhor abriu as portas do *cárcere*
At 12. 6 sentinelas montavam guarda à entrada do *cárcere*
At 16.24 os lançou no *cárcere* interior e...

CÂNCER
Pv 12. 4 ...a de comportamento vergonhoso é como *câncer*
2Tm 2.17 O ensino deles alastra-se como *câncer*

CÂNTICO
Êx 15. 1 ...entoaram este *cântico* ao Senhor...
2Cr 35.25 Jeremias compôs um *cântico* de lamento
Sl 40.3 Pôs um novo *cântico* na minha boca

Sl 118.14 O Senhor é a minha força e o meu *cântico*
Is 12. 2 sim, o Senhor é a minha força e o meu *cântico*
Jn 2. 9 Mas eu, com um *cântico* de gratidão, oferecerei...
Ap 5. 9 e eles cantavam um *cântico* novo
Ap 15. 3 e cantavam o *cântico* de Moisés, servo de Deus

CÉU
Gn 1. 8 Ao firmamento, Deus chamou *céu*
Êx 9.22 Estenda a mão para o *céu*, e cairá granizo...
Êx 16. 4 Eu lhes farei chover pão do *céu*
Dt 1.10 tão numerosos quanto as estrelas do *céu*
1Rs 8.35 Quando se fechar o *céu*, e não houver chuva
1Rs 21.24 as aves do *céu* se alimentarão dos que...
Mt 3.16 o *céu* se abriu, e ele viu o Espírito de Deus
Mt 24.29 as estrelas cairão do *céu*, e os poderes...
Mc 7.34 voltou os olhos para o *céu* e...
Mc 8.11 Os fariseus...pediram-lhe um sinal do *céu*
At 1.11 por que vocês estão olhando para o *céu*?
At 7.49 O *céu* é o meu trono, e a terra, o estrado dos meus pés
Ap 21. 1 vi novos *céus* e nova terra, pois o primeiro *céu*...

CÉUS
Gn 1. 1 No princípio Deus criou os *céus* e a terra
Êx 20.11 em seis dias o Senhor fez os *céus* e a terra
Dt 10.14 Ao Senhor...pertencem os *céus* e até .
2Sm 22.10 Ele abriu os *céus* e desceu
1Rs 22.19 com todo o exército dos *céus* ao seu redor
1Cr 16.26 mas o Senhor fez os *céus*
1Cr 16.31 Que os *céus* se alegrem e a terra exulte
2Cr 6.25 ouve dos *céus* e perdoa o pecado de Israel
Sl 78.23 deu ordens às nuvens e abriu as portas dos *céus*
Is 65.17 Criarei novos *céus* e nova terra
Mt 3. 2 o Reino dos *céus* está próximo.
Mt 5.18 Enquanto existirem *céus* e terra...
Mt 28.18 Foi-me dada toda a autoridade nos *céus* e na terra
At 7.56 Vejo os *céus* abertos e o Filho do homem em pé
Rm 10. 6 Quem subirá aos *céus*?
Ap 19.11 Vi os *céus* abertos e diante de mim um cavalo branco
Ap 19.14 Os exércitos dos *céus* o seguiam
Ap 21. 2 a nova Jerusalém, que descia dos *céus*

DAMASCO
Gn 15. 2 e... do que possuo é Eliézer de *Damasco*?
2Cr 28.23 ofereceu sacrifícios aos deuses de *Damasco*
At 9. 8 E os homens o levaram pela mão até *Damasco*

DANIEL
Dn 1. 7 a *Daniel* deu o nome de Beltessazar
Dn 8.27 Eu, *Daniel*, fiquei exausto e doente

DANO
Êx 21.22 não havendo, porém, nenhum *dano* sério
Is 27. 3 a protejo...para impedir que lhe façam *dano*
Jr 29.11 fazê-los prosperar e não de causar *dano*...a vocês

At 27.21 pois assim teriam evitado este *dano* e...
2Co 7. 2 A ninguém prejudicamos, a ninguém causamos *dano*
Ap 9. 4 para não causar *dano* nem à relva da terra
Ap 11. 5 Se alguém quiser causar-lhes *dano*...

DANÇA
Sl 30.11 Mudaste o meu pranto em *dança*
Lc 15.25 ...se aproximou da casa, ouviu a música e a *dança*

DANÇAR
Jó 21.11 seus pequeninos põem-se a *dançar*
Ec 3. 4 tempo de pranteai e tempo de *dançar*

DAR
Gn 4. 2 Voltou a *dar* à luz, desta vez a Abel
Êx 2.16 água para encher os bebedouros e *dar* de beber
Êx 7.13 ele não quis *dar* ouvidos a Moisés e a Arão
Lv 7.36 Foi isso que o Senhor ordenou *dar* a eles
Nm 20.10 que tirar água desta rocha para *dar* a vocês?
Js 1. 2 na terra que eu estou para *dar* aos israelitas
Mt 7.11 sabem *dar* boas coisas aos seus filhos
Mt 7.18 A árvore boa não pode *dar* frutos ruins
Mt 12.36 os homens haverão de *dar* conta de toda palavra
Mt 16.26 ...homem poderá *dar* em troca de sua alma?
Mc 10.45 ...e *dar* a sua vida em resgate por muitos
Jo 15. 4 Nenhum ramo pode *dar* fruto por si mesmo
At 20.35 Há maior felicidade em *dar* do que em receber
Gl 5.13 a liberdade para *dar* ocasião à vontade da carne
Ef 1.16 não deixo de *dar* graças por vocês
2Ts 1. 3 devemos sempre *dar* graças a Deus por vocês

DARDO
1Sm 17. 6 tinha um *dardo* de bronze pendurado nas costas
Jó 39.23 com a lança e o *dardo* flamejantes

DARIO
Ed 5. 5 até que um relatório fosse enviado a *Dario*
Ag 2.10 no segundo ano do reinado de *Dario*

DAVI
1Sm 16.13 o Espírito do Senhor apoderou-se de *Davi*
1Sm 29.11 *Davi* e seus soldados levantaram-se de madrugada
Mt 22.45 Se, pois, *Davi* o chama 'Senhor'...
At 2.34 Pois *Davi* não subiu aos céus...
Ap 22.16 Eu sou a Raiz e o Descendente de *Davi*

DEBAIXO
Gn 1. 9 as águas que estão *debaixo* do céu
Js 9.23 vocês estão *debaixo* de maldição
Ec 1. 9 não há nada novo *debaixo* do sol

DEBULHAR
Lc 6. 1 a colher e a *debulhar* espigas com as mãos

DECAPITAR
Mt 14.10 e mandou *decapitar* João na prisão

DECENTEMENTE
1Ts 4.12 a fim de que andem *decentemente*

Concordância Bíblica Abreviada

DECEPÇÃO
Jó 6.20 chegaram tão-somente para sofrer *decepção*
Sl 34. 5 seu rosto jamais mostrará *decepção*
Jr 20.18 e terminar os meus dias na maior *decepção?*

DECIDIR
2Cr 19.11 estará com vocês para *decidir*
Jó 34.33 É você que deve *decidir*, não eu
Is 41. 1 vamos encontrar-nos para *decidir* a questão
Na 3.10 Lançaram sortes para *decidir* o destino
Jo 7.17 Se alguém *decidir* fazer a vontade de Deus
Jo 19.24 ...*decidir* por sorteio quem ficará com ela

DECISÃO
Pv 16.33 ...mas a *decisão* vem do SENHOR
Mt 27. 1 tomaram a *decisão* de condenar Jesus à morte

DECLARAR
At 2.11 Nós os ouvimos *declarar* as maravilhas
Hb 4. 7 ao *declarar* muito tempo depois...

DECRETAR
Jr 18. 7 Se em algum momento eu *decretar*...

DECRETO
Sl 2. 7 Proclamarei o *decreto* do Senhor
Jr 5.22 *decreto* eterno que ele não pode ultrapassar
Lc 2. 1 César Augusto publicou um *decreto* ordenando

DEDICAÇÃO
Nm 7.10 ofertas para a *dedicação* do altar
Ed 6.17 Para a *dedicação* do templo de Deus ofereceram
Ne 12.27 ...da *dedicação* dos muros de Jerusalém
Jo 10.22 Celebrava-se a festa da *Dedicação*, em Jerusalém
1Co 12.31 busquem com *dedicação* os melhores dons

DEDO
Gn 41.42 faraó tirou do *dedo* o seu anel-selo...
Êx 8.19 Isso é o *dedo* de Deus
Lv 4. 6 molhará o *dedo* no sangue e o aspergirá...
Dt 9.10 duas tábuas de pedra escritas pelo *dedo* de Deus
Mt 23. 4 dispostos a levantar um só *dedo* para movê-los
Jo 20.27 Coloque o seu *dedo* aqui; veja as minhas mãos

DEFEITO
Êx 29. 1 separe um novilho e dois cordeiros sem *defeito*
Lv 6. 6 sem *defeito* e devidamente avaliado
Dt 15.21 Se o animal tiver *defeito*...
Ct 4. 7 em você não há *defeito* algum
Dn 1. 4 jovens sem *defeito* físico, de boa aparência

DEFENDER
Jz 6.31 vão *defender* a causa de Baal?
2Sm 5. 6 os aleijados podem se *defender* de você
Is 16. 5 se apressa em *defender* o que é justo
Lc 21.14 preocupar-se com o que dirão para se *defender*
At 25.16 oportunidade de se *defender* das acusações

DEFENSOR
Sl 68. 5 Pai para os órfãos e *defensor* das viúvas é Deus
Pv 31. 8 seja o *defensor* de todos os desamparados
Is 19.20 lhes enviará um salvador e *defensor* que os libertará

DEFESA
Jó 13.18 Agora que preparei a minha *defesa*
Is 54.17 esta é a *defesa* que faço do nome deles
Jr 33. 4 para servirem de *defesa* contra as rampas
At 7.24 saiu em *defesa* do oprimido e o vingou
At 26.24 Festo interrompeu a *defesa* de Paulo
1Co 9. 3 Essa é minha *defesa* diante daqueles que me julgam
Fp 1.16 me encontro para a *defesa* do evangelho

DEGOLA
Is 65.12 ...vocês se dobrarão para a *degola*

DEITAR
Dt 6. 7 andando pelo caminho, quando se *deitar*
Rt 3. 4 note bem o lugar em que ele se *deitar*
Pv 3.24 quando se *deitar*, não terá medo

DEIXAR
Gn 44.22 o jovem não poderia *deixar* seu pai,
Êx 7.14 ele não quer *deixar* o povo ir.
2Rs 17.21 induziu Israel a *deixar* de seguir o SENHOR
Is 59.13 *deixar* de seguir o nosso Deus
Jr 10.17 Ajunte os seus pertences para *deixar* a terra
Mc 9.50 O sal é bom, mas se *deixar* de ser salgado....
At 4.20 ...*deixar* de falar do que vimos e ouvimos

DELEITA
Pv 12.22 mas se *deleita* com os que falam a verdade

DELITO
Dt 19.15 para condenar alguém de algum crime ou *delito*
2Sm 3. 8 me acusa de um *delito* envolvendo essa mulher!
Jr 16.10 Que *delito* ou pecado cometemos contra o SENHOR...?
At 18.14 apresentada queixa de algum *delito* ou crime grave

DELÍCIA
Is 32.14 uma *delícia* para os jumentos...
Is 58.13 se você chamar *delícia* o sábado...

DELÍRIO
Lm 3.19 Lembro-me da minha aflição e do meu *delírio*

DEMANDAS
Dt 1.16 Atendam as *demandas* de seus irmãos
Os 10. 4 ...brotam as *demandas* como ervas venenosas

DEMAS
2Tm 4.10 pois *Demas*, amando este mundo...

DEMONSTRAÇÃO
1Co 2. 4 consistiram em...*demonstração* do poder do Espírito

DEMORA
2Pe 3. 9 não *demora* em cumprir a sua promessa
Ap 10. 6 Não haverá mais *demora!*

DEMORAR
Jó 7. 4 quanto vai *demorar* para eu me levantar?
1Tm 3.15 mas, se eu *demorar*, saiba como...

DEMÉTRIO
At 19.24 Um ourives chamado *Demétrio*...
3Jo 12 Quanto a *Demétrio*, todos falam bem dele

DEMÔNIO
Mt 17.18 Jesus repreendeu o *demônio*
Mc 7.26 que expulsasse de sua filha o *demônio*
Lc 4.33 um homem possesso de um *demônio*
Lc 4.35 o *demônio* jogou o homem no chão
Lc 8.29 e era levado pelo *demônio* a lugares solitários
Jo 10.21 um *demônio* abrir os olhos dos cegos?

DENTE
Êx 21.24 olho por olho, *dente* por *dente*...
Pv 25.19 Como *dente* estragado ou pé deslocado...

DENÁRIO
Mt 20. 2 combinou pagar-lhes um *denário* pelo dia
Lc 20.24 Mostrem-me um *denário*...
Ap 6. 6 três quilos de cevada por um *denário*

DENÚNCIA
Jó 31.35 ...meu acusador faça a *denúncia* por escrito

DEPENDER
Jó 34.24 Sem *depender* de investigações, ele destrói...

DEPORTADA
Na 2. 7 A cidade irá para o exílio; será *deportada*
Na 3.10 Apesar disso, ela foi *deportada*...

DEPOSITAR
Et 4. 7 tinha prometido *depositar* na tesouraria real

DEPRAVAÇÃO
Lv 20.12 O que fizeram é *depravação*; merecem a morte.
Rm 13.13 não em imoralidade sexual e *depravação*
Ef 4.19 eles se entregaram à *depravação*

DEPRESSA
Êx 32. 8 *depressa* se desviaram daquilo que lhes ordenei
Sl 69.17 responde-me *depressa*, pois estou em perigo
Pv 28.20 quem tenta enriquecer-se *depressa*...
Jo 13.27 O que você está para fazer, faça *depressa*

DEPRIMIDO
Jó 16. 8 Tu me deixaste *deprimido*
Pv 18.14 mas o espírito *deprimido*, quem o levantará?

DEPÓSITO
1Cr 26.20 encarregados dos *depósitos* dos tesouros
Ag 2.16 alguém ia ao *depósito* de vinho para...
Ml 3.10 Tragam o dízimo todo ao *depósito* do templo

DERBE
At 14. 6 as cidades licaônicas de Listra e *Derbe*
At 14.20 No dia seguinte...partiram para *Derbe*
At 16. 1 Chegou a *Derbe* e depois a Listra

DERRAMADO
Lv 21.10 sobre cuja cabeça tiver sido *derramado* o óleo da unção...
Sl 133. 2 como óleo precioso *derramado* sobre a cabeça
Mt 26.28 sangue da aliança, que é *derramado*...
Lc 22.20 nova aliança no meu sangue, *derramado*

DERRAMAMENTO
Nm 35.33 O *derramamento* de sangue profana a terra
Dt 21. 8 a culpa do *derramamento* de sangue
Hb 9.22 sem *derramamento* de sangue não há perdão

DERRAMAR
Gn 9. 6 Quem *derramar* sangue do homem
Êx 4. 9 ...você *derramar* essa água em terra seca
1Sm 25. 26 o Senhor que te impediu de *derramar* sangue
Is 59. 7 ...ágeis em *derramar* sangue inocente
Jr 48. 10 impede a sua espada de *derramar* sangue!
Ml 3. 10 e *derramar* sobre vocês tantas bênçãos
Rm 3. 15 Seus pés são ágeis para *derramar* sangue
Hb 12. 4 ...o ponto de *derramar* o próprio sangue
Ap 16. 1 *derramar* sobre a terra as sete taças...

DERRETEM
Sl 97. 5 Os montes se *derretem* como cera
Is 19. 1 os corações dos egípcios se *derretem*
Na 2. 10 Os corações se *derretem*, os joelhos vacilam

DERROTA
Êx 14. 17 serei glorificado com a *derrota* do faraó
Js 10. 10 e lhes impôs grande *derrota* em Gibeom
2Cr 25. 8 tem poder para dar a vitória e a *derrota*
Sl 112. 8 No final, verá a *derrota* dos seus adversários
Jr 48. 16 A *derrota* de Moabe está próxima

DERROTAR
2Rs 18. 24 Como você pode *derrotar* o... guerreiro
Hb 7. 1 encontrou-se com Abraão...depois de *derrotar* os reis

DERRUBAR
2Sm 20. 15 ...de Joabe estava para *derrubar* a muralha
2Rs 6. 4 ...e começaram a *derrubar* árvores
Ec 3. 3 tempo de *derrubar* e tempo de construir
Lc 12. 18 Vou *derrubar* os meus celeiros e construir...

DESAFIAR
1Sm 17. 26 ...filisteu incircunciso para *desafiar* os exércitos
Jr 49. 19 Quem é como eu que possa me *desafiar*?
Dn 8. 11 que chegou a *desafiar* o príncipe do exército

DESAFIO
1Sm 17. 10 Eu *desafio* hoje as tropas de Israel!
2Rs 18. 23 ...pois, agora, o *desafio* do meu senhor

DESAMPARADO
Sl 37. 25 mas nunca vi o justo *desamparado*
Is 58. 7 abrigar o pobre *desamparado*, vestir o nu

DESANIMAR
Ed 4. 4 começou a *desanimar* o povo de Judá
Lc 18. 1 que eles deviam orar sempre e nunca *desanimar*

DESAPARECER
Gn 6. 7 Farei *desaparecer* da face da terra o homem
Nm 27. 4 o nome de nosso pai deveria *desaparecer*
Hb 8. 13 ...e envelhecido está a ponto de *desaparecer*

DESARRAIGAR
Pv 12. 3 não se pode *desarraigar* o justo

DESATAR
Is 58. 6 *desatar* as cordas do jugo, pôr em liberdade...

DESCALÇO
Is 20. 2 e passou a andar nu e *descalço*
Mq 1. 8 ...chorarei e lamentarei; andarei *descalço*...

DESCANSAR
Gn 47. 30 Quando eu *descansar* com meus pais
Dt 31. 16 vai *descansar* com os seus antepassados
Pv 6. 4 Não se entregue ao sono, não procure *descansar*
Is 13. 20 não fará *descansar* ali o seu rebanho
Lm 5. 5 estamos exaustos e não temos como *descansar*

DESCANSO
Êx 16. 23 Amanhã será dia de *descanso*...
Lv 16. 31 Este lhes será um sábado de *descanso*
Dt 3. 20 até que o Senhor conceda *descanso*
Js 11. 23 E a terra teve *descanso* da guerra.
2Sm 4. 5 na hora do seu *descanso* do meio-dia
1Rs 8. 56 o Senhor, que deu *descanso* a Israel
Mt 11. 28 ...e eu darei *descanso* a vocês
Mt 11. 29 encontrarão *descanso* para as suas almas
At 7. 49 onde seria meu lugar de *descanso*?
Hb 4. 9 resta um *descanso*...para o povo de Deus
Ap 14. 11 ...recebe a marca do seu nome, não há *descanso*

DESCENDENTE
Gn 3. 15 entre a sua descendência e o *descendente* dela
Rm 11. 1 Eu mesmo sou israelita, *descendente* de Abraão
Gl 3. 16 promessas foram feitas a Abraão e ao seu *descendente*

DESCENDÊNCIA
Gn 22. 17 Sua *descendência* conquistará as cidades
Lv 21. 15 ele não profanará a sua *descendência*
At 13. 23 Da *descendência* desse homem Deus...
Rm 4. 16 garantida a toda a *descendência* de Abraão
Ap 12. 17 guerrear contra o restante da sua *descendência*

DESCER
Gn 46. 3 Não tenha medo de *descer* ao Egito
Js 2. 15 Raabe os ajudou a *descer* pela janela
1Sm 2. 6 ele faz *descer* à sepultura e dela resgata
Sl 30. 9 se eu *descer* à cova, que vantagem haverá?
Jo 1. 32 vi o Espírito *descer* dos céus como pomba
At 1. 8 quando o Espírito Santo *descer* sobre vocêsAt9. 25 e o fizeram *descer* num cesto
Ap 13. 13 chegando a fazer *descer* fogo do céu à terra,
Ap 20. 1 Vi *descer* dos céus um anjo que trazia...

DESCOBERTO
Pv 10. 9 quem segue veredas tortuosas será *descoberto*
Is 3. 17 o Senhor porá a *descoberto* as suas vergonhas
Lc 12. 2 Não há nada escondido que não venha a ser *descoberto*
Hb 4. 13 tudo está *descoberto* e exposto diante...

DESCOBRIR
1Sm 19. 3 contarei a você o que eu *descobrir*
1Rs 1. 52 se nele se *descobrir* alguma maldade,
2Rs 7. 13 enviá-los para *descobrir* o que aconteceu
Jn 1. 7 Vamos lançar sortes para *descobrir* quem
Jo 12. 9 ao *descobrir* que Jesus estava ali...
At 22. 30 visto que o comandante queria *descobrir*

DESCONHECIDO
Dn 11. 38 um deus *desconhecido* de seus antepassados
At 17. 23 AO DEUS *DESCONHECIDO*

DESCRECENTE
1Co 7. 14 o marido *descrente* é santificado...
1Co 7. 15 se o *descrente* separar-se, que se separe
2Co 6. 15 há de comum entre o crente e o *descrente*?
1Tm 5. 8 negou a fé e é pior que um *descrente*

DESCREVER
Sl 106. 2 ...*descrever* os feitos poderosos do Senhor

DESDÉM
Jó 41. 34 Com *desdém* olha todos os altivos
Gl 4. 14 me trataram com desprezo ou *desdém*

DESEJAR
Lv 27. 13 Se o dono *desejar* resgatar o animal...
2Sm 19. 38 E tudo o mais que *desejar* de mim
1Cr 21. 23 meu rei e senhor faça dele o que *desejar*
Pv 21. 25 O preguiçoso morre de tanto *desejar*

DESEJO
Gn 3. 16 Seu *desejo* será para o seu marido
Sl 21. 2 lhe concedeste o *desejo* do seu coração
Pv 11. 6 o *desejo* dos infiéis os aprisiona
Mt 9. 13 *Desejo* misericórdia, não sacrifícios
Rm 7. 8 todo tipo de *desejo* cobiçoso
Rm 7. 15 não faço o que *desejo*, mas o que odeio
Rm 7. 16 se faço o que não *desejo*...
Rm 7. 18 tenho o *desejo* de fazer o que é bom
Rm 7. 19 o que faço não é o bem que *desejo*
Fp 1. 23 *desejo* partir e estar com Cristo
Tg 1. 14 Cada um...é tentado pelo próprio mau *desejo*
Tg 1. 15 esse *desejo*, tendo concebido, dá à luz o pecado

DESEJÁVEL
Gn 3. 6 além disso, *desejável* para ela
Sl 106. 24 Também rejeitaram a terra *desejável*
Ct 5. 16 Sua boca é a própria doçura; ele é mui *desejável*

DESENHAR
Êx 31. 4 para *desenhar* e executar trabalhos

DESERTO
Êx 14. 11 ...nos trouxe para morrermos no *deserto*?
Êx 16. 32 para que vejam o pão que lhes dei no *deserto*
Lv 16. 10 e será enviado para Azazel no *deserto*
Lv 16. 21 Em seguida, enviará o bode para o *deserto*
Nm 34. 3 o lado sul começará no *deserto* de Zim
1Sm 23. 14 Davi permaneceu nas fortalezas do *deserto*
Sl 78. 52 e o conduziu como a um rebanho pelo *deserto*
Mt 3. 1 surgiu João Batista, pregando no *deserto*
Mt 3. 3 Voz do que clama no *deserto*
Mt 4. 1 Jesus foi levado pelo Espírito ao *deserto*
Mc 1. 35 Jesus...foi para um lugar *deserto*

Concordância Bíblica Abreviada

Jo 6. 31 ...comeram o maná no *deserto*
At 7. 38 Ele estava na congregação, no *deserto*
At 21. 38 levou quatro mil assassinos para o *deserto*?
Ap 12. 6 A mulher fugiu para o *deserto*

DESESPERO
Jó 9. 23 ele zomba do *desespero* dos inocentes
Sl 88. 15 ...e beberá com *desespero* água racionada
Ez 7. 27 o príncipe se vestirá de *desespero*
Jn 2. 2 Em meu *desespero* clamei ao Senhor

DESFALECER
Mt 15. 32 porque podem *desfalecer* no caminho

DESFAZER
Is 43. 13 Agindo eu, quem o pode *desfazer*?
Jl 2. 8 ...por entre os dardos sem *desfazer* a formação
Lc 1. 25 para *desfazer* a minha humilhação

DESFIGURADA
Is 52. 14 sua aparência estava tão *desfigurada*

DESFRUTAR
Gn 45. 18 poderão *desfrutar* a fartura desta terra
Jó 5. 4 Seus filhos longe estão de *desfrutar* segurança
Pv 22. 1 *desfrutar* de boa estima vale mais...
Hb 11. 25 preferindo ser maltratado...a *desfrutar* os prazeres...

DESGASTADOS
Pv 5. 11 com sua carne e seu corpo *desgastados*

DESGOSTO
Jó 10. 1 Minha vida só me dá *desgosto*
Sl 119.158 Com grande *desgosto* vejo os infiéis
Ec 1. 18 quanto maior o conhecimento, maior o *desgosto*

DESGRAÇA
Nm 23. 21 Nenhuma *desgraça* se vê em Jacó
Dt 28. 61 todo tipo de enfermidade e *desgraça*
Dt 35. 0 o dia da sua *desgraça* está chegando
Jó 12. 5 Quem está bem despreza a *desgraça*
Sl 107. 39 humilhados com opressão, *desgraça* e...
Pv 1. 26 vou rir-me da sua *desgraça*
Is 45. 7 promovo a paz e causo a *desgraça*
Rm 3. 16 ruína e *desgraça* marcam os seus caminhos

DESIGNOU
1Sm 12. 6 O Senhor *designou* Moisés e Arão
Lc 10. 1 o Senhor *designou* outros setenta e dois
At 17. 31 por meio do homem que *designou*
Ef 1. 22 e o *designou* cabeça de todas as coisas
Ef 4. 11 E ele *designou* alguns para apóstolos

DESIGUAL
2Co 6. 14 ...em jugo *desigual* com descrentes

DESISTIR
Ec 3. 6 tempo de procurar e tempo de *desistir*
Os 11. 8 Como posso *desistir* de você, Efraim?

DESLEAL
Sl 78. 8 povo de coração *desleal* para com Deus

DESLIGAR
Mt 16. 19 e o que você *desligar* na terra...

DESMAIR
Jó 23. 16 Deus fez *desmaiar* o meu coração
Jn 4. 8 ao ponto de ele quase *desmaiar*

DESMAMADO
Gn 21. 8 O menino cresceu e foi *desmamado*
1Sm 7. 9 ...um cordeiro ainda não *desmamado*

DESMAMAR
Os 1. 8 Depois de *desmamar* Lo-Ruama...

DESNUDA
Is 13. 2 uma bandeira no topo de uma colina *desnuda*

DESOBODECER
Mt 5. 19 que *desobedecer* a um desses mandamentos
2Ts 3. 14 Se alguém *desobedecer* ao que dizemos

DESOBEDIENTE
At 26. 19 não fui *desobediente* à visão celestial
Rm 10. 21 estendi as mãos a um povo *desobediente*

DESOBEDIÊNCIA
Ez 33. 12 se ele se voltar para a *desobediência*
Rm 5. 19 por meio da *desobediência* de um só homem
Rm 11. 32 Deus sujeitou todos à *desobediência*
2Co 10. 6 para punir todo ato de *desobediência*
Ef 2. 2 o espírito que...vivem na *desobediência*
Cl 3. 6 sobre os que vivem na *desobediência*
Hb 4. 11 seguindo aquele exemplo de *desobediência*

DESOCUPADOS
Jz 9. 4 para contratar alguns *desocupados* e vadios
Mt 20. 6 encontrou ainda outros... *desocupados*
At 17. 5 ...homens perversos dentre os *desocupados*

DESOLAÇÃO
2Cr 36. 21 ...todo o tempo de sua *desolação*
Is 17. 9 E tudo será *desolação*
Jr 6. 8 farei de você uma *desolação*
Ez 23. 33 com esse copo de desgraça e *desolação*
Sf 2. 9 Moabe se tornará...uma *desolação* perpétua

DESONRA
Mt 1. 19 não querendo expô-la à *desonra* pública...
Rm 2. 23 Você, que se orgulha da Lei, *desonra* a Deus
2Co 6. 8 por honra e por *desonra*
Hb 11. 26 considerou sua *desonra* uma riqueza maior
Hb 13. 13 suportando a *desonra* que ele suportou

DESONRAR
Dt 27. 16 Maldito quem *desonrar* o seu pai ou a sua mãe

DESORDEM
1Co 14. 33 Deus não é Deus de *desordem*

DESPEDAÇAR
Sl 137. 9 ...e os *despedaçar* contra a rocha!
Jr 5. 6 para *despedaçar* qualquer pessoa
Ez 19. 3 aprendeu a *despedaçar* a presa
Mq 4. 13 e os cascos de bronze para *despedaçar* muitas nações

DESPEDIA
Mt 14. 22 enquanto ele *despedia* a multidão

DESPEDIR
Ed 10. 19 garantia de que iam *despedir* suas mulheres
Lc 2. 29 agora podes *despedir* em paz o teu servo

DESPERTAR
Ec 12. 4 quando o barulho das aves o fizer *despertar*
Sl 57. 8 Vou *despertar* a alvorada!
Na 1. 6 ...pode suportar o *despertar* de sua ira?
2Pe 1. 13 *despertar* a memória de vocês

DESPIDO
1Sm 19. 24 *despido*, ficou deitado todo aquele dia

DESPOJAR
Cl 2. 11 que é o *despojar* do corpo da carne

DESPOJO
Êx 15. 9 dividirei o *despojo* e os devorarei
Dt 1. 39 as crianças...seriam levadas como *despojo*
Pv 12. 12 Os ímpios cobiçam o *despojo* tomado
Jr 20. 5 Levarão tudo como *despojo* para a Babilônia
Ez 7. 21 Entregarei tudo isso como *despojo*
Ez 26. 5 Ela se tornará *despojo* para as nações

DESPREOCUPADO
Jz 18. 7 como os sidônios, *despreocupado* e tranquilo
Jz 18. 10 vocês encontrarão um povo *despreocupado*
Jz 18. 27 um povo pacífico e *despreocupado*

DESPREZAR
Pv 27. 11 ...então responder a quem me *desprezar*
Rm 14. 3 não deve *desprezar* o que não come

DESPREZO
Jó 9. 21 *desprezo* a minha própria vida
Pv 18. 3 Com a impiedade vem o *desprezo*
Dn 12. 2 para a vergonha, para o *desprezo* eterno
Ml 1. 13 e riem dela com *desprezo*
Mc 9. 12 sofra muito e seja rejeitado com *desprezo*?
1Ts 5. 20 Não tratem com *desprezo* as profecias

DESPREZÍVEL
1Sm 15. 9 tudo o que era *desprezível* e inútil
Jó 30. 8 Prole *desprezível* e sem nome
Jr 22. 28 ...um vaso *desprezível* e quebrado
Ez 5. 14 e a tornarei *desprezível* entre as nações
Ml 1. 7 que a mesa do Senhor é *desprezível*
2Co 10. 10 ...e a sua palavra é *desprezível*

DESTAQUE
1Rs 21. 9 sentado num lugar de *destaque*
1Cr 7. 40 soldados valentes e líderes de *destaque*
Is 9. 15 os homens de *destaque* são a cabeça
Mc 15. 43 José de Arimateia, membro de *destaque* do Sinédrio

DESTINO
Jó 20. 29 ...é o *destino* que Deus dá aos ímpios
Sl 26. 9 Não me dês o *destino* dos pecadores
Na 3. 10 Lançaram sortes para decidir o *destino*
Fp 3. 19 O *destino* deles é a perdição

DESTREZA
Êx 36. 1 a quem o Senhor concedeu *destreza*

DESTRUIDOR
Êx 12. 23 não permitirá que o *destruidor* entre na casa
Jr 48. 8 O *destruidor* virá contra todas as cidades
Na 2. 1 O *destruidor* avança contra você, Nínive!
1Co 10. 10 e foram mortos pelo anjo *destruidor*
Hb 11. 28 para que o *destruidor* não tocasse nos filhos

DESTRUIR
Gn 6. 17 para *destruir* debaixo do céu toda criatura
2Sm 20. 20 Longe de mim...*destruir* esta cidade!
Mt 26. 61 capaz de *destruir* o santuário de Deus...
Mc 1. 24 Vieste para nos *destruir*?
1Co 3. 17 Se alguém destruir o santuário de Deus

Concordância Bíblica Abreviada

2Co 10. 4 são poderosas em Deus para *destruir* fortalezas
1Jo 3. 8 ...para *destruir* as obras do Diabo.
Ap 11. 18 e de *destruir* os que destroem a terra

DESTRUIÇÃO
Êx 12. 13 A praga de *destruição* não os atingirá
Hc 1. 3 A *destruição* e a violência estão diante de mim
Gl 6. 8 da carne colherá *destruição*
Fp 1. 28 Para eles isso é sinal de *destruição*
1Ts 5. 3 a *destruição* virá sobre eles de repente
2Ts 1. 9 sofrerão a pena de *destruição* eterna
2Pe 3. 7 ...e para a *destruição* dos ímpios

DESVIAR
Ez 33. 19 se um ímpio se *desviar* de sua maldade...
At 13. 8 tentava *desviar* da fé o procônsul
Tg 5. 19 se algum de vocês se *desviar* da verdade

DETER
Pv 27. 16 detê-la é como *deter* o vento

DETERMINADO
Lc 11. 1 Jesus estava orando em *determinado* lugar
At 2. 23 foi entregue por propósito *determinado*
Gl 4. 2 até o tempo *determinado* por seu pai
Hb 4. 7 Deus estabelece outra vez um *determinado* dia
Ap 6. 2 cavalgava como vencedor *determinado* a vencer

DETERMINAR
Lv 14. 57 para se *determinar* quando uma coisa
Jó 38. 33 pode *determinar* o domínio de Deus sobre a terra?

DETESTAR
Jó 33. 20 e a *detestar* na alma sua refeição preferida

DEUS
Gn 1. 1 No princípio *Deus* criou os céus e a terra
Gn 3. 5 como *Deus*, serão conhecedores do bem e do mal
Gn 16. 13 Tu és o *Deus* que me vê
Gn 17. 1 Eu sou o *Deus* todo-poderoso
Gn 21. 22 *Deus* está contigo em tudo o que fazes
Gn 31. 13 Sou o *Deus* de Betel, onde você ungiu
Êx 2. 24 Ouviu *Deus* o lamento deles
Êx 3. 6 Eu sou o *Deus* de seu pai, o *Deus* de Abraão
Êx 6. 7 Eu os farei meu povo e serei o *Deus* de vocês
Êx 20. 2 Eu sou...o teu *Deus*, que te tirou do Egito
Êx 31. 18 tábuas de pedra, escritas pelo dedo de *Deus*
Lv 24. 15 Se alguém amaldiçoar seu *Deus*...
Nm 23. 19 *Deus* não é homem para que minta
Dt 4. 31 o Senhor...é *Deus* misericordioso
Dt 5. 24 o nosso *Deus*, mostrou-nos sua glória
Dt 33. 27 O *Deus* eterno é o seu refúgio
Jz 5. 5 Os montes tremeram perante...o *Deus* do Sinai
1Sm 3. 3 A lâmpada de *Deus* ainda não havia se *apagado*
2Sm 7.28 Ó Soberano Senhor, tu és *Deus*!
1Rs 8. 23 não há *Deus* como tu em cima nos céus
1Cr 12. 18 pois o teu *Deus* te ajudará
2Cr 13. 10 Quanto a nós, o Senhor é o nosso *Deus*
Ed 6. 10 ofereçam sacrifícios agradáveis ao *Deus* dos céus
Jó 2. 9 Amaldiçoe a *Deus*, e morra!
Jó 4. 9 Pelo sopro de *Deus* são destruídos
Sl 18. 31 Pois quem é *Deus* além do Senhor?
Ec 8. 17 percebi tudo o que *Deus* tem feito
Dn 6. 22 O meu *Deus* enviou o seu anjo
Ml 3. 15 como escapam ilesos os que desafiam a *Deus*!
Mt 1. 23 "...Emanuel", que significa "*Deus* conosco"
Mt 4. 3 Se és o Filho de *Deus*...
Mc 1. 24 "...Sei quem tu és: o Santo de *Deus*!"
Mc 10. 24 como é difícil entrar no Reino de *Deus*!
Mc 12. 26 Eu sou o *Deus* de Abraão, o *Deus* de Isaque...
Mc 12. 29 Ouça, ó Israel, o Senhor, o nosso *Deus*...
At 2. 24 Mas *Deus* o ressuscitou dos mortos
At 3. 9 todo o povo o viu andando e louvando a *Deus*
Rm 6. 23 o dom gratuito de *Deus* é a vida eterna
Gl 1. 24 glorificavam a *Deus* por minha causa
Ef 4. 30 Não entristeçam o Espírito Santo de *Deus*
1Pe 1. 1 aos eleitos de *Deus*
1Jo 5. 3 Porque nisto consiste o amor a *Deus*
1Jo 5. 4 O que é nascido de *Deus* vence o mundo
Ap 14. 19 e as lançou no grande lagar da ira de *Deus*
Ap 22. 19 *Deus* tirará dele a sua parte na árvore da vida

DEUSA
1Rs 11. 5 seguiu Astarote, a *deusa* dos sidônios
At 19. 27 o templo da grande *deusa* Ártemis

DEVAGAR
Gn 33. 14 e eu sigo atrás, *devagar*

DEVASSIDÃO
2Pe 2. 13 Consideram prazer entregar-se à *devassidão*

DEVASSO
Dt 21. 20 É *devasso* e vive bêbado

DEVASTAR
Js 22. 33 nem em *devastar* a região onde eles viviam
Is 13. 9 *devastar* a terra e destruir os seus pecadores

DEVEDOR
Rm 1. 14 Sou *devedor* tanto a gregos como a bárbaros

DEVER
Nm 18. 23 É *dever* dos levitas fazer o trabalho
Mc 7. 12 vocês o desobrigam de qualquer *dever*
Lc 17. 10 apenas cumprimos o nosso *dever*
At 23. 1 tenho cumprido meu *dever* para com Deus
Fm 8 para mandar que você cumpra o seu *dever*
Fm 19 ...não dizer que você me *deve* a própria vida.
3Jo 8 É, pois, nosso *dever* receber com hospitalidade

DEVOLVER
Lv 6. 4 terá que *devolver* o que roubou
Jó 20. 18 Terá que *devolver* aquilo pelo que lutou
Sl 69. 4 Sou forçado a *devolver* o que não roubei
Ez 33. 15 se ele *devolver* o que apanhou...

DEVORAR
2Sm 11. 25 a espada não escolhe a quem *devorar*
Jó 20. 21 Nada lhe restou para *devorar*
Sl 57. 4 ...em meio a leões, ávidos para *devorar*
Hc 1. 8 como ave de rapina que mergulha para *devorar*
1Pe 5. 8 rugindo e procurando a quem possa *devorar*

DEVOÇÃO
2Rs 20. 3 com fidelidade e com *devoção* sincera
Ez 33. 31 Com a boca eles expressam *devoção*
2Co 11. 3 ...da sua sincera e pura *devoção* a Cristo

DIA
Gn 1. 5 Deus chamou à luz *dia*
Êx 20. 10 mas o sétimo *dia* é o sábado
Lv 25. 9 no *Dia* da Expiação façam soar a trombeta
Nm 32. 10 A ira do Senhor se acendeu naquele *dia*
Dt 32. 35 o *dia* da sua desgraça está chegando
Js 14. 11 tão forte como no *dia* em que Moisés...
2Rs 7. 9 Este é um *dia* de boas notícias
1Cr 29. 21 No *dia* seguinte fizeram sacrifícios
Jó 3. 8 Amaldiçoem aquele *dia* os que amaldiçoam...
Sl 19. 2 Um *dia* fala disso a outro dia
Sl 50. 15 e clame a mim no *dia* da angústia
Sl 74. 16 O *dia* é teu, e tua também é a noite
Sl 84. 10 Melhor é um *dia* nos teus átrios do que...
Sl 86. 7 No *dia* da minha angústia clamarei a ti, pois
Pv 11. 4 De nada vale a riqueza no *dia* da ira divina
Is 58. 2 Pois *dia* a dia me procuram
Mt 10. 15 No *dia* do juízo haverá menor rigor...
Mc 13. 32 Quanto ao *dia* e à hora ninguém sabe
Rm 13. 12 A noite está quase acabando; o *dia* logo vem
1Co 3. 13 ...porque o *Dia* a trará à luz
Fp 1. 10 puros e irrepreensíveis até o *dia* de Cristo
1Ts 5. 2 o *dia* do Senhor virá como ladrão à noite
2Pe 2. 9 ...em castigo os ímpios para o *dia* do juízo
Ap 1. 10 No *dia* do Senhor achei-me no Espírito
Ap 6. 17 chegou o grande *dia* da ira deles
Ap 21. 25 Suas portas jamais se fecharão de *dia*

DIABO
Mt 4. 1 ...ao deserto, para ser tentado pelo *Diabo*
Mt 25. 41 preparado para o *Diabo* e os seus anjos
Lc 4. 2 durante quarenta dias, foi tentado pelo *Diabo*
Lc 8. 12 então vem o *Diabo* e tira a palavra...
Jo 6. 70 Todavia, um de vocês é um *diabo*!
Jo 8. 44 pertencem ao pai de vocês, o *Diabo*
Jo 13. 2 e o *Diabo* já havia induzido Judas Iscariotes
2Tm 2. 26 e escapem da armadilha do *Diabo*
Tg 4. 7 Resistam ao *Diabo*, e ele fugirá de vocês
1Jo 3. 8 Aquele que pratica o pecado é do *Diabo*
Jd 9 estava disputando com o *Diabo*
Ap 2. 10 O *Diabo* lançará alguns...na prisão

DIADEMA
Êx 39. 30 Fizeram de ouro puro o *diadema* sagrado
Pv 4. 9 porá um belo *diadema* sobre a sua cabeça
Is 28. 5 um belo *diadema* para o remanescente
Is 62. 3 um *diadema* real na mão do seu Deus

DIAMANTE
Jr 17. 1 gravado com ponta de *diamante*...
DIANTE
1Sm 12. 5 O S<small>ENHOR</small> é testemunha *diante* de vocês
Sl 44. 10 *Diante* dos nossos adversários fizeste-nos
Jr 5. 22 Não tremem *diante* da minha presença?
Sf 1. 7 Calem-se *diante* do Soberano, o S<small>ENHOR</small>
Lc 1. 48 De agora em *diante*, todas as gerações...
Tg 4. 10 Humilhem-se *diante* do Senhor
DIARIAMENTE
Lc 9. 23 tome *diariamente* a sua cruz e siga-me
At 2. 47 o Senhor lhes acrescentava *diariamente*...
DIFAMADORES
Sl 140. 11 que os *difamadores* não se estabeleçam na terra
DIFAMAR
Sl 15. 3 e não usa a língua para *difamar*
2Pe 2. 10 tais homens não têm medo de *difamar*
DIFERENTE
Êx 8. 22 tratarei de maneira *diferente* a terra de Gósen
2Co 11. 4 ...ou um evangelho *diferente* do que aceitaram
Fp 3. 15 vocês pensam de modo *diferente*
DIFERENÇA
Rm 10. 12 Não há *diferença* entre judeus e gentios
Gl 2. 6 então não faz *diferença* para mim
Ef 6. 9 e ele não faz *diferença* entre as pessoas
DIFICILMENTE
Mt 19. 23 *Dificilmente* um rico entrará no Reino dos céus
Lc 11. 46 fardos que *dificilmente* eles podem carregar
DIFÍCIL
Dt 30. 11 ...estou ordenando a vocês não é *difícil* fazer
2Rs 2. 10 Seu pedido é *difícil*; mas...
Pv 19. 19 O homem de gênio *difícil* precisa do castigo
Jr 32. 27 Há alguma coisa *difícil* demais para mim?
Mc 10. 23 é *difícil* aos ricos entrar no Reino de Deus!
1Pe 4. 18 se ao justo é *difícil* ser salvo...
DIGNIDADE
Jó 30. 15 a minha *dignidade* é levada como pelo vento
Pv 31. 25 Reveste-se de força e *dignidade*
DIGNO
2Sm 22. 4 S<small>ENHOR</small>, que é *digno* de louvor
Sl 18. 3 Clamo ao S<small>ENHOR</small>, que é *digno* de louvor
Mt 3. 11 não sou *digno* nem de levar as suas sandálias
Mt 10. 38 ...e não me segue, não é *digno* de mim
Mc 14. 64 Todos o julgaram *digno* de morte
Hb 3. 3 Jesus...*digno* de maior glória do que Moisés
Hb 11. 38 O mundo não era *digno* deles
Ap 5. 4 ninguém que fosse *digno* de abrir o livro
Ap 5. 12 *Digno* é o Cordeiro que foi morto
DILACERAR
Jr 15. 3 espada para matar, os cães para *dilacerar*

DILIGENTE
Pv 12. 27 mas o *diligente* dá valor a seus bens
1Tm 4. 15 Seja *diligente* nessas coisas
Ap 3. 19 seja *diligente* e arrependa-se
DILIGÊNCIA
Ed 5. 8 A obra está sendo executada com *diligência*
DILÚVIO
Gn 6. 17 vou trazer águas sobre a terra, o *Dilúvio*
Sl 29. 10 ...assentou-se soberano sobre o *Dilúvio*
Mt 24. 38 Pois nos dias anteriores ao *Dilúvio*
Mt 24. 39 até que veio o *Dilúvio* e os levou a todos
DIMINUIR
Is 19. 6 os riachos do Egito vão *diminuir* até secar-se
DINHEIRO
Ed 7. 17 Com esse *dinheiro* compre novilhos
Ne 5. 4 Tivemos que tomar *dinheiro* emprestado
Sl 15. 5 não empresta...*dinheiro* visando a algum lucro
Pv 17. 16 De que serve o *dinheiro* na mão do tolo
Ec 5. 10 Quem ama o *dinheiro* jamais terá o suficiente
Is 55. 2 gastar *dinheiro* naquilo que não é pão
Mt 6. 24 Vocês não podem servir a Deus e ao *Dinheiro*
Mt 19. 21 venda os seus bens e dê o *dinheiro* aos pobres
1Tm 6. 10 o amor ao *dinheiro* é a raiz de todos os males
Hb 13. 5 Conservem-se livres do amor ao *dinheiro*
Tg 4. 13 faremos negócios e ganharemos *dinheiro*
DINÁ
Gn 30. 21 deu à luz uma menina a quem chamou *Diná*
Gn 34. 1 Certa vez, *Diná*, a filha que Lia dera a Jacó
DIONÍSIO
At 17. 34 ...estava *Dionísio*, membro do Areópago
DIREITA
Gn 13. 9 se for para a *direita*, irei para a esquerda
Sl 91. 7 Mil...cair ao seu lado, dez mil à sua *direita*
Sl 110. 1 Senta-te à minha *direita* até que eu faça...
Mt 6. 3 não saiba o que está fazendo a *direita*
Mt 25. 33 colocará as ovelhas à sua *direita*
Mc 10. 37 nos assentemos um à tua *direita* e o outro
Mc 14. 62 vereis o Filho do homem assentado à *direita*
Lc 22. 69 assentado à *direita* do Deus todo-poderoso
At 2. 25 ele está à minha *direita*, não serei abalado
At 7. 55 e Jesus em pé, à *direita* de Deus
Rm 8. 34 ressuscitou e está à *direita* de Deus
Ef 1. 20 fazendo-o assentar-se à sua *direita*
DIREITO
Gn 18. 19 fazendo o que é justo e *direito*
Êx 23. 6 Não perverta o *direito* dos pobres
Lv 14. 27 com o dedo indicador *direito* aspergirá
Pv 1. 3 fazendo o que é justo, *direito* e correto
Pv 14. 2 Quem anda *direito* teme ao S<small>ENHOR</small>
Mt 5. 29 Se o seu olho *direito* o fizer pecar
Ap 3. 21 Ao vencedor darei o *direito* de sentar-se

DIREÇÃO
Mt 8. 32 atirou-se precipício abaixo, em *direção* ao mar
Lc 9. 51 Jesus partiu...em *direção* a Jerusalém
At 27. 43 se lançassem...ao mar em *direção* à terra
DIRIGIR
Jr 10. 23 não compete ao homem *dirigir* os seus passos
Gl 2. 9 devíamos nos *dirigir* aos gentios
DISCERNIR
2Sm 14. 17 capaz de *discernir* entre o bem e o mal
1Rs 3. 12 darei a você um coração sábio e capaz de *discernir*
Jó 34. 4 Tratemos de *discernir* juntos
Sl 19. 12 Quem pode *discernir* os próprios erros?
Pv 14. 8 A sabedoria do homem prudente é *discernir*
Pv 15. 14 O coração que sabe *discernir* busca...
1Co 11. 29 come e bebe sem *discernir* o corpo do Senhor
Ef 5. 10 a *discernir* o que é agradável ao Senhor
DISCIPLINA
Dt 11. 2 experimentaram e viram a *disciplina* do S<small>ENHOR</small>
Jó 5. 17 não despreze a *disciplina* do Todo-poderoso
Pv 3. 11 Meu filho, não despreze a *disciplina*
Hb 12. 6 pois o Senhor *disciplina* a quem ama
Hb 12. 10 Deus nos *disciplina* para o nosso bem
DISCORRER
At 24. 25 Paulo se pôs a *discorrer* acerca da justiça
DISCRIÇÃO
1Tm 2. 9 modestamente, com decência e *discrição*
DISCURSO
Jó 27. 1 E Jó prosseguiu em seu *discurso*
Pv 1. 21 nas portas da cidade faz o seu *discurso*
At 5. 40 foram convencidos pelo *discurso* de Gamaliel
At 12. 21 sentou-se em seu trono e fez um *discurso*
At 20. 9 adormeceu...durante o longo *discurso* de Paulo
1Co 2. 1 não fui com *discurso* eloquente
DISCUTIR
Lc 6. 11 ficaram furiosos e começaram a *discutir*
Rm 14. 1 Aceitem o que é fraco na fé, sem *discutir*
DISCÍPULA
At 9. 36 *discípula* chamada Tabita, que em grego é Dorcas
DISCÍPULO
Mt 10. 24 O *discípulo* não está acima do seu mestre
Mt 10. 25 Basta ao *discípulo* ser como o seu mestre
Lc 14. 33 ...não pode ser meu *discípulo*
Jo 19. 27 e ao *discípulo*: "Aí está a sua mãe"
At 9. 10 um *discípulo* chamado Ananias.
At 16. 1 onde vivia um *discípulo* chamado Timóteo
DISFARÇAR
Gn 38. 14 cobriu-se com um véu para se *disfarçar*
Mc 12. 40 para *disfarçar*, fazem longas orações

Concordância Bíblica Abreviada

DISPENSAÇÃO
Ef 1. 10 na *dispensação* da plenitude dos tempos

DISPERSAR
1Sm 13. 8 os soldados de Saul começaram a se *dispersar*
Ez 12. 15 quando eu os *dispersar* entre as nações

DISPERSO
Et 3. 8 certo povo *disperso* e espalhado entre
Is 11. 12 ajuntará o povo *disperso* de Judá
Jr 10. 21 todo o seu rebanho está *disperso*
Jr 50. 17 Israel é um rebanho *disperso*
Sf 3. 10 o meu povo *disperso*, me trarão ofertas

DISPERSÃO
Jr 25. 34 o dia da matança e da sua *dispersão*

DISPOSTO
1Cr 29. 5 quem hoje está *disposto* a ofertar dádivas
Pv 15. 15 o coração bem *disposto* está sempre em festa
At 25. 9 Você está *disposto* a ir a Jerusalém...?

DISPUTA
Jz 11. 27 julgue hoje a *disputa* entre os israelitas

DISSUADI-LO
Ez 3. 18 para *dissuadi-lo* dos seus maus caminhos
At 21. 14 Como não pudemos *dissuadi-lo*...

DISTINGUIR
Êx 33. 16 Que mais poderá *distinguir* a mim...?
2Sm 19. 35 *distinguir* entre o que é bom e o que é mau?
Ed 6. 13 Não era possível *distinguir* entre o som
Jn 4. 11 não sabem nem *distinguir* a mão direita

DISTINÇÃO
Êx 8. 23 Farei *distinção* entre o meu povo
Êx 9. 4 fará *distinção* entre os rebanhos de Israel
Ez 44. 23 como fazer *distinção* entre o puro e o impuro
At 15. 9 Ele não fez *distinção* alguma entre nós

DISTRIBUIR
Nm 34. 17 homens que deverão *distribuir* a terra
Nm 34. 18 um líder de cada tribo para ajudar a *distribuir*
Is 49. 8 e *distribuir* suas propriedades abandonadas

DITO
Dt 9. 25 o Senhor tinha *dito* que ia destruí-los
Mt 8. 17 o que fora *dito* pelo profeta Isaías

DIVIDIDO
Mt 12. 25 Todo reino *dividido* contra si mesmo
Lc 11. 18 Se Satanás está *dividido* contra si mesmo
Jo 7. 43 o povo ficou *dividido* por causa de Jesus
1Co 1. 13 Acaso Cristo está *dividido*?

DIVIDIR
Js 19. 49 terminaram de *dividir* a terra em territórios
Ez 47. 13 as fronteiras pelas quais vocês devem *dividir*
Hb 4. 12 penetra até o ponto de *dividir* alma e espírito

DIVINDADE
At 17. 29 *Divindade* é semelhante a uma escultura de ouro
Cl 2. 9 Pois em Cristo habita...toda a plenitude da *divindade*

DIVINO
Gn 41. 38 em quem está o espírito *divino*?
At 8. 10 Este homem é o poder *divino* conhecido
2Pe 1. 3 Seu *divino* poder nos deu tudo de que necessitamos

DIVISÃO
Js 14. 2 A *divisão* da herança foi decidida
Lc 12. 51 Ao contrário, vim trazer *divisão*!
Jo 9. 16 E houve *divisão* entre eles
1Co 3. 3 visto que há inveja e *divisão* entre vocês
1Co 12. 25 a fim de que não haja *divisão* no corpo

DIVORCIAR
Jr 3. 1 Se um homem se *divorciar* de sua mulher
Mt 5. 31 Aquele que se *divorciar* de sua mulher
Mc 10. 11 Todo aquele que se *divorciar*

DIVORCIASSEM
Mt 19. 8 permitiu que vocês se *divorciassem*

DIVULGAR
Ec 10. 20 seres alados poderão *divulgar* o que

DIZER
Gn 24. 21 Sem *dizer* nada, o homem a observava
Gn 27. 6 Ouvi seu pai *dizer* a seu irmão Esaú
Êx 4. 12 estarei com você, ensinando-lhe o que *dizer*
Dt 26. 3 *dizer* ao sacerdote que estiver exercendo
Mt 7. 28 Jesus acabou de *dizer* essas coisas,
Mt 27. 33 que quer *dizer* lugar da Caveira
Mc 2. 9 mais fácil *dizer* ao paralítico
At 10. 22 que ele ouça o que você tem para *dizer*
Rm 9. 20 aquilo que é formado pode *dizer* ao
1Co 7. 29 quero *dizer* é que o tempo é curto
Ap 6. 7 ouvi a voz do quarto ser vivente *dizer*

DIÁCONO
1Tm 3. 12 O *diácono* deve ser marido de uma...

DOBRADO
Jo 20. 7 estava *dobrado* à parte, separado

DOBRO
Êx 22. 7 terá que restituí-los em *dobro*
Jó 42. 10 lhe deu em *dobro* tudo o que tinha antes
Is 40. 2 recebeu da mão do Senhor em *dobro*
Jr 16. 18 lhes retribuirei em *dobro* pela sua impiedade
Zc 9. 12 restaurarei tudo em *dobro* para vocês
Ap 18. 6 paguem-lhe em *dobro* pelo que fez

DOCE
Jó 20. 12 que o mal seja *doce* em sua boca
Pv 27. 7 para quem tem fome até o amargo é *doce*
Ct 2. 3 o seu fruto é *doce* ao meu paladar
Ez 3. 3 minha boca era *doce* como mel
Tg 3. 11 sair água *doce* e água amarga
Ap 10. 9 em sua boca será *doce* como mel

DOEGUE
1Sm 21. 7 o edomita *Doegue*, chefe dos pastores de Saul

DOENÇA
Êx 23. 25 Tirarei a *doença* do meio de vocês
Sl 106. 15 mandou sobre eles uma *doença* terrível
Is 38. 9 Depois de recuperar-se dessa *doença*
Lc 13. 12 "Mulher, você está livre da sua *doença*."
Jo 5. 4 era curado de qualquer *doença* que tivesse
Gl 4. 14 Embora a minha *doença* tenha sido

DOIDO
1Sm 21. 15 para agir como *doido* na minha frente
Jr 29. 26 qualquer *doido* que agisse como profeta

DOIS
Gn 3. 7 Os olhos dos *dois* se abriram
Dt 25. 13 *dois* padrões para o mesmo peso
Mt 4. 18 Jesus viu *dois* irmãos
Mt 9. 27 Saindo Jesus dali, *dois* cegos o seguiram
Mt 14. 17 são cinco pães e *dois* peixes
Mt 27. 38 *Dois* ladrões foram crucificados com ele
Mc 6. 7 enviou-os de *dois* em *dois* e deu-lhes
Mc 15. 27 Com ele crucificaram *dois* ladrões
Lc 18. 10 *Dois* homens subiram ao templo para orar
Lc 24. 13 *dois* deles estavam indo para um povoado
Jo 20. 4 Os *dois* corriam, mas o outro discípulo
At 1. 10 *dois* homens vestidos de branco
At 10. 7 Cornélio chamou *dois* dos seus servos
At 28. 30 Por *dois* anos inteiros Paulo permaneceu
1Co 6. 16 Os *dois* serão uma só carne
1Co 14. 27 devem falar *dois*, no máximo três
Ef 2. 16 reconciliar com Deus os *dois* em um corpo
Ap 1. 16 saía uma espada afiada de *dois* gumes

DOM
Jo 4. 10 Se você conhecesse o *dom* de Deus
At 2. 38 e receberão o *dom* do Espírito Santo
At 8. 20 pode comprar o *dom* de Deus com dinheiro?
Rm 6. 23 o *dom* gratuito de Deus é a vida eterna
Rm 12. 7 Se o seu *dom* é servir, sirva
1Co 12. 29 Têm todos o *dom* de realizar milagres?
2Co 9. 15 Graças a Deus por seu *dom* indescritível
1Tm 4. 14 Não negligencie o *dom* que lhe foi dado
Tg 1. 17 ...e todo *dom* perfeito vêm do alto

DOMAR
Tg 3. 8 a língua, porém, ninguém consegue *domar*

DOMINADOR
Is 60. 17 Farei da paz o seu *dominador*, da justiça...

DOMINAR
2Sm 13. 20 Não se deixe *dominar* pela angústia
Sl 8. 6 Tu o fizeste *dominar* as obras das tuas mãos
Pv 19. 10 quanto pior é o servo *dominar* príncipes!
Ec 8. 8 ...tem o poder de *dominar* o próprio espírito
1Ts 4. 5 não *dominado* pela paixão
Tg 3. 2 também capaz de *dominar* todo o seu corpo

DOMÍNIO
Jó 25. 2 O *domínio* e o temor pertencem a Deus
Sl 145. 13 teu *domínio* permanece de geração em geração
Is 9. 7 Ele estenderá o seu *domínio*, e haverá paz
Ez 27. 4 Seu *domínio* abrangia o coração dos mares
Dn 4. 22 teu *domínio* se estende até os confins da terra
1Co 15. 24 destruído todo *domínio*, toda autoridade e todo poder

2079

Concordância Bíblica Abreviada

2Co 1.24 Não que tenhamos *domínio* sobre a sua fé
Cl 1.13 ele nos resgatou do *domínio* das trevas
2Tm 3.3 sem *domínio* próprio, cruéis, inimigos do bem
Ap 16.9 que tem *domínio* sobre estas pragas

DONO
Mt 10.25 Se o *dono* da casa foi chamado Belzebu
Mt 13.52 como o *dono* de uma casa que tira
Mt 21.40 quando vier o *dono* da vinha, o que fará...?
Mt 24.43 se o *dono* da casa soubesse a que hora
Mc 14.14 digam ao *dono* da casa em que ele entrar
At 27.11 seguiu o conselho do piloto e do *dono* do navio

DOR
Jó 14.22 Só sente a *dor* do seu próprio corpo
Jó 16.6 se falo, a minha *dor* não se alivia
Sl 10.14 tu enxergas o sofrimento e a *dor*
Sl 38.17 e a minha *dor* está sempre comigo
Ec 2.23 seu trabalho é pura *dor* e tristeza
Is 26.17 a dar à luz se contorce e grita de *dor*
At 26.14 Resistir ao aguilhão só lhe trará *dor*!
Ap 21.4 nem choro, nem *dor*, pois a antiga...

DORCAS
At 9.36 Tabita, que em grego é *Dorcas*
At 9.39 roupas que *Dorcas* tinha feito

DORMIR
Lv 14.47 que *dormir* ou comer na casa terá...
Dt 24.13 para que ele possa usá-lo para *dormir*
Jz 16.19 Fazendo-o *dormir* no seu colo
Rt 3.4 Quando ele for *dormir*, note bem o lugar
2Sm 11.13 Urias saiu para *dormir* em sua esteira
Sl 102.7 Não consigo *dormir*; pareço um pássaro
Sl 127.2 Será inútil levantar cedo e *dormir* tarde
Dn 2.1 tão perturbada que ele não conseguia *dormir*
2Co 11.27 muitas vezes fiquei sem *dormir*

DOUTRINA
Jó 11.4 A *doutrina* que eu aceito é perfeita
Ef 4.14 para lá por todo vento de *doutrina*
1Tm 1.10 para todo aquele que se opõe à sã *doutrina*
1Tm 4.16 para a sua própria vida e para a *doutrina*
1Tm 6.3 Se alguém ensina falsas *doutrinas*
2Tm 4.2 exorte com toda a paciência e *doutrina*
Tt 2.1 o que está de acordo com a sã *doutrina*
Ap 2.24 a vocês que não seguem a *doutrina*

DOÇURA
Ct 4.11 seus lábios gotejam a *doçura* dos favos...
Ct 5.16 Sua boca é a própria *doçura*

DRACMAS
Mt 17.27 encontrará uma moeda de quatro *dracmas*
At 19.19 este chegou a cinquenta mil *dracmas*

DRAGÃO
Ne 2.13 na direção da fonte do *Dragão*
Ap 12.4 O *dragão* pôs-se diante da mulher
Ap 12.7 Miguel e seus anjos lutaram contra o *dragão*
Ap 12.9 O grande *dragão* foi lançado fora
Ap 12.18 o *dragão* se pôs em pé na areia do mar
Ap 20.2 Ele prendeu o *dragão*, a antiga serpente

DRUSILA
At 24.24 Félix veio com *Drusila*, sua mulher

DUPLO
Os 10.10 por causa do seu *duplo* pecado

DURAR
Gn 8.22 Enquanto *durar* a terra...
Lv 15.25 ficará impura enquanto *durar* o corrimento
Sl 72.7 grande prosperidade enquanto *durar* a lua
Dn 9.2 a desolação de Jerusalém iria *durar* setenta anos

DUREZA
Jó 30.21 te voltas com *dureza* e me atacas
Jr 13.10 segundo a *dureza* de seus corações
Ez 34.4 têm dominado sobre elas com *dureza*
Mt 19.8 por causa da *dureza* de coração de vocês

DURO
Jz 20.34 O combate foi *duro*, e os benjamitas
Jó 41.24 Seu peito é *duro* como pedra
Is 66.4 escolherei um *duro* tratamento para eles
Dn 8.23 surgirá um rei de *duro* semblante

DÁDIVA
Gn 30.20 presenteou-me com uma *dádiva* preciosa
Dt 16.17 cada um de vocês trará uma *dádiva*
Rm 5.15 comparação entre a *dádiva* e a transgressão
Tg 1.17 Toda boa *dádiva* e todo dom perfeito vêm...

DÂMARIS
At 17.34 uma mulher chamada *Dâmaris*

DÃ
Gn 30.6 por isso deu-lhe o nome de *Dã*
Gn 46.23 O filho de *Dã* foi Husim
Dt 33.22 *Dã* é um filhote de leão

DÉBORA
Gn 35.8 *Débora*, ama de Rebeca
Jz 4.4 *Débora*, uma profetisa, mulher de Lapidote

DÍVIDA
Dt 15.3 cancelar qualquer *dívida* de seus irmãos
Mt 18.27 cancelou a *dívida* e o deixou ir
Mt 18.30 até que pagasse a *dívida*
Mt 18.32 cancelei toda a sua *dívida*
Lc 7.43 a quem foi perdoada a *dívida* maior
Rm 13.8 Portanto, irmãos, estamos em *dívida*
Cl 2.14 e cancelou a escrita de *dívida*

DÍZIMO
Gn 14.20 E Abrão lhe deu o *dízimo* de tudo
Gn 28.22 e de tudo... certamente te darei o *dízimo*
Ml 3.10 Tragam o *dízimo* todo ao depósito do templo
Lc 18.12 dou o *dízimo* de tudo quanto ganho

EBAL
Js 8.30 Josué construiu no monte *Ebal* um altar

EBENÉZER
1Sm 5.1 a levaram de *Ebenézer* para Asdode
1Sm 7.12 deu-lhe o nome de *Ebenézer*, dizendo...

EBROM
Js 19.28 *Ebrom*, Reobe, Hamom e Caná

ÉDEN
Gn 2.8 tinha plantado um jardim no *Éden*
Gn 3.23 o mandou embora do jardim do *Éden*
Ez 36.35 tornou-se como o jardim do *Éden*

EDIFICAR
2Sm 24.21 ...Davi: "Para comprar sua eira e *edificar* nela um altar..."
2Cr 2.9 ...o templo que vou *edificar* seja grande e imponente.
Jr 1.10 "...arruinar e destruir; para *edificar* e plantar".
Jr 31.28 também os vigiarei para *edificar* e plantar
Ef 4.29 mas apenas a que for útil para *edificar* os outros

EDIFICAÇÃO
Rm 14.19 ...tudo quanto conduz à paz e à *edificação* mútua.
1Co 14.3 Mas quem profetiza o faz para *edificação*
1Co 14.12 procurem crescer naqueles que trazem a *edificação* para a igreja.
1Co 14.26 Tudo seja feito para a *edificação* da igreja.
1Pe 2.5 vocês também estão sendo utilizados como pedras vivas na *edificação*...

EDIFÍCIO
1Rs 6.5 construiu uma estrutura em torno do *edifício*, na qual havia salas laterais.
Ed 5.4 E como se chamam os homens...este *edifício*?
1Co 3.9 vocês são lavoura de Deus e *edifício* de Deus.
2Co 5.1 temos da parte de Deus um *edifício*.
Ef 2.21 no qual todo o *edifício* é ajustado e cresce...

EDOM
Gn 25.30 Por isso também foi chamado *Edom*
Gn 32.3 Jacó mandou mensageiros... território de *Edom*.
Gn 36.1 Esta é a história da família de Esaú, que é *Edom*.
Gn 36.8 Por isso Esaú, que é *Edom*, fixou-se nos montes de Seir.
Êx 15.15 Os chefes de *Edom* ficam aterrorizados
Nm 20.14 De Cades, Moisés enviou mensageiros ao rei de *Edom*
1Rs 11.15 Anteriormente, quando Davi estava lutando contra *Edom*
1Rs 22.47 Ora, na época não havia rei em *Edom*
1Cr 1.43 Estes foram os reis que reinaram no território de *Edom*...
2Cr 21.10 E até hoje *Edom* continua independente de Judá.
Sl 108.9 Moabe é a pia em que me lavo, em *Edom* atiro a minha sandália.
Jr 49.7 Acerca de *Edom*: Assim diz o Senhor dos Exércitos...
Jr 49.17 "*Edom* se tornará objeto de terror..."

ÉFESO
At 18.21 embarcando, partiu de *Éfeso*
1Co 16.8 permanecerei em *Éfeso* até o Pentecoste
Ef 1.1 ...Cristo Jesus que estão em *Éfeso*
2Tm 1.18 quantos serviços ele prestou em *Éfeso*
2Tm 4.12 Enviei Tíquico a *Éfeso*

EFETUA
1Co 3.7 ...mas unicamente Deus, que *efetua* o crescimento.
1Co 12.6 ...mas é o mesmo Deus quem *efetua* tudo em todos.
Fp 2.13 pois é Deus quem *efetua* em vocês tanto o querer quanto o realizar
Cl 2.19 ...sustentado e unido por seus ligamentos e juntas, *efetua* o crescimento dado por Deus.

EFICAZ
Fm 6 ...Oro para que a comunhão que procede da sua fé seja *eficaz*

Concordância Bíblica Abreviada

Hb 4.12 ...Pois a palavra de Deus é viva e *eficaz*, e mais afiada
Tg 5.16 A oração de um justo é poderosa e *eficaz*.

EFICÁCIA
1Ts 2.13 atua com *eficácia* em vocês, os que creem

EFRAIM
Gn 48.1 seus dois filhos, Manassés e *Efraim*
Zc 10.7 *Efraim* será como um homem poderoso
Jo 11.54 para um povoado chamado *Efraim*

EGITO
Gn 12.10 Abrão desceu ao *Egito* para ali viver
Êx 7.3 multiplique meus sinais e maravilhas no *Egito*
Dt 26.5 meu pai...arameu...desceu ao *Egito*
2Rs 18.21 Você está confiando no *Egito*
Sl 105.23 Então Israel foi para o *Egito*
Is 31.1 Ai dos que descem ao *Egito*
Ez 29.2 vire o rosto contra o faraó, rei do *Egito*
Os 11.1 Israel era menino...do *Egito* chamei o meu filho
Mt 2.13 tome o menino...e fuja para o *Egito*
At 7.9 venderam-no como escravo para o *Egito*
Hb 11.27 Pela fé saiu do *Egito*, não temendo a ira
Jd 5 o Senhor libertou um povo do *Egito*
Ap 11.8 figuradamente é chamada Sodoma e *Egito*

EGLOM
Js 10.3 ...e a Debir, rei de *Eglom*
Jz 3.12 o Senhor deu a *Eglom*, rei de Moabe

EIRA
Jz 6.37 colocarei uma porção de lã na *eira*
1Cr 21.18 um altar ao Senhor na *eira* de Araúna
Jr 51.33 A cidade de Babilônia é como uma *eira*
Mt 3.12 traz a pá em sua mão e limpará sua *eira*

ELABORAR
Jó 37.19 não podemos *elaborar* a nossa defesa
Lc 1.1 se dedicaram a *elaborar* um relato

ELCANA
1Sm 2.20 Eli abençoava *Elcana* e sua mulher
1Cr 15.23 Berequias e *Elcana* seriam porteiros

ELEITO
Rm 16.13 Saúdem Rufo, *eleito* no Senhor

ELEIÇÃO
Rm 9.11 o propósito de Deus conforme a *eleição*
Rm 11.28 mas, quanto à *eleição*, são amados
2Pe 1.10 o chamado e a *eleição* de vocês

ELEMENTOS
1Sm 30.22 os *elementos* maus e vadios
Ez 7.24 Trarei os piores *elementos* das nações
2Pe 3.10 os *elementos* serão desfeitos pelo calor
2Pe 3.12 os *elementos* se derreterão pelo calo

ELEVA
Jó 39.27 É por sua ordem, que a águia se *eleva*
Sl 108.4 porque o teu amor leal se *eleva* muito
Ez 26.3 como o mar quando *eleva* as suas ondas

ELEVADO
Is 2.2 será *elevado* acima das colinas
Is 30.25 água fluirão sobre todo monte *elevado*
Jr 52.32 deu-lhe um assento de honra mais *elevado*
Mc 16.19 Jesus foi *elevado* aos céus e...

Lc 24.51 ele os deixou e foi *elevado* ao céu
At 1.2 até o dia em que foi *elevado* aos céus
At 22.28 precisei pagar um *elevado* preço
Tg 1.9 ...deve orgulhar-se quando estiver em *elevada* posição

ELI
1Sm 1.3 os dois filhos de *Eli*, eram sacerdotes
1Sm 4.18 *Eli* caiu da cadeira para trás...

ELIAS
1Rs 17.1 *Elias*, de Tisbe, em Gileade, disse
1Rs 19.21 partiu com *Elias*, tornando-se o seu auxiliar
1Rs 21.17 a palavra do Senhor veio ao tesbita
2Rs 1.3 o anjo do Senhor disse ao tesbita *Elias*
2Rs 2.11 *Elias* foi levado aos céus num redemoinho
2Rs 2.15 O espírito profético de *Elias*...sobre Eliseu
Ml 4.5 enviarei a vocês o profeta *Elias*
Mt 11.14 este é o *Elias* que havia de vir
Mt 17.3 apareceram diante deles Moisés e *Elias*
Mt 27.47 Ele está chamando *Elias*
Mc 6.15 Ele é *Elias*...
Mc 8.28 ...que és João Batista; outros, *Elias*
Mc 15.36 Vejamos se vem tirá-lo daí
Lc 1.17 no espírito e no poder de *Elias*
Lc 9.8 outros, que *Elias* tinha aparecido
Jo 1.21 então, quem é você? É *Elias*?
Rm 11.2 não sabem como *Elias* clamou a Deus
Tg 5.17 *Elias* era humano como nós

ELIFAZ
Jó 2.11 três amigos de Jó, *Elifaz*, de Temã...
Jó 4.1 Então respondeu *Elifaz*, de Temã

ELIMELEQUE
Rt 1.2 O homem chamava-se *Elimeleque*
Rt 1.3 Morreu *Elimeleque*, marido de Noemi

ELIMINAR
1Sm 20.15 o Senhor *eliminar* da face da terra...
Is 58.9 *eliminar* do seu meio o jugo opressor
Ez 21.3 Empunharei a minha espada para *eliminar*
Ez 24.12 o fogo pôde *eliminar* seu resíduo espesso!

ELISEU
1Rs 19.19 Elias saiu de lá e encontrou *Eliseu*
1Rs 19.20 *Eliseu* deixou os bois e correu atrás de Elias
2Rs 2.1 Elias e *Eliseu* saíram de Gilgal
2Rs 9.1 o profeta *Eliseu* chamou um dos discípulos
Lc 4.27 muitos leprosos em Israel no tempo de *Eliseu*

ELIÚ
Jó 32.2 Mas *Eliú*, filho de Baraquel, de Buz
Jó 32.4 *Eliú* tinha ficado esperando para falar

ELO
Cl 3.14 revistam-se do amor, que é o *elo* perfeito.

ELOM
Gn 26.34 também a Basemate, filha de *Elom*, o hitita
Jz 12.11 Depois dele, *Elom*, da tribo de Zebulom
Jz 12.12 *Elom* morreu, e foi sepultado em Aijalom

ELOQUENTE
1Co 2.1 não fui com discurso *eloquente*
2Co 11.6 posso não ser um orador *eloquente*

EMANUEL
Is 7.14 dará à luz um filho, e o chamará *Emanuel*
Mt 1.23 o chamarão *Emanuel*..."Deus conosco"

EMAÚS
Lc 24.13 indo para um povoado chamado *Emaús*

EMBAIXADOR
Ef 6.20 sou *embaixador* preso em correntes

EMBALSAMAMENTO
Gn 50.3 esse era o tempo para o *embalsamamento*

EMBOSCADA
Jz 20.29 os israelitas armaram uma *emboscada*
Sl 17.12 como um leão forte agachado na *emboscada*
Pv 1.11 vamos divertir-nos armando *emboscada*
Os 6.9 ficam de *emboscada* à espera de um homem
At 25.3 estavam preparando uma *emboscada* para matá-lo

EMBOTAM
Ez 18.2 e os dentes dos filhos se *embotam*

EMBRIAGADO
2Sm 13.28 ...Amnom estiver *embriagado* de vinho

EMBRIAGAM
Pv 4.17 ...se *embriagam* de violência
1Ts 5.7 os que se *embriagam*, embriagam-se de noite

EMBRIAGUEZ
Ez 23.33 será dominada pela *embriaguez* e pela tristeza
Gl 5.21 *embriaguez*, orgias e coisas semelhantes

EMBRIÃO
Sl 139.16 Os teus olhos viram o meu *embrião*

EMISSÁRIO
Jr 51.31 Um *emissário* vai após outro

EMPALIDECER
Is 29.22 o seu rosto não tornará a *empalidecer*

EMPOBRECER
Lv 25.35 Se alguém do seu povo *empobrecer*...

EMPRESTA
Sl 15.5 que não *empresta* o seu dinheiro visando lucro
Ez 18.8 não *empresta* visando a algum lucro nem cobra juros
Ez 18.13 *Empresta* visando a algum lucro e cobra juros
Ez 22.12 você *empresta* a juros, visando a lucro

EMPRESTADO
Ne 5.4 Tivemos que tomar dinheiro *emprestado*
Sl 37.21 Os ímpios tomam *emprestado* e não devolvem
Pv 22.7 quem toma *emprestado* é escravo de quem empresta
Jr 15.10 Nunca emprestei nem tomei *emprestado*
Mt 5.42 ...àquele que deseja pedir algo *emprestado*

EMUDECIDOS
Sl 31.18 *emudecidos* os seus lábios mentirosos
At 9.7 Os homens...pararam *emudecidos*

ENCAMINHAR
3Jo 6 se os *encaminhar* em sua viagem...

Concordância Bíblica Abreviada

ENCANTADOR
Ec 10. 11 ...para que servirá o *encantador*?
Dn 2. 27 Nenhum sábio, *encantador*, mago...

ENCANTAMENTO
Is 47. 9 suas poderosas palavras de *encantamento*

ENCARCERADO
2Co 11. 23 fui *encarcerado* mais vezes

ENCARREGA
Ec 2. 26 ao pecador, Deus o *encarrega* de ajuntar
Mt 24. 45 a quem meu senhor *encarrega*
Mc 13. 34 *encarrega* de tarefas cada um dos seus

ENCERRADA
Êx 39. 32 foi *encerrada* toda a obra do tabernáculo,

ENCERROU
Sl 78. 33 *encerrou* os dias deles como um sopro
At 19. 41 tendo dito isso, *encerrou* a assembleia
Gl 3. 22 a Escritura *encerrou* tudo debaixo do pecado

ENCHER
Êx 2. 16 foram buscar água para *encher* os bebedouros
Jó 41. 7 consegue *encher* de arpões o seu couro
Mt 23. 32 Acabem...de *encher* a medida do pecado
Lc 15. 16 desejava *encher* o estômago com as vagens
Ef 5. 18 ...mas deixem-se *encher* pelo Espírito

ENCOBERTO
Gn 38. 15 porque ela havia *encoberto* o rosto
2Co 4. 3 se o nosso evangelho está *encoberto*...

ENCOBRIR
Js 24. 7 fiz voltar o mar sobre eles e os *encobrir*

ENCOLHIDO
59. 10 braço do Senhor não está tão *encolhido*

ENCONTRAR
Gn 4. 14 e qualquer que me *encontrar* me matará
Gn 18. 26 Se eu *encontrar* cinquenta justos em Sodoma
Êx 7. 24 cavaram buracos...para *encontrar* água potável
2Rs 4. 27 Ao *encontrar* o homem de Deus...
Mt 24. 46 que seu senhor *encontrar* fazendo assim
2Tm 1. 17 procurou-me diligentemente até me *encontrar*
2Jo 4 Ao *encontrar* alguns dos seus filhos

ENCONTRO
Gn 18. 2 correu ao *encontro* deles e curvou-se
Mt 8. 28 foram ao seu *encontro* dois endemoninhados
Mt 8. 34 Toda a cidade saiu ao *encontro* de Jesus
Jo 19. 6 não *encontro* base para acusá-lo
1Ts 4. 17 para o *encontro* com o Senhor nos ares
2Tm 4. 9 Procure vir logo ao meu *encontro*

ENCORAJAR
Tt 1. 9 *encorajar* outros pela sã doutrina

ENCRUZILHADAS
Jr 6. 16 Ponham-se nas *encruzilhadas* e olhem

ENDEMONINHADA
Mt 15. 22 Minha filha está *endemoninhada*

ENDEMONINHADO
Mt 9. 32 levado a Jesus um homem *endemoninhado*
Jo 10. 20 Ele está *endemoninhado* e enlouqueceu
At 19. 16 o *endemoninhado* saltou sobre eles

ENDIREITAR
Ec 7. 13 Quem pode *endireitar* o que ele fez torto?

ENDURECER
Êx 4. 21 vou *endurecer* o coração dele

ENDURECIMENTO
Rm 11. 25 experimentou um *endurecimento* em parte
Ef 4. 18 devido ao *endurecimento* do seu coração

ENFEITE
Êx 33. 4 ninguém usou *enfeite* algum
Pv 1. 9 serão um *enfeite* para a sua cabeça
Pv 25. 12 brinco de ouro e *enfeite* de ouro fino

ENFERMIDADE
Dt 28. 61 fará vir sobre vocês todo tipo de *enfermidade*
2Cr 21. 15 terá uma *enfermidade* no ventre
Sl 41. 3 O Senhor o susterá em seu leito de *enfermidade*
Is 10. 16 ...enviará uma *enfermidade* devastadora

ENFERMO
Mt 25. 36 estive *enfermo*, e vocês cuidaram de mim

ENFORCAR
Gn 40. 22 ao chefe dos padeiros mandou *enforcar*

ENFRAQUECER
Rm 4. 19 Sem se *enfraquecer* na fé

ENFRENTAR
Js 5. 1 perderam a coragem de *enfrentar* os israelitas
1Rs 22. 35 o rei teve que *enfrentar* os arameus
Ct 3. 8 preparado para *enfrentar* os pavores da noite
Lc 14. 31 capaz de *enfrentar* aquele que vem contra
Hb 9. 27 ...uma só vez e depois disso *enfrentar* o juízo

ENGANADOR
Jó 12. 16 tanto o enganado quanto o *enganador*...
Jr 9. 4 cada parente é um *enganador*
Ml 1. 14 Maldito seja o *enganador* que...

ENGANAR
Mt 24. 24 se possível, *enganar* até os eleitos
1Co 6. 9 Não se deixem *enganar*: nem imorais...
Ap 20. 8 e sairá para *enganar* as nações

ENGANO
Mt 27. 64 último *engano* será pior do que o primeiro
Mc 4. 19 o *engano* das riquezas e os anseios...
2Co 4. 2 não usamos de *engano*, nem torcemos a palavra
Hb 3. 13 seja endurecido pelo *engano* do pecado
1Pe 2. 22 nenhum *engano* foi encontrado em sua boca

ENGANOSO
Pv 12. 5 O conselho dos ímpios é *enganoso*
Jr 17. 9 O coração é mais *enganoso* que...
Os 10. 2 O coração deles é *enganoso*

ENGOLIR
Nm 16. 30 a terra abrir a sua boca e os *engolir*

ENGORDAR
1Sm 2. 29 deixando-os *engordar* com as melhores partes

ENGRANDECE
Pv 14. 34 A justiça *engrandece* a nação
Lc 1. 46 Minha alma *engrandece* ao Senhor

ENGRAVIDAR
Lv 12. 2 Quando uma mulher *engravidar* e der à luz...

ENIGMA
Jz 14. 19 deu aos que tinham explicado o *enigma*
Sl 49. 4 com a harpa exporei o meu *enigma*

ENLAÇAR
Ez 13. 18 que vão *enlaçar* a vida do meu povo

ENLOUQUECEM
Jr 50. 38 *enlouquecem* por causa de seus ídolos horríveis

ENOQUE
Gn 4. 17 à qual deu o nome do seu filho *Enoque*
Jd 14 *Enoque*, o sétimo a partir de Adão

ENOS
Gn 4. 26 a quem deu o nome de *Enos*
Lc 3. 38 filho de *Enos*, filho de Sete...

ENRIQUECER
Lv 25. 47 um estrangeiro...entre vocês *enriquecer*...

ENSINAMENTOS
Mt 15. 9 seus *ensinamentos* não passam de regras
1Tm 4. 2 Tais *ensinamentos* vêm de homens hipócritas

ENSINAR
Mt 11. 1 Jesus saiu para *ensinar* e pregar
Mt 13. 54 começou a *ensinar* o povo na sinagoga
Mc 1. 21 entrou na sinagoga e começou a *ensinar*
Jo 9. 34 como tem a ousadia de nos *ensinar*?
At 19. 9 a *ensinar* diariamente na escola de Tirano
Rm 12. 7 se é *ensinar*, ensine
Rm 15. 4 foi escrito para nos *ensinar*
Tt 2. 15 É isso que você deve *ensinar*

ENSINO
Pv 1. 8 não despreze o *ensino* de sua mãe
Mt 22. 33 a multidão ficou admirada com o seu *ensino*
At 2. 42 se dedicavam ao *ensino* dos apóstolos
2Tm 2. 17 O *ensino* deles alastra-se como câncer
2Tm 3. 16 inspirada por Deus e útil para o *ensino*
2Jo 9 que não permanece no *ensino* de Cristo

ENSOBERBEÇA
1Tm 3. 6 para que não se *ensoberbeça* e caia

ENTENDER
Mt 13. 15 *entender* com o coração e converter-se
Lc 24. 25 Como vocês custam a *entender*
Gl 3. 16 dando a *entender* que se trata

ENTENDIDO
Mc 6. 52 não tinham *entendido* o milagre dos pães

ENTENDIMENTO
Jz 13. 18 Meu nome está além do *entendimento*
1Cr 22. 12 dê a você prudência e *entendimento*...
Sl 119. 32 pois me deste maior *entendimento*

Concordância Bíblica Abreviada

Pv 19. 8 quem acalenta o *entendimento* prospera
Is 56. 11 São pastores sem *entendimento*
Mt 22. 37 e de todo o seu *entendimento*
Ef 1. 8 com toda a sabedoria e *entendimento*
Fp 4. 7 ...que excede todo o *entendimento*
2Tm 2. 7 o Senhor dará a você *entendimento* em tudo
Ap 13. 18 Aquele que tem *entendimento* calcule

ENTERRAR
Gn 23. 4 tenha onde *enterrar* a minha mulher

ENTERRO
Jr 22. 19 Ele terá o *enterro* de um jumento
Lc 7. 12 o *enterro* do filho único de uma viúva

ENTRADA
Mt 28. 2 a pedra da *entrada* e assentou-se sobre ela
Mc 16. 3 removerá para nós a pedra da *entrada*...
Jo 11. 38 ...com uma pedra colocada à *entrada*
Jo 20. 11 ficou à *entrada* do sepulcro, chorando

ENTRANHAS
Is 16. 11 as minhas *entranhas* gemem

ENTRAR
Gn 6. 19 Faça *entrar* na arca um casal de...
Lc 1. 9 para *entrar* no santuário do Senhor
Jo 5. 7 ninguém que me ajude a *entrar* no tanque
Hb 4. 11 esforcemo-nos por *entrar* nesse descanso
Hb 10. 19 confiança para *entrar* no Lugar Santíssimo
Ap 22. 14 podem *entrar* na cidade pelas portas

ENTREGAR
2Rs 3. 10 ...nos *entregar* nas mãos de Moabe
Mt 26. 15 O que me darão se eu o *entregar*...?
At 25. 11 o direito de me *entregar* a eles
1Co 10. 7 levantou-se para se *entregar* à farra

ENTRISTECER
1Sm 2. 33 para *entristecer* o seu coração

ENTRONIZADA
Is 52. 2 sente-se *entronizada*, ó Jerusalém
Jr 22. 23 que está *entronizada* no Líbano

ENVELHECER
1Rs 2. 6 não a deixe *envelhecer* e descer...
Jó 14. 8 Suas raízes poderão *envelhecer*

ENVERGONHADO
Rm 9. 33 que nela confia jamais será *envergonhado*
Fp 1. 20 espero que em nada serei *envergonhado*
2Ts 3. 14 para que se sinta *envergonhado*

ENVERGONHAR
Lc 9. 26 Se alguém se *envergonhar* de mim...
1Co 1. 27 é fraqueza para *envergonhar* o que é forte
2Tm 2. 15 obreiro que não tem do que se *envergonhar*

ENVIAR
Dt 28. 12 para *enviar* chuva à sua terra
Jo 13. 20 Quem receber aquele que eu *enviar*
At 25. 27 não me parece razoável *enviar* um preso
Fp 2. 23 é ele quem espero *enviar*

ENVOLVER
Lv 18. 6 para se *envolver* sexualmente com ela
2Tm 2. 4 se deixa *envolver* pelos negócios da vida

ENXAME
Êx 8. 22 nenhum *enxame* de moscas se achará ali
Jz 14. 8 havia um *enxame* de abelhas e mel

ENXERGAR
Gn 27. 1 ele já não podia *enxergar*
Êx 10. 5 não se poder *enxergar* o solo
1Sm 4. 15 ele já não conseguia *enxergar*

ENXERTADO
Rm 11. 19 para que eu fosse *enxertado*
Rm 11. 24 foi *enxertado* numa oliveira cultivada

ENXOFRE
Gn 19. 24 fez chover do céu fogo e *enxofre*
Lc 17. 29 choveu fogo e *enxofre* do céu
Ap 9. 17 da boca lançavam fogo, fumaça e *enxofre*
Ap 21. 8 no lago de fogo que arde com *enxofre*

ENXUGARÁ
Is 25. 8 *enxugará* as lágrimas de todo rosto
Ap 7. 17 *enxugará* dos seus olhos toda lágrima

ENEIAS
At 9. 33 encontrou um paralítico chamado *Enéias*
At 9. 34 *Enéias*, Jesus Cristo vai curá-lo!

EPAFRAS
Cl 1. 7 Vocês o aprenderam de *Epafras*
Fm 23 *Epafras*, meu companheiro de prisão

EPAFRODITO
Fp 2. 25 enviar de volta a vocês *Epafrodito*

EPICUREUS
At 17. 18 Alguns filósofos *epicureus* e estoicos

ERASTO
Rm 16. 23 *Erasto*, administrador da cidade
2Tm 4. 20 *Erasto* permaneceu em Corinto

ERGUER
Gn 24. 63 Ao *erguer* os olhos, viu que...
Jó 10. 15 não posso *erguer* a cabeça
Dn 3. 14 nem adoram a imagem...que mandei *erguer*?

ERMO
Is 35. 1 o *ermo* exultará e florescerá
Is 43. 20 água no deserto e riachos no *ermo*

ERRANTE
Gn 4. 12 será um fugitivo *errante* pelo mundo
Dt 26. 5 O meu pai era um arameu *errante*

ERRAR
Dt 27. 18 quem fizer o cego *errar* o caminho
Jz 20. 16 atirar com a funda...sem *errar*

ERRO
Mt 18. 15 a sós com ele, mostre-lhe o *erro*
Mc 14. 1 flagrar Jesus em algum *erro* e matá-lo
Tg 5. 20 Quem converte um pecador do *erro*...
2Pe 3. 17 para que não sejam levados pelo *erro*
1Jo 4. 6 o Espírito da verdade e o espírito do *erro*

ERVA
Sl 92. 7 ...os ímpios brotem como a *erva*
Mt 6. 30 Deus veste assim a *erva* do campo

ESAÚ
Gn 25. 25 por isso lhe deram o nome de *Esaú*
Js 24. 4 e a Isaque dei Jacó e *Esaú*
Hb 11. 20 Pela fé Isaque abençoou Jacó e *Esaú*

ESCADA
Gn 28. 12 um sonho no qual viu uma *escada*
1Rs 6. 8 uma *escada* conduzia até o andar

ESCALAR
Ne 10. 34 para *escalar* anualmente a família
Pv 18. 11 um muro que é impossível *escalar*

ESCANDALIZADOS
Mt 13. 57 ficavam *escandalizados* por causa dele

ESCAPAR
Hc 2. 9 ...ninho no alto e *escapar* das garras do mal!
At 27. 30 Tentando *escapar* do navio, os marinheiros

ESCAPE
1Co 10. 13 ele mesmo lhes providenciará um *escape*

ESCARLATE
Is 1. 18 pecados sejam vermelhos como *escarlate*

ESCARNECEDORES
At 13. 41 ...*escarnecedores*, admirem-se e pereçam
2Pe 3. 3 surgirão *escarnecedores* zombando...

ESCOL
Gn 14. 13 *Escol* e Aner eram aliados de Abrão
Dt 1. 24 chegaram ao vale de *Escol* e o exploraram

ESCOLA
At 19. 9 a ensinar diariamente na *escola* de Tirano

ESCOLHER
Ez 33. 2 o povo dessa terra *escolher* um homem
Zc 1. 17 a consolar Sião e a *escolher* Jerusalém
At 15. 22 decidiram *escolher* alguns dentre eles
Fp 1. 22 E já não sei o que *escolher*!

ESCOLHESTE
1Rs 8. 53 tu os *escolheste* dentre todos os povos
2Cr 6. 38 para a cidade que *escolheste*

ESCOLHEU-ME
1Cr 28. 4 *escolheu-me* dentre toda a minha família

ESCOLHIDO
Lc 1. 9 Ele foi *escolhido* por sorteio
Lc 9. 35 "Este é o meu Filho, o *Escolhido*...!"
At 1. 2 aos apóstolos que havia *escolhido*
Rm 11. 5 um remanescente *escolhido* pela graça
2Co 8. 19 ele também foi *escolhido* pelas igrejas

ESCOLTA
Ne 2. 9 Acompanhou-me uma *escolta* de oficiais
Dn 11. 6 será entregue à morte, com sua *escolta*

ESCONDER
Mt 5. 14 ...*esconder* uma cidade construída

ESCONDEREI
Dt 31. 17 *esconderei* deles o meu rosto
Jó 13. 20 não me *esconderei* de ti
Is 1. 15 *esconderei* de vocês os meus olhos
Jr 42. 4 nada *esconderei* de vocês
Ez 39. 29 Não mais *esconderei* deles o rosto

ESCONDERIJO
1Sm 19. 2 para um *esconderijo* e fique por lá
Sl 18. 11 Fez das trevas o seu *esconderijo*
Is 32. 2 Cada homem será como um *esconderijo*
Jr 5. 26 à espreita como num *esconderijo*
Hc 3. 14 ...o necessitado em seu *esconderijo*

ESCONDIDO
Mt 10. 26 Não há nada *escondido* que não venha
Hb 11. 23 foi *escondido* durante três meses
Ap 2. 17 Ao vencedor darei do maná *escondido*

2083

Concordância Bíblica Abreviada

ESCORPIÃO
Lc 11. 12 ...lhe dará um *escorpião*?
Ap 9. 5 A agonia...como a da picada do *escorpião*

ESCRAVA
Gn 21. 10 Livre-se daquela *escrava* e do seu filho
At 16. 16 encontramos uma *escrava*
Gl 4. 22 ...um da *escrava* e outro da livre
Gl 4. 31 não somos filhos da *escrava*, mas da livre

ESCRAVIDÃO
Êx 1. 13 e os sujeitaram a cruel *escravidão*
Dt 6. 12 os tirou do Egito, da terra da *escravidão*
Rm 8. 21 libertada da *escravidão* da decadência
Gl 5. 1 submeter novamente a um jugo de *escravidão*
1Tm 6. 1 os que estão sob o jugo da *escravidão*

ESCRAVIZAR
2Cr 28. 10 pretendem *escravizar* homens e mulheres
Jr 34. 9 poderia *escravizar* um compatriota judeu

ESCRAVO
Mt 20. 27 ...quiser ser o primeiro deverá ser *escravo*
At 7. 9 venderam-no como *escravo* para o Egito
Rm 7. 14 fui vendido como *escravo* ao pecado
1Co 7. 21 Foi você chamado sendo *escravo*?
Gl 3. 28 Não há judeu nem grego, *escravo* nem livre
Fm 16 não mais como *escravo*, mas... como...

ESCREVER
Jo 8. 6 Jesus inclinou-se e começou a *escrever*
2Jo 12 Tenho muito que *escrever* a vocês
Jd 3 estivesse muito ansioso para *escrever* a vocês
Ap 10. 4 eu estava prestes a *escrever*

ESCRIBA
Ed 7. 6 Esdras...um *escriba* que conhecia muito a Lei
Jr 36. 26 que prendessem o *escriba* Baruque

ESCRITURA
Jo 2. 22 Então creram na *Escritura* e na palavra
Jo 7. 38 Quem crer em mim, como diz a *Escritura*
At 1. 16 era necessário que se cumprisse a *Escritura*
Gl 3. 22 a *Escritura* encerrou tudo debaixo do...
1Tm 4. 13 dedique-se à leitura pública da *Escritura*
2Tm 3. 16 Toda *Escritura* é inspirada por Deus
Tg 4. 5 a *Escritura* diz que o Espírito que ele...
2Pe 1. 20 nenhuma profecia da *Escritura* provém...

ESCRITURAS
Mt 22. 29 porque não conhecem as *Escrituras*
Mc 14. 49 as *Escrituras* precisam ser cumpridas
Jo 5. 39 estudam cuidadosamente as *Escrituras*
At 18. 24 tinha grande conhecimento das *Escrituras*
At 18. 28 provando pelas *Escrituras* que Jesus é o Cristo
Rm 16. 26 dado a conhecer pelas *Escrituras* proféticas

ESCUDO
Gn 15. 1 Eu sou o seu *escudo*
2Sm 22. 31 Ele é *escudo* para todos os que...
2Cr 25. 5 capazes de empunhar a lança e o *escudo*
Sl 3. 3 és o *escudo* que me protege
Sl 91. 4 a fidelidade dele será o seu *escudo*
Pv 30. 5 é um *escudo* para quem nele se refugia
Ef 6. 16 usem o *escudo* da fé, com o qual...

ESCULPIR
Êx 31. 5 para talhar e *esculpir* pedras
Dt 27. 15 Maldito quem *esculpir* uma imagem...

ESCULTURA
At 17. 29 ...é semelhante a uma *escultura* de ouro

ESCURECER
Jr 13. 16 ...tropecem nas colinas ao *escurecer*

ESCURIDÃO
Dt 5. 23 a voz que vinha do meio da *escuridão*
Jó 22. 11 você se vê envolto em *escuridão*
Is 29. 18 não mais em trevas e *escuridão*
Is 60. 2 A *escuridão* cobre a terra
Jr 13. 16 fará dela uma *escuridão* profunda
Lm 3. 2 me fez andar na *escuridão*, e não na luz
Mt 10. 27 O que eu digo a vocês na *escuridão*...
At 13. 11 ...vieram sobre ele névoa e *escuridão*

ESCURO
Is 50. 10 aquele que anda no *escuro*...
Mc 1. 35 De madrugada...ainda estava *escuro*
2Pe 1. 19 uma candeia que brilha em lugar *escuro*
Ap 6. 12 O sol ficou *escuro* como tecido de crina negra

ESCUTAR
Sl 135. 17 não podem *escutar*, nem há respiração...
Is 50. 4 desperta meu ouvido para *escutar*

ESCÁRNIO
Ez 5. 15 será objeto de desprezo e de *escárnio*
Ez 22. 4 objeto de zombaria para as nações e de *escárnio*

ESCÂNDALO
1Co 1. 23 Cristo crucificado...*escândalo* para os judeus
2Co 6. 3 Não damos motivo de *escândalo* a ninguém
Gl 5. 11 o *escândalo* da cruz foi removido

ESDRAS
Ed 7. 1 vivia um homem chamado *Esdras*
Ed 7. 6 Este *Esdras* veio da Babilônia

ESFORÇA
Ec 1. 3 trabalho em que tanto se *esforça*
Cl 4. 13 dou testemunho de que se *esforça* muito

ESGOTAR
Ez 7. 8 e *esgotar* a minha indignação contra vocês

ESMAGAR
Jr 50. 17 o último a *esmagar* os seus ossos
Lm 3. 34 *esmagar* com os pés...os prisioneiros da terra

ESMAGÁ-LO
Is 53. 10 foi da vontade do SENHOR *esmagá-lo*

ESMIRNA
Ap 2. 8 Ao anjo da igreja em *Esmirna*

ESMIÚÇA
Pv 20. 8 com o olhar *esmiúça* todo o mal

ESMOLA
Mt 6. 3 quando você der *esmola*...
Lc 11. 41 o que está dentro do prato como *esmola*

ESPADA
Gn 3. 24 uma *espada* flamejante que se movia
Dt 32. 25 Nas ruas a *espada* os deixará sem filhos
Js 24. 12 Não foram a *espada* e o arco
2Sm 3. 29 quem morra à *espada*, ou quem passe fome
Sl 17. 13 Com a tua *espada* livra-me dos ímpios
Pv 5. 4 afiada como uma *espada* de dois gumes
Ct 3. 8 todos eles trazem *espada*
Is 14. 19 dos mortos que foram feridos à *espada*
Jr 9. 16 enviarei...a *espada* até exterminá-los
Mt 10. 34 não vim trazer paz, mas *espada*
At 12. 2 mandou matar à *espada* Tiago
Rm 8. 35 ou nudez, ou perigo, ou *espada*?
Ef 6. 17 *espada* do Espírito, que é a palavra de Deus
Hb 4. 12 mais afiada que...*espada* de dois gumes
Ap 1. 16 da sua boca saía uma *espada* afiada

ESPALHA
Jó 36. 30 como ele *espalha* os seus relâmpagos
Sl 68. 30 *Espalha* as nações que têm prazer na guerra
Am 9. 6 ele reúne as águas do mar e as *espalha*
Mt 12. 30 aquele que comigo não ajunta, *espalha*

ESPALHAR
Êx 22. 6 "Se um fogo se *espalhar* e alcançar..."
Lv 13. 35 se a sarna se *espalhar* pela pele
Ec 3. 5 tempo de *espalhar* pedras e tempo de ajuntá-las
Hc 3. 14 para nos *espalhar* com maldoso prazer

ESPANCAR
Êx 2. 11 ...um egípcio *espancar* um dos hebreus
Jr 20. 2 mandou *espancar* o profeta e prendê-lo

ESPANTO
2Cr 29. 8 fez deles objeto de *espanto*
Lc 24. 41 cheios estavam de alegria e de *espanto*

ESPELHO
Jó 37. 18 duros como *espelho* de bronze?
Tg 1. 23 ...um homem que olha a sua face num *espelho*

ESPERANÇA
Sl 119. 74 na tua palavra depositei a minha *esperança*
Ec 9. 4 Quem está entre os vivos tem *esperança*
Is 8. 17 Nele porei a minha *esperança*
Jr 14. 22 a nossa *esperança* está em ti
Lm 3. 24 nele porei a minha *esperança*
At 2. 26 o meu corpo também repousará em *esperança*
Rm 12. 12 Alegrem-se na *esperança*...
1Co 13. 13 ...a fé, a *esperança* e o amor
1Pe 1. 13 ponham toda a *esperança* na graça
1Pe 1. 21 a fé e a *esperança* de vocês estão em Deus

ESPERAR
Mt 11. 3 "És tu...ou devemos *esperar* algum outro?"
1Co 11. 21 come sua própria ceia sem *esperar*...
1Ts 1. 10 e *esperar* dos céus seu Filho, a quem...

ESPETÁCULO
Ez 28. 17 fiz de você um *espetáculo* para os reis
1Co 4. 9 Viemos a ser um *espetáculo* para o mundo
Cl 2. 15 fez deles um *espetáculo* público

Concordância Bíblica Abreviada

ESPIAS
Jz 1.23 Enviaram *espias* a Betel
Tg 2.25 quando acolheu os *espias* e os fez sair...

ESPIGA
Mc 4.28 primeiro o talo, depois a *espiga*

ESPINHEIRO
Jz 9.15 O *espinheiro* disse às árvores...
Is 55.13 No lugar do *espinheiro* crescerá o pinheiro
Mq 7. 4 O melhor deles é como *espinheiro*
Mt 7.16 ...colher uvas de um *espinheiro* ou figos?

ESPINHO
2Co 12. 7 foi-me dado um *espinho* na carne

ESPIRITUAL
Rm 7.14 Sabemos que a Lei é *espiritual*
1Co 1. 7 não falta a vocês nenhum dom *espiritual*
1Co 2.15 quem é *espiritual* discerne todas as coisas
1Co 15.46 Não foi o *espiritual* que veio antes
Cl 1. 9 com toda a sabedoria e entendimento *espiritual*
Tg 3.15 não é *espiritual*, mas é demoníaca
1Pe 2. 2 desejem de coração o leite *espiritual*

ESPIRITUALMENTE
1Co 2.14 ...elas são discernidas *espiritualmente*

ESPLENDOR
1Cr 16.27 O *esplendor* e a majestade estão diante dele
Jó 13.11 O *esplendor* dele não os aterrorizaria?
Mt 6.29 nem Salomão, em todo o seu *esplendor*
Lc 9.31 Apareceram em glorioso *esplendor*
1Co 15.40 o *esplendor* dos corpos celestes é um
1Co 15.41 Um é o *esplendor* do sol, outro o da lua

ESPONJA
Mt 27.48 correu em busca de uma *esponja*

ESPOSA
Pv 5.18 Alegre-se com a *esposa* da sua juventude
Mt 1.24 e recebeu Maria como sua *esposa*
Mc 12.23 Na ressurreição, de quem ela será *esposa*
1Co 7. 2 cada um deve ter sua *esposa*
Ap 21. 9 mostrarei a você a noiva, a *esposa* do Cordeiro

ESPOSAS
2Sm 5.13 Davi tomou mais concubinas e *esposas*

ESPREITA
Sl 37.32 O ímpio fica à *espreita* do justo
Jr 5.26 homens que ficam à *espreita*
Lm 3.10 Como um urso à *espreita*
Mq 7. 2 estão à *espreita* para derramar sangue

ESPÍRITO
Gn 1. 2 o *Espírito*... se movia sobre a face das águas.
Gn 6. 3 meu *Espírito* não contenderá... para sempre
Êx 31. 3 e o enchi do *Espírito* de Deus
Nm 11.17 tirarei do *Espírito* que está sobre você
1Sm 10. 6 O *Espírito* do Senhor se apossará de você
1Rs 22.21 um *espírito* apresentou-se diante do Senhor
Mt 1.18 ...achou-se grávida pelo *Espírito* Santo
Mt 4. 1 Jesus foi levado pelo *Espírito* ao deserto
Mt 5. 3 Bem-aventurados os pobres em *espírito*
Mc 1.12 o *Espírito* o impeliu para o deserto
Lc 12.10 quem blasfemar contra o *Espírito* Santo...
Lc 12.12 o *Espírito* Santo ensinará...
Jo 1.32 vi o *Espírito* descer dos céus como pomba
At 1. 8 receberão poder quando o *Espírito* Santo
At 2. 4 Todos ficaram cheios do *Espírito* Santo
Rm 15.19 por meio do poder do *Espírito* de Deus
1Co 3.16 que o *Espírito* de Deus habita em vocês?
1Co 12. 4 diferentes tipos de dons...o *Espírito* é o mesmo
Gl 5.25 Se vivemos pelo *Espírito*...
Ef 4. 3 para conservar a unidade do *Espírito*
Ef 4. 4 Há um só corpo e um só *Espírito*
Ef 4.30 Não entristeçam o *Espírito* Santo de Deus
Ef 6.18 Orem no *Espírito* em todas as ocasiões
1Tm 3.16 justificado no *Espírito*, visto pelos anjos...
2Tm 1. 7 não nos deu *espírito* de covardia
Hb 4.12 ...até o ponto de dividir alma e *espírito*
1Jo 4.13 porque ele nos deu do seu *Espírito*
1Jo 5. 6 o *Espírito* é quem dá testemunho
Ap 2.29 ...ouça o que o *Espírito* diz às igrejas

ESPÍRITOS
1Sm 28. 7 uma mulher que invoca *espíritos*
Pv 9.18 ...que ali estão os *espíritos* dos mortos
Mt 8.16 ele expulsou os *espíritos* com uma palavra
Lc 11.26 vai e traz outros sete *espíritos* piores
At 8. 7 Os *espíritos* imundos saíam de muitos
1Jo 4. 1 não creiam em qualquer *espírito*
Ap 22. 6 o Deus dos *espíritos* dos profetas

ESQUECER
Gn 41.51 Deus me fez *esquecer*... meu sofrimento
Dt 4.23 Tenham o cuidado de não *esquecer* a aliança
Jó 9.27 Vou *esquecer* a minha queixa
Jr 23.27 farão o povo *esquecer* o meu nome

ESQUECIDO
Gn 41.30 o tempo de fartura será *esquecido*
Sl 31.12 Sou *esquecido* por eles como se...
Sl 44.17 sem que nos tivéssemos *esquecido* de ti
Mc 8.14 Os discípulos...*esquecido* de levar pão
Lc 12. 6 nenhum deles é *esquecido* por Deus

ESQUECIMENTO
Sl 88.12 ...de justiça, na terra do *esquecimento*?

ESQUERDA
Mt 6. 3 que a sua mão *esquerda* não saiba...
Mt 20.21 um à tua direita e o outro à tua *esquerda*

ESQUINA
Jó 38. 6 quem colocou sua pedra de *esquina*
Ez 16.31 construía seus altares...em cada *esquina*

ESROM
Mt 1. 3 Perez gerou *Esrom*; *Esrom* gerou Arão;

ESSÊNCIA
Sl 119.160 A verdade é a *essência* da tua palavra
Dn 10. 3 não usei nenhuma *essência* aromática

ESTABELECER
Gn 9. 9 Vou *estabelecer* a minha aliança
Hb 10. 9 cancela o primeiro para *estabelecer* o segundo

ESTACA
Jz 4.21 apanhou uma *estaca* da tenda e...
Is 22.23 ...como uma *estaca* em terreno firme

ESTADO
Mt 12.45 o *estado* final...torna-se pior
Jo 5. 6 vivia naquele *estado* durante tanto tempo
Ap 5. 6 vi um Cordeiro, que parecia ter *estado* morto

ESTANDARTE
Ct 2. 4 o seu *estandarte* sobre mim é o amor.
Jr 51.27 Ergam um *estandarte* na terra!

ESTAR
Mt 24.44 também precisam *estar* preparados
Mc 13.14 no lugar onde não deve *estar* — quem lê
Lc 16. 1 acusado de *estar* desperdiçando os seus bens
Ap 3. 1 tem fama de *estar* vivo, mas está morto

ESTATURA
Nm 13.32 os que vimos são de grande *estatura*
2Sm 23.21 matou um egípcio de grande *estatura*
Lc 19. 3 ...sendo de pequena *estatura*, não o conseguia

ESTATUTO
Sl 81. 5 estabeleceu como *estatuto* para José

ESTAÇÃO
Lv 26. 4 mandarei a vocês chuva na *estação* certa
Ed 10.13 e esta é a *estação* das chuvas
Pv 20. 4 O preguiçoso não ara a terra na *estação* própria
Ez 34.26 Na *estação* própria farei descer chuva

ESTENDER
Êx 7. 5 *estender* a minha mão contra o Egito
Ed 6.12 qualquer rei ou povo que *estender* a mão
Jó 37.18 pode ajudá-lo a *estender* os céus

ESTIMA
Êx 11. 3 Moisés era tido em alta *estima* no Egito
Pv 4. 8 Dedique alta *estima* à sabedoria
1Ts 5.13 Tenham-nos na mais alta *estima*

ESTIVE
Mt 25.36 *estive* preso, e vocês me visitaram
Mc 14.49 Todos os dias eu *estive* com vocês
Ap 1.18 *Estive* morto mas agora estou vivo

ESTIVERES
Sl 76. 7 ...diante de ti quando *estiveres* irado?

ESTOPA
Jz 16. 9 ...um fio de *estopa* posto perto do fogo
Is 1.31 O poderoso se tornará como *estopa*

ESTRADA
Lc 10.31 descendo pela mesma *estrada* um sacerdote
At 8.26 ...*estrada* deserta que desce de Jerusalém
At 8.36 Prosseguindo pela *estrada*...

ESTRADO
Mt 5.35 nem pela terra,...é o *estrado* de seus pés
At 2.35 ponha teus inimigos como *estrado*
Tg 2. 3 junto ao *estrado* onde ponho os meus pés

2085

Concordância Bíblica Abreviada

ESTRANGEIRO
Êx 22.21 "... maltratem nem oprimam o *estrangeiro*
Dt 10.18 Ele...ama o *estrangeiro*
Mt 25.35 fui *estrangeiro*, e vocês me acolheram
At 7.29 ...onde ficou morando como *estrangeiro*

ESTRANHO
Jó 19.15 veem-me como um *estranho*
Sl 81. 9 ...incline perante nenhum deus *estranho*

ESTRATÉGIA
Is 36. 5 diz que tem *estratégia* e força militar

ESTREBARIAS
Et 8.14 montando cavalos das *estrebarias* do rei

ESTREITA
Lc 13.24 Esforcem-se para entrar pela porta *estreita*

ESTREITO
Nm 22.24 o Anjo do Senhor se pôs num caminho *estreito*
Pv 23.27 a mulher pervertida é um poço *estreito*

ESTRELA
Nm 24.17 Uma *estrela* surgirá de Jacó
Is 14.12 você caiu dos céus,ó *estrela* da manhã
Mt 2. 2 Vimos a sua *estrela* no oriente
2Pe 1.19 que o dia clareie e a *estrela* da alva nasça
Ap 2.28 Também lhe darei a *estrela* da manhã
Ap 8.10 ...e caiu do céu uma grande *estrela*
Ap 22.16 a resplandecente *Estrela* da Manhã

ESTRELAS
Dt 1.10 tão numerosos quanto as *estrelas* do céu
Mt 24.29 as *estrelas* cairão do céu,
At 27.20 Não aparecendo nem sol nem *estrelas*
1Co 15.41 as *estrelas* diferem em esplendor
Fp 2.15 brilham como *estrelas* no universo
Ap 1.16 ...em sua mão direita sete *estrelas*
Ap 1.20 Este é o mistério das sete *estrelas* que você
Ap 12. 4 arrastou...um terço das *estrelas* do céu

ESTREMECER
Jó 4.14 fizeram *estremecer* todos os meus ossos
Hc 3. 6 olhou, e fez *estremecer* as nações

ESTRONDO
1Sm 7.10 com fortíssimo *estrondo* contra os filisteus
Jó 37. 2 Escute o *estrondo* da sua voz
Is 66. 6 Ouçam o *estrondo* que vem da cidade
2Pe 3.10 céus desaparecerão com um grande *estrondo*
Ap 19. 6 como o *estrondo* de muitas águas

ESTUDAR
Ed 7.10 Esdras tinha decidido...a *estudar*
Ec 12.12 *estudar* demais deixa exausto o corpo

ESTÁDIO
1Co 9.24 todos os que correm no *estádio*...

ESTÉFANAS
1Co 16.17 Alegrei-me com a vinda de *Estéfanas*

ESTÉRIL
Gn 11.30 Sarai era *estéril*; não tinha filhos
Gn 29.31 Raquel, porém, era *estéril*
Êx 23.26 ...nem haverá mulher *estéril*
Lc 1. 7 porque Isabel era *estéril*
Lc 1.36 aquela que diziam ser *estéril*...

ESTÊVÃO
At 6. 5 *Estêvão*, homem cheio de fé e do Espírito Santo
At 7.59 Enquanto apedrejavam *Estêvão*, este orava
At 8. 2 homens piedosos sepultaram *Estêvão*

ESTOICOS
At 17.18 Alguns filósofos epicureus e *estoicos*

ESTÔMAGO
Mt 15.17 o que entra pela boca vai para o *estômago*
Lc 15.16 desejava encher o *estômago*
1Co 6.13 alimentos foram feitos para o *estômago*
Ap 10.10 senti que o meu *estômago* ficou amargo

ESVAI
Jó 7. 9 como a nuvem se *esvai* e desaparece

ESVAZIOU
Gn 24.20 ela *esvaziou* depressa seu cântaro

ESVAZIOU-SE
Fp 2. 7 *esvaziou*-se a si mesmo, vindo a ser servo

ETERNA
Sl 119.142 A tua justiça é *eterna*

ETERNAMENTE
Êx 15.18 O Senhor reinará *eternamente*

ETERNIDADE
1Cr 29.10 nosso pai,de *eternidade* a *eternidade*
Pv 8.23 fui formada desde a *eternidade*
Ec 3.11 no coração do...o anseio pela *eternidade*
Hc 1.12 Senhor, tu não és desde a *eternidade*?

ETERNO
Gn 21.33 invocou o nome do... o Deus *Eterno*
Sl 145.13 O teu reino é reino *eterno*
Ec 12. 5 o homem se vai para o seu lar *eterno*
Is 9. 6 ...Deus Poderoso, Pai *Eterno*, Príncipe da Paz
Is 40.28 O Senhor é o Deus *eterno*
Jr 10.10 ele é o Deus vivo; o rei *eterno*
Dn 4.34 O seu domínio é um domínio *eterno*
Mt 18. 8 ser lançado no fogo *eterno*
Mc 3.29 é culpado de pecado *eterno*
Hb 9.14 que pelo Espírito *eterno* se ofereceu
Jd 7 Estando sob o castigo do fogo *eterno*
Ap 14. 6 tinha na mão o evangelho *eterno*

ETIÓPIA
Et 1. 1 desde a Índia até a *Etiópia*
Jó 28.19 O topázio da *Etiópia* não se compara

ETÍOPE
At 8.27 ...caminho encontrou um eunuco *etíope*

ETÍOPES
2Cr 14.12 O Senhor derrotou os *etíopes*
At 8.27 tesouros de Candace, rainha dos *etíopes*

EUFRATES
Gn 2.14 o quarto rio é o *Eufrates*
Nm 22. 5 perto dos *Eufrates*, em sua terra natal
1Rs 14.15 os espalhará para além do *Eufrates*
Ap 9.14 amarrados junto ao grande rio *Eufrates*

EUNICE
2Tm 1. 5 sua avó Loide e em sua mãe *Eunice*

EUNUCO
At 8.32 O *eunuco* estava lendo...
At 8.38 Filipe e o *eunuco* desceram à água

ÊUTICO
At 20. 9 Um jovem chamado *Êutico*

EVA
Gn 3.20 Adão deu à sua mulher o nome de *Eva*
2Co 11. 3 a serpente enganou *Eva* com astúcia
1Tm 2.13 primeiro foi formado Adão, e depois *Eva*

EVANGELHO
Mt 26.13 onde este *evangelho* for anunciado
Mc 1. 1 Princípio do *evangelho* de Jesus Cristo
Mc 16.15 pelo mundo todo e preguem o *evangelho*
At 8.40 pregava o *evangelho* em todas as cidades
Rm 1. 1 separado para o *evangelho* de Deus
1Co 4.15 os gerei por meio do *evangelho*
2Co 11. 7 pregando a vocês gratuitamente o *evangelho*
Gl 4.13 ...uma doença que preguei o *evangelho*
Ef 6.15 com a prontidão do *evangelho* da paz
1Pe 4. 6 o *evangelho* foi pregado também a mortos
Ap 14. 6 ...na mão o *evangelho* eterno

EVANGELISTA
At 21. 8 ficamos na casa de Filipe, o *evangelista*
2Tm 4. 5 faça a obra de um *evangelista*

EVANGELISTAS
Ef 4.11 ele designou...outros para *evangelistas*

EVANGÉLICA
Fp 1.27 lutando unânimes pela fé *evangélica*

EVIDENTE
Fp 1.13 tornou-se *evidente* a toda a guarda
2Tm 3. 9 sua insensatez se tornará *evidente*

EVIL-MERODAQUE
2Rs 25.27 ano em que *Evil-Merodaque* se tornou rei

EVITAR
Gn 38. 9 *evitar* que seu irmão tivesse descendência
Jo 18.28 para *evitar* contaminação cerimonial
At 15.29 farão bem em *evitar* essas coisas
2Co 8.20 Queremos *evitar* que alguém nos critique

EVÓDIA
Fp 4. 2 rogo a *Evódia* e também a Síntique

EXALARÃO
Is 34. 3 seus cadáveres *exalarão* mau cheiro

EXALTAR
1Cr 29.12 para *exaltar* e dar tudo a todos
Jó 36.24 Lembre-se de *exaltar* as suas obras
Mt 23.12 ...si mesmo se *exaltar* será humilhado

EXAMINAR
Js 18. 4 vão *examinar* a terra e mapeá-la
1Cr 19. 3 como espiões para *examinar* o país
1Co 11.31 o cuidado de *examinar* a nós mesmos

EXATO
Mt 2. 7 tempo *exato* em que a estrela tinha aparecido

EXCEDE
2Co 4. 2 poder que a tudo *excede* provém de Deus
Ef 3.19 o amor...que *excede* todo conhecimento
Fp 4. 7 a paz...que *excede* todo o entendimento

EXCELENTE
Gn 2.12 O ouro daquela terra é *excelente*
1Co 12.31 um caminho ainda mais *excelente*

EXCELÊNCIA
At 23.30 enviei-o imediatamente a Vossa *Excelência*

Concordância Bíblica Abreviada

EXECUTAR
Jo 18.31 não temos o direito de *executar* ninguém
At 13.28 a Pilatos que o mandasse *executar*
At 27.43 e os impediu de *executar* o plano

EXEMPLAR
Pv 12. 4 mulher *exemplar* é a coroa do seu marido
1Pe 2.12 ...entre os pagãos de maneira *exemplar*

EXEMPLO
1Tm 4.12 seja um *exemplo* para os fiéis
Tg 5.10 como *exemplo* de paciência
2Pe 2. 6 *exemplo* do que acontecerá aos ímpios

EXERCER
Rm 11.32 para *exercer* misericórdia para com todos
Hb 9. 6 para *exercer* o seu ministério

EXERCÍCIO
1Co 8. 9 para que o *exercício* da liberdade
1Tm 4. 8 O *exercício* físico é de pouco proveito

EXILADA
Is 49.21 estava *exilada* e rejeitada

EXILADO
2Sm 15.19 você é estrangeiro, um *exilado* de sua terra
Am 9.14 Trarei de volta Israel, o meu povo *exilado*,

EXISTIR
Jó 14.10 dá o último suspiro e deixa de *existir*
Sl 104.35 ...e deixem de *existir* os ímpios
Pv 8.23 desde o princípio, antes de *existir* a terra

ÊXODO
Hb 11.22 fez menção ao *Êxodo* dos israelitas

EXORTAMOS
1Ts 4. 1 *exortamos* a vocês no Senhor Jesus que cresçam
2Ts 3.12 *exortamos* no Senhor...que trabalhem

EXORTAVA
Lc 3.18 *exortava* o povo e lhe pregava as boas-novas

EXORTAÇÃO
Fp 2. 1 alguma *exortação* de amor...
1Ts 2. 3 nossa *exortação* não tem origem no erro
1Tm 4.13 dedique-se...à *exortação* e ao ensino
Hb 13.22 suportem a minha palavra de *exortação*

EXPECTATIVA
Lc 3.15 O povo estava em grande *expectativa*
Hb 10.27 uma terrível *expectativa* de juízo...

EXPERIMENTAR
Pv 1. 2 ajudarão a *experimentar* a sabedoria
Rm 12. 2 capazes de *experimentar* e comprovar...

EXPERIÊNCIA
Dn 1.12 ...uma *experiência* com os seus servos
Hb 5.13 não tem *experiência* no ensino da justiça

EXPIAR
Dn 9.24 dar fim ao pecado, *expiar* as culpas

EXPIAÇÃO
Lv 23.28 Não realizem trabalho...é o Dia da *Expiação*
Lv 25. 9 no Dia da *Expiação* façam soar a trombeta
Pv 16. 6 ...amor e fidelidade se faz *expiação* pelo pecado

EXPIROU
Gn 49.33 Jacó deitou-se, *expirou* e foi reunido...
Mc 15.37 Jesus, com um alto brado, *expirou*

EXPLICAR
At 8.31 ...entender se alguém não me *explicar*?
Hb 5.11 coisas difíceis de *explicar*,...

EXPLORAR
Ec 1.13 Dediquei-me a...*explorar* tudo que é feito

EXPOR
Dt 1. 5 responsabilidade de *expor* esta lei
Js 20. 4 *expor* o caso às autoridades
Os 2.10 agora vou *expor* a sua lascívia

EXPOSIÇÃO
2Co 4. 2 mediante a clara *exposição* da verdade

EXPULSAR
Gn 3.24 Depois de *expulsar* o homem...
Mt 10. 1 autoridade para *expulsar* espíritos imundos
Mc 3.15 autoridade para *expulsar* demônios
Mc 3.23 Como pode Satanás *expulsar* Satanás?
Mc 11.15 entrou no templo e ali começou a *expulsar*

EXTERIOR
Mt 23.25 limpam o *exterior* do copo e do prato
Lc 11.40 Quem fez o *exterior* não fez também...

EXTERMINADOS
Gn 7.23 Todos os seres vivos foram *exterminados*...;
Et 8. 5 ...*exterminados* em todas as províncias
Sl 109.13 Sejam *exterminados* os seus descendentes...
Is 60.12 serão totalmente *exterminados*...

EXTERMINAR
Js 8.26 ...até *exterminar* todos os habitantes de Ai
2Rs 10.19 a fim de *exterminar* os ministros de Baal
Et 3.13 *exterminar* e aniquilar...os judeus
Ez 14.21 para com eles *exterminar* os seus homens

EXTINGUIR
Ez 32. 7 Quando eu o *extinguir*, cobrirei o céu

EXTIRPADA
Pv 10.31 mas a língua perversa será *extirpada*

EXTIRPADO
Jó 31.12 teria *extirpado* a minha colheita

EXTORSÃO
Sl 62.10 Não confiem na *extorsão*...
Ez 22.29 O povo pratica *extorsão* e comete roubos
Hc 2. 6 Ai daquele que...enriquece mediante *extorsão*!
Lc 3.14 Não pratiquem *extorsão* nem acusem ninguém

EXTRAORDINÁRIO
Jo 9.30 Ora, isso é *extraordinário*!
At 7.20 era um menino *extraordinário*
Ap 12. 1 Apareceu no céu um sinal *extraordinário*

EXTRAVIAR
Dt 22. 1 Se o boi ou a ovelha...se *extraviar*

EXTREMIDADE
Sl 139. 9 ...e morar na *extremidade* do mar
Jr 12.12 devora esta terra de uma *extremidade* à outra
Mt 24.31 de uma a outra *extremidade* dos céus
Hb 11.21 apoiado na *extremidade* do seu bordão

EXÉRCITO
Êx 14. 4 serei glorificado por...seu *exército*
Jl 2.25 grande *exército* que enviei contra vocês
Sf 1. 5 ...adoram o *exército* de estrelas
Lc 2.13 uma grande multidão do *exército* celestial
Ap 19.19 os reis da terra e os seus *exércitos*

EXÍLIO
Ed 2.64 totalidade dos que voltaram do *exílio*
Et 2. 6 levado de Jerusalém para o *exílio*
Mt 1.11 no tempo do *exílio* na Babilônia
Mt 1.17 e catorze do *exílio* até o Cristo
At 7.43 eu os enviarei para o *exílio*

EZEQUIAS
2Rs 16.20 Seu filho *Ezequias* foi o seu sucessor
Pv 25. 1 compilados pelos servos de *Ezequias*
Mt 1. 9 Jotão gerou Acaz; Acaz gerou *Ezequias*

EZEQUIEL
Ez 1. 3 A palavra...veio ao sacerdote *Ezequiel*
Ez 24.24 *Ezequiel* será um sinal para vocês

FABRICAR
1Sm 8.12 e *fabricar* armas de guerra

FACA
Gn 22.10 estendeu a mão e pegou a *faca*...
Jz 19.29 apanhou uma *faca* e cortou o corpo
Pv 23. 2 encoste a *faca* à sua própria garganta

FACE
Gn 1. 2 se movia sobre a *face* das águas
Sl 69.17 escondas do teu servo a tua *face*
Mt 5.39 Se alguém o ferir na *face* direita...
1Co 13.12 mas, então, veremos *face* a *face*
Ap 1.16 Sua *face* era como o sol
Ap 22. 4 Eles verão a sua *face*, e o seu nome...

FACÇÃO
Lc 5.30 mestres da lei...da mesma *facção*

FADIGA
Dt 26. 7 a nossa *fadiga* e a opressão que sofríamos
2Ts 3. 8 trabalhamos arduamente e com *fadiga*

FALA
Êx 4.14 ...sei que ele *fala* bem
Dt 5.24 Hoje vimos que Deus *fala* com o homem
1Sm 3. 9 *Fala*, Senhor, pois o teu servo está ouvindo
Jó 33.14 a verdade é que Deus *fala*
Mt 12.34 a boca *fala* do que está cheio o coração
Hb 12.25 Não rejeitem aquele que *fala*

FALSAMENTE
Mt 5.33 Não jure *falsamente*, mas...
Mc 14.56 Muitos testemunharam *falsamente* contra ele
1Tm 1.10 para...os que juram *falsamente*
1Tm 6.20 do que é *falsamente* chamado conhecimento

FALSIDADE
Sl 119.128 odeio todo caminho de *falsidade*
Zc 8.17 e não queiram jurar com *falsidade*
Ml 2. 6 nenhuma *falsidade*...em seus lábios
Jo 1.47 em quem não há *falsidade*

FALSO
Êx 20.16 Não darás *falso* testemunho...
Sl 37.31 nunca pisará em *falso*
Pv 13. 5 Os justos odeiam o que é *falso*
At 13. 6 praticava magia e era *falso* profeta
Ap 20.10 ... lançados à besta e o *falso* profeta

2087

Concordância Bíblica Abreviada

FALTA
Mt 19. 20 O que me *falta* ainda?
1Co 1. 7 não *falta* a vocês nenhum dom espiritual
1Ts 3. 10 e suprir o que *falta* à sua fé
Tg 1. 5 ...tem *falta* de sabedoria, peça-a a Deus

FAMA
Lc 4. 37 sua *fama* se espalhava por toda a região
2Co 6. 8 por difamação e por boa *fama*
Fp 4. 8 tudo o que for de boa *fama*...
Ap 3. 1 tem *fama* de estar vivo, mas está morto

FAMÍLIA
Gn 6. 9 Esta é a história da *família* de Noé
Pv 15. 27 O avarento põe sua *família* em apuros
Mt 10. 36 os inimigos...serão os da sua própria *família*
Mc 5. 19 Vá para casa, para a sua *família*
At 7. 14 seu pai, Jacó, e toda a sua *família*
Gl 6. 10 especialmente aos da *família* da fé
Ef 2. 19 ...e membros da *família* de Deus
1Tm 3. 4 ...deve governar bem sua própria *família*
Hb 11. 7 construiu uma arca para salvar sua *família*

FANTASMA
Mc 6. 49 pensaram que fosse um *fantasma*

FARAÓ
Gn 12. 15 os homens da corte do *faraó*
Gn 47. 10 Jacó abençoou o *faraó* e retirou-se
Jr 37. 7 O exército do *faraó*, que saiu do Egito
Ez 32. 32 o *faraó* e todo o seu povo jazerão
At 7. 10 sabedoria diante do *faraó*, rei do Egito
Hb 11. 24 recusou ser chamado filho da filha do *faraó*

FARDO
Mt 11. 30 meu jugo é suave e o meu *fardo* é leve

FARINHA
Êx 29. 2 Com a melhor *farinha* de trigo
Lc 13. 21 com uma grande quantidade de *farinha*
Ap 18. 13 *farinha* fina e trigo; bois e ovelhas

FARISEU
Lc 7. 37 Jesus...comendo na casa do *fariseu*
Lc 18. 10 um era *fariseu* e o outro, publicano
Jo 3. 1 um *fariseu* chamado Nicodemos
At 5. 34 um *fariseu* chamado Gamaliel

FARISEUS
Mt 5. 20 superior à dos *fariseus* e mestres da lei
Mc 7. 1 *fariseus* e alguns dos mestres da lei
Lc 11. 43 Ai de vocês, *fariseus*...!
Jo 1. 24 Alguns *fariseus* que tinham sido enviados
Jo 7. 32 Os *fariseus* ouviram a multidão
At 15. 5 alguns do partido religioso dos *fariseus*

FARTAR
Mt 15. 37 Todos comeram até se *fartar*

FARTO
Dt 32. 15 tornou-se pesado e *farto* de comida
Is 25. 6 o Senhor...preparará um *farto* banquete

FARTURA
Gn 41. 30 todo o tempo de *fartura* será esquecido
Gn 49. 25 bênçãos da fertilidade e da *fartura*.
Dt 33. 23 Naftali tem *fartura* do favor do Senhor

Jó 20. 22 Em meio à sua *fartura*, a aflição o dominará
Sl 65. 12 *fartura* vertem as pastagens do deserto
Pv 27. 27 Háverá *fartura* de leite de cabra
Lc 6. 25 Ai de vocês, que agora têm *fartura*
At 14. 17 concedendo-lhes sustento com *fartura*
2Co 9. 6 aquele que semeia com *fartura*...
Fp 4. 12 ...e sei o que é ter *fartura*

FAVOR
Mt 26. 28 que é derramado em *favor* de muitos
Mc 9. 40 ...não é contra nós está a nosso *favor*
Lc 1. 49 fez grandes coisas em meu *favor*
Jo 17. 19 Em *favor* deles eu me santifico
At 4. 9 ato de bondade em *favor* de um aleijado
Rm 15. 30 orando a Deus em meu *favor*
1Co 11. 24 o meu corpo, que é dado em *favor*...
Hb 9. 24 se apresentar...de Deus em nosso *favor*
3Jo 12 a própria verdade testemunha a seu *favor*

FAVORECER
Êx 23. 3 para *favorecer* o pobre num processo
Sl 82. 2 absolver os culpados e *favorecer* os ímpios?
Pv 18. 5 Não é bom *favorecer* os ímpios

FAVORÁVEL
Gn 33. 11 Deus tem sido *favorável* para comigo
Êx 12. 36 disposição *favorável* da parte dos egípcios
Sl 85. 1 Foste *favorável* à tua terra, ó Senhor
Is 49. 8 No tempo *favorável* eu responderei a você
2Co 6. 2 Eu te ouvi no tempo *favorável*

FAZER
Gn 11. 3 "Vamos *fazer* tijolos e queimá-los bem"
Êx 37. 28 usou madeira de acácia para *fazer* as varas
Lv 10. 10 *fazer* separação entre o santo e o
Dt 12. 32 a *fazer* tudo o que eu ordeno a vocês
Jz 13. 1 voltaram a *fazer* o que o Senhor reprova
1Sm 16. 3 e eu mostrarei a você o que *fazer*
Mt 12. 12 é permitido *fazer* o bem no sábado
Lc 3. 14 E nós, o que devemos *fazer*?
Jo 13. 27 O que...está para *fazer*, faça depressa
At 9. 6 alguém dirá o que você deve *fazer*
Rm 2. 7 persistindo em *fazer* o bem
Rm 7. 18 tenho o desejo de *fazer* o que é bom

FEBE
Rm 16. 1 Recomendo a vocês nossa irmã *Febe*

FEBRE
Mt 8. 14 viu a sogra deste de cama, com *febre*
Jo 4. 52 A *febre* o deixou ontem...
At 28. 8 sofrendo de *febre* e disenteria

FECHAR
1Co 15. 52 num abrir e *fechar* de olhos
Ap 3. 7 O que ele abre ninguém pode *fechar*
Ap 3. 8 ...porta aberta que ninguém pode *fechar*

FEITICEIROS
Êx 7. 11 mandou chamar os sábios e *feiticeiros*
Jr 27. Não ouçam...os seus *feiticeiros*
Dn 2. 2 os *feiticeiros* e os astrólogos...
Ml 3. 5 testemunharei contra os *feiticeiros*

FEITIÇARIA
Lv 19. 26 Não pratiquem adivinhação nem *feitiçaria*
1Sm 15. 23 a rebeldia é como o pecado da *feitiçaria*
2Rs 17. 17 Praticaram adivinhação e *feitiçaria*
Mq 5. 12 Acabarei com a sua *feitiçaria*

At 8. 9 Simão vinha praticando *feitiçaria*
Ap 22. 15 ficam os cães, os que praticam *feitiçaria*

FEITO
Gn 1. 31 E Deus viu tudo o que havia *feito*
Êx 2. 3 pegou um cesto *feito* de junco
Lv 24. 19 assim como fez lhe será *feito*
Sl 143. 5 ...o que as tuas mãos têm *feito*
Ec 10. 19 O banquete é *feito* para divertir
Mt 6. 4 que vê o que é *feito* em segredo
Mt 9. 29 seja *feito* segundo a fé que vocês têm!
Lc 14. 22 O que o senhor ordenou foi *feito*
At 18. 18 devido a um voto que havia *feito*
1Co 12. 14 O corpo não é *feito* de um só membro
Hb 11. 3 ...se vê não foi *feito* do que é visível
Ap 21. 6 Está *feito*. Eu sou o Alfa e o Ômega

FEIXE
Lv 23. 12 No dia em que moverem o *feixe*
Dt 24. 19 ...e deixarem um *feixe* de trigo para trás
Jó 5. 26 um *feixe* recolhido no devido tempo

FEL
Sl 69. 21 Puseram *fel* na minha comida
Pv 5. 4 mas no final é amarga como *fel*
Mt 27. 34 beber vinho misturado com *fel*
At 22. 12 fiel seguidor da lei e muito respeitado

FELICIDADE
Et 8. 16 ...foi uma ocasião de *felicidade*
Jó 7. 7 meus olhos jamais...a ver a *felicidade*
At 20. 35 maior *felicidade* em dar do que em receber
Rm 4. 9 Destina-se esta *felicidade* apenas...

FELIZ
Sl 128. 1 é *feliz* quem teme o Senhor...!
Ec 11. 9 Seja *feliz* o seu coração
Mt 11. 6 *feliz* é aquele que não se escandaliza
Rm 4. 8 *feliz*...a quem o Senhor não atribui culpa

FENDA
Êx 33. 22 eu o colocarei numa *fenda* da rocha
Jr 13. 4 esconda-o ali numa *fenda* da rocha

FERA
Sl 68. 30 Repreende a *fera* entre os juncos

FERIDA
Lv 13. 19 no lugar da *ferida* aparecer um inchaço
Jó 34. 6 sua flecha me causa *ferida* incurável
Mq 1. 9 a *ferida* de Samaria é incurável
Na 3. 19 a sua *ferida* é mortal
Ap 13. 14 em honra à besta que fora *ferida*

FERIR
Êx 12. 13 não os atingirá quando eu *ferir* o Egito
Jz 20. 31 Começaram a *ferir* alguns dos israelitas
2Cr 21. 14 o Senhor vai *ferir* terrivelmente seu povo
Jó 21. 9 a vara de Deus não os vem *ferir*
Mt 5. 39 Se alguém o *ferir* na face direita...
Lc 4. 35 e saiu dele sem o *ferir*

FERMENTO
Mt 16. 6 tenham cuidado com o *fermento*
Mc 12. 12 dia da festa dos pães sem *fermento*
Lc 22. 7 chegou o dia dos pães sem *fermento*
1Co 5. 7 Livrem-se do *fermento* velho
Gl 5. 9 ...de *fermento* leveda toda a massa

FEROZ
Dt 28. 50 nação de aparência *feroz*
Pv 26. 13 um leão *feroz* rugindo nas ruas!
Is 19. 4 um rei *feroz* dominará sobre eles
Is 35. 9 nenhum animal *feroz* passará por ele

Concordância Bíblica Abreviada

FERRO
At 12.10 e chegaram ao portão de *ferro*
Ap 19.15 Ele as governará com cetro de *ferro*

FERROLHOS
Ne 3. 3 os *ferrolhos* e as trancas no lugar

FERRUGEM
Am 4. 9 castiguei-os com pragas e *ferrugem*
Mt 6.19 onde a traça e a *ferrugem* destroem
Tg 5. 3 a *ferrugem* deles testemunhará...

FERVER
Is 64. 2 acende os gravetos e faz a água *ferver*
Ez 24. 5 faça-a *ferver* a água e cozinhe tudo

FERVOROSOS
Rm 12.11 sejam *fervorosos* no espírito

FESTA
Dt 16.10 Celebrem então a *festa* das semanas
1Sm 20. 5 Amanhã é a *festa* da lua nova
Mt 26. 5 Não durante a *festa*, para que...
Lc 2.41 iam a Jerusalém para a *festa* da Páscoa
Lc 23.17 ...a soltar-lhes um preso durante a *festa*

FESTEJARÃO
Sl 13. 4 meus adversários *festejarão* o meu fracasso
Ap 11.10 se alegrarão por causa deles e *festejarão*

FESTO
At 24.27 Félix foi sucedido por Pórcio *Festo*
At 25. 1 *Festo* subiu de Cesareia para Jerusalém
At 26.24 *Festo* interrompeu a defesa de Paulo

FEZES
Dt 23.13 ...um buraco e cubram as *fezes*
2Rs 18.27 terão que comer as próprias *fezes*
Ez 4.12 usando *fezes* humanas como combustível
Ez 4.15 e não em cima de *fezes* humanas

FIADOR
Pv 11.15 Quem serve de *fiador* certamente sofrerá
Pv 27.13 Tome-se a veste de quem serve de *fiador*

FICAR
Gn 20.15 podes *ficar* onde quiseres
Êx 9.28 não precisam mais *ficar* aqui
Mt 6. 5 gostam de *ficar* orando em pé
Lc 10. 5 Quero *ficar* em sua casa hoje
At 15.34 Silas decidiu *ficar*.
1Co 16. 7 espero *ficar* algum tempo com vocês
Ef 6.11 para poderem *ficar* firmes

FIDELIDADE
Gn 24.49 se quiserem mostrar *fidelidade*
Êx 34. 6 cheio de amor e de *fidelidade*
Nm 14.18 muito paciente e grande em *fidelidade*
2Cr 19. 9 com *fidelidade* e com coração íntegro
Sl 89. 1 anunciarei a tua *fidelidade*
Ap 13.10 a perseverança e a *fidelidade* dos santos

FIEL
Mt 25.21 Muito bem, servo bom e *fiel*!
Lc 16.10 Quem é *fiel* no pouco...é *fiel* no muito
1Co 1. 9 *Fiel* é Deus, o qual os chamou à...
1Ts 5.24 Aquele que os chama é *fiel*
1Tm 4. 9 uma afirmação *fiel* e digna de plena...
Hb 3. 2 foi *fiel* àquele que o havia constituído
Ap 1. 5 Jesus Cristo, que é a testemunha *fiel*
Ap 2.13 você permanece *fiel* ao meu nome
Ap 3.14 a testemunha *fiel* e verdadeira
Ap 19.11 cujo cavaleiro se chama *Fiel* e Verdadeiro

FIGO
Is 28. 4 será como *figo* maduro
Mq 7. 1 nenhum *figo* novo que eu tanto desejo

FIGUEIRA
Gn 3. 7 juntaram folhas de *figueira* para cobrir-se
Ct 2.13 A *figueira* produz os primeiros frutos
Jl 1.12 A vinha está seca, e a *figueira* murchou
Mt 21.20 Como a *figueira* secou tão depressa?
Mc 11.20 viram a *figueira* seca desde as raízes
Lc 19. 4 subiu numa *figueira* brava para vê-lo
Jo 1.50 disse que o vi debaixo da *figueira*
Tg 3.12 pode uma *figueira* produzir azeitonas...?

FIGURA
Ez 1.26 uma *figura* que parecia um homem
Ez 1.28 ...da *figura* da glória do Senhor
Ez 8. 2 vi uma *figura* como a de um homem

FILACTÉRIOS
Mt 23. 5 fazem seus *filactérios* bem largos

FILADÉLFIA
Ap 3. 7 Ao anjo da igreja em *Filadélfia*...

FILEIRA
2Rs 25.17 decorado com uma *fileira* de romãs
Ez 42. 8 A *fileira* de quartos junto ao pátio

FILEMOM
Fm 1a você, *Filemom*, nosso amado cooperador

FILHA
Gn 24.23 De quem você é *filha*?
Êx 2. 5 A *filha* do faraó descera ao Nilo
Nm 30. 6 um pai e sua *filha* moça
Dt 13. 6 seu próprio irmão ou filho ou *filha*
Js 15.16 Darei minha *filha* Acsa por mulher
Rt 2. 8 Ouça bem, minha *filha*
1Sm 18.17 Aqui está a minha *filha* mais velha
2Sm 3.13 sem trazer-me Mical, *filha* de Saul
1Rs 4.11 Tafate, *filha* de Salomão
2Rs 8.18 se casou com uma *filha* de Acabe
1Cr 2.21 tomou por mulher a *filha* de Maquir
Mt 10.37 Minha *filha* acaba de morrer
Mc 5.34 "*Filha*, a sua fé a curou!..."
Lc 2.36 a profetisa Ana, *filha* de Fanuel
At 7.21 a *filha* do faraó o tomou e o criou

FILHINHOS
Jo 13.33 Meus *filhinhos*, vou estar com vocês
1Jo 5.21 *Filhinhos*, guardem-se dos ídolos

FILHO
Sl 2. 7 Tu és meu *filho*; eu hoje te gerei
Mt 1. 1 genealogia de Jesus Cristo, *filho* de Davi
Mt 2.15 "Do Egito chamei o meu *filho*"
Mt 3.17 Este é o meu *Filho* amado
Mt 4. 3 Se és o *Filho* de Deus...
Mc 6. 3 *filho* de Maria e irmão de Tiago...?
Mc 9.17 Mestre, eu te trouxe o meu *filho*
Lc 9.41 Traga-me aqui o seu *filho*
Jo 5.22 confiou todo julgamento ao *Filho*
Jo 5.26 deu ao *Filho* ter vida
Jo 13.32 Deus também glorificará o *Filho*...
Hb 7.28 constituí o *Filho* perfeito para sempre
Ap 12. 4 para devorar o seu *filho*
Ap 12. 5 Ela deu à luz um *filho*
Ap 21. 7 serei seu Deus, e ele será meu *filho*

FILIPE
Jo 12.21 se aproximaram de *Filipe*
At 8. 5 Indo *Filipe* para uma cidade de Samaria

FILIPOS
At 16.12 partimos para *Filipos*, na Macedônia
Fp 1. 1 os santos...que estão em *Filipos*
1Ts 2. 2 maltratados e insultados em *Filipos*

FILISTEU
Jz 14. 1 uma mulher do povo *filisteu*
2Sm 5.24 frente para ferir o exército *filisteu*
1Cr 14.16 e eles derrotaram o exército *filisteu*
2Cr 26. 6 em outros lugares do território *filisteu*

FILOSOFIAS
Cl 2. 8 ...os escraviza a *filosofias* vãs e enganosas

FILÍSTIA
Êx 15.14 angústia se apodera do povo da *Filístia*
Sl 60. 8 sobre a *Filístia* dou meu brado de vitória
Ez 25.15 a *Filístia* agiu por vingança...

FILÓSOFOS
At 17.18 Alguns *filósofos* epicureus e estoicos

FINGIMENTO
1Rs 14. 6 Por que esse *fingimento*?

FINGIR
1Rs 14. 5 Quando ela chegar, vai *fingir*
Pv 12. 9 ...*fingir* ser alguém e não ter comida
Pv 26.26 pode *fingir* e esconder o seu ódio

FINEIAS
Nm 25. 7 Quando *Fineias*, filho de Eleazar
Jz 20.28 *Fineias*, filho de Eleazar, filho de Arão
1Sm 1. 3 ...e *Fineias*, os dois filhos de Eli

FINÍSSIMO
2Rs 20.13 ...as especiarias e o azeite *finíssimo*
Ec 7. 1 ...do que um perfume *finíssimo*

FIRMAMENTO
Sl 19. 1 o *firmamento* proclama a obra das suas mãos
Sl 150. 1 louvem-no em seu magnífico *firmamento*

FIRMAR
Gn 26.28 Queremos *firmar* um acordo
Sl 69. 2 não tenho onde *firmar* os pés
Pv 12. 3 ...se *firmar* mediante a impiedade

FIRME
Gn 49.24 o seu arco permaneceu *firme*
Jó 11.15 será *firme* e destemido
Jó 36. 5 é poderoso e *firme* em seu propósito
Sl 57. 7 Meu coração está *firme*, ó Deus
Is 42. 6 segurarei *firme* a sua mão
Ez 13. 5 pudesse resistir *firme* no combate
Jn 2.10 e ele vomitou Jonas em terra *firme*
1Co 10.12 aquele que julga estar *firme*...
Hb 6.19 como âncora da alma, *firme* e segura
2Pe 1.19 ...mais *firme* a palavra dos profetas

FIRMEMENTE
Fp 2.16 retendo *firmemente* a palavra da vida
Tt 1. 9 apegue-se *firmemente* à mensagem fiel
Hb 3. 6 nos apegamos *firmemente* à confiança
Hb 6.18 sejamos *firmemente* encorajados

FIRMEZA
Hb 4.14 ...toda a *firmeza* à fé que professamos
2Pe 3.17 nem percam a sua *firmeza* e caiam
Ap 2.25 ...com *firmeza* ao que vocês têm

FIXAR
2Co 3. 7 ...*fixar* os olhos na face de Moisés

FIÉIS
At 11.23 os animou a permanecerem *fiéis*
Ef 1. 1 aos santos e *fiéis* em Cristo Jesus
1Tm 4.12 seja um exemplo para os *fiéis*
2Tm 2. 2 confie-as a homens *fiéis*
Ap 17.17 ...os mantém *fiéis* ao testemunho de Jesus

FLAGELO
Jó 9.23 ...um *flagelo* causa morte repentina
Mq 1. 9 O *flagelo* alcançou até mesmo a...

2089

Concordância Bíblica Abreviada

FLAGRAR
Mc 14. 1 um meio de *flagrar* Jesus

FLAMEJANTE
Gn 3. 24 uma espada *flamejante* que se movia
Êx 15. 7 Enviaste o teu furor *flamejante*
Lm 2. 3 Em sua *flamejante* ira

FLAUTA
Gn 4. 21 pai de todos os que tocam... *flauta*
Jó 21. 12 alegram-se ao som da *flauta*
Mt 11. 17 Nós tocamos *flauta*
1Co 14. 7 tais como a *flauta* ou a cítara

FLAUTISTAS
Mt 9. 23 viu os *flautistas* e a multidão agitada

FLECHA
1Sm 20. 36 Vá correndo buscar as *flechas*
2Rs 9. 24 A *flecha* atravessou-lhe o coração
Jó 20. 24 o bronze da sua *flecha* o atravessará
Sl 91. 5 ...nem a *flecha* que voa de dia
Pv 25. 18 uma espada ou uma *flecha* aguda
Jr 9. 8 A língua deles é uma *flecha* mortal
Zc 9. 14 sua *flecha* brilhará como o relâmpago

FLECHEIROS
1Sm 31. 3 até que os *flecheiros* o alcançaram
1Cr 8. 40 soldados valentes e bons *flecheiros*
2Cr 35. 23 *flecheiros* atingiram o rei Josias
Jó 16. 13 seus *flecheiros* me cercam
Is 21. 17 ...serão os sobreviventes dos *flecheiros*
Jr 50. 29 Convoquem *flecheiros* contra a Babilônia

FLOR
Jó 14. 2 Brota como a *flor* e murcha
Sl 103. 15 floresce como a *flor* do campo
Ct 2. 1 Sou uma *flor* de Sarom
Tg 1. 10 ...passará como a *flor* do campo
1Pe 1. 24 a relva murcha e cai a sua *flor*

FLORESCER
Ez 17. 24 ...e faço *florescer* a árvore seca

FLORESCERÁ
Pv 14. 11 a tenda dos justos *florescerá*
Is 35. 1 o ermo exultará e *florescerá*
Os 14. 6 ele *florescerá* como o lírio

FLUIR
Jó 6. 17 param de *fluir* no tempo da seca
Sl 78. 16 fez sair regatos e *fluir* água
Is 48. 21 ele fez água *fluir* da rocha para eles
Jr 18. 14 parar de *fluir* suas águas frias
Ez 47. 9 onde o rio *fluir* tudo viverá

FLUIRÃO
Is 30. 25 regatos de água *fluirão* sobre...
Zc 14. 8 águas correntes *fluirão* de Jerusalém
Jo 7. 38 do seu interior *fluirão* rios de água viva

FLUXO
Gn 31. 35 estou com o *fluxo* das mulheres
Lv 15. 7 ...pura do *fluxo* do seu sangramento
2Sm 3. 29 ...descendentes quem sofra *fluxo* ou lepra

FOGE
Lv 26. 36 Correrão como quem *foge* da espada
2Rs 19. 21 meneia a cabeça enquanto você *foge*
Jó 27. 22 enquanto ele *foge* às pressas
Jo 10. 12 ...o lobo vem, abandona as ovelhas e *foge*
Jo 10. 13 Ele *foge* porque é assalariado

FOGO
Gn 19. 24 fez chover do céu *fogo* e enxofre
Js 13. 14 ofertas preparadas no *fogo* ao Senhor
2Sm 22. 9 da sua boca saiu *fogo* consumidor
Jó 18. 5 a chama do seu *fogo* se extingue
Mt 3. 10 será cortada e lançada ao *fogo*
Mt 3. 11 os batizará com o Espírito Santo e com *fogo*
2Pe 3. 12 os céus serão desfeitos pelo *fogo*
Ap 20. 15 foram lançados no lago de *fogo*

FOICE
Dt 23. 25 usem *foice* para ceifar o trigo
Mc 14. 9 o homem lhe passa a *foice*
Ap 14. 14 e uma *foice* afiada na mão
Ap 14. 19 O anjo passou a *foice* pela terra

FOLHA
Gn 8. 11 em seu bico uma *folha* nova de oliveira
Lv 26. 36 o som de uma *folha* levada pelo vento

FOME
Gn 12. 10 Houve *fome* naquela terra
Êx 16. 3 ...morrer de *fome* toda esta multidão!
Dt 8. 3 ele os humilhou e os deixou passar *fome*
Am 8. 11 não *fome* de comida nem sede de água
Mt 5. 6 ...os que têm *fome* e sede de justiça
Mt 25. 37 quando te vimos com *fome*
Mc 8. 3 o mandar para casa com *fome*
At 7. 11 houve *fome* em todo o Egito
Rm 12. 20 Se o seu inimigo tiver *fome*...
2Co 11. 27 passei *fome* e sede
Ap 7. 16 Nunca mais terão *fome*

FONTE
Gn 16. 7 encontrou Hagar perto de uma *fonte*
Sl 36. 9 em ti está a *fonte* da vida
Pv 10. 11 A boca do justo é *fonte* de vida
Jl 3. 18 Uma *fonte* fluirá do templo do Senhor
Jo 4. 14 se tornará nele uma *fonte* de água
1Tm 6. 5 pensam que a piedade é *fonte* de lucro
Hb 5. 9 tornou-se a *fonte* da salvação eterna
Tg 3. 11 água doce e água amarga da mesma *fonte*?
Ap 21. 6 darei de beber...da *fonte* da água

FORASTEIROS
1Cr 29. 15 somos estrangeiros e *forasteiros*
Ef 2. 19 já não são estrangeiros nem *forasteiros*

FORMA
Gn 1. 2 a terra sem *forma* e vazia
Dt 4. 12 mas não viram *forma* alguma
Ap 1. 1 um livro em *forma* de rolo

FORMAR
Gn 16. 2 possa *formar* família por meio dela

FORMIGA
Pv 6. 6 Observe a *formiga*, preguiçoso

FORMOSA
At 3. 2 porta do templo chamada *Formosa*

FORMOSOS
Zc 11. 3 seus *formosos* pastos foram devastados

FORMOSURA
Pv 31. 30 ...e a *formosura* é passageira
Ez 16. 14 ...tornou perfeita a sua *formosura*

FORNALHA
Is 31. 9 cuja *fornalha* está em Jerusalém
Dn 3. 6 atirado numa *fornalha* em chamas
Mt 13. 42 os lançarão na *fornalha* ardente
Ap 9. 2 ...de uma gigantesca *fornalha*

FORNO
Lv 11. 35 se for um *forno* ou um fogão de barro...
Sl 12. 6 são como prata purificada num *forno*
Lm 5. 10 está quente como um *forno*
Os 7. 4 queimando como um *forno*

FORRO
1Rs 6. 9 fazendo-lhe um *forro* com vigas
Is 40. 22 estende os céus como um *forro*

FORTALECER
2Cr 16. 9 para *fortalecer* aqueles que...
Jr 16. 7 para *fortalecer* os que pranteiam

FORTALEZA
2Sm 22. 2 minha *fortaleza* e o meu libertador
Sl 31. 3 minha rocha e a minha *fortaleza*
Sl 37. 39 é a sua *fortaleza* na hora da adversidade
Sl 43. 2 Pois tu, ó Deus, és a minha *fortaleza*
Sl 46. 1 é o nosso refúgio e a nossa *fortaleza*
At 21. 37 para introduzir Paulo na *fortaleza*

FORTE
Gn 25. 23 um deles será mais *forte* que o outro
Êx 1. 9 é agora numeroso e mais *forte*...
Nm 13. 18 o povo que vive lá é *forte* ou fraco
Dt 1. 28 povo é mais *forte* e mais alto
Js 1. 7 seja *forte* e muito corajoso!
Jz 14. 14 do que é *forte* saiu doçura
Sl 27. 1 O Senhor é o meu *forte* refúgio
Sl 61. 3 uma torre *forte* contra o inimigo
Sl 91. 13 pisoteará o leão *forte* e a serpente
Sl 136. 12 Com mão poderosa e braço *forte*
Ap 16. 17 do santuário saiu uma *forte* voz

FORÇA
Gn 49. 3 ...é meu primogênito, minha *força*
Êx 15. 2 O Senhor é a minha *força*
Lv 26. 20 A *força* de vocês será gasta...
Nm 14. 17 que a *força* do Senhor se manifeste
Dt 32. 36 quando vir que a *força* deles...
1Sm 2. 4 os fracos são revestidos de *força*
Sl 18. 1 te amo, ó Senhor, minha *força*
Sl 18. 32 é o Deus que me reveste de *força*
Sl 28. 7 O Senhor é a minha *força*
Sl 28. 8 O Senhor é a *força* do seu povo
Mt 11. 12 o Reino dos céus é tomado à *força*
1Co 15. 56 ...e a *força* do pecado é a Lei
Cl 1. 29 lutando conforme a sua *força*
Hb 11. 34 da fraqueza tiraram *força*

FORÇAR
Sl 118. 13 ...para *forçar* a minha queda
Lc 16. 16 tentam *forçar* sua entrada nele

FRACO
2Sm 3. 39 Embora rei ungido, ainda sou *fraco*
Sl 38. 8 Sinto-me muito *fraco* e totalmente...
Zc 12. 8 o mais *fraco* dentre eles será como Davi
Rm 14. 1 Aceitem o que é *fraco* na fé
1Co 1. 27 escolheu o que para o mundo é *fraqueza*
1Co 9. 22 Para com os fracos tornei-me *fraco*
2Co 12. 10 quando sou *fraco* é que sou forte

FRAGRÂNCIA
Ct 1. 3 A *fragrância* dos seus perfumes é suave
Ct 1. 12 o meu nardo espalhou sua *fragrância*
Jo 12. 3 encheu-se com a *fragrância* do perfume
2Co 2. 14 a *fragrância* do seu conhecimento
2Co 2. 16 para aqueles, *fragrância* de vida

FRANJAS
Mt 23. 5 ...*franjas* de suas vestes bem longas

FRANQUEZA
Lv 19. 17 repreendam com *franqueza*
At 2. 29 posso dizer com *franqueza*
Rm 15. 15 eu escrevi a vocês com toda a *franqueza*

FRAQUEZA
Rm 8. 26 o Espírito nos ajuda em nossa *fraqueza*
1Co 1. 25 a *fraqueza* de Deus é mais forte
1Co 15. 43 é semeado em *fraqueza* e ressuscita...
2Co 12. 9 meu poder se aperfeiçoa na *fraqueza*
2Co 13. 4 foi crucificado em *fraqueza*, mas vive
Hb 5. 2 ele próprio está sujeito à *fraqueza*
Hb 11. 34 da *fraqueza* tiraram força

FRATERNAL
Hb 13. 1 Seja constante o amor *fraternal*
1Pe 1. 22 visando ao amor *fraternal* e sincero

Concordância Bíblica Abreviada

FREIO
2Rs 19. 28 ...e o meu *freio* em sua boca
Is 30. 28 coloca na boca dos povos um *freio*

FREIOS
Jó 30. 11 ficam sem *freios* na minha presença
Sl 32. 9 ser controlados com *freios*
Tg 3. 3 colocamos *freios* na boca dos cavalos

FRENTE
Gn 33. 2 ...as servas e os seus filhos à *frente*
2Cr 29. 19 estão em *frente* ao altar

FRESCOR
Pv 25. 13 *frescor* da neve na época da colheita

FRIO
Jó 24. 7 não têm com que cobrir-se no *frio*
Sl 147. 17 Quem pode suportar o seu *frio*?
Zc 14. 6 ...dia, não haverá calor nem *frio*
At 28. 2 estava chovendo e fazia *frio*
2Co 11. 27 suportei *frio* e nudez
Ap 3. 15 que você fosse *frio* ou quente!

FRONTAL
Jz 20. 34 um ataque *frontal* contra Gibeá

FRONTE
Dt 33. 16 sobre a *fronte* do escolhido

FRONTEIRA
Gn 25. 18 próximo à *fronteira* com o Egito
Js 19. 29 a *fronteira* voltava para Ramá
2Cr 9. 26 junto à *fronteira* do Egito
At 16. 7 chegaram à *fronteira* da Mísia

FRUSTRAR
2Sm 17. 14 ...*frustrar* o eficiente conselho de Aitofel

FRUTIFICANDO
Cl 1. 10 *frutificando* em toda boa obra

FRUTO
Gn 3. 3 Não comam do *fruto* da árvore
Gn 4. 3 Caim trouxe do *fruto* da terra uma...
Lv 26. 4 as árvores do campo darão o seu *fruto*
Nm 15. 19 e comerem do *fruto* da terra
Mt 3. 8 ...*fruto* que mostre o arrependimento!
Mt 3. 10 toda árvore que não der bom *fruto*
Mt 12. 33 Uma árvore boa dá *fruto* bom
Gl 5. 22 o *fruto* do Espírito é amor, alegria...
Fp 1. 11 cheios do *fruto* da justiça
Hb 12. 11 produz *fruto* de justiça e paz
Tg 3. 18 O *fruto* da justiça semeia-se em paz

FRUTOS
Gn 1. 11 ...cujos *frutos* produzam sementes
Nm 13. 20 Tragam alguns *frutos* da terra
Dt 1. 25 Trouxeram alguns *frutos* da região
Ez 47. 12 Seus *frutos* servirão de comida
Dn 4. 21 com belas folhas e muitos *frutos*
Mt 7. 16 os reconhecerão por seus *frutos*
Mt 7. 17 toda árvore boa dá *frutos* bons
Tg 3. 17 cheia de misericórdia e de bons *frutos*

FRÁGIL
Jó 8. 14 Aquilo em que ele confia é *frágil*
Sl 39. 4 para que eu saiba quão *frágil* sou

FRÍGIA
At 16. 6 pela região da *Frígia* e da Galácia
At 18. 23 toda a região da Galácia e da *Frígia*

FUGA
Mt 24. 20 Orem para que a *fuga* de vocês...
Hb 11. 34 puseram em *fuga* exércitos estrangeiros

FUGIR
Gn 19. 19 Não posso *fugir* para as montanhas
Êx 21. 13 um lugar para onde poderá *fugir*
Mt 3. 7 Quem deu a vocês a ideia de *fugir*...?
2Pe 2. 18 ...*fugir* daqueles que vivem no erro

FUGITIVO
Gn 4. 12 um *fugitivo* errante pelo mundo

Pv 28. 17 ...será *fugitivo* até a morte
Ez 24. 26 um *fugitivo* virá dar a notícia a você

FUMAÇA
Êx 19. 18 O monte...estava coberto de *fumaça*
Lv 16. 13 a *fumaça* do incenso cobrirá a tampa
Ap 9. 2 Da *fumaça* saíram gafanhotos

FUMEGAM
Sl 104. 32 toca os montes, e eles *fumegam*

FUNDA
Jz 20. 16 atirar com a *funda* uma pedra
Is 30. 33 Sua fogueira é *funda* e larga

FUNDAMENTO
Is 33. 6 Ele será o firme *fundamento*
Jr 48. 30 A sua tagarelice sem *fundamento*
Ef 2. 20 ...sobre o *fundamento* dos apóstolos
1Tm 3. 15 coluna e *fundamento* da verdade

FUNDAÇÃO
Êx 9. 18 desde o dia da sua *fundação*...

FUNDIR
Êx 25. 12 Mande *fundir* quatro argolas
Dt 4. 20 e tirou da fornalha de *fundir* ferro

FUNDO
Êx 15. 5 como pedra desceram ao *fundo*
Lc 6. 48 cavou *fundo* e colocou os alicerces

FUROR
Gn 27. 44 até que passe o *furor* de seu irmão
Êx 15. 7 Enviaste o teu *furor* flamejante
Lv 26. 28 com *furor* me oporei a vocês
Jó 20. 23 e sobre ele despejará o seu *furor*
Sl 6. 1 nem me disciplines no teu *furor*
Sl 69. 24 que o teu *furor* ardente os alcance
Is 13. 9 dia cruel, de ira e grande *furor*
Na 1. 6 O seu *furor* se derrama como fogo
Hc 2. 15 misturando-a com o seu *furor*
Ap 14. 10 beberá do vinho do *furor* de Deus

FURTA
Rm 2. 21 ...que prega contra o furto, *furta*?

FURTO
Rm 2. 21 ...que prega contra o *furto*, furta?

FUSTIGADO
Mt 14. 24 *fustigado* pelas ondas,

FÚTIL
1Co 3. 20 O Senhor...sabe como são *fúteis*

FUTURO
Gn 30. 33 dará testemunho de mim no *futuro*
Jó 8. 7 o seu *futuro* será de grande prosperidade
Sl 16. 2 és tu que garantes o meu *futuro*
Sl 31. 15 O meu *futuro* está nas tuas mãos
Sl 37. 37 há *futuro* para o homem de paz
Pv 24. 20 não há *futuro* para o mau
Ec 8. 7 ninguém conhece o *futuro*
Jr 10. 23 não está nas mãos do homem o seu *futuro*
At 16. 16 espírito pelo qual predizia o *futuro*

FÁBULAS
1Tm 4. 7 Rejeite...as *fábulas* profanas e tolas
2Pe 1. 16 não seguimos *fábulas*...inventadas

FÁCIL
Dt 1. 41 ...seria *fácil* subir a região montanhosa
2Rs 20. 10 Como é *fácil* a sombra avançar
Mt 19. 24 É mais *fácil* passar um camelo...
Mc 2. 9 *fácil* dizer ao paralítico...
Lc 16. 17 mais *fácil* os céus e a terra...

FÉ
2Cr 20. 20 Tenham *fé* no SENHOR, o seu Deus
Mt 6. 30 ...homens de pequena *fé*!
Mt 9. 2 Vendo a *fé* que eles tinham
Mt 9. 22 Ânimo, filha, a sua *fé* a curou!
Mt 15. 28 Mulher, grande é a sua *fé*!
Mt 17. 20 a *fé* que vocês têm é pequena
Lc 7. 50 Sua *fé* a salvou; vá em paz

Lc 8. 25 "Onde está a sua *fé*?"
Lc 8. 48 "Filha, a sua *fé* a curou! Vá em paz"
Lc 12. 28 homens de pequena *fé*!
Lc 17. 5 "Aumenta a nossa *fé*!"
At 11. 24 cheio do Espírito Santo e de *fé*
At 14. 9 o homem tinha *fé* para ser curado
Rm 3. 28 o homem é justificado pela *fé*
Rm 14. 1 Aceitem o que é fraco na *fé*

FÉLIX
At 23. 24 levem-no... ao governador *Félix*
At 23. 26 ao Excelentíssimo Governador *Félix*
At 24. 2 Tértulo apresentou sua causa a *Félix*

FÉRTIL
Nm 13. 20 se o solo é *fértil* ou pobre
Ne 9.25 cidades fortificadas e terra *fértil*

FÊMEA
Gn 7. 16 ...e uma *fêmea* de cada ser vivo
Lv 3. 6 ...ou uma *fêmea* sem defeito

FÍGADO
Lv 4. 9 o lóbulo do *fígado*, que ele removerá

FÔLEGO
Gn 1. 30 o que tem em si *fôlego* de vida
Gn 2. 7 soprou...o *fôlego* de vida
Sl 104. 30 Quando sopras o teu *fôlego*
At 17. 25 ele mesmo dá a todos a vida, o *fôlego*

FÚRIA
Jó 40. 11 Derrame a *fúria* da sua ira
Sl 37. 8 Evite a ira e rejeite a *fúria*
Pv 6. 34 o ciúme desperta a *fúria* do marido
Pv 15. 1 A resposta calma desvia a *fúria*
Ap 12. 12 Ele está cheio de *fúria*
Ap 14. 8 ...do vinho da *fúria* da sua prostituição!

GABAR
1Rs 20. 11 não deve se *gabar* como aquele...

GABRIEL
Lc 1. 19 Sou *Gabriel*, o que...na presença de Deus
Lc 1. 26 Deus enviou o anjo *Gabriel* a Nazaré

GADARENOS
Mt 8. 28 ...ao outro lado, à região dos *gadarenos*

GADE
Gn 49. 19 *Gade* será atacado por um bando
Ez 48. 34 a porta de *Gade*, a de Aser e...
Ap 7. 5 da tribo de *Gade*, doze mil

GADO
Gn 33. 17 ...e abrigos para o seu *gado*
Êx 12. 29 todas as primeiras crias do *gado*
Dt 32. 14 coalhada e leite do *gado*
Am 7. 14 apenas cuido do *gado* e faço colheita
Jo 4. 12 bem como seus filhos e seu *gado*?

GAFANHOTO
Êx 10. 19 e este envolveu os *gafanhotos*
Ec 12. 5 o *gafanhoto* for um peso.
Jó 39. 20 Você o faz saltar como *gafanhoto*
Jl 1. 4 ...o *gafanhoto* devorador comeu

GAIO
At 19. 29 os macedônios *Gaio* e Aristarco.
Rm 16. 23 *Gaio*, cuja hospitalidade eu e.
3Jo 1. 1 O presbítero ao amado *Gaio*

GAIOLAS
Jr 5. 27 como *gaiolas* cheias de pássaros

GALARDÃO
Is 40. 10 e seu *galardão* o acompanha
Is 62. 11 traz a sua recompensa e o seu *galardão*...

GALHO
2Rs 6. 6 Eliseu cortou um *galho* e o jogou ali
Is 14. 19 como um *galho* rejeitado...
Ml 4. 1 Não sobrará raiz ou *galho* algum

GALILEU
Mc 14. 70 ...você é um deles. Você é *galileu*

Concordância Bíblica Abreviada

Lc 23. 6 Pilatos perguntou se Jesus era *galileu*
At 5. 37 apareceu Judas, o *galileu*

GALILEIA
Is 9. 1 no futuro honrará a *Galileia* dos gentios
Mt 2. 22 retirou-se para a região da *Galileia*
Mt 3. 13 Jesus veio da *Galileia* ao Jordão...
Mt 21. 11 Jesus, o profeta de Nazaré da *Galileia*
Mc 6. 21 às principais personalidades da *Galilia*
Lc 23. 5 Começou na *Galileia* e chegou até aqui
At 9. 31 ...paz em toda a Judeia, *Galileia* e Samaria
At 13. 31 ido com ele da *Galileia* para Jerusalém

GALINHA
Mt 23. 37 a *galinha* reúne os seus pintinhos

GALO
Pv 30. 31 o *galo* de andar altivo
Mt 26. 34 antes que o *galo* cante...
Mt 26. 74 imediatamente um *galo* cantou
Mc 13. 35 ao cantar do *galo* ou ao amanhecer
Jo 18. 27 ...no mesmo instante um *galo* cantou

GALÁCIA
At 16. 6 pela região da Frígia e da *Galácia*
1Co 16. 1 façam como ordenei às igrejas da *Galácia*
2Tm 4. 10 Crescente foi para a *Galácia*...

GAMALIEL
Nm 2. 20 O líder de Manassés será *Gamaliel*
Nm 7. 59 a oferta de *Gamaliel*, filho de Pedazur
At 5. 34 um fariseu chamado *Gamaliel*
At 5. 40 ...convencidos pelo discurso de *Gamaliel*
At 22. 3 Fui instruído...por *Gamaliel* na lei

GANANCIOSO
Pv 28. 25 O *ganancioso* provoca brigas
Ef 5. 5 ou impuro, ou *ganancioso*, que é idólatra

GANHAR
Dn 2. 8 vocês estão tentando *ganhar* tempo
Am 7. 12 vá *ganhar* lá o seu pão
Mt 16. 26 ao homem *ganhar* o mundo inteiro
1Co 9. 21 a fim de *ganhar* os que não têm a Lei
1Co 9. 22 tornei-me fraco, para *ganhar* os fracos
Fp 3. 8 como esterco para poder *ganhar* Cristo
Fp 3. 14 ...*ganhar* o prêmio do chamado celestial

GANÂNCIA
Sl 10. 3 em sua *ganância*, amaldiçoa e insulta
Mt 23. 25 por dentro...cheios de *ganância*
Lc 11. 39 cheios de *ganância* e de maldade
Cl 3. 5 ...e a *ganância*, que é idolatria
1Ts 2. 5 nem de pretexto para *ganância*
1Pe 5. 2 Não façam isso por *ganância*
2Pe 2. 14 o coração exercitado na *ganância*

GASTAR
Is 55. 2 *gastar* dinheiro naquilo que não é pão
Mc 6. 37 ...*gastar* tanto dinheiro em pão
Tg 4. 3 para *gastar* em seus prazeres

GATE
1Sm 5. 8 ...arca do deus de Israel para *Gate*
1Sm 17. 23 Golias, o guerreiro filisteu de *Gate*
Mq 1. 10 ...contem isso em *Gate*, e não chorem

GAZA
Js 10. 41 ...desde Cades-Barneia até *Gaza*
Jz 16. 1 Certa vez Sansão foi a *Gaza*
At 8. 26 que desce de Jerusalém a *Gaza*

GEAZI
2Rs 4. 12 mandou...*Geazi* chamar a sunamita
2Rs 5. 27 *Geazi* saiu da presença de Eliseu
2Rs 8. 4 *Geazi*, servo do homem de Deus

GEDALIAS
2Rs 25. 22 Nabucodonosor...nomeou *Gedalias*
Jr 39. 14 ...a *Gedalias*, filho de Aicam

GELO
Jó 37. 10 O sopro de Deus produz *gelo*
Jó 38. 29 De que ventre materno vem o *gelo*?
Sl 147. 17 ...cair o *gelo* como se fosse pedra
Sl 147. 18 envia a sua palavra, e o *gelo* derrete
Ez 1. 22 reluzente como *gelo*

GEMER
Sl 6. 6 exausto de tanto *gemer*
Sl 32. 3 meu corpo definhava de tanto *gemer*
Sl 102. 5 De tanto *gemer* estou reduzido...
Ez 21. 6 comece a *gemer*, filho do homem!
Ez 26. 15 quando o ferido *gemer*
Na 2. 7 seu *gemer* é como o arrulhar das pombas

GEMIDO
Sl 12. 5 Por causa...e do *gemido* do pobre
Sl 31. 10 ...e os meus anos pelo *gemido*
Zc 11. 3 Ouçam o *gemido* dos pastores

GENEALOGIA
1Cr 7. 4 conforme a *genealogia* de sua família
Mt 1. 1 *genealogia* de Jesus Cristo
Hb 7. 3 Sem pai, sem mãe, sem *genealogia*

GENEROSIDADE
Sl 37. 21 os justos dão com *generosidade*
2Co 9. 13 *generosidade* de vocês em compartilhar...

GENEROSO
Sl 37. 26 é sempre *generoso* e empresta
Pv 11. 25 O *generoso* prosperará
Pv 22. 9 Quem é *generoso* será abençoado
Lc 8. 15 com coração bom e *generoso*

GENESARÉ
Mt 14. 34 Depois...chegaram a *Genesaré*
Lc 5. 1 Jesus estava perto do lago de *Genesaré*

GENTE
Gn 41. 57 de toda a terra vinha *gente* ao Egito
Êx 5. 5 Essa *gente* já é tão numerosa...
Jz 7. 4 Ainda há *gente* demais
Jó 1. 3 tinha muita *gente* a seu serviço
Sl 86. 14 *gente* que não faz caso de ti
Pv 1. 15 não vá pela vereda dessa *gente*!
Mt 3. 5 A ele vinha *gente* de Jerusalém
Mc 5. 38 *gente* chorando e se lamentando
Jo 10. 41 muita *gente* foi até onde ele estava
Rm 16. 2 de grande auxílio para muita *gente*

GENTIO
At 10. 28 um judeu associar-se a um *gentio*
Gl 2. 14 Você é judeu, mas vive como *gentio*

GERAR
Gn 20. 1 morou algum tempo em *Gerar*
Gn 20. 2 Abimeleque, rei de *Gerar*
Gn 26. 6 Assim Isaque ficou em *Gerar*

GERASENOS
Mc 5. 1 foram para a região dos *gerasenos*
Lc 8. 37 o povo da região dos *gerasenos*

GERAÇÃO
Gn 7. 1 único justo...nesta *geração*
Dt 1. 35 desta *geração* má verá a boa terra
Mt 12. 39 Uma *geração* perversa e adúltera
Mt 17. 17 Ó *geração* incrédula e perversa
At 2. 40 Salvem-se desta *geração* corrompida!
Hb 3. 10 fiquei irado contra aquela *geração*
1Pe 2. 9 Vocês, porém, são *geração* eleita

GERIZIM
Dt 11. 29 proclamar a bênção no monte *Gerizim*
Js 8. 33 defronte do monte *Gerizim*
Jz 9. 7 subiu ao topo do monte *Gerizim*

GERMINAR
Is 61. 11 o jardim faz *germinar* a semente

GERSONITAS
Nm 3. 24 O líder das famílias dos *gersonitas*
Js 21. 27 Os clãs levitas *gersonitas* receberam...
1Cr 26. 21 Os *gersonitas*, descendentes de Ladã

GETSÊMANI
Mt 26. 36 para um lugar chamado *Getsêmani*
Mc 14. 32 foram para um lugar chamado *Getsêmani*

GIBEOM
Js 9. 3 os habitantes de *Gibeom* souberam...

GIBEÁ
Jz 19. 12 Iremos para *Gibeá*
Jz 20. 43 ...nas proximidades de *Gibeá*

GIBEÃO
1Cr 6. 60 da tribo de Benjamim receberam *Gibeão*

GIDEÃO
Jz 6. 11 *Gideão*...estava malhando o trigo
Jz 8. 35 a família de Jerubaal, isto é, *Gideão*
Hb 11. 32 ...tempo para falar de *Gideão*

GIGANTES
Nm 13. 33 Vimos também os *gigantes*

GILBOA
1Sm 28. 4 ...os israelitas e acampava em *Gilboa*
1Sm 31. 1 caíram mortos no monte *Gilboa*
2Sm 21. 12 ...mataram Saul no monte *Gilboa*

GILEADE
Dt 34. 1 o Senhor lhe mostrou...de *Gileade* a Dã
Jz 11. 5 os líderes de *Gileade* foram buscar...
Zc 10. 10 os levarei para as terras de *Gileade*

GILGAL
Js 4. 19 o povo subiu...e acampou em *Gilgal*
Jz 1 O Anjo do Senhor subiu de *Gilgal*
1Sm 13. 12 os filisteus me atacarão em *Gilgal*
Am 5. 5 não busquem Betel, não vão a *Gilgal*

GLORIAR
Jr 9. 24 quem se *gloriar*, glorie-se nisto
Rm 4. 2 ele tem do que se *gloriar*
1Co 1. 31 Quem se *gloriar*, glorie-se no Senhor

GLORIFICAR
Jo 21. 19 ...Pedro iria *glorificar* a Deus

GLORIOSO
Dt 28. 58 temerem este nome *glorioso* e terrível
Sl 72. 19 Bendito seja o seu *glorioso* nome
Is 11. 10 seu lugar de descanso será *glorioso*
Mt 19. 28 ...se assentar em seu trono *glorioso*
Lc 9. 31 Apareceram em *glorioso* esplendor
At 2. 20 antes que venha...e *glorioso* dia do Senhor
Fp 3. 21 semelhantes ao seu corpo *glorioso*
1Tm 1. 11 se vê no *glorioso* evangelho

GLÓRIA
Êx 16. 7 cedo verão a *glória* do Senhor
Êx 16. 10 a *glória* do Senhor apareceu na nuvem
Dt 5. 24 mostrou-nos sua *glória* e sua majestade
1Sm 15. 29 Aquele que é a Glória de Israel
Sl 19. 1 Os céus declaram a *glória* de Deus
Sl 24. 7 para que o Rei da *glória* entre
Sl 24. 8 Quem é o Rei da *glória*?
Sl 29. 1 atribuam ao Senhor *glória* e força
Sl 29. 3 o Deus da *glória* troveja
Is 6. 3 a terra..está cheia da sua *glória*
Mt 24. 30 vindo...com poder e grande *glória*
Mt 25. 31 Filho do homem vier em sua *glória*
Lc 2. 9 a glória do Senhor resplandeceu
Lc 2. 14 *Glória* a Deus nas alturas

Jo   1. 14 Vimos a sua *glória*...
Jo   5. 41 não aceito *glória* dos homens
Rm   3. 23 ...destituídos da *glória* de Deus
Ap 21. 23 a *glória* de Deus a ilumina

GOGUE
1Cr   5. 4 pai de *Gogue*,...o pai de Simei
Ez   38. 2 vire o rosto contra *Gogue*
Ez   39. 1 estou contra você, ó *Gogue*

GOLIAS
1Sm 17. 4 Um guerreiro chamado *Golias*
1Sm 17. 23 *Golias*, o guerreiro filisteu de Gate
1Sm 17. 57 Davi...segurava a cabeça de *Golias*

GOLPEAR
2Rs 13. 18 pegar as flechas e *golpear* o chão
Ec   10. 10 é preciso *golpear* com mais força

GOMORRA
Gn   19. 24 ...enxofre sobre Sodoma e *Gomorra*

GORDURA
Dt   32. 38 os deuses que comeram a *gordura*
Jz   3. 22 a *gordura* se fechou sobre ela
Ez   44. 15 oferecer sacrifícios de *gordura*...

GOSTAR
Dt   24. 3 e este não *gostar* mais dela

GOTA
Is   40. 15 as nações são como a *gota*
Is   51. 17 você que engoliu, até a última *gota*
Ez   23. 34 Você o beberá,...até a última *gota*

GOTEIRA
Pv   19. 13 a esposa...é como uma *goteira*

GOTEJAR
Pv   27. 15 ...é como o *gotejar* constante

GOVERNADOR
Gn   42. 6 José era o *governador* do Egito
Ne   5. 18 comida destinada ao *governador*
Ag   1. 1 do profeta Ageu ao *governador* de Judá
Mt   27. 2 e o entregarem a Pilatos, o *governador*
At   23. 24 levem-no...ao *governador* Félix
At   26. 30 O rei se levantou, e com ele o *governador*

GOVERNAR
Gn   1. 16 o maior para *governar* o dia
Dt   28. 36 e também o rei que os *governar*
2Cr   6. 6 escolhi Davi para *governar* Israel
Jó   34. 17 quem odeia a justiça poderá *governar*?
Sl 136. 8 O sol para *governar* o dia
Zc   6. 13 assentará em seu trono para *governar*
1Tm   3. 4 deve *governar* bem sua própria família

GRAMA
Dn   4. 15 com os animais comerá a *grama*
Mc   6. 39 assentar-se em grupos na *grama*
Jo   6. 10 Havia muita *grama* naquele lugar

GRAMAS
Lv   27. 16 seiscentos *gramas* de prata
Ez   45. 12 O peso padrão...de doze *gramas*

GRANDE
Gn   21. 8 Abraão deu uma *grande* festa
Gn   21. 18 dele farei um *grande* povo
Gn   50. 10 com *grande* amargura
Nm 20. 20 com um exército *grande* e poderoso
Dt   7. 21 o Senhor...é Deus *grande* e temível
Jz   16. 6 de onde vem a sua *grande* força
Sl   25. 11 perdoa o meu pecado, que é tão *grande*!
Sl 119.156 *Grande* é a tua compaixão, Senhor
Pv   3. 32 o justo é seu *grande* amigo
Mt   7. 27 foi *grande* a sua queda
Lc   2. 10 boas-novas de *grande* alegria
Ap   6. 17 o *grande* dia da ira deles
Ap   21. 10 me levou...a um *grande* e alto monte

GRANDEZA
Dt   3. 24 mostrar ao teu servo a tua *grandeza*
Dt   32. 3 Louvem a *grandeza* do nosso Deus!
1Cr 29. 11 Teus, ó Senhor, são a *grandeza*,...
Sl 145. 3 sua *grandeza* não tem limites
Dn   7. 27 o poder e a *grandeza* dos reinos
Lc   9. 43 atônitos ante a *grandeza* de Deus
Ef   1. 19 incomparável *grandeza* do seu poder
1Tm   1. 16 demonstrasse toda a *grandeza*

GRANDIOSAS
Dt   6. 22 sinais e maravilhas *grandiosas*
Jó   37. 5 ele faz coisas *grandiosas*
Sl   71. 19 que tens feito coisas *grandiosas*

GRANDIOSO
Dt   4. 32 aconteceu algo tão *grandioso*
1Cr 17. 19 realizaste este feito *grandioso*
Sl 104. 1 tu és tão *grandioso*!

GRATIDÃO
Lv   7. 12 com sua oferta de *gratidão*
1Cr 16. 7 ...o Senhor com salmos de *gratidão*
2Cr 29. 31 tragam sacrifícios e ofertas de *gratidão*
Sl   26. 7 cantando hinos de *gratidão*
Jn   2. 9 Mas eu, com um cântico de *gratidão*
2Co   9. 12 muitas expressões de *gratidão* a Deus
Cl   3. 16 hinos e cânticos espirituais com *gratidão*

GRATUITAMENTE
Rm   3. 24 justificados *gratuitamente* por sua graça
1Co   9. 18 eu o apresente *gratuitamente*
2Co 11. 7 pregando a vocês *gratuitamente* o evangelho
Gl   3. 18 concedeu-a *gratuitamente* a Abraão
Ef   1. 6 nos deu *gratuitamente* no Amado
Ap   21. 6 darei de beber *gratuitamente*

GRATUITO
Rm   6. 23 o dom *gratuito* de Deus é a vida eterna

GRAVADO
Êx   32. 16 o que nelas estava *gravado*
Jr   17. 1 *gravado* com ponta de diamante
2Co   3. 7 foi *gravado* com letras em pedras

GRAVE
Gn   18. 20 e o seu pecado é tão *grave*
Êx   28. 9 *Grave* em duas pedras de ônix...
Jr   30. 12 Seu ferimento é *grave*
At   18. 14 queixa de algum delito ou crime *grave*

GRAVETO
Os   10. 7 arrastados como um *graveto* nas águas

GRAVIDEZ
Gn   3. 16 Multiplicarei...seu sofrimento na *gravidez*
Os   9. 11 nenhum nascimento, nenhuma *gravidez*

GRAÇA
Gn   29. 15 você vai trabalhar de *graça*?
Sl   86. 5 rico em *graça* para com todos
Mt   10. 8 receberam de *graça*; deem...de *graça*
Lc   2. 40 a *graça* de Deus estava sobre ele
Lc   4. 19 proclamar o ano da *graça* do Senhor
At   6. 8 Estêvão, homem cheio da *graça*
Rm   5. 20 ...aumentou o pecado, transbordou a *graça*
Rm   6. 1 pecando para que a *graça* aumente?
Rm   11. 6 pela *graça* que me foi dada
2Co   1. 2 *graça* e paz da parte de Deus
Ef   2. 8 são salvos pela *graça*, por meio da fé
Ef   3. 7 ...pelo dom da *graça* de Deus
Ap   22. 17 beba de *graça* da água da vida

GREGO
At   9. 36 Tabita, que em *grego* é Dorcas
Rm   1. 16 primeiro do judeu, depois do *grego*

Gl   3. 28 Não há judeu nem *grego*
Cl   3. 11 não há diferença entre *grego* e judeu

GRILHÕES
Sl 149. 8 prender os seus reis com *grilhões*

GRINALDA
1Rs   7. 30 fundida ao lado de cada *grinalda*

GRITAR
1Sm   4. 13 a cidade começou a *gritar*
1Sm   5. 10 o povo começou a *gritar*
1Rs 18. 28 passaram a *gritar* ainda mais alto
Sl 145. 19 ouve-os *gritar* por socorro e os salva
Pv   2. 3 e por discernimento *gritar* bem alto
Mt   20. 30 Dois cegos...puseram-se a *gritar*
At   14. 11 começou a *gritar* em língua licaônica

GRITARIA
1Rs   1. 41 O que significa essa *gritaria*
Sl   55. 3 diante da *gritaria* dos ímpios
Sl   74. 23 ignores a *gritaria* dos teus adversários
Lc   23. 23 a *gritaria* prevaleceu

GRITO
Jó   19. 7 Se *grito*: É injustiça!
Jó   34. 28 ...chegar a ele o *grito* do pobre
Sl   5. 2 Atenta para o meu *grito* de socorro
Sl   18. 6 meu *grito* chegou à sua presença
Is   42. 14 *grito*, gemo e respiro ofegante
Jr   14. 2 O *grito* de Jerusalém sobe
Mt   25. 6 "À meia-noite, ouviu-se um *grito*

GRUTA
Jo   11. 38 uma *gruta* com uma pedra

GRÁVIDAS
2Rs   8. 12 rasgará o ventre das...*grávidas*
Jr   31. 8 mulheres *grávidas* e em trabalho de parto
Am   1. 13 rasgou ao meio as *grávidas* de Gileade
Lc   21. 23 serão terríveis...dias para as *grávidas*

GRÃO
Is   40. 15 não passam de um *grão* de areia
Mt   13. 31 é como um *grão* de mostarda
Jo   12. 24 se o *grão* de trigo não cair na terra

GRÃOS
Lv   2. 14 ofereça *grãos* esmagados de cereal
Rt   3. 7 foi deitar-se perto do monte de *grãos*
2Sm 17. 19 espalhou *grãos* de cereal por cima
2Rs   4. 42 feitos dos primeiros *grãos* da colheita
Jó   29. 18 numerosos como os *grãos* de areia

GRÉCIA
Dn   8. 21 o bode peludo é o rei da *Grécia*
Dn   10. 20 chegará o príncipe da *Grécia*
Zc   9. 13 contra os filhos da *Grécia*

GUARDA
Gn   37. 36 oficial do faraó e capitão da *guarda*
Sl 141. 3 Coloca...uma *guarda* à minha boca
Jr   32. 2 Jeremias...preso no pátio da *guarda*
Lc   12. 21 quem *guarda* as tuas riquezas
Jo   9. 16 pois não *guarda* o sábado
1Co 13. 5 não se ira...não *guarda* rancor

GUARDAR
Jr   17. 27 e deixarem de *guardar* o sábado
Dn   5. 17 Podes *guardar* os teus presentes
Ml   2. 7 devem *guardar* o conhecimento
2Tm   1. 12 ele é poderoso para *guardar*
1Jo   5. 21 Filhinhos, guardem-se dos ídolos

GUARNIÇÕES
2Sm   8. 6 estabeleceu *guarnições* militares
1Rs 10. 26 mantinha uma parte nas *guarnições*
1Cr 18. 13 colocou *guarnições* militares em Edom
2Cr 17. 2 pôs *guarnições* em Judá
Ez   28. 13 e *guarnições* eram feitos de ouro

GUERRA
Gn   14. 2 foram à *guerra* contra Bera
Êx   14. 7 todos os carros de *guerra* do Egito

Êx 32.17 "Há barulho de *guerra* no acampamento"
Nm 32. 6 seus compatriotas irão à *guerra*
Dt 3. 7 tomamos como espólio de *guerra*
Jz 5. 8 a *guerra* chegou às portas
1Sm 19. 8 houve *guerra* outra vez
Jó 5.20 na *guerra* o livrará do golpe da espada
Sl 55.21 a *guerra* está no seu coração
Sl 140. 2 estão sempre provocando *guerra*
Sl 144. 1 treina minhas mãos para a *guerra*
Lc 14.31 sair à *guerra* contra outro rei
Ap 12. 7 Houve então uma *guerra* nos céus

GUERREAR
Js 9. 2 para *guerrear* contra Josué
Js 22.12 reuniu-se em Siló para *guerrear*
1Cr 12.33 preparados para *guerrear*
Ap 12.17 O dragão...saiu para *guerrear*
Ap 13. 7 Foi-lhe dado poder para *guerrear*

GUERREIRO
Êx 15. 3 O S<small>ENHOR</small> é *guerreiro*
1Sm 17. 4 Um *guerreiro* chamado Golias
Dn 11. 3 surgirá um rei *guerreiro*
Am 2.14 o *guerreiro* não salvará a sua vida

GUIA
Sl 48.14 ele será o nosso *guia* até o fim
Pv 11. 3 A integridade dos justos os *guia*
At 1.16 serviu de *guia* aos que prenderam Jesus
Rm 2.19 convencido de que é *guia* de cegos

GUIAR
Lc 1.79 e *guiar* nossos pés no caminho da paz
Lc 6.39 Pode um cego *guiar* outro cego?

GÁLATAS
Gl 3. 1 Ó *gálatas* insensatos!

GÊMEOS
Gn 25.24 havia *gêmeos* em seu ventre
Ct 4. 5 como filhotes *gêmeos*...
At 28.11 os deuses *gêmeos* Cástor e Pólux
Rm 9.11 antes que os *gêmeos* nascessem

GÓLGOTA
Mt 27.33 a um lugar chamado *Gólgota*

GÔMER
Os 1. 3 se casou com *Gômer*, filha de Diblaim
Os 1. 6 *Gômer* engravidou novamente
Os 1. 8 Depois... *Gômer* teve outro filho

HABACUQUE
Hc 1. 1 revelada ao profeta *Habacuque*
Hc 3. 1 Oração do profeta *Habacuque*

HABILIDADE
Êx 35.34 a *habilidade* de ensinar os outros
Ez 28. 5 sua grande *habilidade* comercial

HABITANTE
Jr 50. 3 não deixará nela nenhum *habitante*

HABITAR
Jr 7. 7 eu o farei *habitar* neste lugar
Lm 3. 6 Fez-me *habitar* na escuridão
Ez 26.20 a farei *habitar* embaixo da terra

HABITAÇÃO
1Cr 16.27 força e alegria, na sua *habitação*
2Cr 6.21 desde os céus, lugar da tua *habitação*
2Cr 29. 6 do local da *habitação* do S<small>ENHOR</small>
Ed 7.15 cuja *habitação* está em Jerusalém
Jó 7.10 a sua *habitação* não mais o conhecerá
Sl 84. 1 é agradável o lugar da tua *habitação*
At 7.46 uma *habitação* para o Deus de Jacó
2Co 5. 2 revestidos da nossa *habitação* celestial
Ap 18. 2 *habitação* de demônios

HADES
Mt 11.23 você descerá até o *Hades*!

Ap 1.18 tenho as chaves...do *Hades*
Ap 6. 8 e o *Hades* o seguia de perto

HAGAR
Gn 16. 1 uma serva egípcia, chamada *Hagar*
Gn 16.15 *Hagar* teve um filho de Abrão.
Gl 4.25 *Hagar* representa o monte Sinai

HAMÃ
Et 3. 1 o rei Xerxes honrou *Hamã*
Et 9.24 *Hamã*, filho do agagita Hamedata

HANANIAS
Jr 28. 1 *Hananias*, filho de Azur
Jr 28.17 o profeta *Hananias* morreu
Dn 1. 6 Daniel, *Hananias*, Misael e Azarias

HARPA
Gn 4.21 pai de todos os que tocam *harpa*
1Sm 16.16 um homem que saiba tocar *harpa*
Sl 33. 2 Louvem o S<small>ENHOR</small> com *harpa*
Ap 5. 8 Cada um deles tinha uma *harpa*

HARPISTA
2Rs 3.15 agora tragam-me um *harpista*

HASTE
1Sm 17. 7 A *haste* de sua lança era parecida...
2Sm 21.19 cuja *haste* parecia uma lançadeira

HAZAEL
1Rs 19.15 lá, unja *Hazael* como rei da Síria
2Rs 8. 8 ele ordenou a *Hazael*

HEBREU
Gn 14.13 relatou tudo a Abrão, o *hebreu*
Gn 39.14 este *hebreu* nos foi trazido para...
Dt 15.12 Se seu compatriota *hebreu*
Jn 1. 9 Eu sou *hebreu*, adorador do S<small>ENHOR</small>

HEBROM
Nm 13.22 chegaram a *Hebrom*, onde viviam...
Jz 1.20 *Hebrom* foi dada a Calebe

HEMORRAGIA
Mt 9.20 doze anos...sofrendo de *hemorragia*
Lc 8.44 imediatamente cessou sua *hemorragia*

HERANÇA
Gn 15. 7 dar a você esta terra como *herança*
Êx 15.17 o plantarás no monte da tua *herança*
Êx 34. 9 e faze de nós a tua *herança*
Lv 25.46 como *herança* para os seus filhos
Nm 18.24 dou como *herança* aos levitas
Dt 2. o S<small>ENHOR</small> é a sua *herança*
Js 13.14 à tribo de Levi não deu *herança*
Pv 3.35 A honra é *herança* dos sábios
Is 61. 7 ele se regozijará em sua *herança*
Mt 5. 7 receberão a terra por *herança*
Cl 1.12 dignos de participar da *herança* dos santos
Cl 3. receberão do Senhor a...da *herança*
Hb 9.15 a promessa da *herança* eterna
1Pe 1. 4 *herança* que jamais poderá perecer
1Pe 5. 9 para receberem bênção por *herança*

HERDAR
Jó 13.26 me fazes *herdar* os pecados
Is 14.21 se levantem para *herdar* a terra
Mc 10.17 que farei para *herdar* a vida eterna?
1Co 15.50 não podem *herdar* o Reino de Deus
Hb 1.14 aqueles que hão de *herdar* a salvação
Hb 12.17 quando quis *herdar* a bênção

HERDEIRO
Gn 24.36 *herdeiro* de tudo o que Abraão possui
Mt 21.38 Este é o *herdeiro*
Rm 4.13 ele seria *herdeiro* do mundo
Hb 1. 2 a quem constituiu *herdeiro*
Hb 11. 7 tornou-se *herdeiro* da justiça

HERESIAS
2Pe 2. 1 introduzirão...*heresias* destruidoras

HERODES
Mt 2.15 onde ficou até a morte de *Herodes*
Mt 14. 1 *Herodes* queria matá-lo...
Lc 1. 5 No tempo de *Herodes*, rei da Judeia

HERODIANOS
Mt 22.16 Enviaram-lhe...junto com os *herodianos*
Mc 3. 6 a conspirar com os *herodianos*
Mc 12.13 alguns dos fariseus e *herodianos*

HERODIAS
Mt 14. 6 a filha de *Herodias* dançou
Mc 6.17 por causa de *Herodias*, mulher de Filipe
Mc 6.19 *Herodias* o odiava e queria matá-lo

HERÓI
Sl 19. 5 com a alegria de um *herói*
Is 3. 2 e também o *herói* e o guerreiro

HERÓIS
Gn 6. 4 Eles foram os *heróis* do passado
Is 33. 7 seus *heróis* gritam nas ruas

HESBOM
Nm 21.25 *Hesbom* e todos os seus povoados
Nm 21.26 *Hesbom* era a cidade de Seom
Jr 48. 2 em *Hesbom* tramam a sua ruína
Jr 49. 3 Lamente-se, ó *Hesbom*

HINO
Sl 40. 3 um *hino* de louvor ao nosso Deus
Mt 26.30 Depois de terem cantado um *hino*

HIPOCRISIA
Sl 32. 2 e em quem não há *hipocrisia*!
Mt 23.28 estão cheios de *hipocrisia*
Gl 2.13 se uniram a ele nessa *hipocrisia*

HIPÓCRITA
Mt 7. 5 *Hipócrita*, tire primeiro a viga...

HIRÃO
2Sm 5.11 Pouco depois *Hirão*, rei de Tiro
1Rs 5. 1 Quando *Hirão*, rei de Tiro

HISSOPO
Êx 12.22 Molhem um feixe de *hissopo* no sangue
Sl 51. 7 Purifica-me com *hissopo*, e ficarei puro
Jo 19.29 na ponta de um caniço de *hissopo*

HOJE
Sl 95. 7 *Hoje*, se vocês ouvirem a sua voz
Mt 6.30 ...a erva do campo, que *hoje* existe
Lc 23.43 *Hoje* você estará comigo no paraíso
Hb 5. 5 Tu és meu Filho; eu *hoje* te gerei
Hb 13. 8 ..é o mesmo, ontem, *hoje* e para sempre

HOLOCAUSTO
Gn 22. 2 Sacrifique-o ali como *holocausto*
Gn 22. 3 cortar lenha para o *holocausto*
1Sm 13. 9 Tragam-me o *holocausto*
2Rs 16.13 Ofereceu seu *holocausto* e sua oferta
Ed 8.35 oferecido como *holocausto* ao S<small>ENHOR</small>
Jó 1. 5 ele oferecia como *holocausto*
Ez 43.24 sacrificá-los como *holocausto*
Ez 46.15 após manhã para o *holocausto*

HOMEM
Gn 1.26 Façamos o *homem* à nossa imagem
Êx 2.12 Quem ferir um *homem* e o matar...
Lv 16.22 o *homem* soltará o bode no deserto
Nm 1. 4 Um *homem* de cada tribo
Dt 5.24 vimos que Deus fala com o *homem*
Jó 9.32 Ele não é *homem* como eu
Sl 144. 4 O *homem* é como um sopro
Pv 15.18 O *homem* irritável provoca dissensão
Mt 9. 3 Este *homem* está blasfemando!
Mt 9. 6 saibam que o Filho do *homem*...
Mt 9. 9 Saindo, Jesus viu um *homem* chamado Mateus
Mc 1.23 *homem* possesso de um espírito imundo
Lc 10. 6 Se houver ali um *homem* de paz
Lc 10.30 Um *homem* descia de Jerusalém
Jo 1. O *homem* que me curou me disse
At 14. 8 um *homem* paralítico dos pés
Gl 6. 7 o que o *homem* semear, isso também colherá

2Pe 2. 19 o *homem* é escravo daquilo que o domina
Ap 1. 13 alguém "semelhante a um filho de *homem*"

HOMICIDA
Js 20. 4 Quando o *homicida* involuntário fugir
Jo 8. 44 Ele foi *homicida* desde o princípio

HOMICÍDIO
Êx 22. 3 ...será culpado de *homicídio*
Js 21. 21 ...para os acusados de *homicídio*

HOMOSSEXUAIS
1Co 6. 9 nem *homossexuais* passivos ou ativos

HONESTIDADE
Gn 30. 33 minha *honestidade* dará testemunho
2Rs 12. 15 pois agiam com *honestidade*
Sl 112. 5 com *honestidade* conduz os seus negócios
Is 59. 14 ...e a *honestidade* não consegue entrar
Jr 5. 1 alguém que aja com *honestidade*

HONESTO
Pv 12. 17 A testemunha fiel dá testemunho *honesto*
Pv 12. 26 O homem *honesto* é cauteloso
Ez 45. 10 Usem...arroba honesta e pote *honesto*

HONRA
Dt 5. 16 *Honra* teu pai e tua mãe
1Sm 7. 17 ...um altar em *honra* ao Senhor
1Sm 9. 22 lhes deu o lugar de *honra*
Pv 3. 35 A *honra* é herança dos sábios
Pv 8. 18 Comigo estão riquezas e *honra*
Pv 15. 33 a humildade antecede a *honra*
Mt 15. 8 Este povo me *honra* com os lábios
Mt 23. 6 gostam do lugar de *honra* nos banquetes
Rm 13. 7 se honra, *honra*
2Tm 2. 21 será vaso para *honra*, santificado
Hb 2. 7 o coroaste de glória e de *honra*
2Pe 1. 17 *honra* e glória da parte de Deus

HONRAR
Nm 27. 14 ordem de *honrar* minha santidade
Jr 3. 17 se reunirão para *honrar* o nome do Senhor
2Co 8. 19 para *honrar* o próprio Senhor
1Pe 2. 14 ...e *honrar* os que praticam o bem

HONROSO
Pv 13. 18 ...recebe tratamento *honroso*
Pv 25. 27 nem é *honroso* buscar a própria honra

HOR
Nm 20. 22 partiu de Cades e chegou ao monte *Hor*
Nm 33. 37 e acamparam no monte *Hor*
Dt 32. 50 Arão morreu no monte *Hor*

HORA
Mt 24. 36 Quanto ao dia e à *hora* ninguém sabe
Mt 24. 44 o Filho do homem virá numa *hora*
Mt 26. 40 não puderam vigiar...nem por uma *hora*?
Lc 1. 10 Chegando a *hora* de oferecer incenso
Lc 12. 25 acrescentar uma *hora* que seja
Lc 23. 29 chegará a *hora* em que vocês dirão
Jo 2. 4 A minha *hora* ainda não chegou
Jo 4. 21 está próxima a *hora* em que vocês...
At 3. 1 subindo ao templo na *hora* da oração
Rm 13. 11 Chegou a *hora* de vocês despertarem
1Co 4. 5 não julguem nada antes da *hora*
Ap 3. 10 o guardarei da *hora* da provação
Ap 19. 7 chegou a *hora* do casamento do Cordeiro

HOREBE
Êx 3. 1 ...chegou a *Horebe*, o monte de Deus
Dt 1. 6 o nosso Deus, disse-nos em *Horebe*
1Rs 19. 8 até chegar a *Horebe*, o monte de Deus
Ml 4. 4 ordenanças que lhe dei em *Horebe*

HORROR
Dt 28. 25 se tornarão motivo de *horror*
2Cr 29. 8 fez deles objeto de espanto, *horror*
Ez32. 10 ...fiquem arrepiados de *horror*

HORRÍVEL
Jr 5. 30 Uma coisa espantosa e *horrível*
Jr 18. 13 coisa...*horrível* fez a virgem, Israel!
Jr 23. 14 entre os profetas...vi algo *horrível*
Mt 21. 41 Matará de modo *horrível* esses perversos

HORTALIÇAS
Mt 13. 32 torna-se a maior das *hortaliças*
Lc 11. 42 ...toda a sorte de *hortaliças*,

HOSAMA
1Cr 3. 18 ...Jecamias, *Hosama* e Nedabias

HOSANA
Mt 21. 9 "*Hosana* ao Filho de Davi!"
Mc 11. 10 "*Hosana* nas alturas!"

HOSPEDARIA
Êx 4. 24 Numa *hospedaria* ao longo do caminho
Lc 2. 7 não havia lugar para eles na *hospedaria*
Lc 10. 34 levou-o para uma *hospedaria*

HOSPEDEIRO
Pv 26. 3 ...a refeição de um *hospedeiro* invejoso

HOSPITALEIRO
Tt 1. 8 é preciso que ele seja *hospitaleiro*

HOSPITALIDADE
Rm 12. 13 Pratiquem a *hospitalidade*
Hb 13. 2 Não se esqueçam da *hospitalidade*
3Jo 8 nosso dever receber com *hospitalidade*

HUMANIDADE
Gn 3. 20 seria mãe de toda a *humanidade*.
Gn 6. 12 toda a *humanidade* havia corrompido...
Dt 32. 26 apagaria da *humanidade* a lembrança deles
Is 40. 6 toda a *humanidade* é como a relva
Lc 3. 6 toda a *humanidade* verá a salvação de Deus
Jo 17. 2 deste autoridade sobre toda a *humanidade*

HUMANO
Pv 30. 2 o entendimento de um ser *humano*
Is 52. 14 não parecia um ser *humano*
Jo 5. 34 Não que busque testemunho *humano*
Rm 2. 9 angústia para todo ser *humano*
Rm 9. 16 não depende...do esforço *humano*
1Co 4. 3 ou por qualquer tribunal *humano*
1Co 2. 5 ponto de vista meramente *humano*
Tg 5. 17 Elias era *humano* como nós
Ap 4. 7 e o rosto deles parecia rosto *humano*

HUMILDADE
Pv 15. 33 a *humildade* antecede a honra
Sf 3. 12 busquem a *humildade*; talvez...
Lc 1. 48 atentou para a *humildade* da sua serva
At 20. 19 Servi ao Senhor com toda a *humildade*
Cl 2. 23 falsa *humildade* e severidade
Tg 3. 13 *humildade* que provém da sabedoria

HUMILDE
Pv 16. 19 Melhor é ter espírito *humilde*
Pv 29. 23 o de espírito *humilde* obtém honra
Is 66. 2 A este eu estimo: ao *humilde* e...
Ez 29. 14 Ali serão um reino *humilde*
Ez 29. 15 Será o mais *humilde* dos reinos
Mt 11. 29 sou manso e *humilde* de coração
Mt 18. 4 quem se faz *humilde* como esta criança
2Co 10. 1 eu, que sou "*humilde*"

HUMILDEMENTE
Is 38. 15 Andarei *humildemente* toda a minha vida
Mq 6. 8 ...e ande *humildemente* com o seu Deus
Tg 1. 21 aceitem *humildemente* a palavra

HUMILHAÇÃO
Gn 30. 23 Deus tirou de mim a minha *humilhação*.
Pv 6. 33 a sua *humilhação* jamais se apagará
Lc 1. 25 desfazer a minha *humilhação*
At 8. 33 Em sua *humilhação* foi privado de justiça

HUMOR
Pv 22. 24 ...associe com quem vive de mau *humor*

HÁLITO
Jó 19. 17 ...mulher acha repugnante o meu *hálito*

HÓSPEDE
Lv 22. 10 não poderá comê-la o seu *hóspede*
Jz 19. 24 ...e a concubina do meu *hóspede*

ICABODE
1Sm 4. 21 deu ao menino o nome de *Icabode*
1Sm 14. 3 irmão de *Icabode*, filho de Fineias

ICÔNIO
At 14. 1 Em *Icônio*, Paulo e Barnabé
At 16. 2 Os irmãos de Listra e *Icônio*

IDADE
Gn 18. 11 Abraão e Sara...de *idade* bem avançada
Jó 32. 6 Eu sou jovem, vocês têm *idade*

IDOLATRIA
1Sm 15. 23 a arrogância como o mal da *idolatria*
2Cr 21. 13 levando...a se prostituírem na *idolatria*
Ez 14. 4 responderei a ele conforme a sua *idolatria*
1Co 10. 14 meus amados irmãos, fujam da *idolatria*
Cl 3. 5 desejos maus e a ganância, que é *idolatria*

IDOSO
Gn 18. 12 ...e meu senhor já *idoso*, ainda terei esse prazer?
Jz 19. 16 um homem *idoso* procedente dos montes
1Sm 2. 22 Eli, já bem *idoso*, ficou sabendo...
1Sm 2. 31 mais nenhum *idoso* na sua família
1Rs 13. 20 a palavra do Senhor veio ao profeta *idoso*
Ec 4. 13 ...do que um rei *idoso* e tolo
Is 3. 5 O jovem se levantará contra o *idoso*
1Tm 5. 1 Não repreenda asperamente o...*idoso*

IDÓLATRA
Jr 3. 23 a agitação *idólatra* nas colinas?
Mq 1. 5 Qual é o altar *idólatra* de Judá?
1Co 8. 7 como se fosse um sacrifício *idólatra*
Ef 5. 5 nenhum imoral...que é *idólatra*

IGNORANTE
Dt 32. 6 povo insensato e *ignorante*?
Sl 73. 22 agi como insensato e *ignorante*

IGNORAR
Pv 19. 11 sua glória é *ignorar* as ofensas
1Co 14. 38 Se *ignorar* isso, ele mesmo será ignorado

IGNORÂNCIA
Jó 35. 16 em sua *ignorância* ele multiplica palavras

Concordância Bíblica Abreviada

Jó 36. 12 perecerão à espada e morrerão na *ignorância*
At 3. 17 sei que vocês agiram por *ignorância*
1Tm 1. 13 ...porque eu fiz por *ignorância*
1Pe 1. 14 ...quando viviam na *ignorância*
1Pe 2. 15 silenciem a *ignorância* dos insensatos

IGREJA
Mt 16. 18 sobre esta pedra edificarei a minha *igreja*
At 5. 11 ...temor apoderou-se de toda a *igreja*
At 9. 31 A *igreja* passava por um período de paz
At 12. 5 a *igreja* orava intensamente a Deus
Rm 16. 1 Febe, serva da *igreja* em Cencreia
1Co 1. 2 à *igreja* de Deus que está em Corinto
1Co 11. 22 Ou desprezam a *igreja* de Deus
1Co 14. 4 quem profetiza edifica a *igreja*
1Co 14. 26 Tudo...para a edificação da *igreja*
Ef 5. 32 refiro-me, porém, a Cristo e à *igreja*
1Tm 3. 5 ...poderá cuidar da *igreja* de Deus?
Ap 2. 1 Ao anjo da *igreja* em Éfeso

IGUAL
Jó 33. 6 Sou *igual* a você diante de Deus
Mc 2. 12 "Nunca vimos nada *igual*"
1Co 12. 25 todos os membros tenham *igual* cuidado
Fp 2. 6 não considerou que o ser *igual* a Deus

IGUALAR
2Co 10. 12 a pretensão de nos *igualar*

IGUALDADE
2Co 8. 13 ...mas que haja *igualdade*

IGUALMENTE
Ap 3. 5 O vencedor será *igualmente* vestido de branco

ILHA
At 13. 6 Viajaram por toda a *ilha*
At 27. 8 Costeamos a *ilha* com dificuldade
Ap 1. 9 estava na *ilha* de Patmos por causa...

ILUMINAR
Gn 1. 17 os colocou no firmamento...para *iluminar* a terra
Nm 8. 2 estas deverão *iluminar* a área
Ne 9. 12 para *iluminar* o caminho...
Sl 105. 39 ...e fogo para *iluminar* a noite

IMACULADO
1Tm 6. 14 Guarde este mandamento *imaculado*

IMAGEM
Gn 1. 26 Façamos o homem à nossa *imagem*
Êx 20. 4 nenhuma *imagem* de qualquer coisa
Jz 17. 3 o meu filho faça uma *imagem* esculpida
2Cr 33. 7 tomou a *imagem* esculpida
Dn 3. 10 ...em terra e adorasse a *imagem* de ouro
Mt 22. 20 quem é esta *imagem* e esta inscrição?
Rm 8. 29 conformes à *imagem* de seu Filho
1Co 11. 7 visto que ele é *imagem* e glória de Deus
2Co 4. 4 glória de Cristo, que é a *imagem* de Deus
Cl 1. 15 é a *imagem* do Deus invisível
Ap 13. 15 dar fôlego à *imagem* da primeira besta
Ap 16. 2 a marca da besta e adoravam a sua *imagem*

IMAGINAR
Pv 24. 22 quem pode *imaginar* a ruína que o Senhor...
Is 29. 16 Como se fosse possível *imaginar*...

IMITADORES
1Co 4. 16 suplico-lhes que sejam meus *imitadores*

1Co 11. 1 Tornem-se meus *imitadores*
Ef 5. 1 sejam *imitadores* de Deus
1Ts 1. 6 nossos *imitadores* e do Senhor
1Ts 2. 14 *imitadores* das igrejas de Deus em Cristo

IMITAR
Dt 18. 9 procurem *imitar* as coisas repugnantes

IMORTAL
Rm 1. 23 trocaram a glória do Deus *imortal*
1Tm 1. 17 o Deus único, *imortal* e invisível
1Tm 6. 16 que é *imortal* e habita em luz inacessível

IMORTALIDADE
Rm 2. 7 buscam glória, honra e *imortalidade*
1Co 15. 53 que é mortal, se revista de *imortalidade*
2Tm 1. 10 trouxe à luz a vida e a *imortalidade*

IMPEDIMENTO
At 28. 31 abertamente, sem *impedimento* algum

IMPEDIR
Gn 11. 6 nada poderá *impedir* o que planejam
1Sm 14. 6 nada pode *impedir* o Senhor de salvar
Is 27. 3 ...para *impedir* que lhe façam dano
Lm 3. 36 *impedir* a alguém o acesso à justiça
At 14. 18 tiveram dificuldade para *impedir*
At 27. 42 para *impedir* que algum deles fugisse
1Ts 2. 16 para nos *impedir* que falemos aos gentios

IMPETUOSA
Is 30. 28 sopro é como uma torrente *impetuosa*
Is 30. 30 com ira *impetuosa* e fogo consumidor
Ez 21. 31 soprarei a minha ira *impetuosa* contra vocês
Hc 1. 6 nação cruel e *impetuosa*
Sf 3. 8 toda a minha *impetuosa* indignação

IMPETUOSO
Pv 14. 16 o tolo é *impetuoso* e irresponsável

IMPIAMENTE
Jd 15 atos de impiedade...*impiamente*

IMPIEDADE
Dt 9. 4 devido à *impiedade* destas nações
Pv 13. 6 a *impiedade* derruba o pecador
Ez 18. 20 a *impiedade* do ímpio lhe será cobrada
Rm 11. 26 redentor que desviará de Jacó a *impiedade*
Tt 2. 12 nos ensina a renunciar à *impiedade*

IMPORTUNAR
Lc 18. 5 ...ela não venha mais me *importunar*

IMPORTUNAÇÃO
Lc 11. 8 por causa da *importunação* se levantará

IMPOSSÍVEL
Gn 18. 14 ...coisa *impossível* para o Senhor?
Mt 17. 20 Nada será *impossível* para vocês
Mt 19. 26 Para o homem é *impossível*, mas...
Lc 1. 37 nada é *impossível* para Deus
At 2. 24 era *impossível* que a morte o retivesse
Hb 6. 18 é *impossível* que Deus minta
Hb 10. 4 é *impossível* que o sangue de touros...
Hb 11. 6 Sem fé é *impossível* agradar a Deus

IMPOSTO
Mt 17. 24 para pagar o meu *imposto* e o seu
Mt 22. 17 É certo pagar *imposto* a César ou não?
Lc 23. 2 proíbe o pagamento de *imposto*

IMPUNE
Êx 20. 7 não deixará *impune* quem tomar...
Jr 30. 11 Não o deixarei *impune*
Na 1. 3 o Senhor não deixará *impune* o culpado

IMPUREZA
Jó 14. 4 pode extrair algo puro da *impureza*?
Rm 1. 24 ...Deus os entregou à *impureza* sexual
Rm 6. 19 em escravidão à *impureza* e à maldade
2Co 12. 21 e não se arrependeram da *impureza*
Ef 4. 19 cometendo...toda espécie de *impureza*
1Ts 4. 7 Deus não nos chamou para a *impureza*
Tg 1. 21 livrem-se de toda *impureza* moral

IMPURO
Mt 15. 20 ...coisas tornam o homem '*impuro*'
Mc 7. 15 o que sai do homem é que o torna '*impuro*'
At 10. 14 Jamais comi algo *impuro*
At 11. 9 Não chame *impuro* ao que Deus purificou
Ef 5. 5 nenhum imoral, ou *impuro*, ou ganancioso
Ap 21. 27 jamais entrará algo *impuro*

IMPÉRIO
Ed 7. 23 sua ira não venha contra o *império* do rei
Jr 34. 1 todos os reinos e povos do *império*
Dn 6. 3 ...à frente do governo de todo o *império*
Lc 2. 1 recenseamento de todo o *império* romano

IMUNDO
Zc 13. 2 tanto os profetas como o espírito *imundo*
Mt 12. 43 um espírito *imundo* sai de um homem
Mc 1. 23 possesso de um espírito *imundo*
At 10. 14 Jamais comi algo impuro ou *imundo*!
At 10. 28 chamar impuro ou *imundo* a homem nenhum
Ap 18. 2 antro de todo espírito *imundo*
Ap 22. 11 continue o *imundo* na imundícia

IMUNDÍCIA
Ap 22. 11 continue o imundo na *imundícia*

IMUTÁVEL
Hb 6. 17 a natureza *imutável* do seu propósito

INACESSÍVEIS
2Rs 19. 23 ...às *inacessíveis* alturas do Líbano
Is 37. 24 elevados e *inacessíveis* cumes do Líbano

INCENSO
Êx 30. 35 faça um *incenso* de mistura aromática
Lv 2. 1 ela derramará óleo, colocará *incenso*
2Cr 34. 4 despedaçou os altares de *incenso*
Sl 141. 2 oração como *incenso* diante de ti
Pv 27. 9 ...e *incenso* trazem alegria ao coração
Lc 1. 10 a hora de oferecer *incenso*
Lc 1. 11 à direita do altar do *incenso*
Hb 9. 4 o altar de ouro para o *incenso*
Ap 5. 8 taças de ouro cheias de *incenso*

INCENSÁRIO
Lv 10. 1 pegaram cada um o seu *incensário*
Ap 16. 2 Pegará o *incensário* cheio de brasas
Ap 8. 3 ...que trazia um *incensário* de ouro
Ap 8. 5 Então o anjo pegou o *incensário*

INCHAR
At 28. 6 ...que ele começasse a *inchar*

INCIRCUNCISO
Gn 17. 14 ...do sexo masculino que for *incircunciso*

Concordância Bíblica Abreviada

Êx 12.48 Nenhum *incircunciso* poderá participar
1Sm 17.26 Quem é esse filisteu *incircunciso*...
1Co 7.18 Foi alguém chamado sendo *incircunciso*?

INCIRCUNCISÃO
Rm 2.25 A *circuncisão* tem valor se você...
1Co 7.19 A *circuncisão* não significa nada
Gl 5.6 em Cristo Jesus...nem *incircuncisão*
Ef 2.11 e chamados *incircuncisão* pelos que...
Cl 2.13 ...e na *incircuncisão* da sua carne

INCLINAR
Pv 2.2 ...e *inclinar* o coração para o discernimento

INCOMODAR
Mc 5.35 "Não precisa mais *incomodar* o mestre!"

INCONSTANTES
Sl 119.113 Odeio os que são *inconstantes*
Tg 1.17 não muda como sombras *inconstantes*

INCOVENIENTES
Ef 5.4 gracejos imorais, que são *inconvenientes*

INCORRUPTIBILIDADE
1Co 15.53 que é corruptível se revista de *incorruptibilidade*

INCORRUPTÍVEL
Ef 6.24 ...Jesus Cristo com amor *incorruptível*

INCREDULIDADE
Mt 13.58 ...por causa da *incredulidade* deles
Mc 6.6 ficou admirado com a *incredulidade* deles
Mc 9.24 ajuda-me a vencer a minha *incredulidade*!
Rm 11.20 foram cortados devido à *incredulidade*
Rm 11.23 se não continuarem na *incredulidade*...
1Tm 1.13 por ignorância e na minha *incredulidade*
Hb 3.19 ...da *incredulidade* não puderam entrar

INCRÉDULO
Rm 4.20 não duvidou nem foi *incrédulo*
Hb 3.12 tenha coração perverso e *incrédulo*

INCULPÁVEL
Ez 28.15 era *inculpável* em seus caminhos
Ef 5.27 sem mancha...mas santa e *inculpável*
Hb 7.26 santo, *inculpável*, puro, separado...

INCURÁVEL
2Cr 21.18 afligiu Jeorão com uma doença *incurável*
Jó 34.6 sua flecha me causa ferida *incurável*
Jr 10.19 O meu ferimento é *incurável*!
Jr 15.18 e a minha ferida é grave e *incurável*?
Mq 1.9 a ferida de Samaria é *incurável*

INDIGNAMENTE
1Co 11.27 ...o cálice do Senhor *indignamente*

INDIGNAÇÃO
Dt 29.28 Cheio de ira, *indignação* e grande furor
Ez 5.13 diminuirá a minha *indignação*
Hc 3.12 com *indignação* pisoteaste as nações
Rm 2.8 ira e *indignação* para os que são egoístas
Ef 4.31 de toda amargura, *indignação* e ira

INDIGNO
Jó 40.4 Sou *indigno*; como posso...?

INDOLENTES
Ec 10.18 ...das mãos *indolentes*, a casa tem goteiras

INESCRUTÁVEIS
Rm 11.33 ...e *inescrutáveis* os seus caminhos!

INESPERADAMENTE
Lc 21.34 e aquele dia venha... *inesperadamente*

INEXPRIMÍVEIS
Rm 8.26 intercede por nós com gemidos *inexprimíveis*

INFALÍVEL
Sl 69.13 ...com a tua salvação *infalível*!
Lm 3.32 tão grande é o seu amor *infalível*

INFELIZES
Jó 3.20 Por que se dá luz aos *infelizes*...?
Pv 15.15 os dias do oprimido são *infelizes*

INFERIOR
2Co 11.5 não me julgo nem um pouco *inferior*

INFERNO
Mt 5.22 corre o risco de ir para o fogo do *inferno*
Mt 5.29 ...ser todo ele lançado no *inferno*
Mt 23.33 ...escaparão da condenação ao *inferno*?
Lc 12.5 poder para lançar no *inferno*
2Pe 2.4 não poupou os anjos...os lançou no *inferno*

INFIEL
Pv 13.15 o caminho do *infiel* é áspero
Jr 3.6 viu o que fez Israel, a *infiel*?
Os 2.5 A mãe deles foi *infiel*
Ml 2.11 Judá tem sido *infiel*
Ml 2.15 ...seja *infiel* à mulher da sua mocidade

INFLAMARAM
Rm 1.27 se *inflamaram* de paixão uns pelos outros

INFORMA
Gn 46.31 Vou partir e *informar* ao faraó
2Sm 17.21 saíram do poço e foram *informar* o rei Davi
1Rs 21.14 Então mandaram *informar* a Jezabel

INFORTÚNIO
Pv 13.21 O *infortúnio* persegue o pecador

INFRUTÍFERAS
Ef 5.11 Não participem das obras *infrutíferas*

INFÂNCIA
Is 47.12 tem se afadigado desde a *infância*
Ez 4.14 Desde a minha *infância* até agora
Os 2.15 como nos dias de sua *infância*

INGRATO
Sl 95.10 são um povo de coração *ingrato*
Ec 4.8 um trabalho por demais *ingrato*!

INIMIGO
Êx 15.6 a tua mão...despedaçou o *inimigo*
Dt 32.27 temi a provocação do *inimigo*
1Sm 26.8 Deus entregou o seu *inimigo*...
Pv 25.21 Se o seu *inimigo* tiver fome...
Mt 13.25 veio o seu *inimigo* e semeou o joio
At 13.10 ...de *inimigo* de tudo o que é justo!
1Co 15.26 último *inimigo* a ser destruído é a morte
Gl 4.16 Tornei-me *inimigo* de vocês...
2Ts 3.15 não o considerem como *inimigo*
Tg 4.4 ...amigo do mundo faz-se *inimigo* de Deus
1Pe 5.8 O Diabo, o *inimigo* de vocês...

INIMIZADE
Gn 3.15 Porei *inimizade* entre você e a mulher
Dt 19.6 não havia *inimizade* entre ele
Ef 2.16 pela qual ele destruiu a *inimizade*
Tg 4.4 a amizade com o mundo é *inimizade*...

INIQUIDADE
Os 4.8 meu povo e têm prazer em sua *iniquidade*
2Ts 2.7 o mistério da *iniquidade* já está em ação
2Tm 2.19 afaste-se da *iniquidade*
Hb 1.9 Amas a justiça e odeias a *iniquidade*
Tg 3.6 é um mundo de *iniquidade*

INJUSTAMENTE
1Pe 2.19 suporte aflições sofrendo *injustamente*

INJUSTIÇA
Lv 19.15 Não cometam *injustiça* num julgamento
Jó 5.16 a *injustiça* cala a própria boca
Sl 92.15 nele não há *injustiça*
Pv 22.8 semeia a *injustiça* colhe a maldade
Hc 1.3 Por que me fazes ver a *injustiça*
Sf 3.5 é justo e jamais comete *injustiça*
Rm 1.29 cheios de toda sorte de *injustiça*
Rm 6.13 como instrumentos de *injustiça*
2Ts 2.12 tiveram prazer na *injustiça*
2Pe 2.15 que amou o salário da *injustiça*
1Jo 5.17 Toda *injustiça* é pecado
Ap 22.11 Continue o injusto a praticar *injustiça*

INJUSTO
Sl 89.22 nenhum *injusto* o oprimirá
Ez 18.25 O meu caminho é *injusto*?
Sf 3.5 o *injusto* não se envergonha da sua injustiça
Mt 20.13 não estou sendo *injusto* com você
Lc 18.6 Ouçam o que diz o juiz *injusto*
Rm 9.14 Acaso Deus é *injusto*?
Hb 6.10 Deus não é *injusto*
Ap 22.11 Continue o *injusto* a praticar injustiça

INOCÊNCIA
Gn 44.16 podemos provar nossa *inocência*?
2Cr 6.23 o que a sua *inocência* merece
Sl 26.6 Lavo as mãos na *inocência*
Is 43.26 argumento para provar sua *inocência*

INQUIETAÇÕES
Sl 139.23 e conhece as minhas *inquietações*

INQUIETO
Sl 77.4 tão *inquieto* estou que não consigo falar

INSACIÁVEL
Ez 16.28 porque era *insaciável*...

INSCRIÇÃO
Dn 5.7 ...que ler essa *inscrição* e interpretá-la
Mt 22.20 ...é esta imagem e esta *inscrição*?
Lc 23.38 Havia uma *inscrição* acima dele
At 17.23 um altar com esta *inscrição*...
Ap 17.5 Em sua testa havia esta *inscrição*...

INSENSATEZ
Pv 9.6 Deixem a *insensatez*, e vocês terão vida
Pv 9.13 A *insensatez* é pura exibição
Ec 2.13 a sabedoria é melhor que a *insensatez*
Is 32.6 o insensato fala com *insensatez*
2Co 11.1 suportem um pouco da minha *insensatez*
2Tm 3.9 sua *insensatez* se tornará evidente
2Pe 2.16 falou...e refreou a *insensatez* do profeta

INSENSATO
Jó 5.2 O ressentimento mata o *insensato*
Sl 69.5 Tu bem sabes como fui *insensato*
Sl 73.22 agi como *insensato* e ignorante
Pv 24.9 A intriga do *insensato* é pecado
Ec 10.12 os lábios do *insensato* o destroem
Is 32.6 o *insensato* fala com insensatez
Jr 5.21 povo tolo e *insensato*

Concordância Bíblica Abreviada

Rm 1. 21 o coração *insensato* deles obscureceu-se
2Co 11. 16 Ninguém me considere *insensato*

INSENSÍVEL
Sl 17. 10 fecham o coração *insensível*
Sl 119. 70 O coração deles é *insensível*,
Is 6. 10 Torne *insensível* o coração desse povo
At 28. 27 o coração deste povo se tornou *insensível*

INSONDÁVEL
Pv 25. 3 o coração dos reis é *insondável*
Is 40. 28 sua sabedoria é *insondável*

INSPIRADO
Os 9. 7 o homem *inspirado*, um louco violento

INSTRUIRÃO
Jó 8. 10 eles não o *instruirão*, não lhe falarão?
Dn 11. 33 que são sábios *instruirão* a muitos

INSTRUMENTO
Ez 33. 32 e que sabe tocar um *instrumento*
At 9. 15 Este homem é meu *instrumento*

INSTRUÍDO
Nm 36. 5 Então, *instruído* pelo SENHOR...
Jr 9. 12 Quem foi *instruído* pelo SENHOR...?
Jr 13. 2 como o SENHOR me havia *instruído*
Mt 26. 19 como Jesus os havia *instruído*
At 18. 25 *instruído* no caminho do Senhor
At 22. 3 *instruído* rigorosamente por Gamaliel
Rm 2. 18 porque é *instruído* pela Lei
Gl 6. 6 que está sendo *instruído* na palavra

INSUBMISSÃO
Tt 1. 6 não sejam acusados de...*insubmissão*

INSULTAR
Gn 39. 14 foi trazido para nos *insultar*!
Gn 39. 17 aproximou-se de mim para me *insultar*.
2Rs 19. 16 ...enviou para *insultar* o Deus vivo
At 23. 4 ousa *insultar* o sumo sacerdote de Deus?

INSURGIRÁ
Dn 8. 25 *insurgirá* contra o Príncipe dos príncipes

INSÍPIDA
Jó 6. 6 Come-se sem sal uma comida *insípida*?

INTEGRIDADE
Nm 14. 24 e me segue com *integridade*
Js 24. 14 sirvam-no com *integridade*
1Rs 9. 4 com *integridade* de coração
1Cr 29. 17 que te agradas com a *integridade*
Jó 27. 5 Minha *integridade* não negarei jamais
Sl 7. 8 Julga-me, SENHOR, conforme a minha *integridade*
Pv 11. 3 A *integridade* dos justos os guia
Is 59. 4 ninguém faz defesa com *integridade*
Tt 2. 7 Em seu ensino, mostre *integridade*

ÍNTEGRO
Gn 6. 9 Noé era homem justo, *íntegro*
1Cr 29. 9 e de coração *íntegro* ao SENHOR
Ne 7. 2 Hananias era *íntegro* e temia a Deus
Pv 29. 10 e procuram matar o homem *íntegro*
Mt 22. 16 Mestre, sabemos que és *íntegro*

INTELIGENTE
Dt 4. 6 ...nação é um povo sábio e *inteligente*
1Sm 25. 3 Abigail, mulher *inteligente* e bonita

INTELIGÊNCIA
2Cr 2. 12 que tem *inteligência* e discernimento
Jó 39. 26 É graças à *inteligência* que você...
Is 29. 14 a *inteligência* dos inteligentes

Dn 5. 11 era um iluminado e tinha *inteligência*
Dn 5. 12 Daniel...tinha *inteligência* extraordinária
Os 13. 2 imagens modeladas com muita *inteligência*
1Co 1. 19 rejeitarei a *inteligência* dos inteligentes

INTENÇÃO
Mt 22. 18 Jesus, percebendo a má *intenção* deles
At 12. 1 com a *intenção* de maltratá-los
1Ts 2. 3 nem temos *intenção* de enganá-los

INTERCEDER
Et 4. 8 *interceder* em favor do seu povo
Jr 18. 20 para *interceder* em favor deles
Hb 7. 25 vive sempre para *interceder* por eles

INTERCESSOR
Jó 16. 20 Meu *intercessor* é meu amigo
1Jo 2. 1 ...temos um *intercessor* junto ao Pai

INTERCESSÕES
1Tm 2. 1 que se façam...*intercessões*

INTERIOR
Mt 23. 26 Limpe primeiro o *interior* do copo
Mc 7. 21 do *interior* do coração dos homens...
Jo 7. 38 do seu *interior* fluirão rios de água viva
At 16. 24 ele os lançou no cárcere *interior*
2Co 11. 28 enfrento...uma pressão *interior*

INTERPRETAR
Ec 8. 1 Quem sabe *interpretar* as coisas?
Dn 1. 17 sabia *interpretar* todo tipo de visões...
Mt 16. 3 sabem *interpretar* o aspecto do céu
1Co 14. 13 ore para que a possa *interpretar*

INTERPRETAÇÃO
Dn 4. 24 Esta é a *interpretação*, ó rei
Dn 7. 16 ...dando-me esta *interpretação*
1Co 12. 10 ainda a outro, *interpretação* de línguas
2Pe 1. 20 ...provém de *interpretação* pessoal

INTERROGAR
Jr 38. 27 os líderes vieram *interrogar* Jeremias
Mc 8. 11 fariseus...começaram a *interrogar* Jesus

INTRODUZIR
At 21. 37 para *introduzir* Paulo na fortaleza

INTUITO
2Cr 11. 22 com o *intuito* de fazê-lo rei
Dn 11. 27 Com o *intuito* de prosperar

INTÉRPRETE
Gn 42. 23 lhes falava por meio de um *intérprete*.
1Co 14. 28 não houver *intérprete*, fique calado

INUMERÁVEL
Jl 1. 6 Uma nação, poderosa e *inumerável*,

INVALIDAR
Gl 3. 17 que venha a *invalidar* a promessa

INVEJA
Gn 30. 1 teve *inveja* de sua irmã.
Sl 73. 3 tive *inveja* dos arrogantes
Pv 24. 1 Não tenha *inveja* dos ímpios
Mt 20. 15 está com *inveja* porque sou generoso?
At 7. 9 Os patriarcas, tendo *inveja* de José
At 13. 45 ficaram cheios de *inveja*
At 17. 5 os judeus ficaram com *inveja*
Rm 1. 29 Estão cheios de *inveja*
1Co 3. 3 que há *inveja* e divisão entre vocês
Fp 1. 15 alguns pregam Cristo por *inveja*
Tg 3. 14 abrigam no coração *inveja* amarga
Tg 3. 16 onde há *inveja* e ambição egoísta

INVEJOSO
Pv 23. 6 ...a refeição de um hospedeiro *invejoso*
Pv 28. 22 O *invejoso* é ávido por riquezas

INVERNO
Mt 24. 20 que a fuga...não aconteça no *inverno*
At 27. 12 não era próprio para passar o *inverno*
At 28. 11 navio que tinha passado o *inverno* na ilha
1Co 16. 6 até mesmo passe o *inverno* com vocês
2Tm 4. 21 Procure vir antes do *inverno*
Tt 3. 12 pois decidi passar o *inverno* ali

INVESTIGAR
Dt 13. 14 vocês deverão verificar e *investigar*
Jz 6. 29 Depois de *investigar*, concluíram...
Ed 10. 16 assentaram para *investigar* cada caso
Dn 6. 11 foram *investigar* e encontraram Daniel
At 25. 20 sem saber como *investigar*

INVESTIGAÇÕES
Jó 34. 24 Sem depender de *investigações*

INVISÍVEL
Cl 1. 15 Ele é a imagem do Deus *invisível*
1Tm 1. 17 O Deus único, imortal e *invisível*
Hb 11. 27 porque via aquele que é *invisível*

INVOCAR
Gn 4. 26 ...a *invocar* o nome do SENHOR
Dt 29. 19 *invocar* uma bênção sobre si
Ne 13. 2 contratado Balaão para *invocar* maldição
Sl 4. 3 o SENHOR ouvirá quando eu o *invocar*
Jl 2. 32 que *invocar* o...SENHOR será salvo
At 19. 13 tentaram *invocar* o nome do Senhor

IR
Gn 19. 20 Deixe-me *ir* para lá!
Mt 2. 22 teve medo de *ir* para lá
Mt 5. 22 o risco de *ir* para o fogo do inferno
Lc 10. 1 para onde ele estava prestes a *ir*
At 25. 9 está disposto a *ir* a Jerusalém
1Co 16. 4 Se me parecer conveniente *ir*
1Tm 3. 14 embora espere *ir* vê-lo em breve
Ap 13. 10 Se alguém há de *ir* para o cativeiro

IRAR
Mt 5. 22 qualquer que se *irar* contra seu irmão

IRMÃ
Gn 12. 13 Diga que é minha *irmã*
Êx 2. 4 A *irmã* do menino
Lv 18. 9 Não se envolva...com a sua *irmã*
Lc 10. 39 Maria, sua *irmã*, ficou sentada
Jo 11. 5 Jesus amava Marta, a *irmã* dela e Lázaro
Rm 16. 1 *irmã* Febe, serva da igreja em Cencreia
Tg 2. 15 ou *irmã* estiver necessitando de roupa
2Jo 13 Os filhos da sua *irmã* eleita

IRMÃO
Gn 4. 9 Onde está seu *irmão* Abel?
Dt 15. 11 abra o coração para o seu *irmão*
Jz 9. 3 "Ele é nosso *irmão*"
1Sm 17. 28 Eliabe, o *irmão* mais velho
1Cr 19. 11 sob o comando de seu *irmão* Abisai
Ne 7. 2 encarreguei o meu *irmão* Hanani
Pv 18. 19 Um *irmão* ofendido é mais inacessível
Pv 18. 24 amigo mais apegado que um *irmão*
Mt 5. 24 vá primeiro reconciliar-se com seu *irmão*
Mt 10. 21 O *irmão* entregará à morte o seu *irmão*
Lc 15. 32 celebrar a volta deste seu *irmão*
Lc 17. 3 Se o seu *irmão* pecar, repreenda-o
Jo 11. 23 "O seu *irmão* vai ressuscitar"
At 12. 2 ...matar à espada Tiago, *irmão* de João
2Co 2. 13 não encontrei ali meu *irmão* Tito
1Pe 5. 12 Silvano, a quem considero *irmão* fiel
1Jo 2. 9 ...odeia seu *irmão*, continua nas trevas
1Jo 2. 10 ama seu *irmão* permanece na luz

IRREPREENSÍVEL
2Sm 22. 24 Tenho sido *irrepreensível* para com ele
2Sm 22. 26 ao *irrepreensível* te revelas irrepreensível
Lc 1. 6 obedecendo de modo *irrepreensível*
Fp 3. 6 quanto à justiça que há na Lei, *irrepreensível*
1Tm 3. 2 que o bispo seja *irrepreensível*
1Tm 6. 14 mandamento imaculado e *irrepreensível*
Tt 1. 6 que o presbítero seja *irrepreensível*

IRRESPONSAVELMENTE
Lc 15. 13 desperdiçou os seus bens... *irresponsavelmente*

IRRITAR
Ec 5. 6 Por que *irritar* a Deus...?

IS-BOSETE
2Sm 2. 10 *Is-Bosete*, filho de Saul
2Sm 4. 12 sepultaram a cabeça de *Is-Bosete*

ISABEL
Lc 1. 7 porque *Isabel* era estéril
Lc 1. 13 *Isabel*, sua mulher, dará a você um filho
Lc 1. 56 Maria ficou com *Isabel*
Lc 1. 57 tempo de *Isabel* dar à luz, ela teve um filho

ISAQUE
Gl 4. 28 ...filhos da promessa, como *Isaque*
Hb 11. 20 Pela fé *Isaque* abençoou Jacó e Esaú

ISAÍAS
Is 38. 4 a palavra do Senhor veio a *Isaías*
Mt 3. 3 aquele...anunciado pelo profeta *Isaías*
Mt 15. 7 Bem profetizou *Isaías* acerca de vocês
Lc 3. 4 no livro das palavras de *Isaías*
Jo 12. 39 como disse *Isaías* noutro lugar
At 8. 28 ...lia o livro do profeta *Isaías*
Rm 9. 27 *Isaías* exclama com relação a Israel
Rm 9. 29 Como anteriormente disse *Isaías*

ISCARIOTES
Mt 10. 4 e Judas *Iscariotes*, que o traiu
Mt 26. 14 um dos Doze...Judas *Iscariotes*
Jo 14. 22 Disse...Judas (não o *Iscariotes*)

ISMAEL
Gn 17. 26 Abraão e seu filho *Ismael* foram...
2Cr 23. 1 *Ismael*, filho de Joanã

ISRAEL
Gn 32. 28 não será mais Jacó, mas sim *Israel*
Gn 35. 10 seu nome será *Israel*
Êx 4. 22 *Israel* é o meu primeiro filho
Dt 6. 4 Ouça, ó *Israel*...
1Rs 12. 16 Quando todo o *Israel* viu que o rei
2Rs 17. 13 O Senhor advertiu *Israel* e Judá
Am 4. 12 ainda o castigarei, ó *Israel*
Mc 15. 32 O Cristo, o Rei de *Israel*...
Rm 11. 2 Elias clamou a Deus contra *Israel*
1Co 10. 18 Considerem o povo de *Israel*
Ef 2. 12 sem Cristo, separados...de *Israel*
Ap 21. 12 os nomes das doze tribos de *Israel*

ISRAELITAS
Gn 36. 31 antes de haver rei entre os *israelitas*
Gn 47. 27 Os *israelitas* se estabeleceram no Egito
Hb 11. 22 fez menção ao Êxodo dos *israelitas*

ISSACAR
Gn 30. 18 ...deu-lhe o nome de *Issacar*
Gn 49. 14 *Issacar* é um jumento forte
Js 19. 17 a sorte saiu para *Issacar*, clã por clã

ITALIANO
At 10. 1 Cornélio, centurião do regimento... *Italiano*

ITÁLIA
At 18. 2 judeu...chegado recentemente da *Itália*
At 27. 6 um navio alexandrino...de partida para a *Itália*
Hb 13. 24 Os da *Itália* enviam saudações

JABAL
Gn 4. 20 Ada deu à luz *Jabal*

JABES
2Rs 15. 10 Salum, filho de *Jabes*
1Cr 10. 12 os corpos...e os levaram a *Jabes*

JABES-GILEADE
Jz 21. 9 ...de *Jabes-Gileade* estava ali
1Sm 11. 1 avançou contra a cidade de *Jabes-Gileade*

JABIM
Js 11. 1 *Jabim*, rei de Hazor, soube disso
Jz 4. 2 os entregou nas mãos de *Jabim*, rei de Canaã
Jz 4. 23 Naquele dia Deus subjugou *Jabim*
Jz 4. 24 os israelitas atacaram...a *Jabim*

JABOQUE
Gn 32. 22 para...o lugar de passagem do *Jaboque*
Nm 21. 24 ...desde o Arnom até o *Jaboque*

JACÓ
Gn 25. 26 lhe deram o nome de *Jacó*
Gn 25. 34 *Jacó* serviu a Esaú pão com ensopado
Nm 24. 19 De *Jacó* sairá o governo
Dt 32. 9 *Jacó* é a herança que lhe coube
Js 24. 4 e a Isaque dei *Jacó* e Esaú
Sl 46. 7 o Senhor...é a nossa torre segura
Is 14. 1 O Senhor terá compaixão de *Jacó*
Am 7. 5 Como *Jacó* poderá sobreviver?
Mq 3. 8 declarar a *Jacó* a sua transgressão
Mt 1. 2 Isaque gerou *Jacó*; *Jacó* gerou Judá
Mc 12. 26 o Deus de Isaque e o Deus de *Jacó*
Lc 1. 33 ele reinará para sempre sobre o povo de *Jacó*
Jo 4. 6 Havia ali o poço de *Jacó*
At 7. 15 *Jacó* desceu ao Egito
Rm 9. 13 Amei *Jacó*, mas rejeitei Esaú

JAEL
Jz 4. 17 ...fugiu a pé para a tenda de *Jael*
Jz 4. 18 *Jael* saiu ao encontro de Sísera
Jz 4. 21 Entretanto, *Jael*, mulher de Héber

JAFÉ
Gn 5. 32 Noé tinha gerado Sem, Cam e *Jafé*

JAIRO
Mc 5. 35 algumas pessoas da casa de *Jairo*
Lc 8. 41 ...*Jairo*, dirigente da sinagoga
Lc 8. 50 Ouvindo isso, Jesus disse a *Jairo*
Lc 8. 51 Quando chegou à casa de *Jairo*

JANELA
Gn 8. 6 Noé abriu a *janela* que fizera na arca
Js 2. 15 Raabe os ajudou a descer pela *janela*
Jz 5. 28 Pela *janela* olhava a mãe de Sísera
1Sm 19. 12 Mical fez Davi descer por uma *janela*
2Rs 9. 30 olhou de uma *janela* do palácio
Pv 7. 6 Da *janela* de minha casa olhei
At 20. 9 Êutico...sentado numa *janela*
2Co 11. 33 de uma *janela*... fui baixado

JANTAR
1Sm 20. 5 e devo *jantar* com o rei
Lc 7. 36 Convidado por um dos fariseus para *jantar*
Lc 17. 8 Prepare o meu *jantar*, apronte-se e sirva-me
Jo 12. 2 prepararam um *jantar* para Jesus

JARDIM
Gn 2. 8 ...plantado um *jardim* no Éden
Gn 2. 10 No Éden nascia um rio que irrigava o *jardim*
Ct 6. 2 O meu amado desceu ao seu *jardim*
Is 1. 30 Vocês serão...como um *jardim* sem água
Jo 19. 41 onde Jesus foi crucificado...um *jardim*

JARDINEIRO
Jo 20. 15 Pensando que fosse o *jardineiro*

JARRO
Jr 48. 38 despedacei Moabe como a um *jarro*
Jr 51. 34 fez de nós um *jarro* vazio
Lc 8. 16 e a esconde num *jarro* ou...

JASOM
At 17. 5 Invadiram a casa de *Jasom*
At 17. 7 e *Jasom* os recebeu em sua casa

JEBUSEU
2Sm 24. 16 o anjo...perto da eira de Araúna, o *jebuseu*

JECONIAS
Mt 1. 11 e Josias gerou *Jeconias* e seus irmãos
Mt 1. 12 *Jeconias* gerou Salatiel

JEFTÉ
Jz 11. 1 *Jefté*, o gileadita, era um guerreiro valente

JEJUAR
2Sm 12 23 ...ela morreu, por que deveria *jejuar*?
Sl 109. 24 De tanto *jejuar* os meus joelhos fraquejam
Mt 4. 2 ...*jejuar* quarenta dias e quarenta noites
Mt 6. 17 Ao *jejuar*, arrume o cabelo e lave o rosto
At 13. 3 depois de *jejuar* e orar...

JEJUM
1Rs 21. 9 Decretem um dia de *jejum*...
Et 9. 31 observâncias dos tempos de *jejum*
Sl 35. 13 humilhei-me com *jejum* e...
Is 58. 5 Será esse o *jejum* que eu escolhi...?
Mt 17. 21 ...só sai pela oração e pelo *jejum*
2Co 11. 27 muitas vezes fiquei em *jejum*

JEOAQUIM
Jr 26. 2 o rei *Jeoaquim* mandou ao Egito...
Dn 1. 2 o Senhor entregou *Jeoaquim*, rei de Judá...

JEOZADAQUE
1Cr 6. 14 ...e Seraías gerou *Jeozadaque*

JEOÁS
2Rs 13. 10 do reinado de *Joás*, rei de Judá

JEREMIAS
Ed 1. 1 a palavra do Senhor falada por *Jeremias*
Jr 1. 1 As palavras de *Jeremias*, filho de Hilquias
Jr 33. 1 *Jeremias* ainda estava preso no pátio
Mt 27. 9 o que fora dito pelo profeta *Jeremias*

JERICÓ
Js 6. 2 entreguei nas suas mãos *Jericó*
1Rs 16. 34 Hiel, de Betel, reconstruiu *Jericó*
Mt 20. 29 Ao saírem de *Jericó*, uma grande...
Mc 10. 46 Então chegaram a *Jericó*
Lc 10. 30 Um homem descia...para *Jericó*
Hb 11. 30 Pela fé caíram os muros de *Jericó*

JEROBOÃO
1Rs 11. 26 *Jeroboão*, filho de Nebate
1Rs 14. 19 Os...acontecimentos do reinado de *Jeroboão*
1Rs 14. 30 guerra constante entre Roboão e *Jeroboão*
Am 1. 1 ...e *Jeroboão*, filho de Jeoás, era rei de Israel
Am 7. 11 *Jeroboão* morrerá à espada

JERUSALÉM
Is 24. 23 ...reinará no monte Sião e em *Jerusalém*
Is 52. 1 Vista suas roupas de esplendor, ó *Jerusalém*
Jr 13. 27 Ai de você, *Jerusalém*!

Concordância Bíblica Abreviada

Jr 21. 13 estou contra você, *Jerusalém!*
Dn 9. 25 ...reconstruir *Jerusalém* até que o Ungido...
Mq 1. 1 visão...acerca de Samaria e de *Jerusalém*
Mt 20. 18 Estamos subindo para *Jerusalém*
Mc 11. 11 Jesus entrou em *Jerusalém*
Lc 2. 41 seus pais iam a *Jerusalém* para...
Jo 2. 23 Enquanto estava em *Jerusalém*
At 2. 5 Havia em *Jerusalém* judeus, devotos a Deus
At 8. 25 Pedro e João voltaram a *Jerusalém*
At 19. 21 Paulo decidiu no espírito ir a *Jerusalém*
Rm 15. 27 são devedores aos santos de *Jerusalém*
Gl 4. 26 a *Jerusalém* do alto é livre
Hb 12. 22 à *Jerusalém* celestial, à cidade do Deus vivo
Ap 21. 10 mostrou-me a Cidade Santa, *Jerusalém*

JESSÉ
1Sm 16. 1 eu o enviarei a *Jessé*
1Sm 16. 18 Conheço um filho de *Jessé*, de Belém
At 13. 22 Encontrei Davi, filho de *Jessé*
Rm 15. 12 Brotará a raiz de *Jessé*

JESUS
Mt 1. 1 *Jesus* Cristo, filho de Davi, filho de Abraão
Mt 1. 16 da qual nasceu *Jesus*, que é chamado Cristo
Mt 3. 13 *Jesus* veio da Galileia ao Jordão
Mt 4. 1 *Jesus* foi levado pelo Espírito ao deserto
Mt 27. 55 haviam seguido *Jesus* desde a Galileia
At 1. 11 Este mesmo *Jesus*, que dentre vocês...
At 9. 5 Eu sou *Jesus*, a quem você persegue
At 10. 38 Deus ungiu *Jesus* de Nazaré
Rm 3. 26 justificador daquele que tem fé em *Jesus*
1Co 12. 3 pode dizer: "*Jesus* é Senhor" a não ser
Fp 2. 10 ao nome de *Jesus* se dobre todo joelho
1Ts 4. 14 cremos que *Jesus* morreu e ressurgiu
Hb 2. 9 Vemos...*Jesus*, coroado de honra e...
Hb 12. 2 os olhos fitos em *Jesus*
1Jo 5. 1 aquele que crê que *Jesus* é o Cristo
Ap 22. 16 Eu, *Jesus*, enviei o meu anjo

JETRO
Êx 4. 18 Moisés voltou a *Jetro*, seu sogro
Êx 18. 1 *Jetro*, sacerdote de Midiã e...

JEZABEL
1Rs 16. 31 se casou com *Jezabel*, filha de Etbaal
Ap 2. 20 você tolera *Jezabel*, aquela mulher que...

JEZREEL
1Rs 21. 1 vinha que pertencia a Nabote, de *Jezreel*
Os 1. 5 quebrarei o arco de Israel no vale de *Jezreel*

JEÚ
2Rs 9. 2 procure *Jeú*, filho de Josafá
2Cr 22. 7 saiu...encontro de *Jeú*, filho de Ninsi

JOABE
2Sm 3. 22 os soldados de Davi e *Joabe* voltavam
2Sm 11. 6 Davi mandou esta mensagem a *Joabe*
Ne 7. 11 por meio da linhagem de Jesua e *Joabe*

JOAQUIM
2Rs 24. 8 *Joaquim* tinha dezoito anos de idade
2Rs 24. 12 *Joaquim*, rei de Judá, sua mãe...
Jr 52. 34 O rei da Babilônia deu a *Joaquim*...

JOELHO
Is 45. 23 Diante de mim todo *joelho* se dobrará
Ez 7. 17 todo *joelho* ficará como água, de tão fraco
Fp 2. 10 ao nome de Jesus se dobre todo *joelho*

JOIADA
2Rs 11. 4 o sacerdote *Joiada* mandou chamar
2Cr 22. 11 Jeoseba..mulher do sacerdote *Joiada*
2Cr 24. 15 *Joiada* morreu com idade avançada

JOIO
Mt 13. 25 seu inimigo e semeou o *joio*
Mt 13. 36 Explica-nos a parábola do *joio* no campo

JONAS
Jn 1. 1 A palavra...veio a *Jonas*, filho de Amitai
Mt 12. 39 exceto o sinal do profeta *Jonas*
Lc 11. 30 assim como *Jonas* foi um sinal
Lc 11. 32 está aqui quem é maior do que *Jonas*

JOPE
Jn 1. 3 Desceu à cidade de *Jope*, onde encontrou
At 9. 36 ...*Jope* havia uma discípula chamada Tabita
At 9. 38 Lida ficava perto de *Jope*, e...
At 10. 32 Mande buscar em *Jope* a Simão

JOQUEBEDE
Êx 6. 20 Anrão tomou por mulher sua tia *Joquebede*
Nm 26. 59 o nome da mulher de Anrão era *Joquebede*

JORDÃO
Gn 13. 11 Ló escolheu todo o vale do *Jordão* e partiu
Dt 4. 22 morrerei nesta terra; não atravessarei o *Jordão*
Js 3. 17 ...em terra seca no meio do *Jordão*
2Sm 19. 15 Então o rei voltou e chegou ao *Jordão*
2Rs 5. 10 lave-se sete vezes no rio *Jordão*
Zc 11. 3 a rica floresta do *Jordão* foi destruída
Mt 3. 6 eram batizados por ele no rio *Jordão*

JORRAR
Sl 104. 10 Fazes *jorrar* as nascentes nos vales
Jo 4. 14 fonte de água a *jorrar* para a vida eterna
Ap 12. 15 a serpente fez *jorrar* da sua boca água

JOSAFÁ
2Cr 17. 1 *Josafá*, filho de Asa, foi o seu sucessor

JOSIAS
1Rs 13. 2 ...na família de Davi e se chamará *Josias*
2Rs 21. 24 e a seu filho *Josias* proclamou rei
2Rs 23. 30 Os oficiais de *Josias* levaram o seu corpo

JOSUÉ
Êx 17. 10 *Josué* foi então lutar contra os amalequitas
Êx 33. 11 *Josué*, filho de Num, que lhe servia...
Zc 3. 3 *Josué*, vestido de roupas impura
Lc 3. 29 filho de *Josué*, filho de Eliézer
At 3. 40 sob a liderança de *Josué*
Hb 4. 8 se *Josué* lhes tivesse dado descanso

JOSÉ
Gn 30. 25 Depois que Raquel deu à luz *José*
Gn 37. 5 Certa vez, *José* teve um sonho
Gn 37. 17 *José* foi em busca dos seus irmãos
Gn 39. 2 O Senhor estava com *José*
Êx 1. 5 *José*, porém, já estava no Egito
Êx 1. 6 morreram *José*, todos os seus irmãos
Nm 26. 28 Os descendentes de *José* segundo...
Zc 10. 6 ...salvarei a casa de *José*
Mt 1. 16 e Jacó gerou *José*, marido de Maria
Jo 1. 45 Jesus de Nazaré, filho de *José*
At 1. 23 *José*, chamado Barsabás
At 4. 36 *José*, um levita de Chipre
Hb 11. 22 Pela fé *José*, no fim da vida,

JOTÃO
Jz 9. 5 *Jotão*, o filho mais novo de Jerubaal
2Rs 15. 32 *Jotão*, filho de Uzias, rei de Judá
Mq 1. 1 durante os reinados de *Jotão*, Acaz e Ezequias

JOVEM
Sl 37. 25 Já fui *jovem* e agora sou velho
Ec 11. 9 Alegre-se, *jovem*, na sua mocidade!
Lm 3. 27 ...suporte o jugo enquanto é *jovem*
At 7. 58 aos pés de um *jovem* chamado Saulo
At 20. 9 Um *jovem* chamado Êutico
At 20. 12 Levaram vivo o *jovem*
1Tm 4. 12 o desprezem pelo fato de você ser *jovem*

JOÁS
Jz 6. 11 Gideão, filho de *Joás*
2Rs 11. 21 *Joás* tinha sete anos de idade
2Cr 25. 25 Amazias, filho de *Joás*, rei de Judá

JOÃO
Mt 3. 1 surgiu *João* Batista, pregando no deserto
Mt 3. 4 As roupas de *João* eram feitas de pêlos
Mt 11. 7 Jesus começou a falar...a respeito de *João*
Mt 11. 12 Desde os dias de *João* Batista até agora
Mt 11. 13 os Profetas e a Lei profetizaram até *João*
Mt 11. 18 veio *João*, que jejua e não bebe vinho
Mc 1. 29 foram com Tiago e *João* à casa de
Jo 1. 6 ...enviado por Deus, chamado *João*
At 1. 5 *João* batizou com água, mas...
Ap 22. 8 Eu, *João*, sou aquele que ouviu e viu

JUBAL
Gn 4. 21 O nome do irmão dele era *Jubal*

JUBILEU
Lv 25. 11 O quinquagésimo ano será *jubileu*

JUDAS
Mt 10. 4 e *Judas* Iscariotes, que o traiu
Mc 14. 10 Então *Judas* Iscariotes, um dos Doze
Jo 13. 26 deu-o a *Judas* Iscariotes, filho de Simão
Jo 14. 22 Disse então *Judas* (não o Iscariotes)
At 9. 11 Vá à casa de *Judas*, na rua chamada Direita
At 15. 22 Escolheram *Judas*, chamado Barsabás
At 15. 27 estamos enviando *Judas* e Silas para
Jd 1 *Judas*, servo de Jesus Cristo e irmão

JUDAÍSMO
At 2. 11 judeus como convertidos ao *judaísmo*
Gl 1. 13 qual foi o meu procedimento no *judaísmo*

JUDEU
Et 2. 5 um *judeu* chamado Mardoqueu
Jo 4. 9 Como o senhor, sendo *judeu*, pede a mim
At 10. 28 é contra a nossa lei um *judeu* associar-se
At 13. 6 encontraram um *judeu*, chamado Barjesus
Rm 2. 9 primeiro para o *judeu*, depois para o grego
Gl 2. 14 Você é *judeu*, mas vive como gentio
Gl 3. 28 Não há *judeu* nem grego
Cl 3. 11 não há diferença entre grego e *judeu*

JUDÁ
Gn 29. 35 Assim deu-lhe o nome de *Judá*
Gn 46. 28 Jacó enviou *Judá* à sua frente a José

1Rs 14. 22 Judá fez o que o Senhor reprova
Jr 26. 19 Acaso Ezequias, rei de Judá
Jr 27. 3 ...para ver Zedequias, rei de Judá
Os 1. 7 tratarei com amor a nação de Judá
Am 2. 5 porei fogo em Judá,e as chamas
Hb 7. 14 o nosso Senhor descende de Judá
Ap 5. 5 Eis que o Leão da tribo de Judá

JUDEIA
Jo 3. 22 Jesus foi...para a terra da Judeia
At 1. 8 em toda a Judeia e Samaria, e até os
Gl 1. 22 ...conhecido pelas igrejas da Judia

JUGO
Gn 27. 40 arrancará do pescoço o jugo
Dt 28. 48 um jugo de ferro sobre o seu pescoço
1Rs 12. 4 Teu pai...sobre nós um jugo pesado
Is 9. 4 tu destruíste o jugo que os oprimia
Jr 2. 20 quebrei o seu jugo e despedacei as...
Lm 3. 27 o homem suporte o jugo enquanto é jovem
Mt 11. 30 meu jugo é suave e o meu fardo é leve
2Co 6. 14 Não se ponham em jugo desigual

JUIZ
Gn 18. 25 Não agirá com justiça o Juiz
Êx 2. 14 Quem o nomeou líder e juiz sobre nós?
Dt 17. 9 o juiz que estiver exercendo o cargo
Jz 11. 27 Que o Senhor, o Juiz, julgue
Sl 50. 6 pois o próprio Deus é o juiz
Mt 5. 25 ele poderá entregá-lo ao juiz
Lc 18. 2 Em certa cidade havia um juiz que
Lc 18.6Ouçam o que diz o juiz injusto
Jo 12. 48 Há um juiz para quem me rejeita
At 10. 42 ...constituiu juiz de vivos e de mortos
Cl 3. 15 a paz de Cristo seja o juiz em seu coração
Hb 12. 23 chegaram a Deus, juiz de todos
Tg 4. 12 Há apenas um Legislador e Juiz
Tg 5. 9 O Juiz já está às portas!

JULGAMENTO
Lv 19. 15 Não cometam injustiça num julgamento
1Sm 12. 7 vou entrar em julgamento com vocês
Ec 12. 14 Deus trará a julgamento tudo o que foi feito
Jó 19. 29 então vocês saberão que há julgamento
Sl 1. 5 os ímpios não resistirão no julgamento
Sl 143. 2 não leves o teu servo a julgamento
Mt 5. 21 quem matar estará sujeito a julgamento
Jo 5. 22 ...mas confiou todo julgamento ao Filho
At 12. 4 pretendia submetê-lo a julgamento público
Rm 5. 16 por um pecado veio o julgamento
1Pe 4. 17 hora de começar o julgamento pela...
Ap 17. 1 ...o julgamento da grande prostituta

JULGAR
Êx 18. 13 Moisés assentou-se para julgar
Nm 35. 24 a comunidade deverá julgar entre ele
1Rs 7. 7 a Sala da Justiça, onde iria julgar
Jó 22. 13 ...julgar através de tão grande escuridão?
Jo 5. 27 E deu-lhe autoridade para julgar
At 17. 31 um dia em que há de julgar o mundo
Rm 2. 16 ...em que Deus julgar os segredos
1Co 5. 12 como haveria eu de julgar os de fora
1Co 6. 2 os santos hão de julgar o mundo?
2Tm 4. 1 ...que há de julgar os vivos e os mortos
Ap 20. 4 havia sido dada autoridade para julgar

JUMENTA
Nm 22. 22 Balaão ia montado em sua jumenta
2Rs 4. 22 Preciso de...uma jumenta para ir

Jr 2. 24 como uma jumenta selvagem
Mt 21. 2 logo encontrarão uma jumenta amarrada
Mt 21. 7 Trouxeram a jumenta e o jumentinho,
2Pe 2. 16 ...foi repreendido por uma jumenta

JUMENTINHO
Mt 21. 7 Trouxeram a jumenta e o jumentinho
Mc 11. 2 encontrarão um jumentinho amarrado
Lc 19. 33 estavam desamarrando o jumentinho
Jo 12. 14 Jesus conseguiu um jumentinho e montou

JUMENTO
Gn 16. 12 será como jumento selvagem
Gn 22. 3 levantou-se e preparou o seu jumento
Mt 21. 5 o seu rei vem...montado num jumento

JUNCO
Êx 2. 3 pegou um cesto feito de junco e o vedou
Jó 8. 11 Sem água cresce o junco?
Is 35. 7 crescerão a relva, o junco e o papiro
Ez 29. 6 tem sido um bordão de junco para

JUNTA
Is 17. 5 quando um ceifeiro junta o trigo e colhe
Is 3. 4 e contra ele se junta um bando

JUNTO
Pv 6. 21 Amarre-os sempre junto ao coração
Mt 15. 10 Jesus chamou para junto de si a...
Jo 1. 18 o Deus Unigênito, que está junto do Pai
Jo 17. 5 Pai, glorifica-me junto a ti
Ap 15. 2 em pé, junto ao mar

JURAMENTO
Gn 26. 3 ...o juramento que fiz a seu pai, Abraão
Nm 30. 2 ou um juramento que o obrigar
Dt 4. 31 ...da aliança que com juramento fez
Mt 23. 16 ...está obrigado por seu juramento
Lc 1. 73 o juramento que fez ao nosso pai Abraão
At 2. 30 prometera sob juramento que poria
Hb 7. 21 ele se tornou sacerdote com juramento

JURAR
Zc 8. 17 e não queiram jurar com falsidade
Mt 23. 16 Se alguém jurar pelo santuário
Mt 26. 74 começou a lançar maldições e a jurar
Hb 6. 13 ninguém superior por quem jurar

JURISDIÇÃO
Lc 23. 7 ele era da jurisdição de Herodes

JURO
Lv 25. 36 Não cobrem dele juro algum
Dt 32. 40 juro pelo meu nome que...
Am 8. 7 Juro pelo nome do deus de Berseba
Sf 2. 9 Por isso, juro pela minha vida"

JUSTAMENTE
At 9. 21 não veio para cá justamente para levá-los

JUSTIFICADOR
Rm 3. 26 a fim de ser justo e justificador daquele

JUSTIFICAR
At 19. 40 não seríamos capazes de justificar este

JUSTIFICAÇÃO
Rm 4. 25 e ressuscitado para nossa justificação
Rm 5. 18 um só ato de justiça resultou na justificação
Rm 10. 4 o fim da Lei é Cristo, para a justificação

JUSTIÇA
Gn 15. 6 e isso lhe foi creditado como justiça
Êx 23. 2 não perverta a justiça para apoiar a...
Lv 19. 15 julguem o seu próximo com justiça
Dt 16. 20 Sigam única e exclusivamente a justiça
Sl 4. 1 ó Deus que me fazes justiça!
Sl 5. 8 Conduze-me, Senhor, na tua justiça
Pv 21. 15 Quando se faz justiça, o justo se alegra
Is 1. 27 Sião será redimida com justiça
Mt 5. 6 os que têm fome e sede de justiça
Lc 1. 75 em santidade e justiça, diante dele
Rm 3. 22 justiça de Deus mediante a fé em Jesus
1Tm 6. 11 fuja de tudo isso e busque a justiça
2Tm 3. 16 e para a instrução na justiça
Tg 3. 18 O fruto da justiça semeia-se em paz
2Pe 3. 13 ...céus e nova terra, onde habita a justiça

JUSTO
Gn 7. 1 você é o único justo que encontrei
Êx 9. 27 O Senhor é justo; eu e o meu povo
Dt 6. 18 Façam o que é justo e bom perante
Dt 32. 4 Ele é a Rocha...justo e reto ele é
Sl 7. 11 Deus é um juiz justo, um Deus que
Sl 112. 6 O justo jamais será abalado
Sl 116. 5 O Senhor é misericordioso e justo
Pv 10. 3 O Senhor não deixa o justo passar fome
Pv 10. 11 A boca do justo é fonte de vida
Lc 23. 47 Certamente este homem era justo
At 10. 22 é um homem justo e temente a Deus
Rm 7. 12 o mandamento é santo, justo e bom
Gl 3. 11 "o justo viverá pela fé"
Tg 5. 16 A oração de um justo é poderosa
1Jo 1. 9 ele é fiel e justo para perdoar
1Jo 3. 7 Aquele que pratica a justiça é justo

JUSTOS
Gn 18. 24 se houver cinquenta justos na cidade?
Nm 23. 10 Morra eu a morte dos justos
Jó 17. 9 os justos se manterão firmes
Sl 1. 6 o Senhor aprova o caminho dos justos
Sl 34. 17 Os justos clamam, o Senhor os ouve
Pv 28. 1 os justos são corajosos como o leão
Mt 13. 17 Muitos profetas e justos desejaram ver
Mt 13. 43 os justos brilharão como o sol
Ap 16. 7 verdadeiros e justos são os teus juízos
Ap 19. 8 O linho fino são os atos justos dos santos

JUÍZES
Nm 25. 5 Moisés disse aos juízes de Israel
Rt 1. 1 Na época dos juízes houve fome
Mt 12. 27 eles mesmos serão juízes sobre vocês
At 13. 20 lhes deu juízes até o tempo do profeta
1Co 6. 4 designem para juízes os que são da igreja

JUÍZO
Êx 6. 6 ...e com poderosos atos de juízo
Dt 32. 28 uma nação sem juízo e sem discernimento
2Cr 24. 24 o juízo foi executado sobre Joás
Sl 76. 8 Dos céus pronunciaste juízo
Is 3. 14 o Senhor entra em juízo contra
Mt 10. 15 No dia do juízo haverá menor rigor
Mt 12. 42 A rainha do Sul se levantará no juízo
Tg 2. 13 será exercido juízo sem misericórdia
2Pe 3. 7 guardados para o dia de juízo e para
Ap 14. 7 pois chegou a hora do seu juízo

JUÍZOS
Os 6. 5 meus juízos reluziram como relâmpagos
Rm 11. 33 Quão insondáveis são os seus juízos

Concordância Bíblica Abreviada

Ap 16. 7 verdadeiros e justos são os teus juízos
Ap 19. 2 verdadeiros e justos são os seus juízos

JÓ
Jó 1. 1 ...de Uz vivia um homem chamado Jó
Jó 42.16 Jó viveu cento e quarenta anos
Tg 5.11 ouviram falar sobre a perseverança de Jó

JOIA
Is 13.19 Babilônia, a *joia* dos reinos
Ap 21.11 seu brilho era como o de uma *joia*

JOIAS
Gn 24.53 o servo deu *joias* de ouro
Êx 35.22 trouxeram *joias* de ouro de todos
Is 61.10 qual noiva que se enfeita com *jias*
1Pe 3. 3 como cabelos trançados e *joias*

JÔNATAS
Jz 18.30 e *Jônatas*, filho de Gérson
1Sm 13.16 Saul e seu filho *Jônatas*
2Sm 1.26 estou triste por você, *Jônatas*
1Cr 27.32 *Jônatas*, tio de Davi, era conselheiro
Ne 12.11 Joiada foi o pai de *Jônatas*

JÚBILO
Dt 28.47 não serviram com *júbilo* e alegria
Et 8.17 havia alegria e *júbilo* entre os judeus
Sl 51. 8 Faze-me ouvir...*júbilo* e alegria
Is 35.10 *Júbilo* e alegria se apoderarão deles
Jr 31.13 Transformarei o lamento deles em *júbilo*
Jr 33.11 as vozes de *júbilo* e de alegria
Mt 2.10 ...a ver a estrela, encheram-se de *júbilo*

LABAREDA
Jr 48.45 um fogo saiu de Hesbom, uma *labareda*

LABÃO
Gn 24.29 Rebeca tinha um irmão chamado *Labão*

LADO
Gn 28.13 Ao *lado* dele estava o Senhor
1Sm 1.26 sou a mulher que esteve aqui a teu *lado*
Sl 124. 2 o Senhor não estivesse do nosso *lado*
Mc 4.35 "Vamos para o outro *lado*"
At 5.10 e a sepultaram ao *lado* de seu marido
2Tm 4.17 o Senhor permaneceu ao meu *lado*

LADRÃO
Jo 10.10 O *ladrão* vem apenas para roubar...
1Ts 5. 2 o dia do Senhor virá como *ladrão*
Ap 3. 3 virei como um *ladrão* e você
Ap 16.15 Eis que venho como *ladrão*!

LAGAR
Lm 1.15 O Senhor pisou no seu *lagar* a virgem
Ap 14.19 as lançou no...*lagar* da ira de Deus

LAGARTA
Jn 4. 7 Deus mandou uma *lagarta* atacar

LAGO
Is 41.18 Transformarei o deserto num *lago*
Lc 5. 1 Jesus estava perto do *lago* de Genesaré
Lc 5. 2 Viu à beira do *lago* dois barcos
Ap 19.20 lançados vivos no *lago* de fogo
Ap 21. 8 o lugar deles será no *lago* de fogo

LAMA
2Sm 22.43 os amassei como a *lama* das ruas
Jó 30.19 Lança-me na *lama*, e sou...
Is 57.20 cujas águas expelem lixo e lodo
Jr 38. 6 e Jeremias afundou na *lama*
Zc 9. 3 e ouro como *lama* das ruas
2Pe 2.22 A porca...volta a revolver-se na *lama*

LAMBER
Lc 16.21 os cães vinham *lamber* suas feridas

LAMENTAR
Gn 23. 2 Abraão foi *lamentar* e chorar por ela
Zc 7. 3 Devemos *lamentar* e jejuar
Lc 6.25 haverão de se *lamentar* e chorar

LAMENTAÇÃO
Et 9.31 tempos de jejum e de *lamentação*
Am 5.16 Haverá *lamentação* em todas as praças
Am 8.10 e todos os seus cânticos em *lamentação*
Mt 2.18 choro e grande *lamentação*
At 8. 2 e fizeram por por causa dele grande *lamentação*

LAMENTAÇÕES
2Cr 35.25 escritos na coletânea de *lamentações*
Lm 2. 5 e as *lamentações* da filha de Judá

LAMEQUE
Gn 4.19 *Lameque* tomou duas mulheres
Gn 5.25 ...Matusalém gerou *Lameque*
Gn 5.28 ...*Lameque* gerou um filho
Gn 5.30 *Lameque* viveu 595 anos

LANÇA
Nm 25. 8 e atravessou os dois com a *lança*
Js 8.18 Estende a *lança* que você tem na mão
Js 8.26 Josué não recuou a *lança* até exterminar
Jz 5. 8 não se via um só escudo ou *lança*
1Sm 26.22 Aqui está a *lança* do rei
1Cr 12.24 armados para a guerra, com escudo e *lança*
Sl 35. 3 Empunha a *lança* e o machado
Mc 4.26 a um homem que *lança* a semente
Jo 19.34 perfurou o lado de Jesus com uma *lança*

LANÇADEIRA
Jz 16.13 e o prender com uma *lançadeira*...
1Sm 17. 7 ...com uma *lançadeira* de tecelão

LANÇAR
Nm 22. 6 ...*lançar* uma maldição contra ele
Jó 22.24 *lançar* ao pó as suas pepitas
Lc 12. 5 tem poder para *lançar* no inferno
Lc 14.29 se *lançar* o alicerce e não for capaz
At 27.18 começaram a *lançar* fora a carga
At 27.30 a pretexto de *lançar* âncoras da proa

LAODICEIA
Cl 2. 1 pelos que estão em *Laodiceia*
Ap 3.14 Ao anjo da igreja em *Laodiceia*

LARGA
Ne 12.38 pela torre dos Fornos até a porta *Larga*
Is 30.33 sua fogueira é funda e *larga*
Jr 51.58 A *larga* muralha da Babilônia será...
Mt 7.13 *larga* é a porta e amplo o caminho

LARGO
Dt 2. 8 passamos ao *largo* de nossos irmãos
Ne 3. 8 reconstruíram Jerusalém até o muro *Largo*

LARGURA
Ef 3.18 compreender a *largura*, o comprimento...
Ap 21.16 ...de comprimento e *largura* iguais

LARVA
Jó 25. 6 que não passa de *larva*

LASCÍVIA
Ez 16.43 você não acrescentou *lascívia*
Ez 23.21 ansiou pela *lascívia* de sua juventude
Ez 23.27 basta à *lascívia* e à prostituição
Os 2.10 vou expor a sua *lascívia*

LATIM
Jo 19.20 estava escrita em aramaico, *latim*...

LAVADEIRA
Jó 9.30 minhas mãos com soda de *lavadeira*

LAVAR
Gn 19. 2 Lá poderão *lavar* os pés
Mc 7. 2 as mãos "impuras", isto é, por *lavar*
Lc 7.44 não me deu água para *lavar* os pés
Ef 5.26 purificado pelo *lavar* da água
Tt 3. 5 ele nos salvou pelo *lavar* regenerador

LAVOURA
1Co 3. 9 vocês são *lavoura* de Deus

LAVRA
Pv 28.19 Quem *lavra* sua terra terá comida

LAVRADOR
Jr 51.23 com você despedaço *lavrador* e bois
2Tm 2. 6 O *lavrador* que trabalha arduamente

LAÇO
Sl 91. 3 Ele o livrará do *laço* do caçador
Is 8.14 ele será uma armadilha e um *laço*
Rm 11. 9 a mesa deles se transforme em *laço*

LEALDADE
Pv 21.21 Quem segue a justiça e a *lealdade*
Jr 9.24 sou o Senhor que age com *lealdade*
Os 12. 6 pratique a *lealdade* e a justiça

LEGISLADOR
Is 33.22 o Senhor é o nosso *legislador*
Tg 4.12 Há apenas um *Legislador* e Juiz

LEGUMES
2Rs 4.39 foi ao campo apanhar *legumes*

LEGÍVEL
Is 8. 1 e nela escreva de forma *legível*

LEI
Êx 24.12 darei as tábuas de pedra com a *lei*
Lv 24.22 terão a mesma *lei* para o estrangeiro
Dt 4.44 Esta é a *lei* que Moisés apresentou
Ne 8. 8 Leram o Livro da *Lei* de Deus
Sl 119.18 ...eu veja as maravilhas da tua *lei*
Ml 2. 9 são parciais quando ensinam a *Lei*
Mt 5.17 vim abolir a *Lei* ou os Profetas
Jo 1.17 a *Lei* foi dada por intermédio de Moisés
Rm 2.12 aquele que pecar sem a *Lei*
Gl 3.11 ninguém é justificado pela *Lei*
Gl 3.12 A *Lei* não é baseada na fé
1Tm 1. 8 Sabemos que a *Lei* é boa
Hb 7.28 a *Lei* constitui sumos sacerdotes
1Jo 3. 4 o pecado é a transgressão da *Lei*

LEITE
Êx 3.17 terra onde há *leite* e mel
Jz 5.25 pediu água, e ela lhe deu *leite*
Is 7.22 graças à fartura de *leite*
1Co 3. 2 Dei a vocês *leite*, e não alimento sólido
Hb 5.12 Estão precisando de *leite*
Hb 5.13 se alimenta de *leite* ainda é criança
1Pe 2. 2 desejem de coração o *leite* espiritual

LEITO
Sl 41. 3 O Senhor o susterá em seu *leito*
Pv 7.16 Estendi sobre o meu *leito* cobertas
Is 19. 5 o *leito* do rio ficará...seco
Hb 13. 4 o *leito* conjugal, conservado puro

LEMBRANÇA
Jó 18.17 Sua *lembrança* desaparece da terra
Ec 9. 5 e já não se tem *lembrança* deles
Ez 21.24 trouxeram à *lembrança* a sua iniquidade
1Co 4.17 trará à *lembrança*...maneira de viver

LEMBRAR
Mt 5.23 e ali se *lembrar* de que seu irmão
Jo 14.26 e fará vocês lembrarem tudo o que eu
2Tm 2.14 Continue a *lembrar* essas coisas

LEME
Tg 3. 4 dirigidos por um *leme* muito pequeno
LEMUEL
Pv 31. 1 Ditados do rei *Lemuel*
Pv 31. 4 Não convém aos reis, ó *Lemuel*
LENHA
Ez 39. 10 Não precisarão ajuntar *lenha*
Zc 12. 6 ...no meio de um monte de *lenha*
LENTILHAS
Gn 25. 34 pão com ensopado de *lentilhas*
LENTOS
Hb 5. 11 se tornaram *lentos* para aprender
LENÇO
Jo 20. 7 bem como o *lenço* que estivera sobre...
LENÇOL
Mt 27. 59 envolveu-o num *lençol* limpo de linho
Mc 14. 51 vestindo apenas um *lençol* de linho
Mc 14. 52 ele fugiu nu, deixando o *lençol* para trás
At 10. 11 algo semelhante a um grande *lençol*
LEOA
Gn 49. 9 e deita-se como uma *leoa*
Nm 23. 24 O povo se levanta como *leoa*
Nm 24. 9 Como o leão e a *leoa* eles se abaixam
Ez 19. 2 Que *leoa* foi sua mãe entre os leões!
Jl 1. 6 suas presas são de *leoa*
LEOPARDO
Is 11. 6 o *leopardo* se deitará com o bode
Jr 5. 6 um *leopardo* ficará à espreita
Os 13. 7 como *leopardo*, ficarei à espreita
Ap 13. 2 A besta...era semelhante a um *leopardo*
LEPRA
2Rs 5. 27 a *lepra* de Naamã atingirá você
2Rs 15. 5 O Senhor feriu o rei com *lepra*
2Cr 26. 21 O rei Uzias sofreu de *lepra*
Mt 8. 3 ele foi purificado da *lepra*
Mc 1. 42 a *lepra* o deixou, e ele foi purificado
Lc 5. 12 passou um homem coberto de *lepra*
LEPROSO
Lv 13. 44 o homem está *leproso* e impuro
2Rs 5. 1 esse grande guerreiro ficou *leproso*
Mt 8. 2 Um *leproso*, aproximando-se...
Mt 26. 6 na casa de Simão, o *leproso*
LER
Is 29. 12 "Não sei *ler*"
Jr 51. 61 tenha o cuidado de *ler* todas...
Dn 5. 16 Se você puder *ler* essa inscrição
Lc 4. 16 E levantou-se para *ler*
2Co 1. 13 não sejam capazes de *ler* ou...
LESMA
Sl 58. 8 como a *lesma* que se derrete
LEVA
Sl 1. 4 como palha que o vento *leva*
Sl 1. 6 o caminho dos ímpios *leva* à destruição!
Pv 10. 8 a boca do insensato o *leva* à ruína
Mt 7. 13 e amplo o caminho que *leva* à perdição
Rm 2. 17 você *leva* o nome de judeu
1Jo 5. 16 pecado que não *leva* à morte
LEVANTAR
Sl 127. 2 Será inútil *levantar* cedo e dormir tarde
Mt 23. 4 dispostos a *levantar* um só dedo
Lc 11. 7 Não posso me *levantar*
Hb 7. 11 ...de se *levantar* outro sacerdote
LEVAR
Mt 3. 11 nem de *levar* as suas sandálias
Gl 6. 5 cada um deverá *levar* a própria carga
1Tm 6. 7 e dele nada podemos *levar*

2Tm 3. 6 se deixam *levar* por toda espécie
Tt 1. 1 para *levar* os eleitos de Deus à fé
Hb 13. 9 *levar* pelos diversos ensinos
LEVEDA
Gl 5. 9 de fermento *leveda* toda a massa
LEVI
Gn 46. 11 Estes foram os filhos de *Levi*:
Dt 10. 8 o Senhor separou a tribo de *Levi*
Ez 48. 31 a porta de Judá e a porta de *Levi*
Zc 12. 13 a família de *Levi* com suas mulheres
Mc 2. 15 uma refeição na casa de *Levi*
Lc 5. 29 *Levi* ofereceu um grande banquete
Hb 7. 10 *Levi* ainda não havia sido gerado
LEVIANAMENTE
2Co 1. 17 será que o fiz *levianamente*?
LEVIANOS
LEVIATÃ
Jó 41. 1 consegue pescar com anzol o *Leviatã*
Sl 74. 14 Esmagaste as cabeças do *Leviatã*
LEVITA
Jz 17. 7 jovem *levita* de Belém de Judá
1Cr 9. 31 Um *levita* chamado Matitias
Lc 10. 32 E assim também um *levita*
At 4. 36 José, um *levita* de Chipre
LEVITAS
Êx 32. 26 Todos os *levitas* se juntaram a ele.
Lv 25. 33 a propriedade dos *levitas*
Nm 2. 17 os *levitas* marcharão levando a Tenda
Ml 3. 3 purificará os *levitas* e os refinará
LEVÍTICO
Hb 7. 11 por meio do sacerdócio *levítico*
LEÃO
2Tm 4. 17 eu fui libertado da boca do *leão*
1Pe 5. 8 O Diabo...anda ao redor como *leão*
Ap 4. 7 O primeiro ser parecia um *leão*
Ap 5. 5 Eis que o *Leão* da tribo de Judá
Ap 10. 3 como o rugido de um *leão*
LIA
Gn 29. 17 *Lia* tinha olhos meigos
Gn 30. 10 Zilpa, serva de *Lia*, deu a Jacó um filho
Rt 4. 11 como fez com Raquel e *Lia*
At 8. 28 em sua carruagem, *lia* o livro do profeta
LIBERDADE
2Sm 22. 20 Deu-me ampla *liberdade*
Sl 31. 8 deste-me segurança e *liberdade*
Lc 4. 18 me enviou para proclamar *liberdade*
At 9. 28 e andava com *liberdade* em Jerusalém
1Co 10. 29 minha *liberdade* deve ser julgada
2Co 3. 17 está o Espírito do Senhor ali há *liberdade*
Gl 5. 1 para a *liberdade* que Cristo nos libertou
1Pe 2. 16 não usem a *liberdade* como desculpa
LIBERTADOR
Jz 3. 9 ele lhes levantou um *libertador*
2Sm 22. 2 a minha fortaleza e o meu *libertador*
Sl 40. 17 és o meu socorro e o meu *libertador*
At 7. 35 para ser líder e *libertador* deles
LIBERTAR
Êx 21. 26 terá que *libertar* o escravo
Lc 4. 18 para *libertar* os oprimidos
Jo 8. 36 Se o Filho os *libertar*, vocês de fato...
Jo 19. 12 Pilatos procurou *libertar* Jesus
LIBERTINOS
2Pe 2. 18 os desejos *libertinos* da carne
LIDA
Ed 4. 18 traduzida e *lida* na minha presença
2Co 3. 2 conhecida e *lida* por todos
Cl 4. 16 Depois que esta carta for *lida*

LIGADURAS
Êx 38. 11 ganchos e as *ligaduras* das colunas
LIGAR
Mt 16. 19 o que você *ligar* na terra terá
LIMITE
Êx 19. 24 não devem ultrapassar o *limite*
Nm 34. 8 O *limite* da fronteira será Zedade
Ec 12. 12 ...*limite* para a produção de livros
Lm 5. 22 a tua ira contra nós não tenha *limite*!
1Ts 2. 16 levam ao seu *limite* extremo
LIMPAR
Jr 4. 11 não para peneirar nem para *limpar*
Lc 3. 17 a fim de *limpar* sua eira e juntar o trigo
LIMPO
Jó 33. 9 Estou *limpo* e sem pecado
Is 28. 8 e não há um só lugar *limpo*
Mt 23. 26 que o exterior também fique *limpo*
Mt 27. 59 envolveu-o num lençol *limpo* de linho
Jo 13. 10 todo o seu corpo está *limpo*
LINGUAGEM
Jó 15. 5 você adota a *linguagem* dos astutos
Jo 8. 43 a minha *linguagem* não é clara
Jo 16. 25 usarei mais esse tipo de *linguagem*
Cl 3. 8 ...e *linguagem* indecente no falar
Tt 2. 8 use *linguagem* sadia, contra a qual
LINHA
Ez 47. 3 com uma *linha* de medir na mão
Jl 2. 7 marcham em *linha*, sem desviar-se
Na 2. 5 para formar a *linha* de proteção
LINHAGEM
Jr 33. 15 um Renovo justo da *linhagem* de Davi
Lc 2. 4 pertencia à casa e à *linhagem* de Davi
Rm 9. 5 traça a *linhagem* humana de Cristo
Hb 7. 6 não pertencia à *linhagem* de Levi
Hb 7. 16 não por regras relativas à *linhagem*
LINHO
Gn 41. 42 Mandou-o vestir *linho* fino
Lv 16. 23 tirará as vestes de *linho* que usou
Mt 27. 59 envolveu-o num lençol limpo de *linho*
Mc 14. 51 vestindo apenas um lençol de *linho*
Jo 20. 5 viu as faixas de *linho* ali
Ap 15. 6 estavam vestidos de *linho* puro
Ap 19. 8 foi-lhe dado *linho* fino, brilhante e puro
LIRA
Sl 71. 22 louvarei com a *lira* por tua fidelidade
Sl 81. 2 toquem a *lira* e a harpa melodiosa
Sl 108. 2 Acordem, harpa e *lira*!
Sl 144. 9 tocarei para ti a *lira* de dez cordas
Sl 150. 3 louvem-no com a *lira* e a harpa
LISONJAS
Dn 11. 32 Com *lisonjas* corromperá aqueles que
LISTRA
At 14. 8 Em *Listra* havia um homem paralítico
At 14. 21 Então voltaram para *Listra*
At 16. 1 Chegou a Derbe e depois a *Listra*
LITEIRA
Ct 3. 7 É a *liteira* de Salomão
Ct 3. 9 Salomão fez para si uma *liteira*
LITORAL
Ez 47. 10 ...estarão ao longo do *litoral*
LITRO
Êx 29. 40 e um *litro* de vinho como oferta
Nm 15. 4 amassada com um *litro* de óleo
Ez 4. 11 meça meio *litro* de água
LITÍGIO
Dt 21. 5 resolverem todos os casos de *litígio*
Is 57. 16 Não farei *litígio* para sempre

Concordância Bíblica Abreviada

LIVRAMENTO
Gn 45. 7 salvar-lhes a vida com grande *livramento*
Sl 3. 8 Do Senhor vem o *livramento* .
Pv 12. 6 quando os justos falam há *livramento*
Is 59.16 seu braço lhe trouxe *livramento*
Jl 2.32 em Jerusalém haverá *livramento*

LIVRINHO
Ap 10. 9 lhe pedi que me desse o *livrinho*
Ap 10.10 Peguei o *livrinho* da mão do anjo

LIVRO
Êx 24. 7 leu o *Livro* da Aliança para o povo
Êx 32.32 ...risca-me do teu *livro* que escreveste
Dt 29.27 as maldições escritas neste *livro*
Sl 40. 7 No *livro* está escrito a meu respeito
Ez 2. 9 Nela estava o rolo de um *livro*
Na 1. 1 *Livro* da visão de Naum
Lc 4.17 Foi-lhe entregue o *livro* do profeta
At 1. 1 Em meu *livro* anterior, Teófilo
At 1.20 está escrito no *Livro* de Salmos
Ap 22.10 as palavras da profecia deste *livro*

LIXO
Sl 80.16 como *lixo* foi consumida pelo fogo
Is 5.25 cadáveres estão como *lixo* nas ruas
1Co 4.13 a escória da terra, o *lixo* do mundo

LIÇÃO
Jó 21.19 para que aprenda a *lição*!
Pv 15.10 Há uma severa *lição* para quem
Jr 35.13 não vão aprender a *lição*
Mt 24.32 Aprendam a *lição* da figueira

LOBO
Gn 49.27 Benjamim é um *lobo* predador
Is 11. 6 O *lobo* viverá com o cordeiro
Is 65.25 O *lobo* e o cordeiro comerão juntos
Jo 10.12 quando vê que o *lobo* vem, abandona

LODO
Jó 9.31 tu me atirarias num poço de *lodo*
Is 57.20 cujas águas expelem lama e *lodo*

LOMBO
Is 30. 6 ...suas riquezas no *lombo* de jumentos

LONGE
Sl 71.12 Não fiques *longe* de mim, ó Deus
Pv 31.14 ela traz de *longe* as suas provisões
Is 43. 6 De *longe* tragam os meus filhos
Mt 15. 8 o seu coração está *longe* de mim
Lc 15.20 Estando ainda *longe*, seu pai

LOUCA
1Co 1.20 não tornou Deus *louca* a sabedoria

LOUCAMENTE
Na 2. 4 percorrem *loucamente* as ruas

LOUCO
Pv 26.18 Como o *louco* que atira brasas
At 26.24 Você está *louco*, Paulo!
1Co 1.27 para o mundo é *loucura* para envergonhar

LOUCOS
1Sm 21.15 Será que me faltam *loucos* para
Zc 12. 4 deixarei *loucos* os seus cavaleiros
Mt 4.24 endemoninhados, *loucos* e paralíticos
Rm 1.22 Dizendo-se sábios, tornaram-se *loucos*
1Co 4.10 somos *loucos* por causa de Cristo
1Co 14.23 não dirão que vocês estão *loucos*?

LOUVAR
1Cr 23.30 dar graças e *louvar* ao Senhor
Lc 13.13 e passou a *louvar* a Deus
Lc 19.37 a *louvar* a Deus alegremente

LOUVOR
Lv 19.24 uma oferta de *louvor* ao Senhor
1Cr 25. 7 o ministério do *louvor* do Senhor
Jó 36.24 dedicam cânticos de *louvor*
Sl 18. 3 ...ao Senhor, que é digno de *louvor*

Sl 119.108 Aceita, Senhor, a oferta de *louvor*
Rm 2.29 Para estes o *louvor* não provém
Ef 1. 6 para o *louvor* da sua gloriosa graça
Hb 13.15 ...a Deus um sacrifício de *louvor*
Ap 5.13 ao Cordeiro sejam o *louvor*, a honra...

LUAS
Ez 45.17 nas festas, nas *luas* novas e...
Ez 46. 3 nas *luas* novas o povo da terra
Cl 2.16 ou à celebração das *luas* novas

LUCAS
Cl 4.14 *Lucas*, o médico amado
2Tm 4.11 Só *Lucas* está comigo

LUCRO
Êx 22.25 não emprestem visando a *lucro*
Jó 34. 9 Não dá *lucro* agradar a Deus
Mq 3.11 ...sacerdotes ensinam visando *lucro*
At 19.24 dava muito *lucro* aos artífices
Fp 1.21 o viver é Cristo e o morrer é *lucro*
Fp 3. 7 Mas o que para mim era *lucro*
1Tm 6. 5 que a piedade é fonte de *lucro*
Tt 1. 7 nem ávido por *lucro* desonesto
Jd 11 buscando o *lucro* caíram no erro...

LUGAR
Mt 2. 9 sobre o *lugar* onde estava o menino
Mt 6.33 em primeiro *lugar* o Reino de Deus
Mt 10.23 perseguidos num *lugar*, fujam para outro
Jo 19.41 No *lugar* onde Jesus foi crucificado
At 2. 1 estavam todos reunidos num só *lugar*
At 3.11 ao *lugar* chamado Pórtico de Salomão
At 7.33 o *lugar* em que você está é terra santa
1Pe 2.21 Cristo sofreu no *lugar* de vocês
2Pe 1.19 como candeia que brilha em *lugar* escuro
Ap 12. 8 perderam o seu *lugar* nos céus
Ap 20.11 e não se encontrou *lugar* para eles

LUMINARES
Gn 1.14 Haja *luminares* no firmamento
Gn 1.16 Deus fez os dois grandes *luminares*
Sl 136. 7 Àquele que fez os grandes *luminares*

LUTAR
Gn 32.24 ...homem que se pôs a *lutar* com ele
2Cr 20.17 não precisarão *lutar* nessa batalha
Jó 9.29 por que deveria eu *lutar* em vão?
Ec 6.10 ...*lutar* contra alguém mais forte
Dn 10.20 Tenho que voltar para *lutar*
Tg 4. 2 vivem a *lutar* e a fazer guerras

LUTO
Gn 27.41 Os dias de *luto* pela morte...
Lv 10. 6 rasguem as roupas em sinal de *luto*
Dt 34. 8 até passar o período de pranto e *luto*
Ec 7. 2 melhor ir a uma casa onde há *luto*
Mt 9.15 convidados do noivo ficar de *luto*
1Co 9.26 não *luto* como quem esmurra o ar

LUXO
Pv 19.10 Não fica bem o tolo viver no *luxo*
Lc 16.19 vivia no *luxo* todos os dias
Ap 18. 3 à custa do seu *luxo* excessivo
Ap 18. 7 como a glória e o *luxo* a que ela

LUZ
Gn 1. 3 "Haja *luz*", e houve *luz*
Êx 1.16 ajudarem as hebreias a dar à *luz*
Js 16. 2 De Betel, que é *Luz*, iam para
Sl 97.11 A *luz* nasce sobre o justo
Pv 4.18 A vereda do justo é como a *luz*
Is 42.16 transformarei as trevas em *luz*
Is 60. 1 chegou a sua *luz* e a glória do Senhor
Ez 7. 7 e a tua *luz* diante a sua *luz*
Mt 5.14 Vocês são a *luz* do mundo
Rm 2.19 os que estão em trevas
Rm 13.12 revistamo-nos da armadura da *luz*
Ap 21.24 As nações andarão na sua *luz*
Ap 22. 5 não precisarão de *luz* de candeia

LÁBIOS
Jó 33. 3 meus *lábios* falam com sinceridade
Sl 12.4 donos dos nossos *lábios*!
Sl 63.5 com *lábios* jubilosos a minha boca
Sf 3. 9 purificarei os *lábios* dos povos
Mc 7. 6 povo me honra com os *lábios*
Hb 13.15 fruto de *lábios* que confessam

LÁGRIMA
Ez 24.16 nem derrame nenhuma *lágrima*
Ap 7.17 Deus enxugará dos seus olhos toda *lágrima*

LÁZARO
Lc 16.20 um mendigo chamado *Lázaro*
Jo 11. 11 Nosso amigo *Lázaro* adormeceu

LÂMPADA
2Sm 22.29 Tu és a minha *lâmpada*, ó Senhor!
Sl 18.28 manténs acesa a minha *lâmpada*
Sl 119.105 tua palavra é *lâmpada* que ilumina
Pv 20.27 espírito do homem é a *lâmpada*...

LÃ
Is 51. 8 o verme os devorará como à *lã*
Ez 34. 3 vestem-se de *lã* e abatem
Dn 7. 9 o cabelo era branco como a *lã*
Os 2. 9 Arrancarei dela a minha *lã* e meu linho

LÍBANO
Dt 1. 7 à terra dos cananeus e ao *Líbano*
Na 1. 4 ...as flores do *Líbano* murcham
Hc 2.17 que você cometeu contra o *Líbano*
Zc 10.10 para as terras de Gileade e do *Líbano*
Zc 11. 1 Abra as suas portas, ó *Líbano*

LÍDIA
At 16.14 mulher temente a Deus chamada *Lídia*
At 16.40 Paulo e Silas foram à casa de *Lídia*

LÍNGUA
Gn 11. 1 mundo todo havia apenas uma *língua*
Gn 11. 9 ali o Senhor confundiu a *língua*
2Sm 23. 2 sua palavra esteve em minha *língua*
2Cr 32.18 os oficiais gritaram na *língua* dos judeus
Sl 10. 7 violência e maldade estão em sua *língua*
Sl 34.13 Guarde a sua *língua* do mal
Zc 14.12 sua *língua* apodrecerá em sua boca
Mc 7.33 cuspiu e tocou na *língua* do homem
Lc 16.24 refresque a minha *língua*
At 2. 6 os ouvia falar em sua própria *língua*
Rm 14.11 toda *língua* confessará que sou Deus
1Co 14. 2 quem fala em uma *língua* não fala
Fp 2.11 toda *língua* confesse que Jesus Cristo
1Pe 3.10 guarde a sua *língua* do mal
Ap 16.10 os homens mordiam a própria *língua*

LÍRIO
Ct 2. 1 uma flor de Sarom, um *lírio* dos vales
Ct 2. 2 Como um *lírio* entre os espinhos
Os 14. 5 ele florescerá como o *lírio*

LÓ
Gn 11.27 E Harã gerou *Ló*
Gn 13. 1 e *Ló* foi com ele
Gn 13.11 *Ló* escolheu todo o vale do Jordão
Lc 17.29 no dia em que *Ló* saiu de Sodoma
Lc 17.32 Lembrem-se da mulher de *Ló*!
2Pe 2. 7 mas livrou *Ló*, homem justo

LOIDE
2Tm 1. 5 primeiro habitou em sua avó *Loide*

MAANAIM
Gn 32. 2 àquele lugar o nome de *Maanaim*
2Sm 2.12 partiram de *Maanaim* e marcharam
2Sm 19.32 durante a sua permanência em *Maanaim*
1Rs 2. 8 no dia em que fui a *Maanaim*
1Rs 4.14 Ainadabe, filho de Ido, em *Maanaim*

MACEDÔNIA
- At 16. 9 um homem da *Macedônia* estava...
- 1Co 16. 5 Depois de passar pela *Macedônia*
- 1Ts 1. 7 os crentes que estão na *Macedônia*
- 1Ts 1. 8 a mensagem do Senhor na *Macedônia*
- 1Ts 4. 10 os irmãos em toda a *Macedônia*
- 1Tm 1. 3 Partindo eu para a *Macedônia*

MACHADO
- Dt 19. 5 ao levantar o *machado* para derrubar
- Jz 9. 48 Ele apanhou um *machado*
- 2Rs 6. 5 o ferro do *machado* caiu na água
- Sl 35. 3 Empunha a lança e o *machado*
- Mt 3. 10 O *machado* já está posto à raiz...

MACIEIRA
- Ct 2. 3 uma *macieira* entre as árvores
- Jl 1. 12 a *macieira* e todas as árvores do campo

MACPELA
- Gn 23. 9 ele me ceda a caverna de *Macpela*
- Gn 23. 19 na caverna do campo de *Macpela*

MADEIRO
- Dt 21. 23 não deixem o corpo no *madeiro*
- At 5. 30 suspendendo-o num *madeiro*
- At 13. 29 tiraram-no do *madeiro* e o colocaram
- 1Pe 2. 24 levou...nossos pecados sobre o *madeiro*

MADRUGADA
- Mt 14. 25 Alta *madrugada*, Jesus dirigiu-se
- Mc 1. 35 De *madrugada*,...ainda...escuro, Jesus
- Mc 16. 9 na *madrugada* do primeiro dia da semana
- Lc 12. 38 ele chegue de noite ou de *madrugada*

MAGISTRADO
- Lc 12. 58 com seu adversário para o *magistrado*

MAGNÍFICO
- 1Rs 8. 13 construí para ti um templo *magnífico*
- Sl 150. 1 louvem-no em seu *magnífico* firmamento
- Is 28. 29 em conselhos e *magnífico* em sabedoria

MAGO
- Dn 2. 27 ...*mago* ou adivinho é capaz de revelar

MAJESTADE
- Dt 5. 24 mostrou-nos sua glória e sua *majestade*
- 1Cr 16. 27 e a *majestade* estão diante dele
- Jó 37. 22 Deus vem em temível *majestade*
- Mq 5. 4 na *majestade* do nome do Senhor
- At 19. 27 ser destituída de sua *majestade* divina
- 2Ts 1. 9 e da *majestade* do seu poder
- 2Pe 1. 16 testemunhas oculares da sua *majestade*

MAL
- Gn 2. 9 árvore do conhecimento do bem e do *mal*
- Êx 32. 12 não tragas este *mal* sobre o teu povo!
- Êx 32. 14 o Senhor arrependeu-se do *mal*
- Jr 5. 12 Nenhum *mal* nos acontecerá
- Mt 6. 13 mas livra-nos do *mal*, porque teu
- Mt 6. 34 Basta a cada dia o seu próprio *mal*.
- Mc 16. 18 não lhes fará *mal* nenhum
- Rm 7. 19 mas o *mal* que não quero fazer
- Rm 12. 21 Não se deixem vencer pelo *mal*
- 1Pe 3. 17 do que por fazer o *mal*
- 3Jo 11 aquele que faz o *mal* não viu a Deus

MALCO
- Jo 18. 10 O nome daquele servo era *Malco*

MALDADE
- Gn 15. 16 a *maldade* dos amorreus ainda não atingiu
- Gn 50. 17 o trataram com tanta *maldade*!
- Dt 13. 11 a cometer uma *maldade* dessas
- Jó 4. 8 quem cultiva o mal e semeia *maldade*
- Jó 27. 4 meus lábios não falarão *maldade*
- Sl 10.7violência e *maldade* estão em sua língua
- Sl 50. 19 Sua boca está cheia de *maldade*
- Mt 24. 12 Devido ao aumento da *maldade*
- At 8. 22 Arrependa-se dessa *maldade* e ore
- 2Co 6. 14 em comum a justiça e a *maldade*?
- Tt 2. 14 nos remir de toda a *maldade* e purificar
- Hb 8. 12 lhes perdoarei a *maldade* e não
- 1Pe 2. 1 livrem-se de toda *maldade*

MALDITO
- Js 6. 26 *Maldito* seja diante do Senhor o homem
- Jz 21. 18 *Maldito* seja todo aquele que
- Jr 11. 3 *Maldito* aquele que não obedecer
- Jr 17. 5 *Maldito* é o homem que confia nos homens
- Ml 1. 14 *Maldito* seja o enganador que...
- Gl 3. 10 *Maldito* todo aquele que não persiste
- Gl 3. 13 *Maldito* todo aquele que for pendurado

MALDIÇÃO
- Dt 23. 5 transformou a *maldição* em bênção
- Ne 13. 2 para invocar *maldição* sobre eles
- Pv 33. 3 A *maldição* do Senhor está sobre
- Pv 26. 2 a *maldição* sem motivo justo não pega
- Jr 26. 6 objeto de *maldição* entre todas as nações
- Zc 5. 4 lancei essa *maldição* para que
- Ml 3. 9 debaixo de grande *maldição* porque
- Mt 26. 74 Aí ele começou a lançar *maldições* e a jurar
- Rm 3. 14 boca está cheia de *maldição*
- Gl 3. 13 ...se tornou *maldição* em nosso lugar
- Tg 3. 10 mesma boca procedem bênção e *maldição*
- Ap 22. 3 Já não haverá *maldição* nenhuma

MALEDICÊNCIA
- Rm 14. 16 não se torne objeto de *maledicência*
- Cl 3. 8 ...*maledicência* e linguagem indecente
- 1Pe 2. 1 livrem-se de toda maldade e... *maledicência*

MALFEITOR
- 2Sm 3. 39 o Senhor retribua ao *malfeitor* de...

MALHADO
- Is 21. 10 Ah, meu povo *malhado* na eira!

MALIGNO
- Jz 9. 23 Deus enviou um espírito *maligno*
- 1Sm 16. 15 Há um espírito *maligno*, mandado
- Et 9. 25 para que o plano *maligno* de Hamã
- Mt 5. 37 o que passar disso vem do *Maligno*
- Mt 13. 19 o *Maligno* vem e lhe arranca o que
- Mt 13. 38 O joio são os filhos do *Maligno*
- Jo 17. 15 os protejas do *Maligno*
- Ef 6. 16 todas as setas inflamadas do *Maligno*
- 2Ts 3. 3 ele os fortalecerá e os guardará do *Maligno*
- 1Jo 5. 18 ...e o *Maligno* não o atinge

MALTRATAR
- Gn 31. 50 Se você *maltratar* minhas filhas

MALÍCIA
- Rm 16. 19 sem *malícia* em relação ao que é mau

MAMAR
- Is 66. 11 vocês irão *mamar* e saciar-se em

MANADA
- Sl 68. 30 a *manada* de touros entre os bezerros
- Mt 8. 30 uma grande *manada* de porcos
- Mc 5. 13 *manada* de cerca de dois mil porcos

MANANCIAL
- 2Cr 32. 30 bloqueou o *manancial* superior da fonte
- Jr 9. 1 meus olhos um *manancial* de lágrimas!

MANASSÉS
- Gn 41. 51 José deu o nome de *Manassés*
- Gn 48. 20 ...como fez a Efraim e a *Manassés*!
- 2Rs 21. 1 *Manassés* tinha doze anos de idade...
- 2Cr 33. 9 *Manassés*...desencaminhou Judá
- 2Cr 33. 20 *Manassés* descansou com os seus
- Sl 60. 7 Gileade é minha, *Manassés* também

MANCHA
- Lv 13. 2 uma *mancha* brilhante na pele
- Lv 13. 4 Se a *mancha* na pele for branca
- Nm 19. 2 sem defeito e sem *mancha*
- Pv 9. 7 quem repreende o ímpio *mancha*
- Jr 2. 22 a *mancha* da sua iniquidade...
- Ef 5. 27 sem *mancha* nem ruga ou coisa...
- 1Pe 1. 19 um cordeiro sem *mancha* e sem defeito

MANCO
- Dt 15. 21 animal tiver defeito, ou for *manco*
- 2Sm 4. 4 ela o deixou cair, e ele ficou *manco*
- Hb 12. 13 para que o *manco* não se desvie

MANDAMENTO
- Js 22. 5 guardem fielmente o *mandamento* e a lei
- 1Sm 12. 15 se rebelarem contra o seu *mandamento*
- Sl 119. 96 não há limite para o teu *mandamento*
- Sl 122. 4 conforme o *mandamento* dado a Israel
- Pv 6. 23 o *mandamento* é lâmpada
- Is 8. 16 Guarde o *mandamento* com cuidado
- Mt 15. 3 transgridem o *mandamento* de Deus
- Mt 22. 36 ...qual é o maior *mandamento* da Lei?
- Jo 13. 34 Um novo *mandamento* dou a vocês
- Rm 7. 12 o *mandamento* é santo, justo e bom
- 1Co 7. 25 não tenho *mandamento* do Senhor
- Gl 5. 14 a Lei se resume num só *mandamento*

MANDAR
- 2Cr 7. 13 ou *mandar* que os gafanhotos
- 2Cr 18. 13 direi o que o meu Deus *mandar*
- Et 1. 22 todo homem deveria *mandar* em...
- Ec 11. 9 Siga por onde seu coração *mandar*
- Lc 23. 22 Vou *mandar* castigá-lo e depois
- Jo 2. 5 Façam tudo o que ele *mandar*
- Fm 8 plena liberdade para *mandar* que...

MANDRÁGORAS
- Gn 30. 14 Dê-me algumas *mandrágoras*
- Gn 30. 15 Vai tomar também as *mandrágoras*...?
- Ct 7. 13 As *mandrágoras* exalam o seu perfume

MANEJAR
- Ez 30. 21 para poder *manejar* a espada

MANHÃ
- Gn 1. 5 Passaram-se a tarde e a *manhã*
- Gn 40. 6 José foi vê-los na *manhã* seguinte
- Êx 16. 19 guardar nada para a *manhã* seguinte
- 2Sm 23. 4 é como a luz da *manhã* ao nascer
- Sl 101. 8 Cada *manhã* fiz calar todos os ímpios
- Mt 20. 3 Por volta das noves hora da *manhã*
- Lc 21. 38 o povo ia de *manhã* cedo ouvi-lo
- Ap 2. 28 lhe darei a estrela da *manhã*
- Ap 22. 16 a resplandecente Estrela da *Manhã*

MANIFESTAR
- Sl 106. 8 para *manifestar* seu poder
- Lc 19. 11 que o Reino de Deus ia se *manifestar*
- 1Pe 5. 4 se *manifestar* o Supremo Pastor
- 1Jo 2. 28 quando ele se *manifestar*

Concordância Bíblica Abreviada

MANIFESTAÇÃO
Is 60. 21 para *manifestação* da minha glória
1Co 12. 7 é dada a *manifestação* do Espírito
2Ts 2. 8 destruirá pela *manifestação* de sua vinda
1Tm 6. 14 até a *manifestação* de nosso Senhor
Tt 2. 13 gloriosa *manifestação* de nosso grande

MANJARES
Gn 49. 20 ele oferecerá *manjares* de rei.

MANJEDOURA
Is 1. 3 o jumento conhece a *manjedoura* do seu...
Lc 2. 7 e o colocou numa *manjedoura*
Lc 2. 16 e o bebê deitado na *manjedoura*

MANSIDÃO
1Co 4. 21 com amor e espírito de *mansidão*
2Co 10. 1 pela *mansidão* e pela bondade de Cristo
Gl 5. 23 *mansidão* e domínio próprio
Gl 6. 1 deverão restaurá-lo com *mansidão*
1Tm 6. 11 a perseverança e a *mansidão*
2Tm 2. 25 Deve corrigir com *mansidão*
Tt 3. 2 mostrem...verdadeira *mansidão*
1Pe 3. 16 façam isso com *mansidão* e respeito

MANSO
Jr 11. 19 era como um cordeiro *manso*
Mt 11. 29 pois sou *manso* e humilde de coração

MANTEIGA
Sl 55. 21 Macia como *manteiga* é a sua fala
Pv 30. 33 como bater o leite produz *manteiga*

MANTER
Sl 119. 9 o jovem *manter* pura a sua conduta?
Mc 7. 24 não conseguiu *manter* em segredo
At 24. 27 desejava *manter* a simpatia dos judeus
2Pe 2. 9 *manter* em castigo os ímpios para

MANTIMENTO
Gn 6. 21 ...você e eles tenham *mantimento*
Gn 14. 11 ...e todo o seu *mantimento*, e partiram.
Gn 44. 1 com todo o *mantimento* que puderem
Gn 47. 13 Não havia *mantimento* em toda a região
Lv 25. 37 emprestar-lhe *mantimento* visando a algum lucro
1Rs 5. 11 para suprir de *mantimento* a sua corte

MANTO
1Sm 18. 4 tirou o *manto* que estava vestindo
2Rs 2. 8 Elias tirou o *manto*, enrolou-o e...
Et 6. 8 que tragam um *manto* do próprio rei
Jó 1. 20 Jó levantou-se, rasgou o *manto* e...
Sl 89. 45 com um *manto* de vergonha o cobriste
Mt 24. 18 não volte para pegar seu *manto*
Mc 15. 17 Vestiram-no com um *manto* de púrpura
1Co 11. 15 o cabelo comprido foi lhe dado como *manto*
Hb 1. 12 Tu os enrolarás como um *manto*
Ap 19. 13 vestido com um *manto* tingido de sangue

MANÁ
Êx 16. 31 ...de Israel chamou *maná* àquele pão
Êx 16. 35 comeram *maná* durante quarenta anos
Nm 11. 7 O *maná* era como semente de coentro
Dt 8. 3 depois os sustentou com *maná*
Sl 78. 24 fez chover *maná* para o povo
Hb 9. 4 o vaso de ouro contendo o *maná*
Ap 2. 17 Ao vencedor darei do *maná* escondido

MAR
Gn 32. 12 tão numerosos como a areia do *mar*
Êx 14. 16 ...e estenda a mão sobre o *mar*
Js 4. 23 como fizera com o *mar* Vermelho
Sl 33. 7 ajunta as águas do *mar* num só lugar
Sl 78. 13 Dividiu o *mar* para que pudessem passar
Mt 17. 27 vá ao *mar* e jogue o anzol
Mc 1. O barco estava no *mar*
Lc 17. 2 melhor que ela fosse lançada no *mar*
Jo 21. 1 às margem do *mar* de Tiberíades
At 14. 15 o *mar* e tudo o que neles há
Ap 20. 13 O *mar* entregou os mortos
Ap 21. 1 e o *mar* já não existia

MARA
Êx 15. 23 chegaram a *Mara*, mas não...
Nm 33. 9 Partiram de *Mara* e foram para Elim
Rt 1. 20 melhor que me chamem de *Mara*

MARAVILHA
Sl 17. 7 Mostra a *maravilha* do teu amor
Is 29. 14 atônito esse povo com *maravilha*

MARAVILHOSAMENTE
Jó 37. 5 A voz de Deus troveja *maravilhosamente*

MARAVILHOSO
Sl 31. 21 mostrou o seu *maravilhoso* amor
Sl 118. 23 e é algo *maravilhoso* para nós
Sl 139. 6 Tal conhecimento é *maravilhoso*
Is 9. 6 ele será chamado *Maravilhoso*...
Ap 15. 1 no céu outro sinal, grande e *maravilhoso*

MARCAR
Gn 1. 14 de sinais para *marcar* estações
Sl 104. 19 fez a lua para *marcar* estações

MARCHAR
Dt 3. 18 os guerreiros devem *marchar* à frente
2Cr 11. 4 desistiram de *marchar* contra Jeroboão
2Cr 25. 7 Israel não devem *marchar* com você
Is 36. 10 O próprio Senhor me mandou *marchar*

MARCO
Ez 21. 19 coloque um *marco* indicando o rumo
Ez 39. 15 fincará um *marco* ao lado do osso

MARDOQUEU
Et 2. 5 Um judeu chamado *Mardoqueu*
Et 10. 3 *Mardoqueu* foi o segundo na hierarquia

MARFIM
Ct 5. 14 Seu tronco é como *marfim* polido
Ez 27. 15 com presas de *marfim* e com ébano
Am 3. 15 as casas enfeitadas de *marfim*
Am 6. 4 se deitam em camas de *marfim*
Ap 18. 12 madeira de cedro e peças de *marfim*

MARIA
Mt 1. 20 não tema receber *Maria* como sua esposa
Mt 2. 11 viram o menino com *Maria*, sua mãe
Mt 13. 55 O nome de sua mãe não é *Maria*...?
Mt 27. 61 *Maria* Madalena e a outra *Maria*
Mc 16. 1 ...Salomé e *Maria*, mãe de Tiago
Lc 1. 30 Não tenha medo, *Maria*; você foi
Lc 10. 39 *Maria*, sua irmã, ficou sentada
Lc 10. 42 *Maria* escolheu a boa parte
Jo 20. 18 *Maria* Madalena foi e anunciou
At 12. 12 se dirigiu à casa de *Maria*, mãe de João

MARIDO
Mt 1. 16 Jacó gerou José, *marido* de Maria
Jo 4. 16 Vá, chame o seu *marido* e volte"
1Co 7. 2 e cada mulher o seu próprio *marido*
1Co 7. 3 O *marido* deve cumprir os seus deveres

Ef 5. 22 sujeite-se cada uma a seu *marido*
Ef 5. 23 o *marido* é o cabeça da mulher
1Tm 3. 2 *marido* de uma só mulher
Ap 21. 2 uma noiva adornada para o seu *marido*

MARTA
Lc 10. 38 ...*Marta* o recebeu em sua casa
Jo 11. 5 Jesus amava *Marta*, a irmã dela e Lázaro
Jo 11. 19 tinham ido visitar *Marta* e Maria
Jo 12. 2 *Marta* servia, enquanto Lázaro...

MARTELO
Jz 5. 26 com a mão direita o *martelo*
1Rs 6. 7 nenhum barulho de *martelo*
Jr 51. 20 Você é o meu *martelo*

MASMORRA
Is 24. 22 como prisioneiros numa *masmorra*
Is 51. 14 não morrerão em sua *masmorra*

MASSA
Mt 13. 33 e toda a *massa* ficou fermentada
Rm 11. 16 toda a *massa* também o é
1Co 5. 7 sejam *massa* nova e sem fermento
Gl 5. 9 ...de fermento leveda toda a *massa*

MASTIGAR
Mq 3. 5 quando lhes dão o que *mastigar*

MASTRO
Pv 23. 34 no alto das cordas do *mastro*
Is 30. 17 como um *mastro* no alto de um monte
Is 33. 23 o *mastro* não está firme

MATADOR
Ez 21. 11 para que a maneje a mão do *matador*
Os 9. 13 Efraim entregará seus filhos ao *matador*

MATADOURO
Sl 44. 22 ovelhas destinadas ao *matadouro*
Pv 7. 22 como o boi levado ao *matadouro*
Is 53. 7 como um cordeiro foi levado para o *matadouro*
Jr 50. 27 Que eles desçam para o *matadouro*!
At 8. 32 Ele foi levado como ovelha para o *matadouro*
Rm 8. 36 como ovelhas destinadas ao *matadouro*

MATANÇA
Ob 1. 10 Por causa da violenta *matança*
Hc 2. 17 você ficará apavorado com a *matança*
Zc 11. 4 o rebanho destinado à *matança*

MATAR
Gn 4. 15 se alguém *matar* Caim...
Êx 12. 23 pela terra para *matar* os egípcios
Nm 35. 30 Quem *matar* uma pessoa terá...
Mt 5. 21 quem *matar* estará sujeito a julgamento
Mt 10. 28 mas não podem *matar* a alma
Jo 10. 10 vem apenas para roubar, *matar* e...
At 12. 2 e mandou *matar* à espada Tiago
Ap 9. 15 para *matar* um terço da humanidade

MATERIAL
Êx 38. 21 relação do *material*...para o tabernáculo
1Cr 22. 14 aumentar a quantidade desse *material*
Pv 25. 4 nesta se tem *material* para o ourives

MATEUS
Mt 9. 9 Jesus viu um homem chamado *Mateus*

MAU
Mt 25. 26 Servo *mau* e negligente!
Lc 6. 45 e o homem *mau* tira coisas más
Jo 7. 7 ...de que o que ele faz é *mau*
Rm 12. 9 Odeiem o que é *mau*
Ef 6. 13 que possam resistir no dia *mau*
3Jo 11 Amado, não imite o que é *mau*

MAÇÃS
- Ct 2.5 revigorem-me com *maçãs*
- Ct 7.8 o aroma da sua respiração como *maçãs*

MECHAS
- Ez 5.3 umas poucas *mechas* de cabelo

MEDIADOR
- Is 42.6 e farei de você um *mediador*
- Gl 3.20 o *mediador* representa mais de um
- 1Tm 2.5 um só Deus e um só *mediador*
- Hb 9.15 *mediador* de uma nova aliança

MEDIDA
- Mt 7.2 a *medida* que usarem, também será...
- Lc 6.38 uma boa *medida*, calcada, sacudida
- Rm 12.3 de acordo com a *medida* da fé
- 2Co 10.15 à *medida* que for crescendo a fé
- Ef 4.7 conforme a *medida* repartida por Cristo
- 1Pe 2.4 À *medida* que se aproximam dele
- Ap 21.15 tinha como *medida* uma vara

MEDIR
- Is 28.17 Farei do juízo a linha de *medir*
- Jr 31.39 A corda de *medir* será estendida
- Zc 2.2 Vou *medir* Jerusalém para saber
- Ap 11.1 caniço semelhante a uma vara de *medir*
- Ap 21.15 para *medir* a cidade, suas portas

MEDITAR
- Gn 24.63 saiu ao campo para *meditar*
- Js 1.8 ...*meditar* nelas de dia e de noite
- Sl 77.3 começo a *meditar*, e o meu espírito
- Sl 119.148 para *meditar* nas tuas promessas

MEDITAÇÃO
- Sl 19.14 e a *meditação* do meu coração
- Sl 104.34 Seja-lhe agradável minha *meditação*

MEDO
- Sl 27.1 de quem terei *medo*?
- Sl 55.5 o *medo* tomou conta de mim
- Pv 3.24 quando se deitar, não terá *medo*
- Mt 14.5 mas tinha *medo* do povo
- Mt 14.27 Não tenham *medo*!
- Jo 12.42 com *medo* de serem expulsos
- At 7.32 Moisés, tremendo de *medo*
- Rm 13.3 viver livre do *medo* da autoridade?
- Hb 2.15 escravizados pelo *medo* da morte
- 1Jo 4.18 No amor não há *medo*
- Ap 2.10 Não tenha *medo* do que você...

MEDULAS
- Hb 4.12 ela penetra...juntas e *medulas*

MEFIBOSETE
- 2Sm 4.4 Seu nome era *Mefibosete*
- 2Sm 9.13 *Mefibosete*, que era aleijado dos pés
- 2Sm 19.24 *Mefibosete*, neto de Saul, também
- 2Sm 21.7 O rei poupou *Mefibosete*

MEGIDO
- 2Rs 23.29 o enfrentou e o matou em *Megido*

MEIA-NOITE
- Êx 12.29 à *meia-noite*, o Senhor matou
- Mt 25.6 À *meia-noite*, ouviu-se um grito
- Mc 13.35 à *meia-noite*, ao cantar do galo
- At 20.7 continuou falando até a *meia-noite*

MEIO
- Sl 35.18 no *meio* da grande multidão te louvarei
- Sl 47.5 subiu em *meio* a gritos de alegria
- Jl 2.27 eu estou no *meio* de Israel
- Mc 3.3 "Levante-se e venha para o *meio*"
- Lc 23.45 o véu do santuário rasgou-se ao *meio*
- Jo 11.4 ...Deus seja glorificado por *meio* dela
- 1Jo 2.19 Eles saíram do nosso *meio*
- Ap 22.2 no *meio* da rua principal da cidade

MEIO-DIA
- Gn 43.16 eles almoçarão comigo ao *meio-dia*
- Dt 28.29 Ao *meio-dia* vocês ficarão tateando
- At 10.9 No dia seguinte, por volta do *meio-dia*

MEL
- Êx 3.8 uma terra...onde há leite e *mel*
- Êx 16.31 e tinha gosto de bolo de *mel*
- Dt 32.13 o nutriu com *mel* tirado da rocha
- Jz 14.18 O que é mais doce que o *mel*?
- Sl 19.10 são mais doces do que o *mel*
- Sl 81.16 e com o *mel* da rocha eu o satisfaria
- Pv 16.24 As palavras...são como um favo de *mel*
- Ct 4.11 gotejam a doçura dos favos de *mel*
- Ct 5.1 Comi o meu favo e o meu *mel*
- Ez 3.3 em minha boca era doce como *mel*
- Mt 3.4 seu alimento era gafanhotos e *mel*
- Ap 10.10 doce como *mel* em minha boca

MELQUISEDEQUE
- Gn 14.18 *Melquisedeque*, rei de Salém
- Hb 7.1 *Melquisedeque*, rei de Salém e sacerdote
- Hb 7.10 *Melquisedeque* se encontrou com Abraão
- Hb 7.11 segundo a ordem de *Melquisedeque*
- Hb 7.15 sacerdote semelhante a *Melquisedeque*

MELÕES
- Is 1.8 abrigo numa plantação de *melões*

MEMBRO
- Mc 15.43 *membro* de destaque do Sinédrio
- Rm 12.5 cada *membro* está ligado a todos
- 1Co 12.14 corpo não é feito de um só *membro*
- 1Co 12.19 Se todos fossem um só *membro*...

MEMORIAL
- Êx 30.16 um *memorial* perante o Senhor
- At 10.4 uma oferta *memorial* diante de Deus

MEMÓRIA
- Dt 4.9 por toda a sua vida na *memória*
- Me 14.9 será contado em sua *memória*
- Lc 22.19 façam isto em *memória* de mim
- 2Pe 1.13 despertar a *memória* de vocês

MENDIGAR
- Lc 16.3 e tenho vergonha de *mendigar*...
- At 3.10 ...*mendigar* sentado à porta do templo

MENDIGO
- Lc 16.20 um *mendigo* chamado Lázaro
- Lc 16.22 o dia em que o *mendigo* morreu
- At 3.11 Apegando-se o *mendigo* a Pedro e João

MENEAR
- Jó 16.4 e *menear* a cabeça contra vocês

MENINA
- 2Rs 5.2 levado cativa uma *menina*
- Lm 2.18 de repouso à *menina* dos seus olhos
- Zc 2.8 toca na *menina* dos olhos dele
- Mt 9.24 A *menina* não está morta, mas dorme
- Mc 5.41 "*menina*, eu ordeno a você, levante-se!"

MENINO
- Êx 2.22 Ela deu à luz um *menino*
- Jz 13.12 Como devemos criar o *menino*?
- 1Sm 1.25 e levaram o *menino* a Eli
- Is 9.6 um *menino* nos nasceu, um filho...
- Mt 2.13 Herodes vai procurar o *menino*
- Mc 9.20 causou uma convulsão no *menino*
- Lc 2.40 O *menino* crescia e se fortalecia
- Lc 2.43 o *menino* Jesus ficou em Jerusalém
- 1Co 13.11 eu era *menino*, falava como *menino*

MENOR
- Ef 3.8 eu seja o *menor* dos menores
- Hb 2.9 um pouco *menor* do que os anjos
- Hb 8.11 ...desde o *menor* até o maior

MENOSPREZO
- Jó 42.6 *menosprezo* a mim mesmo e me arrependo
- Sl 44.13 objeto de zombaria e *menosprezo*
- Sl 79.4 de riso e *menosprezo* para os...

MENSAGEIRO
- 2Sm 15.13 um *mensageiro* chegou e disse
- Jó 1.14 um *mensageiro* veio dizer a Jó
- Is 41.27 darei um *mensageiro* de boas-novas
- Mt 11.10 Enviarei o meu *mensageiro* à tua frente
- 2Co 12.7 um *mensageiro* de Satanás
- Fp 2.25 *mensageiro* que vocês enviaram

MENSAGEM
- Mc 1.7 esta era a sua *mensagem*
- Jo 12.38 quem creu em nossa *mensagem*
- At 2.41 ...aceitaram a *mensagem* foram batizados
- At 15.31 se alegraram com a sua animadora *mensagem*
- 1Co 1.18 a *mensagem* da cruz é loucura para
- Hb 2.2 se a *mensagem* transmitida por anjos
- 1Pe 2.8 porque desobedecem à *mensagem*
- 1Jo 1.5 é a *mensagem* que dele ouvimos

MENTE
- Sl 73.7 sua *mente* transbordam maquinações
- Pv 23.33 sua *mente* imaginará coisas distorcidas
- Is 32.4 A *mente* do precipitado saberá julgar
- Jo 15.18 em *mente* que antes me odiou
- At 4.32 uma era a *mente* e um o coração
- Rm 11.34 Quem conheceu a *mente* do Senhor?
- 1Co 2.9 *mente* nenhuma imaginou
- 1Co 14.14 mas a minha *mente* fica infrutífera
- Fp 4.7 guardará o coração e a *mente* de vocês
- 2Tm 3.8 A *mente* deles é depravada
- 1Pe 1.13 estejam com a *mente* preparada

MENTIR
- Lv 6.3 bem perdido e *mentir* a respeito
- Jr 9.5 treinaram a língua para *mentir*
- At 5.3 *mentir* ao Espírito Santo e guardar...

MENTIRA
- Pv 30.8 longe de mim a falsidade e a *mentira*
- Rm 1.25 Trocaram a verdade de Deus pela *mentira*
- Ef 4.25 abandonar a *mentira* e falar a verdade
- 2Ts 2.11 a fim de que creiam na *mentira*
- 1Jo 2.21 nenhuma *mentira* procede da verdade
- Ap 14.5 *Mentira* nenhuma foi encontrada na...
- Ap 22.15 os que amam e praticam a *mentira*

MERCADORIA
- Ne 13.16 e toda espécie de *mercadoria*
- Ap 18.11 ninguém mais compra a sua *mercadoria*

MERETRIZES
- Os 4.14 se associam a *meretrizes*

MERIBÁ
- Nm 20.13 Essas foram as águas de *Meribá*
- Dt 32.51 junto às águas de *Meribá*
- Sl 95.8 endureçam o coração, como em *Meribá*

MESAQUE
- Dn 3.30 promoveu Sadraque, *Mesaque* e Abede-Nego

MESOPOTÂMIA
- Gn 24.10 Partiu para a *Mesopotâmia*
- Gn 29.1 seguiu...e chegou à *Mesopotâmia*
- Jz 3.8 Cuchã-Risataim, rei da *Mesopotâmia*
- At 2.9 habitantes da *Mesopotâmia*
- At 7.2 estando ele ainda na *Mesopotâmia*

MESSIAS
- Jo 1.41 "Achamos o *Messias*"
- Jo 4.26 Eu sou o *Messias*!

MESTRE
- Ec 1.1 As palavras do *Mestre*, filho de Davi

Concordância Bíblica Abreviada

Mt 10. 24 " não está acima do seu *mestre*..."
Mt 10. 25 ser como o seu *mestre*
Mt 12. 38 alguns dos fariseus e *mestres*
Lc 3. 12 *Mestre*, o que devemos fazer?
Jo 11. 28 O *Mestre* está aqui e...
Jo 13. 13 me chamam '*Mestre*' e 'Senhor'
At 5. 34 Gamaliel, *mestre* da lei
2Tm 1. 11 constituído pregador, apóstolo e *mestre*

METAL
Êx 34. 17 Não faça ídolos de *metal*
2Cr 4. 2 Fez o tanque de *metal* fundido
Sl 106. 19 adoraram um ídolo de *metal*
Ez 1. 4 centro do fogo parecia *metal* reluzente
Mc 7. 4 lavar de copos, jarros e vasilhas de *metal*

MICA
Jz 17. 1 um homem chamado *Mica*
1Cr 5. 5 pai de *Mica*, que foi o pai de Reaías

MICAL
1Sm 18. 20 *Mical*, a outra filha de Saul
2Sm 3. 14 Entregue-me minha mulher *Mical*

MICAÍAS
1Rs 22. 8 É *Micaías*, filho de Inlá
2Cr 18. 25 Enviem *Micaías* de volta a Amom
Jr 36. 11 *Micaías*, filho de Gemarias, filho de Safã
Jr 36. 13 *Micaías* relatou-lhes tudo o que...

MIDIANITA
Nm 10. 29 Hobabe, filho do *midianita* Reuel
Nm 25. 6 trouxe para casa uma mulher *midianita*
Jz 7. 13 dentro do acampamento *midianita*

MIDIÃ
Êx 2. 15 fugiu e foi morar na terra de *Midiã*

MIGALHAS
Jz 1. 7 *migalhas* debaixo da minha mesa
Ez 13. 19 punhados de cevada e de *migalhas*
Mt 15. 27 os cachorrinhos comem das *migalhas*
Mc 7. 28 comem das *migalhas* das crianças

MIGUEL
Dn 10. 13 *Miguel*, um dos príncipes supremos
Dn 10. 21 senão *Miguel*, o príncipe de vocês
Jd 9 nem mesmo o arcanjo *Miguel*
Ap 12. 7 *Miguel* e seus anjos lutaram...

MILAGRE
Mc 6. 5 não pôde fazer ali nenhum *milagre*
Mc 6. 52 não tinham entendido o *milagre*
Mc 9. 39 que faça um *milagre* em meu nome
Lc 23. 8 esperava vê-lo realizar algum *milagre*
Jo 7. 21 Fiz um *milagre*, e vocês estão admirados
At 4. 16 eles realizaram um *milagre* notório

MILETO
At 20. 15 um dia depois, chegamos a *Mileto*
2Tm 4. 20 deixei Trófimo doente em *Mileto*

MILHA
Mt 5. 41 ...a caminhar com ele uma *milha*

MINISTRO
Gn 45. 8 me tornou *ministro* do faraó
Rm 15. 16 ser um *ministro* de Cristo Jesus
Cl 1. 7 fiel *ministro* de Cristo para conosco
Cl 4. 7 *ministro* fiel e cooperador
1Tm 4. 6 será um bom *ministro* de Cristo

MIQUEIAS
Mq 1. 1 palavra do Senhor que veio a *Miqueias*

MIRIÃ
Êx 15. 20 *Miriã*, a profetisa, irmã de Arão

MIRRA
Êx 30. 23 seis quilos de *mirra* líquida
Pv 7. 17 Perfumei a minha cama com *mirra*

Mt 2. 11 deram presentes: ouro, incenso e *mirra*
Ap 18. 13 incenso, *mirra* e perfumes

MISERICORDIOSO
Êx 22. 27 eu o ouvirei, pois sou *misericordioso*
Êx 34. 6 Deus compassivo e *misericordioso*
Sl 112. 4 para quem é *misericordioso*
Sl 116. 5 O Senhor é *misericordioso* e justo
Lc 6. 36 o Pai de vocês é *misericordioso*
Hb 2. 17 sumo sacerdote *misericordioso*

MISERICÓRDIA
Gn 19. 16 o Senhor teve *misericórdia* deles
1Rs 8. 28 ao seu pedido de *misericórdia*
Sl 4. 1 tem *misericórdia* de mim
Sl 26. 11 livra-me e tem *misericórdia* de mim
Sl 30. 8 ao Senhor pedi *misericórdia*
Sl 51. 1 Tem *misericórdia* de mim, ó Deus
1Pe 1. 3 Conforme a sua grande *misericórdia*
Jd 23 mostrem *misericórdia* com temor

MISERÁVEL
Nm 21. 5 detestamos esta comida *miserável*!
Rm 7. 24 *Miserável* homem que eu sou!
Ap 3. 17 você é *miserável*, digno de compaixão

MISPÁ
Gn 31. 49 Foi também chamado *Mispá*
Jz 20. 1 perante o Senhor, em *Mispá*
1Sm 7. 5 Reúnam todo o Israel em *Mispá*

MOABE
Gn 19. 37 um filho, e deu-lhe o nome de *Moabe*
Nm 22. 3 *Moabe* teve muito medo do povo
Dt 1. 5 leste do Jordão, na terra de *Moabe*
Rt 1. 1 ...algum tempo nas terras de *Moabe*
Mq 6. 5 ...Balaque, rei de *Moabe*
Sf 2. 8 Ouvi os insultos de *Moabe*

MOABITA
Nm 22. 36 na cidade *moabita* da fronteira do Arnom
Dt 23. 3 Nenhum amonita ou *moabita* ou...
Rt 1. 22 com sua nora Rute, a *moabita*
2Cr 24. 26 filho da *moabita* Sinrite

MOCIDADE
1Sm 17. 33 é um guerreiro desde a *mocidade*
Ec 11. 9 Alegre-se, jovem, na sua *mocidade*!
Ml 2. 15 seja infiel à mulher da sua *mocidade*

MODESTO
Jó 8. 7 O seu começo parecerá *modesto*

MODERADO
2Tm 4. 5 seja *moderado* em tudo, suporte os...

MOEDA
1Sm 2. 36 para obter uma *moeda* de prata
Mt 17. 27 uma *moeda* de quatro dracmas
Mt 22. 19 Mostrem-me a *moeda* usada
Mc 12. 16 Eles lhe trouxeram a *moeda*
Lc 15. 9 encontrei minha *moeda* perdida
Ap 18. 6 Retribuam-lhe na mesma *moeda*

MOER
Is 28. 28 É preciso *moer* o cereal para...

MOINHO
Mt 24. 41 estarão trabalhando num *moinho*
Ap 18. 22 ...o ruído das pedras de *moinho*

MOISÉS
Êx 2. 10 e lhe deu o nome de *Moisés*
Êx 2. 11 Certo dia, sendo *Moisés* já adulto...
Êx 3. 6 *Moisés* cobriu o rosto
Lv 8. 19 *Moisés* sacrificou o carneiro
Dt 33. 1 a benção com a qual *Moisés*
Dt 34. 5 *Moisés*, o servo do Senhor, morreu ali
Js 1. 2 Meu servo *Moisés* está morto
Mt 23. 2 se assentam na cadeira de *Moisés*
Mc 12. 19 *Moisés* nos deixou escrito que
Lc 24. 27 começando por *Moisés* e todos...
Jo 8. 5 Na Lei, *Moisés* nos ordena...
At 15. 5 que obedeçam à Lei de *Moisés*

At 15. 21 *Moisés* é pregado em todas as cidades
Hb 11. 23 Pela fé *Moisés*, recém-nascido,

MOLHAR
Jz 6. 37 Se o orvalho *molhar* apenas a lã

MOLOQUE
Lv 18. 21 para serem sacrificados a *Moloque*
Is 57. 9 Você foi até *Moloque* com azeite
Jr 49. 3 *Moloque* irá para o exílio com
Sf 1. 5 pelo Senhor e também por *Moloque*
At 7. 43 levantaram o santuário de *Moloque*

MONSTRO
Jó 7. 12 ou *monstro* das profundezas
Sl 89. 10 e mataste o *Monstro dos Mares*
Is 30. 7 eu o chamo *Monstro inofensivo*
Ez 32. 2 como um *monstro* nos mares

MONTE
Gn 22. 14 No *monte* do Senhor se proverá.
Êx 3. 1 e chegou a Horebe, o *monte* de Deus
Lv 7. 38 entregou-a a Moisés no *monte* Sinai
Nm 20. 22 partiu de Cades e chegou ao *monte* Hor
Mt 17. 9 Enquanto desciam do *monte*, Jesus...
Mt 21. 1 ao *monte* das Oliveiras, Jesus enviou
Mt 21. 21 mas também dizer a este *monte*
Lc 9. 28 e subiu a um *monte* para orar
Jo 6. 15 nem neste *monte*, nem em Jerusalém
Jo 6. 3 Jesus subiu ao *monte* e sentou-se
Ap 14. 1 em pé sobre o *monte* Sião
Ap 21. 10 a um grande e alto *monte*.

MORADA
Ez 37. 27 Minha *morada* estará com eles
Dn 4. 21 e *morada* para as aves do céu
Jo 14. 23 viremos a ele e faremos *morada*
Ef 2. 22 para se tornarem *morada* de Deus

MORDER
Ec 10. 11 Se a cobra *morder* antes de...

MORDOMOS
Et 1. 8 dado instruções a todos os *mordomos*

MORIÁ
Gn 22. 2 e vá para a região de *Moriá*
2Cr 3. 1 em Jerusalém, no monte *Moriá*

MORNO
Ap 3. 16 porque você é *morno*, não é frio..

MORRER
Gn 11. 16 Não posso ver o menino *morrer*.
Gn 50. 24 Antes de *morrer* José disse
Nm 27. 8 um homem *morrer* e não deixar filho
Dt 9. 28 tirou-os para fazê-los *morrer* no deserto
Jn 4. 3 para mim é melhor *morrer* do que viver
Jn 4. 9 estou furioso ao ponto de querer *morrer*
Lc 8. 24 "Mestre, Mestre, vamos *morrer*!"
Lc 20. 36 e não podem mais *morrer*
Jo 12. 24 não cair na terra e não *morrer*
Jo 19. 7 ele deve *morrer*, porque se declarou
Fp 1. 21 o viver é Cristo e o *morrer* é lucro
Ap 9. 6 desejarão *morrer*, mas a morte fugirá

MORTAL
Êx 10. 17 ...esta praga *mortal* para longe
Jó 4. 17 algum *mortal* ser mais justo que Deus?
Jó 9. 2 como pode o *mortal* ser justo
Mc 16. 18 se beberem algum veneno *mortal*
Rm 1. 23 a semelhança do homem *mortal*
1Co 15. 53 e aquilo que é *mortal*, se revista
2Co 4. 11 se manifeste em nosso corpo *mortal*
Ap 13. 12 cujo ferimento *mortal* havia sido curado

MORTE
Gn 24. 67 consolado após a *morte* de sua mãe
Gn 25. 11 Depois da *morte* de Abraão
Dt 22. 26 pecado algum que mereça a *morte*

Dt 31. 29 depois da minha *morte* vocês
2Sm 1. 9 Estou na angústia da *morte*!
2Rs 4. 40 há *morte* na panela!
Sl 68. 20 é o Senhor que nos livra da *morte*
Sl 79. 11 preserva os condenados à *morte*
Pv 16. 25 mas no final conduz à *morte*
Mc 10. 33 Eles o condenarão à *morte*
Mc 14. 64 Todos o julgaram digno de *morte*
Lc 9. 27 de modo nenhum experimentarão a *morte*
At 26. 31 nada que mereça *morte* ou prisão
Rm 6. 23 o salário do pecado é a *morte*
1Co 15. 21 a *morte* veio por meio de um só homem
1Co 15. 26 último inimigo a ser destruído é a *morte*
Hb 11. 21 Pela fé Jacó, à beira da *morte*
Ap 9. 6 os homens procurarão a *morte*
Ap 20. 14 O lago de fogo é a segunda *morte*
Ap 21. 4 Não haverá mais *morte*
Ap 21. 8 Esta é a segunda *morte*

MORTÍFERO
Tg 3. 8 cheio de veneno *mortífero*

MOSQUITO
Mt 23. 24 coam um *mosquito* e engolem

MOSTARDA
Mt 13. 31 é como um grão de *mostarda*
Lc 17. 6 ...de uma semente de *mostarda*

MOVER
1Co 13. 2 fé capaz de *mover* montanhas

MOÇO
Gn 43. 33 do mais velho ao mais *moço*
Sl 88. 15 Desde *moço* tenho sofrido

MUDANÇA
Jr 2. 36 não leva a sério a sua *mudança*
Hb 7. 12 quando há *mudança* de sacerdócio

MUGIDO
1Sm 15. 14 Que *mugido* de bois é esse...

MULA
1Rs 1. 38 fizeram Salomão montar a *mula*

MULHER
Gn 1. 27 ...homem e *mulher* os criou
Gn 2. 22 o Senhor Deus fez uma *mulher*...
Êx 18. 5 veio com os filhos e a *mulher* de Moisés
Js 15. 16 Darei minha filha Acsa por *mulher*
Is 42. 14 como *mulher* em trabalho de parto
Mt 1. 6 cuja mãe tinha sido *mulher* de Urias
Mt 5. 28 Qualquer que olhar para uma *mulher*
Mc 12. 22 Finalmente, morreu também a *mulher*
1Co 7. 33 em como agradar sua *mulher*
1Co 7. 39 A *mulher* está ligada a seu marido
Cl 3. 19 ame cada um a sua *mulher*
1Tm 2. 11 A *mulher* deve aprender em silêncio
1Tm 2. 12 Não permito que a *mulher* ensine
Ap 12. 17 O dragão irou-se contra a *mulher*
Ap 17. 18 A *mulher* que você viu é a grande cidade

MULTIDÃO
Êx 12. 38 Grande *multidão* de estrangeiros
Nm 2. 4 Essa *multidão* devorará tudo
Mt 14. 22 enquanto ele despedia a *multidão*
Mc 3. 7 uma grande *multidão* vinda da Galileia
Lc 7. 24 Jesus começou a falar à *multidão*
At 22. 22 A *multidão* ouvia Paulo até que
Ap 19. 1 à voz de uma grande *multidão*

MULTIFORME
Ef 3. 10 a *multiforme* sabedoria de Deus

MULTIPLICAR
Lm 2. 5 Tem feito *multiplicar* os prantos

MUNDANO
2Co 1. 17 faço meus planos de modo *mundano*

MUNDO
Gn 11. 9 confundiu a língua de todo o *mundo*
Sl 50. 12 o *mundo* é meu, e tudo o que nele existe
Sl 96. 13 julgará o *mundo* com justiça
Sl 97. 4 Seus relâmpagos iluminam o *mundo*
Mt 25. 34 preparado para vocês desde a criação do *mundo*
Mc 13. 19 desde que Deus criou o *mundo*
Mc 16. 15 Vão pelo *mundo* todo e preguem
Jo 6. 51 que eu darei pela vida do *mundo*
Jo 8. 23 Vocês são deste *mundo*
Jo 9. 5 sou a luz do *mundo*
Jo 9. 39 vim a este *mundo* para julgamento
Ef 2. 12 sem esperança e sem Deus no *mundo*
1Tm 3. 16 ...crido no *mundo*, recebido na glória
1Jo 5. 5 Quem é que vence o *mundo*?
Ap 13. 8 morto desde a criação do *mundo*

MURALHA
Jr 51. 44 a *muralha* da Babilônia cairá
Jl 2. 9 correm ao longo da *muralha*
Hc 2. 1 tomarei posição sobre a *muralha*
At 9. 25 através de uma abertura na *muralha*
2Co 11. 33 de uma janela na *muralha* fui baixado

MURO
Ap 21. 18 O *muro* era feita de jaspe

MURCHAR
Ez 19. 12 O vento oriental a fez *murchar*

MURMURADORES
Nm 14. 27 as queixas desses...*murmuradores*

MURTA
Is 41. 19 a acácia, a *murta* e a oliveira

MÁCULA
Lv 22. 21 ...ter defeito nem *mácula*
Jd 24 diante da sua glória sem *mácula*

MÁGICO
At 13. 8 Mas Elimas, o *mágico*...

MÃE
Gn 2. 24 o homem deixará pai e *mãe*
Gn 3. 20 ela seria *mãe* de toda a humanidade.
2Cr 13. 2 O nome de sua *mãe* era Maaca
2Cr 26. 3 Sua *mãe* era de Jerusalém
Sl 139. 13 me teceste no ventre de minha *mãe*
Ec 5. 15 ...sai nu do ventre de sua *mãe*
Mt 10. 37 ...ou sua *mãe* mais do que a mim
Mt 12. 46 sua *mãe* e seus irmãos chegaram
Mt 15. 3 O nome de sua *mãe* não é Maria...?
Hb 7. 3 Sem pai, sem *mãe*, sem genealogia

MÃO
Sl 10. 12 Ergue a tua *mão*, ó Deus!
Sl 39. 10 fui vencido pelo golpe da tua *mão*
Mt 9. 25 tomou a menina pela *mão*
Ap 10. 2 ...que estava aberto em sua *mão*
Ap 14. 14 uma foice afiada na *mão*

MÚSICA
1Cr 25. 6 ministravam a *música* do templo
Sl 47. 6 Ofereçam *música* a Deus
Lm 5. 14 os jovens cessaram a sua *música*
Ez 26. 13 ...ouvirá mais a *música* de suas harpas
Dn 3. 15 e de toda espécie de *música*
Hc 3. 19 Para o mestre de *música*
Lc 15. 25 ouviu a *música* e a dança

MÚSICO
1Cr 6. 33 O *músico* Hemã, filho de Joel

NAAMÃ
2Rs 5. 4 *Naamã* foi contar ao seu senhor...
2Rs 5. 9 *Naamã* foi com seus cavalos e carros
Lc 4. 27 ...foi purificado — somente *Naamã*, o sírio

NABAL
1Sm 25. 5 Levem minha mensagem a *Nabal*
1Sm 25. 38 o Senhor feriu *Nabal*, e ele morreu

NABOTE
1Rs 21. 1 uma vinha que pertencia a *Nabote*
1Rs 21. 14 *Nabote* foi apedrejado e está morto
2Rs 9. 25 propriedade que pertencia a *Nabote*
2Rs 9. 26 Ontem, vi o sangue de *Nabote*

NABUCODONOSOR
2Rs 24. 10 oficiais de *Nabucodonosor*, rei da Babilônia
Ed 5. 14 *Nabucodonosor* havia tirado do templo
Et 2. 6 ...para o exílio por *Nabucodonosor*
Dn 2. 46 o rei *Nabucodonosor* caiu prostrado
Dn 4. 4 Eu, *Nabucodonosor*, estava satisfeito

NADABE
Êx 6. 23 e ela lhe deu à luz *Nadabe*...
Lv 10. 1 *Nadabe* e Abiú, filhos de Arão
Nm 26. 61 *Nadabe* e Abiú morreram quando...
1Rs 15. 25 *Nadabe*, filho de Jeroboão, tornou-se rei

NADAR
Is 25. 11 como faz o nadador para *nadar*
At 27. 43 ordenou aos que sabiam *nadar*

NAFTALI
Gn 30. 8 Pelo que o chamou *Naftali*.
Gn 49. 21 *Naftali* é uma gazela solta
Nm 1. 42 Dos descendentes de *Naftali*...
Js 19. 32 a sorte saiu para *Naftali*, clã por clã
Mt 4. 13 ...na região de Zebulom e *Naftali*
Mt 4. 15 Terra de Zebulom e terra de *Naftali*
Ap 7. 6 da tribo de *Naftali*, doze mil

NAIM
Lc 7. 11 Jesus foi a uma cidade chamada *Naim*

NAOR
Gn 11. 22 Aos 30 anos, Serugue gerou *Naor*.
Gn 11. 25 *Naor* viveu 119 anos e gerou...
Lc 3. 34 ...filho de Terá, filho de *Naor*

NARDO
Ct 1. 12 o meu *nardo* espalhou sua fragrância
Ct 4. 13 com flores de hena e *nardo*
Mc 14. 3 perfume muito caro, feito de *nardo* puro
Jo 12. 3 Maria pegou um frasco de *nardo* puro

NARIZ
Gn 24. 47 coloquei o pendente em seu *nariz*...
Jó 41. 2 passar um cordão pelo seu *nariz*
Sl 115. 6 *nariz*, mas não podem sentir cheiro
Ct 7. 4 Seu *nariz* é como a torre do Líbano
Is 3. 21 os anéis e os enfeites para o *nariz*
Ez 8. 17 estão pondo o ramo perto do *nariz*!

NASCENTE
2Rs 2. 21 foi à *nascente*, jogou o sal ali
Ct 4. 12 você é uma *nascente* fechada
Is 13. 10 O sol *nascente* escurecerá
Lc 1. 78 do alto nos visitará o sol *nascente*

NASCER
Gn 2. 9 o Senhor Deus fez *nascer*
Gn 32. 31 Ao *nascer* do sol atravessou Peniel
Jz 13. 8 ...com o menino que vai *nascer*
Jó 3. 3 Por que não morri ao *nascer*...?
Is 66. 8 Pode uma nação *nascer* num só dia...?
Lc 1. 35 aquele que há de *nascer* será...
Jo 3. 4 Como alguém pode *nascer*...
Jo 3. 5 se não *nascer* da água e do Espírito
Jo 8. 58 antes de Abraão *nascer*, Eu Sou!

NASCIMENTO
Gn 25. 13 alistados por ordem de *nascimento*
Jó 3. 1 amaldiçoou o dia do seu *nascimento*
Is 49. 1 desde o meu *nascimento* ele fez
Mt 1. 18 Foi assim o *nascimento* de Jesus Cristo
Lc 19. 12 Um homem de nobre *nascimento*
At 14. 8 aleijado desde o *nascimento*
Gl 2. 15 Nós, judeus de *nascimento*
Ef 2. 11 vocês eram gentios por *nascimento*

Concordância Bíblica Abreviada

NATANAEL
Nm 2. 5 O líder de Issacar será *Natanael*
1Cr 2. 14 o quarto, *Natanael*; o quinto, Radai;
Jo 1. 45 Filipe encontrou *Natanael* e...

NATIVOS
Ez 23. 15 carros da Babilônia, *nativos* da Caldeia

NATURAL
Lv 16. 29 nem o *natural* da terra, nem o estrangeiro
Nm 15. 13 Todo o que for *natural* da terra
Nm 19. 16 que tenha sofrido morte *natural*
Mt 15. 22 Uma mulher cananeia, *natural* dali
Jo 1. 13 nasceram por descendência *natural*
At 18. 24 chamado Apolo, *natural* de Alexandria
1Co 15. 44 é semeado um corpo *natural*
Gl 4. 23 nasceu de modo *natural*
Gl 4. 29 o filho nascido de modo *natural*

NATUREZA
Rm 1. 20 eterno poder e sua *natureza* divina
Rm 11. 24 de uma oliveira brava por *natureza*
Gl 4. 8 escravos daqueles que, por *natureza*
Ef 2. 3 éramos por *natureza* merecedores
2Pe 1. 4 participantes da *natureza* divina

NATÃ
2Sm 7. 2 Certo dia ele disse ao profeta *Natã*
2Sm 7. 17 *Natã* transmitiu a Davi tudo o que
1Rs 1. 10 mas não convidou o profeta *Natã*
Zc 12. 12 a família de *Natã* com suas mulheres
Lc 3. 31 filho de *Natã*, filho de Davi

NAUFRÁGIO
Ez 27. 27 ...do mar no dia do seu *naufrágio*
2Co 11. 25 três vezes sofri *naufrágio*

NAVALHA
Jz 16. 17 se passou *navalha* em minha cabeça
Sl 52. 2 é como *navalha* afiada, cheia de engano
Is 7. 20 o Senhor utilizará uma *navalha*

NAVEGAR
1Rs 22. 49 meus marinheiros poderão *navegar*

NAVIO
Pv 30. 19 o caminho do *navio* em alto mar
Jn 1. 3 onde encontrou um *navio*
At 20. 13 fomos até o *navio* e embarcamos

NAZARENO
Mt 2. 23 "Ele será chamado *Nazareno*"
Mc 16. 6 estão procurando Jesus, o *Nazareno*
At 6. 14 que esse Jesus, o *Nazareno*, destruirá
At 22. 8 Eu sou Jesus, o *Nazareno*

NAZARÉ
Mt 2. 23 numa cidade chamada *Nazaré*
Mt 4. 13 Saindo de *Nazaré*, foi viver em Cafarnaum
Mt 21. 11 o profeta de *Nazaré* da Galileia
Mc 1. 9 Jesus veio de *Nazaré* da Galileia
Lc 1. 26 Deus enviou o anjo Gabriel a *Nazaré*
Lc 2. 51 Então foi com eles para *Nazaré*
Lc 18. 37 "Jesus de *Nazaré* está passando"

NAZIREU
Nm 6. 18 o *nazireu* rapará o cabelo que
Jz 13. 5 porque o menino será *nazireu*
Jz 16. 17 sou *nazireu*, desde o ventre materno

NAÇÃO
Gn 15. 14 castigarei a *nação* a quem servirão...
Gn 46. 3 lá farei de você uma grande *nação*
Êx 33. 13 ...de que esta *nação* é o teu povo.
Mq 4. 7 e dos dispersos, uma *nação* forte
Hc 1. 6 *nação* cruel e impetuosa
Ml 3. 9 a *nação* toda está me roubando
Mt 24. 7 Nação se levantará contra *nação*
1Pe 2. 9 ...sacerdócio real, *nação* santa

NEBO
Dt 34. 1 Moisés subiu ao monte *Nebo*

Ed 10. 43 Entre os descendentes de *Nebo*
Is 46. 1 Bel se inclina, *Nebo* se abaixa

NEBUZARADÃ
Jr 39. 9 *Nebuzaradã*, o comandante da guarda
Jr 40. 1 *Nebuzaradã*, o libertou em Ramá

NECESSIDADE
2Sm 20. 10 sem *necessidade* de um segundo...
Jó 30. 3 Desfigurados de tanta *necessidade*
Sl 34. 10 Os leões podem passar *necessidade*
Lc 15. 14 ele começou a passar *necessidade*
At 2. 45 a cada um conforme a sua *necessidade*
Ef 4. 28 com quem estiver em *necessidade*
1Ts 1. 8 não temos *necessidade* de dizer
Hb 7. 27 *necessidade* de oferecer sacrifícios

NECESSITADO
Jó 31. 19 ou um *necessitado* sem cobertor
Sl 10. 3 esprieta para apanhar o *necessitado*
Is 25. 4 refúgio para o *necessitado* em sua aflição
Jr 22. 16 a causa do pobre e do *necessitado*
Zc 7. 10 nem o estrangeiro e o *necessitado*

NECESSITAR
Rm 16. 2 a ajuda de que venha a *necessitar*

NECROMANTES
Is 19. 3 consultarão os ídolos e os *necromantes*

NEGAR
Dt 27. 19 Maldito quem *negar* justiça
Mt 10. 33 que me *negar* diante dos homens
Mc 6. 26 não quis *negar* o pedido à jovem
At 10. 47 Pode alguém *negar* a água

NEGLIGENCIAR
Js 18. 3 Até quando vocês vão *negligenciar*

NEGLIGENTE
Dn 6. 4 não era desonesto nem *negligente*
Mt 25. 26 Servo mau e *negligente*!

NEGOCIANTE
Mt 13. 45 é como um *negociante* que procura

NEGOCIAR
Ez 27. 9 ...marinheiros vinham para *negociar*

NEGROS
Ct 5. 11 são *negros* como o corvo
Lm 4. 8 estão mais *negros* do que o carvão

NEGÓCIO
Pv 20. 14 gaba-se do bom *negócio*
Ec 5. 14 se perdem num mau *negócio*,

NERVOS
Jó 40. 17 os *nervos* de suas coxas são..

NEVE
Sl 51. 7 e mais branco do que a *neve* serei
Pv 26. 1 Como *neve* no verão ou chuva...
Lm 4. 7 eram mais brilhantes que a *neve*
Mt 28. 3 suas vestes eram brancas como a *neve*
Ap 1. 14 tão brancos quanto a *neve*

NICODEMOS
Jo 3. 1 um fariseu chamado *Nicodemos*
Jo 7. 50 *Nicodemos*, um deles, que antes
Jo 19. 39 estava acompanhado de *Nicodemos*

NICÓPOLIS
Tt 3. 12 vir ao meu encontro em *Nicópolis*

NINHO
Nm 24. 21 seu *ninho* está firmado na rocha
Sl 84. 3 e a andorinha um *ninho* para si
Is 11. 8 colocará a mão no *ninho* da víbora
Is 34. 15 Nela a coruja fará *ninho*
Jr 49. 16 como a águia, faça o seu *ninho* nas alturas
Ob 4 e faça o seu *ninho* entre as estrelas

NINIVITAS
Jn 3. 5 Os *ninivitas* creram em Deus
Lc 11. 30 Jonas foi um sinal para os *ninivitas*

NINRODE
Gn 10. 8 Cuxe gerou também *Ninrode*
Gn 10. 9 "Valente como *Ninrode*"
Mq 5. 6 e a terra de *Ninrode* com a espada

NOBRE
Ec 10. 17 é a terra cujo rei é de origem *nobre*
Is 3. 3 o capitão e o *nobre*, o conselheiro...
Lc 19. 12 Um homem de *nobre* nascimento
1Co 1. 26 poucos eram de *nobre* nascimento
Fp 4. 8 tudo o que for *nobre*, tudo o que for
1Tm 3. 1 ...ser bispo, deseja uma *nobre* função

NOEMI
Rt 1. 3 Morreu Elimeleque, marido de *Noemi*
Rt 2. 22 *Noemi* aconselhou à sua nora Rute
Rt 4. 16 *Noemi* pôs o menino no colo

NOITE
Gn 1. 5 ...e às trevas chamou *noite*
Gn 14. 15 Atacou-os durante a *noite*
Êx 12. 8 ...mesma *noite* comerão a carne
Êx 13. 21 podiam caminhar de dia e de *noite*
Sl 19. 2 uma *noite* o revela a outra *noite*
Sl 91. 5 não temerá o pavor da *noite*
Mc 5. 5 *Noite* e dia ele andava gritando
Jo 3. 2 Ele veio a Jesus, à *noite*
At 9. 25 seus discípulos o levaram de *noite*
Ap 14. 11 não há descanso, dia e *noite*
Ap 21. 25 pois ali não haverá *noite*

NOIVA
Jo 3. 29 A *noiva* pertence ao noivo
Ap 19. 7 e a sua *noiva* já se aprontou
Ap 21. 2 preparada como uma *noiva* adornada
Ap 21. 9 Venha, eu mostrarei a você a *noiva*
Ap 22. 17 O Espírito e a *noiva* dizem...

NOIVO
Dt 28. 30 Você ficará *noivo* de uma mulher
Sl 19. 5 como um *noivo* que sai de seu
Is 62. 5 o *noivo* se regozija por sua noiva
Mt 25. 6 O *noivo* se aproxima!

NOJO
Jó 19. 17 meus...irmãos têm *nojo* de mim
Ez 6. 9 Terão *nojo* de vocês mesmos por causa

NOME
Gn 3. 20 deu à sua mulher o *nome* de Eva
Êx 9. 16 que o meu *nome* seja proclamado
Êx 20. 7 ...em vão o *nome* do Senhor
Dt 32. 3 Proclamarei o *nome* do Senhor
Jz 13. 6 e ele não me disse o seu *nome*
1Sm 17. 45 vou contra você em *nome* do Senhor
Sl 113. 2 Seja bendito o *nome* do Senhor
Ml 4. 2 vocês que reverenciam o meu *nome*
Mt 1. 21 deverá dar-lhe o *nome* de Jesus
Mt 24. 5 muitos virão em meu *nome*
Jo 16. 26 vocês pedirão em meu *nome*
Rm 10. 13 aquele que invocar o *nome* do Senhor
Fp 2. 9 lhe deu o *nome* que está acima
Hb 7. 2 seu *nome* significa "rei de justiça"
Ap 22. 4 o seu *nome* estará na testa deles

NOMEAR
Dt 17. 15 o cuidado de *nomear* o rei que...
Dn 6. 1 Dario achou por bem *nomear*...

NORTE
Gn 13. 14 olhe para o *norte*, para o sul
Êx 26. 35 no lado *norte* do tabernáculo
At 27. 4 passamos ao *norte* de Chipre
Ap 21. 13 três ao *norte*, três ao sul e três...

NOTÍCIA
Gn 45. 2 a *notícia* chegou ao palácio do faraó
1Sm 13. 4 todo o Israel ouviu a *notícia* de que
2Sm 18. 19 Deixa-me correr e levar ao rei a *notícia*
Mt 9. 26 A *notícia* deste acontecimento espalhou-se
Mt 9. 31 saíram e espalharam a *notícia*
Mc 1. 45 tornar público o fato, espalhando a *notícia*

NOTÓRIO
At 4.16 realizaram um milagre *notório*

NOVA
Rm 6. 4 também nós vivamos uma vida *nova*
1Co 11.25 é a *nova* aliança no meu sangue
2Co 3. 6 ministros de uma *nova* aliança
2Co 5.17 alguém está em Cristo, é *nova* criação
Cl 3.11 Nessa *nova* vida já não há diferença
Hb 8. 8 quando farei uma *nova* aliança
2Pe 3.13 esperamos novos céus e *nova* terra
Ap 3.12 a *nova* Jerusalém, que desce dos céus
Ap 21. 1 vi novos céus e *nova* terra
Ap 21. 2 a Cidade Santa, a *nova* Jerusalém

NOVIDADES
Is 23. 5 ficarão angustiados com as *novidades*
At 17.21 ou ouvir as últimas *novidades*

NOVILHO
Gn 18. 7 e escolheu o melhor *novilho*
Nm 8.12 oferecerá um *novilho* como oferta
Jz 6.25 Separe o segundo *novilho*
Ez 46. 7 fornecerá uma arroba com o *novilho*
Lc 15.23 Tragam o *novilho* gordo e matem-no

NOVO
Mt 9.16 remendo de pano *novo* em roupa velhas
Mt 26.29 em que beberei o vinho *novo* com vocês
At 17.19 que *novo* ensino é esse
Rm 9.12 "O mais velho servirá ao mais *novo*"
1Co 7. 5 Depois, unam-se de *novo*, para que...
Ap 14. 3 ...cântico *novo* diante do trono

NUDEZ
Gn 9.22 viu a *nudez* do pai e foi contar
Gn 9.23 para não verem a *nudez* do pai
Êx 20.26 não seja exposta a sua *nudez*
Dt 28.48 em *nudez* e pobreza extrema
Is 47. 3 Sua *nudez* será exposta
Rm 8.35 ou *nudez*, ou perigo, ou espada?
2Co 11.27 suportei frio e *nudez*
Ap 3.18 para cobrir a sua vergonhosa *nudez*

NUVEM
Êx 13.21 numa coluna de *nuvem*, para guiá-los
Nm 9.16 de dia a *nuvem* o cobria
Jz 20.38 uma grande *nuvem* de fumaça
1Rs 8.10 uma *nuvem* encheu o templo
Sl 78.14 os guiou com a *nuvem* de dia
Mt 17. 5 uma *nuvem*...os envolveu
Lc 21.27 vindo numa *nuvem* com poder
1Co 10. 2 foram batizados na *nuvem* e no mar
Ap 14.16 estava assentado sobre a *nuvem*

NÉVOA
At 13.11 vieram sobre ele *névoa* e escuridão

NÍNIVE
Gn 10.12 que fica entre *Nínive* e Calá
2Rs 19.36 Voltou para *Nínive* e lá ficou
Is 37.37 fugiu do acampamento, voltou para *Nínive*
Jn 1. 2 à grande cidade de *Nínive* e pregue
Na 1. 8 *Nínive* é como um açude antigo
Mt 12.41 Os homens de *Nínive* se levantarão

NÓDOAS
2Pe 2.13 São *nódoas* e manchas

NÚMERO
Gn 47.12 de acordo com o *número* de filhos
Êx 10.14 desceram em grande *número*
Lv 25.15 com base no *número* de anos
Nm 2. 9 O *número* total dos homens recenseados
Dt 28.63 prosperar e aumentar em *número*
2Sm 15.12 e cresceu o *número* dos que
2Sm 18. 7 elevando-se o *número* de mortos
Sl 147. 4 Ele determina o *número* de estrelas
Mt 21.36 ...outros servos em maior *número*
Lc 23.27 grande *número* de pessoas o seguia
At 6. 7 grande *número* de sacerdotes obedecia à fé
Rm 9.27 o *número* dos israelitas seja
1Co 9.19 o maior *número* possível de pessoas
Ap 20. 8 Seu *número* é como a areia do mar

OBADIAS
1Rs 18. 3 Acabe convocou *Obadias*
1Cr 9.16 *Obadias*, filho de Semaías
2Cr 34.12 Eram dirigidos por Jaate e *Obadias*
Ob 1 Visão de *Obadias*

OBEDECER
Êx 16.28 recusarão a *obedecer* aos meus...
Lv 8.35 e *obedecer* às exigências do SENHOR
Dt 6.25 nos aplicarmos a *obedecer* a toda
Js 1. 7 Tenha o cuidado de *obedecer*
1Rs 3.14 andar nos meus caminhos e *obedecer*
Mt 28.20 ensinando-os a *obedecer* a tudo
Jo 8.51 se alguém *obedecer* à minha palavra
At 5.29 É preciso *obedecer* antes a Deus
Rm 6.17 passaram a *obedecer* de coração
Hb 5. 8 ele aprendeu a *obedecer* por meio
1Jo 5. 3 ...em *obedecer* aos seus mandamentos

OBEDIENTE
1Cr 10.13 não foi *obediente* à palavra...
2Co 10. 5 para torná-lo *obediente* a Cristo
Fp 2. 8 e foi *obediente* até a *morte*...

OBEDIÊNCIA
Êx 16.34 Em *obediência* ao que o SENHOR...
1Sm 15.22 A *obediência* é melhor do que o sacrifício
Rm 1. 5 um povo para a *obediência*
2Co 9.13 louvarão a Deus pela *obediência*
1Pe 1. 2 para a *obediência* a Jesus Cristo
1Pe 1.22 purificaram a sua vida pela *obediência*
2Jo 6 que andemos em *obediência* aos...

OBRA
Gn 2. 3 nele descansou de toda a *obra*
Êx 40.33 Assim, Moisés terminou a *obra*.
Dt 33.11 e aprova a *obra* das suas mãos
1Rs 7.51 Terminada toda a *obra* que Salomão
Ne 4.19 A *obra* é grande e extensa
Lc 1.25 Isto é *obra* do Senhor!
Jo 4.34 que me enviou e concluir a sua *obra*
At 13. 2 para a *obra* a que os tenho chamado
Rm 14.20 Não destrua a *obra* de Deus
1Pe 1. 2 pela *obra* santificadora do Espírito

OBREIRO
2Tm 2.15 como *obreiro* que não tem do que

OBRIGAR
Ct 5. 9 para você nos *obrigar* a tal promessa?
Gl 2.14 como pode *obrigar* gentios a viverem...

OBRIGAÇÃO
Nm 32.22 estarão livres da sua *obrigação*
1Co 9.17 prego por *obrigação*
2Co 9. 7 não com pesar ou por *obrigação*
1Pe 5. 2 não por *obrigação*, mas de livre vontade

OBSCURO
1Co 13.12 vemos apenas um reflexo *obscuro*

OBSERVAR
Dn 7.11 Continuei a *observar* por causa
At 7.31 E, aproximando-se para *observar*
1Tm 5.21 procure *observar* essas instruções
1Pe 1.12 coisas que até os anjos anseiam *observar*

OBSTINADO
Êx 7.14 O coração do faraó está *obstinado*
Lv 26.41 se o seu coração *obstinado*...
Dt 2.30 tornou-lhe *obstinado* o espírito
Jz 2.19 práticas e seu caminho *obstinado*
At 7.51 *obstinado* de coração e de ouvidos!
Rm 2. 5 ...e do seu coração *obstinado*

OBSTINAÇÃO
Dt 9.27 em conta a *obstinação* deste povo
Jr 3.17 ...a *obstinação* de seus corações

OCASIÃO
Gn 16. 3 Foi nessa *ocasião* que Sarai
Êx 34.22 na *ocasião* dos primeiros frutos
Nm 9. 2 celebrar a Páscoa na *ocasião* própria
Dt 17. 9 estiver exercendo o cargo na *ocasião*
2Sm 18.20 Deixe isso para outra *ocasião*
Mt 27.15 Por *ocasião* da festa era costume
Gl 5.13 ...usem a liberdade para dar *ocasião*

OCIDENTE
Jó 18.20 Os homens do *ocidente* assustam-se
Sl 75. 6 Não é do oriente nem do *ocidente*
Mt 8.11 muitos virão do oriente e do *ocidente*
Mt 24.27 ...e se mostra no *Ocidente*

OCIOSOS
1Ts 5.14 a que advirtam os *ociosos*
2Ts 3.11 alguns de vocês estão *ociosos*

OCULTAR
Sl 64. 5 como *ocultar* as suas armadilhas
Pv 25. 2 ...de Deus é *ocultar* certas coisas

OCULTO
Nm 5.13 e isso estiver *oculto* de seu marido
Jó 3.23 àquele cujo caminho é *oculto*
Sl 40.10 Não *oculto* no coração a tua justiça
Mc 4.22 Porque não há nada *oculto*
Rm 16.25 a revelação do mistério *oculto*
1Co 2. 7 do mistério que estava *oculto*
Ef 3. 9 foi mantido *oculto* em Deus
Ef 5.12 que eles fazem em *oculto*, até...
Cl 1.26 o mistério que esteve *oculto*
Hb 4.13 está *oculto* aos olhos de Deus

OCUPAR
Js 1.15 e *ocupar* a sua própria terra
Jz 2. 6 eles saíram para *ocupar* a terra
Dn 7.20 *ocupar* o lugar dos três chifres
Lc 14. 9 *ocupar* o lugar menos importante
Lc 20.46 *ocupar* os lugares mais importantes

OCUPAÇÃO
Dt 2.24 Comecem a *ocupação*...

ODIAR
Dt 19.11 se alguém *odiar* o seu próximo
Pv 8.13 Temer o SENHOR é *odiar* o mal
Ec 3. 8 tempo de amar e tempo de *odiar*

ODRE
Sl 56. 8 ...as minhas lágrimas em teu *odre*

OFENDER
Nm 5. 6 ...*ofender* o SENHOR, será culpado

OFENSA
Gn 20.16 reparar a *ofensa* feita a você
Gn 40. 1 fizeram uma *ofensa* ao seu senhor
Lv 6. 2 ...cometendo um erro contra o Senhor
1Sm 25.28 Esquece...a *ofensa* de tua serva
Jó 10.14 sem punição a minha *ofensa*
Pv 17. 9 que cobre uma *ofensa* promove amor
2Co 12.13 Perdoem-me esta *ofensa*!

OFERECER
Gn 47.18 nada mais nos resta para *oferecer*
Êx 5. 3 para *oferecer* sacrifícios ao SENHOR
Êx 8. 8 deixarei o povo ir e *oferecer* sacrifícios
Lv 12. 8 não tiver recursos para *oferecer*
Lc 1.10 Chegando a hora de *oferecer* incenso
Hb 5. 3 ele precisa *oferecer* sacrifícios por
Ap 8. 3 muito incenso para *oferecer*

OFERTA
Lv 1.13 trará tudo isso como *oferta*
Lv 2. 8 Traga ao Senhor a *oferta* de cereal
Nm 6. 5 com a *oferta* derramada
Dt 16.10 e tragam uma *oferta* voluntária
Jz 13.23 e a *oferta* de cereal das nossas mãos
Jz 21.13 enviou uma *oferta* de comunhão
Mt 5.24 deixe sua *oferta* ali, diante do altar

Concordância Bíblica Abreviada

Mc 7. 11 uma *oferta* dedicada a Deus
Rm 15. 16 se tornem uma *oferta* aceitável a Deus
2Co 9. 5 estará pronta como *oferta* generosa
Ef 5. 2 se entregou por nós como *oferta*

OFICIAL
Gn 37. 36 *oficial* do faraó e capitão da guarda
Êx 14. 7 cada um com um *oficial* no comando.
2Rs 7. 17 o rei havia posto o *oficial* em cujo...
Ne 11. 22 O *oficial* superior dos levitas
Lc 12. 58 o juiz o entregue ao *oficial* de justiça
At 8. 27 um *oficial* importante, encarregado de...

OFIR
1Rs 9. 28 Navegaram até *Ofir*, e de lá
Jó 28. 16 nem com o ouro puro de *Ofir*
Is 13. 12 mais raro do que o ouro de *Ofir*

OFRA
Jz 6. 11 sentou-se sob a grande árvore de *Ofra*
Jz 6. 24 Até hoje o altar está em *Ofra*
1Sm 13. 17 Uma foi em direção a *Ofra*
1Cr 4. 14 Meonotai gerou *Ofra*

OLEIRO
Is 29. 16 que o *oleiro* é igual ao barro!
Is 41. 25 como o *oleiro* amassa o barro
Jr 18. 3 Então fui à casa do *oleiro*
Jr 18. 6 Como barro nas mãos do *oleiro*
Lm 4. 2 obra das mãos do *oleiro*
Zc 11. 13 "Lance isto ao *oleiro*"
Mt 27. 7 para comprar o campo do *Oleiro*
Rm 9. 21 O *oleiro* não tem direito de fazer

OLFATO
1Co 12. 17 ...onde estaria o *olfato*?

OLHAR
Gn 16. 4 começou a *olhar* com desprezo
Jó 14. 6 desvia dele o teu *olhar*, e deixa-o
Jr 46. 5 ...às pressas, sem *olhar* para trás
Mt 5. 28 que *olhar* para uma mulher e
Lc 18. 13 nem ousava *olhar* para o céu.
Jo 20. 11 ...para *olhar* dentro do sepulcro
Tg 1. 24 depois de *olhar* para si mesmo
Ap 5. 4 ...abrir o livro e de *olhar* para ele

OLHO
Êx 21. 24 *olho* por *olho*, dente por dente
Jó 20. 9 O *olho* que o viu não o verá mais
Is 41. 28 *Olho*, e não há ninguém
Mt 5. 29 Se o seu *olho* direito o fizer pecar
Mt 18. 9 se o seu *olho* o fizer tropeçar
Lc 6. 41 cisco que está no *olho* do seu irmão
1Co 12. 17 Se todo o corpo fosse *olho*,
1Co 12. 21 O *olho* não pode dizer à mão
Ap 1. 7 todo *olho* o verá, até mesmo aqueles...

OLIVEIRA
Gn 8. 11 trouxe...uma folha nova de *oliveira*
Ag 2. 19 ...e a *oliveira* não têm dado fruto
Rm 11. 17 e você, sendo *oliveira* brava

OMBRO
Gn 24. 15 trazendo no *ombro* o seu cântaro
Nm 6. 19 ...um *ombro* cozido do carneiro
Jó 31. 22 o meu braço descaia do *ombro*
Is 46. 7 Erguem-no ao *ombro* e o carregam
Ez 34. 21 ...com o corpo e com o *ombro*

ÔMEGA
Ap 1. 8 "Eu sou o Alfa e o *Ômega*", diz o Senhor

ONDA
Tg 1. 6 que duvida é semelhante à *onda*

ONESÍFORO
2Tm 1. 16 ...misericórdia à casa de *Onesíforo*

ÔNIX
Gn 2. 12 existem o bdélio e a pedra de *ônix*
Êx 25. 7 pedras de *ônix* e outras pedras preciosas
1Cr 29. 2 bem como *ônix* para os engastes

ONTEM
Gn 19. 34 *Ontem* à noite deitei-me com meu pai
2Rs 9. 26 *Ontem*, vi o sangue de Nabote
Jó 8. 9 nascemos *ontem* e não sabemos nada
Sl 90. 4 como o dia de *ontem* que passou
At 7. 28 ...como matou o egípcio *ontem*?
At 27. 23 *ontem* à noite apareceu-me um anjo
Hb 13. 8 Jesus Cristo é o mesmo, *ontem*...

ONÃ
Gn 38. 4 teve um filho e deu-lhe o nome de *Onã*
Gn 38. 9 *Onã* sabia que a descendência não...
1Cr 2. 3 os filhos de Judá: Er, *Onã* e Selá
1Cr 2. 26 ...Atara, que foi a mãe de *Onã*
1Cr 2. 28 os filhos de *Onã*: Samai e Jada

OPERAR
1Co 12. 10 poder para *operar* milagres

OPERAÇÃO
Ef 3. 7 ...pela *operação* de seu poder

OPINIÃO
2Sm 17. 5 para que ouçamos a *opinião* dele
2Sm 17. 6 ou você tem outra *opinião*?
Jó 32. 17 Também vou dar a minha *opinião*
Is 5. 21 inteligentes em sua própria *opinião*!

OPOR
At 26. 9 para me *opor* ao nome de Jesus

OPORTUNIDADE
Mt 26. 16 ...uma *oportunidade* para entregá-lo
Lc 21. 13 uma *oportunidade* de dar testemunho
Gl 6. 10 temos *oportunidade*, façamos o bem
Ef 5. 16 aproveitando ao máximo cada *oportunidade*

OPOSIÇÃO
Lv 26. 40 sua infidelidade e *oposição* a mim
Jó 23. 13 Quem poderá fazer-lhe *oposição*?
Hb 12. 3 que suportou tal *oposição* dos pecadores

OPRESSOR
Sl 72. 4 esmague ele o *opressor*!
Pv 29. 13 O pobre e o *opressor* têm algo
Is 14. 4 Como chegou ao fim o *opressor*!
Jr 21. 12 o explorado das mãos do *opressor*
Jr 46. 16 para longe da espada do *opressor*
Jr 50. 16 Por causa da espada do *opressor*
Zc 9. 8 ...um *opressor* passará por cima...

OPRESSÃO
Ez 45. 9 Abandonem a violência e a *opressão*
Os 8. 10 a *opressão* no meio do seu povo
At 7. 34 ...visto a *opressão* sobre o meu povo

OPRIMIDO
Jz 4. 3 os havia *oprimido* cruelmente
Jó 5. 15 Ele salva o *oprimido* da espada
Sl 10. 18 Defendes o órfão e o *oprimido*
Pv 15. 15 os dias do *oprimido* são infelizes
Is 3. 12 Meu povo é *oprimido* por uma criança
Is 53. 7 Ele foi *oprimido* e afligido
Jr 50. 33 O povo de Israel está sendo *oprimido*

OPRIMIR
Êx 1. 11 para os *oprimir* com tarefas pesadas
Pv 14. 31 *Oprimir* o pobre é ultrajar o seu Criador

ORADOR
2Co 11. 6 posso não ser um *orador* eloquente

ORAR
Mt 14. 23 subiu sozinho a um monte para *orar*
Mc 14. 32 "Sentem-se aqui enquanto vou *orar*"
Lc 11. 1 Senhor, ensina-nos a *orar*
Lc 22. 41 ajoelhou-se e começou a *orar*
Lc 10. 9 Pedro subiu ao terraço para *orar*
At 13. 3 Assim, depois de jejuar e *orar*
At 22. 17 estando eu a *orar* no templo

Rm 8. 26 pois não sabemos como *orar*
1Co 11. 13 apropriado a uma mulher *orar* a Deus
Cl 1. 9 não deixamos de *orar* por vocês
1Ts 5. 10 Noite e dia insistimos em *orar*

ORAÇÃO
Gn 25. 21 O Senhor respondeu à sua *oração*
Jz 13. 9 Deus ouviu a *oração* de Manoá
1Rs 8. 45 ouve dos céus a sua *oração*
2Cr 6. 19 atende à *oração* do teu servo
Jó 42. 9 O Senhor aceitou a *oração* de Jó
Sl 54. 2 Ouve a minha *oração*, ó Deus
Mt 17. 21 esta espécie só sai pela *oração*
Mt 21. 22 tudo o que pedirem em *oração*
Lc 19. 46 A minha casa será casa de *oração*
At 3. 1 subindo ao templo na hora da *oração*
At 6. 4 nos dedicaremos à *oração* e ao ministério
Rm 12. 12 perseverem na *oração*
Ef 6. 18 com toda *oração* e súplica
Cl 4. 2 Dediquem-se à *oração*
1Tm 4. 5 santificado pela palavra...e pela *oração*
Tg 5. 15 A *oração*...com fé curará o doente

ORDENANÇA
Nm 15. 16 A mesma lei e *ordenança* se aplicará
1Sm 30. 25 ...e uma *ordenança* para Israel
Sl 81. 4 uma *ordenança* do Deus de Jacó
Hb 7. 18 A *ordenança* anterior é revogada

ORDENAR
Êx 7. 2 falará tudo o que eu *ordenar*
Dt 12. 11 levarão tudo o que eu *ordenar* a vocês
Js 1. 16 o que você nos *ordenar* faremos
1Tm 1. 3 para *ordenar* a certas pessoas

ORDENAÇÃO
Êx 29. 22 é o cordeiro da oferta de *ordenação*
Lv 8. 22 o carneiro para a oferta de *ordenação*
Lv 8. 28 como uma oferta de *ordenação*
Lv 8. 33 essa cerimônia de *ordenação* durará

ORELHA
Dt 15. 17 um furador e fure a *orelha*
Mt 26. 51 feriu o servo...decepando-lhe a *orelha*
Lc 22. 51 E tocando na *orelha* do homem...

ÓRFÃO
Dt 10. 18 defende a causa do *órfão* e da viúva
Jó 31. 21 se levantei a mão contra o *órfão*
Sl 10. 14 tu és o protetor do *órfão*
Zc 7. 10 Não oprimam a viúva e o *órfão*

ORGIAS
Rm 13. 13 não em *orgias* e bebedeiras
Gl 5. 21 ...*orgias* e coisas semelhantes

ORGULHO
Is 23. 9 para abater todo *orgulho* e vaidade
Jr 48. 29 ouvido do *orgulho* de Moabe
Ez 7. 20 tinham *orgulho* de suas lindas joias
Ez 35. 13 encheu-se de *orgulho* contra mim
Dn 5. 20 endurecido por causa do *orgulho*
1Co 5. 6 O *orgulho* de vocês não é bom
2Co 10. 13 ...nosso *orgulho* à esfera de ação
2Co 11. 17 Ao ostentar este *orgulho*
Fp 3. 19 têm *orgulho* do que é vergonhoso

ORGULHOSO
Sl 131. 1 o meu coração não é *orgulhoso*
Pv 15. 25 O Senhor derruba a casa do *orgulhoso*
Ec 7. 8 o paciente é melhor que o *orgulhoso*
Ez 28. 17 Seu coração tornou-se *orgulhoso*
2Co 7. 14 tinha dito que estava *orgulhoso*
1Tm 6. 4 é *orgulhoso* e nada entende

ORIENTE
Mt 2. 1 magos vindos do *oriente*
Mt 2. 2 Vimos a sua estrela no *oriente*
Lc 13. 29 Pessoas virão do *oriente*
Ap 7. 2 vi outro anjo subindo do *Oriente*
Ap 16. 12 para os reis que vêm do *Oriente*
Ap 21. 13 Havia três portas ao *oriente*

Concordância Bíblica Abreviada

ORNAMENTO
Sl 93. 5 é o *ornamento* perpétuo da tua casa
Is 49. 18 vestirá deles todos como *ornamento*

ORNAR
Sl 144. 12 colunas esculpidas para *ornar* um palácio

ORVALHO
Gn 27. 28 Deus lhe conceda do céu o *orvalho*
Êx 16. 14 Depois que o *orvalho* secou...
Dt 32. 2 ...palavras desçam como *orvalho*
Os 14. 5 Serei como *orvalho* para Israel
Mq 5. 7 como *orvalho* da parte do SENHOR
Ag 1. 10 o céu reteve o *orvalho*
Zc 8. 12 o céu derramará o *orvalho*

ORÁCULO
Nm 23. 7 Balaão pronunciou este *oráculo*
Sl 36. 1 ...meu íntimo um *oráculo* a respeito

OSSO
Gn 2. 23 é *osso* dos meus ossos
Sl 102. 5 ...estou reduzido a pele e *osso*
Ez 37. 7 os ossos se juntaram, *osso* com osso
Ez 39. 15 fincará um marco ao lado do *osso*

OSEIAS
Nm 13. 8 da tribo de Efraim, *Oseias*, filho de Num
Os 1. 1 ...que veio a *Oseias*, filho de Beeri
Os 1. 4 o SENHOR disse a *Oseias*
Rm 9. 25 Como ele diz em *Oseias*

OTONIEL
Js 15. 17 *Otoniel*, filho de Quenaz
Js 15. 18 Acsa foi viver com *Otoniel*
Jz 1. 14 quando já vivia com *Otoniel*
Jz 3. 11 até a morte de *Otoniel*, filho de Quenaz
1Cr 4. 13 os filhos de Quenaz: *Otoniel* e Seraías

OURIVES
Ne 3. 32 os *ourives* e os comerciantes
Is 40. 19 e que o *ourives* cobre de ouro
Jr 10. 9 A obra do artesão e do *ourives*
Ml 3. 2 ele será como o fogo do *ourives*
At 19. 24 Um *ourives* chamado Demétrio

OURO
Êx 20. 23 ...ídolos de prata nem de *ouro*
Nm 8. 4 candelabro foi feito de *ouro* batido
Et 8. 15 uma grande coroa de *ouro*
Jó 28. 17 O *ouro* e o cristal não se comparam
Is 60. 17 Em vez de bronze eu trarei a você *ouro*
Jr 52. 19 era feito de *ouro* puro ou de prata
Zc 6. 10 Tome prata e *ouro* dos exilados
Mt 10. 9 Não levem nem *ouro*, nem prata
At 3. 6 Não tenho prata nem *ouro*
1Pe 1. 18 coisas perecíveis como prata ou *ouro*
Ap 1. 12 vi sete candelabros de *ouro*
Ap 21. 21 ... da cidade era de *ouro* puro

OUSADIA
Jo 9. 34 como tem a *ousadia* de nos ensinar?

OUSADO
Gn 18. 27 Sei que já fui muito *ousado*

OUSAR
Dt 18. 20 o profeta que *ousar* falar em...

OUTEIROS
Ez 16. 39 eles despedaçarão os seus *outeiros*

OUVIDOS
Mt 6. 7 por muito falarem serão *ouvidos*
Mt 11. 15 Aquele que tem *ouvidos*, ouça!
Mc 7. 33 colocou os dedos nos *ouvidos* dele
Lc 1. 44 sua saudação chegou aos meus *ouvidos*
At 7. 51 obstinado de coração e de *ouvidos*!
2Tm 4. 4 recusarão a dar *ouvidos* à verdade
Tg 5. 4 chegou aos *ouvidos* do Senhor
1Pe 3. 12 seus *ouvidos* estão atentos

OUVINTES
2Tm 2. 14 apenas para perverter os *ouvintes*
Hb 12. 19 que os *ouvintes* rogaram
Tg 1. 22 praticantes...e não apenas *ouvintes*

OUVIR
Jó 15. 8 Você costuma *ouvir* o conselho
Sl 115. 6 têm ouvidos, mas não podem *ouvir*
Mt 13. 9 que tem ouvidos para *ouvir*, ouça!
Lc 7. 9 Ao *ouvir* isso, Jesus admirou-se
At 25. 22 gostaria de *ouvir* esse homem
Rm 11. 8 e ouvidos para não *ouvir*
Ap 9. 20 ídolos que não podem ver, nem *ouvir*

OVELHA
Am 3. 12 como o pastor livra a *ovelha*...
Lc 15. 6 encontrei minha *ovelha* perdida
At 8. 32 levado como *ovelha* para o matadouro

PACIENTE
Êx 34. 6 *paciente*, cheio de amor
Nm 12. 3 era um homem muito *paciente*
Nm 14. 18 O SENHOR é muito *paciente*
Ec 7. 8 o *paciente* é melhor que o orgulhoso
1Co 13. 4 O amor é *paciente*, o amor é bondoso
2Tm 2. 24 apto para ensinar, *paciente*
2Pe 3. 9 ele é *paciente* com vocês

PACIÊNCIA
Pv 19. 11 A sabedoria do homem lhe dá *paciência*
Rm 9. 22 suportou com grande *paciência*
Cl 1. 11 toda a perseverança e *paciência*
2Tm 3. 10 a minha fé, a minha *paciência*
Hb 6. 12 por meio da fé e da *paciência*
Tg 5. 10 como exemplo de *paciência*

PADEIRO
Gn 40. 1 o copeiro e o *padeiro* do rei do Egito
Os 7. 4 um forno cujo fogo o *padeiro*...

PADÃ-ARÃ
Gn 25. 20 o arameu de *Padã-Arã*
Gn 28. 2 Vá a *Padã-Arã*, à casa de Betuel
Gn 46. 15 filhos que Lia deu a Jacó em *Padã-Arã*

PAGO
Gn 31. 15 ...tudo o que foi *pago* por nós!
Ed 6. 4 o custo será *pago* pela tesouraria
Ne 6. 13 tinha sido *pago* para me intimidar

PAI
Gn 2. 24 o homem deixará *pai* e mãe
Mt 7. 21 que faz a vontade de meu *Pai*
Mc 11. 26 o seu *Pai* que está nos céus
Lc 1. 62 fizeram sinais ao *pai* do menino
Lc 1. 67 Seu *pai*, Zacarias, foi cheio do Espírito
Jo 5. 22 o *Pai* a ninguém julga
Jo 5. 26 o *Pai* tem vida em si mesmo
Jo 6. 42 não conhecemos seu *pai* e sua mãe ?
Jo 6. 44 se o *Pai*, que me enviou, não o atrair
Jo 8. 39 Abraão é o nosso *pai*...
At 28. 8 Seu *pai* estava doente, acamado
Rm 4. 16 *pai* de todos nós
Fp 4. 20 A nosso Deus e *Pai* seja a glória

PAIROU
Dt 31. 15 a coluna *pairou* sobre a entrada da Tenda

PALADAR
Gn 3. 6 árvore parecia agradável ao *paladar*
Sl 119.103 ...são doces para o meu *paladar*
Pv 24. 13 O favo é doce ao *paladar*
Ct 2. 3 o seu fruto é doce ao meu *paladar*

PALAVRA
Gn 24. 9 e jurou cumprir aquela *palavra*
Nm 11. 23 verá se a minha *palavra* se cumprirá
Dt 33. 9 apesar de que guardaram a tua *palavra*
Jz 11. 36 sua *palavra* foi dada ao SENHOR
Sl 119.105 tua *palavra* é lâmpada que ilumina

Jo 8. 31 permanecerem firmes na minha *palavra*
At 13. 49 A *palavra* do Senhor se espalhava
Ap 6. 9 mortos por causa da *palavra* de Deus

PALMA
Lv 14. 16 que está na *palma* da mão esquerda
Is 9. 14 tanto a *palma* como o junco

PALMEIRA
Sl 92. 12 justos florescerão como a *palmeira*
Ct 7. 7 Seu porte é como o da *palmeira*

PALMO
Êx 28. 16 com um *palmo* de comprimento
Is 40. 12 com *palmo* definiu os limites...
Ez 43. 13 com uma aba de um *palmo*

PANCADA
Is 30. 32 Cada *pancada* que com a vara...

PANELA
Jó 41. 20 sai fumaça como de *panela* fervente
Jr 1. 13 Vejo uma *panela* fervendo
Ez 4. 3 apanhe uma *panela* de ferro
Mq 3. 3 se fossem carne para a *panela*
Zc 14. 21 Cada *panela* de Jerusalém e de Judá

PANO
Is 37. 1 vestiu *pano* de saco e entrou no templo
Ez 16. 13 tecido caro e *pano* bordado
Dn 9. 3 em *pano* de saco e coberto de cinza
Jn 3. 5 vestiram-se de *pano* de saco
Mt 9. 16 remendo de *pano* novo em roupa velha
Lc 19. 20 guardada num pedaço de *pano*

PAPIRO
Jó 8. 11 ...o *papiro* crescer senão no pântano?
Is 18. 2 pelo mar em barcos de *papiro*
Is 35. 7 crescerão a relva, o junco e o *papiro*

PARALÍTICO
Mt 8. 6 meu servo está em casa, *paralítico*
Mc 2. 4 em que estava deitado o *paralítico*
Jo 5. 5 era *paralítico* fazia trinta e oito anos
At 9. 33 um *paralítico* chamado Eneias
At 14. 8 E um homem *paralítico* dos pés

PARENTE
Gn 14. 14 seu *parente* fora levado prisioneiro
Lv 21. 2 a não ser por um *parente* próximo
Nm 27. 11 darem a herança ao *parente* mais próximo
Lc 1. 61 Você não tem nenhum *parente*
Jo 18. 26 *parente* do homem cuja orelha Pedro

PARTEIRA
Gn 38. 28 a *parteira* pegou um fio vermelho

PARTICIPANTE
2Jo 11torna-se *participante* das suas obras

PARTICIPAR
Êx 12. 48 *participar* como o natural da terra
2Cr 25. 13 lhes permitido *participar* da guerra
Lm 1. 10 ...de *participar* das tuas assembleias
Jo 18. 28 queriam *participar* da Páscoa
1Co 9. 10 na esperança de *participar* da colheita
1Co 10. 21 não podem *participar* da mesa do Senhor
Fp 4. 14 fizeram bem em *participar* de minhas
2Tm 2. 6 o primeiro a *participar* dos frutos

PARTILHAR
Pv 14. 10 quem possa *partilhar* sua alegria
Is 58. 7 Não é *partilhar* sua comida

PARÁBOLA
Mt 13. 24 Jesus lhes contou outra *parábola*
Mc 4. 13 não entendem esta *parábola*?
Lc 19. 11 passou a contar-lhes uma *parábola*

PASMEM
Is 29. 9 *Pasmem* e fiquem atônitos!

Concordância Bíblica Abreviada

PASSAR
Mt 5. 37 o que *passar* disso vem do Maligno
Mc 10. 25 É mais fácil *passar* um camelo...
Lc 12. 50 tenho que *passar* por um batismo
Lc 19. 4 Jesus ia *passar* por ali
Jo 9. 1 Ao *passar*, Jesus viu um cego
At 27. 12 ...era próprio para *passar* o inverno
Fp 4. 12 Sei o que é *passar* necessidade
Tt 3. 12 pois decidi *passar* o inverno ali

PASSARINHO
Jó 41. 5 como se fosse um *passarinho*
Lm 3. 52 caçaram-me como a um *passarinho*

PASSEAR
2Sm 11. 2 foi *passear* pelo terraço do palácio

PASSO
Gn 18. 27 eu que não *passo* de pó e cinza
Êx 20. 21 ao *passo* que Moisés aproximou-se...
1Rs 3. 7 não *passo* de um jovem
Jó 19. 20 Não *passo* de pele e ossos
1Co 12. 31 *Passo* agora a mostrar a vocês um...

PASTAGEM
Gn 47. 4 os rebanhos...não têm *pastagem*
Jr 23. 3 os trarei de volta à sua *pastagem*
Ez 34. 14 ...conta delas numa boa *pastagem*
Mq 2. 12 como um rebanho numa *pastagem*
Jo 10. 9 Entrará e sairá, e encontrará *pastagem*

PASTAR
Gn 41. 2 começaram a *pastar* entre os juncos
Êx 34. 3 ovelhas e bois deverão *pastar*
Ct 1. 7 onde faz *pastar* o seu rebanho
Mq 7. 14 Deixa-o *pastar* em Basã...

PASTO
Gn 29. 7 e levem-nas de volta ao *pasto*
Nm 22. 4 como o boi devora o capim do *pasto*
Dt 32. 2 como chuva branda sobre o *pasto* novo

PASTOR
Gn 4. 2 Abel tornou-se *pastor* de ovelhas
Lv 27. 32 passem debaixo da vara do *pastor*
Nm 27. 17 não seja como ovelhas sem *pastor*
Sl 23.10 Senhor é o meu *pastor*
Mt 26. 31 Ferirei o *pastor*, e as ovelhas...
Mc 6. 34 porque eram como ovelhas sem *pastor*
Jo 10. 11 O bom *pastor* dá a sua vida pelas ovelhas
Hb 13. 20 o grande *Pastor* das ovelhas

PASUR
1Cr 9. 12 neto de *Pasur* e bisneto de Malquias
Jr 20. 1 o sacerdote *Pasur*, filho de Imer

PATRIARCA
At 2. 29 o *patriarca* Davi morreu e foi sepultado
Hb 7. 4 o *patriarca* Abraão lhe deu o dízimo

PAULO
At 13. 9 Então Saulo, também chamado *Paulo*
At 13. 46 *Paulo* e Barnabé lhes responderam
Rm 1. 1 *Paulo*, servo de Cristo Jesus
1Co 1. 13 Foi *Paulo* crucificado em favor de vocês?
Cl 1. 1 *Paulo*, apóstolo de Cristo Jesus
2Pe 3. 15 o nosso amado irmão *Paulo* escreveu a vocês

PAVILHÃO
Jó 36. 29 ele troveja desde o seu *pavilhão*?

PAVIMENTO
Êx 24. 10 algo semelhante a um *pavimento*
2Cr 7. 3 ajoelharam-se no *pavimento*, rosto em terra
Jr 43. 9 enterre-as no barro do *pavimento*
Jo 19. 13 lugar conhecido como *Pavimento*...

PAVOR
Gn 42. 28 Tomados de *pavor* em seu coração
Sl 48. 6 Ali mesmo o *pavor* os dominou
Is 17. 14 Ao cair da tarde, *pavor* repentino!
Jr 25. 18 uma desolação e um objeto de *pavor*
Ez 5. 15 ...e de causa de *pavor* às nações
Dn 10. 7 tomados de tanto *pavor* que fugiram

PAZ
Gn 15. 15 irá em *paz* a seus antepassados
Êx 14. 12 Deixe-nos em *paz*!
Nm 6. 26 o Senhor volte para ti o seu rosto e te dê *paz*
Sl 85. 10 a justiça e a *paz* se beijarão
Is 57. 21 "Para os ímpios não há *paz*"
Ml 2. 5 uma aliança de vida e de *paz*
Mt 10. 13 que a *paz* de vocês repouse sobre ela
Mt 10. 34 que vim trazer *paz* à terra
Lc 2. 14 ...e paz na terra aos homens
Lc 24. 36 "*Paz* seja com vocês!"
At 16. 36 Agora podem sair. Vão em *paz*
Rm 3. 17 e não conhecem o caminho da *paz*
Rm 5. 1 temos *paz* com Deus
Rm 8. 6 a mentalidade do Espírito é vida e *paz*
Rm 16. 20 o Deus da *paz* esmagará Satanás

PAÍS
Mq 7. 2 Os piedosos desapareceram do *país*
Na 3. 16 eles devoram o *país* e depois voam para longe
Zc 12. 12 Todo o *país* chorará, separadamente
At 13. 17 com grande poder os fez sair daquele *país*

PECA
1Co 6. 18 quem *peca* sexualmente, *peca* contra...
1Co 8. 12 Quando você *peca* contra seus irmãos

PECADO
Gn 4. 7 saiba que o *pecado* o ameaça à porta
Êx 10. 17 perdoem ainda esta vez o meu *pecado*
Lv 4. 3 como oferta pelo *pecado* que cometeu
Dt 9. 21 o bezerro do *pecado* de vocês
Sl 25. 11 Senhor, perdoa o meu *pecado*
Ez 18. 26 por causa do *pecado* que cometeu
Mt 23. 32 encher a medida do *pecado*
Mc 3. 29 é culpado de *pecado* eterno
Jo 9. 34 Você nasceu cheio de *pecado*
Rm 5. 20 onde aumentou o *pecado*, transbordou...
Rm 6. 7 pois quem morreu, foi justificado do *pecado*
1Co 15. 56 O aguilhão da morte é o *pecado*
Hb 3. 13 seja endurecido pelo engano do *pecado*
Tg 1. 15 dá à luz o *pecado*, e o *pecado*...
1Jo 3. 4 que pratica o *pecado* transgride a Lei

PECADOR
Sl 51. 5 sou *pecador* desde que nasci
Pv 11. 31 quanto mais o ímpio e o *pecador*!
Lc 5. 8 porque sou um homem *pecador*!
Jo 9. 25 Não sei se ele é *pecador* ou não
Rm 3. 4 à semelhança do homem *pecador*
Tg 5. 20 Quem converte um *pecador* do erro
1Pe 4. 18 que será do ímpio e *pecador*?

PECAR
Mt 18. 15 Se o seu irmão *pecar* contra você
Lc 17. 2 levar um desses pequeninos a *pecar*
Lc 17. 3 Se o seu irmão *pecar*, repreenda-o
Jo 5. 14 você está curado. Não volte a *pecar*
Rm 2. 12 aquele que *pecar* sem a Lei
1Co 8. 13 como leva o meu irmão a *pecar*
Hb 10. 26 Se continuarmos a *pecar* deliberadamente
2Pe 2. 14 nunca param de *pecar*
1Jo 2. 1 Se, porém, alguém *pecar*...

PEDERNEIRA
Ez 3. 9 mais dura que a *pederneira*

PEDIDO
Jz 11. 17 Enviou o mesmo *pedido* ao rei
1Sm 1. 27 e o Senhor concedeu-me o *pedido*
1Rs 2. 20 um pequeno *pedido* para fazer a você
1Rs 3. 10 O *pedido* que Salomão fez agradou...
Sl 21. 2 e não lhe rejeitaste o *pedido*
Mc 6. 26 não quis negar o *pedido* à jovem
Jo 4. 10 você lhe teria *pedido* e dele receberia...
2Co 8. 17 Tito não apenas aceitou o nosso *pedido*

PEDIR
Gn 21. 12 Atenda a tudo o que Sara lhe *pedir*
Jz 1. 14 ela o persuadiu a *pedir* um campo
Ne 2. 4 "O que você gostaria de *pedir*?"
Is 65. 16 Quem *pedir* bênção para si na terra
Mt 7. 10 Ou se *pedir* peixe, lhe dará uma cobra?
Lc 6. 30 Dê a todo aquele que *pedir*
Lc 11. 13 dará o Espírito Santo a quem o *pedir*
At 3. 2 todos os dias para *pedir* esmolas
Cl 1. 9 e de *pedir* que sejam cheios do...

PEDRA
Mt 4. 6 não tropece em alguma *pedra*
Mt 7. 9 filho pedir pão, lhe dará uma *pedra*?
Mc 9. 42 ...grande *pedra* amarrada no pescoço
Rm 14. 13 não pôr pedra de tropeço
1Pe 2. 4 a *pedra* viva rejeitada pelos homens
1Pe 2. 7 os que creem, esta *pedra* é preciosa
1Pe 2. 8 "*pedra* de tropeço e rocha que faz cair"
Ap 2. 17 lhe darei uma *pedra* branca

PEDREGOSO
Dt 32. 13 óleo extraído do penhasco *pedregoso*
Mt 13. 5 Parte dela caiu em terreno *pedregoso*
Mt 13. 20 que caiu em terreno *pedregoso*
Mc 4. 16 semente lançada em terreno *pedregoso*

PEDREIROS
2Sm 5. 11 *pedreiros* que construíram um palácio
2Rs 12. 12 os *pedreiros* e os cortadores de pedras
2Cr 24. 12 Eles contratavam *pedreiros*
Ed 3. 7 eles deram dinheiro aos *pedreiros*

PEDRO
Mt 4. 18 Simão, chamado *Pedro*, e seu irmão
Mt 8. 14 Entrando Jesus na casa de *Pedro*
Mc 9. 5 *Pedro* disse a Jesus
Mc 14. 54 *Pedro* o seguiu de longe até o pátio
Mc 14. 72 *Pedro* se lembrou da palavra que Jesus
Jo 1. 42 "...Será chamado Cefas" (que traduzido é "*Pedro*")
Jo 1. 44 Filipe, como André e *Pedro*
Jo 18. 16 mas *Pedro* teve que ficar esperando
At 3. 4 *Pedro* e João olharam bem para ele
At 12. 5 *Pedro*, então, ficou detido na prisão
2Pe 1. 1 Simão *Pedro*, servo e apóstolo

PEGADAS
2Rs 7. 15 seguiram as *pegadas* do exército
Jó 23. 11 seguiram de perto as suas *pegadas*
Sl 77. 19 e ninguém viu as tuas *pegadas*

PEGAR
Gn 42. 27 *pegar* forragem para o seu jumento
Is 30. 14 caco que sirva para *pegar* brasas
Mt 17. 27 o primeiro peixe que você *pegar*
Mt 24. 18 não volte para *pegar* seu manto
Jo 5. 12 que mandou você *pegar* a maca e andar?

PEITO
Êx 4. 6 "Coloque a mão no *peito*"
Lv 7. 30 trará a gordura com o *peito*
Jó 41. 24 Seu *peito* é duro como pedra
Sl 39. 3 Meu coração ardia-me no *peito*
Lc 23. 48 a bater no peito e a afastar-se
Ap 1. 13 um cinturão de ouro ao redor do *peito*

PEITORAL
Êx 28. 15 "Faça um *peitoral* de decisões..."
Êx 39. 15 Para o *peitoral* fizeram correntes
Lv 8. 8 colocou também o *peitoral*

PEIXE
Jn 1. 17 com que um grande *peixe* engolisse Jonas
Jn 2. 1 Dentro do *peixe*, Jonas orou
Mt 7. 10 se pedir *peixe*, lhe dará uma cobra?
Mc 6. 43 cheios de pedaços de pão e de *peixe*
Jo 21. 9 *peixe* sobre brasas, e um pouco de pão

PEIXINHOS
Mt 15. 34 "e alguns *peixinhos*."
Jo 6. 9 cinco pães de cevada e dois *peixinhos*

PENA
Êx 2. 6 Ficou com *pena* dele e disse
Êx 21. 23 a *pena* será vida por vida
At 25. 11 que mereça *pena* de morte
2Ts 1. 9 sofrerão a *pena* de destruição eterna
3Jo 13 não desejo fazê-lo com *pena* e tinta

PENDENTE
Gn 24. 22 o homem deu à jovem um *pendente*
Ez 16. 12 dei a você um *pendente*, pus brincos em...

PENDURAR
Ez 15. 3 com ela para neles *pendurar* coisas!

PENEIRAR
Jr 4. 11 não para *peneirar* nem para limpar

PENETRAR
Jz 4. 21 até *penetrar* o chão, e ele morreu

PENHOR
Lv 6. 2 ou deixado como *penhor* ou roubado
Dt 24. 10 o que ele oferecer a você como *penhor*
Jó 24. 3 e tomam o boi da viúva como *penhor*
Pv 27. 13 sirva ela de *penhor* de quem dá garantia
Am 2. 8 com roupas tomadas como *penhor*

PENIEL
Gn 32. 30 Jacó chamou àquele lugar *Peniel*
Jz 8. 8 Dali subiu a *Peniel* e fez o mesmo pedido
Jz 8. 9 Aos homens de *Peniel* ele disse
Jz 8. 17 depois derrubou a fortaleza de *Peniel*

PENSAR
Sl 77. 5 a *pensar* nos dias que se foram
Is 44. 19 Para *pensar* ninguém para
Lm 3. 54 e cheguei a *pensar* que o fim de tudo
At 5. 4 O que o levou a *pensar* em fazer
1Co 14. 20 deixem de *pensar* como crianças
Ef 4. 23 a serem renovados no modo de *pensar*
1Pe 3. 8 todos o mesmo modo de *pensar*

PENTECOSTE
At 2. 1 Chegando o dia de *Pentecoste* At 20. 16 se possível antes do dia de *Pentecoste*
1Co 16. 8 permanecerei em Éfeso até o *Pentecoste*

PEPINOS
Nm 11. 5 e também dos *pepinos*...
Jr 10. 5 numa plantação de *pepinos*

PEQUENINO
Is 60. 22 O mais *pequenino* se tornará mil

PEQUENO
Gn 6. 20 de cada espécie de animal *pequeno*
Dt 1. 17 Atendam tanto o *pequeno* como o grande
1Sm 1. 24 levou o menino, ainda *pequeno*
Sl 35. 2 o grande e o *pequeno*; levanta-te
Ob 2 tornarei você *pequeno* entre as nações
Lc 12. 32 Não tenham medo, *pequeno* rebanho
At 12. 18 não foi *pequeno* o alvoroço
Tg 3. 5 a língua é um *pequeno* órgão do corpo

PERCEBER
Gn 44. 31 *perceber* que o jovem não está conosco
Gn 49. 15 Quando ele *perceber* como é bom
Pv 5. 1 incline os ouvidos para *perceber*
Jo 16. 30 Agora podemos *perceber* que sabes

PERCORRER
Gn 41. 46 do Faraó e foi *percorrer* todo o Egito
Dt 28. 68 que nunca mais poderiam *percorrer*
1Rs 18. 6 dividiram o território que iam *percorrer*
Mc 6. 6 Jesus passou a *percorrer* os povoados

PERDA
Êx 22. 15 o preço do aluguel cobrirá a *perda*
Is 47. 8 nem sofrerei a *perda* de filhos
Ez 32. 31 será consolado da *perda*
Zc 12. 10 lamenta a *perda* do filho mais velho
Jo 11. 19 para confortá-las pela *perda* do irmão
Fp 3. 8 considero tudo como *perda*

PERDER
Mt 5. 13 se o sal *perder* o seu sabor
Mc 8. 35 mas quem *perder* a sua vida
Lc 16. 4 quando *perder* o meu emprego aqui
Lc 17. 33 quem *perder* a sua vida a preservará
1Pe 1. 4 macular-se ou *perder* o seu valor

PERDIDO
Mt 18. 11 para salvar o que se havia *perdido*
Lc 15. 24 estava *perdido* e foi achado
At 27. 9 Tínhamos *perdido* muito tempo
Ef 4. 19 Tendo *perdido* toda a sensibilidade

PERDIZ
1Sm 26. 20 que sai à caça de uma *perdiz*
Jr 17. 11 é como a *perdiz* que choca ovos que não pôs

PERDIÇÃO
Mt 7. 13 "e amplo o caminho que leva à *perdição*
Jo 17. 12 aquele que estava destinado à *perdição*
Fp 3. 19 O destino deles é a *perdição*
2Ts 2. 3 o homem do pecado, o filho da *perdição*
Ap 17. 11 um dos sete, e caminha para a *perdição*

PERDOADO
Lv 4. 26 e este será *perdoado*
Nm 14. 19 como a este povo tens *perdoado*
Is 6. 7 e o seu pecado será *perdoado*
Mt 12. 32 contra o Filho do homem será *perdoado*
Tg 5. 15 cometido pecados, ele será *perdoado*

PERDOADOR
Ne 9. 17 tu és um Deus *perdoador*
Sl 86. 5 Tu és bondoso e *perdoador*, Senhor
Sl 99. 8 tu eras um Deus *perdoador*
Dn 9. 9 Deus é misericordioso e *perdoador*

PERDOAR
2Rs 24. 4 e o Senhor não o quis *perdoar*
Mt 9. 6 autoridade para *perdoar* pecados
Mt 18. 21 ...quantas vezes deverei *perdoar*...?
Lc 5. 21 Quem pode *perdoar* pecados
2Co 2. 10 coisa para *perdoar*, perdoei na presença
1Jo 1. 9 É...ele é fiel e justo para *perdoar*

PERDÃO
Sl 130. 4 contigo está o *perdão* para que...
Mt 26. 28 para *perdão* de pecados
Mc 1. 4 de arrependimento para o *perdão*
At 2. 38 para *perdão* dos seus pecados
At 5. 31 arrependimento e *perdão* de pecados
Cl 1. 14 a saber, o *perdão* dos pecados
Hb 9. 22 ...derramamento de sangue não há *perdão*

PERECER
Jó 4. 7 o inocente que chegou a *perecer*?
Is 64. 7 e nos deixaste *perecer* por causa
Cl 2. 22 estão destinadas a *perecer* pelo uso
1Pe 1. 4 uma herança que jamais poderá *perecer*

PEREGRINAÇÃO
Gn 47. 9 *peregrinação* dos meus antepassados
Am 5. 5 não façam *peregrinação* a Berseba

PEREGRINO
Sl 119. 19 Sou *peregrino* na terra
Jl 1. 4 o gafanhoto *peregrino* comeu

PEREZ
Gn 38. 29 E deu-lhe o nome de *Perez*
1Cr 27. 3 era descendente de *Perez*
Mt 1. 3 Judá gerou *Perez* e Zerá
Lc 3. 33 ...filho de *Perez*, filho de Judá

PERFEITAMENTE
1Ts 5. 2 sabem *perfeitamente* que o dia do Senhor
Hb 9. 9 uma consciência *perfeitamente* limpa

PERFEITO
2Sm 22. 31 é o Deus cujo caminho é *perfeito*
Mt 5. 48 sejam perfeitos como *perfeito* é o Pai
1Co 13. 10 quando, porém, vier o que é *perfeito*
Cl 1. 28 ...todo homem *perfeito* em Cristo
Cl 3. 14 revistam-se do amor, que é o elo *perfeito*
Hb 7. 28 constitui o Filho *perfeito* para sempre
Tg 1. 17 e todo dom *perfeito* vêm do alto
1Jo 4. 18 o *perfeito* amor expulsa o medo

PERFEIÇÃO
Sl 119. 96 toda *perfeição* tem limite
Is 25. 1 com grande *perfeição* feitos
Lm 2. 15 era chamada a *perfeição* da beleza
Ez 27. 11 levaram a sua beleza à *perfeição*
Hb 7. 11 Se fosse possível alcançar a *perfeição*

PERFUME
Mt 26. 7 contendo um *perfume* muito caro
Mc 14. 4 Por que este desperdício de *perfume*?
Lc 7. 37 um frasco de alabastro com *perfume*
Jo 11. 2 a mesma que derramara *perfume*

PERGAMINHO
Is 34. 4 se enrolarão como um *pergaminho*
Zc 5. 1 vi diante de mim um *pergaminho*
Zc 5. 2 Vejo um *pergaminho* voando
Ap 6. 14 recolheu como se enrola um *pergaminho*

PERGE
At 13. 13 navegaram para *Perge*, na Panfília
At 14. 25 tendo pregado a palavra em *Perge*

PERIGO
2Rs 4. 41 não havia mais *perigo* no caldeirão
Jó 13. 14 Por que me ponho em *perigo*...?
Lc 8. 23 e eles corriam grande *perigo*
At 19. 40 corremos o *perigo* de sermos acusados
Rm 8. 35 ...ou nudez, ou *perigo*, ou espada?
2Co 1. 10 nos livrando de tal *perigo* de morte

PERITO
Is 3. 3 o *perito* em maldições
Mt 22. 35 Um deles, *perito* na lei, o pôs à prova
Lc 10. 25 um *perito* na lei levantou-se para

PERMITIR
Gn 3. 22 Não se deve, pois, *permitir* que ele
Êx 21. 8 deverá *permitir* que ela seja resgatada
Is 48. 11 Como posso *permitir* que eu mesmo
1Co 4. 19 se o Senhor *permitir*, então saberei...
Hb 6. 3 Assim faremos, se Deus o *permitir*

PERNA
Am 3. 12 só dois ossos da *perna* ou um...

PERPLEXO
Mc 6. 20 e quando o ouvia, ficava *perplexo*

Concordância Bíblica Abreviada

Lc 9. 7 e ficou *perplexo*, porque
Gl 4. 20 estou *perplexo* quanto a vocês

PERPÉTUO
Êx 12. 14 Celebrem-no como decreto *perpétuo*.
Êx 40. 15 será para um sacerdócio *perpétuo*
Lv 6. 18 decreto *perpétuo* para as suas gerações
Js 8. 28 fez dela um *perpétuo* monte de ruínas
2Cr 2. 4 um decreto *perpétuo* para Israel

PERSEGUIR
Gn 35. 5 ninguém ousou *perseguir* os filhos de Jacó
Dt 32. 30 um só homem *perseguir* mil
Js 8. 15 deixaram-se *perseguir* por eles e fugiram
Jz 7. 25 depois de *perseguir* os midianitas
1Sm 14. 46 Saul parou de *perseguir* os filisteus
Sl 35. 6 quando o anjo do Senhor os *perseguir*
Jo 13. 21 os judeus passaram a *perseguir* Jesus
Ap 12. 13 *perseguir* a mulher que dera à luz

PERSEGUIÇÃO
Gn 14. 14 em *perseguição* aos inimigos
Êx 14. 9 saíram em *perseguição* aos israelitas
Jz 8. 4 já exaustos, continuaram a *perseguição*
1Sm 23. 25 Saul foi para lá em *perseguição* a Davi
Mt 13. 21 ...ou *perseguição* por causa da palavra
At 11. 19 dispersos por causa da *perseguição*
Rm 8. 35 tribulação, ou angústia, ou *perseguição*
2Tm 3. 11 Quanta *perseguição* suportei!

PERSEVERAR
Mt 10. 22 aquele que *perseverar* até o fim
Hb 10. 36 Vocês precisam *perseverar*

PERSISTIR
Sl 30. 5 o choro pode *persistir* uma noite

PERSUADIR
2Co 5. 11 procuramos *persuadir* os homens

PERSUASÃO
Gl 5. 8 Tal *persuasão* não provém...

PERTENCER
2Cr 36. 23 Quem dentre vocês *pertencer* ao...
Sl 33. 12 que ele escolheu para lhe *pertencer*!

PERTO
Mc 11. 1 *perto* do monte das Oliveiras
Jo 19. 42 visto que o sepulcro ficava *perto*
Ef 2. 17 e paz aos que estavam *perto*
Fp 4. 5 *Perto* está o Senhor

PERTURBADOR
1Rs 18. 17 "É você mesmo, *perturbador* de Israel?"
At 24. 5 este homem é um *perturbador*

PERTURBAR
At 19. 40 acusados de *perturbar* a ordem pública

PERTURBAÇÃO
Jó 12. 6 ...saqueadores não sofrem *perturbação*
Is 14. 3 da *perturbação* e da cruel escravidão
Hb 12. 15 brote e cause *perturbação*

PERVERSAMENTE
Pv 19. 1 do que o tolo que fala *perversamente*
Is 26. 10 na terra da retidão ele age *perversamente*

PERVERSIDADE
Gn 6. 3 Por causa da *perversidade* do homem
Lv 20. 14 que não haja *perversidade* entre vocês
Jz 20. 6 cometeram essa *perversidade*
1Co 5. 8 fermento da maldade e da *perversidade*

PERVERSO
Gn 39. 9 cometer algo tão *perverso* e pecar
2Sm 22. 27 mas ao *perverso* te revelas astuto
Mt 5. 39 Não resistam ao *perverso*
2Ts 2. 8 Então será revelado o *perverso*
Hb 3. 12 coração *perverso* e incrédulo

PERVERTER
At 13. 10 parar de *perverter* os retos caminhos
Gl 1. 7 querendo *perverter* o evangelho
2Tm 2. 14 apenas para *perverter* os ouvintes

PESADO
2Cr 10. 11 impôs a vocês um jugo *pesado*
Ed 8. 34 Tudo foi contado e *pesado*
Jó 7. 1 é *pesado* o labor do homem na terra?
Sl 38. 4 são como um fardo *pesado* e insuportável
Dn 5. 27 *pesado* na balança e achado em falta
2Co 11. 9 tudo para não ser *pesado* a vocês

PESAR
1Rs 7. 47 não mandou *pesar* esses utensílios
Jó 6. 2 pudessem *pesar* a minha aflição
Sl 116. 15 vê com *pesar* a morte de seus fiéis
Jr 52. 20 eram mais do que se podia *pesar*
Lm 3. 5 me cercou de amargura e de *pesar*
2Co 9. 7 não com *pesar* ou por obrigação

PESCA
Ez 26. 5 para estender redes de *pesca*
Lc 5. 4 "Lancem as redes para a *pesca*".
Lc 5. 9 perplexos com a *pesca* que haviam feito

PESCADOR
Lc 5. 10 você será *pescador* de homens

PESCAR
Jó 41. 1 consegue *pescar* com anzol
Jo 21. 10 dos peixes que acabaram de *pescar*

PESCOÇO
Dn 5. 16 uma corrente de ouro no *pescoço*
Os 10. 11 o jugo sobre o seu belo *pescoço*
Os 11. 4 tirei do seu *pescoço* o jugo
Mt 18. 6 pedra de moinho no *pescoço*

PESO
Sl 62. 9 não chegam ao *peso* de um sopro
Is 40. 12 calculou o *peso* da terra
Ez 45. 12 O *peso* padrão deve ser de
Mt 20. 12 suportaram o *peso* do trabalho
Hb 12. 1 seja uma alegria, não um *peso*

PESSOA
Êx 4. 13 Peço-te que envies outra *pessoa*
Nm 15. 27 uma *pessoa* pecar sem intenção
Jo 21. 18 e outra *pessoa* o vestirá e o levará
Tt 3. 11 sabe que tal *pessoa* se perverteu
Tg 2. 24 uma *pessoa* é justificada por obras

PESTE
Dt 32. 24 uma *peste* avassaladora
Sl 78. 50 mas os entregou à *peste*
Sl 91. 6 nem a *peste* que se move sorrateira
Jr 21. 9 morrerá pela espada...ou pela *peste*
Ez 38. 22 Executarei juízo sobre ele com *peste*

PETIÇÃO
2Rs 5. 8 para apresentar sua *petição* ao rei
Jr 11. 14 nem ofereça súplica ou *petição*
Jr 42. 2 ouça a nossa *petição* e ore ao Senhor
Jr 42. 9 para apresentar a *petição* de vocês

PIEDADE
Jó 15. 4 sufoca a *piedade* e diminui a devoção
Is 9. 17 nem terá *piedade* dos órfãos
Lm 2. 2 Sem *piedade* o Senhor devorou
Lm 2. 21 tu os matastes sem *piedade*
Lc 17. 13 Mestre, tem *piedade* de nós!
1Tm 2. 2 com toda a *piedade* e dignidade
1Tm 3. 16 é grande o mistério da *piedade*
2Tm 3. 5 tendo aparência de *piedade*
Tt 1. 1 da verdade que conduz à *piedade*
2Pe 1. 6 à perseverança a *piedade*
2Pe 1. 7 à *piedade* a fraternidade

PIEDOSO
Sl 4. 3 o Senhor escolheu o *piedoso*
Lc 2. 25 Simeão, que era justo e *piedoso*

PILATOS
Mt 27. 2 levaram-no e o entregaram a *Pilatos*
Mc 15. 43 dirigiu-se corajosamente a *Pilatos*
Lc 23. 24 *Pilatos* decidiu fazer a vontade deles
Jo 19. 8 *Pilatos* ficou ainda mais amedrontado

PINTINHOS
Mt 23. 37 como a galinha reúne os seus *pintinhos*

PIOLHOS
Êx 8. 16 o pó se transformará em *piolhos*
Êx 8. 18 os *piolhos* infestaram os homens e os animais
Sl 105. 31 enxames de moscas e *piolhos* invadiram
Jr 43. 12 um pastor tira os *piolhos* do seu manto

PIOR
Êx 9. 18 enviarei a *pior* tempestade de granizo
2Sm 13. 16 mandar-me embora seria *pior* do que
Mq 7. 4 é *pior* que uma cerca de espinhos
Mt 12. 45 torna-se *pior* do que o primeiro
Jo 5. 14 para que algo *pior* não aconteça a você
1Tm 1. 15 os pecadores, dos quais eu sou o *pior*
2Tm 3. 13 e impostores irão de mal a *pior*
2Pe 2. 20 em *pior* estado do que no princípio

PISADA
Mq 7. 10 ela será *pisada* como o barro
Lc 8. 5 foi *pisada*, e as aves do céu a comeram
Lc 21. 24 Jerusalém será *pisada* pelos gentios

PISAR
Am 9. 13 e o *pisar* das uvas até o tempo
Sf 1. 9 evitam *pisar* a soleira dos ídolos

PISGA
Nm 21. 20 onde o topo do *Pisga* defronta com...
Dt 4. 49 abaixo das encostas do *Pisga*
Js 12. 3 ao sul, ao pé das encostas do *Pisga*

PLANEJAR
Mt 22. 15 os fariseus saíram e começaram a *planejar*

PLANO
Gn 41. 37 O *plano* pareceu bom ao faraó
1Sm 18. 25 O *plano* de Saul era que Davi fosse morto
2Sm 2. 18 como uma gazela em terreno *plano*
2Cr 6. 8 *plano* de construir um templo
Sl 143. 10 Espírito me conduza por terreno *plano*
Is 14. 26 é o *plano* estabelecido para toda a terra
Jr 51. 12 O Senhor executará o seu *plano*
Lc 6. 17 desceu com eles e parou num lugar *plano*
At 9. 24 Saulo ficou sabendo do *plano* deles
Ef 1. 11 predestinados conforme o *plano* daquele...
Ef 3. 11 de acordo com o eterno *plano*

PLANTA
Gn 2. 5 e nenhuma *planta* havia germinado
Lv 11. 27 que andam sobre a *planta* dos pés
1Cr 28. 11 Davi deu...a *planta* do pórtico do templo
Jó 8. 16 Ele é como uma *planta* bem regada
Pv 31. 16 com o que ganha *planta* uma vinha
Is 28. 25 Não *planta* o trigo no lugar certo
1Co 3. 7 nem o que *planta* nem o que rega
Tg 1. 11 traz o calor e seca a *planta*

PLANTAR
Gn 9. 20 foi o primeiro a *plantar* uma vinha
Dt 22. 9 tanto a semente que *plantar* como...

Concordância Bíblica Abreviada

Ec 3. 2 tempo de *plantar* e tempo de arrancar
Jr 1. 10 arruinar e destruir; para edificar e *plantar*
Jr 31. 28 os vigiarei para edificar e *plantar*

PLENITUDE
Dt 33. 16 os...frutos da terra e a sua *plenitude*
Jo 1. 16 Todos recebemos da sua *plenitude*
Rm 11. 12 quanto mais significará a sua *plenitude*!
Rm 11. 25 até que chegue a *plenitude* dos gentios
Gl 4. 4 quando chegou a *plenitude* do tempo
Ef 1. 10 dispensação da *plenitude* dos tempos
Ef 4. 13 atingindo a medida da *plenitude* de Cristo
Cl 1. 19 que nele habitasse toda a *plenitude*

POBRE
Êx 23. 3 para favorecer o *pobre* num processo
Sl 10. 2 o ímpio persegue o *pobre*
Is 41. 17 O *pobre* e o necessitado buscam água
Mc 12. 42 uma viúva *pobre* chegou-se e colocou
2Co 8. 9 sendo rico, se fez *pobre* por amor
Tg 2. 2 um homem...*pobre* com roupas velhas
Tg 2. 6 vocês têm desprezado o *pobre*
Ap 3. 17 digno de compaixão, *pobre*, cego...

POBREZA
Dt 28. 48 em nudez, e *pobreza* extrema
1Sm 2. 7 O Senhor é quem dá *pobreza* e riqueza
Pv 6. 11 a sua *pobreza* o surpreenderá
Pv 10. 15 a *pobreza* é a ruína dos pobres
Mc 12. 44 mas ela, da sua *pobreza*, deu tudo
2Co 8. 2 a grande alegria e a extrema *pobreza*...
Ap 2. 9 as suas aflições e a sua *pobreza*

PODER
Gn 30. 33 Se estiver em meu *poder* alguma cabra
Êx 15. 6 a tua mão direita foi majestosa em *poder*
Jz 6. 9 Eu os livrei do *poder* do Egito
Sl 148. 14 Ele concedeu *poder* ao seu povo
Mc 12. 24 Escrituras nem o *poder* de Deus!
Lc 8. 46 eu sei que de mim saiu *poder*
Lc 21. 27 numa nuvem com *poder* e grande glória
1Jo 5. 19 ...está sob o *poder* do Maligno
Ap 20. 6 A segunda morte não tem *poder*...

PODEROSAMENTE
Jó 19. 12 Suas tropas avançam *poderosamente*
Sl 22. 31 pois ele agiu *poderosamente*
Jr 25. 30 ruge *poderosamente* contra a sua propriedade
Cl 1. 29 conforme a sua força, que atua *poderosamente*

PODEROSO
Gn 10. 8 o primeiro homem *poderoso* na terra
Nm 20. 20 ...com um exército grande e *poderoso*
Dt 10. 17 o grande Deus, *poderoso* e temível
Mt 26. 64 assentado à direita do *Poderoso*
2Tm 1. 12 é *poderoso* para guardar o que...
Jd 24 Aquele que é *poderoso* para impedi-los
Ap 10. 1 Então vi outro anjo *poderoso*

PODRE
Jó 13. 28 o homem se consome como coisa *podre*
Jr 13. 7 O cinto estava *podre* e se tornara...

PODRIDÃO
Os 5. 12 como *podridão* para o povo de Judá
Jl 2. 20 E a sua *podridão* subirá

POETAS
Nm 21. 27 É por isso que os *poetas* dizem
At 17. 28 como disseram alguns dos *poetas*

POMBA
Gn 8. 8 Depois soltou uma *pomba*
Gn 8. 11 Quando voltou ...a *pomba* trouxe...
Sl 55. 6 eu tivesse asas como a *pomba*
Ct 2. 14 Minha *pomba* que está nas fendas
Is 38. 14 gemi como uma *pomba* chorosa
Mt 3. 16 descendo como *pomba* e pousando sobre ele
Lc 3. 22 desceu sobre ele...como *pomba*

POMBINHO
Gn 15. 9 também uma rolinha e um *pombinho*
Lv 1. 14 traga uma rolinha ou um *pombinho*

PONDERAR
Is 57. 11 não *ponderar* isso em seu coração?

POPA
Mc 4. 38 Jesus estava na *popa*, dormindo
At 27. 29 lançaram quatro âncoras da *popa*

PORCO
Lv 11. 7 E o *porco*, embora tenha casco
Pv 11. 22 anel de ouro em focinho de *porco*
Is 65. 4 que come carne de *porco*

PORTA
Mt 6. 6 feche a *porta* e ore a seu Pai
Mt 7. 7 batam, e a *porta* lhes será aberta
Mc 2. 2 não havia lugar nem junto à *porta*
Lc 7. 12 Ao se aproximar da *porta* da cidade
Lc 11. 10 e àquele que bate, a *porta* será aberta
Jo 5. 2 perto da *porta* das Ovelhas
Jo 10. 2 que entra pela *porta* é o pastor
At 3. 2 para a *porta* do templo chamada
Rm 13. 4 ela não *porta* a espada sem motivo
Cl 4. 3 que Deus abra uma *porta*
Ap 3. 8 uma *porta* aberta que ninguém

PORTAR
Ec 6. 8 como se *portar* diante dos outros?

PORTEIRO
2Sm 18. 26 que vinha correndo e gritou ao *porteiro*
Jr 35. 4 filho de Salum, o *porteiro*
Mc 13. 34 e ordena ao *porteiro* que vigie
Jo 10. 3 O *porteiro* abre-lhe a porta

PORTO
Gn 49. 13 e se tornará um *porto* para os navios
Sl 107. 30 e Deus os guiou ao *porto* almejado.
Is 23. 1 ficou sem nenhuma casa e sem *porto*
Jn 1. 3 um navio que se destinava àquele *porto*
At 27. 12 o *porto* não era próprio para passar...

PORÇÃO
Êx 16. 4 e recolherá diariamente a *porção*
Lv 2. 2 queimará no altar como *porção* memorial
Nm 18. 8 eu as dou como *porção* a você...
Dt 10. 9 os levitas não têm nenhuma *porção*
Ez 48. 26 Zebulom terá uma *porção*
Dn 1. 5 designou-lhes uma *porção* diária
Lc 12. 42 para lhes dar sua *porção* de alimento
Ap 18. 6 misturem...uma *porção* dupla

POSIÇÃO
Gn 14. 8 tomaram *posição* de combate
Êx 17. 9 Amanhã tomarei *posição* no alto da colina
Dt 26. 19 dará a vocês uma *posição* de glória
2Sm 23. 10 mas ele manteve a sua *posição*
Jó 12. 19 e arruína os homens de sólida *posição*
Sl 62. 4 e derrubá-lo de sua *posição* elevada
At 13. 50 mulheres religiosas de elevada *posição*
Rm 12. 16 associar-se a pessoas de *posição* inferior

POSSE
Gn 28. 4 para que você tome *posse* da terra
Nm 13. 30 Subamos e tomemos *posse* da terra
Dt 1. 39 e eles tomarão *posse* dela
Js 11. 14 Os israelitas tomaram *posse*
1Rs 21. 16 levantou-se e foi tomar *posse* da vinha
Sl 69. 35 o povo ali viverá e tomará *posse* da terra
1Tm 6. 12 Tome *posse* da vida eterna
Hb 6. 18 para tomar *posse* da esperança

POSSESSO
Mc 1. 23 um homem *possesso* de um espírito imundo
Mc 5. 15 o homem que fora *possesso* da legião
Lc 4. 33 havia um homem *possesso*

POSSUIDOR
Ec 5. 13 para infelicidade do seu *possuidor*

POSSUIR
Dt 4. 38 *possuir* como herança a terra delas
Ne 9. 23 *possuir* a terra que prometeste
Ez 33. 25 como deveriam *possuir* a terra?
1Co 5. 1 um de vocês *possuir* a mulher de seu pai

POSSÍVEL
Lv 13. 12 até onde é *possível* ao sacerdote verificar
Jó 25. 3 Seria *possível* contar os seus exércitos?
Is 55. 6 o Senhor enquanto é *possível* achá-lo
Mt 24. 24 se *possível*, enganar até os eleitos
Mc 9. 23 Tudo é *possível* àquele que crê
At 27. 7 Não sendo *possível* prosseguir
Rm 12. 18 o *possível* para viver em paz com todos

POSTERIDADE
Sl 22. 30 A *posteridade* o servirá

POUPAR
Js 11. 11 sem *poupar* nada que respirasse
Jr 50. 20 o remanescente que eu *poupar*
Dn 5. 19 a quem queria *poupar*, poupava
At 27. 43 o centurião queria *poupar* a vida de Paulo

POUSADA
Lc 9. 12 e encontrem comida e *pousada*

POUSAR
Gn 8. 9 não encontrou lugar onde *pousar*

POVO
Gn 6. 9 íntegro entre o *povo* da sua época
Gn 12. 2 Farei de você um grande *povo*
Êx 1. 9 O *povo* israelita é agora numeroso
Êx 5. 12 O *povo*, então, espalhou-se
Êx 13. 18 Deus fez o *povo* dar a volta pelo deserto
Lv 17. 9 será eliminado do meio do seu *povo*
Lv 26. 12 e vocês serão o meu *povo*
Nm 10. 30 para a minha terra e para o meu *povo*
2Cr 6. 34 Quando o teu *povo* for à guerra
2Cr 15. 15 Todo o *povo* de Judá alegrou-se
2Cr 21. 11 levando o *povo* de Jerusalém a prostituir-se
Sl 106. 40 a ira do Senhor contra o seu *povo*
Mt 27. 1 e líderes religiosos do *povo*
Mc 1. 32 o *povo* levou a Jesus todos os doentes
Lc 1. 10 o *povo* todo estava orando do lado de fora
Jo 11. 50 que morra um homem pelo *povo*
At 2. 47 e tendo a simpatia de todo o *povo*
Hb 11. 29 Pela fé o *povo* atravessou o mar
1Pe 2. 9 *povo* exclusivo de Deus
2Pe 2. 5 o Dilúvio sobre aquele *povo* ímpio
Jd 5 o Senhor libertou um *povo* do Egito

POÇO
Gn 21. 25 a respeito de um *poço* que os servos
Gn 24. 11 ajoelharem junto ao *poço* que ficava
Êx 2. 19 e ainda tirou água do *poço* para nós
Nm 21. 16 o *poço* onde o Senhor disse a Moisés
Ec 12. 6 a roda se quebre junto ao *poço*
Ct 4. 15 um *poço* de águas vivas

2117

Concordância Bíblica Abreviada

Lc 14. 5 e este cair num *poço* no dia de sábado
Jo 4. 6 Havia ali o *poço* de Jacó
Ap 9. 1 dada a chave do *poço* do Abismo

PRAGA
Êx 11. 1 "Enviarei ainda mais uma *praga*..."
Nm 11. 33 e ele o feriu com uma *praga* terrível
2Sm 24. 15 enviou uma *praga* sobre Israel
Sl 41. 8 Uma *praga* terrível o derrubou
Zc 14. 12 é a *praga* com a qual o Senhor
Ap 16. 21 pois a *praga* fora terrível

PRAIA
Êx 14. 30 viram os egípcios mortos na *praia*
Js 11. 4 tão numeroso como a areia da *praia*
Mt 13. 48 os pescadores a puxam para a *praia*
Lc 5. 11 arrastaram seus barcos para a *praia*

PRANTEAR
Ec 3. 4 tempo de *prantear* e tempo de dançar
Jr 9. 20 ensinem umas as outras a *prantear*

PRANTO
Gn 50. 10 José guardou sete dias de *pranto*
Êx 11. 6 grande *pranto* em todo o Egito
Dt 34. 8 até passar o período de *pranto* e luto
Ez 31. 15 fiz o abismo encher-se de *pranto*
Jl 2. 12 com jejum, lamento e *pranto*
Mq 1. 16 Rapem a cabeça em *pranto*

PRATA
Gn 47. 18 a nossa *prata* acabou
Êx 26. 21 e quarenta bases de *prata*
2Sm 8. 10 utensílios de *prata*, de ouro e de bronze
Sl 66. 10 e nos refinaste como a *prata*
Is 48. 10 refinei você, embora não como *prata*
Ez 22. 18 Não passa de escória de *prata*
Dn 2. 35 a *prata* e o ouro foram despedaçados
Os 2. 8 quem a cobriu de ouro e de *prata*
Zc 6. 11 a *prata* e o ouro, faça uma coroa
Ml 3. 3 um refinador e purificador de *prata*
Mt 10. 9 Não levem nem ouro, nem *prata*
At 3. 6 Não tenho *prata* nem ouro
Tg 5. 3 O ouro e a *prata* de vocês enferrujaram
Ap 18. 12 artigos como ouro, *prata*...

PRATICAR
Ez 13. 23 nunca mais vão *praticar* adivinhação
Mt 5. 19 todo aquele que *praticar* e ensinar
Rm 1. 30 inventam maneiras de *praticar* o mal
Gl 3. 10 em *praticar* todas as coisas escritas
Ap 22. 11 Continue o injusto a *praticar* injustiça

PRATO
Mt 26. 23 comigo do mesmo *prato* há de me trair
Mc 6. 25 a cabeça de João Batista num *prato*
Jo 13. 26 este pedaço de pão molhado no *prato*
1Co 13. 1 ressoa ou como o *prato* que retine

PRAZER
Lv 26. 31 não terei *prazer* no aroma
1Sm 12. 22 o Senhor teve *prazer* em torná-los
Jó 3. 7 Tens *prazer* em oprimir-me
Sl 5. 4 não és um Deus que tenha *prazer*
Sl 119. 92 a tua lei não fosse o meu *prazer*
Pv 2. 14 têm *prazer* em fazer o mal
Mt 12. 18 o meu amado, em quem tenho *prazer*
Rm 7. 22 tenho *prazer* na Lei de Deus
2Ts 2. 12 mas tiveram *prazer* na injustiça

PRECEITO
Rm 13. 9 todos se resumem neste *preceito*

PRECIOSO
Dt 33. 13 com o *precioso* orvalho...
Jó 28. 16 nem com o *precioso* ônix
Sl 36. 7 Como é *precioso* o teu amor, ó Deus!
Sl 133. 2 É como óleo *precioso* derramado

Is 43. 4 você é *precioso* e honrado à minha vista
1Pe 1. 19 mas pelo *precioso* sangue de Cristo

PRECIPITADAMENTE
Pv 20. 25 consagrar algo *precipitadamente*
Pv 25. 8 não leve *precipitadamente* ao tribunal
At 19. 36 não façam nada *precipitadamente*

PRECIPITADO
Pv 14. 29 Mas o *precipitado* revela insensatez
Ec 5. 2 Não seja *precipitado* de lábios
Is 32. 4 A mente do *precipitado* saberá julgar

PRECISAR
Êx 10. 10 vão mesmo *precisar* do Senhor
Dt 15. 8 emprestem-lhe...o que ele *precisar*
Jz 19. 20 atendê-lo no que você *precisar*
Lc 11. 8 levantará e lhe dará tudo o que *precisar*

PREDIGAM
Is 44. 7 *predigam* as coisas futuras

PREFERIR
1Rs 21. 2 se *preferir*, eu pagarei
Jó 36. 21 que você parece *preferir* à aflição

PREGADOR
1Tm 2. 7 fui designado *pregador* e apóstolo
2Tm 1. 11 fui constituído *pregador*, apóstolo
2Pe 2. 5 preservou Noé, *pregador* da justiça

PREGAR
Am 7. 16 *pregar* contra a descendência de Isaque
Mt 4. 17 Jesus começou a *pregar*
Mt 11. 1 Jesus saiu para ensinar e *pregar*
At 16. 10 para lhes *pregar* o evangelho
Rm 1. 15 estou disposto a *pregar* o evangelho
1Co 9. 16 me é imposta a necessidade de *pregar*
2Co 10. 16 para que possamos *pregar* o evangelho

PREGAÇÃO
Ed 6. 14 encorajados pela *pregação* dos profetas
Mt 12. 41 se arrependeram com a *pregação* de Jonas
At 18. 5 se dedicou exclusivamente à *pregação*
1Co 1. 21 por meio da loucura da *pregação*
1Co 15. 14 é inútil a nossa *pregação*
Gl 2. 7 confiada a *pregação* do evangelho
Tt 1. 3 por meio da *pregação* a mim confiada

PREGO
Is 41. 7 fixa o ídolo com *prego*
1Co 9. 16 quando *prego* o evangelho,
1Co 9. 17 se *prego* de livre vontade.
Gl 2. 2 o evangelho que *prego* entre os gentios

PREGUIÇA
Pv 19. 15 A *preguiça* leva ao sono profundo
Pv 31. 27 não dá lugar à *preguiça*
Ec 10. 18 causa da *preguiça*, o telhado se enverga

PREGUIÇOSO
Pv 6. 6 Observe a formiga, *preguiçoso*
Pv 21. 25 O *preguiçoso* morre de tanto desejar

PRENDER
Jz 16. 13 e o *prender* com uma lançadeira
Pv 6. 5 como a ave do laço que a pode *prender*
Mt 26. 4 planejaram *prender* Jesus à traição
Mc 14. 48 "...para que vocês venham me *prender*...?"
Jo 11. 57 para que o pudessem *prender*
At 5. 18 mandaram *prender* os apóstolos
2Co 11. 32 vigiava a cidade para me *prender*

PREOCUPADO
2Sm 11. 25 Não fique *preocupado* com isso
Ez 36. 9 Estou *preocupado* com vocês
1Co 9. 9 é com bois que Deus está *preocupado*?

PREOCUPAÇÃO
2Rs 13. 23 e mostrou *preocupação* por eles
Mt 13. 22 mas a *preocupação* desta vida
At 18. 17 não demonstrou nenhuma *preocupação*
2Co 11. 28 *preocupação* com todas as igrejas

PREPARAR
Êx 1. 14 a árdua tarefa de *preparar* o barro
Nm 15. 8 *preparar* um novilho para holocausto
1Rs 17. 12 *preparar* uma refeição para mim
Mt 26. 12 a fim de me *preparar* para o sepultamento
Lc 1. 76 para lhe *preparar* o caminho
Lc 22. 8 Vão *preparar* a refeição da Páscoa
Ef 4. 12 com o fim de *preparar* os santos

PREPARAÇÃO
Êx 12. 16 exceto o da *preparação* da comida

PRESA
Gn 49. 27 pela manhã devora a *presa*
Nm 23. 24 até que devore a sua *presa*
Sl 17. 12 como um leão ávido pela *presa*
Is 10. 2 fazendo das viúvas sua *presa*
Ez 13. 21 não será mais *presa* do seu poder
Lc 13. 16 a quem Satanás mantinha *presa*

PRESBÍTERO
1Tm 5. 19 aceite acusação contra um *presbítero*
Tt 1. 6 que o *presbítero* seja irrepreensível
1Pe 5. 1 e o faço na qualidade de *presbítero*
2Jo 1 O *presbítero* à senhora eleita
3Jo 1 O *presbítero* ao amado Gaio

PRESENÇA
Gn 3. 8 esconderam-se da *presença* do Senhor
Êx 6. 12 disse na *presença* do Senhor
Lv 9. 24 Saiu fogo da *presença* do Senhor
Nm 8. 10 Levará os levitas à *presença* do Senhor
2Cr 34. 24 foi lido na *presença* do rei de Judá
Jó 14. 3 o trarás à tua *presença* para julgamento?
Sl 18. 6 meu grito chegou à sua *presença*
Mc 7. 24 manter em segredo a sua *presença*
Lc 8. 47 Na *presença* de todo o povo
At 10. 33 todos aqui na *presença* de Deus
Ef 1. 4 santos e irrepreensíveis em sua *presença*
1Tm 6. 12 na *presença* de muitas testemunhas
2Pe 2. 11 aqueles seres na *presença* do Senhor

PRESERVAR
Gn 45. 7 para lhes *preservar* um remanescente
2Sm 18. 18 filho para *preservar* a minha memória
Jó 33. 18 para *preservar* da cova a sua alma

PRESO
Jr 32. 2 Jeremias estava *preso* no pátio
Jr 36. 5 Estou *preso*; não posso ir
Ez 3. 25 você ficará *preso*, e não conseguirá
Mt 4. 12 Jesus ouviu que João tinha sido *preso*
Lc 23. 17 obrigado a soltar-lhes um *preso*
At 8. 23 cheio de amargura e *preso* pelo pecado
Ef 6. 20 sou embaixador *preso* em correntes
2Tm 1. 16 se envergonhou por eu estar *preso*
Fm 13 estou *preso* por causa do evangelho

PRESUNÇOSO
1Sm 17. 28 você é *presunçoso* e que o seu coração

PRETEXTO
2Sm 3. 27 o *pretexto* de falar-lhe em particular
At 23. 15 com o *pretexto* de obter informações
1Ts 2. 5 nem de *pretexto* para ganância

Concordância Bíblica Abreviada

PRETÓRIO
Mt 27. 27 levaram Jesus ao *Pretório*
PREVALECER
2Cr 14. 11 não deixes o homem *prevalecer*
Jr 5. 22 não podem *prevalecer*, podem bramir
PREVER
Is 47. 11 não pode *prever* cairá repentinamente
PREÇO
Mt 26. 9 poderia ser vendido por alto *preço*
Mt 27. 6 visto que é *preço* de sangue
Mt 27. 9 *preço* em que foi avaliado pelo povo
At 5. 8 foi esse o *preço* que vocês conseguiram
At 22. 28 um elevado *preço* por minha cidadania
1Co 6. 20 foram comprados por alto *preço*
PRIMOGÊNITO
Gn 49. 3 você é meu *primogênito*, minha força
Nm 8. 17 Todo *primogênito* em Israel
Dt 21. 17 terá que reconhecer como *primogênito*
1Cr 9. 5 O *primogênito* Asaías com seus filhos
Jó 18. 13 o *primogênito* da morte devora os membros
Lc 2. 7 e ela deu à luz o seu *primogênito*
Rm 8. 29 a fim de que ele seja o *primogênito*
Cl 1. 15 o *primogênito* sobre toda a criação
Ap 1. 5 o *primogênito* dentre os mortos
PRIMÍCIAS
Nm 15. 20 bolo feito das *primícias* da farinha
Dt 18. 4 as *primícias* do trigo, do vinho e do azeite
Sl 105. 36 todas as *primícias* da sua virilidade
1Co 15. 20 sendo ele as *primícias*
Ap 14. 4 como *primícias* a Deus e ao Cordeiro
PRINCÍPIO
Gn 1. 1 No *princípio* Deus criou os...
Sl 111. 10 ...é o *princípio* da sabedoria
Mt 19. 4 não leram que, no *princípio*, o Criador
Mc 1. 1 *Princípio* do evangelho de Jesus
Jo 1. 1 *princípio* era aquele que é a Palavra
Jo 1. 2 Ele estava com Deus no *princípio*
Ap 22. 13 e o Último, o *Princípio* e o Fim
PRISCILA
At 18. 2 com *Priscila*, sua mulher
At 18. 18 acompanhado de *Priscila* e Áquila
1Co 16. 19 Áquila e *Priscila* os saúdam
PRISIONEIRO
Gn 14. 14 seu parente fora levado *prisioneiro*
1Rs 20. 39 veio a mim com um *prisioneiro*
Jr 22. 12 para onde o levaram *prisioneiro*
Mt 27. 15 soltar um *prisioneiro* escolhido pela multidão
Ef 4. 1 Como *prisioneiro* no Senhor
Fm 1 *prisioneiro* de Cristo Jesus
Fm 9 *prisioneiro* de Cristo Jesus
PRISÃO
Mt 11. 2 João, ao ouvir na *prisão* o que...
Mc 6. 17 que o amarrassem e o colocassem na *prisão*
Lc 3. 20 elas a de colocar João na *prisão*
At 24. 27 Félix deixou Paulo na *prisão*.
Rm 16. 7 que estiveram na *prisão* comigo
Fp 1. 14 motivados no Senhor pela minha *prisão*
Cl 4. 10 Aristarco, meu companheiro de *prisão*
Hb 13. 3 Lembrem-se dos que estão na *prisão*
1Pe 3. 19 foi e pregou aos espíritos em *prisão*
Ap 20. 7 Satanás será solto da sua *prisão*

PRIVAR
Êx 21. 10 não poderá *privar* a primeira de alimento
Pv 18. 5 ...os ímpios para *privar* da justiça o justo
Is 10. 2 *privar* os pobres dos seus direitos
PROCEDER
Nm 15. 13 deverá *proceder* dessa maneira
Dt 17. 7 as primeiras a *proceder* à sua execução
1Cr 15. 13 consultado sobre como *proceder*
Ez 33. 19 viverá por assim *proceder*
At 5. 39 se *proceder* de Deus, vocês não...
PROCLAMAR
Dt 11. 29 terão que *proclamar* a bênção
Sl 92. 15 para *proclamar* que o SENHOR é justo
Lc 4. 18 para *proclamar* liberdade aos presos
At 5. 42 ensinar e *proclamar* que Jesus...
Rm 15. 16 dever sacerdotal de *proclamar* o evangelho
Cl 4. 3 possamos *proclamar* o mistério de Cristo
Hb 9. 19 de *proclamar* todos os mandamentos
PROCÔNSUL
At 13. 7 O *procônsul*, sendo homem culto
At 18. 12 Sendo Gálio *procônsul* da Acaia
PRODUZIR
Êx 5. 18 Continuem a *produzir* a cota
Lv 25. 2 do que a terra *produzir*
Is 55. 10 para ela *produzir* semente para o semeador
Rm 7. 10 destinado a *produzir* vida
Tg 3. 12 pode uma figueira *produzir* azeitonas...?
PRODÍGIO
Dt 13. 1 um sinal miraculoso ou um *prodígio*
Dt 13. 2 ou *prodígio* de que ele falou acontecer
PROEZAS
1Cr 11. 19 as *proezas* dos três principais guerreiros
PROFANAR
Êx 31. 14 que o *profanar* terá que ser executado
Is 58. 13 para não *profanar* o sábado
Ez 24. 21 a ponto de *profanar* o meu santuário
At 24. 6 e tentou até mesmo *profanar* o templo
PROFANO
Lv 10. 1 fogo *profano* perante o Senhor
Ez 21. 25 Ó ímpio e *profano* príncipe de Israel,
Hb 12. 16 não haja nenhum imoral ou *profano*
PROFECIA
Ez 14. 9 levado a proferir uma *profecia*
Mt 13. 14 se cumpre a *profecia* de Isaías
1Co 14. 1 principalmente o dom de *profecia*
1Co 14. 22 a *profecia*, porém, é para os que creem
2Pe 1. 21 jamais a *profecia* teve origem
Ap 22. 7 as palavras da *profecia* deste livro
Ap 22. 19 alguma palavra deste livro de *profecia*
PROFERIR
Jó 26. 4 o ajudou a *proferir* essas palavras,
Is 59. 13 *proferir* as mentiras que os nossos
Jr 23. 36 para aquele que a *proferir*
Ez 14. 9 e levado a *proferir* uma profecia
PROFETA
Gn 20. 7 Ele é *profeta*, e orará em seu favor
Nm 12. 6 entre vocês há um *profeta* do SENHOR
Dt 18. 18 do meio dos seus irmãos um *profeta*
Jz 6. 8 ele lhes enviou um *profeta*
Jr 46. 1 do SENHOR que veio ao *profeta*
At 13. 6 praticava magia e era falso *profeta*
1Co 14. 37 pensa que é *profeta* ou espiritual
Ap 16. 13 e da boca do falso *profeta*

PROFETIZAR
1Sm 10. 13 que Saul parou de *profetizar*
1Cr 25. 1 para o ministério de *profetizar*
Jr 19. 14 O SENHOR o mandara *profetizar*
Am 7. 12 Vá *profetizar* em Judá
Zc 13. 3 E, se alguém ainda *profetizar*,
At 19. 6 a falar em línguas e a *profetizar*
Rm 12. 6 Se alguém tem o dom de *profetizar*
1Co 14. 31 vocês todos podem *profetizar*
PROFISSÃO
Jn 1. 8 Qual é a sua *profissão*? De onde você vem?
At 18. 3 e, uma vez que tinham a mesma *profissão*
At 19. 25 ...reuniu-os com os trabalhadores dessa *profissão* e disse
At 19. 27 Não somente há o perigo de nossa *profissão* perder sua reputação.
At 19. 38 ...Se Demétrio e seus companheiros de *profissão*
Ap 18. 22 ... se achará dentro de seus muros artífice algum, de qualquer *profissão*.
PROFUNDEZAS
Gn 7. 11 das grandes *profundezas* jorraram
Jó 7. 12 ou o monstro das *profundezas*
Sl 130. 1 Das *profundezas* clamo a ti, SENHOR
Pv 20. 30 os açoites limpam as *profundezas*
Mt 18. 6 se afogar nas *profundezas* do mar
PROFUNDIDADE
At 27. 28 verificaram que a *profundidade*
Rm 8. 39 nem altura nem *profundidade*
Rm 11. 33 *profundidade* da riqueza da sabedoria
Ef 3. 18 o comprimento, a altura e a *profundidade*
PROIBIR
Nm 30. 5 e o pai a *proibir* quando souber
PROJETAR
Êx 35. 35 capazes de *projetar* e executar
PROJETO
2Cr 2. 14 executar qualquer *projeto*
Ne 2. 18 para a realização desse bom *projeto*
PROLONGAR
2Cr 30. 23 decidiu *prolongar* a festa por mais...
PROMESSA
Gn 21. 2 fixada por Deus em sua *promessa*.
Lc 24. 49 envio a vocês a *promessa* de meu Pai
Rm 4. 13 receberam a *promessa* de que ele
Rm 9. 9 foi assim que a *promessa* foi feita
Gl 3. 17 de modo que venha a invalidar a *promessa*
Ef 3. 6 co-participantes da *promessa* em Cristo Jesus.
Ef 6. 2 este é o primeiro mandamento com *promessa*
1Jo 2. 25 esta é a *promessa* que ele nos fez
PROMETA
Gn 47. 29 *prometa* que será bondoso e fiel
PROPICIAÇÃO
Êx 29. 33 ofertas com as quais se fez *propiciação*
Lx 1. 4 ...para que seja aceito como *propiciação*
Nm 8. 19 e farão *propiciação* por eles
Dt 32. 43 e fará *propiciação* por sua terra
Ez 10. 21 purificará o altar e fará *propiciação*
Hb 2. 17 e fazer propiciação pelos pecados
1Jo 2. 2 é a *propiciação* pelos nossos pecados
PROPOR
2Sm 19. 43 fomos os primeiros a *propor* o retorno
2Co 8. 10 mas também a *propor* esse plano
PROPRIEDADE
Gn 23. 4 alguma *propriedade* para sepultura
Êx 6. 8 a darei a vocês como *propriedade*

Concordância Bíblica Abreviada

Lv 25. 13 cada um...voltará para a sua *propriedade*
Dt 32. 49 que dou aos israelitas como *propriedade*
Lc 15. 12 ele repartiu sua *propriedade* entre eles
At 28. 7 Próximo dali havia uma *propriedade*
2Co 1. 22 nos selou como sua *propriedade*

PROPÍCIO
Ez 26. 5 ela se tornará um local *propício*

PROPÓSITO
Êx 9. 16 exatamente com este *propósito*
1Rs 8. 17 Davi tinha no coração o *propósito*...
1Cr 28. 2 tinha no coração o *propósito* de...
At 2. 23 foi entregue por *propósito* determinado
Rm 8. 28 de acordo com o seu *propósito*
2Co 2. 9 escrevi com o *propósito*...
Ef 1. 11 segundo o *propósito* da sua vontade
Hb 6. 17 a natureza imutável do seu *propósito*
Ap 17. 13 Eles têm um único *propósito*

PROSPERAR
Gn 41. 52 Deus me fez *prosperar* na terra
Sl 44. 2 fizeste *prosperar* os nossos antepassados
Jr 29. 11 planos de fazê-los *prosperar*
Dn 8. 25 Com o intuito de *prosperar*, ele enganará...

PROSPERIDADE
Dt 28. 11 concederá grande *prosperidade* a vocês
1Sm 25. 6 muita *prosperidade* para tudo o que é seu!
Ed 9. 12 o bem-estar e a *prosperidade* desses povos
Sl 128. 5 para que você veja a *prosperidade*
Zc 1. 17 transbordarão de *prosperidade* novamente

PROSSEGUIR
Nm 22. 22 no caminho para impedi-lo de *prosseguir*
Jz 19. 27 e saiu para *prosseguir* viagem
Lc 13. 33 preciso *prosseguir* hoje
At 23. 32 deixaram a cavalaria *prosseguir* com ele
1Co 16. 11 Ajudem-no a *prosseguir* viagem em paz

PROSTITUIÇÃO
Gn 38. 24 e na sua *prostituição* ficou grávida.
Lv 19. 29 a terra se entregará à *prostituição*
Jr 3. 2 com sua *prostituição* e impiedade
Ez 16. 16 levou adiante a sua *prostituição*
Os 5. 4 Um espírito de *prostituição*...
Mq 1. 7 ajuntou foi como ganho da *prostituição*,
Na 3. 4 escravizou nações com a sua *prostituição*
Ap 17. 2 com o vinho da sua *prostituição*

PROSTITUTA
Gn 34. 31 tratar nossa irmã como uma *prostituta*?
Lv 21. 7 tomar por mulher uma *prostituta*
Js 2. 1 entraram na casa de uma *prostituta*
Pv 23. 27 a *prostituta* é uma cova profunda
Ez 16. 33 Toda *prostituta* recebe pagamento
Os 3. 3 não será mais *prostituta* nem...
1Co 6. 15 e os unirei a uma *prostituta*?
Hb 11. 31 Pela fé a *prostituta* Raabe
Ap 17. 1 o julgamento da grande *prostituta*
Ap 17. 15 onde está sentada a *prostituta*

PROSTRAR
Dn 3. 6 Quem não se *prostrar* em terra...

PROTEGER
1Sm 25. 21 nada adiantou *proteger* os bens
2Rs 11. 7 de guarda no templo, para *proteger* o rei

1Cr 15. 23 seriam porteiros e deveriam *proteger* a arca
Pv 22. 5 quem quer *proteger* a própria vida...

PROTEGIDO
Jó 5. 21 será *protegido* do açoite da língua
Sl 27. 5 ele me guardará *protegido*

PROTEÇÃO
Gn 19. 8 debaixo da *proteção* do meu teto
Sl 5. 11 Estende sobre eles a tua *proteção*
Ec 7. 12 A sabedoria oferece *proteção*
Is 30. 2 buscar *proteção* no poder do faraó
Na 3. 5 para formar uma linha de *proteção*

PROVA
Gn 22. 1 Deus pôs Abraão à *prova*
Êx 3. 12 *prova* de que sou eu quem o envia
Dt 8. 2 para humilhá-los e pô-los à *prova*
Jz 2. 22 para pôr Israel à *prova*
Sl 78. 18 puseram Deus à *prova*
Mt 4. 7 Não ponha à *prova* o Senhor
Lc 11. 16 Outros o punham à *prova*
Hb 11. 1 e a *prova* das coisas que não vemos
Tg 1. 3 a *prova* da sua fé produz perseverança
Ap 2. 2 pôs à *prova* os que dizem ser apóstolos
Ap 3. 10 para pôr à *prova* os que habitam na terra

PROVADO
Gn 42. 16 ficará *provado* se as suas palavras
Dt 19. 18 se ficar *provado* que a testemunha mentiu
Jo 19. 30 Tendo-o *provado*, Jesus disse
At 20. 19 sendo severamente *provado*

PROVAR
Gn 44. 16 podemos *provar* nossa inocência?
Jó 24. 25 quem poderá *provar* que minto
Is 43. 26 o argumento para *provar* sua inocência
At 25. 7 graves acusações que não podiam *provar*
1Pe 4. 12 que surge entre vocês para *prová-los*

PROVAÇÃO
Lc 8. 13 mas desistem na hora da *provação*.
Gl 4. 14 doença lhes tenha sido uma *provação*
Hb 3. 8 o tempo da *provação* no deserto
Tg 1. 12 o homem que persevera na *provação*
2Pe 2. 9 sabe livrar os piedosos da *provação*
Ap 3. 10 e guardarei da hora da *provação*

PROVEITO
Pv 14. 23 Todo trabalho árduo traz *proveito*
Ec 2. 11 não há nenhum *proveito* no que se faz...
1Tm 4. 8 O exercício físico é de pouco *proveito*

PROVEITOSO
At 20. 20 pregar a vocês nada que fosse *proveitoso*
Hb 13. 17 isso não seria *proveitoso* para vocês

PROVER
Gn 22. 8 Deus mesmo há de *prover* o cordeiro

PROVOCAR
Dt 9. 22 tornaram a *provocar* a ira do Senhor
Js 10. 21 ousou abrir a boca para *provocar*
1Rs 16. 2 fez o meu povo pecar e *provocar* a minha ira
Ez 32. 9 quando eu *provocar* a sua destruição
Rm 11. 11 para *provocar* ciúme em Israel
Rm 11. 14 *provocar* ciúme em meu próprio povo

PROVOCAÇÃO
Dt 32. 27 Mas temi a *provocação* do inimigo

PROVÉRBIO
Jó 17. 6 Deus fez um *provérbio* para todos
2Pe 2. 22 neles que é verdadeiro o *provérbio*

PRUDENTE
Pv 12. 16 o homem *prudente* ignora o insulto
Am 5. 13 o *prudente* se cala em tais situações
Mt 7. 24 é como um homem *prudente*
At 15. 38 Paulo não achava *prudente* levá-lo

PRUDÊNCIA
1Cr 22. 12 Que o Senhor dê a você *prudência*
Pv 1. 4 a dar *prudência* aos inexperientes

PRUMO
2Rs 21. 13 e o fio de *prumo* usado
Is 34. 11 e a desolação como fio de *prumo*
Am 7. 7 com um *prumo* na mão, estava junto...

PRÍNCIPE
Gn 23. 6 o senhor é um *príncipe* de Deus
Ez 7. 27 o *príncipe* se vestirá de desespero
Dn 8. 11 a desafiar o *príncipe* do exército
Dn 12. 1 o grande *príncipe* que protege o seu povo
Mt 12. 24 por Belzebu, o *príncipe* dos demônios
Jo 16. 11 porque o *príncipe* deste mundo já...
Ef 2. 2 e o *príncipe* do poder do ar

PRÓSPERO
Jó 42. 10 o tornou novamente *próspero*
Sl 128. 2 será feliz e *próspero*
Dn 4. 4 estava satisfeito e *próspero* em casa

PUNIR
Êx 24. 11 estendeu a mão para *punir*
Êx 34. 7 não deixa de *punir* o culpado
Rm 13. 4 agente da justiça para *punir*
2Co 10. 6 para *punir* todo ato de desobediência
1Pe 2. 14 para *punir* os que praticam o mal

PUR
Et 3. 7 lançaram o *pur*, isto é, a sorte

PUREZA
2Sm 22. 21 conforme a *pureza* das minhas mãos
Jó 22. 30 graças à *pureza* que há em você
Os 8. 5 serão incapazes de *pureza*?
2Co 6. 6 em *pureza*, conhecimento, paciência e...

PURIFICAR
2Sm 11. 4 que havia acabado de se *purificar*
Ne 13. 9 Mandei *purificar* as salas
Ez 36. 33 os *purificar* de todos os seus pecados
2Tm 2. 21 alguém se *purificar* dessas coisas
Tt 2. 14 e *purificar* para si mesmo um povo
Hb 10. 22 nos *purificar* de uma consciência culpada
1Jo 1. 9 e nos *purificar* de toda injustiça

PURIFICAÇÃO
Lv 12. 4 os dias da sua *purificação*
Nm 19. 20 A água da *purificação* não foi aspergida
Ne 12. 45 culto ao seu Deus e o ritual de *purificação*
Mc 1. 44 e ofereça pela sua *purificação*
Lc 2. 22 Completando-se o tempo da *purificação*
Jo 3. 25 a respeito da *purificação* cerimonial
At 21. 26 cumprimento dos dias da *purificação*
Hb 1. 3 ter realizado a *purificação* dos pecados
2Pe 1. 9 esquecendo-se da *purificação*

PURIM
Et 9. 26 aqueles dias foram chamados *Purim*

PURO
Gn 7. 2 de cada espécie de animal *puro*
Lv 24. 6 sobre a mesa de ouro *puro*
Nm 19. 19 Aquele que estiver *puro* a aspergirá
Jó 6. 8 se você for íntegro e *puro*...
Sl 24. 4 mãos limpas e o coração *puro*
Ez 44. 23 distinção entre o *puro* e o impuro
1Tm 1. 5 o amor que procede de um coração *puro*
Hb 13. 4 o leito conjugal, conservado *puro*

Concordância Bíblica Abreviada

1Jo 3. 3 assim como ele é *puro*
Ap 21. 21 de ouro *puro*, como vidro transparente

PÁLPEBRAS
Sl 132. 4 que as minhas *pálpebras* descansem
Jr 9. 18 e águas corram de nossas *pálpebras*

PÁSCOA
Êx 12. 47 de Israel terá que celebrar a *Páscoa*
Nm 33. 3 no dia seguinte ao da *Páscoa*
Dt 16. 1 celebrem a *Páscoa* do Senhor
Dt 16. 6 oferecerão o sacrifício da *Páscoa*
Mt 26. 2 estamos a dois dias da *Páscoa*
Lc 22. 8 Vão preparar a refeição da *Páscoa*
Jo 4. 45 por ocasião da festa da *Páscoa*
At 12. 4 a julgamento público depois da *Páscoa*.
Hb 11. 28 Pela fé celebrou a *Páscoa*

PÁSSARO
Sl 11. 1 Fuja como um *pássaro*
Sl 102. 7 pareço um *pássaro* solitário no telhado
Sl 124. 7 Como um *pássaro* escapamos da armadilha
Pv 7. 23 ou como o *pássaro* que salta
Am 3. 5 Cai o *pássaro* numa armadilha

PÁTIO
Êx 27. 9 um *pátio* para o tabernáculo.
Nm 4. 32 bem como as colunas do *pátio*
1Rs 7. 12 O grande *pátio* era cercado
Ez 40. 31 Seu pórtico dava para o *pátio* externo
Mt 26. 58 o seguiu de longe até o *pátio*
Jo 7. 28 Enquanto ensinava no *pátio* do templo
At 3. 3 iam entrar no *pátio* do templo
At 26. 21 me prenderam no *pátio* do templo

PÁTRIA
Jr 31. 17 filhos voltarão para a sua *pátria*
Hb 11. 14 que estão buscando uma *pátria*
Hb 11. 16 isto é, a *pátria* celestial

PÃO
Gn 19. 3 e assar *pão* sem fermento, e eles comeram.
Êx 13. 6 comam *pão* sem fermento
Am 7. 12 vá ganhar lá o seu *pão*
Mt 4. 4 Nem só de *pão* viverá o homem
Mt 6. 11 Dá-nos hoje o nosso *pão*
Mc 8. 14 haviam se esquecido de levar *pão*
Mc 14. 22 Jesus tomou o *pão*, deu graças, partiu-o
Jo 6. 33 o *pão* de Deus é aquele que desceu do céu
Jo 6. 35 Eu sou o *pão* da vida
At 2. 42 ao partir do *pão* e às orações
At 20. 11 partiu o *pão* e comeu
1Co 11. 26 sempre que comerem deste *pão*...

PÉRGAMO
Ap 2. 12 Ao anjo da igreja em *Pérgamo*

PÉROLA
Mt 13. 46 uma *pérola* de grande valor
Ap 21. 21 As doze portas eram doze *pérolas*

PÉRSIA
Dn 8. 20 os reis da Média e da *Pérsia*
Dn 10. 1 terceiro ano de Ciro, rei da *Pérsia*
Dn 10. 13 o príncipe do reino da *Pérsia*

PÚRPURA
Jz 8. 26 os pendentes e as roupas de *púrpura*
Et 8. 15 coroa de ouro e um manto *púrpura*
Jo 19. 2 Vestiram-no com uma capa de *púrpura*
At 16. 14 vendedora de tecido de *púrpura*
Ap 18. 16 roupas de *púrpura* e vestes vermelhas

QUEBRANTADO
Jó 17. 1 Meu espírito está *quebrantado*
Sl 147. 3 ele cura os de coração *quebrantado*
Is 61. 1 estão com o coração *quebrantado*

QUEBRANTAMENTO
Is 65. 14 uivarão pelo *quebrantamento* de espírito.

QUEIXADA
Jz 15. 15 pegou a *queixada* e com ela matou
Jz 15. 17 jogou fora a *queixada*

QUEIXAR
Jó 31. 38 a minha terra se *queixar* de mim
Mt 20. 11 a se *queixar* do proprietário da vinha
Lc 19. 7 o povo viu isso e começou a se *queixar*

QUEIXOSOS
Is 29. 24 e os *queixosos* aceitarão instrução

QUERUBIM
Êx 25. 19 um *querubim* numa extremidade e...
1Rs 6. 26 cada *querubim* era de quatro metros e meio
2Cr 3. 12 e, do outro lado, na asa do *querubim*
Ez 28. 14 foi ungido como um *querubim* guardião
Ez 28. 16 e o expulsei, ó *querubim* guardião
Ez 41. 18 Cada *querubim* tinha dois rostos

QUIRIATE-JEARIM
Js 15. 9 na direção de Baalá, que é *Quiriate-Jearim*
Jr 26. 20 filho de Semaías, de *Quiriate-Jearim*

RAABE
Js 2. 1 uma prostituta chamada *Raabe*
Mt 1. 5 Salmom gerou Boaz, cuja mãe foi *Raabe*
Hb 11. 31 Pela fé a prostituta *Raabe*
Tg 2. 25 Caso semelhante é o de *Raabe*

RABI
Jo 1. 38 "*Rabi*"...onde estás hospedado?"

RABÔNI
Jo 20. 16 "*Rabôni*!" (que significa "Mestre!")

RACIOCÍNIO
Jr 7. 24 seguiram o *raciocínio* rebelde

RACIONAL
Rm 12. 1 este é o culto *racional* de vocês

RAINHA
1Rs 10. 1 A *rainha* de Sabá soube da fama
Et 1. 9 a *rainha* Vasti também ofereceu um banquete
Mt 12. 42 A *rainha* do Sul se levantará
At 8. 27 tesouros de Candace, *rainha* dos etíopes
Ap 18. 7 Estou sentada como *rainha*

RAIO
Nm 11. 31 num *raio* de um dia de caminhada
Am 5. 20 escuridão total, sem um *raio* de claridade

RAIZ
Dt 29. 18 *raiz* que produza esse veneno amargo
Os 9. 16 Efraim está ferido, sua *raiz* está seca
Mt 3. 10 O machado já está posto à *raiz* das árvores
Mt 13. 6 e secaram, porque não tinham *raiz*
Mt 13. 21 Todavia, visto que não tem *raiz* em
Lc 8. 13 mas não têm *raiz*
1Tm 6. 10 ao dinheiro é a *raiz* de todos os males
Ap 5. 5 a *Raiz* de Davi, venceu

RAMESSÉS
Gn 47. 11 na região de *Ramessés*
Êx 1. 11 cidades-celeiros de Pitom e *Ramessés*
Êx 12. 37 foram de *Ramessés* até Sucote
Nm 33. 3 Os israelitas partiram de *Ramessés*

RAMO
Lv 14. 6 e com o *ramo* de hissopo
Nm 4. 18 Não permitam que o *ramo* dos clãs
Jo 15. 4 *ramo* pode dar fruto por si mesmo
Jo 15. 6 será como o *ramo* que é jogado fora

RAMOTE-GILEADE
1Rs 4. 13 Ben-Geder, em *Ramote-Gileade*
2Rs 9. 1 frasco de óleo e vá a *Ramote-Gileade*

RAMÁ
Jz 19. 13 tentar chegar a Gibeá ou a *Ramá*
1Sm 15. 34 Samuel partiu para *Ramá*
Mt 2. 18 Ouviu-se uma voz em *Ramá*

RANGER
Mt 8. 12 haverá choro e *ranger* de dentes

RAPINA
2Sm 21. 10 não deixou que as aves de *rapina*
Is 46. 11 Do oriente convoco uma ave de *rapina*
Jr 12. 9 sobre a qual pairam as aves de *rapina*

RAPOSA
Ne 4. 3 Basta que uma *raposa* suba lá,
Lc 13. 32 Vão dizer àquela *raposa*

RAPOSINHAS
Ct 2. 15 as *raposinhas* que estragam as vinhas

RAPTOU
Gn 31. 26 como também *raptou* minhas filhas

RAQUEL
Gn 29. 6 ali vem sua filha *Raquel* com as ovelhas
Rt 4. 11 como fez com *Raquel* e Lia
1Sm 10. 2 perto do túmulo de *Raquel*, em Zelza
Jr 31. 15 é *Raquel*, que chora por seus filhos

RARO
Is 13. 12 mais *raro* do que o ouro de Ofir

RASGAR
Ec 3. 7 tempo de *rasgar* e tempo de costurar

RAZOÁVEL
At 18. 14 seria *razoável* eu os ouvisse
At 25. 27 não me parece *razoável* enviar...

REBANHO
Gn 4. 4 das primeiras crias do seu *rebanho*
Êx 22. 5 levar seu *rebanho* para pastar
Lv 1. 10 a oferta for um holocausto do *rebanho*...
Dt 32. 14 e leite do gado e do *rebanho*
1Sm 17. 20 deixou o *rebanho* com outro pastor
Jr 51. 23 com você despedaço pastor e *rebanho*
Ez 24. 5 apanhe o melhor do *rebanho*
Am 7. 15 me tirou do serviço junto ao *rebanho*
Mq 7. 14 o *rebanho* da tua herança
Mt 26. 31 as ovelhas do *rebanho* serão dispersas
Jo 10. 12 o lobo ataca o *rebanho* e o dispersa
Jo 10. 16 haverá um só *rebanho* e um só pastor
At 20. 28 e de todo o *rebanho* sobre o qual
1Pe 5. 2 pastoreiem o *rebanho* de Deus

REBECA
Gn 24. 15 *Rebeca*, filha de Betuel, filho de Milca
Gn 24. 61 *Rebeca* e suas servas se aprontaram
Gn 27. 6 *Rebeca* disse a seu filho Jacó

REBELAR
Js 1. 18 se *rebelar* contra as suas instruções

REBELDE
Lv 26. 19 quebrarei o seu orgulho *rebelde*
Dt 21. 18 "um filho obstinado e *rebelde*...
Ez 34. 16 mas a *rebelde* e forte eu destruirei
Os 11. 12 Judá é *rebelde* contra Deus
Sf 3. 1 Ai da cidade *rebelde*, impura e opressora!
At 7. 51 Povo *rebelde*, obstinado de coração

REBELDIA
Dt 17. 12 quem agir com *rebeldia* contra o juiz
1Sm 15. 23 a *rebeldia* é como o pecado da feitiçaria

2121

Concordância Bíblica Abreviada

Pv 17.11 O homem mau só pende para a *rebeldia*
Jr 18.12 seguirá a *rebeldia* do seu coração mau

REBELIÃO
Js 22.22 agimos com *rebelião* ou infidelidade
Is 24.20 é a culpa de sua *rebelião*
Mc 15.7 cometido assassinato durante uma *rebelião*
Lc 22.52 Estou eu chefiando alguma *rebelião*...?
Hb 3.8 não endureçam o coração, como na *rebelião*
Jd 11 e foram destruídos na *rebelião* de Corá

RECEAVA
Jó 3.25 o que eu *receava* me aconteceu

RECOMENDAÇÃO
1Co 16.3 entregarei cartas de *recomendação*

RECOMPENSAR
Jr 17.10 para *recompensar* a cada um

RECONCILIAR
Lc 12.58 faça tudo para se *reconciliar*
Ef 2.16 e *reconciliar* com Deus

RECONCILIAÇÃO
Rm 5.11 quem recebemos agora a *reconciliação*.
Rm 11.15 a rejeição deles é a *reconciliação* do mundo
2Co 5.18 e nos deu o ministério da *reconciliação*

REDEMOINHOS
Is 21.1 vendaval em *redemoinhos* que varre

REDENTOR
Jó 19.25 sei que o meu *Redentor* vive
Sl 78.35 o Deus Altíssimo era o seu *Redentor*
Is 59.20 O *Redentor* virá a Sião
Jr 50.34 o *Redentor* deles é forte
Rm 11.26 Virá de Sião o *redentor* que...

REDENÇÃO
Sl 111.9 trouxe *redenção* ao seu povo
Lc 21.28 estará próxima a *redenção* de vocês
Rm 3.24 da *redenção* que há em Cristo Jesus
Ef 1.7 a *redenção* por meio de seu sangue
Cl 1.14 em quem temos a *redenção*

REDIMIR
Sl 49.7 ...e *redimir* seu irmão ou pagar a Deus
Gl 4.5 *redimir* os que estavam sob a Lei

REDUZIR
Êx 5.19 *reduzir* a quantidade de tijolos
2Rs 10.32 começou a *reduzir* o tamanho de Israel
1Co 1.28 para *reduzir* a nada o que é
Gl 2.4 e nos *reduzir* à escravidão

REEDIFICA
Mt 27.40 destrói o templo e o *reedifica*

REFREAR
Jó 4.2 quem pode *refrear* as palavras?
Cl 2.23 para *refrear* os impulsos da carne

REFRIGÉRIO
Rm 15.32 desfrute de um período de *refrigério*
2Co 7.13 recebeu *refrigério* de todos vocês

REFUGIAR
2Sm 17.13 se *refugiar* em alguma cidade

REFUTAR
Jó 32.3 não encontraram meios de *refutar*
Tt 1.9 e de *refutar* os que se opõem a ela

REGAR
Jó 37.13 ora para *regar* a sua terra e lhes mostrar

REGENERADOR
Tt 3.5 nos salvou pelo lavar *regenerador*

REGENERAÇÃO
Mt 19.28 ocasião da *regeneração* de todas...

REGOZIJAM
Jó 22.19 veem a ruína deles, e se *regozijam*
Is 9.3 os que se *regozijam* na colheita
Am 6.13 que se *regozijam* pela conquista
Sf 3.11 os que se *regozijam* em seu orgulho

REGOZIJAVA
2Cr 30.25 toda a assembleia de Judá se *regozijava*

REGOZIJO
Sl 35.27 Cantem de alegria e *regozijo*
Sl 119.162 me *regozijo* na tua promessa
Jr 35.2 mostrará grande *regozijo* e cantará
Jr 30.19 ações de graça e o som de *regozijo*
Fp 2.17 estou alegre e me *regozijo*

REGRA
Is 28.10 é...*regra* e mais regra
Gl 6.16 os que andam conforme essa *regra*

REI
Êx 1.18 o *rei* do Egito convocou as parteiras
Sl 47.7 Deus é o *rei* de toda a terra
Dn 2.5 O *rei* respondeu aos astrólogos
Mt 27.29 "Salve, *rei* dos judeus!"
Lc 1.5 Herodes, *rei* da Judeia
Jo 1.49 tu és o *Rei* de Israel!
At 13.21 o povo pediu um *rei*, e Deus lhes deu Saul
1Tm 1.17 Ao *Rei* eterno, o Deus único
Hb 7.1 Melquisedeque, *rei* de Salém
1Pe 2.17 temam a Deus e honrem o *rei*

REINO
Êx 19.6 *reino* de sacerdotes e uma nação santa
Nm 24.7 o seu *reino* será exaltado
Dt 17.18 subir ao trono do seu *reino*
1Sm 10.16 o que Samuel tinha dito sobre o *reino*
Sl 145.13 O teu *reino* é *reino* eterno
Dn 7.24 dez reis que sairão desse *reino*
Mt 12.25 *reino* dividido contra si mesmo
Mt 13.45 O *Reino* dos céus também é como
Mt 16.28 o Filho do homem vindo em seu *Reino*
At 28.23 e lhes testemunhou do *Reino* de Deus
Rm 14.17 o *Reino* de Deus não é comida
1Co 15.24 quando ele entregar o *Reino* a Deus
2Ts 1.5 considerados dignos do seu *Reino*
Hb 1.8 de equidade é o cetro do teu *Reino*
Tg 2.5 o *Reino* que ele prometeu aos que o amam

REJEITAR
Jó 10.3 em *rejeitar* a obra de tuas mãos,
Is 7.15 até a idade em que saiba *rejeitar*
At 13.22 Depois de *rejeitar* Saul, levantou-lhes Davi

REJEIÇÃO
Nm 14.34 experimentarão a minha *rejeição*
Rm 11.15 se a *rejeição* deles é a reconciliação

RELATAR
2Sm 17.17 iam *relatar* ao rei Davi o que tinham ouvido
Sl 40.5 *relatar* os planos que preparaste

RELIGIOSO
At 15.5 alguns do partido *religioso*
At 10.7 e um soldado *religioso* dentre os...
Tg 1.26 Se alguém se considera *religioso*

RELIGIÃO
At 25.19 acerca de sua própria *religião*
At 26.5 a seita mais severa da nossa *religião*
1Tm 5.4 pôr a sua *religião* em prática
Tg 1.26 Sua *religião* não tem valor algum!
Tg 1.27 A *religião* que Deus, o nosso Pai,

RELÂMPAGO
Ez 21.10 polida para luzir como *relâmpago*!
Dn 10.6 o rosto como *relâmpago*, os olhos...
Zc 9.14 sua flecha brilhará como o *relâmpago*
Mt 24.27 assim como o *relâmpago* sai do Oriente
Mt 28.3 Sua aparência era como um *relâmpago*
Lc 10.18 Satanás caindo do céu como *relâmpago*
Lc 17.24 no seu dia será como o *relâmpago*

REMANESCENTE
Gn 45.7 preservar um *remanescente* nesta terra
2Rs 19.4 suplica a Deus pelo *remanescente*
Ed 9.8 deixando-nos um *remanescente*
Is 10.20 o *remanescente* de Israel
Jr 40.15 e o *remanescente* de Judá seja destruído
Zc 8.12 herança ao *remanescente* deste povo
Rm 9.27 apenas o *remanescente* será salvo
Rm 11.5 há um *remanescente* escolhido pela graça

REMAR
Jn 1.13 ...para *remar* de volta à terra

REMENDO
Mt 9.16 *remendo* de pano novo em roupa velha
Lc 5.36 tira um *remendo* de roupa nova

REMIR
Tt 2.14 a fim de nos *remir* de toda a maldade

REMOVER
Rm 11.27 quando eu *remover* os seus pecados
Hb 10.11 que nunca podem *remover* os pecados

RENOVA
Jó 33.25 sua carne se *renova*
Sl 51.10 *renova* dentro de mim um espírito estável
Sl 103.5 juventude se *renova* como a águia.
Lm 5.21 *renova* os nossos dias como os de antigamente

RENOVAÇÃO
Rm 12.2 pela *renovação* da sua mente

RENOVO
Is 4.2 o *Renovo* do Senhor será belo e glorioso
Is 11.1 das suas raízes brotará um *renovo*
Jr 23.5 levantarei para Davi um *Renovo* justo
Zc 3.8 Trarei o meu servo, o *Renovo*

RENUNCIAR
Jz 9.1 *renunciar* ao meu azeite
Lc 14.33 não *renunciar* a tudo o que possui
Tt 2.12 nos ensina a *renunciar* à impiedade

REPARADOR
Is 58.12 será chamado *reparador* de muros

REPARAR
Gn 20.16 para *reparar* a ofensa feita a você
2Sm 21.3 posso *reparar* o que foi feito
Pv 14.9 zombam da ideia de *reparar* o pecado

REPARTIR
Ne 8.12 *repartir* com os que nada tinham
Pv 25.24 do que *repartir* a casa
Ef 4.28 para que tenha o que *repartir*
1Tm 6.18 generosos e prontos a *repartir*
Hb 13.16 *repartir* com os outros o que vocês têm

REPENTINO
Lv 26.16 eu trarei sobre vocês pavor *repentino*
Jó 22.10 e o perigo *repentino* o apavora
Sl 78.33 e os anos deles em *repentino* pavor
Sf 1.18 ele dará fim *repentino* a todos os...

Concordância Bíblica Abreviada

REPLICOU
Jz 8. 7 "É assim?", *replicou* Gideão
REPOUSAR
Sl 23. 2 Em verdes pastagens me faz *repousar*
Ez 34. 15 e as farei deitar-se e *repousar*
Mt 8. 20 ...homem não tem onde *repousar* a cabeça
REPOUSO
Gn 49. 15 como é bom o seu lugar de *repouso*
Dt 28. 65 vocês não encontrarão *repouso*
Jó 3. 17 os cansados permanecem em *repouso*
Sl 55. 6 voaria até encontrar *repouso*!
Pv 24. 15 não destrua o seu local de *repouso*
Lm 1. 3 entre as nações sem encontrar *repouso*
Zc 6. 8 deram *repouso* ao meu Espírito
REPREENDER
Is 17. 13 ele os *repreender*, fugirão para longe
REPRESENTAR
Lv 24. 7 memorial para *representar* o pão
REPROVADO
1Co 9. 27 eu mesmo não venha a ser *reprovado*.
REPUDIOU
Sl 22. 24 não menosprezou nem *repudiou* o sofrimento
REPUTAÇÃO
Dt 22. 19 prejudicou a *reputação* de uma virgem
Pv 22. 1 A boa *reputação* vale mais que...
Pv 25. 10 você jamais perderá sua má *reputação*.
At 19. 27 de nossa profissão perder sua *reputação*
1Tm 3. 7 ter boa *reputação* perante os de fora
RESERVAR
1Sm 9. 23 carne que entreguei a você e mandei *reservar*
RESGATADO
Lv 27. 28 seja homem...poderá ser...*resgatado*
Jr 41. 16 os quais ele tinha *resgatado* de Ismael
RESGATAR
Êx 21. 30 poderá *resgatar* a sua vida pagando
Lv 25. 32 sempre terão direito de *resgatar*
Nm 18. 15 você deverá *resgatar* todo filho
Rt 4. 4 Se quiser *resgatar* esta propriedade...
Gl 1. 4 a fim de nos *resgatar* desta presente era
RESISTIR
Êx 7. 3 farei o coração do faraó *resistir*
Jz 1. 35 estavam decididos a *resistir*
2Cr 13. 8 pretendem *resistir* ao reino do Senhor
Jó 41. 10 Quem...será capaz de *resistir* a mim?
Jr 49. 19 E que pastor pode me *resistir*?
Ez 13. 5 para que ela pudesse *resistir* firme
Dn 4. 35 Ninguém é capaz de *resistir* à sua mão
Lc 21. 15 adversários será capaz de *resistir*
At 6. 10 não podiam *resistir* à sabedoria
At 26. 14 *Resistir* ao aguilhão só lhe trará dor!
At 27. 15 sem poder *resistir* ao vento
Ef 6. 13 para que possam *resistir* no dia mau
RESOLVER
Gn 50. 15 e *resolver* retribuir todo o mal
Êx 24. 14 tiver alguma questão para *resolver*
Rt 3. 18 enquanto não *resolver* esta questão
Pv 25. 9 Procure *resolver* sua causa diretamente
Dn 5. 12 interpretar sonhos e *resolver* enigmas
RESPEITA
Pv 13. 13 aquele que *respeita* o mandamento

Is 33. 8 são desprezadas, não se *respeita* ninguém
Lm 4. 16 os sacerdotes nem *respeita* os líderes
RESPIGA
Mq 7. 1 quem colhe frutos de verão na *respiga*
RESPIRAR
1Rs 17. 17 e finalmente parou de *respirar*
Dn 10. 17 e mal posso *respirar*
RESPIRAÇÃO
Sl 135. 17 nem há *respiração* em sua boca.
Ct 7. 8 o aroma da sua *respiração* como maçãs
RESPLANDECENTE
Êx 34. 30 viram Moisés com o rosto *resplandecente*
Mt 17. 5 uma nuvem *resplandecente* os envolveu
Mc 9. 3 brancas, de um branco *resplandecente*
At 26. 13 mais *resplandecente* que o sol
Ap 15. 6 vestidos de linho puro e *resplandecente*
Ap 22. 16 e a *resplandecente* Estrela da Manhã
RESPLANDECER
Nm 6. 25 o Senhor faça *resplandecer* o seu rosto
Sl 4. 6 *resplandecer* sobre nós a luz do teu rosto!
Is 62. 1 enquanto a sua justiça não *resplandecer*
RESPLENDOR
Ez 1. 28 assim era o *resplendor* ao seu redor
Ez 10. 4 pelo *resplendor* da glória do Senhor
At 22. 11 o *resplendor* da luz me deixara cego
2Co 3. 7 por causa do *resplendor* do seu rosto
Hb 1. 3 O Filho é o *resplendor* da glória de Deus
RESSURGIU
1Ts 4. 14 que Jesus morreu e *ressurgiu*
RESSURREIÇÃO
Mt 22. 23 que dizem que não há *ressurreição*
Mt 22. 31 quanto à *ressurreição* dos mortos
Mt 27. 53 depois da *ressurreição* de Jesus
Mc 12. 23 Na *ressurreição*, de quem ela será esposa
Lc 20. 36 são filhos da *ressurreição*
Jo 11. 24 ressuscitar na *ressurreição*, no último dia
Jo 11. 25 Eu sou a *ressurreição* e a vida
At 4. 2 em Jesus a *ressurreição* dos mortos
At 23. 6 esperança na *ressurreição* dos mortos;
Rm 1. 4 pela sua *ressurreição* dentre os mortos
1Co 15. 12 que não existe *ressurreição* dos mortos
Fp 3. 10 o poder da sua *ressurreição*
1Pe 1. 3 por meio da *ressurreição* de Jesus
Ap 20. 6 participam da primeira *ressurreição*!
RESSUSCITAR
Mt 26. 32 depois de *ressuscitar*, irei adiante de vocês
Mc 9. 10 o que significaria "*ressuscitar* dos mortos"
Lc 24. 46 e *ressuscitar* dos mortos no terceiro dia
Jo 11. 23 "O seu irmão vai *ressuscitar*"
At 26. 23 sendo o primeiro a *ressuscitar*
Hb 11. 19 Deus pode *ressuscitar* os mortos
RESTAURADOR
Is 58. 12 chamado...*restaurador* de ruas
RESTAURAR
Ne 4. 2 que vão *restaurar* o seu muro?
Sl 14. 7 o Senhor *restaurar* o seu povo
Is 49. 6 para *restaurar* as tribos de Jacó

Dn 9. 25 *restaurar* e reconstruir Jerusalém
Jl 3. 1 *restaurar* a sorte de Judá e de Jerusalém
Mc 9. 50 como *restaurar* o seu sabor?
At 1. 6 que vais *restaurar* o reino a Israel?
RESTAURAÇÃO
Dt 30. 3 Deus, trará *restauração* a vocês
2Cr 24. 27 ao relato da *restauração* do templo
Sl 85. 1 ó Senhor; trouxeste *restauração* a Jacó
Jr 33. 6 trarei *restauração* e cura para ela
RESTITUIR
Êx 22. 1 *restituir* cinco bois pelo boi
Êx 22. 3 *restituir* o que roubou
RESTITUIÇÃO
Êx 22. 5 fará *restituição* com o melhor...
Lv 5. 16 *restituição* pelo que deixou de fazer
Nm 5. 8 ...próximo para receber a *restituição*
1Sm 12. 3 ...pratiquei, eu farei *restituição*
RESTO
Gn 30. 36 apascentar o *resto* dos rebanhos
Gn 43. 9 diante de ti pelo *resto* da minha vida.
Êx 29. 12 derrame o *resto* do sangue na base do altar.
Dt 15. 17 seu escravo para o *resto* da vida
RESTOLHO
Êx 5. 12 ajuntar *restolho* em lugar da palha
Is 5. 24 o *restolho* é devorado pelas chamas
Jl 2. 5 fogo crepitante que consome o *restolho*
RESTRIÇÕES
1Co 7. 35 não para lhes impor *restrições*
RETAGUARDA
Nm 10. 25 *retaguarda* para todos os acampamentos
Js 10. 19 Ataquem-nos pela *retaguarda*
1Sm 29. 2 Davi e seus homens iam na *retaguarda*
Is 52. 12 o Deus de Israel será a sua *retaguarda*
RETALHARÁ
Ez 23. 47 as apedrejará e as *retalhará* à espada
RETAMENTE
Sl 58. 1 homens, julgam *retamente*?
Is 57. 2 que andam *retamente* entrarão na paz
Zc 8. 16 e julguem *retamente* em seus tribunais
RETARDA
Pv 13. 12 ...se *retarda* deixa o coração doente
RETER
Ec 7. 18 É bom *reter* uma coisa
RETIDÃO
Dt 9. 5 de sua justiça ou de sua *retidão*
2Sm 22. 21 me tratou conforme a minha *retidão*
1Rs 15. 9 para manter a justiça e a *retidão*
Jó 29. 14 A *retidão* era a minha roupa
Sl 9. 8 governa os povos com *retidão*
Pv 8. 20 Ando pelo caminho da *retidão*
Ec 3. 16 no lugar da *retidão*...mais impiedade
Is 11. 5 A *retidão* será a faixa de seu peito
Jr 9. 24 com justiça e com *retidão*
Ez 33. 12 A *retidão* do justo não o livrará
Os 10. 12 Semeiem a *retidão* para si
Am 3. 10 "Eles não sabem agir com *retidão*"
Ml 2. 6 andou comigo em paz e *retidão*.
RETO
Dt 32. 4 justo e *reto* ele é
1Rs 3. 6 e foi justo e *reto* de coração
Ec 12. 10 o que ele escreveu era *reto*
Sl 7. 10 que salva o *reto* de coração
Pv 11. 5 lhes abre um caminho *reto*
Pv 16. 25 caminho que parece *reto* ao homem
At 8. 21 seu coração não é *reto*
2Pe 2. 15 abandonaram o caminho *reto*

Concordância Bíblica Abreviada

RETRIBUIR
Gn 50.15 e resolver *retribuir* todo o mal
Sl 116.12 Como posso *retribuir* ao Senhor...?
Lc 14.14 estes não têm como *retribuir*
2Ts 1.6 justo da parte de Deus *retribuir* com...

RETRIBUIÇÃO
Nm 18.21 como *retribuição* pelo trabalho que fazem
Dt 32.35 A mim pertence a vingança e a *retribuição*
Sl 69.22 torne-se *retribuição* e armadilha
Pv 14.14 Os infiéis receberão a *retribuição*
Jr 51.56 o Senhor dará a Deus de *retribuição*
Rm 11.9 pedra de tropeço e *retribuição*
2Tm 4.14 lhe dará a *retribuição* pelo que fez
2Pe 2.13 receberão *retribuição* pela injustiça

RETROCEDER
Lv 13.16 Se a carne viva *retroceder*...
Sl 78.66 *retroceder* a golpes os seus adversários
Sl 114.5 E você, Jordão, por que *retroceder*?
Is 38.8 Farei a sombra do sol *retroceder*
Sf 3.15 ele fez *retroceder* os seus inimigos
Hb 10.38 se *retroceder*, não me agradarei dele

REUEL
Gn 36.10 *Reuel*, filho de Basemate, mulher de Esaú.
Êx 2.18 as moças voltaram a seu pai *Reuel*

REVELAÇÃO
Pv 29.18 não há *revelação* divina, o povo se desvia
Lc 2.32 luz para *revelação* aos gentios
Rm 16.25 com a *revelação* do mistério oculto
1Co 14.6 a não ser que leve alguma *revelação*
1Co 14.30 Se vier uma *revelação* a alguém
Gl 1.12 o recebi de Jesus Cristo por *revelação*
Gl 2.2 por causa de uma *revelação*
Ef 1.17 espírito de sabedoria e de *revelação*
Ef 3.3 me foi dado a conhecer por *revelação*

REVERENCIAMOS
Os 10.3 ...porque não *reverenciamos* o Senhor

REVERÊNCIA
2Cr 24.17 lhe prestaram *reverência*
Jr 44.10 ...humilharam nem mostraram *reverência*
Hb 12.28 adoremos a Deus...com *reverência*

REVESTIR
Êx 38.28 para *revestir* a parte superior
1Co 15.54 o que é corruptível se *revestir* de...

REVOGADA
Is 45.23 uma palavra que não será *revogada*
Dn 6.8 ...que não pode ser *revogada*
Hb 7.18 A ordenança anterior é *revogada*

REVOLTOU
Ez 2.3 nação rebelde que se *revoltou* contra mim

REVOLVE
Jó 41.31 e *revolve* o mar como pote de unguento

REZIM
2Rs 16.5 Então *Rezim*, rei da Síria
2Rs 16.6 *Rezim* recuperou Elate para a Síria
Is 9.11 o Senhor fortaleceu os adversários de *Rezim*

RIBEIRO
Gn 15.18 desde o *ribeiro* do Egito até o grande rio
Dt 21.4 onde haja um *ribeiro* de águas perenes
Js 12.2 na borda do *ribeiro* do Arnom
1Sm 30.9 com ele foram ao *ribeiro* de Besor
Ez 48.28 ao longo do *ribeiro* do Egito
Am 5.24 a justiça como um *ribeiro* perene!

RICO
1Sm 9.1 um homem de Benjamim, *rico* e influente
1Rs 10.23 Salomão era o mais *rico* e o mais sábio
Sl 86.5 Senhor, *rico* em graça para com todos
Zc 11.5 'Bendito seja o Senhor, estou *rico*!'
Mt 19.23 Dificilmente um *rico* entrará...
Lc 12.21 mas não é *rico* para com Deus
Lc 16.19 um homem *rico* que se vestia de púrpura
Lc 19.2 um homem *rico* chamado Zaqueu
At 8.10 do mais simples ao mais *rico*
2Co 8.9 sendo *rico*, se fez pobre
Ef 2.4 Deus, que é *rico* em misericórdia
Ap 2.9 e a sua pobreza; mas você é *rico*!

RIGOROSO
1Co 9.25 se submetem a um treinamento *rigoroso*
2Co 13.10 não precise ser *rigoroso* no uso...

RINS
Êx 29.13 e os dois *rins* com a gordura que os envolve
Jó 16.13 traspassou sem dó os meus *rins*

RIO
Gn 2.10 nascia um *rio* que irrigava o jardim
Êx 2.5 servas andavam pela margem do *rio*
2Rs 2.6 o Senhor me enviou ao *rio* Jordão
1Cr 5.9 se estende na direção do *rio* Eufrates
Mt 3.6 eram batizados por ele no *rio* Jordão
At 16.13 e fomos para a beira do *rio*
Ap 22.1 me mostrou o *rio* da água da vida
Ap 22.2 cada lado do *rio* estava a árvore da vida

RIR
Jó 41.29 o brandir da grande lança o faz *rir*
Sl 2.4 o Senhor põe-se a *rir* e caçoa deles
Ec 2.2 Concluí que o *rir* é loucura
Mt 9.24 Todos começaram a *rir* dele
Lc 6.21 que agora choram, pois haverão de *rir*

RISO
Gn 21.6 Deus me encheu de *riso*
Êx 32.25 tornado objeto de *riso* para os seus inimigos
Jó 20.5 o *riso* dos maus é passageiro
Sl 126.2 a nossa boca encheu-se de *riso*
Pv 14.13 Mesmo no *riso* o coração pode sofrer
Ec 7.3 A tristeza é melhor do que o *riso*
Lm 3.14 objeto de *riso* de todo o meu povo
Tg 4.9 Troquem o *riso* por lamento

ROBOÃO
1Rs 11.43 o seu filho *Roboão* foi o seu sucessor
1Rs 12.23 Diga a *Roboão*, filho de Salomão
Mt 1.7 Salomão gerou *Roboão*; *Roboão* gerou

ROCHA
Gn 49.24 pelo nome do Pastor, a *Rocha* de Israel
Êx 33.6 estarei à sua espera no alto da *rocha*
Dt 32.31 a *rocha* deles não é como a nossa *Rocha*
Jz 21.13 que estavam na *rocha* de Rimom
1Sm 2.2 não há *rocha* alguma como o nosso Deus
Sl 94.22 Deus é a *rocha* em que encontro refúgio
Mt 7.24 construiu a sua casa sobre a *rocha*
Mc 15.46 num sepulcro cavado na *rocha*
Rm 9.33 uma *rocha* que faz cair
1Pe 2.8 "pedra de tropeço e *rocha* que faz cair"

ROCHEDO
Sl 18.2 o meu Deus é o meu *rochedo*
Sl 27.5 me porá em segurança sobre um *rochedo*
Sl 114.8 da rocha um açude, do *rochedo* uma fonte

ROLO
Êx 17.14 Escreva isto num *rolo*, como memorial
Ez 3.3 Filho do homem, coma este *rolo*
Ap 5.1 no trono um livro em forma de *rolo*

ROMA
At 2.10 visitantes vindos de *Roma*
At 28.16 Quando chegamos a *Roma*, Paulo
Rm 1.7 A todos os que em *Roma*
Rm 1.15 pregar o evangelho... em *Roma*
2Tm 1.17 ao contrário, quando chegou a *Roma*

ROMANO
Lc 2.1 recenseamento de todo o império *romano*
At 11.28 sobreviria a todo o mundo *romano*
At 22.26 Este homem é cidadão *romano*
At 25.16 não é costume *romano* condenar

RUA
Pv 7.12 uma hora na *rua*, outra nas praças
Mc 7.4 Quando chegam da *rua*, não comem
Ap 21.21 A *rua* principal da cidade era de ouro puro
Ap 22.2 no meio da *rua* principal da cidade

RUBI
Êx 28.17 Na primeira fileira haverá um *rubi*

RUDE
1Sm 25.3 descendente de Calebe, era *rude* e mau

RUGA
Ef 5.27 sem mancha nem *ruga*

RUGIR
Jó 4.10 Os leões podem *rugir* e rosnar
Sl 42.7 Abismo chama abismo ao *rugir*
Jr 51.55 o *rugir* de suas vozes ressoará

RUIVO
Gn 25.25 O primeiro a sair era *ruivo*
1Sm 16.12 Ele era *ruivo*, de belos olhos
1Sm 17.42 *ruivo* e de boa aparência

RUMOR
Jó 28.22 só chegou um leve *rumor* dela
Jr 51.46 um *rumor* chega este ano
Jo 21.23 *rumor* de que aquele discípulo...

RUÍNA
Nm 11.15 deixes ver a minha própria *ruína*
Am 6.6 não se entristecem com a *ruína* de José
Mq 6.16 Por isso os entregarei à *ruína*
Hc 2.10 tramou a *ruína* de muitos povos
Sf 1.15 dia de sofrimento e *ruína*
Rm 3.16 *ruína* e desgraça marcam os seus caminhos
1Tm 6.9 a mergulharem na *ruína* e na destruição
Ap 17.16 a levarão à *ruína* e a deixarão nua

SABEDORIA
1Rs 5.12 O Senhor deu *sabedoria* a Salomão
Jó 28.13 não percebe o valor da *sabedoria*
Pv 1.2 ajudarão a experimentar a *sabedoria*
Pv 8.11 a *sabedoria* é mais preciosa do que rubis
Mt 11.19 a *sabedoria* é comprovada pelas obras
Lc 2.52 Jesus ia crescendo em *sabedoria*
Lc 11.49 Deus disse em sua *sabedoria*
At 6.10 não podiam resistir à *sabedoria*
Rm 11.33 profundidade da riqueza da *sabedoria*
1Co 1.22 os gregos procuram *sabedoria*
Tg 3.15 Esse tipo de "*sabedoria*" não vem dos céus
2Pe 3.15 com a *sabedoria* que Deus lhe deu
Ap 13.18 Aqui há *sabedoria*

SABIDAMENTE
Mc 12.34 que ele tinha respondido *sabiamente*

SABÁ
Gn 25. 3 Jocsã gerou *Sabá* e Dedã
1Rs 10. 1 A rainha de *Sabá* soube da fama...

SACERDOTE
Gn 14. 18 e *sacerdote* do Deus Altíssimo
Êx 2. 16 o *sacerdote* de Midiã tinha sete filhas
Lv 2. 16 O *sacerdote* queimará a porção
Jz 18. 24 os deuses que fiz e o meu *sacerdote*
Mc 2. 26 aos *sacerdotes* era permitido comer
Mc 14. 53 Levaram Jesus ao sumo *sacerdote*
At 24. 1 o sumo *sacerdote* Ananias
Hb 5. 5 a glória de se tornar sumo *sacerdote*
Hb 9. 11 Cristo veio como sumo *sacerdote*
Hb 10. 21 Temos, pois, um grande *sacerdote*

SACERDÓCIO
Nm 3. 3 foram ungidos para o *sacerdócio*
Js 18. 7 o *sacerdócio* do SENHOR é a herança deles
1Rs 2. 27 expulsou Abiatar do *sacerdócio* do Senhor
Ne 7. 64 considerados impuros para o *sacerdócio*
Lc 1. 9 com o costume do *sacerdócio*
Hb 7. 12 quando há mudança de *sacerdócio*
Hb 7. 24 Jesus tem um *sacerdócio* permanente
1Pe 2. 5 espiritual para serem *sacerdócio* santo
1Pe 2. 9 geração eleita, *sacerdócio* real

SACIAR
Ez 7. 19 e não poderão *saciar* sua fome

SACRIFÍCIO
Gn 31. 54 Ofereceu *sacrifício* no monte
Êx 12. 27 É o *sacrifício* da Páscoa ao SENHOR
Lv 3. 6 como *sacrifício* de comunhão ao Senhor
Nm 6. 16 oferecerá o *sacrifício* pelo pecado
Dt 18. 10 que queime em *sacrifício* o seu filho
Jz 16. 23 para oferecer um grande *sacrifício*
Hb 9. 7 sem apresentar o sangue do *sacrifício*
Hb 13. 15 a Deus um *sacrifício* de louvor

SACRILÉGIO
Gn 43. 32 isso era *sacrilégio* para eles
Êx 8. 26 são um *sacrilégio* para os egípcios
Dn 12. 11 e colocado o *sacrilégio* terrível
Mt 24. 15 vocês virem 'o *sacrilégio* terrível'

SACUDIR
Is 2. 19 ele se levantar para *sacudir* a terra
Na 3. 2 e o *sacudir* dos carros de guerra!

SADRAQUE
Dn 2. 49 o rei nomeou *Sadraque*, Mesaque e Abede-Nego

SADUCEUS
Mt 3. 7 viu que muitos fariseus e *saduceus*
At 4. 1 o capitão da guarda do templo e os *saduceus*
At 5. 17 membros do partido dos *saduceus*
At 23. 6 alguns deles eram *saduceus*

SAFIRA
Êx 24. 10 semelhante a um pavimento de *safira*
Ez 1. 26 o que parecia um trono de *safira*
At 5. 1 homem chamado Ananias, com *Safira*

SAGRADO
Êx 29. 31 cozinhe a sua carne num lugar *sagrado*
Êx 37. 29 o óleo *sagrado* para as unções
Zc 8. 3 será chamado monte *Sagrado*
Mt 7. 6 Não deem o que é *sagrado* aos cães
Jo 19. 31 seria um sábado especialmente *sagrado*

SAL
Gn 19. 26 se transformou numa coluna de *sal*
Êx 30. 35 Levará *sal* e será puro e santo
Mt 5. 13 Vocês são o *sal* da terra
Mc 9. 50 O *sal* é bom, mas, se deixar de ser salgado,...
Cl 4. 6 sempre agradável e temperado com *sal*

SALAMINA
At 13. 5 Chegando em *Salamina*, proclamaram a palavra

SALGADO
Dt 3. 17 até o mar da Arabá, que é o mar *Salgado*
Mc 9. 49 Cada um será *salgado* com fogo
Mc 9. 50 mas, se deixar de ser *salgado*,...

SALIVA
1Sm 21. 13 deixando escorrer *saliva* pela barba.
Jo 9. 6 misturou terra com *saliva* e aplicou-a
Jo 9. 14 Jesus havia misturado terra com *saliva*

SALMANESER
2Rs 17. 3 *Salmaneser*, rei da Assíria
2Rs 17. 4 *Salmaneser* mandou lançá-lo na prisão

SALMO
1Co 14. 26 cada um de vocês tem um *salmo*

SALOMÃO
2Sm 12. 24 Davi deu o nome de *Salomão*
1Rs 1. 11 a Bate-Seba, mãe de *Salomão*
Mt 6. 29 eu digo que nem *Salomão*
Mt 12. 42 para ouvir a sabedoria de *Salomão*
Lc 11. 31 está aqui quem é maior do que *Salomão*
Jo 10. 23 caminhando pelo Pórtico de *Salomão*
At 7. 47 foi *Salomão* quem lhe construiu a

SALPICADOS
Gn 30. 39 filhotes listrados, *salpicados* e pintados
Gn 31. 8 os rebanhos geravam filhotes *salpicados*

SALTAR
Lv 11. 21 têm pernas articuladas para *saltar*
Jó 39. 20 o faz *saltar* como gafanhoto
Sl 29. 6 faz o Líbano *saltar* como bezerro

SALTÉRIO
Dn 3. 7 o som da trombeta...do *saltério*

SALVA
Jó 5. 15 *salva* o oprimido da espada
Sl 28. 2 salva o teu servo que em ti confia!
Pv 11. 14 o que a *salva* é ter muitos conselheiros
Jr 20. 13 ele *salva* o pobre das mãos dos ímpios
1Tm 2. 15 a mulher será *salva* dando à luz

SALVADOR
Dt 32. 15 e rejeitou a Rocha, que é o seu *Salvador*
2Sm 22. 3 e o meu poderoso *salvador*
Lc 1. 47 meu espírito se alegra em Deus, meu *Salvador*
Fp 3. 20 de onde esperamos...o *Salvador*
1Jo 4. 14 para ser o *Salvador* do mundo
Jd 25 ao único Deus, nosso *Salvador*

SALVAMENTO
At 27. 20 toda a esperança de *salvamento*

SALVAÇÃO
1Cr 16. 23 Proclamem a sua *salvação* dia após dia!
2Cr 6. 41 teus sacerdotes vestidos de *salvação*
Sl 91. 16 e lhe mostrarei a minha *salvação*
Is 2. 2 Deus é a minha *salvação*
Jo 4. 22 a *salvação* vem dos judeus.
At 4. 12 Não há *salvação* em nenhum outro
Ap 7. 10 A *salvação* pertence ao nosso Deus

SAMARIA
1Rs 16. 24 comprou de Sêmer a colina de *Samaria*
Lc 17. 11 pela divisa entre *Samaria* e Galileia
Jo 4. 4 necessário passar por *Samaria*
At 1. 8 em toda a Judeia e *Samaria*
At 8. 5 para uma cidade de *Samaria*
At 8. 14 ouvindo que *Samaria* havia aceitado
At 15. 3 Ao passarem pela Fenícia e por *Samaria*

SAMARITANO
Lc 9. 52 entraram num povoado *samaritano*
Jo 8. 48 em dizer que você é *samaritano*

SAMUEL
Nm 34. 20 *Samuel*, filho de Amiúde, da tribo de Simeão
1Sm 1. 20 deu-lhe o nome de *Samuel*
At 13. 20 até o tempo do profeta *Samuel*

SANGAR
Jz 3. 31 veio *Sangar*, filho de Anate

SANGUE
Gn 4. 10 o *sangue* do seu irmão está clamando
Lv 1. 5 trarão o *sangue* e o derramarão
Dt 12. 23 não poderão comer o *sangue*
Mt 27. 25 o *sangue* dele caia sobre nós
Mc 14. 24 é o meu *sangue* da aliança
Jo 6. 55 e o meu *sangue* é verdadeira bebida

SANGUINÁRIO
Ez 35. 6 entregarei você ao espírito *sanguinário*

SANSÃO
Jz 13. 24 e pôs-lhe o nome de *Sansão*
Jz 14. 16 a mulher de *Sansão* implorou-lhe
Jz 16. 31 *Sansão* liderou Israel durante vinte anos.

SANTIFICADO
Mt 6. 9 *Santificado* seja o teu nome
1Co 7. 14 o marido descrente é *santificado*
1Tm 4. 5 é *santificado* pela palavra de Deus
2Tm 2. 21 *santificado*, útil para o Senhor

SANTIFICAR
Hb 13. 12 *santificar* o povo por meio...

SANTUÁRIO
Gn 28. 22 como coluna servirá de *santuário* de Deus
Sl 114. 2 Judá tornou-se o *santuário* de Deus
Hb 8. 5 servem num *santuário* que é cópia
Ap 3. 12 do vencedor uma coluna no *santuário*
Ap 16. 17 e do *santuário* saiu uma forte voz

SANTÍSSIMO
Êx 29. 37 o altar será *santíssimo*
Lv 21. 22 comer o alimento *santíssimo*
Nm 18. 10 Comam-na como algo *santíssimo*
Dn 9. 24 e a profecia, e ungir o *santíssimo*

SARDES
Ap 3. 1 Ao anjo da igreja em *Sardes*

SAROM
1Cr 5. 16 das terras de pastagem de *Sarom*
Ct 2. 1 Sou uma flor de *Sarom*, um lírio dos vales
Is 33. 9 *Sarom* é como a Arabá

SARÇA
Êx 3. 2 que saía do meio de uma *sarça*
Dt 33. 16 que apareceu na *sarça* ardente
Mc 12. 26 no livro de Moisés, no relato da *sarça*
At 7. 30 um anjo nas labaredas de uma *sarça*

SATANÁS
1Cr 21. 1 *Satanás* levantou-se contra Israel
Jó 1. 6 e *Satanás* também veio com eles
Zc 3. 1 e *Satanás*, à sua direita, para acusá-lo
Mt 12. 26 Se Satanás expulsa *Satanás*...
Lc 22. 31 *Satanás* pediu vocês para peneirá-los
At 26. 18 e do poder de *Satanás* para Deus

Concordância Bíblica Abreviada

Rm 16. 20 o Deus da paz esmagará *Satanás*
1Co 5. 5 entreguem esse homem a *Satanás*
Ap 20. 7 *Satanás* será solto da sua prisão

SAUDAR
Mt 26. 48 a quem eu *saudar* com um beijo

SAUDAÇÃO
Lc 1. 29 no que poderia significar esta *saudação*
Lc 1. 44 a sua *saudação* chegou aos meus ouvidos
1Co 16. 21 escrevi esta *saudação* de próprio punho

SAUDÁVEL
Sl 73. 4 e têm o corpo *saudável* e forte

SAUL
1Sm 9. 2 tinha um filho chamado *Saul*
1Sm 9. 24 *Saul* comeu com Samuel naquele dia
1Sm 26. 17 *Saul* reconheceu a voz de Davi
Is 10. 29 Ramá treme; Gibeá de *Saul* foge.
At 13. 21 e Deus lhes deu *Saul*, filho de Quis
At 13. 22 Depois de rejeitar *Saul*, levantou-lhes Davi

SEITA
At 24. 5 principal cabeça da *seita* dos nazarenos
At 24. 14 seguidor do Caminho, a que chamam *seita*
At 28. 22 há gente falando contra esta *seita*

SEMBLANTE
Jó 9. 27 vou mudar o meu *semblante* e sorrir
Ec 8. 1 o favor do rei e muda o seu *semblante*
Dn 8. 23 surgirá um rei de duro *semblante*

SEMEADOR
Is 55. 10 produzir semente para o *semeador*
Mt 13. 3 o *semeador* saiu a semear
Mt 13. 18 o que significa a parábola do *semeador*
Mc 4. 14 O *semeador* semeia a palavra

SEMEAR
Is 30. 23 para a semente que você *semear*
Am 9. 13 o pisar das uvas até o tempo de *semear*.
Gl 6. 7 o que o homem *semear*, isso também colherá

SENAQUERIBE
2Rs 18. 13 *Senaqueribe*, rei da Assíria
2Cr 32. 16 Os oficiais de *Senaqueribe* desafiaram
Is 37. 17 *Senaqueribe* enviou para insultar o Deus vivo

SENHOR
Gn 2. 4 o S{\sc enhor} Deus fez a terra e os céus
Gn 47. 8 "Quantos anos o *senhor* tem?"
Êx 7. 20 fizeram como o S{\sc enhor} tinha ordenado
Êx 8. 1 O S{\sc enhor} falou a Moisés: "Vá ao faraó e...
Lv 2. 14 trouxer ao S{\sc enhor} uma oferta de cereal
Nm 9. 23 suas responsabilidades para com o S{\sc enhor}
Dt 1. 36 pois seguiu o S{\sc enhor} de todo o coração
Js 3. 3 a arca da aliança do S{\sc enhor}
Js 3. 5 o S{\sc enhor} fará maravilhas entre vocês
Jz 8. 34 não se lembraram do S{\sc enhor}
1Cr 21. 18 que construísse um altar ao S{\sc enhor}
Sl 4. 8 S{\sc enhor}, me fazes viver em segurança
Is 23. 18 serão separados para o S{\sc enhor}
Jr 1. 2 A palavra do S{\sc enhor} veio a ele
Lm 2. 7 O S{\sc enhor} rejeitou o seu altar
Ez 5. 13 saberão que eu, o S{\sc enhor}, falei
Jl 1. 14 o dia de S{\sc enhor} está próximo
Mt 11. 25 S{\sc enhor} dos céus e da terra
Mt 25. 44 S{\sc enhor}, quando te vimos com fome
Lc 1. 17 um povo preparado para o S{\sc enhor}

Jo 5. 4 um anjo do *Senhor* e agitava as águas
At 9. 10 O *Senhor* o chamou numa visão
Ef 6. 1 obedeçam a seus pais no *Senhor*
Hb 12. 5 não despreze a disciplina do *Senhor*
Tg 5. 10 os profetas que falaram em nome do *Senhor*
Ap 22. 6 O *Senhor*, o Deus dos espíritos dos profetas

SENSATA
Tt 2. 12 e a viver de maneira *sensata*, justa

SENSATO
Pv 8. 14 Meu é o conselho *sensato*
Mq 6. 9 é *sensato* temer o seu nome!
Mt 24. 45 Quem é, pois, o servo fiel e *sensato*
1Tm 3. 2 *sensato*, respeitável, hospitaleiro
Tt 1. 8 amigo do bem, *sensato*, justo...

SEPULCRO
Sl 16. 10 tu não me abandonarás no *sepulcro*
Mt 27. 60 e o colocou num *sepulcro* novo
Lc 23. 55 seguiram José, e viram o *sepulcro*
Jo 20. 1 chegou ao *sepulcro* e viu que a pedra
At 2. 27 tu não me abandonarás no *sepulcro*
At 13. 29 do madeiro e o colocaram num *sepulcro*

SEPULTAR
Gn 23. 8 permissão para *sepultar* minha mulher
Gn 50. 7 José partiu para *sepultar* seu pai
Mt 8. 21 deixa-me ir primeiro *sepultar* meu pai

SERAFINS
Is 6. 2 Acima dele estavam *serafins*
Is 6. 6 um dos *serafins* voou até mim

SERPENTE
Gn 3. 1 a *serpente* era o mais astuto...
Êx 4. 4 pegou a *serpente* e esta se transformou
Sl 91. 13 pisoteará o leão forte e a *serpente*
Am 9. 3 ali ordenarei à *serpente* que os morda
Mq 7. 17 Lamberão o pó como a *serpente*
Jo 3. 14 Moisés levantou a *serpente* no deserto
Ap 12. 9 é a antiga *serpente* chamada Diabo

SERVIDÃO
Gn 47. 21 José o reduziu à *servidão*
1Co 7. 15 não fica debaixo de *servidão*

SIDOM
Gn 10. 15 Canaã gerou *Sidom*, seu filho mais velho
Gn 10. 19 estendiam-se desde *Sidom*, iam até Gerar
Mt 11. 21 sido realizados em Tiro e *Sidom*
At 27. 3 dia seguinte, ancoramos em *Sidom*

SIGNIFICAR
Lc 1. 29 que poderia *significar* esta saudação

SILAS
At 15. 27 estamos enviando Judas e *Silas*
At 17. 15 para que *Silas* e Timóteo se juntassem a ele

SILOÉ
Ne 3. 15 reparos do muro do tanque de *Siloé*
Is 8. 6 este povo rejeitou as águas de *Siloé*
Lc 13. 4 caiu sobre eles a torre de *Siloé*
Jo 9. 7 Vá lavar-se no tanque de *Siloé*

SILVANO
1Ts 1. 1 Paulo, *Silvano* e Timóteo
1Pe 5. 12 Com a ajuda de *Silvano*

SILÓ
Js 18. 1 dos israelitas reuniu-se em *Siló*
Jr 7. 12 a *Siló*, o meu lugar de adoração

SIMEI
2Sm 16. 5 da família de Saul chamado *Simei*
1Rs 2. 39 dois escravos de *Simei* fugiram

Et 2. 5 neto de *Simei* e bisneto de Quis
Zc 12. 13 a família de *Simei* com suas mulheres

SIMEÃO
Gn 34. 25 dois filhos de Jacó, *Simeão* e Levi
Êx 1. 2 Rúben, *Simeão*, Levi e Judá
Lc 2. 28 *Simeão* o tomou nos braços
At 13. 1 Barnabé, *Simeão*, chamado Níger
Ap 7. 7 da tribo de *Simeão*, doze mil

SIMÃO
Mt 4. 18 *Simão*, chamado Pedro, e seu irmão André
Mt 26. 6 na casa de *Simão*, o leproso,
Mc 1. 30 A sogra de *Simão* estava de cama
Lc 22. 31 *Simão*, *Simão*, Satanás pediu vocês
Lc 23. 26 agarraram *Simão* de Cirene
2Pe 1. 1 *Simão* Pedro, servo e apóstolo

SINAGOGA
Mt 9. 18 um dos dirigentes da *sinagoga* chegou
Mc 6. 2 começou a ensinar na *sinagoga*
Lc 4. 38 Jesus saiu da *sinagoga* e foi à casa...
Jo 6. 59 ensinava na *sinagoga* de Cafarnaum
At 14. 1 como de costume, foram à *sinagoga* judaica

SINAI
Êx 19. 1 chegaram ao deserto do *Sinai*
Êx 34. 32 o S{\sc enhor} lhe tinha dado no monte *Sinai*
Nm 26. 64 contaram os israelitas no deserto do *Sinai*
Dt 33. 2 O S{\sc enhor} veio do *Sinai*
At 7. 30 no deserto, perto do monte *Sinai*
At 7. 38 o anjo que lhe falava no monte *Sinai*
Gl 4. 24 Uma aliança procede do monte *Sinai*
Gl 4. 25 Hagar representa o monte *Sinai*, na Arábia

SIQUÉM
Gn 12. 6 o lugar do carvalho de Moré, em *Siquém*
Gn 34. 2 *Siquém*, filho de Hamor, o heveu
Jz 9. 1 aos irmãos de sua mãe em *Siquém*
Os 6. 9 eles assassinam na estrada de *Siquém*
At 7. 16 foram levados de volta a *Siquém*

SIRACUSA
At 28. 12 em *Siracusa*, ficamos ali três dias

SIRO-FENÍCIA
Mc 7. 26 A mulher era grega, *siro-fenícia*

SISAQUE
1Rs 11. 40 fugiu para o Egito, para o rei *Sisaque*
1Rs 14. 25 *Sisaque*, rei do Egito, atacou Jerusalém

SÍSERA
Jz 4. 2 O comandante do seu exército era *Sísera*
Sl 83. 9 como trataste *Sísera* e Jabim

SITIARAM
1Rs 16. 17 saíram de Gibetom e *sitiaram* Tirza
2Rs 16. 5 lutar contra Acaz e *sitiaram* Jerusalém

SITIM
Nm 25. 1 Israel estava em *Sitim*
Js 2. 1 enviou secretamente de *Sitim* dois espiões
Mq 6. 5 viagem que você fez desde *Sitim* até Gilgal

SOBERBA
Is 14. 11 Sua *soberba* foi lançada na sepultura
Is 16. 6 Ouvimos acerca da *soberba* de Moabe
Is 57. 7 fez o leito numa colina alta e *soberba*

SOBERBOS
Lc 1. 51 dispersou os que são *soberbos*
2Tm 3. 4 traidores, precipitados, *soberbos*

Concordância Bíblica Abreviada

SÓBRIO
1Sm 25. 37 quando Nabal estava *sóbrio*
SOCORRO
Gn 39. 15 me ouviu gritar por *socorro*
Jz 6. 6 clamaram por *socorro* ao Senhor
2Sm 21. 17 foi em *socorro* de Davi e matou o filisteu
Sl 39. 12 escuta o meu grito de *socorro*
Is 58. 9 você gritará por *socorro*, e ele dirá
Lm 3. 8 quando chamo ou grito por *socorro*
SODOMA
Gn 10. 19 de lá, prosseguiam até *Sodoma*
Gn 14. 12 visto que morava em *Sodoma*
Mt 10. 15 haverá menor rigor para *Sodoma*
Lc 10. 12 haverá mais tolerância para *Sodoma*
Rm 9. 29 já estaríamos como *Sodoma*
2Pe 2. 6 condenou as cidades de *Sodoma* e...
Ap 11. 8 figuradamente é chamada *Sodoma*
SOFONIAS
2Rs 25. 18 *Sofonias*, o segundo sacerdote
Jr 29. 29 O sacerdote *Sofonias* leu a carta
Sf 1. 1 Palavra do Senhor que veio a *Sofonias*
SOGRA
Dt 27. 23 quem se deitar com a sua *sogra*
Rt 1. 8 o que você tem feito por sua *sogra*
Mq 7. 6 a nora, contra a *sogra*
Mt 8. 14 viu a *sogra* deste de cama, com febre
Mc 1. 30 A *sogra* de Simão estava de cama
SOL
Gn 19. 23 o *sol* já havia nascido sobre a terra
Dt 17. 3 ou diante do *sol*, ou diante da lua
Is 49. 10 o calor do deserto e o *sol* não os atingirão
Ez 8.16 eles se prostravam na direção do *Sol*
Hc 3. 4 esplendor era como a luz do *sol*
Mt 5. 45 faz raiar o seu *sol* sobre maus e bons
Mc 13. 24 o *sol* escurecerá e a lua não dará a sua luz
Mc 16. 2 bem cedo, ao nascer do *sol*
At 13. 11 incapaz de ver a luz do *sol*
Ef 4. 26 ...a sua ira antes que o *sol* se ponha
Ap 8. 12 e foi ferido um terço do *sol*
Ap 22. 5 nem da luz do *sol*, pois o Senhor Deus
SOLTEIRO
Êx 21. 3 chegou *solteiro*, solteiro receberá liberdade
1Co 7. 27 Está *solteiro*? Não procure esposa
SOLTO
Ap 20. 3 que ele seja *solto* por um pouco de tempo
Ap 20. 7 Satanás será *solto* da sua prisão
SOPRO
Êx 15. 8 forte *sopro* das tuas narinas
Êx 15. 10 enviaste o teu *sopro*, e o mar os encobriu
Jó 4. 9 Pelo *sopro* de Deus são destruídos
Jó 37. 10 O *sopro* de Deus produz gelo
Is 2. 22 não passa de um *sopro* em suas narinas
2Ts 2. 8 o Senhor Jesus matará com o *sopro*
Ap 11. 11 um *sopro* de vida da parte de Deus
SOSSEGADO
Is 32. 9 Vocês, mulheres tão *sossegadas*
SOSSEGAR
Is 57. 20 incapaz de *sossegar* e cujas águas
SOSSEGO
Jó 3. 18 prisioneiros também desfrutam *sossego*
2Co 2. 13 não tive *sossego* em meu espírito
SÓSTENES
At 18. 17 todos se voltaram contra *Sóstenes*
1Co 1. 1 ...e o irmão *Sóstenes*

SUBLIME
Sl 109. 21 pois é *sublime* o teu amor leal!
Is 57. 15 Pois assim diz o Alto e *Sublime*
SUBMETER
Gl 5. 1 não se deixem *submeter* novamente
SUBMISSÃO
1Sm 15. 22 a *submissão* é melhor do que a gordura
1Cr 29. 24 prometeram *submissão* ao rei Salomão
1Co 14. 34 antes permaneçam em *submissão*
Hb 5. 7 por causa da sua reverente *submissão*
SUFOCADOS
Lc 8. 14 são *sufocados* pelas preocupações
SUJEITAR
Ne 9. 5 temos que *sujeitar* os nossos filhos
Jr 27. 13 a nação que não se *sujeitar* ao rei...
Hb 2. 8 Ao lhe *sujeitar* todas as coisas
SUJOS
Lm 4. 14 e tão *sujos* de sangue estão
SUOR
Gn 3. 19 ...*suor* do seu rosto você comerá o seu pão
Lc 22. 44 e o seu *suor* era como gotas de sangue
SUPERSTIÇÕES
Is 2. 6 eles se encheram de *superstições*
SUPLICAR
Gn 47. 15 os egípcios foram *suplicar* a José
Jr 38. 26 Fui *suplicar* ao rei que não me...
Zc 8. 21 *suplicar* o favor do Senhor
Mc 5. 17 o povo começou a *suplicar* a Jesus
SUPREMO
Sl 50. 1 Fala o Senhor, o Deus *supremo*
1Pe 5. 4 se manifestar o *Supremo* Pastor
SUPRIR
1Rs 5. 11 *suprir* de mantimento a sua corte
Sl 78. 20 Poderá *suprir* de carne o seu povo?
Fp 2. 30 arriscando a vida para *suprir* a ajuda
1Ts 3. 10 e *suprir* o que falta à sua fé
SURDO
Êx 4. 11 Quem o fez *surdo* ou mudo?
Is 43. 8 que tem ouvidos, mas é *surdo*
Is 59. 1 ouvido tão *surdo* que não possa ouvir
Mc 7. 32 um homem que era *surdo*
Mc 7. 37 Faz até o *surdo* ouvir e o mudo falar
Mc 9. 25 Espírito mudo e *surdo*, eu ordeno
SURPREENDE
At 3. 12 Israelitas, por que isto os *surpreende*?
SUSCITAR
Pv 30. 33 *suscitar* a raiva produz contenda
SUSPEITAR
Nm 5. 14 tiver ciúmes e *suspeitar* de sua mulher
SUSPENDE
Jó 26. 7 *suspende* a terra sobre o nada
SUSPIRA
Is 26. 9 A minha alma *suspira* por ti
SUSTENTAR
Mt 15. 6 não está mais obrigado a *sustentar* seu pai
SÚDITOS
1Cr 21. 3 todos eles *súditos* do meu senhor?
Et 1. 11 queria mostrar aos seus *súditos*
Pv 14. 28 sem *súditos*, o príncipe está arruinado
Mt 8. 12 os *súditos* do Reino serão lançados
Lc 19. 14 os seus *súditos* o odiavam
SÚPLICAS
1Sm 7. 2 buscava o Senhor com *súplicas*
2Sm 24. 25 o Senhor aceitou as *súplicas*

Sl 130. 2 os teus ouvidos às minhas *súplicas*!
Dn 9. 17 as orações e as *súplicas* do teu servo
Fp 4. 6 pela oração e *súplicas*, e com ação...
1Tm 2. 1 que se façam *súplicas*, orações
Hb 5. 7 Jesus ofereceu orações e *súplicas*
TABERNÁCULO
Êx 25. 9 conforme o modelo do *tabernáculo*
Êx 40. 36 a nuvem se erguia sobre o *tabernáculo*
At 7. 45 Tendo recebido o *tabernáculo*...
Hb 8. 2 verdadeiro *tabernáculo* que o Senhor erigiu
Hb 13. 10 os que ministram no *tabernáculo*
2Pe 1. 13 estiver no *tabernáculo* deste corpo
Ap 7. 15 estenderá sobre eles o seu *tabernáculo*
Ap 15. 5 o santuário, o *tabernáculo* da aliança
Ap 21. 3 o *tabernáculo* de Deus está com os homens
TABERÁ
Nm 11. 3 aquele lugar foi chamado *Taberá*
Dt 9. 22 provocar a ira do Senhor em *Taberá*
TABITA
At 9. 36 uma discípula chamada *Tabita*
At 9. 40 disse: "*Tabita*, levante-se"
TABUINHA
Lc 1. 63 pediu uma *tabuinha* e, para admiração...
TADEU
Mt 10. 3 Tiago, filho de Alfeu, e *Tadeu*
TANQUE
Dt 16. 13 ajuntarem o produto da eira e do *tanque* de prensar uvas
TALENTO
Mt 25. 18 o que tinha recebido um *talento* saiu
Mt 25. 25 saí e escondi o seu *talento* no chão
Mt 25. 28 Tirem o *talento* dele e entreguem-no...
TARDIOS
Tg 1. 19 *tardios* para falar e *tardios* para irar-se
TARSO
At 9. 11 um homem de *Tarso* chamado Saulo
At 9. 30 para Cesareia e o enviaram para *Tarso*
At 11. 25 Barnabé foi a *Tarso* procurar Saulo
At 21. 39 Sou judeu, cidadão de *Tarso*
TEMENTE
At 10. 22 um homem justo e *temente* a Deus
At 16. 14 era uma mulher *temente* a Deus
TEMOR
Gn 31. 42 o *Temor* de Isaque, não estivesse comigo
Jó 4. 14 *temor* e tremor se apoderaram de mim
Pv 9. 10 O *temor*...é o princípio da sabedoria
Mt 9. 8 a multidão ficou cheia de *temor*
2Co 7. 15 recebendo-o com *temor* e tremor
Hb 12. 28 de modo aceitável, com reverência e *temor*
TEMPERADO
Cl 4. 6 agradável e *temperado* com sal
TEMPEROS
Ez 24. 10 misturando os *temperos*
TEMPESTADE
Êx 9. 18 enviarei a pior *tempestade* de granizo
Jr 25. 32 uma terrível *tempestade* se levanta
Jr 30. 23 Vejam, a *tempestade* do Senhor!
Ez 1. 4 Olhei e vi uma *tempestade*
At 27. 15 O navio foi arrastado pela *tempestade*
TEMPORAL
Ap 11. 19 e um grande *temporal* de granizo

Concordância Bíblica Abreviada

TENAZ
Is 6. 6 que havia tirado do altar com uma *tenaz*
TENEBROSOS
2Pe 2. 4 prendendo-os em abismos *tenebrosos*
TENTADOR
Mt 4. 3 O *tentador* aproximou-se dele
1Ts 3. 5 que o *tentador* não os seduzisse
TENTAÇÃO
Mt 6. 13 E não nos deixes cair em *tentação*
Lc 22. 40 para que vocês não caiam em *tentação*
1Tm 6. 9 querem ficar ricos caem em *tentação*
Hb 4. 15 passou por todo tipo de *tentação*
TERRESTRES
1Co 15. 40 há também corpos *terrestres*
TESOUREIRO
Ed 1. 8 tirados pelo *tesoureiro* Mitredate
TESOURO
Gn 43. 23 deu um *tesouro* em suas bagagens
Dt 14. 2 os escolheu para serem o seu *tesouro*
Mt 6. 21 onde estiver o seu *tesouro*...
Mt 12. 35 do seu bom *tesouro* tira coisas boas
Lc 12. 33 um *tesouro* nos céus
Lc 18. 22 e você terá um *tesouro* nos céus
1Tm 6. 19 acumularão um *tesouro* para si
TESSALÔNICA
At 17. 1 chegaram a *Tessalônica*
At 27. 2 Aristarco, um macedônio de *Tessalônica*
Fp 4. 16 estando eu em *Tessalônica*
2Tm 4. 10 abandonou-me e foi para *Tessalônica*
TESTAMENTO
Gl 3. 15 ninguém pode anular um *testamento*
Hb 9. 16 No caso de um *testamento*...
Hb 9. 17 um *testamento* só é validado no caso...
TESTEMUNHA
Gn 31. 48 é uma *testemunha* entre mim e você
Jo 1. 7 veio como *testemunha* da luz
At 1. 22 conosco *testemunha* de sua ressurreição
2Co 1. 23 Invoco a Deus como *testemunha*
Fp 1. 8 Deus é minha *testemunha*
1Pe 5. 1 *testemunha* dos sofrimentos de Cristo
Ap 1. 5 Jesus Cristo, que é a *testemunha* fiel
TESTIFICAR
Jo 1. 7 para *testificar* acerca da luz
TETRARCA
Mt 14. 1 Por aquele tempo Herodes, o *tetrarca*
Lc 9. 7 Herodes, o *tetrarca*, ouviu falar de tudo
TEUDAS
At 5. 36 Há algum tempo, apareceu *Teudas*
TIAGO
Mt 10. 2 *Tiago*, filho de Zebedeu, e João, seu irmão
Mt 27. 56 Maria, mãe de *Tiago* e de José
At 12. 2 matar à espada *Tiago*, irmão de João
1Co 15. 7 apareceu a *Tiago* e, então...
Gl 1. 19 a não ser *Tiago*, irmão do Senhor
Tg 1. 1 *Tiago*, servo de Deus e do Senhor
Jd 1 servo de Jesus Cristo e irmão de *Tiago*
TIBERÍADES
Jo 6. 23 alguns barcos de *Tiberíades*
Jo 21. 1 à margem do mar de *Tiberíades*
TIGLATE-PILESER
2Rs 15. 29 *Tiglate-Pileser*, rei da Assíria
1Cr 5. 26 ...Israel incitou Pul, que é *Tiglate-Pileser*
TIJOLO
Ez 4. 1 filho do homem, apanhe um *tijolo*

TIMÓTEO
At 16. 1 vivia um discípulo chamado *Timóteo*
Rm 16. 21 *Timóteo*, meu cooperador
1Co 4. 17 enviando a vocês *Timóteo*, meu filho amado
Fp 1. 1 Paulo e *Timóteo*, servos de Cristo
Fp 2. 22 vocês sabem que *Timóteo* foi aprovado
2Tm 1. 2 a *Timóteo*, meu amado filho
Hb 13. 23 *Timóteo* foi posto em liberdade
TINIR
1Sm 3. 11 algo que fará *tinir* os ouvidos de todos
TITO
2Co 2. 13 não encontrei ali meu irmão *Tito*
2Co 7. 6 consolou-nos com a chegada de *Tito*
Gl 2. 3 nem mesmo *Tito*, que estava comigo
Tt 1. 4 a *Tito*, meu verdadeiro filho em nossa fé
TIÇÃO
Am 4. 11 como um *tição* tirado do fogo
Zc 3. 2 "...não parece um *tição* tirado do fogo?"
TOBE
Jz 11. 3 e se estabeleceu em *Tobe*
2Sm 10. 6 doze mil dos homens de *Tobe*
TODO-PODEROSO
Gn 17. 1 Eu sou o Deus *todo-poderoso*
Nm 24. 16 a visão que vem do *Todo-poderoso*
Rt 1. 21 O *Todo-poderoso* me trouxe desgraça!
Ap 16. 14 do grande dia do Deus *todo-poderoso*
Ap 19. 15 ...do furor da ira do Deus *todo-poderoso*
TOMÉ
Mt 10. 3 Filipe e Bartolomeu; *Tomé* e Mateus
Jo 20. 24 *Tomé*, chamado Dídimo, um dos Doze
TORMENTO
Lc 16. 28 para este lugar de *tormento*
Ap 9. 5 causar-lhes *tormento* durante cinco meses
Ap 18. 10 Amedrontados por causa do *tormento* dela
TORPE
Ef 4. 29 Nenhuma palavra *torpe* saia da boca
TORRÕES
Jó 38. 38 os *torrões* de terra aderem uns aos outros?
Sl 65. 10 os seus sulcos e aplainas os seus *torrões*
Jl 1. 17 murchas debaixo dos *torrões* de terra
TORTO
Ec 1. 15 O que é *torto* não pode ser endireitado
Ec 7. 13 Quem pode endireitar o que ele fez *torto*?
Is 30. 13 como um muro alto, rachado e *torto*
TORTUOSO
Pv 21. 8 O caminho do culpado é *tortuoso*
TORTURADOS
Lm 4. 9 tendo sido *torturados* pela fome
Hb 11. 35 foram *torturados* e recusaram ser libertados
TOSQUIADOR
At 8. 32 cordeiro mudo diante do *tosquiador*
TOURO
Dt 33. 17 como a primeira cria de um *touro*
2Cr 4. 3 e ao seu redor havia figuras de *touro*
Jr 46. 15 O seu *touro* não resistiu, porque o Senhor
TRAIDOR
2Rs 17. 4 descobriu que Oseias era um *traidor*
Is 21. 2 O *traidor* fora traído, o saqueador,

Is 33. 1 Ai de você, *traidor*, que não foi traído!
Mt 26. 48 O *traidor* havia combinado um sinal
Lc 6. 16 e Judas Iscariotes, que veio a ser o *traidor*
Jo 18. 2 Judas, o *traidor*, conhecia aquele lugar
TRAIÇÃO
Sl 38. 12 passam o dia planejando *traição*
Mt 26. 4 planejaram prender Jesus à *traição*
TRAJE
2Sm 20. 8 Joabe vestia seu *traje* militar
TRANSFIGURADO
Mt 17. 2 ele foi *transfigurado* diante deles
TRANSGRESSOR
Rm 2. 27 é *transgressor* da Lei
Gl 2. 18 provo que sou *transgressor*
Tg 2. 11 torna-se *transgressor* da Lei
TRANSPARENTE
Ap 21. 21 de ouro puro, como vidro *transparente*.
TRANSPORTAR
1Cr 15. 14 para *transportar* a arca do Senhor
TRANSTORNADO
Is 21. 3 estou tão *transtornado* que não...
TRAPO
Is 30. 22 como um *trapo* imundo e lhes dirá
Is 64. 6 ...de justiça são como *trapo* imundo
TRASPASSOU
Jz 5. 26 esmagou e *traspassou* suas têmporas
2Sm 18. 14 e com eles *traspassou* o coração
Jó 16. 13 *traspassou* sem dó os meus rins
TREMER
Gn 27. 33 Isaque começou a *tremer* muito
Êx 9. 30 o que é *tremer* diante do Senhor
Jó 21. 6 todo o meu corpo se põe a *tremer*
Sl 29. 8 A voz do Senhor faz *tremer* o deserto
Ag 2. 7 Farei *tremer* todas as nações
TREMOR
Jó 4. 14 temor e *tremor* se apoderaram de mim
Is 33. 14 o *tremor* se apodera dos ímpios
1Co 2. 3 com muito *tremor* que estive entre vocês.
2Co 7. 15 recebendo-o com temor e *tremor*
TREVA
1Jo 1. 5 Deus é luz; nele não há *treva* alguma
TRIBULAÇÃO
Mt 13. 21 surge alguma *tribulação* ou perseguição
Mt 24. 21 haverá então grande *tribulação*
Mc 13. 19 aqueles serão dias de *tribulação*
Rm 2. 9 Haverá *tribulação* e angústia
Rm 12. 12 sejam pacientes na *tribulação*
2Co 8. 2 No meio da mais severa *tribulação*
1Ts 3. 7 em toda a nossa necessidade e *tribulação*
Ap 7. 14 são os que vieram da grande *tribulação*
TRIBUNAL
Dn 7. 10 O *tribunal* iniciou o julgamento
Mt 5. 22 será levado ao *tribunal*
At 18. 16 mandou expulsá-los do *tribunal*
Rm 14. 10 compareceremos diante do *tribunal* de Deus
1Co 6. 6 um irmão vai ao *tribunal* contra outro irmão
2Co 5. 10 comparecer perante o *tribunal* de Cristo
TRILHAR
Os 10. 11 gostava muito de *trilhar*

Concordância Bíblica Abreviada

TRINCHEIRAS
Is 26. 1 a salvação como muros e *trincheiras*.
Lc 19. 43 seus inimigos construirão *trincheiras*

TRIUNFAR
Jó 17. 4 e com isso não os deixarás *triunfar*
Sl 18. 48 ...*triunfar* sobre os meus agressores

TROCAR
Gn 41. 14 de se barbear e *trocar* de roupa

TROMBETA
Zc 9. 14 o Senhor, tocará a *trombeta*
Mt 24. 31 seus anjos com grande som de *trombeta*
1Ts 4. 16 com a voz do arcanjo e o ressoar da *trombeta*
Hb 12. 19 ao soar da *trombeta* e ao som de palavras
Ap 8. 7 O primeiro anjo tocou a sua *trombeta*

TROPEÇAR
Sl 38. 16 triunfem sobre mim quando eu *tropeçar*
Mt 18. 8 mão ou o seu pé o fizerem *tropeçar*
Lc 17. 1 coisas que levem o povo a *tropeçar*
1Co 8. 13 para não fazer meu irmão *tropeçar*

TROVEJAR
Jó 37. 2 o *trovejar* da sua boca.
Jó 40. 9 sua voz pode *trovejar* como a dele?

TROVÃO
Jó 26. 14 poderá compreender o *trovão* do seu poder?"
Jó 36. 33 Seu *trovão* anuncia a tempestade
Sl 77. 17 ressoou nos céus o *trovão*
Is 33. 3 Diante do *trovão* da tua voz
Zc 10. 1 é o Senhor quem faz o *trovão*
Ap 14. 2 de muitas águas e de um forte *trovão*

TRÊMULO
At 16. 29 entrou correndo e, *trêmulo*,
Hb 12. 21 "Estou apavorado e *trêmulo*!"

TRÔADE
At 16. 8 contornaram a Mísia e desceram a *Trôade*
At 20. 5 foram adiante e nos esperaram em *Trôade*
2Co 2. 12 cheguei a *Trôade* para pregar

TUMIM
Êx 28. 30 Ponha também o Urim e o *Tumim*
Lv 8. 8 no qual pôs o Urim e o *Tumim*
Ed 2. 63 por meio do Urim e do *Tumim*
Ne 7. 65 para consultar o Urim e o *Tumim*

TURBILHÃO
Is 66. 15 seus carros são como um *turbilhão*!
Jn 2. 3 formavam um *turbilhão* ao meu redor

TUTANO
Jó 21. 24 ...e os ossos cheios de *tutano*

TUTOR
Gl 3. 24 foi o nosso *tutor* até Cristo
Gl 3. 25 ...mais sob o controle do *tutor*

TÁRSIS
Gn 10. 4 Elisá, *Társis*, Quitim e Rodanim
Is 23. 1 Pranteiem, navios de *Társis*!
Jn 4. 2 me apressei em fugir para *Társis*

TÉRCIO
Rm 16. 22 Eu, *Tércio*, que redigi esta carta

TÉRTULO
At 24. 1 um advogado chamado *Tértulo*

TÍQUICO
At 20. 4 além de *Tíquico* e Trófimo
Ef 6. 21 *Tíquico*, o irmão amado e fiel
Cl 4. 7 *Tíquico* informará vocês de todas as coisas
2Tm 4. 12 Enviei *Tíquico* a Éfeso

TÍTULO
Is 45. 4 e concedo a você um *título* de honra

UIVAM
Sl 59. 15 se não ficam satisfeitos, *uivam*

UMBRAIS
Am 9. 1 para que tremam os *umbrais*

UNGIR
Êx 30. 26 Use-o para *ungir* a Tenda
Jz 9. 8 saíram para *ungir* um rei para si
1Sm 16. 3 *ungir* para mim aquele que eu indicar
Dn 9. 24 ...a profecia, e *ungir* o santíssimo
Mc 16. 1 ...aromáticas para *ungir* o corpo de Jesus
Ap 3. 18 colírio para *ungir* os seus olhos

UNIGÊNITO
Jo 1. 14 glória como do *Unigênito* vindo do Pai
Jo 3. 16 que deu o seu Filho *Unigênito*
Jo 3. 18 por não crer no nome do Filho *Unigênito*
1Jo 4. 9 enviou o seu Filho *Unigênito* ao mundo

UNIR
Êx 26. 11 ponha-os nas laçadas para *unir*...

UNÂNIME
Êx 19. 8 O povo todo respondeu *unânime*
2Sm 19. 14 conquistaram a lealdade *unânime*
At 8. 6 deu *unânime* atenção ao que ele dizia

UNÇÃO
Êx 25. 6 especiarias para o óleo da *unção*
Êx 29. 7 Unja-o com o óleo da *unção*
1Jo 2. 20 têm uma *unção* que procede do Santo

UR
Gn 11. 28 Harã morreu em *Ur* dos caldeus
Gn 15. 7 o Senhor, que o tirei de *Ur* dos caldeus
Ne 9. 7 trouxe-o de *Ur* dos caldeus e deu-lhe o nome

URIAS
2 Sm 11. 3 filha de Eliã e mulher de *Urias*
Is 8. 2 chame o sacerdote *Urias*, e Zacarias
Jr 26. 20 foi *Urias*, filho de Semaías
Mt 1. 6 cuja mãe tinha sido mulher de *Urias*

UVA
Nm 6. 3 *uva* nem comer uvas nem passas
Ap 14. 18 cachos de *uva* da videira da terra

UZIAS
2Rs 15. 13 ano do reinado de *Uzias*, rei de Judá
Zc 14. 5 fugiram do terremoto nos dias de *Uzias*
Mt 1. 8 Josafá gerou Jorão; Jorão gerou *Uzias*

UZÁ
2Sm 6. 3 *Uzá* e Aiô, filhos de Abinadabe
2Sm 6. 6 *Uzá* esticou o braço e segurou a arca de Deus
2Sm 6. 7 A ira do Senhor acendeu-se contra *Uzá*

VACILAR
Sl 26. 1 Tenho confiado no Senhor, sem *vacilar*

VAGUEAR
Jr 14. 10 Eles gostam muito de *vaguear*

VAIDADE
Is 23. 9 para abater todo orgulho e *vaidade*
Fp 2. 3 por ambição egoísta ou por *vaidade*

VANGLORIA
Sl 52. 1 se *vangloria* do mal e de ultrajar a Deus
1Co 13. 4 não se *vangloria*, não se orgulha.
Tg 3. 5 mas se *vangloria* de grandes coisas

VANTAGEM
Jó 21. 15 Que *vantagem* temos em orar a Deus?
Rm 3. 1 Que *vantagem* há então em ser judeu
Rm 3. 9 Estamos em posição de *vantagem*?

VARIADAS
Sl 144. 13 cheios das mais *variadas* provisões
Ez 17. 3 plumagem de cores *variadas*

VARONIL
Sl 78. 51 as primícias do vigor *varonil* das tendas

VASO
Sl 2. 9 as despedaçarás como a um *vaso* de barro
Jr 19. 1 comprar um *vaso* de barro de um oleiro
Jr 19. 11 como se quebra um *vaso* de oleiro
Jr 22. 28 um *vaso* desprezível e quebrado
Rm 9. 21 fazer do mesmo barro um *vaso*

VASTI
Et 1. 9 a rainha *Vasti* também oferecia um banquete
Et 2. 17 e tornou-a rainha em lugar de *Vasti*.

VELHICE
Gn 15. 15 será sepultado em boa *velhice*
Gn 21. 2 deu um filho a Abraão em sua *velhice*
Lc 1. 36 sua parenta, terá um filho na *velhice*

VELOZMENTE
Na 2. 4 e se cruzam *velozmente* pelos quarteirões

VENCEDOR
Os 12. 4 lutou com o anjo e saiu *vencedor*
2Tm 2. 5 nenhum atleta é coroado como *vencedor*
Ap 2. 7 Ao *vencedor* darei o direito de comer
Ap 21. 7 O *vencedor* herdará tudo isto

VENENO
Dt 29. 18 raiz que produza esse *veneno* amargo
Jó 6. 4 e o meu espírito suga delas o *veneno*
Pv 26. 6 cortar o próprio pé ou beber *veneno*
Mc 16. 18 se beberem algum *veneno* mortal
Tg 3. 8 cheio de *veneno* mortífero

VENERAÇÃO
Jó 31. 27 lhes ofereceu beijos de *veneração*

VEREDA
Sl 16. 11 me farás conhecer a *vereda* da vida
Sl 27. 11 conduze-me por uma *vereda* segura
Pv 4. 14 Não siga pela *vereda* dos ímpios
Is 26. 7 A *vereda* do justo é plana
Is 30. 11 abandonem essa *vereda*
Is 43. 16 uma *vereda* pelas águas violentas

VERGONHOSO
Gn 34. 7 cometido um ato *vergonhoso* em Israel
Os 1. 2 culpada do mais *vergonhoso* adultério
1Co 11. 6 é *vergonhoso* para a mulher ter o cabelo cortado
1Co 14. 35 é *vergonhoso* uma mulher falar na igreja
Ef 5. 12 ...em oculto, até mencionar é *vergonhoso*

VERMELHO
Gn 25. 30 Dê-me um pouco desse ensopado *vermelho*
Gn 38. 28 então a parteira pegou um fio *vermelho* e amarrou.
Êx 13. 18 seguindo o caminho que leva ao mar *Vermelho*
Êx 23. 31 Estabelecerei as suas fronteiras desde o mar *Vermelho*...
Êx 39. 34 a cobertura de pele de carneiro tingida de *vermelho*

Concordância Bíblica Abreviada

Lv 14. 4 um pedaço de madeira de cedro, um pano *vermelho*...
Nm 4. 8 Sobre tudo isso estenderão um pano *vermelho*...
Js 2. 21 Depois ela amarrou o cordão *vermelho* na janela.
Mt 16. 3 'Hoje haverá tempestade, porque o céu está *vermelho*...'
Mt 27. 28 ...e puseram nele um manto *vermelho*;
At 7. 36 ...e sinais no Egito, no mar *Vermelho*...
Ap 6. 4 ...outro cavalo; e este era *vermelho*.
Ap 12. 3 um enorme dragão *vermelho*...
Ap 17. 4 A mulher estava vestida de púrpura e *vermelho*.

VESTIMENTAS
Gn 49. 11 no sangue das uvas, as suas *vestimentas*
Sl 102. 26 envelhecerão como *vestimentas*

VESTIR
Gn 38. 19 e tornou a *vestir* as roupas de viúva.
Gn 41. 42 Mandou-o *vestir* linho fino e colocou...
Mt 6. 25 com seu próprio corpo, quanto ao que *vestir*

VESTÍGIO
Dn 2. 35 O vento os levou sem deixar *vestígio*

VIAJANTE
Jz 19. 17 viu o *viajante* na praça da cidade,
2Sm 12. 4 um *viajante* chegou à casa do rico
Jr 14. 8 um *viajante* que fica somente uma noite?

VIDA
Jo 6. 48 Eu sou o pão da *vida*
Jo 10. 10 eu vim para que tenham *vida*
At 3. 15 mataram o autor da *vida*, mas Deus o...
2Co 4. 10 para que a *vida* de Jesus também...
Gl 6. 8 do Espírito colherá a *vida* eterna
Cl 3. 11 Nessa nova *vida* já não há diferença
Ap 22. 17 beba de graça da água da *vida*

VIDE
Ez 19. 10 como uma *vide* em sua vinha

VIGILANTE
Ap 16. 15 Feliz aquele que permanece *vigilante*

VIGÍLIA
Êx 12. 42 o Senhor passou em *vigília*
At 27. 33 vocês têm estado em *vigília* constante

VIGÍLIAS
Sl 63. 6 penso em ti durante as *vigílias* da noite.
Sl 119.148 Fico acordado nas *vigílias* da noite

VINGAR
Lv 26. 25 contra vocês para *vingar* a aliança.
Jz 15. 7 enquanto não me *vingar* de vocês
Pv 6. 34 não terá misericórdia quando se *vingar*
Ez 24. 8 Para atiçar a minha ira e me *vingar*

VINGAREI
Dt 32. 41 eu me *vingarei* dos meus adversários
2Rs 9. 7 Acabe, seu senhor, e assim eu *vingarei*
Is 1. 24 ...sobre os meus adversários e me *vingarei* dos meus inimigos.
Is 47. 3 Eu me *vingarei*; não pouparei ninguém.
Jr 9. 9 "Não me *vingarei* de uma nação como essa?"
Jr 51. 36 defenderei a causa de vocês e os *vingarei*;
Ez 25. 14 Eu me *vingarei* de Edom pelas mãos de Israel, o meu povo.
Jl 3. 4 ágil e veloz me *vingarei*...
Mq 5. 15 Com ira e indignação me *vingarei* das nações

VIOLAR
1Cr 2. 7 desgraça a Israel ao *violar* a proibição

VIOLENTO
Jz 18. 25 homens de temperamento *violento*
Pv 29. 22 e o de gênio *violento* comete muitos pecados.
Is 27. 8 com seu sopro *violento* ele o expulsa
Ez 13. 13 o estouro de um vento *violento*
Os 9. 7 o homem inspirado, um louco *violento*.
Jn 1. 13 o mar tinha ficado ainda mais *violento*
Tt 1. 7 não apegado ao vinho, não *violento*

VIRGEM
Gn 24. 16 A jovem era muito bonita e *virgem*
Mt 1. 23 A *virgem* ficará grávida e dará à luz um filho
Lc 1. 27 a uma *virgem* prometida em casamento
1Co 7. 37 e decidiu não se casar com a *virgem*
2Co 11. 2 apresentá-los a ele como uma *virgem* pura

VIRGINDADE
Lv 21. 7 uma moça que tenha perdido a *virgindade*
Dt 22. 20 não se encontrar prova de *virgindade* da moça

VIRTUDE
2Tm 1. 9 não em *virtude* das nossas obras
2Pe 1. 3 ...para a sua própria glória e *virtude*.
2Pe 1. 5 para acrescentar à sua fé a *virtude*

VISÍVEL
Dn 4. 11 era *visível* até os confins da terra
Lc 17. 20 O Reino de Deus não vem de modo *visível*
Ef 5. 13 exposto pela luz torna-se *visível*
Hb 11. 3 não foi feito do que é *visível*.

VITORIOSA
Is 41. 10 com a minha mão direita *vitoriosa*.

VITORIOSAMENTE
Sl 45. 4 Na tua majestade cavalga *vitoriosamente*
2Co 2. 14 nos conduz *vitoriosamente* em Cristo

VITORIOSO
1Rs 22. 12 e serás *vitorioso*, pois o Senhor...
Dn 11. 7 lutará contra elas e será *vitorioso*

VITÓRIA
Pv 21. 31 mas o Senhor é que dá a *vitória*.
Pv 24. 6 com muitos conselheiros se obtém a *vitória*
Mt 12. 20 até que leve à *vitória* a justiça
1Co 15. 54 A morte foi destruída pela *vitória*
1Co 15. 55 Onde está, ó morte, a sua *vitória*?
1Jo 5. 4 e esta é a *vitória* que vence o mundo

VIVENTE
Gn 2. 7 o homem se tornou um ser *vivente*.
Ez 1. 11 não se encostavam na de outro ser *vivente*
1Co 15. 45 Adão, tornou-se um ser *vivente*

VIVER
Gn 12. 10 Abrão desceu ao Egito para ali *viver*
Ne 11. 31 ...dos benjamitas foram *viver* em Geba
Jó 7. 16 Não vou *viver* para sempre
Sl 4. 8 Senhor, me fazes *viver* em segurança
Mt 14. 4 "Não te é permitido *viver* com ela"
Lc 11. 26 e entrando passam a *viver* ali
Hb 13. 18 desejamos *viver* de maneira honrosa

VIVIFICA
2Co 3. 6 a letra mata, mas o Espírito *vivifica*

VIVIFICANTE
1Co 15. 45 o último Adão, espírito *vivificante*

VIÇOSO
Ez 6. 13 e de todo carvalho *viçoso*
Ez 17. 23 se tornará um cedro *viçoso*

VIÚVA
Gn 38. 11 como *viúva* na casa de seu pai
Dt 10. 18 defende a causa do órfão e da *viúva*
Rt 4. 10 a moabita Rute, *viúva* de Malom
Zc 7. 10 Não oprimam a *viúva* e o órfão
Mc 12. 19 deverá casar-se com a *viúva*
Lc 4. 26 senão a uma *viúva* de Sarepta

VOAR
Ap 12. 14 para que ela pudesse *voar* para o lugar

VOCAÇÃO
Ef 4. 1 de maneira digna da *vocação* que receberam.
2Ts 1. 11 os faça dignos da *vocação*
2Tm 1. 9 nos chamou com uma santa *vocação*

VOLUNTÁRIO
Sl 54. 6 te oferecerei um sacrifício *voluntário*

VOMITAR
Jr 51. 44 e o farei *vomitar* o que engoliu

VOMITARÁ
Lv 18. 28 ela os *vomitará*, como vomitou os povos...
Jó 20. 15 *vomitará* as riquezas que engoliu
Pv 23. 8 Você *vomitará* o pouco que comeu

VORAZES
Na 3. 12 e os figos caem em bocas *vorazes*

VOTO
Gn 31. 13 ungiu uma coluna e me fez um *voto*
Nm 6. 5 todo o período de seu *voto* de separação
Dt 23. 22 se você não fizer o *voto*, de nada será culpado
1Sm 1. 21 ...e para cumprir o seu *voto*
Ec 5. 5 não fazer *voto* do que fazer e não cumprir
At 18. 18 devido a um *voto* que havia feito
At 26. 10 eu dava o meu *voto* contra eles

VÉU
Gn 24. 65 ela se cobriu com o *véu*
Êx 26. 35 Coloque a mesa ao lado de fora do *véu*
Êx 36. 35 Fizeram o *véu* de linho fino trançado
Lv 16. 2 atrás do *véu*, diante da tampa da arca
Hb 6. 19 o santuário interior, por trás do *véu*,
Hb 9. 3 Por trás do segundo *véu* havia a parte...
Hb 10. 20 ...ele nos abriu por meio do *véu*

VÍBORA
Gn 49. 17 uma *víbora* à margem do caminho
Jó 20. 16 as presas de uma *víbora* o matarão
Sl 140. 3 veneno de *víbora* está em seus lábios
Pv 23. 32 como serpente e envenena como *víbora*
At 28. 3 uma *víbora*, fugindo do calor, prendeu-se à sua mão.

VÍNCULO
Ez 20. 37 e os trarei para o *vínculo* da aliança.
Ef 4. 3 a unidade do Espírito pelo *vínculo* da paz.

VÔMITO
Pv 26. 11 Como o cão volta ao seu *vômito*
Is 19. 14 cambaleia o bêbado em volta do seu *vômito*.
Is 28. 8 as mesas estão cobertas de *vômito*
Jr 48. 26 se revolverá no seu *vômito* e será objeto de ridículo.
2Pe 2. 22 O cão volta ao seu *vômito*.

ZACARIAS
2Rs 14. 29 Seu filho *Zacarias* foi o seu sucessor.
1Cr 9. 21 *Zacarias*, filho de Meselemias
Lc 1. 11 um anjo do Senhor apareceu a *Zacarias*

Concordância Bíblica Abreviada

Lc 1.67 Seu pai, *Zacarias*, foi cheio do Espírito Santo
Lc 3.2 veio a palavra do Senhor a João, filho de *Zacarias*
Lc 11.51 o sangue de Abel até o sangue de *Zacarias*

ZAQUEU
Lc 19.2 um homem rico chamado *Zaqueu*

ZEBEDEU
Mt 4.21 Tiago, filho de *Zebedeu*, e João, seu irmão

ZEBULOM
Gn 30.20 Por isso deu-lhe o nome de *Zebulom*.
Nm 2.7 A tribo de *Zebulom* virá em seguida
Mt 4.13 na região de *Zebulom* e Naftali,
Ap 7.8 da tribo de *Zebulom*, doze mil

ZEDEQUIAS
1Rs 22.11 E *Zedequias*, filho de Quenaaná
2Rs 24.20 *Zedequias* rebelou-se contra o rei da Babilônia
Jr 37.1 *Zedequias*, filho de Josias, rei de Judá
Jr 37.21 *Zedequias* deu ordens para que Jeremias
Jr 52.11 mandou furar os olhos de *Zedequias* e prendê-lo

ZELO
Nm 25.11 com o mesmo *zelo* que tenho por eles
Js 23.11 dediquem-se com *zelo* a amar o Senhor
Sl 69.9 o *zelo* pela tua casa me consome
Rm 12.8 que a exerça com *zelo*
2Co 8.11 seja igualada pelo *zelo* em concluí-la
Gl 4.17 a fim de que...mostrem *zelo* por eles
Fp 3.6 quanto ao *zelo*, perseguidor da igreja

ZELOSO
Êx 20.5 sou Deus *zeloso*, que castigo os filhos
Êx 34.14 o Senhor, cujo nome é *Zeloso*
At 22.3 sendo tão *zeloso* por Deus quanto...
Gl 1.14 era extremamente *zeloso* das tradições
Gl 4.18 É bom sempre ser *zeloso* pelo bem

ZELOTE
Mt 10.4 Simão, o *zelote*, e Judas Iscariotes, que o traiu

ZEREDE
Nm 21.12 partiram e acamparam no vale de *Zerede*

ZIBA
2Sm 9.2 chamaram *Ziba*, um dos servos de Saul
2Sm 19.29 ...é que você e *Ziba* dividam a propriedade

ZICLAGUE
1Sm 30.1 Davi e seus soldados chegaram a *Ziclague*
2Sm 1.1 Fazia dois dias que ele estava em *Ziclague*
Ne 11.28 em *Ziclague*, em Mecona e seus povoados

ZIFE
Js 15.24 *Zife*, Telém, Bealote
1Sm 23.14 e nas colinas do deserto de *Zife*
1Cr 2.42 o mais velho, que foi o pai de *Zife*

ZIM
Nm 13.21 desde o deserto de *Zim* até Reobe
Nm 34.4 prosseguirá até *Zim* e irá para o sul

ZOAR
Gn 13.10 todo ele bem irrigado, até *Zoar*
1Cr 4.7 os filhos de Helá: Zerete, *Zoar*, Etnã

ZOFAR
Jó 2.11 Bildade, de Suá, e *Zofar*, de Naamate

ZOMBAR
1Rs 18.27 Ao meio-dia Elias começou a *zombar* deles
Jó 21.3 depois que eu falar poderão *zombar* de mim.
Sl 74.10 Até quando o adversário irá *zombar*, ó Deus?
Is 37.4 enviou para *zombar* do Deus vivo
Lc 22.63 começaram a *zombar* dele e a bater nele

ZOROBABEL
Ed 2.2 Vieram na companhia de *Zorobabel*
Zc 4.7 de *Zorobabel* você se tornará uma planície
Zc 4.9 As mãos de *Zorobabel* colocaram os fundamentos
Mt 1.13 *Zorobabel* gerou Abiúde; Abiúde gerou Eliaquim

ZÍPORA
Êx 2.21 este lhe deu por mulher sua filha *Zípora*
Êx 18.2 Moisés tinha mandado *Zípora*, sua mulher

Luxo Preto	978-85-383-0325-2
Luxo Preto c/ índice	978-80-000-0766-3
Luxo Marrom	978-80-000-0767-0
Luxo Marrom c/ índice	978-80-000-0768-7
Luxo Marrom claro e vermelho	978-80-000-0769-4
Luxo Marrom claro e vermelho c/ índice	978-80-000-0770-0
Luxo Azul e bege	978-80-000-0771-9
Luxo Azul e bege c/ índice	978-80-000-0772-6

Esta obra foi composta em Minion Pro
e impressa na Coreia do Sul por SW Press sobre papel
Bíblia 25 g/m² para Editora Vida.

Luxo Preta	978-85-383-0328-2
Luxo Preta c/índice	978-80-000-0766-3
Luxo Marrom	978-80-000-0767-0
Luxo Marrom c/índice	978-80-000-0768-7
Luxo Marrom claro e vermelho	978-80-000-0769-4
Luxo Marrom claro e vermelho c/índice	978-80-000-0770-0
Luxo Azul e bege	978-80-000-0371-9
Luxo Azul e bege c/índice	978-80-000-0372-6

Esta obra foi composta em *Minion Pro*
e *impressa* na Coreia do Sul por SW Press sobre papel
Bíblia 28 g/m² para Editora Vida.